Bad Münstereifel, den
4.1.2010

Lieber Wolfgang!
Ich hoffe, du hast Dich mit
Deiner Familie schon etwas
eingelebt in Berlin! Ich
wünsche Dir ein gutes
Jahr 2010 und würde mich
freuen, wenn Dir die
Lektüre zuweilen hilfreich
sein kann.
Viele Grüße
Kai

Schulte-Bunert · Weinreich
FamFG Kommentar
2. Auflage

Schulte-Bunert · Weinreich

FamFG Kommentar

2. Auflage

Herausgegeben von

Prof. Dr. Kai Schulte-Bunert
Richter am Amtsgericht Köln und
Professor an der Fachhochschule für Rechtspflege Nordrhein-Westfalen,
Bad Münstereifel

Gerd Weinreich
Vorsitzender Richter am Oberlandesgericht Oldenburg

Luchterhand 2010

Bibliografische Information der Deutschen Bibliothek
Die Deutsche Bibliothek verzeichnet diese Publikation in der Deutschen Nationalbibliografie; detaillierte bibliografische Daten sind im Internet über http://dnb.d-nb.de abrufbar.

ISBN 978-3-472-07679-7

Zitiervorschlag:
Schulte-Bunert/Weinreich/*Bearbeiter* § 1 Rz 1

www.wolterskluwer.de
www.luchterhand-fachverlag.de

Alle Rechte vorbehalten.
Luchterhand – eine Marke von Wolters Kluwer Deutschland GmbH.
© 2010 by Wolters Kluwer Deutschland GmbH, Luxemburger Str. 449, 50939 Köln

Das Werk einschließlich aller seiner Teile ist urheberrechtlich geschützt. Jede Verwertung außerhalb der engen Grenzen des Urheberrechtsgesetzes ist ohne Zustimmung des Verlages unzulässig und strafbar. Das gilt insbesondere für Vervielfältigungen, Übersetzungen, Mikroverfilmungen und die Einspeicherung und Verarbeitung in elektronischen Systemen.

Umschlagkonzeption: Martina Busch, Grafikdesign, Fürstenfeldbruck
Satz: WMTP Wendt-Media Text-Processing GmbH, Birkenau
Druck: L.E.G.O. S.p.A. – Lavis, Italy

Gedruckt auf säurefreiem, alterungsbeständigem und chlorfreiem Papier

Vorwort

Am 1.9.2009 ist das Gesetz über das Verfahren in Familiensachen und in den Angelegenheiten der freiwilligen Gerichtsbarkeit (FamFG) in Kraft getreten. Es hat das Gesetz über die Angelegenheiten der freiwilligen Gerichtsbarkeit (FGG) und das 6. Buch der ZPO über das Verfahren in Familiensachen abgelöst. Damit wurden das Recht der freiwilligen Gerichtsbarkeit und das Verfahren in Familiensachen in einer Verfahrensordnung neu kodifiziert.

Zu den wesentlichen Inhalten des FamFG zählt die Schaffung einer Legaldefinition für den Begriff des Beteiligten, die Festlegung, wann eine förmliche Beweisaufnahme auf Grundlage der ZPO stattzufinden hat, die Möglichkeit der Anordnung von Ordnungsmitteln zur Vollstreckung von Entscheidungen über die Kindesherausgabe und Umgangsregelungen, die Abschaffung des Vorbescheides sowie der unbefristeten Beschwerde und die generelle Einführung der befristeten Beschwerde. Des Weiteren wird die weitere Beschwerde zum OLG durch eine zulassungsabhängige Rechtsbeschwerde zum BGH ersetzt. Das Vormundschaftsgericht wurde abgeschafft. Stattdessen werden die Aufgaben Minderjährige betreffend vom Familiengericht wahrgenommen und für Volljährige vom neuen Betreuungsgericht. Zudem ist das Familiengericht für alle Gewaltschutzsachen zuständig und auch für die in der Vergangenheit den Zivilgerichten zugewiesenen Rechtsstreitigkeiten, die einen Bezug zu Ehe und Familie aufweisen wie zB die Problematik der Ehegatteninnengesellschaft und der Gesamtschuldnerausgleich gem § 426 BGB. Damit wurde das Familiengericht zum sog »Großen Familiengericht«. Darüber hinaus sollen die Kinderrechte gestärkt werden durch eine Beschleunigung von Umgangs- und Sorgeverfahren (erster Termin innerhalb eines Monats), der voraussichtlich vermehrten Bestellung eines Verfahrensbeistandes (früher Verfahrenspfleger) und der Einführung eines Umgangspflegers zur Erleichterung der Durchführung des Umgangs. Im Übrigen wurde das Abstammungsverfahren komplett auf ein Verfahren der freiwilligen Gerichtsbarkeit umgestellt, die Auskunftsbefugnisse des Gerichts gegenüber Parteien und Behörden in Unterhalts- und Versorgungsausgleichssachen wurden gestärkt, das 9. Buch der ZPO über das Aufgebotsverfahren aufgehoben und das Verfahren in Aufgebotssachen in das FamFG integriert.

Ferner ist am 1.9.2009 das Gesetz über Gerichtskosten in Familiensachen (FamGKG) in Kraft getreten. Hierdurch wurde erstmalig ein einheitliches Gerichtskostenrecht in Familiensachen geschaffen, welches zuvor von einem Nebeneinander des GKG und der KostO geprägt war.

Die 2. Auflage berücksichtigt sämtliche gesetzgeberischen Modifikationen, die das FamFG noch nach seiner Verkündung durch weitere Reformgesetze erfahren hat. Zu nennen sind hier insbesondere das Gesetz zur Änderung des Zugewinnausgleichs- und Vormundschaftsrechts, das Gesetz über den Versorgungsausgleich und das Gesetz zur Modernisierung von Verfahren im anwaltlichen und notariellen Berufsrecht, zur Errichtung einer Schlichtungsstelle der Rechtsanwaltschaft sowie zur Änderung der Verwaltungsgerichtsordnung, der Finanzgerichtsordnung und kostenrechtlicher Vorschriften (sog »Reparaturgesetz«), durch welches insbesondere redaktionelle Änderung der FGG-Reform vorgenommen wurden. Ferner wurde zB die Fallpauschale des Verfahrensbeistands nach § 158 dergestalt erhöht, dass dieser die Pauschale nicht einmalig, sondern jeweils für jeden Rechtszug erhält.

Das Werk wurde von Herrn Prof. Dr. Hans Rausch initiiert, der leider im Jahr 2007 – als die 1. Auflage bereits in Vorbereitung war – verstorben ist. Ohne ihn wäre eine Realisierung dieses umfassenden Kommentars nicht möglich gewesen, weshalb wir ihm zu tiefem Dank verpflichtet sind.

Vorwort

Bedanken möchten wir uns außerdem für die zahlreichen Anregungen aus der Praxis. Wir bitten alle Leser, uns ihre Anregungen weiterhin mitzuteilen, um eine spätere Neuauflage zu verbessern.

Bensberg/Oldenburg, im November 2009

Kai Schulte-Bunert
Gerd Weinreich

Die Bearbeiter

Priv.-Doz. Dr. Dietmar Baetge
Privatdozent an der Universität Hamburg, Lehrstuhlvertretung an der Universität Frankfurt a.M.

Dr. Franz-Josef Brinkmann
Richter am Oberlandesgericht Oldenburg

Georg Dodegge
Richter am Amtsgericht Essen

Dr. Anke Eilers
Richterin am Oberlandesgericht, Justizministerium Nordrhein-Westfalen

Dr. Monika Keske
Direktorin des Amtsgerichts Bad Urach

Michael Klein
Rechtsanwalt und Fachanwalt für Familienrecht, Regensburg

Dr. Claudio Nedden-Boeger
Richter am Oberlandesgericht Hamm

Dr. Rainer Oberheim
Vorsitzender Richter am Oberlandesgericht Frankfurt am Main

Dr. Jens Rausch
Vorsitzender Richter am Landgericht Bonn

Eckhard Rehme
Vorsitzender Richter am Oberlandesgericht Oldenburg a.D.

Prof. Dr. Martin Schöpflin, LL.M.
Professor an der Norddeutschen Fachhochschule für Rechtspflege, Hildesheim

Dr. Rudolf Schröder
Rechtsanwalt und Fachanwalt für Familienrecht, Euskirchen

Prof. Dr. Kai Schulte-Bunert
Richter am Amtsgericht Köln und Professor an der Fachhochschule für Rechtspflege Nordrhein-Westfalen, Bad Münstereifel

Heinrich Schürmann
Vorsitzender Richter am Oberlandesgericht Oldenburg

Dr. Alexander Schwonberg
Richter am Oberlandesgericht Celle

Dr. Robert Sieghörtner, LL.M. (Sydney), EMBA (Münster)
Notar a.D., Erlangen, Lehrbeauftragter an der Universität Erlangen – Nürnberg

Dr. Ursula Tschichoflos
Rechtsanwältin und Master of Mediation, Esslingen, Lehrbeauftragte an der Ev. Hochschule Ludwigsburg

Dr. Joachim Unger
Richter am Oberlandesgericht Düsseldorf

Gerd Weinreich
Vorsitzender Richter am Oberlandesgericht Oldenburg

Theo Ziegler
Vorsitzender Richter am Landgericht Landshut

Im Einzelnen haben bearbeitet:

Einleitung		Schöpflin	
§§ 1–13	FamFG	Schöpflin	
§§ 14–34	FamFG	Brinkmann	
§ 35	FamFG	Schulte-Bunert	
§§ 36–37	FamFG	Brinkmann	
§§ 38–48	FamFG	Oberheim	
§§ 49–57	FamFG	Schwonberg	
§§ 58–75	FamFG	Unger	
§§ 76–85	FamFG	Keske	
§§ 86–96a	FamFG	Schulte-Bunert	
§§ 97–110	FamFG	Baetge	
§§ 111–116	FamFG	Rehme	
§ 117	FamFG	Unger	
§§ 118–119	FamFG	Schwonberg	
§ 120	FamFG	Schulte-Bunert	
§§ 121–131	FamFG	Schröder	
§ 132	FamFG	Keske	
§§ 133–148	FamFG	Schröder	
§§ 149–150	FamFG	Keske	
§§ 151	FamFG	Tschichoflos	
§§ 152–157	FamFG	Ziegler	
§ 158	FamFG	Tschichoflos	
§§ 159–167	FamFG	Ziegler	
§§ 168	FamFG	Dodegge	
§ 168a	FamFG	Ziegler	
§§ 169–182	FamFG	Schwonberg	
§ 183	FamFG	Keske	
§§ 184–185	FamFG	Schwonberg	
§§ 186–199	FamFG	Sieghörtner	
§§ 200–209	FamFG	Weinreich	
§§ 210–216a	FamFG	Schulte-Bunert	
§§ 217–230	FamFG	Rehme	
§§ 231–236	FamFG	Klein	
§ 237	FamFG	Schwonberg	
§§ 238–245	FamFG	Klein	
§§ 246–248	FamFG	Schwonberg	
§§ 249–260	FamFG	Klein	
§§ 261–265	FamFG	Weinreich	
§§ 266–268	FamFG	Rehme	
§§ 269–270	FamFG	Schulte-Bunert	
§§ 271–276	FamFG	Rausch	
§ 277	FamFG	Dodegge	
§§ 278–279	FamFG	Rausch	
§§ 280–284	FamFG	Eilers	
§§ 285–306	FamFG	Rausch	
§ 307	FamFG	Dodegge	
§§ 308–311	FamFG	Eilers	
§§ 312–339	FamFG	Dodegge	
§§ 340–341	FamFG	Eilers	
§§ 342–373	FamFG	Tschichoflos	
§§ 374–409	FamFG	Nedden-Boeger	
§§ 410–414	FamFG	Tschichoflos	
§§ 415–432	FamFG	Dodegge	
§§ 433–484	FamFG	Tschichoflos	
§§ 485–486	FamFG	Sieghörtner	
§ 487	FamFG	Tschichoflos	
§§ 488–491	FamFG	Sieghörtner	
§§ 1–63	FamGKG	Keske	
Art. 111	FGG-RG	Schürmann	

Inhaltsverzeichnis

Vorwort V

Die Bearbeiter VII

Im Einzelnen haben bearbeitet VIII

Literaturverzeichnis XXVII

Abkürzungsverzeichnis XXXV

FamFG 1

Einleitung 1

Buch 1
Allgemeiner Teil 10

Abschnitt 1
Allgemeine Vorschriften 10

§ 1	Anwendungsbereich.	10
§ 2	Örtliche Zuständigkeit	22
§ 3	Verweisung bei Unzuständigkeit.	26
§ 4	Abgabe an ein anderes Gericht	31
§ 5	Gerichtliche Bestimmung der Zuständigkeit	37
§ 6	Ausschließung und Ablehnung der Gerichtspersonen	42
§ 7	Beteiligte	52
§ 8	Beteiligtenfähigkeit.	60
§ 9	Verfahrensfähigkeit	62
§ 10	Bevollmächtigte.	69
§ 11	Verfahrensvollmacht.	75
§ 12	Beistand.	80
§ 13	Akteneinsicht.	82
§ 14	Elektronische Akte; elektronisches Dokument	88
§ 15	Bekanntgabe; formlose Mitteilung.	96
§ 16	Fristen	107
§ 17	Wiedereinsetzung in den vorigen Stand	111
§ 18	Antrag auf Wiedereinsetzung.	128
§ 19	Entscheidung über die Wiedereinsetzung	135
§ 20	Verfahrensverbindung und -trennung	138
§ 21	Aussetzung des Verfahrens	140
§ 22	Antragsrücknahme; Beendigungserklärung.	144
§ 22a	Mitteilungen an die Familien- und Betreuungsgerichte	150

Abschnitt 2
Verfahren im ersten Rechtszug 153

Einleitung. 153

§ 23	Verfahrenseinleitender Antrag	155
§ 24	Anregung des Verfahrens	165
§ 25	Anträge und Erklärungen zur Niederschrift der Geschäftsstelle.	167
§ 26	Ermittlung von Amts wegen	172
§ 27	Mitwirkung der Beteiligten	179
§ 28	Verfahrensleitung.	183
§ 29	Beweiserhebung	191

Inhaltsverzeichnis

§ 30	Förmliche Beweisaufnahme	202
§ 31	Glaubhaftmachung	221
§ 32	Termin	224
§ 33	Persönliches Erscheinen der Beteiligten	228
§ 34	Persönliche Anhörung	233
§ 35	Zwangsmittel	239
§ 36	Vergleich	245
§ 37	Grundlage der Entscheidung	251

Abschnitt 3
Beschluss 261

Vorbemerkung zu § 38 261
§ 38	Entscheidung durch Beschluss	262
§ 39	Rechtsbehelfsbelehrung	276
§ 40	Wirksamwerden	284
§ 41	Bekanntgabe des Beschlusses	290
§ 42	Berichtigung des Beschlusses	295
§ 43	Ergänzung des Beschlusses	301
§ 44	Abhilfe bei Verletzung des Anspruchs auf rechtliches Gehör	305
§ 45	Formelle Rechtskraft	316
§ 46	Rechtskraftzeugnis	322
§ 47	Wirksam bleibende Rechtsgeschäfte	325
§ 48	Abänderung und Wiederaufnahme	328

Abschnitt 4
Einstweilige Anordnung 336

Vorbemerkung zu § 49 336
§ 49	Einstweilige Anordnung	340
§ 50	Zuständigkeit	365
§ 51	Verfahren	371
§ 52	Einleitung des Hauptsacheverfahrens	387
§ 53	Vollstreckung	393
§ 54	Aufhebung oder Änderung der Entscheidung	396
§ 55	Aussetzung der Vollstreckung	404
§ 56	Außerkrafttreten	406
§ 57	Rechtsmittel	415

Abschnitt 5
Rechtsmittel 425

Unterabschnitt 1
Beschwerde 425

Vorbemerkung zu §§ 58–75 425
§ 58	Statthaftigkeit der Beschwerde	437
§ 59	Beschwerdeberechtigte	454
§ 60	Beschwerderecht Minderjähriger	465
§ 61	Beschwerdewert; Zulassungsbeschwerde	469
§ 62	Statthaftigkeit der Beschwerde nach Erledigung der Hauptsache	475
§ 63	Beschwerdefrist	480
§ 64	Einlegung der Beschwerde	488
§ 65	Beschwerdebegründung	497
§ 66	Anschlussbeschwerde	501
§ 67	Verzicht auf die Beschwerde; Rücknahme der Beschwerde	508
§ 68	Gang des Beschwerdeverfahrens	514
§ 69	Beschwerdeentscheidung	528

Unterabschnitt 2
Rechtsbeschwerde 542

§ 70	Statthaftigkeit der Rechtsbeschwerde	542
§ 71	Frist und Form der Rechtsbeschwerde	552
§ 72	Gründe der Rechtsbeschwerde	560
§ 73	Anschlussrechtsbeschwerde	568
§ 74	Entscheidung über die Rechtsbeschwerde	569
§ 74a	Zurückweisungsbeschluss	579
§ 75	Sprungrechtsbeschwerde	581

Abschnitt 6
Verfahrenskostenhilfe 586

Einleitung 586

§ 76	Voraussetzungen	588
§ 77	Bewilligung	588
§ 78	Beiordnung eines Rechtsanwalts	599
§ 79	(entfallen)	602

Abschnitt 7
Kosten 603

Einleitung 603

§ 80	Umfang der Kostenpflicht	604
§ 81	Grundsatz der Kostenpflicht	605
§ 82	Zeitpunkt der Kostenentscheidung	608
§ 83	Kostenpflicht bei Vergleich, Erledigung und Rücknahme . . .	608
§ 84	Rechtsmittelkosten	609
§ 85	Kostenfestsetzung	610

Abschnitt 8
Vollstreckung 611

Einleitung 611

Unterabschnitt 1
Allgemeine Vorschriften 611

§ 86	Vollstreckungstitel	611
§ 87	Verfahren; Beschwerde	614

Unterabschnitt 2
Vollstreckung von Entscheidungen über die Herausgabe von Personen und die Regelung des Umgangs 616

§ 88	Grundsätze	616
§ 89	Ordnungsmittel	617
§ 90	Anwendung unmittelbaren Zwangs	622
§ 91	Richterlicher Durchsuchungsbeschluss	624
§ 92	Vollstreckungsverfahren	627
§ 93	Einstellung der Vollstreckung	628
§ 94	Eidesstattliche Versicherung	629

Unterabschnitt 3
Vollstreckung nach der Zivilprozessordnung 630

§ 95	Anwendung der Zivilprozessordnung	630
§ 96	Vollstreckung in Verfahren nach dem Gewaltschutzgesetz und in Ehewohnungssachen	633

Inhaltsverzeichnis

§ 96a	Vollstreckung in Abstammungssachen	635

Abschnitt 9
Verfahren mit Auslandsbezug 637

Unterabschnitt 1
Verhältnis zu völkerrechtlichen Vereinbarungen und Rechtsakten der Europäischen Gemeinschaft 637

§ 97	Vorrang und Unberührtheit	637

Unterabschnitt 2
Internationale Zuständigkeit 640

§ 98	Ehesachen; Verbund von Scheidungs- und Folgesachen	642
§ 99	Kindschaftssachen	650
§ 100	Abstammungssachen	656
§ 101	Adoptionssachen	658
§ 102	Versorgungsausgleichssachen	660
§ 103	Lebenspartnerschaftssachen	662
§ 104	Betreuungs- und Unterbringungssachen; Pflegschaft für Erwachsene	664
§ 105	Andere Verfahren	669
§ 106	Keine ausschließliche Zuständigkeit	672

Unterabschnitt 3
Anerkennung und Vollstreckbarkeit ausländischer Entscheidungen 673

§ 107	Anerkennung ausländischer Entscheidungen in Ehesachen	678
§ 108	Anerkennung anderer ausländischer Entscheidungen	682
§ 109	Anerkennungshindernisse	685
§ 110	Vollstreckbarkeit ausländischer Entscheidungen	691
Anhang zu § 110: IntFamRVG (Internationales Familienrechtsverfahrensgesetz)		692

Buch 2
Verfahren in Familiensachen 704

Abschnitt 1
Allgemeine Vorschriften 704

§ 111	Familiensachen	704
§ 112	Familienstreitsachen	705
§ 113	Anwendung von Vorschriften der Zivilprozessordnung	707
§ 114	Vertretung durch einen Rechtsanwalt; Vollmacht	712
§ 115	Zurückweisung von Angriffs- und Verteidigungsmitteln	716
§ 116	Entscheidung durch Beschluss; Wirksamkeit	717
§ 117	Rechtsmittel in Ehe- und Familienstreitsachen	718
§ 118	Wiederaufnahme	730
§ 119	Einstweilige Anordnung und Arrest	732
§ 120	Vollstreckung	739

Abschnitt 2
Verfahren in Ehesachen; Verfahren in Scheidungssachen und Folgesachen 742

Unterabschnitt 1
Verfahren in Ehesachen 742

§ 121	Ehesachen	742
§ 122	Örtliche Zuständigkeit	743
§ 123	Abgabe bei Anhängigkeit mehrerer Ehesachen	745

§ 124	Antrag	746
§ 125	Verfahrensfähigkeit	747
§ 126	Mehrere Ehesachen; Ehesachen und andere Verfahren	749
§ 127	Eingeschränkte Amtsermittlung	750
§ 128	Persönliches Erscheinen der Parteien	752
§ 129	Mitwirkung der Verwaltungsbehörde oder dritter Personen	754
§ 130	Säumnis der Beteiligten	755
§ 131	Tod eines Ehegatten	756
§ 132	Kosten bei Aufhebung der Ehe	758

Unterabschnitt 2
Verfahren in Scheidungssachen und Folgesachen 759

§ 133	Inhalt der Antragsschrift	759
§ 134	Zustimmung zur Scheidung und zur Rücknahme; Widerruf	760
§ 135	Außergerichtliche Streitbeilegung über Folgesachen	761
§ 136	Aussetzung des Verfahrens	762
§ 137	Verbund von Scheidungs- und Folgesachen	764
§ 138	Beiordnung eines Rechtsanwaltes	766
§ 139	Einbeziehung weiterer Beteiligter und Dritter Personen	767
§ 140	Abtrennung	768
§ 141	Rücknahme des Scheidungsantrags	771
§ 142	Einheitliche Entscheidung; Abweisung des Scheidungsantrags	772
§ 143	Einspruch	773
§ 144	Verzicht auf Anschlussrechtsmittel	774
§ 145	Befristung von Rechtsmittelerweiterung und Anschlussrechtsmittel	775
§ 146	Zurückverweisung	777
§ 147	Erweiterte Aufhebung	779
§ 148	Wirksamwerden von Entscheidungen in Folgesachen	780
§ 149	Erstreckung der Bewilligung von Verfahrenskostenhilfe	781
§ 150	Kosten in Scheidungssachen und Folgesachen	782

Abschnitt 3
Verfahren in Kindschaftssachen 785

Vorbemerkungen zu den §§ 151 ff. 785

§ 151	Kindschaftssachen	786
§ 152	Örtliche Zuständigkeit	789
§ 153	Abgabe an das Gericht der Ehesache	791
§ 154	Verweisung bei einseitiger Änderung des Aufenthalts des Kindes	793
§ 155	Vorrang- und Beschleunigungsgebot	794
§ 156	Hinwirken auf Einvernehmen	797
§ 157	Erörterung der Kindeswohlgefährdung; einstweilige Anordnung	801
§ 158	Verfahrensbeistand	803
§ 159	Persönliche Anhörung des Kindes	808
§ 160	Anhörung der Eltern	814
§ 161	Mitwirkung der Pflegeperson	818
§ 162	Mitwirkung des Jugendamts	820
§ 163	Fristsetzung bei schriftlicher Begutachtung; Inhalt des Gutachtenauftrags; Vernehmung des Kindes	822
§ 164	Bekanntgabe der Entscheidung an das Kind	824
§ 165	Vermittlungsverfahren	825
§ 166	Abänderung und Überprüfung von Entscheidungen und gerichtlich gebilligten Vergleichen	828
§ 167	Anwendbare Vorschriften bei Unterbringung Minderjähriger	830
§ 168	Beschluss über Zahlungen des Mündels	833
§ 168a	Mitteilungspflichten des Standesamts	848

Inhaltsverzeichnis

Abschnitt 4
Verfahren in Abstammungssachen. 849

Vorbemerkung Abstammungssachen 849
§ 169   Abstammungssachen 851
§ 170   Örtliche Zuständigkeit 859
§ 171   Antrag 861
§ 172   Beteiligte 873
§ 173   Vertretung eines Kindes durch einen Beistand 883
§ 174   Verfahrensbeistand. 885
§ 175   Erörterungstermin; persönliche Anhörung 888
§ 176   Anhörung des Jugendamts. 891
§ 177   Eingeschränkte Amtsermittlung; förmliche Beweisaufnahme 893
§ 178   Untersuchungen zur Feststellung der Abstammung 902
§ 179   Mehrheit von Verfahren. 906
§ 180   Erklärungen zur Niederschrift des Gerichts. 909
§ 181   Tod eines Beteiligten. 911
§ 182   Inhalt des Beschlusses. 913
§ 183   Kosten bei Anfechtung der Vaterschaft 916
§ 184   Wirksamkeit des Beschlusses; Ausschluss der Abänderung; ergänzende Vorschriften über die Beschwerde 918
§ 185   Wiederaufnahme des Verfahrens. 923

Abschnitt 5
Verfahren in Adoptionssachen 928

Einführung zu Abschnitt 5: Verfahren in Adoptionssachen 928
§ 186   Adoptionssachen 931
§ 187   Örtliche Zuständigkeit 939
§ 188   Beteiligte 944
§ 189   Fachliche Äußerung einer Adoptionsvermittlungsstelle 947
§ 190   Bescheinigung über den Eintritt der Vormundschaft 950
§ 191   Verfahrensbeistand 952
§ 192   Anhörung der Beteiligten 955
§ 193   Anhörung weiterer Personen 959
§ 194   Anhörung des Jugendamts. 960
§ 195   Anhörung des Landesjugendamts 962
§ 196   Unzulässigkeit der Verbindung. 963
§ 197   Beschluss über die Annahme als Kind 964
§ 198   Beschluss in weiteren Verfahren 971
§ 199   Anwendung des Adoptionswirkungsgesetzes 974

Abschnitt 6
Verfahren in Ehewohnungs- und Haushaltssachen 975

Vorbemerkung vor §§ 200 ff 975
§ 200   Ehewohnungssachen; Haushaltssachen 976
§ 201   Örtliche Zuständigkeit 979
§ 202   Abgabe an das Gericht der Ehesache 980
§ 203   Antrag. 981
§ 204   Beteiligte 984
§ 205   Anhörung des Jugendamtes in Wohnungszuweisungssachen 986
§ 206   Besondere Vorschriften in Haushaltssachen. 987
§ 207   Erörterungstermin 990
§ 208   Tod eines Ehegatten 991
§ 209   Durchführung der Entscheidung, Wirksamkeit 992

Inhaltsverzeichnis

Abschnitt 7
Verfahren in Gewaltschutzsachen 995

Einleitung. 995
§ 210 Gewaltschutzsachen 996
§ 211 Örtliche Zuständigkeit 998
§ 212 Beteiligte 1000
§ 213 Anhörung des Jugendamts. 1001
§ 214 Einstweilige Anordnung 1002
§ 215 Durchführung der Endentscheidung 1005
§ 216 Wirksamkeit; Vollstreckung vor Zustellung 1006
§ 216a Mitteilung von Entscheidungen 1008

Abschnitt 8
Verfahren in Versorgungsausgleichssachen 1009

§ 217 Versorgungsausgleichssachen 1009
§ 218 Örtliche Zuständigkeit 1010
§ 219 Beteiligte 1011
§ 220 Verfahrensrechtliche Auskunftspflicht 1012
§ 221 Erörterung, Aussetzung 1017
§ 222 Durchführung der externen Teilung 1019
§ 223 Antragserfordernis für Ausgleichsansprüche nach der Scheidung 1022
§ 224 Entscheidung über den Versorgungsausgleich 1023
§ 225 Zulässigkeit einer Abänderung des Wertausgleichs bei der Scheidung 1025
§ 226 Durchführung einer Abänderung des Wertausgleichs bei der Scheidung 1040
§ 227 Sonstige Abänderungen 1041
§ 228 Zulässigkeit der Beschwerde 1042
§ 229 Elektronischer Rechtsverkehr zwischen den Familiengerichten und den Versorgungsträgern 1043
§ 230 (weggefallen) 1044

Abschnitt 9
Verfahren in Unterhaltssachen 1045

Unterabschnitt 1
Besondere Verfahrensvorschriften 1045

Verfahren in Unterhaltssachen (§§ 231 ff) 1045
§ 231 Unterhaltssachen 1046
§ 232 Örtliche Zuständigkeit 1056
§ 233 Abgabe an das Gericht der Ehesache 1059
§ 234 Vertretung eines Kindes durch einen Beistand 1060
§ 235 Verfahrensrechtliche Auskunftspflicht der Beteiligten 1061
§ 236 Verfahrensrechtliche Auskunftspflicht Dritter 1065
§ 237 Unterhalt bei Feststellung der Vaterschaft 1067
§ 238 Abänderung gerichtlicher Entscheidungen 1072
§ 239 Abänderung von Vergleichen und Urkunden. 1076
§ 240 Abänderung von Entscheidungen nach den §§ 237 und 253 1077
§ 241 Verschärfte Haftung 1079
§ 242 Einstweilige Einstellung der Vollstreckung 1081
§ 243 Kostenentscheidung 1082
§ 244 Unzulässiger Einwand der Volljährigkeit 1083
§ 245 Bezifferung dynamisierter Unterhaltstitel zur Zwangsvollstreckung im Ausland 1084

Unterabschnitt 2
Einstweilige Anordnung 1085

§ 246 Besondere Vorschriften für die einstweilige Anordnung 1085

Inhaltsverzeichnis

§ 247	Einstweilige Anordnung vor Geburt des Kindes...................	1100
§ 248	Einstweilige Anordnung bei Feststellung der Vaterschaft	1102

Unterabschnitt 3
Vereinfachtes Verfahren über den Unterhalt Minderjähriger 1107

§ 249	Statthaftigkeit des vereinfachten Verfahrens	1107
§ 250	Antrag..	1110
§ 251	Maßnahmen des Gerichts	1113
§ 252	Einwendungen des Antragsgegners.............................	1115
§ 253	Festsetzungsbeschluss...	1120
§ 254	Mitteilungen über Einwendungen...............................	1122
§ 255	Streitiges Verfahren	1123
§ 256	Beschwerde	1125
§ 257	Besondere Verfahrensvorschriften...............................	1128
§ 258	Sonderregelungen für maschinelle Bearbeitung	1128
§ 259	Formulare...	1129
§ 260	Bestimmung des Amtsgerichts	1129

Abschnitt 10
Verfahren in Güterrechtssachen 1130

§ 261	Güterrechtssachen...	1130
§ 262	Örtliche Zuständigkeit	1132
§ 263	Abgabe an das Gericht der Ehesache	1133
§ 264	Verfahren nach den §§ 1382 und 1383 des Bürgerlichen Gesetzbuchs	1134
§ 265	Einheitliche Entscheidung	1135

Abschnitt 11
Verfahren in sonstigen Familiensachen................................. 1136

§ 266	Sonstige Familiensachen.......................................	1136
§ 267	Örtliche Zuständigkeit	1141
§ 268	Abgabe an das Gericht der Ehesache	1141

Abschnitt 12
Verfahren in Lebenspartnerschaftssachen 1142

§ 269	Lebenspartnerschaftssachen....................................	1142
§ 270	Anwendbare Vorschriften	1144

Buch 3
Verfahren in Betreuungs- und Unterbringungssachen 1145

Abschnitt 1
Verfahren in Betreuungssachen....................................... 1145

§ 271	Betreuungssachen	1145
§ 272	Örtliche Zuständigkeit	1147
§ 273	Abgabe bei Änderung des gewöhnlichen Aufenthalts	1154
§ 274	Beteiligte	1157
§ 275	Verfahrensfähigkeit	1162
§ 276	Verfahrenspfleger	1164
§ 277	Vergütung und Aufwendungsersatz des Verfahrenspflegers	1171
§ 278	Anhörung des Betroffenen.....................................	1177
§ 279	Anhörung der sonstigen Beteiligten, der Betreuungsbehörde und des gesetzlichen Vertreters	1182
§ 280	Einholung eines Gutachtens....................................	1185

§ 281	Ärztliches Zeugnis; Entbehrlichkeit eines Gutachtens	1195
§ 282	Vorhandene Gutachten des Medizinischen Dienstes der Krankenversicherung	1198
§ 283	Vorführung zur Untersuchung	1202
§ 284	Unterbringung zur Begutachtung	1206
§ 285	Herausgabe einer Betreuungsverfügung oder der Abschrift einer Vorsorgevollmacht	1210
§ 286	Inhalt der Beschlussformel	1212
§ 287	Wirksamwerden von Beschlüssen	1215
§ 288	Bekanntgabe	1219
§ 289	Verpflichtung des Betreuers	1221
§ 290	Bestellungsurkunde	1224
§ 291	Überprüfung der Betreuerauswahl	1226
§ 292	Zahlungen an den Betreuer	1228
§ 293	Erweiterung der Betreuung oder des Einwilligungsvorbehalts	1229
§ 294	Aufhebung und Einschränkung der Betreuung oder des Einwilligungsvorbehalts	1232
§ 295	Verlängerung der Betreuung oder des Einwilligungsvorbehalts	1234
§ 296	Entlassung des Betreuers und Bestellung eines neuen Betreuers	1236
§ 297	Sterilisation	1238
§ 298	Verfahren in Fällen des § 1904 des Bürgerlichen Gesetzbuchs	1242
§ 299	Verfahren in anderen Entscheidungen	1249
§ 300	Einstweilige Anordnung	1251
§ 301	Einstweilige Anordnung bei gesteigerter Dringlichkeit	1255
§ 302	Dauer der einstweiligen Anordnung	1256
§ 303	Ergänzende Vorschriften über die Beschwerde	1258
§ 304	Beschwerde der Staatskasse	1262
§ 305	Beschwerde des Untergebrachten	1263
§ 306	Aufhebung des Einwilligungsvorbehalts	1264
§ 307	Kosten in Betreuungssachen	1266
§ 308	Mitteilung von Entscheidungen	1269
§ 309	Besondere Mitteilungen	1275
§ 310	Mitteilungen während einer Unterbringung	1279
§ 311	Mitteilungen zur Strafverfolgung	1282

Abschnitt 2
Verfahren in Unterbringungssachen 1284

§ 312	Unterbringungssachen	1284
§ 313	Örtliche Zuständigkeit	1286
§ 314	Abgabe der Unterbringungssache	1289
§ 315	Beteiligte	1291
§ 316	Verfahrensfähigkeit	1295
§ 317	Verfahrenspfleger	1296
§ 318	Vergütung und Aufwendungsersatz des Verfahrenspflegers	1300
§ 319	Anhörung des Betroffenen	1301
§ 320	Anhörung der sonstigen Beteiligten und der zuständigen Behörde	1306
§ 321	Einholung eines Gutachtens	1307
§ 322	Vorführung zur Untersuchung; Unterbringung zur Begutachtung	1311
§ 323	Inhalt der Beschlussformel	1313
§ 324	Wirksamwerden von Beschlüssen	1318
§ 325	Bekanntgabe	1321
§ 326	Zuführung zur Unterbringung	1322
§ 327	Vollzugsangelegenheiten	1324
§ 328	Aussetzung des Vollzugs	1326
§ 329	Dauer und Verlängerung der Unterbringung	1328
§ 330	Aufhebung der Unterbringung	1330
§ 331	Einstweilige Anordnung	1332
§ 332	Einstweilige Anordnung bei gesteigerter Dringlichkeit	1338

Inhaltsverzeichnis

§ 333	Dauer der einstweiligen Anordnung	1339
§ 334	Einstweilige Maßregeln	1341
§ 335	Ergänzende Vorschriften über die Beschwerde	1345
§ 336	Einlegung der Beschwerde durch den Betroffenen	1348
§ 337	Kosten in Unterbringungssachen	1349
§ 338	Mitteilung von Entscheidungen	1354
§ 339	Benachrichtigung von Angehörigen	1355

Abschnitt 3
Verfahren in betreuungsgerichtlichen Zuweisungssachen 1356

§ 340	Betreuungsgerichtliche Zuweisungssachen	1356
§ 341	Örtliche Zuständigkeit	1357

Buch 4
Verfahren in Nachlass- und Teilungssachen 1358

Abschnitt 1
Begriffsbestimmung; örtliche Zuständigkeit 1358

Vorbemerkungen zu den §§ 342 ff. 1358

§ 342	Begriffsbestimmung	1359
§ 343	Örtliche Zuständigkeit	1361
§ 344	Besondere örtliche Zuständigkeit	1364

Abschnitt 2
Verfahren in Nachlasssachen 1367

Unterabschnitt 1
Allgemeine Bestimmungen 1367

§ 345	Beteiligte	1367

Unterabschnitt 2
Verwahrung von Verfügungen von Todes wegen 1370

§ 346	Verfahren bei besonderer amtlicher Verwahrung	1370
§ 347	Mitteilung über die Verwahrung	1371

Unterabschnitt 3
Eröffnung von Verfügungen von Todes wegen 1373

§ 348	Eröffnung von Verfügungen von Todes wegen durch das Nachlassgericht	1373
§ 349	Besonderheiten bei der Eröffnung von gemeinschaftlichen Testamenten und Erbverträgen	1375
§ 350	Eröffnung der Verfügung von Todes wegen durch ein anderes Gericht	1377
§ 351	Eröffnungsfrist für Verfügungen von Todes wegen	1378

Unterabschnitt 4
Erbscheinsverfahren; Testamentsvollstreckung 1379

§ 352	Entscheidung über Erbscheinsanträge	1379
§ 353	Einziehung oder Kraftloserklärung von Erbscheinen	1381
§ 354	Sonstige Zeugnisse	1386
§ 355	Testamentsvollstreckung	1387

Unterabschnitt 5
Sonstige verfahrensrechtliche Regelungen............................. 1389

§ 356	Mitteilungspflichten...	1389
§ 357	Einsicht in eine eröffnete Verfügung von Todes wegen; Ausfertigung eines Erbscheins oder anderen Zeugnisses...................	1391
§ 358	Zwang zur Ablieferung von Testamenten.........................	1393
§ 359	Nachlassverwaltung...	1394
§ 360	Bestimmung einer Inventarfrist..................................	1397
§ 361	Eidesstattliche Versicherung.....................................	1399
§ 362	Stundung des Pflichtteilsanspruchs..............................	1402

Abschnitt 3
Verfahren in Teilungssachen... 1405

§ 363	Antrag...	1405
§ 364	Pflegschaft für abwesende Beteiligte.............................	1413
§ 365	Ladung..	1416
§ 366	Außergerichtliche Vereinbarung.................................	1418
§ 367	Wiedereinsetzung...	1424
§ 368	Auseinandersetzungsplan; Bestätigung..........................	1426
§ 369	Verteilung durch das Los.......................................	1430
§ 370	Aussetzung bei Streit...	1431
§ 371	Wirkung der bestätigten Vereinbarung und Auseinandersetzung; Vollstreckung	1434
§ 372	Rechtsmittel..	1439
§ 373	Auseinandersetzung einer Gütergemeinschaft...................	1441

Buch 5
Verfahren in Registersachen, unternehmensrechtliche Verfahren........... 1443
Einleitung zu §§ 374–409... 1443

Abschnitt 1
Begriffsbestimmung.. 1447

§ 374	Registersachen..	1447
§ 375	Unternehmensrechtliche Verfahren..............................	1448

Abschnitt 2
Zuständigkeit... 1463

§ 376	Besondere Zuständigkeitsregelungen............................	1463
§ 377	Örtliche Zuständigkeit..	1466

Abschnitt 3
Registersachen... 1476

Unterabschnitt 1
Verfahren.. 1476

Vor § 378:	Registereintragungsverfahren...................................	1476
§ 378	Antragsrecht der Notare..	1501
§ 379	Mitteilungspflichten der Behörden..............................	1510
§ 380	Beteiligung der berufsständischen Organe; Beschwerderecht.....	1514
§ 381	Aussetzung des Verfahrens.....................................	1524
§ 382	Entscheidung über Eintragungsanträge..........................	1529
§ 383	Bekanntgabe; Anfechtbarkeit...................................	1539
§ 384	Von Amts wegen vorzunehmende Eintragungen.................	1546

Inhaltsverzeichnis

§ 385	Einsicht in die Register	1548
§ 386	Bescheinigungen	1555
§ 387	Ermächtigungen	1558
Anhang zu § 387: Registerverordnungen		1563

Unterabschnitt 2
Zwangsgeldverfahren 1572

Vor § 388: Zwangs- und Ordnungsgeldverfahren		1572
§ 388	Androhung	1574
§ 389	Festsetzung	1584
§ 390	Verfahren bei Einspruch	1589
§ 391	Beschwerde	1596
§ 392	Verfahren bei unbefugtem Firmengebrauch	1600

Unterabschnitt 3
Löschungs- und Auflösungsverfahren 1611

Vor § 393: Löschungsverfahren		1611
§ 393	Löschung einer Firma	1612
§ 394	Löschung vermögensloser Gesellschaften und Genossenschaften	1623
§ 395	Löschung unzulässiger Eintragungen	1639
§ 396	(entfallen)	1662
§ 397	Löschung nichtiger Gesellschaften und Genossenschaften	1662
§ 398	Löschung nichtiger Beschlüsse	1663
§ 399	Auflösung wegen Mangels der Satzung	1664

Unterabschnitt 4
Ergänzende Vorschriften für das Vereinsregister 1676

§ 400	Mitteilungspflichten	1676
§ 401	Entziehung der Rechtsfähigkeit	1677

Abschnitt 4
Unternehmensrechtliche Verfahren 1679

Vor § 402: Unternehmensrechtliche Verfahren		1679
§ 402	Anfechtbarkeit	1679
Vor § 403: Dispacheverfahren		1681
§ 403	Weigerung des Dispacheurs	1682
§ 404	Aushändigung von Schriftstücken; Einsichtsrecht	1684
§ 405	Termin; Ladung	1686
§ 406	Verfahren im Termin	1690
§ 407	Verfolgung des Widerspruchs	1693
§ 408	Beschwerde	1696
§ 409	Wirksamkeit; Vollstreckung	1697

Buch 6
Verfahren in weiteren Angelegenheiten der freiwilligen Gerichtsbarkeit 1699

§ 410	Weitere Angelegenheiten der freiwilligen Gerichtsbarkeit	1699
§ 411	Örtliche Zuständigkeit	1701
§ 412	Beteiligte	1703
§ 413	Eidesstattliche Versicherung	1705
§ 414	Unanfechtbarkeit	1708

Buch 7
Verfahren in Freiheitsentziehungssachen 1709

§ 415	Freiheitsentziehungssachen	1709
§ 416	Örtliche Zuständigkeit	1713
§ 417	Antrag	1715
§ 418	Beteiligte	1718
§ 419	Verfahrenspfleger	1721
§ 420	Anhörung; Vorführung	1725
§ 421	Inhalt der Beschlussformel	1730
§ 422	Wirksamwerden von Beschlüssen	1733
§ 423	Absehen von der Bekanntgabe	1736
§ 424	Aussetzung des Vollzugs	1737
§ 425	Dauer und Verlängerung der Freiheitsentziehung	1740
§ 426	Aufhebung	1742
§ 427	Einstweilige Anordnung	1744
§ 428	Verwaltungsmaßnahme; richterliche Prüfung	1750
§ 429	Ergänzende Vorschriften über die Beschwerde	1753
§ 430	Auslagenersatz	1756
§ 431	Mitteilung von Entscheidungen	1759
§ 432	Benachrichtigung von Angehörigen	1761

Buch 8
Verfahren in Aufgebotssachen 1762

Abschnitt 1
Allgemeine Verfahrensvorschriften 1762

Vorbemerkungen zu den §§ 433 ff.		1762
§ 433	Aufgebotssachen	1764
§ 434	Antrag; Inhalt des Aufgebots	1765
§ 435	Öffentliche Bekanntmachung	1767
§ 436	Gültigkeit der öffentlichen Bekanntmachung	1768
§ 437	Aufgebotsfrist	1769
§ 438	Anmeldung nach dem Anmeldezeitpunkt	1770
§ 439	Erlass des Ausschließungsbeschlusses; Beschwerde; Wiedereinsetzung und Wiederaufnahme	1771
§ 440	Wirkung einer Anmeldung	1773
§ 441	Öffentliche Zustellung des Ausschließungsbeschlusses	1774

Abschnitt 2
Aufgebot des Eigentümers von Grundstücken, Schiffen und Schiffsbauwerken 1775

§ 442	Aufgebot des Grundstückseigentümers; örtliche Zuständigkeit	1775
§ 443	Antragsberechtigter	1776
§ 444	Glaubhaftmachung	1777
§ 445	Inhalt des Aufgebots	1778
§ 446	Aufgebot des Schiffseigentümers	1779

Abschnitt 3
Aufgebot des Gläubigers von Grund- und Schiffspfandrechten sowie des Berechtigten sonstiger dinglicher Rechte 1780

§ 447	Aufgebot des Grundpfandrechtsgläubigers; örtliche Zuständigkeit	1780
§ 448	Antragsberechtigter	1782
§ 449	Glaubhaftmachung	1783
§ 450	Besondere Glaubhaftmachung	1784
§ 451	Verfahren bei Ausschluss mittels Hinterlegung	1786

Inhaltsverzeichnis

§ 452	Aufgebot des Schiffshypothekengläubigers; örtliche Zuständigkeit	1787
§ 453	Aufgebot des Berechtigten bei Vormerkung, Vorkaufsrecht, Reallast	1788

Abschnitt 4
Aufgebot von Nachlassgläubigern 1789

§ 454	Aufgebot von Nachlassgläubigern; örtliche Zuständigkeit	1789
§ 455	Antragsberechtigter	1791
§ 456	Verzeichnis der Nachlassgläubiger	1792
§ 457	Nachlassinsolvenzverfahren	1793
§ 458	Inhalt des Aufgebots; Aufgebotsfrist	1794
§ 459	Forderungsanmeldung	1795
§ 460	Mehrheit von Erben	1796
§ 461	Nacherbfolge	1797
§ 462	Gütergemeinschaft	1798
§ 463	Erbschaftskäufer	1799
§ 464	Aufgebot der Gesamtgutsgläubiger	1800

Abschnitt 5
Aufgebot der Schiffsgläubiger 1801

§ 465	Aufgebot der Schiffsgläubiger	1801

Abschnitt 6
Aufgebot zur Kraftloserklärung von Urkunden 1802

§ 466	Örtliche Zuständigkeit	1802
§ 467	Antragsberechtigter	1804
§ 468	Antragsbegründung	1805
§ 469	Inhalt des Aufgebots	1806
§ 470	Ergänzende Bekanntmachung in besonderen Fällen	1807
§ 471	Wertpapiere mit Zinsscheinen	1808
§ 472	Zinsscheine für mehr als vier Jahre	1809
§ 473	Vorlegung der Zinsscheine	1810
§ 474	Abgelaufene Ausgabe der Zinsscheine	1811
§ 475	Anmeldezeitpunkt bei bestimmter Fälligkeit	1812
§ 476	Aufgebotsfrist	1813
§ 477	Anmeldung der Rechte	1814
§ 478	Ausschließungsbeschluss	1815
§ 479	Wirkung des Ausschließungsbeschlusses	1816
§ 480	Zahlungssperre	1817
§ 481	Entbehrlichkeit des Zeugnisses nach § 471 Abs. 2	1819
§ 482	Aufhebung der Zahlungssperre	1820
§ 483	Hinkende Inhaberpapiere	1822
§ 484	Vorbehalt für die Landesgesetzgebung	1823

Buch 9
Schlussvorschriften 1824
Einführung zu Buch 9: Schlussvorschriften 1824

§ 485	Verhältnis zu anderen Gesetzen	1826
§ 486	Landesrechtliche Vorbehalte; Ergänzungs- und Ausführungsbestimmungen	1827
§ 487	Nachlassauseinandersetzung; Auseinandersetzung einer Gütergemeinschaft	1829
§ 488	Verfahren vor landesgesetzlich zugelassenen Behörden	1831
§ 489	Rechtsmittel	1833
§ 490	Landesrechtliche Aufgebotsverfahren	1834
§ 491	Landesrechtliche Vorbehalte bei Verfahren zur Kraftloserklärung von Urkunden	1835

Gesetz über Gerichtskosten in Familiensachen (FamGKG) 1837
Einleitung... 1837

Abschnitt 1
Allgemeine Vorschriften 1839
§ 1 Geltungsbereich.. 1839
§ 2 Kostenfreiheit... 1840
§ 3 Höhe der Kosten... 1842
§ 4 Umgangspflegschaft.. 1855
§ 5 Lebenspartnerschaftssachen................................. 1855
§ 6 Verweisung, Abgabe, Fortführung einer Folgesache als selbständige Familiensache.. 1856
§ 7 Verjährung, Verzinsung..................................... 1861
§ 8 Elektronische Akte, elektronisches Dokument 1863

Abschnitt 2
Fälligkeit 1864
§ 9 Fälligkeit der Gebühren in Ehesachen und selbständigen Familienstreitsachen . 1864
§ 10 Fälligkeit bei Vormundschaften und Dauerpflegschaften 1864
§ 11 Fälligkeit der Gebühren in sonstigen Fällen, Fälligkeit der Auslagen........ 1864

Abschnitt 3
Vorschuss und Vorauszahlung 1868
§ 12 Grundsatz 1868
§ 13 Verfahren nach dem Internationalen Familienrechtsverfahrensgesetz 1868
§ 14 Abhängigmachung.. 1868
§ 15 Ausnahmen von der Abhängigmachung........................ 1868
§ 16 Auslagen 1868
§ 17 Fortdauer der Vorschusspflicht............................. 1869

Abschnitt 4
Kostenansatz.. 1872
§ 18 Kostenansatz.. 1872
§ 19 Nachforderung.. 1872
§ 20 Nichterhebung von Kosten wegen unrichtiger Sachbehandlung 1872

Abschnitt 5
Kostenhaftung 1875
§ 21 Kostenschuldner in Antragsverfahren, Vergleich 1875
§ 22 Kosten bei Vormundschaft und Dauerpflegschaft 1875
§ 23 Bestimmte sonstige Auslagen............................... 1875
§ 24 Weitere Fälle der Kostenhaftung........................... 1875
§ 25 Erlöschen der Zahlungspflicht............................. 1876
§ 26 Mehrere Kostenschuldner.................................. 1876
§ 27 Haftung von Streitgenossen............................... 1876

Abschnitt 6
Gebührenvorschriften 1879
§ 28 Wertgebühren... 1879
§ 29 Einmalige Erhebung der Gebühren.......................... 1880

Inhaltsverzeichnis

§ 30	Teile des Verfahrensgegenstands	1881
§ 31	Zurückverweisung, Abänderung oder Aufhebung einer Entscheidung	1882
§ 32	Verzögerung des Verfahrens	1883

Abschnitt 7
Wertvorschriften ... 1885

Unterabschnitt 1
Allgemeine Wertvorschriften ... 1886

§ 33	Grundsatz	1886
§ 34	Zeitpunkt der Wertberechnung	1887
§ 35	Geldforderung	1889
§ 36	Genehmigung einer Erklärung oder deren Ersetzung	1890
§ 37	Früchte, Nutzungen, Zinsen und Kosten	1892
§ 38	Stufenklageantrag	1893
§ 39	Klage- und Widerklageantrag, Hilfsanspruch, wechselseitige Rechtsmittel, Aufrechnung	1896
§ 40	Rechtsmittelverfahren	1898
§ 41	Einstweilige Anordnung	1899
§ 42	Auffangwert	1901

Unterabschnitt 2
Besondere Wertvorschriften ... 1905

§ 43	Ehesachen	1905
§ 44	Verbund	1909
§ 45	Bestimmte Kindschaftssachen	1912
§ 46	Übrige Kindschaftssachen	1915
§ 47	Abstammungssachen	1917
§ 48	Ehewohnungs- und Haushaltssachen	1918
§ 49	Gewaltschutzsachen	1920
§ 50	Versorgungsausgleichssachen	1921
§ 51	Unterhaltssachen	1925
§ 52	Güterrechtssachen	1933

Unterabschnitt 3
Wertfestsetzung ... 1934

§ 53	Angabe des Werts	1934
§ 54	Wertfestsetzung für die Zulässigkeit der Beschwerde	1935
§ 55	Wertfestsetzung für die Gerichtsgebühren	1936
§ 56	Schätzung des Werts	1938

Abschnitt 8
Erinnerung und Beschwerde ... 1939

§ 57	Erinnerung gegen den Kostenansatz, Beschwerde	1939
§ 58	Beschwerde gegen die Anordnung einer Vorauszahlung	1942
§ 59	Beschwerde gegen die Festsetzung des Verfahrenswerts	1943
§ 60	Beschwerde gegen die Auferlegung einer Verzögerungsgebühr	1945
§ 61	Abhilfe bei Verletzung des Anspruchs auf rechtliches Gehör	1946

Abschnitt 9
Schluss- und Übergangsvorschriften................................. 1948
§ 62   Rechnungsgebühren... 1948
§ 63   Übergangsvorschrift... 1950

Anlage 1 (zu § 3 Abs 2).. 1951
Teil 1   Gebühren.. 1952
Teil 2   Auslagen.. 1965

Anlage 2 (zu § 28 Abs 1).. 1968

§ 111   Übergangsvorschrift.. 1969

Stichwortverzeichnis... 1979

Literaturverzeichnis

Altrogge	*Altrogge, Alexandra,* Umgang unter Zwang: Das Recht des Kindes auf Umgang mit dem umgangsunwilligen Elternteil, Bielefeld 2007
AnwKom	Anwaltskommentar, Kommentar zum BGB, Bd. 4 Familienrecht, Bonn 2004
Arnold/Meyer-Stolte	*Arnold, Egon/Meyer-Stolte, Klaus,* Rechtspflegergesetz, 6. Auflage, Bielefeld 2002
Bahrenfuss	*Bahrenfuss, Dirk,* Gesetz über die Angelegenheiten der freiwilligen Gerichtsbarkeit, Kommentar, Berlin 2009
Barnstedt/Steffen	*Barnstedt, Fritz/Steffen, Wilhelm,* Gesetz über das gerichtliche Verfahren in Landwirtschaftssachen, 7. Auflage, Köln 2005
BaRoth	*Bamberger, Heinz Georg/Roth, Herbert,* BGB Kommentar, 2. Auflage, München 2008
Barth	*Barth, Tobias Dirk,* Gewaltschutz im sozialen Nachbereich, Hamburg 2007
Bassenge/Roth	*Bassenge, Peter/Roth, Herbert,* Gesetz über das Verfahren in Familiensachen und Angelegenheiten der freiwilligen Gerichtsbarkeit, Rechtspflegergesetz, Kommentar, 12. Auflage, Heidelberg 2009
Bauer/Klie/Rink	*Bauer, Axel/Klie, Thomas/Rink, Jürgen,* Heidelberger Kommentar zum Betreuungs- und Unterbringungsrecht, Loseblatt, 67. Auflage, Stand Februar 2009
Baumbach/Hopt	*Baumbach, Adolf/Hopt, Klaus J.,* Handelsgesetzbuch, 33. Auflage, München 2008
Baumbach/Hueck	*Baumbach, Adolf/Hueck, Alfred,* GmbH-Gesetz, 18. Auflage, München 2006
Baur/Wolf	*Baur, Fritz/Wolf, Manfred,* Grundbegriffe des Rechts der freiwilligen Gerichtsbarkeit, 2. Auflage, Stuttgart 1980
Beck/Samm/Kokemoor	*Beck, Heinz/Samm, Carl-Theodor/Kokemoor, Axel,* Gesetz über das Kreditwesen, 135. Aktualisierung, Heidelberg 2009 (Loseblatt)
Bergerfurth/Rogner	*Bergerfurth, Bruno/Rogner, Jörg,* Der Ehescheidungsprozess und die anderen Eheverfahren, 15. Auflage, 2005
Beuthien	*Beuthien, Volker,* Genossenschaftsgesetz, 14. Auflage, München 2008
Biedenkopf/Zöllner	*Biedenkopf, Kurt H./Zöllner, Wolfgang,* Kölner Kommentar zum Aktiengesetz, 3. Auflage, Köln 2004
Bienwald/Sonnenfeld/ Hoffmann	*Bienwald, Werner/Sonnenfeld, Susanne/Hoffmann, Birgit,* Betreuungsrecht, Kommentar, 4. Auflage, Bielefeld 2005
BLAH	*Baumbach, Adolf/Lauterbach, Wolfgang/Albers, Jan/Hartmann, Peter,* Zivilprozessordnung mit FamFG, GVG und anderen Nebengesetzen, Kommentar, 67. Auflage, München 2009
Bork/Jakoby/Schwab	*Bork, Reinhard/Jakoby, Florian/Schwab, Dieter,* FamFG, Kommentar zum Gesetz über das Verfahren in Familiensachen und in den Angelegenheiten der freiwilligen Gerichtsbarkeit, Bielefeld 2009
Borth	*Borth, Helmut,* Versorgungsausgleich, 4. Auflage, Köln 2008

Literaturverzeichnis

Brehm	*Brehm, Wolfgang*, Freiwillige Gerichtsbarkeit, 3. Auflage, Stuttgart 2002
Brill	*Brill, Karl-Ernst*, Betreuungsrecht in Bedrängnis, Diskussionsbeiträge zum Entwurf eines 2. BtÄndG, Recklinghausen 2004
Brödermann/Rosengarten	*Brödermann, Eckhart/Rosengarten, Joachim*, Internationales Privat- und Zivilverfahrensrecht, 4. Auflage, Köln 2007
Bumiller/Harders	*Bumiller, Ursula/Harders, Dirk*, FamFG – Freiwillige Gerichtsbarkeit, 9. Auflage, München 2009
Bumiller/Winkler	*Bumiller, Ursula/Winkler, Karl*, Freiwillige Gerichtsbarkeit, Gesetz über die Angelegenheiten der freiwilligen Gerichtsbarkeit, 9. Auflage, München 2009
Dallmayer/Eickmann	*Dallmayer, Peter/Eickmann, Dieter*, Rechtspflegergesetz Kommentar, München 1996
Damrau/Zimmermann	*Damrau, Jürgen/Zimmermann, Walter*, Betreuungsrecht, Kommentar zum materiellen und formellen Recht, 3. Auflage, Stuttgart Berlin Köln 2001
Demharter	*Demharter, Johann*, Grundbuchordnung, 26. Auflage, München 2008
Dilger	*Dilger, Jörg*, Die Regelungen zur internationalen Zuständigkeit in Ehesachen der Verordnung (EG) Nr 2201/2003, Tübingen 2004
Dodegge/Roth	*Dodegge, Georg/Roth, Andreas*, Betreuungsrecht, Systematischer Praxiskommentar, 2. Auflage, Köln 2005
Dodegge/Zimmermann	*Dodegge, Georg/Zimmermann, Walter*, PsychKG NRW, 2. Auflage, Stuttgart 2003
Ebenroth/Boujong/Joost/Strohn	*Ebenroth, Carsten Thomas/Boujong, Karlheinz/Joost, Detlev/Strohn, Lutz*, Handelsgesetzbuch, 2. Auflage, München 2008
Ebert	*Ebert, Johannes*, Einstweiliger Rechtsschutz in Familiensachen, 2. Auflage, 2007
Eichele/Hirtz/Oberheim	*Eichele, Karl/Hirtz, Bernd/Oberheim, Rainer*, Handbuch Berufung im Zivilprozess, 2. Auflage, Köln 2008
Erman	*Erman, Walter/Westermann, Harm Peter*, BGB Kommentar, 12. Auflage, Köln 2008
Eschenbruch/Klinkhammer	*Eschenbruch, Klaus/Klinkhammer, Frank*, Der Unterhaltsprozess, 5. Auflage, Köln 2009
Eyermann	*Eyermann, Erich*, Verwaltungsgerichtsordnung, 12. Auflage, München 2006
FA-ErbR	*Frieser, Andreas/Sarres, Ernst/Stückemann, Wolfgang/Tschichoflos, Ursula*, Handbuch des Fachanwalts Erbrecht, 3. Auflage, 2009
FA-FamR	*Gerhardt, Peter/von Heintschel-Heinegg, Bernd/Klein, Michael*, Handbuch des Fachanwalts Familienrecht, 7. Auflage, Köln 2009
FAKomm-FamR	*Weinreich, Gerd/Klein, Michael*, Fachanwaltskommentar Familienrecht, 3. Auflage, Köln 2008
FamRefK	*Bäumel, Dieter/Bienwald, Werner/Häßermann, Röse*, Familienrechtsreformkommentar, Bielefeld 1998
Fleischhauer/Preuß	*Fleischhauer, Jens/Preuß, Nicola*, Handelsregisterrecht, Berlin 2006

Literaturverzeichnis

Friederici/Kemper	Familienverfahrensrecht – Handkommentar, Baden-Baden 2009
Firsching/Dodegge	*Firsching, Karl/Dodegge, Georg,* Familienrecht, 2. Halbband, 6. Auflage, München 1999
Firsching/Graf	*Firsching, Karl/Graf, Hans Lothar,* Nachlassrecht, 9. Auflage, 2008
Fröschle	*Fröschle, Tobias,* Praxiskommentar Betreuungs- und Unterbringungsverfahren, Köln 2007
Gerold/Schmidt	*Gerold, Wilhelm/Schmidt, Herbert,* Rechtsanwaltsvergütungsgesetz, Kommentar, 18. Auflage, München 2008
Gießler/Soyka	*Gießler, Hans/Soyka, Jürgen,* Vorläufiger Rechtsschutz in Ehe-, Familien- und Kindschaftssachen, 4. Auflage, 2005
Gregor	*Gregor, Klaus,* Erbscheinsverfahren, 4. Auflage, 2008
Guttenberger	*Guttenberger, Till,* Das Haager Übereinkommen über den internationalen Schutz von Erwachsenen, Bielefeld 2004
Habscheid	*Habscheid, Walther J.,* Freiwillige Gerichtsbarkeit, 7. Auflage, München 1983
Hachenburg	*Hachenburg, Max,* Gesetz betreffend die Gesellschaft mit beschränkter Haftung (GmbHG), 8. Auflage, Berlin 2002
Haft/Schliefen	*Haft, Fritjof/Schliefen, Gräfin von, Katharina,* Handbuch der Mediation, 2. Auflage, 2009
Hahn/Mugdan	*Hahn, Carl/Mugdan, Benno,* Die gesamten Materialien zu den Reichs-Justizgesetzen, Bd 7 (hiernach auch zitiert: Denkschrift zu dem Entwurf eines Gesetzes über die Angelegenheiten der freiwilligen Gerichtsbarkeit)
Hartmann	*Hartmann, Peter,* Kostengesetze, 39. Auflage, München 2009
Hauß/Eulering	*Hauß, Jörn/Eulering, Ruth-Maria,* Versorgungsausgleich und Verfahren in der Praxis, FamRZ-Buch 30, Bielefeld 2009
Heither	*Heither, Friedrich,* ArbGG, 4. Auflage, Berlin 2006
HK-BUR	*Bauer/Klie/Rink,* Heidelberger Kommentar zum Betreuungs- und Unterbringungsrecht
Honig	*Honig, Gerhart,* Handwerksordnung, 4. Auflage, München 2008
Hübschmann/Hepp/Spitaler	*Hübschmann, Walter/Hepp, Ernst/Spitaler, Armin,* Abgabenordnung – Finanzgerichtsordnung, 201. Lfg, Köln 2008
Hüffer	*Hüffer, Uwe,* Aktiengesetz, 8. Auflage, München 2008
Jansen	*Jansen, Paul,* Gesetz über die Angelegenheiten der freiwilligen Gerichtsbarkeit, Großkommentar, 3. Auflage, Erster Band (§§ 1–34 FGG), Berlin 2006, Zweiter Band (§§ 35–70n FGG), Berlin 2005, Dritter Band (§§ 71–200 FGG), Berlin 2006
Jarass/Pieroth	*Jarass, Hans. D./Pieroth, Bodo,* Grundgesetz, Kommentar, 10. Auflage, München 2009
Jauernig	*Jauernig, Othmar,* BGB Kommentar, 13. Auflage, 2009
Johannsen/Henrich	*Johannsen, Kurt H./Henrich, Dieter,* Eherecht, Kommentar, 4. Auflage, München 2003

Literaturverzeichnis

Jurgeleit	*Jurgeleit, Andreas,* Betreuungsrecht, Handkommentar, Baden-Baden 2006
Jürgens	*Jürgens, Andreas,* Betreuungsrecht, Kommentar zum materiellen Betreuungsrecht, zum Verfahrensrecht und zum Vormünder- und Betreuervergütungsgesetz, 3. Auflage, München 2005
Jürgens/Kröger/Marschner/ Winterstein	*Jürgens, Andreas/Kröger, Detlef/Marschner, Rolf/Winterstein, Peter,* Betreuungsrecht kompakt, systematische Darstellung des gesamten Betreuungsrechts, 6. Auflage, München 2007
jurisPraxK	juris Praxiskommentar BGB, 4. Auflage, 2009
Kalthoener/Büttner/Wrobel-Sachs	*Kalthoener, Elmar/Büttner, Helmut/Wrobel-Sachs, Hildegard,* Prozesskostenhilfe und Beratungshilfe, 4. Auflage, München 2005
Karlsruher Kommentar	*Hannich, Rolf,* Hrsg, Karlsruher Kommentar zur Strafprozessordnung, 6. Auflage, München 2008
Keidel	*Keidel, Theodor,* FamFG, Familienverfahren, Freiwillige Gerichtsbarkeit, herausgegeben von Engelhardt, Helmut/Sternal, Werner, 16. Auflage, Müchen 2009
KKW	*Keidel, Theodor/Kuntze, Joachim/Winkler, Karl,* Freiwillige Gerichtsbarkeit, Kommentar zum Gesetz über die Angelegenheiten der freiwilligen Gerichtsbarkeit, 16. Auflage, München 2009
Kissel/Mayer	*Kissel, Otto Rudolf/Mayer, Herbert,* Gerichtsverfassungsgesetz, 5. Auflage, München 2008
Knöringer	*Knöringer, Dieter,* Freiwillige Gerichtsbarkeit, 4. Auflage, München 2005
Kollhosser/Bork/Jacoby	*Kollhosser, Helmut/Bork, Reinhard/Jacoby, Florian,* Freiwillige Gerichtsbarkeit, 2. Auflage, München 2002
Kopp/Schenke	*Kopp, Ferdinand/Schenke, Wolf-Rüdiger,* Verwaltungsgerichtsordnung, 15. Auflage, München 2007
Kopp/Ramsauer	*Kopp, Ferdinand/Ramsauer, Ulrich,* Verwaltungsverfahrensgesetz, 10. Auflage, München 2008
Korintenberg	*Korintenberg, Werner,* Kostenordnung, 17. Auflage, München 2008
Krafka/Willer	*Krafka, Alexander/Willer, Heinz,* Registerrecht, 7. Auflage, München 2007
Krieger/Lenz	*Krieger, Karl/Lenz, Otto,* Firma und Handelsregister, Berlin 1938
Kropholler EuZPR	*Kropholler, Jan,* Europäisches Zivilprozessrecht, Kommentar, 8. Auflage, Frankfurt a.M. 2005
Kropholler IPR	*Kropholler, Jan,* Internationales Privatrecht, 6. Auflage, Tübingen 2006
Kühn/von Wedelstädt	*Kühn, Rolf/von Wedelstädt, Alexander,* Abgabenordnung und Finanzgerichtsordnung, 19. Auflage, Stuttgart 2008
Kuntze/Ertl/Herrmann/ Eickmann	*Kuntze, Joachim/Ertl, Rudolf/Herrmann, Hans/Eickmann, Dieter,* Grundbuchrecht, 6. Auflage, Berlin 2006
Lotz	*Lotz, Markus,* Die Vollstreckung in der freiwilligen Gerichtsbarkeit, Baden-Baden 2006
Lutter/Winter	*Lutter, Marcus/Winter, Martin,* Umwandlungsgesetz, 3. Auflage, Köln 2004

Mansel	*Mansel, Heinz-Peter*, Personalstatut, Staatsangehörigkeit und Effektivität, München 1988
Meier	*Meier, Sybille M.*, Handbuch Betreuungsrecht, Heidelberg 2001
Meikel	*Meikel, Georg*, Grundbuchrecht, 10. Auflage, Köln 2008
Melchior/Schulte	*Melchior, Robin/Schulte, Christian*, Handelsregisterverordnung, Kommentar, 2. Auflage, Norderstedt 2009
Meyer	*Meyer, Dieter*, Gerichtskostengesetz, 10. Auflage, Berlin 2008
Meysen	Das Familienverfahrensrecht – FamFG, Köln 2009
Meyer-Ladewig	*Meyer-Ladewig*, Europäische Menschenrechtskonvention, Kommentar, 2. Auflage, Baden-Baden 2006
MüKo	Münchener Kommentar zum Bürgerlichen Gesetzbuch, Bd 1, 5. Auflage, München 2006; Bd 8, 5. Auflage, München 2008; Bd 9, 4. Auflage, München 2004,
MüKoAktG	Münchener Kommentar zum Aktiengesetz, 2. Auflage, München 2000 ff, 3. Auflage, München 2008 ff
MüKoHGB	Münchener Kommentar zum Handelsgesetzbuch, 2. Auflage, München 2008
MüKoZPO	Münchener Kommentar zur Zivilprozessordnung, 3. Auflage, München 2008
Müller/Sieghörtner/Emmerling de Oliveira	*Müller, Gabriele/Sieghörtner, Robert/Emmerling de Oliveira, Nicole*, Adoptionsrecht in der Praxis, Bielefeld 2007
Musielak	*Musielak, Hans-Joachim*, Kommentar zur Zivilprozessordnung, 7. Auflage, München 2009
Musielak/Borth	Familiengerichtliches Verfahren (1. und 2. Buch FamFG) München 2009
Palandt	*Palandt, Otto*, Bürgerliches Gesetzbuch mit Nebengesetzen, 68. Auflage, München 2009
Pauling	*Pauling, Dieter*, Rechtsmittel in Familiensachen, Berlin 2002
Pawlowski/Smid	*Pawlowski, Hans-Martin/Smid, Stefan*, Freiwillige Gerichtsbarkeit, Köln 1993
Peters/Sautter/Wolff	*Peters, Horst/Sautter, Theodor/Wolff, Richard*, Kommentar zur Sozialgerichtsbarkeit, 4. Auflage, München 2008
PG	*Prütting, Hanns/Gehrlein, Markus*, ZPO Kommentar, Köln 2009
Prölss	*Prölls, Erich R.*, Versicherungsaufsichtsgesetz, 12. Auflage, München 2005
Prütting/Helms	*Prütting, Hanns/Helms, Tobias*, FamFG, Köln 2009
PWW	*Prütting, Hanns/Wegen, Gerhard/Weinreich, Gerd*, BGB Kommentar, 4. Auflage, Köln 2009
Rabe	*Rabe, Dieter*, Seehandelsrecht, 4. Auflage, München 2000
Redeker/von Oertzen	*Redeker, Konrad/Redeker, Martin/von Oertzen, Hans Joachim*, Verwaltungsgerichtsordnung, 14. Auflage, Stuttgart 2004
Reichert	*Reichert, Bernhard*, Handbuch Vereins- und Verbandsrecht, 11. Auflage, Köln 2007
Röchling	*Röchling, Walter*, Adoption, München 2006
Rosenberg/Schwab/Gottwald	*Rosenberg, Leo/Schwab, Karl Heinz/Gottwald, Uwe*, Zivilprozessrecht, 16. Auflage, München 2004

Literaturverzeichnis

Roth	*Roth, Herbert*, Die FGG-Klausur, 2. Auflage, München 2000
Rowedder	*Rowedder, Heinz*, Gesetz betreffend die Gesellschaft mit beschränkter Haftung (GmbHG), 4. Auflage, München 2002
Saage/Göppinger	*Saage, Erwin/Göppinger, Horst*, Freiheitsentziehung und Unterbringung, 4. Auflage, München 2001
Saenger	*Saenger, Ingo*, Zivilprozessordnung, 2. Auflage, Baden Baden 2005
Sauter/Schweyer	*Sauter, Eugen/Schweyer, Gerhard*, Der eingetragene Verein, 18. Auflage, München 2006
Schack	*Schack, Haimo*, Internationales Zivilverfahrensrecht, 4. Auflage, München 2006
Schlegelberger	*Schlegelberger, Franz*, Gesetz über die Angelegenheiten der freiwilligen Gerichtsbarkeit, Köln-Berlin 1956
Schmidt	*Schmidt, Gerd*, Handbuch der freiwilligen Gerichtsbarkeit, 2. Auflage, 1996
Schneider/Herget	*Schneider, Egon/Herget, Kurt*, Streitwertkommentar für den Zivilprozess, 12. Auflage, Köln 2007
Schoch/Schmidt-Aßmann/ Pietzner	*Schoch, Friedrich/Schmidt-Aßmann, Eberhard/Pietzner, Rainer*, Verwaltungsgerichtsordnung, 17. Ergänzungslieferung, München 2009
Scholz	*Scholz, Franz*, Kommentar zum GmbH-Gesetz, 10. Auflage, Köln 2006
Schöner/Stöber	*Schöner, Hartmut/Stöber, Kurt*, Grundbuchrecht, 14. Auflage, München 2008
Schreiber	*Schreiber, Wolfgang*, Handbuch des Wahlrechts zum Deutschen Bundeswahlgesetz, 7. Auflage, Köln 2002; Ergänzungsband 2005
Schröder	*Schröder, Rudolf*, Familienmediation, 2004
Schulte-Bunert	*Schulte-Bunert, Kai*, Das neue FamFG, Köln 2009
Schuschke/Walker	*Schuschke, Winfried/Walker, Wolf-Dietrich*, Vollstreckung und Vorläufiger Rechtsschutz, Kommentar, 4. Auflage, Köln/München 2008
Schütze	*Schütze, Rolf*, Das Internationale Zivilprozessrecht in der ZPO, Kommentar, Berlin 2008
Schweitzer	*Schweitzer, Philipp*; Die Vollstreckung von Umgangsregelungen, Bielefeld 2007
Soergel	*Soergel*, Kommentar zum Bürgerlichen Gesetzbuch, Bd 18, 13. Auflage, Stuttgart 2000
Staub	*Staub, Hermann*, Handelsgesetzbuch, 4. Auflage, Berlin 1983
Staudinger	*von Staudinger, Julius*, BGB-Kommentar, jeweils neueste Bearbeitung Berlin
Stein/Jonas	*Stein, Friedrich/Jonas, Martin*, Kommentar zur Zivilprozessordnung, 22. Auflage, Band 3, Tübingen 2005
Stelkens/Bonk/Sachs	*Stelkens, Paul/Bonk, Heinz Joachim/Sachs, Michael*, Verwaltungsverfahrensgesetz, Kommentar, 7. Auflage, München 2008
Sternberg/Siehr	*Sternberg, Leo/Siehr, Kurt*, Das Registerrecht, Berlin 1930
Thalmann	*Thalmann, Wolfgang*, Praktikum des Familienrechts, 5. Auflage, Heidelberg 2006

Thomas/Putzo	*Thomas, Heinz/Putzo, Hans*, Zivilprozessordnung, Kommentar, 30. Auflage, München 2009
Tipke/Kruse	*Tipke, Klaus/Kruse, Heinrich*, Kommentar zur Abgabenordnung und Finanzgerichtsordnung, Loseblatt, Köln, Stand Dezember 2008
Uhlenbruck/Hirte/Vallender	*Uhlenbruck, Wilhelm/Hirte, Heribert/Vallender, Heinz*, Insolvenzordnung, 12. Auflage, München 2003
v. Waldstein/Holland	*v. Waldstein, Thor/Holland, Hubert*, Binnenschifffahrtsrecht, 5. Auflage, Berlin 2007
Wever	*Wever, Reinhardt*, Vermögensauseinandersetzung der Ehegatten außerhalb des Güterrechts, 4. Auflage, Bielefeld 2006
Wick	*Wick, Hartmut*, Der Versorgungsausgleich, 2. Auflage, Berlin 2007
Winkler	*Winkler, Karl*, Beurkundungsgesetz, 16. Auflage, München 2008
Wuppermann	*Wuppermann, Michael*, Adoption, Ein Handbuch für die Praxis, Köln 2006
Wütz	*Wütz*, Der Freibeweis in der freiwilligen Gerichtsbarkeit, Tübingen 1970
Zimmermann	*Zimmermann, Walter*, Praktikum der Freiwilligen Gerichtsbarkeit, 6. Auflage, Heidelberg 2004
Zimmermann	*Zimmermann, Walter*, Zivilprozessordnung, 8. Auflage, Heidelberg 2007
Zöller	*Zöller, Richard*, Kommentar zur Zivilprozessordnung, 27. Auflage, Köln 2009

Abkürzungsverzeichnis

A

aA	anderer Ansicht
ABGB	Allgemeines Bürgerliches Gesetzbuch für Österreich
Abk	Abkommen
abl	ablehnend
ABl	Amtsblatt
ABM	Arbeitsbeschaffungsmaßnahme
Abs	Absatz
abw	abweichend
AcP	Archiv für die zivilistische Praxis
AdAnpG	Gesetz zur Anpassung rechtlicher Vorschriften an das Adoptionsgesetz
AdG	Gesetz über die Annahme als Kind und zur Änderung anderer Vorschriften (Adoptionsgesetz)
AdÜbAG	Haager Adoptionsübereinkommens-Ausführungsgesetz
AdVermiG	Gesetz über die Vermittlung der Annahme als Kind – Adoptionsvermittlungsgesetz
AdWirkG	Gesetz über Wirkungen der Annahme als Kind nach ausländischem Recht – Adoptionswirkungsgesetz
aE	am Ende
AEG	Anerbengericht
aF	alte Fassung
AG	Amtsgericht/Aktiengesellschaft
AGB	Allgemeine Geschäftsbedingungen
AGBG	Gesetz zur Regelung des Rechts der Allgemeinen Geschäftsbedingungen
AGBGB	Ausführungsgesetz zum BGB
AGJ-Mitt	Mitteilungen der Arbeitsgemeinschaft der Jugendämter
AGS	Anwaltsgebühren Spezial
AktG	Aktiengesetz
AktO	Aktenordnung für die Gerichte der ordentlichen Gerichtsbarkeit und die Staatsanwaltschaften
allg	allgemein/e/r
aM	anderer Meinung
AmtlBegr	amtliche Begründung
AmtsBl	Amtsblatt
AN	Arbeitnehmer
ÄndG	Änderungsgesetz
Anh	Anhang
Anl	Anlage
Anm	Anmerkung
AnO	Anordnung
AnwBl	Anwaltsblatt
AO	Abgabenordnung
ArbG	Arbeitsgericht
ArbGG	Arbeitsgerichtsgesetz
ArbN	Arbeitnehmer
ArchBürgR	Archiv für Bürgerliches Recht (Band, Seite)
ArG	Arbeitsgemeinschaft
arg	argumentum
Art	Artikel

Abkürzungsverzeichnis

ASt	Antragsteller
AufenthG	Gesetz über den Aufenthalt, die Erwerbstätigkeit und die Integration von Ausländern im Bundesgebiet (Aufenthaltsgesetz) v 3.7.2004 (BGBl I S 1950), zuletzt geändert durch Art 2 Abs 3 G zur Ergänzung des Rechts zur Anfechtung der Vaterschaft vom 13.3.2008 (BGBl I S 313)
Aufl	Auflage
ausf	ausführlich
AusfG	Ausführungsgesetz
ausschl	ausschließlich
AV	Allgemeine Verfügung
AVAG	Anerkennungs- und Vollstreckungsausführungsgesetz
AVB	Allgemeine Versicherungsbedingungen
AVO	Ausführungsverordnung
Az	Aktenzeichen

B

BaFin	Bundesanstalt für Finanzdienstleistungsaufsicht
BAföG	Bundesgesetz über individuelle Förderung der Ausbildung (Ausbildungsförderungsgesetz)
BAG	Bundesarbeitsgericht
BAGE	Bundesarbeitsgerichtsentscheidungen
BAnz	Bundesanzeiger
BArbBl	Bundesarbeitsblatt
BarwertVO	Barwertverordnung
BaWü	Baden-Württemberg
Bay	Bayern
BayerGVBl	Bayerisches Gesetz- und Verordnungsblatt
BayJMBl	Bayerisches Justizministerialblatt
BayObLG	Bayerisches Oberstes Landesgericht
BayObLGZ	Entscheidungen des Bayerischen Obersten Landesgerichts in Zivilsachen
BayPAG	Bayerisches Polizeiaufgabengesetz
BayUnterbrG	Bayerisches Gesetz über die Unterbringung psychisch Kranker und deren Betreuung
BayVerfGH	Bayerischer Verfassungsgerichtshof
BB	Der Betriebsberater
BBesG	Bundesbesoldungsgesetz
BBG	Bundesbeamtengesetz
BBiG	Berufsbildungsgesetz
Bd	Band
BDSG	Gesetz zum Schutz vor Missbrauch personenbezogener Daten bei der Datenverarbeitung (Bundesdatenschutzgesetz)
Bearb	Bearbeiter
Begr	Begründung
ber	berichtigt
BerlAnwBl	Berliner Anwaltsblatt
BerlGVBl	Berliner Gesetz- und Verordnungsblatt
BErzGG	Gesetz über die Gewährung von Erziehungsgeld und Erziehungsurlaub (Bundeserziehungsgeldgesetz)
bestr	bestritten
betr	betreffend
BetrVG	Betriebsverfassungsgesetz

Abkürzungsverzeichnis

BFG	Bundesfinanzgericht
BFH	Bundesfinanzhof
BFH/NV	Beck'sches Nachschlagewerk der Entscheidungen des BFH
BFHE	Sammlung der Entscheidungen und Gutachten des BFH
BG	Bundesgesetz
BGA	Bundesgesundheitsamt
BGB	Bürgerliches Gesetzbuch
BGBl	Bundesgesetzblatt
BGH	Bundesgerichtshof
BGH EBE	Eildienst der Entscheidungen des BGH
BGHST	Entscheidungen des BGH in Strafsachen
BGHZ	Entscheidungen des BGH in Zivilsachen
BinSchG	Gesetz betreffend die privatrechtlichen Verhältnisse der Binnenschifffahrt (Binnenschifffahrtsgesetz)
BinSchGerG	Gesetz über das gerichtliche Verfahren in Binnenschifffahrtssachen
BKAG	Gesetz über das Bundeskriminalamt und die Zusammenarbeit des Bundes und der Länder in kriminalpolizeilichen Angelegenheiten (Bundeskriminalamtgesetz) v 7.7.1997 (BGBl I S 1650), zuletzt geändert durch Art 7 Telekommunikationsüberwachungs-NeuregelungsG vom 9.11.2007 (BGBl I S 3198)
BKGG	Bundeskindergeldgesetz
Bl	Blatt
BMJ	Bundesminister(ium) der Justiz
BNotO	Bundesnotarordnung
BörsG	Börsengesetz
BPatG	Bundespatentgericht
BPolG	Gesetz über die Bundespolizei (Bundespolizeigesetz) v 19.10.1994 (BGBl I S 2978, 2979), zuletzt geändert durch Art 1 ÄndG vom 26.2.2008 (BGBl I S 215)
BR	Bundesrat
BRAK-Mitt	BRAK-Mitteilungen
BRAO	Bundesrechtsanwaltsordnung
BRDrs	Bundesratsdrucksache
BReg	Bundesregierung
BRVO	Bundesratsverordnung
BSG	Bundessozialgericht
bspw	beispielsweise
BStBl	Bundessteuerblatt
BT	Bundestag
BtBG	Betreuungsbehördengesetz
BTÄndG	Gesetz zur Änderung des Betreuungsrechts
BTDrs	Bundestags-Drucksachen
BtE	Betreuungsrechtliche Entscheidungen
BtG	Gesetz zur Reform des Rechts der Vormundschaft und Pflegschaft für Volljährige (Betreuungsgesetz)
BtPrax	Betreuungsrechtliche Praxis
BVBl	Bundesversorgungsblatt, Entscheidungssammlung
BVerfG	Bundesverfassungsgericht
BVerfGE	Entscheidungen des Bundesverfassungsgerichts (Band, Seite)
BVerfGG	Gesetz über das Bundesverfassungsgericht
BVerwG	Bundesverwaltungsgericht
BWG	Bundeswahlgesetz

Abkürzungsverzeichnis

BWNotZ	Baden-Württembergische Notarzeitung
BWO	Bundeswahlordnung
BZollBl	Bundszollblatt (Jahr, Seite)
bzw	beziehungsweise

C

Cc	Code civil, Codice civile, Codigo civil
cic	culpa in contrahendo
CR	Computer und Recht

D

DA	Dienstanweisung für die Standesbeamten und ihre Aufsichtsbehörden
DAV	Deutscher Anwaltverein
DAVorm	Der Amtsvormund
DB	Der Betrieb
DBest	Durchführungsbestimmung
Denkschrift	Denkschrift zu dem Entwurf eines Gesetzes über die Angelegenheiten der freiwilligen Gerichtsbarkeit, zitiert nach Hahn/Mugdan, die gesammten Materialien zu den Reichs-Justizgesetzen, Bd 7, S 33 ff
ders	derselbe
DFG	Deutsche Freiwillige Gerichtsbarkeit (Jahr, Seite)
DGB	Deutscher Gewerkschaftsbund
dgl	dergleichen
DGVZ	Deutsche Gerichtsvollzieherzeitung (Jahr, Seite)
dh	das heißt
Diss	Dissertation
DiszH	Disziplinarhof
DJ	Deutsche Justiz
DJT	Deutscher Juristentag
DJZ	Deutsche Juristenzeitung
DNotZ	Deutsche Notarzeitung
DONot	Dienstordnung für Notarinnen und Notare
DPA	Deutsches Patentamt
DPMA	Deutsches Patent- und Markenamt
DR	Deutsches Recht
DRiG	Deutsches Richtergesetz
DRiZ	Deutsche Richterzeitung
DRpfl	Deutsche Rechtspflege (Jahr, Seite)
DRspr	Deutsche Rechtsprechung (Leitzahl, Blatt)
DRWiss	Deutsche Rechtswissenschaft (Jahr, Seite)
DRZ	Deutsche Rechtszeitschrift
DStR	Deutsche Steuer-Rundschau/Deutsches Steuerrecht
DStRE	Deutsches Steuerrecht – Entscheidungsdienst
DStZ	Deutsche Steuerzeitung
DTV	Deutscher Transportarbeiterverband
DtZ	Deutsch-Deutsche Rechtszeitschrift
DV	Deutsche Verwaltung (Jahr, Seite)
DVBl	Deutsches Verwaltungsblatt (Jahr, Seite)
DVO	Durchführungsverordnung

E

e.V.	eingetragener Verein
EA	Einstweilige Anordnung
EBE/BGH	Eildienst Bundesgerichtliche Entscheidungen
EFG	Entscheidungen der Finanzgerichte
EG	Einführungsgesetz; auch: Europäische Gemeinschaft(en)
EGBGB	Einführungsgesetz zum Bürgerlichen Gesetzbuch
EGGVG	Einführungsgesetz zum Gerichtsverfassungsgesetz
EGHGB	Einführungsgesetz zum Handelsgesetzbuch
EGMR	Europäischer Gerichtshof für Menschenrechte
EGStGB	Einführungsgesetz zum Strafgesetzbuch
EGV	EG-Vertrag
EG-VO Zustellung	Verordnung (EG) Nr 1397/2007 über die Zustellung gerichtlicher und außergerichtlicher Schriftstücke in Zivil- und Handelssachen
EheG	Ehegesetz
EhemissbrG	Gesetz gegen Missbräuche bei der Eheschließung und der Annahme an Kindes Statt
EheNÄndG	Gesetz über die Änderung des Ehenamens (Ehenamensänderungsgesetz)
1. EheRG	Erstes Gesetz zur Reform des Ehe- und Familienrechts v 14.6.1976 (BGBl 1 1421)
EheschlRG	Gesetz zur Neuordnung des Eheschließungsrechts
EHUG	Gesetz über elektronische Handelsregister sowie das Genossenschaftsregister vom 10.11.2006 – BGBl I 2553
Einf	Einführung
EinigVtr	Einigungsvertrag
Einl	Einleitung
einschl	einschließlich
EMRK	(Europäische) Konvention zum Schutz der Menschenrechte und Grundfreiheiten
entspr	entsprechend
ErbGleichG	Gesetz zur erbrechtlichen Gleichstellung nichtehelicher Kinder
ErbStG	Erbschaftsteuer- und Schenkungsteuergesetz
erg	ergänzend
Erg	Ergebnis
ErwSÜAG	Erwachsenenschutzübereinkommens-Ausführungsgesetz
ESorgeÜ	Europäisches Übereinkommen über die Anerkennung und Vollstreckung von Entscheidungen über das Sorgerecht für Kinder und die Wiederherstellung der Sorgeverhältnisse v 20.5.1980 (BGBl 1990 II S 220)
EStG	Einkommensteuergesetz
ESÜ	Haager Übereinkommen über den internationalen Schutz Erwachsener v 13.1.2000 (BGBl 2007 II S 324)
EU	Europäische Union
EuGH	Gerichtshof der Europäischen Gemeinschaften
EuGH Slg	(Entscheidungs-)Sammlung des Gerichtshofes der Europäischen Gemeinschaften
EuGVO	(Europäische) Verordnung über die gerichtliche Zuständigkeit und die Anerkennung und Vollstreckung von Entscheidungen Zivil- und Handelssachen

Abkürzungsverzeichnis

EuGVÜ	(Europäisches) Übereinkommen über die gerichtliche Zuständigkeit und die Vollstreckung gerichtlicher Entscheidungen in Zivil- und Handelssachen
EuR	Europarecht (Jahr, Seite)
EuRAG	Gesetz über die Tätigkeit europäischer Rechtsanwälte in Deutschland (EuRAG) vom 9.3.2000 (BGBl I S 182), zuletzt geändert durch Art 19 Abs 9 G zur Neuregelung des Rechtsberatungsrechts vom 12.12.2007 (BGBl I S 2840)
EuUntVO	(Europäische) Verordnung über die Zuständigkeit, das anwendbare Recht, die Anerkennung und Vollstreckung von Entscheidungen und die Zusammenarbeit in Unterhaltssachen
EUVisumVO	Verordnung (EG) Nr. 539/2001 des Rates vom 15.3.2001 zur Aufstellung der Liste der Drittländer, deren Staatsangehörige beim Überschreiten der Außengrenzen im Besitz eines Visums sein müssen, sowie der Liste der Drittländer, deren Staatsangehörige von dieser Visumpflicht befreit sind
EV	Eigentumsvorbehalt
eV	einstweilige Verfügung
evtl	eventuell
EWIV	Europäische wirtschaftliche Interessenvereinigung
EWIV-AG	Gesetz zur Ausführung der EWG-Verordnung über die Europäische wirtschaftliche Interessenvereinigung
EWIV-VO	Verordnung (EWG) Nr. 2137/85 des Rates vom 25.7.1985 über die Schaffung einer Europäischen wirtschaftlichen Interessenvereinigung

F

f	folgende (r)
FamFG	Gesetz über das Verfahren in Familiensachen und in den Angelegenheiten der freiwilligen Gerichtsbarkeit idF v Art 1 des FGG-RG v 17.12.2008 (BGBl I S 2586)
FamFG-VAE	FamFG idF v Art 2 des RegE zum VAStrRefG v 2.8.2008 (BTDrs 16/10144)
FamGKG	Gesetz über Gerichtskosten in Familiensachen idF v Art 2 des FGG-RG v 17.12.2008 (BGBl I S 2586)
FamNeuÄndG	Gesetz über die Änderung von Familiennamen und Vornamen
FamR	Familienrecht
FamRÄndG	Gesetz zur Vereinheitlichung und Änderung familienrechtlicher Vorschriften (Familienrechtsänderungsgesetz)
FamRBInt	Der Familienrechtsberater international (Beilage zum Familienrechtsberater)
FamRZ	Zeitschrift für das gesamte Familienrecht (Jahr, Seite)
FeuerschStG	Feuerschutzsteuergesetz
ff	fortfolgende
FG	Finanzgericht
FGG	Gesetz über die freiwillige Gerichtsbarkeit
FGG-RG	Gesetz zur Reform des Verfahrens in Familiensachen und in den Angelegenheiten der freiwilligen Gerichtsbarkeit (FGG-Reformgesetz) v 17.12.2008 (BGBl I S 2586)
FGO	Finanzgerichtsordnung
FGPrax	Praxis der freiwilligen Gerichtsbarkeit
FPR	Familie, Partnerschaft und Recht
FrhEntzG	Gesetz über das gerichtliche Verfahren bei Freiheitsentziehungen

Abkürzungsverzeichnis

FS	Festschrift für
FuR	Zeitschrift Familie und Recht (Jahr, Seite)

G

G	Gesetz
GBl	Gesetzblatt
GBO	Grundbuchordnung
GbR	Gesellschaft bürgerlichen Rechts
Geb	Gebühr
gem	gemäß
GemS-OGB	Gemeinsamer Senat der obersten Gerichtshöfe des Bundes
GenRegV	Verordnung über das Genossenschaftsregister (Genossenschaftsregisterverordnung)
GewO	Gewerbeordnung
GewSchG	Gewaltschutzgesetz
GG	Grundgesetz
ggf	gegebenenfalls
ggü	gegenüber
GKG	Gerichtskostengesetz
GleichberG	Gesetz über die Gleichberechtigung von Mann und Frau auf dem Gebiet des bürgerlichen Rechts (Gleichberechtigungsgesetz)
GmbH	Gesellschaft mit beschränkter Haftung
GmbHG	Gesetz betreffend die Gesellschaften mit beschränkter Haftung
GMBl	Gemeinsames Ministerialblatt
GmS-OGB	Gemeinsamer Senat der obersten Gerichtshöfe des Bundes
GrEStG	Grunderwerbsteuergesetz
grds	grundsätzlich
GrS	Großer Senat
GrSZ	Großer Senat in Zivilsachen
GV	Gerichtsvollzieher/Gebührenverzeichnis
GVBl	Gesetz- und Verordnungsblatt (Jahr, Seite)
GVG	Gerichtsverfassungsgesetz

H

HA	Hauptausschuss des Parlamentarischen Rates
HaagEheschlAbk	Haager Abkommen zur Regelung des Geltungsbereichs der Gesetze auf dem Gebiete der Eheschließung
HaagVormAbk	Haager Abkommen zur Regelung der Vormundschaft über Minderjährige
HAÜ	Haager Übereinkommen über den Schutz von Kindern und die Zusammenarbeit auf dem Gebiet der internationalen Adoption v 29.5.1993 (BGBl 2001 II S 1035)
HausratsV, HV	Verordnung über die Behandlung der Ehewohnung und des Hausrats
HausratsVO	Hausratsverordnung
HE	Hessen
HeimG	Gesetz über Altenheime, Altenwohnheime und Pflegeheime für Volljährige
HeizkostenV	Verordnung über die verbrauchsabhängige Abrechnung der Heiz- und Warmwasserkosten
HEZ	Höchstrichterliche Entscheidungen, Sammlung von Entscheidungen der Oberlandesgerichte und der obersten Gerichte in Zivilsachen (Band, Seite)

Abkürzungsverzeichnis

HFR	Höchstrichterliche Finanzrechtsprechung
HGB	Handelsgesetzbuch
HKÜ	Haager Übereinkommen über die zivilrechtlichen Aspekte internationaler Kindesentführung v 25.10.1980 (BGBl 1990 II S 207)
hL	herrschende Lehre
hM	herrschende Meinung
HmbGVBl	Hamburgisches Gesetz- und Verordnungsblatt (Jahr, Seite)
HRegGebV	Verordnung über Gebühren in Handels-, Partnerschafts- und Genossenschaftsregistersachen (Handelsregistergebührenverordnung)
HRP	Handbuch der Rechtspraxis
HRR	Höchstrichterliche Rechtsprechung
Hrsg	Herausgeber
HRV	Verordnung über die Einrichtung und Führung des Handelsregisters (Handelsregisterverordnung) v 12.8.1937
Hs	Halbsatz

I

iA	im Allgemeinen
idF	in der Fassung
idR	in der Regel
idS	in diesem Sinn
iE	im Einzelnen
IfSG	Infektionsschutzgesetz
iGgs	im Gegensatz
IHK	Industrie- und Handelskammer
insbes	insbesondere
InsO	Insolvenzordnung
IntFamRVG	Gesetz zur Aus- und Durchführung bestimmter Rechtsinstrumente auf dem Gebiet des internationalen Familienrechts (Internationales Familienrechtsverfahrensgesetz) v 26.1.2005 (BGBl I S 162), zuletzt geändert durch Art 8 des Gesetzes v. 30.7.2009 (BGBl I S 2474)
InvG	Investmentgesetz
IPR	Internationales Privatrecht
IPrax	Praxis des Internationalen Privat- und Verfahrensrechts
IPRspr	Die Deutsche Rechtsprechung auf dem Gebiet des IPR
iSd	im Sinne des (der)
iVm	im Verbindung mit
IVR	Internationale Vereinigung der Rheinschifffahrtsregister
IVTB	Internationale Verlade- und Transportbedingungen für die Binnenschifffahrt

J

JA	Juristische Arbeitsblätter
JArbSchG	Gesetz zum Schutz der arbeitenden Jugend (Jugendarbeitsschutzgesetz)
JBl	Justizblatt
JFG	Jahrbuch für Entscheidungen in Angelegenheiten der Freiwilligen Gerichtsbarkeit und des Grundbuchrechts (Jahrgang, Seite)
JG	Jugendgericht
JGG	Jugendgerichtsgesetz
JKomG	Justizkommunikationsgesetz v 22.3.2005 (BGBl I S 837)

Abkürzungsverzeichnis

JM	Justizministerium
JMBl	Justizministerialblatt
JMBlNRW	Justizministerialblatt für Nordrhein-Westfalen
JR	Juristische Rundschau
1. JuMoG	Erstes Gesetz zur Modernisierung der Justiz (1. Justizmodernisierungsgesetz) v 24.8.2004 (BGBl I S 2198)
2. JuMoG	Zweites Gesetz zur Modernisierung der Justiz (2. Justizmodernisierungsgesetz) v 3.12.2006 (BGBl I S 3416), geändert durch G v 12.12.2007 (BGBl I 2840)
JurA	Juristische Analysen (Jahrgang, Seite)
Jura	Juristische Ausbildung (Jahrgang, Seite)
JurBüro	Das Juristische Büro, Fachzeitschrift (Jahrgang, Seite)
JuS	Juristische Schulung (Jahrgang, Seite)
Justiz	Die Justiz, Amtsblatt des Justizministeriums Baden-Württemberg
JustSen	Justizsenator
JuV	Justiz und Verwaltung (Jahrgang, Seite)
JVBl	Justizverwaltungsblatt
JVEG	Gesetz über die Vergütung von Sachverständigen, Dolmetscherinnen, Dolmetschern, Übersetzerinnen und Übersetzern sowie die Entschädigung von ehrenamtlichen Richterinnen, ehrenamtlichen Richtern, Zeuginnen, Zeugen und Dritten (Justizvergütungs- und -entschädigungsgesetz)
JVKostO	Gesetz über Kosten im Bereich der Justizverwaltung (Justizverwaltungskostenordnung)
JW	Juristische Wochenschrift
JWG	Gesetz für Jugendwohlfahrt (Jugendwohlfahrtgesetz)
JZ	Juristenzeitung (Jahrgang, Seite)

K

Kap	Kapitel
KG	Kammergericht/Kommanditgesellschaft
KGJ	Jahrbuch für die Entscheidungen des Kammergerichts (Band, Seite)
KindRG	Gesetz zur Reform des Kindschaftsrechts
KindUG	Gesetz zur Vereinheitlichung des Unterhaltsrechts
KJHG	Kinder- und Jugendhilfegesetz
Komm	Kommentar
KostO	Gesetz über die Kosten in Angelegenheiten der freiwilligen Gerichtsbarkeit (Kostenordnung)
KostRÄndG	Kostenrechts-Änderungsgesetz
KostRMoG	Gesetz zur Modernisierung des Kostenrechts (Kostenrechtsmodernisierungsgesetz) v 5.5.2004 (BGBl I S 718)
KSÜ	Haager Übereinkommen über die Zuständigkeit das anzuwendende Recht, die Anerkennung, Vollstreckung und Zusammenarbeit auf dem Gebiet der elterlichen Verantwortung und der Maßnahme zum Schutz von Kindern v 19.10.1996
KV-GKG	Kostenverfügung zum Gerichtskostengesetz

L

LAG	Lastenausgleichsgesetz; auch: Landesarbeitsgericht
LAGE	Entscheidungssammlung Landesarbeitsgerichte
LArbG	Landesarbeitsgericht
LBesG	Landesbesoldungsgesetz

Abkürzungsverzeichnis

LBG	Landesbeamtengesetz
LG	Landgericht
lit	litera
Lit	Literatur
LKV	Landes- und Kommunalverwaltung
LPartG	Gesetz über die Eingetragene Lebenspartnerschaft
LPG	Landwirtschaftliche Produktionsgenossenschaft
LS	Leitsatz
LSG	Landessozialgericht
Ltd	private company limited by shares
LugÜ	Lugano-Übereinkommen über die gerichtliche Zuständigkeit und die Vollstreckung gerichtlicher Entscheidungen in Zivil- und Handelssachen
LVerwG	Landesverwaltungsgericht
LwAnpG	Gesetz über die strukturelle Anpassung der Landwirtschaft an die soziale und ökologische Marktwirtschaft in der Deutschen Demokratischen Republik (Landwirtschaftsanpassungsgesetz)

M

m	mit
MBl	Ministerialblatt
MDR	Monatsschrift für Deutsches Recht
MEPolG	Musterentwurf Polizeigesetz
MHbeG	Gesetz zur Beschränkung der Haftung Minderjähriger
MinBl	Ministerialblatt
MittBayNotK	Mitteilungen Bayerische Notar-Kammer
MIttBl	Mitteilungsblatt
MittRhNotK	Mitteilungen Rheinische Notar-Kammer
MiZi	Anordnungen über Mitteilungen in Zivilsachen; Mitteilungen in Zivilsachen
MJAE	Ministerium für Justiz, Arbeit und Europa
MMR	MultiMedia und Recht (Jahr, Seite)
mN	mit Nachweisen
MoMiG	Gesetz zur Modernisierung des GmbH-Rechts und zur Bekämpfung von Missbräuchen
MRK	Menschenrechtskonvention
MSA	Haager Übereinkommen über die Zuständigkeit der Behörden und das anzuwendende Recht auf dem Gebiet des Schutzes von Minderjährigen v 5.10.1961 (BGBl 1971 II S 217)
mwN	mit weiteren Nachweisen

N

Nachw	Nachweise
NamÄndG	Namensänderungsgesetz, Ehenamenänderungsgesetz
NEhelG	Gesetz über die Stellung der nichtehelichen Kinder
nF	neue Fassung
NJ	Neue Justiz
NJW	Neue Juristische Wochenschrift (Jahr, Seite)
NJWE-FER	NJW-Entscheidungsdienst Familien- und Erbrecht
NJWE-MietR	NJW Entscheidungsdienst Miet- und Wohnungsrecht (Jahr, Seite)
NJW-RR	Neue Juristische Wochenschrift Rechtsprechungsreport
NotBZ	Zeitschrift für die notarielle Beratungs- und Beurkundungspraxis

Abkürzungsverzeichnis

NotVO	Notverordnung, auch: Verordnung über die Tätigkeit von Notaren in eigener Praxis (DDR)
Nr	Nummer(n)
NRW	Nordrhein-Westfalen
NSTE	Neue Entscheidungssammlung für Strafrecht
NTS-ZA	Zusatzabkommen zum NATO-Truppenstatut (Zusatzabkommen zu dem Abkommen zwischen den Parteien des Nordatlantikvertrages über die Rechtsstellung ihrer Truppen hinsichtlich der in der Bundesrepublik Deutschland stationierten ausländischen Truppen)

O

OEEC	Organization for European Economic Cooperation
OHG	Offene Handelsgesellschaft
OLG	Oberlandesgericht
OLG-NL	OLG-Rechtsprechung Neue Länder
OLGR	Die Rechtsprechung der Oberlandesgerichte
OLG-Rspr	OLG-Rechtsprechung
OLGZ	Entscheidungen der Oberlandesgerichte in Zivilsachen einschließlich der freiwilligen Gerichtsbarkeit
OVG	Oberverwaltungsgericht
OVGE	Entscheidungen der Oberverwaltungsgerichte (Band, Seite)

P

PAngKlauselG	Verordnung zur Regelung der Preisangaben
PartG	Gesetz über die politischen Parteien
PartGG	Gesetz über Partnerschaftsgesellschaften Angehöriger Freier Berufe (Partnerschaftsgesellschaftsgesetz)
PatAnwO	Patentanwaltsordnung v 7.9.1966 (BGBl I S 557), zuletzt geändert durch Art 3 G zur Neuregelung des Verbots der Vereinbarung von Erfolgshonoraren vom 12.6.2008 (BGBl I S 1000)
PfandBG	Pfandbriefgesetz
Pkh	Prozesskostenhilfe
PolG NRW	Polizeigesetz NRW
ProzBev	Prozessbevollmächtigter
PStG	Personenstandsgesetz v 19.2.2007 (BGBl I S 122), zuletzt geändert durch Art 2 Abs 2 G zur Ergänzung des Rechts zur Anfechtung der Vaterschaft vom 13.3.2008 (BGBl I S 313)
PsychKG NRW	Gesetz über Hilfen und Schutzmaßnahmen bei psychischen Krankheiten NRW
PrOVGE	Entscheidungen des Preußischen Oberverwaltungsgerichts (Band, Seite)
PRV	Verordnung über die Einrichtung und Führung des Partnerschaftsregisters (Partnerschaftsregisterverordnung)
PublG	Gesetz über die Rechnungslegung von bestimmten Unternehmen und Konzernen (Publizitätsgesetz)
pVV	positive Vertragsverletzung

R

RA	Rechtsanwalt, Rechtsanwältin
RADG	Rechtsanwaltsdienstleistungsgesetz
RAK	Rechtsanwaltskammer
RAnB	Rechtsprechung Spezial Neue Bundesländer

Abkürzungsverzeichnis

RAO	Rechtsanwaltsordnung
RdErl	Runderlass
RDG	Gesetz zur Neuregelung des Rechtsberatungsrechts (Rechtsdienstleistungsgesetz) v 12.12.2007 (BGBl I S 2840)
RDGEG	Einführungsgesetz zum Rechtsdienstleistungsgesetz
RefE	Referentenentwurf
RefE FGG-RG I	Referentenentwurf des Gesetzes zur Reform des Verfahrens in Familiensachen und in Angelegenheiten der freiwilligen Gerichtsbarkeit v 6.6.2005
RefE FGG-RG II	Ergänzter Referentenentwurf des Gesetzes zur Reform des Verfahrens in Familiensachen und in Angelegenheiten der freiwilligen Gerichtsbarkeit v 14.2./26.7.2006
RegBdVO	Regelbedarf-Verordnung
RegBl	Regierungsblatt
RegE	Regierungsentwurf
RegE FGG-RG	Regierungsentwurf des Gesetzes zur Reform des Verfahrens in Familiensachen und in Angelegenheiten der freiwilligen Gerichtsbarkeit idF v 7.9.2007 (BTDrs 16/6308)
RegUnterhVO	Verordnung zur Berechnung des Regelunterhalts (Regelunterhalt-Verordnung)
REITG	Gesetz über deutsche Immobilien-Aktiengesellschaften mit börsennotierten Anteilen
RelKEG	Gesetz über die religiöse Kindererziehung
RFG	Jahrbuch für Entscheidungen in Angelegenheiten der freiwilligen Gerichtsbarkeit und des Grundbuchrechts (Band, Seite)
RG	Reichsgericht; mit Fundstelle: amtliche Sammlung der RG-Rechtsprechung in Zivilsachen
RGBl	Reichsgesetzblatt
Richtl	Richtlinie
RIW	Recht der Internationalen Wirtschaft
RJA	Entscheidungen in Angelegenheiten der freiwilligen Gerichtsbarkeit und des Grundbuchrechts (Band, Seite)
Rn	Randnummer bei externen Verweisen
RNotZ	Rheinische Notar-Zeitschrift (Jahr, Seite)
Rpfleger	Der Deutsche Rechtspfleger
RpflG/RpflegerG	Rechtspflegergesetz
RRG	Rentenreformgesetz
Rs	Rechtssache
Rspr	Rechtsprechung
Rspr (mit Zahl)	Rechtsprechung der Oberlandesgerichte
RV	Die Rentenversicherung
RVG	Rechtsanwaltsvergütungsgesetz
Rz	Randnummer bei internen Verweisen

S

S	Seite/Satz
s	siehe
s.a.	siehe auch
s.o.	siehe oben
s.u.	siehe unten
SARL	Société à Responsabilité Limitée
SCE	Societas Cooperativa Europaea (Europäische Genossenschaft)

Abkürzungsverzeichnis

SCEAG	Gesetz zur Ausführung der Verordnung (EG) Nr. 1435/2003 des Rates vom 22.7.2003 über das Statut der Europäischen Genossenschaft (SCE)
SCE-VO	Verordnung des Rates über das Statut der Europäischen Genossenschaft
SchiedsG	Schiedsgericht
SchlH	Schleswig-Holstein
SchReg	Schiffsregister
SchRegO	Schiffsregisterordnung, idF der Bekanntmachung vom 26.5.1994 (BGBl I S 1133, zuletzt geändert durch Gesetz vom 19.4.2006 (BGBl I S 866, 879)
SchuldRÄndG	Gesetz zur Änderung schuldrechtlicher Bestimmungen im Beitrittsgebiet – Schuldrechtsänderungsgesetz
SE	Societas Europaea (Europäische Aktiengesellschaft)
SEAG	Gesetz zur Ausführung der Verordnung (EG) Nr 2157/2001 des Rates vom 8.10.2001 über das Statut der Europäischen Gesellschaft (SE) (SE-Ausführungsgesetz – SEAG) vom 22.12.2004 (BGBl I S 3675), zuletzt geändert durch Art 18 G zur Modernisierung des GmbH-Rechts und zur Bekämpfung von Missbräuchen vom 23.10.2008 (BGBl I S 2026)
Sen	Senat
SE-VO	Verordnung des Rates über das Statut der Europäischen Gesellschaft
sf	siehe ferner
SG	Sozialgericht
SGb	Die Sozialgerichtsbarkeit (Jahr, Seite)
SGB I–XI	Sozialgesetzbuch – I Allgemeiner Teil, III Arbeitsförderung, IV Gemeinsame Vorschriften für die Sozialversicherung, V Gesetzliche Krankenversicherung, VI Gesetzliche Rentenversicherung, VII Gesetzlicher Unfallversicherung, VIII Kinder- und Jugendhilfe, X Verwaltungsverfahren, XI Soziale Pflegeversicherung
SGG	Sozialgerichtsgesetz
SigG	Gesetz über Rahmenbedingungen für elektronische Signaturen (Signaturgesetz)
Slg	Sammlung
sog	so genannte/r/s
SorgeRG	Gesetz zur Neuregelung der elterlichen Sorge
SpruchG	Gesetz über das gesellschaftsrechtliche Spruchverfahren (Spruchverfahrensgesetz) v 12.6.2003 (BGBl I S 838), zuletzt geändert durch Art 2 Zweites G zur Änd des UmwandlungsG vom 19.4.2007 (BGBl I S 542)
StAZ	Der Standesbeamte
StB	Der Steuerberater (Jahr, Seite)
StGB	Strafgesetzbuch
StMJ	Staatsministerium der Justiz
StPO	Strafprozessordnung
str	streitig
stRspr	ständige Rechtsprechung
T	
TH	Thüringen
ThürPsychKG	Thüringer Gesetz zur Hilfe und Unterbringung psychisch Kranker
TJM	Thüringer Justizministerium

Abkürzungsverzeichnis

TMG	Telemediengesetz
TranspR	Transportrecht (Jahr, Seite)
TVG	Tarifvertragsgesetz

U

u	und
ua	unter anderem
UÄndG	Gesetz zur Änderung unterhaltsrechtlicher, verfahrensrechtlicher und anderer Vorschriften
UBGG	Gesetz über Unternehmensbeteiligungsgesellschaften
UG	Unternehmergesellschaft (haftungsbeschränkt)
UmwG	Umwandlungsgesetz
UN, UNO	United Nations Organisation
unstr	unstreitig
UStG	Umsatzsteuergesetz
uU	unter Umständen
UVG	Gesetz zur Sicherung des Unterhalts von Kindern allein stehender Mütter und Väter durch Unterhaltsvorschüsse oder -ausfalleistungen (Unterhaltsvorschussgesetz)

V

v	von/vom/vor
VA	Versorgungsausgleich
VAG	Gesetz über die Beaufsichtigung der Versicherungsunternehmen (Versicherungsaufsichtsgesetz)
VAStrRefG	Gesetz zur Strukturreform des Versorgungsausgleichs
VersausglG-E	Versorgungsausgleichsgesetz (VersausglG) idF des Regierungsentwurfs eines Gesetzes zur Strukturreform des Versorgungsausgleichs (VAStrRefG) v 2.8.2008 (BTDrs 16/10144)
VG	Verwaltungsgericht
VGH	Verwaltungsgerichtshof
vgl	vergleiche
VO	Verordnung
VOen	Verordnungen
Vorb/Vorbem	Vorbemerkung
VormG	Vormundschaftsgericht
VRV	Vereinsregisterverordnung
vTw	von Todes wegen
VVaG	Versicherungsverein auf Gegenseitigkeit
VV RVG	Vergütungsverzeichnis zum RVG
VwGO	Verwaltungsgerichtsordnung
VwVfG	Verwaltungsverfahrensgesetz
VZOG	Vermögenszuordnungsgesetz

W

wistra	Zeitschrift für Wirtschaft, Steuer, Strafrecht (Jahr, Seite)
WKBG	Gesetz zur Förderung von Wagniskapitalbeteiligungen
WoBindG	Gesetz zur Sicherung der Zweckbestimmung von Sozialwohnungen (Wohnungsbindungsgesetz)
WoGeldG (WoGG)	Wohnungsgeldgesetz
WoGV	Wohngeldverordnung
WP	Wirtschaftsprüfer

Abkürzungsverzeichnis

WpÜG	Wertpapiererwerbs- und Übernahmegesetz vom 2.12.2001 (BGBl I S 3822), zuletzt geändert durch Art 2 RisikobegrenzungsG vom 12.8.2008 (BGBl I S 1666)
Y	
YAR	York-Antwerp Rules
Z	
ZAP	Zeitschrift für die anwaltliche Praxis (Jahr, Seite)
zB	zum Beispiel
ZBlFG	Zentralblatt für die freiwillige Gerichtsbarkeit (Jahr, Seite)
ZEV	Zeitschrift für Erbrecht und Vermögensnachfolge
ZfB	Binnenschifffahrt – Zeitschrift für Binnenschifffahrt und Wasserstraßen (Jahr, Heft-Nr, Seite)
ZFdG	Gesetz über das Zollkriminalamt und die Zollfahndungsämter (Zollfahndungsdienstgesetz) v 16.8.2002 (BGBl I S 3202), zuletzt geändert durch Art 4 Zweites G zur Änd d FinanzverwaltungsG und and G v 13.12.2007 (BGBl I S 2897)
ZHR	Zeitschrift für das gesamte Handels- und Wirtschaftsrecht (Band, Jahr, Seite)
ZKJ	Zeitschrift für Kindschaftsrecht und Jugendhilfe
ZNotP	Zeitschrift für die Notar-Praxis (Jahr, Seite)
ZPO	Zivilprozessordnung
ZPO-RG	Gesetz zur Reform des Zivilprozesses (Zivilprozessreformgesetz) v 27.7.2001 (BGBl I S 1887), zuletzt geändert durch Gesetz vom 26.11.2001 (BGBl I S 3138)
ZRP	Zeitschrift für Rechtspolitik (Jahr, Seite)
ZS	Zivilsenat
zT	zum Teil
ZuSEG	Gesetz über die Entschädigung von Zeugen und Sachverständigen
zust	zustimmend
ZuStRG	Zustellungsreformgesetz v 25.6.2001 (BGBl I S 1206) zuletzt geändert durch Gesetz v 1.12.2001 (BGBl I S 3422)
zutr	zutreffend
ZVG	Gesetz über die Zwangsversteigerung und Zwangsverwaltung
ZZP	Zeitschrift für Zivilprozess (Jahr, Seite)
zzt	zurzeit

FamFG

Einleitung

Übersicht

	Rz
A. Geschichte des Gesetzes	1
I. Ausgangspunkt	1
II. Reform	2
B. Wesentliche Ziele und Inhalte der Reform	7
I. Ausgangspunkt	7
II. Schwerpunkte der Reform	8
III. Wesentliche Umsetzung der Reform	11
1. Aufhebung des 6. Buches der ZPO, Ersetzung des FGG	11
2. Generelle Anwendbarkeit des GVG	12
3. Großes Familiengericht	13
4. Betreuungsgericht	14
5. Legaldefinition des Beteiligtenbegriffs	15
6. Sachverhaltsaufklärung	16
7. Bekanntgabe	17
8. Vergleich	18
9. Beschluss	19
10. Rechtsbehelfsbelehrung	20
11. Rechtsmittel	21
12. Einstweiliger Rechtsschutz	25
13. Vollstreckung	26
14. Kosten	27
15. Familienstreitsachen und Ehesachen	28
16. Besonderer Teil	29
IV. Aufbau des FamFG	30
V. Kritik	31
C. Verfahrensgrundsätze	36
I. Verfahrenseinleitung	36
II. Stoffsammlung	38
III. Rechtliches Gehör	40
1. Art 103 Abs 1 GG	40
2. Berechtigte	41
3. Inhalt	42
4. Form	44
5. Folgen des Verstoßes	45
IV. Mündlichkeit oder Schriftlichkeit	46
V. Unmittelbarkeit	47
VI. Öffentlichkeit	52
VII. Konzentration	55
VIII. Verfahrenswirtschaftlichkeit	56

A. Geschichte des Gesetzes

I. Ausgangspunkt

Im Zuge der Entstehung des Bürgerlichen Gesetzbuches wurde auch das bis dahin landesrechtlich geregelte Verfahren der freiwilligen Gerichtsbarkeit kodifiziert. Das Gesetz über die Angelegenheiten der freiwilligen Gerichtsbarkeit (FGG) vom 17.5.1898 trat am 1.1.1900 in Kraft. In der Folgezeit erfuhr das Gesetz zahlreiche Änderungen, insbesondere auch rechtsstaatliche Korrekturen aufgrund der Rechtsprechung des Bundesverfassungsgerichts. Das durch das erste Gesetz zur Reform des Ehe- und Familienrechts vom 14.6.1976 (BGBl I 1421) geschaffene Familienverfahrensrecht mit einem Nebeneinander von ZPO und FGG erwies sich als systematisch und praktisch unbefriedigend. Auch angesichts großer Bedeutung lückenfüllenden Richterrechts erschien das FGG zunehmend schon äußerlich als Sammelsurium von zu einem erheblichen Teil nachträglich eingefügten Einzelregelungen ohne äußere und innere systematische Kraft. Insbesondere im Familienverfahren führten die Verweisungen zwischen ZPO und FGG zu einer schwer zu vermittelnden Unübersichtlichkeit. **1**

II. Reform

Eine vom Bundesjustizministerium 1964 eingesetzte Kommission zur Reform des Verfahrensrechts der freiwilligen Gerichtsbarkeit legte 1977 einen Gesetzentwurf vor, der allerdings niemals umgesetzt wurde. **2**

Nachdem das Bundesjustizministerium im Jahre 2003 Expertengruppen eingesetzt hatte, legte es am 6.6.2005 den »Referentenentwurf eines Gesetzes über das Verfahren in Familiensachen und in Angelegenheiten der freiwilligen Gerichtsbarkeit« (FamFG) vor. Der ergänzte Referentenentwurf stammt vom 14.2.2006. Am 9.5.2007 beschloss das Bundeskabinett den Kabinettsentwurf des FamFG sowie des Gesetzes über Gerichtskosten **3** in Familiensachen (FamGKG). In seiner Sitzung vom 6.7.2007 beschloss der Bundesrat eine umfangreiche Stellungnahme (BR-Drs 309/07 (B)); diese (Anlage 2) und die Gegenäußerung der Bundesregierung vom 7.9.2007 (Anlage 3) sowie der Gesetzentwurf selbst sind veröffentlicht in der BT-Drs 16/6308.

4 Nach der ersten Beratung des von der Bundesregierung eingebrachten Entwurfs im Bundestag am 11.10.2007 fanden am 11. und 13.2.2008 vor dem Rechtsausschuss des Bundestages Expertenanhörungen statt, die grundsätzliche Zustimmung zu dem Gesetzentwurf ergaben. In seiner 173. Sitzung am 27.6.2008 fand die zweite und dritte Beratung des Bundestages statt. Der Gesetzentwurf der Bundesregierung (BT-Drs 16/6308) wurde in der Fassung der Beschlussempfehlung des Rechtsausschusses (BT-Drs 16/9733) und unter Berücksichtigung eines Änderungsantrages (BT-Drs 16/9831) angenommen.

5 Am 19.9.2008 stimmte der Bundesrat in seiner 847. Sitzung nach Feststellung der Zustimmungsbedürftigkeit unter Berücksichtigung der Empfehlungen seiner Ausschüsse (BR-Drs 617/1/08) dem vom Bundestag verabschiedeten Gesetz über das Verfahren in Familiensachen und in Angelegenheiten der freiwilligen Gerichtsbarkeit (BR-Drs 617/08) zu (BR-Drs 617/08 (B)).

6 Am 22.12.2008 wurde das Gesetz über das Verfahren in Familiensachen und in Angelegenheiten der freiwilligen Gerichtsbarkeit (FamFG) im Bundesgesetzblatt verkündet (BGBl I, Nr 61, S 2586). Es trat am 1.9.2009 in Kraft. Das Gesetz umfasst 112 Artikel wegen einer Fülle von Folgeänderungen anderer Gesetze. Durch Gesetz vom 30.7.2009 (BGBl I, 2449) wurde das FamFG geändert.

B. Wesentliche Ziele und Inhalte der Reform

I. Ausgangspunkt

7 Der Gesetzgeber wollte eine moderne und allgemein verständliche Verfahrensordnung schaffen, in der das materielle Recht schnell und effektiv durchgesetzt werden kann, die aber zugleich die Rechte des Einzelnen, insbesondere seinen Anspruch auf rechtliches Gehör garantiert.

II. Schwerpunkte der Reform

8 Das FamFG regelt das familiengerichtliche Verfahren und das Verfahren der freiwilligen Gerichtsbarkeit von Grund auf neu. Der Allgemeine Teil des Gesetzes über die Angelegenheiten der freiwilligen Gerichtsbarkeit wird auf den Stand eines modernen Prozessgesetzes gebracht. Das familiengerichtliche Verfahren wird im zweiten Buch nach Verfahrensgegenständen gegliedert und in zwölf Abschnitten übersichtlich gestaltet. Das FamFG insgesamt ist in neun Bücher aufgeteilt.

9 Als Schwerpunkte der Reform bezeichnet der RegE (BT-Drs 16/6308, S 1 f) insbesondere:
– Definition des Beteiligtenbegriffs und der Beteiligtenrechte (§ 7 und etwa §§ 10, 13, 23, 27, 34),
– Regelung, wann eine förmliche Beweisaufnahme nach den Regeln der ZPO stattzufinden hat (§ 30),
– verschärfte Sanktionsmöglichkeiten bei der Vollstreckung von Kindesumgangsentscheidungen durch Einführung von Ordnungsgeld und Ordnungshaft bei Missachtung gerichtlicher Umgangsregelungen (§ 89),
– Einführung einer generellen Befristung der Beschwerde (§ 63),
– Ersetzung der bisherigen weiteren Beschwerde zum OLG durch die zulassungsabhängige Rechtsbeschwerde zum BGH (§ 70).

Aus der Reform des familiengerichtlichen Verfahrens hebt der RegE (BT-Drs 16/6308, 10
S 2) besonders hervor:
- Einführung des großen Familiengerichts. Das Familiengericht ist nunmehr auch für bestimmte Verfahren mit Bezug zu Ehe und Familie zuständig, die bislang vor den Zivil- oder Vormundschaftsgerichten zu führen waren (§§ 111, 151, 266 FamFG, 23b Abs 1 GVG),
- Beschleunigung von Umgangs- und Sorgeverfahren durch Einführung einer obligatorischen, kurz bemessenen Frist von einem Monat zur Durchführung eines ersten Termins, um längere Umgangsunterbrechungen zu vermeiden; Förderung der gütlichen Einigung der Eltern über das Umgangs- und Sorgerecht (§§ 155, 156),
- Präzisierung der Voraussetzungen zur Bestellung eines Verfahrenspflegers (nunmehr Verfahrensbeistand) zur Wahrung der Interessen des Kindes (§ 158),
- Einführung eines Umgangspflegers zur Erleichterung der Durchführung des Umgangs in Konfliktfällen (§ 1684 Abs 3 BGB nF),
- Umstellung des Abstammungsverfahrens auf ein FGG-Verfahren (§§ 169–185),
- Straffung des gerichtlichen Verfahrens durch Erweiterung der Auskunftspflichten der Parteien und der gerichtlichen Auskunftsbefugnisse gegenüber Behörden und Versorgungsträgern in Unterhalts- und Versorgungsausgleichssachen (§§ 27, 220).

III. Wesentliche Umsetzung der Reform

1. Aufhebung des 6. Buches der ZPO, Ersetzung des FGG

Das 6. Buch der ZPO über Familiensachen ist aufgehoben (Art 29 Nr 15 des FGG-Refom- 11
gesetzes). An seine Stelle und an die Stelle des FGG tritt mit dem FamFG ein einheitliches Verfahrensgesetz. Allerdings verweist das Gesetz für Ehesachen und Familienstreitsachen weiterhin auf die ZPO (§ 113).

2. Generelle Anwendbarkeit des GVG

Gemäß § 2 EGGVG findet das GVG nunmehr uneingeschränkt auf alle Familiensachen 12
und Angelegenheiten der freiwilligen Gerichtsbarkeit Anwendung. Damit werden die gerichtsverfassungsrechtlichen Voraussetzungen für ein einheitliches Verfahrensgesetz geschaffen.

3. Großes Familiengericht

Familiensachen werden durch das Familiengericht erledigt (§ 23b Abs 1 GVG). Gegen- 13
über der früheren Rechtslage erweitert § 111 den Bereich der Familiensachen in Verbindung mit § 151 (Kindschaftssachen) und § 266 (sonstige Familiensachen). Insbesondere weist das Gesetz einen Teil der Angelegenheiten, für die bislang das Vormundschaftsgericht zuständig war (Vormundschaft, Pflegschaft für Minderjährige, Adoption, §§ 151 Nr 4, 5, 186), Gewaltschutzsachen (§ 210) sowie bestimmte Zivilrechtsstreitigkeiten mit besonderer Nähe zu familienrechtlich geregelten Rechtsverhältnissen oder mit einem engen Zusammenhang zur Auflösung eines solchen Rechtsverhältnisses den Familiengerichten zu. Das Vormundschaftsgericht wird aufgelöst.

4. Betreuungsgericht

Für Betreuungs-, Unterbringungs- und betreuungsgerichtliche Zuweisungssachen 14
(§§ 271–341) werden bei den Amtsgerichten nach dem Vorbild der Familiengerichte Betreuungsgerichte geschaffen (§ 23c GVG). Dieses ist eine Konsequenz der Auflösung der Vormundschaftsgerichte, deren Aufgaben insoweit die Betreuungsgerichte übernehmen.

5. Legaldefinition des Beteiligtenbegriffs

15 Um das rechtliche Gehör zu gewährleisten und den zentralen Begriff des Beteiligten verlässlich zu bestimmen, definiert § 7 erstmals den Begriff des Beteiligten in einer Generalklausel. Daneben werden die Beteiligten in den Beteiligtenkatalogen der Besonderen Teile des FamFG näher bestimmt.

6. Sachverhaltsaufklärung

16 Den Gerichten wird grundsätzlich wie bisher die freie Form der Tatsachenfeststellung gestattet, um das Verfahren so flexibel wie möglich zu gestalten (§ 29). Eine förmliche Beweisaufnahme nach den Vorschriften der ZPO hat stattzufinden, wenn eine besonders hohe Richtigkeitsgewähr der Tatsachenfeststellung vorausgesetzt wird, insbesondere wenn das Gesetz es ausdrücklich vorsieht (so §§ 177 Abs 2, 280, 321) oder wenn eine Tatsache im Freibeweisverfahren streitig geblieben ist, die eine für die zu treffende Entscheidung maßgebliche Bedeutung hat. Die Pflicht zur persönlichen Anhörung (§ 34), wenn die bloße Gelegenheit zur schriftlichen Stellungnahme das rechtliche Gehör nicht hinreichend sicherstellt, wahrt dieses Recht und die effektive Verfahrensteilhabe des Beteiligten.

7. Bekanntgabe

17 Das Gericht entscheidet nach seinem pflichtgemäßen Ermessen, ob ein Schriftstück durch förmliche Zustellung nach der ZPO oder durch Aufgabe zur Post erfolgen soll (§ 15). Dadurch soll einerseits eine möglichst zuverlässige Übermittlung, andererseits eine effiziente und kostengünstige Übermittlungsform gewährleistet werden.

8. Vergleich

18 § 36 räumt den Beteiligten künftig umfassend den Abschluss eines Vergleichs ein, soweit sie über den Verfahrensgegenstand verfügen können. Ergänzt wird diese Regelung durch § 156 Abs 2, wonach sich die Beteiligten über das an sich nicht disponible Umgangsrecht vergleichen können, wenn das Gericht dies billigt.

9. Beschluss

19 Alle Entscheidungen ergehen durch Beschluss (§ 38), und zwar auch der Ausspruch der Scheidung und Entscheidungen über Unterhalt.

10. Rechtsbehelfsbelehrung

20 Jeder Beschluss muss eine Belehrung über den statthaften Rechtsbehelf enthalten (§ 39).

11. Rechtsmittel

21 Das Rechtsmittelsystem ist grundlegend reformiert worden. Der **Rechtsmittelzug** im FamFG-Verfahren wird mit dem dreistufigen Instanzenzug der anderen Verfahrensordnungen harmonisiert. Die **Beschwerde** findet grundsätzlich gegen alle im ersten Rechtszug ergangenen Endentscheidungen der Amts- und Landgerichte statt, gegen Neben- oder Zwischenentscheidungen nur, wenn das Gesetz es ausdrücklich bestimmt (§ 58). Die Beschwerde ist stets **befristet** (§ 63), um einen raschen rechtskräftigen Abschluss des Verfahrens zu ermöglichen und ein höheres Maß an Rechtssicherheit für die Beteiligten zu erreichen. Das Gericht ist zur Abhilfe befugt, wenn die Beschwerde sich nicht gegen die Endentscheidung in einer Familiensache richtet (§ 68 Abs 1). Das ermöglicht die rasche Selbstkorrektur, wenn das Gericht die Beschwerde für begründet hält, beschleunigt das Verfahren und entlastet das Beschwerdegericht.

In **vermögensrechtlichen Streitigkeiten** und **Kostenangelegenheiten** ist die Beschwerde nur statthaft, wenn der Beteiligte mit mehr als 600 € beschwert ist, es sei denn das Gericht hat die Beschwerde wegen grundsätzlicher Bedeutung zugelassen (§ 61).

Das Beschwerdeverfahren soll **effizient** gestaltet sein. Das Beschwerdegericht soll daher von der Wiederholung von Verfahrenshandlungen und auch von der Durchführung eines erneuten Termins absehen können, wenn von einer erneuten Vornahme keine zusätzlichen Erkenntnisse zu erwarten sind (§ 68 Abs 3). Beschwerdegericht ist das OLG (§ 119 Abs 1 Nr 1 GVG), in Freiheitsentziehungssachen und den von den Betreuungsgerichten entschiedenen Sachen das LG (§ 72 Abs 1 Satz 2 GVG).

Die **Rechtsbeschwerde** zum BGH (§ 70) ist nur zuzulassen, wenn die Sache grundsätzliche Bedeutung hat oder die Entscheidung des Rechtsbeschwerdegerichts zur Fortbildung des Rechts geboten ist. Dadurch kann der BGH in stärkerem Ausmaß als bisher die Materien der freiwilligen Gerichtsbarkeit durch Leitentscheidungen fortentwickeln.

12. Einstweiliger Rechtsschutz

Die einstweilige Anordnung ist auch in Familiensachen nicht von der Anhängigkeit einer Hauptsache abhängig (§ 49). Ein anschließendes Hauptsacheverfahren kann von einem Beteiligten erzwungen werden, muss aber nicht stattfinden, wenn alle Beteiligten mit dem Ergebnis des einstweiligen Anordnungsverfahrens zufrieden sind (§ 52).

13. Vollstreckung

Die §§ 86–94 regeln die Vollstreckung von Entscheidungen der freiwilligen Gerichtsbarkeit erstmals detailliert. Dabei verweist das Gesetz in weitem Umfang auf die ZPO (§ 95). Insbesondere bestimmt es die Vollstreckungstitel (§ 86) und regelt die Ordnungsmittel zur Vollstreckung der Pflicht zur Herausgabe von Personen (§ 89), um die Vollstreckung von Sorge- und Umgangsentscheidungen zu beschleunigen und effektiver zu gestalten.

14. Kosten

Neu ist die eigenständige Regelung der **Verfahrenskostenhilfe**, die allerdings im Wesentlichen auf die ZPO verweist (§§ 76–78). Kostenpflicht, Kostenentscheidung und Kostenfestsetzung regeln §§ 80–85. Dem FamFG wird mit dem Gesetz über Gerichtskosten in Familiensachen (**FamGKG**) ein eigenes Kostengesetz an die Seite gestellt.

15. Familienstreitsachen und Ehesachen

Die Familiensachen, die früher nach der ZPO zu erledigen waren, bilden nun die Familienstreitsachen (§ 112 ZPO). Für sie sowie für Ehesachen (§ 121) verweist das Gesetz auf die Vorschriften der ZPO (§ 113). Allerdings gelten aus dem Allgemeinen Teil die Vorschriften des FamFG über den Beschluss und die Rechtsbehelfsbelehrung (§§ 38, 39), über einstweilige Anordnungen und Rechtsmittel (§§ 49–75) sowie über Verfahren mit Auslandsbezug (§§ 97–110). Der Verbund von Scheidungs- und Folgesachen bleibt erhalten, die Abtrennung wird aber erleichtert (§§ 137, 140).

16. Besonderer Teil

Hinsichtlich der einzelnen Verfahrensarten und ihrer Besonderheiten wird auf die Kommentierung der jeweiligen Vorschriften verwiesen. Hervorgehoben sei nur, dass das 9. Buch der ZPO über das **Aufgebotsverfahren** aufgehoben wurde und dieses nunmehr systematisch befriedigender im FamFG geregelt ist.

IV. Aufbau des FamFG

30 Das FamFG gliedert sich in einen Allgemeinen Teil (Buch 1) und in einen Besonderen Teil (Buch 2–8), der die unterschiedlichen einzelnen Verfahrensarten behandelt sowie in die Übergangsvorschriften (Buch 9):
- Buch 1 Allgemeiner Teil (§§ 1–110),
- Buch 2 Verfahren in Familiensachen (§§ 111–270),
- Buch 3 Verfahren in Betreuungs- und Unterbringungssachen (§§ 271–341),
- Buch 4 Verfahren in Nachlass- und Teilungssachen (§§ 342–373),
- Buch 5 Verfahren in Registersachen, unternehmensrechtliche Verfahren (§§ 374–409),
- Buch 6 Verfahren in weiteren Angelegenheiten der freiwilligen Gerichtsbarkeit (§§ 410–414),
- Buch 7 Verfahren in Freiheitsentziehungssachen (§§ 415–432),
- Buch 8 Verfahren in Aufgebotssachen (§§ 433–484),
- Buch 9 Schlussvorschriften (§§ 485–491).

V. Kritik

31 Die Initiative des Gesetzgebers, ein rechtsstaatlichen Grundsätzen entsprechendes, übersichtliches und systematisch befriedigendes Verfahrensgesetz für das Familienverfahren und die freiwillige Gerichtsbarkeit zu schaffen, verdient Beifall.

32 Allerdings bleibt die Absicht, ein **dem Bürger verständliches Gesetz** zu schaffen, **Illusion**. Denn das Gesetz ist zu umfangreich geraten und allein schon aufgrund des Zusammenspiels des Allgemeinen Teils mit den besonderen Vorschriften zu den einzelnen Verfahrensarten für den juristischen Laien nicht leicht verständlich.

33 Zu kritisieren ist zT die **Regelungswut** des Gesetzgebers. So hätte man es bei den durchaus bewährten Begriffen des formell und materiell Beteiligten belassen können, anstatt eine abstrakte, im Zusammenspiel mit den konkreten Beteiligtenkatalogen im Besonderen Teil komplizierte allgemeine Begriffsbestimmung des Beteiligten (§ 7) zu schaffen (kritisch auch *Brehm* FPR 2006, 401, 402 f). Die minutiöse Regelung der Teilungssachen (§§ 363–373) steht im umgekehrten Verhältnis zu deren praktischer Bedeutung.

34 Als Alternative hätte sich angeboten, lediglich das FGG zu modernisieren und es insgesamt bei einer schlankeren Regelung zu belassen.

35 ZT wird die Beschneidung der Rechtsmittel sowie die Änderung des Instanzenzuges kritisiert (*Zimmermann* FamFG Rn 1).

C. Verfahrensgrundsätze

I. Verfahrenseinleitung

36 In **Amtsverfahren** des FamFG herrscht die **Offizialmaxime**, dh das Gericht leitet das Verfahren von Amts wegen ein. Dieses trifft zB zu in Verfahren, die die elterliche Sorge (§§ 1666, 1667, 1671, 1672 BGB), Vormundschaft und Pflegschaft (§§ 1774, 1909 ff BGB) oder die Betreuung betreffen (§ 1896 BGB). Freilich können solche Verfahren auf **Anregung** (§ 24) hin eingeleitet werden. In Amtsverfahren bestimmt das Gericht den Verfahrensgegenstand.

37 Dagegen unterliegt der Verfahrensgegenstand in **Antragsverfahren** ebenso wie die Verfahrenseinleitung der Disposition des Antragstellers (**Dispositionsmaxime**). Soweit die Beteiligten über den Verfahrensgegenstand verfügen dürfen, können sie einen Vergleich schließen (§ 36). Antragsverfahren sind zB Ehesachen (§ 124), Abstammungssachen (§ 171) sowie das Erbscheinsverfahren (§ 2353 BGB).

II. Stoffsammlung

Grundsätzlich gilt gemäß §§ 26, 29 der **Untersuchungsgrundsatz** (Inquisitionsmaxime), das Gericht ist somit für die Sachverhaltsfeststellung verantwortlich. Das Gericht führt die entscheidungserheblichen Tatsachen in das Verfahren ein und erhebt die erforderlichen Beweise von Amts wegen, ohne an das Vorbringen der Beteiligten gebunden zu sein. Allerdings sind die Beteiligten zur Mitwirkung bei der Sachverhaltsermittlung verpflichtet (§ 27). 38

Die **Verhandlungsmaxime** (Beibringungsgrundsatz), nach der die Beteiligten die erheblichen Tatsachen darlegen und die Beweise beantragen müssen, gilt in den Verfahren, für die das Gesetz auf die ZPO verweist, also in Ehesachen (§ 121) und Familienstreitsachen (§ 112). Die Verweisung des § 113 enthält allerdings in Abs 3 und 4 Einschränkungen. Tatsachen, aus denen die Unzulässigkeit des Verfahrens folgt, darf das Gericht aber auch in diesen Verfahren von Amts wegen in das Verfahren einführen (*Bassenge/Roth* Einleitung Rn 54). Der Beibringungsgrundsatz gilt auch im Grundbuchverfahren. 39

III. Rechtliches Gehör

1. Art 103 Abs 1 GG

Der Anspruch auf rechtliches Gehör folgt aus der verfassungsrechtlichen Garantie des Art 103 Abs 1 GG und gilt in jeder Verfahrensart des FamFG. Die vorgesehenen Anhörungen (zB §§ 34, 159, 160, 176, 192–195, 278, 319) dienen teils dem rechtlichen Gehör, teils aber auch der Sachverhaltsermittlung. 40

2. Berechtigte

Der Anspruch steht den Beteiligten (§ 7) des Verfahrens zu. Verfahrensfähige Beteiligte üben ihr Recht selbst oder durch einen Verfahrensvertreter aus. Verfahrensunfähige bedienen sich ihres gesetzlichen Vertreters, eines Verfahrensbeistands (§§ 158, 174, 191) oder eines Verfahrenspflegers (§ 276, 317, 419). 41

3. Inhalt

Das rechtliche Gehör muss grundsätzlich vor der Entscheidung hinsichtlich des gesamten Verfahrensstoffes gewährt werden. Das Gericht hat das Vorbringen der Beteiligten zur Kenntnis zu nehmen und die Beteiligten vom Sachverhalt, von den Beweisen und vom Vorbringen anderer Beteiligten in Kenntnis zu setzen. Eine Ausnahme besteht nur bei Gefahr im Verzug, also bei Erlass einer einstweiligen Anordnung (§§ 48 ff). Dem Beteiligten muss aber nach der Entscheidung rechtliches Gehör eingeräumt werden; dieses gewährleistet die Möglichkeit, ein Hauptsacheverfahren einzuleiten (§ 52). 42

Das Gericht hat bei der Verfahrensleitung (§ 28) das rechtliche Gehör durch Aufklärung und Hinweise zu wahren. 43

4. Form

Das rechtliche Gehör kann auch im schriftlichen Verfahren gewährt werden und erfordert keine mündliche Verhandlung (vgl § 32), es sei denn der Beteiligte ist nur in der Lage, sich mündlich zu äußern. 44

5. Folgen des Verstoßes

Der Verstoß gegen Art 103 Abs 1 GG begründet einen Verfahrensmangel, der im Beschwerdewege (§§ 58 ff) geltend gemacht werden kann. Ist die Beschwerde nicht eröff- 45 net und gibt es auch keinen anderen Rechtsbehelf, räumt § 44 die Gehörsrüge ein. Ist der Rechtsweg erschöpft, kann der betroffene Beteiligte Verfassungsbeschwerde erheben. Der Verstoß ist nur erheblich, wenn die Entscheidung auf ihm beruhen kann.

IV. Mündlichkeit oder Schriftlichkeit

46 Wo das Gesetz eine persönliche Anhörung vorschreibt (§§ 34, 128, 159, 160, 192, 193, 278, 319, 420), hat diese mündlich zu geschehen. Insoweit gilt der Mündlichkeitsgrundsatz. Allerdings muss die Anhörung nicht in einer mündlichen Verhandlung unter Anwesenheit aller Beteiligten erfolgen (*Brehm* Rn 263). Ansonsten können sich die Beteiligten auch schriftlich äußern. Schriftliches Vorbringen ist auch dort zu berücksichtigen, wo das Gericht einen Termin (§§ 32, 175, 207, 222, 405) anberaumt. Der Mündlichkeitsgrundsatz des Zivilprozesses, nach dem nur das in der mündlichen Verhandlung Vorgetragene für die Entscheidung berücksichtigt werden darf, gilt nicht (Jansen/*von König/ von Schuckmann* Vor §§ 8–18 Rn 28). Anders ist es nur im Anwendungsbereich der ZPO (§ 113).

V. Unmittelbarkeit

47 Der Unmittelbarkeitsgrundsatz bedeutet, dass die Verhandlungen und Beweiserhebungen unmittelbar vor dem **erkennenden Gericht** selbst ohne Vermittlung eines anderen Richters oder anderer Behörden stattfinden (Jansen/*von König/von Schuckmann* Vor §§ 8–18 Rn 33). Dadurch soll der unmittelbare Eindruck des Richters von den Tatsachen und Beweisen sichergestellt werden. Die Beteiligten sollen sich zudem an den entscheidenden Richter wenden können (*Brehm* Rn 264). Auch ein schriftliches Verfahren kann unmittelbar sein, wenn der Richter die Schriftstücke selbst zur Kenntnis nehmen muss.

48 Der Unmittelbarkeitsgrundsatz gilt im Anwendungsbereich des FamFG jedenfalls insoweit, als der Richter die in der Akte enthaltenen Schriftstücke **selbst zur Kenntnis** nehmen muss und mündliche Verhandlungen sowie Anhörungen vor den entscheidenden Richtern stattzufinden haben.

49 Die Unmittelbarkeit der Beweisaufnahme (§ 355 ZPO) ist im **Freibeweisverfahren** nach § 29 nicht gewährleistet. Das Gericht ist in diesem Fall nicht streng an den Unmittelbarkeitsgrundsatz gebunden (Jansen/*von König/von Schuckmann* Vor §§ 8–18 Rn 33). Daher ist es insoweit unproblematisch, wenn das Gericht die Berichte von Behörden (zB des Jugendamts) als Beweise heranzieht. Allerdings ist das Freibeweisverfahren ermessensfehlerhaft, wenn es sich zur Wahrheitsfindung nicht eignet oder die Verfahrensrechte der Beteiligten verkürzt (*Zimmermann* FamFG Rn 78, vgl § 30 Abs 3).

50 Im **Strengbeweisverfahren** (§ 30) gilt der Unmittelbarkeitsgrundsatz gemäß § 355 ZPO, allerdings erlaubt § 375 ZPO die Zeugenvernehmung durch den beauftragten oder ersuchten Richter. In Ehe- und Familienstreitsachen gilt die ZPO (§ 113) und damit auch der Unmittelbarkeitsgrundsatz.

51 Grundsätzlich zulässig ist die **mittelbare Beweisführung**, also zB die Verwendung einer Vernehmungsniederschrift eines Zeugen aus einem anderen Verfahren anstatt seiner Vernehmung. Kommt es allerdings wesentlich auf den persönlichen Eindruck von der Glaubwürdigkeit des Zeugen an, ist die Vernehmungsniederschrift zur richterlichen Überzeugungsbildung ungeeignet, so dass eine förmliche Zeugenvernehmung zu erfolgen hat (§§ 29 Abs 1, 30 Abs 1, 3).

VI. Öffentlichkeit

52 Verhandlungen, Erörterungen und Anhörungen in Familiensachen und in Angelegenheiten der freiwilligen Gerichtsbarkeit sind **nicht öffentlich** (§ 170 Abs 1 Satz 1 GVG). Das Gericht kann die Öffentlichkeit aber zulassen, jedoch nicht gegen den Willen eines Beteiligten (§ 170 Abs 1 Satz 2 GVG). Das Gericht hat im Einzelfall zu entscheiden, ob

das Interesse der Beteiligten am Schutz ihrer Privatsphäre oder der sich aus dem Rechtsstaatprinzip ergebende Grundsatz der Öffentlichkeit der Verhandlung im konkreten Verfahren überwiegt. Das Ermessen wird beschränkt, wenn ein Beteiligter widerspricht, weil dann nach der gesetzlichen Wertung der Schutz der Privatsphäre das Interesse an Öffentlichkeit überwiegt.

In **Betreuungs- und Unterbringungssachen** ist aus rechtsstaatlichen Gründen auf Verlangen des Betroffenen einer Person seines Vertrauens die Anwesenheit zu gestatten (§ 170 Abs 1 Satz 3 GVG). 53

Das **Rechtsbeschwerdegericht** kann die Öffentlichkeit zulassen, wenn nicht das Interesse eines Beteiligten an der Nichtöffentlichkeit überwiegt (§ 170 Abs 2). Diese Regelung soll als Sondervorschrift für den BGH diesem Gericht wegen des großen Interesses der Öffentlichkeit an der Rechtsprechung des BGH die Befugnis verleihen, auch gegen den Willen eines Beteiligten die Öffentlichkeit zuzulassen, soweit nicht sein Interesse an der Nichtöffentlichkeit das Interesse der Allgemeinheit an der Öffentlichkeit überwiegt. 54

VII. Konzentration

Nach dem Konzentrationsgrundsatz ist das Verfahren möglichst **beschleunigt** durchzuführen. Das folgt aus dem Rechtsstaatsprinzip und gilt auch für das FamFG. Ausdruck des Konzentrationsgrundsatzes ist die Mitwirkungspflicht der Beteiligten (§ 27), die Pflicht zur Verfahrensleitung (Hinweis- und Aufklärungspflicht, § 28), aber auch die Möglichkeit, das zügigere Freibeweisverfahren zu wählen (§ 29) und das persönliche Erscheinen der Beteiligten anzuordnen (§ 33) sowie die Gehörsrüge (§ 44), die langwierige Verfassungsbeschwerdeverfahren erspart. 55

VIII. Verfahrenswirtschaftlichkeit

Verfahrensökonomie (dazu *Schöpflin* JR 2003, 485) bedeutet das Erreichen des Verfahrenszwecks (Durchsetzung subjektiver Rechte, Bewährung der Rechtsordnung, Wahrung des Rechtsfriedens, Konfliktlösung, Rechtsfürsorge) mit möglichst **geringem Aufwand an Zeit, Kosten und Arbeitskraft**. Die Verfahrenswirtschaftlichkeit schließt als umfassenderer Grundsatz die Konzentration (Beschleunigung) des Verfahrens mit ein. Der Grundsatz der Verfahrenswirtschaftlichkeit lässt sich aus den in Rz 55 genannten Normen, aber auch aus den Zulässigkeitsvoraussetzungen sowie dem Verfassungsrecht ableiten (*Schöpflin* JR 2003, 485, 486 f). 56

Die Verfahrenswirtschaftlichkeit ist als **Leitgedanke** des Verfahrens bei der **Auslegung** der Verfahrensnormen zu berücksichtigen. Das Gericht und die Beteiligten haben möglichst kostensparend und im Sinne einer Beschleunigung des Verfahrens zu handeln. Allerdings findet die Verfahrensökonomie ihre Grenze in den anderen Verfahrensmaximen, den rechtsstaatlichen Garantien sowie den Normen des Verfahrensrechts (näher *Schöpflin* JR 2003, 485, 489 f). 57

Buch 1
Allgemeiner Teil

Abschnitt 1
Allgemeine Vorschriften

§ 1 Anwendungsbereich

Dieses Gesetz gilt für das Verfahren in Familiensachen sowie in den Angelegenheiten der freiwilligen Gerichtsbarkeit, soweit sie durch Bundesgesetz den Gerichten zugewiesen sind.

Übersicht

	Rz		Rz
A. Allgemeines	1	5. Landgerichte	21
B. Familiensachen	2	a) 1. Instanz	21
C. Angelegenheiten der Freiwilligen Gerichtsbarkeit	3	b) 2. Instanz	22
		6. Oberlandesgerichte	23
I. Formeller Begriff	3	7. Bundesgerichtshof	24
II. Materieller Begriff	5	III. Instanzenzug	25
D. Zuweisung an die Gerichte	8	IV. Zulässigkeit des Rechtsweges	29
I. Keine Geltung bei Zuständigkeit anderer Institutionen	8	1. Allgemeines	29
		2. Rechtswegverweisung	31
II. Rechtsprechende Tätigkeit	9	a) Verweisungsmöglichkeiten	31
E. Gerichtsverfassung	12	b) Verfahren	32
I. Allgemeines	12	c) Rechtsmittel	35
II. Zuständigkeit, Organisation	13	d) Wirkung	36
1. Amtsgerichte	13	3. Spruchkörperverweisung (Abgabe)	38
2. Familiengerichte (Abteilungen für Familiensachen)	14	V. Sonstige Regeln des GVG	40
3. Betreuungsgerichte (Abteilungen für Betreuungssachen)	17	F. Sachliche Zuständigkeit	41
		G. Örtliche Zuständigkeit	45
4. Konzentration der amtsgerichtlichen Zuständigkeit	19	H. Internationale Zuständigkeit	46
		I. Funktionelle Zuständigkeit	47

A. Allgemeines

1 Die Vorschrift regelt den Anwendungsbereich des Gesetzes. Das FamFG findet auf alle Familiensachen Anwendung. Angelegenheiten der freiwilligen Gerichtsbarkeit werden nach dem FamFG erledigt, soweit sie durch Bundesgesetz den Gerichten zugewiesen sind.

B. Familiensachen

2 Den **Begriff** der Familiensachen definiert § 111. Danach fallen unter die Familiensachen: Ehe- (§ 121), Kindschafts- (§ 151), Abstammungs- (§ 169), Adoptionssachen (§ 186), Wohnungszuweisungs- und Hausratssachen (§ 200), Gewaltschutz- (§ 210), Versorgungsausgleichs- (§ 217), Unterhalts- (§ 231), Güterrechtssachen (§ 261), sonstige Familiensachen (§ 266) und Lebenspartnerschaftssachen (§ 269). Die früheren Definitionen des Begriffs der Familiensachen in § 23 Abs 1 Satz 2 GVG und § 621 Abs 1 ZPO sind aufgehoben. Zu beachten ist, dass das Gesetz für Ehesachen (§ 121) und Familienstreitsachen (§ 112) in § 113 zahlreiche wichtige Vorschriften des ersten Buches (Allgemeiner Teil) für nicht anwendbar erklärt und stattdessen auf die ZPO verweist.

C. Angelegenheiten der Freiwilligen Gerichtsbarkeit

I. Formeller Begriff

Der Begriff der Angelegenheiten der freiwilligen Gerichtsbarkeit wird bestimmt in **§ 23a Abs 2 GVG**. Danach sind Angelegenheiten der freiwilligen Gerichtsbarkeit die folgenden in Nr 1–10 der Vorschrift nach dem **Enumerationsprinzip** aufgezählten Angelegenheiten: Betreuungs- (§ 271), Unterbringungs- (§ 312) sowie betreuungsgerichtliche Zuweisungssachen (§ 340); Nachlass- und Teilungssachen (§ 342); Registersachen (§ 374); unternehmensrechtliche Verfahren nach § 375; die Angelegenheiten nach § 410; Verfahren in Freiheitsentziehungssachen nach § 415; Aufgebotsverfahren (§ 433); Grundbuchsachen (§ 1 GBO); Verfahren nach § 1 Nr 1 und 2 bis 6 des Gesetzes über das gerichtliche Verfahren in Landwirtschaftssachen; Schiffsregistersachen (SchiffsRegO).

Nach § 23a Abs 2 Nr 11 GVG unterfallen ferner **sonstige Angelegenheiten** der freiwilligen Gerichtsbarkeit dem FamFG, soweit sie **durch Bundesgesetz den Gerichten zugewiesen** sind. Derartige Zuweisungen finden sich zB in §§ 15 Abs 2, 78c BNotO; 54 Abs 2 BeurkG; §§ 16 Abs 3, 40 Abs 4, 42 Abs 6 Satz 2, 106 Abs 1 Satz 2 BRAO; § 23 Abs 1 Satz 1 EGGVG; §§ 1, 5 Abs 1, 36 Abs 1, 81 Abs 3, 88 Abs 2, 105 Abs 2, 110 Abs 1 GBO; § 81 GenG; § 43 Abs 2 und 3 KWG; 9, 26 Abs 5, 52 Abs 1, 5 LwVG; §§ 2 Abs 1, 7 Abs 8, 10 Abs 3, 17 Abs 1 SpruchG; § 47 Abs 2 VAG; § 84 Abs 1, 189 VVG (s den ausführlichen Katalog zum FGG bei Jansen/*von Schuckmann* § 1 Rn 20 ff, 26 ff).

II. Materieller Begriff

Die freiwillige Gerichtsbarkeit umfasst sehr **verschiedenartige Gegenstände**, die zT kaum Gemeinsamkeiten haben, man denke etwa an Betreuungs-, Nachlass- und Registersachen, die untereinander kaum Übereinstimmungen aufweisen. Man hat darum gerungen, aus den zahlreichen unterschiedlichen Angelegenheiten, die formal dem Verfahren der freiwilligen Gerichtsbarkeit zugewiesen sind, einen materiellen Begriff der freiwilligen Gerichtsbarkeit zu **abstrahieren**.

Die Unterscheidung zwischen **streitiger und freiwilliger Gerichtsbarkeit** geht auf das römische Recht zurück (iurisdictio contentiosa – iurisdictio voluntaria, s KKW/*Schmidt* § 1 Rn 1). Die negative Definition in Abgrenzung zur streitigen Gerichtsbarkeit gibt aber nichts her für den charakteristischen Gegenstand des Verfahrens der freiwilligen Gerichtsbarkeit. Die **Interessen der Beteiligten** sind in diesen Verfahren zwar oftmals gleichgerichtet, so dass sie sich einverständlich an ein Organ der freiwilligen Gerichtsbarkeit wenden, zB an das Nachlassgericht mit einem übereinstimmenden Erbscheinsantrag, als Anmeldende im Registerverfahren oder als Vertragsparteien bei einer notariellen Beurkundung. Schon im Erbscheinsverfahren können die Interessen aber ebenso gut auseinander gehen, so dass um die Erbscheinserteilung gestritten wird. Auch in einem Verfahren auf Anordnung einer Betreuung kann sich der Betroffene zur Wehr setzen. Im Verfahren nach dem SpruchG oder nach § 23 EGGVG handelt es sich von vornherein um streitige Angelegenheiten.

Schon die Fälle des Betreuungs- und Unterbringungsverfahrens belegen, dass »**Freiwilligkeit**« ebenfalls kein übergreifendes Merkmal sein kann. Auch die Kennzeichnung als **Fürsorgeverfahren** (*Habscheid* § 6) erfasst insbesondere die Streitsachen nicht. Das Gleiche gilt auch für den Begriff der **Verwaltungstätigkeit** im Sinne der Privatrechtsordnung (*Brehm* Rn 9 ff), der zB weder auf Verfahren nach dem SpruchG noch auf solche gemäß § 23 EGGVG passt. Es hat sich insgesamt als **unmöglich** erwiesen, einen **rechtsdogmatisch befriedigenden materiellen Begriff** der freiwilligen Gerichtsbarkeit zu bestimmen. Es bleibt nicht mehr als die einfache Feststellung, dass es einen über den formellen Begriff hinausgehenden materiellen Begriff der freiwilligen Gerichtsbarkeit, der alle Verfahren erfassen würde, nicht gibt (KKW/*Schmidt* § 1 Rn 2 f). Die materielle Gemeinsamkeit der Verfahrensgegenstände ist lediglich, dass der Gesetzgeber das elasti-

§ 1 FamFG | Anwendungsbereich

schere Verfahren der freiwilligen Gerichtsbarkeit jeweils aufgrund seiner spezifischen Regelungen (zB Untersuchungsgrundsatz, § 26) und aus verfahrenswirtschaftlichen Gründen für sachgerechter hält als das Verfahren nach der ZPO.

D. Zuweisung an die Gerichte

I. Keine Geltung bei Zuständigkeit anderer Institutionen

8 Das FamFG gilt nur für Verfahren in Familiensachen und in Angelegenheiten der freiwilligen Gerichtsbarkeit, die durch **Bundesgesetz** gerade den Gerichten zugewiesen sind, also nicht für familien-, nachlass-, registerrechtliche oder sonstige Angelegenheiten, soweit sie zB den Notaren, den Jugendämtern oder dem Standesamt zugewiesen sind. Insoweit gelten Sondergesetze (zB BeurkG, SGB VIII, PStG). Eine durch Bundesgesetz den Gerichten übertragene Angelegenheit liegt auch vor, wenn ein Bundesgesetz (zB § 147 EGBGB) die Angelegenheit den Gerichten zuweist, die Landesgesetzgeber aber ermächtigt, diese Angelegenheiten auf andere Behörden zu übertragen, sofern der Landesgesetzgeber die Angelegenheit dann den Gerichten überträgt. Die Unterbringung nach den Landesgesetzen (PsychKGs, UnterbrGs) ist durch Bundesgesetz den Gerichten zugewiesen (§ 312 Nr 3 FamFG, *Zimmermann* FamFG Rn 3). Sofern das Landesgesetz Angelegenheiten den Gerichten zuweist, kann es das FamFG für entsprechend anwendbar erklären (vgl Bumiller/Winkler § 1 Rn 1).

II. Rechtsprechende Tätigkeit

9 Auch wenn § 1 Familiensachen und Angelegenheiten der freiwilligen Gerichtsbarkeit den Gerichten zuweist, stellt sich die Frage, ob jeweils rechtsprechende Gewalt ausgeübt wird, die Art 92 GG den Richtern anvertraut. Rechtsprechung im **formellen Sinn** liegt vor, weil diese Materien durch § 1 den Gerichten zugewiesen sind. Soweit **materiell** Rechtsprechungstätigkeit vorliegt, muss sie aufgrund Art 92 GG durch Richter ausgeübt werden. Materielle Rechtsprechung ist jedenfalls die Entscheidung von Streitigkeiten, also etwa in den Familienstreitsachen (§ 112), die Anordnung freiheitsentziehender Maßnahmen (Art 104 Abs 2 GG) sowie sonstige Eingriffe in Grundrechte, insbesondere in das allgemeine Persönlichkeitsrecht sowie in die Rechte von Eltern und Kindern (Art 6 GG).

10 Der Gesetzgeber kann den Gerichten aber auch **Aufgaben** zuweisen, die **keine materielle Rechtsprechung** im Sinne des Art 92 GG sind. Dazu gehören zahlreiche Aufgaben der freiwilligen Gerichtsbarkeit. Grundbuch- oder Registereintragungen, die Erteilung familiengerichtlicher Genehmigungen oder Erbscheinsverfahren sind daher zB keine Rechtsprechung im Sinne des Art 92 GG (sondern nur Rechtsprechung im formellen Sinne), so dass mit diesen Angelegenheiten **Rechtspfleger** betraut werden können, die keine Richter iS des Art 92 GG sind (BVerfGE 56, 110, 127; 101, 397, 405). Aufgaben materieller Rechtsprechung dürfen dagegen nicht auf den Rechtspfleger verlagert werden.

11 Auch soweit keine Rechtsprechung vorliegt, gelten aber auch im Anwendungsbereich des FamFG die **rechtsstaatlichen Garantien** der Art 97–104 GG. Insbesondere der Grundsatz des rechtlichen Gehörs (Art 103 Abs 1 GG) ist stets zu wahren.

E. Gerichtsverfassung

I. Allgemeines

12 Durch die Änderung des Art 2 EGGVG findet das **GVG** nunmehr auf die gesamte (und nicht mehr nur die streitige) ordentliche Gerichtsbarkeit und deren Ausübung **Anwendung**, also **auch auf Familiensachen und Angelegenheiten der freiwilligen Gerichtsbarkeit**. Darauf abgestimmt besagt § 12 GVG, dass die ordentliche Gerichtsbarkeit insgesamt ausgeübt wird durch Amts-, Land-, Oberlandesgerichte und den Bundes-

gerichtshof. § 13 GVG bestimmt nunmehr, dass vor die ordentlichen Gerichte die bürgerlichen Rechtstreitigkeiten, die Familiensachen und die Angelegenheiten der freiwilligen Gerichtsbarkeit (Zivilsachen) sowie die Strafsachen gehören soweit nicht die Zuständigkeit von Verwaltungsbehörden oder Verwaltungsgerichten begründet ist oder auf Grund von Vorschriften des Bundesrechts besondere Gerichte bestellt oder zugelassen sind. Das Gesetz sieht die Familiensachen und die Angelegenheiten der freiwilligen Gerichtsbarkeit also nicht als bürgerliche Rechtsstreitigkeiten an.

II. Zuständigkeit, Organisation

1. Amtsgerichte

Nach § 23a Abs 1 GVG sind die **Amtsgerichte** zuständig für Familiensachen und Angelegenheiten der freiwilligen Gerichtsbarkeit, soweit nicht gesetzliche Vorschriften eine anderweitige Zuständigkeit begründen. Welche Angelegenheiten zu den **Familiensachen** gehören, bestimmt **§ 111 FamFG** (Ehe-, Kindschafts-, Abstammungs-, Adoptionssachen, Wohnungszuweisungs- und Hausratssachen, Gewaltschutz-, Versorgungsausgleichs-, Unterhalts-, Güterrechts-, sonstige Familiensachen, Lebenspartnerschaftssachen). Die Angelegenheiten der **freiwilligen Gerichtsbarkeit** zählt § 23a Abs 2 GVG auf (Betreuungs-, Unterbringungs- sowie betreuungsgerichtliche Zuweisungssachen, Nachlass- und Teilungs-, Registersachen, unternehmensrechtliche Verfahren nach § 375 FamFG, weitere Angelegenheiten der freiwilligen Gerichtsbarkeit nach § 410 FamFG, Freiheitsentziehungssachen nach § 415 FamFG, Aufgebotsverfahren, Grundbuchsachen, Verfahren nach § 1 Nr 1, 2 bis 6 LwVG, Schiffsregistersachen und sonstige Angelegenheiten der freiwilligen Gerichtsbarkeit, soweit sie durch Bundesgesetz den Gerichten zugewiesen sind).

13

2. Familiengerichte (Abteilungen für Familiensachen)

Bei den Amtsgerichten werden nach **§ 23b Abs 1 GVG** Abteilungen für Familiensachen (§ 111) gebildet, die für diese Angelegenheiten **funktionell zuständig** sind. Die Vorschrift schließt anderweitige Regelungen der funktionalen Zuständigkeit nicht aus, wie zB im Internationalen Familienrechtsverfahrensgesetz (IntFamRVG). Das GVG beabsichtigt nicht, die funktionelle Zuständigkeit abschließend zu regeln (RegE, BTDrs 16/6308 S 725).

14

§ 23b Abs 2 GVG sichert die **Entscheidungskonzentration**. Soweit an einem Amtsgericht mehrere Abteilungen für Familiensachen gebildet werden, sollen alle Familiensachen, die denselben Personenkreis betreffen, derselben Abteilung zugewiesen werden. Wird eine Ehesache (§ 121) rechtshängig, während eine andere Familiensache, die denselben Personenkreis betrifft, bei einer anderen Abteilung im ersten Rechtszug anhängig ist, ist diese von Amts wegen an die Abteilung der Ehesache abzugeben. § 23b Abs 2 Satz 3 und 4 GVG regeln die Konzentration, soweit ein Verfahren nach §§ 10, 12 IntFamRVG anhängig ist.

15

Die Abteilungen für Familiensachen werden mit **Familienrichtern** besetzt, ein Richter auf Probe darf im ersten Jahr nach seiner Ernennung Geschäfte des Familienrichters nicht wahrnehmen (§ 23b Abs 3 GVG). Dadurch trägt das Gesetz der Bedeutung und der Schwierigkeit der Familiensachen sowie der Tatsache Rechnung, dass die Familiengerichte lebenserfahrene, menschlich und fachlich qualifizierte Richter benötigen.

16

3. Betreuungsgerichte (Abteilungen für Betreuungssachen)

§ 23c Abs 1 GVG bestimmt, dass bei den Amtsgerichten Abteilungen für Betreuungssachen, Unterbringungssachen und betreuungsgerichtliche Zuweisungssachen gebildet werden. Dadurch zieht der Gesetzgeber die Konsequenz aus seiner Entscheidung, die

17

§ 1 FamFG | Anwendungsbereich

Vormundschaftsgerichte aufzulösen. Insbesondere die Aufgaben der Vormundschaftsgerichte im Betreuungsrecht werden nunmehr von den Betreuungsgerichten wahrgenommen.

18   Nach § 23c Abs 2 Satz 1 GVG werden die Betreuungsgerichte mit **Betreuungsrichtern** besetzt. Richter auf Probe im ersten Jahr nach ihrer Ernennung dürfen Geschäfte eines Betreuungsrichters nicht wahrnehmen (§ 23c Abs 2 Satz 2 GVG) – das entspricht dem früheren § 65 Abs 6 FGG. Zur Begründung vgl Rz 16.

4. Konzentration der amtsgerichtlichen Zuständigkeit

19   § 23d GVG (früher § 23c GVG) enthält eine umfassende **Konzentrationsermächtigung** für Familiensachen (§ 111), Handelssachen (§ 95 GVG) und alle Angelegenheiten der freiwilligen Gerichtsbarkeit (§ 23a Abs 2 GVG). Die Landesregierungen können die genannten Angelegenheiten durch Rechtsverordnung einem Amtsgericht für die Bezirke mehrerer Amtsgerichte zuweisen und die Ermächtigung auf die Landesjustizverwaltungen übertragen. Die Konzentration setzt voraus, dass sie der sachlichen Förderung der Verfahren dient oder zur Sicherung einer einheitlichen Rechtsprechung geboten erscheint. Die Konzentration ermöglicht die richterliche Spezialisierung und kann dadurch die Entscheidungsqualität steigern und das Herausbilden einheitlicher Rechtsprechungsgrundsätze fördern.

20   Verordnungen nach § 23d GVG sind nicht im Normenkontrollverfahren nach § 47 VwGO überprüfbar (VGH Kassel NJW 1977, 1895). Die Konzentration gilt nicht für Rechtshilfeersuchen nach § 159 GVG.

5. Landgerichte

a) 1. Instanz

21   **§ 71 Abs 2 Nr 4 GVG** begründet die erstinstanzliche Zuständigkeit der Landgerichte für bislang spezialgesetzlich den Landgerichten zugewiesene Verfahren der freiwilligen Gerichtsbarkeit. Es handelt sich um Verfahren nach §§ 324 HGB, 98, 99, 132, 142, 145, 258, 260, 293c, 315 AktG, 26 SE-AG, 10 UmwG, dem SpruchG, 39a, 39b WpÜG. Für diese Angelegenheiten mit Ausnahme der Verfahren nach dem WpÜG begründet § 71 Abs 4 GVG eine Konzentrationsermächtigung für die Landesregierungen, die die Zuständigkeit bei einem Landgericht für die Bezirke mehrerer Landgerichte zusammenfassen können.

b) 2. Instanz

22   Die Landgerichte sind die Beschwerdegerichte in **Freiheitsentziehungssachen** und in den von den **Betreuungsgerichten** entschiedenen Sachen **(§ 72 Abs 1 Satz 2 GVG)** wegen der geringeren räumlichen Entfernung der Landgerichte zum gewöhnlichen Aufenthalt des Betreuten oder Untergebrachten. In den übrigen Angelegenheiten der freiwilligen Gerichtsbarkeit sowie in Familiensachen begründet § 119 Abs 1 Nr 1 GVG die zweitinstanzliche Zuständigkeit der Oberlandesgerichte.

6. Oberlandesgerichte

23   Den Oberlandesgerichten obliegt die **zweitinstanzliche Zuständigkeit** für Beschwerden in Familiensachen sowie in Angelegenheiten der freiwilligen Gerichtsbarkeit mit Ausnahme von Freiheitsentziehungssachen und von den Betreuungsgerichten entschiedenen Sachen (§ 119 Abs 1 Nr 1 GVG). Bei den Oberlandesgerichten sind Familiensenate zu bilden (§§ 119 Abs 2, 23b Abs 1, 2 GVG). Für Rechtsbeschwerden gegen zweitinstanzliche Entscheidungen des Landgerichts ist nicht das Oberlandesgericht, sondern der Bundesgerichtshof zuständig (§ 133 GVG).

7. Bundesgerichtshof

Der Bundesgerichtshof ist zuständig für die **Rechtsbeschwerde** (§§ 70 ff) gegen Ent- 24
scheidungen des Land- oder Oberlandesgerichts (§ 133 GVG). Die Rechtsbeschwerde bedarf der Zulassung (§ 70 Abs 1). Durch diese Erweiterung der Zuständigkeit des BGH wird die Einheitlichkeit der Rechtsprechung gefördert.

III. Instanzenzug

Die **erste Instanz** ist in Familiensachen stets und für Angelegenheiten der freiwilligen 25
Gerichtsbarkeit in aller Regel das Amtsgericht (§ 23a GVG). Ausnahmsweise ist nach § 71 Abs 2 Nr 4 GVG für einige Verfahrensarten das Landgericht erstinstanzlich zuständig (s.a. Rz 41–44).

Gegen erstinstanzliche Entscheidungen eröffnet § 58 die (befristete, § 63) Beschwerde. 26
Beschwerdegericht ist in Freiheitsentziehungs- und in von den Betreuungsgerichten entschiedenen Sachen das **Landgericht** (§ 72 Abs 1 Satz 2 GVG), gegen sonstige Entscheidungen in Angelegenheiten der freiwilligen Gerichtsbarkeit sowie in Familiensachen das **Oberlandesgericht** (§ 119 Abs 1 GVG).

Soweit das Land- oder Oberlandesgericht sie zugelassen hat, ist die **Rechtsbeschwer-** 27
de zum **Bundesgerichtshof** eröffnet (§ 70 Abs 1).

Gegen Entscheidungen des **Rechtspflegers** ist das nach den allgemeinen verfahrens- 28
rechtlichen Vorschriften zulässige Rechtsmittel gegeben (§ 11 Abs 1 RPflG). Gibt es kein Rechtsmittel, eröffnet § 11 Abs 2 RpflG die Erinnerung, die der Rechtspfleger dem Richter vorlegt, wenn er ihr nicht abhilft. Soweit gerichtliche Maßnahmen nach der GBO, der Schiffsregisterordnung oder dem FamFG wirksam geworden sind und nicht mehr geändert werden können, sind sie mit der Erinnerung nicht anfechtbar (§ 11 Abs 3 RpflG).

IV. Zulässigkeit des Rechtsweges

1. Allgemeines

Nach § 2 EGGVG finden die Vorschriften des GVG auf die ordentliche Gerichtsbarkeit 29
Anwendung. Die Familiensachen und die Angelegenheiten der freiwilligen Gerichtsbarkeit gehören vor die ordentlichen Gerichte (§ 13 GVG). Wird eine Familiensache oder eine Angelegenheit der freiwilligen Gerichtsbarkeit vor dem Arbeits-, Verwaltungs-, Finanz- oder Sozialgericht geltend gemacht, fehlt es an der Rechtswegzuständigkeit, ebenso wenn umgekehrt arbeitsrechtliche, verwaltungsrechtliche, steuer- oder sozialrechtliche Angelegenheiten vor die ordentliche Gerichtsbarkeit gebracht werden. In diesen Fällen gelten §§ 17–17b GVG.

Zuständigkeitsfragen können auch innerhalb eines Gerichts im Verhältnis zwischen 30
den für bürgerliche Rechtsstreitigkeiten, Familiensachen oder Angelegenheiten der freiwilligen Gerichtsbarkeit zuständigen Spruchkörpern entstehen. Für diesen Fall erklärt § 17a Abs 6 GVG die Regeln zur Entscheidung über die Zulässigkeit des Rechtsweges (§ 17a Abs 1–5 GVG) für entsprechend anwendbar.

2. Rechtswegverweisung

a) Verweisungsmöglichkeiten

Wird eine Familiensache oder eine Angelegenheit der freiwilligen Gerichtsbarkeit bei ei- 31
nem Arbeits-, Verwaltungs-, Sozial- oder Finanzgericht anhängig, hat das Gericht die Sache gemäß **§§ 48 ArbGG, 173 VwGO, 202 SGG, 155 FGO**, die auf §§ 17–17b GVG verweisen, durch Beschluss an das zuständige ordentliche Gericht zu verweisen (§ 17a Abs 2 GVG). Umgekehrt hat das ordentliche Gericht bei fehlender Rechtswegzuständigkeit nach **§ 17a Abs 2 GVG** an das zuständige Fachgericht zu verweisen. § 17a Abs 2

§ 1 FamFG | Anwendungsbereich

GVG setzt voraus, dass der Rechtsweg **beschritten** wird. Daher ist die Norm zwar in Antragsverfahren, nicht aber in **Amtsverfahren** anwendbar. Bei Unzuständigkeit hat das Gericht ein Amtsverfahren einzustellen. Eine Verweisung an eine Behörde sieht das Gesetz nicht vor, so dass sie unzulässig ist und allenfalls eine formlose Information der Behörde in Betracht kommt, die daraufhin tätig werden kann.

b) Verfahren

32 Die Prüfung der Rechtswegzuständigkeit erfolgt **von Amts wegen** durch das Gericht des ersten Rechtszuges. Die Beteiligten sind gemäß § 17a Abs 2 Satz 1 GVG **anzuhören**, dh ihnen müssen die Bedenken hinsichtlich des Rechtsweges mitgeteilt und ihnen muss Gelegenheit zur Stellungnahme gegeben werden – das schließt die Information des Antragstellers über seine Wahlmöglichkeit nach § 17a Abs 2 Satz 2 GVG ein. Die Tatsachen, die die Zulässigkeit des Rechtsweges begründen, müssen vom Antragsteller schlüssig dargelegt sein. Eine mündliche Verhandlung ist nicht erforderlich (§ 17a Abs 4 Satz 1 GVG).

33 Erweist sich der Rechtsweg als **unzulässig**, spricht das Gericht durch **Beschluss** seine Unzuständigkeit aus und verweist die Angelegenheit an das zuständige Gericht des zulässigen Rechtswegs (§ 17a Abs 2 Satz 2 GVG). Sind mehrere Gerichte zuständig, verweist das Gericht an das vom Antragsteller ausgewählte, andernfalls an das vom verweisenden Gericht bestimmte Gericht (§ 17a Abs 2 Satz 2 GVG). Der Beschluss ist für das Gericht, an das verwiesen wird, hinsichtlich des Rechtswegs bindend (§ 17a Abs 2 Satz 3 GVG). Die Zulässigkeit des beschrittenen Rechtswegs kann, auf Rüge des Rechtswegs muss sie vorab ausgesprochen werden (§ 17a Abs 3 GVG). Der Beschluss kann stets ohne mündliche Verhandlung ergehen und ist zu begründen (§ 17a Abs 4 Satz 2 GVG).

34 Das Gericht, das über ein Rechtsmittel im Verfahren über die Hauptsache entscheidet, prüft die Zulässigkeit des beschrittenen Rechtswegs auch dann nicht mehr, wenn die Zulässigkeitsprüfung in der ersten Instanz unterblieben ist (§ 17a Abs 5 GVG). Das Rechtsmittelgericht muss also die vom Eingangsgericht bejahte Zuständigkeit hinnehmen. Das gilt nur dann nicht, wenn entgegen § 17a Abs 3 Satz 2 GVG trotz Rüge der Zuständigkeit nicht über diese entschieden oder kein rechtliches Gehör gewährt wurde (BGH NJW-RR 2005, 142) oder wenn die erste Instanz das Rechtswegproblem übersehen hat (OLG Rostock NJW 2006, 2563).

c) Rechtsmittel

35 Gegen den Beschluss ist das Rechtsmittel der jeweils anzuwendenden Verfahrensordnung gegeben (§ 17a Abs 4 Satz 3 GVG). Gegen Beschlüsse der ordentlichen Gerichte wird im Geltungsbereich des FamFG damit die **Beschwerde** nach §§ 58 ff eröffnet, ansonsten die sofortige Beschwerde nach § 567 ZPO. Die Rechtsbeschwerde ist nach § 70 FamFG, § 17a Abs 4 Satz 4–6 GVG nur eröffnet, wenn sie im Beschluss des Beschwerdegerichts zugelassen ist. Dieses setzt voraus, dass die Rechtssache grundsätzliche Bedeutung hat oder dass von einer Entscheidung eines obersten Gerichtshofes des Bundes oder des Gemeinsamen Senats dieser Gerichtshöfe abgewichen wird.

d) Wirkung

36 Nach Eintritt der Rechtskraft des Verweisungsbeschlusses und Eingang der Akten wird die Sache bei dem Gericht, an das verwiesen wurde, **anhängig** (§ 17b Abs 1 Satz 1 GVG). Die Wirkungen der Rechtshängigkeit bleiben bestehen (§ 17b Abs 1 Satz 2 GVG), insbesondere bleibt es dabei, wenn Fristen gewahrt wurden. Sonstige Verfahrensergebnisse (wie Beweiserhebungen) bleiben verwertbar, sofern sie nach der nunmehr einschlägigen Verfahrensordnung einwandfrei gewonnen wurden (Jansen/*von Schuckmann* § 1 Rn 133).

Die **Kosten** bilden eine Einheit (§ 17b Abs 2 Satz 1 GVG). Entstandene Mehrkosten fal- 37
len dem Antragsteller nicht zur Last (§ 17b Abs 3, Abs 2 Satz 2 GVG).

3. Spruchkörperverweisung (Abgabe)

Nach § 17a Abs 6 GVG finden § 17a Abs 1–5 GVG auf die in bürgerlichen Rechtsstreitig- 38
keiten, Familiensachen und Angelegenheiten der freiwilligen Gerichtsbarkeit zuständigen **Spruchkörper in ihrem Verhältnis zueinander** entsprechende Anwendung. Damit sind die Regeln über die Zulässigkeit des Rechtswegs auch anzuwenden, soweit es innerhalb des beschrittenen Zivilrechtswegs um das interne Verhältnis zwischen streitiger Gerichtsbarkeit, Familiengerichten und freiwilliger Gerichtsbarkeit geht. Voraussetzung ist wiederum, dass es um Antragsverfahren, und nicht um von Amts wegen einzuleitende Verfahren geht, da im zweiten Fall der Rechtsweg nicht »beschritten« wird. § 17a Abs 6 GVG erfasst also Fälle der Verweisung zwischen der Prozessabteilung des Amtsgerichts, dem Familiengericht oder einer Abteilung für Angelegenheiten der freiwilligen Gerichtsbarkeit. Letzteres umfasst auch das Betreuungsgericht (§ 23a Abs 2 Nr 1 GVG).

Hinsichtlich der Anwendung des § 17a Abs 1–5 GVG gelten Rz 31–37 entsprechend. 39

V. Sonstige Regeln des GVG

Angesichts der uneingeschränkten Anwendbarkeit des GVG gemäß § 2 EGGVG gelten 40
insbesondere folgende Vorschriften:
- §§ 21e ff GVG, Geschäftsverteilung,
- § 153 GVG, Geschäftsstelle,
- §§ 154–155 GVG, Gerichtsvollzieher,
- §§ 156–168 GVG, Rechtshilfe
- §§ 169–175 GVG, Öffentlichkeit, insbesondere § 170 GVG, Nichtöffentlichkeit in Familiensachen und in Angelegenheiten der freiwilligen Gerichtsbarkeit,
- §§ 176–183 GVG, Sitzungspolizei,
- § 184 GVG, Deutsch als Gerichtssprache,
- §§ 185–191a GVG, Dolmetscher.

F. Sachliche Zuständigkeit

Die sachliche Zuständigkeit bestimmt, welches Gericht die Angelegenheit in **erster In-** 41
stanz zu erledigen hat. Das Gericht des ersten Rechtszuges und damit sachlich zuständig ist im Anwendungsbereich des FamFG regelmäßig das **Amtsgericht** (§ 23a GVG, § 1 GBO s Rz 13–20, 25).

In bestimmten wirtschaftsrechtlichen Angelegenheiten ist das **Landgericht** sachlich 42
zuständig (§ 71 Abs 2 Nr 4 GVG, Rz 21, 25). Weitere Zuständigkeiten ergeben sich aus §§ 15 Abs 2 BNotO, 54 Abs 2 BeurkG, soweit das LG das nächsthöhere gemeinsame Gericht ist, auch aus § 5 Abs 1 FamFG, § 4 Abs 2 Satz 2 GBO.

In seltenen Fällen liegt die erstinstanzliche Zuständigkeit beim **Oberlandesgericht** (s 43
§§ 25 Abs 1 EGGVG, 5 Abs 2 LwVG, 100 Abs 1 iVm 40, 91 BRAO, 111 Abs 3 BNotO, soweit das OLG das nächsthöhere gemeinsame Gericht ist, auch aus § 5 Abs 1 FamFG, § 4 Abs 2 Satz 2 GBO).

Die sachliche Zuständigkeit des **BGH** begründen §§ 7 Abs 2 LwVG, 191 BRAO. 44

G. Örtliche Zuständigkeit

Das FamFG normiert in § 2 nur einige Grundsätze über die örtliche Zuständigkeit. Eine 45
allgemeine Norm, die die örtliche Zuständigkeit für alle Fälle bestimmt, fehlt. Vielmehr wird die örtliche Zuständigkeit durch eine Vielzahl von **Sondernormen** festgelegt (s § 2 Rz 1).

Anhang zu § 1 FamFG

H. Internationale Zuständigkeit

46 Die internationale Zuständigkeit grenzt die Zuständigkeit der Gerichte **verschiedener Staaten** gegeneinander ab. Es geht um die Frage, ob in Fällen mit Auslandsbezug deutsche Gerichte die deutsche Gerichtsbarkeit ausüben können oder nicht, ob also deutsche oder ausländische Gerichte zuständig sind. Diese Frage regeln die §§ 98–106, auf deren Kommentierung verwiesen wird.

I. Funktionelle Zuständigkeit

47 Die funktionelle Zuständigkeit bezieht sich zunächst darauf, welches Gericht im **Instanzenzug** zuständig ist (dazu Rz 25–28). Darüber hinaus beantwortet die funktionelle Zuständigkeit die Frage, welches **Rechtspflegeorgan** (eines sachlich und örtlich zuständigen Gerichts) zuständig ist. Diese funktionelle Zuständigkeit betrifft vor allem die Abgrenzung der Zuständigkeit zwischen Richter und Rechtspfleger, die das RpflG regelt. Danach sind bestimmte Angelegenheiten dem Rechtspfleger voll (§ 3 Nr 1 RPflG), andere unter Vorbehalt (§ 3 Nr 2 RPflG) übertragen. Wieder andere können im Wege der Einzelübertragung auf den Rechtspfleger übertragen werden (§ 3 Nr 3 und 4 RpflG). Das Verhältnis des Rechtspflegers zum Urkundsbeamten der Geschäftsstelle regelt § 26 RpflG. Einzelheiten sind dem RPflG und dessen Kommentierungen zu entnehmen.

48 Die funktionale Zuständigkeit ist als ausschließliche Zuständigkeit in jeder Lage des Verfahrens zu prüfen und unterliegt nicht der Disposition der Beteiligten. Fehlt sie, erfolgt die formlose Abgabe an das zuständige Organ.

Anhang zu § 1

Auszug aus dem EGGVG

§ 2 [Anwendungsbereich]

Die Vorschriften des GVG finden auf die ordentliche Gerichtsbarkeit und deren Ausübung Anwendung.

Auszug aus dem GVG

§ 12 [Gerichte der ordentlichen Gerichtsbarkeit]

Die ordentliche Gerichtsbarkeit wird durch Amtsgerichte, Landgerichte, Oberlandesgerichte und durch den Bundesgerichtshof (den obersten Gerichtshof des Bundes für das Gebiet der ordentlichen Gerichtsbarkeit) ausgeübt.

§ 13 [Zuständigkeit der ordentlichen Gerichte]

Vor die ordentlichen Gerichte gehören die bürgerlichen Rechtsstreitigkeiten, die Familiensachen und die Angelegenheiten der freiwilligen Gerichtsbarkeit (Zivilsachen) sowie die Strafsachen, für die nicht entweder die Zuständigkeit von Verwaltungsbehörden oder Verwaltungsgerichten begründet ist oder auf Grund von Vorschriften des Bundesrechts besondere Gerichte bestellt oder zugelassen sind.

§ 17a [Bindung an Entscheidung über Rechtsweg – Verweisung – sofortige Beschwerde]

(1) Hat ein Gericht den zu ihm beschrittenen Rechtsweg rechtskräftig für zulässig erklärt, sind andere Gerichte an diese Entscheidung gebunden.

Anhang zu § 1 FamFG

(2) Ist der beschrittene Rechtsweg unzulässig, spricht das Gericht dies nach Anhörung der Parteien von Amts wegen aus und verweist den Rechtsstreit zugleich an das zuständige Gericht des zulässigen Rechtsweges. Sind mehrere Gerichte zuständig, wird an das vom Kläger oder Antragsteller auszuwählende Gericht verwiesen oder, wenn die Wahl unterbleibt an das vom Gericht bestimmte. Der Beschluß ist für das Gericht, an das der Rechtsstreit verwiesen worden ist, hinsichtlich des Rechtsweges bindend.

(3) Ist der beschrittene Rechtsweg zulässig, kann das Gericht dies vorab aussprechen. Es hat vorab zu entscheiden, wenn eine Partei die Zulässigkeit des Rechtsweges rügt.

(4) Der Beschluß nach den Absätzen 2 und 3 kann ohne mündliche Verhandlung ergehen. Er ist zu begründen. Gegen den Beschluß ist die sofortige Beschwerde nach den Vorschriften der jeweils anzuwendenden Verfahrensordnung gegeben. Den Beteiligten steht die Beschwerde gegen einen Beschluß des oberen Landesgerichts an den obersten Gerichtshof des Bundes nur zu, wenn sie in dem Beschluß zugelassen worden ist. Die Beschwerde ist zuzulassen, wenn die Rechtsfrage grundsätzliche Bedeutung hat oder wenn das Gericht von der Entscheidung eines obersten Gerichtshofes des Bundes oder des Gemeinsamen Senats der obersten Gerichtshöfe des Bundes abweicht. Der oberste Gerichtshof des Bundes ist an die Zulassung der Beschwerde gebunden.

(5) Das Gericht, das über ein Rechtsmittel gegen eine Entscheidung in der Hauptsache entscheidet, prüft nicht, ob der beschrittene Rechtsweg zulässig ist.

(6) Die Absätze 1 bis 5 gelten für die in bürgerlichen Rechtsstreitigkeiten, Familiensachen und Angelegenheiten der freiwilligen Gerichtsbarkeit zuständigen Spruchkörper in ihrem Verhältnis zueinander entsprechend.

§ 17b [Anhängigkeit nach Verweisung]

(1) Nach Eintritt der Rechtskraft des Verweisungsbeschlusses wird der Rechtsstreit mit Eingang der Akten bei dem im Beschluß bezeichneten Gericht anhängig. Die Wirkungen der Rechtshängigkeit bleiben bestehen.

(2) Wird ein Rechtsstreit an ein anderes Gericht verwiesen, so werden die Kosten im Verfahren vor dem angegangenen Gericht als Teil der Kosten behandelt, die bei dem Gericht erwachsen, an das der Rechtsstreit verwiesen wurde. Dem Kläger sind die entstandenen Mehrkosten auch dann aufzuerlegen, wenn er in der Hauptsache obsiegt.

(3) Abs 2 Satz 2 gilt nicht im Familiensachen und in Angelegenheiten der freiwilligen Gerichtbarkeit.

§ 23a [Familiensachen und Angelegenheiten der freiwilligen Gerichtsbarkeit]

(1) Die Amtsgerichte sind ferner zuständig für
1. Familiensachen;
2. Angelegenheiten der freiwilligen Gerichtsbarkeit, soweit nicht durch gesetzliche Vorschriften eine anderweitige Zuständigkeit begründet ist.

(2) Angelegenheiten der freiwilligen Gerichtsbarkeit sind
1. Betreuungssachen, Unterbringungssachen sowie betreuungsgerichtliche Zuweisungssachen,
2. Nachlass- und Teilungssachen,
3. Registersachen,
4. unternehmensrechtliche Verfahren nach § 375 des Gesetzes über das Verfahren in Familiensachen und in den Angelegenheiten der freiwilligen Gerichtsbarkeit,
5. die weiteren Angelegenheiten der freiwilligen Gerichtsbarkeit nach § 410 des Gesetzes über das Verfahren in Familiensachen und in den Angelegenheiten der freiwilligen Gerichtsbarkeit,
6. Verfahren in Freiheitsentziehungssachen nach § 415 des Gesetzes über das Verfahren in Familiensachen und in den Angelegenheiten der freiwilligen Gerichtsbarkeit,
7. Aufgebotsverfahren,
8. Grundbuchsachen,
9. Verfahren nach § 1 Nr. 1 und 2 bis 6 des Gesetzes über das gerichtliche Verfahren in Landwirtschaftssachen,

Anhang zu § 1 FamFG

10. Schiffsregistersachen sowie
11. sonstige Angelegenheiten der freiwilligen Gerichtsbarkeit, soweit sie durch Bundesgesetz den Gerichten zugewiesen sind.

§ 23b [Familiengerichte]

(1) Bei den Amtsgerichten werden Abteilungen für Familiensachen (Familiengerichte) gebildet.

(2) Werden mehrere Abteilungen für Familiensachen gebildet, so sollen alle Familiensachen, die denselben Personenkreis betreffen, derselben Abteilung zugewiesen werden. Wird eine Ehesache rechtshängig, während eine andere Familiensache, die denselben Personenkreis oder ein gemeinschaftliches Kind der Ehegatten betrifft, bei einer anderen Abteilung im ersten Rechtszug anhängig ist, ist diese von Amts wegen an die Abteilung der Ehesache abzugeben. Wird bei einer Abteilung ein Antrag in einem Verfahren nach den §§ 10–12 des Internationalen Familienrechtsverfahrensgesetzes vom 26. Januar 2005 (BGBl. I S 162) anhängig, während eine Familiensache, die dasselbe Kind betrifft, bei einer anderen Abteilung im ersten Rechtszug anhängig ist, ist diese von Amts wegen an die erstgenannte Abteilung abzugeben; dies gilt nicht, wenn der Antrag offensichtlich unzulässig ist. Auf übereinstimmenden Antrag beider Elternteile sind die Regelungen des Satzes 3 auch auf andere Familiensachen anzuwenden, an denen diese beteiligt sind.

(3) Die Abteilungen für Familiensachen werden mit Familienrichtern besetzt. Ein Richter auf Probe darf im ersten Jahr nach seiner Ernennung Geschäfte des Familienrichters nicht wahrnehmen.

§ 23c [Betreuungsgerichte]

(1) Bei den Amtsgerichten werden Abteilungen für Betreuungssachen, Unterbringungssachen und betreuungsgerichtliche Zuweisungssachen (Betreuungsgerichte) gebildet.

(2) Die Betreuungsgerichte werden mit Betreuungsrichtern besetzt. Ein Richter auf Probe darf im ersten Jahr nach seiner Ernennung Geschäfte des Betreuungsrichters nicht wahrnehmen.

§ 23d [Konzentration der Zuständigkeit]

Die Landesregierungen werden ermächtigt, durch Rechtsverordnung einem Amtsgericht für die Bezirke mehrerer Amtsgerichte die Familiensachen sowie ganz oder teilweise die Handelssachen und die Angelegenheiten der freiwilligen Gerichtsbarkeit zuzuweisen, sofern die Zusammenfassung der sachlichen Förderung der Verfahren dient oder zur Sicherung einer einheitlichen Rechtsprechung geboten erscheint. Die Landesregierungen können die Ermächtigungen auf die Landesjustizverwaltungen übertragen.

§ 71 [Zuständigkeit der Zivilkammern]

(1) Vor die Zivilkammern, einschließlich der Kammern für Handelssachen, gehören alle bürgerlichen Rechtsstreitigkeiten, die nicht den Amtsgerichten zugewiesen sind.

(2) Die Landgerichte sind ohne Rücksicht auf den Wert des Streitgegenstandes ausschließlich zuständig
1. für die Ansprüche, die auf Grund der Beamtengesetze gegen den Fiskus erhoben werden;
2. für die Ansprüche gegen Richter und Beamte wegen Überschreitung ihrer amtlichen Befugnisse oder wegen pflichtwidriger Unterlassung von Amtshandlungen;
3. für Schadensersatzansprüche auf Grund falscher, irreführender oder unterlassener öffentlicher Kapitalmarktinformationen;
4. für Verfahren nach
    a) § 324 des Handelsgesetzbuchs,
    b) den §§ 98, 99, 132, 142, 145, 258, 260, 293c und 315 des Aktiengesetzes,
    c) § 26 des SE-Ausführungsgesetzes,
    d) § 10 des Umwandlungsgesetzes,

e) dem Spruchverfahrensgesetz,
f) den §§ 39a und 39b des Wertpapiererwerbs- und Übernahmegesetzes.

(3) Der Landesgesetzgebung bleibt überlassen, Ansprüche gegen den Staat oder eine Körperschaft des öffentlichen Rechts wegen Verfügungen der Verwaltungsbehörden sowie Ansprüche wegen öffentlicher Abgaben ohne Rücksicht auf den Wert des Streitgegenstandes den Landgerichten ausschließlich zuzuweisen.

(4) Die Landesregierungen werden ermächtigt, durch Rechtsverordnung die Entscheidungen in Verfahren nach Absatz 2 Nr. 4 Buchstabe a bis e einem Landgericht für die Bezirke mehrerer Landgerichte zu übertragen, wenn dies der Sicherung einer einheitlichen Rechtsprechung dient. Sie können die Ermächtigung auf die Landesjustizverwaltungen übertragen.

§ 72 [Zuständigkeit der Zivilkammern in 2. Instanz]

(1) Die Zivilkammern, einschließlich der Kammern für Handelssachen, sind die Berufungs- und Beschwerdegerichte in den vor den Amtsgerichten verhandelten bürgerlichen Rechtsstreitigkeiten, soweit nicht die Zuständigkeit der Oberlandesgerichte begründet ist. Die Landgerichte sind ferner die Beschwerdegerichte in Freiheitsentziehungssachen und in den von den Betreuungsgerichten entschiedenen Sachen.

(2) In Streitigkeiten nach § 43 Nr. 1 bis 4 und 6 des Wohnungseigentumsgesetzes ist das für die Sitz des Oberlandesgerichts zuständige Landgericht gemeinsames Berufungs- und Beschwerdegericht für den Bezirk des Oberlandesgerichts, in dem das Amtsgericht seinen Sitz hat. Die Landesregierungen werden ermächtigt, durch Rechtsverordnung anstelle dieses Gerichts ein anderes Landgericht im Bezirk des Oberlandesgerichts zu bestimmen. Sie können die Ermächtigung auf die Landesjustizverwaltungen übertragen.

§ 119 [Zuständigkeit der Oberlandesgerichte]

(1) Die Oberlandesgerichte sind in Zivilsachen zuständig für die Verhandlung und Entscheidung über die Rechtsmittel:
1. der Beschwerde gegen Entscheidungen der Amtsgerichte
   a) in den von den Familiengerichten entschiedenen Sachen;
   b) in den Angelegenheiten der freiwilligen Gerichtsbarkeit mit Ausnahme der Freiheitsentziehungssachen und der von den Betreuungsgerichten entschiedenen Sachen;
2. der Berufung und der Beschwerde gegen Entscheidungen der Landgerichte.

(2) § 23b Abs 1 und 2 gilt entsprechend.

§ 133 [Zuständigkeit des Bundesgerichtshofes]

In Zivilsachen ist der Bundesgerichtshof zuständig für die Verhandlung und Entscheidung über die Rechtsmittel der Revision, der Sprungrevision, der Rechtsbeschwerde und der Sprungrechtsbeschwerde.

§ 2 Örtliche Zuständigkeit

(1) Unter mehreren örtlich zuständigen Gerichten ist das Gericht zuständig, das zuerst mit der Angelegenheit befasst ist.

(2) Die örtliche Zuständigkeit eines Gerichts bleibt bei Veränderung der sie begründenden Umstände erhalten.

(3) Gerichtliche Handlungen sind nicht deswegen unwirksam, weil sie von einem örtlich unzuständigen Gericht vorgenommen worden sind.

A. Allgemeines

1   Die Vorschrift beschränkt sich auf die Regelung einiger allgemeiner Bestimmungen über die örtliche Zuständigkeit. Die gerichtliche Eingangszuständigkeit richtet sich grundsätzlich nach den besonderen Bestimmungen, die für die einzelnen Angelegenheiten der Familien- oder freiwilligen Gerichtsbarkeit gelten, also vor allem nach §§ 122, 152, 170, 187, 201, 211, 218, 232, 262, 267, 272, 313, 341, 343, 344, 377, 411, 416, 466. Nach § 113 ist § 2 in Ehesachen und Familienstreitsachen nicht anzuwenden. Stattdessen gilt die ZPO. § 2 Abs 1 findet nicht im Registerrecht und im Wesentlichen auch nicht in unternehmensrechtlichen Verfahren Anwendung (näher § 377 Rz 51–54).

B. Örtliche Zuständigkeit mehrerer Gerichte, Abs 1

I. Zweck der Norm

2   Die Vorschrift regelt die so genannte Vorgriffszuständigkeit und vermeidet im Sinne der im öffentlichen und im Beteiligteninteresse liegenden Verfahrensökonomie, dass Angelegenheiten durch die Gerichte doppelt behandelt und womöglich widersprechend entschieden werden. Im Sinne eines eindeutigen Prioritätsprinzips knüpft die Norm daran an, welches Gericht zuerst mit der Angelegenheit befasst ist, während § 4 FGG auf den Zeitpunkt des Tätigwerdens abstellte.

II. Voraussetzungen

1. Konkurrierende örtliche Zuständigkeit

3   Die Norm setzt in Abs 1 die örtliche Zuständigkeit mindestens zweier Gerichte voraus. Fehlt es an der örtlichen Zuständigkeit des mit der Sache befassten Gerichts, hat es diese nach Maßgabe des § 3 an das zuständige Gericht zu verweisen. Die örtliche Zuständigkeit mehrerer Gerichte kann sich etwa in folgenden Fällen ergeben: Soweit die örtliche Zuständigkeit an den gewöhnlichen Aufenthalt anknüpft (zB § 122), kann in besonderen Fällen auch an mehreren Orten gleichzeitig ein gewöhnlicher Aufenthalt bestehen (KG NJW 88, 650; Baumbach/Lauterbach/*Hartmann* § 606 Rn 10; aA Palandt/*Heldrich* Art 5 EGBGB Rn 10); es können mehrere Wohnsitze bestehen, wenn die örtliche Zuständigkeit dem Wohnsitz folgt (§§ 343 Abs 1, 466 Abs 1 Satz 2 mit § 13 ZPO); Nachlassgegenstände mögen in mehreren Gerichtsbezirken liegen (§ 343 Abs 3); bei Anknüpfung an das Fürsorgebedürfnis (§ 272 Abs 1 Nr 3) oder das Unterbringungsbedürfnis (§ 313 Abs 1 Nr 3) kann dieses an mehreren Orten hervortreten; bei der sich nach dem Gesellschaftssitz bestimmenden örtlichen Zuständigkeit des Registergerichts (§ 377 Abs 1) ist ausnahmsweise ein Doppelsitz möglich; es können mehrere Tatorte bestehen (§ 211 Nr 1), nämlich Handlungs-, Eingriffs- und Erfolgsort.

2. Angelegenheit

4   Eine Angelegenheit ist eine Sache, die Gegenstand eines einheitlichen und selbständigen Verfahrens sein kann (Frankfurt NJW-RR 1998, 367). Die Einzelfälle sind unter Berück-

sichtigung des Zwecks der Norm (Verfahrensökonomie und Vermeidung widersprechender Entscheidungen) zu beurteilen. **Einheitliche** Angelegenheiten sind etwa Vormundschaft, Betreuung und Erbscheinsverfahren (einschließlich Einziehung des Erbscheins); die auf Nachlassauseinandersetzung gerichteten Gegenstände (Nachlasspflegschaft, Nachlassverwaltung, Vermittlung der Nachlassteilung) (Jansen/*Müther* § 4 Rn 6); Entscheidung über die Unterbringung und später über deren Fortdauer (Zweibrücken FGPrax 2001, 212). **Verschiedene** Angelegenheiten sind: Sorgeentscheidung nach § 1671 BGB und Änderungsentscheidung nach § 1696 BGB, ebenso im Überprüfungs- und Abänderungsverfahren bei Pflegschaft (BayOBLG FamRZ 2001, 775); einzelne, voneinander unabhängige Verrichtungen des Nachlassgerichts (wie Testamentseröffnung, Nachlasspflegschaft, Entgegennahme einer Ausschlagungserklärung, Erbscheinsverfahren, Jansen/*Müther* § 4 Rn 6) oder des Betreuungs- oder Familiengerichts (zB mehrere Genehmigungen nach §§ 1821 f BGB).

3. Befasstsein

Anders als § 4 FGG stellt Abs 1 nicht darauf ab, welches Gericht zuerst tätig geworden ist, sondern welches mit der Angelegenheit zuerst befasst war. Das Gericht wird zu dem Zeitpunkt mit der Angelegenheit befasst, wenn es amtlich von Tatsachen Kenntnis erlangt, die Anlass zu gerichtlichen Maßnahmen geben oder wenn im Antragsverfahren ein Antrag bei ihm mit dem Ziel dortiger Erledigung eingeht (Hamm FamRZ 2006, 1460). 5

III. Rechtsfolge

Wenn ein örtlich zuständiges Gericht mit der Angelegenheit befasst wird, schließt es damit die örtliche Zuständigkeit anderer Gerichte aus, die gegebenenfalls vorhandene Vorgänge an das zuständige Gericht abzugeben haben. Die Vorgriffszuständigkeit lässt die Befugnis zur Abgabe der Sache (§§ 4, 273, 314) unberührt. Das örtlich zuständige Gericht kann die Entscheidungen des anderen Gerichts nach Maßgabe des § 48 ändern. Die Handlungen eines örtlich unzuständigen Gerichts bleiben nach Abs 3 wirksam. Die Vorgriffszuständigkeit kann nicht durch Vereinbarung der Beteiligten ausgeschlossen werden (KKW/*Sternal* § 4 Rn 21; Bumiller/Winkler § 4 Rn 9 für den Fall des Doppelwohnsitzes eines Kindes), da sie auf verfahrensökonomischen Gründen beruht. 6

C. Grundsatz der perpetuatio fori, Abs 2

Die einmal begründete örtliche Zuständigkeit wird durch die Änderung der sie begründenden Umstände nicht berührt (zB Änderung des Orts des gewöhnlichen Aufenthalts, des Wohnsitzes, des Orts des Fürsorgebedürfnisses). Die Norm entspricht § 261 Abs 3 Nr 2 ZPO und vermeidet den Aufwand, der durch eine Veränderung der Zuständigkeit bei jeder Veränderung eines die örtliche Zuständigkeit begründenden Umstands entstünde. Die örtliche Zuständigkeit bleibt auch erhalten, wenn sie durch gerichtliche Bestimmung (§ 5) oder Abgabe begründet wurde. Die Möglichkeit der Abgabe (§§ 4, 273, 314) bleibt durch Abs 2 unberührt. Der Grundsatz gilt nicht umgekehrt, so dass ein unzuständiges Gericht zuständig werden kann, zB indem der Ort des gewöhnlichen Aufenthalts in seinen Bezirk genommen wird. 7

D. Handlungen eines örtlich unzuständigen Gerichts, Abs 3
I. Allgemeines

Die Norm entspricht § 7 FGG. Sie bestimmt, dass die Wirksamkeit gerichtlicher Handlungen nicht an der örtlichen Unzuständigkeit scheitert, und sorgt damit für Vertrauensschutz und Rechtssicherheit. Die Vorschrift trifft keine Aussage zu sonstigen Mängeln 8 gerichtlicher Handlungen und zu deren Rechtsfolgen. Diese folgen den allgemeinen Regeln.

II. Voraussetzungen

1. Gerichtliche Handlungen

9 Eine gerichtliche Handlung ist die Erledigung einer **amtlichen Aufgabe** (vgl Bassenge/Roth § 7 Rn 1) im Verfahren in Familiensachen oder in Angelegenheiten der freiwilligen Gerichtsbarkeit (§ 1), also nur **positives Tun**, nicht ein bloßes Unterlassen. Dazu gehören verfahrensrechtliche Willenserklärungen des Gerichts wie Beschlüsse und verfahrensleitende Anordnungen, aber auch die Registereintragung als tatsächliche Handlung (Jansen/*Müther* § 7 Rn 4).

10 Abs 3 gilt schon seinem Wortlaut nach nicht für Handlungen, die gegenüber einem örtlich unzuständigen Gericht vorgenommen werden. Fraglich ist aber, ob unter gerichtlichen Handlungen auch die bloße **Entgegennahme von Erklärungen**, wie etwa einer Erbausschlagung gemäß § 1945 BGB, fällt. Mit der zu § 7 FGG vertretenen hM ist die Norm in diesen Fällen analog anzuwenden (Jansen/*Müther* § 7 Rn 6; KKW/*Zimmermann* § 7 Rn 3), wobei aber je nach Fallgestaltung differenziert werden muss:

11 Erkennt das Gericht seine Unzuständigkeit und weist es die Erklärung zurück, ist der Rechtsuchende nicht schutzbedürftig und die Erklärung nicht wirksam. Allerdings haben die Gerichte gemäß § 25 Anträge und Erklärungen zur Niederschrift der Geschäftsstelle aufzunehmen und die Niederschrift nach § 25 Abs 3 an das Gericht zu übermitteln, an das sich der Antrag oder die Erklärung richtet. Die Erklärung wird in diesem Fall erst mit Eingang bei dem zuständigen Gericht wirksam, da das Gericht nicht den Eindruck erweckt hat, es handle als zuständiges Gericht – Vertrauensschutz scheidet daher aus (*Brehm* Rn 135; Jansen/*Müther* § 7 Rn 7). Wird dagegen ein örtlich unzuständiges Gericht zur Entscheidung (zB durch Stellen eines Scheidungsantrags) angerufen, gilt § 3; eine Frist wird dann durch Anrufung des unzuständigen Gerichts gewahrt (BGH NJW 1998, 3648)

12 Nimmt das Gericht eine Erklärung entgegen, erkennt es seine Unzuständigkeit und bleibt gleichwohl untätig, dann verdient der Rechtsuchende Vertrauensschutz, so dass die Erklärung wirksam ist (KKW/*Zimmermann* § 7 Rn 5; Bassenge/Roth § 7 Rn 1 aA Bumiller/Winkler § 7 Rn 3). Übersieht das Gericht seine örtliche Unzuständigkeit, ist die entgegengenommene Erklärung wirksam, da das Vertrauen des Beteiligten Schutz verdient (BGH NJW 1962, 491 = BGHZ 36, 197; KKW/*Zimmermann* § 7 Rn 7; Bumiller/Winkler § 7 Rn 3).

2. Örtliche Unzuständigkeit

13 Die Norm setzt ihrem Wortlaut nach örtliche Unzuständigkeit voraus. Sie gilt aber entsprechend auch bei fehlender sachlicher (Landgericht erlässt Erbschein) oder internationaler Zuständigkeit (KKW/*Zimmermann* § 7 Rn 9; Bassenge/Roth § 7 Rn 3) für Verstöße gegen die funktionelle Zuständigkeit (Betreuungsgericht handelt anstatt des Familien- oder Nachlassgerichts) sowie gegen die gesetzliche Geschäftsverteilung und bei Rechtswegunzulässigkeit (Bassenge/Roth § 7 Rn 3; Bumiller/Winkler § 7 Rn 5–7).

3. Gericht

14 Die Norm erfasst gerichtliche Handlungen des Richterkollegiums, des Richters oder Rechtspflegers. Für Urkundsbeamten der Geschäftsstelle gelten eigene Regeln in § 12c Abs 3 GBO, ansonsten gilt die Regel auch, wenn der örtlich unzuständige Urkundsbeamte der Geschäftsstelle tätig wird.

E. Funktionelle Unzuständigkeit im Verhältnis zwischen Richter, Rechtspfleger und Urkundsbeamten der Geschäftsstelle

I. Handlungen des Richters

Nimmt der Richter ein dem Rechtspfleger (zB nach § 3 Nr 1 RpflG voll) übertragenes Geschäft vor, so ist das Geschäft **wirksam** (§ 8 Abs 1 RpflG). Die Handlungen des Rechtspflegers sind nämlich im Grunde nur ein Ausschnitt aus der genuin richterlichen Tätigkeit (vgl Jansen/Müther § 7 Rn 21). Zudem ist das Handeln des höher stehenden im Bereich des untergeordneten Rechtspflegeorgans grundsätzlich unschädlich. 15

II. Wirksame Handlungen des Rechtspflegers

Hat der Rechtspfleger ein Geschäft wahrgenommen, das ihm der Richter nach dem RpflG übertragen kann, dann ist das Geschäft nicht deshalb unwirksam, weil die Übertragung unterblieb oder die Voraussetzungen für die Übertragung im Einzelfall nicht gegeben waren (§ 8 Abs 2 RpflG). In Betracht kommt (soweit der Landesgesetzgeber von § 19 Abs 1 Nr 5 RpflG nicht Gebrauch gemacht hat) der Fall, dass der Rechtspfleger einen Erbschein erteilt hat, obwohl eine Verfügung von Todes wegen vorlag (§ 16 Abs 1 Nr 6 RpflG). Unterlässt der Rechtspfleger entgegen § 5 Abs 1 RpflG eine Vorlage an den Richter (wegen der Notwendigkeit einer Vorlage nach Art 100 GG oder einem engen Zusammenhang mit einem vom Richter wahrzunehmenden Geschäft), ist das Geschäft deshalb nicht unwirksam (§ 8 Abs 3 RpflG), auch ein Verstoß gegen § 6 RpflG berührt die Wirksamkeit des Geschäfts nicht (KKW/*Zimmermann* § 7 Rn 15; Bumiller/Winkler § 7 Rn 10). 16

III. Unwirksame Handlungen des Rechtspflegers

Nimmt der Rechtspfleger ein Geschäft des Richters wahr, das ihm nach dem RpflG weder übertragen ist noch übertragen werden kann, so ist das Geschäft unwirksam (§ 8 Abs 4 RpflG), zB wenn der Rechtspfleger das Rechtsmittel gegen seine Entscheidung selbst zurückweist (München Rpfleger 2001, 98), über die Erinnerung nach §§ 89 Abs 3 InsO, 20 Nr 17 RpflG (BGH NJW-RR 2005, 1299), über eine Unterbringung entscheidet (BGH NJW 1992, 1634) oder einen Scheidungsbeschluss erlässt. Ein durch den Rechtspfleger im Bereich der Richterzuständigkeit vorgenommener Registereintrag ist angesichts der Publizitätswirkung des Registers wirksam, ebenso ein durch den Rechtspfleger zuständigkeitswidrig erlassener Erbschein – unbeschadet der Notwendigkeit seiner Einziehung (Jansen/*Müther* § 7 Rn 22). Hat der Richter die Zuständigkeit des Rechtspflegers durch eine Entscheidung nach § 7 RpflG festgestellt, ist die daraufhin getroffene Rechtspflegerentscheidung wirksam (§ 8 Abs 4 Satz 2 RpflG). 17

IV. Urkundsbeamter der Geschäftsstelle

Wenn der Rechtspfleger oder der Richter ein Geschäft des Urkundsbeamten der Geschäftsstelle vorgenommen hat, lässt das die Wirksamkeit des Geschäfts unberührt. Dagegen sind die Geschäfte, die der Urkundsbeamte im Zuständigkeitsbereich des Richters oder Rechtspflegers vornimmt, unwirksam. 18

§ 3 Verweisung bei Unzuständigkeit

(1) Ist das angerufene Gericht örtlich oder sachlich unzuständig, hat es sich, sofern das zuständige Gericht bestimmt werden kann, durch Beschluss für unzuständig zu erklären und die Sache an das zuständige Gericht zu verweisen. Vor der Verweisung sind die Beteiligten anzuhören.

(2) Sind mehrere Gerichte zuständig, ist die Sache an das vom Antragsteller gewählte Gericht zu verweisen. Unterbleibt die Wahl oder ist das Verfahren von Amts wegen eingeleitet worden, ist die Sache an das vom angerufenen Gericht bestimmte Gericht zu verweisen.

(3) Der Beschluss ist nicht anfechtbar. Er ist für das als zuständig bezeichnete Gericht bindend.

(4) Die im Verfahren vor dem angerufenen Gericht entstehenden Kosten werden als Teil der Kosten behandelt, die bei dem im Beschluss bezeichneten Gericht anfallen.

A. Allgemeines

1 Die Vorschrift regelt das Verfahren für den Fall, dass die örtliche oder die sachliche Zuständigkeit fehlt. Das FGG regelte nur die Bestimmung des zuständigen Gerichts in § 5 FGG. Nunmehr schafft die Norm eine einheitliche Regelung, die sich regelungstechnisch an die Rechtswegverweisung des § 17a GVG anlehnt. Die Vorschrift dient der Verfahrenswirtschaftlichkeit, indem sie unnötige Kosten, überflüssigen Zeit- und Arbeitsaufwand vermeidet, da sie die Beendigung des laufenden und die Einleitung eines neuen Verfahrens erspart. In Ehe- und Familienstreitsachen bestimmt § 113 Abs 1, dass § 3 nicht gilt, sondern die Vorschriften der ZPO Anwendung finden, so dass für die Verweisung bei Unzuständigkeit § 281 ZPO anzuwenden ist. Zur Anwendbarkeit des § 3 im Registerverfahren s § 377 Rz 21.

B. Voraussetzungen, Abs 1 Satz 1

I. Befasstsein

2 Die Verweisung setzt voraus, dass das Gericht mit der Sache befasst ist. Es muss also ein Antrag vorliegen oder das Gericht muss von Tatsachen Kenntnis erlangt haben, die Anlass zu einem Verfahren von Amts wegen geben (vgl Abs 2).

II. Unzuständigkeit

3 Das Gericht muss örtlich oder sachlich unzuständig sein. Internationale oder funktionelle Unzuständigkeit wird also nicht erfasst. Bei funktioneller Unzuständigkeit erfolgt eine Abgabe, zB zwischen Familien-, Betreuungs- oder Nachlassgericht nach § 17a Abs 6 GVG (s § 1 Rz 38) oder zwischen Richter und Rechtspfleger. Das Gesetz enthält ferner spezielle Vorschriften über die Abgabe in §§ 4, 123, 153, 154, 202, 233, 263, 268, 273, 314. Bei partieller Unzuständigkeit und Teilbarkeit der Angelegenheit ist eine Teilverweisung vorzunehmen.

III. Keine Antragsgebundenheit, Bestimmtheit

4 Anders als § 281 Abs 1 ZPO setzt die Norm keinen Verweisungsantrag voraus. Das Gericht nimmt die Verweisung von Amts wegen vor. In Antragsverfahren kann der Antragsteller die Verweisung aber durch Antragsrücknahme verhindern, zB indem er den Erbscheinsantrag oder die Anmeldung zum Handelsregister zurücknimmt. Voraussetzung ist weiter, dass ein zuständiges inländisches Gericht notfalls nach Beweiserhebung

bestimmt werden kann. Fehlt es daran, ist der Antrag als unzulässig abzuweisen bzw das Amtsverfahren zu beenden.

C. Verfahren

I. Zuständigkeit mehrerer Gerichte, Abs 2

Mehrere Gerichte können zB zuständig sein, wenn die örtliche Zuständigkeit an den gewöhnlichen Aufenthalt anknüpft und ausnahmsweise mehrere Orte des gewöhnlichen Aufenthalts bestehen, aber auch wenn das Fürsorgebedürfnis an verschiedenen Orten hervortritt. In Antragsverfahren ist die Sache an das vom Antragsteller gewählte Gericht zu verweisen. Unterlässt der Antragsteller die Wahl des zuständigen Gerichts oder handelt es sich um ein Amtsverfahren, bestimmt das angerufene Gericht, an welches der zuständigen Gerichte es die Sache verweist. Die Entscheidung erfolgt nach pflichtgemäßem Ermessen. Dabei ist nach Zweckmäßigkeitsgesichtspunkten zu entscheiden. Ein maßgeblicher Gesichtspunkt ist, ob unter den mehreren zuständigen Gerichten eines eine engere Nähe zu dem Sachverhalt hat als die anderen Gerichte. An dieses wäre dann zu verweisen. 5

II. Allgemeines

1. Anhörung, Abs 1 Satz 2

Den Beteiligten (§ 7) ist vor der Verweisung **rechtliches Gehör** zu gewähren (Abs 1 Satz 2). Es genügt die Gelegenheit zu schriftlicher Stellungnahme, ein Termin (§ 32) ist nicht erforderlich. Im Fall des Abs 2 ist der Antragsteller auf sein Wahlrecht hinzuweisen, es sollte ihm eine Frist zu dessen Ausübung gesetzt werden. 6

Die Anhörungspflicht bedeutet nach Auffassung des RegE im Hinblick auf die Verfahrensökonomie nicht auch eine Verpflichtung des Gerichts, sämtliche Beteiligte zu ermitteln. Vor der Verweisung muss das Gericht nur diejenigen Beteiligten anhören, die ihm zZ der Verweisung **namentlich bekannt** sind. Ob es fehlende Anschriften der zZ der Verweisung bekannten Beteiligten selbst ermittelt, sei eine Frage der Verfahrensgestaltung im Einzelfall. Dem wird man angesichts des Zwecks der Vorschrift, der Verfahrenswirtschaftlichkeit zu dienen, mit der Maßgabe zustimmen können, dass das Gericht bei leicht zu ermittelnden Anschriften die bekannten Beteiligten anhören sollte, wenn das ohne wesentliche Nachteile für das Verfahren möglich ist. 7

2. Entscheidung durch Beschluss

Die **Entscheidung** erfolgt durch **Beschluss**, in dem sich das Gericht für unzuständig zu erklären, das zuständige Gericht zu bestimmen und die Sache an dieses zu verweisen hat. Der Beschluss folgt den allgemeinen Regeln des § 38. Er bedarf daher grundsätzlich einer Begründung (§ 38 Abs 3 Satz 1), die nur in bestimmten Fällen entbehrlich ist (§ 38 Abs 4). Über die Kosten wird nicht entschieden (Abs 4). Der Beschluss bedarf einer Rechtsbehelfsbelehrung (§ 39) und wird wirksam (§ 40) mit Bekanntgabe (§ 41). 8

Der Beschluss ist **nicht anfechtbar** (Abs 3 Satz 1), auch wenn er sachlich zu Unrecht ergangen ist (BGH NJW 2002, 3634, 3635). Das gilt selbst dann, wenn der Beschluss das rechtliche Gehör verletzt oder bei offensichtlicher Willkür (Zöller/*Greger* § 281 Rn 14; aA MüKoZPO/*Prütting* § 281 Rn 41), weil das Gesetz die Anfechtung aus Gründen der Verfahrenswirtschaftlichkeit gerade vermeiden will. Diese Fälle sind über das Fehlen der Bindungswirkung zu lösen, da das aufnehmende Gericht dann über die Zuständigkeit entscheiden kann (s Rz 14) Die Ablehnung einer Verweisung ist unanfechtbar (BGH FamRZ 04, 869), die sachliche und örtliche Zuständigkeit wird im Verfahren über die Beschwerde gegen die Endentscheidung der ersten Instanz überprüft. Bei Entscheidungen des **Rechtspflegers** findet die fristgebundene Erinnerung statt, § 11 Abs 2 RpflG. 9

D. Wirkungen

I. Bindungswirkung, Abs 3 Satz 2

1. Allgemeines

10 Der Beschluss ist bindend für das als zuständig bezeichnete Gericht, an das verwiesen wird, aber auch unwiderruflich für das verweisende Gericht. Diese Regelung bezweckt eine Entlastung der Beteiligten und der Justiz und verlangt daher grundsätzlich ein striktes Verständnis der Bindungswirkung. Problematisch ist allerdings, dass die Norm es dem verweisenden Gericht ermöglicht, die Sache zu Lasten des aufnehmenden Gerichts »abzuschieben« und die Sache damit uU dem gesetzlichen Richter (Art 101 GG) zu entziehen (Musielak/*Foerste* § 281 Rn 14), dieser Versuchung haben die Gerichte zu widerstehen. Die Bindungswirkung **untersagt** eine **Weiter- oder Zurückverweisung**. Das gilt auch bei gesetzwidrigen Verweisungen (BAG NJW 1997, 1091; vgl BGH NJW 2003, 2990 – zu § 17a GVG, KG MDR 2007, 174; Baumbach/Lauterbach/*Hartmann* § 281 Rn 30).

2. Umfang

11 Der Verweisungsbeschluss bindet nicht nur hinsichtlich der Zuständigkeitsfrage, wegen der verwiesen worden ist, sondern auch hinsichtlich sonstiger Zuständigkeitsfragen, soweit das verweisende Gericht die Zuständigkeit auch in dieser Hinsicht geprüft und bejaht hat (BGH FamRZ 1999, 501). Denn eine weitere Zuständigkeitsprüfung ist verfahrensökonomisch nicht gerechtfertigt, soweit die Zuständigkeitsfrage schon geprüft und entschieden wurde. Der Bindungsumfang hängt vom **Bindungswillen** des verweisenden Gerichts ab, also davon, inwieweit es über die Zuständigkeit des aufnehmenden Gerichts entscheiden wollte und dessen Zuständigkeit geprüft hat (BAG NJW 1997, 1090 f). Soweit sich die Entscheidung nicht ausdrücklich mit bestimmten Zuständigkeitsfragen beschäftigt, ist durch Auslegung zu entscheiden, ob zB die Rechtswegezuständigkeit unausgesprochen bejaht wurde (vgl BGH FamRZ 1999, 501). Sind weitere Zuständigkeitsfragen auch nicht implizit entschieden, dann bindet die Verweisung hinsichtlich der örtlichen Zuständigkeit nicht hinsichtlich der sachlichen (und umgekehrt) und auch nicht hinsichtlich der internationalen Zuständigkeit oder des Rechtsweges (so dass das aufnehmende Gericht nach § 17a Abs 2 GVG weiter verweisen kann).

3. Ausnahmen

12 Nur ganz ausnahmsweise besteht aufgrund des Rechtsstaatsprinzips oder wegen Art 103 Abs 1 GG keine Bindungswirkung, wenn die Verweisung jeder gesetzlichen Grundlage entbehrt, deshalb als **willkürlich** anzusehen oder unter **Verletzung des rechtlichen Gehörs** ergangen ist, die bloße inhaltliche Unrichtigkeit oder Fehlerhaftigkeit genügt aber nicht (BGH NJW 2006, 847, 848; 2003, 3201; 2002, 3634, 3625; FamRZ 1999, 501).

a) Willkür

13 Die Verweisung ist **willkürlich**, wenn sie bei verständiger Würdigung der das Grundgesetz beherrschenden Gedanken nicht mehr verständlich erscheint und offensichtlich unhaltbar ist; dafür genügt noch nicht das bloße Abweichen von der herrschenden Meinung (BGH NJW 2003, 3201, 3202), wenn es vertretbar ist (Brandenburg NJW 2006, 3444, 3445), dabei muss das Gericht in der Entscheidung auch nicht sämtliche Stimmen aus Rechtsprechung und Literatur zu der jeweiligen Frage erkennen oder erwähnen (Baumbach/Lauterbach/*Hartmann* § 281 Rn 39). Willkür liegt vor, wenn das Gericht eine bereits vor längerer Zeit vorgenommene Gesetzesänderung, mit der gerade solche Verwei-

sungen unterbunden werden sollen, nicht zur Kenntnis nimmt oder sich darüber hinwegsetzt (BGH NJW 2002, 3634); wenn die Verweisung nur bei Abweichen von der hM möglich ist, mangels Begründung der Entscheidung aber nicht zu entnehmen ist, dass ein Abwägungsprozess stattgefunden und sich das Gericht bewusst für eine Minderansicht entschieden hat (Schleswig NJW 2006, 3360); wenn der Verweisungsbeschluss jeder gesetzlichen Grundlage entbehrt, weil das Gericht die einschlägige Zuständigkeitsnorm überhaupt nicht würdigt und den Sachverhalt auch nicht weiter aufklärt (BGH NJW 2006, 847); wenn das Gericht in offensichtlichem, grobem Rechtsirrtum schlechthin abwegig entscheidet (BGH NJW-RR 1992, 383). Ob die fehlerhafte Zuordnung des zuständigkeitsbegründenden Ortes zum Bezirk des aufnehmenden Gerichts die Bindungswirkung entfallen lässt (BAG NJW 1997, 1091) oder berichtigt werden kann (so implizit BGH FamRZ 1997, 173), ist zweifelhaft, aber zweckmäßigerweise in letzterem Sinne zu entscheiden, damit das Gericht den Fehler beseitigt, das ihn gemacht hat.

b) Verletzung des rechtlichen Gehörs

Die Verweisung entfaltet keine Bindungswirkung, wenn das rechtliche Gehör verletzt wurde (Brandenburg NJW 2006, 3444, 3445; BGH NJW 2002, 3634, 3635), wenn also Abs 1 Satz 2 missachtet wurde. In Betracht kommt auch, dass den Beteiligten nicht ausreichend Gelegenheit zur Wahl des Gerichts nach Abs 2 gegeben wird. Die Bindungswirkung entfällt auch, wenn die Verletzung des rechtlichen Gehörs nicht ursächlich für die Verweisung war (BayObLG MDR 1980, 583). 14

II. Einheit des Verfahrens

Das Verfahren vor dem verweisenden und dem aufnehmenden Gericht bilden eine Einheit. Anträge und Tatsachenvorbringen der Beteiligten bleiben wirksam und sind von dem aufnehmenden Gericht zu beachten, auch die Entscheidungen des verweisenden Gerichts bleiben wirksam. 15

III. Verfahren bei fehlender Bindungswirkung

Fehlt die Bindungswirkung, kann das aufnehmende Gericht hinsichtlich der Zuständigkeit entscheiden. Daher bedarf es auch keiner Anfechtungsmöglichkeit (s Rz 9). Ist das aufnehmende Gericht zuständig, behandelt es die Sache. War das verweisende Gericht zuständig, verweist das aufnehmende Gericht die Sache an das Verweisungsgericht zurück, bei Zuständigkeit eines dritten Gerichts verweist das aufnehmende Gericht an dieses. Der Verweisungsbeschluss des aufnehmenden Gerichts ist seinerseits nach Abs 3 bindend. 16

E. Kosten, Abs 4

Nach Absatz 4 enthält der Verweisungsbeschluss grundsätzlich **keine Kostenentscheidung**. Die vor dem verweisenden Gericht entstandenen Kosten werden als Teil der Kosten behandelt, die vor dem aufnehmenden Gericht anfallen. Die Verfahrensabschnitte vor dem verweisenden und dem aufnehmenden Gericht bilden **kostenrechtlich eine Einheit**. Die Kostenentscheidung ist nach § 81 zu treffen. Danach kann das Gericht die Kosten des Verfahrens nach billigem Ermessen den Beteiligten ganz oder zT auferlegen, aber auch von der Kostenerhebung absehen. In Familiensachen ist stets über die Kosten zu entscheiden (§ 81 Abs 1). In Antragsverfahren sollten die durch die Antragstellung beim unzuständigen Gericht entstandenen Mehrkosten dem Antragsteller auferlegt werden, idR wird er das Anrufen des unzuständigen Gerichts zu vertreten haben. In Amtsverfahren haben die Beteiligten die Befassung des örtlich unzuständigen Gerichts idR nicht zu verantworten, so dass ihnen die Mehrkosten regelmäßig nicht aufzuerlegen sind. 17

§ 3 FamFG | Verweisung bei Unzuständigkeit

18   Nach § 80 sind Kosten **Gerichtskosten** und **notwendige Auslagen** der Beteiligten. Gemäß § 6 Abs 3 FamGKG werden hinsichtlich der Gerichtskosten Mehrkosten, die durch Anrufung eines nicht zuständigen Gerichts entstehen, nur erhoben, wenn die Anrufung auf verschuldeter Unkenntnis der tatsächlichen oder rechtlichen Verhältnisse beruht. Nach allgemeinen Regeln (§ 278 BGB) ist ein Anwaltsverschulden dem Beteiligten zuzurechnen. Zu den notwendigen Auslagen der Beteiligten gehören notwendige Anwalts- und Reisekosten. Mehrkosten sind deshalb vor allem die Kosten eines anderen Anwalts und Kosten der Reisen zum Zweck der Information des Anwalts oder zu etwaigen Gerichtsterminen. Für Einzelheiten kann die Rechtsprechung zu den Mehrkosten im Falle des § 281 Abs 3 ZPO herangezogen werden.

§ 4 Abgabe an ein anderes Gericht

Das Gericht kann die Sache aus wichtigem Grund an ein anderes Gericht abgeben, wenn sich dieses zur Übernahme der Sache bereit erklärt hat. Vor der Abgabe sollen die Beteiligten angehört werden.

Übersicht

	Rz			Rz
A. Allgemeines	1	I.	Anhörung der Beteiligten, Satz 2	19
B. Voraussetzungen	2	II.	Funktionelle Zuständigkeit	22
I. Anwendungsbereich; Anhängigkeit eines Verfahrens	2	III.	Vorbereitende Maßnahmen und Durchführung der Abgabe	23
II. Wichtiger Grund	3	IV.	Rechtsbehelfe, Entscheidung des nächsthöheren Gerichts	27
1. Allgemeines	3	D.	Umfang und Wirkung der Abgabe	29
2. Einzelheiten	6	E.	Sondervorschriften	30
III. Übernahmebereitschaft	16			
C. Verfahren	19			

A. Allgemeines

Im Unterschied zu § 3 regelt die Norm nicht die Abgabe durch ein unzuständiges, sondern durch ein zuständiges Gericht aus wichtigem Grund. Die Vorschrift knüpft an § 46 Abs 1 FGG an und soll die bei Einverständnis der Gerichte bestehende Abgabemöglichkeit verallgemeinern sowie die Abgabe vereinfachen. Laut dem RegE trifft der Gedanke, dass der Personenbezug im Verfahren im Vordergrund stehe und es aus diesem Grund zweckmäßig sein könne, das Verfahren an ein Gericht abzugeben, in dessen Nähe sich die maßgeblich von dem Verfahren betroffene Person zwischenzeitlich befindet, auf alle Verfahren der freiwilligen Gerichtsbarkeit zu und ist daher verallgemeinerungsfähig. Die Vorschrift findet auf Ehesachen und Familienstreitsachen keine Anwendung (§ 113). 1

B. Voraussetzungen

I. Anwendungsbereich; Anhängigkeit eines Verfahrens

Anders als § 46 FGG ist die Norm nicht nur in Vormundschaftssachen anwendbar, sondern sieht für alle FamFG-Sachen die Möglichkeit vor, ein Verfahren unter bestimmten Voraussetzungen an ein anderes Gericht abzugeben. Voraussetzung ist ein anhängiges Verfahren, einerlei ob es auf Antrag oder von Amts wegen eingeleitet wurde. Das abgebende Gericht muss für das Verfahren zuständig sein oder seine Zuständigkeit annehmen. Dass die Sache in der Vergangenheit an das abgebende Gericht abgegeben wurde (auch nach § 4), hindert die Abgabe durch dieses nicht. 2

II. Wichtiger Grund

1. Allgemeines

Die Begründung des RegE hebt hervor, dass die von der Rechtsprechung zu § 46 FGG entwickelten Kriterien zum Vorliegen eines wichtigen Grundes unverändert Anwendung finden können. Hingewiesen wird auf § 273, der in Betreuungssachen als wichtigen Grund nennt, wenn sich der gewöhnliche Aufenthalt des Betroffenen geändert hat und die Aufgaben des Betreuers im Wesentlichen am neuen Aufenthaltsort des Betroffenen zu erfüllen sind. Als wichtiger Grund komme laut RegE außerdem im Bereich der Vormundschaftssachen insbesondere der dauerhafte **Aufenthaltswechsel** des Mündels, des Vormunds oder der Eltern in Betracht. In Adoptionssachen könne ein wichtiger Grund vorliegen, wenn der Annehmende und das Kind ihren **Wohnsitz** in den Bezirk eines anderen Gerichts verlegt haben. 3

§ 4 FamFG | **Abgabe an ein anderes Gericht**

4   Abstrakt ausgedrückt liegt ein wichtiger Grund vor, wenn die **Abgabe zweckmäßig** ist, weil das aufnehmende Gericht die Angelegenheit zweckmäßiger und leichter führen kann. Maßgebend sind die **Interessen der Beteiligten**, aber auch das **öffentliche Interesse**, insbesondere an einer **verfahrenswirtschaftlichen** Behandlung der Angelegenheit. Soweit es um Angelegenheiten der Vormundschaft, der elterlichen Sorge oder der Betreuung geht, ist in erster Linie das Wohl des Mündels, Kindes oder Betreuten entscheidend (Brandenburg FamRZ 2000, 1295; Karlsruhe FamRZ 1990, 896). Es kommt auf die **Umstände des einzelnen Falles** an, auch die berechtigten Interessen des Vormunds (Karlsruhe FamRZ 1990, 896), der Eltern oder des Betreuers sind zu berücksichtigen, insbesondere im Hinblick auf eine möglichst einfache, förderliche und kostensparende Führung der Geschäfte (BayObLG Rpfleger 1991, 110; KKW/*Engelhardt* § 46 Rn 3).

5   Zu berücksichtigen ist auch, ob das Gericht bei seiner Entscheidung zweckmäßigerweise mit den örtlichen Verhältnissen vertraut sein sollte und inwieweit persönliche Verhandlungen (Anhörungen) zwischen dem Gericht und den Beteiligten erforderlich sind (Bassenge/Roth § 46 Rn 3). Die Norm soll auch lange Anreisen des Richters zum Aufenthaltsort des Betroffenen zum Zweck von Anhörungen verhindern (Schleswig FGPrax 06, 23). Ob ein wichtiger Grund vorliegt, beurteilt sich im **Zeitpunkt** der gerichtlichen Entscheidung über die Abgabe, die künftige Entwicklung ist dagegen nicht maßgebend (BayObLG FamRZ 1996, 1156; Karlruhe FamRZ 1990, 896). Infolge Zeitablaufs kann der wichtige Grund entfallen bzw es kann sich zeigen, dass ein wichtiger Grund entgegen den Normalfällen fehlt. So ist eine Abgabe des Betreuungsverfahrens an das »neue« Wohnortgericht ohne Hinzutreten aktueller Gründe unzulässig, wenn seit dem Umzug des Betroffenen neun Jahre vergangen sind, in denen das Betreuungsverfahren beanstandungsfrei am bisherigen Wohnortgericht weiter geführt wurde (LG Lüneburg FamRZ 2008, 443).

2. Einzelheiten

6   Da die Norm dem **Personenbezug** Rechnung tragen will, indem die Sache an ein Gericht abgegeben werden kann, in dessen Nähe sich die maßgeblich von dem Verfahren betroffene Person befindet, kommt die Abgabe aus wichtigem Grund vor allem in familien- und betreuungs-, aber auch in unterbringungsrechtlichen Verfahren in Betracht.

7   In **Familiensachen** kommt auch die Abgabe an das nach § 42 Abs 1 Nr 1 JGG ebenfalls örtlich zuständige Gericht, dem die familienrichterlichen Erziehungsaufgaben für den Beschuldigten obliegen, in Frage.

8   Bei der **Vormundschaft** ist ein wichtiger Grund regelmäßig der dauernde Aufenthaltswechsel des Mündels in Verbindung mit einem solchen des Vormunds (BayObLG FamRZ 1994, 1187). Dabei ist auch die Person und der Aufenthaltsort des Vormunds von Bedeutung, weil die Führung der Vormundschaft durch das Gericht mehr einen persönlichen Kontakt mit dem Vormund als mit dem Kind erfordert (Zweibrücken FamRZ 2005, 2081). Bei der Amtspflegschaft steht die Unterstützung der Mutter im Vordergrund, so dass es auf deren Aufenthaltsort, nicht den des Kindes ankommt (BayObLG FamRZ 1996, 1156).

9   Haben im **Adoptionsverfahren** (§ 187) der Annehmende und das Kind ihren Wohnsitz in den Bezirk eines anderen Amtsgerichts verlegt, so können wichtige Gründe (Ermittlungen der Eignung der Familien, Anhörungen des Kindes vor Ort) für die Abgabe des Verfahrens an das Gericht des neuen Wohnorts gegeben sein (BayObLG FamRZ 2001, 1536).

10 In **Kindschaftssachen** kann das Gericht ein Verfahren grundsätzlich an das Gericht des früheren gewöhnlichen Aufenthaltsorts verweisen, wenn ein Elternteil den Aufenthalt des Kindes ohne vorherige Zustimmung des anderen geändert hat (§ 154).

11 Im Verfahren in **Betreuungssachen** ist es als wichtiger Grund für eine Abgabe in der Regel anzusehen, wenn sich der gewöhnliche Aufenthalt des Betroffenen geändert hat

und die Aufgaben des Betreuers im Wesentlichen am neuen Aufenthaltsort des Betroffenen zu erfüllen sind. Der Änderung des gewöhnlichen Aufenthalts steht ein tatsächlicher Aufenthalt von mehr als einem Jahr an einem anderen Ort gleich (§ 273, s iE dort). Verlagert ein Betreuter ohne festen Wohnsitz seinen Lebensmittelpunkt ohne Rückkehrabsicht in eine andere Stadt, kann das Betreuungsverfahren an das dortige Betreuungsgericht abgegeben werden (Köln FGPrax 2006, 162). Eine Abgabe des Betreuungsverfahrens an das »neue« Wohnortgericht ist ohne Hinzutreten aktueller Gründe unzulässig, wenn seit dem Umzug des Betroffenen neun Jahre vergangen sind, in denen das Betreuungsverfahren beanstandungsfrei am bisherigen Wohnortgericht weiter geführt wurde (LG Lüneburg FamRZ 2008, 443).

Für **Unterbringungssachen** enthält das Gesetz in § 314 eine spezielle Regelung. Danach kann das Gericht die Unterbringungsangelegenheit abgeben, wenn der Betroffene sich im Bezirk des anderen Gerichts aufhält und die Unterbringungssache dort vollzogen werden soll, sofern sich das Gericht zur Übernahme des Verfahrens bereit erklärt hat. S iE bei § 314. 12

Für die Abgabe einer **Nachlasspflegschaft** an ein anderes Nachlassgericht besteht ein wichtiger Grund, wenn der Nachlass hauptsächlich aus Grundstücken besteht, die im Bezirk eines anderen Gerichts belegen sind (Brandenburg FamRZ 2006, 1862). Ebenso wenn der Nachlass ganz überwiegend aus Guthaben besteht, die bei einer Sparkasse mit Sitz außerhalb des Bezirks des Nachlassgerichts geführt werden, wenn der Sitz mit dem Wohnsitz des Nachlasspflegers identisch ist (Frankfurt/M Rpfleger 1993, 448). 13

§ 4 gilt auch für **Nachlasssachen**, bei denen die örtliche Zuständigkeit an den Wohnsitz des Erblassers zur Zeit des Erbfalls anknüpft. Als wichtiger Grund für eine Abgabe ist denkbar, dass ausnahmsweise die Zuständigkeit des Nachlassgerichts, in dessen Bezirk sich der Nachlass oder wesentliche Teile des Nachlasses (Grundstücke) befinden oder in dessen Bezirk die potentiellen Erben wohnen, wesentlich sachgerechter erscheint. 14

In **Registersachen** normiert § 377 Abs 1 eine ausschließliche örtliche Zuständigkeit. Das schließt eine Abgabe nach § 4 regelmäßig aus, obwohl § 377 Abs 4 nur die Anwendung des § 2 Abs 1, nicht aber des § 4 ausschließt. Da bei Doppelsitzen die jeweiligen Registergerichte unabhängig voneinander zuständig sind und selbständig Registerverfahren durchführen müssen (s § 377 Rz 13–15), kommt in diesen Fällen die Anwendung des § 4 nicht in Betracht. 15

III. Übernahmebereitschaft

Die Abgabe setzt die Übernahmebereitschaft des aufnehmenden Gerichts voraus. Es hat über die Übernahme nach pflichtgemäßem Ermessen zu entscheiden und die Sache zu übernehmen, wenn es zu dem Ergebnis kommt, dass ein wichtiger Grund für die Abgabe vorliegt; es besteht dann also eine **Übernahmepflicht** (KKW/*Engelhardt* § 46 Rn 16, 17). Die Bereiterklärung zur Übernahme soll bis zum Vollzug der Abgabe widerruflich sein (BayObLG FamRZ 1999, 248), dagegen spricht jedoch neben dem Gebot der Rechtssicherheit (kein widersprüchliches Verhalten der Gerichte) die Verfahrensökonomie, insbesondere die Entlastung der oberen Gerichte (§ 5 Abs 1 Nr 5), und bei Vorliegen eines wichtigen Grundes für die Abgabe kann das aufnehmende Gericht nicht berechtigt sein, seine Zustimmung zu widerrufen. 16

Nach Ansicht des BayObLG (BtPrax 1998, 237) kann sich das um Übernahme gebetene Gericht die Übernahme ausschließlich zur Prüfung der Frage vorbehalten, ob die Abgabe aus Zweckmäßigkeitsgründen gerechtfertigt sei; der Vorbehalt werde gegenstandslos, wenn das Gericht in der Sache selbst tätig werde und dadurch das Verfahren übernehme. Der wichtige Grund ist jedoch Voraussetzung der Übernahme, so dass das Verfahren nicht vorbehaltlich eines wichtigen Grundes übernommen werden kann. Das potentiell übernehmende Gericht kann aber selbstverständlich die Akten zur Prüfung der 17

§ 4 FamFG | Abgabe an ein anderes Gericht

Übernahme anfordern. Nur liegt darin und in der anschließenden Prüfung noch keine Übernahme.

18 Das aufnehmende Gericht kann die Übernahme der Sache nicht deshalb ablehnen, weil die materiellen Voraussetzungen für die Anordnung der Vormundschaft oder Pflegschaft nicht gegeben seien oder das Verfahren des abgebenden Gerichts mangelhaft sei (KKW/*Engelhardt* § 46 Rn 17). Vielmehr geht es allein um die Frage, welches Gericht die Sache zweckmäßigerweise zu bearbeiten hat. Etwaige Fehler des abgebenden Gerichts kann das aufnehmende dann in seinem Verfahren korrigieren.

C. Verfahren

I. Anhörung der Beteiligten, Satz 2

19 Vor der Abgabe soll das Gericht die Beteiligten gemäß Satz 2 **anhören**. Grundsätzlich hat das Gericht daher eine Anhörung durchzuführen. Das Gericht darf aber von der Anhörung **absehen** in Fällen, die besonders eilig sind oder in denen eine Anhörung nur mit einem zu einer Verfahrensverzögerung führenden Zeitaufwand möglich ist. Der RegE hält solche Situationen vor allem in Unterbringungs- und Betreuungssachen für möglich, in denen rasch Entscheidungen getroffen werden müssen oder in denen die Beteiligten nicht in der Lage sind, sich zu äußern. Die Anhörung muss nicht persönlich erfolgen, es genügt ausreichende Gelegenheit zu schriftlicher Stellungnahme.

20 Die Abgabe **bedarf** – anders als nach früherem Recht – **nicht der Zustimmung des Vormundes oder Betreuers**, es besteht auch kein Widerspruchsrecht des Betroffenen. Vielmehr haben die Beteiligten Gelegenheit, sich im Rahmen der Anhörung zu äußern, ob aus ihrer Sicht ein wichtiger Grund für eine Abgabe vorliegt.

21 Anders als zu § 3 führt der RegE nicht aus, dass nur dem Gericht bekannte Beteiligte anzuhören seien. Die Ausführungen zu § 3 Rz 7 müssen angesichts gleicher Zweckrichtung des Gesetzes (Verfahrenswirtschaftlichkeit) aber entsprechend gelten.

II. Funktionelle Zuständigkeit

22 Für die Abgabe und die Bereiterklärung ist jeweils der Rechtspfleger zuständig, wenn die Angelegenheit in der Hauptsache in seine Zuständigkeit fällt (§ 4 Abs 1 RPflG, Zweibrücken FGPrax 05, 216), eine Vorlage an den Richter gemäß § 11 Abs 2 RPflG kommt nicht in Betracht (KKW/*Engelhardt* § 46 Rn 26). Andernfalls obliegen diese Aufgaben dem Richter. Geht es wie in Vormundschaftssachen um eine allein dem Rechtspfleger übertragene Angelegenheit (§ 3 Nr 2a RPflG), trifft er die Entscheidung und legt die Angelegenheit bei fehlender Einigung der Gerichte nach § 5 Abs 1 Nr 5 dem nächsthöheren gemeinsamen Gericht vor (Zweibrücken FamRZ 05, 2081). Die Entscheidung über eine Abgabe, eine Übernahme des Verfahrens oder eine Vorlage an das obere Gericht ist im Betreuungsverfahren (§ 14 Abs 1 Nr 4 RPflG) allein dem Richter vorbehalten (Zweibrücken FGPrax 2008, 210; Frankfurt FGPrax 2007, 119; KG FamRZ 1996, 107). Das Gleiche gilt auch für das Unterbringungsverfahren (BayObLG NJW 1992, 1634; Rpfleger 1993, 189). Wenn der Rechtspfleger nicht zuständig ist, ist eine Abgabe durch ihn unwirksam (BayObLG NJW 1992, 1634; Rpfleger 1993, 189).

III. Vorbereitende Maßnahmen und Durchführung der Abgabe

23 Das abgebende Gericht muss den Sachverhalt nach § 26 so weit **aufklären**, dass es und ggf das nächsthöhere Gericht im Rahmen des § 5 Abs 1 Nr 5 abschließend entscheiden kann, ob ein wichtiger Grund die Abgabe rechtfertigt (BayObLG Rpfleger 1991, 110). Wenn sich das aufnehmende Gericht nicht zur Aufnahme der Sache bereit erklärt, muss das abgebende Gericht dessen Stellungnahme einholen, bevor es das nächsthöhere Gericht anruft. **Vor der Abgabe** hat das Gericht alle Maßnahmen und **Entscheidungen zu**

treffen, die im Zeitpunkt der Abgabe von Amts wegen oder auf Antrag ergehen müssen (BayObLG Rpfleger 1991, 110). Welche sonstigen Aufgaben das Gericht vor der Abgabe noch erfüllen muss, bestimmt sich im Übrigen nach Zweckmäßigkeitsgesichtspunkten, zB ob das abgebende Gericht noch einen neuen, ortsnahen Betreuer zu bestellen hat (BayObLG FamRZ 2000, 1299 LS).

Soweit der Fortbestand des gegenwärtigen Rechtszustands den Betroffenen beeinträchtigt und wenn das abgebende Gericht schneller eine Entscheidung herbeiführen kann als das aufnehmende, dann muss **das abgebende Gericht noch eine Entscheidung treffen**, zB wenn es um die Aufhebung einer Pflegschaft oder Betreuung geht und über diese nicht besser und schneller durch das aufnehmende Gericht, etwa wegen dessen Ortsnähe, entschieden werden kann (BayObLG FamRZ 2000, 1299). 24

Die Abgabe ist ein **einseitiger Akt** des abgebenden Gerichts, der jedoch die Bereiterklärung zur Übernahme der Sache durch das aufnehmende Gericht voraussetzt (KKW/*Engelhardt* § 46 Rn 28). Das Gericht kann die Sache auch stillschweigend abgeben (Hamm Rpfleger 1967, 147). Da die Abgabe die Bereiterklärung des übernehmenden Gerichts voraussetzt, ist die Abgabe mit Zugang der Abgabeerklärung beim aufnehmenden Gericht **bindend**, wenn dieses die Übernahmebereitschaft erklärt hat. Das abgebende Gericht kann die erfolgte Abgabe daher nicht wieder aufheben. Möglich ist nur eine Rückabgabe des aufnehmenden Gerichts unter den Voraussetzungen des § 4. 25

Die Abgabe kann in der **Beschwerdeinstanz** an ein dem Beschwerdegericht nachgeordnetes Amtsgericht erfolgen (BayObLG DAV 1991, 677). Die Anhängigkeit einer Beschwerde schließt die Abgabe von Amtsgericht zu Amtsgericht nicht aus (KKW/Engelhardt § 46 Rn 29). 26

IV. Rechtsbehelfe, Entscheidung des nächsthöheren Gerichts

Die Abgabe ist nicht mit der Beschwerde anfechtbar, da diese sich nur gegen Endentscheidungen richtet (§§ 58, 38 Abs 1 Satz 1), die Abgabe aber lediglich eine verfahrensleitende Entscheidung darstellt. Die **Unanfechtbarkeit** folgt im Umkehrschluss zudem aus §§ 6 Abs 2 und 7 Abs 5, und aus einer entsprechenden Heranziehung des § 3 Abs 3 Satz 1, weil der Grundgedanke dieser Norm (Verfahrenswirtschaftlichkeit) auch für die Abgabe nach § 4 zutrifft. 27

Soll eine Abgabe aus wichtigem Grund erfolgen, können sich die Gerichte aber nicht einigen, wird das zuständige Gericht durch das **nächsthöhere gemeinsame Gericht** bestimmt (§ 5 Abs 1 Nr 5, s dort). 28

D. Umfang und Wirkung der Abgabe

Mit der Abgabe **geht die gesamte Angelegenheit** auf das aufnehmende Gericht **über**. Eine darauf folgende Änderung der Umstände kann lediglich eine erneute Abgabe nach § 4 veranlassen. Alle gesetzlichen Befugnisse und Verpflichtungen treffen nunmehr das aufnehmende Gericht (LG Koblenz FamRZ 2006, 801). Dieses hat jetzt das Verfahren zu führen. Die Abgabe wirkt nur für die Sache, auf die sie sich bezieht, die Abgabe des Verfahrens über die Vormundschaft hat also zB keinen Einfluss auf ein Pflegschaftsverfahren, dieses kann aber unter den Voraussetzungen des § 4 selbständig abgegeben werden. Die Bestimmung des zuständigen Gerichts durch das nächsthöhere Gericht nach § 5 Abs 1 Nr 5 bewirkt mit den gleichen Folgen den Übergang der Sache auf das aufnehmende Gericht wie die Abgabe. 29

E. Sondervorschriften

Sondervorschriften für die Abgabe enthalten §§ 15–15d VerschG und § 12 LwVG. Die Abgabe der gesetzlichen Amtsvormundschaft des Jugendamts an ein anderes Jugendamt regelt § 87c Abs 2 SGB VIII. Sobald die Mutter danach ihren gewöhnlichen Aufent- 30

§ 4 FamFG | Abgabe an ein anderes Gericht

halt im Bereich eines anderen Jugendamts nimmt, hat das die Amtsvormundschaft führende Jugendamt bei dem Jugendamt des anderen Bereichs die Weiterführung der Amtsvormundschaft zu beantragen; der Antrag kann auch von dem anderen Jugendamt, von jedem Elternteil und von jedem, der ein berechtigtes Interesse des Kindes oder des Jugendlichen geltend macht, bei dem die Amtsvormundschaft führenden Jugendamt gestellt werden. Die Vormundschaft geht mit der Erklärung des anderen Jugendamts auf dieses über. Das abgebende Jugendamt hat den Übergang dem Familiengericht und jedem Elternteil unverzüglich mitzuteilen. Gegen die Ablehnung des Antrags kann das Familiengericht angerufen werden. Örtlich ist das Familiengericht zuständig, bei dem die Vormundschaft geführt wird (§ 152), es entscheidet der Rechtspfleger (§ 3 Nr 2a RpflG).

§ 5 Gerichtliche Bestimmung der Zuständigkeit

(1) Das zuständige Gericht wird durch das nächsthöhere gemeinsame Gericht bestimmt:
1. wenn das an sich zuständige Gericht in einem einzelnen Fall an der Ausübung der Gerichtsbarkeit rechtlich oder tatsächlich verhindert ist;
2. wenn es mit Rücksicht auf die Grenzen verschiedener Gerichtsbezirke oder aus sonstigen tatsächlichen Gründen ungewiss ist, welches Gericht für das Verfahren zuständig ist;
3. wenn verschiedene Gerichte sich rechtskräftig für zuständig erklärt haben;
4. wenn verschiedene Gerichte, von denen eines für das Verfahren zuständig ist, sich rechtskräftig für unzuständig erklärt haben;
5. wenn eine Abgabe aus wichtigem Grund (§ 4) erfolgen soll, die Gerichte sich jedoch nicht einigen können.

(2) Ist das nächsthöhere Gericht der Bundesgerichtshof, wird das zuständige Gericht durch das Oberlandesgericht bestimmt, zu dessen Bezirk das zuerst mit der Sache befasste Gericht gehört.

(3) Der Beschluss, der das zuständige Gericht bestimmt, ist nicht anfechtbar.

A. Allgemeines

Die Vorschrift ersetzt den bisherigen § 5 FGG, will die Bestimmung des zuständigen Gerichts detaillierter als bisher regeln und gleicht die Regelung an die Bestimmung der Zuständigkeit gemäß den Vorschriften der ZPO (§ 36 ZPO) an. Die Norm gilt nicht in Ehesachen und Familienstreitsachen, stattdessen findet die ZPO Anwendung (§ 113 Abs 1). Sie dient der Verfahrenswirtschaftlichkeit und gewährleistet, dass die Beteiligten Rechtsschutz finden, indem notfalls das zuständige Gericht durch eine höhere Instanz bestimmt wird. Die Vorschrift beschränkt sich nicht mehr wie § 5 FGG auf die Ungewissheit über die örtliche Zuständigkeit und die Verhinderung an der Ausübung des Richteramts. Das zuständige Gericht wird durch das nächsthöhere Gericht in den Fällen bestimmt, die die Norm abschließend aufzählt. 1

B. Voraussetzungen, Abs 1

Abs 1 normiert, dass das zuständige Gericht durch das nächsthöhere gemeinsame Gericht bestimmt wird und zählt die einzelnen Fälle nach dem **Enumerationsprinzip** auf. 2

I. Verhinderung des zuständigen Gerichts, Nr 1

1. Allgemeines

Die Zuständigkeit wird durch das nächsthöhere Gericht bestimmt, wenn das an sich zuständige Gericht in einem einzelnen Fall an der Ausübung der Gerichtsbarkeit rechtlich oder tatsächlich verhindert ist. Das Gericht muss an sich örtlich und sachlich **zuständig** sein. Das Merkmal »in einem einzelnen Fall« soll nur verhindern, dass das nächsthöhere Gericht allgemein Teile der Gerichtsbarkeit, die einem Gericht zusteht, auf ein anderes überträgt. Daher greift Nr 1 auch bei einer allgemeinen Verhinderung ein (KKW/ *Sternal* § 5 Rn 31). 3

2. Rechtliche oder tatsächliche Gründe

Das Gericht ist aus rechtlichen Gründen verhindert, wenn die notwendige Zahl von Richtern und ihren Vertretern ausgeschlossen oder erfolgreich wegen Befangenheit abgelehnt (§ 6) oder gestorben ist. Rechtliche Verhinderung kommt ferner in Betracht, 4

§ 5 FamFG | Gerichtliche Bestimmung der Zuständigkeit

wenn der Richter (zB als Vormund) Beteiligter des Verfahrens ist und nicht vertreten werden kann. Auch ist denkbar, dass so viele Richter als Zeugen vernommen werden sollen, dass keine Richter des Gerichts für eine ordnungsgemäße Besetzung mehr zur Verfügung stehen (KKW/*Sternal* § 5 Rn 32).

5   Verhinderung aus tatsächlichen Gründen besteht bei längerer Krankheit des Richters und seiner Stellvertreter oder bei Vakanz ihrer Stellen. In Betracht kommt ferner der Stillstand der Rechtspflege wegen höherer Gewalt wie Krieg, Terror oder Naturkatastrophen (KKW/*Sternal* § 5 Rn 33).

3. Rechtspfleger

6   Da die Nr 1 vom Gericht spricht, gilt die Norm ohne weiteres auch bei der Verhinderung von Rechtspflegern. Da der Richter nach § 8 Abs 1 RPflG wirksam Geschäfte wahrnehmen kann, die dem Rechtspfleger übertragen sind, liegt eine Verhinderung des Gerichts aber erst vor, wenn auch die Richter das Geschäft aus rechtlichen oder tatsächlichen Gründen nicht wahrnehmen können (vgl KKW/*Sternal* § 5 Rn 34).

II. Ungewissheit der Zuständigkeit, Nr 2

7   Diese Alternative benennt konkrete Voraussetzungen für das Bestehen einer Ungewissheit über die Zuständigkeit des Gerichts.

1. Grenzen verschiedener Gerichtsbezirke

8   Die Tatbestandsalternative der Unsicherheit hinsichtlich der Zuständigkeit mit Rücksicht auf die Grenzen verschiedener Gerichtsbezirke nimmt die Formulierung des § 36 Abs 1 Nr 2 ZPO auf. Ungewissheit bezüglich der Grenzen zweier Gerichtsbezirke liegt vor, wenn unklar ist, zu welchem Gerichtsbezirk der für die Zuständigkeit entscheidende Ort gehört, zB weil die Grundstücksgrenzen oder die Lage des Begehungsortes (§ 211 Nr 1) unklar sind. Die Norm ist auch anzuwenden, wenn die Ungewissheit über die örtliche Zuständigkeit auf einer Lückenhaftigkeit der gesetzlichen Regelung oder der Festlegung der Gerichtsbezirke beruht (Zöller/*Vollkommer* § 36 Rn 13).

2. Sonstige tatsächliche Gründe

9   Diese Alternative erfasst laut RegE Fälle, in denen die rechtliche Beurteilung der Zuständigkeitsfrage aus tatsächlichen Gründen unmöglich ist, weil die Umstände unklar und nicht aufklärbar sind, wie zB der Sterbeort eines wohnsitzlosen Erblassers. Denkbar ist auch, dass ein Findelkind zu einem nicht mehr feststellbaren Zeitpunkt in einem fahrenden Zug gefunden wird (§ 152 Abs 3; Bumiller/Winkler § 5 Rn 4).

III. Positiver Kompetenzkonflikt, Nr 3

10 Wenn sich verschiedene Gerichte rechtskräftig für zuständig erklärt haben, liegt ein positiver Kompetenzkonflikt vor. Es muss sich vor beiden Gerichten um dieselbe Sache handeln und beide Gerichte müssen ihre Zuständigkeit rechtskräftig bejaht haben. Dieses kann jeweils durch einen Zwischenbeschluss geschehen, der die Zuständigkeit bejaht und nicht angefochten wurde. Liegt allerdings eine rechtskräftige Sachentscheidung eines der beiden Gerichte vor, ist für die Bestimmung des zuständigen Gerichts kein Raum mehr (Zöller/*Vollkommer* § 36 Rn 21), vielmehr darf das Verfahren bei dem anderen Gericht wegen der Rechtskraft nicht fortgeführt werden.

IV. Negativer Kompetenzkonflikt, Nr 4

Das Nächsthöhere bestimmt das zuständige Gericht, wenn sich verschiedene Gerichte, 11
von denen eines für das Verfahren zuständig ist, rechtskräftig für unzuständig erklärt
haben. In Betracht kommt zB, dass zwei Gerichte die Verwahrung eines gemeinschaftlichen Testaments oder eines Erbvertrags ablehnen (BayObLG FamRZ 2000, 638) oder
zwei Familiengerichte sich für die Erteilung einer Genehmigung (Frankfurt FamRZ
1995, 1434) oder für Maßnahmen nach § 1666 BGB (Frankfurt FamRZ 1996, 1351) für örtlich nicht zuständig halten. Die Gerichte müssen sich auf einen Antrag oder auf die Anregung des Tätigwerdens hin rechtskräftig durch Beschluss (§ 38) für unzuständig erklärt haben. Dafür genügt es, dass die Gerichte Verweisungsbeschlüsse gefasst haben,
aber auch die Ablehnung der Übernahme des Verfahrens gegenüber dem verweisenden
Gericht (§ 3) durch unzulässige Rück- oder Weiterverweisung. Gerichtsinterne Vorgänge
wie zB Ab- oder Rückgabeverfügungen, die den Beteiligten nicht zur Kenntnis gebracht
werden (BGH NJW-RR 1997, 1161; FamRZ 1998, 610) oder die Anregung, ergangene Verweisungsbeschlüsse aufzuheben (Köln ZIP 2000, 155), genügen dagegen nicht.

V. Fehlende Einigung bei Abgabe aus wichtigem Grund, Nr 5

Soll eine Abgabe aus wichtigem Grund nach § 4 erfolgen, können sich die Gerichte aber 12
nicht einigen, weil sich das Gericht, dem die Aufnahme angesonnen wird, nicht zur
Übernahme bereit erklärt, wird das zuständige Gericht durch das nächsthöhere bestimmt. Die Vorschrift entspricht § 46 Abs 2 Satz 1 FGG. Die Übernahmebereitschaft des
aufnehmenden Gerichts kann im Falle des § 4 durch eine Entscheidung des oberen Gerichts ersetzt werden. Die Entscheidung setzt voraus, dass das Gericht, das das Obergericht anruft, das andere Gericht zur Abgabe angehört und dass sich dieses Gericht dazu
geäußert hat. Ist die Abgabe bereits erfolgt, ist kein Raum mehr für eine obergerichtliche
Entscheidung.

C. Nächsthöheres Gericht, Abs 2

Zuständig für die Entscheidung ist das nächsthöhere gemeinsame Gericht. Damit ist 13
das **Landgericht** für die Amtsgerichte in seinem Landgerichtsbezirk zuständig. Das
Oberlandesgericht ist zuständig für die Amtsgerichte in seinem Bezirk, die zu verschiedenen Landgerichtsbezirken gehören. Außerdem ist es zuständig für die Landgerichte
erster und zweiter Instanz seines Bezirkes.

Ist das nächsthöhere Gericht der **Bundesgerichtshof**, bestimmt dasjenige Oberlandes- 14
gericht die Zuständigkeit, zu dessen Bezirk das zuerst mit der Sache befasste Gericht gehört (Abs 2). Dieses **Prioritätsprinzip** gilt auch dann, wenn das mit der Sache zuerst befasste Gericht am Zuständigkeitsstreit nicht mehr beteiligt ist (vgl KG Rpfleger 1972,
173) oder es sich zunächst irrtümlich für zuständig angesehen hat (BayObLG FamRZ
1988, 970). Nicht geregelt ist der unwahrscheinliche Fall, dass das danach zuständige
OLG eine Entscheidung ablehnt. Da das Gesetz eine Entscheidung des BGH vermeiden
will, bleibt dann nur die Zuständigkeit des OLG, das dem als zweites mit der Sache befasstem Gericht übergeordnet ist (KG FGPrax 2000, 120; KKW/*Sternal* § 5 Rn 39).

Befasst ist das Gericht mit der Sache in Antragsverfahren, wenn der Antrag mit dem 15
Ziel der Erledigung bei ihm eingeht, in Amtsverfahren, wenn es amtlich von Tatsachen
Kenntnis erlangt, die Anlass zu gerichtlichen Maßnahmen geben (Hamm FamRZ 2006,
1460). Ein Tätigwerden des Gerichts ist dagegen nicht erforderlich (KG OLGZ 1969,
493 f).

Unter **Sache** versteht das Gesetz eine Angelegenheit, die Gegenstand eines selbständi- 16
gen und einheitlichen Verfahrens sein kann (Frankfurt NJW-RR 1998, 367). Durch eine
ihm als Verwahrungsgericht obliegende Testamentseröffnung allein wird das Verwahrungsgericht nicht mit einer dem Nachlassgericht obliegenden Sache befasst (Frankfurt

NJW-RR 1998, 367). Wenn bei einem Nachlassgericht ein Erbscheinsantrag gestellt wird, ist dieses Gericht erstmals mit der Sache befasst, selbst wenn ein anderes Gericht zuvor eine nachlassgerichtliche Handlung (wie etwa Testamentseröffnung) vorgenommen hat (BayObLGZ 1994, 346, 348).

D. Verfahren

I. Einleitung

17 Das Verfahren zur Zuständigkeitsbestimmung beginnt aufgrund der **Vorlage** eines der beteiligten Gerichte mit Aktenübersendung, aufgrund der **Anregung** jedes Beteiligten, der ein rechtliches Interesse an dem Verfahren hat (BayObLG FamRZ 1998, 1182), oder **von Amts wegen**, nachdem das höhere Gericht von der Ungewissheit der Beurteilung der Zuständigkeitsfrage Kenntnis erlangt hat (Hamm NJW 2006, 2707, 2708). Eine ordnungsgemäße Vorlage durch eines der beteiligten Gerichte setzt voraus, dass die für die Zuständigkeit maßgebenden tatsächlichen Verhältnisse von dem vorlegenden Gericht geklärt sind (Frankfurt FamRZ 1998, 34). Fehlt es daran, kann das für die Bestimmung zuständige Gericht die Sache an das vorlegende Gericht zwecks Nachholen der erforderlichen Ermittlungen zurückgeben und wird das regelmäßig tun (BayObLGZ 1987, 463, 464), allerdings kann es die Tatsachen auch selbst aufklären (KKW/*Sternal* § 5 Rn 46). Soweit der Rechtspfleger funktional zuständig ist, obliegt es ihm, eine Entscheidung nach § 5 herbeizuführen, einer vorrangigen Anrufung des Richters bedarf es nicht (Köln FamRZ 2003, 1477). Handelt es sich in der Hauptsache dagegen um eine Richterangelegenheit, ist die Vorlage durch den Rechtspfleger keine genügende Grundlage für ein Verfahren nach § 5 (BayObLG NJW-RR 2002, 1118).

II. Prüfung

18 Das zur Entscheidung berufene nächsthöhere Gericht prüft zunächst nach rechtlichen Gesichtspunkten, welches Gericht oder welche Gerichte aufgrund der Vorschriften über die örtliche Zuständigkeit (zB §§ 3, 4, 152, 170, 201, 211, 218 etc) zuständig sind. Sind danach mehrere Gerichte zuständig oder kann die Ungewissheit über die Zuständigkeit nicht beseitigt werden, trifft das Obergericht die Bestimmung nach Zweckmäßigkeitsgesichtspunkten (BayObLG Rpfleger 1993, 251; Köln Rpfleger 1993, 353; zu § 36 ZPO BGH NJW 1993, 2752, 2753), insbesondere nach der Verfahrenswirtschaftlichkeit, also zB nach dem räumlichen Schwerpunkt der Sache, danach welches Gericht zuerst mit der Sache befasst war oder wessen Zuständigkeit am wahrscheinlichsten ist (Jansen/*Müther* § 5 Rn 24). Wenn die Zuständigkeit des Obergerichts auf Abs 2 beruht, muss das bestimmte Gericht nicht zum Bezirk des Obergerichts gehören, andernfalls ist das aber zwingend.

19 In Ausnahmefällen kann auch ein bisher **nicht beteiligtes Gericht** bestimmt werden, wenn dieses in den Bezirk des entscheidenden Obergerichts fällt oder Abs 2 eingreift (BGH FamRZ 1997, 171 zu § 36 ZPO; KKW/*Sternal* § 51 Rn 51); das dritte Gericht muss vorher gehört werden (KKW/*Sternal* § 5 Rn 51).

III. Entscheidung und Bekanntgabe

20 Aus Abs 3 ergibt sich, dass die Entscheidung durch Beschluss (§ 38) erfolgt. Die Beschlussformel lautet zB »Das zuständige Gericht ist das Amtsgericht X« oder »Das zuständige Gericht wird dahin bestimmt, dass das Amtsgericht X zuständig ist«. Bei einer ablehnenden Entscheidung: »Die Bestimmung der Zuständigkeit wird abgelehnt«. Der Beschluss ist zu begründen (§ 38 Abs 3), die Rechtsbehelfsbelehrung (§ 39) stellt klar, dass kein Rechtsmittel zulässig ist (§ 39). Der Beschluss ist den Beteiligten bekanntzugeben (§ 41) und wird mit Bekanntgabe wirksam (§ 40). Zu den Beteiligten gehören gemäß §§ 7 Abs 2, 8 Nr 3 auch die beteiligten Gerichte.

E. Entscheidungswirkung

Der aufgrund der Bekanntgabe wirksame Beschluss legt die Zuständigkeit bindend fest. Die Akten sind dem bestimmten, nunmehr bindend zuständigen Gericht zuzuleiten. Dieses Gericht führt das Verfahren fort, ihm obliegt die Entscheidung. Die Bestimmung bindet alle inländischen Gerichte, also auch dritte Gerichte, die mit der Angelegenheit bislang nicht befasst waren. Die weitere Zuständigkeit im Instanzenzug richtet sich nach dem als zuständig bestimmten Gericht. Soweit ein örtlich unzuständiges Gericht bereits eine Entscheidung getroffen hat, bleibt diese gemäß § 2 Abs 3 wirksam.

21

F. Unanfechtbarkeit, Abs 3, Abänderbarkeit

Der Beschluss, der das zuständige Gericht bestimmt, ist nicht anfechtbar, Abs 3. Die Unanfechtbarkeit gilt nach dem Zweck der Norm auch für die Entscheidung, die eine Bestimmung ablehnt. Sofern die Bestimmung Dauerwirkung entfaltet, zB wenn das Betreuungsgericht für ein langjähriges Betreuungsverfahren bestimmt wurde, kommt gemäß § 48 die Abänderung der Entscheidung in Betracht, da das Bestimmungsgericht funktionell als Teil des ersten Rechtszuges angesehen werden kann. Wirksam gewordene Entscheidungen des bestimmten Gerichts bleiben durch die Änderung der Zuständigkeit unberührt (Bumiller/Winkler § 5 Rn 14).

22

§ 6 Ausschließung und Ablehnung der Gerichtspersonen

(1) Für die Ausschließung und Ablehnung der Gerichtspersonen gelten die §§ 41 bis 49 der Zivilprozessordnung entsprechend. Ausgeschlossen ist auch, wer bei einem vorausgegangenen Verwaltungsverfahren mitgewirkt hat.

(2) Der Beschluss, durch den das Ablehnungsgesuch für unbegründet erklärt wird, ist mit der sofortigen Beschwerde in entsprechender Anwendung der §§ 567 bis 572 der Zivilprozessordnung anfechtbar.

Übersicht

	Rz		Rz
A. Allgemeines	1	4. Unsachliche und fehlerhafte Verfahrensführung	25
B. Ausschließung von Gerichtspersonen, Abs 1 Satz 1 und 2, § 41 ZPO	4	5. Hinweise und Meinungsäußerungen, politischer Standort	26
I. Allgemeines	4	6. Vorbefassung	29
II. Die einzelnen Ausschließungsgründe	5	D. Verfahren, Abs 1 Satz 1, §§ 43–49 ZPO	30
1. Beteiligung der Gerichtsperson, § 41 Nr 1 ZPO	5	I. Ablehnungsgesuch, § 44 ZPO	30
		1. Inhalt, Form	30
2. Sachen des Ehegatten oder Lebenspartners, § 41 Nr 2, 2a ZPO	8	2. Glaubhaftmachung	31
		3. Dienstliche Äußerung	32
3. Sachen des Verwandten oder Verschwägerten, § 41 Nr 3 ZPO	9	II. Verlust des Ablehnungsrechts, § 43 ZPO	33
4. Vertretung eines Beteiligten, § 41 Nr 4 ZPO	10	III. Zuständigkeit, § 45 ZPO	34
		IV. Entscheidung und Rechtsmittel, Abs 2, § 46 ZPO	38
5. Gerichtsperson als Beweisperson, § 41 Nr 5 ZPO	12	1. Verfahren	38
6. Mitwirkung an der angefochtenen Entscheidung, § 41 Nr 6 ZPO	13	2. Beschluss, § 46 Abs 1 ZPO	39
		3. Rechtsbehelfe, Abs 2, § 46 Abs 2 ZPO	40
7. Vorbefassung im Verwaltungsverfahren, Abs 1 Satz 2	16	V. Amtshandlungen des Abgelehnten, § 47 ZPO	45
III. Ausschließungswirkung, Verstoß	17	1. Unaufschiebbare Handlungen bei Ablehnung außerhalb der Verhandlung	45
C. Ablehnung wegen Befangenheit, Abs 1 Satz 1, § 42 ZPO	19	2. Ablehnung während der Verhandlung	46
I. Befangenheitsbegriff	19	3. Verstoß, Rechtsmittel	47
II. Fallgruppen	21	VI. Selbstablehnung, § 48 ZPO	48
1. Mittelbare Beteiligung, Eigeninteresse	22	VII. Urkundsbeamter, § 49 ZPO	49
		VIII. Rechtspfleger	50
2. Besondere Beziehungen zu Beteiligten oder Verfahrensbevollmächtigten	23	IX. Ausschluss und Ablehnung sonstiger Personen	51
3. Angreifendes Verhalten des Richters oder eines Beteiligten	24		

A. Allgemeines

1 Die Vorschrift soll den Grundsatz wahren, dass die Tätigkeit des Gerichts **Neutralität** und **Distanz** gegenüber den Verfahrensbeteiligten erfordert und aus diesem Grund in bestimmten Fällen die Ausschließung sowie die Möglichkeit der Ablehnung wegen der Besorgnis der Befangenheit geboten ist, wenn das Gericht diese Distanz im Einzelfall vermissen lässt (BVerfGE 21, 139 ff). Daher verweist die Vorschrift auf die die entsprechende Anwendung der §§ 41 ff ZPO, eine Regelungsstruktur, die anderen Verfahrensordnungen (zB §§ 54 VwGO, 51 FGO) entspricht und dadurch für den Ausschluss und die Ablehnung der Gerichtspersonen einen Beitrag zur Harmonisierung der Verfahrensordnungen leistet (RegE).

2 Durch die Anknüpfung an den Begriff der **Gerichtsperson** stellt das Gesetz klar, dass die Ausschluss- und Ablehnungsgründe nicht nur auf Richter, sondern auch auf Rechtspfleger (§ 10 RPflG) und Urkundsbeamte der Geschäftsstelle (§ 49 ZPO) Anwendung finden. Die Vorschrift gilt gemäß § 113 nicht in Ehesachen und Familienstreitsachen, auf die ohnehin die ZPO-Normen Anwendung finden (§ 113 Abs 1).

Das Gesetz unterscheidet zwischen der **Ausschließung**, die bei der Verwirklichung von Ausschließungsgründen der Gerichtsperson kraft Gesetzes die Fähigkeit aber kennt, ihr Amt in dem betroffenen Verfahren auszuüben, und der **Ablehnung** durch einen Beteiligten durch Geltendmachen von Ablehnungsgründen. 3

B. Ausschließung von Gerichtspersonen, Abs 1 Satz 1 und 2, § 41 ZPO

I. Allgemeines

Die Ausschließung tritt kraft Gesetzes ein und ist von Amts wegen zu berücksichtigen. Der Ausschluss bezieht sich auf das bestimmte Verfahren, in dem der Tatbestand des § 41 ZPO erfüllt ist. Die ausgeschlossene Gerichtsperson hat sich von Amts wegen jeder Tätigkeit in dem Verfahren zu enthalten. Um den Vorgang insbesondere im Hinblick auf die Garantie des gesetzlichen Richters nachprüfbar zu machen, muss die Gerichtsperson den Sachverhalt in der Verfahrensakte vermerken. Die Beteiligten können den Ausgeschlossenen nach § 42 Abs 1 ZPO ablehnen. Ein Grund, der nicht zur Ausschließung führt, kann die Ablehnung wegen Befangenheit nach § 42 ZPO rechtfertigen; eine ausdehnende Auslegung des § 41 ZPO ist daher verfassungsrechtlich nicht geboten (vgl BVerfG NJW 2001, 3533). 4

II. Die einzelnen Ausschließungsgründe

1. Beteiligung der Gerichtsperson, § 41 Nr 1 ZPO

Dieser Tatbestand ist Ausdruck des Grundsatzes, dass niemand Richter in eigener Sache sein darf. Die Gerichtsperson ist daher ausgeschlossen, wenn sie selbst **Beteiligter** in der Angelegenheit ist, denn der in § 41 Nr 1 ZPO verwandte Begriff der Partei ist im FamFG-Verfahren durch den des Beteiligten (§ 7) zu ersetzen. 5

Mitberechtigter, **Mitverpflichteter** oder **Regresspflichtiger** ist, wer zwar nicht Beteiligter ist und auch nicht als solcher auftreten kann, wer aber neben einem Beteiligten von dem Verfahren unmittelbar betroffen wird, weil er eine unmittelbare Rechtsbeziehung zum Stoff des Verfahrens hat (KKW/*Zimmermann* § 6 Rn 23). In Betracht kommt zB die Stellung des Richters in seiner Eigenschaft als Gesellschafter einer beteiligten Personengesellschaft oder eines nichtrechtsfähigen Vereins, sofern den Richter in seiner Eigenschaft als handelndes Vereinsmitglied eine eigene Haftung (§ 54 Satz 2 BGB) treffen kann. Nicht mitberechtigt oder -verpflichtet ist der Richter aber als Mitglied einer beteiligten juristischen Person des öffentlichen Rechts (zB weltliche oder kirchliche Gemeinde) oder des Privatrechts (Aktionär einer AG, Gesellschafter einer GmbH, Mitglied eines eV oder einer eG), es sei denn es sind Sonderrechte als Mitglied betroffen (KKW/*Zimmermann* § 6 Rn 23). In diesen Fällen kommt aber eine Ablehnung wegen Befangenheit nach § 42 ZPO in Betracht. 6

Der maßgebende **Zeitpunkt** für die Beteiligung der Gerichtsperson ist der Zeitpunkt ihres Tätigwerdens (Jansen/*Müther* § 6 Rn 10). 7

2. Sachen des Ehegatten oder Lebenspartners, § 41 Nr 2, 2a ZPO

Die Gerichtsperson ist ausgeschlossen in Sachen ihres Ehegatten oder ihres Lebenspartners (nach dem LPartG), also wenn dieser Beteiligter des Verfahrens ist oder in einem Verhältnis als Mitberechtigter, Mitverpflichteter oder Regresspflichtiger zu einem Beteiligten steht. Der Ausschluss gilt auch, wenn die Ehe oder Lebenspartnerschaft nicht mehr besteht, also bei Scheidung, Aufhebung, Wiederheirat nach Todeserklärung (§ 1319 Abs 2) und Tod. Die Mitwirkung der Ehefrau eines Rechtsmittelrichters an der erstinstanzlichen Entscheidung ist weder ein Ausschlussgrund nach § 41 Nr 2 noch nach 8

§ 6 FamFG | Ausschließung und Ablehnung der Gerichtspersonen

Nr 3 ZPO (BGH NJW 2004, 163). In diesem Fall kommt allenfalls eine Ablehnung wegen Befangenheit in Betracht. Das gilt auch, wenn der Ehegatte Verfahrensvertreter eines Beteiligten ist oder im Fall des Verlöbnisses oder eines eheähnlichen Zusammenlebens der Gerichtsperson mit einem Beteiligten.

3. Sachen des Verwandten oder Verschwägerten, § 41 Nr 3 ZPO

9 Die Verwandtschaft oder Schwägerschaft bestimmt sich nach §§ 1589 ff BGB (die anerkannte oder gerichtlich festgestellte Vaterschaft fällt also darunter, § 1592 Nr 2 und 3 BGB), und im Falle der Adoption nach §§ 1754 ff BGB. Zum Ausschluss führt stets die Verwandtschaft oder Schwägerschaft in gerader Linie sowie in der Seitenlinie die Verwandtschaft bis zum dritten Grad, die Schwägerschaft bis zum zweiten Grad. Ist eine Partei kraft Amtes (Insolvenz-, Nachlass-, Zwangsverwalter, Testamentsvollstrecker) beteiligt, führt ein Verwandtschafts- oder Schwägerschaftsverhältnis sowohl mit dem Beteiligten kraft Amtes als auch mit dem Vermögensträger zum Ausschluss des Richters (Jansen/*Müther* § 6 Rn 12). Verwandtschaft oder Schwägerschaft der Gerichtsperson mit einem gesetzlichen Vertreter oder einem Verfahrensbevollmächtigten sowie mit einem Richter der unteren oder oberen Instanz führt nicht zum Ausschluss, kann aber nach § 42 ZPO die Befangenheit rechtfertigen.

4. Vertretung eines Beteiligten, § 41 Nr 4 ZPO

10 Die Gerichtsperson ist ausgeschlossen in Sachen, in denen sie als Prozessbevollmächtigter oder Vertreter eines Beteiligten bestellt oder als gesetzlicher Vertreter eines Beteiligten aufzutreten berechtigt ist oder gewesen ist. Im Falle der **gewillkürten Vertretung** muss die Gerichtsperson die Bevollmächtigung angenommen haben (Musielak/*Heinrich* § 41 Rn 11), andernfalls könnte jeder Beteiligte durch einseitige Bevollmächtigung den Ausschluss jeder Gerichtsperson erreichen. Der Ausschluss besteht auch dann, wenn die Gerichtsperson in der Sache nicht als Vertreter tätig geworden ist, weil sie sich regelmäßig auch dann mit der Sache befasst und sich bereits ein ihrer Neutralität entgegenstehendes Urteil gebildet hat (Musielak/*Heinrich* § 41 Rn 11).

11 **Gesetzlicher Vertreter** sind die Eltern (§ 1629 Abs 1 BGB), der Vormund (§ 1793 Abs 1 Satz 1 BGB) oder Pfleger (§§ 1915 Abs 1, 1793 Abs 1 Satz 1 BGB), und der Betreuer (§ 1902 BGB). Unter der gesetzlichen Vertretung ist auch die organschaftliche Vertretung durch Vorstandsmitglieder der AG, der eG oder des eV, durch Geschäftsführer der GmbH, aber auch durch die persönlich haftenden Gesellschafter der OHG, KG oder KGaA zu verstehen.

5. Gerichtsperson als Beweisperson, § 41 Nr 5 ZPO

12 Die Gerichtsperson ist ausgeschlossen in Sachen, in denen sie als Zeuge oder Sachverständiger vernommen ist. Richteramt und Zeugen- oder Sachverständigenstellung sind unvereinbar, da der Richter seine eigene Bekundung nicht unbefangen würdigen kann. Die Gerichtsperson muss als Zeuge bereits vernommen sein, es genügt nicht, dass sie vernommen werden soll. Die bloße Benennung als Beweismittel reicht nicht aus (Saarbrücken NJW-RR 1994, 763, 765), denn andernfalls könnten Beteiligte dieses Mittel missbrauchen, um den Richter auszuschließen. Eine schriftliche Aussage begründet den Ausschluss, nicht aber eine dienstliche Äußerung (BGH NJW 2002, 2401, 2402 f). Der Richter kann noch den Beweisbeschluss dahin erlassen, dass er selbst als Zeuge oder Sachverständiger zu vernehmen sei (Saarbrücken aaO), ist im Anschluss daran aber ausgeschlossen.

6. Mitwirkung an der angefochtenen Entscheidung, § 41 Nr 6 ZPO

Eine Gerichtsperson ist nach § 41 Nr 6 ZPO ausgeschlossen in Sachen, in denen sie in einem früheren Rechtszug oder im schiedsrichterlichen Verfahren bei dem Erlass der angefochtenen Entscheidung mitgewirkt hat, sofern es sich nicht um die Tätigkeit eines beauftragten oder ersuchten Richters handelt. Es geht um den Tatbestand der **Vorbefassung**, der die Funktionstüchtigkeit eines unparteiisch entscheidenden Instanzenweges gewährleisten soll (Musielak/*Heinrich* § 41 Rn 13). Die Mitwirkung an der angefochtenen Entscheidung kommt im Wesentlichen nur für Richter, in Ausnahmefällen für Personen (Volljuristen) in Frage, die in erster Instanz in Rechtspfleger-, in zweiter in Richterfunktion tätig werden. Die Begriffe des **beauftragten** oder **ersuchten** Richters ergeben sich aus §§ 30 Abs 1 FamFG, 361, 362 ZPO.

Schiedsrichterliche Verfahren kommen im Anwendungsbereich des FamFG kaum vor. Nicht schiedsfähig sind Ehe-, Kindschafts- und Lebenspartnerschaftssachen sowie Angelegenheiten der freiwilligen Gerichtsbarkeit mit Ausnahme der echten Streitsachen, zB Verfahren nach §§ 132 AktG, 166 Abs 3 HGB (Zöller/*Geimer* § 1030 Rn 6).

Die Gerichtsperson ist aufgrund zweckgemäßer Auslegung auch dann ausgeschlossen, wenn sie zwar nicht an der angefochtenen, wohl aber an einer der angefochtenen Entscheidung **vorausgehenden Entscheidung** mitgewirkt hat (München NJW 1969, 754; aA Hamburg NJW-RR 2002, 789). Nicht ausgeschlossen ist ein Richter, der an einem Unterhaltsurteil mitgewirkt hat, für die Abänderungsklage (Musielak/*Heinrich* § 41 Rn 13).

7. Vorbefassung im Verwaltungsverfahren, Abs 1 Satz 2

Ausgeschlossen ist auch eine Gerichtsperson, die bei einem vorausgegangenen Verwaltungsverfahren mitgewirkt hat. Der Norm liegt der Gedanke zugrunde, dass die Mitwirkung eines Richters an einem Verfahren, das er als Organ der (Justiz-) Verwaltung veranlasst hat und in dem die Rechtmäßigkeit dieses Verwaltungshandelns überprüft werden soll, im Hinblick auf den Gewaltenteilungsgrundsatz ausgeschlossen ist (RegE). Hat etwa der LG-Präsident einen Notar angewiesen, wegen einer Kostenberechnung die gerichtliche Entscheidung herbeizuführen, ist er gehindert, im Notarkostenbeschwerdeverfahren als Richter mitzuwirken (BayObLG NJW 1986, 1622). Die Vorbefassung im Verwaltungsverfahren kommt insbesondere bei der Überprüfung von Justizverwaltungsakten nach § 23 EGGVG in Betracht.

III. Ausschließungswirkung, Verstoß

Die von einem Ausschließungsgrund betroffene Gerichtsperson ist **kraft Gesetzes** von der Amtsausübung ausgeschlossen. Die Gerichtsperson wird durch ihren nach der Geschäftsverteilung zuständigen **Vertreter** ersetzt. Fehlt es an einem Vertreter, muss das zuständige Gericht nach § 5 Abs 1 Nr 1 bestimmt werden. Bei Zweifeln am Vorliegen eines Ausschließungsgrundes entscheidet nach § 48 ZPO das zuständige Gericht. Ausschließungsgründe rechtfertigen die Ablehnung durch die Beteiligten nach § 42 Abs 1 ZPO.

Ein **Verstoß** gegen § 41 ZPO lässt die Wirksamkeit der Entscheidung unberührt, macht sie aber nach den allgemeinen Regeln anfechtbar (Zöller/*Vollkommer* § 41 Rn 16). Verfahrenshandlungen der ausgeschlossenen Gerichtsperson kann ihr geschäftsplanmäßiger Vertreter wiederholen, wenn sie nicht bindend sind und der Rechtszug noch nicht beendet ist (Musielak/*Heinrich* § 41 Rn 14). Von den Beteiligten vor der ausgeschlossenen Gerichtsperson vorgenommene Verfahrenshandlungen sind wirksam.

C. Ablehnung wegen Befangenheit, Abs 1 Satz 1, § 42 ZPO

I. Befangenheitsbegriff

19 Nach § 42 Abs 1 ZPO kann eine Gerichtsperson wegen Besorgnis der Befangenheit abgelehnt werden, und zwar in jedem Fall von allen Beteiligten, § 42 Abs 3 ZPO. Befangenheit ist eine innere Einstellung des Richters, aufgrund derer er die erforderliche Distanz zu der Rechtssache und die notwendige Unparteilichkeit so vermissen lässt, dass es zu **sachfremden Erwägungen** und damit zu Bevorzugungen oder Benachteiligungen eines Beteiligten kommt (Musielak/*Heinrich* § 42 Rn 4). Nach § 42 Abs 2 ZPO ist Besorgnis der Befangenheit gegeben, wenn ein Grund vorliegt, der geeignet ist, Misstrauen gegen die Unparteilichkeit eines Richters zu rechtfertigen. § 1036 Abs 2 Satz 1 ZPO konkretisiert weiter, dass Umstände vorliegen, die berechtigte Zweifel an der Unparteilichkeit oder Unabhängigkeit des Richters aufkommen lassen. Es muss ein objektiver Grund vorliegen, der dem Beteiligten bei vernünftiger Würdigung aller Umstände Anlass gibt, an der Unvoreingenommenheit des Richters und dessen objektiver Einstellung zu zweifeln (BGH NJW 2004, 164; 1995, 1677, 1679; BVerfG NJW 2000, 2808).

20 Darauf, ob der Richter tatsächlich befangen ist oder wie er sich selbst einschätzt, kommt es nicht an. Entscheidend ist vielmehr, ob ein Beteiligter bei vernünftiger Würdigung aller Umstände Anlass hat, an der Unvoreingenommenheit eines Richters zu zweifeln (BGH NJW 2002, 2396; BVerfG NJW 1993, 2230), dabei ist auf die **Sicht eines durchschnittlichen**, vernünftigen und besonnen handelnden **Beteiligten** abzustellen (Musielak/*Heinrich* § 42 Rn 5). Angesichts dieses begrenzt subjektiven Kriteriums sind unbesonnene, unvernünftige Vorstellungen oder übersteigertes Misstrauen eines Beteiligten nicht zu berücksichtigen (BayObLG NJW-RR 1988, 191; München NJW-RR 2002, 862; Musielak/*Heinrich* § 42 Rn 6). Die Ablehnungsgründe sind insgesamt zu würdigen, im Zweifel muss Befangenheit angenommen werden (Zöller/*Vollkommer* § 42 Rn 9 f).

II. Fallgruppen

21 Die jeweils geforderte Einzelfallentscheidung lässt sich durch Fallgruppenbildung erleichtern. Im Folgenden sind wichtige Fallgruppen und Einzelfälle ohne Anspruch auf Vollständigkeit aufzuzeigen.

1. Mittelbare Beteiligung, Eigeninteresse

22 Die **Mitgliedschaft** in einer juristischen Person, zB als Aktionär oder Vereinsmitglied, kann insbesondere bei Organisationen mit geringer Mitgliederzahl die Besorgnis der Befangenheit begründen. Diese liegt in der Regel nicht vor bei bloßer Mitgliedschaft in einer Religionsgemeinschaft, politischen Partei, Gewerkschaft (KKW/*Zimmermann* § 6 Rn 50) oder sonstigen Massenorganisation wie dem ADAC. Allein die Teilnahme an der Hauptversammlung einer AG und die Abstimmung rechtfertigen nicht die Besorgnis der Befangenheit eines Richters im Spruchstellenverfahren (BayObLG NZG 2002, 485). Anderes muss aber dann gelten, wenn nach Art und Umfang der Beteiligung ein nicht unerhebliches wirtschaftliches Interesse des Richters vorliegt (vgl BGH NJW 1991, 982, 985). **Geschäftliche Beziehungen** eines Richters zu einem Beteiligten können ihn je nach den Umständen befangen machen (Zweibrücken NJW-RR 1998, 857).

2. Besondere Beziehungen zu Beteiligten oder Verfahrensbevollmächtigten

23 Soweit nicht schon § 41 Nr 2 oder 3 ZPO eingreift, können verwandtschaftliche oder sonstige engere persönliche Beziehungen die Besorgnis der Befangenheit rechtfertigen. In Betracht kommen Verlöbnis mit einem Beteiligten, Ehe mit einer bei einem Beteiligten beschäftigten Führungskraft (BGH NJW 1995, 1677, 1679). Aber auch jahrelange enge Freundschaft (LG Leipzig NJW-RR 2004, 1003) ebenso wie Feindschaft, Kollegialitätsver-

hältnisse, die nähere private oder berufliche Beziehungen mit sich bringen, sowie nahe persönliche Beziehungen zum Verfahrensvertreter einer Partei (KG NJW-RR 2000, 1164) können die Besorgnis der Befangenheit begründen.

3. Angreifendes Verhalten des Richters oder eines Beteiligten

Die Anzeige eines Verfahrensbeteiligten gegen den entscheidenden Richter begründet in der Regel keine Besorgnis der Befangenheit, da es der Ablehnende sonst in der Hand hätte, sich nach Belieben jedem Richter zu entziehen; allerdings ist auf den Einzelfall abzustellen (BVerfG NJW 1996, 2022). Das Gleiche gilt bei Dienstaufsichtsbeschwerden und Beleidigungen gegen den Richter. Dagegen führen umgekehrt Beleidigungen durch die Gerichtsperson gegen einen Beteiligten zur Besorgnis der Befangenheit, zB durch die Bezeichnung des Sachvortrags als Unsinn (LSG NRW NJW 2003, 2933). 24

4. Unsachliche und fehlerhafte Verfahrensführung

Materiellrechtliche oder verfahrensrechtliche Fehler begründen als solche nicht die Besorgnis der Befangenheit. Hinzukommen muss vielmehr, dass der Rechtsfehler auf einer unsachlichen oder voreingenommenen Einstellung oder auf Willkür beruht (Musielak/ *Heinrich* § 42 Rn 10). Die stark zögerliche Behandlung eines Antrags zur Umgangsregelung (Karlsruhe FamRZ 1994, 46) oder eines Eilantrags in einer Sorgerechtssache (Hamm FamRZ 1999, 936) kann die Besorgnis der Befangenheit rechtfertigen, ebenso die Häufung prozessualer Fehler (Schleswig NJW 1994, 1227). In Betracht kommt vor allem der Verstoß gegen Verfahrensgrundsätze wie das rechtliche Gehör, die Waffengleichheit oder den Grundsatz des fairen Verfahrens. Folgende Handlungen können die Besorgnis der Befangenheit rechtfertigen: Ablehnen eines Terminsverlegungsantrags trotz berechtigter Gründe (Schleswig NJW 1994, 1227); Ausüben unangemessenen Drucks auf die Parteien; vorweggenommene Beweiswürdigung; nicht ohne weiteres die Beiziehung von Ermittlungsakten im Umgangsrechtsverfahren (Brandenburg FamRZ 2002, 621). 25

5. Hinweise und Meinungsäußerungen, politischer Standort

Da das Gericht im Rahmen der Verfahrensleitung nach § 28 aufzuklären und Hinweise zu geben hat, macht deren Erteilung nicht befangen. Rechtliche Hinweise und Meinungsäußerungen sind unbedenklich (München MDR 2004, 52; Stuttgart NJW 2001, 1145) solange der Richter nicht einseitig festgelegt und für weitere Argumente weiterhin offen ist. Der Hinweis auf eine mögliche Übersendung der Akten an die Staatsanwaltschaft wegen Straftaten eines Beteiligten führt nicht zur Befangenheit (KG MDR 2001, 107). 26

Gibt der Richter seine Rechtsansichten im Rahmen wissenschaftlicher Betätigung, bei Seminaren oder Fortbildungsveranstaltungen kund, macht ihn das nicht befangen, da das Richteramt von ihm verlangt, sich im Einzelfall stets neu eine Rechtsmeinung zu bilden und dabei für die Argumente der Parteien offen zu sein (Zöller/*Vollkommer* § 42 Rn 33). Allerdings liegt die Besorgnis der Befangenheit nahe, wenn ein Richter eines Bankensenats beim BGH erklärt, dem »Spuk« der verbraucherfreundlichen Rechtsprechung eines OLG müsse ein Ende bereitet werden, und wenn der Richter geschäftlich zu eng mit den Bankeninteressen verquickt ist (aA BGH NJW 2002, 2396, dazu kritisch Schneider EWiR 2003, 393). Hat sich der Richter gutachterlich bereits in einer Weise geäußert, die als Unterstützung eines Verfahrensbeteiligten gewertet werden könnte, ist seine Ablehnung gerechtfertigt (BVerfG NJW 2004, 209). 27

Der bloße gesellschaftliche oder politische, zB durch Mitgliedschaft in einer politischen Partei, Gewerkschaft oder Kirche dokumentierte Standort des Richters begründet ohne Hinzukommen besonderer Umstände nicht die Besorgnis der Befangenheit, das Gleiche gilt auch für das Geschlecht des Richters (Zöller/*Vollkommer* § 42 Rn 30). 28

6. Vorbefassung

29 Die Mitwirkung des Richters in einem früheren Verfahren, auch bezogen auf die gleiche Angelegenheit, begründet grundsätzlich keinen Ablehnungsgrund über § 41 Nr 5 und 6 ZPO hinaus (Karlsruhe FamRZ 2006, 1555, 1557). Zur Befangenheit führen aber Fälle atypischer Vorbefassung, zB wenn ein Richter mit dem gleichen Sachverhalt als Staatsanwalt oder Strafrichter befasst war (Zöller/*Vollkommer* § 42 Rn 17) oder wenn der Nachlassrichter einen Vertrag oder ein Testament auszulegen hat, dessen Beurkundung er früher als Notar vollzogen hat (KKW/*Zimmermann* § 6 Rn 53).

D. Verfahren, Abs 1 Satz 1, §§ 43–49 ZPO

I. Ablehnungsgesuch, § 44 ZPO

1. Inhalt, Form

30 Der Beteiligte kann das Ablehnungsgesuch nach § 42 Abs 1 ZPO auf den Ausschluss kraft Gesetzes (§ 41 ZPO) oder auf die Besorgnis der Befangenheit stützen. Es ist in der mündlichen Verhandlung zu Protokoll, schriftlich oder zu Protokoll der Geschäftsstelle zu erklären (§ 44 Abs 1 ZPO) und zu begründen; bei einem Kollegialgericht ist der Name des betroffenen Richters zu nennen.

2. Glaubhaftmachung

31 Der Ablehnungsgrund, also die Tatsachen auf die der Beteiligte die Ablehnung stützt, muss glaubhaft gemacht werden, die Versicherung der Partei an Eides statt ist aber entgegen § 31 FamFG nicht zugelassen (§ 44 Abs 2 Satz 1 ZPO), wohl aber die eidesstattliche Versicherung oder schriftliche Erklärung von Zeugen. Zur Glaubhaftmachung kann auf das Zeugnis der abgelehnten Gerichtsperson, also auf ihre dienstliche Äußerung (§ 44 Abs 3 ZPO) Bezug genommen werden. Offenkundige Tatsachen müssen nicht glaubhaft gemacht werden (vgl § 291 ZPO), auch nicht Tatsachen, die in der Akte (zB im Protokoll) dokumentiert sind. Die Mittel zur Glaubhaftmachung müssen spätestens bei der Entscheidung über das Ablehnungsgesuch vorliegen, können also nachgereicht werden. Hat sich der Beteiligte bereits in eine Verhandlung eingelassen oder hat er Anträge gestellt und lehnt nunmehr die Gerichtsperson als befangen ab, hat er glaubhaft zu machen, das der Ablehnungsgrund erst später entstanden oder ihm erst später bekannt geworden ist (§ 44 Abs 4 ZPO), die Beschränkung des § 44 Abs 2 Satz 1 gilt insoweit nicht.

3. Dienstliche Äußerung

32 Die Gerichtsperson ist verpflichtet, sich schriftlich zu den Tatsachen zu äußern, bei einer mündlichen Verhandlung (§ 46 Abs 1 ZPO) ist eine mündliche Äußerung möglich. Auf die Zulässigkeit oder Begründetheit des Ablehnungsgesuchs hat sich die Äußerung nicht zu erstrecken.

II. Verlust des Ablehnungsrechts, § 43 ZPO

33 Die Vorschrift gilt nicht für den Fall des § 41 ZPO. Das Ablehnungsgesuch wird bei Verlust des Ablehnungsrechts unzulässig. Dieser tritt ein, wenn die Partei die Person des Richters und den Ablehnungsgrund kennt und diesen nicht geltend macht, sondern sich trotzdem in eine Verhandlung einlässt oder Anträge stellt. Einlassen ist jede Handlung, die den Rechtsstreit fördert und seine Bearbeitung ermöglicht. Soweit das Verfahren schriftlich geführt wird, ist dem Einlassen in die Verhandlung das Einreichen von Schriftsätzen in analoger Anwendung des § 43 ZPO gleichzustellen (KKW/*Zimmermann* § 6 Rn 61). Anträge können Sach- oder Verfahrensanträge sein. § 43 ZPO greift dann nicht ein, wenn nach dem Ablehnungsgesuch noch entgegen § 47 ZPO gerichtliche

Handlungen vorgenommen werden. Der Verlust des Ablehnungsrechts gilt nur für das betroffene Verfahren, nicht für Folgeverfahren (Karlsruhe NJW-RR 1992, 571).

III. Zuständigkeit, § 45 ZPO

Bei **Kollegialgerichten** entscheidet gemäß § 45 Abs 1 ZPO der Spruchkörper, dem der Abgelehnte angehört, ohne dessen Mitwirkung, und zwar ergänzt durch den geschäftsverteilungsplanmäßigen Vertreter des Abgelehnten. Bei einem offensichtlich unzulässigen oder missbräuchlichen Ablehnungsgesuch kann der abgelehnte Richter aber mitwirken, in Betracht kommt das etwa bei evidenter Verschleppungsabsicht (BGH NJW 1992, 983, 984; FamRZ 2005, 1226). Allerdings hat die Mitwirkung des abgelehnten Richters bei der Entscheidung über das Ablehnungsgesuch Grenzen (Art 101 Abs 1 Satz 2 GG), sie kommt nicht in Betracht, wenn die Frage der Unzulässigkeit des Ablehnungsantrags nicht klar und eindeutig zu beantworten ist (BVerfG NJW 2005, 3410). 34

Bei Ablehnung eines Richters am **Amtsgericht** entscheidet ein anderer Richter des Amtsgerichts der nach dem Geschäftsverteilungsplan zuständig ist, über das Gesuch (§ 45 Abs 2 Satz 1 ZPO). Hält der abgelehnte Richter die Ablehnung für begründet, vermerkt er das in den Akten, scheidet aus dem Verfahren aus, und der Vertreter tritt an seine Stelle, einer Entscheidung bedarf es nicht (§ 45 Abs 2 Satz 2 ZPO). Über offensichtlich unzulässige Gesuche kann der Abgelehnte wie beim Kollegialgericht entscheiden (Rz 34). Andernfalls ist die Sache dem zuständigen Richter des Amtsgerichts zur Entscheidung vorzulegen. 35

Bei **Beschlussunfähigkeit** des zur Entscheidung berufenen Gerichts durch das Ausscheiden des abgelehnten Mitglieds entscheidet das im Rechtszug zunächst höhere Gericht (§ 45 Abs 3 ZPO). Dieser Fall tritt ein, wenn nach dem Geschäftsverteilungsplan eine ordnungsgemäße Ergänzung des Spruchkörpers nicht mehr möglich ist. Das nächsthöhere Gericht bestimmt sich nach dem Instanzenzug. 36

Über die Ablehnung des **Rechtspflegers** entscheidet der Richter am Amtsgericht (§ 10 Satz 2 RPflG). 37

IV. Entscheidung und Rechtsmittel, Abs 2, § 46 ZPO

1. Verfahren

Den anderen Beteiligten, die die Gerichtsperson nicht abgelehnt haben, ist rechtliches Gehör zu gewähren. Dem ablehnenden Beteiligten muss zu der dienstlichen Stellungnahme der Gerichtsperson rechtliches Gehör gewährt werden, andernfalls ist sie nicht verwertbar (BVerfG NJW 1993, 2229; 1968, 1621). Eine mündliche Verhandlung ist nicht erforderlich. Wie auch sonst gilt der Untersuchungsgrundsatz (§ 26). 38

2. Beschluss, § 46 Abs 1 ZPO

Das Gericht befindet über das Ablehnungsgesuch durch Zwischenentscheidung in der Form des Beschlusses (§§ 38 ff). Über das Ablehnungsgesuch muss entschieden werden, wenn es nicht offensichtlich wegen Rechtsmissbrauchs unbeachtlich ist. 39

3. Rechtsbehelfe, Abs 2, § 46 Abs 2 ZPO

Unanfechtbar ist der dem Gesuch **stattgebende Beschluss** (§ 46 Abs 2 ZPO). Wenn der Anspruch auf rechtliches Gehör verletzt wurde, ist um eine Verfassungsbeschwerde zu vermeiden nach § 44 die **Gehörsrüge** eröffnet (Musielak/*Heinrich* § 46 Rn 3 – § 321a ZPO), diese ist als einfacherer Rechtsbehelf gegenüber einer außerordentlichen Beschwerde vorzugswürdig (für sie Zöller/*Vollkommer* § 46 Rn 13). 40

Der Beschluss, der das Ablehnungsgesuch **abweist**, ist mit der **sofortigen Beschwerde** in entsprechender Anwendung der §§ 567–572 ZPO anfechtbar. Das bestimmt Abs 2, 41

§ 6 FamFG | Ausschließung und Ablehnung der Gerichtspersonen

so dass die sofortige Beschwerde nach § 567 Abs 1 Nr 1 ZPO gegen die Entscheidungen der Amts- und Landgerichte zulässig ist. Beschwerdegericht ist je nach erster Instanz als zweite Instanz das LG oder OLG. Wurde die angegriffene Entscheidung durch einen Einzelrichter oder einem Rechtspfleger erlassen, entscheidet das Beschwerdegericht durch eines seiner Mitglieder als Einzelrichter, nur unter engen Voraussetzungen überträgt er die Sache an das gesamte Kollegium (§ 568 ZPO).

42 **Beschwerdeberechtigt** sind der Antragsteller, aber auch die anderen Beteiligten. **Eingelegt** wird die sofortige Beschwerde beim Ausgangs- (iudex a quo) oder Beschwerdegericht (iudex ad quem) und zwar binnen einer **Notfrist** von zwei Wochen seit Zustellung der Entscheidung (§ 569 Abs 1 ZPO). Das Rechtsmittel wird durch Beschwerdeschrift eingelegt (§ 569 Abs 2 ZPO) und soll begründet werden (§ 571 Abs 1 ZPO). Der Anwaltszwang richtet sich nach §§ 569 Abs 3, 78 ZPO.

43 Das **Rechtsschutzbedürfnis** für die sofortige Beschwerde entfällt, wenn der Richter, gegen den um Ablehnung ersucht war, vor dem Abschluss des Hauptsacheverfahrens aus dem Spruchkörper ausscheidet und an der Sachentscheidung nicht mitwirkt (Musielak/*Heinrich* § 46 Rn 8). Hat der abgelehnte Richter bereits an der instanzbeendigenden Entscheidung mitgewirkt, kommt die sofortige Beschwerde nicht mehr in Betracht, vielmehr kann die Hauptsacheentscheidung mit dem gewöhnlichen Rechtsmittel (Beschwerde, §§ 58 ff) angegriffen werden, der Ablehnungsgrund wird dann in diesem Verfahren mitgeprüft (Zöller/*Vollkommer* § 46 Rn 18a).

44 Die **Rechtsbeschwerde** ist nach Maßgabe des § 70 statthaft, da Abs 2 insoweit nicht auf die ZPO verweist und nicht ersichtlich ist, dass er §§ 70 ff ausschließen will.

V. Amtshandlungen des Abgelehnten, § 47 ZPO

1. Unaufschiebbare Handlungen bei Ablehnung außerhalb der Verhandlung

45 Die vor oder nach einer Verhandlung abgelehnte Gerichtsperson darf vor Erledigung des Ablehnungsgesuchs nur unaufschiebbare Handlungen vornehmen (§ 47 Abs 1 ZPO). Unaufschiebbar sind dringliche Handlungen, die ohne schwerwiegende Nachteile nicht nachgeholt werden können. In Betracht kommen einstweilige Anordnungen (§§ 49 ff); Ausübung der Sitzungspolizei (§ 176 GVG); in seltenen Fällen die Endentscheidung (Thomas/Putzo/*Hüßtege* § 47 Rn 1b); Beweissicherung wie die Vernehmung eines todkranken Zeugen; uU Ladungen (KKW/*Zimmermann* § 6 Rn 66). Keine unaufschiebbare Handlung ist dagegen zB ein Verweisungsbeschluss (Karlsruhe NJW 2003, 2174). Wenn die Handlungen tatsächlich unaufschiebbar waren, bleiben sie auch nach Erfolg des Ablehnungsgesuchs wirksam.

2. Ablehnung während der Verhandlung

46 § 47 Abs 2 ZPO will Verzögerungen durch unzulässige oder unbegründete Ablehnungsgesuche vermeiden. Erfolgt die Ablehnung während der Verhandlung und würde die Entscheidung über die Ablehnung eine Vertagung erfordern, kann der Termin unter Mitwirkung des Abgelehnten fortgesetzt werden. Die abgelehnte Person wirkt also unabhängig davon mit, ob die Handlungen unaufschiebbar sind. Da nach § 47 Abs 2 Satz 2 ZPO der nach der Anbringung des Ablehnungsgesuchs liegende Verhandlungsteil zu wiederholen ist, wenn die Ablehnung sich als begründet erweist, darf keine Endentscheidung ergehen.

3. Verstoß, Rechtsmittel

47 Wirkt die abgelehnte Gerichtsperson entgegen § 47 ZPO an dem Verfahren mit, so liegt ein Verfahrensfehler vor, der die Beschwerde (§§ 58 ff) begründet. Zudem bildet der Verstoß uU einen selbständigen Ablehnungsgrund (Zöller/*Vollkommer* § 47 Rn 4).

VI. Selbstablehnung, § 48 ZPO

Zeigt die Gerichtsperson ein Verhältnis an, das ihre Ablehnung rechtfertigen könnte (also Ausschluss oder Besorgnis der Befangenheit, §§ 41, 42 Abs 1 ZPO), oder bestehen Zweifel über den Ausschluss kraft Gesetzes (§ 41 ZPO) so entscheidet das zuständige Gericht über das Ablehnungsgesuch. Den Beteiligten ist rechtliches Gehör zu gewähren. Für Rechtsmittel gegen den Beschluss über die Ablehnung gelten die allgemeinen Regeln (Abs 2, § 46 Abs 2 ZPO).

VII. Urkundsbeamter, § 49 ZPO

Indem Abs 1 von Gerichtsperson spricht, erfasst die Norm terminologisch auch den Urkundsbeamten. Die Verweisung auf § 49 ZPO stellt letzteres noch einmal klar. Da der Urkundsbeamte keine umfassende Entscheidungsgewalt hat wie der Richter oder Rechtspfleger, ist er für die Ablehnung wegen Befangenheit weniger anfällig (Musielak/*Heinrich* § 49 Rn 5). Da es keinen gesetzlichen Urkundsbeamten gibt, kann er ohne ein förmliches Verfahren ausgetauscht werden, so dass eine Entscheidung über die Selbstablehnung nach § 48 ZPO entbehrlich ist (Musielak/*Heinrich* § 49 Rn 5).

VIII. Rechtspfleger

Auch der Rechtspfleger ist eine Gerichtsperson, für die die Vorschriften über Ausschließung und Ablehnung gelten (§ 10 RpflG). Über die Ablehnung entscheidet der Richter (§ 10 Satz 2 RpflG). Hinsichtlich der Rechtsmittel gelten die allgemeinen Vorschriften (Rz 38 ff). Auch der Rechtspfleger kann eindeutig offensichtlich unzulässige und rechtsmissbräuchliche Befangenheitsanträge durch eigene Entscheidung selbst zurückweisen (OLG Celle NJW-RR 1989, 569).

IX. Ausschluss und Ablehnung sonstiger Personen

Sachverständige und Dolmetscher können aus denselben Gründen, die zur Ablehnung eines Richters berechtigen, abgelehnt werden, aber nicht weil sie schon als Zeuge vernommen wurden (§ 30 Abs 1 FamFG iVm § 406 ZPO, § 191 GVG). Der Ablehnungsantrag ist vor der Vernehmung bei dem Gericht zu stellen, von dem der Sachverständige bzw der Dolmetscher ernannt ist, spätestens zwei Wochen nach Verkündung oder Zustellung des Beschlusses über die Ernennung (§ 406 Abs 2 ZPO). Das Verbot der Mitwirkung und die Ausschließung des Notars richten sich nach §§ 3, 6, 7 BeurkG. Der Gerichtsvollzieher ist in den Fällen des § 155 GVG ausgeschlossen. Wegen Befangenheit kann der Gerichtsvollzieher aber nicht abgelehnt werden, den Beteiligten bleiben nur die Erinnerung und die Dienstaufsichtsbeschwerde (BGH FamRZ R 2004, 1960).

§ 7 Beteiligte

(1) In Antragsverfahren ist der Antragsteller Beteiligter.

(2) Als Beteiligte sind hinzuzuziehen:
1. diejenigen, deren Recht durch das Verfahren unmittelbar betroffen wird,
2. diejenigen, die aufgrund dieses oder eines anderen Gesetzes von Amts wegen oder auf Antrag zu beteiligen sind.

(3) Das Gericht kann von Amts wegen oder auf Antrag weitere Personen als Beteiligte hinzuziehen, soweit dies in diesem oder einem anderen Gesetz vorgesehen ist.

(4) Diejenigen, die auf ihren Antrag als Beteiligte zu dem Verfahren hinzuzuziehen sind oder hinzugezogen werden können, sind von der Einleitung des Verfahrens zu benachrichtigen, soweit sie dem Gericht bekannt sind. Sie sind über ihr Antragsrecht zu belehren.

(5) Das Gericht entscheidet durch Beschluss, wenn es einem Antrag auf Hinzuziehung gemäß Absatz 2 oder Absatz 3 nicht entspricht. Der Beschluss ist mit der sofortigen Beschwerde in entsprechender Anwendung der §§ 567 bis 572 der Zivilprozessordnung anfechtbar.

(6) Wer anzuhören ist oder eine Auskunft zu erteilen hat, ohne dass die Voraussetzungen des Absatzes 2 oder Absatzes 3 vorliegen, wird dadurch nicht Beteiligter.

Übersicht

	Rz		Rz
A. Allgemeines	1	3. Behörden	21
I. Kernstück der Reform	1	D. Optionsbeteiligte (Kann-Beteiligte), Abs 3	23
II. Anwendungsbereich, Erwägungen des Gesetzgebers	2	E. Benachrichtigung, Belehrung, Abs 4	28
III. Beteiligtenkataloge	5	I. Informationspflicht	28
IV. Verwendung des Beteiligtenbegriffs	6	II. Rechtliches Gehör und Ermittlungsmaßnahmen	29
B. Beteiligung kraft Gesetzes, Abs 1	7	III. Form	31
C. Zwingend Beteiligte (Muss-Beteiligte), Abs 2	11	F. Beschlussentscheidung, Rechtsmittel, Abs 5	32
I. Allgemeines	11	I. Entscheidung über die Hinzuziehung, Abs 5 Satz 1	32
1. Unmittelbar Betroffene, Abs 2 Nr 1	13	II. Sofortige Beschwerde, Abs 5 Satz 2	34
a) Allgemeines	13	G. Keine Beteiligung durch bloße Anhörung, Abs 6	35
b) Beispiele	17		
2. Zu Beteiligende kraft Gesetzes, Abs 2 Nr 2	19		

A. Allgemeines

I. Kernstück der Reform

1 Der Gesetzgeber sieht die Bestimmung des Beteiligtenbegriffs als eines der **Kernstücke des FamFG** an. Die gesetzliche Definition soll die Stellung des Bürgers als **Verfahrenssubjekt** stärken, indem sie das **rechtliche Gehör** sichert und den Betroffenen ermöglicht, ihre Beteiligtenrechte effektiv in einer der Bedeutung der Sache entsprechenden Weise zu wahren; die frühzeitige Einbeziehung mitwirkungspflichtiger Beteiligter fördert zudem die umfassende Tatsachenaufklärung bereits im erstinstanzlichen Verfahren (RegE BTDrs 16/6308 S 165 f). Rechtstechnisch erfolgt die gesetzliche Definition durch die **Generalklausel** des § 7, die durch Beteiligtenkataloge in den weiteren Büchern des FamFG ergänzt wird. Dieses Nebeneinander schafft Rechtssicherheit und ermöglicht den Gerichten, dem jeweiligen Einzelfall gerecht zu werden (*Jakoby* FamRZ 2007, 1703, 1705).

II. Anwendungsbereich, Erwägungen des Gesetzgebers

Die Norm gilt gemäß § 113 Abs 1 nicht in Ehesachen (§ 121) und Familienstreitsachen 2 (§ 112). In den übrigen Angelegenheiten des FamFG ist der formelle Parteibegriff der ZPO von vornherein nicht sachgerecht. Daher hat man zur Bezeichnung der Verfahrenssubjekte bislang mit den Begriffen des **formell** und **materiell** Beteiligten gearbeitet (KKW/*Zimmermann* § 6 Rn 18; Bumiller/Winkler Vor § 13 Rn 1 ff; Jansen/*Müther* § 6 Rn 5 ff; *Brehm* Rn 178 ff), da es eine Legaldefinition des Beteiligten im FGG nicht gab. Formell beteiligt war, wer von einem ihm im Gesetz verliehenen Antrags- oder Beschwerderecht Gebrauch machte sowie jeder, der zur Wahrung seiner Interessen ihm Verfahren auftrat oder zu ihm hinzugezogen wurde. Materiell beteiligt war die Person, deren Rechte und Pflichten durch die Entscheidung unmittelbar betroffen werden konnten, unabhängig davon, ob sie tatsächlich im Verfahren aufgetreten ist.

Der RegE (BTDrs 16/6308 S 177 ff) hält den Begriff der materiellen Beteiligung für 3 problematisch wegen dessen mangelnder gesetzlicher Verankerung und der Akzentuierung der Mitwirkungsrechte der nicht in eigenen Rechten betroffenen Personen. Wer Beteiligter am FGG-Verfahren ist, sei deshalb häufig erst in der Rechtsmittelinstanz abschließend geklärt worden. In der Literatur wurde vorgeschlagen, zwischen Haupt- und Nebenbeteiligten oder zwischen Verfahrensbeteiligten kraft Gesetzes oder kraft Hinzuziehung zu differenzieren. Der Gesetzgeber hat sich aus Gründen der Rechtsklarheit für die letztere Differenzierung entschieden, da die Unterscheidung zwischen im engeren und weiteren Sinn teilhabenden Personen wegen der Vielzahl der im Verfahren agierenden Personen und beteiligten Interessen aufrechterhalten werden müsse (RegE, BTDrs 16/6308, S 178).

Die **Neugestaltung der Begrifflichkeit** soll die **Mitwirkungsfunktionen** der Beteilig- 4 ten bei größtmöglicher Einheitlichkeit des Beteiligtenbegriffs stärker als bisher von materiell-rechtlichen Elementen trennen und deutlicher an das formelle Recht anlehnen. Die Mitwirkungsfunktionen der Beteiligten sollen an **formelle Akte** anknüpfen, die sie selbst oder das Gericht vorgenommen haben. Dadurch würden die gesteigerten Mitwirkungsrechte der am Verfahren teilnehmenden Personen akzentuiert und verstärkt an das formelle Recht angeknüpft, wodurch allerdings auch die in ihren Rechten materiell Betroffenen erfasst seien und zugleich der Kreis der nur formell durch das Verfahren berührten Personen im Interesse einer effektiven Verfahrensführung maßvoll beschränkt werde. Die Regelung ist bereits ua wegen Abgrenzungsschwierigkeiten kritisiert worden (*Brehm* FPR 2006, 401, 402 f).

III. Beteiligtenkataloge

Für bestimmte Angelegenheiten enthält das Gesetz Beteiligtenkataloge, die die Beteilig- 5 ten näher bestimmen. Diese Normen sind:
- § 172 (Abstammungssachen),
- § 188 (Adoptionssachen),
- § 204 (Wohnungszuweisungs- und Hausratssachen),
- § 212 (Gewaltschutzsachen),
- § 219 (Versorgungsausgleichssachen),
- § 274 (Betreuungssachen),
- § 315 (Unterbringungssachen),
- § 345 (Nachlasssachen),
- § 412 (weitere Angelegenheiten der freiwilligen Gerichtsbarkeit),
- § 418 (Freiheitsentziehungssachen).

IV. Verwendung des Beteiligtenbegriffs

6 Angesichts seiner zentralen Bedeutung, die Mitwirkungsfunktion von Personen in dem Verfahren festzulegen, verwendet das Gesetz den Begriff des Beteiligten in zahlreichen Normen. Zu nennen sind aus dem Buch 1, Allgemeiner Teil: § 3 Abs 1 Satz 2, § 4 Satz 2, § 8, § 9 Abs 4, § 10 Abs 1, 2 und 4, § 13 Abs 1 und 2, § 14 Abs 2, § 15 Abs 2 und 3, § 22 Abs 1, 3, § 23, § 25 Abs 1, § 27, § 28 Abs 1, § 29 Abs 1, § 30 Abs 3 und 4, § 32 Abs 1 und 3, § 33, § 34, § 36 Abs 1, § 37 Abs 2, 38 Abs 2 Nr 1, Abs 4, § 40 Abs 1, § 41 Abs 1, § 43 Abs 1, § 44 Abs 1 und 3, § 46 Satz 3, § 49 Abs 2 Satz 2, § 52, § 53 Abs 1, § 61 Abs 3, § 63 Abs 3, § 67 Abs 3, § 69 Abs 1 Satz 3, § 71 Abs 4, § 73, § 74 Abs 3, § 74a Abs 2, § 75 Abs 1 Nr 1, § 77 Abs 1, § 78, § 80, § 81 Abs 1 bis 3, § 83 Abs 1, § 84, § 107 Abs 1 Satz 1, § 108 Abs 2, § 109 Abs 1. In den besonderen Teilen des Gesetzes wird der Begriff des Beteiligten ebenfalls verwandt, zB in Kindschaftssachen in § 156 Abs 1 Satz 1, § 175 Abs 1 Satz 2, § 181, § 183.

B. Beteiligung kraft Gesetzes, Abs 1

7 Die Beteiligung des **Antragstellers** kraft Gesetzes knüpft an den verfahrenseinleitenden Antrag nach § 23 an. In der Regel ist der Antragstellende antragsbefugt und durch die erstrebte Entscheidung in seinen materiellen Rechten betroffen. Selbst wenn das nicht der Fall ist, muss der Antrag beschieden werden, so dass der Antragsteller schon wegen seines rechtlichen Gehörs an dem Verfahren zu beteiligen und aufgrund des Antrags durch die Entscheidung in seinen Rechten betroffen ist (RegE BTDrs 16/6308, S 178). Die Beteiligung des Antragstellers ist letztlich eine rechtsstaatliche Selbstverständlichkeit. Wer also zB einen Erbschein oder eine Grundbucheintragung beantragt oder einen Antrag nach dem Gewaltschutzgesetz stellt, ist Beteiligter.

8 **Antragsverfahren** sieht das Gesetz ganz oder teilweise ausdrücklich vor in:
– Abstammungssachen (§ 171),
– Adoptionssachen (§§ 1748 Abs 1, 1749 Abs 1, 1752, 1753 Abs 2, 1757 Abs 4, 1765 Abs 2, 1768, 1771 BGB),
– Aufgebotssachen (§ 434),
– Betreuungssachen (§§ 1896 Abs 1, 1908d Abs 2 BGB),
– Ehesachen (§§ 124 FamFG, 1309 Abs 2, 1313 Satz 1, 1315 Abs 1 Satz 3, 1564 BGB),
– Erbbaurechtssachen (§ 7 Abs 3 ErbbauRG),
– Freiheitsentziehungssachen (§ 417),
– Gewaltschutzsachen (vgl § 211 FamFG iVm §§ 1 Abs 1, 2 Abs 1 GewSchG),
– Grundbuchsachen (§ 13 GBO),
– Güterrechtssachen (§§ 1365 Abs 2, 1369 Abs 2, 1382, 1383, 1426, 1430, 1452, 1487 Abs 1 BGB),
– Kindschaftssachen (§§ 113 Abs 3, 1303 Abs 2, 1631 Abs 3, 1671, 1672, 1681 Abs 2, 1682, 1712, 1778 Abs 2, 1817, 1889, 1895, 1915 iVm 1778 Abs 2 oder 1817 BGB),
– Landwirtschaftssachen (§ 14 Abs 1 LwVG),
– Nachlass- und Teilungssachen zT (§§ 345 Abs 1, 352, 363, 373 Abs 1 FamFG, 1507, 1961, 1981, 1994, 2003, 2198 Abs 2, 2202 Abs 3, 2216 Abs 2 Satz 2, 2227, 2353, 2368 BGB),
– Registersachen und unternehmensrechtliche Verfahren (§§ 378, 403 Abs 1 FamFG; 29, 37 Abs 2, 48 Abs 1 Satz 2 iVm 29, 1560 BGB; 146 Abs 2, 147, 161 Abs 2, 166 Abs 3, 233 Abs 3, 318 Abs 3, 324 Abs 1 HGB; 10 Abs 1 PartGG iVm 146 Abs 2, 147 HGB; 85 Abs 1, 98 Abs 1, 104 Abs 1, 132 Abs 1, 142 Abs 2, 147 Abs 2, 258, 260, 265 Abs 3, 273 Abs 4, 278 Abs 3, 304 Abs 3, 305 Abs 5, 315, 320b Abs 2 AktG; 51b, 66 Abs 2 und 5 GmbHG; 26 Abs 1, 34, 70, 125, 186, 196, 212 UmwG; außerdem alle registerrechtlichen Anmeldetatbestände wie zB §§ 53, 106, 107 HGB unbeschadet der etwaigen Erzwingbarkeit der Anmeldung),
– Wohnungszuweisungs- und Hausratssachen (§ 203 FamFG, § 1 HausratsVO),

- Unterhaltssachen (§ 250),
- Verschollenheitssachen (§§ 16, 33a, 39, 40 VerschG),
- Versorgungsausgleichssachen (§§ 1587b Abs 4, 1587d, 1587f, 1587l Abs 3 Satz 3 BGB),
- VVaG, Abwicklung (§ 47 Abs 2 VAG).

Insbesondere in **echten Streitsachen** hängt die Einleitung des Verfahrens von einem Antrag ab. Privatrechtliche Streitsachen sind vor allem die Familienstreitsachen (§ 112), Gewaltschutzsachen (§§ 211 FamFG, 1 Abs 1, 2 Abs 1 GewSchG), Erbbaurechtssachen (§ 7 Abs 3 ErbbauRG), Wohnungszuweisungs- und Hausratssachen (§ 203 FamFG, § 1 HausratsVO), Landwirtschaftssachen (§ 14 Abs 1 LwVG). Öffentlichrechtliche Streitsachen sind die Angelegenheiten nach §§ 23 EGGVG, 111 BNotO, 11 Abs 2, 16 Abs 5, 29 Abs 3, 90, 191, 223 BRAO. 9

Auch wenn das Verfahren nicht als Antragsverfahren, sondern als Amtsverfahren ausgestaltet ist, aber ein Antrag gestellt wurde, ist der Antragsteller Beteiligter im Sinne des Abs 1, da dessen Anwendung nur von der **tatsächlichen Antragstellung** abhängt. 10

C. Zwingend Beteiligte (Muss-Beteiligte), Abs 2

I. Allgemeines

Abs 2 und 3 gehen von einer Beteiligung kraft **Hinzuziehung** aus und differenzieren den Begriff der Hinzuziehung. Sie unterteilen die Beteiligten kraft Hinzuziehung je nach ihrer materiellen Beteiligung in zwei Gruppen mit unterschiedlichen Anforderungen an die Tätigkeit des Gerichts. Durch diese Unterscheidung sollen die materiell Betroffenen möglichst umfassend einbezogen und zugleich soll eine übermäßige Belastung der Gerichte vermieden werden. Dadurch wird es entbehrlich, von Amts wegen alle potenziell Entscheidungsbetroffenen zu ermitteln und zum Verfahren hinzuzuziehen, auch wenn diese im Einzelfall an dem Verfahren nicht interessiert und in ihren Rechten jedenfalls nicht mit Sicherheit betroffen sein werden (RegE BTDrs 16/6308 S 178). 11

Abs 2 nennt die Beteiligten, die das Gericht in jedem Fall oder auf ihren Antrag zum Verfahren hinzuzuziehen hat (Muss-Beteiligte). In diesen Fällen lässt sich frühzeitig absehen, dass die Person von der Entscheidung unmittelbar in eigenen Rechten Betroffen sein wird. Das Gericht ist zur Hinzuziehung der Muss-Beteiligten **verpflichtet**, ohne dass ein Ermessensspielraum besteht. Zur Beteiligung Minderjähriger s Schael FamRZ 2009, 265, 266. 12

1. Unmittelbar Betroffene, Abs 2 Nr 1

a) Allgemeines

Abs 2 Nr 1 ist eine **Generalklausel mit Auffangfunktion** gegenüber Nr 2. Muss-Beteiligte sind diejenigen, deren Recht durch das Verfahren unmittelbar **betroffen** wird. Es kommt darauf an, ob der Gegenstand des Verfahrens ein Recht des zu Beteiligenden betrifft. Eine Prognose, ob es zu einem rechtsbeeinträchtigenden Verfahrensausgang kommt, ist nicht erforderlich. Es genügt, wenn das Verfahren darauf gerichtet ist, eine unmittelbare Beeinträchtigung eines Rechts des zu Beteiligenden zu bewirken (RegE DTDrs 16/6308 S 178). Mit dem Begriff der unmittelbaren Betroffenheit knüpft das Gesetz an den bisherigen **materiellen Beteiligtenbegriff** an (*Jacoby* FamRZ 2007, 1703, 1704). 13

Das Merkmal der **Unmittelbarkeit** soll klarstellen, dass eine Beteiligung nur dann zu erfolgen hat, wenn **subjektive Rechte** des Einzelnen betroffen sind, wenn sich die Entscheidung also direkt auf eigene materielle, nach privatem oder öffentlichem Recht geschützte Rechtspositionen auswirkt. Dass lediglich ideelle, soziale oder wirtschaftliche Interessen durch den Verfahrensausgang berührt werden, genügt dagegen nicht. Erforderlich ist also eine **Rechtsbetroffenheit**. Rein mittelbare Auswirkungen einer Entschei- 14 dung oder die lediglich präjudizielle Wirkung auf andere gleich gelagerte Fälle (RegE BTDrs 16/6308 S 178) genügt ebenso wenig wie jede noch so entfernte kausale Rechtsbeeinträchtigung (*Brehm* Rn 186).

15 Besondere Bestimmungen können **Ausnahmen** von der zwingenden Hinzuziehung bei Rechtsbetroffenheit machen, so dass diese nicht absolut ist. ZB bestimmt § 345 Abs 1, dass im Erbscheinsverfahren die gesetzlichen und Testamentserben trotz ihrer zweifellos vorliegenden unmittelbaren Rechtsbetroffenheit nur auf Antrag hinzuzuziehen sind, im Übrigen eine Hinzuziehung aber im Ermessen des Gerichts stehen soll.

16 **Kritisiert** wird, die Definition des Abs 2 sei missraten (*Brehm* FPR 2006, 401, 403). Man wisse erst am Ende des Verfahrens, ob jemand durch dieses unmittelbar betroffen werde, Verfahrensrecht müsse aber ergebnisoffen sein, und ein Richter, der zu Verfahrensbeginn die Beteiligtenstellung einer Person mit Abs 2 begründe, nehme das Ergebnis des Verfahrens vorweg. Zudem sei die Abgrenzung zwischen Abs 2 und Abs 3 schwierig.

b) Beispiele

17 **Unmittelbar betroffen sind:** das Kind und die Eltern in Sorgerechtssachen, zB wenn es um eine Sorgerechtsentziehung geht; in Vormundschaftssachen das Mündel; der Antragsgegner in Gewaltschutzsachen; der Betreute und die Person, die möglicherweise künftig zum Betreuer bestellt wird, in Betreuungsangelegenheiten; der gesetzliche Erbe in dem durch Testamentserben veranlassten Erbscheinverfahren (BayObLG NJW 1999, 1119, 1120); der Miterbe in dem durch einen anderen Miterben veranlassten Verfahren auf Erteilung eines gemeinschaftlichen Erbscheins (BayObLGZ 1960, 216); der Miterbe bei dem durch einen Miterben gestellten Antrag auf Entlassung des Testamentsvollstreckers (Hamm FamRZ 1994, 1419 **genaue Seite**); der Erbe bei Antrag eines Nachlassgläubigers auf Fristsetzung zur Errichtung eines Nachlassinventars (BayObLG NJW-RR 1992, 1159); der im Erbschein ausgewiesene Erbe im Einziehungsverfahren.

18 **Unmittelbare Betroffenheit fehlt:** bei Nachbarn im Verfahren nach § 1666 BGB (*Brehm* Rn 186); beim Vertragspartner des gesetzlich vertretenen Kindes, Pfleglings oder Betreuten im Verfahren über die gerichtliche Genehmigung, um die der gesetzliche Vertreter, also die Eltern, der Vormund, der Pfleger oder Betreuer nachgesucht hat, der Vertragspartner ist in diesem Fall nur mittelbar betroffen (*Jacoby* FamRZ 2007, 1703, 1704; *Schulte-Bunert* Rn 84; vgl Rostock NJW-RR 2006, 1229); bei nicht selbst anmeldeberechtigten Personen im Registerverfahren, auch wenn es um deren Rechtsstellung geht, weil deren Interessen durch die Vorschriften über die Anmeldeverpflichteten und die Prüfung durch das Registergericht gewahrt werden (teleologische Reduktion, Beteiligung wäre dem Registerverfahren systemfremd) – deshalb ist zB der Prokurist bei der Anmeldung des Erlöschens der Prokura nicht unmittelbar betroffen (vgl *Krafka* FG Prax 2007, 51, 52; näher zum Beteiligtenbegriff in register- und unternehmensrechtlichen Verfahren § 375 Rz 15–16 und vor § 378 Rz 49–53).

2. Zu Beteiligende kraft Gesetzes, Abs 2 Nr 2

19 Muss-Beteiligter ist auch, wer aufgrund des FamFG oder eines anderen Gesetzes von Amts wegen oder auf Antrag zu beteiligen ist. In Betracht kommen Vorschriften der Bücher 2 bis 8 des FamFG oder anderer Gesetze, die das Verfahren der freiwilligen Gerichtsbarkeit für anwendbar erklären (wie zB § 92 GBO). Nr 2 geht der Nr 1 als speziellere Norm vor. Fehlt es an einer Vorschrift, die eine obligatorische Hinzuziehung von Amts wegen oder auf Antrag vorsieht, ist auf die Generalklausel der Nr 1 zurückzugreifen.

20 Beispiele für Normen, nach denen bestimmte Personen stets ohne Ermessensspielraum zu beteiligen sind: §§ 172, 188 Abs 1, 204 Abs 1, 219, 274 Abs 1, 315 Abs 1; 345 Abs 1 Satz 3, Abs 3 Satz 1 und 3, Abs 4 Satz 1 und 3, 412, 418 Abs 1.

3. Behörden

Die Bücher 2 bis 8 des FamFG regeln die Beteiligtenstellung der Behörden (Jugendamt, Betreuungsbehörde) abschließend. Die Behörden sind nicht schon von Amts wegen, sondern nur **auf Antrag** zum Verfahren heranzuziehen. Sie können damit wählen, ob sie nur im Rahmen der Anhörung am Verfahren teilnehmen oder als Beteiligte aktiv am Verfahren mitwirken wollen. Beantragen die Behörden ihre Beteiligung, muss das Gericht sie nach Abs 2 Nr 2 hinzuziehen, ohne dass insoweit ein Ermessen besteht. Die Behörden haben dann alle Verfahrensrechte, können allerdings auch mit Verfahrenskosten belastet werden. Um vorsorglichen Beteiligungen vorzubeugen, besteht das Beschwerderecht der Behörden (§§ 162 Abs 3 Satz 2, 176 Abs 2 Satz 2, 194 Abs 2 Satz 2, 205 Abs 2 Satz 2, 213 Abs 2 Satz 2, 303 Abs 1) unabhängig von der Beteiligung in erster Instanz (RegE BTDrs 16/6308 S 179).

Fälle der Beteiligung von Behörden: §§ 188 Abs 2, 204 Abs 2, 212, 274 Abs 2, 315 Abs 3, 418 Abs 1.

D. Optionsbeteiligte (Kann-Beteiligte), Abs 3

Das Gericht kann von Amts wegen oder auf Antrag weitere Personen als Beteiligte hinzuziehen, soweit dies im FamFG oder einem anderen Gesetz vorgesehen ist. Diese Beteiligten werden nach dem **Enumerationsprinzip** ausschließlich durch abschließende Aufzählung im FamFG oder in anderen Gesetzen bestimmt.

Der RegE (BTDrs 16/6308, S 179) nennt zum einen Personen, die durch das Verfahren zwar **unmittelbar betroffen** sind, von denen aber **erwartet** werden kann, dass sie durch einen **Antrag** ihren Anspruch auf Verfahrensteilhabe bekunden, nachdem sie von der Verfahrenseinleitung benachrichtigt worden sind. Wenn sie den Antrag stellen, sind sie nach Abs 2 Nr 2 als Muss-Beteiligte zu dem Verfahren hinzuzuziehen. Das Gericht hat insoweit **kein Ermessen**, sondern lediglich zu prüfen, ob der Antragsteller zum Kreis der Optionsbeteiligten zählt. Fehlt ein Antrag, kann das Gericht die Person nach verfahrensökonomischen Gesichtspunkten von Amts wegen hinzuziehen. Der RegE hält es nicht für zweckmäßig, diesen Personenkreis stets zum Verfahren hinzuzuziehen, weil oftmals lediglich die Möglichkeit, nicht aber die Gewissheit einer für sie nachteiligen Entscheidung besteht.

Beispiele sind die zuständigen Behörden in Betreuungssachen (§ 274 Abs 3), die gesetzlichen Erben und die Testamentserben im Erbscheinsverfahren hinsichtlich ihrer Hinzuziehung von Amts wegen (§ 345 Abs 1 Satz 2, Abs 3 Satz 2, Abs 4 Satz 2).

Als zweite Kategorie nennt der RegE Beteiligte, die lediglich ein **ideelles oder soziales Interesse** am Verfahrensausgang haben. Soweit es um die Wahrnehmung dieser Interessen geht, ist die Aufzählung in den Büchern 2 bis 8 abschließend. Das Gericht hat in jedem Einzelfall nach pflichtgemäßem Ermessen zu entscheiden, ob die Beteiligung sachgerecht und verfahrensfördernd ist. Maßstab ist nach dem RegE das wohlverstandene Interesse des von dem Verfahren betroffenen Beteiligten, in dessen ausschließlichem Interesse die Beteiligung der selbst nicht in ihren Rechten betroffenen Personen erfolgt. Bei Zweifeln, ob der betroffene Beteiligte mit der Hinzuziehung einverstanden ist, muss er gehört werden. Soweit er mit nachvollziehbaren Gründen widerspricht und nicht schwerwiegende Gründe für eine Hinzuziehung sprechen, hat diese zu unterbleiben.

Beispiele für die ideell oder sozial am Verfahrensausgang Interessierten sind Pflegepersonen in Kindschaftssachen (§ 161 Abs 1), Angehörige in Betreuungs- und Unterbringungsverfahren (§ 274 Abs 4 Nr 1, § 315 Abs 4), außerdem bestimmte Angehörige im Freiheitsentziehungsverfahren (§ 418 Abs 3).

E. Benachrichtigung, Belehrung, Abs 4
I. Informationspflicht

28 Abs 4 verwirklicht das rechtliche Gehör, indem er das Gericht verpflichtet, die Muss-Beteiligten nach Abs 2 Nr 2 und die Optionsbeteiligten nach Abs 3 über die Verfahrenseinleitung zu benachrichtigen und über ihr Recht zu belehren, die Beteiligung zu beantragen (Informationspflicht). Diese Verpflichtung des Gerichts erstreckt sich nur auf solche Personen, die ihm bekannt sind. Ein verfahrenseinleitender Antrag soll die Personen benennen, die als Beteiligte in Betracht kommen (§ 23 Abs 1 Satz 2). Das Gericht muss die Namen und die Anschriften unbekannter Rechtsinhaber nicht ermitteln, ist insoweit also vom Untersuchungsgrundsatz (§ 26) befreit.

II. Rechtliches Gehör und Ermittlungsmaßnahmen

29 Es wird bezweifelt, ob Letzteres mit dem Grundsatz des rechtlichen Gehörs vereinbar ist (*Zimmermann* FamFG Rn 25; *Jacoby* FamRZ 2007, 1703, 1706), zumal der Antragsteller Angaben über Beteiligte bewusst zurückhalten kann. In der Tat gebietet Art 103 Abs 1 GG, den Muss-Beteiligten nach Abs 2 Nr 2 Alt 2 und den Kann-Beteiligten nach Abs 3 die tatsächliche Möglichkeit der Beteiligung zu verschaffen. Das setzt aber voraus, dass sie von dem Verfahren überhaupt erfahren. Daher muss Abs 4 im Wege **verfassungskonformer Auslegung** so verstanden werden, dass das Gericht zur Ermittlung der Existenz und zustellungsfähiger Anschriften von den in Rz 28 genannten Beteiligten zunächst **übliche und zumutbare Anstrengungen** unternehmen muss, die keinen unverhältnismäßigen Aufwand erfordern, das Verfahren nicht gravierend verzögern und die nicht von vornherein aussichtslos sind. Daher hat das Gericht jedenfalls einfache Maßnahmen zu ergreifen, zB eine Anfrage beim Einwohnermeldeamt oder beim Standesamt zu stellen und andere Beteiligte zu befragen. Voraussichtlich monatelange Ermittlungen im Ausland müssen dagegen zB nicht erfolgen.

30 Soweit eine im Antrag bezeichnete Person unter der angegebenen Anschrift nicht erreichbar ist, kann das Gericht die **neue Anschrift** selbst **ermitteln** oder dieses dem aufgrund § 27 zur Verfahrensförderung verpflichteten Antragsteller aufgeben. Eine aufwändige gerichtliche Ermittlungstätigkeit und eine daraus resultierende Verfahrensverzögerung wollte der Gesetzgeber vermeiden (RegE BTDrs 16/6308 S 179). Allerdings darf das – wie in Rz 29 ausgeführt – nicht zur Missachtung des rechtlichen Gehörs (Art 103 Abs 1 GG) führen.

III. Form

31 Die Benachrichtigung erfolgt im Wege der **formlosen Mitteilung** (§ 15 Abs 3). Damit der Betroffene entscheiden kann, ob er sein Recht auf Beteiligung durch einen Antrag wahrnehmen will, muss die Mitteilung die bisherigen Beteiligten nennen und den Verfahrensgegenstand zumindest grob in gedrängter Kürze umreißen. Sowohl die Benachrichtigung als auch die Belehrung müssen gut verständlich sein.

F. Beschlussentscheidung, Rechtsmittel, Abs 5
I. Entscheidung über die Hinzuziehung, Abs 5 Satz 1

32 Wenn das Gericht den Beteiligten zum Verfahren hinzuzieht, bedarf es keines Beschlusses und auch keiner sonstigen ausdrücklichen Entscheidung, sondern das Gericht behandelt den Betroffenen als Beteiligten, indem es ihm verfahrensleitende Maßnahmen, Schriftsätze und sonstige Schriftstücke mitteilt und ihn zu den Verhandlungen lädt. Die eine Hinzuziehung nach Abs 2 und 3 **ablehnende Entscheidung** ergeht nach Abs 5 Satz 1 in der Form des Beschlusses (§§ 38 ff). Ein Beschluss ist nicht nur erforderlich,

wenn ein Muss- oder Kann-Beteiligter seine Hinzuziehung aufgrund seines Antragsrechts nach Abs 2 Nr 2 Alt 2 oder Abs 3 beantragt hat, sondern auch wenn ein gemäß Abs 2 Nr 1 unmittelbar Betroffener oder aufgrund eines Gesetzes nach Abs 2 Nr 2 Alt 1 von Amts wegen Hinzuzuziehender seine Hinzuziehung angeregt hat (vgl *Schulte-Bunert* Rn 88). Denn der Grundsatz des rechtlichen Gehörs gebietet in diesen Fällen einen anfechtbaren Beschluss, damit der unmittelbar Betroffene seine Beteiligung erzwingen kann.

Der Antrag auf Hinzuziehung muss **beschieden** werden. Geschieht das nicht, obwohl 33 der Betroffene an seinen Antrag erinnert hat, wird man das als konkludente Ablehnung ansehen müssen (*Zimmermann*, FamFG, Rn 28). Obwohl kein förmlicher Beschluss vorliegt, ist in diesem Fall die sofortige Beschwerde nach Abs 5 Satz 2 analog eröffnet.

II. Sofortige Beschwerde, Abs 5 Satz 2

Der eine Hinzuziehung ablehnende Beschluss ist mit der sofortigen Beschwerde gemäß 34 §§ 567 bis 572 ZPO anfechtbar. Sie ist mit einer Notfrist von zwei Wochen bei dem Gericht, dessen Entscheidung angefochten wird, oder bei dem Beschwerdegericht durch Einreichen einer Beschwerdeschrift einzulegen (§ 569 Abs 1 Satz 1, Abs 2 Satz 1), es entscheidet der Einzelrichter (§ 568 ZPO). Hinsichtlich der Einzelheiten des Beschwerdeverfahrens wird auf die Kommentierungen der §§ 567–572 ZPO verwiesen.

G. Keine Beteiligung durch bloße Anhörung, Abs 6

Abs 6 stellt klar, dass wer angehört wird oder eine Auskunft zu erteilen hat, nicht allein 35 dadurch zum Beteiligten wird, wenn er nicht schon nach Abs 2 oder 3 Muss- oder Kann-Beteiligter ist. Anzuhören ist zB das Jugendamt gemäß §§ 162 Abs 1, 176 Abs 1, 194, 195, 205, 213, zu beteiligen ist es aber erst auf seinen Antrag, §§ 162 Abs 2, 172 Abs 2, 188 Abs 2, 204 Abs 2, 212. Anzuhören ist die Betreuungsbehörde nach § 279 Abs 2, zu beteiligen auf ihren Antrag, § 274 Abs 3. Die zuständige Behörde in Unterbringungssachen soll nach § 320 Satz 2 angehört und nach ihrem Antrag gemäß § 315 Abs 3 beteiligt werden.

§ 8 Beteiligtenfähigkeit

Beteiligtenfähig sind
1. natürliche und juristische Personen,
2. Vereinigungen, Personengruppen und Einrichtungen, soweit ihnen ein Recht zustehen kann,
3. Behörden.

A. Allgemeines

1 Beteiligtenfähigkeit ist die Fähigkeit, als Verfahrenssubjekt am Verfahren teilnehmen zu können. Die Beteiligtenfähigkeit ist eine von Amts wegen zu prüfende Verfahrensvoraussetzung und entspricht im Wesentlichen der **Rechtsfähigkeit** nach materiellem Recht und der Parteifähigkeit im Zivilprozess (§ 50 ZPO). Rechtsfähig ist, wer Träger von Rechten und Pflichten sein kann. Die Norm lehnt sich an § 61 VwGO an. Fehlt es an der Beteiligtenfähigkeit, ist die Beteiligung am Verfahren unzulässig. Amtsverfahren sind einzustellen, in Antragsverfahren ist der Antrag durch Beschluss als unzulässig zurückzuweisen (Jansen/*von König* § 13 Rn 12). Im Streit um die Beteiligtenfähigkeit (Zulassungsstreit) ist der Betroffene als beteiligtenfähig zu behandeln (BGH NJW 1993, 2943, 2944 – zur Parteifähigkeit). Die Vorschrift findet keine Anwendung in Ehesachen und in Familienstreitsachen (§ 113 Abs 1).

B. Natürliche und juristische Personen, Nr 1

I. Natürliche Personen

2 Natürliche Personen sind beteiligtenfähig. Sie erlangen nach § 1 BGB Rechtsfähigkeit mit dem Zeitpunkt der Vollendung der Geburt. Die Beteiligtenfähigkeit endet mit dem Tod. Der Nasciturus (die Leibesfrucht) hat bereits bestimmte Rechte, sofern er lebend zur Welt kommt (§§ 844 Abs 2 Satz 2, 1923 Abs 2, 2043 Abs 1, 2101 Abs 1, 2108 Abs 1, 2162 Abs 2, 2178 BGB), auch der noch nicht Erzeugte, soweit er bereits Anwartschaften oder Rechte erwerben kann und erworben hat. Soweit erforderlich erhält die Leibesfrucht oder der nicht Erzeugte zur Wahrnehmung ihrer bzw seiner Rechte einen Pfleger (§§ 1912, 1913 BGB).

II. Juristische Personen

3 Beteiligtenfähig sind juristische Personen des **Privatrechts**, also der eingetragene Verein (§ 21 BGB), der konzessionierte Wirtschaftsverein (§ 22 BGB), die Stiftung (§ 80 BGB), die Aktiengesellschaft (§ 1 Abs 1 AktG), die Kommanditgesellschaft auf Aktien (§§ 278 Abs 1 AktG), die Gesellschaft mit beschränkter Haftung (§ 13 Abs 1 GmbHG), die eingetragene Genossenschaft (§ 17 Abs 1 GenG), der Versicherungsverein auf Gegenseitigkeit (§ 15 VAG), die europäische Aktiengesellschaft (Art 1 Abs 3 SE-VO), die europäische Genossenschaft (Art 1 Abs 5 SCE-VO). Die juristische Person in Gründung zwischen Errichtung durch Abschluss des Gesellschaftsvertrages und Registereintragung bzw Konzessionierung (**Vorgesellschaft**) ist ebenfalls beteiligtenfähig. Die juristische Person verliert ihre Beteiligtenfähigkeit noch nicht mit Auflösung, sondern erst mit Vollbeendigung.

4 **Ausländische** juristische Personen und Personengesellschaften aus dem Bereich der EU sind ohne Einschränkung beteiligtenfähig, auch wenn sie ihren Verwaltungssitz in das Inland verlegen; entscheidend für die Rechtspersönlichkeit ist also der Gründungsstaat (BGH NJW 2005, 1648, 1649; 2003, 1461 = BGHZ 154, 185). Das gilt auch für Gesellschaften aus EFTA-Staaten (BGH NJW 2005, 3351 = BGHZ 164, 148). Gesellschaften aus Drittstaaten, mit denen keine staatsvertragliche Regelung besteht, sind nach der Sitztheorie zu behandeln. Dh dass eine im Ausland errichtete Gesellschaft, die ihren tatsächlichen Verwaltungssitz im Inland hat, nicht wirksam errichtet wurde, sie ist daher als

Personengesellschaft zu behandeln. Das hindert aber nicht die Beteiligtenfähigkeit, da die Außengesellschaft bürgerlichen Rechts aktiv und passiv parteifähig und damit auch beteiligtenfähig ist (Hamburg NZG 2007, 587, 598 f; zur GbR unten Rz 7).

Beteiligtenfähig sind auch juristische Personen des **öffentlichen Rechts**, also Körper- 5 schaften (zB Gebietskörperschaften wie Bund, Länder und Gemeinden, Universitäten, Fachhochschulen, Sozialversicherungsträger, öffentlich-rechtliche Religionsgemeinschaften und deren rechtsfähige Untergliederungen wie etwa Kirchengemeinden), Anstalten (zB öffentlich-rechtliche Sparkassen, Rundfunkanstalten) und Stiftungen (zB Stiftung preußischer Kulturbesitz).

C. Vereinigungen, Personengruppen, Einrichtungen, soweit ihnen ein Recht zustehen kann, Nr 2

I. Begriffsbestimmung

Nr 2 erfasst Vereinigungen ohne Rechtspersönlichkeit, die aber voll oder zumindest teil- 6 weise rechtsfähig sind, weil ihnen die Rechtsordnung Rechte zuspricht. Eine Vereinigung ist eine Personenmehrheit, daher ist der Begriff mit dem der Personengruppe identisch. Da Behörden speziell von Nr 3 der Vorschrift erfasst werden, ist fraglich, ob der Beteiligtenfähigkeit von Einrichtungen (Institutionen) darüber hinaus eigenständige Bedeutung zukommt. In der Regel wird zumindest die hinter einer Einrichtung stehende juristische Person oder Vereinigung beteiligtenfähig sein, und dieser werden auch die verfahrensgegenständlichen Rechte zustehen.

II. Einzelfälle

Als rechtsfähige Vereinigungen sind **beteiligtenfähig**: die Personenhandelsgesellschaf- 7 ten: Offene Handelsgesellschaft, Kommanditgesellschaft (§§ 124, 162 Abs 2 HGB); die Partnerschaftsgesellschaft (§§ 7 Abs 2 PartGG, 124 HGB); die EWIV (§§ 1 EWIVAG, 124 HGB); die Außengesellschaft bürgerlichen Rechts (BGHZ 146, 341); der nichtrechtsfähige Verein, dem die Rechtsprechung nunmehr auch aktive Parteifähigkeit zugesteht (BGH NJW 2008, 69, 74; aA *Zimmermann* FamFG Rn 30; kritisch zur aktiven Parteifähigkeit BaRoth/*Schöpflin* § 54 Rn 58 f; PWW/*Schöpflin* § 54 Rn 16) – somit sind nicht nur Parteien (nach § 3 PartG beteiligtenfähig) und Gewerkschaften, sondern alle nichtrechtsfähigen Vereine beteiligtenfähig; die Wohnungseigentümergemeinschaft, die rechtsfähig ist, soweit sie bei der Verwaltung des gemeinschaftlichen Eigentums am Rechtsverkehr teilnimmt (BGH NJW 2005, 2061). Wie die Gesellschaft bürgerlichen Rechts, der nichtrechtsfähige Verein und die Wohnungseigentümergemeinschaft in das Grundbuch einzutragen sind (Grundbuchfähigkeit), ist eine von der Beteiligtenfähigkeit unabhängige Frage. Für **ausländische** Gesellschaften gelten die unter Rz 4 genannten Grundsätze.

Nicht rechtsfähig und daher **nicht beteiligtenfähig** sind zB die Erbengemeinschaft 8 (BGH NJW 2002, 3389); die Gütergemeinschaft; der Nachlass als solcher (*Zimmermann* FamFG Rn 30); die Bruchteilsgemeinschaft.

D. Behörden, Nr 3

Nr 3 erstreckt die Beteiligtenfähigkeit generell auf Behörden. Eine Behörde ist jede Stelle, 9 die **Aufgaben der öffentlichen Verwaltung** wahrnimmt (§ 1 Abs 4 VwVfG), also vor allem eine staatliche oder kommunale organisatorische Einrichtung zur Erfüllung von Verwaltungsaufgaben ihres öffentlich-rechtlichen Trägers. Behörden sind das Jugendamt (§§ 69 ff SGB VIII), die Betreuungsbehörde (§§ 1 ff BtBG), das Standesamt (§§ 51 Abs 2, 53 Abs 2 PStG), die für den Antrag auf Aufhebung der Ehe nach § 1316 Abs 1 Nr 1 BGB zuständige Verwaltungsbehörde (nach §§ 113 Abs 1, 121 Nr 2 gilt § 8 aber nicht im Aufhebungsverfahren).

§ 9 Verfahrensfähigkeit

(1) Verfahrensfähig sind
1. die nach bürgerlichem Recht Geschäftsfähigen,
2. die nach bürgerlichem Recht beschränkt Geschäftsfähigen, soweit sie für den Gegenstand des Verfahrens nach bürgerlichem Recht als geschäftsfähig anerkannt sind,
3. die nach bürgerlichem Recht beschränkt Geschäftsfähigen, soweit sie das 14. Lebensjahr vollendet haben und sie in einem Verfahren, das ihre Person betrifft, ein ihnen nach bürgerlichem Recht zustehendes Recht geltend machen,
4. diejenigen, die aufgrund dieses oder eines anderen Gesetzes dazu bestimmt werden.

(2) Soweit ein Geschäftsunfähiger oder in der Geschäftsfähigkeit Beschränkter nicht verfahrensfähig ist, handeln für ihn die nach bürgerlichem Recht dazu befugten Personen.

(3) Für Vereinigungen sowie für Behörden handeln ihre gesetzlichen Vertreter und Vorstände.

(4) Das Verschulden eines gesetzlichen Vertreters steht dem Verschulden eines Beteiligten gleich.

(5) Die §§ 53 bis 58 der Zivilprozessordnung gelten entsprechend.

Übersicht

	Rz		Rz
A. Allgemeines	1	II. Behörden	21
B. Verfahrensfähige Beteiligte, Abs 1	3	E. Verschulden eines gesetzlichen Vertreters, Abs 4	22
I. Nach bürgerlichem Recht Geschäftsfähige, Nr 1	3	F. Entsprechende Anwendung der §§ 53–58 ZPO, Abs 5	24
II. Beschränkt Geschäftsfähige, soweit für Verfahrensgegenstand geschäftsfähig, Nr 2	4	I. Verfahrensunfähigkeit bei Betreuung oder Pflegschaft, § 53 ZPO	25
III. Beschränkt Geschäftsfähige ab 14 Jahren in personenbezogenen Verfahren, Nr 3	6	II. Vertretung durch Beistand, § 53a ZPO	26
IV. Gesetzlich besonders bestimmte Verfahrensfähigkeit, Nr 4	10	III. Besondere Ermächtigung zu Prozesshandlungen, § 54 ZPO	27
C. Vertretung verfahrensunfähiger Personen, Abs 2	13	IV. Verfahrensfähigkeit von Ausländern, § 55 ZPO	28
D. Vertretung der Vereinigungen und Behörden, Abs 3	14	V. Prüfung von Amts wegen, § 56 ZPO	29
I. Vereinigungen	15	VI. Verfahrenspfleger, § 57 ZPO	33
1. Privatrechtliche Vereinigungen	16	VII. Prozesspfleger bei herrenlosem Grundstück, § 58 ZPO	35
2. Öffentlichrechtliche Vereinigungen	19		

A. Allgemeines

1 Die Norm regelt die Verfahrensfähigkeit, also die Fähigkeit des Beteiligten, selbst oder durch einen selbst gewählten Vertreter wirksam Verfahrenshandlungen vorzunehmen, insbesondere Erklärungen im Verfahren abzugeben. Die Verfahrensfähigkeit entspricht größtenteils der **Geschäftsfähigkeit** im materiellen Recht u der Prozessfähigkeit im Zivilprozess (§ 51 ff ZPO). Fehlt es an der Verfahrensfähigkeit, so sind die vorgenommenen Verfahrenshandlungen unwirksam. Die Verfahrensfähigkeit setzt die Beteiligtenfähigkeit voraus. Die Vorschrift findet gem § 113 Abs 1 in Ehesachen (§ 121) u in Familienstreitsachen (§ 112) keine Anwendung, für diese gelten §§ 51 ff ZPO, soweit das FamFG nicht wie in § 125 für Ehesachen Sonderregelungen trifft. Abs 1 trifft eine ab-

schließende Regelung soweit nicht andere spezielle gesetzliche Regelungen eingreifen (*Heiter* FamRZ 2009, 85, 86).

Die Verfahrensfähigkeit ist als Voraussetzung wirksamer Verfahrenshandlungen **von** 2 **Amts wegen** zu prüfen. Da die Verfahrensfähigkeit Volljähriger die Regel ist, bedarf es besonderer Prüfung insoweit aber nur, wenn konkrete Anhaltspunkte die Verfahrensfähigkeit eines Beteiligten als zweifelhaft erscheinen lassen.

B. Verfahrensfähige Beteiligte, Abs 1

I. Nach bürgerlichem Recht Geschäftsfähige, Nr 1

Verfahrensfähig sind die nach bürgerlichem Recht voll Geschäftsfähigen. **Geschäfts-** 3 **fähig** sind alle Volljährigen (§ 2 BGB). Geschäftsunfähig sind Kinder bis zum Alter von 7 Jahren (§ 104 Nr 1 BGB) u Volljährige, wenn sie sich in einem die freie Willensbestimmung ausschließenden, nicht nur vorübergehenden Zustand krankhafter Störung der Geistestätigkeit befinden (§ 104 Nr 2 BGB). Im Falle der Pflegschaft nach §§ 1911, 1913 BGB oder § 57 ZPO fehlt es ebenfalls an der Verfahrensfähigkeit. Bei Bewusstlosigkeit oder vorübergehender Störung der Geistestätigkeit (§ 105 Abs 2 BGB) liegt zwar keine Verfahrensunfähigkeit vor, die vorgenommene Verfahrenshandlung ist aber unwirksam. Soweit Betreute (§§ 1896 ff BGB) nicht geschäftsunfähig sind, sind sie verfahrensfähig, es sei denn, dass ein Einwilligungsvorbehalt (§ 1903 BGB) angeordnet ist, dessen Umfang auch die Verfahrensführung einschließt. Möglich ist auch eine **teilweise (partielle) Geschäftsunfähigkeit**, die sich auf einen bestimmten gegenständlich abgegrenzten Kreis von Angelegenheiten bezieht, nach dem Schwierigkeitsgrad der Geschäfte kann aber nicht unterschieden werden (BGH NJW 1970, 1680). Soweit partielle Geschäftsunfähigkeit in einem Bereich besteht, der das Verfahren betrifft (zB Querulantenwahn, BVerwGE 30, 25), ist der Betroffene nicht verfahrensfähig.

II. Beschränkt Geschäftsfähige, soweit für Verfahrensgegenstand geschäftsfähig, Nr 2

Verfahrensfähig sind auch die nach bürgerlichem Recht beschränkt Geschäftsfähigen, 4 soweit sie für den Gegenstand des Verfahrens nach bürgerlichem Recht als geschäftsfähig anerkannt sind. Beschränkt geschäftsfähig sind die Minderjährigen im Alter ab 7 Jahren bis zum Erreichen der Volljährigkeit (§§ 2, 106 ff BGB). Das bürgerliche Recht billigt den beschränkt Geschäftsfähigen in §§ 112, 113 BGB **partielle Geschäftsfähigkeit** zu. Die zum selbständigen Betrieb eines Erwerbsgeschäfts ermächtigten Minderjährigen sind geschäftsfähig für alle Geschäfte u damit verfahrensfähig für alle Verfahren, die der Betrieb des Erwerbsgeschäfts m sich bringt (§ 112 BGB), zB Handelsregisteranmeldungen. Entsprechendes gilt für die zur Dienst- oder Arbeitsübernahme nach § 113 BGB ermächtigten Minderjährigen. Dagegen sind die §§ 107–111 BGB nicht anwendbar, da Verfahrenshandlungen m materiellen Rechtsgeschäften nicht vergleichbar sind; denn jede Verfahrenshandlung ist nur ein Element des Verfahrens als eines komplexen Systems, das sich aus Verfahrenshandlungen der Beteiligten u des Gerichts zusammensetzt (vgl Jansen/*von König* § 13 Rn 14).

Soweit Minderjährige nach § 2229 Abs 1 u 2 BGB testierfähig sind, sind sie auch ver- 5 fahrensfähig, so dass sie das Testament aus der amtlichen Verwahrung zurücknehmen können (§ 2256 Abs 2 BGB). Verfahrensfähig ist zB auch der beschränkt geschäftsfähige Elternteil in Verfahren nach den §§ 1671, 1672, 1684, 1713, 1747, 1748 BGB, da ihm diese Normen selbständige Rechte verleihen (Jansen/*von König* § 13 Rn 14, 27).

III. Beschränkt Geschäftsfähige ab 14 Jahren in personenbezogenen Verfahren, Nr 3

6 Die gegenüber dem RegE neu eingefügte Nr 3 erweitert die Verfahrensfähigkeit des Kindes, das das 14. Lebensjahr vollendet hat. Die Vorschrift erlaubt ihm, materielle Rechte im kindschaftsrechtlichen Verfahren, das seine Person betrifft, ohne Mitwirkung seiner gesetzlichen Vertreter eigenständig geltend zu machen. Damit soll eine verfahrensrechtliche Entsprechung zu den verschiedentlich eingeräumten Widerspruchs- u Mitwirkungsrechten des über 14 Jahre alten Kindes geschaffen u die notwendige Akzessorietät zwischen Verfahrensrecht u materiellem Recht hergestellt werden (Beschlussempfehlung u Bericht des Rechtsausschusses BTDrs 16/9733 S 352). Als Ausnahmevorschrift m punktueller Durchbrechung des Grundsatzes, dass die Verfahrensfähigkeit der unbeschränkten Geschäftsfähigkeit entspricht, soll die Vorschrift eng auszulegen sein (*Heiter* FamRZ 2009, 85, 86).

7 Das Verfahren muss die Person des Kindes betreffen, u das Kind muss ein ihm nach bürgerlichem Recht zustehendes Recht geltend machen, auf die Einsichtsfähigkeit kommt es dabei nicht an (*Heiter* FamRZ 2009, 85, 87). Für das Geltendmachen eines Rechts genügt noch nicht, dass das Kind angehört werden will, es muss deutlich machen, umfassend am Verfahren mitwirken zu wollen (*Heiter* FamRZ 2009, 85, 87). Der Rechtsausschuss nennt an Rechten lediglich § 1671 Abs 2 Nr 1 BGB, wonach das Kind im Verfahren über die Übertragung der alleinigen elterlichen Sorge dem Antrag widersprechen kann. Weiter werden §§ 1762 Abs 1, 1778 Abs 1 Nr 5 u 1887 Abs 2 BGB genannt (*Schael* FamRZ 2009, 265, 267). Da jede Regelung der **Personensorge** die Person des Kindes betrifft u diesem gegenüber die Pflicht zur Personensorge besteht (§ 1626 Abs 1 BGB), muss das 14-jährige Kind in allen Verfahren, die die Personensorge betreffen, verfahrensfähig sein (so anscheinend auch *Zimmermann* FamFG Rn 31), also etwa auch in Verfahren der Sorgerechtsentziehung nach § 1666 BGB oder über das Ruhen der elterlichen Sorge bei tatsächlichem Hindernis (§ 1674 BGB), in Verfahren über das Umgangsrecht (§ 1684 BGB, aA *Schael* FamRZ 2009, 265, 267) oder die Kindesherausgabe (§ 1632 BGB), zu eng *Heiter* (FamRZ 2009, 85, 87).

8 Um die Person des Kindes, nämlich um seinen familienrechtlichen, verwandtschaftlichen Status geht es aber auch in **Abstammungssachen**. Das Kind hat nach § 1600 Abs 1 Nr 4 BGB ein Anfechtungsrecht. Es kann gem §§ 169 Nr 1, 171 einen Antrag auf Feststellung des Bestehens oder Nichtbestehens eines Eltern-Kind-Verhältnisses stellen u muss gem § 172 Abs 1 Nr 1 beteiligt werden. In diesen Fällen macht das Kind sein Recht auf Kenntnis der eigenen Abstammung geltend, was nach dem Wortlaut der Norm für Verfahrensfähigkeit spricht. Allerdings spricht der Rechtsausschuss nur von kindschaftsrechtlichen Verfahren (Beschlussempfehlung u Bericht des Rechtsausschusses BTDrs 16/9733 S 352). Deshalb mag insoweit hinsichtlich der Abstammungs- u Adoptionssachen eine teleologische Reduktion gerechtfertigt sein (näher § 172 Rz 10; vgl auch *Heiter* FamRZ 2009, 85, 87).

9 Aufgrund seiner Verfahrensfähigkeit kann das Kind selbständig ohne seinen gesetzlichen Vertreter an dem Verfahren mitwirken u hat alle verfahrensrechtlichen **Befugnisse, Obliegenheiten u Pflichten** einschließlich des Erteilens einer Verfahrensvollmacht u des Vergleichsschlusses; kinderschützende Regelungen (§§ 159 Abs 3, 4, 164 Satz 2) bleiben anwendbar; dem Kind kann nach Maßgabe des § 158 ein **Verfahrensbeistand** bestellt werden (*Heiter* FamRZ 2009, 85, 88 f). Insoweit das Kind verfahrensfähig ist, können die Eltern das Kind nicht vertreten, allerdings kann der gesetzliche Vertreter im Fall des § 60 namens des Kindes Beschwerde einlegen (zT enger *Heiter* FamRZ 2009, 85, 88). Ob das dem Kind nach bürgerlichem Recht zustehende Recht tatsächlich besteht, ist zumindest auch Gegenstand des Verfahrens. Sofern das Kind ein solches Recht nicht in offensichtlich vollkommen haltloser Weise geltend macht, ist es daher als verfahrensfähig zu behandeln bis feststeht, dass ihm das materielle Recht fehlt (aA *Heiter* FamRZ 2009, 85, 87).

IV. Gesetzlich besonders bestimmte Verfahrensfähigkeit, Nr 4

Verfahrensfähig sind auch diejenigen, deren Verfahrensfähigkeit das FamFG oder ein anderes Gesetz bestimmt. Durch die Bezugnahme auf andere Gesetze, wie zB das SGB I, wird die notwendige Akzessorietät zwischen materiellem bürgerlichen oder öffentlichen Recht u Verfahrensrecht hergestellt (Beschlussempfehlung u Bericht des Rechtsausschusses BTDrs 16/9733 S 353). Ob sich die Verfahrensfähigkeit Minderjähriger für bestimmte Gegenstände auch aus dem öffentlichen Recht ergibt, ist im Zweifel durch Auslegung der fraglichen Vorschrift unter Berücksichtigung des Zwecks der Regelung zu entscheiden.

Verfahrensfähig aufgrund des FamFG ist ohne Rücksicht auf seine Geschäftsfähigkeit der Betroffene in Betreuungssachen (§ 275) u in Unterbringungssachen (§ 316). Das gewährleistet den Grundrechtsschutz in solchen tief in die Rechtssphäre des Betroffenen eingreifenden Verfahren.

Nach öffentlichem Recht ist im Sozialrecht der Jugendliche ab 15 Jahren handlungsfähig (§ 36 SGB I), im Asylrecht ab 16 Jahren (§ 12 AsylVfG). Nach § 5 RelKEG kann das Kind ab Vollendung seines 14. Lebensjahres selbst entscheiden, zu welchem religiösen Bekenntnis es sich halten will, ab Vollendung des 12. Lebensjahres kann es nicht gegen seinen Willen in einem anderen Bekenntnis als bisher erzogen werden. Soweit die genannten Gegenstände betroffen sind, ist das Kind kraft öffentlichen Rechts verfahrensfähig.

C. Vertretung verfahrensunfähiger Personen, Abs 2

Soweit Geschäftsunfähige u beschränkt Geschäftsfähige nicht nach Abs 1 verfahrensfähig sind, handeln für sie die nach bürgerlichem Recht dazu befugten Personen, also die jeweiligen **gesetzlichen Vertreter**. Das sind bei Kindern die Eltern nach Maßgabe der gesetzlichen Regelung (§§ 1626 Abs 1, 1629 Abs 1 Satz 1 bis 3 BGB) oder mangels elterlicher Sorge oder jeglicher Vertretungsberechtigung der Vormund (§ 1793 Abs 1 Satz 1 BGB), bei Pfleglingen der Ergänzungspfleger (§§ 1909, 1915 Abs 1, 1793 Abs 1 Satz 1 BGB) u bei Volljährigen im Rahmen seines Aufgabenkreises der Betreuer (§ 1902 BGB). Liegt eine Vorsorgevollmacht vor, hat der Bevollmächtigte in gerichtlichen Verfahren die Stellung eines gesetzlichen Vertreters (Palandt/*Diederichsen* § 1902 Rn 3).

D. Vertretung der Vereinigungen und Behörden, Abs 3

Vereinigungen u Behörden werden durch ihre gesetzlichen Vorstände, Vertreter oder besonders Beauftragten vertreten.

I. Vereinigungen

Der Begriff der Vereinigung ist weit zu verstehen u erfasst neben privatrechtlichen u öffentlich-rechtlichen juristischen Personen auch nichtrechtsfähige Personenvereinigungen.

1. Privatrechtliche Vereinigungen

Organschaftliche Vertreter der privatrechtlichen **juristischen Personen** sind: bei der **AG** der Vorstand (§ 78 Abs 1 AktG), bei der **KGaA** der Komplementär (§§ 278 Abs 2 AktG, 161 Abs 2, 125 HGB), bei der **GmbH** die Geschäftsführer (§ 35 Abs 1 Satz 1 GmbHG), bei der **eG** der Vorstand (§ 24 Abs 1 GenG), beim **eV** u der **Stiftung** u beim **VVaG** der Vorstand (§§ 26 Abs 2 Satz 1, 86 BGB, § 29 VAG).

Bei den **Personengesellschaften** wird die **Gesellschaft bürgerlichen Rechts** je nach Ausgestaltung des Gesellschaftsvertrags durch alle Gesellschafter gemeinschaftlich oder durch die Gesellschafter in vertretungsberechtigter Zahl vertreten (§§ 714, 709, 710 BGB). Bei der **OHG** u der **PartG** sind alle Gesellschafter, bei der **KG** alle Komplementäre ein-

§ 9 FamFG | Verfahrensfähigkeit

zelvertretungsbefugt, wenn nicht der Gesellschaftsvertrag einzelne von der Vertretung ausschließt oder Gesamtvertretung vorsieht (§§ 125, 161 II HGB, 7 Abs 3 PartGG). Die **GmbH & Co KG** wird durch die Komplementär-GmbH vertreten, für die wiederum ihr Geschäftsführer handelt. Den **nichtrechtsfähigen Verein** vertritt sein Vorstand, § 26 Abs 1 Satz 2 BGB findet Anwendung.

18 Die Vertretung der **Vorgesellschaften** richtet sich nach der beabsichtigten Rechtsform. Die Vor-AG, die Vor-eG u der Vor-Verein werden durch den Vorstand, die Vor-GmbH durch die Geschäftsführer vertreten. Im Abwicklungsstadium wird die juristische Person oder die Gesellschaft durch **Liquidatoren** vertreten (§§ 269 Abs 1 AktG, 70 GmbHG, 88 GenG, 48 Abs 2, 26 Abs 2 Satz 1 BGB, § 149 Satz 2, 161 Abs 2 HGB, 10 Abs 1 PartGG).

2. Öffentlichrechtliche Vereinigungen

19 Juristische Personen des öffentlichen Rechts fallen unter den weit verstandenen Vereinigungsbegriff. Die Bundesrepublik wird in der Regel durch den zuständigen Bundesminister, die Länder werden durch die zuständigen Landesminister vertreten, die Gemeinden je nach Kommunalrecht zB durch den Bürgermeister, den Stadtdirektor oä. Allgemein ergibt sich die Vertretung aus den einschlägigen Organisationsnormen für die jeweilige juristische Person, zB aus der Gemeindeordnung des Bundeslandes.

20 (unbesetzt)

II. Behörden

21 Behörden (§ 8 Rz 9) werden durch den Behördenvorstand/Behördenleiter oder deren Vertreter vertreten (§ 12 Abs 1 Nr 4 VwVfG), zB durch den Leiter der Verwaltung des Jugendamts (§ 70 Abs 2 SGB VIII).

E. Verschulden eines gesetzlichen Vertreters, Abs 4

22 Dem Verschulden des Beteiligten steht das Verschulden seines gesetzlichen Vertreters gleich, dh er muss sich dieses als eigenes Verschulden zurechnen lassen. Der Beteiligte wird damit so behandelt, als habe er das Verfahren selbst geführt. Verschulden liegt vor, wenn die übliche, von einem Verfahrensbeteiligten zu fordernde Sorgfalt außer Acht gelassen wurde. Bei in Gerichtsverfahren wenig erfahrenen Personen darf kein zu strenger Maßstab angelegt werden (Zöller/*Vollkommer* § 51 Rn 20). Das Verschulden setzt Verschuldensfähigkeit (§§ 276 Abs 1 Satz 2, 827, 828 BGB) voraus, Geschäftsunfähigkeit schließt das Verschulden aus (BGH NJW 1987, 440). Die Bedeutung des Abs 4 liegt darin, dass ein Verschulden des gesetzlichen Vertreters der Wiedereinsetzung in den vorigen Stand nach § 17 entgegensteht.

23 Für den rechtsgeschäftlichen Vertreter gilt gem § 11 Satz 5 FamFG iVm § 85 Abs 2 ZPO.

F. Entsprechende Anwendung der §§ 53–58 ZPO, Abs 5

24 Die entsprechende Anwendung der §§ 53–58 ZPO soll den dort geregelten Besonderheiten gerecht werden.

I. Verfahrensunfähigkeit bei Betreuung oder Pflegschaft, § 53 ZPO

25 Nach § 53 ZPO steht eine verfahrensfähige Person, die im Verfahren durch einen Betreuer oder Pfleger vertreten wird, in diesem Verfahren einer verfahrensunfähigen Person gleich. Durch die Bestellung eines Betreuers oder Pflegers geht die Geschäftsfähigkeit des Betroffenen u damit an sich auch die Verfahrensfähigkeit nicht verloren. Das könnte aber widersprechende Verfahrenshandlungen des Betreuers/Pflegers u des Betroffenen zur Folge haben. Dieses verhindert § 53 ZPO, indem der Betroffene in dem Verfahren als

verfahrensunfähig gilt. § 53 ZPO setzt voraus, dass eine Betreuung (§§ 1896, 1902 BGB) oder Pflegschaft (§§ 1909, 1911–1913) besteht, deren Aufgabenkreis die Verfahrensführung abdeckt. Der Betreuer oder Pfleger muss auch tatsächlich das Verfahren führen. Der Verfahrensbeistand nach § 158 fällt nicht unter § 53 ZPO u schränkt die Verfahrensfähigkeit des Kindes daher nicht ein (*Heiter* FamRZ 2009, 85, 86).

II. Vertretung durch Beistand, § 53a ZPO

Wird in einem Verfahren ein Kind durch einen Beistand vertreten, ist die Vertretung durch einen sorgeberechtigten Elternteil ausgeschlossen (§ 53a ZPO). § 173 schließt nochmals ausdrücklich die Vertretung durch den sorgeberechtigten Elternteil aus, wenn das Kind durch das Jugendamt als Beistand vertreten wird. Auf Antrag eines Elternteils wird das Jugendamt Beistand des Kindes für die Feststellung der Vaterschaft u die Geltendmachung von Unterhaltsansprüchen (§ 1712 BGB). Dadurch wird die elterliche Sorge nicht eingeschränkt (§ 1716 Satz 1 BGB). Daher ist es erforderlich, dass § 53a ZPO widersprüchliche Verfahrenshandlungen des Jugendamts u des sorgeberechtigten Elternteils durch Ausschluss der Vertretung durch den Sorgeberechtigten verhindert. Der Elternteil kann durch schriftliches Verlangen die Beistandschaft beenden (§ 1715 Abs 1 BGB) u dadurch seine Vertretungsbefugnis für das Verfahren zurückerlangen. 26

III. Besondere Ermächtigung zu Prozesshandlungen, § 54 ZPO

Da keine Ermächtigungsvorbehalte des bürgerlichen Rechts für Prozesshandlungen bestehen, ist § 54 ZPO gegenstandslos (Musielak/*Weth* § 54 Rn 1). Soweit im Verfahren materielle Rechtsgeschäfte vorgenommen werden, gelten die allgemeinen Regeln, dh es kommen §§ 1819 ff, 1643, 1908i Abs 1 S 1 BGB zur Anwendung, so dass ggf eine familien- oder betreuungsgerichtliche Genehmigung erforderlich ist. 27

IV. Verfahrensfähigkeit von Ausländern, § 55 ZPO

Ein Ausländer, dem nach dem Recht seines Landes die Verfahrensfähigkeit mangelt, gilt als verfahrensfähig, wenn ihm nach dem Recht des Verfahrensgerichts die Verfahrensfähigkeit zusteht (§ 55 ZPO). Ein Ausländer ist also dann verfahrensfähig, wenn er dies nach seinem Heimatrecht oder nach deutschem Recht ist; wurde für einen Ausländer im Inland eine Betreuung m Einwilligungsvorbehalt angeordnet (Art 24 Abs 1 Satz 2 EGBGB, §§ 1896, 1903 BGB), ist er allerdings verfahrensunfähig, auch wenn er in seinem Heimatstaat noch als verfahrensfähig angesehen wird (Musielak/*Weth* § 55 Rn 1). Ein Staatenloser ist verfahrensfähig, wenn er es als Deutscher wäre oder wenn er es nach dem Recht des gewöhnlichen Aufenthalts, in Ermangelung eines solchen nach dem Recht des schlichten Aufenthalts ist (Musielak/*Weth* § 55 Rn 3). 28

V. Prüfung von Amts wegen, § 56 ZPO

Das Vorliegen der Verfahrensfähigkeit u aller sonstigen Verfahrensvoraussetzungen wie auch die Beteiligtenfähigkeit u die Legitimation eines gesetzlichen Vertreters sind von Amts wegen zu prüfen, u zwar **in jeder Lage des Verfahrens** (auch wenn der Mangel erst spät gerügt wird) u in **allen Rechtszügen** (BGH NJW 2000, 289, 290; 1997, 657, 658). In eine nähere Prüfung muss das Gericht aber nur eintreten, wenn sich hinsichtlich der Verfahrensfähigkeit Bedenken ergeben, weil bestimmte Anhaltspunkte **Zweifel** an der Verfahrensfähigkeit aufwerfen, so dass nicht mehr von dem Grundsatz der Verfahrensfähigkeit Volljähriger auszugehen ist. Das Gericht hat dann die Verfahrensfähigkeit zu klären u ist gehalten, von Amts wegen alle in Frage kommenden Beweise zu erheben, insbesondere auch Sachverständigengutachten einzuholen; dabei ist es nicht an förmliche Beweismittel gebunden, sondern kann auf den Freibeweis (§§ 29 Abs 1 Satz 1, 30 29

Abs 1) zurückgreifen (BGH NJW 1996, 1059, 1060). Volljährige gelten bis zur Feststellung des Gegenteils als verfahrensfähig, Minderjährige bis zur Feststellung des Gegenteils als verfahrensunfähig (*Heiter* FamRZ 2009, 85, 86).

30 Fehlt es an der Verfahrensfähigkeit u an einem gesetzlichen Vertreter, ist das Verfahren auszusetzen (§ 21), bis ein Betreuer, Pfleger oder Vormund bestellt ist. Ansonsten ist ein Verfahrenspfleger zu bestellen (Rz 33). Mängel des Verfahrens, die auf der Verfahrensunfähigkeit beruhen, können geheilt werden, indem der inzwischen verfahrensfähig gewordene Verfahrensunfähige oder sein mittlerweile bestellter Vertreter die bisherige Verfahrensführung genehmigen.

31 Die **Zwischenentscheidung** über die Verfahrensfähigkeit ist nicht selbständig anfechtbar (§ 58 Abs 1), sondern unterliegt der Beurteilung des Beschwerdegerichts, wenn die Endentscheidung (§ 38) angefochten wurde (§ 58 Abs 2). Wird das Fehlen der Verfahrensfähigkeit nicht erkannt u ergeht eine rechtskräftige Entscheidung, steht dem betroffenen Beteiligten nach §§ 48 Abs 2 FamFG, 579 Abs 1 Nr 4 ZPO die **Wiederaufnahme** des Verfahrens offen.

32 Der Beteiligte oder dessen gesetzlicher Vertreter kann nach § 56 Abs 2 ZPO zur Verfahrensführung m Vorbehalt der Beseitigung des Mangels der Verfahrensunfähigkeit oder des Fehlens der Vertretungsberechtigung durch Beschluss (nicht gesondert anfechtbare Zwischenentscheidung) **zugelassen** werden, auch wenn lediglich Zweifel an der Verfahrensfähigkeit bzw der Legitimation bestehen (§ 56 Abs 2 Satz 1 ZPO). Voraussetzung ist Gefahr im Verzug für den Beteiligten, also eine Gefährdung seiner Rechtsposition ohne die einstweilige Zulassung. Die Endentscheidung (§ 38) darf erst erlassen werden, wenn eine für die Beseitigung des Mangels zu setzende Frist abgelaufen ist (§ 56 Abs 2 Satz 2 ZPO). Innerhalb der Frist muss der Mangel der Verfahrensfähigkeit oder Vertretungsbefugnis bzw müssen entsprechende Zweifel beseitigt werden. Wird der Mangel nicht behoben, bleibt die bisherige Verfahrensführung des Beteiligten unwirksam, wird er behoben, sind die vorgenommenen Verfahrenshandlungen des Betroffenen wirksam.

VI. Verfahrenspfleger, § 57 ZPO

33 Nach § 57 ZPO hat das Gericht insbesondere dafür Sorge zu tragen, dass ein nicht verfahrensfähiger Antragsgegner in einem Verfahren ordnungsgemäß vertreten ist, um ihn in hinreichendem Umfang rechtliches Gehör zu gewähren, soweit nicht spezielle Vorschriften über den Verfahrensbeistand (§§ 158, 173, 174, 191) oder den Verfahrenspfleger (§§ 276, 317, 419) eingreifen (RegE BTDrs 16/6308 S 180). Die Vorschrift ist auch in Amtsverfahren anwendbar. Die Bestellung gem § 57 Abs 1 ZPO setzt Gefahr im Verzug voraus, also dass die Bestellung eines Vormunds, Pflegers oder Betreuers nicht abgewartet werden kann. Dauert zB in einem Erbscheinsverfahren die Bestellung eines Pflegers für ein Kind zu lange, weil die Sache keinen Aufschub duldet, ist nach § 57 Abs 1 ZPO zu verfahren (BGH NJW 1989, 271). Im Fall der §§ 57 Abs 2, 20 ZPO hat der Beteiligte zwar einen gesetzlichen Vertreter, dieser befindet sich aber nicht am Aufenthaltsort.

34 In dem Verfahren, für das er bestellt ist, hat der Verfahrenspfleger die Stellung eines gesetzlichen Vertreters. Auch wenn seine Bestellung zurückgenommen wird, bleiben die von ihm vorgenommenen Verfahrenshandlungen wirksam. Der Beteiligte kann jederzeit seine Verfahrensfähigkeit geltend machen u bei deren Nachweis die Verfahrensführung wieder übernehmen. Im Verfahren über diese Frage ist er verfahrensfähig (BSG NJW 1994, 215).

VII. Prozesspfleger bei herrenlosem Grundstück, § 58 ZPO

35 Die entsprechende Anwendung des § 58 ZPO ermöglicht es, bei einem herrenlosen Grundstück oder Schiff einen Verfahrenspfleger zu bestellen. Dieses kommt in Grundbuch- oder Schiffsregisterverfahren in Betracht.

§ 10 Bevollmächtigte

(1) Soweit eine Vertretung durch Rechtsanwälte nicht geboten ist, können die Beteiligten das Verfahren selbst betreiben.

(2) Die Beteiligten können sich durch einen Rechtsanwalt als Bevollmächtigten vertreten lassen. Darüber hinaus sind als Bevollmächtigte, soweit eine Vertretung durch Rechtsanwälte nicht geboten ist, vertretungsbefugt nur
1. Beschäftigte des Beteiligten oder eines mit ihm verbundenen Unternehmens (§ 15 des Aktiengesetzes); Behörden und juristische Personen des öffentlichen Rechts einschließlich der von ihnen zur Erfüllung ihrer öffentlichen Aufgaben gebildeten Zusammenschlüsse können sich auch durch Beschäftigte anderer Behörden oder juristischer Personen des öffentlichen Rechts einschließlich der von ihnen zur Erfüllung ihrer öffentlichen Aufgaben gebildeten Zusammenschlüsse vertreten lassen;
2. volljährige Familienangehörige (§ 15 der Abgabenordnung, § 11 des Lebenspartnerschaftsgesetzes), Personen mit Befähigung zum Richteramt und die Beteiligten, wenn die Vertretung nicht im Zusammenhang mit einer entgeltlichen Tätigkeit steht;
3. Notare.

(3) Das Gericht weist Bevollmächtigte, die nicht nach Maßgabe des Absatzes 2 vertretungsbefugt sind, durch unanfechtbaren Beschluss zurück. Verfahrenshandlungen, die ein nicht vertretungsbefugter Bevollmächtigter bis zu seiner Zurückweisung vorgenommen hat, und Zustellungen oder Mitteilungen an diesen Bevollmächtigten sind wirksam. Das Gericht kann den in Absatz 2 Satz 2 Nr. 1 und 2 bezeichneten Bevollmächtigten durch unanfechtbaren Beschluss die weitere Vertretung untersagen, wenn sie nicht in der Lage sind, das Sach- und Streitverhältnis sachgerecht darzustellen.

(4) Vor dem Bundesgerichtshof müssen sich die Beteiligten, außer im Verfahren über die Ausschließung und Ablehnung von Gerichtspersonen und im Verfahren über die Verfahrenskostenhilfe, durch einen beim Bundesgerichtshof zugelassenen Rechtsanwalt vertreten lassen. Behörden und juristische Personen des öffentlichen Rechts einschließlich der von ihnen zur Erfüllung ihrer öffentlichen Aufgaben gebildeten Zusammenschlüsse können sich durch eigene Beschäftigte mit Befähigung zum Richteramt oder durch Beschäftigte mit Befähigung zum Richteramt anderer Behörden oder juristischer Personen des öffentlichen Rechts einschließlich der von ihnen zur Erfüllung ihrer öffentlichen Aufgaben gebildeten Zusammenschlüsse vertreten lassen. Für die Beiordnung eines Notanwaltes gelten die §§ 78b und 78c der Zivilprozessordnung entsprechend.

(5) Richter dürfen nicht als Bevollmächtigte vor dem Gericht auftreten, dem sie angehören.

Übersicht

	Rz			Rz
A. Allgemeines	1	II.	Vertretung durch andere Personen, Abs 2 Satz 2	7
I. Regelungs- und Anwendungsbereich	1		1. Allgemeines	7
II. Zulässigkeit der Vertretung	2		2. Beschäftigte, Nr 1	9
B. (Kein) Anwaltszwang, Abs 1	4		3. Unentgeltliche Vertretung, Nr 2	12
I. Beteiligtenverfahren	4		a) Volljährige Familienangehörige	12
II. Anwaltsverfahren	5		b) Volljuristen	15
C. Verfahrensführung durch Bevollmächtigte, Abs 2	6		c) Beteiligte	17
I. Vertretung durch Rechtsanwalt als Regelfall, Abs 2 Satz 1	6		4. Notare, Nr 3	18

§ 10 FamFG | Bevollmächtigte

	Rz			Rz
D. Fehlende Vertretungsbefugnis, Abs 3 ...	19	I.	Anwaltszwang, Abs 4 Satz 1	23
I. Zurückweisung, Abs 3 Satz 1	19	II.	Sonderregelung für öffentliche	
II. Rechtsfolge, Abs 3 Satz 2	20		Institutionen, Abs 4 Satz 2........	24
III. Untersagung wegen Unfähigkeit,		III.	Notanwalt, Abs 4 Satz 3	27
Abs 3 Satz 3.....................	22	F. Bevollmächtigte Richter, Abs 5		29
E. Vertretung vor dem Bundesgerichts-				
hof, Abs 4...........................	23			

A. Allgemeines

I. Regelungs- und Anwendungsbereich

1 Die Norm regelt, in welchem Umfang ein Beteiligter sich durch einen Bevollmächtigten vertreten lassen kann sowie vor welchen Gerichten eine Vertretung durch einen Bevollmächtigten erforderlich ist (RegE BTDrs 16/6308 S 181). Die Vorschrift ist in weiten Teilen § 13 FGG nachgebildet u lehnt sich auch an § 79 ZPO an (beide in der Fassung des Entwurfes eines Gesetzes zur Neuregelung des Rechtsberatungsrechts, BTDrs 16/3655). Gem § 113 Abs 1 findet die Vorschrift in Ehesachen (§ 121) u Familienstreitsachen (§ 112) keine Anwendung, stattdessen gelten die ZPO (§§ 78 ff) u § 114 in Ehesachen u Folgesachen.

II. Zulässigkeit der Vertretung

2 Die Beteiligten können sich **in jeder Lage des Verfahrens** vertreten lassen, sowohl im schriftlichen Verfahren als auch in der mündlichen Verhandlung u bei der Registeranmeldung. Systemwidrig schließt § 6 Abs 3 GenRegV Anmeldungen durch einen Bevollmächtigten bei der eG aus, nicht jedoch die durch einen Notar nach § 378.

3 **Unzulässig** ist die Vertretung, wenn die Beteiligten persönliche Erklärungen abgeben müssen, wie zB der Geschäftsführer nach §§ 8 Abs 2 u 3, 57 Abs 2 GmbHG. Ordnet das Gericht das **persönliche Erscheinen** eines Beteiligten an (§ 33), ist dieser selbst zu laden, auch wenn er einen Bevollmächtigten hat (§ 33 Abs 2 Satz 1), durch den er sich hinsichtlich der Anhörung nicht vertreten lassen kann. Ferner findet keine Vertretung statt bei **persönlich vorzunehmenden Handlungen** wie Verpflichtungserklärungen des Vormunds, Pflegers oder Betreuers (§§ 1789, 1792 Abs 4, 1915 BGB, § 289 FamFG) oder eidesstattlichen Versicherungen (§§ 94, 361, 413).

B. (Kein) Anwaltszwang, Abs 1

I. Beteiligtenverfahren

4 Nach Abs 1 besteht kein Anwaltszwang, wenn eine Vertretung durch Rechtsanwälte nicht geboten ist. Das heißt, die Beteiligten oder ihre gesetzlichen Vertreter können das Verfahren selbst betreiben, sie sind also **postulationsfähig**. Das gilt sowohl bei der Vertretung im Termin als auch außerhalb der Verhandlung. Die Verfahrensführung durch den Beteiligten (§ 7) oder seinen gesetzlichen Vertreter setzt dessen Beteiligtenfähigkeit (§ 8) u die Verfahrensfähigkeit (§ 9) des Beteiligten bzw seines gesetzlichen Vertreters voraus. In Angelegenheiten der freiwilligen Gerichtsbarkeit besteht weder in der ersten Instanz noch in der (Erst-)Beschwerdeinstanz vor dem LG oder OLG (§§ 72, 119 Abs 1 Nr 1b GVG) Anwaltszwang (RegE BTDrs 16/6308 S 181). Nur in bestimmten Familiensachen gilt Anwaltszwang (Rz 5).

II. Anwaltsverfahren

5 Anwaltszwang gilt vor dem Familiengericht (AG) u dem OLG für die Ehegatten in Ehesachen u Folgesachen sowie für die Beteiligten in selbständigen Familienstreitsachen

(§§ 114, 138, Ausnahmen in § 114 Abs 4, s dort). Vor dem BGH besteht nach Maßgabe des Abs 4 grundsätzlich Anwaltszwang.

C. Verfahrensführung durch Bevollmächtigte, Abs 2

I. Vertretung durch Rechtsanwalt als Regelfall, Abs 2 Satz 1

Kann oder will der Beteiligte das Verfahren nicht selbst führen, obwohl es sich nicht um ein Anwaltsverfahren handelt, so kann er sich von einem Rechtsanwalt vertreten lassen. Abs 2 Satz 1 stellt klar, dass die Vertretung durch einen Rechtsanwalt der Regelfall ist. Unter den Begriff des Rechtsanwalts fallen gem § 1, 27 Abs 1 Satz 1 EuRAG auch Rechtsanwälte aus anderen EU-Staaten, aber auch Rechtsanwaltsgesellschaften wie zB die Rechtsanwalts-GmbH (Zöller/*Vollkommer* § 79 Rn 5). 6

II. Vertretung durch andere Personen, Abs 2 Satz 2

1. Allgemeines

Abs 2 Satz 2 zählt die übrigen Fälle zulässiger Vertretung durch **Bevollmächtigte abschließend** auf. Daher sind zB Freunde oder Nachbarn ebenso wenig vertretungsbefugt wie der Vorsorgebevollmächtigte, der nicht unter Nr 2 fällt, oder der Erbenermittler, der folglich im Erbscheinsverfahren nicht vertreten kann (*Zimmermann* FamFG Rn 44). Abs 2 erfasst dagegen nicht gesetzliche Vertreter (wie die Eltern, Vormund, Pfleger, Betreuer), nicht Parteien kraft Amtes (Nachlassverwalter) oder Personen, die selbst Beteiligte sind, wie zB Testamentsvollstrecker (*Zimmermann* FamFG Rn 44). Zum Registerverfahren s vor § 378 Rz 28–32. 7

Ob ein Verfahrensbevollmächtigter unter eine der aufgezählten Gruppen fällt, hat der Bevollmächtigte bei Zweifeln **darzulegen**, notfalls muss das Gericht dieses im Wege des Freibeweises feststellen. Teilweise wird sich die Berechtigung zur Verfahrensvertretung aus der nach § 11 vorzulegenden Verfahrensvollmacht ergeben, zB im Fall der Nr 2, wenn der Ehegatte bevollmächtigt wurde (RegE RDG BTDrs 16/3655 S 87, 92). 8

2. Beschäftigte, Nr 1

Der **Beteiligte** kann unabhängig davon, in welcher Rechtsform er selbst organisiert ist (natürliche Person – auch als Einzelkaufmann, Personengesellschaft, juristische Person des privaten oder öffentlichen Rechts, Verein), einen Beschäftigten m seiner Vertretung betrauen. Der Begriff des Beschäftigten ist weit auszulegen u umfasst alle privat- u öffentlichrechtlichen Beschäftigungsverhältnisse einschließlich der Beamten, wobei sich die Vertretung auf den Arbeitgeber beschränkt u nicht etwa seine Mitglieder oder Kunden umfasst (RegE RDG BTDrs 16/3655 S 87, 92). 9

Mitarbeiter **verbundener Unternehmen** iS des § 15 AktG können die Verfahrensvertretung innerhalb des Unternehmensverbundes übernehmen (Konzernvertretung), da dieser die erforderliche Nähe zum Vertretenen indiziert. Es genügt, wenn sich aus der schriftlich vorzulegenden Vollmacht (§ 11) ergibt, dass der Vertreter für ein verbundenes Unternehmen auftritt (RegE RDG BTDrs 16/3655 S 87, 92). 10

Parallel zur Konzernvertretung können sich **Behörden** oder juristische Personen des öffentlichen Rechts sowie die von ihnen zur Erfüllung öffentlicher Aufgaben gebildeten Zusammenschlüsse durch Beamte oder Angestellte anderer Behörden oder juristischer Personen des öffentlichen Rechts einschließlich der von ihnen zur Erfüllung ihrer öffentlichen Aufgaben gebildeten Zusammenschlüsse vertreten lassen. 11

3. Unentgeltliche Vertretung, Nr 2

a) Volljährige Familienangehörige

12 Nr 2 ermöglicht die unentgeltliche Vertretung, die also nicht im Zusammenhang m einer entgeltlichen Tätigkeit steht. Der Begriff der entgeltlichen Tätigkeit ist autonom u eng auszulegen; es kommt nicht darauf an, ob gerade für die Verfahrensvertretung oder nur für die damit zusammenhängende Tätigkeit ein Entgelt gezahlt wird (RegE RDG BTDrs 16/3655 S 87, 92). Vertretungsberechtigt sind volljährige Familienangehörige nach **§ 15 Abs 1 AO**: der Verlobte, der Ehegatte, Verwandte u Verschwägerte gerader Linie, Geschwister, Kinder der Geschwister, Ehegatten der Geschwister u Geschwister der Ehegatten, Geschwister der Eltern, Pflegeeltern u Pflegekinder.

13 Angehörige sind die Personen nach § 15 Abs 2 Nr 1 AO auch dann, wenn bei Ehegatten, Verschwägerten gerader Linie oder Ehegatten der Geschwister u Geschwistern der Ehegatten die die Beziehung begründende **Ehe nicht mehr** besteht. An der Angehörigeneigenschaft ändert sich ferner nichts, wenn die Verwandtschaft oder Schwägerschaft durch Annahme als Kind erloschen ist (betrifft Verwandte u Verschwägerte gerader Linie, Geschwister, Kinder der Geschwister, Ehegatten der Geschwister u Geschwister der Ehegatten, Geschwister der Eltern), § 15 Abs 2 Nr 2 AO. Schließlich bleiben Pflegeeltern u Pflegekinder Angehörige, auch wenn die häusliche Gemeinschaft nicht mehr besteht, sofern die Personen weiter wie Eltern u Kind miteinander verbunden sind, § 15 Abs 2 Nr 3 AO.

14 Für Lebenspartner gilt § 11 LPartG.

b) Volljuristen

15 Auch Personen m **Befähigung zum Richteramt** gem § 5 DRiG aufgrund des erfolgreichen Abschlusses der beiden juristischen Staatsprüfungen (Volljuristen) können Verfahrensvertreter sein. Familiäre oder freundschaftliche Beziehungen zu dem vertretenen Beteiligten sind nicht erforderlich, es genügt eine ehrenamtliche Tätigkeit. Das Kriterium der Befähigung zum Richteramt soll die sachgerechte Vertretung sichern u dem Gericht ein formal leicht überprüfbares Merkmal liefern. Andere, weniger sachkundige Personen werden damit von der Vertretung ausgeschlossen. Den zum Richteramt Befähigten stehen die Diplom-Juristen aus dem Beitrittsgebiet nach Maßgabe des § 5 Nr 3 RDGEG gleich.

16 Weder bei den volljährigen Familienangehörigen noch bei den Volljuristen kommt es darauf an, ob die Vertretung einmalig oder wiederholt (also geschäftsmäßig) erfolgt.

c) Beteiligte

17 Die Zulassung der Vertretung durch einen **anderen Beteiligten** dient der Verfahrensökonomie, wenn mehrere Beteiligte eng verbunden sind u sie die Verfahrensführung nur einem Beteiligten übertragen wollen (RegE RDG BTDrs 16/3655 S 88, 92).

4. Notare, Nr 3

18 Zur Vertretung berechtigt sind ferner die Notare. Deren Vertretungsbefugnis brauchte in ihrem Umfang durch den Gesetzgeber nicht näher eingegrenzt zu werden, da die Notare die Vertretung im gerichtlichen Verfahren nur im Rahmen ihrer Befugnisse u Zuständigkeiten nach der BNotO ausüben dürfen (RegE RDG BTDrs 16/3655 S 92), einschlägig sind §§ 20 ff BNotO.

D. Fehlende Vertretungsbefugnis, Abs 3

I. Zurückweisung, Abs 3 Satz 1

Das Gericht prüft die Vertretungsbefugnis von Amts wegen u hat Zweifel zu klären, 19
was im Wege des Freibeweises zulässig ist (§ 29 Abs 1). Kommt das Gericht zu dem Ergebnis, dass kein Fall zulässiger Vertretung vorliegt, hat es die Zurückweisung durch **konstitutiven** u **unanfechtbaren Zurückweisungsbeschluss** auszusprechen. Die Unrechtmäßigkeit des Beschlusses kann nur inzident im Beschwerdeverfahren geltend gemacht werden, wenn gegen den Grundsatz des rechtlichen Gehörs verstoßen wurde (Zöller/*Vollkommer* § 79 Rn 11).

II. Rechtsfolge, Abs 3 Satz 2

Ab dem Zeitpunkt des Wirksamwerdens des Beschlusses ist der Bevollmächtigte zu Ver- 20
fahrenshandlungen nicht mehr befugt; nunmehr kann nur noch der Beteiligte selbst oder ein neuer Vertreter Verfahrenshandlungen vornehmen. Zustellungen sind ab Erlass des Zurückweisungsbeschlusses nur noch an den Beteiligten oder seinen neuen Bevollmächtigten vorzunehmen.

Verfahrenshandlungen des nicht vertretungsberechtigten Bevollmächtigten bis zu sei- 21
ner Zurückweisung u Zustellungen oder Mitteilungen an diesen Bevollmächtigten sind im Interesse der Rechtssicherheit wirksam. Zudem kann deshalb die Berufung nicht darauf gestützt werden, dass in erster Instanz das Fehlen der Vertretungsbefugnis verkannt wurde (RegE RDG BTDrs 16/3655 S 89, 92).

III. Untersagung wegen Unfähigkeit, Abs 3 Satz 3

Das Gericht kann den bevollmächtigten Beschäftigten u volljährigen Familienangehöri- 22
gen (Abs 2 Nr 1 u 2), nicht aber den Notaren (Abs 2 Nr 3) oder Rechtsanwälten (als besonders qualifizierten Organen der Rechtspflege) die weitere Vertretung untersagen, wenn sie nicht in der Lage sind, das Sach- u Streitverhältnis sachgerecht darzustellen. In Betracht kommt zB in großem Umfang unverständlicher, beleidigender oder überhaupt nicht zur Sache gehörender oder in der Form vollkommen unangemessener u unzumutbarer (zB bei Cholerikern) Vortrag. Der Beschluss ist unanfechtbar, m seinem Wirksamwerden endet die Vertretungsbefugnis des Vertreters. Die Entscheidung ist im Rahmen der Beschwerde inzident überprüfbar (vgl RegE RDG BTDrs 16/3655 S 89, 92).

E. Vertretung vor dem Bundesgerichtshof, Abs 4

I. Anwaltszwang, Abs 4 Satz 1

Abs 4 regelt die Vertretung vor dem BGH u begründet in Satz 1 grundsätzlich Anwalt- 23
szwang. Ausgenommen sind nur die Verfahren über die Ausschließung u Ablehnung von Gerichtspersonen des BGH (§ 6) u über die Verfahrenskostenhilfe vor dem BGH (§§ 76 ff). Die Beteiligten müssen sich durch einen beim BGH zugelassenen Rechtsanwalt vertreten lassen.

II. Sonderregelung für öffentliche Institutionen, Abs 4 Satz 2

Behörden u juristische Personen des öffentlichen Rechts einschließlich der von ihnen 24
zur Erfüllung ihrer öffentlichen Aufgaben gebildeten Zusammenschlüsse (zB Zweckverbände) können sich durch eigene **Beschäftigte m Befähigung zum Richteramt** (Volljuristen, Rz 15) vertreten lassen, da aufgrund der Behördenstrukturen erwartet werden kann, dass sie keine mutwilligen oder unsachlichen Rechtsmittel ergreifen. Behörden (§ 8 Rz 9) sind zB die Jugendämter, Betreuungsbehörden, Industrie- u Handelskammern, öffentlich-rechtliche Sparkassen. Die Behörden können sich auch durch dort beschäftigte

§ 10 FamFG | Bevollmächtigte

Volljuristen anderer Behörden oder juristischer Personen des öffentlichen Rechts einschließlich der von ihnen zur Erfüllung ihrer öffentlichen Aufgaben gebildeten Zusammenschlüsse vertreten lassen. Diese haben aber erst dann Vertretungsbefugnis, wenn sie von der vertretenen Behörde zum Tätigwerden angewiesen sind (vgl Jansen/*Briesemeister* § 29 Rn 12).

25 Eine Behörde kann auch als gesetzlicher Vertreter einer natürlichen Person vor dem BGH auftreten (zB das Jugendamt als Beistand oder Amtsvormund, §§ 1712, 1791c BGB), aber nicht als gewillkürter Vertreter (Jansen/*Briesemeister* § 29 Rn 12).

26 Zur Vertretung vor dem BGH ist nicht nur der Behördenleiter, sondern auch der zuständige Sachbearbeiter befugt (BGH NJW 1954, 108). Die Rechtsbeschwerdeschrift u die weiteren Schriftsätze müssen nicht eigenhändig von dem zuständigen Sachbearbeiter oder dem Behördenleiter unterzeichnet sein; das Einreichen einer von der Kanzlei der Behörde beglaubigten u m Dienststempel versehene Abschrift reicht aus (BGHZ 48, 88).

III. Notanwalt, Abs 4 Satz 3

27 Abs 4 Satz 3 gestattet auf Antrag eines Beteiligten die **Beiordnung** eines Notanwalts in entsprechender Anwendung der §§ 78b u 78c ZPO. Soweit vor dem BGH die Vertretung durch Anwälte geboten ist, hat der BGH gem § 78b ZPO einem Beteiligten durch Beschluss einen Rechtsanwalt zur Wahrnehmung seiner Rechte beizuordnen, wenn er einen zu seiner Vertretung bereiten Rechtsanwalt nicht findet. Das Nichtfinden eines vertretungsbereiten Rechtsanwalts darf nicht nur auf fehlender Vorschusszahlung, dem Verlangen von Stundenhonorar oder darauf beruhen, dass die Rechtsmittelbegründung allein den Vorstellungen einer Partei entsprechen soll (BGH NJW 1995, 537; Thomas/Putzo § 78b Rn 2). Mehr als vier beim BGH zugelassene Rechtsanwälte müssen vergeblich um Vertretung ersucht worden sein, was substantiiert darzulegen u gegebenenfalls nachzuweisen ist (BGH FamRZ 2007, 635). Die Rechtsverfolgung darf nicht mutwillig (unvernünftig oder nicht sachgerecht) oder aussichtslos (offenbar erfolglos) erscheinen (zu den Einzelheiten vgl die Kommentierungen zu § 114 ZPO). Vor dem BGH ist weder der dem Antrag stattgebende noch der ablehnende Beschluss anfechtbar.

28 Der nach § 78b ZPO beizuordnende Rechtsanwalt wird durch den Vorsitzenden des zuständigen BGH-Senats aus den beim BGH zugelassenen Rechtsanwälten ausgewählt; er kann die Übernahme der Vertretung davon abhängig machen, dass der Beteiligte ihm einen Vorschuss zahlt (§ 78b Abs 1 u 2 ZPO). Sowohl die Beiordnung als auch deren Ablehnung sind vor dem BGH unanfechtbar, der Rechtsanwalt kann aber beantragen, seine Beiordnung aufzuheben (vgl § 78c Abs 3 ZPO).

F. Bevollmächtigte Richter, Abs 5

29 **Richter** sind gem Abs 2 Nr 2 in ihrer Eigenschaft als Familienangehörige oder als Volljuristen grundsätzlich als Bevollmächtigte vertretungsbefugt. Abs 5 bestimmt, dass Richter (auch ehrenamtliche) aber nicht vor dem Gericht auftreten dürfen, dem sie angehören. Das gilt für das gesamte Gericht, zB kann der Richter am Landgericht nicht vor seinem LG, auch nicht vor einer anderen Kammer auftreten. Vor anderen Landgerichten darf er dagegen auftreten. Die Regelung verhindert von vornherein Interessenkollisionen u den Anschein von Voreingenommenheit. Daher muss die Norm auch für Richter nach ihrer Pensionierung gelten. Ist zB ein Richter am AG an das LG abgeordnet oder umgekehrt, muss er sowohl für das jeweilige AG als auch das jeweilige LG als Verfahrensvertreter ausgeschlossen sein (zur Problematik auch Baumbach/Lauterbach/*Hartmann* § 79 Rn 34 ff).

30 Im Falle der Rechtspflegerzuständigkeit muss Abs 5 nach seinem Sinn u Zweck ebenso gelten, wenn ein **Rechtspfleger** als bevollmächtigter Familienangehöriger gem Abs 2 Nr 2 vor seinem Gericht einen Beteiligten vertreten will.

§ 11 Verfahrensvollmacht

Die Vollmacht ist schriftlich zu den Gerichtsakten einzureichen. Sie kann nachgereicht werden; hierfür kann das Gericht eine Frist bestimmen. Der Mangel der Vollmacht kann in jeder Lage des Verfahrens geltend gemacht werden. Das Gericht hat den Mangel der Vollmacht von Amts wegen zu berücksichtigen, wenn nicht als Bevollmächtigter ein Rechtsanwalt oder Notar auftritt. Im Übrigen gelten die §§ 81 bis 87 und 89 der Zivilprozessordnung entsprechend.

Übersicht

	Rz			Rz
A. Allgemeines	1	I.	Umfang der Verfahrensvollmacht, § 81 ZPO	14
B. Schriftliche Vollmacht, Satz 1	2	II.	Geltung für Nebenverfahren, § 82 ZPO	15
I. Vollmachtserteilung	2	III.	Beschränkung, § 83 ZPO	16
II. Schriftliche Einreichung	4	IV.	Mehrere Verfahrensbevollmächtigte, § 84 ZPO	17
C. Nachreichen der Vollmacht, Satz 2	6	V.	Wirkung, § 85 ZPO	20
D. Rüge des Vollmachtsmangels, Satz 3	9	VI.	Fortbestand, § 86 ZPO	24
E. Amtswegige Berücksichtigung des Vollmachtsmangels, Satz 4	11	VII.	Erlöschen, § 87 ZPO	25
F. Entsprechende Anwendung der ZPO, Satz 5	13	VIII.	Vollmachtloser Vertreter, § 89 ZPO	27

A. Allgemeines

Die Vorschrift regelt die Vorlage der Verfahrensvollmacht und das Verfahren bei Vollmachtsmängeln. Satz 5 bestimmt, dass für den Umfang, die Wirkung und den Fortbestand der Vollmacht die Vorschriften der Zivilprozessordnung entsprechend anzuwenden sind. Die Vorschrift ist gemäß § 113 Abs 1, der insoweit direkt auf die §§ 80 ff ZPO verweist, in Ehesachen (§ 121) und Familienstreitsachen (§ 112) nicht anwendbar. **1**

B. Schriftliche Vollmacht, Satz 1

I. Vollmachtserteilung

Die Erteilung der Verfahrensvollmacht ist eine **Verfahrenshandlung**, die Verfahrensfähigkeit (§ 9) voraussetzt. Sie wird als einseitige Erklärung gegenüber dem Verfahrensbevollmächtigten, dem Gericht oder in Streitsachen gegenüber dem gegnerischen Beteiligten (BGH FamRZ 1995, 1484) nach allgemeinen Regeln **formlos** erklärt und wird durch Zugang (§ 130 BGB) wirksam. Die Vollmacht kann daher auch **konkludent** erteilt werden, so dass eine Duldungsvollmacht möglich ist. Die Vollmacht muss die Verfahrensführung in vollem Umfang erfassen. Die Verfahrensvollmacht kann Bestandteil einer umfassenderen Vollmacht sein, zB einer Prokura (§ 49 Abs 1 HGB), einer Generalvollmacht oder der Funktion als organschaftlicher Vertreter. Wer Bevollmächtigter sein kann, richtet sich nach § 10. **2**

Von der Vollmachtserteilung ist das **Grundgeschäft** zwischen dem Beteiligten und dem Bevollmächtigten zu unterscheiden (Geschäftsbesorgungsvertrag, Auftrag, Arbeits- oder Dienstverhältnis, §§ 675, 662, 611 BGB). **3**

II. Schriftliche Einreichung

Die schriftliche Einreichung der Vollmacht kann entweder einen **konstitutiven** Vollmachtserteilungsakt oder die lediglich **deklaratorische** Mitteilung an das Gericht darstellen, dass Vollmacht erteilt wurde. Die Vollmachtserklärung ist im Original oder öffentlich beglaubigt (BGH NJW 2007, 772, 773) vorzulegen, muss das Verfahren bezeichnen und die Bevollmächtigung zum Ausdruck bringen, wobei sie nach allgemeinen Regeln (§§ 133, 157 BGB) auslegungsfähig ist. Sie muss von dem vollmachtserteilen- **4** den Beteiligten eigenhändig unterschrieben sein (§ 126 Abs 1 BGB). Die Schriftform wird durch die elektronische Form oder die notarielle Beurkundung ersetzt (§ 126 Abs 3, 4 BGB). Die Vollmacht kann auch in der Verhandlung erteilt werden und ist dann in dem Vermerk des Gerichts über den Termin (§ 28 Abs 4) zu dokumentieren. Zum Registerverfahren s vor § 378 Rz 28.

5 Auch eine **Untervollmacht** ist schriftlich einzureichen, der Unterbevollmächtigte ist Vertreter des Beteiligten. Bei Prokuristen oder organschaftlichen Vertretern genügt das Einreichen eines aktuellen **Handelsregisterauszuges**.

C. Nachreichen der Vollmacht, Satz 2

6 Das Gericht kann eine **angemessene Frist** bestimmen, in der die Vollmacht nachgewiesen werden kann. Grundsätzlich gibt es drei mögliche **Reaktionen des Gerichts:** Liegt ein unbehebbarer Vollmachtsmangel vor, scheidet eine Fristsetzung aus und das Gericht hat die nach der Verfahrenssituation gebotene Entscheidung zu treffen, zB die Beschwerde als unzulässig zurückzuweisen. Andernfalls hat das Gericht nach pflichtgemäßem Ermessen zu entscheiden, ob es dem Vertreter eine Frist zur Einreichung der Vollmacht nach Satz 2 setzt oder ihn nach Satz 5 iVm § 89 ZPO zur Verfahrensführung einstweilen zulässt und ihm zugleich eine Frist zum nachträglichen Beibringen der Genehmigung setzt. Zu berücksichtigen ist dabei, dass der Mangel der Vollmacht nach Satz 4 nicht von Amts wegen zu beachten ist, wenn als Vertreter ein Rechtsanwalt oder Notar auftritt. Eine Fristsetzung kommt in diesen Fällen nur in Betracht, wenn ein anderer Beteiligter den Mangel der Vollmacht rügt (RegE RDG BTDrs 16/3655 S 90, 92).

7 **Adressat** der Fristsetzung ist der vertretene Beteiligte. Ihm ist aufzugeben, eine Vollmachtsurkunde zu den Gerichtsakten nachzureichen. Die Vollmacht kann auch neu erstellt werden. In diesem Fall muss die Partei oder ihr neuer Vertreter die bisherige Verfahrensführung genehmigen, wenn diese wirksam sein soll.

8 Es handelt sich um **keine Ausschlussfrist**. Die Vollmacht kann noch bis zum Ende der mündlichen Verhandlung oder bis zu dem vom Gericht bestimmten Zeitpunkt, bis zu dem noch Schriftsätze eingereicht werden können, beigebracht werden. Stattdessen kann der Beteiligte oder sein neuer Vertreter die bisherige Verfahrensführung auch genehmigen. Eine Genehmigung nach Abschluss der Instanz bleibt aber ausgeschlossen (RegE RDG BTDrs 16/3655 S 90, 92).

D. Rüge des Vollmachtsmangels, Satz 3

9 Der Mangel der Vollmacht kann **in jeder Lage des Verfahrens** geltend gemacht werden. Ein Vollmachtsmangel besteht, wenn die Vollmacht überhaupt nicht, nicht wirksam oder nicht im erforderlichen Umfang erteilt wurde (Rz 2), wenn die Verfahrensvollmacht widerrufen oder erloschen ist (Satz 5 iVm § 87 ZPO) oder nicht ordnungsgemäß nachgewiesen wurde.

10 In jeder Lage des Verfahrens bedeutet, dass der Mangel auch in der Beschwerdeinstanz geltend gemacht werden kann. Der Mangel kann formlos gerügt werden und bezieht sich auf alle Verfahrenshandlungen, für die die Vollmacht erforderlich war. Die in der ersten Instanz erklärte Geltendmachung des Mangels wirkt in den folgenden Instanzen fort. Die Rüge des Mangels kann zurückgenommen werden (Köln NJW-RR 1992, 1162). Das Recht, den Mangel geltend zu machen, ist unverzichtbar (München OLGZ 1992, 217).

E. Amtswegige Berücksichtigung des Vollmachtsmangels, Satz 4

11 Außer bei Rechtsanwälten und Notaren hat das Gericht den Mangel der Vollmacht von Amts wegen zu berücksichtigen. Tritt ein **Anwalt oder Notar** als Vertreter auf, ist die Vollmacht nur auf Rüge des vertretenen oder eines anderen Beteiligten oder wenn der

Vertreter selbst die Bevollmächtigung bezweifelt (BGH NJW 2001, 2095) zu prüfen. Das heißt, dass das Gericht nicht von sich aus von einem Anwalt oder Notar die Vorlage einer Vollmachtsurkunde verlangt. Notare gelten zudem kraft gesetzlicher Vermutung nach §§ 378 FamFG, 15 GBO als ermächtigt die Eintragung zu beantragen, wenn sie die zur Eintragung erforderlichen Erklärungen beurkundet oder beglaubigt haben.

Wird ein Beteiligter durch eine Person nach § 10 Abs 2 Nr 1 oder 2 vertreten, hat das Gericht von Amts wegen zu prüfen, ob eine wirksame Vollmacht vorliegt, und einen etwaigen Mangel von Amts wegen zu berücksichtigen. 12

F. Entsprechende Anwendung der ZPO, Satz 5

Nach Satz 5 finden die §§ 81–87 und 89 ZPO entsprechende Anwendung. § 88 ZPO entspricht im Wesentlichen Satz 3 und 4. Im Folgenden werden die wesentlichen Konsequenzen der Verweisung auf die ZPO aufgezeigt. Für Einzelheiten wird auf die Kommentierungen der ZPO verwiesen. 13

I. Umfang der Verfahrensvollmacht, § 81 ZPO

Die Verfahrensvollmacht hat im **Außenverhältnis** einen gesetzlich bestimmten Umfang und ermächtigt zu allen Verfahrenshandlungen einschließlich derjenigen, die auf eine Wiederaufnahme (§ 48 Abs 2), wohl auch die auf eine Abänderung der Entscheidung (§ 48 Abs 1) gerichtet sind. Gleiches gilt für die Fortführung des Verfahrens zur Abhilfe bei Verletzung des Anspruchs auf rechtliches Gehör (§ 44). Weiter ist der Vertreter ermächtigt zur Antragstellung, zur Erteilung einer Untervollmacht, zur Bestellung eines Vertreters für die höhere Instanz, zur Beendigung des Verfahrens durch Vergleich (§ 36), zum Verzicht (zB auf ein Rechtsmittel), zur Rücknahme von Anträgen oder Rechtsmitteln, zur Anerkennung, zur Empfangnahme zu erstattender Kosten, nicht aber zum Empfang der Hauptleistung (zB Unterhaltszahlung) – in der Praxis ermächtigen die Formulare idR aber dazu (*Zimmermann* FamFG Rn 47). 14

II. Geltung für Nebenverfahren, § 82 ZPO

Aus der entsprechenden Anwendung des § 82 ZPO folgt, dass die Vollmacht für das Hauptverfahren auch für Nebenverfahren, also insbesondere im Verfahren auf Erlass einer einstweiligen Anordnung (§§ 49 ff) gilt. Die Vollmacht kann aber auch auf das Haupt- oder Nebenverfahren beschränkt werden. 15

III. Beschränkung, § 83 ZPO

Die Verfahrensvollmacht kann von vornherein oder nachträglich beschränkt werden, zudem ist sie bei Interessenkollision und Vollmachtsmissbrauch begrenzt (Zöller/*Vollkommer* § 83 Rn 3). Soweit Anwaltszwang besteht (§ 10 Rz 4 f), kann die Verfahrensvollmacht nur insoweit beschränkt werden, als diese Beschränkung die Beseitigung des Verfahrens durch Vergleich, Verzichtleistung auf den Verfahrensgegenstand oder die Anerkennung eines vom gegnerischen Beteiligten geltend gemachten Anspruchs betrifft (§ 83 Abs 1 ZPO). In Verfahren ohne Anwaltszwang kann die Verfahrensvollmacht frei beschränkt und auch nur für einzelne Verfahrenshandlungen erteilt werden (§ 83 Abs 2 ZPO). Praktisch ist insoweit die Terminsvollmacht, die zu allen in einem Termin vorkommenden Verfahrenshandlungen ermächtigt, zB auch zu einem Vergleichsschluss. 16

IV. Mehrere Verfahrensbevollmächtigte, § 84 ZPO

Mehrere Bevollmächtigte sind berechtigt, den Beteiligten sowohl **gemeinschaftlich** als auch **einzeln** zu vertreten. Eine abweichende Regelung der Vollmacht (dass nur gemeinschaftlich gehandelt werden soll) hat nach außen keine rechtliche Wirkung. Die Bevoll- 17 mächtigung mehrerer kann gleichzeitig oder nacheinander erfolgen. Auch wenn nur einem Anwalt das Mandat erteilt wird, ist bei einer Anwaltssozietät (§ 59a BRAO) in der Regel von einer Mitbevollmächtigung der übrigen Anwälte auszugehen (BGH NJW 1995, 1841). Bei einer Rechtsanwaltsgesellschaft (§§ 59c, 59l BRAO) bezieht sich die Vollmacht auf diese, sie handelt durch ihre Organe und Vertreter. In der Bestellung eines neuen Verfahrensbevollmächtigten kann der Widerruf der Bestellung eines früheren Bevollmächtigten nur dann gesehen werden, wenn darin zum Ausdruck kommt, dass der neue Bevollmächtigte an Stelle des früheren bestellt werden soll (BGH NJW 2007, 3640).

18 **Verfahrenshandlungen** können **gemeinsam oder** von jedem der Verfahrensbevollmächtigen **allein** vorgenommen werden. Bei **widersprechenden** Verfahrenshandlungen gilt hinsichtlich bindender Erklärungen das Prioritätsprinzip, die frühere Erklärung ist also wirksam. Die spätere Erklärung ist dagegen maßgebend, wenn es um Tatsachenbehauptungen oder widerrufliche Erklärungen geht. Widersprechende gleichzeitige Erklärungen sind wegen Perplexität unwirksam. Legen zwei Verfahrensbevollmächtigte unabhängig voneinander Beschwerde ein und nimmt einer von ihnen später »die Beschwerde« ohne einschränkenden Zusatz zurück, so bewirkt dies den Verlust des Rechtsmittels (BGH NJW 2007, 3640).

19 Für die **Zustellung** und den Zugang genügt es, wenn die Erklärung einem Verfahrensbevollmächtigten zugeht. Fristen beginnen mit dem zeitlich frühesten Zugang bei einem der Bevollmächtigten zu laufen (BGH NJW 2003, 2100).

V. Wirkung, § 85 ZPO

20 Die von dem Bevollmächtigten vorgenommenen Verfahrenshandlungen sind für den Beteiligten in gleicher Weise verpflichtend, als wenn sie von dem Beteiligten selbst vorgenommen worden wären; das gilt auch für tatsächliche Erklärungen, soweit sie nicht von dem miterschienenen Beteiligten sofort widerrufen oder berichtigt werden (§ 85 Abs 1 ZPO). Damit enthält das Gesetz den Grundsatz **unmittelbarer Stellvertretung**; die Handlungen des Bevollmächtigten werden der Partei **zugerechnet** (Musielak/*Weth* § 85 Rn 1). Dieser Grundsatz ist auch in Statusverfahren (Abstammungssachen) unbedenklich (BVerfG NJW 1973, 1315).

21 Unter den **Begriff der Verfahrenshandlung** fallen auch Unterlassungen und Versäumnisse des Vertreters sowie die Empfangnahme von Erklärungen (Verfahrenshandlungen). Die Handlungen des Bevollmächtigten werden dem Beteiligten unabhängig von der Ausgestaltung des Innenverhältnisses zum Bevollmächtigten zugerechnet. Eine Ausnahme gilt nur bei **Kollusion** zwischen Vertreter und einem anderen Beteiligten oder bei evidentem **Vollmachtsmissbrauch**.

22 **Widerspricht oder berichtigt** der Beteiligte eine(r) tatsächlichen Erklärung des Bevollmächtigten, gilt die Erklärung des Beteiligten, da er die Tatsachen besser kennt als der lediglich von ihm informierte Vertreter. An rechtliche Erklärungen wie einen Vergleichsabschluss ist der Beteiligte aber gebunden. Sofort widerspricht der Beteiligte, wenn er das, sowie er zu Wort kommt, tut. Widerspricht die Partei im Verfahren unter Anwaltszwang, hat das Gericht die unterschiedlichen Bekundungen frei zu würdigen.

23 Das **Verschulden** des Bevollmächtigten steht dem Verschulden des Beteiligten gleich (§ 85 Abs 2 ZPO), wird diesem also zugerechnet. Der Bevollmächtigte muss verschuldensfähig sein (§§ 276 Abs 1 Satz 2, 827, 828 BGB) und ihm muss ein Verschulden iS des § 276 BGB zur Last fallen. Sorgfaltsmaßstab ist bei Rechtsanwälten die übliche, von einem Rechtsanwalt zu fordernde Sorgfalt, bei anderen Gruppen von Bevollmächtigten sind sachgerechte, ggf geringere Verschuldensmaßstäbe anzulegen (Zöller/*Vollkommer* § 85 Rn 13).

VI. Fortbestand, § 86 ZPO

Die Verfahrensvollmacht endet weder durch den Tod des Vollmachtgebers noch durch eine Veränderung seiner Verfahrensfähigkeit oder seiner gesetzlichen Vertretung (§ 86 Hs 1 ZPO). In diesem Fall kann das Verfahren aber nach § 21 ausgesetzt werden. Durch die Aussetzung erlischt die Vollmacht nicht. Tritt der Bevollmächtigte anschließend an die Aussetzung auch für den Rechtsnachfolger (Erben, § 1922 BGB) auf, muss er eine Vollmacht des Rechtsnachfolgers beibringen.

VII. Erlöschen, § 87 ZPO

Die Verfahrensvollmacht erlischt mit endgültiger **Beendigung des Verfahrens** (s aber § 81 ZPO), mit **Tod** des Bevollmächtigten, durch **Widerruf** oder Beendigung des der Vollmacht zugrunde liegenden Vertrages (§ 168 Satz 1 BGB). Der Widerruf erfolgt durch einseitige empfangsbedürftige Erklärung gegenüber dem Gericht oder gegenüber dem Bevollmächtigten. Im **Außenverhältnis** gilt die Vollmacht solange als fortbestehend, bis das Erlöschen dem Gericht mitgeteilt wurde (§ 87 Abs 1 ZPO). Bei Anwaltszwang wird das Erlöschen nach außen erst mit der Anzeige wirksam, dass die Vollmacht erloschen ist und ein neuer Anwalt bestellt wurde (BGH FamRZ 2004, 865). Solange die Vollmacht nicht erloschen ist und sich bei Anwaltszwang kein neuer Rechtsanwalt als Verfahrensbevollmächtigter bestellt hat, erfolgen Bekanntgaben und formlose Mitteilungen (§ 15) an den bisherigen Verfahrensbevollmächtigten.

Hat der Verfahrensbevollmächtigte gekündigt (**Mandatsniederlegung**), bleibt er solange für den Vollmachtgeber zu handeln berechtigt, bis dieser für die Wahrnehmung seiner Rechte in anderer Weise gesorgt hat, also einen neuen postulationsfähigen Bevollmächtigten bestellt hat oder selbst handeln kann (§ 87 Abs 2 ZPO). Bis dahin darf der bisherige Bevollmächtigte die Vertretung durch aktives Handeln fortführen. Insbesondere muss der Bevollmächtigte den bislang vertretenen Beteiligten über den Inhalt von entgegengenommenen Bekanntgaben und formlosen Mitteilungen (§ 15) unterrichten.

VIII. Vollmachtloser Vertreter, § 89 ZPO

Liegt ein Vollmachtsmangel vor, weil die Vollmacht nicht erteilt, unwirksam, widerrufen, sonstwie erloschen oder nicht nachgewiesen ist, kann das Gericht den vollmachtlosen Vertreter gegen oder ohne Beibringung einer Sicherheitsleistung für Kosten und Schäden zur Verfahrensführung durch unanfechtbaren Beschluss **einstweilen zulassen** (§ 89 Abs 1 Satz 1 ZPO). Zugleich ist dem Vertreter eine **Frist** für die Beibringung der Vollmacht zu setzen (§ 89 Abs 1 Satz 2 ZPO). Solange der Vertreter einstweilen zugelassen ist, muss er vom Gericht und den Beteiligten als Verfahrensbevollmächtigter behandelt werden.

Die **Endentscheidung** (§ 38) darf erst ergehen, nachdem die für die Beibringung der Vollmacht bestimmte Frist abgelaufen ist (§ 89 Abs 1 Satz 2 ZPO). Wird die Vollmacht nachgereicht, nimmt das Verfahren seinen gewöhnlichen Lauf. Andernfalls sind dem einstweilen zur Verfahrensführung Zugelassenen die **Kosten** aufzuerlegen, die anderen Beteiligten durch die einstweilige Zulassung entstanden sind. Außerdem hat er die den anderen Beteiligten infolge der Zulassung entstandenen **Schäden** zu ersetzen (§ 89 Abs 1 Satz 3 ZPO). Es handelt sich um einen bürgerlichrechtlichen Anspruch, der im Zivilprozess geltend zu machen ist.

Die von oder gegenüber dem **vollmachtlosen Vertreter** vorgenommenen Verfahrenshandlungen sind unwirksam. Der Beteiligte muss die Verfahrenshandlungen des ohne Vollmacht aufgetretenen Vertreters aber gegen sich gelten lassen, wenn er mündlich Vollmacht erteilt hatte oder die Verfahrensführung ausdrücklich oder stillschweigend **genehmigt** (§ 89 Abs 2 ZPO). Es kann nur die Verfahrensführung im Ganzen genehmigt werden (BGHZ 92, 137). Die Genehmigung wirkt auf den Zeitpunkt der Vornahme der Verfahrenshandlungen zurück und heilt den Vollmachtsmangel von Anfang an (BGHZ 92, 137).

§ 12 Beistand

Im Termin können die Beteiligten mit Beiständen erscheinen. Beistand kann sein, wer in Verfahren, in denen die Beteiligten das Verfahren selbst betreiben können, als Bevollmächtigter zur Vertretung befugt ist. Das Gericht kann andere Personen als Beistand zulassen, wenn dies sachdienlich ist und hierfür nach den Umständen des Einzelfalls ein Bedürfnis besteht. § 10 Abs. 3 Satz 1 und 3 und Abs. 5 gilt entsprechend. Das von dem Beistand Vorgetragene gilt als von dem Beteiligten vorgebracht, soweit es nicht von diesem sofort widerrufen oder berichtigt wird.

A. Allgemeines

1 Die Vorschrift entspricht § 13 Abs 6 FGG in der Fassung des Entwurfes eines Gesetzes zur Neuregelung des Rechtsberatungsrechts (BTDrs 16/3655). Die Norm gilt gemäß § 113 Abs 1 Satz 1 nicht in Ehesachen (§ 121) und in Familienstreitsachen (§ 112). Dort gelten über § 113 Abs 1 Satz 2 die §§ 90 und 157 ZPO. Der in einer Scheidungssache beigeordnete Rechtsanwalt hat die Stellung eines Beistands, § 138 Abs 2. Eine eigene Rechtsfigur ist dagegen der Verfahrensbeistand des Kindes nach §§ 158, 167, 174, 191, 234 (s die dortigen Kommentierungen).

B. Beistand im Termin, Satz 1

2 Beistand ist eine Person, die in der Verhandlung die Beteiligtenrechte ausführt, die aber nicht an Stelle des Beteiligten, sondern **neben** ihm auftritt. Der Beistand kann daher nie ohne den Beteiligten auftreten und diesen auch nicht vertreten. Ein Antrag des Beistands ist daher rechtlich ein Antrag des Beteiligten. Auch wenn Anwaltszwang besteht, kann der Beistand die Beteiligtenrechte ausführen, aber nur insoweit als es auch der Beteiligte im Verfahren mit Anwaltszwang könnte. Der Beistand hat keine Vertretungsmacht, und ihm stehen außerhalb der mündlichen Verhandlung keine Befugnisse zu.

3 Keine Beistände sind Personen, die der Beteiligte zu seiner eigenen Verfahrensführung als Hilfskräfte hinzuzieht, wie zB private Sachverständige.

C. Beistandsfähigkeit, Satz 2

4 Nur solche Personen sind fähig, Beistand zu sein, die im Verfahren ohne Anwaltszwang **Vertreter sein können**. Nach § 10 Abs 2 sind dies neben Rechtsanwälten und Notaren (für deren Einsatz als Beistände anstatt als Bevollmächtigte freilich nur selten ein Bedürfnis besteht), Beschäftigte, volljährige Familienangehörige und Volljuristen (s § 10 Rz 6 ff). Durch die Einschränkung der Beistandsfähigkeit wird eine Umgehung des § 10, insbesondere der Rechtsanwälte vermieden. Der Beistand muss verfahrensfähig (§ 9) sein.

D. Zulassung anderer Personen, Satz 3

5 Das Gericht kann andere Personen als die nach Satz 2 als Beistand zulassen, wenn dies **sachdienlich** ist und hierfür nach den Umständen des Einzelfalls ein **Bedürfnis** besteht. Damit soll die Beschränkung der Vertretungsbefugnis in eng umgrenzten Ausnahmefällen ausgeglichen werden. Dem im Ausnahmefall berechtigten Anliegen eines Beteiligten, vor Gericht mit einer vertrauten oder besonders sachkundigen Person erscheinen zu dürfen und dieser den Vortrag in der Verhandlung zu überlassen, wird dadurch Rechnung getragen. In bestimmten Fällen der freiwilligen Gerichtsbarkeit (zB in Betreuungs- und Unterbringungsangelegenheiten) sind eher als im Zivilprozess Konstellationen denkbar, in denen ein Beteiligter darlegen kann, dass ein besonderes Bedürfnis für die Zulassung eines Beistands besteht (RegE RDG BTDrs 16/3655 S 91, 93).

Ein Bedürfnis besteht etwa dann, wenn der Beistand, ohne zu den in § 10 Abs 2 Nr 2 **6**
genannten Familienangehörigen zu gehören, aufgrund eines besonderen **Näheverhältnisses** zu dem Beteiligten dessen Vertrauen genießt, also zB Freunde, Glaubensbrüder, gute Bekannte oder Nachbarn. Bloße juristische Kenntnisse des Beistands sind keine genügende Rechtfertigung, da über diese auch jeder Rechtsanwalt verfügt.

Zur Wahrung des rechtlichen Gehörs sollten die Gerichte bei der Zulassung nicht zu **7**
kleinlich sein (*Zimmermann* FamFG Rn 51).

E. Zurückweisung, Satz 4

§ 10 Abs 3 Satz 1 gilt entsprechend, so dass das Gericht Beistände, die nach § 10 Abs 2 **8**
nicht beistandsfähig sind, durch unanfechtbaren Beschluss zurückweist (näher § 10 Rz 19). Einer Verweisung auf § 10 Abs 3 Satz 2 bedurfte es nicht, da der Beistand niemals selbst Verfahrenshandlungen vornimmt (RegE RDG BTDrs 16/3655 S 91, 93). § 10 Abs 3 Satz 3 gilt dagegen wieder entsprechend, so dass den Beiständen nach § 10 Abs 2 Nr 1 und 2 durch unanfechtbaren Beschluss die weitere Beistandschaft untersagt werden kann, wenn sie nicht in der Lage sind, das Sach- und Streitverhältnis sachgerecht darzustellen (s § 10 Rz 22).

Aus der entsprechenden Anwendung des § 10 Abs 5 folgt, dass ein Richter vor dem **9**
Gericht, dem er angehört, nicht als Beistand auftreten darf (§ 10 Rz 29 f).

F. Wirkung, Satz 5

Alle Prozesshandlungen und jeder Vortrag des Beistands wirkt für den Beteiligten, so- **10**
fern dieser nicht sofort widerspricht oder berichtigt. Die Widerspruchs- und Berichtigungsmöglichkeit gilt sowohl für tatsächliche Erklärungen als auch für Erklärungen mit rechtlicher Wirkung (zB Vergleichsschluss). Da der Beistand nicht Vertreter ist, erfolgen Bekanntgaben und formlose Mitteilungen (§ 15) an den Beteiligten, nicht an den Beistand.

§ 13 Akteneinsicht

(1) Die Beteiligten können die Gerichtsakten auf der Geschäftsstelle einsehen, soweit nicht schwerwiegende Interessen eines Beteiligten oder eines Dritten entgegenstehen.

(2) Personen, die an dem Verfahren nicht beteiligt sind, kann Einsicht nur gestattet werden, soweit sie ein berechtigtes Interesse glaubhaft machen und schutzwürdige Interessen eines Beteiligten oder eines Dritten nicht entgegenstehen. Die Einsicht ist zu versagen, wenn ein Fall des § 1758 des Bürgerlichen Gesetzbuches vorliegt.

(3) Soweit Akteneinsicht gewährt wird, können die Berechtigten sich auf ihre Kosten durch die Geschäftsstelle Ausfertigungen, Auszüge und Abschriften erteilen lassen. Die Abschrift ist auf Verlangen zu beglaubigen.

(4) Einem Rechtsanwalt, einem Notar oder einer beteiligten Behörde kann das Gericht die Akten in die Amts- oder Geschäftsräume überlassen. Ein Recht auf Überlassung von Beweisstücken in die Amts- oder Geschäftsräume besteht nicht. Die Entscheidung nach Satz 1 ist nicht anfechtbar.

(5) Werden die Gerichtsakten elektronisch geführt, gilt § 299 Abs. 3 der Zivilprozessordnung entsprechend. Der elektronische Zugriff nach § 299 Abs. 3 Satz 2 und 3 der Zivilprozessordnung kann auch dem Notar oder der beteiligten Behörde gestattet werden.

(6) Die Entwürfe zu Beschlüssen und Verfügungen, die zu ihrer Vorbereitung gelieferten Arbeiten sowie die Dokumente, die Abstimmungen betreffen, werden weder vorgelegt noch abschriftlich mitgeteilt.

(7) Über die Akteneinsicht entscheidet das Gericht, bei Kollegialgerichten der Vorsitzende.

Übersicht

	Rz		Rz
A. Allgemeines	1	3. Glaubhaftmachung	12
B. Akteneinsichtsrecht der Beteiligten, Abs 1	2	4. Keine entgegenstehenden schutzwürdigen Interessen	13
I. Allgemeines	2	5. Ermessensentscheidung	14
II. Schwerwiegende entgegenstehende Interessen	5	II. Sonderfall Kindesannahme, Abs 2 Satz 2	15
1. Zwingender Ausschluss	5	D. Ausfertigungen, Auszüge, Abschriften, Abs 3	16
2. Begriff	6		
3. Rechtsfolge	7	E. Überlassung in Amts- oder Geschäftsräume, Abs 4	17
C. Einsichtsrecht Dritter, Abs 2	8	F. Elektronische Aktenführung, Abs 5	20
I. Regelfall, Abs 2 Satz 1	8	G. Keine Mitteilung von Entwürfen, Abs 6	21
1. Allgemeines	8	H. Entscheidungsbefugnis, Abs 7	22
2. Berechtigtes Interesse	9	I. Anfechtbarkeit	23
a) Begriff	9	J. Sondernormen	24
b) Einzelfälle	10		

A. Allgemeines

1 Die Vorschrift tritt an die Stelle des § 34 FGG, regelt die Akteneinsicht aber wesentlich eingehender. Abs 1 normiert das Akteneinsichtsrecht der Beteiligten, Abs 2 das Akteneinsichtsrecht Dritter. Abs 3 bis Abs 7 gestalten das Akteneinsichtsrecht durch Regelung von Einzelheiten näher aus.

B. Akteneinsichtsrecht der Beteiligten, Abs 1

I. Allgemeines

Die Beteiligten (§ 7) können die Gerichtsakten auf der Geschäftsstelle einsehen. Damit räumt das Gesetz ihnen ein grundsätzlich uneingeschränktes Akteneinsichtsrecht ein, das Ausdruck des Rechts der Beteiligten auf rechtliches Gehör (Art 103 Abs 1 GG) ist.

Gerichtsakten, die auch elektronisch geführt werden können (§ 14), sind die dem Gericht im Zusammenhang mit dem Verfahren vorgelegten oder vom Gericht selbst geführten Akten einschließlich aller beigezogenen Unterlagen, sofern diese Akten zur Grundlage der Entscheidung gemacht werden sollen oder gemacht worden sind. Kein Anspruch auf Einsicht besteht hinsichtlich der Notizen des bearbeitenden Richters oder Rechtspflegers zur Sache (Abs 6, *Zimmermann* FamFG Rn 55).

Das Einsichtsrecht besteht auf der **Geschäftsstelle** zu den üblichen Geschäftszeiten. Nach pflichtgemäßem Ermessen kann das Gericht die Akten aber auch an das Gericht eines anderen Ortes **versenden**, so dass sie auf der dortigen Geschäftsstelle eingesehen werden können (vgl Hamm FamRZ 2002, 1126, 1127). In die Geschäftsräume oder in die Wohnung zB eines Betreuers, Vormunds, Pflegers oder anderer Beteiligter können die Akten aber nicht versandt werden (aA Bumiller/Winkler § 34 Rn 14), wie der Umkehrschluss aus Abs 4 ergibt. Zudem kann sich der Beteiligte nach Abs 3 Fotokopien erstellen lassen. Akten mit wichtigen Urkunden wie in Nachlass-, Grundbuch- und Registersachen sollten wegen des Verlustrisikos regelmäßig nicht versandt werden (LG Lübeck Rpfleger 1985, 151; KKW/*Kahl* § 34 Rn 22) oder zumindest nur an die Geschäftsstelle eines anderen Gerichts zu Einsichtszwecken (Dresden NJW 1997, 667, 668); soweit Dokumente (auch) in elektronischer Form bestehen, können sie auch in dieser Form versandt werden, so dass sich das Problem ohnehin erübrigt. Zur Einsicht im Registerverfahren s § 385 Rz 31–33.

II. Schwerwiegende entgegenstehende Interessen

1. Zwingender Ausschluss

Schwerwiegende entgegenstehende Interessen eines Beteiligten oder Dritten schließen die Akteneinsicht des Beteiligten nach dem Gesetzeswortlaut aus, soweit diese Interessen reichen. Die Gesetzesbegründung spricht demgegenüber nur davon, dass das Gericht einem Beteiligten die Einsicht in diesem Fall versagen könne (RegE BTDrs 16/6308 S 181). Doch ist auch der Dritte grundrechtlich in seiner Persönlichkeits- und Vermögenssphäre geschützt (Artt 1, 2, 14 GG), so dass die Akteneinsicht versagt werden muss, soweit schwerwiegende Interessen entgegenstehen. Das heißt aber nur, dass die fraglichen Aktenteile nicht zur Einsicht zur Verfügung stehen, wohl aber die Akte im Übrigen (Rz 7).

2. Begriff

Es genügt nicht schon jedes Interesse aus der Privatsphäre oder dem Vermögensbereich eines Beteiligten oder Dritten. Vielmehr muss das entgegenstehende Interesse so schwerwiegend sein, dass das Recht auf vollumfängliche Akteneinsicht im Einzelfall zurückzustehen hat. Das kann zB psychiatrische Gutachten betreffen, wenn mit der Akteneinsicht Gefahren für den betroffenen Beteiligten verbunden sind (RegE BTDrs 16/6308 S 181). In Frage kommen zB Betreuungs- oder Unterbringungsverfahren, aber uU auch Sorgerechtsverfahren oder sonstige Verfahren, in denen etwa die Verfahrensfähigkeit begutachtet wurde. In Fällen häuslicher Gewalt kann etwa zur Geheimhaltung des aktuellen Aufenthaltsorts des Gewaltbetroffenen eine Akteneinsicht nicht oder nur eingeschränkt zu gewähren sein (RegE BTDrs 16/6308 S 181). Dagegen müssen die Namen von Zeugen und Auskunftspersonen ebenso wie Berichte der Jugendämter (§ 50 SGB VIII) den Beteiligten grundsätzlich zugänglich gemacht werden (Jansen/*von König* § 34

Rn 7). Psychologische Gutachten in Umgangs- oder Sorgerechtsverfahren müssen als Beweismittel den beteiligten Eltern zugänglich gemacht werden.

3. Rechtsfolge

7 Soweit wegen schwerwiegender entgegenstehender Interessen eine Akteneinsicht ausgeschlossen ist, haben die Beteiligten aufgrund ihres Anspruchs auf rechtliches Gehör das Recht auf Bekanntgabe des wesentlichen Akteninhalts in geeigneter Form, soweit dies mit dem Zweck der Versagung der Akteneinsicht vereinbar ist. Die Akteneinsicht wird in diesem Fall gewährt, indem das Gericht einen Aktenauszug ohne die fraglichen Dokumente zur Verfügung stellt (also die schützenswerten Teile zeitweilig entfernt) oder den Inhalt schriftlich oder mündlich zusammenfasst. Soweit auf diese Weise das rechtliche Gehör nicht hinreichend gewährt werden kann, dürfen die Erkenntnisse aus den betreffenden Unterlagen grundsätzlich nicht zur Grundlage der Entscheidung gemacht werden (RegE BTDrs 16/6308 S 181).

C. Einsichtsrecht Dritter, Abs 2

I. Regelfall, Abs 2 Satz 1

1. Allgemeines

8 Abs 2 Satz 1 regelt das Akteneinsichtsrecht Dritter, also solcher Personen oder Vereinigungen, die nicht am Verfahren beteiligt (§ 7) sind. Die Norm entspricht der bisherigen Regelung in § 34 Abs 1 FGG sowie im Wesentlichen § 299 Abs 2 ZPO.

2. Berechtigtes Interesse

a) Begriff

9 Der Begriff des berechtigten Interesses ist weiter als der des rechtlichen Interesses, das bereits ein vorhandenes Rechtsverhältnis voraussetzt (BGH NJW-RR 1994, 381; KKW/ Kahl § 34 Rn 13; Jansen/*von König* § 34 Rn 3). Für ein berechtigtes Interesse genügt es, wenn ein vernünftiges, durch die Sachlage gerechtfertigtes Interesse vorliegt, das auch tatsächlicher, etwa wirtschaftlicher oder wissenschaftlicher Art sein kann (BayObLG NJW-RR 1998, 29, 295). Das Interesse muss sich nicht auf den Verfahrensgegenstand beziehen, für den die Akten gebildet wurden (BGH NJW-RR 1994, 381), es genügt, wenn ein künftiges Verhalten des Antragstellers durch die Kenntnis des Akteninhalts beeinflusst werden kann (BGH NJW-RR 1994, 381, 382), zB wenn die Entscheidung, ob die Wiederaufnahme eines Strafverfahrens betrieben wird, nach Einsicht in die Nachlassakte erfolgen soll (BayObLG NJW-RR 1998, 294, 295). Nicht erforderlich ist, dass der Dritte die Information nur durch die Akteneinsicht und nicht anderweitig erlangen kann, andere Informationsmöglichkeiten sind aber bei der Interessenabwägung zu berücksichtigen (BGH NJW-RR 1994, 381, 382). Befindet sich der Dritte allerdings bereits im Besitz erbetener Informationen und ist nicht ersichtlich, dass die Akteneinsicht zu weiteren Erkenntnissen führen könnte, so fehlt insoweit das berechtigte Interesse (BayObLG NJW-RR 1998, 294, 295). Auch ein öffentliches Interesse, das durch eine **Behörde** wahrgenommen wird, genügt (Jansen/*von König* § 34 Rn 3). Zudem können Justizbehörden unter Einhaltung des Datenschutzes Einsicht im Wege der Rechtshilfe (§§ 156 ff GVG) verlangen, auch andere Behörden erhalten im Rahmen des Datenschutzes Rechts- und Amtshilfe (Art 35 GG).

b) Einzelfälle

10 Ein berechtigtes Interesse **kann zB vorliegen** (ausführlich Jansen/*von König* § 34 Rn 4): Pflegeeltern im Verfahren auf Entlassung des Vormunds (Hamm FamRZ 2002, 1126) –

sind sie aber gemäß § 161 als Beteiligte hinzugezogen, gilt Abs 1; Pflichtteilsberechtigter hat Anspruch auf Einsicht in Nachlassakte, insbesondere in das Nachlassverzeichnis (LG Erfurt Rpfleger 1997, 115); ebenso wer als gesetzlicher oder testamentarischer Erbe oder Vermächtnisnehmer in Betracht kommt (BayObLG NJWE-FER 2000, 292); Nachlassgläubiger bzgl Einsicht in Nachlassakte (BayObLG FamRZ 1997, 1025).

An einem berechtigten Interesse **fehlt** es zB: Geltendmachung eines lediglich pauschalen Interesses an der »Aufklärung der erbrechtlichen Hintergründe« (BayObLG FamRZ 2001, 170); erbvertraglich bestimmter Alleinerbe hat gegen den Willen des Betreuten keinen Anspruch auf Einsichtnahme in Betreuungsakten zwecks Sichtung von Abrechnungen und Vermögensaufstellungen des Betreuers (Köln FamRZ 2004, 1124); gewerbliches Interesse des Erbenermittlers (LG Berlin FamRZ 2005, 634); allgemeines durch die Presse wahrgenommenes Informationsinteresse der Öffentlichkeit (Jansen/*von König* § 34 Rn 3). 11

3. Glaubhaftmachung

Das berechtigte Interesse ist glaubhaft zu machen. Die Mittel der Glaubhaftmachung ergeben sich aus § 31, insbesondere ist eine eidesstattliche Versicherung zulässig. Der Dritte muss Umstände darlegen, aus denen sich erfahrungsgemäß bei normalem Verlauf der Dinge ein berechtigtes Interesse ergibt (Bumiller/Winkler § 34 Rn 14). 12

4. Keine entgegenstehenden schutzwürdigen Interessen

Schutzwürdige Interessen Beteiligter oder anderer Dritter dürfen der Akteneinsicht durch den Dritten nicht entgegenstehen. In Betracht kommen vor allem der Schutz des Persönlichkeitsrechts (Recht auf informationelle Selbstbestimmung) sowie der Berufs- und Vermögenssphäre. Die zu schützenden Interessen sind gegen das Einsichtsinteresse abzuwägen. 13

5. Ermessensentscheidung

Liegen die Voraussetzungen vor (Rz 8–13), eröffnet das Gesetz dem Gericht ein pflichtgemäßes Ermessen (»kann«) bei der Entscheidung über die Akteneinsicht. Das Gericht muss die widerstreitenden Interessen gegeneinander abwägen, also das vom Antragsteller geltend gemachte berechtigte Interesse gegen das Geheimhaltungsinteresse der Öffentlichkeit, der Beteiligten oder Dritter, wobei bestimmte Tatsachen und nicht bloß allgemeine Vermutungen die Geheimhaltung notwendig erscheinen lassen müssen (BayObLG FamRZ 1995, 682). Unbeschränkter Akteneinsicht kann zB das allgemeine Persönlichkeitsrecht einer Pflegemutter entgegenstehen, das auch ihr Interesse umfasst, ihre Lebensumstände und persönlichen Daten nicht offenbaren zu müssen; dann ist ggf die Akteneinsicht dahin einzuschränken, dass Hinweise auf ihre aktuelle Adresse zu entfernen sind (Köln FamRZ 1998, 307). Ob die Beteiligten einer Akteneinsicht zustimmen oder an Geheimhaltung interessiert sind, ist vor der Entscheidung zu klären (BayObLG Rpfleger 1985, 28; KKW/*Kahl* Rn 15b). Beim Kind und seinen Adoptiveltern sind Umstände geheimzuhalten, die zur Aufdeckung ihrer Identität führen würden (Stuttgart Rpfleger 1985, 238; Jansen/*von König* § 34 Rn 7). 14

II. Sonderfall Kindesannahme, Abs 2 Satz 2

Die Einsicht in die Adoptionsakten im Annahme- oder Aufhebungsverfahren ist zu versagen, wenn ein Fall des § 1758 BGB vorliegt. Dadurch wird das Adoptionsgeheimnis geschützt. Tatsachen, die geeignet sind, die Annahme und ihre Umstände aufzudecken, dürfen ohne Zustimmung des Annehmenden und des Kindes nicht ausgeforscht werden, es sei denn besondere Gründe des öffentlichen Interesses erfordern dies (§ 1758 Abs 1 BGB, zB Aufklärung von Straftaten, Palandt/*Diederichsen* § 1758 Rn 2). Das Ausfor- 15 schungsverbot beginnt bereits mit der Erteilung der nach § 1747 BGB erforderlichen Einwilligung, auf Anordnung des Familiengerichts schon, wenn ein Antrag auf Ersetzung der Einwilligung eines Elternteils gestellt worden ist (§ 1758 Abs 2 BGB). Soweit das rechtliche Gehör die Bekanntgabe von Adoptionsumständen gebietet, muss Akteneinsicht in einer Form gewährt werden, die die Geheimhaltung aller Umstände sichert, die eine Aufdeckung der Identität ermöglichen können, zB durch Unkenntlichmachung der Namen oder Übergabe einer Aktenkopie, aus der die Namen und Anschriften der Annehmenden nicht hervorgehen (BayObLG FamRZ 1991, 224; Jansen/*von König* § 34 Rn 8).

D. Ausfertigungen, Auszüge, Abschriften, Abs 3

16 Soweit ein Akteneinsichtsrecht besteht, erstreckt es sich auch auf die Erteilung von Ausfertigungen, Auszügen und Abschriften. Eine Ausfertigung ist eine Abschrift der Urschrift, die mit dem Ausfertigungsvermerk versehen ist und in der Überschrift als Ausfertigung bezeichnet sein soll (§ 49 Abs 1, 2 BeurkG). Ein Auszug umfasst nur einen Teil einer Akte. Unter den Begriff der Abschrift fällt auch die Fotokopie, der Berechtigte kann aber auch selbst Abschriften oder Aufzeichnungen aus den Akten fertigen. Ausfertigungen, Auszüge und Abschriften durch die Geschäftsstelle erfolgen auf Kosten des Berechtigten, Abschriften sind auf Verlangen zu beglaubigen. Die Höhe der Kosten ergibt sich aus §§ 55, 132, 136 KostO, 23 FamGKG mit KV 2000.

E. Überlassung in Amts- oder Geschäftsräume, Abs 4

17 Sofern ein Akteneinsichtsrecht eines Rechtsanwalts, Notars (namens des Mandanten) oder einer beteiligten Behörde besteht, kann das Gericht die Akten in die Amts- oder Geschäftsräume überlassen (Abs 4 Satz 1), da bei ihnen grundsätzlich von einer besonderen Zuverlässigkeit ausgegangen wird. Besteht die Zuverlässigkeit und können die Akten kurzfristig entbehrt werden, werden die Voraussetzungen für die Überlassung der Akten regelmäßig gegeben sein (RegE BTDrs 16/6308 S 182). Die Entscheidung liegt im pflichtgemäßen Ermessen des Gerichts (»kann«). Abzuwägen sind die Erfordernisse des gerichtlichen Geschäftsgangs, insbesondere die Frage der zeitweiligen Entbehrlichkeit, und etwaige sonstige Gründe, die gegen die Überlassung sprechen, mit dem Interesse des Rechtsanwalts, Notars oder der Behörde.

18 Abs 4 Satz 2 stellt klar, dass auch das Überlassen von Beweismitteln in das Ermessen des Gerichts gestellt wird (Stellungnahme des Bundesrates, BTDrs 16/6308 S 842). Das Gericht kann Originaldokumente wie etwa Stammbücher, Testamente, notarielle Urkunden von der Versendung ausnehmen und insoweit Ablichtungen auf Kosten des Einsichtnehmenden zur Verfügung stellen.

19 Zur Vermeidung von Zwischenstreitigkeiten schließt Abs 4 Satz 3 die Anfechtung der gerichtlichen Entscheidung über die Aktenüberlassung aus.

F. Elektronische Aktenführung, Abs 5

20 Wenn die Gerichtsakten (Verfahrensakten) elektronisch geführt werden, gilt § 299 Abs 3 ZPO entsprechend (Abs 5 Satz 1). Die Geschäftsstelle (Urkundsbeamter) gewährt nach pflichtgemäßem Ermessen unter Abwägung aller Umstände und möglichster Befolgung der Wünsche des Antragstellers (Baumbach/Lauterbach/*Hartmann* § 299 Rn 32) Akteneinsicht durch Erteilung eines Aktenausdrucks durch Wiedergabe auf einem Bildschirm oder Übermittlung von elektronischen Dokumenten (§ 299 Abs 1 Satz 1 ZPO). Nach dem Ermessen des Vorsitzenden (Richter/Rechtspfleger je nach funktioneller Zuständigkeit) kann Bevollmächtigten, die Mitglied einer Rechtsanwaltskammer sind, der elektronische Zugriff auf den Akteninhalt gestattet werden, wobei sicherzustellen ist, dass der Zugriff nur durch den Bevollmächtigten erfolgt (§ 299 Abs 3 Satz 2 und 3 ZPO); das Gericht kann freilich nicht verhindern, dass in der Anwaltskanzlei auch andere

Personen vom Akteninhalt Kenntnis nehmen; insoweit bleibt kaum mehr als die Aufforderung des Gerichts an den Bevollmächtigten zur Beachtung des Datenschutzes (Baumbach/Lauterbach/*Hartmann* § 299 Rn 34). Dieses erfolgt durch technisch-organisatorische Maßnahmen, die sicherstellen, dass bei elektronischer Einsichtnahme die Berechtigung des Abfragenden zweifelsfrei feststeht (Authentisierung und Autorisierung). Nach Abs 5 Satz 2 kann dieser elektronische Zugriff auch Notaren und beteiligten Behörden gestattet werden. Bei der Übermittlung ist die Gesamtheit der Dokumente mit einer qualifizierten elektronischen Signatur zu versehen und gegen unbefugte Kenntnisnahme zu schützen (§ 299 Abs 3 Satz 4 ZPO), die Verschlüsselung schützt vor einer unbefugten Einsichtnahme durch Dritte während der Übertragung.

G. Keine Mitteilung von Entwürfen, Abs 6

Abs 6 entspricht § 299 Abs 4 ZPO. Entwürfe zu Beschlüssen und Verfügungen, die zu ihrer Vorbereitung gelieferten Arbeiten sowie die Dokumente, die Abstimmungen betreffen, werden weder vorgelegt noch abschriftlich mitgeteilt. Das gilt entsprechend auch für Ausarbeitungen, die der Vorbereitung der mündlichen Verhandlung dienen (Frankfurt NJW 2007, 928), richtigerweise auch für Sachberichte und Voten. Beigezogene Akten sind nicht vorzulegen, wenn die aktenführende Behörde dem widersprochen hat; angesichts des Anspruchs auf rechtliches Gehör ist dann diese Akte freilich unverwertbar. 21

H. Entscheidungsbefugnis, Abs 7

Über die Akteneinsicht entscheidet das verfahrensführende Gericht, das heißt je nach aufgrund des RpflG gegebener funktioneller Zuständigkeit in der konkreten Angelegenheit der Richter oder der Rechtspfleger; in Grundbuchsachen entscheidet der Urkundsbeamte der Geschäftsstelle (§ 12c Abs 1 Nr 1 GBO). Bei Kollegialgerichten entscheidet der Vorsitzende über Gesuche auf Akteneinsicht allein, um das Verfahren zu beschleunigen und zu straffen. 22

I. Anfechtbarkeit

Grundsätzlich ist die Entscheidung über das Akteneinsichtsgesuch **nicht anfechtbar** (s.a. den speziellen Fall des Abs 4 Satz 3), da es sich um eine Zwischen- und keine Endentscheidung handelt (§ 58 Abs 1), allerdings unterliegt auch die Entscheidung über die Akteneinsicht der Beurteilung des Beschwerdegerichts, wenn gegen die Endentscheidung Beschwerde eingelegt wurde (§ 58 Abs 2). Bei Entscheidungen des Rechtspflegers findet gemäß § 11 Abs 2 Satz 1 die befristete Erinnerung statt. Nur wenn die Entscheidung einen Justizverwaltungsakt iS des **§ 23 EGGVG** darstellt, kann sie nach dieser Vorschrift mit der Beschwerde angefochten werden (RegE BTDrs 16/6308 S 182). Ein Justizverwaltungsakt nach § 23 EGGVG liegt nicht vor, wenn die Entscheidung über die Akteneinsicht innerhalb eines laufenden Verfahrens ergeht. Um einen Justizverwaltungsakt handelt es sich aber bei der Entscheidung über das Akteneinsichtsgesuch eines nicht beteiligten Dritten nach Abs 2 (Baumbach/Lauterbach/Hartmann § 23 EGGVG Rn 3, Einsichtnahme; Zöller/*Gummer* § 23 EGGVG Rn 12). 23

J. Sondernormen

§ 13 lässt speziellere Vorschriften unberührt. Dieses sind im Nachlassverfahren: § 357 FamFG, §§ 1953 Abs 3 Satz 2, 1957 Abs 2 Satz 2, 2010, 2081 Abs 2 Satz 2, 2146 Abs 2, 2228, 2384 Abs 2 BGB. In Registersachen regelt § 9 HGB mit §§ 10, 29–31 HRV die Einsichtnahme in das Handels- und Unternehmensregister, §§ 79, 1563 BGB die Einsicht in das Vereins- und Güterrechtsregister, §§ 156 Abs 1 GenG mit § 9 HGB die Einsicht in das Genossenschaftsregister. Zum Registerrecht näher § 385 Rz 3 ff. Im Grundbuchverfahren gelten §§ 12–12c GBO, 43–46 GBVfg, im Personenstandsverfahren §§ 61–68 PStG. 24

§ 14 Elektronische Akte; elektronisches Dokument

(1) Die Gerichtsakten können elektronisch geführt werden. § 298a Abs. 2 und 3 der Zivilprozessordnung gilt entsprechend.

(2) Die Beteiligten können Anträge und Erklärungen als elektronisches Dokument übermitteln. Für das elektronische Dokument gelten § 130a Abs. 1 und 3 sowie § 298 der Zivilprozessordnung entsprechend.

(3) Für das gerichtliche elektronische Dokument gelten die §§ 130b und 298 der Zivilprozessordnung entsprechend.

(4) Die Bundesregierung und die Landesregierungen bestimmen für ihren Bereich durch Rechtsverordnung den Zeitpunkt, von dem an elektronische Akten geführt und elektronische Dokumente bei Gericht eingereicht werden können. Die Bundesregierung und die Landesregierungen bestimmen für ihren Bereich durch Rechtsverordnung die geltenden organisatorisch-technischen Rahmenbedingungen für die Bildung, Führung und Aufbewahrung der elektronischen Akten und die für die Bearbeitung der Dokumente geeignete Form. Die Landesregierungen können die Ermächtigung durch Rechtsverordnung auf die jeweils zuständige oberste Landesbehörde übertragen. Die Zulassung der elektronischen Akte und der elektronischen Form kann auf einzelne Gerichte oder Verfahren beschränkt werden.

(5) Sind die Gerichtsakten nach ordnungsgemäßen Grundsätzen zur Ersetzung der Urschrift auf einen Bild- oder anderen Datenträger übertragen worden und liegt der schriftliche Nachweis darüber vor, dass die Wiedergabe mit der Urschrift übereinstimmt, so können Ausfertigungen, Auszüge und Abschriften von dem Bild- oder dem Datenträger erteilt werden. Auf der Urschrift anzubringende Vermerke werden in diesem Fall bei dem Nachweis angebracht.

Übersicht

	Rz		Rz
A. Allgemeines	1	E. Übertragung elektronischer Dokumente in die Papierform, Aufbewahrung der Dokumente (§ 298 ZPO)	34
B. Elektronische Aktenführung (Abs 1)	6	I. Anwendungsbereich	34
C. Anträge und Erklärungen der Beteiligten als elektronisches Dokument (Abs 2)	14	II. Formerfordernisse für den Papierausdruck	36
I. Rechtsgrundlagen und formale Anforderungen	14	III. Aufbewahrung elektronischer Dokumente	38
II. Eingang bei Gericht	25	F. Verordnungsermächtigung (Abs 4)	40
D. Elektronische Dokumente des Gerichts (Abs 3)	29	G. Elektronische Speicherung von Gerichtsakten (Abs 5)	45

A. Allgemeines

1 § 14 schafft die rechtlichen Grundlagen für die elektronische Aktenführung und die Einreichung elektronischer Schriftsätze. Er führt die Grundlagen des Justizkommunikationsgesetzes in das FamFG ein.

2 Das gerichtliche elektronische Dokument wird als Äquivalent zu entsprechenden Dokumenten in Papierform anerkannt. Es finden sich Grundregelungen zum Signaturerfordernis und zur Beweiskraft elektronischer Dokumente. In weitem Umfang wird dabei auf entsprechende Regelungen der ZPO (§§ 130a, 130b, 298, 298a ZPO) Bezug genommen, die im Geltungsbereich des FamFG entsprechend anwendbar sind.

3 Die Bundesregierung und die Landesregierungen werden ermächtigt, für ihren Zuständigkeitsbereich durch Rechtsverordnung den Zeitpunkt der Einführung der elektronischen Akte und der zulässigen Einreichung elektronischer Dokumente seitens der Beteiligten und die organisatorisch-technischen Voraussetzungen der Einführung zu re-

geln. Damit soll Bund und Ländern ein zeitlicher Vorlauf gegeben werden, die für den elektronischen Rechtsverkehr notwendigen technisch-organisatorischen Vorkehrungen zu treffen. Erst bei Vorliegen dieser VOen ist ab dem darin bestimmten Zeitpunkt im Geltungsbereich der jeweiligen VO der elektronische Rechtsverkehr nach § 14 möglich.

In Teilbereichen der freiwilligen Gerichtsbarkeit sind bereits **Sondervorschriften** vorhanden (zB die durch das EHUG vom 10.11.2006, BGBl I 2553, eingeführten Regelungen), die der allgemeinen Vorschrift des § 14 vorgehen. 4

In Ehesachen und Familienstreitsachen ist **§ 14 nicht anwendbar** (§ 113 Abs 1). Die in Bezug genommenen Vorschriften der ZPO gelten hier unmittelbar.

In der gerichtlichen Praxis ist bisher ein Durchbruch und eine erhebliche Akzeptanz des elektronischen Rechtsverkehrs noch nicht zu verzeichnen (zu den Chancen und Hindernissen vgl *Degen* NJW 2008, 1473; *Hähnchen* NJW 2005, 2257; *Suermann* DRiZ 2001, 291). 5

B. Elektronische Aktenführung (Abs 1)

Abs 1 Satz 1 eröffnet auch für den Bereich des FamFG die **Möglichkeit, elektronische Akten zu führen**, und schafft hierfür die gesetzliche Grundlage. Die elektronische Aktenführung ist allerdings erst ab dem durch Rechtsverordnung bestimmten Zeitpunkt möglich (vgl BGH NJW 2008, 2649). Solche VOen sind vom Bund und teilweise auch von den Ländern bereits erlassen worden (dazu Rz 40 ff). 6

Durch das EHUG ist die elektronische Registerführung für Handels-, Genossenschafts- und Partnerschaftsregister eingeführt worden. In diesem Bereich ist für die Führung elektronischer Registerakten des Gerichts § 8 Abs 3 HRV zu beachten, der als Sonderregelung dem Abs 1 vorgeht (vgl dazu Anh § 387 Rz 2 ff). Dies gilt auch für die übrigen Regelungen des EHUG im Verhältnis zu § 14. 7

Wegen der Einzelheiten der elektronischen Akte wird auf § 298a Abs 2 und 3 ZPO verwiesen. 8

Der **systematische Zusammenhalt einer elektronischen Akte** dürfte durch ein Dokument-Management System oder vergleichbare Programme zu gewährleisten sein (vgl hierzu *Viefhues* NJW 2005, 1009, 1013). Bei der Umstellung auf eine elektronische Aktenführung wird es darauf ankommen, die Kompatibilität der vom Gericht und von sonstigen Personen im Verfahren eingesetzten Systeme zu gewährleisten und sicherzustellen, dass nicht nur Entscheidungen und sonstige Dokumente des Gerichts, sondern auch Anträge und Erklärungen der Beteiligten sowie verfahrensrelevante Erklärungen Dritter (zB von Zeugen und Sachverständigen) Eingang in die elektronische Akte finden. Die in § 14 Abs 1 Satz 2 in Bezug genommenen Regelungen des § 298a Abs 2 ZPO betreffen den dazu erforderlichen **Transfer** von in **Papierform** eingereichten Schriftstücken **in ein elektronisches Dokument** (zum umgekehrten Vorgang, dem Transfer eines elektronischen Dokuments in Papierform, vgl Abs 2 und 3, § 298 ZPO). 9

Es ist davon auszugehen, dass zumindest vorerst nach wie vor Schriftsätze und sonstige Unterlagen in Papierform bei Gericht eingereicht werden. Um »Mischakten« zu vermeiden und bei der Aktenbearbeitung den gesamten Akteninhalt in einem einzigen (elektronischen) Medium zur Verfügung zu haben, ist die Übertragung des Inhalts von Schriftsätzen in die elektronische Form erforderlich. Von einer solchen Übertragung kann – wie in der Gesetzesbegründung zu § 298a ZPO angesprochen (BTDrs 15/4067, 33) – ausnahmsweise abgesehen werden, wenn es um schriftliche Unterlagen in Papierform geht, die sich nach ihrer Art (zB großformatige Pläne) oder wegen ihres Umfangs für eine elektronische Speicherung nicht eignen (vgl Musielak/*Huber* § 298a ZPO Rn 6). Auch bei beigezogenen Akten und Akten der Vorinstanz wird eine Übertragung in elektronischer Form nicht erforderlich sein (vgl BTDrs 15/4067, 33). 10

Die Schriftsätze und sonstigen Unterlagen sind nach der Übertragung, sofern sie in Papierform weiter benötigt werden, aufzubewahren, und zwar mindestens bis zum 11

§ 14 FamFG | Elektronische Akte; elektronisches Dokument

rechtskräftigen Abschluss des Verfahrens (Abs 1 Satz 2, § 298a Abs 2 Satz 2). In der Gesetzesbegründung wird als Beispiel der Fall genannt, dass die von einer eingereichten Urkunde durch Scannen hergestellte Bilddatei nicht denselben Beweiswert hat wie das Original in Papierform (BTDrs 15/4067, 33). In sicher oftmals auftretenden Zweifelsfällen sollte vorsichtshalber das Original in Papierform aufbewahrt werden (vgl Musielak/*Huber* § 298a ZPO Rn 8; *Viefhues* NJW 2005, 1013).

12 Zur Frage der Zuständigkeit für Übertragung und evtl Aufbewahrung des Papieroriginals enthält das Gesetz keine Regelung. Dies wird durch VO zu regeln sein (vgl § 14 Abs 4 Satz 2). Ansonsten dürfte von der Zuständigkeit der Geschäftsstelle auszugehen sein; diese wird in Zweifelsfällen (etwa hinsichtlich einer Ausnahme von der Übertragung in elektronischer Form oder hinsichtlich der Aufbewahrung des Papieroriginals) wohl eine Entscheidung des Richters einzuholen haben.

13 Abs 1 Satz 2 verweist weiterhin auf § 298a Abs 3 ZPO. Danach muss das elektronische Dokument einen Vermerk darüber enthalten, wann und durch wen die Unterlagen in die elektronische Form übertragen worden sind (**Transfervermerk**). Eine elektronische Signatur für den Vermerk ist nicht erforderlich; auch einer ausdrücklichen Bestätigung der inhaltlichen Identität des in Papierform vorhandenen Originals und der elektronischen Übertragung bedarf es nicht (vgl dazu BTDrs 15/4067, 33).

C. Anträge und Erklärungen der Beteiligten als elektronisches Dokument (Abs 2)

I. Rechtsgrundlagen und formale Anforderungen

14 Abs 2 eröffnet für den gesamten Geltungsbereich des FamFG den **Beteiligten** grundsätzlich die Möglichkeit, bei **Anträgen und Erklärungen** sich der **elektronischen Form** zu bedienen (dies war nach bisherigem Recht bereits für die Einlegung und Begründung der Beschwerde vorgesehen, vgl § 21 Abs 2 Satz 2 FGG). Eine rechtliche Grundlage, die Beteiligten oder ihre Verfahrensbevollmächtigten hierzu zu verpflichten, ergibt sich aus § 14 nicht.

15 Abs 2 dürfte auch entsprechend anzuwenden sein, wenn nicht Verfahrensbeteiligte, sondern **sonstige Personen** in anhängigen Verfahren Dokumente bei Gericht einreichen, zB als elektronische Dokumente eingereichte Sachverständigengutachten, Auskünfte von Behörden, Angaben von Zeugen.

16 Die Einreichung von Anträgen und Erklärungen in elektronischer Form ist allerdings erst **ab dem durch den Verordnungsgeber nach Abs 4 bestimmten Zeitpunkt** möglich (BGH NJW 2008, 2649).

17 In **Handels-, Genossenschafts- und Partnerschaftsregistersachen** ist nach bereits geltendem Recht die Einreichung von Anmeldungen und Dokumenten in elektronischer Form zwingend vorgeschrieben (vgl § 12 Abs 1, 2 HGB); nach der Übergangsregelung des Art 61 Abs 1 EGHGB, § 161 GenG können bis zum 31.12.2009 durch VOen der Länder Ausnahmen (Anmeldung zum Handelsregister in Papierform) zugelassen werden.

18 Weitere Einzelheiten zu Anträgen und Erklärungen in elektronischer Form ergeben sich aus den in Bezug genommenen Regelungen der §§ 130a Abs 1 und 3, 298 ZPO. Weiterhin wird die für den jeweiligen Bereich anwendbare VO des Landes oder Bundes nach Abs 4 zu beachten sein.

19 Was ein **elektronisches Dokument** ist, wird weder in § 14 noch in den genannten Vorschriften der ZPO definiert. Nach der Gesetzesbegründung soll dieser Begriff der »nur maschinell lesbaren Aufzeichnung« im Sinne des § 690 Abs 3 ZPO entsprechen (vgl BTDrs 14/4987, 24). Da das elektronische Dokument hier den Schriftsatz ersetzt, wird es regelmäßig um Dateien mit Schriftstücken gehen, die mittels Computereinsatz erst lesbar gemacht werden. Nach einem weiter gehenden Begriffsverständnis erfasst dieser Begriff jedoch Dateien mit allen möglichen Inhalten, also neben Texten auch Graphik-, Audio- und Videodateien (vgl *Berger* NJW 2005, 1017 mwN; BLAH/*Hartmann* § 130a ZPO

Rn 3; enger Musielak/*Huber* § 371 ZPO Rn 11 unter Hinweis auf §§ 126a, 126b BGB). Nicht dazu gehören dagegen per Telefax oder auch Computerfax übermittelte Schriftsätze, die durch das Empfangsgerät bei Gericht ausgedruckt werden (vgl dazu BGH NJW 2008, 2649, 2650; GmS-OBG NJW 2000, 2340; *Dästner* NJW 2001, 3470; Zöller/*Greger* § 130a ZPO Rn 1).

Die Übermittlung elektronischer Dokumente kann durch unmittelbare Datenübermitt- 20 lung oder über das Internet, etwa durch E-Mail (in deren Anhang), erfolgen, möglich ist aber auch eine Übermittlung durch Übergabe oder Übersendung eines Datenträgers (CD, Diskette etc; vgl dazu MüKoZPO/*Wagner* § 130a ZPO Rn 2; aA OLG Karlsruhe NJW-RR 2007, 1222, 1223).

Aus der Bezugnahme auf § 130a Abs 1 ZPO folgt, dass das elektronische Dokument 21 nur dann als Ersatz eines Schriftsatzes zugelassen ist, wenn es für die Bearbeitung durch das Gericht geeignet ist.

Welche **technisch-formalen Anforderungen** (wie zB Dateiformate, Verwendung von 22 E-Mail etc) einzuhalten sind, sind der jeweiligen VO nach Abs 4 zu entnehmen (vgl zB § 2 der VO über den elektronischen Rechtsverkehr beim BGH, BGBl I 2007, 2130).

Der entsprechend anwendbare § 130a Abs 1 Satz 2 ZPO sieht weiterhin vor, dass die 23 das Dokument verantwortende Person dieses mit einer **qualifizierten Signatur** nach dem SigG versehen **soll** (zu Einzelheiten der Signatur vgl *Viefhues* NJW 2005, 1011 f). Die qualifizierte Signatur hat insoweit die gleiche Funktion wie die Unterschrift unter einen Schriftsatz. Nach dem Gesetzeswortlaut und der Gesetzesbegründung zu § 130a ZPO (vgl BTDrs 14/4987, 24, 36, 43 f) handelt es sich lediglich um eine Ordnungs- und Sollvorschrift. Hierfür spricht auch, dass – selbst bei bestimmenden Schriftsätzen im Zivilprozess – die eigenhändige Unterschrift zur Gewährleistung der Authentizität des Dokuments nicht in allen Fällen mehr für zwingend erforderlich gehalten wird, Ausnahmen vielmehr bei modernen Kommunikationsmitteln, etwa beim Computerfax mit eingescannter Unterschrift, zugelassen worden sind (vgl GmS-OBG NJW 2000, 2340; anders beim Standardfax mit eingescannter Unterschrift BGH NJW 2006, 3784) und anderenfalls Wertungswidersprüche zu diesen in der Rspr zugelassenen Ausnahmefällen entstehen würden (vgl Musielak/*Stadler* § 129 ZPO Rn 8 f; § 130a ZPO Rn 3; Zöller/*Greger* § 130a ZPO Rn 4). Die Signatur stellt danach kein in jedem Fall zwingendes Erfordernis für ein elektronisches Dokument dar (ebenso BLAH/*Hartmann* § 130a ZPO Rn 4; Musielak/*Stadler* § 130a Rn 3; Zöller/*Greger* § 130a ZPO Rn 4; aA Thomas/Putzo/*Reichold* § 130a ZPO Rn 2 für bestimmende Schriftsätze). Auf sie kann nach hier vertretener Auffassung verzichtet werden bei Dokumenten, die keinen bestimmenden, verfahrensgestaltenden Inhalt haben. Ist dies jedoch der Fall, ist ein Verzicht auf die qualifizierte Signatur nur in Ausnahmefällen möglich, wenn nämlich der Zweck, dem die Signatur dient, in anderer Weise ausreichend gewährleistet erscheint (ähnlich, aber wohl enger Keidel/*Sternal* § 14 FamFG Rn 11). Dazu ist erforderlich, dass die Authentizität und die Integrität (Ausschluss nachträglicher Manipulation) des Dokuments anderweitig (zB durch eine nachfolgende, bei Wahrung von Fristen noch fristgerechte Bestätigung) hinreichend gesichert erscheinen. Da zwischenzeitlich teilweise abweichende Entscheidungen zu dem § 130a ZPO vergleichbaren Regelungen in anderen Prozessordnungen vorliegen (vgl FG Münster EFG 2006, 994 – § 77a Abs 1 FGO aF als zwingende Formvorschrift, offen gelassen in der Revisionsentscheidung BFH DStRE 2007, 515, 517; LSG Mainz MMR 2008, 253; OVG Rheinland-Pfalz NVwZ-RR 2006, 519 zu § 55a Abs 1 VwGO), dürfte, jedenfalls bei fristgebundenen Dokumenten, der (vom Anwalt zu wählende) relativ sicherste Weg darin liegen, sich der qualifizierten Signatur nach dem SigG zu bedienen.

Bei Verwendung einer qualifizierten elektronischen Signatur stehen **monetäre Be-** 24 **schränkungen**, die im qualifizierten Zertifikat nach § 5 SigG enthalten sind, der Wirksamkeit eines verfahrensgestaltenden Schriftsatzes jedenfalls nicht entgegen (vgl BFH DStRE 2007, 515); solche Beschränkungen sind nur bei auf unmittelbare finanzielle

§ 14 FamFG | Elektronische Akte; elektronisches Dokument

Transaktionen gerichteten elektronischen Dokumenten relevant (BFH DStRE 2007, 515). Die Wirksamkeit wird auch durch die Verwendung einer sog »Containersignatur« nicht in Frage gestellt (BFH DStRE 2007, 515; dazu und zu weiteren Einzelheiten der elektronischen Signatur *Fischer-Dieskau/Hornung* NJW 2007, 2897; *Viefhues* NJW 2005, 1009, 1011).

II. Eingang bei Gericht

25 Insbesondere für die Einhaltung von Fristen kommt dem Eingang des elektronischen Dokuments bei Gericht entscheidende Bedeutung zu. Hierzu bestimmt der entsprechend anwendbare § 130a Abs 3 ZPO, dass ein elektronisches Dokument eingereicht und damit bei Gericht eingegangen ist, **sobald die für den Empfang bestimmte Einrichtung des Gerichts es aufgezeichnet hat.** Es kommt also nicht auf den Zeitpunkt des späteren Ausdrucks des Dokuments oder des Herunterladens der Datei auf dem PC eines Bearbeiters an.

26 Aus dieser Regelung dürfte sich eine Risikoverteilung dahingehend ergeben, dass mit Aufzeichnung (Abspeicherung) des Dokuments auf dem Empfangsgerät des Gerichts (ggf kann dies auch ein für mehrere Gerichte eingerichteter zentraler Server sein) das Übermittlungsrisiko des Beteiligten endet; nachfolgende technische Störungen mit eventuellen Datenverlusten gehen nicht mehr zu Lasten des betreffenden Beteiligten. Dagegen fallen technische Störungen auf dem Übertragungsweg und natürlich auch solche der eigenen Datenverarbeitungsanlage in den Risikobereich des Beteiligten. Bei solchen Störungen, die zu einer unverschuldeten Fristversäumung führen, kommt unter den Voraussetzungen des § 17 Wiedereinsetzung in den vorigen Stand in Betracht.

27 Um evtl Unsicherheiten auf Seiten des Beteiligten zu beseitigen, erscheint es sachgerecht, ihm als Absender eine ggf automatisch zu erstellende Empfangsbestätigung zukommen zu lassen (bei elektronischen Postfächern geschieht dies regelmäßig automatisch). Gesetzlich vorgeschrieben ist dies allerdings nicht.

28 Der entsprechend anwendbare § 130a Abs 1 Satz 3 ZPO sieht eine **Benachrichtigung des Adressaten** zwingend vor, wenn das übermittelte elektronische Dokument für das Gericht zur Bearbeitung nicht geeignet ist. In Betracht kommt zB die Verwendung eines nicht kompatiblen Programms oder Formats. Der Adressat ist dabei auch auf die technischen Rahmenbedingungen bzw Anforderungen für ein bearbeitungsfähiges Dokument hinzuweisen. Bei einer evtl noch laufenden Frist soll ihm damit die Möglichkeit gegeben werden, das Dokument nochmals unter Einhaltung der technischen Anforderungen fristgerecht dem Gericht zu übermitteln (vgl *Viefhues* NJW 2005, 1011).

D. Elektronische Dokumente des Gerichts (Abs 3)

29 Abs 3 sieht die Möglichkeit vor, dass sich auch das Gericht des elektronischen Dokuments bedient. Nur dadurch wird die in Abs 1 vorausgesetzte Möglichkeit einer vollständigen elektronischen Aktenbearbeitung gewährleistet.

30 Die Regelung gilt für alle **Entscheidungen, Verfügungen und Vermerke**, die in Papierform der Unterschrift des Richters, Rechtspflegers, Urkundsbeamten oder einer sonstigen Gerichtsperson bedürfen.

31 Die Form des gerichtlichen elektronischen Dokuments richtet sich nach dem entsprechend anwendbaren **§ 130b ZPO**. Danach ist zwingend vorgegeben, dass der Name der das Dokument verantwortenden Person am Ende hinzugefügt und das Dokument mit einer qualifizierten elektronischen Signatur versehen wird. Daraus folgt, dass ein elektronisches Dokument, wenn bei Verwendung der ihm entsprechenden Papierform die Urkunde von mehreren Personen unterschrieben werden müsste (zB bei einem Beschluss eines Kollegialgerichts), die Namen sämtlicher hierfür verantwortlichen Gerichtspersonen nennen und wohl auch die jeweils qualifizierten elektronischen Signaturen dieser Personen enthalten muss. Zu beachten ist dabei, dass der Text nach der

Signatur einer Person nicht mehr durch Zusätze oder Korrekturen der weiteren Personen (zB durch Korrekturen des Vorsitzenden) geändert werden darf, damit die bereits vorliegende Signatur nicht zerstört wird (vgl dazu *Viefhues* NJW 2005, 1011, 1012).

Bereits daraus wird deutlich, dass sich bei elektronischen Dokumenten des Gerichts **32** **spezifische Mängel** ergeben können (zB fehlerhafte, unwirksame Signatur, Diskrepanz zwischen den beteiligten Gerichtspersonen und den im Dokument genannten Gerichtspersonen sowie den Signaturinhabern etc). Eine spezielle gesetzliche Regelung zu den Rechtsfolgen solcher Mängel findet sich nicht. Nach den Vorstellungen in der Gesetzesbegründung zu § 130b ZPO (BTDrs 15/4067, 31) soll hierauf die Rspr zu den Folgen einer fehlenden richterlichen Unterschrift angewandt werden. Insgesamt soll – wie bei einem bei Gericht eingehenden elektronischen Dokument (§ 130a ZPO) – sich die Wirksamkeit eines formvorschriftswidrigen elektronischen Dokuments des Gerichts nach demselben Maßstab richten, wie er für Mängel bei einzuhaltender Schriftform gilt.

Das ordnungsgemäß signierte elektronische Gerichtsdokument kann als solches nach **33** § 15 Abs 2 iVm § 174 Abs 3 ZPO an verfahrensbevollmächtigte Rechtsanwälte und die sonstigen in § 174 Abs 1, 3 ZPO genannten Personen **zugestellt** werden.

E. Übertragung elektronischer Dokumente in die Papierform, Aufbewahrung der Dokumente (§ 298 ZPO)

I. Anwendungsbereich

Es bedarf eines Rechtsrahmens für die Übertragung **elektronischer Dokumente** der **Be- 34 teiligten** und des **Gerichts** in Papierform. Ein solcher Transfer ist stets erforderlich, solange die Gerichtsakten in Papierform geführt werden. Die Notwendigkeit einer solchen Übertragung ergibt sich weiterhin daraus, dass nicht alle Beteiligten sich der elektronischen Form bedienen und über die technischen Voraussetzungen für eine entsprechende Teilnahme am elektronischen Rechtsverkehr verfügen. Diesen Beteiligten ist ein Ausdruck des elektronischen Dokuments in der Form eines Schriftstücks zu übersenden (und ggf zuzustellen).

Die Regelungen über den dazu erforderlichen Medientransfer ergeben sich aus dem **35** in Abs 2 und 3 in Bezug genommenen § 298 ZPO. Nach dem Wortlaut des § 298 Abs 1 ZPO scheint es bei dieser Regelung nur um einen Ausdruck elektronischer Dokumente **für** die Akten und nicht **aus** den Akten für Verfahrensbeteiligte zu gehen. Es entspricht jedoch – soweit ersichtlich – bisher allseitiger Auffassung, dass über den zu engen Gesetzeswortlaut hinaus § 298 ZPO insbesondere auch die Erstellung von Ausdrucken in Schriftform für Verfahrensbeteiligte betrifft (vgl Musielak/*Huber* § 298 Rn 2; *Viefhues* NJW 2005, 1012), bereits die Begründung des Gesetzentwurfs befasst sich hiermit (BTDrs 15/4067, 32).

II. Formerfordernisse für den Papierausdruck

Der Papierausdruck setzt nach § 298 Abs 2 ZPO zwingend einen Vermerk über das Er- **36** gebnis der Integritätsprüfung, der Signaturprüfung und die Prüfung des Zeitpunkts der Anbringung der Signatur voraus. Dieser Vermerk setzt eine entsprechende Prüfung voraus, die jedoch maschinell erfolgen kann. Jedenfalls wird in der Regierungsbegründung des § 298 Abs 2 ZPO davon ausgegangen, dass zur wirtschaftlichen Bewältigung des massenhaft erforderlichen Transfers der Aktenausdruck elektronischer Dokumente automatisiert erfolgt und dabei der erforderliche Transfervermerk maschinell erstellt wird (vgl BTDrs 15/4067, 32). Das Gesetz verzichtet jedenfalls auf das Erfordernis einer handschriftlichen Unterzeichnung des Transfervermerks und damit auf die (manuelle) Erstellung des Ausdrucks durch eine Gerichtsperson.

Auch hier findet sich keine gesetzliche Regelung zu den Rechtsfolgen möglicher, spe- **37** zieller Formmängel. Die nähere Ausgestaltung ist der Rspr überlassen worden, die – so

§ 14 FamFG | Elektronische Akte; elektronisches Dokument

wird in der Begründung des Regierungsentwurfs zu § 298 ZPO ausgeführt – hierfür auf die Grundsätze zu mangelhaften Ausfertigungsvermerken und unrichtigen Ausfertigungen zurückgreifen kann (vgl BTDrs 15/4067, 32).

III. Aufbewahrung elektronischer Dokumente

38 Durch den entsprechend anwendbaren § 298 Abs 3 ZPO wird eine Mindestdauer für die Speicherung und Aufbewahrung der elektronischen Dokumente der Beteiligten und des Gerichts festgelegt. Danach ist eine Speicherung und Aufbewahrung der Dokumente mindestens bis zum rechtskräftigen Abschluss des Verfahrens erforderlich. Dadurch wird erreicht, dass jedenfalls während des laufenden Verfahrens bei allen Zweifeln hinsichtlich des Dokuments auf das elektronische Original zurückgegriffen werden kann.

39 Für die Aufbewahrung elektronischer Akten sieht Abs 4 Satz 2 eine Ermächtigung an den Verordnungsgeber vor, eine Regelung zu treffen. Daneben wird § 298 Abs 3 ZPO insbesondere Bedeutung haben, solange elektronische Akten nicht geführt werden, aber elektronische Dokumente von den Verfahrensbeteiligten (Abs 2 iVm § 130a ZPO) und/oder im Einzelfall vom Gericht (Abs 3 iVm § 130b ZPO) verwendet werden.

F. Verordnungsermächtigung (Abs 4)

40 Abs 4 enthält – ebenso wie bereits §§ 130a Abs 2, 298a Abs 1 Satz 2 ZPO – Verordnungsermächtigungen für die Bundesregierung und die Landesregierungen (mit der Befugnis zur Weiterübertragung der Ermächtigung auf die jeweils oberste Landesbehörde), Einzelheiten zu regeln
  – zum Zeitpunkt, von dem an elektronische Akten geführt und elektronische Dokumente bei Gericht eingesetzt werden können,
  – zu den organisatorisch-technischen Rahmenbedingungen für die Bildung, Führung und Aufbewahrung der elektronischen Akten und die für die Bearbeitung von Dokumenten geeignete Form.

41 Die Zulassung des elektronischen Rechtsverkehrs kann dabei vom Verordnungsgeber auch auf einzelne Verfahren und einzelne Gerichte beschränkt werden (damit wird Spielraum für gewisse Experimente, für Erprobung und sukzessive Einführung geschaffen).

42 Für den Bereich des Registerrechts bestehen vorrangige VO-Ermächtigungen; vgl § 8a Abs 2 HGB, § 387 (dazu § 387 Rz 4 ff).

43 Auf der Grundlage der Verordnungsermächtigung des § 130a Abs 2 ZPO ist bereits eine Reihe von VOen über die Einführung des elektronischen Rechtsverkehrs erlassen worden (vgl zB VO über den elektronischen Rechtsverkehr beim BGH und BPatG vom 24.8.2007, BGBl I 2130, die sich auch auf Verfahren nach dem FGG und FamFG bezieht; zu letzterem vgl Art 30 FGG-RG).

44 Für die Beteiligten und ihre Anwälte ergibt sich aus den hier festzustellenden Rechtsunterschieden in den Ländern und ggf bei den einzelnen Gerichten eine gewisse Unsicherheit. Zur Vermeidung von Haftungsrisiken wird der Anwalt sich vorher rechtzeitig über die Zulassung elektronischer Dokumente und ggf die jeweiligen technisch-formalen Anforderungen erkundigen, die einzuhalten sind, um eine Bearbeitung des elektronischen Dokuments durch das betreffende Gericht sicherzustellen. Die notwendigen Informationen finden sich meist auf der Homepage der Gerichte. Informationen über den jeweiligen Stand der Einführung des elektronischen Rechtsverkehrs und den Erlass entsprechender VOen finden sich außerdem im Justizportal des Bundes und der Länder (www.justiz.de/elektronischer_rechtsverkehr).

G. Elektronische Speicherung von Gerichtsakten (Abs 5)

Abs 5 entspricht § 299a ZPO. Er regelt – unabhängig von der Einführung des elektro- 45
nischen Rechtsverkehrs – die Übertragung von Prozessakten auf einen Bild- oder anderen Datenträger und die Erstellung von Ausfertigungen, Auszügen oder Abschriften von diesem Datenträger.

Die Regelung gibt der Justizverwaltung damit die Möglichkeit, neben der Mikroverfil- 46
mung auch elektronische Speichermedien einzusetzen, um den Inhalt von in Papierform geführten Originalakten dauerhaft festzuhalten und dieses Medium statt der Originalakte platzsparend (und damit auch kostensparend) aufzubewahren (vgl dazu BTDrs 14/4987, 25).

Voraussetzung für die Ersetzung der Originalakten durch die genannten Datenträger 47
ist die Übertragung auf den Datenträger nach ordnungsgemäßen Grundsätzen und die Erstellung eines schriftlichen Nachweises, dass die Wiedergabe mit der Urschrift übereinstimmt.

Was zu den ordnungsgemäßen Übertragungsgrundsätzen gehört und welche Anfor- 48
derungen an den genannten schriftlichen Nachweis zu stellen sind, ist bisher wenig geklärt. Es dürfte Sache der Justizverwaltung sein, hierzu Einzelheiten (in Verwaltungsvorschriften) zu regeln.

Nach ordnungsgemäßer Übertragung und Erstellung des erforderlichen Nachweises 49
können die Originalakten in Papierform grundsätzlich vernichtet werden; allerdings wird das zuständige Gericht als befugt anzusehen sein, in Ausnahmefällen anderweitige Anordnungen zu treffen (vgl Musielak/*Huber* § 299a ZPO Rn 1).

§ 15 Bekanntgabe; formlose Mitteilung

(1) Dokumente, deren Inhalt eine Termins- oder Fristbestimmung enthält oder den Lauf einer Frist auslöst, sind den Beteiligten bekannt zu geben.

(2) Die Bekanntgabe kann durch Zustellung nach den §§ 166 bis 195 der Zivilprozessordnung oder dadurch bewirkt werden, dass das Schriftstück unter der Anschrift des Adressaten zur Post gegeben wird. Soll die Bekanntgabe im Inland bewirkt werden, gilt das Schriftstück drei Tage nach Aufgabe zur Post als bekannt gegeben, wenn nicht der Beteiligte glaubhaft macht, dass ihm das Schriftstück nicht oder erst zu einem späteren Zeitpunkt zugegangen ist.

(3) Ist eine Bekanntgabe nicht geboten, können Dokumente den Beteiligten formlos mitgeteilt werden.

Übersicht

	Rz			Rz
A. Allgemeines	1		c) Ausnahmen von der Bekanntgabevermutung	50
B. Bekanntgabe	7	III.	Rechtswirkungen der Zustellung und der Postübersendung und deren Mängel	57
I. Erfordernis der förmlichen Bekanntgabe und deren Voraussetzungen	7	C.	Formlose Mitteilung	64
II. Zur Bekanntgabe und den dafür zur Verfügung stehenden Formen	15	I.	Anwendungsbereich der formlosen Mitteilung	64
1. Bekanntgabe durch Zustellung nach §§ 166 ff ZPO	20	II.	Arten der formlosen Mitteilung, Wirksamwerden des Dokumenteninhalts	69
2. Bekanntgabe im Wege der Übermittlung eines Schriftstücks durch die Post	37	III.	Aktenvermerk über die Mitteilung	71
a) Anwendungsbereich	37	IV.	Verzicht auf formlose Mitteilung	72
b) Fiktion oder Vermutung der Bekanntgabe und des Bekanntgabezeitpunkts?	43			

A. Allgemeines

1 § 15 enthält eine allgemeine Vorschrift über die förmliche Bekanntgabe und die formlose Mitteilung von Dokumenten. Die **Regelung gilt** im Grundsatz für alle von § 1 erfassten Verfahren. **Ausgenommen** sind Ehesachen und Familienstreitsachen, auf welche die Vorschriften der ZPO anwendbar sind (§ 113 Abs 1). Abs 2 gilt auch nicht (wohl aber die Abs 1 und 3), wenn für die in § 1 genannten Angelegenheiten nach Landesrecht andere als gerichtliche Behörden zuständig sind (§ 488 Abs 1). Insoweit besteht Raum für landesrechtliche Regelungen, die ggf auch Abs 2 für entsprechend anwendbar erklären können.

2 Was den Gegenstand der Bekanntgabe und Mitteilung betrifft, geht § 15 über § 16 Abs 1 und 2 FGG hinaus, der lediglich eine Regelung über die (förmliche) Bekanntmachung gerichtlicher Verfügungen und deren Wirksamwerden enthielt. Die förmliche Bekanntgabe nach Abs 1 ist abzugrenzen von der formlosen Mitteilung, die nach Abs 3 in Betracht kommt, wenn die förmliche Bekanntgabe nicht erforderlich ist.

3 Abs 1 regelt – dies allerdings nicht abschließend –, unter welchen Voraussetzungen es der förmlichen Bekanntgabe bedarf. Er orientiert sich an den allgemeinen Bestimmungen über die Zustellungsbedürftigkeit in anderen Prozessordnungen (vgl BTDrs 16/6308, 182).

4 Abs 2 bestimmt, in welcher Form die förmliche Bekanntgabe bewirkt werden kann.

5 Abs 2 Satz 1 sieht die Möglichkeit vor, ein Dokument durch Zustellung nach den Vorschriften der ZPO bekannt zu geben. Alternativ ist vorgesehen – diese Regelung ist dem § 8 Abs 2 InsO nachgebildet –, dass eine Bekanntgabe des Dokuments auch im Wege der Übermittlung durch Erbringer von Postdienstleistungen erfolgen kann. Wird von dieser

Möglichkeit Gebrauch gemacht (die hier zu treffende Auswahl dürfte im pflichtgemäßen Ermessen des Gerichts liegen), greift nach Absatz 2 Satz 2 die Fiktion ein, dass die Bekanntgabe drei Tage nach Aufgabe zur Post bewirkt worden ist (wie in § 8 Abs 1 Satz 3 InsO). Diese Fiktion ist jedoch widerlegbar. Sie gilt nicht, wenn das Dokument tatsächlich zu einem späteren Zeitpunkt oder gar nicht zugegangen ist. Dazu hat in Anlehnung an § 270 Satz 2 ZPO der betreffende Beteiligte glaubhaft zu machen, dass ihm das Dokument nicht oder erst zu einem späteren Zeitpunkt zugegangen ist.

Abs 3 gibt dem Gericht die Möglichkeit, Dokumente, die nicht förmlich bekannt gegeben werden müssen, den Beteiligten formlos mitzuteilen. 6

B. Bekanntgabe

I. Erfordernis der förmlichen Bekanntgabe und deren Voraussetzungen

Abweichend von § 16 FGG, der die Bekanntgabe von Verfügungen regelte, wird nunmehr in § 15 für die Bekanntgabe nicht mehr an die Form einer gerichtlichen Verfügung, sondern allgemein an den Begriff des Dokuments angeknüpft. 7

Der **Begriff des Dokuments** ist dabei weit zu fassen. Darunter fallen sicherlich alle Schriftstücke. Der Begriff ist darüber hinaus offen für andere Medien, die zur Übermittlung von Erklärungen und sonstigen Gedankeninhalten eingesetzt werden. Der Begriff erfasst danach insbesondere auch das elektronische Dokument (vgl § 14 Rz 19, 29). 8

Die förmliche Bekanntgabe ist für Dokumente vorgesehen, die nach ihrem Inhalt eine Frist bestimmen oder die den Lauf einer Frist auslösen. Erfasst werden damit sowohl **richterliche Fristen**, die durch das Gericht gesetzt werden, als auch **gesetzliche Fristen**, die sich nach dem Inhalt des Dokuments kraft Gesetzes ergeben. 9

Als richterliche Fristen, deren Dauer das Gericht bestimmt, kommen insbesondere vom Gericht gesetzte Fristen für Erklärungen sowie zur Erfüllung von Auflagen seitens der Beteiligten und (Zwischen-) Fristen für die Behebung eines Hindernisses in Betracht. 10

Als gesetzliche Fristen, die sich nach dem Inhalt des betreffenden Dokuments ergeben, kommen verfahrensrechtliche, aber auch materiellrechtliche Fristen in Betracht. Als verfahrensrechtliche Fristen relevant sind etwa Rechtsmittelfristen. 11

Der förmlichen Bekanntgabe bedarf weiterhin ein Dokument, das eine **Terminsbestimmung** zum Inhalt hat. 12

Ob nach dem Inhalt des Dokuments eine Notwendigkeit der förmlichen Bekanntgabe besteht, ist bei mehreren Beteiligten bzw in Betracht kommenden Bekanntmachungsadressaten für den jeweiligen Adressaten zu bestimmen (ebenso für § 16 Abs 2 Satz 1 FGG KKW/*Schmidt* § 16 FGG Rn 31). 13

Zu beachten sind **ergänzende spezielle Vorschriften** über die förmliche Bekanntgabe oder Zustellung bestimmter Arten von Dokumenten. So ist für die Anordnung des persönlichen Erscheinens eines Beteiligten zu einem Termin und dessen Ladung die spezielle Zustellungsregelung in § 33 Abs 2 zu beachten (vgl § 33 Rz 9). Für die Bekanntgabe von Beschlüssen enthält § 41 Sonderregelungen (vgl § 41 Rz 7 ff). Danach sind Beschlüsse den Beteiligten – unabhängig von in Lauf gesetzten Fristen und Terminsbestimmungen – bekannt zu geben. 14

II. Zur Bekanntgabe und den dafür zur Verfügung stehenden Formen

Abs 1 bestimmt die Voraussetzungen, unter denen eine förmliche Bekanntgabe in jedem Fall erfolgen muss. Diese Regelung ist nicht abschließend. Es ist bereits aufgezeigt worden, dass das Gesetz – unabhängig vom Regelungsgehalt des Abs 1 – für weitere Fallgestaltungen eine Bekanntgabe zwingend anordnet (zB in § 41). Auch außerhalb ausdrücklicher gesetzlicher Vorgaben kann eine förmliche Bekanntgabe von Dokumenten geboten oder zumindest zweckmäßig erscheinen. Wie der Begründung des RegE zu ent- 15

§ 15 FamFG | Bekanntgabe; formlose Mitteilung

nehmen ist (vgl BTDrs 16/6308, 183), ist bereits im Gesetzgebungsverfahren davon ausgegangen worden, dass in sonstigen Fällen die förmliche Bekanntgabe von Dokumenten im Ermessen des Gerichts steht und das Gericht, obwohl die Voraussetzungen des Abs 1 nicht gegeben sind, statt einer Mitteilung nach Abs 3 den Weg der förmlichen Bekanntgabe wählen kann.

16 Für die Bekanntgabe sieht Abs 2 zwei Formen vor, nämlich die Bekanntgabe durch formelle Zustellung nach den Zustellungsvorschriften der ZPO und durch Aufgabe zur Post. Der Gesetzgeber wollte dadurch dem Bedürfnis nach einem möglichst zuverlässigen Weg der Übermittlung einerseits sowie einer möglichst effizienten und unbürokratischen Bekanntgabemöglichkeit andererseits Rechnung tragen (vgl BTDrs 16/6308, 182). Welche Form für die Bekanntgabe gewählt wird, steht grundsätzlich im pflichtgemäßen Ermessen des Gerichts; dieses hat unter Berücksichtigung der Umstände des Einzelfalls zu beurteilen, ob die Bekanntgabe bereits durch die Aufgabe zur Post hinreichend zuverlässig bewirkt werden kann oder ob es hierfür der formellen Zustellung bedarf (vgl dazu BTDrs 16/6308, 182).

17 Teilweise sieht das Gesetz für spezielle Regelungsbereiche eine **bestimmte Form der Bekanntgabe** vor. Diese ist dann maßgebend und schließt ein Ermessen des Gerichts aus. Als hier wohl wichtigste Regelung ist § 41 Abs 1 Satz 2 zu nennen. Danach ist ein Beschluss demjenigen Beteiligten nach den Vorschriften der ZPO zuzustellen, dessen erklärtem Willen er nicht entspricht.

18 Eingeschränkt ist das Ermessen des Gerichts auch bei Ladung eines Beteiligten, dessen persönliches Erscheinen in einem Termin zur Aufklärung des Sachverhalts nach § 33 angeordnet worden ist. Hier **soll** das Gericht die Zustellung der Ladung anordnen, wenn das Erscheinen des Beteiligten ungewiss erscheint (vgl § 33 Abs 2 Satz 2; § 33 Rz 10).

19 Bei Beschlüssen sieht § 41 Abs 3 eine weitere Form der Bekanntgabe vor, nämlich die Bekanntgabe gegenüber Anwesenden durch Verlesen der Beschlussformel (dazu § 41 Rz 26).

1. Bekanntgabe durch Zustellung nach §§ 166 ff ZPO

20 Für die Bekanntgabe durch Zustellung des Dokuments gelten die Regelungen über die Zustellung nach §§ 166 bis 195 ZPO entsprechend.

21 Bei der **Zustellung** geht es darum, ein Dokument in einer bestimmten, gesetzlich vorgeschriebenen Form an eine Person bekannt zu geben (vgl die Definition in § 166 Abs 1 ZPO). Dies dient dem Zweck, dieser Person angemessene Gelegenheit zu geben, Kenntnis vom Inhalt des Dokuments zu nehmen (vgl Thomas/Putzo/*Hüßtege* § 166 ZPO Rn 1a).

22 Die **Ausführung der Zustellung** erfolgt grundsätzlich (wenn nicht in speziellen Bereichen Sonderregelungen eingreifen) von Amts wegen und im Regelfall hat hierfür nach § 168 Abs 1 ZPO die Geschäftsstelle Sorge zu tragen (wenn keine anderweitige Beauftragung durch den Gerichtsvorsitzenden oder ein von ihm bestimmtes Mitglied des Gerichts nach § 168 Abs 2 ZPO erfolgt).

23 Die ZPO sieht verschiedene **Wege bzw Arten der Zustellung** vor, die aufgrund der Bezugnahme der Zustellvorschriften der ZPO alle auch im Bereich des FamFG in Betracht kommen. Die Auswahl trifft im Regelfall des § 168 Abs 1 ZPO die Geschäftsstelle nach pflichtgemäßem Ermessen, die auf Antrag auch den Zeitpunkt der Zustellung zu bescheinigen (§ 169 Abs 1 ZPO) und erforderliche Beglaubigungen zuzustellender Schriftstücke zu fertigen hat (§ 169 Abs 2 ZPO). Die **Zustellung** kann erfolgen nach § 173 ZPO **an Amtsstelle** (in den Räumen des Gerichts, an sonstigen Orten, an denen gerichtliche Tätigkeit ausgeübt wird) durch Aushändigung eines zuzustellenden Schriftstücks an den Zustellungsadressaten oder seinen rechtsgeschäftlich bestellten Vertreter, weiterhin nach § 174 Abs 1 ZPO durch **Übermittlung des zuzustellenden Dokuments**

gegen Empfangsbekenntnis an einen Rechtsanwalt, Notar, Gerichtsvollzieher, Steuerberater, eine Behörde oder eine sonstige Person, bei der aufgrund ihres Berufs von einer erhöhten Zuverlässigkeit auszugehen ist (nach Keidel/*Sternal* § 15 FamFG Rn 30 soll daran zu denken sein, auch an als zuverlässig bekannte Berufsvormünder und Berufsbetreuer gegen Empfangsbekenntnis zuzustellen; abl Zöller/*Stöber* § 174 ZPO Rn 4). An die in § 174 Abs 1 ZPO genannten Behörden und Personen kann das zuzustellende Dokument auch durch Telekopie oder in elektronischer Form übermittelt werden (vgl § 174 Abs 2, 3). Nach § 175 ZPO kann zugestellt werden durch **Einschreiben mit Rückschein**; nach § 176 ZPO kann schließlich die Zustellung veranlasst werden **aufgrund Zustellungsauftrags** an bestimmte Postunternehmen (beliehene Unternehmen nach § 33 PostG; vgl § 168 Abs 1 Satz 2 ZPO), einen Justizbediensteten, einen Gerichtsvollzieher oder an eine andere Behörde.

Adressat der Zustellung sind primär **die Beteiligten selbst**, die durch die in dem Dokument enthaltene Termins- oder Fristbestimmung betroffen sind. 24

Bei nicht prozess- bzw **nicht verfahrensfähigen Personen** (vgl § 9) ist nach § 170 25 ZPO an den gesetzlichen Vertreter (zB Eltern, Vormund) zuzustellen; eine Zustellung an eine nicht verfahrensfähige Person ist nach § 170 Abs 1 Satz 2 ZPO unwirksam. Zu beachten ist jedoch, dass in FamFG-Verfahren, insbesondere in Betreuungs- und Unterbringungsverfahren, geschäftsunfähige oder beschränkt geschäftsfähige Personen oftmals selbst Verfahrensrechte haben und dann insoweit verfahrensfähig sind (vgl zB §§ 9 Abs 1 Nr 2, 3 und 4, 275, 316). In diesem Bereich sind dann ihnen gegenüber auch die notwendigen Zustellungen vorzunehmen (zu entspr Regelungen des alten Rechts vgl Jansen/*von König* § 16 FGG Rn 33; KKW/*Schmidt* § 16 FGG Rn 34).

Hat ein (verfahrensfähiger) Beteiligter einen **rechtsgeschäftlich bestellten Vertreter**, 26 **kann** an den Vertreter (der nach § 171 Satz 2 ZPO eine schriftliche Vollmacht vorzulegen hat) mit gleicher Wirkung wie an den Vertretenen zugestellt werden (§ 171 ZPO).

Hat sich für den Beteiligten ein **Verfahrensbevollmächtigter** bestellt, ist § 172 ZPO zu 27 beachten. Danach ist vorgesehen, dass die Zustellung an den Bevollmächtigten zu erfolgen hat. Nach altem Recht war allerdings streitig, ob § 172 ZPO stets und in vollem Umfang anwendbar war, insbesondere in dem Verfahren nur an den bestellten Bevollmächtigten zugestellt werden konnte. Da nach altem Recht nach § 13 FGG erteilte Verfahrensvollmachten ganz unterschiedlichen Inhalt und Umfang haben konnten und nicht stets die Befugnis zur Entgegennahme von Zustellungen einschließen mussten, wurde § 172 ZPO mit Einschränkungen angewandt. So wurde teilweise angenommen, dass die Zustellung noch weiterhin an den Beteiligten selbst vorgenommen werden konnte (bzw werden musste) und in Anwendung des § 172 ZPO nur dann an den Bevollmächtigten zuzustellen war, wenn der Beteiligte in der erteilten Verfahrensvollmacht zum Ausdruck gebracht hatte, dass Zustellungen lediglich an den Verfahrensbevollmächtigten erfolgen sollten, oder zumindest eine umfassende Verfahrensvollmacht erteilt und dem Gericht bekannt gemacht worden war (vgl BGH NJW 1975, 1518, 1519; BayObLG Rpfleger 1987, 360; KG Rpfleger 1985, 193; Jansen/*von König* § 16 FGG Rn 37; KKW/*Schmidt* § 16 FGG Rn 36, jeweils mwN). Teilweise wurde § 172 Abs 1 Satz 1 ZPO nur in echten Streitsachen für anwendbar gehalten (KKW/*Schmidt* § 16 FGG Rn 37). Im neuen Recht ist die Verfahrensvollmacht nach § 11 weitgehend der Prozessvollmacht im Zivilprozess angenähert; insbesondere werden die Vorschriften der ZPO über den Umfang, die Beschränkung und die Wirkung der Prozessvollmacht (§§ 81 ff ZPO) in § 11 für entsprechend anwendbar erklärt. Dies dürfte es rechtfertigen, nunmehr auch § 172 Abs 1 Satz 1 ZPO, auf den in § 15 Abs 2 Bezug genommen wird, in vollem Umfang anzuwenden (einschränkend Keidel/*Sternal* § 15 FamFG Rn 23 f).

Für die **Durchführung der Zustellung** sind §§ 176 ff ZPO entsprechend anzuwenden. 28 Ein Schriftstück kann dem Zustellungsadressaten an jedem Ort persönlich übergeben werden, an dem der Adressat angetroffen wird (§ 177 ZPO). Wird der Adressat in seiner Wohnung, in seinen Geschäftsräumen oder in einer Gemeinschaftseinrichtung (zB Kran-

§ 15 FamFG | Bekanntgabe; formlose Mitteilung

kenhaus, therapeutische Anstalt, Strafanstalt), in der er wohnt, nicht persönlich angetroffen, ist eine **Ersatzzustellung** an dortige Personen unter den Voraussetzungen des § 178 ZPO möglich. Anwendbar sind auch die Regelungen über die Ersatzzustellung durch Einlegen in den Briefkasten (§ 180 ZPO) und durch Niederlegung (§ 181 ZPO) sowie die Zustellungsfiktion bei verweigerter Annahme gemäß § 179 ZPO.

29   Wenn eine sonstige Zustellung nicht durchgeführt werden kann, kommt unter den (streng zu prüfenden) Voraussetzungen des § 185 ZPO auch in Verfahren nach dem FamFG eine **öffentliche Zustellung** in Betracht.

30   Bei notwendig werdenden **Zustellungen im Ausland** sind §§ 183, 184 ZPO zu beachten. Eine Zustellung im Ausland ist vorrangig nach evtl vorhandenen, für die vorzunehmende Zustellung anwendbaren bilateralen oder multilateralen völkerrechtlichen Verträgen vorzunehmen. Ansonsten kann nach § 183 Abs 1 ZPO eine Zustellung im Ausland erfolgen durch Einschreiben mit Rückschein, soweit aufgrund völkerrechtlicher Vereinbarungen Schriftstücke unmittelbar durch die Post übersandt werden dürfen; anderenfalls kommt auf Ersuchen des Vorsitzenden des Gerichts eine Zustellung unmittelbar durch die Behörden des fremden Staates in Betracht. Wenn dies nicht möglich ist, scheitert oder hierfür besondere Gründe bestehen, ist durch die zuständige diplomatische oder konsularische Vertretung des Bundes die Zustellung zu bewirken. An einen Deutschen, der Immunitätsrechte genießt und zu einer deutschen Vertretung im Ausland gehört, erfolgt die Zustellung nach § 183 Abs 3 ZPO auf Ersuchen des Gerichtsvorsitzenden durch die zuständige deutsche Auslandsvertretung.

31   Bei Zustellungen in anderen Mitgliedstaaten der EU ist die **VO (EG) Nr 1393/2007 über die Zustellung gerichtlicher und außergerichtlicher Schriftstücke in Zivil- oder Handelssachen** zu beachten (Sonderregelung gilt für Dänemark; vgl dazu Zöller/*Geimer* ZPO Anh II Art 1 EG-VO Zustellung Rn 9). Der Anwendungsbereich dieser VO im Zivilrecht (Art 1 Abs 1) dürfte auch nach der maßgebenden autonomen Qualifikation des EuGH die Verfahren nach dem FamFG erfassen, wenn sie ihrer wahren Rechtsnatur nach nicht ausnahmsweise als eine öffentlichrechtliche Streitigkeiten unter Beteiligung eines Verwaltungsträgers einzuordnen sind (wie zB Verfahren nach §§ 23, 29 Abs 3 EGGVG, § 1 Nr 2 LwVG, § 22 GrdstVG; zur Anwendbarkeit der VO vgl Keidel/*Sternal* § 15 FamFG Rn 51 f). Im räumlichen und sachlichen Geltungsbereich der genannten VO hat diese Vorrang vor den sonstigen Regelungen des § 183 ZPO und vorhandenen völkerrechtlichen Verträgen (vgl Art 20 der VO). Bei Zustellungen nach der VO (EG) Nr 1393/2007 sind die deutschen Durchführungsvorschriften in §§ 1067 bis 1069 ZPO zu beachten. Im Geltungsbereich der VO kommt nach Art 14 in nahezu allen Mitgliedsstaaten (Ausnahme: Dänemark) eine Direktzustellung durch die Post in Betracht (vgl Zöller/*Geimer* § 183 ZPO Rn 5).

32   Weitere Auslandszustellungen können in einem laufenden Verfahren vermieden werden, wenn das Gericht im Zusammenhang mit einer Auslandszustellung nach § 183 ZPO eine **Anordnung über die Benennung eines Zustellungsbevollmächtigten** im Inland nach § 184 ZPO trifft. Weitere Zustellungen können dann an den Bevollmächtigten oder – falls ein solcher nicht benannt worden ist – durch Aufgabe zur Post nach §§ 184 Abs 1 Satz 2, Abs 2 ZPO erfolgen.

33   Die in Abs 2 enthaltene Verweisung erfasst auch die Vorschriften über die **Zustellung auf Betreiben der Parteien** nach §§ 191 bis 195 ZPO. Eine Zustellung auf Betreiben eines Beteiligten kommt nur in Betracht, wenn eine solche Zustellung durch Gesetz vorgeschrieben oder zumindest zugelassen ist (vgl § 191 ZPO). In speziellen Bereichen des FamFG, in denen etwa eine Fristsetzung oder Vollstreckungsmaßnahmen in die Hände von Beteiligten gelegt werden, könnte sich die Möglichkeit für eine solche Zustellung im Parteibetrieb ergeben.

34   Schließlich erfasst die Bezugnahme in Abs 2 auch § 167 ZPO, der bei Zustellung von Amts wegen, aber über die Verweisung in § 191 ZPO auch für eine Zustellung auf Betreiben der Parteien gilt. Diese Vorschrift ordnet eine **Rückwirkung der Zustellung** auf

den Zeitpunkt des Eingangs eines Antrags oder einer Erklärung an, wenn durch die Zustellung bzw das zuzustellende Dokument eine Frist gewahrt, eine Verjährung neu in Lauf gesetzt oder gehemmt werden sollte und die Zustellung »demnächst« erfolgt ist, dh die Zustellung muss innerhalb eines nicht allzu erheblichen zeitlichen Abstandes zum Fristablauf vorgenommen worden sein und es darf keine ins Gewicht fallende Verzögerung der Zustellung vorgelegen haben, die vom Veranlasser der Zustellung in zurechenbarer Weise verursacht worden ist (zur letztgenannten Voraussetzung vgl BGH NJW 2005, 1194, 1195; 1999, 3125; Zöller/*Greger* § 167 ZPO Rn 10).

Für die Anwendung dieser Vorschrift besteht auch im Bereich des FamFG ein Bedürfnis, wenn es um die Wahrung von Fristen, verjährungshemmende Maßnahmen oder den Neubeginn einer Verjährungsfrist geht. **35**

Wegen weiterer Detailfragen zu den für anwendbar erklärten, in Bezug genommenen zahlreichen Vorschriften der ZPO über die Zustellung muss hier auf die entsprechenden Kommentierungen zur ZPO verwiesen werden. **36**

2. Bekanntgabe im Wege der Übermittlung eines Schriftstücks durch die Post

a) Anwendungsbereich

Wenn die Bekanntgabe im Wege der Zustellung des Dokuments nicht zwingend vorgesehen ist (die Beschlussbekanntgabe im Fall des § 41 Abs 1 Satz 2 scheidet hier also aus), kommt bei **Schriftstücken** als Alternative eine Bekanntgabe durch Aufgabe des Dokuments zur Post nach Abs 2, 2. Alt in Betracht. Vorbild für diese nunmehrige Regelung ist § 8 Abs 1 Satz 2, 3 InsO über die dortigen Zustellungen von Amts wegen (vgl BTDrs 16/6308, 182). Vergleichbare Regelungen finden sich auch in anderen Verfahrensordnungen, vgl etwa § 41 Abs 2 VwVfG, § 122 Abs 2 AO. **37**

Die Regelung des Abs 2 Satz 1, 2. Alt gilt für die Übermittlung von Schriftstücken durch die **Post**. Welche Zusteller darunter zu verstehen sind, wird durch die genannte Gesetzesregelung selbst nicht eindeutig festgelegt. Auch die Gesetzesbegründung gibt hierzu keine Hinweise. Unzweifelhaft fällt darunter die Deutsche Post AG als Rechtsnachfolgerin des Postdienstes der Deutschen Bundespost. Auf sie mag auch die Formulierung in Abs 2 Satz 1, 2. Alt und Satz 2 (« zur Post«) deuten. Nachdem die Deutsche Post AG jedoch ihre generelle Monopolstellung verloren hat und nunmehr weitere Anbieter von Postdienstleistungen vorhanden sind, kommen jedoch auch solche anderen Anbieter für eine Übermittlung nach Abs 2 Satz 1, 2. Alt in Betracht. Dies liegt jedenfalls in der Konsequenz der mit der Postreform angestrebten Wettbewerbsöffnung. Der Begriff »Post« ist danach funktional zu verstehen und erfasst danach auch andere Unternehmen, die aufgrund vorhandener Lizenz (legal) Postdienstleistungen (Briefzustelldienstleistungen) erbringen. Allerdings muss eine hinreichende Leistungsfähigkeit und Zuverlässigkeit gewährleistet sein, aufgrund der gesichert erscheint, dass anvertraute Sendungen innerhalb der Dreitagesfrist übermittelt werden. Dies spricht dafür, nicht lizenzpflichtige Paket- und Kurierdienste nach § 5 Abs 2 PostG herauszunehmen und den Anwendungsbereich des Abs 2 auf Lizenznehmer nach §§ 4 Nr 1, 5 Abs 1 PostG zu beschränken, die Briefzustelldienstleistungen übernehmen (ebenso zu § 41 VwVfG *Stelkens*/Bonk/Sachs § 41 VwVfG Rn 112). Hierfür spricht auch die Regelung in § 168 Abs 1 Satz 2 ZPO, nach der »Post« unter Bezugnahme auf § 33 Abs 1 PostG gleichgesetzt wird mit einem Lizenznehmer, der Briefzustelldienstleistungen erbringt und nach § 33 Abs 1 PostG bei Zustellungen als beliehener Unternehmer gilt. **38**

Die Regelung des Abs 2 ist beschränkt auf die **Übermittlung durch Postdienstleister** (§ 4 Nr 1 PostG) und erfasst nicht eine Übermittlung im Wege der Telekommunikation. Die Übermittlung eines Dokuments per Telefax fällt danach nicht in den Anwendungsbereich des Abs 2 (vgl BFH NJW 1998, 2383 zu § 122 Abs 2 AO; *Stelkens*/Bonk/Sachs § 41 VwVfG Rn 113). **39**

§ 15 FamFG | Bekanntgabe; formlose Mitteilung

40   Auch die Übermittlung **elektronischer Dokumente** wird nicht von Abs 2 erfasst; eine analoge Anwendung kommt hier ebenfalls nicht in Betracht.

41   Es bleibt bei elektronischen Dokumenten die Möglichkeit der Bekanntgabe durch Zustellung nach Abs 2 S 1 1. Alt iVm § 174 Abs 3 ZPO; **Telekopie/Telefax** können zur Bekanntgabe durch Zustellung nach Abs 2 S 1 1. Alt, iVm § 174 Abs 2 ZPO eingesetzt werden.

42   Nicht erfasst werden – wie bei § 8 Abs 1 Satz 3 InsO – auch **Postsendungen ins Ausland und Postsendungen vom Ausland**. Die Bekanntgabefiktion tritt danach auch nicht ein, falls aus Gründen der Kostenersparnis ein Remailing über ein zu günstigeren Tarifen arbeitendes ausländisches Postunternehmen erfolgen würde.

b) Fiktion oder Vermutung der Bekanntgabe und des Bekanntgabezeitpunkts?

43   Bei Übermittlung durch Erbringer von Postdienstleistungen gilt die Bekanntgabe grundsätzlich mit dem dritten Tag nach der Aufgabe zur Post als bewirkt. Dem liegt die Annahme zugrunde, dass unter den heutigen Postlaufzeiten regelmäßig davon auszugehen ist, dass bei einer Übermittlung im Inland ein Schriftstück zumindest innerhalb des genannten Zeitraums von drei Tagen dem Adressaten zugestellt wird und ihm damit zugegangen ist. Diese Annahme kann von dem betroffenen Beteiligten aber widerlegt werden, indem er glaubhaft macht, dass ihm das Schriftstück nicht oder erst zu einem späteren Zeitpunkt zugegangen ist. Ein früherer Zugang des Schriftstücks dürfte unbeachtlich sein, jedenfalls ist ein früherer Zugang nicht zu Lasten des betroffenen Beteiligten zu berücksichtigen. Insoweit ist die für die Inlandsübermittlung geltende Bekanntgabevermutung unwiderleglich. Danach ist hier von einer nur einseitig widerlegbaren Vermutung auszugehen. Hierfür spricht, dass die Regelung des Abs 2 Satz 2 – zumindest auch – der Rechtssicherheit und -klarheit dienen, Streit über den genauen Zugangszeitpunkt vermeiden und dessen Feststellung entbehrlich machen soll. Ein tatsächlich früherer Zugang des Schriftstücks vor Ablauf der Dreitagesfrist führt danach nicht zu einer früheren, mit dem tatsächlichen Zugang eingetretenen Bekanntgabe und zur Vorverlagerung der Rechtswirkung der Bekanntgabe (etwa zur Wirksamkeit eines Beschlusses nach § 40 Abs 1, der nicht nach § 41 Abs 1 Satz 2 zugestellt werden musste; ebenso für die vergleichbare Regelung des § 41 Abs 2 VwVfG BVerwG NVwZ 1988, 63, 64; *Stelkens* Bonk/Sachs § 41 VwVfG Rn 121, 125, allerdings mit beachtlichen Erwägungen zur Maßgeblichkeit eines früheren Zugangszeitpunkts, wenn dies zugunsten des Adressaten geboten erscheint).

44   Ausgangspunkt für die Berechnung des fingierten Bekanntgabezeitpunkts ist die **Aufgabe zur Post**. Gemeint ist damit die Übergabe des Dokuments an den Erbringer der Postdienstleistung.

45   Zur beweismäßigen Sicherung des Übergabezeitpunkts wird der Tag der Postaufgabe in den Akten zu vermerken sein.

46   Da die Aufgabe zur Post, die für den **Beginn der Frist** maßgebend ist, ein in den Lauf eines Tages fallendes Ereignis darstellt, wird nach §§ 16 Abs 2, 222 ZPO, 187 Abs 1 BGB dieser Tag bei der Frist nicht mitzurechnen sein. Da die Bekanntgabe mit dem dritten Tag nach der Aufgabe zur Post bewirkt ist, kommt es unter Heranziehung des § 188 Abs 1 BGB auf den Ablauf des dritten Tags (24.00 Uhr) an. Wird beispielsweise ein Dokument am 1.6. zur Post gegeben, ist der dritte Tag nach Aufgabe zur Post der 4.6.; die Bekanntgabe wird an diesem Tag bewirkt und die Bekanntgabefiktion ist dann am 5.6., 0.00 Uhr eingetreten (zur Berechnung vgl *Stelkens*/Bonk/Sachs § 41 VwVfG Rn 132).

47   Für die **Berechnung der Frist**, die im Dokument bestimmt ist oder die durch das Dokument ausgelöst wird, kommt es auf die hierfür jeweils geltende Fristenregelung an. Die Bekanntgabe wird als ein in den Lauf des Tages fallendes Ereignis iSd § 187 Abs 1 BGB anzusehen sein; für eine daran anzuknüpfende Fristbestimmung, etwa für die Berechnung einer Rechtsmittelfrist eines bekannt gegebenen Beschlusses, werden danach

§§ 187 Abs 1, 188 Abs 2, 1. Alt BGB heranzuziehen sein. Bei Bekanntgabe eines Beschlusses mit der im obigen Beispielsfall eintretenden Bekanntgabefiktion am 4.6. wird die (regelmäßig geltende) Beschwerdefrist von einem Monat (§ 63 Abs 1) am 4.7. um 24.00 Uhr ablaufen.

Problematisch ist, ob die Dreitagesfrist, wenn der letzte Tag der Frist auf einen Sonntag, gesetzlichen Feiertag oder Samstag (Sonnabend) fällt, mit diesem Tag endet (so für die vergleichbaren Regelungen in § 122 Abs 2 AO, § 41 Abs 2 VwVfG bzw § 4 VwZG BFH NJW 2000, 1742; VGH München NJW 1991, 1250; Kopp/*Ramsauer* § 41 VwVfG Rn 44) oder ob entsprechend § 193 BGB das Ende der Frist auf den nächsten Werktag fällt (so für § 122 Abs 2 Nr 1 AO BFH NJW 2004, 94; *Tipke*/Kruse § 122 AO Rn 56; für § 41 Abs 2 VwVfG *Stelkens*/Bonk/Sachs § 41 VwVfG Rn 133; offen gelassen BVerwG NJW 1983, 2345). 48

Da die Dreitagesregelung an die üblichen Postlaufzeiten (mit einem Sicherheitszuschlag von einem Tag) anknüpft, die tatsächliche Beförderungszeit aber durch ein Wochenende oder Feiertage typischerweise verlängert und jedenfalls an einem Sonntag oder Feiertag keine Post zugestellt wird, erscheint eine Anwendung der Fristenregelung des § 193 BGB geboten. 49

c) Ausnahmen von der Bekanntgabevermutung

Die Vermutung der Bekanntgabe drei Tage nach Aufgabe zur Post gilt nach Abs 2 Satz 2 nicht, wenn der Beteiligte, an den die Bekanntgabe erfolgen sollte, glaubhaft macht, dass ihm das Schriftstück nicht oder erst zu einem späteren Zeitpunkt zugegangen ist. Welche Grundsätze hierbei anzuwenden und welche Anforderungen hierfür zu stellen sind, ist offen und auch in der Begründung des RegE findet sich hierzu nichts. 50

Es dürfte zunächst erforderlich sein, dass der betreffende Beteiligte im Rahmen seiner Möglichkeiten zum fehlenden oder späteren Zugang des Schriftstücks vorträgt. Es werden von ihm grundsätzlich konkrete Umstände aufzuzeigen sein, die dafür sprechen, dass im vorliegenden Fall die auf der tatsächlichen Lebenserfahrung gestützte Annahme der regelmäßigen Übermittlung von inländischen Postsendungen binnen drei Tage nicht gerechtfertigt ist. Danach reicht es grundsätzlich nicht aus, dass der Adressat den (rechtzeitigen) Zugang des Dokuments einfach schlicht bestreitet. Vielmehr muss er, jedenfalls wenn die Übergabe des Dokuments an den Postdienstleister feststeht (was regelmäßig durch entsprechenden Aktenvermerk bzw Abverfügung nachzuweisen ist), die Möglichkeit eines atypischen Geschehensablaufs ernstlich und substantiiert dartun oder ein solcher muss aus für das Gericht anderweitig ersichtlichen Umständen nahe liegen (für die vergleichbare Regelung des § 122 Abs 2 AO vgl BFH NJW 2000, 1742; für § 41 Abs 2 VwVfG vgl VGH Mannheim NJW 1986, 210; OVG Münster NJW 1981, 1056, 1057; NVwZ 2001, 1171, 1172; Kopp/*Ramsauer* § 41 VwVfG Rn 45; *Stelkens*/Bonk/Sachs § 41 VwVfG Rn 128). Dabei wird es dem Beteiligten helfen, wenn etwa Unregelmäßigkeiten bei dem eingeschalteten Erbringer von Postdienstleistungen oder solche jedenfalls für den betreffenden Bezirk des jeweiligen Erbringers bekannt geworden sind. 51

Welche Anforderungen an die Darlegung bzw Annahme eines atypischen Geschehensablaufs zu stellen sind, lässt sich abstrakt kaum näher festlegen, sondern hängt stets von den konkreten Umständen des Einzelfalls ab. Unter Umständen kann es im Einzelfall ausreichen, wenn der Adressat in durchweg glaubhafter Weise darlegt, dass er das mit einfacher Post übermittelte Dokument nicht erhalten hat, und nichts gegen diese Möglichkeit spricht (vgl OVG Münster NVwZ 2004, 120 für § 122 Abs 2 Nr 1 AO). Angaben des Beteiligten über ein nicht oder verspätet angekommenes Schriftstück werden allerdings regelmäßig nicht als glaubhaft einzuordnen sein, wenn vorher bei dem Beteiligten bereits mehrfach gerichtliche oder behördliche Briefsendungen nicht angekommen sind. Dies erscheint nämlich nach der Lebenserfahrung unwahrscheinlich. 52

53 Soweit es im Rahmen des Abs 2 Satz 2 auf den Zugang des Schriftstücks ankommt, sind die im Zivilrecht geltenden Grundsätze über den Zugang von Willenserklärungen entsprechend anzuwenden. Insoweit ist auf die Kommentierungen zu § 130 Abs 1 BGB zu verweisen (vgl zB PWW/*Ahrens* § 130 BGB Rn 8 ff).

54 Der Beteiligte muss zur Widerlegung der Bekanntgabevermutung seine (konkreten) Angaben zum fehlenden oder späteren Zugang glaubhaft machen. Für die Glaubhaftmachung gilt § 31. Nach § 31 Abs 1 kann der Beteiligte sich zur Glaubhaftmachung seiner Angaben auch der eidesstattlichen Versicherung bedienen.

55 Wenn der Beteiligte durch entsprechende Angaben und Beweismittel (zunächst) glaubhaft gemacht hat, dass ihm das zur Post gegebene Schriftstück nicht oder nur verspätet zugegangen ist, hat das Gericht, wenn irgendwelche Ansätze für weitere Ermittlungen bestehen, von Amts wegen (§ 26) den Sachverhalt weiter aufzuklären. Dabei können alle denkbaren zulässigen Beweismittel herangezogen werden; insbesondere könnten hier die Grundsätze des Indizienbeweises von praktischer Bedeutung sein. Wenn die Amtsaufklärung des Gerichts ohne Ergebnis bleibt und weiterhin von der Widerlegung der Vermutung nach Abs 2 Satz 2 auszugehen ist, kann eine Bekanntgabe des Schriftstücks nicht zugrunde gelegt werden.

56 Hat der Beteiligte einen späteren, über den 3-Tages-Zeitraum hinausreichenden Zugangszeitpunkt glaubhaft gemacht, ist von der Bekanntgabe des Schriftstücks erst zu diesem späteren Zeitpunkt auszugehen.

III. Rechtswirkungen der Zustellung und der Postübersendung und deren Mängel

57 Die ordnungsgemäße Zustellung des Dokuments nach den Vorschriften der ZPO und eine ordnungsgemäße Übersendung des Dokuments durch die Post mit vermutetem Zugang beim Adressaten gemäß Abs 2 führt zur Bekanntgabe des Inhalts des Dokuments.

58 Welche Rechtswirkungen die Bekanntgabe des Dokumenteninhalts hat, hängt vom jeweiligen Dokumenteninhalt und den für diesen Inhalt geltenden Rechtsregeln ab. Bezieht sich die Bekanntgabe auf einen Beschluss nach § 38 und ist dieser dem Beteiligten, für den er seinem wesentlichen Inhalt nach bestimmt ist, wirksam bekannt gegeben worden, wird der Beschluss grundsätzlich nach § 40 Abs 1 wirksam (vgl § 40 Rz 12 ff). Ausnahmen (Wirksamkeit erst mit Rechtskraft) ergeben sich etwa für Beschlüsse mit den in § 40 Abs 2 und 3 genannten Beschlussgegenständen.

59 Bei den in Abs 1 genannten Dokumenten, die eine Fristsetzung enthalten oder nach ihrem Inhalt den Lauf einer Frist auslösen, führt die Bekanntgabe dazu, dass die Fristsetzung gegenüber dem Adressaten wirksam wird bzw ihm gegenüber der Lauf der Frist ausgelöst wird. Die Bekanntgabe eines Dokuments mit einer Terminsbestimmung lässt diese gegenüber dem Adressaten wirksam werden. Es wird insgesamt davon auszugehen sein, dass grundsätzlich – vorbehaltlich spezieller gesetzlicher Regelungen für einzelne Bereiche des FamFG – mit der ordnungsgemäßen Bekanntgabe des Dokuments dessen Inhalt gegenüber dem Adressaten wirksam wird.

60 Klärungsbedürftig wird sein, welche Rechtsfolgen **Mängel der Zustellung und der Postübersendung** für die Bekanntgabe und deren Rechtswirkungen haben.

61 Bei Mängeln einer Zustellung nach den Vorschriften der ZPO (Abs 2 Satz 1 1. Alt) wird es auf eine Heilung des Mangels nach § 189 ZPO ankommen. Danach stehen Mängel der Zustellung, auch eine Verletzung zwingender Zustellungsvoraussetzungen, und ein fehlender Nachweis einer ordnungsgemäßen Zustellung der Annahme einer Zustellung nicht entgegen, wenn feststeht, dass das Dokument der Person, an die die Zustellung dem Gesetz gemäß gerichtet war oder hätte gerichtet werden können, tatsächlich zugegangen ist. Ein tatsächlicher Zugang ist dabei anzunehmen, wenn das Dokument so in den Machtbereich des maßgebenden Adressaten gelangt ist, dass er es behalten konnte und Gelegenheit zur Kenntnisnahme vom Inhalt hatte (BGH NJW 2001, 1946,

1947; 1978, 426; Musielak/*Wolst* § 189 ZPO Rn 3). Tritt nach diesen Grundsätzen eine Heilung des Zustellungsmangels ein, muss auch von der Wirksamkeit der Bekanntgabe ausgegangen werden. Fehlt dagegen eine entsprechende Heilung durch Zugang des Dokuments beim maßgebenden Adressaten, scheiden eine wirksame Zustellung und damit auch eine wirksame Bekanntgabe des Dokuments an den Adressaten aus. Die mit der Bekanntgabe verbundenen Rechtswirkungen können gegenüber dem Adressaten dann ebenfalls nicht eintreten. Dies erscheint auch sachgerecht im Hinblick darauf, dass bei dieser Fallgestaltung dem maßgebenden Adressaten typischerweise noch nicht einmal die Möglichkeit einer Kenntnisnahme vom Dokumenteninhalt verschafft wurde.

Entsprechendes muss auch bei einer Postübermittlung mit der Zugangsvermutung 62 nach Abs 2 Satz 2 gelten. Wenn die Postübermittlung nicht wirksam erfolgt ist (zB das Schriftstück nicht unter der richtigen Anschrift des Adressaten zur Post gegeben worden ist) und deshalb die Zugangsvermutung nicht eingreift, muss zumindest der tatsächliche Zugang feststehen. Nur dann ist es gerechtfertigt, dass der maßgebende Adressat die intendierte Bekanntgabe des Schriftstücks gegen sich gelten lassen muss.

Zum ähnlich gelagerten Fall einer vom Adressaten durch Vortrag von Indizien zu- 63 nächst widerlegten Bekanntgabevermutung vgl oben Rz 55.

C. Formlose Mitteilung

I. Anwendungsbereich der formlosen Mitteilung

§ 15 Abs 3 entspricht § 16 Abs 2 Satz 2 FGG, der sich allerdings nur auf Verfügungen be- 64 zog, mit deren Bekanntmachung nicht eine Frist in Lauf gesetzt wurde. Die neue Regelung in § 15 Abs 3 bezieht sich nunmehr auf **Dokumente jeglicher Art**.

Inhalt des Dokuments können Verfügungen jeglicher Art sein (insbesondere Zwi- 65 schenverfügungen, mit denen einem Beteiligten die Beseitigung eines seinem Antrag/ Begehren entgegenstehenden Hindernisses aufgegeben wird), aber auch rechtliche Hinweise jeder Art, verfahrensleitende Anordnungen (zB Anordnung einer Beweiserhebung, Ersuchen gegenüber Behörden) oder Mitteilungen an Beteiligte, Behörden oder sonstige Dritte sein.

Der **Begriff des Dokuments** ist hier ebenfalls weit zu fassen; vgl oben Rz 8. 66

Der Anwendungsbereich des § 15 Abs 3 wird im Übrigen negativ bestimmt. § 15 67 Abs 3 gilt, **soweit eine förmliche Bekanntgabe nicht geboten ist**, dh soweit durch den Inhalt des Dokuments weder eine Frist bestimmt noch eine Frist (zB eine Rechtsmittelfrist) in Lauf gesetzt wird, das Dokument weder eine Terminsbestimmung enthält noch eine förmliche Bekanntgabe durch eine andere, spezielle gesetzliche Regelung zwingend vorgesehen ist (wie etwa für Endentscheidungen enthaltene gerichtliche Beschlüsse nach § 41 Abs 1).

Auch wenn eine förmliche Bekanntgabe des Dokuments nicht geboten und eine form- 68 lose Mitteilung zulässig ist, steht es im Ermessen des Gerichts, ob es von der Möglichkeit der formlosen Mitteilung Gebrauch macht. Es steht ihm frei, gleichwohl den Weg der förmlichen Bekanntgabe nach Abs 2 zu wählen. Letzteres kann im Einzelfall sinnvoll oder geboten erscheinen, wenn es etwa um die Übermittlung sensibler Daten geht oder dem Inhalt des Dokuments besondere Bedeutung zukommt (dazu Begr des RegE BTDrs 16/6308, 183).

II. Arten der formlosen Mitteilung, Wirksamwerden des Dokumenteninhalts

Dokumente mit Inhalten, die nicht der förmlichen Bekanntgabe bedürfen, können den 69 Beteiligten formlos, dh in jeder denkbaren Form, mitgeteilt werden. Die Art der Mitteilung liegt dabei grundsätzlich im Ermessen des Gerichts. In Betracht kommt beispielsweise eine Mitteilung durch einfachen Brief, Fernschreiben, Telefax oder anderweitige

Fernübertragung, aber auch durch E-Mail (ohne dass es einer elektronischen Signatur bedarf) oder zu Protokoll einer Sitzung. Nach § 16 Abs 2 Satz 2 FGG ist auch eine mündliche oder fernmündliche Mitteilung (vgl OLG Hamm Rpfleger 1987, 251; *Bassenge*/Roth § 16 FGG Rn 15; KKW/*Schmidt* § 16 FGG Rn 69) und eine Mitteilung durch Vermittlung Dritter (vgl BayObLG NJW 1960, 2188) für zulässig erachtet worden. Diese Grundsätze dürften auch nach § 15 Abs 3 weiterhin gelten.

70 Die in dem Dokument enthaltene Erklärung oder der darin enthaltene sonstige gerichtliche Akt wird mit der formlosen Mitteilung an den Beteiligten diesem gegenüber wirksam; hierfür reicht nicht die Absendung der Mitteilung aus, erforderlich ist vielmehr deren Zugang (nach allgemeinen zivilrechtlichen Grundsätzen; vgl *Bassenge*/Roth § 16 FGG Rn 15; KKW/*Schmidt* § 16 FGG Rn 69).

III. Aktenvermerk über die Mitteilung

71 § 16 Abs 2 Satz 2 FGG sah als Sollvorschrift vor, dass in den Akten vermerkt werden sollte, in welcher Weise, an welchem Ort und an welchem Tage eine Bekanntmachung, die eine Zustellung nicht erforderte, ausgeführt worden ist. Eine entsprechende Regelung sieht § 15 Abs 3 nicht mehr vor. Dieser Vermerk diente dem Nachweis der Ausführung der Mitteilung (vgl BayObLG FamRZ 1975, 647, 649; OLG Hamm RPfleger 1987, 251, 253; KKW/*Schmidt* § 16 FGG Rn 69). Auch nach neuem Recht dürfte ein Bedürfnis bestehen, den Nachweis der erfolgten formlosen Mitteilung durch einen entsprechenden Aktenvermerk zu sichern (so auch Prütting/Helms/*Ahn-Roth* § 15 FamFG Rn 67). Für die Wirksamkeit und den Eintritt der Wirkungen der (formlosen) Mitteilung hat jedoch ein entsprechender Aktenvermerk oder sein Fehlen keine Auswirkungen, wovon auch bereits nach der alten Rechtslage ausgegangen worden war (vgl *Bassenge*/Roth § 16 FGG Rn 15; KKW/*Schmidt* § 16 FGG Rn 69).

IV. Verzicht auf formlose Mitteilung

72 Wenn es einer förmlichen Bekanntgabe nicht bedarf, sondern eine formlose Mitteilung erfolgen kann, kommt grundsätzlich ein Verzicht des Beteiligten auf eine solche Mitteilung in Betracht (ebenso zu § 16 Abs 2 Satz 2 FGG KKW/*Schmidt* § 16 FGG Rn 72 mwN). Es bedarf dazu allerdings einer hinreichend eindeutigen Verzichtserklärung.

§ 16 Fristen

(1) Der Lauf einer Frist beginnt, soweit nichts anderes bestimmt ist, mit der Bekanntgabe.

(2) Für die Fristen gelten die §§ 222 und 224 Abs. 2 und 3 sowie § 225 der Zivilprozessordnung entsprechend.

A. Allgemeines

§ 16 knüpft an die Regelungen der §§ 16 Abs 2 Satz 1, 17 FGG an. 1

Abs 1 enthält eine redaktionell neu gefasste, sich an §§ 221 ZPO, 57 Abs 1 VwGO anlehnende Regelung zum grundsätzlichen Beginn einer in Lauf gesetzten Frist. 2

Abs 2 verweist wegen der Berechnung und Änderung von Fristen nunmehr in vollem Umfang auf Vorschriften der ZPO. Auf eine eigenständige Regelung zur Fristberechnung, wie sie in § 17 FGG (in allerdings lückenhafter Weise) enthalten war, wird nunmehr verzichtet. 3

§ 16 enthält eine Grundsatzregelung für **Fristen**. Im Gegensatz zu einem **Termin**, der den Zeitpunkt festsetzt, zu dem ein Vorgang von rechtlicher Bedeutung stattfinden soll, bestimmt die Frist einen Zeitraum, in dem ein Beteiligter eine Handlung von rechtlicher Bedeutung vorzunehmen hat (Handlungsfristen) oder der der Vorbereitung auf einen Termin dienen soll (Zwischenfristen; zu den Begriffen vgl Jansen/*Briesemeister* § 17 FGG Rn 2 ff; Keidel/*Sternal* § 16 FamFG Rn 3 ff). 4

§ 16 gilt für sämtliche Bereiche der freiwilligen Gerichtsbarkeit, soweit nicht gesetzlich geregelte Bereichsausnahmen (zB § 113 Abs 1) eingreifen. § 16 ist sowohl auf **gesetzliche Fristen**, für die kennzeichnend ist, dass das Gesetz die Frist und deren Dauer vorgibt (zB Rechtsmittelfristen), als auch auf **gerichtliche Fristen** anwendbar, deren Dauer durch das Gericht festgelegt wird (die Fristsetzung mag dabei im Gesetz vorgesehen sein). 5

Daneben sind schließlich noch **vereinbarte Fristen** denkbar, die sich aus (soweit zulässig) Vereinbarungen von Beteiligten ergeben (zB Frist für einen Vergleichswiderruf; vgl *Bassenge*/Roth § 17 FGG Rn 1). Auch darauf dürfte § 16 (jedenfalls Abs 2) anwendbar sein, wenn sich aus der Vereinbarung nichts anderes ergibt. 6

B. Beginn des Fristlaufs

Abs 1 stellt den Grundsatz auf, dass der Lauf einer Frist mit der Bekanntgabe des gerichtlichen Akts oder eines sonstigen Dokuments beginnt. 7

Für den **Fristbeginn** wird damit an die **Bekanntgabe** im Sinne des § 15 Abs 1 angeknüpft. Wegen der Voraussetzungen der Bekanntgabe und deren Zeitpunkt wird auf die Kommentierung dort (§ 15 Rz 7 ff) verwiesen. 8

Die Regelung aus Abs 1 über den Fristbeginn gilt dann nicht, wenn etwas anderes bestimmt ist. Die **anderweitige Bestimmung** kann sich aus einer speziellen gesetzlichen Regelung oder – bei gerichtlichen Fristen – aus einer anderweitigen gerichtlichen Anordnung ergeben. 9

Das Fehlen der nunmehr bei Beschlüssen allgemein vorgesehenen **Rechtsbehelfsbelehrung** (vgl § 39) oder Fehler der Rechtsbehelfsbelehrung schließen grundsätzlich den Beginn einer mit Bekanntgabe in Lauf gesetzten Rechtsbehelfsfrist nicht aus, wie aus § 17 Abs 2 herzuleiten ist, der in diesen Fällen eine Vermutung fehlenden Verschuldens vorsieht und damit die Möglichkeit der Wiedereinsetzung in den vorigen Stand eröffnet. 10

Bei **mehreren Beteiligten** ist grundsätzlich der Beginn der Frist nach Abs 1 durch Bekanntmachung und der Fristablauf für jeden einzelnen Beteiligten gesondert festzustellen. Danach kommt bei mehreren Beteiligten ein unterschiedlicher Fristablauf in Betracht. 11

12 Zu beachten ist allerdings, dass das Gesetz in einigen Bereichen Sonderregelungen vorsieht, die eine Vereinheitlichung des Fristenlaufs anordnen und Vorrang haben (vgl zB § 360 Abs 1).

13 Der grundsätzlich jeweils gesondert festzustellende Fristbeginn durch Bekanntgabe an den jeweiligen Beteiligten ist zu unterscheiden vom Wirksamwerden des gerichtlichen Aktes. Zum Wirksamwerden von gerichtlichen Beschlüssen, die eine Endentscheidung enthalten (§ 38), vgl § 40 Rz 10 ff.

C. Fristberechnung

14 Für die Berechnung verfahrensrechtlicher Fristen verweist § 16 Abs 2 auf die Vorschrift des § 222 ZPO, die ihrerseits die für die Berechnung von Fristen geltenden Vorschriften des BGB (§§ 187 ff) in Bezug nimmt. Diese Vorschriften sind insgesamt anwendbar, soweit sich aus dem FamFG oder dem in Bezug genommenen § 222 ZPO nichts Abweichendes ergibt.

I. Fristbeginn

15 Wenn – wie hier meist relevant – für den Anfang einer Frist ein **Ereignis** (Bekanntgabe eines Dokuments) oder **ein in den Lauf eines Tages fallender Zeitpunkt** maßgebend ist, wird bei der Berechnung der Frist der Tag nicht mitgerechnet, in welchen das Ereignis oder der Zeitpunkt fällt (§ 187 Abs 1 BGB). Der nachfolgende Tag ist danach der erste Tag der Frist. Dies gilt auch, wenn der nachfolgende Tag (erster Tag der Frist) ein Samstag, Sonntag oder Feiertag ist.

16 Wird für die Bekanntgabe nach § 15 Abs 2 Satz 1, 2. Alt von der Übermittlung durch Erbringer von Postdienstleistungen Gebrauch gemacht und gilt danach die Bekanntgabe am dritten Tag nach Aufgabe zur Post als bewirkt, so ist § 187 Abs 1 BGB anwendbar (der Tag der vermuteten Bekanntgabe wird also nicht mitgezählt; vgl dazu auch § 15 Rz 46 ff).

17 Wenn der **Beginn eines Tages** für den Anfang einer Frist maßgebend ist (in Betracht kommt dies etwa bei – eher seltenen – gerichtlichen Fristen, deren Beginn auf einen bestimmten Kalendertag, zB »ab 1.6.2007«, festgesetzt worden ist), so wird dieser Tag in die Frist eingerechnet (§ 187 Abs 2 BGB).

18 Die dargestellten Grundsätze gelten entsprechend bei **nach Stunden bemessenen Fristen**. Die Berechnung erfolgt nach vollen Stunden. Eine angebrochene Stunde, in die ein fristauslösendes Ereignis fällt, wird entsprechend § 187 Abs 1 BGB nicht mitgerechnet (vgl Musielak/*Stadler* § 222 ZPO Rn 6).

II. Fristende

19 Eine **nach Tagen bemessene Frist** (zB eine entsprechende gerichtliche Frist) endet nach § 188 Abs 1 BGB mit dem Ablauf des letzten Tages der Frist (24.00 Uhr). Entsprechendes gilt für **Stundenfristen**.

20 Eine **Frist, die nach Wochen oder nach Monaten bemessen ist**, endet **im Falle des § 187 Abs 1 BGB** (Fristanfang durch ein Ereignis oder einen in den Lauf des Tages fallenden Zeitpunkt) mit dem Ablauf desjenigen Tages der letzten Woche oder des letzten Monats, welcher durch seine Benennung oder seine Zahl dem Tage entspricht, in den das Ereignis oder der Zeitpunkt fällt (§ 188 Abs 2, 1. Alt). Entsprechendes gilt für einen mehrere Monate umfassenden Zeitraum (2 Monate, Vierteljahr, halbes Jahr, Jahr). Bei Zustellung am Donnerstag, 3.5., endet zB eine dadurch in Lauf gesetzte Wochenfrist am Donnerstag der nächsten, übernächsten oder sonst maßgebenden letzten Woche, eine in Lauf gesetzte Monatsfrist am 3. des nächsten, übernächsten oder sonst maßgebenden letzten Monats.

In den **Fällen des § 187 Abs 2 BGB** (Fristbeginn zu Beginn des Tages; zB Beginn Donnerstag 3.5.) endet die Frist nach § 188 Abs 2, 2. Alt BGB bereits mit Ablauf desjenigen Tages der letzten Woche oder des letzten Monats, der dem Tag vorhergeht, der durch Benennung oder Zahl dem Anfangstag der Frist entspricht (im Beispielsfall eines Fristbeginns am Donnerstag, 3.5., am Mittwoch der letzten Woche um 24.00 Uhr bei einer Wochenfrist bzw am 2. des letzten Monats um 24.00 Uhr bei einer Monatsfrist). 21

Fehlt bei einer Monatsfrist im letzten Monat der für ihren Ablauf maßgebende Tag, endet nach § 188 Abs 3 BGB die Frist mit dem letzten Tag des Monats. So endet etwa bei einer für den Fristbeginn maßgebenden Zustellung am 31.8. eine Monatsfrist am 30.9., 24.00 Uhr, bei einer Zustellung am 31.1. liegt das Fristende am 28.2., 24.00 Uhr (bzw in einem Schaltjahr am 29.2., 24.00 Uhr). 22

Für die Berechnung einer Frist von einem halben Jahr, einem Vierteljahr und einem halben Monat sind die näheren Bestimmungen zur Fristlänge in § 189 BGB zu beachten. 23

Die Beteiligten sind befugt, Handlungsfristen (zum Begriff Rz 4) in vollem Umfang auszuschöpfen (BVerfG NJW 1986, 244; NJW 1975, 1405; BGH NJW 1995, 521, 522). So kann ein fristgebundener Schriftsatz bis zum Fristende um 24.00 Uhr dem Gericht übermittelt werden, zB in den Gerichtsbriefkasten eingeworfen werden, auch wenn kein Nachtbriefkasten vorhanden ist und mit einer Leerung des Gerichtsbriefkastens am selben Tag nicht mehr zu rechnen ist (vgl BVerfG NJW 1991, 2076; BGH NJW 1984, 1237; NJW-RR 2001, 280). Bei Fallgestaltungen der letztgenannten Art können sich jedoch Beweisschwierigkeiten ergeben, die sich ggf zu Lasten des betreffenden Beteiligten auswirken (Zöller/*Stöber* § 222 ZPO Rn 8). Auch sind bei vollständiger Ausschöpfung der Frist spezielle Sorgfaltsanforderungen zu beachten; der Beteiligte muss dann mit der gebotenen Sorgfalt jedenfalls alle möglichen und zumutbaren Maßnahmen ergreifen, um den Zugang des Schriftsatzes oder des sonstigen Dokuments bei Gericht auf dem gewählten Übermittlungsweg innerhalb des noch zur Verfügung stehenden Zeitraums sicherzustellen (zB muss bei der Telefax-Übermittlung ein für die Länge des Schriftsatzes angemessener Zeitraum berücksichtigt werden, in dem der Schriftsatz dem Gericht vollständig und sicher übermittelt werden kann; vgl dazu Jansen/*Briesemeister* § 17 FGG Rn 10). 24

III. Wochenend- und Feiertage bei der Fristberechnung

Wenn das Ende einer Frist auf einen Sonntag, einen allgemeinen Feiertag oder einen Sonnabend fällt, endet nach § 222 Abs 2 ZPO die Frist mit Ablauf des nächsten Werktages, bei Fristende an einem Sonnabend oder Sonntag also am Montag, 24.00 Uhr. 25

Mit den allgemeinen Feiertagen iSd § 222 Abs 2 ZPO sind nur die gesetzlichen (durch Bundes- oder Landesrecht bestimmten) Feiertage gemeint (allg Meinung vgl zB Musielak/*Stadler* § 222 ZPO Rn 8). Nicht relevant sind danach Tage, die Werktage sind, an denen aber in bestimmten Bereichen, Orten oder Gegenden üblicherweise nicht gearbeitet wird (zB Heiligabend, Silvestertag, Karnevalstage oder Kirmes-/Schützenfesttage); entsprechende Fristen laufen hier ab. 26

Im Hinblick auf die Unterschiede in den Feiertagsregelungen der Bundesländer (die teilweise für einzelne Regionen noch unterschiedliche Regelungen enthalten) ist zu beachten, dass jeweils das Recht des Gerichtsorts oder ggf des sonstigen Ortes maßgebend ist, an dem die fristgebundene Handlung vorzunehmen ist. Nicht entscheidend ist danach das Feiertagsrecht des Kanzleiorts des jeweiligen Verfahrensbevollmächtigten der Beteiligten (vgl Musielak/*Stadler* § 222 ZPO Rn 8). 27

Wenn – was selten vorkommen dürfte – eine Frist nach Stunden bestimmt ist, werden Sonntage, allgemeine Feiertage und Sonnabende nicht mitgerechnet (Abs 2, § 222 Abs 3 ZPO). Der Ablauf der Stundenfrist ist an den genannten Tagen in vollem Umfang (von 0.00 Uhr bis 24.00 Uhr) gehemmt. 28

D. Änderung von Fristen

29 Aus Abs 2 iVm § 224 Abs 2 ZPO folgt, dass **richterliche Fristen** auf Antrag **vom Gericht** abgekürzt oder verlängert werden können, wenn erhebliche Gründe vorhanden sind und glaubhaft gemacht werden. **Gesetzliche Fristen** können unter den gleichen Voraussetzungen vom Gericht abgekürzt oder verlängert werden, dies allerdings nur, wenn dies für die jeweilige gesetzliche Frist vorgesehen ist (vgl Musielak/*Stadler* § 224 ZPO Rn 3; Zöller/*Stöber* § 224 ZPO Rn 6).

30 Für die Friständerung müssen stets **erhebliche Gründe** vorliegen, dh Umstände von einigem Gewicht, die die Beibehaltung der Frist für den betreffenden Beteiligten, der Friständerung beantragt, nicht zumutbar oder zumindest unangemessen erscheinen lassen. Die erheblichen Gründe sind glaubhaft zu machen; entsprechend bisheriger Praxis dürften dabei grundsätzlich plausible Erklärungen des Verfahrensbevollmächtigten (ggf auch eines Beteiligten) genügen.

31 Die Bewilligung der Abkürzung oder Verlängerung steht im Ermessen des Gerichts. Bei dieser Ermessensentscheidung ist eine umfassende Berücksichtigung und Abwägung der Interessen der Beteiligten erforderlich; dabei ist auch das Gebot der Verfahrensbeschleunigung zu berücksichtigen.

32 Bei **Berechnung der verlängerten Frist** ist zunächst der reguläre Ablauf der bisher geltenden Frist festzustellen und von diesem Zeitpunkt ab die Verlängerung zu berechnen (Abs 2 iVm § 224 Abs 3 ZPO), es sei denn, das Gericht hat bei Entscheidung über die Fristverlängerung etwas anderes bestimmt. Bei einer Fristverlängerung des Gerichts ist es vielfach üblich und aus Gründen der Klarheit und Sicherheit auch empfehlenswert, das Ende der verlängerten Frist taggenau festzulegen.

33 Die **Entscheidung des Gerichts über die Abkürzung oder Verlängerung einer Frist** kann ohne mündliche Verhandlung ergehen (Abs 2 iVm § 225 Abs 1 ZPO). Stets bedarf es des Antrags eines Beteiligten. Der Antrag muss noch während der laufenden Frist bei Gericht eingehen; wenn die Frist abgelaufen ist, kommt ein Fristverlängerungsverfahren nicht mehr in Betracht.

34 Bei fristgerechtem Eingang des Verlängerungsantrags ist nach gesicherter Rspr eine Fristverlängerung auch noch nach regulärem Ablauf der Frist (rückwirkend) möglich (vgl BGHZ (GrS) 83, 217, 221; BGH NJW 1992, 842; Musielak/*Stadler* § 224 ZPO Rn 4).

35 Eine Abkürzung einer Frist oder eine wiederholte Verlängerung einer Frist darf nur nach Anhörung des Gegners bewilligt werden (Abs 2 iVm § 225 Abs 2 ZPO).

36 Die Entscheidung des Gerichts, mit der ein Gesuch um Verlängerung einer Frist zurückgewiesen wird, ist nach dem Gesetz nicht mit einem **Rechtsmittel** anfechtbar (Abs 2 iVm § 225 Abs 3 ZPO). Rechts- und Ermessensfehler können jedoch ggf im Rahmen eines Rechtsmittels, etwa unter dem Gesichtspunkt der Verletzung rechtlichen Gehörs, geltend gemacht werden (vgl § 58 Abs 2 FamFG).

Ob die Ablehnung einer beantragten Fristverkürzung anfechtbar ist (mit der sofortigen Beschwerde), ist streitig (bejahend Keidel/*Sternal* § 16 FamFG Rn 39; Zöller/*Stöber* § 225 ZPO Rn 8; aA Musielak/*Stadler* § 225 ZPO Rn 4); die Frage dürfte nach dem Rechtsmittelsystem des FamFG eher zu verneinen sein.

37 Auch bei einer Bewilligung einer Abkürzung oder Verlängerung scheidet ein Rechtsmittel gegen die Bewilligungsentscheidung aus (vgl BGH NJW 1988, 268 – für Verlängerung; Zöller/*Stöber* § 225 ZPO Rn 8).

38 Eine **Verkürzung gesetzlicher oder richterlicher Fristen** durch **Vereinbarung der Beteiligten** dürfte im Bereich des FamFG nicht in Betracht kommen. Dies ist zwar in § 224 Abs 1 ZPO vorgesehen. Diese Regelung wird jedoch durch die Bezugnahme in Abs 2 gerade ausgespart.

§ 17 Wiedereinsetzung in den vorigen Stand

(1) War jemand ohne sein Verschulden verhindert, eine gesetzliche Frist einzuhalten, ist ihm auf Antrag Wiedereinsetzung in den vorigen Stand zu gewähren.

(2) Ein Fehlen des Verschuldens wird vermutet, wenn eine Rechtsbehelfsbelehrung unterblieben oder fehlerhaft ist.

Übersicht

	Rz		Rz
A. Allgemeines	1	4. Ausnahmsweise Wiedereinsetzung trotz vorhandenen Verschuldens? (Kontrolle der Kausalität und Überlegungen wertender Zurechnung)	49
B. Anwendungsbereich	7		
C. Voraussetzungen für die Gewährung der Wiedereinsetzung	17		
I. Fristversäumung	17	IV. Fallgruppen (Einzelfälle)	56
II. Für die Fristversäumung kausal gewordenes Hindernis	19	1. Hinderungsgründe in der Person oder der Sphäre des Beteiligten	57
III. Fehlendes Verschulden	27		
1. Maßstäbe und Grundsätze fehlenden Verschuldens	27	2. Hindernisse außerhalb der Sphäre des Beteiligten und bei der Übermittlung des fristgebundenen Dokuments	71
2. Vermutung fehlenden Verschuldens nach Abs 2	32		
3. Fehlendes Verschulden bei Vertretung	39	3. Hinderungsgründe im Bereich des (anwaltlichen) Vertreters	79

A. Allgemeines

Bei der Wiedereinsetzung geht es um eine gerichtliche Entscheidung über die Aufhebung der Säumnisfolgen und die Zulassung der rechtswirksamen Nachholung einer von einem Beteiligten versäumten Verfahrenshandlung. 1

Die Rechtssicherheit würde an sich gebieten, bei der Versäumung von prozessualen Fristen stets von einer Ausschlusswirkung der Fristversäumung auszugehen. Dies würde jedoch in Ausnahmefällen, in denen ein solcher Rechtsverlust für den Betroffenen unzumutbar wäre, weil er die Frist trotz Einhaltung der gebotenen Sorgfalt versäumt hat, in Konflikt mit anderen wesentlichen Grundsätzen der Rechtsstaatlichkeit geraten, insbesondere der Garantie effektiven Rechtsschutzes, des Rechts auf Gehör und der anzustrebenden materiellen Gerechtigkeit im Einzelfall. Für solche Ausnahmefälle, in denen bei typisierender Abwägung der kollidierenden Interessen der individuellen Rechtsgewähr des schuldlos säumigen Betroffenen Vorrang vor dem Grundsatz der Rechtssicherheit zukommen muss, sieht § 17 die Wiedereinsetzung in den vorigen Stand vor (vgl zu einer solchen typisierenden Abwägung bei der Wiedereinsetzung BVerfGE 60, 253, 269; 85, 337, 345; 88, 118, 123). 2

Diese Abwägung muss auch Auslegung und Anwendung der Vorschriften über die Wiedereinsetzung prägen. Der hohe Wert der Rechtssicherheit gebietet es, regelmäßig strenge Anforderungen an die subjektiven Voraussetzungen eines fehlenden Verschuldens des Beteiligten zu stellen. Andererseits können die Garantie effektiven Rechtsschutzes und die Gewährleistung rechtlichen Gehörs dafür sprechen, den objektiven Anwendungsbereich des § 17 nicht zu eng abzustecken, und evtl. sogar eine analoge Anwendung der Vorschrift gebieten. 3

Das FGG enthielt eine Regelung über die Wiedereinsetzung bei Versäumung der Frist für die sofortige Beschwerde (§ 22 Abs 2 FGG); diese Regelung war aufgrund Sondervorschriften auch bei Versäumung anderer Fristen anwendbar (vgl § 137 FGG), teilweise bestanden spezielle Sonderregelungen (vgl §§ 92, 93 Abs 2 FGG), teilweise wurde auch eine entsprechende Anwendung des § 22 Abs 2 FGG in Erwägung gezogen (vgl Jansen/*Briesemeister* § 22 FGG Rn 44; *Bumiller*/Winkler § 22 FGG Rn 11). Eine umfassende allgemeine Regelung fehlte jedoch. Der Anwendungsbereich der Wiedereinsetzung ist 4

§ 17 FamFG | Wiedereinsetzung in den vorigen Stand

nunmehr – wie dies auch in anderen Verfahrensordnungen vorgesehen ist (vgl § 60 VwGO, § 56 FGO) – deutlich weiter gefasst und lässt die Wiedereinsetzung allgemein bei der Versäumung gesetzlicher Fristen zu. Damit sollen – wie es in der Begründung des RegE heißt – bisher bestehende Gesetzeslücken hinsichtlich der Wiedereinsetzung geschlossen werden (vgl BTDrs 16/6308, 183). Eine im RegE zunächst noch vorgesehene Beschränkung der Wiedereinsetzung auf die Versäumung von Fristen für die Einlegung eines Rechtsbehelfs ist nach kritischer Stellungnahme des BR im Gesetzgebungsverfahren fallen gelassen worden (vgl BTDrs 16/6308, 364, 405; BTDrs 16/9733, 36, 353).

5   Abs 1 regelt die allgemeinen Voraussetzungen, bei deren Vorliegen Wiedereinsetzung zu gewähren ist.

6   Abs 2 knüpft an die nunmehr nach § 39 vorgesehene Rechtsbehelfsbelehrung an und begründet im Fall fehlender oder fehlerhafter Belehrung eine Vermutung für ein fehlendes Verschulden an der Versäumung der gesetzlichen Frist. Die Regelung ähnelt § 44 Satz 2 StPO und folgt den Grundsätzen, die der BGH für unterlassene Rechtsmittelbelehrungen in WEG-Sachen entwickelt hat (vgl BGHZ 150, 390).

B. Anwendungsbereich

7   Die §§ 17 bis 19 über die Wiedereinsetzung **sind grundsätzlich auf alle Verfahren nach § 1 FamFG anwendbar**. Eine **Ausnahme** gilt für Ehesachen und Familienstreitsachen nach § 113 Abs 1 (hier gilt die ZPO). Die Regelung über die Wiedereinsetzung ist anwendbar bei allen **gesetzlichen Fristen**. In der gewählten Gesetzesformulierung kommt eindeutig zum Ausdruck, dass die Regelung nicht nur für die Einlegungsfrist von förmlichen Rechtsmitteln des 5. Abschnitts (Beschwerde, Rechtsbeschwerde) gilt. Ihr Anwendungsbereich geht weiter und erfasst die Versäumung aller Fristen, die durch Gesetz für Verfahrenshandlungen von Beteiligten vorgegeben werden. Für einen solchen weiten Anwendungsbereich spricht insbesondere auch die soeben erwähnte Erweiterung des Anwendungsbereichs im Gesetzgebungsverfahren und die Begründung des Regierungsentwurfs, in der ausgeführt wird, dass es bei der Neuregelung um eine Erweiterung des bisherigen, auf die sofortige Beschwerde beschränkten Anwendungsbereichs gehe und bei dieser Ausweitung an Regelungen anderer Verfahrensordnungen, nämlich § 60 VwGO und § 56 FGO, angeknüpft werden soll (BTDrs 16/6308, 183). In den genannten Vorschriften der anderen beiden Verfahrensordnungen ist jedoch allgemein bei Versäumung gesetzlicher Fristen die Möglichkeit der Wiedereinsetzung vorgesehen.

8   Die Anwendbarkeit der Regelungen über die Wiedereinsetzung kann sich auch aus einer **spezialgesetzlichen Bezugnahme auf § 17** ergeben (wie zB in §§ 367, 368 Abs 2; §§ 22 Abs 2 S 2, 33 Abs 3 Satz 4 GrdstVG, 35 Abs 3 Satz 3 VerschG). Andererseits kommt auch ein **Ausschluss der Wiedereinsetzung für spezielle Regelungsbereiche** in Betracht, vgl etwa § 48 Abs 3.

9   Für den Anwendungsbereich der Wiedereinsetzung kommt es nicht darauf an, ob die innerhalb der versäumten gesetzlichen Frist vorzunehmende Prozesshandlung gegenüber dem Richter oder einer anderen Person (zB Rechtspfleger) hätte vorgenommen werden müssen. Auch bei Versäumung der Erinnerungsfrist nach § 11 Abs 2 RPflG kommt eine Wiedereinsetzung in den vorigen Stand in Betracht (zum alten Recht vgl Jansen/*Briesemeister* § 22 FGG Rn 47).

10 Schließlich ist davon auszugehen, dass auch wegen der **Versäumung der Wiedereinsetzungsfrist** des § 18 Abs 1 Wiedereinsetzung gewährt werden kann (entspr § 233 Abs 1 ZPO; ebenso bereits zu § 22 Abs 2 FGG KKW/*Sternal* § 22 FGG Rn 82 mwN). Insbesondere die Versäumung der Wiedereinsetzungsfrist sollte durch die erst im laufenden Gesetzgebungsverfahren eingeführte Erweiterung des Anwendungsbereichs der Wiedereinsetzung auf alle Fälle der Versäumung gesetzlicher Fristen erfasst werden (vgl Gegenäußerung der BReg BTDrs 16/6308, 405). Zur Ausschlussfrist des § 18 Abs 4 vgl Rz 15.

Die Wiedereinsetzung in den vorigen Stand wird nicht dadurch ausgeschlossen, dass 11
ein verspäteter Rechtsbehelf (zB eine verspätete Beschwerde) vom Gericht bereits
(rechtskräftig) als unzulässig verworfen worden ist. Wird in solchen Fällen Wiedereinsetzung gewährt, wird die vorausgegangene Entscheidung über die Verwerfung des
Rechtsbehelfs gegenstandslos (vgl BayObLGZ 1963, 278, 281).

Auch nach dem hier vertretenen weiten Anwendungsbereich des § 17 Abs 1 werden 12
nicht erfasst die **vom Richter gesetzten Fristen** (vgl OLG Hamm FGPrax 2003, 264). Insoweit geht es nicht um gesetzliche Fristen. Richterliche Fristen können bei Vorhandensein erheblicher Gründe vom Richter nach billigem Ermessen verlängert werden. Bei
Ablauf der richterlichen Frist ist zwar eine Verlängerung der gesetzten Frist nicht mehr
möglich. Bei unverschuldeter Fristversäumung kann jedoch zur Gewährleistung effektiven Rechtsschutzes und/oder ausreichenden rechtlichen Gehörs die Gewährung einer
Nachfrist für den betroffenen Beteiligten in Betracht kommen.

Auch bei **materiellrechtlichen Fristen**, insbesondere bei **materiellen Ausschlussfris-** 13
ten, dh aus dem materiellen Recht sich ergebenden Fristen, bei deren Nichteinhaltung
der Verlust einer materiellrechtlichen Position eintritt, kommt eine Wiedereinsetzung in
den vorigen Stand nach § 17 grundsätzlich nicht in Betracht (zum alten Recht vgl OLG
Düsseldorf FGPrax 2004, 27; BayObLG FGPrax 2004, 77; *Bumiller*/Winkler § 22 FGG
Rn 13). Die Wiedereinsetzung ist als Einrichtung des Verfahrensrechts auf die Versäumung verfahrensrechtlicher Fristen bezogen und auf die Wiedereinräumung einer vor
Fristversäumung vorhandenen Verfahrensrechtsposition ausgerichtet; sie ist kein Instrument des materiellen Rechts. Der RegE (BTDrs 16/6308, 183) und auch die Erörterungen
im Gesetzgebungsverfahren zur Erweiterung des Anwendungsbereichs des § 17 Abs 1
(BTDrs 16/6308, 364, 405; BTDrs 16/9733, 353) befassen sich mit verfahrensrechtlichen
Fristen und lassen nicht erkennen, dass eine Ausweitung des Anwendungsbereichs auf
die Versäumung materiellrechtlicher Fristen gewollt war. Auch die nach Formulierung
und Systematik vergleichbaren Regelungen über die Wiedereinsetzung in anderen Verfahrensordnungen werden auf verfahrensrechtliche und grundsätzlich nicht auf materiellrechtliche Fristen bezogen (vgl Schoch/Schmidt-Aßmann/Pietzner/*Bier* § 60 VwGO
Rn 7; Kühn/von Wedelstädt/*Bartone* § 56 FGO Rn 3 f; anders für die im Wortlaut ähnliche Regelung des § 110 AO *Tipke*/Kruse § 110 AO Rn 4).

Eine Anwendung auf materiellrechtliche Fristen kann nur in Betracht kommen, wenn 14
materielles Recht, etwa durch Bezugnahme, die §§ 17 ff für anwendbar erklärt.

Bei Versäumung der **in § 18 Abs 4 vorgesehenen Ausschlussfrist** für die Wiederein- 15
setzung von einem Jahr ist entsprechend dem Zweck dieser Frist die Gewährung einer
Wiedereinsetzung ausgeschlossen (ebenso Keidel/*Sternal* § 17 FamFG Rn 7). Vgl aber
auch § 18 Rz 43 ff. Gleiches wäre auch bei anderen Fristen denkbar, wenn sie nach Systematik und Gesetzeszweck als definitive Ausschlussfristen verstanden werden müssen.

Bei **zwischen Beteiligten vereinbarten Fristen** kommt eine Wiedereinsetzung, die 16
nach Abs 1 nur bei gesetzlichen Fristen möglich ist, ebenfalls nicht in Betracht. Auch eine analoge Anwendung ist hier abzulehnen (zum alten Recht vgl KKW/*Sternal* § 22
FGG Rn 38). Insbesondere ist eine Wiedereinsetzung bei verspätetem Widerruf eines
(vor Gericht) unter Widerrufsvorbehalt geschlossenen Vergleichs ausgeschlossen (vgl
BGHZ 61, 394, 395; BGH NJW 1995, 521, 522; Jansen/*Briesemeister* § 22 FGG Rn 45; aA
Säcker NJW 1968, 708). Zu diskutieren ist, ob die Beteiligten im Rahmen vorhandener
Dispositionsbefugnis über den Vergleichsgegenstand und die Widerrufsmodalitäten etwas anderes vereinbaren können (dafür Zöller/*Greger* § 233 ZPO Rn 7).

C. Voraussetzungen für die Gewährung der Wiedereinsetzung

I. Fristversäumung

Eine Wiedereinsetzung setzt **eine versäumte gesetzliche Frist** voraus. Gesetzliche Fris- 17
ten können nicht nur dadurch versäumt werden, dass innerhalb des Fristlaufs die Pro-

zesshandlung insgesamt unterbleibt, sondern auch dadurch, dass die Prozesshandlung nicht formgerecht erfolgt oder wesentlichen inhaltlichen Anforderungen nicht genügt und eine ordnungsgemäße Prozesshandlung erst nach Ablauf der Frist nachgeholt wird.

18 Bestehen Zweifel an der Einhaltung der betreffenden gesetzlichen Frist, kann es für den Beteiligten (bzw seinen Verfahrensbevollmächtigten) geboten sein, hilfsweise Wiedereinsetzung zu beantragen. Bei solchen Zweifeln hat das Gericht grundsätzlich von Amts wegen (vorrangig) die Frage der Fristversäumung zu klären. Nach hM darf diese Frage nicht offen gelassen und jedenfalls Wiedereinsetzung gewährt werden (vgl OLG Frankfurt AgrarR 1993, 395; Keidel/*Sternal* § 17 FamFG Rn 10). Die besseren Gründe sprechen wohl dafür, dem Gericht auch hier die Befugnis einzuräumen, bei seiner Entscheidung logisch vorrangige Fragen ggf offen zu lassen und von einer notwendigen Beweisaufnahme über die Fristversäumung abzusehen, wenn aus anderen Gründen eine eindeutige Entscheidung (im Sinne einer Wiedereinsetzung) möglich ist (i Erg ebenso BGH NJW-RR 2002, 1070, 1071; PG/*Milger* § 233 ZPO Rn 11). Im umgekehrten Fall, in dem der Wiedereinsetzungsantrag zurückzuweisen wäre, kann das selbstverständlich nicht gelten.

II. Für die Fristversäumung kausal gewordenes Hindernis

19 Der betreffende Beteiligte muss daran gehindert gewesen sein, die Verfahrenshandlung rechtzeitig innerhalb der laufenden Frist vorzunehmen.

20 Hinsichtlich der **Art des Hindernisses** enthält das Gesetz keine Vorgaben oder Beschränkungen. Die Verhinderung der Fristwahrung kann sich nicht nur durch nicht zu beherrschende Naturereignisse oder andere unabwendbare Zufälle, sondern auch durch andere Ereignisse ergeben haben, die ihrer Art nach durchaus beherrschbar und zu steuern sind. Bei diesen ist dann die Prüfung der weiteren, sogleich zu behandelnden Voraussetzung des fehlenden Verschuldens von entscheidender Bedeutung.

21 Das Hindernis kann sich aus Umständen außerhalb der Sphäre des betreffenden Beteiligten ergeben (Verhinderung aufgrund Naturkatastrophe, verspätete Postzustellung), dort evtl von vornherein seiner Beeinflussung entzogen sein, aber auch aus dem Bereich des Beteiligten stammen, dort evtl ebenfalls von vornherein seiner Beeinflussung entzogen sein (Erkrankung, Verhinderung wegen eines von anderen verursachten unverschuldeten Unfalls) oder aber evtl. beeinflussbar gewesen sein (Fristversäumung aufgrund Rechtsirrtums oder eines Fehlers von Büroangestellten des Beteiligten). Bei letzterem kommt es dann wiederum entscheidend auf das fehlende Verschulden an.

22 Ein für die Wiedereinsetzung zu berücksichtigendes Hindernis kann unter Umständen auch die wirtschaftliche Bedürftigkeit sein, die einen Beteiligten veranlasst, die Rechtsverfolgung von der Bewilligung von Pkh abhängig zu machen (vgl dazu unten Rz 68).

23 Schließlich kann ein relevantes Hindernis auch in der Verhinderung einer anderen Person bestehen, die als Vertreter des Beteiligten tätig werden sollte. Auch in solchen Fällen wird regelmäßig die Verschuldensfrage und Verschuldenszurechnung von wesentlicher Bedeutung sein (vgl unten Rz 39 ff).

24 Das eingetretene **Hindernis** muss **ursächlich für die Versäumung der Frist** gewesen sein. Die Ursächlichkeit ist danach zu bejahen, wenn ohne das entsprechende Hindernis die Frist nach dem gewöhnlichen Verlauf nicht versäumt worden wäre.

25 Es ist dabei irrelevant, ob das betreffende Hindernis den Beteiligten insgesamt von der fristgerechten Vornahme der Verfahrenshandlung abgehalten hat oder ihn innerhalb der Frist nur zu einer (formell oder materiell) nicht wirksamen Verfahrenshandlung veranlasst hat (vgl Jansen/*Briesemeister* § 22 FGG Rn 30).

26 Es reicht nicht aus, dass das betreffende Ereignis (zB eine Erkrankung) den Beteiligten nur zeitweilig behindert hat und damit lediglich zu einer faktischen Verkürzung der laufenden Frist geführt hat, die Vornahme der Prozesshandlung aber vor Fristablauf noch

in zumutbarer Weise möglich gewesen wäre (vgl BGH NJW 1976, 626; MüKoZPO/*Gehrlein* § 233 ZPO Rn 18). Entsprechendes gilt allgemein bei Umständen, welche die Einhaltung der laufenden Frist nur erschwert, nicht aber unmöglich gemacht haben. In solchen Fällen würde – selbst wenn Kausalität bejaht würde – jedenfalls das erforderliche fehlende Verschulden an der Säumnis nicht anzunehmen sein.

III. Fehlendes Verschulden

1. Maßstäbe und Grundsätze fehlenden Verschuldens

Eine Wiedereinsetzung in den vorigen Stand kommt nur in Betracht, wenn der Antragsteller »**ohne Verschulden**« **gehindert war, die Frist einzuhalten**. Verschulden bedeutet hier ein Verschulden gegen sich selbst im Sinne einer Obliegenheit. 27

Neben Vorsatz, der praktisch wenig relevant sein dürfte, schadet **jeder Grad von Fahrlässigkeit**, also auch bereits leichte Fahrlässigkeit. 28

Bei der Frage, welcher Maßstab für die Fahrlässigkeit anzulegen ist, finden sich unterschiedliche Ansätze. Teilweise wird in Anlehnung an § 276 BGB ein objektiv-abstrakter Maßstab angewandt und auf die im Verkehr allgemein erforderliche Sorgfalt abgestellt (vgl MüKoZPO/Gehrlein § 233 ZPO Rn 21; Zöller/*Greger* § 233 ZPO Rn 12). Nach anderer Auffassung ist jedoch ein subjektiv-individueller Maßstab anzulegen. Es kommt danach darauf an, dass dem Antragsteller nach der konkreten Sachlage und seinen persönlichen Verhältnissen kein Vorwurf wegen der eingetretenen Versäumung der Frist gemacht werden kann. Der Antragsteller muss die Sorgfalt angewandt haben, die unter Berücksichtigung der konkreten Umstände im Verkehr erforderlich war und ihm persönlich vernünftigerweise zugemutet werden konnte (vgl BGH JR 1955, 101; BayObLG NJW-RR 2001, 1592, 1594; KG OLGZ 1966, 117, 119; Jansen/*Briesemeister* § 22 FGG Rn 32; Keidel/*Sternal* § 17 FamFG Rn 12). 29

Der subjektiv-individuellen Beurteilung dürfte zu folgen sein. Sie wird den oben genannten, hier zu berücksichtigenden verfassungsrechtlichen Garantien am besten gerecht, erscheint im Hinblick auf die Ausschöpfung der konkreten, individuellen Umstände sachgerecht und gewährleistet fallbezogene, billige Ergebnisse. 30

Nach dem hier vertretenen subjektiv-individuellen Maßstab sind die persönlichen Verhältnisse des Beteiligten zu berücksichtigen, danach können insbesondere vorhandene oder fehlende Prozesserfahrung, Rechtskenntnisse, Sprachkenntnis, Geschäftsgewandtheit oder sonstige einschlägige Erfahrungen von Bedeutung sein (ebenso Keidel/*Sternal* § 17 FamFG Rn 12; vgl auch Musielak/*Grandel* § 233 ZPO Rn 4). Die Berücksichtigung individuell-subjektiver Momente ändert allerdings nichts daran, dass es insoweit um einen normativen Maßstab geht und nicht das übliche tatsächliche (evtl nachlässige) Verhalten des Beteiligten zum Maßstab erhoben wird. 31

2. Vermutung fehlenden Verschuldens nach Abs 2

Die Verschuldensvermutung des Abs 2 knüpft an die in § 39 enthaltene Regelung über die Rechtsbehelfsbelehrung an. Eine unterbliebene oder unrichtige Belehrung hindert nicht das Wirksamwerden und den Eintritt der Rechtskraft der Entscheidung. Dies dient dem Interesse der Beteiligten an einem möglichst raschen, rechtskräftigen Abschluss der Verfahren. Die betroffenen Beteiligten sollen jedoch andererseits möglichst vor Rechtsnachteilen aus einer solchen unterbliebenen oder unrichtigen Rechtsbehelfsbelehrung geschützt werden, und ihnen soll die Einlegung eines Rechtsmittels oder Rechtsbehelfs nicht unzumutbar erschwert werden (vgl Begr des RegE BTDrs 16/6308, 183). Deshalb sieht Abs 2 für eine Wiedereinsetzung in den vorigen Stand die Vermutung vor, dass ein Beteiligter, der keine oder keine fehlerfreie Rechtsbehelfsbelehrung erhalten hat, ohne Verschulden daran gehindert war, die gesetzliche Frist für den Rechtsbehelf einzuhalten. 32

§ 17 FamFG | **Wiedereinsetzung in den vorigen Stand**

33 Die **Vermutung fehlenden Verschuldens** greift ein, wenn die **Rechtsbehelfsbelehrung** insgesamt **fehlt**.

34 Weiterhin greift sie ein, wenn die **Belehrung fehlerhaft** ist. Nicht jeder denkbare, evtl nur marginale Fehler dürfte hier ausreichen. Vielmehr muss die fehlerhafte Belehrung in vergleichbarer Weise wie bei einer fehlenden Belehrung geeignet gewesen sein, bei dem Adressaten relevante Fehlvorstellungen hinsichtlich des Rechtsbehelfs und der dafür einzuhaltenden Frist hervorzurufen. Dies ist nur anzunehmen, wenn sie in einem wesentlichen Punkt unrichtig, unvollständig oder unklar gewesen ist (ebenso für die vergleichbare Regelung in § 44 StPO KK/*Maul* § 44 StPO Rn 38). Ein danach beachtlicher, wesentlicher Fehler der Belehrung ist sicherlich bei Angabe einer unrichtigen Frist anzunehmen, aber auch bei Unrichtigkeiten zum Fristlauf, einer fehlenden oder unrichtigen Bezeichnung des für die Entgegennahme des Rechtsmittels zuständigen Gerichts oder bei unrichtigen Angaben zur einzuhaltenden Form.

35 Der Fehler muss nicht nur seiner Art nach (abstrakt) nicht unbedeutend gewesen sein, sondern auch im konkreten Fall relevant geworden sein. Es ist jedenfalls erforderlich, dass der Fehler der Rechtsbehelfsbelehrung und die deshalb fehlenden oder unrichtigen Vorstellungen den säumigen Beteiligten an der Wahrung der Frist gehindert haben. Die Vermutung der unverschuldeten Säumnis bei unterlassener Rechtsbehelfsbelehrung ändert nichts an dem oben dargestellten (Rz 24) weiteren Erfordernis eines (glaubhaft zu machenden) Kausalzusammenhangs zwischen dem Hindernis und der Fristversäumung (vgl zur vergleichbaren Problematik bei § 44 Satz 2 StPO BGH NStZ 2001, 45; OLG Frankfurt NStZ-RR 2007, 206; KK/*Maul* § 44 StPO Rn 36).

36 Bei fehlender oder fehlerhafter Rechtsbehelfsbelehrung wird (allein) das Fehlen eines Verschuldens an dem zur Fristversäumung führenden Hindernis **vermutet**. Das Fehlen eines Verschuldens muss dann nicht – wie bei anderen Fallgestaltungen – vom Antragsteller dargelegt und nach § 18 Abs 3 glaubhaft gemacht werden.

37 Mangels anderer Anhaltspunkte im Wortlaut, in der Gesetzessystematik und der Entstehungsgeschichte der Norm (vgl BTDrs 16/6308, 183) ist davon auszugehen, dass es sich um eine **widerlegbare Vermutung** handelt (ebenso BLAH/*Hartmann* ZPO § 17 FamFG Rn 5 – § 292 ZPO soll heranzuziehen sein). Insoweit ist § 17 Abs 2 entsprechend seinem abweichenden Wortlaut anders zu verstehen als § 44 Satz 2 StPO. Danach kann die Vermutung eines fehlenden Verschuldens an der Säumnis im konkreten Fall aufgrund der hier vorhandenen tatsächlichen Umstände widerlegt werden. Davon ist etwa auszugehen, wenn eine tatsächlich vorhandene Kenntnis des Beteiligten hinsichtlich des Rechtsbehelfs und der hierfür geltenden Frist festzustellen ist. In solchen Fällen könnte auch bereits der erforderliche Kausalzusammenhang zwischen einem aus der fehlenden oder fehlerhaften Rechtsbehelfsbelehrung sich ergebenden Hindernis und der Fristversäumung fehlen. Denn mehr als die tatsächlich vorhandene Kenntnis, die den Beteiligten oder seinen Vertreter nicht zur Einlegung des Rechtsbehelfs veranlasst hat, hätte auch die Rechtsbehelfsbelehrung nicht vermitteln können.

38 Zweifelhaft sind die Fälle, in denen zwar die Kenntnis, die die Rechtsmittelbelehrung vermitteln soll, tatsächlich nicht vorhanden war und infolge dessen die Frist versäumt worden ist oder die entsprechende tatsächliche Kenntnis zumindest nicht feststellbar ist, diese aber vom Beteiligten oder seinem Vertreter zu erwarten gewesen wäre. Solche Fälle ergeben sich insbesondere bei Beteiligung rechtskundiger Personen (Beteiligter ist zB Volljurist) oder einer Vertretung des Beteiligten durch einen Rechtsanwalt oder Notar. Hier dürfte in vielen Fällen von einer Widerlegung der Vermutung fehlenden Verschuldens auszugehen sein. Entscheidend ist jedoch die Würdigung der konkreten Umstände des Einzelfalls, die uU für die Widerlegung der Vermutung nicht ausreichen.

3. Fehlendes Verschulden bei Vertretung

Ein Verschulden seines Vertreters muss der Beteiligte sich zurechnen lassen und ist für 39
die Frage der Wiedereinsetzung eigenem Verschulden des Beteiligten gleichzustellen.
Wenn ein Beteiligter seine Angelegenheiten durch einen Vertreter wahrnehmen lässt,
muss er sich so behandeln lassen, als hätte er sie selbst wahrgenommen, und er kann Risiken und Folgen eines fehlerhaften Vertreterhandelns nicht auf andere abwälzen.

§ 22 Abs 2 S 2 FGG enthielt die ausdrückliche Regelung, dass die Versäumung der 40
Frist, die in dem Verschulden eines Vertreters ihren Grund hat, nicht als unverschuldet
anzusehen ist. Diese Regelung ist zwar nicht in das FamFG übernommen worden. Im
Regierungsentwurf und in den sonstigen Gesetzesmaterialien finden sich jedoch keine
Anhaltspunkte dafür, dass insoweit eine Änderung im Vergleich zur früheren Rechtslage gewollt war und nunmehr Vertreterverschulden nicht mehr relevant sein soll. Die
Zurechnung des Verschuldens des Vertreters folgt vielmehr aus allgemeinen Grundsätzen der gesetzlichen Vertretung (vgl hier § 9 Abs 4) und für einen vom Beteiligten bestellten Verfahrensbevollmächtigten aus § 11 S 5, § 85 Abs 2 ZPO. Es kann für den Bereich des FamFG insoweit nichts anderes gelten als in anderen Prozessordnungen, in
denen beim für die Wiedereinsetzung relevanten Verschulden auch das Verschulden des
Vertreters berücksichtigt und der betreffenden Partei zugerechnet wird (vgl zB Zöller/
Greger § 233 ZPO Rn 12, 13; Schoch/Schmidt-Aßmann/Pietzner/*Bier* § 60 VwGO Rn 23).

Als möglicher Vertreter, dessen Verschulden einem Beteiligten zuzurechnen ist, kom- 41
men in Betracht: gesetzliche Vertreter, organschaftliche Vertreter einer beteiligten juristischen Person und für das Verfahren bestellte Bevollmächtigte der Beteiligten.

Der Vertreter muss als solcher in das Verfahren eingebunden sein, dh er muss in dem 42
Verfahren für den Beteiligten auftreten oder es übernommen haben, für den Beteiligten
das Verfahren wenigstens teilweise zu führen (vgl BGH NJW 1967, 1567, 1568; Keidel/
Sternal § 17 FamFG Rn 30).

Das Verschulden des für das Verfahren bestellten Bevollmächtigten muss der Beteilig- 43
te sich von der Erteilung der Vollmacht und der Annahme des Auftrags bis zur Beendigung des Mandats durch Kündigung oder anderweitige Erledigung zurechnen lassen;
es gelten insoweit über § 11 S 5 die zu § 85 Abs 2 ZPO entwickelten Grundsätze (vgl dazu Musielak/*Weth* § 85 ZPO Rn 17 f). Als Verfahrensbevollmächtigter kommt danach
vor allem der beauftragte Rechtsanwalt bzw ein Rechtsanwalt der beauftragten Sozietät
in Betracht, aber auch Unterbevollmächtigte, ein Urlaubsvertreter (BGH NJW 2001,
1575) bzw der allgemeine Vertreter des Rechtsanwalts nach § 53 BRAO, ein Verkehrsanwalt, ein Zustellungsbevollmächtigter, der im Pkh-Verfahren beigeordnete Rechtsanwalt, sobald der Beteiligte ihm Vollmacht erteilt hat (BGH NJW 1987, 440) und er das
Mandat übernommen hat (MüKoZPO/*von Mettenheim* § 85 ZPO Rn 16), und evtl auch
ein angestellter Rechtsanwalt, soweit dieser Sachen selbständig bearbeitet und ihm insoweit eine zumindest abgeleitete Vollmacht zukommt (vgl BGH NJW-RR 1992, 1019, auch
zur Abgrenzung zum unselbständigen Hilfsarbeiter).

Auch das Verschulden sonstiger Personen, die nicht Rechtsanwälte sind, aber auf- 44
grund entsprechender Vollmacht nach § 10 Abs 2 Satz 2 zur Vertretung eines Beteiligten
befugt sind und dessen Vertretung übernommen haben, muss der betreffende Beteiligte
sich zurechnen lassen. Auch ein Notar kann befugter Vertreter eines Beteiligten sein,
wenn ihm etwa Vollmacht nach §§ 10 Abs 2 Satz 2 Nr 3, 11 erteilt worden ist oder er
nach anderen Vorschriften als Vertreter eines Beteiligten handelt. Bei der Ausübung
seiner Amtsgeschäfte handelt der Notar jedoch regelmäßig nicht als Vertreter eines Beteiligten, sondern aufgrund eigener Amtsstellung; ein fehlerhaftes Handeln bei der
Amtsausübung ist dann nicht einem einzelnen Beteiligten zuzurechnen (vgl Jansen/
Briesemeister § 22 FGG Rn 34).

Eine Verschuldenszurechnung scheidet mangels Vertreterstellung aus bei einem Mit- 45
arbeiter, der dem bevollmächtigten Rechtsanwalt nur zuarbeitet, auch wenn der Mit-

arbeiter Rechtsreferendar oder Volljurist ist, und beim Büropersonal des beauftragten Rechtsanwalts sowie sonstigen von ihm eingeschalteten Hilfspersonen (zB Boten); auch eine Zurechnung des Fehlverhaltens dieser Hilfspersonen über § 278 BGB kommt nicht in Betracht, da die genannte Vorschrift nur im materiellen Recht gilt, nicht aber verfahrensrechtliche Wirkungen hat. Es kann hier allenfalls ein nach § 85 Abs 2 ZPO zuzurechnendes Verschulden des Rechtsanwalts, zB ein Organisationsverschulden, in Betracht kommen.

46 Auch das Verschulden sonstiger Dritter, etwa von Gerichts- oder Behördenpersonal, Postbediensteten oder sonstigen Hilfspersonen, ist einem Beteiligten unter keinem Gesichtspunkt zuzurechnen.

47 Bei Beteiligung eines Vertreters scheidet aufgrund zurechenbaren Verschuldens eine Wiedereinsetzung aus, wenn den Vertreter ein Verschulden an dem zur Fristversäumung führenden Hindernis trifft. Es kommt dann nicht mehr darauf an, ob der Beteiligte selbst schuldhaft gehandelt hat. Auch wenn ihn kein Verschulden an der Auswahl des Vertreters trifft und er auch bei Ausschöpfung der Möglichkeiten zur Überwachung des Vertreters die Fristversäumung nicht hätte vermeiden können, ist dann eine Wiedereinsetzung ausgeschlossen.

48 Wenn umgekehrt der Vertreter schuldlos gehandelt hat, der Beteiligte jedoch selbst schuldhaft eine Ursache für die Fristversäumung geschaffen hat, scheidet eine Wiedereinsetzung ebenfalls aus. So ist eine Wiedereinsetzung wegen eigenen Verschuldens des Beteiligten ausgeschlossen, wenn der Bevollmächtigte das Mandat rechtzeitig niedergelegt hat, der Beteiligte jedoch versäumt, rechtzeitig einen anderen Rechtsanwalt zu beauftragen oder – falls zulässig – den Rechtsbehelf selbst rechtzeitig einzulegen. Gleiches gilt, wenn der Beteiligte nach anwaltlichem Hinweis auf eine laufende Rechtsmittelfrist schuldhaft versäumt hat, rechtzeitig Auftrag zur Einlegung des Rechtsmittels zu erteilen, auch wenn gleichzeitig ein Verschulden des Büropersonals vorliegt, das kein Verschulden des Anwalts begründet und auch dem Beteiligten nicht zuzurechnen ist; allein das eigene Verschulden schließt hier die Wiedereinsetzung aus (vgl OLG Köln OLGR 1995, 214). Bei einer Mandatsniederlegung des Bevollmächtigten zur Unzeit, kann die dann erfolgte Versäumung der Rechtsbehelfsfrist für den Beteiligten selbst unverschuldet sein; in solchen Fällen kann jedoch an ein Verschulden des Vertreters anzuknüpfen sein, das in der Niederlegung des Auftrags zur Unzeit liegt.

4. Ausnahmsweise Wiedereinsetzung trotz vorhandenen Verschuldens? (Kontrolle der Kausalität und Überlegungen wertender Zurechnung)

49 Auch bei schuldhafter Verletzung einer für die Einhaltung der Frist gebotenen Sorgfalt kann im Ausnahmefall eine Wiedereinsetzung in Betracht kommen. Auch im Hinblick auf ein vorliegendes Verschulden bedarf es nämlich der Kontrolle der Kausalität und wertender Zurechnung im Hinblick auf die Fristversäumung.

50 So ist in der Rspr anerkannt, dass auch bei einem vorliegenden Verschulden hinsichtlich der Einhaltung der Frist Wiedereinsetzung zu gewähren ist, wenn eine entsprechende Fristversäumung auch bei Anwendung der gebotenen Sorgfalt des Beteiligten eingetreten wäre (vgl BGH NJW 1963, 253).

51 Neben reinen Kausalitätsüberlegungen im Sinne der Äquivalenztheorie können auch wertende Gesichtspunkte der Zurechnung zu berücksichtigen sein, wenn – was durchaus vorkommen kann – mehrere Umstände für die Fristversäumung kausal geworden sind und nur für einen Teil der Umstände das Verschulden des Beteiligten fehlt, etwa wenn die Fristversäumung auch durch gerichtliches Verhalten mit verursacht worden ist. Grundsätzlich muss sich der Beteiligte jeden von ihm verschuldeten kausalen Umstand für die Fristversäumung zurechnen lassen. Bereits **eine einzige** dem Beteiligte **zuzurechnende Ursache mit entsprechendem Verschulden** schließt grundsätzlich eine

Wiedereinsetzung aus; auf ebenfalls ursächliches Verhalten anderer kommt es dann nicht an.

Es fragt sich aber, ob es den säumigen Beteiligten entlasten kann, dass durch Maßnah- 52 men des Gerichts, etwa durch gerichtliche Hinweise oder Weiterleitung von Schriftsätzen an das zuständige Gericht, die Fristversäumung hätte verhindert werden können. Die Rspr geht davon aus, dass ein Gericht, das weder vorher mit der Sache befasst war noch für die Einlegung des betreffenden Rechtsmittels (bzw des Rechtsbehelfs) zuständig ist, keine generelle Fürsorgepflicht hat, durch Hinweise oder sonstige geeignete Maßnahmen eine Fristversäumung des Beteiligten zu verhindern (vgl BGH NJW-RR 2004, 1655, 1656; OLG Zweibrücken NJW 2005, 3358; BayObLG WuM 1995, 505; verfassungsrechtlich gebilligt von BVerfG NJW 2001, 1343). Aus einer speziellen Fürsorgepflicht des vorher mit der Sache nicht befasst gewesenen Gerichts kann danach der säumige Beteiligte nichts für sich herleiten.

Anders wird die Rechtslage gesehen bei einem Gericht, das vorher mit der Sache (et- 53 wa in erster Instanz) befasst gewesen ist. Hier wird angenommen, dass das Gericht aufgrund nachwirkender Fürsorgepflicht gegenüber den Beteiligten gehalten ist, Maßnahmen zur Vermeidung einer drohenden Fristversäumung zu ergreifen, insbesondere fristgebundene Schriftsätze, die bei ihm rechtzeitig innerhalb einer laufenden Frist eingehen, an das zuständige (Rechtsmittel-)Gericht weiterzuleiten. Geschieht dies nicht oder nur verspätet und wäre durch entsprechende Maßnahmen des Gerichts die Fristversäumung vermeidbar gewesen, soll sich das Verschulden des Beteiligten oder seines Bevollmächtigten nicht mehr auswirken. Die Fristversäumung wird dann dem Verantwortungsbereich des betreffenden Gerichts zugeordnet; es ist dann trotz vorhandenen Verschuldens Wiedereinsetzung zu gewähren (vgl BVerfG NJW 1995, 3173, 3175; 2001, 1343; 2005, 2137, 2138; BGH FamRZ 2009, 320; NJW 2008, 854; NJW-RR 2004, 1655, 1656).

Eine entsprechende Fürsorgepflicht trifft auch das Rechtsmittelgericht selbst; Wiedereinsetzung kommt danach in Betracht, wenn das Gericht gebotene Maßnahmen (zB Hinweis auf fehlende Unterschrift) unterlassen und dadurch zu einer Fristversäumung beigetragen hat (vgl BGH NJW-RR 2009, 564).

Wohl noch nicht abschließend geklärt ist, ob auch bei fehlender Vorbefassung in ande- 54 ren Fällen, in denen entgegen dem üblichen, ordentlichen Geschäftsgang die Weiterleitung des Schriftstücks an das zuständige Gericht eindeutig verzögert wird, bei üblicher Weiterleitung die Frist jedoch hätte gewahrt werden können, wegen einer der Justiz zuzuweisenden überwiegenden Verantwortung Wiedereinsetzung zu gewähren ist (dafür wohl Zöller/*Greger* § 233 ZPO Rn 22b).

Auch in sonstigen Fällen, in denen zwar ein Verschulden des Beteiligten an der Frist- 55 versäumung nicht ganz zu verneinen ist, bei wertender Betrachtung aber die letzte, wesentliche Ursache für die Fristversäumung vom Gericht gesetzt worden ist, ist Wiedereinsetzung zu gewähren (vgl BayObLG RPfleger 1995, 342; KG NJW-RR 1996, 526 für eine vom Rechtspfleger formunwirksam zu Protokoll genommene weitere Beschwerde).

IV. Fallgruppen (Einzelfälle)

Zu den Wiedereinsetzungsgründen gibt es eine reichhaltige, nur noch schwer zu 56 überblickende Kasuistik. Auch die zu anderen Prozessordnungen ergangene Rechtsprechung zu Fällen der schuldlosen Fristversäumung für eine Wiedereinsetzung, insbesondere die Rspr zur ZPO (vgl dazu zB BLAH/*Hartmann* § 233 ZPO Rn 18 ff; Musielak/*Grandel* § 233 ZPO Rn 6 ff; PG/*Milger* § 233 ZPO Rn 19 ff; Zöller/*Greger* § 233 Rn 23), kann hier herangezogen werden. Die folgende Darstellung beschränkt sich auf die wesentlichen Fallgruppen.

§ 17 FamFG | Wiedereinsetzung in den vorigen Stand

1. Hinderungsgründe in der Person oder der Sphäre des Beteiligten

57 **Abwesenheit**: Eine Abwesenheit des Beteiligten von seiner Wohnung kann im Einzelfall zu einer unverschuldeten Säumnis führen, wenn der Beteiligte keine konkreten Anhaltspunkte für ein gegen ihn zu führendes Verfahren hatte oder es sich um eine unvorhersehbare oder nur kurzzeitige Abwesenheit handelte (vgl BVerfG NJW 1993, 847; im letztgenannten Fall wird eine Fristversäumung aber wohl kaum in Betracht kommen). Musste der Beteiligte hingegen konkret damit rechnen, dass in seiner Abwesenheit Zustellungen, die gesetzliche Fristen auslösen, erfolgen könnten und die Frist bei der Rückkehr evtl nicht mehr zu wahren ist, ist er gehalten, bei voraussehbarer Abwesenheit zumutbare Vorkehrungen zu treffen (vgl BGH NJW 2000, 3143; 1988, 2672; BGH VersR 1995, 810, 811), zB durch Beauftragung eines (anwaltlichen) Vertreters, Beauftragung eines zumindest zur Abholung von Postsendungen bevollmächtigten Vertreters oder einer sonstigen Person, die seine Empfangseinrichtungen kontrolliert und ihn ggf rechtzeitig benachrichtigt.

58 Eine unverschuldete Abwesenheit kann sich auch bei Unglücksfällen, einem Krankenhausaufenthalt, einer Anstaltsunterbringung oder bei Haft ergeben (vgl BGH NJW 1975, 593; OLG Stuttgart NJW 1974, 2052).

59 **Erkrankung, Tod von nahen Angehörigen**: Eine Erkrankung des Beteiligten, Tod oder Erkrankung von nahen Angehörigen können eine Wiedereinsetzung rechtfertigen, wenn sie aufgrund besonderer Umstände des konkreten Einzelfalles dazu geführt haben, dass die Wahrung der Frist unmöglich oder zumindest nicht zumutbar war und dies vom Beteiligten auch durch zumutbare Vorkehrungen nicht verhindert werden konnte (vgl BGH VersR 1989, 931; BGH NJW-RR 1994, 957; KG NJW-RR 1994, 162, 163). In den genannten Fällen wird jedoch vielfach zumindest die rechtzeitige Beauftragung eines Vertreters (Rechtsanwalts) zur Wahrnehmung der eigenen Rechte möglich und auch zumutbar sein. Eine unverschuldete Säumnis ist jedoch anzunehmen, wenn eine Geisteskrankheit des Beteiligten eintritt, die zur Geschäftsunfähigkeit führt (BGH NJW 1984, 440), oder eine andere Erkrankung auftritt, die so schwer ist, dass die oben genannten Vorkehrungen nicht mehr möglich oder zumutbar sind (BGH VersR 1989, 931). Von letzterem kann jedenfalls noch nicht bei einer bescheinigten Arbeitsunfähigkeit ausgegangen werden (vgl BVerfG NJW-RR 2007, 1717).

60 **Rechtsunkenntnis**: Bei für die Fristversäumung ursächlicher Rechtsunkenntnis kann, wenn der Beteiligte juristischer Laie und anwaltlich nicht vertreten ist, ggf eine schuldlose Fristversäumung anzunehmen sein. Zu beachten ist jedoch, dass sich eine Erkundigungspflicht des Beteiligten ergeben kann und ein Verschulden an eine Verletzung dieser Erkundigungspflicht anknüpfen kann. Dazu muss allerdings aus Sicht des Beteiligten (ggf aus seiner Sicht als Laie) Anlass bestehen, Rechtsrat einzuholen. Bei Zustellung von rechtsrelevanten Schriftstücken, insbesondere solchen, die Fristen in Lauf setzen, muss regelmäßig auch von einem Laien ein Problembewusstsein zumindest dahingehend erwartet werden, dass die Notwendigkeit erkannt wird, juristischen Rat bei einem Rechtsanwalt oder einer anderen kompetenten Stelle einzuholen (vgl BGH NJW 1997, 1989; Musielak/*Grandel* § 233 ZPO Rn 43). Wird dies versäumt, ist darin grundsätzlich ein Verschulden zu sehen, das eine Wiedereinsetzung ausschließt.

61 Bei Rechtsunkenntnis hinsichtlich einer zu wahrenden Frist infolge **fehlender, unzureichender oder fehlerhafter Rechtsbehelfsbelehrung** gilt nunmehr Abs 2; vgl dazu oben Rz 32.

62 **Sprachunkenntnis**: Fehlende Sprachkenntnisse eines Ausländers können im Einzelfall zu einer unverschuldeten Säumnis führen (vgl BVerfG NJW 1991, 2208). Der betroffene Ausländer muss aber das seinerseits Zumutbare tun, um Missverständnisse und daraus resultierende Folgen zu vermeiden. Er muss sich unverzüglich eine Übersetzung des Schriftstücks besorgen, das er wegen mangelnder Sprachkenntnisse nicht ausreichend versteht (vgl BGH FamRZ 1990, 145, 146). Dies setzt allerdings voraus, dass er zu-

mindest in der Lage ist, die mögliche rechtliche Relevanz des betreffenden Schreibens zu erfassen (BVerfG NJW 1991, 2208). Ggf sind auch Rückfragen erforderlich, wenn etwas nicht verstanden worden ist (BGH VersR 1984, 874, 875).

Unkenntnis eines bekannt gegebenen, eine Frist auslösenden Dokuments: Bei einer 63 Unkenntnis von einem zugestellten oder nach § 15 Abs 2 Satz 1, 2. Alt bekannt gegebenen Dokuments, das den Lauf einer gesetzlichen Frist ausgelöst hat, und einer darauf beruhenden Fristversäumung kommt es darauf an, ob die Unkenntnis unverschuldet war.

Außerhalb eines laufenden Verfahrens muss der Beteiligte keine besonderen Vor- 64 kehrungen für Zustellungen oder eine sonstige Bekanntgabe treffen, wenn er mit solchen Maßnahmen nicht rechnen musste und er sich in einen mehrwöchigen Urlaub begibt oder aus anderen Gründen abwesend ist (BVerfG VRS 51, 163, 164). Wenn er unter diesen Voraussetzungen keine rechtzeitige Kenntnis von einer erfolgten Bekanntgabe des fristauslösenden Dokuments erlangt und infolge dessen eine Frist versäumt, dürfte eine unverschuldete Säumnis vorliegen. Anders ist dies jedoch zu beurteilen, wenn der Beteiligte – etwa aufgrund vorprozessualen Schriftwechsels – mit eventuellen Zustellungen rechnen musste; dann müssen Vorkehrungen getroffen werden (BGH NJW 2000, 3143; BGH VersR 1995, 810, 811; 1992, 119). Entsprechende Vorkehrungen müssen dann auch eine mögliche Bekanntgabe in der Form eines zur Post gegebenen Schreibens erfassen.

Solche Vorkehrungen müssen von einem Beteiligten (und seinem Anwalt) auch **wäh-** 65 **rend eines laufenden Verfahrens** getroffen werden. Gleichwohl kann in Ausnahmefällen eine unverschuldete Säumnis anzunehmen sein, etwa bei einer öffentlichen Zustellung, mit der nicht gerechnet werden musste (vgl BGHZ 25, 11, 12; BGH VersR 1977, 932), bei einer Zustellung durch Niederlegung bei tatsächlich nicht erfolgter Benachrichtigung (BGH VersR 1977, 836) oder bei Verlust des Benachrichtigungszettels durch Versehen eines vom Beteiligten eingeschalteten, an sich zuverlässigen Dritten (BGH NJW 2001, 571), bei Ersatzzustellung und Vorenthaltung des zugestellten Schriftstücks durch Angehörige des Beteiligten, der keinen Verdacht schöpfen musste (BGH FamRZ 1957, 173). Bei einer Bekanntgabe im Wege der Übersendung durch die Post kommt eine unverschuldete Säumnis in Betracht, wenn das zugegangene Schriftstück nicht zur Kenntnis des Adressaten gelangt ist, weil es versehentlich durch Dritte verlegt oder vernichtet worden ist.

Umzug: Hier wird nur in Ausnahmefällen eine unverschuldete Säumnis in Betracht 66 kommen. Es obliegt dem Beteiligten, die neue Anschrift mitzuteilen, jedenfalls wenn er mit Zustellungen rechnen muss. In einem laufenden Verfahren hat er hierdurch oder durch andere Maßnahmen (ggf durch Mitteilung seiner Telefon- oder Mobilfunknummer) seine Erreichbarkeit für seinen bestellten Verfahrensbevollmächtigen sicherzustellen (vgl BGH NJW 2003, 903).

Vergesslichkeit, (berufliche) Überlastung oder sonstige persönliche Unzulänglich- 67 **keit:** Bei ihnen wird regelmäßig – wenn insoweit nicht eine Erkrankung anzunehmen ist – ein fehlendes Verschulden ausscheiden (vgl BGH NJW 1964, 2302; BayObLG NJW-RR 2003, 1665, 1666 für berufliche Überlastung).

Wirtschaftliche Bedürftigkeit und Verfahrenskostenhilfe: Die wirtschaftliche Be- 68 dürftigkeit eines Beteiligten und ein deshalb vor Einlegung eines Rechtsbehelfs (ggf auch vor Vornahme einer sonstigen Verfahrenshandlung) gestellter Antrag auf Verfahrenskostenhilfe bzw Pkh kann eine Wiedereinsetzung rechtfertigen (stRspr, vgl BGH NJW 1964, 868; FamRZ 2005, 2062; MDR 2006, 166; zusammenfassend Zöller/*Greger* § 233 ZPO Rn 23 »Prozesskostenhilfe«). Die wirtschaftliche Bedürftigkeit kommt auch dann als unverschuldetes Hindernis für die Fristwahrung (Einhaltung der Rechtsmittelfrist) in Betracht, wenn die entsprechende Prozesshandlung mangels Anwaltszwangs auch vom Beteiligten selbst vorgenommen werden könnte, dadurch aber jedenfalls entsprechende Gerichtskosten anfallen würden (vgl BayObLGZ 1979, 251, 254; zustimmend *Bassenge*/Roth § 22 FGG Rn 12).

69   Erforderlich ist, dass der Beteiligte innerhalb der betreffenden gesetzlichen Frist jedenfalls das seinerseits Mögliche und Zumutbare getan hat; dazu muss er innerhalb der Frist, und sei es am letzten Tag, den Pkh-Antrag mit allen notwendigen Unterlagen beim zuständigen Gericht einreichen (vgl BGH FamRZ 2006, 1522; NJW 1987, 440, 441; BayObLGZ 1979, 251, 255; Jansen/*Briesemeister* § 22 FGG Rn 36).

70   Für eine unverschuldete Säumnis ist weiterhin grundsätzlich erforderlich, dass der Beteiligte selbst vernünftigerweise annehmen konnte, nach den für die Pkh geltenden Grundsätzen bedürftig zu sein (BGH MDR 2008, 946; NJW 1993, 732, 733; Musielak/*Grandel* § 233 ZPO Rn 30). Ob der Antragsteller Erfolgsaussicht der Rechtsverfolgung (ggf der Rechtsverteidigung) annehmen durfte, ist dagegen nicht entscheidend (BGH FamRZ 1988, 1152, 1153; Musielak/*Grandel* § 233 ZPO Rn 30). Wenn der Antragsteller alles seinerseits Erforderliche getan hat und die zuvor genannten Voraussetzungen vorliegen, besteht das aus der wirtschaftlichen Bedürftigkeit sich ergebende unverschuldete Hindernis fort. Zum Fortfall des Hindernisses und zum Beginn der Wiedereinsetzungsfrist vgl § 18 Rz 22 ff.

2. Hindernisse außerhalb der Sphäre des Beteiligten und bei der Übermittlung des fristgebundenen Dokuments

71   **Gerichtseinlauf:** Es ist Sache des Beteiligten, dafür zu sorgen, dass das fristgebundene Schriftstück innerhalb der Frist bei dem zuständigen Gericht am rechten Ort eingeht. Eine Abgabe des fristgebundenen Schriftstücks bei einem anderen Gericht (zB auf der Poststelle eines anderen Gerichts im selben Gebäude) oder die Übergabe an nicht befugte Personen (Hausmeister, Putzfrau) reicht nicht. Da dies auch für den Beteiligten erkennbar sein wird, kommt in solchen Fällen eine Wiedereinsetzung regelmäßig nicht in Betracht (vgl Zöller/*Greger* § 233 ZPO Rn 23 »Gerichtseinlauf«). Etwas anderes kann sich ergeben, wenn der Beteiligte nach den Umständen und nach Äußerungen eines Justizbediensteten davon ausgehen durfte, dass das Schriftstück innerhalb der zu wahrenden Frist an die zuständige Stelle (ein anderes Gericht in demselben Gebäude) weitergeleitet werden würde (BGH AnwBl 2006, 491).

72   Bei Einreichung des Schriftsatzes bei einem unzuständigen Gericht und Verzögerung der Weiterleitung an das zuständige Gericht kann allerdings Wiedereinsetzung nach den unter Rz 51 ff dargestellten Grundsätzen in Betracht kommen.

73   **Postbeförderung:** Bei Verlust von Dokumenten oder Verspätungen im Rahmen der Postbeförderung kommt unverschuldete Fristversäumung in Betracht. Der Beteiligte darf sich grundsätzlich – bei Fehlen konkreter anderer Anhaltspunkte – auf die Zuverlässigkeit der Postdienste verlassen (BVerfG NJW 1995, 1210, 1211; 1979, 641; BGH NJW 2008, 1164, 1165; 2008, 587); dies soll selbst bei privaten Kurierdiensten gelten (BVerfG FamRZ 2000, 473; BGH NJW-RR 2008, 930; 2008, 141). Auch bei einer stärkeren Beanspruchung vor Feiertagen darf der Beteiligte hiervon ausgehen (BVerfG NJW 2001, 1566; BGH NJW 2008, 587). Ein Verlust des an das Gericht gerichteten Dokuments auf dem Postweg sowie eine nicht voraussehbare Verzögerung durch den Postdienstleister ist danach als unverschuldet anzusehen, wenn der Beteiligte seinerseits das zur fristgerechten Übermittlung Erforderliche getan hat (vgl BVerfG NJW 1994, 1854; 1992, 38; BGH NJW-RR 2008, 930; NJW 1993, 1333). Voraussetzung für eine unverschuldete Verzögerung ist dabei allerdings, dass das Dokument so rechtzeitig zur Post gegeben wurde, dass es bei normaler Bearbeitung und üblicher Postlaufzeit (bis ca 2 Werktage; hierzu ist ggf eine Auskunft einzuholen) fristgerecht bei Gericht eingegangen wäre (BGH NJW 2008, 587; FamRZ 2007, 1722; VersR 1994, 496, 497). Eine Verzögerung der Postzustellung, die durch eine dem Beteiligten zuzurechnende falsche Adressierung oder unzureichende Frankierung verursacht worden ist, kann der Annahme fehlenden Verschuldens ent-

Wiedereinsetzung in den vorigen Stand | § 17 FamFG

gegenstehen (BGH NJW 2007, 1751; NJW 2002, 2180; BVerwG NJW 1990, 1747). Gleiches gilt bei einem dadurch verursachten Verlust der Sendung. Eine dem Beteiligten zuzurechnende fehlerhafte Anschrift schließt allerdings eine Wiedereinsetzung nicht aus, wenn der Brief so frühzeitig aufgegeben worden ist, dass er trotz der notwendigen Sonderbehandlung bei der Post bei Gericht noch hätte rechtzeitig eingehen müssen (BVerfG NJW 2001, 1566, 1567; BVerwG NJW 1990, 2639). Der Beteiligte (ggf sein Vertreter) muss sich auf vorhandene und für ihn erkennbare Hindernisse einstellen, die erfahrungsgemäß zu einer Verzögerung der Postzustellung führen, etwa auf einen unmittelbar bevorstehenden oder stattfindenden Poststreik (BVerfG NJW 1995, 1210, 1211; BGH NJW 1993, 1332). Bei solchen Umständen kann auch eine Rückfrage bei Gericht geboten sein, um ggf die Frist auf einem anderen Weg noch zu wahren. Ansonsten wird eine Nachfragepflicht grundsätzlich verneint (BVerfG NJW 1995, 1210, 1211; BGH NJW 1993, 1332; BGH NJW 1990, 188, 189).

Auf Angaben über die voraussichtliche Beförderungsdauer in einem Aushang (BVerfG NJW 1983, 1479) und auf entsprechende Auskünfte von Postbediensteten hierzu (BGH NJW-RR 1990, 508) darf der Beteiligte sich verlassen. 74

Telefax: Nach nunmehriger Rspr des BGH ist für den Zugang eines per Telefax übersandten Schriftsatzes bei Gericht der Zeitpunkt maßgebend, an dem die gesendeten Signale vom Empfangsgerät des Gerichts vollständig empfangen wurden, was durch Einzelverbindungsnachweis des Telefondienstleisters zuverlässig ermittelt werden kann (vgl BGH NJW 2006, 2263, 2265; 2007, 2045, 2046). Der Zeitpunkt des Ausdrucks des Schriftsatzes ist danach nicht entscheidend. Die Frage einer möglichen Wiedereinsetzung kann danach nur relevant werden, wenn es bis zum Fristablauf nicht zum vollständigen Empfang der Signale im Empfangsgerät des Gerichts gekommen ist. Ist Letzteres der Fall, kann eine Wiedereinsetzung wegen unverschuldeter Säumnis in Betracht kommen, wenn der Beteiligte (oder sein Vertreter) alles Erforderliche und Zumutbare getan hat, um den fristgebundenen Schriftsatz rechtzeitig dem Gericht zu übermitteln. Insbesondere muss die zutreffende Telefax-Nummer, wie sie für den Beteiligten erkennbar war, verwendet werden und mit der Übermittlung des Schriftsatzes per Telefax muss so rechtzeitig begonnen werden, dass unter Berücksichtigung der Länge des Schriftsatzes eine vollständige Übermittlung vor Fristablauf gesichert erscheint (vgl BGH NJW 1994, 2097, 2098). Dabei ist eine gewisse Zeitreserve einzukalkulieren im Hinblick auf gewöhnliche kleinere Störungen, insbesondere im Hinblick auf eine evtl Belegung des Fax-Geräts des Gerichts durch eine andere eingehende Sendung, womit insbesondere kurz vor Mitternacht gerechnet werden muss. Nach der Übermittlung muss der Sendebericht darauf hin überprüft werden, ob die Übermittlung ordnungsgemäß und insbesondere vollständig (mit allen Seiten des Schriftsatzes) durchgeführt worden ist (BGH VersR 1995, 1073, 1074; NJW 1993, 3140; 1993, 1655, 1656). Wenn der Beteiligte danach das Erforderliche getan hat, kann er sich grundsätzlich auf eine ordnungsgemäße und fristgerechte Übermittlung verlassen; ein Defekt oder eine Störung des Empfangsgerätes oder irgendwelche Störungen auf dem Übermittlungsweg, die zur Versäumung der Frist führen, sind für ihn unverschuldet (BVerfG NJW 2001, 3473; BGH NJW 1995, 1431, 1432). Die Belegung des Faxgeräts des Gerichts durch eine andere eingehende Sendung soll solchen Störungen nicht gleichzustellen und nicht zu den unverschuldeten Umständen zu zählen sein (BVerfG NJW 2007, 2838; ablehnend *Roth* NJW 2008, 785; *Zöller/Greger* § 233 ZPO Rn 23 »Telefax«). 75

Wenn die Übermittlung des Schriftsatzes per Telefax scheitert, dies rechtzeitig zu erkennen ist und noch andere zumutbare Möglichkeiten vorhanden sind, den Schriftsatz fristgerecht bei Gericht anzubringen, muss der Beteiligte (oder sein Vertreter) grundsätzlich von einem solchen alternativen Weg Gebrauch machen (vgl BVerfG NJW 2006, 829; BGH NJW 1995, 1431, 1432; BAG 1995, 743). Dies gilt jedenfalls, wenn die Störungsursache (möglicherweise) in seinem Einflussbereich liegt. Der Zumutbarkeit sind hier jedoch Grenzen gesetzt. Bei in den Verantwortungsbereich der Justiz fallenden Störungen (zB 76 bei Defekt oder mangelnder Empfangsbereitschaft des Empfangsgeräts des Gerichts) sind vom Beteiligten (bzw seinem Anwalt) Anstrengungen zum Auffinden einer anderen Zugangsart nicht abzuverlangen (BVerfG NJW 1996, 2857, 2858; BGH NJW-RR 2003, 861).

77   Auch bei einem plötzlichen, unerwarteten Defekt des eigenen Faxgeräts kann ein für den Beteiligten unverschuldetes Hindernis anzunehmen sein (wenn andere zumutbare Übermittlungsmöglichkeiten nicht mehr bestehen).

78   **Verkehrsbehinderung:** Wenn unter Benutzung eines öffentlichen Verkehrsmittels oder eines Kraftfahrzeugs ein Dokument übermittelt werden sollte und infolge einer unvorhersehbaren Verkehrsbehinderung die Frist versäumt wurde, wird ein unverschuldetes Hindernis anzunehmen sein (BGH NJW 1998, 2677, 2678; 1989, 2393).

3. Hinderungsgründe im Bereich des (anwaltlichen) Vertreters

79   Wie ausgeführt (Rz 39 ff), muss der Beteiligte sich ein evtl Verschulden seines Vertreters hinsichtlich der Säumnis zurechnen lassen. Dies gilt insbesondere auch für seinen anwaltlichen Verfahrenbevollmächtigten. Zur Frage, welche Personen als Vertreter in Betracht kommen, vgl oben Rz 41 ff.

80   Soweit nach den vorstehend abgehandelten Fallgruppen ein Verschulden nicht ausgeschlossen ist, gilt dies auch bei entsprechenden Maßnahmen des (anwaltlichen) Vertreters mit der Folge, dass wegen des dem Beteiligten zuzurechnenden Verschuldens eine Wiedereinsetzung ausgeschlossen ist.

81   Bei Vertretung durch einen Rechtsanwalt dürften weiterhin folgende Problembereiche von Bedeutung sein (vgl auch PG/*Milger* § 233 ZPO Rn 30 ff).

82   **Abwesenheit:** Abwesenheit dürfte als Grund für eine unverschuldete Säumnis regelmäßig ausscheiden. Der Rechtsanwalt ist nach § 53 BRAO verpflichtet, im Falle einer Abwesenheit für Vertretung zu sorgen. Für den Fall plötzlicher Abwesenheit sind organisatorische Vorkehrungen zu treffen, dass eine Vertreterbestellung veranlasst wird (BGH NJW 1961, 606). Dies dürfte nicht zu verlangen sein, wenn es lediglich um eine unvorhersehbare kurzfristige Verhinderung geht (BayObLG NJW-RR 2001, 1648). Ist diese, weil sie etwa am letzten Tag wenige Stunden vor Fristablauf auftritt, für die Fristversäumung ursächlich geworden, kommt Wiedereinsetzung in Betracht.

83   **Krankheit des Rechtsanwalts:** Nach der Rspr hat ein Verfahrensbevollmächtigter Vorkehrungen dafür zu treffen, dass im Fall seiner Erkrankung ein Vertreter die notwendigen (fristgebundenen) Verfahrenshandlungen vornimmt. Diese Pflicht, für einen Vertreter zu sorgen, besteht jedenfalls dann, wenn es sich nicht um eine plötzlich auftretende, nicht vorhersehbare Erkrankung des Anwalts handelt (vgl BGH VersR 1991, 1270, 1271; NJW 1996, 1540, 1541; 2006, 2412). Eine Krankheit des Verfahrensbevollmächtigten schließt danach ein Verschulden an der Versäumung einer Frist nur aus, wenn eine plötzliche Erkrankung für den Verfahrensbevollmächtigten nicht vorhersehbar gewesen ist und deshalb organisatorische Vorkehrungen im Zeitpunkt der Erkrankung nicht mehr in Betracht kommen.

84   **Büro- und sonstiges Hilfspersonal:** Ein Verschulden des Büropersonals und der sonstigen Hilfspersonen, die durch den von ihm bevollmächtigten Rechtsanwalt eingesetzt werden, muss sich der betreffende Beteiligte nicht zurechnen lassen (vgl oben Rz 45). Es kommt jedoch ein dem Beteiligten zuzurechnendes Verschulden des Verfahrensbevollmächtigten in Betracht, wenn diesem Fehler bei der Auswahl, der Einweisung und Belehrung, der Überwachung, beim Personaleinsatz oder der Organisation des Personaleinsatzes unterlaufen.

85   Der Rechtsanwalt muss seine Bürokräfte sorgfältig auswählen und belehren (BGH NJW 2000, 3649, 3650; VersR 1986, 1083; 1973, 420, 421, 422); er muss ihre Tätigkeit angemessen überwachen (zumindest stichprobenweise) und damit ihre Eignung und Zuverlässigkeit laufend überprüfen (BGH NJW 1994, 2552, 2553), wobei die Überwachung

und ihre Intensität von der übertragenen Aufgabe, der Berufserfahrung und der bisherigen Bewährung abhängen. Eine solche Überwachung ist selbst noch bei langjährigen Angestellten erforderlich, hier allerdings dann nur in größeren Zeitabständen (BGH NJW 2002, 443, 444). Bei Auszubildenden hängen die Kontroll- und Überwachungspflichten vom jeweiligen Ausbildungsstand ab (BGH NJW 2002, 2180). Einfache Aufgaben darf der Rechtsanwalt einer zuverlässigen Angestellten übertragen, ohne dass er die ordnungsgemäße Erledigung überwachen muss (BGH NJW 2009, 296; NJW-RR 2003, 935, 936). Die Übertragung des Aufgabenbereichs und ihr Arbeitseinsatz müssen den Fähigkeiten und der Erfahrung der jeweiligen Bürokraft angepasst sein (BGH NJW 2006, 1520, 1521; 1976, 628).

Bei Referendaren und anderen juristischen Hilfskräften (zB angestellten Assessoren **86** oder Rechtsanwälten), die Fälle nicht selbständig bearbeiten, sondern dem Rechtsanwalt zuarbeiten, bestehen Weisungs- und Überwachungspflichten, insbesondere auch, wenn Aufgaben im Zusammenhang mit der Wahrung von Fristen wahrzunehmen sind. Bei diesen Personen sind jedoch geringere Anforderungen an die Überwachung zu stellen als bei mit Fristaufgaben betrauten sonstigen Büroangestellten (vgl BGH AnwBl 2006, 417, 418; FamRZ 1996, 1403).

Büroorganisation und Fristbehandlung: Der Rechtsanwalt hat seinen Bürobetrieb so **87** zu organisieren, dass Fehlerquellen ausgeschlossen und Fehler, insbesondere auch die Versäumung von Fristen, möglichst vermieden werden. Er ist darauf angewiesen, anfallende Büroarbeiten in erheblichem Umfang zu delegieren. Der Rechtsanwalt hat durch allgemeine Anweisungen, die nicht notwendigerweise schriftlich, aber unmissverständlich sein müssen, und spezielle (evtl mündliche) Weisungen im Einzelfall für eine einwandfreie Büroorganisation zu sorgen. Auftretende Fehler muss er zum Anlass nehmen, die Organisation zu optimieren (vgl BGH VersR 1996, 388; MüKoZPO/*Gehrlein* § 233 ZPO Rn 73). Die Organisation des Anwaltsbüros ist dabei insbesondere darauf auszurichten, die Versäumung von Fristen zu vermeiden. Auf die Ausführung der in den Organisationsanordnungen liegenden allgemeinen Weisungen und die Befolgung evtl zusätzlich erteilter mündlicher Weisungen darf der Rechtsanwalt sich grundsätzlich verlassen (BGH NJW 2008, 526; NJW-RR 2007, 127, 128; BGH FamRZ 1997, 997). Ein eigenes Fehlverhalten des Anwalts, das für die Frage einer Wiedereinsetzung dem vertretenen Beteiligten zuzurechnen ist, ist bei vermeidbaren Organisationsmängeln regelmäßig anzunehmen.

Zu der vom Rechtsanwalt zu gewährleistenden funktionsfähigen Büroorganisation **88** gehört auch die Anschaffung und Unterhaltung der notwendigen technischen Büroausstattung. Wenn hierfür hinreichend Sorge getragen wurde, kann eine Fristversäumung, die auf den Ausfall von Geräten zurückzuführen ist (zB eines Faxgeräts, der Computeranlage) und durch die Wahl eines anderen Übermittlungsweges nicht vermeidbar gewesen ist, als unverschuldet anzusehen sein (vgl OLG Celle NJW-RR 2003, 1439, 1440). Die dazu erforderliche konkrete Darlegung und die Glaubhaftmachung dürften in solchen Fällen jedoch vielfach Schwierigkeiten bereiten (vgl BGH MDR 2007, 248; NJW 2004, 2525).

Bei den Organisationsanforderungen und der Delegationsbefugnis von Aufgaben an **89** Büropersonal dürfte nach den Grundsätzen der Rspr eine Differenzierung nach drei unterschiedlichen Ebenen vorzunehmen sein (vgl dazu etwa BGH NJW 1988, 2045; Stein/Jonas/*Roth* § 233 ZPO Rn 34 (S 762)). Die strengsten Anforderungen sind bei der Berechnung von Fristen zu stellen. Die Fristberechnung muss der Rechtsanwalt grundsätzlich selbst vornehmen, er darf die Fristberechnung und -notierung lediglich bei einfacheren, in seinem Büro geläufigen Fristen einer gut ausgebildeten, als zuverlässig erprobten und sorgfältig überwachten Bürokraft übertragen (BGHZ 43, 148; BGH NJW 2003, 1815, 1816). Soweit eine Bürokraft tätig werden kann, darf auch eine Delegation an einen qualifizierten, eingewiesenen Rechtsreferendar erfolgen (BGH NJW 2006, 1070).

§ 17 FamFG | Wiedereinsetzung in den vorigen Stand

90 Geringere Anforderungen sind für die Eintragung und ihre Kontrolle, Überwachung und Löschung von Fristen in bürointernen Kontrollsystemen zu stellen. Diese Arbeiten können einer zuverlässigen, erfahrenen und bewährten Rechtsanwaltsgehilfin übertragen werden (BGH NJW 2009, 854, 856; NJW-RR 1995, 58, 59; NJW 1992, 2488).

91 Mit anderen Hilfeleistungen im Rahmen routinemäßiger Büroarbeiten, wie etwa Kopierarbeiten, Botendienste, Schreibarbeiten, können auch weniger qualifizierte Kräfte betraut werden. Steht ihre Tätigkeit im Zusammenhang mit der Wahrung von Fristen, müssen sie über die Fristwahrung unterrichtet werden und von ihnen muss eine gewissenhafte Ausführung zu erwarten sein (BGH VersR 1994, 369, 370).

92 Bei der **Fristenbehandlung** ist zunächst wesentlich, dass der Fristbeginn (Zustellung bzw sonstige Bekanntgabe) festgestellt wird. Dies muss vom Rechtsanwalt im Rahmen der ihm obliegenden Büroorganisation sichergestellt werden (BGH MDR 88, 1048). Zweifel hinsichtlich des maßgebenden Bekanntgabezeitpunkts müssen vom Rechtsanwalt geklärt werden, ggf auch durch Rückfrage beim Gericht (BGH FamRZ 1997, 415). Ist an ihn zugestellt worden, darf er das Empfangsbekenntnis grundsätzlich erst unterzeichnen und zurückgeben, wenn bei den Handakten die Frist zutreffend festgehalten und vermerkt ist, dass die First im Fristenkalender notiert worden ist (BGH AnwBl 2008, 71; BGH NJW 1996, 1900, 1901); jedenfalls muss die Fristnotierung gesichert sein (vgl BGH NJW 2003, 1528).

93 Wegen der Fristberechnung ist auf die vorausgegangenen Ausführungen (Rz 89) zu verweisen.

94 Für die ordnungsgemäße Organisation eines Anwaltsbüros, für die der Rechtsanwalt selbst einzustehen hat, gehört zwingend die Führung eines Fristenkalenders (BGH VersR 1977, 670); einzelne Blätter reichen nicht (BGH VersR 1985, 1184, 1185). Wenn ein EDV-gestützter Fristenkalender geführt wird, muss der Rechtsanwalt durch Organisationsanweisung sicherstellen, dass ein Kontrollausdruck gefertigt wird, um Eingabe- und Datenverarbeitungsfehler zu erkennen (BGH NJW-RR 2006, 500). Durch entsprechende Anweisung (Organisation) muss sichergestellt werden, dass im Kalender notierte Fristen nicht eigenmächtig vom Büropersonal geändert oder gestrichen werden (BGH FamRZ 1991, 1173, 1174). Die Führung des Fristenkalenders kann – wie ausgeführt (Rz 90) – einer qualifizierten Bürokraft überlassen werden. Bei wichtigen Fristen (die etwa für die Fertigung einer Begründung bzw eines sonstigen wichtigen Schriftsatzes bestehen) dürfte die Eintragung einer Vorfrist, zB von einer Woche, im Kalender zu veranlassen sein (so für Berufungsbegründungsfrist BGH FamRZ 2004, 100; VersR 1995, 72).

95 Der Rechtsanwalt darf grundsätzlich darauf vertrauen, dass ihm die Akten bei im Kalender notierter Frist zum Fristablauf vom Büropersonal vorgelegt werden (BGH NJW 1997, 3243). Bei Aktenvorlage hat der Rechtsanwalt (nochmals) eigenverantwortlich die Frist zu prüfen (BGH NJW 1992, 841). Wenn die Akte rechtzeitig vor Ablauf der Frist vorgelegt worden ist und die Frist sodann versäumt wird, muss ein dem Beteiligten zuzurechnendes Verschulden des Rechtsanwalts angenommen werden, auch wenn die Anweisung des Anwalts, ihn vor Fristablauf nochmals zu erinnern, nicht ausgeführt worden ist (BGH NJW 1992, 841).

96 Schließlich muss im Rahmen der Büroorganisation für eine wirksame Ausgangskontrolle gesorgt werden, durch die sichergestellt wird, dass fristgebundene Dokumente rechtzeitig übersandt werden. Die Ausgangskontrolle, die der Rechtsanwalt an qualifiziertes Personal delegieren kann (BGH VersR 1983, 269, 270), kann anhand eines Postausgangsbuchs oder durch Anbringung von Absendevermerken auf den zur Handakte genommenen Durchschriften erfolgen (BGH FamRZ 1992, 297). Es muss durch entsprechende Organisationsmaßnahmen auch sichergestellt sein, dass Fristen im Fristenkalender nicht schon mit Vorlage der Handakten gelöscht werden, sondern erst mit Erledigung durch Vornahme der fristwahrenden Maßnahme (Einleitung der Übersendung des

gefertigten Schriftsatzes, zumindest muss dieser postfertig sein; vgl BGH NJW 2006, 2638, 2639; 1989, 1157).

Rechtsirrtum oder Rechtsunkenntnis: Diese sind bei einem anwaltlichen Vertreter in 97 aller Regel verschuldet. Ausnahmen sind kaum denkbar (vgl BGH NJW 2001, 1575, 1576). In seltenen, eng begrenzten Ausnahmefällen kann allerdings ein fehlendes Verschulden anzunehmen sein, wenn es nämlich um eine besonders zweifelhafte Rechtslage geht, die relevanten Rechtsfragen umstritten und durch Entscheidung des BGH noch nicht geklärt sind und der anwaltliche Vertreter einen im Zeitpunkt seines Handelns vertretbar erscheinenden Weg wählt (vgl BGH NJW 1979, 877; FamRZ 1978, 231; BayObLG FGPrax 2004, 43, 45). Auch soweit es um Fristen geht, muss der Rechtsanwalt allerdings bei in Betracht kommenden Alternativen den sicheren bzw sichersten Weg gehen (BGH FamRZ 2006, 1191). Bei zweifelhafter Rechtslage hat der Rechtsanwalt die Interessen des von ihm vertretenen Beteiligten – soweit dies möglich ist – durch vorsorgliches Handeln hinsichtlich der in Betracht kommenden Alternativen zu wahren, ggf auch durch vorsorglichen Rechtsbehelf (vgl BVerfG NJW 2008, 2167, 2168).

Unkenntnis eines bekannt gegebenen, eine Frist auslösenden Dokuments: Eine un- 98 verschuldete Unkenntnis von einer Zustellung oder sonstigen Bekanntmachung kann eine Wiedereinsetzung rechtfertigen, was allerdings nur selten in Betracht kommen dürfte. Ein Rechtsanwalt muss organisatorische Vorkehrungen treffen, dass er Kenntnis vom Zeitpunkt (und Inhalt) ihm zugestellter Dokumente oder durch Brief bekannt gemachter Schriftstücke erhält, und dafür sorgen, dass der maßgebende Zeitpunkt der Zustellung (Bekanntgabe) für eine zu wahrende Frist festgehalten wird (zu letzterem vgl BGH NJW 2003, 435, 436).

Ist eine Zustellung oder sonstige Bekanntmachung (noch) an den Mandanten erfolgt, 99 hat der Rechtsanwalt den Zeitpunkt der Bekanntmachung festzustellen; dazu sind vorhandene Zustellnachweise oder Unterlagen über die Bekanntgabe durch Aufgabe zur Post zu prüfen. Auf ungeprüfte Angaben seines Mandanten darf er sich nicht ohne weiteres verlassen (BGH MDR 1994, 837).

§ 18 Antrag auf Wiedereinsetzung

(1) Der Antrag auf Wiedereinsetzung ist binnen zwei Wochen nach Wegfall des Hindernisses zu stellen.

(2) Die Form des Antrags auf Wiedereinsetzung richtet sich nach den Vorschriften, die für die versäumte Verfahrenshandlung gelten.

(3) Die Tatsachen zur Begründung des Antrags sind bei der Antragstellung oder im Verfahren über den Antrag glaubhaft zu machen. Innerhalb der Antragsfrist ist die versäumte Rechtshandlung nachzuholen. Ist dies geschehen, kann die Wiedereinsetzung auch ohne Antrag gewährt werden.

(4) Nach Ablauf eines Jahres, von dem Ende der versäumten Frist an gerechnet, kann Wiedereinsetzung nicht mehr beantragt oder ohne Antrag bewilligt werden.

Übersicht

	Rz		Rz
A. Allgemeines	1	C. Nachholung der versäumten Rechtshandlung	30
B. Antrag auf Wiedereinssetzung (Abs 1 und 2)	7	D. Glaubhaftmachung der Tatsachen zur Begründung des Antrags	34
I. Antrag	7	E. Wiedereinsetzung ohne Antrag	38
II. Form des Antrags	13	F. Ausschlussfrist für die Wiedereinsetzung	40
III. Antragsfrist	15		

A. Allgemeines

1 § 18 regelt die formellen Voraussetzungen des Wiedereinsetzungsgesuchs. Zum **Anwendungsbereich** der Regelung vgl § 17 Rz 7.

2 Abs 1 enthält – wie bereits § 22 Abs 2 Satz 1 FGG – eine Frist für die Anbringung des Wiedereinsetzungsgesuchs. Dies entspricht § 234 Abs 1 Satz 1 ZPO.

3 Abs 2 legt die Form des Wiedereinsetzungsantrags fest. Diese Regelung ist auf Vorschlag des Rechtsausschusses des BT eingefügt worden, um die Regelung in § 18 mit der entsprechenden zivilprozessualen Vorschrift des § 236 Abs 1 ZPO zu harmonisieren (vgl BTDrs 16/9733, 353).

4 Abs 3 benennt für das Wiedereinsetzungsgesuch erforderliche Verfahrenshandlungen. Abs 3 Satz 2 gibt nunmehr ausdrücklich vor, dass auch die versäumte Rechtshandlung innerhalb der Wiedereinsetzungsfrist nachgeholt werden muss. Dies entsprach zwar bereits nach altem Recht der ganz hM (vgl KKW/*Sternal* § 22 FGG Rn 49) und ist so auch in anderen Verfahrensordnungen vorgesehen (vgl §§ 236 Abs 2 Satz 2 ZPO, 60 Abs 2 Satz 3 VwGO), war bisher jedoch für die freiwillige Gerichtsbarkeit nicht ausdrücklich geregelt.

5 Auch Abs 3 Satz 3 hat klarstellende Bedeutung. Bereits nach zuvor geltender Rechtslage entsprach es einhelliger Auffassung, dass es – wie auch in anderen Verfahrensordnungen (vgl §§ 236 Abs 2 Satz 2, 60 Abs 2 Satz 4 VwGO) – für die Wiedereinsetzung keines ausdrücklichen Antrags bedarf, wenn die für die Wiedereinsetzung erforderlichen Tatsachen den Akten zu entnehmen sind (vgl BGH NJW 1975, 925; KKW/*Sternal* § 22 FGG Rn 41).

6 Abs 4 enthält eine Ausschlussfrist für die Wiedereinsetzung. Er entspricht inhaltlich und in der Formulierung weitgehend § 22 Abs 2 Satz 4 FGG und § 234 Abs 3 ZPO.

B. Antrag auf Wiedereinssetzung (Abs 1 und 2)

I. Antrag

7 Für die Wiedereinsetzung ist grundsätzlich – wenn nicht die Regelung in Abs 3 Satz 3 eingreift – ein Antrag des säumigen Beteiligten erforderlich. Der Antrag ist eine an Frist (Abs 1) und Form (Abs 2) gebundene Verfahrenshandlung.

8 Der Antrag muss nicht ausdrücklich gestellt werden, sondern kann sich auch konkludent aus auszulegenden Erklärungen und Verhalten des säumigen Beteiligten ergeben; hohe Anforderungen sind hier nicht zu stellen. Für eine konkludente Antragstellung dürften bereits Ausführungen des Beteiligten zu Wiedereinsetzungsgründen bei erkennbar werdendem Bewusstsein einer möglichen Fristversäumung und erkennbarem Willen zur Fortsetzung des Verfahrens genügen (vgl OLG Hamm FGPrax 1998, 215). Auch für den konkludenten Antrag muss aber die Form des Abs 2 eingehalten werden.

9 Der Wiedereinsetzungsantrag ist auch noch nach Verwerfung eines Rechtsbehelfs (bzw eines Rechtsmittels) zulässig.

10 Da nach § 19 Abs 1 über den Wiedereinsetzungsantrag das Gericht zu entscheiden hat, das auch über die versäumte Rechtshandlung zu befinden hat, ist der Antrag bei diesem Gericht zu stellen.

11 Bei **Versäumung der Beschwerdefrist** nach § 63 ist zu beachten, dass die Beschwerde nicht beim Beschwerdegericht, sondern nach § 64 Abs 1 bei dem Gericht einzulegen ist, dessen Beschluss angefochten wird, und dieses auch – wenn es nicht um eine Beschwerde gegen eine Endentscheidung in einer Familiensache geht – nach § 68 Abs 1 über eine Abhilfe der Beschwerde zu entscheiden hat. Soweit eine Abhilfekompetenz besteht, hat das Ausgangsgericht zunächst auch über die versäumte Rechtshandlung zu befinden. Es kann im Rahmen einer Abhilfe auch Wiedereinsetzung gewähren und ist insoweit zuständiges Gericht nach § 19 Abs 1; bei Nichtabhilfe ist es aber nicht befugt, den Wiedereinsetzungsantrag zurückzuweisen (zur entsprechenden Rechtslage bei der sofortigen Beschwerde im Zivilprozess vgl OLG Brandenburg OLG-NL 2005, 208; PG/*Milger* § 236 ZPO Rn 2; Zöller/*Greger* § 237 ZPO Rn 1; abw MüKoZPO/*Gehrlein* § 237 ZPO Rn 2, lediglich Empfangszuständigkeit des Ausgangsgerichts). Der Wiedereinsetzungsantrag ist danach wie die Beschwerde beim Ausgangsgericht anzubringen. Aber auch in den Fällen, in denen eine Abhilfekompetenz nach § 68 Abs 1 Satz 2 fehlt, dürfte das Ausgangsgericht zur Entgegennahme des Wiedereinsetzungsantrags zuständig sein. Die Zuständigkeit für den Wiedereinsetzungsantrag sollte der Zuständigkeit für die nachzuholende versäumte Rechtshandlung (hier der Beschwerde) folgen, wofür Gesichtspunkte der Praktikabilität, der sachliche Zusammenhang mit der versäumten Rechtshandlung (vgl hierzu auch Abs 3 Satz 3) und die Verknüpfung über die gemeinsame Frist gem Abs 1, 3 Satz 2 sprechen (ebenso Prütting/Helms/*Ahn-Roth* § 18 FamFG Rn 9). Zumindest sollte insoweit eine Zuständigkeit des Ausgangsgerichts neben dem Beschwerdegericht bestehen, das zusammen mit der Beschwerde über die Wiedereinsetzung zu entscheiden hat (für diese Lösung Keidel/*Sternal* § 18 FamFG Rn 8). Wie die Rspr dies sieht, bleibt allerdings abzuwarten.

Anders stellt sich die Lage bei der **Rechtsbeschwerde** dar, die beim Rechtsbeschwerdegericht einzulegen ist (§ 71 Abs 1). Bei Versäumung der Rechtsbeschwerde- und Rechtsbeschwerdebegründungsfrist ist das Wiedereinsetzungsgesuch nur beim Rechtsbeschwerdegericht (BGH) anzubringen.

12 Ein **Antragsrecht** hat nur der Beteiligte, der die gesetzliche Frist versäumt hat. Ggf kann bei zulässiger Nebenintervention (wenn man diese mit der hM in Streitsachen der freiwilligen Gerichtsbarkeit für anwendbar hält; vgl dazu BGH NJW 1963, 860; KKW/*Meyer-Holz* Vorb §§ 8–18 FGG Rn 4) ein Antragsrecht auch dem Nebenintervenienten zukommen.

II. Form des Antrags

13 Wie im Zivilprozess (§ 236 Abs 1 ZPO) richtet sich die Form des Wiedereinsetzungsantrags nach den Vorschriften, die für die versäumte Rechtshandlung gelten. Dies bedeutet, dass für versäumte gesetzliche Fristen erster Instanz und bei Versäumung der Beschwerdefrist regelmäßig die Schriftform oder eine Erklärung zur Niederschrift der Geschäftsstelle in Betracht kommen dürfte (vgl §§ 25, 64 Abs 2, 71 Abs 1).

§ 18 FamFG | Antrag auf Wiedereinsetzung

14   Wenn in dem betreffenden Verfahren anwaltliche Vertretung vorgeschrieben ist, wie etwa nach § 10 Abs 4 bei Verfahren vor dem BGH, muss auch der Wiedereinsetzungsantrag von einem Rechtsanwalt gestellt werden (zur teilweise abweichenden Rechtslage nach altem Recht vgl KKW/*Sternal* § 22 FGG Rn 40).

III. Antragsfrist

15   Der Wiedereinsetzungsantrag ist **binnen einer Frist von zwei Wochen nach Wegfall des Hindernisses** zu stellen, das zur Versäumung der Frist geführt hat. Die Einhaltung der Frist ist Zulässigkeitsvoraussetzung für den Wiedereinsetzungsantrag. Sie dient der Rechtssicherheit und soll Verfahrensverzögerungen verhindern. Die genannte Antragsfrist steht nicht zur Disposition der Beteiligten oder des Gerichts und gilt auch, wenn die versäumte Frist für die Rechtshandlung länger war. Allerdings wird erwogen, ob bei Versäumung der Rechtsbeschwerdebegründungsfrist in entsprechender Anwendung des § 234 Abs 1 Satz 2 ZPO die einmonatige Begründungsfrist (§ 71 Abs 2) auch für einen Wiedereinsetzungsantrag und die Nachholung der versäumten Rechtshandlung maßgebend ist (vgl Prütting/Helms/*Ahn-Roth* § 18 FamFG Rn 21 ff). Hierfür sprechen gute Gründe. Der Gesetzgeber hat allerdings von der Einfügung einer § 234 Abs 1 Satz 2 ZPO entsprechenden Regelung abgesehen, obwohl die Problematik der Versäumung der Rechtsbeschwerdebegründungsfrist im Gesetzgebungsverfahren zumindest allgemein erörtert worden ist (vgl BTDrs 16/6308 S 364, 405). Eine Korrektur im Wege einer verfassungskonformen Auslegung wird zu diskutieren sein, wie sie der BGH im Zivilprozess vor Einfügung des § 234 Abs 1 S 2 ZPO vorgenommen hat (vgl BGH NJW 2003, 3275, 3276 und 3782).

16   Die Frist beginnt zu dem Zeitpunkt, zu dem das Hindernis tatsächlich zu bestehen aufgehört hat oder der Fortbestand des Hindernisses nicht mehr als unverschuldet anzusehen ist (BGHZ 4, 389, 396; BGH VersR 1977, 258; KG ZMR 1994, 35, 36; Jansen/*Briesemeister* § 22 FGG Rn 39; Keidel/*Sternal* § 18 FamFG Rn 10). Für den Wegfall des Hindernisses ist jedes Verschulden des Beteiligten oder seines Verfahrensbevollmächtigten heranzuziehen. Der Beteiligte hat sich auch hier die Kenntnis und eine evtl vorwerfbare, verschuldete Unkenntnis seines Vertreters zurechnen zu lassen (vgl dazu § 17 Rz 39 ff). Hat das Hindernis allein oder auch darin bestanden, dass der Beteiligte die laufende Frist und ihre Versäumung nicht erkannt hat, setzt der Fristbeginn voraus, dass der Beteiligte (oder sein Vertreter) die Versäumung der Frist tatsächlich erkennt oder nunmehr bei gebotener Sorgfalt hätte erkennen müssen (BGH FamRZ 1998, 359, 360; VersR 1964, 1250; OLG München NJW-RR 2006, 1144, 1145). Auch für die Beseitigung des Hindernisses ist dem Beteiligten die Kenntnis oder das Kennenmüssen anderer dritter Personen (zB von Angestellten), die nicht die Stellung eines Vertreters haben, nicht zuzurechnen (vgl § 17 Rz 44).

17   Bei **mehreren Hinderungsgründen** beginnt die Antragsfrist beim Wegfall des letzten Hinderungsgrundes. Anderes gilt jedoch, wenn mehrere Gründe nur in ihrem Zusammenwirken zur Versäumung der Frist und/oder zur Unkenntnis der Fristversäumung geführt haben; hier kann der Wegfall eines Grundes das Hindernis beseitigen und die Antragsfrist in Gang setzen (vgl Musielak/*Grandel* § 234 ZPO Rn 3). Ist das Hindernis bereits vor Ablauf der Hauptfrist weggefallen, beginnt die Wiedereinsetzungsfrist ebenfalls mit Wegfall des Hindernisses und vor Ablauf der Hauptfrist (vgl BGH NJW-RR 1990, 830; offen gelassen in BGH NJW 1994, 2831, 2832 mwN). Eine Wiedereinsetzung kommt in solchen Fällen allerdings von vornherein nur in Betracht, wenn ausnahmsweise dem Beteiligten die Wahrung der Hauptfrist objektiv nicht mehr möglich oder jedenfalls nicht mehr zumutbar war (dazu auch § 17 Rz 25).

18   Nach den dargestellten Grundsätzen ist etwa bei folgenden **Fallgestaltungen** ein Wegfall des Hindernisses anzunehmen (für den Bereich des Zivilprozess vgl etwa Mu-

sielak/*Grandel* § 234 Rn 4 f; PG/*Milger* § 234 ZPO Rn 4 ff; Zöller/*Greger* § 234 ZPO Rn 5b ff):

Bei in **Abwesenheit** erfolgter, zunächst unbekannt gebliebener Bekanntmachung und einer dadurch verursachten Fristversäumung ist von einem Wegfall des Hindernisses auszugehen, wenn Kenntnis von der Bekanntmachung erlangt worden ist oder sich zumindest konkrete Anhaltspunkte für eine erfolgte Zustellung oder anderweitige Bekanntgabe ergeben, die entsprechende Nachforschungen erforderlich erscheinen ließen, und die für entsprechende Nachforschungen erforderliche Zeit verstrichen ist. Entsprechendes gilt für andere Fälle einer zunächst **unbekannt gebliebenen Zustellung oder sonstigen fristauslösenden Bekanntmachung**. 19

Bei **Erkrankung** eines Beteiligten ist das Hindernis beseitigt, wenn der Beteiligte wieder in der Lage und ihm zumutbar ist, einen Rechtsanwalt zu beauftragen oder die versäumte Rechtshandlung selbst nachzuholen (vgl Zöller/*Greger* § 234 ZPO Rn 5b). 20

Wenn ein **zur Wahrung einer Frist dienender Schriftsatz verloren gegangen ist**, ist das Hindernis weggefallen, wenn der Beteiligte Kenntnis vom Verlust oder verspäteten Zugang des Schriftsatzes erhält oder sich hierfür jedenfalls Anhaltspunkte ergeben, die bei gebotener Sorgfalt Nachforschungen geboten hätten, und die hierfür erforderliche Zeit verstrichen ist. 21

Wenn das Hindernis in der wirtschaftlichen Bedürftigkeit des Beteiligten und einem noch nicht beschiedenen Antrag auf **Verfahrenskostenhilfe** gelegen hat, wird dieses Hindernis beseitigt, wenn **Verfahrenskostenhilfe (Pkh) bewilligt** und der Bewilligungsbeschluss dem Beteiligten oder seinem Verfahrensbevollmächtigten bekannt gegeben bzw formlos mitgeteilt worden ist (vgl BGH NJW 2007, 3354, 3355; Thomas/Putzo/*Hüßtege* § 234 ZPO Rn 9). Wenn eine entsprechende Bekanntgabe oder formlose Mitteilung des Bewilligungsbeschlusses nicht festzustellen ist, ist das Hindernis jedenfalls mit tatsächlicher Kenntnisnahme oder bei mit gebotener Sorgfalt möglicher Kenntnisnahme beseitigt (Zöller/*Greger* § 234 ZPO Rn 7). Unterliegt das Verfahren dem Anwaltszwang, bedarf es für die Beseitigung des Hindernisses auch der Beiordnung eines Rechtsanwalts (BGH NJW 2004, 2902, 2903; Musielak/*Grandel* § 233 ZPO Rn 32). 22

Bei **(vollständiger) Verweigerung der beantragten Pkh** billigt die Rspr dem Antragsteller nach Bekanntgabe bzw Übermittlung des ablehnenden Beschlusses noch eine kurze Überlegungszeit zu (von ca 3 Tagen) für die Entscheidung über die Durchführung des Verfahrens auf eigene Kosten (BGH NJW 2001, 2262; BGH NJW-RR 1990, 451). Nach Ablauf dieses Überlegungszeitraums beginnt die Wiedereinsetzungsfrist zu laufen. Die Wiedereinsetzungsfrist kann auch schon früher beginnen, wenn der Beteiligte, etwa nach einem gerichtlichen Hinweis, nicht mehr mit der Bewilligung der beantragten Pkh rechnen konnte (BGH NJW 2009, 854, 855). 23

Bei **teilweiser Bewilligung von Pkh** wird für das Berufungsrecht des Zivilprozesses überwiegend davon ausgegangen, dass mit der Bekanntgabe des Pkh-Beschlusses die Wiedereinsetzungsfrist läuft und keine Überlegungsfrist zuzubilligen ist. Maßgebend ist dabei die Überlegung, dass bei der nachzuholenden Rechtsmitteleinlegung der Umfang des Rechtsmittels zunächst noch offen bleiben kann (vgl BGH NJW 1963, 1780; Zöller/*Greger* § 234 ZPO Rn 9). Die Grundsätze werden bei Fristversäumung im Bereich des FamFG bei vergleichbarer Interessenlage ebenfalls anzuwenden sein; falls jedoch die Einräumung einer kurzen Überlegungsfrist geboten erscheint, sollten die Grundsätze anwendbar sein, die bei vollständiger Verweigerung der Pkh gelten. 24

Bei **Versäumung einer Frist durch einen Rechtsanwalt** als Verfahrensbevollmächtigten ist von einer Beseitigung des Hindernisses bereits auszugehen, wenn für den Anwalt die Fristversäumung erkennbar ist, er dies etwa aufgrund von Mitteilungen des Gerichts erkennen kann (vgl BGH NJW 1992, 2098, 2099) oder er von einem anderen Beteiligten Hinweise erhalten hat, die auf eine Fristversäumung schließen lassen (vgl Musielak/*Grandel* § 234 ZPO Rn 4). 25

26 Bei **fehlerhafter Notierung einer Frist** und deshalb erfolgter Fristversäumung ist das Hindernis beseitigt, wenn bei (erneuter) Vorlage der Handakte der Fristablauf und die Versäumung ohne weiteres zu erkennen gewesen sind (vgl BGH NJW 1997, 1079). Ist die Fristversäumung nur bei näherer Prüfung erkennbar, kann in der Regel eine solche (erneute) Prüfung nur erwartet werden, wenn hierfür Anlass bestanden hat bzw Anhaltspunkte für einen möglichen Fehler und eine entsprechende Fristversäumung vorhanden sind (Musielak/*Grandel* § 234 ZPO Rn 4).

27 Die **Wiedereinsetzungsfrist** ist nach **§ 16 Abs 2, 222 ZPO, 187 f BGB zu berechnen**. Der Tag, an dem das Hindernis wegfällt, ist bei der Fristberechnung nicht mitzuzählen (vgl §§ 187 Abs 1, 188 Abs 2, 1 Alt. BGB).

28 Gegen die **Versäumung der Antragsfrist** gibt es – unter der Voraussetzung fehlenden Verschuldens – ebenfalls die Möglichkeit einer Wiedereinsetzung in den vorigen Stand (vgl § 17 Rz 10). Wiedereinsetzung ist dann sowohl hinsichtlich der Versäumung der Wiedereinsetzungsfrist als auch hinsichtlich der versäumten gesetzlichen Frist zu beantragen; auch fehlendes Verschulden ist dann hinsichtlich der beiden versäumten Fristen glaubhaft zu machen.

29 Eine Rechtspflicht des Gerichts, den säumigen Beteiligten oder seinen Verfahrensbevollmächtigten auf die Möglichkeit oder Notwendigkeit eines Wiedereinsetzungsgesuchs hinzuweisen, dürfte nicht bestehen (vgl BGH VersR 1965, 981; Jansen/*Briesemeister* § 22 FGG Rn 38).

C. Nachholung der versäumten Rechtshandlung

30 Die begehrte Wiedereinsetzung kann – wie aus Abs 3 Satz 2 folgt – nur Erfolg haben, wenn innerhalb der Wiedereinsetzungsfrist auch die versäumte Verfahrenshandlung (etwa die Einlegung des Rechtsmittels) nachgeholt worden ist. Zur Frage der für die Nachholung einer Rechtsbeschwerdebegründung geltenden Frist vgl oben Rz 15.

31 Auch bei bereits erfolgter Verwerfung eines Rechtsmittels ist eine Nachholung innerhalb der Wiedereinsetzungsfrist nicht entbehrlich.

32 Die versäumte Verfahrenshandlung muss nicht gleichzeitig mit der Einreichung eines Wiedereinsetzungsantrags vorgenommen werden. Beides ist von einander unabhängig; die versäumte Verfahrenshandlung kann bereits vorher oder auch nachher nachgeholt werden, entscheidend ist nur, dass dies noch innerhalb der Wiedereinsetzungsfrist geschieht.

33 Eine für die Verfahrenshandlung geltende Form muss bei ihrer Nachholung gewahrt werden. Die nachzuholende Verfahrenshandlung muss nicht als solche ausdrücklich bezeichnet werden; es ist ausreichend, aber auch erforderlich, dass sich ihre Nachholung jedenfalls im Rahmen der Auslegung der Erklärungen und des Verhaltens des säumigen Beteiligten ergibt.

D. Glaubhaftmachung der Tatsachen zur Begründung des Antrags

34 Der säumige Beteiligte muss die Tatsachen zur Begründung des Wiedereinsetzungsbegehrens glaubhaft machen. Dazu gehören die Tatsachen, welche die Versäumung der Frist und das zur Fristversäumung führende Hindernis, das fehlende Verschulden an der Säumnis sowie Umstände und Zeitpunkt des Wegfalls des Hinderungsgrundes betreffen.

35 Dies schließt ein und setzt voraus, dass zunächst die entsprechenden Tatsachen – soweit sie dem Gericht nicht bereits bekannt sind – im Einzelnen dargelegt werden. Insoweit gilt nicht der Amtsermittlungsgrundsatz; vielmehr ist es insoweit Sache des Beteiligten, den Sachverhalt aufzuklären (Jansen/*Briesemeister* § 22 FGG Rn 41; Keidel/*Sternal* § 18 FamFG Rn 14).

36 Für die Glaubhaftmachung der relevanten Tatsachen kann der Beteiligte sich nach § 31 aller Beweismittel bedienen, soweit es sich um präsente Beweismittel handelt (vgl

§ 31 Abs 2), insbesondere auch der Versicherung an Eides statt. Offenkundige Tatsachen hat das Gericht von sich aus zu berücksichtigen (vgl BGH FamRZ 1979, 909, 910).

Es ist nicht erforderlich, dass die relevanten Tatsachen bereits innerhalb der Antragsfrist glaubhaft gemacht werden; § 18 Abs 3 Satz 1 bestimmt – ebenso wie § 236 Abs 2 Satz 1 ZPO –, dass die Glaubhaftmachung auch noch im nachfolgenden Verfahren über die Wiedereinsetzung erfolgen kann (vgl BGH NJW-RR 1992, 1278, 1279; NJW 1962, 202, 203). 37

E. Wiedereinsetzung ohne Antrag

Wenn ein Wiedereinsetzungsantrag nicht, auch nicht in konkludenter Weise festzustellen ist, kann eine Wiedereinsetzung auch ohne Antrag in Betracht kommen, wenn jedenfalls Wiedereinsetzungsgründe vorliegen und die versäumte Verfahrenshandlung innerhalb der Wiedereinsetzungsfrist nachgeholt worden ist. Die die Wiedereinsetzung rechtfertigenden Tatsachen müssen sich dann aus den Akten ergeben, offenkundig sein oder dem Gericht sonstwie bekannt geworden sein, zB im Rahmen einer Anhörung. Bei entsprechenden Anhaltspunkten für eine unverschuldete Fristversäumung kann das Gericht auch dem Beteiligten ergänzenden Tatsachenvortrag aufgeben und zu einer Glaubhaftmachung von für die Wiedereinsetzung relevanten Tatsachen auffordern. Hierzu dürfte das Gericht im Rahmen der ihm obliegenden Verfahrensleitung gemäß § 28 verpflichtet sein. 38

Liegen danach alle Voraussetzungen für eine Wiedereinsetzung vor, wird das Gericht von Amts wegen Wiedereinsetzung zu gewähren haben, es sei denn, es wird erkennbar, dass der säumige Beteiligte dies gar nicht will (zur letzteren Fallgestaltung im Rahmen des § 236 Abs 2 ZPO BAG NJW 1989, 2708). Von dieser Ausnahme abgesehen, dürfte bei Vorliegen der Wiedereinsetzungsvoraussetzungen – trotz des Gesetzeswortlauts – ein Ermessen des Gerichts nicht bestehen oder zumindest der Ermessensspielraum auf Null reduziert sein (zur entsprechenden Streitfrage bei § 234 Abs 2 ZPO vgl Musielak/*Grandel* § 236 ZPO Rn 8). 39

F. Ausschlussfrist für die Wiedereinsetzung

Abs 4 sieht für die Wiedereinsetzung eine Ausschlussfrist von einem Jahr vor. Diese äußerste zeitliche Grenze soll der Rechtssicherheit dienen und Bestandsschutz zugunsten anderer Beteiligter gewähren. Die Ausschlussfrist ist sowohl für den Antrag auf Wiedereinsetzung als auch für eine Wiedereinsetzung ohne Antrag zu beachten. 40

Die Jahresfrist beginnt bereits mit dem Zeitpunkt des Ablaufs der versäumten gesetzlichen Frist. Sie ist nach §§ 16 Abs 2, 222 ZPO, 187 Abs 2, 188 Abs 2, 2. Alt BGB zu be rechnen. Wenn zB die versäumte Frist am 2.4. um 24.00 Uhr endet, läuft die Ausschlussfrist am 2.4. um 24.00 Uhr des Folgejahres ab. 41

Beginn und Ende der Ausschlussfrist sind danach unabhängig vom Zeitpunkt des Wegfalls und vom Fortbestand des Hindernisses, das zur Fristversäumung geführt hat. Danach kann im Einzelfall die Jahresfrist ablaufen, obwohl das Hindernis noch fortbesteht; auch ist denkbar, dass die Jahresfrist des Abs 4 vor der Wiedereinsetzungsfrist des Abs 1 abläuft und die Jahresfrist vom Beteiligten unverschuldet versäumt wird. Dies ist aus den genannten, vom Gesetzgeber als höherrangig bewerteten Gründen der Rechtssicherheit grundsätzlich hinzunehmen. 42

Die Jahresfrist kann nicht verlängert werden. Auch eine Wiedereinsetzung wegen Versäumung der Ausschlussfrist kommt nicht in Betracht (vgl Jansen/*Briesemeister* § 22 FGG Rn 40). Nach Ablauf der Frist können auch keine weiteren, neuen Wiedereinsetzungsgründe nachgeschoben werden. 43

Zweifelhaft ist, ob im Rahmen verfassungsrechtlich gebotener Restriktion die Ausschlussfrist in Ausnahmefällen nicht anzuwenden ist. Billigkeitserwägungen allein dürften nicht ausreichen, um die vom Gesetz vorgesehene Ausschlussfrist beiseite zu schie- 44 ben. Den Gesichtspunkten der Rechtssicherheit und des Bestandsschutzes, denen die Ausschlussfrist dienen soll, ist ausnahmsweise kein Vorrang zuzubilligen gegenüber der verfassungsrechtlich gebotenen Gewährleistung eines effektiven Rechtsschutzes, des rechtlichen Gehörs und der anzustrebenden materiellen Gerechtigkeit, wenn der säumige Beteiligte nicht nur die gesetzliche Frist, sondern auch die für die Wiedereinsetzung geltende Jahresfrist ohne ein ihm zuzurechnendes Verschulden versäumt hat, die Verantwortung für die Nichteinhaltung der Frist in der staatlichen Sphäre liegt und die anderen Verfahrensbeteiligten nicht des Schutzes bedürfen, weil sie auf den nach Fristversäumung sich ergebenden Rechtszustand nicht vertrauen durften. In solchen Ausnahmefällen ist bei ihrem hier zurücktretenden Zweck die Ausschlussfrist unanwendbar (vgl *Bassenge*/Roth § 22 FGG Rn 9; so für die entsprechende Regelung des § 234 Abs 3 ZPO BGH FamRZ 2008, 978, 979; NJW 1973, 1373; OLG Düsseldorf NJW-RR 2003, 136, 138; Musielak/*Grandel* § 234 ZPO Rn 6). Eine solche Ausnahme ist zB in Fällen angenommen worden, in denen vor Ablauf der Jahresfrist ein Prozesskostenhilfeantrag gestellt worden war und den anderen Beteiligten bekannt war, das Gericht hierüber jedoch erst nach Ablauf der Jahresfrist entschieden hat und erst danach Wiedereinsetzung in Betracht kam (vgl BGH NJW 1973, 1373). Eine Verwerfung des Wiedereinsetzungsantrags wegen Versäumung der Jahresfrist kann nach Entscheidung des BVerfG gegen das Rechtsstaatsprinzip verstoßen, wenn das Gericht nach Eingang des Antrags längere Zeit (im entschiedenen Fall über 2 Jahre!) in der Sache verhandelt hat (BVerfG NJW 2004, 2149).

45 Wenn die genannten beiden anderen Voraussetzungen vorliegen, dürfte es für die Unanwendbarkeit der Jahresfrist auch nicht entscheidend darauf ankommen, dass die Verantwortung für die Fristversäumung in der gerichtlichen bzw staatlichen Sphäre liegt (aA BLAH/*Hartmann* § 234 ZPO Rn 6).

§ 19 Entscheidung über die Wiedereinsetzung

(1) Über die Wiedereinsetzung entscheidet das Gericht, das über die versäumte Rechtshandlung zu befinden hat.

(2) Die Wiedereinsetzung ist nicht anfechtbar.

(3) Die Versagung der Wiedereinsetzung ist nach den Vorschriften anfechtbar, die für die versäumte Rechtshandlung gelten.

A. Allgemeines

Zum **Anwendungsbereich des § 19** vgl § 17 Rz 7. 1
Abs 1 enthält eine Zuständigkeitsregelung, die der vorher geltenden Rechtslage entspricht.

Anders ausgestaltet ist nunmehr die Anfechtbarkeit der Entscheidung über die Wiedereinsetzung. Während § 22 Abs 2 Satz 3 FGG eine Anfechtung sowohl der stattgebenden als auch der ablehnenden Entscheidung über die Wiedereinsetzung vorsah, wird nunmehr – wie in § 238 Abs 3 ZPO und anderen Prozessordnungen – angeordnet, dass die Wiedereinsetzung unanfechtbar ist. Bei Versagung der Wiedereinsetzung bleibt es bei der grundsätzlichen Anfechtbarkeit, die sich nach den für die versäumte Rechtshandlung geltenden Vorschriften richtet. 2

B. Zuständigkeit für das Wiedereinsetzungsgesuch (Abs 1)

Abs 1 trifft nunmehr eine allgemeine Zuständigkeitsregelung für die Entscheidung über eine Wiedereinsetzung. Es wird ausdrücklich festgehalten, dass für die Entscheidung über die Wiedereinsetzung das Gericht zuständig ist, das über die versäumte Rechtshandlung zu befinden hat. Die Wiedereinsetzungsentscheidung wird als Annex zur Entscheidung über die versäumte Rechtshandlung verstanden, was unmittelbar einleuchtend und sachgerecht erscheint. Bei Versäumung von Rechtsmittelfristen hat danach das jeweilige Rechtsmittelgericht auch über die Wiedereinsetzung zu entscheiden. Bei Versäumung der Beschwerdefrist ist dies das jeweilige Beschwerdegericht, bei Versäumung der Rechtsbeschwerdefrist das Rechtsbeschwerdegericht (BGH). 3

Bei Versäumung einer anderen gesetzlichen Frist kommt es darauf an, in welchem Verfahren die Frist versäumt worden ist und welches Gericht hier zuständig ist. 4

Wenn die untere Instanz ein dort vorliegendes Wiedereinsetzungsgesuch übergangen oder es zurückgewiesen hat, hat ggf das Rechtsmittelgericht zusammen mit einem Rechtsmittel über die Wiedereinsetzung zu entscheiden (vgl BGH NJW 1964, 2304, 2305; BayObLG NJW 1988, 714; BayObLGZ 1967, 443, 448). 5

C. Entscheidung über die Wiedereinsetzung

Das Gericht hat bei der Entscheidung über die Wiedereinsetzung die Zulässigkeit der Wiedereinsetzung mit den formellen Voraussetzungen des § 18 sowie die materiellen Voraussetzungen der Wiedereinsetzung (Begründetheit des Gesuchs) zu prüfen. 6

I. Zulässigkeit des Wiedereinsetzungsgesuchs

Die Prüfung der Zulässigkeit der Wiedereinsetzung erfasst: 7
1. Statthaftigkeit der Wiedereinsetzung (Versäumung einer gesetzlichen Frist, bei der Wiedereinsetzung gegeben ist, vgl § 17 Rz 7 ff).
   Das Wiedereinsetzungsgesuch ist gegenstandslos und bedarf keiner Entscheidung, wenn die betreffende Frist tatsächlich nicht versäumt worden ist (vgl dazu oben § 17 Rz 17).

2. Wirksame Antragstellung des säumigen Beteiligten oder ggf Gewährung der Wiedereinsetzung von Amts wegen (vgl § 18 Rz 7 ff, 38).
3. Wahrung der Antragsfrist für das Wiedereinsetzungsgesuch und die Nachholung der versäumten Rechtshandlung (vgl § 18 Rz 15 ff, 38).
4. Wahrung der Ausschlussfrist nach § 18 Abs 3 (vgl § 18 Rz 40 ff).
5. Ggf Glaubhaftmachung der Tatsachen für die Zulässigkeit des Wiedereinsetzungsgesuchs.

II. Begründetheit des Wiedereinsetzungsgesuchs

8 Hier sind die materiellen Voraussetzungen der Wiedereinsetzung gemäß § 17 zu prüfen, nämlich
1. Versäumung der betreffenden Frist aufgrund vorhandenen Hindernisses (vgl § 17 Rz 17 ff).
2. Fehlendes Verschulden des Beteiligten (und ggf seines Vertreters) an der Fristversäumung (vgl § 17 Rz 27 ff).
3. Glaubhaftmachung der für die Begründetheit der Wiedereinsetzung erforderlichen Tatsachen (vgl § 18 Rz 34 ff).

III. Verfahren der Wiedereinsetzung und Entscheidungsform

9 Besondere Regelungen und Vorgaben hinsichtlich des Verfahrens und der Entscheidung über die Wiedereinsetzung enthält das FamFG nicht. Das Wiedereinsetzungsverfahren ist Teil des Verfahrens, in dem die Frist versäumt worden ist. Die hierfür anwendbaren Verfahrensregelungen gelten auch für die Entscheidung über die Wiedereinsetzung.

10 Dem oder den anderen Beteiligten ist – wie dies allgemeinen Grundsätzen entspricht – rechtliches Gehör zu gewähren (vgl BVerfG RPfleger 1983, 76; Keidel/*Sternal* § 19 FamFG Rn 4).

11 Über die Wiedereinsetzung kann zusammen mit der Hauptsache in der dafür geltenden Entscheidungsform (dies wird nach § 38 regelmäßig ein Beschluss sein) entschieden werden. Dann ist in den Gründen dieser Entscheidung auch auf die Wiedereinsetzung einzugehen; für die Zurückweisung des Wiedereinsetzungsantrags sind die entsprechenden Gründe darzustellen.

12 Möglich ist aber auch eine vorausgehende gesonderte Entscheidung über die Wiedereinsetzung (durch Beschluss). Diese ist sodann im weiteren Verfahren bindend (vgl BGHZ 47, 289, 291; zur Anfechtbarkeit vgl Rz 18).

IV. Rechtsfolgen einer gewährten Wiedereinsetzung

13 Wird Wiedereinsetzung in den vorigen Stand gewährt, so wird in dem betreffenden Verfahren die Rechtzeitigkeit der nach Versäumung der Frist nachgeholten Rechtshandlung fingiert. Damit werden die nachteiligen Folgen der Fristversäumung rückwirkend beseitigt (vgl dazu Zöller/*Greger* § 238 ZPO Rn 3).

14 Eine vorausgegangene Verwerfung eines Rechtsmittels als unzulässig wird durch Gewährung der Wiedereinsetzung automatisch hinfällig. Einer förmlichen Aufhebung der früheren Entscheidung bedarf es nicht (vgl BayObLGZ 1963, 278, 281; Zöller/*Greger* § 238 ZPO Rn 3).

D. Anfechtung der Entscheidung über die Wiedereinsetzung

15 Die **Gewährung der Wiedereinsetzung in den vorigen Stand** ist – entgegen der bisherigen Regelung in § 22 Abs 2 Satz 3 FGG – nach § 19 Abs 2 nunmehr **unanfechtbar**. Damit sollen Zwischenstreitigkeiten vermieden und eine Harmonisierung mit den Wiedereinsetzungsvorschriften anderer Prozessordnungen, etwa mit §§ 238 Abs 3 ZPO, 60 Abs 5

VwGO, erreicht werden (vgl Begr RegE BTDrs 16/6308, 184); das Interesse des säumig gewesenen Beteiligten an der Erhaltung des ihm durch Wiedereinsetzung eingeräumten Verfahrensstandes wird damit geschützt.

Eine Anfechtbarkeit der gewährten Wiedereinsetzung kann dann selbst bei (rechtsfehlerhafter) Zulassung der Rechtsbeschwerde nicht eröffnet werden (vgl BGH NJW 2003, 211). **16**

Die Entscheidung über die **Versagung der Wiedereinsetzung** ist in gleicher Weise anfechtbar, wie die Hauptsacheentscheidung des Verfahrens, in dem die gesetzliche Frist versäumt worden ist. Dies gilt zunächst für eine Wiedereinsetzungsentscheidung, die zusammen mit der Hauptsacheentscheidung ergeht. Hier ist bei entsprechendem Rechtsmittel mit der Hauptsacheentscheidung auch die Versagung der Wiedereinsetzung in den vorigen Stand zu überprüfen. **17**

Aber auch bei einer gesonderten Entscheidung über die Wiedereinsetzung ist ein Rechtsmittel gegeben, soweit die Hauptsacheentscheidung in dem betreffenden Verfahren anfechtbar wäre. Dieses Rechtsmittel mit den dafür geltenden Voraussetzungen ist dann auch für die Anfechtung der Versagung der Wiedereinsetzung eröffnet. Dies wird regelmäßig die Beschwerde nach §§ 58 ff sein; ggf kann dies auch die Rechtsbeschwerde sein, wenn diese zugelassen worden ist. Ist ein Rechtsmittel in der Hauptsache nicht gegeben, etwa weil es an der Zulassung des Rechtsmittels (der Rechtsbeschwerde) fehlt, ist auch die Versagung der Wiedereinsetzung nicht anfechtbar (vgl zum alten Recht BayObLG NVwZ 1990, 597). Dies folgt aus der eindeutigen Bezugnahme in Abs 3 auf die für die Hauptsache geltenden Vorschriften. **18**

§ 20 Verfahrensverbindung und -trennung

Das Gericht kann Verfahren verbinden oder trennen, soweit es dies für sachdienlich hält.

A. Allgemeines

1 § 20 enthält nunmehr eine ausdrückliche Regelung zur Verfahrensverbindung und -trennung. Er stellt damit klar, dass Verbindung und Trennung von Verfahren grundsätzlich zulässig sind, was auch nach bisherigem Recht in entsprechender Anwendung der §§ 145, 147 ZPO angenommen worden ist (vgl *Bassenge*/Roth Einl FGG Rn 70; zur Verfahrensverbindung KKW/*Sternal* Vorb §§ 3–5 und 7 Rn 14; Jansen/*von König/von Schuckmann* Vor §§ 8–18 FGG Rn 88). Die Regelung hat mithin im Wesentlichen klarstellende Funktion. Die zum alten Recht ergangene Rechtsprechung wird danach weiterhin heranzuziehen sein.

§ 20 **gilt** grundsätzlich für **alle Verfahren nach § 1, nicht jedoch für Ehesachen und Familienstreitsachen** (vgl § 113 Abs 1). Für einige Verfahrensarten bestehen **vorrangige Sonderregelungen**.

B. Verfahrensverbindung

2 Eine Verfahrensverbindung ist einmal bei Verfahren **mit gleichen Beteiligten** zulässig, wenn hinsichtlich aller Beteiligten die sachliche und örtliche Zuständigkeit des angerufenen Gerichts gegeben ist.

3 Bei **vorhandenem Sachzusammenhang** dürfte auch eine Verbindung verschiedener Verfahren mit unterschiedlichen Beteiligten unter der Voraussetzung der Sachdienlichkeit in Betracht kommen.

4 Bei den zu verbindenden Verfahren muss es sich allerdings um **Verfahren derselben Verfahrenart** handeln, die denselben Verfahrensgrundsätzen unterliegen. Eine Verbindung eines Verfahrens nach dem FamFG mit einem Zivilprozess scheidet danach grundsätzlich aus (vgl Keidel/*Sternal* § 20 FamFG Rn 4). Etwas anderes gilt, wenn eine entsprechende Rechtsgrundlage für eine Verbindung von Verfahren vorhanden ist, für die an sich unterschiedliche Verfahrensgrundsätze gelten (wie etwa beim Verbund von Scheidungs- und Folgesachen nach § 137). Einschränkungen und Verbote der Verfahrensverbindung finden sich für spezielle Verfahren des FamFG, vgl etwa §§ 179 Abs 2, 196.

5 In der bisherigen Praxis sind teilweise auch Verfahren lediglich **für bestimmte Verfahrensabschnitte**, etwa für eine gemeinsame Erörterung und/oder Beweisaufnahme, verbunden worden. Eine echte Verbindung mit verfahrensrechtlichen Folgen auch für die Zukunft wird damit meist nicht gewollt sein. Regelmäßig geht es hier um eine gemeinsame Behandlung verschiedener Verfahren (bei der Durchführung der mündlichen Verhandlung, der Beweisaufnahme) ohne eine entsprechende (fortwirkende) Verfahrensverbindung (vgl dazu BGH NJW 1957, 183, 184; BayObLGZ 1967, 25, 29; Zöller/*Greger* § 147 ZPO Rn 5). Eine solche Vorgehensweise wird grundsätzlich für zulässig gehalten und dürfte auch nach der nunmehrigen gesetzlichen Regelung in § 20 zulässig sein.

6 Die Frage, ob eine **Verfahrensverbindung sachdienlich** ist, hat das Gericht unter Berücksichtigung aller Umstände zu beurteilen. Der sachliche Zusammenhang der Verfahren, die Einheitlichkeit oder zumindest Zusammengehörigkeit des Streitstoffs, eine gebotene einheitliche Beweisaufnahme und Verhandlung sind die wesentlichen Gesichtspunkte, die eine Verfahrensverbindung sachdienlich erscheinen lassen. Bei vorhandener, vom Gericht bejahter Sachdienlichkeit steht die Verfahrensverbindung im pflichtgemäß auszuübenden Ermessen des Gerichts. Bei Sachdienlichkeit wird diese Ermessensausübung regelmäßig zu einer entsprechenden Anordnung der Verfahrensverbindung führen.

C. Verfahrenstrennung

Auch die Verfahrenstrennung, die bei in einem Verfahren vorhandenen mehreren (selbständigen) Verfahrensgegenständen in Betracht kommt, ist nach der Neuregelung (weiterhin) grundsätzlich zulässig, wenn die Trennung nach Beurteilung des Gerichts sachdienlich erscheint. Eine Verfahrenstrennung kann insbesondere bei sich abzeichnenden erheblichen Unterschieden in der Sachaufklärung bei den einzelnen Verfahrensgegenständen und in der voraussichtlichen Entscheidungsreife geboten oder zweckmäßig sein. 7

Die vorstehenden Ausführungen zur Beurteilung der Sachdienlichkeit und zur Ermessensausübung gelten auch hier. 8

Hinzuweisen ist hier insbesondere auf die Grenzen des Anwendungsbereichs der allgemeinen Regelung über die Verfahrenstrennung. § 20 ist nicht anwendbar, wenn die allgemeinen Vorschriften der §§ 2 bis 37 ausgeschlossen sind (etwa in Ehesachen und Familienstreitsachen gemäß § 113 Abs 1) und/oder Sondervorschriften für die Abtrennung von Verfahren bestehen (wie zB in § 140). 9

D. Anfechtbarkeit der Anordnung oder Ablehnung der Verfahrenverbindung oder -trennung

Die Anordnung der Verfahrensverbindung und -trennung und die Aufhebung dieser Maßnahmen sind ebenso wie die Ablehnung solcher Anordnungen – entsprechend der bisher angenommenen Rechtslage (vgl *Bassenge*/Roth Einl FGG Rn 70) – nicht selbständig und gesondert anfechtbar. Eine Überprüfung kommt allerdings, etwa bei einer vorgenommenen Verfahrensverbindung, ggf im Rahmen eines gegen die Endentscheidung gerichteten Rechtsmittels in Betracht (vgl BGH NJW 2003, 2386 zur Trennung im Zivilprozess; *Bassenge*/Roth Einl FGG Rn 70; Jansen/*von König/von Schuckmann* Vor §§ 8–18 FGG Rn 88). Die Überprüfung ist dabei allerdings eingeschränkt und bezieht sich lediglich auf die Überprüfung der grundsätzlichen Voraussetzungen einer Verfahrensverbindung oder -trennung sowie auf evtl Ermessensfehler. 10

§ 21 Aussetzung des Verfahrens

(1) Das Gericht kann das Verfahren aus wichtigem Grund aussetzen, insbesondere wenn die Entscheidung ganz oder zum Teil von dem Bestehen oder Nichtbestehen eines Rechtsverhältnisses abhängt, das den Gegenstand eines anderen anhängigen Verfahrens bildet oder von einer Verwaltungsbehörde festzustellen ist. § 249 der Zivilprozessordnung ist entsprechend anzuwenden.

(2) Der Beschluss ist mit der sofortigen Beschwerde in entsprechender Anwendung der §§ 567 bis 572 der Zivilprozessordnung anfechtbar.

A. Allgemeines

1   Das bisher geltende Recht kannte lediglich spezielle Aussetzungsregelungen für bestimmte Rechtsbereiche, so etwa für das Vormundschafts- und Familiengericht in Sorgerechtsverfahren nach § 52 Abs 2 FGG, in Versorgungsausgleichsverfahren nach § 53c FGG, für das Nachlassgericht bei der Nachlassauseinandersetzung nach § 95 FGG, für das Registergericht bei für Eintragungen relevanten streitigen, zu klärenden Rechtsverhältnissen nach § 127 FGG. Soweit solche Sondervorschriften fehlten, ist eine Aussetzung bei streitigen vorgreiflichen Rechtsverhältnissen, deren Klärung in einem anhängigen Gerichts- oder Verwaltungsverfahren zu erwarten war, in entsprechender Anwendung des § 148 ZPO für zulässig gehalten worden (vgl *Bassenge*/Roth § 12 FGG Rn 20 f; KKW/*Schmidt* § 12 FGG Rn 98). Abs 1 stellt nunmehr klar, dass in Verfahren nach dem FamFG eine Aussetzung des Verfahrens grundsätzlich in Betracht kommen kann, und bestimmt die Voraussetzung einer zulässigen Verfahrensaussetzung. Danach setzt die Aussetzung stets einen wichtigen Grund voraus.

2   Nach Abs 2 kann die Entscheidung über die Aussetzung – wie auch nach bisheriger Rechtslage von der hM angenommen (vgl *Bassenge*/Roth § 12 FGG Rn 22 – einfache Beschwerde) – mit einem Rechtsmittel angefochten werden. Gegen die Aussetzungsentscheidung ist nunmehr allerdings die sofortige Beschwerde nach den §§ 567 bis 572 ZPO gegeben.

3   § 21 gilt grundsätzlich **für alle Verfahren nach § 1, nicht jedoch für Ehesachen und Familienstreitsachen** (vgl § 113 Abs 1). § 21 kann als allgemeine Regelung durch für spezielle Verfahren geltende Sonderregelungen modifiziert werden (zB in Verfahren in Teilungssachen nach § 370, in Registersachen durch § 381).

B. Voraussetzung für eine Aussetzung

I. Wichtiger Grund, Vorgreiflichkeit eines anderweitig festzustellenden Rechtsverhältnisses

4   Eine Aussetzung des Verfahrens ist in jedem Stadium des Verfahrens möglich, ggf auch noch im Rechtsmittelverfahren (vgl BayObLG Rpfleger 1969, 391).

5   Sie setzt einen hierfür vorhandenen **wichtigen Grund** voraus. Eine weitere, nähere Konkretisierung dieser Voraussetzung enthält das Gesetz nicht.

6   Als Beispiel eines wichtigen Grundes für eine Aussetzung wird der Streit um ein für die Entscheidung relevantes Rechtsverhältnis genannt, das Gegenstand eines anderen anhängigen Verfahrens ist (**Aussetzung bei Vorgreiflichkeit eines anderweitig festzustellenden Rechtsverhältnisses**). Das kann ein anderweitig anhängiges gerichtliches Verfahren, aber auch ein Verwaltungsverfahren sein. Mit dieser Fallgruppe wird an die bisherige Rspr angeknüpft, die in entsprechender Anwendung des § 148 ZPO eine Aussetzung für die Klärung eines vorgreiflichen Rechtsverhältnisses zugelassen hat. Die hierzu vorhandene Rspr wird auch nach der Neuregelung weiterhin von Bedeutung sein.

7   Für diese Fallgruppe ist erforderlich, dass die Entscheidung in dem auszusetzenden Verfahren vom Bestehen oder Nichtbestehen eines Rechtsverhältnisses abhängt, das be-

reits Gegenstand eines anderen Gerichtsverfahrens ist oder von einer Verwaltungsbehörde festzustellen ist, und die Entscheidung in diesem Gerichts- oder Verwaltungsverfahren muss vorgreiflich für das auszusetzende Verfahren sein (vgl dazu BGH NJW 2005, 1947; OLG Düsseldorf WM 1995, 295, 296; Keidel/*Sternal* § 21 FamFG Rn 9; Musielak/*Stadler* § 148 ZPO Rn 5). Die notwendige Vorgreiflichkeit ist anzunehmen, wenn das Rechtsverhältnis unmittelbarer Verfahrensgegenstand des anderen Verfahrens ist, dort eine Entscheidung darüber zu erwarten ist und das anderweitig festzustellende Rechtsverhältnis Vorfrage in dem auszusetzenden FamFG-Verfahren ist. Es dürfte nicht ausreichen, wenn das festzustellende Rechtsverhältnis in dem anderen Gerichts- oder Verwaltungsverfahren ebenfalls nur eine Vorfrage ist (vgl Zöller/*Greger* § 148 ZPO Rn 5). Auch reicht ein rein tatsächlicher Einfluss der Entscheidung in dem anderen Verfahren auf das auszusetzende Verfahren, etwa im Hinblick auf eine Beweisaufnahme und eine damit zu erwartende Tatsachenfeststellung, noch nicht aus (vgl BGH NJW 2005, 1947; OLG Hamm FamRZ 2004, 888; OLG Jena MDR 2000, 1452). Die Aussetzungsvoraussetzung liegt auch nicht vor, wenn ein Parallelverfahren bereits anhängig ist, in dem die gleiche grundsätzliche Rechtsfrage zu klären ist. Andererseits dürfte eine zwingende rechtliche Bindung der in dem anderweitigen Verfahren zu erwartenden Entscheidung (etwa aufgrund der Rechtskraft) nicht erforderlich sein. Es ist auch nicht stets erforderlich, dass das andere und das auszusetzende Verfahren zwischen denselben Beteiligten geführt wird (vgl Zöller/*Greger* § 148 ZPO Rn 5).

Das **andere gerichtliche Verfahren** über die präjudizielle Rechtsfrage muss **bereits** 8 **anhängig** sein; die Aussetzung ist unzulässig, wenn sie dazu dienen soll, den Beteiligten die Klärung des präjudiziellen Rechtsverhältnisses in einem erst anhängig zu machenden Gerichtsverfahren zu ermöglichen (BayObLGZ 2000, 279, 284; OLG Karlsruhe NJW 1995, 1296, 1297; Keidel/*Sternal* § 21 FamFG Rn 10). Ausnahmen können sich aus für einzelne Verfahren geltenden speziellen Regelungen ergeben. So erweitert § 381 die Möglichkeit der Aussetzung auf noch anhängig zu machende Verfahren (vgl § 381 Rz 2, 9).

Nach dem Gesetzeswortlaut, der insoweit dem § 148 ZPO entspricht, muss das ander- 9 weitige Verwaltungsverfahren noch nicht anhängig sein; eine Aussetzung ist auch zulässig, wenn die Entscheidung der Verwaltungsbehörde erst noch zu veranlassen ist (Zöller/*Greger* § 148 ZPO Rn 6a).

Auch bei Vorliegen der vorstehend genannten Aussetzungsvoraussetzungen kommt 10 allerdings eine Aussetzung nur in Betracht, wenn diese auch unter Berücksichtigung des Gesichtspunkts der Verfahrensbeschleunigung vertretbar und den Beteiligten zumutbar ist, was das Gericht im Rahmen seiner vorzunehmenden Ermessensentscheidung unter umfassender Berücksichtigung der Interessen der Beteiligten zu prüfen und zu berücksichtigen hat (vgl auch Rz 22 ff).

II. Weitere Fallgruppen

Neben der Vorgreiflichkeit eines anderweitig festzustellenden Rechtsverhältnisses kom- 11 men weitere Aussetzungsgründe in Betracht. Sie müssen nur ein erhebliches Gewicht haben, um die Voraussetzung eines **wichtigen** Grundes zu erfüllen.

Ein wichtiger Grund für eine Aussetzung kann in Antragsverfahren auch im **überein-** 12 **stimmenden Antrag der Beteiligten auf Aussetzung** zu sehen sein. Dies wird insbesondere relevant sein, wenn die Beteiligten die Absicht haben, Vergleichsgespräche zu führen und eine Erledigung des Verfahrens durch zulässigen Vergleich (vgl dazu § 36) in Betracht kommt.

Auch die Absicht der Beteiligten, ein **Mediationsverfahren** durchzuführen, kommt 13 als wichtiger Grund für eine Aussetzung in Betracht.

In **Abstammungssachen** ist an eine Aussetzung zu denken, wenn der Einholung eines 14 Gutachtens ein vorübergehendes Hindernis entgegensteht (entsprechend § 640f ZPO aF; vgl dazu Begr RegE BtDrs 16/6308, 184).

§ 21 FamFG | Aussetzung des Verfahrens

15   Eine Aussetzung des Verfahrens kommt auch im Zusammenhang mit einer **Vorlage an das BVerfG oder an den EuGH** in Betracht. Auch das Gericht im FamFG-Verfahren hat, wenn es nachkonstitutionelles Bundes- oder Landesrecht nicht für vereinbar hält mit dem Grundgesetz oder Landesrecht mit vorrangigem Bundesrecht für unvereinbar hält und es für die Entscheidung des Verfahrens auf die Anwendung der in ihrer Wirksamkeit zweifelhaften Norm ankommt (das Verfahren bei Unwirksamkeit der Norm anders zu entscheiden ist als bei Wirksamkeit der Norm), das Verfahren auszusetzen und die Frage der Verfassungswidrigkeit dieser Norm dem BVerfG nach Art 100 Abs 1 GG vorzulegen. Gleiches gilt für Verfahren nach Art 100 Abs 2 GG.

16   Das Verfahren ist dann bis zur Entscheidung des BVerfG auszusetzen. Zur Vorlage berechtigt und verpflichtet ist der jeweilige Spruchkörper (ein zuständiges Kollegialgericht in der vollen Besetzung). Nicht vorlageberechtigt ist der Rechtspfleger, vgl § 5 Abs 1 Nr 1 RPflG.

17   Eine Aussetzung des Verfahrens ist auch in Betracht zu ziehen, wenn das Gericht die Norm zwar für verfassungsgemäß hält (eine eigene Vorlage nach Art 100 GG scheidet dann aus), aber auf Vorlage eines anderen Gerichts ein Verfahren nach Art 100 GG beim BVerfG anhängig ist. Auch ohne eine eigene Vorlage kann dann das Verfahren bis zur Entscheidung des BVerfG ausgesetzt werden (vgl BGH MDR 1998, 732).

18   Wenn das BVerfG eine für die Entscheidung erhebliche Norm für nichtig erklärt hat, kann eine Aussetzung in Betracht kommen, um die zu erwartende, entscheidungsrelevante Neuregelung durch den Gesetzgeber abzuwarten (so OLG Brandenburg FamRZ 2000, 1423; BayObLGZ 1974, 355, 358).

19   In entsprechender Weise ist das Verfahren auszusetzen, wenn es in einem Verfahren auf die zweifelhaft erscheinende Anwendung und/oder Auslegung europäischen Rechts ankommt. In diesem Fall sind nach Art 234 EGV die nationalen Gerichte zur **Vorlage an den EuGH** berechtigt und das letztinstanzlich zuständige Gericht hierzu verpflichtet. Zu beachten ist in dem hier vorliegenden Zusammenhang allerdings, dass nach Rspr des EuGH (vgl EuGH EuZW 1996, 47) ein Vorlageverfahren nur statthaft ist, wenn die Vorlage des Gerichts sich auf einen Rechtsstreit bezieht, in dem eine Entscheidung mit Rechtsprechungscharakter getroffen wird (es um Rechtsprechung im materiellen Sinne geht), und nicht auf Tätigkeiten rechtsfürsorgender oder verwaltender Art, die in anderen Mitgliedsstaaten von Verwaltungsbehörden wahrgenommen werden. In der zitierten Entscheidung des EuGH ging es um eine Vorlage eines italienischen Gerichts erster Instanz, das sich – in entsprechender Funktion wie ein deutsches Registergericht – mit einem Antrag auf Genehmigung der Satzung einer Gesellschaft im Zusammenhang mit einer erstrebten Registereintragung zu befassen hatte. Rechtsprechungstätigkeit liegt nach Auffassung des EuGH in solchen Fällen erst vor, wenn gegen die erstinstanzliche Entscheidung ein Rechtsmittel eingelegt wird (vgl EuGH Slg 1974, 1201). Dies bedeutet, dass in den Bereichen des FamFG, in denen deutsche Gerichte in erster Instanz funktionell und materiell Verwaltungstätigkeiten ausüben (etwa im Registerrecht oder in anderen rechtsfürsorgenden Bereichen der freiwilligen Gerichtsbarkeit), eine Vorlageberechtigung fehlt und erst das Rechtsmittelgericht zur Vorlage an den EuGH berechtigt und ggf (sofern es letztinstanzlich entscheidet) auch verpflichtet ist (Keidel/*Sternal* § 21 FamFG Rn 62). Dementsprechend kommt auch erst dann eine Aussetzung des Verfahrens in Betracht.

20   Das allgemeine Interesse, die zukünftige Entwicklung von für die Entscheidung relevanten Verhältnissen noch abzuwarten, reicht grundsätzlich als wichtiger Grund für eine Aussetzung nicht aus. Eine Ausnahme ist nach altem Recht in Betracht gezogen worden, wenn nach dem Abschluss der derzeit möglichen Sachaufklärung die Verhältnisse noch nicht überblickt werden können, aber in naher Zukunft bessere Erkenntnismöglichkeiten zu erwarten sind (vgl OLG Frankfurt FamRZ 1986, 1140).

Unter den dargestellten Voraussetzungen ist eine Aussetzung zulässig, ohne dass dies 21
von einer Zustimmung oder einem Antrag der Beteiligten abhängt. Das gilt auch in Antragsverfahren (vgl OLG Frankfurt FamRZ 1986, 1140; BayObLGZ 1964, 231, 233).

C. Ermessensentscheidung des Gerichts

Soweit ein wichtiger Grund für die Aussetzung vorhanden ist, **kann** das Gericht die 22
Aussetzung des Verfahrens anordnen. Es besteht danach eine Befugnis des Gerichts zur
Aussetzung, jedoch grundsätzlich keine entsprechende Pflicht hierzu (vgl BayObLG
NJWE-MietR 1996, 256, 257). Die Aussetzung steht im pflichtgemäßen Ermessen des Gerichts. Ausnahmsweise kann sich eine Aussetzungspflicht ergeben, wie etwa in den unter Rz 15 und 19 behandelten Fallgruppen.

Bei der zu treffenden Ermessensentscheidung sind vom Gericht die Eigenart des jeweiligen Verfahrens und die Interessen der Beteiligten zu berücksichtigen. Die voraussichtlichen Vorteile einer Aussetzung sind mit den Nachteilen einer damit verbundenen Verfahrensverzögerung abzuwägen. Bei eilbedürftigen Verfahren wie dem Freiheitsentziehungsverfahren oder Sorgerechtsverfahren, in denen gerichtliche Maßnahmen bei Gefährdung des Kindeswohls nach § 1666 BGB zu treffen sind, dürfte bereits die Eigenart 23
des Verfahrens eine Aussetzung im Regelfal ausschließen (vgl RegE BTDrs 16/6308, 184).

Vor Anordnung der Aussetzung hat das Gericht den Beteiligten rechtliches Gehör zu 24
gewähren. Dazu muss die mögliche Aussetzung erkennbar geworden sein und den Beteiligten muss Gelegenheit gegeben worden sein, hierzu Stellung zu nehmen.

D. Wirkung der Aussetzung

Wegen der Wirkung der Aussetzung wird in Abs 1 Satz 2 auf die im Zivilprozess gelten- 25
de Regelung des § 249 ZPO verwiesen. Danach führt die Aussetzung auch im Bereich
des FamFG dazu, dass der Lauf einer jeden Frist aufhört und nach Beendigung der Aussetzung wieder von neuem zu laufen beginnt (§ 249 Abs 1 ZPO). Dies bezieht sich auf
verfahrensrechtliche Fristen, nicht jedoch auf materiellrechtliche Fristen (hM; vgl zu
letzterem Musielak/*Stadler* § 249 Rn 2). Auch vom Gericht gesetzte Fristen (zB eine in einer Hausratssache nach § 206 Abs 1 gesetzte Frist) enden mit der Aussetzung.

Entsprechend § 249 Abs 2 ZPO sind während der Aussetzung von einem Beteiligten 26
vorgenommene Verfahrenshandlungen, die sich auf die Hauptsache (den Verfahrensgegenstand) beziehen, gegenüber allen anderen Beteiligten relativ unwirksam; eine Wirkung kann nur gegenüber dem Gericht eintreten (vgl Zöller/*Greger* § 249 ZPO Rn 4). In
vollem Umfang wirksam sind hingegen Verfahrenshandlungen, die sich auf die Aussetzung und die Aussetzungsfolgen beziehen (vgl BGH NJW 1997, 1445; Zöller/*Greger*
§ 249 ZPO Rn 3).

Auch auf die Hauptsache bezogene Verfahrenshandlungen des Gerichts sind gegen- 27
über den Beteiligten während der Aussetzung wirkungslos; Entscheidungen des Gerichts zur Hauptsache scheiden aus (arg § 249 Abs 3 ZPO, der nur bei Unterbrechung
des Verfahrens gilt).

E. Anfechtung der Aussetzungsentscheidung

Gegen eine Aussetzungsentscheidung, dh sowohl gegen eine Anordnung der Ausset- 28
zung als auch gegen eine Ablehnung einer Aussetzung, ist nach Abs 2 – wie auch in anderen Zwischen- und Nebenverfahren des FamFG – die sofortige Beschwerde nach den
Grundsätzen der §§ 567 ff ZPO gegeben. Es gelten danach insbesondere die Regelungen
über die Einlegung (§ 569 Abs 1), die Frist (von 2 Wochen, § 569 Abs 1 ZPO) und Form
(§ 569 Abs 2, 3 ZPO) sowie über die Abhilfe (§ 572 Abs 1 ZPO). Auch die Regelung in
§ 568 ZPO über die Entscheidung durch den Einzelrichter dürfte von der Bezugnahme
erfasst sein.

§ 22 Antragsrücknahme; Beendigungserklärung

(1) Ein Antrag kann bis zur Rechtskraft der Endentscheidung zurückgenommen werden. Die Rücknahme bedarf nach Erlass der Endentscheidung der Zustimmung der übrigen Beteiligten.

(2) Eine bereits ergangene, noch nicht rechtskräftige Endentscheidung wird durch die Antragsrücknahme wirkungslos, ohne dass es einer ausdrücklichen Aufhebung bedarf. Das Gericht stellt auf Antrag die nach Satz 1 eintretende Wirkung durch Beschluss fest. Der Beschluss ist nicht anfechtbar.

(3) Eine Entscheidung über einen Antrag ergeht nicht, soweit sämtliche Beteiligte erklären, dass sie das Verfahren beenden wollen.

(4) Die Absätze 2 und 3 gelten nicht in Verfahren, die von Amts wegen eingeleitet werden können.

Übersicht

	Rz			Rz
A. Allgemeines	1	I.	Allgemeine Grundsätze	18
B. Rücknahme des (Verfahrens-)Antrags	4	II.	Erledigung in Amtsverfahren	21
I. Zulässigkeit der Rücknahme nach Abs 1	4	III.	Erledigung in Antragsverfahren	22
II. Voraussetzungen	7	IV.	Erledigung zwischen den Instanzen	30
III. Rechtsfolgen	11	V.	Erledigung in der Rechtsmittelinstanz	31
C. Beendigungserklärung	15			
D. Exkurs: Erledigung der Hauptsache	18			

A. Allgemeines

1 § 22 gilt grundsätzlich **für alle Verfahren nach § 1, nicht jedoch für Ehesachen und Familienstreitsachen** (vgl § 113 Abs 1).

§ 22 enthält in Abweichung zum bisherigen Rechtszustand nunmehr eine ausdrückliche Regelung über Zulässigkeit und Rechtsfolgen der Rücknahme eines Antrags und über die Verfahrensbeendigung durch Beendigungserklärung aller Beteiligten (vgl RegE BTDrs 16/6308, 184).

2 Auch nach bisherigem Recht entsprach es allseitiger Auffassung, dass der Antragsteller in Antragsverfahren grundsätzlich befugt ist, seinen (verfahrenseinleitenden) Antrag zurückzunehmen und dadurch eine Beendigung des Verfahrens herbeizuführen (vgl *Bassenge/Roth* FGG Einl Rn 112 ff; *Jansen/von König/von Schuckmann* Vor §§ 8–18 FGG Rn 18 ff). Fraglich und teilweise streitig war jedoch, ob zumindest in den echten Streitsachen die Antragsrücknahme in entsprechender Anwendung des § 269 Abs 1 ZPO der Einwilligung des Antragsgegners bedarf, bis wann ein Antrag zurückgenommen werden kann und welche Auswirkungen die Antragsrücknahme auf eine evtl bereits ergangene Entscheidung hat (zum Streitstand vgl obige Nachw). Diese Streitfragen werden durch die nunmehrige Regelung des Gesetzes geklärt. Trotz der nunmehr vorliegenden gesetzlichen Regelung werden – für weiterhin offene Fragen – die bisherige Rspr und Lehre zur Antragsrücknahme von Bedeutung sein.

3 Die Regelung in Abs 3 hat im FGG kein Vorbild. Sie führt zu einer Verfahrensbeendigung aufgrund einer Beendigungserklärung der Beteiligten.

B. Rücknahme des (Verfahrens-)Antrags

I. Zulässigkeit der Rücknahme nach Abs 1

4 Der Antrag als Verfahrensvoraussetzung kann vom Antragsteller aufgrund seiner Dispositionsbefugnis, die ihm im Antragsverfahren zukommt, zurückgenommen werden (vgl bereits BGH NJW 1959, 1323). Diese Berechtigung des Antragstellers wird nunmehr in Abs 1 Satz 1 klargestellt. Die Zulässigkeit der Antragsrücknahme hängt grundsätzlich nicht von der Zustimmung des Antragsgegners oder eines anderen Beteiligten ab. Erst nach Erlass der Endentscheidung bedarf die Rücknahme der Zustimmung der übrigen Beteiligten. Dies gilt auch in echten Streitverfahren, bei denen sich eine Parallele zum Zivilprozess nach der ZPO aufdrängt. Die im Vergleich zu § 269 Abs 1 ZPO weitgehende Befugnis des Antragstellers, den Antrag noch im laufenden Verfahren ohne Zustimmung der anderen Beteiligten zurückzunehmen, erscheint unter Berücksichtigung des Interesses des Antragsgegners an einer rechtskräftigen Zurückweisung des Antrags nicht ganz unproblematisch. Eine Einschränkung der Rücknahmebefugnis des Antragstellers durch eine entsprechende Anwendung der Grundsätze des § 269 ZPO wird jedoch durch die vorliegende Gesetzesregelung ausgeschlossen.

Die Zurücknahme des Antrags ist grundsätzlich in jedem Stadium des Verfahrens zulässig. Dass bereits eine Sachentscheidung über den Antrag ergangen ist, steht der Rücknahme ebenfalls nicht entgegen (zum alten Recht vgl BayObLG FamRZ 2000, 991, 992; 1999, 62, 64). Nach Erlass einer die Instanz abschließenden Endentscheidung bedarf es für die Wirksamkeit der Rücknahme allerdings der Zustimmung der übrigen Beteiligten. 5

Eine zwingende Grenze für eine Rücknahme wird nur durch den Eintritt der formellen Rechtskraft gesetzt. Dies ergibt sich nunmehr unmittelbar aus Abs 1 Satz 1. Ist die erlassene Endentscheidung unanfechtbar geworden, kann die nunmehr rechtskräftige Entscheidung nicht mehr durch eine Rücknahme des Antrags des Antragstellers beseitigt werden. Die äußerste zeitliche Grenze für eine zulässige Rücknahme wird damit in vergleichbarer Weise bestimmt wie im Verwaltungs- und Zivilprozess durch § 92 Abs 1 Satz 1 VwGO bzw § 269 ZPO (vgl Begr RegE BTDrs 16/6308, 185). Weitere Beschränkungen bestehen für die Rücknahme in Antragsverfahren nicht. 6

II. Voraussetzungen

Es muss sich um ein **Antragsverfahren** handeln. In Verfahren, die von Amts wegen eingeleitet werden, fehlt den Beteiligten die Dispositionsbefugnis. In **Amtsverfahren** kommt daher eine Verfahrensbeendigung durch Antragsrücknahme nicht in Betracht. Zumindest können hier die in Abs 2 geregelten Wirkungen einer Antragsrücknahme nicht herbeigeführt werden, wie Abs 4 ausdrücklich klarstellt. 7

Die **Rücknahme des Antrags** ist **Verfahrenshandlung** und gegenüber dem Gericht zu erklären, bei dem das Verfahren anhängig ist, im Rechtsmittelverfahren also gegenüber dem Rechtsmittelgericht. Formvorschriften für die Erklärung der Rücknahme bestehen nicht (vgl Begr RegE BTDrs 16/6308, 184). Als verfahrensgestaltende Verfahrenshandlung ist die Erklärung der Antragsrücknahme bedingungsfeindlich, nicht anfechtbar und unwiderruflich (Jansen/*von König/Schuckmann* Vor §§ 8–18 FGG Rn 18; Keidel/*Sternal* § 22 FamFG Rn 12). 8

Befugt zur Antragsrücknahme ist der Antragsteller, ggf auch sein Rechtsnachfolger. Steht mehreren ein Antragsrecht zu, ist zu unterscheiden: Hat jeder ein selbständiges Antragsrecht, kann jeder Antragsberechtigte den Antrag zurücknehmen, allerdings nur mit Wirkung für seine Rechtsposition; ggf ist das Verfahren auf den Antrag eines anderen Beteiligten weiterzuführen. Steht ein Antragsrecht mehreren Beteiligten gemeinsam zu, wird angenommen, dass die Rücknahme des Antrags durch einen von ihnen den Antrag der übrigen unzulässig werden lässt, da den übrigen Antragstellern allein die Antragsbefugnis nicht zukomme (Jansen/*von König/Schuckmann* Vor §§ 8–18 Rn 19). 9

Bei einem **teilbaren Verfahrensgegenstand** oder **mehreren Verfahrensgegenständen** kann die Antragsrücknahme sich auch auf einen abgrenzbaren Teil eines Verfahrensgegenstandes oder auf einzelne Verfahrensgegenstände beschränken (Keidel/*Sternal* § 22 FamFG Rn 4). 10

III. Rechtsfolgen

11 Eine wirksame Rücknahme des Antrags vor Erlass der erstinstanzlichen Entscheidung **beendet das Verfahren ohne Entscheidung** über den Verfahrensgegenstand. Es kommt dann allein noch eine Entscheidung über die Kosten in Betracht. Über die Kosten hat das Gericht gem §§ 83 Abs 2, 81 nach billigem Ermessen zu entscheiden (vgl dazu § 83 Rz 2).

12 Ist vorher bereits eine (noch nicht rechtskräftige) **Entscheidung** ergangen, wird diese **wirkungslos**; eine ausdrückliche Aufhebung der Entscheidung bedarf es nicht (Abs 2 Satz 1). Lediglich aus Gründen der Rechtssicherheit sieht Abs 2 Satz 2 vor, dass diese Wirkungen der Rücknahme auf Antrag eines Beteiligten in einem Beschluss festzustellen sind. Dieser Beschluss, der rein deklaratorischen Charakter hat (vgl Begr RegE BTDrs 16/6308, 185), ist nicht anfechtbar (Abs 2 Satz 3). Zur Kostenentscheidung gelten die obigen Ausführungen.

13 Eine erneute Antragstellung ist durch die Rücknahme nicht ausgeschlossen; sie bleibt uneingeschränkt möglich. Allerdings kann bei zu wahrenden Fristen das Antragsrecht durch Zeitablauf erloschen sein; auch ein Verlust des Antragsrechts aufgrund Verzichts (vgl § 23 Rz 55) kommt in Betracht.

14 Ist die Beendigung durch wirksame Antragsrücknahme streitig, ist dies im bisherigen Verfahren zu klären; zu diesem Zweck ist das bisherige Verfahren fortzuführen.

C. Beendigungserklärung

15 Bei der Regelung in Abs 3 geht es darum, den Beteiligten in Antragsverfahren die Möglichkeit zu geben, das Verfahren zu beenden, wenn sie es übereinstimmend nicht mehr betreiben wollen. Die Rechtsfigur der übereinstimmenden Erledigungserklärung erschien dem Gesetzgeber dafür nicht hinreichend geeignet, weil nach der bisherigen Rspr auch bei übereinstimmenden Erledigungserklärungen der Beteiligten in Antragsverfahren, die nicht zu den echten Streitsachen gehören, nicht auf eine von Amts wegen vorzunehmende Feststellung der tatsächlichen Erledigung verzichtet wird (vgl dazu BTDrs 16/6308, 185, 364, 405). Solche Ermittlungen von Amts wegen sollen mit der Regelung in Abs 3 vermieden werden.

16 Wenn in **Antragsverfahren** sämtliche Beteiligten sich darüber einig sind, dass sie das Verfahren nicht fortführen wollen und dies auch gegenüber dem Gericht erklären, hat das Gericht nach Abs 3 von einer Entscheidung in der Hauptsache abzusehen. Mit diesen **übereinstimmenden Beendigungserklärungen** können die Beteiligten eine Beendigung des Verfahrens ohne eine gerichtliche Hauptsacheentscheidung herbeiführen. Es kommt dann lediglich noch eine Entscheidung über die Kosten in Betracht; diese Entscheidung dürfte – wie bei der Rücknahme des Antrags – nach §§ 83 Abs 2, 81 zu treffen sein (vgl dazu § 83 Rz 2).

17 Ebenso wie eine Antragsrücknahme können auch übereinstimmende Beendigungserklärungen der Beteiligten in **Amtsverfahren** nicht in Betracht kommen, was in Abs 4 ausdrücklich ausgesprochen wird.

D. Exkurs: Erledigung der Hauptsache

I. Allgemeine Grundsätze

18 Neben der Rücknahme und der übereinstimmenden Beendigungserklärung kann auch eine Erledigung der Hauptsache eine Sachentscheidung entbehrlich machen und zu einer Verfahrensbeendigung führen. Eine allgemeine Regelung über die Erledigung der Hauptsache findet sich – ebenso wie vorher im FGG – auch im FamFG nicht. Es wird danach weiterhin auf die Grundsätze zurückzugreifen sein, die in Rspr und Lit zur Erledigung der Hauptsache entwickelt worden sind und die sich teilweise von den im Zivilprozess geltenden Grundsätzen unterscheiden (vgl zB BGH NJW 1982, 2505, 2506; BayObLGZ 1990, 130, 131; *Bassenge*/Roth Einl FGG Rn 120 ff; Bumiller/Winkler § 12 Rn 29; KKW/*Kahl* § 19 FGG Rn 85 ff). Das Bedürfnis für die Heranziehung der Grundsätze über die Erledigung hat sich allerdings in Antragsverfahren weitgehend reduziert, nachdem nunmehr das FamFG für die Verfahrensbeendigung eine weitreichende Möglichkeit der Antragsrücknahme und die übereinstimmende Beendigungserklärung zur Verfügung stellt und in beiden Fällen eine Kostenentscheidung nach Billigkeitsgründen (§§ 83 Abs 2, 81) getroffen werden kann. Die Grundsätze der Erledigung dürften danach für die Beteiligten kaum mit günstigeren Rechtsfolgen verbunden sein.

Ein **Verfahren erledigt sich in der Hauptsache**, wenn nach der Verfahrenseinleitung durch ein Ereignis, welches eine Veränderung der Sach- oder Rechtslage herbeigeführt hat, der Verfahrensgegenstand weggefallen ist, so dass die Weiterführung des Verfahrens keinen Sinn mehr hätte, weil eine Sachentscheidung nicht mehr in Betracht kommt (vgl BGH NJW 1982, 2505, 2506; OLG München FGPrax 2006, 228; BayObLGZ 1990, 130, 131; Keidel/*Sternal* § 22 FamFG Rn 24). Eine Erledigung kann sich dabei auch hinsichtlich eines Teils eines Verfahrensgegenstandes oder hinsichtlich eines einzelnen von mehreren Verfahrensgegenständen ergeben. 19

Eine solche Erledigung, welche die Hauptsache hinfällig werden lässt, kann etwa infolge Zeitablaufs eintreten bei zeit- oder fristgebundenen Entscheidungen (vgl BayObLGZ 1971, 84; 1993, 82), durch den Wegfall eines für das Verfahren geeigneten bzw notwendigen Subjekts oder Objekts (zB Tod eines Ehegatten, Volljährigkeit eines Kindes; vgl BGH NJW 1993, 126, 127; OLG Hamm FamRZ 1965, 220), durch Erlöschen einer Forderung, etwa infolge Zahlung oder Aufrechnung nach Verfahrenseinleitung (vgl OLG Hamburg ZMR 2003, 700), prozessuale Überholung (vgl BGH ArgrarR 1983, 245; OLG Celle RPfleger 2006, 556) oder ein außergerichtliches Eintreten des mit dem Verfahren angestrebten Zustandes (OLG Hamm FGPrax 1998, 213). 20

II. Erledigung in Amtsverfahren

In **Amtsverfahren** hat das Gericht bei Erledigung in der Hauptsache, die es durch Ermittlung von Amts wegen festzustellen hat, nach wohl allseitiger Auffassung das Verfahren einzustellen (vgl OLG Stuttgart OLGZ 1976, 401, 402; Jansen/*Briesemeister* § 19 FGG Rn 32). Auf Anträge bzw Anregungen der Beteiligten kommt es dabei nicht an (BayObLGZ 1990, 130, 131). Die Beteiligten haben bei Erledigung der Hauptsache grundsätzlich auch keine Möglichkeit, die Erledigung oder die Rechtswidrigkeit einer erledigten Anordnung oder Maßnahme feststellen zu lassen; soweit mit diesen jedoch erhebliche Grundrechtseingriffen verbunden gewesen sind, wird für den davon betroffenen Beteiligten eine Ausnahme zu machen sein (vgl dazu unten Rz 30). 21

III. Erledigung in Antragsverfahren

In **echten Streitsachen** geht die Tendenz dahin, die im Zivilprozess geltenden Grundsätze entsprechend mit für das Verfahren der freiwilligen Gerichtsbarkeit gebotenen Modifikationen heranzuziehen, was interessen- und sachgerecht erscheint. 22

Bei **übereinstimmenden Erledigungserklärungen** der Beteiligten soll das Gericht an die Erledigungserklärungen ohne Rücksicht auf eine wirklich eingetretene Erledigung gebunden sein (*Bassenge*/Roth Einl FGG Rn 126; *Bumiller*/Harders § 22 FamFG Rn 10). Das Verfahren wird durch die übereinstimmenden Erledigungserklärungen beendet, die als Verfahrenshandlungen nicht widerruflich sind (vgl BayObLG NZM 1999, 853, 854) Es kommt dann nur noch eine Kostenentscheidung in Betracht. Eine tatsächlich eingetretene Erledigung soll aber auch von Amts wegen zu beachten sein (vgl OLG Hamburg ZMR 2003, 760, 761; Jansen/*Briesemeister* § 19 FGG Rn 33). 23

§ 22 FamFG | Antragsrücknahme; Beendigungserklärung

24   Gleichartige Rechtsfolgen sind nunmehr mit der übereinstimmenden Beendigungserklärung nach Abs 3 zu erzielen. Dann bedarf es nicht des Rückgriffs auf die Grundsätze der Erledigung und der übereinstimmenden Erledigungserklärung.

25   Bei einer **einseitigen Erledigungserklärung** des Antragstellers ist streitig, ob diese (wie im Zivilprozess) als eine im Wege der Antragsänderung zulässige Umstellung auf einen Feststellungsantrag aufzufassen ist (so *Bassenge*/Roth Einl FGG Rn 126) oder als eine Antragsrücknahme zu interpretieren ist (dafür wohl BayObLG NJW-RR 1993, 205). Bei Annahme eines Feststellungsantrags ist diesem stattzugeben, wenn Erledigung tatsächlich eingetreten ist (*Bassenge*/Roth Einl Rn 127; Keidel/*Sternal* § 22 FamFG Rn 30); sonst ist der Feststellungsantrag zurückzuweisen (vgl OLG Hamm FGPrax 1999, 48).

26   Eine einseitige Erledigungserklärung des Antragsgegners ist – wie im Zivilprozess – bedeutungslos (OLG Hamm FGPrax 1998, 213). Es ist weiterhin über den Antrag des Antragstellers zu entscheiden; der Antrag ist abzuweisen, wenn die Erledigung tatsächlich eingetreten ist.

27   In **sonstigen Antragsverfahren** soll das Verfahren in der Regel enden, wenn der Antragsteller, der insoweit über den Verfahrensgegenstand verfügen kann, die Erledigung erklärt hat. Allerdings soll es auch hier – ähnlich wie in Amtsverfahren – Sache des Gerichts sein, im Rahmen der Amtsermittlung die Erledigung festzustellen (vgl BayObLGZ 1978, 243, 246). Teilweise wird davon ausgegangen, dass eine Erledigungserklärung des Antragstellers jedenfalls bei nicht feststehender und vom Gericht nicht festzustellender tatsächlicher Erledigung als Antragsrücknahme auszulegen und zu behandeln sei (*Bassenge*/Roth Einl Rn 125; Keidel/*Sternal* § 22 FamFG Rn 30).

28   Wenn der Antragsteller trotz Hinweises auf eine eingetretene Erledigung seinen Sachantrag weiterverfolgt oder keinen Sachantrag mehr stellt, ist unter der Geltung des FGG streitig gewesen, ob das Gericht von Amts wegen die Erledigung der Hauptsache formlos festzustellen hat oder ob der ursprüngliche Antrag abzuweisen ist (für ersteres: OLG Braunschweig OLGZ 1975, 434; für letzteres: Keidel/*Sternal* § 22 FamFG Rn 31).

29   Die hier vorhandenen Probleme dürften durch die nunmehrigen Möglichkeiten der Antragsrücknahme und der übereinstimmenden Beendigungserklärung ebenfalls erheblich an praktischer Relevanz verloren haben.

IV. Erledigung zwischen den Instanzen

30   Bei Eintritt einer **Erledigung nach Abschluss der ersten Instanz (Erledigung zwischen den Instanzen)** geht die hM davon aus, dass die Hauptsacheentscheidung und die Kostenentscheidung grundsätzlich nicht mehr angefochten werden können. Ein gleichwohl eingelegtes Rechtsmittel soll bereits unzulässig, jedenfalls aber unbegründet sein (BGHZ 109, 108; KG OLGZ 1982, 182; *Bassenge*/Roth Einl Rn 130). Nur in Ausnahmefällen eines tief greifenden Grundrechtseingriffes ist ein Rechtsmittel zulässig und die Feststellung der Rechtswidrigkeit einer Verfügung oder Maßnahme möglich (vgl BVerfG NJW 2002, 2456; 1998, 2432). Dies gilt insbesondere bei Verfahren, die Freiheitsentziehung betreffen; hier ist wegen des Gewichts des Eingriffs in die Freiheit, der darin liegenden diskriminierenden Wirkung und des Rehabilitationsinteresses eine Feststellung der Rechtswidrigkeit trotz zwischenzeitlich eingetretener Erledigung zuzulassen (vgl BVerfG NJW 2002, 2456; 1998, 2432). Auch bei einer erstinstanzlichen Entscheidung, die gegen einen Beteiligten vollstreckt oder sonstwie vollzogen werden kann, ist ein Rechtsmittel mit dem Ziel einer Aufhebung der betreffenden Entscheidung zuzulassen (vgl *Gottwald* NJW 1976, 2150; *Bassenge*/Roth Einl FGG Rn 130; Keidel/*Sternal* § 22 FamFG Rn 33).

V. Erledigung in der Rechtsmittelinstanz

31   Auch in der **Rechtsmittelinstanz** bleibt Raum für die Anwendung der Grundsätze über die Erledigung der Hauptsache, die von einer Erledigung des Rechtsmittels zu unterscheiden ist (vgl OLG Zweibrücken OLGZ 1976, 399; Keidel/*Sternal* § 22 FamFG Rn 34).

Nach Erledigung der Hauptsache kann eine Sachentscheidung nicht mehr ergehen. Für den Beschwerdeführer kommt dann eine Beschränkung seines Beschwerdeantrags auf die Kosten in Betracht, um eine Verwerfung oder Zurückweisung des Rechtsmittels zu vermeiden (vgl BayObLG FamRZ 2002, 79; KG FamRZ 1997, 442, 443). Eine Weiterführung eines in der Hauptsache erledigten Verfahrens allein zu dem Zweck der Feststellung der Erledigung oder der Rechtswidrigkeit einer zugrunde liegenden Maßnahme hält die hM regelmäßig nicht für zulässig (BayObLG FamRZ 1996, 558, 559; KG FamRZ 1993, 84, 85). Ausnahmen sind auf der Grundlage der Rspr des BVerfG zuzulassen, wenn das erledigte Verfahren Maßnahmen mit tief greifenden Grundrechtseingriffen betraf (vgl Nachw unter Rz 30).

§ 22a Mitteilungen an die Familien- und Betreuungsgerichte

(1) Wird infolge eines gerichtlichen Verfahrens eine Tätigkeit des Familien- oder Betreuungsgerichts erforderlich, hat das Gericht dem Familien- oder Betreuungsgericht Mitteilung zu machen.

(2) Im Übrigen dürfen Gerichte und Behörden dem Familien- oder Betreuungsgericht personenbezogene Daten übermitteln, wenn deren Kenntnis aus ihrer Sicht für familien- oder betreuungsgerichtliche Maßnahmen erforderlich ist, soweit nicht für die übermittelnde Stelle erkennbar ist, dass schutzwürdige Interessen des Betroffenen an dem Ausschluss der Übermittlung das Schutzbedürfnis eines Minderjährigen oder Betreuten oder das öffentliche Interesse an der Übermittlung überwiegen. Die Übermittlung unterbleibt, wenn ihr eine besondere bundes- oder entsprechende landesgesetzliche Verwendungsregelung entgegensteht.

A. Allgemeines

1   Bei § 22a handelt es sich um eine im Gesetzgebungsverfahren (auf Vorschlag des Rechtsausschusses) eingefügte Regelung, die inhaltlich dem bisherigen § 35a FGG entspricht.
   § 22a dürfte generell gelten (vgl dazu auch Rz 4). Soweit § 22a von der Aufzählung der Vorschriften des allgemeinen Teils mit erfasst wird, die nach § 113 Abs 1 in Ehesachen und Familienstreitsachen unanwendbar sein sollen, handelt es sich offensichtlich um ein Redaktionsversehen bei der späteren Einfügung dieser Vorschrift (ebenso Keidel/*Sternal* § 22a FamFG Rn 2).

2   Es ist zu unterscheiden zwischen der in Abs 1 geregelten Mitteilungs**pflicht** anderer Gerichte gegenüber den Familien- und Betreuungsgerichten (früherer 35a Satz 1 FGG) und der in Abs 2 geregelten **Befugnis** von Gerichten und Behörden zur Übermittlung personenbezogener Daten an Familien- und Betreuungsgerichte, was zuvor in § 35a Satz 2 FGG geregelt und durch Art 13 JuMiG vom 18.6.1997 (BGBl I 1430) eingeführt worden war. Die Übermittlungsbefugnis entfällt, wenn für die übermittelnde Stelle erkennbar ist, dass bei vorzunehmender Abwägung das schutzwürdige Interesse des Betroffenen an der Unterlassung der Übermittlung überwiegt.

3   Die zu § 35a FGG ergangene Rspr und vorhandene Lit wird auch für die in § 22a übernommene Regelung weiterhin von Bedeutung sein.

B. Mitteilungspflicht (Abs 1)

4   Als **Adressat der Mitteilungspflicht** nach Abs 1 kommen **alle Gerichte** unabhängig von der von ihnen jeweils wahrgenommenen Funktion in Betracht. Eine entsprechende Mitteilungspflicht wird sich vor allem bei Gerichten der ordentlichen Gerichtsbarkeit, kann sich aber auch bei Gerichten der anderen Gerichtsbarkeiten ergeben. Nicht erfasst werden Verwaltungsbehörden. Mitteilungspflichten können sich für diese jedoch aus anderen Normen ergeben (zB nach § 168a für das Standesamt). Für Behörden kommt überdies eine Mitteilungsbefugnis nach Abs 2 in Betracht.

5   Abs 1 normiert – im Gegensatz zur Übermittlungsbefugnis nach Abs 2 – eine **echte Rechts- und Amtspflicht**, deren Verletzung ggf Amtshaftungsansprüche nach sich ziehen kann (vgl BGH NJW 1992, 1884, 1886; Jansen/*Müller-Lukoschek* § 35a FGG Rn 2).

6   Die Mitteilungspflicht soll gewährleisten, dass in allen Fällen, in denen in einem gerichtlichen Verfahren sich die Notwendigkeit einer familiengerichtlichen oder betreuungsgerichtlichen Tätigkeit ergibt, das Familien- oder Betreuungsgericht hiervon Kenntnis erlangt. Die Notwendigkeit der Tätigkeit des Familien- oder Betreuungsgerichts muss sich als Folge des anderen gerichtlichen Verfahrens ergeben und solche Maßnahmen unmittelbar nach sich ziehen; nicht ausreichend ist, dass in einem anderen gerichtlichen Verfahren beiläufig Umstände erkennbar werden, die ein Einschreiten eines Familien- oder Betreuungsgerichts geboten erscheinen lassen (vgl BGH NJW 1992, 1884,

1886). In solchen Fällen wird sich aber regelmäßig eine Mitteilungsbefugnis nach Abs 2 ergeben.

Eine Benachrichtigungspflicht ist danach anzunehmen, wenn in einem gerichtlichen 7 Verfahren die Anordnung einer Pflegschaft oder einer Betreuung erforderlich wird, sei es, dass eine solche Anordnung zur ordnungsgemäßen Durchführung des anderen Verfahrens erforderlich ist, oder sei es, dass die Anordnung sich als notwendige Folge des gerichtlichen Verfahrens ergibt.

Mit der Mitteilung hat das Gericht seine aus Abs 1 folgende Pflicht erfüllt; die Verant- 8 wortung für die Durchführung der notwendigen Maßnahmen liegt dann beim Familien- oder Betreuungsgericht.

Im Bereich der freiwilligen Gerichtsbarkeit sind insbesondere gerichtliche Mittei- 9 lungspflichten angenommen worden in folgenden Fällen (vgl auch Jansen/*Müller-Luko-schek* § 35a FGG Rn 7 ff):

bei Todeserklärung eines Elternteils, wenn durch Tod eine Sorgerechtsregelung erfor- 10 derlich wird; Todeserklärung eines Vormundes, Betreuers oder Pflegers mit der Notwendigkeit der Neubestellung und ggf von vorläufigen Maßnahmen; Maßnahmen bei Todeserklärung eines Mündels (§ 1884 BGB); bei Bestellung eines Betreuers für einen Vormund oder Pfleger und eine dann notwendige Entlassung (§§ 1886, 1781 Nr 2, 1908b BGB).

Entsprechende Mitteilungspflichten ergeben sich in einzelnen Bereichen aus Sonder- 11 vorschriften, zB aus §§ 292 Abs 2, 443 Abs 3 StPO (Einleitung einer Pflegschaft bei Vermögensbeschlagnahme), §§ 53, 70 JGG (Benachrichtigungspflichten und wechselseitige Mitteilungen in Jugendgerichtsverfahren).

Von Bedeutung für mögliche Mitteilungspflichten ist auch die **Anordnung über Mit-** 12 **teilungen in Zivilsachen** (MiZi). Hierbei handelt es sich um von allen Bundesländern vereinbarte, bundesweite Verwaltungsvorschriften über Mitteilungen für den Bereich der Zivilgerichtsbarkeit einschließlich der freiwilligen Gerichtsbarkeit (in der Fassung v 1.6.1998 – Sonderbeilage BAnz Nr 138a/98 – mit Änderungen in der Folgezeit). Im 4. Abschnitt sind Mitteilungen in Verfahren der freiwilligen Gerichtsbarkeit geregelt, die über den Regelungsbereich des Abs 1 hinausgehen.

C. Befugnis zur Übermittlung personenbezogener Daten (Abs 2)

Abs 2 schafft eine Rechtsgrundlage für Gerichte und Verwaltungsbehörden, dem Famili- 13 en- oder Betreuungsgericht personenbezogene Daten zu übermitteln, und enthält die gesetzliche Ermächtigung für den darin liegenden Eingriff in Grundrechte (Persönlichkeitsrecht, informationelles Selbstbestimmungsrecht) der betroffenen Person.

Die entsprechende Mitteilung personenbezogener Daten setzt voraus, dass dies für fa- 14 miliengerichtliche oder betreuungsgerichtliche Maßnahmen **erforderlich** ist.

Weiterhin muss die Datenübermittlung nach allgemeinen Grundsätzen **verhältnis-** 15 **mäßig** sein. Es ist dabei eine Abwägung vorzunehmen zwischen den Schutzbedürfnissen des Minderjährigen, der betreuten oder sonstigen Person, zu deren Schutz ein Einschreiten des Familien- oder Betreuungsgerichts erforderlich erscheint, sowie einem öffentlichen Interesse an solchen Maßnahmen einerseits und dem schutzwürdigen Interesse des Betroffenen an einem Ausschluss der Weitergabe seiner personenbezogenen Daten andererseits. Die Datenübermittlung hat zu unterbleiben, wenn nach Einschätzung der übermittelnden Stelle das letztgenannte Interesse überwiegt. Gleiches gilt, wenn bundes- oder landesrechtliche Verwendungsregelungen der Übermittlung entgegenstehen.

Die Erforderlichkeit, die Verhältnismäßigkeit und einen möglichen Ausschluss der 16 Datenübermittlung durch abweichende Verwendungsregelungen hat die übermittelnde Stelle stets vorher zu prüfen.

D. Gerichtliche Überprüfung der Datenübermittlung

17 Die Datenübermittlung unterliegt grundsätzlich der gerichtlichen Überprüfung. Für den Rechtschutz gegen entsprechende Übermittlungsmaßnahmen gilt § 22 EGGVG mit den darin in Bezug genommenen Vorschriften.

18 Wenn die Übermittlung personenbezogener Daten in speziellen Verfahrensvorschriften der übermittelnden Stelle geregelt ist, richtet sich der Rechtsschutz primär nach den Vorschriften, die das Verfahren der übermittelnden Stelle regeln. Bei Gerichten, die den Verfahrensvorschriften des FamFG unterliegen und im Rahmen eines solchen Verfahrens personenbezogene Daten übermitteln, dürfte danach der Rechtsschutz nach dem FamFG gelten.

19 Wenn für (andere) Gerichte oder Behörden eine die Übermittlung betreffende bereichsspezifische Verfahrensregelung fehlt, was vielfach der Fall sein wird, so richtet sich der Rechtsschutz – wie aus § 22 Abs 1 Satz 1 EGGVG folgt – nach §§ 22 Abs 2 und 3, 23 bis 30 EGGVG. Dies gilt unabhängig davon, ob die Datenübermittlung zwingend vorgesehen oder nur fakultativ ist und dass sie mangels Regelungscharakters kein Justizverwaltungsakt ist (vgl Kissel/*Mayer* GVG § 22 EGGVG Rn 1; KK/*Schoreit* StPO § 22 EGGVG Rn 1).

20 Der durch die Übermittlung seiner Daten Betroffene wird – jedenfalls in den meisten Fällen – erst Kenntnis von der Übermittlung seiner Daten erhalten, wenn tatsächlich Maßnahmen des Familiengerichts oder Betreuungsgerichts gegen ihn eingeleitet worden sind. Es greift dann eine Zuständigkeitskonzentration unter der Voraussetzung ein, dass der Datenempfänger aufgrund der übermittelten Daten eine Entscheidung oder andere Maßnahme getroffen und dies dem durch die Datenübermittlung Betroffenen bekannt gegeben hat, bevor dieser einen Antrag auf gerichtliche Entscheidung gestellt hat. Die gerichtliche Überprüfung der Rechtmäßigkeit der Datenübermittlung steht dann nach § 22 Abs 1 Satz 2 EGGVG ausschließlich dem Gericht zu, das gegen die betreffende Entscheidung oder Maßnahme des Familiengerichts oder Betreuungsgerichts angerufen werden kann (dh das OLG oder LG als Beschwerdegericht), und zwar in der dafür jeweils vorgesehenen Verfahrensart. Ein Antrag nach §§ 22 Abs 2 und 3, 23 bis 30 EGGVG ist dann unzulässig.

Abschnitt 2
Verfahren im ersten Rechtszug

Einleitung

Das FamFG betrifft eine Vielzahl ganz unterschiedlicher Verfahren in den verschiedenen 1
Regelungsbereichen mit ganz verschiedenartigen Materien. Genannt seien hier nur beispielhaft Verfahren in Familiensachen, in Registersachen, in Landwirtschaftssachen und Verfahren in Freiheitsentziehungssachen, was die Verschiedenartigkeit der Regelungsmaterien aufscheinen lässt. Das **Verfahrensrecht erster Instanz** (§§ 23 bis 37) beschränkt sich – diese Beschränkung folgt zwangsläufig aus der großen Verschiedenartigkeit seines Anwendungsbereichs – auf allgemein gehaltene Verfahrensregelungen, die ergänzt werden durch spezielle verfahrensrechtliche Ausgestaltungen in den jeweiligen speziellen Regelungsbereichen. Das allgemeine Verfahrensrecht erster Instanz lässt dem Rechtsanwender (Richter/Rechtspfleger) erhebliche Spielräume der Verfahrensgestaltung und lässt ein flexibles Vorgehen nach den jeweiligen fallspezifischen Erfordernissen zu.

Für den Rechtsanwender bedeutet dies, dass im Verfahrensrecht stets zunächst von 2
den **besonderen Verfahrensvorschriften in den einzelnen speziellen Regelungsbereichen** auszugehen ist, die **Vorrang** vor den Regelungen des Allgemeinen Teils haben. Die Vorschriften der einzelnen Regelungsbereiche bestimmen auch die Art der Verfahrenseinleitung, beeinflussen die Anwendung der allgemeinen Vorschriften über das Verfahren erster Instanz und enthalten Vorgaben für die Anwendung des allgemeinen Rechts, etwa hinsichtlich der Beweisaufnahme (zB für die förmliche Beweisaufnahme in § 30 Abs 2) und hinsichtlich der persönlichen Anhörung (§ 34 Abs 1 Nr 2).

Das **Recht und die Pflicht zur Einleitung eines Verfahrens** wird nicht durch das 3
allgemeine Verfahrensrecht vorgegeben, sondern folgt aus den Vorschriften in den einzelnen speziellen Regelungsbereichen (ob es dabei stets um materielles Recht geht, wie in der Begr RegE – BTDrs 16/6308, 185 – angenommen wird, mag dahinstehen). Entsprechend den Grundsätzen, von denen im RegE ausgegangen worden ist (BTDrs 16/6308, 185), sind im Wesentlichen vier Möglichkeiten der Verfahrenseinleitung zu unterscheiden:

(1) Eine Art der Verfahren ist dadurch geprägt, dass das Verfahren vom Gericht **von** 4
Amts wegen eingeleitet wird und die Tatsachengrundlage für die Verfahrenseinleitung und Entscheidung vom Gericht **von Amts wegen ermittelt** wird. Als Beispiel hierfür wird in der Begr des RegE (BTDrs 16/6308, 185) das Verfahren der Löschung im Register nach § 421 Abs 1 des seinerzeitigen Entwurfs (nunmehr § 395 Abs 1) genannt.

Das Gericht hat hier von Amts wegen tätig zu werden, sobald es von irgendwelchen Tatsachen erfährt, die ein Einschreiten rechtfertigen oder gebieten (**Amtsverfahren, Offizialmaxime**). Es hat auch das Verfahren von Amts wegen weiter in Gang zu halten und fortzuführen (**Amtsbetrieb**).

Die Tatsachen, die dem Einschreiten, aber auch einer evtl späteren Entscheidung zugrunde liegen, werden von Amts wegen ermittelt (**Grundsatz der Amtsermittlung** gem § 26).

(2) Eine andere Verfahrensart ist dadurch geprägt, dass das Verfahren durch Antrag ei- 5
nes Beteiligten eingeleitet wird (**Antragsverfahren**), die Grundlagen der Verfahrensbegründung und einer eventuellen Entscheidung jedoch vom Gericht von Amts wegen ermittelt werden (**Amtsermittlung**). Den Beteiligten kommt dabei lediglich die Möglichkeit und ggf auch die Verpflichtung zu (vgl § 27 Abs 1), an der Sachverhaltsermittlung, die in den Händen des Gerichts liegt, mitzuwirken. Als Beispiele hierfür werden in der Begr des RegE (BTDrs 16/6308, 185) das Erbscheinsverfahren und das Verfahren der Registereintragung genannt.

6 (3) Eine weitere Verfahrensart ist dadurch gekennzeichnet, dass das Gesetz eine **Verfahrenseinleitung sowohl von Amts wegen als auch auf Antrag eines Beteiligten** vorsieht, wie beispielsweise in § 1896 Abs 1 BGB (Bestellung eines Betreuers). Die tatsächlichen Grundlagen für dieses Verfahren und die zu treffende Entscheidung werden auch hier vom Gericht durch Ermittlung von Amts wegen (§ 26) beschafft. Diese Verfahren sind, soweit es um die Einschränkung der Dispositionsbefugnis des Antragstellers geht, den Amtsverfahren zuzuordnen. Bei einer Einleitung eines solchen Verfahrens aufgrund Antrags kann das Gericht ggf das Verfahren weiterführen, auch wenn der Antragsteller daran nicht (mehr) interessiert ist oder gar erklärt hat, den Antrag zurücknehmen zu wollen (vgl zB BayObLGZ 1961, 317, 319).

7 (4) Schließlich sind Verfahren zu nennen, die auf Antrag eines Beteiligten eingeleitet werden, also **Antragsverfahren** sind, bei denen es aber auch einem oder mehreren Beteiligten obliegt, die tatsächlichen Grundlagen des Verfahrens und einer möglichen Entscheidung ganz oder teilweise beizubringen (**Beibringungsgrundsatz**), ggf in bestimmter Form. Die Begr des RegE nennt als Beispiel das Verfahren der Grundbucheintragung nach §§ 13, 19 GBO. Hier wird zumindest in weiten Teilbereichen Amtsermittlung des Gerichts durch die Verpflichtung der Beteiligten zur Vorlage entsprechender Unterlagen (in notarieller Beurkundung oder Beglaubigung) ersetzt.

8 Das erstinstanzliche Verfahren der freiwilligen Gerichtsbarkeit wird durch die Unterschiede in den dargestellten Verfahrensarten maßgebend bestimmt.

9 Von wesentlicher Bedeutung für die Verfahrenseinleitung ist die Unterscheidung zwischen Antrags- und Amtsverfahren. Für Antragsverfahren sind insbesondere § 23 über den verfahrenseinleitenden Antrag und § 25 hinsichtlich einer Antragstellung zur Niederschrift der Geschäftsstelle von Bedeutung. § 24 betrifft das Verfahren von Amts wegen.

10 Zu beachten ist stets, dass nicht in allen Bereichen des FamFG die Regelungen des Allgemeinen Teils und über das Verfahren im ersten Rechtszug anwendbar sind und teilweise durch Sondervorschriften oder Regelung der ZPO verdrängt werden. Zu nennen ist hier insbesondere der bedeutende Bereich der Ehesachen und Familienstreitsachen (vgl § 113 Abs 1).

§ 23 Verfahrenseinleitender Antrag

(1) Ein verfahrenseinleitender Antrag soll begründet werden. In dem Antrag sollen die zur Begründung dienenden Tatsachen und Beweismittel angegeben sowie die Personen benannt werden, die als Beteiligte in Betracht kommen. Urkunden, auf die Bezug genommen wird, sollen in Urschrift oder Abschrift beigefügt werden. Der Antrag soll von dem Antragsteller oder seinem Bevollmächtigten unterschrieben werden.

(2) Das Gericht soll den Antrag an die übrigen Beteiligten übermitteln.

Übersicht

	Rz		Rz
A. Allgemeines	1	5. Zusätzliche und abweichende Anforderungen nach der einschlägigen Antragsnorm	30
B. Verfahrenseinleitung durch Antrag eines Beteiligten	4		
I. Antragsverfahren	4	6. Rechtsfolgen bei Antragsmängeln, bei Verstößen gegen »Sollanforderungen« des Abs 1	33
1. Erfordernis eines Antrags	4		
2. Antrag als notwendige Verfahrensvoraussetzung	10	III. Antragsberechtigung	39
II. Formelle Anforderungen an den verfahrenseinleitenden Antrag (Abs 1)	14	IV. Antragsfrist	48
		V. Verzicht und Verwirkung des Antragsrechts	55
1. Notwendiger Inhalt eines verfahrenseinleitenden Antrags	14	C. Übermittlung des verfahrenseinleitenden Antrags an die übrigen Beteiligten	57
2. Antragsbegründung (Abs 1 Satz 1)	16	D. Sachantrag	59
		I. Funktion und Erforderlichkeit des Sachantrags	59
3. Sollangaben nach Abs 1 Satz 2 und 3	22	II. Antragsarten	65
4. Unterzeichnung des Antrags (Abs 1 Satz 4)	26	III. Antragshäufung, -erweiterung und -änderung	71

A. Allgemeines

Eine dem § 23 entsprechende Regelung über den verfahrenseinleitenden Antrag war im FGG nicht enthalten. **1**

§ 23 **gilt grundsätzlich für alle Verfahren nach § 1, nicht jedoch für Ehesachen und Familienstreitsachen**, auf welche die ZPO anwendbar ist (vgl § 113 Abs 1).

Abs 1 regelt die grundsätzlichen Anforderungen, die ein verfahrenseinleitender Antrag in einem Antragsverfahren erfüllen soll, ohne die Formanforderungen eindeutig zu Wirksamkeitsvoraussetzungen zu erheben. Abs 1 bleibt dabei hinter den Anforderungen einer Klageschrift im Zivilprozess zurück. **2**

Abs 2 stellt klar, dass der Antrag den anderen Beteiligten zu übersenden ist. Dies soll der Gewährung rechtlichen Gehörs dienen. **3**

B. Verfahrenseinleitung durch Antrag eines Beteiligten

I. Antragsverfahren

1. Erfordernis eines Antrags

Ein Antrag ist in **Antragsverfahren** erforderlich und hierfür gelten die formellen Vorgaben des Abs 1. **4**

Antragsverfahren sind nur solche Verfahren, bei denen das Gesetz bestimmt, dass zur Einleitung des Verfahrens ein Antrag eines Beteiligten erforderlich ist. **5**

Ob es dazu einer ausdrücklichen gesetzlichen Regelung bedarf (so zum alten Recht OLG Hamm FamRZ 1982, 94; *Bassenge*/Roth Einl FGG Rn 4; KKW/*Schmidt* § 12 FGG Rn 10) oder das Antragserfordernis auch im Wege der Auslegung herzuleiten ist (*Lindacher* JuS 1978, 577, 578), ist nach altem Recht streitig gewesen. Es muss zumindest eine **6**

§ 23 FamFG | Verfahrenseinleitender Antrag

hinreichend eindeutige gesetzliche Regelung vorhanden sein, aus der – ggf unter Anwendung der allgemeinen Grundsätze der Gesetzesauslegung – das Erfordernis eines Antrags herzuleiten ist. Die Konstruktion eines (zusätzlichen) Antragserfordernisses im Wege einer Analogie dürfte ausscheiden. Es ist jedenfalls kaum ein Bedürfnis ersichtlich, ein gerichtliches Verfahren, das zumindest von Amts wegen eingeleitet werden könnte, von einem im Gesetz nicht geregelten Antragserfordernis abhängig zu machen.

7   Das **Erfordernis eines Antrags zur Verfahrenseinleitung** kann sich aus dem FamFG (vgl zB §§ 171, 203, 363, 417, 434), aber auch aus den das jeweilige Verfahren betreffenden Sonderregelungen in anderen Gesetzen ergeben, die in der Gesamtheit nur schwer zu überblicken sind (vgl zB aus dem **BGB**: §§ 29, 113 Abs 3, 1303 Abs 2, 1308 Abs 2, 1315 Abs 1 Satz 2, 1365 Abs 2, 1369 Abs 2, 1382 f, 1426, 1430, 1507, 1560, 1631 Abs 3, 1671 f, 1682, 1712, 1748 f, 1752 f, 1757 Abs 4, 1760, 1768, 1961, 1981, 1994, 2216 Abs 2, 2227, 2353 f; aus dem **AktG**: §§ 85 Abs 1, 98 Abs 1, 104 Abs 1, 132 Abs 1, 142 Abs 2, 258 Abs 1, 260 Abs 1, 304 Abs 3, 305 Abs 5, 320b Abs 2; § 7 Abs 3 **ErbbauV**; aus dem **GmbHG**: §§ 51b, 66 Abs 2, 5; aus dem **HGB**: §§ 146 Abs 2, 147, 166 Abs 3, 233 Abs 3, 318 Abs 3, 324 Abs 1; § 14 **LwVG**; aus dem **UmwG**: §§ 26 Abs 1, 34, 196 Satz 2, 212). Vgl auch § 7 Rz 8.

8   Das Antragserfordernis gilt durchgängig in den **echten Streitsachen** der freiwilligen Gerichtsbarkeit. Dazu gehören die privatrechtlichen Streitsachen, bei denen es um die Durchsetzung subjektiver Rechte des Privatrechts geht, sich die Beteiligten als Parteien mit gegensätzlichen rechtlichen Interessen – ähnlich wie im Zivilprozess – gegenüberstehen und in denen das Gericht rechtskräftig über subjektive Rechte zwischen den Beteiligten entscheidet (zum Begriff vgl BGH NJW 2001, 2181; Jansen/*von König*/*von Schuckmann* Vor §§ 8–18 Rn 58). Bei den **öffentlichrechtlichen Streitsachen der freiwilligen Gerichtsbarkeit** wird über öffentliche Rechte der Verfahrensbeteiligten oder ein öffentlichrechtliches Rechtsverhältnis gestritten, wobei eine Parallele zum Verwaltungsprozess besteht (zB Verfahren nach § 22 GrdstVG, in denen vor dem Landwirtschaftsgericht die Versagung der Grundstücksverkehrsgenehmigung angefochten wird).

9   Auch außerhalb der echten Streitsachen finden sich Verfahren der freiwilligen Gerichtsbarkeit, die durch Antrag eines Beteiligten einzuleiten sind.

2. Antrag als notwendige Verfahrensvoraussetzung

10   In den Antragsverfahren ist der Antrag **notwendige Verfahrensvoraussetzung**. Durch den entsprechenden Verfahrensantrag wird das Verfahren eingeleitet und die Sache anhängig.

11   Als Verfahrensvoraussetzung ist ein formell wirksamer Antrag in jeder Lage des Verfahrens von Amts wegen zu prüfen (vgl BayObLGZ 1997, 77, 78). Ein fehlender Antrag kann im Laufe des Verfahrens, auch noch in der Rechtsbeschwerdeinstanz, nachgeholt werden (vgl BayObLG NJW-RR 1998, 727, 728; BayObLGZ 1995, 383, 386; *Bumiller*/Harders § 23 FamFG Rn 6). Dementsprechend ist auch bei einem fehlerhaften, unzulässigen Antrag, worauf das Gericht hinzuweisen hat (vgl *Bumiller*/Harders § 23 FamFG Rn 6), eine Heilung (mit ex-nunc-Wirkung) durch Nachholung eines wirksamen Antrags möglich.

12   Das Erfordernis eines Antrags beurteilt sich, da es insoweit um eine Voraussetzung für die Einleitung des Verfahrens geht und insoweit Verfahrensrecht betroffen ist, in Fällen der Auslandberührung unabhängig vom anzuwendenden Sachrecht nach deutschem (Verfahrens-)Recht (vgl BayObLG NJW-RR 1997, 644, 645).

13   Zur **Rücknahme des Verfahrensantrags** vgl § 22 Rz 4 ff.

II. Formelle Anforderungen an den verfahrenseinleitenden Antrag (Abs 1)

1. Notwendiger Inhalt eines verfahrenseinleitenden Antrags

Soweit ein Antrag lediglich zur Verfahrenseinleitung dienen soll und hierfür erforderlich ist, geht es allein um die Funktion des Antrags als Verfahrensinitiative des Beteiligten. In dieser Funktion reicht es aus – so ist es jedenfalls nach altem Recht gesehen worden –, dass der Antrag das Rechtsschutzziel und den Antragsteller erkennen lässt (vgl BGH FamRZ 2003, 1738, 1739; *Bassenge*/Roth Einl FGG Rn 5). Diese Minimalanforderung wird jedenfalls auch nach neuem Recht zu verlangen sein. Zu den formellen Anforderungen nach § 25 vgl dort Rn 9 ff. 14

Zum evtl. erforderlichen Sachantrag vgl unten Rz 59. 15

2. Antragsbegründung (Abs 1 Satz 1)

Abs 1 legt nunmehr – in Abweichung zum bisherigen Recht – als »Sollregelung« weitere formelle Anforderungen an den verfahrenseinleitenden Antrag fest. 16

So verlangt Abs 1, dass der Antrag begründet werden soll, was nach dem FGG nicht notwendig war. 17

Dieses Formerfordernis wird – wie in der Begründung des Regierungsentwurfs ausgeführt worden ist (BTDrs 16/6308, 185) – für erforderlich gehalten, um eine möglichst frühzeitige Strukturierung und sachgerechte Förderung des Verfahrens zu gewährleisten. Dem Gericht soll dadurch ermöglicht werden, den Antrag gezielt zu prüfen, und auf diese Weise soll das Verfahren beschleunigt werden. 18

Was im Einzelnen zur Begründung des Antrags vorzutragen ist, ist den einschlägigen Normen der jeweiligen Verfahrensart und den jeweils anwendbaren materiellrechtlichen Normen zu entnehmen. 19

Es ist zweifelhaft und wird der Rechtspraxis zu überlassen sein, welche Anforderungen an die Begründung zu stellen sind. Nach den in der Begr des RegE zum Ausdruck gekommenen Vorstellungen sollen jedenfalls keine überspannten Anforderungen an die Antragsbegründung gestellt werden. Dem Antragsteller soll es im Rahmen der ihm obliegenden Mitwirkungspflicht (§ 27) zuzumuten sein, sein Rechtsschutzziel in wenigen Sätzen darzulegen (BTDrs 16/6308, 185). 20

Es dürften danach zumindest keine weitergehenden Anforderungen zu stellen sein, als für die Klageschrift im Zivilprozess gelten. Entsprechend der Funktion des Antrags, ein gerichtliches Verfahren einzuleiten, muss die Begründung aber zumindest den Gegenstand des Verfahrens, dh das Begehren des Antragstellers bzw sein Antragsziel sowie den zur Begründung herangezogenen Sachverhalt, hinreichend eindeutig und unverwechselbar erkennen lassen. 21

3. Sollangaben nach Abs 1 Satz 2 und 3

Abs 1 Satz 2 und 3 geben weitere Sollangaben für den Antrag vor: 22
- Die zur Begründung dienenden Tatsachen und Beweismittel sollen angegeben werden.
- Die Personen sollen benannt werden, die als Beteiligte in Betracht kommen können (vgl zu den hinzuziehenden Beteiligten § 7 Rz 11 ff).
- Urkunden, auf die Bezug genommen wird, sollen in Urschrift oder Abschrift beigefügt werden.

Im Rahmen der gebotenen Mitwirkungspflicht nach § 27 ist zumindest eine Obliegenheit des Antragstellers anzunehmen, diese Angaben zu machen und die aufgeführten Unterlagen vorzulegen. Durch die Darlegung der zur Begründung dienenden Tatsachen und der Beweismittel sowie die Vorlage der genannten Urkunden soll das Gericht bei der Ermittlung des entscheidungsrelevanten Sachverhalts unterstützt werden. Auch 23

§ 23 FamFG | Verfahrenseinleitender Antrag

dürfte es darum gehen, zum Zweck der Verfahrensbeschleunigung den Antragsteller dazu zu bringen, entsprechenden Vortrag bereits in der Antragsschrift zu konzentrieren und dies nicht erst in späteren, im Verlauf des Verfahrens noch eingereichten Schriftsätzen nachzuliefern.

24 Entsprechend der Regelung in § 131 Abs 2 ZPO dürfte es auch hier, wenn nur einzelne Teile einer Urkunde relevant sind, genügen, einen Auszug der Urkunde beizufügen.

25 Die Beifügung von Abschriften in der für die Übermittlung an die anderen Beteiligten erforderlichen Zahl (entsprechend § 253 Abs 5 ZPO) ist nicht vorgesehen. Hiervon ist abgesehen worden, weil häufig die Zahl der Beteiligten noch nicht feststeht (vgl zu allem Begr zum RegE BTDrs 16/6308, 185).

4. Unterzeichnung des Antrags (Abs 1 Satz 4)

26 Nach Abs 1 Satz 4 ist schließlich vorgesehen, dass der Antrag vom Antragsteller oder seinem Bevollmächtigten unterschrieben wird. Auch dies war nach bisherigem Recht wohl nicht zwingend (vgl Jansen/*von König/von Schuckmann* Vor §§ 8–18 FGG Rn 9), soll nunmehr aber nach der Begründung des RegE aus Gründen der Rechtsklarheit gefordert werden. Auch eine Angleichung an den Standard anderer Verfahrensordnungen wird hierfür angeführt.

27 Das Erfordernis der Unterschrift setzt gedanklich voraus, dass der Antrag schriftlich abgefasst ist und in Schriftform eingereicht wird. Da in allen übrigen Verfahrensordnungen anerkannt ist, dass bestimmende Schriftsätze, auch eine Rechtsmittelschrift, mit modernen Telekommunikationsmitteln dem Gericht übermittelt werden können (Telefax, Computerfax, früher Telegramm, Fernschreiben), ohne dass das Original der Unterschrift bei Gericht eingehen muss (vgl GmS-OGB NJW 2000, 2340; Zöller/*Greger* § 130 ZPO Rn 18 ff mwN), kann auch für Verfahrensanträge in der freiwilligen Gerichtsbarkeit nichts anderes gelten. Es wäre sachlich nicht zu rechtfertigen, hier strengere Formanforderungen aufzustellen als bei entsprechenden bestimmenden Schriftsätzen im Zivilprozess (vgl hier § 253 Abs 4 ZPO iVm § 130 Nr 6 ZPO).

28 Unter den Voraussetzungen des § 25 (vgl § 25 Rz 17 ff) ist auch eine Antragstellung zu Protokoll der Geschäftsstelle zulässig.

29 Wenn der elektronische Rechtsverkehr durch VO eingeführt ist, kann der Antrag auch als elektronisches Dokument dem Gericht übermittelt werden (vgl § 14 Abs 2, 4).

5. Zusätzliche und abweichende Anforderungen nach der einschlägigen Antragsnorm

30 Teilweise werden die für den Antrag erforderlichen Angaben – wie schon nach bisherigem Recht – dezidiert durch das jeweils anwendbare Gesetz vorgegeben und dabei erheblich **höhere Anforderungen an den Antrag bzw seine Begründung** gestellt, wie zB in Erbscheinsverfahren durch § 2354 BGB oder für den Eintragungsantrag nach § 8 GmbHG. Auch das FamFG enthält Gesetzesvorschriften, die detaillierte Vorgaben für die Begründung des Antrags enthalten oder andere, weitere Anforderungen an den Antrag stellen (vgl zB § 417 für das Verfahren in Freiheitsentziehungssachen). Diese Vorschriften mit weitergehenden Inhaltsanforderungen an den Antrag sollen als jeweilige »lex specialis« der allgemeinen Regelung in Abs 1 vorgehen (so Begr des RegE, vgl BTDrs 16/6308, 185).

31 Auch können sich für spezielle Verfahrensarten **andere**, von Abs 1 abweichende inhaltliche Anforderungen für den verfahrenseinleitenden Antrag ergeben. Zu nennen ist hier etwa § 171 Abs 2 für den Antrag in Abstammungssachen (vgl dazu Begr des RegE BTDrs 16/6308, 244 sowie § 171 Rz 5 ff). Solche Vorschriften gehen ebenfalls als Spezialregelung dem Abs 1 vor.

Teilweise werden – auch über zusätzliche spezielle Begründungsanforderungen hinaus – weitere bzw besondere formale Anforderungen an den Antrag gestellt. So ist im Adoptionsverfahren (§ 1752 Abs 2 Satz 2 BGB) und im Verfahren auf Aufhebung der Adoption (§ 1762 Abs 3 BGB) für den verfahrenseinleitenden Antrag notarielle Beurkundung vorgesehen. Für Anträge auf Eintragung ins Handelsregister ist § 12 HGB zu beachten (zu Einzelheiten vgl vor § 378 Rz 3 ff). Auch insoweit hat die Spezialregelung Vorrang. Die anderen bzw weiter gehenden formalen Anforderungen, wie sie sich aus der speziellen Norm ergeben, sind einzuhalten. 32

6. Rechtsfolgen bei Antragsmängeln, bei Verstößen gegen »Sollanforderungen« des Abs 1

Für die Frage, welche Rechtsfolgen es hat, wenn die in **speziellen Vorschriften vorgesehenen Anforderungen** an den verfahrenseinleitenden Antrag nicht erfüllt werden, ist maßgebend auf die jeweils anwendbare spezielle Vorschrift und hier insbesondere auf deren Normzweck abzustellen. Im Regelfall wird von einer Unwirksamkeit des Antrags auszugehen sein, wenn nicht im Rahmen der Auslegung eindeutig festzustellen ist, dass die Regelung nicht zwingend, sondern lediglich Ordnungs- oder Sollvorschrift sein soll. 33

Fehlt der **Mindestinhalt, der für die Erkennbarkeit des Rechtsschutzziels und des Antragstellers erforderlich ist** (vgl oben unter a) – Rz 14), kann eine entsprechende Verfahrensinitiative und damit ein verfahrenseinleitender Antrag nicht angenommen werden. 34

Nicht zweifelsfrei ist, welche Rechtsfolgen es hat, wenn die **in Abs 1 aufgeführten Sollanforderungen** an einen Antrag ganz oder teilweise fehlen. 35

Der Wortlaut des Abs 1 (»sollen« statt »müssen«) und die sich aufdrängende Parallele zu den Sollangaben in der Klageschrift nach § 253 Abs 3 ZPO sprechen dafür, dass fehlende Sollangaben nicht zur Unwirksamkeit der Antragstellung führen. Hiervon wird wohl auch in der Begr des RegE (BTDrs 16/6308, 185) ausgegangen. Dort wird jedenfalls ausgeführt, dass die Ausgestaltung als Soll-Vorschrift sicherstelle, dass eine Nichterfüllung der Begründungspflicht nicht zur Zurückweisung des Antrags als unzulässig führen könne. Gleiches dürfte dann aber auch für die übrigen Sollangaben und die Beifügung von Urkunden gelten. 36

Danach dürften bei fehlenden Angaben und Unterlagen lediglich entsprechende Auflagen des Gerichts in Betracht kommen, die der Beteiligte jedenfalls im Rahmen seiner Mitwirkungspflicht nach § 27 zu erfüllen hat. 37

Bei **Fehlen der Unterschrift** dürfte sich eine entsprechende Heranziehung der Grundsätze im Zivilprozess bei Schriftsätzen (§ 130 Nr 6 ZPO) und bei der Klageschrift (§§ 253 Abs 4, 130 Nr 6 ZPO) aufdrängen. Hier hält die Rspr – mit einer Reihe von Einschränkungen (vgl oben Rz 27) – am zwingenden Erfordernis der Unterschrift bei bestimmenden Schriftsätzen fest, trotz der Formulierung in § 130 Nr 6 ZPO als Sollvorschrift (vgl BGH NJW 2005, 2086, 2087; abl dazu Musielak/*Stadler* § 129 ZPO Rn 8 f; Zöller/*Greger* § 130 ZPO Rn 21). Da der verfahrenseinleitende Antrag eine Verfahrenshandlung darstellt, könnte eine Gleichstellung mit einem bestimmenden Schriftsatz im Zivilprozess gerechtfertigt sein. Dennoch dürften die besseren Argumente für eine dem Wortlaut (»soll«) entsprechende Gesetzesanwendung und die Annahme einer Sollvorschrift sprechen, zumal sich in der Begr des RegE und der sonstigen Entstehungsgeschichte der Neuregelung keine Hinweise dafür finden, dass entgegen der bisherigen Rechtslage eine deutlich stärkere Formalisierung gewollt gewesen ist. Danach sollte das Fehlen der Unterschrift nicht zur Unwirksamkeit des Antrags führen, wenn die wesentliche Funktion der Unterschrift, die Authentizität und die Ernstlichkeit der Antragstellung zu gewährleisten, nach den konkreten Umständen anderweitig gesichert erscheint. 38

III. Antragsberechtigung

39 In Antragsverfahren ist die Antragsberechtigung **Verfahrensvoraussetzung** (vgl BGHZ 106, 222, 224; Jansen/*von König/von Schuckmann* Vor §§ 8–18 FGG Rn 14; Keidel/*Sternal* § 23 FamFG Rn 11 f). In vielen Bereichen des FamFG wird durch die einschlägige Gesetzesregelung **ausdrücklich festgelegt, wer antragsberechtigt ist**. Als Beispiele seien etwa genannt: §§ 1713 Abs 1, 1748 Abs 1, 1749 Abs 1, 1752 Abs 1, 1768 Abs 1, 1889 Abs 1, 1896 Abs 1, 1908d Abs 2, 1981 Abs 1, 1994 Abs 1, 2003 Abs 1 BGB; §§ 166 Abs 3, 233 Abs 3, 318 Abs 3 HGB; 98 Abs 1 u 2, 104 Abs 1, 132 Abs 2 AktG; §§ 51b, 66 Abs 2 GmbHG. Die Antragsberechtigung beschränkt sich hier auf die im Gesetz genannte Person bzw den genannten Personenkreis.

40 Teilweise gewährt das Gesetz das **Antragsrecht** ausdrücklich **den Beteiligten**, ohne diese jedoch näher oder gar eindeutig festzulegen; vgl etwa § 29 BGB, 2198 Abs 2, 2216 Abs 2 BGB; §§ 146 Abs 2, 147 HGB; §§ 85 Abs 1, 273 Abs 4 AktG; § 22 GrdstVG. Das Antragsrecht steht hier jeder natürlichen und juristischen Person zu, deren in Anspruch genommene materielle Rechtsstellung durch die zu erwartende Entscheidung unmittelbar betroffen würde, dh, die eine entsprechende materielle Betroffenheit geltend macht.

41 Das Gesetz kann jedoch auch – was als Ausnahmefall anzusehen ist – juristischen Personen des öffentlichen Rechts bzw Behörden ein Antragsrecht zuweisen oder das Antragsrecht allein an das Vorhandensein eines rechtlichen Interesses einer Person knüpfen (vgl § 16 Abs 2 lit a) VerschG).

42 Wenn die betreffende gesetzliche Regelung **keinerlei Bestimmung zum Antragsrecht** trifft, steht das Antragsrecht wiederum jedem zu, der eine entsprechende eigene materielle Berechtigung geltend macht.

43 In **echten Streitsachen**, dh Verfahren, in denen subjektive private Rechte verfolgt werden und die Beteiligten sich wie im Zivilprozess gegenüberstehen oder über ein öffentlichrechtliches Rechtsverhältnis wie im Verwaltungsprozess gestritten wird, ist nach bisherigem Recht das Antragsrecht jedem zugebilligt worden, der für sich das geltend gemachte Recht bzw die entsprechende Rechtsposition in Anspruch genommen hat (vgl KKW/*Schmidt* § 12 FGG Rn 32); wie für die Klagebefugnis im Zivilprozess soll es auch für die Antragsberechtigung nicht auf das Bestehen der geltend gemachten materiellrechtlichen Position ankommen. Ob diese besteht, ist eine Frage der Begründetheit des Antrags. An diesen Grundsätzen dürfte auch nach neuem Recht festzuhalten und hiervon dürfte auch in den sonstigen Antragsverfahren auszugehen sein.

44 Wird der Antrag von einer danach nicht antragsberechtigten Person gestellt, muss er gleichwohl beschieden werden. Er ist wegen fehlender Antragsberechtigung als unzulässig zurückzuweisen.

45 Bei einer **Mehrheit von Antragsberechtigten** kann grundsätzlich jeder von ihnen sein Antragsrecht selbständig ohne Rücksicht auf die anderen Berechtigten ausüben (Beispiele: Antrag eines Miterben auf Erteilung eines Erbscheins nach § 2357 Abs 1 BGB oder auf Vermittlung der Auseinandersetzung des Nachlasses nach § 363 Abs 2). Ein koordiniertes Vorgehen und/oder ein einheitliches Verfahren (durch ggf Zusammenfassung der durch mehrere Anträge eingeleiteten Verfahren) sind natürlich möglich.

46 Das Gesetz kann jedoch auch vorsehen, dass eine Mehrheit von Personen das Antragsrecht nur gemeinschaftlich ausüben kann. So können Miterben nach § 2062 BGB Nachlassverwaltung nur gemeinschaftlich beantragen; ein Antrag im Verfahren nach § 37 Abs 2 BGB erfordert die Mitwirkung einer qualifizierten Mehrheit von Vereinsmitgliedern; Anträge nach §§ 122 Abs 1 u 3, 142 Abs 2 u 4, 147 Abs 2 AktG können nur von einer bestimmten Zahl bzw bestimmten Minderheit von Aktionären gestellt werden. Kommt ein gemeinsamer Antrag der erforderlichen Gesamtheit oder einer notwendigen qualifizierten Mehrheit der Beteiligten nicht zustande, ist ein vorliegender Antrag einzelner Personen als unzulässig zurückzuweisen (vgl Jansen/*von König/von Schuckmann* Vor §§ 8–18 FGG Rn 14).

Zur Antragsrücknahme bei mehreren Antragstellern vgl § 22 Rz 9. **47**

IV. Antragsfrist

Für den Antrag sind meist keine **verfahrensrechtlichen Fristen** zu beachten. In wenigen **48** Bereichen sieht das Gesetz jedoch zur Gewährleistung alsbaldiger Rechtssicherheit Fristen vor. Bei Versäumung der vorgesehenen Antragsfrist ist der Antrag dann wegen Fehlens einer erforderlichen Verfahrensvoraussetzung als unzulässig zurückzuweisen.

So ist etwa nach § 22 Abs 1 GrdstVG der Antrag auf gerichtliche Entscheidung gegen **49** einen ablehnenden Bescheid nach dem GrdstVG binnen einer Frist von zwei Wochen beim Landwirtschaftsgericht zu stellen. Für den Antrag auf gerichtliche Entscheidung nach §§ 23 ff EGGVG sieht § 26 EGGVG eine Antragsfrist von einem Monat vor. Vgl weiter § 4 Abs 1 SpruchG.

Bei der Antragstellung können auch **materiellrechtliche Ausschlussfristen** von Bedeutung sein. Für die Aufhebung des Annahmeverhältnisses bei einer Adoption ist die Frist des § 1762 Abs 2 BGB zu beachten. Weitere Beispiele für materiellrechtliche Ausschlussfristen: § 1600b, § 1981 Abs 2 BGB; 318 Abs 3 HGB; 132 Abs 2, 142 Abs 4, 258 Abs 2, 260 Abs 1 AktG. **50**

Ist eine verfahrensrechtliche oder materiellrechtliche Antragsfrist zu wahren, muss **51** grundsätzlich der verfahrenseinleitende Antrag fristgerecht beim örtlich und sachlich zuständigen Gericht eingehen. Dies ist insbesondere auch bei Anträgen zu beachten, die zu Protokoll der Geschäftsstelle eines anderen (unzuständigen) Amtsgerichts erklärt worden sind. Vgl dazu § 25 Abs 3 (§ 25 Rz 23 ff). Für Anträge nach §§ 23 ff EGGVG gilt die Sonderregelung in § 26 Abs 1 EGGVG.

Nach dem dargestellten Grundsatz ist die Antragsfrist versäumt, wenn der vom Antragsteller an das Gericht X gerichtete Antrag (versehentlich) beim Gericht Y eingereicht und auch nicht innerhalb der Frist an das Gericht X weitergeleitet wird. **52**

Zur Frage einer evtl. Wiedereinsetzung in den vorigen Stand bei der Versäumung verfahrensrechtlicher Fristen vgl § 17 Rz 7 ff. **53**

Fraglich ist die Fristversäumung, wenn der Antragsteller den Antrag bei dem von **54** ihm gewählten (für zuständig gehaltenen) Gericht fristgerecht einreicht, es aber nach Ablauf der Frist wegen Unzuständigkeit zu einer Verweisung nach § 3 kommt. Nach altem Recht war dies streitig; jedenfalls in (echten) Streitverfahren wurde davon ausgegangen, dass die rechtzeitige Antragstellung beim letztlich unzuständigen Gericht für die Fristwahrung ausreicht (vgl BGH NJW-RR 2006, 1113; *Bassenge*/Roth Einl FGG Rn 13; KKW/*Schmidt* § 12 Rn 19 mwN; anders jetzt Keidel/*Sternal* § 23 FamFG Rn 22). Die Frage kann hier nicht anders beantwortet werden als im Zivilprozess. Hier wird nach nunmehr gesicherter Rspr davon ausgegangen, dass die vor dem unzuständigen Gericht erhobene Klage die Frist wahrt (vgl BGH NJW 1986, 2255; Musielak/*Foerste* § 281 ZPO Rn 13). Auch für den Bereich des FamFG ist von der Einheitlichkeit des Verfahrens auszugehen und anzunehmen, dass es vor dem aufnehmenden Gericht in dem Stadium fortgesetzt wird, in dem es sich bei Verweisung befand (vgl § 3 Rz 15). Vor allem wäre es nicht sachgerecht, bei unklarer Zuständigkeit das Risiko der Auswahl des zuständigen Gerichts mit der Einhaltung einer evtl zu wahrenden Antragsfrist zu verbinden und die dadurch kumulierten Risiken den Antragsteller tragen zu lassen.

V. Verzicht und Verwirkung des Antragsrechts

Im Hinblick auf die ihm zukommende Dispositionsbefugnis kann der Antragsteller **55** grundsätzlich auf sein **Antragsrecht verzichten**. Grenzen des Verzichts ergeben sich hier uU durch Gesetz und vor allem durch Treu und Glauben sowie das Verbot sittenwidrigen Verhaltens (vgl Keidel/*Sternal* § 23 FamFG Rn 55). Der Verzicht kann wirksam einseitig gegenüber dem Antragsgegner erklärt oder zum Gegenstand einer Vereinbarung der Beteiligten gemacht werden (vgl Jansen/*von König/von Schuckmann* Vor §§ 8–18 FGG

§ 23 FamFG | Verfahrenseinleitender Antrag

Rn 15). Ein gleichwohl gestellter Antrag ist bei Geltendmachung des Verzichts durch den Antragsgegner als unzulässig zurückzuweisen (Jansen/*von König/von Schuckmann* Vor §§ 8–18 FGG Rn 15).

56 Die Möglichkeit einer **Verwirkung** des verfahrensrechtlichen Antragsrechts wird – wie nach bisherigem Recht (hM; vgl dazu KG OLGZ 1966, 90; 1977, 427, 428; Jansen/*von König/von Schuckmann* Vor §§ 8–18 FGG Rn 15; Keidel/*Sternal* § 23 FamFG Rn 56; abw *Bassenge*/Roth Einl FGG Rn 11) – zu verneinen sein. Nicht die Inanspruchnahme des gerichtlichen Rechtsschutzes an sich, sondern das jeweilige materielle Recht kann Gegenstand einer Verwirkung sein.

C. Übermittlung des verfahrenseinleitenden Antrags an die übrigen Beteiligten

57 Die Regelung, dass der Antrag den anderen Beteiligten (zu einer evtl Stellungnahme) zu übersenden ist, hat klarstellende Bedeutung (vgl BegrRegE BTDrs 16/6308, 186). Die Notwendigkeit der Übersendung des Antrags an die anderen Beteiligten dürfte sich regelmäßig bereits aus dem verfassungsrechtlich verbürgten Grundsatz der Gewährung rechtlichen Gehörs ergeben.

58 Die Mitteilung des Antrags hat auch nicht eine vergleichbare Funktion wie die Zustellung der Klageschrift im Zivilprozess, die zur Klageerhebung und zur Rechtshängigkeit führt (anderes gilt nur, wenn die zivilprozessualen Vorschriften über die Klageschrift für entsprechend anwendbar erklärt werden). Es ist vielmehr davon auszugehen, dass im Bereich der freiwilligen Gerichtsbarkeit es grundsätzlich bei der bisherigen Rechtslage bleibt, dass für die Anhängigkeit und die Verfahrenseinleitung im Antragsverfahren der Eingang des Verfahrensantrags bei Gericht genügt (vgl KG WuM 1991, 369; *Karldieter Schmidt* FGPrax 1999, 144).

D. Sachantrag

I. Funktion und Erforderlichkeit des Sachantrags

59 Vom Verfahrensantrag, der in Antragsverfahren zur Verfahrenseinleitung notwendig ist und sich darin erschöpft, ist der – evtl erforderliche – Sachantrag zu unterscheiden. Der Sachantrag richtet sich auf eine bestimmte Sachentscheidung des Gerichts. Es ist für das einzelne unter das FamFG fallende Verfahren jeweils festzustellen, ob ein bestimmter Sachantrag des Antragstellers erforderlich ist. Dabei wird an die bisherigen, zum FGG entwickelten Grundsätze anzuknüpfen sein (vgl dazu *Bassenge*/Roth Einl FGG Rn 5; Jansen/*von König/von Schuckmann* Vor §§ 8–18 FGG Rn 13; KKW/*Schmidt* § 12 FGG Rn 23).

60 Die **Notwendigkeit eines bestimmten Sachantrags** kann unmittelbar durch das Gesetz vorgegeben oder im Wege der Auslegung hieraus abzuleiten sein. So ist etwa die Notwendigkeit eines entsprechenden Sachantrags im Erbscheinsverfahren aus § 2353 BGB und im Adoptionsverfahren aus § 1752 BGB abzuleiten.

61 Bei den echten Streitverfahren (vgl Rz 8), in denen es um zur Disposition der Beteiligten stehende Vermögensinteressen geht und sich die Parallele zum Zivil- oder Verwaltungsprozess aufdrängt, ist ein Sachantrag ebenfalls erforderlich (vgl BGH NJW 1984, 2831, 2832; Keidel/*Sternal* § 23 FamFG Rn 13).

62 Demgegenüber ist in Verfahren, in denen das Gesetz dem Gericht relevanten Gestaltungsspielraum in den anzuordnenden Maßnahmen einräumt, für die Notwendigkeit eines Sachantrags kein Raum.

63 Wenn in echten Streitverfahren oder aufgrund der einschlägigen gesetzlichen Regelung ein Sachantrag erforderlich ist, hat das Gericht auf einen solchen Antrag des Antragstellers hinzuwirken. Es ist an den gestellten Sachantrag gebunden und kann – wie im Zivilprozess nach § 308 Abs 1 ZPO – dem Antrag nur ganz oder teilweise stattgeben

und ggf abweisen; es darf dem Antragsteller nicht mehr oder etwas anderes zusprechen, als dieser beantragt hat (vgl BGH NJW 1984, 2831, 2832; Jansen/*von König/von Schuckmann* Vor §§ 8–18 FGG Rn 13).

Im Erbscheinsverfahren besteht eine Antragsbindung sogar dahingehend, dass das 64 Nachlassgericht dem Antrag auf Erteilung eines Erbscheins entweder entsprechen kann oder ihn insgesamt ablehnen muss, die Erteilung eines anderweitigen, vom Antrag abweichenden Erbscheins scheidet aus (vgl OLG Hamm NJW 1968, 1682; Keidel/*Sternal* § 23 FamFG Rn 14; Palandt/*Edenhofer* § 2359 BGB Rn 14).

II. Antragsarten

In Verfahren nach dem FamFG kommen grundsätzlich die gleichen Arten von Anträgen 65 in Betracht wie im Zivilprozess (vgl *Bassenge*/Roth Einl FGG Rn 6 ff). Neben dem **Leistungsantrag** und einem grundsätzlich anzuerkennenden **Gestaltungsantrag** besteht die Möglichkeit des **Feststellungsantrags**, der ein entsprechendes Feststellungsinteresse des Antragstellers voraussetzt (vgl BGH FamRZ 1998, 226; Jansen/*von König/von Schuckmann* Vor §§ 8–18 FGG Rn 17); auch eine Zwischenfeststellungsklage analog § 256 Abs 2 ZPO kommt zumindest in echten Streitsachen der freiwillige Gerichtsbarkeit in Betracht (BGH FamRZ 1993, 292, 293). Für zulässig gehalten wird zB ein Feststellungsantrag (auf Feststellung der Rechtswidrigkeit der Maßnahme) bei schwerwiegenden Grundrechtseingriffen, insbesondere Freiheitsentziehung, und eingetretener prozessualer Überholung infolge Beendigung der Maßnahme (vgl dazu BVerfG NJW 1998, 2432; *Bumiller/Harders* § 23 FamFG Rn 12).

Auch ein **Antrag auf künftige Leistung** in entsprechender Anwendung der §§ 257 ff 66 ZPO ist anzuerkennen (vgl *Bassenge*/Roth Einl FGG Rn 6).

Auch ein **Stufenantrag** in entsprechender Anwendung der für die Stufenklage nach 67 § 254 ZPO geltenden Grundsätze ist zuzulassen (vgl OLG Hamm FamRZ 1980, 64, 65; OLG Düsseldorf NJW-RR 1987, 1163, 1164).

Auch eine Verbindung von **Haupt- und Hilfsanträgen** wird – entsprechend einem 68 auch im Bereich der freiwilligen Gerichtsbarkeit bestehenden Bedürfnis hierfür – allgemein für zulässig gehalten (vgl Jansen/*von König/von Schuckmann* Vor §§ 8–18 FGG Rn 13).

Nicht einheitlich beantwortet wird die Frage, ob und unter welchen Voraussetzungen 69 **Gegenanträge des Antragsgegners** zulässig sind. Solche Gegenanträge sind teilweise nur unter der Voraussetzung eines rechtlichen Zusammenhangs mit dem Antrag für zulässig gehalten worden (KG OLGZ 1976, 266, 271; BayObLGZ 1971, 313, 324). Nach neuerer, zutreffender Auffassung sind Gegenanträge grundsätzlich zulässig, wenn das angerufene Gericht auch für den Gegenantrag zuständig ist (*Bassenge*/Roth Einl FGG Rn 8 mwN).

Zur Zulässigkeit von Gegenanträgen im Rechtsmittelverfahren vgl § 69 Rz 6 f. 70

III. Antragshäufung, -erweiterung und -änderung

Das FamFG enthält für Antragsverfahren der freiwilligen Gerichtsbarkeit keine beson- 71 deren Regelungen über die Antragshäufung, Antragserweiterung und Antragsänderung. Eine insoweit bestehende Regelungslücke wird auch nach neuem Recht grundsätzlich durch eine entsprechende Anwendung der im Zivilprozessrecht geltenden Regelungen zu schließen sein; allerdings dürfen dem nicht Besonderheiten des jeweiligen Antragsverfahrens entgegenstehen.

Danach kommen eine **objektive Antragshäufung** entsprechend § 260 ZPO (vgl *Bas-* 72 *senge*/Roth Einl FGG Rn 16) und eine **subjektive Antragshäufung** entsprechend der zivilprozessrechtlichen Streitgenossenschaft gemäß §§ 59 ff ZPO in Betracht (vgl Keidel/*Sternal* § 23 FamFG Rn 30 ff). Die Regelungen über die notwendige Streitgenossenschaft gemäß § 62 ZPO passen allerdings nicht (hM; vgl BGHZ 3, 214; BGH FamRZ 1982, 36;

§ 23 FamFG | Verfahrenseinleitender Antrag

BayObLG WM 1991, 1631, 1633; Keidel/*Sternal* § 23 FamFG Rn 32, der zwar eine »notwendige Verfahrensgenossenschaft« anerkennt, eine Analogie zu § 62 ZPO aber ausschließt). Im Bereich der freiwilligen Gerichtsbarkeit kommt jedoch ebenfalls die Notwendigkeit einer einheitlichen Antragstellung mehrerer Beteiligter in Betracht (vgl oben Rz 45 f; *Bassenge*/Roth Einl FGG Rn 28).

73   Auf eine **Antragsänderung** im Verlauf des Verfahrens sind §§ 263 ff ZPO analog anzuwenden. Eine reine Erweiterung oder Beschränkung des ursprünglichen Antrags ist in entsprechender Anwendung des § 264 Nr 2 ZPO stets zulässig (vgl Jansen/*von König/ von Schuckmann* Vor §§ 8–18 FGG Rn 13).

74   Zur Frage der Zulässigkeit der Antragsänderung in der Rechtsmittelinstanz vgl § 69 Rz 6 f.

75   Die **Einführung eines weiteren, neuen Antrags** stellt sich als nachträgliche Antragshäufung dar. Hierfür wird auch im Bereich der freiwilligen Gerichtsbarkeit eine entsprechende Anwendung der Grundsätze der Klageänderung (§ 263 analog) in Erwägung gezogen (vgl BayObLG ZMR 2003, 437, 438; *Bassenge*/Roth Einl FGG Rn 16).

§ 24 Anregung des Verfahrens

(1) Soweit Verfahren von Amts wegen eingeleitet werden können, kann die Einleitung eines Verfahrens angeregt werden.

(2) Folgt das Gericht der Anregung nach Absatz 1 nicht, hat es denjenigen, der die Einleitung angeregt hat, darüber zu unterrichten, soweit ein berechtigtes Interesse an der Unterrichtung ersichtlich ist.

A. Einleitung eines Verfahrens von Amts wegen

§ 24 gilt grundsätzlich **für alle Verfahren nach § 1, nicht jedoch für Ehesachen und Familienstreitsachen** (vgl dazu § 113 Abs 1). 1

§ 24 Abs 1 hat nach der Begründung des Regierungsentwurfs allein klarstellende Funktion (vgl BTDrs 6308, 186). Es ist bereits nach bisherigem Recht unzweifelhaft und unstrittig gewesen, dass das zuständige Gericht zur Einleitung eines Verfahrens von Amts wegen durch Anregungen (oftmals als Antrag bezeichnet) veranlasst werden kann, die von in ihren Rechten betroffenen Personen, aber auch ggf unbeteiligten Dritten ausgehen können (vgl zB KKW/*Schmidt* § 12 FGG Rn 8; Bumiller/Winkler § 12 FGG Rn 8). Dies wird durch Abs 1 klargestellt bzw besser – da insoweit eigentlich keine Unklarheiten bestanden haben – bestätigt.

Von der Geltung der Offizialmaxime, einer **Befugnis und Verpflichtung des Gerichts, ein Verfahren von Amts wegen einzuleiten**, ist im Geltungsbereich des FamFG auszugehen, wenn aus den jeweiligen gesetzlichen Regelungen, die sich mit der entsprechenden gerichtlichen Tätigkeit befassen, nicht ersichtlich und auch im Wege der Auslegung nicht abzuleiten ist, dass ein Antrag für das gerichtliche Verfahren erforderlich ist (vgl Jansen/*von König/von Schuckmann* Vor §§ 8–18 FGG Rn 4). Gilt der Grundsatz der Verfahrenseinleitung vom Amts wegen, dann hat das zuständige Gericht von Amts wegen ein Verfahren einzuleiten und Ermittlungen aufzunehmen, wenn es von Tatsachen Kenntnis erlangt, die ein Einschreiten erfordern oder zumindest erfordern können. Dabei kommt es nicht darauf an, von wem und in welcher Weise die entsprechenden tatsächlichen Umstände an das zuständige Gericht herangetragen worden sind. Dies wird meist durch Mitteilungen von Behörden, berufsständischen Organisationen oder im Rahmen gerichtlicher Benachrichtigungspflichten oder anderweitig erlangter Aktenkenntnis geschehen. Anlass für die Einleitung eines Verfahrens von Amts wegen können jedoch auch Anregungen (»Anträge«, »Beschwerden«) und damit verbundene Informationen beliebiger Privatpersonen sein. 2

Die Einleitung eines Verfahrens von Amts wegen kann dann vom Gericht in formloser Weise geschehen, indem es nach außen erkennbar Ermittlungen in der Sache aufnimmt oder sonst tätig wird, zB einem Betroffenen rechtliches Gehör gewährt (vgl *Bassenge*/Roth Einl FGG Rn 2; Keidel/*Sternal* § 24 FamFG Rn 4). Bestimmte weitergehende oder qualifizierte Maßnahmen sind für die Verfahrenseinleitung eines Amtsverfahrens nicht erforderlich. Auch die Gewährung rechtlichen Gehörs ist für die Verfahrenseinleitung zwar hinreichende, aber hierfür nicht notwendige Voraussetzung. 3

B. Unterrichtungspflicht des Gerichts

§ 24 Abs 2 sieht nunmehr eine Verpflichtung vor, jede Person, die ein Verfahren von Amts wegen angeregt hat, über eine unterbliebene Einleitung eines solchen Verfahrens zu informieren, soweit ein Interesse an der Unterrichtung ersichtlich ist. 4

Die Informationspflicht besteht – wie in der Begründung des Regierungsentwurfs hervorgehoben wird (vgl BTDrs 6308, 186) – nicht nur demjenigen gegenüber, der an einem späteren Verfahren als Beteiligter hinzuzuziehen gewesen wäre, sondern auch jeder anderen Personen gegenüber, die eine entsprechende Anregung gegeben hat. Unter der Geltung des FGG ist zumindest überwiegend davon ausgegangen worden, dass ein 5

§ 24 FamFG | Anregung des Verfahrens

nicht in irgendwelchen Rechten betroffener, beliebiger Dritter nicht über eine unterbliebene Verfahrenseinleitung oder eine Verfahrenseinstellung zu informieren ist. Das Gericht sollte nur einem Betroffenen oder einer Person oder Behörde, die zur Wahrnehmung von durch den Verfahrensgegenstand betroffenen Aufgaben berechtigt oder verpflichtet ist und der ggf ein Beschwerderecht zukommt, seine der Anregung nicht entsprechende Entscheidung mitteilen (vgl KKW/*Schmidt* § 12 Rn 8). Über diese Rechtslage geht die nunmehrige Mitteilungspflicht hinaus, weil – so wird in der Begründung des Regierungsentwurfs ausgeführt (vgl BTDrs 6308, 186) – das bisherige Recht der praktischen Bedeutung von verfahrenseinleitenden Anregungen, die von unbeteiligten Bürgern gegeben werden und in vielen Fällen Grundlage für eine Verfahrenseinleitung sind, nicht hinreichend gerecht werde. Derjenige, der eine verfahrenseinleitende Anregung gegeben hat, soll nunmehr jedenfalls eine Mitteilung über die Ablehnung der Verfahrenseinleitung erhalten, wenn seiner Anregung nicht entsprochen worden ist und er daran ein berechtigt erscheinendes Interesse hat. Entsprechend dem Gesetzeswortlaut dürfte eine schlichte Mitteilung der Entscheidung ausreichen. Eine Begründung, insbesondere eine detaillierte, wird durch die neue gesetzliche Regelung nicht gefordert. Eine ins Detail gehende Begründung dürfte insbesondere dann nicht in Betracht kommen, wenn dabei auf im persönlichen Bereich eines Betroffenen liegende Umstände eingegangen werden müsste. Wie in der Begründung des Regierungsentwurfs bereits hervorgehoben wird (BTDrs 6308, 186), muss bei der Mitteilung das Recht der von der Verfahrensanregung betroffenen Personen auf informationelle Selbstbestimmung berücksichtigt werden.

6   Ein berechtigtes Interesse an der Unterrichtung ist jedenfalls bei einer Personen anzunehmen, die an einem entsprechenden Verfahren, wäre es eingeleitet worden, als Beteiligter hinzuzuziehen gewesen wäre (so Begr RegE, vgl BTDrs 6308, 186). Eine rechtliche Betroffenheit der Person dürfte jedoch nicht stets erforderlich sein. In Abs 2 wird nicht ein rechtliches Interesse vorausgesetzt, vielmehr reicht bereits ein **berechtigtes** Interesse, so dass auch außerrechtliche Belange und Interessen an einer Benachrichtigung zu berücksichtigen sein dürften.

Die Mitteilung, die keinen Regelungsgehalt hat und keine Endentscheidung iSd § 58 darstellt, ist **nicht anfechtbar**.

C. Durchführung des Amtsverfahrens

7   Es ist auch Aufgabe des Gerichts, das von Amts wegen eingeleitete Verfahren in Gang zu halten und von Amts wegen alle Maßnahmen zur Fortführung und Beendigung des Verfahrens zu treffen.

8   Das Verfahren ist vom Gericht einzustellen, wenn die von Amts wegen vorzunehmende Prüfung (§ 26) ergibt, dass (weitere) gerichtliche Maßnahmen nicht (mehr) erforderlich sind.

9   Eine Dispositionsbefugnis hinsichtlich des Verfahrensgegenstandes (etwa durch »Rücknahme« der verfahrenseinleitenden Anregung oder Erledigungserklärung) kommt den Beteiligten nicht zu. Zur Frage einer möglichen Verfahrensbeendigung durch Vergleich vgl § 36 Rz 7 ff.

§ 25 Anträge und Erklärungen zur Niederschrift der Geschäftsstelle

(1) Die Beteiligten können Anträge und Erklärungen gegenüber dem zuständigen Gericht schriftlich oder zur Niederschrift der Geschäftsstelle abgeben, soweit eine Vertretung durch einen Rechtsanwalt nicht notwendig ist.

(2) Anträge und Erklärungen, deren Abgabe vor dem Urkundsbeamten der Geschäftsstelle zulässig ist, können vor der Geschäftsstelle eines jeden Amtsgerichts zur Niederschrift abgegeben werden.

(3) Die Geschäftsstelle hat die Niederschrift unverzüglich an das Gericht zu übermitteln, an das der Antrag oder die Erklärung gerichtet ist. Die Wirkung einer Verfahrenshandlung tritt nicht ein, bevor die Niederschrift dort eingeht.

Übersicht

	Rz		Rz
A. Allgemeines	1	III. Anträge und Erklärungen zu Protokoll der Geschäftsstelle	17
B. Zulässigkeit schriftlicher oder zu Protokoll gegebener Anträge und Erklärungen der Beteiligten (Anwendungsbereich)	4	1. Zuständigkeit	17
		2. Form und Inhalt	20
C. Abgabe des Antrags oder einer Erklärung nach Abs 1 u 2	9	D. Übermittlung der Niederschrift an das zuständige Gericht	23
I. Begriff des Antrags und der Erklärung	9	E. Zur Frage der Zulässigkeit von Anträgen und Erklärungen in mündlicher, fernmündlicher oder sonstiger Form	29
II. Schriftliche Anträge und Erklärungen	10		

A. Allgemeines

§ 25 knüpft an die bisherige Regelung des § 11 FGG an. Er schafft für die Beteiligten eine 1 erleichterte Möglichkeit, Anträge und Erklärungen gegenüber dem Gericht abzugeben. Soweit eine Vertretung durch einen Rechtsanwalt nicht notwendig ist, können Anträge und Erklärungen gegenüber dem zuständigen Gericht schriftlich oder zur Niederschrift der Geschäftsstelle abgegeben werden. Eine Abgabe von Anträgen und Erklärungen vor dem Urkundsbeamten der Geschäftsstelle ist bei jedem Amtsgericht möglich (dies entspricht der Regelung in § 129a Abs 1 ZPO).

Die Geschäftsstelle des Amtsgerichts hat dann, falls erforderlich, die Niederschrift an 2 das zuständige Gericht zu übermitteln. Erst bei Eingang der Niederschrift beim zuständigen Gericht treten die Wirkungen des Antrags oder der Erklärung ein (vgl die entspr Regelung in § 129a Abs 2 ZPO).

Soweit die Erklärung zu Protokoll der Geschäftsstelle zulässig ist, steht sie dem Beteiligten neben den Möglichkeiten der schriftlichen Erklärung bzw Antragstellung und des 3 elektronischen Dokuments (vgl § 14 Abs 2) zur Verfügung.

B. Zulässigkeit schriftlicher oder zu Protokoll gegebener Anträge und Erklärungen der Beteiligten (Anwendungsbereich)

Abs 1 gibt den Beteiligten im Anwendungsbereich des FamFG grundsätzlich die Mög- 4 lichkeit, Anträge oder Erklärungen schriftlich oder zu Protokoll der Geschäftsstelle abzugeben, **soweit eine Vertretung durch einen Rechtsanwalt nicht notwendig ist**.

Für die Notwendigkeit anwaltlicher Vertretung und einen daraus folgenden Aus- 5 schluss der Möglichkeit des § 25 sind etwa die §§ 10 Abs 4, 114 (vgl die Kommentierung dort) heranzuziehen.

Die Regelung des Abs 1 wird in **einzelnen Bereichen** durch **spezielle Regelungen** 6 verdrängt, die für Anträge oder Erklärungen besondere Formen vorgeben, etwa notarielle Beurkundung, öffentliche Beglaubigung, gerichtliche Protokollierung oder gerichtliche Beurkundung, elektronische Einreichung von Dokumenten in öffentlich beglaubigter Form (vgl zB notarielle Beurkundung für Anträge nach §§ 1752 Abs 2 Satz 2, 1762 Abs 3 BGB; Ausschlagungserklärung zur Niederschrift des Nachlassgerichts oder in öffentlich beglaubigter Form gem § 1945 Abs 1 BGB; Anmeldungen bzw Anträge zu Registereintragungen in öffentlich beglaubigter Form nach §§ 77, 1560 BGB, § 4 Abs 2 HöfeVO; elektronische Einreichung von Anmeldungen zur Eintragung ins Handelsregister in öffentlich beglaubigter Form nach § 12 Abs 1, 2 HGB; Beurkundung von Erklärungen über die Anerkennung der Vaterschaft oder von Unterhaltsverpflichtungen nach § 62 BeurkG).

7 § 25 ist weiterhin von vornherein **nicht anwendbar** in den Bereichen, in denen statt Verfahrensvorschriften des Allgemeinen Teils des FamFG die Vorschriften der ZPO für anwendbar erklärt werden (wie etwa in Ehesachen und Familienstreitsachen, vgl § 113 Abs 1).

8 Im Übrigen **gilt § 25 in dem durch § 1 abgesteckten Rahmen des FamFG**, dh in den durch Bundesgesetz den Gerichten zugewiesenen Verfahren in Familiensachen sowie in den Angelegenheiten der freiwilligen Gerichtsbarkeit. In den dem Landesgesetzgeber vorbehaltenen Regelungsbereichen (vgl dazu §§ 486 f) kann dieser anderes regeln, aber auch § 25 für anwendbar erklären. Sind nach Landesrecht in den in § 1 genannten Verfahren andere als gerichtliche Behörden zuständig, gilt § 25 nicht, wie in § 488 Abs 1 bestimmt ist.

C. Abgabe des Antrags oder einer Erklärung nach Abs 1 u 2

I. Begriff des Antrags und der Erklärung

9 § 25 Abs 1 und 2 gilt für Anträge und Erklärungen. Der Begriff des **Antrags** ist weit zu verstehen, er erfasst Verfahrensanträge (insbesondere verfahrenseinleitende Anträge), Sachanträge und alle sonstigen an das Gericht gerichteten Erklärungen, die das Gericht zu bestimmten Tätigkeiten veranlassen sollen. Zu letzteren gehören auch Anregungen an das Gericht in Antrags-, aber auch Amtsverfahren. Einen weiten Bedeutungsinhalt hat auch der Begriff der **Erklärung**. Darunter fallen alle für das Gericht bestimmten Äußerungen tatsächlicher Art (zB Tatsachenvortrag, Bestreiten) sowie verfahrensrechtlicher Art (zB Rüge der Unzuständigkeit), aber auch Erklärungen rechtsgeschäftlicher Art an das Gericht oder ggf auch an andere Beteiligte (zB eine im Verfahren abgegebene Aufrechnungserklärung).

II. Schriftliche Anträge und Erklärungen

10 Anträge und Erklärungen können von den Beteiligten selbst unter der Voraussetzung des Abs 1 (vgl dazu Rz 4) **schriftlich** abgegeben werden.

11 Was »schriftlich« bedeutet, ist klärungsbedürftig. Jedenfalls erfordert das Merkmal der Schriftlichkeit nach allgemeinem Sprachverständnis, dass ein in Schrift abgefasster Text bei Gericht eingereicht werden muss. Zu denken ist jedoch daran, dass eine bestimmte Schriftform eingehalten werden muss, insbesondere an die Einhaltung der im Zivilrecht geltenden allgemeinen gesetzlichen Schriftform des § 126 BGB. Die Schriftform nach § 126 Abs 1 BGB erfordert grundsätzlich auch die eigenhändige Namensunterschrift oder ein notariell beglaubigtes Handzeichen. Der originäre Anwendungsbereich des § 126 BGB beschränkt sich aber auf das materielle Recht und hier insbesondere auf die schriftliche Form von Rechtsgeschäften. Auf die Schriftform von Verfahrenshandlungen ist § 126 BGB nicht anwendbar. Diese richtet sich ausschließlich nach den jeweiligen Vorschriften des Verfahrensrechts, die sich von materiellrechtlichen Formerfordernissen abgekoppelt haben (vgl BGHZ 24, 297, 299; GmS-OGB NJW 1980, 172, 174; MüKoBGB/*Einsele* § 126 BGB Rn 5). Aus § 126 BGB ist danach nichts für die in Abs 1 vorausgesetzte Schriftlichkeit von Anträgen und Erklärungen herzuleiten.

Anträge und Erklärungen zur Niederschrift der Geschäftsstelle | § 25 FamFG

Würde entsprechend der privatrechtlichen Schriftform stets eigenhändige Unterschrift verlangt, ergäben sich nicht unerhebliche Wertungswidersprüche zu § 23 Abs 1, der selbst bei verfahrenseinleitenden Anträgen, die in bestimmenden Schriftsätzen enthalten sind, die Unterschrift des Antragstellers lediglich als Sollvorschrift vorgibt (vgl dazu § 23 Rz 38). Mit dieser Regelung wäre es schwerlich vereinbar, wenn Abs 1 generell für Anträge, aber auch für sonstige Erklärungen eine strengere Form vorsehen würde. 12

Von wesentlicher Bedeutung ist schließlich, dass nach dem bisher geltenden Recht die Einhaltung einer bestimmten Schriftform und insbesondere eine Unterschrift des Erklärenden grundsätzlich nicht für erforderlich gehalten worden ist. Es ist vielmehr für ausreichend erachtet worden, dass ein Schriftstück vorhanden ist, aus dem der Inhalt der abzugebenden Erklärung und die Person, welche die Erklärung bei Gericht einreicht, im Zeitpunkt des Eingangs der Erklärung hinreichend zuverlässig erkennbar ist; eine Unterschrift soll nicht erforderlich sein (vgl GmS-OGB NJW 1980, 172, 174; BGH NJW 1984, 1974; OLG Frankfurt FamRZ 2003, 321; KKW/*Zimmermann* § 11 FGG Rn 28). 13

An diesen Grundsätzen ist auch für die Einreichung schriftlicher Anträge und Erklärungen nach Abs 1 festzuhalten. Weder der Gesetzestext noch die Materialien des Gesetzgebungsverfahrens bieten hier Anhaltspunkte für die Annahme, dass der Gesetzgeber von diesen Grundsätzen abweichen und insbesondere erhöhte Formanforderungen einführen wollte. Eine handschriftliche Unterzeichnung des Antrags oder der Erklärung ist danach – vorbehaltlich eingreifender Sonderregelungen – weiterhin nicht zwingend erforderlich (ebenso Keidel/*Sternal* § 25 FamFG Rn 12; Prütting/Helms/*Ahn-Roth* § 25 FamFG Rn 7; aA *Bumiller*/Harders § 25 FamFG Rn 5). 14

Nach den oben dargestellten, weiter geltenden Grundsätzen genügen der schriftlichen Form auch Anträge und Erklärungen, die über Telegramm, Fernschreiben, Telefax, Computerfax (mit und wohl auch ohne eingescannte Unterschrift) bei Gericht eingehen (ebenso Keidel/*Sternal* § 25 FamFG Rn 14). Eine E-Mail könnte für die Schriftlichkeit ebenfalls ausreichen, zumindest für schriftliche Erklärungen, wenn die Identität des Erklärenden nach den Umständen hinreichend gesichert erscheint (vgl KKW/*Zimmermann* § 11 FGG Rn 31a). 15

Weiter gehende Formanforderungen können sich allein aus für bestimmte Bereiche geltenden Sonderregelungen ergeben. Die Formvorschrift des § 126 BGB mit dem Erfordernis eigener Unterschrift ist einzuhalten, wenn das bei Gericht eingereichte Schriftstück eine der Schriftform bedürftige rechtsgeschäftliche Willenserklärung enthält. 16

III. Anträge und Erklärungen zu Protokoll der Geschäftsstelle

1. Zuständigkeit

Für die Beteiligten besteht weiterhin unter den Voraussetzungen des Abs 1 (vgl dazu Rz 4) die Möglichkeit, Anträge und Erklärungen zu Protokoll der Geschäftsstelle des zuständigen Gerichts, aber auch zu Protokoll der Geschäftsstelle eines jeden Amtsgerichts abzugeben (letzteres mit der Folge der noch notwendigen Übermittlung nach Abs 3). 17

Zuständiges Gericht ist dabei das Gericht, bei dem die betreffende Sache bereits anhängig ist, oder bei noch fehlender Anhängigkeit jedes Gericht, bei dem eine Zuständigkeit nach den Gesetzesregelungen über die örtliche und sachliche Zuständigkeit gegeben ist (vgl zum alten Recht KKW/*Zimmermann* § 11 FGG Rn 6 sowie *Bumiller*/Harders § 25 FamFG Rn 7). Ist das Gericht der vom Beteiligten aufgesuchten Geschäftsstelle nicht zuständig, kann es – falls der Beteiligte sich zum Amtsgericht begeben hat – den Antrag oder die Erklärung gleichwohl zu Protokoll nehmen. In diesem Fall ist jedoch noch die Übermittlung zum zuständigen Gericht nach Abs 3 erforderlich. 18

Zuständig für die Entgegennahme entsprechender Anträge und Erklärungen und Erstellung des Protokolls ist der Urkundsbeamte der Geschäftsstelle, die bei jedem Gericht einzurichten ist (§ 153 Abs 1 GVG). Die Aufgabe der Geschäftsstelle kann ggf nach § 24 19

RPflG vom Rechtspfleger wahrzunehmen sein. Wenn anstelle des zuständigen Urkundsbeamten der Rechtspfleger oder der Richter Anträge oder Erklärungen zu Protokoll genommen hat, beeinflusst dies die Wirksamkeit der aufgenommenen Niederschrift nicht (vgl § 8 Abs 1 und 5 RpflG; Prütting/Helms/*Ahn-Roth* § 25 FamFG Rn 10). Ansonsten dürfte eine von einer unzuständigen Person aufgenommene Niederschrift grundsätzlich unwirksam sein (vgl Keidel/*Sternal* § 25 FamFG Rn 24).

2. Form und Inhalt

20 Zu Form und Inhalt des Protokolls enthält § 25 keine Vorgaben. Es dürften danach die Grundsätze weiterhin anzuwenden sein, die Rspr und Lit zur bisher geltenden Regelung des § 11 FGG entwickelt hatten. Danach ist für erforderlich gehalten worden, dass die vom Urkundsbeamten zu fertigende Niederschrift zumindest folgende Angaben enthält: hinreichende Bezeichnung der aufnehmenden Stelle (Bezeichnung des Gerichts, der Geschäftsstelle und Name des Urkundsbeamten), Ort und Tag der Errichtung der Niederschrift, genaue Bezeichnung der bei Gericht erschienenen Person des Beteiligten, Bezeichnung der Angelegenheit (wohl nur zwingend erforderlich, wenn sich dies nicht aus dem weiteren Protokollinhalt ergibt), Wiedergabe des anzubringenden Antrags oder der Erklärung und die den Text abschließende Unterschrift des Urkundsbeamten (vgl zu letzterem BayObLG Rpfleger 1991, 450; zu den übrigen Voraussetzungen vgl *Bassenge*/Roth § 11 FGG Rn 2 f; *Bumiller*/Winkler § 11 FGG Rn 7; KKW/*Zimmermann* § 11 FGG Rn 19 ff).

21 Der sachliche Inhalt der Niederschrift, der weitgehend durch die einschlägige Antragsnorm oder andere für die jeweilige Verfahrenshandlung einschlägige Normen bestimmt wird, muss vom Urkundsbeamten abgefasst sein. Eine wirksame Erklärung zu Protokoll der Geschäftsstelle wird danach verneint, wenn der Urkundsbeamte lediglich ein vom Beteiligten gefertigtes Schriftstück mit Eingangs- und Schlussbemerkungen versieht, wenn ein solches Schriftstück wörtlich abgeschrieben wird oder nur auf privatschriftliche Anlagen des Beteiligten oder einer anderen Person Bezug genommen wird (vgl dazu OLG Köln Rpfleger 1994, 495; Prütting/Helms/*Ahn-Roth* § 25 FamFG Rn 12). In solchen Fällen wird aber zu prüfen sein, ob hier jedenfalls Schriftform gewahrt ist (vgl *Bassenge*/Roth § 11 FGG Rn 3). Eine Unterschrift des Protokolls nach Vorlesung und Genehmigung der Niederschrift seitens des Erklärenden wird für zweckmäßig gehalten, ist jedoch für die Wirksamkeit der zu Protokoll genommenen Verfahrenshandlung nicht erforderlich (vgl BayObLGZ 1964, 330, 333; BayObLG FamRZ 2005, 834; Keidel/*Sternal* § 25 FamFG Rn 20). Wenn allerdings der erklärende Beteiligte seine Unterschrift ausdrücklich verweigert und damit hinreichend zum Ausdruck bringt, dass er den protokollierten Inhalt des Antrags bzw der Erklärung nicht (mehr) billigt, kann von einer wirksam protokollierten Verfahrenshandlung nicht ausgegangen werden.

22 Die zu fertigende Niederschrift soll das Begehren bzw die Erklärungen des Beteiligten zutreffend und vollständig wiedergeben. Zu einer sachlichen Prüfung des Antrags oder der Erklärung ist der Urkundsbeamte nicht verpflichtet und hierzu grundsätzlich auch nicht befugt. Auf evtl von ihm erkannte Bedenken wird er den Beteiligten jedoch hinzuweisen haben.

Nach Abschluss der Protokollierung in Gegenwart des Erklärenden ist der Urkundsbeamte nicht befugt, noch sachliche Änderungen der Niederschrift vorzunehmen. Dies schließt allerdings Korrekturen von Schreibfehlern und anderen offensichtlichen Unrichtigkeiten nicht aus.

D. Übermittlung der Niederschrift an das zuständige Gericht

23 Ist ein Antrag oder eine Erklärung zu Protokoll der Geschäftsstelle eines unzuständigen Gerichts abgegeben worden, ist die Geschäftsstelle nach Abs 3 verpflichtet, das Protokoll

unverzüglich dem Gericht, an das der Antrag oder die Erklärung gerichtet ist, zu übersenden.

Welches Gericht Adressat des Antrags oder der Erklärung ist, wird vom Beteiligten – ggf nach Hinweis des Urkundsbeamten der Geschäftsstelle auf das zuständige Gericht – bestimmt. **24**

Erst bei Eingang der Niederschrift beim zuständigen Gericht tritt die Wirkung der betreffenden Verfahrenshandlung (Antrag, Erklärung) ein. Durch Erklärung zu Protokoll der Geschäftsstelle (des unzuständigen Gerichts) kann danach eine evtl laufende Frist nicht gewahrt werden. Auf eine erkennbare Gefahr der Fristversäumung und sich anbietende Alternativen der Anbringung der Verfahrenshandlung sollte der Urkundsbeamte der Geschäftsstelle hinweisen. **25**

Wenn die Geschäftsstelle die Niederschrift nicht mit der gebotenen Zügigkeit an das zuständige Gericht weiterleitet, kommt evtl eine Wiedereinsetzung in den vorigen Stand nach §§ 17 ff in Betracht, soweit eine der Wiedereinsetzung unterliegende Frist vom Beteiligten versäumt worden ist (vgl hierzu § 17 Rz 27, 51 ff). **26**

Stellt sich heraus, dass das Gericht, an das die vom Urkundsbeamten aufgenommene Niederschrift über den Antrag oder die Erklärung gerichtet ist, unzuständig ist, kommt nur eine Verweisung nach den dafür geltenden Vorschriften in Betracht. **27**

Zur Einreichung von schriftlichen Anträgen und Erklärungen bei einem nach dem Inhalt des Schriftstücks bereits unzuständigen Gericht findet sich in § 25 (anders als für den Fall der Erklärung zu Protokoll der Geschäftsstelle) keine Regelung. Auch bei dieser Fallgestaltung werden jedoch Anträge oder Erklärungen unverzüglich an das Gericht weiterzuleiten sein, an das sie sich richten (analog Abs 3). **28**

E. Zur Frage der Zulässigkeit von Anträgen und Erklärungen in mündlicher, fernmündlicher oder sonstiger Form

Neben den in § 25 vorgesehenen Formen sieht das FamFG für Anträge und Erklärungen auch das **elektronische Dokument** nach § 14 vor. **29**

Fraglich ist, ob daneben auch noch **mündliche oder telefonische Anträge oder Erklärungen** in Betracht kommen. Nach bisher geltendem Recht sind auch mündliche und telefonische Anträge und Erklärungen grundsätzlich für zulässig gehalten worden, soweit dem nicht spezielle gesetzliche Formvorschriften entgegenstehen (vgl BayObLGZ 1976, 38, 42; 1967, 286, 288; *Bassenge*/Roth § 11 FGG Rn 8; Bumiller/Winkler § 11 FGG Rn 6; KKW/*Zimmermann* § 11 FGG Rn 31). Solche Erklärungen sollten in einem Vermerk, einem Protokoll oder in den Entscheidungsgründen festgehalten werden. In dem letztgenannten Fall soll dann erforderlich sein, dass bei Entgegennahme der Erklärung und bei der Entscheidung dieselben Richter mitwirken, da nur für diese die mündliche/telefonische Erklärung verwertbar sei (vgl BayObLGZ 1964, 433, 440; *Bassenge*/Roth § 11 FGG Rn 8; Bumiller/Winkler § 11 FGG Rn 6). **30**

Wenn das Gericht von der Möglichkeit der **mündlichen Erörterung nach § 32** Gebrauch macht, können in der mündlichen Verhandlung entsprechende Verfahrenshandlungen vorgenommen werden. Außerhalb einer mündlichen Verhandlung erscheint die mündliche oder fernmündliche Übermittlung von Anträgen und Erklärungen problematisch, der Rechtssicherheit abträglich und mit der nunmehrigen Gesetzeslage nur schwer vereinbar, die bestimmte Formen der Übermittlung von Anträgen und Erklärungen ausdrücklich regelt, und zwar solche, die in der Rechtspraxis durchaus gängig sind und die insgesamt ausreichend erscheinen (aA Keidel/*Sternal* § 25 FamFG Rn 13). **31**

§ 26 Ermittlung von Amts wegen

Das Gericht hat von Amts wegen die zur Feststellung der entscheidungserheblichen Tatsachen erforderlichen Ermittlungen durchzuführen.

Übersicht

	Rz		Rz
A. Allgemeines	1	E. Einschränkung der Amtsermittlung bei ausschließlicher anderweitiger Vorfragenkompetenz und Entscheidungs- und Tatsachenbindung	40
B. Anwendungsbereich	5		
I. Geltung der Amtsermittlung in grundsätzlich allen Bereichen der Freiwilligen Gerichtsbarkeit	5	F. Feststellung entscheidungsrelevanter Tatsachen	45
II. Ausnahmen	9	G. Nichtaufklärbarkeit und Feststellungslast	48
C. Gegenstand und Art der Ermittlungen	13		
I. Gegenstand	13	H. Rechtsfolgen unzureichender Aufklärung	54
II. Art der Ermittlung	17		
D. Umfang der Ermittlungen	25		

A. Allgemeines

1 § 26 übernimmt aus § 12 FGG den **Grundsatz der Amtsermittlung**. Die zum alten Recht ergangene Rechtsprechung und vorhandene Literatur wird hier grundsätzlich weiterhin heranzuziehen sein. Dabei wird aber jeweils zu prüfen sein, ob sich Abweichungen aus neu gefassten, speziellen Vorschriften des FamFG ergeben. So werden etwa die neu gefassten Regelungen über die Beweisaufnahme (§§ 29 f) und über die persönliche Anhörung der Beteiligten zu berücksichtigen sein.

2 Der im gesamten Bereich der freiwilligen Gerichtsbarkeit geltende Grundsatz der Amtsermittlung (auch die Begriffe **Untersuchungsgrundsatz** und **Inquisitionsmaxime** finden sich) verpflichtet den Richter (ggf den Rechtspfleger), den Sachverhalt, von dem er bei seiner Entscheidung ausgeht, von Amts wegen aufzuklären und nach pflichtgemäßem Ermessen die gebotenen Ermittlungen anzustellen und insbesondere auch die erforderlich erscheinenden Beweise zu erheben (zu den Ausnahmen vgl Rz 5, 9 ff). Er ist dabei an Vorbringen und Beweisanträge der Parteien nicht gebunden und für die Vollständigkeit der Sachverhaltsermittlung letztlich verantwortlich. Die gerichtliche Aufklärung zielt – anders als der Zivilprozess – auf Feststellung objektiver Wahrheit (Prinzip der materiellen Wahrheit im Gegensatz zum im Zivilprozess geltenden Prinzip formeller Wahrheit). Die gebotene Amtsermittlung des Gerichts kann es – dies sogar in echten Streitverfahren – gebieten, eine nach dem Vorbringen der Beteiligten unstreitige Tatsache auf ihre Richtigkeit zu überprüfen.

3 Die Amtsermittlung unterscheidet sich insoweit im Grundansatz von dem im Zivilprozess geltenden Beibringungsgrundsatz, nach dem die Parteien den der richterlichen Entscheidung zugrunde zu legenden Sachverhalt vorzutragen haben und der Richter – grundsätzlich ohne weitere Überprüfung – von diesem (übereinstimmenden) Vortrag der Parteien auszugehen hat.

4 Auch im Geltungsbereich des Amtsermittlungsgrundsatzes sind die Verfahrensbeteiligten jedoch in die Beschaffung des Tatsachenstoffs, der Grundlage der richterlichen Entscheidung ist, eingebunden. Zum einen geben ihnen ihre Verfahrensrechte, insbesondere ihr Anspruch auf rechtliches Gehör, Mitwirkungsmöglichkeiten bei der Erarbeitung der Tatsachengrundlagen. Zum anderen sind sie aufgrund vorhandener Mitwirkungs- und Verfahrensförderungspflichten und im Hinblick auf drohende Nachteile einer sie evtl treffenden Feststellungslast gehalten, an der Beschaffung des Tatsachenstoffs mitzuwirken und dem Gericht Anhaltspunkte für weitere Ermittlungen zu geben.

B. Anwendungsbereich

I. Geltung der Amtsermittlung in grundsätzlich allen Bereichen der Freiwilligen Gerichtsbarkeit

Das Prinzip der Amtsermittlung nach § 26 gilt im Grundsatz **in sämtlichen von § 1 er-** 5
fassten Bereichen des FamFG. Es ist von vornherein **nicht anwendbar**, soweit das FamFG in bestimmten Bereichen Ausnahmen anordnet, insbesonde für bestimmte Verfahren die Vorschriften der ZPO statt der allgemeinen Vorschriften des FamFG für anwendbar erklärt (vgl sogleich Rz 9 ff).

Die Anwendung des Amtsermittlungsgrundsatzes erscheint folgerichtig und ist un- 6
mittelbar einsichtig für die im Bereich der freiwilligen Gerichtsbarkeit häufigen **Amtsverfahren**, die durch das Gericht von Amts wegen einzuleiten und in Gang zu halten sind und bei denen der Verfahrensgegenstand vom Gericht bestimmt wird. Wenn hier nach den Wertungen des Gesetzgebers ein öffentliches, allgemeines Interesse an der Verfahrensdurchführung besteht, ist auch die Erarbeitung der Tatsachengrundlage nicht (allein) in die Hände und damit in das Belieben der Beteiligten zu legen, sondern Aufgabe des Richters, der die entsprechenden öffentlichen Interessen wahrzunehmen hat.

Grundsätzlich gilt die Ermittlung von Amts wegen aber auch für die **Antragsverfah-** 7
ren, selbst in echten Streitsachen (vgl BayObLG NJW-RR 1997, 971, 972; DNotZ 1994, 178). Hier wird allerdings eher von den Beteiligten erwartet werden müssen, dass sie ihnen bekannten Sachverhalt vortragen und ihnen bekannte Beweismittel benennen, um damit dem Gericht Ansatzpunkte für entsprechende (ggf weitere) Ermittlungen und Sachverhaltsfeststellungen zu bieten.

Der Amtsermittlungsgrundsatz gilt auch in der **Beschwerdeinstanz**, soweit es dort 8
noch um Tatsachenfeststellung geht. Bei der **Rechtsbeschwerde** kommt es allein auf die in § 72 genannten Beschwerdegründe an und ist grds von den Tatsachenfeststellungen der vorausgegangenen Instanzen auszugehen.

II. Ausnahmen

Ausnahmen vom Amtsermittlungsgrundsatz ergeben sich aus speziellen gesetzlichen 9
Vorschriften.

So sind etwa in Ehesachen (§ 121) und Familienstreitsachen (§ 112) die allgemeinen 10
Vorschriften für das erstinstanzliche Verfahren, mithin auch § 26, unanwendbar (§ 113 Abs 1); statt dessen wird die Anwendung der Vorschriften der ZPO angeordnet. Für Ehesachen gilt dabei eine modifizierte, eingeschränkte Amtsermittlung nach § 127 (näheres dort).

Auch in Abstammungssachen ist nach § 177 Abs 1 eine eingeschränkte Amtsermitt- 11
lung vorgesehen. Auch diese Regelung hat Vorrang vor der allgemeinen Aufklärungspflicht nach § 26. Nach § 177 Abs 1 dürfen in Verfahren auf Anfechtung der Vaterschaft von den Beteiligten nicht vorgebrachte Tatsachen nur berücksichtigt werden, wenn sie geeignet sind, dem Fortbestand der Vaterschaft zu dienen, oder wenn der die Vaterschaft Anfechtende einer Berücksichtigung nicht widerspricht.

In einzelnen speziellen Fällen verlangt das Gesetz vom Antragsteller die Vorlage be- 12
stimmter Unterlagen, gibt bestimmten Beteiligten die Beibringung von Entscheidungsgrundlagen auf oder es finden sich gesetzliche Regelungen für entsprechende Anordnungen des Gerichts. Als Beispiele seien hier nur genannt die Angaben und Nachweise bei Stellung eines Erbscheins gem §§ 2354 ff BGB und bei beantragten Handelsregistereintragungen sowie im FamFG selbst geregelte Beibringungs- und Nachweispflichten (etwa in §§ 11 Abs 1 Satz 1, 18 Abs 3, 206 Abs 1), die als Konkretisierung der Mitwirkungspflicht oder -obliegenheit der Beteiligten zu verstehen sind.

C. Gegenstand und Art der Ermittlungen

I. Gegenstand

13 Gegenstand der Ermittlung von Amts wegen sind alle entscheidungserheblichen oder zumindest aus Sicht des Gerichts als entscheidungserheblich in Betracht kommenden Tatsachen. Die Befugnis und Pflicht des Gerichts zur Ermittlung setzt ein, wenn es für ein auf Antrag oder von Amts wegen eingeleitetes Verfahren oder für die Entscheidung, ob ein Verfahren von Amts wegen einzuleiten ist, auf die zu ermittelnden Tatsachen ankommt.

14 Dies gilt unzweifelhaft für die **materiellrechtlich relevanten Tatsachen**. Bei einer Einrede, die nur bei ihrer Geltendmachung durch einen Beteiligten zu berücksichtigen ist (zB der Einrede der Verjährung), setzt die Amtsermittlung hinsichtlich der die Einrede begründenden Tatsachen erst bei deren Geltendmachung ein.

15 Gegenstand der Amtsermittlung sind auch **Tatsachen, die verfahrensrechtlich relevant** sind, die also die Voraussetzungen der Verfahrenseinleitung, die Zulässigkeit eines Antrags oder eines Rechtsmittels betreffen (vgl BayObLGZ 2004, 37, 40; *Bassenge*/Roth § 12 FGG Rn 2; Keidel/*Sternal* § 26 FamFG Rn 45). Nach anderer Auffassung soll – wie im Zivilprozess – für solche Zulässigkeitsvoraussetzungen eine Prüfung von Amts wegen erfolgen, aber das Gericht keine Amtsermittlungspflicht haben, sondern insoweit soll der Beibringungsgrundsatz gelten, es also dem Antragsteller bzw Rechtsmittelführer obliegen, die für die Zulässigkeit relevanten Tatsachen darzulegen (vgl KG FGPrax 1995, 120, 122; KG NJW 1961, 1028, 1029).

16 Die Amtsermittlung hat sich – über die Tatsachenfeststellung hinausgehend – auch auf die Ermittlung entscheidungserheblichen ausländischen Rechts, Gewohnheitsrechts und Statuten zu beziehen (vgl BayObLG FGPrax 1998, 240; *Bassenge*/Roth § 12 FGG Rn 2; *Prütting*/Helms § 26 FamFG Rn 18; für den Bereich des Zivilprozesses vgl § 293 ZPO). Es obliegt danach nicht den Beteiligten, das ausländische Recht nachzuweisen (vgl OLG Köln GmbHR 1989, 125).

II. Art der Ermittlung

17 Die Art der anzustellenden Ermittlungen steht im **pflichtgemäßen Ermessen** des Gerichts.

18 Ihm obliegt es dabei grds, auch darüber zu entscheiden, ob es den entscheidungsrelevanten Sachverhalt im Wege formloser Ermittlungen (Freibeweis; vgl § 29) oder durch förmliche Beweisaufnahme entspr der ZPO (Strengbeweis, vgl § 30) aufklärt. Das FamFG setzt dem allerdings nunmehr erhebliche Grenzen. Nach § 30 Abs 2 und 3 wird der Strengbeweis für bestimmte Fälle zur Wahrung der Verfahrensrechte der Beteiligten und zur Sicherstellung einer materiell richtigen Entscheidung obligatorisch (vgl dazu § 30 Rz 9 ff).

19 Im Rahmen des **Freibeweises** können schriftliche, mündliche oder telefonische Auskünfte eingeholt werden, das Gericht kann sich der Mithilfe von Behörden bedienen (etwa deren Berichte auswerten); der Grundsatz der Unmittelbarkeit der Beweisaufnahme gilt hier nicht (vgl § 29 Rz 11).

20 Auch beim Freibeweis geht es um Ermittlungen, die der Richter (Rechtspfleger) in nach außen erkennbarer amtlicher Funktion vornimmt.

21 Wenn hingegen der Richter (Rechtspfleger) Kenntnisse privat erlangt hat, können diese auf zwei Wegen wirksam in das Verfahren eingeführt und verwertet werden: Der Richter (Rechtspfleger) kann seine Kenntnis den Beteiligten mitteilen, die entsprechenden Tatsachen können dann von den Beteiligten hingenommen und mithin unstreitig werden. Sonst ist eine Vernehmung des Richters als Zeuge in Betracht zu ziehen mit der Folge eines Ausschlusses von der Amtsausübung nach § 6 Abs 1 iVm § 41 Nr 5 ZPO (so *Bassenge*/Roth § 12 FGG Rn 13).

Wegen weiterer Einzelheiten des Freibeweises vgl § 29 Rz 6 ff. 22

Für die **förmliche Beweisaufnahme** (den Strengbeweis) gelten nach § 30 Abs 1 die 23
Vorschriften der ZPO, insbesondere ist das Gericht dann auch auf die Beweismittel der
ZPO beschränkt (weitere Einzelheiten § 30 Rz 20 ff). Für die Überzeugungsbildung (vgl
Rz 45 ff) stellen Frei- und Strengbeweis die gleichen Anforderungen (vgl BGH NJW
1997, 3319).

Als wichtiges Mittel der Sachverhaltsaufklärung muss auch die **Anhörung der Betei-** 24
ligten genannt werden. Ihr kommt eine Doppelfunktion zu: Sie dient zur Gewährleistung des rechtlichen Gehörs und gibt den Beteiligten als Subjekt des Verfahrens die Möglichkeit, auf dieses Einfluss zu nehmen. Gleichzeitig kommt ihr eine wesentliche Bedeutung bei der dem Gericht obliegenden Sachverhaltsaufklärung zu. Einzelheiten zur Anhörung der Verfahrensbeteiligten bei § 34 Rz 5 ff.

D. Umfang der Ermittlungen

Für den Umfang der Ermittlungen von Amts wegen gilt die gesetzliche Vorgabe in § 26, 25
dass alle zur Feststellung der entscheidungserheblichen Tatsachen erforderlichen Ermittlungen durchzuführen sind. Umfang und Grenzen der Ermittlungen werden danach durch die **Entscheidungserheblichkeit der festzustellenden Tatsachen** (vgl Rz 13) und das Merkmal der **Erforderlichkeit der Ermittlungen** bestimmt. Was im Einzelfall unter Berücksichtigung der konkreten Umstände als Ermittlungsmaßnahmen erforderlich ist, unterliegt der Beurteilung des Gerichts, dem hier ein gewisser Beurteilungs- und Ermessensspielraum zukommt. Der Umfang der Ermittlungen liegt danach im pflichtgemäßen, aber gebundenen Ermessen des Gerichts, das die Verantwortung für die Vollständigkeit der Ermittlungen trägt.

Dies gilt für Amtsverfahren und im Grundsatz auch für Antragsverfahren. 26

Das Gericht wird auch bei Geltung des Amtsermittlungsgrundsatzes Ermittlungsmaß- 27
nahmen nur ergreifen, wenn der erkennbare Sachverhalt hierfür Anhaltspunkte bietet. Solche Anhaltspunkte sind vor allem von den Beteiligten zu liefern, was insbesondere in den Antragsverfahren anzunehmen ist. Das Gericht hat bei seinen Ermittlungen sämtliches, auch verspätet erscheinendes Vorbringen der Parteien zu berücksichtigen; auch das FamFG enthält – ebenso wie vorher das FGG – keine Sanktionen für verspäteten Vortrag (vgl BVerfG NJW 1988, 1963).

Bei seinen Ermittlungen ist das Gericht grds nicht an das Vorbringen und die **Beweis-** 28
anträge der Beteiligten gebunden (vgl § 29 Abs 1; zum alten Recht vgl BayObLG FGPrax 1998, 182; BayObLGZ 1979, 232, 237). Es hat allerdings die darin liegenden Anregungen und damit zusammenhängenden Tatsachenbehauptungen der Beteiligten im Rahmen der Ermittlungen von Amts wegen zu berücksichtigen.

Eine Behauptungs- oder Beweisführungslast wie im Zivilprozess gibt es nicht (Bay- 29
ObLG NZM 2002, 449, 440).

Dies bedeutet einerseits, dass das Gericht über das Vorbringen der Beteiligten hinaus- 30
gehen und weitere Tatsachen aufklären sowie weitere Beweismittel heranziehen kann, auf die sich keiner der Beteiligten berufen hat. Es ist befugt, einen Beteiligten auch gegen den Widerstand seines Verfahrensvertreters anzuhören oder zu vernehmen (BayObLG RPfleger 1975, 435, 436).

An **übereinstimmenden Vortrag der Beteiligten** und auch an ein **Geständnis** oder 31
ein **Nichtbestreiten eines Beteiligten** ist das Gericht nicht gebunden (vgl BayObLG FamRZ 1992, 1353; Keidel/*Sternal* § 26 FamFG Rn 14; vgl auch § 29 Abs 1 Satz 2). Die Richtigkeit der entsprechenden Tatsachen ist auch hier, wenn sich nach den konkreten Umständen Zweifel ergeben, nach dem Prinzip der materiellen Wahrheit (oben Rz 2) vom Gericht zu prüfen.

Bei übereinstimmendem Vortrag der Beteiligten wird jedoch vielfach keine Veranlas- 32
sung bestehen, zu den vorgetragenen Tatsachen weitere Ermittlungen anzustellen und

§ 26 FamFG | Ermittlung von Amts wegen

Beweise zu erheben. Das Gericht kann davon ausgehen, dass die Beteiligten zumindest die für sie günstigen Tatsachen von sich aus vortragen, jedenfalls wenn anzunehmen ist, dass die Beteiligten die Bedeutung dieser Umstände erkennen (vgl BayObLG NJW-RR 1988, 1170, 1171) und sie es in der Hand haben, die entsprechenden Tatsachen vorzutragen. Dies gilt vor allem auch für Umstände, die im persönlichen Lebensbereich des Beteiligten liegen und einer Sachaufklärung durch andere Personen nicht bzw kaum zugänglich sind (vgl *Bassenge*/Roth § 12 FGG Rn 14).

33 Das Gericht ist auch nicht verpflichtet, allen (evtl nur theoretisch) **denkbaren Möglichkeiten** nachzugehen und hierzu Ermittlungen anzustellen (BGHZ 16, 383). Eine Ermittlungspflicht des Gerichts »ins Blaue« hinein, besteht nicht (OLG Brandenburg OLG-NL 2000, 256, 258).

34 Ermittlungen sind nur erforderlich in dem hier erörterten Sinn, soweit die erkennbaren Umstände und insbesondere das Vorbringen der Beteiligten hierfür Veranlassung geben. Eine entsprechende Mitwirkung (vgl dazu § 27 Abs 1) darf und muss von den Beteiligten, die eine für sie günstige Entscheidung anstreben, erwartet werden. Dies gilt jedenfalls für Umstände und Beweismittel, bei denen es vornehmlich die Beteiligten in der Hand haben, diese in das Verfahren einzuführen, wie es etwa der Fall ist bei Tatsachen aus dem persönlichen oder intimen Lebensbereich, die einer Sachaufklärung von außen nur schwer zugänglich sind (vgl OLG Köln FamRZ 1991, 117, 118; *Bassenge*/Roth § 12 FGG Rn 14).

35 Andererseits kann das Gericht im Umfang seiner Aufklärung auch hinter dem Vortrag (etwa bei unerheblichem Vorbringen) und im Einzelfall auch hinter den Beweisangeboten der Beteiligten zurückbleiben. So kann es nach seinem pflichtgemäßen Ermessen von weiteren Ermittlungen und der Erhebung angebotener Beweise absehen, wenn das bisherige **Beweisergebnis bereits ausreicht** und durch den angebotenen weiteren Beweis nichts Sachdienliches mehr zu erwarten ist (vgl OLG Frankfurt FGPrax 1998, 24, 25; KG OLGZ 67, 87). Vgl aber § 30 Abs 3.

36 Bei **offenkundigen Tatsachen** sind weitere Ermittlungen entbehrlich. Diese sind entsprechend § 291 ZPO ohne weitere Beweisaufnahme – nachdem den Beteiligten hierzu rechtliches Gehör gewährt worden ist – zugrunde zu legen. Dazu zählen die allgemeinkundigen Tatsachen, für die kennzeichnend ist, dass sie einem größeren Personenkreis bekannt sind und man sich über sie aus zuverlässigen Quellen ohne größere Sachkunde sicher unterrichten kann (vgl Musielak/*Huber* § 291 ZPO Rn 1), und die gerichtskundigen Tatsachen, die dem Gericht selbst (dem Einzelrichter oder zumindest der Mehrheit des Spruchkörpers) aufgrund amtlicher Tätigkeit in anderen früheren oder laufenden Verfahren bekannt geworden sind (vgl Musielak/*Huber* § 291 ZPO Rn 2).

37 Etwaige **Vorfragen** aus anderen Rechtsgebieten, etwa anderen Bereichen des Zivilrechts, die in die Zuständigkeit des Prozessgerichts fallen, oder aus Bereichen des öffentlichen Rechts, haben die Gerichte der freiwilligen Gerichtsbarkeit grundsätzlich selbständig zu prüfen und darüber autonom zu entscheiden. Auch insoweit sind dann Ermittlungen von Amts wegen geboten.

38 Hiervon gibt es jedoch einige Ausnahmen in den nachfolgend unter E. behandelten Fällen eingeschränkter Entscheidungskompetenz und der Bindung an anderweitige Entscheidungen und Feststellungen (Rz 40 ff).

39 Auch wenn eine Prüfungs- und Entscheidungskompetenz des Gerichts der freiwilligen Gerichtsbarkeit besteht, kann bei solchen Vorfragen eine Aussetzung des Verfahrens in Erwägung zu ziehen sein, vgl dazu § 21 Rz 6 ff.

E. Einschränkung der Amtsermittlung bei ausschließlicher anderweitiger Vorfragenkompetenz und Entscheidungs- und Tatsachenbindung

40 Die Entscheidungskompetenz des Gerichts der freiwilligen Gerichtsbarkeit kann eingeschränkt sein aufgrund bereits vorliegender Entscheidungen und Tatsachenfeststellun-

gen. Dies gilt insbesondere auch bei den oben genannten Vorfragen aus anderen Rechtsgebieten des Zivilrechts und öffentlichrechtlichen Vorfragen. Bei solchen Vorfragen kommt ausnahmsweise auch eine anderweitige Entscheidungskompetenz in Betracht.

So sind rechtsgestaltende **Verwaltungsakte** grundsätzlich bindend, auch im Bereich der freiwilligen Gerichtsbarkeit (vgl BGH NJW 1981, 527; Keidel/*Sternal* § 26 FamFG Rn 57). Mängel des Verwaltungsaktes ändern daran grundsätzlich nichts, es sei denn, es handelt sich um so schwerwiegende Mängel, dass nach den einschlägigen verwaltungsrechtlichen Regelungen von der Nichtigkeit des Verwaltungsakts auszugehen ist. Andere Verwaltungsakte können Tatbestandswirkung haben, dh allein ihr Vorliegen ist nach der anzuwendenden Norm (dem Tatbestand) maßgebend. 41

An **Leistungs- und Feststellungsurteile des Prozessgerichts** sowie an **Entscheidungen des Verwaltungsgerichts** sind die Gerichte der freiwilligen Gerichtsbarkeit gebunden, allerdings nur im Rahmen der jeweiligen subjektiven und objektiven Grenzen der Rechtskraft des Urteils. Eine Bindung besteht auch bei Gestaltungsurteilen des Prozessgerichts, eines Verwaltungsgerichts oder eines anderen Gerichts der freiwilligen Gerichtsbarkeit (vgl OLG Frankfurt NJW-RR 1997, 580, 581). 42

Aufgrund der aus §§ 68, 74 Abs 3 ZPO folgenden **Nebeninterventionswirkung** kann sich eine Bindung an die Tatsachenfeststellungen eines vorausgegangenen Verfahrens (etwa eines Zivilprozesses) ergeben. 43

Bei einer **Aufrechnung mit rechtswegfremden Forderungen** (zB verwaltungsrechtlicher Art) hat nach herrschender, zutreffender Auffassung nicht das Gericht der freiwilligen Gerichtsbarkeit über die Aufrechnungsforderung mit zu entscheiden; vielmehr ist das Verfahren auszusetzen, um es dem betreffenden Beteiligten zu ermöglichen, eine Entscheidung über die Gegenforderung beim Verwaltungsgericht oder sonst für die Forderung zuständigen Gericht herbeizuführen (vgl BGHZ 16, 124, 132; Keidel/*Sternal* § 26 FamFG Rn 60). Dagegen wird die Prüfungs- und Entscheidungskompetenz der freiwilligen Gerichtsbarkeit regelmäßig bejaht, wenn es sich um eine zivilrechtliche Gegenforderung handelt, für die jedenfalls die Zuständigkeit der ordentlichen Gerichtsbarkeit gegeben ist (vgl BGH NJW 1964, 863; NJW 1980, 2466, 2467; Keidel/*Sternal* § 26 FamFG Rn 59). 44

F. Feststellung entscheidungsrelevanter Tatsachen

Für die Feststellung der entscheidungsrelevanten Tatsachen gilt – wie im Zivilprozess (vgl § 286 Abs 1 ZPO) – der Grundsatz der freien Beweiswürdigung. Dies folgt nunmehr aus § 37 Abs 1. Das Gericht hat bei seiner Überzeugungsbildung den gesamten Verfahrensstoff zu berücksichtigen und auszuwerten (dazu gehören nicht nur eine evtl mündliche Verhandlung und Beweisaufnahme, sondern auch alle sonstigen Erklärungen und Stellungnahmen der Beteiligten; vgl dazu § 37 Rz 4 ff). 45

Für die Tatsachenfeststellung ist erforderlich, aber auch ausreichend, dass das Gericht von der Wahrheit der relevanten Tatsache überzeugt ist. Dazu bedarf es keines Beweises, der den Grundsätzen der Naturwissenschaften standhält; es reicht vielmehr – wie auch im Zivilprozess und in anderen Verfahrensordnungen – ein für das praktische Leben brauchbarer Grad an Gewissheit, der den Zweifeln Schweigen gebietet, ohne sie völlig auszuschließen (vgl zB BGHZ 53, 245, 256; BGH NJW 1998, 2969, 2971; KG FamRZ 1999, 1129; vgl auch § 37 Rz 9 ff). 46

Die an die Überzeugungsbildung zu stellenden Anforderungen unterscheiden sich bei der förmlichen Beweisaufnahme (§ 30) und beim Freibeweis nicht; insbesondere sind beim Freibeweis die Anforderungen an die richterliche Überzeugungsbildung nicht gemindert (vgl BGH NJW 1997, 3319, 3320; NJW 1987, 2875, 2876). Zu Vermutung, Anscheinsbeweis und Beweisvereitelung vgl § 37 Rz 12 ff. 47

G. Nichtaufklärbarkeit und Feststellungslast

48 Da der Sachverhalt von Amts wegen aufzuklären ist, kommt es auf eine subjektive Beweislast der Beteiligten im Sinne einer Beweisführungslast nicht an. Wenn ein Sachverhalt bzw ein Teil eines Sachverhalts von Amts wegen nicht aufgeklärt werden kann, stellt sich die Frage nach der **Feststellungslast**; es fragt sich dann nämlich, welche Regeln für die Tatsachengrundlagen der zu treffenden gerichtlichen Entscheidung gelten.

49 Bei der Feststellungslast geht es darum, ob ein Verfahrensbeteiligter und ggf welcher die Nachteile der Nichtaufklärbarkeit einer entscheidungserheblichen Tatsache zu tragen hat. Die Feststellungslast ist vergleichbar mit der materiellen Beweislast im Zivilprozess.

50 Für die Verteilung der Feststellungslast, die sich nach dem materiellen Recht richtet (vgl BayObLG NZM 2002, 449, 450), ist im Wesentlichen von folgenden Grundsätzen auszugehen (vgl Jansen/*Briesemeister* § 12 FGG Rn 13; Keidel/*Sternal* § 29 FamFG Rn 43 ff):

51 Da in **Amtsverfahren** Maßnahmen nur angeordnet werden dürfen, wenn hierfür die tatsächlichen Voraussetzungen bestehen, wird hier die Unaufklärbarkeit entscheidungsrelevanter Umstände regelmäßig dazu führen, dass die angeregte oder von Amts wegen in Erwägung gezogene Maßnahme zu unterbleiben hat.

52 In **Antragsverfahren** trägt der Beteiligte nach den Grundsätzen des materiellen Rechts die Feststellungslast für die Tatsachen, die für die Begründung des von ihm in Anspruch genommenen Rechts erforderlich sind, während der Gegner die Nachteile der Unaufklärbarkeit von Tatsachen tragen muss, die die Entstehung des Rechts hindern, das Recht vernichten oder seine Durchsetzung hindern (vgl KG OLGZ 1991, 144, 147); für die Erhaltung des Rechts trägt dann wiederum derjenige, der das Recht für sich in Anspruch nimmt, die Feststellungslast. Gesetzliche Tatsachenvermutungen können dabei die Verteilung der Feststellungslast abweichend regeln (BayObLG NZM 2002, 449, 450). Die Feststellungslast, wie sie sich nach den zuvor dargestellten Grundsätzen ergibt, ist dabei unabhängig von der Verfahrensstellung des Beteiligten (KG OLGZ 1991, 144, 147).

53 Geht es um **Verfahrensvoraussetzungen**, so trägt die Feststellungslast derjenige, der aus diesen Voraussetzungen etwas für seine Verfahrensstellung, die Durchführung des von ihm beantragten Verfahrens oder für eine sonst für seinen Bereich günstige Verfahrensrechtsposition herleitet.

H. Rechtsfolgen unzureichender Aufklärung

54 Unzureichende Ermittlungen zur Sachverhaltsaufklärung, die nicht selten mit einer Verletzung rechtlichen Gehörs zusammentreffen werden (vgl dazu § 37 Rz 17 ff), stellen eine Rechtsverletzung dar, die im **Verfahren der Beschwerde** zu berücksichtigen ist. Die entsprechenden Ermittlungen werden im Beschwerdeverfahren vom Beschwerdegericht meist nachzuholen sein.

55 Die unterlassenen Ermittlungen können jedoch unter Umständen einen wesentlichen Mangel darstellen, unter dem das erstinstanzliche Verfahren leidet. Wenn dann weiterhin zur Herbeiführung der Entscheidungsreife eine umfangreiche oder aufwändige Beweiserhebung notwendig wäre und ein Beteiligter die Zurückverweisung der Sache beantragt, kann nach § 69 Abs 1 Satz 3 eine Aufhebung der angefochtenen Entscheidung und eine Zurückverweisung der Sache an das erstinstanzliche Gericht in Betracht kommen.

56 Eine unzureichende Sachaufklärung kann ggf auch mit der **Rechtsbeschwerde** geltend gemacht werden, wenn diese zulässig ist (§ 70 Abs 1 und 3). In der unzureichenden Sachaufklärung liegt ein Verstoß gegen Verfahrensrecht, auf den die Rechtsbeschwerde nach § 72 Abs 1 gestützt werden kann. Die weitere Voraussetzung, dass die Entscheidung auf dieser Rechtsverletzung beruht, wird nach bisherigen Rechtsgrundsätzen bereits anzunehmen sein, wenn bei Vornahme entsprechender Sachaufklärung (also bei einer Vermeidung des Verfahrensmangels) die Möglichkeit einer abweichenden Entscheidung nicht auszuschließen ist (vgl § 72 Rz 17 ff).

§ 27 Mitwirkung der Beteiligten

(1) Die Beteiligten sollen bei der Ermittlung des Sachverhalts mitwirken.

(2) Die Beteiligten haben ihre Erklärungen über tatsächliche Umstände vollständig und der Wahrheit gemäß abzugeben.

A. Allgemeines

§ 27 enthält eine Grundsatzregelung über die Mitwirkung der Beteiligten. Es wird dabei 1
an Grundsätze angeknüpft, die in Rspr und Lit bereits zum FGG entwickelt worden waren (vgl BGHZ 16, 378, 383; BayObLG NJW-RR 1993, 459; OLG Köln FGPrax 2002, 52, 53; *Bassenge*/Roth § 12 FGG Rn 14; KKW/*Schmidt* § 12 FGG Rn 121; Bumiller/Winkler § 12 FGG Rn 44). Die Beteiligten sind danach – unabhängig von der Art des Verfahrens und der Geltung des Untersuchungsgrundsatzes (Amtsermittlung) – verpflichtet, bei der Aufklärung des Sachverhalts mitzuwirken (Abs 1). Es wird ihnen dabei eine Verpflichtung zur vollständigen und wahrheitsgemäßen Erklärung auferlegt (Abs 2), die der im Zivilprozess geltenden Wahrheitspflicht der Partei nach § 138 Abs 1 ZPO entspricht.

Ob es sich dabei um eine echte, ggf auch durchzusetzende Rechtspflicht oder lediglich 2
um eine zur Disposition der Beteiligten stehende Obliegenheit handelt, deren Nichterfüllung evtl nur verfahrensrechtliche Nachteile zur Folge hat, ist zweifelhaft. In der Gesetzesbegründung (BTDrs 16/6308, 186) ist von einer »Mitwirkungspflicht«, aber auch von einer »Mitwirkungslast« die Rede. Der Wortlaut des Abs 1 (»... sollen ...«) legt die Annahme einer Obliegenheit nahe; in den Bereichen, in denen dem betreffenden Beteiligten Dispositionsfreiheit zukommt, etwa in den Antrags- und echten Streitverfahren, könnte dies auch sachgerecht erscheinen. Andererseits spricht der Wortlaut des Abs 2 jedenfalls für eine echte Verpflichtung der Beteiligten zur wahrheitsgemäßen und vollständigen Erklärung über alle relevanten tatsächlichen Umstände. Im Gesetzgebungsverfahren hat die Bundesregierung in einer Gegenäußerung zu einem Vorschlag des Bundesrates, die Mitwirkung der Beteiligten nach Abs 1 eindeutig als Pflicht auszugestalten, klargestellt, dass auch nach ihrem Verständnis Abs 1 eine regelmäßige Verpflichtung der Beteiligten zur Mitwirkung begründe und mit der Formulierung »sollen« in ihrem Gesetzentwurf nur zum Ausdruck gebracht werde, dass die Verweigerung der Mitwirkung eines Beteiligten keine unmittelbaren prozessualen Sanktionen nach sich ziehe, und in einigen Verfahren der freiwilligen Gerichtsbarkeit (zB in Betreuungs- und Unterbringungssachen) von Beteiligten eine Mitwirkung nicht erwartet (bzw ihnen nicht zugemutet) werden könne (vgl BTDrs 16/6308, 365, 406). Dies und die Parallele zur zivilprozessualen Wahrheitspflicht des § 138 Abs 1 ZPO, die nach hM nicht nur als Obliegenheit, sondern als echte prozessuale Verpflichtung aufgefasst wird (vgl Musielak/*Stadler* § 138 ZPO Rn 1), sprechen dafür, auch hier anzunehmen, dass Abs 1 und 2 echte verfahrensrechtliche Verpflichtungen der Beteiligten begründen.

Das Gericht hat allerdings nur recht eingeschränkte Möglichkeiten, die gebotene Mit- 3
wirkung der Beteiligten zu erzwingen. In Betracht kommen kann die Anordnung des persönlichen Erscheinens und Ordnungs- sowie Zwangsmaßnahmen nach § 33 Abs 3, im Einzelfall ggf auch Zwangsmaßnahmen nach § 35 (so Begr RegE BTDrs 16/6308, 186).

Eine unterlassene oder mangelhafte Mitwirkung kann für die Beteiligten aber Verfah- 4
rensnachteile zur Folge haben. So kann eine unzureichende Mitwirkung eines Beteiligten an der Sachverhaltsermittlung dazu führen, dass wegen mangelnder tatsächlicher Anhaltspunkte das Gericht – zulässigerweise – von einer weiteren Sachverhaltsaufklärung absehen darf.

B. Mitwirkungspflicht der Beteiligten

I. Anwendungsbereich

5 Die Regelung des § 27 über die Mitwirkungspflicht gilt – vorbehaltlich vorhandener Bereichsausnahmen (vgl etwa § 113 Abs 1 Satz 1) und vorrangiger Spezialregelungen, die Mitwirkungspflichten begründen – für **sämtliche Bereiche des FamFG** in erster Instanz und – über §§ 68 Abs 3 Satz 1, 74 Abs 4 – auch in der Beschwerdeinstanz.

6 Die Mitwirkungspflicht besteht nicht nur in den **echten Streitsachen** der freiwilligen Gerichtsbarkeit und in den **Antragsverfahren**. Hier muss bereits nach der Interessenlage erwartet werden, dass die Beteiligten zur effektiven Wahrnehmung ihrer eigenen Rechte an der Ermittlung des Sachverhalts mitwirken und das ihnen Mögliche zur Sachverhaltsaufklärung beitragen. Das eigene Interesse des Beteiligten ist hier ein starker Antrieb zu einer entsprechenden Mitwirkung. Soweit es um tatsächliche Umstände der Privat- oder gar höchstpersönlichen Lebenssphäre geht, ist eine Sachverhaltsaufklärung ohne Mitwirkung des betreffenden Beteiligten vielfach gar nicht möglich.

7 Die Mitwirkungsverpflichtung des Beteiligten besteht aber grundsätzlich auch – die gesetzliche Regelung lässt insoweit Ausnahmen und Einschränkungen nicht erkennen – in den **Verfahren von Amts** wegen. Dies erscheint nicht unproblematisch. Von einem Unbeteiligten, der entscheidungsrelevante Wahrnehmungen gemacht hat, ist zu erwarten und im Rahmen staatsbürgerlicher Pflichten zu verlangen, dass er als Zeuge zur Sachverhaltsaufklärung beiträgt. Einem Beteiligten, der in seiner eigenen Rechtsposition betroffen ist und dem durch ein von Amts wegen eingeleitetes Verfahren Rechtsnachteile drohen, kann eine Mitwirkung an der Sachverhaltsaufklärung als Rechtspflicht nur in den Grenzen des Zumutbaren auferlegt werden (vgl dazu auch Gegenäußerung der BReg BTDrs 16/6308, 406). Eine Verpflichtung, sich selbst zu belasten bzw durch Sachverhaltsangaben gerichtliche (Zwangs-)Maßnahmen (zB eine Unterbringung) gegen sich selbst herbeizuführen, kann nicht angenommen werden. Der Beteiligte ist hier nicht gehalten, für ihn ungünstige Tatsachen selbst vorzutragen.

8 Der nach der hier vertretenen Auffassung zu beachtende Vorbehalt der Zumutbarkeit wird von der Rechtsprechung fallbezogen zu konkretisieren sein.

II. Inhalt und Art der Mitwirkung

9 Die Pflicht zur Mitwirkung an der Ermittlung des Sachverhalts umfasst den Vortrag des aus Sicht des Beteiligten entscheidungsrelevanten Sachverhalts und die Angabe der dazu vorhandenen, bekannten und ggf auch zu beschaffenden Beweismittel. Weiterhin können Beteiligte durch Beweisanträge Einfluss auf die gerichtliche Ermittlung des Sachverhalts nehmen. Das Gericht ist an solche Anträge zwar nicht gebunden, hat diese jedoch im Rahmen seiner Ermittlungspflicht nach § 26 zu berücksichtigen (vgl dazu § 26 Rz 28 ff). Die Beteiligten haben durch ihren Sachverhaltsvortrag dem Gericht zumindest Anhaltspunkte für die (weiteren) Ermittlungen von Amts wegen zu liefern. Das Vorbringen der Beteiligten ist häufig Anlass für das Gericht, weitere Sachverhaltsermittlungen vorzunehmen. Sie unterstützen damit die Amtsermittlung des Gerichts.

10 Im Rahmen der Mitwirkung des Beteiligten ist von ihm auch zu erwarten, dass er sich zu Vorbringen anderer Beteiligten erklärt und ggf eine abweichende Darstellung gibt. Dies gilt insbesondere in den echten Streitverfahren, in denen sich Beteiligte mit entgegengesetzten Verfahrenszielen wie in einem Zivilprozess gegenüber stehen. Die Regelungen des § 138 Abs 2 bis 4 ZPO mit einer daran anknüpfenden Geständnisfiktion ist allerdings in Verfahren der freiwilligen Gerichtsbarkeit nicht anwendbar (vgl Jansen/ *Briesemeister* § 12 FGG Rn 8). Ein entsprechendes Schweigen des anderen Beteiligten hat das Gericht frei zu würdigen; dies kann (muss aber nicht) zu Lasten des Schweigenden ausfallen. Ein Schweigen eines Beteiligten auf Tatsachenbehauptungen der Gegenseite wird nicht stets und ohne weiteres als Zugeständnis der entsprechenden Tatsachen auf-

zufassen sein (vgl BayObLGZ 60, 514). Das Gericht kann allerdings auch in Verfahren des FamFG davon ausgehen, dass die Beteiligten ihnen vorteilhafte Umstände, jedenfalls wenn sie solche erkennen, von sich aus vortragen (BGH NJW 1988, 1839, 1840; OLG Karlsruhe FamRZ 1992, 689). Ein Schweigen eines Beteiligten kann dem Gericht im Rahmen der Amtsermittlung ggf auch Veranlassung geben, den Beteiligten zu befragen.

Wenn der bereits erkennbare Sachverhalt Anlass dazu gibt, hat das Gericht ggf durch eine entsprechende Auflage und eine damit verbundene Fristsetzung auf ergänzenden Vortrag der Beteiligten hinzuwirken (vgl BayObLG NJW-RR 2002, 726, 727). **11**

Die Mitwirkungspflicht des Beteiligten wird auch durch eine gerichtliche Anhörung des Beteiligten realisiert (vgl dazu § 33 Rz 7 ff); dieser kann auch gegen den Widerspruch seines Verfahrensbevollmächtigten befragt werden (BayObLG Rpfleger 1975, 435, 436). **12**

Die Intensität der Mitwirkungspflicht der Beteiligten erhöht sich im gleichen Maße wie das Gericht auf deren Mitwirkung bei der Sachverhaltsaufklärung angewiesen ist (vgl Keidel/*Sternal* § 27 FamFG Rn 3). Kommt es auf Vorgänge aus dem höchstpersönlichen Lebensbereich der Beteiligten an, wird das Gericht ohne entsprechende Mitwirkung der Beteiligten nicht weiter kommen. **13**

C. Wahrheitspflicht und Verpflichtung zur vollständigen Erklärung

Abs 2 legt den Beteiligten – wie den Parteien im Zivilprozess nach § 138 Abs 1 ZPO – die Pflicht zur wahrheitsgemäßen und vollständigen Erklärung über verfahrensrelevante tatsächliche Umstände auf. Davon ist bereits nach altem Recht ausgegangen worden (vgl Jansen/*Briesemeister* § 12 FGG Rn 7). Die genannte Verpflichtung besteht gegenüber dem Gericht und den übrigen Beteiligten; sie dient der Gewährleistung einer fairen Verfahrensführung. **14**

Die **Wahrheitspflicht** ist als Pflicht zur subjektiven Wahrhaftigkeit zu verstehen. Sie verbietet den Beteiligten, Tatsachen vorzutragen oder zu tatsächlichen Umständen Erklärungen abzugeben, deren Unwahrheit die Beteiligten kennen. Aus der Wahrheitspflicht ergibt sich hingegen nicht, dass Beteiligte nur tatsächliche Erklärungen abgeben dürfen, deren Richtigkeit sie positiv kennen. Vielmehr dürfen Beteiligte – wie Parteien im Zivilprozess – Behauptungen aufstellen und tatsächliche Umstände bestreiten, wenn deren Wahrheit den Beteiligten unbekannt ist oder insoweit sogar Zweifel bestehen; sie dürfen deren Klärung einer evtl gerichtlichen Beweisaufnahme überlassen (vgl Jansen/*Briesemeister* § 12 FGG Rn 7; zur entspr Regelung im Zivilprozess Musielak/*Stadler* § 138 ZPO Rn 2). **15**

Die **Verpflichtung zur vollständigen Erklärung** hat – wie im Zivilprozess – keine selbstandige Bedeutung, sondern ist als Unterfall der Wahrheitspflicht zu verstehen. Sie verbietet den Beteiligten, bei Behauptungen oder Gegenerklärungen zu tatsächlichen Umständen ungünstige Einzelheiten zu verschweigen und dadurch einen bewusst unrichtigen Gesamteindruck vom relevanten Sachverhalt zu vermitteln (vgl Jansen/*Briesemeister* § 12 FGG Rn 7; Musielak/*Stadler* § 138 Rn 5). **16**

D. Rechtsfolgen unterlassener oder unzureichender Mitwirkung und der Verletzung der Wahrheitspflicht

Die **Mitwirkung der Beteiligten** an der Aufklärung und Feststellung des Sachverhalts ist vom Gericht nicht oder nur eingeschränkt erzwingbar. **17**

Die Beteiligten können vom Gericht zu einem Termin zur Aufklärung des Sachverhalts durch persönliche Anhörung geladen werden (§ 33 Abs 1); gegen einen unentschuldigt ausbleibenden Beteiligten können dann nach § 33 Abs 3 Ordnungs- und Zwangsmittel verhängt werden. **18**

Ob und inwieweit eine Erzwingung der hier behandelten Mitwirkungspflicht nach § 35 zulässig und praktisch relevant ist, ist zweifelhaft. In der Begr des RegE zu § 27 **19**

§ 27 FamFG | Mitwirkung der Beteiligten

wird auf diese Möglichkeit hingewiesen und dies ersichtlich für zulässig erachtet (vgl BTDrs 16/6308, 186). Eine rechtliche Grundlage für eine zu vollstreckende Mitwirkungspflicht, die nach altem Recht fehlte (vgl OLG Frankfurt NJOZ 2006, 2651), könnte nunmehr evtl in Abs 1 gesehen werden. Bei **Antragsverfahren und insbesondere bei echten Streitsachen**, in denen die Mitwirkung an der Sachverhaltsfeststellung im Interesse der Beteiligten liegt, drängt sich jedoch ein Vergleich zum Zivilprozess auf, der eine Erzwingung von Sachverhaltsvortrag der Partei nicht kennt. Zwangsmittel erscheinen auch in solchen Verfahren der freiwilligen Gerichtsbarkeit nicht angebracht, soweit es um fehlenden oder unzureichenden Sachverhaltsvortrag der Beteiligten geht. In diesen Verfahren ist es ersichtlich Sache der Beteiligten, in ihrem eigenen Interesse durch entsprechenden Tatsachenvortrag an der Aufklärung des Sachverhalts mitzuwirken und dem Gericht Anknüpfungspunkte für die weitere Sachverhaltsermittlung von Amts wegen zu bieten. Wenn die Beteiligten dem nicht entsprechen und ihre Mitwirkungspflicht vernachlässigen, können sie weitere Ermittlungen des Gerichts nicht erwarten. Eine weitere Ermittlungs- oder Aufklärungspflicht trifft das Gericht grundsätzlich nämlich nur, wenn der bereits vorhandene Sachverhalt und das Vorbringen der Beteiligten unter Berücksichtigung der Tatbestandsmerkmale des anzuwendenden Gesetzes dazu Veranlassung geben. Fehlen solche Anhaltspunkte, kann eine ungenügende Sachverhaltsaufklärung nicht angenommen und in der Rechtsmittelinstanz nicht mit Erfolg geltend gemacht werden (vgl Jansen/*Briesemeister* § 12 FGG Rn 9). Eine Verletzung der Mitwirkungspflicht des Beteiligten wird danach durch Nachteile in der in seinem Interesse liegenden Sachverhaltsaufklärung (regelmäßig hinreichend) sanktioniert. Nach bisherigem Recht wurde jedenfalls die Zulässigkeit des Einsatzes von Zwangsmitteln zur Erzwingung der Mitwirkung der Beteiligten allgemein verneint (vgl OLG Frankfurt NJOZ 2006, 2651; Jansen/*Briesemeister* § 12 Rn 89). Zwangsmittel nach § 35 mögen nunmehr allerdings in Betracht kommen, wenn es nicht um verweigerten Sachverhaltsvortrag, sondern um die Verweigerung anderer konkreter Mitwirkungshandlungen eines Beteiligten geht, etwa um die Herausgabe bestimmter Urkunden oder anderer benötigter Beweismittel (vgl dazu auch § 35 Rz 6).

20   Bei **Verfahren von Amts wegen**, bei denen typischerweise ein eigenes Aufklärungsinteresse der Beteiligten nicht bestehen muss, an der Sachverhaltsaufklärung jedoch vielfach ein übergreifendes, allgemeines Interesse besteht, dürfte eher eine Erzwingung der Mitwirkungspflicht von Bedeutung sein. Hier wird sich aber häufig die oben (Rz 7) angesprochene Frage der Zumutbarkeit der Mitwirkung des Beteiligten stellen. Bei Unzumutbarkeit der Mitwirkung des Beteiligten ist jedenfalls eine Mitwirkungspflicht zu verneinen, die Grundlage einer Vollstreckung sein könnte.

21   Steht eine **Verletzung der Wahrheitspflicht** fest, ist der unrichtige Tatsachenvortrag des Beteiligten unbeachtlich. Auch der Beteiligte ist nicht an sein wahrheitswidriges Vorbringen festzuhalten. Die Vorschriften der ZPO über das Geständnis in §§ 288 ff ZPO sind nicht entsprechend anwendbar (vgl Jansen/*Briesemeister* § 12 FGG Rn 7). Weiter gehende unmittelbare Folgen sieht das FamFG nicht vor. Die nachgewiesene Verletzung der Wahrheitspflicht kann uU für die Beweiswürdigung hinsichtlich einer anderen entscheidungsrelevanten Tatsache von Bedeutung sein. Ggf können sich auch strafrechtliche Konsequenzen für den betreffenden Beteiligten ergeben, etwa nach § 263 StGB (zu einer evtl Abänderung oder Wiederaufnahme des Verfahrens bei rechtskräftig gewordenen Entscheidungen vgl § 48 Rz 10 ff; 35 ff); auch zivilrechtliche Schadensersatzansprüche, etwa nach § 826 BGB oder § 823 Abs 2 BGB iVm § 263 StGB, sind denkbar.

§ 28 Verfahrensleitung

(1) Das Gericht hat darauf hinzuwirken, dass die Beteiligten sich rechtzeitig über alle erheblichen Tatsachen erklären und ungenügende tatsächliche Angaben ergänzen. Es hat die Beteiligten auf einen rechtlichen Gesichtspunkt hinzuweisen, wenn es ihn anders beurteilt als die Beteiligten und seine Entscheidung darauf stützen will.

(2) In Antragsverfahren hat das Gericht auch darauf hinzuwirken, dass Formfehler beseitigt und sachdienliche Anträge gestellt werden.

(3) Hinweise nach dieser Vorschrift hat das Gericht so früh wie möglich zu erteilen und aktenkundig zu machen.

(4) Über Termine und persönliche Anhörungen hat das Gericht einen Vermerk zu fertigen; für die Niederschrift des Vermerks kann ein Urkundsbeamter der Geschäftsstelle hinzugezogen werden, wenn dies aufgrund des zu erwartenden Umfangs des Vermerks, in Anbetracht der Schwierigkeit der Sache oder aus einem sonstigen wichtigen Grund erforderlich ist. In den Vermerk sind die wesentlichen Vorgänge des Termins und der persönlichen Anhörung aufzunehmen. Die Herstellung durch Aufzeichnung auf Datenträger in der Form des § 14 Abs. 3 ist möglich.

Übersicht

	Rz		Rz
A. Allgemeines	1	D. Besondere Hinwirkungspflichten in Antragsverfahren (Abs 2)	16
B. Hinwirkung des Gerichts auf vollständigen, rechtzeitigen Tatsachenvortrag der Beteiligten (Abs 1 Satz 1)	5	E. Zeitpunkt der Hinweise des Gerichts (Abs 3)	21
C. Pflicht des Gerichts zu Hinweisen auf rechtliche Gesichtspunkte	12	F. Dokumentationspflicht hinsichtlich erteilter Hinweise (Abs 3)	22
I. Hinweispflicht bei anders beurteilten rechtlichen Gesichtspunkten (Abs 1 Satz 2)	12	G. Rechtsfolgen der Verletzung der Hinwirkungs-, Hinweis- und Dokumentationspflicht	26
II. Hinweispflicht bei von den Beteiligten übersehenen rechtlichen Gesichtspunkten	14	H. Vermerk über Termine und persönliche Anhörungen von Beteiligten (Abs 4)	28
III. Erörterung der Sach- und Rechtslage mit den Beteiligten	15	I. Zweck	28
		II. Voraussetzungen der Anfertigung	30
		III. Inhalt und Form des Vermerks	32

A. Allgemeines

§ 28 normiert nunmehr einige wesentliche Grundlagen der Verfahrensleitung des Gerichts und die Protokollierung bei Hinweisen, Terminen und Anhörungen der Beteiligten. Von konkreteren Vorgaben hat der Gesetzgeber abgesehen, um die für das Verfahren der freiwilligen Gerichtsbarkeit kennzeichnende Flexibilität zu bewahren (Begr RegE BTDrs 16/6308, 187). 1

Die Vorschrift **gilt für alle von § 1 erfassten Verfahren, nicht jedoch für Ehesachen und Familienstreitsachen** (vgl dazu § 113 Abs 1).

Abs 1 bis 3 entsprechen in wesentlichen Grundstrukturen der materiellen Prozessleitung im Zivilprozess gem § 139 ZPO. Hierzu vorliegende Rspr könnte – unter Beachtung der Besonderheiten und Strukturunterschiede der beiden Verfahrensarten (Beibringungsgrundsatz in der ZPO, Amtsermittlungsgrundsatz in der freiwilligen Gerichtsbarkeit) – auch für die neuen Regelungen im FamFG von Bedeutung sein. Abs 1 Satz 1 begründet – als Ausfluss des Amtsermittlungsgrundsatzes – eine Pflicht des Gerichts auf rechtzeitiges und vollständiges Tatsachenvorbringen der Beteiligten hinzuwirken. Die in Abs 1 Satz 2 geregelte Hinweispflicht auf eine abweichende rechtliche Beurteilung entscheidungsrelevanter Fragen dient der Gewährleistung rechtlichen Gehörs und soll die Beteiligten vor Überraschungsentscheidungen schützen. Abs 2 begründet eine spezielle Hinwirkungspflicht in Antragsverfahren, die insbesondere auch die aus 2

§ 139 Abs 1 Satz 2 ZPO bekannte Verpflichtung des Gerichts, auf sachdienliche Anträge hinzuwirken, umfasst.

3 Die Regelung in Abs 3 über die frühestmögliche Erteilung notwendiger Hinweise und ihre Fixierung in den Akten soll der Verfahrensbeschleunigung und dem Beweis entsprechender Hinweise dienen.

4 Abs 4 verpflichtet das Gericht, über die wesentlichen Vorgänge eines Termins (§ 32) oder einer persönlichen Anhörung von Beteiligten (§§ 33, 34) einen Vermerk anzufertigen. Dies entspricht der für den Freibeweis vorgesehenen Pflicht nach § 29 Abs 3 (§ 29 Rz 48). Abs 4 regelt nur die Mindestanforderungen, die an den Vermerk zu stellen sind und billigt dem Gericht insoweit erheblichen Freiraum zu. Die Bestimmungen über das Protokoll gem §§ 159 ff ZPO hat der Gesetzgeber bewusst nicht übernommen, um auch hier die Flexibilität des freiwilligen Gerichtsbarkeitsverfahrens zu erhalten (Begr RegE BTDrs 16/6308, 187).

B. Hinwirkung des Gerichts auf vollständigen, rechtzeitigen Tatsachenvortrag der Beteiligten (Abs 1 Satz 1)

5 Das Gericht hat nach Abs 1 darauf hinzuwirken, dass die Beteiligten sich rechtzeitig über alle relevanten Tatsachen erklären; bei ungenügenden tatsächlichen Angaben hat es auf eine Ergänzung hinzuwirken.

6 Eine solche Verpflichtung des Gerichts wurde nach altem Recht bereits als Ausprägung und Konkretisierung aus der umfassenden Verpflichtung zur Aufklärung des Sachverhalts von Amts wegen hergeleitet (vgl KKW/*Schmidt* § 12 FGG Rn 120). Im Vergleich zum Zivilprozess ist die Verantwortung des Gerichts in der freiwilligen Gerichtsbarkeit für die Feststellung des entscheidungsrelevanten Sachverhalts deutlich höher. Das Gericht ist nach dem Amtsermittlungsgrundsatz für die Ermittlung und Feststellung des entscheidungserheblichen Sachverhalts verantwortlich. Dabei ist es allerdings auf die Mitwirkung der Beteiligten, insbesondere auch auf deren Tatsachenvortrag angewiesen, der Anknüpfungspunkt für weitere Ermittlungen ist oder sein kann und regelmäßig eine Grundlage der Tatsachenfeststellung ist. Die Hinwirkungspflicht dürfte jedoch auch Gebot einer fairen Verfahrensgestaltung und zur Gewährleistung effektiven rechtlichen Gehörs der Beteiligten erforderlich sein. Sie korrespondiert mit der in § 27 geregelten Pflicht der Beteiligten, bei der Ermittlung des Sachverhalts mitzuwirken.

7 Eine **Hinwirkungspflicht** des Gerichts kann sich ergeben **hinsichtlich sämtlicher erheblicher Tatsachen.** Es muss sich also um tatsächliche Umstände handeln, auf die es nach den für die konkrete Entscheidung anwendbaren Vorschriften ankommt oder zumindest ankommen kann.

8 Die Hinwirkungspflicht greift ein **bei gänzlich fehlendem, aber auch bei unvollständigem, unverständlichem oder widersprüchlichem Tatsachenvortrag** eines Beteiligten zu entscheidungserheblichen tatsächlichen Umständen.

9 Das Gericht wird seine Hinwirkungspflicht durch **Hinweise und Auflagen an die betreffenden Beteiligten** erfüllen, zu den bestimmten relevanten Punkten Tatsachen vorzutragen, Tatsachenvortrag klarzustellen oder zu ergänzen. Auch durch Auflagen, ggf Beweismittel zu benennen, kann das Gericht auf eine Mitwirkung der Beteiligten an der Sachverhaltsfeststellung hinwirken. Nach entsprechendem Hinweis muss den Beteiligten stets ein hinreichender Zeitraum eingeräumt werden, um auf den Hinweis reagieren und ergänzend vortragen zu können.

10 Die Hinwirkungspflicht des Gerichts bezieht sich auch auf die **Rechtzeitigkeit des Tatsachenvortrags** der Beteiligten. Damit soll der Verfahrensbeschleunigung gedient werden. Das Gericht wird dem dadurch nachzukommen haben, dass es den Beteiligten für entsprechenden Tatsachenvortrag Fristen setzt, die dem Beschleunigungsbedürfnis Rechnung tragen, aber den Beteiligten die nach den Umständen des konkreten Falls ausreichende, angemessene Zeit für entsprechenden Tatsachenvortrag lassen. Nach Frist-

ablauf wird das Verfahren weiter zu fördern und ggf eine Entscheidung zu erlassen sein. Eine Zurückweisung von nicht fristgerechtem Vortrag eines Beteiligten kommt nicht in Betracht (vgl zum alten Recht BVerfG NJW 1988, 1963; *Bassenge*/Roth § 12 FGG Rn 1; KKW/*Schmidt* § 12 Rn 159). Auch das FamFG sieht – wie bereits das FGG – eine den Vorschriften der ZPO (§§ 296, 296a ZPO) entsprechende Regelung über die Sanktionierung verspäteten Vorbringens der Beteiligten nicht vor.

Hinwirkungs- und Hinweispflichten obliegen dem Gericht, bei einem Kollegialgericht **11** also dem gesamten Spruchkörper.

C. Pflicht des Gerichts zu Hinweisen auf rechtliche Gesichtspunkte

I. Hinweispflicht bei anders beurteilten rechtlichen Gesichtspunkten (Abs 1 Satz 2)

Nach Abs 1 Satz 2 ist das Gericht verpflichtet, die Beteiligten auf einen entscheidungs- **12** erheblichen rechtlichen Gesichtspunkt hinzuweisen, den es anders beurteilt als die Beteiligten. Nach einem Hinweis muss den Beteiligten sodann hinreichend Gelegenheit zur Reaktion hierauf und zu ggf ergänzendem Vortrag gegeben werden. Diese Regelung dient der Gewährleistung des rechtlichen Gehörs der Beteiligten und soll diese vor Überraschungsentscheidungen des Gerichts schützen.

Diese Hinweispflicht auf rechtliche Gesichtspunkte hat nach dem Wortlaut der Rege- **13** lung einen nur begrenzten Anwendungsbereich. Sie greift nur ein bei einer Divergenz zwischen der Rechtsauffassung des Gerichts, die der anstehenden Entscheidung zugrunde gelegt werden soll, und der erkennbar gewordenen Auffassung der Beteiligten. Dazu ist erforderlich, dass eine abweichende Rechtsauffassung von den Beteiligten zu einer entscheidungserheblichen Frage im Verfahren geltend gemacht worden und erkennbar geworden ist. Die Hinweispflicht greift danach nicht ein, wenn zu der betreffenden entscheidungserheblichen Frage in dem Verfahren kein Beteiligter eine bestimmte Rechtsauffassung vertreten hat oder wenn die Beteiligten zu der Frage bereits kontroverse Rechtsauffassungen vertreten haben und das Gericht sich in der Entscheidung einer dieser Auffassungen anschließt (vgl dazu RegE BTDrs 16/6308, 187). Jedenfalls im letztgenannten Fall kann die Entscheidung des Gerichts für die Beteiligten keine Überraschung sein. Wenn die erforderliche Divergenz vorliegt, kommt es nicht darauf an, worauf diese beruht, ob das Gericht zB eine von den Beteiligten nicht in Betracht gezogene Rechtsnorm anwenden, es den Sachverhalt anders auslegen oder werten oder etwa von einer bisherigen (gefestigten) Rspr abweichen will.

II. Hinweispflicht bei von den Beteiligten übersehenen rechtlichen Gesichtspunkten

Es fragt sich, ob über den vom Wortlaut des Abs 1 Satz 2 erfassten Anwendungsbereich **14** hinaus rechtliche Hinweispflichten des Gerichts bestehen, auch wenn eine Divergenz in dem oben dargestellten Sinn nicht konkret festzustellen ist. Es fällt auf, dass die hier behandelte Regelung jedenfalls mit ihrem Wortlaut hinter der im Zivilprozess geltenden Regelung des § 139 Abs 2 ZPO zurückbleibt, die das Gericht verpflichtet, auf jeden entscheidungserheblichen rechtlichen Gesichtspunkt hinzuweisen, den eine Partei übersehen oder für unerheblich gehalten hat, soweit nicht nur eine Nebenforderung betroffen ist. Denkbar ist, dass eine Divergenz zwischen der vom Gericht zugrunde gelegten Rechtsauffassung und der Auffassung der Beteiligten nicht (positiv) feststellbar ist, weil die Beteiligten bereits den für das Gericht entscheidungserheblichen rechtlichen Gesichtspunkt nicht erkannt und sich deshalb hierzu nicht geäußert haben. Auch bei einer solchen Fallgestaltung muss eine Hinweispflicht des Gerichts angenommen werden (ebenso im Erg Keidel/*Sternal* § 28 FamFG Rn 8, 11; *Prütting*/Helms § 28 FamFG Rn 9). Dies ist notwendig, um das vom Gesetzgeber auch im Rahmen des FamFG angestrebte

Ziel zu erreichen, Überraschungsentscheidungen des Gerichts zu vermeiden und in effektiver Weise den Beteiligten rechtliches Gehör zu gewähren. Letzteres erfordert auch, dass den Beteiligten Gelegenheit gegeben worden ist, zu entscheidungserheblichen rechtlichen Gesichtspunkten Stellung zu nehmen, die sie zunächst erkennbar übersehen haben. Auch die Verpflichtung des Gerichts aus Abs 1 Satz 1, auf eine vollständige Erklärung zu entscheidungsrelevanten Tatsachen hinzuwirken, dürfte es regelmäßig erfordern, die Beteiligten auf nicht erkannte rechtliche Gesichtspunkte hinzuweisen, weil diese evtl für ergänzenden Tatsachenvortrag relevant sein könnten. Danach spricht einiges dafür, über die – gemessen am Regelungsziel – lückenhaft erscheinende Vorschrift des Abs 1 Satz 2 hinaus weitergehende Pflichten des Gerichts zu rechtlichen Hinweisen anzunehmen. Dazu könnte – wie nach altem Recht (vgl Bumiller/Winkler § 12 Rn 67; KKW/*Schmidt* § 12 FGG Rn 120; Jansen/*Briesemeister* § 12 FGG Rn 10 f) – weiterhin § 139 Abs 2 ZPO analog anzuwenden sein; alternativ käme eine extensive Auslegung des Abs 1 in Betracht.

III. Erörterung der Sach- und Rechtslage mit den Beteiligten

15 Weiterhin dürfte auch eine analoge Anwendung der Regelung des § 139 Abs 1 Satz 1 ZPO in Erwägung zu ziehen sein, die eine Erörterung des Sach- und Streitverhältnisses nach der tatsächlichen und rechtlichen Seite mit den Parteien vorsieht, soweit dies erforderlich erscheint. Jedenfalls dann, wenn das Gericht einen Verhandlungstermin nach § 32 für geboten oder zweckmäßig hält, wird die Sach- und Rechtslage auch in Verfahren der freiwilligen Gerichtsbarkeit – soweit es erforderlich ist – umfassend mit den Beteiligten zu erörtern sein. Dafür besteht hier ein entsprechendes Bedürfnis wie im Streitverfahren des Zivilprozesses.

D. Besondere Hinwirkungspflichten in Antragsverfahren (Abs 2)

16 In Antragsverfahren hat das Gericht weiterhin darauf hinzuwirken, dass die Beteiligten sachdienlicher Anträge stellen und – evtl vom Gericht erkannte – Formfehler beseitigt werden. Diese Regelung entspricht im ersten Teil dem § 139 Abs 1 Satz 2 ZPO, der nach altem Recht analog angewandt worden ist (vgl KKW/*Schmidt* § 12 FGG Rn 57).

17 Die Verpflichtung zur **Hinwirkung auf sachdienliche Anträge** wird das Gericht zu erfüllen haben durch entsprechende Hinweise an die Beteiligten auf unzulässige, fehlerhafte oder unklare Anträge. Solche Hinweise sind den Beteiligten jedenfalls vor Zurückweisung bzw vor einer Verwerfung eines Antrags als unzulässig zu erteilen. Auch auf unzweckmäßige Anträge, die das erkennbare Verfahrensziel des betreffenden Beteiligten verfehlen, ist hinzuweisen. In Verbindung mit dem Hinweis ist dem Beteiligten Gelegenheit zu geben, notwendige Klarstellungen vorzunehmen und/oder seinen Antrag fehler- und bedenkenfrei zu formulieren. Auch bei der Umformulierung des Antrags hat das Gericht ggf durch entsprechende Hinweise behilflich zu sein; es hat bei erfolglosem Hinweis jedoch nicht selbst die Umformulierung des Antrags vorzunehmen (vgl für den Zivilprozess Musielak/*Stadler* § 139 ZPO Rn 10). Von der Hinwirkungspflicht des Gerichts nicht erfasst und nicht gedeckt wird die Anregung ganz neuer Anträge, die über das bisherige Vorbringen und Begehren des Beteiligten hinausgehen und anderen, zuvor nicht verfolgten Verfahrenszielen dienen (vgl Thomas/Putzo/*Reichold* § 139 ZPO Rn 10).

18 Das Gericht hat weiterhin – was als spezielle Konkretisierung einer Hinweis- und Fürsorgepflicht des Gerichts zu verstehen ist – auf die **Beseitigung von Formfehlern** hinzuwirken. Dies setzt voraus, dass der Formfehler noch beseitigt werden kann; ansonsten kommt allein ein Hinweis auf den Mangel und dessen Rechtsfolgen in Betracht.

19 Welche Arten von Mängeln der Gesetzgeber mit dem Begriff des »Formfehlers« erfassen wollte, lassen die Gesetzesmaterialien nicht erkennen. Der Begriff des Formfehlers dürfte nicht im engeren Sinne zu verstehen und nur auf die Antragstellung zu beziehen sein, sondern – entsprechend dem Bedürfnis nach richterlichen Hinweisen – weit zu

verstehen sein und alle formellen Mängel erfassen, bei denen eine Beseitigung noch möglich ist. Zu denken ist etwa an Anträge und Erklärungen, die der Form des § 25 nicht entsprechen, an Mängel bei elektronischen Dokumenten gem §§ 14 Abs 2, 130a Abs 1 ZPO oder formellen Mängeln einer vorgelegten Verfahrensvollmacht.

Das Gericht hat das ihm nach den konkreten Umständen Mögliche und Zumutbare 20 zu tun, um auf eine (noch rechtzeitige) Beseitigung des Formfehlers hinzuwirken; dies kann im Einzelfall – etwa bei drohendem Fristablauf – sofortiges Handeln des Gerichts unter Einsatz schneller Kommunikationsmittel (Telefon, Fax, evtl elektronischer Kommunikation) erfordern.

E. Zeitpunkt der Hinweise des Gerichts (Abs 3)

Gerichtliche Hinweise, wie sie nach Abs 1 und 2 erforderlich sind, sollen vom Gericht so 21 früh wie möglich gegeben werden. Dies entspricht der für den Zivilprozess geltenden Regelung in § 139 Abs 4 Satz 1 ZPO und soll der Verfahrensbeschleunigung dienen (vgl RegE BTDrs 16/6308, 187). Durch diese Gesetzesregelung wird das Gericht zumindest angehalten, entsprechende Hinweise möglichst früh zu erteilen, auch wenn der objektiv frühest mögliche Zeitpunkt (nach Eingang des Antrags/Schriftsatzes) vielfach nicht eingehalten wird. Das Gericht sollte es danach jedenfalls vermeiden, notwendige Hinweise erst in einem anberaumten Verhandlungstermin (§ 32) oder anderweitig erst unmittelbar vor der anstehenden Entscheidung zu erteilen. Bei solch verspäteten Hinweisen muss den Beteiligten jedenfalls noch die Möglichkeit erhalten bleiben bzw eingeräumt werden, innerhalb angemessener, noch ausreichender Zeit auf den gerichtlichen Hinweis zu reagieren.

F. Dokumentationspflicht hinsichtlich erteilter Hinweise (Abs 3)

Nach Abs 3 sind Hinweise des Gerichts aktenkundig zu machen. Diese Regelung ent- 22 spricht dem § 139 Abs 4 Satz 1 ZPO (die Beweisregelung der nachfolgenden Sätze 2 und 3 dieser Vorschrift sind nicht in Abs 3 übernommen worden). Sie bezweckt – wie § 139 Abs 4 ZPO – den Nachweis für die Erteilung entsprechender Hinweise zu sichern und ist insbesondere für eine Überprüfung in der Rechtsmittelinstanz von Bedeutung.

Die in Abs 3 angeordnete Dokumentationspflicht erfasst in ihrer **Reichweite** sowohl 23 Maßnahmen des Gerichts, mit denen Hinwirkungspflichten nach Abs 1 Satz 1 und Abs 2 erfüllt werden sollen, als auch Hinweise nach Abs 1 Satz 2 (vgl RegE BTDrs 16/6308, 187). Auch bei Annahme einer weitergehenden Hinweispflicht des Gerichts (oben Rz 14) ist eine entsprechende Dokumentationspflicht anzunehmen.

Gesetzliche Regelungen zu **Art und Weise der Dokumentation** finden sich nicht. Die 24 Art der Dokumentation dürfte davon abhängen, in welcher Weise der Hinweis bzw die Hinwirkungsmaßnahme erfolgt. Geschieht dies durch Verfügung oder Beschluss des Gerichts, genügt es, dass diese zu den Akten gelangen. Bei fernmündlich (oder evtl mündlich) erteilten Hinweisen wird ein Aktenvermerk zu fertigen sein. Dieser ist den übrigen Beteiligten, die nicht Adressat des Hinweises gewesen sind, zur Kenntnis zu bringen. Wird der Hinweis erst in einem Termin nach § 32 oder im Rahmen einer persönlichen Anhörung eines Beteiligten nach § 34 gegeben, ist er in dem nach Abs 4 anzufertigenden Vermerk zu dokumentieren und den Beteiligten zur Kenntnis zu übersenden. Ist eine Dokumentation des Hinweises zunächst versehentlich unterblieben, so kann sie nach hM im Zivilprozess ausnahmsweise noch im Tatbestand des Urteils oder im Rahmen tatsächlicher Feststellungen in den Entscheidungsgründen nachgeholt werden (vgl BGH NJW 2006, 60, 62; Musielak/*Stadler* § 139 Rn 27). Gleiches sollte auch im Bereich der freiwilligen Gerichtsbarkeit gelten, wenn die Dokumentation versehentlich unterblieben ist und dieses sowie die Erteilung des Hinweises in der abschließenden Entscheidung festgehalten wird.

25 Wenn der Hinweis nicht in einer Verfügung oder einem Beschluss zu den Akten gelangt, sondern anderweitig aktenkundig gemacht wird, wird regelmäßig nicht der genaue Wortlaut des Hinweises aufgenommen, sondern nur die Tatsache der Erteilung eines bestimmten Hinweises. Der Inhalt des Hinweises muss dabei allerdings so konkretisiert werden, dass sein Gegenstand, der rechtliche oder tatsächliche Gesichtspunkt, um den es ging, hinreichend erkennbar wird (vgl Thomas/Putzo/*Reichold* § 139 Rn 30).

G. Rechtsfolgen der Verletzung der Hinwirkungs-, Hinweis- und Dokumentationspflicht

26 Zu den Rechtsfolgen der Verletzung der Dokumentationspflicht findet sich – anders als in § 139 Abs 4 ZPO – im Gesetz keine Regelung. § 139 Abs 4 Satz 2 und 3 sehen vor, dass die Erteilung von Hinweisen nur durch den Inhalt der Akten bewiesen werden kann und gegen den Inhalt der Akte nur der Nachweis der Fälschung zulässig ist. Der Gesetzgeber hat zwar die Dokumentationspflicht aus § 139 Abs 4 ZPO, nicht aber die genannte, in dieser Vorschrift enthaltene Beweisregel ins FamFG übernommen. Dies spricht dafür, dass die Beweisregel hier nicht anwendbar sein sollte. Das Fehlen eines entsprechenden Vermerks über erteilte Hinweise wird danach frei zu würdigen sein; auch im Rahmen freier Beweiswürdigung wird jedoch im Regelfall das Fehlen einer entsprechenden Dokumentation dafür sprechen, dass ein Hinweis tatsächlich nicht erteilt worden ist bzw Hinwirkungsmaßnahmen unterblieben sind.

27 Die Verletzung einer Hinwirkungs- oder Hinweispflicht stellt einen Verfahrensverstoß und mithin eine Rechtsverletzung des Gerichts dar. Wenn – wie nach altem Recht (vgl KKW/*Schmidt* § 12 FGG Rn 120) – Hinwirkungs- und Hinweispflichten aus dem Grundsatz der Amtsermittlung abgeleitet werden, muss auch eine Verletzung der Amtsermittlungspflicht des Gerichts angenommen werden. Die darin liegende Rechtsverletzung kann ggf im Rahmen eines Rechtsmittels mit Erfolg geltend gemacht werden. In der Beschwerdeinstanz wird allerdings regelmäßig die erforderliche, aber in erster Instanz unterbliebene Sachaufklärung noch nachgeholt werden können. Eine Verletzung der Hinwirkungs- oder Hinweispflicht kann zu einem Erfolg der Rechtsbeschwerde führen, wenn die angefochtene Entscheidung auf der insoweit gerügten Verfahrensrechtsverletzung beruht oder zumindest beruhen kann (vgl § 72 Rz 20). Für eine insoweit erfolgreiche Verfahrensrüge wird der Beschwerdeführer darzulegen haben, was bei Erteilung eines entsprechenden Hinweises (oder bei einer entsprechenden Hinwirkungshandlung) noch an relevanten Tatsachen vorgetragen worden wäre (vgl Jansen/*Briesemeister* § 12 FGG Rn 12).

H. Vermerk über Termine und persönliche Anhörungen von Beteiligten (Abs 4)

I. Zweck

28 Nach Abs 4 ist das Gericht verpflichtet, über einen Termin (§ 32) oder eine persönliche Anhörung eines Beteiligten (§ 34) einen Vermerk zu fertigen, der die wesentlichen Vorgänge des Termins oder der persönlichen Anhörung wiedergibt. Dieser Vermerk soll dazu dienen, die Beteiligten (insbesondere auch die bei dem Termin oder der Beteiligtenanhörung nicht anwesenden) über die Ergebnisse eines Termins oder einer Anhörung zu informieren, damit sie sich in ihrem weiteren Verfahrensverhalten hierauf einstellen können und es ihnen erleichtert wird, zu den Ergebnissen des Termins sowie der Anhörung – im Rahmen der Gewährung rechtlichen Gehörs – Stellung zu nehmen. Ein weiterer Zweck des Vermerks besteht darin, dem Beschwerdegericht die Entscheidung nach § 68 Abs 3 Satz 2 zu erleichtern, ob und inwieweit eine Wiederholung des dokumentier-

ten Verfahrensschritts angezeigt ist oder hiervon abgesehen werden kann (zur Funktion des Vermerks vgl RegE BTDrs 16/6308, 187).

Dem Vermerk kommt danach die Funktion eines Protokolls gem §§ 159f ZPO zu. Die **29** entsprechenden formalen Regelungen des Protokolls hat der Gesetzgeber jedoch nicht übernommen, um auch in diesem Punkt die Flexibilität des fG-Verfahrens zu erhalten (vgl RegE BTDrs 16/6308, 187).

II. Voraussetzungen der Anfertigung

Ein Vermerk nach Abs 4 ist anzufertigen für einen Erörterungstermin nach § 32, in dem **30** das Gericht die Sache in Anwesenheit der Beteiligten erörtert. Auch bei einer förmlichen Beweisaufnahme (§ 30), für die der Grundsatz der Partei- bzw Beteiligtenöffentlichkeit gilt (vgl § 30 Rz 27) und die grundsätzlich in Anwesenheit der Beteiligten stattfindet, besteht – auch wenn sie nicht im Zusammenhang mit einem Erörterungstermin stattfindet – die für den Termin geltende Protokollierungspflicht nach Abs 4 (vgl RegE BTDrs 16/6308, 187). Bei einer Beweisaufnahme im Wege des Freibeweises gilt dies nicht; deren Ergebnisse sind aber nach § 29 Abs 3 aktenkundig zu machen. Die Anhörung der Beteiligten erfolgt meist im Rahmen eines Erörterungstermins nach § 32. Aber auch bei einer isolierten Anhörung von Beteiligten sind die Ergebnisse nach Abs 4 in einem Vermerk festzuhalten.

Die Herstellung des Vermerks haben die für das Verfahren funktionell zuständigen **31** Gerichtspersonen zu veranlassen; dies kann ggf der Rechtspfleger sein.

III. Inhalt und Form des Vermerks

Hinsichtlich des **Inhalts** des Vermerks gibt Abs 4 lediglich vor, dass er die wesentlichen **32** Vorgänge des Termins und der persönlichen Anhörung enthalten muss. Weitere konkretisierende Vorgaben finden sich im Gesetz nicht. Es wird Aufgabe der Rspr sein, Grundsätze zur entsprechenden Konkretisierung zu entwickeln. Entsprechend der Protokollierungsfunktion des Vermerks werden jedenfalls Angaben erforderlich sein zu den anwesenden Personen, Zeit und Ort der Anhörung oder des Termins sowie zu den wesentlichen, für die Entscheidung relevanten Verfahrenshandlungen. Entsprechend dem oben dargestellten Zweck des Vermerks werden auch Tatsachenfeststellungen, etwa die Aussagen vernommener Zeugen oder Sachverständiger oder Wahrnehmungen des Gerichts sowie der anwesenden Beteiligten (zB von Augenscheinsobjekten), in ihrem wesentlichen, entscheidungsrelevanten Inhalt festzuhalten sein. Nur so dürfte die oben angesprochene Information der Verfahrensbeteiligten mit dem Ziel, ihnen die Stellungnahme zu allen die Entscheidung tragenden Tatsachen und Beweisergebnisse zu ermöglichen oder jedenfalls zu erleichtern (vgl dazu § 37 Abs 2), sowie die Überprüfungsmöglichkeit des Beschwerdegerichts hinreichend gewährleistet sein. Zur Dokumentation von im Termin bzw der Anhörung gegebenen gerichtlichen Hinweisen vgl Rz 22 f).

Hinsichtlich der **Form des Vermerks** ist dem Gericht weit gehender Freiraum gelas- **33** sen. Es kann sich auf eine Stichwortzusammenfassung des Verlaufs des Termins beschränken, aber auch einen Vermerk in der Form eines ausführlichen Protokolls in Anlehnung an §§ 159 ff ZPO erstellen. Es ist nicht erforderlich, dass der Vermerk – wie ein Protokoll – im Termin oder bei der Anhörung in Gegenwart der Beteiligten angefertigt (diktiert) wird. Da die Formalien eines Protokolls nicht einzuhalten sind, kann der Vermerk vom Gericht auch erst nach dem Termin oder der Anhörung angefertigt werden. Dies kann hilfreich sein, da das Gericht sich dann mehr auf die Verhandlungsleitung im Termin mit evtl Beweisaufnahme oder die Beteiligtenanhörung konzentrieren kann (zu solchen Erwägungen vgl BTDrs 16/6308, 406). In Abweichung vom RegE (BTDrs 16/6308, 406) eröffnet Abs 4 auch die Möglichkeit, dass das Gericht in Einzelfällen für die Niederschrift des Vermerks einen Urkundsbeamten der Geschäftsstelle hinzuzieht. Hierfür müssen allerdings – dies entspricht inhaltlich der Regelung über die Protokollaufnahme in § 159 Abs 1 ZPO – vom Regelfall abweichende besondere Umstände vorliegen. Die Hinzuziehung des Urkundsbeamten kann danach gerechtfertigt sein aufgrund des zu erwartenden Umfangs des Vermerks, in Anbetracht der Schwierigkeit der Sache oder aus einem sonstigen wichtigen Grund. Diese Voraussetzungen eines Ausnahmefalles hat das Gericht (der Richter/Rechtspfleger) pflichtgemäß zu prüfen; es entscheidet hierüber verbindlich (nicht die Justizverwaltung; vgl Musielak/*Stadler* § 159 ZPO Rn 7).

34 Der Vermerk kann schließlich auch als elektronisches Dokument nach §§ 14 Abs 3, 130b, 298 ZPO erstellt werden, soweit die Voraussetzungen für den elektronischen Rechtsverkehr erfüllt sind.

§ 29 Beweiserhebung

(1) Das Gericht erhebt die erforderlichen Beweise in geeigneter Form. Es ist hierbei an das Vorbringen der Beteiligten nicht gebunden.

(2) Die Vorschriften der Zivilprozessordnung über die Vernehmung bei Amtsverschwiegenheit und das Recht zur Zeugnisverweigerung gelten für die Befragung von Auskunftspersonen entsprechend.

(3) Das Gericht hat die Ergebnisse der Beweiserhebung aktenkundig zu machen.

Übersicht

	Rz		Rz
A. Überblick	1	E. Amtsverschwiegenheit und Zeugnisverweigerungsrechte als allgemeine Schranken jeder zulässigen Beweisaufnahme (Abs 2)	27
B. Grundsätze des Freibeweises (Abs 1)	6		
I. Zulässigkeit des Freibeweises	6		
II. Mittel und Grundsätze des Freibeweises	8	I. Amtsverschwiegenheit	28
1. Mittel des Freibeweises	8	1. Anwendungsbereich	28
2. Grundsätze des Verfahrens	10	2. Persönlicher Geltungsbereich	29
C. Anwendungs- und Befugnisgrenzen des Freibeweises	14	3. Inhalt und Umfang der Verschwiegenheitspflicht	30
D. Umfang der Beweisaufnahme	16	4. Rechtsfolgen der Amtsverschwiegenheit und einer Verletzung	31
I. Bestimmung des Umfangs der Beweisaufnahme nach pflichtgemäßem Ermessen des Gerichts	16	II. Zeugnisverweigerungsrechte	36
II. Behandlung von Beweisanträgen der Beteiligten	17	1. Bedeutung	36
1. Berücksichtigung und Nichtberücksichtigung von Beweisanträgen (Beweisanregungen) der Beteiligten	17	2. (Persönlicher) Anwendungsbereich	37
2. Begründung für die Nichtberücksichtigung von Beweisanträgen	22	3. Verfahren bei Zeugnisverweigerungsrechten	43
3. Rechtsfolgen fehlerhaft unberücksichtigter Beweisanträge	25	F. Dokumentationspflicht des Gerichts (Abs 3)	48
		G. Analoge Anwendung weiterer Vorschriften der ZPO?	54

A. Überblick

Das FamFG hält bei der Aufklärung des Sachverhalts an dem nach bisherigem Recht **1** geltenden Grundsatz des Freibeweises fest (Abs 1) und lässt dem Gericht einen gewissen Ermessensspielraum bei der Durchführung der Beweisaufnahme und der dabei einzusetzenden Mittel, um das Verfahren so flexibel wie möglich zu gestalten. Die §§ 29f geben nunmehr jedoch durch Reglementierung und Konkretisierung einen normativen Rahmen für die Beweiserhebung vor und setzen entsprechende Ermessensgrenzen für das Gericht.

    Die **§§ 29, 30 sind anwendbar** auf **alle von § 1 erfassten Verfahren**, zu beachten sind jedoch vorhandene **Bereichsausnahmen (für Ehesachen und Familienstreitsachen nach § 113 Abs 1)** und **vorrangige Spezialregelungen** (etwa für Landwirtschaftssachen in § 15 LwVG).

    Wenn eine besondere Richtigkeitsgewähr der Tatsachenfeststellung erforderlich er- **2** scheint, verlangt das Gesetz, etwa in Betreuungs- und Abstammungsverfahren, eine förmliche Beweisaufnahme. Diese wird auch verlangt, wenn eine Tatsache für die zu treffende Entscheidung von maßgebender Bedeutung ist und sie im Freibeweisverfahren streitig geblieben ist (§ 30 Abs 3).

    Die im Regierungsentwurf zunächst vorgesehene Regelung über ein Beweisantrags- **3** recht der Beteiligten, die Verpflichtung des Gerichts, diese Beweisanträge der Beteiligten zu bescheiden und dies spätestens in der instanzbeendenden Entscheidung zu begründen, ist nach Sachverständigenanhörung auf Vorschlag des Rechtsausschusses gestrichen worden; das Verfahren nach dem FamFG sollte mit einem förmlichen Beweisantragsrecht nicht stärker formalisiert werden (mit dem Risiko von evtl Verfahrensverzögerungen) als der Zivilprozess, der eine entsprechende Regelung nicht kennt (vgl BTDrs 16/9733, 354).

4 Auch bei formloser Beweiserhebung im Rahmen des Freibeweises hat das Gericht gewisse Grundregeln der Beweisaufnahme zu beachten. So ordnet Abs 2 an, dass die Amtsverschwiegenheit in entsprechender Anwendung des § 376 ZPO zu respektieren und das Recht zur Zeugnis- und Auskunftsverweigerung gemäß §§ 383 bis 390 ZPO anwendbar ist.

5 Abs 3 sieht – auch für eine formlose Beweisaufnahme im Rahmen des Freibeweises – vor, dass das Gericht die Ergebnisse in den Akten zu dokumentieren hat.

B. Grundsätze des Freibeweises (Abs 1)

I. Zulässigkeit des Freibeweises

6 Soweit die allgemeinen Vorschriften zur Anwendung kommen und nicht durch Sonderregelungen verdrängt werden (zB § 113 Abs 1) und weiterhin auch keine Ausnahme nach § 30 Abs 2, 3 eingreift, gilt der Grundsatz des Freibeweises (zu diesem Grundsatz im bisher geltenden Recht vgl zB Jansen/*Briesemeister* § 12 FGG Rn 50 ff; KKW/*Schmidt* § 12 FGG Rn 195 ff; *Wütz* Freibeweis, 14 ff). Das Gericht ist danach befugt, die für erforderlich gehaltenen Beweise in der ihm geeignet erscheinenden Form zu erheben, ohne dabei an förmliche Regeln oder bestimmte Beweismittel gebunden zu sein.

7 Das Gericht kann grundsätzliche weiterhin – wie nach bisherigem Recht (s zB BGHZ 39, 110, 114; KKW/*Schmidt* § 15 FGG Rn 3) – nach pflichtgemäßem Ermessen zwischen Frei- und Strengbeweis wählen (vgl dazu auch § 30 Rz 2 ff).

II. Mittel und Grundsätze des Freibeweises

1. Mittel des Freibeweises

8 Das Gericht kann sich dann nicht nur der klassischen Beweismittel bedienen, wie sie in §§ 371 ff ZPO vorgesehen sind (Augenschein, Zeugen- und Sachverständigenbeweis, Urkunden, Parteivernehmung), sondern auch alle sonstigen in Betracht kommenden legalen Mittel einsetzen, wie etwa die telefonische Befragung von Auskunftspersonen, die persönliche Anhörung von Beteiligten oder dritten Personen, die Beiziehung von Akten anderer Gerichte und Behörden sowie die Verwertung der darin enthaltenen Beweismittel, zB von in anderen Verfahren eingeholten Gutachten, die informelle Einholung schriftlicher Auskünfte, die Beiziehung von (unbeglaubigten) Fotokopien, die Berücksichtigung von Privatgutachten, E-Mails, Lichtbildern, schriftlichen Bestätigungen dritter Personen und von Beteiligten beigebrachte Erklärungen und Stellungnahmen von Behörden.

9 Eine vollständige Aufzählung oder gar abschließende Benennung der im Freibeweis zulässigen Beweismittel ist kaum möglich. Eine solche abschließende Festlegung enthält das Gesetz nicht. Hiervon hat der Gesetzgeber bewusst abgesehen, um den Charakter des Freibeweises als flexibles Erkenntnisinstrument zu wahren; die Flexibilität der Beweiserhebung soll ungeschmälert erhalten bleiben, um dem Gericht im Verfahren der freiwilligen Gerichtsbarkeit ein zügiges, unkompliziertes und effizientes Arbeiten zu ermöglichen (s RegE BTDrs 16/6308, 188).

2. Grundsätze des Verfahrens

10 Auch in der Gestaltung des Verfahrens ist dem Gericht erhebliches Ermessen eingeräumt.

Im Bereich des Freibeweises gilt der in § 355 Abs 1 ZPO enthaltene **Grundsatz der** 11 **Unmittelbarkeit der Beweisaufnahme** nicht (OLG München FamRZ 2008, 2047, 2048; abl *Wütz* Freibeweis, 90 f). Danach können formlose Ermittlungen auch vom Berichterstatter oder einem anderen beauftragten Richter angeordnet und durchgeführt werden (vgl BayObLG FamRZ 1965, 152, 153; Jansen/*von König* § 15 FGG Rn 7).

Der **Grundsatz der Parteiöffentlichkeit** bei der Beweisaufnahme, der stets die Mög- 12 lichkeit der unmittelbaren Einflussnahme der Parteien bzw der Beteiligten auf die Beweisaufnahme gewährleistet (zB durch Ausübung des Fragerechts), gilt im Bereich des Freibeweises ebenfalls nicht (vgl BayObLGZ 1963, 235, 240; KG NJW 1960, 486, 487; Jansen/*von König* § 15 FGG Rn 10; Keidel/*Sternal* § 29 FamFG Rn 23; krit *Wütz* Freibeweis, 76 ff); bei einem Teil der zuvor dargestellten Maßnahmen des Freibeweises ist die Herstellung der Parteiöffentlichkeit auch bereits aus tatsächlichen oder praktischen Gründen nicht möglich. Im Rahmen des eingeräumten Ermessens kann das Gericht den Beteiligten jedoch in der jeweils gebotenen Weise Möglichkeiten der Einflussnahme auf die Tatsachenfeststellung einräumen.

Rechtliches Gehör für die Beteiligten muss jedenfalls auch im Rahmen des Freibewei- 13 ses gewährleistet sein. Das Gericht wird den Beteiligten nach Beweiserhebung – unter Mitteilung einer vorläufigen Einschätzung des Ergebnisses der Würdigung der erhobenen Beweise – Gelegenheit geben, zum Ergebnis der im Freibeweis durchgeführten Beweisaufnahme Stellung zu nehmen. Nach § 37 Abs 2 darf das Gericht eine Entscheidung nur auf Tatsachen und Beweisergebnisse stützen, zu denen die Beteiligten sich vorher äußern konnten (vgl § 37 Rz 17 ff).

C. Anwendungs- und Befugnisgrenzen des Freibeweises

Die Befugnis des Gerichts, im Wege des Freibeweises vorzugehen, wird vor allem durch 14 die Regelungen in § 30 Abs 2 und 3 eingeschränkt (vgl § 30 Rz 9 ff).

Im Rahmen des zulässigen Freibeweises stehen dem Gericht im Rahmen flexiblen Vor- 15 gehens weitgehende Möglichkeiten der Beweiserhebung offen. Es hat jedoch die Schranken zu beachten, die für jede Beweisaufnahme nach dem FamFG gelten. Zu nennen sind hier insbesondere – worauf unten einzugehen ist – die Amtsverschwiegenheit und die Zeugnis- und Auskunftsverweigerungsrechte von Auskunftspersonen. Die Beweiserhebung darf nicht unzulässig in Rechte der Beteiligten oder Dritter, insbesondere Persönlichkeitsrechte, eingreifen, was etwa bei der Beschaffung von personenbezogenen Daten zu beachten ist. Weitergehende Eingriffsbefugnisse, die über das hinausgehen, was die gesetzlich geregelte (förmliche) Beweisaufnahme vorsieht, werden auch durch den Freibeweis nicht eröffnet. Teilweise bleiben die gerichtlichen Befugnisse im Rahmen des Freibeweises sogar hinter denen bei der förmlichen Beweisaufnahme zurück. So hat der Gesetzgeber es bei der bisherigen Rechtslage belassen, dass beim Freibeweis die Verhängung von Ordnungs- und Zwangsmitteln zur Erzwingung des Erscheinens vor Gericht und zur Herbeiführung einer Aussage nicht zulässig ist (vgl zur bisherigen Rechtslage Jansen/*Briesemeister* § 12 FGG Rn 89 ff). Auch schriftliche Auskünfte, die Anfertigung oder Vorlage von Gutachten können hier nicht erzwungen werden. Die notwendige gesetzliche Grundlage für entsprechende Zwangsmaßnahmen im Freibeweisverfahren fehlt; sie kann insbesondere auch nicht in § 26 (vormals § 12 FGG) gesehen werden (Jansen/*Briesemeister* § 12 FGG Rn 89). Wenn die entsprechende Mitwirkung abgelehnt wird, etwa die Auskunftsperson sich weigert, die erbetene Auskunft zu erteilen, scheiden Ordnungs- und Zwangsmaßnahmen aus. Für das Gericht bleibt dann nur die Möglichkeit, in das Verfahren des (zwangsmittelbewehrten) Strengbeweises überzugehen und etwa die Auskunftsperson als (sachverständigen) Zeugen zu laden oder einen Gutachter zur Erstattung des erforderlich erscheinenden Gutachtens zu bestellen (vgl RegE BTDrs 16/6308, 189).

D. Umfang der Beweisaufnahme

I. Bestimmung des Umfangs der Beweisaufnahme nach pflichtgemäßem Ermessen des Gerichts

16 Es liegt in der Konsequenz des Grundsatzes der Amtsermittlung (§ 26), dass das Gericht auch den Umfang der Beweiserhebung nach pflichtgemäßem Ermessen bestimmt. Dementsprechend sieht Abs 1 Satz 2 vor, dass das Gericht unabhängig vom Vorbringen der Beteiligten die Wahrheit hinsichtlich der entscheidungserheblichen Tatsachen zu ermitteln und zu diesem Zweck Beweis zu erheben hat. Es hat dabei alle für die vollständige Aufklärung des entscheidungsrelevanten Sachverhalts in Betracht kommenden und erforderlichen Beweise zu erheben (vgl BayObLGZ 1979, 232, 237). Es ist dabei – wie es auch dem bisherigen Recht entsprach (Jansen/*Briesemeister* § 12 FGG Rn 41 f) – nicht an ein Geständnis oder an Nichtbestreiten von Tatsachenbehauptungen eines Beteiligten gebunden. Der Umstand fehlenden Bestreitens wird jedoch vielfach ein gewichtiges Indiz für die Wahrheit der Tatsachenbehauptung sein und eine Beweisaufnahme entbehrlich erscheinen lassen. Aus Abs 1 Satz 2 folgt andererseits auch, dass das Gericht nicht zwingend einem Bestreiten oder einem Beweisantritt eines Beteiligten nachgehen muss, wenn es von der betreffenden Tatsache überzeugt ist und aufgrund der vorhandenen sonstigen Umstände diese für hinreichend bewiesen erachtet (vgl zum früheren Recht OLG Frankfurt OLGZ 1981, 391, 394; KKW/*Schmidt* § 12 FGG Rn 119). Vgl hierzu aber auch die Ausnahmen in § 30 Abs 2, 3.

II. Behandlung von Beweisanträgen der Beteiligten

1. Berücksichtigung und Nichtberücksichtigung von Beweisanträgen (Beweisanregungen) der Beteiligten

17 Schon im Hinblick auf die Gewährleistung rechtlichen Gehörs und die Behandlung der Beteiligten als Verfahrenssubjekt kommt den Beteiligten das Recht zu, durch Beweisantritte auf die Amtsermittlung des Gerichts Einfluss zu nehmen. Dies gilt für den gesamten Bereich der Amtsermittlung und insbesondere auch, soweit die Grundsätze des Freibeweises zur Anwendung kommen. Das Gericht hat, auch wenn – wie zuvor dargestellt – eine strenge Bindung an das Parteivorbringen nicht besteht, die Beweisantritte der Beteiligten im Rahmen des ihm eingeräumten pflichtgemäßen Ermessens bei der Verfahrensgestaltung und Beweiserhebung zu berücksichtigen. Einem Beweisantritt von Beteiligten, der sich auf eine entscheidungserhebliche Tatsache bezieht, wird grundsätzlich nachzugehen sein. Dies wird nämlich regelmäßig die aus § 26 folgende Pflicht des Gerichts erfordern, den entscheidungsrelevanten Sachverhalt vollständig aufzuklären.

18 Der Gesetzgeber hat bewusst darauf verzichtet, wie etwa im Strafprozess die Gründe, die eine Ablehnung eines Beweisantritts rechtfertigen können, im Gesetz im Einzelnen aufzuführen und bindend festzulegen, um das Verfahren der freiwilligen Gerichtsbarkeit weiterhin flexibel zu halten (vgl BTDrs 16/6308, 188). Auch von einer zunächst im Regierungsentwurf vorgesehenen förmlichen Bescheidung von Beweisanträgen der Beteiligten ist abgesehen worden (vgl BTDrs 16/9733, 354). Es ist danach davon auszugehen, dass die zum bisherigen Recht im Geltungsbereich der Amtsermittlung entwickelten und anerkannten Grundsätze weiterhin heranzuziehen sind, nach denen den Beweisanträgen bzw -anregungen der Beteiligten nicht stets nachzugehen ist.

19 So wird das Gericht – was sich von selbst versteht – solche von den Beteiligten angebotenen Beweise nicht erheben, die sich auf für die Entscheidung unerhebliche Tatsachen oder auf offenkundige und damit nicht beweisbedürftige Tatsachen beziehen. Nicht nachzugehen ist auch Beweisanträgen, die sich auf unerreichbare oder völlig ungeeignete Beweismittel beziehen (Jansen/*Briesemeister* § 12 FGG Rn 105). Gleiches gilt für unzulässige Beweismittel, die etwa durch unzulässige, rechtswidrige Maßnahmen gewonnen worden sind (zB durch gegen Persönlichkeitsrechte verstoßendes Abhören oder vom Gesprächspartner nicht genehmigtes Mithören eines Telefongesprächs seitens eines potenziellen Zeugen, vgl zu letzterem BVerfG NJW 2002, 3619; BGH NJW 2003, 1727). Unberücksichtigt bleiben kann auch ein Beweisantrag hinsichtlich einer Tatsache, die das Gericht als wahr unterstellen kann (vgl Jansen/*Briesemeister* § 12 FGG Rn 104); es muss sich dabei um eine Tatsache handeln, die zwar für sich erheblich sein könnte, in der Gesamtbetrachtung aber nicht entscheidungserheblich ist. Die Wahrunterstellung muss sich dabei auf die betreffende Tatsache beziehen, nicht dagegen auf das Beweisergebnis der beantragten Beweisaufnahme, etwa auf den Inhalt einer Aussage eines zu vernehmenden Zeugen. So dürfte es regelmäßig auf eine unzulässige Vorwegnahme der Beweiswürdigung hinauslaufen, wenn bei einem angebotenen oder angeregten Zeugenbeweis eine bestimmte Aussage des benannten Zeugen unterstellt wird und sodann die so unterstellte Aussage in die Beweiswürdigung einbezogen wird.

Das Gericht kann einen Beweisantritt eines Beteiligten ausnahmsweise auch unberücksichtigt lassen, wenn der Sachverhalt nach Beurteilung des Gerichts bereits vollständig aufgeklärt worden ist und von der beantragten Beweiserhebung ein sachdienliches, die Entscheidung beeinflussendes Ergebnis nicht mehr zu erwarten ist (vgl BayObLG NJW-RR 1991, 777, 778; Begründung RegE BTDrs 16/6308, 188). Dies muss aufgrund einer abschließenden Überzeugungsbildung des Gerichts feststehen, die alle beweiserheblichen Umstände einbezieht. Es besteht auch hier die Gefahr einer unzulässigen vorweggenommenen Beweiswürdigung auf der Grundlage einer unvollständigen Beweislage (vgl hierzu BayObLGZ 1997, 197, 205). Dies muss in jedem Fall vermieden werden. **20**

Unproblematisch ist insoweit die Zurückweisung eines Beweismittels, das für den Beweis der Tatsache angeboten wird, von der das Gericht bereits nach den bisher vorliegenden Umständen überzeugt ist und unter Berücksichtigung der Amtsermittlungspflicht aus § 26 in vertretbarer Weise überzeugt sein darf. Auch die Zurückweisung eines Beweisantritts für eine Indiztatsache, die für eine zu beweisende Haupttatsache nicht entscheidend ist oder aufgrund der sonstigen feststehenden Umständen nach Überzeugung des Gerichts bewiesen ist und durch den angebotenen Beweis nicht mehr in Frage gestellt wird, dürfte zulässig sein. Problematisch und regelmäßig unzulässig dürfte hingegen die Zurückweisung eines Beweisantrags sein, der ein bisher vorliegendes Beweisergebnis entkräften und zur Widerlegung der zu beweisenden und nach dem bisher vorliegenden Beweismaterial als bewiesen erscheinenden (Haupt-) Tatsache beitragen soll. Solches wird regelmäßig wiederum auf eine unzulässige Vorwegnahme der Beweiswürdigung hinauslaufen. Etwas anderes kann sich in seltenen Ausnahmefällen ergeben, wenn etwa ersichtlich ein Beweisantritt ins Blaue hinein vorliegt (vgl hierzu OLG Hamm FGPrax 2004, 49, 50; Jansen/*Briesemeister* § 12 FGG Rn 103) oder ein sonstiges missbräuchliches Vorgehen des betreffenden Beteiligten festzustellen ist. **21**

2. Begründung für die Nichtberücksichtigung von Beweisanträgen

Wenn das Gericht die Erhebung eines von einem Beteiligten angebotenen oder angeregten Beweises ablehnt, ist zwar nach Streichung der im Regierungsentwurf zunächst vorgesehenen Regelung über ein förmliches Beweisantragsrecht der Beteiligten eine formalisierte (Zwischen-) Entscheidung hierzu nicht erforderlich. Das Gericht wird sich jedoch mit den (ausdrücklichen) Beweisangeboten und -anregungen der Beteiligten in der abschließenden Entscheidung und der hierfür nach § 38 Abs 3 vorgesehenen Begründung auseinanderzusetzen haben. Aus der Begründung der Endentscheidung muss hinreichend erkennbar und nachzuvollziehen sein, warum dem betreffenden Beweisantritt des Beteiligten nicht nachgegangen worden ist. Hohe Anforderungen werden an diese Begründung nicht zu stellen sein. Es ist jedenfalls nicht erforderlich, dass jeder Beweisantritt gesondert abgehandelt wird. Soweit etwa der Beweisantritt sich auf unerhebliche Tatsachen bezieht, dürfte es ausreichen, dass aus der Begründung der be- **22** treffenden Entscheidung jedenfalls die Unerheblichkeit der betreffenden Tatsache ersichtlich wird. Wenn es auf den Beweisantrag nicht mehr ankommt, weil das Gericht die Tatsache, auf die der Antrag sich bezieht, bereits aufgrund der sonstigen Umstände und anderweitigen Beweisergebnisse für bewiesen erachtet, erübrigt sich ebenfalls eine gesonderte Begründung für das Unterbleiben der beantragten Beweiserhebung.

23 Die Beteiligten müssen aber, wenn auf den betreffenden Beweisantrag nicht gesondert eingegangen wird, auf der Grundlage eines allgemeinen, von ihnen zu erwartenden Verständnisses aus einer Zwischenentscheidung oder jedenfalls aus der instanzabschließenden Entscheidung erkennen können, aus welchen Gründen das Gericht ihren Beweisanträgen nicht nachgegangen ist; zumindest muss sich ihnen dies mit hinreichender Klarheit aus dem Sinnzusammenhang der Entscheidungsbegründung erschließen.

24 Fehlt es insoweit an der erforderlichen Begründung, liegt darin ein Verfahrensfehler (vgl dazu BTDrs 16/9733, 354).

3. Rechtsfolgen fehlerhaft unberücksichtigter Beweisanträge

25 Wenn entscheidungserhebliche Beweisangebote eines Beteiligten unberücksichtigt geblieben sind, wird regelmäßig auch eine Verletzung der Amtsermittlungspflicht des Gerichts nach § 26 und eine Verletzung des rechtlichen Gehörs des betreffenden Beteiligten in Betracht kommen, was ebenfalls mit einem Rechtsmittel geltend gemacht werden und zum Erfolg des Rechtsmittels führen kann. In der Beschwerdeinstanz wird das Beschwerdegericht bei einem zu Unrecht zurückgewiesenen Beweisantrag dem angetragenen Beweis nachzugehen haben; bei einer nicht begründeten Zurückweisung wird es selbst über die Erhebung des Beweises zu entscheiden und ggf eine Zurückweisung zu begründen haben. Nur in den in § 69 Abs 1 Satz 2, 3 geregelten Ausnahmefällen kommt eine Aufhebung der angefochtenen Entscheidung und eine Zurückverweisung der Sache an das erstinstanzliche Gericht in Betracht.

26 Bei einer zulässigen Rechtsbeschwerde können Rechtsverletzungen bei der Zurückweisung von Beweisangeboten zur Aufhebung der angefochtenen Entscheidung führen, wenn die Entscheidung auf diesen Rechtsverletzungen beruht und die angefochtene Entscheidung sich auch nicht aus anderen Gründen als richtig darstellt (§§ 72 Abs 1, 74 Abs 2).

E. Amtsverschwiegenheit und Zeugnisverweigerungsrechte als allgemeine Schranken jeder zulässigen Beweisaufnahme (Abs 2)

27 Bei jeder Beweisaufnahme, auch wenn diese formlos nach den Grundsätzen des Freibeweises erfolgt, ist das Gericht an Schranken gebunden, die sich aus der Amtsverschwiegenheit und dem Recht zur Zeugnis- und Auskunftsverweigerung ergeben.

I. Amtsverschwiegenheit

1. Anwendungsbereich

28 Bei jeder Beweisaufnahme sind aufgrund der in Abs 2 angeordneten Verweisung die in § 376 ZPO geregelten Grundsätze der Amtsverschwiegenheit anzuwenden. Danach ist auch im Rahmen einer formlosen Beweisaufnahme bei Einholung einer mündlichen oder schriftlichen Auskunft bei einer zur Amtsverschwiegenheit verpflichteten Person eine Aussagegenehmigung nach § 376 ZPO erforderlich. Es soll keinen Unterschied machen, ob die Auskunftsperson die der Amtsverschwiegenheit unterliegende Tatsache als Auskunftsperson im Freibeweis oder als (sachverständiger) Zeuge im Strengbeweis bekundet, für den bereits nach bisherigem Recht die Beachtung der Grundsätze der Amtsverschwiegenheit angenommen wird (vgl RegE BTDrs 16/6308, 188; vgl zum bisherigen Recht Jansen/*von König* § 15 FGG Rn 37 ff; KKW/*Schmidt* § 15 FGG Rn 33). Auch wenn

dies zu Lasten der Flexibilität und der unkomplizierten, schnellen Durchführbarkeit der Beweiserhebung geht, erscheint die Anwendung der Grundsätze der Amtsverschwiegenheit auch im Bereich der formlosen Beweisaufnahme konsequent und sachgerecht.

2. Persönlicher Geltungsbereich

Vom persönlichen Geltungsbereich der Amtsverschwiegenheit nach § 376 Abs 1 ZPO werden erfasst die nach deutschem Recht in einem Amtsverhältnis stehenden Beamten und Richter des Bundes und der Länder, die Beamten der Gemeinden und Gemeindeverbände sowie die in sonstigen öffentlichrechtlichen Körperschaften, Anstalten und Stiftungen des öffentlichen Rechts tätigen Beamten. Auch ehrenamtliche Richter werden erfasst. Unter die ebenfalls der Amtsverschwiegenheit unterliegenden »anderen Personen des öffentlichen Dienstes« (§ 376 Abs 1 ZPO) fallen Arbeiter und Angestellte der öffentlichrechtlichen Körperschaften, Anstalten und Stiftungen sowie andere Personen, die ebenfalls nach dem Verpflichtungsgesetz zur besonderen Verschwiegenheit verpflichtet sind. Für das Staatsoberhaupt, für Regierungsmitglieder sowie Abgeordnete des Bundes und der Länder und Fraktionsangestellte sind nach § 376 Abs 2, 4 ZPO Sonderregelungen (zB § 49 AbgG) zu beachten, aus denen sich eine zu beachtende Amtsverschwiegenheit ergeben kann. Sonderregelungen finden sich weiterhin für Soldaten der Bundeswehr in § 14 Abs 2 SoldG, für Angehörige der Nato-Truppen in Art 38 NTS-ZA und Bedienstete der Europäischen Gemeinschaft in EG-VO v 29.2.1968 (entspricht § 61 BBG). Auch bei Ausscheiden aus dem Amt bleibt bei Beamten, Richtern, anderen Personen des deutschen öffentlichen Dienstes einschließlich der in § 376 Abs 2 u 4 ZPO genannten Personen die Verpflichtung zur Amtsverschwiegenheit erhalten. Schweigepflichten, die sich nach dem Recht der ehemaligen DDR für deren Bedienstete ergaben, gelten allerdings nicht fort (Einzelh bei *Rein/Hilger* DtZ 1993, 261).

3. Inhalt und Umfang der Verschwiegenheitspflicht

Die Verschwiegenheitspflicht bezieht sich auf alle von den vorstehend genannten Personen bei Ausübung ihrer amtlichen Tätigkeit bekannt gewordenen Angelegenheiten. Für Einzelheiten zum Inhalt und Umfang der Verschwiegenheitspflicht sind die für die betreffende Person jeweils geltenden Vorschriften heranzuziehen. Von Bedeutung sind hier insbesondere die für Bundesbeamte und -richter geltenden Vorschriften der §§ 61, 62 BBG, §§ 43, 45 Abs 1, 46 DRiG; die Beamten- und Richtergesetze der Länder enthalten weitgehend gleichlautende Regelungen.

4. Rechtsfolgen der Amtsverschwiegenheit und einer Verletzung

Soweit die Amtsverschwiegenheit reicht, ist für eine Zeugenvernehmung, Einholung einer Auskunft, Sachverständigenbegutachtung oder eine sonstige Informationserhebung entsprechend § 376 Abs 3 ZPO die Genehmigung des Dienstherrn bzw der zuständigen Stelle erforderlich. Die Genehmigung hat das Gericht vor der Zeugenvernehmung oder sonstigen Informationserhebung einzuholen. Vor Eingang der erforderlichen Genehmigung, die das Beweisthema insgesamt erfassen muss, besteht ein striktes Beweiserhebungsverbot.

Die Erteilung der Aussagegenehmigung und deren Verweigerung gelten grundsätzlich, wenn darin nichts anderes bestimmt ist, in allen Instanzen (für Verweigerung vgl BGH DB 1969, 703).

Gegen die Versagung der Genehmigung steht den Beteiligten (nicht dem Gericht) der Verwaltungsrechtsweg offen (vgl BVerwG NJW 1971, 160).

Aus einer Versagung der Genehmigung können – wie dies teilweise auch für den Zivilprozess angenommen wird (vgl Zöller/*Greger* § 376 ZPO Rn 9) – uU in der Sache Schlüsse im Rahmen der Beweiswürdigung gezogen werden.

35 Beweisergebnisse, die durch eine Beweisaufnahme unter Verstoß gegen die Regelung der Amtsverschwiegenheit gewonnen worden sind, sollen nach einer (vereinzelt gebliebenen) Entscheidung des BGH trotzdem verwertbar sein (BGH NJW 1952, 151; zust Keidel/*Sternal* § 30 FamFG Rn 60; Zöller/*Greger* § 376 ZPO Rn 9; aA Jansen/*von König* § 15 FGG Rn 39).

II. Zeugnisverweigerungsrechte

1. Bedeutung

36 Auch bestehende Zeugnisverweigerungsrechte sind bei allen Beweisaufnahmen, also nicht nur bei der Zeugenvernehmung im Rahmen förmlicher Beweisaufnahme, sondern auch bei der formlosen Einholung von Auskünften oder einer sonstigen der Zeugenvernehmung gleichstehenden Informationsgewinnung im Rahmen des Freibeweises zu beachten (so bereits zum früheren Recht Bumiller/Winkler § 15 FGG Rn 13; KKW/*Schmidt* § 15 FGG Rn 34). Es handelt sich dabei allerdings nicht um ein von Amts wegen zu beachtendes Verbot der Vernehmung, sondern um ein verzichtbares Recht des Zeugen bzw der Auskunftsperson.

2. (Persönlicher) Anwendungsbereich

37 Abs 2 verweist wegen des Rechts zur Zeugnisverweigerung auf die entsprechenden Vorschriften der ZPO (§§ 383 ff ZPO). Auch die hierzu vorliegende Rspr und Kommentierungen dürften für den Bereich des FamFG heranzuziehen sein, allerdings vorbehaltlich der Beachtung von im FamFG geltenden Besonderheiten. Danach sind bei allen Beweisaufnahmen die **Zeugnisverweigerungsrechte der in § 383 Abs 1 Nr 1 bis 3 ZPO genannten nahe stehenden Personen** zu beachten. Es kommt insoweit auf die unter den Tatbestand des § 383 ZPO fallende nahe Beziehung des Zeugen bzw der Auskunftsperson zu einem Beteiligten an. Es geht dabei darum, die Auskunftsperson vor einem möglichen Gewissenskonflikt zwischen der Wahrheitspflicht einerseits und dem vielfach vorhandenen Bestreben zur Begünstigung des nahe stehenden Beteiligten andererseits zu bewahren. Zur Verweigerung des Zeugnisses bzw der Erteilung einer Auskunft sind entsprechend § 383 Abs 1 Nr 1 bis 3 ZPO berechtigt: der Verlobte oder derjenige, mit dem ein Beteiligter ein Versprechen der Lebenspartnerschaft eingegangen ist; der Ehegatte oder der Lebenspartner eines Beteiligten, auch wenn die Ehe bzw die Lebenspartnerschaft nicht mehr besteht; diejenigen, die mit einem Beteiligten in gerader Linie verwandt oder verschwägert, in der Seitenlinie bis zum dritten Grad verwandt oder bis zum zweiten Grad verschwägert sind oder waren. Dabei ist zu beachten, dass nunmehr nach § 11 Abs 2 LPartG die Verwandten des einen Lebenspartners mit dem anderen Lebenspartner verschwägert sind.

38 Das Zeugnisverweigerungsrecht der nahe stehenden Personen ist entsprechend § 385 Abs 1 Nr 1 bis 4 ZPO ausgeschlossen, wenn die Auskunftsperson Angaben machen soll
– über den Abschluss von Rechtsgeschäften, zu denen sie als Zeuge hinzugezogen worden war (die Funktion als Zeuge muss der Auskunftsperson dabei von vornherein bewusst oder zumindest erkennbar gewesen sein; vgl BayObLG MDR 1984, 1025; Musielak/*Huber* § 385 ZPO Rn 2),
– über Geburten, Verheiratungen oder Sterbefällen von Familienmitgliedern,
– über Tatsachen, welche die durch das Familienverhältnis bedingten Vermögensangelegenheiten betreffen
– oder über Handlungen, die von ihm selbst als Rechtsvorgänger oder Vertreter eines Beteiligten vorgenommen worden sein sollen.

39 Weiterhin sind nach § 383 Abs 1 Nr 4 bis 6 ZPO **Personen zur Verweigerung der Aussage berechtigt, denen aufgrund ihres Berufes Informationen anvertraut worden sind**

und die aufgrund ihres Berufes einer Schweigepflicht unterliegen. Sie sollen nicht gezwungen werden, das zu offenbaren, was ihnen anvertraut worden ist. Danach sind zur Verweigerung der Aussage berechtigt:
- **Geistliche** in Ansehung desjenigen, was ihnen in Ausübung der Seelsorge anvertraut worden ist § 383 Abs 1 Nr 4 ZPO,
- **Personen, die bei Presse, Rundfunk oder Fernsehen tätig sind oder waren,** über die Person des Verfassers, Einsenders oder Gewährsmanns von Beiträgen oder Unterlagen sowie über die im Hinblick auf ihre Tätigkeit gemachten Mitteilungen, soweit es sich um Beiträge, Unterlagen und Mitteilungen für den redaktionellen Teil handelt (§ 383 Abs 1 Nr 5 ZPO),
- **Personen, denen eine besondere berufliche Vertrauensstellung zukommt,** hinsichtlich geheimzuhaltender Tatsachen (§ 383 Abs 1 Nr 6 ZPO).

Nach § 385 Abs 2 ZPO dürfen die genannten Personen ihre Aussage allerdings nicht 40 verweigern, wenn sie von der Verpflichtung zur Verschwiegenheit entbunden worden sind (Ausnahme für katholische Geistliche nach Art 9 Reichskonkordat und in Bayern nach Art 144 BayVerf auch für sonstige Seelsorger, die trotz Entbindungserklärung gleichwohl zur Aussageverweigerung berechtigt sind).

Es ist weiterhin davon auszugehen, dass in allen Beweisverfahren, auch im Bereich 41 des Freibeweises, die Regelungen über die **Auskunftsverweigerung bei Gefahr der Selbst- oder Angehörigenbelastung** entsprechend § 384 Nr 1, 2 ZPO anwendbar sind. Dies wird von der generellen Bezugnahme auf die Vorschriften der ZPO erfasst (dies entspricht jedenfalls auch den in der Begründung des RegE zum Ausdruck gebrachten Vorstellungen, vgl BTDrs 16/6308, 188/189).

Auf eine systematische Kommentierung der einzelnen Zeugnisverweigerungstat- 42 bestände der §§ 383 ff ZPO wird hier verzichtet; insoweit darf auf die Kommentare zur ZPO verwiesen werden.

3. Verfahren bei Zeugnisverweigerungsrechten

Für das Verfahren bei in Betracht kommenden Zeugnisverweigerungsrechten sind eben- 43 falls die einschlägigen Regelungen der ZPO entsprechend anzuwenden. Über das Recht zur Zeugnisverweigerung sind Auskunftspersonen (nahe Angehörige), denen ein Zeugnisverweigerungsrecht nach § 383 Abs 1 Nr 1 bis 3 ZPO zusteht, durch das Gericht vor der Beweiserhebung zu belehren (entspr § 383 Abs 2 ZPO). Ohne Belehrung gemachte Aussagen oder eingeholte Auskünfte sind nicht verwertbar (vgl Jansen/*von König* § 15 FGG Rn 41; Keidel/*Sternal* § 30 FamFG Rn 61). Ein darin liegender Verfahrensmangel kann im Rahmen eines Rechtsmittels geltend gemacht werden. Allerdings ist davon auszugehen, dass ein entsprechender Verfahrensmangel – wie im Zivilprozess – durch Nachholung der Belehrung und Wiederholung der Vernehmung bzw Einholung der Auskunft oder wohl auch durch Genehmigung der Aussage seitens der Auskunftsperson nach Belehrung und Kenntnisnahme vom Aussageverweigerungsrecht geheilt werden kann (vgl dazu Musielak/*Huber* § 383 ZPO Rn 8).

Bei Zeugnisverweigerungsrechten nach § 383 Abs 1 Nr 4 bis 6 ZPO und nach § 384 44 ZPO ist eine entsprechende Belehrung durch das Gericht nicht vorgesehen. Allerdings dürfte das Gericht Rücksicht auf entsprechende berufliche Schweigepflichten der Auskunftsperson zu nehmen haben und im Rahmen fairer Verfahrensführung und -leitung ggf hierauf hinzuweisen haben, zB wenn eine – an sich mögliche – Entbindung von der Schweigepflicht nicht vorliegt. Das Gericht darf sich jedenfalls nicht zum »Anstifter oder Gehilfen« einer Schweigepflichtverletzung der Auskunftsperson machen und hat entsprechend § 383 Abs 3 ZPO auch bei unterbliebener Verweigerung der Angaben seitens des Zeugen bzw der Auskunftsperson die Vernehmung (die erbetene Auskunft) nicht auf Tatsachen zu richten, auf die sich die Schweigepflicht ersichtlich bezieht (vgl dazu Zöller/*Greger* § 383 ZPO Rn 22). Kommt es dennoch zu einer Aussage unter Verletzung

45 Auch bei einem Recht zur Aussageverweigerung wegen drohender Selbstbelastung oder Belastung nahe stehender Personen entspr § 384 ZPO sind trotz fehlender Belehrungspflicht des Gerichts entsprechende Hinweise jedenfalls in der Regel zweckmäßig und hilfreich (vgl Musielak/*Huber* § 384 ZPO Rn 1; Zöller/*Greger* § 384 ZPO Rn 1a). Angaben, die die Auskunftsperson in Unkenntnis des Auskunftsverweigerungsrechts macht, sind verwertbar.

46 Die Auskunftsperson hat die Gründe, aus denen sich das Recht zur Zeugnis- oder Aussageverweigerung ergeben soll, selbst darzulegen und glaubhaft zu machen. Die Amtsermittlungspflicht des Gerichts erstreckt sich hierauf nicht.

47 Zu den geltend gemachten Gründen für eine Zeugnis- oder Aussageverweigerung sind vor der Entscheidung die Beteiligten anzuhören bzw ihnen ist Gelegenheit zur Stellungnahme zu geben (entsp § 387 Abs 1 ZPO). Über das Bestehen des geltend gemachten Verweigerungsrechts hat sodann das Gericht zu entscheiden; diese Zwischenentscheidung ergeht – abweichend von den Regelungen der ZPO – in Verfahren des FamFG durch Beschluss (vgl Begr d RegE BTDrs 16/6308, 189). Dieser ist entsprechend § 387 Abs 3 ZPO mit der sofortigen Beschwerde binnen einer Frist von 2 Wochen angreifbar.

F. Dokumentationspflicht des Gerichts (Abs 3)

48 Nach Abs 3 hat das Gericht in allen Fällen der Beweisaufnahme – also auch bei der formlosen Beweisaufnahme im Rahmen des Freibeweises – die Ergebnisse einer Beweisaufnahme in den Akten zu dokumentieren.

49 Wie die Ergebnisse einer Beweisaufnahme aktenkundig zu machen sind, hängt von der Art der Beweisaufnahme ab.

50 Im Rahmen des **Freibeweises** dürfte bei Einholung schriftlicher Auskünfte sich die Beweiserhebung bereits hinreichend aus dem (in den Akten befindlichen) Anschreiben des Gerichts und der eingegangenen schriftlichen Auskunft ergeben. Gleiches dürfte auch bei Beiziehung von Urkunden gelten. Dagegen wird eine gesonderte Dokumentation der Beweisergebnisse bei der mündlichen oder telefonischen Einholung von Auskünften, der persönlichen Anhörung einer Auskunftsperson oder bei Durchführung einer Augenscheinseinnahme erforderlich sein. Die Beweiserhebung und die (wesentlichen) Beweisergebnisse sind dann in einem vom Richter zu fertigenden (und zu unterzeichnenden) Aktenvermerk festzuhalten. In allen Fällen, in denen die Beweismittel und damit die Beweisergebnisse nicht unmittelbar zu den Akten gelangen, wird so zu verfahren sein.

51 Im Bereich des Freibeweises können die Feststellungen vom Gericht in Abwesenheit der Beteiligten getroffen werden. Die Dokumentation der Beweisergebnisse in den Akten dient hier vor allem auch zur Gewährleistung der notwendigen Verfahrenstransparenz (vgl RegE BTDrs 16/6308, 189) und der Information der Verfahrensbeteiligten vom Ergebnis der durchgeführten Beweisaufnahme. Auch für die Überprüfung einer sich auf die Beweisergebnisse stützenden Entscheidung im Rechtsmittelverfahren dürfte die Dokumentation der Beweisergebnisse von wesentlicher Bedeutung sein. Diesen Funktionen entsprechend muss die Dokumentation (der Aktenvermerk) zumindest die wesentlichen Beweisergebnisse erfassen, die für die zu treffende Entscheidung relevant sein könnten.

52 Bei einer **förmlichen Beweisaufnahme** ist § 28 Abs 4 zu beachten, wonach das Gericht über Termine oder persönliche Anhörungen einen Vermerk zu fertigen hat, in den die

wesentlichen Vorgänge des Termins oder der persönlichen Anhörung aufzunehmen sind.

In allen Fällen muss vor einer Entscheidung, bei der die durchgeführte Beweisaufnahme verwertet werden soll, der Vermerk oder die sonstige Dokumentation des Beweisergebnisses den Beteiligten zur Kenntnis gegeben und ihnen Gelegenheit zur Stellungnahme eingeräumt worden sein, wie aus § 37 Abs 2 sowie aus der verfassungsrechtlich verbürgten Gewährleistung rechtlichen Gehörs folgt. 53

G. Analoge Anwendung weiterer Vorschriften der ZPO?

Es fragt sich, ob über die Bezugnahme in Abs 2 und die Bezugnahme in § 30 Abs 1 auf die Vorschriften der förmlichen Beweisaufnahme hinaus eine weitergehende Analogie zu Vorschriften der ZPO in Betracht zu ziehen ist. Dies dürfte bei entsprechenden Regelungslücken zu bejahen sein. 54

Zu denken ist etwa an eine analoge **Anwendung der Vorschriften über das selbständige Beweisverfahren** (§§ 485 bis 494a ZPO). Zwar wird im Bereich des FamFG ein dringendes Bedürfnis nach einer Beweissicherung nicht in gleicher Häufigkeit vorhanden sein wie bei allgemeinen Zivilrechtsstreitigkeiten. Dennoch sind auch hier Fallgestaltungen denkbar, in denen eine entsprechende Beweissicherung dringend notwendig oder zumindest sachgerecht ist und die vorhandenen Regelungen des vorläufigen Rechtsschutzes nicht weiterhelfen. 55

Nach dem bisherigen Recht des FGG hat die Rspr selbständige Beweisverfahren analog §§ 485 ff ZPO zugelassen in echten Streitsachen und auch in sonstigen Antragsverfahren (vgl BGH ZMR 2005, 58; BayObLG NJW-RR 1996, 528; OLG Celle FamRZ 2000, 1510; *Bassenge*/Roth § 15 FGG Rn 45). Daran dürfte auch nach neuem Recht festzuhalten sein (ebenso Keidel/*Sternal* § 30 FamFG Rn 121). 56

Teilweise ist auch im Landesrecht die Möglichkeit vorgesehen (gewesen), im Bereich der freiwilligen Gerichtsbarkeit vor Anhängigkeit eines Hauptsacheverfahrens bei Bestehen eines berechtigten Interesses bereits Zeugen- oder Sachverständigenbeweis zu erheben (vgl zB Art 23 NdsFGG; Art 41 HessFGG, dazu OLG Frankfurt FamRZ 1997, 1021). 57

§ 30 Förmliche Beweisaufnahme

(1) Das Gericht entscheidet nach pflichtgemäßem Ermessen, ob es die entscheidungserheblichen Tatsachen durch eine förmliche Beweisaufnahme entsprechend der Zivilprozessordnung feststellt.

(2) Eine förmliche Beweisaufnahme hat stattzufinden, wenn es in diesem Gesetz vorgesehen ist.

(3) Eine förmliche Beweisaufnahme über die Richtigkeit einer Tatsachenbehauptung soll stattfinden, wenn das Gericht seine Entscheidung maßgeblich auf die Feststellung dieser Tatsache stützen will und die Richtigkeit von einem Beteiligten ausdrücklich bestritten wird.

(4) Den Beteiligten ist Gelegenheit zu geben, zum Ergebnis einer förmlichen Beweisaufnahme Stellung zu nehmen, soweit dies zur Aufklärung des Sachverhalts oder zur Gewährung rechtlichen Gehörs erforderlich ist.

Übersicht

	Rz		Rz
A. Allgemeines	1	2. Zeugenbeweis (entsprechende Anwendung der §§ 373 bis 401 ZPO)	41
B. Entscheidung für eine förmliche Beweisaufnahme im Rahmen pflichtgemäßen Ermessens (Abs 1)	2	3. Beweis durch Sachverständige (entsprechende Anwendung der §§ 402 bis 414 ZPO)	59
I. Grundsatz	2	4. Beweis durch Urkunden (entsprechende Anwendung der §§ 415 bis 444 ZPO)	79
II. Ermessenskriterien	5	5. Beweis durch Beteiligtenvernehmung (entsprechende Anwendung der §§ 445 bis 455 ZPO)	86
C. Obligatorischer Strengbeweis	9	6. Amtliche Auskunft (entspr §§ 273 Abs 2 Nr 2, 358a Nr 2 ZPO)	93
I. Strengbeweis aufgrund gesetzlicher Anordnung	9	E. Möglichkeit der Stellungnahme der Beteiligten zum Ergebnis einer förmlichen Beweisaufnahme (Abs 4)	94
II. Strengbeweis bei streitig gebliebenen entscheidungserheblichen Tatsachen (Abs 3)	10		
D. Förmliche Beweisaufnahme in entsprechender Anwendung der Vorschriften der ZPO	20		
I. Allgemeine Grundsätze der förmlichen Beweisaufnahme	21		
II. Beweismittel der förmlichen Beweisaufnahme	33		
1. Beweis durch Augenschein (entsprechende Anwendung der §§ 371 bis 372a ZPO)	34		

A. Allgemeines

1 § 30 regelt die Voraussetzungen und die Grundlagen der förmlichen Beweisaufnahme in Verfahren der freiwilligen Gerichtsbarkeit. Eine entsprechende, vergleichbare Regelung fehlte bisher im FGG. § 15 FGG enthielt lediglich Regelungen über das anzuwendende Recht im sog Strengbeweisverfahren und über die Glaubhaftmachung. Die neue Vorschrift des § 30 hält an dem Grundsatz des bisherigen Rechts fest, dass bei Amtsermittlung im Bereich der freiwilligen Gerichtsbarkeit das Gericht bei der Beweiserhebung zwischen dem Freibeweis und einer förmlichen Beweisaufnahme nach den Vorschriften der ZPO wählen kann (vgl zum bisherigen Recht BayObLG NJW-RR 1996, 583, 584; *Bassenge/Roth* § 15 Rn 1 f; Bumiller/Winkler § 15 FGG Rn 1; KKW/*Schmidt* § 12 FGG Rn 195, § 15 Rn 3). § 30 Abs 2 und 3 zeigt allerdings Grenzen auf für den Freibeweis und die dabei zu treffende Ermessensentscheidung. Diese Regelung beschränkt sich auf die Grundstrukturen der Ermessensgrenzen, auf weiter gehende ermessensleitende Kriterien hat der Gesetzgeber verzichtet, um dem Gericht bei der Beweiserhebung die für sachgerecht gehaltene Flexibilität zu erhalten (vgl Begr des RegE BTDrs 16/6308, 189).

Für den Strengbeweis (eine förmliche Beweisaufnahme) werden die Vorschriften der ZPO für anwendbar erklärt (im Ergebnis entspricht auch dies dem bisherigen Recht). Wie beim Freibeweis (vgl § 29 Rz 48) ist es auch bei einer förmlichen Beweisaufnahme grundsätzlich erforderlich, den Beteiligten Gelegenheit zur Stellungnahme zum Beweisergebnis zu geben, was regelmäßig bereits zur Gewährung rechtlichen Gehörs erforderlich ist und in § 30 Abs 4 nunmehr ausdrücklich vorgesehen ist.

Zum **Anwendungsbereich** vgl § 29 Rz 1.

B. Entscheidung für eine förmliche Beweisaufnahme im Rahmen pflichtgemäßen Ermessens (Abs 1)

I. Grundsatz

Nach Abs 1 steht es grundsätzlich im Ermessen des Gerichts, ob eine für die Entscheidung erhebliche Tatsache im Wege des Freibeweises oder durch förmliche Beweisaufnahme (Strengbeweis) entsprechend den Vorschriften der ZPO festgestellt wird. Ein Recht der Beteiligten, eine förmliche Beweisaufnahme zu beantragen, sieht das Gesetz nicht vor. Den Beteiligten bleibt es natürlich unbenommen, eine förmliche Beweisaufnahme anzuregen. Eine solche Anregung ist für das Gericht unverbindlich, sie wird jedoch im Rahmen der zu treffenden Ermessensentscheidung zu berücksichtigen sein. 2

Teilweise sieht das Gesetz für bestimmte Verfahren spezielle Regelungen für die Tatsachenfeststellung vor, die den allgemeinen Regeln der §§ 29f vorgehen und diese ggf verdrängen. So ist etwa im Grundbuchrecht für den Nachweis der Eintragungsunterlagen § 29 GBO zu beachten, der für die erforderlichen Nachweise öffentliche oder öffentlich beglaubigte Urkunden verlangt. Weitere gesetzliche Grenzen für die Ermessensausübung ergeben sich vor allem aus Abs 2 und 3. Die Grundsätze des Freibeweises kommen dann nicht zur Anwendung. 3

Überdies sind in der Rspr zum alten Recht Kriterien für die Ermessensausübung des Gerichts entwickelt worden, die auch nach dem FamFG weiterhin von Bedeutung sein dürften. 4

II. Ermessenskriterien

So sind bei Tatsachen, die für die Zulässigkeit eines Verfahrens oder eines Rechtsmittels relevant sind, die notwendigen Feststellungen regelmäßig im Wege des Freibeweises zu treffen (vgl Bassenge/*Roth* § 12 FGG Rn 6; Jansen/*von König* § 15 FGG Rn 1; in diesem Bereich geht auch die bisher hM im Zivilprozess nach wie vor von der Geltung des Freibeweises aus (vgl BGHZ 143, 122, 124; BGH NJW 1987, 2875, 2876; Zöller/*Vollkommer* § 56 ZPO Rn 8 mwN). Wenn eine hinreichend sichere Klärung im Freibeweis allerdings nicht erreichbar ist, dürfte jedoch auch hier eine förmliche Beweisaufnahme angezeigt sein (vgl Bassenge/*Roth* § 12 FGG Rn 5). 5

Insgesamt wird bei allen entscheidungserheblichen Tatsachen, bei denen eine abschließende, ausreichende Sachaufklärung im Freibeweis nicht erreichbar ist, das Gericht gehalten sein, eine geeignet erscheinende förmliche Beweisaufnahme durchzuführen (vgl OLG München FamRZ 2007, 2009; OLG Zweibrücken NJW-RR 1988, 1211; Keidel/*Sternal* § 30 FamFG Rn 13). Dies folgt bereits aus dem Amtsermittlungsgrundsatz, der das Gericht zwingt, im Rahmen vollständiger Sachverhaltsaufklärung alle erforderlichen Ermittlungen vorzunehmen. Eine hierzu gehörende spezielle Fallgestaltung, bei der kraft Gesetzes eine förmliche Beweisaufnahme erforderlich ist, ist nunmehr in Abs 3 geregelt (vgl unten Rz 10 ff). 6

Eine förmliche Beweisaufnahme wird weiterhin erforderlich sein, wenn nur dadurch eine im konkreten Fall erforderliche Einflussnahme der Beteiligten auf die Sachverhaltsfeststellung hinreichend gewährleistet werden kann, etwa eine förmliche Vernehmung eines Zeugen in Anwesenheit der Beteiligten (und ihrer anwaltlichen Vertreter) mit der 7

§ 30 FamFG | Förmliche Beweisaufnahme

Möglichkeit der unmittelbaren Befragung geboten erscheint (vgl BayObLG NJW-RR 1996, 583, 584; NJW-RR 1992, 653, 654; Bassenge/*Roth* § 12 FGG Rn 5). Bei Einholung einer schriftlichen Auskunft oder einer telefonischen Befragung im Rahmen des Freibeweises wäre dies naturgemäß nicht gewährleistet; ein Anwesenheitsrecht der Beteiligten besteht im Bereich des Freibeweises nicht, auch der Grundsatz der Unmittelbarkeit der Beweisaufnahme ist hier nicht anwendbar (vgl § 29 Rz 11). Insbesondere in den echten Streitverfahren, in denen sich die Beteiligten wie Parteien im Zivilprozess gegenüberstehen, kann zur Gewährleistung einer ausreichenden Einflussnahme der Beteiligten auf die Tatsachenfeststellung eine förmliche Beweisaufnahme geboten sein (vgl Keidel/*Sternal* § 30 FamFG Rn 14). Andererseits ist in solchen Verfahren, in denen es um sich gegenüberstehende Interessen der Beteiligten geht, zu beachten, dass nunmehr selbst im Zivilprozess nach der seit 1.9.2004 geltenden Fassung des § 284 ZPO mit Einverständnis der Parteien einzelne Beweiserhebungen im Freibeweis erfolgen können. Dies spricht dafür, dass das Gericht – solange dies die Zustimmung der Beteiligten findet – auch in den echten Streitverfahren die notwendige Tatsachenfeststellung im Freibeweis vornehmen kann.

8 Schließlich kann die Bedeutung der Angelegenheit, insbesondere auf dem Spiel stehende erhebliche Eingriffe in Grundrechte eines Beteiligten, das Ermessen des Gerichts beschränken und eine Tatsachenfeststellung im Rahmen förmlicher Beweisaufnahme gebieten (vgl Jansen/*von König* § 15 FGG Rn 1). In Betracht kommt dies vor allem bei Betreuungs- und Unterbringungssachen sowie sonstigen Familiensachen. Auf diesen Gebieten finden sich teilweise bereits zwingende Spezialregelungen, die eine förmliche Beweisaufnahme zwingend vorsehen (dazu sogleich unter Rz 9). Der Gesetzgeber hat ansonsten auf die generelle Anordnung einer förmlichen Beweisaufnahme für alle Tatsachen, die einen Eingriff in Grundrechte eines Betroffenen rechtfertigen sollen, bewusst verzichtet, weil eine schematische Regelung ineffektiv erschien. Eine ausreichende Richtigkeitsgewähr für solche Feststellungen soll, wenn nicht ohnehin die in Abs 2 genannten Spezialregelungen eingreifen, durch sachgerechte Ermessensausübung nach Abs 1 gesichert werden (vgl Begr des RegE BTDrs 16/6308, 189). Wenn entsprechende Tatsachen – etwa auch nach Beweiserhebung im Rahmen des Freibeweises – streitig bleiben, werden jedenfalls Abs 3 und die darin enthaltene Anordnung der förmlichen Beweisaufnahme zu beachten sein.

C. Obligatorischer Strengbeweis

I. Strengbeweis aufgrund gesetzlicher Anordnung

9 Eine förmliche Beweisaufnahme nach den Vorschriften der ZPO ist nach Abs 2 obligatorisch und ein Ermessen des Gerichts nicht gegeben, wenn eine solche Beweisaufnahme durch das FamFG angeordnet wird. Dies ist – im Hinblick auf die besondere Bedeutung für den Betroffenen und das Gewicht des Grundrechtseingriffs – etwa vorgesehen nach § 280 für die Notwendigkeit von Maßnahmen der Betreuung und nach § 321 für die Notwendigkeit einer Unterbringung. Hinsichtlich der dafür relevanten Tatsachen ist nach den genannten Vorschriften im Wege förmlicher Beweisaufnahme grundsätzlich ein Sachverständigengutachten einzuholen (Ausnahmen in §§ 281 f). Zu nennen ist weiterhin die in § 297 Abs 6 vorgesehene förmliche Beweisaufnahme in Verfahren zur Genehmigung der Sterilisation und die in § 298 Abs 2 vorgesehene Sachverständigenbegutachtung bei Genehmigung von Heilbehandlungsmaßnahmen.

II. Strengbeweis bei streitig gebliebenen entscheidungserheblichen Tatsachen (Abs 3)

10 Abs 3 verpflichtet das Gericht im Regelfall zur Durchführung einer förmlichen Beweisaufnahme, wenn eine Tatsache, die für die zu treffende Entscheidung von maßgebender

Bedeutung ist, von einem Beteiligten ausdrücklich bestritten wird und bestritten bleibt. Dem liegt die Erwägung zugrunde, dass bei einer solchen Konstellation das Strengbeweisverfahren zur Aufklärung des streitigen Sachverhalts geeigneter ist und die Mitwirkung der Beteiligten an der Tatsachenfeststellung besser gewährleistet als der Freibeweis.

Abs 3 ist im Gegensatz zu Abs 2 als »Sollvorschrift« formuliert. Dies dürfte Raum lassen, von der unter den Voraussetzungen des Abs 3 regelmäßig notwendigen förmlichen Beweisaufnahme abzusehen, wenn für eine solche Ausnahme zwingende Gründe bestehen. **11**

1. Von **maßgebender Bedeutung für die Entscheidung** des Gerichts sind vor allem **12** **Haupttatsachen**, die den Tatbestand einer entscheidungsrelevanten Norm unmittelbar ausfüllen (vgl Begr des RegE BTDrs 16/6308, 190). Dabei wird zu fordern sein, dass Entscheidungserheblichkeit insgesamt gegeben sein muss, die Feststellung der Tatsache und die Anwendung der betreffenden Norm also nicht offen bleiben kann, weil sich eine entsprechende Entscheidung auch bzw bereits aus anderen rechtlichen oder tatsächlichen Gründen ergibt. Geht es um eine Tatsache, die neben anderen Tatsachen für die Ausfüllung eines unbestimmten Rechtsbegriffs oder für eine vorzunehmende (sonstige) Bewertung relevant ist, ist eine maßgebende Bedeutung für die Entscheidung zu bejahen, wenn die betreffende Tatsache für das Gericht den Ausschlag gibt (vgl RegE BTDrs 16/6308, 190). Danach reicht allein die Bedeutung der betreffenden Tatsache als nur zusätzliches oder verstärkendes Begründungselement nicht aus; auch hier muss das Gericht ohne die betreffende Tatsache zu einem anderen Gesamtergebnis kommen.

Hat die streitige Tatsache lediglich die Funktion einer **Indiztatsache**, die – ggf mit anderen Indizien – für eine die entscheidungsrelevante Norm ausfüllende Haupttatsache herangezogen wird, so kommt ihr für die Entscheidung maßgebende Bedeutung nur zu, wenn ihr Vorliegen (ggf neben anderen Umständen) ausreicht, andererseits aber auch erforderlich ist, um einen zwingenden Schluss auf die Haupttatsache ziehen zu können (die übrigen Indizien müssen hierfür nicht bereits ausreichen), und weiterhin die betreffende Haupttatsache nach den zuvor dargestellten Grundsätzen notwendiges Tatbestandsmerkmal der insgesamt entscheidungserheblichen Norm ist (vgl RegE BTDrs 16/6308, 190). **13**

2. Die Durchführung einer förmlichen Beweisaufnahme ist nach Abs 3 nur geboten, **14** wenn das Gericht seine **Entscheidung auf die betreffende Tatsache zu stützen beabsichtigt**. Dies kommt in Betracht, wenn das Gericht nach Durchführung einer Beweiserhebung im Wege des Freibeweises die entsprechende Tatsache für wahr oder jedenfalls für möglicherweise wahr hält. Insoweit zwingt Abs 3 das Gericht, das Vorliegen der entsprechenden Tatsache strengbeweislich zu überprüfen (vgl Begr des RegE BTDrs 16/6308, 190). Hält hingegen das Gericht nach Ausschöpfung der Möglichkeiten des Freibeweises die relevante Tatsache nicht für bewiesen, ist es nicht nach Abs 3 verpflichtet, hinsichtlich dieser Tatsache eine förmliche Beweisaufnahme durchzuführen. Eine solche Verpflichtung kann sich jedoch bei entsprechender Ermessensreduzierung nach Abs 1 ergeben, wenn weitergehende Erkenntnisse aufgrund förmlicher Beweisaufnahme möglich erscheinen; die Amtsermittlungspflicht (§ 26) gebietet es, solche weiteren Erkenntnismöglichkeiten auszuschöpfen.

Die Verpflichtung zur förmlichen Beweisaufnahme nach Abs 3 ist – wie aus den vorausgegangenen Ausführungen folgt – nicht davon abhängig, dass das Gericht selbst noch Zweifel an der zu beweisenden Tatsache hat. Das Gericht soll die förmliche Beweisaufnahme auch und gerade dann durchführen, wenn es aufgrund des Ergebnisses des Freibeweises von der Wahrheit der relevanten Tatsache bereits überzeugt ist und hierauf seine Entscheidung stützen will (vgl Begr des RegE BTDrs 16/6308, 190). **15**

3. Die **relevante Tatsache** muss schließlich von einem Beteiligten **ausdrücklich bestritten** worden sein. Ein nur aus dem Zusammenhang abgeleitetes, konkludentes Bestreiten reicht danach nicht aus, um eine förmliche Beweisaufnahme zu erzwingen. **16**

§ 30 FamFG | Förmliche Beweisaufnahme

Hierfür ist vielmehr erforderlich, dass das Bestreiten in den Erklärungen des Beteiligten eindeutig zum Ausdruck kommt. Das Bestreiten muss sich nach dem Inhalt der Erklärung auch eindeutig auf die relevante Tatsache beziehen. Ein pauschales Bestreiten, das den gesamten oder einen allgemein umschriebenen Teil des Vorbringens eines anderen Beteiligten erfasst, reicht ebenfalls nicht aus. Darüber hinaus soll nach der Begr des RegE (vgl BTDrs 16/6308, 190) in der Regel ein substanziiertes Bestreiten eines Beteiligten erforderlich sein; der Beteiligte soll dazu eine in sich nachvollziehbare Gegendarstellung geben und dabei auch darlegen, warum er das Ergebnis des Freibeweises für falsch hält. Ein einfaches Bestreiten ohne Angabe der Gründe für eine vom Beteiligten angenommene Unwahrheit der festzustellenden Tatsache und für die Annahme eines im Freibeweisverfahren nicht geführten Beweises soll nur im Ausnahmefall in Betracht kommen, nämlich dann, wenn dem Beteiligten ein höherer Grad an Substanziierung nicht zuzumuten ist. Jedenfalls soll ein Mindestmaß an objektiv nachvollziehbarer Begründung, das unter Berücksichtigung der Fähigkeit des Bestreitenden definiert werden soll, sich im Verfahren zu artikulieren, für die Ablehnung des Freibeweisergebnisses erforderlich sein (vgl RegE BTDrs 16/6308, 190).

Es bleibt abzuwarten, inwieweit die Rechtsprechungspraxis diesen qualifizierten Anforderungen folgen wird, die der Gesetzestext nicht unmittelbar vorgibt. In der Sache erscheinen die dargestellten Anforderungen aber berechtigt im Hinblick auf die die Beteiligten treffende Mitwirkungs- und Erklärungspflicht nach § 27. Danach kann und muss von einem Beteiligten erwartet werden, dass dann, wenn er sich mit den Ergebnissen einer im Freibeweis bereits durchgeführten Beweisaufnahme nicht zufrieden geben will, und dies eventuell entgegen der Auffassung des Gerichts, er dies hinreichend klar zum Ausdruck bringt und hierfür auch nachvollziehbare Gründe vorträgt.

17 Wenn hinsichtlich der Aufrechterhaltung eines Bestreitens Unklarheiten bestehen oder das Gericht das Bestreiten eines Beteiligten nicht für ausreichend hält, wird das Gericht im Rahmen seiner Verfahrensleitung nach § 28 Abs 1 entsprechende Hinweise und Gelegenheit zu geben haben, notwendigen Vortrag nachzuholen.

18 4. Die Pflicht zur Durchführung einer förmlichen Beweisaufnahme soll auch im Rahmen des Abs 3 nicht weiter gehen als im Zivilprozess. Daraus wird in der Begr des RegE (BTDrs 16/6308, 189) gefolgert, dass bei der Prüfung von Verfahrensvoraussetzungen stets der Freibeweis zur Anwendung kommt und eine förmliche Beweisaufnahme – auch über Abs 3 – nicht erforderlich ist.

19 Da nach der zum 1.9.2004 in Kraft getretenen Neufassung des § 284 ZPO das Gericht im Zivilprozess bei Einverständnis der Parteien zum Freibeweis übergehen kann, sollte es bei erklärtem Einverständnis der Beteiligten auch in Verfahren nach dem FamFG möglich sein, von einer förmlichen Beweisaufnahme nach Abs 3 abzusehen. Hierfür spricht, dass die Beteiligten es ohnehin in der Hand haben, bereits durch Nichtbestreiten von Tatsachen die Anwendung des Abs 3 auszuschließen. Ein Verzicht auf die Anwendung des Abs 3 seitens der Beteiligten, ändert allerdings nichts daran, dass das Gericht – unabhängig von Erklärungen und Anträgen der Parteien – gemäß §§ 29 Abs 1, 30 Abs 1 Art und Umfang der Beweisaufnahme nach pflichtgemäßem Ermessen zu bestimmen hat.

D. Förmliche Beweisaufnahme in entsprechender Anwendung der Vorschriften der ZPO

20 Wenn das Gericht sich für eine förmliche Beweisaufnahme entscheidet oder eine solche zwingend durchzuführen ist (etwa nach Abs 3), so sind dabei die Vorschriften der ZPO entsprechend anzuwenden. Entsprechende Anwendung bedeutet hier, dass die Vorschriften der ZPO so anzuwenden sind, als seien sie Bestandteil des FamFG, dh sie sind den Besonderheiten des Verfahrens nach dem FamFG anzupassen und nur insoweit anzuwenden, als wesentliche Prinzipien der freiwilligen Gerichtsbarkeit (etwa der hier gel-

tende Amtsermittlungsgrundsatz) und spezielle Regelungen des FamFG dem nicht entgegenstehen (so bereits zum alten Recht Jansen/*von König* § 15 FGG Rn 1; KKW/*Schmidt* § 15 FGG Rn 2). Dass nach altem Recht in § 15 Abs 1 FGG auf die für bestimmte Beweismittel geltenden Vorschriften der ZPO Bezug genommen worden ist, nunmehr in § 30 Abs 1 jedoch für die förmliche Beweisaufnahme generell auf eine entsprechende Anwendung der ZPO verwiesen wird, dürfte nicht zu wesentlichen Änderungen geführt haben. Bereits nach altem Recht wurde von einer weitergehenden, auch die allgemeinen Vorschriften über die Beweisaufnahme umfassenden entsprechenden Anwendung der ZPO ausgegangen (vgl KKW/*Schmidt* § 15 FGG Rn 8).

I. Allgemeine Grundsätze der förmlichen Beweisaufnahme

Entsprechend anwendbar sind grundsätzlich – unter Beachtung des vorstehend dargestellten Vorbehalts – die allgemeinen Vorschriften über die Beweisaufnahme in §§ 355 ff ZPO. 21

Es gilt der **Grundsatz der Unmittelbarkeit der Beweisaufnahme** entsprechend § 355 ZPO, dh das erkennende Gericht muss die förmliche Beweisaufnahme grundsätzlich selbst durchführen und darf diese nicht auf den Vorsitzenden, den Berichterstatter, einen beauftragten oder ersuchten Richter übertragen (vgl OLG Karlsruhe FGPrax 1998, 77, 78; BayObLG NJW-RR 1996, 583, 584; *Bumiller*/Harders § 30 FamFG Rn 20; Jansen/ *von König* § 15 FGG Rn 5). Eine Übertragung der Beweisaufnahme auf einen beauftragten Richter wird in Verfahren der freiwilligen Gerichtsbarkeit allerdings eher selten relevant sein, nämlich bei erstinstanzlicher Zuständigkeit eines Kollegialgerichts (zB einer Kammer des LG in den Fällen der §§ 51b GmbHG, 99, 132 AktG) und im Beschwerdeverfahren. 22

Ausnahmen vom Unmittelbarkeitsgrundsatz kommen bei förmlicher Beweisaufnahme lediglich in den von der ZPO zugelassenen Tatbeständen der Einschaltung eines beauftragten oder ersuchten Richters in Betracht, insbesondere entsprechend § 372 Abs 2 ZPO (bei Augenscheinseinnahme), §§ 375, 402, 451 ZPO (unter bestimmten Voraussetzungen in Fällen der Zeugen-, Sachverständigen- und Beteiligtenvernehmung) und § 479 (bei Abnahme der Eidesleistung). In Landwirtschaftssachen der freiwilligen Gerichtsbarkeit sieht § 16 LwVG die scheinbare Möglichkeit der unbeschränkten Übertragung der Beweisaufnahme auf einen beauftragten Richter vor; bei förmlicher Beweisaufnahme ist dies allerdings nach hM ebenfalls nur unter den Ausnahmeregelungen der §§ 375, 402, 451 ZPO zulässig (vgl Barnstedt/*Steffen* § 16 LwVG Rn 6). 23

Kommt es bei der Würdigung des Beweises auf den persönlichen Eindruck des entscheidenden Gerichts an, etwa wenn der Eindruck von einem Zeugen und dessen persönliche Glaubwürdigkeit entscheidungsrelevant ist, muss grundsätzlich das erkennende Gericht in seiner Spruchbesetzung diesen Eindruck gewonnen haben oder zumindest auf eine aktenkundige und der Stellungnahme der Beteiligten zugängliche Beurteilung zurückgreifen können (vgl BayObLG NJW-RR 1995, 653, 654; OLG Karlsruhe FGPrax 1998, 77, 78; BGH NJW 1997, 1586, 1587 für den Zivilprozess). Wenn die letztgenannten Voraussetzungen nicht erfüllt sind, wird ggf die Beweisaufnahme vor dem beauftragten oder ersuchten Richter vor dem gesamten Kollegium des erkennenden Gerichts zu wiederholen sein. Entsprechendes gilt auch bei einem Richterwechsel. Ein solcher wird zwar meist keinen Einfluss auf das weitere Verfahren haben, da im FamFG Gegenstand der Entscheidung der gesamte Akteninhalt des Verfahrens ist und mithin auch die urkundlich niedergelegte Beweiserhebung verwertet werden kann (vgl OLG München FamRZ 2008, 2047, 2048; Keidel/*Sternal* § 30 FamFG Rn 20). Wenn aber für die Würdigung nicht allein auf protokollierte Aussagen und die Glaubhaftigkeit der Sachdarstellung abgestellt werden kann, sondern der persönliche Eindruck von Zeugen und ihre persönliche Glaubwürdigkeit entscheidungsrelevant sind und hierzu in den Akten festgehaltene Feststellungen fehlen, ist auch hier eine Wiederholung der Beweisaufnahme 24

§ 30 FamFG | Förmliche Beweisaufnahme

durch das zur Entscheidung berufene Gericht in der aktuellen Besetzung erforderlich (vgl BayObLG NJW-RR 1995, 653, 654, OLG Karlsruhe FGPrax 1998, 77, 78).

25 Die Unmittelbarkeit der Beweisaufnahme ist allerdings verzichtbar; ein Verstoß gegen diesen Grundsatz kann im Zivilprozess durch ausdrücklichen oder stillschweigenden Rügeverzicht gem § 295 ZPO geheilt werden (vgl BGH NJW 1979, 2518). Ein solcher, ggf auch konkludenter Verzicht der Beteiligten kommt jedenfalls im Bereich der echten Streitsachen und wohl auch in den sonstigen Antragsverfahren in Betracht (vgl Keidel/ *Sternal* § 30 FamFG Rn 26; aA OLG Köln OLGZ 1982, 1, 2); dagegen dürfte solches in den nicht zur Disposition der Beteiligten stehenden Amtsverfahren ausscheiden (vgl Jansen/*von König* § 15 FGG Rn 6).

26 Bei einer **im Ausland durchzuführenden Beweisaufnahme** ist § 363 ZPO entsprechend anzuwenden. Bei Beweiserhebungen innerhalb der EU sind die Verordnung (EG) Nr 1206/2001 des Rates vom 28.5.2001 sowie die darauf bezogenen Regelungen der §§ 1072 ff ZPO zu beachten.

27 Bei der förmlichen Beweisaufnahme gilt entsprechend § 357 ZPO der **Grundsatz der Partei- bzw Beteiligtenöffentlichkeit**. Die Beteiligten haben – was sich bereits unter der Geltung des FGG im Hinblick auf ihre Stellung als Verfahrenssubjekt mit entsprechenden Mitwirkungsrechten durchgesetzt hatte – das Recht, an der förmlichen Beweisaufnahme teilzunehmen und, etwa durch Fragen an Zeugen oder Sachverständige, auf die Beweiserhebung Einfluss zu nehmen (vgl Bumiller/Winkler § 15 FGG Rn 17; Jansen/*von König* § 15 FGG Rn 8; KKW/*Schmidt* § 15 FGG Rn 13; anders bei formlosen Ermittlungen im Freibeweisverfahren, vgl § 29 Rz 12). Zu anberaumten Beweisterminen sind die Beteiligten deshalb zu laden. Das Teilnahmerecht gilt auch für ihre Verfahrensbevollmächtigten und für Verfahrensbeistände und -pfleger (letztere sind ggf gesondert zu laden). Die Beteiligtenöffentlichkeit ist nicht nur bei Zeugenvernehmung zu wahren, sondern auch in anderen Fällen förmlicher Beweisaufnahme, etwa des Urkundenbeweises, der Augenscheinseinnahme oder des Sachverständigenbeweises. Analog § 247 StPO kann es gerechtfertigt sein, einen Beteiligten von Maßnahmen der Beweisaufnahme auszuschließen (zB in Sorgerechtssachen), wenn dies zur Herbeiführung einer wahrheitsgemäßen Aussage oder zur Vermeidung schwerwiegender Nachteile für einen Beteiligten oder die Aussageperson notwendig erscheint (für den Zivilprozess vgl Zöller/*Greger* § 357 ZPO Rn 5); ein Ausschluss kommt auch aus sitzungspolizeilichen Gründen nach §§ 177 ff GVG in Betracht. Das Ergebnis der durchgeführten Beweisaufnahme ist jedenfalls dem ausgeschlossenen Beteiligten mitzuteilen und ihm ist hierzu rechtliches Gehör zu gewähren (vgl *Bassenge*/Roth § 15 FGG Rn 4).

28 Wird das Recht auf Beteiligtenöffentlichkeit verletzt, sind die dabei erhobenen Beweise nicht zu verwerten; die förmliche Beweisaufnahme muss ggf wiederholt werden. In der Verletzung liegt ein Verfahrensverstoß, der ggf mit der Rechtsbeschwerde gerügt werden und – falls die Entscheidung darauf beruht – zur Begründetheit des Rechtsmittels führen kann (vgl KG FamRZ 1968, 605, 606; Keidel/*Sternal* § 30 FamFG Rn 28). Das Recht auf Teilnahme an einer förmlichen Beweisaufnahme steht jedoch zur Disposition der Beteiligten; darauf kann verzichtet werden (OLG Hamm OLGZ 1968, 334; *Bumiller*/Harders § 30 FamFG Rn 21) und ein in der Verletzung dieses Rechts liegender Verfahrensmangel kann durch ausdrücklichen oder konkludenten Rügeverzicht analog § 295 ZPO geheilt werden (Jansen/*von König* § 15 FGG Rn 9; Keidel/*Sternal* § 30 FamFG Rn 28, die eine Ausnahme bei Amtsverfahren machen wollen).

29 Hinsichtlich eines **Beweisantragsrechts** bzw der Notwendigkeit eines Beweisantrags sind die ZPO-Vorschriften nicht anwendbar (vgl § 29 Abs 1 Satz 2).

30 Ein **förmlicher Beweisbeschluss** (§§ 358 ff ZPO) ist nicht erforderlich, auch in echten Streitsachen nicht. Es genügt, dass der Gegenstand der Beweisaufnahme hinreichend deutlich wird. Hierzu mag es sachgerecht und zweckmäßig sein, die Beweisfragen in einem Gerichtsbeschluss festzuhalten. Entsprechende Beweisanordnungen sind grundsätzlich **nicht selbständig mit der Beschwerde anfechtbar**; es bleibt lediglich eine Über-

prüfung im Zusammenhang mit der Anfechtung einer ergangenen Endentscheidung (vgl § 58 Abs 1 und 2). Soweit durch Beweisanordnungen und deren Ausführung jedoch unmittelbar in Rechte eingegriffen wird, etwa auch in Rechte Dritter (zB von Zeugen), muss gesonderter Rechtsschutz gegen solche belastenden Maßnahmen gewährt werden. Die hier anzuwendenden speziellen Regelungen ergeben sich teilweise aus dem FamFG und darin zum Teil in Bezug genommene Vorschriften der ZPO (zB aus § 35 Abs 5, § 178 Abs 2 iVm §§ 386 bis 390 ZPO); jedenfalls sind bei förmlicher Beweisaufnahme über die generelle Bezugnahme in § 30 Abs 1 die hierfür vorhandenen Vorschriften der ZPO und das danach zulässige Rechtsmittel der sofortigen Beschwerde anwendbar (etwa §§ 372a Abs 2, 387 Abs 1 und 3, 390 Abs 3 ZPO).

Bei förmlicher Beweisaufnahme nach den Vorschriften der ZPO stehen dem Gericht auch die nach der ZPO vorgesehenen **Ordnungs- und Zwangsmittel** zur Verfügung (zB Verhängung von Ordnungsgeld nach §§ 380, 390, 409, 411 Abs 2 ZPO, zwangsweise Vorführung nach §§ 372a Abs 2, 380 Abs 2 ZPO, Erzwingungshaft nach § 390 Abs 2 ZPO). Gegen Ordnungsmittel- und Zwangsmittelanordnungen sind Rechtsmittel in entsprechender Anwendung der ZPO-Vorschriften gegeben (zB entsprechend §§ 380 Abs 3, 390 Abs 3 ZPO). 31

Ein **Sitzungsprotokoll** nach den Vorschriften der ZPO ist auch bei förmlicher Beweisaufnahme **nicht** zu erstellen. Etwas anderes kann sich jedoch aus in einzelnen Bereichen geltenden speziellen Regelungen ergeben. So finden etwa in Landwirtschaftssachen der freiwilligen Gerichtsbarkeit nach § 15 Abs 5 LwVG die Vorschriften der §§ 159 bis 164 ZPO über die Erstellung des Sitzungsprotokolls entsprechende Anwendung. Fehlen spezielle Regelungen, ist über einen Termin mit einer förmlichen Beweisaufnahme nach § 28 Abs 4 ein **Vermerk** zu fertigen, der die wesentlichen Vorgänge des Termins und der Beweisaufnahme enthält (vgl dazu § 28 Rz 30 ff). 32

II. Beweismittel der förmlichen Beweisaufnahme

Abweichend von § 15 FGG werden nunmehr die zur Anwendung kommenden Beweismittel einer förmlichen Beweisaufnahme nicht mehr enumerativ aufgeführt. Aus der generellen Bezugnahme auf die Vorschriften der ZPO ist zu entnehmen, dass bei der förmlichen Beweisaufnahme alle in der ZPO zugelassenen und geregelten Beweismittel, aber auch nur diese, in Betracht kommen. Die nachfolgende Kommentierung beschränkt sich auf evtl Besonderheiten dieser Beweismittel in Verfahren nach dem FamFG; wegen der systematischen, vollständigen Kommentierung der hier zur Anwendung kommenden ZPO-Vorschriften ist auf die vorhandenen Kommentare zur ZPO zu verweisen. 33

1. Beweis durch Augenschein (entsprechende Anwendung der §§ 371 bis 372a ZPO)

Beim Augenscheinsbeweis geht es um eine Tatsachenfeststellung durch eine eigene sinnliche Wahrnehmung des Gerichts hinsichtlich der körperlichen Eigenschaften und Zustände von Personen und Gegenständen. Die sinnliche Wahrnehmung muss sich dabei nicht auf das Sehen beschränken, was der Begriff Augenschein nahe legt, sondern kann nach heute allg Meinung auch – alternativ oder kumulativ – den Einsatz der anderen menschlichen Sinne (Gehör-, Tast-, Geschmacks- und Geruchssinn) erfassen (insoweit besser »Wahrnehmungsbeweis«, vgl Musielak/*Huber* § 371 ZPO Rn 3; Jansen/*von König* § 15 Rn 12). **Augenscheinsobjekt** können danach alle Gegenstände sein, die sinnlich wahrnehmbar sind. Dazu gehören alle sichtbaren Gegenstände, auch Fotografien, aber auch technische Aufzeichnungen wie Ton-, Videoaufnahmen, Computerdaten und Computerprogramme auf allen heute in Betracht kommenden Speichermedien. Auch elektronische Dokumente hat der Gesetzgeber in § 371a ZPO dem Augenscheinsbeweis zugeordnet, was jedenfalls das Beweisverfahren betrifft, während für die Beweiskraft 34

§ 30 FamFG | Förmliche Beweisaufnahme

elektronischer Dokumente die Vorschriften über den Urkundenbeweis entsprechend anwendbar sind (zur Beweisführung vgl *Berger* NJW 2005, 1016). In Abgrenzung zum Augenscheinsobjekt zeichnet sich die Urkunde durch eine schriftliche Verkörperung eines Gedankeninhalts aus (vgl Zöller/*Greger* Vor § 415 ZPO Rn 2).

35 Ebenfalls dem Verfahren des Augenscheinsbeweises zugeordnet ist die **Untersuchung zur Feststellung der Abstammung** nach § 372a ZPO. Diese Regelung ist für die Feststellung der Abstammung außerhalb des Abstammungsverfahrens (§§ 169 ff) und der hier geltenden entsprechenden Regelung des § 178 von Bedeutung.

36 In Verfahren der freiwilligen Gerichtsbarkeit sind die **Regelungen über den Beweisantritt** des Augenscheinsbeweises in § 371 Abs 1 und 2 ZPO nicht anwendbar, da diese mit den Verfahrensgrundsätzen der freiwilligen Gerichtsbarkeit unvereinbar sind. Der Augenscheinsbeweis wird nach dem geltenden Amtsermittlungsgrundsatz stets von Amts wegen angeordnet; auf einen Beweisantritt eines Beteiligten kommt es nicht an (Keidel/*Sternal* § 30 FamFG Rn 37).

37 Anwendbar ist hingegen § 372 Abs 1 ZPO, wonach das Gericht bei der Einnahme des Augenscheins die **Hinzuziehung von Sachverständigen** anordnen kann, und § 372 Abs 2 ZPO, der die Übertragung der Einnahme des Augenscheins mit evtl Hinzuziehung eines Sachverständigen auf einen **beauftragten Richter** generell zulässt (Jansen/*von König* § 15 FGG Rn 14). Eine solche Übertragung auf einen beauftragten Richter steht im Ermessen des Gerichts; hiervon dürfte abzusehen sein, wenn nach den Umständen eine persönliche Wahrnehmung und Würdigung aller Mitglieder des Gerichts geboten erscheint (vgl Keidel/*Sternal* § 30 FamFG Rn 35).

38 Entsprechend anwendbar ist auch § 371 Abs 3 ZPO, der bei **Vereitelung einer zumutbaren Einnahme des Augenscheins** die Möglichkeit einer Beweislastumkehr vorsieht mit der Folge, dass die Behauptungen des Gegners über die Beschaffenheit des Gegenstandes als bewiesen angesehen werden können. Auch wenn diese Regelung auf das Prozessverhältnis der beiden Parteien im Zivilprozess und die ihnen zukommenden Dispositionsbefugnisse zugeschnitten ist, so passt jedenfalls der zugrunde liegende Gedanke, dass die Folgen einer arglistigen oder zumindest treuwidrigen Verhinderung einer Beweiserhebung zu Lasten des treuwidrig Handelnden gehen müssen und dieses Verhalten indizielle Bedeutung haben kann, auch für den Bereich des FamFG. Dies rechtfertigt es, auch bei Geltung des Amtsermittlungsgrundsatzes die treuwidrige Vereitelung des Beteiligten zumindest im Rahmen der Beweiswürdigung zu berücksichtigen, ohne dabei eine mit dem Amtsermittlungsgrundsatz wohl nicht zu vereinbarende zwingende Beweisregel anzunehmen (vgl Jansen/*von König* § 15 FGG Rn 12 aE; Keidel/*Sternal* § 30 FamFG Rn 38). Entsprechendes dürfte auch gelten, wenn ein Beteiligter die Augenscheinseinnahme eines ihm zur Verfügung stehenden Gegenstandes **ohne triftigen Grund verweigert** (etwa nach einer Anordnung des Gerichts analog § 144 Abs 1 ZPO). Der Beteiligte, der die Feststellungslast trägt (vgl § 26 Rz 48 ff), wird schon im eigenen Interesse seiner Mitwirkungspflicht (§ 27) nachkommen und den betreffenden Gegenstand zur Augenscheinseinnahme zur Verfügung stellen. Zwangsmittel gegen Beteiligte zur Ermöglichung einer Augenscheinseinnahme bedürfen einer besonderen Rechtsgrundlage (§ 26 reicht insoweit nicht). Zwangsmittel sieht das Gesetz etwa vor zur Durchsetzung der Abstammungsuntersuchung gem § 178 und § 372a ZPO. Ansonsten ist eine Augenscheinseinnahme hinsichtlich der Person, insbesondere auch in der Form einer körperlichen Untersuchung, nicht erzwingbar (vgl OLG Hamm FamRZ 1981, 706, 707; OLG Stuttgart OLGZ 1975, 132, 133; Keidel/*Sternal* § 30 FamFG Rn 36). Geht es um die **Herausgabe von Augenscheinsobjekten seitens Dritter**, die nicht Beteiligte sind, kommt eine Herausgabeanordnung des Gerichts und deren Durchsetzung entsprechend §§ 144 Abs 2, 390 ZPO in Betracht. Die entsprechende Anwendung des § 144 ZPO dürfte durch die Verweisung in Abs 1 auf die Vorschriften der ZPO gedeckt sein (aA *Prütting*/Helms § 30 FamFG Rn 19); bei einer förmlichen Beweisaufnahme werden dem

Gericht der freiwilligen Gerichtsbarkeit die Befugnisse zuzugestehen sein, die dem Gericht im Zivilprozess zukommen.

Eine Beweisaufnahme scheidet aus, wenn das Augenscheinsobjekt **durch rechtwid-** 39 **rigen Eingriff erlangt** worden ist; grds unverwertbar sind zB Ton- oder Filmaufnahmen, die ohne Zustimmung der aufgenommenen Personen und damit durch rechtswidrigen Eingriff in deren geschütztes Persönlichkeitsrecht erstellt worden sind (vgl BVerfGE 34, 238, 246; BGH NJW 1988, 1016, 1017; Zöller/*Greger* § 286 ZPO Rn 15b).

Eine entsprechende Anwendung des § 372a ZPO kommt in Betracht, wenn es außer- 40 halb eines Abstammungsverfahrens nach §§ 169 ff auf **Untersuchungen zur Feststellung der Vaterschaft** ankommt. Denkbar ist dies etwa im Zusammenhang mit erbrechtlichen Fragen oder Streitigkeiten um das Recht der Namensführung. Da der im Abstammungsverfahren anwendbare § 178 inhaltlich und auch in den Formulierungen weitgehend dem § 372a ZPO entspricht, kann hier auf die Kommentierung des § 178 verwiesen werden.

2. Zeugenbeweis (entsprechende Anwendung §§ 373 bis 401 ZPO)

Für den Zeugenbeweis ist kennzeichnend, dass eine Auskunftsperson über ihre in der 41 Vergangenheit gemachten Wahrnehmungen von Tatsachen (tatsächlichen Vorgängen und Zuständen) aussagt.

Zeugnisfähigkeit kommt nur Personen zu, die nicht als Beteiligte anzusehen sind 42 und nicht als Beteiligte in entsprechender Anwendung der Vorschriften über die Parteivernehmung zu vernehmen sind. Dies bedeutet, dass der Antragsteller im Antragsverfahren (§ 7 Abs 1), die im Hinblick auf ihre Rechtsbetroffenheit sowie aufgrund Gesetzes hinzuziehenden Personen (§ 7 Abs 2) und die von Amts wegen oder aufgrund Antrags hinzugezogenen Beteiligten (§ 7 Abs 3) regelmäßig nicht als Zeugen vernommen werden können.

Auch eine Vernehmung des gesetzlichen Vertreters einer beteiligten nicht verfahrens- 43 fähigen Person ist grundsätzlich ausgeschlossen, wenn der gesetzliche Vertreter den Geschäftsunfähigen oder in der Geschäftsfähigkeit Beschränken im konkreten Verfahren vertritt oder zu vertreten hat (§ 9 Abs 2; vgl zum alten Recht Jansen/*von König* § 15 FGG Rn 20; KKW/*Schmidt* § 15 FGG Rn 22). Dies gilt etwa für Eltern minderjähriger Kinder, den Vormund oder den Betreuer im Rahmen seines Aufgabenkreises. § 455 ZPO wird hier – nach der vorliegenden Verweisung in Abs 1 – entsprechend anzuwenden und die hierzu vorliegende Rspr heranzuziehen sein. Dies bedeutet, dass entsprechend § 455 Abs 1 ZPO der gesetzliche Vertreter nur als Beteiligter, nicht aber als Zeuge vernommen werden kann. Der minderjährige oder sonst nicht geschäftsfähige Beteiligte kann dann – wenn er jedenfalls tatsächlich aussagetüchtig ist – als Zeuge vernommen werden (vgl für den Zivilprozess BGH NJW 1965, 2253, 2254; NJW 2000, 289, 291; Zöller/*Greger* § 455 ZPO Rn 1). Bei minderjährigen Beteiligten, die das 16. Lebensjahr vollendet haben, kann eine Ausnahme in entsprechender Anwendung des § 455 Abs 2 ZPO unter den dort genannten Voraussetzungen in Betracht kommen. Wenn der Minderjährige danach als Beteiligter vernommen werden kann, scheidet er als Zeuge aus. Sein gesetzlicher Vertreter kommt dann als Zeuge in Betracht (vgl Zöller/*Greger* § 455 ZPO Rn 3). Ein früherer Vertreter eines Beteiligten kann stets Zeuge sein. Für die Zeugnisfähigkeit der Aussageperson kommt es allein auf den Zeitpunkt der Vernehmung an.

Wenn geschäftsunfähigen oder in der Geschäftsfähigkeit beschränkten Personen aus- 44 nahmsweise eine selbständige Handlungsfähigkeit und eine entsprechende (partielle) Verfahrensfähigkeit zuerkannt wird (§ 9 Abs 1 Nr 3), scheiden sie ebenfalls als Zeugen aus. Dies gilt etwa unabhängig von ihrer Geschäftsfähigkeit für Betroffene in Betreuungssachen (§ 275), in Unterbringungssachen (§ 316) und in Verfahren über die Genehmigung freiheitsentziehender Maßnahmen für Minderjährige, die das 14. Lebensjahr vollendet haben (§§ 151 Nr 6, 167 Abs 3). In Kindschaftssachen scheidet eine förmliche

Vernehmung des Kindes als Zeuge aus; es kommt lediglich eine Anhörung des Kindes nach § 159 unter den dort normierten Voraussetzungen in Betracht.

45 Ist Beteiligte eine juristische Person, scheiden Vorstand und Geschäftsführer als deren gesetzliche (organschaftliche) Vertreter als Zeugen aus; Entsprechendes gilt für persönliche haftende Gesellschafter einer beteiligten OHG oder KG (vgl BGHZ 42. 230, 231), wohl auch für den Kommanditisten in Angelegenheiten der KG im Hinblick auf seine materielle Beteiligung (vgl Keidel/*Sternal* § 30 FamFG Rn 46; Jansen/*von König* § 15 FGG Rn 20; str).

46 Wenn eine Person, die als Zeuge ausgeschlossen ist, gleichwohl als Zeuge vernommen und die Aussage als Zeugenaussage verwertet wird, liegt ein Verfahrensfehler vor, der etwa im Rahmen einer Rechtsbeschwerde gerügt werden und zur Begründetheit dieses Rechtsmittels führen kann. Ein solcher Verfahrensmangel kann nachträglich dadurch unschädlich gemacht werden, dass das Gericht die Aussage nicht als Zeugenaussage, sondern ggf als Bekundung eines Beteiligten berücksichtigt (vgl OLG Hamm OLGZ 1967, 390, 391). In echten Streitsachen ist auch ein Rügeverzicht in entsprechender Anwendung des § 295 ZPO in Erwägung zu ziehen (ebenso Keidel/*Sternal* § 30 FamFG Rn 47).

47 Ein Zeuge, der der deutschen Gerichtsbarkeit unterliegt, ist – wenn kein Ausnahmetatbestand eingreift – entsprechend den Vorschriften der ZPO verpflichtet, zum für die Vernehmung anberaumten Termin zu erscheinen (**Erscheinenspflicht**), vor Gericht auszusagen (**Zeugnispflicht**) und ggf die Richtigkeit seiner Aussage zu beeiden (**Eidespflicht**).

48 Der Zeuge ist zum Termin der Vernehmung zu laden, was von Amts wegen durch die Geschäftsstelle veranlasst wird und formlos geschehen kann (§ 377 Abs 1 ZPO). Für den notwendigen Inhalt der Ladung gilt § 377 Abs 2 ZPO; statt der Bezeichnung der Parteien sind in echten Streitsachen die Beteiligten, in sonstigen Antragssachen der Antragsteller und ggf die Angelegenheit und in sonstigen Sachen die Angelegenheit zu benennen. Auch wenn ein (förmlicher) Beweisbeschluss nicht ergangen ist, ist für den Zeugen der Gegenstand der Vernehmung erkennbar zu machen; eine knappe, auch summarische Kennzeichnung genügt hierfür (OLG Hamm OLGZ 1968, 344; Keidel/*Sternal* § 30 FamFG Rn 50). Zur Vorbereitung des Zeugen anhand von Unterlagen und zur Verpflichtung, diese zum Termin mitzubringen vgl § 378 ZPO. Wenn das Gericht im Hinblick auf den Inhalt der Beweisfrage und die Person des Zeugen eine schriftliche Beantwortung der Beweisfrage für ausreichend erachtet, kann es dies unter Vorbehalt einer evtl noch erforderlichen Vernehmung des Zeugen anordnen (§ 377 Abs 3; auf den Vorbehalt ist hinzuweisen). Das Gericht kann dann auch den Zeugen laden und gleichzeitig eine Befreiung vom Erscheinen anordnen, wenn der Zeuge zuvor innerhalb einer bestimmten Frist die Beweisfrage(n) schriftlich beantwortet und diese Antwort bei Gericht einreicht. Zur schriftlichen Beantwortung der Beweisfrage ist der Zeuge in allen Fällen nicht verpflichtet; bei verweigerter schriftlicher Beantwortung der Beweisfrage muss er mit einer Ladung zur Vernehmung rechnen. Wenn dem Zeugen ein Zeugnisverweigerungsrecht zusteht (vgl § 29 Rz 36 ff) und seine Weigerung zur Aussage dem Gericht schriftlich oder zu Protokoll der Geschäftsstelle des Gerichts oder eines anderen Amtsgerichts (§ 25 Abs 2) erklärt, ist er nicht verpflichtet, zum Vernehmungstermin zu erscheinen (§ 386 Abs 3 ZPO).

49 Bei förmlicher Beweisaufnahme hat das Gericht auch die Befugnis, die nach der ZPO zulässigen **Ordnungs- und Zwangsmittel** einzusetzen. Bei Verstoß gegen die Verpflichtung des Zeugen zum Erscheinen sind entsprechend § 380 ZPO dem ohne oder ohne hinreichende Entschuldigung nicht erschienenen Zeugen die durch sein Ausbleiben verursachten Kosten aufzuerlegen und gegen ihn ein Ordnungsgeld, ersatzweise Ordnungshaft festzusetzen (zur nachträglichen Entschuldigung und zu deren Rechtzeitigkeit vgl § 381 ZPO; zur zulässigen Höhe und Beitreibung der Ordnungsmittel vgl §§ 6 bis 9 EGStGB). Bei wiederholtem Ausbleiben kommt nicht nur die erneute Festsetzung

eines Ordnungsgeldes in Betracht, sondern auch die Anordnung der zwangsweisen Vorführung des Zeugen (§ 380 Abs 2 ZPO).

Gegen die Beschlüsse über die Verhängung von Ordnungsgeld und die Anordnung 50 von Zwangsmaßnahmen ist entsprechend § 380 Abs 3 ZPO das Rechtsmittel der sofortigen Beschwerde gegeben. Dabei ist – wie nach bisherigem Recht – davon auszugehen, dass sich nur die Statthaftigkeit der sofortigen Beschwerde nach den in Bezug genommenen Vorschriften der ZPO (§§ 380 Abs 3, 567 ZPO) beurteilt, es sich im Übrigen jedoch um ein Verfahren der freiwilligen Gerichtsbarkeit handelt (vgl BGH NJW 1984, 2893, 2894; BayObLGZ 1994, 183, 185; Jansen/*von König* § 15 FGG Rn 32; KKW/*Schmidt* § 15 Rn 30). Eine sofortige Beschwerde steht bei Verhängung von Ordnungsmitteln und Auferlegung der durch das Ausbleiben verursachten Kosten sowie einer Ablehnung der Aufhebung entsprechender Anordnungen dem insoweit beschwerten Zeugen, bei einer Ablehnung und Aufhebung der Auferlegung von Kosten den Beteiligten zu.

Der geladene und erschienene Zeuge ist auch zur **Aussage verpflichtet**, wenn inso- 51 weit nicht Ausnahmen eingreifen, wie etwa Aussageverweigerungsrechte oder eine den Zeugen treffende Verschwiegenheitspflicht. Zu in Betracht kommenden **Aussageverweigerungsrechten** des Zeugen und zur Beachtung der **Amtsverschwiegenheit** vgl § 29 Rz 28 ff.

Wenn der Zeuge seine Aussage ohne nachvollziehbare und ernst gemeinte Begrün- 52 dung oder nach einer rechtskräftigen Entscheidung über die Unerheblichkeit der dafür vorgebrachten Gründe (vgl § 29 Rz 43 ff) verweigert, sind in entsprechender Anwendung des § 390 ZPO Ordnungs- und ggf Zwangshaft als Beugemittel zu verhängen und dem Zeugen die durch seine Weigerung verursachten Kosten aufzuerlegen. Entsprechende Maßnahmen können auch bei einer Weigerung, zulässigen Anordnungen des Gerichts über die Berücksichtigung und Vorlage aussageerleichternder Unterlagen nachzukommen, verhängt werden (§§ 378 Abs 2, 390 ZPO). Zur gegen einen solchen Beschluss gegebenen sofortigen Beschwerde vgl oben Rz 50.

Im Rahmen einer förmlichen Beweisaufnahme kommt auch eine **Beeidigung der Zeu- 53 genaussage** in entsprechender Anwendung der §§ 391 ff ZPO in Betracht (zu den Eidesverboten vgl § 393 ZPO). Auch dies dürfte von der generellen Bezugnahme auf die Vorschriften der ZPO bei der förmlichen Beweisaufnahme erfasst sein. Auch nach bisherigem Recht war – wie sich aus der Regelung des § 15 Abs 1 Satz 2 FGG über die in das Ermessen des Gerichts gestellte Beeidigung eindeutig ergab – eine Beeidigung von Zeugen und Sachverständigen zulässig (vgl Jansen/*von König* § 15 FGG Rn 51; KKW/ *Schmidt* § 15 FGG Rn 41). Es ist nicht ersichtlich, auch aus den Gesetzesmaterialien nicht, dass der Gesetzgeber dies ändern wollte.

Ein Zeuge ist nach § 391 ZPO zu beeidigen, wenn das Gericht dies mit Rücksicht auf 54 die Bedeutung der Aussage oder zur Herbeiführung einer wahrheitsgemäßen Aussage für geboten hält. Dabei ist davon auszugehen, dass dem Gericht insoweit ein Ermessen eingeräumt ist (so für den Zivilprozess Zöller/*Greger* § 391 ZPO Rn 3). Dass die Regelung des § 15 Abs 1 Satz 2 FGG über die ausdrückliche Hervorhebung des Ermessens des Gerichts nicht in § 30 übernommen worden ist, lässt nicht die Schlussfolgerung zu, dass dem Gericht insoweit in der Praxis bewährte Handlungsspielräume genommen werden sollen oder gar die Beeidigung, von der in der Gerichtspraxis immer weniger Gebrauch gemacht wird, forciert werden soll.

Die Regelung in § 391 über den Ausschluss der Beeidigung bei Verzicht der Parteien 55 hierauf dürfte im Hinblick auf den im Verfahren der freiwilligen Gerichtsbarkeit geltenden Amtsermittlungsgrundsatz nicht entsprechend anzuwenden sein (ebenso Keidel/ *Sternal* § 30 FamFG Rn 77).

Der Zeuge ist grundsätzlich **zur Eidesleistung verpflichtet**. Eine Ausnahme ergibt 56 sich bei einem Eidesverbot gem § 393 ZPO. Ein Zeuge, der zur Verweigerung der Aussage berechtigt ist, darf auch die Eidesleistung verweigern, auch wenn er bereits zur Sache ausgesagt hat (vgl Zöller/*Greger* § 391 ZPO Rn 1); die Verweigerung des Eides ist dann aber bei der Würdigung der Aussage zu berücksichtigen und mindert regelmäßig deren Beweiswert. Bei Beeidigung trotz Eidesverbots ist die Aussage als uneidliche zu würdigen; sonst ist von einem evtl entscheidungserheblichen Verfahrensfehler auszugehen (Jansen/*von König* § 15 FGG Rn 55). Bei unberechtigter Eidesverweigerung sind die Sanktionen des § 390 Abs 1 ZPO anzuwenden (vgl dazu und zum Rechtsmittel der sofortigen Beschwerde oben Rz 49 f).

57 Auch der **Rechtspfleger** ist in dem ihm übertragenen Wirkungskreis befugt, erforderlichen Zeugenbeweis zu erheben und die dazu notwendigen Anordnungen und Maßnahmen zu treffen (§ 4 Abs 1 RpflG), etwa auch Ordnungsgeld zu verhängen (Rechtsmittel dagegen: §§ 11 Abs 1 RpflG, 380 Abs 3, 390 Abs 3 ZPO). Er hat jedoch nicht die Befugnis, eine Beeidigung anzuordnen oder einen Eid abzunehmen oder hier relevante Freiheitsentziehungen anzudrohen oder anzuordnen (§ 4 Abs 2 RpflG). (Ersatz-)Ordnungshaft darf er danach weder androhen noch verhängen; auch zur Anordnung der zwangsweisen Vorführung des Zeugen ist er nicht befugt (Bassenge/*Roth* § 4 RpflG Rn 16). Wenn der Rechtspfleger solche Maßnahmen für erforderlich hält, hat er die Sache nach §§ 4 Abs 3, 28 RPflG dem Richter vorzulegen.

58 Die Entschädigung des Zeugen richtet sich nach §§ 19 ff JVEG.

3. Beweis durch Sachverständige (entsprechende Anwendung der §§ 402 bis 414 ZPO)

59 Das **wesentliche Merkmal** des Sachverständigenbeweises besteht darin, dass der Sachverständige dem Gericht die fehlende Sachkunde vermittelt oder zumindest vermitteln soll, um feststehende oder festzustellende Tatsache bewerten zu können und daraus Schlussfolgerungen zu ziehen.

60 Wer über vergangene Tatsachen oder Zustände berichten soll, für deren Wahrnehmung eine besondere Sachkunde erforderlich war, ist sachverständiger Zeuge; seine Vernehmung unterliegt den Regeln des Zeugenbeweises (§ 414 ZPO) und er hat in vollem Umfang die Stellung eines Zeugen (auch hinsichtlich der Entschädigung nach §§ 19 ff JVEG). Im Unterschied zum Sachverständigen, der durch eine andere Person mit entsprechender Sachkunde austauschbar ist, ist der sachverständige Zeuge nicht austauschbar (vgl Musielak/*Huber* § 414 ZPO Rn 1). Soll der sachverständige Zeuge über seine (aufgrund Sachkunde gemachten) Wahrnehmungen hinaus außerdem gutachterliche Schlüsse ziehen, ist er Zeuge und Sachverständiger zugleich.

61 Zur **Auswahl und Bestellung des Sachverständigen**: Sachverständiger kann jede natürliche Person sein, die nicht Beteiligte des Verfahrens ist. Wer Beteiligter ist und als Zeuge ausscheidet, scheidet auch als Sachverständiger aus. Insoweit gelten entsprechende Grundsätze wie für die Zeugnisfähigkeit. Sachverständiger kann auch eine juristische Person des öffentlichen Rechts oder ein ihr eingegliederter Verwaltungsträger sein (vgl § 1 Abs 2 JVEG), wenn die Erstattung des Gutachtens zum gesetzlichen Aufgabenbereich gehört (BGH NJW 1998, 3355, 3356), zB bei Handwerks- und Handelskammern, Gutachterausschüssen nach § 192 BBauG. Von einem zu speziellen Sachverständigenfragen in Auftrag gegebenen Behördengutachten abzugrenzen sind amtliche Auskünfte (entspr §§ 273 Abs 2 Nr 2, 358a Nr 2 ZPO), die sich auf behördliche Vorgänge beziehen und die Vernehmung von Beamten ersetzen sollen (vgl Jansen/*Briesemeister* § 12 FGG Rn 54), und die (schlichten) Stellungnahmen von Verwaltungsträgern, die im Rahmen der in verschiedenen Bereichen der freiwilligen Gerichtsbarkeit gesetzlich vorgesehenen Anhörungen außerhalb einer förmlichen Beweisaufnahme abgegeben werden (zB Stellungnahmen des Jugendamts nach §§ 162, 176, 194 f, der IHK und Handwerkskammern nach § 380, der Landwirtschaftskammer als Berufsvertretung nach § 32 Abs 2 LwVG).

62 Juristische Personen des Privatrechts kommen dagegen nicht als Gutachter in Betracht, wohl aber ein einzelnes Organmitglied oder ein Angestellter, der die Verantwortung für das Gutachten zu übernehmen hat und vom Gericht namentlich mit der Erstel-

Förmliche Beweisaufnahme | § 30 FamFG

lung des Gutachtens zu betrauen ist (vgl Keidel/*Sternal* § 30 FamFG Rn 84; Zöller/*Greger* § 402 Rn 6). Die konkrete Person, die das Gutachten tatsächlich erstellt hat, kann auch nachträglich noch zum Gutachter bestellt werden (vgl BayObLG NJW 2003, 216, 219).

Für die **Auswahl des Sachverständigen** gilt § 404 ZPO entsprechend; diese steht im 63 Übrigen im pflichtgemäßen Ermessen des Gerichts. Dieses hat im Rahmen des § 26 vor der Beauftragung zu ermitteln, ob die in Aussicht genommene Person die notwendige Sachkunde besitzt, was bei öffentlich bestellten Sachverständigen, auf die grundsätzlich zurückzugreifen ist (§ 404 Abs 2 ZPO), bei einer in das Gebiet der Bestellung fallenden Beweisfrage anzunehmen ist (zu den Qualifikationsanforderungen des familienpsyhologischen Sachverständigen vgl *Salzgeber* FPR 2008, 278). Gesetzliche Vorgaben hinsichtlich der notwendigen Qualifikation des Sachverständigen, die für einzelne Verfahren gelten, etwa in Unterbringungssachen (§ 321 Abs 1), sind zu beachten.

Zur Erstattung des Gutachtens sind nur die von § 407 ZPO erfassten Personen ver- 64 pflichtet (öffentlich bestellte Sachverständige; Personen, die die für die Begutachtung relevante Wissenschaft, Kunst oder das relevante Gewerbe zum Erwerb öffentlich ausüben oder hierzu öffentlich bestellt oder ermächtigt sind; Personen, die sich zur Begutachtung bereit erklärt haben). Diese Personen können die Begutachtung ablehnen, wenn sie als Zeugen ein Zeugnisverweigerungsrecht hätten (§ 408 Abs 1 ZPO) oder als (ehemalige) öffentliche Bedienstete bei einer Vernehmung als Sachverständige den Grundsätzen der Amtsverschwiegenheit oder ähnlichen Bindungen unterliegen würden (§ 408 Abs 2, 3 ZPO). Sonstige Personen können einen Gutachtenauftrag auch ohne besonderen Grund ablehnen.

Ein Sachverständiger kann aus denselben Gründen **abgelehnt** werden, die zur Ableh- 65 nung eines Richters berechtigen würden (§ 406 Abs 1 ZPO), dh in den Fällen des § 41 ZPO, in denen der Richter kraft Gesetzes ausgeschlossen ist, und in den Fällen der Besorgnis der Befangenheit (§ 42 ZPO). Hinsichtlich der einzelnen Ablehnungsgründe kann hier insbesondere auch die zur ZPO ergangene umfangreiche Rspr herangezogen werden (vgl zB Musielak/*Huber* § 406 ZPO Rn 3 ff; Zöller/*Greger* § 406 ZPO Rn 8 f; zum FamFG-Verfahren vgl *Völker* FPR 2008, 287).

Zur Ablehnung befugt ist jeder Verfahrensbeteiligte, ggf auch ein Geschäftsunfähiger, 66 sofern er in dem betreffenden Verfahren selbst verfahrensfähig ist. Für Form und Anbringung des Antrags gilt § 25; er ist bei dem Gericht anzubringen, das den Sachverständigen ernannt hat. Für Rechtzeitigkeit und Verlust des Ablehnungsrechts gilt § 406 Abs 2 ZPO entsprechend. Das Gesuch ist danach vor der Vernehmung des Sachverständigen zu stellen, spätestens jedoch binnen zwei Wochen nach Verkündung oder Bekanntgabe des Ernennungsbeschlusses (§ 15 Abs 1 und 2; ist lediglich eine formlose Mitteilung nach § 15 Abs 3 erfolgt, kommt es auf den Zeitpunkt des tatsächlichen Zugangs des Beschlusses an).

Zu einem späteren Zeitpunkt kommt es für die Zulässigkeit des Gesuchs darauf an, 67 dass der Beteiligte glaubhaft macht, ohne Verschulden an einer früheren Geltendmachung des Ablehnungsgrundes gehindert gewesen zu sein; das Gesuch ist dann unverzüglich nach Kenntnis des Ablehnungsgrundes bei Gericht anzubringen (eine kurze, nach den Umständen des Einzelfalls zu bemessende Überlegungszeit ist dem Beteiligten allerdings zuzubilligen; vgl dazu BayObLG FamRZ 1995, 425, 426; OLG Celle NJW-RR 1995, 128; Jansen/*von König* § 15 FGG Rn 67).

Über den Befangenheitsantrag entscheidet das Gericht, das den Sachverständigen be- 68 stellt hat, ggf der entsprechend § 405 ZPO mit der Beweisaufnahme betraute Richter oder auch – in Verfahren, die in die Zuständigkeit des Rechtspflegers fallen – der Rechtspfleger, der den Sachverständigen beauftragt hat. Die Entscheidung erfordert einen gesonderten Beschluss und ist nicht erst in den Gründen der Hauptsacheentscheidung zu treffen (BayObLG RPfleger 1982, 433). Der der Ablehnung stattgebende Beschluss ist entspr § 406 Abs 5 ZPO unanfechtbar. Ein evtl vom abgelehnten Sachverständigen erstelltes Gutachten ist dann unverwertbar; es ist ggf entspr § 412 Abs 2 ZPO die Begutachtung durch einen anderen Sachverständigen anzuordnen. Der abgelehnte Gutachter kann allerdings noch als sachverständiger Zeuge über sachkundig festgestellte Tatsachen vernommen werden (vgl Musielak/*Huber* § 406 ZPO Rn 18).

69   Wird der Ablehnungsantrag zurückgewiesen, ist gegen den Beschluss des Gerichts entspr § 406 Abs 5 ZPO sofortige Beschwerde gegeben. Auch hier richtet sich lediglich die Zulässigkeit des Rechtsmittels nach den in Bezug genommenen Vorschriften der ZPO, ansonsten gelten für das Beschwerdeverfahren die Grundsätze der freiwilligen Gerichtsbarkeit (vgl bereits oben Rz 50). Bei ablehnender Entscheidung des nach § 405 ZPO beauftragten Richters ist befristete Erinnerung entsprechend § 573 ZPO gegeben.

70   Bei Entscheidungen des Rechtspflegers gilt § 11 Abs 1 RPflG bei Zurückweisung des Befangenheitsgesuchs; bei stattgebender Entscheidung dürfte die befristete Erinnerung nach § 11 Abs 2 Satz RpflG gegeben sein (vgl Jansen/*von König* § 15 FGG Rn 69; *Völker* FPR 2008, 287, 293).

71   Auf die **Erhebung des Sachverständigenbeweises und das weitere Verfahren** finden ebenfalls die Vorschriften der ZPO entsprechende Anwendung. Nicht anwendbar sind allerdings – wegen Unvereinbarkeit mit dem nach § 26 geltenden Grundsatz der Amtsermittlung – § 403 ZPO über den Beweisantritt und § 404 Abs 4 ZPO über die Bindung des Gerichts an Vereinbarungen der Parteien über den zu bestellenden Sachverständigen. Allerdings wird ein solches Einvernehmen der Beteiligten als Anregung für das Gericht von Bedeutung sein.

72   Für die Beeidigung des Sachverständigen sind §§ 410, 478 ff ZPO entsprechend anwendbar.

73   Die **Tätigkeit des Sachverständigen** hat **das Gericht entspr § 404a ZPO zu leiten**, was im Hinblick auf die beim Sachverständigen vorhandene, beim Gericht typischerweise fehlende Fachkompetenz Grenzen hat. Im Wesentlichen geht es um Vorgaben für Art, Gegenstand und Umfang der Begutachtung und hierzu zu erteilende Weisungen. Das Gericht hat die Anknüpfungstatsachen für das Sachverständigengutachten grundsätzlich selbst festzustellen und sie dem Sachverständigen vorzugeben (§ 404a Abs 3 ZPO). Etwas anderes gilt, wenn bereits für die Feststellung entspr Anknüpfungstatsachen der beim Sachverständigen vorhandene Sachverstand benötigt wird. Dann kann dies dem Sachverständigen überlassen werden. Eine für die Feststellung der Anknüpfungstatsachen erforderliche Zeugenvernehmung ist nicht dem Sachverständigen zu übertragen, sondern ist vom Gericht – falls dies notwendig oder zumindest hilfreich erscheint, ggf in Gegenwart des Sachverständigen – selbst vorzunehmen.

74   Das Gutachten kann – je nach im Ermessen des Gerichts stehender Anordnung – **mündlich zu erstatten oder schriftlich abzufassen** sein (letzteres dürfte zumindest bei schwierigen, komplexen Fragen die Regel sein). Bei schriftlicher Begutachtung kann das Gericht entspr § 411 Abs 3 ZPO den Sachverständigen zur **Erläuterung seines Gutachtens** zu einem Termin laden. Einem Begehren eines Beteiligten, den Sachverständigen zum Termin zu laden, um den Sachverständen zu Einwendungen und Fragen des Beteiligten hinsichtlich des schriftlichen Gutachtens anzuhören, wird entspr §§ 402, 397 ZPO und auch zur Wahrung rechtlichen Gehörs – von erkennbaren, nachweisbaren Fällen des Missbrauchs abgesehen – zwingend nachzukommen sein, auch wenn das Gericht das Gutachten für nicht erläuterungsbedürftig und insgesamt für überzeugend hält (vgl BVerfG NJW 1998, 2273; BGH NJW 1997, 802; OLG Köln OLGR 2007, 124). Unabhängig von solchen Anträgen der Beteiligten hat das Gericht die Erläuterung der Gutachtens von Amts wegen anzuordnen, wenn das Gutachten unvollständig, unklar, interpretationsbedürftig oder nicht überzeugend erscheint, es Widersprüche enthält oder sonstige Gründe vorhanden sind, die eine Befragung und Erläuterung des Sachverständigen gebieten (vgl Keidel/*Sternal* § 30 FamFG Rn 95).

75   Die **Einholung eines neuen, weiteren Gutachtens** durch denselben oder einen anderen Sachverständigen steht nach § 412 Abs 1 ZPO im pflichtgemäßen Ermessen des Ge-

richts. Die Anordnung einer neuen Begutachtung ist zwingend geboten (insoweit dann Ermessensreduzierung), wenn das vorliegende Gutachten völlig unbrauchbar oder es nicht verwertbar ist (etwa nach erfolgreicher Ablehnung des Sachverständigen, bei unzutreffender oder nicht zu verwertender Feststellungen entscheidungsrelevanter Anknüpfungstatsachen). Ansonsten wird die Einholung eines weiteren, neuen Gutachtens regelmäßig erst in Betracht kommen, wenn auch die mündliche Erläuterung oder eine Ergänzung des vorhandenen Gutachtens keine ausreichende Klärung erbracht hat. So ist etwa bei Widersprüchen mehrerer vorliegender Gutachten, insbesondere auch bei Widersprüchen zwischen einem Gerichtsgutachten und von den Beteiligten vorgelegten Privatgutachten primär eine Klärung durch mündliche Erläuterung oder schriftliche Ergänzung des gerichtlichen Gutachtens in Betracht zu ziehen (vgl BGH NJW 1997, 794, 795). Eine Überzeugungsbildung wird hier dem Gericht ohne weitere Klärung regelmäßig nicht möglich sein. Etwas anderes gilt ausnahmsweise, wenn das Gericht selbst die notwendige Sachkunde hat; diese muss dann aber in der Entscheidung dargestellt und in der Auseinandersetzung mit den Widersprüchen der Gutachten erkennbar werden.

Bleibt es – trotz Erläuterung und evtl Gutachtenergänzung – bei Widersprüchen und/ 76 oder Zweifeln, ist ein weiteres Gutachten (oder Obergutachten) nicht zwingend, jedenfalls dann nicht, wenn das vorliegende Gerichtsgutachten keine erkennbaren Mängel aufweist und für seine Richtigkeit Gründe vorhanden sind (vgl KG FGPrax 2008, 200; Keidel/*Sternal* § 30 FamFG Rn 100).

Die Aufklärungspflicht des Gerichts (§ 26) gebietet allerdings ein weiteres Gutachten 77 dann, wenn sich Zweifel an der Sachkunde des Gerichtsgutachters ergeben haben, nicht aufzulösende interne Widersprüche des Gutachtens zu entscheidungsrelevanten Punkten vorliegen oder ein neuer Sachverständiger über neue Erkenntnis oder Forschungsmittel verfügt, die denen des bisherigen Gerichtsgutachters überlegen erscheinen (vgl BGH NJW 1999, 1778, 1779; Jansen/*von König* § 15 FGG Rn 73).

Entsprechend dem zum 1.9.2004 eingeführten § 411a ZPO, der über die Verweisung 78 des § 30 Abs 1 auch im FamFG entspr gilt, kann die Einholung eines Sachverständigengutachtens von vornherein entfallen bei einer **Verwertung eines gerichtlich oder staatsanwaltschaftlich eingeholten Gutachtens aus einem anderen Verfahren**. Dieses Gutachten wird nicht – was auch vor der Neuregelung möglich war – urkundenbeweislich, sondern als Sachverständigengutachten verwertet. Über diese Verwertung hat das Gericht ebenfalls nach pflichtgemäßem Ermessen nach Gewährung rechtlichen Gehörs für die Beteiligten zu entscheiden. Eine Verwertung kann nur in Betracht kommen und eine neue Begutachtung entbehrlich machen, wenn das Beweisthema des bereits vorliegenden Gutachtens die Beweisfragen im aktuellen Verfahren abdeckt; allerdings kommen auch eine (nur teilweise) Verwertung des vorhandenen Gutachtens und eine ergänzende neue Begutachtung in Betracht (vgl Musielak/*Huber* § 411a ZPO Rn 9). Das verwertete Sachverständigengutachten ist wie ein im Verfahren eingeholtes zu behandeln, dh die dargestellten Regelungen über die Anhörung des Sachverständigen und die diesbezüglichen Rechte der Beteiligten sind anwendbar, auch die Regelungen über die Ablehnung des Gutachters wegen Befangenheit (Zöller/*Greger* § 411a ZPO Rn 4)

4. Beweis durch Urkunden (entsprechende Anwendung der §§ 415 bis 444 ZPO)

Urkunden (für die die Verkörperung einer Gedankenerklärung durch Schriftzeichen 79 kennzeichnend ist; vgl zum Urkundenbegriff BGHZ 65, 300, 301) sind nicht nur im Bereich des Freibeweises eine wichtige Erkenntnisquelle; Beweis durch Urkunden kommt auch im Rahmen förmlicher Beweisaufnahme in Betracht. Die Vorschriften über Urkunden in §§ 415 ff ZPO sind – unter Berücksichtigung der Besonderheiten des Verfahrens der freiwilligen Gerichtsbarkeit, insbes des Amtsermittlungsgrundsatzes – entspr anzuwenden.

§ 30 FamFG | Förmliche Beweisaufnahme

80   Die **Beweiskraft öffentlicher Urkunden** richtet sich nach §§ 415, 417–419 ZPO, die **Echtheit** nach §§ 437, 438 ZPO. Bei Zweifeln an der Echtheit oder der inhaltlichen Richtigkeit der Urkunde ist nach § 26 Aufklärung von Amts wegen geboten (BayObLG NJW-RR 2000, 456, 457). Von einer inhaltlichen Unrichtigkeit der öffentlichen Urkunde kann nur bei einem entsprechenden vollen Beweis ausgegangen werden; verbleibende Zweifel reichen nicht aus (BayObLG NJW-RR 2000, 456, 457). Der öffentlichen Urkunde gleichgestellt wird der mit einem Beglaubigungsvermerk versehene Ausdruck eines öffentlichen **elektronischen Dokuments** nach §§ 416a, 371a Abs 2 ZPO.

81   Für die **Beweiskraft von Privaturkunden** sind §§ 416, 419 ZPO entspr anzuwenden. Die in § 440 Abs 2 enthaltene Vermutung der Echtheit von Privaturkunden findet als mit der Amtsermittlung unvereinbare Vorschrift keine Anwendung; es gilt insoweit freie Beweiswürdigung (BayObLG FGPrax 2002, 111).

82   Die Vorschriften der ZPO über das **Beweisverfahren,** die durch den im Zivilprozess geltenden Beibringungsgrundsatz geprägt sind und dem Amtsermittlungsgrundsatz des § 26 nicht hinreichend Rechnung tragen, dürften auch nach neuem Recht nicht oder nur eingeschränkt anwendbar sein (vgl zum alten Recht KKW/*Schmidt* § 15 FGG Rn 54). Dies gilt insbesondere für die §§ 420 ff ZPO über den Beweisantritt und die Folgen einer Verletzung einer Vorlagepflicht.

83   Unabhängig von Beweisanträgen der Beteiligten wird Urkundenbeweis vom Gericht von Amts wegen im Rahmen der Ermittlungspflicht aus § 26 erhoben.

84   Die Anordnung der Vorlage einer Urkunde kommt zwar auch im förmlichen Beweisverfahren der freiwilligen Gerichtsbarkeit in Betracht. § 427 ZPO ist jedoch unanwendbar; die Nichterfüllung der Vorlageanordnung ist frei zu würdigen (vgl Keidel/*Sternal* § 30 FamFG Rn 109). Fraglich ist, ob eine Vorlageanordnung des Gerichts ggf im Wege der Vollstreckung nach § 35 erzwungen werden kann. Nach altem Recht ist – entsprechend der Rechtslage im Zivilprozess – eine Vollstreckbarkeit der Anordnung sowohl gegenüber den Beteiligten als auch gegenüber Dritten grundsätzlich verneint worden (vgl Jansen/*von König* § 15 FGG Rn 78); eine Ausnahme kam in Betracht, wenn für Teilbereiche – wie etwa für die Ablieferung von Testamenten (vgl §§ 83 Abs 1, 33 FGG) – das Gesetz eine spezielle Regelung über die Herausgabepflicht und deren Vollstreckung enthielt (vgl BayObLG FamRZ 1988, 658). Die Vorschriften der ZPO, die nach Abs 1 entsprechend anzuwenden sind, sehen eine Erzwingung der Vorlage gegenüber einer Partei nicht vor; gegenüber einem Dritten ist die Herausgabeanordnung durch Ordnungsgeld oder Ordnungshaft dagegen erzwingbar, wenn das Gericht die Vorlage nach § 142 Abs 1 ZPO angeordnet hat (vgl Thomas/Putzo/*Reichold* § 142 ZPO Rn 4, 5; § 427 ZPO Rn 2). Da § 35 allgemein eine Vollstreckung gerichtlicher Zwischenentscheidungen zulässt, dürfte einiges dafür sprechen, eine Vollstreckung nunmehr auch hinsichtlich einer Vorlageanordnung zuzulassen.

85   §§ 439, 440 ZPO sind mit dem Amtsermittlungsgrundsatz unvereinbar; an ihrer Stelle gilt freie Beweiswürdigung (BayObLG FGPrax 2002, 111; *Bassenge*/Roth § 15 FGG Rn 36; *Bumiller*/Harders § 30 FamFG Rn 27).

5. Beweis durch Beteiligtenvernehmung (entsprechende Anwendung der §§ 445 bis 455 ZPO)

86   Personen, die Beteiligte des Verfahrens sind, können nicht als Zeuge, sondern nur in entsprechender Anwendung der Vorschriften über die Parteivernehmung vernommen werden. Bereits nach altem Recht ist die hM von der Zulässigkeit einer solchen förmlichen Beteiligtenvernehmung ausgegangen (vgl BayObLGZ 1961, 132, 139; OLG Schleswig FamRZ 2001, 938, 939; KKW/*Schmidt* § 15 FGG Rn 56). Die Gegenmeinung (BGHSt 5, 111, 114; 10, 272 betr Zulässigkeit der Beeidigung Beteiligter; Jansen/*von König* § 15 FGG Rn 80), die maßgebend auf das Fehlen der Parteivernehmung in der Aufzählung des § 15 Abs 1 FGG abgestellt hat, kann jedenfalls nach Abkehr von der enumerativen Auf-

zählung der förmlichen Beweismittel und der nunmehr in § 30 Abs 1 enthaltenen generellen, uneingeschränkten Bezugnahme auf die entsprechend anzuwendenden Vorschriften der ZPO nicht mehr überzeugen.

Die förmliche Vernehmung eines Beteiligten, die von der schlichten Anhörung des Beteiligten zu unterscheiden ist, wird von Amts wegen in entsprechender Anwendung des § 448 ZPO angeordnet. Die Regelungen über die Parteivernehmung auf Antrag, die auf den im Zivilprozess geltenden Grundsatz der formellen Beweisführungslast ausgerichtet sind, sind nicht anwendbar (Keidel/*Sternal* § 30 FamFG Rn 115). 87

Auf Beteiligtenvernehmung ist – wie bei der Parteivernehmung im Zivilprozess – nur subsidiär zurückzugreifen, wenn andere Beweismittel nicht mehr zur Verfügung stehen. Über eine Beteiligtenvernehmung entscheidet das Gericht im Rahmen der Amtsaufklärung nach pflichtgemäßem Ermessen; einer Anfangswahrscheinlichkeit für die zu beweisende Tatsache – die im Zivilprozess erforderlich ist – bedarf es nicht (*Bassenge*/Roth § 15 FGG Rn 39; aA Keidel/*Sternal* § 30 FamFG Rn 115). 88

Die förmliche Beteiligtenvernehmung kommt auch hinsichtlich mehrerer Beteiligter in Betracht; so können in echten Streitverfahren auch beide Beteiligten vernommen werden (entspr § 448 ZPO). 89

Nach § 455 Abs 1 ZPO ist bei juristischen Personen, bei geschäftsunfähigen oder beschränkt geschäftsfähigen Personen der gesetzliche Vertreter zu vernehmen; auch § 455 Abs 2 ZPO ist anwendbar. 90

Die förmliche Beweisaufnahme entsprechend den Vorschriften der ZPO schließt auch die **Beeidigung des vernommenen Beteiligten** entspr §§ 452, 478 ff ZPO ein, was nach altem Recht, das in § 15 FGG die Parteivernehmung nicht erwähnte, streitig war (für Zulässigkeit BayObLGZ 1991, 10, 14; KKW/*Schmidt* § 15 FGG Rn 58; dagegen BGHSt 10, 272; BayObLGZ 1979, 326, 332). Eine Beeidigung kommt aber entspr § 452 Abs 1 Satz 1 ZPO nur in Betracht, wenn das Ergebnis der unbeeidigten Aussage einer Partei nicht ausreicht, um das Gericht von der Wahrheit oder Unwahrheit der zu beweisenden Tatsache zu überzeugen. 91

Die förmliche Beteiligtenvernehmung kann auch der (in der Sache funktionell zuständige) Rechtspfleger anordnen und vornehmen; zur Abnahme eines Eides ist er jedoch nicht befugt, ggf muss er die Sache dem Richter vorlegen (vgl §§ 4 Abs 2 Nr 1, Abs 3, 28 RPflG). 92

6. Amtliche Auskunft (entspr §§ 273 Abs 2 Nr 2, 358a Nr 2 ZPO)

Die amtliche Auskunft (§§ 273 Abs 2 Nr 2, 358a Nr 2 ZPO) stellt im Zivilprozess ein zulässiges, eigenständiges Beweismittel dar (vgl BGH NJW 1964, 107), das auch im förmlichen Beweisverfahren anwendbar und den dafür geltenden Regelungen unterworfen ist (vgl BLAH/*Hartmann* Übers § 373 ZPO Rn 32; Musielak/*Stadler* § 358a ZPO Rn 9). Sie kommt dann auch bei einer förmlichen Beweisaufnahme nach § 30 Abs 1 in Betracht (zum alten Recht *Bassenge*/Roth § 15 FGG Rn 42 sowie Keidel/*Sternal* § 30 FamFG Rn 120). Sie kann insbesondere an Stelle einer Zeugenvernehmung in Betracht kommen und sich auch auf Sachverständigenfragen beziehen (insoweit also die Einholung eines Sachverständigengutachtens ersetzen; vgl BGHZ 89, 114, 119; *Bassenge*/Roth § 15 FGG Rn 42). Von der Zeugenvernehmungen unterscheidet sich die amtliche Auskunft dadurch, dass bei dieser die behördliche Auskunftsperson austauschbar ist (vgl Musielak/ *Stadler* § 358a ZPO Rn 9). 93

E. Möglichkeit der Stellungnahme der Beteiligten zum Ergebnis einer förmlichen Beweisaufnahme (Abs 4)

Nach Abs 4 ist das Gericht verpflichtet, den Beteiligten Gelegenheit zur Stellungnahme zum Ergebnis einer förmlichen Beweisaufnahme zu geben. Der Zweck dieser Regelung entspricht in den wesentlichen Grundlagen dem der im Zivilprozess geltenden Vor- 94

§ 30 FamFG | Förmliche Beweisaufnahme

schrift des § 279 Abs 3 ZPO, wonach das Gericht nach der Beweisaufnahme erneut den Sach- und Streitstand und, soweit bereits möglich, das Ergebnis der Beweisaufnahme mit den Parteien zu erörtern hat. Abs 4 tritt hier an die Stelle dieser Vorschrift. Die Erörterung des Beweisergebnisses erfolgt im Zivilprozess im Beweisaufnahme- und Verhandlungstermin. Abs 4 lässt demgegenüber dem Gericht einen weitergehenden Spielraum in der Verfahrensgestaltung. Es ist hier nicht unbedingt erforderlich, den Beteiligten die Möglichkeit zur Stellungnahme im Rahmen eines (gesondert angesetzten) Termins zur mündlichen Verhandlung zu geben. Es reicht vielmehr aus, wenn den Beteiligten binnen einer angemessenen Frist Gelegenheit zu einer schriftlichen Stellungnahme zum Beweisergebnis gegeben wird. Dabei wird das Gericht – wie bei § 279 Abs 3 ZPO – auch erkennbar zu machen haben, zu welchem Ergebnis der Beweiswürdigung es tendiert.

95 Die Einräumung einer Möglichkeit zur Stellungnahme zum Beweisergebnis wird regelmäßig bereits zur Gewährleistung des rechtlichen Gehörs der Beteiligten erforderlich sein. Auch für die Mitwirkung der Beteiligten (§ 27) an einer evtl notwendigen weiteren Ermittlung des Sachverhalts ist die Einräumung einer Möglichkeit zur Stellungnahme zum bisherigen Beweisergebnis sachgerecht und geboten.

96 Nach § 37 Abs 2 darf das Gericht seine Entscheidung nur auf Tatsachen und Beweisergebnisse stützen, zu denen sich die Beteiligten vorher äußern konnten.

§ 31 Glaubhaftmachung

(1) Wer eine tatsächliche Behauptung glaubhaft zu machen hat, kann sich aller Beweismittel bedienen, auch zur Versicherung an Eides Statt zugelassen werden.

(2) Eine Beweisaufnahme, die nicht sofort erfolgen kann, ist unstatthaft.

A. Allgemeines

Das FGG enthielt bisher in § 15 Abs 2 lediglich eine Bestimmung über die Zulässigkeit der Versicherung an Eides Statt als Beweismittel zur Glaubhaftmachung von Tatsachen. § 31 geht über diese rudimentäre Regelung hinaus und übernimmt nunmehr inhalts- und wortgleich die Regelung aus § 294 ZPO, was zur Harmonisierung der Verfahrensordnungen beiträgt. Bei der Glaubhaftmachung ist die Beweisführung erleichtert; statt des vollen Beweises zur Überzeugung des Gerichts reicht ein bestimmtes Maß an Wahrscheinlichkeit aus. Für die Glaubhaftmachung ist weiterhin kennzeichnend, dass sie einem Beteiligten obliegt und es dessen Sache ist, die Beweismittel beizubringen (keine Beweiserhebung von Amts wegen). 1

Der Beteiligte kann sich nach § 31 Abs 1 für die Glaubhaftmachung grundsätzlich aller Mittel des Beweises bedienen. Allerdings ist er dabei – in Abweichung von der bisher geltenden Rechtslage – auf präsente Beweismittel beschränkt, wie sich aus Abs 2 ergibt. Der Gesetzgeber ist dabei davon ausgegangen, dass die Beschränkung auf präsente Beweismittel dem beweispflichtigen Beteiligten keine unzumutbaren Lasten auferlegt. Die damit verbundene Obliegenheit des Beteiligten zur Herbeischaffung von Beweismitteln wird als Ausdruck der Mitwirkungspflicht gesehen, die dem Beteiligten in Verfahren der freiwilligen Gerichtsbarkeit auferlegt ist (vgl § 27 Abs 1). Weiterhin wird in der Gesetzesbegründung darauf verwiesen, dass die Beschränkung auf präsente Beweismittel der Verfahrensbeschleunigung in Eil- und Zwischenverfahren diene, was auch dem beweispflichtigen Beteiligten zugute komme (vgl BTDrs 16/6308, 190). 2

B. Anwendungsbereich

§ 31 ist anwendbar, wenn das Gesetz in Verfahren des FamFG eine Beweisführung durch Glaubhaftmachung verlangt oder genügen lässt. § 31 **gilt allerdings nicht in Ehesachen und Familienstreitsachen** nach § 113 Abs 1; hier ist die ZPO und damit § 294 ZPO anwendbar. 3

Nur in den gesetzlich vorgesehenen Fällen der Beweisführung durch Glaubhaftmachung reicht diese zum Nachweis von Tatsachen aus.

Glaubhaftmachung sieht das Gesetz in bestimmten Zwischenverfahren vor, wie etwa im Verfahren über die Richterablehnung (§ 6 Abs 1 iVm § 44 Abs 2 ZPO) und im Wiedereinsetzungsverfahren (vgl § 18 Abs 3 Satz 1).

Ein weiterer Anwendungsbereich liegt bei Eilverfahren, wie der einstweiligen Anordnung nach §§ 49, 51 Abs 1 Satz 2. Auch im materiellen Recht finden sich Regelungen, die die Glaubhaftmachung vorsehen, zB §§ 1953 Abs 3, 2010, 2228, 2264, 2384 Abs 2 BGB, § 13 Abs 3 Satz 1 HöfeO. 4

Gegenstand der Glaubhaftmachung sind zu beweisende Tatsachen. Auf eine Glaubhaftmachung kann es nach allgemeinen Grundsätzen nur bei entscheidungserheblichen Tatsachen ankommen. Für Glaubhaftmachung ist auch nur Raum, wenn die betreffenden Tatsachen nicht bereits anderweitig feststehen. 5

Wenn Glaubhaftmachung zugelassen ist, sind die hierfür geltenden Grundsätze auch auf eine Gegenbeweisführung bzw Widerlegung der glaubhaft zu machenden Tatsachen und auf Tatsachen anzuwenden, die eine entgegenstehende Rechtsposition ausfüllen. 6

Nach altem Recht war streitig, ob über die im Gesetz selbst vorgesehenen Anwendungsbereiche hinaus Raum vorhanden gewesen ist, die Regelung über die Glaubhaftmachung heranzuziehen (für Heranziehung dieser Regeln nach pflichtgemäßem Ermes- 7 sen des Gerichts KKW/*Schmidt* § 15 FGG Rn 68; ablehnend *Bassenge*/Roth § 15 FGG Rn 43).

8   Jedenfalls nach der Neufassung und der damit verbundenen grundlegenden Überprüfung dieses Regelungsbereichs durch den Gesetzgeber ist davon auszugehen, dass das Gericht sich nur noch in den gesetzlichen zugelassenen Fällen mit der Glaubhaftmachung begnügen darf (ansonsten ist voller Beweis erforderlich; ebenso die ganz hM für den wortgleichen § 294 ZPO, vgl Musielak/*Huber* § 294 ZPO Rn 2; ebenfalls gegen Analogie im entschiedenen Fall BGH VersR 1973, 186, 187).

C. Beweismaß für die Glaubhaftmachung

9   Die Glaubhaftmachung ist gesetzlich nicht definiert, auch ihr Beweismaß ist gesetzlich nicht festgelegt. Ist Glaubhaftmachung zugelassen, ergibt sich daraus nicht nur eine Freiheit hinsichtlich der Beweismittel, sondern es ist auch ein geringeres Beweismaß ausreichend, das hinter dem Vollbeweis zurückbleibt. Der Begriff der Glaubhaftmachung hat in den Prozessordnungen, insbesondere im Zivilprozessrecht und in der freiwilligen Gerichtsbarkeit, einen hinreichend geklärten, bestimmten Bedeutungsinhalt. Danach ist für die Glaubhaftmachung – in Abweichung vom Regelbeweismaß der vollen Überzeugung – eine erhebliche, überwiegende Wahrscheinlichkeit für die glaubhaft zu machende Tatsache ausreichend, aber auch erforderlich (BGH NJW-RR 2007, 776, 777; NJW 1998, 1870; *Prütting*/Helms § 31 FamFG Rn 12; Musielak/*Huber* § 294 ZPO Rn 3; vgl auch Zöller/*Greger* § 294 ZPO Rn 6, der nicht stets eine überwiegende Wahrscheinlichkeit genügen lässt, sondern vom Richter verlangt, dass dieser ein den konkreten Umständen und der Bedeutung der Entscheidung angepasstes Beweismaß anwendet).

10   Verminderte Anforderungen gelten auch für die Beweisführung durch Indizien. Es genügt, wenn die Indiztatsachen eine Schlussfolgerung auf die Haupttatsache zulassen und diese überwiegend wahrscheinlich ist, ohne dass dadurch bereits alle anderen Möglichkeiten praktisch ausgeschlossen sein müssen (BGH NJW 1998, 1870).

11   Das Gericht hat in freier Beweiswürdigung zu beurteilen, ob das danach erforderliche Beweismaß erreicht wird. Es hat dabei alle Umstände, insbesondere auch die von anderen Beteiligten beigebrachten Beweismittel, zu berücksichtigen und in die Würdigung einzubeziehen.

12   Das Ergebnis der Würdigung unterliegt der Begründungspflicht des Gerichts.

D. Mittel der Glaubhaftmachung

13   Für die Glaubhaftmachung (wie auch zu ihrer Entkräftung) können die Beteiligten grundsätzlich alle möglichen, denkbaren Mittel einsetzen, soweit die Art und Weise der Beweisgewinnung und -führung nicht gegen verfassungsrechtliche Vorgaben (zB das zu beachtende Persönlichkeitsrecht von Beteiligten und anderer Personen) oder sonstige gesetzliche Regelungen verstößt. Eine weitere Schranke ergibt sich aus Abs 2, wonach nur **präsente Beweismittel** zugelassen sind.

14   Als Mittel der Glaubhaftmachung kommen alle üblichen Beweismittel, insbesondere präsente förmliche Beweismittel nach §§ 30 Abs 1, 371 ff ZPO, auch die der Parteivernehmung gleichstehende Vernehmung eines anwesenden anderen Beteiligten, die eidesstattliche Versicherung des Beteiligten sowie die eidesstattliche Versicherung dritter Personen und die Bezugnahme auf andere, dem Gericht vorliegende Akten in Betracht. Weiterhin können hierfür zB andere schriftliche Erklärungen von Personen, Privatgutachten, Lichtbilder, unbeglaubigte Kopien von Urkunden, eine anwaltliche Versicherung sowie von Beteiligten beigebrachte Erklärungen und Stellungnahmen von Behörden herangezogen werden.

15   Für die Beweiskraft einer eidesstattlichen Versicherung ist von Bedeutung, dass diese sich nicht lediglich auf eine Bezugnahme auf einen anwaltlichen Schriftsatz beschränkt (was regelmäßig nicht ausreicht), sondern eine selbständige Sachdarstellung zu den re-

levanten Tatsachen enthält (vgl dazu BGH NJW 1988, 2045/2046; NJW 1996, 1682). Auch dürfte einer eidesstattlichen Versicherung eine ins Gewicht fallende Beweiskraft regelmäßig nur zukommen, wenn sie sich auf eigene Wahrnehmungen desjenigen bezieht, der sie abgegeben hat.

E. Ausschluss nicht präsenter Beweismittel

Aus Abs 2, der eine Beweisaufnahme für unstatthaft erklärt, die nicht sofort erfolgen kann, ergibt sich eine Beschränkung auf präsente Beweismittel. 16

Die zur Glaubhaftmachung eingesetzten Beweismittel müssen bei einem gerichtlichen Termin von den Beteiligten herbeigeschafft werden; dh eidesstattliche Versicherungen, Behördenauskünfte und sonstige Urkunden sind mitzubringen und vorzulegen. Zeugen und Sachverständige müssen von den Beteiligten grundsätzlich zum Termin sistiert werden. Eine Vertagung eines Termins zur Ermöglichung der Glaubhaftmachung ist unzulässig. 17

Bei der Glaubhaftmachung im Rahmen eines schriftlichen Verfahrens müssen die entsprechenden Beweismittel im Zeitpunkt der gerichtlichen Entscheidung dem Gericht zur Verfügung stehen, dh regelmäßig zu den Akten gereicht sein. 18

Nicht geregelt ist, welche Rechtsfolgen ein Verstoß gegen die aus Abs 2 folgende Beschränkung hat. Wenn ein Beweismittel entgegen der Regelung des Abs 2 in das Verfahren eingeführt worden ist, kann das Beweismittel nicht einfach übergangen werden. Vielmehr ist – wie dies etwa für den Zivilprozess in der Rspr entschieden worden ist (BGH FamRZ 1989, 373) – das Beweismittel gleichwohl zu berücksichtigen. Wenn der Zweck des Abs 2, Verfahrensverzögerungen zu vermeiden, bereits verfehlt worden ist, ist es nicht geboten, die gewonnenen Beweismittel bei der Wahrheitsfindung unverwertet zu lassen (BGH FamRZ 1989, 373). Ein aus Abs 2 folgender Verfahrensverstoß bleibt danach meist sanktionslos. Bei einem »sehenden Auges« zugelassenen Verstoß seitens des Gerichts wird sich allerdings die Frage einer Befangenheit des Richters stellen. 19

§ 32 Termin

(1) Das Gericht kann die Sache mit den Beteiligten in einem Termin erörtern. Die §§ 219, 227 Abs. 1, 2 und 4 der Zivilprozessordnung gelten entsprechend.

(2) Zwischen der Ladung und dem Termin soll eine angemessene Frist liegen.

(3) In geeigneten Fällen soll das Gericht die Sache mit den Beteiligten im Wege der Bild- und Tonübertragung in entsprechender Anwendung des § 128a der Zivilprozessordnung erörtern.

A. Allgemeines

1 Das FamFG regelt – wie das FGG – das allgemeine Verfahren in Sachen der freiwilligen Gerichtsbarkeit nur in den wesentlichen Grundzügen und lässt dem Gericht einen relativ weiten Gestaltungsspielraum. Der für den Zivilprozess geltende Mündlichkeitsgrundsatz, wonach in der Regel auf der Grundlage einer mündlichen Verhandlung mit den Parteien zu entscheiden ist, findet in Verfahren der freiwilligen Gerichtsbarkeit keine Anwendung. Einer mündlichen Verhandlung bedarf es hier grundsätzlich nicht; die Entscheidung beruht hier nicht, zumindest nicht allein auf dem Streitstoff, der Gegenstand einer mündlichen Verhandlung gewesen ist. In den einzelnen Sachbereichen der freiwilligen Gerichtsbarkeit finden sich aber vielfach weitere **spezielle Regelungen mit bindenden Vorgaben zur Verfahrensgestaltung**, insbesondere auch zur Notwendigkeit einer mündlichen Verhandlung. Danach ist teilweise eine mündliche Verhandlung zwingend vorgeschrieben (zB in § 365 Abs 1, § 15 Abs 4 LwVG) oder als Sollregelung vorgesehen (zB in §§ 175 Abs 1, 207, 221, 390 Abs 1), teilweise hängt sie von dem Antrag eines Beteiligten ab (vgl zB § 405, § 15 Abs 1 LwVG). Diese speziellen Regelungen haben Vorrang vor den allgemeinen Verfahrensregelungen und den für die erste Instanz geltenden Vorschriften.

§ 32 ist insgesamt **nicht anwendbar in Ehesachen und Familienstreitsachen** nach § 113 Abs 1; für diese Verfahren gilt die ZPO.

Greifen für die betreffende Art von Verfahren keine speziellen Regelungen ein, liegt die Anberaumung und Durchführung einer mündlichen Verhandlung bzw Erörterung mit den Beteiligten im Ermessen des Gerichts (Grundsatz der fakultativen mündlichen Verhandlung). Dies ist nunmehr in § 32 Abs 1 geregelt.

2 Wenn sich das Gericht für eine mündliche Erörterung entschließt, sind die zivilprozessualen Regelungen über den Terminsort (§ 219 ZPO) und Terminsänderungen (§ 227 Abs 1, 2 und 4 ZPO) entsprechend anwendbar (Abs 1 Satz 2). Eine bestimmte Ladungsfrist ist nicht vorgesehen; der Gesetzgeber belässt es bei der allgemeinen Bestimmung, dass zwischen Ladung und Termin eine angemessene Frist liegen soll (Abs 2).

3 Die durch das Zivilprozessreformgesetz eingeführte Möglichkeit, im Einverständnis der Parteien mündliche Verhandlungen und Beweisaufnahmen im Wege der Videokonferenz durchzuführen, wird auch für Verfahren der freiwilligen Gerichtsbarkeit eröffnet (Abs 3).

4 Weitere Vorgaben für den Erörterungstermin enthält § 32 nicht. Dem Gericht wird auch hinsichtlich der Gestaltung des Termins ein erheblicher Spielraum eingeräumt.

B. Entscheidung des Gerichts für einen Erörterungstermin

5 Aus Abs 1 Satz 1 folgt, dass das Gericht – vorbehaltlich der unter A. (Rz 1) bereits angesprochenen Sonderregelungen – in jedem Verfahren und auch in jedem Verfahrensstadium einer (noch) anhängigen Sache einen Erörterungstermin anberaumen und durchführen kann. Die Entscheidung über die Durchführung einer Verhandlung steht im pflichtgemäßen Ermessen des Gerichts. Dies gilt auch für einen weiteren, wiederholten Erörterungstermin.

6 Eine mündliche Erörterung muss nach Einschätzung des Gerichts geboten, zumindest aber sachdienlich erscheinen. Das Ermessen des Gerichts ist eingeschränkt, wenn vor ihm eine förmliche Beweisaufnahme entsprechend den Vorschriften der ZPO durchgeführt wird (§ 30); diese hat entsprechend § 370 Abs 1 ZPO in einem Termin stattzufinden, der zugleich der Erörterung der Sache mit den Beteiligten dient. In solchen Fällen ist danach ein Erörterungstermin zwingend erforderlich (vgl RegE BTDrs 16/6308, 191). Wenn für bestimmte Verfahrensarten vorgesehen ist, dass ein Erörterungstermin stattfinden soll, wird sich das Gericht ebenfalls daran zu halten haben; eine Abweichung wird nur bei schwerwiegenden Gründen zu rechtfertigen sein.

7 Zwischen dem Verhandlungstermin im Zivilprozess und dem Erörterungstermin in Verfahren des FamFG bestehen strukturelle Unterschiede (zum alten Recht vgl Jansen/ *Briesemeister* § 12 FGG Rn 85). Es geht nicht – wie im Verhandlungstermin des Zivilprozesses – erst um die Schaffung der Entscheidungsgrundlagen (diese können bereits aufgrund des schriftlichen Verfahrens ganz oder teilweise vorhanden sein), sondern um eine zielgerichtete Erörterung der Sache, die das Gericht mit den Parteien unternimmt und die der Herausarbeitung der Streitpunkte, der weiteren Aufklärung des Sachverhalts, der Beseitigung von Unklarheiten im Vorbringen der Beteiligten dient und die schließlich auch – etwa in Antragsverfahren – auf die Herbeiführung einer einvernehmlichen, gütlichen Regelung der Sache gerichtet sein kann.

C. Anberaumung und Durchführung des Erörterungstermins

I. Terminsanberaumung und Ladung

8 Zu einem anberaumten Erörterungstermin sind die Beteiligten (dazu § 7) zu laden. Die Ladungen sind von Amts wegen den Beteiligten nach § 15 Abs 1, 2 bekannt zu geben. Bei Vertretung durch einen Bevollmächtigten ist die Ladung diesem gegenüber bekannt zu geben, etwa durch Zustellung nach § 172 Abs 1 ZPO. Eine Ladung des Beteiligten persönlich ist dann nur bei Anordnung des persönlichen Erscheinens nach §§ 33, 34 erforderlich. Ohne eine solche Anordnung des persönlichen Erscheinens sind Beteiligte nicht zum Erscheinen im Termin verpflichtet.

9 Bestimmte Einlassungs- oder Ladungsfristen sind nicht einzuhalten. Nach Abs 2 muss aber eine **angemessene Frist zwischen Ladung und Termin** liegen. Die Angemessenheit der Frist wird unter Berücksichtigung der konkreten Umstände des jeweiligen Falles zu beurteilen sein. Dabei wird insbesondere auch die Eilbedürftigkeit des durchzuführenden Termins zu berücksichtigen sein. Die in § 217 ZPO genannte, im Zivilprozess geltende Ladungsfrist (mindestens eine Woche in Anwaltsprozessen, in sonstigen Prozessen mindestens 3 Tage) könnte als Orientierungsmaßstab für den jedenfalls zu wahrenden Mindestzeitraum einer angemessenen Frist dienen. Eine Unterschreitung dieser Fristen dürfte wohl nur in Verfahren mit besonderer Eilbedürftigkeit in Betracht kommen.

II. Terminsort und Terminsänderung

10 Hinsichtlich des **Terminsorts** ist nach Abs 1 Satz 2 § 219 ZPO entsprechend anzuwenden. Danach hat der Erörterungstermin grundsätzlich an der Gerichtsstelle stattzufinden. Ausnahmen kommen nach § 219 ZPO bei einer mit dem Erörterungstermin verbundenen Augenscheinseinnahme an Ort und Stelle, bei Verhandlung mit einer am Erscheinen vor Gericht verhinderten Person oder ansonsten bei einer erforderlichen Handlung in Betracht, die an der Gerichtsstelle nicht vorgenommen werden kann. Eine solche Ausnahme kann sich insbesondere in Betreuungs- und Unterbringungssachen ergeben, wenn etwa ein Beteiligter aufgrund seiner körperlichen oder geistigen Verfassung nicht am Gerichtsort erscheinen kann oder wenn es geboten erscheint, einen Erörterungstermin in der üblichen Umgebung eines Betroffenen durchzuführen.

§ 32 FamFG | Termin

11 Wegen evtl **Terminsänderungen** wird § 227 Abs 1, 2 und 4 ZPO für entsprechend anwendbar erklärt. Eine Terminsänderung kommt danach nur **bei erheblichen Gründen** in Betracht (§ 227 Abs 1 ZPO), die auf Verlangen des Gerichts bzw des Vorsitzenden glaubhaft zu machen sind (§ 227 Abs 2 ZPO). Über eine Aufhebung oder Verlegung des Termins entscheidet der Vorsitzende ohne mündliche Verhandlung und über eine Vertagung eines Termins das Gericht. Die Entscheidung ist in beiden Fällen unanfechtbar (§ 227 Abs 4 ZPO).

12 Nicht für entsprechend anwendbar erklärt wird § 227 Abs 3 ZPO, der – als Ausgleich für die Abschaffung der früheren Gerichtsferien – eine erleichterte Verlegung von Terminen im Zeitraum vom 1. Juli bis 31. August vorsieht. Diese Regelung soll – in Fortführung der bisherigen Rechtslage – im Bereich der freiwilligen Gerichtsbarkeit keine Anwendung finden (vgl BTDrs 16/6308, 191).

III. Gestaltung und Ablauf des Erörterungstermins

13 Für die inhaltliche Gestaltung und den Ablauf des Erörterungstermins enthält das Gesetz keine Vorgaben; insoweit ist dem Gericht ein weit gehender Gestaltungsspielraum eingeräumt. Der Erörterungstermin wird vielfach (aber nicht notwendigerweise) mit einer Beweisaufnahme (ggf nach § 30) und/oder einer persönlichen Anhörung von Beteiligten nach §§ 33, 34 verbunden sein. Der Termin findet vor dem vollbesetzten Gericht statt (BayObLG NJW-RR 1988, 1151, 1152).

14 Das Gericht wird über eine mögliche **Herstellung der Öffentlichkeit** zu entscheiden haben. § 170 Abs 1 Satz 1 GVG ordnet nunmehr (in teilweiser Erweiterung der bisher geltenden Nichtöffentlichkeit) generell an, dass Verhandlungen, Erörterungen und Anhörungen in Familiensachen sowie in Angelegenheiten der freiwilligen Gerichtsbarkeit **nicht öffentlich** sind. In Betreuungs- und Unterbringungssachen soll lediglich auf Verlangen des Betroffenen einer Vertrauensperson die Anwesenheit gestattet sein.

15 Das Gericht kann aber nach § 170 Abs 1 Satz 2 GVG die **Öffentlichkeit zulassen**, allerdings nicht gegen den Willen eines Beteiligten. Das Rechtsbeschwerdegericht kann die Öffentlichkeit zulassen, wenn nicht das Interesse eines Beteiligten an der nicht öffentlichen Erörterung überwiegt. Nach den dem Gesetzentwurf der Bundesregierung zugrunde liegenden Vorstellungen soll das Gericht im Einzelfall entscheiden, ob das Interesse der Beteiligten am Schutz ihrer Privatsphäre, dem der grundsätzliche Ausschluss der Öffentlichkeit in der Verhandlung dient, oder der sich aus dem Rechtsstaatsprinzip ergebende Grundsatz der Öffentlichkeit der Verhandlung in dem konkreten Verfahren überwiegt (vgl BTDrs 16/6308, 320). Diese Entscheidung hat das Gericht nach pflichtgemäßem Ermessen zu treffen; dieses ist jedoch insoweit beschränkt, als die Herstellung der Öffentlichkeit stets zu unterbleiben hat, wenn ein Beteiligter der Zulassung der Öffentlichkeit widerspricht. Diese Regelung in § 170 Abs 1 GVG soll – nach den in der Gesetzesbegründung geäußerten Vorstellungen – auch mit Art 6 Abs 1 EMRK vereinbar sein (was wohl nicht zweifelsfrei ist).

16 Ein Verstoß gegen den Grundsatz der Öffentlichkeit, aber auch eine fehlerhafte Herstellung der Öffentlichkeit kann mit der (zugelassenen) Rechtsbeschwerde gerügt werden. Die Verletzung der Vorschriften über die Öffentlichkeit des Verfahrens stellt nach § 547 Nr 5 ZPO einen absoluten Revisionsgrund dar (gilt auch bei fehlerhafter Zulassung der Öffentlichkeit, vgl Musielak/*Ball* § 547 ZPO Rn 12); bei der Rechtsbeschwerde ist nach § 72 Abs 3 die genannte Regelung des § 547 ZPO entsprechend anwendbar (vgl § 72 Rz 29).

IV. Funktion des Erörterungstermins im Entscheidungsprozess des Gerichts

17 Der Termin dient der Erörterung der Sache mit den Beteiligten zu den unter Rz 7 dargestellten Zwecken. Er trägt damit zur Sachverhaltsfeststellung und Schaffung der Entscheidungsgrundlage bei, die Verhandlung bzw Erörterung ist jedoch – anders als im Zivilprozess mit dem dort geltenden Mündlichkeitsprinzip – nicht alleinige Entscheidungsgrundlage. Dies gilt auch für die Verfahren, in denen ein obligatorischer Erörterungstermin oder ein Erörterungstermin als Regelfall vorgesehen ist. Vielmehr ist neben dem Vorbringen der Beteiligten im Erörterungstermin und dessen sonstigen Ergebnissen Entscheidungsgrundlage der gesamte Akteninhalt, also der gesamte Stoff des durchgeführten Verfahrens (vgl BayObLG NJW-RR 1990, 1420, 1421; *Bassenge*/Roth Einl FGG Rn 72; Keidel/*Meyer-Holz* § 32 FamFG Rn 7 f). Entscheidungsgrundlage kann mithin auch etwas sein, was (noch) nicht Gegenstand des Erörterungstermins gewesen ist, was aber zu den Akten gelangt ist, zB später noch eingereichte Schriftsätze (dazu muss dann allerdings rechtliches Gehör gewährt werden). Daraus ergibt sich weiterhin, dass an der Entscheidung andere Richter mitwirken können als die am Erörterungstermin beteiligten; § 309 ZPO ist nicht entsprechend anzuwenden (BayObLG FGPrax 2003, 25). Vgl hierzu auch § 37 Rz 4 ff.

D. Erörterungstermin unter Einsatz von Bild- und Tonübertragung

Für den Erörterungstermin sind nach Abs 3 die Vorschriften über die Bild- und Tonübertragung aus § 128a ZPO entsprechend anwendbar. Die Durchführung eines entsprechenden Erörterungstermins unter Einsatz von Videotechnik setzt voraus, dass entsprechende technische Einrichtungen bei Gericht und dem Ort, von wo aus andere Teilnehmer des Erörterungstermins zugeschaltet werden sollen, zur Verfügung stehen. Die zugeschaltete Person muss die Möglichkeit haben, die gesamte Verhandlung wahrzunehmen (die anderen Beteiligten sehen und hören können) und selbst in unmittelbare Kommunikation mit den anderen Teilnehmern des Termins zu treten. Zu den sonstigen Voraussetzungen einer unter Kontrolle des Gerichts stehenden Bild- und Tonübertragung vgl Zöller/*Greger* § 128a ZPO Rn 4. 18

Einen Anspruch darauf, dass seitens des Gerichts solche Einrichtungen, die dies ermöglichen, zur Verfügung gestellt werden, haben die Beteiligten nicht. 19

Weiterhin ist erforderlich, dass entsprechend § 128a Abs 1 ZPO alle Beteiligten ihr Einverständnis zum Einsatz der Videotechnik erteilen. 20

Ob der Einsatz der Bild- und Tonübertragung und die Teilnahme von Beteiligten, Verfahrensbevollmächtigten oder Beiständen am Erörterungstermin von einem anderen Ort aus zugelassen werden, steht dann im pflichtgemäß auszuübenden Ermessen des Gerichts. Die Zulassung der Videoübertragung könnte in Einzelfällen sachgerecht sein, wenn die Anreise zum Gerichtsort wegen einer großen Entfernung für Beteiligte und ihre Vertreter unzumutbar bzw unverhältnismäßig erscheint oder wenn – etwa in Familiensachen – das unmittelbare Aufeinandertreffen von Beteiligten im Gerichtssaal oder die Konfrontation des Beteiligten mit einem Zeugen verhindert werden soll. 21

Die Entscheidung des Gerichts über die Zulassung der Bild- und Tonübertragung ist sowohl bei Zulassung der Videotechnik als auch bei Ablehnung nicht anfechtbar (§ 128a Abs 3 Satz 2). 22

Die Regelung in Abs 3 betrifft nur den Videoeinsatz bei einem Erörterungstermin. Soweit es um eine Beweisaufnahme geht, die teilweise unter Einsatz von Bild- und Tonübertragung an einem anderen Ort vorgenommen werden soll, kommt eine entsprechende Anwendung des § 128a Abs 2 ZPO in Betracht; bei der förmlichen Beweisaufnahme nach § 30 Abs 1 dürfte die in dieser Vorschrift enthaltene Bezugnahme auf die ZPO auch § 128a Abs 2 ZPO erfassen (vgl Erwägungen des Rechtsausschusses BTDrs 16/9733, 354). 23

§ 33 Persönliches Erscheinen der Beteiligten

(1) Das Gericht kann das persönliche Erscheinen eines Beteiligten zu einem Termin anordnen und ihn anhören, wenn dies zur Aufklärung des Sachverhalts sachdienlich erscheint. Sind in einem Verfahren mehrere Beteiligte persönlich anzuhören, hat die Anhörung eines Beteiligten in Abwesenheit der anderen Beteiligten stattzufinden, falls dies zum Schutz des anzuhörenden Beteiligten oder aus anderen Gründen erforderlich ist.

(2) Der verfahrensfähige Beteiligte ist selbst zu laden, auch wenn er einen Bevollmächtigten hat; dieser ist von der Ladung zu benachrichtigen. Das Gericht soll die Zustellung der Ladung anordnen, wenn das Erscheinen eines Beteiligten ungewiss ist.

(3) Bleibt der ordnungsgemäß geladene Beteiligte unentschuldigt im Termin aus, kann gegen ihn durch Beschluss ein Ordnungsgeld verhängt werden. Die Festsetzung des Ordnungsgeldes kann wiederholt werden. Im Falle des wiederholten, unentschuldigten Ausbleibens kann die Vorführung des Beteiligten angeordnet werden. Erfolgt eine genügende Entschuldigung nachträglich und macht der Beteiligte glaubhaft, dass ihn an der Verspätung der Entschuldigung kein Verschulden trifft, werden die nach den Sätzen 1 bis 3 getroffenen Anordnungen aufgehoben. Der Beschluss, durch den ein Ordnungsmittel verhängt wird, ist mit der sofortigen Beschwerde in entsprechender Anwendung der §§ 567 bis 572 der Zivilprozessordnung anfechtbar.

(4) Der Beteiligte ist auf die Folgen seines Ausbleibens in der Ladung hinzuweisen.

Übersicht

	Rz		Rz
A. Allgemeines	1	II. Ladung der Beteiligten zum Anhörungstermin (Abs 2 und 4)	9
B. Anordnung des persönlichen Erscheinens eines Beteiligten zur Aufklärung des Sachverhalts	7	III. Verhängung von Ordnungsgeld und Vorführung bei unentschuldigtem Nichterscheinen	15
I. Voraussetzungen der Anordnung (Abs 1 Satz 1)	7	C. Durchführung der Anhörung	25

A. Allgemeines

1 Die Anhörung von Beteiligten hat zwei Funktionen, die zu trennen sind und gesonderter Betrachtung bedürfen: Die Anhörung kann zur **Aufklärung des Sachverhalts** dienen und im Rahmen der Ermittlungen des Gerichts von Amts wegen nach § 26 geboten sein. Sie kann jedoch auch dazu dienen, im Interesse des Beteiligten diesem **rechtliches Gehör zu gewähren** (vgl Jansen/*Briesemeister* § 12 Rn 74 ff). Es gibt und gab auch bereits im alten Recht viele Einzelregelungen, die – aus unterschiedlichen Erwägungen und wenig systematisch – für einzelne Sachbereiche die Anhörung von Beteiligten vorsehen (vgl zB §§ 159 Abs 1, 278 Abs 1, 319 Abs 1 sowie §§ 50b, 68 Abs 1 FGG). Eine allgemeine gesetzliche Regelung zur Anhörung der Beteiligten, auf die bei fehlenden speziellen Regelungen zurückzugreifen ist, fehlte jedoch im bisherigen Recht. Eine generelle Befugnis des Gerichts zur Anhörung eines Beteiligten zur Sachaufklärung wurde teilweise aus der Amtsermittlungspflicht hergeleitet (vgl KKW/*Schmidt* § 12 FGG Rn 191; Jansen/*Briesemeister* § 12 FGG Rn 75); daneben war der Gesichtspunkt der Gewährung rechtlichen Gehörs von Bedeutung (vgl vorherige Nachw). § 33 und § 34 enthalten nunmehr eine solche allgemeine gesetzliche Regelung. Nach der Konzeption des Gesetzes (vgl dazu BTDrs 16/6308, 191 f, 407) betrifft § 33 die persönliche Anhörung eines Beteiligten zur Aufklärung des Sachverhalts; für diesen Zweck kann das Erscheinen angeordnet und mit Ordnungsmitteln erzwungen werden. Demgegenüber regelt § 34 die Anhörung eines Beteiligten zur Gewährung rechtlichen Gehörs; bei einem unentschuldigten Aus-

bleiben des Beteiligten im anberaumten Anhörungstermin kann das Verfahren ohne seine Anhörung, dh auch ohne Berücksichtigung von Erklärungen des Beteiligten zur Sache, beendet werden.

§ 33 **gilt** grundsätzlich **für alle Verfahren nach § 1, nicht jedoch für Ehesachen und Familienstreitsachen**, auf welche die ZPO anwendbar ist (vgl § 113 Abs 1).

§ 33 Abs 1 Satz 1 stellt klar, dass zur Aufklärung des Sachverhalts das persönliche Erscheinen eines Beteiligten zu einem Termin angeordnet und der Beteiligte angehört werden kann. 2

Abs 1 Satz 2 sieht vor, dass bei mehreren anzuhörenden Beteiligten die Anhörung in Abwesenheit des anderen Beteiligten durchgeführt werden kann, wenn dies dem Gericht aus konkreten Gründen erforderlich erscheint. 3

Abs 2 regelt die Ladung des Beteiligten zum Anhörungstermin. 4

Abs 3 sieht die Möglichkeit der Verhängung von Ordnungsgeld gegen einen ordnungsgemäß geladenen, aber nicht erschienenen Beteiligten vor und trifft die damit zusammenhängenden Regelungen. 5

Abs 4 regelt die Belehrung des Beteiligten hinsichtlich der Rechtsfolgen seines unentschuldigten Ausbleibens. 6

B. Anordnung des persönlichen Erscheinens eines Beteiligten zur Aufklärung des Sachverhalts

I. Voraussetzungen der Anordnung (Abs 1 Satz 1)

Abs 1 gibt dem Gericht die Befugnis, das persönliche Erscheinen eines Beteiligten anzuordnen und ihn zur Sache anzuhören, wenn dies zur Aufklärung des Sachverhalts sachdienlich ist bzw aus Sicht des Gerichts sachdienlich erscheint. Diese Regelung ist im Zusammenhang zu sehen mit der nach § 27 bestehenden Verpflichtung der Beteiligten, bei der Ermittlung des Sachverhalts mitzuwirken (vgl dazu § 27 Rz 5 ff). Sie greift als Auffangtatbestand ein, wenn die Anhörung des Beteiligten und dessen Ladung für den betreffenden Sachbereich der freiwilligen Gerichtsbarkeit nicht spezialgesetzlich geregelt sind, und tritt zurück, soweit letzteres der Fall ist (vgl BTDrs 16/6308, 191). 7

Bei der Prüfung der Voraussetzungen der Anordnung, nämlich der Frage, ob die persönliche Anhörung von Beteiligten zur Aufklärung des Sachverhalts sachdienlich ist, wird dem Gericht ein erheblicher (in der Rechtsmittelinstanz grundsätzlich überprüfbarer) weiter Beurteilungs- und Ermessensspielraum einzuräumen sein. Eine Aufklärung tatsächlicher Umstände, auf die sich die persönliche Anhörung beziehen soll, ist allerdings nur geboten, wenn diese Umstände nach vorzunehmender Rechtsprüfung des Gerichts entscheidungserheblich sind. Die persönliche Anhörung kann dann – statt einer möglichen Einholung einer schriftlichen Äußerung des Beteiligten – etwa notwendig sein, wenn eine schriftliche Äußerung bereits eingeholt worden ist und keine oder keine hinreichende Klärung gebracht hat oder wenn ein solches Vorgehen nach den Umständen von vornherein nicht geeignet erscheint. Für die persönliche Anhörung zur Sachverhaltsaufklärung ist allerdings keine zwingende, alternativlose Notwendigkeit erforderlich. Sie muss lediglich sachdienlich sein, dh sich zumindest als eine geeignete und zweckentsprechende Maßnahme zur Sachverhaltsaufklärung darstellen. Dies wird bei einer persönlichen Anhörung im Regelfall anzunehmen sein, da die persönliche unmittelbare Kommunikation mit der Möglichkeit der Nachfrage und des Vorhalts erfahrungsgemäß am ehesten und schnellsten zur Klärung eines Sachverhalts geeignet ist und nicht selten eine Beweisaufnahme überflüssig macht (ähnlich in der Einschätzung Jansen/*Briesemeister* § 12 FGG Rn 76). 8

II. Ladung der Beteiligten zum Anhörungstermin (Abs 2 und 4)

9 Die Regelung über die Ladung zum Anhörungstermin in Abs 2 Satz 1 entspricht im Wesentlichen der in der ZPO geltenden Regelung des § 141 Abs 2 ZPO. Danach ist der **verfahrensfähige (§ 9) Beteiligte** – auch wenn er einen Verfahrensbevollmächtigten hat – selbst (persönlich) zum Termin der Anhörung von Amts wegen zu laden. Der Verfahrensbevollmächtigte ist hiervon lediglich zu benachrichtigen, was formlos geschehen kann. Die Ladung des Beteiligten im Hinblick auf das angeordnete persönliche Erscheinen ist abzugrenzen von der Ladung zu einem anberaumten (Erörterungs-)Termin, die dem bestellten Verfahrensbevollmächtigten nach § 15 Abs 1, 2 bekannt zu geben ist.

10 Die Ladung an den Beteiligten selbst ist diesem nach § 15 bekannt zu geben. Bei der Wahl der Bekanntgabeform wird hier dem Gericht vom Gesetzgeber vorgegeben (Abs 2 Satz 2), dass die förmliche Zustellung der Ladung anzuordnen ist, wenn das Erscheinen des betreffenden Beteiligten nach den konkreten Umständen ungewiss erscheint.

11 Auch bei **nicht verfahrensfähigen Beteiligten**, etwa einem nach § 9 nicht verfahrensfähigen minderjährigen Kind, kann im Einzelfall eine Anhörung in Betracht kommen. Für ein geschäftsunfähiges oder minderjähriges Kind hat nach § 9 Abs 2 der gesetzliche Vertreter zu handeln. Dieser wird anzuhören und zur Anhörung zu laden sein. Im Einzelfall könnte allerdings auch eine Anhörung des nicht verfahrensfähigen Beteiligten persönlich erwägenswert sein (vgl Jansen/*Briesemeister* § 12 FGG Rn 80), etwa des nicht verfahrensfähigen Kindes, wenn der Beteiligte sich zu äußern in der Lage ist, eine Anhörung zumutbar erscheint und von ihm verwertbare Angaben zur Aufklärung des entscheidungsrelevanten Sachverhalts erwartet werden können (die schlichte Anhörung ist abzugrenzen von der bei förmlicher Beweisaufnahme vorhandenen Problematik einer Zeugen- oder Parteivernehmung; vgl dazu § 30 Rz 43 ff). Auch in diesem Fall dürfte die Ladung zu einem Termin an den gesetzlichen Vertreter zu richten sein (allerdings mit der Angabe, dass ausnahmsweise der Vertretene erscheinen soll).

12 Bei juristischen Personen kommt nur eine Anhörung ihrer Organe als gesetzliche Vertreter in Betracht. Diese sind dann auch zum Anhörungstermin persönlich zu laden.

13 In der Ladung ist der Beteiligte auf die **Folgen eines unentschuldigten Ausbleibens hinzuweisen** (Abs 4). Der Beteiligte ist danach über die Möglichkeit der (auch wiederholbaren) Verhängung eines Ordnungsgeldes und der Vorführung im Falle eines unentschuldigten Fernbleibens zu belehren. Auch dürfte es bei komplexen Sachverhalten geboten, zumindest aber zweckmäßig sein, für den Beteiligten den Gegenstand der geplanten Anhörung näher einzugrenzen.

14 Abweichend von § 141 Abs 3 ZPO ist in § 33 nicht vorgesehen, dass der Beteiligte, dessen Erscheinen angeordnet worden ist, sich durch einen **informierten Vertreter** vertreten lassen kann. Dass der Gesetzgeber hierauf bewusst verzichtet hat, liegt nahe, findet allerdings in den Gesetzesmaterialien keine weitere Stütze. Für eine analoge Anwendung des § 141 Abs 3 ZPO dürften keine ausreichenden Grundlagen vorhanden sein. Zumindest bei den familien-, betreuungsgerichtlichen und sonstigen den persönlichen Bereich des Beteiligten betreffenden Materien der fG-Verfahren dürfte eine Vertretung des Beteiligten bei der persönlichen Anhörung nicht sachgerecht und abzulehnen sein.

III. Verhängung von Ordnungsgeld und Vorführung bei unentschuldigtem Nichterscheinen

15 Nach Abs 3 Sätze 1 bis 3 hat das Gericht die Befugnis, gegen einen ausgebliebenen Beteiligten Ordnungsgeld zu verhängen und im Falle des wiederholten Ausbleibens die Vorführung anzuordnen.

16 Eine Ordnungsgeldfestsetzung setzt voraus, dass ein Fall der Anordnung des persönlichen Erscheinens nach § 33 Abs 1 vorgelegen hat, dh dass der angesetzte Termin für eine Anhörung des Beteiligten zur Aufklärung des Sachverhalts vorgesehen war. Zumindest muss die Sachverhaltsaufklärung ein wesentliches Ziel der geplanten Anhörung

gewesen sein. Dass sie daneben **auch** der Gewährung rechtlichen Gehörs hätte dienen können, dürfte die Verhängung eines Ordnungsgeldes nicht in Frage stellen. Sollte hingegen die persönlich Anhörung allein der Gewährung rechtlichen Gehörs dienen oder lag allein ein Fall des § 34 Abs 1 Nr 2 vor, dann kann das Nichterscheinen des Beteiligten nicht durch Ordnungsgeld sanktioniert werden. Es greift dann vielmehr die für ein unentschuldigtes Nichterscheinen in § 34 Abs 3 vorgesehene Rechtsfolge ein.

Weiterhin ist erforderlich, dass der Beteiligte persönlich zum Termin ordnungsgemäß 17 geladen worden ist, was anhand der Akten zu überprüfen ist (auf einen Zustellungsnachweis kommt es nur bei nach Abs 2 Satz 2 angeordneter Zustellung an). Das Erscheinen zum Termin muss dem Beteiligten unter Berücksichtigung des Zeitpunkts seiner Ladung möglich und auch zumutbar gewesen sein.

Der Beteiligte muss zum Termin nicht erschienen sein, dh er muss für eine Anhörung 18 im Termin nicht zur Verfügung gestanden haben. Ein Nichterscheinen ist danach auch anzunehmen, wenn der Beteiligte zwar zunächst gekommen ist, sich dann jedoch vor seiner Anhörung entfernt hat oder eine Anhörung wegen seines (zB betrunkenen) Zustandes nicht möglich war.

Weiterhin muss das Nichterscheinen des Beteiligten zum angesetzten Termin unent- 19 schuldigt sein. Letzteres ist der Fall, wenn für das Ausbleiben des Beteiligten im Termin keine Entschuldigung vorliegt, eine vorgebrachte Entschuldigung nicht ausreichend ist oder eine noch eingegangene Entschuldigung nicht rechtzeitig erfolgt ist.

Bei Vorliegen der genannten Voraussetzungen steht es im Ermessen des Gerichts, ob 20 es von der Möglichkeit der Verhängung eines Ordnungsgeldes Gebrauch macht (Ordnungsgeldrahmen: 5 bis 1 000 €, vgl Art 6 Abs 1 Satz 1 EGStGB). Da es – ähnlich wie bei der Anordnung des persönlichen Erscheinens im Zivilprozess – bei der Ordnungsgeldverhängung nicht darum geht, eine vermeintliche Missachtung des Gerichts zu ahnden, sondern eine Behinderung der Sachverhaltsaufklärung zu sanktionieren und diese letztlich zu fördern, wird eine Ordnungsgeldverhängung nicht in Betracht kommen, wenn in dem Termin Sachverhaltsfragen nicht offen geblieben sind und das Gericht zu einer die Instanz beendenden Entscheidung gekommen ist (vgl BGH NJW-RR 2007, 1364, 1365).

Eine Verhängung von Ordnungshaft ist nicht vorgesehen, auch nicht ersatzweise bei 21 nicht zu realisierender Zahlung des Ordnungsgeldes.

Bei erneutem unentschuldigtem Nichterscheinen des Beteiligten kann Ordnungsgeld 22 wiederholt verhängt werden. Bei wiederholtem Nichterscheinen kann vom Gericht auch die zwangsweise Vorführung des Beteiligten angeordnet werden.

Abs 3 Satz 4 gibt dem Beteiligten die Möglichkeit, auch noch nach Erlass eines Ord- 23 nungsgeldbeschlusses eine genügende Entschuldigung für sein Nichterscheinen nachzuliefern. Er muss dann jedoch glaubhaft machen, dass ihn an der Verspätung der Entschuldigung kein Verschulden trifft. Wird dies glaubhaft gemacht und auch eine ausreichende Entschuldigung nachgeholt, sind die gegen den Beteiligten verhängten Maßnahmen aufzuheben.

Entscheidungen über die Verhängung von Ordnungsmitteln, die in der Form des 24 Beschlusses ergehen, sind – wie dies auch bei anderen Zwischen- und Nebenentscheidungen des FamFG vorgesehen ist – mit der sofortigen Beschwerde in entsprechender Anwendung der §§ 567–572 der ZPO anfechtbar (zu den hierfür maßgebenden Erwägungen vgl RegE BTDrs 16/6308, 192, 177 – Begr zu § 6 Abs 2). Dies bedeutet, dass für dieses Rechtsmittel die Frist aus § 569 Abs 1 ZPO von lediglich zwei Wochen für die Einlegung und auch die Regelung über die Zuständigkeit des originären Einzelrichters gelten. Die entsprechende Anwendung der §§ 567 ff ZPO ändert allerdings nichts daran, dass es sich im Übrigen um ein Rechtsmittelverfahren des FamFG handelt (vgl auch § 30 Rz 50).

C. Durchführung der Anhörung

25 Das vom Gericht angeordnete persönliche Erscheinen dient der Anhörung des Beteiligten zur Aufklärung des Sachverhalts. Es handelt sich dabei nicht um eine Beweisaufnahme. Wie im Zivilprozess ist auch die Anhörung einer Partei bzw eines Beteiligten zur Aufklärung des Sachverhalts in Verfahren des FamFG von der förmlichen Beweisaufnahme durch Partei-/Beteiligtenvernehmung zu unterscheiden.

26 Mit Detailvorgaben zur Durchführung einer solchen Parteianhörung hat der Gesetzgeber sich zurückgehalten. Das Gericht hat deshalb einen erheblichen Gestaltungsspielraum. Die Anhörung wird regelmäßig in der umfassenden Befragung des Beteiligten zum entscheidungsrelevanten Sachverhalt bestehen. Fraglich ist, inwieweit der Beteiligte dabei zu Angaben verpflichtet ist und hierzu ggf gezwungen werden kann. Im Zivilprozess kann das Gericht nach § 141 ZPO nur das persönliche Erscheinen anordnen und erzwingen, die Partei ist dagegen nicht verpflichtet, sich zu erklären (vgl Musielak/*Stadler* § 141 ZPO Rn 10). Im Gegensatz dazu besteht zwar nach § 27 Abs 1 eine grundsätzliche Rechtspflicht der Beteiligten, an der Ermittlung des Sachverhalts mitzuwirken. Wie oben zu § 27 dargestellt (§ 27 Rz 6 ff, 19), besteht die Mitwirkungspflicht des Beteiligten jedoch nur in den Grenzen des Zumutbaren; eine Erzwingung von Angaben des Beteiligten durch Zwangsmittel nach § 35 erscheint problematisch und dürfte ausscheiden.

27 Die Anhörung kann und wird regelmäßig im Rahmen eines Erörterungstermins nach § 32 erfolgen. Zwingend ist dies jedoch nicht; auch ein gesonderter Termin zur Anhörung des betreffenden Beteiligten ist möglich.

28 Die Anhörung erfolgt vor dem Gericht, beim Kollegialgericht vor dem gesamten Spruchkörper, bei funktioneller Zuständigkeit des Rechtspflegers vor diesem. Ob eine Übertragung der Anhörung auf einen beauftragten oder ersuchten Richter zulässig ist, ist für den Zivilprozess streitig (verneinend Zöller/*Greger* § 141 ZPO Rn 6 mwN). In Verfahren der freiwilligen Gerichtsbarkeit ist eine Übertragung einer Anhörung auf den beauftragten oder ersuchten Richter zugelassen worden, wenn es für die Sachaufklärung nicht auf den persönlichen Eindruck von dem Beteiligten ankommt und gesetzliche Regelungen dem nicht entgegenstehen. Anderenfalls muss die Anhörung vor dem zur Entscheidung berufenen Gericht in voller Besetzung stattfinden oder ggf (bei zunächst anderer Verfahrensweise) wiederholt werden (vgl BGH NJW 1985, 1702, 1705; BayObLG FamRZ 1993, 450). Von diesen Grundsätzen wird auch nach neuem Recht auszugehen sein (ebenso Keidel/*Meyer-Holz* § 33 FamFG Rn 11 f).

29 Da der persönliche Eindruck bei der Anhörung zur Aufklärung des Sachverhalts vielfach entscheidungsrelevant ist, dürfte eine Übertragung der Anhörung auf den beauftragten Richter in den meisten Fällen nicht in Betracht kommen.

30 Bei mehreren Beteiligten, die anzuhören sind, eröffnet Abs 1 Satz 2 die Möglichkeit, wie bei der Vernehmung mehrerer Zeugen nach § 394 Abs 1 ZPO, die Anhörung eines Beteiligten in Abwesenheit der anderen Beteiligten vorzunehmen, wenn hierfür relevante Gründe vorliegen, etwa der Schutz eines Beteiligten dies erfordert oder der später anzuhörende Beteiligte nicht wissen soll, was der zunächst angehörte Beteiligte zur Sache bekundet hat. Bei mehreren Beteiligten kann aber auch eine (anschließende) Gegenüberstellung erwägenswert sein; dies steht im Ermessen des Gerichts.

31 Die **wesentlichen Ergebnisse der persönlichen Anhörung** sind vom Gericht nach § 28 Abs 4 in einem **Vermerk** festzuhalten.

§ 34 Persönliche Anhörung

(1) Das Gericht hat einen Beteiligten persönlich anzuhören,
1. wenn dies zur Gewährleistung des rechtlichen Gehörs des Beteiligten erforderlich ist oder
2. wenn dies in diesem oder in einem anderen Gesetz vorgeschrieben ist.

(2) Die persönliche Anhörung eines Beteiligten kann unterbleiben, wenn hiervon erhebliche Nachteile für seine Gesundheit zu besorgen sind oder der Beteiligte offensichtlich nicht in der Lage ist, seinen Willen kundzutun.

(3) Bleibt der Beteiligte im anberaumten Anhörungstermin unentschuldigt aus, kann das Verfahren ohne seine persönliche Anhörung beendet werden. Der Beteiligte ist auf die Folgen seines Ausbleibens hinzuweisen.

Übersicht

	Rz		Rz
A. Allgemeines	1	D. Ausnahmen von der Anhörungsverpflichtung	13
B. Persönliche Anhörung zur Gewährleistung des rechtlichen Gehörs (Abs 1 Nr 1)	5	E. Ladung des Beteiligten, Durchführung des Anhörungstermins	18
I. Grundlagen	5	I. Ladung mit Belehrung über die Rechtsfolgen des unentschuldigten Nichterscheinens	18
II. Konkretisierung des Ausnahmetatbestandes einer obligatorischen mündlichen Anhörung aus der Grundrechtsgewährleistung	9	II. Durchführung der Anhörung	20
C. Gesetzlich angeordnete persönliche Anhörung im Individualinteresse des Beteiligten (Abs 1 Nr 2)	11	F. Rechtsfolgen des Nichterscheinens zum Anhörungstermin	25

A. Allgemeines

§ 34 regelt die persönliche Anhörung, die aufgrund anderer Gesetze vorgeschrieben ist **1** und den Interessen des anzuhörenden Beteiligten dient, insbesondere seinem Interesse an der Gewährleistung rechtlichen Gehörs, oder für die eine spezielle gesetzliche Grundlage nicht vorhanden ist, die aber zur Gewährleistung rechtlichen Gehörs erforderlich ist. Geht es hingegen um eine persönliche Anhörung eines Beteiligten zur Aufklärung des Sachverhalts, dann ist der Anwendungsbereich des § 33 betroffen und die Anordnung des persönlichen Erscheinens sowie die Anhörung des Beteiligten nach den dortigen Regeln zu beurteilen.

§ 34 **gilt grundsätzlich in allen von § 1 erfassten Verfahren, nicht jedoch in Ehesachen und Familienstreitsachen**, auf welche die ZPO anwendbar ist (vgl § 113 Abs 1).

Abs 1 regelt, wann das Gericht zur persönlichen Anhörung eines Beteiligten verpflich- **2** tet ist.

Abs 2 behandelt Ausnahmen, bei deren Vorliegen die im Interesse des Beteiligten lie- **3** gende Anhörung unterbleiben kann.

Abs 3 normiert einen Teil der Rechtsfolgen, die sich bei einem Nichterscheinen des Be- **4** teiligten zum Anhörungstermin ergeben. Bei einem unentschuldigten Ausbleiben des Beteiligten kann eine abschließende Entscheidung ohne Anhörung des betreffenden Beteiligten ergehen. Damit dürfte durch einen sich aufdrängenden Umkehrschluss auch die Verfahrensweise bei einem nicht verschuldeten Ausbleiben des Beteiligten vorgegeben sein.

B. Persönliche Anhörung zur Gewährleistung des rechtlichen Gehörs (Abs 1 Nr 1)

I. Grundlagen

5 Nach Abs 1 hat das Gericht auch ohne eine spezielle gesetzlich geregelte Anhörungsverpflichtung einen Beteiligten anzuhören, wenn dies zur Gewährleistung des rechtlichen Gehörs erforderlich ist. Unter welchen Voraussetzungen eine solche Anhörung notwendig ist, wird in § 34 weder tatbestandlich definiert noch sonst näher konkretisiert. Als allgemeine Regelung dürfte dies wohl auch wegen der Vielfalt relevanter Fallgestaltungen in befriedigender, vollständiger Weise nicht oder nur sehr schwer möglich sein.

6 Die **Einhaltung des rechtlichen Gehörs**, dem die Anhörung dienen soll, wird durch Art 103 Abs 1 GG auch **für den gesamten Bereich des FamFG verfassungsrechtlich gewährleistet** und ist hier unmittelbar geltendes, anwendbares Recht (vgl BVerfG NJW 1994, 1053; BVerfGE 19, 49, 51). Nach (zweifelhafter) Auffassung des BVerfG (NJW 2000, 1709; abl *Heß/Vollkommer* JZ 2000, 785, 786) gilt dies zwar nur für von einem Richter geführte Verfahren, nicht aber in Verfahren vor dem Rechtspfleger. Hier soll sich aber ein entsprechender Standard der Gehörsgewährung aus dem aus Art 2 Abs 1 GG in Verbindung mit dem Rechtsstaatsprinzip (Art 20 Abs 3 GG) abzuleitenden Recht auf ein rechtsstaatliches, faires Verfahren ergeben (BVerfG NJW 2000, 1709). Danach muss auch in von Rechtspflegern geführten Verfahren der freiwilligen Gerichtsbarkeit den Beteiligten Gelegenheit zur Äußerung gegeben werden, wie dies bei Anwendbarkeit des Anspruchs auf rechtliches Gehör geboten wäre.

7 Der Anspruch auf rechtliches Gehör nach Art 103 Abs 1 GG hat nach Rspr des BVerfG zum **Inhalt**, dass den Verfahrensbeteiligten die Möglichkeit gegeben werden muss, im Verfahren zu Wort zu kommen, namentlich sich zu dem einer gerichtlichen Entscheidung zugrunde zu legenden Sachverhalt und zur Rechtslage zu äußern, Anträge zu stellen und Ausführungen zu machen. Dies setzt zunächst voraus, dass den Beteiligten Kenntnis vom gesamten relevanten Verfahrensstoff verschafft wird, was auf eine Pflicht des Gerichts zu entsprechender Information der Beteiligten über das Vorbringen anderer Beteiligter, Ermittlungen des Gerichts, Beweisergebnisse etc hinausläuft. Sodann muss den Beteiligten eine nach den Umständen und den ihnen gesetzten zeitlichen Vorgaben ausreichende Möglichkeit gewährt werden, sich grundsätzlich vor Erlass einer Entscheidung zur Sache zu äußern, dh umfassend zum gesamten Verfahrensstoff in tatsächlicher und rechtlicher Hinsicht Stellung zu nehmen. Schließlich haben die Verfahrensbeteiligten einen Anspruch darauf (was auf Seiten des Gerichts wiederum mit einer entsprechenden Pflicht korrespondiert), dass das Gericht das Vorbringen der Beteiligten berücksichtigt, dh vollständig zur Kenntnis nimmt und bei seiner Entscheidung in Erwägung zieht; letzteres umfasst dabei die gerichtliche Überprüfung des gesamten Vorbringens auf seine rechtliche Erheblichkeit und seine Richtigkeit in tatsächlicher Hinsicht (vgl BVerfGE 6, 12, 14; 49, 325, 328; 55, 95, 99; 64, 135, 143; 83, 24, 35; 86, 133, 144; Jarass/ *Pieroth*, Art 103 GG Rn 9 ff, 17 ff).

8 Durch den vorstehend skizzierten Inhalt des Anspruchs auf rechtliches Gehör wird jedoch noch nicht die **Form der Gehörgewährung** zwingend vorgegeben. Grundsätzlich reicht jede den Beteiligten gewährte Möglichkeit aus, sich zu äußern und damit auf die Entscheidung des Gerichts Einfluss zu nehmen. Mit der Einräumung einer Möglichkeit zur schriftlichen Stellungnahme (ggf durch den bestellten Verfahrensbevollmächtigten) kann regelmäßig in hinreichender Weise rechtliches Gehör gewährt werden und damit ist typischerweise gesichert, dass die Beteiligten sich in vollem Umfang und in hinreichender Weise zum gesamten Prozessstoff äußern können. Nach bisher hM und Rspr folgt deshalb aus der Gewährleistung rechtlichen Gehörs grundsätzlich noch kein **Anspruch auf eine mündliche Verhandlung** bzw eine **persönliche (mündliche) Anhörung** (vgl BVerfGE 36, 85, 87; 60, 175, 210; 89, 381, 391; BayObLG FamRZ 2001, 1247, 1248). Es mag zwar oft zweckmäßig sein, Beteiligten durch mündliche Anhörung rechtliches Ge-

hör zu gewähren und damit den Weg einer unmittelbaren Kommunikation zwischen dem Gericht und den Beteiligten zu wählen. Eine rechtliche Verpflichtung hierzu ergibt sich aber aus Art 103 Abs 1 GG grundsätzlich nicht. Es müssen vielmehr weitere, besondere Umstände hinzukommen, die dazu führen, dass ausnahmsweise eine persönliche (mündliche) Anhörung eines Beteiligten erforderlich wird und damit das grundsätzlich bestehende Ermessen des Gerichts hinsichtlich der Form der Gehörgewährung sich hierauf beschränkt.

II. Konkretisierung des Ausnahmetatbestandes einer obligatorischen mündlichen Anhörung aus der Grundrechtsgewährleistung

Ein Ausnahmefall, in dem rechtliches Gehör nur durch eine persönliche (mündliche) Anhörung gewährt werden kann, setzt voraus, dass die denkbaren anderen Formen der Anhörung des Beteiligten, insbesondere die Einräumung einer Möglichkeit zur schriftlichen Stellungnahme, aus rechtlichen oder tatsächlichen Gründen ausscheiden, dem Beteiligten nicht zumutbar sind oder unter Berücksichtigung der Bedeutung der grundrechtlichen Gewährleistung nicht ausreichend erscheinen. Welche Fälle darunter fallen könnten, wird in der Begr des RegE kurz angedeutet (vgl BTDrs 16/6308, 192). Danach soll zur Gewährleistung rechtlichen Gehörs eine persönliche Anhörung geboten sein, wenn Gegenstand des Verfahrens ein erheblicher Eingriff in die Persönlichkeitsrechte eines Beteiligten ist. Bei allen ins Gewicht fallenden **Eingriffen in Lebensrechte oder in die Person betreffende elementare Grundrechte** eines Beteiligten mag dies im Ergebnis überzeugend erscheinen. In den wesentlichen Fällen des Familien-, Betreuungs- und Unterbringungsrechts ist dies jedoch bereits aufgrund gesetzlicher Spezialregelungen vorgesehen (vgl zB §§ 159 Abs 1, 278 Abs 1, 319 Abs 1). Der Anwendungsbereich dieser Fallgruppe, bei der mangels einer gesetzlichen Regelung unmittelbar auf die verfassungsrechtliche Gewährleistung rechtlichen Gehörs zurückgegriffen werden muss, dürfte danach begrenzt sein. In der gesetzestechnischen Umsetzung erscheint wenig überzeugend, dass für Ausnahmefälle dieser Fallgruppe die obligatorische Anhörung nicht unmittelbar an den Verfahrensgegenstand mit den auf dem Spiel stehenden erheblichen Eingriffen in elementare Grundrechte der Person als tatbestandliche Voraussetzung anknüpft, sondern an die Gewährleistung rechtlichen Gehörs. Diese kann jedoch – wie bereits erwähnt – im Allgemeinen auch schriftlich erfolgen. 9

Eine weitere Ausnahme einer obligatorischen persönlichen Anhörung zur Gewährleistung rechtlichen Gehörs wird weiterhin dann angenommen, wenn **nicht zu erwarten ist, dass ein Beteiligter durch die Gelegenheit zur schriftlichen Äußerung seinen Standpunkt im Verfahren wirksam zur Geltung bringen kann** (vgl RegE BTDrs 16/6308, 192). Dies wird anzunehmen sein, wenn ein Beteiligter sich nach seinen (dem Gericht bekannten) eingeschränkten Fähigkeiten, etwa aufgrund vorhandener geistiger Gebrechlichkeit oder schriftsprachlicher Defizite, nicht ausreichend schriftlich erklären kann, sondern sich nur mündlich – mit evtl unterstützender Befragung des Gerichts – hinreichend zum entscheidungsrelevanten Sachverhalt äußern kann (so bereits zum alten Recht *Bassenge*/*Roth* FGG Einl Rn 63; Jansen/*Briesemeister* § 12 FGG Rn 136; KKW/ *Schmidt* § 12 FGG Rn 157). Die Unfähigkeit eines Beteiligten, sich hinreichend schriftlich zu erklären, kann sich auch aus einer dem Gericht bereits vorliegenden, ersichtlich nicht ausreichenden schriftlichen Stellungnahme ergeben. In einem solchen Fall ist ebenfalls eine persönliche Anhörung zur effektiven Gewährleistung rechtlichen Gehörs erforderlich. 10

C. Gesetzlich angeordnete persönliche Anhörung im Individualinteresse des Beteiligten (Abs 1 Nr 2)

11 Gesetzlich angeordnet ist eine persönliche Anhörung vor allem in betreuungs- und familiengerichtlichen Verfahren (zB §§ 159 Abs 1, 192 Abs 1, 278 Abs 1, 297 Abs 1, 319 Abs 1). Die hier vorhandenen gesetzlichen Regelungen haben überwiegend eine Doppelfunktion. Die darin angeordnete persönliche Anhörung besteht einerseits im Interesse des Beteiligten und soll die Gewährleistung rechtlichen Gehörs sicherstellen; andererseits soll diese auch der Aufklärung des Sachverhalts dienen. Soweit die erstgenannte Funktion betroffen ist, wird die persönliche Anhörung von Abs 1 Nr 2 erfasst und unterliegt den übrigen Regelungen des § 34 (vgl Begr RegE BTDrs 16/6308, 192).

12 In einigen Vorschriften findet sich die Regelung, dass eine persönliche Anhörung der Beteiligten (eines bestimmten Beteiligten) angeordnet werden **soll** (vgl zB §§ 160 Abs 1, 175 Abs 2). Diese Regelungen dienen meist – was durch Auslegung zu klären ist – auch der Gewährleistung rechtlichen Gehörs. In dieser Funktion unterfallen sie Abs 1 Nr 2 und damit dem § 34 und sind insoweit im Lichte der grundrechtlichen Gewährleistung des Art 103 Abs 1 GG als das Gericht (grundsätzlich) verpflichtende Regelung aufzufassen (vgl Begr RegE BTDrs 16/6308, 192). Auch wenn hier die persönliche Anhörung zur Aufklärung des Sachverhalts nicht geboten erscheint, bleibt davon die Verpflichtung zur persönlichen Anhörung zur Gewährleistung rechtlichen Gehörs unberührt.

D. Ausnahmen von der Anhörungsverpflichtung

13 Die nach Abs 1 Nr 1 oder 2 erforderliche persönliche Anhörung kann in Ausnahmefällen unterbleiben. Abs 2 enthält hierzu – in Nachbildung der früheren speziellen Regelung für das betreuungsgerichtliche Genehmigungsverfahren in § 69d Abs 1 Satz 3 FGG – eine **allgemeine Regelung**. Danach kann die persönliche Anhörung eines Beteiligten unterbleiben, wenn hiervon erhebliche Nachteile für seine Gesundheit zu besorgen sind oder der Beteiligte offensichtlich nicht in der Lage ist, seinen Willen kundzutun.

14 Erhebliche Nachteile für die Gesundheit sind zu besorgen, wenn dem Beteiligten dauerhafte gesundheitliche Beeinträchtigungen oder Schäden drohen. Nicht ausreichend sind hingegen mit der Anhörung verbundene momentane Erregungszustände oder vorübergehende gesundheitliche Beeinträchtigungen, etwa solche, die mit Medikamenten oder ärztlicher Hilfe ohne weiteres zu beseitigen sind (vgl OLG Karlsruhe FamRZ 1999, 670, 671). Es ist grundsätzlich nicht erforderlich, dass die drohenden gesundheitlichen Nachteile durch ein ärztliches Gutachten bewiesen werden. Die Überzeugung von einer entsprechenden erheblichen Gesundheitsgefahr kann das Gericht sich im Rahmen der Amtsaufklärung (§ 26) mit allen hierbei in Betracht kommenden Mitteln verschaffen.

15 Für eine offensichtliche Unfähigkeit des Beteiligten, seinen Willen kundzutun, ist im Rahmen des § 34 erforderlich, dass der körperliche oder geistige Zustand des Beteiligten eine Anhörung zur Gewährleistung rechtlichen Gehörs ersichtlich ausschließt oder dies offensichtlich sinnlos erscheint. Für entsprechende Feststellungen kann das Gericht sich aller denkbaren, zulässigen Erkenntnismittel bedienen. Einen unmittelbaren persönlichen Eindruck vom betreffenden Beteiligten muss sich das Gericht im Rahmen der allgemeinen Ausnahmeregelung nicht verschaffen (vgl zum alten Recht Jansen/*Sonnenfeld* § 69d FGG Rn 8).

16 Vorrang vor der allgemeinen Regelung in Abs 2 haben bestehende **spezielle Ausnahmeregelungen,** die in einzelnen Bereichen des FamFG bestehen und im Rahmen ihres Anwendungsbereichs maßgebend sind. Diese verlangen für eine Ausnahme von der Verpflichtung zur persönlichen Anhörung teilweise strengere Anforderungen. So darf etwa im Betreuungsrecht bei Bestellung eines Betreuers oder in Unterbringungssachen von der hier vorgeschriebenen persönlichen Anhörung des Betroffenen wegen zu befürchtender gesundheitlicher Nachteile nur auf der Grundlage eines ärztlichen Gutachtens abgesehen werden (vgl §§ 278 Abs 4, 319 Abs 3; dort § 278 Rz 9; § 319 Rz 13 ff). Eine offensichtliche Unfähigkeit des Betroffenen, seinen Willen kundzutun, kann hier auch nur aufgrund eines vom Gericht gewonnenen persönlichen Eindrucks angenommen werden (vgl RegE BTDrs 16/6308, 192).

Wenn die nach Abs 1 vorgesehene persönliche Anhörung des Beteiligten ausnahmsweise ausgeschlossen ist, bedeutet dies nicht, dass dem Beteiligten insgesamt kein rechtliches Gehör zu gewähren ist. Die verfassungsrechtliche Gewährleistung des rechtlichen Gehörs erfordert es vielmehr, verbleibende andere Möglichkeiten der Gehörsgewährung auszuschöpfen, zB kann bei einem Ausschluss der persönlichen Anhörung wegen drohender gesundheitlicher Beeinträchtigungen eine evtl schriftliche Anhörung des Beteiligten in Betracht kommen. 17

E. Ladung des Beteiligten, Durchführung des Anhörungstermins

I. Ladung mit Belehrung über die Rechtsfolgen des unentschuldigten Nichterscheinens

Für die **Ladung** von Beteiligten zu einer Anhörung nach Abs 1 gelten entsprechende Grundsätze wie bei einem zur Aufklärung des Sachverhalts angeordneten persönlichen Erscheinen nach § 33. Die Beteiligten sind zu dem für ihre Anhörung bestimmten Termin persönlich zu laden; ihr eventuell vorhandener Verfahrensbevollmächtigter ist von der Ladung (formlos) zu benachrichtigen (vgl § 33 Rz 9 ff). 18

Es ergeben sich allerdings bei den beiden Arten der in §§ 33, 34 vorgesehenen Anhörungen Unterschiede in der **Belehrung über die Rechtsfolgen eines unentschuldigten Fernbleibens**. Soweit die Anhörung Individualinteressen eines Beteiligten, insbesondere der Gewährleistung rechtlichen Gehörs, dient, ist darüber zu belehren, dass im Fall eines unentschuldigten Ausbleibens das Verfahren ohne die persönliche Anhörung (durch abschließende Entscheidung des Gerichts) beendet werden kann (Abs 3). Wenn die Anhörung hingegen eine Doppelfunktion hat und es dem Gericht neben einer Gewährung rechtlichen Gehörs auch um eine weitere Aufklärung des Sachverhalts durch Anhörung von Beteiligten geht, kann auch eine (weitere) Belehrung nach § 33 Abs 3, 4 in Betracht kommen. Diese ist notwendig, wenn sich das Gericht wegen der Sachverhaltsaufklärung und des deshalb für erforderlich gehaltenen persönlichen Erscheinens von Beteiligten (auch) Ordnungs- und Zwangsmittel nach § 33 Abs 3 vorbehalten will. 19

II. Durchführung der Anhörung

Auch für die **Gestaltung der Anhörung** zur Gewährleistung rechtlichen Gehörs enthält das Gesetz keine weiteren Detailvorgaben. Dem Gericht ist hier ebenfalls ein erheblicher Gestaltungsspielraum eingeräumt. In dem hierfür anberaumten Termin werden zwar meist alle Beteiligten geladen (häufig dient der Termin auch der Anhörung weiterer Beteiligter und/oder der Erörterung nach § 32 Abs 1), rechtlich erforderlich ist aber lediglich die Anwesenheit des Beteiligten, dem rechtliches Gehör gewährt werden soll. Es reicht ansonsten aus, dass die übrigen Beteiligten von den Ergebnissen der Anhörung in Kenntnis gesetzt werden (etwa durch Übersendung eines über die Anhörung gefertigten Vermerks), um die entsprechenden Äußerungen der angehörten Beteiligten bei der anstehenden Entscheidung verwerten zu können (vgl § 37 Abs 2). 20

Auch die **Bestimmung des Orts** der persönlichen Anhörung steht grundsätzlich im Ermessen des Gerichts (vgl hierzu RegE BTDrs 16/6308, 192). Verschiedene sachliche Gesichtspunkte oder schlichte Zweckmäßigkeitserwägungen, etwa die Zumutbarkeit des Erscheinens bei Gericht für den betreffenden Beteiligten unter Berücksichtigung seines Alters und seines gesundheitlichen Zustandes oder zu erwartende Erkenntnisse bei Erleben eines Beteiligten in seiner üblichen Umgebung, können dabei von Bedeutung sein. Zum Schutz von Beteiligten und/oder Ausschluss der Einflussnahme seitens anderer Beteiligter kann eine – auch örtlich – getrennte Anhörung einzelner Beteiligter gebo- 21 ten sein, zB in Gewaltschutzsachen. In einigen Bereichen der freiwilligen Gerichtsbarkeit finden sich gesetzliche Vorgaben, die das dargestellte Ermessen des Gerichts einschränken. So ist etwa im Betreuungsverfahren nach § 278 Abs 1 Satz 3 vorgesehen, dass die Anhörung des Betroffenen zur Verschaffung eines persönlichen Eindrucks des Gerichts in dessen üblicher Umgebung erfolgen soll, wenn es der Betroffene verlangt oder es der Sachaufklärung dient und der Betroffene nicht widerspricht (vgl § 278 Rz 4). Eine vergleichbare Regelung findet sich für die Anhörung in Unterbringungssachen (vgl § 319 Abs 1, dort Rz 7 f).

22   Entsprechend dem Zweck der Anhörung, Beteiligten rechtliches Gehör zu gewähren, wird die **persönliche Stellungnahme** der Beteiligten zur Sache im Vordergrund stehen (vgl zur davon abweichenden Anhörung zur Sachverhaltsaufklärung § 33 Rz 25 ff). Gleichwohl werden auch hier Fragen des Gerichts in Betracht kommen, etwa solche, die zur weiteren Förderung, zur Beseitigung von Unklarheiten oder Widersprüchen der Stellungnahme des Beteiligten dienen.

23   Bei der Anhörung zur Gewährleistung rechtlichen Gehörs ist es den Beteiligten zweifellos freigestellt, ob und inwieweit sie sich zum Verfahrensgegenstand äußern. Die Frage nach evtl Ordnungs- oder Zwangsmitteln stellt sich hier von vornherein nicht (zweifelhaft im Fall des § 33; § 33 Rz 26). Eine Übertragung der Anhörung zur Gewährung rechtlichen Gehörs auf einen beauftragten oder ersuchten Richter dürften hier grundsätzlich keine Bedenken entgegenstehen (evtl anders bei § 33; § 33 Rz 28).

24   Auch bei einer persönlichen Anhörung zur Gewährleistung rechtlichen Gehörs wird ein Vermerk über (die wesentliche Ergebnisse der) Anhörung nach § 28 Abs 4 zu fertigen sein.

F. Rechtsfolgen des Nichterscheinens zum Anhörungstermin

25   Auch bei den Rechtsfolgen des unentschuldigten Nichterscheinens eines Beteiligten ergeben sich grundlegende Unterschiede zwischen einer persönlichen Anhörung zur Aufklärung des Sachverhalts (§ 33) und einer solchen nach § 34 Abs 1. Bei der hier behandelten persönlichen Anhörung hat das unentschuldigte Fernbleiben im anberaumten Anhörungstermin die Folge, dass das Verfahren ohne die persönliche Anhörung beendet werden kann, dh eine abschließende gerichtliche Entscheidung ergehen kann. Wenn die Anhörung allein dem Individualinteresse des anzuhörenden Beteiligten dient, nämlich seine Verfahrensrechte sichern soll, erscheint es konsequent, allein schon die angebotene, aber nicht wahrgenommene Möglichkeit einer persönlichen Anhörung der durchgeführten Anhörung gleichzustellen. Ordnungs- und Zwangsmittel kommen hier nicht in Betracht.

26   Bei einer Anhörung, die eine **Doppelfunktion** hat und auch der Aufklärung des Sachverhalts dienen soll, dürfte es darauf ankommen, ob die Anhörung des Beteiligten zur Sachverhaltsaufklärung unabdingbar ist und das Gericht deshalb unter Berücksichtigung der Verpflichtung zur Amtsermittlung (§ 26) gehalten ist, zur weiteren Sachverhaltsermittlung die ausgefallene Anhörung nachzuholen. Wird dies bejaht, ist das Gericht im Hinblick auf die notwendige Sachverhaltsaufklärung gehalten, nach § 33 Abs 3 vorzugehen und das Erscheinen des Beteiligten in einem neuen Anhörungstermin zu erzwingen (vgl § 33 Rz 15 ff).

§ 35 Zwangsmittel

(1) Ist auf Grund einer gerichtlichen Anordnung die Verpflichtung zur Vornahme oder Unterlassung einer Handlung durchzusetzen, kann das Gericht, sofern ein Gesetz nicht etwas anderes bestimmt, gegen den Verpflichteten durch Beschluss Zwangsgeld festsetzen. Das Gericht kann für den Fall, dass dieses nicht beigetrieben werden kann, Zwangshaft anordnen. Verspricht die Anordnung eines Zwangsgeldes keinen Erfolg, soll das Gericht Zwangshaft anordnen.

(2) Die gerichtliche Entscheidung, die die Verpflichtung zur Vornahme oder Unterlassung einer Handlung anordnet, hat auf die Folgen einer Zuwiderhandlung gegen die Entscheidung hinzuweisen.

(3) Das einzelne Zwangsgeld darf den Betrag von 25 000 Euro nicht übersteigen. Mit der Festsetzung des Zwangsmittels sind dem Verpflichteten zugleich die Kosten dieses Verfahrens aufzuerlegen. Für den Vollzug der Haft gelten § 901 Satz 2, die §§ 904 bis 906, 909, 910 und 913 der Zivilprozessordnung entsprechend.

(4) Ist die Verpflichtung zur Herausgabe oder Vorlage einer Sache oder zur Vornahme einer vertretbaren Handlung zu vollstrecken, so kann das Gericht, soweit ein Gesetz nicht etwas anderes bestimmt, durch Beschluss neben oder anstelle einer Maßnahme nach den Absätzen 1, 2 die in §§ 883, 886, 887 der Zivilprozessordnung vorgesehenen Maßnahmen anordnen. Die §§ 891 und 892 gelten entsprechend.

(5) Der Beschluss, durch den Zwangsmaßnahmen angeordnet werden, ist mit der sofortigen Beschwerde in entsprechender Anwendung der §§ 567 bis 572 der Zivilprozessordnung anfechtbar.

Übersicht

	Rz			Rz
A. Allgemeines	1	II.	Zwangshaft	15
B. Zwangsmittel	4		1. Voraussetzungen	15
I. Zwangsgeld	4		2. Anordnung	16
1. Voraussetzungen	4		3. Vollzug	17
a) Gerichtliche Anordnung	5	III.	Maßnahmen nach §§ 883, 886, 887 ZPO	18
b) Verpflichtung zur Vornahme oder Unterlassung einer Handlung	6		1. Voraussetzungen	18
c) Schuldhafter Verstoß	8		2. Anordnung	19
d) Hinweis	9		3. Vollstreckung	20
2. Festsetzung	10	IV.	Verfahren	21
3. Vollstreckung	14	V.	Rechtsbehelfe	22

A. Allgemeines

Die Vorgängervorschrift zu § 35 ist § 33 FGG (vgl dazu hinsichtlich der Vollstreckung in Familiensachen: *Schulte-Bunert* FuR 2005, 200 f; FPR 2008, 397 f mwN und ausführlich: *Lotz* Die Vollstreckung in der freiwilligen Gerichtsbarkeit). In § 35 sind als Zwangsmittel das Zwangsgeld, die Zwangshaft und Maßnahmen nach §§ 883, 886, 887 ZPO vorgesehen. Dabei handelt es sich nicht um strafrechtliche Sanktionen. Vielmehr sind es grds **Beugemittel** zur Erzwingung einer gerichtlichen Anordnung. Dadurch soll ein entgegenstehender Wille des Verpflichteten gebeugt werden. 1

§ 35 regelt die zwangsweise Durchsetzung von **verfahrensleitenden** gerichtlichen Anordnungen in Familiensachen (zB hinsichtlich der Auskunftspflicht im Rahmen des Versorgungsausgleichs nach § 220) und in Angelegenheiten der freiwilligen Gerichtsbarkeit (zB bezüglich der Anordnung zur Ablieferung von Testamenten nach § 358). Die Vollstreckung verfahrensabschließender Entscheidungen (zB eines Festsetzungsbeschlusses im vereinfachten Unterhaltsfestsetzungsverfahren nach § 253, eines gerichtlich gebillig- 2 ten Vergleichs nach § 156 Abs 2 oder eines gerichtlichen Vergleichs nach § 794 Abs 1 Nr 1 ZPO) ist hingegen in §§ 86 f normiert.

3 Vorrangig sind etwaige **Spezialbestimmungen** zum Einsatz von Zwangsmitteln zu beachten wie zB in §§ 388–392 (Zwangsgeldverfahren in Registersachen), § 1788 BGB (Zwangsgeld zur Übernahme der Vormundschaft) sowie § 1837 Abs 3 BGB (Zwangsgeld gegenüber Vormund zur Befolgung gerichtlicher Anordnungen). In diesen Fällen ist § 35 nicht anzuwenden, da ein Gesetz iSv § 35 Abs 1 S 1 etwas anderes bestimmt, und es kommen keine Anordnungen von Zwangshaft oder Maßnahmen nach §§ 883, 886, 887 ZPO in Betracht.

B. Zwangsmittel

I. Zwangsgeld

1. Voraussetzungen

4 Voraussetzungen für die Festsetzung von Zwangsgeld sind:
   – gerichtliche Anordnung
   – Verpflichtung zur Vornahme oder Unterlassung einer Handlung
   – schuldhafter Verstoß
   – Hinweis

a) Gerichtliche Anordnung

5 Zunächst bedarf es einer gerichtlichen Anordnung. Somit reicht eine sich **allein aus dem Gesetz ergebende Regelung** wie zB die Verpflichtung, ein Testament nach § 2259 Abs 1 BGB abzuliefern, nicht für die Festsetzung eines Zwangsgeldes. Erforderlich ist vielmehr die entsprechende gerichtliche Anordnung nach § 358. Die Vollstreckung richtet sich auch nach § 35, wenn die verfahrensleitende Entscheidung in der Form eines Beschlusses ergangen ist. Dann handelt es sich nicht um einen Beschluss iSd § 86 Abs 1 Nr 1. Desgleichen sind notwendige Eintragungen in ein **öffentliches Register** – zB Personenstands- oder Handelsregister – einer Vollstreckung nach § 35 nicht zugänglich, da die Eintragung durch das Gericht selbst erfolgt und die Aufforderung zur Eintragung sich an das Gericht richtet, nicht jedoch an eine konkrete Person. Zudem muss die gerichtliche Anordnung **vollzugsfähig**, dh hinreichend bestimmt und wirksam sein. Die Anordnung muss zu ihrer Bestimmtheit aus sich heraus eindeutig gefasst sein, sodass der Verpflichtete genau erkennen kann, welches Verhalten von ihm verlangt wird. Dementsprechend muss zB dem Verpflichteten im Versorgungsausgleichsverfahren genau mitgeteilt werden, welche Auskünfte von ihm iR von § 220 verlangt werden. Sofern die gerichtliche Anordnung in der Form eines Beschlusses ergangen ist, wird dieser mit der Bekanntgabe an den Beteiligten, für den er seinem wesentlichen Inhalt nach bestimmt ist, wirksam gem § 40 Abs 1, wobei sich die Bekanntgabe nach § 41 richtet. Da es sich hierbei aber nicht um eine Endentscheidung iSv § 38 Abs 1 S 1 handelt, ist als Entscheidungsform grds die gerichtliche Verfügung gegeben – die Beschlussform ist lediglich für die Festsetzung/Anordnung von Zwangsmitteln vorgeschrieben –. Die Bekanntgabe richtet sich nach § 15. Die Bekanntgabe durch Zustellung oder Aufgabe zur Post ist grds erforderlich, wenn in der Anordnung eine Termins- oder Fristbestimmung enthalten ist. Es steht zwar im Ermessen des Gerichts, die formlose Mitteilung – zB telefonisch oder per E-Mail – zu wählen. Dies bietet sich jedoch bei der Vorbereitung der zwangsweisen Durchsetzung von Verpflichtungen nicht an.

b) Verpflichtung zur Vornahme oder Unterlassung einer Handlung

6 Nach § 35 Abs 1 – die Vorschrift orientiert sich an § 33 Abs 1 S 1, Abs 2 S 1 FGG – kann ein Zwangsgeld gegen jemanden durch Beschluss festgesetzt werden, wenn dieser trotz

einer gerichtlichen Anordnung seiner Verpflichtung zur Vornahme oder Unterlassung einer **Handlung** nicht nachgekommen ist. Erfasst werden vertretbare (iSd § 887 Abs 1 ZPO = Handlung, die durch einen Dritten vorgenommen werden kann) und unvertretbare Handlungen (iSd § 888 Abs 1 S 1 ZPO = Handlung, die nicht durch einen Dritten vorgenommen werden kann und ausschließlich vom Willen des Verpflichteten abhängt) inklusive der Herausgabe oder Vorlage von Sachen (vgl BTDrs 16/6308 S 193). Eine gerichtlich angeordnete Verpflichtung zur Vornahme einer Handlung kann zB bestehen hinsichtlich der Vorlage eines Vermögensverzeichnisses nach § 1640 Abs 1 BGB oder § 1667 Abs 1 BGB. Die Verpflichtung zum persönlichen Erscheinen kann hingegen nach § 33 bei Nichterfüllung mit Ordnungsgeld geahndet werden. Ferner wird die Verpflichtung zur Auskunftserteilung nach § 220 im Versorgungsausgleichsverfahren der Ehegatten und Versorgungsträger etc gegenüber dem Gericht nach § 35 vollstreckt (vgl hinsichtlich eines ausländischen Versorgungsanrechts: OLG Brandenburg FamRZ 2008, 1758). Des Weiteren fällt hierunter zB die Verpflichtung zur Herausgabe einer Betreuungsverfügung oder der Abschrift einer Vorsorgevollmacht nach § 285, zur Ablieferung von Testamenten nach § 358, zur Aushändigung von Schriftstücken bzw Unterlagen bei der Dispache nach §§ 404, 405 Abs 2 und zur Antragstellung sowie Verschaffung der notwendigen Unterlagen bei der Zwangsberichtigung des Grundbuchs nach § 82 GBO.

Eine Verpflichtung zur **Unterlassung** könnte für den Umgangsberechtigten bezüglich 7 der Fortsetzung einer kinderpsychologischen Untersuchung gerichtlich angeordnet werden (vgl OLG Frankfurt am Main FamRZ 2000, 52). Sofern es um eine negative Umgangsregelung geht, dürfte es sich idR um eine verfahrensabschließende Entscheidung handeln, deren Vollstreckung sich dann nicht aus § 35 ergibt, sondern aus § 89.

c) Schuldhafter Verstoß

Um Zwangsmittel festsetzen bzw anordnen zu können, bedarf es eines schuldhaften 8 Verstoßes gegen die gerichtliche Anordnung. Zwar ergibt sich das Erfordernis des Verschuldens nicht aus dem Wortlaut der Vorschrift – anders als bei § 89 Abs 4 –. Die Zwangsmittel stellen auch keine Sühne oder Buße für begangenes Unrecht dar, sondern ein Beugemittel, um die Befolgung gerichtlicher Anordnungen zu erzwingen (OLG Brandenburg FamRZ 2008, 1550). Dennoch ist es erforderlich, da anderenfalls kein Anlass für den Einsatz von Zwangsmitteln bestünde (so zu § 33 FGG: BayObLG FamRZ 1984, 197 f). Eine Klarstellung im Wortlaut wäre wünschenswert. Der Verstoß gegen die gerichtliche Anordnung muss somit vorsätzlich oder fahrlässig erfolgen.

d) Hinweis

§ 35 Abs 2 sieht nunmehr vor, dass in der gerichtlichen Anordnung auf die Folgen der 9 Zuwiderhandlung gegen die Entscheidung, die die Verpflichtung zur Vornahme oder Unterlassung einer Handlung anordnet, hinzuweisen ist. Diese Hinweispflicht tritt an die Stelle der bislang notwendigen vorherigen Androhung (bisher § 33 Abs 3 S 1, 3 FGG), welche nicht mehr erforderlich ist. Dementsprechend ist in der gerichtlichen Anordnung auf die möglichen Zwangsmittel hinzuweisen. Anders als bisher kommt ein nachträglicher Hinweis nicht mehr in Betracht. Vielmehr ist der Hinweis in die gerichtliche Anordnung aufzunehmen. Dieser muss die Höhe des beabsichtigten Zwangsgeldes bzw die Dauer der möglichen Zwangshaft enthalten. Es ist jedoch ausreichend, wenn der Hinweis die Höchstsumme des Zwangsgeldes (25 000 €) und der Zwangshaft (6 Monate) enthält (vgl BayObLG FamRZ 1996, 878, 879). Ferner muss auf die möglichen Maßnahmen nach §§ 883 (Wegnahme durch den Gerichtsvollzieher), 886 (Überweisung des Herausgabeanspruchs bei Gewahrsam eines Dritten), 887 ZPO (Ersatzvornahme) hingewiesen werden, sofern es sich um die Verpflichtung zur Herausgabe oder Vorlage einer Sache oder zur Vornahme einer vertretbaren Handlung gem § 35 Abs 4 S 1 handelt. Zwar ist die Hinweispflicht in § 35 Abs 2 enthalten, sodass sie sich systematisch gesehen auf die Verpflichtungen des § 35 Abs 1 bezieht, was sich auch aus dem Wortlaut ergibt. Dennoch erstreckt sich die Hinweispflicht auch auf die Verpflichtungen des § 35 Abs 4, da die dort aufgeführten Handlungen ebenfalls unter § 35 Abs 1 fallen. Eine Ausnahme gilt jedoch, sofern das Gericht die Maßnahmen nach §§ 883, 886, 887 ZPO nicht neben, sondern anstelle einer Maßnahme nach § 35 Abs 1 anordnen möchte. Dann bedarf es keines Hinweises nach § 35 Abs 2, wofür der Wortlaut des § 35 Abs 4 spricht (»anstelle eine Maßnahme nach den Absätzen 1, 2«).

2. Festsetzung

10 Die Regelungen von § 33 Abs 1 S 3, Abs 3 S 2, 5 FGG finden sich in § 35 Abs 3 wieder. Die Festsetzung erfolgt durch **Beschluss**, § 35 Abs 1 S 1. Nach § 35 Abs 3 S 1 darf das einzelne Zwangsgeld den Betrag von 25 000 € nicht übersteigen. Die Untergrenze liegt bei 5 €, Art 6 Abs 1 S 1 EGStGB. Hinsichtlich der **Höhe** sind die jeweiligen Umstände des Einzelfalls wie zB die Intensität des zu beugenden Willens, der Grad des Verschuldens sowie die wirtschaftlichen Verhältnisse des Verpflichteten zu berücksichtigen (BayObLG FamRZ 1993, 823, 825).

11 Nach § 35 Abs 3 S 2 hat das Gericht dem Verpflichteten mit der Festsetzung des Zwangsmittels zugleich die **Kosten** des Verfahrens aufzuerlegen.

12 Die **wiederholte Festsetzung** des Zwangsgeldes wegen derselben Verpflichtung ist möglich. Das setzt allerdings voraus, dass durch die Vollstreckung des ersten Zwangsgeldes versucht wurde, die Befolgung der gerichtlichen Anordnung durchzusetzen.

13 Jedoch kommt eine Festsetzung nicht mehr in Betracht, wenn **Erledigung** eingetreten ist, also zB die Handlung vorgenommen wurde (OLG Brandenburg FamRZ 2008, 1550) – es sei denn, es ist auch in Zukunft mit Zuwiderhandlungen zu rechnen –, die gerichtliche Anordnung aufgehoben wurde (OLG Köln FamRZ 2002, 111) oder die Zeit zur Erfüllung der Verpflichtung abgelaufen ist (vgl OLG Karlsruhe FamRZ 2007, 2097).

3. Vollstreckung

14 Die Vollstreckung des Zwangsgeldes richtet sich nach §§ 1 Abs 1 Nr 3, Abs 2, 2 f der Justizbeitreibungsordnung iVm §§ 1 Abs 1 Nr 3, Abs 4, 2 lit B, 3 f der Einforderungs- und Beitreibungsordnung. Die Beitreibung erfolgt durch die Gerichtskasse als Einziehungsbehörde zu Gunsten der Staatskasse. Funktionell zuständig ist der Rechtspfleger gem § 31 Abs 3 RPflG. Beim Zwangsgeld handelt es sich nicht um eine Strafe, sondern um ein Beugemittel. Deshalb kann das Gericht, welches das Zwangsgeld festgesetzt hat, als Vollstreckungsbehörde weder Ratenzahlungen noch Stundungen gewähren. Dies ist nur im Gnadenwege möglich und richtet sich nach den jeweiligen landesrechtlichen Gnadenordnungen. Sofern das Zwangsgeld nicht beigetrieben werden kann, ist die Anordnung von Ersatzzwangshaft unzulässig (BayObLG, NJW-RR 1995, 138, 139). Einer Vollstreckungsklausel bedarf es nicht. Dies ist nur in den in §§ 53 Abs 1, 86 Abs 3 aufgeführten Fällen erforderlich.

II. Zwangshaft

1. Voraussetzungen

15 Für die Anordnung von Zwangshaft bedarf es ebenfalls der Erfüllung der zur Festsetzung des Zwangsgeldes erforderlichen Voraussetzungen (gerichtliche Anordnung, Verpflichtung zur Vornahme oder Unterlassung einer Handlung, schuldhafter Verstoß, Hinweis). Falls die Beitreibung des Zwangsgeldes nicht möglich ist, kann nach § 35 Abs 1 S 2 ersatzweise Zwangshaft angeordnet werden und, sofern ein Zwangsgeld von vornherein keinen Erfolg verspricht zB bei vermögenslosen Personen, kann nach § 35 Abs 1 S 3 originär Zwangshaft angeordnet werden. Bislang kam die Anordnung von Zwangs-

haft nach § 33 Abs 1 S 2 FGG nur bei der Herausgabe von Personen in Betracht. Nunmehr besteht diese Möglichkeit für alle in § 35 Abs 1 aufgeführten Verpflichtungen.

2. Anordnung

Die Anordnung der Zwangshaft hat durch **Beschluss** zu erfolgen. Zwar folgt das nicht aus § 35 Abs 1 S 2. Jedoch ergibt sich dies aufgrund des dortigen Bezugs zu § 35 Abs 1 S 1 sowie wegen der besonderen Intensität des entsprechenden Grundrechtseingriffs. Ein Nebeneinander von Zwangsgeld und Zwangshaft kommt nicht in Betracht. Stets muss der aus dem Rechtsstaatsprinzip gem Art 20 Abs 2 S 2, Abs 3 GG abzuleitende **Verhältnismäßigkeitsgrundsatz** gewahrt werden, was nun auch im Wortlaut der Vorschrift ansatzweise zum Ausdruck kommt. Danach muss eine hoheitliche Maßnahme geeignet, erforderlich und angemessen zur Erreichung des angestrebten legitimen Ziels sein. Demnach ist immer das mildest mögliche Mittel zu wählen. Das mildeste Mittel ist das Zwangsgeld, ein schärferes die Zwangshaft und am schärfsten greift die Gewaltanwendung in die Rechte des Verpflichteten ein, so wenn der Gerichtsvollzieher im Rahmen der Wegnahme einer beweglichen Sache nach § 883 Abs 1 ZPO bei Widerstand des Verpflichteten nach § 892 ZPO Gewalt anwenden muss, dies notfalls auch mit Unterstützung der polizeilichen Vollzugsorgane, § 758 Abs 3 ZPO. Im Übrigen dürfte es hingegen so sein, dass die Maßnahmen nach §§ 883, 886, 887 ZPO ein milderes Mittel als die Zwangshaft sind. Für die Haftanordnung ist der **Richter** funktionell zuständig nach Art 104 Abs 2 S 1 GG. Eine Ausnahme nach § 4 Abs 2 Nr 2 RPflG liegt nicht vor.

3. Vollzug

In § 35 Abs 3 S 3 wird für den Haftvollzug auf die §§ 901 S 2, 904–906, 909, 910, 913 ZPO verwiesen. Voraussetzung ist somit der Erlass eines Haftbefehls gem § 901 S 2 ZPO durch den Richter. Die Verhaftung erfolgt durch den Gerichtsvollzieher nach § 909 Abs 1 S 1 ZPO. Dieser erhält seinen Verhaftungsauftrag vom Gericht. Er ist gem § 758 Abs 3 ZPO befugt, sich der Hilfe der Polizei zu bedienen, wenn der zu Verhaftende Widerstand leistet. Die Haftdauer beträgt mindestens einen Tag (Art 6 Abs 2 S 1 EGStGB) und maximal 6 Monate nach § 913 S 1 ZPO. Wenn die 6 Monate insgesamt nicht überschritten werden, ist eine erneute Haftanordnung wegen derselben Verpflichtung zulässig.

III. Maßnahmen nach §§ 883, 886, 887 ZPO

1. Voraussetzungen

Neu ist die Bestimmung des § 35 Abs 4, wonach neben oder anstelle von Zwangsgeld/ Zwangshaft die Möglichkeit der Vollstreckung zur Herausgabe beweglicher Sachen nach § 883 ZPO, der Herausgabe bei Gewahrsam eines Dritten nach § 886 ZPO oder der Ersatzvornahme bei vertretbaren Handlungen iSv § 887 ZPO vorhanden ist. Voraussetzung ist das Bestehen einer Verpflichtung zur Herausgabe oder Vorlage einer Sache oder zur Vornahme einer vertretbaren Handlung wie zB der Erstellung eines Vermögensverzeichnisses nach § 1640 BGB oder nach § 1802 BGB. Die weiteren Voraussetzungen zur Festsetzung des Zwangsgeldes (gerichtliche Anordnung, schuldhafter Verstoß, Hinweis) müssen erfüllt sein, wenn die Maßnahmen nach § 35 Abs 4 neben Maßnahmen nach § 35 Abs 1 angeordnet werden sollen. Sie sind jedoch entbehrlich, falls ausschließlich Maßnahmen nach § 35 Abs 4 angeordnet werden sollen. Vor einer Entscheidung ist der Verpflichtete zu hören, § 35 Abs 4 S 2 iVm § 891 S 2 ZPO. Unterlassungsverpflichtungen oder Verpflichtungen zur Vornahme von unvertretbaren Handlungen können nicht nach § 35 Abs 4 vollstreckt werden. Für diese kommen als Zwangsmittel nur Zwangsgeld und Zwangshaft nach § 35 Abs 1 in Betracht.

2. Anordnung

19 Die Anordnung der Maßnahmen erfolgt durch **Beschluss**. Mit § 35 Abs 4 wird dem Gericht eine flexible Möglichkeit zur effektiven Vollstreckung zur Verfügung gestellt. Es steht im pflichtgemäßen **Ermessen** des Gerichts, ob es die Maßnahmen nach §§ 883, 886, 887 ZPO neben oder anstelle der Maßnahmen nach § 35 Abs 1 anordnet.

3. Vollstreckung

20 Die Vollstreckung einer Verpflichtung zur Herausgabe beweglicher Sachen erfolgt nach § 883 Abs 1 ZPO durch den Gerichtsvollzieher, welcher dem Verpflichteten die herauszugebende Sache wegnimmt. Wird der Zutritt zur Wohnung verwehrt, bedarf es eines richterlichen Durchsuchungsbeschlusses (Schuschke/Walker/*Walker*, ZPO, § 883 Rn 8). Wenn die Sache nicht vorgefunden wird, muss der Verpflichtete eine entsprechende eidesstattliche Versicherung nach § 883 Abs 2 ZPO abgeben, für deren Abnahme der Gerichtsvollzieher zuständig ist. Für die Anordnungen nach §§ 886, 887 ZPO ist das mit der Sache befasste Gericht zuständig.

IV. Verfahren

21 Bei der Vollstreckung von Verpflichtungen nach § 35 handelt es sich um ein **Amtsverfahren**, welches keiner Einleitung durch einen Antrag bedarf. Die Vorschrift ist sowohl in Antrags- als auch in Amtsverfahren anwendbar. Es gilt der Amtsermittlungsgrundsatz des § 26 (bisher § 12 FGG). Die Entscheidung über das »Ob« und »Wie« der erforderlichen Maßnahmen liegt im pflichtgemäßen **Ermessen** des Gerichts. Die Entscheidungen sind zu begründen. Hinsichtlich der gerichtlichen Anordnung und der Festsetzung/Anordnung von Zwangsmitteln bzw Maßnahmen nach §§ 883, 886, 887 ZPO kann **Verfahrenskostenhilfe** nach § 76 Abs 1 bewilligt werden. Sachlich **zuständig** für das Vollstreckungsverfahren ist das jeweils mit der Sache befasste Gericht, also zB das AG als Familiengericht für die Vollstreckung von Entscheidungen in Familiensachen nach § 23a Abs 1 Nr 1 GVG iVm § 111 oder das AG als Nachlassgericht für die Vollstreckung von Entscheidungen in Nachlasssachen gem § 23a Abs 1 Nr 2, Abs 2 Nr 2 GVG iVm § 342 Abs 1 usw. Die örtliche Zuständigkeit ergibt sich aus den jeweiligen besonderen Bestimmungen wie zB in Kindschaftssachen nach § 152, in Betreuungssachen nach § 272 und in Nachlasssachen nach § 343. Die funktionelle Zuständigkeit richtet sich nach dem zugrunde liegenden Verfahren. Falls in dem jeweiligen Verfahren die funktionelle Zuständigkeit des Rechtspflegers gegeben ist, kann dieser auch das Zwangsgeld festsetzen. Das ist bspw im Rahmen von § 1788 BGB der Fall. Zwangshaft kann allerdings nur durch den Richter angeordnet werden gem Art 104 Abs 2 S 1 GG, § 4 Abs 2 Nr 2 RPflG.

V. Rechtsbehelfe

22 Gem § 35 Abs 5 ist der Zwangsmaßnahmenbeschluss mit der **sofortigen Beschwerde** nach §§ 567–572 ZPO – und somit binnen einer Notfrist von 2 Wochen – anfechtbar. Dies gilt gem § 11 Abs 1 RPflG auch, sofern der Rechtspfleger entschieden hat. Da die Beschwerde gem § 570 Abs 1 ZPO aufschiebende Wirkung hat, bedarf es im FamFG keiner dem § 24 Abs 1 FGG entsprechenden Regelung. Über die sofortige Beschwerde entscheidet grds das OLG nach § 119 Abs 1 Nr 1 GVG. Nur gegen Entscheidungen in Freiheitsentziehungssachen und der von den Betreuungsgerichten entschiedenen Sachen entscheidet das LG nach § 72 Abs 1 S 2 GVG.

§ 36 Vergleich

(1) Die Beteiligten können einen Vergleich schließen, soweit sie über den Gegenstand des Verfahrens verfügen können. Das Gericht soll außer in Gewaltschutzsachen auf eine gütliche Einigung der Beteiligten hinwirken.

(2) Kommt eine Einigung im Termin zustande, ist hierüber eine Niederschrift anzufertigen. Die Vorschriften der Zivilprozessordnung über die Niederschrift des Vergleichs sind entsprechend anzuwenden.

(3) Ein nach Absatz 1 Satz 1 zulässiger Vergleich kann auch schriftlich entsprechend § 278 Abs. 6 der Zivilprozessordnung geschlossen werden.

(4) Unrichtigkeiten in der Niederschrift oder in dem Beschluss über den Vergleich können entsprechend § 164 der Zivilprozessordnung berichtigt werden.

Übersicht

	Rz		Rz
A. Allgemeines	1	I. Schriftlicher Vergleichsschluss	16
B. Anwendungsbereich und Zulässigkeit des Vergleichs	7	II. Gerichtliche Feststellung des Vergleichs	21
I. Anwendungsbereich	7	F. Rechtsfolgen des Vergleichsschlusses	25
II. Zulässigkeit	9	G. Korrektur von Unrichtigkeiten in der Niederschrift und im Feststellungsbeschluss	27
C. Vergleichsförderungspflicht des Gerichts (Abs 1 Satz 2)	11		
D. Niederschrift des im Gerichtstermin geschlossenen Vergleichs	12	H. Unwirksamkeit des Vergleichs und ihre Geltendmachung	29
E. Schriftlicher Vergleich	16		

A. Allgemeines

Das FGG enthielt keine allgemeine Regelung über den Vergleich; allerdings war der Vergleich in Einzelvorschriften ausdrücklich zugelassen (vgl § 14 FGG iVm § 118 Abs 1 Satz 3 Hs 2 ZPO, §§ 53a Abs 1, 53b Abs 4, 83a FGG, 13 Abs 2 und 3, 16 Abs 3 HausratsVO, §§ 19, 20 Abs 2 LwVG); auch Einzelregelungen über die Förmlichkeiten des Vergleichsschlusses fanden sich hier. Darüber hinaus hatte die Rspr in Antragsverfahren im Rahmen einer den Parteien hier eingeräumten Dispositionsbefugnis den Vergleich weitgehend zugelassen; die vorhandenen Einzelregelungen wurden teilweise erweiternd bzw analog angewandt, teilweise wurde auf Vorschriften der ZPO zurückgegriffen. In Amtsverfahren wurde demgegenüber wegen fehlender Verfügungsbefugnis über den Gegenstand und den Gang des Verfahrens ein Vergleich der Beteiligten für unzulässig gehalten (vgl Jansen/*von König/von Schuckmann* Vor §§ 8–18 Rn 80 f; KKW/*Meyer-Holz* Vorb §§ 8–12 FGG Rn 24). 1

§ 36 enthält nunmehr eine allgemeine Regelung über die Voraussetzungen, den Gegenstand und die Förmlichkeiten des Vergleichsschlusses und die Beteiligung des Gerichts hieran. 2

Abs 1 bestimmt den Bereich, in dem die Beteiligten einen Vergleich schließen und damit das gerichtliche Verfahren beenden können. 3

Abs 2 regelt die Förmlichkeiten des Vergleichsschlusses unter weitgehender Heranziehung der Vorschriften der ZPO. 4

Abs 3 lässt – wie im Zivilprozess – auch den Abschluss eines schriftlichen Vergleichs zu. 5

Abs 4 betrifft die Korrektur von Unrichtigkeiten in der Vergleichsniederschrift und in dem den Vergleich feststellenden Beschluss. 6

B. Anwendungsbereich und Zulässigkeit des Vergleichs

I. Anwendungsbereich

7 Die Regelung über den Vergleichsschluss in § 36 gilt für die Verfahren des FamFG, soweit die Anwendbarkeit der allgemeinen Vorschriften der freiwilligen Gerichtsbarkeit nicht ausgeschlossen ist (wie zB nach § 113 Abs 1) und in dem jeweiligen Verfahren der freiwilligen Gerichtsbarkeit keine Sonderregelungen eingreifen, die Vorrang haben, wie etwa § 156 Abs 2, der in Verfahren über das Umgangsrecht und die Kindesherausgabe anzuwenden ist (vgl dort Rz 2 ff), oder §§ 6 ff VersausglG für Vereinbarungen über den VA.

8 § 36 gilt zwar – wie aus seiner Stellung in Abschnitt 2 folgt – unmittelbar nur für Verfahren im ersten Rechtszug. Die Regelungen über den Vergleichsschluss sind aber auch für den Rechtsmittelzug relevant und dürften hier über die Bezugnahme auf die subsidiär anzuwendenden Vorschriften erster Instanz gelten (vgl §§ 68 Abs 3, 74 Abs 4).

II. Zulässigkeit

9 Nach Abs 1 ist im Verfahren der freiwilligen Gerichtsbarkeit ein Vergleich zulässig, soweit die Beteiligten über den Gegenstand des Verfahrens verfügen können. Ob und inwieweit den Beteiligten Dispositionsbefugnis eingeräumt ist, bestimmt sich dabei nach dem jeweils anwendbaren materiellen Recht (RegE BTDrs 16/6308, 193). Danach kommt es nach nunmehrigem Recht für die Zulässigkeit des Vergleichs nicht darauf an, ob es sich um ein Antragsverfahren oder ein Amtsverfahren handelt. Allerdings wird die notwendige Dispositionsfreiheit der Beteiligten regelmäßig bei den Gegenständen des Antragsverfahrens gegeben sein und regelmäßig bei Amtsverfahren fehlen. Ob und inwieweit den Beteiligten eine Dispositionsbefugnis zukommt, ist durch Auslegung des jeweils anzuwendenden Rechts festzustellen. Geht es in dem Verfahren um private Rechte und Interessen der Beteiligten dürfte regelmäßig die Dispositionsbefugnis zu bejahen sein. Bei einem Antragsverfahren wird eine entsprechende Verfügungsbefugnis über den Gegenstand des Verfahrens grundsätzlich zu vermuten sein.

10 Eine Einschränkung der Verfügungsbefugnis der Beteiligten kann sich auch aus zwingenden rechtlichen oder logischen Gründen ergeben. So können im Erbscheinsverfahren die Beteiligten nicht mehr durch Vergleich die mit dem Erbfall eingetretene Erbenstellung regeln. Sie können sich aber durch Vergleich darauf einigen, dass durch die Ausübung von Gestaltungsrechten Einfluss auf die Erbfolge genommen wird (zB durch Ausschlagung, Anfechtung einer Verfügung von Todes wegen) oder dies durch Nichtausübung von Gestaltungsrechten unterlassen wird (vgl BayObLG FGPrax 1997, 229). Den Beteiligten bleibt hier auch die Möglichkeit, im Vergleichswege durch Vereinbarung und Vornahme der dazu notwendigen rechtsgeschäftlichen Verfügungen (Übereignungen, ggf Abtretungen) eine dingliche Rechtslage zu schaffen, die sich bei einer von ihnen gewollten abweichenden Erbrechtsfolge ergeben hätte (vgl KG FamRZ 2004, 836; OLG Oldenburg RdL 2008, 301, 302; Palandt/*Sprau* § 779 BGB Rn 6; MüKo/*Musielak* § 2385 BGB Rn 2).

C. Vergleichsförderungspflicht des Gerichts (Abs 1 Satz 2)

11 Dort, wo den Beteiligten Dispositionsfreiheit über den Verfahrensgegenstand zukommt und ein Vergleich zulässig ist, begründet Abs 1 Satz 2 – ähnlich wie im Zivilprozess § 278 Abs 1 ZPO – die grundsätzliche Verpflichtung des Gerichts, auf eine gütliche Einigung hinzuwirken. Für bestimmte Verfahren wird diese Verpflichtung des Gerichts in verfahrensspezifischer Konkretisierung wiederholt (vgl §§ 156 Abs 1 Satz 1, 165 Abs 4 Satz 1). Nach Vorstellung des Gesetzgebers soll das Gericht den Beteiligten in einem möglichst frühen Verfahrensstadium die Möglichkeiten und Vorteile einer einvernehmli-

chen Regelung nahe bringen und dazu ggf bereits einen Vergleichsvorschlag unterbreiten (vgl RegE BTDrs 16/6308, 193). Eine Ausnahme ist für Gewaltschutzsachen vorgesehen. Dem liegt die Überlegung zugrunde, dass in diesen Verfahren regelmäßig gerichtliche Anordnungen und deren effektive Durchsetzung auch durch Strafandrohung nach § 4 GewSchG geboten erscheinen. Dies wäre bei einer in einem Vergleich übernommenen Verpflichtung evtl nicht gewährleistet, da diese nicht nach § 4 Satz 1 GewSchG strafbewehrt wäre (vgl RegE BTDrs 16/6308, 193).

D. Niederschrift des im Gerichtstermin geschlossenen Vergleichs

Über den Vergleich ist – abweichend von dem für den Termin nur vorgesehenen Vermerk nach § 28 Abs 4 – eine formalisierte Niederschrift anzufertigen. Hierfür sind nach Abs 2 die Vorschriften der ZPO entsprechend anzuwenden; heranzuziehen sind danach §§ 160 Abs 1, Abs 3 Nr 1, 160a, 162 Abs 1, 163 ZPO. **12**

In der Vergleichsniederschrift sind die Beteiligten aufzuführen und auch die übrigen Angaben des § 160 Abs 1 ZPO dürften erforderlich sein. Der Vergleichstext muss in vollem Wortlaut wiedergegeben werden (§ 160 Abs 3 Nr 1 ZPO). Der Vergleichstext ist den Beteiligten vorzulesen oder zur Durchsicht vorzulegen (§ 162 Abs 1 Satz 1 ZPO). Hierüber und über die weiterhin erforderliche Genehmigung des Vergleichs durch die Beteiligten ist ein Vermerk in der Niederschrift aufzunehmen (§ 162 Abs 1 Satz 3 ZPO). Vorlesen (Vorlage zur Durchsicht) und Genehmigung des Vergleichs sind für die Wirksamkeit des gerichtlichen Vergleichs unabdingbare Voraussetzung (vgl BGHZ 142, 84, 87; BGH NJW 1984, 1465, 1466), der entsprechende Protokollvermerk wohl nicht, ihm dürfte aber entscheidende Beweisfunktion zukommen (vgl BGHZ 142, 84, 88; Stein/Jonas/*Roth* § 162 ZPO Rn 8, § 160 ZPO Rn 14). Bei vorläufiger Aufzeichnung der Vergleichsniederschrift genügt das Vorlesen und Abspielen der Aufzeichnung (§ 162 Abs 1 Satz 2 ZPO); auch hier ist die Genehmigung und die Aufzeichnung des darauf bezogenen Vermerks erforderlich. **13**

Weiterhin ist erforderlich, dass die Vergleichsniederschrift vom Richter, beim Kollegialgericht durch den Vorsitzenden, sowie vom Urkundsbeamten, soweit ein solcher nach § 28 Abs 4 hinzugezogen worden ist, unterschrieben wird (§ 163 Abs 1 ZPO). **14**

Die endgültige Niederschrift über den Vergleich kann auch als gerichtliches elektronisches Dokument nach § 130b ZPO erstellt werden, wie aus Abs 2 iVm §§ 160a Abs 4 folgt. **15**

E. Schriftlicher Vergleich

I. Schriftlicher Vergleichsschluss

Abs 3 lässt auch einen Vergleichsschluss außerhalb eines Termins im schriftlichen Verfahren zu und erklärt für den schriftlichen Vergleichsschluss die entsprechende Regelung in § 278 Abs 6 ZPO für entsprechend anwendbar. **16**

Ein schriftlicher Vergleich kommt danach zustande, indem das Gericht einen schriftlichen Vergleichsvorschlag macht und die Beteiligten diesen Vorschlag durch Schriftsatz gegenüber dem Gericht annehmen. Das Gericht kann dabei den Beteiligten eine bestimmte Frist für die Annahme seines Vergleichsvorschlags setzen. Wird die Annahme von einem betroffenen Beteiligten nicht rechtzeitig erklärt, ist der schriftliche Vergleich gescheitert. Nach Fristablauf dürfte ein Beteiligter, der seine Zustimmung innerhalb der Frist erklärt hatte, an die vorgeschlagene Vergleichsregelung nicht mehr gebunden sein (vgl Musielak/*Foerste* § 278 ZPO Rn 17). **17**

Alternativ besteht die Möglichkeit, dass die Beteiligten gegenüber dem Gericht einen schriftlichen Vergleichsvorschlag unterbreiten, dh durch Schriftsatz dem Gericht eine (evtl vorher erzielte bzw abgestimmte) vergleichsweise Regelung übereinstimmend mitteilen oder ein Beteiligter durch einen bei Gericht eingereichten Schriftsatz einen Ver- **18** gleichsvorschlag macht und der andere Beteiligte bzw die anderen Beteiligten durch entsprechenden Schriftsatz diesem Vorschlag zustimmen. Eine Annahme des Vergleichsvorschlags eines Beteiligten unter Erweiterungen, Ergänzungen oder sonstigen Änderungen seitens eines anderen Beteiligten dürfte nach § 150 Abs 2 BGB als neues Vergleichsangebot zu werten sein (vgl Musielak/*Foerste* § 278 ZPO Rn 17). Wird ein gerichtlicher Vergleichsvorschlag von einem Beteiligten nur mit Modifikationen angenommen, muss darin eine Ablehnung des gerichtlichen Vorschlags gesehen werden. Darin dürfte jedoch ein modifizierter, neuer Vergleichsvorschlag des Beteiligten liegen, der von den anderen Beteiligten angenommen werden und dadurch zum Vergleichsschluss führen kann (anders Zöller/*Greger* § 278 ZPO Rn 30 – das Gericht soll nach Prüfung evtl einen neuen Vergleichsvorschlag unterbreiten).

19 Auch bei einem schriftlichen Vergleich ist ein einvernehmlicher Widerrufsvorbehalt für einzelne Beteiligte oder alle Beteiligten möglich (vgl Zöller/*Greger* § 278 ZPO Rn 30). Ein Vergleichsschluss ist dann, wenn ein Widerruf nicht eingeht, nach Ablauf der Widerrufsfrist festzustellen (ohne den Widerrufsvorbehalt; vgl Zöller/*Greger* § 278 ZPO Rn 30).

20 Die schriftlichen Erklärungen der Beteiligten müssen gegenüber dem Gericht abgegeben werden. Durch Erklärungen zwischen den Beteiligten kann kein gerichtlicher, sondern allenfalls ein außergerichtlicher Vergleich zustande kommen (vgl OLG Jena FamRZ 2006, 1277).

II. Gerichtliche Feststellung des Vergleichs

21 Nach der für entsprechend anwendbar erklärten Regelung des § 278 Abs 6 ZPO sind das Zustandekommen eines schriftlichen Vergleichs und dessen Inhalt durch gerichtlichen Beschluss festzustellen.

22 Das Gericht hat dabei das Zustandekommen einer vergleichsweisen Einigung der Beteiligten zu prüfen. Bei einem Vergleich unter Widerrufsvorbehalt ist der Feststellungsbeschluss erst nach Ablauf der Widerrufsfrist, Prüfung und Verneinung eines Widerrufs zu erlassen.

23 Fraglich ist, inwieweit dem Gericht eine inhaltliche Prüfungskompetenz zukommt. Bei einem Vergleichsvorschlag des Gerichts wird bereits im Stadium des Vorschlags die inhaltliche Zulässigkeit und Angemessenheit des Vorschlags geprüft worden sein. Bei einem von Beteiligten ausgehenden Vergleichsvorschlag liegt zwar die Verantwortung auch für den Inhalt des Vergleichs vollständig bei den Beteiligten. Das Gericht wird jedoch in jedem Fall die Zulässigkeit des Vergleichs nach Abs 1 (Dispositionsbefugnis der Beteiligten über den Verfahrensgegenstand) zu prüfen haben. Bei einem ersichtlichen Verstoß gegen Gesetze (§ 134 BGB) oder die guten Sitten (§ 138 BGB) und einer daraus folgenden Nichtigkeit des Vergleichs darf das Gericht den Vergleichsschluss nicht feststellen (zur entsprechenden Problematik im Rahmen des § 278 Abs 6 ZPO vgl BLAH/ *Hartmann* § 278 ZPO Rn 50; Musielak/*Foerste* § 278 ZPO Rn 18). Gleiches gilt bei anderen Nichtigkeitsgründen (zB einer erfolgreichen Anfechtung wegen arglistiger Täuschung).

24 In FamFG-Verfahren ist der Beschluss über die gerichtliche Feststellung des Vergleichs – wie die Feststellung nach § 278 Abs 6 Satz 2 ZPO (vgl dazu BTDrs 14/4722, 82; Musielak/*Foerste* § 278 BGB Rn 18) – unanfechtbar. In Betracht kommt lediglich eine Berichtigung nach Abs 4, § 164 ZPO oder im Falle einer Nichtigkeit des Vergleichs die Fortsetzung des Verfahrens (vgl unten Rz 29).

F. Rechtsfolgen des Vergleichsschlusses

25 Dem gerichtlichen Vergleich (dies gilt für beide in Abs 2 und 3 vorgesehenen Formen) kommt auch im FamFG eine Doppelnatur zu. Er ist materiellrechtlicher Vertrag gem § 779 BGB und gleichzeitig Verfahrenshandlung der Beteiligten (vgl Zöller/*Stöber* § 794 ZPO Rn 3; Prütting/Helms/*Abramenko* § 36 FamFG Rn 7). Als **materiellrechtlicher Ver-**

trag begründer der Vergleich (wenn er wirksam ist) entsprechend seinem jeweiligen Inhalt Rechte und Verpflichtungen der Beteiligten, enthält ggf Verfügungen oder gestaltet die Rechtslage in sonstiger Weise. Die im (wirksamen) **Vergleich liegenden Verfahrenshandlungen** beenden das jeweilige Verfahren ganz oder teilweise (letzteres, wenn der Vergleich sich nur auf einen Teil des Verfahrensgegenstandes bzw der Verfahrensgegenstände bezieht; zum davon abzugrenzenden Zwischenvergleich, der den Streit lediglich hinsichtlich einzelner Elemente des Anspruchs beilegt vgl Zöller/*Stöber* § 794 ZPO Rn 3 aE).

Eine bereits ergangene, noch nicht rechtskräftige Entscheidung wird wirkungslos, **26** wenn sie durch eine im Vergleich enthaltene Regelung nicht aufrechterhalten wird. Der gerichtliche Vergleich kommt als **Vollstreckungstitel** in Betracht, sofern er einen vollstreckbaren Inhalt hat. In Kindschaftssachen setzt die Vollstreckbarkeit des Vergleichs die nach § 156 Abs 2 erforderliche gerichtliche Billigung voraus (vgl § 86 Abs 1 Nr 2; § 86 Rz 2, 4). Die übrigen gerichtlichen Vergleiche kommen als Vollstreckungstitel nach § 86 Abs 1 Nr 3 (iVm § 794 Abs 1 Nr 1 ZPO) in Betracht. Für die Vollstreckung ist wiederum Voraussetzung, dass die Beteiligten über den Gegenstand des Verfahrens, auf den sich der Vergleich bezieht, verfügen können (§ 86 Abs 1 Nr 3). Dies ist bereits nach Abs 1 Voraussetzung für einen zulässigen gerichtlichen Vergleich, diese Voraussetzung eines wirksamen Vollstreckungstitels wird jedoch auch nochmals im Vollstreckungsverfahren zu prüfen sein.

G. Korrektur von Unrichtigkeiten in der Niederschrift und im Feststellungsbeschluss

Abs 4 eröffnet die Möglichkeit zur Berichtigung von Unrichtigkeiten in der Vergleichs- **27** niederschrift oder in einem Feststellungsbeschluss nach Abs 3 in entsprechender Anwendung des § 164 ZPO. Diese Regelung bezieht sich sowohl auf den im Termin protokollierten Vergleich als auch auf den schriftlichen Vergleichsschluss nach Abs 3. Beim schriftlichen Vergleich folgt das bereits aus dem in Abs 3 in Bezug genommenen § 278 Abs 6 Satz 3 ZPO. Für den im Termin geschlossenen Vergleich bedurfte es der Regelung in Abs 4. Denn für den Terminsvermerk nach § 28 Abs 4 ist generell kein formalisiertes Berichtigungsverfahren vorgesehen. Für die Vergleichsniederschrift eines im Termin geschlossenen Vergleichs nach Abs 2 erschien dies aber wegen der Bedeutung und Tragweite des Vergleichs für die Beteiligten und im Hinblick auf eine evtl Vollstreckbarkeit des Vergleichs nicht sachgerecht (vgl Begr RegE BTDrs 16/6308, 194).

Entsprechend § 164 Abs 1 ZPO können Unrichtigkeiten in der Niederschrift oder im **28** Feststellungsbeschluss jederzeit berichtigt werden, auch von Amts wegen. Es kommen Unrichtigkeiten aller Art in Betracht, die sich bei der Niederschrift oder der Feststellung des Vergleichs ergeben haben. Die Möglichkeit einer Berichtigung beschränkt sich danach nicht auf »offenbare Unrichtigkeiten« iSd § 319 ZPO (vgl OLG München OLGZ 1980, 465, 466; Zöller/*Stöber* § 164 ZPO Rn 2). Die Berichtigung erfolgt in der in § 164 Abs 3 ZPO vorgesehenen Form und ist von dem tätig gewesenen Richter bzw dem Vorsitzenden des Kollegialgerichts und – falls ein Urkundsbeamter hinzugezogen worden war – auch von diesem zu unterschreiben (für das gerichtliche elektronische Dokument vgl §§ 164 Abs 4, 130b ZPO). Daraus folgt, dass eine Berichtigung nur möglich ist, wenn die für die Berichtigung nach § 164 Abs 3 zuständigen Personen aufgrund ihrer Erinnerung, des Akteninhalts oder sonstiger Umstände die Unrichtigkeit feststellen können. Ist dies nicht möglich oder stimmen die nach § 164 Abs 3 zuständigen Personen nicht überein, ist eine Berichtigung ausgeschlossen (vgl Zöller/*Stöber* § 164 ZPO Rn 2). Die Beteiligten sind vor einer Berichtigung der Niederschrift anzuhören (§ 164 Abs 2 ZPO).

§ 36 FamFG | Vergleich

H. Unwirksamkeit des Vergleichs und ihre Geltendmachung

29 Ein gerichtlicher Vergleich kann aus verfahrensrechtlichen oder formellen Gründen, aber auch aus materiellrechtlichen Gründen unwirksam sein. Eine Unwirksamkeit aus formellen Gründen kann sich etwa ergeben, wenn die Niederschrift des in einem Termin geschlossenen Vergleichs wesentliche Mängel aufweist, etwa das Vorlesen bzw Abspielen des protokollierten Vergleichs sowie die Genehmigung der Beteiligten fehlen (vgl BGH NJW 1984, 1465, 1466; Jansen/*von König/von Schuckmann* Vor §§ 8–18 FGG Rn 82; oben Rz 12 ff).

30 Die Unwirksamkeit aufgrund formeller Mängel schließt die verfahrensbeendende Wirkung des Vergleichs aus. Der Vergleich kann jedoch materiellrechtlich als Vertrag gem § 779 BGB (als außergerichtlicher Vergleich) wirksam und für die Beteiligten bindend sein, wenn dies dem durch Auslegung zu ermittelnden (hypothetischen) Parteiwillen entspricht (vgl BGH NJW 1985, 1962; Jansen/*von König/von Schuckmann* Vor §§ 8–18 FGG Rn 82).

31 Eine Unwirksamkeit bzw Nichtigkeit des Vergleichs aus materiellrechtlichen Gründen kann sich etwa bei einer Sittenwidrigkeit nach § 138 BGB, einem Gesetzesverstoß gem § 134 BGB, aufgrund einer wirksamen Anfechtung (zB wegen arglistiger Täuschung) oder auch bei fehlender Dispositionsbefugnis der Beteiligten über den Gegenstand des Verfahrens und des Vergleichs ergeben. Eine materiellrechtliche Unwirksamkeit des gerichtlichen Vergleichs lässt auch seine verfahrensbeendende Wirkung entfallen.

32 Die Unwirksamkeit bzw Nichtigkeit des Vergleichs kann von den Beteiligten im alten Verfahren geltend gemacht werden, das dann vom Gericht, vor dem der Vergleich geschlossen worden ist, fortzusetzen ist (vgl BGH NJW 1999, 2903; BayObLG FGPrax 1999, 98, 99; *Bassenge*/Roth Einl FGG Rn 139; Jansen/*von König/von Schuckmann* Vor §§ 8–18 FGG Rn 83). Das Gericht hat dann zu prüfen, ob der Vergleich wirksam und die verfahrensbeendende Wirkung des Vergleichs eingetreten ist. Wird die Wirksamkeit des Vergleichs bejaht, hat das Gericht in einer (End-)Entscheidung auszusprechen, dass das Verfahren durch den betreffenden Vergleich erledigt worden ist (BGHZ 46, 277, 278; Keidel/*Meyer-Holz* § 36 FamFG Rn 46). Gegen diese Entscheidung ist dann das Rechtsmittel gegeben, das auch bei einer ohne den Vergleich ergangenen Endentscheidung eröffnet gewesen wäre (BGH NJW 1996, 3345, 3346; *Bassenge*/Roth Einl FGG Rn 139).

33 Wenn das Gericht die Wirksamkeit des Vergleichs verneint, ist das Verfahren fortzusetzen und in der Sache zu entscheiden. Die Unwirksamkeit des Vergleichs ist dann ggf in einer Zwischenentscheidung (vgl BGHZ 47, 132, 134; Zöller/*Stöber* § 794 ZPO Rn 15a) oder in den Gründen der späteren Endentscheidung festzustellen. Nur die Endentscheidung kann angefochten werden.

§ 37 Grundlage der Entscheidung

(1) Das Gericht entscheidet nach seiner freien, aus dem gesamten Inhalt des Verfahrens gewonnenen Überzeugung.

(2) Das Gericht darf eine Entscheidung, die die Rechte eines Beteiligten beeinträchtigt, nur auf Tatsachen und Beweisergebnisse stützen, zu denen dieser Beteiligte sich äußern konnte.

Übersicht

	Rz			Rz
A. Allgemeines	1	I.	Grundlagen	17
B. Für die Entscheidung zu berücksichtigender Tatsachenstoff (Abs 1)	4	II.	Berechtigte und Gegenstand der gerichtlichen Informations- und Anhörungspflicht	19
C. Grundsatz der freien Beweiswürdigung (Abs 1) und Sachverhaltsfeststellung	7		1. Anzuhörende Beteiligte	19
I. Freie Beweiswürdigung	7		2. Gegenstand der Anhörung	25
II. Anforderungen an die Tatsachenfeststellung	9	III.	Art und Weise der Informations und Anhörung	29
III. Tatsachenfeststellung bei gesetzlicher Vermutung und Anscheinsbeweis, Behandlung der Beweisvereitelung	12	IV.	Berücksichtigung eingehender Stellungnahmen	37
1. Vermutungen	12	V.	Ausnahme von der Informations- und Anhörungspflicht	39
2. Anscheinsbeweis	14	VI.	Rechtsfolgen der Verletzung der gerichtlichen Informations- und Anhörungspflicht	45
3. Beweisvereitelung	16			
D. Rechtliches Gehör zu den entscheidungserheblichen Tatsachen (Abs 2)	17			

A. Allgemeines

§ 37 enthält eine allgemeine Regelung über die formellen Grundlagen der in Verfahren **1** nach dem FamFG ergehenden Entscheidungen. § 37 ist § 108 VwGO nachgebildet und stimmt mit wesentlichen Elementen des § 286 ZPO überein. Rspr und Lit zu diesen Vorschriften dürften auch für die Auslegung und Anwendung des § 37 fruchtbar sein.

§ 37 **gilt grundsätzlich für alle Verfahren nach § 1, nicht jedoch für Ehesachen und Familienstreitsachen**, auf welche die ZPO anwendbar ist (vgl § 113 Abs 1).

Abs 1 bestimmt den der Entscheidung zugrunde zu legenden Streitstoff und erklärt **2** für die Überzeugungsbildung des Gerichts auch im Bereich der freiwilligen Gerichtsbarkeit den Grundsatz der freien Beweiswürdigung für anwendbar.

Abs 2 normiert auf der Ebene des einfachen Rechts Mindestanforderungen, die bei Er- **3** lass einer Entscheidung zur Gewährleistung des rechtlichen Gehörs der Beteiligten eingehalten werden müssen.

B. Für die Entscheidung zu berücksichtigender Tatsachenstoff (Abs 1)

In Abweichung vom Zivilprozess gilt im Bereich der freiwilligen Gerichtsbarkeit nicht **4** der Grundsatz der Mündlichkeit, nach dem – zumindest in der Regel – nur Tatsachenstoff, der Gegenstand der mündlichen Verhandlung gewesen ist, auch der gerichtlichen Entscheidung zugrunde gelegt werden darf. Es gilt aber auch nicht das strikte Schriftlichkeitsprinzip. Das Gericht kann mündlich verhandeln (§ 32), eine mündliche Verhandlung ist jedoch nicht stets obligatorisch. Auch außerhalb einer evtl durchgeführten mündlichen Verhandlung können die Beteiligten durch entsprechendes Vorbringen (§ 27 Abs 1) sowie das Gericht durch die ihm von Amts wegen obliegenden Ermittlungen (§ 26) zur Aufklärung des Sachverhalts beitragen und entsprechende Entscheidungsgrundlagen schaffen. Dementsprechend ist nach Abs 1 der **gesamte Inhalt des Verfahrens** der vom Gericht zu treffenden Entscheidung zugrunde zu legen. Danach ist neben den Ergebnissen einer mündlichen Verhandlung mit einer evtl im Termin erfolgten Beweisaufnahme (und dem dabei gewonnenen persönlichen Eindruck des Gerichts) auch der gesamte übrige Akteninhalt Grundlage der gerichtlichen Entscheidung. Dies war bereits nach altem Recht allseits anerkannt (vgl zB BayObLG FamRZ 1990, 1156, 1157; Jansen/*von König/von Schuckmann* Vor §§ 8–18 FGG Rn 28; KKW/*Meyer-Holz*, Vorb zu §§ 8–12 FGG Rn 10).

5   Bei der Entscheidung heranzuziehen sind danach insbesondere auch Schriftsätze, die erst nach einer mündlichen Verhandlung eingereicht werden; dies gilt auch, wenn sie nach Ablauf einer hierfür gesetzten Äußerungsfrist eingehen (vgl BayObLG NJW-RR 1999, 1685, 1686). Auch Schriftsätze, die bis zum Zeitpunkt der Herausgabe der fertiggestellten Entscheidung durch die Geschäftsstelle noch bei Gericht eingehen, selbst bei bereits erfolgter Beschlussfassung eines Kollegialgerichts, sind vom Gericht noch zu berücksichtigen (vgl BVerfG NJW 1988, 1963; OLG Zweibrücken FGPrax 2002, 116).

6   Bei Verwertung des gesamten, den Beteiligten nicht unmittelbar zugänglichen Akteninhalts für die Entscheidung muss Vorkehrung getroffen werden, dass zur Gewährleistung rechtlichen Gehörs die Beteiligten vom entscheidungserheblichen Streitstoff Kenntnis erlangen und sich hierzu äußern können. Dem dient der nachfolgend zu behandelnde Abs 2.

C. Grundsatz der freien Beweiswürdigung (Abs 1) und Sachverhaltsfeststellung

I. Freie Beweiswürdigung

7   Aus Abs 1 folgt weiterhin die Anwendbarkeit des Grundsatzes der freien Beweiswürdigung für die entscheidungsrelevante Tatsachenfeststellung. Es gelten insoweit die gleichen Grundsätze wie im Zivil- und Strafprozess (§§ 286 ZPO, 261 StPO). Das Gericht ist danach bei der Feststellung der der Entscheidung zugrunde zu legenden Tatsachen grundsätzlich nicht an bestimmte formelle Beweisregeln gebunden, sondern entscheidet insoweit frei nach der von ihm aus dem gesamten Inhalt des Verfahrens gewonnenen Überzeugung. So kann es etwa einem Beteiligten mehr glauben als einem vereidigten Zeugen (vgl BayObLG FamRZ 1991, 1114, 1115). Ausnahmen vom Grundsatz der freien Beweiswürdigung können sich aus für spezielle Anwendungsbereiche vorgesehenen **gesetzlichen Beweisregeln** ergeben (entsp § 286 Abs 2 ZPO). Solche Regelungen finden sich etwa in §§ 60, 66 PStG, 32 bis 37 GBO und – was für die förmliche Beweisaufnahme nach § 30 relevant ist – in den entsprechend anzuwendenden Regelungen der §§ 415 bis 419, 437, 438 ZPO über den Urkundenbeweis (vgl hierzu und den Besonderheiten aufgrund des Amtsermittlungsgrundsatzes § 30 Rz 79 ff).

8   Eine die freie Beweiswürdigung des Gerichts einschränkende **Bindung durch Beweisvertrag** der Beteiligten (Beweismittel- oder Feststellungslastvertrag), durch den dem Gericht vorgeschrieben werden soll, Tatsachen als festgestellt oder nicht festgestellt zu behandeln, oder in anderer Weise die bei der Tatsachenfeststellung vorzunehmende Beweiswürdigung des Gerichts eingeschränkt werden soll, ist nach altem Recht als unzulässig abgelehnt worden. Dem sollte der Amtsermittlungsgrundsatz entgegen stehen (vgl *Bassenge*/Roth Einl FGG Rn 84). Dem dürfte auch für das FamFG zu folgen sein (ebenso Keidel/*Sternal* § 29 FamFG Rn 33).

II. Anforderungen an die Tatsachenfeststellung

9   Die **Feststellung einer Tatsache** setzt voraus, dass das Gericht von der Wahrheit der festzustellenden Tatsache in vollem Umfang überzeugt ist. Für das dazu erforderliche Beweismaß ist hier von den Grundsätzen auszugehen, wie sie im FGG angewandt worden sind, aber auch in der ZPO und anderen Verfahrensordnungen gelten (vgl Jansen/*Briesemeister* § 12 FGG Rn 110; Musielak/*Foerste* § 286 ZPO Rn 18 f). Eine absolute, unumstößliche Sicherheit, bei der ein abweichender Sachverhalt nach mathematisch-na-

turwissenschaftlichen Gesetzen auszuschließen ist, ist danach nicht erforderlich. Ausreichend, aber auch erforderlich ist, dass der Richter einen für das praktische Leben brauchbaren Grad an Gewissheit erlangt; für einen vernünftigen, die Lebensverhältnisse überschauenden Menschen muss ein so hoher Grad an Wahrscheinlichkeit bestehen, dass er Zweifeln Schweigen gebietet, ohne sie völlig auszuschließen (BGHZ 53, 245, 256; BGH NJW 1998, 2969, 2971).

Das nach diesen Grundsätzen erforderliche Beweismaß gilt nicht nur für die förmliche Beweisaufnahme nach § 30, sondern auch für die Tatsachenfeststellung mit den Mitteln des Freibeweises nach § 29. 10

In der abschließenden Entscheidung muss das Gericht nicht nur das Ergebnis der Tatsachenfeststellung mitteilen, sondern auch die Gründe nachvollziehbar darstellen, die für die vom Gericht gewonnene Überzeugung maßgebend waren. 11

III. Tatsachenfeststellung bei gesetzlicher Vermutung und Anscheinsbeweis, Behandlung der Beweisvereitelung

1. Vermutungen

Bei der Tatsachenfeststellung sind – wie im Zivilprozess – eventuell vorhandene gesetzliche Vermutungen zu beachten. Bei der gesetzlichen **Vermutung von Tatsachen** wird kraft gesetzlicher Regelung aus dem Vorhandensein bestimmter Umstände auf das Vorliegen einer Tatsache geschlossen. Die vermutete Tatsache bedarf dann keines Beweises, wenn der Tatbestand vorliegt, an den die gesetzliche Vermutungsregelung anknüpft (vgl Musielak/*Huber* § 292 ZPO Rn 2). Entsprechende Tatsachenvermutungen können in verschiedenen Bereichen der freiwilligen Gerichtsbarkeit relevant werden; genannt seien hier etwa die Tatsachenvermutungen in §§ 1600c Abs 1, 1600d Abs 2 BGB, §§ 9 Abs 1, 10, 11 VerschG. Tatsachenvermutungen können, wenn sie nicht nach der gesetzlichen Ausgestaltung unwiderleglich sind, entkräftet werden durch den Beweis des Gegenteils. Dieser obliegt nicht einem Beteiligten, sondern ist ebenfalls grundsätzlich Gegenstand der Amtsermittlung (vgl BayObLGZ 1999, 1, 4; Keidel/*Sternal* § 29 FamFG Rn 44). 12

Abzugrenzen von der gesetzlichen Tatsachenvermutung ist die gesetzliche **Vermutung eines Rechts**, bei der aus den in der Vermutungsregelung genannten Tatsachen unmittelbar auf das Bestehen oder das Nichtbestehen eines Rechts oder Rechtsverhältnisses geschlossen wird (vgl Musielak/*Huber* § 292 ZPO Rn 3), wie etwa in § 5 HöfeVfO, § 8 Abs 2 HausRVO, § 2365 BGB (letztgenannte Vermutung ist zB relevant für den Bereich des Grundbuchrechts; im Erbscheins- bzw -einziehungsverfahren dürfte sie hingegen nicht gelten, vgl PWW/*Deppenkemper* § 2361 BGB Rn 2). Auch die Rechtsvermutung kann durch Beweis der Unrichtigkeit bzw des Gegenteils widerlegt werden; für die insoweit relevanten Tatsachen gilt auch hier grundsätzlich der Amtsermittlungsgrundsatz (vgl Jansen/*Briesemeister* § 12 FGG Rn 18). 13

2. Anscheinsbeweis

Im Bereich der freiwilligen Gerichtsbarkeit sind schließlich auch die Grundsätze des Anscheinsbeweises anwendbar (vgl BGHZ 53, 369, 379; BayObLGZ 1979, 256, 266). Ein Anscheinsbeweis kommt nach in der Rspr allgemein anerkannten Grundsätzen in Betracht, wenn ein typischer Geschehensablauf vorliegt, bei dem nach der Lebenserfahrung aus einem bestimmten unstreitigen oder bewiesenen Sachverhalt auf eine bestimmte Folge oder umgekehrt aus einem feststehenden Erfolg auf eine bestimmte Ursache oder einen Geschehensablauf zu schließen ist (vgl BGH NJW 2001, 1140, 1141). 14

Der Anscheinsbeweis ist erschüttert, wenn sich hinsichtlich der Tatsachengrundlage des typischen Geschehensablaufs Zweifel ergeben oder die ernsthafte Möglichkeit eines abweichenden, atypischen Geschehensablaufs besteht (vgl Keidel/*Sternal* § 29 FamFG Rn 29; Zöller/*Greger* Vor § 284 ZPO Rn 29). Solchen Möglichkeiten, die zur Entkräftung 15 des Anscheinsbeweises führen können, hat das Gericht im Rahmen der Amtsermittlung nachzugehen (vgl *Bassenge*/Roth § 12 FGG Rn 11). Bei konkreter Möglichkeit eines atypischen Geschehensablaufs (Entkräftung des Anscheinsbeweises) kann die im Anscheinsbeweis liegende Beweiserleichterung nicht eingreifen; es kommt dann auf die Feststellung der zu beweisenden Tatsachen nach allgemeinen Grundsätzen an.

3. Beweisvereitelung

16 Bei einer Beweisvereitelung, die auch im Bereich des FamFG durch Verhinderung oder Erschwerung der Beweisaufnahme oder Erhebung einzelner Beweise seitens eines Beteiligten vorkommen kann, wird an die hierfür im Zivilprozess entwickelten Grundsätze (vgl Musielak/*Foerste* § 286 ZPO Rn 62 ff) anzuknüpfen sein. Voraussetzung für entsprechende Sanktionen ist dabei, dass die zur Beweisvereitelung führenden Maßnahmen des Beteiligten diesem zuzurechnen und vorzuwerfen sind. Erschöpft sich die Vereitelung des Beteiligten allein in der Versagung einer ihm obliegenden Mitwirkung an der Sachverhaltsermittlung nach § 27 Abs 1, kann und wird es vielfach ausreichen, dass das Gericht von weiteren Ermittlungsmaßnahmen absieht; dies gilt insbesondere dann, wenn die weitere Aufklärung auch im Interesse des Beteiligten lag. Eine Beweisvereitelung oder -erschwerung ist ansonsten (als ein Gesichtspunkt neben anderen) im Rahmen der Beweiswürdigung zu berücksichtigen (auch in Amtsverfahren) und kann heranzuziehen sein, um ein für den vereitelnden Beteiligten nachteiliges Beweisergebnis zu begründen (vgl OLG Hamm FGPrax 1996, 28, 30). Entsprechend den im Zivilprozess entwickelten Grundsätzen kommt schließlich in echten Streitsachen in Betracht, wegen einer ins Gewicht fallenden Beweisvereitelung eines Beteiligten zugunsten eines anderen Beteiligten, bei dem die materielle Feststellungslast liegt, Beweiserleichterungen zu gewähren oder sogar von einer Umkehr der Feststellungslast auszugehen.

D. Rechtliches Gehör zu den entscheidungserheblichen Tatsachen (Abs 2)

I. Grundlagen

17 Die Regelung in Abs 2 ist bereits aus verfassungsrechtlichen Gründen (Art 103 Abs 1 GG) vorgegeben. Sie konkretisiert in einem wichtigen Teilbereich die verfassungsrechtliche Gewährleistung rechtlichen Gehörs, enthält aber eine eigenständige einfachgesetzliche Grundlage für verfahrensrechtliche Rechte und Pflichten. Abs 2 besteht und gilt neben der übergeordneten verfassungsrechtlichen Gewährleistung. Der aus Art 103 Abs 1 GG folgende Grundsatz des rechtlichen Gehörs ist als unmittelbar geltendes Verfassungsrecht in allen gerichtlichen Verfahren, so auch in Verfahren der freiwilligen Gerichtsbarkeit anwendbar (vgl BVerfG NJW 1994, 1053; *Prütting*/Helms § 37 FamFG Rn 27). Die Gewährung rechtlichen Gehörs erfordert es, dass das Gericht eine Entscheidung nur auf solche Tatsachen und Beweisergebnisse stützt, zu denen sich die Beteiligten, deren Rechte durch die Entscheidung beeinträchtigt werden, zuvor äußern konnten. Zu Ausnahmen im Bereich des einstweiligen Rechtsschutzes vgl Rz 44 und § 51 Rz 25.

18 Wenn für die gerichtliche Entscheidung der gesamte Inhalt des Verfahrens, insbesondere der gesamte Akteninhalt, heranzuziehen ist, müssen Vorkehrungen getroffen werden, dass in ihren Rechten betroffene Beteiligte vorher Gelegenheit erhalten, sich zu den die Entscheidung tragenden tatsächlichen Grundlagen zu äußern. In diesem Zusammenhang ist auch zu bedenken, dass es im FamFG-Verfahren ansonsten keine generelle Regelung über die Übersendung schriftlicher Erklärungen und Beweisergebnisse an die Beteiligten gibt. Lediglich für den verfahrenseinleitenden Antrag ist in § 23 Abs 2 vorgesehen, dass er den anderen Beteiligten zu übermitteln ist. Bei den weiteren Schriftsätzen, Schriftstücken und dem sonstigen Verfahrensstoff ist solches nicht generell vorgesehen. Der Verzicht auf eine schematische Versendung von Verfahrensunterlagen an alle Beteiligten soll nach den dem Gesetzentwurf zugrunde liegenden Vorstellungen die Fle-

xibilität des FamFG-Verfahrens gewährleisten und den in organisatorischer und finanzieller Hinsicht zu leistenden Aufwand auf das Unvermeidliche beschränken (vgl Begr RegE BTDrs 16/6308, 194). Durch Abs 2 soll gewährleistet werden, dass jedenfalls den Beteiligten, die durch die zu erlassende Entscheidung in ihren Rechten beeinträchtigt werden, der die Entscheidung tragende Tatsachenstoff zugänglich gemacht und ihnen vor Erlass der Entscheidung Gelegenheit zur Äußerung eingeräumt wird (Begr RegE BTDrs 16/6308, 194). Ob der jeweilige Beteiligte von dieser Gelegenheit zur Äußerung Gebrauch macht, steht in seinem Belieben.

II. Berechtigte und Gegenstand der gerichtlichen Informations- und Anhörungspflicht

1. Anzuhörende Beteiligte

Zu den entscheidungserheblichen tatsächlichen Grundlagen anzuhören sind die **Beteiligten, die durch die Entscheidung in ihren Rechten beeinträchtigt werden**. Es wird dabei an den Begriff der Rechtsbeeinträchtigung angeknüpft, der in § 20 Abs 1 FGG zur Bestimmung der Beschwerdeberechtigung herangezogen worden ist (vgl Begr RegE BTDrs 16/6308, 194). Eine solche Rechtsbeeinträchtigung ist anzunehmen, wenn der Beteiligte durch die anstehende Entscheidung in seiner eigenen Rechtsstellung negativ betroffen sein würde, dh ein unmittelbarer, nachteiliger Eingriff in ein dem Beteiligten zustehendes (subjektives) Recht zu besorgen ist, indem seine Rechtsstellung aufgehoben, beschränkt oder gemindert, die Ausübung des Rechts gestört oder erschwert wird (zum Begriff der Rechtsbeeinträchtigung vgl *Bassenge*/Roth § 20 FGG Rn 8; Jansen/*Briesemeister* § 20 FGG Rn 3 ff; KKW/*Kahl* § 20 FGG Rn 12 ff). Auf die Art des evtl beeinträchtigten Rechts kommt es nicht an; eine evtl Beeinträchtigung einer verfahrensrechtlichen Position dürfte genügen. Auch die evtl Vorenthaltung einer Verbesserung einer Rechtsstellung des Beteiligten reicht aus. Letzteres ist jedenfalls in Antragsverfahren auch für den Antragsteller gegeben, wenn das Gericht eine Zurückweisung seines Antrags in Erwägung zieht. Die Beeinträchtigung einer rechtlich gesicherten Position im Sinne einer Anwartschaft dürfte ebenfalls ausreichen. 19

Die Rechtsbeeinträchtigung muss sich aus dem Inhalt der zu treffenden Entscheidung (dem Entscheidungssatz), nicht lediglich aus ihren Gründen ergeben. 20

Für einen Anspruch auf Anhörung dürften dagegen bloße wirtschaftliche oder ideelle Interessen oder Beeinträchtigungen nicht genügen. 21

Auch Behörden kommen – obwohl sie keine eigene Rechtspersönlichkeit besitzen, sondern als Organisationseinheit einer juristischen Person des öffentlichen Rechts handeln – als anzuhörende Beteiligte in Betracht, wenn ihnen in dem betreffenden Verfahren eigene Rechte zukommen und sie in der ihnen eingeräumten Rechtsstellung betroffen sind (es etwa um die Anfechtung von Justizverwaltungsakten gem §§ 23 ff EGGVG geht). Davon abzugrenzen ist die Hinzuziehung von Behörden zum Zweck allgemeiner Wahrnehmung öffentlicher Interessen oder zur Unterstützung des Gerichts bei dessen Ermittlungen (zB Hinzuziehung des Jugendamts in familiengerichtlichen Verfahren, Beteiligung berufsständischer Organe, der Landwirtschaftskammer in Verfahren nach dem LwVG). Es ist jeweils durch Auslegung der die Beteiligung der Behörde regelnden Vorschriften festzustellen, ob der Behörde eigene Rechte eingeräumt worden sind und sie danach in eigenen Rechten betroffen sein kann. Ist der Behörde durch Gesetz in einem bestimmten Bereich ein Antragsrecht oder ein Recht zur Beschwerde eingeräumt, spricht dies für letzteres (vgl etwa für Beteiligung der IHK nach § 126 FGG OLG Saarbrücken OLGZ 1985, 388; KKW/*Schmidt* § 12 FGG Rn 142). 22

Der betroffene **verfahrensfähige (§ 9) Beteiligte** kann sein Recht auf Information und Anhörung selbst oder durch Bevollmächtigte (§ 10) wahrnehmen. Selbst anzuhören sind auch **geschäftsunfähige oder beschränkt geschäftsfähige Personen**, denen zur Wahrnehmung ihrer Rechte im betreffenden Verfahren Verfahrensfähigkeit zukommt (vgl § 9 23

Abs 1 Nr 2 bis 4 sowie zB §§ 275, 316). Möglicherweise geschäftsunfähigen oder beschränkt geschäftsfähigen Beteiligten kommt ein eigenes Anhörungsrecht auch zu, wenn über deren Geschäftsfähigkeit gestritten wird. Zu hier aus Gründen des Gesundheitsschutzes oder aus anderen zwingenden Gründen in Betracht kommenden Ausnahmen vgl Rz 39 f.

24   Bei **juristischen Personen** als Beteiligte und bei geschäftsunfähigen sowie beschränkt geschäftsfähigen Beteiligten, die nach § 9 Abs 1 Nr 2 bis 4 nicht verfahrensfähig sind, übt der gesetzliche Vertreter, bei Behörden deren Leiter oder dessen Beauftragter das Anhörungsrecht aus. Bei Interessenkollisionen zwischen einem solchen nicht verfahrensfähigen Beteiligten und seinem gesetzlichen Vertreter oder in sonstigen Fällen der Verhinderung des gesetzlichen Vertreters wird das Anhörungsrecht durch einen – ggf zu bestellenden – (Ergänzungs-)Pfleger auszuüben sein. Das Anhörungsrecht ist evtl von einem Verfahrenspfleger wahrzunehmen, wenn der Beteiligte hierzu aus tatsächlichen Gründen, zB wegen seines Geisteszustandes, nicht in der Lage ist (vgl dazu etwa §§ 276, 317).

2. Gegenstand der Anhörung

25   Den Beteiligten, die nach den vorstehend dargestellten Grundsätzen in ihren Rechten beeinträchtigt werden, müssen die **Tatsachen und Beweisergebnisse**, die der Entscheidung zugrunde gelegt werden sollen, zur Kenntnis gegeben und ihnen muss hierzu Gelegenheit zur Äußerung eingeräumt werden. Dies erfordert, dass dem betroffen Beteiligten **sämtliches entscheidungsrelevantes Tatsachenvorbringen** der anderen Beteiligten, aber auch vom Gericht selbst ermittelter Tatsachenstoff einschließlich der Beweisergebnisse von in seiner Abwesenheit erhobenen Beweisen (insbesondere auch die des Freibeweises) zur Kenntnis gegeben werden müssen. Hierzu ist dem Beteiligten sodann die Möglichkeit der Stellungnahme einzuräumen. Das gilt etwa auch für eine Augenscheinseinnahme, zu den Akten gelangte Urkunden, Behördenstellungnahmen, amtliche Auskünfte, entscheidungsrelevanten Tatsachenstoff aus beigezogenen Akten und eingegangene Sachverständigengutachten; grundsätzlich gilt dies auch für ärztliche Gutachten, die sich zB auf den Geisteszustand eines Beteiligten beziehen (OLG Frankfurt OLGZ 1981, 135, 137; BayObLG 1973, 162, 164; zu Ausnahmen hier vgl Rz 39).

26   Gegenstand der Informations- und Anhörungspflicht sind Tatsachen und Beweisergebnisse, die für die anstehende Entscheidung relevant sind und diese tragen. Auch zu aus Sicht des Gerichts offenkundigen Tatsachen, die der Entscheidung zugrunde gelegt werden sollen, sind die betroffenen Beteiligten anzuhören (dabei wird eine vorausgehende Information hinsichtlich allgemeinkundiger Tatsachen wohl grundsätzlich nicht erforderlich sein; vgl Keidel/*Sternal* § 29 FamFG Rn 13).

27   Das Gericht muss danach im Rahmen der Vorbereitung einer Entscheidung fortlaufend überprüfen, ob die Informations- und Anhörungsverpflichtung gegenüber allen Beteiligten, die durch die Entscheidung in ihren Rechten (evtl) betroffen werden, hinsichtlich aller tatsächlichen Grundlagen der Entscheidung erfüllt worden ist. Wenn dies (teilweise) nicht der Fall ist, hat das Gericht das Versäumte vor Erlass der Entscheidung nachzuholen.

28   Eine Information der Beteiligten über die **rechtlichen Bewertungen** des Gerichts und die Einräumung einer Möglichkeit der Stellungnahme hierzu sieht Abs 2 nicht vor. Das Gericht hat allerdings im Rahmen der Verfahrensleitung nach § 28 Abs 1 Satz 2 die Beteiligten auf rechtliche Gesichtspunkte hinzuweisen, die das Gericht anders beurteilt als die Beteiligten oder die von den Beteiligten nicht erkannt werden (vgl § 28 Rz 12 ff). Auch geht hier die unmittelbar anwendbare verfassungsrechtliche Gewährleistung aus Art 103 Abs 1 GG über die Regelung des Abs 2 hinaus. Die Gewährleistung rechtlichen Gehörs schließt ein, dass die Beteiligten sich auch zu der für die Entscheidung relevanten Rechtslage sowie zu den dazu vom Gegner vertretenen Rechtsansichten äußern kön-

nen und dadurch die Möglichkeit erhalten, ggf auf die rechtliche Beurteilung des Gerichts Einfluss zu nehmen (vgl BVerfGE 64, 135, 143; 86, 133, 144; BVerfG NJW 2002, 1334). Zur effektiven Gewährleistung dieses Äußerungsrechts ist es geboten, die Beteiligten auch auf die (von ihnen ersichtlich nicht erkannten) rechtlichen Gesichtspunkte hinzuweisen, die das Gericht seiner Entscheidung zugrunde legen will (vgl BVerfG NJW 2002, 1334).

III. Art und Weise der Information und Anhörung

§ 37 Abs 2 lässt offen, auf welche Weise sicherzustellen ist, dass die durch die Entscheidung in ihren Rechten betroffenen Beteiligten über den entscheidungserheblichen Tatsachenstoff informiert und angehört werden. Das Gericht hat in jedem Fall eine für den betreffenden Beteiligten nach den konkreten Umständen zumutbare Form zu wählen. 29

Zur **Information** über den der Entscheidung zugrunde zu legenden Tatsachenstoff werden den Beteiligten regelmäßig die für die Entscheidung relevanten Erklärungen, die beigezogenen Beweismittel und deren Inhalt sowie die Ergebnisse einer durchgeführten (förmlichen) Beweisaufnahme mitzuteilen sein (vgl Begr RegE BTDrs 16/6308, 194). Dies wird in der gerichtlichen Praxis durch Übersendung von Schriftsätzen und sonstigen Schriftstücken der anderen Beteiligten, Informationsschreiben des Gerichts oder durch Übersendung von Vermerken über einen Termin, über eine Anhörung von Beteiligten außerhalb eines Termins oder über Ergebnisse einer durchgeführten Beweisaufnahme (vgl § 29 Abs 3), von Ablichtungen von Urkunden oder eines eingeholten schriftlichen Sachverständigengutachtens geschehen. Neben dieser schriftlichen Information kommt auch eine mündliche Information, etwa eine Information der anwesenden Beteiligten in einem Termin (§ 32) oder im Rahmen einer persönlichen Anhörung (§ 33), in Betracht. Die notwendige Information über den Tatsachenstoff wird hier durch die Anwesenheit der Beteiligten gewährleistet. 30

Die notwendige Information kann weiterhin durch Akteneinsicht gewährt werden (*Bumiller*/Harders § 37 FamFG Rn 3). 31

Auch eine telefonische Information ist denkbar, wird aber meist wegen damit verbundener Unsicherheiten, wegen des schwierigen Nachweises von Inhalt und Umfang der Information und der naheliegenden Gefahr von Missverständnissen praktisch ausscheiden. 32

Es reicht grundsätzlich aus, dass den in ihren Rechten betroffenen Beteiligten die Möglichkeit eingeräumt wird, sich **schriftlich zu den entscheidungsrelevanten Umständen zu äußern**. Es ist dabei den Beteiligten ein hinreichender Zeitraum einzuräumen, in dem sie in zumutbarer Weise erforderliche Informationen einholen und Stellung nehmen können. Welcher Zeitraum erforderlich und angemessen ist, hängt von den jeweils konkreten Umständen ab, insbesondere von der Komplexität des jeweiligen Verfahrens und dem zu erwartenden Aufwand der Stellungnahme. Auch ein evtl bestehendes Eilbedürfnis (etwa im Bereich des einstweiligen Rechtsschutzes) wird zu berücksichtigen sein. Aus Gründen der Rechtsklarheit und -sicherheit wird es geboten, zumindest aber zweckmäßig sein, den Beteiligten eine bestimmte Frist für eine evtl Äußerung zu setzen. 33

Auf Antrag mit hierfür dargelegten plausiblen Gründen, die ggf auf Verlangen glaubhaft zu machen sind, ist die Stellungnahmefrist zu verlängern (vgl § 16 Abs 2 iVm § 224 Abs 2 ZPO). Gesetzte Fristen muss das Gericht jedenfalls abwarten (BVerfG NJW 1988, 1773, 1774). 34

Das Gericht ist nach der Rspr allerdings nicht gezwungen, stets eine Äußerungsfrist zu setzen; es muss nur (nach Übermittlung eines Schriftsatzes oder einer sonstigen Information) eine angemessen lange Zeit abwarten, in der eine Stellungnahme der Beteiligten zu erwarten ist (idR zwischen 2–3 Wochen; vgl BVerfG 8, 89, 91; 17, 191, 193; 60, 313, 317; OLG Köln ZIP 1984, 1284, 1285). Das gilt auch, wenn ein Beteiligter eine Stel- 35 lungnahme (oder eine Antrags- oder Beschwerdebegründung) angekündigt hat (vgl OLG Köln Rpfleger 1990, 434; ZIP 1984, 1284, 1285; OLG Oldenburg NJW-RR 1991, 23). Kündigt ein Beteiligter eine Stellungnahme innerhalb einer von ihm genannten bestimmten Frist an, ist diese Frist entweder zu beachten oder durch richterliche Anordnung (auf einen angemessenen, ausreichenden Zeitraum) zu verkürzen (vgl OLG Köln ZIP 1984, 1284, 1185).

36 Gelegenheit zur Stellungnahme kann den Beteiligten auch **im Rahmen eines Verhandlungstermins** oder einer (gesonderten) **mündlichen Anhörung** (§§ 32, 33) gegeben werden. Erforderlich ist dies jedoch nur in den vom Gesetz vorgesehenen Fällen. Zur Notwendigkeit einer persönlichen Anhörung vgl § 34 Rz 8 ff). Ansonsten besteht kein Anspruch der Beteiligten auf eine mündliche Anhörung (BVerfG NJW 1994, 1053; BayObLG FamRZ 2001, 1247, 1248, jeweils zu Art 103 Abs 1 GG).

IV. Berücksichtigung eingehender Stellungnahmen

37 Die Gewährung rechtlichen Gehörs und auch die einfachgesetzlich angeordnete Anhörung nach Abs 2 schließen auf Seiten des Gerichts die Verpflichtung ein, dass es das eingehende Vorbringen des Beteiligten bei der Entscheidung berücksichtigt. Es muss dazu das **Vorbringen des Beteiligten zur Kenntnis nehmen und bei seiner Entscheidung in Erwägung ziehen** (vgl BVerfGE 60, 1, 5; BVerfG NJW 1995, 2095, 2096). Nach Prüfung als unerheblich erkanntes Vorbringen muss das Gericht bei der Entscheidung nicht berücksichtigen.

38 Vorgaben für **Inhalt und Umfang der gerichtlichen Begründung** ergeben sich aus Abs 2 nicht. Auch die verfassungsrechtliche Gewährleistung rechtlichen Gehörs erfordert nicht, dass sich das Gericht mit jedem Vorbringens der Beteiligten in den Entscheidungsgründen ausdrücklich befasst (vgl BVerfGE 54, 86, 91). Fehlende Ausführungen in den Entscheidungsgründen lassen nur unter besonderen Umständen auf eine Verletzung rechtlichen Gehörs schließen, wenn sich nämlich dies aufdrängen muss, etwa wenn das Gericht auf den wesentlichen Kern eines Tatsachenvortrags, der für das Verfahren ersichtlich von zentraler Bedeutung erscheint, gar nicht eingeht (BVerfG 86, 133, 145/146; 47, 182, 188).

V. Ausnahme von der Informations- und Anhörungspflicht

39 Der Wortlaut des Abs 2 legt die Annahme einer generellen Regelung nahe, die Ausnahmen nicht zulässt. Nach bisherigem Recht ist jedoch in engen Ausnahmefällen zugelassen worden, dass einem betroffenen Beteiligten entscheidungserheblicher Tatsachenstoff und Beweismittel bzw -ergebnisse vorenthalten werden oder von einer persönlichen Anhörung insgesamt abgesehen wird. Dies ist insbesondere in Betreuungs- und Unterbringungsverfahren bei Sachverständigengutachten zugelassen worden, wenn dies zum **Schutz der Gesundheit des Beteiligten** oder **aus zwingenden anderen Gründen** erforderlich erschien (vgl KKW/*Schmidt* § 12 FGG Rn 154). Einschränkungen kamen auch bei Vermerken über Anhörungen eines Kindes oder der Eltern in Sorgerechts- und Umgangsverfahren in Betracht. Entsprechende Ausnahmen sollten auch im Hinblick auf die verfassungsrechtliche Gewährleistung rechtlichen Gehörs nicht ausgeschlossen sein.

40 Nach der Begründung des RegE (BTDrs 16/6308, 194) sollen solche Ausnahmen auch nach neuem Recht weiterhin zulässig und geboten sein, wenn einer Übersendung von Beweisdokumenten oder sonstigen Unterlagen **schwerwiegende Interessen eines Beteiligten oder eines Dritten** entgegenstehen. Die Informationsgewährung soll hier entsprechend der Regelung über die Akteneinsicht eingeschränkt werden können, die nach § 13 Abs 1 versagt werden kann, soweit schwerwiegende Interessen eines Beteiligten oder eines Dritten entgegenstehen. Gleiches dürfte für die (persönliche) Anhörung gelten, wenn ein Ausschluss aus zwingenden Gründen des Gesundheitsschutzes oder aus zwingenden anderen Gründen geboten ist. Einige Ausnahmen von der sonst erforderli-

chen persönlichen Anhörung von Beteiligten sind bereits im Gesetz vorgesehen (vgl §§ 34 Abs 2, 278 Abs 4, 319 Abs 3).

Auch wenn solche Einschränkungen im konkreten Fall erforderlich werden, muss das **41** Gericht dem Anspruch des in seinen Rechten betroffenen Beteiligten auf Gewährung rechtlichen Gehörs im noch möglichen Umfang Rechnung tragen und in möglichst grundrechtsschonender Weise einen Ausgleich der widerstreitenden Interessen herbeiführen. In Betracht zu ziehen ist die Möglichkeit, dass das Gericht dem in seinen Rechten betroffenen Beteiligten nur den wesentlichen Inhalt der relevanten Unterlagen oder des Beweisergebnisses schriftlich mitteilt oder mündlich bekannt gibt (vgl RegE BTDrs 16/6308, 195). Wenn die persönliche Anhörung (etwa aus gesundheitlichen Gründen) ausgeschlossen ist, kann evtl noch eine schriftliche Anhörung in Betracht kommen.

Das Gericht hat die Gründe für den Ausschluss oder die Beschränkung der Anhörung **42** in den vorstehend dargestellten Ausnahmefällen in der Entscheidung nachprüfbar darzustellen (vgl BayObLG NJW-RR 1987, 781).

Bei **ersichtlich unzulässigen oder unbegründeten Anträgen** (oder Rechtsmitteln) **43** müssen die anderen Beteiligten nicht angehört werden. Da diese durch die Verwerfung bzw Zurückweisung des Antrags nicht in ihren Rechten betroffen werden, ist dies bereits aus Abs 2 herzuleiten.

Im Rahmen **vorläufigen Rechtsschutzes**, etwa bei Erlass einer einstweiligen Anord- **44** nung, kann von der Gewährung rechtlichen Gehörs, im Ausnahmefall vorerst abgesehen werden, wenn dies wegen der besonderen Eilbedürftigkeit oder der Gefahr vereitelnder Maßnahmen eines Beteiligten erforderlich erscheint (vgl dazu BayObLG 71, 217, 220; *Bumiller*/Harders § 12 FamFG Rn 13). Die Gewährung rechtlichen Gehörs ist nachzuholen (vgl § 51 Rz 25).

VI. Rechtsfolgen der Verletzung der gerichtlichen Informations- und Anhörungspflicht

Die Verletzung der gesetzlichen Informations- und Anhörungspflicht begründet einen **45** **Verfahrensmangel**, auf ein Verschulden des mit der Sache befassten Gerichts kommt es dabei nicht an. Ein solcher Verfahrensmangel ist danach etwa auch gegeben, wenn ein vor Herausgehen der Entscheidung eingegangener Schriftsatz des in seinen Rechte betroffenen Beteiligten dem Richter durch die Geschäftsstelle nicht mehr vorgelegt worden ist (Jansen/*Briesemeister* § 12 FGG Rn 140).

Eine **Heilung des Verfahrensmangels** ist durch Nachholung der versäumten Informa- **46** tion und Anhörung möglich. Dies kann auch noch in der Rechtsmittelinstanz geschehen (vgl KG DB 1999, 2356, 2357; BayObLG NJW-RR 1999, 452; OLG Dresden NJW-RR 1998, 830, 831). Der Verfahrensmangel kann auch durch einen Verzicht des betroffenen Beteiligten auf eine entsprechende (Information und) Anhörung beseitigt werden. Dazu muss aber ein entsprechender Verzicht eindeutig und klar erklärt werden.

Der aus der Verletzung der Informations- und Anhörungspflicht resultierende Verfah- **47** rensmangel kann von dem Beteiligten, dessen Anhörungsrecht verletzt worden ist, im **Rahmen eines Rechtsmittels** gerügt werden. Da die entsprechende Information und Anhörung in der Beschwerdeinstanz nachgeholt werden können, ist wegen dieser Rechtsverletzung eine Aufhebung der erstinstanzlichen Entscheidung und Zurückverweisung der Sache regelmäßig nicht erforderlich. Etwas anderes kann in Betracht zu ziehen sein, wenn sich im konkreten Fall ergibt, dass bei Nachholung der Information und Anhörung umfangreiche neue Ermittlungen und evtl eine umfangreiche und aufwändige Beweisaufnahme erforderlich werden. Bei der Beschwerde hat das Beschwerdegericht nur unter den Voraussetzungen des § 69 Abs 1 Satz 3 die Möglichkeit der Aufhebung und Zurückverweisung (vgl § 69 Rz 17 ff).

In der Rechtsbeschwerdeinstanz, die nicht bereits bei einer Verletzung der Anhö- **48** rungspflicht, sondern nur unter den Voraussetzungen des § 70 eröffnet ist, kommt eine

Nachholung und Heilung des hier behandelten Verfahrensmangels nur in sehr begrenztem Umfang in Betracht. Möglich ist dies, soweit es um die Nachholung rechtlichen Gehörs zu Rechtsfragen geht oder verfahrensrechtliche Fragen betroffen sind, bei denen eine Überprüfung auch in tatsächlicher Hinsicht noch im Rechtsbeschwerdeverfahren möglich ist. Durch eine Nachholung einer versäumten Anhörung zu Tatsachenvortrag oder Beweisergebnissen kann in der Sache kein neuer Tatsachenstoff mehr eingeführt werden. Der in der Verletzung der Anhörungspflicht liegende Verfahrensmangel führt hier, wenn darauf die Entscheidung beruht, dh zumindest die Möglichkeit besteht, dass die Entscheidung bei Anhörung des Rechtsbeschwerdeführers anders ausgefallen wäre, zur Aufhebung der angefochtenen Entscheidung und Zurückverweisung der Sache (vgl zum alten Recht Jansen/*Briesemeister* § 12 FGG Rn 143 f; KKW/*Schmidt* § 12 FGG Rn 177).

49 Ist ein Rechtsmittel oder ein Rechtsbehelf gegen die Entscheidung oder eine andere Abänderungsmöglichkeit nicht gegeben, bleibt die Möglichkeit einer **Abhilfe aufgrund Anhörungsrüge** nach § 44. Schließlich kommt auch eine **Verfassungsbeschwerde** in Betracht, wenn ein Rechtsmittel oder Rechtsbehelf nach dem FamFG nicht (mehr) gegeben ist und der in der Verletzung des § 37 Abs 2 liegende Verfahrensmangel gleichzeitig einen Verstoß gegen Art 103 Abs 1 GG enthält. Letzteres wird regelmäßig anzunehmen sein. Die Verfassungsbeschwerde hat Erfolg, wenn ersichtlich ist, dass das Gericht entscheidungsrelevanten Tatsachenvortrag entweder überhaupt gar nicht zur Kenntnis genommen oder bei der Entscheidungsfindung nicht erwogen hat (BVerfGE 47, 182, 187; BVerfG NJW 1992, 2217).

Abschnitt 3
Beschluss

Vorbemerkung zu § 38

Entscheidungen nach dem FamFG ergehen grds in Form eines Beschlusses. Dessen Inhalt regelt § 38. Zum notwendigen Inhalt von Beschlüssen gehört auch die Rechtsmittelbelehrung (§ 39). 1

Beschlüsse werden durch Übergabe an die Geschäftsstelle erlassen (§ 38 Abs 3) und den Beteiligten durch Zustellung bekannt gegeben (§ 41). Erlass und Bekanntgabe können Anwesenden gegenüber auch durch Verlesen der Beschlussformel geschehen. Mit der Bekanntgabe werden die Beschlüsse wirksam, soweit dies nicht ausnahmsweise schon mit dem Erlass oder erst mit der Rechtskraft geschieht (§ 40). 2

Ist ein Beschluss fehlerhaft, so kann er berichtigt werden (§ 42), ist er unvollständig geblieben, kann er ergänzt werden (§ 43). Beruht die Entscheidung auf einer Verletzung des Anspruchs der Beteiligten auf rechtliches Gehör, wird das Verfahren auf die Rüge eines Beteiligten hin fortgesetzt (§ 44). 3

Beschlüsse erwachsen in formeller Rechtskraft (§ 45); dies wird den Beteiligten bescheinigt (§ 46). Hat ein Beschluss jemanden eine Vertretungsbefugnis verschafft, so bleiben unter Ausnutzung dieser Befugnis abgeschlossene Rechtsgeschäfte unabhängig vom Fortbestand des Beschlusses wirksam (§ 47). 4

Auch nach rechtskräftigem Abschluss des Verfahrens kann der Beschluss ggf abgeändert oder das Verfahren wieder aufgenommen werden (§ 48). 5

§ 38 Entscheidung durch Beschluss

(1) Das Gericht entscheidet durch Beschluss, soweit durch die Entscheidung der Verfahrensgegenstand ganz oder teilweise erledigt wird (Endentscheidung). Für Registersachen kann durch Gesetz Abweichendes bestimmt werden.

(2) Der Beschluss enthält
1. die Bezeichnung der Beteiligten, ihrer gesetzlichen Vertreter und der Bevollmächtigten;
2. die Bezeichnung des Gerichts und die Namen der Gerichtspersonen, die bei der Entscheidung mitgewirkt haben;
3. die Beschlussformel.

(3) Der Beschluss ist zu begründen. Er ist zu unterschreiben. Das Datum der Übergabe des Beschlusses an die Geschäftsstelle oder der Bekanntgabe durch Verlesen der Beschlussformel (Erlass) ist auf dem Beschluss zu vermerken.

(4) Einer Begründung bedarf es nicht, soweit
1. die Entscheidung aufgrund eines Anerkenntnisses oder Verzichts oder als Versäumnisentscheidung ergeht und entsprechend bezeichnet ist,
2. gleichgerichteten Anträgen der Beteiligten stattgegeben wird oder der Beschluss nicht dem erklärten Willen eines Beteiligten widerspricht oder
3. der Beschluss in Gegenwart aller Beteiligten mündlich bekannt gegeben wurde und alle Beteiligten auf Rechtsmittel verzichtet haben.

(5) Absatz 4 ist nicht anzuwenden:
1. in Ehesachen, mit Ausnahme der eine Scheidung aussprechenden Entscheidung;
2. in Abstammungssachen;
3. in Betreuungssachen;
4. wenn zu erwarten ist, dass der Beschluss im Ausland geltend gemacht werden wird.

(6) Soll ein ohne Begründung hergestellter Beschluss im Ausland geltend gemacht werden, gelten die Vorschriften über die Vervollständigung von Versäumnis- und Anerkenntnisentscheidungen entsprechend.

Übersicht

	Rz
A. Allgemeines	1
B. Anwendungsbereich	4
C. Entscheidungsform (Abs 1)	5
I. Entscheidungen in Form eines Beschlusses	5
1. Endentscheidungen	6
2. Entscheidungen in Zwangsvollstreckungssachen	10
3. Entscheidungen in Familiensachen	11
4. Sonstige Entscheidungen	12
a) FamFG-Beschlüsse	13
b) ZPO-Beschlüsse	15
c) Weitere	16
II. Andere Entscheidungsformen	17
1. Registereintragungen	17
2. Weitere Entscheidungen	18
D. Entscheidungsinhalt (Abs 2–6)	20
I. Formelle Angaben (Abs 2 Nr 1, 2; Abs 3 S 1)	24
1. Beteiligte und Vertreter (Abs 2 Nr 1)	27
a) Beteiligte	28
b) Gesetzliche Vertreter	33
c) Verfahrensbevollmächtigte	37
2. Gericht (Abs 2 Nr 2)	41
3. Unterschrift (Abs 3 S 2)	43
4. Bekanntmachungsvermerk (Abs 3 S 3)	51
5. Rechtsbehelfsbelehrung (§ 39)	55
6. Sonstige	56
II. Beschlussformel (Abs 2 Nr 3)	59
III. Begründung (Abs 3 S 1)	65
1. Tatsächliche Begründung	67
2. Rechtliche Begründung	70
IV. Wegfall Begründung (Abs 4)	75
1. Wegfall bei Anerkenntnis-, Verzichts- und Säumnisentscheidung (Abs 4 Nr 1)	79
2. Wegfall bei unstreitiger Entscheidung (Abs 4 Nr 2)	82
3. Wegfall bei Rechtsmittelverzicht (Abs 4 Nr 3)	85
V. Kein Wegfall Begründung (Abs 5)	88

Entscheidung durch Beschluss | § 38 FamFG

	Rz		Rz
1. Begründung in Ehesachen (Abs 5 Nr 1).................	89	4. Begründung bei Auslandsgeltendmachung (Abs 5 Nr 4)....	95
2. Begründung in Abstammungssachen (Abs 5 Nr 2)..........	93	VI. Vervollständigung unbegründeter Beschlüsse (Abs 6)..........	98
3. Begründung in Betreuungssachen (Abs 5 Nr 3)..........	94		

A. Allgemeines

§ 38 enthält zunächst zwei Legaldefinitionen. **Endentscheidungen** sind Entscheidungen, 1 durch die der Verfahrensgegenstand ganz oder teilweise erledigt wird (§ 38 Abs 1 S 1; unten Rz 6). Der **Erlass** eines Beschlusses erfolgt mit Übergabe an die Geschäftsstelle oder mit Bekanntgabe durch Verlesen der Beschlussformel (§ 38 Abs 3 S 2; dazu § 40 Rz 2, 10).

§ 38 hat keine vergleichbare Vorgängernorm im FGG. Die Vorschrift macht den Be- 2 schluss zur **Regelentscheidungsform** im FamFG. Zumindest für Endentscheidungen wird damit die Vielfalt von Entscheidungsformen des alten FGG (Verfügungen, Entscheidungen, Anordnungen oder Beschlüsse) aufgegeben.

§ 38 begründet darüber hinaus Mindestvoraussetzungen für den **Inhalt** des Beschlus- 3 ses, die über diejenigen eines Beschlusses nach der ZPO (§ 329 ZPO) deutlich hinausgehen, ohne indes die strengen Formerfordernisse des ZPO-Urteils (§§ 313 ff ZPO) in allen Punkten zu erreichen. § 38 Abs 2 lehnt sich dabei an § 313 Abs 1 Nr 1, 2 und 4 ZPO, § 38 Abs 3 S 1 an § 313 Abs 1 Nr 5 und 6, Abs 2 und 3 ZPO. § 38 Abs 3 S 2 entspricht dem § 315 Abs 1 S 1 ZPO, § 38 Abs 3 S 2 dem § 315 Abs 3 ZPO. § 38 Abs 4 und 5 übernimmt die Gedanken der §§ 313a und 313b ZPO. Die Nichteinhaltung dieser Formerfordernisse stellt die Wirksamkeit des Beschlusses indes grds nicht in Frage (unten Rz 23).

B. Anwendungsbereich

§ 38 gilt für alle Verfahren nach dem FamFG, ist insbes auch für **Ehe- und Familien-** 4 **streitsachen** durch § 113 Abs 1 nicht ausgenommen (unten Rz 11). Damit ist der Beschluss die einheitliche Entscheidungsform des FamFG.

C. Entscheidungsform (Abs 1)

I. Entscheidungen in Form eines Beschlusses

§ 38 Abs 1 S 1 schreibt die Beschlussform für Endentscheidungen vor. S 2 beschränkt die 5 Ausnahmen von der Entscheidungspflicht durch Beschluss im Interesse der Rechtsklarheit auf Registersachen. Als Beschluss ergehen darüber hinaus aufgrund weiterer gesetzlicher Anordnungen auch andere Entscheidungen.

1. Endentscheidungen

Endentscheidungen werden von § 38 Abs 1 S 1 definiert als Entscheidungen, mit denen 6 der Verfahrensgegenstand ganz oder teilweise erledigt wird. **Entscheidungen** in diesem Sinne sind gerichtliche Verdikte, die geeignet sind, rechtliche Wirkungen für die Beteiligten durch die Begründung, Aufhebung, Änderung oder Feststellung von Rechten herbeizuführen und sonstige Einwirkungen auf rechtlich geschützte Interessen zu äußern, gleichgültig, ob sie innerhalb eines anhängigen Verfahrens oder zur Beendigung des Verfahrens erlassen werden (KKW/*Schmidt* § 16 FGG Rn 1; Bumiller/Winkler § 16 FGG Rn 1). Um eine Endentscheidung handelt es sich, wenn sie die Instanz abschließt. **Endentscheidung** wird zumeist die Entscheidung in der Hauptsache sein, kann aber, wenn

§ 38 FamFG | Entscheidung durch Beschluss

die Hauptsache weggefallen ist, auch in der Entscheidung nur noch über die Kosten des Verfahrens bestehen.

7 § 38 geht vom Regelfall der Vollentscheidung aus, bei der eine umfassende verfahrensbeendende Entscheidung ergeht. Die Norm steht indes einer bloßen **Teilentscheidung** nicht entgegen, soweit der Verfahrensgegenstand teilbar ist. Dass solche Teilentscheidungen wirksam sind, ergibt sich aus § 38 Abs 1 S 1 genauso wie aus § 42 Abs 1.

8 Keine Endentscheidung sind **verfahrenstechnische Anordnungen** (zB Handlungsanweisungen einzelner Gerichtspersonen untereinander). Keine Entscheidung sind auch tatsächliche Handlungen des Gerichts, zB die Verpflichtung eines Vormunds und Pflegers oder die Eintragung in ein öffentliches Register (*Klose-Mockroß* S 971). Für solche Anordnungen und Handlungen gilt die Beschlussform nicht (Rz 17).

9 Keine Endentscheidungen sind **Zwischen- und Nebenentscheidungen**. Vereinzelt ordnet das Gesetz an, dass auch diese Entscheidungen in Form eines Beschlusses zu ergehen haben (Rz 12, 16). Soweit dies nicht der Fall ist, steht die Entscheidungsform im Ermessen des Gerichts.

2. Entscheidungen in Zwangsvollstreckungssachen

10 In Form eines Beschlusses ergehen auch die Entscheidungen in Zwangsvollstreckungssachen. Soweit § 95 Abs 1 hier grds die Vorschriften der Zivilprozessordnung für anwendbar erklärt, stellt Abs 2 klar, dass dies nicht für die Entscheidungsform gilt. Vollstreckungsentscheidungen, die nach der ZPO in Form eines Urteils zu ergehen hätten (etwa Entscheidungen auf eine Vollstreckungsabwehrklage [§ 767 ZPO] oder Drittwiderspruchsklage [§ 771 ZPO] hin), ergehen in FamFG-Angelegenheiten durch Beschluss. Für den notwendigen Inhalt, die Bekanntgabe, die Berichtigung, die Ergänzung und die Rechtskraft des Beschlusses sowie für die Anhörungsrüge gelten die §§ 38 ff. Diese Vorschriften verdrängen die entsprechenden Regelungen der Zivilprozessordnung.

3. Entscheidungen in Familiensachen

11 In Familiensachen entscheidet das Gericht durch Beschluss (§ 116 Abs 1 ZPO). Dies gilt für alle Familiensachen und stellt klar, dass es Urteile auch in Ehe- oder Familienstreitverfahren nicht mehr gibt. Hierzu sind die §§ 38, 39 aus der Anwendbarkeit der allgemeinen Vorschriften nicht ausgenommen (§ 113 Abs 1).

4. Sonstige Entscheidungen

12 In Form eines Beschlusses ergehen nicht nur Endentscheidungen iSd § 38. Zwingend vorgeschrieben ist die Beschlussform auch für einige Zwischen- und Nebenentscheidungen.

a) FamFG-Beschlüsse

13 Einige Entscheidungen nach dem FamFG erledigen den Verfahrensgegenstand nicht, stellen deswegen keine Endentscheidung iSd § 38 Abs 1 dar, ergehen aber kraft gesetzlicher Anordnung dennoch in Form eines Beschlusses. Hierzu zählen etwa die Entscheidung über einen Antrag auf Berichtigung einer Entscheidung (§ 42 Rz 27), über die Hinzuziehung von Beteiligten (§ 7 Abs 3) und über die Verhängung eines Ordnungsgelds (§ 33 Abs 3, § 89 Abs 1).

14 In Form eines Beschlusses ergeht auch im Erbscheinsverfahren die Feststellung, dass die zur Erteilung des Erbscheins erforderlichen Tatsachen vorliegen (§ 352, »Vorbescheid«).

b) ZPO-Beschlüsse

Einige Entscheidungen regelt das FamFG nicht selbst, sondern verweist hierfür auf die ZPO. Aus dieser ergibt sich dann auch die Entscheidungsform des Beschlusses. Dies gilt für die Entscheidungen im Verfahrenskostenhilfeverfahren (§ 79 iVm § 127 ZPO) und im Verfahren über ein Ablehnungsgesuch (§ 6 Abs 1 iVm § 45 ZPO). **15**

c) Weitere

Für sonstige Zwischen- und Nebenentscheidungen, etwa verfahrensleitende Anordnungen oder andere verfahrensbegleitende Verfügungen oder Eintragungsverfügungen, ist die Beschlussform nicht zwingend vorgeschrieben, deswegen jedoch nicht ausgeschlossen. Meist ist sie zur Vermeidung von Unklarheiten über die Anfechtungsmöglichkeiten aber untunlich. **16**

II. Andere Entscheidungsformen

1. Registereintragungen

Registereintragungen ergehen auch dann nicht in Form eines Beschlusses, wenn sie den Begriff der Endentscheidung erfüllen. § 382 sieht hierfür abweichend vom Grundsatz des § 38 die Form der Verfügung vor. Für die den Eintragungsantrag ablehnende Entscheidung indes bleibt es bei der Form des Beschlusses (§ 382 Abs 3). **17**

2. Weitere Entscheidungen

Soweit für sonstige Zwischen- und Nebenentscheidungen nicht ausnahmsweise die Beschlussform vorgeschrieben ist, können diese in Form einer Verfügung oder Anordnung ergehen. Dies gilt etwa für verfahrensleitende oder verfahrensbegleitende Entscheidungen. **18**

Entscheidungen in Form eines Urteils können nach dem FamFG nicht ergehen (oben Rz 4, 11). **19**

D. Entscheidungsinhalt (Abs 2–6)

Der Beschluss dient der **Darstellung der gerichtlichen Entscheidung** des vorangegangenen Verfahrens, muss diese klar und eindeutig zum Ausdruck bringen und soll die Gründe für die Entscheidung einsichtig und nachvollziehbar machen (MüKo/*Musielak* § 331 ZPO Rn 4). Dies ist verfassungsrechtlich geboten und dient der Akzeptanz der Entscheidung durch die Beteiligten. Nur von untergeordneter, aber nicht ohne Bedeutung ist darüber hinaus die Möglichkeit der Überprüfung der Entscheidung durch das Rechtsmittelgericht. **20**

Die **Gerichtssprache** ist deutsch (§ 184 S 1 GVG). Der Beschluss ist deswegen ausschließlich auf deutsch abzufassen. Dies gilt auch dann, wenn einzelne Beteiligte dieser Sprache erkennbar nicht mächtig sind. Die durch das FamFG eingetretenen Änderungen bei der Hinzuziehung von Dolmetschern berühren den schriftlichen Beschluss nicht. **21**

Die **Abfassung** einer schriftlichen Entscheidung ist Amtspflicht des Gerichts. Bei Spruchkörpern beruht ihr Inhalt auf der nach Beratung und Abstimmung ergangenen Kollegialentscheidung. Wer diese vorbereitet, bestimmt der Vorsitzende. **22**

Die notwendigen **Bestandteile** eines Beschlusses enthält § 38 Abs 2 bis 6. Die Einhaltung dieser Förmlichkeiten ist Bedingung für die Wirksamkeit der Entscheidung dort, wo diese den Beteiligten schriftlich bekannt gegeben wird (§ 41 Abs 1). Unabhängig vom Vorliegen der formellen Voraussetzungen des § 38 kann ein Beschluss wirksam werden, wenn er den Beteiligten durch Verlesen der Beschlussformel bekannt gegeben **23**

§ 38 FamFG | Entscheidung durch Beschluss

wird (§§ 40, 41 Abs 2), da es hierzu einer vollständigen schriftlichen Ausfertigung nicht bedarf.

I. Formelle Angaben (Abs 2 Nr 1, 2; Abs 3 S 1)

24 Der Beschluss muss nach Abs 2 die Beteiligten und das Gericht bezeichnen. Insoweit genügt eine Verweisung auf den Akteninhalt (»In pp«) nicht (OLG Jena OLGR 2003, 122; OLG Köln BB 2001, 1499).

25 Der Beschlusseingang kann sprachlich als vollständiger Satz ausformuliert werden (»In der ...-Sache, an der beteiligt waren ..., hat das ...-Gericht durch ... am ... beschlossen: ...«). Möglich ist es auch, die einzelnen Angaben sprachlich unverbunden an den Beginn des Beschlusses zu stellen.

26 Einer Bezeichnung als »Beschluss« bedarf der Beschluss nicht (OLG Frankfurt AgrarR 1996, 379). Allerdings kann eine entsprechende Überschrift Zweifel über die Anfechtbarkeit der Entscheidung vermeiden (Stein/Jonas/*Leipold* § 313 Rn 8; unten Rz 58).

1. Beteiligte und Vertreter (Abs 2 Nr 1)

27 Zu bezeichnen sind die Beteiligten, ihre gesetzlichen Vertreter und Bevollmächtigten. Diesen Angaben kommt besondere Bedeutung zu. Lässt sich dem Beschluss nicht zweifelsfrei entnehmen, wer Beteiligter geworden ist und wird der Beschluss deswegen einem Beteiligten nicht schriftlich bekannt gemacht, so beginnt die Rechtsmittelfrist ihm gegenüber nicht zu laufen, so dass die Rechtskraft (und damit bei den Beschlüssen nach § 40 Abs 2 und 3 auch deren Wirksamkeit) erst mit Ablauf von fünf Monaten nach Erlass des Beschlusses eintritt. Fehler bei der Bezeichnung der Beteiligten, die sich aus dem übrigen Inhalt der Entscheidung oder sonst zweifelsfrei aufklären lassen, können im Beschlusseingang nach § 42 berichtigt werden.

a) Beteiligte

28 Wer Beteiligter ist, richtet sich nach § 7. Mit der Neuregelung hat der Beteiligtenbegriff eine Verfestigung erfahren, die es erlaubt, die Beteiligten als Verfahrenssubjekte zu behandeln, mit der Beteiligtenstellung Rechte und Lasten zu verbinden. Die Angabe der Beteiligten im Beschlusseingang dient dazu, diese eindeutig bestimmen zu können. Sie hat indes keine Bedeutung für die Frage, ob jemand Beteiligter ist oder nicht. Dies bestimmt sich ausschließlich materiell (§ 7), einen »formellen Beteiligtenbegriff« kennt das FamFG nicht.

29 Anzugeben sind die am Schluss des Verfahrens beteiligten Personen, unabhängig davon, ob sie von Anfang an beteiligt waren oder nachträglich beteiligt wurden. Sind Beteiligte im Laufe des Verfahrens ausgeschieden, bleiben sie unberücksichtigt, es sei denn, die Entscheidung erstreckt sich (teilweise) auch noch auf sie.

30 Über den Umfang der zur Bezeichnung der Beteiligten erforderlichen Angaben enthält das Gesetz keine Angaben. Erforderlich ist eine Bezeichnung, die so konkret ist, dass die beteiligte Person zweifelsfrei bestimmt, von allen anderen denkbaren Personen abgegrenzt werden kann (BGH NJW 2001, 1056; OLG Hamburg GRUR 1981, 90, 91). Zudem müssen die Angaben eine (weitere) Verfahrensbeteiligung (Rechtsbehelfe, Vollstreckung, Rechtskraft) des Beteiligten, insbes eine Zustellung an ihn ermöglichen (Zöller/*Vollkommer* § 313 ZPO Rn 4). Hierzu sind bei natürlichen Personen regelmäßig der (Vor- und Zu-)Name und die ladungsfähige Anschrift (Straße, Hausnummer, Postleitzahl, Ort) erforderlich. Weiterer individualisierender Angaben (Beruf, »junior/senior«) bedarf es nur, soweit diese im Einzelfall – etwa wegen Verwechslungsgefahr aufgrund Namens- und Anschriftengleichheit – erkennbar erforderlich sind. Entsprechendes gilt bei juristischen Personen (Name bzw Firma, Anschrift). Eine Angabe der Rechtsform kann

bei juristischen Personen des Privatrechts erforderlich sein (Musielak/*Musielak* § 313 ZPO Rn 4). Zum Erfordernis der Angabe des gesetzlichen Vertreters unten Rz 33.

Bezeichnet werden die Beteiligten als »Beteiligte«. Auch in Ehesachen und Familienstreitsachen, auf die die ZPO Anwendung findet, werden die Beteiligten als solche und nicht als »Parteien« bezeichnet (§ 113 Abs 5). Eine Angabe der Beteiligtenform (Antragsteller, Muss-Beteiligte, Kann-Beteiligte) sieht § 38 nicht vor, ist aber auch nicht ausgeschlossen. Hat ein Beteiligter einen Antrag gestellt, kann er auch als »Antragsteller«, der Gegner als »Antragsgegner« bezeichnet werden. 31

Sind mehrere Beteiligte auf einer Seite beteiligt, sind alle anzugeben. Im Rubrum sollten sie durchnummeriert werden (»Beteiligter zu 1)«). Dies erlaubt es, sie in den Gründen der Entscheidung zweifelsfrei und ohne Wiederholung des Namens benennen zu können. 32

b) Gesetzliche Vertreter

Der zusätzlichen Angabe des gesetzlichen Vertreters bedarf es stets, wenn ein solcher existiert. Der gesetzliche Vertreter ist ein Stellvertreter, dessen Vertretungsmacht nicht auf einer Vollmacht, dh einer durch Rechtsgeschäft erteilten Vertretungsbefugnis beruht, sondern sich unmittelbar aus gesetzlichen Bestimmungen ergibt. Eine solche Vertretungsmacht sieht das Gesetz als Kompensation für eine Einschränkung der Handlungsfähigkeit vor. So werden minderjährige Kinder gesetzlich durch ihre Eltern (§ 1629 BGB), ersatzweise den Vormund vertreten, unter Betreuung stehende Personen durch den Betreuer (§ 1902 BGB). Im Rahmen des gerichtlich festgelegten Wirkungskreises ist der Pfleger gesetzlicher Vertreter (§§ 1909 ff BGB, § 1960 ff BGB). Juristische Personen werden durch ein Organ (§ 26 Abs 2 BGB: Vorstand für den Verein; § 35 GmbHG: Geschäftsführer für die GmbH; § 78 AktG: Vorstand für die Aktiengesellschaft) vertreten. Für juristische Personen des öffentlichen Rechts ergibt sich die Vertretungsbefugnis aus Gesetz oder Satzung. 33

Anzugeben sind die bei Schluss des Verfahrens existierenden gesetzlichen Vertreter. Ist eine gesetzliche Vertretung während des laufenden Verfahrens beendet worden, bedarf es einer Angabe des Vertreters nicht mehr. 34

Für die Bezeichnung der gesetzlichen Vertreter gilt das zur Bezeichnung der Beteiligten selbst Gesagte entsprechend. Der gesetzliche Vertreter ist bei dem Beteiligten aufzuführen und als solcher zu bezeichnen (»Beteiligt der minderjährige ..., gesetzlich vertreten durch seine Eltern ...«). Anzugeben sind grds der volle Name des gesetzlichen Vertreters und seine ladungsfähige Anschrift. Die bloße Bezeichnung der abstrakten Funktion (»vertreten durch den Vorstand«) genügt grds nicht (Baumbach/*Hartmann* § 313 Rn 5; *Zimmermann* § 313 Rn 2). Auch wenn die Ermittlung des Namens mit erheblichen Schwierigkeiten verbunden sein kann, gilt auch für juristische Personen des öffentlichen Rechts nichts anders (aA Hk-ZPO/*Saenger* § 313 Rn 6). 35

Im Fall der gesetzlichen Vertretung können die Anforderungen an die Bezeichnung des Beteiligten selbst herabgesetzt sein. So ist etwa die Angabe einer ladungsfähigen Anschrift des Beteiligten entbehrlich, wenn eine solche für den gesetzlichen Vertreter vorliegt. 36

c) Verfahrensbevollmächtigte

Sind die Beteiligten im Verfahren von einem Rechtsanwalt oder einer anderen vertretungsbefugten Person rechtsgeschäftlich (§ 10 Abs 2) vertreten worden, so sind auch diese Verfahrensbevollmächtigten im Beschlusseingang zu benennen. Angegeben wird, wer als Verfahrensbevollmächtigter aufgetreten ist, unabhängig davon, ob er eine entsprechende Vertretungsmacht hatte oder ob er diese nachgewiesen hat. Fehlt eine rechtsgeschäftliche Vertretungsmacht oder ist eine solche entgegen §§ 11, 89 BGB nicht nachgewiesen, ist der Handelnde in dem Beschluss nicht als »Verfahrensbevollmächtigter«, 37

§ 38 FamFG | Entscheidung durch Beschluss

sondern als »Vertreter« zu bezeichnen (OLG Köln MDR 1971, 54). Die Bezeichnung als »Verfahrensbevollmächtigter« im Rubrum begründet weder eine Vertretungsmacht noch ersetzt sie deren Nachweis.

38 Erforderlich ist lediglich die Angabe des Namens des Verfahrensbevollmächtigten, eine ladungsfähige Anschrift (Gerichtspostfach, postalische Anschrift) mag für die spätere Zustellung sinnvoll sein, zwingend ist sie nicht. Bei Anwaltssozietäten bedarf es an sich der Angabe aller Sozien (§ 59a Abs 1 BRAO), bei Großkanzleien genügt der Name, unter dem diese am Rechtsverkehr teilnimmt, ggf mit dem Zusatz »u.a.« oder »und Sozien«. Die Angabe eines beim Verfahrensbevollmächtigten geführten Aktenzeichens des Verfahrens ist nicht vorgeschrieben, als »Serviceleistung der Justiz« aber sinnvoll (Hk-ZPO/*Saenger* § 313 Rn 7).

39 Ein zurückgewiesener Verfahrensbevollmächtigter (§ 10 Abs 3) braucht grds nicht angegeben zu werden. Etwas anderes kann gelten, wenn eine Entscheidung darüber erforderlich ist, ob vor Zurückweisung vorgenommene Verfahrenshandlungen des Bevollmächtigten wirksam sind.

40 Keiner Aufnahme in den Beschlusseingang bedürfen die lediglich im Termin aufgetretenen Beistände (§ 12).

2. Gericht (Abs 2 Nr 2)

41 Das tätig gewordene **Gericht** ist sachlich und örtlich zu bezeichnen (»Amtsgericht Frankfurt am Main«). Der ergänzenden Angabe des Spruchkörpers (»1. Zivilkammer«) oder der Organisationseinheit (»Abteilung 32«) bedarf es nicht, allerdings ist diese praktisch verbreitet, geläufig und unschädlich. Führt das Gericht kraft Gesetzes eine besondere Bezeichnung (§ 23b GVG: Familiengericht; § 23c GVG: Betreuungsgericht; § 2 LwVG: Landwirtschaftsgericht), so ist diese ergänzend anzugeben (»Amtsgericht Köln als Betreuungsgericht«). Dies gilt auch, wenn das Gesetz nur das für die Sache örtlich zuständige Gericht besonders bezeichnet (§§ 342 Abs 1 Nr 9, 348, 355, 454, §§ 1944, 1960, 1961, 2353 BGB: Nachlassgericht; §§ 379 ff: Registergericht). Das frühere Vormundschaftsgericht ist durch das FamFG abgeschafft worden.

42 Die **Gerichtspersonen**, die bei der Entscheidung mitgewirkt haben, sind so genau zu bezeichnen, dass kein Zweifel an ihrer Identität aufkommen kann. Hierzu sind sie grds namentlich zu bezeichnen. Dabei genügt der Nachname, die Angabe des Vornamens ist nicht erforderlich. Hinzuzufügen ist die Amtsbezeichnung (»Richter am Amtsgericht«, und – soweit aus dieser nicht bereits ersichtlich – die Funktion (»Richter«, »Rechtspfleger«, »Urkundsbeamter der Geschäftsstelle«). Die hier angegebenen Namen müssen identisch sein mit denjenigen, die als Unterschrift (unten Rz 43) unter der Entscheidung erscheinen. Fehlen die Namen hier, kann dieser Mangel durch die Unterschriften geheilt werden, wenn kein Zweifel besteht, dass es sich um dieselben Personen handelt (BGH FamRZ 1977, 124; Musielak/*Musielak* § 313 Rn 5).

3. Unterschrift (Abs 3 S 2)

43 § 38 Abs 2 S 2 bestimmt, dass der Beschluss zu unterschreiben ist. Die Unterschrift ermöglicht eine Abgrenzung des Beschlusses von einem bloßen Entwurf. Mit der Unterschrift wird bezeugt, dass die schriftliche Fassung der Entscheidung mit der bekannt gemachten übereinstimmt (Hk-ZPO/*Saenger* § 315 Rn 1). Insoweit erfolgt eine Kontrolle der Entscheidung und die Übernahme der Verantwortung hierfür durch den Entscheidungsträger.

44 Der Beschluss ist von dem Richter oder Rechtspfleger zu unterschreiben, der die Entscheidung getroffen hat. Eine Kollegialentscheidung haben alle Richter zu unterschreiben, die daran mitgewirkt haben.

45 Die Unterschrift ist handschriftlich zumindest mit dem Nachnamen des Entscheidungsträgers zu leisten. Es muss sich um einen die Identität des Unterschreibenden aus-

reichend kennzeichnenden, individuellen Schriftzug mit charakteristischen, die Nachahmung durch einen Dritten zumindest erschwerenden Merkmalen handeln. Sie muss nicht lesbar sein, nicht einmal erkennbar aus Buchstaben bestehen, aber mehr sein als eine bloß »gekrümmte Linie« (BGH VersR 1997, 988, 989; BGH NJW 1988, 731; *Fischer* DRiZ 1994, 95). Eine bloße Paraphe (Namenskürzel) genügt nicht.

Eine Regelung über die Unterschrift bei **Verhinderung** enthält § 38 nicht. **46**

§ 315 Abs 1 S 2 ZPO kann entsprechende Anwendung nur bei einer Kollegialentscheidung finden. In diesem Fall hat der Vorsitzende, hilfsweise der dienstälteste Richter, die Verhinderung durch einen Vermerk kenntlich zu machen. Der Vermerk muss den Grund der Verhinderung erkennen lassen, wobei eine allgemeine Beschreibung (»Urlaub«, »Krankheit«) genügt (BGH NJW-RR 1994, 1406, 1407). In der Rechtsmittelinstanz wird nicht nachgeprüft, ob der genannte Grund tatsächlich vorlag, sondern nur, ob der angegebene Grund einen Verhinderungsfall darstellt (BGH NJW 1980, 1849, 1850). Keine Verhinderung liegt vor, wenn diese nur kurzfristig andauert; dann ist die Unterschrift nachzuholen, nicht zu ersetzen (BGH NJW 1977, 765). Dies gilt auch im Fall einer Versetzung, nicht jedoch beim endgültigen Ausscheiden aus dem Justizdienst (BGH MDR 1994, 1072; *Fischer* DRiZ 1994, 95). **47**

Erging die Entscheidung durch eine Einzelperson, ist eine Ersetzung der Unterschrift nicht möglich. Kann die Unterschrift auch nicht nachgeholt werden, muss der Beschluss ohne Unterschrift zugestellt werden und ist dann wegen der fehlenden Unterschrift anfechtbar. **48**

Eine fehlende Unterschrift (oder ein fehlender Verhinderungsvermerk, oben Rz 47) kann nachgeholt (BGHZ 137, 49, 53), eine falsche Unterschrift berichtigt werden (BGH NJW-RR 1998, 1065, 1066). **49**

Das endgültige Fehlen der Unterschrift hindert das Wirksamwerden der Entscheidung nicht (BGH NJW 1998, 609, 610; oben Rz 23, vgl aber auch unten Rz 54). **50**

4. Bekanntmachungsvermerk (Abs 3 S 3)

§ 38 Abs 3 S 3 enthält eine Legaldefinition des »**Erlasses**«. Erfolgt die Bekanntgabe des Beschlusses durch Verlesen der Entscheidungsformel nach § 41 Abs 2, ist die Entscheidung damit erlassen. Soll der Beschluss den Beteiligten nur schriftlich nach § 41 Abs 1 bekannt gegeben werden, ist die Übergabe des fertig abgefassten und unterschriebenen Beschlusses an die Geschäftsstelle zur Veranlassung der Bekanntgabe der für den Erlass maßgebliche Zeitpunkt. **51**

Das Datum dieses Erlasses, dh entweder das der Verlesung oder der Übergabe an die Geschäftsstelle, ist auf dem Beschluss zu vermerken. Ein solcher **Vermerk** ist im Hinblick auf den Beginn der Beschwerdefrist nach § 63 Abs 3 von besonderer Bedeutung. Auch wenn eine Unterschrift des Urkundsbeamten anders als in § 315 Abs 3 ZPO nicht ausdrücklich erfordert wird, wird zu verlangen sein, dass der Aussteller des Vermerks erkennbar ist. **52**

Der Erlass der Entscheidung kann durch den Vermerk nach § 38 Abs 3 S 3 nicht bewiesen werden. Dies ist allein durch den Vermerk über die Verlesung nach §§ 28 Abs 4, 41 Abs 2 S 2 oder durch den Zustellungsnachweis möglich (OLG Frankfurt NJW-RR 1995, 511). **53**

Grds soll der schriftliche Beschluss dem Erlass der Entscheidung möglichst rasch folgen, um es den Beteiligten zu ermöglichen, die Gründe der Entscheidung kennen zu lernen und über eine mögliche Anfechtung zu befinden. Eine besondere Frist zur Abfassung des schriftlichen Beschlusses nach dessen Erlass durch Verlesung enthält § 38 nicht. § 41 Abs 2 S 3 schreibt vor, dass der Bekanntgabe des Beschlusses durch Verlesen der Beschlussformel die schriftliche Begründung des Beschlusses unverzüglich folgen soll (§ 41 Rz 30). Zwingend ist die absolute Höchstfrist zur Einlegung der Beschwerde aus § 63 Abs 3 (fünf Monate nach Erlass des Beschlusses). Liegt der schriftliche Be- **54** schluss bis zu diesem Zeitpunkt nicht mit einer Unterschrift versehen vor, ist er als Entscheidung ohne Begründung anzusehen und wird im Beschwerdeverfahren aufgehoben (GmS-OGB NJW 1993, 2603).

5. Rechtsbehelfsbelehrung (§ 39)

55 Grds hat der Beschluss auch eine Rechtsbehelfsbelehrung zu enthalten. Da deren Fehlen auf die Wirksamkeit der Entscheidung keinen Einfluss hat, ist sie – anders als in anderen Verfahrensordnungen – nicht als notwendiger Bestandteil der Entscheidung ausgestaltet, sondern in § 39 separat geregelt.

6. Sonstige

56 Auch für den Beschluss nach dem FamFG gilt § 4 AktO, der eine Angabe des Gericht und der Geschäftsnummer vorsieht.

57 Der Beschluss ergeht – anders als das Urteil nach § 311 Abs 1 ZPO – nicht »Im Namen des Volkes«.

58 Einer Bezeichnung als »Beschluss« bedarf die Entscheidung nicht. Dass die Entscheidung in dieser Form ergeht, ergibt sich auch ohne diesbezügliche Überschrift gem § 38 aus ihrem Inhalt. Dies steht einer deklaratorischen Bezeichnung indes nicht entgegen (oben Rz 26).

II. Beschlussformel (Abs 2 Nr 3)

59 § 38 Abs 2 Nr 3 führt den Begriff der Beschlussformel als Entsprechung zur Urteilsformel ein und zwingt damit dazu, dem Beschluss das knapp und präzise formulierte Verfahrensergebnis voranzustellen.

60 **Präzise** ist die Beschlussformel, wenn sie die Rechtsfolge klar und unmissverständlich formuliert. Sie muss aus sich selbst heraus verständlich sein, dh ohne Bezugnahme auf die Gründe der Entscheidung, auf die Verfahrensakte oder auf andere Unterlagen auskommen. Die für den Zivilprozess anerkannte Ausnahme der Unmöglichkeit einer verbalen Umschreibung des Umfangs eines Unterlassungsanspruchs (BGHZ 142, 388; BGHZ 94, 276, 291; OLG Saarbrücken OLGR 2000, 469) dürfte für die Verfahren nach dem FamFG keine Rolle spielen.

61 **Knapp** ist sie, wenn sie auf überflüssige (insbes begründende) Elemente verzichtet. Dies gilt auch für den Grund der Zurückweisung eines Antrags (»als unzulässig«, »derzeit unbegründet« oä) (Stein/Jonas/*Leipold* § 313 Rn 23). Diese haben ihren Platz in den Gründen des Beschlusses.

62 Die Beschlussformel muss sich auf alle zu entscheidenden **Haupt- und Nebenfragen** erstrecken, also neben der Hauptsacheentscheidung – soweit erforderlich – zB auch aussprechen, dass der Beschluss erst mit Rechtskraft wirksam wird (so nach § 40 Abs 2 S 2 bei Beschlüssen, die die Genehmigung eines Rechtsgeschäfts zum Gegenstand haben) oder eine Entscheidung über die Kosten (§ 81) und über die Zulassung eines Rechtsmittels (§§ 61 Abs 3, 70 Abs 2) enthalten. Zwar gibt es für letztere keinen gesetzlich vorgeschriebenen Platz im Beschluss, die Formel bietet sich zur Klarheit indes an. Die Formel muss gestellte Anträge erschöpfen, diese – soweit ihnen nicht stattgegeben wird – »im Übrigen« zurückweisen.

63 Die konkrete **Formulierung** der Hauptsacheentscheidung kann häufig der Fassung des materiellen Rechts entnommen werden.

64 Eine unklare Formel kann ausgelegt werden, ggf unter Zuhilfenahme der Gründe (BGHZ 5, 240, 244). Besteht ein unauflösbarer Widerspruch zwischen der Formel und den Gründen des Beschlusses, geht im Zweifel die Formel vor (BGH NJW 1997, 3447, 3448). Ist die Formel unvollständig, weil eine Frage ganz oder teilweise übergangen

wurde, ist eine Ergänzung nach § 43 möglich. Offenbare Unrichtigkeiten können nach § 42 berichtigt werden.

III. Begründung (Abs 3 S 1)

Abs 3 S 1 regelt, dass der Beschluss in FamFG-Sachen zu begründen ist. Inhaltliche Anforderungen an die Begründung werden nicht aufgestellt; insbes werden die strikten Erfordernisse an den Inhalt des Urteils nach § 313 ff ZPO nicht übernommen. Dies trägt der Vielzahl unterschiedlicher Verfahrensinhalte und Verfahrenszwecke im FamFG Rechnung und lässt eine dem konkreten Verfahren angepasste flexible Entscheidungsform zu. 65

Auch ohne konkrete gesetzliche Vorgabe hat die Begründung der gerichtlichen Entscheidung grds in tatsächlicher und rechtlicher Hinsicht zu erfolgen. Deren klare (ggf auch gliederungstechnische: I., II.) Trennung ist zwar nicht zwingend, empfiehlt sich aber grds. 66

1. Tatsächliche Begründung

In tatsächlicher Hinsicht hat die Begründung diejenigen Tatsachen wiederzugeben, auf denen die Entscheidung beruht. Dies gilt für die vom Gericht ermittelten und von Amts wegen festgestellten entscheidungserheblichen **Tatsachen** (§ 26) genauso, wie für die von den Beteiligten im Rahmen ihrer Mitwirkungspflicht beigebrachten Tatsachen (§ 27). Wegen des Erfordernisses einer förmlichen Beweisaufnahme (§ 30 Abs 3) ist es dabei geboten, unbestrittene und bestrittene Tatsachen zu trennen. Haben die Beteiligten **Anträge** gestellt oder von Amts wegen vorzunehmende Akte angeregt, ist dies aufzunehmen. 67

Auch ohne ausdrückliche gesetzliche Aufforderung kann dieser Teil **knapp** und auf das Wesentliche beschränkt bleiben, darf dabei aber nicht unverständlich werden, sondern muss den wesentlichen tatsächlichen Kern des Geschehens wiedergeben. Mangels Beweiskraft der Entscheidung für das Beteiligtenvorbringen muss dieses nicht umfassend und vollständig wiedergegeben werden. Aus der Sicht des Gerichts unerhebliches oder nebensächliches Vorbringen kann unberücksichtigt bleiben (BVerfG NJW 2001, 2009). Eine **Verweisung** auf den Inhalt der Akten ist möglich, auch wenn die in Bezug genommenen Unterlagen nicht von den Beteiligten herrühren. Es genügt, dass sie die Verweisung durch Akteneinsicht nachvollziehen können. Verweisungen dürfen dabei nicht pauschal sein, sie müssen vielmehr konkret und eindeutig sowohl ergeben, wegen was, als auch, worauf verwiesen wird. Unzulässig sind Verweisungen im Kernbereich des entscheidungserheblichen Geschehens (»ersetzende Verweisungen«), möglich sind sie allein zur Ergänzung der auf seinen wesentlichen Kern beschränkten Darstellung (»ergänzende Verweisung«). 68

Die Aufnahme von den Beteiligten geäußerten **Rechtsansichten** kommt in Betracht, wenn deren Kenntnis zum Verständnis des Falles erforderlich ist oder sie den Beteiligten erkennbar so wichtig sind, dass sie eine Auseinandersetzung des Gerichts mit ihnen erwarten dürfen. Als **Verfahrensgeschichte** wiedergegeben werden müssen diejenigen Förmlichkeiten, über deren Einhaltung mit der Entscheidung zu befinden ist (Stein/Jonas/*Leipold* § 313 Rn 43). Dazu gehört das Ergebnis einer Beweisaufnahme. Überholte Prozessgeschichte, die für die Entscheidung keine Rolle mehr spielt, ist wegzulassen. 69

2. Rechtliche Begründung

Die Parteien haben einen verfassungsrechtlich gesicherten Anspruch darauf, über die die Entscheidung tragenden Gründe und die dafür maßgeblichen Erwägungen in ausreichender Weise unterrichtet zu werden (EGMR NJW 1999, 2429; OLG Köln FamRZ 2005, 1921; *Lüke* S 111). In rechtlicher Hinsicht muss die Begründung die angewendeten 70 oder verworfenen Rechtsnormen erkennen lassen und nachvollziehbar darlegen, in welchen Tatsachen das Gericht deren Voraussetzungen als erfüllt bzw nicht erfüllt ansieht. Werden Tatsachen der Entscheidung zugrunde gelegt, die von einem Beteiligten bestritten wurden, muss die Begründung ergeben, aufgrund welcher Beweise und welcher Erwägungen das Gericht diese als wahr ansieht. Hierzu ist eine sorgfältige, umfassende und kritische Würdigung der Beweise erforderlich.

71 An der Nachvollziehbarkeit kann es fehlen, wenn unverständliche Abkürzungen, Formeln oder Computerberechnungen zugrunde gelegt werden (OLG Frankfurt FamRZ 2006, 274). Stärker als im Zivilprozess, wo grds erwartet werden kann, dass ein nicht entsprechend vorgebildeter Verfahrensbeteiligter sich fachkundiger Hilfe zum Verständnis juristischer Fachterminologie bedient (*Kischel* S 347 ff), verlangt der Fürsorgecharakter des FamFG eine auch für Laien verständliche Begründung.

72 Es muss deutlich werden, dass das Gericht das tatsächliche Vorbringen der Beteiligten zur Kenntnis genommen und erwogen hat (BVerfG NJW 1992, 1031). Dabei muss indes nicht jedes von den Beteiligten vorgebrachte Argument ausdrücklich aufgegriffen werden, wenn es aus der Sicht des Gerichts unerheblich ist (BVerfG NJW-RR 1995, 1033, 1034; BVerfG NJW 1994, 2279). Textbausteine können verwendet werden, müssen aber eine schlüssige und vollständige Lösung des konkreten Falles ergeben (OLG Celle FamRZ 1990, 419). Auf andere Entscheidungen darf verwiesen werden, wenn diese mit allen Beteiligten ergangen sind oder Gegenstand der mündlichen Verhandlung waren (BGH VersR 1978, 961).

73 In welchem Umfang das Gericht Rechtsprechung und Literatur zur Begründung heranzieht, steht in seinem Ermessen (BVerfG NJW 1987, 2499).

74 Die Begründung muss sich auf die **Nebenentscheidungen** erstrecken, insbes auch eine ergangene Entscheidung über die Kosten (§ 81) und über die Zulassung eines Rechtsmittels (§§ 61 Abs 3, 70 Abs 2) abdecken.

IV. Wegfall Begründung (Abs 4)

75 Nicht in allen Fällen bedarf eine gerichtliche Entscheidung der Begründung. Unterliegt die Entscheidung keiner Überprüfung durch einen Rechtsbehelf und haben auch die Beteiligten erkennbar kein Interesse daran, die Gründe nachvollziehen zu können, ist eine Begründung **entbehrlich**. § 38 Abs 4 eröffnet dem Gericht deswegen die Möglichkeit, auf eine Begründung zu verzichten, wenn eine Beschwer eines Beteiligten erkennbar nicht gegeben ist und die Voraussetzungen, unter denen ein Rechtsbehelf gegen die Entscheidung stattfindet, damit unzweifelhaft nicht vorliegen.

76 Dass die in Abs 4 genannten Entscheidungsformen keiner Begründung »bedürfen« macht klar, dass eine solche **nicht ausgeschlossen** ist. Hält das Gericht eine Begründung für geboten oder sinnvoll, steht eine solche in seinem Ermessen (*Keller* MDR 1992, 435, 436). In Betracht kommt dies, wenn mit der Entscheidung von einem Antrag teilweise abgewichen wird oder eine Kostenentscheidung nach § 81 oder § 243 Nr 4 ergeht.

77 Mit dem Verzicht auf eine Begründung wird dem Gericht (auch im Interesse der Beteiligten) eine rasche und umkomplizierte Entscheidung ermöglicht.

78 Vorteil einer solchermaßen begründungslosen Entscheidung für die Beteiligten ist eine Ermäßigung der gerichtlichen **Verfahrensgebühr** von 2,0 auf 0,5 (Nr 1110, 1111 KV FamGKG). Diese Ermäßigung gilt auch dann, wenn die Entscheidung im Einzelfall (nach dem Ermessen des Gerichts oder wegen § 38 Abs 6) doch eine Begründung enthält, nicht jedoch für Säumnisentscheidungen.

1. Wegfall bei Anerkenntnis-, Verzichts- und Säumnisentscheidung (Abs 4 Nr 1)

79 § 38 Abs 4 Nr 1 entspricht inhaltlich § 313b ZPO. Wird aufgrund eines Anerkenntnisses, eines Verzichts oder einer Säumnis entschieden, so bedarf es einer Begründung nicht.

An ihre Stelle tritt die entsprechende Bezeichnung der Entscheidung, aus der allein erkennbar ist, warum die Entscheidung ergangen ist.

Wie die »**Bezeichnung**« solcher Entscheidungen zu erfolgen hat, regelt das Gesetz nicht. Möglich ist eine entsprechende Überschrift (»Anerkenntnisentscheidung«, »Verzichtsentscheidung«, »Versäumnisentscheidung«), möglich ist aber auch eine Aufnahme in den Entscheidungseingang (»In der …-Sache, an der beteiligt waren …, hat das …-Gericht durch … am … aufgrund eines Anerkenntnisses des … beschlossen: …«).

Der praktische Anwendungsbereich dieser Regelung ist gering. Anerkenntnis, Verzicht und Säumnis sind keine gängigen Entscheidungsmöglichkeiten in FamFG-Verfahren. Verzicht und Säumnis kommen in Ehesachen und in Familienstreitsachen Betracht, ein Anerkenntnis nur in Familienstreitsachen (§ 113 Abs 1, Abs 4 Nr 6).

2. Wegfall bei unstreitiger Entscheidung (Abs 4 Nr 2)

Nach § 38 Abs 4 Nr 2 kann von einer Begründung abgesehen werden, wenn gleichgerichteten Anträgen der Beteiligten stattgegeben wird oder der Beschluss nicht dem erklärten Willen eines Beteiligten widerspricht, die Sache zwischen den Beteiligten also nicht streitig ist. Hierher gehören auch diejenigen Fälle, in denen nur der Antragsteller Beteiligter ist und seinem Antrag entsprochen wird. Praktisch trifft dies auf eine große Vielzahl der FG-Verfahren zu und ermöglicht mit dem Verzicht auf eine Begründung eine rasche und umkomplizierte Entscheidung.

In all diesen Fällen bedarf die Entscheidung einer Begründung nicht, weil diese dem Willen der Beteiligten entspricht, sie **nicht beschwert** und eine Anfechtung der Entscheidung mangels Beschwerdeberechtigung (§ 59) nicht möglich ist.

Nicht anwendbar ist § 38 Abs 4 Nr 2 auf Entscheidungen in Kindschaftssachen nach § 164.

3. Wegfall bei Rechtsmittelverzicht (Abs 4 Nr 3)

Einer Begründung der Entscheidung bedarf es auch dann nicht, wenn die Beteiligten sie kennen und bereit sind, sie (ohne Begründung) zu akzeptieren. § 38 Abs 4 Nr 3 greift damit den Regelungsinhalt des § 313a Abs 2 ZPO auf.

Der Verzicht auf die Beschwerde ist durch Erklärung gegenüber dem Gericht (§ 67 Abs 1) oder gegenüber einem anderen Beteiligten (§ 67 Abs 3) möglich. In beiden Fällen ist der Verzicht (anders als nach § 313a Abs 3 ZPO) erst nach Bekanntgabe des Beschlusses möglich. Erfolgt die Bekanntgabe durch Zustellung (§ 41 Abs 1), kommt ein vorheriger Verzicht nicht in Betracht. § 38 Abs 4 Nr 2 unterfallen deswegen allein solche Beschlüsse, die nach § 41 Abs 2 in Gegenwart aller Beteiligten **mündlich bekannt gegeben** wurden und bei denen alle Beteiligten vor der nach § 41 Abs 2 S 3 unverzüglich nachzuholenden Begründung auf Rechtsmittel verzichtet haben.

Der **Verzicht** muss sich **auf das Rechtsmittel** beziehen, der bloße Verzicht auf eine (schriftliche) Begründung genügt grds nicht. Nur ausnahmsweise kann ein Verzicht auf die Begründung als Verzicht auf das Rechtsmittel ausgelegt werden (BAG NZA 2006, 876, 877; OLG Hamm MDR 2000, 721). Einer besonderen Form bedarf der Verzicht nicht, er kann deswegen mündlich erklärt werden, sollte aber in den Vermerk über den Termin (§ 28 Abs 3) aufgenommen werden. Eine Frist für den Verzicht sieht das Gesetz (in Abweichung von § 313a Abs 3 ZPO) nicht vor. Da die schriftliche Begründung des Beschlusses jedoch »unverzüglich« nachzuholen ist, kommt ein Verzicht nur im Termin der Bekanntgabe selbst, allenfalls binnen weniger Tage danach in Betracht. Der Verzicht ist unwiderruflich (OLG Frankfurt NJW 1989, 841).

V. Kein Wegfall Begründung (Abs 5)

88 Auch in den Fällen, in denen eine Begründung weder für die Beteiligten noch für das Rechtsmittelgericht erforderlich ist, können andere Interessen eine Begründung erforderlich machen. § 38 Abs 5 enthält deswegen eine Ausnahmen von der Absehensmöglichkeit des Abs 4, regelt also im Wege der Rückausnahme, welche Entscheidungen in jedem Fall einer Begründung bedürfen.

1. Begründung in Ehesachen (Abs 5 Nr 1)

89 In **Ehesachen** (§ 121) ist eine Begründung durch öffentliche Interessen geboten (BTDrs 7/2729 S 78).

90 Ausgenommen sind die eine **Scheidung** aussprechenden Entscheidungen. Insbes einvernehmliche Scheidungen bedürfen damit keiner Begründung.

91 Nach hM erfasst die Befreiung vom Begründungszwang die mit der Scheidung verbundenen **Folgesachen** nicht (BGH NJW 1981, 2816; OLG Hamm NJW 1979, 434; Baumbach/*Hartmann*, § 313a ZPO Rn 18; aA Hk-ZPO/*Saenger* § 313a ZPO Rn 10; Stein/Jonas/*Leipold* § 313a ZPO Rn 4). Dies ist jedenfalls dort zutreffend, wo an der Folgesache Dritte beteiligt sind. Die Berechnung des Versorgungsausgleichs muss auch im Fall einvernehmlicher Scheidung nachvollziehbar dargelegt werden (§ 227 S 2), weil insoweit auch der Versicherungsträger Beteiligter ist (OLG Hamm NJW 1979, 434), eine Sorgerechtsentscheidung muss auch für das Jugendamt nachvollziehbar sein (BGH NJW 1981, 2816).

92 Ist an der Scheidung ein Ausländer beteiligt, wird sich die Notwendigkeit einer Begründung unabhängig von Abs 5 Nr 1 regelmäßig aus Abs 5 Nr 4 ergeben (dazu unten Rz 95).

2. Begründung in Abstammungssachen (Abs 5 Nr 2)

93 Auch in Abstammungssachen (§ 169) erfordern die diesbezüglich bestehenden öffentlichen Interessen stets eine Begründung.

3. Begründung in Betreuungssachen (Abs 5 Nr 3)

94 Der Begründungszwang in Betreuungssachen beruht überwiegend auf Gründen der Rechtsfürsorglichkeit. Hier müssen dem Betroffenen die Gründe für eine Anordnung der Betreuung, deren Ablehnung oder sonstigen Endentscheidung des Gerichts auch nachträglich zur Verfügung stehen, damit nachvollzogen werden kann, ob diese fortbestehen oder sich die tatsächlichen Voraussetzungen entscheidungserheblich geändert haben.

4. Begründung bei Auslandsgeltendmachung (Abs 5 Nr 4)

95 Organe eines ausländischen Staates werden eine Entscheidung zum Zwecke der Zwangsvollstreckung nur anerkennen, wenn sie deren Begründung nachvollziehen können. Ist die Geltendmachung einer Entscheidung im Ausland zu erwarten, muss diese deswegen begründet werden (BTDrs 7/2729 S 78).

96 Ob mit einer Geltendmachung im Ausland zu rechnen ist, wird sich regelmäßig aus dem Vorbringen der Beteiligten ergeben. Zu vermuten ist es, wenn einer der Beteiligten (nur oder auch) eine ausländische Staatsangehörigkeit besitzt oder der Verfahrensgegenstand einen sonstigen Auslandsbezug erkennbar macht. In Zweifelsfällen ist eine Rückfrage bei den Beteiligten geboten (Zöller/*Vollkommer* § 313b Rn 5).

97 Die für eine Auslandsanerkennung zu fertigende Begründung sollte die hierfür relevanten Fragen besonders herausstellen (internationale Zuständigkeit, anwendbare Rechtsordnung, odre-public-Gesichtspunkte; BGH NJW 1988, 3097).

VI. Vervollständigung unbegründeter Beschlüsse (Abs 6)

Stellt sich erst nachträglich heraus, dass die Entscheidung im Ausland geltend gemacht wird, muss die Begründung nachgeholt werden. Hierzu ist der Beschluss zu ergänzen. § 38 Abs 6 verweist dazu auf die Vorschriften über die Vervollständigung von Versäumnis- und Anerkenntnisentscheidungen (§§ 313a Abs 5, 313b ZPO). Diese finden sich in den Ausführungsgesetzen zu internationalen Verträgen (vgl Thomas/Putzo/*Reichold* § 313a ZPO Rn 8). Die insoweit wichtigste Regelung enthält § 30 AVAG.

Gesetz zur Ausführung zwischenstaatlicher Verträge und zur Durchführung von Verordnungen und Abkommen der Europäischen Gemeinschaft auf dem Gebiet der Anerkennung und Vollstreckung in Zivil- und Handelssachen (Anerkennungs- und Vollstreckungsausführungsgesetz – AVAG)

§ 30 Vervollständigung inländischer Entscheidungen zur Verwendung im Ausland

(1) Will eine Partei ein Versäumnis- oder Anerkenntnisurteil, das nach § 313b der Zivilprozessordnung in verkürzter Form abgefasst worden ist, in einem anderen Vertrags- oder Mitgliedstaat geltend machen, so ist das Urteil auf ihren Antrag zu vervollständigen. Der Antrag kann bei dem Gericht schriftlich oder durch Erklärung zu Protokoll der Geschäftsstelle gestellt werden. Über den Antrag wird ohne mündliche Verhandlung entschieden.

(2) Zur Vervollständigung des Urteils sind der Tatbestand und die Entscheidungsgründe nachträglich abzufassen, von den Richtern besonders zu unterschreiben und der Geschäftsstelle zu übergeben; der Tatbestand und die Entscheidungsgründe können auch von Richtern unterschrieben werden, die bei dem Urteil nicht mitgewirkt haben.

(3) Für die Berichtigung des nachträglich abgefassten Tatbestands gilt § 320 der Zivilprozessordnung entsprechend. Jedoch können bei der Entscheidung über einen Antrag auf Berichtigung auch solche Richter mitwirken, die bei dem Urteil oder der nachträglichen Anfertigung des Tatbestands nicht mitgewirkt haben.

(4) Die vorstehenden Absätze gelten entsprechend für die Vervollständigung von Arrestbefehlen, einstweiligen Anordnungen und einstweiligen Verfügungen, die in einem anderen Vertrags- oder Mitgliedstaat geltend gemacht werden sollen und nicht mit einer Begründung versehen sind.

Praktisch kann die Rekonstruktion der Entscheidungsgründe große Probleme insbes dann bereiten, wenn die Entscheidung lange zurückliegt und die Besetzung des Gerichts zwischenzeitlich gewechselt hat. Dennoch kann mit dieser Begründung die Ergänzung nicht abgelehnt werden (Stein/Jonas/*Leipold* § 313a Rn 23).

§ 39 Rechtsbehelfsbelehrung

Jeder Beschluss hat eine Belehrung über das statthafte Rechtsmittel, den Einspruch, den Widerspruch oder die Erinnerung sowie das Gericht, bei dem diese Rechtsbehelfe einzulegen sind, dessen Sitz und die einzuhaltende Form und Frist zu enthalten.

Übersicht

	Rz		Rz
A. Allgemeines	1	II. Inhalt der Belehrung	30
B. Erforderlichkeit der Rechtsbehelfsbelehrung	6	1. Art des Rechtsbehelfs	32
I. Rechtsmittel	10	2. Für Einlegung zuständiges Gericht	36
II. Ordentliche Rechtsbehelfe	14	3. Form	40
1. Einspruch	15	4. Frist	44
2. Widerspruch	17	5. Sonstige Angaben	49
3. Erinnerung	19	D. Folgen unzureichender Rechtsbehelfsbelehrung	52
III. Außerordentliche Rechtsbehelfe	20	I. Allgemeines	52
C. Form und Inhalt der Rechtsbehelfsbelehrung	22	II. Wiedereinsetzung in den vorigen Stand	57
I. Form der Belehrung	25		

A. Allgemeines

1 § 39 führt für alle FamFG-Verfahren die grds Notwendigkeit einer Rechtsbehelfsbelehrung ein. Er macht damit vereinzelte Sonderregelungen des früheren Rechts der freiwilligen Gerichtsbarkeit (zB §§ 69 Abs 1 Nr 6, 70f Abs 1 Nr 4 FGG) obsolet.

2 Die Pflicht zur Rechtsmittelbelehrung dient dem verfassungsrechtlich gebotenen effektiven Rechtsschutz der Beteiligten. Zwar verneint die hM bis heute eine aus dem allgemeinen Rechtsstaatsprinzip herzuleitende allgemeine Belehrungspflicht (BVerfG NJW 1995, 3173; BGHZ 10, 303; BVerwGE 46, 252; BAGE 5, 178, 179 f; BFHE 69, 247; *Kopp/Schenke* § 59 VwGO Rn 2), erkennt aber an, dass der nach Art 19 Abs 4 GG gebotene umfassende Rechtsschutz es erforderlich macht, jeden, der sich durch einen Akt staatlicher Gewalt in seinen Rechten verletzt glaubt, über die Möglichkeiten einer Abhilfe zu informieren. Bei gerichtlichen Entscheidungen dient hierzu die Rechtsbehelfsbelehrung. Das Recht auf Überprüfung einer solchen Entscheidung kann nicht deswegen entfallen, weil der Beteiligte den statthaften Rechtsbehelf und seine Zulässigkeitsvoraussetzungen nicht kannte.

3 Ob und inwieweit es dem Beteiligten zugemutet werden kann, sich die erforderlichen Kenntnisse auch ohne Belehrung durch das Gericht selbst zu verschaffen, hat das Bundesverfassungsgericht bislang ausdrücklich offen gelassen (BVerfGE 93, 99 ff abweichend *Kühling* 117 ff). In einigen Verfahrensordnungen hat der Gesetzgeber eine gerichtliche Belehrungspflicht vorgesehen (zB §§ 117 VwGO, 35a, 171, 172, 409 Abs 1 Nr 7 StPO, § 9 Abs 5 S 1 ArbGG), in anderen, insbes in der ZPO, bis heute abgelehnt. Im Bereich der freiwilligen Gerichtsbarkeit existierte eine Belehrungspflicht bislang nur bezüglich einzelner Angelegenheiten (Betreuungssachen, § 69 Abs 1 Nr 6 FGG; Unterbringungssachen, § 70f Abs 1 Nr 4 FGG), darüber hinaus hatte der BGH eine Rechtsmittelbelehrung über die befristeten Rechtsmittel in Wohnungseigentumssachen für grundrechtlich geboten gehalten (BGH NJW 2002, 2171).

4 Bei der Übernahme der allgemeinen Rechtsbehelfsbelehrungspflicht ins FamFG ist der Gesetzgeber den Vorschlägen der Bund-Länder-Arbeitsgruppe zur Einführung einer Rechtsmittelbelehrung in ZPO- und FGG-Verfahren gefolgt, die eine entsprechende Notwendigkeit aus dem besonderen fürsorgerischen Charakter dieser Verfahren herleitete (BTDrs 16/6308 S 196). Für nicht erforderlich gehalten wurde aber, den Eintritt der formellen Rechtskraft bei Nichterfüllung der Belehrungspflicht hinauszuschieben (so § 58 VwGO; § 9 Abs 5 S 3 ArbGG; 55 Abs 1 FGO; 66 Abs 1 SGG; § 172 Abs 1 S 3, Abs 2 S 2

StPO). Stattdessen wurde (ähnlich wie in § 44 StPO) die Wiedereinsetzungslösung gewählt (unten Rz 57).

Bei der Auslegung der schon länger existierenden Belehrungspflichten aus §§ 117 VwGO, 35a, 171, 172, 409 Abs Nr 7 StPO, § 9 Abs 5 S 1 ArbGG haben sich zahlreiche, bis heute nicht abschließend geklärte Streitfragen ergeben. Streitig ist so etwa, ob nur über die Dauer der Rechtsbehelfsfrist zu belehren ist oder auch über deren Beginn, ob die Belehrung sich nur auf die Voraussetzungen der Einlegung des Rechtsbehelfs oder auch auf seine Begründung erstrecken muss oder wann es einer Angabe nicht nur des Orts, sondern auch der postalischen Anschrift des Gerichts bedarf. Zu erwarten steht, dass sich ähnliche Streitigkeiten auch für § 39 entwickeln werden. Für dessen Auslegung ist jedoch – in sehr viel stärkerem Maß als für ArbGG, VwGO, SGG, FGO – der Fürsorgegedanke für die Beteiligten zu berücksichtigen. Dieser gebietet es, die Belehrung im Zweifel weiter zu fassen und auf alle Umstände zu erstrecken, die den Beteiligte in die Lage versetzen, ohne weitere Informationen einen Rechtsbehelf zulässig zu gestalten.

B. Erforderlichkeit der Rechtsbehelfsbelehrung

§ 39 bestimmt zunächst den Anwendungsbereich der Rechtsbehelfsbelehrung. Erforderlich ist eine solche bei »**jedem Beschluss**« nach dem FamFG, unabhängig vom Verfahrensgegenstand. Auch Ehe- und Familienstreitsachen sind hierbei durch § 113 nicht ausgenommen.

Belehrt werden kann über die **Anfechtbarkeit** indes nur dort, wo eine solche mit Rechtsmitteln oder ordentlichen Rechtsbehelfen des FamFG auch gegeben ist. Unanfechtbare Beschlüsse bedürfen keiner Belehrung, auch keines Hinweises auf ihre Unanfechtbarkeit (unten Rz 9). Keiner Belehrung bedürfen deswegen letztinstanzliche Beschlüsse (§ 45 Rz 6), kraft Gesetzes unanfechtbare Beschlüsse (§ 45 Rz 7) und nicht selbstständig anfechtbare Beschlüsse (§ 45 Rz 8).

Die Belehrungspflicht gilt unabhängig davon, ob ein gegebener Rechtsbehelf im konkreten Fall **zulässig** oder gar **begründet** wäre. Hierüber wird erst im Rechtsbehelfsverfahren entschieden. Eine Belehrung ist immer schon dann geboten, wenn ein Rechtsbehelf grds statthaft ist.

Über die gesetzlich geregelten Fälle hinaus ist eine Rechtsbehelfsbelehrung nicht erforderlich. Eine entsprechende Pflicht ergibt sich weder aus allgemeinen Überlegung noch aus verfassungsrechtlichen Gründen (BVerfGE 93, 99 ff, abweichend *Kühling* 117 ff). Dies gilt sowohl für die Anfechtbarkeit mit Rechtsbehelfen, die in § 39 nicht genannt sind (unten Rz 20) als auch für den Fall, dass kein Rechtsbehelf gegeben ist. In beiden Fällen genügt es – anders als etwa in § 9 Abs 5 S 2 ArbGG –, eine Rechtsbehelfsbelehrung schlicht zu unterlassen.

I. Rechtsmittel

Erforderlich ist eine Rechtsbehelfsbelehrung bei Beschlüssen, die der **Beschwerde** (§§ 58 ff) unterliegen. Hierunter fallen alle im ersten Rechtszug ergehenden Endentscheidungen der Amts- und Landgerichte, wenn der Wert des Beschwerdegegenstandes 600 € übersteigt oder das Gericht des ersten Rechtszuges die Beschwerde zugelassen hat (§ 61 Abs 2, 3), sofern gesetzlich nichts anderes bestimmt, insbes die Anfechtbarkeit ausgeschlossen ist (dazu § 45 Rz 6 ff). § 382 Abs 4 erstreckt die Statthaftigkeit der Beschwerde auf Zwischenverfügungen in Registersachen, so dass auch diese einer Rechtsbehelfsbelehrung bedürfen.

Einer Belehrung bedürfen auch diejenigen Entscheidungen, die mit der **sofortigen Beschwerde** in entsprechender Anwendung der §§ 567 bis 572 ZPO anfechtbar sind (dazu § 45 Rz 15).

Erstinstanzliche Entscheidungen der Oberlandesgerichte und Beschwerdeentscheidungen bedürfen einer Rechtsbehelfsbelehrung, soweit gegen sie die **Rechtsbeschwerde**

(§ 70) gegeben ist. Dies ist nur dann der Fall, wenn sie vom Beschwerdegericht oder vom Oberlandesgericht im ersten Rechtszug zugelassen wurde.

13 Da die **Sprungrechtsbeschwerde** nur gegen Entscheidungen möglich ist, die ohne Zulassung der Beschwerde unterliegen, wird der Kreis der Entscheidungen, die einer Rechtsbehelfsbelehrung bedürfen, durch § 75 nicht erweitert. Allerdings muss die Rechtsbehelfsbelehrung um die Möglichkeit eines Antrags auf Zulassung der Rechtsbeschwerde ergänzt werden, wenn diese Möglichkeit besteht. Dies ist der Fall bei allen im ersten Rechtszug erlassenen Beschlüssen, bei denen der Wert des Beschwerdegegenstands in vermögensrechtlichen Angelegenheiten 600,– € übersteigt (§ 75 Abs 1) und die Rechtsbeschwerde nicht ausgeschlossen ist. Einen solchen Ausschluss sieht § 229 vor für Entscheidungen in Versorgungsausgleichssachen nach §§ 1587d, 1587g Abs 3, 1587i Abs 3 und 1587l Abs 3 BGB und § 224.

II. Ordentliche Rechtsbehelfe

14 Einer Rechtsbehelfsbelehrung bedürfen darüber hinaus diejenigen Entscheidungen, die mit einem der in § 39 ausdrücklich genannten ordentlichen Rechtsbehelfe anfechtbar sind, also mit Einspruch, Widerspruch oder Erinnerung.

1. Einspruch

15 Über die Möglichkeit eines Einspruchs sind die Beteiligten zu belehren bei der Festsetzung von Zwangsgeld nach §§ 388 bis 390, 392.

16 Der Einspruch nach §§ 338 ff ZPO ist gegeben gegen in Familiensachen ergangene Versäumnisurteile (§§ 130, 142 Abs 1 S 2, 143).

2. Widerspruch

17 Ein Widerspruch ist möglich im Amtslöschungsverfahren nach den §§ 393 bis 395, 397 bis 399 und im Dispacheverfahren nach den §§ 406, 407 (zur Rechtsnatur des Widerspruchs nach § 155 Abs 2, 3 FGG vgl KKW/*Kayser* § 155 FGG Rn 2).

18 Ein Widerspruch ist darüber hinaus möglich gegen die Aussetzung des Scheidungsverfahrens gem § 136 Abs 1 S 2. Ein solcher Widerspruch ist beachtlich, wenn er von beiden Ehegatten gemeinsam erklärt wird, einseitig steht er zumindest dem beschwerten Beteiligten zu, dh demjenigen, der einen Scheidungsantrag gestellt hat.

3. Erinnerung

19 Entscheidungen des Rechtspflegers bedürfen einer Belehrung über die nach § 11 Abs 2 RPflG statthafte Erinnerung, wenn gegen die Entscheidung nach den allgemeinen verfahrensrechtlichen Vorschriften ein Rechtsmittel nicht gegeben ist. Ausgenommen sind gerichtliche Verfügungen, Beschlüsse oder Zeugnisse, die nach den Vorschriften der Grundbuchordnung, der Schiffsregisterordnung oder des FamFG wirksam geworden sind und nicht mehr geändert werden können (§ 11 Abs 3 RPflG).

III. Außerordentliche Rechtsbehelfe

20 Belehrt werden muss nur über diejenigen (ordentlichen) Rechtsbehelfe, deren Einlegung allein von der Willensentscheidung des Beschwerten abhängt und bei denen der Fristlauf unmittelbar mit dem Wirksamwerden der anzufechtenden Entscheidung beginnt (Hübschmann/Hepp/Spitaler/*Spindler* § 55 FGO Rn 7). Nicht erforderlich ist eine Rechtsbehelfsbelehrung, wenn gegen die Entscheidung nur noch außerordentliche Rechtsbehelfe statthaft sind. Dies gilt unabhängig davon, ob diese außerordentlichen Rechtsbehelfe im FamFG geregelt sind oder nicht. Eine Belehrung etwa über die Wiedereinsetzung (§ 17), die Berichtigung (§ 42) und Ergänzung (§ 43), die Möglichkeit der Rü-

ge aufgrund der Verletzung rechtlichen Gehörs (§ 44), die Abänderung oder die Wiederaufnahme (§ 48) ist daher regelmäßig genauso wenig geboten, wie eine Belehrung über die Dienstaufsichtsbeschwerde oder die Verfassungsbeschwerde.

Nicht belehrt werden muss auch über die Möglichkeit einer Anschlussbeschwerde. 21 Diese stellt kein eigenständiges Rechtsmittel dar, sondern eröffnet lediglich die Möglichkeit, im Rahmen der Beschwerde eines anderen Beteiligten einen eigenen Antrag zu stellen und so die Abänderung der angefochtenen Entscheidung auch zu seinen Gunsten abzuändern (BGHZ 80, 146, 148; BGHZ 83, 371, 376 f; BGH NJW-RR 1989, 441; Eichele/Hirtz/Oberheim/*Ahrens* XIII Rn 11).

C. Form und Inhalt der Rechtsbehelfsbelehrung

§ 39 regelt auch den notwendigen Inhalt der Rechtsbehelfsbelehrung. Sie hat mit der Be- 22 zeichnung des Gerichts, bei dem der Rechtsbehelf einzulegen ist, dessen Sitz sowie der einzuhaltenden Form und Frist alle wesentlichen Informationen zu enthalten, die den Beteiligten in die Lage versetzen, ohne die Hinzuziehung eines Rechtsanwaltes den zulässigen Rechtsbehelf gegen die ergangene Entscheidung einzulegen.

Die Belehrung soll den Beteiligten über die Möglichkeiten einer Anfechtung der Ent- 23 scheidung und die dabei einzuhaltenden Voraussetzungen informieren. Sie soll verhindern, dass jemand aus der Unkenntnis prozessualer Fragen Rechtsnachteile als endgültig hinnehmen muss, indem er von der Einlegung eines Rechtsbehelfs absieht oder hierbei zu beachtende Voraussetzungen nicht erfüllt. Dazu muss die Erklärung nicht nur vollständig und zutreffend, sondern auch so konkret, verständlich und eindeutig formuliert sein, dass ein rechtsunkundiger Beteiligter aus ihr die zur Wahrung seiner Rechte erforderlichen Informationen ohne weiteres entnehmen kann (Hübschmann/Hepp/Spitaler/*Spindler* § 55 FGO Rn 14), ohne dass der Rechtsbehelf durch Überbewertung der Erfordernisse schwieriger dargestellt wird, als er tatsächlich ist.

Andererseits kann und braucht die Belehrung nicht alle tatsächlichen und rechtlichen 24 Anforderungen bei der Rechtswahrung zu umfassen. Sie hat dem Beteiligten nicht alle Einzelheiten seines Verhaltens vorzuschreiben und ihm jede eigene Verantwortung abnehmen (BVerwG DVBl 1962, 793; BVerwG JR 1969, 156).

I. Form der Belehrung

Die Rechtsbehelfsbelehrung ist Bestandteil des Beschlusses und körperlich mit diesem 25 verbunden. Sie muss von der Unterschrift umfasst sein und deswegen räumlich über dieser stehen (BAGE 33, 63; § 9 ArbGG Rn 5; *Kopp/Schenke* § 117 VwGO Rn 4, 18). Befindet sich die Rechtsbehelfsbelehrung auf einem gesonderten Blatt, ist dieses mit dem Beschluss zu verbinden, ein gesondertes Schreiben genügt grds nicht (BVerwG NVwZ 2000, 191; aA VGH Mannheim VwBlBW 1999, 62). Ausfertigungen müssen auch die Belehrung umfassen.

Die Belehrung muss in der gleichen Form ergehen wie der Beschluss, regelmäßig also 26 schriftlich, unter den Voraussetzungen des 14 auch in elektronischer Form.

Die Belehrung als eigenständigen, mit einer entsprechenden Überschrift versehenen 27 Abschnitt besonders deutlich hervorzuheben, empfiehlt sich, ist aber nicht Wirksamkeitsvoraussetzung. Insbes bei Einspruch und bei Widerspruch kann die (hier kurz ausfallende) Belehrung in den Text der Entscheidung integriert werden.

Deutsch als Gerichtssprache gilt für die Rechtsbehelfsbelehrung auch in den Fällen, in 28 denen Beteiligte der deutschen Sprache nicht mächtig sind. Eine Belehrung in einer ausländischen Sprache ist nicht erforderlich (BVerfG NJW 1976, 1021; BVerwG NJW 1978, 1988). Das Versäumen einer Rechtsbehelfsfrist kann für einen Beteiligten aber auch bei ordnungsgemäßer Belehrung unverschuldet sein und eine Wiedereinsetzung rechtfertigen, wenn die Belehrung vom Beteiligten mangels Sprachkenntnissen nicht verstanden wurde (BVerfG NJW 1975, 1597; BSG DVBl 1987, 849).

29 Die Nichteinhaltung dieser Formanforderungen hat grds keine Konsequenzen. Sie kann allenfalls dazu führen, dass die Belehrung insgesamt als unzureichend anzusehen ist und deswegen gegen die Versäumung der Rechtsbehelfsfrist Wiedereinsetzung beantragt werden kann (unten Rz 57).

II. Inhalt der Belehrung

30 Die Belehrung erstreckt sich ausschließlich auf die gesetzlichen Zulässigkeitserfordernisse eines Rechtsbehelfs im Allgemeinen. Das entscheidende Gericht ist zur Prüfung dieser Erfordernisse im Einzelfall weder verpflichtet noch berechtigt, kann und darf deswegen darüber keine Aussagen machen (*Redecker/von Oertzen* § 58 VwGO Rn 6).

31 Die Belehrung muss den Beteiligten in die Lage versetzen, die Voraussetzungen eines Rechtsbehelfs ohne Zuhilfenahme des Gesetzestextes zu erkennen. Deswegen genügt die bloße Verweisung auf Gesetzesnormen nicht. Andererseits ist es nicht erforderlich, diejenigen Normen anzugeben, auf denen die Belehrung beruht bzw aus denen sich die Rechtsbehelfserfordernisse ergeben.

1. Art des Rechtsbehelfs

32 Die Belehrung muss erkennen lassen, dass ein Rechtsbehelf gegeben ist und um welchen es sich handelt. Es genügt nicht, die Entscheidung generell als »abänderbar« oder »anfechtbar« darzustellen, vielmehr ist der konkrete Rechtsbehelf namentlich genau zu bezeichnen (*Peters/Sautter/Wolff* § 66 SGG S 197; BSG 11, 213). Dabei ist es unerheblich, ob dieser Rechtsbehelf sich aus dem FamFG oder aus anderen Gesetzen ergibt. Möglich sind dabei:
– die (FamFG-)Beschwerde,
– die sofortige (ZPO-)Beschwerde,
– die (FamFG-)Rechtsbeschwerde,
– die Sprungrechtsbeschwerde,
– der Einspruch,
– der Widerspruch,
– die (RPflG-)Erinnerung.

33 Sind mehrere Rechtsbehelfe möglich, muss die Belehrung sich auf alle erstrecken (BSG MDR 1996, 309). Dies gilt auch, wenn diese zueinander in einem Alternativitätsverhältnis stehen (Beschwerde – Sprungrechtsbeschwerde). Dagegen müssen weitere im Instanzenzug gegebene Rechtsbehelfe (Beschwerde – Rechtsbeschwerde) nicht angegeben werden.

34 Ist die Statthaftigkeit des Rechtsbehelfs an weitere Voraussetzungen gebunden, sind auch diese anzugeben. Wird über die Möglichkeit der Beschwerde belehrt, muss darauf hingewiesen werden, dass diese in vermögensrechtlichen Streitigkeiten nur zulässig ist, wenn der Wert des Beschwerdegegenstands 600,– € übersteigt oder wenn das Gericht des ersten Rechtszugs die Beschwerde zugelassen hat (§ 61; OVG München BayVBl 1972, 616; VGH Kassel DÖV 1970, 650).

35 Ob der Rechtsbehelf im konkreten Fall tatsächlich zulässig oder gar begründet ist, spielt für den Umfang und den Inhalt der Belehrung keine Rolle, umgekehrt kann aus einer Belehrung auf die Erfolgsaussichten eines Rechtsbehelfs nicht geschlossen werden.

2. Für Einlegung zuständiges Gericht

36 In der Belehrung ist nicht das Gericht anzugeben, das für die Verhandlung und Entscheidung über das Rechtsmittel bzw den Rechtsbehelf zuständig ist (»Beschwerdegericht«), sondern das Gericht, bei dem das Rechtsmittel oder der Rechtsbehelf einzulegen ist.

Für die Beschwerde ist dies das Gericht, dessen Beschluss angefochten wird (§ 64). 37
Das zur Belehrung verpflichtete Gericht muss deswegen sachlich und örtlich nur sich
selbst bezeichnen. Dies gilt auch für die sofortige Beschwerde nach der ZPO (§ 569 Abs 1
S 1 ZPO), den Einspruch, den Widerspruch und die Erinnerung. Lediglich die Rechtsbeschwerde und der Antrag auf Zulassung der Sprungrechtsbeschwerde sind beim
Rechtsbeschwerdegericht (dh grds beim BGH, § 133 GVG) einzulegen.

Das für die Einlegung zuständige Gericht ist nach dem Wortlaut des § 39 nur sachlich 38
und örtlich zu bezeichnen (»Oberlandesgericht Frankfurt am Main«). Der zusätzlichen
Angabe einer Anschrift, unter der der Rechtsbehelf eingereicht werden kann, in der Regel also Straße, Hausnummer und Postleitzahl, bedarf es nur, wenn ohne sie Zweifel
entstehen können, wohin der Rechtsbehelf zu richten ist (Hübschmann/Hepp/Spitaler/
Spindler § 55 FGO Rn 26). Auch ohne gesetzlichen Zwang wird die Anschrift des Gericht
praktisch meist mit angegeben. Der enge Gesetzeswortlaut hindert die zusätzlichen Angaben nicht, Sinn und Zweck der Rechtsbehelfsbelehrung legen die Angabe nahe (so
BVerwG 25, 261; aA BVerwG 85, 298, 300; *Redecker/von Oertzen* § 58 VwGO Rn 7; § 9
ArbGG Rn 6), zumindest als »nobile officium«. Im Anwendungsbereich des FamFG
spricht zudem der Fürsorgegedanke dafür, dem Beteiligten die Einlegung des Rechtsbehelfs nicht bloß zu ermöglichen, sondern auch zu erleichtern.

Dabei genügt die Benennung einer Zugangsmöglichkeit. Die Anschrift auswärtiger 39
Senate des zuständigen Oberlandesgericht muss nicht angegeben werden (VGH München BayVwBl 1996, 734), da fristwahrend die Einreichung auch bei einem unzuständigen auswärtigen Spruchkörper des Gerichts wirkt (BGH NJW 1967, 107). Nicht angegeben werden müssen auch eine Telefaxnummer (aA *Rößler* DStZ 1995, 563) oder eine
e-mail-Anschrift, selbst wenn diese Zugangsmöglichkeiten eröffnet sind (zT aA *Kintz*
NVwZ 2004, 1431).

3. Form

Über Formanforderungen müssen die Beteiligten belehrt werden, soweit deren Einhal- 40
tung Voraussetzung für die Zulässigkeit des Rechtsbehelfs ist.

Rechtsbehelfe, insbes Beschwerden, sind grds **schriftlich** oder zur Niederschrift der 41
Geschäftsstelle einzulegen (§ 64). Soweit die elektronische Form eröffnet ist, muss hierauf hingewiesen werden (*Kintz* NVwZ 2004, 1431).

Ist ein Rechtsbehelf zwingend zu **begründen**, bedarf es eines Hinweises hierauf sowie 42
auf die dabei einzuhaltenden Formanforderungen. So hat der Beschwerdeführer in Ehe-
und Familienstreitsachen einen bestimmten Sachantrag zu stellen und diesen zu begründen (§ 117 Abs 2).

Besteht im Rechtsbehelfsverfahren ein **Vertretungszwang**, muss auch darüber belehrt 43
werden (BSGE 1, 194; BVerwG NJW 1967, 1493; *Kopp/Schenke* § 58 VwGO Rn 10; aA
BVerwG NJW 1978, 1278 mwN).

4. Frist

Für die Zulässigkeit zu beachtende Fristen können sich aus dem Gesetz ergeben. Die 44
FamFG-Beschwerde ist grds binnen einer Frist von einem Monat einzulegen, ausnahmsweise beträgt die Frist zwei Wochen, wenn sie sich gegen eine einstweilige Anordnung
oder einen Beschluss richtet, der die Genehmigung eines Rechtsgeschäfts zum Gegenstand hat (§ 63 Abs 1, 2). Diese Fristen gelten auch für die Erinnerung (§ 11 Abs 2 S 1
RPflG). Für die sofortige Beschwerde nach der ZPO beträgt die Frist zwei Wochen (§ 569
Abs 1 S 1 ZPO). Die Rechtsbeschwerde ist binnen einen Monats einzureichen (§ 71 Abs 1
S 1), diese Frist gilt auch für den Antrag auf Zulassung der Sprungrechtsbeschwerde.
Die Fristen für einen Einspruch und einen Widerspruch ergeben sich allein aus der gerichtlichen Bestimmung.

45 Läuft eine Frist nicht nur für die Einlegung, sondern auch für die Begründung des Rechtsbehelfs (zB § 117 für Ehe- und Familienstreitsachen), muss diese in die Belehrung einbezogen werden.

46 In allen Fällen muss zur Dauer der Frist auch deren **Beginn** dargelegt werden (BFHE 107, 411; *Redecker/von Oertzen* § 58 VwGO Rn 8; aA BVerwG NJW 1991, 508; BSG 1970, 583; *Kopp/Schenke* VwGO § 58 Rn 11). Entscheidender Zeitpunkt hierfür ist grds die schriftliche Bekanntgabe des Beschlusses.

47 Belehrt werden muss nur über die Frist selbst, nicht über die **Berechnung** der Frist (BVerfG NJW 1971, 2217; BVerwG NVwZ 1985, 900), über Besonderheiten des Fristenlaufs (BVerwG NJW 1976, 865) oder die Möglichkeiten und Voraussetzungen der Fristverlängerung (Hübschmann/Hepp/Spitaler/*Spindler* § 55 FGO Rn 22). Auch eines Hinweises darauf, dass die Absendung des Rechtsbehelfs innerhalb der Frist nicht ausreicht, es vielmehr auf dessen Eingang ankommt, bedarf es nicht (BVerwG NJW 1972, 1435). Sind mehrere Beteiligte einlegungsberechtigt, muss nicht darüber belehrt werden, dass die Frist für jeden gesondert läuft (BSG MDR 1966, 961).

48 Die Belehrungspflicht erstreckt sich auf die zur Einlegung des Rechtsbehelfs erforderlichen Voraussetzungen. Sieht das Gesetz weitere Voraussetzungen für dessen Begründung vor, bedürfen auch diese der Darlegung (BVerwG NVwZ 2000, 325; BVerwG NVwZ 1998, 1311; *Redecker/von Oertzen* § 124a VwGO Rn 40). Dies gilt erst recht, wenn der Rechtsbehelf zusammen mit der Einlegung begründet werden muss.

5. Sonstige Angaben

49 Enthält die Belehrung weitere, gesetzlich nicht erforderte Angaben, so steht dies der Wirksamkeit der Belehrung jedenfalls dann nicht entgegen, wenn diese Angaben zutreffen, klar und verständlich sind und nicht dazu führen, dass bei den Beteiligten Zweifel über die Anfechtungsmöglichkeiten entstehen (BVerwG NJW 1991, 508 mwN; BFH NVwZ-RR 1999, 350).

50 Als die Belehrung unrichtig oder unverständlich machend hat die Rechtsprechung den Zusatz angesehen, in dem Rechtsbehelf seien die erforderlichen Beweismittel anzugeben (BFH MDR 1973, 757), die Beschwerde habe einen bestimmten Antrag zu enthalten (BVerwG v 13.1.1971 – V C 53/70) und »müsse« (nicht: »solle«) begründet werden (BVerwG HFR 1968, 381).

51 Eine übergroße Vielzahl gesetzlich nicht erforderter Angaben kann dazu führen, dass die tatsächlich notwendigen Voraussetzungen in den Hintergrund treten, der Rechtsbehelf insgesamt schwieriger dargestellt wird, als er ist und die Belehrung als Ganzes damit unrichtig werden kann (BVerwGE 1, 192; BSGE 11, 215).

D. Folgen unzureichender Rechtsbehelfsbelehrung

I. Allgemeines

52 Eine Rechtsbehelfsbelehrung ist unzureichend, wenn sie entweder völlig fehlt oder erforderliche Einzelumstände nicht enthält. Unzureichend ist sie auch, wenn sie inhaltlich falsch oder so unklar ist, dass sie den Adressaten nicht zweifelsfrei über die prozessualen Erfordernisse eines Rechtsbehelfs in Kenntnis setzt. Letzteres kann sich auch aus verwirrenden, unzutreffenden oder irreführenden Zusätzen in der Belehrung ergeben oder daraus, dass nebensächliche Förmlichkeiten als zwingend dargestellt werden.

53 Eine fehlende oder unrichtige Rechtsmittelbelehrung stellt regelmäßig eine offenbare Unrichtigkeit des Beschlusses dar, die jederzeit auf Antrag oder von Amts wegen berichtigt werden kann (§ 42 Abs 1). Einer erneuten Zustellung des Beschlusses bedarf es dazu nicht. Mit der Belehrung wird die Wiedereinsetzungsfrist (unten Rz 59) in Gang gesetzt.

54 Der Wirksamkeit des Beschlusses steht eine unzureichende Belehrung nicht entgegen. Er wird weder rechtswidrig (*Kopp/Schenke* § 58 VwGO Rn 3) noch eröffnet der Belehrungsfehler Anfechtungsmöglichkeiten, die ohne ihn nicht bestünden (BVerwGE 63, 200; BVerwG 66, 312; BFH/NV 1998, 735). Eine Zustellung kann wirksam erfolgen, eventuelle Rechtsbehelfsfristen beginnen zu laufen, mit deren Ablauf tritt formelle Rechtskraft ein (§ 45).

Soweit dem Beteiligten infolge der nicht ordnungsgemäßen Erfüllung der Belehrungspflicht ein Schaden entstanden ist, kann ein Amtshaftungsanspruch in Betracht kommen (*Kopp/Schenke* § 58 VwGO Rn 3; *Redecker/von Oertzen* § 58 VwGO Rn 20). 55

Wird ein falscher Rechtsbehelf angegeben, ist dieser über den Grundsatz der Meistbegünstigung genauso statthaft, wie der richtige Rechtsbehelf. Dem Beteiligten steht dann ein Wahlrecht zu. 56

II. Wiedereinsetzung in den vorigen Stand

Die unterbliebene oder unrichtige Rechtsbehelfsbelehrung hindert weder das In-Gang-Setzen einer Rechtsbehelfsfrist noch den Eintritt der Rechtskraft. Insoweit folgt das FamFG nicht der Regelung in anderen Verfahrensordnungen (§ 58 VwGO; § 9 Abs 5 S 3 ArbGG; 55 Abs 1 FGO; 66 Abs 1 SGG), sondern den Vorschlägen einer Bund-Länder-Arbeitsgruppe zur Einführung einer Rechtsmittelbelehrung in ZPO- und FGG-Verfahren, die sich für eine sog »Wiedereinsetzungslösung« ausgesprochen hatte. 57

Damit kann dem Interesse der Beteiligten an einem möglichst raschen, rechtskräftigen Abschluss des Verfahrens Rechnung getragen werden, ohne dass dem Beteiligten, der eine Belehrung nicht erhalten hat, die Einlegung des Rechtsmittels oder des Rechtsbehelfs unzumutbar erschwert wird (BTDrs 16/6308 S 183). Eine entsprechende Lösung hatte der BGH zur (ungeschriebenen) Rechtsmittelbelehrung in Wohnungseigentumssachen entwickelt (BGHZ 150, 390, 403). 58

Unterbleibt die Einlegung eines Rechtsbehelfs, weil der Beteiligte mangels ordnungsgemäßer Belehrung keine Kenntnis von der Möglichkeit oder den Erfordernissen der Einlegung hatte, kann er Wiedereinsetzung in den vorigen Stand gegen die Versäumung der Rechtsbehelfsfrist verlangen (§ 17). Dass ihn in diesem Fall an der Versäumung der Frist kein Verschulden trifft, wird nach § 17 Abs 2 vermutet. 59

Die gesetzliche Vermutung bei unterbliebener oder fehlerhafter Rechtsmittelbelehrung ersetzt jedoch lediglich das Erfordernis des fehlenden Verschuldens des Antragstellers. Der erforderlich ursächliche Zusammenhang zwischen Belehrungsmangel und Fristversäumung muss auch in diesen Fällen vom Antragsteller vorgetragen und vom Gericht positiv festgestellt werden (BayObLG 67, 66; OLG Düsseldorf NStZ 1986, 233, beide zu § 44 StPO). Eine Wiedereinsetzung kommt nur in Betracht, wenn der Belehrungsmangel für die Fristsäumung kausal war (BGHZ 150, 390, 403 unter Hinweis auf § 44 Abs 2 StPO). Ausgeschlossen ist eine Wiedereinsetzung deswegen, wenn der Beteiligte wegen vorhandener Kenntnis über seine Rechtsmittel keiner Unterstützung durch eine Rechtsmittelbelehrung bedarf. Dies ist regelmäßig der Fall bei anwaltlich vertretenen Beteiligten (BTDrs 16/6308 S 183). Auf diese Weise wird zwar der erhöhten Schutzbedürftigkeit nicht anwaltlich vertretener Beteiligter Rechnung getragen, praktisch aber führt dies dazu, dass ein anwaltlich vertretener Beteiligter nicht über die Rechtsbehelfsmöglichkeiten belehrt werden muss. 60

§ 40 Wirksamwerden

(1) Der Beschluss wird wirksam mit Bekanntgabe an den Beteiligten, für den er seinem wesentlichen Inhalt nach bestimmt ist.

(2) Ein Beschluss, der die Genehmigung eines Rechtsgeschäfts zum Gegenstand hat, wird erst mit Rechtskraft wirksam. Dies ist mit der Entscheidung auszusprechen.

(3) Ein Beschluss, durch den auf Antrag die Ermächtigung oder die Zustimmung eines anderen zu einem Rechtsgeschäft ersetzt oder die Beschränkung oder Ausschließung der Berechtigung des Ehegatten oder Lebenspartners, Geschäfte mit Wirkung für den anderen Ehegatten oder Lebenspartner zu besorgen (§ 1357 Abs. 2 Satz 1 des Bürgerlichen Gesetzbuchs, auch in Verbindung mit § 8 Abs. 2 des Lebenspartnerschaftsgesetzes), aufgehoben wird, wird erst mit Rechtskraft wirksam. Bei Gefahr im Verzug kann das Gericht die sofortige Wirksamkeit des Beschlusses anordnen. Der Beschluss wird mit Bekanntgabe an den Antragsteller wirksam.

Übersicht

	Rz		Rz
A. Allgemeines	1	3. Weitere Fälle	25
B. Anwendungsbereich	8	IV. Wirksamwerden gegenüber Dritten	26
C. Zeitpunkt des Wirksamwerdens	10	V. Gerichtliche Entscheidungen zur Wirksamkeit	29
I. Wirksamwerden mit Erlass	10	1. Anordnung der sofortigen Wirksamkeit (Abs 3 S 2)	30
II. Wirksamwerden mit Bekanntgabe (Abs 1)	12	2. Aussetzung der sofortigen Wirksamkeit	35
III. Wirksamwerden mit Rechtskraft	17	D. Rechtsfolgen des Wirksamwerdens	36
1. Genehmigung Rechtsgeschäft (Abs 2)	21		
2. Ermächtigung/Zustimmung Rechtsgeschäft und Beschränkung/Ausschluss Schlüsselgewalt (Abs 3 S 1)	24		

A. Allgemeines

1 Die Vorschrift regelt das Wirksamwerden gerichtlicher Beschlüsse im FamFG-Verfahren. Dabei sind drei verschiedene Zeitpunkte zu unterscheiden:

2 **Erlassen** ist der Beschluss, wenn er als solcher nach außen erkennbar existent wird. Dies geschieht mit der Übergabe an die Geschäftsstelle oder der Bekanntgabe durch Verlesen der Beschlussformel (§ 38 Abs 3 S 3). Mit dem Erlass der Entscheidung hat das Gericht seine Aufgabe erfüllt. Das Verfahren kann vom Antragsteller durch Rücknahme nur noch mit Zustimmung des Gegners beendet werden (§§ 22 Abs 1 S 2, 67 Abs 4). Frühestens jetzt können gegen die Entscheidung Rechtsmittel eingelegt werden, jetzt beginnt die Höchstfrist zur Einlegung der Beschwerde (§§ 63 Abs 3 S 2, 117 Abs 1 S 2). Die erlassene Entscheidung kann nur noch durch eine andere Entscheidung beseitigt werden. Ausnahmsweise kann die Entscheidung bereits zu diesem Zeitpunkt wirksam werden (so bei vorläufiger Vollstreckbarkeit einstweiliger Anordnungen, § 53 Abs 2 S 2, oder beim Vorbescheid im Erbscheinsverfahren, § 352 Abs 1 S 2, unten Rz 10).

3 **Bekanntgegeben** ist der Beschluss, wenn die Beteiligten von ihm Kenntnis erlangen. Dies geschieht bei Anwesenden durch Verlesen der Beschlussformel (dabei fallen Erlass und Bekanntgabe zeitlich zusammen), andernfalls durch Zustellung (§ 41). Mit der Bekanntgabe wird der Beschluss grds wirksam (§ 40 Abs 1), soweit die Wirksamkeit nicht ausnahmsweise schon mit Erlass eingetreten ist oder erst mit Rechtskraft eintreten wird.

4 **Rechtskräftig** wird der Beschluss, wenn er mit ordentlichen Rechtsbehelfen nicht mehr angegriffen werden kann (§ 45). Dieser Zeitpunkt fällt bei unanfechtbaren Beschlüssen mit der Bekanntgabe zusammen, andernfalls muss der Ablauf der Rechtsmittelfristen abgewartet werden. Mit der Rechtskraft wird das Verfahren abgeschlossen,

spätestens jetzt wird die Entscheidung wirksam. Die Beteiligten verlieren endgültig die Möglichkeit, einen Antrag zurück zu nehmen (§ 22 Abs 1 S 1) oder die Entscheidung in diesem Verfahren anzufechten.

Durch die grds auf die Bekanntgabe abstellende Wirksamkeit des Beschlusses knüpft § 40 **Abs 1** an § 16 Abs 1 FGG an und trägt so dem Bedürfnis nach einem schnellen Wirksamwerden der FamFG-Entscheidungen Rechnung. 5

Erst mit dem Eintritt der Rechtskraft kann ein Beschluss dort wirksam werden, wo seine Rechtswirkungen eine vorherige richterliche Überprüfung durch Rechtsmittel gebieten. Die Verallgemeinerung dieses Gedankens in **Abs 2** macht die früher herrschende Praxis des anfechtbaren »Vorbescheids« weitgehend obsolet. 6

Abs 3 betrifft Entscheidungen, die Grundlage für Rechtshandlungen gegenüber Dritten bilden können. Zur Vermeidung von Rechtsunsicherheiten werden diese grds erst mit Rechtskraft wirksam. Abs 3 entspricht inhaltlich dem bisherigen § 53 FGG. Die im Gesetzentwurf zunächst vorgesehene, letztlich nicht übernommene Regelung für Adoptionssachen ist systematisch zutreffend in § 198 verlagert worden. 7

B. Anwendungsbereich

Die Vorschrift ist grds auf alle Beschlüsse im FamFG-Verfahren anwendbar. Ausgenommen sind Beschlüsse in Ehe- und Familienstreitverfahren. Für diese gilt nach § 113 Abs 1 der Grundsatz der Zivilprozessordnung, nach dem die Wirksamkeit einer Entscheidung erst mit deren formeller Rechtskraft eintritt, soweit nicht für einzelne Wirkungen ein früherer Eintritt gesetzlich angeordnet ist. 8

Handlungen des FamFG-Gerichts, die keine Entscheidung darstellen (dazu § 38 Rz 6) unterfallen § 40 nicht. So ist zB die Vorschrift über die Bekanntgabe von Registereintragungen § 40 gegenüber lex specialis (OLG Stuttgart OLGZ 1974, 113). 9

C. Zeitpunkt des Wirksamwerdens

I. Wirksamwerden mit Erlass

Bereits mit Erlass wird ein Beschluss nur ganz ausnahmsweise wirksam. Gesetzlich angeordnet ist dies im Interesse einer zügigen Abwicklung unstreitiger Erbscheinsverfahren für den der Erteilung eines Erbscheins vorangehenden Beschluss, mit dem das Gericht die zur Erteilung eines Erbscheins erforderlichen Tatsachen für festgestellt erachtet (§ 352). Da das Gesetz hier auf eine Bekanntgabe verzichtet, kann der Erbschein zusammen mit dem Beschluss erteilt werden. 10

Zur Möglichkeit der gerichtlichen Aussetzung der sofortigen Wirksamkeit in streitigen Erbscheinsfällen unten Rz 35. 11

II. Wirksamwerden mit Bekanntgabe (Abs 1)

Regelmäßig wird der Beschluss mit seiner Bekanntgabe an die Beteiligten wirksam. Damit wird dem im Regelfall gegebenen Bedürfnis nach einem schnellen Wirksamwerden der FamFG-Entscheidungen Rechnung getragen, das vor allem im rechtsfürsorgerischen Bereich – etwa der Ernennung eines Vormundes oder Betreuers – besteht. 12

Da der Beschluss der sofortigen Beschwerde unterliegt und er die Einlegungsfrist auslöst, ist jeder Beschluss grds allen Beteiligten bekannt zu geben (§ 15 Abs 1). Für die Wirksamkeit des Beschlusses ist indes allein die Bekanntgaben an denjenigen Beteiligten erheblich, für den der Beschluss seinem wesentlichen Inhalt nach bestimmt ist. Dass anderen Beteiligten gegenüber eine Bekanntgabe nicht erfolgte, hat auf die Wirksamkeit keinen Einfluss (BayObLG Rpfleger 1973, 16). 13

Bestimmt ist der Beschluss grds für denjenigen, auf dessen rechtliche Beziehungen er unmittelbar einzuwirken geeignet ist. Dies ist regelmäßig der Antragsteller oder der Be- 14 troffene, doch kommen auch andere Personen, insbes der Pfleger und der Vormund in Betracht. So ist die Anordnung der Pflegschaft und die Bestellung des Pflegers für den Pfleger bestimmt (BayObLG 1966, 82, 83), die Bestellung eines Liquidators für diesen (OLG Hamm Rpfleger 1987, 251), die Anordnung der Nachlassverwaltung bei Nachlasspflegschaft für den Nachlasspfleger (BayObLG 1976, 171; BayObLG Rpfleger 1979, 382), die Entlastung des Vormunds für diesen, und nicht für das Mündel oder den Gegenvormund (KG FamRZ 1970, 672; KG OLGZ 1971, 201, 202).

15 Ist die Entscheidung für **mehrere Personen** bestimmt, ordnet das Gesetz vereinzelt an, dass die Bekanntgabe Einzelnen gegenüber genügt. So genügt im Fall der Anordnung sofortiger Wirksamkeit (dazu unten Rz 30) nach § 287 Abs 2 Nr 1 die Bekanntgabe eines Beschlusses in Betreuungssachen an den Betroffenen oder an den Verfahrenspfleger, nach § 324 Abs 2 Nr 1, 2 die Bekanntgabe eines Beschlusses in Unterbringungssachen an den Verfahrenspfleger, den Betreuer, den Bevollmächtigten (§ 1896 Abs 2 S 2 BGB) oder die Mitteilung an einen Dritten zum Zweck der Vollzugs des Beschlusses und nach § 422 Abs 2 die Bekanntgabe an den Betroffenen, die zuständige Verwaltungsbehörde oder den Verfahrenspfleger. Eine trennbare Entscheidung kann auch ohne gesetzliche Regelung den einzelnen Beteiligten gegenüber mit Bekanntgabe jeweils an sie wirksam werden. Untrennbare Entscheidungen werden erst wirksam, wenn sie dem letzten der Beteiligten, für den sie bestimmt ist, bekannt gegeben wurde.

16 Zur Möglichkeit des Gerichts, in Einzelfällen den sofortigen Eintritt der Wirksamkeit anzuordnen (Abs 3 S 2 ua) unten Rz 30.

III. Wirksamwerden mit Rechtskraft

17 Von dem Grundsatz des Wirksamwerdens mit Bekanntgabe macht das Gesetz in einer Reihe von Fällen eine Ausnahme und stellt insoweit auf den Eintritt der formellen Rechtskraft der Entscheidung (§ 45) ab. Geboten ist dies, wo sichergestellt werden muss, dass die Entscheidung vollumfänglich der richterlichen Überprüfung im Rechtsmittel unterlag, bevor sie ihre Wirkungen entfaltet. Dies ist insbes der Fall, wo die Entscheidung Grundlage für die Rechtshandlung gegenüber nicht verfahrensbeteiligten dritten Personen sein kann und damit gem § 48 Abs 3 nach Eintritt der Rechtskraft unabänderlich ist.

18 Damit entfällt insbes für Rechtspflegerentscheidungen die Notwendigkeit eines »**Vorbescheids**«, wie er nach dem FGG noch verbreitet erforderlich war (BVerfG NJW 2000, 1709; BGH FGPrax 2003, 169; BayObLG Rpfleger 2002, 622; OLG Dresden Rpfleger 2001, 232; KKW/*Engelhardt*, § 55 FGG Rn 12). Darin kündigte das Gericht seine Entscheidung an und erließ sie erst, wenn eine Überprüfung des Vorbescheids durch Rechtsmittel keine Änderungen erforderlich machte. Mit dem Hinausschieben der Wirksamkeit der Entscheidung bis zur Rechtskraft kann nun der Beschluss selbst zum Gegenstand der Rechtsmittel werden, ohne dass dieser vorher schon fehlerhaft Wirkungen entfaltet.

19 Ist den Beteiligten auch in diesen Fällen an einer raschen Verfahrensbeendigung gelegen, können sie durch einen allseitigen Rechtsmittelverzicht die umgehende Wirksamkeit der Entscheidung herbeiführen.

20 Dass die Genehmigung erst mit Rechtskraft wirksam wird, hat das Gericht gem S 2 mit der Entscheidung auszusprechen. Dies dient der Rechtsklarheit insbes im Verhältnis zu nicht verfahrensbeteiligten Dritten.

1. Genehmigung Rechtsgeschäft (Abs 2)

21 Abs 2 S 1 bestimmt, dass ein Beschluss, durch den ein Rechtsgeschäft genehmigt wird, abweichend vom Grundsatz des Abs 1 erst mit Rechtskraft wirksam wird. Damit entfaltet der Beschluss erst dann Wirkungen, wenn alle Beteiligten – und damit auch der in seinen Rechten unmittelbar Betroffene selbst – die Möglichkeit hatte, ihn durch Rechtsmittel (und damit durch den Richter) überprüfen zu lassen. Der unmittelbar Betroffene

muss zu Wort kommen, um Einfluss auf das Verfahren und dessen Ergebnis nehmen zu können (BVerfGE 101, 397, 405; § 41 Rz 8). Ihm ist deswegen der Genehmigungsbeschluss bekannt zu geben (§ 41 Abs 3).

Bei der Genehmigung eines Rechtsgeschäfts kann die gebotene Verfahrensbeteiligung 22 des Rechtsinhabers nicht über einen Vertreter erfolgen, weil es hier um das Handeln des Vertreters dem Betroffenen gegenüber geht. Das rechtliche Gehör kann nicht durch denjenigen vermittelt werden, dessen Handeln im Genehmigungsverfahren überprüft werden soll (BVerfGE 101, 397, 406; BVerfGE 83, 24, 36). Erforderlich ist es deswegen, den Genehmigungsbeschluss dem Rechtsinhaber persönlich bekannt zu geben und ihm damit selbst die Möglichkeit zu geben, die Entscheidung einer Überprüfung durch Rechtsmittel zu unterziehen.

Dem regelmäßigen Interesse der Beteiligten an einer zügigen Abwicklung der entspre- 23 chenden Rechtsgeschäfte trägt § 63 Abs 2 Nr 2 Rechnung, indem er für Beschlüsse, die eine Genehmigung eines Rechtsgeschäfts zum Gegenstand haben, eine verkürzte Beschwerdefrist von zwei Wochen vorsieht. Eine weitere Beschleunigung kann durch einen Rechtsmittelverzicht der Beteiligten erreicht werden (oben Rz 19).

2. Ermächtigung/Zustimmung Rechtsgeschäft und Beschränkung/Ausschluss Schlüsselgewalt (Abs 3 S 1)

Zu den Entscheidungen, die Grundlage für Rechtshandlungen Ditten gegenüber und 24 damit unabänderlich sein können (§ 48 Abs 3), gehören auch Beschlüsse, durch die auf Antrag die Ermächtigung oder die Zustimmung eines anderen zu einem Rechtsgeschäft ersetzt (§§ 113 Abs 3, 1365 Abs 2, 1369 Abs 3, 1426, 1430, 1452 Abs 2, 1487, 1630 Abs 2, 1639 Abs 2, 1797 Abs 1, 1798, 1803 Abs 3, 1915, 1917 Abs 3 BGB; § 8 Abs 2 LPartG) oder die Beschränkung oder Ausschließung der Berechtigung des Ehegatten oder Lebenspartners, Geschäfte mit Wirkung für den anderen Ehegatten oder Lebenspartner zu besorgen (§ 1357 Abs 2 S 1 BGB, § 8 Abs 2 LPartG) aufgehoben wird. Diese werden ebenfalls erst mit Eintritt der Rechtskraft wirksam (Abs 3).

3. Weitere Fälle

Dass die Wirksamkeit eines Beschlusses erst mit der Rechtskraft der Entscheidung ein- 25 tritt, ordnet das Gesetz an zahlreichen weiteren Stellen an. Dies gilt insbes für
– Endentscheidungen in Abstammungssachen (§ 184);
– Beschlüsse über die Ersetzung einer Einwilligung oder Zustimmung zur Annahme als Kind sowie Beschlüsse, durch die das Gericht das Annahmeverhältnis aufhebt (§ 198 Abs 1, 2);
– Endentscheidungen in Wohnungszuweisungs- und Hausratssachen (§ 209 Abs 2);
– Endentscheidungen in Gewaltschutzsachen (§ 216 Abs 1);
– Endentscheidungen, die den Versorgungsausgleich betreffen (§ 227);
– Entscheidungen in den Verfahren nach den §§ 1382 und 1383 BGB (§ 264 Abs 1);
– Endentscheidungen in Aufgebotssachen (§ 439 Abs 2);
– Beschlüsse über die Genehmigung oder die Anordnung einer Unterbringungsmaßnahme (§ 324 Abs 1);
– außergerichtliche Vereinbarungen in Teilungssachen und gerichtliche Auseinandersetzungspläne (§§ 366 Abs 1, 368, 371);
– Beschlüsse, durch die einem Verein die Rechtsfähigkeit entzogen wird (§ 73 BGB; § 401);
– Bestätigungen einer Dispache bei der großen Haverei (§ 409);
– Beschlüsse, durch die eine Freiheitsentziehung angeordnet wird (§ 422 Abs 1).

IV. Wirksamwerden gegenüber Dritten

26 § 40 regelt das Wirksamwerden eines Beschlusses den Beteiligten gegenüber. Insbes Genehmigungsbeschlüsse des Familien- und des Betreuungsgerichts können auch Dritten gegenüber wirksam werden. Die **vorherige Genehmigung** wird dem Dritten gegenüber mit dem Rechtsgeschäft wirksam, dh die Genehmigung eines einseitigen Rechtsgeschäfts, wird mit dessen Vornahme, die vorherige Genehmigung eines Vertrages mit dessen Abschluss wirksam. Die **nachträgliche Genehmigung** eines Rechtsgeschäfts oder deren Verweigerung wird einem Dritten gegenüber erst wirksam, wenn sie ihm durch den Vormund mitgeteilt wird (§ 1829 Abs 1 S 2 BGB). Die **Verweigerung der Genehmigung** wird vor Abschluss eines Rechtsgeschäfts nicht wirksam.

27 Andere Beschlüsse können Dritten gegenüber kraft besonderer gesetzlicher Anordnung wirksam werden. So bestimmt § 324 Abs 2 Nr 2, dass ein Beschluss in Unterbringungssachen wirksam wird mit der Mitteilung an ihn zum Zweck des Vollzugs des Beschlusses.

28 Näher zum Ganzen § 47 Rz 14 ff.

V. Gerichtliche Entscheidungen zur Wirksamkeit

29 Abweichend von der gesetzlichen Regelung des Wirksamwerdens von Beschlüssen kann das Gericht im Einzelfall spezielle Anordnungen hierzu treffen. Die Beteiligten haben hierauf keinen Anspruch, können eine entsprechende Entscheidung aber anregen (BayObLG 1987, 171).

1. Anordnung der sofortigen Wirksamkeit (Abs 3 S 2)

30 Wichtigster Fall ist dabei die Anordnung der sofortigen Wirksamkeit des Beschlusses. Geboten sein kann diese in den Fällen, in denen grds der Eintritt der Rechtskraft abgewartet werden muss, besondere Umstände aber die sofortige Wirksamkeit im Einzelfall gebieten.

31 **Ohne weitere Voraussetzung** kann das Gericht die sofortige Wirksamkeit anordnen für Endentscheidungen in Familienstreitsachen (§ 116 Abs 3), für Beschlüsse in Unterbringungssachen (§ 324 Abs 2) und für Beschlüsse in Freiheitsentziehungssachen (§ 422 Abs 2). Hierher gehören auch Beschlüsse in Betreuungssachen, wenn eine Bekanntgabe an den Betreuer nicht möglich ist (§ 287 Abs 2).

32 Bei »**Gefahr im Verzug**« kann das Gericht die sofortige Wirksamkeit anordnen für Beschlüsse, durch die auf Antrag die Ermächtigung oder die Zustimmung eines anderen zu einem Rechtsgeschäft ersetzt oder die Beschränkung oder Ausschließung der Berechtigung des Ehegatten oder Lebenspartners, Geschäfte mit Wirkung für den anderen Ehegatten oder Lebenspartner zu besorgen (§ 1357 Abs 2 S 1 BGB, auch in Verbindung mit § 8 Abs 2 LPartG), aufgehoben wird (§ 40 Abs 3). Das Gleiche gilt für Beschlüsse in Adoptions- (§ 198 Abs 1) und Betreuungssachen (§ 287 Abs 2). Der Begriff der Gefahr im Verzug war schon dem FGG bekannt (§§ 49, 50a, 50b, 53, 69a, 69f, 70h FGG). Er bezeichnet eine Sachlage, bei der eine hinreichende Wahrscheinlichkeit für den Eintritt eines Rechtsnachteils besteht, der bei Einhaltung des grds vorgesehenen gesetzlichen Verfahrens nicht abgewendet werden kann und deswegen eine sofortige, außerordentliche Handlung erforderlich macht.

33 Ob eine sofortige Wirksamkeit angeordnet wird, steht grds im freien Ermessen des Gerichts (RGZ 103, 126). Abweichend davon **soll** das Gericht eine sofortige Wirksamkeit anordnen für Endentscheidungen in Familienstreitsachen, die eine Verpflichtung zur Leistung von Unterhalt enthält (§ 116 Abs 3), für Endentscheidungen in Wohnungszuweisungssachen nach § 200 Abs 1 Nr 1 (§ 209 Abs 2) und für Endentscheidung in Gewaltschutzsachen (§ 216 Abs 1).

Wirksam wird die Anordnung der sofortigen Wirksamkeit mit der Bekanntgabe an 34
den Antragsteller (§ 40 Abs 3 S 3). Dies gilt auch dann, wenn die Anordnung auch für
andere Beteiligte bestimmt ist (§ 40 Abs 1; KKW/*Wick*, § 53a FGG Rn 24). Hat das Gericht die sofortige Wirksamkeit angeordnet, richtet sich der Eintritt der Wirksamkeit
nach § 40 Abs 1, tritt also mit Bekanntgabe ein. Auch dies wird aber vom Gesetz vereinzelt modifiziert. So knüpfen die §§ 287 Abs 2, 324 Abs 2 und 422 Abs 2 an die Bekanntgabe an den Betroffenen, seinen Vertreter oder die Verwaltungsbehörde an, lassen aber
bereits die Übergabe an die Geschäftsstelle des Gerichts zum Zweck der Bekanntgabe
genügen. Aus Gründen der Rechtsklarheit wird der Zeitpunkt der sofortige Wirksamkeit hier auf dem Beschluss vermerkt.

2. Aussetzung der sofortigen Wirksamkeit

Umgekehrt kann das Gericht auch die kraft Gesetzes sofort eintretende Wirksamkeit 35
aussetzen. Ein Bedürfnis dafür kann bei dem der Erteilung eines Erbscheins vorangehenden Beschluss bestehen, mit dem das Gericht die zur Erteilung eines Erbscheins
erforderlichen Tatsachen für festgestellt erachtet (§ 352). Dieser Beschluss wird auch ohne Bekanntgabe bereits mit seinem Erlass wirksam. Widerspricht dieser Beschluss dem
erklärten Willen eines Beteiligten, ist seine sofortige Wirksamkeit auszusetzen und die
Erteilung des Erbscheins bis zur Rechtskraft des Beschlusses zurückzustellen. Die Aussetzung erfolgt in diesem Fall durch eine separate Entscheidung.

D. Rechtsfolgen des Wirksamwerdens

Mit dem Wirksamwerden entfaltet der Beschluss diejenigen Wirkungen, die ihm nach 36
materiellem Recht oder Verfahrensrecht zu kommen, die herbeizuführen er geeignet
und bestimmt ist (BGH NJW 1955, 503, 504).

Soweit die Entscheidungen gestaltenden Charakter haben, wirkt diese Wirkung nicht 37
nur für und gegen die Verfahrensbeteiligten, sondern für und gegen alle. Damit verbunden ist eine **Bindungswirkung**, die sich auf Privatpersonen genauso erstreckt, wie auf
andere Gerichte und Behörden. Die durch die FamFG-Entscheidung gestaltete Rechtslage muss für deren Entscheidung beachtet werden. Eine eigene, abweichende Entscheidung über den Gegenstand des FamFG-Verfahrens ist den anderen Gerichten und Behörden verwehrt. Etwas anderes kann nur gelten, wenn die FamFG-Entscheidung sich
als nichtig darstellt (Jansen/*Briesemeister* § 7 FGG Rn 15 ff; § 47 Rz 11 f).

Feststellungs- und Leistungsentscheidungen entfalten ihre Wirkungen regelmäßig nur 38
zwischen den Beteiligten. Spezielle gesetzliche Regelungen, die eine ausdrückliche Erstreckung dieser Wirkung auf andere Gerichte und Behörden vorsehen, wie sie das alte
Recht kannte (zB § 16 Abs 2 HausratsVO aF) sind vom FamFG nicht übernommen worden (vgl § 209 Abs 1). Damit entsteht eine Bindungswirkung nur im Rahmen der materiellen Rechtskraft (§ 46 Rz 2) oder aus der Natur der Sache.

Mit dem Wirksamwerden eines Beschlusses, durch den ein Rechtsgeschäft genehmigt 39
wird, endet die Möglichkeit, diesen Beschluss abzuändern (§ 48 Abs 3). Da die Wirksamkeit erst nach Eintritt der Rechtskraft eintritt (§ 40 Abs 3), die Entscheidung also vollumfänglich der richterlichen Überprüfung im Rechtsmittel unterlag, kann das schutzwürdige Interesse des am Rechtsgeschäft beteiligten Dritten an dem dauerhaften
Bestand der Entscheidung auch vor Durchbrechungen der Rechtskraft durch Abänderung und Wiederaufnahme des Verfahrens geschützt werden.

Nicht zu den Wirkungen iSd § 40 gehört die Vollstreckbarkeit des Beschlusses, also 40
die Möglichkeit, sie zwangsweise durchzusetzen. Sie ist eigenständig geregelt in den
§§ 86 ff. Zeitlich fällt sie mit der Wirksamkeit zusammen und setzt diese voraus (Bumiller/Winkler § 16 FGG Rn 2).

§ 41 Bekanntgabe des Beschlusses

(1) Der Beschluss ist den Beteiligten bekannt zu geben. Ein anfechtbarer Beschluss ist demjenigen zuzustellen, dessen erklärtem Willen er nicht entspricht.

(2) Anwesenden kann der Beschluss auch durch Verlesen der Beschlussformel bekannt gegeben werden. Dies ist in den Akten zu vermerken. In diesem Fall ist die Begründung des Beschlusses unverzüglich nachzuholen. Der Beschluss ist im Fall des Satzes 1 auch schriftlich bekannt zu geben.

(3) Ein Beschluss, der die Genehmigung eines Rechtsgeschäfts zum Gegenstand hat, ist auch demjenigen, für den das Rechtsgeschäft genehmigt wird, bekannt zu geben.

Übersicht

	Rz			Rz
A. Allgemeines	1	II.	Formen der Bekanntgabe	18
B. Anwendungsbereich	5		1. Aufgabe zur Post	20
C. Bekanntgabe	7		2. Förmliche Zustellung (Abs 1 S 2)	23
I. Adressaten der Bekanntgabe	7		3. Verlesen der Beschlussformel (Abs 2)	26
1. Beteiligte (Abs 1 S 1)	7			
2. Rechtsinhaber (Abs 3)	8			
3. Sonderfälle	12		4. Formlos	32

A. Allgemeines

1 § 41 regelt sowohl, dass ein Beschluss bekannt zu geben ist, als auch, wie dies zu geschehen hat.

2 Dazu knüpft **Abs 1** der Vorschrift an die allgemeine Regelung der Bekanntgabe in § 15 an, schreibt aber eine Zustellung dort vor, wo der Beschluss der Anfechtung unterliegt. Die Vorgängernorm § 16 FGG wird damit einerseits insoweit eingeschränkt, als eine formlose Mitteilung nicht mehr möglich ist, andererseits erweitert, soweit eine Zustellung nicht in allen Fällen des Ingangsetzens einer Frist erforderlich ist.

3 **Abs 2** lässt die mündliche Bekanntgabe an Anwesende zu. Diese muss nicht mehr »zu Protokoll« geschehen (§ 16 Abs 3 FGG), es genügt die bloße Verlesung der Beschlussformel, dieser muss allerdings die schriftliche Bekanntmachung des vollständigen Beschlusses folgen.

4 Neu ist die Regelung des **Abs 3** nach dem Beschlüsse, die die Genehmigung eines Rechtsgeschäfts zum Gegenstand haben, auch demjenigen selbst bekannt zu geben sind, für den das Rechtsgeschäft genehmigt werden soll. Damit wird der Entscheidung des Bundesverfassungsgerichts vom 18. Januar 2000 (BVerfGE 101, 397, 407) Rechnung getragen.

B. Anwendungsbereich

5 Die Vorschrift ist grds auf alle Beschlüsse im FamFG-Verfahren anwendbar. Ausgenommen sind Beschlüsse in Ehe- und Familienstreitverfahren, diese sind gem § 113 Abs 1 nach den Vorschriften der ZPO zu verkünden und zuzustellen (§ 329 ZPO iVm §§ 309, 310 Abs 1, 311 Abs 4; 312, 317 Abs 2 S 1, Abs 3 ZPO).

6 Besondere Vorschriften enthält das FamFG über die Bekanntgabe der Entscheidungen in Kindschaftssachen (§ 164), in Betreuungssachen (§§ 287, 288) und in Unterbringungssachen (§§ 324, 325), unten Rz 12 ff.

C. Bekanntgabe

I. Adressaten der Bekanntgabe

1. Beteiligte (Abs 1 S 1)

Der Beschluss ist **allen** Beteiligten (§ 7) bekannt zu machen. Auch wenn die Wirksamkeit 7
des Beschlusses allein an die Bekanntgabe an den Beteiligten anknüpft, für den er seinem wesentlichen Inhalt nach bestimmt ist (§ 40 Abs 1), müssen auch die übrigen Beteiligten rechtliches Gehör erhalten (BayObLG Rpfleger 1973, 16).

2. Rechtsinhaber (Abs 3)

Der an einem staatlichen Verfahren Beteiligte darf nicht zum Objekt staatlichen Handelns werden. Ihm muss stets die Möglichkeit gegeben werden, vor einer Entscheidung, die seine Rechte betrifft, zu Wort zu kommen, um Einfluss auf das Verfahren und dessen Ergebnis nehmen zu können (BVerfGE 101, 397, 405). Dies setzt voraus, dass der Betroffene von dem Sachverhalt und dem Verfahren, in dem dieser verwertet werden soll, überhaupt Kenntnis erhält. Im Verfahren vor dem Richter wird dieses Recht durch Art 103 Abs 1 GG (Anspruch auf rechtliches Gehör) gewährleistet. Im Verfahren vor dem Rechtspfleger, der zwar innerhalb des ihm übertragenen Aufgabenkreises als »Gericht« entscheidet, aber kein »Richter« iSd GG oder des GVG ist, ergibt sich das Gleiche aus dem Recht auf ein faires Verfahren.

Regelmäßig kann die Anhörung und Verfahrensbeteiligung des durch die Entscheidung in seinen Rechten Betroffenen auch über einen Vertreter erfolgen. Bei der Genehmigung eines Rechtsgeschäfts ist dies nicht möglich, weil es hier um das Handeln des Vertreters dem Betroffenen gegenüber geht. Das rechtliche Gehör kann nicht durch denjenigen vermittelt werden, dessen Handeln im Genehmigungsverfahren überprüft werden soll (BVerfGE 101, 397, 406; BVerfGE 83, 24, 36).

Abs 3 bestimmt deswegen, dass Beschlüsse, die die Genehmigung eines Rechtsgeschäfts zum Gegenstand haben, auch demjenigen selbst bekannt zu geben sind, für den das Rechtsgeschäft genehmigt werden soll. Damit wird gewährleistet, dass der Rechtsinhaber selbst von der Entscheidung frühzeitig Kenntnis erlangt und gleichzeitig verhindert, dass das Rechtsgeschäft ohne Einbeziehung des Rechtsinhabers zustande kommt (§ 40 Rz 21, 26, § 47 Rz 14). Der Betroffene kann selbst fristgerecht Rechtsmittel einlegen sowie einen etwaigen Rechtsmittelverzicht zügig widerrufen kann.

Durch das Wort »**auch**« wird klargestellt, dass die Bekanntgabe nach Abs 3 an den Betroffenen neben die nach Abs 1 an alle (übrigen) Beteiligten tritt. Hierdurch werden gleichzeitig Widersprüche zu § 1828 BGB vermieden, nach dem das Gericht die Genehmigung nur gegenüber dem Vormund erklären kann.

3. Sonderfälle

Nach § 164 ist ein Beschluss in **Kindschaftssachen**, gegen die das Kind das Beschwerderecht ausüben kann, dem Kind selbst bekannt zu machen, wenn es das 14. Lebensjahr vollendet hat und nicht geschäftsunfähig ist. Eine Begründung soll dem Kind nicht mitgeteilt werden, wenn Nachteile für dessen Entwicklung, Erziehung oder Gesundheit zu befürchten sind.

Beschlüsse in **Betreuungssachen** sind auch dem Betreuer bekannt zu geben (§ 287). Dabei kann von der Bekanntgabe der Gründe an den Betroffenen kann abgesehen werden, wenn dies nach ärztlichem Zeugnis erforderlich ist, um erhebliche Nachteile für seine Gesundheit zu vermeiden (§ 288 Abs 1). Beschlüsse über die Bestellung eines Betreuers oder die Anordnung eines Einwilligungsvorbehaltes oder Beschlüsse über Umfang, Inhalt oder Bestand einer solchen Maßnahme sind der zuständigen Behörde stets bekannt zu geben, andere Beschlüsse jedenfalls dann, wenn sie vor deren Erlass angehört wurde (§ 288 Abs 2). Gegen solche Entscheidungen steht der Behörde gem § 303 auch ein Recht zur Beschwerde zu.

14 Nach § 325 kann von der Bekanntgabe der Gründe eines Beschlusses in **Unterbringungssachen** an den Betroffenen abgesehen werden, wenn dies nach ärztlichem Zeugnis erforderlich ist, um erhebliche Nachteile für seine Gesundheit zu vermeiden. Der Beschluss, durch den eine Unterbringungsmaßnahme genehmigt oder angeordnet wird, ist auch dem Leiter der Einrichtung, in der der Betroffene untergebracht werden soll, bekannt zu geben. Das Gericht hat der zuständigen Behörde die Entscheidung, durch die eine Unterbringungsmaßnahme genehmigt, angeordnet oder aufgehoben wird, bekannt zu geben.

15 Besondere Regelungen enthalten die §§ 348 ff über die Bekanntgabe eröffneter **letztwilliger Verfügungen** und § 470 für die Bekanntmachung in **Aufgebotssachen**.

16 In **Registersachen** ist die Eintragung den Beteiligten bekannt zu geben (§ 383 Abs 1). Den berufsständischen Organen ist die Entscheidung unabhängig davon, ob sie einen Antrag auf Beteiligung gestellt haben (§ 380 Abs 2 S 2), immer dann bekannt zu geben, wenn sie angehört wurden (§ 380 Abs 4). Auf die Bekanntgabe kann verzichtet werden.

17 Von der Bekanntgabe der Gründe eines Beschlusses in **Freiheitsentziehungssachen** an den Betroffenen kann nach § 423 abgesehen werden, wenn dies nach ärztlichem Zeugnis erforderlich ist, um erhebliche Nachteile für seine Gesundheit zu vermeiden.

II. Formen der Bekanntgabe

18 Die Bekanntgabe des Beschlusses erfolgt nach den allgemeinen Vorschriften über die Bekanntgabe von Dokumenten gem § 15 Abs 2. Das Gericht kann also grds nach freiem Ermessen zwischen förmlicher Zustellung nach §§ 166 ff ZPO und der Aufgabe zur Post wählen.

19 Dieses Ermessen schränkt § 41 Abs 1 S 2 ein und bestimmt, dass ein anfechtbarer Beschluss demjenigen nach den Vorschriften der Zivilprozessordnung zuzustellen ist, dessen erklärtem Willen der Beschluss nicht entspricht. Hierdurch wird das schützenswerte Interesse des Beteiligten, dessen Anliegen mit der Entscheidung nicht entsprochen wird, hinreichend gewahrt. Zugleich wird eine Überfrachtung mit formalen Anforderungen in den Fällen vermieden, in denen es keine Anhaltspunkte dafür gibt, dass der Beschluss dem Anliegen eines Beteiligten zuwiderläuft.

1. Aufgabe zur Post

20 Die Aufgabe zum Postdienstleiter ist eine einfache, unbürokratische Möglichkeit, die Entscheidung schriftlich bekannt zu geben. Sie bietet sich in Verfahren mit zahlreichen Beteiligten an. Die Bekanntgabe wird dabei **drei Tage** nach der Aufgabe fingiert, wobei dem Empfänger der Nachweis freisteht, dass ihm das Schriftstück nicht oder nicht erst zu einem späteren Zeitpunkt zugegangen ist.

21 Bekannt zu geben ist den Beteiligten in dieser Form eine **vollständige Ausfertigung** des Beschlusses, insbes einschließlich der Begründung. Ist die Ausfertigung in wesentlichen Teilen unvollständig oder unleserlich, liegt hierin keine wirksame Bekanntgabe (BayObLG 1982, 90; BayObLG 1982, 218; § 38 Rz 23).

22 Diese Möglichkeit ist in der überwiegenden Zahl der FamFG-Fälle gegeben. Wo die Sache zwischen den Beteiligten nicht streitig oder nur der Antragsteller Beteiligter ist und seinem Antrag stattgegeben wird, bedarf es der förmlichen Zustellung nicht.

2. Förmliche Zustellung (Abs 1 S 2)

23 **Zwingend** zuzustellen ist der Beschluss einem Beteiligten, dessen erklärtem Willen er nicht entspricht. Nur dann ist der Beteiligte beschwert und zur Einlegung eines Rechtsmittels befugt. Dem Willen eines Beteiligten entspricht der Beschluss immer dann nicht,

wenn ein von ihm gestellter Antrag abgewiesen wird. Für nicht als Antragsteller auftretende Beteiligte ist erforderlich, dass ihr Wille »erklärt« wurde. Hierzu ist erforderlich, dass ihr Verfahrensziel für das Gericht eindeutig erkennbar geworden ist.

In anderen Fällen ist eine Zustellung nicht erforderlich, nach freiem Ermessen des Gerichts aber **möglich**. In Betracht zu ziehen kann dies sein, wenn der bloße Zugang durch einfache Post beim Empfänger nicht hinreichend sicher scheint oder die Tatsache bzw der Zeitpunkt des Zugangs (über die bereits vom Zustellungszwang erfassten Fälle der Anfechtbarkeit mit Rechtsmitteln hinaus) später des Nachweises bedarf. 24

Eine **Zustellung** erfolgt nach den §§ 166–195 ZPO. Sie erfolgt regelmäßig von Amts wegen, ist aber auch im Parteibetrieb, sogar als öffentliche Zustellung möglich. Zugestellt werden muss eine vollständige Ausfertigung des Beschlusses (Rz 21, § 38 Rz 23). 25

3. Verlesen der Beschlussformel (Abs 2)

Anwesenden gegenüber kann der Beschluss auch durch Verlesen der Beschlussformel bekannt gemacht werden. Hierzu muss der **Tenor** in (hand-)schriftlich abgefasster Form vorliegen, wobei eine Abfassung in einer gebräuchlichen Kurzschrift genügt (BGH NJW 1999, 794) und eine Unterschrift nicht erforderlich ist (Thomas/Putzo/*Reichold* § 311 ZPO Rn 2). Ein Vorliegen der übrigen Teile des Beschlusses, insbes seiner Begründung, ist dabei nicht erforderlich (anders noch zu § 16 Abs 3 FGG BayObLG NJW-RR 1999, 957). 26

Wirksam ist die Bekanntgabe nur denjenigen Beteiligten gegenüber, die tatsächlich **anwesend** oder wirksam vertreten sind (OLG Düsseldorf FG-Prax 1995, 37). 27

Die Bekanntgabe durch Verlesen ist in den Akten zu vermerken (S 2), regelmäßig in dem Terminsvermerk nach § 28 Abs 4. Das Fehlen eines entsprechenden **Vermerks** macht die Bekanntgabe nicht unwirksam, erschwert jedoch im Bedarfsfall den Nachweis (BayObLG 1963, 1; KG OLGZ 1973, 385; Bumiller/Winkler § 16 FGG Rn 12). Die Bekanntgabe wird in dem Zeitpunkt der Verlesung wirksam, unabhängig davon, ob und wann ein Terminsvermerk erstellt oder den Beteiligten übersandt wird (BayObLG NZM 2001, 993). 28

Ist eine mündliche Bekanntgabe erfolgt, muss dieser zum einen ein Absetzen der Gründe, zum anderen eine schriftliche Bekanntgabe des Beschlusses an die Beteiligten folgen (S 3). 29

Das Erfordernis, den Beschluss zu **begründen**, besteht unabhängig von der Form seiner Bekanntgabe. Ist die Bekanntgabe in Anwesenheit der Beteiligten mündlich erfolgt, bevor der Beschluss vollständig abgefasst vorlag, so muss dies nachgeholt werden. Dies hat »**unverzüglich**« zu geschehen, also zwar nicht sofort, wohl aber ohne schuldhafte Verzögerung innerhalb einer nach den Umständen des Einzelfalles zu bemessenden Frist (BGH NJW 2005, 1869). Zu berücksichtigen sind dabei etwa das Eilbedürfnis einer Sache (zB im Rahmen des Vorrang- und Beschleunigungsgebots nach § 155 in Kindschaftssachen), Umfang und Schwierigkeitsgrad der Sache oder die Arbeitsbelastung des Gerichts. Eine absolute Obergrenze stellt die allgemeine Unverzüglichkeitsgrenze (§ 121 Abs 1 S 1 BGB) von zwei Wochen (OLG Jena OLG-NL 2000, 37; OLG Hamm NJW-RR 1990, 523), jedenfalls aber die Verkündungsfrist von drei Wochen (§ 310 Abs 1 S 2 ZPO) dar. Von einer nachträglichen Begründung des Beschlusses kann abgesehen werden, wenn die Beteiligten auf Rechtsmittel verzichtet haben (§ 38 Abs 4 Nr 3). 30

Schriftlich bekannt zu geben ist der (vollständige Beschluss einschließlich seiner Gründe; § 38 Rz 23) in der nach Abs 1 erforderlichen Form. Widerspricht der Beschluss dem erklärten Willen eines Beteiligten, muss er zugestellt werden, ansonsten genügt die bloße Aufgabe zur Post. Unterbleibt dies, wird die Bekanntgabe unwirksam. 31

4. Formlos

32　Eine wirksame Bekanntgabe durch eine formlose Mitteilung, wie sie nach dem FGG die Regel war und wie sie § 15 Abs 3 allgemein für Dokumente noch vorsieht, ist für Beschlüsse nach dem FamFG nicht mehr möglich, da diese mit der sofortigen Beschwerde angefochten werden können und Klarheit über den Beginn der Rechtsmittelfrist bestehen muss (§§ 63 Abs 3, 71).

§ 42 Berichtigung des Beschlusses

(1) Schreibfehler, Rechenfehler und ähnliche offenbare Unrichtigkeiten im Beschluss sind jederzeit vom Gericht auch von Amts wegen zu berichtigen.

(2) Der Beschluss, der die Berichtigung ausspricht, wird auf dem berichtigten Beschluss und auf den Ausfertigungen vermerkt. Erfolgt der Berichtigungsbeschluss in der Form des § 14 Abs. 3, ist er in einem gesonderten elektronischen Dokument festzuhalten. Das Dokument ist mit dem Beschluss untrennbar zu verbinden.

(3) Der Beschluss, durch den der Antrag auf Berichtigung zurückgewiesen wird, ist nicht anfechtbar. Der Beschluss, der eine Berichtigung ausspricht, ist mit der sofortigen Beschwerde in entsprechender Anwendung der §§ 567 bis 572 der Zivilprozessordnung anfechtbar.

Übersicht

	Rz			Rz
A. Allgemeines	1	III.	Verfahren	24
B. Anwendungsbereich	3	E.	Entscheidung	27
C. Voraussetzungen	7	I.	Zurückweisung Antrag	28
I. Verlautbarungsfehler	8	II.	Berichtigung	29
II. Offenbarkeit	18	III.	Vermerk und elektronische Dokumente (Abs 2)	37
D. Verfahren	21	IV.	Anfechtbarkeit (Abs 3)	41
I. Antrag	21			
II. Zuständigkeit	23			

A. Allgemeines

Bringt die schriftlich fixierte Entscheidung das vom Gericht tatsächlich Gewollte nicht 1 hinreichend klar zum Ausdruck, muss es dem erkennenden Gericht möglich sein, sie zu korrigieren, ohne dass die Beteiligten hierzu in die nächste Instanz gehen müssen. Insoweit stellt die Berichtigung eine dem Rechtsmittel gegenüber vereinfachte, beschleunigte und kostenbefreite Alternative dar. Mit der Möglichkeit einer Berichtigung wird der Grundsatz gelockert, dass auch das entscheidende Gericht selbst an seine Entscheidung gebunden ist, eine Abänderung nur im Rahmen der gegebenen Rechtsbehelfe möglich ist. § 42 lässt es zu, dass das Gericht seine Entscheidung (selbst noch nach Eintritt der formellen Rechtskraft, unten Rz 21, 35) abändert. Zum Verhältnis zu § 43 dort Rz 4.

Nachdem eine solche Berichtigung unter Geltung des FGG nur in entsprechender An- 2 wendung des § 319 ZPO möglich war (BGH NJW 1989, 1281 mwN; KKW/*Schmidt*, § 18 FGG Rn 60), enthält § 42 nunmehr in Anlehnung an die Regelung in anderen Verfahrensordnungen (§ 319 ZPO, § 118 VwGO, § 107 FGO, § 138 SGG) eine eigenständige Regelung.

B. Anwendungsbereich

Die Vorschrift ist grds auf alle Beschlüsse im FamFG-Verfahren anwendbar. Ausgenom- 3 men sind Beschlüsse in Ehe- und Familienstreitverfahren, für die der – weitgehend inhaltsgleiche – § 319 ZPO gilt (§ 113 Abs 1).

Berichtigt werden können nicht nur Endentscheidungen (§ 38 Rz 6), sondern auch 4 Zwischen- und Nebenentscheidungen. Sind diese nicht in Form eines Beschlusses ergangen, kommt eine entsprechende Anwendung in Betracht (BVerfGE 29, 45, 50; BGH NJW 1993, 700; für Kostenentscheidungen BGH NJW-RR 2000, 1524; OLG München NJW-RR 1996, 51). Berichtigt werden kann auch ein Erbschein, wenn zB Schreibfehler nicht am öffentlichen Glauben teilnehmen (LG Koblenz Rpfleger 2000, 502).

Der Berichtigung zugänglich sind alle Teile des Beschlusses, auch diejenigen, die den 5 Sachverhalt wiedergeben. Eine besondere, der zivilprozessualen Tatbestandsberichtigung (§ 320 ZPO) entsprechende Regelung zur Berichtigung von Tatsachendarstellungen existiert mangels Beweiskraft solcher Feststellungen nicht.

6   Nicht § 42 unterfällt die Berichtigung von Terminsvermerken nach § 28 Abs 4. Hierauf sind die Regeln der Protokollberichtigung (§ 164 ZPO) analog anzuwenden (Jansen/*Briesemeister* § 18 FGG Rn 49).

C. Voraussetzungen

7   § 42 lässt die Berichtigung offenbarer formeller Unrichtigkeiten zu, nicht die Beseitigung inhaltlicher Mängel. Letztere lassen sich nur durch Rechtsmittel korrigieren (unten Rz 17).

I. Verlautbarungsfehler

8   **Unrichtig** sein muss die Entscheidung selbst. § 42 kommt sowohl bei richtiger Bekanntgabe, aber falscher Absetzung des Beschlusses, als auch bei falscher Bekanntgabe des richtig abgesetzten Beschlusses in Betracht (Stein/Jonas/*Leipold* § 319 ZPO Rn 13). Bloße Fehler einer Ausfertigung sind vom Urkundsbeamten der Geschäftsstelle formlos zu korrigieren (KG OLGRspr 17, 155; LG Stuttgart ZZP 69 (1956), 222, 223; Musielak/*Musielak* § 319 ZPO Rn 13).

9   Die Entscheidung ist unrichtig, wenn der Wille des Gerichts in der Erklärung nicht zum Ausdruck kommt. Berichtigt werden kann ein Verlautbarungsfehler, nicht indes ein Fehler in der Willensbildung (BGH NJW 1985, 742; BGH ZIP 1993, 1388, 1390). Anwendbar ist § 42 auf das vom Gericht Erklärte, nicht auf das vom Gericht Gewollte. Die Abgrenzung kann indes im Einzelfall schwierig sein (*Proske* S 69 ff).

10   Unrichtigkeiten können an allen Stellen des Beschlusses auftreten, in den Beschlussformalia, in der Beschlussformel oder in den Beschlussgründen. Während Fehler in den Gründen oft folgenlos bleiben und deswegen der Berichtigung nicht notwendig bedürfen, müssen Fehler bei der Bezeichnung der Beteiligten (OLG Stuttgart NJW-RR 1999, 216; OLG Zweibrücken NJW-RR 1998, 666) oder in der Beschlussformel regelmäßig richtig gestellt werden.

11   Unrichtigkeiten setzen keine positiv falsche Angabe voraus, sie können auch in Auslassungen bestehen, wenn feststeht, dass die Darstellung der Entscheidungsfindung gegenüber unvollständig geblieben ist (OLG München NJW-RR 2003, 1440; OLG Hamm NJW-RR 2000, 1524). Hierzu kann die Zurückweisung eines Antrags im Übrigen gehören, wenn ihm ausweislich der Gründe zweifelsfrei nicht im beantragten Umfang entsprochen wurde (OLG Bremen VersR 1973, 226).

12   Keine Rolle spielt, wer den Fehler verursacht hat, ob insbes die Beteiligten eine relevante Ursache gesetzt oder den Fehler hätten vermeiden können (OLG Frankfurt OLGR 2003, 430, 431; MüKo/*Musielak* § 319 ZPO Rn 5). Der Berichtigung unterliegt damit auch die vom Antragsteller falsch vorgegebene und in den Beschluss übernommene falsche Beteiligtenbezeichnung.

13   **Schreibfehler** sind versehentlich falsche Angaben und Bezeichnungen, soweit das Gericht etwas anderes bezeichnen wollte. Beispiele sind die versehentlich falsche Grundbuchnummer (KG JW 1936, 1479) oder ein Zahlendreher (OLG Bremen OLGR 2005, 661).

14   **Rechenfehler** eröffnen kraft gesetzlicher Erwähnung die Berichtigungsmöglichkeit, auch wenn es sich bei ihnen eigentlich um inhaltliche, der Willensbildung zuzuordnende Fehler handelt. Hierunter fallen Fehler in der Anwendung von Grundrechenarten (Additions- bzw Substraktionsfehler) genauso, wie (bei der Berechnung, nicht bei der Entscheidung) versehentlich übergangene Rechnungspositionen (OLG Bamberg FamRZ 2000, 38). Voraussetzung ist die sichere Feststellung, dass das Gericht, hätte es den Fehler rechtzeitig bemerkt, einen bestimmten Betrag zu- oder aberkannt hätte (BGH NJW 1995, 1033; OLG Karlsruhe MDR 2003, 523). Zu den Rechenfehlern gehört auch der für

eine Kostenentscheidung falsch zugrunde gelegte Streitwert (OLG Düsseldorf NJW-RR 2002, 211, 212; Hk-ZPO/*Saenger* § 319 ZPO Rn 12; aA OLG Stuttgart FamRZ 2002, 679; MüKo/*Musielak* § 319 ZPO Rn 8).

Berichtigungsfähig sind auch **falsche Eingaben in ein Computerberechnungsprogramm**, unabhängig davon, ob man darin einen Schreib- (so OLG Karlsruhe MDR 2003, 523) oder einen Rechenfehler (so OLG Bamberg NJW-RR 1998, 1620) sieht. 15

Ähnliche offenbare Unrichtigkeiten sieht die Rechtsprechung in Auslassungen, Unvollständigkeiten oder Widersprüchen in der Entscheidung. Solche können sich insbes aus einer Divergenz zwischen Beschlussformel und Begründung ergeben. 16

Rechtsfehler (dh Fehler bei der Anwendung, Interpretation oder Subsumtion einer Norm) und Tatsachenfeststellungsfehler (dh Fehler bei der Ermittlung von Tatsachen von Amts wegen nach § 26 bzw bei der Berücksichtigung der von den Beteiligten nach § 27 beigebrachten oder durch eine Beweisaufnahme nach § 30 festgestellten) Tatsachen gehören zu den **Fehlern bei der Willensbildung** und sind nach § 42 nicht zu berichtigen (BGH FamRZ 2003, 1270). 17

II. Offenbarkeit

Berichtigt werden können nur offenbare Fehler. Offenbar ist der Fehler, wenn er sich aus der Entscheidung selbst oder aus für einen Dritten ohne weiteres erkennbaren sonstigen Umständen ergibt. Praktisch wichtigster Fall sind Widersprüche in der Entscheidung selbst, wenn etwa eine Entscheidung in der Beschlussformel anders dargestellt wurde als in der Begründung. Zur Offenbarkeit des Fehlers können auch Vorgänge bei Erlass oder Bekanntmachung der Entscheidung gehören, so etwa der Terminsvermerk, § 28 Abs 4 (BGHZ 20, 188, 192; BGHZ 127, 74, 80; BGH NJW-RR 2001, 61; BAG NJW 2002, 1142), Parallelentscheidungen (BGHZ 78, 22, 23) oder allgemein zugängliche Informationsquellen (Handelsregister: LAG München MDR 1985, 170, 171; Unterhaltstabellen: OLG Düsseldorf FamRZ 1997, 1407, 1408). Nicht erforderlich ist es, dass der Fehler sofort erkennbar ist (BGHZ 126, 74, 81), es genügt dass er sich erst nach Überprüfung eines umfangreichen Rechenwerks ergibt (BGH NJW 1995, 1003; OLG Karlsruhe MDR 2003, 523). 18

Gerichtsintern gebliebenen, nach außen nicht ohne Weiteres als solche erscheinenden Versehen mangelt es an der für die Berichtigung erforderlichen Evidenz (BGH NJW 1985, 742). 19

Während solche nicht offenbaren Unrichtigkeiten im Zivilprozess zumindest bei der Feststellung von Tatsachen über § 320 ZPO berichtigt werden können, fehlt eine entsprechende Regelung im FamFG. Dies legt es nahe, den Anwendungsbereich des § 42 für tatsächliche Feststellungen (dazu § 38 Rz 67 ff) extensiv auszulegen und an die Offenbarkeit insoweit keine allzu großen Anforderungen zu stellen. 20

D. Verfahren

I. Antrag

Die Berichtigung kann von Amts wegen genauso erfolgen, wie auf einen Antrag hin (»auch von Amts wegen«). Der Antrag bedarf dabei weder einer besonderen Form noch einer besonderen Frist (»jederzeit«), ist also auch noch nach Einlegung eines Rechtsmittels oder nach Eintritt der Rechtskraft möglich (OLG Brandenburg NJW-RR 2000, 1522; aA *Lindacher* ZZP 88, 64, 68 ff). Eine Grenze zieht die Rechtsprechung bei der Verwirkung (zB, wenn die Berichtigung trotz Kenntnis des Mangels über längere Zeit nicht beantragt wird) und dem Rechtsmissbrauch (zB, wenn die Berichtigung sich auf eine Bagatelle bezieht, für deren Berichtigung ein Rechtsschutzbedürfnis nicht erkennbar ist; OLG Hamm NJW-RR 1987, 187, 189; OLG Brandenburg NJW-RR 2000, 1522, 1523). 21

§ 42 FamFG | Berichtigung des Beschlusses

22 Alternativ zum Berichtigungsantrag können die Beteiligten auch eine **Beschwerde** gegen einen unrichtigen Beschluss einlegen. Auch wenn die Berichtigung einfacher, billiger und schneller als die Beschwerde ist, schließt sie das Rechtsschutzbedürfnis für einen Rechtsbehelf nicht aus (MüKo/*Musielak* § 319 ZPO Rn 17). Der Beschwerdeführer kann aber nicht verhindern, dass der unrichtige Beschluss nach Einlegung der Beschwerde von Amts wegen berichtigt wird und damit die Beschwer entfällt. In diesem Fall hat er regelmäßig die Kosten der Beschwerde zu tragen (§ 84), wenn das Gericht nicht eine Erledigung mit der Kostenfolge der §§ 83 Abs 2, 81 annehmen will (dafür OLG Bamberg Rpfleger 1995, 289; LG Bochum ZZP 97, 215, 216; dagegen BGHZ 127, 74, 82 f).

II. Zuständigkeit

23 Zuständig für die Berichtigung ist das Gericht, das die unrichtige Entscheidung getroffen hat. Nicht erforderlich ist, dass dessen Besetzung noch die Gleiche ist (BGH NJW-RR 2001, 61). Nicht tätig werden darf die Kammer anstelle des Einzelrichters oder umgekehrt (KG OLGR 2006, 679). Zuständig sein kann auch die höhere Instanz, wenn das Verfahren dort auf einen Rechtsbehelf hin anhängig ist (BGH NW 1964, 2858; BayObLG NZM 2000, 1025).

III. Verfahren

24 Vor einer beabsichtigten Berichtigung ist den Beteiligten rechtliches Gehör zu gewähren (BGH NJW-RR 2002, 712, 713; LG Köln Rpfleger 1987, 508). Entbehrlich kann dies allenfalls sein, wenn die Berichtigung sich auf eine bloße Formalität erstreckt und Rechte der Beteiligten nicht berührt (BVerfGE 34, 1, 7).

25 Zur Anbringung des nach Abs 2 erforderlichen Berichtigungsvermerks (unten Rz 37 ff) muss die Geschäftsstelle im Falle einer erfolgten Berichtigung die ausgehändigten Ausfertigungen der Entscheidungen zurückfordern (Zöller/*Vollkommer* § 319 ZPO Rn 23). Zwangsmittel zur Durchsetzung der Rückgabe hat das Gericht nicht (LAG Sachsen NZW-RR 2000, 549).

26 Der Beschluss ist den Beteiligten bekanntzugeben. Ein ablehnender Beschluss ist dem Antragsteller nach § 41 Abs 1 zuzustellen, ein die Berichtigung aussprechender Beschluss allen Beteiligten nach § 42 Abs 3 S 2.

E. Entscheidung

27 Die Entscheidung über die Berichtigung ergeht in jedem Fall in Form eines Beschlusses.

I. Zurückweisung Antrag

28 Ist der Antrag auf Berichtigung unbegründet, wird er zurückgewiesen. Dieser Beschluss ist nicht anfechtbar (Rz 41). In Betracht kommt eine solche Zurückweisung auch, wenn der Antrag sich als rechtsmissbräuchlich darstellt, weil er eine bloße Bagatelle betrifft und die Unrichtigkeit weder Auswirkungen auf die Beteiligten hat noch im öffentlichen Interesse geboten ist.

II. Berichtigung

29 Eine Berichtigung erfolgt ebenfalls in Form eines Beschlusses (§ 42 Abs 3 S 2). Sie lautet auf Berichtigung der konkret zu bezeichnenden Entscheidung und enthält die richtige Formulierung. Bsp: »Der Beschluss vom ... wird dahin berichtigt, dass der Beteiligte zu 1) nicht »Miller«, sondern »Müller« heißt«.

30 Erfolgt eine Berichtigung der **Verfahrensbeteiligten**, muss sichergestellt sein, dass damit kein Beteiligtenwechsel verbunden ist, nicht die Identität der Beteiligten, sondern al-

lein deren Bezeichnung berichtigt wird (OLG Zweibrücken Rpfleger 1998, 156; OLG Koblenz NJW-RR 1997, 1352; OLG Frankfurt NJW-RR 1990, 767, 768). Möglich ist deswegen die Berichtigung der Beteiligtenbezeichnung nach einer irrtümlichen Falschbezeichnung (»Herr« statt »Frau«: LG Köln Rpfleger 1987, 508 und LG Stuttgart Rpfleger 1996, 166; Einzahl statt Mehrzahl der Beteiligten: BGH NJW 1996, 2101), einem unberücksichtigt gebliebenen Namenswechsel durch Eheschließung oder einer irrtümlichen Rechtsformannahme (GbR statt GmbH: OLG Zweibrücken NJW-RR 2002, 212, 213). Möglich ist die Berichtigung auch im Falle eines gesetzlichen Beteiligtenwechsels (Gesamtrechtsnachfolge: BGH NJW 2002, 1430, 1431).

Berichtigungen der **Beschlussformel** können in der Klarstellung missverständlicher Formulierungen oder in der Ergänzung um vergessene Teile (OLG München MDR 2003, 522) bestehen. Sie können sogar dazu führen, dass die Entscheidung in ihr Gegenteil verkehrt wird (BAG NJW 2002, 1142; BGH NJW-RR 2002, 712). Sie können eine Anfechtungsmöglichkeit der Entscheidung in der Hauptsache eröffnen oder unzulässig machen (BGHZ 78, 22, 23). 31

Die Berichtigung kann auch die Entscheidung über die **Zulassung eines Rechtsmittels** betreffen, setzt aber wegen der Unmöglichkeit der Nachholung einer solchen Entscheidung (dazu § 43 Rz 21 ff) voraus, dass das Gericht eine entsprechende Entscheidung getroffen hat und dies bei Beschlusserlass auch erkennbar geworden ist, so dass das Fehlen eines entsprechenden Ausspruchs sich als offenbar fehlerhaft darstellt (BGHZ 20, 188, 191, 193 f; BGHZ 78, 22, 23; BGH NJW 2004, 2389; BGH NJW 2005, 156). 32

Fehler in den **Gründen** können in der Klarstellung tatsächlicher oder rechtlicher Voraussetzungen der Entscheidung bestehen. 33

Eine Berichtigung der **Unterschriften** der Personen, die an der Entscheidung mitgewirkt haben (§ 38 Abs 3 S 2), kann in der Nachholung einer unterlassenen Unterschrift genauso bestehen, wie in dem Austausch der Unterschrift einer nicht beteiligten Person durch die der beteiligten Person. 34

Die Berichtigung wirkt auf den **Zeitpunkt** des Wirksamwerdens der Entscheidung zurück, die Entscheidung gilt als von Anfang an in der berichtigten Form (BGHZ 89, 184, 186; BGHZ 127, 81). Rechtsmittelfristen, die bereits mit der Zustellung der ursprünglichen Entscheidung zu laufen begonnen haben, laufen unverändert weiter, eine neue Frist wird durch die Berichtigung nicht in Gang gesetzt (BGHZ 113, 228, 230; BGH NJW-RR 2004, 712, 713; BVerfG NJW 2001, 142). Dies gilt auch dann, wenn der berichtigte Beschluss erneut zugestellt wird (BGH NJW-RR 1993, 1213). Abweichend hiervon beginnt die Rechtsmittelfrist mit der Berichtigung ausnahmsweise erneut, wenn sich erst aus ihr anders als aus der ursprünglichen Entscheidung die Möglichkeit oder Notwendigkeit einer Anfechtung ergibt. Dies ist der Fall, wenn ein Beteiligter erst durch die Berichtigung beschwert wird (BGHZ 17, 149, 151; BGH NJW 1999, 646, 647) oder der Beschluss erst durch die Berichtigung anfechtbar wird (BGH VersR 1981, 548, 549). 35

Wirkungslos ist eine Berichtigung nur bei gröbsten Mängeln, insbes beim Fehlen jeder gesetzlichen Grundlage (BGHZ 20, 100; BGHZ 127, 74). 36

III. Vermerk und elektronische Dokumente (Abs 2)

Der Berichtigungsbeschluss (nicht auch der einen Berichtigungsantrag ablehnende Beschluss) ist auf der bei den Akten des Gerichts befindlichen Urschrift und auf den den Beteiligten überlassenen Ausfertigungen zu vermerken. Dies geschieht entweder dadurch, dass die Berichtigung auf die Entscheidung gesetzt wird oder durch amtliche Verbindung beider Beschlüsse. 37

Ist eine in elektronischer Form ergangene Entscheidung zu berichtigen, so erfolgt auch der Berichtigungsbeschluss in dieser Form als gesondertes elektronisches Dokument, nicht durch Veränderung des gespeicherten Originalbeschlusses. Beide Dokumente sind dann bei elektronischer Aktenführung elektronisch untrennbar miteinander zu verbin- 38

§ 42 FamFG | Berichtigung des Beschlusses

den (§ 14 Abs 3). Wird die Akte in Papierform geführt, kann der elektronische Berichtigungsbeschluss den Beteiligten per e-mail mitgeteilt werden, danach ist er auszudrucken (§ 298 ZPO), mit einem Transfervermerk zu versehen, zu den Akten zu nehmen und gem § 42 Abs 2 S 1 auf dem Beschluss zu vermerken (so die amtliche Begründung des JKomG BTDrs 15/4067 S 34).

39 Sind die Gerichtsakten zur Ersetzung der Urschrift auf einen Bild- oder anderen Datenträger übertragen worden und liegt der schriftliche Nachweis darüber vor, dass die Wiedergabe mit der Urschrift übereinstimmt, wird der auf der Urschrift anzubringende Vermerk bei dem Nachweis angebracht (§ 14 Abs 5).

40 Für die Wirksamkeit der Berichtigung ist die Wirksamkeit des Vermerks ohne Bedeutung (Stein/Jonas/*Leipold* § 319 ZPO Rn 12).

IV. Anfechtbarkeit (Abs 3)

41 Gegen den Beschluss, mit dem ein Antrag auf Berichtigung zurückgewiesen wird, ist ein Rechtsbehelf nicht gegeben (§ 42 Abs 3 S 1). Dieser Beschluss unterliegt weder der Beschwerde nach dem FamFG noch der nach der ZPO. Damit hat der Gesetzgeber sich gegen die früher hM entschieden, die eine Anfechtbarkeit auch von die Berichtigung ablehnenden Entscheidungen zuließ (OLG Frankfurt OLGZ 1979, 390; OLG Düsseldorf OLGZ 1970, 126, 127; *Habscheid* § 27 II 1a). Die insoweit eindeutige Entscheidung des Gesetzgebers lässt auch bei greifbarer Gesetzeswidrigkeit oder mit der Rechtsordnung schlechthin unvereinbaren Entscheidungen keinen Raum für eine »außerordentliche Beschwerde« (BGH NJW-RR 2004, 1654; Baumbach/*Hartmann* § 319 ZPO Rn 35; anders für die ZPO vor der Reform 2002 noch BGH NJW 1990, 893).

42 Der Berichtigungsbeschluss unterliegt der Anfechtung durch die sofortige Beschwerde nach §§ 567 ff ZPO (§ 42 Abs 3 S 2). Im Beschwerdeverfahren wird ausschließlich das Vorliegen der prozessualen Voraussetzungen für die Berichtigung geprüft. Die inhaltliche Richtigkeit der Berichtigung kann allein das Ausgangsgericht beurteilen, dem Beschwerdegericht fehlen die erforderlichen Kenntnisse über den tatsächlichen Willen bei der Entscheidungsfindung. Der Berichtigungsbeschluss kann seinerseits in Rechtskraft erwachsen (§ 45) und ist für alle Beteiligten auch dann unanfechtbar, wenn er fehlerhaft zustande gekommen ist (BGHZ 127, 74, 76; BGH NJW 1995, 1033). Entgegen verbreiteter Ansicht zu § 319 ZPO (BGH NJW-RR 1988, 407, 408: Zöller/*Vollkommer* § 319 ZPO Rn 29 mwN) gilt dies wegen der formellen Rechtskraft des Beschlusses nach § 42 auch dann, wenn die Berichtigung ohne gesetzliche Grundlage ergangen ist.

§ 43 Ergänzung des Beschlusses

(1) Wenn ein Antrag, der nach den Verfahrensakten von einem Beteiligten gestellt wurde, ganz oder teilweise übergangen oder die Kostenentscheidung unterblieben ist, ist auf Antrag der Beschluss nachträglich zu ergänzen.

(2) Die nachträgliche Entscheidung muss binnen einer zweiwöchigen Frist, die mit der schriftlichen Bekanntgabe des Beschlusses beginnt, beantragt werden.

Übersicht

	Rz		Rz
A. Allgemeines	1	2. Entscheidung über die Zulassung eines Rechtsmittels	21
B. Anwendungsbereich	5	III. Ergänzungsantrag (Abs 2)	25
C. Voraussetzungen	7	D. Ergänzungsbeschluss	28
I. Übergangener Antrag (Abs 1)	8	I. Verfahren	28
II. Übergangene amtswegige Entscheidungen	18	II. Entscheidung	29
1. Entscheidung über die Kosten des Verfahrens	19	III. Anfechtung	31

A. Allgemeines

Der Anspruch der Beteiligten auf Gewährung effektiven Rechtsschutzes ist erst erfüllt, 1 wenn das Gericht über alle gestellten Anträge entschieden hat. Ist ein Antrag übergangen worden, ist hiergegen ein Rechtsmittel grds nicht gegeben, da eine Beschwer nur in der getroffenen, nicht in der versehentlich unterlassenen Entscheidung liegt (Thomas/Putzo/*Reichold* § 321 ZPO Rn 3; anders, wenn das Übergehen die getroffene Entscheidung inhaltlich unrichtig gemacht hat: BGH NJW-RR 1996, 1238). Nur wenn das Rechtsmittel aus anderen Gründen eröffnet ist, kann der übergangene Antrag durch Antragserweiterung vor dem Beschwerdegericht geltend gemacht werden, doch geht durch dessen erstmalige Entscheidung eine Instanz verloren. Soll dem Beteiligten die Einleitung eines auf den übergangenen Antrag gestützten neuen Verfahrens (das mangels Vorliegens einer Entscheidung zulässig wäre) erspart werden, muss die unvollständige Entscheidung des Gerichts von diesem selbst ergänzt werden können.

Das FGG sah eine Ergänzung unvollständiger Entscheidungen nicht vor. Allgemeiner 2 Ansicht zufolge war § 321 ZPO entsprechend anwendbar (BayObLG, NZM 2002, 708 f; KKW/*Schmidt* § 18 FGG Rn 67). § 43 trifft nunmehr eine ausdrückliche Regelung über die Ergänzung eines Beschlusses, die den Besonderheiten des FamFG-Verfahrens Rechnung trägt.

In Anlehnung an andere Verfahrensordnungen (§ 321 Abs 1 ZPO, § 120 Abs 1 VwGO, 3 § 109 Abs 1 FGO, § 140 Abs 1 SGG) schafft § 43 die Möglichkeit, einen Beschluss zu ergänzen, wenn er eine erforderliche Entscheidung nicht enthält. Ob dies der Fall ist, kann sich – anders als in dem früher analog angewandten § 321 ZPO – mangels mit Beweiskraft ausgestattetem Tatbestand nicht aus der Entscheidung selbst, sondern nur aus dem Akteninhalt ergeben.

§ 43 dient der Schließung einer Entscheidungslücke (BGH NJW 1980, 840). Im Unter- 4 schied zu § 42 erfolgt im Rahmen des § 43 keine Abänderung der ursprünglichen Entscheidung, vielmehr ergeht innerhalb der fortgesetzten Instanz eine weitere, zusätzliche Entscheidung. Während § 42 eine Ausnahme von der Bindungswirkung der bereits ergangenen Entscheidung darstellt, schränkt § 43 lediglich die verfahrensbeendende Wirkung des Beschlusses ein.

B. Anwendungsbereich

Die Vorschrift ist grds auf alle Beschlüsse im FamFG-Verfahren anwendbar. Ausgenom- 5 men sind Beschlüsse in Ehe- und Familienstreitverfahren, für die der – weitgehend in-

§ 43 FamFG | Ergänzung des Beschlusses

haltsgleiche – § 321 ZPO gilt (§ 113 Abs 1). Zum Ausschluss der Berichtigung nach § 321 ZPO wegen des Erfordernisses einer einheitlichen Entscheidung im Scheidungsverfahren OLG Hamm IPrax 2000, 292; Stein/Jonas/*Leipold* § 321 ZPO Rn 5 mwN.

6 Der Ergänzung unterfallen in erster Linie Beschlüsse in Antragsverfahren, aber auch Beschlüsse in Amtsverfahren können unvollständig sein, wenn von Amts wegen erforderliche Entscheidungen, insbes die Kostenentscheidung unterblieben sind.

C. Voraussetzungen

7 § 47 erlaubt die Ergänzung eines lückenhaften, nicht die Richtigstellung eines inhaltlich unzutreffenden Beschlusses. Dies schließt nicht aus, dass die Ergänzung zu einer inhaltlichen Abänderung führt (BGH NJW-RR 1996, 1238).

I. Übergangener Antrag (Abs 1)

8 Übergangen sein muss ein Antrag, über den im Beschluss zu entscheiden gewesen wäre. Dazu gehören Anträge zum Verfahrensgegenstand. Das bloße Übergehen von Tatsachenvortrag genügt genauso wenig, wie das Übergehen einschlägiger Rechtsnormen (BGH NJW-RR 1996, 379).

9 Übergangen werden kann nur ein Antrag, der auch **gestellt** wurde. Welche Anträge gestellt wurden, ergibt sich im Zivilprozess aus dem Protokoll der mündlichen Verhandlung (§§ 297, 160 Abs 3 Nr 2 ZPO) und dem Tatbestand des Urteils (§ 313 Abs 2 ZPO). In den Schriftsätzen enthaltene Anträge sind bloß angekündigt (§ 130 Nr 2 ZPO). Entscheidungen nach dem FamFG enthalten weder zwingend einen die Anträge umfassenden Tatbestand, noch geht ihnen stets eine mündliche Verhandlung voran. Die gestellten Anträge können sich deswegen nur aus den Verfahrensakten ergeben.

10 In Betracht kommt dabei zunächst ein verfahrenseinleitender Antrag nach § 23. Dieser ist in der Antragsschrift enthalten. Möglich sind daneben auch Anträge, die schriftlich oder zur Niederschrift der Geschäftsstelle gestellt wurden (§ 25). Letztere finden sich in Niederschriften, die das Gericht fertigt und zur Akte gibt.

11 Anträge in Schriftsätzen und gerichtlichen Niederschriften sind mit ihrem Eingang bei dem Gericht, an das sie gerichtet waren, gestellt. Dies gilt auch dann, wenn nachfolgend ein Termin stattfindet (§ 32). Wird hierüber ein Vermerk angefertigt (§ 28 Abs 4), werden die gestellten Anträge regelmäßig als wesentliche Förmlichkeit darin aufgenommen sein. Für die Wirksamkeit des Antrags ist aber (anders als im Zivilprozess) weder seine Stellung im Termin noch dessen Aufnahme in den Terminsvermerk erforderlich.

12 Nicht erforderlich ist auch, dass der Antrag in den tatsächlichen Teil der Beschlussbegründung aufgenommen wurde.

13 Ein **Hilfsantrag** ist übergangen, wenn über ihn bedingungsgemäß zu entscheiden war.

14 Besonderer Beachtung bedarf, ob der Antrag bis zum Ende des Verfahrens fortdauert. Dies ist nicht der Fall, wenn er **zurückgenommen** wurde (§ 22). Dies kann ausdrücklich oder – weil die Rücknahme formlos möglich ist – konkludent erfolgt sein, den Antrag insgesamt oder (bei teilbaren Verfahrensgegenständen) nur einen Teil betreffen. Die Rücknahme kann auch in der Erklärung bestehen, das Verfahren beenden zu wollen (§ 22 Abs 3).

15 **Übergangen** ist ein Antrag, wenn über ihn versehentlich weder in der Beschlussformel (§ 38 Abs 2 Nr 3) noch in den Beschlussgründen (§ 38 Abs 3 Nr 1) entschieden wurde. **Ganz** übergangen ist der Antrag, wenn eine Entscheidung über ihn überhaupt nicht erfolgt ist, **teilweise** übergangen ist er wenn er durch die Entscheidung nicht ausgeschöpft wurde.

16 **Nicht übergangen** ist ein Antrag, wenn das Gericht über ihn absichtlich nicht entschieden hat. Hierher gehört zunächst die bewusste Teilentscheidung, bei der das Gericht die Entscheidung über einen Teil des Verfahrensgegenstands zurückstellt und spä-

ter separat treffen will. Hierher gehört aber auch der Fall, in dem das Gericht bewusst, aber irrig davon ausgegangen ist, eine Entscheidung sei nicht (mehr) erforderlich, weil es das Begehr der Beteiligten falsch ausgelegt hat (BGH NJW 1980, 840) oder fälschlich von einer Antragsrücknahme ausgegangen ist (Zöller/*Vollkommer* § 321 ZPO Rn 4).

Nicht übergangen ist der Antrag auch dann, wenn eine Entscheidung hierüber zwar 17 in der Beschlussformel fehlt, sich aber aus den Gründen ergibt, dass und wie das Gericht über ihn entschieden hat. Dann liegt eine bloße Unrichtigkeit des Beschlusses vor, die nach § 42 zu berichtigen ist (BGH VersR 1982, 70; OLG Celle WM 2004, 1635, 1636; OLG Hamm NJW-RR 1986, 1444). Entsprechend ist der Fall zu behandeln, dass eine Entscheidung zwar aus der Formel, nicht aber aus den Gründen ersichtlich ist.

II. Übergangene amtswegige Entscheidungen

Unvollständig sein kann ein Beschluss auch, wenn von Amts wegen erforderliche Ent- 18 scheidungen unterblieben sind. Praktisch relevant ist dies im FamFG nur ausnahmsweise.

1. Entscheidung über die Kosten des Verfahrens

Fehlt eine Kostenentscheidung, muss diese nicht übergangen sein. § 81 begründet eine 19 allgemeine Verpflichtung des Gerichts zur Entscheidung über die Kosten des Verfahrens nicht. Ob und gegebenenfalls in welchem Umfang eine Kostenentscheidung sachgerecht ist, liegt im pflichtgemäßen Ermessen des Gerichts. Soweit § 81 Abs 1 S 3 eine Kostenentscheidung für alle Familiensachen, also auch für selbstständige Familienverfahren der freiwilligen Gerichtsbarkeit verpflichtend vorsieht, bleibt dies auf § 43 unbeachtlich, weil diese Norm insoweit unanwendbar ist (§ 113 Abs 1, oben Rz 5). Auch für Rechtsmittelentscheidungen ist eine Kostenentscheidung nicht zwingend (§ 84).

Enthält ein Beschluss keine Kostenentscheidung, ist es Frage des Einzelfalles, ob dies 20 auf einer entsprechenden Ermessensausübung des Gerichts beruht oder auf einer Unterlassung. Hat das Gericht die Notwendigkeit einer Ermessensausübung übersehen, kommt eine Ergänzung nach § 43 in Betracht (OLG Hamm Rpfleger 1966, 334; BayObLG 1962, 380). Zur Vermeidung von Unklarheiten kann es deswegen geboten sein, in der Entscheidung festzustellen, dass eine Kostenentscheidung absichtlich unterblieben ist.

2. Entscheidung über die Zulassung eines Rechtsmittels

Von Amts wegen erforderlich ist eine Entscheidung über die Zulassung der Beschwerde 21 (§ 61 Abs 2) bzw der Rechtsbeschwerde (§ 70 Abs 1). Enthält der Beschluss eine solche Entscheidung nicht, so kann sie nicht nach § 43 nachgeholt werden.

Hat das Gericht eine Entscheidung über die Zulassung des Rechtsmittels getroffen, 22 diese aber in der Entscheidung offenbar (dh bei Erlass des Beschlusses erkennbar) fehlerhaft nicht wiedergegeben, kommt eine Berichtigung nach § 42 in Betracht (BGHZ 20, 188, 191, 193 f; BGHZ 78, 22, 23; BGH NJW 2004, 2389; BGH NJW 2005, 156; § 42 Rz 32).

Hat das Gericht eine Zulassung für irrtümlich entbehrlich oder für nicht möglich ge- 23 halten (etwa, weil es den Wert der Beschwer nach § 61 Abs 3 Nr 2 zu hoch angenommen hat oder weil die Zulassungsvoraussetzungen falsch beurteilt wurden), handelt es sich um die bewusste Nichtzulassung des Rechtsmittels, die mit der Ergänzung nicht berichtigt werden kann, auch wenn sie inhaltlich falsch ist.

Von einer Nichtzulassung geht die hM auch dann aus, wenn das Gericht vergessen 24 hat, über die Frage einer Zulassung zu entscheiden. Die für die Zulässigkeit des Rechtsmittels erforderliche Zulassung fehlt nicht erst, wenn das Erstgericht die Zulassung ablehnt hat, sondern schon dann, wenn eine Zulassung nicht erfolgt ist, ohne dass es auf den Grund für das Fehlen der Zulassung ankommt (BGH NJW 1966, 931, 932; BGH 1981, 2755; BGH MDR 2002, 1449, 1450; BGH NJW 2004, 779; *Greger* NJW 2002, 3050; aA

§ 43 FamFG | Ergänzung des Beschlusses

Stein/Jonas/*Leipold* § 321 ZPO Rn 16 mwN). Zur Vermeidung unnötiger Ergänzungsanträge empfiehlt sich deswegen auch insoweit im Zweifel stets die Feststellung der Nichtzulassung (*Zimmer* NJW 1996, 499, 500).

III. Ergänzungsantrag (Abs 2)

25 Eine Ergänzung des Beschlusses ist nur auf Antrag, nicht von Amts wegen möglich (OLG Hamm NJW-RR 2000, 1524).

26 Der Antrag ist innerhalb einer Frist von zwei Wochen ab schriftlicher Bekanntgabe des Beschlusses (§ 41 Abs 1, 2 S 2) zu stellen. Diese Frist kann nicht verlängert werden (§ 16 iVm § 224 Abs 2 letzter HS), gegen ihre Versäumung ist eine Wiedereinsetzung in den vorigen Stand nicht möglich (§ 17 Abs 1; BGH NJW 1980, 786). Auch nach Fristablauf bleibt dem Beteiligten die Möglichkeit, mit dem übergangenen Antrag ein neues Verfahren einzuleiten, soweit dem nicht andere Fristen entgegen stehen.

27 Den übrigen Verfahrensbeteiligten ist rechtliches Gehör zu gewähren.

D. Ergänzungsbeschluss

I. Verfahren

28 Zuständig für die Ergänzung ist das Gericht, das den Anspruch bei der Entscheidung übergangen hat. Dieses muss nicht notwendig in der gleichen Besetzung entscheiden.

II. Entscheidung

29 Die Entscheidung über den Ergänzungsantrag ergeht durch Beschluss. Dieser ist den Beteiligten bekannt zu geben (§ 41).

30 Mit der Ergänzungsentscheidung endet die Rechtshängigkeit auch des zunächst ergangenen Antrags (zur Beendigung der Rechtshängigkeit ohne Ergänzungsbeschluss BGH NJW 1991, 1683, 1684).

III. Anfechtung

31 Als selbstständige Entscheidung unterliegt der Ergänzungsbeschluss einer eigenen Anfechtungsmöglichkeit (BGH NJW 2000, 3008). Mit der Bekanntgabe der Ergänzung beginnt die Frist zur Einlegung der Beschwerde (§ 63) gegen die Ergänzungsentscheidung. Neu zu laufen beginnt aber auch die Frist zur Anfechtung der ursprünglichen Entscheidung (§ 518 S 1 ZPO analog).

§ 44 Abhilfe bei Verletzung des Anspruchs auf rechtliches Gehör

(1) Auf die Rüge eines durch eine Entscheidung beschwerten Beteiligten ist das Verfahren fortzuführen, wenn
1. ein Rechtsmittel oder ein Rechtsbehelf gegen die Entscheidung oder eine andere Abänderungsmöglichkeit nicht gegeben ist und
2. das Gericht den Anspruch dieses Beteiligten auf rechtliches Gehör in entscheidungserheblicher Weise verletzt hat.

Gegen eine der Endentscheidung vorausgehende Entscheidung findet die Rüge nicht statt.

(2) Die Rüge ist innerhalb von zwei Wochen nach Kenntnis von der Verletzung des rechtlichen Gehörs zu erheben; der Zeitpunkt der Kenntniserlangung ist glaubhaft zu machen. Nach Ablauf eines Jahres seit der Bekanntgabe der angegriffenen Entscheidung an diesen Beteiligten kann die Rüge nicht mehr erhoben werden. Die Rüge ist schriftlich oder zur Niederschrift bei dem Gericht zu erheben, dessen Entscheidung angegriffen wird. Die Rüge muss die angegriffene Entscheidung bezeichnen und das Vorliegen der in Absatz 1 Satz 1 Nr. 2 genannten Voraussetzungen darlegen.

(3) Den übrigen Beteiligten ist, soweit erforderlich, Gelegenheit zur Stellungnahme zu geben.

(4) Ist die Rüge nicht in der gesetzlichen Form oder Frist erhoben, ist sie als unzulässig zu verwerfen. Ist die Rüge unbegründet, weist das Gericht sie zurück. Die Entscheidung ergeht durch nicht anfechtbaren Beschluss. Der Beschluss soll kurz begründet werden.

(5) Ist die Rüge begründet, hilft ihr das Gericht ab, indem es das Verfahren fortführt, soweit dies aufgrund der Rüge geboten ist.

Übersicht

	Rz
A. Allgemeines	1
B. Anwendungsbereich	4
C. Voraussetzungen	8
I. Unzulässigkeit Rechtsbehelf (Abs 1 S 1 Nr 1)	9
1. Selbstständig anfechtbare Entscheidungen	10
a) Sofortige Beschwerde	10
b) Anschlussbeschwerde	12
c) Berichtigung, Ergänzung	13
d) Abänderung	14
2. Unselbstständig anfechtbare Entscheidungen	15
3. Unanfechtbare Entscheidungen	18
4. Wirksam gewordene Genehmigungsentscheidungen	20
II. Gehörsverletzung (Abs 1 S 1 Nr 2)	21
1. Richterliche Verfahren	21
2. Anspruch auf rechtliches Gehör	22
3. Verletzung anderer Verfassungsgarantien	30
III. Entscheidungserheblichkeit (Abs 1 S 1 Nr 2)	31
IV. Rüge	33
1. Frist (Abs 2 S 1, 2)	35
2. Schriftform (Abs 2 S 3)	40
3. Begründung (Abs 2 S 4)	42
D. Verfahren	45
I. Stellungnahme übriger Beteiligter (Abs 3)	46
II. Gerichtliche Entscheidung (Abs 4)	48
1. Zuständigkeit	48
2. Zulässigkeit	49
3. Begründetheit	50
4. Beschluss	51
5. Abhilfe	53
E. Rechtsfolgen	54
I. Verfassungsbeschwerde	55
II. Verfahrensfortführung (Abs 5)	57

A. Allgemeines

§ 44 ersetzt § 29a FGG, der durch das Anhörungsrügengesetz vom 9.12.2004 (BGBl I **1** S 3220) mit Wirkung zum 1.1.2005 parallel zu inhaltsgleichen Vorschriften anderer Verfahrensordnungen (zB §§ 321a ZPO, 78a ArbGG, 152a VwGO) eingeführt wurde. Damit

§ 44 FamFG | **Abhilfe bei Verletzung des Anspruchs auf rechtliches Gehör**

wurde der Forderung des BVerfG (BVerfGE 107, 395 = NJW 2003, 1924) Rechnung getragen, eine fachgerichtliche Möglichkeit der Abhilfe für die entscheidungserhebliche Verletzung des Anspruch der Beteiligten auf die Gewährung rechtlichen Gehörs zu schaffen und so eine Verfassungsbeschwerde entbehrlich zu machen. Erforderlich ist dies nur, wo der Gehörsverletzung nicht durch reguläre Rechtsbehelfe abgeholfen werden kann.

2   Bei der Gehörsrüge handelt es sich um einen besonderen Rechtsbehelf, mit dem die Selbstbindung des Gerichts genauso wie die formelle und materielle Rechtskraft durchbrochen werden können. Mit der Einlegung der Gehörsrüge wird der Eintritt der Rechtskraft nicht gehemmt (§ 45), mit der Entscheidung über die Fortsetzung des Verfahrens aber durchbrochen (BGH NJW 2005, 1432). Insoweit entspricht die Gehörsrüge der Verfassungsbeschwerde.

3   Überwiegend wird die gesetzliche Regelung der Gehörsrüge in allen Verfahrensordnungen als unzureichend empfunden. Ihre Beschränkung auf die Verletzung des Anspruchs auf rechtliches Gehör macht für andere mögliche Verfassungsverstöße (entgegen BGHZ 150, 133) eine Beibehaltung der außerordentlichen Rechtsbehelfe (außerordentliche Beschwerde, Gegenvorstellung) erforderlich, die Zuständigkeit des gehörsverletzenden Gerichts minimiert die Erfolgsaussichten der Gehörsrüge erheblich.

B. Anwendungsbereich

4   Möglich ist die Anhörungsrüge nur gegen **Endentscheidungen** (s § 38 Rz 6) im Anwendungsbereich des FamFG. Der Wegfall der im ursprünglichen Entwurf des FamFG vorgesehenen Beschränkung auf »gerichtliche« Entscheidungen beruht lediglich auf der Anpassung des Wortlauts an den des § 321a ZPO, ohne dass damit eine inhaltliche Änderungen verbunden wäre (BT-Drucks 16/9733 S 355). Eine Verletzung des Anspruchs auf rechtliches Gehör kommt indes nur in Verfahren in Betracht, in denen ein entsprechender Anspruch besteht. Dies ist nicht der Fall in den Verfahren vor dem Rechtspfleger (BVerfGE 101, 397), deswegen ist der Anwendungsbereich auf das Verfahren vor dem Richter beschränkt (s.u. Rz 21).

5   Endentscheidungen sind nicht nur solche in der Hauptsache, sondern auch solche in Nebenverfahren, wie etwa die Entscheidung über die Versagung der Prozesskostenhilfe oder der Erlass einer einstweiligen Anordnung. Unerheblich ist die Form der Entscheidung und die Instanz, in der sie ergangen ist. Nicht möglich ist die Rüge gegen der Endentscheidung vorausgehende Zwischenentscheidungen (s § 38 Rz 9, 16). Ausdrücklich ausgeschlossen ist die Gehörsrüge gegen einen Beschluss, durch den die Genehmigung für ein Rechtsgeschäft erteilt oder verweigert wird, wenn die Genehmigung oder deren Verweigerung einem Dritten gegenüber wirksam geworden ist (§ 48 Abs 3; § 48 Rz 52).

6   **Entsprechend anwendbar** ist die Anhörungsrüge in Grundbuch- (§ 81 Abs 3 GBO) und in Schiffsregistersachen (§ 89 Abs 3 SchiffsRegO) sowie in kostenrechtlichen Verfahren (§ 131d KostO). Eine eigene Regelung hat die Anhörungsrüge gegen kostenrechtliche Entscheidungen in § 61 FamGKG gefunden.

7   In **Ehe- und Familienstreitsachen** tritt an die Stelle der Gehörsrüge aus § 44 die – weitgehend wortgleiche – aus § 321a ZPO (§ 113 Abs 1).

C. Voraussetzungen

8   Statthaft ist die Gehörsrüge, wenn gegen die angegriffene Entscheidung weder ein Rechtsmittel noch ein Rechtsbehelf oder eine andere Abänderungsmöglichkeit gegeben ist und das Gericht den Anspruch dieses Beteiligten auf rechtliches Gehör in entscheidungserheblicher Weise verletzt hat.

I. Unzulässigkeit Rechtsbehelf (Abs 1 S 1 Nr 1)

Die Gehörsrüge ist anderen Rechtsbehelfen gegenüber subsidiär. Nicht mit der Gehörsrüge können diejenigen Entscheidungen angefochten werden, gegen die ein Rechtsbehelf gegeben ist. 9

1. Selbstständig anfechtbare Entscheidungen

a) Sofortige Beschwerde

Ausgeschlossen ist die Gehörsrüge damit gegen Entscheidungen, die selbstständig mit der sofortigen Beschwerde angefochten werden können (§ 58 Abs 1). 10

Wurde gegen die anzufechtende Entscheidung die an sich statthafte Beschwerde nicht eingelegt, schließt dies eine Gehörsrüge nur aus, wenn der Beteiligte bei Ablauf der Beschwerdefrist bereits Kenntnis von der Verletzung des Anspruchs auf rechtliches Gehör hatte (Abs 2 S 1). Trat diese Kenntnis erst später ein, bleibt die Gehörsrüge bis zum Ablauf der Jahresfrist (Rz 39) statthaft (Thomas/Putzo/*Reichold* § 321a ZPO Rn 2; Zöller/*Vollkommer* § 321a ZPO Rn 5; *Schnabl* S 146 ff, 151; aA Stein/Jonas/*Leipold* § 321a ZPO Rn 21). 11

b) Anschlussbeschwerde

Als der Gehörsrüge vorgehender anderer Rechtsbehelf ist auch die Anschlussbeschwerde (§ 66) anzusehen. Diese steht Beteiligten offen, die wegen eines Verzichts, des Nichterreichens eines eigenen Beschwerdewerts oder Versäumung der Beschwerdefrist eine selbstständige Beschwerde nicht einlegen können, im Beschwerdeverfahren aber mehr erreichen wollen, als die bloße Zurückweisung des Rechtsmittels. Hier kann es sich allerdings empfehlen, die Gehörsrüge vorsorglich zusätzlich neben der Anschließung zu erheben, um zu vermeiden, dass die Verletzung des Anspruchs auf rechtliches Gehör ungeprüft bleibt, wenn der Beschwerdeführer sein Rechtsmittel zurücknimmt und die Anschlussbeschwerde damit ihre Wirkung verliert (§ 66 S 2). Führt das Beschwerdeverfahren zu einer Sachentscheidung, wird in deren Rahmen auch über die mit er Anschließung geltend gemachte Verletzung des Anspruchs auf rechtliches Gehör entschieden, wodurch sich die Gehörsrüge erledigt. Ergeht eine Sachentscheidung im Beschwerdeverfahren nicht, ist das – bis dahin ausgesetzte – Anhörungsrügeverfahren fortzusetzen (*Zuck* NVwZ 2005, 739). 12

c) Berichtigung, Ergänzung

Ausgeschlossen ist die Gehörsrüge auch, wenn die Möglichkeit der Berichtigung (§ 42) oder Ergänzung des Beschlusses (§ 43) besteht. Praktisch kann dahin stehen, ob dies damit begründet wird, dass es sich dabei um eine andere Abänderungsmöglichkeit iSd § 44 Abs 1 Nr 1 handelt (Baumbach/*Hartmann* § 321a ZPO Rn 5 ff) oder ob in diesen Fällen ein allgemeines Rechtsschutzbedürfnis verneint wird (so Rosenberg/Schwab/*Gottwald* § 61 Rn 35). Allerdings dürften sich die Anwendungsbereiche der §§ 42, 43 mit dem des § 44 nur ausnahmsweise überschneiden, so dass Konkurrenzen kaum auftreten dürften (MüKo/*Musielak* § 321a ZPO Rn 11). 13

d) Abänderung

Die Abänderungsmöglichkeit des Gerichts bei Endentscheidungen mit Dauerwirkung aus § 48 steht der Gehörsrüge nur entgegen, wenn die dort genannten Voraussetzungen gegeben sind, sich die zugrunde liegende Sach- oder Rechtslage also nachträglich wesentlich geändert hat. 14

§ 44 FamFG | **Abhilfe bei Verletzung des Anspruchs auf rechtliches Gehör**

2. Unselbstständig anfechtbare Entscheidungen

15 Ausgeschlossen ist die Gehörsrüge auch gegen Entscheidungen, die zwar **nicht selbstständig anfechtbar** sind, die aber einer Endentscheidung vorausgehen (§ 44 Abs 1 S 2), die ihrerseits der Beschwerde unterliegt. Solche Vorentscheidungen unterliegen der Beurteilung des Beschwerdegerichts bei der Anfechtung der Endentscheidung (§ 58 Abs 2).

16 Dies gilt zunächst für alle diejenigen Entscheidungen, bei denen kraft Gesetzes nur die selbstständige Anfechtbarkeit ausdrücklich ausgeschlossen ist, also
– die Anordnung des Versuchs einer außergerichtlichen Streitbeilegung in Folgesachen (§ 135 Abs 1);
– die Abtrennung einzelner Folgesachen (§ 140 Abs 6);
– das Hinwirken auf ein Einvernehmen der Eltern in Kindschaftssachen (§ 156 Abs 1);
– die Entscheidung über die Bestellung eines Verfahrensbeistands für das Kind (§ 158 Abs 3);
– die Verweigerung der Genehmigung einer Vereinbarung über den Versorgungsausgleich (§ 223 Abs 2);
– die Auskunftsanordnungen des Gerichts in Unterhaltssachen (§ 235 Abs 4);
– die Entscheidungen über die Bestellung eines Verfahrenspflegers in Betreuungs- (§ 276 Abs 6), Unterbringungs- (§ 317 Abs 6) und Freiheitsentziehungssachen (§ 419 Abs 4).

17 Ist in den diesen Vorentscheidungen vorausgegangenen Verfahren der Anspruch auf rechtliches Gehör verletzt, ist dies mit der Beschwerde gegen die nachfolgende Hauptsacheentscheidung zu rügen und führt im Falle der Erheblichkeit der Gehörsverletzung zu einer Abänderung der angefochtenen Entscheidung.

3. Unanfechtbare Entscheidungen

18 Zweifelhaft ist, wie die Verletzung des Anspruchs auf rechtliches Gehör bei den Entscheidungen geltend zu machen ist, die kraft gesetzlicher Regelung ausdrücklich unanfechtbar sind. Dies sind
– die Verweisung an ein örtlich oder sachlich zuständiges Gericht (§ 3 Abs 3 S 1);
– die Bestimmung des zuständigen Gerichts durch das im Rechtszug nächsthöhere gemeinsame Gericht (§ 5 Abs 3);
– die Zurückweisung von nicht vertretungsbefugten Bevollmächtigten (§ 10 Abs 3 S 1) und die Untersagung einer weiteren Vertretung durch Bevollmächtigte, die nicht in der Lage sind, das Sach- und Streitverhältnis sachgerecht darzustellen (§ 10 Abs 3 S 3);
– die Entscheidung, ob einem Rechtsanwalt, einem Notar oder einer beteiligten Behörde Akteneinsicht in deren Amts- oder Geschäftsräumen überlassen wird (§ 13 Abs 4 S 2);
– die Wiedereinsetzung in den vorigen Stand gegen die Versäumung einer Frist (§ 19 Abs 2);
– die Feststellung der Wirkungslosigkeit einer bereits ergangenen, noch nicht rechtskräftigen Endentscheidung nach Antragsrücknahme (§ 22 Abs 2);
– die Ablehnung des Beweisantrags eines Beteiligten (§ 29 Abs 2);
– die Zurückweisung des Antrags auf Berichtigung eines Beschlusses (§ 42 Abs 3);
– die Entscheidung über die Gehörsrüge (§ 44 Abs 4 S 3);
– die Aussetzung oder Beschränkung der Vollstreckung einer einstweiligen Anordnung (§§ 53, 55 Abs 1);
– Entscheidungen im Verfahren der einstweiligen Anordnung in Familiensachen, soweit diese nicht erstinstanzlich aufgrund mündlicher Erörterung über einen der in § 57 genannten Gegenstände ergangen sind (§ 57);
– die Vorabentscheidung über die einstweilige Einstellung der Vollstreckung in der Beschwerdeinstanz (§ 93 Abs 1 S 2);
– die Abgabe der Vormundschaft an das Gericht eines anderen Staates (§ 99 Abs 3);

- die gerichtliche Feststellung der Erfolglosigkeit des Vermittlungsverfahrens in Kindschaftssachen (§ 165 Abs 5 S 1);
- der Beschluss, durch den das Gericht die Annahme als Kind ausspricht (§ 197 Abs 3 S 1);
- der Beschluss, durch den die Befreiung vom Eheverbot nach § 1308 Abs 1 BGB erteilt wird (§ 98 Abs 3);
- die Anordnung der Vorführung des Betroffenen in Betreuungssachen (§ 283 Abs 1);
- eine Maßnahme zur Regelung einzelner Angelegenheiten im Vollzug der Unterbringung (§ 327 Abs 4);
- der Beschluss über die Einziehung oder Kraftloserklärung eines Erbscheins (§ 353 Abs 3);
- der Beschluss, durch den dem Antrag des Erben, die Nachlassverwaltung anzuordnen, stattgegeben wird (§ 359 Abs 1 ZPO);
- die Eintragung in Registersachen (§ 383 Abs 3);
- die Anordnung der Vorführung in Freiheitsentziehungssachen (§ 420 Abs 1 S 3);
- Beschlüsse über die Ernennung, Beeidigung und Vernehmung des Sachverständigen in den Fällen, in denen jemand nach den Vorschriften des bürgerlichen Rechts den Zustand oder den Wert einer Sache durch einen Sachverständigen feststellen lassen kann (§§ 410 Nr 2, 414).

Verfassungsrechtliche Erwägungen (Justizgewährungsanspruch, Anspruch auf rechtliches Gehör, Gebot des fairen Verfahrens) machen es zwingend erforderlich, Verletzungen des Anspruchs auf rechtliches Gehör in den diesen Entscheidungen vorangegangenen Verfahren rügen zu können. Soweit diesen Entscheidungen eine Endentscheidung folgt, kann die Rüge zusammen mit der Anfechtung dieser Endentscheidung erfolgen. Im Beschwerdeverfahren unterliegen auch die unanfechtbaren Vorentscheidungen der Beurteilung des Beschwerdegerichts. Dies folgt aus dem Wortlaut des § 58 Abs 2, der (anders als zB § 512 ZPO) eine Einschränkung der zu überprüfenden Vorentscheidungen nicht vorsieht. Entnimmt man dem gesetzlichen Anfechtungsverbot dagegen auch das Verbot einer Inzidentprüfung im Rahmen des Beschwerdeverfahrens (so BT-Drucks 16/6308 S 203 f), kann sich dieses jedenfalls nicht auf die Rüge der Verletzung rechtlichen Gehörs in dem der Vorentscheidung vorangegangenen Verfahren erstrecken. Auch grds unanfechtbare, der Überprüfung im Beschwerdeverfahren nicht unterliegende Vorentscheidungen werden dort jedenfalls soweit geprüft (und ggf abgeändert), als eine Gehörsverletzung gerügt wird (Stein/Jonas/*Leipold*, ZPO, vor § 128 ZPO Rn 103; § 321a ZPO Rn 17). Folgt der Vorentscheidung keine mit der Beschwerde angreifbare Endentscheidung, muss § 44 Abs 1 S 2 verfassungskonform teleologisch dahin reduziert ausgelegt werden, dass dann die Anhörungsrüge zulässig bleibt (Wieczorek/*Rensen*, ZPO, § 321a ZPO Rn 29). 19

4. Wirksam gewordene Genehmigungsentscheidungen

Ausdrücklich ausgeschlossen ist die Gehörsrüge gegen einen Beschluss, durch den die Genehmigung für ein Rechtsgeschäft erteilt oder verweigert wird, wenn die Genehmigung oder deren Verweigerung einem Dritten gegenüber wirksam geworden ist (§ 48 Abs 3). 20

II. Gehörsverletzung (Abs 1 S 1 Nr 2)

1. Richterliche Verfahren

Der Anspruch auf rechtliches Gehör nach Art 103 GG besteht nur in Verfahren vor dem **Richter** (BVerfG NJW 2000, 1709). Nur hier besteht ein Anspruch auf rechtliches Gehör aus Art 103 GG. Der Rechtspfleger entscheidet zwar innerhalb des ihm übertragenen 21

§ 44 FamFG | **Abhilfe bei Verletzung des Anspruchs auf rechtliches Gehör**

Aufgabenkreises als »Gericht«, ist aber kein »Richter« iSd GG oder des GVG. Rechtspflegerentscheidungen unterliegen deswegen der Gehörsrüge nicht. Die Gehörsrüge ist nicht auf erstinstanzliche Verfahren beschränkt, sondern kann auch gegen Entscheidungen der Rechtsmittelgerichte bis hin zum BGH erhoben werden. Dabei kann indes nur eine Verletzung des Anspruchs auf rechtliches Gehör durch das Rechtsmittelgericht selbst gerügt werden, nicht, dass das Rechtsmittelgericht eine Gehörsverletzung der Vorinstanz verneint hat (BVerfG 2007, 3418, 3419; BGH FamRZ 2008, 401; BGH NJW 2007, 1370, 1371; *Sangmeister* NJW 2007, 1370, 1371).

2. Anspruch auf rechtliches Gehör

22 Ob eine Verletzung des Anspruchs auf rechtliches Gehör vorliegt, ist aus Art 103 Abs 1 GG zu beurteilen. Dies folgt zum einen aus der verfassungsrechtlichen Herleitung des § 44, zum anderen daraus, dass es einen abgrenzbaren verfahrensrechtlichen Begriff des rechtlichen Gehörs nicht gibt (Stein/Jonas/*Leipold* § 321a ZPO Rn 38; *Rensen* MDR 2005, 181, 183). Die gegenteilige Auffassung, die eine Verletzung rechtlichen Gehörs schon bei der Verletzung einfachgesetzlicher, der Gewährung rechtlichen Gehörs dienender Verfahrensvorschriften annimmt (*Sangmeister* NJW 2007, 2363; *Zuck* NJW 2005, 3753; Zöller/*Vollkommer* § 321a ZPO Rn 7 f), kann den Umfang der Gehörsverletzung nicht klar abgrenzen und muss in letzter Konsequenz die Verletzung jeder Verfahrensvorschrift genügen lassen.

23 Nach ständiger Rechtsprechung des BVerfG ist das Gericht im Rahmen des Art 103 Abs 1 GG nicht nur verpflichtet, den Beteiligten hinreichend Gelegenheit zum Vortrag von Tatsachen zu geben, sondern auch, vorgetragene Tatsachen zur Kenntnis zu nehmen und für die Entscheidung in Erwägung zu ziehen.

24 Dabei genügt stets die **objektive** Gehörsverletzung, eine **subjektive** Komponente (Vertretenmüssen des Gerichts) ist nicht erforderlich (BVerfGE 53, 219, 223; BVerfGE 62, 347, 352). Deswegen kommt eine Gehörsverletzung auch dort in Betracht, wo sie für das Gericht nicht erkennbar oder nicht vermeidbar war oder von einem Dritten verschuldet wurde.

25 Wichtige praktische **Fallgruppen** (Zöller/*Vollkommer* § 321a ZPO Rn 8; MüKo/*Musielak* § 321a ZPO Rn 12; *Schmidt* MDR 2002, 915) einer Verletzung rechtlichen Gehörs sind:

26 – »Pannenfälle«, in denen die Nichtberücksichtigung von Vortrag auf einem Versehen oder Zufall beruht (zB nicht zu den Akten gelangte Schriftsätze der Beteiligten; *Schumann* NJW 1985, 1134, 1135 ff);

27 – »Präklusionsfälle«, in denen das Gericht durch eine fehlerhafte Anwendung verfahrensrechtlicher Vorschriften das Äußerungsrecht der Beteiligten beschränkt (zB das Setzen einer zu kurzen Frist oder die Entscheidung vor Ablauf der gesetzten Frist; fälschliche Annahme einer Säumnis; Ablehnung eines begründeten Verlegungsantrags; unzulässige Beschränkung des Vortragsrechts in der mündlichen Verhandlung; unberechtigte Zurückweisung von Vortrag als verspätet; BGH NJW 2005, 2624; BayVerfGH NJW-RR 2005, 1730);

28 – »Hinweisfälle«, in denen das Gericht einen verfahrensrechtlich gebotenen Hinweis fehlerhaft nicht erteilt (zB weil das Gericht fälschlich davon ausgeht, der Mangel sei bereits vom Gegner ausreichend gerügt, eine anwaltlich vertretener Beteiligter bedürfe keines Hinweises oder eine Behebung des Mangels sei ohnehin nicht zu erwarten; *Rensen* MDR 2008, 1075); dem steht es gleich, dass die Beteiligten nach einem Hinweis keine ausreichende Gelegenheit zur Behebung des Mangels im Vortrag haben;

29 – »Unrichtigkeitsfälle«, in denen das Gericht Vortrag eines Beteiligten übersieht, missversteht oder bei der Entscheidung unberücksichtigt lässt (zB das Übersehen eines Beweisantritts oder eines Bestreitens; die unzutreffende Behandlung eines Vortrags als unschlüssig; BGH NJW-RR 2005, 1603; *Zuck* NJW 2005, 3753, 3755 f).

3. Verletzung anderer Verfassungsgarantien

Der Anwendungsbereich des § 321a ZPO ist auf die Rüge der Verletzung des Anspruchs 30
auf rechtliches Gehör beschränkt. Auf die **Verletzung anderer Verfassungsgrundsätze**,
insbes Grundrechte (etwa Art 6 GG: Schutz von Ehe und Familie; Art 14: Schutz von Eigentum und Erbrecht), auch solche, die das gerichtliche Verfahren betreffen (Art 1 GG: Menschenwürde; Art 2 GG: Persönlichkeitsrecht; Art 3 GG: Gebot der prozessualen Waffengleichheit, Willkürverbot; Art 20 GG: Gebot des fairen Verfahrens; Willkürverbot; Art 101 GG: Gesetzlicher Richter), findet § 44 keine – auch keine entsprechende – Anwendung. Dem stehen sowohl der klare Wortlaut (Abs 1 Satz 1 Nr 2) der Norm als auch der deutlich geäußerte gesetzgeberische Willen (BTDrs 15/3706, S 14) entgegen (hM BVerfG NJW 2006, 2907, 2908; BGH MDR 2008, 1175; BFH NJW 2005, 2639; Zöller/*Vollkommer* § 321a ZPO Rn 3 mwN; MüKo/*Musielak* § 321a ZPO Rn 14; aA noch BGH NJW 2006, 1978; *Gravenhorst* NZA 2005, 24, 27). Auch wenn der Auftrag des BVerfG (BVerfGE 107, 395 = NJW 2003, 1924) sich lediglich auf die Verletzung des Art 103 Abs 1 GG bezog, bleibt dabei zumindest offen, ob die verfassungsrechtlich gebotene fachgerichtliche Abhilfemöglichkeit zur Vermeidung einer Verfassungsbeschwerde hinreichend eröffnet ist (*U. Schmidt* MDR 2002, 915; *E. Schneider* MDR 2006, 969; *ders* FS Madert (2006), 187; *Kettinger* ZRP 2006, 152). Die von der Anhörungsrüge nicht erfassten Verfassungsverstöße können auch nach dem Anhörungsrügegesetz nur durch eine außerordentliche Beschwerde fachgerichtlich geltend gemacht werden, so dass diese – entgegen der Intention des Gesetzgebers – nicht entbehrlich geworden ist (KKW/*Kahl* § 19 FGG Rn 39; Bumiller/Winkler § 29a FGG Rn 2; Thomas/Putzo/*Reichold* § 567 ZPO Rn 9).

III. Entscheidungserheblichkeit (Abs 1 S 1 Nr 2)

Allein die Verletzung des Anspruchs auf rechtliches Gehör rechtfertigt die Abänderung 31
der ergangenen Entscheidung nicht. Eine solche kommt vielmehr nur dort in Betracht, wo die Gehörsverletzung sich möglicherweise zum Nachteil des rügenden Beteiligten **ausgewirkt** hat. In entscheidungserheblicher Weise verletzt ist der Anspruch auf rechtliches Gehör nur, wenn ohne die Verletzung eine dem Beteiligten günstigere Entscheidung hätte ergehen können. Dies wird nicht vermutet, sondern muss mit der Rüge vorgetragen werden (§ 44 Abs 2 S 5). Dabei genügt es, dass eine günstigere Entscheidung möglich gewesen wäre, nicht erforderlich ist die Darlegung, dass die günstigere Entscheidung dann die einzig denkbare Entscheidung hätte sein können (KKW/*Meyer-Holz* § 29a FGG Rn 16).

Besteht die Gehörsverletzung in der Nichtberücksichtigung von Beteiligtenvortrag, ist 32
darzutun, inwieweit die Berücksichtigung zu einem günstigeren Ergebnis geführt hätte. Das Übergehen eines Beweisantritts ist erheblich, wenn der erhobene Beweis sich auf die Entscheidung ausgewirkt hätte. Ist ein gerichtlicher Hinweis unterblieben, kommt es darauf an, was der Beteiligte bei rechtzeitigem Hinweis vorgetragen hätte und ob diese Tatsachen die Entscheidung hätten beeinflussen können.

IV. Rüge

Nach § 44 wird eine Verletzung des Anspruchs auf rechtliches Gehör nur auf eine beson- 33
dere Rüge des hierdurch betroffenen Beteiligten geprüft. Diese Rüge ist frist- und formabhängig. **Einzulegen** ist sie bei dem Gericht, das die angefochtene Entscheidung erlassen hat, eine Überwälzung in die nächsthöhere Instanz (Devolutiveffekt) findet nicht statt.

Rügeberechtigt ist nur ein Verfahrensbeteiligter, der beschwert, dh in seinen Rechten 34
von der Entscheidung unmittelbar nachteilig betroffen ist (Stein/Jonas/*Leipold* § 321a ZPO Rn 25). Einen besonderen Wert muss die Beschwer nicht erreichen.

§ 44 FamFG | **Abhilfe bei Verletzung des Anspruchs auf rechtliches Gehör**

1. Frist (Abs 2 S 1, 2)

35 Die Rüge kann nur innerhalb einer Frist von **zwei Wochen** erhoben werden. Die Frist beginnt abweichend von § 16 Abs 1 nicht mit der Bekanntgabe der anzufechtenden Entscheidung, sondern mit der **Kenntnis** von der Verletzung des rechtlichen Gehörs. Erforderlich ist dabei positive Kenntnis des Beteiligten von den Tatsachen, aus denen sich der Gehörverstoß ergibt. Darauf, dass der Beteiligte um ein hieraus folgendes Rügerecht weiß, kommt es nicht an. Das bloße Kennen-müssen genügt nicht (BVerfG NJW 2007, 2242, 2244; *Rensen* MDR 2007, 695, 696 f). Etwas anderes kann dort gelten, wo der Beteiligte sich der Kenntnis bewusst verschließt, indem er etwa eine ihm übersandte Entscheidung nicht liest (BAG NZA 2003, 453; Zöller/*Vollkommer* § 321a ZPO Rn 14).

36 Dieser Zeitpunkt kann mit der **Bekanntgabe** zusammen fallen. Regelmäßig wird spätestens dann feststellbar sein, ob eigenes erhebliches Vorbringen vom Gericht übergangen wurde (Jansen/*Briesemeier* § 29a FGG Rn 15). Bereits vor der Bekanntgabe (aber nicht vor Erlass der Entscheidung, weil deren Anfechtung vorher nicht möglich ist; Stein/Jonas/*Leipold* § 321a ZPO Rn 26) kann die Frist beginnen, wenn etwa die Verletzung rechtlichen Gehörs in einer mündlichen Verhandlung erfolgt. Erst nach der Bekanntgabe kann die Frist beginnen, wenn die Gehörsverletzung sich erst aus einer Einsicht in die Verfahrensakte ergibt.

37 Um dem Gericht die Prüfung der Fristeinhaltung zu ermöglichen, ist der Zeitpunkt der Kenntniserlangung in der Rügeschrift nicht nur darzulegen, sondern auch glaubhaft zu machen (§ 31). Regelmäßig wird es dazu erforderlich sein, anzugeben, wann und wie der Beteiligte von der Gehörsverletzung Kenntnis erlangt hat und beides an Eides statt zu versichern. Fällt die Kenntniserlangung mit der durch eine Zustellung erfolgten Bekanntgabe (§ 41 Abs 1) zusammen, genügt eine Bezugnahme auf den aus der Verfahrensakte ersichtlichen Zustellungsnachweis.

38 Gegen die schuldlose Versäumung der Zwei-Wochen-Frist kommt eine **Wiedereinsetzung** in den vorigen Stand in Betracht (§ 17 Abs 1).

39 Unabhängig von der Kenntnis kann die Rüge nicht mehr erhoben werden, wenn seit der Bekanntgabe der Entscheidung an den in seinem Anspruch auf rechtliches Gehör verletzten Beteiligten mehr als **ein Jahr** vergangen ist (Abs 2 S 3). Hierbei handelt es sich um eine materielle Ausschlussfrist, gegen deren Versäumung eine Wiedereinsetzung nicht möglich ist.

2. Schriftform (Abs 2 S 3)

40 Die Rüge muss schriftlich oder zur Niederschrift bei dem Gericht erhoben werden. Die Schriftform kann durch ein Telefax (BVerfG MDR 2000, 836; BAG NJW 2001, 989), auch durch ein Computerfax (OGB NJW 2000, 2340) oder – nach Maßgabe der §§ 14 Abs 2, 130a ZPO – durch ein elektronisches Dokument (e-mail) mit qualifiziert elektronischer Signatur gewahrt werden. Die in § 29a FGG aF noch vorhandene Einschränkung der Schriftform bei der Anfechtung von Entscheidungen der Oberlandesgerichte existiert nicht mehr.

41 Die Voraussetzungen der Erklärung zur Niederschrift der Geschäftsstelle folgen aus § 25.

3. Begründung (Abs 2 S 4)

42 Die Rügeschrift muss die angegriffene **Entscheidung** bezeichnen und darlegen, worin die **Verletzung** des Anspruchs auf rechtliches Gehör gesehen wird (Abs 1 Nr 2; Rz 22 ff). Hierzu sind die Tatsachen darzulegen, aus denen sich die behauptete Gehörsverletzung ergibt. Besteht die Gehörsverletzung in einem Übergehen früheren Vortrags, ist auf diesen hinzuweisen. Wird in einer Rechtsmittelinstanz die Nichtberücksichtigung von Beteiligtenvortrag gerügt, muss zusätzlich dargetan werden, dass diese Tatsachen berück-

sichtigungsfähig waren. Neue Tatsachen können in der Rügeschrift nicht vorgetragen werden (BGH FamRZ 2007, 1463).

Hinsichtlich der **Kausalität** ist es erforderlich darzutun, warum ohne die Gehörsverletzung eine andere Entscheidung zumindest möglich gewesen wäre. Besteht die Verletzung in der Nichterteilung eines erforderlichen gerichtlichen Hinweises, muss zusätzlich zur Erforderlichkeit des Hinweises auch dargelegt werden, was bei Erteilung des Hinweises vorgetragen worden wäre und dass dies eine andere Entscheidung ermöglicht hätte. **43**

Erforderlich ist zudem die Darlegung und Glaubhaftmachung des Zeitpunkts der **Kenntniserlangung** (Abs 2 S 1 Hs 2; Rz 35). **44**

D. Verfahren

Der Rügeführer hat rechtliches Gehör regelmäßig bereits durch die Rügeschrift. Nur ausnahmsweise (etwa nach einem Hinweis auf formelle oder materielle Mängel der Rüge, § 28) wird es erforderlich sein, ihm eine Möglichkeit zur ergänzenden Stellungnahme einzuräumen. **45**

I. Stellungnahme übriger Beteiligter (Abs 3)

Einer Anhörung der übrigen Beteiligten im Rahmen des Gehörsrügeverfahrens bedarf es nur, wenn dies **erforderlich** ist. Dies ist regelmäßig der Fall, wenn durch die Rüge die bereits in Rechtskraft erwachsene Entscheidung in Frage gestellt ist und zum Nachteil anderer Beteiligter abgeändert werden kann. **46**

Entbehrlich ist eine Anhörung, wenn die Rüge erkennbar aussichtslos ist (Stein/Jonas/*Leipold* § 321a ZPO Rn 46). Entbehrlich ist die Anhörung eines Beteiligten auch dann, wenn die Rüge auf Teile der Entscheidung beschränkt wurde, an denen er nicht beteiligt ist. **47**

II. Gerichtliche Entscheidung (Abs 4)

1. Zuständigkeit

Zuständig für die Entscheidung nach § 44 ist das Gericht, dessen Entscheidung mit der Gehörsrüge angegriffen wird, in der derzeit gegebenen Besetzung unabhängig davon, ob diese identisch ist mit der bei Erlass der angefochtenen Entscheidung. Eine Beschränkung auf die bei der angegriffenen Entscheidung beteiligten Gerichtspersonen (wie etwa bei § 320 Abs 4 S 2 ZPO) ist nicht erforderlich, weil die Entscheidung nach objektiven Kriterien aufgrund des Akteninhalts ergeht und es auf eine persönliche Erinnerung der Beteiligten an den Ablauf des gerügten Verfahrens nicht ankommt (Jansen/*Briesemeister* § 29a FGG Rn 1; *E. Schneider* MDR 2005, 248). **48**

2. Zulässigkeit

Das Gericht prüft zunächst die Zulässigkeit der Gehörsrüge, insbes also, ob der Rechtsbehelf an sich statthaft (Abs 1 Nr 1; Rz 8 ff) und in der gesetzlich gebotenen Frist (Abs 2 S 1, 2; Rz 35) und Form (Abs 2 S 3; Rz 40) erhoben wurde. Ist dies nicht der Fall, ist die Rüge als unzulässig zu verwerfen. **49**

3. Begründetheit

Ist die Rüge zulässig erhoben, prüft das Gericht deren Begründetheit, dh ob der Anspruch auf rechtliches Gehör in entscheidungserheblicher Weise verletzt wurde (Abs 1 Nr 1). Ist dies nicht der Fall, wird die Rüge als unbegründet zurückgewiesen. **50**

4. Beschluss

51 Die Entscheidung ergeht in beiden Fällen durch Beschluss (§ 38). Dieser soll kurz begründet werden. Auch wenn das Gesetz eine **Begründung** damit nicht zwingend erfordert, ist eine solche schon im Hinblick auf die sich möglicherweise anschließende Verfassungsbeschwerde regelmäßig angebracht (*Rensen* MDR 2005, 181, 184). Auch eine »kurze« Begründung sollte sich nicht in einer Floskel erschöpfen, sondern konkret auf die erhobene Gehörsrüge bezogen sein.

52 Der Beschluss hat eine **Kostenentscheidung** zu enthalten. Für die (vollständig) erfolglose Gehörsrüge fällt eine gerichtliche Unterliegensfestgebühr in Höhe von 50,- € an (Nr 1800 FamGKG). Anwälte, die bereits am Ursprungsverfahren beteiligt waren, erhalten für ihre Mitwirkung am Rügeverfahren keine besondere Vergütung, ihre Tätigkeit gehört zu dem mit den Verfahrensgebühren abgegoltenen Rechtszug (§ 19 Abs 1 S 2 Nr 5 RVG). Anwälte, die ausschließlich für das Rügeverfahren mandatiert werden, erhalten eine 0,5 Verfahrensgebühr (Nr 3330 RVG VV) und ggf eine 0,5 Terminsgebühr (Nr 3332 RVG VV).

5. Abhilfe

53 Ist die Rüge zulässig und begründet, **hilft** ihr das Gericht **ab**, indem es das Verfahren fortführt (Rz 57). In diesem Fall bedarf es einer förmlichen, gar begründeten Entscheidung über die Zulässigkeit und Begründetheit der Rüge nicht (hM Zöller/*Vollkommer* § 321a ZPO Rn 18; Baumbach/*Hartmann* § 321a ZPO Rn 54; *Schmidt* MDR 2002, 915, 917; aA Stein/Jonas/*Leipold* § 321a ZPO Rn 56), vielmehr genügt die faktische Verfahrensfortführung. Eine zumindest deklaratorische Klarstellung den Beteiligten gegenüber dient indes der Verfahrensklarheit.

E. Rechtsfolgen

54 Der Beschluss, mit der die Gehörsrüge verworfen oder zurückgewiesen wird, beendet das Rügeverfahren und lässt die Wirkungen (formelle und materielle Rechtskraft) der Entscheidung unberührt. Er ist nicht anfechtbar. Zur Möglichkeit, eine im Gehörsrügeverfahren erfolgte erneute Verletzung des Anspruchs auf rechtliches Gehör geltend zu machen Rz 6.

I. Verfassungsbeschwerde

55 Weder die Verwerfung noch die Zurückweisung der Gehörsrüge schließen die nachfolgende Verfassungsbeschwerde aus. Ist die Gehörsrüge indes zu Recht ohne Erfolg geblieben, bleibt es auch die Verfassungsbeschwerde. Wurde die Gehörsrüge zu Recht als unzulässig verworfen, ist eine auf dieselbe Verletzung des Anspruchs auf rechtliches Gehör gestützte Verfassungsbeschwerde unzulässig, weil der ordentliche Rechtsweg nicht ordnungsgemäß beschritten wurde. Hat das Fachgericht die Gehörsverletzung zutreffend verneint, kann eine solche auch vom Verfassungsgericht nicht festgestellt werden.

56 Eine Verfassungsbeschwerde kann auch nicht auf eine dem Beteiligten bereits im Gehörsrügeverfahren bekannte, dort aber nicht geltend gemachte Gehörsverletzung gestützt werden (BayVerfGH NJW 2006, 283).

II. Verfahrensfortführung (Abs 5)

57 Ist die Rüge zulässig und begründet, hilft ihr das Gericht ab, indem es das Verfahren fortführt. Mit der Fortführung des Verfahrens entfällt die Rechtskraft der angefochtenen Entscheidung. Dies kann es erforderlich machen, drohende Nachteile durch den soforti-

Abhilfe bei Verletzung des Anspruchs auf rechtliches Gehör | § 44 FamFG

gen Erlass einer einstweiligen Anordnung (§§ 49 ff) oder einer einstweiligen Einstellung der Zwangsvollstreckung abzuwenden.

Dabei müssen diejenigen Verfahrenshandlungen nachgeholt oder wiederholt werden, die von der Verletzung des Anspruchs auf rechtliches Gehör betroffen waren. Erforderlich kann es sein, weitere Beteiligte hinzuzuziehen (§ 7), Ermittlungen von Amts wegen anzustellen (§ 26), Beweise zu erheben (§ 29 f) oder die Sache mit den Beteiligten in einem Termin zu erörtern (§ 32). Häufig genügt es, die Sachentscheidung unter Berücksichtigung des ergänzten Sachverhalts neu zu treffen. 58

Diese erneute Sachentscheidung kann die ursprüngliche Entscheidung bestätigen oder ganz oder teilweise abändern. In Anlehnung an die Entscheidung nach einem Einspruch gegen ein Versäumnisurteil im Zivilprozess (§ 343 ZPO) lautet der Tenor auf Aufrechterhaltung der ursprünglichen Entscheidung oder auf deren vollständige bzw teilweise Aufhebung in Verbindung mit einer neuen Sachentscheidung. Sie setzt eine neue Rechtsmittelfrist in Gang. 59

Für die neue Sachentscheidung gilt das Schlechterstellungsverbot (Verbot der **reformatio in peius**) nicht (OLG Frankfurt NJW 2004, 168; Thomas/Putzo/*Reichhold* § 321a ZPO Rn 15; Musielak/*Musielak* § 321a ZPO Rn 11; Zöller/*Vollkommer* § 321a ZPO Rn 18). 60

§ 45 Formelle Rechtskraft

Die Rechtskraft eines Beschlusses tritt nicht ein, bevor die Frist für die Einlegung des zulässigen Rechtsmittels oder des zulässigen Einspruchs, des Widerspruchs oder der Erinnerung abgelaufen ist. Der Eintritt der Rechtskraft wird dadurch gehemmt, dass das Rechtsmittel, der Einspruch, der Widerspruch oder die Erinnerung rechtzeitig eingelegt wird.

Übersicht

	Rz		Rz
A. Allgemeines	1	1. Anfechtbarkeit durch Beschwerde	13
B. Anwendungsbereich	3	a) Beschwerde nach dem FamFG	13
C. Eintritt der Rechtskraft	4	b) Sofortige Beschwerde nach §§ 567 ff ZPO	15
I. Sofortiger Eintritt der Rechtskraft bei Unanfechtbarkeit	5	c) Rechtsbeschwerde	17
1. Unanfechtbarkeit kraft Gesetzes	6	2. Anfechtbarkeit durch weitere Rechtsbehelfe	18
a) Verfahrensbeendende Entscheidungen	6	a) Einspruch	19
b) Nicht anfechtbare Entscheidungen	7	b) Widerspruch	21
c) Nicht selbstständig anfechtbare Entscheidungen	8	c) Erinnerung	23
2. Unanfechtbarkeit kraft Rechtsmittelverzichts (§ 67)	9	III. Hemmung der Rechtskraft durch Anfechtung (S 2)	24
II. Hinausschieben der Rechtskraft bei Anfechtbarkeit (S 1)	12	D. Folgen der Rechtskraft	29
		E. Durchbrechungen der Rechtskraft	35

A. Allgemeines

1 Die Vorschrift macht deutlich, dass der Beschluss im FamFG-Verfahren der **formellen Rechtskraft** fähig, sein Bestand damit gewährleistet ist. Sie entspricht inhaltlich § 705 ZPO und stellt für den Zeitpunkt des Eintritts der formellen Rechtskraft auf die Unanfechtbarkeit des Beschlusses innerhalb des anhängigen Verfahrens ab.

2 Ob und inwieweit Entscheidung der FG in **materieller Rechtskraft** erwachsen können und damit einem neuen Verfahren entgegen stehen (ne bis in idem) bzw andere Gerichte oder Behörden binden (Präjudizialität), ist seit jeher heftig umstritten (*Baur/Wolf* § 4 IV; *Bärmann* § 22 I 2; *Habscheid* § 28 mwN). Praktische Relevanz hat dieser Streit auch unter Geltung des FamFG nur bedingt. Das Verbot eines weiteren Verfahrens gilt zumindest nicht bei Entscheidungen, die der Abänderung nach § 48 unterliegen. Eine Bindung Dritter tritt bereits mit der Wirksamkeit der Entscheidung nach § 40 ein, jedenfalls aber im Rahmen der Unabänderlichkeit nach § 48 Abs 3 (BTDrs 16/6308 S 196). In Ehe- und Familienstreitverfahren kann materielle Rechtskraft über § 113 Abs 1 iVm § 322 ZPO eintreten.

B. Anwendungsbereich

3 Die Vorschrift ist grds auf alle Beschlüsse im FamFG-Verfahren anwendbar. Ausgenommen sind Beschlüsse in Ehe- und Familienstreitverfahren, für die der – inhaltsgleiche – § 705 ZPO gilt (§ 113 Abs 1).

C. Eintritt der Rechtskraft

4 Unanfechtbare Entscheidungen erwachsen sofort mit ihrem Wirksamwerden in Rechtskraft (dazu unten I.). Ist ein Rechtsbehelf gegen den Beschluss statthaft (dazu unten II.), wird aber nicht oder nicht rechtzeitig eingelegt, so tritt die Rechtskraft mit dem Ablauf der Frist zur Einlegung ein. Ist ein Rechtsbehelf eingelegt, wird der Eintritt der Rechtskraft gehemmt (dazu unten III.).

I. Sofortiger Eintritt der Rechtskraft bei Unanfechtbarkeit

Grds tritt die formelle Rechtskraft von Entscheidungen sofort mit deren Wirksamwerden (§ 40) ein. Dieser Grundsatz gilt für die alle unanfechtbaren richterlichen Entscheidungen. Unanfechtbar sein kann eine Entscheidung, weil eine Anfechtungsmöglichkeit gesetzlich nicht vorgesehen ist oder weil die Beteiligten auf ein ihnen zustehendes Anfechtungsrecht wirksam verzichtet haben. In beiden Fällen sind dennoch eingelegte Rechtsmittel bzw Rechtsbehelfe unzulässig.

1. Unanfechtbarkeit kraft Gesetzes

a) Verfahrensbeendende Entscheidungen

Entscheidungen, gegen die gesetzlich ein Rechtsbehelfs nicht statthaft ist, erwachsen mit ihrem Wirksamwerden in Rechtskraft. Hierher gehören
- Entscheidungen des Bundesgerichtshofs und
- Entscheidungen der Oberlandesgerichte im Verfahren über die Anordnung, Abänderung oder Aufhebung einer einstweiligen Anordnung oder eines Arrests (§ 70 Abs 3).

b) Nicht anfechtbare Entscheidungen

Kraft Gesetzes unanfechtbar und mit dem Wirksamwerden rechtskräftig sind
- die Verweisung an ein örtlich oder sachlich zuständiges Gericht (§ 3 Abs 3 S 1);
- die Bestimmung des zuständigen Gerichts durch das im Rechtszug nächsthöhere gemeinsame Gericht (§ 5 Abs 3);
- die Zurückweisung von nicht vertretungsbefugten Bevollmächtigten (§ 10 Abs 3 S 1) und die Untersagung einer weiteren Vertretung durch Bevollmächtigte, die nicht in der Lage sind, das Sach- und Streitverhältnis sachgerecht darzustellen (§ 10 Abs 3 S 3);
- die Entscheidung, ob einem Rechtsanwalt, einem Notar oder einer beteiligten Behörde Akteneinsicht in deren Amts- oder Geschäftsräumen überlassen wird (§ 13 Abs 4 S 2);
- die Wiedereinsetzung in den vorigen Stand gegen die Versäumung einer Frist (§ 19 Abs 2);
- die Feststellung der Wirkungslosigkeit einer bereits ergangenen, noch nicht rechtskräftigen Endentscheidung nach Antragsrücknahme (§ 22 Abs 2);
- die Ablehnung des Beweisantrags eines Beteiligten (§ 29 Abs 2);
- die Zurückweisung des Antrags auf Berichtigung eines Beschlusses (§ 42 Abs 3);
- die Entscheidung über die Gehörsrüge (§ 44 Abs 4 S 3);
- die Aussetzung oder Beschränkung der Vollstreckung einer einstweiligen Anordnung (§§ 53, 55 Abs 1);
- die Entscheidung im Verfahren der einstweiligen Anordnung in Familiensachen, soweit sie nicht erstinstanzlich aufgrund mündlicher Erörterung über einen der in § 57 genannten Gegenstände ergangen ist (§ 57);
- die Vorabentscheidung über die einstweilige Einstellung der Vollstreckung in der Beschwerdeinstanz (§ 93 Abs 1 S 2);
- die Abgabe der Vormundschaft an das Gericht eines anderen Staates (§ 99 Abs 3);
- die gerichtliche Feststellung der Erfolglosigkeit des Vermittlungsverfahrens in Kindschaftssachen (§ 165 Abs 5 S 1);
- der Beschluss, durch den das Gericht die Annahme als Kind ausspricht (§ 197 Abs 3 S 1);
- der Beschluss, durch den die Befreiung vom Eheverbot nach § 1308 Abs 1 BGB erteilt wird (§ 98 Abs 3);
- die einstweilige Einstellung der Vollstreckung in Unterhaltssachen (§ 242);
- die Zurückweisung des Antrags auf einstweilige Anordnung bei der Feststellung der Vaterschaft (§ 250 Abs 2 S 2);

§ 45 FamFG | Formelle Rechtskraft

- die Anordnung der Vorführung des Betroffenen in Betreuungssachen (§ 283 Abs 1);
- eine Maßnahme zur Regelung einzelner Angelegenheiten im Vollzug der Unterbringung (§ 327 Abs 4);
- der Beschluss über die Einziehung oder Kraftloserklärung eines Erbscheins (§ 353 Abs 3);
- der Beschluss, durch den dem Antrag des Erben, die Nachlassverwaltung anzuordnen, stattgegeben wird (§ 359 Abs 1 ZPO);
- die Eintragung in Registersachen (§ 383 Abs 3);
- die Anordnung der Vorführung in Freiheitsentziehungssachen (§ 420 Abs 1 S 3);
- der Beschluss über die Ernennung, Beeidigung und Vernehmung des Sachverständigen in den Fällen, in denen jemand nach den Vorschriften des bürgerlichen Rechts den Zustand oder den Wert einer Sache durch einen Sachverständigen feststellen lassen kann (§§ 410 Nr 2, 414).

c) Nicht selbstständig anfechtbare Entscheidungen

8 Nicht selbstständig anfechtbar, sondern nur zusammen mit der nachfolgenden Endentscheidung überprüfbar (§ 58 Abs 2) sind auch:
- die Anordnung des Versuchs einer außergerichtlichen Streitbeilegung in Folgesachen (§ 135 Abs 1);
- die Abtrennung einzelner Folgesachen (§ 140 Abs 6);
- das Hinwirken auf ein Einvernehmen der Eltern in Kindschaftssachen (§ 156 Abs 1);
- die Entscheidung über die Bestellung eines Verfahrensbeistands für das Kind (§ 158 Abs 3);
- die Verweigerung der Genehmigung einer Vereinbarung über den Versorgungsausgleich (§ 223 Abs 2);
- die Entscheidungen über Auskunftspflichten der Beteiligten (§ 235 Abs 4) oder Dritter (§ 236 Abs 5) in Unterhaltssachen;
- die Entscheidungen über die Bestellung eines Verfahrenspflegers in Betreuungs- (§ 276 Abs 6), Unterbringungs- (§ 317 Abs 6) und Freiheitsentziehungssachen (§ 419 Abs 4).

2. Unanfechtbarkeit kraft Rechtsmittelverzichts (§ 67)

9 Unanfechtbar und deswegen mit Wirksamwerden rechtskräftig sind Entscheidungen auch dann, wenn die Beteiligten auf eine Anfechtung der Entscheidung wirksam verzichtet haben. Voraussetzungen und Umfang ergeben sich aus § 67. Der **Verzicht** kann dem Gericht gegenüber erklärt werden und sich auf das Haupt- oder – nachdem dieses vom Gegner eingelegt wurde – auf ein Anschlussrechtsmittel erstrecken. Erklärt werden kann der Verzicht auch gegenüber einem anderen Beteiligten, wird dann aber nicht von Amts wegen, sondern nur auf die Geltendmachung einer entsprechenden Einrede des Gegners hin berücksichtigt.

10 Der Verzicht ist eine reine **Prozesshandlung**, bedarf deswegen einer Annahme durch andere Beteiligte nicht und ist weder widerruflich noch anfechtbar. Dies gilt auch dann, wenn ein Beteiligter von einem Grund, der die Anfechtung erfolgreich machen könnte, erst nach dem Verzicht erfährt (Unrichtigkeit einer Zeugenaussage: BGH NJW 1985, 2335).

11 **Sinnvoll** ist ein Verzicht, wenn die an die Rechtskraft gebundenen Wirkungen der Entscheidung (unten Rz 30, § 40 Rz 19, 23) alsbald eintreten sollen.

II. Hinausschieben der Rechtskraft bei Anfechtbarkeit (S 1)

12 § 45 schiebt den Eintritt der Rechtskraft bis zu dem Zeitpunkt hinaus, bis zu dem die Entscheidung durch die reguläre Fortsetzung des Verfahrens abgeändert werden kann.

Zu den regulären Verfahrensfortsetzungsmöglichkeiten gehören die Rechtsmittel und einige enumerativ aufgezählte Rechtsbehelfe.

1. Anfechtbarkeit durch Beschwerde

a) Beschwerde nach dem FamFG

Reguläre Möglichkeit zur Anfechtung ist die Beschwerde (§ 58). Diese ist gegen alle im ersten Rechtszug ergangenen Endentscheidungen der Amts- und Landgerichte statthaft, wenn der Wert des Beschwerdegegenstandes 600 € übersteigt oder das Gericht des ersten Rechtszuges die Beschwerde zugelassen hat (§ 61 Abs 2, 3), sofern gesetzlich nichts anderes bestimmt, insbes die Anfechtbarkeit ausgeschlossen ist (dazu Rz 7). 13

§ 382 Abs 4 erstreckt die Statthaftigkeit der Beschwerde auf Zwischenverfügungen in **Registersachen**, so dass auch diese nach Ablauf der Beschwerdefrist in formeller Rechtskraft erwachsen. Ist die Beschwerde möglich, ist der Eintritt der Rechtskraft hinausgeschoben bis zum Ablauf der Beschwerdefrist. Diese beträgt regelmäßig einen Monat (§ 63 Abs 1), bei der Anfechtung von einstweiligen Anordnungen oder Genehmigungsbeschlüssen zwei Wochen (§ 63 Abs 2) und beginnt mit der schriftlichen Bekanntgabe des Beschlusses, spätestens mit Ablauf von fünf Monaten nach Erlass des Beschlusses (§ 63 Abs 3). 14

b) Sofortige Beschwerde nach §§ 567 ff ZPO

Ausnahmsweise erklärt das FamFG auch nichtinstanzbeendenden Beschlüsse, die Zwischen- und Nebenentscheidungen enthalten, für selbständig anfechtbar und unterwirft sie der sofortigen Beschwerde in entsprechender Anwendung der §§ 567 bis 572 ZPO. Hierzu gehören: 15
– die Zurückweisung des Ablehnungsgesuch (§ 6 Abs 2);
– die Ablehnung der Hinzuziehung weiterer Beteiligter (§ 7 Abs 3);
– die Aussetzung des Verfahrens (§ 21 Abs 2);
– die Verhängung eines Ordnungsgelds gegen einen persönlich geladenen, aber nicht erschienenen Beteiligten (§ 33 Abs 3);
– die Anordnung von Zwangsmaßnahmen zur Durchsetzung gerichtlicher Anordnungen (§ 35 Abs 5);
– die Berichtigung eines Beschlusses (§ 42 Abs 3);
– Beschlüsse im Verfahrenskostenhilfeverfahren (§ 79);
– Beschlüsse im Vollstreckungsverfahren (§ 87 Abs 4);
– das Setzen einer Erklärungsfrist bei der Testamentsvollstreckung (§ 355 Abs 1);
– die Fristsetzung bei einer Teilungssache (§§ 366 Abs 3, 372 Abs 1);
– der Beschluss, durch den der Antrag auf Erlass einer Zahlungssperre zurückgewiesen (§ 480 Abs 2) oder eine Zahlungssperre aufgehoben wird (§ 482 Abs 3).

In diesen Fällen tritt formelle Rechtskraft nach Ablauf der mit Zustellung der Entscheidung beginnenden zweiwöchigen Frist des § 569 Abs 1 ZPO ein. 16

c) Rechtsbeschwerde

Zu den den Eintritt der Rechtskraft hinausschiebenden Rechtsmittelmöglichkeiten gehört auch die Rechtsbeschwerde (§ 70). Diese ist nur in den Fällen statthaft, in denen sie durch das Beschwerdegericht oder das Oberlandesgericht im ersten Rechtszug zugelassen wurde. In diesem Fall tritt die Rechtskraft frühestens mit Ablauf der Rechtsbeschwerdefrist ein, dh einen Monat nach der schriftlichen Bekanntgabe des Beschlusses (§ 71 Abs 1 S 1). 17

2. Anfechtbarkeit durch weitere Rechtsbehelfe

18 Eine den Eintritt der Rechtskraft hinausschiebende Wirkung haben daneben (nur) diejenigen Rechtsbehelfe, die in § 45 ausdrücklich genannt sind. Hierzu gehören der Einspruch, der Widerspruch und die Erinnerung.

a) Einspruch

19 Der Einspruch ist statthaft gegen die Festsetzung von **Zwangsgeld** gem den §§ 388 bis 390, 392.
20 Der Einspruch gegen ein in Familiensachen ergangenes **Versäumnisurteil** (§ 143) unterfällt § 45 wegen § 113 nicht.

b) Widerspruch

21 Ein Widerspruch ist möglich im **Amtslöschungsverfahren** nach den §§ 393 bis 395, 397 bis 399 und im **Dispacheverfahren** nach den §§ 406, 407 (zur Rechtsnatur des Widerspruchs nach § 155 Abs 2, 3 FGG aF vgl KKW/*Schmidt* § 155 FGG Rn 2).
22 Der rein verfahrensrechtliche Widerspruch gegen die Aussetzung des **Scheidungsverfahrens** gem § 136 Abs 1 S 2 unterfällt § 45 schon wegen § 113 nicht.

c) Erinnerung

23 Der Erinnerung unterliegen nach § 11 Abs 2 RPflG die Entscheidungen des **Rechtspflegers**, wenn nach den allgemeinen verfahrensrechtlichen Vorschriften ein Rechtsmittel nicht gegeben ist. Ausgenommen sind gerichtliche Verfügungen, Beschlüsse oder Zeugnisse, die nach den Vorschriften der Grundbuchordnung, der Schiffsregisterordnung oder des FamFG wirksam geworden sind und nicht mehr geändert werden können (§ 11 Abs 3 RPflG).

III. Hemmung der Rechtskraft durch Anfechtung (S 2)

24 Die rechtzeitige **Einlegung** eines Rechtsmittel, Einspruchs, Widerspruchs oder einer Erinnerung hemmt den Eintritt der Rechtskraft.
25 Diese Hemmungswirkung tritt für die gesamte Entscheidung auch dann ein, wenn nur ein Teil angefochten wird, da jetzt über den Ablauf der Rechtsbehelfsfrist hinaus durch Erweiterung des Antrags oder durch Anschließung eines anderen Beteiligten auch der zunächst nicht angefochtene Teil zur Überprüfung des Rechtsbehelfsgerichts gestellt werden kann (BGH Rpfleger 1980, 96; BGH NJW 1994, 659; MüKo/*Krüger* § 705 ZPO Rn 7 f; Stein/Jonas/Leipold/*Münzberg* § 705 ZPO Rn 8).
26 Hemmungswirkung entfaltet auch ein **unzulässiger** Rechtsbehelf (GemS BGHZ 88, 357). Wird dieser vor Ablauf der Rechtsbehelfsfrist (zB, weil diese mangels wirksamer Zustellung nicht in Gang gesetzt wurde) verworfen, so tritt Rechtskraft erst mit Ablauf der Einlegungsfrist ein. Etwas anderes gilt für die Einlegung unstatthafter Rechtsbehelfe; mangels Statthaftigkeit eines Rechtsbehelfs ist Rechtskraft hier bereits mit dem Wirksamwerden eingetreten (Rz 7), so dass eine Hemmung nicht mehr eintreten kann.
27 Die Hemmungswirkung endet mit der **Rücknahme** des Rechtsbehelfs oder mit dem Ablauf der Einlegungsfrist, wenn diese bei Rücknahme noch nicht verstrichen ist.
28 Ansonsten tritt Rechtskraft mit dem Ende der Hemmungswirkung ein, dh mit Rechtskraft der den Rechtsbehelf verwerfenden oder zurückweisenden Entscheidung. Ein rückwirkender Wegfall der Hemmungswirkung ist mit dem Gesetzeswortlaut nicht zu vereinbaren (Stein/Jonas/Leipold/*Münzberg* § 705 ZPO Rn 12 mwN).

D. Folgen der Rechtskraft

Mit dem Eintritt der formellen Rechtskraft wird das Verfahren **abgeschlossen**. Damit endet die Möglichkeit, einen Antrag zurückzunehmen (§ 22 Abs 1). 29

Soweit Entscheidungen nicht bereits durch ihre Bekanntgabe an die Beteiligten wirksam geworden sind (§ 40 Abs 1), tritt diese **Wirksamkeit** mit der Rechtskraft ein (§ 40 Abs 2, 3). Besonders angeordnet ist dies nach §§ 40 Abs 2, 3, 184, 198 Abs 1, 2, 290 Abs 2, 216 Abs 1, 227, 264 Abs 1, 439 Abs 2, 324 Abs 1, 366 Abs 1, 368, 371, 401, 409, 422 Abs 1 (dazu § 40 Rz 17 ff). 30

Entsprechendes gilt für Endentscheidungen in **Ehesachen** und in **Familienstreitsachen** (§ 116 Abs 1, 2), bei denen Rechtskraft nicht nach § 45, sondern nach § 705 ZPO eintritt (§ 113 Abs 1). 31

Entscheidungen in **Folgesachen** werden vor Rechtskraft des Scheidungsausspruchs nicht wirksam (§ 148); die Verpflichtung zur Leistung des Unterhalts wird nicht wirksam vor Rechtskraft des Beschlusses, der die Vaterschaft feststellt (§ 237 Abs 4). 32

Ergangene Entscheidungen können in diesem Verfahren mit regulären Rechtsbehelfen nicht mehr **angefochten** werden, beseitigt werden können sie nur noch durch eine Beseitigung der Rechtskraft (Rz 35) über eine Wiederaufnahme des Verfahrens. Gegen die Verpflichtung zu künftig fällig werdenden wiederkehrenden Leistungen kann eine Abänderung beantragt werden (§ 240). 33

Die **Endgültigkeit** der Entscheidung bewirkt, dass einstweilige Anordnungen in einer Familienstreitsache außer Kraft treten (§ 56 Abs 1) und neue vorläufige Anordnungen nicht ergehen können, insbes die Vollstreckung aus einer Endentscheidung nicht mehr eingestellt oder beschränkt werden kann (§ 120 Abs 2). Vollstreckt werden kann aus Beschlüssen bereits mit deren Wirksamwerden (§ 86 Abs 2) und damit regelmäßig ab Bekanntgabe (§ 40 Abs 1), spätestens mit Eintritt der Rechtskraft (§ 40 Abs 2, 3). 34

E. Durchbrechungen der Rechtskraft

Beseitigt werden kann die einmal eingetretene Rechtskraft durch die Wiedereinsetzung in eine versäumte Rechtsbehelfsfrist (§ 17), durch die Abänderung einer Endentscheidung mit Dauerwirkung nach § 48 Abs 1, durch eine Wiederaufnahmeklage (§ 48 Abs 2 iVm § 578 ZPO) oder durch eine Abänderungsklage nach § 240. 35

§ 46 Rechtskraftzeugnis

Das Zeugnis über die Rechtskraft eines Beschlusses ist auf Grund der Verfahrensakten von der Geschäftsstelle des Gerichts des ersten Rechtszugs zu erteilen. Solange das Verfahren in einem höheren Rechtszug anhängig ist, erteilt die Geschäftsstelle des Gerichts dieses Rechtszugs das Zeugnis. In Ehe- und Abstammungssachen wird den Beteiligten von Amts wegen ein Rechtskraftzeugnis auf einer Ausfertigung ohne Begründung erteilt. Die Entscheidung der Geschäftsstelle ist mit der Erinnerung in entsprechender Anwendung des § 573 der Zivilprozessordnung anfechtbar.

A. Allgemeines

1 Die Vorschrift regelt parallel zu § 706 ZPO die Voraussetzungen für die Erteilung eines Rechtskraftzeugnisses. Die **S 1 und 2** entsprechen § 706 Abs 1 S 1 ZPO. **S 3** passt den § 706 Abs 1 S 2 ZPO den Entscheidungsformalien des FamFG an. Die für § 706 ZPO aus § 573 ZPO folgende Anfechtungsmöglichkeit von Entscheidungen über die Erteilung des Rechtskraftzeugnisses war zunächst schlicht vergessen worden und wurde mit **S 4** nachträglich eingefügt.

B. Anwendungsbereich

2 Die Vorschrift ist grundsätzlich auf alle Entscheidungen im FamFG-Verfahren anwendbar, die in formeller Rechtskraft erwachsen können, insbesondere also auf die in Form eines Beschlusses ergangenen Entscheidungen (§ 45). Ausgenommen sind Beschlüsse in Ehe- und Familienstreitverfahren, für die der – inhaltsgleiche – § 706 ZPO gilt (§ 113 Abs 1).

C. Voraussetzungen

I. Erforderlichkeit

3 Das Rechtskraftzeugnis dient dem Nachweis der formellen Rechtskraft einer Entscheidung (§ 45). Erforderlich ist ein solcher Nachweis nur ausnahmsweise. Soweit die Rechtskraft Voraussetzung für die Vollstreckung ist (§§ 86 Abs 2, 40 Abs 2, 3), wird ihr Eintritt von Amts wegen festgestellt, eines Nachweises durch die Beteiligten bedarf es nicht. Benötigt wird das Rechtskraftzeugnis, wo der Eintritt der formellen Rechtskraft als **Tatbestandsvoraussetzung** einer verfahrensrechtlichen oder materiellrechtlichen Norm nachgewiesen werden muss. Dies ist zum Beispiel erforderlich für die Einhaltung der Klagefrist im Wiederaufnahmeverfahren (§ 48 Abs 2 iVm § 586 ZPO), für die Beendigung der Verjährungshemmung durch gerichtliche Geltendmachung sechs Monate nach der rechtskräftigen Entscheidung (§ 204 Abs 2 BGB) oder für den Antrag auf Änderung des Güterrechtsregisters aufgrund einer rechtskräftigen gerichtlichen Entscheidung (§ 1561 Abs 2 Nr 1 BGB).

II. Antrag

4 Ein Rechtskraftzeugnis wird grundsätzlich nur auf Antrag erteilt.

5 **Antragsberechtigt** sind die Verfahrensbeteiligten und ihre Rechtsnachfolger. Sie bedürfen weder eines besonderen Rechtsschutzbedürfnisses noch muss der Antrag in irgendeiner Form begründet werden. Streitig ist, inwieweit Dritten ein Zeugnis zu erteilen ist. Die hM bejaht dies jedenfalls dann, wenn sie eine Ausfertigung der Entscheidung vorlegen und ein schutzwürdiges Interesse dartun (Baumbach/*Hartmann* § 706 ZPO Rn 7; Stein/Jonas/*Münzberg* § 706 ZPO Rn 5 mwN; aA Musielak/*Lackmann* § 706 ZPO Rn 2; offen BGHZ 31, 391).

Der Antrag ist nicht formbedürftig, setzt aber voraus, dass mit ihm zusammen eine 6
Ausfertigung der Entscheidung vorgelegt wird, auf der die Rechtskraft bescheinigt werden kann (§ 7 Nr 1 AktO; unten Rz 15).

Das Rechtskraftzeugnis kann bezüglich aller Entscheidungen beantragt werden, die 7
in formeller Rechtskraft erwachsen.

Der Antrag kann auf einen **Teil** der Entscheidung beschränkt werden, wenn diese nur 8
mit einem abgrenzbaren Teil rechtskräftig geworden ist (OLG Karlsruhe Justiz 1971, 59).

III. Von Amts wegen

Auch ohne Antrag von Amts wegen wird den Beteiligten ein Rechtskraftzeugnis in **Ehe-** 9
und **Abstammungssachen** (§§ 121 ff, 169 ff) erteilt (§ 46 S 3). Grund hierfür ist das öffentliche Interesse am Eintritt der Rechtskraft (BT-Drucksache 14/4722 S 121; Stein/Jonas/*Münzberg* § 706 ZPO Rn 5). Da die Geschäftsstelle hier die Standesämter ohnehin von Amts wegen von dem Eintritt der Rechtskraft benachrichtigen muss (Nr VII/3, VIII MiZi), wird unnötiger Aufwand vermieden, wenn die Bescheinigung für die Beteiligten gleich mit erteilt und nicht erst ein entsprechender Antrag abgewartet wird.

IV. Zuständigkeit

Zuständig für die Erteilung der Rechtskraftzeugnisses ist die **Geschäftsstelle** des Ge- 10
richts, das im ersten Rechtszug entschieden hat. Ob dieses Gericht für die Hauptsache zuständig war, wird nicht mehr geprüft. Nur in den Fällen, in denen das Verfahren (schon und noch) in einem höheren Rechtszug anhängig ist, ist für die Erteilung die Geschäftsstelle dieses Gerichts zuständig. Auch dies entspricht Praktikabilitätserwägungen, weil sich die Akten dann dort befinden (zu den Auswirkungen dieses Normzwecks auf den Begriff der »Anhängigkeit« iSd § 46 BGH LM Nr 2; MüKo/*Krüger* § 706 ZPO Rn 3 mwN).

Für die Geschäftsstelle entscheidet der **Urkundsbeamte**, nicht der Rechtspfleger (KG 11
FamRZ 1974, 447).

Beim unzuständigen Gericht eingereichte Anträge sind – nach Anhörung der Beteilig- 12
ten – an das zuständige Gericht weiterzuleiten.

V. Verfahren

Ob formelle Rechtskraft eingetreten ist, hat der zuständige Urkundsbeamte eigenverant- 13
wortlich zu prüfen. Er kann dazu, soweit die Prozessakten zur Beurteilung nicht genügen, vom Antragsteller weitere Nachweise anfordern, etwa die Vorlage von Zustellungsnachweisen, soweit diese für den Lauf von Rechtsmittelfristen von Bedeutung sind.

Einer Anhörung der übrigen Beteiligten bedarf es – abgesehen vom Fall der Weiterlei- 14
tung des Antrags (oben Rz 12) – nicht, da in deren Rechtspositionen nicht eingegriffen wird.

D. Rechtsfolgen

I. Rechtskraftzeugnis

1. Form

Das Rechtskraftzeugnis wird auf der vom Antragsteller eingereichten Ausfertigung der 15
Entscheidung angebracht und am Beschlusskopf der Urschrift vermerkt (§ 7 Nr 1 AktO). Möglich ist indes auch eine separate Bescheinigung. Ist der Kostenfestsetzungsbeschluss separat ergangen, ist das Rechtskraftzeugnis auch auf diesem anzubringen, damit die Rechtskraft auch bei getrennter Vollstreckung nachgewiesen werden kann (Stein/Jonas/

Münzberg § 706 ZPO Rn 9). Zur Vorgehensweise bei elektronischen Dokumenten § 42 Rz 36.

16 Bescheinigt wird grundsätzlich nur, dass Rechtskraft eingetreten ist (»Vorstehender Beschluss ist rechtskräftig.«). Einer Angabe des Zeitpunkts des Eintritts der Rechtskraft (»rechtskräftig seit ...«) bedarf es nur, wenn die Entscheidung auf Scheidung, Aufhebung oder Feststellung der Nichtigkeit lautet (§ 38 Abs 5c AktO). In anderen Fällen ist die Angabe des Zeitpunkts zwar nicht erforderlich, schadet aber auch nichts.

2. Wirkungen

17 Das Rechtskraftzeugnis dient dem Nachweis der formellen Rechtskraft einer Entscheidung (§ 45).

18 Das Rechtskraftzeugnis schafft die Rechtskraft nicht, sondern stellt deren Eintritt lediglich **deklaratorisch** fest. Dabei kommt ihm die Beweiskraft einer öffentlichen Urkunde zu (§§ 415, 418 ZPO; BGH LM Nr 1). Bescheinigt werden die tatsächlichen Voraussetzungen der formellen Rechtskraft (§ 45), dass also die entsprechende Entscheidung durch Rechtsmittel, Einspruch, Widerspruch oder Erinnerung nicht mehr abgeändert werden kann. Eine Aussage über die materielle Rechtskraft, die inhaltliche Richtigkeit der Entscheidung, ihren Fortbestand oder die Bindung der Beteiligten daran enthält das Zeugnis nicht (BGHZ 31, 388, 391; BGH FamRZ 1971, 635). Soweit gesetzlich nicht ein Rechtskraftzeugnis ausdrücklich erforderl ist (wie zB in § 1561 Abs 2 Nr 1 BGB), kann der Nachweis der formellen Rechtskraft auch anders geführt werden (RGZ 46, 357, 360). Wie gegen jede öffentliche Urkunde kann auch gegen das Rechtskraftzeugnis der Gegenbeweis geführt werden (§ 418 Abs 2 ZPO; RGZ 46, 357, 360; BGH LM Nr 1).

II. Kosten

19 Das Rechtskraftzeugnis wird **gebührenfrei** erteilt. Gerichtsgebühren sind durch die Prozessgebühr abgegolten, für den Rechtsanwalt gehört die Erteilung des Rechtskraftzeugnisses zur Instanz (§ 19 Abs 1 S 2 Nr 9 RVG). Auch eine Erstattung von Portokosten ist gesetzlich nicht vorgesehen (RGZ 131, 151).

E. Rechtsbehelfe

20 Die Entscheidungen der Geschäftsstelle über die Erteilung oder Nichterteilung des Rechtskraftzeugnisses können mit der Erinnerung analog § 573 ZPO angefochten werden. Für diese Erinnerung gelten nach § 573 Satz 3 ZPO die §§ 569 Abs 1 Satz 1 und 2, Abs 2, 570 und 572 ZPO.

21 Die Erinnerung ist binnen einer Notfrist von zwei Wochen schriftlich oder zu Protokoll der Geschäftsstelle bei dem Gericht, dessen Entscheidung angefochten wird, einzulegen (§ 573 Abs 1 ZPO). Die Notfrist beginnt mit der Zustellung der Entscheidung, spätestens mit dem Ablauf von fünf Monaten nach der Bekanntgabe des Beschlusses. Es muss die angefochtene Entscheidung bezeichnet und erklärt werden, dass gegen diese Erinnerung eingelegt wird. Die Erinnerung hat keine aufschiebende Wirkung, doch kann das Gericht eine einstweilige Anordnung erlassen, insbesondere die Vollziehung der angefochtenen Entscheidung aussetzen.

22 Erachtet der Urkundsbeamte der Geschäftsstelle, dessen Entscheidung angefochten wird, die Beschwerde für begründet, so hat er ihr abzuhelfen; andernfalls ist sie unverzüglich dem Beschwerdegericht vorzulegen. Dieses hat von Amts wegen zu prüfen, ob die Beschwerde an sich statthaft und ob sie in der gesetzlichen Form und Frist eingelegt ist. Mangelt es an einem dieser Erfordernisse, so ist die Erinnerung als unzulässig zu verwerfen. Erachtet das Beschwerdegericht die Beschwerde für begründet, so kann es dem Urkundsbeamten die Erteilung des Rechtskraftzeugnisses übertragen. In jedem Fall ergeht die Entscheidung des Beschwerdegerichts durch Beschluss.

§ 47 Wirksam bleibende Rechtsgeschäfte

Ist ein Beschluss ungerechtfertigt, durch den jemand die Fähigkeit oder die Befugnis erlangt, ein Rechtsgeschäft vorzunehmen oder eine Willenserklärung entgegenzunehmen, hat die Aufhebung des Beschlusses auf die Wirksamkeit der inzwischen von ihm oder ihm gegenüber vorgenommenen Rechtsgeschäfte keinen Einfluss, soweit der Beschluss nicht von Anfang an unwirksam ist.

A. Allgemeines

§ 47 regelt die Wirkung der Abänderung einer Entscheidung auf Rechtsgeschäfte, die aufgrund dieser Entscheidung vorgenommen wurden. Deren Unwirksamkeit wäre ein schwerer Eingriff in die Rechte all derjenigen Personen, mit denen diese Rechtsgeschäfte abgeschlossen wurden. Müsste mit der Unwirksamkeit solcher Rechtsgeschäfte gerechnet werden, bestünde kaum Bereitschaft zum Abschluss mit Personen, die ihre Berechtigung aus einer gerichtlichen Entscheidung herleiten (*Habscheid* § 27 IV.1.d). 1

Die Vorschrift entspricht inhaltlich im Wesentlichen § 32 FGG, der über seinen Wortlaut hinaus bereits auf alle Unwirksamkeitsgründe angewandt wurde (vgl KKW/*Zimmermann* § 32 FGG Rn 8). Diesen weiten Anwendungsbereich schreibt § 47 nunmehr fest. 2

B. Anwendungsbereich

Die Vorschrift ist grds auf alle Beschlüsse im FamFG-Verfahren anwendbar. Ausgenommen sind Beschlüsse in Ehe- und Familienstreitverfahren, für die die allgemeinen ZPO-Vorschriften gelten (§ 113 Abs 1). 3

C. Voraussetzungen

Die Frage der Wirksamkeit von Rechtsgeschäften oder Willenserklärungen stellt sich, wenn diese von einem Dritten in Ausnutzung einer durch einen Beschluss ungerechtfertigt erlangten Befugnis oder Fähigkeit vorgenommen wurden. 4

I. Beschluss

Die **Fähigkeit** zur Vornahme eines Rechtsgeschäfts oder zur Entgegennahme von Willenserklärungen verschafft ein Beschluss, der die tatsächlichen Voraussetzungen für eine gesetzliche Vertretung schafft. Hierzu gehören zB der Beschluss, mit dem der selbstständige Betriebs eines Erwerbsgeschäfts (§ 112 BGB) oder die Eingehung eines Dienst- und Arbeitsverhältnisses durch einen Minderjährigen genehmigt wird (§ 113 BGB) und der Beschluss, mit dem vorher bestehende Beschränkungen der Berechtigung eines Ehegatten, Geschäfte mit Wirkung für den anderen zu besorgen, aufgehoben werden (§ 1357 Abs 2 BGB). 5

Entsprechend anzuwenden ist § 32 auf Mitglieder eines Aufsichtsrats, die kraft gerichtlichen Beschlusses bestimmt worden sind (§ 104 AktG), da solchen Personen im gesetzlich vorgesehenen Umfang Vertretungsmacht zukommt (BayObLG BB 2004, 2095; *Bassenge* § 32 Rn 1; KKW/*Zimmermann* § 32 FGG Rn 6). Das Gleiche gilt für die gerichtliche Bestellung eines Abschlussprüfers bei der Aktiengesellschaft (BayObLG BB 2002, 672; OLG Düsseldorf ZIP 1996, 1040). 6

Die **Befugnis** zur Vornahme eines Rechtsgeschäfts oder zur Entgegennahme von Willenserklärungen schafft eine entsprechende rechtsgeschäftliche Vertretungsbefugnis. Hierzu gehören der Beschluss über die Bestellung eines Vormunds (§ 1789), eines Pflegers (§§ 1915, 1789 BGB), eines Betreuers (§§ 1896, 1902 BGB), eines Nachlasspflegers (§§ 1960, 1961 BGB) oder Nachlassverwalters (§§ 1981, 1984 BGB), die Bestellung eines Liquidators für einen Verein (§ 48 BGB), eine Handelsgesellschaft (§ 146 HGB) oder eine 7

Genossenschaft (§ 83 GenG) und die Ernennung zum Testamentsvollstrecker (§ 220 BGB).

II. Ungerechtfertigt

1. Aufhebung

8 Dass der Beschluss ungerechtfertigt war, steht erst fest, wenn er **aufgehoben** wurde. Dies kann im Rahmen des § 48 durch das Gericht des ersten Rechtszugs oder nach §§ 69, 74 bzw nach § 572 ZPO durch das Rechtsmittelgericht erfolgen.

9 Kein Bedürfnis für eine Anwendung des § 47 besteht, wenn in einem neuen Verfahren aufgrund veränderter tatsächlicher Umstände eine vom ersten Beschluss inhaltlich abweichende Entscheidung ergeht. Solche neuen Entscheidungen wirken nicht zurück und lassen frühere Rechtsgeschäfte und Willenserklärungen stets unberührt.

2. Aufhebungsgrund

10 Gründe für die Aufhebung des Beschlusses können entweder ausschließlich ab der Aufhebungsentscheidung allein in die Zukunft wirken (»ex-nunc-Wirkung«) oder Rückwirkung entfalten und den Beschluss von Anfang an unwirksam machen (»ex-tunc-Wirkung«).

11 **Nichtig** und damit von Anfang an unwirksam ist ein Beschluss dann, wenn er nicht bloß fehlerhaft ist, sondern unter einem besonders schweren und offensichtlichen Rechtsfehler leidet (unten Rz 22 ff).

12 Angenommen hat die Rechtsprechung dies bei Beschlüssen, die jeder gesetzlichen Grundlage entbehren, eine der Rechtsordnung unbekannte Rechtsfolge aussprechen oder ohne eine vom Gesetz ausdrücklich als notwendig bezeichnete Einwilligung ergehen. Nichtig sind Beschlüsse, die im schriftlichen Verfahren ohne ordnungsgemäße Unterschrift ergehen (OLG Köln OLGR 1988, 549), bei Überschreitung der funktionellen Zuständigkeit des Urkundsbeamten der Geschäftsstelle (OLG Hamm OLGR 1987, 272) oder des Rechtspflegers (BayObLGE 1986, 524; OLG Frankfurt NJW-RR 1996, 1288).

13 Alle anderen Fehler verhindern das Wirksamwerden eines Beschlusses nicht, machen diesen lediglich **anfechtbar** und führen zur Unwirksamkeit erst ab der Aufhebung (unten Rz 15 ff).

D. Rechtsfolgen

14 Die Aufhebung lediglich anfechtbarer Beschlüsse lässt die Wirksamkeit darauf gestützter Rechtsgeschäfte nach § 47 unberührt (Rz 15 ff). Aufgrund nichtiger Beschlüsse abgeschlossene Rechtsgeschäfte dagegen werden von § 47 nicht erfasst, sie waren von Anfang an unwirksam und bleiben dies unabhängig von einer eventuellen Aufhebung des Beschlusses (unten Rz 22 ff).

I. Wirksamkeit der Rechtshandlungen

15 Die Aufhebung eines die Vertretungsmacht begründenden, lediglich anfechtbaren Beschlusses lässt die Wirksamkeit der inzwischen vorgenommenen und darauf gestützten Rechtsgeschäfte unberührt. Diese Rechtsgeschäfte bleiben wirksam. Damit werden die am Rechtsgeschäft beteiligten Dritten geschützt. Nur wenn deren Vertrauen in die Wirksamkeit der Rechtsgeschäfte erhalten wird, sind Dritte bereit, solche mit dem durch einen gerichtlichen Beschluss Berechtigten abzuschließen.

16 § 47 verhindert lediglich ein Unwirksamwerden des Rechtsgeschäfts aufgrund der Aufhebung des Berechtigungsbeschlusses. Eine Unwirksamkeit oder Anfechtbarkeit des Rechtsgeschäfts aus anderen (materiellrechtlichen) Gründen bleibt davon unberührt.

Die Aufhebung der Anordnung einer Abwesenheitspflegschaft und der erteilten vor- 17
mundschaftsgerichtlichen Genehmigung hat auf die Wirksamkeit der vorher von dem
Abwesenheitspfleger getätigten Rechtshandlungen (hier: die Bestellung einer Grunddienstbarkeit und der Abschluss eines Grundstückskaufvertrages) keine Auswirkungen
(OLG Köln Rpfleger 2002, 195).

Wird auf die Beschwerde hin ein Beschluss, durch den ein Betreuer entlassen und an 18
seiner Stelle ein anderer zum Betreuer bestellt wurde, aufgehoben, so wird die Betreuerentlassung rückwirkend hinfällig, während die Wirkungen der Bestellung des neuen Betreuers erst mit der Beschwerdeentscheidung entfällt. Vom neuen Betreuer bis zur Beschwerdeentscheidung vorgenommene Rechtsgeschäfte für den Betreuten bleiben also
wirksam (OLG Köln FamRZ 1995, 1086).

Wird die Nachlasspflegschaft wegen Wegfalls des Grundes aufgehoben, bleiben die 19
Rechtshandlungen des Nachlasspflegers wirksam (OLG Frankfurt NJW-RR 1995, 391).

Wird ein Gerichtsbeschluss, der einen Notverwalter bestellt und im Wege der einst- 20
weiligen Anordnung die Bestellung für sofort wirksam erklärt, im Rechtsmittelverfahren aufgehoben, hat das auf die vorher getätigten Rechtshandlungen des Notverwalters
keine Auswirkungen (BayObLG NJW-RR 1992, 787).

Die nachträgliche Aufhebung oder Abänderung des Bestellungsbeschlusses bleibt oh- 21
ne Einfluss auf die Wirksamkeit der Abschlussprüfung und des Bestätigungsvermerks.
Dies gilt nicht nur für die Anfechtung der Ersetzung eines Abschlussprüfers bei der Aktiengesellschaft (OLG Düsseldorf ZIP 1996, 1040), sondern auch für die Ablehnung des
Antrags auf Bestellung eines anderen Abschlussprüfers (BayObLG BB 2002, 672).

II. Unwirksamkeit der Rechtshandlungen

Nicht von § 47 erfasst werden die Fälle der Unwirksamkeit des aufgehobenen Beschlus- 22
ses von Anfang an. Hier tritt die Unwirksamkeit des Beschlusses nicht aufgrund der
Aufhebung ein, sondern bestand unabhängig davon schon immer. War der Beschluss
von Anfang an nichtig, so wirkt seine (zwar nicht erforderliche, aber mögliche: BayObLGE 1988, 259) Aufhebung lediglich deklaratorisch, stellt die anfängliche Unwirksamkeit und damit Wirkungslosigkeit der Entscheidung nur fest. Solche Mängel erfassen die aufgrund des Beschlusses vorgenommenen Rechtsgeschäfte und machen auch
sie unwirksam (BGH VersR 1998, 1299; BGHZ 39, 45, 48).

Die Bestellung eines Abwesenheitspflegers nicht durch den Richter, sondern durch 23
den Rechtspfleger ist nichtig. Rechtsgeschäfte, die der vom Rechtspfleger bestellte Abwesenheitspfleger für den Abwesenden vorgenommen hat, sind unwirksam Dies gilt
auch dann, wenn der Rechtspfleger sie genehmigt hat (OLG Köln OLGR 2003, 349).
Auch die Bestellung des Nachtragsliquidators obliegt funktionell allein dem Richter;
wird sie vom Rechtspfleger vorgenommen, sind die Rechtshandlungen des Liquidators
unwirksam (OLG Schleswig Rpfleger 2000, 152 und BB 1996, 1164).

Über die dargestellten Fälle hinaus kommt eine Unwirksamkeit von Rechtsgeschäften 24
des durch einen Beschluss Berechtigten nicht schon deswegen in Betracht, weil diese
zum Nachteil eines Minderjährigen wirken. Wird ein Minderjähriger durch pflichtwidrige Handlungen des Vormundschaftsgerichts geschädigt, so kann dies allenfalls zu
Schadensersatzansprüchen führen (BGH BB 1991, 2325).

§ 48 Abänderung und Wiederaufnahme

(1) Das Gericht des ersten Rechtszugs kann eine rechtskräftige Endentscheidung mit Dauerwirkung aufheben oder ändern, wenn sich die zugrunde liegende Sach- oder Rechtslage nachträglich wesentlich geändert hat. In Verfahren, die nur auf Antrag eingeleitet werden, erfolgt die Aufhebung oder Abänderung nur auf Antrag.

(2) Ein rechtskräftig beendetes Verfahren kann in entsprechender Anwendung der Vorschriften des Buches 4 der Zivilprozessordnung wiederaufgenommen werden.

(3) Gegen einen Beschluss, durch den die Genehmigung für ein Rechtsgeschäft erteilt oder verweigert wird, findet eine Wiedereinsetzung in den vorigen Stand, eine Rüge nach § 44, eine Abänderung oder eine Wiederaufnahme nicht statt, wenn die Genehmigung oder deren Verweigerung einem Dritten gegenüber wirksam geworden ist.

Übersicht

	Rz		Rz
A. Allgemeines	1	I. Zulässigkeit der Wiederaufnahme	23
B. Anwendungsbereich	5	II. Wiederaufnahmegrund	29
C. Abänderung (Abs 1)	7	1. Nichtigkeitsklage	30
I. Voraussetzungen	8	2. Restitutionsklage	35
1. Rechtskräftige Entscheidung mit Dauerwirkung	8	III. Neue Verhandlung und Entscheidung	41
2. Nachträgliche wesentliche Änderung der Sach- oder Rechtslage	10	E. Unabänderlichkeit von Genehmigungsbeschlüssen (Abs 3)	44
3. Antrag	13	I. Genehmigungsbeschlüsse	46
4. Spezialgesetzliche Regelungen	15	II. Wirksamwerden gegenüber Dritten	52
II. Verfahren und Entscheidung	16		
D. Wiederaufnahme (Abs 2)	21	III. Bestandskraft	57

A. Allgemeines

1 § 48 regelt wichtige Durchbrechungen der Rechtskraft. Rechtskräftige Entscheidungen können abgeändert (Abs 1), rechtskräftig abgeschlossene Verfahren wiederaufgenommen werden (Abs 2). Diese und andere Rechtskraftdurchbrechungen gelten nur eingeschränkt für Genehmigungsbeschlüsse (Abs 3).

2 Die Abänderungsmöglichkeit des § 48 Abs 1 greift die frühere Regelung des § 18 FGG auf, beschränkt diese wegen der grds Befristung der Rechtsmittel aber auf bereits rechtskräftige Entscheidungen und auf die Fälle nachträglich wesentlich veränderter Umstände. Funktional entspricht die Abänderungsmöglichkeit nach § 48 Abs 1 der Abänderungsklage des Zivilprozessrechts (§ 323 ZPO). Mit der allgemeinen Regelung wurden frühere spezialgesetzliche Abänderungsmöglichkeiten (§ 17 HausratsVO aF) obsolet.

3 Die Wiederaufnahme des Verfahrens kam bereits nach früherem Recht über eine entsprechende Anwendung der Vorschriften der Zivilprozessordnung in Betracht (BayObLG FamRZ 2004, 137; KKW/*Schmidt* § 18 FGG Rn 69). Im Interesse einer Harmonisierung der Verfahrensordnungen (so auch § 153 Abs 1 VwGO, § 179 Abs 1 SGG, § 134 FGO) sieht das FamFG in **§ 48 Abs 2** von einer eigenen Regelung der Wiederaufnahme ab und schreibt die entsprechende Anwendung der §§ 578 ff ausdrücklich fest.

4 Ihre Grenzen müssen Durchbrechungen der Rechtskraft dort finden, wo das Vertrauen Dritter in die Bestandskraft einer Entscheidung geschützt werden muss. Dies gilt insbes für die Erteilung oder Verweigerung der Genehmigung von Rechtsgeschäften. Dem trägt **§ 48 Abs 3** Rechnung, der der früheren Regelung aus §§ 55, 67 FGG entspricht.

B. Anwendungsbereich

5 Die Vorschrift ist grds auf alle Beschlüsse im FamFG-Verfahren anwendbar, unabhängig davon, ob diese vom Richter oder vom Rechtspfleger erlassen wurden. Ausgenommen sind Beschlüsse in Ehe- und Familienstreitverfahren, für die gem § 113 Abs 1 die allgemeinen ZPO-Vorschriften (§§ 323, 578 ff ZPO) gelten.

Verdrängt wird die Abänderungsmöglichkeit nach Abs 1 durch Spezialvorschriften **6** wie §§ 166, 230, 294, 330 (unten Rz 15).

C. Abänderung (Abs 1)

Abweichend von dem allgemeinen Grundsatz, dass gerichtliche Entscheidungen auch **7** das erlassende Gericht binden (zB § 319 ZPO), sind Entscheidungen nach dem FamFG grds abänderbar (*Habscheid* § 27 I 2).

I. Voraussetzungen

1. Rechtskräftige Entscheidung mit Dauerwirkung

S 1 beschränkt die Abänderungsmöglichkeit tatbestandlich auf Entscheidungen mit **8** Dauerwirkung. Hier erschöpft sich die Wirkung des Beschlusses nicht in einer zu einem bestimmten Zeitpunkt eintretenden einmaligen Rechtsfolge, sondern erstreckt sich über einen (kürzeren oder längeren) Zeitraum. In diesen Fällen kann sich während der Wirkung der Entscheidung eine Änderung der Verhältnisse ergeben, die eine Fortgeltung als nicht mehr gerechtfertigt erscheinen lässt. Dauerwirkungen in diesem Sinne ergeben sich zB bei Vormundschaften, Pflegschaften, bei der elterlichen Gewalt und bei der Testamentsvollstreckung.

Vor dem Eintritt der Rechtskraft kann Änderungen des zu Grunde zu legenden Le- **9** bensachverhalts oder der anzuwendenden Normen durch die Einlegung von Rechtsmitteln Rechnung getragen werden. Die Rechtskraft steht einer Abänderung nicht entgegen. Eine Abänderung ist damit nur bei rechtskräftigen Entscheidungen erforderlich und möglich. Wegen des Eintritts der Rechtskraft s § 45.

2. Nachträgliche wesentliche Änderung der Sach- oder Rechtslage

Möglich ist eine Änderung des Beschlusses nur aufgrund einer **Änderung** der Sach- **10** oder Rechtslage. Diese Änderung muss bereits eingetreten sein, ihre Erwartung im Sinne einer bloßen Prognose genügt nicht (BGHZ 80, 389). Eine Änderung der **Sachlage** liegt immer dann vor, wenn sich die der Entscheidung zugrunde liegenden Tatsachen ändern. Eine Änderung der **Rechtslage** ist gegeben, wenn sich das maßgebliche materielle Recht geändert hat. Hierunter fallen Änderungen des Gesetzes, ausnahmsweise auch solche der höchstrichterlichen Rechtsprechung (BGH NJW 1990, 3020, 3022). Keine Änderung liegt dagegen vor, wenn das erkennende Gericht im Vorverfahren die Sach- oder Rechtslage falsch beurteilt hat (BGH NJW-RR 2001, 937).

Die Änderung der Verhältnisse muss **nachträglich**, also nach Erlass des Beschlusses **11** eingetreten sein. Auf den Zeitpunkt des Erlasses ist auch abzustellen, wenn gegen den Beschluss keine Beschwerde eingelegt wurde (BGH NJW 1986, 383), diese unzulässig war (OLG Düsseldorf FamRZ 1984, 493) oder sie zurückgenommen wurde (BGH MDR 1988, 569). Wurde ein Beschwerdeverfahren durchgeführt, ist der Zeitpunkt des Erlasses des Beschwerdebeschlusses maßgeblich (BGHZ 96, 205). Auf Umstände, die bereits vor Erlass des Beschlusses hätten vorgetragen werden können, kann eine Abänderung auch dann nicht gestützt werden, wenn sich der Beteiligte dies (ausdrücklich oder stillschweigend) vorbehalten hat (BGHZ 136, 374). Dagegen steht es der Nachträglichkeit nicht entgegen, dass die Änderung vorhersehbar war (BGH NJW 1992, 364). Genügen können auch Umstände, die bei Erlass des Beschluss zwar schon vorlagen, den Beteiligten aber nicht bekannt waren (KG OLGR 1971, 89; KKW/*Schmidt* § 18 FGG Rn 1; aA *Habscheid* § 27 III 6).

12 **Wesentlich** ist die Änderung, wenn sie – ihr Vorliegen schon zum Zeitpunkt der Entscheidung unterstellt – zu einer inhaltlich maßgeblich anderen Entscheidung geführt hätte. Die Änderung muss sich damit zum einen auf Sach- oder Rechtsfragen beziehen, die für die Entscheidung erheblich waren, zum anderen einem maßgeblichen Umfang erreichen.

3. Antrag

13 S 2 bestimmt, dass eine Abänderung in **Antragsverfahren** nur auf Antrag des ursprünglichen Antragstellers erfolgen kann. Zu den Antragsverfahren s § 23. Damit wird die Dispositionsbefugnis der Beteiligten auf die Änderung erstreckt. Ohne Antrag ist das Gericht deswegen auch dann nicht zur Abänderung befugt, wenn es von der Unrichtigkeit seiner Entscheidung überzeugt ist. Der Antrag wird regelmäßig ausdrücklich gestellt werden, ist indes nicht formbedürftig und kann in jedem auf eine inhaltliche Überprüfung gerichteten Begehr gesehen werden, insbes in der Einlegung von Rechtsbehelfen. Der Antrag ist fristungebunden, unterliegt aber der Verwirkung. Auf das Antragsrecht kann wie auf das Rechts zur Einlegung von Rechtsbehelfen verzichtet werden, ob ein Rechtsbehelfsverzicht einen Verzicht auf die Abänderung umfasst, ist Frage des Einzelfalles.

14 In den **Amtsverfahren** wird auch die Änderung von Amts wegen eingeleitet, die Beteiligten können diese allenfalls anregen.

4. Spezialgesetzliche Regelungen

15 In einer Reihe von Fällen sieht das materielle Recht ausdrücklich die Möglichkeit vor, trotz Vorliegens einer bestandskräftigen Entscheidung einen neuen, inhaltsgleichen Antrag zu stellen. Die alte Entscheidung steht diesem mangels materieller Rechtskraftwirkung nicht entgegen. Solche spezialgesetzlichen Regelungen verdrängen die allgemeine Abänderungsmöglichkeit aus § 48. Hierzu gehören:
– die Abänderung von Entscheidungen und gerichtlich gebilligten Vergleichen in **Sorgerechtsverfahren** nach § 1696 BGB (§ 166; BayObLG FGPrax 1999, 61);
– die Abänderung von Entscheidungen zum **Versorgungsausgleich** nach § 1587b BGB oder nach §§ 1, 3b des Gesetzes zur Regelung von Härten im Versorgungsausgleich und von Vereinbarungen zum Versorgungsausgleich nach Maßgabe des § 10a des Gesetzes zur Regelung von Härten im Versorgungsausgleich (§ 230);
– die Aufhebung und Einschränkung der **Betreuung** oder des Einwilligungsvorbehalts (§ 294) sowie die Änderung der Rechtsstellung des Betreuers nach § 1908 Abs 4 S 2 BGB (OLG Hamm FGPrax 2000, 192);
– die Aufhebung der **Unterbringung** (§ 330);
– die Aufhebung einer **Vormundschaft** nach §§ 1882, 1884 BGB;
– die Aufhebung einer **Pflegschaft** nach §§ 1919, 1921 BGB.

II. Verfahren und Entscheidung

16 Zuständig für die Abänderung ist allein das Gericht des ersten Rechtszugs. Dies kann auch das Gericht der einstweiligen Anordnung nach § 50 Abs 2 sein. Das Gericht der Hauptsache wird zuständig, sobald die Sache dorthin abgegeben wurde oder dort die Hauptsache anhängig ist.

17 Die Abänderungsbefugnis des Gerichts ist nicht befristet und kann auch nicht verwirkt werden (BGHZ 47, 58).

18 Das Änderungsverfahren setzt das ursprüngliche Verfahren fort, folgt den gleichen Verfahrensregeln. Den Beteiligten des Ausgangsverfahrens ist rechtliches Gehör zu gewähren.

Zur Abänderung verpflichtet ist das Gericht bei Vorliegen der Voraussetzungen des 19
§ 48 Abs 1 nur auf den Antrag eines Beteiligten hin; ohne Antrag liegt eine Abänderung
im (pflichtgemäßen) Ermessen des Gerichts (Jansen/*Briesemeister* § 18 FGG Rn 18; aA
KKW/*Schmidt* § 18 FGG Rn 1, 4: Verpflichtung in jedem Fall).

Im Rahmen der Abänderung wird der ursprüngliche Beschluss aufgehoben und 20
durch eine neue Sachentscheidung ersetzt. Diese kann der ursprünglichen Entscheidung
gegenüber erweitert, reduziert oder sonst abweichend ergehen. Das Verschlechterungsverbot gilt nicht, auch nicht in den Antragsverfahren (Jansen/*Briesemeister* § 18 FGG
Rn 15). Die Abänderung wirkt grds nur in die Zukunft. Rückwirkung kommt ihr nur insoweit zu, als sie eine Verpflichtung zur Leistung enthalten oder Feststellungen treffen.
Darüber hinaus kann auch das Gericht eine Rückwirkung nicht anordnen (KG OLGZ
1971, 196, 198; Ausnahme: § 1612 Abs 2 S 2 BGB).

D. Wiederaufnahme (Abs 2)

Auch FamFG-Verfahren werden nach rechtskräftigem Abschluss nicht von Amts wegen, 21
sondern nur auf Antrag und nur bei Vorliegen gesetzlich eng definierter Ausnahmetatbestände wiederaufgenommen. Mit dem Antrag wird ein neues Verfahren eingeleitet,
das auf die Aufhebung des rechtskräftigen Beschlusses gerichtet ist. Hierzu bedarf es einer Reihe von besonderen Zulässigkeitsvoraussetzungen (unten Rz 23 ff). Aussicht auf
Erfolg hat ein solcher Antrag, wenn das erste Verfahren an schwersten Mängeln leidet
oder es auf einer unrichtigen, insbes verfälschten Grundlage beruht (unten Rz 29 ff). Liegen diese Voraussetzungen vor, wird das ursprüngliche Verfahren wiederholt und eine
neue Sachentscheidung getroffen (unten Rz 41 ff).

Besonders geregelt ist die Wiederaufnahme in **Abstammungssachen** (§ 185). Diese ist 22
ohne besondere Beschwer (§ 185 Abs 2) und fristunabhängig (§ 185 Abs 4 iVm § 586
ZPO) statthaft und kann über die Restitutionsgründe des § 580 ZPO auch auf ein neues
Gutachten gestützt werden.

I. Zulässigkeit der Wiederaufnahme

Der Antrag auf Wiederaufnahme ist grds bei dem Gericht zu stellen, das im ersten 23
Rechtszug erkannt hat. Unter den Voraussetzungen des § 584 Abs 1 kommt ausnahmsweise auch die **Zuständigkeit** des Beschwerde- oder Rechtsbeschwerdegerichts in Betracht.

Statthaft ist der Wiederaufnahmeantrag gegen eine rechtskräftige Endentscheidung 24
(§ 578 Abs 1 ZPO). Diese muss eine **Beschwer** für den Antragsteller enthalten (BGHZ
39, 179).

Den übrigen Rechtsbehelfen gegenüber ist die Wiederaufnahme **subsidiär**, dh erfor- 25
derlich ist, dass der Antragsteller ohne sein Verschulden außerstande war, den Wiederaufnahmegrund durch Beschwerde (§§ 58 ff) oder Gehörsrüge (§ 44) geltend zu machen
(§ 582 ZPO). Ausgeschlossen ist die Wiedereinsetzung damit sowohl, wenn der Wieder-
einsetzungsgrund in einem vorangegangenen Rechtsbehelfsverfahren erfolglos geltend
gemacht wurde, als auch, wenn er nicht geltend gemacht wurde, obwohl das möglich
gewesen wäre.

Beantragt werden kann die Wiederaufnahme nur binnen eines Monats ab Kenntniser- 26
langung vom Wiederaufnahmegrund, längstens jedoch innerhalb von fünf Jahren nach
Eintritt der Rechtskraft (§ 586 Abs 1 ZPO). Besondere **Fristen** gelten für die Nichtigkeitsklage wegen mangelnder Vertretung (§ 579 Abs 2 ZPO).

Die **Antragsschrift** muss – über die allgemeinen Anforderungen an eine solche hinaus 27
– die Bezeichnung des angefochtenen Beschlusses enthalten, angeben, ob Nichtigkeits-
oder Restitutionsklage erhoben wird (§ 587 ZPO) und einen Wiederaufnahmegrund dartun (unten Rz 29 ff).

28 Fehlt es an einer der genannten Zulässigkeitsvoraussetzungen, wird der Antrag als unzulässig verworfen (§ 589 Abs 1 S 2 ZPO).

II. Wiederaufnahmegrund

29 Zur Wiederaufnahme des Verfahrens berechtigen nur die im Gesetz abschließend aufgezählten Gründe. Diese liegen entweder in schwersten Verfahrensmängeln (Nichtigkeitsklage, § 579 ZPO; unten Rz 30 ff) oder in einer unrichtigen, insbes verfälschten Grundlage der Entscheidung (Restitutionsklage, § 580 ZPO; unten Rz 35 ff). Fehlt ein solcher Wiederaufnahmegrund, wird die Klage als unbegründet abgewiesen.

1. Nichtigkeitsklage

30 Mit der Nichtigkeitsklage können einige besonders schwere Verfahrensmängel geltend gemacht werden. Diese entsprechen den absoluten Rechtsbeschwerdegründen (§ 72 Abs 3 iVm § 547 ZPO).

31 Nicht vorschriftsgemäß besetzt ist das Gericht (§ 579 Abs 1 Nr 1 ZPO), wenn die Vorschriften des GVG über die Gerichtsbesetzung nicht eingehalten sind. Dazu gehören die Befähigung der Richter zum Richteramt, die richtige Anzahl von Richtern in einem Spruchkörper, deren ordnungsgemäße Vertretung im Fall der Verhinderung und das gesetzmäßige Zustandekommen der Geschäftsverteilung (BGH NJW 1959, 685).

32 Kraft Gesetzes von der Mitwirkung bei der Entscheidung ausgeschlossen ist ein Richter oder Rechtspfleger (§ 579 Abs 1 Nr 2 ZPO) in den Fällen des § 41 ZPO, also zB, wenn er selbst, sein Ehegatte oder ein naher Verwandter Verfahrensbeteiligter ist, er Verfahrensbevollmächtigter war, als Zeuge vernommen worden ist oder er an einer Entscheidung in der Vorinstanz teilgenommen hat, es sei denn, ein hierauf gestützte Ablehnungsgesuch wurde rechtskräftig abgelehnt (§ 46 Abs 2 ZPO).

33 Ausgeschlossen ist ein Richter oder Rechtspfleger auch, wenn er erfolgreich wegen Besorgnis der Befangenheit abgelehnt wurde (§ 579 Abs 1 Nr 3 ZPO). Dabei steht die Ablehnung durch einen Beteiligten der Selbstablehnung des Richters gleich (§§ 42–47 ZPO). Die bloße Möglichkeit einer Ablehnung reicht dazu nicht (BGHZ 102, 141).

34 Einen wesentlichen Verfahrensmangel stellt es auch dar, wenn ein Beteiligter nicht gesetzmäßig vertreten war (§ 579 Abs 1 Nr 4 ZPO). Dabei werden Mängel der gesetzlichen Vertretung genauso erfasst, wie solche der rechtsgeschäftlichen Vertretung (RGZ 38, 406). Gleichzustellen sind diesen die Fälle mangelnder Prozessführungsbefugnis (BGH MDR 1967, 565) und mangelnder Beteiligtenfähigkeit (BGH NJW 1972, 1714). Gerügt werden kann dieser Mangel nur von der betroffenen Beteiligten (nicht vom Gegner: BGHZ 63, 78), wenn er die Prozessführung nicht ausdrücklich oder stillschweigend genehmigt hat, etwa durch rügelose Fortsetzung des Verfahrens durch einen Berechtigten.

2. Restitutionsklage

35 Auch eine rechtskräftige Entscheidung kann keinen Bestand haben, wenn sie auf einer strafbaren Handlung beruht. Dies kann der Fall sein,
– wenn der als Beteiligter vernommene und vereidigte Gegner einen Meineid (§ 154 StGB) oder fahrlässigen Falscheid (§ 163 StGB) geleistet hat (§ 580 Nr 1 ZPO);
– wenn eine Urkunde verfälscht war (§ 580 Nr 2 ZPO, §§ 267 ff StGB);
– wenn ein Zeuge oder ein Sachverständiger seine Wahrheitspflicht verletzt hat (§ 580 Nr 3 ZPO), insbes durch Meineid, strafbare Falschaussage oder falsche Versicherung an Eides statt (§§ 153–156, 163 StGB);
– wenn die Entscheidung durch eine mit Strafe bedrohte Handlung (insbes §§ 156, 160, 240, 263, 266 StGB) erschlichen wurde (§ 580 Nr 4 ZPO);

– wenn der Richter oder Rechtspfleger eine strafbare Amtspflichtverletzung begangen hat (§ 580 Nr 5 ZPO), sei es durch Bestechung (§ 334 StGB), sei es durch Rechtsbeugung (§ 336 StGB).

Auch ohne strafbare Handlung findet die Restitutionsklage statt **36**
– wenn die Entscheidung auf einer früheren Entscheidung beruht und diese rechtskräftig aufgehoben wird (§ 580 Nr 6 ZPO).
– wenn eine frühere, rechtskräftige Entscheidung in derselben Angelegenheit aufgefunden wird (§ 580 Nr 7a ZPO). Hierzu kann auch eine anzuerkennende ausländische Entscheidung gehören.

Der praktisch wichtigste Restitutionsgrund liegt im **Auffinden einer Urkunde**, die eine **37** günstigere Entscheidung herbeigeführt haben würde (§ 580 Nr 7b ZPO). Erforderlich ist eine Urkunde, wobei eine bloße unbeglaubigte Fotokopie genügen kann (*Zoller* NJW 1993, 432; aA KG NJW-RR 1997, 123) und unerheblich ist, ob es sich um eine öffentliche oder um eine Privaturkunde handelt. Keine Urkunden stellen Augenscheinsobjekte (insbes Fotografien) dar (BGH MDR 1976, 304), auch die bloße Ersetzung anderer Beweisformen etwa durch schriftliche Zeugenaussagen oder schriftliche Sachverständigengutachten genügt nicht, wenn sie sich auf neue Beweise beziehen (BGHZ 38, 337; BGH MDR 1965, 816, 817; OVG Bremen NJW 1990, 2337), die nachträgliche Erklärung im Vorverfahren vernommener Zeugen oder Sachverständiger indes kann deren Glaubwürdigkeit erschüttern und damit die Wiedereinsetzung rechtfertigen (Zöller/*Greger* § 580 ZPO Rn 19).

Die Urkunde muss vor Eintritt der Rechtskraft errichtet worden sein, später errichtete **38** Urkunden ermöglichen eine Restitution nicht (BGH VersR 1975, 260). Dies gilt zB auch dann, wenn die Entscheidung auf einer Auskunft des Rentenversicherungsträgers beruht, die ausdrücklich unter Vorbehalt erteilt wurde und sich aus einer späteren Auskunft deren Unrichtigkeit ergibt (OLG Koblenz FamRZ 1980, 813). Etwas anderes gilt, wenn die nachträglich errichtete Urkunde eine zurückliegende Tatsache bezeugt. Hierzu gehören Geburtsurkunden als Beweis für die Empfängniszeit (BGHZ 2, 245; BGHZ 46, 300) oder Einbürgerungsurkunden als Beweis für die Staatsangehörigkeit (BGH MDR 1977, 212). Dagegen genügt ein nachträgliches Vaterschaftsanerkenntnis nicht (OLG Neustadt NJW 1954, 1372).

Aufgefunden ist die Urkunde, wenn deren Existenz oder Verbleib dem Antragsteller **39** vor Eintritt der Rechtskraft unverschuldet unbekannt war, die bloße Unkenntnis des Inhalts genügt nicht. Unverschuldet ist die Unkenntnis nur, wenn sorgfältig nach ihr gesucht wurde (Thomas/Putzo/*Reichold* § 580 ZPO Rn 16).

Erforderlich ist ferner, dass die Urkunde im Vorverfahren unter Berücksichtigung des **40** damaligen tatsächlichen Vorbringens eine günstigere Entscheidung herbeigeführt hätte (BGH NJW-RR 1991, 380). Neuer Vortrag ist genauso ausgeschlossen, wie andere neue Beweismittel (BGHZ 38, 333; BGH WM 1983, 959).

III. Neue Verhandlung und Entscheidung

Bejaht das Gericht sowohl die Zulässigkeit des Wiederaufnahmeantrags (Rz 23 ff) als **41** auch das Vorliegen eines Wiederaufnahmegrunds (Rz 29 ff), so wird die Hauptsache neu verhandelt (§ 590 ZPO). Dabei handelt es sich um die Fortsetzung des früheren Verfahrens, für das die Regeln der Prozessart und der Instanz gelten, in der es sich befindet. Wie dort können neue Anträge gestellt, neue Tatsachen vorgetragen und neue Beweise angeboten werden (BGH WM 1983, 959). Auch das Rechtsbeschwerdegericht hat – soweit erforderlich – Tatsachenfeststellungen zu treffen (§ 590 Abs 3 ZPO). War ein Beteiligter im Vorverfahren an Prozesslagen gebunden (Geständnis, Anerkenntnis, Rügeverlust), dauert diese Bindungswirkung fort.

§ 48 FamFG | Abänderung und Wiederaufnahme

42 Grundlage der neuen Sachentscheidung ist das Ergebnis des gesamten Verfahrens. Die frühere Entscheidung wird in jedem Fall aufgehoben und durch eine Neue ersetzt. Diese kann inhaltlich von der früheren Entscheidung abweichen oder mit dieser inhaltsgleich sein (Rosenberg/Schwab/*Gottwald* § 161 IV 3; Zöller/*Greger* § 590 ZPO Rn 16; aA Stein/Jonas/*Grunsky* § 590 ZPO Rn 10).

43 Gegen den neuen Beschluss sind die allgemeinen Rechtsmittel gegeben (§ 591 ZPO). Gegen Entscheidungen des erstinstanzlichen Gerichts ist die Beschwerde oder die Sprungrechtsbeschwerde gegeben, gegen Entscheidungen des Beschwerdegerichts die Rechtsbeschwerde. Die Wiederaufnahmeentscheidung des Rechtsbeschwerdegerichts ist unanfechtbar.

E. Unabänderlichkeit von Genehmigungsbeschlüssen (Abs 3)

44 Nicht der Abänderung oder Wiederaufnahme unterliegen nach Abs 3 Beschlüsse, durch die ein Rechtsgeschäft genehmigt wird, nachdem sie einem Dritten gegenüber wirksam geworden sind.

45 Solche Genehmigungsbeschlüsse werden nach § 40 Abs 3 erst mit Rechtskraft wirksam. So ist gewährleistet, dass die Entscheidung vor ihrem Wirksamwerden einer richterlichen Überprüfung unterliegt. Damit ist den Bedenken des BVerfG (NJW 2000, 1709) zu § 55 FGG Rechnung getragen, die aus der mangelnden Überprüfung von Rechtspflegerentscheidungen durch den Richter hergeleitet wurden (dazu § 40 Rz 17 f). Ist die Genehmigung schließlich wirksam geworden, begründet sie für die am genehmigten Rechtsgeschäft Beteiligten ein besonderes Vertrauen in die Wirksamkeit des genehmigten Rechtsgeschäfts. § 48 Abs 3 schützt dabei das Interesse des an dem Rechtsgeschäft beteiligten Dritten an dem dauerhaften Bestand der Entscheidung.

I. Genehmigungsbeschlüsse

46 Erfasst von § 48 Abs 3 werden alle Genehmigungen des Betreuungs- oder Familiengerichts, die materielle Voraussetzung für die Wirksamkeit privatrechtlicher Rechtsgeschäfte sind (sog. »**Außengenehmigungen**«). Hierher gehören bspw Genehmigungen nach §§ 112, 1411, 1484 Abs 2, 1491 Abs 3, 1492 Abs 3, 1643, 1644, 1812 Abs 1 und 3, 1814, 1819, 1820, 1821, 1822, 1824, 2275, 2282 Abs 2, 2290 Abs 3, 2347, 2351 BGB.

47 Zu den Genehmigungen iSd § 48 Abs 3 gehören auch solche, mit denen die Einwilligung des Betreuers in ein Rechtsgeschäft des Betreuten genehmigt wird (§ 1903 BGB). Soweit der Betreuer selbst für eine Willenserklärung in Vertretung des Betreuten der Genehmigung des Betreuungsgerichts bedarf, gilt dies auch für seine Einwilligung zu einer entsprechenden Willenserklärung des Betreuten (§§ 1908i BGB iVm §§ 1812, 1821, 1822 BGB; Bumiller/Winkler § 55 FGG Rn 1).

48 § 48 Abs 3 gilt auch für landwirtschaftsgerichtliche Genehmigungsverfahren (OLG Celle MDR 1956, 170).

49 Nicht unter § 48 Abs 3 fallen bloße »**Innengenehmigungen**«, die sich nicht auf ein konkretes Rechtsgeschäft mit Dritten beziehen. Hierzu gehören die Genehmigung zum Erwerb oder zur Veräußerung eines Erwerbsgeschäfts (§§ 1822 Nr 3, 1645 BGB), zur Abweichung von Anordnungen des Erblassers oder eines Dritten (§§ 1803 Abs 2 und 3, 1639 Abs 2, 1917 Abs 3 BGB), zur Anlegung von Mündelgeld (§§ 1810, 1811, 1817, 1818 BGB), zur Gestattung des Aufschubs der Auseinandersetzung bei Wiederverheiratung (§§ 1493 Abs 2, 1683 Abs 2 und 3, 1845 BGB).

50 Nicht von § 40 Abs 3 erfasst werden auch die Genehmigung des Scheidungsantrags durch den gesetzlichen Vertreter des Ehegatten (§ 125 Abs 2 S 2), die Genehmigung der Unterbringung eines Betroffenen in eine geschlossene Anstalt (§ 312; §§ 1800, 1613b BGB), und die Entscheidungen des Gerichts, durch die die Ermächtigung bzw Zustimmung eines Anderen zu einem Rechtsgeschäft ersetzt wird (§ 40 Abs 3).

Keine Genehmigung enthält die Entscheidung des Gerichts, dass ein Rechtsgeschäft 51
einer Genehmigung nicht bedarf (BGHZ 44, 325; *Meyer-Stolte* Rpfleger 1967, 294, 296).

II. Wirksamwerden gegenüber Dritten

Wirksam wird die Genehmigung mit Bekanntgabe an die **Beteiligten** (§§ 41 Abs 1, 40 52
Abs 1, 15 Abs 2).

Für das Wirksamwerden einem **Dritten** gegenüber ist zu unterscheiden: 53

Die **vorherige Genehmigung** wird dem Dritten gegenüber mit dem Rechtsgeschäft 54
wirksam. Die Genehmigung eines einseitigen Rechtsgeschäfts (wie sie nach § 111 BGB
erforderlich ist), wird mit dessen Vornahme, die vorherige Genehmigung eines Vertrages mit dessen Abschluss wirksam. Danach ist eine Änderung nicht mehr möglich (OLG
Celle FamRZ 1997, 899), auch dann nicht, wenn das Rechtsgeschäft aus materiellen
Gründen nichtig war oder angefochten wird (KKW/*Engelhardt* § 55 FGG Rn 19).

Die **nachträgliche Genehmigung** eines Rechtsgeschäfts durch das Familiengericht 55
oder deren Verweigerung wird einem Dritten gegenüber erst wirksam, wenn sie ihm
durch den Vormund mitgeteilt wird (§ 1829 Abs 1 S 2 BGB). Eine Mitteilung durch das
Gericht genügt in diesem Fall nicht (BayObLG FGPrax 1995, 196). Die Mitteilung des
Vormunds ist eine formlose, privatrechtliche Willenserklärung (BayObLG 1960, 276,
285), die auch durch schlüssiges Verhalten erklärt werden kann (BayObLG 1963, 1, 4;
OLG Celle MDR 1965, 577). Die Mitteilung an einen Anderen, der am Rechtsgeschäft
nicht beteiligt war, genügt grds nicht (OLG Düsseldorf NJW 1959, 391).

Die **Verweigerung der Genehmigung** wird vor Abschluss eines Rechtsgeschäfts nicht 56
wirksam. Nach Abschluss eines Rechtsgeschäfts tritt Wirksamkeit der Genehmigungsverweigerung ein, wenn sie dem Vertragspartner in der Absicht mitgeteilt wurde, den
durch den Mangel der fehlenden Genehmigung verursachten Schwebezustand zu beseitigen. Die anderweitige Kenntniserlangung genügt nicht, auch nicht, wenn sie auf einer
Mitteilung des Gerichts beruht (BayObLG 1974, 61).

III. Bestandskraft

Vor Wirksamwerden der Genehmigung dem Dritten gegenüber können die Genehmi- 57
gung und die Verweigerung der Genehmigung wie jeder Beschluss geändert werden.

Ist der Genehmigungsbeschluss dem Dritten gegenüber wirksam geworden, so muss 58
dessen Interesse an einer Bestandskraft dieser Entscheidung geschützt werden. Hinter
diesem Interesse des Dritten treten die Interessen der Beteiligten an einer eventuell erforderlichen Abänderung des Genehmigungsbeschlusses auch noch nach Eintritt der
formellen Rechtskraft zurück. § 48 Abs 3 schließt deswegen alle Institute aus, mit denen
die Beteiligten den Beschluss im Regelfall auch noch nach Eintritt der formellen Rechtskraft beseitigen können. Für Genehmigungsbeschlüsse sind nicht nur die Abänderungsmöglichkeit nach Abs 1 und die Wiederaufnahme des Verfahrens nach Abs 2, sondern
auch die Wiedereinsetzung in den vorigen Stand nach § 17, die Rüge der Verletzung des
Anspruchs auf rechtliches Gehör nach § 44 ausgeschlossen.

Nach hM sind Genehmigungen iSd § 48 Abs 3 als privatrechtsgestaltender Staatsakt 59
auch mit den **Instituten des BGB** nicht anfechtbar (KKW/*Engelhardt* § 55 FGG Rn 7; *Jansen* § 55 FGG A 17; Bumiller/Winkler § 55 FGG Rn 3).

Eine entgegen § 48 Abs 3 dennoch vorgenommene Änderung des Genehmigungs- 60
beschlusses ist nichtig (Jansen/*Briesemeister* § 18 FGG Rn 33), bedarf der Anfechtung
nicht, lässt eine deklaratorische Feststellung der Nichtigkeit durch Rechtsmittel jedoch
zu (BayObLG 1964, 240, 243).

Vorbemerkung zu § 49 FamFG

Abschnitt 4
Einstweilige Anordnung

Vorbemerkung zu § 49

A. Bedeutung des einstweiligen Rechtsschutzes

1 Dem einstweiligen Rechtsschutz kommt im Bereich des Familienrechts, aber auch in den Angelegenheiten der freiwilligen Gerichtsbarkeit eine besondere Bedeutung zu. In den personenrechtlichen Beziehungen müssen Rechtsverhältnisse aufgrund ihres immanenten Zeitbezugs kurzfristig gerichtlich geregelt werden, um den Beteiligten effektiven Rechtsschutz zu gewähren. Dies gilt für den Schutz eines Betroffenen im Betreuungs- oder Unterbringungsrecht ebenso wie im familiären Konflikt. Hier sind personale Beziehungen beim Sorge- bzw Aufenthaltsbestimmungsrecht oder Umgangsrecht ebenso wie vermögensrechtliche Ansprüche zu regeln. Durch die Ausgestaltung des einstweiligen Rechtsschutzes als hauptsacheunabhängiges Verfahren wird das einstweilige Anordnungsverfahren wohl eine noch größere Bedeutung gewinnen.

B. Verfassungsrechtlicher Bezug des einstweiligen Rechtsschutzes

2 Zu den Strukturprinzipien des Grundgesetzes zählt das Rechtsstaatsgebot (Art 20 Abs 1, 28 Abs 1 Satz 1 GG), das als fundamentaler Bestandteil den Anspruch des Bürgers auf effektiven Rechtsschutz umfasst. Der Justizgewährungsanspruch garantiert nicht nur das formelle Recht und die theoretische Möglichkeit, die Gerichte anzurufen, sondern auch die Effektivität des Rechtsschutzes; der Bürger hat Anspruch auf eine tatsächlich wirksame gerichtliche Kontrolle (BVerfG NJW 1993, 1635). Darüber hinaus können die betroffenen Grundrechte das Verfahrensrecht beeinflussen, soweit dies für einen effektiven Rechtsschutz – etwa in Sorge- und Umgangsrechtsverfahren (Art 6 Abs 2 GG) – Bedeutung erlangt (BVerfG NJW 1991, 2005). Die spezifische Ausgestaltung des Verfahrens muss geeignet sein, sowohl die Rechtsverletzung in Teilbereichen wie auch eine übermäßige zeitliche Verzögerung zu verhindern. In diesem Sinn wird zeitlich unzureichender oder wirkungsloser Rechtsschutz dem verfassungsrechtlich gewährleisteten Rechtsstaatsgebot nicht gerecht.

3 Im Gebot des effektiven Rechtsschutzes ist in seinem Zeitbezug der einstweilige Rechtsschutz gewährleistet (BVerfGE 46, 166, 179; Maunz/Dürig/Herzog/*Schmidt-Assmann* Art 19 Abs 4 GG Rn 273 ff; *Jarass/Pieroth* GG Art 19 Rn 30 ff). Einstweiliger Rechtsschutz ist geboten, wenn dem Betroffenen anderenfalls schwere und unzumutbare, anders nicht abwendbare Nachteile entstehen. Dies gilt auch dann, wenn durch Zeitablauf für den Betroffenen vollendete Tatsachen, die sich nachträglich nicht oder nur teilweise rückgängig machen lassen, geschaffen werden. Kann das geltend gemachte Recht wegen seiner Zeitgebundenheit nicht durchgesetzt werden, ist das Recht nicht mehr geschützt und gerichtlicher Rechtsschutz wegen des Zeitablaufs nicht wirksam (Schuschke/*Walker* vor §§ 916–945 Rn 2). Den verfassungsrechtlichen Anforderungen werden die Regelungen des einstweiligen Rechtsschutzes in Form des Arrestes (§§ 916 ff ZPO), der einstweiligen Verfügung (§§ 935 ff ZPO) sowie der einstweiligen Anordnung (§§ 49 ff) dieses Gesetzes gerecht, wobei die Auslegung der Verfahrensvorschriften die verfassungsrechtlichen Gebote zu beachten hat. In den familienrechtlichen Rechtspositionen sind die besonderen Grundrechtsbezüge in die Beurteilung der Eilbedürftigkeit einerseits sowie der (teilweise) Rechtsverlust durch Zeitablauf andererseits einzubeziehen. Demgemäß wird die vorrangige und beschleunigte Durchführung von Verfahren in Kindschaftsverfahren in § 155 Abs 1 hervorgehoben, weil gerade in Umgangsverfahren ein besonderes Bedürfnis an zeitnahen Entscheidungen besteht, durch die eine dem Kindeswohl abträg-

liche Unterbrechung von Umgangskontakten vermieden werden kann (BTDrs 16/6308 S 235).

C. Neukonzeption des einstweiligen Rechtsschutzes

In den §§ 49 ff wird das einstweilige Rechtsschutzsystem grundlegend neu gestaltet und ein »wesentlicher Systemwechsel« vollzogen (BTDrs 16/6308 S 167). Seinen deutlichsten Ausdruck findet dies in § 51 Abs 3 Satz 1, wonach das Verfahren der einstweiligen Anordnung ein **selbständiges Verfahren** ist, auch wenn eine Hauptsache anhängig ist. Die hauptsacheunabhängige Ausgestaltung des einstweiligen Anordnungsverfahrens führt zu verfahrensrechtlichen Änderungen, auch wenn die Regelungsstrukturen der §§ 620 ff ZPO aF übernommen wurden.

I. Bisherige Rechtslage

Bereits mit der EheVO 1938 wurde die einstweilige Anordnung in Ehesachen eingeführt (§ 627 ff ZPO aF) und erhielt mit dem 1. EheRG 1976 die bisherige Struktur in den §§ 620 ff ZPO aF, auf die Folgeregelungen jeweils verwiesen haben. Der Zweck der einstweiligen Anordnung nach § 620 ZPO aF besteht in der Regelung der rechtlichen Beziehungen zwischen den Ehegatten während des Scheidungsverfahrens mit dem Ziel vorläufiger Schlichtung und rascher Hilfe (BGH FamRZ 1980, 131, 132). Gleichwohl besteht Einigkeit, dass das System des einstweiligen Rechtsschutzes im Familienrecht eine »komplizierte Materie« (*Bernreuther* FamRZ 1999, 69, 74) darstellt und als wenig durchdachtes und kompliziertes Regelungsgefüge kritisiert wurde (*Gaul* FamRZ 2003, 1137, 1153). Denn bisher war nicht nur zwischen ZPO- und FGG-Familiensachen, sondern auch zwischen dem hauptsacheunabhängigen und dem hauptsacheabhängigen einstweiligem Rechtsschutz zu unterscheiden. Zwar erscheinen die grundlegenden Verfahrensstrukturen der §§ 620 ff ZPO aF von den Zuständigkeitsregelungen abgesehen nicht übermäßig kompliziert; jedoch entstand aus dem Nebeneinander zahlreicher Sonderregelungen, deren jeweilige Anwendungsbereiche und Konkurrenzverhältnisse zu bestimmen waren, ein unübersichtliches Regelungsgefüge. Folgende Vorschriften kamen im einstweiligen Rechtsschutz in Familiensachen zur Anwendung:
- §§ 620 ff ZPO aF (einstweilige Anordnung bei Anhängigkeit einer Ehe- oder Folgesache)
- § 621f ZPO aF (einstweilige Anordnung auf Kostenvorschuss)
- § 127a ZPO aF (einstweilige Anordnung auf Kostenvorschuss in Unterhaltssachen)
- § 644 ZPO aF (einstweilige Anordnung in isolierten Unterhaltsverfahren)
- §§ 641d ff ZPO aF (einstweilige Anordnung auf Unterhalt bei Anhängigkeit eines Vaterschaftsfeststellungsverfahrens)
- § 621g ZPO aF (einstweilige Anordnung in isolierten FGG-Familiensachen)
- § 64b Abs 3 FGG aF (einstweilige Anordnung in Gewaltschutzsachen)
- §§ 69f, 70h FGG aF (einstweilige Anordnung in Betreuungs- bzw Unterbringungssachen)
- § 15 IntFamRVG (einstweilige Anordnung zum Schutz des Kindes)
- §§ 935, 940 ZPO (einstweilige Verfügung auf Unterhalt)
- § 1615o BGB aF (einstweilige Verfügung auf Unterhalt)
- §§ 916 ff ZPO (Arrest zur Sicherung der künftigen Unterhaltsansprüche oder des Zugewinnausgleichsanspruchs)
- Vorläufige Anordnung in FGG-Familiensachen

II. Neue Ausgestaltung

Das neue einstweilige Anordnungsverfahren weist folgende Charakteristika auf (*Borth* FamRZ 2009, 157, 161; *Schürmann* FamRB 2008, 375 ff):

Vorbemerkung zu § 49 FamFG

- Die Anhängigkeit eines Hauptsacheverfahrens ist für den Erlass einer einstweilige Anordnung nicht mehr erforderlich (§ 49 Abs 1);
- ist ein Hauptsacheverfahren anhängig wird das Anordnungsverfahren gleichwohl als selbständiges Verfahren geführt (§ 51 Abs 3 Satz 1);
- die Voraussetzungen einer einstweiligen Anordnung werden erstmals für alle Familiensachen und Angelegenheiten der freiwilligen Gerichtsbarkeit einheitlich durch den Anordnungsanspruch und das Regelungsbedürfnis geregelt (§ 49 Abs 1);
- die möglichen gerichtlichen Maßnahmen werden aufgeführt, deren Vorläufigkeit betont und Ausnahmen zB in Unterhaltssachen ausdrücklich zugelassen (§§ 49 Abs 2, 246 Abs 1);
- der Ablauf des Anordnungsverfahren wird geregelt (§ 51 Abs 1 bis 3);
- der Anordnungsbeschluss enthält eine Kostenentscheidung (§ 51 Abs 4);
- neben dem Abänderungs- oder Aufhebungsantrag (§ 54 Abs 1 und 2) kann ein Beteiligter bzw der Antragsgegner auf die Einleitung des Hauptsacheverfahren hinwirken (§ 52 Abs 1 und 2);
- die einstweilige Anordnung in Familiensachen ist grundsätzlich unanfechtbar (§ 57 Satz 1) und das Rechtsmittel der Beschwerde auf bestimmte Verfahrensgegenstände beschränkt (§ 57 Satz 2);
- der einstweilige Rechtsschutz durch vorläufige Anordnung und einstweilige Verfügung entfällt.

7 Die Neukonzeption soll das Institut der einstweiligen Anordnung stärken und die Vorteile eines einfachen und beschleunigten Verfahrens vereinen, wobei durch die Hauptsacheunabhängigkeit die Verfahrensordnungen harmonisiert werden (BTDrs 16/6308 S 199; Prütting/Helms/*Stößer* § 49 Rn 3; krit *Gießler* FPR 2006, 421, 422). Die Notwendigkeit eines Hauptsacheverfahrens kann entfallen, wenn weder das Gericht noch die Beteiligten ein solches einleiten und diese die einstweilige Anordnung ihrem Rechtsverhältnis zugrunde legen (krit *Vorwerk* FPR 2009, 8, 9), wodurch die Verfahrensautonomie der Beteiligten gestärkt wird. Ob der Gesetzesbegründung beizupflichten ist, dass sich die Bindung des einstweiligen Rechtsschutzes an ein Hauptsacheverfahren nach § 620a Abs 2 ZPO aF »in der Praxis als nicht ökonomisch erwiesen« (BTDrs 16/6308 S 201) hat, erscheint in dieser Allgemeinheit zweifelhaft. Auch wenn in bestimmten Verfahrensgegenständen die vorläufige Regelung bereits bisher nicht nur vorübergehend zu Rechtsfrieden zwischen den Beteiligten geführt hat (etwa in Gewaltschutzsachen) und zukünftig evtl auch Sorge- und Umgangsverfahren in diesem Sinne erfasst werden können, wird für Unterhaltsverfahren das Hauptsacheverfahren – von Ausnahmen abgesehen – weiterhin nicht entbehrlich sein.

8 Die Rechtsmittel im einstweiligen Rechtsschutz sind weiterhin durch **§ 57 Satz 2** sehr begrenzt und auf wenige Verfahrensgegenstände beschränkt, um Verfahrensverzögerungen zu vermeiden und die Rechtsmittelgerichte zu entlasten (§ 57 Rz 1). Das BVerfG hat die Regelung des § 620c ZPO aF verfassungsrechtlich nicht beanstandet (FamRZ 1980, 232). Die knappe Begründung des Beschlusses (NJW 1980, 386) verweist darauf, dass von verfassungs wegen ein Instanzenzug für jeden Einzelfall oder für Gruppen von Fällen nicht bereitzustellen sei und eine von sachlichen Gesichtspunkten getragene Differenzierung einzelner Fallgruppen den Gleichheitssatz nicht verletze. Für die Ausgestaltung des einstweiligen Rechtsschutzes ist maßgeblich, das Fehlentscheidungsrisiko verfahrensrechtlich zu minimieren, in dem verfahrensbeschleunigenden Besonderheiten auf Seiten des Antragstellers adäquate Regelungen zu deren Kompensation auf Seiten des Antragsgegners gegenüber stehen (*Walker* S 180 ff, 276 ff). Insoweit bestehen weiterhin signifikante Unterschiede zum einstweiligen Rechtsschutz im Zivilprozess. Auch wenn der Antragsgegner über § 52 Abs 2, der dem § 926 ZPO entspricht, auf den Antragsteller einwirken kann, das Hauptsacheverfahren einzuleiten, anderenfalls die ergangene Anordnung aufgehoben würde, fehlt der weitergehende Rechtsschutz über ei-

nen Schadensersatzanspruch sowie über die Entscheidung in zweiter Instanz. Insbesondere in Unterhaltssachen besteht ein **Rechtsschutzdefizit** für den Unterhaltspflichtigen, die zu Beschwerden wegen greifbarer Gesetzwidrigkeit führen (§ 57 Rz 4 ff). Der Zweck des Unterhalts zur Sicherung des Lebensbedarfs rechtfertigt (§ 56 Rz 18), den Unterhaltsgläubiger nicht dem Rückzahlungsrisiko geleisteter Beträge auszusetzen, so dass das Fehlentscheidungsrisiko für den Unterhaltspflichtigen zu reduzieren ist. Verfügt die unterhaltsberechtigte Person nicht über Einkünfte oder Vermögen, werden überzahlte Beträge vom Antragsgegner zumeist nicht zu realisieren sein (§ 56 Rz 15 ff). Selbst wenn er seinerseits das Hauptsacheverfahren mit einem Antrag auf negative Feststellung einleitet, kann er erst gegen die Endentscheidung in diesem Verfahren Beschwerde einlegen. Bis zu diesem Zeitpunkt kann aus der Unterhaltsanordnung die Zwangsvollstreckung betrieben werden, weil mit einer abweichenden Entscheidung durch das Familiengericht nicht zu rechnen ist, wenn es die einstweilige Anordnung erlassen und Anträge auf deren Abänderung- oder Aufhebung im Anordnungsverfahren bzw auf Einstellung der Zwangsvollstreckung im Hauptsacheverfahren zurück gewiesen hat. Im hauptsacheunabhängigen Anordnungsverfahren verfängt das Argument der Verfahrensverzögerung nicht mehr, weil durch ein Beschwerdeverfahren weder die Ehesache (bisher § 620 ZPO aF) noch das Hauptsacheverfahren (bisher §§ 644, 621g ZPO aF) betroffen wären. Dass einstweilige Entscheidungen in den Verfahrensgegenstände des § 57 Satz 2 die Beteiligten besonders betreffen, schließt die Vergleichbarkeit für ein Rechtsmittelbedürfnis in den rein vermögensrechtlichen Angelegenheiten im Falle des endgültigen Rechtsverlustes nicht aus. Eine Begrenzung kann ohne Änderung des § 57 nur durch eine extensivere Nutzung der Befristung einstweiliger Unterhaltsanordnungen, die entgegen ursprünglichen Planungen nicht gesetzlich geregelt wurde (§ 246 Rz 7), herbeigeführt werden.

III. Übergangsrecht

Die Übergangsvorschrift des Art 111 FGG-RG regelt auch für den einstweiligen Rechtsschutz in Familiensachen und in Angelegenheiten der freiwilligen Gerichtsbarkeit, auf welche Verfahren die Vorschriften der §§ 49 ff Anwendung finden. Entscheidend ist dabei, ob bis zum 31. August 2009 ein Hauptsache- oder ein einstweiliges Anordnungsverfahren bereits eingeleitet oder deren Einleitung beantragt worden war. Da nach dem bisherigen Recht der einstweilige Rechtsschutz ein Nebenverfahren der Hauptsache war, finden auf die bis zum 31. August 2009 eingeleiteten Hauptsache- bzw Anordnungsverfahren die bis zum Inkrafttreten des FamFG geltenden Vorschriften Anwendung (Art 111 Abs 1 Satz 1 FGG-FG; BTDrs 16/6308 S 359). War bis zum 1. September 2009 kein Hauptsacheverfahren anhängig, wird ab diesem Zeitpunkt der einstweilige Rechtsschutz im selbständigen Anordnungsverfahren der §§ 49 ff, 119, 246–248 gewährleistet. Die Rechtsbehelfe der §§ 52, 54 und 57 (§§ 620b, 620c ZPO aF) bilden kein neues Verfahren iSv Art 111 Abs 1 Satz 2 FGG-RG. Praktische Auswirkungen auf den einstweiligen Rechtsschutz hat die Übergangsregelung des Art 111 Abs 3 FGG-RG nicht, weil das Anordnungsverfahren nicht ausgesetzt oder dessen Ruhen angeordnet werden soll. In Betreuungssachen sind gemäß Art 111 Abs 2 FGG-RG für einstweilige Anordnungen ab September 2009 die §§ 49 ff, 300 ff anzuwenden, weil jeder Verfahrensgegenstand, der mit einer durch Beschluss zu erlassenden Endentscheidung zu erledigen ist, ein neues selbständiges Verfahren darstellt (Keidel/*Giers* § 49 Rn 6).

§ 49 Einstweilige Anordnung

(1) Das Gericht kann durch einstweilige Anordnung eine vorläufige Maßnahme treffen, soweit dies nach den für das Rechtsverhältnis maßgebenden Vorschriften gerechtfertigt ist und ein dringendes Bedürfnis für ein sofortiges Tätigwerden besteht.

(2) Die Maßnahme kann einen bestehenden Zustand sichern oder vorläufig regeln. Einem Beteiligten kann eine Handlung geboten oder verboten, insbesondere die Verfügung über einen Gegenstand untersagt werden. Das Gericht kann mit der einstweiligen Anordnung auch die zu ihrer Durchführung erforderlichen Anordnungen treffen.

Übersicht

	Rz
A. Allgemeines	1
B. Vorläufige Maßnahmen	4
I. Vorläufigkeit der Eilentscheidung	5
II. Zeitbezug und Richtigkeitsgewähr	6
III. Sogenanntes Vorwegnahmeverbot	7
C. Rechtsverhältnis	8
D. Regelungsbedürfnis	11
E. Konkretisierung vorläufiger Maßnahmen	13
F. Verfahrensgegenstände	17
I. Familiensachen	18
1. Ehesachen (§ 111 Nr 1)	19
2. Kindschaftssachen (§ 111 Nr 2)	21
a) Regelung der elterlichen Sorge (§ 151 Nr 1)	24
b) Regelung des Umgangsrechts (§ 151 Nr 2)	30
c) Regelung der Kindesherausgabe (§ 151 Nr 3)	34
d) Regelung der Vormundschaft und Pflegschaft (§ 151 Nr 4 und 5)	38
e) Freiheitsentziehende Unterbringung Minderjähriger (§ 151 Nr 6 und 7)	39
3. Abstammungssachen (§§ 111 Nr 3, 169 Nr 1–4)	40
4. Adoptionssachen (§§ 111 Nr 4, 186 Nr 1–4)	42
5. Ehewohnungs- und Haushaltssachen (§§ 111 Nr 5, 200)	43
a) Ehewohnungssachen	46
b) Haushaltssachen	51
6. Gewaltschutzsachen (§§ 111 Nr 6, 210)	53
7. Versorgungsausgleichssachen (§§ 111 Nr 7, 217)	55
8. Unterhaltssachen (§ 111 Nr 8)	57
9. Güterrechts- und sonstige Familiensachen (§§ 111 Nr 9, 261, 111 Nr 10, 266)	58
10. Lebenspartnerschaftssachen (§§ 111 Nr 11, 269)	59
II. Betreuungs- und Unterbringungssachen sowie Freiheitsentziehungssachen	60
III. Nachlasssachen	61
IV. Registersachen	62
V. Andere Angelegenheiten der freiwilligen Gerichtsbarkeit	63
G. Verfahrenswerte, Gebühren und Kosten	64
I. Verfahrenswerte	65
II. Rechtsanwaltgebühren	66
III. Gerichtsgebühren	67

A. Allgemeines

1 § 49 regelt als Grundsatznorm des verfahrensrechtlich selbständig ausgestalteten einstweiligen Rechtsschutzes in Familiensachen und in Angelegenheiten der freiwilligen Gerichtsbarkeit die Voraussetzungen und den Regelungsumfang einstweiliger Anordnungen. In Abs 1 werden die Vorläufigkeit der Maßnahme, der materiell-rechtliche Bezug der Eilentscheidung und das Regelungsbedürfnis sowie in Abs 2 Konkretisierungen der sichernden oder vorläufig regelnden Maßnahme aufgeführt. Zum Übergangsrecht Vorbemerkung zu § 49 Rz 9; zum Anordnungsverfahren § 51.

2 Neben den §§ 49–57 sind Modifikationen der einstweiligen Anordnung in verschiedenen Vorschriften für die jeweiligen Verfahrensgegenstände geregelt, die sich auf die Voraussetzungen für den Erlass einer Anordnung oder deren Regelungsumfang beziehen. Besondere Regelungen finden sich in

- § 119 für **Familienstreitsachen**, die nach § 113 Abs 1 den Regelungen der ZPO unterfallen, für die jedoch sowohl die §§ 49 ff als auch nach § 119 Abs 2 die Vorschriften der §§ 916 ZPO ff für den Arrest gelten;
- §§ 156 Abs 3 Satz 1, 157 Abs 3 für **Kindschaftssachen**, wonach im vorrangig und beschleunigten Verfahren nach § 155 Abs 1 sowie bei Verdacht einer Kindeswohlgefährdung Veranlassung für eine vorläufige Regelung bestehen kann;
- § 214 für **Gewaltschutzsachen**, in denen bei einer Tat nach § 1 GewSchG ein Regelungsbedürfnis gesetzlich vermutet wird;
- § 246 für **Unterhaltssachen**, wonach von einem Regelungsbedürfnis auszugehen ist und die Beschränkung auf vorläufige oder sichernde Maßnahmen entfällt;
- § 247 für **Unterhaltssachen**, in denen bereits **vor der Geburt** der Anspruch des Kindes und der nicht verheirateten Mutter auf Unterhalt zeitlich begrenzt tituliert werden kann;
- § 248 für **Unterhaltssachen**, in denen der Anspruch des Kindes und der nicht verheirateten Mutter auf Unterhalt bei **Anhängigkeit** eines **Vaterschaftsfeststellungsverfahren** (§ 169 Nr 1) unbeschränkt geltend gemacht werden kann;
- §§ 272 Abs 2, 290 Nr 5, 300–302 für **Betreuungssachen**, in denen die örtliche Zuständigkeit, die Anordnungsvoraussetzungen und das (gesteigerte) Regelungsbedürfnis modifiziert werden;
- §§ 313 Abs 2, 331–333 für **Unterbringungssachen**, in denen die örtliche Zuständigkeit und die Anordnungsvoraussetzungen und das (gesteigerte) Regelungsbedürfnis modifiziert werden;
- § 427 für **Freiheitsentziehungssachen**.

Eine besondere Regelung für das **Beschwerdeverfahren** enthält **§ 64 Abs 3** in Fortschreibung des § 24 Abs 3 FGG aF, wonach das Beschwerdegericht einstweilige Anordnungen erlassen, insbesondere die Vollziehung des angefochtenen Beschlusses aussetzen kann. Die Anordnungskompetenz steht im pflichtgemäßen Ermessen des Beschwerdegerichts und ist nicht von einem Antrag abhängig. Auf die einstweilige Regelung finden die Vorschriften der §§ 49 ff keine Anwendung, denn es handelt sich um eine Nebenentscheidung im laufenden Beschwerdeverfahren. Sie ist von einer einstweiligen Anordnung im selbständigen Verfahren zu unterscheiden, die während eines anhängigen Beschwerdeverfahrens beantragt wird (§ 50 Abs 1 S 2). Im Beschwerdeverfahren kommt auch eine Regelung dahingehend in Betracht, dass die erstinstanzlich angeordnete sofortige Wirksamkeit (§ 40 Abs 3 Satz 2) der Maßnahme aufgehoben wird (§ 40 Rz 30 f). 3

B. Vorläufige Maßnahmen

Die Funktion des einstweiligen Rechtsschutzes und sein Bezug zum Hauptsacheverfahren werden unterschiedlich beurteilt: Einerseits soll die Entscheidungsfähigkeit des Hauptsacheverfahrens offen gehalten und der prozessuale status quo des Beteiligten bzw der Partei gesichert werden (MüKo-ZPO/*Drescher*, Vor § 916 Rn 10 ff), während andererseits aus der dienenden Funktion des einstweiligen Rechtsschutzes keine Beschränkungen möglicher Maßnahmen hergeleitet werden (*Walker* Rn 66). Gegenüber der Hauptsacheentscheidung lässt sich die einstweilige Anordnung durch die Vorläufigkeit der Eilentscheidung, die geringere Richtigkeitsgewähr des summarischen Verfahrens sowie das sog. Vorwegnahmeverbot charakterisieren. 4

I. Vorläufigkeit der Eilentscheidung

Mit der einstweiligen Anordnung kann nur eine vorläufige Maßnahme getroffen werden, die einen bestehenden Zustand sichert oder vorläufig regelt. Die Vorläufigkeit der Entscheidung beruht darauf, dass erst im Hauptsacheverfahren eine auf den Verfahrensgegenstand bezogene abschließende, die Beteiligten endgültig bindende gerichtliche 5

§ 49 FamFG | Einstweilige Anordnung

Entscheidung ergeht, die zum Außerkrafttreten der Anordnung führt (§ 56). Die Vorläufigkeit wird durch die erleichterte Aufhebungsmöglichkeit und Abänderbarkeit (§ 54 Abs 1 und 2) verstärkt. Mit dem Begriff der vorläufigen Maßnahme knüpft § 49 Abs 1 an die Regelungen in § 916 ZPO (zur Sicherung der Zwangsvollstreckung), § 940 (Regelung eines einstweiligen Zustands) sowie in §§ 935, 938 ZPO an.

II. Zeitbezug und Richtigkeitsgewähr

6   Der Zeitbezug eines Rechts kann aufgrund des konkreten Regelungsbedürfnisses eine kurzfristige Entscheidung erfordern, so dass nur ein summarisches Verfahren durchgeführt werden kann. Aufgrund der alsbald erforderlichen Entscheidung ist nur eine eingeschränkte Sachverhaltsaufklärung möglich, für die nur begrenzte Beweismittel statthaft sind (§§ 51 Abs 1 Satz 2, 31 Abs 2), die tendenziell eine geringere Richtigkeitsgewähr und Bestandskraft der Entscheidung bedingen (§ 51 Rz 2 ff).

III. Sogenanntes Vorwegnahmeverbot

7   Vor diesem Hintergrund wird zum Teil eine Begrenzung der im einstweiligen Rechtsschutz zulässigen gerichtlichen Maßnahmen bzw Regelungen aufgrund des **sog. Vorwegnahmeverbots** postuliert (Nachweise bei *Walker* Rn 66 ff; Schuschke/*Walker* Vor §§ 916–945 Rn 4; Keidel/*Giers* § 49 Rn 15). Die Formulierung in § 49 Abs 1, wonach allein vorläufige Maßnahmen vom Gericht zu treffen sind, könnte auf ein allein am Sicherungscharakter orientiertes Konzept des einstweiligen Rechtsschutzes hindeuten, zumal in der Gesetzesbegründung (BTDrs 16/6308 S 199; wie auch in der Begründung des Gesetzes zur Strukturreform des Versorgungsausgleichs, BTDrs 16/10144 S 92) der »Grundsatz des Verbots der Vorwegnahme der Hauptsache« betont wird. Eine dogmatische Festlegung ist mit der gesetzlichen Regelung nicht verbunden, weil gerade der einstweilige Rechtsschutz im Familienrecht frühzeitig zum Anwendungsbereich der umstrittenen Leistungs- oder Befriedigungsverfügungen wurde (*Gaul* FamRZ 2003, 1137, 1141). Als Beleg sind nicht nur die früheren einstweiligen Verfügungen und jetzigen einstweiligen Anordnungen auf Unterhalt oder Kostenvorschuss zu nennen, sondern auch die allgemein anerkannten vorläufigen Regelungen des Sorge- und Umgangsrechts. Für die Angelegenheiten der freiwilligen Gerichtsbarkeit gilt im Betreuungs-, Unterbringungs- und Freiheitsentziehungsrecht nichts anderes. Maßgeblich muss für die vorläufige Regelung die Schutzbedürftigkeit der Beteiligten einerseits und die Ausgewogenheit des Rechtsschutzes andererseits sein (*Walker* Rn 84 ff). Für die Entscheidung im einstweiligen Anordnungsverfahren kann im Hinblick auf die Sicherung zeitgebundener Rechte nicht das sog. Vorwegnahmeverbot maßgeblich sein; unabhängig hiervon ist im Einzelfall konkret abzuwägen, welche Vorgaben aus dem materiellen Recht folgen, welche Wahrscheinlichkeit für ein Obsiegen im Hauptsacheverfahren bestehen und welche Vor- und Nachteile den Beteiligten aus der in Betracht gezogenen Maßnahme erwachsen können (*Walker* Rn 94 ff; Prütting/Helms/*Stößer* § 49 Rn 4). Anderenfalls wird der einstweilige Rechtsschutz personenrechtlichen Beziehungen nicht gerecht, weil die faktische Wirkung einer stattgebenden wie einer zurückweisenden Eilentscheidung nicht berücksichtigt würde. Für ihre Regelungsdauer nimmt die dem Antrag stattgebende wie die diesen zurückweisende einstweilige Anordnung die Hauptsachentscheidung vorweg, wenn Kompetenzen bestimmt bzw begrenzt oder das Verhalten der Beteiligten gesteuert werden soll, weil sie für diesen Zeitraum nicht mehr rückgängig gemacht werden können. Für die Übertragung des Aufenthaltsbestimmungsrechts oder die Regelung des Umgangsrechts sowie die Zuweisung der Ehewohnung ist dies offensichtlich. Die §§ 246 bis 248 sehen ausdrücklich Ausnahme von den Voraussetzungen des § 49 vor.

C. Rechtsverhältnis

Nach § 49 Satz 1 kann das Gericht vorläufige Maßnahmen treffen. Die Formulierung begründet keine **Ermessensentscheidung** des Gerichts. Vielmehr ist das Gericht sowohl in Amts- wie in Antragsverfahren verpflichtet, die erforderlichen Maßnahmen zu treffen, wenn ein Regelungsbedürfnis besteht (OLG Stuttgart FamRZ 2000, 965; Musielak/Borth § 620 Rn 5). Der Anspruch auf einstweiligen Rechtsschutz erstreckt sich indes nicht auf die Rechtsfolgenseite.

Die vorläufige Maßnahme muss nach den für das Rechtsverhältnis maßgebenden Vorschriften gerechtfertigt sein. Der so umschriebene **Anordnungsanspruch** stellt in Anlehnung an die Systematik der ZPO die Verknüpfung zwischen Verfahrensrecht und materiellem Recht her (BTDrs 16/6308 S 199). Für die Verfahrensgegenstände der freiwilligen Gerichtsbarkeit und für die Familiensachen stehen materiell-rechtliche Ansprüche neben der personenrechtlichen Rechtsbeziehung. Anders als die §§ 916, 935 ZPO nimmt § 49 Abs 1 mit dem **Rechtsverhältnis** den weitergehenden Begriff des § 940 ZPO auf. Das Rechtsverhältnis ist – anders als zivilrechtliche Individualansprüche – auf eine gewisse Dauer angelegt, ohne eine bestimmte Komplexität aufweisen zu müssen. Durch das Rechtsverhältnis stehen die Beteiligten des Anordnungsverfahrens in einer rechtlichen Beziehung. Kompetenzkonflikte oder Streitigkeiten über Rechtspositionen innerhalb des Rechtsverhältnisses können durch ihren Zeitbezug zu einer Regelungsnotwendigkeit führen. Aus dem Rechtsverhältnis der Beteiligten müssen individuelle Ansprüche auf eine bestimmte Regelung oder Maßnahme nicht herzuleiten sein. Ausreichend ist, dass aus dem Rechtsverhältnis überhaupt rechtliche Pflichten erwachsen können (OLG Koblenz NJW-RR 1986, 1039; Zöller/*Vollkommer* § 940 Rn 2). In Familiensachen (§ 111) kommen eine Vielzahl von materiell-rechtlichen Ansprüchen sowie die familienrechtlichen Rechts- und Mehrpersonenverhältnisse in Betracht. Nichts anderes gilt in Angelegenheiten der freiwilligen Gerichtsbarkeit, für die schuldrechtliche, dingliche, familien- und erbrechtliche (§§ 342 ff) oder gesellschaftsrechtliche Ansprüche ebenso maßgeblich sind wie Personenbeziehungen im Betreuungs- und Unterbringungsrecht (§§ 271 ff, 312 ff). Ein früher vertretener materiell-rechtlicher Gehalt der Verfahrensvorschriften (OLG München FamRZ 1980, 448; Johannsen/Henrich/*Sedemund-Treiber* § 620 Rn 2) ist danach nicht aufrecht zu erhalten. Dass es in der Gesetzesbegründung (BTDrs 16/6308 S 199) heißt, das Gericht habe »sich auch im summarischen Verfahren weitmöglichst an den einschlägigen – materiell-rechtlichen – Vorschriften zu orientieren«, steht hierzu nicht in Widerspruch.

Für den Anordnungsanspruch kann bei einem internationalen Bezug **ausländisches Recht** maßgeblich sein. Wenn die internationale Zuständigkeit gegeben ist, sind vom Gericht die maßgeblichen Vorschriften sowie ihre Ausgestaltung in der ausländischen Rechtspraxis zu ermitteln (BGH FamRZ 2003, 1549, 1550) und der Entscheidung im Anordnungsverfahren zugrunde zu legen. Insoweit können die Beteiligten die jeweiligen Regelungen sowie hierzu ergangene Gerichtsentscheidungen ihrerseits durch Kopien und Übersetzungen glaubhaft machen (§ 31 Abs 1). Für die Mehrzahl der personenbezogenen Entscheidungen wird bei einem gewöhnlichen Aufenthalt im Inland deutsches Recht zur Anwendung gelangen (Art 8 Abs 1 EheVO; Art 2 MSA, Art 21 EGBGB; FAFamR/*Ganz/Rausch* Kap 15 Rn 64b, 83). Können aufgrund der Eilbedürftigkeit der gerichtlichen Entscheidung uU nicht alle Erkenntnisquellen für das ausländische Recht genutzt werden, ist ausnahmsweise deutsches Recht heranzuziehen (Zöller/*Philippi* § 620 Rn 6). Weichen die Rechtsfolgen beider Rechtsordnungen von einander wesentlich ab, hat sich das Gericht an den nach ausländischem Recht möglichen Maßnahmen zu orientieren (Musielak/*Borth* § 620 Rn 9).

D. Regelungsbedürfnis

11 Neben der materiell-rechtlichen Grundlage des im Anordnungsverfahren verfolgten Verfahrensziels muss ein **Anordnungsgrund** gegeben sein, der den vorläufigen Rechtsschutz rechtfertigt. Diesen definiert § 49 Abs 1 als ein dringendes Bedürfnis für ein sofortiges Tätigwerden und übernimmt die gewohnheitsrechtlich zur vorläufigen Anordnung entwickelte (BGH FamRZ 1978, 886; BayObLG FamRZ 1990, 1379) und dem § 620 ZPO aF zugrunde gelegte Formulierung (Zöller/*Philippi* § 620 Rn 5; Musielak/*Borth* § 620 Rn 5). Durch die Voraussetzung des sofortigen Tätigwerdens wird die bisherige Formulierung, das ein Zuwarten bis zur Entscheidung in der Hauptsache nicht zugelassen werden kann, mit erfasst. Eine sachliche Änderung ist nicht beabsichtigt. Eine Differenzierung zwischen einem dringenden und einfachen **Regelungsbedürfnis** lässt sich aus den modifizierten Anforderungen einer einstweiligen Anordnung in Unterhaltssachen nach § 246 Abs 1 nicht herleiten. Wenn danach »abweichend von § 49« die Unterhaltsverpflichtung geregelt werden kann, wird mit dieser Formulierung vorrangig die Begrenzung auf sichernde bzw vorläufige Maßnahmen aufgehoben und ein Regelungsbedürfnis für Unterhaltsanordnungen gesetzlich vermutet (§ 246 Rz 11), wobei im Gegensatz zur einstweiligen Verfügung eine Notlage nicht vorausgesetzt ist. Die Dringlichkeit ist bereits bei einem **schutzwürdigen Interesse** an einer Regelung in allen Familiensachen gegeben. Für Familienstreitsachen sowie Ehewohnungs- und Haushaltssachen die Definition des Verfügungsgrundes iSv § 935 ZPO heranzuziehen (Keidel/ *Giers* § 49 Rn 12), wird zu keinen abweichenden Ergebnissen führen. Eine nähere Konkretisierung ist vor dem Hintergrund des verfassungsrechtlich geschützten Gebots des effektiven Rechtsschutzes in zeitlicher und – auf den jeweiligen Verfahrensgegenstand bezogen – sachlicher Hinsicht möglich. Hat der Antragsteller einen regelungslosen Zustand über einen längeren Zeitraum hingenommen oder eine außergerichtliche Klärung nicht versucht, wird er ein Bedürfnis für sofortiges gerichtliches Tätigwerden näher darzulegen haben. Aus diesem Grund ist eine einstweilige Anordnung für die Zeit vor Antragstellung idR nicht geboten. In sachlicher Hinsicht ist sofortiges gerichtliches Handeln aus der Gefährdungssituation gerechtfertigt, etwa in Fällen der Kindeswohlgefährdung oder der familiären Gewalt. Eine existentielle Notsituation ist nicht erforderlich, so dass ein Regelungsbedürfnis für Unterhaltsleistungen auch beim Bezug subsidiärer Sozialleistungen besteht. Eine einstweilige Anordnung ist nicht notwendig, wenn eine baldige Realisierung des zu titulierenden Anspruchs offensichtlich ausgeschlossen ist (§ 246 Rz 11), nicht hingegen beim unbekannten Aufenthalt eines Beteiligten.

12 Für einzelne Rechtsverhältnisse wird das Regelungsbedürfnis gesetzlich vermutet. Dies ist in Gewaltschutzsachen gemäß § 214 Abs 1 Satz 2 der Fall, wenn eine Tat nach § 1 GewSchG begangen wurde oder mit deren Begehung konkret zu rechnen ist. Demgegenüber wird in Betreuungs- und Unterbringungssachen (§§ 300 Abs 1, 331) für eine vorläufige Entscheidung neben dem Regelungsbedürfnis und dringenden Gründen für die Voraussetzungen der anzuordnenden Maßnahme ein ärztliches Zeugnis sowie die persönliche Anhörung erfordert. Für Betreuungs- und Unterbringungssachen enthalten die §§ 300 Abs 1 Nr 1 bis 4, 331 Abs 1 Nr 1 bis 4 (kumulative) Voraussetzungen zur Konkretisierung des Regelungsbedürfnisses, die in §§ 300 Abs 1, 332 bei Gefahr im Verzug teilweise ausgenommen werden. Demgegenüber ist § 427 Abs 1 für eine einstweilige Anordnung zur vorläufigen Freiheitsentziehung näher an der Regelungsstruktur des § 49 orientiert.

E. Konkretisierung vorläufiger Maßnahmen

13 Die nach § 49 Abs 1 zu treffende vorläufige Maßnahme wird in § 49 Abs 2 in Anlehnung an den einstweiligen Rechtsschutz in §§ 935, 938 Abs 2, 940 ZPO konkretisiert. Die Maßnahme kann einen bestehenden Zustand sichern oder vorläufig regeln (Abs 2 Satz 1), wobei einem Beteiligten Gebote und Verbote, insbesondere ein Verfügungsverbot, auferlegt werden können (Abs 2 Satz 2). Schließlich kann das Gericht mit der einstweiligen Anordnung auch die zu ihrer Durchführung der erforderlichen **Maßnahmen** (§ 49 Abs 2 Satz 3) treffen.

Die **Sicherung** steht bei der einstweilige Anordnung in Familiensachen nicht im Vordergrund. Dieser Aspekt erhält jedoch Bedeutung für die **Angelegenheiten der freiwilligen Gerichtsbarkeit**, denn der **Schutz** einer Person rechtfertigt die vorläufige Bestellung eines Betreuers (§§ 300 Abs 1, 301) bzw der Anordnung einer vorläufigen Unterbringungsmaßnahme (§§ 331 Abs 1, 332) oder der Schutz der Allgemeinheit bzw die öffentliche Sicherheit und Ordnung im Fall der einstweiligen Freiheitsentziehung (§ 331 Rz 10, § 427 Rz 11). Der Schutz anderer Beteiligter ist bei einer einstweiligen Anordnung im Nachlassverfahren, insbesondere der Rückgabe oder Hinterlegung eines Erbscheins, von Bedeutung. 14

In **Familiensachen** ist überwiegend eine inhaltliche Regelung erforderlich, um vorläufig Rechtsfrieden zwischen den Beteiligten herbeizuführen. Dem Begriff der Regelung iSd § 49 Abs 2 Satz 1 kommt eine doppelte Funktion zu: Einerseits kann die Regelung auf individuelle Ansprüche gerichtet sein, die zumindest vorläufig zu erfüllen sind. Andererseits hat die gerichtliche Regelung häufig innerhalb des bestehenden Rechtsverhältnisses **gestaltende Wirkung**, die gerade durch den Zeitbezug der Rechte erforderlich wird. Offensichtlich ist die richterliche inhaltliche Gestaltung bei einer Umgangsregelung ebenso wie bei der Hausratszuweisung. Nichts anderes gilt jedoch auch für die vorläufige Regelung des Aufenthaltsbestimmungsrechts und der Wohnungszuweisung. Einstweilige Anordnungen in Gewaltschutzsachen können schützende und gestaltende Elemente gleichermaßen aufweisen. Die in **§ 49 Abs 2 Satz 2 und 3** aufgeführten dienenden oder flankierenden Maßnahmen (*Schürmann* FamRB 2008, 375, 378) können in Anlehnung an § 15 HausratsVO (BTDrs 16/6308 S 199) zur Erreichung der vorgenannten Funktionen herangezogen werden. Gebote und Verbote, die für die Sicherung von Individualansprüchen im Zivilverfahren häufig die einzig effektive Maßnahme darstellen (Zöller/*Vollkommer* § 938 Rn 12), erhalten im familienrechtlichen Rechtsverhältnis durch Verhaltensanweisungen oder -begrenzungen eine andere Bedeutung. Hierunter fallen die Gebote an jeden Elternteil, das Kind zum Umgang pünktlich bereit zu erhalten bzw abzuholen, die Kontakte oder Erziehungsmaßnahmen nicht zu beeinträchtigen, Gegenstände des persönlichen Gebrauchs oder des Haushalts herauszugeben, die Wohnung zu räumen, diese nicht zu betreten oder sich ihr nicht zu nähern usw. Bestandteil der Anordnung kann auch deren zeitlich beschränkte Geltungsdauer durch die **Befristung** der Maßnahme (§ 246 Rz 7) sein, wie sich auch aus § 56 Abs 1 Satz 1 ergibt. Sie kann für Unterhaltsanordnungen zum Schutz des Unterhaltspflichtigen erforderlich (§ 246 Rz 8) oder teilweise gesetzlich vorgeschrieben sein (§§ 302, 333). Maßnahmen können auch deren Durchführung sichern, wenn ein Verfügungsverbot (§ 119 Rz 4), das Verbot den Mietvertrag für die Ehewohnung zu kündigen oder Abstand zur Wohnung zu halten, angeordnet werden. Schließlich wird durch die Räumungsanordnung die Vollstreckung der Anordnung auf Zuweisung der Wohnung ermöglicht. 15

Aus dem hauptsacheunabhängigen Anordnungsverfahren ergeben sich Konsequenzen für die **zeitliche Entscheidungskompetenz** des Gerichts. Während diese bisher – auch im Abänderungs- oder Aufhebungsverfahren nach § 620b ZPO aF – an die Anhängigkeit des Hauptsacheverfahrens gebunden war (§ 620 Abs 2 Satz 1 ZPO aF; Zöller/*Philippi* § 620a Rn 3 ff; MüKo-ZPO/*Finger* § 620a Rn 3 ff), besteht sie nunmehr bis zum Außerkrafttreten der einstweiligen Anordnung (§ 56) fort. 16

F. Verfahrensgegenstände

Die Regelungen der §§ 49 ff zum einstweiligen Rechtsschutz beziehen sich auf sämtliche Verfahrensgegenstände, auf die das Gesetz Anwendung findet und für die ein Regelungsbedürfnis bestehen kann; mithin auf die in § 23a GVG nF aufgeführten Angelegen- 17 heiten der freiwilligen Gerichtsbarkeit und die in § 111 genannten Familiensachen (zum bisherigen Recht Vor § 49 Rz 5; Keidel/*Sternal* § 1 Rn 24 ff). Hingegen wird in Registersachen, den unternehmensrechtlichen Verfahren (§§ 374 ff) sowie den weiteren Angelegenheiten der freiwilligen Gerichtsbarkeit und Aufgebotsverfahren (§§ 433 ff) kein praktisches Bedürfnis für einstweiligen Rechtsschutz bestehen. Soweit landesgesetzliche Regelungen im Rahmen des § 486 auf die Vorschriften dieses Gesetzes verweisen, ist für diese Verfahrensgegenstände zugleich der einstweilige Rechtsschutz erfasst.

I. Familiensachen

18 Die Verfahrensgegenstände in Familiensachen sind in § 111 abschließend aufgeführt und werden in den Abschnitten 2 bis 12 des zweiten Buches im einzelnen definiert und geregelt. Durch die Einführung des »großen Familiengerichts« (§ 266 Rz 1) werden sämtliche vermögensrechtlichen Angelegenheiten der Ehegatten und Lebenspartner erfasst, so dass frühere Abgrenzungsfragen (Zöller/*Philippi* § 620 Rn 36) nicht mehr bestehen.

1. Ehesachen (§ 111 Nr 1)

19 § 121 definiert die Ehesachen als Verfahren auf Scheidung oder Aufhebung oder auf Feststellung des Bestehens oder Nichtbestehens einer Ehe. Eine ausdrückliche Regelung für das Getrenntleben der Ehegatten wie in § 620 Nr 5 ZPO aF enthält § 121 nicht. Vom Verfahrensgegenstand, wie er durch den Bezug zum Hauptsacheverfahren besteht (§ 50 Abs 2 S 1), werden alle Ansprüche aus der ehelichen Lebensgemeinschaft sowie aus der Trennungszeit erfasst. Allerdings handelt es sich bei den Ansprüchen aus der ehelichen Lebensgemeinschaft, insbes § 1353 BGB, um sonstige Familiensachen gemäß § 266 Abs 1 Nr 2, so dass für einstweilige Anordnungen nach § 121 die sich durch das Getrenntleben ergebenden Rechtsfolgen verbleiben.

20 Ein Rechtsschutzbedürfnis oder Feststellungsinteresse eines Ehegatten, ihm das Getrenntleben zu gestatten, besteht nach deutschem Recht nicht, weil er die Trennung als faktischen Zustand selbst herbeiführen kann (KG FamRZ 1988, 81; OLG München FamRZ 1986, 807). Verschiedene ausländische Rechtsordnungen sehen als Vorstufe zum Scheidungsverfahren ein auf Trennung von Tisch und Bett gerichtetes Verfahren vor, so dass sich hieraus bei entsprechender kollisionsrechtlicher Anknüpfung ein weitergehender Regelungsbereich ergeben kann (MüKo-ZPO/*Finger* § 620 Rn 67). Ist das Getrenntleben nur innerhalb der gemeinsamen Wohnung möglich (§ 1567 Abs 1 Satz 2 BGB), ist eine Wohnungszuweisung (§§ 111 Nr 5, 200) vorrangig (Rz 43 ff). Jenseits der persönliche Lebensführung des trennungswilligen Ehegatten besteht nur ein schmaler Anwendungsbereich (Zöller/*Philippi* § 620 Rn 54). Einem Ehegatten kann untersagt werden, an den anderen Ehegatten adressierte Post zu öffnen (BGH FamRZ 1990, 846). Ein Anspruch, ihm das Zusammenleben mit einem neuen Lebensgefährten – auch in der noch gemeinsam genutzten Ehewohnung – (OLG Köln FamRZ 1995, 1424) oder die Aufnahme eines mithelfenden bzw pflegebedürftigen Elternteil (MüKo-ZPO/*Finger* § 620 Rn 68) zu verbieten, besteht hiernach nicht (§ 119 Rz 7). Belästigung-, Näherungs- oder Betretensverbote werden über die vorrangige Anordnung nach dem GewSchG ermöglicht (FA-FamR/*Weinreich* Kap 8 Rn 336 f). Wirtschaftliche Angelegenheiten werden nicht erfasst, so dass der andere Ehegatte weder zur Mitarbeit im Betrieb angehalten noch ihm diese untersagt werden kann (Zöller/*Philippi* § 620 Rn 54). Für steuerrechtliche Mitwirkungspflichten aus § 1353 BGB fehlt es regelmäßig am Regelungsbedürfnis.

2. Kindschaftssachen (§ 111 Nr 2)

21 Kindschaftssachen umfassen nach § 151 verschiedene Verfahrensgegenstände, für die ein Regelungsbedürfnis bestehen kann, weil das Rechtsverhältnis unmittelbar zeitbezogen ist und durch das Kindeswohl einen besonders sensiblen Maßstab aufweist. Da von

jeder auf das Kind bezogenen gerichtlichen Maßnahme beide Eltern in ihren verfassungsrechtlich geschützten Rechten (Art 6 Abs 2 GG) betroffen sind, ist die Verhältnismäßigkeit der Anordnung zu wahren. Die Gerichte haben die **Grundrechtspositionen** beider Eltern, das Wohl des Kindes und dessen Individualität als Grundrechtsträger zu berücksichtigen und sich im Einzelfall um eine Konkordanz der verschiedenen Grundrechte zu bemühen (BVerfG FamRZ 2009, 189). Aus diesem Grund besteht eines der wesentlichen Ziele der Reform im Vorrang- und Beschleunigungsgebot in Kindschaftssachen (§ 155; BTDrs 16/6308 S 164). Die bisherige Praxis (§ 52 Abs 1 FGG aF) im Rahmen einer Anhörung auf eine einvernehmliche Lösung hinzuwirken, ist gesetzlicher Verfahrensbestandteil in den »von emotionalen Konflikten« geprägten gerichtlichen Auseinandersetzungen (BTDrs 16/6308 S 164) und wird dadurch bekräftigt, dass das Gericht mit den Beteiligten und dem Jugendamt den Erlass einer einstweilige Anordnung zu erörtern hat (§ 156 Abs 3 Satz 1), wenn eine einvernehmliche Lösung nicht zu erreichen ist. Für eine einstweilige Anordnung kann auch dann ein Bedürfnis bestehen, wenn sich beide Eltern in eine Beratung begeben wollen oder eine schriftliche Begutachtung angeordnet wird (§ 156 Abs 3 Satz 2; BTDrs 16/6308 S 199). In Verfahren wegen Kindeswohlgefährdung (§§ 1666, 1666a BGB) hat das Gericht nach § 157 Abs 3 unverzüglich den Erlass einer einstweiligen Anordnung zu prüfen.

Den verfassungsrechtlichen Hintergrund bildet die Rspr des BVerfG. Neben den materiell-rechtlich maßgeblichen Kindeswohlkriterien (§§ 1671 Abs 2, 1684 BGB) hat sich das Gericht um eine Konkordanz der verschiedenen Grundrechte zu bemühen (BVerfG FamRZ 2007, 335) sowie die **Wirkungen der Verfahrensgestaltung** zu berücksichtigen, die durch die **kindliche** Entwicklung und dessen **Zeitempfinden** bestimmt werden. Die vorläufige gerichtliche Regelung, die bis zum Außerkrafttreten nach § 56 Bestand hat, begründet Tatsachen, die die Hauptsacheentscheidung beeinflussen. Aus dieser präjudiziellen Wirkung ergeben sich Konsequenzen für den Umfang der **Sachverhaltsaufklärung** (BVerfG FamRZ 2008, 2185, 2187) sowie für die gerichtliche Regelung selbst (BVerfG FamRZ 1994, 223 ff). Die **faktische Präjudizwirkung** gebietet es idR, eine Maßnahme oder Regelung zu wählen, die in das Recht des anderen Elternteils möglichst geringfügig eingreift. Nach der Rspr des BVerfG ergeben sich aus dem verfassungsrechtlich geschützten Elternrecht sowie dem staatlichen Wächteramt (Art 6 Abs 2 GG) Folgerungen für das Verfahrensrecht in Kindschaftssachen, die auch für das einstweilige Anordnungsverfahren gelten (BVerfG FamRZ 2009, 189 ff; 2008, 246). Das gerichtliche Verfahren muss in seiner Ausgestaltung dem Gebot effektiven Grundrechtsschutzes entsprechen. Dies gilt auch für vorläufige Maßnahmen, die bereits mit einem erheblichen Eingriff in ein Grundrecht verbunden sind und Tatsachen schaffen, welche später nicht oder nur schwer rückgängig zu machen sind (FamRZ 1994, 223, 224). In Sorge- und Umgangsrechtsverfahren kann jede Verfahrensverzögerung wegen der eintretenden Entfremdung zum nicht betreuenden Elternteil häufig rein faktisch zu einer (Vor-)Entscheidung führen (BVerfG FamRZ 1997, 871, 873), so dass wegen der Gefahr für das Kind, eine Bezugsperson zu verlieren, eine »besondere Sensibilität für die Problematik der Verfahrensdauer« erforderlich ist (BVerfG FamRZ 2000, 413, 414). Im Umgangsverfahren ist mit jeder Verfahrensverzögerung ein faktischer Umgangsausschluss verbunden (BVerfG FamRZ 2001, 753). Ist eine vorläufige Regelung erforderlich, müssen die im Anordnungsverfahren zur Verfügung stehenden Aufklärungs- und Prüfungsmöglichkeiten ausgeschöpft werden (BVerfG FamRZ 2002, 1021, 1023). Die Anordnung ist aufgrund der Abwägung aller Umstände des Einzelfalls zu treffen und am Kindeswohl zu orientieren, so dass sie nicht als Sanktion für das Fehlverhalten eines Elternteils dient (BVerfG 2009, 189; Rz 28). Vor diesem Hintergrund ist die Regelung des § 156 Abs 3 Satz 1 zu sehen, wonach mit den Beteiligten und dem Jugendamt der Erlass einer einstweiligen Anordnung zu erörtern ist, wenn in Verfahren, die den Aufenthalt, das Umgangsrecht oder die Herausgabe des Kindes betreffen, im Termin nach § 155 Abs 2 eine einvernehmliche Regelung nicht erreicht werden kann. Ist die Fortdauer des Verfahrens durch Beratung

§ 49 FamFG | Einstweilige Anordnung

oder Begutachtung absehbar, soll das Gericht den Umgang einstweilen regeln oder ausschließen (§ 156 Abs 3 Satz 2).

23   Gemäß § 51 Abs 2 Satz 1 gelten für das Anordnungsverfahren die Vorschriften des Hauptsacheverfahrens entsprechend, so dass die Eltern (§ 160), das Kind (§ 159) und das Jugendamt (§ 162) anzuhören sind, aber auch im Eilverfahren auf eine einvernehmliche Regelung hinzuwirken ist (§ 156 Abs 1). Einstweilige Anordnung können sowohl auf Antrag als auch von Amts wegen ergehen. Im **Antragsverfahren** ist das Gericht bei seiner Entscheidung an den von den Beteiligten geltend gemachten Verfahrensgegenstand gebunden. Nur in eingeschränktem Umfang hat das (Beschwerde-)Gericht die Befugnis, über den Verfahrensgegenstand hinaus, vorläufige »**dienende Regelungen**« zu treffen, wenn diese »zwecks Offenhaltung« des Verfahrensgegenstandes im nicht abgeschlossenen Anordnungsverfahren oder einem anhängigen Hauptsacheverfahren erforderlich sind (OLG Rostock FamRZ 2004, 476, 477; OLG Frankfurt FamRZ 1992, 579, 580; OLG Bamberg FamRZ 1995, 181, *Gießler/Soyka* Rn 1010). Solche zeitlich begrenzten »Zwischenregelungen« können im Falle eines erwogenen Aufenthaltswechsels (OLG Karlsruhe FamRZ 1992, 978) ebenso sinnvoll sein wie eine Umgangs(ferien)regelung im laufenden Sorgerechtsverfahren (aA OLG Zweibrücken FamRZ 1996, 234).

a) Regelung der elterlichen Sorge (§ 151 Nr 1)

24   Grundlage für einstweilige Anordnungen in Verfahren nach § 151 Nr 1 ist die in § 1626 BGB geregelte elterliche Sorge, die die Personensorge und die Vermögenssorge umfasst. Sie steht, soweit nicht bereits eine abweichende gerichtliche Entscheidung getroffen wurde, den verheirateten Eltern gemeinsam zu (§ 1626a Abs 1 Nr 2 BGB), den nicht verheirateten Eltern gemeinsam zu, wenn sie eine Sorgerechtserklärung abgegeben haben (§ 1626a Abs 1 Nr 1 BGB) und ansonsten der nicht verheirateten Mutter allein (§ 1626a Abs 2 BGB). Im Anordnungsverfahren sind die jeweiligen **materiell-rechtlichen Grundlagen** für die vorläufige Regelung oder Maßnahme heranzuziehen. Insoweit kommen eine Vielzahl von unterschiedlichen Regelungen in Betracht (s *Gießler/Soyka* Rn 1073; *Dose* Rn 175a). Praktisch stehen ganz überwiegend Verfahren auf Übertragung der elterlichen Sorge bei Getrenntleben nach §§ 1671, 1672 BGB sowie wegen Kindeswohlgefährdung nach § 1666 BGB im Vordergrund. Darüber hinaus können einstweilige Entscheidungen nach §§ 1628 (Entscheidungskompetenz bei Meinungsverschiedenheiten), 1678 Abs 2 (bei Ruhen der elterlichen Sorge), 1680 Abs 2 und 3 (bei Tod des Sorgeberechtigten oder Entzug der elterlichen Sorge), 1687 Abs 1 iVm 1687a (Einschränkung der sorgerechtlichen Befugnisse), 1629 Abs 2 (Entziehung der Vertretungsmacht für bestimmte Angelegenheiten) sowie 1693 BGB (gerichtliche Maßnahmen bei Verhinderung der Eltern) ergehen. Die Verordnung (EG) Nr 2201/2003 **Brüssel IIa-Verordnung** verdrängt in ihrem Anwendungsbereich (Art 60 lit a), der sich nach Art 1 Abs 1 lit a auf Verfahren über die Zuweisung, die Ausübung, die Übertragung sowie die vollständige oder teilweise Entziehung der elterlichen Verantwortung bezieht, das Haager **Minderjährigenschutzabkommen** (MSA; vgl OLG Nürnberg FamRZ 2004, 278; § 97 Rz 5, § 98 Rz 5, § 99 Rz 5 f) und ermöglicht den Gerichten eines Mitgliedsstaats, in dringenden Fällen die nach dem Recht dieses Mitgliedsstaats vorgesehenen einstweiligen Maßnahmen (Art 20) zu treffen.

25   Zur Umsetzung und Vereinheitlichung bestehender Regelungen der vorgenannten Verordnung wurden Verfahrensregelungen im Internationalen Familienrechtsverfahrensgesetz (**IntFamRVG**) erlassen, in dem auf der Grundlage des Art 11 Brüssel IIa-VO Vorschriften zum Haager Übereinkommen über die zivilrechtlichen Aspekte internationaler Kindesentführung sowie des Sorgerechtsübereinkommens-Ausführungsgesetzes aufgenommen wurden (BTDrs 15/3981 S 18). Das Prinzip der **Verfahrensbeschleunigung** im Fall einer internationalen Kindesentführung (*Dose* Rn 209 ff) kommt in verschiedenen Normen zum Ausdruck. So regelt Art 11 Abs 1 HKÜ, dass die Gerichte mit der gebotenen Eile zu handeln und Verzögerungen von mehr als 6 Wochen auf Antrag

zu begründen haben. Diese Grundsätze werden in Art 11 Abs 3 Brüssel IIa-VO bekräftigt. Vor diesem Hintergrund betont § 38 Abs 1 Satz 1 IntFamRVG die vorrangige Behandlung der gerichtlichen Verfahren auf Rückgabe eines Kindes in allen Rechtszügen und erlegt dem Gericht in Abs 2 die Verpflichtung auf, in jeder Lage des Verfahrens zu prüfen, ob das Recht zum persönlichen Umgang mit dem Kind gewährleistet ist. Im internationalen Anwendungsbereich des Gesetzes nach § 1 IntFamRVG findet nach § 14 Nr 2 das FamFG Anwendung. In allen Verfahren, die unter das IntFamRVG fallen, kann das Gericht nach **§ 15 IntFamRVG** auf Antrag oder von Amts wegen einstweilige Anordnungen erlassen, um Gefahren von dem Kind abzuwenden oder eine Beeinträchtigung der Interessen der Beteiligten zu vermeiden, insbesondere um den Aufenthaltsort des Kindes während des Verfahrens zu sichern oder eine Vereitelung oder Erschwerung der Rückgabe zu verhindern. Im Hinblick auf das beschleunigte Verfahren kommen vorrangig sichernde Anordnungen in Betracht. Hierzu können räumliche Beschränkungen, die Hinterlegung von Ausweispapieren, die Auferlegung von Meldepflichten oder die Anordnung des begleiteten oder betreuten Umgangs während des Verfahrens zählen (BTDrs 15/3981 S 24). Weiterhin bleibt eine einstweilige Anordnung nach § 57 Satz 1 (bereits § 15 IntFamRVG aF iVm §§ 621g, 620c ZPO aF, § 6 Abs 2 Satz 2 SorgeRÜbkAG) unanfechtbar.

Für die Übertragung der elterlichen Sorge auf einen Elternteil gemäß **§ 1671 Abs 2 Nr 2 BGB** wird nur ganz ausnahmsweise ein Regelungsbedürfnis bestehen (OLG München FamRZ 1999, 111). Bei einem Streit über den Lebensmittelpunkt des Kindes ist die Regelung des Aufenthaltsbestimmungsrechts ausreichend (OLG Hamm FamRZ 1999, 393; Schwab/Maurer/*Borth* I Rn 876). Haben sich die Eltern im Zuge ihrer Trennung – ausdrücklich oder konkludent – über den Aufenthalt des Kindes geeinigt, so können beide Elternteile von dieser Vereinbarung nicht einseitig abweichen, solange eine Regelung des Aufenthaltsbestimmungsrechts oder eine Entscheidung nach § 1628 BGB nicht ergangen ist (OLG Stuttgart FamRZ 1999, 39, 40; Rz 28). Bei fortbestehender gemeinsamer Sorge kann das Gericht auch den Aufenthalt des Kindes bei einem Elternteil anordnen und ergänzend diesem Elternteil untersagen, den Wohnsitz oder Aufenthalt zu verlegen (Prütting/Helms/*Stößer* § 49 Rn 12). Insbesondere in gemischt-nationalen Ehen und einer befürchteten Ausreise ins Heimatland kann dies zu einer Beruhigung der Verhältnisse führen (OLG Hamm FamRZ 1988, 864, 866). Die häufige berufliche Tätigkeit des Vaters im Ausland rechtfertigt nicht ohne weiteres den Entführungsverdacht der Mutter (AG Duisburg FamRZ 2001, 1635; zur Hinterlegung des Personalausweises OLG Frankfurt FamRZ 1997, 571; aA OLG Karlsruhe 1996, 424). Über eine (dauerhafte) Ausreise in ein anderes Land kann nur im Hauptsacheverfahren entschieden werden. Steht der Ausübung der elterlichen Sorge ein tatsächliches Hindernis (zB Inhaftierung, Auslandsaufenthalt usw) entgegen, so ist das Ruhen des Sorgerechts nach § 1674 BGB die weniger weitgehende Maßnahme (BGH FuR 2005, 82 = FamRZ 2005, 29; OLG Naumburg FamRZ 2002, 258). Ein Regelungsbedürfnis für Entscheidungen nach § 1672 Abs 1 und 2 BGB wird regelmäßig nicht vorliegen. Besteht zwischen den Eltern in einer einzelnen Angelegenheit keine Einigkeit, kann in dringenden Fällen die Entscheidungskompetenz einem Elternteil gemäß **§ 1628 BGB** übertragen werden, wobei der Streit über Angelegenheiten des täglichen Lebens iSd § 1687 Abs 1 Satz 3 BGB hinausgehen muss. Dies kann die An- oder Ummeldung zum Kindergarten, zu einer Kinderkrippe, zur (weiterführenden) Schule (OLG Nürnberg FamRZ 1999, 673) oder den Abschluss eines Berufsausbildungsverhältnisses, die Einwilligung in eine kurzfristig erforderliche medizinische Behandlung oder die Religionsausübung (OLG Frankfurt FamRZ 1999, 182) betreffen (*Ebert* § 3 Rn 11). Durch einstweilige Anordnung kann das Recht, einen Reisepass für das Kind zu beantragen, einem Elternteil zugewiesen werden (OLG Köln FamRZ 2002, 404).

Ein dringendes Bedürfnis für ein sofortiges gerichtliches Tätigwerden bezüglich des Sorgerechts entsteht allein durch die Trennung der Eltern nicht, weil die Verantwortung beider Eltern hiervon unabhängig fortbesteht. Nach der Rspr des BGH liegt der gesetzli-

§ 49 FamFG | Einstweilige Anordnung

chen Regelung kein Regel-/Ausnahmeverhältnis zugunsten des Fortbestands gemeinsamer elterlicher Sorge zugrunde. Allerdings ist ein Mindestmaß an Übereinstimmung in wesentlichen Bereichen des Sorgerechts und eine **tragfähige soziale Beziehung** zwischen den Eltern erforderlich (FamRZ 2008, 592, 593; BVerfG FamRZ 2004, 354, 355, 1015, 1016). Fehlt die für die verantwortungsvolle Ausübung des Sorgerechts erforderliche Kommunikations- und Kooperationsbereitschaft zwischen den Eltern (BGH FamRZ 1999, 1646, 1647; OLG Oldenburg FamRZ 1998, 1464) und wirkt sich dies negativ auf die Entwicklung des Kindes aus, kann ausnahmsweise ein sofortiges Tätigwerden geboten sein. Allein die größere räumliche Entfernung zwischen den Eltern wird im Hinblick auf die bestehenden technischen Kommunikationsmöglichkeiten eine sofortige Sorgerechtsregelung nicht rechtfertigen (aA MüKo-ZPO/*Finger* § 620 Rn 18).

28   Der Streit der Eltern über den **Aufenthalt des Kindes** begründet regelmäßig ein dringendes Regelungsbedürfnis (OLG Köln FamRZ 2005, 1583; OLG Brandenburg FamRZ 2004, 210; 2009, 444 [zusätzlich ernsthafte Beeinträchtigung des Kindeswohls]), wobei es einen mehrfachen Wohnungswechsel zu vermeiden gilt (OLG Brandenburg FamRZ 1998, 1249). Die Regelungskompetenz des Beschwerdegerichts kann dies einschränken (BVerfG FamRZ 2009, 189, 190 f; OLG Hamm JAmt 2008, 604). Zieht ein Elternteil im Rahmen der Trennung mit dem gemeinsamen Kind in einen anderen Gerichtsbezirk, kann allein eine »vorläufige oder **ertrotzte Kontinuität**« (*Völker/Clausius* FF 2009, 54 ff) den Aufenthalt bei diesem Elternteil nicht rechtfertigen. Vielmehr sind – abgesehen von Fällen der Kindeswohlgefährdung – regelmäßig sämtliche Kindeswohlkriterien abzuwägen, die eine kurzfristige oder sofortige Rückkehr in den bisherigen Haushalt rechtfertigen können, denn das Kind wird häufig in seiner gewohnten Umgebung und in seinem sozialen Umfeld die erste Trennungsphase besser verkraften (BVerfG FamRZ 2009, 189, 190; OLG Brandenburg FamRZ 2009, 445; OLG Karlsruhe FamRZ 2008, 633). Dabei betont das BVerfG die vorrangige und beschleunigte Bearbeitung solcher Verfahren – auch unter »generalpräventiven Aspekten« –, damit der wegziehende Elternteil aus seinem Verhalten keine ungerechtfertigten Vorteile ziehen kann. Denn der ausziehende Elternteil hatte die Möglichkeit, über ein Verfahren nach § 1628 BGB eine Regelung zum Aufenthaltsbestimmungsrecht für die Trennung herbeizuführen (*Ebert* § 3 Rn 12). Schließlich entspricht eine solche Regelung dem Mechanismus nach Art 12 HKÜ. Soweit es die örtlichen Verhältnisse, die Berufstätigkeit und konkrete Betreuungsmöglichkeit zulassen, kann mit den Eltern im Rahmen ihrer Anhörung (§§ 156 Abs 1, 160) ein ausgeweitetes Umgangsrecht erörtert werden, um einer Änderung des dauerhaften Aufenthalts durch die Regelung im Anordnungsverfahren nicht vorzugreifen. Auch eine Vereinbarung der Eltern zu einem **Wechselmodell** ist nicht ausgeschlossen, wenn die hierfür erforderlichen Voraussetzungen gegeben sind (hierzu *Kostka* FPR 2006, 271). Hatten sich die Eltern (ggf nach Beratung durch das Jugendamt) auf ein Wechselmodell verständigt, kann deren Fortdauer vom Gericht durch einstweilige Anordnung angeordnet werden, denn allein das Argument, das Kind benötige einen festen Lebensmittelpunkt, rechtfertigt die Änderung der Elternvereinbarung nicht ohne weiteres (OLG Celle FamRZ 2008, 2053, OLG Dresden FamRZ 2005, 125; AG Hannover FamRZ 2001, 846 jeweils mit weiteren Nachweisen; zur Bedeutung eines praktizierten Wechselmodells BVerfG v 30.6.2009 – 1 BvR 1868/09). Ein dringendes Regelungsbedürfnis wird idR weder bei einem Streit um die **Vermögenssorge** (OLG Karlsruhe FamRZ 1998, 501) noch für den Auskunftsanspruch nach **§ 1686 BGB** über die persönlichen Verhältnisse des Kindes bestehen (Zöller/*Philippi* § 620 Rn 37; aA FA-FamR/*Büte* Kap 4 Rn 687).

29   In Fällen der **Kindeswohlgefährdung** iSd § 1666 BGB besteht regelmäßig Anlass für sofortiges Eingreifen, so dass etwa bei Verdacht auf Kindesmisshandlung, sexuellen Missbrauch, aber auch bei Verwahrlosung der Aufenthalt vAw gerichtlich geregelt werden kann (OLG Brandenburg FamRZ 2008, 1557; OLG Köln FamRZ 2007, 1682; 2000, 1240; zur Inobhutnahme eines Neugeborenen in Eilfällen EuGHMR FamRZ 2005, 585, 587; als Schutzmaßnahme iSv Art 20 Brüssel IIa-VO EuGH FamRZ 2009, 843). Dass das

Jugendamt das betroffene Kind gemäß §§ 8 Abs 3 Satz 2, 42 Abs 1 SGB VIII in Obhut genommen hat, schließt das Regelungsbedürfnis nur dann aus, wenn die sorgeberechtigten Eltern mit den Maßnahmen der Jugendhilfe einverstanden sind. Aus Anlass des einstweiligen Anordnungsverfahrens wird das Gericht ein Hauptsacheverfahren von Amts wegen einzuleiten haben (§ 52 Abs 1), weil über den Entzug der elterlichen Sorge nur nach umfassender Sachverhaltsermittlung und ggf nach sachverständiger Beratung entschieden werden kann. Hiervon kann abgesehen werden, wenn weniger gravierende Maßnahmen, wie sie in § 1666 Abs 3 BGB beispielhaft aufgeführt sind, der aktuellen Situation gerecht werden. In diesen Fällen gilt nach § 155 Abs 1 (§ 50e FGG aF) das Gebot einer vorrangigen und beschleunigten Behandlung des Verfahrens, innerhalb dessen nach § 157 Abs 1 (§ 50f FGG aF) das Gericht mit den Eltern und ggf mit dem Kind erörtern soll, wie einer möglichen Gefährdung des Kindeswohls begegnet werden kann. In diesen Fällen kann der Erörterungstermin im Anordnungsverfahren ausreichend sein, um den Eltern die Notwendigkeit einer Verhaltensänderung und der Kooperation mit dem Jugendamt vor Augen zu führen (BTDrs 16/6815 S 17; *Röchling* FamRZ 2008, 1495, 1497).

b) Regelung des Umgangsrechts (§ 151 Nr 2)

Eine der bedeutsamsten und schwierigsten Aufgaben des Familiengerichts besteht darin, einen unterbrochenen Kontakt zwischen einem Kind und einem Elternteil wiederherzustellen. Diese Problematik hat vor dem Hintergrund der Rspr des BVerfG (Rz 22) in der Gesetzesbegründung (BTDrs 16/6308 S 199) und Verfahrensgestaltung eine besondere Hervorhebung erfahren, denn in Umgangssachen besteht regelmäßig ein Bedürfnis für eine **zeitnahe Regelung** im Wege der einstweiligen Anordnung um eine längere, dem Kindeswohl abträgliche Unterbrechung der persönlichen Beziehung zu dem nicht betreuenden Elternteil zu vermeiden (§ 156 Abs 3 Satz 1 und 2; § 156 Rz 6 ff). 30

Materiell-rechtliche Grundlage des Umgangsrechts sind die §§ 1684 und 1685 BGB. Zum Wohl des Kinde gehört idR der Umgang mit beiden **Eltern** (§ 1626 Abs 3 Satz 1 BGB). Der Umgang kann nach § 1684 Abs 4 BGB nur eingeschränkt werden, soweit dies zum Kindeswohl erforderlich ist, bzw nur für längere Zeit oder auf Dauer ausgeschlossen werden, wenn anderenfalls das Wohl des Kindes gefährdet wäre. **Großeltern** und **Geschwister** steht nach § 1685 Abs 1 BGB ein Umgang zu, wenn dieser dem Wohl des Kindes dient, und anderen **engen Bezugspersonen** (Stief- und Pflegeeltern) nach Abs 2, wenn sie für das Kind tatsächliche Verantwortung tragen oder getragen haben. Nach §§ 1684 Abs 2, 1685 Abs 3 BGB haben sie alles zu unterlassen, was das Verhältnis des Kindes zum jeweils anderen Elternteil beeinträchtigen oder die Erziehung erschweren kann. Die wesentlichen Gründe und Motivationen für die Ablehnung von Besuchskontakten hat das Gericht durch die Anhörung der Eltern (§ 160) und des Kindes (§ 159) zu ermitteln (§ 26; FA-FamR/*Büte* Kap 4 Rn 518 ff). 31

Eine besondere Dringlichkeit für Umgangskontakte ist nicht erforderlich, denn für den Erlass einer einstweiligen Anordnung ist allein der Streit zwischen den Eltern ausreichend. Die **Regelungsbefugnis** des Gerichts im einstweiligen Anordnungsverfahren unterscheidet sich nicht von den Möglichkeiten im Hauptsacheverfahren. Im Trennungskonflikt der Eltern und einem dadurch bedingten Loyalitätskonflikt des Kindes kann eine gestufte Regelung **zeitlich begrenzter Kontakte** – ggf ohne Übernachtung – in der Anfangsphase Vorrang genießen, die stufenweise – auch im Anordnungsverfahren – erweitert werden können. Einigen sich die Eltern im Erörterungstermin im Anordnungsverfahren nicht, entscheidet das Gericht über das Umgangsrecht (FA-FamR/*Büte* Kap 4 Rn 491 ff). Für eine vollstreckungsfähige Anordnung müssen die **Modalitäten der Umgangskontakte** konkret geregelt sein, so dass für jeden Elternteil die Verhaltenspflichten erkennbar sind. Das Gericht kann nicht allein den Antrag zurückweisen, ohne eine eigene Umgangsregelung zu treffen oder den Umgang auszuschließen, denn durch 32 die bloße Ablehnung des Antrages auf gerichtliche Regelung tritt ein Zustand ein, der weder für den Umgangsberechtigten zumutbar erscheint noch dem verfassungsrechtlichen Schutz gerecht wird (BGH FamRZ 1994, 158, 159 f). Daher sind der Ort der Umgangskontakte sowie deren Häufigkeit und Dauer (mit oder ohne Übernachtungen, etwaige Ersatztermine, Feier- und Festtage sowie Schulferien) zu bestimmen. Weiterhin sind konkrete Maßgaben zum Abholen und Zurückbringen sowie zum Bereithalten des Kindes durch den betreuenden Elternteil erforderlich. Die Anwesenheit anderer Personen – etwa einer neuen Partnerin des umgangsberechtigten Vaters – während der Besuche steht nicht zur Disposition des betreuenden Elternteils, kann aber gerichtlich geregelt werden. Abhängig vom Konfliktpotential können auch im Anordnungsverfahren ergänzende Regelungen für Kontakte durch Briefe oder Telefon (OLG München FamRZ 1998, 976) bzw Handy, für die Übergabe von Geschenken oder die Nutzung eines Kindersitzes, ärztlich verordnete Medikamente, Bekleidung des Kindes oder ggf Spielsachen notwendig sein. Im Einzelfall kann die Anordnung durch das Verbot, das Kind mit ins Ausland zu nehmen oder zu verbringen, flankiert werden. Für eine gerichtliche Anordnung bezüglich der Umgangskosten fehlt ein Regelungsbedürfnis (aA *Gießler/Soyka* Rn 1090).

33 Der häufig vorgebrachte Einwand, das Kind sei durch die Trennung der Eltern stark belastet und benötige Ruhe oder die von ihm gegenüber dem betreuenden Elternteil geäußerte Ablehnung der Besuche rechtfertigen eine Begrenzung idR nicht, wenn bis zur Trennung ein normaler Kontakt zum anderen Elternteil bestanden hatte. Für die Umgangsanbahnung, bei Problemen in der Übergabesituation sowie beim Verdacht auf Kindeswohlgefährdungen kann ein einstweilen **begleiteter Umgang** gerechtfertigt sein (FA-FamR/*Büte* Kap 4 Rn 602). Dessen materiell-rechtliche Voraussetzungen sind im Einzelfall festzustellen, um eine unnötige Belastung des umgangsberechtigten Elternteils zu vermeiden. Wird vom betreuenden Elternteil eine **Kindeswohlgefährdung** geltend gemacht, ist vor einem sofortigen Ausschluss des Umgangsrechts zu prüfen, ob dieser als begleiteter Umgang durch einen mitwirkungsbereiten Dritten (Mitarbeiter der Träger der Jugendhilfe oder von Vereinen sowie Verwandte) aufrecht erhalten werden kann (§ 1684 Abs 4 Satz 3 und 4 BGB). Der sofortige und vollständige **Ausschluss des Umgangsrechts** wird nur in Ausnahmefällen gerechtfertigt sein. Äußert der betreuenden Elternteil den Verdacht des sexuellen Missbrauchs, sind vorrangig Ge- und Verbote in Erwägung zu ziehen, die eine mögliche Gefährdung verhindern und zugleich einen unmittelbaren Kontakt zwischen dem umgangsberechtigten Elternteil und seinem Kind ermöglichen (BTDrs 16/6308 S 203; BVerfG FamRZ 2008, 494 f). Steht dem angeordneten Umgang das Verhalten des betreuenden Elternteils entgegen, kommt auch im Anordnungsverfahren eine Umgangspflegschaft iSv § 1684 Abs 3 Satz 3 BGB nF in Betracht, um die »zügige Durchführung des Umgangs« zu ermöglichen (aA *Gießler/Soyka* Rn 1093). Nicht selten bereitet der Kontakt zwischen den leiblichen Eltern und den **Pflegeeltern** im Falle eines Sorgerechtsentzugs Probleme. Aus Gründen des Kindeswohls ist es nicht gerechtfertigt, den Kontakt mit den Eltern auf wenige Stunden in mehreren Wochen zu begrenzen, wenn nicht bereits die Besuche selbst zu einer Kindeswohlgefährdung führen. Gegen eine gerichtliche Entscheidung über den Umgang im Anordnungsverfahren ist ein Rechtsmittel nicht statthaft (§ 57 Satz 1; § 57 Rz 10). Zur Vollstreckung § 53 Rz 3.

c) Regelung der Kindesherausgabe (§ 151 Nr 3)

34 Einstweilige Anordnungen zur Regelung der elterlichen Sorge sind als solche nicht vollstreckungsfähig. Überträgt das Gericht einem Elternteil die Alleinsorge oder das Aufenthaltsbestimmungsrecht, so kann dieser vom anderen Elternteil die Herausgabe des Kindes gemäß **§ 1632 Abs 1 BGB** verlangen. Da auch die gemeinsame verbindliche Vereinbarung der Eltern über den Aufenthalt des Kindes nicht einseitig gelöst werden

kann, besteht ein Anspruch auf Herausgabe des Kindes auch dann, wenn ein Elternteil den Aufenthalt einseitig ändert, ohne dass ihm zuvor das Aufenthaltsbestimmungsrecht (§ 1671 BGB) oder das Entscheidungsrecht in dieser Einzelfrage (§ 1628 BGB) übertragen wurde (AG Bad Iburg FamRZ 2000, 369). Das Verfahren nach § 151 Nr 3 ist auch im einstweiligen Rechtsschutz auf den dauerhaften Aufenthalt gerichtet, so dass das Herausgabeverlangen zur Durchführung des Umgangsrechts nicht erfasst ist (Zöller/*Philippi* § 620 Rn 47). Die auf Herausgabe des Kindes gerichtete einstweilige Anordnung kann sowohl gegen den anderen Elternteil als auch gegen Dritte ergehen, soweit das Kind den Eltern oder einem Elternteil widerrechtlich vorenthalten wird.

Der einstweilige Rechtsschutz des § 151 Nr 3 (*Kramer* FuR 2007, 500 ff) entspricht in **35** seiner Reichweite der materiell-rechtlichen Regelung des § 1632 Abs 1 BGB. Daher ist anspruchsberechtigt der alleinsorgeberechtigte Elternteil (OLG Nürnberg FamRZ 2000, 369) bzw Vormund oder die Eltern gemeinsam. Antragsgegner ist der andere Elternteil oder alle Dritten, in deren Obhut sich das Kind widerrechtlich befindet und die die Rückkehr zum Elternteil verhindern. Auch im Anordnungsverfahren ist zu prüfen, ob das Kind widerrechtlich vorenthalten wird. Dies ist nur dann nicht der Fall, wenn das Herausgabeverlangen seinerseits eine Kindeswohlgefährdung iSv § 1666 BGB darstellt (BayObLG FamRZ 1990, 1379, 1381). Zur Vorbereitung eines Herausgabeantrags kann es erforderlich sein, das der andere Elternteil oder Dritte im Anordnungsverfahren den Aufenthaltsort des Kindes mitteilt, um sodann die Herausgabe durchsetzen zu können (OLG Hamm FamRZ 1999, 936), so dass eine hierauf gerichtete einstweilige Anordnung ergehen kann. Verweigert der Elternteil die Herausgabe des Kindes, kann auch die Durchsuchung der Wohnung erforderlich werden. Allein aufgrund einer einstweiligen Herausgabeentscheidung ist der Vollstreckungsbeamte nicht zum Betreten und Durchsuchen der Wohnung berechtigt. Daher sind mit der Herausgabeanordnung ggf weitere konkrete Anordnungen zu treffen, aus denen sich die Befugnisse des Vollstreckungsbeamten und die Duldungspflichten des Wohnungsinhabers ergeben; anderenfalls fehlt es insoweit an der hinreichenden Bestimmtheit der Anordnung (BVerfG FamRZ 2000, 411, 412).

Eine auf Herausgabe eine Kindes gerichtete einstweilige Anordnung ergeht auf **36** Antrag. Nur in Amtsverfahren wegen Kindeswohlgefährdung (§ 1666 BGB) kann die Herausgabeverpflichtung auch ohne Antrag angeordnet werden. Der Antrag auf Übertragung des Aufenthaltsbestimmungsrechts kann mit dem Herausgabeverlangen verbunden werden. Eine gerichtliche Regelung über die Herausgabe wird nicht bereits dadurch erforderlich, dass der andere Elternteil die Zurückweisung des Sorgerechtsantrags beantragt oder einen entgegen gesetzten Antrags gestellt hat. Anhaltpunkte, dass der andere Elternteil der Regelung zum Aufenthaltsbestimmungsrecht nicht entsprechen wird, ergeben sich regelmäßig erst nach der gerichtlichen Entscheidung zum Aufenthalt und einer entsprechenden Aufforderung, das Kind herauszugeben.

Gegen die gerichtliche Herausgabeanordnung ist nach § 57 Satz 2 Nr 2 die Beschwer- **37** de statthaft, soweit die Herausgabe an den anderen Elternteil angeordnet wird (§ 57 Rz 11). Die Beschwerde wird nicht dadurch unzulässig, dass der Elternteil der erstinstanzlichen Anordnung Folge geleistet hat. Zur Berücksichtigung des Kindeswohl bei der Vollstreckung nach §§ 88 ff.

d) Regelung der Vormundschaft und Pflegschaft (§ 151 Nr 4 und 5)

Die bisher in die Zuständigkeit des Vormundschaftsgerichts fallenden Angelegenheit **38** sind vom FamG zu erledigen. Einstweilige Anordnungen werden für die von § 151 Nr 4 und 5 erfassten Verfahrensgegenstände (§ 151 Rz 11 ff) regelmäßig nicht erforderlich sein. Denn ist die Anordnung und Bestellung einer Vormundschaft oder Pflegschaft eine Folge der materiell-rechtlichen Vorgaben, etwa weil ein Minderjähriger nicht unter elterlicher Sorge steht (§ 1773 Abs 1 BGB). Wird das Sorgerecht durch einstweilige Anord-

§ 49 FamFG | **Einstweilige Anordnung**

nung entzogen, ist die Bestellung eines Vormunds Bestandteil der gerichtlichen Maßnahme. Im Übrigen besteht für die Verfahrensgegenstände nach § 151 Nr 4 und 5 kein dringendes Regelungsbedürfnis. Zwar sind Fälle einer dringenden Genehmigung eines Rechtsgeschäfts denkbar. Da die einstweilige Anordnung nur zu einer vorläufigen Entscheidung führt, ist der einstweilige Rechtsschutz für entsprechende Entscheidungen, die nach § 40 Abs 2 erst mit Rechtskraft wirksam werden, nicht geeignet. Für die Bestellung eines Ergänzungspflegers (§ 1909 BGB) oder eines Pflegers für eine Leibesfrucht (§ 1912 BGB) ist ein Anordnungsverfahren nicht erforderlich.

e) Freiheitsentziehende Unterbringung Minderjähriger (§ 151 Nr 6 und 7)

39 Die Unterbringung eines (minderjährigen) Kindes, die mit Freiheitsentziehung verbunden ist, bedarf nach § 1631b Abs 1 BGB wegen des Eingriffs in das Selbstbestimmungsrecht und die persönliche Freiheit (FA-KommFamR/*Ziegler* § 1631b Rn 4) der Genehmigung des Familiengerichts. Eine Unterbringung des Kindes kann bei der Behandlung von psychischen Erkrankungen, Drogen- oder Alkoholabhängigkeit in geschlossenen Abteilungen der jeweiligen Einrichtungen notwendig sein. Nach § 167 Abs 1 finden auf die Verfahren nach § 151 Nr 6 die für Unterbringungssachen nach § 312 Nr 1 und in Verfahren nach § 151 Nr 7 die für die Unterbringung nach § 312 Nr 3 geltenden Vorschriften Anwendung. Für die einstweilige und auf die Dauer von **6 Wochen befristete** (§ 333 Satz 1) Genehmigung der Unterbringung eines minderjährigen Kindes nach § 1631b BGB oder nach den Landesgesetzen für die Unterbringung psychisch Kranker im Wege einstweiliger Anordnung gelten daher die §§ 331–333, wonach für den Anordnungsgrund bzw das Regelungsbedürfnis besondere Voraussetzungen gegeben sein müssen. Bei Gefahr im Verzug kann von bestimmten Verfahrenshandlungen vorerst abgesehen werden (§ 332).

3. Abstammungssachen (§§ 111 Nr 3, 169 Nr 1–4)

40 Über die Verfahrensgegenstände der Abstammungssachen nach § 169 Nr 1–4 (§ 169 Rz 3 ff) kann im Wege einstweiligen Rechtsschutzes nicht entschieden werden. Dies gilt für die Entscheidung über die Abstammung selbst sowie die hierauf gerichtete Klärung (§ 1598a Abs 2 und 4 BGB), zumal die Entscheidungen erst mit ihrer Rechtskraft wirksam werden (§ 184 Abs 1 Satz 1). Soweit im Zusammenhang mit der Feststellung der Vaterschaft Unterhaltsansprüche im einstweiligen Rechtsschutz gemäß §§ 247, 248 durchgesetzt werden können, handelt es sich im Gegensatz zur bisherigen Regelung in § 641d ZPO aF nicht um eine Abstammungssache (Zöller/*Philippi* § 641d Rn 14), sondern nach der Systematik unzweifelhaft um eine Unterhaltssache iSd § 231 Abs 1 Nr 1 und 3.

41 Ausnahmsweise kann in Abstammungssachen ein dringendes Bedürfnis an einer **Beweissicherung** oder vorsorglichen Tatsachenfeststellungen entstehen (Vorwerk/*Kaul* Kap 101 Rn 5 ff), wenn eine antragsberechtigte Person feststellt, dass ein potentielles Beweismittel verloren gehen könnte. Für das Vaterschaftsfeststellungs- und das Vaterschaftsanfechtungsverfahren können identische Beweisprobleme entstehen, wenn weder der als Vater in Betracht kommende Mann noch dessen Verwandte in ein im Hauptsacheverfahren zu erstattendes Gutachten einbezogen werden könnten. Aus dem Interesse an der positiven oder negativen Feststellung der Abstammung folgt das Interesse an der Sicherung des Beweismaterials. Das **Regelungsbedürfnis** ist durch den Verlust eines für die unmittelbare Beweisführung geeigneten Beweismittels begründet, wenn sich der potentielle biologische Vater nur vorübergehend (besuchsweise oder aus beruflichen Gründen) im Inland aufhält oder seine baldige Ausreise bekannt wird (*Schuschke* FS Schneider S 179, 182 f; Vorwerk/*Kaul* Kap 101 Rn 6). Auch wenn eine Untersuchungsperson iSd § 178 Abs 3 zu versterben droht und im Hauptsacheverfahren ein Beweisbeschluss nicht rechtzeitig zu erwirken ist, kann eine Beweisnot entstehen, wenn aus einer medizinischen Untersuchung keine verwertbaren Proben zur Verfügung stehen oder mit der baldigen Feuerbestattung zu rechnen ist. Die Verpflichtung zur Mitwirkung an der Beweisaufnahme folgt aus § 178 Abs 1. Die im Abstammungsverfahren nach § 169 Nr 1 und 4 antragsberechtigten Personen können daher den Erlass einer einstweiligen Anordnung dahingehend bei dem nach § 170 zuständigen Gericht beantragen, dass die in Betracht kommende Person zur **Duldung einer Probeentnahme** verpflichtet wird. Hierzu sind die die Voraussetzungen eines Antrags in der Hauptsache glaubhaft zu machen. Insoweit gelten die §§ 487 ff ZPO entsprechend, wobei dem »Gegner« rechtliches Gehör zu gewähren ist. Das Anordnungsverfahren ist allein auf die Sicherung des Beweises beschränkt; es dient nicht wie das selbständige Beweisverfahren nach §§ 485 ff ZPO zur vorprozessualen Sachaufklärung (Rosenberg/Schwab/*Gottwald*, Zivilprozessrecht, § 116 Rn 1; krit Zöller/*Herget* Vor § 485 Rn 2). Mit der Entnahme der für eine genetische Untersuchung geeigneten Probe (Blutentnahme oder Mundschleimhautabstrich) ist eine Sicherung des Beweismittels für ein späteres Hauptsacheverfahren erreicht (*Schuschke* S 186). Die Begutachtung durch einen Sachverständigen ist nicht zulässig, da über die Einholung eines Abstammungsgutachtens erst im Hauptsacheverfahren zu entscheiden ist (Vorwerk/*Kaul* Kap 101 Rn 8). Die Kosten des Anordnungsverfahrens hat nach Maßgabe des § 494a ZPO im Zweifel der Antragsteller zu tragen. Die Durchführung einer Beweissicherung im Anordnungsverfahren, um sodann einen Wiederaufnahmeantrag nach § 185 Abs 1 stellen zu können, ist weder erforderlich noch zulässig (KG FamRZ 1995, 369, 370; OLG Celle NJW-RR 2000, 1100).

4. Adoptionssachen (§§ 111 Nr 4, 186 Nr 1–4)

In Adoptionssachen besteht eine Regelungsbedürfnis für einstweilige Maßnahmen in 42
Bezug auf die Annahme als Kind, die Ersetzung der Einwilligung zur Annahme als Kind oder für die Aufhebung des Annahmeverhältnisses nicht.

5. Ehewohnungs- und Haushaltssachen (§§ 111 Nr 5, 200)

Nach Trennung der Eheleute müssen nicht selten die künftige Nutzung der Ehewohnung 43
sowie die Zuweisung von Haushaltsgegenständen geregelt werden. Mit dem FamFG soll das Gesetz zur Änderung des Zugewinnausgleichs- und Vormundschaftsrechts (BTDrs 16/10798; dazu *Büte* FuR 2008, 105; *Götz/Brudermüller* NJW 2008, 3025) in Kraft treten, in dem neben den güterrechtlichen Regelungen die HausratsVO aufgehoben und für die Zeit nach der Scheidung in § 1568a BGB die Nutzung der Ehewohnung und in § 1568b BGB die Überlassung von Haushaltsgegenständen geregelt ist. Für den einstweiligen Rechtsschutz steht die Verteilung der Haushaltsgegenstände und Nutzung der Ehewohnung bei Getrenntleben, wie sie in den §§ 1361a, 1361b BGB geregelt ist, im Vordergrund.

Für Anordnungsverfahren sind die §§ 200 ff, 51 Abs 2 Satz 1 maßgeblich. Das Eilverfahren 44
wird nur auf Antrag eines Ehegatten eingeleitet (§ 203 Abs 1). Für die Zeit des Getrenntlebens sind am einstweiligen Anordnungsverfahren in Ehewohnungs- und Haushaltssachen allein die **Eheleute** beteiligt. Infolge der materiell-rechtlichen Regelung ist das Verfahren nicht auf Partner einer nichtehelichen Lebensgemeinschaft anwendbar, so dass insoweit allein § 2 GewSchG in Betracht kommt. Unabhängig von ihrem Alter sind die von der Wohnungszuweisung betroffenen **Kinder** nicht am Verfahren beteiligt. Das **Jugendamt** ist allein in Ehewohnungssachen auf seinen Antrag hinzu zu ziehen, wenn Kinder im Haushalt der Ehegatten leben (§ 204 Abs 2). Während in Ehewohnungssachen nach § 1586a BGB im Hauptsacheverfahren gemäß § 204 Abs 1 der **Vermieter** der Wohnung, der Grundstückeigentümer sowie **Dritte** iSd § 1568a Abs 4 BGB zu beteiligen sind (§ 204 Rz 1), gilt dies für das einstweilige Anordnungsverfahren in der Trennungszeit nicht, weil in deren Rechte durch eine vorläufige Benutzungsregelung nicht eingegriffen wird (OLG Hamm FamRZ 1987, 1277; OLG Köln FamRZ 1994, 632; FA-FamR/*Klein* Kap 8 Rn 19).

§ 49 FamFG | Einstweilige Anordnung

45 Eine wirksame **Einigung** der Eheleute über die Ehewohnung oder den Hausrat, die schriftlich, mündlich oder durch konkludentes Verhalten zustande kommen kann, steht einem Rechtsschutzinteresse bzw Regelungsbedürfnis entgegen, soweit die Einigung inhaltlich und zeitlich reicht. Hat ein Ehegatte die Ehewohnung verlassen, liegt eine Einigung über die Nutzung der Wohnung nicht vor (KG FamRZ 1991, 467). Ist der Ehegatte aus der Wohnung ausgezogen und hat binnen sechs Monaten (zum Fristbeginn OLG Hamburg OLGR 2003, 272; OLG Jena FPR 2004, 254) seine ernstliche Rückkehrabsicht nicht bekundet, so wird nach § 1361b Abs 4 BGB unwiderleglich vermutet, dass er die Ehewohnung dem anderen zur alleinigen Nutzung überlassen hat. Haben sich die Eheleute einvernehmlich getrennt und hat ein Ehegatte eine neue Wohnung bezogen, ist von einer konkludenten Einigung auszugehen (FA-FamR/*Klein*, Kap 8 Rn 24). Über die Wirksamkeit einer Einigung ist ggf im Rahmen einer Ehewohnungssache zu befinden (OLG Köln FamRZ 1987, 77, OLG Frankfurt FamRZ 1991, 1327). Eine Einigung über einen Teil des Hausrats schließt das Rechtsschutzbedürfnis für die Herausgabe oder Zuweisung anderer Gegenstände nicht aus. Herausgabeansprüche aufgrund einer Einigung sind hingegen im Verfahren in sonstigen Familiensache iSv § 266 Abs 1 geltend zu machen (OLG Karlsruhe FamRZ 2003, 621, OLG Dresden FamRZ 2001, 173). Die **vorläufige**, auf die Zeit des Getrenntlebens begrenzte **Regelung** darf nicht in die schuldrechtlichen oder dinglichen Rechtsverhältnisse zwischen den Beteiligten oder zu Dritten eingreifen oder diese gestalten. Eine gerichtliche Regelung über die endgültige Fortsetzung des Mietverhältnisses durch einen Ehegatten (§ 1568a Abs 3 BGB) kann im Anordnungsverfahren nicht ergehen (OLG Hamm FamRZ 2001, 1102).

a) Ehewohnungssachen

46 Nach der Trennung kann gemäß § 1361b Abs 1 BGB ein Ehegatte verlangen, dass ihm der andere die Ehewohnung ganz oder teilweise zur alleinigen Nutzung überlässt, soweit dies unter Berücksichtigung der Belange des anderen Ehegatten notwendig ist, um eine unbillige Härte zu vermeiden. Der weit auszulegende Begriff der **Ehewohnung** erfasst unabhängig von der rechtlichen Grundlage der Wohnbefugnis (Eigentum, Miete usw.) alle Räume, die die Ehegatten gemeinsam bewohnt haben oder die dafür nach den Umständen bestimmt waren (BGH FamRZ 1990, 987). Ehewohnung, zu der auch Nebenräume wie Keller, Garage, Sport- und Fitnessräume gehören (OLG Jena FPR 2004, 254), können eine Gartenlaube, ein Wohnanhänger, aber auch die nur zeitweilig genutzte Zweitwohnung, Ferien- oder Wochenendhäuser sein, weil für das eheliche oder familiäre Zusammenleben weder ein bestimmter Nutzungsumfang noch ein ausschließlicher Lebensmittelpunkt erforderlich sind (aA OLG Bamberg FamRZ 2001, 1316, 1317; § 200 Rz 3). Demgegenüber stellen beruflich oder gewerblich genutzte Räume keine Ehewohnung dar. Ein **Regelungsbedürfnis** besteht bereits, wenn sich die Ehegatten über die Nutzung der Ehewohnung nicht einigen können. Eine besondere Dringlichkeit ist nicht erforderlich. Beabsichtigt der Antragsgegner nicht, in die Ehewohnung zurückzukehren, oder ist die Frist des § 1361b Abs 4 BGB abgelaufen, besteht weder ein Rechtsschutz- noch ein Regelungsbedürfnis (OLG Köln FamRZ 1985, 498).

47 Zur Bestimmung einer **unbilligen Härte** iSd § 1361b Abs 1 BGB ist eine Interessenabwägung erforderlich, bei der im Wesentlichen das Wohl der im Haushalt lebenden Kinder und die familiären Konflikte maßgeblich sind. Zwischen den Eheleuten müssen nicht unerhebliche Auseinandersetzungen bestehen, die eine gemeinsame Nutzung der Ehewohnung als unerträglich erscheinen lassen. Weder die Trennungsabsicht eines Ehegatten noch die mit der Trennung verbundenen Unannehmlichkeiten oder eine einmalige heftige Auseinandersetzung begründen eine unbillige Härte (OLG Brandenburg FamRZ 1996, 743). In der Praxis erweisen sich Alkohol- und Drogenabhängigkeit oder -missbrauch, psychische Erkrankungen (OLG Hamm FamRZ 1997, 301), (dadurch bedingtes, ggf nächtliches) Randalieren in der Wohnung (OLG Köln FamRZ 2001, 761; AG

Tempelhof-Kreuzberg FamRZ 2003, 532), dauerhafte Belästigungen, Demütigungen oder Beleidigungen (OLG Karlsruhe FamRZ 1991, 1440; OLG Celle FamRZ 1992, 676), Bedrohung als indirekte Aggression (OLG Köln FamRZ 2006, 126) oder ein völlig unbeherrschtes und aggressives Verhalten (OLG Karlsruhe FamRZ 1994, 1185) als unbillige Härte, während eine einmalige tätliche Entgleisung nur im Fall der Wiederholungsgefahr eine solche darstellen soll (OLG Jena FPR 2004, 254). Auch durch unerträgliche Spannungen zwischen den Eheleuten bei langer Trennungszeit kann die gemeinsame Nutzung der Ehewohnung unzumutbar werden (OLG Brandenburg FamRZ 2001, 636). Strengere Anforderungen an die unbillige Härte sind im Fall einer Alleinnutzung durch den Nichteigentümer zu stellen (PWW/*Weinreich* § 1361b Rn 16). Hingegen begründen rein wirtschaftliche oder finanzielle Interessen keine unbillige Härte, so dass eine Wohnungszuweisung nicht damit zu begründen ist, die Veräußerung oder optimale Vermietung sei aufgrund der Finanzierungslasten erforderlich (OLG Karlsruhe FamRZ 1999, 1087).

Kindeswohl: Bei der gerichtlichen Entscheidung ist insbesondere das Wohl der im **48** Haushalt lebenden minderjährigen oder volljährigen Kinder (auch Stief- und Pflegekinder; KG FamRZ 1991, 467) zu berücksichtigen. Durch die Aufnahme des Kindeswohls in den gesetzlichen Tatbestand wird dessen Bedeutung herausgestellt und zum wesentlichen Entscheidungskriterium bestimmt, um psychische Schäden des Kindes durch das Miterleben von Gewalt und ständigen Auseinandersetzungen in der Familie zu vermeiden (BTDrs 14/5429 S 24). Denn eine ruhige, geordnete und nicht von ständigen Streitigkeiten ihrer Eltern gekennzeichnete familiäre Situation dient dem Wohl der Kinder (OLG Celle FamRZ 2006, 1143; OLG Nürnberg FuR 2005, 573). Ihre Reaktionen auf die Auseinandersetzungen der Eltern müssen keinen Krankheitswert erreichen oder gar eine Kindeswohlgefährdung zur Folge haben. Ausreichend ist ihre psychische Belastung, die über die Trennung von einem Elternteil hinaus ihre Ursache auch in dem weitergehenden Konflikt der Eltern hat (FA-FamR/*Kein* Kap 8 Rn 70). Für das Kindeswohl ist der Zeitraum, in dem die Kinder in der Wohnung gelebt haben, von Bedeutung (OLG Hamm FamRZ 1989, 739). Im **Anordnungsverfahren** ist das Kindeswohl nicht nur wesentliches Abwägungskriterium, sondern hat verfahrensrechtlich zur Konsequenz, dass die weiteren Kriterien ggf einer weitergehenden Aufklärung nicht mehr bedürfen. Vor diesem Hintergrund ist die Übertragung des Aufenthaltsbestimmungsrechts (Rz 26, 28) häufig präjudiziell für die Entscheidung der Ehewohnungssache (Zöller/*Philippi* § 620 Rn 71). **Eigentumsverhältnisse**: Neben dem Kindeswohl ist sind die in § 1361b Abs 1 Satz 3 BGB genannten Eigentumsverhältnisse (Allein- oder Miteigentum, Nießbrauchrecht, dingliches Wohnrecht usw) an der Ehewohnung zu berücksichtigen. Im Rahmen der Gesamtabwägung wirkt die dingliche Rechtsposition zu Gunsten des Berechtigten (OLG Karlsruhe FamRZ 2001, 760; OLG Köln FamRZ 1994, 632). Ihr kommt jedoch im Verhältnis zum Kindeswohl kein Vorrang zu. **Gewalttätigkeiten**: Neben Ansprüchen aus §§ 1 und 2 GewSchG rechtfertigt die vorsätzliche und rechtswidrige Verletzungshandlung oder die Drohung mit einer solchen nach § 1361 Abs 2 Satz 1 BGB die Überlassung der gesamten Wohnung zu alleinigen Nutzung. Solche Umstände indizieren sowohl eine unbillige Härte als auch den Umfang der Wohnungsüberlassung (OLG Stuttgart FamRZ 2007, 829). Schließlich sind bei der Abwägung als **weitere Aspekte** der Anlass für die Streitigkeiten, die Beschaffung einer Ersatzwohnung, der Gesundheitszustand, das Alter und die wirtschaftlichen Verhältnisse einzubeziehen.

Nach dem Verhältnismäßigkeitsgrundsatz wäre primär die Aufteilung der Wohnung, **49** bei der zwischen der alleinigen und gemeinsamen Nutzung bestimmter Räume zu unterscheiden ist (OLG Hamm 1991, 81), in Erwägung zu ziehen und der Überlassung zur alleinigen Nutzung vorzuziehen. In der überwiegenden Zahl der Fälle wird eine **Wohnungsteilung** bereits an den räumlichen Verhältnissen oder den Auseinandersetzungen der Eheleute scheitern. Nur ausnahmsweise kommt eine Aufteilung in Betracht, wenn die Eheleute ein Haus bewohnen, das nahezu in zwei Wohneinheiten getrennt werden

§ 49 FamFG | Einstweilige Anordnung

kann, wobei allein trennungsbedingte Unannehmlichkeiten der Teilung nicht entgegenstehen (OLG Jena FPR 2004, 254). Im Einzelfall kann sie im Interesse der Kinder geboten sein (AG Saarbrücken FamRZ 2003, 530). Ist eine Befriedung der Beteiligten durch die Aufteilung nicht gewährleistet, so stellt sie keine geeignete gerichtliche Anordnung dar. Bei der Wiedereinräumung des Mitbesitzes eines »ausgesperrten« Ehegatten handelt es sich nicht um eine Zuweisung der Ehewohnung (OLG Bamberg FamRZ 2006, 873).

50 Neben der Zuweisungsentscheidung kann das Gericht auf materiell-rechtlicher (§ 1361b Abs 3 Satz 1 BGB) wie auch verfahrensrechtlicher (§ 49 Abs 2 Satz 3) Grundlage **geeignete Maßnahmen** anordnen, die der Durchsetzung der Anordnung dienen. Die Alleinzuweisung der Ehewohnung ist nur vollstreckungsfähig, wenn zugleich eine **Räumungspflicht und entsprechende -frist** angeordnet ist (LG Itzehoe FamRZ 87, 176; OLG München FamRZ 1998, 1170). Für die Räumungsfrist und deren mögliche Verlängerung im Verfahren nach § 54 gilt § 721 ZPO nicht (zur Beschwerde § 57 Rz 14). Bewegliche Sachen des weichenden Ehegatten können in der Wohnung verbleiben und werden von einer Anordnung zur Räumung aufgrund der Abgrenzung zum Hausrat nicht erfasst; § 885 Abs 2–4 ZPO finden insoweit keine Anwendung (OLG Karlsruhe FamRZ 1994, 1185; KG FamRZ 1987, 1290, 1291). Dies sollte im Anordnungsbeschluss zugleich klargestellt werden. In Betracht kommen weiterhin Gebote sowie Verbote, bestimmte Räume (nicht) zu betreten, die Wohnungsschlüsseln und Mietunterlagen zu übergeben (OLG Hamm FamRZ 1991, 81), die Wohnungsschlösser nach Ablauf der Räumungsfrist auszutauschen (OLG Karlsruhe FamRZ 1994, 1185), sich der Wohnung auf eine bestimmte Distanz nicht zu nähern (OLG Köln FamRZ 2003, 319) oder Belästigungen zu unterlassen. Beim Getrenntleben innerhalb der Ehewohnung können sich die Anordnungen auf eine (zeitliche) Benutzungsregelung von Küche und Bad sowie auf die Heizung, Beleuchtung, das Telefon usw. beziehen. Um die Rechte des weichenden Ehegatten zu sichern, kommt auch das Verbot an den alleinigen Mieter in Betracht, das Mietverhältnis nicht zu kündigen (OLG Dresden FamRZ 1997, 183; zur einstweiligen Verfügung gegen die Untermieterin LG Freiburg FamRZ 2005, 1252). Ist die Kündigung durch den Alleinmieter bereits ausgesprochen, kann eine Wohnungszuweisung nicht mehr oder nur für die Kündigungsfrist erfolgen (OLG Köln FamRB 2003, 223). Der einstweilige Rechtsschutz kann sich allein auf die Zuweisung der Ehewohnung beziehen, so dass ein Verbot, einen neuen Partner in die Wohnung aufzunehmen, nicht gedeckt ist (OLG Köln FamRZ 1995, 1424; OLG Hamm FamRZ 1993, 1442; *Brudermüller* FuR 2003, 433, 437). Auch im Anordnungsverfahren kann eine nach § 1361b Abs 3 Satz 2 BGB geschuldete **Nutzungsentschädigung** festgesetzt werden, soweit diese der Billigkeit entspricht. Da es sich nicht um einen Unterhaltsanspruch handelt, der unter § 246 fällt, ist das Regelungsbedürfnis hinsichtlich des Zahlungsanspruch glaubhaft zu machen. Hier kommt die Finanzierungslast in Betracht, wenn diese nur bei Beteiligung über die Nutzungsentschädigung aufzubringen ist. Die Kosten des Umzugs eines Ehegatten werden hiervon nicht erfasst. Versöhnen sich die Beteiligten nach einer Zuweisungsentscheidung wieder, hat der berechtigte Ehegatte den Titel herauszugeben und kann ihn nicht »auf Vorrat« behalten (KG FamRZ 2006, 49).

b) Haushaltssachen

51 Materiell-rechtliche Grundlage der nach Billigkeit zu verteilenden und im Miteigentum stehenden Haushaltsgegenstände ist § 1361a Abs 2 BGB, während solche im Alleineigentum nach § 1361a Abs 1 BGB herausverlangt werden können. **Haushaltsgegenstände** sind von den Sachen für individuelle Bedürfnisse (OLG Düsseldorf FamRZ 1986, 1134) oder zum beruflichen Gebrauch sowie von Wertanlagen abzugrenzen. Es handelt sich um die für die Wohnung, die Hauswirtschaft und das Zusammenleben der Familie bestimmte Sachen (BGH FamRZ 1984, 144, 146). Neben Möbeln, hauswirtschaftlichen Gegenständen oder einer Einbauküche (BGH NJW-RR 1990, 586; OLG Hamm FamRZ

1998, 1028) zählen zum Zweck der Haushalts- und privaten Lebensführung gemeinschaftlich genutzte Pkw (BGH FamRZ 1991, 44, 49; OLG Naumburg FamRZ 2004, 889; KG FamRZ 2003, 1927), Wohnwagen (OLG Düsseldorf FamRZ 1990, 60) und Wohnmobile (OLG Köln FamRZ 1992, 696), Yachten (OLG Dresden FuR 2003, 596) oder Haustiere (OLG Naumburg FamRZ 2001, 481) zum Hausrat. Hingegen dienen Bücher zum privaten oder beruflichen Gebrauch oder als Kapitalanlage angeschaffte Vermögensgegenstände, Kunstwerke uä (BGH FamRZ 1984, 575) nicht der gemeinsamen Lebensführung. Der häusliche PC oder Labtop ist Hausrat, wenn er nicht für berufliche Zwecke bestimmt ist. Brief- oder Münzsammlungen als Kapitalanlage stellen keinen Hausrat dar. Nach der Trennung angeschaffte Gegenstände sind ebenfalls kein Hausrat iSd § 1361a BGB. Zu den Einzelheiten s § 200 Rz 9 ff; PWW/*Weinreich* § 1361a Rn 5 ff).

Im Wege der einstweiligen Anordnung darf nur die **Allein- oder Mitbenutzung** – ggf **52** auch einzelner (OLG Düsseldorf FamRZ 1999, 1270) – Haushaltsgegenstände vorübergehend, jedoch nicht rechtsgestaltend geregelt werden. Die Aufklärungspflicht des Gerichts wird durch die in § 206 konkretisierte Mitwirkungspflicht der Beteiligten begrenzt. Können die Eigentumsverhältnisse im Anordnungsverfahren nicht geklärt werden, greift die gesetzliche Vermutung gemeinsamen Eigentums der Ehegatten nach § 1568b Abs 2 BGB. Ein **Regelungsbedürfnis** besteht bei drohender oder erfolgter eigenmächtiger Hausratsteilung durch einen Ehegatten. Mit der Zuweisung von Haushaltsgegenständen kann die Anordnung ergehen, diese nicht zu entfernen, sie nicht zu veräußern (*Gießler/Soyka* Rn 766) oder entfernten Hausrat zurück zu schaffen (BGH FamRZ 1982, 1200; OLG Frankfurt FamRZ 1988, 399). Über diese Anordnungsbefugnis hinaus ist das Verhältnis der Hausratsteilung zum Besitzschutz (§§ 858, 861, 862 BGB) streitig (FA-FamR/*Klein* Kap 8 Rn 8 ff; OLG Nürnberg FamRZ 2007, 486; OLG Frankfurt FamRZ 2003, 47). Die Herausgabe kann durch die Zahlung eine Betrages für eine Neuanschaffung abgewendet werden (MüKo-ZPO/*Finger* § 620 Rn 78). Ausnahmsweise mag ein Regelungsbedürfnis für die Festsetzung einer Nutzungsvergütung nach § 1361a Abs 3 Satz 2 BGB bestehen (Zöller/*Philippi* § 620 Rn 77b). Im Beschluss sind die Haushaltsgegenstände in einer für die Zwangsvollstreckung erforderlichen **Bestimmtheit** zu bezeichnen (OLG Brandenburg FamRZ 2000, 1102).

6. Gewaltschutzsachen (§§ 111 Nr 6, 210)

Der Rechtsschutz eines Ehegatten oder Partners wurde durch das GewSchG deutlich **53** verbessert (*Schumacher* FamRZ 2002, 645) und stellt einen ganz wesentlichen Anwendungsbereich der einstweiligen Anordnung in der gerichtlichen Praxis dar, bei dem die Beteiligten an der Durchführung des Hauptsacheverfahrens häufig kein Interesse hatten (BTDrs 16/6308 S 252). Besonderheiten des einstweiligen Rechtsschutzes sind jetzt in § 214 geregelt. Im Gegensatz zum bisherigen Recht (FA-FamR/*Weinreich* Kap 8 Rn 372) wird die Aufspaltung der Zuständigkeiten zwischen Familiengericht (OLG Hamm FamRZ 2004, 38) und den allgemeinen Zivilgerichten aufgegeben, weil nach § 210 iVm §§ 23a Abs 1 Nr 1, 23b Abs 1 GVG nF das Familiengericht für **alle Gewaltschutzsachen** zuständig ist, ohne dass es auf einen auf Dauer angelegten oder innerhalb der letzten 6 Monate geführten gemeinsamen Haushalt (OLG Rostock FamRZ 2007, 742) ankommt. Einstweilige Anordnungen können nach § 49 Abs 1 iVm § 111 Nr 6 für alle vom Geltungsbereich des GewSchG erfassten Personen erlassen werden. Das **Regelungsbedürfnis** besteht abweichend von § 49 Abs 1 nach § 214 Abs 1 idR dann, wenn eine Tat nach § 1 GewSchG begangen wurde oder aufgrund konkreter Umstände mit einer Begehung zu rechnen ist.

Im **Anordnungsantrag** muss die Rechtsgutsverletzung nach § 1 Abs 1 Satz 1, Abs 2 **54** Satz 1 Nr 2 GewSchG oder deren Androhung (§ 1 Abs 2 Satz 1 Nr 1 GewSchG) glaubhaft gemacht werden, wozu ggf die polizeiliche Anordnung eines Platzverweises vorgelegt werden kann. Die widerrechtliche Verletzung des Körpers, der Gesundheit oder Freiheit

§ 49 FamFG | Einstweilige Anordnung

einer anderen Person begründet nicht nur eine gesetzliche Vermutung der Wiederholungsgefahr (§ 2 Abs 3 Nr 1 GewSchG), sondern auch die Dringlichkeit einer gerichtlichen Regelung. Wie im Hauptsacheverfahren können Schutzanordnungen gegen den Täter nach § 1 GewSchG ergehen und die Wohnung nach § 2 GewSchG zur alleinigen Benutzung überlassen werden. Die möglichen gerichtlichen (präventiven) und zu befristenden **Schutzmaßnahmen** sind im – nicht abschließenden – Katalog des § 1 Abs 1 Satz 3 Nr 1–5 GewSchG aufgeführt (zum Betretungsverbot, Aufenthaltsverbot, Kontaktverbot FA-FamR/*Weinreich* Kap 8 Rn 336 ff) und im Anordnungsbeschluss hinreichend bestimmt zu fassen, um vollstreckungsfähig und ggf Grundlage einer strafrechtlichen Verfolgung gemäß § 4 GewSchG (BGH FamRZ 2007, 812) zu sein. Für eine **Wohnungszuweisung** erfordert § 2 Abs 1 GewSchG kein Getrenntleben, aber einen auf Dauer angelegten gemeinsamen Haushalt, wodurch reine Wohngemeinschaften nicht erfasst werden. Die begangene Gewaltanwendung bzw Rechtsgutverletzung rechtfertigt – anders als § 1361b BGB – nur eine befristete (§ 2 Abs 2 Satz 1 GewSchG) Überlassung der Wohnung zur alleinigen Nutzung, während im Fall der Drohung mit Gewalt die Wohnungszuweisung zur Vermeidung einer unbilligen Härte erforderlich sein muss. Lassen sich die Voraussetzungen des § 2 Abs 1 GewSchG nicht feststellen, kann die Wohnungszuweisung auf § 1361b BGB gestützt werden (OLG Köln FamRZ 2003, 319). Nur unter den Voraussetzungen des § 2 Abs 3 GewSchG (fehlende Wiederholungsgefahr, 3-Monatsfrist seit der Tat oder besonders schwerwiegende Belange des Täters) ist der Anspruch nach § 2 Abs 1 GewSchG ausgeschlossen. Als ergänzende Anordnungen kommen die Beeinträchtigungs- und Vereitelungsverbote nach § 2 Abs 4 GewSchG in Betracht. Häufig wird aufgrund der Gefahrenlage von einer mündlichen Verhandlung abzusehen sein, die auf Antrag gemäß § 54 Abs 2 anzuberaumen ist. Zur erleichterten Vollstreckung wird in § 214 Abs 2 die bisherige Regelung des § 64b Abs 3 Satz 6 FGG aF übernommen.

7. Versorgungsausgleichssachen (§§ 111 Nr 7, 217)

55 In den Versorgungsausgleich betreffenden Verfahren bestand bisher kein Bedarf für den einstweiligen Rechtsschutz. Die Folgesache im Scheidungsverbund ist einer vorläufigen Regelung entzogen, weil der Ausgleich der zu berücksichtigenden Anrechte mit rechtsgestaltender Wirkung eine rechtskräftige Entscheidung voraussetzt. Allein für den (verlängerten) schuldrechtlichen Versorgungsausgleich wurde die Möglichkeit einer einstweiligen Anordnung erörtert, ohne jedoch gerichtliche Relevanz erhalten zu haben (*Wick* FamRZ 2005, 1030, 1032). Während für den verlängerten schuldrechtlichen Versorgungsausgleich in § 3a Abs 9 Satz 3 VAHRG aF auf die Vorschriften der §§ 620 ff ZPO aF verwiesen wurde, war bereits die verfahrensrechtliche Grundlage für den (einfachen) schuldrechtlichen Versorgungsausgleich im Wege der vorläufigen Anordnung oder einer analogen Anwendung der vorgenannten Vorschriften, da § 621g ZPO aF den Versorgungsausgleich nicht erfasste, unklar (*Wick* FamRZ 2005, 1030, 1033 ff). In § 226 wird die Regelung des § 3a Abs 9 Satz 3 übernommen (Begründung S 253 f). Da die §§ 49 ff für alle Familiensachen des § 111 gelten, kann darüber hinaus nunmehr grundsätzlich auch in Versorgungsausgleichssachen auf Antrag (§ 223) eine einstweilige Anordnung ergehen, wobei der öffentlich-rechtlich durchzuführende Versorgungsausgleich weiterhin ausgeschlossen bleibt.

56 Nach bisherigem Recht kam eine einstweilige Regelung zum schuldrechtlichen Versorgungsausgleich nach § 1587f BGB aF für zum Zeitpunkt der Scheidung noch verfallbare betriebliche Anwartschaften (§ 1587a Abs 2 Nr 3 BGB aF), für die durch die Höchstbetragsgrenzen der §§ 1587b Abs 5 BGB sowie § 3b Abs 1 Nr 1 VAHRG nicht öffentlich-rechtlich ausgeglichenen Anwartschaften und schließlich für Anwartschaften bei ausländischen oder zwischen- bzw überstaatlichen Versorgungsträgern in Betracht (*Wick* FamRZ 2005, 1030). Erhielt der Ausgleichspflichtige Leistungen aus dem bisher nicht ausgeglichenen Anrecht und lagen die Voraussetzungen des § 1587g Abs 1 Satz 2 BGB aF vor, stand der ausgleichsberechtigten Person ein Anspruch in Höhe der Hälfte des ermittelten Ausgleichswertes als sog **Ausgleichsrente** zu (§ 1587g Abs 1 Satz 1 BGB aF). Da entsprechende Leistungen den Lebensbedarf (teilweise) sichern sowie bedarfsdeckend wirken, jedoch Entscheidungen im isolierten Versorgungsausgleichsverfahren erst mit Rechtskraft wirksam werden (§ 224 Abs 1, § 53g Abs 1 FGG aF), konnte einstweiliger Rechtsschutz erforderlich werden (OLG Nürnberg FamRZ 2007, 1127). In der ursprünglichen Fassung des § 226 des Regierungsentwurfs sollte die Regelung des § 3a Abs 9 Satz 3 VAHRG übernommen werden. Mit dem »Gesetz zur Strukturreform des Versorgungsausgleichs« (BTDrs 16/10144) ist diese spezielle Regelung entfallen (Art 2 Nr 1, 5 VAStrRefG). Denn dem Bedürfnis nach einstweiligem Rechtsschutz im Rahmen eines Anspruchs auf schuldrechtliche Ausgleichsrente nach § 20 Abs 1 VersAusglG wird durch die §§ 49 ff ausreichend Rechnung getragen. Nach § 20 Abs 1 VersAusglG entsteht ein Anspruch auf eine Ausgleichsrente, wenn der Ausgleichspflichtige eine laufende Versorgung aus einem noch nicht ausgeglichenen Anrecht bezieht, wobei praktisch Leistungen ausländischer Versorgungsträger im Vordergrund stehen werden (BTDrs 16/10144 S 63). Anwendbar bleibt die schuldrechtliche Ausgleichsrente auch für Anrechte iSd § 19 Abs 2 VersAusglG. Die Voraussetzungen des Anordnungsanspruchs hat der Antragsteller glaubhaft zu machen. Das Regelungsbedürfnis wird analog § 246 Abs 1 aufgrund der unterhaltsrechtlichen Natur des geltend gemachten, monatlich fälligen Anspruchs vermutet (§§ 20 Abs 3 VersAusglG; 1587k BGB aF). Demgegenüber geht die Gesetzesbegründung des VAStrRefG von einem »praktischen Bedürfnis« nur dann aus, wenn »bei klarer materieller Rechtslage« die ausgleichspflichtige Person das Verfahren verzögert und die ausgleichsberechtigte Person dringend auf die Ausgleichsrente angewiesen ist (BTDrs 16/10144, 92). Zugleich sei die einstweilige Anordnung aufgrund des sog. Vorwegnahmeverbots (Rz 7) auf »eine Notrente« zu begrenzen, wie sich auch aus einem Umkehrschluss aus § 246 ergebe (BTDrs 16/10144 S 92). Weder das sog. Vorwegnahmeverbot (Rz 7) noch ein Umkehrschluss rechtfertigen eine Differenzierung zwischen einer auf Ausgleichsrente oder auf Unterhalt gerichteten einstweiligen Anordnung, weil diese in Widerspruch zur quasi unterhaltsrechtlichen Leistung stehen. Einem Fehlentscheidungsrisiko (Vorbem zu § 49 Rz 8) ist nicht durch eine pauschale Begrenzung des Anspruchs – in Fortführung der Grundsätze zur einstweiligen Verfügung – sondern durch die Anforderungen an die Glaubhaftmachung des Anspruchs einerseits und eine Einzelfallabwägung andererseits (Rz 7) Rechnung zu tragen.

8. Unterhaltssachen (§ 111 Nr 8)

Einstweilige Anordnungen in **Unterhaltssachen** haben in den §§ 246–248, 238 Sonderregelungen erfahren, wonach das Regelungsbedürfnis vermutet wird und die Begrenzung auf vorläufige Maßnahmen für die Anordnung von Unterhaltzahlungen entfällt.

9. Güterrechtssachen und sonstige Familiensachen (§§ 111 Nr 9, 261, 111 Nr 10, 266)

Neben den Unterhaltssachen umfassen die Familienstreitsachen des § 112 die Verfahren in Güterrechtssachen und sonstigen Familiensachen. Für diese ist der einstweilige Rechtsschutz in § 119 insoweit modifiziert, als das Gericht auch in diesen Verfahren einstweilige Anordnungen nach § 49 erlassen, aber auch den Arrest nach Maßgabe der §§ 916 ff ZPO anordnen kann. Auf die Ausführungen zu § 119 wird verwiesen.

10. Lebenspartnerschaftssachen (§§ 111 Nr 11, 269)

Die Lebenspartnerschaftssachen sind in § 269 Abs 1 und die sonstige Lebenspartnerschaftssachen in den Abs 2 und 3 geregelt. Aus § 270 Abs 1 und 2 folgt, dass die für die

§ 49 FamFG | Einstweilige Anordnung

entsprechenden Familiensachen geltenden Vorschriften auf die Verfahren zwischen eingetragenen Lebenspartnern ebenfalls Anwendung finden. Daher gelten für den einstweiligen Rechtsschutz unter Lebenspartnern die Vorschriften der §§ 49 ff und 119 sowie deren besonderen Ausformungen, die sie in den jeweiligen Unterabschnitten des Abschnitts 2 erfahren haben, entsprechend.

II. Betreuungs- und Unterbringungssachen sowie Freiheitsentziehungssachen

60 Wie im bisherigen Recht (§§ 69f, 70h FGG aF) haben die einstweiligen Anordnungen in Betreuungssachen in den §§ 300–302, in Unterbringungssachen in den §§ 331–333 sowie in Freiheitsentziehungssachen in § 427 eigenständige Regelungen erhalten, die weiterhin zwischen der »normalen« einstweiligen Anordnung und der »eiligen« einstweiligen Anordnung bei gesteigerter Dringlichkeit (§§ 301, 332) unterscheiden. Auch für diese Angelegenheiten ist der einstweilige Rechtsschutz **hauptsacheunabhängig** ausgestaltet (BTDrs 16/6308 S 271, 293). Neben den Regelungen der §§ 300–302, 331–333, 427 kommen die §§ 49 ff zur Anwendung. Wurde für den Betroffenen ein vorläufiger Betreuer bestellt, so kann der Betroffene gemäß § 52 Abs 1 Satz 1 die Einleitung des Hauptsacheverfahrens erreichen (BTDrs 16/6308 S 271). Auch für die gerichtliche Genehmigung einer kurzfristig erforderlichen ärztlichen Behandlung kann ein Regelungsbedürfnis bestehen (§§ 1904, 1908i, 1846 BGB; Prütting/Helms/*Stößer* § 49 Rn 17). Hinsichtlich des Regelungsbedürfnisses und der zulässigen einstweiligen Maßnahmen enthalten die §§ 300–302 sowie §§ 331–333 besondere Vorschriften, die auf den Vorgaben des Hauptsacheverfahrens beruhen (§§ 276, 278, 280f; 317, 319, 321; § 300 Rz 5 ff [zum Betreuungs- und Handlungsbedarf]; § 331 Rz 6 ff). Neben dringenden Gründen für die Voraussetzungen der anzuordnenden Maßnahme sind weitere verfahrensrechtliche Sicherungen durch die Vorlage eines ärztlichen Zeugnisses, ggf die Bestellung und Anhörung eines Verfahrenspflegers sowie die persönliche Anhörung des Betroffenen vorgesehen, von denen mit Ausnahme des ärztlichen Attestes nur im Fall gesteigerter Dringlichkeit abgesehen werden kann (§§ 301, 332). Demgegenüber sieht § 300 Abs 2 für die Entlassung des Betreuers durch einstweilige Anordnung keine Besonderheiten vor. Die Vorläufigkeit der einstweiligen Maßnahme wird durch die **gesetzliche Befristung** der Maßnahme auf **6 Monate** für die Betreuung bzw von **6 Wochen** für die Unterbringung bekräftigt (§§ 302, 333). Eine einstweilige Anordnung in Freiheitsentziehungssachen setzt die Anhängigkeit eines Hauptsacheverfahrens voraus (§ 427 Rz 7), zu dem ein Regelungsbedürfnis hinzu treten muss. Auch im Anordnungsverfahren kann die Bestellung eine Verfahrenspflegers (§ 419) erforderlich sein. Von der Anhörung des Betroffenen kann nach § 420 Abs 2 sowie bei Gefahr im Verzug gemäß § 427 Abs 2 abgesehen werden (§ 427 Rz 15, 17). Da die §§ 303 ff, 335 f, 429 nur ergänzende Vorschriften zur Beschwerdeberechtigung vorsehen, gelten für das Beschwerdeverfahren die §§ 58 ff (§ 303 Rz 1, § 331 Rz 24, § 427 Rz 23). Im Übrigen wird auf die Ausführungen zu den Einzelvorschriften verwiesen.

III. Nachlasssachen

61 Als Angelegenheit der freiwilligen Gerichtsbarkeit ist auch in Nachlasssachen (§§ 342 ff) erstmals die Möglichkeit einstweiliger Anordnungen ausdrücklich eröffnet. Bisher wird der einstweilige Rechtsschutz vorrangig im Erbscheinsverfahren, aber auch für die Testamentsvollstreckung und Nachlassverwaltung diskutiert. Hat das Nachlassgericht die zur Begründung des Erbscheinantrags (§ 2354 BGB) erforderlichen Tatsachen aufgrund seiner Ermittlungen (§ 2358 BGB) festgestellt, erteilt es den Erbschein gemäß § 2359 mit den Wirkungen der §§ 2365–2367 BGB. Ergibt sich später die formelle oder materielle Unrichtigkeit des Erbscheins, hat das Nachlassgericht den Erbschein einzuziehen (§ 2361 Abs 1 BGB) oder für kraftlos zu erklären (§ 2361 Abs 2 BGB; § 353 Rz 6 ff). Aus

den erbrechtlichen Regelungen folgt, dass der Erbschein als Zeugnis über das Erbrecht weder vorläufig erteilt noch vorläufig eingezogen werden kann. Einstweiliger Rechtsschutz im Erbscheinsverfahren konnte analog § 24 Abs 3 FGG aF durch die Rückgabe des Erbscheins zu den Akten, der die Wirkung des § 2366 BGB nicht berührt, gewährt werden (BayObLG FamRZ 1993, 116; PWW/*Deppenkemper* § 2361 Rn 10), während eine vorläufige Einziehung des Erbschein bis zum Abschluss der Ermittlungen unzulässig ist (Palandt/*Edenhofer* § 2361 Rn 8). Künftig wird das Nachlassgericht durch einstweilige Anordnung die Rückgabe oder Hinterlegung des Erbscheins anordnen können (Keidel/ *Zimmermann* § 352 Rn 129; *Zimmermann* FGPrax 2006, 189, 193; *Zimmermann* ZEV 2009, 57 f; *Heinemann* ZFE 2009, 8, 11; *Firsching/Graf* Nachlassrecht S 354), wenn sich Anhaltspunkte für die Unrichtigkeit des erteilten Erbscheins ergeben. Weil das Amt des Testamentsvollstreckers weder vorläufig übernommen werden noch enden kann (§§ 2202, 2227 BGB), kommt nunmehr in Betracht, auf die Amtsausübung des Testamentsvollstreckers durch einstweilige Anordnung Einfluss zu nehmen, wenn ein wichtiger Grund für seine Entlassung iSd § 2227 BGB glaubhaft gemacht wird. Hier können Gebote oder Verbote nach § 49 Abs 2 angeordnet werden. Insbesondere die Verfügung über Nachlassgegenstände kann ihm untersagt werden (*Zimmermann* FGPRax 2006, 189, 194). Entsprechendes gilt für die Nachlassverwaltung. Auch im Verfahren nach § 362 über die Stundung des Pflichtteilsanspruch kann wie im Fall des § 264 (Stundung des Zugewinnausgleichsanspruchs) eine einstweilige Anordnung erlassen werden (*Heinemann* ZFE 2009, 9, 11).

IV. Registersachen

In Verfahren in Registersachen iSd § 374 besteht ein Anlass für einstweilige Anordnungen des Registergerichts nicht. Soweit die Eintragungsfähigkeit bestimmter Rechtsverhältnisse oder die Anfechtung von Beschlüssen einer Gesellschaft betroffen ist, ist das Gericht an entsprechende Entscheidungen im einstweiligen Rechtsschutz anderer Gerichte gebunden (Einl § 374 Rz 26; vor § 378 Rz 79 ff; *Kafka/Willer* Registerrecht Rn 649; *Fleischauer/Preuß* Handelsregisterrecht S 114, 192), ohne selbst auf entsprechende Maßnahmen angewiesen zu sein. 62

V. Andere Angelegenheiten der freiwilligen Gerichtsbarkeit

In verschiedenen Gesetzen, auf die das FGG aF Anwendung fand, war die Möglichkeit geregelt, für die Dauer des Verfahrens einstweilige Anordnungen zu erlassen. Dies galt ua für das Vertragshilfeverfahren nach § 12 Abs 1 VHG aF, bis zur Reform des Wohnungseigentumsverfahrens gemäß §§ 43 Abs 1, 44 Abs 3 Satz 1 WEG aF sowie für das landwirtschaftliche Verfahren nach § 18 LwVG aF. Die gerichtliche Befugnis zu vorläufigen Regelungen war verfahrensrechtlich nicht näher geregelt, wie sich zB aus § 18 Abs 1 LwVG aF ergibt, in dem es lediglich hieß, dass das Gericht für die Zeit bis zur Rechtskraft seiner Entscheidung in der Hauptsache vorläufige Anordnungen treffen konnte. Aus dem Charakter der vorläufigen Anordnungen ergab sich zwar, dass ein Hauptsacheverfahren anhängig und eine besondere Eilbedürftigkeit gegeben sein musste und der Inhalt auf sichernde Maßnahmen beschränkt war (vgl Barnstedt/*Steffen* LwVG, § 18 Rn 3 f, 8). Für sämtliche Verfahren, die auf das FamFG verweisen, gelten künftig für den einstweiligen Rechtsschutz die §§ 49 ff, so dass neben einem Anordnungsanspruch aufgrund der Vorschriften des jeweiligen Rechtsverhältnisses ein dringendes Bedürfnis für ein sofortiges Tätigwerden bestehen muss (§ 49 Abs 1). Entsprechende Korrekturen wurden ua in Art 43 Nr 1 und 4 für das gerichtliche Verfahren in Landwirtschaftssachen (§ 18 LwVG) sowie in Art 45 Nr 4 und 5 für das internationale Familienrechtsverfahrensgesetz (§ 15 IntFamRVG) vorgenommen. Zum Landesrecht s § 486. 63

§ 49 FamFG | Einstweilige Anordnung

G. Verfahrenswerte, Gebühren und Kosten

64 Aus der Neukonzeption des einstweiligen Rechtsschutzes und den Neuregelungen des FamGKG (Art 2) sowie RVG (Art 47 Nr 6) ergeben sich nicht unerhebliche Änderungen. Insoweit wird auf die Kommentierung des FamGKG verwiesen. Das selbständige Anordnungsverfahren unterscheidet sich vom entsprechenden Hauptsacheverfahren im Wesentlichen nur durch die reduzierten Verfahrenswerte sowie veränderte Gerichtsgebühren (zur Kostenentscheidung § 51 Rz 42 f).

I. Verfahrenswerte

65 Nach § 41 FamGKG ist für die Berechnung des Verfahrenswertes die geringere Bedeutung gegenüber der Hauptsache zu berücksichtigen, so dass eine Ermäßigung idR um die Hälfte geboten ist. Danach ergeben sich folgende Werte: Kindschaftssachen: 1 500 € (§ 43 Abs 1 FamGKG); Wohnungszuweisung: nach § 1361b BGB: 1 500 €; § 1586a BGB: 2 000 € (§ 48 Abs 1 FamGKG); Hausratssachen: § 1361a BGB: 1 000 €; § 1586b BGB: 1 500 € (§ 48 Abs 2 FamGKG); Gewaltschutzsachen: § 1 GewSchG: 1 000 €; § 2 GewSchG: 1 500 € (§ 49 Abs 1 FamGKG); Versorgungsausgleichssachen: § 246: 500 € (§ 50 Abs 2 FamGKG); Unterhaltsachen: 6-monatiger Unterhalt ab Antragstellung; idR kein Rückstand (§ 51 Abs 1 Satz 1 FamGKG).

II. Rechtsanwaltsgebühren

66 Die Rechtsanwaltsgebühren im einstweiligen Anordnungsverfahren entsprechen denen im Hauptsacheverfahren, so dass in erster Instanz die 1,3 Verfahrensgebühr sowie ggf eine 1,2 Terminsgebühr und eine 1,5 Einigungsgebühr anfallen können (Nr 3100, 3104, 1000 VV RVG). Als selbständige Verfahren (§ 51 Abs 3 Satz 1) handelt es sich beim Hauptsacheverfahren und dem Anordnungsverfahren um verschiedene Angelegenheiten, was § 17 Nr 4b RVG nF ausdrücklich regelt, und zugleich vergütungsrechtlich nicht mehr um besondere Angelegenheiten iSv § 18 Nr 1 und 2 RVG aF, die gestrichen wurden. Beim Verfahren auf Erlass einer einstweiligen Anordnung und jedem Verfahren auf deren Abänderung oder Aufhebung handelt es sich um dieselbe Angelegenheit (§ 16 Nr 6 RVG aF; § 16 Nr 5 RVG nF), so dass sie nicht gesondert vergütet werden. Dass nach § 18 Nr 1 2. Hs RVG aF für mehrere Verfahren die Gegenstandswerte zusammengerechnet wurden (KG JurBüro 2007, 254; OLG Koblenz FamRZ 2007, 1114), ist in § 16 Nr 5 RVG nF nicht übernommen worden. Wird die einstweilige Anordnung beantragt, während das entsprechende Hauptsacheverfahren in der Beschwerdeinstanz anhängig ist, ist das Beschwerdegericht für das Anordnungsverfahren nach § 50 Abs 1 Satz 2 zuständig. Demgemäß entstehen Gebühren nach Nr 3200 ff VV RVG.

III. Gerichtsgebühren

67 Das selbständige Anordnungsverfahren führt zu einer Änderungen der Gerichtskostenregelungen insoweit, als für diese – ihrer gestiegenen Bedeutung entsprechend – grundsätzlich Gebühren erhoben werden. Für alle Familiensachen – mit Ausnahme der Kindschaftssachen – fällt eine 1,5 Verfahrensgebühr an, die sich auf 0,5 ermäßigt, wenn keine gerichtliche Entscheidung ergeht (KV FamGKG 1420, 1421). Die größere staatliche Fürsorge rechtfertigt in Kindschaftssachen eine auf 0,3 herabgesetzte Verfahrensgebühr (KV 1410 FamGKG). Für das Beschwerdeverfahren fällt nach KV 1422, 1423 FamGKG eine 2,0 bzw ermäßigte 0,5 Gebühr (in Kindschaftssachen 0,5 bzw 0,3-Gebühr KV 1411, 1412 FamGKG) an. Eine Festgebühr von 50 € nach KV 1812 GKG gibt es für die Zurückweisung der Beschwerde nicht mehr. Für das Anordnungsverfahren und etwaige Aufhebungs- oder Abänderungsanträge wird die Gerichtsgebühr nach KV Vorb 1.4 FamGKG nur einmal erhoben.

§ 50 Zuständigkeit

(1) Zuständig ist das Gericht, das für die Hauptsache im ersten Rechtszug zuständig wäre. Ist eine Hauptsache anhängig, ist das Gericht des ersten Rechtszugs, während der Anhängigkeit beim Beschwerdegericht das Beschwerdegericht zuständig.

(2) In besonders dringenden Fällen kann auch das Amtsgericht entscheiden, in dessen Bezirk das Bedürfnis für ein gerichtliches Tätigwerden bekannt wird oder sich die Person oder die Sache befindet, auf die sich die einstweilige Anordnung bezieht. Es hat das Verfahren unverzüglich von Amts wegen an das nach Absatz 1 zuständige Gericht abzugeben.

Übersicht

	Rz		Rz
A. Allgemeines	1	D. Hauptsache anhängig	8
B. Hauptsachezuständigkeit	2	E. Notfallkompetenz	11
C. Keine Hauptsache anhängig	6		

A. Allgemeines

Während nach bisherigem Recht für den Erlass einer einstweiligen Anordnung das 1 Gericht zuständig war, bei dem die Ehesache (§ 620a Abs 4 ZPO), die isolierte Familiensache (§ 621g) oder das isolierte Unterhaltsverfahren (§ 644 ZPO) bzw ein auf diese Verfahren gerichteter Prozesskostenhilfeantrag anhängig waren, muss für das vom Hauptsacheverfahren unabhängige einstweilige Anordnungsverfahren die Zuständigkeit neu bestimmt werden. In Anlehnung an § 937 ZPO unterscheidet die Vorschrift nach dem Grundsatz der größeren **Sachnähe** (*Dose* Rn 22) danach, ob ein Hauptsacheverfahren bisher nicht anhängig ist (§ 50 Abs 1 Satz 1), oder ob ein solches Verfahren bereits eingeleitet wurde (§ 50 Abs 1 Satz 2). Darüber hinaus ist für besonders dringende Regelungsangelegenheiten eine – dem § 942 ZPO vergleichbare – gerichtliche Notfallkompetenz in § 50 Abs 2 normiert.

B. Hauptsachezuständigkeit

Die zuständigkeitsbegründende (potentielle) **Hauptsache** bestimmt sich bei identischen 2 Beteiligten aus dem im Anordnungsverfahren verfolgten Verfahrensgegenstand bzw Verfahrensziel. Dieser wiederum ist aus dem verfahrenseinleitenden Antrag und dem ggf hierauf gerichteten Vorbringen zu entnehmen. Der Anordnungsanspruch iSv § 49 Abs 1 muss nicht mit dem für das Hauptsacheverfahren maßgeblichen Anspruch oder Rechtsverhältnis identisch sein. Allerdings muss sich jener aus diesem ableiten lassen und darf sich nicht als aliud, sondern lediglich als ein minus gegenüber der Hauptsache erweisen. Aus diesem Grund werden die Verfahrensbeteiligten, insbes in Familiensachen, regelmäßig identisch sein.

In den Angelegenheiten der Freiwilligen Gerichtsbarkeit wird sich die Hauptsache 3 aus dem jeweiligen Regelungszusammenhang ergeben, während in Familiensachen auf den **Regelungskatalog** des § 111 Nr 1–11 abzustellen ist (*Dose* Rn 21). Der Gegenstand des Anordnungsverfahrens und des Hauptsacheverfahrens müssen sich nach der Art des begehrten Rechtsschutzes entsprechen, wofür ein unmittelbarer Bezug beider Verfahrensgegenstände erforderlich ist (OLG Rostock FamRZ 2004, 476). Ein tatsächlicher oder rechtlicher Zusammenhang bzw eine inhaltliche Sachnähe, wie sie zwischen der Regelung der elterlichen Sorge und dem Umgangsrecht oder dem Ehegatten- und Kindesunterhalt besteht, ist für die Begründung der Zuständigkeit nicht ausreichend (OLG Frankfurt FamRZ 1992, 579 f). Maßgeblich sind daher die in den jeweiligen Familiensachen konkretisierten und am materiellen Recht ausgerichteten **Verfahrensgegenstände**. Zwischen dem Verfahrensgegenstand des Anordnungsverfahrens und des – tatsäch-

§ 50 FamFG | Zuständigkeit

lichen oder potentiellen – Hauptsacheverfahrens muss Identität oder zumindest eine Teilidentität bestehen (Keidel/*Giers* § 50 Rn 4 [Deckungsgleichheit]). Die Beteiligtenrolle als Antragsteller oder Antragsgegner bzw weiterer Beteiligter muss im Anordnungs- und Hauptsacheverfahren nicht übereinstimmen. Auch der negative Feststellungsantrag kann Hauptsache iSd § 50 sein (Zöller/*Vollkommer* § 937 Rn 1). Im Anordnungsverfahren wird das Regelungsbedürfnis häufig nur Teilbereiche einer Rechtsbeziehung der Beteiligten erfassen. Für den praktisch bedeutsamen Bereich der einstweiligen Regelung des Aufenthaltsbestimmungsrechts ist daher das Gericht zuständig, das über die Regelung der elterlichen Sorge im Hauptsacheverfahren nach § 1671 BGB, aber auch gemäß § 1628 BGB für Einzelbereiche zu entscheiden hätte. Die zum persönlichen Gebrauch des Kindes bestimmten Sachen und deren Herausgabe hängen eng mit der Regelung des Sorgerechts zusammen (Zöller/*Philippi* § 620a Rn 13). Ob es einer eigenständigen Bestimmung des **Streitgegenstandes** der einstweiligen Anordnung bedarf, ist zweifelhaft (*Walker* Rn 141 ff), wenn sie sich einerseits auf die Feststellung der Vorläufigkeit einer gerichtlichen Regelung oder der zu erbringenden Leistung beschränkt (*Ebert* § 1 Rn 12; *Gießler/Soyka* Rn 40 ff), durch die sie sich in jedem Fall von der endgültigen Entscheidung über den Hauptsacheanspruch abhebt, oder andererseits konkrete Rechtsfolgen nicht an diesen speziellen Streitgegenstand, sondern an die jeweiligen Verfahrensvorschriften geknüpft werden.

4 Im einstweiligen Anordnungsverfahren begründen § 50 Abs 1 Satz 1 und 2 ausschließliche Zuständigkeiten die in jedem Stadium des Verfahrens von Amts wegen zu prüfen sind. § 50 setzt durch den Bezug zur tatsächlichen oder fiktiven Hauptsachezuständigkeit die **internationale Zuständigkeit** deutscher Gerichte nach Maßgabe der §§ 97 ff voraus (bisher Zöller/*Geimer* § 606a Rn 20). Die nationale Eilzuständigkeit wird nicht durch die Zuständigkeitsregelungen nach Art 2 ff EuGVO verdrängt, weil diese sich allein auf das Hauptsachverfahren beziehen (Zöller/*Vollkommer* § 919 Rn 2). Art 31 EuGVO und Art 20 Abs 1 Brüssel IIa-VO sowie Art 10 EuUntVO (§ 98 Rz 38 f) lassen in dringenden Fällen einstweilige Maßnahmen nach dem Recht des jeweiligen Mitgliedsstaates zu. Der BGH (FamRZ 2009, 1297 m Anm *Helms* S 1400) hat dem EuGH die Frage vorgelegt, ob die Art 21 ff Brüssel IIa-VO auch auf vollstreckbare einstweilige Maßnahmen hinsichtlich des Sorgerechts iSv Art 20 Brüssel IIa-VO anwendbar ist. Der Bezug zur Hauptsachezuständigkeit erstreckt sich auf die **funktionale Zuständigkeit** des Familiengerichts (BGH FamRZ 1980, 46), des originären oder obligatorischen Einzelrichters beim LG, der Kammer für Handelssachen und im Beschwerdeverfahren auf die Entscheidung durch die gesamte Kammer beim LG, den gesamten Senat beim OLG oder den jeweiligen Einzelrichter (§ 568 ZPO; *Dose* Rn 23a; Musielak/*Huber* § 943 Rn 3).

5 Für die Begründung der Zuständigkeit kommt der **Ehesache** (§ 121) weiterhin zentrale Bedeutung zu. Zwar wird die Ehesache selbst nur ausnahmsweise als Hauptsacheverfahren heranzuziehen sein (§ 49 Rz 19). Gleichwohl folgt aus der Anhängigkeit der Ehesache die Verfahrenskonzentration bei diesem Gericht, die für die Zuständigkeit im (potentiellen) Hauptsacheverfahren zu beachten ist (für eine entsprechende Anwendung Keidel/*Giers* § 50 Rn 7). Ist das Scheidungsverfahren zwischen den Eltern anhängig, begründet dies zB zugleich die Zuständigkeit für das auf den Kindesunterhalt bezogene Anordnungsverfahren (§ 232 Abs 1 Nr 1). Ist für den Verfahrensgegenstand die Zuständigkeit mehrerer Gerichte gegeben, kann der Antragsteller zwischen diesen frei wählen.

C. Keine Hauptsache anhängig

6 Die an die Hauptsache gebundene Zuständigkeit beruht auf der größeren Sachnähe des Gerichts. Auch wenn ein Hauptsacheverfahren nicht anhängig ist, rechtfertigen verfahrensökonomische Gründe wegen einer später anhängigen Hauptsache die Zuständigkeitsanknüpfung. Ist eine Hauptsache bisher nicht anhängig, so ist für den einstweiligen Rechtsschutz das Gericht örtlich und sachlich zuständig, das für dieses als Hauptsache-

verfahren zuständig wäre. Soweit in der Gesetzesbegründung (BTDrs 16/6308 S 200) neben den Amts- und Landgerichten auch höhere Gerichte angeführt werden, dürfte § 118 GVG kaum für eine einstweilige Anordnung herangezogen werden. Für die Zuständigkeitsbestimmung ist allein auf die **fiktive Hauptsachezuständigkeit** dieses isoliert geltend gemachten Verfahrensgegenstandes abzustellen, nicht hingegen auf eine andere Zuständigkeit infolge der fiktiven Anhängigkeit einer Ehesache. Ist die Ehesache anhängig, ist hiernach die fiktive Hauptsachezuständigkeit zu bestimmen. Wurde ein Anordnungsverfahren bei dem nach § 50 Abs 1 Satz 1 zuständigen Gericht anhängig gemacht, kann sich später durch einen Wohnortwechsel eines Beteiligten die Zuständigkeit für das (fiktive) Hauptsacheverfahren oder die später anhängige Hauptsache ändern. In diesem Fall bleibt das Gericht des Anordnungsverfahrens weiterhin zuständig, weil Veränderungen der die örtliche Zuständigkeit begründenden Umstände diese nicht beeinflussen (§ 2 Abs 2). Aufgrund des bestehenden Sachzusammenhangs wird bei Anhängigkeit eines Hauptsacheantrag regelmäßig ein wichtiger Grund für die Abgabe des Anordnungsverfahrens an das andere Gericht gegeben sein (§ 4 Rz 3 ff; *Schürmann* FamRB 2008, 375, 376). Auf Ehe- und Familienstreitsachen ist § 2 nicht anwendbar (§ 113 Abs 1 Satz 1), so dass die Gerichtsstände der §§ 12 ff ZPO bzw des § 232 maßgeblich sind und bei Veränderungen die örtliche Zuständigkeit erhalten bleibt (§ 113 Abs 1 iVm § 261 Abs 3 Nr 2 ZPO; Keidel/*Giers* § 50 Rn 8),

Für Familiensachen des § 111 ergibt sich hieraus die **örtliche Zuständigkeit** wie folgt: 7
– Die fiktive Anhängigkeit einer **Ehesache** iSv § 121 Nr 1–3 wird nur selten als Hauptsache einer einstweiligen Anordnung für aus der ehelichen Lebensgemeinschaft hergeleitete Ansprüche maßgeblich sein (§ 119 Rz 6). Ggf ist nach **§ 122** Nr 1 und 2 primär auf den gewöhnlichen Aufenthalt eines Ehegatten mit den gemeinschaftlichen Kindern abzustellen.
– In **Kindschaftssachen** (§ 151 Nr 1–7) ist bei Anhängigkeit eines Scheidungsverfahrens dieses Gericht (**§ 152** Abs 1), anderenfalls das Gericht am gewöhnlichen Aufenthalt des Kindes oder in dessen Bezirk das Bedürfnis der Fürsorge bekannt wird (§ 152 Abs 2 bis 4) zuständig.
– Für **Abstammungsverfahren** (§ 169 Nr 1–4) kommt einstweiliger Rechtsschutz für Unterhaltsverfahren nach §§ 247 und 248 oder zur Beweissicherung in Betracht. Da § 248 die Anhängigkeit eines Vaterschaftsfeststellungsverfahrens voraussetzt, folgt diese dem Hauptsacheverfahren. Eine Zuständigkeit nach § 50 Abs 1 Satz 1 käme allein zur Beweissicherung durch einstweilige Anordnung in Betracht, wobei für die örtliche Zuständigkeit nach **§ 170** Abs 1 vorrangig der gewöhnliche Aufenthalt des Kindes maßgeblich ist.
– In **Wohnungszuweisungs- und Haushaltssachen** (§ 200) ist die Zuständigkeit durch das Gericht der anhängigen Ehesache oder das Gericht, in dessen Bezirk die gemeinsame Wohnung der Ehegatten sich befindet zuständig (**§ 201** Nr 1 oder 2), bestimmt; im Übrigen gilt der gewöhnliche Aufenthalt von Antragsgegner oder Antragsteller.
– In **Gewaltschutzverfahren** (§ 210) folgt die örtliche Zuständigkeit für Schutzmaßnahmen nach §§ 1 und 2 GewSchG aus dem Tatort, dem Bezirk, in dem sich die gemeinsame Wohnung befindet, oder dem gewöhnlichen Aufenthalt des Antragsgegners (**§ 211**).
– Für einstweiligen Anordnungen im **Versorgungsausgleich** bestimmt sich die örtliche Zuständigkeit primär aus der Anhängigkeit der Ehesache sowie nach dem (früheren) gemeinsamen Aufenthalt der Ehegatten oder dem gewöhnlichen Aufenthalt des Antragsgegners bzw des Antragstellers (**§ 218** Nr 1–5).
– In **Unterhaltssachen** (§ 231 Abs 1) ist vorrangig die Anhängigkeit der Ehesache oder der gewöhnliche Aufenthalt des minderjährigen oder privilegierten Kindes mit der Folge der ausschließlichen Zuständigkeit maßgeblich (**§ 232** Abs 1). Im Übrigen gilt § 232 Abs 3 nebst den dortigen Wahlgerichtsständen.

§ 50 FamFG | Zuständigkeit

- In **Güterrechtssachen** (§ 261) und **sonstigen Familiensachen** (§ 266) ist, soweit einstweiliger Rechtsschutz durch das Anordnungsverfahren gewährleistet wird (§ 119 Rz 4, 6), auf die Anhängigkeit der Ehesache oder den gewöhnlichen Aufenthalt des Antragsgegners abzustellen.
- Die örtliche Zuständigkeit für einstweilige Anordnungen in **Lebenspartnerschaftssachen** (§ 269) bestimmt sich nach den vorgenannten Grundsätzen (**§ 270**).
- In **Betreuungs-**, **Unterbringungs-** und **Freiheitsentziehungssachen** (§§ 271, 312, 415) bestimmt sich die örtliche Zuständigkeit nach einem bestehenden Betreuungsverfahren oder dem gewöhnlichen Aufenthalt des Betroffenen (**§§ 272, 313, 416**).
- Soweit ausnahmsweise in **Nachlasssachen** (§ 342) eine einstweilige Anordnung in Betracht kommt, folgt die örtliche Zuständigkeit primär dem letzten Wohnsitz des Erblassers (§ 343 Abs 1).

D. Hauptsache anhängig

8 Für die Zuständigkeit nach **§ 50 Abs 1 Satz 2** kommt es allein darauf an, ob ein Hauptsacheverfahren mit demselben Verfahrensgegenstand (Rz 2 ff) bei einem Gericht anhängig ist. Die Anhängigkeit der jeweiligen Hauptsache wird mit Eingang des Hauptsacheantrags bei Gericht oder einem Gesuch auf Verfahrenskostenhilfe bewirkt. Die Zuständigkeit im Anordnungsverfahren ändert sich nicht, wenn gegen die Verfahrenskostenhilfe versagende Entscheidung Beschwerde eingelegt wird (Musielak/*Borth* § 620a Rn 11). Auf die Zustellung des Antrags oder die Zahlung des Gerichtskostenvorschusses für das Hauptsachverfahren (§ 14 FamGKG) kommt es für die Zuständigkeit des erstinstanzlichen Gerichts nicht an. Bei der Hauptsache kann es sich um ein isoliertes Verfahren, aber auch um eine Folgesache im Scheidungsverbundverfahren (§ 137 Abs 2) handeln.

9 Ist ein Hauptsachverfahren bei einem Gericht anhängig, so ist dieses für den identischen einstweiligen Rechtsschutz zuständig. Geht das Gericht zu Unrecht von seiner Zuständigkeit aus, knüpft hieran gleichwohl die rein **formale Zuständigkeit** nach § 50 Abs 1 Satz 2 für das einstweilige Anordnungsverfahren an, wenn insoweit der Rechtsweg gegeben ist (Musielak/*Huber* § 943 Rn 3; BAG NJW 2000, 2524). Hält sich das Gericht im Hauptsacheverfahren nicht für zuständig, hat es dieses Verfahren nach Gewährung rechtlichen Gehörs gemäß §§ 3 und 4 bzw in Familienstreitsachen nach § 113 Abs 1 Satz 2 iVm § 281 ZPO durch Beschluss an das zuständige Gericht zu verweisen oder an ein anderes Gericht abzugeben. Auch der fehlerhafte **Verweisungsbeschluss** ist nach der auch im Rahmen des § 3 geltenden Rspr zu § 281 ZPO bindend, es sei denn es fehlt jede Rechtsgrundlage, so dass er willkürlich erscheint (BGH FamRZ 2003, 88; § 4 Rz 10 ff). Bis zur Verweisung oder Abgabe bleibt das angerufene Gericht als Hauptsachegericht zuständig, ohne dass für diesen Zeitraum auf die Eilkompetenz nach § 50 Abs 2 abzustellen wäre. Spätere tatsächliche Veränderungen berühren die ursprünglich bestehende örtliche Zuständigkeit nicht (§ 2 Abs 2); diese können jedoch eine Abgabe aus wichtigem Grund nach § 4 rechtfertigen. Vor diesem Hintergrund ist auch das zuständige Gericht zu bestimmen, wenn nach Anhängigkeit einer isolierten Familiensache später – etwa nach einem Wohnortwechsel – bei einem anderen Gericht die Ehesache anhängig gemacht wird (*Schürmann* FamRB 2008, 375, 376). Bis das isolierte Verfahren an das Gericht der Ehesache abgegeben wird (§§ 123, 153, 202, 233, 263, 268), ist der Anordnungsantrag an das Gericht des isolierten Hauptsacheverfahrens und nicht an das Gericht der Ehesache zu richten (aA wohl Keidel/*Giers* § 50 Rn 7). War ein einstweiliges Anordnungsverfahren ohne Hauptsacheverfahren bereits bei einem anderen Gericht anhängig, so ist auch dieses als selbständiges Verfahren an das Gericht der Ehesache abzugeben. Die für die örtliche Zuständigkeit maßgeblichen Verhältnisse – etwa der gewöhnliche Aufenthalt – können sich auch zwischen der Anhängigkeit des selbständigen Anordnungsverfahrens und der des isolierten Hauptsacheverfahrens ändern. Für Fami-

lienstreitsachen verbleibt es dann bei der Zuständigkeit des im Anordnungsverfahren angerufenen Gerichts (§ 261 Abs 3 Nr 2 ZPO), während in anderen Familiensachen oder Angelegenheiten der freiwilligen Gerichtsbarkeit trotz der Regelung des § 2 Abs 2 die Abgabe nach § 4 erfolgen kann (*Gießler* FPR 2006, 421, 423). Die Abgabe des Anordnungsverfahrens scheidet indes aus, wenn dieses oder das entsprechende Hauptsacheverfahren in der Beschwerdeinstanz anhängig sind. Vor Abgabe oder Verweisung des Verfahrens ergangene einstweilige Maßnahmen sind wirksam. Allein die Abgabe oder Verweisung rechtfertigen in Antragsverfahren keine Änderung des Beschlusses gemäß § 54 Abs 1. Die Hauptsache ist beim erstinstanzlichen Gericht nicht mehr anhängig, wenn der Antrag zurückgenommen wird, sich erledigt hat oder über diesen rechtskräftig entschieden ist. In diesem Fall bestimmt sich die Zuständigkeit für das Anordnungsverfahren allein nach der fiktiven Hauptsachezuständigkeit gemäß § 50 Abs 1 Satz 1, Wird nach dem erstinstanzlichen Hauptsachebeschluss, jedoch vor Einlegung einer Beschwerde gegen diesen ein Anordnungsantrag gestellt, so soll nach dem Grundsatz der perpetuatio fori das Familiengericht zuständig bleiben (Zöller/*Philippi* § 620a Rn 12; *Dose* Rn 19). Dies erscheint jedoch im Hinblick auf die größere Sachnähe nicht gerechtfertigt.

Die Einlegung einer Beschwerde in der Hauptsache führt die Zuständigkeit des **Be-** **10** **schwerdegerichts** gemäß **§ 50 Abs 1 Satz 2 2. Hs** herbei. Der Antrag auf Bewilligung von Verfahrenskostenhilfe für eine beabsichtigte Beschwerde begründet dessen Zuständigkeit nicht (MüKo-ZPO/*Finger* § 620a Rn 19). Im isolierten Hauptsacheverfahren folgt die Zuständigkeit des Beschwerdegerichts mit Anhängigkeit der Beschwerde aus dem Verfahrensgegenstand des erstinstanzlichen Beschlusses. Anders verhält es sich bei einer **Verbundentscheidung** (§ 137 Abs 1), wenn aus der Beschwerdeschrift nicht ersichtlich ist, welcher Verfahrensgegenstand angegriffen ist. Dann verbleibt es bei der Zuständigkeit des Familiengerichts (OLG Frankfurt FamRZ 1992, 579). Der Beschwerdegegenstand wird dann erst durch die Beschwerdebegründung präzisiert (Zöller/*Philippi* § 620a Rn 11). Die Aufhebung des Scheidungsverbunds (§ 140) oder eine Teilanfechtung ändern für die Zuständigkeit des Beschwerdegerichts an der rein formalen Anknüpfung zu dem jeweiligen Hauptsacheverfahren, das eine Folgesache sein kann, nichts. Im Fall einer Beschwerde gegen die Entscheidung zum Auskunftsantrag eines **Stufenantrags** ist der Leistungsantrag für das Anordnungsverfahren zuständigkeitsbegründend weiterhin in der ersten Instanz anhängig (Wendl/Staudigl/*Schmitz* § 10 Rn 227). Wird in einem Unterhaltsverfahren über einen Zeitabschnitt durch **Teilbeschluss** entschieden und hiergegen Beschwerde eingelegt, sind in beiden Instanzen Unterhaltsverfahren anhängig. Nach dem jeweiligen Anordnungsanspruch (Zöller/*Vollkommer* § 919 Rn 7) kann zur Sicherung des rückständigen Unterhalts das Beschwerdegericht, für die auf künftige Zahlung gerichtete Anordnung das Familiengericht zuständig sein. Die Regelung des § 620a Abs 4 Satz 2 und 3 ZPO aF musste nicht übernommen werden, weil der Sachzusammenhang durch die Hauptsacheanknüpfung – auch hinsichtlich einer Anordnung zum Verfahrenskostenvorschuss (§ 246 Rz 34) – gewährleistet ist (Musielak/Borth § 620a Rn 14). Die Zuständigkeit des Beschwerdegerichts endet mit Einlegung der Rechtsbeschwerde, die – im Gegensatz zu § 620a Abs 4 Satz 2 ZPO aF für Folgesachen – wiederum die Zuständigkeit des erstinstanzlichen Gerichts in diesem Verfahrenszug herbeiführt, oder mit der Rechtskraft der Entscheidung in zweiter Instanz. Das Rechtsbeschwerdegericht entscheidet nicht im einstweiligen Anordnungsverfahren.

E. Notfallkompetenz

Eine besondere Notfallkompetenz des Amtsgerichts, die durch deren Bereitschaftsdienst **11** gewährleistet ist, für den Erlass einer einstweiligen Anordnung regelt § 50 Abs 2 in Anlehnung an § 942 ZPO. Die Notfallkompetenz ist Bestandteil des Anspruchs der Beteiligten auf effektiven Rechtsschutz. Während § 49 Abs 1 auf ein dringendes Bedürfnis zum sofortigen Tätigwerden abstellt, setzt die Eilzuständigkeit einen **besonders dringenden Fall** voraus und erhöht damit die tatbestandlichen Voraussetzungen (BTDrs 16/6308 S 200). Ein solcher ist nur dann gegeben, wenn unter Berücksichtigung der technischen Kommunikationsmöglichkeiten mit den Gerichten die Einreichung eines Anordnungsantrags beim zuständigen Gericht durch die damit verbundene zeitliche Verzögerung zu einem nicht hinnehmbaren Rechtsverlust, Schaden oder Nachteil führen würde (Zöller/*Vollkommer* § 942 Rn 1). In Familiensachen wird eine entsprechende Zuständigkeit nur ganz ausnahmsweise gegeben sein. Für Unterhaltsansprüche kommt sie wegen der Existenzsicherung durch Sozialleistungen regelmäßig nicht in Betracht. Für die Sicherung vermögensrechtlicher Ansprüche (§ 119) kann bei einer ganz kurzfristig bekannt gewordenen Gefährdung die besondere Dringlichkeit gegeben sein. In Kindschaftssachen gewährleistet die Inobhutnahme durch das Jugendamt regelmäßig Schutz vor Kindeswohlgefährdungen (§ 1666 BGB). Soweit dies ausnahmsweise nicht der Fall ist oder bei Gefahr einer Kindesentführung, ist auch das Amtsgericht, in dessen Bezirk sich das Kind aufhält, zuständig. Darüber hinaus wird in Betreuungs-, Unterbringungs- und Freiheitsentziehungssachen aufgrund krankheitsbedingter Gefährdungen der Betroffenen das Bedürfnis für ein besonders schnelles Handeln entstehen können. Die Zuständigkeit des Amtsgerichts bestimmt sich nach dem Bezirk, in dem das Bedürfnis der Fürsorge bekannt wird (§ 272 Abs 2), wobei dieser Begriff weit auszulegen ist (BTDrs 16/6308 S 200).

F. Verfahren

12 Die zuständigkeitsbegründenden Voraussetzungen, mithin auch das besondere Eilbedürfnis, sind vom Antragsteller glaubhaft zu machen (§ 51 Abs 1 Satz 2). Ist eine sofortige Entscheidung erforderlich, scheidet die Anberaumung einer mündlichen Verhandlung aus. Der Beschluss, durch den die Anordnung erlassen oder der Antrag abgewiesen wird, ist zu begründen (§ 38 Abs 3). Für den Fall, dass das Amtsgericht ein besonderes Eilbedürfnis verneint, sollte hilfsweise die Abgabe an das nach § 50 Abs 1 zuständige Gericht beantragt werden. Geht das Gericht zu Unrecht von seiner Notfallkompetenz aus, ist die Anordnung gleichwohl wirksam (Zöller/*Vollkommer* § 942 Rn 1). Erlässt das Amtsgericht die beantragte oder angeregte einstweilige Anordnung, hat es das Anordnungsverfahren zeitgleich oder unverzüglich an das nach § 50 Abs 1 zuständige Gericht abzugeben (§ 4). Das Gericht kann seinen Beschluss weder auf Antrag noch von Amts wegen ändern oder aufheben (§ 54 Abs 1 und 2), weil dies nach Abgabe allein dem nach § 50 Abs 1 zuständigen Gericht vorbehalten ist (Zöller/*Vollkommer* § 942 Rn 4).

13 In welcher Weise das Verfahren nach Abgabe an das nach § 50 Abs 1 zuständige Gericht fortzusetzen ist, regelt § 50 Abs 2 nicht, während § 942 Abs 1 ZPO insoweit vorsieht, dass dem Antragsteller bei Erlass der einstweiligen Verfügung eine Frist zu bestimmen ist, innerhalb der die Ladung des Gegners zur mündlichen Verhandlung beim Hauptsachegericht zu beantragen ist. Besonderheiten ergeben sich nicht, weil das Anordnungsverfahren – mit der Ausnahme, dass der Beschluss nicht von dem nach § 50 Abs 1 zuständigen Gericht erlassen wurde – fortzusetzen ist. Eines Rechtfertigungsverfahrens (§ 942 Abs 3 ZPO) bedarf es für die einstweilige Anordnung nicht, weil das nach § 50 Abs 1 zuständige Gericht die ergangene Anordnung in Amtsverfahren jederzeit wieder aufheben kann, insbesondere wenn es die erforderlichen Anhörungen nachgeholt hat. In Antragsverfahren kann der Antragsgegner oder ein anderer Verfahrensbeteiligter einen Antrag auf Änderung oder Aufhebung nach § 54 Abs 1 Satz 2 oder auf erneute Entscheidung nach mündlicher Verhandlung gemäß § 54 Abs 2 stellen. Eine Beschwerde nach § 57 ist regelmäßig ausgeschlossen, wenn ein mündliche Verhandlung im Verfahren nach Abs 2 nicht erfolgt ist.

§ 51 Verfahren

(1) Die einstweilige Anordnung wird nur auf Antrag erlassen, wenn ein entsprechendes Hauptsacheverfahren nur auf Antrag eingeleitet werden kann. Der Antragsteller hat den Antrag zu begründen und die Voraussetzungen für die Anordnung glaubhaft zu machen.

(2) Das Verfahren richtet sich nach den Vorschriften, die für eine entsprechende Hauptsache gelten, soweit sich nicht aus den Besonderheiten des einstweiligen Rechtsschutzes etwas anderes ergibt. Das Gericht kann ohne mündliche Verhandlung entscheiden. Eine Versäumnisentscheidung ist ausgeschlossen.

(3) Das Verfahren der einstweiligen Anordnung ist ein selbständiges Verfahren, auch wenn eine Hauptsache anhängig ist. Das Gericht kann von einzelnen Verfahrenshandlungen im Hauptsacheverfahren absehen, wenn diese bereits im Verfahren der einstweiligen Anordnung vorgenommen wurden und von einer erneuten Vornahme keine zusätzlichen Erkenntnisse zu erwarten sind.

(4) Für die Kosten des Verfahrens der einstweiligen Anordnung gelten die allgemeinen Vorschriften.

Übersicht

	Rz		Rz
A. Allgemeines/Hauptsacheunabhängigkeit	1	D. Beteiligte des Anordnungsverfahrens	16
B. Verhältnis zur Hauptsache und Konkurrenzen	2	E. Vertretung durch einen Rechtsanwalt	17
		F. Verfahrenskostenhilfe	19
I. Hauptsacheverfahren	3	G. Form und Inhalt des Antrags	20
II. Einstweilige Anordnung und Hauptsacheentscheidung	7	H. Verfahrensgang	25
		I. Selbständiges Anordnungsverfahren	34
C. Antragsverfahren und Amtsverfahren	12	J. Entscheidung im Anordnungsverfahren	38

A. Allgemeines/Hauptsacheunabhängigkeit

Neben den §§ 50 und 52 enthält § 51 die zentralen Regelungen für das hauptsachunabhängige einstweilige Anordnungsverfahren und stellt eine Verbindung zwischen beiden Verfahren her (Abs 3 Satz 2). Neben den wesentlichen Änderungen – Hauptsacheunabhängigkeit, Begründungszwang und Kostenentscheidung – regelt die Vorschrift den Ablauf des Verfahrens wesentlich präziser als § 620a ZPO aF. Die fundamentale Umstellung des einstweiligen Anordnungsverfahrens erfolgt in § 51 Abs 3 Satz 1 (*Schürmann* FamRB 375, 376; *Vorwerk* FPR 2009, 8). Unabhängig von einem hierauf gerichteten Verfahren in der Hauptsache ist in den Familiensachen des § 111 Nr 1 bis 11 sowie in den Angelegenheiten der freiwilligen Gerichtsbarkeit der Erlass einer einstweiligen Anordnung zulässig. Sie ist in zwei Varianten möglich: Das Anordnungsverfahren wird ohne oder neben einem Hauptsacheverfahren als **selbständiges Verfahren** durchgeführt. Eine Ausnahme hiervon stellt nur scheinbar das Anordnungsverfahren nach § 248 dar. Zwar setzt dieses voraus, dass ein Vaterschaftsfeststellungsverfahren anhängig ist. Gleichwohl ist das Anordnungsverfahren nicht dessen Neben- oder Annexverfahren, sondern gemäß § 51 Abs 3 Satz 1 ein selbständige Anordnungsverfahren. Die Zulässigkeit eines Antrags ist im Gegensatz zum bisherigen Recht nicht mehr von einer Ehe- oder isolierten Familiensache abhängig. Im Umkehrschluss aus § 51 Abs 1 Satz 1, auf den auch die Gesetzesbegründung abstellt (BTDrs 16/6308 S 200), können Anordnungsverfahren von Amts wegen eingeleitet werden, wenn die Hauptsache nicht an einen Antrag gebunden ist. Dies war bisher streitig, weil sowohl § 620a Abs 2 Satz 1 ZPO aF wie auch § 621g ZPO aF einen Antrag voraussetzten, so dass teilweise die richterrechtlich entwickelte vorläufige Anordnung herangezogen wurde (*Dose* Rn 192d und 192g ff; dagegen Zöller/*Philippi* § 621g Rn 3; Musielak/*Borth*, § 621g Rn 2). In § 56 des Referentenentwurfs war eine Regelung zum »vorläufigen Vergleich« vorgesehen, wonach die Beteiligten vereinbaren können, dass ein Vergleich lediglich die Wirkung einer einstweiligen Anordnung hat, wovon nach Abs 2 der beabsichtigten Vorschrift als gesetzliche Vermutung für einen im Anordnungsverfahren geschlossenen Vergleich auszugehen war. Nunmehr verbleibt es bei der Regelung in § 36.

B. Verhältnis zur Hauptsache und Konkurrenzen

2 Für das selbständige Anordnungsverfahren ist das Verhältnis zum Hauptsacheverfahren und zu anderen Verfahren zu bestimmen. Dabei kommt den Charakteristika des Anordnungsverfahrens besondere Bedeutung zu (Musielak/*Borth* § 620 Rn 1; § 49 Rz 5 ff). Durch die gerichtliche Regelung im Wege der einstweiligen Anordnung soll innerhalb kurzer Zeit Rechtsfrieden hergestellt werden. Aus diesem Grund kann die Sach- und Rechtslage nur summarisch und vorläufig beurteilt werden, so dass Beweismittel nur in begrenztem Umfang zugelassen sind. Die Vorläufigkeit der Entscheidung folgt auch aus der erleichterten Aufhebungs- oder Abänderungsmöglichkeit, so dass die einstweilige Anordnung **nicht** in **materielle Rechtskraft** erwächst (BGH FamRZ 1983, 355; KG FamRZ 1991, 1327 f, OLG Köln FamRZ 98, 1427; § 54 Rz 6). Durch die strikte materiellrechtliche Anbindung der gerichtlichen Regelung an das Hauptsacheverfahren, die durch § 49 Abs 1 Satz 1 verfahrensrechtlich hergestellt wird, können einstweilige Anordnungen nicht weiter reichen als die Hauptsacheentscheidung selbst. Dies war für Unterhaltsanordnungen nach § 644 ZPO aF (OLG Frankfurt FamRZ 2006, 1687; Musielak/ *Borth* § 644 Rn 2; Zöller/*Philippi* § 644 Rn 9a) sowie für Anordnungen nach § 621g ZPO aF (Zöller/*Philippi* § 621g Rn 2 mit weiteren Nachweisen) anerkannt. Allein für während der Anhängigkeit einer Ehesache erlassene Anordnungen bestand keine unmittelbare Verknüpfung zu einem identischen Hauptsacheverfahren und daher Einigkeit, dass die Anordnungen über die Rechtskraft der Ehescheidung hinaus wirksam waren (Rz 6).

I. Hauptsacheverfahren

3 Nach § 51 Abs 3 Satz 1 ist das Anordnungsverfahren auch dann selbständig, wenn ein Hauptsacheverfahren anhängig ist. Der Antragsteller hat ein **Wahlrecht**, sein Rechtsschutzbegehren **alternativ** oder **kumulativ** – auch zeitlich versetzt nach dem jeweiligen Verfahrensverlauf – im Anordnungsverfahren und/oder im Hauptsacheverfahren geltend zu machen (BGH FamRZ 1983, 892; Zöller/*Philippi* § 620 Rn 14; Musielak/*Borth* § 620 Rn 13). Da die einstweilige Anordnung nicht in materielle Rechtskraft erwächst, besteht für den Hauptsacheantrag regelmäßig ein Rechtsschutzbedürfnis fort und ihm kann Mutwillen für die Bewilligung von Prozesskostenhilfe (§ 76 Abs 1 iVm § 114 ZPO) nicht entgegen gehalten werden (OLG Stuttgart FamRZ 1992, 1195; vgl OLG Karlsruhe FamRZ 2009, 1342 zum Verhältnis von § 55 zu § 767 ZPO; s § 54 Rz 16). Das Rechtsschutzbedürfnis kann nur bei ganz oder teilweise identischen Verfahrensgegenständen fraglich sein, wenn dem Rechtsschutzbegehren des Antragstellers im Anordnungsverfahren zwischenzeitlich, etwa durch Erfüllung, ganz oder teilweise entsprochen wurde. Im anhängigen Hauptsacheverfahren ist dann der Antrag (insoweit) für erledigt zu erklären. Am Rechtsschutzbedürfnis für das Hauptsacheverfahren fehlt es, wenn die Beteiligten die einstweilige Regelung übereinstimmend als endgültig ihrem Rechtsverhältnis zugrunde legen wollen oder keinerlei Anhaltspunkte dafür bestehen, dass die vorläufige Regelung von einem Beteiligten infrage gestellt wird. Allerdings ist für ein Anordnungsverfahren mit identischem Regelungsanliegen kein Raum, wenn bereits eine rechtskräftige Hauptsacheentscheidung ergangen ist.

4 Macht der Antragsteller einen **Unterhaltsanspruch** im Anordnungsverfahren geltend, kann er während dieses Verfahrens oder nach dessen Abschluss ein Hauptsacheverfahren – ggf als Folgesache – einleiten (BGH FamRZ 1983, 355; KG FamRZ 1987, 840, OLG Naumburg FamRZ 2001, 1082). Ist ein Hauptsacheverfahren anhängig, kann er ein An-

ordnungsverfahren einleiten, um kurzfristig seine Ansprüche bis zum rechtskräftigen Abschluss des Hauptsacheverfahrens realisieren zu können. Sind aufgrund der vorläufigen Entscheidung Zahlungen geleistet oder aus dieser vollstreckt worden, ist der Antrag im Hauptsacheverfahren insoweit für erledigt zu erklären; anderenfalls kann eine beantragte Verfahrenskostenhilfe nicht bewilligt werden. Der Antragsgegner kann seinerseits Einwendungen mit einem Vollstreckungsabwehrantrag oder mit einem Antrag nach § 54 Abs 1 geltend machen (OLG Koblenz FamRZ 2001, 1625). Auch in **Kindschaftssachen** (§ 151) besteht ein Wahlrecht des Antragstellers zwischen dem Hauptsache- und Anordnungsverfahren (BGH FamRZ 1982, 788), das bereits aus dem begrenzten Regelungsbedürfnis folgt (§ 49 Rz 11, 26). Bei einer Auseinandersetzung der Eltern um das Umgangsrecht steht es diesen grundsätzlich frei, ihr Begehren in der Hauptsache oder im einstweiligen Rechtsschutz zu verfolgen (OLG Hamburg FamRZ 2000, 1583). Haben sich die Eltern im Anordnungsverfahren auf eine Umgangsregelung verständigt und wird diese von keinem infrage gestellt, besteht für ein gleichgerichtetes Hauptsacheverfahren – wie auch für andere Verfahrensgegenstände – kein Rechtsschutzbedürfnis mehr. Neben einem **Wohnungszuweisungsverfahren** ist der Antrag auf Erlass einer einstweiligen Anordnung zulässig (OLG Köln FamRZ 2005, 639).

Die bisherigen **Abgrenzungsprobleme**, ob einstweiliger Rechtsschutz in einer anhängigen Ehesache (§ 620 ZPO aF) oder in einer isolierten Familiensache (§§ 621g, 644 ZPO aF) in Anspruch zu nehmen war, bestehen im selbständigen Anordnungsverfahren nicht mehr. Die vielfältigen Abgrenzungsfragen zum Vorrang bzw zur Subsidiarität, zur zeitlichen oder sachlichen Überschneidung aufgrund der unterschiedlichen Grundlagen einstweiliger Anordnungen nach bisherigem Recht (Musielak/*Borth*, § 620 Rn 16 ff; Zöller/*Philippi* § 620 Rn 23 ff) stellen sich künftig nicht mehr. Die einstweilige Anordnung verdrängt in den Regelungsangelegenheiten des FamFG die einstweilige Verfügung und die vorläufige Anordnung. Sie sind in diesen Verfahrensgegenständen unzulässig, so dass Konkurrenzprobleme nicht mehr bestehen (BTDrs 16/6308, S 226; Keidel/*Giers* § 49 Rn 4; Prütting/Helms/*Stößer* § 49 Rn 2). Durch die unterschiedlichen Verfahrensgegenstände bestehen zwischen dem allein auf Sicherung eines Anspruchs gerichteten Arrest (§ 119) und der einstweiligen Anordnung keine Überschneidungen.

Die Wirksamkeit einer Anordnungsentscheidung ist nicht nur durch §§ 54 und 56, sondern entscheidend durch ihre **strenge materiell-rechtliche Akzessorietät** (s *Gießler* FPR 2006, 421, 424) begrenzt. Die Regelung im Anordnungsverfahren kann weder inhaltlich noch zeitlich über die eines identischen Hauptsacheverfahrens hinausgehen. Während nach allgemeiner Ansicht eine im Scheidungsverfahren erlassene einstweilige Anordnung über die Rechtskraft der Ehescheidung hinaus fortwirken konnte (BGH FamRZ 1981, 242; OLG Köln FamRZ 1997, 1093, 1094 mit weiteren Nachweisen), begrenzt nun der materiell-rechtliche Anspruch die Wirksamkeit der gerichtlichen Regelung. Praktisch Bedeutung erlangt dies für alle materiell-rechtlich auf die Trennungszeit bezogenen Verfahrensgegenstände, insbesondere die einstweilige Anordnung gemäß § 246 zum Trennungsunterhalt (§ 1361 BGB). Ebenso wie die Voraussetzungen und die Höhe des Anspruchs kann die Anordnung zeitlich nicht über die identische Hauptsacheentscheidung hinausgehen. Die einstweilige Anordnung zum Trennungsunterhalt wird immanent durch die Rechtskraft der Ehescheidung begrenzt (ähnlich Keidel/*Giers* § 246 Rn 9; aA Prütting/Helms/*Stößer* § 56 Rn 1, 5; Prütting/Helms/*Hau* § 246 Rn 24). Hat kein Beteiligter ein Hauptsacheverfahren eingeleitet, tritt die einstweilige Anordnung weder durch die Rechtskraft einer anderweitigen Entscheidung (§ 56 Abs 1 Satz 2) noch nach Maßgabe des § 56 Abs 2 außer Kraft. Im Gegensatz zu § 620f Abs 1 ZPO aF sieht § 56 Abs 1 Satz 1 ausdrücklich vor, dass das Gericht die Wirksamkeit der Anordnung befristen kann (§ 56 Rz 2). Die zeitliche Befristung kann sich jedoch auch aus dem materiellen Recht ergeben. Daher tritt die Trennungsunterhaltsanordnung **kraft Gesetzes** mit Rechtskraft der Ehescheidung außer Kraft. Vollstreckt der Unterhaltsgläubiger über diesen Zeitraum hinaus Unterhalt, kann der Unterhaltspflichtige Anträge nach § 56

§ 51 FamFG | Verfahren

Abs 2 Satz 1 und 54 Abs 1 stellen oder ein Vollstreckungsabwehrverfahren gemäß § 767 ZPO einleiten. Dem steht die Gesetzesbegründung nicht entgegen. Danach soll »aus demselben Grund« (gemeint ist die Hauptsacheunabhängigkeit) die »Rechtskraft der Ehescheidung nicht zu einem Außerkrafttreten der einstweiligen Anordnung führen« (BTDrs 16/6308, S 202). Dies steht jedoch in Widerspruch zu der – gesetzlich normierten – materiell-rechtlichen Akzessorietät der einstweiligen Anordnung. Die bisherige Begründung, dass aus Zweckmäßigkeitserwägungen die Fortgeltung einer einstweiligen Anordnung über die Rechtskraft der Ehescheidung hinaus einem regelungslosen Zustand vorzuziehen sei (BGH FamRZ 1981, 242), überzeugt für den neu konzipierten einstweiligen Rechtsschutz nicht mehr. Zu keinem wesentlichen anderen Ergebnis gelangte die hM nach bisheriger Rechtslage. Zwar sollte die einstweilige Anordnung nicht gemäß § 620f Abs 1 ZPO aF mit Rechtskraft der Scheidung außer Kraft treten, allerdings war ein Abänderungsantrag nach § 620b Abs 1 ZPO aF oder die Vollstreckungsabwehrklage eröffnet (OLG Frankfurt FuR 2006, 427 = FamRZ 2006, 1687, 1689; *Ebert* § 2 Rn 317; Musielak/*Borth* § 644 Rn 3; Zöller/*Philippi* § 644 Rn 14; Wendl/Staudigl/*Schmitz* § 10 Rn 238 ff). Hiergegen spricht jedoch nunmehr der hervorgehobene materiell-rechtliche Bezug (§ 49 Abs 1) sowie die Befristungsmöglichkeit (§ 56 Abs 1). Eine Unterscheidung zwischen der gerichtlich angeordneten Befristung und der gesetzlich normierten Anspruchsbegrenzung erscheint nicht begründet, zumal sich für die Beteiligten ein wesentlicher Unterschied nicht erschließt. Eine vergleichbare materiell-rechtliche Abhängigkeit besteht für die einstweilige Zuweisung der Ehewohnung oder des Hausrats (§§ 1361a, 1361b BGB; OLG Brandenburg FamRZ 2000, 1102), während die Rechtskraft der Ehescheidung auf die Wirksamkeit einer einstweiligen Anordnung zum Kindesunterhalt oder zum Sorge- bzw Umgangsrecht keinen Einfluss hat.

II. Einstweilige Anordnung und Hauptsacheentscheidung

7 Für das hauptsacheunabhängige Anordnungsverfahren sind die verfahrensrechtlichen Konsequenzen im Erst- und Abänderungsverfahren ebenfalls neu zu bestimmen (zum bisherigen Recht Musielak/*Borth* § 620 Rn 23 ff). Die **verfahrensrechtliche Grundlage** bilden folgende Umstände: Zum einen kann durch eine einstweilige Anordnung, die selbst nicht in Rechtskraft erwächst, eine Hauptsacheentscheidung (Beschluss oder bisher Urteil) oder ein das Hauptsacheverfahren beendender Vergleich nicht abgeändert werden, weil dies den Verfahren nach §§ 238, 239 und § 166 vorbehalten ist (OLG Karlsruhe FamRZ 2004, 1044; Zöller/*Philippi* § 620 Rn 18; Gießler/*Soyka* Rn 125). Nur wenn bereits ein Abänderungsverfahren in der Hauptsache anhängig ist, kommen vorläufige Regelung desselben Verfahrensgegenstandes in Betracht. Zum anderen bestehen die Möglichkeiten des § 54 Abs 1 und 2 in dem Anordnungsverfahren grundsätzlich zeitlich unbefristet fort, solange nicht der Anordnungsbeschluss gemäß § 56 außer Kraft getreten ist. Wurde bisher mit dem Antrag in der Hauptsache eine einstweilige Anordnung beantragt und später erlassen, trat diese mit der Hauptsacheentscheidung außer Kraft. In einem nachfolgenden Abänderungsverfahren (§§ 323 ZPO, 1696 BGB) ermöglichten die §§ 621g, 644 ZPO aF einstweilige Regelungen. Für das hauptsacheunabhängige Anordnungsverfahren ergeben sich folgende Änderungen:

8 Besteht **keine Hauptsacheentscheidung** und ist der Unterhalt bisher allein durch eine einstweilige Anordnung geregelt, können beide Beteiligten deren Abänderung (Erhöhung oder Herabsetzung des Unterhalts) wegen veränderter Verhältnisse gemäß § 54 Abs 1 beantragen. Auch ein längerer Zeitablauf steht einem entsprechenden Antrag im Anordnungsverfahren nicht entgegen (Wendl/Staudigl/*Schmitz* § 10 Rn 231). Alternativ kann der Unterhaltsgläubiger ein Erstverfahren in der Hauptsache einleiten, das nicht auf Abänderung der bestehenden Anordnung gerichtet und an deren Grundlagen nicht gebunden ist. Der Unterhaltspflichtige kann seinerseits den Wegfall oder die Reduzie-

rung des vorläufig titulierten Anspruchs in der Hauptsache mit einem negativen Feststellungsantrag verfolgen (§ 56 Rz 9).

Wird vor, mit oder nach dem **Hauptsacheantrag** ein Anordnungsverfahren eingeleitet und eine einstweilige Anordnung erlassen, so tritt diese mit dem (rechtskräftigen) Beschluss in der Hauptsache außer Kraft (§ 56 Abs 1). Aufgrund der höheren Bestandskraft dieser Hauptsacheentscheidung kommt deren Änderung im Wege einstweiligen Rechtsschutzes (§ 49 Abs 1) ebenso wenig in Betracht wie eine Änderung der früheren (außer Kraft getretenen) einstweiligen Anordnung nach § 54 Abs 1. Daher bedarf es weiterhin eines **Abänderungsverfahrens in der Hauptsache**, um die Wirksamkeit der bestehenden Hauptsacheentscheidung verfahrensrechtlich infrage zu stellen und den Weg einer vorläufig abweichenden Regelung zu eröffnen. Entsprechendes gilt bei Entscheidungen im Beschwerdeverfahren. Wenn gegen einen erstinstanzlichen Hauptsachebeschluss Beschwerde eingelegt wird, tritt eine vom Erst- oder Beschwerdegericht (§ 50 Abs 1 Satz 2) erlassene einstweilige Anordnung erst mit der Beschwerdeentscheidung außer Kraft. Diese Hauptsacheentscheidung kann ebenfalls nicht im einstweiligen Anordnungsverfahren abgeändert werden, wenn nicht ein entsprechendes (Abänderungs-)Hauptsacheverfahren erstinstanzlich anhängig gemacht wird. 9

Ist der **Unterhaltsanspruch** durch eine Hauptsacheentscheidung oder einen Vergleich tituliert, kann der Unterhaltsberechtigte zu einem späteren Zeitpunkt höheren Unterhalt weder durch eine Abänderung eines früheren Anordnungsbeschlusses gemäß § 54 Abs 1 noch durch einen Antrag nach §§ 246, 49 in einem selbständigen einstweiligen Anordnungsverfahren durchsetzen. Einstweiligen Rechtsschutz können beide Beteiligte in dieser Situation nur erhalten, wenn sie auch in der Hauptsache ein Abänderungsverfahren (§§ 238, 239) anhängig machen. Weil die dauerhafte Wirksamkeit der bestehenden (rechtskräftigen) Hauptsacheentscheidung zweifelhaft ist (Musielak/*Borth* § 620 Rn 25), kann während des Abänderungsverfahrens vom Gläubiger höherer Unterhalt im Wege einstweiliger Anordnung geltend gemacht werden. Der Unterhaltsschuldner ist verfahrensrechtlich nicht benachteiligt, weil sowohl durch die Hauptsacheentscheidung wie im Falle der Antragsrücknahme die »Abänderungsanordnung« außer Kraft tritt (§ 56 Abs 1 und 2). Auch ein endgültiger Unterhaltsvergleich der Beteiligten oder eine vollstreckbare Unterhaltsurkunde können nicht im isolierten Anordnungsverfahren abgeändert werden (OLG Brandenburg FamRZ 2000, 1377), während ein vorläufiger Vergleich (Rz 31) dem Rechtsbehelf nach § 54 Abs 1 unterliegt. Wurde der Erstantrag des Unterhaltsberechtigten in der Hauptsache abgewiesen, besteht mangels gerichtlicher Prognose kein der Abänderung zugänglicher Unterhaltstitel, so dass der Unterhaltsanspruch durch einen Leistungsantrag im Hauptsache- (BGH FamRZ 2005, 101; Wendl/Staudigl/*Schmitz* § 10 Rn 142a) oder im selbständigen Anordnungsverfahren ohne Bindung an das vorangegangene Unterhaltsverfahren geltend gemacht werden kann. Der Unterhaltspflichtige, der in der Hauptsache eine Reduzierung des Unterhaltsanspruchs verfolgt, kann einen Antrag auf einstweilige Einstellung der Zwangsvollstreckung aus dem Hauptsachetitel stellen (§ 120 Abs 2; Zöller/*Philippi* § 620 Rn 21). Die Abänderung eines im Beschwerdeverfahren ergangenen Unterhaltsbeschlusses des OLG kann ebenfalls nur während eines anhängigen Hauptsacheverfahrens erfolgen. Die Anträge der Beteiligten im Anordnungsverfahren sind durch die Rechtskraftwirkung des bestehenden Hauptsachetitels an den Umfang der in dem nachfolgenden Hauptsacheverfahren begehrten Abänderung gebunden. 10

Die vorgenannten Grundsätze gelten auch für Entscheidungen zum **Sorgerecht** (§ 1671 BGB) oder Umgangsrecht (§ 1684 BGB). Die Änderung einer in der Hauptsache ergangenen Entscheidung aufgrund triftiger, das Wohl des Kindes nachhaltig berührender Gründe durch eine einstweilige Anordnung ist ausgeschlossen (OLG Karlsruhe FamRZ 2004, 1044; OLG Bamberg FamRZ 1999, 666). Hat ein Elternteil indes ein Hauptsacheverfahren gemäß § 166 Abs 1 iVm § 1696 Abs 1 BGB eingeleitet, so kann bis zu dessen Abschluss eine einstweilige Anordnung durch das Familiengericht oder den Be- 11 schwerdesenat gemäß § 49 Abs 1 ergehen. Da in der Folgesache elterliche Sorge (§ 137 Abs 3) nur für den Fall der Scheidung eine Regelung erfolgt (§ 142 Abs 1), stellt die Folgesache, auch wenn die Abänderung einer bestehenden Sorgerechtsregelung beantragt wird, kein Hauptsacheverfahren dar, dass den Weg zu einer abändernden einstweiligen Anordnung eröffnet (Zöller/*Philippi* § 620 Rn 19). Eine Maßnahme nach § 1666 BGB kann unabhängig von einer bestehenden einstweiligen oder endgültigen Regelung jederzeit von Amts wegen durch einstweilige Anordnung getroffen werden. Ist das Sorge- oder Umgangsrecht bisher lediglich durch eine einstweilige Anordnung geregelt, kann deren Änderung von jedem Beteiligten nach § 54 Abs 1 jederzeit beantragt oder ein Hauptsacheverfahren eingeleitet werden.

C. Antragsverfahren und Amtsverfahren

12   § 51 Abs 1 unterscheidet – dem materiellen Recht folgend – zwischen Anordnungsverfahren, die nur auf Antrag eingeleitet werden, und solchen, in denen Entscheidungen von Amts wegen ergehen können (BTDrs 16/6308 S 185). Hieraus folgt eine **Dreiteilung** aus Antragsverfahren, die einen konkreten Sachantrag voraussetzen, Antragsverfahren, die lediglich das Verfahren einleiten und Verfahren, die keinen Antrag voraussetzen und von Amts wegen durchgeführt werden können (Einl § 23 Rz 4 ff; Keidel/*Giers* § 51 Rn 7 ff). Die Unterteilung zwischen Familienstreitsachen als Antragsverfahren und Rechtsfürsorgeangelegenheiten als Amtsverfahren spiegelt die materiell-rechtliche Ausgangslage nicht wieder.

13   **Sachantragsverfahren:** Kann ein Anspruch oder ein Recht aus einem Rechtsverhältnis nach materiellem Recht nur auf Antrag durchgesetzt werden, ist auch für das Anordnungsverfahren ein solcher erforderlich. In **Ehe- und Familienstreitsachen** (§ 112 Nr 1–3) ist im Anordnungsverfahren ein bestimmter Antrag iSv §§ 113 Abs 1 FamFG, 253 Abs 2 Nr 2 ZPO erforderlich. Für Unterhaltsansprüche – auch im Zusammenhang mit einer Abstammungssache – und in sonstigen Familiensachen iSv § 266 Abs 1 muss der Antrag auf eine bestimmte Leistung gerichtet sein, der das Gericht bindet (§ 308 ZPO). Die begehrten Zahlbeträge sind im einzelnen nach den jeweiligen Beteiligten und Zeitabschnitten zu beziffern. Dies gilt wegen der Vollstreckungsfähigkeit des Titels auch für die Herausgabe und Benutzung persönlicher Gegenstände. Der Antragsteller muss die den geltend gemachten Anspruch begründenden Tatsachen – nach den allgemeinen Grundsätzen der Darlegungs- und Beweislast – schlüssig vortragen und in diesem Umfang glaubhaft machen (§ 113 Abs 1 iVm § 294 ZPO).

14   **Verfahrenseinleitender Antrag:** Dieser unterscheidet sich vom Sachantrag dadurch, dass er nicht konkret auf eine bestimmte Regelung gerichtet sein muss. Ausreichend ist, wenn im Antrag oder dessen Begründung der Verfahrensgegenstand bzw das Rechtsschutzziel sowie das Regelungsanliegen als Umschreibung der begehrten Regelung erkennbar werden (BGH FamRZ 1994, 158 [zum Beschwerdeantrag]). Die Offenheit des Antrags korrespondiert mit der materiell-rechtlichen Rechtsbeziehung der Beteiligten, der größeren gerichtlichen Regelungsbefugnis und der fehlenden Antragsbindung. Praktisch bedeutsam sind als Kindschaftssachen die Sorgerechts- und Umgangsverfahren (§ 151 Nr 1 bis 3; *Ebert,* § 3 Rn 45), die Wohnungszuweisungs- und Haushaltssachen (§ 200) sowie Gewaltschutzsachen (§§ 210, 214 Abs 1 Satz 1),

15   **Reine Amtsverfahren:** Setzen die gesetzlichen Regelungen einen verfahrenseinleitenden Antrag nicht voraus, kann das Gericht ein Verfahren in der Hauptsache, aber auch als Anordnungsverfahren von Amts wegen einleiten. Dies folgt aus einem Umkehrschluss aus § 51 Abs 1 Satz 1 sowie Abs 2 Satz 1. Unabhängig davon, auf welchem Weg das Gericht von einem Regelungsbedürfnis Kenntnis erlangt, kann es in Rechtsfürsorgeangelegenheiten eine einstweilige Anordnung von Amts wegen erlassen. Neben sorgerechtlichen Maßnahmen gemäß §§ 1666, 1629 Abs 2, 1630 Abs 2, 1631b, 1632 Abs 4, 1640 Abs 3, 1687 Abs 2 BGB kommen hier insbesondere einstweilige Anordnungen in

Betreuungssachen (§§ 271, 300–302), Unterbringungssachen (§§ 312, 331–333 sowie § 334), Freiheitsentziehungssachen (§§ 415, 427) und Nachlasssachen (§§ 352 ff) in Betracht. In Kindschaftsverfahren nach § 151 Nr 1 bis 3 ist gemäß § 156 Abs 3 – vergleichbar § 52 Abs 3 FGG aF – der Erlass einer einstweiligen Anordnung mit den Beteiligten und dem Jugendamt zu erörtern, wenn Einvernehmen im Termin nach § 155 Abs 2 nicht erzielt werden kann. Für das Hauptsacheverfahren sieht § 157 Abs 3 ausdrücklich die Verpflichtung des Gerichts vor, in Verfahren wegen Kindeswohlgefährdung unverzüglich den Erlass einer einstweiligen Anordnung zu prüfen.

D. Beteiligte des Anordnungsverfahrens

Da für das Anordnungsverfahren die Vorschriften der Hauptsache gelten (§ 51 Abs 2 Satz 1), ergeben sich für die Verfahrensbeteiligten keine Besonderheiten, die nach § 7 bzw den jeweiligen speziellen Vorschriften zu bestimmen sind. Die gesetzlich festgelegten Beteiligten sind zum Anordnungsverfahren hinzuzuziehen, auch um der gesetzlichen Intention, ein nachfolgendes Hauptsacheverfahren entbehrlich zu machen, gerecht werden zu können. In Familienstreitsachen gibt der materiell-rechtliche Anspruch die Beteiligten vor (§§ 113 FamFG, 253 Abs 2 Nr 1 ZPO), während in den weiteren Familiensachen des § 111 die Verfahrensbeteiligten ausdrücklich geregelt oder nach § 7 zu bestimmen sind. In Kindschaftsverfahren ist das Kind und auf seinen Antrag hin gemäß § 162 Abs 2 das Jugendamt am Anordnungsverfahren zu beteiligen. Vereine, die im gerichtlichen Verfahren die Eltern- oder Kindesbelange wahrnehmen wollen, sind nicht als Beteiligte zum Verfahren hinzuzuziehen (Zöller/*Philippi* § 620a Rn 22). Vielmehr ist nach § 10 Abs 3 durch unanfechtbaren Beschluss ihre gerichtliche Vertretungsbefugnis zurück zu weisen. In Wohnungszuweisungssachen (§ 111 Nr 5) sind weder Vermieter noch Eigentümer am Anordnungsverfahren zu beteiligen, weil endgültige Regelungen nicht getroffen werden können (OLG Hamm FamRZ 1987, 1277).

E. Vertretung durch einen Rechtsanwalt

Eine Verpflichtung der Beteiligten, sich im Anordnungsverfahren durch einen Rechtsanwalt vertreten lassen, besteht nur in dem Umfang, wie dies für das Hauptsacheverfahren geregelt ist (*Dose* Rn 41). In Angelegenheiten der **freiwilligen Gerichtsbarkeit** gilt § 10 Abs 1 und 2, wonach die Beteiligten das Verfahren selbst betreiben können, soweit kein Anwaltszwang besteht (§ 10 Abs 1). Ihnen steht es frei, sich durch einen Rechtsanwalt vertreten zu lassen. Allein in Verfahren vor dem Bundesgerichtshof besteht nach § 10 Abs 4 Anwaltszwang, der für das Anordnungsverfahren keine Rolle spielt.

Für **Familiensachen** bestimmt § 114 den Umfang des Anwaltszwangs. Während sich die Beteiligten nach § 114 Abs 1 in Ehe- und Folgesachen sowie in Familienstreitsachen (§ 112) im Hauptsacheverfahren vor dem Familiengericht und dem OLG durch einen Rechtsanwalt vertreten lassen müssen, macht § 114 Abs 4 hiervon für das einstweilige Anordnungsverfahren eine Ausnahme. Nach dem Wortlaut der Vorschrift kann ein Beteiligter das Anordnungsverfahren in einer Unterhaltssache selbst betreiben, während er sich in der Hauptsache gemäß §§ 114 Abs 1, 112 Nr 1 durch einen Rechtsanwalt vertreten lassen muss. Nach der Gesetzesbegründung (BTDrs 16/6308 S 224) entspricht § 114 Abs 4 Nr 1 »der Regelung im geltenden Recht nach § 620a Abs 2 Satz 2 ZPO in Verbindung mit dem bisherigen 78 Abs 5 ZPO.« Im bisherigen Anordnungsverfahren konnte der verfahrenseinleitende Antrag nach § 620a Abs 2 Satz 2 ZPO aF auch zu Protokoll der Geschäftsstelle erklärt werden, worauf sich allein § 78 Abs 5 ZPO bezieht. Hieraus wurde überwiegend geschlossen, dass für das allein schriftlich geführte Anordnungsverfahren kein Anwaltszwang bestand. Eine anwaltliche Vertretung war im Anordnungsverfahren jedoch dann erforderlich, wenn für die Hauptsache Anwaltszwang bestand und über die Anträge mündlich verhandelt oder ein Antrag auf mündliche

Verhandlung gestellt wurde (OLG Düsseldorf FamRZ 1992, 1198; *Ebert* § 2 Rn 101; *Zöller/Philippi* § 620a Rn 9a; *Gießler/Soyka* Rn 109). Die Gesetzesbegründung für die Ausnahmeregelung im Anordnungsverfahren sowie der zugleich betonte Schutzzweck der für den Beteiligten oft existentiellen Familienstreitsachen (BTDrs 16/6308 S 223 f) sprechen zwar für eine unveränderte Rechtslage. Nach dem unmissverständlichen Wortlaut, der nicht mehr an dem zu Protokoll der Geschäftsstelle erklärbaren Antrag anknüpft, sondern ausdrücklich das Anordnungsverfahren vom Anwaltszwang ausnimmt, spricht für ein redaktionelles Versehen in der Gesetzesbegründung. Danach unterliegen alle einstweiligen Anordnungsverfahren in Familiensachen im erstinstanzlichen Verfahren, im Beschwerdeverfahren nach § 57 Satz 2 sowie das Anordnungsverfahren in zweiter Instanz **nicht dem Anwaltszwang** (*Büte* FPR 2009, 14, 15; *Keidel/Giers* § 51 Rn 13; *Prütting/Helms/Stößer* § 51 Rn 3; *Schürmann* FamRB 2008, 375, 377; *Vorwerk* FPR 2009, 8, 9).

F. Verfahrenskostenhilfe

19 Für das hauptsacheunabhängige Anordnungsverfahren (§ 51 Abs 3 Satz 1) müssen die Verfahrensbeteiligten – wie bisher – gesondert Verfahrenskostenhilfe beantragen (*Götsche* FamRZ 2009, 383, 385). Die bewilligte Verfahrenskostenhilfe erstreckt sich auf das **gesamte Anordnungsverfahren** und umfasst sämtliche Anträge und Verfahrensabschnitte in dieser Instanz bis zum Außerkrafttreten einer erlassenen Anordnung. Werden Anträge nach §§ 54 Abs 1 und 2, 55 Abs 2, 56 Abs 3 sowie § 52 Abs 1 nicht im zeitlichen Zusammenhang mit der erlassenen Anordnung sondern sehr viel später gestellt, kommt die erneute Bewilligung von Verfahrenskostenhilfe in Betracht. Für ein Beschwerdeverfahren nach § 57 Satz 2 ist jedoch gesondert Verfahrenskostenhilfe zu beantragen und ggf zu bewilligen. Etwas anderes kann gelten, wenn der Gegenstand des Änderungsverfahrens nach § 54 Abs 1 über das bisherige Verfahren hinausgeht. Auch bei Rücknahme des einstweiligen Anordnugnsantrags kommt es für die Bewilligung von Verfahrenskostenhilfe auf den Zeitpunkt der Bewilligungsreife an (aA OLG Saarbrücken FamRZ 2009, 894, das auf den Zeitpunkt der Entscheidung abstellt, m krit Anm *Gottwald*, 895).

G. Form und Inhalt des Antrags

20 I. Die **Antragsberechtigung** ergibt sich aus dem materiell-rechtlichen Anspruch oder Rechtsverhältnis. Für Unterhaltssachen folgt sie aus dem Anspruch selbst oder einer gesetzlichen Prozessstandschaft. Ein Elternteil, in dessen Obhut sich ein gemeinsames Kind befindet, kann dieses vertreten und nach der Trennung dessen Anspruch nur im eigenen Namen geltend machen (§ 1629 Abs 2 und 3 BGB). Hat ein Elternteil beim Jugendamt eine Beistandschaft beantragt, so vertritt der Beistand das Kind in dieser Angelegenheit (§§ 1712 Abs 1, 1716 BGB). In Kindschaftssachen folgt die Antragsberechtigung dem materiellen Recht (§§ 1671 Abs 2, 1684 Abs 1, 1685 Abs 1 und 2, 1632 Abs 4, 1682 BGB).

21 II. **Antragsform**: Der Antrag ist gemäß § 25 Abs 1 schriftlich beim zuständigen Gericht zu stellen oder zur Niederschrift der Geschäftsstelle abzugeben. Ein (unzulässiger) Antrag auf Erlass einer einstweiligen Verfügung wird idR in einen Antrag auf einstweilige Anordnung umzudeuten bzw auszulegen sein. Bis zur Grenze des Rechtsmissbrauchs sind wiederholte Anträge zulässig (OLG Zweibrücken FamRZ 1986, 1229). Im Gegensatz zum bisherigen Recht und über § 23 Abs 1 Satz 1 hinaus besteht für alle Anträge **Begründungszwang** (§ 51 Abs 1 Satz 2). Der Antragsteller hat die seinen Antrag oder sein Rechtsschutzziel rechtfertigenden Tatsachen vorzutragen und das Regelungsbedürfnis (§ 49 Abs 1) darzulegen. Welche Anforderungen an die Begründung des Antrags im Einzelfall zu stellen sind, richtet sich – wie im Hauptsacheverfahren – nach dem jeweiligen Verfahrensgegenstand und dem hieraus folgenden Regelungsbegehren. Weil in Amtsverfahren das Gericht die Verantwortung für die zu ermittelnden Tatsachen

trägt, obliegt den Beteiligten nur eine Mitwirkung. In **Familienstreitsachen** hingegen gilt auch im Eilverfahren der Beibringungsgrundsatz (§§ 113 Abs 1 FamFG; 128, 253 ZPO), aus dem der Begründungsumfang abzuleiten ist; eine Amtsermittlung erfolgt mit den Einschränkungen der §§ 235, 236 nicht. In welchem Umfang in Hausratsverfahren vorhandene Hausrat darzustellen ist, folgt aus §§ 203 Abs 2, 206 und einer entsprechenden gerichtlichen Auflage (§ 203 Rz 6 ff; OLG Brandenburg FamRZ 2004, 891; aA OLG Düsseldorf FamRZ 1999, 1270). Allerdings sind die begehrten Hausratsgegenstände in dem Verfahren, das gewisse Ähnlichkeiten mit dem Zivilprozess aufweist (BTDrs 16/6308 S 250), mit vollstreckungsfähiger Bestimmtheit zu bezeichnen (OLG Brandenburg FamRZ 2000, 1102). Genügt der Antrag den Erfordernissen nicht, hat das Gericht die Beteiligten hierauf gemäß §§ 28 Abs 1 und 2; 113 Abs 1 FamFG iVm § 139 ZPO hinzuweisen oder dies in einer mündlichen Verhandlung zu erörtern (Zöller/*Philippi* § 620a Rn 19). Wegen seiner unterhaltsrechtlichen Natur gelten für eine auf eine Ausgleichsrente gemäß § 20 Abs 1 VersAusglG gerichtete einstweilige Anordnung (§ 49 Rz 56) die Anforderungen in Familienstreitsachen. An die verfahrenseinleitende Erklärung in Gewaltschutzsachen, für den die §§ 210 ff keine besonderen Regelungen vorsehen, sind die Anforderungen geringer (BTDrs 16/6308 S 251). In Kindschaftssachen, die nur auf Antrag eingeleitet werden (zB §§ 1626c Abs 2, 1628, 1630 Abs 3, 1631 Abs 3, 1632 Abs 3, 1671 Abs 2 BGB), hat der antragstellende Elternteil die Voraussetzungen der begehrten Rechtsfolge darzutun.

III. Der Antragsteller hat die den Antrag rechtfertigenden Tatsachen einschließlich des Regelungsbedürfnisses **glaubhaft** zu machen. In Verfahren mit Amtsermittlungsgrundsatz (§ 26) besteht grundsätzlich keine **Glaubhaftmachungslast** (*Gießler/Soyka* Rn 60; Schwab/Maurer/*Borth* I Rn 924; *Ebert*, § 3 Rn 50), weil das Gericht den Sachverhalt von Amts wegen zu ermitteln hat. Hiervon unberührt ist die bereits zu § 12 FGG aF anerkannte Mitwirkungspflicht der Beteiligten, die nunmehr ausdrücklich in § 27 Abs 1 aufgenommen ist (BTDrs 16/6308 S 186). Will der Antragsteller eine kurzfristige Entscheidung ohne mündliche Verhandlung erreichen, muss er seinen Sachvortrag glaubhaft machen, weil das Gericht anderenfalls seine Entscheidung nur auf eigene Ermittlungen stützen kann (*Ebert* § 3 Rn 50). Für Streitverfahren gelten für die Darlegungs- und Glaubhaftmachungslast die Grundsätze des Hauptsacheverfahrens. Grundsätzlich ist dem Antragsgegner rechtliches Gehör mit der Folge zu gewähren, dass nach § 138 Abs 3 ZPO nicht bestrittene Tatsachen als zugestanden gelten. Im Ausnahmefall einer einseitigen Entscheidung muss der Antragsteller auch nahe liegende Einwendungen entkräften (OLG Frankfurt FamRZ 1989, 87 f; *Gießler/Soyka* Rn 62). Auch wenn § 51 Abs 1 Satz 2 allein auf den Antragsteller bezogen ist, gilt die Pflicht zur Begründung und Glaubhaftmachung für alle Verfahrensbeteiligten. 22

Dem Zweck des Eilverfahrens entsprechend setzt § 51 Abs 1 Satz 2 die Anforderungen an das Beweismaß des § 30 Abs 1 bzw der §§ 113 FamFG, 286 ZPO für das Hauptsacheverfahren herab. Nach § 31 Abs 1 können sich die Beteiligten hinsichtlich der tatsächlichen Behauptungen grundsätzlich aller Beweismittel bedienen. Allerdings ist eine Beweisaufnahme, die nicht sofort erfolgen kann, unstatthaft (§ 31 Abs 2). Dadurch sollen Verzögerungen durch eine langwierige Tatsachenermittlung vermieden und die beschleunigte Durchführung des Eilverfahrens erreicht werden (BTDrs 16/6308 S 190). Aus diesem Grund kommt der ausdrücklich zugelassenen eidesstattlichen Versicherung (§§ 31 Abs 1, 113 Abs 1 FamFG, 294 ZPO) im Anordnungsverfahren eine besondere Bedeutung zu. Die häufig anzutreffende Praxis, dass ein Beteiligter die tatsächlichen Angaben durch Bezugnahme auf den Schriftsatz seines Verfahrensbevollmächtigten an Eides statt versichert, genügt den Anforderungen der Rspr des BGH nicht. Vielmehr muss die eidesstattliche Versicherung des Beteiligten eine eigene konkrete Sachdarstellung enthalten (BGH NJW 1996, 1682). Darüber hinaus können die Beteiligten ihren Vortrag durch Urkunden (Verdienstbescheinigungen, ärztliche Bescheinigungen, Bescheide über einen Platzverweis usw) belegen und glaubhaft machen (*Ebert* § 1 Rn 25). 23

§ 51 FamFG | Verfahren

24   IV. Der Antragsteller kann seinen Sach- bzw verfahrenseinleitenden Antrag **zurücknehmen** (§ 22 Abs 1) oder die Beteiligten können die Hauptsache übereinstimmend für erledigt erklären. Für Familienstreitsachen gelten in diesem Fall die Vorschriften der §§ 113 Abs 1 FamFG, 269 Abs 3 Satz 2 ZPO. Da im Anordnungsverfahren keine rechtskräftige Entscheidung ergehen kann, bedarf die Rücknahme des Antrags auch nach mündlicher Verhandlung nicht der Zustimmung des Antragsgegners (BGH NJW-RR 1993, 1470; Zöller/*Greger* § 269 Rn 13; aA Keidel/*Giers* § 51 Rn 12; zur Rücknahme eines Anordnungsantrags und Prozesskostenhilfe OLG Saarbrücken FamRZ 2009, 894).

H. Verfahrensgang

25   I. Dem Antragsgegner ist im einstweiligen Anordnungsverfahren, das grundsätzlich auf eine beschleunigte Entscheidung gerichtet ist (§ 49 Rz 6, Keidel/*Giers* § 51 Rn 20), auf den zulässigen Antrag durch dessen Übersendung zur Stellungnahme binnen einer bestimmten Frist **rechtliches Gehör** zu gewähren (Art 103 Abs 1 GG). In Amtsverfahren hat das Gericht die Beteiligten über die Einleitung des Verfahrens und die dem zugrunde liegende Anregung (etwa des Jugendamtes) zu informieren und ihnen Gelegenheit zur Stellungnahme zu geben hat (§ 24 Rz 3). Grundsätzlich ist die formlose Übersendung der Antragsschrift oder Anregung ausreichend. Im Hinblick auf eine gebotene Frist zur Stellungnahme oder Anberaumung einer mündlichen Verhandlung erscheint die Zustellung geboten (*Dose* Rn 26; Zöller/*Philippi* § 620a Rn 23). Erlässt das Gericht sogleich eine einstweilige Anordnung, ist das rechtliche Gehör nachzuholen (Schwab/Maurer/*Borth* I Rn 921). Dem Beteiligten stehen die verfahrensrechtlichen Möglichkeiten nach § 54 Abs 1 und 2 offen.

26   II. Nach § 32 Abs 1 steht die **Erörterung** der Sache mit den Beteiligten im Ermessen des Gerichts. Für Familienstreitsachen gilt im Hauptsacheverfahren §§ 113 Abs 1, 128 ZPO nur entsprechend, so dass eine Entscheidung im Anordnungsverfahren unabhängig vom Verfahrensgegenstand **ohne mündliche Verhandlung** ergehen kann, was **§ 51 Abs 2 Satz 2** klarstellt. In der Praxis hat sich in Familiensachen eine Entscheidung über einen Anordnungsantrag nach mündlicher Verhandlung bewährt, zumal nicht gemäß § 54 Abs 2 erneut zu beschließen ist. Die Erörterung mit den Beteiligten, deren persönliches Erscheinen angeordnet werden sollte (§ 33 Abs 1), führt idR nicht zu einer den Interessen des Antragstellers widersprechenden zeitlichen Verzögerung und ermöglicht erfahrungsgemäß eine effektive Aufklärung des Sachverhalts. Schließlich bietet sie die Gelegenheit für eine vergleichsweise Beendigung des Verfahrens. Aus diesen Gründen soll in Unterhaltssachen nach § 246 Abs 2 eine Entscheidung aufgrund mündlicher Verhandlung ergehen. In Kindschaftssachen (§ 151) soll das Gericht vorrangig und beschleunigt die Sache mit den Beteiligten erörtern (§ 155 Abs 1 und 2), auf Einvernehmen hin wirken (§ 156 Abs 1) und das Kind (§ 159) sowie die Eltern (§ 160) **persönlich anhören** (Rz 30). Die Durchführung einer mündlichen Verhandlung vor Erlass einer einstweiligen Anordnung steht in Gewaltschutzsachen (§ 214) im pflichtgemäßen Ermessen des Gerichts und hängt von der glaubhaft gemachten Gefahrenlage ab (BTDrs 16/6308 S 252). Zur Anhörung Rz 30.

27   Nach § 32 Abs 2, der auch für Anordnungsverfahren gilt, soll zwischen **Ladung** und Termin eine angemessen Frist liegen. Die Ladungsfrist von einer Woche (§§ 113 Abs 1 Satz 2 FamFG, 217 ZPO; OLG Dresden FamRZ 2002, 1498 f) gilt auch in Familienstreitsachen nicht, weil im Anordnungsverfahren kein Anwaltszwang besteht (Rz 17 f). Nach dem durch Art 22 Nr 17 geänderten § 170 Abs 1 GVG sind mündliche Verhandlungen, Erörterungen und Anhörungen in Familiensachen sowie in Angelegenheiten der freiwilligen Gerichtsbarkeit **nicht öffentlich**. Gegen den Willen eines Beteiligten kann das Gericht die Öffentlichkeit nicht zulassen (§ 170 Abs 2 GVG).

28   III. Aus der Eigenart des Anordnungsverfahrens als Eilverfahren ergeben sich Konsequenzen für die gerichtliche Verfahrensgestaltung, die jede Verzögerung vermeiden

muss. Daher kommt eine **Aussetzung** des Verfahrens nach § 21 Abs 1 bzw §§ 113 Abs 1 FamFG, 148 ff ZPO (OLG Frankfurt FamRZ 1985, 409), die Anordnung des **Ruhens** des Verfahrens oder die Einholung eines schriftlichen **Sachverständigengutachtens** im Regelfall nicht in Betracht (BTDrs 16/6308 S 200; einschränkend Prütting/Helms/*Stößer* § 51 Rn 8 beim Entzug des Sorgerechts). Der Umfang der Beweiserhebung und **Sachverhaltsermittlung** ist vom Regelungsbedürfnis einerseits sowie vom Sinn und Zweck des Anordnungsverfahrens andererseits abhängig (OLG Düsseldorf FamRZ 1995, 182), ohne dass § 51 Abs 2 Satz 1 eine nähere Regelung enthält.

Auf **Familienstreitsachen** finden nach § 113 Abs 1 die Vorschriften über das erst- **29** instanzliche Verfahren der ZPO Anwendung, mithin auch der Beibringungsgrundsatz. Unstreitige oder nicht bestrittene Tatsachen (§ 138 Abs 3 ZPO) können der Entscheidung zugrunde gelegt werden. Eine weitergehende Aufklärung des Sachverhalts als im Hauptsacheverfahren ist nicht erforderlich, wobei sich das Gericht auf präsente Beweismittel (§ 31 Abs 2) beschränken kann. Ob in dem auf Unterhalt gerichteten Anordnungsverfahren die – bisher wohl wenig genutzte – Vorschrift des § 643 ZPO aF genutzt werden kann, wurde bisher überwiegend verneint (*Dose* Rn 37; *Gießler/Soyka* Rn 582). Ob diese restriktive Ansicht zu den §§ 235, 236 im selbständigen Anordnungsverfahren aufrecht zu erhalten ist, scheint zweifelhaft. Unterhaltsverfahren dienen nicht der sofortigen Existenzsicherung, so dass die beantragte einstweilige Anordnung gemäß § 246 Abs 2 grundsätzlich nach mündlicher Verhandlung ergehen soll. Mit einer Terminsladung oder der Übersendung des Antrags kann zugleich eine Auflage nach § 235 Abs 1 Satz 3 mit entsprechend kurzer Frist erteilt und ein ggf weiteres Vorgehen nach § 236 Abs 1 angekündigt werden. Auch eine vom Arbeitgeber einzuholende Auskunft wird idR zügig bearbeitet. Einer geringen zeitlichen Verzögerung des Verfahrens steht eine deutliche Entschärfung der Konflikts durch belegte Einkünfte gegenüber, die zugleich eine höhere Richtigkeitsgewähr der Anordnung sichern (§ 246 Rz 6). Besonderheiten des summarischen Verfahrens (BTDrs 16/6308 S 200) stehen dem nicht entgegen.

In Verfahren, für die der **Amtsermittlungsgrundsatz** gilt, besteht auch im einstweili- **30** gen Anordnungsverfahren eine weitergehend Verpflichtung, den Sachverhalt aufzuklären und ggf Beweis zu erheben (OLG Düsseldorf FamRZ 1995, 182 f). Beschränkungen ergeben sich aus den jeweiligen Umständen des Einzelfalls. Neben der Dringlichkeit des Regelungsbedürfnisses kommt gerade in Kindschaftssachen dem Eingriff in die Rechte eines Beteiligten und der Präjudizwirkung einer nur vorläufigen Regelung besondere Bedeutung zu. Die akute Kindeswohlgefährdung rechtfertigt eine sofortige Entscheidung nach § 1666 BGB aber auch in Umgangsverfahren nach § 1684 Abs 4 BGB, so dass weitere und notwendige Aufklärung erst im Anordnungs- oder Hauptsacheverfahren möglich ist. Die Übertragung des Aufenthaltsbestimmungsrechts lässt hingegen mehr Raum für die Aufklärung der tatsächlichen Verhältnisse. Ein wesentliches Element der gerichtlichen Ermittlungen ist die **Anhörung der Beteiligten**, wie sie allgemein in § 34 und für Familiensachen ausdrücklich in § 159, 160, 155 und 157 für Kindschaftsverfahren sowie in § 205 bzw 213 für das Jugendamt in Wohnungszuweisungs- und Gewaltschutzverfahren geregelt ist. Darüber hinaus ist die Anhörung des Betroffenen in Betreuungs-, Unterbringungs- und Freiheitsentziehungssachen für das Hauptsache- und teilweise für das Anordnungsverfahren ausdrücklich geregelt (§§ 278 f, 300 Abs 1 Nr 4, 319 f, 331 Nr 4, 420, 427 Abs 2). Kann die Anhörung wegen der besonderen Eilbedürftigkeit nicht erfolgen, ist sie im Anordnungsverfahren unverzüglich nachzuholen. Zeitaufwendige Ermittlungen durch die Einholung eines Sachverständigengutachtens können hingegen im Anordnungsverfahren nicht erfolgen (Zöller/*Philippi* § 620a Rn 29).

IV. Die Beteiligten können im Anordnungsverfahren ebenso wie im Hauptsacheverfahren einen **Vergleich** schließen (§§ 36 Abs 1, 113 Abs 1 FamFG, 794 Abs 1 Nr 1 ZPO), **31** soweit sie über den Gegenstand des Verfahrens verfügen können (§ 36 Rz 9). Er ist nach Maßgabe der §§ 159 ff ZPO zu protokollieren (§ 36 Abs 2 Satz 2). Für Familienstreitsachen und kontradiktorisch geprägte Familiensachen steht dies aufgrund des materiell-rechtlichen Bezugs außer Frage. In Amtsverfahren und Kindschaftssachen können die Beteiligten nicht über den Verfahrensgegenstand disponieren, so dass sie nur eine Vereinbarung schließen können, die der gerichtlichen Bestätigung bedarf, um rechtliche Geltung zu erhalten und Grundlage der Vollstreckung zu werden (§ 156 Abs 2 Satz 1). Die Beteiligten können ihren Vergleich oder die Vereinbarung inhaltlich und zeitlich begrenzen.

32   Welche Reichweite einem im Anordnungsverfahren geschlossenen Vergleich zukommen soll (MüKo-ZPO/*Finger* § 620 Rn 43; *Dose* Rn 29; *Ebert* § 2 Rn 104 ff; *Gießler/Soyka* Rn 135 f), wurde entgegen ursprünglichen Bestrebungen einer gesetzlichen Regelung nicht zugeführt. Schließen die Beteiligten einen Vergleich, kann dieser nach ihrem Willen an die Stelle einer einstweiligen Anordnung treten und deren Wirkung entfalten oder eine endgültige Regelung darstellen. § 56 Abs 2 des Referentenentwurfs hatte eine gesetzliche Vermutung eines **Interimsvergleichs** vorgesehen. Soll der Vergleich lediglich vorläufig – bis zu einer Hauptsacheregelung – als Vollstreckungstitel dienen, kommt ihm keine weitergehende Wirkung als einer gerichtlichen einstweiligen Anordnung zu (BGH FamRZ 1983, 892, 893). Hieraus ergeben sich verfahrensrechtliche Konsequenzen dahin, dass der Interimsvergleich mit Wirksamwerden der Hauptsacheentscheidung außer Kraft tritt (§ 56 Abs 1; BGH FamRZ 1991, 1175 f) und auf Antrag gemäß § 54 Abs 1 der Abänderung unterliegt. Ein als endgültige Regelung gewollter Vergleich hingegen kann allein über ein Hauptsacheverfahren nach § 239 abgeändert werden. Vor diesem Hintergrund sollte im Vergleichstext eindeutig festgehalten werden, welche Wirkung die Beteiligten dem Vergleich beimessen; etwa durch die Formulierung: »zur Erledigung des Anordnungsverfahrens« (OLG Frankfurt FamRZ 1989, 87 f) oder »zur endgültigen Beilegung des Verfahrensgegenstands«. Enthält der Vergleich keine Klarstellung, ist auf den Wortlaut und die Auslegung der getroffenen Regelung abzustellen. Der Umstand, dass der Vergleich im Anordnungsverfahren geschlossen wurde, stellt regelmäßig ein Indiz für eine lediglich vorläufig gewollte Regelung dar (OLG Karlsruhe FamRZ 2007, 1114; OLG Schleswig FamRZ 1997, 624 (LS); *Ebert* § 2 Rn 105; *Gießler/Soyka* Rn 135; Zöller/*Philippi* § 620f Rn 10). Da das Anordnungsverfahren hauptsacheunabhängig ist, kann ein endgültiger Vergleich nur ein bereits eingeleitetes Hauptsacheverfahren beenden, indem dort die Hauptsache übereinstimmend für erledigt erklärt wird. War ein solches Verfahren noch nicht anhängig, stellt der endgültige Vergleich ein Verfahrenshindernis für ein späteres Erstverfahren dar und kann daher nur abgeändert werden.

33   Streiten die Beteiligten, ob der Vergleich wirksam abgeschlossen wurde, ist das Anordnungsverfahren zur Klärung dieser Frage fortzusetzen (§ 36 Rz 29 f). Besteht zwischen den Beteiligten Uneinigkeit darüber, ob der Vergleich auch ein anhängiges Hauptsacheverfahren beendet oder einem solchen entgegen steht, ist dies im Hauptsacheverfahren – im zweiten Fall als Zulässigkeitsfrage – zu klären (OLG Hamm FamRZ 1991, 582).

I. Selbständiges Anordnungsverfahren

34   § 51 Abs 3 Satz 1 enthält die wesentliche Neuerung des Anordnungsverfahren, als dieses in jedem Fall unabhängig von der Hauptsache durchgeführt wird. Die Anhängigkeit eines Hauptsacheverfahrens ist weder erforderlich, noch steht es einem Antrag entgegen. Die verfahrensrechtliche Selbständigkeit ist Gegenstück zur Hauptsacheunabhängigkeit (BTDrs 16/6308 S 200; Rz 2 ff). Eine verfahrensrechtliche Verbindung zum Hauptsacheverfahren regelt § 51 Abs 3 Satz 2.

35   Eine verfahrensrechtliche Vereinfachung schafft § 51 Abs 3 Satz 2 – ähnlich wie § 68 Abs 3 Satz 2 für das Beschwerdeverfahren (§ 68 Rz 36 ff) – für **einzelne Verfahrenshandlungen**, wenn das Anordnungsverfahren der Hauptsache vorgeschaltet ist. Die Verfahren können auch parallel anhängig sein und Verfahrenshandlungen zuerst im Eilverfahren erfolgen und in der Hauptsache übernommen werden. Aus Gründen der Ver-

fahrensökonomie muss das Erst- oder Beschwerdegericht im Hauptsacheverfahren einzelne Verfahrenshandlungen nicht wiederholen, wenn (kumulativ) diese im Anordnungsverfahren erfolgt sind und eine erneute Vornahme oder Wiederholung keine zusätzlichen Erkenntnisse verspricht. Die Verfahrenshandlungen beziehen sich auf die gerichtliche Feststellung der entscheidungserheblichen Tatsachen. Soweit im Eilverfahren eine Beweisaufnahme durch die Vernehmung von Zeugen oder die Augenscheinseinnahme erfolgte, kann das Ergebnis in der Hauptsache verwertet werden. Aber auch die Sachverhaltsaufklärung durch die Anhörung der Beteiligten kann übernommen werden. Da § 68 Abs 3 Satz 2 für das Beschwerdeverfahren dem Wortlaut nach weiter gefasst ist, sollte auf Termine oder eine mündliche Verhandlung in der Hauptsache nicht verzichtet werden, wobei die Gesetzesbegründung den Termin in Kindschaftssachen nach § 155 Abs 2 ausdrücklich anführt (BTDrs 16/6308 S 200). Die Wiederholung einer Verfahrenshandlung steht im Ermessen des Gerichts, wobei auf inhaltliche und zeitliche Aspekte abzustellen sein wird. Umfassende Angaben eines Beteiligten oder die ausführliche Aussage eines Zeugen lassen weitere Erkenntnisse im Hauptsacheverfahren nicht erwarten. Ein größerer zeitlicher Abstand spricht wegen neuer entscheidungserheblicher Entwicklungen idR für eine erneute Vornahme der Verfahrenshandlung. Die Verfahrenshandlung muss im vorangegangenen Eilverfahren verfahrensgemäß erfolgt und die Verfahrensrechte der Beteiligten gewahrt sein. Wurde im Anordnungsverfahren formlos Beweis erhoben (§ 29), kann im Hauptsacheverfahren eine Wiederholung der Beweisaufnahme erforderlich sein, wenn in der Hauptsache eine förmliche Beweisaufnahme (§ 30) durchzuführen ist (Keidel/*Giers* § 51 Rn 25). Will das Hauptsachegericht nach § 51 Abs 3 Satz 2 vorgehen, muss es die Beteiligten hierauf rechtzeitig hinweisen und Gelegenheit zur Stellungnahme geben. Anfechtbar ist das Vorgehen allein mit der Beschwerde gegen die Hauptsacheentscheidung und der Rüge unzureichender Sachverhaltsaufklärung.

Ob Verfahrenshandlungen aus einem anhängigen Hauptsacheverfahren in einem später eingeleiteten Anordnungsverfahren verwertet werden können, ist in der Vorschrift nicht geregelt. Wurden in einer Kindschaftssache die Eltern in der Hauptsache bereits angehört und ist mit einer baldigen Entscheidung wegen weiterer Ermittlungen nicht zu rechnen, kann ein Regelungsbedürfnis entstehen. Aufgrund der zeitlichen Nähe bestehen keine Bedenken das Anhörungsergebnis im Eilverfahren – nach entsprechendem Hinweis – zu verwerten. Eine erneute Anhörung wird geboten sein, wenn das Regelungsbedürfnis aus einem neuen, bei der erfolgten Anhörung nicht bekannten Umstand hervorgeht. 36

Im Beschwerdeverfahren können die Regelungen der §§ 51 Abs 3 Satz 2, 68 Abs 3 Satz 2 kumuliert werden. Das Beschwerdegericht kann im Hauptsacheverfahren Erkenntnisse aus dem erstinstanzlichen Verfahren nach § 68 Abs 3 Satz 2 einbeziehen und solche aus einem (früheren oder anhängigen) Anordnungsverfahrens gemäß § 51 Abs 3 Satz 2. Für den umgekehrten Fall einer Beschwerde im Anordnungsverfahren (§ 57 Satz 2) greift neben § 68 Abs 3 Satz 2 (für das erstinstanzliche Eilverfahren) die entsprechende Anwendung des § 51 Abs 3 Satz 2 hinsichtlich neuerer Erkenntnisse aus einem später eingeleiteten Hauptsacheverfahren. Für die Ermessensausübung des Beschwerdegerichts wird maßgeblich sein, dass es von den Feststellung in erster Instanz überzeugt sein muss. Im Beschwerdeverfahren darf es bei neuen tatsächlichen Entwicklungen nicht von einer eigenen Sachverhaltsermittlung bzw -feststellung absehen. 37

J. Entscheidung im Anordnungsverfahren

I. Das Gericht entscheidet im Anordnungsverfahren gemäß §§ 51 Abs 2 Satz 1, 38 Abs 1 durch zu begründenden **Beschluss**. Dieser ist mit einer Rechtsbehelfsbelehrung (§ 39) zu versehen, in der über die statthaften Rechtsmittel und Rechtsbehelfe zu belehren ist. Die Belehrung muss daher auf die Rechtsbehelfe nach §§ 52 und 54 sowie das Rechts- 38 mittel der Beschwerde nach § 57 hinweisen (Prütting/Helms/*Stößer* § 51 Rn 14). Zu den Regelungsmöglichkeiten § 49 Rz 15 ff. In Angelegenheiten der Freiwilligen Gerichtsbarkeit ist der Beschluss den Beteiligten bekannt zu geben bzw zuzustellen (§§ 40, 41). In Familiensachen wird der Beschluss den Beteiligten idR gemäß § 41 Abs 1 Satz 2 zuzustellen sein, soweit dem Antrag eines Beteiligten nicht voll entsprochen wird. Für Familienstreitsachen folgt die Zustellung aus §§ 113 Abs 1 FamFG, 329 Abs 3 ZPO.

39 Nach § 52 Abs 2 Satz 3 ist eine **Versäumnisentscheidung** für sämtliche Verfahrensgegenstände im Anordnungsverfahren ausgeschlossen (*Gießler/Soyka* Rn 133). Erscheint in Antragsverfahren der Antragsteller nicht, erfolgt weder eine Erörterung der Angelegenheit noch eine Beschlussfassung über den Antrag. Ist der Antragsgegner nicht anwesend, ergeht – auch in Familienstreitsachen (§§ 113 Abs 1 FamFG, § 331 ZPO) – keine Entscheidung aufgrund seiner Säumnis, sondern eine einseitige streitige Verhandlung wird mit anschließender gerichtlicher Entscheidung durchgeführt (*Ebert* § 2 Rn 96; *Dose* Rn 27).

40 **II. Antragsbindung**: Bei seiner Entscheidung ist das Gericht – mit Ausnahme reiner Amtsverfahren – an den von den Beteiligten bestimmten **Verfahrensgegenstand** gebunden und kann hiervon nicht abweichen. An einen nur verfahrenseinleitenden Antrag (Rz 14) ist das Gericht bei seiner Entscheidung infolge der Amtsermittlung und der in das Ermessen des Gerichts gestellten Rechtsfolgeanordnung nur hinsichtlich des Verfahrensgegenstands gebunden (Zöller/*Philippi* § 620a Rn 30a; OLG Frankfurt FamRZ 2001, 691). Für Familienstreitsachen gilt die Antragsbindung der §§ 113 Abs 1 FamFG, 308 Abs 1 ZPO. Insoweit ist die weite Regelungskompetenz des § 49 Abs 1 insbesondere in Anordnungsverfahren nach § 246 begrenzt.

41 **III.** Der Anordnungsbeschluss ist gemäß § 38 Abs 3 Satz 1 zu **begründen**, wie dies bisher aus § 620d ZPO aF und allgemeinen rechtsstaatlichen Grundsätzen hergeleitet wurde (OLG Düsseldorf FamRZ 2002, 249). Die Begründungspflicht gilt auch für Anordnungsbeschlüsse, die ohne mündliche Verhandlung ergehen, wobei eine Bezugnahme auf die Antragschrift ausreichend sein kann. Auch unanfechtbare Entscheidungen (§ 57 Satz 1) bedürfen einer Begründung (OLG Hamm FamRZ 1993, 719). Rechtsmittelfähige Entscheidungen (§ 57 Satz 2) müssen für das Beschwerdegericht die entscheidungserheblichen Tatsachen und Beurteilungen erkennen lassen; anderenfalls kommt eine Aufhebung und Zurückverweisung in Betracht. Eine einstweilige Anordnung, die ohne mündliche Verhandlung erlassen wurde, wird nicht formell rechtskräftig, weil die Beteiligten ohne Bindung an eine Frist einen Antrag nach § 54 Abs 1 oder 2 stellen können. Sie erwächst auch, wenn die Beschwerdefrist des § 57 Satz 2 verstrichen ist, nicht in materielle Rechtskraft, wenn die Beteiligten die Regelung als endgültige akzeptieren. Zur Vollstreckung der Anordnung § 53. Rechtsbehelfe bzw Rechtmittel §§ 54, 57.

42 **IV. Kostenentscheidung**: Im Gegensatz zu § 620g ZPO aF, wonach die Kosten des Anordnungsverfahrens als solche der Hauptsache galten und nur ausnahmsweise im Anordnungsverfahren eine Kostenentscheidung geboten war (OLG Köln FamRZ 2007, 650), ist nach § 51 Abs 4 mit dem Beschluss über die Kosten des Anordnungsverfahrens zu entscheiden. Die Kostenentscheidung ist notwendig, weil der einstweilige Rechtsschutz durch ein selbständiges Anordnungsverfahren, das von einer Hauptsache unabhängig ist, gewährleistet wird. Für die Kostenentscheidung sind die allgemeinen Vorschriften der §§ 80 ff (*Zimmermann* FamRZ 2009, 377) sowie in **Familienstreitsachen** die §§ 91 ff ZPO (§§ 119 Abs 1 Satz 1, 113 Abs 1 Satz 2) maßgeblich und nur in Bezug auf das jeweilige Anordnungsverfahren anzuwenden, so dass der Verlauf oder Ausgang eines entsprechenden Hauptsacheverfahrens auf die Kostenentscheidung keinen Einfluss haben. Kann in der Hauptsache von der Kostenentscheidung abgesehen werden, gilt dies auch für das Anordnungsverfahren (BTDrs 16/6308 S 201); etwa bei einer einstweiligen Anordnung über die Genehmigung einer freiheitsentziehenden Unterbringung eines Minderjährigen (Vorbem 1.3.1 vor KV 1310 zu § 3 Abs 2 FamGKG). In Familiensachen ist stets über die Kosten nach Maßgabe der einschlägigen Vorschriften zu entscheiden (§ 81

Abs 1 Satz 3). Wird das Anordnungsverfahren durch Rücknahme, Erledigung oder einen Vergleich abgeschlossen, bedarf es nur einer Entscheidung über die Kosten des Anordnungsverfahrens (§§ 83, 81 FamFG; 269, 91a, 98 ZPO), sofern diese nicht im Vergleich geregelt sind. Die Beschwerdeentscheidung regelt die Kosten des Beschwerdeverfahrens gemäß § 51 Abs 4 nach den §§ 81, 84 sowie in Familienstreitsachen nach den §§ 113 Abs 1 FamFG, 308 Abs 2, 91 ff ZPO (anders bisher: OLG Brandenburg FamRZ 2001, 1021; 2002, 964; OLG Karlsruhe FamRZ 1988, 855; *Dose* Rn 97). Hat in Familienstreitsachen die – ggf ausnahmsweise zulässige – Beschwerde nur aufgrund neuen Vorbringens des Beschwerdeführers Erfolg, sind diesem die Kosten aufzuerlegen (§ 97 Abs 2 ZPO; Zöller/*Philippi* § 620g Rn 8; Musielak/*Borth* § 620g Rn 7). Für die Erledigung der Hauptsache oder Rücknahme der Beschwerde gelten die §§ 81, 83, 84 FamFG. Enthält der Anordnungsbeschluss keine Kostenentscheidung, so ist der Beschluss gemäß § 43 Abs 1 – in Familienstreitsachen nach § 321 ZPO – auf einen binnen zwei Wochen zustellenden (aA zum bisherigen Recht *Gießler/Soyka* Rn 237; Zöller/*Philippi* § 620g Rn 11) Antrag zu ergänzen.

Ungeklärt ist die – für das bisherige Verfahren nach §§ 620, 620g ZPO aF unproblematische – Frage der Kostenentscheidung im selbständigen Anordnungsverfahren, wenn sich weitere Verfahrensabschnitte durch ein Aufhebungs- oder Abänderungsverfahren (§ 54 Abs 1 und 2), ein Aufhebungsverfahren nach § 52 Abs 2, eine Verfahren nach § 56 oder ein Beschwerdeverfahren nach § 57 Satz 2 an den Anordnungsbeschluss, der allein über die bis dahin entstandenen Kosten befinden kann, anschließen (Prütting/Helms/*Hau* § 246 Rn 28). In der Sachverständigenanhörung des Rechtsausschuss wurde für eine differenzierte Kostenregelung plädiert, die jedoch nicht in die Ausschussempfehlung aufgenommen wurde. Für das Arrest- und einstweilige Verfügungsverfahren wird insoweit von unterschiedlichen Verfahren ausgegangen, die eine eigenständige Kostenregelung erfordern können. Eine Kostenentscheidung in späteren Verfahrensabschnitten des Anordnungsverfahrens ist nur erforderlich, wenn hierdurch zusätzliche Kosten nicht offensichtlich ausgeschlossen sind (zu den Gebühren § 49 Rz 65 ff). Da der Erlass einer einstweiligen Anordnung sowie jedes Verfahren auf deren Abänderung oder Aufhebung dieselbe Angelegenheit sind (§ 16 Nr 5 RVG nF), entstehen weder zusätzliche Gebühren, noch erhöht sich durch ein Abänderungs- oder Aufhebungsverfahren – wie bisher nach § 18 Nr 1 RVG aF – der Gegenstandswert des Verfahrens (§ 49 Rz 66). Denkbar ist das zusätzliche Eingreifen neuer Gebührentatbestände jedoch dann, wenn die einstweilige Anordnung ohne mündliche Verhandlung erlassen wurde und über einen Aufhebungs- oder Abänderungsantrag nach mündlicher Erörterung bzw Verhandlung befunden wird (§ 54 Abs 2, 55 Abs 2, 56 Abs 3; OLG Oldenburg FamRZ 2007, 575). Soweit – entgegen der aktuellen Rechtslage – für das Aufhebungs- oder Abänderungsverfahren ein eigenständiger Gebührenwert zuerkannt werden sollte, wäre ebenfalls eine Kostenentscheidung erforderlich. Für die Kostenregelung können dann die für das Arrestverfahren entwickelten Grundsätze herangezogen werden (Zöller/*Vollkommer* § 922 Rn 8; § 925 Rn 8; § 926 Rn 26; § 927 Rn 12), die jedoch aufgrund der Dauerwirkung einer Entscheidung im einstweiligen Anordnungsverfahren eine andere Bedeutung gewinnen. 43

Wird auf einen Antrag nach **§ 54 Abs 1 oder 2** die erlassene Anordnung aufgehoben oder erstmals erlassen, ist im Beschluss nach § 54 über die insgesamt entstandenen Kosten nach Maßgabe der jeweiligen Kostenregelungen zu entscheiden. Entsprechendes gilt für das Beschwerdeverfahren (§ 57 Satz 2), so dass dem Antragsteller in einer Familienstreitsache die Kosten aufzuerlegen sind, wenn sein Antrag abgewiesen wird. War die einstweilige Anordnung längere Zeit wirksam und wird sie dann aufgrund **veränderter Umstände** (erstmals) in einem Verfahren nach § 54 abgeändert, ist über die zusätzlichen, im Aufhebungs- bzw Abänderungsverfahren entstandenen Kosten durch eine evtl Terminsgebühr usw im Rahmen einer eigenständigen Kostenregelung des Abänderungs- oder Aufhebungsbeschlusses zu entscheiden (Prütting/Helms/*Stößer* § 56 Rn 12, der ei- 44

§ 51 FamFG | Verfahren

ne Kostenentscheidung für das Abänderungsverfahren in dem Hauptsacheverfahren erwägt), durch die die Kostenregelung des Anordnungsbeschlusses nicht berührt wird (Zöller/*Vollkommer* § 927 Rn 12; OLG Koblenz WRP 1988, 389; OLG Frankfurt WRP 1992, 248; BGH NJW 1989, 107). Durch das Fristsetzungs- und Aufhebungsverfahren nach § 52 Abs 2 werden regelmäßig keine weiteren Gebühren anfallen, weil es sich auch insoweit um dieselbe Angelegenheit iSd § 16 Nr 5 RVG nF handelt. Gleichwohl führt die Aufhebung der einstweiligen Anordnung wegen Fristversäumung zur Kostenlast des gesamten Anordnungsverfahrens (§ 52 Rz 15).

§ 52 Einleitung des Hauptsacheverfahrens

(1) Ist eine einstweilige Anordnung erlassen, hat das Gericht auf Antrag eines Beteiligten das Hauptsacheverfahren einzuleiten. Das Gericht kann mit Erlass der einstweiligen Anordnung eine Frist bestimmen, vor deren Ablauf der Antrag unzulässig ist. Die Frist darf drei Monate nicht überschreiten.

(2) In Verfahren, die nur auf Antrag eingeleitet werden, hat das Gericht auf Antrag anzuordnen, dass der Beteiligte, der die einstweilige Anordnung erwirkt hat, binnen einer zu bestimmenden Frist Antrag auf Einleitung des Hauptsacheverfahrens oder Antrag auf Bewilligung von Verfahrenskostenhilfe für das Hauptsacheverfahren stellt. Die Frist darf drei Monate nicht überschreiten. Wird dieser Anordnung nicht Folge geleistet, ist die einstweilige Anordnung aufzuheben.

Übersicht

	Rz			Rz
A. Allgemeines	1	D.	Antragsverfahren	9
B. Anwendungsbereich	3	I.	Fristsetzungsverfahren	10
C. Verfahren von Amts wegen	5	II.	Aufhebungsverfahren	13

A. Allgemeines

Die Regelung ergänzt in Anlehnung an § 926 ZPO den Rechtsschutz der Beteiligten im einstweiligen Anordnungsverfahren und soll die Einschränkung des Beschwerderechts nach § 57 Satz 1 kompensieren, indem die Beteiligten in Amtsverfahren (§ 52 Abs 1) und Antragsverfahren (§ 52 Abs 2) auf die Einleitung des Hauptsacheverfahrens hinwirken können, das mit den umfassenderen Erkenntnismöglichkeiten und dem höheren richterlichen Überzeugungsgrad eine von der summarischen Beurteilung abweichende Hauptsacheentscheidung ermöglicht, die ihrerseits zur Überprüfung des Rechtsmittelgerichts gestellt werden kann (BTDrs 16/6308 S 201). In Antragsverfahren läuft der Antragsteller anderenfalls Gefahr, der durch die einstweilige Anordnung gesicherten Rechte wieder verlustig zu gehen (§ 52 Abs 2 Satz 3). In amtswegigen Verfahren hat das Gericht auf Antrag eines Beteiligten – ggf nach einer Wartefrist, die drei Monate nicht überschreiten darf – das Hauptsachverfahren einzuleiten. Die Vorschrift ist Folge des hauptsacheunabhängigen einstweiligen Anordnungsverfahrens (§ 51 Abs 3). Zum Übergangsrecht Vorbemerkung zu § 49 Rz 9. 1

Hat das Gericht auf Antrag oder auf Anregung Dritter in Amtsverfahren eine einstweilige Anordnung erlassen, muss aus Sicht des Antragstellers oder des Gerichts ein Interesse an der Durchführung eines Hauptsacheverfahrens nicht fortbestehen. In dieser Situation kann dem Antragsgegner oder einem Verfahrensbeteiligten daran gelegen sein, nicht selbst das Hauptsacheverfahren einleiten zu müssen. In Unterhaltssachen kommt die negative Feststellungsklage des Unterhaltspflichtigen (§ 56 Rz 9) in Betracht. Der Handlungszwang wird in Antragsverfahren auf den Antragsteller verlagert, der – bei fehlender Verfahrenskostenhilfebedürftigkeit – einen Kostenvorschuss für das Hauptsacheverfahren zu zahlen hat und damit rechnen muss, dass bei nicht fristgerechter Einleitung der Hauptsache die ergangene einstweilige Anordnung ohne weitere Sachprüfung aufgehoben wird. Im Verhältnis zu § 926 ZPO ist der Schutz indes dadurch abgeschwächt, als Schadensersatzansprüche im Fall der Aufhebung der Anordnung, die gemäß § 945 ZPO im Fall des § 926 Abs 2 ZPO geltend gemacht werden können, ausgeschlossen bleiben (§ 56 Rz 18). 2

B. Anwendungsbereich

§ 52 gilt grundsätzlich für alle einstweiligen Anordnungen, die im Anwendungsbereich der §§ 49 ff, 119, 156, 157, 214, 246–248, 300, 331, 417 erlassen werden und für die ein 3

§ 52 FamFG | Einleitung des Hauptsacheverfahrens

Hauptsacheverfahren durchgeführt werden kann. In Familienstreitsachen (§ 112) kann gemäß § 119 Abs 2 Satz 1 auch der Arrest angeordnet werden, für den in Satz 2 der Vorschrift auf § 926 Bezug genommen wird. Das Verfahren nach § 52 Abs 1 und 2 kommt nur in Betracht, wenn durch die einstweilige Anordnung eine Regelung erfolgt und hierdurch der Antragsgegner oder ein Beteiligter beschwert ist. Lehnt das Gericht deren Erlass ab und weist den Antrag zurück, bedarf es in **Antragsverfahren** keines Rechtsschutzes für den Antragsgegner. Der Antragsgegner muss nicht die Erstentscheidung des Gerichts zum Anlass für einen Antrag nach § 52 Abs 2 nehmen. Es ist ihm unbenommen im weiteren Verlauf des Verfahrens hiervon Gebrauch zu machen. Dies kann etwa der Fall sein, wenn die einstweilige Anordnung auf Antrag gemäß § 54 Abs 1 geändert oder über diese nach mündlicher Verhandlung gemäß § 54 Abs 2 erneut entschieden wird. Alternativ kann der Antragsgegner Beschwerde einlegen, soweit diese statthaft ist (§ 57). Nur ausnahmsweise entfällt das Rechtsschutzbedürfnis für einen Antrag nach § 52 Abs 2 in dem Fall, dass sich der Verfahrensgegenstand in der Hauptsache durch Erfüllung, Zeitablauf usw erledigt hat (Zöller/*Vollkommer* § 926 Rn 3) oder die einstweilige Anordnung durch Befristung oder Aufhebung keine Wirkungen mehr entfaltet (Keidel/*Giers* § 52 Rn 3). In **Amtsverfahren** besteht für die Beteiligten kein Rechtsschutzbedürfnis für die gerichtliche Einleitung eines Hauptsacheverfahrens, wenn eine Eilentscheidung nicht ergeht. Die Verfahrensbeteiligten sind in der **Rechtsbehelfsbelehrung** nach § 39 über ihre Rechte nach § 52 zu informieren.

4   Der **Antrag**, der an keine Frist gebunden ist, muss den Anforderungen des § 25 genügen und bedarf keiner weiteren Begründung. Auch wenn der Antrag auf Einleitung eines Hauptsacheverfahrens gerichtet ist, für das Anwaltszwang besteht (§ 114 Abs 1), kann der Antrag als Verfahrenshandlung im Anordnungsverfahren ohne anwaltliche Vertretung (**§ 114 Abs 4 Nr 1**) gestellt werden. Der Antragsgegner kann in Antragsverfahren auf seine Rechte aus § 52 Abs 2 verzichten (Musielak/*Huber* § 926 Rn 5). Die Beteiligten können übereinkommen, dass die einstweilige Regelung künftig ihrem Rechtsverhältnis zugrunde gelegt werden soll. Mit einer solchen Vereinbarung werten die Beteiligten die als vorläufig gedachte Entscheidung im einstweiligen Rechtsschutz zur endgültigen Regelung auf und können so ein Hauptsacheverfahren entbehrlich machen (BTDrs 16/6308 S 201). Grundsätzlich können die Beteiligten eine entsprechende Abrede auch durch schlüssiges Verhalten treffen, wobei jedoch an den erforderlichen Rechtsbindungswillen keine geringen Anforderungen zu stellen sind. Allein die Erfüllung der titulierten Verpflichtung wird nicht ausreichen. Selbst wenn ausnahmsweise eine **Verzichtsvereinbarung** gegeben ist, erstreckt sich diese nicht ohne weiteres auf die Rechte aus §§ 54 und 57.

C. Verfahren von Amts wegen

5   § 52 Abs 1 erfasst allein Verfahren, die nach § 24 Abs 1 von Amts wegen oder auf Anregung eingeleitet werden. Sie beziehen sich überwiegend auf Rechtsfürsorgeangelegenheiten und werden in Familiensachen vorrangig Verfahren über den Entzug der elterlichen Sorge betreffen (§ 1666 BGB). Aufgrund einer Anregung eines Dritten (zB des Jugendamts) oder aus einem anhängigen Verfahren müssen dem Gericht Tatsachen für ein amtswegig einzuleitendes Verfahren bekannt geworden sein, die den Erlass einer einstweiligen Anordnung zur Folge hatten. Für das Gericht bestand indes keine Veranlassung, ein entsprechendes Hauptsacheverfahren einzuleiten. In Verfahren wegen Kindeswohlgefährdung wird diese Verfahrenssituation nicht praktisch werden, weil den Eltern das Sorgerecht für ihr Kind nicht durch einstweilige Anordnung abschließend entzogen werden kann. Vielmehr wird das Gericht in diesen Fällen ohne Antrag der Beteiligten zur weiteren Sachaufklärung ein Hauptsacheverfahren einzuleiten haben. Erscheinen indes weniger einschneidende Maßnahmen ausreichend, wie sie in § 1666 Abs 3 Nr 1–3 BGB aufgeführt sind, könnte das Gericht von einem Hauptsachever-

fahren vorerst absehen. In dieser Situation können die Beteiligten gleichwohl beantragen, das Hauptsacheverfahren einzuleiten. Verfahren auf Übertragung der elterlichen Sorge oder auf Regelung des Umgangs fallen als Antragsverfahren unter § 52 Abs 2.

Mit Erlass einer einstweiligen Anordnung kann jeder Verfahrensbeteiligte die Einleitung eines dem Anordnungsverfahren entsprechenden Hauptsacheverfahrens beantragen. Die **Antragsberechtigung** folgt aus der Verfahrensbeteiligung und erstreckt sich auch auf die Personen die am Anordnungsverfahren tatsächlich nicht beteiligt wurden, aber zu beteiligen gewesen wären (§ 7 Abs 2). Im Sorgerechtsverfahren können beide Elternteile, das verfahrensfähige Kind (§ 9 Abs 1 Nr 3), das Jugendamt sowie der Verfahrensbeistand (§ 158) den Antrag nach § 52 Abs 1 stellen. 6

Ist der Antrag nach § 52 Abs 1 (wirksam) gestellt, hat das Gericht, ohne dass ihm insoweit eine Ermessensausübung zusteht, das Hauptsacheverfahren einzuleiten. Der Gegenstand diese Verfahrens wird auch bei Teilregelungen im Eilverfahren – etwa zum Aufenthaltsbestimmungsrecht – regelmäßig keine Schwierigkeiten aufwerfen. Das Gericht ist jedoch nicht verpflichtet, einen anderen Verfahrensgegenstand, auf den der Antrag ebenfalls bezogen ist, einzubeziehen. Sieht das Gericht keinen weiteren Regelungs- oder Handlungsbedarf, wird es idR die ergangene einstweilige Anordnung von Amts wegen aufzuheben haben und so das Hauptsacheverfahren entbehrlich machen können. Das Hauptsacheverfahren wird eingeleitet, in dem eine neue Akte mit neuem Aktenzeichen angelegt, die Verfahrensbeteiligten unter Mitteilung des Antrags hierüber informiert und ihnen für die Entscheidung in der Hauptsache erneut Gelegenheit zur Stellungnahme gegeben wird. Darüber hinaus kann das Gericht weitere Ermittlungen (§ 26) einleiten. Kommt das Gericht seiner Verpflichtung aus § 52 Abs 1 nicht nach, können die Beteiligten Untätigkeitsbeschwerde erheben, einen Befangenheitsantrag stellen oder den Weg der Dienstaufsicht beschreiten. Werden dem Gericht im Hauptsacheverfahren weitere Tatsachen bekannt, aufgrund derer ein Regelungsbedürfnis entfällt, so hat es von Amts wegen die erlassene einstweilige Anordnung aufzuheben (§ 54 Abs 1 Satz 1). Nach § 57 Satz 2 ist die Beschwerde zulässig, wenn das Gericht den Erlass einer einstweiligen Anordnung abgelehnt hat. Trifft das Beschwerdegericht auf die Beschwerde eines Beteiligten die begehrte Anordnung, kann jeder Verfahrensbeteiligte einen Antrag nach § 52 Abs 1 im Beschwerdeverfahren stellen. Diesen Antrag hat das Beschwerdegericht an das Gericht erster Instanz weiterzuleiten, damit dort ein Hauptsacheverfahren eingeleitet werden kann. 7

Das Gericht kann mit Erlass der einstweiligen Anordnung nach **§ 52 Abs 1 Satz 2** eine Frist bestimmen, vor deren Ablauf der Antrag unzulässig ist. Die vorläufige Regelung kann in Kindschaftssachen dem Zweck dienen, die persönlichen oder familiären Verhältnisse zu beruhigen und für einen gewissen Zeitraum die Kontinuität der angeordneten Maßnahme zu gewährleisten. Aus diesem Grund kann eine »Wartefrist« im Einzelfall berechtigt sein, um »die Beteiligten nicht vorschnell in das Hauptsacheverfahren zu drängen« (BTDrs 16/6308 S 201). Die Frist darf die Dauer von **drei Monaten** nicht überschreiten (§ 52 Abs 1 Satz 3; zum Fristbeginn § 16 Abs 1). Bei der zeitlichen Bemessung der Frist hat das Gericht die Interessen der Beteiligten zu berücksichtigen. Je stärker in die Rechtsposition eines Beteiligten eingegriffen wird, umso kürzer sollte die Frist bemessen werden (Prütting/Helms/*Stößer* § 52 Rn 3 für zurückhaltenden Gebrauch), ohne dadurch ihren Zweck infrage zu stellen. Hiervon unberührt bleibt ein Beschwerderecht nach § 57 Satz 2. Ist die Anordnung nach § 57 Satz 1 unanfechtbar, muss dies bei der Bemessung der Wartefrist berücksichtigt werden. Bei der vorläufigen Entziehung der elterlichen Sorge sind die Interessen des Kindeswohls einerseits und die Rechte der Eltern gegeneinander abzuwägen. Ordnet das Gericht eine längere Frist an, so kann der Antrag jedenfalls nach Ablauf von drei Monaten gestellt werden. Wird gegen die einstweilige Anordnung Beschwerde eingelegt, bleibt die Regelung nach § 40 Abs 1 wirksam, so dass die Wartefrist unabhängig vom Beschwerdeverfahren läuft. Erlässt das Beschwerdegericht die einstweilige Anordnung, beginnt eine Wartefrist mit Wirksamkeit 8

§ 52 FamFG | Einleitung des Hauptsacheverfahrens

der Beschwerdeentscheidung, wobei für die Bemessung der Frist die Dauer des gesamten Verfahrens zu berücksichtigen ist.

D. Antragsverfahren

9 Für Verfahren, die nur auf Antrag eingeleitet werden (§ 23), enthält § 54 Abs 2 eine gegenüber dem Amtsverfahren abweichende und an § 926 ZPO angelehnte Konzeption eines zweistufigen Verfahrens, das im ersten Abschnitt auf die Fristsetzung und im zweiten Abschnitt auf die Aufhebung der erlassenen Anordnung gerichtet ist. Das Antragsrecht nach § 52 Abs 2 setzt eine gerichtliche Entscheidung voraus. Im Rahmen der Dispositionsbefugnis der Beteiligten kann an die Stelle der vorläufigen Regelung auch ein Vergleich treten (§ 51 Rz 31 f). In diesem Fall besteht aufgrund des Konsenses der Beteiligten kein Rechtsschutzbedürfnis für die Einleitung eines gerichtlichen Hauptsacheverfahrens.

I. Fristsetzungsverfahren

10 Das Verfahren auf Fristsetzung ist dem Erlass einer **einstweilige Anordnung** nachgeschaltet. Grundsätzlich ist das Gericht **zuständig**, das die Maßnahme angeordnet hat. Hat in besonders eiligen Fällen das nach § 50 Abs 2 zuständige Gericht entschieden, ist für die Fristsetzung das Gericht nach Maßgabe des § 50 Abs 1 zuständig (Zöller/*Vollkommer* § 926 Rn 6). Zum Antrag Rz 4. Den Antrag kann nur der Beteiligte stellen, der durch die einstweilige Anordnung in seinen Rechten beeinträchtigt ist. Dies ist in Familienstreitsachen regelmäßig der Antragsgegner, hingegen auch bei teilweiser Zurückweisung des Antrags nicht der Antragsteller. In Antragsverfahren, insbesondere in Kindschaftssachen, sind auch andere Beteiligte, die von der Maßnahme betroffen sind, antragsberechtigt. Zur Einleitung des **Hauptsacheverfahrens** wird derjenige verpflichtet, der das **einstweilige Anordnungsverfahren** eingeleitet hat (BTDrs 16/6308 S 201). Der Antragsgegner oder betroffene Beteiligte können schon vor Erlass der einstweiligen Anordnung im Anordnungsverfahren hilfsweise bzw vorsorglich den Antrag auf Fristsetzung stellen, über den zusammen mit dem **Anordnungsantrag** zu entscheiden ist. Wird die angeordnete Maßnahme im Abänderungsverfahren nach § 54 Abs 2 aufgehoben oder für erledigt erklärt, ist der Antrag unzulässig (Zöller/*Vollkommer* § 926 Rn 9).

11 Die einstweilige Anordnung muss noch wirksam und das **Hauptsacheverfahren** darf noch nicht **anhängig** sein (BGH NJW-RR 1987, 685); dh der verfahrenseinleitende Antrag darf bei dem für die Hauptsache zuständigen Gericht nicht eingegangen oder ein Antrag auf Verfahrenskostenhilfe nicht gestellt sein. In Familienstreitsachen ist auf die Rechtshängigkeit des Antrags (§§ 112, 113 Abs 1 Satz 2; 253 Abs 1, 261 Abs 1 ZPO) bzw den Verfahrenskostenhilfeantrag abzustellen, die weder zurückgenommen noch als unzulässig abgewiesen worden sein dürfen. Am **Rechtsschutzbedürfnis** des Antragsgegners für eine Fristsetzung nach § 52 Abs 2 fehlt es, wenn aus der erlassenen Anordnung gegen ihn nicht mehr vorgegangen werden kann und er vor jeder Inanspruchnahme sicher gestellt ist (Musielak/*Huber* § 926 Rn 8). Dies kann der Fall sein, wenn die **vorläufige Maßnahme** zeitlich befristet ist – etwa bei einer Unterhaltsanordnung gemäß § 246 – oder der Antragsteller auf die Rechte aus der Anordnung oder auf den materiell-rechtlichen Anspruch verzichtet und den Titel herausgegeben hat (BGH NJW 1993, 2685, 2687) oder der Antragsgegner den Anspruch vollständig erfüllt hat oder die Anordnung vom Gericht aufgehoben wurde (§ 54). Bei Unterlassungsverfügungen – etwa nach dem GewSchG – kann durch den Zeitablauf uU die Wiederholungsgefahr entfallen, wobei für eine solche Annahme Zurückhaltung geboten erscheint. Auf die Erfolgsaussichten der Rechtsverfolgung oder Rechtsverteidigung im Hauptsachverfahren kommt es im Fristsetzungsverfahren nicht an (Zöller/*Vollkommer* § 926 Rn 14).

12 Die Frist, für die der Rechtspfleger zuständig ist (§ 20 Nr 14 RPflG), wird ohne mündliche Verhandlung durch Beschluss gesetzt. Ob dem Antragsteller rechtliches Gehör zu

gewähren ist, ist zu § 926 ZPO umstritten (verneinend Zöller/*Vollkommer* § 926 Rn 15; bejahend Musielak/*Huber* § 926 Rn 10). Zwar entscheidet das Gericht rein formal über die Fristsetzung. Da der Antrag bereits unzulässig ist, wenn das Hauptsacheverfahren anhängig ist, kann das Gericht nur verlässlich über den Antragsteller hiervon Kenntnis erlangen. Das Gericht kann im **Beschluss,** der mangels Gebühren keine Kostenentscheidung enthält, den Antrag auf Fristsetzung zurückweisen oder eine Frist bestimmen und wie folgt entscheiden: »Dem Antragsteller wird aufgegeben, bis zum ... das gerichtliche Hauptsacheverfahren einzuleiten. Nach fruchtlosem Ablauf der Frist wird auf Antrag die einstweilige Anordnung ... aufgehoben.« Macht der Antragsteller während des Fristsetzungsverfahrens ein Hauptsacheverfahren anhängig, so hat sich der Fristsetzungsantrag erledigt. Die Länge der Frist ist im Gesetz nicht ausdrücklich bestimmt und daher nach den Umständen des Einzelfalls zu bemessen. Sie darf jedoch nach **§ 52 Abs 2 Satz 3** die Dauer von **drei Monaten** nicht überschreiten. Für das Arrestverfahren wird idR ein Zeitraum von zwei bis vier Wochen als angemessen angesehen (Zöller/*Vollkommer* § 926 Rn 16; Musielak/*Huber* § 926 Rn 11; *Schürmann* FamRB 2008, 375, 380; Keidel/ *Giers* § 52 Rn 9). Der Beschluss, in dem die Einleitung des **Hauptsacheverfahrens** angeordnet wird, ist dem Antragsteller zuzustellen (§§ 40 Abs 1, 41 Abs 1); bei Zurückweisung des Antrags dem Antragsgegner. Gegen den Fristsetzungsbeschluss kann der Antragsteller die befristete **Erinnerung** nach § 11 Abs 2 Satz 1 RPflG erheben (BGH NJW-RR 1987, 685). Der Antragsgegner kann gegen die Zurückweisung seines Antrags oder eine zu lang bemessene Frist sofortige Beschwerde nach § 11 Abs 1 RPflG erheben. Etwas anderes ergibt sich nicht daraus, dass nach der Gesetzesbegründung (BTDrs 16/6308 S 201) der Aufhebungsbeschluss unanfechtbar ist.

II. Aufhebungsverfahren

Der Fristsetzung kann in dem einheitlichen Anordnungsverfahren auf **Antrag** (Rz 4) des Antragsgegners das Aufhebungsverfahren gemäß § 52 Abs 2 Satz 3 nachgeschaltet sein. Ob allein das Gericht, das die Frist angeordnet hat (Zöller/*Vollkommer* § 926 Rn 22), oder im Fall einer Beschwerde gegen die **einstweilige Anordnung** auch das Beschwerdegericht (Thomas/Putzo/*Reichold* § 926 Rn 10) **zuständig** ist, ist im Rahmen des § 926 ZPO umstritten. Auch wenn das Aufhebungsverfahren Teil des Anordnungsverfahrens ist, kann das Beschwerdegericht die erlassene Anordnung nicht aufrechterhalten oder eine begründete Anordnung erlassen, wenn diese mangels Einhaltung der Frist für das **Hauptsacheverfahren** sogleich aufzuheben wäre. Daher kann auch das Beschwerdegericht die einstweilige Anordnung gemäß § 52 Abs 2 Satz 3 aufheben (OLG Koblenz NJW-RR 1995, 444). Der Verlust einer Instanz steht dem nicht entgegen. Der Aufhebungsantrag ist zulässig, solange die **einstweilige Anordnung** noch besteht und nicht aufgehoben ist (§ 54) oder für erledigt erklärt worden ist. Im Aufhebungsverfahren kann der Antragsteller geltend machen, dass die Voraussetzungen für die angeordnete Fristsetzung nicht vorgelegen haben (BGH NJW-RR 1987, 685). 13

Die **einstweilige Anordnung** ist aufzuheben, wenn der Antragsteller nicht glaubhaft machen kann, dass das **Hauptsacheverfahren** von ihm fristgerecht eingeleitet oder hierfür Verfahrenskostenhilfe beantragt worden ist. Gerichtsbekannte Umstände sind von Amts wegen zu berücksichtigen. Für das Aufhebungsverfahren kommt es für die Beurteilung der Identität der Verfahrensgegenstände im Anordnungs- und **Hauptsacheverfahren** darauf an, ob letzteres zur Überprüfung der Rechtmäßigkeit der Eilmaßnahme führt (BGH NJW 2001, 157, 159). Bei Familienstreitsachen wird es sich regelmäßig um eine Leistungs- oder Abänderungsklage handeln. Wird nur wegen eines Teils des Anspruchs das **Hauptsacheverfahren** betrieben, ist hinsichtlich des verbleibenden Teils die **einstweilige Anordnung** aufzuheben. In Betracht kommt dies etwa, wenn im Anordnungsverfahren rückständiger Unterhalt zuerkannt wurde, dieser jedoch im **Hauptsacheverfahren** nicht mehr geltend gemacht wird. Für die einstweilige Verfügung nach 14

§ 52 FamFG | Einleitung des Hauptsacheverfahrens

§ 1615o BGB aF auf Unterhalt für das Kind nicht verheirateter Eltern – jetzt § 247 – wurde als **Hauptsacheverfahren** sowohl die auf Unterhalt gerichtete Leistungsklage wie auch die Vaterschaftsfeststellungsklage angesehen (Zöller/*Vollkommer* § 926 Rn 30, Musielak/*Huber* § 926 Rn 14).

15   Das Hauptsacheverfahren muss zulässig sein und die angeordnete Frist wahren. Die Frist zur Einleitung ist gewahrt, wenn der verfahrenseinleitende Schriftsatz des **Hauptsacheverfahrens** rechtzeitig bei Gericht eingeht, in Familienstreitsachen des § 111 rechtzeitig oder demnächst (§ 167 ZPO) dem Antragsgegner zugestellt, rechtzeitig ein Mahnbescheid beantragt oder innerhalb der Frist ein Antrag auf Verfahrenskostenhilfe für die Hauptsache gestellt wird (§ 52 Abs 2 Satz 2). Die Einleitung des **Hauptsacheverfahrens** beim unzuständigen Gericht wahrt die Frist nach § 25 Abs 3 Satz 2 nicht. Liegen die Voraussetzungen vor, ist die **einstweilige Anordnung** aufzuheben. Im Gegensatz zur entsprechenden Entscheidung nach § 926 Abs 2 ZPO soll der Beschluss nach § 52 Abs 2 Satz 3 nach der Gesetzesbegründung (BTDrs 16/6308 S 201) unanfechtbar sein, ohne dass sich dies aus der Vorschrift selbst oder der Systematik ergibt, so dass die Entscheidung nach Maßgabe der §§ 57 ff anfechtbar ist (Keidel/*Giers* § 52 Rn 15). Mit dem Aufhebungsbeschluss ist zugleich über die Kosten des Anordnungsverfahrens insgesamt einschließlich des Aufhebungsverfahrens zu entscheiden. Wird die **einstweilige Anordnung** aufgehoben trägt der Antragsteller **sämtlich Kosten**, auch wenn die Anordnung (anfänglich) begründet war (Prütting/Helms/*Stößer* § 52 Rn 6; Zöller/*Vollkommer* § 926 Rn 26).

§ 53 Vollstreckung

(1) Eine einstweilige Anordnung bedarf der Vollstreckungsklausel nur, wenn die Vollstreckung für oder gegen einen anderen als den in dem Beschluss bezeichneten Beteiligten erfolgen soll.

(2) Das Gericht kann in Gewaltschutzsachen sowie in sonstigen Fällen, in denen hierfür ein besonderes Bedürfnis besteht, anordnen, dass die Vollstreckung der einstweiligen Anordnung vor Zustellung an den Verpflichteten zulässig ist. In diesem Fall wird die einstweilige Anordnung mit Erlass wirksam.

A. Allgemeines

Die einstweilige Anordnung ist nach §§ 86 Abs 1 Nr 1, 95 in Angelegenheiten der freiwilligen Gerichtsbarkeit und in Familiensachen sowie gemäß § 120 Abs 1 iVm §§ 704 ff ZPO für Familienstreitsachen ein Vollstreckungstitel. Soweit die gerichtliche Regelung einen vollstreckungsfähigen Inhalt hat und nicht auf eine rechtsgestaltende Wirkung – wie bei der Übertragung des Aufenthaltsbestimmungsrechts – beschränkt ist, muss die Anordnung zwangsweise durchgesetzt werden können. Auf den Beschluss im Anordnungsverfahren finden die allgemeinen Regelungen der §§ 86 ff bzw in Familienstreitsachen die §§ 704 ff ZPO Anwendung. § 53 regelt lediglich für die Vollstreckung einstweiliger Anordnungen Besonderheiten hinsichtlich der Vollstreckungsklausel (Abs 1) und der Vollstreckung vor Zustellung des Beschlusses für bestimmte Verfahrensgegenstände (Abs 2). 1

B. Vollstreckungsklausel

Die gerichtliche Regelung kann auf eine Geldforderung (Unterhalt), die Herausgabe (eines Kindes oder einer Sache), auf die Vornahme einer vertretbaren oder unvertretbaren Handlung, sowie auf eine Duldung oder Unterlassung gerichtet sein. In allen Fällen muss die einstweilige Anordnung die Maßnahme hinreichend konkret bestimmen. Dies gilt zB für die Zahlung von Unterhalt, für die Umgangsregelung (§ 49 Rz 32) oder für die Zuweisung von Hausratsgegenständen (OLG Brandenburg FamRZ 2003, 532). Der Anordnungsbeschluss wird nach § 40 Abs 1 mit der Bekanntgabe an die Beteiligten, die durch Zustellung (§ 41 Abs 1 Satz 2) zu erfolgen hat, wirksam und vollstreckbar (Keidel/*Giers* § 53 Rn 2 für sofortige Wirksamkeit). Für Familienstreitsachen folgt dies mit Rechtskraft der Endentscheidung aus § 116 Abs 3 Satz 1, wobei nach Satz 3 in Unterhaltssachen die sofortige Wirksamkeit angeordnet werden soll. Beschlüsse sind gemäß § 86 Abs 2 mit Wirksamwerden vollstreckbar und bedürfen für die Vollstreckung nach § 86 Abs 3 einer Klausel nur dann, wenn die Vollstreckung nicht durch das Gericht erfolgt, das den Titel erlassen hat. § 53 Abs 1 ergänzt für die einstweilige Anordnung diese Regelung und übernimmt im einstweiligen Anordnungsverfahren teilweise die Regelungsstruktur des § 929 ZPO. Ob für die Vollstreckung aus einer einstweiligen Anordnung nach den Vorschriften der ZPO nach bisherigem Recht eine **Vollstreckungsklausel** erforderlich war, wurde unterschiedlich beurteilt (*Looff* FamRZ 2008, 1391, 1392 mit weiteren Nachweisen). Während einerseits nach dem Wortlaut des § 794 Abs 1 Nr 3a ZPO aF und dem Verweis auf die allgemeinen Vollstreckungsvorschriften eine Klausel für notwendig angesehen wurde (OLG Zweibrücken FamRZ 2008, 291; *Gießler/Soyka* Rn 250), wurde andererseits der Zweck des einstweiligen Rechtsschutzes und die Nähe zur einstweiligen Verfügung betont, so dass eine Klausel nicht erforderlich sei (AG Ibbenbüren FamRZ 2000, 1594; Zöller/*Philippi* § 620a Rn 33; Schwab/*Maurer/Borth* I Rn 936). 2

Dieser Streit ist nunmehr gesetzlich dahingehend entschieden, dass grundsätzlich für die Vollstreckung aus einer einstweiligen Anordnung eine Klausel **nicht erforderlich** ist 3

§ 53 FamFG | Vollstreckung

(*Zimmermann* FamFG Rn 132). Insoweit wird für das Anordnungsverfahren aus Gründen der Verfahrensbeschleunigung die Regelung des § 929 Abs 1 ZPO übernommen (BTDrs 16/6308 S 201). Der Regelungszusammenhang der §§ 86 Abs 3 und 53 Abs 1 führt zu folgender Differenzierung, die ihren Grund darin findet, dass nach der Gesetzesbegründung (BTDrs 16/6308 S 201) § 53 Abs 1 nicht den Anwendungsbereich des § 86 Abs 3 erweitern, sondern die Klauselpflicht einschränken soll. Eine Vollstreckungsklausel ist nicht erforderlich, wenn die Vollstreckung durch das die einstweilige Anordnung erlassende Gericht erfolgt. Nur für den Fall, dass ein Gericht, das den Anordnungsbeschluss nicht erlassen hat, die Vollstreckung anordnet oder ein Beteiligter diese betreibt und kumulativ (Keidel/*Giers* § 53 Rn 5; Prütting/Helms/*Stößer* § 53 Rn 3) die Vollstreckung für oder gegen eine anderen als in dem Beschluss bezeichneten Beteiligten erfolgen soll, bedarf es einer Klausel. Für die Vollstreckung einer einstweiligen Anordnung nach § 33 FGG aF war bisher keine Klausel erforderlich. An dieser Rechtslage ändert sich nichts, weil die Vollstreckung nach den §§ 88 ff idR durch das Gericht, das den Titel erlassen hat, erfolgt (§ 86 Abs 3). Eine Klausel ist zB in Unterhaltssachen dann erforderlich, wenn ein Elternteil in gesetzlicher Prozessstandschaft gemäß § 1629 Abs 3 Satz 1 BGB im eigenen Namen Kindesunterhalt geltend gemacht hat und die Prozessstandschaft infolge rechtskräftiger Scheidung oder Volljährigkeit endet. Will dann das Kind die Vollstreckung selbst betreiben, muss der Vollstreckungstitel auf das Kind gemäß § 120 Abs 1 iVm § 727 ZPO umgeschrieben werden, weil es selbst nicht als Gläubiger des Anspruchs ausgewiesen ist. Will hingegen der Elternteil die Vollstreckung weiterhin betreiben, kann sich der Unterhaltsschuldner hiergegen nur dann mit Vollstreckungsabwehrverfahren erfolgreich wenden, wenn nicht nur die Prozessstandschaft beendet, sondern auch die gesetzliche Vertretung infolge der Volljährigkeit oder eines Obhutswechsels erloschen ist (OLG Nürnberg FamRZ 2002, 407; OLG Hamm FamRZ 2000, 365; OLG München FamRZ 1997, 1493; OLG Brandenburg FamRZ 1997, 509).

4 Während zur Vollstreckungsklausel die Regelung des § 929 Abs 1 ZPO in das Anordnungsverfahren übernommen wurde, findet die nach § 929 Abs 2 ZPO einzuhaltende **einmonatige Vollziehungsfrist** keine Anwendung. Die Vollziehungsfrist unterstreicht die Vorläufigkeit der Regelung und dient dem Schutz des Schuldners vor einer Vollstreckung unter wesentlich geänderten Umständen (Zöller/*Vollkommer* § 929 Rn 3). Auf die einstweilige Anordnung lassen sich diese Gesichtspunkte nicht übertragen, weil die gerichtliche Regelung überwiegend auf ein Rechtsverhältnis mit längerer Wirkung gerichtet ist und die Rechte des Schuldners bei veränderten Umständen durch § 54 ausreichend geschützt sind.

C. Vollstreckung vor Zustellung

5 In **§ 53 Abs 2** wurde die Regelung des § 64b Abs 3 Satz 2 FGG aF übernommen und erweitert. Aufgrund ausdrücklicher gerichtlicher Anordnung, die in der Beschlussformel hinsichtlich der Vollstreckbarkeit vor Zustellung auszusprechen ist (Keidel/*Giers* § 53 Rn 6), wird die einstweilige Anordnung nicht erst mit deren Bekanntgabe bzw Zustellung an die Beteiligten (§ 87 Abs 2 bzw § 750 ZPO), sondern bereits mit ihrem Erlass wirksam (§ 53 Abs 2 Satz 2) und vor Zustellung vollstreckbar. Dies hat allein vollstreckungsrechtliche Wirkung, weil bereits vor der Zustellung des Beschlusses die Vollstreckung betrieben werden kann. Hierfür kann insbesondere in Verfahren nach dem GewSchG ein Bedürfnis bestehen, so dass die Schutzanordnungen bzw die Zuweisung der Wohnung zur alleinigen Nutzung unmittelbar wirken. Über diesen bisherigen Regelungsbereich hinaus kann das Gericht auch in sonstigen Fällen eine entsprechende Anordnung treffen. Die Gesetzesbegründung (BTDrs 16/6308 S 201) führt einstweilige Anordnungen zur Herausgabe eines Kindes oder über freiheitsentziehende Maßnahmen an. Spezielle Regelungen für die Anordnung der sofortigen Wirksamkeit und die Kon-

kretisierung dieses Zeitpunkts enthalten die §§ 209 Abs 3, 216 Abs 2, 287 Abs 2 Nr 2, 324 Abs 2 Nr 2 sowie 422 Abs 2 Nr 2 (Keidel/*Giers* § 53 Rn 6 zu Harmonisierung mit § 38 Abs 3 Satz 3). Für die Vollstreckung nach dem GewSchG enthalten die §§ 96 und 214 Abs 2, der dem bisherigen § 64b Abs 3 Satz 6 FGG aF entspricht (FA-FamR/*Weinreich* Kap 8 Rn 376 ff), weitere Vollstreckungsvorschriften.

§ 54 Aufhebung oder Änderung der Entscheidung

(1) Das Gericht kann die Entscheidung in der einstweiligen Anordnungssache aufheben oder ändern. Die Aufhebung oder Änderung erfolgt nur auf Antrag, wenn ein entsprechendes Hauptsacheverfahren nur auf Antrag eingeleitet werden kann. Dies gilt nicht, wenn die Entscheidung ohne vorherige Durchführung einer nach dem Gesetz notwendigen Anhörung erlassen wurde.

(2) Ist die Entscheidung in einer Familiensache ohne mündliche Verhandlung ergangen, ist auf Antrag auf Grund mündlicher Verhandlung erneut zu entscheiden.

(3) Zuständig ist das Gericht, das die einstweilige Anordnung erlassen hat. Hat es die Sache an ein anderes Gericht abgegeben oder verwiesen, ist dieses zuständig.

(4) Während eine einstweilige Anordnungssache beim Beschwerdegericht anhängig ist, ist die Aufhebung oder Änderung der angefochtenen Entscheidung durch das erstinstanzliche Gericht unzulässig.

Übersicht

	Rz		Rz
A. Allgemeines	1	E. Zuständigkeit (§ 54 Abs 3 und 4)	17
B. Gerichtliche Entscheidung	3	F. Entscheidung	20
C. Abänderungs- und Aufhebungsverfahren (§ 54 Abs 1)	5	G. Rechtsschutzmöglichkeiten gegen Änderungsentscheidung	21
D. Entscheidung nach mündlicher Verhandlung (§ 54 Abs 2)	14		

A. Allgemeines

1 Entscheidungen im einstweiligen Anordnungsverfahren unterliegen einer vereinfachten Aufhebungs- oder Abänderungsmöglichkeit, die durch § 54 gewährleistet wird und weitgehend der bisherigen Regelung des § 620b ZPO aF entspricht (krit *Gießler* FPR 2006, 421, 425); allein die hauptsacheunabhängige Ausgestaltung des Eilverfahrens bedingt einige sprachliche und verfahrensrechtliche Änderungen. Während § 54 Abs 1, 3 und 4 auf die Verfahren in Familiensachen sowie in Angelegenheiten der freiwilligen Gerichtsbarkeit Anwendung finden, gilt die dem Rechtsmittel nach § 57 Satz 2 zwingend vorgeschaltete erneute Entscheidung aufgrund mündlicher Verhandlung gemäß § 54 Abs 2 nur für Familiensachen des § 111. Wie bisher eröffnet die Regelung die Möglichkeit, die einstweilige Anordnung vAw oder auf Antrag aufzuheben oder abzuändern, und bildet ein Korrektiv zur begrenzten Beschwerdemöglichkeit nach § 57 Satz 2 (BTDrs 16/6308 S 201; Musielak/*Borth* § 620b Rn 1; *Dose* Rn 41a). Zugleich dient die Regelung dem Zweck, unanfechtbare einstweilige Anordnungen an neue Tatsachen und entstandene Einwendungen oder Einreden anpassen zu können (*Gießler*/*Soyka* Rn 161; krit zum verwirrenden System der Rechtsbehelfe, das keiner gründlichen Neuordnung unterzogen wurde Keidel/*Giers* § 54 Rn 1, 5, so dass die gerichtliche Hinweispflicht gemäß § 28 Abs 2 an Bedeutung gewinnt).

2 § 54 Abs 1 unterscheidet ebenso wie § 51 Abs 1 zwischen Amts- und Antragsverfahren. Wird ein Anordnungsverfahren von Amts wegen eingeleitet (§ 24 Abs 1), kann das Gericht eine getroffene einstweilige Entscheidung ohne Antrag eines Beteiligten jederzeit aufheben oder inhaltlich ändern (Abs 1 Satz 1). In Antragsverfahren kommt nach § 54 Abs 1 Satz 2 eine Aufhebung oder Änderung einer erlassenen einstweiligen Anordnung nur auf Antrag eines Beteiligten in Betracht (§ 620b Abs 1 Satz 1 ZPO aF), es sei denn, dass eine gesetzlich notwendige Anhörung nicht durchgeführt wurde.

B. Gerichtliche Entscheidung

Gegenstand des Rechtsbehelfsverfahrens nach § 54 ist die durch Beschluss ergangene 3
Entscheidung des Gerichts im einstweiligen Anordnungsverfahren. Hierbei kann es sich um eine **Erstentscheidung** (§§ 49, 51 Abs 1), um eine **Abänderungsentscheidung** nach § 54 Abs 1 sowie um einen nach mündlicher Verhandlung ergangenen Beschluss (§ 54 Abs 2) handeln. Dass auch eine den Antrag **zurückweisende Entscheidung** nach § 620b ZPO aF abgeändert werden konnte, war allgemein anerkannt (OLG Zweibrücken FamRZ 1986, 1229; *Ebert* § 2 Rn 151) und hätte für § 54 einer besonderen Betonung in der Gesetzesbegründung nicht bedurft (BTDrs 16/6308 S 201). Während dies für die hauptsacheabhängige Anordnung keine Probleme aufwarf, stellt sich im selbständigen Anordnungsverfahren (§ 51 Abs 3 Satz 1) die Frage nach dem Abschluss des Eilverfahrens einerseits, wenn die Voraussetzungen des § 56 Abs 1 und 2 mangels Hauptsacheverfahrens nicht eintreten, sowie nach dem Rechtsschutzbedürfnis für einen (erneuten) Erstantrag andererseits. Nach einem nicht unerheblichen Zeitablauf wird man den Antragsteller – auch im Hinblick auf die Bewilligung von Verfahrenskostenhilfe – nicht auf einen Abänderungsantrag nach § 54 Abs 1 verweisen können, sondern ihm zumindest, wenn sich sein Begehren als neuer Verfahrensgegenstand erweist, einen auf Abänderung gerichteten Erstantrag im Anordnungsverfahren eröffnen oder im Abänderungsverfahren nach § 54 erneut Verfahrenskostenhilfe bewilligen oder dieses als verschiedene Angelegenheiten gebührenrechtlich ansehen müssen, weil anderenfalls die Beteiligten zum Hauptsacheverfahren gezwungen werden. Ob gegen die Erstentscheidung die Beschwerde nach § 57 Satz 2 statthaft ist, ist für die Rechtsbehelfe nach § 54 nicht maßgeblich.

Auch wenn vom Wortlaut allein die gerichtliche Entscheidung erfasst ist, ist nicht er- 4
kennbar, dass der Gesetzgeber eine Abweichung von der bisher einhelligen Ansicht herbeiführen wollte, wonach auch im Anordnungsverfahren geschlossene **vorläufige Vergleiche** (§ 51 Rz 31 f) geändert oder aufgehoben werden konnten (Zöller/*Philippi* § 620b Rn 5; OLG Brandenburg FamRZ 2000, 1377). Entsprechendes gilt auch für **andere Vollstreckungstitel** (vollstreckbare Urkunde, notarielle Urkunde oder Jugendamtsurkunde), wenn diese unzweifelhaft an die Stelle einer einstweiligen Anordnung treten (AG Cottbus FamRZ 2002, 182; *Dose* Rn 46; Schwab/Maurer/*Borth* I Rn 946). Soweit die Beteiligten über den Verfahrensgegenstand disponieren können, besteht aufgrund der gewollten Vorläufigkeit eines Vergleichs oder einer einseitig errichteten Urkunde weiterhin die Abänderungs- oder Aufhebungsmöglichkeit (Keidel/*Giers* § 54 Rn 7; Prütting/Helms/ *Stößer* § 54 Rn 6). Haben die Beteiligten hingegen eine endgültige Regelung getroffen oder bezieht sich der Antrag auf einen Hauptsachetitel, ist ein Antrag nach § 54 unzulässig und eine Abänderung nur nach Maßgabe der für das Hauptsacheverfahren maßgeblichen Vorschriften statthaft (§§ 166, 238, 239).

C. Abänderungs- und Aufhebungsverfahren (§ 54 Abs 1)

I. In den **von Amts wegen** eingeleiteten Verfahren bedarf es der antragsunabhängigen 5
Möglichkeit, eine getroffene Entscheidung ändern zu können, weil das Gericht in diesen Verfahren (Rechtsfürsorgeangelegenheiten) die von den Beteiligten unabhängige Verfahrens- und Gestaltungsherrschaft innehat. Aus diesem Grund kann das Gericht gemäß **§ 54 Abs 1 Satz 1**, insbesondere in Fällen des § 1666 BGB, die getroffene Regelung vollständig aufheben oder modifizieren, dh einschränken oder ausweiten, wenn sich zB ein Verdacht auf Kindeswohlgefährdung als unbegründet erweist oder weitere Maßnahmen dringend erforderlich werden. Für die weitere Entscheidung kommt es nicht darauf an, ob neue Tatsachen oder Entwicklungen nunmehr eine andere Beurteilung rechtfertigen oder erfordern; ausreichend ist, dass das Gericht zu einem späteren Zeitpunkt zu einer anderen rechtlichen Würdigung gelangt. Eine Änderung kommt auch in Betracht, wenn eine notwendige Anhörung in Betreuungs- (§§ 278, 300 Abs 1 Nr 4, 301 Abs 1), in Unter-

§ 54 FamFG | Aufhebung oder Änderung der Entscheidung

bringungs- (§§ 319, 331 Nr 4, 332) und in Freiheitsentziehungssachen (§§ 420, 427 Abs 2) nachgeholt wird.

6 II. In **Antragsverfahren** steht dem Gericht eine von den Beteiligten unabhängige Kompetenz zur Änderung seiner einstweiligen Anordnung – mit Ausnahme einer nachzuholenden Anhörung – nicht zu. Hier bedarf es eines Antrags eines Beteiligten, wenn ein entsprechendes Hauptsacheverfahren nur auf Antrag eingeleitet werden kann (**§ 54 Abs 1 Satz 2**). Für die Anforderungen an den Antrag iSd § 54 gelten die Ausführungen zum Verfahrensantrag (§ 51 Rz 13, 20) entsprechend. Der Antrag, der nicht dem Anwaltszwang unterliegt, ist zu begründen. Welche **Gründe** der Beteiligte zur Aufhebung oder Änderung einer einstweiligen Anordnung geltend machen kann, ist von der jeweiligen Verfahrenslage abhängig. Bisher wurde diese Problematik unter den Stichworten der »eingeschränkten materiellen Rechtkraft« (*Gießler/Soyka* Rn 163), des Verbots »ne bis in idem« (*Zöller/Philippi* § 620b Rn 2; *Dose* Rn 43) oder der »**Präklusion** im Rechtsbehelfsverfahren« (*Ebert* § 2 Rn 157) behandelt. Eine Zeitschranke stellen sowohl die mündliche Verhandlung im Anordnungsverfahren wie der Ablauf der Beschwerdefrist (formelle Rechtskraft) dar. Aus diesem Grund ist wie folgt zu differenzieren:

– Hat das Gericht die einstweilige Anordnung **ohne mündliche Verhandlung** erlassen, kann jeder Beteiligte für seinen Antrag gemäß § 54 Abs 1 Satz 2 alle sachlich relevanten Gründe anführen unabhängig davon, ob er sie schon zuvor hätte vortragen können oder kannte (OLG Düsseldorf FamRZ 1991, 1198; *Dose* Rn 49). Ebenso kann er sich auf eine andere rechtliche Auffassung (OLG Hamburg FamRZ 1989, 198) oder neue Rechtslage (OLG Köln FamRZ 1987, 957 [Volljährigkeit des Kindes]) stützen. Auch die Verletzung des rechtlichen Gehörs kann mit einem Änderungsantrag gerügt werden (OLG Frankfurt FamRZ 1986, 183). Schließlich ist das Gericht nicht gehindert, trotz unveränderter Sach- und Rechtslage seine ursprüngliche Entscheidung wegen einer geänderten rechtlichen Beurteilung zu ändern oder aufzuheben (Schwab/*Maurer*/*Borth* I Rn 949).

– Hat das Gericht die einstweilige Anordnung **nach mündlicher Verhandlung** erlassen, muss sich der Beteiligte für seinen Antrag nach § 54 Abs 1 Satz 2 auf neue (rechtsbegründende, rechtshemmende oder rechtsvernichtende) Tatsachen oder neue Beweismittel berufen (OLG Karlsruhe FamRZ 1989, 642). Ausreichend sind auch hier neue rechtliche Aspekte, abweichende gerichtliche Entscheidungen oder neue gesetzliche Regelungen (*Ebert* § 2 Rn 157). Anderenfalls fehlt es am Rechtsschutzbedürfnis für eine erneute gerichtliche Entscheidung, so dass der Antrag unzulässig ist (OLG Köln FamRZ 1987, 957; *Zöller*/*Philippi* § 620b Rn 2; *Keidel*/*Giers* § 54 Rn 11). In Unterhaltssachen sind daher nachträgliche wesentliche Änderungen erforderlich, ohne dass die Voraussetzungen des § 238 Abs 2 erfüllt sein müssen (Wendl/Staudigl/*Schmitz* § 10 Rn 231). In Kindschaftssachen folgt aus der Regelung des § 1696 BGB, dass bei triftigen, das Wohl des Kindes berührenden Gründen die getroffene Entscheidung dem Kindeswohl gemäß geändert werden kann.

7 III. Der Beteiligte hat sein hiernach erforderliches Vorbringen im Antrag nach § 54 Abs 1 Satz 2, der an **keine Frist** gebunden ist, **glaubhaft** zu machen (§ 51 Rz 22). Während nach bisherigem Recht der Antrag nach § 620b Abs 1 ZPO aF gestellt werden konnte, solange die Hauptsache anhängig und erst dann unzulässig war, wenn die Ehesache oder die Hauptsache rechtskräftig abgeschlossen war (vgl BGH FamRZ 1983, 355; OLG Düsseldorf FamRZ 2001, 1229), ist das Hauptsacheverfahren im selbständigen Anordnungsverfahren (§ 51 Abs 3 Satz 1) kein verfahrensrechtlicher Bezugspunkt mehr. Die einstweilige Anordnung bleibt bis zum Außerkrafttreten nach Maßgabe des § 56 Abs 1 und 2 wirksam. Will sich ein Beteiligter von der vorläufig angeordneten Maßnahme lösen, steht ihm – auch wenn seit Erlass der Anordnung längere Zeit vergangen ist – die Möglichkeit eines Abänderungsantrags (Wendl/Staudigl/*Schmitz* § 10 Rn 231; *Götsche*/*Viefhues* ZFE 2009, 124, 128; Prütting/Helms/*Stößer* § 54 Rn 15 ggf einschränkend nach § 242

BGB) oder der Einleitung eines Hauptsacheverfahrens offen. Auf einen Verzicht des Abänderungsrechts wird man allein durch den Zeitablauf nicht schließen können, weil damit die als vorläufig gedachte Anordnung in ihrer Wirkung perpetuiert würde. Die Feststellung von *Philippi* (Zöller § 620b Rn 6), dass das Institut der einstweiligen Anordnung nicht dafür geschaffen worden sei, zeitlich unbegrenzte Abänderungsverfahren nach sich zu ziehen, relativiert sich aufgrund der geänderten Verfahrenskonzeption. Am **Rechtsschutzbedürfnis** für einen Antrag nach § 54 Abs 1 Satz 2 fehlt es jedoch, wenn die angeordnete Maßnahme befristet wurde, eine Hauptsacheentscheidung ergangen ist (§ 56 Abs 1) oder bereits ein Antrag auf erneute Entscheidung nach mündlicher Verhandlung (§ 54 Abs 2) gestellt wurde.

IV. Der Verfahrensbeteiligte muss durch die aufzuhebende oder abzuändernde Anordnung **beschwert** sein, weil sein Antrag teilweise zurückgewiesen oder ihm als Antragsgegner eine Verpflichtung auferlegt bzw in seine Rechte eingegriffen wurde; anderenfalls kommt nur ein (weitergehender) Erstantrag in Betracht (zum Unterhaltsrückstand jedoch § 246 Rz 8). Grundsätzlich besteht die Möglichkeit, die einstweilige Anordnung **rückwirkend** zu ändern, soweit hierfür ein Rechtsschutz- und Regelungsbedürfnis gegeben ist. Insoweit gilt Folgendes: 8

– In Familiensachen, die keine Familienstreitsachen sind, sowie in Angelegenheiten der freiwilligen Gerichtsbarkeit ist eine rückwirkende Änderung der einstweiligen Anordnung ausgeschlossen, soweit das Verhalten und rechtliche Befugnisse geregelt wurden. Dies gilt für Kindschaftssachen ebenso wie für Nutzungsregelungen, aber auch für Betreuungs-, Unterbringungs- und Freiheitsentziehungssachen. Etwas anderes ergibt sich für die Vergangenheit auch nicht aus §§ 48 Abs 1, 166, 294, 330. 9

– Die Änderung einer **Nutzungsregelung** scheidet für die Vergangenheit aus und kommt für die **Zukunft** nur in Betracht, wenn sich die tatsächlichen Verhältnisse wesentlich geändert haben und die Änderung notwendig ist, um eine unbillige Härte zu vermeiden (§§ 1361b Abs 1 BGB, 17 Abs 1 HausratsVO aF; OLG Naumburg NJOZ 2004, 1569). Beruht die unbillige Härte auf persönlichem Verhalten, Bedrohungen und Beschimpfungen wird eine Verhaltensänderung nur schwer glaubhaft zu machen sein. Die Verlängerung einer gewährten **Räumungsfrist** ist nur geboten, wenn der fristgemäße Auszug eine unbillige Härte darstellt (OLG Dresden FamRZ 2005, 1581). 10

– Vor allem in **Familienstreitsachen** wird die rückwirkende Änderung praktisch bedeutsam (*Gießler/Soyka* Rn 171). Der Unterhaltsberechtigte kann im Verfahren nach § 54 rückwirkend (vor und ab dem Erstantrag) keinen höheren Unterhalt geltend machen (OLG Stuttgart NJW 1981 2476; Zöller/*Philippi* § 620b Rn 3; Schwab/*Maurer*/*Borth* I Rn 951; § 246 Rz 8). Hingegen kann der Unterhaltsverpflichtete die Herabsetzung rückständigen Unterhalts nur verlangen, soweit er diesen noch nicht erbracht hat (OLG Köln FamRZ 2004, 39). Denn die Änderung der einstweiligen Anordnung ist keine Voraussetzug für einen Rückforderungsantrag und kann auf einen negativen Feststellungsantrag ohne Vertrauensschutz des Berechtigten rückwirkend geändert werden (BGH FamRZ 1989, 850; § 56 Rz 9). Eine evtl. Rückzahlungspflicht überzahlten Unterhalts oder eines Prozesskostenvorschusses kann nicht zum Gegenstand dieses Verfahrens gemacht werden (Zöller/*Philippi* § 620b Rn 3). 11

– Der Unterhaltspflichtige kann aufgrund der materiell-rechtlichen Akzessorietät nach Rechtskraft der Ehescheidung die Aufhebung einer zum Trennungsunterhalt ergangenen einstweilige Anordnung verlangen (§ 51 Rz 6), insbesondere wenn aus dieser für die Zeit nach Rechtskraft der Ehescheidung Unterhaltsansprüche geltend gemacht oder vollstreckt werden sollen (OLG Frankfurt FamRZ 2006, 1687). 12

Ausnahmsweise kann das Gericht auch in Antragsverfahren eine erlassene einstweilige Anordnung von Amts wegen korrigieren (**§ 54 Abs 1 Satz 3**). Dies betrifft allein Verfahren, in denen nach dem Gesetz eine **Anhörung** notwendig ist und diese vor Erlass der einstweiligen Anordnung wegen der besonderen Eilbedürftigkeit nicht durchgeführt 13

§ 54 FamFG | Aufhebung oder Änderung der Entscheidung

wurde. Der Anhörung in Kindschaftssachen (§§ 159, 160) kommt sowohl für die Sachverhaltsaufklärung wie für das Hinwirken auf eine einvernehmliche Regelung (§ 156) eine besondere Bedeutung zu. Wird sie nachgeholt, hat das Gericht in diesen Verfahren von Amts wegen, dh auch ohne einen hierauf gerichteten Antrag eines Beteiligten zu prüfen, ob die ergangene einstweilige Anordnung nach den in der Anhörung gewonnenen Erkenntnissen aufzuheben oder zu ändern ist. Seine Rechtfertigung findet dies in dem für die Entscheidung maßgeblichen Kindeswohl (§ 1697a BGB).

D. Entscheidung nach mündlicher Verhandlung (§ 54 Abs 2)

14 Nur in **Familiensachen** ist den Beteiligten der Antrag gemäß § 54 Abs 2 eröffnet und führt zu einer **obligatorischen mündlichen Verhandlung** im Anordnungsverfahren. Dieser Rechtsbehelf ist mit dem Widerspruchsverfahren nach § 924 Abs 1 ZPO vergleichbar und bewirkt, dass das Gericht seine erlassene einstweilige Anordnung unter allen rechtlichen und tatsächlichen Aspekten zu überprüfen (*Gießler/Soyka* Rn 149) und aufgrund der weiteren Erkenntnisse nach der mündlichen Verhandlung erneut zu entscheiden hat. Das Gericht kann in Antragsverfahren nach Erlass einer einstweiligen Anordnung nicht von Amts wegen eine mündliche Verhandlung mit dem Ziel anberaumen, diese abzuändern. In Kindschaftssachen besteht insoweit für die amtswegien Verfahren eine Ausnahme.

15 Der Antrag setzt voraus, dass eine einstweilige Anordnung **ohne mündliche Verhandlung** oder ohne ordnungsgemäße mündliche Verhandlung (OLG Dresden FamRZ 2002, 1498; OLG Düsseldorf FamRZ 1992, 1198) erlassen oder der Antrag abgelehnt wurde (§ 51 Abs 1) oder eine erlassene einstweilige Anordnung gemäß § 54 Abs 1 ohne mündliche Verhandlung geändert oder aufgehoben bzw ein dahingehender Antrag zurückgewiesen wurde. Ausreichend ist, dass die ergangene Entscheidung nicht auf der durchgeführten mündlichen Verhandlung beruht, sondern in deren Folge weitere Ermittlungen vom Gericht durchgeführt bzw neue Tatsachen oder entscheidungserhebliche Aspekte vorgetragen wurden (str *Dose* Rn 44; § 57 Rz 17). Auch wenn der Antrag auf eine mündliche Verhandlung gerichtet ist, besteht weder für den Antrag noch in diesem Verfahren Anwaltszwang. Wie der Antrag nach § 54 Abs 1 ist der Antrag auf Entscheidung nach mündlicher Verhandlung an keine Frist gebunden (OLG Köln FamRZ 2006, 1402) und setzt eine Beschwer des Beteiligten voraus. Wurde dem Erstantrag mit der einstweilige Anordnung in vollem Umfang entsprochen, kann der Antragsteller einen weitergehenden Anspruch – etwa auf Unterhalt – nicht über einen Antrag nach § 54 Abs 2, sondern allein über einen neuen Erstantrag herbeiführen (*Zöller/Philippi* § 620b Rn 15). Der Antrag auf mündliche Verhandlung ist zu begründen und die behaupteten Tatsachen sind glaubhaft zu machen (§ 51 Rz 22).

16 **Konkurrenzverhältnis:** Zwischen den Anträgen nach § 54 Abs 1 und 2 besteht ein durch das Rechtsschutzbedürfnis der Beteiligten bestimmtes Rangverhältnis. Hierfür ist maßgeblich, dass es nicht Aufgabe des Rechtsbehelfsverfahrens ist eine erneute Entscheidung des Gerichts bei unveränderter Sach- und Rechtslage herbeizuführen (*Götsche/Viefhues* ZFE 2009, 124, 127 ff; *Klein* FuR 2009, 321 ff). Daneben ist alternativ oder kumulativ ein Antrag nach § 52 eröffnet.
  – Ist die **Erstentscheidung** im Anordnungsverfahren ohne mündliche Verhandlung ergangen, können die durch die Entscheidung beschwerten Beteiligten zwischen den Anträgen nach § 54 Abs 1 und 2 wählen und unterliegen hinsichtlich der Antragsvoraussetzungen keinerlei Beschränkungen (OLG Oldenburg FamRZ 2000, 759; *Ebert* § 2 Rn 161; MüKo-ZPO/*Finger* § 620b Rn 15; *Schwab/Maurer/Borth* I Rn 942; Keidel/ Giers § 54 Rn 14; aA *Dose* Rn 49; *Zöller/Philippi* § 620b Rn 2a; *Schürmann* FamRB 2008, 375, 379; Wendl/Staudigl/*Schmitz* § 10 Rn 231; Prütting/Helms/*Stößer* § 54 Rn 9).
  – Wurde die einstweilige Anordnung **nach mündlicher Verhandlung** erlassen, kann ein Beteiligter einen Antrag auf Abänderung oder Aufhebung nach § 54 Abs 1 stellen

(OLG Zweibrücken FamRZ 1997, 1167). Hierzu bedarf es neuer tatsächlicher oder rechtlicher Umstände, die eine andere Beurteilung rechtfertigen können (Zöller/*Philippi* § 620b Rn 2; OLG Oldenburg FamRZ 2000, 759; Rz 6).
- Wurde eine nach mündlicher Verhandlung erlassene Anordnung ohne mündliche Verhandlung (§ 54 Abs 1 Satz 2) aufgehoben oder geändert, ist grundsätzlich das Rechtsbehelfsverfahren nach § 54 Abs 2 eröffnet, um den Beteiligten die Möglichkeit zur Erörterung zu geben. Wurde der Abänderungsantrag hingegen zurückgewiesen, besteht ein Rechtsschutzbedürfnis nur, wenn nachträglich eine (wesentliche) Änderung der Verhältnisse oder der rechtlichen Voraussetzungen eingetreten ist (OLG Karlsruhe FamRZ 1989, 642).
- Die Abänderung einer einstweiligen Anordnung, die keine Erstentscheidung ist und ohne mündliche Verhandlung erlassen wurde, ist nach § 54 Abs 1 nur bei einer wesentlichen Änderung zulässig. Anderenfalls fehlt es am Rechtsschutzbedürfnis, zumal die Möglichkeit eines Antrags nach § 54 Abs 2 besteht (OLG Karlsruhe FamRZ 1989, 642).
- Hat ein Beteiligter einen Antrag nach § 54 Abs 2 gestellt, über den noch zu entscheiden ist, so ist der Antrag eines anderen Beteiligten nach § 54 Abs 1 unzulässig (*Gießler/Soyka* Rn 167), denn die mündliche Verhandlung eröffnet weitergehende Erkenntnismöglichkeiten.
- Während eines anhängigen Beschwerdeverfahrens nach § 57 Satz 2 ist ein Antrag gemäß 54 Abs 1 unzulässig. Hat der Antragsgegner gegen eine Unterhaltsanordnung einen negativen Feststellungsantrag erhoben, kann er zwischen einem Antrag auf einstweilige Einstellung der Zwangsvollstreckung und einem Antrag nach § 54 Abs 1 unter den vorgenannten Voraussetzungen wählen. Im Übrigen bestimmt sich das Verhältnis von § 54 zu § 57 Satz 2 aus dem Zulässigkeitserfordernis der mündlichen Erörterung (Prütting/Helms/*Stößer* § 54 Rn 3).
- Neben dem Abänderungsantrag nach § 54 kann der Unterhaltspflichtige auch in einer Hauptsache ein Vollstreckungsabwehrverfahren einleiten, um die Vollstreckung aus der einstweiligen Anordnung für unzulässig erklären zu lassen. Diese Rechtsschutzmöglichkeiten bestehen alternativ und der Unterhaltspflichtige hat ein Wahlrecht (Wendl/Staudigl/*Schmitz* § 10 Rn 234). Das Vollstreckungsabwehrverfahren kann indes für die Bewilligung von Verfahrenskostenhilfe mutwillig sein, weil über die §§ 54, 55 ebenfalls die Aussetzung der Vollstreckung zu erreichen ist (OLG Karlsruhe FamRZ 2009, 1342, 1343).

E. Zuständigkeit (§ 54 Abs 3 und 4)

Die sachliche und örtliche Zuständigkeiten für das Rechtsbehelfsverfahren sind nunmehr in Abs 3 und 4 gesondert geregelt und weichen durch das hauptsacheunabhängige Anordnungsverfahren von den bisherigen und kompliziert gestalteten Regelungen in § 620b Abs 3, 620a Abs 4 ZPO aF ab. Dabei gehen § 54 Abs 3 und 4 von dem Grundsatz aus, dass für die Abänderungsentscheidung das die einstweilige Anordnung erlassende Gericht und bei Anhängigkeit des Beschwerdeverfahrens (§ 57 Satz 2) das Beschwerdegericht zuständig ist. Ob und ggf in welcher Instanz das Hauptsacheverfahren anhängig ist, bleibt für die Zuständigkeit des selbständigen Anordnungsverfahrens ohne Bedeutung. 17

Hat das **erstinstanzliche Gericht** seine Zuständigkeit nach § 50 bejaht, ist es aufgrund der dadurch begründeten Sachnähe gemäß § 54 Abs 3 Satz 1 für die Abänderungsentscheidung nach § 54 Abs 1 und 2 zuständig. Aus Gründen der Verfahrensökonomie (BTDrs 16/6308 S 202) verbleibt es bei dieser Zuständigkeit auch dann, wenn sich die hierfür maßgeblichen Tatsachen geändert haben. Wurde das Anordnungsverfahren gemäß §§ 3 und 4 an ein anderes Gericht verwiesen oder abgegeben, wird dieses Gericht für die Anträge nach § 54 Abs 1 und 2 zuständig, zumal ein Gleichlauf mit der Haupt- 18 sachezuständigkeit gewährleistet werden soll (§ 54 Abs 3 Satz 2). Darüber hinaus wird auch die Konstellation des § 50 Abs 2 Satz 2 erfasst (BTDrs 16/6308 S 202), in denen das Gericht der Eilzuständigkeit die einstweilige Anordnung erlassen und sodann das Verfahren an das gemäß § 50 Abs 1 zuständige Gericht abgegeben hat.

19 § 54 Abs 4 regelt die Zuständigkeit des Beschwerdegerichts für die Aufhebung oder Änderung einer (angefochtenen) einstweiligen Anordnung. Über den Wortlaut der Vorschrift hinaus ist jedoch die Zuständigkeit des Beschwerdegerichts geboten. Das Verhältnis von Abänderungs- und Rechtsmittelverfahren (BTDrs 16/6308 S 202) wird in § 54 Abs 4 dahingehend geregelt, dass die Aufhebung oder Änderung durch das erstinstanzliche Gericht unzulässig sind, wenn sich das Anordnungsverfahren in der **Beschwerdeinstanz** befindet (§ 57 Satz 2). Die Zuständigkeit für die Rechtsbehelfe nach § 54 wird von der Regelungskompetenz des Beschwerdegerichts in Angelegenheiten der freiwilligen Gerichtsbarkeit sowie in Familiensachen und in Familienstreitsachen im Rahmen einer Anschlussbeschwerde umfasst. Die Begrenzung der erstinstanzlichen Zuständigkeit nach § 54 Abs 4 gilt grundsätzlich für alle Anordnungsverfahren und ist nicht auf die Beschwerde nach § 57 Satz 2 begrenzt. In Angelegenheiten der freiwilligen Gerichtsbarkeit kommt jedoch eine Abhilfe nach § 68 Abs 1 Satz 1 in Betracht. Für die Zuständigkeit ist zwischen dem Erlass einer einstweiligen Anordnung und der Zurückweisung eines hierauf gerichteten Antrags zu differenzieren ist. Weist das Beschwerdegericht den Antrag auf Erlass der einstweiligen Anordnung zurück, ist das Anordnungsverfahren endgültig abgeschlossen. Bei geänderten Verhältnissen muss ein neues Anordnungsverfahren betrieben werden. Hat in Familiensachen das Familiengericht den Antrag zurückgewiesen und der Beschwerdesenat die Anordnung erlassen, so ist der Vorschrift nicht eindeutig zu entnehmen, welches Gericht für einen späteren Abänderungs- oder Aufhebungsantrag zuständig ist. Nach dem Wortlaut des § 54 Abs 3 Satz 1 wäre die Zuständigkeit des Beschwerdegerichts als »erlassendes Gericht« begründet. Demgegenüber besteht nach § 54 Abs 4 die Regelungskompetenz des Beschwerdegerichts nur während des dort anhängigen Anordnungsverfahrens, weil in dieser Zeit die Zuständigkeit des erstinstanzlichen Gerichts ausgeschlossen ist. Mit der Beschwerdeentscheidung endet die Anhängigkeit des Anordnungsverfahrens, so dass nunmehr wieder das Gericht erster Instanz zuständig wird. Dies entspricht auch den zu § 927 ZPO entwickelten Grundsätzen (Zöller/*Vollkommer* § 927 Rn 10; *Gießler* FPR 2006, 423, 425; aA Prütting/Helms/*Stößer* § 54 Rn 14). Durch § 54 Abs 4 ist das Verhältnis von der Abänderung oder Aufhebung einer einstweiligen Anordnung und einem Rechtsmittel im Hauptsacheverfahren nicht geregelt. Hat das Amtsgericht vor oder während eines anhängigen Hauptsacheverfahrens eine einstweilige Anordnung erlassen und wird gegen den Hauptsachebeschluss Beschwerde (§ 58) eingelegt, so bleibt die einstweilige Anordnung – jedenfalls in Familienstreitsachen – mangels rechtskräftiger Entscheidung (§ 56 Abs 1 Satz 2; § 56 Rz 14) wirksam. Nach dem Wortlaut des § 54 Abs 3 Satz 1 wäre für die Rechtsbehelfe nach Abs 1 und 2 als erlassendes Gericht auch für die Dauer des Beschwerdeverfahrens weiterhin das Familiengericht zuständig, weil gegen den Anordnungsbeschluss kein Rechtsmittel zulässig ist (zB bei einer Unterhaltsanordnung) oder ein zulässiges Rechtsmittel nicht eingelegt wurde. Aus Gründen der Sachnähe und Verfahrensökonomie ist in diesem Fall die Zuständigkeit des Beschwerdesenats gerechtfertigt. Sachliche Gründe die Aufhebungs- oder Abänderungskompetenz in erster Instanz zu belassen, sind nicht ersichtlich, wenn die Beteiligten im Beschwerdeverfahren in der Hauptsache und im Anordnungsverfahren über die Unterhaltsverpflichtung streiten, auch wenn es sich um ein selbständiges Anordnungsverfahren handelt.

F. Entscheidung

20 Für das Verfahren nach § 54 Abs 1 und 2 gelten die allgemeinen Grundsätze des Anordnungsverfahrens. Die für das einstweilige Anordnungsverfahren bewilligte Verfahrens-

kostenhilfe erstreckt sich auf die Rechtsbehelfe nach § 54. Geht jedoch der Abänderungsantrag über den bisher gestellten Antrag hinaus, bedarf es einer erneuten Bewilligung. Bei einem zulässigen Antrag gemäß § 54 Abs 2 hat das Gericht zwingend einen Verhandlungstermin anzuberaumen. Das Gericht kann bis zu seiner Entscheidung über die Anträge nach § 54 Abs 1 und 2 die Vollstreckung aus der einstweiligen Anordnung gemäß § 55 aussetzen. Der Antrag kann als unzulässig verworfen bzw als unbegründet zurückgewiesen oder die Entscheidung (Rz 3) der Sach- und Rechtslage entsprechend ganz oder teilweise aufgehoben oder inhaltlich geändert werden. Die Entscheidung über den Antrag nach § 54 Abs 1 und 2 ergeht durch zu begründenden Beschluss und ist mit einer Rechtsbehelfsbelehrung (§ 39) zu versehen (Keidel/*Giers* § 54 Rn 10). Die in der Anhörung vor dem Rechtsauschuss aufgeworfene Frage, ob eine Entscheidung nach § 54 Abs 1 und 2 eine Kostenentscheidung enthält, wurde nicht aufgegriffen (§ 51 Rz 43, 44).

G. Rechtsschutzmöglichkeiten gegen Änderungsentscheidung

Gegen eine Abänderungsentscheidung nach § 54 Abs 1 und 2 sind wiederum die Rechtsbehelfe nach § 54 Abs 1 und 2 sowie die sofortige Beschwerde nach § 57 Satz 2 statthaft, wenn die Entscheidung aufgrund mündlicher Verhandlung ergangen ist (*Gießler*/*Soyka* Rn 178; Rz 16). Mangels materieller Rechtskraft kommt ein Abänderungsverfahren gemäß § 238 nicht in Betracht. Neben dem Antrag nach § 52 kann ein Beteiligter auch das Hauptsacheverfahren einleiten. In Unterhaltssachen kann der Unterhaltsberechtigte einen Leistungsantrag und der Unterhaltspflichtige einen negativen Feststellungsantrag stellen. Ob im Fall rechtsvernichtender oder rechtshemmender Einwendungen ein Vollstreckungsabwehrantrag neben einem Antrag nach § 54 zulässig ist, ist streitig (*Gießler*/*Soyka* Rn 156; MüKo-ZPO/*Finger* § 620b Rn 13).

21

§ 55 Aussetzung der Vollstreckung

(1) In den Fällen des § 54 kann das Gericht, im Fall des § 57 das Rechtsmittelgericht, die Vollstreckung einer einstweiligen Anordnung aussetzen oder beschränken. Der Beschluss ist nicht anfechtbar.

(2) Wenn ein hierauf gerichteter Antrag gestellt wird, ist über diesen vorab zu entscheiden.

1 § 55 Abs 1 entspricht dem bisherigen § 620e ZPO aF. Änderungen beruhen auf der Zuständigkeitsregelung und der Modifikation der Entscheidungsmöglichkeiten. Sprachlich wird die Terminologie des § 53 übernommen, in dem auf die Vollstreckung und nicht mehr auf die Vollziehung abgestellt wird. Der bisherige Verweis in Abs 1 Satz 1 auf den Anwendungsbereich des § 53, der selbst nur die Vollstreckungsvoraussetzungen regelt, beruhte auf einem **redaktionellen Versehen**, denn in der gleich lautenden Vorschrift des § 59 im Referentenentwurf heißt es »in den Fällen des § 58«, der wiederum die Aufhebung und Änderung der Entscheidung regelte und dem § 54 entspricht. Demgemäß wurde mit Gesetz vom 30. Juli 2009 (BGBl I S 2449, 2470) die Vorschrift entsprechend korrigiert.

2 Die Aussetzung der Vollstreckung ist möglich, wenn ein **Antrag** auf Aufhebung oder Änderung einer einstweiligen Anordnung nach § 54 Abs 1 bzw ein Antrag auf erneute Entscheidung aufgrund mündlicher Verhandlung (§ 54 Abs 2) gestellt wird. Darüber hinaus kann das Beschwerdegericht im Fall einer zulässigen Beschwerde nach § 57 Satz 2 die Aussetzung der Vollstreckung anordnen. Schließlich kommt ein solches Vorgehen in Verfahren nach § 56 in Betracht, ohne dass dies in der Vorschrift ausdrücklich Erwähnung gefunden hat. Wegen der vergleichbaren Interessenlage ist eine entsprechende Anwendung auch im Verfahren nach § 56 Abs 3 Satz 1 gerechtfertigt. Über die Aussetzung der Vollstreckung entscheidet das jeweils zuständige Gericht ohne besonderen Antrag, der jedoch aus Sicht des Antragsgegners zweckmäßig bleibt, von Amts wegen. In Amtsverfahren gilt die Vorschrift ebenfalls, auch wenn das Gericht seine Anordnung aus Gründen des Kindeswohls jederzeit ändern oder aufheben kann.

3 Einer Aussetzung der Vollstreckung bedarf es, wenn die ergangene Entscheidung einen **vollstreckungsfähigen Inhalt** hat, weil die vorgenannten Rechtsbehelfe keine aufschiebende Wirkung haben. Dies wird in Familiensachen überwiegend der Fall sein, etwa wenn die Vollstreckung einer vorläufigen Umgangsregelung, einer Herausgabe des Kindes, der Wohnungsräumung oder Herausgabe von Hausrat sowie von Unterhaltszahlungen angekündigt ist oder begonnen hat. Keinen vollstreckungsfähigen Inhalt haben rechtsgestaltende Anordnungen, deren rechtliche Wirkungen von selbst eintreten (KKW/*Sternal* § 24 Rn 11). Gleichwohl kann der Vollzug einer solchen Entscheidung ausgesetzt werden. In Kindschaftssachen kann dies aus Gründen des Kindeswohls bei der vorläufigen Übertragung des Aufenthaltsbestimmungsrechts geboten sein, um der sofortigen Herausgabe des Kindes an den insoweit sorgeberechtigten Elternteil entgegen zu wirken (OLG Bamberg FamRZ 2001, 1311). Wurde für eine Unterbringungsmaßnahme (§§ 1631b, 1906 BGB oder nach landesrechtlichen PsychKG) die sofortige Wirksamkeit angeordnet (§§ 287 Abs 2 Satz 1, 324 Abs 2 Satz 1), kann auch diese außer Kraft gesetzt werden (BayObLG NJW 1975, 2147).

4 Die Zuständigkeit für Maßnahmen nach § 55 Abs 1 ist ausdrücklich geregelt. Während der Rechtsbehelfsverfahren nach § 54 ist das Gericht zuständig, das die einstweilige Anordnung erlassen hat, während für die Dauer des Beschwerdeverfahrens (§ 57 Satz 2) das Beschwerdegericht über die Aussetzung der Vollstreckung zu befinden hat. Vor einer Entscheidung im Rechtsbehelfs- oder Rechtsmittelverfahren ist vorab nach **§ 55 Abs 2** über den Antrag auf Aussetzung oder Beschränkung der Vollstreckung aus der einstweiligen Anordnung zu entscheiden. Unabhängig von einem Antrag kann das Gericht über die Aussetzung der Vollstreckung von Amts wegen entscheiden. Ob die

Aussetzung der Vollstreckung | § 55 FamFG

Vollstreckung vollständig oder teilweise ausgesetzt wird, steht im pflichtgemäßen Ermessen und hängt von den glaubhaft gemachten Tatsachen sowie der Dringlichkeit einer sofortigen Entscheidung ab, die eine abweichende Regelung rechtfertigen sollen. Jedenfalls sind **hinreichende Erfolgsaussichten** für den Antrag nach § 54 bzw für die Beschwerde nach § 57 Satz 2 erforderlich (Keidel/*Giers* § 55 Rn 4; *Dose* Rn 60 f; Schwab/Maurer/*Borth* I Rn 939). Das Gericht kann die Aussetzung der Vollstreckung von Bedingungen oder Auflagen abhängig machen (BTDrs 16/6308 S 202), insbesondere auch von einer Sicherheitsleistung, was zum bisherigen Recht umstritten war (*Dose* Rn 61). Für einstweilige Anordnungen in **Familienstreitsachen** enthält **§ 120 Abs 2** für die Einstellung der Zwangsvollstreckung aus Endentscheidungen eine entsprechende Regelung. Ebenso wie das Gericht von Amts wegen die Vollstreckung aussetzen kann, kann es seine Aussetzungsentscheidung von Amts wegen wieder aufheben oder ändern. Die Aussetzungsentscheidung tritt mit Wirksamwerden des Beschlusses im Verfahren nach §§ 54, 57 außer Kraft. Nach der ausdrücklichen Regelung in § 55 Abs 1 Satz 2 ist die Entscheidung über die Aussetzung der Vollstreckung unabhängig davon **unanfechtbar**, ob ein dahin gehender Antrag zurück gewiesen oder diesem stattgegeben wird (OLG Hamburg FamRZ 1990, 423; OLG Zweibrücken FamRZ 1998, 1378).

§ 56 Außerkrafttreten

(1) Die einstweilige Anordnung tritt, sofern nicht das Gericht einen früheren Zeitpunkt bestimmt hat, bei Wirksamwerden einer anderweitigen Regelung außer Kraft. Ist dies eine Endentscheidung in einer Familienstreitsache, ist deren Rechtskraft maßgebend, soweit nicht die Wirksamkeit zu einem späteren Zeitpunkt eintritt.

(2) Die einstweilige Anordnung tritt in Verfahren, die nur auf Antrag eingeleitet werden, auch dann außer Kraft, wenn
1. der Antrag in der Hauptsache zurückgenommen wird,
2. der Antrag in der Hauptsache rechtskräftig abgewiesen ist,
3. die Hauptsache übereinstimmend für erledigt erklärt wird oder
4. die Erledigung der Hauptsache anderweitig eingetreten ist.

(3) Auf Antrag hat das Gericht, das in der einstweiligen Anordnungssache im ersten Rechtszug zuletzt entschieden hat, die in den Absätzen 1 und 2 genannte Wirkung durch Beschluss auszusprechen. Gegen den Beschluss findet die Beschwerde statt.

Übersicht

	Rz		Rz
A. Allgemeines	1	I. Rücknahme des Hauptsacheantrags	20
B. Begrenzung der Wirksamkeit	2	II. Abweisung des Hauptsacheantrags	22
C. Außerkrafttreten aufgrund anderweitiger Regelung	3	III. Erledigungserklärung	23
D. Verfahrensrechtliches Außerkrafttreten	19	E. Beschluss nach § 56 Abs 3	24

A. Allgemeines

1 Die Vorschrift des § 56 entspricht im Wesentlichen dem bisherigen § 620f ZPO aF, dessen Regelungen sich bewährt haben und beibehalten werden (BTDrs 16/6308 S 202). Geregelt wird die »besonders bedeutsame« (BTDrs 16/6308 S 200) Problematik, wann eine erlassene einstweilige Anordnung außer Kraft tritt. Die frühere Kopplung der Wirksamkeit einer einstweiligen Anordnung an eine anderweitige Regelung oder die Verfahrensbeendigung in der Ehesache oder isolierten Familiensache (§§ 621g, 644 ZPO aF) durch die Rücknahme oder Abweisung des dortigen Antrags oder der Erledigung dieses Verfahrens erfährt insoweit eine Änderung, als Bezugspunkt allein das jeweilige Hauptsacheverfahren ist. Denn auch im selbständigen Anordnungsverfahren kann die vorläufige Entscheidung nicht unabhängig vom Verlauf des Hauptsacheverfahrens wirksam bleiben. Die Folgen des Außerkrafttretens werden unverändert nach § 56 Abs 3 auf Antrag ausgesprochen. Wegen des durch § 620f ZPO aF gewährleisteten Vorrangs der Hauptsacheentscheidung war eine analoge Anwendung des § 926 ZPO, wonach für die Klagerhebung in der Hauptsache gerichtlich eine Frist gesetzt werden kann, nicht erforderlich (*Dose* Rn 64). Nach neuem Recht wird der Rechtsschutz des Antragsgegners über das Außerkrafttreten der einstweiligen Anordnung hinaus dadurch verstärkt, dass der Beteiligte bereits zuvor über § 52 die Einleitung des Hauptsacheverfahrens erwirken kann.

B. Begrenzung der Wirksamkeit

2 Das Gericht kann die Wirksamkeit der einstweiligen Anordnung bereits in der Entscheidungsformel **zeitlich begrenzen (§ 49 Rz 15)**, wie § 56 Abs 1 Satz 1 hervorhebt. In diesem Fall bedarf es keiner Hauptsacheentscheidung, die die Folgen des § 56 herbeiführt. Darüber hinaus folgt aus der **materiell-rechtlichen Akzessorietät** der einstweiligen Anordnung eine immanente Begrenzung (§ 51 Rz 6). Die auf die Trennungszeit bezogenen Verfahrensgegenstände (§§ 1361, 1361a, 1361b) beschränken tatbestandlich die Wirksam-

keit einer hierauf gerichteten einstweiligen Anordnung, die nicht weiter reichen kann als eine entsprechende Entscheidung im Hauptsachverfahren (OLG Frankfurt FamRZ 2006, 1687, 1689; Musielak/*Borth* § 644 Rn 3; Zöller/*Philippi* § 644 Rn 14). Die Erwägungen, dass eine im Scheidungsverfahren ergangene einstweilige Anordnung über die Rechtskraft der Ehescheidung hinauswirkt (BGH FamRZ 1983, 355, 356; OLG Köln FamRZ 1997, 1093, 1094), weil aus Zweckmäßigkeitserwägungen ein regelungsloser Zustand durch § 620f ZPO aF und durch die hauptsacheabhängige Anordnung vermieden werden sollte, greifen infolge der Neukonzeption des einstweiligen Rechtsschutzes nicht mehr (aA Prütting/Helms/*Stößer* § 56 Rn 1, 5). Einem im Eilverfahren geschlossenen vorläufigen Vergleich kommt die Wirkung einer Anordnung zu, so dass die vorgenannten Begrenzungen neben § 56 Abs 1 und 2 auch insoweit gelten. Eine auf Kindesunterhalt gerichtete einstweilige Anordnung (§ 1629 Abs 3 BGB) bleibt mangels Bezugs zur Trennungszeit unabhängig von der Ehescheidung weiterhin wirksam (OLG Zweibrücken FamRZ 2000, 964).

C. Außerkrafttreten aufgrund anderweitiger Regelung

Nach altem und neuen Recht tritt eine einstweilige Anordnung aufgrund einer **anderweitigen Regelung** in der Hauptsache außer Kraft. 3

I. Verfahrensrechtlich können privatautonome Regelungen der Beteiligten sowie gerichtliche Entscheidungen die Geltungsdauer einer einstweilige Anordnung begrenzen. Nach Erlass der einstweiligen Anordnung können die Beteiligten (ggf in gesetzlicher Prozessstandschaft gemäß § 1629 Abs 3 BGB) im Anordnungsverfahren oder im Hauptsacheverfahren über dispositive Rechte einen (vorläufigen oder endgültigen) **gerichtlichen Vergleich** hinsichtlich des Verfahrensgegenstands des Anordnungsverfahrens schließen (*Dose* Rn 73). Eine außergerichtliche Regelung der Beteiligten, etwa durch eine notarielle Urkunde, kann ebenfall die Wirksamkeit einer einstweiligen Anordnung aufheben. 4

Überwiegend werden einstweilige Anordnungen aufgrund einer anderweitigen **gerichtlichen Regelung** außer Kraft treten. Ändert das Gericht auf Antrag nach § 54 Abs 1 oder 2 die einstweilige Anordnung ab, so tritt diese als vorläufige Regelung nicht außer Kraft, sondern wird lediglich modifiziert (KG FamRZ 1991, 1327; *Dose* Rn 73; aA OLG München FamRZ 1987, 610; Musielak/*Borth* § 620f Rn 6; *Götsche/Viefhues* ZFE 2009, 124, 132). Die Verfahrensgegenstände des Hauptsache- und Anordnungsverfahrens müssen hinsichtlich ihrer Regelungsbereiche (teil-)identisch (§ 50 Rz 3) sein, um die Wirkung des § 56 Abs 1 herbeizuführen. Eine Entscheidung zur Hauptsache kann in einer selbständigen Familiensachen, aber auch in einer Folgesache im Scheidungsverbund (§§ 137 Abs 2 und 3, 142) ergehen. Welcher Beteiligte dieses Verfahren eingeleitet hat, ist unerheblich. 5

II. Die anderweitige gerichtliche Entscheidung oder Vereinbarung der Beteiligten muss eine **Regelung** enthalten, ob und ggf in welchem Umfang der geltend gemachte Anspruch oder ein Recht aus einem Rechtsverhältnis besteht. Tritt das Gericht aus formalen Gründen nicht in die materiell-rechtliche Prüfung ein, wird keine anderweitige Regelung getroffen. Daher können **Prozessbeschlüsse**, die einen Antrag als unzulässig abweisen, den Bestand einer einstweiligen Anordnung nicht infrage stellen (OLG München FamRZ 1987, 610; aA Keidel/*Giers* § 56 Rn 8). Die Kostenentscheidung einer Endentscheidung enthält keine anderweitige Regelung hinsichtlich einer Anordnung auf Zahlung eines Prozesskostenvorschusses (BGH FamRZ 1985, 802). Stimmen die Verfahrensgegenstände nur teilweise überein, kann die Anordnung, soweit überhaupt eine **Teilbarkeit** möglich ist, zum Teil außer Kraft treten und im Übrigen wirksam bleiben. Für Zahlungsansprüche (Familienstreitsachen) ist zeitlich und der Höhe nach eine solche Unterscheidung möglich, während sie in personenrechtlichen Beziehungen (Kindschaftssachen) ausgeschlossen ist. Wurde in einer einstweilige Anordnung das Aufent- 6 haltsbestimmungsrecht und die Gesundheitssorge einem Elternteil übertragen und im Hauptsacheverfahren allein eine Regelung zum Aufenthaltsbestimmungsrecht getroffen, so stellt die Hauptsacheentscheidung eine anderweitige Regelung dar, weil im Sorgerechtsverfahren eine Antragsbindung nicht besteht und die elterliche Sorge im Hauptsacheverfahren insgesamt eine gerichtliche Prüfung erfährt.

7   Für **Unterhaltssachen** ergeben sich folgende Besonderheiten: Parallel zum oder nach dem Anordnungsverfahren können die Beteiligten ein Hauptsacheverfahren über den Unterhaltsanspruch anhängig machen (§ 51 Rz 3). Mangels rechtskräftiger Entscheidung im Anordnungsverfahren kommt eine Abänderung im Hauptsacheverfahren nicht in Betracht, wie nunmehr in § 238 Abs 1 klar gestellt ist. Ein im Anordnungsverfahren geschlossener Vergleich kann nur dann nach § 239 Abs 1 abgeändert werden, wenn es sich um ein über das Anordnungsverfahren hinausgehende endgültige Regelung der Beteiligten handelt (OLG Brandenburg FamRZ 2000, 1377). Um eine **anderweitige Regelung** herbeizuführen, können der unterhaltsberechtigte Antragsteller einen Leistungsantrag im Hauptsacheverfahren oder der unterhaltspflichtige Antragsgegner einen Antrag auf Rückzahlung des (vorläufig) titulierten Unterhalts bzw auf negative Feststellung stellen.

8   **1. Leistungsantrag:** Der Unterhaltsberechtigte kann seinen Anspruch im Wege des Erst- bzw Leistungsantrags geltend machen. Dieser Antrag wird im Hauptsacheverfahren häufig einen weitergehenden Anspruch umfassen, als durch die einstweilige Anordnung tituliert ist. Zum einen kann rückständiger Unterhalt nur ausnahmsweise vorläufig geregelt werden (§ 246 Rz 8), zum anderen kann der Anspruch bei ungeklärten Aspekten (Unterhaltsverwirkung, Umfang der Erwerbsobliegenheit) der Höhe nach (etwa auf das Existenzminimum) begrenzt sein. Im Umfang der erkannten Hauptsacheentscheidung tritt die einstweilige Anordnung außer Kraft (§ 56 Abs 1 Satz 1). Wird der Antrag hinsichtlich des rückständigen Unterhalts oder bezüglich der Anspruchshöhe teilweise abgewiesen, so liegt eine anderweitige Regelung vor und die einstweilige Anordnung tritt außer Kraft. Betraf das Anordnungsverfahren auch Zeiträume, die im Hauptsacheverfahren nicht mehr geltend gemacht werden, etwa weil insoweit nach der vorläufigen Regelung Erfüllung eingetreten ist, liegt nur teilweise eine anderweitige Regelung vor. Im Fall der Erledigungserklärung im Hauptsacheverfahren greift § 56 Abs 2 Nr 3. Bestreitet der Antragsgegner für diesen, allein die Anordnung betreffenden Zeitraum seine Unterhaltspflicht, muss er seinerseits ein Hauptsacheverfahren einleiten. Zum Antrag auf Einstellung der Zwangsvollstreckung Rz 10.

9   **2. Negativer Feststellungsantrag** des Unterhaltspflichtigen: Der Antragsgegner kann als Unterhaltssache iSd § 231 die Feststellung begehren, dass er nicht oder nicht in dem durch die Anordnung festgesetzten Umfang zum Unterhalt verpflichtet ist. In diesem Verfahren muss er nicht darlegen, aus welchem Grund ein niedrigerer oder überhaupt kein Unterhalt geschuldet wird, weil es dem unterhaltsberechtigten Antragsteller des Anordnungsverfahrens obliegt, seinen Unterhaltsanspruch schlüssig darzutun. An der Verteilung der Darlegungs- und Beweislast ändert sich gegenüber einer Erst- bzw Leistungsklage nichts (Zöller/*Philippi* § 620f Rn 16b). Das besondere Feststellungsinteresse (§ 256 ZPO) ist gegeben, wenn der Unterhaltsberechtigte eine einstweilige Anordnung erwirkt hat und eine Vollstreckung droht (Wendl/Staudigl/*Schmitz* § 10 Rn 234). Zahlungen auf die einstweilige Anordnung dürfen noch nicht erbracht sein, weil anderenfalls der (vorrangige) Antrag auf Rückzahlung beziffert werden kann (OLG Düsseldorf FamRZ 1997, 824; aA OLG Düsseldorf FamRZ 1993, 816). Einem negativen Feststellungsantrag steht jedoch der Leistungsantrag (OLG Köln FamRZ 2001, 106) sowie ein Stufenantrag des Unterhaltsberechtigten mit noch nicht beziffertem Zahlungsantrag entgegen (§ 261 Abs 3 ZPO; OLG Koblenz FamRZ 2004, 1732; OLG Köln FamRZ 2004, 39), wobei der Schuldner bei Rücknahme des Zahlungsantrags über § 56 Abs 2 Nr 1 geschützt ist. Der negative Feststellungsantrag des Unterhaltspflichtigen muss hinreichend bestimmt (§ 253 Abs 2 Nr 2 ZPO) sein und daher konkret angeben, in welchem Umfang

der Antragsteller seine Unterhaltsverpflichtung in Abrede nimmt. Dem Unterhaltspflichtigen steht es frei, einen Antrag nach § 52 Abs 2 oder gemäß §§ 54, 55 auf Aussetzung der Vollstreckung (OLG Karlsruhe FamRZ 2009, 1342, 1343) oder auf negative Feststellung zu stellen. Der gegen eine einstweilige Anordnung gerichtete negative Feststellungsantrag unterliegt keiner Einschränkung dahin, dass die Feststellung erst ab Rechtshängigkeit der Klage oder Verzug des Unterhaltsgläubigers mit einem Verzicht auf seine Rechte aus der einstweiligen Anordnung geltend gemacht werden kann (BGH FamRZ 1989, 850; OLG Brandenburg FamRZ 2002, 1497). Für zurückliegende Zeiträume wird das Vertrauen des Berechtigten in den Bestand der einstweiligen Anordnung allein materiell-rechtlich durch § 818 Abs 3 BGB geschützt. Die Hauptsacheentscheidung befindet über das Bestehen oder Nichtbestehen eines Unterhaltsanspruchs und stellt daher eine anderweitige Regelung iSd § 56 Abs 1 Satz 1 dar (OLG Zweibrücken FamRZ 2001, 424). Wird der Antrag auf negative Feststellung teilweise abgewiesen, wird das Bestehen eines (begrenzten) Unterhaltsanspruchs festgestellt.

3. Um eine weitere Vollstreckung aus der einstweiligen Anordnung zu verhindern, 10 kann Unterhaltspflichtige einen Antrag auf **einstweilige Einstellung der Zwangsvollstreckung** stellen (OLG Rostock FamRZ 2004, 127). Der Antrag ist auch im Rahmen eines Abänderungsverfahren und eines negativen Feststellungsantrags zulässig (BGH FamRZ 1983, 355, 357; OLG Köln FamRZ 1996, 1227). Der Abweisungsantrag des Unterhaltspflichtigen gegenüber dem Leistungsantrag des Unterhaltsberechtigten entspricht seinem negativen Feststellungsbegehren, so dass auch in diesem Verfahren die Einstellung der Zwangsvollstreckung beantragt werden kann (OLG Frankfurt FamRZ 1990, 767; OLG Düsseldorf FamRZ 1993, 816). Grundlage für die Einstellung der Zwangsvollstreckung sind die §§ 120 Abs 1, 116 Abs 3 FamFG, 769 ZPO (BGH FamRZ 2005, 1481). Dessen Anwendung ist nicht durch die weiteren verfahrensrechtlichen Möglichkeiten nach § 54 Abs 1 und § 55 ausgeschlossen (OLG Stuttgart FamRZ 1992, 203, aA OLG Koblenz FamRZ 2001, 229; OLG Hamm FamRZ 1998, 1379). Eine Entscheidung über den Unterhaltsanspruch selbst erfolgt nicht, so dass keine anderweitige Regelung erfolgt.

4. **Rückzahlungsklage**: Hat der Unterhaltspflichtige auf die einstweilige Anordnung 11 Zahlungen erbracht oder wurden Pfändungen durchgeführt, so kann er in einem Hauptsacheverfahren deren Rückzahlung beanspruchen. Geht die einstweilige Anordnung über den materiell-rechtlichen Unterhaltsanspruch hinaus, so leistet der Schuldner insoweit »ohne rechtlichen Grund« iSd § 812 Abs 1 BGB (Rz 15), weil die Anordnung rein prozessualer Natur ist und nur eine einstweilige Vollstreckungsmöglichkeit wegen eines vorläufig als bestehend angenommenen Anspruchs schafft (BGH FamRZ 1991, 1175, 1176). Die einstweilige Anordnung bildet keinen Rechtsgrund für die Zahlung und muss daher nicht zuvor aufgehoben werden (OLG Stuttgart FamRZ 1992, 1195). Die Darlegungs- und Beweislast entspricht der im Leistungsverfahren des Unterhaltsberechtigten. Für einen bestimmten Antrag sind die Unterhaltsbeträge für jeden Monat konkret anzugeben und ggf anzupassen. Einer weiteren Vollstreckung des Unterhaltsberechtigten kann mit einem Einstellungsantrag begegnet werden. Die Entscheidung über den Rückzahlungsanspruch ist eine anderweitige Regelung und bewirkt insoweit das Außerkrafttreten der einstweiligen Regelung.

5. **Vollstreckungsabwehrantrag**: Eine Entscheidung über einen Antrag, die Vollstre- 12 ckung aus der einstweiligen Anordnung für unzulässig zu erklären (§§ 120 Abs 1 FamFG, 767 ZPO), enthält keine anderweitige Regelung, weil sie auf den Bestand des titulierten Anspruchs keine Auswirkungen hat. Am Rechtsschutzbedürfnis fehlt es, wenn der Antragsgegner durch Beschluss nach § 56 Abs 3 Satz 1 das Außerkrafttreten der einstweiligen Anordnung feststellen lassen kann (OLG Köln FamRZ 1999, 1000). Gegenüber dem titulierten Anspruch können nur nachträglich entstandene Einwendungen geltend gemacht werden (OLG Koblenz FamRZ 2004, 1732). Bisher konnte der Schuldner gegenüber einer im Scheidungsverfahren ergangenen einstweiligen Anordnung nicht einwenden, dass die Ehe rechtskräftig geschieden ist, denn die Unterhaltsanord-

nung galt über diesen Zeitpunkt hinaus (BGH FamRZ 1983, 355, 356). Für das materiellrechtlich akzessorische Anordnungsverfahren gilt dies nicht mehr, weil die auf die Trennungszeit bezogenen Titel mit der Rechtskraft der Scheidung ihre Wirksamkeit verlieren (OLG Frankfurt FamRZ 2006, 1687; § 51 Rz 6).

13 **III. Wirksamwerden** der anderweitigen Regelung: Zu welchem Zeitpunkt die einstweilige Anordnung außer Kraft tritt, ist in § 56 nicht geregelt und richtet sich danach, wann die anderweitige Regelung wirksam wird. Ein **Vergleich** oder eine Vereinbarung der Beteiligten wird mit dem Abschluss wirksam und führt für diesen Verfahrensgegenstand zum Außerkrafttreten einer Anordnung. Das Wirksamwerden einer **gerichtlichen Entscheidung** (§§ 40 Abs 1, 41 Abs 1) bestimmt sich nach dem jeweiligen Verfahrensgegenstand. Beschlüsse in **Kindschaftssachen** (§ 151) werden in isolierten Verfahren mit der Bekanntgabe an die Beteiligten wirksam. Ergeht die Entscheidung in einer Folgesache im Scheidungsverbund (§ 137), so wird sie mit Rechtskraft des Scheidungsausspruchs wirksam (§ 148). Die Entscheidung wird erst mit der Rechtskraft wirksam in Ehewohnungs- und Haushaltssachen (§ 209 Abs 2), in Gewaltschutzsachen (§ 216 Abs 1), in Versorgungsausgleichssachen (§ 224 Abs 1), in Unterbringungssachen (§ 324 Abs 1) und in Freiheitsentziehungssachen (§ 422 Abs 1), wobei die sofortige Wirksamkeit angeordnet werden kann.

14 In **Familienstreitsachen** sind die **Unterhaltssachen** von besonderer Bedeutung. Beschlüsse in Unterhaltssachen sind nach den allgemeinen Grundsätzen vorläufig vollstreckbar und formell rechtskräftig (§§ 120 Abs 1, 116 Abs 1 und 3 iVm §§ 708 ff ZPO). Gleichwohl hatte der BGH zum bisherigen § 620f Abs 1 ZPO aF entschieden, dass ein Urteil in einem Unterhaltsverfahren erst mit dessen Rechtskraft wirksam wird (FamRZ 2000, 751; OLG Karlsruhe FamRZ 2004, 1045). Der BGH stützte seine Entscheidung maßgeblich auf das Interesse an einer einheitlichen Handhabung und den Aspekt der Rechtssicherheit. Ein regelungsloser Zustand zwischen einstweiliger und rechtskräftiger Regelung soll vermieden werden. Bei Anknüpfung an ein vorläufig vollstreckbares Urteil, das zum Außerkrafttreten der einstweiligen Anordnung führt, entstünde ein regelungsloser Zustand, obwohl der Bestand des Urteils nicht feststeht. Dieser Rechtsprechung folgend und wegen der praktischen Bedeutung der Frage (BTDrs 16/6308 S 202) stellt § 56 Abs 1 Satz 2 nunmehr für Familienstreitsachen auf die **Rechtskraft der Endentscheidung** ab, soweit nicht die Wirksamkeit zu einem späteren Zeitpunkt eintritt. Ein solcher Ausnahmefall kann vorliegen, wenn aufgrund des Scheidungsverbunds die Wirksamkeit bzw Rechtskraft später eintritt (§ 148). Vollstreckt der Unterhaltsgläubiger aus der einstweiligen Anordnung vor Rechtskraft der Hauptsacheentscheidung weiter, kann der Schuldner dem mit einem Vollstreckungsabwehrverfahren und einem Antrag auf einstweilige Einstellung der Zwangsvollstreckung (OLG Köln 2003, 320; OLG Zweibrücken FamRZ 2007, 1664) oder durch einen Abänderungantrag nach § 54 (*Schürmann* FamRB 2008, 375, 381; Prüttings/Helms/*Stößer* § 56 Rn 4) begegnen.

15 **IV. Folgen** der anderweitigen Regelung: Soweit die anderweitige Regelung und die einstweilige Anordnung inhaltlich denselben Verfahrensgegenstand betreffen, tritt die einstweilige Anordnung **außer Kraft**. Hat der Unterhaltsschuldner aufgrund der einstweiligen Anordnung Unterhaltsleistungen erbracht, die sich im Hauptsacheverfahren als nicht berechtigt erweisen, kann er diese nach den Grundsätzen der **ungerechtfertigten Bereicherung** gemäß § 812 Abs 2 Satz 1 BGB zurückfordern (BGH FamRZ 2000, 751; FA-FamR/*Gerhardt* Kap 6 Rn 560 ff). Die einstweilige Anordnung eröffnet nur eine vorläufige Vollstreckungsmöglichkeit, bildet jedoch keinen Rechtsgrund für die erfolgte Leistung. Dem Rückzahlungsanspruch kann der Unterhaltsgläubiger den Entreicherungseinwand nach § 818 Abs 3 BGB entgegen halten. Danach wird der gutgläubige Bereicherte in seinem Vertrauen auf den Fortbestand des Rechtsgrundes geschützt, soweit er die Zahlungen für seinen Lebensbedarf verbraucht hat, und ist zur Herausgabe oder zum Wertersatz nicht verpflichtet (BGH FamRZ 2008, 1911, 1918). Hiervon wird im Regelfall auszugehen sein. Nur wenn dem Leistungsempfänger ein Vermögenswert ver-

blieben ist, sei es durch Ersparnisse, ersparte Aufwendungen, getätigte Anschaffungen oder Tilgung eigener Schulden, verbleibt ihm ein Vermögenswert (BGH FamRZ 1992, 1152; OLG Hamm FamRZ 1998, 1166). Allerdings muss in diesem Fall die rechtsgrundlose Zahlung ursächlich für den vorhandenen Vermögensvorteil sein. Dies ist nicht der Fall, wenn der Bereicherungsschuldner Verbindlichkeiten mit einem anderen als dem rechtsgrundlos erhaltenen Unterhaltsbetrag, etwa mit von dritter Seite geschenktem Geld, beglichen hätte (BGH FamRZ 1992, 1152). Für den insoweit **beweispflichtigen Unterhaltsgläubiger** bestehen Beweisprobleme hinsichtlich der Verwendung der Unterhaltszahlungen. Aus diesem Grund hat die Rechtsprechung **Beweiserleichterungen** bzw Vermutungen zugelassen. Danach ist bei unteren und mittleren Einkünften nach der Lebenserfahrung davon auszugehen, dass die Unterhaltsleistungen für den Lebensbedarf oder zur Verbesserung des Lebensstandards ausgegeben wurden, ohne dass der Bereicherte einen besonderen Verwendungsnachweis erbringen muss (BGH FamRZ 2000, 751, 2008, 1911, 1919).

Den Unterhaltsberechtigten kann die verschärfte Bereicherungshaftung nach § 818 **Abs 4 BGB** treffen. Nach der Rspr des BGH ist hierfür die Rechtshängigkeit des Antrags auf Herausgabe des Erlangten bzw auf Wertersatz (§ 818 Abs 2 BGB) maßgeblich (BGH FamRZ 2008, 1911, 1919; 1998, 951, 952; 1986, 793); bisher waren weder ein negativer Feststellungsantrag noch im Fall eines materiell rechtskräftigen Unterhaltstitels ein Abänderungsantrag ausreichend. In § 241 ist nunmehr ausdrücklich die Rechtshängigkeit eines auf Herabsetzung gerichteten Abänderungsantrags (§§ 238, 239) mit der eines Rückzahlungsantrags gleichgestellt (BTDrs 16/6308 S 259; Schürmann FuR 2009, 130, 134; Wendl/Staudigl/*Schmitz* § 10 Rn 235). Für den durch einstweilige Anordnung titulierten Unterhalt gilt die Regelung nicht unmittelbar. Jedoch ist für den Antrag auf negative Feststellung sowie nach § 54 Abs 1 eine entsprechende Anwendung geboten, weil die zugrunde liegenden Erwägungen identisch sind (*Klein* FuR 2009, 241, 249; aA *Roßmann* ZFE 2008, 245, 249). Rechtsschutz erfährt der Unterhaltsschuldner auch dadurch, dass er die einstweilige Einstellung der Zwangsvollstreckung beantragen oder alsbald einen Rückforderungsantrag stellen kann. Zur Vermeidung des Kostenrisikos kann der Antrag auf negative Feststellung hilfsweise mit dem Rückzahlungsbegehren verbunden werden. Schließlich weist der BGH darauf hin, dass der Unterhaltspflichtige die (vermeintlichen) Überzahlungen als zins- und tilgungsfreies Darlehen mit der Maßgabe anbieten kann, im Fall der (teilweisen oder vollständigen) Abweisung der negativen Feststellungsklage (ganz oder teilweise) auf die Rückzahlung zu verzichten (FamRZ 1992, 1152). Die Voraussetzungen für eine verschärfte Haftung nach **§ 819 Abs 1 BGB** werden nur ausnahmsweise nachzuweisen sein, weil hier die Kenntnis des Unterhaltsberechtigten vom rechtlichen Mangel und der sich daraus ergebenden Folgen erforderlich ist.

Während über diese Grundsätze weitgehend Einigkeit besteht, ist die Anwendung des **§ 820 Abs 1 Satz 2 BGB** weiterhin im Streit. Für einen Herausgabeanspruch muss danach mit der Leistung ein Erfolg bezweckt sein, dessen Wegfall nach dem Inhalt des Rechtsgeschäfts als möglich angesehen wird und der später tatsächlich wegfällt. Auf eine einstweilige Anordnung zum Unterhalt ist diese Vorschrift nicht (analog) anwendbar, weil im Fall einer einstweiligen Anordnung Grundlage der Vermögensverschiebung kein Rechtsgeschäft ist (BGH FamRZ 1992, 1152, 1155; 1998, 951, 952; FA-FamR/*Gerhardt* Kap 6 Rn 566). Soweit demgegenüber *Philippi* (Zöller § 620f Rn 26) die Auffassung vertritt, dass für den Unterhaltsempfänger bei einer nur vorläufigen Regelung der Wegfall des Rechtsgrundes als möglich anzusehen sei, steht dem entgegen, dass die Sicherung des Lebensbedarfs durch eine vorläufige Regelung nicht unter dem Vorbehalt einer möglichen Rückgabeverpflichtung stehen kann, auf die sich die unterhaltsberechtigte Person zuvor einstellen muss.

Dem Unterhaltspflichtigen steht aufgrund des auf eine einstweilige Anordnung zuviel gezahlten oder gepfändeten Unterhalts kein Anspruch auf **Schadensersatz** zu. Seine Auffassung stützt der BGH maßgeblich darauf, dass die Vorschriften der §§ 620 ff ZPO aF ein geschlossenes Regelungssystem darstellten, in dem ein solcher Anspruch gerade nicht normiert war. Weder die (materiell-rechtlich) unberechtigte Vollstreckung aus einem vorläufig vollstreckbaren Titel (§ 717 Abs 2 ZPO) noch die analoge Anwendung der §§ 641g [aF], 717 Abs 2, 945 ZPO rechtfertigen einen Schadensersatzanspruch, weil das Rückzahlungsrisiko für den Antragsteller reduziert werden soll, um den Unterhalt bestimmungsgemäß verbrauchen zu können (BGH FamRZ 2000, 751; 1984, 767, 769). Durch die Neuregelung des einstweiligen Rechtsschutzes in den §§ 49 ff einerseits und der Sonderregelung des § 119 Abs 2 Satz 2 kommt dies noch deutlicher zum Ausdruck. Darüber hinaus wird in der Gesetzesbegründung die Rspr des BGH ausdrücklich gebilligt.

D. Verfahrensrechtliches Außerkrafttreten

19   In welchen Fällen eine einstweilige Anordnung aufgrund der Beendigung des Hauptsacheverfahrens außer Kraft tritt, wird für Antragsverfahren in Abs 2 geregelt. Wie zum bisherigen Recht führt die Antragsrücknahme, die rechtskräftige Abweisung des Hauptsacheantrags oder die Erledigung des Hauptsacheverfahrens dazu, dass die einstweilige Anordnung außer Kraft tritt. Die Fortgeltung der angeordneten Maßnahme ist nicht gerechtfertigt, so dass diese für die Zukunft – nicht rückwirkend – zum Schutz des Schuldners kraft Gesetzes ihre Geltung verliert. § 56 Abs 2 gilt für Verfahren, die durch einen **Antrag** eingeleitet wurden. In Amtsverfahren haben die Beteiligten keinen Einfluss auf den Verfahrensgegenstand, die Verfahrensdauer und den Verfahrensabschluss. In diesen Fällen nimmt allein die Hauptsacheentscheidung der einstweiligen Anordnung die Wirksamkeit (§ 56 Abs 1).

I. Rücknahme des Hauptsacheantrags

20   Die Rücknahme des Antrags im Hauptsacheverfahren führt zum Außerkrafttreten der einstweiligen Anordnung, weil der Antragsteller mit der Rücknahme zu erkennen gibt, dass er den geltend gemachte Anspruch nicht mehr verfolgt. Die Rücknahme des Antrags muss verfahrensrechtlich wirksam sein. Nach § 22 Abs 1 kann der Antrag bis zur Rechtskraft der Endentscheidung zurückgenommen werden und danach nur mit Zustimmung der übrigen Beteiligten (§ 22 Rz 4 ff). Für die Familienstreitsachen des § 112 ist die Zustimmung des Antragsgegners erforderlich, wenn eine mündliche Verhandlung zur Hauptsache statt gefunden hat (§§ 113 Abs 1; 269 Abs 1 und 2 ZPO). Die Verfahrenserklärungen sind gegenüber dem Gericht zu erklären. Mit Wirksamkeit der erforderlichen Erklärungen tritt die einstweilige Anordnung außer Kraft.

21   Hat der Antragsteller einen Antrag auf **Verfahrenskostenhilfe** gestellt, ist danach zu unterscheiden, ob dieser Antrag allein auf ein beabsichtigtes Hauptsacheverfahren gerichtet war oder dieses zugleich mit dem Verfahrenskostenhilfeantrag anhängig gemacht wurde. Ist das Hauptsacheverfahren nicht anhängig geworden, so führt die Rücknahme des Antrags auf Verfahrenskostenhilfe ohne weiteres zum Außerkrafttreten der Anordnung (OLG Stuttgart FamRZ 2005, 1187). Wurde der Antrag mangels Erfolgsaussicht oder Bedürftigkeit zurückgewiesen, so ist das Verfahren auf Verfahrenskostenhilfe bis zum Ablauf der Beschwerdefrist (§ 76 Abs 2) anhängig. Wird keine Beschwerde eingelegt, tritt die einstweilige Anordnung mit Ablauf der Beschwerdefrist außer Kraft (OLG Stuttgart FamRZ 2005, 1187). Legt der Antragsteller hingegen sofortige Beschwerde (§ 76 Abs 2) ein, so bleibt die Anordnung bis zur endgültigen Entscheidung über die Beschwerde in Kraft (Zöller/*Philippi* § 620 Rn 9). Anders ist die Situation zu beurteilen, wenn mit dem Verfahrenskostenhilfeantrag zugleich die **Hauptsache anhängig** gemacht wird. Die Rücknahme oder Zurückweisung des Antrags auf Verfahrenskostenhilfe hat auf die Anhängigkeit des Hauptsacheantrags keine Auswirkungen, so dass dieses nicht automatisch endet und die Anordnung weiterhin wirksam bleibt. Nimmt der Antragsteller die Entscheidung über die Verfahrenskostenhilfe hin und betreibt das Haupt-

sacheverfahren nicht weiter, kann der Antragsgegner die Aufhebung der einstweiligen Anordnung nach § 54 Abs 1 beantragen (*Dose* Rn 67; OLG Düsseldorf FamRZ 1985, 1271). Ein Fall des § 56 Abs 2 Nr 4 der anderweitigen Erledigung liegt hier nicht vor, weil es an Erklärungen der Beteiligten nach § 22 Abs 1 und 3 fehlt.

II. Abweisung des Hauptsacheantrags

Mit der rechtskräftigen Abweisung des Antrags im Hauptsacheverfahren tritt die einstweilige Anordnung ebenfalls außer Kraft; nicht jedoch im Fall der Unzulässigkeit des Antrags, weil es an einer gerichtlichen Regelung fehlt (aA Keidel/*Giers* § 56 Rn 8). In diesem Fall hat sich mit der Hauptsacheentscheidung erwiesen, dass der vom Antragsteller geltend gemachte Anspruch nicht besteht, so dass auch ein Grund für den Fortbestand der vorläufigen gerichtlichen Regelung nicht mehr gegeben ist. Die Rechtskraft der Entscheidung tritt mit Ablauf der Rechtsmittelfristen ein. Eine Entscheidung des OLG wird, auch wenn die Rechtsbeschwerde nicht zugelassen ist (§ 70 Abs 1 und 2), erst mit Ablauf der Rechtsbeschwerdefrist (§ 71 Abs 1) wirksam. Stellt ein Beteiligter gegen die Versäumung einer Rechtsmittel- oder Rechtsmittelbegründungsfrist Antrag auf Wiedereinsetzung in den vorigen Stand (§§ 17–19), tritt die Wirksamkeit der einstweiligen Anordnung wieder mit einer positiven Entscheidung hierüber in Kraft (Zöller/*Philippi* § 620f Rn 6). Ist das Hauptsacheverfahren eine Folgesache im Scheidungsverbund (§ 137), so kann der Antragsteller sich für den Fall, dass der Scheidungsantrag abgewiesen wird, nach **§ 142 Abs 2** vorbehalten, eine Folgesache als selbständige Familiensache fortzuführen (§ 142 Rz 2). Eine im Scheidungsverfahren erlassene einstweilige Anordnung trat nach § 620f Abs 1 ZPO aF bei Abweisung des Scheidungsantrag unabhängig von Zweckmäßigkeitserwägungen aufgrund des eindeutigen Wortlauts außer Kraft (OLG Karlsruhe FamRZ 1986, 1120; *Dose* Rn 68; Zöller/*Philippi* § 620f Rn 7). Künftig ist in diesen – praktisch seltenen – Fallgestaltungen allein die Entscheidung in der als selbständige Familiensache fortgeführten Folgesache maßgeblich, ohne dass es für das hauptsacheunabhängige Anordnungsverfahren auf Entscheidung über den Scheidungsantrag ankommt.

III. Erledigungserklärung

Erledigungserklärung und anderweitige Erledigung der Hauptsache: Schließlich tritt eine einstweilige Anordnung nach der jetzigen (zur früheren analogen Anwendung OLG Hamm FamRZ 2003, 1307 f) ausdrücklichen gesetzlichen Regelung in § 56 Abs 2 Nr 3 und 4 auch dann außer Kraft, wenn die Beteiligten die Hauptsache – etwa infolge einer Versöhnung – (wirksam) übereinstimmend für erledigt erklären oder die Erledigung anderweitig eintritt. Weil den Beteiligten bei der Erledigungserklärung (OLG Hamm FamRZ 2006, 50 zur Erledigung der Wohnungszuweisung nach § 2 GewSchG) wie bei der Antragsrücknahme nicht an einer gerichtlichen Entscheidung gelegen ist (OLG München FuR 2000, 300), sind die mit Nr 1 übereinstimmenden Rechtsfolgen gerechtfertigt. Versöhnen sich die Beteiligten nach Erlass einer einstweiligen Anordnung wieder, hat sich diese erledigt, so dass der Titel an den Antragsgegner herauszugeben ist (KG FamRZ 2006, 50 zum GewSchG).

E. Beschluss nach § 56 Abs 3

Auf Antrag hat das Gericht nach § 56 Abs 3 Satz 1 über die Rechtsfolgen nach § 56 Abs 1 und 2 zu entscheiden. Die Regelungen aus § 620f Abs 1 Satz 2 und 3 sowie Abs 3 ZPO aF werden ohne wesentliche Änderungen (BTDrs 16/6308 S 202) übernommen. Weder aus der einstweiligen Anordnung noch aus der anderweitigen Regelung ist ersichtlich, dass die Entscheidung des Anordnungsverfahrens außer Kraft getreten ist, denn diese Folge ist in den Entscheidungstenor einer Hauptsacheentscheidung nicht aufzunehmen

(OLG Düsseldorf FamRZ 1992, 337). Der Antragsgegner des Anordnungsverfahrens kann daher nur durch einen Beschluss nach Abs 3 nachweisen, dass die einstweilige Anordnung außer Kraft getreten ist. Das zuständige Vollstreckungsorgan wird die Zwangsvollstreckung gemäß §§ 120 Abs 1 FamFG, 775 Nr 1 ZPO einstellen und Vollstreckungsmaßnamen aufheben, wenn der Schuldner den Beschluss nach § 56 Abs 3 vorlegt. Aus diesem Grund fehlt für einen Vollstreckungsabwehrantrag das Rechtsschutzbedürfnis (OLG Köln FamRZ 1999, 1000; OLG Düsseldorf FamRZ 1991, 721).

25 Das Beschlussverfahren wird nur auf **Antrag** eingeleitet. Während nach bisherigem Recht (§ 620f Abs 2 ZPO aF) das Gericht zu entscheiden hatte, das die einstweilige Anordnung erlassen hatte, ist nunmehr das Gericht **zuständig**, das in der einstweiligen Anordnungssache im ersten Rechtszug zuletzt entschieden hat. Damit bleibt unabhängig von evtl. Beschwerdeverfahren das Gericht für die Entscheidung nach § 56 Abs 3 zuständig, das zuletzt mit dem Verfahren in erster Instanz befasst war. Dem Antragsteller des Anordnungsverfahrens ist zum Antrag nach § 56 Abs 3 rechtliches Gehör zu gewähren. Ob über diesen Antrag mündlich verhandelt wird, steht im Ermessen des Gerichts. Nur in seltenen Fällen wird eine Beweisaufnahme im Falle eines Streits über die Reichweite einer anderweitigen vertraglichen (notariellen) Regelung erforderlich sein (OLG Zweibrücken FamRZ 1985, 1150). In dem gemäß § 38 Abs 3 Satz 1 zu begründenden Beschluss hat das Gericht festzustellen, ob und ggf in welchem Umfang die einstweilige Anordnung außer Kraft getreten ist. Umfasste die einstweilige Anordnung mehrere Regelungen – etwa mehrere Unterhaltsberechtigte –, so kann der Beschluss nach § 56 Abs 3 sich nur auf einen Teil der Anordnung, etwa einen Unterhaltsberechtigten beziehen. Hingegen verhält sich der Beschluss nicht zu den auf Grundlage der einstweiligen Anordnung ergangenen Vollstreckungsmaßnahmen. Während nach bisherigem Recht wegen der Anhängigkeit des Hauptsacheverfahrens eine **Kostenentscheidung** nicht erforderlich war (§ 620g ZPO aF), ergibt sich aus dem Gesetz keine Regelung der Kostenentscheidung. § 51 Abs 4 verhält sich zu den Kosten des Anordnungsverfahrens allgemein, erfasst jedoch nicht ohne weiteres das Verfahren nach § 56 Abs 3 (vgl Prütting/Helms/*Stößer* § 56 Rn 12). Gegen die Entscheidung nach § 56 Abs 3 Satz 1 ist die **Beschwerde** gemäß §§ 58 ff eröffnet, die binnen einer Frist von 2 Wochen (§ 63 Abs 2 Nr 1) einzulegen ist.

§ 57 Rechtsmittel

Entscheidungen in Verfahren der einstweiligen Anordnung in Familiensachen sind nicht anfechtbar. Dies gilt nicht, wenn das Gericht des ersten Rechtszugs auf Grund mündlicher Erörterung
1. über die elterliche Sorge für ein Kind,
2. über die Herausgabe des Kindes an den anderen Elternteil,
3. über einen Antrag auf Verbleiben eines Kindes bei einer Pflege- oder Bezugsperson,
4. über einen Antrag nach den §§ 1 und 2 des Gewaltschutzgesetzes oder
5. in einer Ehewohnungssache über einen Antrag auf Zuweisung der Wohnung entschieden hat.

Übersicht

	Rz		Rz
A. Allgemeines	1	D. Anfechtbarkeit von Nebenentscheidungen	15
B. Grundsatz der Unanfechtbarkeit	3	E. Mündliche Erörterung	16
C. Beschwerdefähige Entscheidungen	8	F. Beschwerdeverfahren	18

A. Allgemeines

Wie nach § 620c ZPO aF sind Entscheidungen im einstweiligen Rechtsschutz in **Familiensachen** im Grundsatz nicht anfechtbar. Dies bringt die Regelung durch das Voranstellen in Satz 1 noch deutlicher als bisher zum Ausdruck. Lediglich in den in Satz 2 enumerativ aufgeführten Familiesachen (§ 111) ist die Beschwerde statthaft. Die im Referenten- und Regierungsentwurf vorgesehene Anfechtbarkeit eines Umgangsausschlusses wurde auf Empfehlung des Rechtsausschusses nicht übernommen. Nach der Gesetzesbegründung wird den Beteiligten im Übrigen ausreichender Rechtsschutz dadurch gewährleistet, dass ihnen neben dem vorrangigen Rechtsbehelfen nach § 54, die Aufhebung oder Änderung der einstweiligen Anordnung zu beantragen, die Möglichkeiten offen stehen, das Hauptsacheverfahren einzuleiten bzw über § 52 auf dessen Einleitung hinzuwirken und die dort ergehende Entscheidung durch das Rechtsmittelgericht überprüfen zu lassen. Schließlich steht bei Verstößen gegen das Grundrecht auf rechtliches Gehör die Anhörungsrüge nach § 44 zur Verfügung (BTDrs 16/6308 S 202). Entscheidungen in **Angelegenheiten der freiwilligen Gerichtsbarkeit** unterliegen nicht der Beschränkung des § 57 und können nach Maßgabe der §§ 58 ff angefochten werden. 1

Die Beschränkung der rechtsmittelfähigen Angelegenheiten in Familiensachen soll die zügige Erledigung ermöglichen, Verzögerungen verhindern (OLG Bamberg FamRZ 1993, 1338; *Dose* Rn 52) und die Rechtsmittelgerichte entlasten. Im Kontext der Gesamtregelung des Anordnungsverfahrens ist die Begrenzung des Rechtsmittelzugs nicht als verfassungswidrig angesehen worden (BVerfG FamRZ 1980, 232; BGH FamRZ 2005, 790, 791). Im Grundsatz ist nur in solchen Verfahrensgegenständen die Beschwerde statthaft, in denen bereits die vorläufige Maßnahme besonders weitgehend in die persönlichen Verhältnisse der Beteiligten eingreift. Nur diejenigen Verfahrensgegenstände sind erfasst, in denen sich eine vorläufige Regelung wegen ihrer Folgewirkungen und des Zeitablaufs leicht zu einer endgültigen Entscheidung entwickeln kann (OLG Bamberg FamRZ 1993, 1338). Ob im Hinblick auf den weiterhin eng begrenzten Katalog rechtsmittelfähiger Entscheidungen effektiver Rechtsschutz gewährt wird, scheint fraglich (Vorbem zu § 49 Rz 8; krit Prütting/Helms/*Stößer* § 57 Rn 1). 2

B. Grundsatz der Unanfechtbarkeit

Gerichtliche Entscheidungen im einstweiligen Anordnungsverfahren in Familiensachen sind **grundsätzlich unanfechtbar**. Ob eine Entscheidung im einstweiligen Anordnungs- 3

§ 57 FamFG | Rechtsmittel

verfahren oder in der Hauptsache ergeht, wird künftig aufgrund der jeweils selbständigen Verfahren nicht mehr zweifelhaft sein (OLG Brandenburg FamRZ 2003, 1305). Eine Erweiterung der Verfahrensgegenstände des § 57 S 2 im Wege der Analogie ist grundsätzlich nicht zulässig (Schwab/*Maurer*/*Borth* I Rn 956; *Dose* Rn 52). Die Unanfechtbarkeit einer einstweiligen Anordnung erstreckt sich nicht auf Maßnahmen zu deren Vollstreckung.

4   Welche Folgen aus dem Grundsatz der Unanfechtbarkeit einer einstweiligen Anordnung vor dem Hintergrund der Rspr zur **außerordentlichen Beschwerde** wegen **greifbarer Gesetzwidrigkeit** zu ziehen sind, wird unterschiedlich beurteilt. Während *Borth* (Musielak § 620c Rn 11; Schwab/*Maurer* I Rn 962), *Brudermüller* (FA-FamR Kap 1 Rn 385), *Philippi* (Zöller § 620c Rn 12), *Schmitz* (Wendl/Staudigl § 10 Rn 232), Keidel/*Giers* § 57 Rn 3) sowie *Stößer*/(Prütting/Helms § 57 Rn 2) die in diesem Zusammenhang von Oberlandesgerichten teilweise zugelassene außerordentliche Beschwerde seit dem ZPO-Reformgesetz auf der Grundlage der Entscheidung des BVerfG (FamRZ 2003, 995) sowie der Rspr des BGH (FamRZ 2003, 1550) bei Verletzung von Verfahrensgrundrechten oder einer greifbaren Gesetzwidrigkeit nicht mehr für statthaft halten, vertreten *Dose* (Rn 53), *Finger* (MüKo-ZPO § 620c Rn 17), *Klinkhammer* (Eschenbruch/*Klinkhammer* Kap 5 Rn 253) und *Gießler*/*Soyka* (Rn 200 [analog § 44]) für bestimmte Fallgestaltungen, die von der **Gehörsrüge** nach § 44 Abs 1 auch durch eine weite Auslegung der Verletzung des rechtlichen Gehörs (OLG Köln FamRZ 2005, 2075) nicht erfasst werden, die entgegen gesetzte Auffassung. Der vom BGH im Zivilprozess aufgezeigte Weg einer (fristgebundenen) Gegenvorstellung ließe sich von den Beteiligten über § 54 Abs 1 realisieren, verspricht indes keinen hinreichenden Rechtsschutz. Auch wenn einem »außerordentlichen Rechtsmittel« mangels gesetzlicher Regelung die verfassungsrechtlich gebotene Rechtsklarheit fehlt, kann über § 44 hinausgehender Rechtsschutz im Rahmen des § 57 durch teleologische Reduktion bzw verfassungskonforme Auslegung gewährleistet werden (Vorbem zu §§ 58–75 Rz 31 ff; MüKo/*Lipp* § 567 Rn 16 ff). Die Vielzahl von Entscheidungen zu diesem Problemkreis ist Beleg für ein erhebliches praktisches Bedürfnis, das durch die hauptsacheunabhängige Ausgestaltung der einstweiligen Anordnung verstärkt wird. Allerdings wird der Anwendungsbereich auf Ausnahmefälle zu beschränken sein.

5   Da Begriffe eines greifbaren, evidenten oder schwerwiegenden Gesetzesverstoßes keine Klarheit verschaffen können, ist die Zulässigkeit einer außerordentlichen Beschwerde im Wege einer **Fallgruppenbildung** zu bestimmen (MüKo-ZPO/*Finger* § 620c Rn 17). Danach ist eine außerordentliche Beschwerde zulässig, wenn das Amtsgericht seine **Entscheidungs- bzw Regelungskompetenz** in positiver wie auch negativer Hinsicht verkennt (*Dose* Rn 53; *Gießler*/*Soyka* Rn 180) und daher einen Antrag aus diesem Grund zurückweist oder eine Entscheidung erlässt (OLG Zweibrücken FamRZ 1997, 1167; 1986, 1229). Bis zu einer gesetzlichen Regelung der **Untätigkeitsbeschwerde** wird auch die übermäßige Verzögerung (BVerfG FamRZ 2005, 173; KG FuR 2007, 533 = FamRZ 2007, 2091; OLG Frankfurt FamRZ 2007, 1030 f; OLG Naumburg FamRZ 2007, 2090; aA OLG Hamm FamRZ 2007, 1996 f; OLG Düsseldorf FF 2001, 105 [zur Richterablehnung]) einer gerichtlichen Entscheidung zur Anfechtung berechtigen (MüKo-ZPO/*Lipp* § 567 Rn 25; MüKo-ZPO/*Finger* § 620c Rn 18; Zöller/*Gummer* § 567 Rn 21). Die als außerordentlicher Rechtsbehelf entwickelte Untätigkeitsbeschwerde dient dem Zweck, den Anspruch der Verfahrensbeteiligten auf effektiven Rechtsschutz über das Beschwerdegericht zu gewährleisten (BVerfG FamRZ 2005, 173, 174; OLG Brandenburg FamRZ 2009, 906; OLG Karlsruhe FamRZ 2004, 53, 54; OLG Dresden, FamRZ 2000, 1422 f; § 58 Rz 48 f; Keidel/*Meyer-Holz* § 58 Rn 65 ff), kann aber darüber hinaus, wenn die Untätigkeit der Versagung des Rechts aus dem jeweiligen Verfahrensgegenstand gleichkommt, unter Umständen eine Sachentscheidung des Rechtsmittelgerichts rechtfertigen (OLG Thüringen FamRZ 2003, 1673; MüKo-ZPO/*Lipp* § 567 Rn 25). Insbesondere bei Verfahrensverzögerungen in Umgangssachen wurde bisher die Untätigkeitsbeschwerde für zulässig erach-

tet (OLG Karlsruhe FamRZ 2004, 53, KG FamRZ 2005, 729, OLG Brandenburg FamRZ 2007, 491), um den Rechtsmittelausschluss zu kompensieren. Weiterhin muss bei einem rechtlich unzulässigen Eingriff in Rechte Dritter ein Rechtsmittel eröffnet sein (OLG Hamm FamRZ 2005, 814; OLG Karlsruhe FamRZ 1991, 969).

Ein Verkennen der **Entscheidungs- und Regelungskompetenz** kann vorliegen bei: 6 Anordnung einer im Gesetz nicht vorgesehene Rechtsfolge (*Dose* Rn 54), Fehlen eines Antrags auf Erlass einer einstweiligen Anordnung (OLG Frankfurt 1994, 117), Verkennung der eigenen oder anderweitigen Zuständigkeit oder Regelungskompetenz (OLG Stuttgart FamRZ 2000, 965), Ablehnung einer Anordnung über Belästigungsverbote (OLG Hamburg FamRZ 1978, 804), Abänderung eines offensichtlich endgültigen Vergleichs durch einstweilige Anordnung (OLG Hamm FamRZ 1982, 409), Anordnung der Rückzahlung eines Kostenvorschusses gegen den Prozessbevollmächtigten (OLG Düsseldorf AnwBl 1980, 507), Anordnung eines Prozesskostenvorschusses nach Rechtskraft der Ehescheidung (aA OLG Zweibrücken FamRZ 2001, 637), Versagung von Prozesskostenhilfe für ein Anordnungsverfahren wegen eines vorrangigen Hauptsacheverfahrens (OLG Frankfurt FamRZ 2002, 401) oder Verneinung des Rechtsschutzbedürfnisses bei wiederholtem Antrag (OLG Zweibrücken FamRZ 1986, 1229).

Hingegen ist ein (außerordentliches) **Rechtsmittel** nicht gegeben bei: Verpflichtung 7 des Antragsgegners zur Auskunftserteilung (OLG Hamm FamRZ 1983, 515; aA OLG Düsseldorf FamRZ 1983, 514), zur Herausgabe eines Reisepasses (OLG Düsseldorf FamRZ 1992, 1198), Bejahung der eigenen Zuständigkeit (OLG Köln FamRZ 2003, 548), Verkennung der internationalen Zuständigkeit (OLG Bamberg FamRZ 1997, 1412), Verletzung des rechtlichen Gehörs (§ 44), fehlende Entscheidungsbegründung (OLG Zweibrücken FamRZ 1998, 1379, aA OLG Düsseldorf FamRZ 1998, 764; OLG Hamm FamRZ 1993, 719; OLG München FamRZ 1996, 1022), Änderung oder Aufhebung eines Beschlusses ohne Antrag (OLG Zweibrücken FamRZ 1986, 1120), zur Erweiterung einer Umgangsregelung (KG FamRZ 2007, 1259). In diesen Fällen verbleibt den Beteiligten der Rechtsbehelf nach § 54 Abs 1 sowie die Gegenvorstellung.

C. Beschwerdefähige Entscheidungen

Die mit der Beschwerde anfechtbaren Entscheidungen sind in § 57 Satz 2 abschließend 8 aufgezählt. Nach bisherigem Recht war nur die Anordnung einer Maßnahme oder Regelung, nicht jedoch deren Ablehnung – auch wenn sie wie eine positive Regelung wirkte – mit der sofortigen Beschwerde anfechtbar. Eine Ausnahme stellten Entscheidungen über Maßnahmen nach dem GewSchG und die Zuweisung der Ehewohnung dar (Zöller/*Philippi* § 620c Rn 3). Nunmehr werden alle – stattgebenden und zurückweisenden – Entscheidungen in den Angelegenheiten des § 57 Satz 2 erfasst, auch wenn ein entsprechender Antrag abgelehnt wird (BTDrs 16/6308 S 202 f). Durch die weitergehende Formulierung »entschieden« ist ein Beschluss anfechtbar, der in einer Abänderungsentscheidung nach § 54 Abs 2 eine Sorgerechtsregelung trifft oder die Abänderung einer zuvor ergangenen Sorgerechtsregelung ablehnt, auch wenn hierdurch in das Sorgerechtsverhältnis nicht eingegriffen wird. Enthält die gerichtliche Entscheidung neben anfechtbaren Regelungen auch nicht anfechtbare Anordnungen, ist eine Beschwerde teilweise nicht statthaft, es sei denn der unanfechtbare Regelungsteil steht in einem untrennbaren Sachzusammenhang mit der anfechtbaren Anordnung (MüKo-ZPO/*Finger* § 620c Rn 2). Ein solcher Regelungszusammenhang besteht nicht, wenn die Übertragung des Aufenthaltsbestimmungsrechts auf den einen Elternteil mit der Umgangsregelung zugunsten des anderen Elternteils verbunden wird. Wurde die Abänderung einer Sorgerechtsregelung abgelehnt und zugleich die Herausgabe des Kindes angeordnet, ist nach neuem Recht unter beiden Aspekten die Beschwerde statthaft (anders noch OLG Hamburg FamRZ 1993, 1337).

9 I. Mit der Beschwerde sind Entscheidungen anfechtbar, die die **elterliche Sorge** (§§ 1626 Abs 1, 1626a BGB) betreffen. Eine verfahrenrechtliche Unterscheidung zwischen verheirateten und nicht verheirateten Eltern besteht im hauptsacheunabhängigen Anordnungsverfahren nicht, allerdings sehen die §§ 1671, 1672 BGB unterschiedliche Regelungen vor. Mit der gerichtlichen Regelung muss nicht die elterliche Sorge insgesamt einem Elternteil übertragen (§§ 1671 Abs 2 BGB) oder den Eltern entzogen worden sein (§ 1666 BGB). Anfechtbar sind auch Maßnahmen, die **Teilbereiche** des Sorgerechts (§ 1628 BGB) oder bestimmte gesetzlich ausdrücklich geregelte Einzelaspekte (*Dose* Rn 175a) erfassen. Eine Abgrenzung über den »Kernbereich« des Sorgerechts (*Dose* Rn 181) ist mit nicht unerheblichen Auslegungsschwierigkeiten verbunden (Zöller/*Philippi* § 620c Rn 4). Von dem Ausnahmefall des § 1687 Abs 2 BGB abgesehen besteht für ein Rechtmittel gegen eine Anordnung, die Angelegenheiten des täglichen Lebens iSd § 1687 Abs 1 Satz 3 BGB betrifft, kein Rechtsschutzbedürfnis (MüKo-ZPO/*Finger* § 620c Rn 4). In der Praxis ist die Übertragung des **Aufenthaltsbestimmungsrechts** von zentraler Bedeutung (*Gießler/Soyka* Rn 1056; OLG Düsseldorf FamRZ 1985, 300). Zum Umgangspfleger Rz 10. Überträgt das Gericht dieses nicht einem Elternteil, sondern ordnet es den Aufenthalt des Kindes bei einem Elternteil an, gilt nichts anderes. Eine bereits vollzogene erstinstanzliche einstweilige Anordnung über das Aufenthaltsbestimmungsrecht sollte nur aus schwerwiegenden Gründen in der Beschwerdeinstanz geändert werden, um einen mehrfachen Ortswechsel zu vermeiden (OLG Brandenburg FamRZ 2009, 445). Auch die Regelung eines zeitlich wechselnden Aufenthalts des Kindes zwischen den Haushalten beider Eltern stellt eine anfechtbare Entscheidung dar (zum **Wechselmodell** § 49 Rz 28; OLG Celle OLGR 2009, 55; OLG Dresden FamRZ 2005, 125), weil sie nicht auf das Umgangsrecht bezogen ist. Wird im Anordnungsverfahren die Ersetzung der Zustimmung für die Erteilung eines Kinderreisepasses begehrt, ist nicht nur das Umgangsrecht (§ 151 Nr 2), sondern das Sorgerecht unabhängig davon betroffen, ob die konkrete Befürchtung besteht, der andere Elternteil werde das Kind ins Ausland verbringen (so OLG Köln FamRZ 2002, 404; *Dose* Rn 182). Als weitere Teilbereiche kommen Entscheidungen über die Schul- oder Berufsausbildung oder die Gesundheitsfürsorge in Betracht (*Ebert* § 2 Rn 11). Die Unterscheidung im Rechtsmittelzug zwischen Fällen, in denen der sorgeberechtigte Elternteil mit dem Kind ins **Ausland** reisen will oder in denen der umgangsberechtigte Elternteil eine solche Reise plant, ist kaum begründbar, weil das Elternrecht des anderen Elternteils in gleicher Weise betroffen ist (aA MüKo-ZPO/*Finger* § 620c Rn 4). Die Übertragung der Vermögenssorge unterliegt als Teil der elterlichen Sorge der sofortigen Beschwerde (§ 49 Rz 28).

10 II. Nach bisher ganz einhelliger Ansicht waren einstweilige Anordnungen bezüglich des **Umgangsrechts** nicht mit der sofortigen Beschwerde anfechtbar (BVerfG 2005, 1233, 1235), auch wenn dieses einen Restbestandteil der elterlichen Sorge des nicht sorgeberechtigten Elternteils darstellt (BVerfG FamRZ 2005, 173, 174; OLG Dresden FamRZ 2003, 1306; KG FuR 2007, 534 = FamRZ 2007, 1259; OLG Köln FamRZ 2003, 548; OLG Naumburg FamRZ 2006, 1046, 1296), weil § 620 Nr 1 und 2 ZPO aF unterschiedliche Verfahrensgegenstände normierte, von denen nur das Sorgerecht in § 620c ZPO aF erfasst wurde (*Ebert* § 3 Rn 87; *Dose* Rn 182). An dieser Unterscheidung der Angelegenheiten (§ 151 Nr 1 und 2; § 57 Satz 2 Nr 1) hat sich nichts geändert. Während § 61 Abs 1 des Referentenentwurfs am Katalog des § 620c ZPO aF festhielt, sollte in **§ 57 Satz 2 2. Hs** des Regierungsentwurfs auch der einstweilige vollständige Ausschluss des Umgangsrechts als anfechtbare Entscheidung erfasst werden. Nach der Gesetzesbegründung (BTDrs 16/6308 S 203) besteht in diesem Fall, der häufig beim Verdacht auf Kindesmisshandlung oder auf sexuellen Missbrauch relevant wird, ein besonderes Bedürfnis für eine Anfechtbarkeit der Entscheidung. Der Zeitbezug des Umgangsrechts und die durch dessen rechtlichen oder faktischen Ausschluss drohende Entfremdung zwischen dem Kind und dem umgangsberechtigten Elternteil auch im Falle eines kürzeren Umgangsabbruchs könne zu Lasten des Umgangsberechtigten vollendete Tatsachen schaffen

(S 203). Auf der Grundlage der Sachverständigenanhörung votierte der Rechtsausschuss für die Unanfechtbarkeit einer einstweiligen Umgangsregelung, weil sowohl eine positive als auch negative Entscheidung in Grundrechte der Beteiligten eingreifen und die verfahrensmäßigen Rechte der Beteiligten ausreichend über das Antragsrecht nach § 52 Abs 2 gewahrt seien (S 355 f; krit Keidel/*Giers* § 57 Rn 6 wegen der gravierenden Folgen der Eilentscheidung). Ordnet das Gericht allerdings zur Durchführung des Umgangs eine Umgangspflegschaft nach § 1684 Abs 3 BGB nF an, unterliegt der Beschluss wegen des Eingriffs in die elterliche Sorge – nicht jedoch in Bezug auf die Umgangsregelung selbst – der Beschwerde nach § 57 Satz 2 Nr 1.

III. Nach § 57 Satz 2 Nr 2 ist weiterhin die gerichtliche Anordnung der **Herausgabe des Kindes** an den anderen Elternteil anfechtbar. Dies gilt jedoch nicht, wenn sie Bestandteil bzw zum Zwecke des Umgangs angeordnet wird (Zöller/*Philippi* § 620c Rn 6). Nach § 1632 Abs 2 BGB umfasst die Personensorge das Recht, die Herausgabe des Kindes von jedem zu verlangen, der es den Eltern oder einem Elternteil widerrechtlich vorenthält. Während Regelungen nach § 49 iVm § 151 Nr 3 die Herausgabe auch von Dritten erfassen (§ 49 Rz 34 ff), ist die Beschwerde nach der ausdrücklichen Regelung allein dann eröffnet, wenn über die Herausgabe des Kindes an den anderen Elternteil entschieden wurde. Hat der danach herausgabepflichtige Elternteil das Kind bereits dem anderen Elternteil übergeben, bleibt die Beschwerde mit dem auf Rückführung an den Beschwerdeführer umgestellten Antrag zulässig (OLG Düsseldorf FamRZ 1981, 85). Ist bereits eine Hauptsacheentscheidung nach § 1632 Abs 1 BGB ergangen, ist eine Beschwerde gegen eine zuvor erlassene einstweilige Anordnung nicht mehr zulässig (Mü-Ko-ZPO/*Finger* § 620c Rn 5) 11

IV. Neu eingefügt in den Katalog der beschwerdefähigen Verfahrensgegenstände ist die gerichtliche Entscheidung über einen Antrag auf Verbleib eines Kindes bei einer Pflege- oder Bezugsperson (§ 57 Satz 2 Nr 3). Nach §§ 1632 Abs 4, 1680 Satz 1 BGB kann das Familiengericht anordnen, dass ein Kind, das seit längerer Zeit in Familienpflege oder beim Ehegatten des sorgeberechtigten Elternteils (Bezugsperson) gelebt hat, bei der Pflege- bzw Bezugsperson verbleibt, wenn und solange das Kindeswohl durch die Wegnahme gefährdet würde. Eine **Verbleibensanordnung** wie deren Ablehnung berührt die persönlichen Verhältnisse des Kindes in existentieller Weise, da das Kind – insbesondere im Kleinkindalter – bereits nach kurzer Zeit Bindungen zur Pflege- bzw Bezugsperson aufgebaut hat (BTDrs 16/6308 S 203). Der unvorbereitete und plötzliche Wechsel in einen anderen Haushalt kann das Kindeswohl (§ 1697a BGB) gefährden. Daher ist es gerechtfertigt, in diesen Fällen den Beteiligten den Beschwerdeweg zu eröffnen, zumal der vorläufigen Entscheidung eine präjudizielle Wirkung zukommt. 12

V. Gerichtliche Entscheidungen über Anträge nach den **§§ 1, 2 GewSchG** unterliegen stets der sofortigen Beschwerde. Zu möglichen Maßnahmen, die auf Schutz vor Gewalt und Nachstellung sowie auf die Überlassung einer gemeinsam genutzten Wohnung gerichtet sein können, § 49 Rz 53. Praktisch werden einstweilige Anordnungen, denen häufig ein Platzverweis gegen den Antragsgegner vorausgegangen ist (VG Karlsruhe FPR 2005, 54), nur in selten angefochten, soweit sie überhaupt erst nach mündlicher Verhandlung erlassen wurden. Vielmehr sind es gerade diese Verfahren, die ein Hauptsacheverfahren entbehrlich erscheinen lassen. Sowohl die Anordnung von Schutzmaßnahmen nach § 1 Abs 1 und die Überlassung der Wohnung zur alleinigen Benutzung (§ 2 Abs 1 GewSchG) als auch die Zurückweisung eines hierauf gerichteten Antrag sind anfechtbar. Versöhnen sich die Beteiligten nach Erlass einer einstweiligen Anordnung über eine Wohnungszuweisung und wohnen wieder zusammen, kann der ursprünglich antragstellende Partner diesen Titel nicht auf »Vorrat« für spätere Bedarfsfälle behalten, sondern hat diesen an den früheren Antragsgegner herauszugeben (KG FamRZ 2006, 49). 13

VI. § 57 Satz 2 Nr 5 eröffnet die Beschwerde, soweit über einen Antrag auf Zuweisung der Wohnung entschieden wurde (§ 49 Rz 43). Die Anordnung muss auf die Ehewoh- 14 nung bezogen sein, die ihren Charakter nicht ohne weiteres durch den Auszug eines Ehegatten verliert (OLG Karlsruhe FamRZ 1999, 1087). Erfasst werden Entscheidungen über die alleinige Wohnungsnutzung sowie die Aufteilung der Ehewohnung (OLG Brandenburg FamRZ 1996, 743; KG FamRZ 1986, 1010; *Ebert* § 5 Rn 80; aA OLG Naumburg FamRZ 2005, 2074; MüKo-ZPO/*Finger* § 620c Rn 7), denn weder der Wortlaut noch die materiell-rechtliche Grundlage oder die berechtigten Interessen der Beteiligten sprechen für eine Begrenzung. Ist der Ehemann Alleinmieter der Wohnung, hat die Ehefrau hieran Mitbesitz, den sie auch nicht durch einen vorübergehenden Aufenthalt im Frauenhaus verliert. Die Einräumung des Mitbesitzes stellt keine Wohnungszuweisung dar und ist deshalb nicht mit der Beschwerde anzugreifen (OLG Bamberg FamRZ 2006, 873). Mit der Zuweisungsentscheidung sind idR Nebenbestimmungen verbunden (§ 49 Rz 50). Sowohl die Festsetzung und Bemessung der Räumungsfrist wie deren Versagung oder Verlängerung können mit der Beschwerde angefochten werden, weil sie unmittelbar der Durchführung der Regelung dienen (FA-FamR/*Klein* Kap 8 Rn 292a; aA OLG Bamberg FamRZ 1993, 1338). Hinsichtlich der Anordnung einer **Nutzungsentschädigung** sind die Interessen der Beteiligten durch § 54 einerseits sowie das Hauptsacheverfahren andererseits ausreichend geschützt (OLG Brandenburg FamRZ 2003, 1305; aA *Ebert* § 5 Rn 80).

D. Anfechtbarkeit von Nebenentscheidungen

15 Die Unanfechtbarkeit gerichtlicher Entscheidungen nach § 57 Satz 1 bezieht sich auf Endentscheidungen im Anordnungsverfahren. **Zwischen- und Nebenentscheidungen** sind nach den Grundsätzen der §§ 58 ff idR nicht selbständig anfechtbar. Ob Zwischen- und Nebenentscheidungen im einstweiligen Anordnungsverfahren nach den bisherigen Regelungen anfechtbar waren, war umstritten (bejahend: Zöller/*Philippi* § 620c Rn 13; verneinend: MüKo-ZPO/*Finger* § 620c Rn 20). Auf die Beschwerde nach § 57 Satz 2 finden die Vorschriften der §§ 567 ff ZPO keine Anwendung, so dass die bisherige Rspr nicht übertragen werden kann. Soweit im allgemeinen Teil auf diese Verfahrensvorschriften Bezug genommen wird, gelten diese auch für das Anordnungsverfahren, so dass die Aussetzung des Verfahrens nach § 21 Abs 2, die Verhängung eines Ordnungsgeldes (§ 33 Abs 3), der Festsetzung eines Zwangsmittels (§ 35 Abs 5) sowie die Berichtigung des Anordnungsbeschlusses (§ 42 Abs 2) der **sofortigen Beschwerde** unterliegen (OLG Frankfurt FamRZ 1985, 409; § 58 Rz 31). Einer Verfahrensaussetzung oder gerichtlichen Untätigkeit steht die Ablehnung einer gerichtlichen Regelung bis zum Eingang eines Gutachtens nicht gleich (OLG Frankfurt FamRZ 1989, 765). Wird ein Antrag auf erneute Entscheidung nach mündlicher Verhandlung ohne eine solche als Änderungsantrag nach § 54 Abs 1 zurück gewiesen, gilt § 567 Abs 1 Nr 2 ZPO nicht mehr (anders noch OLG Karlsruhe FamRZ 1989, 523). Eine ausdrückliche Regelung zur beschränkten Anfechtbarkeit der **Kostenentscheidung** wie in § 20a FGG aF oder in § 99 ZPO sehen die §§ 80 ff nicht vor, so dass *Zimmermann* (Rn 237) für das Hauptsacheverfahren die sofortige Beschwerde für statthaft hält. Zumindest im Anordnungsverfahren erscheint dies nach § 57 Satz 1 zweifelhaft, so dass die Kostenentscheidung isoliert nur im Fall einer greifbare Gesetzeswidrigkeit statthaft sein wird (bisher verneinend OLG Düsseldorf FamRZ 1994, 1187). Wird aufgrund einer einstweiligen Umgangsregelung zu dessen Durchsetzung ein **Ordnungsmittel** (§ 89 Abs 1) festgesetzt, ist hiergegen trotz der Regelung des § 57 Satz 1 die sofortige Beschwerde gemäß § 87 Abs 4 statthaft (bisher OLG Frankfurt FamRZ 1999, 1094; Zöller/*Philippi* § 620c Rn 13; aA OLG Karlsruhe FamRZ 1999, 242). Wie nach dem bisherigen Recht kann für die Bewilligung der **Verfahrenskostenhilfe** der Rechtsmittelzug nicht weiter reichen als das Hauptsacheverfahren (§ 76 Abs 2 iVm § 127 Abs 2 ZPO), so dass die sofortige Beschwerde hinsichtlich der Beurteilung der Erfolgsaussichten in allen Verfahrensgegenstände ausgeschlossen ist, die nicht in § 57 Satz 2 aufgeführt sind (BGH FamRZ 2005, 790; OLG Naumburg FamRZ 2008,

165). Entscheidungen im Kostenfestsetzungsverfahren (§ 85 iVm § 104 ZPO), bezüglich der Festsetzung der Vergütung des beigeordneten Rechtsanwalts sowie über die Wertfestsetzung sind dem Grunde nach anfechtbar (MüKo-ZPO/*Finger* § 620c Rn 21).

E. Mündliche Erörterung

Nur gerichtliche Entscheidungen, die aufgrund **mündlicher Erörterung** bzw der gleichgestellten mündlichen Verhandlung ergangen sind (BVerfG FamRZ 2005, 1233, 1235), können mit der Beschwerde angefochten werden. Anderenfalls sind allein die Rechtsbehelfe nach § 54 Abs 1 und 2 statthaft (OLG Naumburg FamRB 2007, 207). Ob die mündliche Erörterung den Verfahrensvorschriften entsprechend angeordnet bzw durchgeführt wurde, ist für die Zulässigkeit der Beschwerde unerheblich (OLG Dresden FamRZ 2002, 1498; MüKo-ZPO/*Finger* § 620c Rn 8; aA OLG Düsseldorf FamRZ 1992, 1198). Wird die nach mündlicher Verhandlung erlassene einstweilige Anordnung auf einen Antrag nach § 54 Abs 1 aufgehoben, geändert oder bestätigt, ist die sofortige Beschwerde nicht statthaft (Zöller/*Philippi* § 620c Rn 9 f). Ebenso ist das Rechtsmittel unzulässig, wenn nach mündlicher Verhandlung der Anordnungsantrag zurückgewiesen wurde und nach weiterem Vorbringen auf einen Antrag nach § 54 die einstweilige Anordnung erlassen wird (OLG Köln FamRZ 2009, 444 f für den Fall einer sofortigen Beschwerde, mit der der ursprüngliche Antrag erweitert und auf neue Tatsachen gestützt wurde, weil es am Zusammenhang mit der mündlichen Verhandlung fehlt). Wird im Abänderungsverfahren auf mündliche Erörterung entschieden, ist die Beschwerde statthaft. Ist eine Beschwerde mangels mündlicher Erörterung nicht zulässig ist, wird der Antrag regelmäßig als Antrag nach § 54 Abs 2 auszulegen sein (BVerfG 2005, 1233, 1235). 16

Unterschiedlich wird die Statthaftigkeit der Beschwerde beurteilt, wenn das Gericht nach mündlicher Erörterung weitere Ermittlungen angestellt und in einem **sog gemischt-mündlich-schriftlichen Verfahren** entschieden hat. Die Voraussetzungen der Zulässigkeit eines Rechtsmittels müssen für die Beteiligten und für das Beschwerdegericht zuverlässig beurteilt werden können, ohne dass es aus formalen Gründen zu einer (weiteren) Verfahrensverzögerung bei Nachholung einer mündlichen Verhandlung kommt. Hat das Gericht nach einer mündlichen Erörterung weitere Ermittlungen unternommen, kommt es darauf an, ob hierdurch wesentliche und für die Entscheidung erhebliche Erkenntnisse gewonnen wurden (aA Keidel/*Giers* § 57 Rn 5), während der zeitliche Abstand (Prütting/Helms/*Stößer* § 57 Rn 9) zum Anordnungsbeschluss für sich allein nur ein Indiz für dadurch bedingte tatsächliche Veränderungen oder weitere gerichtliche Erkenntnisse sein kann. Für die Zulässigkeit der Beschwerde ist es nicht ausreichend, dass zu irgend einem Zeitpunkt eine mündliche Erörterung mit den Beteiligten erfolgte. Maßgeblich ist, dass sie vor dem Hintergrund der wesentlichen gerichtlichen Feststellungen ihre Interessen und Beurteilung vor dem Gericht zum Ausdruck bringen konnten. Hat das Gericht nach der Erörterung mit den Beteiligten einen Jugendamtsbericht eingeholt oder das Kind angehört und hieraus wesentliche Erkenntnisse erzielt, bedarf es grundsätzlich einer weiteren mündlichen Erörterung (OLG Zweibrücken FamRZ 2008, 1265; KG FamRZ 2008, 1265; OLG Karlsruhe FamRZ 1994, 1186; OLG Karlsruhe FamRZ 1989, 521; OLG Hamburg FamRZ 1986, 182; *Gießler/Soyka* Rn 151; Schwab/Maurer/*Borth* I Rn 955; aA Zöller/*Philippi* § 620c Rn 8; zur abändernden Entscheidung nach sofortiger Beschwerde OLG Köln FamRZ 2009, 444), es sei denn die Beteiligten verzichten im Rahmen der Gewährung rechtlichen Gehörs hierauf (MüKo-ZPO/*Finger* § 620c Rn 8). Einer etwaige Verfahrensverzögerung kann durch eine kurzfristige Terminierung begegnet werden, zumal die Möglichkeit einer einvernehmlichen Regelung (§ 156 Abs 1) aufgrund neuer Feststellungen nicht ausgeschlossen erscheint. 17

F. Beschwerdeverfahren

18 Auf das Beschwerdeverfahren nach § 57 Satz 2 finden die Vorschriften der §§ 58 ff Anwendung. Nach § 40 wird der Beschluss nach Maßgabe der Vorschriften im Hauptsacheverfahren mit seiner Bekanntgabe, dh mit Zustellung (§ 41 Abs 1 Satz 2) an den Beteiligten wirksam (zur Wohnungszuweisung § 209 Abs 2). Die Einlegung der Beschwerde berührt die Wirksamkeit des Beschlusses nicht, allerdings kann das Beschwerdegericht nach §§ 64 Abs 3, 55 Abs 1 Satz 1 die Vollziehung des angefochtenen Beschlusses aussetzen. Die **Beschwerdeberechtigung** richtet sich nach § 59 Abs 1 und 2. Derjenige Verfahrensbeteiligte, der durch den Beschluss in seinen Rechten beeinträchtigt ist, sowie in Antragsverfahren derjenige, dessen Antrag zurückgewiesen wurde, sind zur Beschwerde befugt. Dritte können ausnahmsweise beschwerdeberechtigt sein, wenn in ihre Rechte eingegriffen wird oder sie nicht am Anordnungsverfahren beteiligt waren.

19 In **Familiensachen** des § 111 ist nach den Verfahrensbeteiligten zu differenzieren: In Familienstreitsachen iSd § 112 können sowohl Antragsteller wie auch Antragsgegner beschwerdeberechtigt sein. Die Eltern sind in Sorgerechtsverfahren grundsätzlich **beschwerdeberechtigt** (KG FamRZ 1994, 119), auch wenn einem Elternteil ohne oder gegen seinen Willen die elterliche Sorge gemäß § 1671 BGB übertragen wurde (OLG Karlsruhe FamRZ 1999, 801). Während bisher umstritten war, ob minderjährige Kinder, die das 14. Lebensjahr vollendet haben, im Anordnungsverfahren beschwerdeberechtigt sind (MüKo-ZPO/*Finger* § 620c Rn 22; Zöller/*Philippi* § 620c Rn 15), folgt aus § 60, der auch im Anordnungsverfahren gilt, deren Beschwerdebefugnis (Keidel/*Giers* § 57 Rn 11). Die verfahrensrechtliche Rechtsstellung des **Jugendamts** ist in verschiedenen Familiensachen weitgehend identisch ausgestaltet und erweitert deren Beschwerdeberechtigung auch im Anordnungsverfahren. Das Gericht soll oder hat das Jugendamt in Kindschafts-, Abstammungs-, Adoptions-, Wohnungszuweisungs- und Gewaltschutzsachen anzuhören und dem Jugendamt die jeweiligen Entscheidungen mitzuteilen. Gegen die Entscheidung steht dem Jugendamt die Beschwerde zu (§§ 162 Abs 3, 176 Abs 2, 194 Abs 2, 205 Abs 2, 213 Abs 2). Daher kann das Jugendamt gegen einstweilige Anordnungen im Rahmen der dargestellten Grundsätze des § 57 Satz 2 seinerseits Beschwerde einlegen (anders noch OLG Karlsruhe FamRZ 1991, 969, 970). Darüber hinaus ist das Jugendamt beschwerdeberechtigt, wenn es (zu Unrecht) nicht am Verfahren beteiligt oder durch die Entscheidung in dessen Rechte eingegriffen wird. Vereine, die Kindesinteressen wahrnehmen wollen, sind nicht beschwerdeberechtigt (MüKo-ZPO/*Finger* § 620c Rn 22), soweit ihre Vertretungsbefugnis nicht bereits erstinstanzlich nach § 10 Abs 3 zurückgewiesen wurde (Schöpflin § 10 Rn 19 ff). Am einstweiligen Wohnungszuweisungsverfahren ist der Vermieter nicht zu beteiligen, so dass er grundsätzlich nicht beschwerdeberechtigt ist, sofern nicht zu Unrecht in seine Rechte durch rechtsgestaltende Anordnungen eingegriffen wird.

20 Der Beschwerdeführer muss durch die gerichtliche einstweilige Anordnung **beschwert** iSd § 59 Abs 1 und 2 sein, in dem durch die Anordnung – unabhängig von seiner Beteiligung am Verfahren (§ 7 Abs 2 Nr 1, BTDrs 16/6308 S 204) – in seine Rechte eingegriffen wird oder seinem Antrag nicht oder nur teilweise entsprochen wurde. Die Beschwer entfällt nicht dadurch, dass der einstweiligen Anordnung Folge geleistet wurde und beispielsweise das Kind herausgegeben oder die Ehewohnung geräumt wurde (OLG Karlsruhe FamRZ 1999, 1087). Davon zu unterscheiden sind die Fälle des § 62, der die Beschwerde ermöglicht, wenn sich die Hauptsache – etwa bei einer vorübergehenden Unterbringung – erledigt hat (s § 62 Rz 6 ff). In vermögensrechtlichen Streitigkeiten wird dem Beschwerdewert des § 61 Abs 1 idR keine Bedeutung zukommen, weil diese gemäß § 57 Satz 2 nicht anfechtbar sind (Ausnahme: OLG Brandenburg FamRZ 2000, 1102 zur Anordnung im Hausratsverfahren).

21 Nach der Neukonzeption des Beschwerderechts ist die Beschwerde auch im Anordnungsverfahren, für das kein Anwaltszwang besteht, allein bei dem Gericht einzulegen,

dessen Beschluss angefochten wird (§ 64 Abs 1). Die Beschwerde wird durch Einreichung einer Beschwerdeschrift oder zur Niederschrift der Geschäftsstelle eingelegt. Die **Beschwerdefrist** beträgt **zwei Wochen** (§ 63 Abs 2 Nr 1), kann als Notfrist nicht verlängert werden und beginnt mit der Zustellung des Beschlusses (§ 41 Abs 1 Satz 2) an den Beteiligten. Wird die Frist nicht gewahrt, ist die Beschwerde als unzulässig zu verwerfen, soweit nicht Wiedereinsetzung in den vorigen Stand (§§ 17 ff) zu gewähren ist. Ist eine Hauptsacheentscheidung wirksam bzw liegt in einer Unterhaltssache eine rechtskräftige Entscheidung vor, tritt die einstweilige Anordnung gemäß § 56 Abs 1 außer Kraft, so dass für ein Beschwerdeverfahren kein Raum mehr ist (MüKo-ZPO/*Finger* § 620c Rn 21) und ggf nur noch über dessen Kosten zu entscheiden ist. Während nach § 620d ZPO aF die Beschwerde innerhalb der Beschwerdefrist zu begründen war, sieht der auch im Anordnungsverfahren geltende § 65 Abs 1 eine Begründungspflicht nicht mehr vor (*Schürmann* FamRB 2009, 24, 26). Allerdings kann dass Gericht wie in § 571 Abs 3 ZPO dem Beteiligten ein Frist zur Beschwerdebegründung setzen (§ 65 Abs 2). In allen Verfahrensgegenständen besteht auch in der Beschwerdeinstanz kein Anwaltszwang (§ 51 Rz 17). Zum Beschwerdeantrag BGH FamRZ 1994, 158.

Das **Beschwerdeverfahren** richtet sich im Übrigen nach den Vorschriften der §§ 66 ff. **22** Eine offensichtlich unzulässige Beschwerde kann in einen Abänderungsantrag nach § 54 Abs 1 und ggf in einen Antrag auf Entscheidung nach mündlicher Verhandlung umgedeutet werden (BVerfG FamRZ 2005, 1233, 1235). Dies ist insbesondere dann nahe liegend, wenn die Voraussetzungen der Beschwerde nach § 57 Satz 2 ersichtlich nicht vorliegen, etwa weil die einstweilige Anordnung nicht nach mündlicher Erörterung erlassen wurde. Hierauf hat das Gericht die Beteiligten ggf hinzuweisen. Der Beschwerdegegner kann sich grundsätzlich nach Maßgabe des § 66 der Beschwerde anschließen (MüKo-ZPO/*Finger* § 620c Rn 24, 25). Während im Beschwerdeverfahren grundsätzlich die **Abhilfemöglichkeit** gegeben ist, ist das Gericht nach § 68 Abs 1 Satz 2 hierzu in Familiensachen (§ 111) – im Gegensatz zur bisherigen Regelung (§ 572 Abs 1 ZPO; OLG Brandenburg FamRZ 2004, 653) – nicht befugt und hat daher die Beschwerde sofort dem Beschwerdegericht vorzulegen. Auch wenn das Gericht die Beschwerde für begründet erachtet, kann es weder in Amtsverfahren noch in Antragsverfahren die getroffenen einstweilige Anordnung ändern. Eine Zurückverweisung der Sache an das Amtsgericht ist im Anordnungsverfahren nicht gerechtfertigt.

Für das Beschwerdeverfahren sind nach § 68 Abs 3 die Vorschriften über das Verfahren im ersten Rechtszug maßgeblich (§ 68 Rz 33). Die Beteiligten können im Beschwerdeverfahren neue Tatsachen, die glaubhaft zu machen sind, vortragen (§ 65 Abs 3). Eine **mündliche Verhandlung** oder **Erörterung** ist für das Beschwerdeverfahren nicht vorgeschrieben. Während nach bisherigem Recht im Anordnungsverfahren idR eine mündliche Erörterung im Beschwerdeverfahren nicht erfolgte, kann hiervon auch unter Berücksichtigung der Regelung des § 68 Abs 3 Satz 2 aufgrund des selbständigen und hauptsacheunabhängigen Verfahrens eine abweichende Beurteilung geboten sein. Dem Bestreben des Gesetzgebers, eine einvernehmliche Regelung der Beteiligten zu ermöglichen und Hauptsacheverfahren zu ersparen, kann durch eine Erörterung der Sach- und Rechtslage in einer mündlichen Erörterung Rechnung getragen werden. Dies gilt grundsätzlich für alle beschwerdefähigen Familiensachen (§§ 155, 156 Abs 1, 207). Der zusätzlichen Belastung der Beschwerdegerichte kann dadurch Rechnung getragen werden, dass die Erörterung sowie ggf die Entscheidung durch den Einzelrichter erfolgt (§ 68 Abs 4). **23**

Die Verpflichtung zur persönlichen **Anhörung** der Verfahrensbeteiligten (§§ 159–162) **24** besteht auch im Beschwerdeverfahren. Während nach § 50a Abs 3 Satz 1 FGG aF auch in der Beschwerdeinstanz von der Anhörung nur aus schwerwiegenden Gründen abgesehen werden konnte, steht es nunmehr im Ermessen des Beschwerdegerichts, ob es die Eltern, das Kind oder das Jugendamt erneut anhört, denn es kann nach **§ 68 Abs 3 Satz 2** von einzelnen Verfahrenshandlungen absehen, wenn diese bereits im ersten Rechtszug vorgenommen wurden, dessen Ergebnis aktenkundig ist bzw hinreichend protokolliert wurde und von einer erneuten Anhörung keine weiteren entscheidungserheblichen Erkenntnissee zu erwarten sind (§ 51 Rz 35). Ob dies der Fall ist, wird im Anordnungsverfahren von den bisherigen erstinstanzlichen Feststellungen, vom Zeitablauf (BayObLG FamRZ 1987, 1080) und den mit der Beschwerde geltend gemachten Gesichtspunkten sowie neuen Tatsachen abhängen (§ 68 Rz 36 ff; BayObLG FGPrax 1995, 155; FamRZ 1997, 685). Darüber hinaus ist der Zweck einer persönlichen Anhörung zu berücksichtigen, neben der weiteren Sachaufklärung einen persönlichen Eindruck von dem Anzuhörenden gewinnen und auf dieser Grundlage seine Entscheidung treffen zu können (BayObLG FamRZ 1995, 500, 501). Will das Beschwerdegericht die erstinstanzlichen Angaben der Beteiligten aus ihrer Anhörung abweichend würdigen, ist eine erneute Anhörung erforderlich (BayObLG FamRZ 1996, 1352; § 68 Rz 42 ff). Wird ein geänderter und für die zu treffende Entscheidung maßgeblicher Wille des Kindes konkret behauptet, kann es erforderlich sein, das Kind erneut anzuhören.

25 Das Beschwerdegericht entscheidet in der Sache selbst durch zu begründenden Beschluss (§ 69 Abs 1 Satz 2 und Abs 2). Zur Bindung an den Antrag § 51 Rz 13. Für die Verfahrensgegenstände des § 57 Satz 2 Nr 1–3 gilt das Verbot der reformatio in peius nicht (Zöller/*Philippi* § 620c Rn 22a). Das Beschwerdegericht kann in seiner Entscheidung Maßnahmen anordnen, die ihrerseits (erstinstanzlich) nicht anfechtbar wären; ihm ist es jedoch versagt, eine Entscheidung zu einem anderen Verfahrensgegenstand als dem angefochtenen zu treffen. Wurde erstinstanzlich die elterliche Sorge geregelt, kann das Beschwerdegericht diese Anordnung nicht aufheben und den Umgang regeln. Der Beschwerdeführer kann die Beschwerde mit der Kostenfolge der §§ 83 Abs 2, 81 zurücknehmen. Die Beteiligten können das Anordnungsverfahren auch in der Beschwerdeinstanz in der Hauptsache für erledigt erklären. Das Beschwerdegericht hat über die Kosten des Anordnungsverfahrens insgesamt zu erkennen (§ 51 Abs 4), wobei nach § 84 die Kosten eines ohne Erfolg eingelegten Rechtsmittels dem Beschwerdeführer aufzuerlegen sind. Die **Rechtsbeschwerde** ist im einstweiligen Anordnungsverfahren nicht statthaft (§ 70 Abs 4; BGH FamRZ 2003, 97, 232).

Abschnitt 5
Rechtsmittel

Unterabschnitt 1
Beschwerde

Vorbemerkung zu §§ 58–75

Übersicht

	Rz		Rz
A. Systematik und Geltungsbereich	1	VI. Dienstaufsichtsbeschwerde	33
B. Die regelmäßigen Rechtsmittel des FamFG	5	E. Verfassungsbeschwerde, Vorlage an BVerfG und EuGH, Anrufung des EGMR	34
I. Beschwerde	5	I. Verfassungsbeschwerde	34
II. Rechtsbeschwerde	9	II. Normenkontrollverfahren	35
III. Anschlussrechtsmittel	13	III. Anrufung des EGMR	36
C. Besondere Rechtsmittelvorschriften	14	IV. Vorlage an den EuGH	38
I. Sofortige Beschwerde nach Maßgabe der ZPO	14	F. Beschwerdewert und Zulassung des Rechtsmittels	39
II. Beschwerden nach dem GVG	16	G. Anrufung des Gerichts gegen Entscheidungen von Verwaltungsbehörden	40
III. Rechtsmittel in Kostenangelegenheiten	19	I. Personenstandssachen	41
IV. Weitere Rechtsmittelvorschriften außerhalb des FamFG	23	II. Landwirtschaftssachen	42
D. Sonstige Rechtsbehelfe im Verfahren der freiwilligen Gerichtsbarkeit	24	III. Justizverwaltungsakte	43
I. Erinnerung gemäß § 11 Abs 2 RPflG	25	IV. Anerkennung ausländischer Entscheidungen in Ehesachen	44
II. Erinnerung entsprechend § 573 ZPO	26	V. Berufsrechtliche Verfahren nach der BRAO, der PatAnwO und dem EuRAG	47
III. Einspruch und Widerspruch	28	VI. Verfahren nach der Bundesnotarordnung	49
IV. Wiederaufnahme und Wiedereinsetzung	30		
V. Anhörungsrüge, außerordentliche Beschwerde, Gegenvorstellung	31		

A. Systematik und Geltungsbereich

Die §§ 58–75 (= Buch 1, Abschnitt 5) enthalten die Vorschriften über die regelmäßigen **1** Rechtsmittel gegen die Anfechtung von (End-)Entscheidungen für den gesamten Bereich der freiwilligen Gerichtsbarkeit, soweit nicht Sondervorschriften in den Büchern 2–9 oder in Spezialgesetzen außerhalb des FamFG Abweichungen von den dort getroffenen Regelungen vorsehen.

Ein Rechtsmittel ist der Antrag, mit dem ein Verfahrensbeteiligter die Überprüfung **2** und Aufhebung einer bestimmten Entscheidung durch das im Instanzenzug – näher s § 58 Rz 2 ff – übergeordnete Gericht anstrebt. Die ordentlichen Rechtsmittel im Anwendungsbereich des FamFG sind die – im Grundsatz immer befristete – Beschwerde (§§ 58–69 = Buch 1, Abschnitt 5, Unterabschnitt 1) und die Rechtsbeschwerde (§§ 70–75 = Buch 1, Abschnitt 5, Unterabschnitt 2). Eine unbefristete Beschwerde ist im neuen Recht nur noch im Grundbuch- und Schiffsregisterwesen vorgesehen.

Die Vorschriften über die Beschwerde und die Rechtsbeschwerde stehen grds von- **3** einander unabhängig nebeneinander. Eine § 29 Abs 4 FGG entsprechende Verweisungsnorm bei der Rechtsbeschwerde auf die Beschwerdevorschriften als Auffangrecht, soweit für die Rechtsbeschwerde keine Sonderregeln bestehen, ist in das neue Recht wegen der grds unterschiedlichen Ausgestaltung des zweiten und des dritten Rechtszuges nicht übernommen worden. Trotz ihrer systematischen Stellung sind aber zumindest die §§ 59f zur Beschwerdeberechtigung (§ 59 Rz 2), die Regeln über die Beschwerderücknahme und den Beschwerdeverzicht (§ 67 Rz 3) sowie zT die Vorschriften über

Vorbemerkung zu §§ 58–75 FamFG

die Statthaftigkeit der Beschwerde nach Erledigung der Hauptsache (§ 62 Rz 4) auch auf die Rechtsbeschwerde entsprechend anzuwenden, da es sich insoweit ihrer Natur nach um allgemeine Grundsätze für das gesamte Rechtsmittelrecht handelt. Auch die Regelung des § 64 Abs 3 über die Befugnis des Beschwerdegerichts zum Erlass einstweiliger Anordnungen dürfte auf das Rechtsbeschwerdegericht übertragbar sein (§ 69 Rz 56).

4 Gem § 488 Abs 1, durch den der Regelungsgehalt von § 194 Abs 1 FGG weitgehend unverändert übernommen wurde, gelten die §§ 58 ff auch, wenn landesgesetzlich **andere als gerichtliche Behörden** für das Verfahren zuständig sind.

B. Die regelmäßigen Rechtsmittel des FamFG

I. Beschwerde

5 Die Beschwerde (§ 58) ist das ordentliche Rechtsmittel zur Anfechtung von **Endentscheidungen** des Richters **der ersten Instanz** im gesamten Bereich der freiwilligen Gerichtsbarkeit. Gem § 11 Abs 1 RPflG ist sie darüber hinaus auch das »nach den allgemeinen verfahrensrechtlichen Vorschriften« nunmehr zulässige Rechtsmittel gegen die Entscheidungen des Rechtspflegers.

6 Wegen der – zumindest grundsätzlichen – Einbeziehung der bisher dem Rechtsmittelrecht der ZPO unterliegenden Familienstreitsachen in das einheitliche Rechtsmittelsystem des FamFG (vgl § 117) muss die Beschwerde nunmehr auch die Funktion der bisherigen Berufung in Familiensachen mit übernehmen. Das gilt nicht nur für die bisherigen ZPO-Familiensachen (Unterhaltssachen nach § 112 Nr 1 iVm §§ 231 Abs 1, 269 Abs 1 Nr 7 und 8 und Güterrechtssachen nach § 112 Nr 2 iVm 261 Abs 1, 269 Abs 1 Nr 9), sondern auch für die bisherigen allgemeinen Zivilsachen nach § 112 Nr 3 iVm §§ 266 Abs 1, 269 Abs 2, die durch die Zuständigkeitserweiterung im Rahmen des »Großen Familiengerichts« nunmehr ebenfalls dem Verfahren nach dem FamFG unterliegen.

7 Die Beschwerde nach dem FamFG eröffnet eine grds **vollwertige zweite Tatsachen- und Rechtsinstanz** (vgl ua §§ 65 Abs 3, 68 Abs 3). Das Beschwerdegericht tritt in den Grenzen des Rechtsmittels als zweite Tatsacheninstanz an die Stelle des Amtsgerichts und hat das gesamte Sach- und Rechtsverhältnis, wie es sich zur Zeit der Entscheidung darstellt, von Amts wegen erneut zu beurteilen. Das entspricht im Regelungsansatz dem FGG (vgl KKW/*Kahl* Vor §§ 19 ff FGG Rn 2a mwN; Bassenge/Roth § 23 FGG Rn 1), bedeutet aber für die bisher dem Rechtsmittelrecht der ZPO unterliegenden, ehemaligen ZPO-Familiensachen und jetzigen Familienstreitsachen (§ 112) eine teilweise, vom Gesetzgeber (BTDrs 16/6308 S 224 f) mit der für Familienstreitverfahren charakteristischen Dynamik der Lebensverhältnisse begründete Abkehr von der Ausgestaltung der Berufungsinstanz als einer nur eingeschränkten, im Grundsatz nur der Fehlerkontrolle und -beseitigung dienenden, zweiten Tatsacheninstanz, wie sie durch die ZPO-Reform geschaffen wurde (vgl § 529 ZPO) und insoweit eine teilweise Rückkehr zu dem davor geltenden Rechtszustand (vgl § 525 ZPO in der bis 31.12.2001 geltenden Fassung). Diese Abkehr von zentralen Zielen der ZPO-Reform für Familienstreitsachen ist angesichts der an anderer Stelle ausdrücklich verfolgten Beschleunigungsabsichten des Gesetzgebers überraschend, zumal sich Regelungen des ZPO-RG wie zB § 529 ZPO auch etwa in Unterhaltssachen durchaus als sinnvoll und zweckmäßig erwiesen haben (*Klinkhammer* FF 2006, 95, 98).

8 Die Beschwerde hemmt den Eintritt der formellen Rechtskraft (**Suspensiveffekt**), hindert aber im Grundsatz nicht die Vollziehbarkeit der angefochtenen Entscheidung (Einzelheiten und Ausnahmen § 64 Rz 21 ff). Abweichend von § 18 Abs 2 FGG und in Angleichung an § 572 Abs 1 ZPO idF des ZPO-RG – besteht nunmehr im Grundsatz immer die Verpflichtung des Ausgangsgerichts zur Prüfung einer möglichen **Abhilfe**. Eine Ausnahme gilt gem § 68 Abs 1 S 2 nur für Endentscheidungen in Familiensachen.

II. Rechtsbeschwerde

Die Rechtsbeschwerde (§ 70) ist das ordentliche Rechtsmittel der freiwilligen Gerichtsbarkeit zur Anfechtung von **Endentscheidungen der zweiten Instanz**. 9

Als solche dient sie der Überprüfung von Entscheidungen, die das Beschwerdegericht 10
über eine Erstbeschwerde getroffen hat. Außerdem dient sie als zweite Instanz, wenn die Entscheidung im ersten Rechtszug ausnahmsweise bereits durch das OLG getroffen worden ist. Schließlich kann sie in der Sonderform der neu eingeführten **Sprungrechtsbeschwerde** (§ 75) bei Einverständnis aller Beteiligten auch unmittelbar zur Klärung von Rechtsfragen grundsätzlicher Bedeutung durch den BGH bei Streitigkeiten eingesetzt werden, deren tatsächliche Grundlagen außer Streit stehen, so dass eine zweite Tatsacheninstanz für sie nicht benötigt wird.

Die Rechtsbeschwerde dient – wie die Revision der ZPO – nur der Überprüfung der 11
angefochtenen Entscheidung auf das Vorliegen einer verfahrens- oder materiellrechtlichen **Rechtsverletzung** (§ 72 Abs 1 S 1). Es besteht daher grds eine Bindung des Rechtsbeschwerdegerichts an die Tatsachenfeststellungen der Vorinstanz (§ 74 Rz 16, § 72 Rz 12–16). Innerhalb des dadurch vorgegebenen Rahmens ist das Rechtsbeschwerdegericht aber gem § 74 Abs 3 S 2 von Amts wegen verpflichtet, die angefochtene Entscheidung der Vorinstanz in materiell-rechtlicher und grds auch in verfahrensrechtlicher Hinsicht umfassend und ohne Beschränkung auf das Vorbringen des Rechtsmittelführers oder die von der Vorinstanz für entscheidungserheblich gehaltenen Fragen zu überprüfen (§ 74 Rz 7 ff). Lediglich auf solche Verfahrensmängel, die nicht von Amts wegen zu berücksichtigen sind, darf die angefochtene Entscheidung gem § 74 Abs 3 S 3 nur überprüft werden, wenn sie zuvor von den Beteiligten gerügt worden sind (§ 74 Rz 10 ff).

Über die Rechtsbeschwerde entscheidet der BGH. Außer in Betreuungs-, Unterbrin- 12
gungs- und Freiheitsentziehungssachen sowie in den Verfahren nach § 151 Nr 6 und 7 (§ 70 Abs 3) ist sie nur statthaft, wenn sie durch das Beschwerdegericht zugelassen worden ist (§ 70 Abs 1). Eine Nichtzulassungsbeschwerde ist nicht vorgesehen. Ein Vorlageverfahren an den BGH, wie es bisher bei der weiteren Beschwerde gem § 28 Abs 2 und 3 FGG vorgesehen war, ist nach der Neuordnung des Instanzenzuges entfallen. Eine Abhilfe durch das Gericht, das die angefochtene Entscheidung erlassen hat, kommt wie früher bei der weiteren Beschwerde gem § 29 Abs 3 FGG nicht in Betracht. Das ergibt sich schon daraus, dass die Einlegung der Rechtsbeschwerde gem § 71 Abs 1 S 1 unmittelbar bei dem Rechtsbeschwerdegericht erfolgt (Zöller/*Heßler* § 575 ZPO Rn 5 zur ZPO-Rechtsbeschwerde).

III. Anschlussrechtsmittel

Anders als bisher sind nunmehr auch die Anschlussbeschwerde (§ 66) und die An- 13
schlussrechtsbeschwerde (§ 73) im Gesetz ausdrücklich vorgesehen.

C. Besondere Rechtsmittelvorschriften

I. Sofortige Beschwerde nach Maßgabe der ZPO

Neben der Beschwerde und der Rechtsbeschwerde als Rechtsmittel zur Anfechtung von 14
Endentscheidungen verweist das FamFG als Rechtsmittel für die Anfechtung von **Zwischen- und Nebenentscheidungen** in den Fällen, in denen ein solches Rechtsmittel ausnahmsweise zugelassen wird, auf die sofortige Beschwerde entsprechend §§ 567–572 ZPO (Einzelheiten s § 58 Rz 26 ff).

In bestimmten, noch aus der Zeit vor der FGG-Reform stammenden und nach der 15
Neukonzeption des Rechtsmittelrechts systemwidrig gewordenen, jedoch bei der Harmonisierung der Rechtsmittelvorschriften wohl übersehenen Einzelfällen verweist das

Vorbemerkung zu §§ 58–75 FamFG

Gesetz auch außerhalb des Bereichs der Zwischen- und Nebenentscheidungen nach wie auf die sofortige Beschwerde nach der ZPO. Zum Beispiel gilt dies für Beschlüsse, durch die die Auflösung einer Genossenschaft wegen zu geringer Mitgliederzahl (§ 80 Abs 2 S 2 GenG) oder wegen fehlender Mitgliedschaft in einem Prüfungsverband (§§ 54, 54a iVm § 80 Abs 2 S 2 GenG) ausgesprochen wird. Etwas anderes gilt dagegen für Beschwerden gegen Beschlüsse, durch die ein Antrag, die Genossenschaft aufzulösen, zurückgewiesen wird; diese richten sich mangels entsprechender Verweisungsvorschrift nach den allgemeinen Regeln der §§ 58 ff (zum alten Recht vgl zB KKW/*Kahl* Vor §§ 19 ff FGG Rn 24 mwN).

II. Beschwerden nach dem GVG

16 Gem §§ 2 EGGVG, 12 GVG gilt das GVG nunmehr im gesamten Bereich der freiwilligen Gerichtsbarkeit unmittelbar. Soweit bisher zB in den §§ 2 S 2 oder 8 FGG auf die Vorschriften des GVG verwiesen wurde, ist die Notwendigkeit solcher Verweisungen mit der FGG-Reform entfallen. Bei Rechtsmitteln des GVG handelt es sich um **Rechtsbehelfe eigener Art**, auf die weder die §§ 58 ff noch die Vorschriften über die sofortige Beschwerde entsprechend der ZPO anwendbar sind (KKW/*Sternal* § 2 Rn 44).

17 Bei Ablehnung eines **Rechtshilfeersuchens** oder bei beabsichtigter Stattgabe einer solchen Ersuchens entgegen § 158 Abs 2 GVG kann so zB das ersuchende Gericht oder der beschwerte Beteiligte mit einem formlosen und an keine Frist gebundenen Antrag, der nicht dem Anwaltszwang unterliegt, die Entscheidung des OLG gem § 159 Abs 1 GVG beantragen (Einzelheiten vgl zB Jansen/*Müther*, § 2 Rn 26 ff; KKW/*Sternal* § 2 Rn 44 ff). Gegen diese Entscheidung ist die – ebenfalls form- und fristlose, nicht dem Anwaltszwang unterliegende – Beschwerde, für die auch kein Begründungszwang besteht und die wahlweise sowohl beim OLG wie auch beim BGH eingelegt werden kann, gem § 159 Abs 2 GVG nur ausnahmsweise dann zulässig, wenn das ersuchende und das ersuchte Gericht unterschiedlichen OLG-Bezirken angehören. Die Beschwerdeentscheidung ergeht gerichtsgebührenfrei; für die außergerichtlichen Kosten gilt § 81.

18 Gegen die Festsetzung eines **Ordnungsmittels** in den Fällen der §§ 178, 180 GVG kann (nur) von dem Betroffenen binnen einer Woche nach ihrer Bekanntgabe gem § 181 GVG Beschwerde eingelegt werden, sofern die Entscheidung nicht von einem OLG oder dem BGH getroffen worden ist (Einzelheiten vgl Jansen/*von König* § 8 FGG Rn 46 ff; KKW/*Zimmermann* § 8 FGG Rn 7 ff). Gegen die Versäumung der Frist wird man – ähnlich wie bisher – die Wiedereinsetzung in den vorigen Stand entsprechend § 17 ff für zulässig halten müssen. Auch diese Sonderform der Beschwerde kann wahlweise sowohl beim Ausgangs- wie beim Beschwerdegericht eingelegt werden; wiederum besteht ein Anwaltszwang nicht. Gerichtskosten fallen auch hier nicht an (§ 1 FamGKG). Der Rechtsanwalt erhält 0,5 Verfahrensgebühren nach Nr 3500 VV RVG.

III. Rechtsmittel in Kostenangelegenheiten

19 Kostenbeschwerden in Angelegenheiten der freiwilligen Gerichtsbarkeit sind Angelegenheiten, die ihrerseits der freiwilligen Gerichtsbarkeit zuzurechnen sind (BGH FamRZ 2007, 136; KKW/*Schmidt* Einl zum FGG Rn 21 mwN). Jedoch gelten für die Rechtsmittel in Kostensachen verschiedene Sondervorschriften, die durch eine erhebliche Zersplitterung gekennzeichnet sind.

20 **Kostengrundentscheidungen**, die bisher gem § 20a FGG (ebenso wie gem § 99 ZPO) nur in den sich aus § 20a Abs 1 S 2 FGG ergebenden Sonderfällen isoliert anfechtbar waren, können nach dem ersatzlosen Wegfall dieser Vorschrift als Endentscheidungen iSd § 38 Abs 1 S 1 auch **ohne gleichzeitiges Rechtsmittel gegen die Hauptsache** mit der regulären Beschwerde (§§ 58 ff) angegriffen werden (§ 82 Rz 2; BTDrs 16/6308 S 216, 272, 276; Friederici/Kemper/*Schneider* § 82 Rn 32). Das Gleiche gilt (s § 58 Rz 14) auch für die Anfechtung von isolierten Entscheidungen über die Kostenverteilung in den bisher

Vorbemerkung zu §§ 58–75 FamFG

in § 20a Abs 2 FGG geregelten Fällen, in denen eine Entscheidung in der Hauptsache überhaupt nicht ergangen ist, insbes also nach Erledigung der Hauptsache oder nach einer Rücknahme des Verfahrensantrages. Nur in **Ehe- und Familienstreitsachen** ist die isolierte (Teil-)anfechtung von Kostenentscheidungen gem § 113 Abs 1 S 2 iVm § 99 Abs 1 ZPO nach wie vor unzulässig und verweist § 113 Abs 1 S 2 ZPO für die isolierte Anfechtung einer Kostenentscheidung nach einer Erledigung oder Rücknahme auch weiterhin auf die §§ 91a Abs 2 und 269 Abs 5 ZPO, die als statthaftes Rechtsmittel jeweils ausdrücklich die sofortige Beschwerde nach §§ 567 ff ZPO bestimmen (BTDrs 16/12717 S 71). Anders als bisher muss der Wert des Beschwerdegegenstandes dabei mangels Sonderregelung nun auch bei der Anfechtung von Kostengrundentscheidungen den gem § 61 Abs 1 allgemein geltenden Betrag von 600,00 € überschreiten. Entscheidungen im **Kostenfestsetzungsverfahren** gehören dagegen zu den Nebenentscheidungen, für die über § 85 iVm § 104 Abs 3, die sofortige Beschwerde in entsprechender Anwendung der §§ 567 ff ZPO vorgesehen ist. Im Bereich der Ehe- und Familienstreitsachen gelten diese Vorschriften gem § 113 Abs 1 2 S 2 bereits unmittelbar.

Die Rechtsmittel gegen **Streitwertbeschlüsse** und Entscheidungen über den **Kosten-** 21 **ansatz** sind nunmehr für den Bereich der **Ehe und Familienstreitsachen** einheitlich in §§ 57–61 FamGKG geregelt. Gem § 59 Abs 1 S 1 und 2 FamGKG findet gegen die **Festsetzung des Verfahrenswertes** für die Gerichtsgebühren die Beschwerde statt, wenn der Wert des Beschwerdegegenstandes 200,00 € übersteigt oder die Beschwerde wegen grundsätzlicher Bedeutung durch das Familiengericht zugelassen wird. Gem § 57 Abs 1 FamGKG ist gegen den **Kostenansatz** die Erinnerung und gem § 57 Abs 2 FamGKG gegen die Entscheidung des Familiengerichts über die Erinnerung die Beschwerde gegeben, wobei auch hier wieder ein Beschwerdewert von 200,00 € überschritten sein muss. Wegen der Einzelheiten dieser den §§ 66 ff GKG nachgebildeten Rechtsmittelvorschriften vgl die Erläuterungen zum FamGKG. Eine weitere Beschwerde oder eine Rechtsbeschwerde ist nicht zulässig. Für die Gerichtskosten der freiwilligen Gerichtsbarkeit **außerhalb der Familiensachen** gilt hingegen weiter die KostO. Gegen die Festsetzung des Geschäftswerts ist hier gem § 31 Abs 3 KostO die Beschwerde zulässig sowie gem § 14 KostO gegen den Kostenansatz die Erinnerung und Beschwerde, in der Sache allerdings jeweils unter den gleichen Voraussetzungen wie gem §§ 57 ff FamGKG. Anders als dort ist aber in Fällen grundsätzlicher Bedeutung nach Maßgabe der §§ 14 Abs 5, 31 Abs 3 KostO auch die weitere Beschwerde möglich.

Für die Beschwerde und die weitere Beschwerde gegen die Wertfestsetzung für die 22 **Rechtsanwaltsgebühren** und gegen die Festsetzung der **Vergütung von Sachverständigen, Dolmetschern, Zeugen und ehrenamtlichen Richtern** gelten – verfahrensordnungsübergreifend – weiterhin die §§ 33 Abs 3–9 RVG, 4 Abs 3–7 JVEG, jeweils ohne Anpassung an das neue Recht, also wiederum mit einem Mindestbeschwerdewert von 200,00 € oder dem Erfordernis der Zulassung in Fällen grundsätzlicher Bedeutung. Dagegen ist § 156 KostO für die **Notarkostenbeschwerde** den Strukturen des FamFG weitgehend angeglichen worden, so dass hier gegen die erstinstanzliche Entscheidung des LG nunmehr – zwar wie bisher ohne das Erfordernis einer Mindestbeschwer, aber zugleich auch ohne die Notwendigkeit der Zulassung und nicht mehr nur unter Beschränkung auf eine reine Rechtsfehlerkontrolle – die Beschwerde zum OLG und gegen dessen Entscheidung die Rechtsbeschwerde zum BGH statthaft sind; die §§ 58 ff und 70 ff sind anwendbar, soweit § 15 KostO keine Sondervorschriften enthält.

IV. Weitere Rechtsmittelvorschriften außerhalb des FamFG

Soweit das frühere Vorlageverfahren zum BGH nach § 28 FGG weggefallen ist, sind 23 auch die Sondergesetze, in denen auf dieses Verfahren verwiesen wurde oder ein ihnen entsprechendes geregelt war, durch das FGG-RG mit dem neuen Recht harmonisiert worden, vgl zB § 12 SpruchG nF, §§ 71 ff GBO nF. Weitere Sondervorschriften, in denen

Vorbemerkung zu §§ 58–75 FamFG

ergänzend auf die Vorschriften der §§ 58 ff Bezug genommen wird, enthalten zB die §§ 15 Abs 2 BNotO, 54 Abs 2 BeurkG für Beschwerden gegen die Amtsverweigerung von Notaren und für die Anfechtung von Entscheidungen des Notars, durch welche die Erteilung einer Erstreckungsklausel, Ausfertigung oder Abschrift oder die Einsicht in die Urschrift einer Urkunde verweigert werden.

D. Sonstige Rechtsbehelfe im Verfahren der freiwilligen Gerichtsbarkeit

24 Keine Rechtsmittel im engeren Sinne, sondern nur sonstige Rechtsbehelfe sind gegeben, wenn die Entscheidung durch ihre Einlegung nicht eine höhere Instanz gelangt (kein Devolutiveffekt), sondern nur durch das Gericht der Ausgangsinstanz erneut überprüft wird.

I. Erinnerung gemäß § 11 Abs 2 RPflG

25 Die Erinnerung gem § 11 Abs 2 RPflG ist auch nach der Reform weiterhin der statthafte Rechtsbehelf gegen Entscheidungen des Rechtspflegers, die nach den allgemeinen verfahrensrechtlichen Vorschriften nicht anfechtbar sind (zum bisherigen Recht vgl zB KKW/*Kahl* Vor §§ 19 ff FGG Rn 6 mwN). Sie ist befristet und – im Anwendungsbereich des FamFG – innerhalb der Fristen des § 63 Abs 1 oder 2 bei dem Gericht einzulegen, dem der Rechtspfleger angehört. Es besteht Abhilfebefugnis des Rechtspflegers (§ 11 Abs 2 S 2 RPflG). Erfolgt diese, ist dagegen wiederum die Erinnerung statthaft (KG RPfleger 82, 229). Erinnerungen, denen der Rechtspfleger nicht abhilft, legt er dem zuständigen Richter vor (§ 11 Abs 2 S 3 RPflG), der darüber abschließend entscheidet. Für Form und Inhalt der Nichtabhilfeentscheidung gelten die gleichen Anforderungen wie bei der Nichtabhilfe auf die Beschwerde gegen die Entscheidung eines Richters (§ 68 Rz 19).

II. Erinnerung entsprechend § 573 ZPO

26 Auch wenn eine dahin gehende Verweisungsvorschrift im FamFG nur für den Sonderfall der Entscheidung über die Erteilung oder Verweigerung von Rechtskraftzeugnissen (§ 46 S 3) enthalten ist, wird man davon ausgehen müssen, dass – wie bisher im Anwendungsbereich des FGG – nach wie vor generell die Erinnerung entsprechend § 573 ZPO gegen Entscheidungen des ersuchten oder des beauftragten Richters oder des Urkundsbeamten der Geschäftsstelle gegeben ist (zur bisherigen Rechtslage vgl KKW/*Kahl* Vor §§ 19 ff FGG Rn 7f mwN).

27 Die Erinnerung gegen solche Entscheidungen ist binnen einer Frist von 2 Wochen schriftlich oder zu Protokoll der Geschäftsstelle entweder bei dem beauftragten oder ersuchten Richter oder dem Urkundsbeamten der Geschäftsstelle einzulegen oder bei dem Gericht, das den Richter beauftragt oder ersucht hat oder dem der handelnde Urkundsbeamte der Geschäftsstelle angehört (vgl § 573 Abs 1 ZPO). Dieses Gericht hat jeweils über die Erinnerung zu entscheiden; Abhilfe durch den Richter oder Urkundsbeamten, dessen Entscheidung angefochten wird, ist möglich (§ 573 Abs 1 S 3 iVm § 572 Abs 1 ZPO). Gegen die im ersten Rechtszug ergangene Entscheidung des Gerichts über die Erinnerung ist ihrerseits die sofortige Beschwerde (§ 573 Abs 2 ZPO) in entsprechender Anwendung der §§ 567 ff ZPO gegeben (zum bisherigen Recht zB KKW/*Kahl* Vor §§ 19 ff FGG Rn 7).

III. Einspruch und Widerspruch

28 Besondere – weitestgehend unverändert aus dem bisherigen Recht übernommene – Rechtsmittel in der freiwilligen Gerichtsbarkeit sind der Einspruch im Verfahren über die Festsetzung von Zwangsgeld in Registersachen gem §§ 388–390 (bisher §§ 132 Abs 1,

133 ff, 140, 159 FGG) sowie der Widerspruch im Amtslöschungsverfahren nach §§ 393, 394, 395, 397, 398, 399 (bisher §§ 141, 142 Abs 2, 144, 144a, 147, 159, 161 FGG) und im Dispacheverfahren nach §§ 406, 407 (bisher §§ 155f FGG).

Neu im Bereich der freiwilligen Gerichtsbarkeit, aber zwangsläufige Folge der Unterstellung aller bisherigen ZPO-Familienverfahren in den Anwendungsbereich des FamFG ist die sich für Ehe- und Familienstreitsachen aus § 113 Abs 1 S 2 iVm §§ 338 ff ZPO ergebende Möglichkeit des Einspruchs gegen einen Versäumnisbeschluss, für den Fall, dass in einem Ehe- oder Familienstreitverfahren eine Versäumnisentscheidung ergangen ist (näher § 117 Rz 28 ff). 29

IV. Wiederaufnahme und Wiedereinsetzung

Die allgemein gem § 48 FamFG iVm §§ 578 ff ZPO mögliche **Wiederaufnahme** des Verfahrens dient der Beseitigung der Rechtskraft einer bereits rechtskräftig gewordenen Entscheidung. Die allgemein in §§ 17 ff geregelte **Wiedereinsetzung** in den vorigen Stand soll bei Versäumung der Rechtsmittelfrist die bereits eingetretene Rechtskraft oder einen sonstigen Rechtsnachteil beseitigen. Einen Sonderfall bilden die Ehe- und Familienstreitsachen, für deren Wiederaufnahme § 118 jedoch ebenfalls auf §§ 578 ff ZPO verweist und bei denen auf die Wiedereinsetzung in die versäumte Frist zur Einlegung oder Begründung von Rechtsmitteln gem §§ 68 Abs 3 S 1, 113 Abs 1 S 2, 117 Abs 5 die §§ 233 ff ZPO anzuwenden sind (§ 117 Rz 47). 30

V. Anhörungsrüge, außerordentliche Beschwerde, Gegenvorstellung

Ist ein Rechtsmittel oder ein anderer Rechtsbehelf gegen eine (End-)Entscheidung nicht gegeben und ist diese auch sonst nicht mehr änderbar, können Verstöße gegen den Grundsatz des rechtlichen Gehörs mit der **Anhörungsrüge** (§ 44) angefochten werden. Andere Rechtsverstöße sollen dagegen nach der mittlerweile verfestigten Rspr (BGH FamRZ 2007, 1315; 2006, 695, 696; OLG München FamRZ 2008, 1632) selbst im Falle greifbarer Rechtswidrigkeit und auch bei Verstößen gegen (sonstige) Grundrechte wie den Grundsatz des rechtsstaatlichen und fairen Verfahrens (Art 6 EMRK; Art 2 Abs 1 iVm 20 Abs 3 GG) oder im Fall der willkürlichen Rechtsanwendung (Art 3 Abs 1 GG) nicht mit einer **außerordentlichen Beschwerde** gerügt werden können, da die Zulassung eines derartigen Rechtsmittels außerhalb des geschriebenen Rechts gegen den verfassungsrechtlichen Grundsatz der Rechtsmittelklarheit verstoße (BVerfG NJW 2003, 1924, 1928). In derartigen Fällen bleibt daher als einzige Möglichkeit für den Betroffenen nur noch die Möglichkeit einer – entsprechend § 44 Abs 2 befristeten – **Gegenvorstellung** bei dem Gericht, das die Ausgangsentscheidung erlassen hat (BGH FamRZ 2006, 695, 696; OLG Koblenz FamRZ 2008, 1967; OLG Rostock FamRZ 2007, 907, 908). 31

Diese Rspr steht zwar mit dem Grundsatz in Übereinstimmung, wonach die Fachgerichte bei einem Grundrechtsverstoß zur Entlastung der Verfassungsgerichte vorrangig selbst für Abhilfe zu sorgen haben und diese Abhilfe wiederum jeweils vom Ausgangsgericht (»iudex a quo«) selbst zu leisten ist, weil ein im Gesetz nicht vorgesehener Zugang zu einer weiteren Instanz grds auch durch den Verfahrensverstoß nicht eröffnet werden kann (BVerfG NJW 2003, 1924, NJW 2007, 2538, 2539). Sie bleibt aber dennoch unbefriedigend, weil eine Selbstkorrektur durch das Ausgangsgericht gerade in den hier in Frage stehenden Fällen der Willkür oder des unfairen Verfahrens realistisch kaum zu erwarten ist und daher auf diesem Weg das verfassungsrechtliche Gebot eines effektiven Rechtsschutzes nicht zu gewährleisten ist. Es sollte daher auch im Anwendungsbereich des FamFG die außerordentliche Beschwerde für die vom Anwendungsbereich des § 44 nicht erfassten Fälle der greifbaren Gesetzwidrigkeit zumindest bei bewussten und nicht nur versehentlichen Rechtsverstößen wieder zugelassen werden (ebenso OLG München FGPrax 2005, 278, 279; Bumiller/Harders, § 58 Rn 22 mwN; unentschieden Jansen/*Briesemeister* § 29a FGG Rn 10: »offenes Problem«; aA zB Keidel/*Meyer-Holz* Anh § 58 Rn 58). 32

Vorbemerkung zu §§ 58–75 FamFG

Das gilt zumindest solange, wie der Gesetzgeber die Regelungslücke, die dadurch entstanden ist, dass bei der Einführung der Anhörungsrüge bewusst nur der Fall der Gehörsverletzung und nicht auch eine weitergehende »Willkürrüge« geregelt wurde – und an der sich durch die unveränderte Übernahme der Anhörungsrüge in das FamFG nichts geändert hat – bis auf weiteres offen lässt, wobei er insoweit auch die Möglichkeit einer außerordentlichen Beschwerde für die davon betroffenen Fälle ganz bewusst nicht ausschließen wollte (BTDrs 15/3706 S 14).

VI. Dienstaufsichtsbeschwerde

33 Dienstaufsichtsbeschwerden sind Eingaben an den Dienstvorgesetzten eines Richters oder Beamten, die nicht den Inhalt einer Entscheidung, sondern den Geschäftsbetrieb betreffen; sie beinhalten also eine Anregung an den Dienstvorgesetzten, das dienstliche Verhalten des Richters (Rechtspflegers) zu überprüfen und erforderlichenfalls Dienstaufsichtsmaßnahmen einzuleiten (vgl BayObLGZ 1986, 412). Mit ihnen kann nur eine Überprüfung der Amtsführung unter dienstrechtlichen Gesichtspunkten und ggf die Einleitung dienstaufsichtsrechtlicher Maßnahmen erreicht werden, nicht dagegen eine Überprüfung der sachlich-rechtlichen Richtigkeit einer Entscheidung. In Zweifelsfällen ist eine Eingabe als Rechtsmittel in der Sache zu werten, solange ein solches zulässig ist, ansonsten als Dienstaufsichtsbeschwerde. Gegen die Entscheidung des Dienstvorgesetzten ist für den Bürger kein Rechtsmittel gegeben. Ein Anspruch des Beschwerdeführers auf ein Eingreifen der Dienstaufsicht besteht nicht; dieser kann nur die Annahme und Bearbeitung seiner Eingabe als solche verlangen. Der betroffene Richter kann Maßnahmen der Dienstaufsicht nach § 26 Abs 3 DRiG anfechten. Zur Dienstaufsicht über den Rechtspfleger vgl Bassenge/Roth § 9 RPflG Rn 10.

E. Verfassungsbeschwerde, Vorlage an BVerfG und EuGH, Anrufung des EGMR

I. Verfassungsbeschwerde

34 Gem § 90 Abs 1 BVerfGG kann jeder Beteiligte gegen Entscheidungen im Verfahren nach dem FamFG Verfassungsbeschwerde mit der Behauptung einlegen, durch die öffentliche Gewalt in einem seiner Grundrechte oder einem seiner in Art 20 Abs 4, 33, 38, 101, 103 und 104 GG garantierten Rechte verletzt zu sein. Voraussetzung ist gem § 90 Abs 2 S 1 BVerfGG grds die vorherige Erschöpfung des Rechtswegs. Ob hierfür zunächst der Versuch einer Gegenvorstellung oder einer außerordentlichen Beschwerde bei der Fachgerichtsbarkeit unternommen werden muss, ist streitig. Hält man eine derartige Beschwerde überhaupt für zulässig (s Rz 31 f und § 58 Rz 48 f), so liegt es jedoch nahe, dass sie vor einer möglichen Verfassungsbeschwerde auch eingelegt werden muss. Über eine ausnahmsweise schon vor Erschöpfung des Rechtswegs eingelegte Verfassungsbeschwerde kann das Bundesverfassungsgericht sofort entscheiden, wenn sie von allgemeiner Bedeutung ist oder wenn dem Beschwerdeführer ein schwerer und unabwendbarer Nachteil entstünde, falls er zunächst auf den Rechtsweg verwiesen würde, § 90 Abs 2 S 1 BVerfGG.

II. Normenkontrollverfahren

35 Hält ein Gericht – gleichgültig welcher Instanz – ein Gesetz für verfassungswidrig, auf dessen Gültigkeit es bei der Entscheidung ankommt, so hat es das Verfahren auszusetzen und, wenn es sich um die Verletzung einer Landesverfassung handelt, die Entscheidung des zuständigen Landesverfassungsgerichts, wenn es sich um die Verletzung des Grundgesetzes handelt, die Entscheidung des Bundesverfassungsgerichts einzuholen, Art 100 Abs 1 S 1 GG.

III. Anrufung des EGMR

Seit dem Inkrafttreten der EMRK-Reform am 1.1.1998 hat nunmehr jeder einzelne Bürger die Möglichkeit, sich nach Ausschöpfung des innerstaatlichen Rechtsweges (Art 35 Abs 1 EMRK; hierzu gehört auch die Verfassungsbeschwerde) im Wege der Individualbeschwerde (Art 34 EMRK) unmittelbar an den Europäischen Gerichtshof für Menschenrechte (EGMR) in Strassburg zu wenden und dort geltend zu machen, er sei durch einen Akt der Behörde (gesetzgebende Körperschaft, Verwaltungsorgan, Gericht etc) eines Vertragsstaates in einem seiner in Art 2 ff EMRK oder den zugehörigen, jeweils nur von einem Teil der Vertragsstaaten unterzeichneten Zusatzprotokollen Nr 1, 4, 6 und 7 gewährleisteten Rechte verletzt worden. 36

Im Anwendungsbereich des FamFG kommen insoweit etwa Verletzungen des Art 5 (Recht auf Freiheit und Sicherheit), Art 6 (Recht auf Gehör vor Gericht), Art 8 (Recht auf Achtung des Privat- und Familienlebens), Art 9 (Recht auf Religionsfreiheit) oder des Art 12 (Recht auf Eheschließung) in Betracht. Die Einzelheiten des Verfahrens vor dem EGMR sind in Abschnitt II EMRK (Art 19 bis 51) sowie in der Verfahrensordnung des Gerichtshofs (abgedruckt zB in Sartorius II – Internationale Verträge, Europarecht – Nr 137) geregelt; zur allgemeinen Information vgl außerdem das amtliche Merkblatt des Gerichtshofs, abgedruckt in NJW 1999, 1166. 37

IV. Vorlage an den EuGH

Auch in Verfahren der freiwilligen Gerichtsbarkeit kann – zB wegen der Rechtsverhältnisse von Handelsgesellschaften und deren Sitz – die Vorlage einer Frage zum Zwecke der Vorabentscheidung durch den EuGH gem Art 234 Abs 2 EGV in Betracht kommen oder – für das Gericht der letzten Instanz – sogar gem Art 234 Abs 3 EGV zwingend geboten sein (Einzelheiten vgl zB Jansen/*Briesemeister* Vor §§ 19 ff FGG Rn 40; KKW/*Schmidt* § 12 FGG Rn 109 ff). Für Gerichte der ersten Instanz besteht ein Recht zur Vorlage allerdings dann nicht, wenn diese nicht – wie es bei den echten Streitsachen der freiwilligen Gerichtsbarkeit der Fall ist – eine Aufgabe der Rspr im materiellen Sinne wahrnehmen, sondern zwar in justizieller Form tätig werden, aber in der Sache mit einer Aufgabe befasst sind, die in anderen Mitgliedsländern der EU typischerweise den Verwaltungsbehörden zugewiesen ist (KKW/*Schmidt* § 12 FGG Rn 110 mwN). 38

F. Beschwerdewert und Zulassung des Rechtsmittels

Anders als bisher (vgl KKW/*Kahl* Vor §§ 19 ff Rn 26–30) und in Angleichung an die ZPO idF des ZPO-RG ist nunmehr allgemein geregelt, dass für Beschwerden in vermögensrechtlichen Angelegenheiten die Beschwerde grds nur bei Überschreiten eines Beschwerdewertes von 600,00 € statthaft ist, § 61 Abs 1. Wird dieser Betrag nicht erreicht, ist die Beschwerde nur zulässig, wenn sie von dem Gericht des ersten Rechtszuges zugelassen wird, § 61 Abs 2 und 3. Die Rechtsbeschwerde ist – abweichend von der weiteren Beschwerde nach dem FGG – abgesehen von dem Sonderfall der in § 70 Abs 3 genannten Verfahren nur statthaft, wenn das Gericht der Vorinstanz sie in der angefochtenen Entscheidung ausdrücklich zugelassen hat, § 70 Abs 1 und 2. 39

G. Anrufung des Gerichts gegen Entscheidungen von Verwaltungsbehörden

In einer Reihe von Fällen finden, soweit nicht eine Sonderregelung erfolgt ist, das FamFG im Allgemeinen und die Vorschriften über das Rechtsmittelverfahren im Besonderen kraft gesetzlicher Verweisung entsprechende Anwendung auf das Verfahren zur gerichtlichen Überprüfung der Entscheidung von Verwaltungsbehörden (vgl zum bisherigen Recht KKW/*Kahl* Vor §§ 19 ff Rn 31–77). 40

Vorbemerkung zu §§ 58–75 FamFG

I. Personenstandssachen

41 In Personenstandsangelegenheiten (zum bisherigen Recht vgl KKW/*Kahl* Vor §§ 19 ff Rn 32) gelten gem § 51 Abs 1 S 1 PStG für das gerichtliche Verfahren das FamFG und somit auch die §§ 58 ff über das Beschwerde- und Rechtsbeschwerdeverfahren ohne Einschränkung. Die frühere Unterscheidung zwischen einfacher und sofortiger Beschwerde in § 53 Abs 1 S 1 und S 2 aF PStG ist entfallen; 53 Abs 2 PStG nF enthält nur noch eine Sonderregelung zur Beschwerdebefugnis der Aufsichtsbehörde.

II. Landwirtschaftssachen

42 Für Verfahren nach dem GrdstVG gilt gem § 1 Nr 2 LwVG das LwVG, das in § 9 LwVG nF wiederum auf das FamFG verweist (vgl zum bisherigen Recht KKW/*Kahl* mit weiteren Einzelheiten Vor §§ 19 ff Rn 35–37). Die sie beschwerende Entscheidung der nach dem jeweiligen Landesrecht zuständigen Genehmigungsbehörde in solchen Verfahren können die Beteiligten in den Fällen des § 22 Abs 1 GrdstVG binnen zwei Wochen ab Zustellung durch Antrag auf gerichtliche Entscheidung des zuständigen Landwirtschaftsgerichts überprüfen lassen. Diese Entscheidung ist wiederum mit der Beschwerde gem §§ 58 ff anfechtbar. Gegen die Beschwerdeentscheidung des OLG ist die Rechtsbeschwerde nach Maßgabe der §§ 70 ff statthaft. Die bisherigen Sondervorschriften der §§ 22 ff LwVG aF über die Beschwerde und die Rechtsbeschwerde in Landwirtschaftssachen sind entfallen.

III. Justizverwaltungsakte

43 Die Anfechtung von Justizverwaltungsakten richtet sich abweichend von § 40 VwGO nach den Sondervorschriften der §§ 23 ff EGGVG. Zuständig für den Antrag auf gerichtliche Entscheidung ist in solchen Verfahren nach § 25 EGVG erstinstanzlich das OLG (zum – insoweit unveränderten – Verfahren vgl zB KKW/*Kahl* Vor §§ 19 ff Rn 38–44 mwN). Dessen Entscheidung war bisher grds nicht anfechtbar. Nur im Fall der beabsichtigten Abweichung von der Entscheidung eines anderen OLG oder des BGH war nach § 29 Abs 1 S 2 EGGVG aF die Vorlage an den BGH vorgesehen, der dann gem § 29 Abs 1 S 3 EGGVG aF an Stelle des OLG für die Entscheidung zuständig war. Durch das FGG-RG ist auch dieses Verfahren der Divergenzvorlage – ebenso wie dasjenige nach § 28 Abs 2, 3 FGG – abgeschafft und im Zuge einer Vereinheitlichung der Rechtsmittelvorschriften durch die Möglichkeit der Rechtsbeschwerde ersetzt worden, wenn das OLG diese in seiner Entscheidung zugelassen hat, § 29 Abs 1 EGVG nF. Die in § 29 Abs 2 EGGVG nF geregelten Voraussetzungen der Zulassung entsprechen denjenigen in § 70 Abs 2. Auf das weitere Verfahren der Rechtsbeschwerde finden nach § 29 Abs 3 EGGVG nF die §§ 71 bis 74 Anwendung.

IV. Anerkennung ausländischer Entscheidungen in Ehesachen

44 Die Anerkennung ausländischer Entscheidungen in Ehesachen richtet sich im Anwendungsbereich der VO (EG) Nr 2201/2003 (»Brüssel IIa«) nach dieser Verordnung. In den Anwendungsbereich von Art 21 Abs 1 VO (EG) Nr 2201/2003 fallende Entscheidungen werden daher in sämtlichen Mitgliedstaaten der Verordnung »automatisch« anerkannt, ohne dass es eines besonderen Anerkennungsverfahrens bedarf. Allerdings hat jeder Ehegatte, der ein Interesse daran hat, zur Klarstellung der möglicherweise zweifelhaften Anerkennungsfähigkeit das Recht, diese positiv oder negativ feststellen zu lassen. Für das hierzu statthafte Anerkennungsverfahren ist gem Art 21 Abs 3 VO (EG) Nr 2201/2003, § 10 Nr 1 IntFamRVG grds das Familiengericht zuständig, in dessen Zuständigkeitsbereich sich die Person, gegen die sich der Antrag richtet, gewöhnlich aufhält.

Auf Entscheidungen, die in einem Nichtmitgliedsstaat der VO (EG) Nr 2201/2003 er- 45
gangen sind, ist diese hingegen nicht anzuwenden. Die Anerkennung derartiger Entscheidungen in Ehesachen richtet sich materiell-rechtlich nach § 109, das Verfahren dafür ist in § 107 geregelt, der an die Stelle des inhaltlich weitestgehend übereinstimmenden Art 7 § 1 FamRÄndG getreten ist. Danach ist für die Anerkennungsentscheidung in solchen Fällen die Landesjustizverwaltung des Bundeslandes zuständig, in dem ein Ehegatte seinen gewöhnlichen Aufenthalt hat oder hilfsweise, in dem eine neue Ehe geschlossen werden soll, weiter hilfsweise die Justizverwaltung des Landes Berlin, § 107 Abs 2. Lehnt die Landesjustizverwaltung den Antrag ab, so kann der Antragsteller dagegen die Entscheidung des OLG beantragen, § 107 Abs 5. Stellt die Landesjustizverwaltung fest, dass die Voraussetzungen für die Anerkennung vorliegen, so kann der Ehegatte, der den Antrag nicht gestellt hat, die Entscheidung des OLG beantragen, § 107 Abs 6.

Wie allgemein bei Justizverwaltungsakten war die Entscheidung des OLG auch in ei- 46
nem solchen Fall bisher grds unanfechtbar, Art 7 § 1 Abs 6 S 5 FamRÄndG, und es war gem Art 7 § 1 Abs 6 S 4 FamRÄndG iVm § 28 Abs 2 und 3 FGG nur ein Vorlageverfahren für den Fall vorgesehen, dass das OLG mit seiner beabsichtigten Entscheidung von der Entscheidung eines anderen OLG oder des BGH abweichen wollte (vgl zum bisherigen Recht KKW/*Kahl* Vor §§ 19 ff Rn 45–49). Auch dieser Fall der Divergenzvorlage ist im Zuge der Einführung des FamFG weggefallen. Gem § 107 Abs 7 S 3 gelten die §§ 58 ff entsprechend, so dass nach Maßgabe der §§ 70 ff nunmehr auch gegen derartige Entscheidungen des OLG die Rechtsbeschwerde nach den allgemeinen Vorschriften statthaft ist.

V. Berufsrechtliche Verfahren nach der BRAO, der PatAnwO und dem EuRAG

Bei Verfahren in Zulassungssachen, zur Anfechtung von Wahlen und Beschlüssen und 47
zur Anfechtung sonstiger Verwaltungsakte nach der BRAO, der PatAnwO und dem EuRAG konnte bisher grds die gerichtliche Entscheidung des jeweils zuständigen OLG (Anwaltsgerichtshof/Senat für Patentanwaltssachen) beantragt werden. Gegen diese konnte wiederum nach Maßgabe der jeweiligen Spezialvorschriften das Rechtsmittel der sofortigen Beschwerde zum BGH eingelegt werden. Für das jeweilige Verfahren wurde subsidiär auf das FGG verwiesen, vgl insbes §§ 40 Abs 4, 42 Abs 6 S 2, 91 Abs 7, 223 Abs 4 BRAO aF; §§ 36 Abs 4, 38 Abs 6 S 2, 84 Abs 7, 184 Abs 4 PatAnwO aF, § 35 EuRAG aF.

Abweichend zu den Fällen Rz 41 ff sind diese Vorschriften nicht dem neuen Rechts- 48
mittelrecht des FamFG angeglichen worden. Die betroffenen Verfahren sind vielmehr wegen ihrer strukturell größeren Nähe zum Verwaltungsverfahren durch zwei das FGG-RG ergänzende Gesetze vollständig aus dem Verfahren der freiwilligen Gerichtsbarkeit herausgenommen und den Verwaltungsverfahrensgesetzen des Bundes und der Länder sowie der VwGO unterstellt worden, vgl §§ 32, 106 Abs 1 Satz 2, 112a ff BRAO, § 35 EuRAG idF des Gesetzes zur Modernisierung von Verfahren im anwaltlichen und notariellen Berufsrecht vom 30.7.2009 (BGBl I S 2449) und §§ 30, 90 Abs 3, 94a ff PatAnwO idF des Gesetzes zur Modernisierung von Verfahren im patentanwaltlichen Berufsrecht vom 14.8.2009 (BGBl I S 2827). Nur die Zuständigkeiten des Anwalts- und Patentanwaltsgerichtshofs sowie des BGH und die Zweistufigkeit des bisherigen Instanzenzuges für die genannten Verfahren bleiben unverändert erhalten.

VI. Verfahren nach der Bundesnotarordnung

Für das Verfahren bei der Anfechtung von Verwaltungsakten nach der BNotO galten 49
bisher die §§ 37, 39 Abs 1 und 2, §§ 40, 41 und 42 Abs 4 bis 6 BRAO aF entsprechend. Auch diese Verweisung auf die freiwilligen Gerichtsbarkeit ist nunmehr durch Verweisungen auf das Verwaltungs- und das Verwaltungsgerichtsverfahren ersetzt worden, vgl §§ 64a Abs 1, 111 BNotO idF »des Gesetzes zur Modernisierung von Verfahren im anwaltlichen und notariellen Berufsrecht vom 30.7.2009 (BGBl I S 2449)«. Auch hier sind

Vorbemerkung zu §§ 58–75 FamFG

aber die Vorschriften über die Zuständigkeit und den Instanzenzug unverändert geblieben. Zuständig für die betroffenen Verfahren sind daher wie bisher in erster Instanz das OLG und in zweiter Instanz der BGH jeweils in der auch in Disziplinarsachen gegen Notare vorgesehenen Besetzung, also unter Beteiligung von Notarinnen und Notaren, §§ 111 Abs 3, 101, 106 BNotO.

§ 58 Statthaftigkeit der Beschwerde

(1) Die Beschwerde findet gegen die im ersten Rechtszug ergangenen Endentscheidungen der Amtsgerichte und Landgerichte in Angelegenheiten nach diesem Gesetz statt, sofern durch Gesetz nichts Anderes bestimmt ist.

(2) Der Beurteilung des Beschwerdegerichts unterliegen auch die nicht selbständig anfechtbaren Entscheidungen, die der Endentscheidung vorausgegangen sind.

Übersicht

	Rz		Rz
A. Allgemeines	1	II. Ausdrückliche Zulassung der sofortigen Beschwerde in entsprechender Anwendung der §§ 567 ff ZPO	31
B. Beschwerderechtszug	2		
I. Gericht des ersten Rechtszugs	3		
1. Amtsgerichte als erste Instanz	4		
2. Landgerichte als erste Instanz	5	III. Ausdrückliche Unanfechtbarkeit von Zwischen- und Nebenentscheidungen	32
II. Beschwerdegericht	6		
1. Beschwerdegericht bei Entscheidungen der Amtsgerichte	6	IV. Zwischenverfügungen	38
2. Beschwerdegericht bei Entscheidungen der Landgerichte	8	V. Incidente Überprüfung von Zwischenentscheidungen	39
3. Sonderregelungen	9	1. Entscheidungen, die einer Endentscheidung vorausgegangen sind	40
C. Beschwerde gegen Endentscheidungen	10		
I. Endentscheidungen	11		
1. Entscheidung	11	2. Selbständig anfechtbare Zwischenentscheidungen	41
2. Endentscheidung	12		
3. Form	15	3. Unanfechtbare Zwischenentscheidungen	42
II. Gleichgestellte Zwischenstreitentscheidungen	16		
III. Entscheidungen über die Versagung der Wiedereinsetzung	19	E. Rechtsmittel gegen inkorrekte Entscheidungen	43
IV. Bisherige Vorbescheide	20	I. Meistbegünstigungsgrundsatz	43
V. Einstweilige Anordnungen	23	II. Anfechtung von unwirksamen Entscheidungen und Scheinentscheidungen	46
VI. Einschränkung oder Ausschluss der Anfechtbarkeit von Endentscheidungen	24	F. Rechtsmittel gegen Untätigkeit	48
D. Rechtsmittel gegen Zwischen- u Nebenentscheidungen	26	G. Bedingungsfeindlichkeit von Rechtsmitteln	51
I. Allgemeines	26	H. Kosten	53

A. Allgemeines

§ 58 regelt die Statthaftigkeit der Beschwerde. Diese besagt, dass nach dem Gesetz gegen Entscheidungen eines bestimmten Inhalts (Endentscheidungen, Rz 11 ff), die von einem bestimmten Organ der Rechtspflege (Gericht erster Instanz, Rz 3 ff) erlassen sind, ein Rechtsmittel vorgesehen ist. Die weitgehend an das Beschwerderecht der ZPO angelehnte Vorschrift regelt genauer als bisher § 19 FGG die Anfechtbarkeit gerichtlicher Entscheidungen in der freiwilligen Gerichtsbarkeit. Durch die Neuregelung wird das bisherige Recht dahingehend vereinheitlicht, dass die Beschwerde sich grds für sämtliche dem FamFG unterliegenden Verfahren (zu Sondervorschriften vor §§ 58–75 Rz 14 ff) nach den §§ 58 ff richtet. Das gilt grds auch für die Ehe- u Familienstreitsachen (zu den Abweichungen § 117 Rz 5 ff), so dass die Beschwerde für diese Verfahren auch die Rolle der bisherigen Berufung mit übernimmt. Auch die befristete Beschwerde gem § 621e ZPO konnte auf diese Weise ersatzlos entfallen. Eine Sondervorschrift zur Statthaftigkeit der Beschwerde bei Entscheidungen im vereinfachten Verfahren über den Unterhalt Minderjähriger enthält § 256. 1

§ 58 FamFG | Statthaftigkeit der Beschwerde

B. Beschwerderechtszug

2 Die Beschwerde findet statt gegen die im ersten Rechtszug ergangenen Endentscheidungen der Amts- u Landgerichte. Entscheidungen der zweiten Instanz können nur mit der Rechtsbeschwerde (§§ 70 ff) angefochten werden.

I. Gericht des ersten Rechtszugs

3 § 58 Abs 1 lässt die Beschwerde nur gegen Entscheidungen der Amts- u Landgerichte im ersten Rechtszug zu. Ist ausnahmsweise das OLG Gericht des ersten Rechtszuges, so tritt gem § 70 Abs 1 an die Stelle der Beschwerde unmittelbar die Rechtsbeschwerde, so dass im Ergebnis alle Entscheidungen der OLG, gleichgültig ob im ersten oder zweiten Rechtszug einheitlich allenfalls mit der Rechtsbeschwerde angegriffen werden können.

1. Amtsgerichte als erste Instanz

4 Gericht erster Instanz ist gem § 23a GVG nF in allen Familiensachen u Angelegenheiten der freiwilligen Gerichtsbarkeit regelmäßig das AG (Richter oder Rechtspfleger, vgl § 11 Abs 1 RPflG).

2. Landgerichte als erste Instanz

5 Das LG wird als Gericht erster Instanz in der freiwilligen Gerichtsbarkeit nur ausnahmsweise in bestimmten, gesetzlich bestimmten Sonderfällen tätig (vgl zum bisherigen Recht KKW/*Kahl* § 19 Rn 41). Zu nennen sind hier insbes die – nunmehr in § 71 Abs 2 Nr 4a) bis f) GVG nF – zusammengefassten (ausschl) Sonderzuständigkeiten des LG für die Verfahren nach §§ 324 HGB, 98, 99, 132, 142, 145, 260, 293c, 315 AktG, 26 SEAG, 10 UmwG, dem SpruchG u 39a u b WpÜG sowie die (örtliche u sachliche) Zuständigkeit des LG am Sitz der Gesellschaft im Fall des § 258 Abs 3 S 3 AktG (Anfechtung der Bestellung von Sonderprüfern). Dabei tritt in den genannten Fällen – mit Ausnahme der Verfahren nach § 324 HGB – jeweils die Kammer für Handelssachen an die Stelle der allgemeinen Zivilkammer des LG, soweit eine solche eingerichtet ist, vgl § 95 Abs 2 Nr 2 u 3 GVG nF.

II. Beschwerdegericht

1. Beschwerdegericht bei Entscheidungen der Amtsgerichte

6 Beschwerdegericht für die Entscheidungen der Amtsgerichte in den von den Familiengerichten entschiedenen Sachen ist wie bisher das OLG, § 119 Abs 1 Nr 1a GVG nF. Anders als nach § 19 Abs 2 FGG (vgl KKW/*Kahl* § 19 FGG Rn 43–50) gilt das Gleiche aber grds auch in allen Angelegenheiten der freiwilligen Gerichtsbarkeit mit Ausnahme der Freiheitsentziehungssachen (§ 415) und der von den Betreuungsgerichten entschiedenen Sachen, § 119 Abs 1 Nr 1b GVG. Es gilt der Grundsatz der formellen Anknüpfung. Die Rechtsmittelzuständigkeit gegen die Entscheidungen der Amtsgerichte bestimmt sich also nur danach, ob die Entscheidung von einem Familiengericht, einem Betreuungsgericht, einer sonst für Angelegenheiten der freiwilligen Gerichtsbarkeit zuständigen Abteilung oder einer allgemeinen Zivilabteilung getroffen wurde, nicht hingegen danach, ob der jeweilige Spruchkörper für die Entscheidung auch zuständig war. Das gilt jedenfalls im Ergebnis auch im Hinblick auf die Abgrenzung der Zuständigkeit zwischen den Zivil-, Familien- oder sonstigen FGG-Senaten zueinander im Beschwerderechtszug. Denn das OLG ist gemäß § 16a Abs 6 iVm § 16a Abs 5 GVG an die vom Amtsgericht vorgenommene Qualifikation als Zivil-, Familien- oder sonstiges FGG-Verfahren gebunden, so dass etwa bei einer Entscheidung des Familiengerichts der Familiensenat seine Zuständigkeit nicht mehr mit der Begründung in Frage stellen kann, dass

eine Familiensache tatsächlich nicht gegeben sei (ebenso Musielak/*Wittschier* § 119 GVG Rn 9 zum bisherigen Recht; aA *Maurer* FamRZ 2009, 465, 466 unter Bezugnahme auf BGH FamRZ 1994, 25, 26 und FamRZ 1994, 372). Etwas anderes gilt nur in den Sonderfällen, in denen die Bindungswirkung der § 16a Abs 5 ausnahmsweise entfällt, weil das Verfahren der Vorabentscheidung über die funktionelle Zuständigkeit nicht eingehalten wurde (§ 65 Rz 14).

Beschwerdegericht für die Entscheidungen der Amtsgerichte in Freiheitsentziehungssachen u in den von den Betreuungsgerichten entschiedenen Sachen – also den Betreuungssachen (§ 271), den Unterbringungssachen (§ 312) u den betreuungsrechtlichen Zuweisungssachen (§ 340), vgl § 23c Abs 1 GVG nF – bleibt dagegen wie bisher das LG, § 72 Abs 2 S 1 GVG nF. Als Begründung für diese Sonderregelung nennt die Gesetzesbegründung die »regelmäßig geringere räumliche Entfernung der Landgerichte vom gewöhnlichen Aufenthalt des Betreuten u Untergebrachten« (BTDrs 16/6308 S 319), was jedoch nicht überzeugt, da mit der allgemeinen Begründung einer größeren Bürgernähe auch eine einheitliche Beschwerdezuständigkeit des LG für sämtliche Angelegenheiten der freiwilligen Gerichtsbarkeit hätte begründet werden können (zweifelnd auch *Kuntze* FGPrax 2005, 185, 188). 7

2. Beschwerdegericht bei Entscheidungen der Landgerichte

Beschwerdegericht für die Entscheidungen der LG in den Fällen, in denen die Entscheidung erster Instanz ausnahmsweise von einer Kammer beim LG getroffen wird, ist gem § 119 Abs 1 Nr 2 GVG ebenfalls das OLG. Mit Ausnahme der Betreuungs-, Unterbringungs- u Freiheitsentziehungssachen liegt damit die Zuständigkeit für die Entscheidung über das Rechtsmittel der Beschwerde nunmehr in **sämtlichen** Familiensachen u Angelegenheiten der freiwilligen Gerichtsbarkeit einheitlich beim OLG. 8

3. Sonderregelungen

Besonderheiten für den Rechtsmittelzug können sich aus Spezialgesetzen außerhalb des FamFG ergeben. So ist im Falle der Beschwerde gegen die Verweigerung der Urkunds- oder sonstigen Tätigkeit eines Notars gem § 15 Abs 2 BNotO ausnahmsweise das Landgericht Beschwerdegericht. Das Gleiche gilt gem § 54 Abs 2 S 2 BeurkG auch im Falle der Beschwerde gegen verfahrensrechtliche Entscheidungen eines Notars, durch die die Erteilung einer Erstreckungsklausel, Ausfertigung oder Abschrift oder die Einsicht in die Urschrift einer Urkunde verweigert wird. In beiden Fällen handelt es sich um öffentlich-rechtliche Streitigkeiten, für die jedoch aufgrund spezialgesetzlicher Regelung ausnahmsweise der Rechtsweg vor den ordentlichen Gerichten eröffnet ist, § 40 Abs 1 S 1 VwGO. 9

C. Beschwerde gegen Endentscheidungen

§ 58 Abs 1 regelt die Statthaftigkeit der Beschwerde gegen **instanzbeendende Hauptsacheentscheidungen**. Solche Entscheidungen sind – vorbehaltlich der sich aus § 59 ergebenden Beschränkungen – grds ohne Einschränkung anfechtbar, es sei denn ihre Unanfechtbarkeit ist im Einzelfall ausdrücklich bestimmt. Einer ausdrücklichen Zulassung des Rechtsmittels durch das Gesetz im Einzelfall – wie bei der sofortigen Beschwerde gegen Zwischen- u Nebenentscheidungen (Rz 26 ff) – bedarf es in diesen Fällen nicht. 10

I. Endentscheidungen

1. Entscheidung

Erste Voraussetzung für die Statthaftigkeit einer Beschwerde ist somit das Vorliegen einer Entscheidung, dh einer **sachlichen Regelung** des Gerichts **mit Außenwirkung**. Kei- 11

ne **Entscheidungen** idS u deshalb – wie schon bisher – nicht mit der Beschwerde anfechtbar sind daher:
- **Rein tatsächliche Handlungen**, wie zB die Eröffnung eines Testaments (OLG Köln NJW-RR 2004, 1014, die Entgegennahme einer Erklärung, wie zB einer Testamentsausschlagung (Bassenge/Roth § 19 FGG Rn 9; KKW/*Kahl* § 19 FGG Rn 5), die Unterzeichnung einer protokollierten Erklärung der Beteiligten (BayObLG FamRZ 1966, 247; Bassenge/Roth § 19 FGG Rn 10)
- **Meinungsäußerungen** (BayObLG FamRZ 1998, 438), rechtliche Hinweise, Mitteilungen oder Aufforderungen zur Stellungnahme zu Bedenken des Gerichts oder anderer Beteiligter, zB auch in Form der Anfrage, ob ein Rechtsmittel aufrechterhalten bleibt, anderenfalls es zurückgewiesen werden müsse (BGH Rpfleger 1980, 273; BayObLG MittBayNot 1993, 82; OLG Hamm Rpfleger 1990, 426)
- Gerichtliche Handlungen, die nur für den **inneren Dienstbetrieb** bestimmt sind, wie zB Maßnahmen der Dienstaufsicht, Anweisungen des Richters an den Urkundsbeamten oder die (interne) Anordnung, eine Registereintragung vorzunehmen (KKW/*Kahl* § 19 FGG Rn 5; § 38 Rz 8).

2. Endentscheidung

12 Der – in § 38 Abs 1 legaldefinierte – Begriff der »Endentscheidung« iSd § 58 Abs 1 ist an den Begriff des Endurteils iSd § 300 Abs 1 ZPO angelehnt u wurde mit überwiegend gleichem Inhalt auch schon in dem bisherigen § 621e ZPO verwendet. Er umfasst alle Entscheidungen, durch die in einer **die Instanz** endgültig **abschließenden Weise** über den Verfahrensgegenstand in der Hauptsache entschieden wird (BGH FamRZ 2008, 1168, 1169; FamRZ 1981, 25; KKW/*Kahl* § 19 FGG Rn 2; Zöller/*Philippi* § 621e ZPO Rn 1; Jansen/*Wick* § 64 FGG Rn 153, vgl auch § 38 Rz 6). Bei teilbaren Verfahrensgegenständen ist eine Teilendentscheidung zulässig (BLAH/*Hartmann* Rn 2 mwN). Das ist der Fall, wenn ein Teil des Verfahrensgegenstandes nach materiellem oder nach Verfahrensrecht unabhängig von dem anderen Teil geregelt werden kann, oder bei mehreren Verfahrensgegenständen (OLG Naumburg FamRZ 2006, 1279), die hinsichtlich ihrer Anfechtbarkeit einer Vollentscheidung gleichstehen (Bassenge/Roth Einl Rn 97).

13 Zu den Endentscheidungen in diesem Sinne gehören zB Entscheidungen über die Stundung von Zugewinn- oder Pflichtteilsansprüchen gem §§ 1382, 2331a BGB (BLAH/*Hartmann* Rn 3), über eine Einbenennung nach § 1618 BGB (OLG Karlsruhe FamRZ 2004, 871), über die Entziehung des Vertretungsrechts der Eltern nach § 1629 Abs 2, 1796 BGB (OLG Stuttgart, Beschluss v 26.10.2009, 18 WF 229/09, zitiert bei juris; OLG Köln FamRZ 2001, 430), Genehmigungsentscheidungen nach § 1643 Abs 1, 1821, 1822 BGB (aA BLAH/*Hartmann* Rn 3, jedoch unter Verweis auf veraltete Rspr zum bisherigen Recht) oder die Genehmigung von freiheitsentziehenden Maßnahmen nach § 1631b BGB (OLG Bamberg FamRZ 2003, 1854). Endentscheidungen sind auch selbständige Einzelentscheidungen im Rahmen einer allgemeinen Aufsichts- oder Überwachungstätigkeit wie zB Weisungen nach § 1837 BGB (Bassenge/Roth § 19 FGG Rn 2), die Erteilung von Negativattesten oder deren Ablehnung (Bassenge/Roth § 19 FGG Rn 2) u den Beteiligten bekannt gemachte, aber noch nicht vollzogene Entscheidungen auf Erteilung oder Einziehung eines Erbscheins oder auf Vornahme einer Registereintragung (LG Lübeck NJW-RR 1995, 1420; Bassenge/Roth § 19 FGG Rn 2). In Scheidungs- u Lebenspartnerschaftssachen kann eine mit der Beschwerde anfechtbare Endentscheidung auch Teil einer Verbundentscheidung sein (§ 137 Abs 1). Mit der Beschwerde anfechtbare Endentscheidungen sind auch Vorwegentscheidungen über die Auskunftspflicht eines Ehegatten im VA (BGH FamRZ 1982, 687), Beschlüsse, mit denen die Erledigung eines Verfahrens in der Hauptsache festgestellt wird (OLG Bamberg FamRZ 2001, 691), Entscheidungen über Anträge auf Bewilligung oder Verlängerung einer Frist zur Räumung der Ehewohnung in einer Ehewohnungssache (§ 200 Abs 1; Zöller/*Philippi* § 621e ZPO Rn 2 mwN;

aA Johannsen/Henrich/*Sedemund-Treiber* § 621e ZPO Rn 5) u Entscheidungen, mit denen das Familiengericht eine Vereinbarung über den VA genehmigt (Zöller/*Philippi* § 621e ZPO Rn 7a mwN).

Anders als für die befristete Beschwerde nach § 621e ZPO (BGH FamRZ 1990, 1102 mwN; Zöller/*Philippi* § 621e ZPO Rn 11; Musielak/*Borth* § 621e ZPO Rn 3, jeweils mwN), nicht aber für die sofortige Beschwerde nach dem FGG (BayObLG NJW-RR 1995, 1314, 1315) überwiegend angenommen wurde, ist nach der Vereinheitlichung des Rechtsmittelsystems jetzt auch eine **isoliert ergangene Kostenentscheidung** nach Antragsrücknahme oder nach übereinstimmender Erledigungserklärung in der Hauptsache einheitlich als mit der Beschwerde gem §§ 58 ff grds anfechtbare Endentscheidung anzusehen (BTDrs 16/6308 S 195; BTDrs 16/12717 S 71; Friederici/Kemper/*Klußmann* Rn 3; Meysen/*Finke* Rn 9; aA *Schael* FPR 2009, 11, 13: es liege eine Regelungslücke vor). Nur für Ehe- u Familienstreitsachen verbleibt es dabei, dass eine solche Entscheidung lediglich nach Maßgabe der §§ 91a Abs 2, 269 Abs 5 ZPO iVm § 113 Abs 1 S 2 mit der sofortigen Beschwerde gem § 567 ff ZPO angegriffen werden kann. Ebenso sind auch **Ergänzungsbeschlüsse** iSd § 43 Endentscheidungen, die gem § 58 mit der Beschwerde angefochten werden können (Friederici/Kemper/*Klußmann* Rn 3). 14

3. Form

Anders als § 19 Abs 1 FGG knüpft § 58 Abs 1 nicht mehr an den – sprachlich zT unscharfen – Begriff der »Verfügung« an, sondern setzt implizit voraus, dass Entscheidungen, die das Verfahren abschließen, im Grundsatz gem § 38 Abs 1 S 1 nunmehr einheitlich im gesamten Anwendungsbereich des Gesetzes in der **Form des Beschlusses** zu ergehen haben. Das gilt auch für die Ehe- u Familienstreitsachen, § 113 Abs 1 S 1. Ausgenommen sind nach § 38 Abs 1 S 2 jedoch die Registersachen, für die § 382 bei Registereintragungen nach wie vor die Form der Verfügung genügen lässt. Ansonsten kommen formlose Verfügungen jetzt nur noch für Zwischen- u Nebenentscheidungen in Betracht. 15

II. Gleichgestellte Zwischenstreitentscheidungen

Einer Endentscheidung ausdrücklich gleichgestellt u daher wie diese mit der Beschwerde anfechtbar sind gem § 113 Abs 1 S 2 iVm §§ 280 Abs 2, 302 Abs 2, 304 Abs 1 ZPO auch Zwischenentscheidungen über die Zulässigkeit eines Verfahrens, Vorbehaltsentscheidungen u Zwischenentscheidungen über den Anspruchsgrund in Ehe- u Familienstreitsachen, wo derartige Entscheidungen nach dem FamFG nunmehr in gleicher Weise als Beschlüsse zu ergehen haben wie im Zivilprozess als Zwischen-, Vorbehalts- oder Grundentscheidungen in Urteilsform. 16

Wie schon bisher sind darüber hinaus auch verfahrensrechtliche Zwischenstreitentscheidungen über die Zulässigkeit sowie materiellrechtliche Zwischenstreitentscheidungen entsprechend §§ 302, 304 ZPO auch außerhalb des Bereichs der Ehe- u Familienstreitsachen zulässig u dann entsprechend §§ 280 Abs 2, 302 Abs 2, 304 Abs 1 ZPO in Bezug auf ihre Anfechtbarkeit einer Endentscheidung ebenfalls gleichzustellen (zum bisherigen Recht vgl zB BayObLGZ 2004, 200, 201; Bassenge/Roth § 19 FGG Rn 3 f). In diesen Fällen ist eine Beschwerde statthaft, soweit sie auch gegen eine Endentscheidung zulässig wäre, insbes also die Voraussetzungen der §§ 59–62 erfüllt sind. Kein solcher Fall u deshalb unanfechtbar ist aber die Zwischenentscheidung des AG, ein ausländisches Gericht nach Art 15 Abs 1b) der VO (EG) Nr 2201/2003 (»Brüssel IIa«) um die Erklärung seiner Zuständigkeit zu ersuchen (BGH FamRZ 2008, 1168, 1169; *Klinkhammer* FamRBInt 2006, 88, 90). 17

Zulässige Zwischenstreitentscheidungen, die nicht unter eine der vorgenannten Fallgruppen fallen, sind nicht selbständig mit der Beschwerde anfechtbar, sondern können nur incidenter im Rahmen eines Rechtsmittels gegen die nachfolgende Endentscheidung mit überprüft werden, § 58 Abs 2 (zum bisherigen Recht vgl zB Zöller/*Vollkommer* § 303 18

ZPO Rn 11). Das Gleiche gilt grds auch für Zwischenentscheidungen, die verfahrensrechtlich unzulässig sind u daher überhaupt nicht hätten ergehen dürfen, wie etwa im Fall der Vorabentscheidung über eine einzelne materiell-rechtliche Vorfrage. Solche unzulässigen Zwischenentscheidungen sind aber nach dem Grundsatz der Meistbegünstigung ausnahmsweise dann mit der Beschwerde anfechtbar, wenn an ihrer Stelle bei zutreffender prozessualer Verfahrensweise eine (Teil-)Endentscheidung möglich gewesen wäre (BGH NJW 1994, 1651; NJW-RR 2006, 288 zur ZPO-Revision).

III. Entscheidungen über die Versagung der Wiedereinsetzung

19   In ihren Auswirkungen einer Endentscheidung entsprechend u daher im Allgemeinen gem § 19 Abs 3 u in Ehe- u Familienstreitsachen gem § 238 Abs 1 S 2 ZPO (§ 117 Rz 47) wie diese mit der Beschwerde anfechtbar sind auch Entscheidungen, mit denen die beantragte **Wiedereinsetzung** in eine Frist zur Einlegung oder Begründung eines Rechtsmittels gegen eine Endentscheidung in der Hauptsache versagt wird. Etwas anderes gilt für die Versagung der Wiedereinsetzung in einem Zwischen- u Nebenverfahren, die nur im Einzelfall mit der sofortigen Beschwerde entsprechend §§ 567 ff ZPO angefochten werden kann, soweit eine solche gegen die angefochtene Zwischen- oder Nebenentscheidung überhaupt zulässig ist.

IV. Bisherige Vorbescheide

20   Zur Erreichung eines effektiven Rechtsschutzes systemwidrig wie eine Endentscheidung behandelt wurde bisher der sog »Vorbescheid«, in dem das Gericht trotz bestehender Entscheidungsreife eine Endentscheidung nicht traf, sondern nur ankündigte, welche Entscheidung zu erlassen beabsichtigt war, wobei ein Rechtsmittel gegen diese Ankündigung aber in gleicher Weise wie gegen eine Endentscheidung zugelassen wurde (*Jacoby* FamRZ 2007, 1703, 1706; BayObLG NJW-RR 2003, 649, 650).

21   Erster Hauptanwendungsfall dieses von der Rspr entwickelten Instituts (grundlegend BGHZ 20, 255, 257 f) war der **Vorbescheid über den Inhalt eines zu erteilenden Erbscheins** oder Beschlusses über die Einziehung oder Kraftloserklärung von Erbscheinen u im Fall von Entscheidungen über die Erteilung von Testamentsvollstreckerzeugnissen, wenn Streit über die Erbenstellung bestand. Für diese Fälle ist der Vorbescheid nunmehr entbehrlich geworden, nachdem das Gesetz im Erbscheinsverfahren jetzt zwischen dem Beschluss über den Inhalt des zu erteilenden Erbscheins u der Erteilung des Erbscheins selbst unterscheidet. Widerspricht der Beschluss über den Inhalt des Erbscheins dem Willen eines Beteiligten, ist nach §§ 352 Abs 2 S 2 die sofortige Wirksamkeit dieses Beschlusses auszusetzen. Der Erbschein ist erst zu erteilen, wenn der Beschluss rechtskräftig ist, ein möglicherweise notwendiges Rechtsmittelverfahren zur Klärung der Erbenstellung also bereits durchlaufen hat.

22   Entscheidungen, welche die **Genehmigung eines Rechtsgeschäfts** zum Gegenstand haben, werden gem § 40 Abs 2 S 1 nunmehr erst mit Rechtskraft wirksam u können gem § 63 Abs 2 Nr 2 binnen einer auf zwei Wochen verkürzten Frist mit der Beschwerde angefochten werden. Der bisher nach der Rspr des BVerfG (BVerfG NJW 2000, 1709, 1711) in der Praxis auch hier übliche Vorbescheid ist damit auch für diese Fallgruppe überflüssig geworden. Dabei umfasst der Wortlaut des Gesetzes sachlich zutreffend auch den Fall, dass die Genehmigung des Rechtsgeschäfts verweigert wird, denn auch dann hat die Entscheidung die Genehmigung eines Rechtsgeschäfts »zum Gegenstand« (aA unter Verweis auf die – jedoch in diesem Punkt nicht hinreichend eindeutige – Gesetzesbegründung – vgl BTDrs 16/6308 S 196 – Jansen/*Sonnenfeld* § 55 FGG Rn 46).

V. Einstweilige Anordnungen

Entscheidungen im EA-Verfahren, die eine das Verfahren abschließende Regelung treffen oder eine solche Regelung ablehnen, sind nach der Systematik des FamFG nunmehr wegen der Selbständigkeit eines solchen Verfahrens ggü der Hauptsache abweichend vom bisherigen Recht ebenfalls **Endentscheidungen** (BLAH/*Hartmann* Rn 5). Entsprechend sind sie mit der Beschwerde anfechtbar, soweit die Anfechtbarkeit nicht durch Sonderregelungen wie insbes durch § 57 für Familiensachen im Einzelfall kraft Gesetzes ausgeschlossen ist (zum bisherigen Recht vgl Bassenge/Roth § 19 FGG Rn 6, § 24 FGG Rn 17). Die Beschwerdefrist für ein derartiges Rechtsmittel ist allerdings gem § 63 Abs 2 Nr 1 auf zwei Wochen verkürzt. 23

VI. Einschränkung oder Ausschluss der Anfechtbarkeit von Endentscheidungen

Ausnahmsweise kraft Gesetzes unanfechtbare Endentscheidungen im Sinne von § 58 Abs 1, 2. Alt sind zB gegeben bei Beschlüssen über eine **Annahme als Kind** (§ 197 Abs 3 S 1), bei Beschlüssen über eine **Befreiung vom Eheverbot** nach § 1308 Abs 1 BGB (§ 198 Abs 3), bei Beschlüssen, durch die einem Antrag des Erben auf **Anordnung der Nachlassverwaltung** stattgegeben wird (§ 359 Abs 1) u bei **Registereintragungen** (§ 383 Abs 3). Unberührt bleibt jedoch die – bisher umstrittene – Zulässigkeit der sog »Fassungsbeschwerde« zum Zwecke der Korrektur von falsch in einem Register eingetragenen Tatsachen oder der Klarstellung einer missverständlichen Eintragung (vgl BTDrs 16/6308 S 286 sowie *Krafka* FGPrax 2007, 51, 54; Einzelheiten s § 383 Rz 34 ff). Ebenfalls unanfechtbar sind weiterhin Beschlüsse zur Ernennung, Beeidigung oder Vernehmung eines **Sachverständigen** in den Fällen, in denen jemand nach den Vorschriften des bürgerlichen Rechts den Zustand oder den Wert einer Sache durch einen Sachverständigen feststellen lassen kann (§§ 410 Nr 2, 414) sowie Beschlüsse zur gerichtlichen Benennung von Schadenssachverständigen in **Versicherungsschätzungssachen** (§§ 84 Abs 2 S 3, 189 VVG), Beschlüsse zur **Aufhebung von Todeserklärungen** (§ 33 Abs 1 VerschG) sowie Beschlüsse zur gerichtlichen Genehmigung der **Kraftloserklärung von Aktienurkunden** (§ 73 Abs 1 S 4 AktG). 24

Nur eingeschränkt mit der Beschwerde anfechtbare Endentscheidungen sind nach näherer Maßgabe der § 353 Abs 2 u 3 Beschlüsse über die **Einziehung oder Kraftloserklärung von Erbscheinen** sowie nach näherer Maßgabe von § 372 Abs 2 Bestätigungsbeschlüsse im **Teilungsverfahren**; zu näheren Einzelheiten s bei den jeweiligen Vorschriften. 25

D. Rechtsmittel gegen Zwischen- u Nebenentscheidungen

I. Allgemeines

Von den Endentscheidungen im Sinne des § 58 Abs 1 zu unterscheiden sind die sog **Zwischen- u Nebenentscheidungen. Zwischenentscheidungen** sind dabei solche, die der Endentscheidung vorausgehen u diese vorbereiten (Jansen/*Wick* § 64 FGG Rn 156; vgl auch die Legaldefinition in § 58 Abs 2), **Nebenentscheidungen** dagegen solche, die die Entscheidung in der Hauptsache ergänzen oder die an deren Stelle ergehen oder ihrer Durchsetzung dienen (Jansen/*Wick* § 64 FGG Rn 159). In grundsätzlicher Übereinstimmung mit dem bisherigen Recht der freiwilligen Gerichtsbarkeit (Übersicht bei Jansen/*Wick* § 64 FGG Rn 155 ff) u mit dem Verfahren nach der ZPO sind solche Entscheidungen idR mit einem Rechtsmittel nicht selbständig, sondern entweder überhaupt nicht oder nur zusammen mit der Hauptsacheentscheidung anfechtbar. 26

Eine isolierte Anfechtung von Zwischen- u Nebenentscheidungen (erster Instanz) ist nur in den Fällen zulässig, in denen das Gesetz ein Rechtsmittel **ausdrücklich zulässt**, 27 wobei zu diesem Zweck in den jeweiligen Vorschriften jeweils auf die **sofortige Beschwerde** in entsprechender Anwendung der §§ 567–572 ZPO Bezug genommen wird. Das dort geregelte, weitgehend formlose Verfahren vor dem originären Einzelrichter mit seiner kurzen, nur zweiwöchigen Beschwerdefrist erschien dem Gesetzgeber auch für die freiwillige Gerichtsbarkeit als geeignet. Durch die gewählte Verweisungstechnik sind zugleich einige bislang streitige Einzelfragen entschieden worden (vgl allgemein KKW/*Kahl* § 19 FGG Rn 9 ff, zu Familiensachen Jansen/*Wick* § 64 FGG Rn 155 ff); sei es teils im Sinne der ausdrücklich zugelassenen Anfechtbarkeit, sei es durch deren Wegfall wegen Fehlens einer solchen Zulassung. In einigen besonders streitigen Fällen wird die Unanfechtbarkeit darüber hinaus auch im Gesetz noch einmal gesondert klargestellt, obwohl dies nach der Gesetzessystematik an sich nicht erforderlich wäre.

28 Zugleich soll durch die Verweisung auf die ZPO nach der Vorstellung des Gesetzgebers erreicht werden, dass sich die Statthaftigkeit von Rechtsmitteln gegen Zwischen- u Nebenentscheidungen nach dem FamFG unter möglichst weitgehender Harmonisierung der verschiedenen Verfahrensordnungen nunmehr nach den gleichen Grundsätzen wie in bürgerlichen Rechtsstreitigkeiten richtet (BTDrs 16/6308 S 203). Dieses Ziel wird allerdings insoweit nur zT erreicht, als die in § 62 RefE FGG-RG II enthaltene, aus § 567 Abs 1 ZPO übernommene Regelung, welche für die Anfechtbarkeit von Zwischen- u Nebenentscheidungen eine Kombination aus einem Enumerationsprinzip (§ 62 Abs 1 Nr 2 RefE FGG-RG II = § 567 Abs 1 Nr 1 ZPO) u einer beschränkten Generalklausel (§ 62 Abs 1 Nr 3 RefE FGG-RG = § 567 Abs 1 Nr 2 ZPO) vorsah, in das Gesetz nicht übernommen, sondern durch die jetzige, rein enumerative Lösung ersetzt worden ist. In den von der beschränkten Generalklausel des § 567 Abs 1 Nr 2 ZPO erfassten Fällen von Entscheidungen, durch die »ein **das Verfahren betreffendes Gesuch zurückgewiesen**« wird, ist daher im Ergebnis zwar im Verfahren nach der ZPO eine sofortige Beschwerde statthaft, nicht mehr jedoch im Anwendungsbereich des FamFG, u zwar auch nicht für Ehe- u Familienstreitsachen, da auch auf diese die §§ 567 ff ZPO nunmehr nur noch anzuwenden sind, soweit im Einzelfall eine entsprechende Verweisung vorhanden ist. Die jetzige Regelung hat damit zwar den Vorteil der besonderen Klarheit- u Übersichtlichkeit, es ist aber dennoch nicht auszuschließen, dass künftig von der Rspr aus Gründen der Gleichbehandlung mit dem ZPO-Verfahren oder des effektiven Rechtsschutzes bei erheblichen Eingriffen in die geschützte Rechtssphäre eines Betroffenen nicht doch wieder Fallgruppen entwickelt werden müssen, in denen eine sofortige Beschwerde gegen Zwischen- oder Nebenentscheidungen in entsprechender Anwendung der §§ 567 ff ZPO auch über den Wortlaut des Gesetzes hinaus zugelassen wird.

29 Soweit in dieser Weise auf die §§ 567 ff ZPO Bezug genommen wird, richtet sich das Beschwerdeverfahren ausschl nach diesen Vorschriften, also nicht nur wegen der Statthaftigkeit des Rechtsmittels, sondern im Hinblick auf das gesamte Verf. Ein Rückgriff auf die §§ 58 ff kommt grds nicht in Betracht. Eine Einlegung der sofortigen Beschwerde ist daher entspr § 569 Abs 1 S 1 ZPO sowohl bei dem Ausgangsgericht wie auch bei dem Beschwerdegericht möglich (aA *Schürmann* FamRB 2009, 24, 29: nach der Systematik des FamFG – auf die das Gesetz hier aber ausdrücklich nicht verweist – sei zweifelhaft, ob nicht lediglich eine Beschwerdeeinlegung beim Ausgangsgericht zugelassen werden sollte). Entspr § 567 Abs 1 ZPO ist sie außerdem nur gegen Entscheidungen der Amts- u Landgerichte im ersten Rechtszug statthaft. Zwischen- u Nebenentscheidungen der zweiten Instanz sind also nicht mit der sofortigen Beschwerde anfechtbar. Auch ein weiterer Rechtszug gegen die Entscheidung des Beschwerdegerichts ist – anders als im bisherigen Recht (BGH NJW-RR 2004, 1077; OLG Hamm FamRZ 2008, 703, 704) – nicht eröffnet (Meysen/*Finke* Rn 15; aA Bumiller/Harders § 70 Rn 8), denn die Verweisungen auf die sofortige Beschwerde erfassen jeweils nur die §§ 567 bis 572 ZPO; auf die Regelung des § 574 ZPO über die Rechtsbeschwerde wird hingegen nicht verwiesen. Das gilt auch für eine sofortige Beschwerde gegen die Verweigerung von Prozesskostenhilfe in Ehe- u Familienstreitsachen, denn für diese ergibt sich die Verweisung auf die §§ 567 ff

ZPO zwar nicht wie bei der Verfahrenskostenhilfe aus § 76 Abs 2, sondern aus § 113 S 2 iVm § 127 Abs 2–4 ZPO, aber auch insoweit fehlt es an einer Vorschrift, welche für die Ehe- u Familienstreitsachen eine entsprechende Geltung auch der § 574 ff ZPO anordnet.

Anders als für Endentscheidungen (Rz 15) ist für Zwischen- u Nebenentscheidungen 30 eine bestimmte Form der Entscheidung nicht generell, sondern nur im jeweiligen Einzelfall gesetzlich vorgeschrieben, so dass diese ansonsten nach wie vor nicht nur in Form von Beschlüssen, sondern auch als **bloß formlose Verfügung** getroffen werden können (BTDrs 16/6308 S 195; zum Begriff der Verfügung vgl KKW/*Kahl* § 19 FGG Rn 2; Bassenge/Roth § 19 FGG Rn 1). Für die Fälle, in denen das Gesetz auf die sofortige Beschwerde entsprechend den §§ 567 ff ZPO verweist, ist das allerdings meist der Fall, so dass auch solche Beschwerden sich idR gegen Entscheidungen richten, die in Beschlussform ergangen sind. Im Grundsatz ist die Statthaftigkeit einer sofortigen Beschwerde gegen eine Zwischen- oder Nebenentscheidung aber von der Form der angefochtenen Entscheidung nicht abhängig u kann sich daher auch gegen eine nur formlose getroffene Verfügung des Gerichts richten.

II. Ausdrückliche Zulassung der sofortigen Beschwerde in entsprechender Anwendung der §§ 567 ff ZPO

Die selbständige Anfechtbarkeit von nicht instanzbeendenden Zwischen- oder Neben- 31 entscheidungen kann sich sowohl aus dem allgemeinen oder besonderen Teil des FamFG ergeben wie auch aus Verweisungen auf das FamFG in anderen Gesetzen. Außerdem kann sie in Sondergesetzen angeordnet sein. Für Ehe u Familienstreitsachen ergibt sich die Anfechtbarkeit der entsprechenden Entscheidungen überwiegend jeweils unmittelbar aus der ZPO. Selbständig anfechtbar mit der sofortigen Beschwerde in entsprechender oder unmittelbarer Anwendung der §§ 567–572 ZPO sind demnach zB:
- Beschlüsse, durch die ein Gesuch auf **Ablehnung von Gerichtspersonen** entsprechend den §§ 41 ff ZPO für unbegründet erklärt wird, in Ehe- u Familienstreitsachen gem § 113 Abs 1 S 2 iVm § 46 Abs 2 u in allen sonstigen Verfahren nach dem FamFG gem § 6 Abs 2. Das Gleiche gilt über die in den § 113 Abs 1 S 2 u § 30 Abs 1 jeweils enthaltenen Verweisungen auf die §§ 406 Abs 1, 41 ff ZPO auch für die **Ablehnung von Sachverständigen** (*Völker* FPR 2008, 287, 293).
- Entscheidungen, mit denen die beantragte **Hinzuziehung eines Beteiligten** zu einem Verfahren abgelehnt wird, gem § 7 Abs 5 S 2. Soweit diese Vorschrift in Ehe- u Familienstreitsachen nicht gilt u auch § 567 Abs 1 Nr 2 ZPO nicht unmittelbar anzuwenden ist, weil § 113 Abs 1 S 2 ausdrücklich nur die entsprechende Anwendung der allgemeinen Vorschriften der ZPO u der Vorschriften über das Verfahren der ersten Instanz vor den Landgerichten, nicht aber von Vorschriften des Rechtsmittelrechts anordnet, wird man die Anfechtbarkeit eines derartigen Beschlusses mit der sofortigen Beschwerde zumindest aus einer entsprechenden Anwendung von § 567 Abs 1 Nr 2 ZPO herleiten können.
- Entscheidungen über die **Aussetzung des Verfahrens** in Ehe- u Familienstreitsachen gem § 113 Abs 1 S 2 ZPO iVm §§ 252 ZPO u in allen sonstigen Verfahren nach dem FamFG gem § 21 Abs 2. Das gilt über den Wortlaut von § 21 Abs 2 u § 252 ZPO hinaus auch für alle sonstigen, den Stillstand des Verfahrens herbeiführenden Entscheidungen, zB also auch für eine Entscheidung, durch welche eine Unterbrechung des Verfahrens festgestellt wird (zum alten Recht vgl OLG Schleswig FGPrax 2006, 67; OLG Hamm FamRZ 2008, 703, 704 zur ZPO vgl Zöller/*Greger* § 252 Rn 1 mwN).
- Entscheidungen in einem **Zwischenstreit über das Recht zur Zeugnisverweigerung** gem § 29 Abs 2 iVm § 387 Abs 3 ZPO, der wiederum auf die §§ 567 ff ZPO verweist. In Ehe- u Familienstreitsachen gelten die §§ 387 Abs 3, 567 ff ZPO unmittelbar.

§ 58 FamFG | Statthaftigkeit der Beschwerde

- Entscheidungen über die **Verhängung von Ordnungsmitteln** gegen Beteiligte bei unentschuldigtem Ausbleiben im Termin grds gem § 33 Abs 3 S 5, in Ehesachen bei unentschuldigtem Ausbleiben der Ehegatten im Termin gem § 128 Abs 4 iVm §§ 380 Abs 3 ZPO- u in Familienstreitsachen gem § 113 Abs 1 S 2 iVm §§ 141 Abs 3, 380 Abs 3 ZPO.
- Beschlüsse über die Verhängung von **Zwangsmitteln** bei der Verletzung von speziellen, im Gesetz normierten Mitwirkungspflichten (vgl zB §§ 230, 358, 404, 405 Abs 2 oder § 82 GBO) grds gem § 35 Abs 5. In Ehe- u Familienstreitsachen ist die Nichtbefolgung von Mitwirkungspflichten regelmäßig sanktionslos, so dass auch ein Rechtsmittel gegen eine derartige Sanktion nicht erforderlich ist.
- **Berichtigungsbeschlüsse** in Ehe- u Familienstreitsachen gem § 113 Abs 1 S 2 iVm 319 Abs 3 ZPO u in allen übrigen Verfahren nach dem FamFG gem § 42 Abs 3 S 2.
- Entscheidungen im **Kostenfestsetzungsverfahren** gem § 85 iVm § 104 Abs 3 ZPO, der wiederum auf die §§ 567 ff ZPO verweist. In Ehe- u Familienstreitsachen gelten die §§ 104 Abs 3, 567 ff ZPO gem § 113 Abs 1 S 2 unmittelbar.
- Entscheidungen im Verfahren über die Bewilligung von **Verfahrenskostenhilfe** gem § 76 Abs 2, 567 ff, 127 Abs 2 bis 4 ZPO. In Ehe- u Familienstreitsachen gelten die §§ 127 Abs 2 u 3, 567 ff ZPO wiederum gem § 113 Abs 1 S 2 unmittelbar (ebenso *Schael* FPR 2009, 11, 13). Der bisherige Streit über die Reichweite der Verweisung von § 14 FGG auf die Vorschriften der ZPO (Nachweise vgl zB BTDrs 16/6308 S 215; Jansen/*von König* § 14 Rn 69) – insbes im Hinblick auf die Beschwerdefrist (vgl BGH FamRZ 2006, 939) – ist durch die präzisere Fassung der Verweisung in § 76 Abs 2 gegenstandslos geworden.
- Beschlüsse im **Vollstreckungsverfahren** gem § 87 Abs 4. In Ehe- u Familienstreitsachen gelten gem § 113 Abs 1 S 2, 120 Abs 1 die Rechtmittelvorschriften des achten Buches der ZPO.
- Beschlüsse über die **Unterbringung zur Begutachtung** im Betreuungsverfahren gem § 284 Abs 3.
- Beschlüsse des Nachlassgerichts, in denen eine Frist zur Benennung eines **Testamentsvollstreckers** gem § 2198 Abs 2 BGB oder einem Testamentsvollstrecker eine Frist zur Annahme seines Amtes gesetzt wird gem § 355 Abs 1.
- Beschlüsse in **Teilungsverfahren** zur Setzung einer Frist nach § 366 Abs 3 oder über den Antrag auf Wiedereinsetzung bei der Versäumung einer derartigen Frist gem § 372 Abs 1.
- Beschlüsse im **Aufgebotsverfahren** zur Kraftloserklärung von Urkunden, durch die der Antrag auf Erlass einer Zahlungssperre zurückgewiesen oder eine bereits erlassene Zahlungssperre wieder aufgehoben wird, §§ 480 Abs 2; 482 Abs 3.

III. Ausdrückliche Unanfechtbarkeit von Zwischen- und Nebenentscheidungen

32 Eine vollständige Aufzählung der Fälle, in denen das Gesetz die selbständige Anfechtbarkeit von Zwischen- oder Nebenentscheidungen ausdrücklich ausschließt, ist vor allem wegen der Vielzahl von Sondergesetzen in der freiwilligen Gerichtsbarkeit kaum möglich.

33 Innerhalb des FamFG selbst ist die Anfechtbarkeit ausdrücklich ausgeschlossen für **Verweisungsbeschlüsse** (§ 3 Abs 3), Beschlüsse zur **Bestimmung des zuständigen Gerichts** (§ 5 Abs 3), Entscheidungen über die Zurückweisung von nicht vertretungsbefugten oder ungeeigneten **Bevollmächtigten** (§ 10 Abs 1 S 1 u 3), Entscheidungen über die Bewilligung oder Verweigerung von **Akteneinsicht** für Rechtsanwälte, Notare oder beteiligte Behörden (§ 13 Abs 4 S 3), **Wiedereinsetzungsbeschlüsse** (§ 19 Abs 2), deklaratorische Beschlüsse, in denen die **Wirkungslosigkeit** einer bereits ergangenen Endentscheidung im Falle der Antragsrücknahme festgestellt wird (§ 22 Abs 2 S 3), für die

Statthaftigkeit der Beschwerde | § 58 FamFG

Zurückweisung von **Berichtigungsanträgen** u **Anhörungsrügen** (§§ 42 Abs 3 S 1 u 44 Abs 4 S 3), für Entscheidungen über die **Aussetzung der Vollstreckung einer einstweiligen Anordnung** (§ 55 Abs 1 S 2) u für Entscheidungen über die **einstweilige Einstellung der Zwangsvollstreckung** in Fällen der **Umgangs- u Herausgabevollstreckung** (§ 93 Abs 1 S 3), wobei alle diese Vorschriften – mit Ausnahme von § 55 Abs 1 S 2 – wiederum gem § 113 Abs 1 jeweils nicht für Ehe- u Familienstreitsachen gelten, sondern insoweit durch die allgemeinen Vorschriften der ZPO u die Vorschriften der ZPO über das Verfahren vor den Landgerichten ersetzt sind.

Unanfechtbar sind weiterhin auch Beschlüsse über die **Abgabe** eines Verfahrens zur **34** Anordnung einer Vormundschaft über Minderjährige an ein **ausländisches Gericht** (§ 99 Abs 3 S 3), Beschlüsse zur Anordnung der Teilnahme an einem **Informationsgespräch über eine außergerichtliche Streitbeilegung** in Scheidungsfolgesachen oder zur Anordnung der Teilnahme an einem **Beratungsgespräch der Kinder- u Jugendhilfe** in Kindschaftssachen, welche die elterliche Sorge, das Umgangsrecht oder die Herausgabe eines Kindes betreffen (§§ 135 Abs 1 S 2 u 156 Abs 1 S 5), Entscheidungen über die **Abtrennung von Scheidungsfolgesachen** (§ 140 Abs 6, nach altem Recht streitig, vgl BGH FamRZ 2005, 191 mwN), Beschlüsse über die **Bestellung von Verfahrensbeiständen** für minderjährige Kinder oder **Verfahrenspflegern** in Betreuungs- u Unterbringungssachen, die Aufhebung einer solchen Bestellung oder die Ablehnung einer derartigen Maßnahme (§§ 158 Abs 3 S 2, 276 Abs 6, 317 Abs 6), Beschlüsse, in denen die Erfolglosigkeit eines **Vermittlungsverfahrens in Umgangsangelegenheiten** festgestellt wird (§ 165 Abs 5 S 1), Beschlüsse, mit denen die Genehmigung einer **Vereinbarung zum VA** verweigert wird (§ 223 Abs 2), Entscheidungen im Zusammenhang mit der Pflicht der Beteiligten oder Dritter zur **Auskunftserteilung** über die Einkommens- u Vermögensverhältnisse der Beteiligten in **Unterhaltsangelegenheiten** (§§ 235 Abs 4, 236 Abs 5), Entscheidungen über die **einstweilige Einstellung der Zwangsvollstreckung** im **Unterhaltsabänderungsverfahren** (§ 242 S 2), Beschlüsse, mit denen ein Antrag auf Durchführung eines **vereinfachten Verfahrens über den Unterhalt Minderjähriger** zurückgewiesen wird (§ 250 Abs 2 S 3) u für Gerichtsentscheidungen in Angelegenheiten des **Unterbringungsvollzuges** (§ 327 Abs 4).

Für Anordnungen auf **Vorführung** zur Untersuchung oder Unterbringung zur Begut- **35** achtung in Betreuungs- u Unterbringungssachen ist eine in §§ 283 Abs 1 S 2, 284 Abs 3, 322 RegE unter inhaltlicher Übernahme von § 68b Abs 3 S 2 FGG zunächst vorgesehene Regelung der Unanfechtbarkeit im Gesetzgebungsverfahren als überflüssig entfallen, weil sich diese schon aus der Systematik des Gesetzes ergebe (BTDrs 16/6308 S 378, 420). Das trifft zwar zu; mit der gleichen Begründung hätte aber grds auch in den Fällen Rz 33 eine ausdrückliche Regelung entfallen können, ebenso wie sie auch für die Unanfechtbarkeit von Beschlüssen über die **Ablehnung von Beweisanträgen** (§§ 29 Abs 2 S 4, 30 Abs 4 S 2 RegE FGG-RG) u von Anordnungen der **Nichtbekanntgabe von Entscheidungsgründen an Minderjährige** in Kindschaftssachen (§ 172 S 2, 2. Hs RefE FGG-RG I) im Laufe des Gesetzgebungsverfahrens entfallen ist, ohne dass damit eine inhaltliche Änderung verbunden war. Gerade im Fall des früheren § 68b Abs 3 S 2 FGG wäre zudem eine Klarstellung des Gesetzgebers geboten gewesen, denn der Ausschluss von Rechtsmitteln gegen die Vorführung zur Untersuchung oder die Unterbringung zur Begutachtung ist wegen der Schwere der hier in Betracht kommenden Grundrechtseingriffe schon bisher zu Recht als verfassungsrechtlich bedenklich angesehen worden (Jansen/*Sonnenfeld* § 68b FFG Rn 30, 50, § 69g FGG Rn 7 mwN) u eine Beschwerde bei schweren Rechtsverstößen entgegen dem Wortlaut des Gesetzes zT dennoch zugelassen worden (Rz 37).

Durch Vorschriften der ZPO u des GVG, auf die durch das FamFG verwiesen wird, ist **36** die Anfechtbarkeit außerdem ausgeschlossen für Beschlüsse, die ein **Befangenheitsgesuch** für begründet erklären (§ 6 Abs 1 iVm § 46 Abs 2, 1. Alt ZPO), Beschlüsse, durch die ein **Antrag auf Fristverkürzung** zurückgewiesen wird (§ 16 Abs 2 iVm § 225 Abs 3

ZPO), Entscheidungen über die **Verlegung oder Aufhebung von Terminen** (§ 32 Abs 1 S 2 iVm § 227 Abs 2 ZPO), **Einzelrichterbeschlüsse** (§ 68 Abs 4 iVm § 526 Abs 3 ZPO), Entscheidungen zur **Verfahrenskostenhilfe** nach näherer Maßgabe der ZPO (§ 76 Abs 2 iVm § 127 Abs 2 u 3 ZPO), Entscheidungen über die **Zulässigkeit des Rechtsweges** u über die **funktionale Zuständigkeit** der allgemeinen Zivilgerichte, Familiengerichte oder Betreuungsgerichte in ihrem Verhältnis zueinander (§ 17a Abs 5 u 6 GVG).

37 Offen ist, ob die Anfechtung einer Zwischen- oder Nebenentscheidung entgegen dem Wortlaut der vorgenannten Vorschriften ausnahmsweise dennoch statthaft sein kann, wenn die Entscheidung **objektiv willkürlich** ist u in Grundrechte des Betroffenen eingreift (so zB BGH FamRZ 2008, 774, 776; 2007, 1002, 1003 zu § 68b Abs 3 FGG). Anders als im FGG ist die grundsätzliche Anfechtbarkeit von Zwischen- oder Nebenentscheidungen aber regelungstechnisch im FamFG nicht mehr der Grundsatz, sondern die Ausnahme. Hält man mit dem BGH die außerordentliche Beschwerde als Rechtsmittel selbst im Falle der Willkür sonst für unzulässig (vor § 58 Rz 31 f), so darf man sie daher konsequenterweise auch in dem hier gegebenen Zusammenhang nicht (mehr) zulassen.

IV. Zwischenverfügungen

38 Ausnahmsweise u an sich systemwidrig mit der Beschwerde gem §§ 58 ff statt mit der sofortigen Beschwerde entsprechend den §§ 567 ff ZPO anfechtbar sind unter Festschreibung des bisher in der Rspr anerkannten Zustandes **Zwischenverfügungen** des Registergerichts mit Auflagen zur Beseitigung von **Eintragungshindernissen** in Handels-, Genossenschafts-, Partnerschafts- u Vereinsregistersachen gem § 382 Abs 4 S 2. Nicht (mehr) selbständig anfechtbar sind dagegen mangels ausdrücklicher Zulassung im Gesetz nach neuer Rechtslage **Zwischenverfügungen im Erbscheinsverfahren**, in denen auf leicht behebbare Mängel (zB fehlende Personenstandsurkunden) hingewiesen wird u deren Anfechtbarkeit bisher jedenfalls dann anerkannt war, wenn sie in nicht unerheblicher Weise in die Rechtssphäre eines Beteiligten eingreifen (*Zimmermann* FGPrax 2006, 189, 193).

V. Incidente Überprüfung von Zwischenentscheidungen

39 § 58 Abs 2 bestimmt, dass grds auch die Entscheidungen, die einer Endentscheidung vorausgegangen sind, im Rahmen der Beschwerde gegen die Endentscheidung (incidenter) mit überprüft werden können, erweitert also die Nachprüfungskompetenz des Beschwerdegerichts auch auf die vorangegangenen Zwischenentscheidungen.

1. Entscheidungen, die einer Endentscheidung vorausgegangen sind

40 Der Endentscheidung vorausgegangen u daher (nur) mit dieser zusammen überprüfbar im Sinne von § 58 Abs 2 sind zB **Beweis-, Verbindungs- u Trennungsbeschlüsse** sowie die Entscheidung über einen Zwischenstreit, soweit dieser nicht einer Endentscheidung gleichsteht (Rz 16 f). Geht einer Endentscheidung in einer Ehe- oder Familienstreitsache eine Versäumnisentscheidung voraus (§ 113 Abs 1 S 2 iVm §§ 330 ff ZPO), so erstreckt sich die Prüfungskompetenz des Beschwerdegerichts auch auf die Zulässigkeit des gegen diese gerichteten Einspruchs (Zöller/*Heßler* § 512 ZPO Rn 1). Einer besonderen Rüge zur Erstreckung der Überprüfung auch auf die der Endentscheidung vorangegangenen Entscheidungen bedarf es nicht (MüKoZPO/*Rimmelspacher* § 512 ZPO Rn 8), jedoch unterliegen der Überprüfung nur solche Zwischenentscheidungen, auf denen die angefochtene Endentscheidung auch beruht (Musielak/*Ball* § 512 ZPO Rn 2; Stein/Jonas/*Grunsky* § 512 ZPO Rn 2 zur ZPO).

2. Selbständig anfechtbare Zwischenentscheidungen

Wie in § 512 ZPO, an den sich § 58 Abs 2 anlehnt, umfasst diese erweiterte Nachprüfungskompetenz aber nur die nicht selbständig anfechtbaren Vor- oder Zwischenentscheidungen. Ausgeschlossen von der impliziten Überprüfung im Rahmen der Beschwerde gegen die Endentscheidung sind damit alle diejenigen Fälle, in denen die isolierte Anfechtung einer Zwischenentscheidung durch eine sofortige Beschwerde entsprechend den §§ 567 ff ZPO (Rz 31) oder ausnahmsweise auch durch eine Beschwerde nach den §§ 58 ff (Rz 38) im Gesetz ausdrücklich vorgesehen ist. 41

3. Unanfechtbare Zwischenentscheidungen

Zwangsläufig nicht von der Prüfungskompetenz des Beschwerdegerichts mit umfasst sind außerdem diejenigen der Endentscheidung vorangegangenen Zwischenentscheidungen, die nach dem FamFG oder aufgrund sonstiger gesetzlicher Vorschriften im Einzelfall ausdrücklich für unanfechtbar erklärt (Rz 32 ff) u daher für das Beschwerdegericht bei seiner Überprüfung der anschließend ergangenen Endentscheidung bindend sind. 42

E. Rechtsmittel gegen inkorrekte Entscheidungen

I. Meistbegünstigungsgrundsatz

Entscheidungen, die in unrichtiger oder nicht eindeutiger Form erlassen sind, können auch im FamFG-Verfahren nach dem sich aus den verfassungsrechtlichen Grundsätzen der allgemeinen Gleichberechtigung u des Vertrauensschutzes ergebenden Meistbegünstigungsprinzip sowohl mit dem Rechtsbehelf oder Rechtsmittel angefochten werden, das ihrer äußeren Form entspricht, als auch mit demjenigen, das bei einer verfahrensrechtlich korrekten Entscheidung gegeben wäre (zum bisherigen Recht vgl KKW/*Kahl* § 19 FGG Rn 36; Zöller/*Heßler* vor § 511 ZPO Rn 30–34; Musielak/*Ball* vor § 511 ZPO Rn 31–32a, jeweils mwN). Den Beteiligten soll durch die Wahl einer falschen oder nicht eindeutigen Entscheidungsform kein Nachteil entstehen. Das Meistbegünstigungsprinzip führt aber nicht zu einer Erweiterung des Instanzenzuges. Es eröffnet also kein Rechtsmittel, wo ein solches auch gegen eine verfahrensrechtlich korrekt ergangene Entscheidung nicht gegeben wäre (Zöller/*Heßler* vor § 511 ZPO Rn 32; Musielak/*Ball* vor § 511 ZPO Rn 32, jeweils mwN). Der Meistbegünstigungsgrundsatz führt außerdem nur zur Statthaftigkeit des Rechtsmittels. Die weiteren Voraussetzungen des Rechtsmittels, das der Rechtsmittelführer gewählt hat, müssen also wie auch sonst erfüllt sein (Musielak/*Ball* vor § 511 ZPO Rn 33). 43

Das Rechtsmittelverfahren ist grds so durchzuführen, wie wenn die angefochtene Entscheidung in der korrekten Form ergangen u das hiergegen statthafte Rechtsmittel eingelegt worden wäre (Musielak/*Ball* vor § 511 ZPO Rn 34 mwN). Eine Aufhebung u Zurückverweisung an das Gericht der ersten Instanz kommt nach dem FamFG allerdings nur noch ausnahmsweise bei Vorliegen der Voraussetzungen des § 69 Abs 1 in Betracht; sind diese nicht gegeben, muss das Rechtsmittelgericht nach Überleitung des Verfahrens in die richtige Form (dazu Zöller/*Heßler* vor § 511 ZPO Rn 33 mwN) in der Sache selbst entscheiden. Wegen aller weiteren Einzelheiten zur Reichweite u zu den Konsequenzen des Meistbegünstigungsgrundsatzes sowie wegen der zugehörigen Rechtsprechungsnachweise ist auf die einschlägigen ZPO-Kommentare zu verweisen. 44

Anwendungsfälle für den Meistbegünstigungsgrundsatz im Bereich des FamFG liegen wegen der jetzt einheitlich vorgesehenen Entscheidungsform des Beschlusses nicht mehr – wie im Standardfall beim Verfahren nach der ZPO – bei der Wahl der Urteilsform anstelle eines Beschlusses. In Betracht kommt seine Anwendung aber nach wie vor zB bei Ehe- u Familienstreitsachen, wenn eine dem Inhalt nach streitige Entscheidung 45 irrig als Versäumnisentscheidung bezeichnet wird (BGH NJW 1999, 583, 584), wenn statt einer Versäumnisentscheidung eine normale Endentscheidung erlassen wird (OLG München FamRZ 1989, 1204, 1205) oder wenn eine (erste) Versäumnisentscheidung fälschlich als »zweite« Versäumnisentscheidung bezeichnet ist (Zöller/*Heßler* § 514 ZPO Rn 4 mwN) oder umgekehrt (BGH NJW 1997, 1448). Ebenso können Fälle des Meistbegünstigungsprinzips vorliegen, falls die – nunmehr nach § 39 zwingend vorgeschriebene – Rechtsbehelfsbelehrung im Einzelfall nicht zutrifft u der Rechtsmittelführer dadurch zur Einlegung eines falschen Rechtsbehelfs veranlasst wird (BGH NJW 2004, 1598 für den Fall eines irreführenden Hinweises auf eine tatsächlich nicht gegebene Gehörsrüge nach § 321a ZPO). Nach den gleichen Grundsätzen wie bei der Wahl einer falschen Entscheidungsform ist eine Beschwerde außerdem auch dann zuzulassen, wenn das Gericht der ersten Instanz über einen Antrag entschieden hat, der tatsächlich gar nicht (oder nicht mehr) gestellt worden ist (BGH NJW 1991, 703, 704). Schließlich sind Anwendungsfälle des Meistbegünstigungsgrundsatzes denkbar, wenn wegen wechselnder Kennzeichnung des (sachlich) zuständigen Gerichts u des Verfahrensgegenstandes Zweifel bestehen, ob das Amtsgericht als allgemeines Prozessgericht oder als Familiengericht entschieden hat u der Beschwerdeführer in einem solchen Fall irrtümlich ein objektiv unrichtiges Rechtsmittel einlegt (Musielak/*Borth* § 117 Rn 14).

II. Anfechtung von unwirksamen Entscheidungen und Scheinentscheidungen

46 Ebenso ist die Beschwerde statthaft ggü ganz oder zT **unwirksamen Beschlüssen**, falls zB eine Entscheidung ergangen ist, obwohl das Verfahren ausgesetzt oder zB nach § 113 Abs 1 S 2 iVm § 240 ZPO wegen Eröffnung des Insolvenzverfahrens über das Vermögen eines Unterhaltsschuldners unterbrochen war (BGH NJW 1995, 2563; 1997, 1445) oder ein tatsächlich an einem Verfahren gar nicht Beteiligter – etwa im Zuge einer fehlerhaften Berichtigung – in ein Beschlussrubrum aufgenommen worden ist (Zöller/*Heßler* vor § 511 ZPO Rn 36).

47 Das Gleiche gilt auch in Fällen, in denen ein bloßer Entscheidungsentwurf versehentlich den Beteiligten bekannt gemacht worden ist u dadurch zumindest der **Anschein einer gerichtlichen Entscheidung** entstanden ist, ebenso zB bei einer notwendigen, aber irrtümlich unterbliebenen Verkündung in einer Ehe- oder Familienstreitsache. Bereits durch einen derartigen Anschein ist der Rechtsmittelführer hinreichend beschwert (Musielak/*Ball* § 511 ZPO Rn 8), wobei allerdings eine solche Scheinentscheidung keine Rechtskraftfähigkeit besitzt u daher auch sonstige Zulässigkeitsvoraussetzungen für eine Beschwerde – wie vor allem die Einhaltung der Beschwerdefrist – nicht zu beachten sind (BGH VersR 1984, 1192; NJW 1999, 1192).

F. Rechtsmittel gegen Untätigkeit

48 Gegen bloße Untätigkeit des angerufenen Gerichts konnte nach bisher hM nicht mit einem Rechtsbehelf vorgegangen werden, denn die Rechtsmittelsysteme der ZPO, des FGG u auch des FamFG setzen grds das Vorhandensein einer überprüfbaren Entscheidung voraus. Es verblieb daher nur die Möglichkeit der Dienstaufsichtsbeschwerde oder der Befangenheitsablehnung. Diese Ansicht ist durch die neuere Rspr des BVerfG zur Gewährleistung eines effektiven Rechtsschutzes nach Art 2 Abs 1 iVm Art 20 Abs 3 GG (BVerfG NJW 2001, 961; 2004, 835, 836; 2008, 503) u die Rspr des EGMR zum Erfordernis einer wirksamen innerstaatlichen Beschwerdemöglichkeit gegen überlange Verfahrensdauer nach Art 13 EMRK (EGMR NJW 2001, 2694, 2699) überholt (so schon zum FGG KKW/*Kahl* § 19 FGG Rn 8; Bassenge/*Roth* § 19 FGG Rn 18, jeweils mwN; ebenso zur ZPO Zöller/*Heßler* § 567 ZPO Rn 21). Ein Gesetzentwurf der BReg vom 22.8.2005 zur Einführung einer allgemeinen Untätigkeitsbeschwerde wurde dennoch nicht weiter verfolgt. Nachdem der EGMR die BReg jedoch ausdrücklich zur Umsetzung dieses Gesetz-

entwurfs aufgefordert hat (EGMR FamRZ 2007, 1449, 1453 mit Anm *Rixe*; FamRZ 2009, 105), besteht hier nach wie vor Handlungsbedarf, auch wenn der Gesetzgeber ein Tätigwerden derzeit weiterhin ablehnt (Antwort der BReg auf die Kleine Anfrage der Fraktion der FDP v 28.12.2007, BTDrs 16/7655 Frage 12; zu Einzelheiten *Roller* DRiZ 2007, 82, *Rixe* FamRZ 2007, 1453 u *Vogel* FPR 2009, 165).

Bis dahin ist die (fristlose) Untätigkeitsbeschwerde als außerordentlicher Rechtsbehelf **49** gegen die Untätigkeit des erstinstanzlichen Gerichts jedenfalls dann zuzulassen, **wenn diese einer Sachentscheidung** oder Rechtsverweigerung **gleichkommt** (OLG Düsseldorf, MDR 2008, 406; OLG Brandenburg FamRZ 2007, 491; Bassenge/Roth § 19 FGG Rn 18 mwN; großzügiger Meysen/*Finke* vor § 58 FamFG Rn 8: nicht mehr korrigierbare Nachteile reichen schon aus) u gegen die erstrebte (End-)Entscheidung, deren Erlass unzumutbar hinausgezögert wird, wenn sie ergehen würde, ein Rechtsmittel gegeben wäre (OLG Naumburg FamRZ 2006, 1286; Zöller/*Heßler* § 567 ZPO Rn 21; MüKoZPO/*Lipp* § 567 ZPO Rn 25, jeweils mwN), mithin also bei Untätigkeit der ersten Instanz u in den Fällen der zulassungsfreien Rechtsbeschwerde gem § 70 Abs 3. Eine Untätigkeit idS kann zB im Amtsverfahren – vor allem nach ausdrücklicher Aufforderung zum Tätigwerden – einer Verfahrenseinstellung gleichkommen u wie diese anfechtbar sein (OLG Bamberg FamRZ 2003, 1310; KG NJW-RR 2005, 374). In einem Verfahren nach §§ 1684, 1685 BGB kann die Untätigkeit im Ergebnis einem faktischen Ausschluss des Umgangsrechts entsprechen (OLG Karlsruhe FamRZ 2004, 53, 54). Ebenso kann im Antragsverfahren die Untätigkeit einer Zurückweisung des gestellten Antrags gleichkommen u deshalb mit der Untätigkeitsbeschwerde angreifbar sein (OLG Düsseldorf NJW-RR 1998, 1138 für eine Beschwerde gegen die Untätigkeit eines Notars; OLG Zweibrücken, NJW-RR 2003, 1653, 1654 für die Beschwerde gegen die Nichtbescheidung eines Antrags auf Bewilligung von Prozesskostenhilfe nach bisherigem Recht). Darüber hinaus ist eine Untätigkeitsbeschwerde auch schon dann zulässig, wenn die lange Verfahrensdauer zumindest geeignet ist, durch Schaffung von Fakten (zB Entfremdung von einem Elternteil im Sorgerechtsverfahren) Einfluss auf den Inhalt der zu treffenden Entscheidung zu nehmen (BVerfG NJW 2001, 961; FamRZ 2009, 189, 190).

In Fällen, in denen die Untätigkeit eines Gerichts der ersten Instanz nur zu einer fak- **50** tischen **Aussetzung des Verfahrens** ohne darüber hinausgehenden Einfluss auf den Inhalt der Entscheidung selbst führt, kommt darüber hinaus eine sofortige Beschwerde analog § 21 Abs 2 oder §§ 113 Abs 1 S 2, 252 ZPO, jeweils iVm §§ 567 ff ZPO in Betracht (MüKoZPO/*Lipp* § 567 ZPO Rn 25; *Jacob* ZZP 2006, 303, 312, 320 ff, str). Ziel der Untätigkeitbeschwerde ist dabei immer nur die **Anweisung an die Vorinstanz**, dem Verfahren Fortgang zu geben (BVerfGE NJW 2005, 2685, 2687; Zöller/*Heßler* § 567 ZPO Rn 21a; *Vogel* FPR 2009, 165, 167). Zu einer eigenen Entscheidung in der Sache ist das Beschwerdegericht – auch in den Fällen zu Rz 49 (aA OLG Naumburg FamRZ 2005, 732; MüKoZPO/*Lipp* § 567 ZPO Rn 25) – hingegen nicht befugt.

G. Bedingungsfeindlichkeit von Rechtsmitteln

Auch im FamFG-Verfahren ist die Einlegung von Rechtsmitteln unzulässig, wenn sie **51** unter einer Bedingung erfolgt (BGH FamRZ 1993, 1427, aA *Kornblum* NJW 2006, 2888). Ausnahmen bestehen für bloße **Rechtsbedingungen** wie in den Fällen, in denen eine Beschwerde nur eingelegt wird, falls eine bestimmte erstinstanzliche Entscheidung überhaupt existiert (KG OLGZ 1977, 129, 130), falls sie einen bestimmten Inhalt hat (BayObLGZ 1987, 46, 49) oder falls einem Berichtigungsantrag durch das Ausgangsgericht nicht stattgegeben wird (BayObLG FamRZ 2001, 1311, 1312) u für sog **innerprozessuale Bedingungen**, durch die in einem bereits eröffneten Verfahren Anträge von einer bestimmten Gestaltung der Verfahrenslage abhängig gemacht werden wie zB dann, wenn eine Beschwerde davon abhängig gemacht wird, dass das Rechtsmittel eines anderen

Beteiligten erfolglos bleibt (BayObLG NJW-RR 1989, 1286) oder im Falle der nur hilfsweise erhobenen Anschlussbeschwerde (§ 66 Rz 9).

52   Wegen Bedingungsfeindlichkeit unzulässig ist insbes auch die Einlegung einer Beschwerde unter der Bedingung, dass zuvor **Prozess- oder Verfahrenskostenhilfe** bewilligt wird. Von einer aus diesem Grund unzulässigen Beschwerde ist aber nur dann auszugehen, wenn sich dies aus den Begleitumständen mit einer jeden Zweifel ausschließenden Deutlichkeit ergibt (BGH NJW 2002, 1352; FamRZ 2009, 494 f). Das ist zB dann der Fall, wenn in einem zugleich mit der Beschwerdeschrift eingereichten Schriftsatz erklärt wird, die Beschwerde werde nur für den Fall der Gewährung von Prozesskostenhilfe eingelegt (BGH FamRZ 2005, 1537), nicht jedoch, wenn der Beschwerdeführer nur darum bittet, über seinen Antrag auf Bewilligung von Prozesskostenhilfe zeitlich »vorab« zu entscheiden (BGH FamRZ 1988, 383; 2006, 400). Die Beschwerde ist auch nicht unter einer Bedingung eingelegt, wenn nur ihre »Durchführung« von der Bewilligung von Prozesskostenhilfe abhängig gemacht wird. Durch eine derartige Erklärung behält sich der Beschwerdeführer lediglich die Rücknahme der Beschwerde vor, falls die Prozesskostenhilfe verweigert wird (BGH FamRZ 2007, 1726, 1727 f).

H. Kosten

53   Für die **Gerichtskosten** in **Familiensachen** – einschließlich der Familienstreitsachen – gilt nach dem **FamGKG** jetzt wie im GKG ein Pauschalgebührensystem. Mit der pauschalen Verfahrensgebühr von 3,0 Gebühren bei Beschwerden in Ehesachen einschließlich aller Folgesachen (KV 1120) 1,0 Gebühren bei Beschwerden im vereinfachten Unterhaltsverfahren (KV 1211), 3,0 Gebühren bei Beschwerden in Familienstreitsachen im Übrigen (KV 1222), 1,0 Gebühren bei Beschwerden in Kindschaftssachen (KV 1314), 3,0 Gebühren bei Beschwerden in sonstigen Familiensachen (KV 1322), 300,00 € bei Beschwerden in den Verfahren mit Auslandsbezug gem KV 1710, 1713 u 1714 (KV 1720), 75,00 € bei Beschwerden in den Fällen der §§ 71 Abs 2, 91a Abs 2, 99 Abs 2 u 269 Abs 5 ZPO (KV 1910) u 50,00 € in allen sonstigen Fällen, soweit keine Gebührenfreiheit besteht (KV 1912), ist jeweils das gesamte Verfahren abgegolten.

54   Ergänzend gelten verschiedene **Ermäßigungstatbestände** für den Fall der Verfahrensbeendigung ohne Entscheidung des Gerichts. Dabei wird in den Fällen der Gebühren gem KV 1120 ff, 1222 ff, 1322 ff u 1720 ff für die Höhe der gewährten Gebührenermäßigung zusätzlich noch jeweils danach differenziert, ob das Verfahren **schon vor oder erst nach dem Eingang der Beschwerdebegründung endet** u für die Gebühren gem KV 1120 sowie 1222 bei Beendigung des Verfahrens nach dem Eingang der Beschwerdebegründung werden die vier Tatbestände, welche eine Gebührenermäßigung nur auslösen können, jeweils katalogmäßig aufgezählt. Wie im KV zum GKG, an das die jeweiligen Gebührentatbestände angelehnt sind, handelt es sich dabei jeweils um die Fälle der **Rücknahme**, der **Anerkenntnis-** oder **Verzichtsentscheidung**, des **Vergleichs** oder der **Erledigung in der Hauptsache**, soweit eine streitige Kostenentscheidung nicht zu ergehen braucht. Eine nur teilweise Beendigung des Verfahrens löst die Ermäßigung der Gebühren nicht aus. Die Gebührentatbestände in Ehe- u Folgesachen (KV 1120–1122) gelten in gleicher Weise, auch wenn sich die Beschwerde auf eine Folgesache in einem Verbundverfahren beschränkt. Wird im Verbund nicht das gesamte Verfahren beendet, ist auf die beendeten Teile des Verbundes § 44 FamGKG anzuwenden u die Gebühr nur insoweit zu ermäßigen.

55   Bei den nach wie vor der **KostO** unterfallenden Verfahren der freiwilligen Gerichtsbarkeit, die nicht Familiensachen sind, fallen Verfahrensgebühren für das Beschwerdeverfahren nur für den Fall des Unterliegens nach Maßgabe von § 131 KostO an. Hat die Beschwerde in einem solchen Verfahren Erfolg, ist sie gem § 131 Abs 3 KostO kosten- u gem § 131 Abs 7 KostO auch auslagenfrei. Im Übrigen wird bei Verwerfung oder Zurückweisung der Beschwerde die volle Gebühr erhoben, höchstens jedoch ein Betrag von 800,00 € (§ 131 Abs 1 Nr 1 KostO) u im Falle der Zurücknahme der Beschwerde die

Hälfte der vollen Gebühr, höchstens jedoch ein Betrag von 500,00 € (§ 131 Abs 1 Nr 2 KostO). Beschwerden gegen Entscheidungen des Betreuungsgerichts sind gem § 131 Abs 5 S 1 KostO in jedem Fall kostenfrei, wenn sie von dem Betreuten oder Pflegling oder in deren Interesse eingelegt werden.

Die **Rechtsanwaltskosten** des Beschwerdeverfahrens in **Familien- u Landwirtschafts-** 56
sachen ergeben sich aus Teil 3, Abschnitt 2, Unterabschnitt 1 des VV zum RVG; grds erhält der Rechtsanwalt hier 1,6 Verfahrensgebühren gem VV 3200 u 1,2 Terminsgebühren gem VV 3202. Ist ein Beteiligter nicht ordnungsgemäß vertreten u es werden nur Anträge zur Prozess- u Sachleitung oder auf Erlass einer Versäumnisentscheidung gestellt, entstehen gem VV 3203 nur 0,5 Terminsgebühren. Die Gebühren in den **sonstigen Beschwerden** der freiwilligen Gerichtsbarkeit sind grds in Teil 3, Abschnitt 5 des VV zum RVG geregelt. Danach erhält der Rechtsanwalt in diesen Verfahren 0,5 Verfahrensgebühren gem VV 3500 u (ggf) 0,5 Terminsgebühren gem VV 3513. In allen Verfahren können außerdem ggf 1,3 Einigungsgebühren gem VV 1000, 1004 anfallen. Die Kosten für den Auftrag zur Prüfung der Erfolgsaussichten eines Rechtsmittels ergeben sich aus VV 2100 u 2101. In **Freiheitsentziehungs- u Unterbringungssachen** gilt gem VV 6300–6303 eine Sonderregelung.

§ 59 Beschwerdeberechtigte

(1) Die Beschwerde steht demjenigen zu, der durch den Beschluss in seinen Rechten beeinträchtigt ist.

(2) Wenn ein Beschluss nur auf Antrag erlassen werden kann und der Antrag zurückgewiesen worden ist, steht die Beschwerde nur dem Antragsteller zu.

(3) Die Beschwerdeberechtigung von Behörden bestimmt sich nach den besonderen Vorschriften dieses oder eines anderen Gesetzes.

Übersicht

	Rz
A. Allgemeines	1
I. Regelungsgehalt	1
II. Geltungsbereich	2
III. Sondervorschriften zur Beschwerdeberechtigung	3
B. Rechtsbeeinträchtigung	4
I. Beeinträchtigungsfähiges Recht	5
1. Subjektive Rechte	5
2. Rechtlich geschützte Interessen	7
3. Beschwerdebefugnis von Dritten und Rechtsnachfolgern	9
4. Verfahrensrechte	10
II. Vorliegen einer Rechtsbeeinträchtigung	12
1. Begriff der Beeinträchtigung	12
2. Zeitpunkt der Beeinträchtigung	14
3. Geltendmachung der Rechtsbeeinträchtigung	15
4. Besonderheiten beim Versorgungsausgleich	16
5. Beschwerdeberechtigung bei mehreren Beteiligten	17
III. Beschwerdeeinlegung durch Vertreter und Parteien kraft Amtes	18
1. Beschwerdeberechtigung	18
2. Vertretungs- und Beschwerdeführungsbefugnis	19
3. Parteien kraft Amtes	23
C. Beschwerdeberechtigung im Antragsverfahren	24
I. Antragsverfahren	24
II. Antragszurückweisung	26
1. Gründe der Zurückweisung	26
2. Beschwerdeberechtigter Personenkreis	28
3. Tod des Antragstellers	31
III. Antragsstattgabe	32
D. Beschwerdeberechtigung von Behörden, Gerichten und Verbänden	34
I. Beschwerdeberechtigung nach allgemeinen Grundsätzen	35
II. Erweiterte Beschwerdebefugnis zur Wahrnehmung gesetzlicher Aufgaben	36
1. Erweiterte Beschwerdebefugnis zur Wahrnehmung von Privatinteressen	37
2. Erweiterte Beschwerdebefugnis zur Wahrnehmung öffentlicher Interessen	38
a) Erweiterte Beschwerdebefugnis von Behörden	38
b) Erweiterte Beschwerdebefugnis von Gerichten	41
c) Erweiterte Beschwerdebefugnis von Anstalten und Körperschaften	42
E. Beschwerdeberechtigung von Notaren und Rechtsanwälten	43

A. Allgemeines

I. Regelungsgehalt

1 Die Vorschrift regelt unter fast unveränderter Übernahme des Regelungsgehalts von § 20 FGG, welcher Personenkreis beschwerdeberechtigt ist. Wie im FGG ist zwischen Amts- u Antragsverfahren zu unterscheiden. Für das **Amtsverfahren** genügen die Voraussetzungen des § 59 Abs 1, dh eine **qualifizierte materielle Beschwer**, die sich grds auf die Beeinträchtigung subjektiver Rechte beziehen muss. Im **Antragsverfahren** muss für den – dort im Grundsatz allein beschwerdeberechtigten – Antragsteller gem § 59 Abs 2 zusätzlich eine **formelle Beschwer** hinzutreten. § 59 Abs 3 verweist für die Beschwerdebefugnis von Behörden (zusätzlich) auf die entsprechenden Sondervorschriften.

II. Geltungsbereich

Für die Befugnis zur **Rechtsbeschwerde** (zum alten Recht vgl KKW/*Meyer-Holz* § 27 FGG Rn 10 ff) fehlt im Gesetz eine dem § 29 Abs 4 FGG entsprechende Verweisung. Eine solche ist auch nicht in § 74 Abs 4 FamFG enthalten, der nur auf die im ersten Rechtszug geltenden Vorschriften verweist. Dennoch kann auch die Rechtsbeschwerde – unabhängig von ihren sonstigen Voraussetzungen – analog § 59 Abs 1 nur von einem Beteiligten eingelegt werden, der durch die Entscheidung des Beschwerdegerichts in seinen Rechten beeinträchtigt ist, wenn auch mit der schon für das bisherige Recht anerkannten Einschränkung, dass dafür die in der Zurückweisung oder Verwerfung der Erstbeschwerde begründete formelle Beschwer bereits ausreicht (KKW/*Kahl* § 20 FGG Rn 6 mwN). Ebenso dürfte auch § 59 Abs 2 in der Weise weiterhin analog anzuwenden sein, dass die Rechtsbeschwerde in einem Antragsverfahren, in dem das Amtsgericht einem Antrag stattgegeben hat, dieser dann aber durch das Beschwerdegericht zurückgewiesen wurde, nur dem so zurückgewiesenen Antragsteller zusteht (Jansen/*Briesemeister* § 20 Rn 35 mwN zum alten Recht). Unverändert keine Anwendung findet § 59 auf die Beschwerde wegen Ablehnung eines **Ersuchens um Rechtshilfe** bei einem Gericht oder bei einer Behörde, §§ 159 GVG, 488 Abs 3.

III. Sondervorschriften zur Beschwerdeberechtigung

Der Kreis der gem § 59 Abs 1 u 2 Beschwerdeberechtigten wird in verschiedener Hinsicht durch Sondervorschriften erweitert. So ist eine eigene Rechtsbeeinträchtigung vielfach bei Behörden nicht erforderlich (Rz 36 ff), in anderen Fällen reicht ausnahmsweise die Beeinträchtigung eines rechtlich geschützten oder sonst berechtigten Interesses (Rz 7 f). Darüber hinaus wird das Beschwerderecht zT auch losgelöst von § 59 einem bestimmten, erweiterten Personenkreis zugebilligt, so zB in Betreuungs- u Unterbringungssachen den in §§ 303 Abs 2–4, 335 Abs 1–3 u in Freiheitsentziehungssachen den in § 429 Abs 2 u 3 genannten Angehörigen u sonstigen Personen oder im Verfahren bei Todeserklärungen gem §§ 17, 2 Abs 2 VerschG dem sich aus § 16 Abs 2 VerschG ergebenden Personenkreis.

B. Rechtsbeeinträchtigung

§ 59 Abs 1 bestimmt, dass es für die Beschwerdeberechtigung auf die Beeinträchtigung eigener Rechte ankommt. Nicht maßgeblich ist hingegen die Beteiligtenstellung in erster Instanz. Unerheblich ist demnach, ob der Beschwerdeberechtigte tatsächlich Beteiligter des erstinstanzlichen Verfahrens war oder aufgrund seiner Rechtsbetroffenheit hätte sein müssen u auch wenn jemand am Verfahren der ersten Instanz beteiligt war, verschafft ihm dies allein noch kein Beschwerderecht, wenn er von der Entscheidung in seiner materiellen Rechtsstellung nicht betroffen ist (BTDrs 16/6308 S 204). Wird einer Person, die an einem Verfahren tatsächlich nicht beteiligt war u auch sonst davon materiell nicht betroffen ist, aufgrund einer Namensverwechslung irrtümlich eine Entscheidung bekannt gemacht, so kann sich die notwendige Rechtsbeeinträchtigung, aufgrund deren eine solche »**Scheinpartei**« ausnahmsweise zur Einlegung eines Rechtsmittels berechtigt ist, allerdings auch schon allein aus dem durch eine solche Verwechslung entstandenen Anschein ergeben (BGH NJW-RR 1995, 764, 765).

I. Beeinträchtigungsfähiges Recht

1. Subjektive Rechte

Recht iSd § 59 Abs 1 ist – wie in § 20 Abs 1 FGG – jedes durch Gesetz verliehene oder durch die Rechtsordnung anerkannte, von der Staatsgewalt geschützte private oder öffentliche subjektive Recht (BGH NJW 1997, 1855; BayObLG Rpfleger 2003, 424; KKW/

§ 59 FamFG | Beschwerdeberechtigte

Kahl § 20 FGG Rn 7, Bassenge/Roth § 20 Rn 5); das schließt auch rechtlich gesicherte Anwartschaften (OLG Hamm OLGZ 1969, 410, 412) oder zB das Recht auf informationelle Selbstbestimmung (OLG Saarbrücken FamRZ 2001, 651) mit ein. In Kindschaftssachen kann sich ein Beschwerderecht vor allem auch aus einer Beeinträchtigung des Pflege- u Erziehungsrechts der Eltern ergeben, Art 6 Abs 2 GG. Auch Pflegeeltern können aus dieser Vorschrift unter Umständen ein Beschwerderecht ableiten, denn auch deren sozialfamiliäre Beziehungen werden von Art 6 GG geschützt (*Maurer* FamRZ 2009, 465, 470).

6 Das Recht muss dem Beschwerdeführer als **eigenes** zustehen (KKW/*Kahl* § 20 FGG Rn 13). Das ist auch dann der Fall, wenn es verpfändet worden ist (Bassenge/Roth § 20 FGG Rn 5 mwN); auch die Rechtposition des Pfändungsgläubigers ist jedoch zur Begründung einer Beschwerdeberechtigung ausreichend (KG FGPrax 1999, 157, 158). Dass der Beschwerdeführer der angefochtenen Entscheidung in einem **Amtsverfahren** zugestimmt oder diese sogar in der Vergangenheit selbst einmal beantragt hatte, ist für das Beschwerderecht solange unschädlich als dennoch eine Beeinträchtigung seines Rechts vorliegt (KKW/*Kahl* § 20 FGG Rn 13 mwN).

2. Rechtlich geschützte Interessen

7 Abgesehen von besonders geregelten Ausnahmen **nicht ausreichend** zur Begründung einer Beschwerdeberechtigung sind nach der hM zu § 20 Abs 1 FGG bloß geschützte – **rechtliche** oder auch nur sonst berechtigte, wirtschaftliche, ideelle, moralische oder sonstige – **Interessen** (BGH NJW-RR 1991, 771; FamRZ 2000, 219; BayObLG FamRZ 2003, 1219; KKW/*Kahl* § 20 FGG Rn 8, Bassenge/Roth § 20 FGG Rn 7; Jansen/*Briesemeister* § 20 FGG Rn 4 f; aA – bereits um neuen Recht – zB Bumiller/Harders Rn 5 mwN). Das gilt unverändert auch bei § 59 Abs 1, denn der Gesetzgeber hat dort in Kenntnis des dazu in der Vergangenheit bestehenden Meinungsstreits für den Regelfall wiederum ausdrücklich nur auf die »Rechte« u nicht auch auf »rechtliche« oder »berechtigte« Interessen des Beschwerdeführers abgehoben, wie sie zB bei der Todeserklärung (§§ 16 Abs 2c, 26 Abs 2a VerschG), bei der Anerkennung ausländischer Entscheidungen in Ehesachen (§ 107 Abs 4 u 8) oder in den früher in § 57 Abs 1 Nr 1, 3 u 9 FGG geregelten Sonderfällen – aber eben nicht darüber hinaus – für eine Beschwerdeberechtigung ausnahmsweise ausreichend sind oder waren. Der Wegfall der letztgenannten – durch die Aufhebung des VormG gegenstandslosen – Vorschrift hat daran nichts geändert. Als Ausnahmen, in denen auch schon ein berechtigtes Interesse für eine Beschwerdeberechtigung ausreichen soll, hat die Rspr zu § 20 FGG (BGH NJW 1961, 1717; KG NJW 1963, 1553) außerdem verschiedene Fälle (zB §§ 29, 2198 Abs 2, 2202 Abs 3, 2216 Abs 2 S 2, 2200 Abs 2, 2262 BGB, 89 AktG) angesehen, in denen das BGB oder das AktG ausdrücklich von »Beteiligten« an einem Verfahren der freiwilligen Gerichtsbarkeit sprechen, weil durch die Verwendung dieses – weit auszulegenden – Beteiligtenbegriffs der Gesetzgeber ausdrücklich den Kreis der Beschwerdeberechtigten auch über den Kreis der in einem eigenen Recht unmittelbar Betroffenen hinaus habe erweitern wollen.

8 Eine (eigene) Beschwerdeberechtigung ergibt sich hingegen auch nach neuem Recht zB nicht aus der bloßen **Wahrnehmung fremder Interessen** als Bevollmächtigter (Ausnahme: der Vorsorgebevollmächtigte im Fall der §§ 303 Abs 4, 335 Abs 3) eines anderen (BayObLG FamRZ 2001, 453) oder für die Pflegeeltern bei einer Entscheidung über das elterliche Sorgerecht der leiblichen Eltern (BGH FamRZ 2000, 219; 2004, 102; Zöller/*Philippi* § 621e ZPO Rn 15) oder gegen eine Entscheidung, mit der deren Umgangsrecht mit dem Pflegekind geregelt wird (BGH FamRZ 2005, 975; Zöller/*Philippi* § 621e ZPO Rn 15a; aA OLG Frankfurt FamRZ 1980, 826, wenn der Umgang in der Wohnung der Pflegeeltern stattfinden soll); das Gleiche gilt erst recht bei einem nur faktischen Pflegeverhältnis (BGH FamRZ 2004, 102. Auch die Verletzung von Verfahrensrechten wie insbes der Verstoß gegen die Anhörungspflicht des § 161 eröffnet den Pflegeeltern nicht die Beschwerdeinstanz; deren materielle Rechtsstellung ist allein durch einen solchen Ver-

fahrensverstoß noch nicht betroffen (BGH FamRZ 2005, 975). Ebenso wenig ist eine hinreichende Beschwer für einen Vater gegeben, der niemals das Sorgerecht innehatte (BGH FamRZ 2009, 220, 221 f mit Anm *Luthin*), für Eltern, denen die elterliche Sorge entzogen ist (OLG Hamm FamRZ 2007, 1577, 1578; 2004, 887; aA OLG Karlsruhe FamRZ 2008, 428) oder für Eltern die das – höchstpersönliche – Recht ihres Kindes auf Umgang mit dem anderen Elternteil im eigenen Namen geltend machen (BGH NJW 2008, 2586 f). Auch die Lebensgefährtin eines Betroffenen in einem Betreuungsverfahren hat kein eigenes Beschwerderecht (OLG Karlsruhe FGPRax 2008, 21).

3. Beschwerdebefugnis von Dritten und Rechtsnachfolgern

Wer ohne ein sachliches Recht die Einleitung eines Verfahrens **von Amts wegen anregt**, 9 hat allein deswegen noch keine Beschwerdebefugnis (OLG München FamRZ 2007, 744; KKW/*Kahl* § 20 FGG Rn 14; Jansen/*Briesemeister* § 20 FGG Rn 9, jeweils mwN). Ebenso erhält auch derjenige, der als bisher nicht an einem Verfahren beteiligter Dritter in ein solches **hineingezogen** wird u dort Anträge gestellt hat, dadurch noch kein Beschwerderecht (Jansen/*Briesemeister* § 20 FGG Rn 9 mwN), es sei denn, es wird in diesem Verfahren in seinen Rechtskreis eingegriffen, indem er zB – etwa durch die Anordnung einer Kontensperre ggü einer Sparkasse anstatt ggü dem Sorgeberechtigten, § 1667 Abs 3 BGB – zum Adressaten einer Verfügung wird, mit der ihm eine eigene Verpflichtung auferlegt wird (KKW/*Kahl* § 20 FGG Rn 5). Bei **vererblichen** Rechten vererbt sich auch ein Beschwerderecht des Erblassers (BayObLG FamRZ 1997, 219, 220; Jansen/*Briesemeister* § 20 FGG Rn 18 mwN); eine bloße Erberwartung genügt aber für eine Beschwerdeberechtigung noch nicht (OLG Köln FamRZ 2004, 746). Bei **übertragbaren** Rechte steht die Beschwerdeberechtigung nach der Übertragung dem Erwerber zu (Bassenge/Roth § 20 FGG Rn 5; Jansen/*Briesemeister* § 20 FGG Rn 18).

4. Verfahrensrechte

Kein Recht iSd § 59 Abs 1 ist nach wie vor das »allgemeine Recht des Beteiligten auf ei- 10 ne gesetzmäßige u sachgerechte Behandlung seiner Angelegenheiten«, so dass in Übereinstimmung mit der bisher herrschenden Ansicht auch nach dem neuen Recht ein reiner **Verstoß gegen Vorschriften des Verfahrensrechts** zur Begründung einer Beschwerdeberechtigung nicht ausreicht, solange die angefochtene Entscheidung nicht auch den materiellen Rechtsbereich des Beschwerdeführers berührt. Wer in seiner materiellen Rechtsstellung vom Ergebnis einer Entscheidung nicht betroffen ist, dem fehlt grds das Rechtsschutzbedürfnis, um reine Unkorrektheiten des Verfahrens als solche nachprüfen zu lassen (BGH FamRZ 1996, 856, 857; BayObLG FamRZ 1997, 1299; KKW/*Kahl* § 20 FGG Rn 10; Bassenge/Roth § 20 FGG Rn 6; aA Bumiller/Harders Rn 6 mwN). Auch hier hat der Gesetzgeber auf eine Änderung des Gesetzeswortlauts in Kenntnis des zu dieser Frage bestehenden Meinungsstreits verzichtet, so dass zu einer abweichenden Beurteilung nach dem neuen Recht kein Anlass besteht.

Der Grundsatz, dass ein bloßer Verfahrensverstoß ein Beschwerderecht noch nicht be- 11 gründet, gilt auch beim Verstoß gegen gesetzliche **Anhörungspflichten** wie zB gem §§ 159–162 (OLG Frankfurt, FGPrax 2002, 46; KKW/*Kahl* § 20 FGG Rn 10). Insbes bei einem feststehenden Verstoß gegen Verfahrensgrundrechte wie den Grundsatz des rechtlichen Gehörs (Art 103 Abs 1 GG) oder den Grundsatz des fairen Verfahren (Art 20 Abs 3, 19 Abs 4, 2 Abs 1 GG) ist eine Beschwerdeberechtigung aber nach auch für das neue Recht zutreffender Ansicht jedenfalls dann zu bejahen, wenn eine **Beeinträchtigung der materiellen Rechtsposition** des Beschwerdeführers durch den Verfahrensverstoß **zumindest möglich** erscheint (KKW/*Kahl* § 20 FGG Rn 11a). Ist dies der Fall, ist eine Beschwerdeberechtigung darüber hinausgehend aber auch bei sonstigen feststehenden Verfahrensverstößen ohne Grundrechtsrelevanz gegeben. Zum Sonderfall des Verfahrensverstoßes durch Ablehnung der Hinzuziehung als Beteiligter vgl § 7 Abs 5 S 2: sofortige Beschwerde entsprechend §§ 567 ff ZPO.

II. Vorliegen einer Rechtsbeeinträchtigung

1. Begriff der Beeinträchtigung

12 Eine für eine Beschwerdeberechtigung ausreichende Beeinträchtigung des Rechtsmittelführers in seinen Rechten liegt vor, wenn **in seine Rechtsstellung unmittelbar nachteilig eingegriffen wird**, indem Rechte aufgehoben, beschränkt oder gemindert werden, deren Ausübung gestört oder erschwert oder dem Rechtsmittelführer eine Verbesserung seiner Rechtsposition vorenthalten wird (KKW/*Kahl* § 20 FGG Rn 12; Bassenge/Roth § 20 FGG Rn 8); auch schon eine bloße Gefährdung oder ungünstige Beeinflussung des Rechts kann genügen (BGH FamRZ 2004, 1024). Die notwendige Unmittelbarkeit der Beeinträchtigung fehlt aber grds, wenn sich eine vermögensrechtliche Entscheidung erst nach einer ungewissen zukünftigen Erbfolge auswirken kann (OLG Saarbrücken FamRZ 2001, 651, 652).

13 Das Recht, das bei Unrichtigkeit der angefochtenen Entscheidung beeinträchtigt wäre, muss dem Beschwerdeführer idR tatsächlich zustehen (KG FamRZ 2001, 658; KKW/*Kahl* § 20 FGG Rn 18; Jansen/*Briesemeister* § 20 Rn 13). Es reicht also nicht aus, wenn das Bestehen dieses Rechts nur behauptet wird (KG FamRZ 1995, 837, 838). Steht die Rechtsbeeinträchtigung aus tatsächlichen oder rechtlichen Gründen nicht fest, so ist die Beschwerde daher im Normalfall unzulässig. Etwas anderes gilt nur dann, wenn die Tatsachen, aus denen sich das betroffene subjektive Recht ergibt, mit den Tatsachen identisch sind, von denen auch die Begründetheit der Beschwerde abhängt (sog »**doppelt relevante Tatsachen**«) (KG FamRZ 1995, 837, 838). Da in solchen Fällen – Beispiel: Beschwerde eines gesetzlichen Erben gegen einen Erbschein, mit der Behauptung, der Erblasser sei testierunfähig – die Tatsachenprüfung insgesamt in die Begründetheitsprüfung verlagert wird, reicht es für die Beschwerdeberechtigung u die Zulässigkeit der Beschwerde schon aus, wenn eine Rechtsbeeinträchtigung möglich oder jedenfalls nicht ausgeschlossen ist (BayObLG FamRZ 2002, 1745, 1749; KKW/*Kahl* § 20 FGG Rn 18).

2. Zeitpunkt der Beeinträchtigung

14 Sowohl das Recht, von dem die Beschwerdeberechtigung abhängt, wie auch die Beeinträchtigung dieses Rechts müssen grds zum Zeitpunkt des Erlasses der angefochtenen Entscheidung schon bestanden haben u bis zum Zeitpunkt der Beschwerdeeinlegung fortbestehen (BGH NJW 1989, 1858; KG NJW-RR 2000, 111 zum FGG; BGH NJW-RR 2004, 1365 zur ZPO-Berufung). Auch zum Zeitpunkt der Entscheidung über die Beschwerde muss die Rechtsbeeinträchtigung noch vorhanden sein (KG NJW-RR 1999, 1488, 1489). Fällt sie bis zur Einlegung der Beschwerde oder im Verlaufe des Beschwerdeverfahrens nachträglich fort, wird die Beschwerde unzulässig. Auch durch eine Berichtigung der Ausgangsentscheidung nach § 42 oder § 113 Abs 1 S 2 iVm § 319 ZPO kann die Beschwerdeberechtigung entfallen (BayObLGZ 1968, 190, 193).

3. Geltendmachung der Rechtsbeeinträchtigung

15 Die Beschwerde ist nur zulässig, wenn der Beschwerdeführer mit seinem Rechtsmittel eine für ihn günstigere Entscheidung anstrebt, also gerade die damit für ihn verbundene Rechtsbeeinträchtigung bekämpfen will (BGH FamRZ 1995, 157, 158; BLAH/*Hartmann* Rn 6).

4. Besonderheiten beim Versorgungsausgleich

Im VA-Verfahren kann eine unmittelbare Rechtsbeeinträchtigung darin liegen, dass der ausgleichspflichtige Ehegatte höhere Anwartschaften abgeben muss als gesetzlich geschuldet oder der ausgleichsberechtigte Ehegatte geringere Anwartschaften erhält als ihm zustehen. **Rentenversicherungs- und Versorgungsträger** sind im VA-Verfahren immer schon dann beschwerdeberechtigt, wenn der VA in einer mit dem Gesetz nicht übereinstimmenden Weise durchgeführt u ein bei ihnen bestehendes Rechtsverhältnis eines der Ehegatten in irgendeiner Weise verändert wird. Dabei kommt es nicht darauf an, ob sich ihre Beschwerde zugunsten oder zulasten des bei ihr versicherten Ehegatten auswirkt oder die angefochtene Entscheidung auch nur für den Versorgungsträger selbst finanziell nachteilig ist, denn dieser hat neben seinen eigenen finanziellen Belangen auch das Interesse der Allgemeinheit an einer gesetzmäßigen Durchführung des VA zu wahren (BGH FamRZ 2008, 678, 679; 2003, 1738, 1740, stRspr). **Kein Eingriff** in die Rechtsposition eines Versorgungsträgers liegt allerdings vor, wenn der öffentlich-rechtliche VA nicht durchgeführt wird, sei es, dass er gem § 27 VersausglG ausgeschlossen wird (BGH FamRZ 1981, 132), dass ein Ausschluss durch einen Ehevertrag vorliegt, dass die Voraussetzungen des § 19 VersausglG vorliegen, oder dass die Ehegatten eine Vereinbarung nach § 6 VersausglG getroffen haben, ohne dass Belange des Versorgungsträgers betroffen sind (Musielak/*Borth* § 621e ZPO Rn 11).

5. Beschwerdeberechtigung bei mehreren Beteiligten

Von mehreren Beteiligten an einem Verfahren ist grds jeder zur Einlegung einer Beschwerde berechtigt. Die Beschwerdeberechtigung ist aber für jeden Beteiligten gesondert zu prüfen; die Rechtsmitteleinlegung wirkt nicht zugunsten anderer Beteiligter (Bumiller/Harders Rn 8; KKW/*Kahl* § 20 FGG Rn 19; Jansen/*Briesemeister* § 20 Rn 19). Steht mehreren Beteiligten ein Antragsrecht nur gemeinschaftlich zu, können sie auch gegen die ihren Antrag zurückweisende Entscheidung nur gemeinsam Beschwerde einlegen (Rz 29). Kann über eine Beschwerde nur einheitlich entschieden werden (zB bei Unterbringung), so ist vor der Entscheidung zu prüfen, ob die Beschwerdefrist für alle Beteiligten abgelaufen ist (vgl Bumiller/Harders Rn 9 mwN).

III. Beschwerdeeinlegung durch Vertreter und Parteien kraft Amtes

1. Beschwerdeberechtigung

Wird eine Beschwerde im fremden Namen eingelegt, so kommt es für die Beschwerdebefugnis auf die **Rechtsbeeinträchtigung des Vertretenen** an. Insbes bei der Einlegung einer Beschwerde durch einen gesetzlichen Vertreter ist daher in Zweifelsfällen durch Auslegung zu klären, ob die Beschwerde im Namen des Vertreters, im Namen des Vertretenen oder sowohl im Namen des Vertreters wie auch des Vertretenen eingelegt ist. Maßgeblich für die Auslegung sind der Vortrag des Beschwerdeführers, die Interessenlage u das verfolgte Rechtsschutzziel (BayObLG FamRZ 2000, 1111, 1112; KKW/*Kahl* § 20 FGG Rn 20; Jansen/*Briesemeister* § 20 FGG Rn 26).

2. Vertretungs- und Beschwerdeführungsbefugnis

Außerdem ist bei Beschwerden im fremden Namen die **Vertretungsberechtigung** (materielle Vertretungsbefugnis u prozessuale Beschwerdeführungsbefugnis) zu prüfen. Bei ihrem Fehlen ist die Beschwerde ebenso als unzulässig zu verwerfen wie beim Fehlen der Beschwerdebefugnis. Beide Voraussetzungen müssen kumulativ vorliegen; allein die Vertretungsmacht ist kein subjektives Recht des Bevollmächtigten, auf dessen Verletzung eine eigene Beschwerdeberechtigung des Vertreters gestützt werden könnte (BayObLG NJW-RR 2001, 297 mwN; KKW/*Kahl* § 20 FGG Rn 20).

20 Bei Beschwerden von **Eltern** im Namen ihrer Kinder ist daher die Beschwerdebefugnis nach § 1629 Abs 1 BGB zu beachten; Einschränkungen können sich insoweit aus §§ 1629 Abs 2, 1630 Abs 1 u 3, 1666, 1671, 1672, 1796, 1909 BGB sowie § 53 (EA zum Sorgerecht) ergeben. Bei Beschwerden von **Pflegern** (§§ 1909 ff BGB) im Namen des Pfleglings ist zu prüfen, ob der Pfleger wirksam bestellt ist, ob der Verfahrensgegenstand seinen Wirkungskreis betrifft, ob die Pflegschaft aufgehoben oder kraft Gesetzes erloschen oder ob sie in ihrem Umfang – etwa durch eine Unterpflegschaft – eingeschränkt ist. Ebenso ist die Wirksamkeit u der Umfang der Vertretungsbefugnis eines **Verfahrensbeistandes** in Kindschafts-, Abstammungs- u Adoptionssachen (§§ 158, 174, 191) oder eines **Verfahrenspflegers** in Betreuungs- u Unterbringungssachen (§§ 276, 317) zu prüfen. Beide können entsprechend ihrer Stellung im Verfahren u im Rahmen ihres Aufgabenkreises im Interesse des jeweiligen Betroffenen u unabhängig von diesem (OLGR Hamm 2006, 642) Rechtsmittel einlegen.

21 Wie durch die Sondervorschriften der §§ 303 Abs 4 S 1, 335 Abs 3 in Übereinstimmung mit dem bisherigen § 69g Abs 2 FGG klargestellt ist, sich aber unabhängig davon auch schon aus § 1902 BGB ergibt, gilt das Gleiche auch für die Vertretungsbefugnis des **Betreuers** bei Beschwerden, die dieser in seiner Rolle als gesetzlicher Vertreter des Betreuten in dessen Namen einlegt, wobei sich der Umfang seines Aufgabenkreises aus der Bestallungsurkunde ergibt. Hiervon zu unterscheiden sind Beschwerden des Betreuers im eigenen Namen. Solche Beschwerden sind bereits nach den allgemeinen Grundsätzen dann zulässig, wenn durch die angefochtene Entscheidung ein eigenes Recht des Betreuers im Sinne von § 59 Abs 1 beeinträchtigt ist, darüber hinaus aber unabhängig von einer derartigen Rechtsbeeinträchtigung auch in den in den §§ 303 Abs 4 S 1, 335 Abs 3 genannten Fällen. Denn nach den genannten Vorschriften steht dem Betreuer ein Recht zur Beschwerde im Rahmen seines Aufgabenkreises »auch« im Namen des Betreuten zu, woraus mittelbar zu schließen ist, dass es in gleicher Weise auch dem Betreuer im eigenen Namen zustehen muss (OLG Hamm FGPrax 2000, 228, 229; Bassenge/Roth § 69g FGG Rn 12; Jansen/*Sonnenfeld* § 69g FGG Rn 35). Eine den Rechten des Betreuers entsprechende Beschwerdebefugnis im Rahmen seines Aufgabenkreises ist – abweichend vom bisherigen Recht (Bassenge/Roth § 69g FGG Rn 3 mwN) in §§ 303 Abs 4 S 1, 335 Abs 3 darüber hinaus nunmehr auch für den **Vorsorgebevollmächtigten** im Betreuungs- u Unterbringungsverfahren vorgesehen.

22 Sind **mehrere** Vormünder oder Pfleger gemeinsam für denselben Aufgabenkreis zuständig, so können sie eine diesen Aufgabenkreis betreffende Beschwerde auch nur gemeinsam einlegen, §§ 1797, 1915 BGB. Die bisherige Sondervorschrift des § 58 FGG, wonach jeder von ihnen sein Beschwerderecht auch selbständig ausüben konnte, ist in das FamFG nicht übernommen worden. Auch eine entsprechende Anwendung dieser Vorschrift auf **gemeinsam vertretungsberechtigte Eltern** (vgl zB KKW/*Engelhardt* § 58 FGG Rn 2 mwN) kommt damit nicht mehr in Betracht.

3. Parteien kraft Amtes

23 Parteien kraft Amtes wie zB der Insolvenzverwalter, Testamentsvollstrecker oder Nachlassverwalter, die als Beschwerdeführer auftreten, handeln nach hM im eigenen Namen. Soweit im Einzelfall Zweifel bestehen, ist ihre – sich aus der Bestallungsurkunde ergebende – Legitimation zu kontrollieren (vgl zum bisherigen Recht OLG Düsseldorf FGPrax 2000, 205, 206; KKW/*Kahl* § 20 FGG Rn 23; Jansen/*Briesemeister* § 20 Rn 28). Wie für Vertreter besteht auch für Parteien kraft Amtes eine Beschwerdebefugnis nur innerhalb des jeweiligen Aufgabenkreises. Kein eigenes Beschwerderecht hat daher zB der Testamentsvollstrecker gegen die Auswahl eines Ergänzungspflegers (OLG München FamRZ 2008, 1549). Zur Beschwerdeeinlegung bei mehreren Testamentsvollstreckern vgl auch § 355 Abs 3.

C. Beschwerdeberechtigung im Antragsverfahren

I. Antragsverfahren

§ 59 Abs 2 entspricht § 20 Abs 2 FGG. Wie dieser gilt er nur in echten Antragsverfahren der freiwilligen Gerichtsbarkeit, also in solchen Verf, in denen nach einer ausdrücklichen gesetzlichen Vorschrift ein Antrag notwendige Verfahrensvoraussetzung ist, ohne dessen Vorliegen die in Frage stehende Entscheidung nicht ergehen darf (vgl zB §§ 363, 373, 403, 405 FamFG, 1672 Abs 1 S 1, Abs 2 S 1, 1748 Abs 1 S 1, 1752, 1768, 1896 Abs 1 S 1, 1961 BGB; ausführlicher Katalog weiterer Fälle – zum bisherigen Recht – bei Jansen/*von König/von Schuckmann* vor §§ 8–18 FGG Rn 8; zum Begriff des Antragsverfahrens vgl außerdem zB Bassenge/Roth Einl Rn 4; Jansen/*Briesemeister* § 20 FGG Rn 34). 24

§ 59 Abs 2 schränkt Abs 1 ein; dieser muss also ebenfalls erfüllt sein (BGH FamRZ 2003, 1738, 1740). Allein die Zurückweisung eines Antrages gibt daher dem Antragsteller noch kein Beschwerderecht, wenn es an der zusätzlich erforderlichen Rechtsbeeinträchtigung iSd § 59 Abs 1 fehlt. Antrag iSd § 59 Abs 2 ist auch eine Registeranmeldung. Die Rechtsstellung als Antragsteller ist vererblich (BGH NJW-RR 1995, 705). Bei Übertragung des materiellen Rechts, welches das Antragsrecht begründet, geht sie zusammen mit diesem über (Bassenge/Roth § 20 FGG Rn 12). 25

II. Antragszurückweisung

1. Gründe der Zurückweisung

§ 59 Abs 2 findet Anwendung, wenn in einem echten Antragsverfahren der freiwilligen Gerichtsbarkeit der Antrag **in der Sache** ganz oder zumindest teilweise zurückgewiesen wird. § 59 Abs 2 gilt jedoch nicht für die Anfechtung der Aufhebung einer antragsgemäß erlassenen Entscheidung im Rahmen einer Abänderung nach § 48 Abs 1 oder einer Abhilfeentscheidung nach § 68 Abs 1 (zum alten Recht vgl KKW/*Kahl* § 20 FGG Rn 52; Jansen/*Briesemeister* § 20 FGG Rn 35). 26

Wird ein Antrag nur aus **verfahrensrechtlichen Gründen** zurückgewiesen, wie zB im Fall der Antragszurückweisung mangels Antragsrechts oder mangels wirksamer Vertretung, genügt für die Antragsberechtigung ausnahmsweise allein schon die darin liegende formelle Beschwer. Auf die ansonsten zusätzlich geltenden Voraussetzungen des § 59 Abs 1 kommt es also in einem solchen Fall nicht an. 27

2. Beschwerdeberechtigter Personenkreis

Andere Beteiligte als der Antragsteller haben grds kein Beschwerderecht, selbst wenn in ihrer Person die Voraussetzungen des § 59 Abs 1 erfüllt sind. Das gilt jedoch ausnahmsweise dann nicht, wenn sie zur Stellung eines Antrages in erster Instanz berechtigt gewesen wären, von diesem Recht aber keinen Gebrauch gemacht haben (str, wie hier Bumiller/Harders Rn 41 mwN u zum bisherigen Recht zB BGH NJW 1993, 662; KG OLGZ 1990, 407, BayObLG FamRZ 1996, 186, OLG Brandenburg FamRZ 1999, 55; KKW/*Kahl* § 20 FGG Rn 51, Jansen/*Briesemeister* § 20 FGG Rn 36, jeweils mwN; aA Bassenge/Roth, § 20 FGG Rn 13 mwN). 28

Ist (wie zB bei Anträgen auf Eintragung einer Gesellschaft zum Handelsregister) aus materiell-rechtlichen Gründen ein gemeinsamer Antrag **mehrerer Antragsteller** erforderlich, so kann auch die Beschwerde gegen die Zurückweisung eines solchen, gemeinschaftlich gestellten Antrages nur gemeinsam eingelegt werden (zum bisherigen Recht vgl zB BayObLG NJW-RR 1988, 873; OLG Hamm FamRZ 1990, 1264; KKW/*Kahl* § 20 FGG Rn 55; Bassenge/Roth § 20 FGG Rn 13). Die dennoch eingelegte Beschwerde nur eines einzelnen Antragstellers ist wegen fehlender Beschwerdeberechtigung unzulässig. Etwas anderes gilt nur dann, wenn die Notwendigkeit der Mitwirkung eines weiteren Antragstellers von dem Erstgericht übersehen worden ist u dieses daher den in der ers- 29 ten Instanz gestellten Antrag nicht als unzulässig verworfen, sondern als in der Sache unbegründet zurückgewiesen hat (BayObLGZ 1984, 29, 33).

30 Antragsteller im Sinne des § 59 Abs 2 bei **Registeranmeldungen** ist auch der von der Anmeldung betroffene Rechtsträger, in dessen Namen die für ihn vertretungsberechtigten Personen zugleich auftreten (*Krafka* FGPrax 2007, 51, 53 mwN). Zu weiteren Besonderheiten der Beschwerdeberechtigung bei Registereintragungen s § 382 Rz 34.

3. Tod des Antragstellers

31 Stirbt der Antragsteller, so kann die Beschwerde grds nur von allen seinen Erben gemeinsam eingelegt werden. Das gilt ausnahmsweise nur dann nicht, wenn sich der zurückgewiesene Antrag auf eine zur Erhaltung des Nachlasses notwendige Maßnahme iSd § 2038 Abs 1 S 2 BGB bezieht (BayObLGZ 1964, 350, 356; KKW/*Kahl* § 20 FGG Rn 56).

III. Antragsstattgabe

32 Wird dem Antrag eines Beteiligten in einem Antragsverfahren stattgegeben, so gilt § 59 Abs 2 nicht. Trotz des Erfolgs seines Antrages kann dem Antragsteller unter den Voraussetzungen des § 59 Abs 1 ein Beschwerderecht zustehen (zB mit der Begründung, dass er bei Stellung des Antrags von falschen Voraussetzungen ausgegangen sei oder wegen einer Änderung des ursprünglichen Antrags); allerdings kann das Rechtsschutzbedürfnis für eine Beschwerde in solchen Fällen fehlen.

33 Eine formelle Beschwer als Rechtsmittelvoraussetzung ist allerdings – wie im Berufungsverfahren nach der ZPO – bei echten Streitverfahren u insbes bei den Familienstreitsachen dann erforderlich, wenn ein bindender Sachantrag notwendig ist u der Verfahrensgegenstand der materiellen Verfügungsbefugnis der Beteiligten unterliegt.

D. Beschwerdeberechtigung von Behörden, Gerichten und Verbänden

34 Die bisherige Rechtslage zum Beschwerderecht von Behörden, Gerichten u Verbänden (zu dieser KKW/*Kahl* § 20 FGG Rn 24–44 mit ausführlicher, nach wie vor verwertbarer Kasuistik) soll nach dem ausdrücklichen Willen des Gesetzgebers (vgl BTDrs 16/6308 S 204) durch das FamFG grds nicht geändert werden.

I. Beschwerdeberechtigung nach allgemeinen Grundsätzen

35 Wie bisher kann sich ein Beschwerderecht von Behörden oder Verbänden daher zunächst schon nach allgemeinen Grundsätzen ergeben. Ein Beschwerderecht ist damit jedenfalls dann zu bejahen, wenn die Voraussetzungen des § 59 Abs 1 erfüllt sind, mithin die Behörde oder der Verband durch die angefochtene Entscheidung unmittelbar in ihren Rechten beeinträchtigt werden.

II. Erweiterte Beschwerdebefugnis zur Wahrnehmung gesetzlicher Aufgaben

36 Darüber hinaus kann eine Beschwerdeberechtigung von Behörden, Gerichten oder Verbänden gegeben sein, wenn diese in Wahrnehmung ihrer gesetzlichen Aufgaben dazu berufen sind, Privatinteressen von Beteiligten oder öffentliche Interessen wahrzunehmen. In diesen Fällen kommt es auf die Beeinträchtigung eines eigenen Rechts im Sinne von § 59 Abs 1 nicht an. Eine erweiterte Beschwerdebefugnis unter diesem Gesichtspunkt kann durch gesetzliche Regelung ausdrücklich zuerkannt sein. Für das bisherige Recht war darüber hinaus anerkannt, dass sie sich auch ohne eine derartige Anordnung aus dem Gesamtzusammenhang des Gesetzes ergeben kann (BayObLGZ 1990, 151). Für das neue Recht dürfte dies in Anbetracht des eindeutigen Wortlauts von § 59 Abs 3 je-

denfalls für die von dieser Vorschrift erfassten Behörden im engeren Sinne zweifelhaft geworden sein. Hiervon unberührt bleiben allerdings die nach heutigem Begriffsverständnis nicht mehr als Behörden angesehenen Gerichte (vgl BayObLG NJW-RR 1990, 1510, 1511) u die von vornherein von § 59 Abs 3 nicht erfassten Verbände.

1. Erweiterte Beschwerdebefugnis zur Wahrnehmung von Privatinteressen

Eine Beschwerdeberechtigung von Behörden oder Gerichten zur Wahrnehmung von Privatinteressen ist zB in den Fällen anerkannt, in denen diese kraft gesetzlicher Anordnung im GB (§ 38 GBO) oder Schiffsregister (§ 45 SchRegO) eine Eintragung beantragen können (vgl zB §§ 941 ZPO, 19, 130 ZVG) u einem derartigen Ersuchen nicht oder nicht vollständig stattgegeben wird (BayObLG NJW-RR 1990, 1510, 1511). 37

2. Erweiterte Beschwerdebefugnis zur Wahrnehmung öffentlicher Interessen

a) Erweiterte Beschwerdebefugnis von Behörden

§ 59 Abs 3 stellt insoweit klar, dass sich eine erweiterte Beschwerdeberechtigung von Behörden auch zur Wahrnehmung öffentlicher Interessen (nur) aus den Büchern 2–8 FamFG oder aus Spezialvorschriften in anderen Gesetzen ergeben kann. 38

Beispiele aus dem FamFG sind die Beschwerdebefugnis des Jugendamts in Kindschafts-, Abstammungs-, Adoptions-, Ehewohnungs- u Gewaltschutzsachen nach §§ 162 Abs 3 S 2, 176 Abs 2 S 2, 194 Abs 2 S 2, 205 Abs 2 S 2, 213 Abs 2 S 2, die – bisher für Betreuungsbehörden in § 69c FGG geregelte – Beschwerdebefugnis der zuständigen Behörde in Betreuungs-, Unterbringungs- u Freiheitsentziehungssachen nach §§ 303 Abs 1, 335 Abs 4, 429 Abs 1 oder das Beschwerderecht der Staatskasse nach § 304 Abs 1. 39

Für verschiedene, außerhalb des FamFG geregelte Sondermaterien ergibt sich eine erweiterte Beschwerdeberechtigung zur Wahrnehmung öffentlicher Interessen auch aus den jeweiligen Spezialgesetzen. Das gilt zB für das Beschwerderecht der übergeordneten Behörde in Landwirtschaftssachen nach § 32 LwVG, das Beschwerderecht der standesamtlichen Aufsichtsbehörde nach § 53 Abs 2 PStG, das Beschwerderecht der StA in den Fällen des § 19 Abs 1 S 2 StAG oder das Beschwerderecht der Bundesanstalt für Finanzdienstleistungsaufsicht nach § 43 Abs 3 KWG. Soweit das Gesetz in derartigen Fällen einer Behörde ein Beschwerderecht einräumt, ist dieses unabhängig von jeder Beschwer. Es steht der Behörde also selbst dann zu, wenn nach ihrem Antrag entschieden wurde u die Beschwerde allein dem Zweck dienen soll, über die der Entscheidung zugrunde liegende Streitfrage eine obergerichtliche Entscheidung herbeizuführen (BGH NJW 2004, 1108; KKW/*Sternal* vor § 71 FGG Rn 69). Eine Aufsichtsbehörde ist aber grds nicht befugt, ein nur der ihr nachgeordneten Behörde zustehendes Beschwerderecht an deren Stelle auszuüben; sie kann kraft ihres Aufsichtsrechts nur darauf hinwirken, dass diese selbst von ihrem Beschwerderecht Gebrauch macht (Jansen/*Briesemeister* § 20 FGG Rn 110 mwN). 40

b) Erweiterte Beschwerdebefugnis von Gerichten

Die Beschwerdeberechtigung eines Gerichts gegen die Entscheidung eines anderen Gerichts ist – wie bisher – nur ausnahmsweise dann gegeben, wenn dieses zur Wahrnehmung öffentlicher Interessen berufen ist u an der Erfüllung seiner Aufgaben durch ein anderes Gericht behindert wird (BayObLG Rpfleger 1986, 303; NJW-RR 1990, 1510, 1511; KKW/*Kahl* § 20 FGG Rn 36; Bassenge/Roth § 20 FGG Rn 6). Ein Beschwerderecht unter diesem Gesichtspunkt ist zB zu bejahen für ein Nachlassgericht gegen die Verweigerung der Herausgabe eines von einem anderen Gericht verwahrten Testaments oder Erbvertrages (BayObLGZ 1986, 118) oder umgekehrt bei Verweigerung der Übernahme eines 41 nach § 2261 BGB übersandten Testaments zur endgültigen Aufbewahrung durch ein anderes Gericht (LG Berlin Rpfleger 1971, 399).

c) Erweiterte Beschwerdebefugnis von Anstalten und Körperschaften

42 Auch Anstalten u Körperschaften, die zur Wahrnehmung von Allgemeininteressen berufen sind, kann innerhalb des ihnen zugewiesenen Aufgabenkreises ein über § 59 Abs 1 hinausgehendes Beschwerderecht zustehen, so zB den Industrie- u Handelskammern, den Handwerkskammern, den Landwirtschaftskammern oder den Kammern der freien Berufe in Registersachen nach Maßgabe des dem früheren § 126 FGG entsprechenden, in seinem Umfang aber noch darüber hinausgehenden § 380 Abs 5.

E. Beschwerdeberechtigung von Notaren und Rechtsanwälten

43 Der **Notar** ist zur Einlegung einer Beschwerde wie im bisherigen Recht grds nur **im Namen der von ihm vertretenen Beteiligten** berechtigt. Das gilt auch dann, wenn er aufgrund einer gesetzlich vermuteten Vollmacht handelt (vgl zB § 378, § 15 GBO, § 25 SchiffsRegO). Gegen die Ablehnung eines Antrages, den er auf der Grundlage einer vermuteten Vollmacht gestellt hat, steht die Beschwerde daher nur dem von ihm vertretenen Beteiligten, nicht dem Notar im eigenen Namen zu (Jansen/*Briesemeister* § 20 FGG Rn 111).

44 Ein Beschwerderecht im **eigenen Namen** steht ihm nur zu, wenn seine eigenen Rechte beeinträchtigt werden, insbes also, wenn in seine Amtsbefugnisse eingegriffen wird. Das ist zB der Fall, wenn das AG es ablehnt, ein Testament in amtliche Verwahrung zu nehmen oder bei einer Beschwerde gegen die Anordnung der Ablieferung eines Testaments nach § 2259 BGB (Jansen/*Briesemeister* § 20 FGG Rn 111). Mit der Ablieferung des Testaments ist die amtliche Tätigkeit des Notars jedoch beendet, so dass er gegen die Anordnung der Eröffnung, die Ablehnung der Versendung einer von ihm errichteten Urkunde oder die Gewährung der Einsichtnahme in eine solche Urkunde oder gegen die Ablehnung ihrer Wiederaushändigung zur Nachholung seiner fehlenden Unterschrift aus eigenem Recht eine Beschwerde nicht mehr einlegen kann (Jansen/*Briesemeister* § 20 FGG Rn 111; KKW/*Kahl* § 20 FGG Rn 45 mN zur älteren Rspr). Auch durch die Verweigerung der Bestätigung einer im Auftrag des Gerichts durch den Notar vermittelten Erbauseinandersetzung (vgl § 363 Abs 1) wird dieser nicht in einem eigenen Recht beeinträchtigt.

45 Der **Rechtsanwalt** ist im eigenen Namen beschwerdeberechtigt gegen die Wertfestsetzung gem § 32 Abs 2 S 1 RVG. Einem als Vormund beigeordneten Anwalt in einem Verfahren nach § 1800 BGB iVm § 1631b BGB steht dagegen ein eigenes Beschwerderecht nicht zu (KG NJW 1970, 2215).

§ 60 Beschwerderecht Minderjähriger

Ein Kind, für das die elterliche Sorge besteht, oder ein unter Vormundschaft stehender Mündel kann in allen seine Person betreffenden Angelegenheiten ohne Mitwirkung seines gesetzlichen Vertreters das Beschwerderecht ausüben. Das gleiche gilt in sonstigen Angelegenheiten, in denen das Kind oder der Mündel vor einer Entscheidung des Gerichts gehört werden soll. Dies gilt nicht für Personen, die geschäftsunfähig sind oder bei Erlass der Entscheidung das 14. Lebensjahr nicht vollendet haben.

A. Allgemeines

I. Normzweck

Das Beschwerderecht wird für ein Kind oder Mündel regelmäßig durch dessen gesetzlichen Vertreter (Inhaber der elterlichen Sorge, Vormund oder Pfleger) ausgeübt. Nach § 60 kann das Kind oder Mündel in bestimmten Fällen neben dem gesetzlichen Vertreter u unabhängig von dessen Willen auch selbstständig das Beschwerderecht ausüben. Das Bestehen eines derartigen Beschwerderechts nach § 59 wird dabei vorausgesetzt. § 60 verleiht nur die erforderliche Verfahrensfähigkeit für seine Ausübung durch das Kind oder Mündel selbst, soweit diese nicht bereits aufgrund anderweitiger Vorschriften gegeben ist, die zT (wie zB in den Fällen der partiellen Geschäftsfähigkeit gem §§ 112, 113 BGB) im materiellen Recht enthalten sind, sich aber ebenso (wie zB bei der Unterbringung von Minderjährigen gem § 167 Abs 3) auch aus Sondervorschriften des Verfahrensrechts ergeben können. Das eigene Recht zur Beschwerdeeinlegung des gesetzlichen Vertreters im Namen des Kindes oder Mündels bleibt davon unberührt (zum bisherigen Recht vgl KKW/*Engelhardt* § 59 FGG Rn 1, Jansen/*Briesemeister* § 59 FGG Rn 1 f, jeweils mwN; Bassenge/Roth § 59 FGG Rn 3).

II. Rechtsentwicklung

§ 60 S 1 u 2 entsprechen fast wörtlich § 59 Abs 1 FGG. § 60 S 3 entspricht § 59 Abs 3 S 1 FGG, wobei dieser nur insoweit inhaltlich angepasst worden ist, als Beschlüsse nach dem FamFG grds nicht mehr verkündet werden, sondern nach Maßgabe des § 41 bekannt zu machen sind u daher für die Erreichung der Altersgrenze von 14 Jahren nicht mehr auf die Verkündung der Entscheidung abgestellt werden kann. Systematisch ist die Vorschrift jetzt allerdings dem allgemeinen Teil des FamFG zugeordnet. Anders als die bisherige, nur für Vormundschafts- u Familiensachen im Sinne des FGG geltende Regelung, ist sie damit grds auf alle Angelegenheiten der freiwilligen Gerichtsbarkeit anzuwenden, auch wenn praktische Anwendungsfälle dafür außerhalb des Bereichs der jetzt als Kindschaftssachen (§§ 151 ff) zusammengefassten Verfahren selten sein dürften.

Der bisherige § 59 Abs 2 FGG über die Bekanntgabe der Entscheidung an das Kind oder Mündel ist durch den allerdings nicht allgemein, sondern nur für Kindschaftssachen geltenden, jedoch ansonsten wörtlich identischen § 164 ersetzt worden. Zugleich wird dort für Kindschaftssachen das Bestehen eines eigenen Beschwerdeausübungsrechts für das Kind noch einmal wiederholt, was jedoch einen zusätzlichen Regelungsgehalt ggü § 60 in diesem Punkt nicht beinhaltet. Für solche Verf, in denen einem Kind oder Mündel außerhalb des Anwendungsbereichs der §§ 151 ff ein eigenes Beschwerdeausübungsrecht nach § 60 zusteht, bedeutet dies, dass die Entscheidungen in derartigen Verfahren dem Kind oder Mündel ebenso wie allen anderen Beteiligten bekannt zu machen sind, § 41. Eine Ausnahmevorschrift, wonach die Gründe der Entscheidung nicht mitgeteilt werden sollen, wenn Nachteile für die Entwicklung, Erziehung oder Gesundheit des Kindes oder Mündels zu befürchten sind, besteht in solchen Fällen nicht.

III. Geltungsbereich

4 § 60 gilt entsprechend für die **Rechtsbeschwerde**, auch wenn eine ausdrückliche, dem früheren § 63 FGG entsprechende Verweisungsvorschrift nunmehr fehlt. § 60 findet außerdem entsprechende Anwendung auf die Berechtigung zur Einlegung der **Erinnerung** gegen Entscheidungen des Rechtspflegers (vgl KKW/*Engelhardt* § 59 FGG Rn 7 zum bisherigen Recht).

B. Voraussetzungen des Beschwerderechts

I. Persönliche Voraussetzungen

5 Gem § 60 S 3 ist Voraussetzung des eigenen Beschwerdeausübungsrechts, dass das beschwerdeführende Kind oder Mündel das 14. Lebensjahr bereits vollendet hat u nicht geschäftsunfähig ist.

1. Vollendung des 14. Lebensjahres

6 Maßgeblicher **Zeitpunkt** für die Vollendung des 14. Lebensjahres ist dabei der **Erlass** der angefochtenen Entscheidung, dh grds deren Bekanntgabe an die Beteiligten nach Maßgabe von § 41. Ist eine Bekanntgabe nicht erfolgt, ist wie bisher auf den Zeitpunkt abzustellen, in dem die unterschriebene Entscheidung der Geschäftsstelle übergeben wird. Das ergibt sich zwar nicht mehr aus einer § 59 Abs 3 S 2 FGG entsprechenden Spezialregelung, ist aber der allgemeinen Legaldefinition des »Erlasses« in § 38 Abs 3 S 2 zu entnehmen. Die Änderung des Wortlauts der Vorschrift diente nach der Vorstellung des Gesetzgebers (BTDrs 16/6308 S 204) auch sonst nur der redaktionellen Anpassung. Eine Änderung in der Sache war nicht beabsichtigt. Kein Recht zur Beschwerdeausübung nach § 60 besteht daher nach wie vor, wenn der Beschwerdeführer das 14. Lebensjahr **erst nach dem Erlass des angefochtenen Beschlusses vollendet**, sei es auch noch innerhalb der Beschwerdefrist (KKW/*Engelhardt* § 59 FGG Rn 9, Bassenge/Roth § 59 FGG Rn 5, jeweils mwN).

2. Geschäftsfähigkeit

7 Weitere Voraussetzung für ein Beschwerdeausübungsrecht nach § 60 ist grds das Nichtvorliegen einer Geschäftsunfähigkeit nach § 104 Nr 2 BGB, positiv ausgedrückt also eine **zumindest beschränkte Geschäftsfähigkeit** des Beschwerdeführers nach § 106 BGB. Steht die Geschäftsunfähigkeit allerdings nicht sicher fest, so sollen verbleibende Zweifel daran der Zulässigkeit der Beschwerde nicht entgegenstehen (KKW/*Engelhardt* § 59 FGG Rn 10 mwN). Auch Geschäftsunfähige sind jedoch ausnahmsweise dann verfahrens- u somit unabhängig von § 60 auch beschwerdefähig, wenn das Gesetz sie ohne Rücksicht auf ihre Geschäftsfähigkeit ausdrücklich für verfahrensfähig erklärt, wie dies zB für die Verfahrensfähigkeit des Minderjährigen in einem diesen selbst betreffenden Unterbringungsverfahren der Fall ist (§ 167 Abs 3).

II. Sachliche Voraussetzungen

8 § 60 verleiht einem Kind oder Mündel die eigene Verfahrensfähigkeit zur Durchführung eines Rechtsmittelverfahrens in zwei verschiedenen Fallgruppen:

1. Angelegenheiten, die die Person des Kindes oder Mündels betreffen

9 Gem § 60 S 1 besteht eine solche Verfahrensfähigkeit in allen die Person des Kindes oder Mündels betreffenden Angelegenheiten (zum bisherigen Recht vgl KKW/*Engelhardt* § 59 FGG Rn 13–15; Jansen/*Briesemeister* § 59 FGG Rn 12–14, Bassenge/Roth § 59 FGG Rn 1; Bumiller/Winkler § 59 FGG Rn 5, jeweils mwN).

Dieser Begriff ist **weit** zu fassen u umfasst alle die Lebensführung u Lebensstellung 10
unmittelbar oder mittelbar betreffenden Angelegenheiten u damit wegen der zumindest
mittelbaren Auswirkungen auf die Person jedenfalls die große Mehrzahl auch aller den
Unterhalt u das Vermögen betreffenden Verf. Nicht erfasst werden nur solche – faktisch
seltenen – Angelegenheiten, die sich ausschl auf das Vermögen beziehen. Ein eigenes
Recht zur Ausübung der Beschwerde besteht dagegen **nicht** in solchen Angelegenheiten, die nicht das Kind oder Mündel selbst, sondern **nur dritte Personen** betreffen wie
zB die elterliche Sorge oder Vormundschaft über Geschwister des Kindes oder Mündels
oder über dessen eigene Kinder (BayObLGZ 1969, 25, 28), eine die Wohnung der Eltern
des Kindes oder Mündels betreffende Ehewohnungssache (BayObLGZ 1976, 312, 315)
oder eine Vermögensangelegenheit seines Ehegatten (KKW/*Engelhardt* § 59 FGG Rn 15).

2. Sonstige Angelegenheiten, in denen das Kind oder Mündel angehört werden soll

Gem § 60 S 2 besteht ein eigenes Beschwerdeausübungsrecht des Minderjährigen außer- 11
dem in allen sonstigen Angelegenheiten, in denen ein Kind oder Mündel angehört werden soll (zum bisherigen Recht vgl KKW/*Engelhardt* § 59 FGG Rn 17–19 mwN, Jansen/
Briesemeister § 59 FGG Rn 15, Bassenge/Roth § 59 FGG Rn 2; Bumiller/Winkler § 59 FGG
Rn 6).

Das umfasst vor allem solche, in der Praxis seltenen, das Vermögen des Kindes oder 12
Mündels betreffende Angelegenheiten, in denen dieses nach § 159 Abs 1 S 2 persönlich
anzuhören ist, die nicht wegen ihrer mittelbaren Auswirkungen auf die Person bereits
unter § 60 S 1 fallen. Ein selbständiges Beschwerdeausübungsrecht kann daher zB gegeben sein gegen die familiengerichtliche Genehmigung eines Rechtsgeschäfts (BayObLGZ
1963, 1, 5 f; Rpfleger 1987, 149), gegen die Anordnung einer Vermögensangelegenheiten
betreffenden Ergänzungspflegschaft gem § 1909 BGB oder gegen die Ablehnung der Anordnung einer derartigen Pflegschaft (Jansen/*Briesemeister* § 59 FGG Rn 15; KKW/*Engelhardt* § 59 FGG Rn 17, jeweils mwN). Soweit § 159 Abs 2 in den dort bestimmten Fällen
auch eine Anhörung vor der Vollendung des 14. Lebensjahres vorsieht, wird dadurch
die Altersgrenze von 14 Jahren für das eigene Beschwerdeausübungsrecht des Minderjährigen nicht außer Kraft gesetzt (vgl § 60 S 3). Das Beschwerderecht ist unabhängig davon, ob eine Anhörung im Einzelfall tatsächlich stattgefunden hat.

C. Umfang des Beschwerderechts

Die dem Minderjährigen durch § 60 verliehene Verfahrensfähigkeit umfasst alle **Prozess-** 13
handlungen, die zur Einleitung, Durchführung u Beendigung des Beschwerdeverfahrens erforderlich sind, insbes auch die Bestellung von Bevollmächtigten, den Verzicht
auf Rechtsmittel oder ihre Zurücknahme. Die Befugnis des gesetzlichen Vertreters zur
Einlegung eines Rechtsmittels im Namen des Minderjährigen bleibt von § 60 unberührt.
Dieser verleiht kein eigenständiges Beschwerderecht, ein solches muss sich vielmehr bereits aus § 59 ergeben. In der Ausübung dieses einheitlichen, materiell dem Minderjährigen zustehenden Beschwerderechts sind dieser u sein gesetzlicher Vertreter voneinander unabhängig. Ein Verzicht des gesetzlichen Vertreters auf das Beschwerderecht oder
eine Rechtsmittelrücknahme sind daher für den Minderjährigen unverbindlich.

Streitig war nach bisherigem Recht, ob umgekehrt der Minderjährige für ihn selbst 14
nachteilige Prozesshandlungen wie den Beschwerdeverzicht oder die Rücknahme der
Beschwerde auch dann wirksam vornehmen konnte, wenn ihm zur Wahrnehmung seiner Interessen ein Verfahrenspfleger hätte bestellt werden müssen (so zB OLG Hamm
FamRZ 1990, 1262, 1263). In den nunmehr in §§ 158, 174, 191 geregelten Fällen der Verfahrensbeistandschaft bei minderjährigen Verfahrensbeteiligten dürfte zumindest dann
von der Wirksamkeit auch einer nachteiligen Prozesshandlung auszugehen sein, wenn

§ 60 FamFG | **Beschwerderecht Minderjähriger**

diese – wie idR – nicht durch die mangelnde Einsichtsfähigkeit des Minderjährigen in die Bedeutung seiner Verfahrenshandlungen begründet ist, sondern aus sonstigen Gründen (wie vor allem den in § 158 Abs 2 Nr 1–5 aufgezählten) erforderlich ist. Denn die dem Minderjährigen durch § 60 bewusst eingeräumte, eigenverantwortliche Stellung würde sonst im Ergebnis weitgehend leer laufen, ohne dass dies zum Schutze des Minderjährigen zwingend geboten erscheint.

15 Aus der Einräumung eines selbstständigen Beschwerdeausübungsrechts zugunsten des Minderjährigen folgt für diesen nicht auch das Recht, in einem Antragsverfahren **bereits in erster Instanz** den erforderlichen Antrag zu stellen. Ein solches Antragsrecht ist vielmehr nur dann gegeben, wenn sich die Verfahrensfähigkeit des Minderjährigen bereits aus anderen Vorschriften als § 60 ergibt, wie zB in den Fällen der §§ 112, 113, 1303 Abs 2, 1315 Abs 1 S 3 BGB (vgl zum bisherigen Recht KKW/*Engelhardt* § 59 FGG Rn 2 mwN; Bassenge/Roth § 59 FGG Rn 4; Bumiller/Winkler § 59 FGG Rn 1). Jedoch steht einem Minderjährigen in einem von Amts wegen einzuleitenden Verfahren ein uneingeschränktes Beschwerdeausübungsrecht nach § 60 zu, unabhängig davon, ob er selbst oder ein anderer Beteiligter dort in der ersten Instanz einen – tatsächlich nur als Anregung zu verstehenden – »Antrag« gestellt hatte. Das gilt auch dann, wenn ein derartiger »Antrag« auf Einleitung eines Amtsverfahrens in erster Instanz abgelehnt worden ist (vgl zum bisherigen Recht KKW/*Engelhardt* § 59 FGG Rn 3 mwN).

§ 61 Beschwerdewert; Zulassungsbeschwerde

(1) In vermögensrechtlichen Angelegenheiten ist die Beschwerde nur zulässig, wenn der Wert des Beschwerdegegenstandes 600 Euro übersteigt.

(2) Übersteigt der Beschwerdegegenstand nicht den in Absatz 1 genannten Betrag, ist die sofortige Beschwerde zulässig, wenn das Gericht des ersten Rechtszugs die Beschwerde zugelassen hat.

(3) Das Gericht des ersten Rechtszugs lässt die Beschwerde zu, wenn
1. die Rechtssache grundsätzliche Bedeutung hat oder die Fortbildung des Rechts oder die Sicherung einer einheitlichen Rechtsprechung eine Entscheidung des Beschwerdegerichts erfordert und
2. der Beteiligte durch den Beschluss mit nicht mehr als 600 Euro beschwert ist.

Das Beschwerdegericht ist an die Zulassung gebunden.

Übersicht

	Rz		Rz
A. Regelungsbereich	1	1. Zulassungsbedürftigkeit	13
B. Beschwerdewert, § 61 Abs 1	2	2. Zulassungsentscheidung	15
I. Wertgrenze	2	a) Zuständigkeit	15
II. Vermögensrechtliche Angelegenheiten	4	b) Form, Inhalt, Verfahren	16
III. Einzelheiten	6	c) Unanfechtbarkeit der Nichtzulassung	19
IV. Ausnahmen	10	d) Bindungswirkung der Zulassung	20
C. Zulassungsbeschwerde, § 61 Abs 2 u 3	11	3. Zulassungsgründe	21
I. Allgemeines	11		
II. Statthaftigkeit der Zulassungsbeschwerde	12		

A. Regelungsbereich

§ 61 enthält für Verfahren in **vermögensrechtlichen Angelegenheiten** Bestimmungen 1 über den Beschwerdewert (Rz 2 ff) sowie zur Zulassung der Beschwerde (Rz 11 ff).

B. Beschwerdewert, § 61 Abs 1

I. Wertgrenze

§ 61 Abs 1 regelt, dass die Beschwerde gegen Entscheidungen in FamFG-Sachen mit ver- 2 mögensrechtlichen Verfahrensgegenständen – abgesehen vom Sonderfall der Zulassungsbeschwerde – wie die Berufung gem § 511 Abs 2 Nr 1 ZPO nur zulässig ist, wenn der Wert des Beschwerdegegenstandes 600,00 € übersteigt, also mindestens 600,01 € beträgt.

Das gilt nach dem ausdrücklichen Willen des Gesetzgebers auch für Beschwerden in 3 **Kosten- u Auslagenentscheidungen**, da es keinen wesentlichen Unterschied für die Beschwer eines Beteiligten ausmache, ob er sich gegen eine Kosten- oder Auslagenentscheidung oder aber gegen eine ihn wirtschaftlich belastende Entscheidung in der Hauptsache wendet (BTDrs 16/6308 S 204). Außer Betracht bleibt dabei die noch im RefE FGG-RG II (S 420) zu Recht als Vorteil des dort noch vorgesehenen, abweichenden Beschwerdewerts von 200,00 € in Kostenangelegenheiten herausgestellte Rechtseinheitlichkeit. Die ohnehin erst mit dem KostRModG allgemein für Beschwerden in Kostensachen eingeführte u durch das FGG-RG ansonsten fast überall übernommene Beschwerdegrenze von 200,00 € gem §§ 57 Abs 2 S 1, 59 Abs 1 S 1 FamGKG, 33 Abs 3 RVG, 4 Abs 3 JVEG u 14 Abs 3, 31 Abs 3, 139 Abs 3 KostO gilt ohne nachvollziehbaren Grund nicht auch im Anwendungsbereich des § 61, obwohl die Begründung des Gesetzgebers für die jetzige Regelung auch für alle anderen aufgezählten Fälle zutrifft. Obwohl die frühe-

§ 61 FamFG | Beschwerdewert; Zulassungsbeschwerde

ren Sonderregelungen in § 56g Abs 5 FGG u § 14 Abs 3 HausratsVO weggefallen sind, ist damit die Chance zur Beseitigung der Rechtszersplitterung in diesem Bereich (zum bisherigen Recht vgl KKW/*Kahl* vor §§ 19 ff FGG Rn 26f) wiederum nicht genutzt worden. Für Kostenbeschwerden in Verfahren nach dem Verschollenheitsgesetz gilt sogar weiterhin noch ein abweichender Beschwerdewert von 50,00 €. Die vorübergehend diskutierte Frage, ob eine Beschwerde gegen die Festsetzung einer Verfahrenspflegervergütung in Betreuungs- u Unterbringungsangelegenheiten (§§ 277, 318) die Anfechtung einer Kosten- oder Auslagenentscheidung betrifft (so zB RefE FGG-RG II S 561, aA *Zimmermann* FGPrax 2006, 189, 192), ist durch die jetzige Regelung allerdings bedeutungslos geworden.

II. Vermögensrechtliche Angelegenheiten

4   Die in § 61 Abs 1 vorgenommene Unterscheidung zwischen vermögens- u nichtvermögensrechtlichen Angelegenheiten gab es bis 1993 ähnlich auch in der ZPO (vgl § 511a ZPO idF von Art 1 des Rechtspflege-Vereinfachungsgesetzes vom 17.12.1990, BGBl I S 2847). Nach wie vor findet sie sich in §§ 20, 40 Abs 2, 708 Nr 10 u 11 ZPO u vor allem im Kostenrecht (§§ 48 GKG, 30 KostO, 33, 36, 42 FamGKG). In Anlehnung an die vor allem zu § 511a ZPO aF u zu §§ 48 GKG, 30 KostO entwickelten Grundsätze (vgl zB BLAH/*Hartmann* vor § 1 ZPO Rn 11, *Hartmann* § 48 GKG Rn 5 u § 30 KostO Rn 3) ist daher vermögensrechtlich jede Angelegenheit, die entweder auf einer vermögensrechtlichen Beziehung beruht oder im wesentlichen wirtschaftlichen Interessen dienen soll, insbes auf Geld oder Geldeswert gerichtet ist. Das gilt ohne Rücksicht auf ihren Ursprung oder Zweck; entscheidend ist die Natur des Rechts, dessen Schutz der Antragsteller verlangt. Eine Angelegenheit ist auch dann vermögensrechtlich, wenn sie sich zwar auf ein nichtvermögensrechtliches Verhältnis – etwa eine Erbenstellung oder Verwandtschaftsbeziehung – gründet, aber dennoch eine vermögenswerte Leistung zum Gegenstand hat.

5   Die Unterscheidung kann zu Abgrenzungsproblemen führen. So ist zB bei einem Testamentsvollstreckervermerk in einem Erbschein fraglich, ob in jedem Fall eine vermögensrechtliche Streitigkeit vorliegt oder nur dann, wenn sich der Aufgabenkreis des Testamentsvollstreckers auch auf den Bereich der Vermögenssorge bezieht (kritisch zu der Neuregelung daher *Zimmermann* FGPrax 2006, 189, 194). In Zweifelsfällen sollte hier von einer nichtvermögensrechtlichen Streitigkeit ausgegangen werden, mit der Folge, dass die Beschwerde dann unabhängig von ihrem Wert in jedem Fall statthaft ist. Auskunftsansprüche zur Vorbereitung von Unterhaltsforderungen oder Ansprüchen auf Zugewinnausgleich dienen der Vorbereitung einer vermögensrechtlichen Streitigkeit u sind daher auch selbst vermögensrechtliche Angelegenheiten (BGH FamRZ 1982, 787 zu § 511a ZPO aF). In vielen Fällen wird auf die zum GKG u zur KostO bereits vorliegende Kasuistik (Nachweise zB bei *Hartmann* § 48 GKG Rn 6 ff u § 30 KostO Rn 4 ff) zurückgegriffen werden können.

III. Einzelheiten

6   In **Ehe- u Familienstreitsachen** richtet sich der Wert des Beschwerdegegenstandes gem § 113 Abs 1 S 2 nach den §§ 2–9 ZPO (*Maurer* FamRZ 2009, 465, 471; s.a. § 231 Rz 20 zur Beschwer im Unterhaltsverfahren). Im Übrigen ist er mangels anderweitiger Vorschriften dem FamGKG u der KostO zu entnehmen (zum Rechtsmittelwert bei Auskunftsklagen s § 38 FamGKG Rz 9; zur Wertfestsetzung s § 54 FamGKG Rz 1 ff). Maßgeblich für die Zulässigkeit der Beschwerde nach § 61 Abs 1 ist nach dem ausdrücklichen Wortlaut des Gesetzes der Wert des Beschwerdegegenstandes, nicht der Beschwerdewert (BGH NJW 2002, 2720; Musielak/*Ball* § 511 ZPO Rn 18 mwN; aA *Jauernig* NJW 2003, 465, 467 f, Johannsen/Henrich/*Sedemund-Treiber* § 511 ZPO Rn 3, jeweils zur ZPO-Berufung). Dieser ist zu unterscheiden von dem erstinstanzlichen Streitwert u von der Beschwer. Be-

schwerdegegenstand ist nur der Teil der Beschwer, dessen Beseitigung durch den Rechtsmittelführer mit der Beschwerde nach dem Beschwerdeantrag tatsächlich erstrebt wird. Der Beschwerdegegenstand kann daher nicht höher sein als die Beschwer; er kann diese erreichen, aber auch dahinter zurückbleiben.

Ob der erforderliche Wert des Beschwerdegegenstandes erreicht wird, hat das Beschwerdegericht von Amts wegen zu ermitteln (§ 26). Abzustellen ist dabei wie bei der ZPO-Berufung grds auf den Zeitpunkt der Beschwerdeeinlegung. Ein Beschwerdeantrag, der bei Einlegung der Beschwerde den erforderlichen Wert des Beschwerdegegenstandes für eine zulässige Beschwerde noch nicht erreicht, kann aber nachträglich noch so **erweitert** werden, dass die Beschwerde dadurch zulässig wird (BGH NJW 1983, 1063; NJW-RR 2005, 714, 715). Ergeht die Entscheidung – wie idR bei den Ehe- u Familienstreitsachen – auf eine mündliche Verh, ist eine derartige Anpassung grds noch bis zu deren Schluss möglich, ansonsten auch noch darüber hinaus bis zur Entscheidung des Beschwerdegerichts. Anders als im Regelfall, in dem eine Begründung der Beschwerde nicht vorgeschrieben ist u auch die Versäumung einer fakultativ gesetzten Frist zur Beschwerdebegründung § 65 Abs 2 nicht mit besonderen prozessualen Sanktionen belegt ist, muss eine derartige Antragserweiterung aber bei den Ehe- u Familienstreitsachen wegen der sonst nach § 117 Abs 1 S 3 iVm § 522 Abs 1 S 2 ZPO gebotenen Verwerfung der Beschwerde als unzulässig inhaltlich von der gem § 117 Abs 1 S 2 fristgerecht eingereichten Begründung der Beschwerde noch gedeckt sein (BGH FamRZ 2005, 193; Zöller/ *Heßler* § 511 ZPO Rn 14). Wird der notwendige Beschwerdewert aufgrund einer Teilabhilfe des Ausgangsgerichts (§ 68 Abs 1 S 1) unterschritten, kommt es auf die danach noch verbleibende Beschwerdesumme an. 7

Verringert sich der Wert des Beschwerdegegenstandes nachträglich, so wird dadurch ein zunächst zulässig eingelegtes Rechtsmittel zwar vom theoretischen Grundsatz her nicht mehr unzulässig (Zöller/*Heßler* § 511 ZPO Rn 14). Eine zunächst unbeschränkt eingelegte Beschwerde wird aber im praktischen Regelfall doch unzulässig, wenn der Beschwerdeantrag später auf einen Beitrag unterhalb der Wertgrenze beschränkt wird oder der Wert des Beschwerdegegenstandes durch Teilrücknahme, Teilverzicht oder Teilerledigungserklärung unter die Wertgrenze absinkt (Musielak/*Ball* vor § 511 ZPO Rn 24) u ebenso auch dann, wenn der Antragsgegner eine Leistung, zu der er verurteilt wurde, nach Einlegung einer Beschwerde gegen diese Verurteilung vorbehaltlos erbringt (BGH NJW 2000, 1120). Etwas anderes gilt nur dann, wenn die Beschränkung des Beschwerdeantrages nicht »willkürlich« erfolgt, wenn sie also nur die Anpassung an eine nach der Einlegung des Rechtsmittels eingetretene Änderung der den Beschwerdegegenstand bestimmenden, vom Beschwerdeführer nicht zu beeinflussenden Umstände darstellt, wie zB beim teilweisen Klageverzicht im Fall der Beschwerde eines erstinstanzlich unterlegenen Antragsgegners oder bei der Teilerledigung im Fall der Beschwerde eines erstinstanzlich unterlegenen Antragstellers (OLG Hamburg NJW-RR 1998, 356). Kein Fall einer sachlich gebotenen Anpassung an die prozessualen Umstände idS liegt vor bei einer Teilrücknahme der Beschwerde als Reaktion auf eine nur teilweise Bewilligung von Verfahrens- oder Prozesskostenhilfe (OLG Koblenz FamRZ 1996, 557). 8

Bei gleichgerichteten Beschwerden mehrerer Beschwerdeführer – wie zB bei der Anspruchshäufung von Kindes- u Ehegattenunterhalt – wird der Wert des Beschwerdegegenstandes zusammengerechnet; etwas anderes gilt ausnahmsweise nur dann, wenn der Streitgegenstand für alle Beschwerdeführer identisch ist (BGHZ 23, 333, 338). Betrifft eine Beschwerde in einer Familienstreitsache Klage u Widerklage, so werden für die Berechnung der Beschwerdesumme ebenfalls die Werte zusammengerechnet, soweit Klage u Widerklage verschiedene Streitgegenstände betreffen (BGH NJW 1994, 3292). Zinsen u Kosten, die nur als Nebenforderungen geltend gemacht sind, werden nicht berücksichtigt. 9

IV. Ausnahmen

10 In **VA-Sachen** gelten die Wertgrenzen des § 61 Abs 1 nur im Fall der Anfechtung einer Kosten- oder Auslagenentscheidung, § 228. Die Beschwerde gegen die Entscheidung des Landgerichts in **Notarkostensachen** ist ohne Rücksicht auf den Wert des Beschwerdegegenstandes zulässig, § 156 Abs 3 KostO.

C. Zulassungsbeschwerde, § 61 Abs 2 u 3

I. Allgemeines

11 Abw von § 61 Abs 1 ist die Beschwerde in vermögensrechtlichen Angelegenheiten der freiwilligen Gerichtsbarkeit ausnahmsweise dann zulässig, wenn sie das Gericht des ersten Rechtszuges nach Maßgabe von § 61 Abs 2 u 3 zugelassen hat. Durch die Einführung der Zulassungsbeschwerde für diese Angelegenheiten wird ein bisher nur in Sondervorschriften (vgl §§ 56g Abs 5 S 1 FGG, 91 Abs 6 BRAO aF, § 84 Abs 6 PatAnwO aF; 132 Abs 3 AktG aF, 24 Abs 1 LwVG aF) zum Ausdruck kommender Rechtsgedanke auf den Gesamtbereich der vermögensrechtlichen FamFG-Sachen ausgeweitet. Für nichtvermögensrechtliche Angelegenheiten besteht ein Zulassungserfordernis nicht. Bei diesen ist die Beschwerde also, wenn sie ansonsten statthaft ist (§ 58), ohne Zulassung ohne weiteres eröffnet.

II. Statthaftigkeit der Zulassungsbeschwerde

12 § 61 Abs 2 bestimmt, dass die Beschwerde auch bei Nichterreichen der Erwachsenheitssumme des § 61 Abs 1 zulässig ist, wenn das erstinstanzliche Gericht die Beschwerde zulässt.

1. Zulassungsbedürftigkeit

13 Diese Statthaftigkeitsvoraussetzung gilt sowohl für **End-** als auch für **Zwischenstreitentscheidungen**, soweit sie in Bezug auf ihre Anfechtbarkeit **einer Endentscheidung gleichstehen** (§ 58 Rz 16 ff). Die nach dem Wegfall von § 20a FGG nunmehr (außer bei den Ehe- u Familienstreitsachen) auch isoliert zulässige Anfechtung einer **Kostenentscheidung** steht einer Endentscheidung gleich, bedarf also bei einer vermögensrechtlichen Streitigkeit ebenfalls der Zulassung, da der Rechtszug insoweit nicht weiter reichen kann als in der Hauptsache selbst (BayObLGZ 1989, 340, 341 für eine gem Sondervorschriften des Aktien- u GmbH-Rechts nur nach Zulassung statthafte Beschwerde). Zur **Anschlussbeschwerde** s § 66 Rz 8.

14 Wird in einem Verfahren, in dem ein Rechtsmittel gegen die Hauptsachentscheidung nach § 61 der Zulassung bedarf, ein Antrag auf Bewilligung von **Verfahrens-** oder (im Sonderfall der Ehe- u Familienstreitsachen) **Prozesskostenkostenhilfe** gestellt u das Gericht hält die grundsätzliche Bedeutung einer Frage im Sinne des § 61 Abs 3 für gegeben, so muss die beantragte Verfahrenskostenhilfe bewilligt werden, denn Rechtsfragen von grundsätzlicher Bedeutung sind nicht im Verfahren über die Bewilligung der Verfahrenskostenhilfe, sondern im Hauptsacheverfahren zu klären (BGH NJW 2003, 1126, 1127). Für eine Verweigerung der Verfahrenskostenhilfe wegen fehlender Erfolgsaussicht in der Hauptsache bei gleichzeitiger Zulassung der Beschwerde zur Klärung einer solchen Frage im Verfahren über die Bewilligung der Verfahrenskostenhilfe ist daher kein Raum. Erfolgt eine Zulassung dennoch, ist das Beschwerdegericht daran allerdings gem § 61 Abs 3 S 2 gebunden.

2. Zulassungsentscheidung

a) Zuständigkeit

Das Gesetz weist die Zulassungsentscheidung dem Erstgericht zu. Eine Unterscheidung zwischen Richter u Rechtspfleger wird dabei nicht getroffen. Ist für die Entscheidung in erster Instanz der Rechtspfleger zuständig u kommt gegen die Entscheidung nach den allgemeinen Vorschriften eine Beschwerde überhaupt in Betracht (§ 11 Abs 1 RPflG), so ist daher auch die Entscheidung über die Zulassung einer derartigen Beschwerde durch den Rechtspfleger zu treffen.

b) Form, Inhalt, Verfahren

Über die Zulassung ist anhand der Maßstäbe des § 61 Abs 3 **von Amts wegen** zu entscheiden. Eines Antrags bedarf es nicht; dieser gilt als bloße Anregung (Zöller/*Heßler* § 574 ZPO Rn 14). Die Zulassung muss sich **aus der angefochtenen Entscheidung selbst** eindeutig ergeben (KKW/*Kahl* vor §§ 19 ff FGG Rn 30; Zöller/*Heßler* § 543 ZPO Rn 16). Eine Zulassung im Tenor des angefochtenen Beschlusses ist zweckmäßig; die Zulassung nur in den Gründen reicht aber aus (BGH FamRZ 2008, 1339, 1340; BayObLG FGPrax 2004, 117, 118). Schweigt die Entscheidung über die Zulassung, so bedeutet das Nichtzulassung (BayObLG FamRZ 1999, 1590; NJW 2002, 3262; Zöller/*Heßler* § 543 ZPO Rn 17 mwN). Das Gleiche gilt auch, wenn das Gericht rechtsirrig davon ausgeht, eine Zulassungsentscheidung sei nicht notwendig (BGH NJW-RR 2006, 791).

Eine zunächst unterbliebene Zulassung kann nicht mehr wirksam nachgeholt werden (BGH NJW 1981, 2755; OLG Düsseldorf FGPrax 1997, 73), auch nicht durch eine Beschlussergänzung entsprechend § 43, es sei denn, es liegen die Voraussetzungen für eine Berichtigung vor, § 42 iVm § 319 ZPO (BGH NJW 2004, 779), was aber nur dann der Fall ist, wenn die Zulassung tatsächlich beschlossen war u – aus dem Zusammenhang der Entscheidung u den Umständen ihres Zustandekommens auch für Außenstehende offenkundig – nur versehentlich nicht ausgesprochen worden ist (Musielak/*Ball* § 543 ZPO Rn 15 mwN). Möglich ist allerdings die nachträgliche Zulassung im Rahmen einer Gehörsrüge nach § 44 bei Verletzung des rechtlichen Gehörs u entsprechend dieser Vorschrift auch, wenn durch die willkürliche Nichtzulassung der Beschwerde ein sonstiges Verfahrensgrundrecht verletzt würde (BGH NJW-RR 2007, 1654). Hat das Gericht der ersten Instanz die Entscheidung über die Zulassung der Beschwerde unterlassen, weil es diese wegen eines irrtümlich angenommenen Beschwerdewertes von mehr als 600,00 € nicht für notwendig gehalten hat, so muss das Beschwerdegericht die Zulassungsentscheidung nachholen. Das kann auch konkludent dadurch geschehen, dass das Beschwerdegericht die Rechtsbeschwerde zulässt (BGH NJW 2008, 218, 219).

Ist die Zulassung der Beschwerde nur für einen Beteiligten erfolgt, so gilt sie nicht auch für einen anderen (KKW/*Kahl* vor §§ 19 ff FGG Rn 30). Die Zulassung kann nicht auf einzelne Rechtsfragen oder Anspruchsgrundlagen (BGH NJW 1987, 2586; NJW-RR 2004, 468 zur Revision), wohl aber auf einen von mehreren Verfahrensgegenständen oder auf selbständig abtrennbare Teile eines Verfahrensgegenstandes (BGH NJW 2003, 3703 zur Revision; OLG Schleswig FamRZ 2002, 1186, 1187 zum FGG) beschränkt werden u darüber hinaus in dem gleichen Umfang wie bei der nur eingeschränkten Zulassung einer Rechtsbeschwerde (§ 70 Rz 11) auch auf solche Teilfragen, über die in zulässiger Weise durch Zwischen- oder Teilentscheidung hätte entschieden werden können oder soweit auch eine Beschränkung des Rechtsmittels durch den Beschwerdeführer selbst möglich gewesen wäre.

§ 61 FamFG | Beschwerdewert; Zulassungsbeschwerde

c) Unanfechtbarkeit der Nichtzulassung

19 Die Nichtzulassung der Beschwerde durch den **Richter** ist grds unanfechtbar. Eine Nichtzulassungsbeschwerde hat der Gesetzgeber ebenso wenig vorgesehen wie bei der Nichtzulassung der Rechtsbeschwerde (§ 70 Rz 13). Das gilt selbst bei schweren Verfahrensfehlern wie Verstößen gegen Art 101 GG (OLG Jena FGPrax 2000, 251) oder gegen Art 103 GG (OLG Frankfurt MDR 1997, 685, jeweils zum alten Recht). Bereits bisher wurde hier nur in besonderen Extremfällen – wie vor allem dem Fall einer nicht nur irrtümlichen, sondern bewusst willkürlichen Nichtzulassung der Beschwerde – ausnahmsweise von einer Unbeachtlichkeit der Nichtzulassung ausgegangen (BVerfG FamRZ 1991, 295; NVwZ 1993, 465; OLG Jena FGPrax 2000, 251). Durch die auch in das FamFG übernommene Anhörungsrüge (§ 44 bzw § 113 Abs 1 S 2 iVm § 321a ZPO für Ehe- u Familienstreitsachen) hat sich der denkbare Anwendungsbereich für solche Ausnahmen von dem Erfordernis der Beschwerdezulassung weiter verkleinert, wobei allerdings nach der hier vertretenen Ansicht (vor §§ 58–75 Rz 31 f) in besonderen Fällen nach wie vor eine außerordentliche Beschwerde ohne vorherige Zulassung möglich bleibt, weil sonst der verfassungsrechtliche gebotene, hinreichend effektive (BVerfG FamRZ 2003, 995, 998) Rechtsschutz gegen Willkürentscheidungen nicht mehr gewährleistet wäre. Nach der derzeitigen Rspr des BGH, die eine solche Beschwerde nicht anerkennt, ist aber die Beseitigung einer fehlenden Beschwerdezulassung idR nur durch die Aufhebung der Nichtzulassungsentscheidung im Wege einer erfolgreichen Verfassungsbeschwerde möglich (BVerfG NJW 2004, 2584). Hat der **Rechtspfleger** die Beschwerde nicht zugelassen, ist gegen diese Entscheidung die befristete Erinnerung nach § 11 Abs 2 RPflG gegeben (BTDrs 16/6308 S 205; *Schulte-Bunert* Rn 252).

d) Bindungswirkung der Zulassung

20 **§ 61 Abs 3 S 2** bestimmt, dass eine erfolgte Zulassung der Beschwerde für das Beschwerdegericht bindend ist. Die Beschwerde kann daher nicht mit der Begründung als unzulässig verworfen werden, das erstinstanzliche Gericht habe die Voraussetzungen für die Zulassung der Beschwerde zu Unrecht angenommen. Die Zulassung der Beschwerde ersetzt aber nicht die sonstigen Voraussetzungen für die Statthaftigkeit einer Beschwerde (KKW/*Kahl* vor §§ 19 ff FGG Rn 30, Bassenge/Roth § 19 FGG Rn 23) u eröffnet nicht einen gesetzlich ansonsten nicht vorgesehenen Rechtsmittelzug (BayObLGZ 1975, 260, 263). Wird in einem solchen Fall dennoch die Beschwerde zugelassen, so bleibt die Zulassung wirkungslos (BGH NJW 2002, 3554; FamRZ 2004, 869, 870).

3. Zulassungsgründe

21 § 61 Abs 3 regelt die Voraussetzungen für die Zulassung der Beschwerde iE. § 61 Abs 3 S 1 Nr 2 stellt dabei noch einmal klar, dass eine Zulassung nur in Betracht kommt, wenn eine Wertbeschwerde nicht statthaft ist; der Sache nach ergibt sich das aber auch schon aus § 61 Abs 2. Die insgesamt drei in § 61 Abs 3 S 1 Nr 1 aufgezählten Zulassungsgründe – grundsätzliche Bedeutung, Fortbildung des Rechts u Sicherung einer einheitlichen Rspr – sind identisch mit den Zulassungsgründen für die Rechtsbeschwerde (§ 70 Rz 17 ff). Sie sind aus § 511 Abs 4 Nr 1 ZPO in der durch das 1. JuMoG modifizierten Fassung übernommen u entsprechen inhaltlich auch den Zulassungsgründen für die ZPO-Revision, jedoch mit der Maßgabe, dass bei der Auslegung auf die Funktion des Beschwerdegerichts als zweite Tatsacheninstanz für seinen jeweiligen Gerichtsbezirk abzustellen ist. Für eine Zulassung der Beschwerde ist daher bereits ausreichend, wenn die zur Entscheidung stehende Frage eine nur regionale Bedeutung für den Bereich des betroffenen Gerichtsbezirks besitzt (vgl Zöller/*Heßler* § 511 ZPO Rn 36).

§ 62 Statthaftigkeit der Beschwerde nach Erledigung der Hauptsache

(1) Hat sich die angefochtene Entscheidung in der Hauptsache erledigt, spricht das Beschwerdegericht auf Antrag aus, dass die Entscheidung des Gerichts des ersten Rechtszugs den Beschwerdeführer in seinen Rechten verletzt hat, wenn der Beschwerdeführer ein berechtigtes Interesse an der Feststellung hat.

(2) Ein berechtigtes Interesse liegt in der Regel vor, wenn
1. schwerwiegende Grundrechtseingriffe vorliegen oder
2. eine Wiederholung konkret zu erwarten ist.

A. Allgemeines

§ 62 regelt, unter welchen Voraussetzungen eine Entscheidung auch dann noch mit einem Rechtsmittel angegriffen werden kann, wenn der ursprüngliche Gegenstand des Verfahrens nach dem Erlass der angefochtenen Entscheidung weggefallen ist. Bisher war eine derartige Anfechtungsmöglichkeit nach Erledigung der Hauptsache nicht gesetzlich geregelt. In Umsetzung der Rspr des BVerfG (NJW 1998, 2432, 2433; BVerfG NJW 2002, 2456) war aber auch schon vor dem Inkrafttreten des FamFG anerkannt, dass im Einzelfall ein Rechtsschutzbedürfnis für eine gerichtliche Entscheidung des Rechtsmittelgerichts (fort-)bestehen kann, wenn das Interesse des Rechtsmittelführers an einer Überprüfung der Rechtmäßigkeit der angefochtenen Entscheidung besonders geschützt ist (KKW/*Kahl* § 19 FGG Rn 86, Bassenge/Roth Einl Rn 132; Bumiller/Winkler § 12 FGG Rn 34, jeweils mwN). Der neue § 62 greift diese Grundsätze auf u regelt nunmehr die Anforderungen an ein Feststellungsinteresse des Beschwerdeführers auch gesetzlich. 1

B. Zulässigkeit einer Beschwerde trotz Erledigung der Hauptsache

§ 62 Abs 1 enthält die **Voraussetzungen**, unter denen einem Beschwerdeführer ausnahmsweise die Möglichkeit eröffnet ist, eine Entscheidung auch dann noch mit der Beschwerde überprüfen zu lassen, wenn sich die Hauptsache im Nachhinein erledigt hat. Zur Erledigung der Hauptsache im Übrigen s § 22 Rz 18 ff. 2

I. Beschwerde- oder Rechtsbeschwerdeverfahren

Die gesetzliche Regelung ermöglicht nur die Durch- oder Fortführung eines Beschwerdeverfahrens trotz zwischenzeitlicher Erledigung der Hauptsache, eröffnet aber nicht die Möglichkeit eines **isolierten Feststellungsverfahrens** außerhalb des Beschwerderechtszuges (ebenso zum bisherigen Recht BayObLG FamRZ 2004, 485). Erfasst wird also neben dem Fall, dass der Verfahrensgegenstand während eines bereits eingeleiteten Beschwerdeverfahrens nachträglich wegfällt, zwar auch der Fall einer Hauptsacheerledigung zwischen den Instanzen (*Maurer* FamRZ 2009, 465, 475; ebenso zum bisherigen Recht Bassenge/Roth Einl Rn 130), jedoch muss auch dann die angefochtene Entscheidung wie üblich innerhalb der Beschwerdefrist mit der Beschwerde angegriffen werden, ein isolierter Antrag vor einem erstinstanzlichen Gericht auf Feststellung, dass die angefochtene Entscheidung rechtswidrig gewesen ist, kann also nicht mehr geltend gemacht werden. Insoweit unterscheidet sich § 62 von den Verfahrensordnungen der Verwaltungsgerichtsbarkeit (§§ 113 Abs 1 S 4 VwGO, 131 Abs 1 SGG, 100 Abs 1 S 4 FGO), soweit diese die isolierte Einleitung eines Verfahrens zur Feststellung der Rechtmäßigkeit eines bereits erledigten Verwaltungsakts ermöglichen. 3

Nach seinem Wortlaut befasst sich § 62 ausdrücklich nur mit der Möglichkeit der nachträglichen Feststellung einer Rechtsverletzung durch die Entscheidung des **Gerichts der ersten Instanz**. Trotz Fehlens einer entsprechenden Verweisung in den Vorschriften über die Rechtsbeschwerde dürfte § 62 aber auch auf die **Rechtsbeschwerdeinstanz** zumindest in der Weise entsprechend anzuwenden sein, dass eine 4

§ 62 FamFG | **Statthaftigkeit der Beschwerde nach Erledigung der Hauptsache**

Rechtsbeschwerde, soweit sie im Einzelfall durch das Beschwerdegericht zugelassen worden ist, mit dem Ziel der Feststellung einer Rechtsverletzung des Beschwerdeführers durch die Beschwerdeentscheidung (nicht durch die Entscheidung der ersten Instanz) auch dann noch eingelegt oder zu Ende geführt werden kann, wenn sich die Hauptsache nach Erlass der Beschwerdeentscheidung erledigt, soweit ein Fall des § 62 Abs 2 vorliegt u ein berechtigtes Interesse an einer solchen Feststellung besteht (zur Möglichkeit einer Fortsetzungsfeststellung in der dritten Instanz nach bisherigem Recht vgl zB OLG Hamm OLGR 2002, 232; OLG Zweibrücken FGPrax 2005, 137, 138; *Demharter* FGPrax 2003, 237, 238; KKW/*Meyer-Holz* § 27 FGG Rn 14 mwN). Denn die verfassungsrechtlichen Gründe, die den Gesetzgeber zur Einführung des § 62 veranlasst haben, gelten in gleicher Weise auch für die Rechtsbeschwerdeinstanz u würden die Zulassung eines entsprechenden Feststellungsbegehrens selbst dann gebieten, wenn eine derartige Regelung für die Beschwerdeinstanz durch das FamFG nicht ausdrücklich eingeführt worden wäre.

5   Dabei kann ein Feststellungsinteresse für eine Rechtsbeschwerde selbst dann noch bestehen, wenn die Entscheidung der ersten Instanz durch das Beschwerdegericht bereits aufgehoben worden ist. Soweit diese Aufhebung nämlich nur auf einem nachträglichen Wegfall der Voraussetzungen für die Entscheidung der ersten Instanz beruht, ändert dies nichts an dem ggf vorhandenen Interesse des Rechtsmittelführers an einer Überprüfung der ursprünglichen Rechtmäßigkeit der Ausgangsentscheidung zum Zeitpunkt ihres Erlasses (vgl BayObLG FGPrax 2002, 281, 282; KG FGPrax 2002, 45 zum bisherigen Recht).

II. Feststellungsinteresse

1. Grundsätze

6   Kommt es zu einer »prozessualen Überholung« durch Erledigung der Hauptsache nach Erlass einer erstinstanzlichen Entscheidung, ist eine dennoch eingelegte oder fortgeführte Beschwerde im Regelfall nicht (mehr) zulässig, weil der ursprüngliche Verfahrensgegenstand u die ursprüngliche Beschwer des Betroffenen weggefallen sind. Grds ist dann auch ein Rechtsschutzinteresse nicht mehr gegeben. Ein solches besteht dann regelmäßig schon deshalb nicht mehr, weil der Rechtsmittelführer nach der Erledigung durch die Entscheidung nur noch eine abstrakte Auskunft über die Rechtslage erhalten kann, ohne dass diese seine Rechtsstellung noch in irgendeiner Weise konkret betrifft.

7   Ausnahmsweise ist aber trotz Erledigung des ursprünglichen Rechtsschutzziels ein Feststellungsinteresse gegeben, wenn das Interesse des Rechtsmittelführers an der Feststellung der Rechtslage im Einzelfall in besonderer Weise schutzwürdig ist. In einem solchen Fall ist die Eröffnung des Beschwerdeweges daher gem Art 19 Abs 4 GG geboten, weil sonst der effektive Rechtsschutz des Beschwerdeführers nicht mehr gewährleistet wäre (BVerfG NJW 2002, 2456, 2457; *Jacoby* FamRZ 2007, 1703, 1707).

8   Die dann gegebene Befugnis für einen Antrag auf Durchführung eines Verfahrens zur Feststellung der Rechtswidrigkeit einer bereits erledigten Anordnung steht aber – wie sich aus dem Wortlaut des § 62 Abs 1 ergibt, wonach die ursprüngliche Entscheidung »den Beschwerdeführer« in seinen Rechten verletzt haben muss – nur dem Verletzten persönlich zu, also nicht etwa im eigenen Namen auch anderen Verfahrensbeteiligten, auch wenn diese grds für eine Beschwerde gegen eine noch nicht erledigte Entscheidung hinreichend beschwerdebefugt wären, vgl zB §§ 316, 348; ebenso mit Rücksicht auf den höchstpersönlichen Charakter der betroffenen Grundrechte schon zum bisherigen Recht OLG München, BtPrax 2006, 231.

2. Regelbeispiele

§ 62 Abs 2 greift die wichtigsten bisher in der Rspr anerkannten Fallkonstellationen auf, **9** in denen ein besonders schutzwürdiges Interesse des Rechtsmittelführers in dem vorgenannten Sinn angenommen worden ist u benennt diese als **Regelbeispiele** für das Vorliegen eines berechtigten Feststellungsinteresses trotz Erledigung der Hauptsache. Die Aufzählung ist bewusst nicht abschließend; weitere Fallgruppen (zB die fortwirkende Beeinträchtigung durch eine an sich schon beendete Rechtsverletzung oder Fälle des Rehabilitationsinteresses) sind nach der Rspr des BVerfG zum effektiven Rechtsschutz denkbar, allerdings bisher in der freiwilligen Gerichtsbarkeit wohl noch wenig praktisch geworden. Umgekehrt sind im Einzelfall auch Fallkonstellationen denkbar, in denen trotz Vorliegens eines Regelbeispiels das Feststellungsinteresse im Einzelfall dennoch zu verneinen ist.

a) Schwerwiegende Grundrechtseingriffe

§ 62 Abs 2 **Nr 1** sieht als Hauptfall, für den die der gesetzlichen Regelung zugrunde lie- **10** gende Verfassungsrechtsprechung im Wesentlichen entwickelt worden ist, vor allem das Vorliegen **schwerwiegender Grundrechtseingriffe** vor. Einfache Grundrechtsverstöße ohne besonderes Gewicht reichen für § 62 Abs 2 Nr 1 nicht aus (BLAH/*Hartmann* Rn 2), können aber bei Hinzutreten weiterer Umstände unter § 62 Abs 2 Nr 2 fallen (Rz 15).

aa) Maßnahmen der Freiheitsentziehung

Schwerwiegende Grundrechtseingriffe kommen in der freiwilligen Gerichtsbarkeit vor **11** allem bei der Freiheitsentziehung in Betracht. Fälle der Freiheitsentziehung im FamFG finden sich zunächst bei den **Freiheitsentziehungssachen** iSd § 415 Abs 1, also bei Verf, die eine aufgrund von Bundesrecht angeordnete Freiheitsentziehung betreffen, soweit das Verfahren bundesrechtlich nicht abweichend geregelt ist. Beispiele sind die Abschiebungshaft nach § 62 AufenthG, die Inhaftnahme nach § 59 Abs 2 iVm § 89 Abs 2 AsylVfG, die Quarantäne nach § 30 des Infektionsschutzgesetzes, Freiheitsentziehungen nach §§ 23 Abs 3 S 4, 25 Abs 3, 39 Abs 1 u 2 oder 43 Abs 5 BPolG, die Ingewahrsamnahme durch das Bundeskriminalamt nach § 21 Abs 7 BKAG oder durch das Zollkriminalamt nach § 23 Abs 1 S 2 Nr 8 ZFdG. In gleicher Weise verweisen auch nahezu alle Polizeigesetze der Länder auf das Freiheitsentziehungsverfahren nach dem FamFG. Weitere Fälle der Freiheitsentziehung, in denen das Regelbeispiel des § 62 Abs 2 Nr 1 erfüllt ist, finden sich außerdem bei den **Unterbringungssachen** iSv § 312 Nr 1 bis 3 (Unterbringung u unterbringungsähnliche Maßnahmen bei Volljährigen) u bei den Verfahren nach § 151 Nr 6 u 7 (Unterbringung von Minderjährigen).

Soweit in der Rspr des BVerfG anfänglich ein hinreichendes Feststellungsinteresse in **12** den Fällen einer Erledigung der Hauptsache nur bei solchen Grundrechtseingriffen angenommen wurde, bei denen der Betroffene eine gerichtliche Entscheidung nach dem typischen Verfahrensablauf wegen der Kürze der üblichen Verfahrensdauer kaum erlangen konnte, bei denen also eine prozessuale Überholung idR zu erwarten war u der übliche Rechtsweg daher weitgehend leer lief (BVerfG NJW 1998, 2432, 2433), ist diese Einschränkung jedenfalls für die Fallgruppe der Freiheitsentziehungen in der Folgezeit aufgegeben (BVerfG NJW 2002, 2456, 2457) u daher auch in das FamFG nicht übernommen worden. Zumindest bei Freiheitsentziehungen ist § 62 Abs 2 Nr 1 daher allein wegen des Gewichts des Grundrechtseingriffs, wegen dessen diskriminierender Wirkung u wegen des Rehabilitationsinteresses (BVerfG NJW 2002, 2456, 2457 mwN) idR immer als erfüllt anzusehen, **unabhängig vom konkreten Ablauf des Verf**, dem genauen Zeitpunkt der Erledigung u der Frage, ob Rechtsschutz gegen die freiheitsentziehende Maßnahme typischerweise noch vor Beendigung dieser Maßnahme erlangt werden kann oder nicht (Bumiller/Harders Rn 3; ebenso schon zum bisherigen Recht KKW/*Meyer-Holz* § 27 FGG Rn 14; *Demharter* FGPrax 2002, 137).

bb) Sonstige Grundrechtseingriffe

13 Schwerwiegende Grundrechtseingriffe sonstiger Art sind in **Familiensachen** zB bei einem rechtswidrigen Ausschluss des **Umgangsrechts** denkbar (BVerfG FamRZ 2008, 2258, 2259 f; *Maurer* FamRZ 2009, 465, 474). Ansonsten kommen sie vor allem bei den Verfahren zur Genehmigung von **unterbringungsähnlichen Maßnahmen** nach § 1906 Abs 4 BGB (§ 312 Nr 2) u bei den **Betreuungssachen** (§ 271 Nr 1–3) in Betracht. Insbes die Anordnung der Betreuung selbst (BVerfG NJW 2002, 206) u die betreuungsrechtliche Genehmigung ärztlicher Maßnahmen nach § 1904 BGB (OLG Hamm FGPrax 2004, 231, 232) waren auch schon bisher von der Rspr als Fälle anerkannt, in denen ein Feststellungsinteresse trotz Erledigung der Hauptsache zur Gewährleistung des nach Art 19 Abs 4 GG gebotenen Grundrechtsschutzes in Betracht kommen kann. Stets ist dafür jedoch erforderlich, dass es zu einer Rechtsverletzung auch tatsächlich gekommen ist. Hat diese zwar gedroht, sich die Hauptsache dann aber schon vor dem angeordneten Grundrechtseingriff erledigt, verbleibt es bei dem Grundsatz, dass eine Beschwerde nach der Erledigung der Hauptsache nicht mehr zulässig ist (OLG Hamm FGPrax 2004, 231, 232).

14 Nicht abschließend geklärt ist, ob auch in diesen Fällen das Rechtsschutzinteresse für ein Feststellungsverfahren bereits unabhängig davon zu bejahen ist, ob Rechtsschutz gegen einen Grundrechtseingriff der in Frage stehenden Art bei typischem Ablauf des Verfahrens noch rechtzeitig vor Beendigung der Maßnahme erlangt werden kann. Nach dem Wortlaut von § 62 Abs 2 Nr 1 ist auf eine derartige einschränkende Voraussetzung für die Zulässigkeit einer Beschwerde trotz Erledigung der Hauptsache generell verzichtet worden. Die Aufgabe dieses Erfordernisses für die Fälle der Freiheitsentziehung hat das BVerfG aber vor allem mit dem besonderen, in diesen Fällen bestehenden Rehabilitierungsinteresse u mit der diskriminierenden Wirkung freiheitsentziehender Maßnahmen begründet (BVerfG NJW 2002, 2456, 2457). Diese zusätzlichen Momente sind jedoch bei anderen Grundrechtseingriffen als bei Freiheitsentziehungen nicht immer in gleicher Weise gegeben. Schon aus Gründen der Rechtsklarheit sollte hier aber auf den Wortlaut des Gesetzes abgestellt werden u die Frage der typischen Verfahrensdauer daher auch bei Grundrechtseingriffen anderer Art von vornherein außer Betracht gelassen werden.

b) Wiederholungsgefahr

15 § 62 Abs 2 **Nr 2** nennt als zweites Regelbeispiel für ein berechtigtes Feststellungsinteresse den Fall, dass die Wiederholung einer Rechtsverletzung im Einzelfall konkret zu erwarten ist. Auch dieses Regelbeispiel setzt nur die bisherige Rspr des BVerfG (BVerfG NJW 2002, 2456) in Gesetzesform um. Die Wiederholungsgefahr erhält durch ihre Nennung als eigenes Regelbeispiel allerdings stärker als bisher eigenständigen Charakter. Sie reicht demnach zur Bejahung des Feststellungsinteresses trotz Erledigung der Hauptsache auch dann schon aus, wenn nur ein einfacher, also nicht iSv § 62 Abs 2 Nr 1 »schwerwiegender« Grundrechtseingriff vorliegt u darüber hinaus sogar auch dann, wenn nur eine einfachgesetzliche Rechtsverletzung ohne Grundrechtsrelevanz in Frage steht. Welches Mindestgewicht eine derartige Rechtsverletzung besitzen muss, um noch ein hinreichendes Feststellungsinteresse anzunehmen, wird sich nicht allgemein festlegen lassen, sondern von den Umständen des jeweiligen Einzelfalles abhängen.

III. Antrag

16 Voraussetzung für eine Überprüfung der Entscheidung des ersten Rechtszuges auf ihre Rechtmäßigkeit im Beschwerdeverfahren trotz Erledigung des ursprünglichen Verfah-

rensgegenstandes ist nach dem Gesetzeswortlaut ein ausdrücklicher, dahingehender Feststellungsantrag des Beschwerdeführers. Der zum bisherigen Recht bestehende Meinungsstreit, ob ein solcher Antrag erforderlich ist (so zB BayObLG FGPrax 2002, 281, 283; OLG Karlsruhe (11. Zivilsenat) FGPrax 2003, 99; *Demharter* FGPrax 2003, 237, 238) oder ob allein schon aus der Nichtrücknahme der Beschwerde trotz Erledigung auf ein dahingehendes Feststellungsbegehren geschlossen werden kann (so zB OLG Karlsruhe (19. Zivilsenat) FGPrax 2003, 145; Bumiller/Winkler § 12 FGG Rn 34 u § 27 FGG Rn 4) ist damit durch den Gesetzgeber im Sinne der ersten Meinung entschieden worden.

Wird ein solcher Antrag nicht – mindestens konkludent – gestellt, ist das Verfahren dagegen nach den allgemeinen Regeln zur Behandlung einer Erledigung der Hauptsache (§ 22 Rz 18 ff) abzuschließen. Dabei darf das Beschwerdegericht allerdings nicht so kurzfristig entscheiden, dass der Rechtsmittelführer keine Gelegenheit mehr hat, seinen Beschwerdeantrag entsprechend anzupassen (BayObLG NJW-RR 2001, 724), sondern es muss vielmehr auf die Möglichkeit der Antragsumstellung zunächst hinweisen (OLG München OLGR 2006, 26 f; Bumiller/Harders Rn 8). 17

IV. Gegenstand der Überprüfung

Gegenstand der Überprüfung im Rahmen des Feststellungsverfahrens nach § 62 ist nach dem Wortlaut des Gesetzes die Frage, ob die »Entscheidung« der ersten Instanz den Beschwerdeführer in seinen Rechten verletzt hat. Hierbei wird nicht danach differenziert, wann die in Frage stehende Rechtsverletzung stattgefunden hat. Wie schon bisher kommt als Gegenstand des Feststellungsverfahrens bei Entscheidungen, die – wie typischerweise die Freiheitsentziehung – eine **Dauerwirkung** entfalten, daher nicht nur die Rechtmäßigkeit der Entscheidung der ersten Instanz (noch) im Zeitpunkt des erledigenden Ereignisses in Betracht, sondern auch eine mögliche Rechtsverletzung bereits zum Zeitpunkt des Erlasses der Erstentscheidung oder während ihrer Fortdauer bis zu ihrer Beendigung (vgl OLG Zweibrücken FGPrax 2005, 137, 138; *Demharter* FGPrax 2003, 237, 238 für Unterbringungsverfahren nach bisherigem Recht). In derartigen Fällen wird der Verfahrensgegenstand daher wesentlich durch den Antrag des Beschwerdeführers bestimmt. Erst dieser legt im Einzelfall fest, in welchem Umfang eine Überprüfung der erstinstanzlichen Entscheidung zu erfolgen hat (*Demharter* FGPrax 2003, 237, 238). 18

C. Kosten

Die Entscheidung über die Verfahrenskosten in einer Beschwerdeentscheidung nach § 62 richtet sich – wie auch sonst – grds nach § 81; in Ehe- u Familienstreitsachen nach § 113 Abs 1 S 2 iVm §§ 91 ff ZPO. Wird dort antragsgemäss festgestellt, dass die Entscheidung der ersten Instanz den Beschwerdeführer in seinen Rechten verletzt hat, ermöglicht allerdings keine dieser Vorschriften eine Erstattung der außergerichtlichen Kosten des Beschwerdeführers durch die Staatskasse. Auch die Sondervorschriften der §§ 307, 337 für Unterbringungs- u Betreuungssachen erlauben die Anordnung einer derartigen Kostenerstattung zumindest nicht unmittelbar. Die Auslagen des Beschwerdeführers sind aber in entsprechender Anwendung dieser Vorschriften von der Staatskasse zu erstatten (OLG München FamRZ 2006, 1617 zu § 13a Abs 2 S 1 FGG). 19

Für die anfallenden Gebührentatbestände bei den Gerichts- u Anwaltskosten gelten keine Besonderheiten. Findet der Übergang zur Fortsetzungsfeststellung erst während des schon laufenden Beschwerdeverfahrens statt, führt dies allerdings wegen der Veränderung des Verfahrensgegenstandes ab diesem Zeitpunkt zu einer entsprechenden Verringerung des Streitwerts. 20

§ 63 Beschwerdefrist

(1) Die Beschwerde ist, soweit gesetzlich keine andere Frist bestimmt ist, binnen einer Frist von einem Monat einzulegen.

(2) Die Beschwerde ist binnen einer Frist von zwei Wochen einzulegen, wenn sie sich gegen
1. eine einstweilige Anordnung oder
2. einen Beschluss, der die Genehmigung eines Rechtsgeschäfts zum Gegenstand hat, richtet.

(3) Die Frist beginnt jeweils mit der schriftlichen Bekanntgabe des Beschlusses an die Beteiligten. Kann die schriftliche Bekanntgabe an einen Beteiligten nicht bewirkt werden, beginnt die Frist spätestens mit Ablauf von fünf Monaten nach Erlass des Beschlusses.

Übersicht

	Rz		Rz
A. Allgemeines und Rechtsentwicklung	1	2. Fristbeginn bei fehlender oder mangelhafter Bekanntgabe	15
B. Beschwerdefrist	3	a) Spätester Beginn der Rechtsmittelfrist	16
I. Fristdauer	3	b) Scheinbeschlüsse und noch nicht wirksame Beschlüsse	22
1. Regelmäßige Dauer der Beschwerdefrist	3	3. Fristbeginn bei fehlender oder mangelhafter Rechtsmittelbelehrung	23
2. Sonderfälle	5	4. Fristbeginn bei Berichtigung oder Ergänzung der angefochtenen Entscheidung	24
II. Fristbeginn	8	5. Beschwerdeeinlegung vor Fristbeginn	26
1. Fristbeginn bei ordnungsgemäßer Bekanntgabe	9	III. Fristberechnung	27
a) Ordnungsgemäße Bekanntgabe	11	IV. Fristwahrung	28
b) Bekanntgabe durch Zustellung	12		
c) Bekanntgabe durch Aufgabe zur Post	13		
d) Ehe- und Familienstreitsachen	14		

A. Allgemeines und Rechtsentwicklung

1 Die Rechtsmittel gegen Entscheidungen der ersten Instanz für die jetzigen FamFG-Verfahren waren bisher zT durch das FGG geregelt, wobei wiederum zwischen der einfachen (§ 21 FGG) u der sofortigen Beschwerde (§ 22 FGG) zu unterscheiden war. In FGG-Familiensachen waren diese Vorschriften nach Maßgabe von § 621e Abs 3 ZPO zT durch die Anwendung des ZPO-Berufungsrechts modifiziert, in ZPO-Familiensachen galt dieses uneingeschränkt. Dieses historisch gewachsene Nebeneinander verschiedener Vorschriften ist nunmehr durch § 63 Abs 1 abgelöst worden, wonach die Beschwerde gegen Endentscheidungen in allen FamFG-Verfahren einschließlich der Ehe- u Familienstreitsachen jetzt grds binnen einer einheitlichen Rechtsmittelfrist von einem Monat einzulegen ist, abgesehen von den in § 63 Abs 2 u 3 geregelten Ausnahmen u vom Bereich des Grundbuch- u Schiffsregisterwesens (Rz 7), wo eine Beschwerde wie bisher unbefristet zulässig bleibt. Durch die fast vollständige Zurückdrängung der unbefristeten Beschwerde will der Gesetzgeber nicht nur das Verfahren einfacher u übersichtlicher gestalten, sondern zugleich auch eine Verfahrensbeschleunigung im Verhältnis zur bisherigen Rechtslage erreichen u in möglichst weitgehendem Maße frühzeitig Rechtsklarheit über den dauerhaften Bestand der erstinstanzlichen Entscheidungen für alle Beteiligten schaffen (BTDrs 16/6308 S 205).

2 Die früher in § 22 Abs 2 FGG geregelte **Wiedereinsetzung in den vorigen Stand** bei Versäumung der Frist zur Einlegung der Beschwerde ist nunmehr grds im allgemeinen Teil des FamFG geregelt (§§ 17–19). Wegen der Wiedereinsetzung in die Frist zur Ein-

legung u Begründung der Beschwerde bei den **Ehe- u Familienstreitsachen** s § 117 Rz 47 f.

B. Beschwerdefrist

I. Fristdauer

1. Regelmäßige Dauer der Beschwerdefrist

§ 63 Abs 1 bestimmt nunmehr für den gesamten Anwendungsbereich des FamFG, dass die Beschwerde gegen eine erstinstanzliche Endentscheidung im **Regelfall** binnen einer Beschwerdefrist von **einem Monat** zu erheben ist. 3

Wie das FGG kennt auch das FamFG in seiner schließlich verabschiedeten Endfassung anders als noch in dem vorbereitenden RefE (vgl zB §§ 46 Abs 2, 67 Abs 1 S 2 RefE FGG-RG I) nicht mehr den in der ZPO verwendeten Begriff der **Notfrist**. Hieraus kann jedoch nicht die Schlussfolgerung gezogen werden, dass die Frist zur Einlegung der Beschwerde gem § 16 Abs 2 iVm §§ 224 Abs 2 u 3, 225 ZPO (oder im Falle der Ehe- u Familienstreitsachen unmittelbar nach diesen ZPO-Vorschriften) wie andere gesetzliche Fristen durch eine Verfügung des Gerichts oder durch eine Vereinbarung der Parteien verkürzt oder verlängert werden kann, denn bei Eröffnung einer derartigen Möglichkeit wäre der Eintritt der formellen Rechtskraft von Beschlüssen in den Verfahren nach dem FamFG nicht mehr hinreichend überschaubar. Eine Verlängerung oder Verkürzung von Rechtsmitteleinlegungsfristen widerspricht zudem auch sonst jeder bekannten Systematik. Der Gesetzgeber wollte hier vielmehr offenbar nur den Gesetzestext an den Wortlaut des FGG angleichen, für das aber ungeachtet der Nichtverwendung des Begriffs der Notfrist auch schon bisher anerkannt war, dass eine Verlängerung oder Verkürzung der Frist des § 22 Abs 1 S 1 FGG zur Einlegung der (sofortigen) Beschwerde ebenso wenig in Betracht kam wie in der ZPO (Jansen/*Briesemeister* § 22 FGG Rn 6 mwN; Bassenge/Roth § 22 FGG Rn 2; KKW/*Sternal* § 22 FGG Rn 19; zum FamFG vgl Bumiller/Harders Rn 1 u *Maurer* FamRZ 2009, 465, 473). 4

2. Sonderfälle

Bereits nach dem Wortlaut des Gesetzes gilt die Beschwerdefrist von einem Monat nur, »**soweit gesetzlich keine andere Frist bestimmt ist**«. 5

Solche Ausnahmen können zum einen darin bestehen, dass wegen eines besonderen Interesses am schnellen Eintritt von Rechtsklarheit im Einzelfall eine kürzere als die regelmäßige Beschwerdefrist durch das Gesetz bestimmt ist. Derartige Regelungen sind im FamFG selbst aber nur in § 63 Abs 2 Nr 1 für die Anfechtung von **einstweiligen Anordnungen** u in § 63 Abs 2 Nr 2 für die Anfechtung von **Beschlüssen zur Genehmigung eines Rechtsgeschäfts** enthalten, vgl auch § 40 Abs 2; in beiden Fällen ist die Frist zur Einlegung der Beschwerde auf nur zwei Wochen verkürzt. Gem § 355 Abs 2 steht der Genehmigung eines Rechtsgeschäfts außerdem die Entscheidung des Gerichts bei **Meinungsverschiedenheiten zwischen mehreren Testamentsvollstreckern** gleich. Alle übrigen, in diesem Zusammenhang typischerweise in Betracht kommenden Fälle fallen in den Bereich der Zwischen- u Nebenentscheidungen u sind als solche, wenn überhaupt, dann gem ausdrücklicher Regelung im Einzelfall nur mit der sofortigen Beschwerde entsprechend §§ 567 ff ZPO anfechtbar, für die gem § 569 Abs 1 S 1 ZPO bereits ohnehin nur eine Beschwerdefrist von zwei Wochen gilt. Außerhalb des FamFG findet sich eine auf zwei Wochen abgekürzte Beschwerdefrist zB in § 40 Abs 2 S 2 IntFamRVG u in § 335 Abs 5 S 1 HGB. 6

Zum anderen hat sich der Gesetzgeber in Abweichung von den Referentenentwürfen für das FamFG entschlossen, im Bereich des **Grundbuch- u Registerwesens** (vgl §§ 71 Abs 2 GBO, 75 Abs 2 SchRegO) ausnahmsweise wie bisher auch weiterhin die Möglich- 7 keit der grds **unbefristeten Beschwerde** (nicht allerdings auch der Rechtsbeschwerde, vgl § 78 Abs 3 GBO u § 83 Abs 3 SchRegO jeweils iVm § 71) vorzusehen, obwohl dies der Systematik der gesetzlichen Neuregelung, durch die das Nebeneinander der einfachen u der sofortigen Beschwerde in der freiwilligen Gerichtsbarkeit eigentlich beseitigt werden sollte, grds widerspricht. Damit reagiert der Gesetzgeber auf die an dem ursprünglichen Gesetzentwurf zT geübte Kritik, wonach es wegen des nur schwer abgrenzbaren Kreises der Beteiligten im Bereich der Grundbuch- u Registersachen anders als im Regelfall nicht ohne weiteres möglich ist, die Entscheidungen der Grundbuchämter u Registergerichte allen Beteiligten in der sonst vorgeschriebenen Form schriftlich bekannt zu geben (*Krafka* FGPrax 2007, 51, 52; vgl auch § 383 Rz 6), so dass die für den Beginn des Laufs der Rechtsmittelfrist erforderliche Anknüpfung an den Zeitpunkt dieser Bekanntgabe in den hier in Frage stehenden Fällen erhebliche Schwierigkeiten bereiten würde.

II. Fristbeginn

8 § 63 Abs 3 regelt den Beginn der Rechtsmittelfrist. Die Vorschrift knüpft an den bisherigen § 22 Abs 1 S 2 FGG an (zum alten Recht vgl zB KKW/*Sternal* § 22 FGG Rn 20–25), bestimmt aber abweichend davon, dass die **Bekanntgabe** für das Inlaufsetzen der Frist (zumindest auch) **schriftlich** erfolgt sein muss; eine nur mündliche Bekanntgabe iSd § 41 Abs 2 S 1 reicht also für den Fristbeginn nicht aus. Die Regelung lehnt sich inhaltlich an § 517 ZPO an, der für den regelmäßigen Beginn der Berufungsfrist auf die Zustellung des Urteils abstellt u übernimmt – abweichend von § 22 Abs 1 S 2 FGG – inhaltlich angepasst an das neue FamFG-Verfahren auch die Regelung des § 517, 2. Hs ZPO, wonach bei einer fehlenden oder nicht ordnungsgemäßen Zustellung die Berufungsfrist spätestens mit dem Ablauf von fünf Monaten ab Verkündung beginnt.

1. Fristbeginn bei ordnungsgemäßer Bekanntgabe

9 Gem § 63 Abs 3 **S 1** beginnt die Frist grds für jeden Beteiligten gesondert mit dem Zeitpunkt, in dem diesem der Beschluss jeweils schriftlich bekannt gegeben worden ist, sie kann also für verschiedene Beteiligte zu verschiedenen Zeiten beginnen (*Schürmann* FamRB 2009, 24, 25). Das gilt auch für den Verfahrenspfleger in Betreuungs- u Unterbringungssachen im Verhältnis zu dem Betroffenen selbst (BayObLG FamRZ 2000, 1445 zum alten Recht). Ausnahmen von diesem Grundsatz sind zB in § 360 enthalten, wonach die Beschwerdefrist gegen Beschlüsse zur Bestimmung oder Verlängerung einer Inventarfrist für alle Beteiligten gleichermaßen ab Zustellung an den jeweiligen Antragsteller läuft, oder in § 24 Abs 3 S 1 VerschG, wonach die erste öffentliche Bekanntmachung einer Todeserklärung als Zustellung mit Wirkung für alle Beteiligten gilt.

10 Hat sich für einen Beteiligten ein Verfahrensbevollmächtigter bestellt, so ist im Falle der Zustellung gem § 15 Abs 2 S 1, 1. Alt iVm §§ 166 ff ZPO gem § 172 ZPO die Zustellung an diesen maßgebend; durch die Zustellung an den Beteiligten selbst wird die Frist des § 63 Abs 1 zur Einlegung der Beschwerde nicht in Lauf gesetzt (KG FamRZ 1993, 443, 444). Das Gleiche wird man entsprechend § 172 ZPO aber auch für den Fall annehmen müssen, dass die schriftliche Bekanntgabe nach der neuen Vorschrift des § 15 Abs 2 S 1, 2. Alt nur durch formlose Aufgabe des Schriftstücks zur Post erfolgt ist. Existieren mehrere Bevollmächtigte, so ist die erste Zustellung oder Bekanntgabe durch Aufgabe zur Post an einen von ihnen maßgeblich. Wird ein Beteiligter in einem Verfahren durch einen anderen vertreten, so läuft die Frist für beide Beteiligten mit der Zustellung oder Aufgabe zur Post an den Vertreter (KKW/*Sternal* § 22 FGG Rn 20 mwN).

a) Ordnungsgemäße Bekanntgabe

Eine ordnungsgemäße Bekanntgabe, durch welche die Rechtsmittelfrist des § 63 Abs 1 **11** in Lauf gesetzt werden kann, liegt nur vor, wenn die angefochtene Entscheidung dem Rechtsmittelführer in vollständiger Form bekannt gegeben worden ist. Zu einer vollständigen Entscheidung idS gehören, soweit eine Begründung nicht ausnahmsweise nach § 38 Abs 4 entbehrlich ist, auch die Entscheidungsgründe, denn ohne deren Kenntnis kann der Beschwerdeführer die Aussichten eines möglichen Rechtsmittels nicht beurteilen u sein Anspruch auf rechtliches Gehör ist nicht hinreichend gewahrt (Zöller/*Philippi* § 621e ZPO Rn 41 mwN). Das gilt nicht nur bei völligem Fehlen der Gründe, sondern auch dann, wenn die bekannt gegebenen Gründe in wesentlichen, für ihren Inhalt oder ihr Verständnis maßgeblichen Teilen unvollständig sind (OLG Köln FamRZ 2002, 331). Dasselbe gilt außerdem auch für die Bekanntgabe eines Beschlusses, dessen Gründe wesentlich von der Urschrift abweichen (KG FamRZ 2003, 620, 621).

b) Bekanntgabe durch Zustellung

Im Fall der Bekanntgabe durch Zustellung nach § 15 Abs 2 S 1, 1. Alt iVm §§ 166 ff ZPO **12** beginnt die Frist zur Einlegung der Beschwerde mit dem Tag der ordnungsgemäßen Zustellung des angefochtenen Beschlusses. Eine nicht formgerechte Zustellung kann gem § 15 Abs 2 S 1, 1. Alt iVm § 189 ZPO (in der Fassung des ZustRG) geheilt werden, dann ist – abweichend von dem bis 30.6.2002 geltenden Recht – maßgeblich für den Beginn der Beschwerdefrist das Datum des tatsächlichen Zugangs der schriftlich abgefassten Entscheidung. Eine sonstige Kenntnisnahme von der Entscheidung oder ihrer Zustellung setzt die Rechtsmittelfrist noch nicht in Gang (KKW/*Sternal* § 22 FGG Rn 21, 22), ebenso wenig eine bloße Zustellung im Parteibetrieb (Jansen/*Briesemeister* § 22 FGG Rn 7). Durch eine öffentliche Zustellung wird die Beschwerdefrist jedenfalls dann nicht in Lauf gesetzt, wenn die Voraussetzungen für eine derartige Zustellung (§ 15 Abs 2 S 1, 1. Alt iVm § 185 ZPO) erkennbar nicht vorgelegen haben (BGH FamRZ 2007, 40).

c) Bekanntgabe durch Aufgabe zur Post

Im Falle der – gem § 41 Abs 1 S 2 allerdings nur eingeschränkt zulässigen – Bekanntgabe **13** durch Aufgabe zur Post nach § 15 Abs 1 S 1, 2. Alt beginnt die Frist mit dem dritten Tag nach der Aufgabe zur Post als fiktivem Zugangsdatum, es sei denn der Beschluss ist tatsächlich erst später zugegangen; dann entscheidet das Datum des tatsächlichen Zugangs.

d) Ehe- und Familienstreitsachen

In Ehe- u Familienstreitsachen ist § 15 nicht anzuwenden u es gilt statt dessen § 113 **14** Abs 1 S 2 iVm § 329 ZPO (vgl auch § 41 Rz 3). Ergeht ein Beschluss in einer Ehe- oder Familienstreitsache aufgrund einer mündlichen Verh, ist er also gem § 329 Abs 1 S 1 ZPO auch weiterhin zu verkünden, bildet er einen Vollstreckungstitel, ist er auch weiterhin gem § 329 Abs 3 ZPO förmlich zuzustellen. Für den Beginn des Laufs der Beschwerdefrist kommt es aber gem § 63 Abs 3 S 1 auch in Ehe- u Familienstreitsachen immer nur auf den Zeitpunkt der schriftlichen Bekanntgabe an die Beteiligten an, sei es, dass diese gem 329 Abs 3 ZPO durch Zustellung zu erfolgen hat, sei es, dass beim Nichtvorliegen der Voraussetzungen dieser Vorschrift eine (ansonsten) formlose Bekanntgabe an die Beteiligten genügt.

2. Fristbeginn bei fehlender oder mangelhafter Bekanntgabe

Erfolgt keine oder keine ordnungsgemäße (schriftliche) Bekanntgabe des Beschlusses, so **15** war nach dem bisherigem Recht der freiwilligen Gerichtsbarkeit im Grundsatz für eine

§ 63 FamFG | Beschwerdefrist

analoge Anwendung der §§ 517, 548 ZPO mangels gesetzlicher Grundlage kein Raum, so dass in derartigen Fällen überhaupt keine Rechtsmittelfrist zu laufen begann. Nur für befristete Beschwerden in Familiensachen wurde in § 621e Abs 3 S 2 ZPO auf eine entsprechende Anwendung des § 517 ZPO verwiesen.

a) Spätester Beginn der Rechtsmittelfrist

16 § 63 Abs 3 **S 2** legt nun auch für das FamFG-Verfahren ausdrücklich einen Zeitpunkt fest, ab dem die Rechtsmittelfrist spätestens in Gang gesetzt wird, wenn eine schriftliche Bekanntgabe nicht oder nur mangelhaft erfolgt. Die dort festgelegte Frist von fünf Monaten knüpft inhaltlich an § 517, 2. Hs ZPO an, stellt aber nicht auf die Verkündung der Entscheidung, sondern auf deren **Erlass** ab, nachdem das FamFG eine Verkündung von Entscheidungen regelmäßig nicht mehr vorsieht (zum bisherigen Recht vgl KKW/*Sternal* § 22 FGG Rn 23).

17 »Erlassen«, dh **existent** ist ein Beschluss iSd § 63 Abs 3 S 2 nach der Legaldefinition des § 38 Abs 3 S 2 nur dann, wenn er einem Anwesenden durch Verlesen der Beschlussformel bekannt gemacht worden oder wenn er von allen mitwirkenden Richtern oder dem Rechtspfleger unterschrieben u an die Geschäftsstelle übergeben worden ist (§ 40 Rz 2). Anders als bisher (KKW/*Schmidt* § 18 FGG Rn 3 mwN) genügt also nicht mehr jede beliebige Form des Heraustretens aus dem inneren Geschäftsbetrieb des Gerichts, wie etwa dadurch, dass der Vorsitzende oder der Geschäftsstellenbeamte den Inhalt des unterschriebenen Beschlusses einem abwesenden Verfahrensbeteiligten telefonisch mitgeteilt hat (BGH NJW-RR 2000, 877, 878).

18 In **Ehe- u Familienstreitsachen**, die aufgrund einer mündlichen Verhandlung ergehen u daher nach wie vor verkündet werden (Rz 14), erfolgt die Herausgabe der Entscheidung nach außen in der besonderen Form der Verkündung (Musielak/*Musielak* § 329 ZPO Rn 8). Ist eine solche im Einzelfall fehlerhaft unterblieben, fehlt es also – auch wenn die Entscheidung in diesen Verfahren jetzt nicht mehr durch Urteil, sondern nur noch durch Beschluss erfolgt – auch nach dem neuen Recht bereits an der Existenz einer Entscheidung überhaupt. Wie bei Urteilen in der ZPO läuft bei einer derartigen Scheinentscheidung daher auch keinerlei Rechtsmittelfrist (Rz 22). Hat die Verkündung dagegen stattgefunden u es fehlt nur an der schriftlichen Bekanntgabe der Entscheidung, so greift, ebenso wie im ZPO-Verfahren die Auffangfrist des § 517 2. Hs ZPO, im FamFG-Verfahren die Auffangfrist des § 63 Abs 3 S 2. Das gilt jedenfalls dann, wenn der Beteiligte nach den Umständen mit einer Entscheidung überhaupt rechnen u sich nach dieser daher notfalls hätte erkundigen können, weil er zumindest von einem angesetzten Verkündungstermin Kenntnis hatte (BGH FamRZ 2004, 264; NJW-RR 1994, 1022). Einiges spricht dafür, vom Eingreifen dieser Auffangfrist außerdem auch dann auszugehen, wenn der Beteiligte eine derartige Kenntnis nicht besaß. Denn wenn die Frist des § 63 Abs 3 S 2 in Verfahren, in denen eine Verkündung nicht erforderlich ist, nach seinem eindeutigen Wortlaut u Sinn unabhängig von jedem Vertrauensmoment allein an das Existentwerden der anzufechtenden Entscheidung anknüpft (daran zweifelnd allerdings *Gutjahr* FPR 2006, 433, 434 mwN), ist nicht einzusehen, warum dies dann anders sein soll, wenn zwar eine Verkündung notwendig ist, das Gesetz für den Beginn der Rechtsmittelfrist auf diese aber bewusst nicht abstellt.

19 Problematisch ist, wann die Rechtskraft eines Beschlusses eintritt, wenn ein an dem Verfahren eigentlich zwingend **Beteiligter** (§ 7 Abs 2) – wie zB ein Versorgungsträger in einem Scheidungsverbundverfahren – tatsächlich **übergangen** u das **Verfahren** daher vollständig **ohne seine Kenntnis** durchgeführt wird. Die Frage, ob auch in diesem Fall die fünfmonatige Auffangfrist für den Fall der nicht ordnungsgemäßen Bekanntgabe der Entscheidung zu laufen beginnt, wurde mit Rücksicht auf den eindeutigen Wortlaut des § 517 ZPO bisher für die befristete Beschwerde nach § 621e ZPO allenfalls dann bejaht, wenn zumindest eine – sei es auch mangelhafte – Verkündung der angefochtenen

Entscheidung stattgefunden hatte (Zöller/*Philippi* § 621e ZPO Rn 43; Johannsen/Henrich/*Sedemund-Treiber* § 621e ZPO Rn 13, jeweils mwN). Nach der wohl herrschenden Gegenmeinung (BGH FamRZ 1988, 827; OLG Naumburg FamRZ 2007, 490; OLG München FamRZ 2007, 491) wurde in einem solchen Fall überhaupt keine Beschwerdefrist in Lauf gesetzt.

Für das neue Recht wollte der Gesetzgeber durch die von ihm gewählte Fassung des 20 Gesetzestexts klarstellen, dass der von einem Verfahren zwar materiell Betroffene, daran jedoch in erster Instanz tatsächlich nicht Beteiligte für die Fristberechnung vollständig außer Betracht zu lassen ist (BTDrs 16/9733 S 289; *Schürmann* FamRB 2009, 24, 25). Der Übergangene kann daher fristgemäß Beschwerde gegen eine Entscheidung nur solange einlegen, bis sie gegenüber dem letzten in der ersten Instanz tatsächlich Beteiligten rechtskräftig geworden ist, sei es, wie im Regelfall, nach Ablauf der Monatsfrist des § 63 Abs 1 S 1 ab der (wirksamen) Bekanntgabe an den letzten tatsächlich Beteiligten gem § 63 Abs 3 S 1, sei es, für den Fall, dass es an einer (wirksamen) Bekanntgabe ggü mindestens einem erstinstanzlich Beteiligten fehlt, nach dem Ablauf der dann hilfsweise ausgelösten Fünfmonatsfrist gem § 63 Abs 3 S 2. Die Funktion dieser Auffangfrist ist also nur auf den Fall beschränkt, dass eine ordnungsgemäße Bekanntgabe des Beschlusses an sämtliche in der ersten Instanz auch tatsächlich Beteiligten fehlt. Für den übergangenen Beteiligten läuft hingegen überhaupt keine eigene Beschwerdefrist, sondern er kann reflexhaft nur solange Beschwerde einlegen, wie dies auch zumindest einem der tatsächlich Beteiligten noch möglich ist. Auch der übergangene Beteiligte ist dadurch aber nicht vollständig rechtlos gestellt; er kann notfalls zumindest noch die Wiederaufnahme des Verfahrens nach § 118 (für Ehe- u Familienstreitsachen) oder § 48 Abs 2 (in sonstigen Fällen) iVm § 579 Abs 1 Nr 4 ZPO betreiben (Johannsen/Henrich/*Sedemund-Treiber* § 621e ZPO Rn 13 zum alten Recht).

Der mit der Auffangfrist des § 63 Abs 3 S 2 verfolgte Zweck, binnen eines für alle tat- 21 sächlich Beteiligten eindeutigen Zeitraums Rechtsfrieden herbeizuführen u insbes auch bei Scheidungsverfahren Unklarheiten über die Rechtskraft der Scheidung bis hin zu unbemerkten Doppelehen zu vermeiden, wird auf diese Weise auch für den Fall des übergangenen Beteiligten erreicht. Auch für die ansonsten besonders problematischen Beschlüsse zur Genehmigung von Rechtsgeschäften eines gesetzlichen Vertreters gem §§ 1821 f, 1643, 1908i, 1915 BGB (vgl *Jacoby* Stellungnahme zum RegE in der Anhörung des Bundestags-Rechtsausschusses vom 11.2.2008, S 6–8) ist damit sichergestellt, dass auch der Geschäftspartner des Vertretenen, dem eine derartige Entscheidung nach dem Eintritt der gem § 40 Abs 3 S 1 an ihre Rechtskraft geknüpften Wirksamkeit mitgeteilt wird, auf die dadurch ausgelösten Rechtsfolgen des § 1829 Abs 1 S 2 BGB vertrauen u sich auf den Bestand des von ihm abgeschlossenen Geschäfts verlassen kann, selbst wenn sich im Nachhinein herausstellen sollte, dass ein dem Gericht unbekannter Beteiligter in dem vorangegangenen Genehmigungsverfahren übergangen worden ist.

b) Scheinbeschlüsse und noch nicht wirksame Beschlüsse

Ein bloßer Scheinbeschluss – wie zB ein irrtümlich den Parteien zugegangener Entschei- 22 dungsentwurf – ist zwar zur Beseitigung des entstandenen Rechtsscheins mit der Beschwerde anfechtbar (Zöller/*Heßler* § 517 ZPO Rn 2, 20; Musielak/*Ball* § 517 ZPO Rn 4), für ein derartiges Rechtsmittel läuft jedoch überhaupt keine Frist (BGH NJW 1985, 1783). Ähnlich kann auch die Beschwerde gegen einen Beschluss zulässig sein, der zwar schon bekanntgegeben, aber noch nicht wirksam ist, wenn dieser wie zB eine Entscheidung zum Umgangs- oder Sorgerecht im Rahmen des Scheidungsverbundes vor Rechtkraft der Scheidung im Einzelfall den Rechtsschein einer bereits wirksamen Entscheidung erweckt (OLG Rostock FamRZ 2008, 793, 794).

3. Fristbeginn bei fehlender oder mangelhafter Rechtsmittelbelehrung

23   Das Fehlen oder die Mangelhaftigkeit der nunmehr gem § 39 für alle Verfahren nach dem FamFG allgemein vorgeschriebenen Rechtsmittelbelehrung hat auf den Beginn des Laufs der Rechtsmittelfrist keinen Einfluss, sondern bildet nur einen möglichen Grund für eine Wiedereinsetzung in den vorigen Stand. Das ergibt sich mittelbar schon aus § 17 Abs 2, wonach bei Fehlen oder Mängeln einer Rechtsbehelfsbelehrung zu vermuten ist, dass der Beschwerdeführer ohne sein Verschulden an der Einhaltung der jeweiligen Rechtsbehelfsfrist gehindert war; zur bisherigen, zT abweichenden Rechtslage vgl KKW/*Sternal* § 22 FGG Rn 24 mwN; Bassenge/Roth Einl Rn 106.

4. Fristbeginn bei Berichtigung oder Ergänzung der angefochtenen Entscheidung

24   Wird ein erstinstanzlicher Beschluss nach § 42 **berichtigt**, dann wird durch die Bekanntgabe des Berichtigungsbeschlusses eine neue Beschwerdefrist grds nicht in Lauf gesetzt. Etwas anderes gilt nur dann, wenn die Beschwer des Rechtsmittelführers oder die Statthaftigkeit der Beschwerde überhaupt erst durch die Berichtigung hinreichend erkennbar werden (BGH NJW 1999, 646; BayObLG NZM 2002, 302, 303; Bassenge/Roth § 18 FGG Rn 20).

25   Wird ein Beschluss innerhalb der Beschwerdefrist nach § 43 (oder in Ehe- u Familienstreitsachen gem § 113 Abs 1 S 2 iVm § 319 ZPO) nachträglich **ergänzt**, so beginnt entsprechend § 518 Abs 1 S 1 ZPO mit der Bekanntgabe der nachträglichen Entscheidung der Lauf der Beschwerdefrist auch für die Beschwerde gegen den ursprünglichen Beschluss von neuem. Die entsprechende Anwendung von § 518 ZPO auf einen derartigen Fall war schon nach dem bisherigen Recht anerkannt (BayObLGZ 1961, 90, 91; Bassenge/Roth § 18 FGG Rn 24). Sie ist auch nach dem neuen Recht sachlich geboten, obwohl der Gesetzgeber des FamFG zwar mittlerweile die nachträgliche Ergänzung von Entscheidungen auch für die freiwillige Gerichtsbarkeit eigenständig geregelt hat, zugleich aber eine dem § 518 ZPO entsprechende Regelung – als offenbar selbstverständlich – in das FamFG nicht aufgenommen hat.

5. Beschwerdeeinlegung vor Fristbeginn

26   Die Beschwerde kann auch schon vor Beginn der Beschwerdefrist eingelegt werden (Bassenge/Roth § 22 FGG Rn 3), die Entscheidung muss aber grds zumindest bereits existent, dh erlassen sein (Rz 17 f). Bei Einlegung der Beschwerde schon vor dem Erlass der Entscheidung tritt eine Heilung der zunächst unwirksamen Beschwerdeeinlegung nur dann ein, wenn die Entscheidung bei Einlegung der Beschwerde zumindest bereits gerichtsintern gefasst, dh zu den Akten gebracht war (BayObLG FamRZ 1990, 774, 775; OLG Naumburg OLGR 1998, 89; Bassenge/Roth § 19 FGG Rn 28; Jansen/*Briesemeister* § 19 FGG Rn 30).

III. Fristberechnung

27   Die Berechnung der Beschwerdefrist erfolgt in Anwendung von §§ 16 Abs 2 FamFG, 222 ZPO, 187 Abs 1, 188 Abs 2, 193 BGB (zum alten Recht KKW/*Sternal* § 22 FGG Rn 26). Der Tag, an dem die Bekanntgabe der anzufechtenden Entscheidung erfolgt, wird also nicht in die Frist eingerechnet. Die Frist endet mit Ablauf desjenigen Tages des auf den Monat der Bekanntgabe folgenden Monats, der durch seine Zahl dem Tag der Bekanntgabe entspricht, u wenn dieser Tag ein Sonntag, ein allgemeiner Feiertag oder ein Sonnabend ist, mit dem Ablauf des nächstfolgenden Werktages.

IV. Fristwahrung

Zur Wahrung der Frist genügt nur eine am richtigen Ort (vgl § 64 Abs 1) in der richtigen **28** Form (vgl § 64 Abs 2) eingelegte Beschwerde, aus der auch die Person des Beschwerdeführers (§ 64 Rz 14) eindeutig hervorgehen muss (KKW/*Sternal* § 22 FGG Rn 27 mwN). Ist zweifelhaft, ob eine wirksame Rechtsmitteleinlegung erfolgt ist, so genügt es, wenn der Rechtsmittelführer noch innerhalb der Frist in der Begründung des Rechtsmittels auf dessen Einlegung Bezug nimmt, dagegen reicht es nicht, wenn der Mangel einer zunächst nicht formgemäß erfolgten Beschwerdeeinlegung erst nach Ablauf der Frist behoben wird (vgl KKW/*Sternal* § 22 FGG Rn 27). Die Frist kann bis zu ihrem Ablauf voll ausgenutzt werden.

Die Beschwerde ist rechtzeitig eingelegt, wenn sie vollständig in die Verfügungs- **29** gewalt des zuständigen Gerichts gelangt ist (BVerfG NJW 1986, 244, 245). Wegen der Einzelfragen, die sich insoweit in Bezug auf die Wahrung der Beschwerdefrist stellen können, insbes auch im Falle der Beschwerdeeinlegung bei einer gemeinsamen Posteinlaufstelle für mehrere Gerichte, bei Verwendung eines Nachtbriefkastens oder beim Auftreten von Übermittlungsfehlern beim Einlegen des Rechtsmittels per Telefax, wird auf die einschlägigen ZPO-Kommentare (vgl zB Zöller/*Heßler* § 519 ZPO Rn 10–16 u 18a ff; Musielak/*Ball* § 519 ZPO Rn 18 u 21–23) Bezug genommen. Eine nicht in deutscher Sprache abgefasste Beschwerdeschrift ist zur Wahrung einer Rechtsmittelfrist ungeeignet (BGH NJW 1982, 532; BayObLG NJW-RR 1987, 379).

§ 64 Einlegung der Beschwerde

(1) Die Beschwerde ist bei dem Gericht einzulegen, dessen Beschluss angefochten wird.

(2) Die Beschwerde wird durch die Einreichung einer Beschwerdeschrift oder zur Niederschrift der Geschäftsstelle eingelegt. Die Einlegung der Beschwerde zur Niederschrift der Geschäftsstelle ist in Ehesachen und in Familienstreitsachen ausgeschlossen. Die Beschwerde muss die Bezeichnung des angefochtenen Beschlusses sowie die Erklärung enthalten, dass Beschwerde gegen diesen Beschluss eingelegt wird. Sie ist von dem Beschwerdeführer oder seinem Bevollmächtigten zu unterzeichnen.

(3) Das Beschwerdegericht kann vor der Entscheidung eine einstweilige Anordnung erlassen; es kann insbesondere anordnen, dass die Vollziehung des angefochtenen Beschlusses auszusetzen ist.

Übersicht

	Rz		Rz
A. Einlegung beim Ausgangsgericht	1	5. Unterzeichnung der Beschwerdeschrift	18
I. Beschwerdeeinlegung bei Abgabe an ein anderes Gericht	2	C. Berechtigung zur Einlegung der Beschwerde	20
II. Beschwerdeeinlegung beim unzuständigen Gericht	3	D. Aufschiebende Wirkung	21
III. Sondervorschriften	5	I. Grundsatz	21
IV. Anträge auf Bewilligung von Verfahrenskostenhilfe	6	II. Ausnahmen kraft Gesetzes	24
B. Form der Beschwerdeeinlegung	7	1. Wirksamkeit erst mit Rechtskraft	24
I. Einreichung einer Beschwerdeschrift	8	2. Sonstige Fälle der aufgeschobenen Wirksamkeit	25
II. Erklärung zur Niederschrift der Geschäftsstelle	9	3. Unterausnahme: Anordnung der sofortigen Wirksamkeit im Einzelfall	26
III. Inhalt der Beschwerdeschrift	10	4. Familienstreitsachen	28
1. Bezeichnung der angefochtenen Entscheidung	11	III. Aussetzung der Vollziehung und einstweilige Anordnungen des Beschwerdegerichts	29
2. Benennung des eingelegten Rechtsmittels	13	E. Kosten	33
3. Bezeichnung der Beteiligten	14		
4. Beschwerdeantrag	16		

A. Einlegung beim Ausgangsgericht

1 Gem § 64 Abs 1 kann die Beschwerde – abweichend von § 21 Abs 1 FGG wie auch von § 621e Abs 3 S 1 ZPO – wirksam nur noch bei dem Gericht, dessen Entscheidung angefochten wird, also beim **Iudex a quo eingelegt** werden. Eine Beschwerdeeinlegung beim Rechtsmittelgericht ist nicht mehr zulässig. Dies soll der Verfahrensbeschleunigung dienen (vgl BTDrs 16/6308 S 453), denn es kann dann bei dem Erstgericht ohne Zeitverzug sogleich das idR notwendige Abhilfeverfahren durchgeführt werden (§ 68 Abs 1 S 1). Auch in Familiensachen, wo eine Befugnis zur Abhilfe nicht besteht (§ 68 Abs 1 S 2) u das AG die Beschwerde daher nur zu den Akten nehmen u zusammen mit diesen an das OLG weiterleiten kann, verbleibt insoweit immer noch ein gewisser, wenn auch geringerer Zeitgewinn, da die Notwendigkeit der Aktenanforderung durch das Beschwerdegericht wegfällt (*Gutjahr* FPR 2006, 433, 434; *Schürmann* FamRB 2009, 24, 25).

I. Beschwerdeeinlegung bei Abgabe an ein anderes Gericht

2 Bei **Abgabe an ein anderes Gericht** kann die Beschwerde sowohl bei dem bisherigen Gericht, das die Entscheidung erlassen hat, als auch bei dem übernehmenden Gericht eingelegt werden (Prinzip der Meistbegünstigung, vgl zum früheren Recht zB Jansen/

Briesemeister § 21 FGG Rn 5; KKW/*Meyer-Holz* § 29 FGG Rn 7). Zu einer Abgabe kann es aufgrund der allgemeinen Vorschrift des § 4 beim Vorliegen eines wichtigen Grundes kommen oder in den Sonderfällen der §§ 5; 50 Abs 2 S 2; 273; 314.

II. Beschwerdeeinlegung beim unzuständigen Gericht

Wird eine Beschwerde noch fristgerecht bei einem unzuständigen Gericht eingelegt, so ist dieses nach allgemein anerkannten Grundsätzen verpflichtet, die Beschwerdeschrift unverzüglich an das zuständige Gericht weiterzuleiten (BVerfG NJW 1995, 3173; BGH FamRZ 1998, 285; Zöller/*Heßler* § 519 ZPO Rn 14 mwN). Im Falle der Beschwerde nach §§ 58 ff kann das zur Folge haben, dass das OLG das zu Unrecht bei ihm eingegangene Rechtsmittel gegen eine Endentscheidung an das Amtsgericht schicken muss, von wo aus dieses dann – unter Hinzufügung der Akte, damit diese nicht nachträglich noch gesondert angefordert werden muss – sogleich wieder an das am Ende doch zur Entscheidung über das Rechtsmittel berufene OLG zurückgeschickt werden muss (*Gutjahr* FPR 2006, 433, 434). Zu erwarten ist allerdings, dass dieser Fall wegen der jetzt allgemein vorgeschriebenen Rechtsmittelbelehrung (§ 39) seltener eintritt als in der Vergangenheit der umgekehrte Fall einer Beschwerdeeinlegung beim Amtsgericht, wenn eine befristete Beschwerde nach § 621e ZPO eigentlich unmittelbar beim OLG hätte eingelegt werden müssen. 3

Zu außerordentlichen, vom normalen Geschäftsgang abweichenden Maßnahmen ist das unzuständige Gericht in einem derartigen Fall der Beschwerdeeinlegung beim unzuständigen Gericht jedoch nicht verpflichtet (BVerfG NJW 1995, 3173). Die Beschwerdefrist ist nur gewahrt, wenn die Beschwerdeschrift noch innerhalb der Frist in die tatsächliche Verfügungsgewalt des eigentlich zuständigen Gerichts gelangt (BGH NJW 2002, 2397, 2398; KKW/*Sternal* § 22 FGG Rn 29). 4

III. Sondervorschriften

In Betreuungssachen kann der Betroffene, wenn er untergebracht ist, Beschwerden nach § 305 wahlweise auch bei dem Amtsgericht einlegen, in dessen Bezirk er untergebracht ist; das Gleiche gilt nach § 336 auch in Unterbringungssachen. Auch in Freiheitsentziehungssachen kann eine Person, die sich bereits in einer abgeschlossenen Einrichtung befindet, eine Beschwerde nach § 429 Abs 4 wahlweise auch bei dem Amtsgericht einlegen, in dessen Bezirk die Einrichtung liegt. Die erweiterte Möglichkeit einer Beschwerdeeinlegung am Gericht des Anstaltsorts besteht aber nur, soweit sich der Betroffene in einer der genannten Verfahrensarten gegen die eigene Freiheitsentziehung wendet. Eine entsprechende Anwendung auf Beschwerden untergebrachter Personen in sonstigen Angelegenheiten scheidet aus (BGH FGPrax 2002, 20, 21 zu den »Vorgängervorschriften« §§ 69g Abs 3, 70m Abs 3 FGG, 7 Abs 4 FEVG). Daran hat sich auch durch die Neufassung der betreffenden Vorschriften nichts geändert, denn der Gesetzgeber wollte diese ausdrücklich nur sprachlich-redaktionell überarbeiten, nicht aber inhaltlich ändern (BTDrs 16/6308 S 272, 276, 294). 5

IV. Anträge auf Bewilligung von Verfahrenskostenhilfe

Anträge auf Bewilligung der Verfahrenskostenhilfe sind gem §§ 76 Abs 1 iVm 117 ZPO oder (in Familienstreitsachen) unmittelbar gemäß § 117 ZPO bei dem »Prozessgericht« zu stellen, dh bei dem Gericht, das zur Zeit der Einreichung des Antrages mit der jeweiligen (Haupt-)Sache befasst ist oder befasst werden soll (zum bisherigen Recht vgl zB Jansen/*von König* § 14 FGG Rn 23 mwN). Bis zum Abschluss des Abhilfeverfahrens u zur Übersendung der Akten an das Rechtsmittelgericht ist daher das Ausgangsgericht auch für die Bewilligung der Verfahrenskostenhilfe im Rechtsmittelverfahren mit zuständig. Soweit es bei Anträgen des Beschwerdeführers in diesem Zusammenhang auf 6

§ 64 FamFG | Einlegung der Beschwerde

die Erfolgsaussicht des Rechtsmittels ankommt u eine Abhilfe durch das Ausgangsgericht in der Hauptsache nicht stattfindet, macht eine Entscheidung über einen derartigen Antrag durch das Ausgangsgericht jedoch keinen Sinn. Dieses sollte sich daher in solchen Fällen darauf beschränken, eine Nichtabhilfeentscheidung in der Hauptsache zu treffen u die Akte sodann – auch zur Entscheidung über den Antrag auf Verfahrenskostenhilfe – an das Beschwerdegericht abzugeben.

B. Form der Beschwerdeeinlegung

7 Wie in § 21 Abs 2 S 1 FGG erfolgt die Einlegung der Beschwerde nach § 64 Abs 2 S 1 durch die Einreichung einer Beschwerdeschrift oder zur Niederschrift der Geschäftsstelle. Anders als bisher (vgl § 621e Abs 3 S 1 ZPO) stehen beide Formen der Beschwerdeeinlegung damit auch in den bisherigen Fällen der befristeten Beschwerde gem § 621e ZPO zur Auswahl zur Verfügung. Eine Ausnahme gilt nur in Ehe- u Familienstreitsachen, bei denen die Einlegung der Beschwerde zu Protokoll der Geschäftsstelle durch § 64 Abs 2 S 2 ausdrücklich ausgeschlossen wird, obwohl sie ansonsten gem § 114 Abs 4 Nr 6 FamFG iVm § 78 Abs 3 ZPO (nF) ungeachtet des für diese Verfahren geltenden Anwaltszwanges grundsätzlich zulässig wäre.

I. Einreichung einer Beschwerdeschrift

8 Die Beschwerde unterliegt grds der **Schriftform**. Moderne Kommunikationsmittel wie zB Telefax, Computerfax oder Anhang zu einer E-Mail (BGH NJW 2008, 2649, 2650 f) dürfen nur benutzt werden, soweit sie den Anforderungen an diese Form genügen, wozu idR – Einschränkungen s Rz 19 – auch gehört, dass sie gem § 64 Abs 2 S 4 vom Beschwerdeführer oder seinem Bevollmächtigten unterschrieben sein müssen. Wahlweise ist eine Einlegung der Beschwerde nach der gesetzlichen Systematik gem § 14 Abs 2 u 4 – wie schon bisher gem § 21 Abs 2 S 2 u Abs 3 FGG – aber auch durch die Einreichung der Beschwerde als **vollelektronisches Dokument** möglich (Einzelheiten zu dieser – in der Praxis noch im Aufbaustadium befindlichen Möglichkeit – s dort). Zur **Rechtzeitigkeit** der Beschwerdeeinreichung s § 63 Rz 28 f.

II. Erklärung zur Niederschrift der Geschäftsstelle

9 Wirksam eingelegt ist die Beschwerde nur durch Erklärung zu Protokoll der Geschäftsstelle des Beschwerdegerichts. Geschäftsstelle (§ 153 GVG) ist auch eine besondere, ggf bei dem Beschwerdegericht eingerichtete Rechtsantragsstelle. Die Aufgaben des Urkundsbeamten der Geschäftsstelle können gem §§ 24 Abs 2, 27 Abs 2 RPflG auch einem Rechtspfleger übertragen sein; unabhängig davon kann die Erklärung der Beschwerde zu Protokoll gem § 8 RpflG im Einzelfall auch durch einen – an sich nicht zuständigen – Rechtspfleger oder durch einen Richter wirksam aufgenommen werden. Abweichend von § 21 Abs 2 S 1 FGG ist gem § 25 Abs 2 auch eine Erklärung zu Protokoll der Geschäftsstelle eines beliebigen anderen Amtsgerichts als des Beschwerdegerichts möglich (*Schulte-Bunert* Rn 259; aA Bumiller/Harders, § 64 Rn 4). Die Beschwerde gilt dann aber gem § 25 Abs 3 S 2 erst mit der Einreichung des gem § 25 Abs 3 S 1 an das Beschwerdegericht weiter geleiteten Protokolls als eingelegt. Zur Notwendigkeit einer Unterschrift des Beschwerdeführers s Rz 18, zu Form u Inhalt der aufzunehmenden Niederschrift im Übrigen vgl § 25 Rz 20 f.

III. Inhalt der Beschwerdeschrift

10 Während nach dem bisherigen Recht der freiwilligen Gerichtsbarkeit Vorschriften über die Form u den Inhalt für die Einlegung des Rechtsmittels durch Einreichung einer Beschwerdeschrift nicht gegeben waren, enthält § 64 Abs 2 S 3 erstmals eine ausdrückliche

– in ihrem Wortlaut an § 519 Abs 2 ZPO angelehnte – Regelung über den Mindestinhalt der Beschwerdeschrift.

1. Bezeichnung der angefochtenen Entscheidung

Die Beschwerdeschrift muss demnach zunächst die **Bezeichnung der angefochtenen Entscheidung** enthalten, u zwar mindestens so eindeutig, dass diese noch innerhalb der Beschwerdefrist identifiziert werden kann (BayObLG BayObLGR 1995, 34). Dazu wird idR zumindest die Angabe des erstinstanzlichen Geschäftszeichens u das Beschlussdatum sowie die Angabe des Datums gehören, an dem die angefochtene Entscheidung dem Beschwerdeführer bekannt gegeben wurde. Fehlen diese Angaben, so ist das jedoch unschädlich, solange die Identität der angefochtenen Entscheidung auf andere Weise festgestellt werden kann, wie insbes durch die Beifügung einer Abschrift dieser Entscheidung, die allerdings – anders als bei der ZPO-Berufung (vgl § 519 Abs 3 ZPO) u bei der Rechtsbeschwerde (vgl § 71 Abs 1 S 4) – bei der Beschwerde (selbst für Ehe- u Familienstreitsachen, für die auch § 117 eine Verweisung auf § 519 Abs 3 ZPO nicht enthält) auch als bloße Sollvorschrift nicht schon von Gesetzes wegen verlangt wird.

Im Wesentlichen sind hier die gleichen Maßstäbe anzulegen, wie sie für die ZPO-Berufung (dazu zB Zöller/*Heßler* § 519 ZPO Rn 33; Musielak/*Ball* § 519 ZPO Rn 3 f, jeweils mwN) entwickelt worden sind. Auch die Tatsache, dass die Beschwerde anders als die Berufung zunächst beim Iudex a quo einzulegen ist (§ 64 Abs 1), ändert an den zur Bezeichnung der angefochtenen Entscheidung notwendigen Mindestangaben idR wenig, denn auch wenn dort die Akten vorliegen u nicht erst angefordert werden müssen, ist die Identifizierung der angefochtenen Entscheidung zB ohne die Kenntnis des Geschäftszeichens u – je nach Sachlage im Einzelfall auch ohne die Angabe des Beschlussdatums – jedenfalls nicht hinreichend gesichert.

2. Benennung des eingelegten Rechtsmittels

Die Beschwerdeschrift muss weiter die **Erklärung** enthalten, dass gegen den Beschluss **Beschwerde** eingelegt wird. Das Wort »Beschwerde« muss dabei aber nicht verwendet werden; es reicht zB auch die Bezeichnung als »zulässiges Rechtsmittel«, jedoch muss zumindest der Wille zur Überprüfung der Entscheidung durch die nächst höhere Instanz eindeutig zu erkennen sein (vgl zB Zöller/*Heßler* § 519 ZPO Rn 36 zur ZPO-Berufung; KKW/*Sternal* § 21 FGG Rn 19; KKW/*Meyer-Holz* § 29 FGG Rn 32 zur weiteren Beschwerde nach dem FGG, jeweils mwN). Das kann zB auch dann der Fall sein, wenn irrtümlich die (nicht erforderliche) Zulassung einer Beschwerde beantragt wird (BGH MDR 2008, 1293 f zur ZPO-Berufung). Der Umfang der Anfechtung muss bei der Einlegung der Beschwerde noch nicht feststehen (OLG Zweibrücken FamRZ 2007, 1573, 1574).

3. Bezeichnung der Beteiligten

Zweck der Beschwerdeschrift ist es, dem Beschwerdegericht u den übrigen Verfahrensbeteiligten hinreichende Klarheit über den Gegenstand u die Beteiligten des Beschwerdeverfahrens zu verschaffen (vgl zB Zöller/*Heßler* § 519 ZPO Rn 30 zur ZPO-Berufung). Wie für die ZPO-Berufung u die Beschwerde nach dem FGG anerkannt, muss daher über den Gesetzeswortlaut hinaus aus der Beschwerdeschrift eindeutig erkennbar oder zumindest anhand der dem Beschwerdegericht vorliegenden Unterlagen ermittelbar (BGH NJW-RR 2008, 1164) sein, **in wessen Namen** die Beschwerde eingelegt wird, da sonst die Beschwerdeberechtigung nicht geprüft werden kann. Eine möglicherweise notwendige Klarstellung muss noch innerhalb der Beschwerdefrist erfolgen; anderenfalls ist das Rechtsmittel unzulässig (vgl zum bisherigen Recht zB KKW/*Meyer-Holz* § 29 FGG Rn 32 mwN).

§ 64 FamFG | Einlegung der Beschwerde

15   Eine Notwendigkeit zur Angabe **sonstiger Beteiligter** (vgl zur ZPO Musielak/*Ball* § 519 ZPO Rn 8 mwN) kann dagegen für das FamFG nur eingeschränkt angenommen werden. Soweit es sich um kontradiktorische Verfahren handelt, vor allem also bei Familienstreitsachen, ist die Angabe des Rechtsmittelgegners zwar in der gleichen Weise notwendig wie bei der Berufung (vgl dazu Zöller/*Heßler* § 519 ZPO Rn 31 mwN). Fehlt sie jedoch, ist das Rechtsmittel nicht unzulässig, sondern im Zweifel gegen alle in der Vorinstanz erfolgreichen Verfahrensgegner gerichtet. Etwas anderes gilt nur, wenn die Beschwerdeschrift eine Beschränkung der Anfechtung eindeutig erkennen lässt. Das kann zB dann der Fall sein, wenn von mehreren Verfahrensgegnern in der Rechtsmittelschrift nur einige angegeben werden (BGH MDR 2008, 1352 f). Bei nicht kontradiktorischen Verfahren macht die Angabe der sonstigen Beteiligten als Voraussetzung für die Zulässigkeit der Beschwerde ohnehin keinen Sinn.

4. Beschwerdeantrag

16   Ein ausdrücklicher **Beschwerdeantrag** wird hingegen auch nach dem neuen Recht nicht verlangt (zum bisherigen Recht vgl zB KKW/*Sternal* § 23 FGG Rn 2; Jansen/*Briesemeister* § 21 Rn 12). Eine nähere Eingrenzung des Rechtsschutzzieles durch einen derartigen Antrag – zum Begründungserfordernis vgl § 65 – ist daher zwar zulässig u sinnvoll, nicht aber vorgeschrieben. Etwas anderes gilt nur für die Rechtsmittel in Ehe- u Familienstreitsachen, für die ein »bestimmter Sachantrag« durch § 117 Abs 1 S 1 jeweils ausdrücklich verlangt wird.

17   Betrifft das Verfahren **mehrere Verfahrensgegenstände** oder einen teilbaren Verfahrensgegenstand, so kann der Beschwerdeführer die Beschwerde ungeachtet dessen in den gleichen Grenzen auf einen dieser Gegenstände bzw auf den abtrennbaren Teil eines Verfahrensgegenstandes beschränken, wie sie auch für die Teilzulassung einer Beschwerde (§ 61 Rz 18) oder Rechtsbeschwerde (§ 70 Rz 11) oder für einen Rechtsmittelverzicht (§ 67 Rz 8) gelten. Bestehen Unklarheiten über das Rechtsschutzziel, so ist die Vorentscheidung im Zweifel in vollem Umfang angefochten (BayObLG FamRZ 2001, 364). Ein einheitlicher, nicht teilbarer Verfahrensgegenstand ist mit Rücksicht auf die Geschwisterbindung etwa bei der Entscheidung über das Sorgerecht für mehrere, bisher zusammen lebende Kinder gegeben (OLG Schleswig SchlHA 1980, 188; Zöller/*Philippi* § 621e ZPO Rn 65 mwN; aA BayObLG DAVorm 1983, 377, 379; OLG Frankfurt FamRZ 1981, 813 f; Jansen/*Briesemeister* § 21 FGG Rn 29). Ob das Gleiche auch für die Entscheidung über den Umgang gilt, dürfte vom Einzelfall abhängen. Untrennbar miteinander verknüpft sind auch ein Antrag des einen Elternteils auf Umgangsregelung u ein Antrag des anderen Elternteils auf Umgangsausschluss (OLG Düsseldorf FamRZ 2000, 1291).

5. Unterzeichnung der Beschwerdeschrift

18   Anders als nach dem bisherigen Recht (vgl zB KKW/*Sternal* § 21 FGG Rn 31–33; Jansen/ *Briesemeister* § 21 FGG Rn 6; Zöller/*Philippi* § 621e ZPO Rn 37, jeweils mwN) ist nunmehr gem § 64 Abs 2 S 4 auch eine **Unterschrift** des Beschwerdeführers oder seines Bevollmächtigten verbindlich vorgeschrieben, wobei dies allerdings ungeachtet der systematischen Stellung dieser Vorschrift innerhalb von § 64 Abs 2 im Wege der teleologischen Reduktion nur auf den Fall der Beschwerdeeinlegung durch Einreichung einer Beschwerdeschrift u nicht auch auf den Fall der Erklärung zur Niederschrift der Geschäftsstelle zu beziehen sein dürfte. Die Einführung dieses Erfordernisses soll der »Harmonisierung der Verfahrensordnungen u dem Gleichlauf mit den Anforderungen an die Einleitung des Verfahrens in der ersten Instanz gem § 23 Abs 1 S 3« dienen (BTDrs 16/6308 S 206). In seinem Wortlaut geht das FamFG damit aber sogar über die ZPO hinaus, für deren Geltungsbereich ein Unterschriftserfordernis für bestimmende Schriftsätze im Allgemeinen u für die Einlegung von Rechtsmitteln im Besonderen zwar von Rspr u hM angenommen wird (GemS-OGB NJW 2000, 2340, 2341; Zöller/*Heßler*

§ 519 ZPO Rn 22, jeweils mwN), sich aber nicht ausdrücklich aus dem Gesetzestext ergibt u wegen zunehmender, im Zusammenhang mit der Verwendung moderner Kommunikationsmittel notwendiger Einschränkungen u Ausnahmen in jüngerer Zeit zT auch grds in Zweifel gezogen worden ist (Zöller/*Greger* § 130 ZPO Rn 21 f mwN).

Ist eine Unterschrift damit jedoch nach dem klaren Gesetzeswortlaut notwendig, so **19** reicht es – anders als für Beschwerden nach dem FGG – nunmehr nicht mehr aus, wenn die Person des Urhebers einer Beschwerde nur aus den Umständen erschlossen werden kann. Zur Beurteilung der Frage, wann eine ordnungsgemäße Unterschrift vorliegt u in welchen Fällen auch bei der Verwendung moderner Kommunikationsmittel das Unterschriftserfordernis noch als gewahrt angesehen werden kann, muss vielmehr auf die für bestimmende Schriftsätze nach der ZPO von der Rspr entwickelten Maßstäbe zurückgegriffen werden, wonach eine Unterschrift grds notwendig ist u auf diese nur in bestimmten, technisch unvermeidlichen Sonderfällen ausnahmsweise verzichtet werden kann. Eine Beschwerdeeinlegung durch ein Computerfax soll danach zB auch ohne Unterschrift zulässig sein (BGH MDR 2008, 868; GemS-OGB NJW 2000, 2340, 2341), ebenso eine Einreichung als bei Gericht auszudruckender Anhang einer E-Mail mit eingescannter Unterschrift (NJW 2008, 2649, 2650 f), nicht jedoch eine Beschwerdeeinlegung unmittelbar durch E-Mail (BGH MDR 2009, 401 f) oder durch ein konventionelles Telefax mit eingescannter Unterschrift (BGH NJW 2006, 3784, 3785; zur Verfassungsmäßigkeit dieser Differenzierung vgl BVerfG NJW 2007, 3117 f). Wegen der weiteren Kasuistik zu diesen Fragen vgl die einschlägigen Kommentare zur ZPO (zB Zöller/*Greger* § 130 ZPO Rn 10 ff; Musielak/*Stadler* § 129 ZPO Rn 9 ff, jeweils mwN). In Zweifelsfällen ist ein großzügiger Maßstab anzulegen u von einer im Zuge der technischen Entwicklung zunehmenden Lockerung des Formerfordernisses auszugehen (GemS-OGB NJW 2000, 2340, 2341).

C. Berechtigung zur Einlegung der Beschwerde

Die Beschwerde kann von dem Beschwerdeführer selbst, von einem **gesetzlichen Ver- 20 treter** (§ 59 Rz 18 ff) oder von einem rechtsgeschäftlich **Bevollmächtigten** (s § 10) eingelegt werden. **Anwaltszwang** besteht gem § 10 Abs 1, der inhaltlich § 13 Abs 1 FGG idF des RDG entspricht, im (Erst-)Beschwerdeverfahren – anders als für die Rechtsbeschwerde (§ 71 Rz 3) grds nicht. Eine wichtige Ausnahme besteht gem § 114 Abs 1 (anders noch § 106 Abs 3 S 1 RefE FGG-RG II, vgl *Gutjahr* FPR 2006, 433, 434) vor allem für **Ehesachen** u Folgesachen sowie für selbständige **Familienstreitsachen**, in denen sich die Beteiligten vor dem OLG – wie nunmehr uneingeschränkt auch schon in der ersten Instanz – grds durch einen Rechtsanwalt vertreten lassen müssen, mit Ausnahme der Behörden u juristischen Personen des öffentlichen Rechts (§ 114 Abs 3) sowie der in § 114 Abs 4 Nr 1 bis 6 genannten Sonderfälle. Daneben sind weitere Ausnahmefälle des Anwaltszwanges für die Einlegung der Beschwerde zT in Spezialgesetzen enthalten; ein Beispiel enthält § 99 Abs 3 S 4 AktG für die Beschwerde gegen die gerichtliche Entscheidung eines LG über die Zusammensetzung des Aufsichtsrates.

D. Aufschiebende Wirkung

I. Grundsatz

Die Beschwerde hat als echtes Rechtsmittel stets Hemmungswirkung (Suspensiveffekt) **21** in dem Sinne, dass sie den Eintritt der formellen Rechtskraft hemmt. Dessen ungeachtet werden gerichtliche Entscheidungen aber idR schon vor dem Eintritt der formellen Rechtskraft mit der Bekanntmachung an den, für den sie ihrem Inhalt nach bestimmt sind, wirksam (§ 40 Abs 1) u, soweit sie einer gesonderten Vollziehung fähig u bedürftig sind, auch vollziehbar (vgl zB Jansen/*Briesemeister* § 24 FGG Rn 1 zum bisherigen

§ 64 FamFG | Einlegung der Beschwerde

Recht). Wie bisher hat die Einlegung der Beschwerde daher im Regelfall **keine aufschiebende Wirkung.**

22 Während dieser Grundsatz in § 24 Abs 1 FGG für den gesamten Bereich der freiwilligen Gerichtsbarkeit ausdrücklich ausgesprochen war (zum bisherigen Recht vgl zB KKW/*Sternal* § 24 FGG Rn 3, zu Familiensachen insbes vgl zB KKW/*Sternal* § 24 FGG Rn 30f), ist er nunmehr nur noch für die Anfechtung von Zwischen- u Nebenentscheidungen mit der sofortigen Beschwerde entsprechend den §§ 567 ff ZPO durch die Verweisung auf § 570 Abs 1 ZPO mittelbar aus dem Gesetzeswortlaut zu entnehmen. Im Übrigen ergibt er sich nur aus der Systematik des Gesetzes u wird stillschweigend vorausgesetzt. Eine ausdrückliche Nachfolgevorschrift für § 24 Abs 1 FGG bezüglich der aufschiebenden Wirkung einer Beschwerde gegen Ordnungs- oder Zwangsmittel hat der Gesetzgeber wegen der an ihre Stelle getretenen Verweisung auf § 570 Abs 1 ZPO für entbehrlich gehalten (BTDrs 16/6308 S 193).

23 Ausnahmen von dem Grundsatz der sofortigen Wirksamkeit u Vollziehbarkeit gerichtlicher Entscheidungen können sich aus dem Gesetz (Rz 24 ff) oder aus einer gerichtlichen Anordnung im Einzelfall (Rz 30 ff) ergeben.

II. Ausnahmen kraft Gesetzes

1. Wirksamkeit erst mit Rechtskraft

24 Abw vom Grundsatz des § 40 Abs 1 werden (**erstinstanzliche** End-)Entscheidungen im Anwendungsbereich des FamFG in einer Vielzahl von Fällen nicht schon mit ihrer Bekanntgabe wirksam, sondern erst mit dem **Eintritt der formellen Rechtskraft.** In diesen Fällen wird der Eintritt der Rechtskraft durch die Einlegung der Beschwerde gehemmt, vgl innerhalb des FamFG zB §§ 40 Abs 2 u 3, 116 Abs 2 (**Ehesachen**) u Abs 3 S 1 (**Familienstreitsachen**), 184 Abs 1 S 1, 198 Abs 1 u 2, 209 Abs 2 S 1, 216 Abs 1 S 1, § 224 Abs 1, 264 S 1, 324 Abs 1, 371 Abs 1, 393 Abs 5 u 6, 394 Abs 3 u 4, jeweils iVm 393 Abs 5, 395 Abs 3 iVm 393 Abs 5, 401, 409 Abs 2, 422 Abs 1 FamFG u in Sondergesetzen zB §§ 99 Abs 5 S 1, 132 Abs 3 S 1 iVm 99 Abs 5 S 1, 260 Abs 3 S 1 iVm 99 Abs 5 S 1 AktG, 7 Abs 3 ErbbauVO iVm 40 Abs 3 S 1 FamFG, 22 S 1, 40 Abs 1 IntFamRVG, 30 Abs 1 LwVG, 53 Abs 1 PStG, 29 Abs 1, 40 VerschG. Der Sache nach kommt das einer aufschiebenden Wirkung des Rechtsmittels gegen die angefochtene Entscheidung praktisch gleich. Zum Wirksamwerden von **Beschwerdeentscheidungen** s § 69 Rz 52 ff.

2. Sonstige Fälle der aufgeschobenen Wirksamkeit

25 Das Gleiche gilt in Fällen, in denen die Wirksamkeit der Entscheidung an ein **anderes**, erst nach dem Zeitpunkt der Bekanntmachung liegendes **Ereignis** anknüpft. So tritt zB in Scheidungsfolgesachen gem § 137 Abs 2 Nr 1 bis 4 u Abs 3, die im Rahmen des Scheidungsverbundes entschieden werden, gem § 148 die Wirksamkeit einer Entscheidung nicht vor der Rechtskraft des Scheidungsausspruches ein.

3. Unterausnahme: Anordnung der sofortigen Wirksamkeit im Einzelfall

26 In einer Reihe der Fälle, in denen das Wirksamwerden der Entscheidung in dieser Weise auf den Zeitpunkt der Rechtskraft aufgeschoben ist, ist das Gericht – womit nach der jeweils entsprechenden Vorschrift idR sowohl das Erst- wie auch das Beschwerdegericht gemeint ist – jedoch (zT unter der zusätzlichen Voraussetzung, dass Gefahr im Verzug vorliegt) wiederum befugt, im Einzelfall die sofortige Wirksamkeit der Entscheidung anordnen. Damit ist im Regelfall auch zugleich die sofortige Vollstreckbarkeit der Entscheidung verbunden, soweit über deren Wirksamkeit als solche hinaus noch eine gesonderte Vollziehung erforderlich ist, vgl §§ 86 Abs 2, 120 Abs 2 S 1.

Eine derartige Anordnung kann auch ohne Antrag von Amts wegen ergehen; sie kann sowohl mit der Entscheidung in der Hauptsache verbunden werden als auch noch nachträglich angeordnet werden. Innerhalb des FamFG kann in dieser Weise die sofortige Wirksamkeit zB angeordnet werden in den Fällen der §§ 40 Abs 3 S 3, 209 Abs 2 S 2 (Sollvorschrift); 216 Abs 1 S 2 (Sollvorschrift), 324 Abs 2, 355 Abs 2 iVm 40 Abs 3 S 3, 422 Abs 2. Außerhalb des FamFG sind hier zB zu nennen die Fälle des § 30 Abs 2 LwVG (vorläufige Vollstreckbarkeit in Landwirtschaftssachen) oder des § 40 Abs 3 IntFamRVG (Anordnung der sofortigen Vollziehbarkeit durch das Beschwerdegericht bei einer Entscheidung, die zur Rückgabe eines Kindes verpflichtet, im Verfahren nach dem HKÜ; teilweise Sollvorschrift in den Fällen des § 40 Abs 3 S 2 IntFamRVG).

4. Familienstreitsachen

Einen wichtigen Sonderfall bilden die **Endentscheidungen in Familienstreitsachen**. Diese werden gem § 116 Abs 3 S 1 grds erst mit Rechtskraft wirksam. Auch hier kann das Gericht jedoch gem § 116 Abs 3 S 2 die sofortige Wirksamkeit anordnen, wobei eine derartige Entscheidung die nach der ZPO notwendige Entscheidung über die **vorläufige Vollstreckbarkeit** ersetzt. Soweit die Entscheidung eine Verpflichtung zur Leistung von Unterhalt enthält, soll das Gericht gem § 116 Abs 3 S 3 eine derartige Entscheidung sogar idR treffen. Das betrifft auch solche Entscheidungen der OLG's, in denen eine Rechtsbeschwerde mangels Zulassung durch das Beschwerdegericht nicht in Betracht kommt, denn auch diese werden erst rechtskräftig, wenn die Rechtsbeschwerdefrist abgelaufen u ein Rechtsmittel bis zum Ablauf der Frist nicht eingelegt worden ist (BGH FamRZ 2008, 2019, 2020). Ist bei einer Endentscheidung in einer Familienstreitsache die sofortige Wirksamkeit angeordnet, so kann das Gericht auf Antrag dennoch die Vollstreckung aus der zugrunde liegenden Entscheidung vor Eintritt der Rechtskraft nach Maßgabe des § 120 Abs 2 S 2 einstellen oder beschränken, was in der ZPO einer Einstellung der Zwangsvollstreckung gem § 712 Abs 1 ZPO entspricht.

III. Aussetzung der Vollziehung und einstweilige Anordnungen des Beschwerdegerichts

§ 24 Abs 2 FGG hat eine Nachfolgevorschrift nur noch für die Anfechtung von Zwischen- u Nebenentscheidungen, soweit diese kraft gesetzlicher Anordnung im Einzelfall mit der sofortigen Beschwerde in entsprechender Anwendung der §§ 567 ff ZPO angefochten werden können u durch die Verweisung auf diese Vorschriften jeweils auch auf § 570 Abs 2 ZPO Bezug genommen ist. § 24 Abs 3 FGG ist für die Anfechtung von Zwischen- u Nebenentscheidungen ebenfalls durch die Verweisung auf § 570 Abs 3 ZPO abgelöst. Für die Anfechtung von Endentscheidungen ist eine identische Nachfolgeregelung in § 64 Abs 3 enthalten.

Damit kann das **Erstgericht** (bisheriger Anwendungsbereich des § 24 Abs 2 FGG) die Vollziehung bei Einlegung eines Rechtsmittels gegen eine von ihm selbst erlassene Entscheidung nunmehr nur noch aussetzen, wenn es sich um die sofortige Beschwerde gegen eine Zwischen- oder Nebenentscheidung entsprechend §§ 567 ff ZPO handelt. Bei Beschwerden gegen Endentscheidungen steht ihm diese Möglichkeit grds nicht mehr zu, obwohl dies gerade vor dem Hintergrund, dass nunmehr sämtliche Beschwerden beim Erstgericht eingelegt werden müssen, an sich sogar näher liegen würde als nach dem bisherigen Recht (vgl KKW/*Sternal* § 24 Rn 32; Jansen/*Briesemeister* § 24 Rn 23). Jedoch sind die Konsequenzen dieser Rechtsänderung dadurch gemildert, dass bei allen Verfahren außer in Familiensachen die Möglichkeit der Abhilfe gem § 68 Abs 1 besteht. Im Einzelfall bleibt jedoch die Aussetzung der Vollziehung auch durch das Erstgericht aufgrund von Sondervorschriften möglich wie zB bei der Unterbringung u der Freiheitsentziehung (§§ 328 Abs 1 u 424 Abs 1). Auch die einstweilige Einstellung der Vollstreckung von Entscheidungen über die Herausgabe von Personen u die Regelung des Umgangs nach § 93 Abs 1 betrifft einen derartigen Fall. EA in Fällen, in denen die Rechtsfolgen einer Entscheidung bereits mit ihrem Wirksamwerden eintreten, ohne dass es einer gesonderten Vollziehung bedarf, konnten auch nach dem bisherigen Recht bereits allenfalls durch eine EA des Beschwerdegerichts vorläufig außer Kraft gesetzt werden; dem iudex a quo war ein Eingreifen insoweit auch bisher schon verwehrt.

31 Die Möglichkeiten einer EA, insbes einer Aussetzung der Vollziehung durch das **Beschwerdegericht** (bisheriger Anwendungsbereich des § 24 Abs 3 FGG; Einzelheiten dazu vgl zB Bassenge/Roth § 24 FGG Rn 6 f, Jansen/*Briesemeister* § 24 FGG Rn 14 ff; KKW/*Sternal* § 24 FGG Rn 13 ff), bestehen gem § 64 Abs 3 sowohl bei der sofortigen Beschwerde gegen eine Zwischen- u Nebenentscheidung wie auch bei der Beschwerde gegen eine Endentscheidung unverändert fort. Auch weiterhin kann das Beschwerdegericht also nicht nur die Vollziehung der angefochtenen Entscheidung aussetzen, sondern auch vorläufige, darüber hinausgehende Regelungen treffen, soweit sich diese im Rahmen des ihm angefallenen Beschwerdegegenstandes halten (OLG Stuttgart FamRZ 1998, 1128) u nicht einen mit der Beschwerde in der Hauptsache erstrebten Zustand bereits durch EA endgültig vorwegnehmen (Jansen/*Briesemeister* § 24 Rn 15; Bassenge/Roth § 24 Rn 9).

32 Begrifflich ist eine EA des Beschwerdegerichts idS von einer **EA iSd §§ 49 ff** zu unterscheiden. Diese betrifft eine vorläufige – nach Maßgabe von § 57 ggf ihrerseits anfechtbare – Regelung durch das Erstgericht in einem selbständigen, nur auf Antrag eingeleiteten Verf, zu dem eine wirksame Entscheidung in der korrespondierenden Hauptsache noch nicht vorliegt. Eine EA iSd § 64 Abs 3 betrifft dagegen eine (außer bei Überschreitung des Verfahrensgegenstandes, vgl BayObLG Rpfleger 1975, 176) stets unanfechtbare, einstweilige, auch von Amts wegen mögliche Regelung des Beschwerdegerichts in einem Annexverfahren, bei dem eine wirksame – u mit der Beschwerde angegriffene – Entscheidung in der Hauptsache bereits ergangen ist u befasst sich nur damit, die bereits eingetretenen Wirkungen dieser Entscheidung für eine Zeitspanne, die ggf in der Anordnung selbst festgelegt werden kann, äußerstenfalls jedoch bis zum Erlass der Endentscheidung vorläufig zu hemmen (vgl BGH NJW-RR 2006, 332, 333 zur korrespondierenden Abgrenzung von § 570 Abs 3 ZPO zu §§ 916 ff ZPO). Konkretisierende Sondervorschriften zu § 64 Abs 3 enthalten zB die §§ 76 Abs 1 GBO, 81 Abs 1 SchRegO.

E. Kosten

33 Die **Verfahrensgebühren** in Ehesachen einschließlich aller Folgesachen (KV 1120) u in selbständigen Familienstreitsachen (KV 1211 bzw 1222) werden gem § 9 Abs 1 FamGKG schon mit dem Eingang der Rechtsmittelschrift in der Beschwerdeinstanz fällig. In allen sonstigen, dem **FamGKG** unterliegenden Beschwerdeverfahren tritt ihre Fälligkeit nach Maßgabe von § 11 FamGKG erst nach Vorliegen einer Kostenentscheidung oder der Beendigung des Verfahrens ein. Auch in den der **KostO** unterfallenden Verfahren werden die Verfahrensgebühren, soweit solche nach Maßgabe von § 131 KostO überhaupt anfallen, gem § 7 KostO jeweils erst mit der Beendigung des Verfahrens fällig.

§ 65 Beschwerdebegründung

(1) Die Beschwerde soll begründet werden.

(2) Das Gericht kann dem Beschwerdeführer eine Frist zur Begründung der Beschwerde einräumen.

(3) Die Beschwerde kann auf neue Tatsachen und Beweismittel gestützt werden.

(4) Die Beschwerde kann nicht darauf gestützt werden, dass das Gericht des ersten Rechtszugs seine Zuständigkeit zu Unrecht angenommen hat.

A. Notwendigkeit einer Beschwerdebegründung

§ 65 Abs 1 sieht vor, dass die Beschwerde begründet werden »soll«. Die bisher gem § 571 **1** Abs 1 ZPO schon für Beschwerden im Zivilprozess geltende Regelung wird damit auf die Verfahren nach dem FamFG übertragen. Anders als nach bisheriger Rechtslage, nach der eine Beschwerdebegründung in der freiwilligen Gerichtsbarkeit grds nicht vorgeschrieben, aber doch zweckmäßig u weitgehend üblich war vgl KKW/*Sternal* § 23 FGG Rn 2; KKW/*Kahl* § 19 FGG Rn 112, jeweils mwN), wird eine Begründung damit nunmehr regelmäßig erwartet. Für die Familiensachen der freiwilligen Gerichtsbarkeit, in denen eine Begründung gem § 621e ZPO iVm § 520 Abs 1, 2, 3 S 1, Abs 4 ZPO bisher vorgeschrieben war, bedeutet dies allerdings eine Lockerung des bisherigen Begründungserfordernisses. Für die – bisher dem Rechtsmittel der Berufung – unterliegenden Ehe-, Lebenspartnerschafts- u Familienstreitsachen verbleibt es hingegen bei dem Erfordernis eines bestimmten Sachantrages u einer obligatorischen Beschwerdebegründung, § 117 Abs 1.

Wie bei § 571 Abs 1 ZPO sind die Anforderungen des § 65 Abs 1 allerdings sehr zu- **2** rückgenommen. Über die Mindestanforderungen bei der Beschwerdeeinlegung hinaus (§ 64 Abs 2) wird ein bestimmter Antrag nicht gefordert (BLAH/*Hartmann* Rn 3). Dem Vorbringen des Beschwerdeführers muss nur – notfalls unter Heranziehung seines Vortrages in der ersten Instanz – entnommen werden können, welches Ziel er verfolgt u worin seine Beschwer durch die angefochtene Entscheidung liegt (BGH NJW 1994, 313 zu § 621e ZPO; BLAH/*Hartmann* Rn 3; Zöller/*Heßler* § 571 ZPO Rn 2).

Fehlt ein Beschwerdeantrag, wird die erstinstanzliche Entscheidung im Zweifel ihrem **3** ganzen Umfang nach angefochten. Enthält die Beschwerdeschrift den idR erforderlichen Antrag, so ist das Beschwerdegericht daran im Amtsverfahren regelmäßig nicht gebunden. Dagegen besteht eine Bindung an den Antrag im Bereich des Antragsverfahrens; das gilt insbes für echte Streitverfahren u ohnehin für den Bereich der Familienstreitsachen (zum bisherigen Recht vgl KKW/*Sternal* § 23 FGG Rn 2 mwN). Erfolgt eine Begründung der Beschwerde entgegen der gesetzlichen Sollvorschrift nicht, führt dies nach dem ausdrücklichen Willen des Gesetzgebers nicht zur Unzulässigkeit des Rechtsmittels (vgl BTDrs 16/6308; zum bisherigen Recht vgl zB Zöller/*Heßler* § 571 ZPO Rn 2) u hat auch sonst keine weiteren Folgen (*Maurer* FamRZ 2009, 465, 473).

B. Frist zur Beschwerdebegründung

§ 65 Abs 2 bestimmt, dass das Gericht dem Beschwerdeführer, der die Beschwerde nicht **4** sogleich in der Beschwerdeeinlegungsschrift begründet hat, fakultativ eine Frist zur Begründung der Beschwerde setzen kann. Der Lauf einer solchen Frist beginnt gem § 16 Abs 1 mit ihrer Bekanntgabe an den Beschwerdeführer; für ihre nachträgliche Abkürzung oder Verlängerung gelten gem § 16 Abs 2 die §§ 224 Abs 2 u 3, 225 ZPO entsprechend.

Diese Regelung, für die ein Gegenstück im FGG nicht vorhanden war, soll einerseits **5** der Verfahrensbeschleunigung u andererseits der Transparenz ggü den Beteiligten dienen, die durch die Fristsetzung darüber in Kenntnis gesetzt werden, ab welchem Zeit-

§ 65 FamFG | Beschwerdebegründung

punkt mit einer weiteren Verfahrensförderung durch das Gericht bzw mit einer Entscheidung gerechnet werden kann (BTDrs 16/6308 S 206). Ob das angestrebte Ziel der Verfahrensbeschleunigung in jeder Hinsicht erreicht werden kann, erscheint jedoch zweifelhaft. Die Neuregelung gilt nämlich auch in den bisherigen Fällen der befristeten Beschwerde, in denen durch § 621e Abs 3 S 2 ZPO auf § 520 ZPO verwiesen wurde, so dass in diesen Fällen die Setzung einer Frist zur Begründung eines Rechtsmittels – anders als bisher – nicht mehr obligatorisch ist. Eine schärfere Regelung gilt nur in Ehe-, Lebenspartnerschafts- u Familienstreitsachen, wo gem der dem bisher auch in diesen Verfahren anwendbaren § 520 Abs 2 ZPO nachgebildeten Vorschrift des § 117 Abs 1 wie bisher eine Frist von zwei Monaten ab der schriftlichen Bekanntgabe des anzufechtenden Beschlusses an den Rechtsmittelführer bereits von Gesetzes wegen in Lauf gesetzt wird.

6 Darüber hinaus fehlt – außer in den Ehe-, Lebenspartnerschafts- u Familienstreitsachen, in denen § 117 Abs 1 S 4 die entsprechende Geltung von § 522 Abs 1 S 1, 2 u 4 ZPO anordnet – nach der ausdrücklichen Entscheidung des Gesetzgebers auch eine den § 571 Abs 3 S 2 ZPO entsprechende Vorschrift oder eine sonstige Sanktionsmöglichkeit für das Gericht. Die Versäumung einer nach § 65 Abs 2 gesetzten Frist hat daher – anders als gem § 74 Abs 1 S 2 bei der Rechtsbeschwerde – keinerlei weitergehenden Konsequenzen, als dass das Beschwerdegericht nunmehr ohne weiteres Zuwarten das Verfahren weiter fördern u ggf entscheiden kann u dass jedenfalls das rechtliche Gehör des Beschwerdeführers in hinreichender Weise gewahrt worden ist. Hiervon abgesehen kann eine mögliche Beschwerdebegründung aber noch bis zum Erlass der Beschwerdeentscheidung nachgereicht werden, gleichgültig ob zuvor eine Begründungsfrist gesetzt worden ist oder nicht (zum bisherigen Recht vgl KKW/*Sternal* § 22 FGG Rn 6 mwN). Ein Zwang zur Einreichung einer Begründung besteht aber in keinem Fall (aA BLAH/*Hartmann* Rn 2). Der daran geäußerten Kritik des BR (BTDrs 16/6308 S 367 f) hat die BReg zwar im Grundsatz zu Recht entgegengehalten, die Möglichkeit der Verwerfung einer nicht begründeten Beschwerde erscheine im Anwendungsbereich des Amtsermittlungsgrundsatzes – insbes bei den Betreuungs-, Unterbringungs- u Freiheitsentziehungssachen – nicht als sachgerecht. Jedoch sind dabei wiederum die bisherigen, ebenfalls dem Amtsermittlungsgrundsatz unterliegenden Fälle des § 621e ZPO außer Betracht geblieben, in denen zwar mangels einer in § 621e Abs 3 S 2 ZPO angeordneten Verweisung auf § 520 Abs 3 S 2 ZPO nur ein inhaltlich abgeschwächtes Begründungserfordernis galt, bei dessen Missachtung aber auch in diesen Fällen eine Verwerfung der Beschwerde als unzulässig gem den §§ 621e Abs 3 S 2, 522 Abs 1 ZPO vorgesehen war, ohne dass dies als ein Verstoß gegen den Grundsatz der Amtsermittlung angesehen worden wäre.

7 Mit der ZPO-Berufung (vgl zB Zöller/*Heßler* § 520 ZPO Rn 39, Zöller/*Greger* § 234 ZPO Rn 7a, jeweils mwN) vergleichbare Probleme bei der Einhaltung der Beschwerdebegründungsfrist in den Fällen der **Bewilligung von Verfahrenskostenhilfe** werden unter der Geltung des FamFG grds nicht auftreten. Zum einen ist die Frist des § 65 Abs 2 ohnehin keine gesetzliche, sondern nur eine richterliche Frist, deren Versäumung keine unmittelbaren Folgen hat u für die daher eine Wiedereinsetzung in den vorigen Stand weder vorgesehen noch notwendig ist, zum anderen wird eine Fristsetzung nach dieser Vorschrift auch schon rein praktisch erst dann erfolgen, wenn ein Rechtsmittel auch tatsächlich eingelegt u ein mögliches Verfahren auf Bewilligung der Verfahrenskostenhilfe bereits durchlaufen ist. Etwas anderes gilt nur für die Ehe- u Familienstreitsachen, in denen die Situation durch den in § 117 Abs 5 enthaltenen Verweis auf §§ 233, 234 Abs 1 S 2 ZPO an die Rechtslage bei der ZPO-Berufung angeglichen ist (näher s § 117 Rz 47 f).

C. Neue Tatsachen und Beweismittel

§ 65 Abs 3 entspricht § 23 FGG, der wiederum mit § 571 Abs 2 S 1 ZPO übereinstimmt. **8** Danach kann die Beschwerde ohne Einschränkungen auf neue Tatsachen u Beweismittel gestützt werden, ohne dass es darauf ankommt, ob diese vor oder nach dem angefochtenen Beschluss entstanden oder bekannt geworden sind.

Neu idS sind alle Tatsachen u Beweismittel, die in erster Instanz noch nicht vor- **9** gebracht u auch nicht von Amts wegen festgestellt oder in das Verfahren eingebracht waren (KKW/*Sternal* § 23 Rn 12; Jansen/*Briesemeister* § 23 Rn 2). Solche neuen Tatsachen oder Beweismittel können – auch bei Setzung einer Begründungsfrist (vgl Rz 6) – uneingeschränkt noch bis zum Ende der Instanz vorgebracht werden. Das gilt grds auch in Ehe- u Familienstreitsachen, denn auch dort ist eine entsprechende Anwendung von § 531 ZPO nicht angeordnet, allerdings bleibt hier die allgemeine, anstelle der §§ 615, 621d ZPO getretene Vorschrift des § 115 über die Zurückweisung von verspäteten Angriffs- u Verteidigungsmitteln im Falle grober Nachlässigkeit zu beachten. Ebenso wie der Beschwerdeführer können auch der Beschwerdegegner u alle übrigen Beteiligten in der Beschwerdeinstanz neue Tatsachen u Beweismittel vorbringen oder es können solche im Rahmen der Amtsermittlung auch durch das Beschwerdegericht neu zu ermitteln sein. Zur evtl Notwendigkeit einer Wiederholung der Beweisaufnahme vgl § 68 Abs 3, 117 Abs 3.

Ausnahmsweise nur eingeschränkt im Rahmen der zugelassenen Beschwerdegründe **10** zulässig sind neue Tatsachen- u Beweismittel bei Vorliegen gesetzlicher Sonderregelungen wie zB bei der Anfechtung von Bestätigungsbeschlüssen im Teilungsverfahren (§ 372 Abs 2) oder bei Beschwerden im Dispacheverfahren (§ 408 Abs 2). Ist einem solchen Fall beschränkt sich die Zulässigkeit neuer Tatsachen u Beweismittel auf die jeweils zulässigen Beschwerdegründe (KKW/*Sternal* § 23 FGG Rn 21 mwN; Jansen/*Briesemeister* § 23 Rn 29). Soweit sich die Beschwerde dennoch auf nicht zugelassene Beschwerdegründe stützt, ist sie unbegründet (KKW/*Sternal* § 23 FGG Rn 21 mwN). Ebenso zu behandeln ist der Fall, dass eine Beschwerde in einer vermögensrechtlichen Streitigkeit gem § 61 Abs 3 nur teilweise zugelassen ist (Zöller/*Heßler* § 511 ZPO Rn 41 zur ZPO). Zur nur noch eingeschränkten Zulässigkeit neuer Tatsachen u Beweismittel als Folge der Selbstbindung des Beschwerdegerichts an ein anderes, bereits vorangegangenes Beschwerdeverfahren vgl § 69 Rz 31.

D. Zuständigkeitsrügen

§ 65 Abs 4 übernimmt für das FamFG die korrespondierenden Vorschriften der §§ 513 **11** Abs 2, 571 Abs 2 S 2 ZPO. Danach kann mit der Beschwerde nicht gerügt werden, dass das erstinstanzliche Gericht seine Zuständigkeit – sei es durch eine ausdrückliche Zwischenentscheidung, sei es ausdrücklich oder durch stillschweigendes Eingehen auf die Sache selbst in der das Verfahren abschließenden Entscheidung – zu Unrecht angenommen hat. Damit sollen im Interesse der Verfahrensbeschleunigung u der Entlastung des Beschwerdegerichts Rechtsmittel, die allein auf die Unzuständigkeit des erstinstanzlichen Gerichts gestützt werden, ausgeschlossen werden. Zugleich soll die Sacharbeit der ersten Instanz erhalten werden, auch wenn dieses seine Zuständigkeit zu Unrecht angenommen hat (AmtlBegr zum ZPO-RG, BTDrs 14/4722 S 94). Möglich bleibt allerdings die umgekehrte Rüge einer fehlerhaften Verneinung der Zuständigkeit durch das erstinstanzliche Gericht (Zöller/*Heßler* § 513 ZPO Rn 11 zur ZPO-Berufung).

I. Sachliche und örtliche Zuständigkeit

Durch § 65 Abs 4 wird die Rüge einer sachlichen oder örtlichen Unzuständigkeit des **12** erstinstanzlichen Gerichts ausgeschlossen. Das gilt auch in den Fällen der **ausschl Zuständigkeit** (Zöller/*Heßler* § 513 ZPO Rn 7, Musielak/*Ball* § 513 ZPO Rn 7, jeweils mwN)

§ 65 FamFG | Beschwerdebegründung

oder bei einer – zumindest in Familienstreitsachen denkbaren – **Gerichtsstandsvereinbarung** (BGH NJW 2000, 2822 zur ZPO-Berufung). Nicht vom Anwendungsbereich des § 65 Abs 4 erfasst sind die Verfügungen eines örtlich unzuständigen Registergerichts (§ 377 Rz 22).

II. Rechtsweg und funktionelle Zuständigkeit

13 Für die Frage, ob der **Rechtsweg** zu den ordentlichen Gerichten gegeben ist, gilt hingegen die abschließende Sonderregelung des § 17a Abs 5 GVG, wonach eine Überprüfung der Rechtswegentscheidung durch das Rechtsmittelgericht ebenfalls weitgehend ausgeschlossen ist; das gilt allerdings dann nicht, wenn die Zulässigkeit des Rechtsweges ausdrücklich gerügt wurde, das Gericht der ersten Instanz über diese Frage aber entgegen § 17a Abs 3 S 2 GVG nicht gesondert vorab entschieden hat (BGH NJW 1993, 1799 zur ZPO-Berufung).

14 § 17a Abs 6 GVG nF erstreckt die Vorschriften des § 17a Abs 1 bis 5 GVG außerdem jetzt auch auf die in bürgerlichen Rechtsstreitigkeiten, Familiensachen u (sonstigen) Angelegenheiten der freiwilligen Gerichtsbarkeit zuständigen Spruchkörper in ihrem Verhältnis zueinander, so dass auch für die Abgrenzung der **funktionellen Zuständigkeit** zwischen streitiger u freiwilliger Gerichtsbarkeit im Allgemeinen sowie zwischen Familiengerichten, Betreuungsgerichten u Spruchkörpern, die für sonstige Angelegenheiten der freiwilligen Gerichtsbarkeit zuständig sind, nunmehr die dortige Sonderregelung maßgeblich ist. Auch hier bleibt eine Überprüfung der Zuständigkeit daher ausnahmsweise dann möglich, wenn diese Frage in der ersten Instanz ausdrücklich streitig war, aber dort das Verfahren der Vorabentscheidung nach § 17a GVG nicht eingehalten wurde. Soweit das Beschwerdegericht in einem solchen Fall die Zuständigkeit des angerufenen Gerichts verneint, muss es die entsprechende Vorabentscheidung selbst nachholen (Zöller/*Lückemann* § 17a GVG Rn 18 mwN zum Rechtsweg bei der ZPO-Berufung).

III. Internationale Zuständigkeit

15 Wie die §§ 513 Abs 2, 571 Abs 2 S 2 ZPO enthält auch § 65 Abs 4 nach seinem Wortlaut keine Beschränkung auf die örtliche u sachliche Zuständigkeit. Dennoch kann wegen der Bedeutung der internationalen Zuständigkeit, die mittelbar über das IPR des Gerichtsstaates auch das anwendbare Recht steuert, ebenso wie bei den Rechtsmitteln der ZPO das Fehlen der **internationalen Zuständigkeit** in der Beschwerdeinstanz auch dann gerügt werden, wenn das Gericht der ersten Instanz sie zu Unrecht angenommen hat (BGH NJW 2004, 1456 f; Zöller/*Heßler* § 513 ZPO Rn 8 mwN zur ZPO-Berufung; aA zB OLG Stuttgart MDR 2003, 350, 351 mwN).

§ 66 Anschlussbeschwerde

Ein Beteiligter kann sich der Beschwerde anschließen, selbst wenn er auf die Beschwerde verzichtet hat oder die Beschwerdefrist verstrichen ist; die Anschließung erfolgt durch Einreichung der Beschwerdeanschlussschrift bei dem Beschwerdegericht. Die Anschließung verliert ihre Wirkung, wenn die Beschwerde zurückgenommen oder als unzulässig verworfen wird.

Übersicht

	Rz		Rz
A. Allgemeines und Rechtsentwicklung	1	2. Verschlechterungsmöglichkeit von Amts wegen	12
B. Zulässigkeit der Anschlussbeschwerde	3	III. Beschwer und Beschwerdeberechtigung	13
I. Statthaftigkeit	3	C. Sonstige Verfahrensfragen	15
1. Anwendungsbereich	3	I. Zeitliche Zulässigkeit	15
2. Akzessorietät	5	II. Einlegung der Anschlussbeschwerde	17
a) Möglicher Verfahrensgegenstand der Anschlussbeschwerde	6	1. Form der Anschließung	18
b) Möglicher Rechtsmittelführer der Anschlussbeschwerde	7	2. Adressatgericht für die Anschließung	19
3. Zulassungsbedürftigkeit und Beschwerdewert	8	D. Unselbständigkeit der Anschlussbeschwerde	20
4. Gegen- und Hilfsanschließung	9	E. Verbundverfahren	22
II. Rechtsschutzbedürfnis	10	F. Kosten	23
1. Gegnerstellung	10		

A. Allgemeines und Rechtsentwicklung

Das bisherige Recht der freiwilligen Gerichtsbarkeit enthielt – auch für die FGG-Familiensachen – keine allgemeine Regelung über die Zulässigkeit von Anschlussrechtsmitteln. Nur für Landwirtschaftssachen waren Anschlussrechtsmittel in §§ 22 Abs 2, 28 LwVG aF schon bisher gesetzlich vorgesehen. Gleichwohl wurde die Anschlussbeschwerde jedenfalls für echte Streitsachen oder sonstige Verf, die zumindest durch eine Gegnerstellung der Parteien gekennzeichnet sind u die dem Verbot der reformatio in peius (§ 69 Rz 33 ff) unterliegen, bereits bisher nach hM als zulässig angesehen (KKW/*Kahl* vor §§ 19 ff FGG Rn 4; KKW/*Sternal* § 22 FGG Rn 8 ff; KKW/*Weber* § 64 FGG Rn 44a ff, 99a ff, jeweils mwN; zu den bisherigen FGG-Familiensachen Johannsen/Henrich/*Sedemund-Treiber* § 621e ZPO Rn 29 ff, Zöller/*Philippi* § 621e ZPO Rn 54 f). Für die bisherigen ZPO-Familiensachen waren Anschlussrechtsmittel nach dem Berufungsrecht der ZPO ohnehin zulässig. 1

Die §§ 66, 73 regeln nunmehr einheitlich für den gesamten Anwendungsbereich des FamFG, die Möglichkeit, sich der Beschwerde oder der Rechtsbeschwerde eines anderen Beteiligten auch ohne Einlegung einer eigenen Beschwerde oder Rechtsbeschwerde anzuschließen. Die Regelung entspricht dabei inhaltlich den §§ 567 Abs 3, 574 Abs 4 ZPO in der Fassung des ZPO-RG. Wie dort u in Übereinstimmung mit der bisherigen Rspr zum FGG ist die frühere Unterscheidung zwischen selbständigen u unselbständigen Anschlussrechtsmitteln weggefallen. Es besteht also nur noch die Möglichkeit der **unselbständigen Anschließung** an das Rechtsmittel eines anderen Beteiligten. 2

B. Zulässigkeit der Anschlussbeschwerde

I. Statthaftigkeit

1. Anwendungsbereich

Die Anschlussbeschwerde ist nach neuem Recht ausdrücklich für den **gesamten Anwendungsbereich des FamFG** vorgesehen. Anders als nach der hM zum bisherigen Recht (vgl KKW/*Sternal* § 22 FGG Rn 8 f sowie zu FGG-Familiensachen Johannsen/ 3

§ 66 FamFG | Anschlussbeschwerde

Henrich/*Sedemund-Treiber* § 621e ZPO Rn 30; aA Bassenge/Roth vor §§ 19 ff FGG Rn 5, Jansen/*Briesemeister* vor §§ 19–30 FGG, Rn 4), hat der Gesetzgeber dabei bewusst nicht danach differenziert, welcher Verfahrenstyp vorliegt u welcher Verfahrensgegenstand jeweils betroffen ist (BTDrs 16/6308 S 206). Auf **Erinnerungen** ist § 66 entsprechend anzuwenden (Friederici/Kemper/*Klußmann* Rn 3).

4   Die Anschlussbeschwerde ist damit auch in solchen Verfahren statthaft, in denen es sich nicht – wie vor allem bei den Familienstreitsachen – um echte Streitverfahren handelt u das Gesetz unterscheidet nach seinem Wortlaut auch nicht danach, wie viele Beteiligte an dem Verfahren beteiligt sind u ob sich diese nach der Verfahrenskonstellation typischerweise in einer Gegnerstellung gegenüberstehen. Ebenso ist die Anschlussbeschwerde nach dem – einschränkungslosen – Gesetzestext auch in solchen Verfahren statthaft, in denen das Verbot der reformatio in peius keine Anwendung findet. Hiervon zu unterscheiden ist allerdings die weitere Frage, ob für die Anschließung an das Rechtsmittel eines anderen Beteiligten auch das erforderliche Rechtsschutzbedürfnis besteht. Da dieses in den genannten Fällen idR fehlt (Rz 10 ff), ändert sich an dem praktisch in Betracht kommenden Anwendungsbereich der Anschlussbeschwerde ggü dem bisherigen Rechtszustand trotz des umfassenden Gesetzeswortlauts im Ergebnis nichts (Bumiller/Harders § 66 Rn 1; ähnlich auch BTDrs 16/6308 S 206).

2. Akzessorietät

5   Die Anschließung setzt voraus, dass ein anderer Beteiligter bereits wirksam ein Rechtsmittel eingelegt hat (KKW/*Sternal* § 22 FGG Rn 10). Da es sich bei der Anschließung genau betrachtet nicht um ein Rechtsmittel im engeren Sinn, sondern nur um einen unselbständigen Gegenangriff innerhalb eines fremden Rechtsmittels handelt (BGH NJW 1984, 1240, 1242), werden durch dieses »Hauptrechtsmittel« mittelbar auch der mögliche **Verfahrensgegenstand** u der mögliche **Rechtsmittelführer** für eine Anschlussbeschwerde festgelegt.

a) Möglicher Verfahrensgegenstand der Anschlussbeschwerde

6   Die Anschlussbeschwerde muss sich gegen dieselbe Entscheidung wie das Hauptrechtsmittel richten (BGH NJW 1983, 1858; KKW/*Sternal* § 22 FGG Rn 10). Über deren Verfahrensgegenstand darf sie nicht hinausgehen (KKW/*Sternal* § 22 FGG Rn 10). Deshalb kann ein Verfahrensgegenstand, der zwar bereits rechtshängig, aber noch nicht Gegenstand der erstinstanzlichen Entscheidung war, ebenso wenig durch eine Anschlussbeschwerde in die zweite Instanz gebracht werden (BGH NJW 1983, 1311, 1313; KKW/*Weber* § 64 FGG Rn 44b) wie ein Verfahrensgegenstand, über den in der ersten Instanz (zB durch eine vorangegangene Teilentscheidung) bereits rechtskräftig entschieden wurde. Hiervon zu unterscheiden ist allerdings die Frage, ob eine Erweiterung des Verfahrensgegenstandes im Wege der Anschlussbeschwerde zulässig ist, soweit dieser bisher noch nicht rechtshängig war (Rz 14).

b) Möglicher Rechtsmittelführer der Anschlussbeschwerde

7   Ebenso ist die Anschlussbeschwerde als Gegenangriff innerhalb eines fremden Rechtsmittels auch nur zwischen den Verfahrensbeteiligten des Rechtsmittelverfahrens möglich. Sie kann sich also nur gegen den Beschwerdeführer, nicht aber gegen einen Dritten richten (BGH MDR 1989, 522; BGH NJW 1991, 2569; Zöller/*Heßler* § 524 ZPO Rn 18; Musielak/*Borth* Rn 3). Dritter idS ist auch ein Beteiligter, der bereits in der ersten Instanz aus dem Verfahren ausgeschieden ist (OLG Hamm OLGR 1995, 37, 38), oder eine Person, die daran entgegen § 7 Abs 2 oder sonst verfahrenswidrig von vornherein nicht beteiligt wurde (BGH MDR 2000, 843 f; Zöller/*Heßler* § 524 ZPO Rn 18). Sind in einem Familienverfahren auch in der Rechtsmittelinstanz weitere Beteiligte außer den beiden

Ehegatten vorhanden, kann sich ein Ehegatte aber nicht nur der Beschwerde des anderen Ehegatten, sondern – vorbehaltlich eines entsprechenden Rechtsschutzbedürfnisses, Rz 10 f) – auch der Beschwerde eines solchen Drittbeteiligten, (zB eines Versorgungsträgers oder des Jugendamtes) anschließen (KKW/*Weber* § 64 FGG Rn 44c mwN) oder sich auch umgekehrt ein Versorgungsträger dem Rechtsmittel eines Ehegatten in einem Verfahren über den VA oder das Jugendamt einem Rechtsmittel in einer Sorgerechtssache anschließen (KKW/*Weber* § 64 FGG Rn 44d mwN; Musielak/*Borth* Rn 7).

3. Zulassungsbedürftigkeit und Beschwerdewert

Ein Anschlussrechtsmittel bedarf auch dann keiner gesonderten Zulassung, wenn eine **8** solche für ein selbständig eingelegtes Rechtsmittel erforderlich wäre. Sie folgt vielmehr in Bezug auf ihre Statthaftigkeit dem Hauptrechtsmittel (Zöller/*Heßler* § 574 ZPO Rn 19; Jansen/*Briesemeister* § 22 FGG Rn 18). Auch soweit für die Hauptbeschwerde eine Beschwerdesumme vorgesehen ist, gilt diese für eine Anschlussbeschwerde nicht (Jansen/*Briesemeister* § 22 FGG Rn 18).

4. Gegen- und Hilfsanschließung

Eine Anschließung ist bereits nach dem Gesetzeswortlaut nur an die Beschwerde eines **9** anderen Beteiligten möglich. Eine **Gegenanschließung** an ein fremdes Anschlussrechtsmittel ist daher nicht statthaft (BGH NJW 2008, 920, 922 zur ZPO-Revision; BGH NJW 1984, 437, 438; Musielak/*Ball* § 524 ZPO Rn 8 zur ZPO-Berufung; aA Friederici/Kemper/*Klußmann* Rn 8; BLAH/*Hartmann* Rn 6 mwN). Etwas anderes gilt nur im Scheidungsverbund. Dort ist eine Gegenanschließung schon aus Gründen der Prozessökonomie ausnahmsweise zuzulassen, da sonst jeder Ehegatte, der als erster ein Hauptrechtsmittel einlegt, dieses von vornherein so umfassend begründen müsste, dass es auch jede später denkbare Rechtsmittelerweiterung mit trägt (Johannsen/Henrich/*Sedemund-Treiber* § 629a ZPO Rn 12; MüKoZPO/*Finger* § 629a ZPO Rn 16, jeweils mwN; vgl auch § 145 Rz 4 f). Der Anschlussbeschwerdeführer kann sich der Beschwerde auch **hilfsweise** nur für den Fall anschließen, dass sein vorrangiger Antrag auf Zurückweisung der Beschwerde erfolglos bleibt oder eine sonstige innerprozessuale Bedingung erfüllt ist (BGH NJW 1984, 1240, 1241; BLAH/*Hartmann* Rn 6; Musielak/*Borth* Rn 3).

II. Rechtsschutzbedürfnis

1. Gegnerstellung

Im Ergebnis wie bisher ist die Anschlussbeschwerde nur dann zulässig, wenn der An- **10** schlussbeschwerdeführer u der Beschwerdeführer des Hauptrechtsmittels einander im konkreten Fall **als Gegner gegenüberstehen** (BLAH/*Hartmann* Rn 3), denn wenn der Anschlussbeschwerdeführer u der Beschwerdeführer mit ihren jeweiligen Rechtsmitteln das gleiche Ziel anstreben, dann besteht für ein Anschlussrechtsmittel, wenn man dieses nicht bereits aus begrifflichen Gründen für überhaupt ausgeschlossen hält, zumindest **kein Rechtsschutzbedürfnis**, weil die Überprüfung der angefochtenen Entscheidung in der durch den Anschlussbeschwerdeführer gewünschten Richtung ohnehin erfolgt u dieser an einem Vortrag evtl den Standpunkt des Beschwerdeführers zusätzlich stützender Gründe auch ohne Einlegung einer Anschlussbeschwerde nicht gehindert ist. Der Sinn der Anschlussbeschwerde, dem Beschwerdegericht – auch unter dem Gesichtspunkt einer Waffengleichheit zwischen den Beteiligten – einen zusätzlichen Spielraum für eine Abänderung der angefochtenen Entscheidung zugunsten des Anschlussbeschwerdeführers zu verschaffen (BGH NJW 1978, 1977), wird in einem solchen Fall verfehlt.

11 Eine Anschlussbeschwerde ist daher zB dann unzulässig, wenn ein Ehegatte in einem Verfahren zum VA das gleiche Ziel wie ein beschwerdeführender Versorgungsträger verfolgt (BGH FamRZ 1982, 36, 38; 1985, 59, 60; 1985, 267, 269; 1985, 799, 800; Musielak/Borth Rn 4) oder in einer sonstigen Folgesache im Rahmen des Scheidungsverbundes das gleiche Ziel wie zB das Jugendamt, das Kind oder der Vermieter mit einer von ihnen eingelegten Beschwerde (Zöller/*Philippi* § 621e ZPO Rn 56; Johannsen/Henrich/*Sedemund-Treiber* § 621e ZPO Rn 30a mwN). In derartigen Fällen ist ihm zwar die Einlegung einer eigenen Beschwerde zur Unterstützung des anderen Rechtsmittelführers unbenommen. Eine Anschließung an das fremde Rechtsmittel liegt darin jedoch nicht.

2. Verschlechterungsmöglichkeit von Amts wegen

12 Das Rechtsschutzbedürfnis für eine Anschlussbeschwerde kann ferner im Einzelfall fehlen, soweit das **Verbot der reformatio in peius** (§ 69 Rz 33 ff) nicht eingreift, so dass das Beschwerdegericht die Entscheidung auch schon ohne die Einlegung einer Anschlussbeschwerde zu Gunsten des betroffenen Beteiligten abändern kann (Jansen/*Wick* § 64 FGG Rn 194; Johannsen-Henrich/*Sedemund-Treiber* § 621e ZPO Rn 30a). Das ist zB in den Kindschaftssachen des § 151 Nr 1–3 der Fall, in denen ein Anschlussrechtsmittel daher nur die Bedeutung einer Anregung hat (OLG Köln FamRZ 2002, 1053; OLG Karlsruhe FamRZ 2004, 722). Ebenso ist auch die Anschließung eines Ehegatten an das Hauptrechtsmittel eines Versorgungsträgers mangels Rechtsschutzbedürfnisses unzulässig, weil auf dieses Rechtsmittel hin die Entscheidung über den VA grds ohnehin umfassend überprüft wird (BGH NJW 1985, 968 f; OLG München FamRZ 1993, 1320, 1321 f). Das Gleiche gilt auch für die Anschlussbeschwerde eines weiteren Versorgungsträgers (OLG Koblenz FamRZ 1987, 954, 955). Das Rechtsschutzbedürfnis für die Anschlussberufung einer Ehegatten an das Hauptrechtsmittel eines Versorgungsträgers kann aber dann zu bejahen sein, wenn zB eine Herabsetzung des Ausgleichsantrages einen eigenen Antrag des Ehegatten voraussetzt (OLG Frankfurt FamRZ 1986, 176, 178), ebenso auch für die Anschlussbeschwerde eines weiteren Versorgungsträgers, wenn der erste Versorgungsträger die Entscheidung nur teilweise angefochten hat, für den durch das Hauptrechtsmittel noch nicht erfassten Teil (BGH FamRZ 1987, 918; OLG Celle FamRZ 1985, 939, 940; OLG Frankfurt FamRZ 1987, 954, 955).

III. Beschwer und Beschwerdeberechtigung

13 Obwohl es sich bei der Anschlussbeschwerde nicht um ein Rechtsmittel im engeren Sinn handelt (Rz 5) setzt diese eine **Beschwerdeberechtigung** iSd § 59 voraus (BGHZ 43, 289; Johannsen/Henrich/*Sedemund-Treiber* § 621e ZPO Rn 30a). Die scheinbar abweichende Ansicht des Gesetzgebers, der eigens eine Gesetzesänderung für notwendig gehalten hat, um die Anschlussbeschwerde nicht nur – wie ursprünglich vorgesehen – für jeden »Beschwerdeberechtigten«, sondern ausdrücklich für jeden »Beteiligten« des Verfahrens zu eröffnen, weil ansonsten etwa eine Anschlussbeschwerde zur Geltendmachung eines erhöhten Unterhaltsbedarfs allein aufgrund nachträglicher, erst nach dem Schluss der mündlichen Verhandlung eingetretener Umstände nicht möglich sei (BTDrs 16/12717 S 69), verwechselt die Notwendigkeit der materiellen Beschwerdeberechtigung nach § 59 mit dem Erfordernis der (formellen) Beschwer. Auch derjenige, der wegen eines erst nachträglich erhöhten Unterhaltsbedarfs ein Anschlussrechtsmittel einlegt, ist nämlich durch die angefochtene Entscheidung in seinen – sich nach den aktuellen Umständen bestimmenden – Rechten beeinträchtigt.

14 Eine **formelle Beschwer** ist für die Anschlussbeschwerde ebenso wie für die Anschlussrechtsbeschwerde allerdings – wie schon bisher überwiegend angenommen (BGH NJW 1952, 384; NJW 1994, 944, 945 zur ZPO; BGH NJW 1978, 1977; KKW/*Sternal* § 22 FGG Rn 10 mwN zum FGG; aA für ZPO-Anschlussberufungen aber BGH NJW 1995, 2563, 2565; Zöller/*Heßler* § 524 ZPO Rn 31, Stein/Jonas/*Grunsky* § 521 Rn 6) – jedenfalls nunmehr nach dem ausdrücklichen Willen des Gesetzgebers nicht mehr erforderlich (Musielak/Borth Rn 3; Friederici/Kemper/*Klußmann* Rn 4). Das Begehren des Anschlussrechtsmittelführers darf also – wie typischerweise in den schon genannten Fällen des nachträglich erhöhten Unterhaltsbedarfs – auch auf ein Ziel gerichtet sein, das über den in der angefochtenen Entscheidung bereits erreichten Erfolg hinausgeht. Schon aus dem weiteren Erfordernis des Rechtsschutzbedürfnisses ergibt sich jedoch, dass mit der Anschlussbeschwerde nach wie vor mehr als nur die reine Zurückweisung des Hauptrechtsmittels erstrebt werden muss. Eine Anschließung mit einem Antrag, der nur dem bereits in erster Instanz zuerkannten Verfahrensantrag entspricht (BGH NJW-RR 1988, 185) oder dahinter sogar zurückbleibt (BGH MDR 1996, 522) ist also auch im FamFG-Verfahren nicht zulässig. Auch bei einem ohne formelle Beschwer eingelegten Anschlussrechtsmittel muss außerdem eine damit verbundene Änderung des Verfahrensgegenstandes durch die Erweiterung des erstinstanzlichen Verfahrensantrages oder durch die Erhebung eines Gegenantrages als solche zulässig sein. Eine solche Änderung des Verfahrensgegenstandes ist jedoch zumindest für Amtsverfahren u Antragsverfahren mit nichtstreitigem Charakter nicht nur in der dritten, sondern auch schon in der zweiten Instanz nicht mehr möglich (§ 69 Rz 3 f). Zulässig ist sie in der zweiten Instanz nur in echten Streitverfahren – insbes in Familienstreitsachen – (§ 69 Rz 6 f u § 117 Rz 12 ff), auf die sich die Möglichkeit einer Anschlussbeschwerde ohne formelle Beschwer daher im praktischen Ergebnis beschränken dürfte.

C. Sonstige Verfahrensfragen

I. Zeitliche Zulässigkeit

Die Anschlussbeschwerde ist – abweichend von § 524 Abs 2 S 2 ZPO (ZPO-Anschlussberufung) u § 73 S 1 (FamFG-Anschlussrechtsbeschwerde), jedoch übereinstimmend mit § 567 Abs 3 ZPO (ZPO-Anschlussbeschwerde) u der bisherigen Rspr für Anschlussbeschwerden im (allgemeinen) FGG-Verfahren (vgl KKW/*Sternal* § 22 FGG Rn 12 mwN) – zeitlich grds **nicht befristet**. Sie kann also noch bis zum Erlass der Entscheidung über das Hauptrechtsmittel eingelegt werden (BGH NJW 1985, 2717, 2718). 15

In Familiensachen wird damit im Ergebnis grds der Rechtszustand vor der ZPO-Reform wieder hergestellt, mit Ausnahme allerdings der **Ehe- u Familienstreitsachen**, für die § 117 Abs 2 S 1 auf § 524 Abs 2 S 2 u 3 ZPO verweist. Hierbei geht der Gesetzgeber allerdings abweichend von der zum geltenden Recht lange Zeit hM (vgl zB OLG Koblenz FamRZ 2007, 1999; OLG Celle FamRZ 2007, 1821, 1823; *Born* NJW 2005, 3038, 3040) davon aus, dass Anschlussrechtsmittel in Verfahren, die wiederkehrende Leistungen zum Gegenstand haben u damit insbesondere auch in Unterhaltsverfahren von einer Befristung gem § 524 Abs 2 S 3 generell ausgenommen sind, diese Vorschrift also nicht einschränkend dahin zu verstehen ist, dass ein Anschlussrechtsmittel nach dem Ablauf einer eventuellen Frist zur Erwiderung auf das Hauptrechtsmittel (§ 117 Rz 33b) ausnahmsweise nur dann zulässig ist, wenn die Voraussetzungen des § 323 Abs 2 ZPO bzw des im FamFG an dessen Stelle getretenen § 238 Abs 2 gegeben sind u sich die für die Entscheidung wesentlichen Verhältnisse noch nach dem Ablauf dieser Frist geändert haben (BTDrs 16/6308 S 409 u BTDrs 16/9733 S 292). Nachdem der Gesetzgeber hiermit seine bei richtigem Verständnis bereits anlässlich der ZPO-Reform (BTDrs 15/3482 S 18) vertretene Ansicht erneut bestätigt hat, ist diese jedenfalls der Auslegung des neuen Rechts zwingend zugrunde zu legen, für ein abweichendes Verständnis des § 524 Abs 2 S 3 ZPO verbleibt jedenfalls nunmehr kein Raum mehr (ebenso bereits zum bisherigen Recht *Klinkhammer* FF 2006, 95, 97 u Eschenbruch/Klinkhammer/*Klinkhammer* Kap 5 Rn 156 u zuletzt auch BGH FamRZ 2009, 579, 581). 16

II. Einlegung der Anschlussbeschwerde

17 Für die Einlegung der Anschlussbeschwerde im Übrigen gelten wie bei der ZPO-Anschlussbeschwerde, an die sich das Gesetz anlehnt (zu dieser Zöller/*Heßler* § 567 ZPO Rn 61), die allgemeinen Vorschriften.

1. Form der Anschließung

18 Die Anschließung hat also, wie durch § 66 S 1 1. Hs auch noch einmal ausdrücklich bestätigt wird, in der Form des § 64 Abs 2 zu erfolgen, dh durch Einreichung einer Beschwerdeschrift unter Bezeichnung des angefochtenen Beschlusses bei dem Beschwerdegericht u der Erklärung, dass dagegen Anschlussbeschwerde eingelegt wird sowie unter Wahrung des Unterschriftserfordernisses gem § 64 Abs 2 S 3. Außer bei den Ehe- u Familienstreitsachen (§ 64 Abs 2 S 2) dürfte außerdem analog § 64 Abs 2 S 1 wahlweise auch eine Einlegung der Anschlussbeschwerde zur Niederschrift der Geschäftsstelle zulässig sein (Friederici/Kemper/*Klußmann* Rn 5). Für die **Begründung** der Anschlussbeschwerde gilt § 65. Eine Begründung ist auch in **Ehe- u Familienstreitsachen** nicht zwingend, denn § 117 Abs 2 S 1 verweist nicht auf § 524 Abs 3 ZPO (*Maurer* FamRZ 2009, 465, 468). Anwaltszwang herrscht im gleichen Umfang wie für die Einlegung des Hauptrechtsmittels.

2. Adressatgericht für die Anschließung

19 Die Einlegung der Anschlussbeschwerde muss entsprechend § 64 Abs 1 bis zum Ende des Abhilfeverfahrens (§ 68 Abs 1) noch bei dem **Ausgangsgericht** erfolgen, dessen Beschluss angefochten werden soll; das Abhilfeverfahren erstreckt sich dann auch auf die Anschlussbeschwerde. Ist das Abhilfeverfahren zum Zeitpunkt der Anschließung jedoch bereits durch Vorlage der Akten an das Beschwerdegericht abgeschlossen, findet ein neues Abhilfeverfahren nicht mehr statt (Zöller/*Heßler* § 567 ZPO Rn 61 aA Friederici/Kemper/*Klußmann* § 68 Rn 2: ein Abhilfeverfahren für Anschlussrechtsmittel entfällt vollständig). Die Anschließungserklärung ist ab diesem Zeitpunkt vielmehr unmittelbar das Beschwerdegericht zu richten, auf das die Zuständigkeit für das Verfahren nunmehr übergegangen ist. Eine auch jetzt noch beim Ausgangsgericht eingehende Anschließungsschrift ist ohne Abhilfe an das Beschwerdegericht weiterzuleiten (Zöller/*Heßler* § 567 ZPO Rn 61).

D. Unselbständigkeit der Anschlussbeschwerde

20 § 66 S 2 entspricht inhaltlich dem durch das ZPO-RG neu gefassten § 567 Abs 3 S 2 ZPO. Die Anschlussbeschwerde ist demnach vom Schicksal der Hauptbeschwerde abhängig u verliert ihre Wirkung, wenn diese zurückgenommen wird oder sich als unzulässig erweist; eine überhaupt erst nach Beendigung des Beschwerdeverfahrens eingehende Anschlussbeschwerde ist unzulässig (OLG Bremen FamRZ 1989, 649; Zöller/*Heßler* § 567 ZPO Rn 61). Gleichzustellen ist außerdem der in § 66 S 2 nicht ausdrücklich genannte Fall des Verzichts auf die Hauptbeschwerde. Die Abhängigkeit der Anschlussbeschwerde von dem Hauptrechtsmittel besteht auch dann, wenn die Anschlussbeschwerde als eigene Beschwerde hätte erhoben werden können. Soll sie vermieden werden, muss daher ein eigenes, selbständiges Rechtsmittel eingelegt werden (vgl Zöller/*Heßler* § 567 ZPO Rn 60). Auch eine innerhalb der noch laufenden Beschwerdefrist eingelegte Anschlussbeschwerde, die der Beschwerdeführer ausdrücklich als solche bezeichnet hat, kann somit nicht mehr in eine Beschwerde umgedeutet werden (Zöller/*Heßler* § 524 ZPO Rn 6; zur Auslegung in Zweifelsfällen vgl BGH NJW 2003, 2388 f). Nicht zur Wirkungslosigkeit der Anschlussbeschwerde führt eine Zurückweisung der Beschwerde durch Beschluss ohne mündliche Verh in einer **Ehe- oder Familienstreitsache** (§ 117

Rz 37 f), denn § 117 Abs 2 S 1 verweist nicht auch auf § 524 Abs 4, 3. Alt ZPO u eine entspr Regelung in § 66 S 2 ist nicht vorgesehen (*Maurer* FamRZ 2009, 465, 468).

Auch im Landwirtschaftsverfahren, in dem bisher noch die Möglichkeit einer selbständigen Anschlussbeschwerde vorgesehen war (vgl zB § 22 Abs 2 S 2, 2. Hs LwVG aF) ist nach dem Wegfall der §§ 21 ff LwVG aF nunmehr nur noch eine unselbständige Anschlussbeschwerde nach den allgemeinen Vorschriften des FamFG zulässig.

E. Verbundverfahren

Wegen der geltenden Besonderheiten für Anschlussrechtsmittel innerhalb eines Scheidungsverbundverfahrens wird auf die Erläuterungen zu §§ 144, 145 verwiesen (zum bisherigen Recht vgl KKW/*Weber*, § 64 FGG Rn 99a ff; Johannsen/Henrich/*Sedemund-Treiber* § 629a ZPO Rn 8 ff; *Pauling* Rn 144; Zöller/*Philippi* § 629a ZPO Rn 29 ff).

F. Kosten

Werden von mehreren Beteiligten gegen dieselbe Entscheidung eingelegte Rechtsmittel zusammen verhandelt, entsteht die Verfahrensgebühr im Anwendungsbereich des **FamGKG** nur einmal, u zwar vom einfachen Streitwert, wenn dieser wirtschaftlich identisch ist u vom zusammengerechneten Streitwert, wenn dies nicht der Fall ist, § 39 Abs 1 u 2 FamGKG. Eine Rücknahme nur der Anschlussbeschwerde führt nicht zur Gebührenermäßigung, weil dadurch das Verfahren nicht insgesamt beendet wird.

Bei mehreren Rechtsmitteln gegen dieselbe Entscheidung im Anwendungsbereich der **KostO** werden nur dann mehrere Gebühren erhoben, wenn diese verschiedene Verfahrensgegenstände betreffen; davon ist allerdings auch schon dann auszugehen, wenn mehrere Beschwerden gegen dieselbe Entscheidung mit einander widersprechenden Zielen eingelegt werden (Korintenberg/*Lappe* § 131 KostO Rn 20, 23 mwN).

Bei mehreren Rechtsmitteln verschiedener Beteiligter, die in demselben Verfahren verhandelt werden, handelt es sich für die **Anwaltskosten** gebührenrechtlich nur um eine Instanz iSd § 15 Abs 2 S 2 RVG.

§ 67 Verzicht auf die Beschwerde; Rücknahme der Beschwerde

(1) Die Beschwerde ist unzulässig, wenn der Beschwerdeführer hierauf nach Bekanntgabe des Beschlusses durch Erklärung gegenüber dem Gericht verzichtet hat.

(2) Die Anschlussbeschwerde ist unzulässig, wenn der Anschlussbeschwerdeführer hierauf nach Einlegung des Hauptrechtsmittels durch Erklärung gegenüber dem Gericht verzichtet hat.

(3) Der gegenüber einem anderen Beteiligten erklärte Verzicht hat die Unzulässigkeit der Beschwerde nur dann zur Folge, wenn dieser sich darauf beruft.

(4) Der Beschwerdeführer kann die Beschwerde bis zum Erlass der Beschwerdeentscheidung durch Erklärung gegenüber dem Gericht zurücknehmen.

Übersicht

	Rz		Rz
A. Verzicht auf die Beschwerde	1	f) Anfechtung, Widerruf, Genehmigungsbedürftigkeit	10
I. Allgemeines	1	g) Beschwerdeeinlegung nach vorangegangenem Verzicht	11
1. Regelungsgehalt	1	2. Verzicht auf Anschlussrechtsmittel	12
2. Anwendungsbereich	2	III. Einseitiger Beschwerdeverzicht gegenüber dem Gegner, § 67 Abs 3	13
II. Einseitiger Beschwerdeverzicht gegenüber dem Gericht, § 67 Abs 1 und 2	4	1. Prozessuale Einrede	14
1. Verzicht auf das Hauptrechtsmittel	4	2. Voraussetzungen und Besonderheiten	15
a) Zeitliche Zulässigkeit	4	IV. Vereinbarungen der Beteiligten	18
b) Prozesshandlung	6	B. Rücknahme der Beschwerde	19
c) Form	7	C. Kosten	22
d) Gegenstand des Verzichts	8		
e) Erklärungsgegner	9		

A. Verzicht auf die Beschwerde

I. Allgemeines

1. Regelungsgehalt

1 § 67 Abs 1 bis 3 regelt ausdrücklich die Voraussetzungen u Folgen eines wirksamen Rechtsmittelverzichts. Trotz Fehlens einer § 515 ZPO entsprechenden Vorschrift war die grundsätzliche Zulässigkeit eines Verzichts auf das Beschwerderecht auch schon für das bisherige Recht der freiwilligen Gerichtsbarkeit grds anerkannt, jedoch waren die Voraussetzungen u der Umfang eines solchen Verzichts zT umstritten (vgl Jansen/*Briesemeister* § 21 FGG Rn 34–36; KKW/*Kahl* § 19 FGG Rn 97–107; Bassenge/*Roth* § 20 Rn 3, § 27 Rn 13, jeweils mwN). Der Gesetzgeber hat es daher für erforderlich gehalten, diese nunmehr ausdrücklich klarzustellen (vgl BTDrs 16/6308 S 206 f).

2. Anwendungsbereich

2 Da die §§ 58 ff nach Maßgabe des § 117 auch für Ehe- u Familienstreitsachen gelten, umfasst die Neuregelung sowohl die bisherigen reinen FGG-Verfahren wie auch die der befristeten Beschwerde nach § 621e ZPO oder dem allgemeinen ZPO-Berufungsrecht unterliegenden Familiensachen, für welche die Zulässigkeit eines Rechtsmittelverzichts bisher unmittelbar oder entsprechend nach § 515 ZPO zu beurteilen war. Wie schon zum alten Recht anerkannt (BGH NJW 1968, 794 f; Zöller/*Heßler* § 515 ZPO Rn 2), ist ein Rechtsmittelverzicht auch in Ehesachen selbst dann zulässig u beachtlich, wenn das Rechtsmittel mit dem Ziel einer Aufrechterhaltung der Ehe betrieben wird (BLAH/*Hartmann* Rn 2).

Verzicht auf die Beschwerde; Rücknahme der Beschwerde | § 67 FamFG

Nach seinem Wortlaut regelt § 67 nur den Verzicht auf die Beschwerde. Trotz des offenbar versehentlichen Fehlens einer Verweisungsnorm ist er aber auf den Verzicht auf die Rechtsbeschwerde u darüber hinaus auch auf den Verzicht auf sämtliche sonstigen Rechtsbehelfe (wie zB Erinnerungen gegen die Entscheidung des Rechtspflegers) im Anwendungsbereich des FamFG entsprechend anzuwenden. Das gilt auch für den Verzicht auf die sofortige Beschwerde gegen eine Zwischen- oder Nebenentscheidung entsprechend den §§ 567 ff ZPO, denn da diese Vorschriften ihrerseits eine Regelung zum Beschwerdeverzicht nicht enthalten, muss hier auch im Anwendungsbereich der ZPO auf die Regeln zum Berufungsverzicht, mithin also auf § 515 ZPO u die dazu entwickelte Rspr zurückgegriffen werden (Zöller/*Heßler* § 567 ZPO Rn 15). Dem entspricht im Anwendungsbereich des FamFG der Rückgriff auf § 67 als der entsprechenden Vorschrift über den Verzicht auf das der Berufung korrespondierende Rechtsmittel gegen Endentscheidungen. 3

II. Einseitiger Beschwerdeverzicht gegenüber dem Gericht, § 67 Abs 1 und 2

1. Verzicht auf das Hauptrechtsmittel

a) Zeitliche Zulässigkeit

§ 67 Abs 1 regelt, dass ein Rechtsmittelverzicht ggü dem Gericht in wirksamer Weise nur nach der Bekanntgabe des Beschlusses erfolgen kann. Das entspricht der schon für das FGG hM (KKW/*Kahl* § 19 FGG Rn 100; Jansen/*Briesemeister* § 21 FGG Rn 36, jeweils mwN). Diese geht allerdings auf eine ältere Entscheidung des BGH (BGHZ 48, 88, 97 = NJW 1967, 2059, 2061) zurück, die sich zur Begründung auf die Rechtslage zu § 514 ZPO in der bis zur ZPO-Reform geltenden Fassung beruft. Zu § 515 ZPO nF ist aber mittlerweile auch die Möglichkeit eines Rechtsmittelverzichts ggü dem Gericht schon vor dem Erlass der angefochtenen Entscheidung anerkannt (MüKoZPO/*Rimmelspacher* § 515 ZPO Rn 8; Zöller/*Heßler* § 515 ZPO Rn 1), denn das ZPO-RG hat die Beschränkung in § 514 ZPO aF auf den »nach Erlass des Urteils erklärten« Verzicht ausdrücklich gestrichen (BTDrs 14/4722 S 94). Die Begründung des BGH für das FGG ist daher überholt. In konsequenter Angleichung an § 515 ZPO nF war daher in § 70 Abs 1 RefE FGG I u II ausdrücklich vorgesehen, dass auch im FamFG ein Verzicht auf die Beschwerde sowohl vor wie auch nach der Bekanntgabe des Beschlusses zulässig sein sollte. In der Endfassung des Gesetzes ist man ohne ersichtlichen Grund zu einer § 514 ZPO aF entsprechenden Rechtslage zurückgekehrt, hat dabei aber die Anpassung der Gesetzesbegründung vergessen, so dass danach angeblich ein Verzicht auch vor dem Erlass eines Beschlusses möglich sein soll (BTDrs 16/6308 S 207). Das kann aber nicht zutreffen, denn die Bekanntgabe eines Beschlusses fällt zeitlich allenfalls mit dessen Erlass zusammen, kann diesem aber nie vorausgehen. Zu einer nach dem Wortlaut des § 67 Abs 1 allenfalls denkbaren Verzichtserklärung in der Zeit zwischen Erlass u Bekanntgabe kann es daher niemals kommen (*Schulte-Bunert* Rn 270; *Maurer* FamRZ 2009, 465, 468). 4

Ein Rechtsmittelverzicht kann auch dann erklärt werden, wenn zuvor bereits ein Rechtsmittel eingelegt war. In diesem Fall entspricht der Verzicht im Ergebnis einer Rücknahme unter gleichzeitigem Rechtsmittelverzicht (BGH NJW 1994, 737, 738). 5

b) Prozesshandlung

Die Verzichtserklärung ggü dem Gericht ist eine Prozesshandlung u hat den dafür allgemein geltenden Regeln zu folgen. Sie ist daher bedingungsfeindlich u unterliegt dem Anwaltszwang nach Maßgabe des § 10 (vgl Zöller/*Heßler* § 515 ZPO Rn 4 mwN zur Berufungsrücknahme nach der ZPO) sowie in Ehe- u Familienstreitsachen des § 114 (*Maurer* FamRZ 2009, 465, 468). Ein Rechtsmittelverzicht ist außerdem zB dann unwirksam, wenn er von einem Beteiligten erklärt wird, dem die Beteiligungs- oder Verfahrensfähig- 6

§ 67 FamFG | **Verzicht auf die Beschwerde; Rücknahme der Beschwerde**

keit (§§ 8 f) fehlt oder wenn in einem Unterbringungs- oder Betreuungsverfahren der Betroffene zwar grds handlungsfähig ist, ihm aber zu seinem Schutz ein Verfahrenspfleger hätte bestellt werden müssen (OLG Hamm FamRZ 1990, 1262, 1263; KKW/*Kahl* § 19 FGG Rn 97 zum bisherigen Recht).

c) Form

7 Der Verzicht auf ein Rechtsmittel ist formlos möglich (Musielak/Borth Rn 2; Jansen/*Briesemeister*, § 21 FGG Rn 31 zum alten Recht; aA Friederici/Kemper/*Klußmann* Rn 4) u muss nicht ausdrücklich erklärt werden. Die Verzichtserklärung muss aber eindeutig u zweifelsfrei erkennen lassen, dass der Beteiligte das Recht auf Überprüfung der Entscheidung durch die übergeordnete Instanz endgültig u vollständig aufgeben will (KKW/*Kahl* § 19 FGG Rn 101; Bassenge/Roth § 20 FGG Rn 3; Zöller/*Heßler* § 515 ZPO Rn 5 zu § 515 ZPO, jeweils mwN). Die bloße Erklärung, sich nicht beschweren zu wollen oder die Beschwerde zurückzunehmen, ist daher noch nicht ohne weiteres als Rechtsmittelverzicht zu werten (Bassenge/Roth § 20 FGG Rn 3), obwohl dies tendenziell in der bisherigen Rspr zu § 515 ZPO (BGH NJW 1985, 2335; NJW-RR 1991, 1213 f) wohl eher angenommen wurde als für das FGG (BayObLGZ 1998; 62, 63; BayObLG NJW 1965, 539).

d) Gegenstand des Verzichts

8 Der Verzicht muss sich grds immer auf das Rechtsmittel als Ganzes beziehen (Zöller/*Heßler* § 515 ZPO Rn 5). Bei mehreren oder abtrennbaren Verfahrensgegenständen ist aber auch ein teilweiser Verzicht möglich (KKW/*Kahl* § 19 FGG Rn 106; Jansen/*Briesemeister* § 21 FGG Rn 34). Ein Teilverzicht unter Beschränkung auf einen nicht abtrennbaren Teil des Verfahrensgegenstandes bleibt insgesamt wirkungslos; die Beschwerde bleibt dann in vollem Umfang anhängig (Jansen/*Briesemeister* § 21 FGG Rn 31 zur Beschwerderücknahme).

e) Erklärungsgegner

9 Die Verzichtserklärung ist gegenüber demjenigen Gericht abzugeben, das für das Verfahren jeweils zuständig ist. Das ist zunächst das Gericht, bei dem auch die Beschwerde einzulegen wäre, gem § 64 Abs 1 also das Gericht, das den Beschluss in erster Instanz erlassen hat. Dieses bleibt auch dann zunächst der richtige Adressat der Verzichtserklärung, wenn ein Rechtsmittel eingelegt wurde, jedoch das Abhilfeverfahren noch schwebt. Erst wenn das Beschwerdeverfahren bereits beim Rechtsmittelgericht anhängig ist, muss die Verzichtserklärung diesem ggü erfolgen. Eine – zB in Unkenntnis der zwischenzeitlichen Abgabe an das Beschwerdegericht – noch ggü dem Gericht der ersten Instanz abgegebene Verzichtserklärung wird erst wirksam, nachdem sie an das nunmehr zuständige Rechtsmittelgericht weitergeleitet worden ist (BGH MDR 1991, 668 zur ZPO-Revision; unklar BLAH/*Hartmann* § 67 Rn 1).

f) Anfechtung, Widerruf, Genehmigungsbedürftigkeit

10 Wie alle Prozesshandlungen ggü dem Gericht ist der Rechtsmittelverzicht idR nicht widerruflich u nicht nach §§ 119 ff BGB anfechtbar (BGH NJW 1985, 2334 f; KG FGPrax 2003, 205). Ein Widerruf des Verzichts ist nur bei Vorliegen eines Restitutionsgrundes im Sinne von § 48 Abs 2 (bzw § 118 für Ehe- u Familienstreitsachen) iVm § 580 ZPO ausnahmsweise zulässig (Jansen/*Briesemeister* § 21 FGG Rn 35; KKW/*Kahl* § 19 Rn 105; Bassenge/Roth Einl Rn 82). Auch eine vormundschaftsgerichtliche Genehmigung ist für den Rechtsmittelverzicht wegen seiner Natur als Prozesshandlung nicht erforderlich (Jansen/*Briesemeister* § 21 FGG Rn 35).

g) Beschwerdeeinlegung nach vorangegangenem Verzicht

Wird eine Beschwerde trotz eines vorher wirksam erklärten Rechtsmittelverzichts dennoch eingelegt, so ist sie gem § 67 Abs 1 unzulässig u durch entsprechenden Beschluss zu verwerfen.

2. Verzicht auf Anschlussrechtsmittel

§ 67 Abs 2 stellt klar, dass die Möglichkeit des Rechtsmittelverzichts auch für Anschlussrechtsmittel eröffnet ist. Nach der ausdrücklichen Entscheidung des Gesetzgebers ist der Verzicht auf ein Anschlussrechtsmittel aber – in Übereinstimmung mit der hierzu bereits bisher hM für die ZPO (BGH NJW 1984, 2829 f; Zöller/*Heßler* § 524 ZPO Rn 30 mwN, auch zur Gegenansicht) – erst dann in wirksamer Weise möglich, wenn zuvor das Hauptrechtsmittel bereits eingelegt war, denn der Verzichtende kann die prozessuale Tragweite seiner Erklärung erst unter dieser Voraussetzung hinreichend überschauen. Nur für den Fall des **Scheidungsverbundes** bestimmt die Sonderregelung des § 144 – die an die Stelle des bisherigen, inhaltlich identischen § 629a Abs 4 ZPO getreten ist – dass nach einem vorherigen Verzicht beider Ehegatten auf ein Rechtsmittel gegen den Scheidungsausspruch zwecks beschleunigter Herbeiführung der Scheidungsrechtskraft ein Verzicht auf ein Anschlussrechtsmittel in einer Folgesache schon dann zulässig ist, wenn ein Hauptrechtsmittel in der entsprechenden Folgesache zuvor noch nicht eingelegt war. Die Ehegatten können daher auch weiterhin im Termin nach Bekanntgabe des Scheidungsausspruchs auf jedes Rechtsmittel (Beschwerde u Anschlussbeschwerde) verzichten (*Schulte-Bunert* Rn 271). Der Verzicht auf ein eigenes Hauptrechtsmittel steht dem **Anschluss** an ein Rechtsmittel eines anderen Beteiligten grds nicht entgegen (§§ 66 S 1, 73 S 1). Etwas anderes gilt nur dann, wenn die Auslegung im Einzelfall ergibt, dass von der Verzichtserklärung auch mögliche Anschlussrechtsmittel mit umfasst sein sollten (OLG Hamm FamRZ 1979, 944, 945; Zöller/*Heßler* § 515 ZPO Rn 16).

III. Einseitiger Beschwerdeverzicht gegenüber dem Gegner, § 67 Abs 3

§ 67 Abs 3 regelt die Wirkungen eines Rechtsmittelverzichts, der nicht ggü dem Gericht, sondern ggü einem anderen Verfahrensbeteiligten erklärt wird. Auch ein in dieser Weise erklärter Rechtsmittelverzicht ist demnach wirksam (aA *Maurer* FamRZ 2009, 465, 468). Er wirkt jedoch nicht unmittelbar auf das Verfahren ein, sondern ist nur als prozessuale Einrede ausgestaltet u entfaltet daher erst dann Wirksamkeit, wenn der Adressat des Verzichts sich auf diesen beruft.

1. Prozessuale Einrede

Eine derartige Behandlung des ggü einem anderen Beteiligten erklärten Rechtsmittelverzichts wurde für das FGG nur bei echten Streitsachen zT vertreten, in denen die Beteiligten über den Verfahrensgegenstand frei verfügen können. Ansonsten wurde jedoch bisher mehrheitlich angenommen, der Rechtsmittelverzicht ggü einem anderen Beteiligten sei wie derjenige ggü dem Gericht von Amts wegen zu berücksichtigen (Jansen/*Briesemeister* § 21 FGG Rn 35; KKW/*Kahl* § 19 FGG Rn 103 mwN). Durch die Neuregelung ist das Verfahren auch insoweit an die ZPO angeglichen worden, für die eine Behandlung des Rechtsmittelverzichts ggü dem Gegner als prozessuale Einrede auch schon bisher der ganz überwiegend vertretenen Ansicht entspricht (Zöller/*Heßler* § 515 ZPO Rn 9; MüKoZPO/*Rimmelspacher* § 515 ZPO Rn 17). Diese Behandlung des Rechtsmittelverzichts gilt somit jetzt im gesamten Anwendungsbereich des FamFG ohne Einschränkung u ohne Rücksicht auf die Art u den Gegenstand des Verf, insbes also auch in den Bereichen, in denen ansonsten der uneingeschränkte Grundsatz der Amtsermittlung anzuwenden ist.

§ 67 FamFG | Verzicht auf die Beschwerde; Rücknahme der Beschwerde

2. Voraussetzungen und Besonderheiten

15 § 67 Abs 3 enthält **keine Einschränkungen der zeitlichen Zulässigkeit** für einen Rechtsmittelverzicht. Anders als der Rechtsmittelverzicht ggü dem Gericht gem § 67 Abs 1 u 2 ist der Verzicht auf die Beschwerde ggü einem anderen Beteiligten daher auch schon vor der Bekanntgabe des Beschlusses u der Verzicht auf die Anschlussbeschwerde ggü einem anderen Beteiligten auch schon vor der Einlegung des Hauptrechtsmittels zulässig (aA Friederici/Kemper/*Klußmann* Rn 5). Nach bisheriger Rechtslage wurde ein Rechtsmittelverzicht durch Erklärung ggü dem Gegner jedoch nur in solchen Verfahren zugelassen, in denen die Beteiligten über den Verfahrensgegenstand verfügen können (Jansen/*Briesemeister* § 21 Rn 35; KKW/*Kahl* § 19 Rn 98, 100 mwN). Ob dies nach dem Willen des Gesetzgebers auch weiterhin gelten soll, ist nicht eindeutig, dürfte aber im Hinblick auf die Schutzbedürftigkeit der Beteiligten zu bejahen sein (*Schulte-Bunert* Rn 272).

16 In sonstiger Hinsicht ist der Rechtsmittelverzicht ggü einem anderen Verfahrensbeteiligten in dem gleichen Umfang zulässig wie der Rechtsmittelverzicht ggü dem Gericht. Wie dieser kann er also auch dann noch erfolgen, wenn ein Rechtsmittelverfahren bereits anhängig ist. Wie dieser ist er **Prozesshandlung** (BGH NJW 1968, 794, 795; NJW-RR 1989, 1344; 1997, 1288) u daher bedingungsfeindlich, grds nicht anfechtbar sowie nur bei Vorliegen von Wiederaufnahmegründen einseitig widerruflich. Obwohl Prozesshandlung, soll er nach der hM zur ZPO aber nicht dem Anwaltszwang nach Maßgabe der §§ 10, 114 unterliegen (*Maurer* FamRZ 2009, 465, 469 mwN). Anders als der Verzicht ggü dem Gericht kann er jedoch mit Zustimmung des anderen Beteiligten bis zum Ablauf der Rechtsmittelfrist frei widerrufen werden (BGH NJW 1985, 2334); darüber hinaus kann der andere Beteiligte auf die Erhebung der ihm prozessual zustehenden Einrede verzichten (Zöller/*Heßler* § 515 ZPO Rn 11). Der Einrede des Rechtsmittelverzichts kann die Gegeneinrede der Arglist entgegen gesetzt werden, wenn der Verzicht zB unter Druck oder in einem die freie Willensbetätigung beeinflussenden Geisteszustand zustande gekommen ist (BGH NJW 1985, 2335; OLG Hamm OLGR 99, 60; Zöller/*Heßler* § 515 ZPO Rn 12).

17 Einen Sonderfall des gesetzlich fingierten Rechtsmittelverzichts bildet gem § 75 Abs 1 S 2 die Zustimmung zu einer von einem anderen Beteiligten beantragten **Sprungrechtsbeschwerde**; ebenso beinhaltet der Antrag auf Zulassung der Sprungrechtsbeschwerde einen Sonderfall des Rechtsmittelverzichts ggü dem Gericht.

IV. Vereinbarungen der Beteiligten

18 Schließen zwei oder mehrere Beteiligte miteinander eine (keiner Form unterliegende) Vereinbarung über den Verzicht auf das Beschwerderecht, so liegt darin keine Prozesshandlung, sondern nur eine vertragliche Verpflichtung zur Vornahme einer derartigen Prozesshandlung, die allein diejenigen Beteiligten bindet, die daran beteiligt sind u deren Voraussetzungen u Rechtsfolgen sich nach dem materiellen Recht richten (Jansen/*Briesemeister* § 21 FGG Rn 36). Eine solche Vereinbarung kann daher nicht einseitig, sondern nur mit Einwilligung der anderen Beteiligten widerrufen werden. Für Willensmängel oder eine mögliche Anfechtung gelten die Vorschriften des BGB (vgl Musielak/*Ball* § 515 ZPO Rn 7; Bassenge/Roth Einl Rn 84 zum bisherigen Recht). Ein Anwaltszwang für eine derartige Vereinbarung besteht nicht (BGH NJW-RR 1994, 386, Friederici/Kemper/*Klußmann* Rn 5), jedoch ist dafür ggf eine betreuungsgerichtliche Genehmigung notwendig (Jansen/*Briesemeister* § 21 FGG Rn 36).

B. Rücknahme der Beschwerde

19 § 67 Abs 4 regelt die Rücknahme der Beschwerde u bestimmt in Anlehnung an § 516 Abs 1 ZPO, dass diese nur bis zum Erlass der Beschwerdeentscheidung (§ 38 Abs 3 S 2) möglich ist. Wie gem § 516 Abs 2 S 1 ZPO u entsprechend ihrem Charakter als Prozess-

handlung hat außerdem auch die Rücknahme der Beschwerde – ebenso wie der Rechtsmittelverzicht – ggü dem nach dem jeweiligen Stand des Verfahrens zuständigen Gericht (Rz 9) zu erfolgen. Auf eine allgemeine Übernahme auch der §§ 516 Abs 2 S 2 u Abs 3 ZPO in das FamFG hat der Gesetzgeber jedoch bewusst verzichtet. Anders als nach § 516 Abs 2 S 2 ZPO ist die Rücknahme der Beschwerde daher formlos – also auch mündlich (Bumiller/Harders mwN Rn 8; ebenso zum alten Recht Jansen/*Briesemeister*, § 21 FGG Rn 31; aA Friederici/Kemper/*Klußmann* Rn 8: analog zur ZPO außerhalb von Terminen nur schriftlich oder zu Protokoll der Geschäftsstelle) – möglich u anders als nach § 516 Abs 3 S 1 ZPO hat sie nicht stets die Verpflichtung des Beschwerdeführers zur Folge, die Kosten des zurückgenommenen Rechtsmittels zu tragen. Die Entscheidung über die Kosten einer zurückgenommenen Beschwerde richtet sich vielmehr nach § 84, wodurch der Gesetzgeber ausdrücklich die Möglichkeit eröffnen wollte, die Kosten des Rechtsmittelverfahrens im Falle der Beschwerderücknahme je nach den Umständen auch anderweitig zu verteilen (BTDrs 16/6308 S 216). Ebenso ist mangels Übernahme von § 516 Abs 3 S 2 ZPO ein ausdrücklicher Verlustigkeitsbeschluss im Falle der Beschwerderücknahme nicht notwendig.

Auch § 67 Abs 4 gilt für sämtliche dem FamFG unterliegenden Verfahrensarten. Eine Ausnahme gilt nur für **Ehe- u Familienstreitsachen**, für die § 117 Abs 2 S 1 ZPO ohne Einschränkungen auch auf § 516 Abs 3 ZPO verweist. Hier richtet sich also nicht nur die Kostenentscheidung nach § 516 Abs 3 S 1 ZPO (näher s § 117 Rz 33a), sondern es ist nach § 516 Abs 3 S 2 ZPO auch weiterhin von Amts wegen ein Kosten- u Verlustigkeitsbeschluss zu treffen. Die Regeln über die Rücknahme der Beschwerde sind aus den gleichen Gründen wie beim Rechtsmittelverzicht (Rz 4) auf die Rechtsbeschwerde u auf alle sonstigen Rechtsbehelfe nach dem FamFG, auf die Erinnerung sowie auf die Rücknahme einer sofortigen Beschwerde entsprechend den §§ 567 ff ZPO analog anzuwenden. Nicht verwiesen wird auch für die Ehe- u Familienstreitsachen auf § 516 Abs 2 S 2 ZPO, so dass eine Beschwerderücknahme auch dort selbst außerhalb der mündlichen Verhandlung formlos möglich ist. **20**

Die **Rücknahme** der Beschwerde ist wie der Beschwerdeverzicht ebenfalls Prozesshandlung, daher gelten zum Umfang eines ggf bestehenden Anwaltszwanges, zur Wirksamkeit u Bedingungsfeindlichkeit, zu Anfechtung (BGH FamRZ 2008, 43, 44), Widerruf u Genehmigungsbedürftigkeit der Beschwerderücknahme die Erläuterungen zum Rechtsmittelverzicht (Rz 6, 10) entsprechend. Eine Teilrücknahme ist im gleichen Umfang wie beim Verzicht auf die Beschwerde (Rz 8) möglich. Eine vollständig zurückgenommene Beschwerde kann nur bis zum Ablauf der Beschwerdefrist erneut eingelegt werden. Eine nur teilweise zurückgenommene Beschwerde kann dagegen in den auch sonst zulässigen Grenzen (§ 69 Rz 2 ff u § 117 Rz 12 ff) selbst noch nach dem Ablauf der Beschwerdefrist wieder erweitert werden (BayObLG ZMR 2003, 49). Einer Zustimmung des Beschwerdegegners zur Rücknahme des Rechtsmittels bedarf es nicht. Sie ist auch in Ehe- u Familienstreitsachen nicht erforderlich (aA Musielak/Borth Rn 2); der in § 113 ZPO Abs 1 ZPO in Bezug genommene § 269 ZPO betrifft nur die Rücknahme des erstinstanzlichen Verfahrensantrages. **21**

C. Kosten

Die Beschwerderücknahme u der Verzicht auf die Beschwerde führen im Anwendungsbereich des **FamGKG** zur Ermäßigung der Verfahrensgebühr gem KV 1121, 1122 Nr 1 (Rücknahme) oder Nr 2 (Verzicht), 1212, 1223, 1224 Nr 1 (Rücknahme) oder Nr 2 (Verzicht), 1315, 1323, 1324, 1721, 1722, 1911, je nach dem Typ des Verfahrens, mit Differenzierung für die Höhe der Ermäßigung je nach dem Zeitpunkt in den Fällen von KV 1121 f, 1223 f, 1323 f u 1721 f. Im Anwendungsbereich der **KostO** ermäßigt sich die Verfahrensgebühr gemäß § 130 Abs 1 Nr 2 KostO im Falle der Rücknahme auf die Hälfte der vollen Gebühr, höchstens jedoch auf einen Betrag von 500,00 €. **22**

§ 68 Gang des Beschwerdeverfahrens

(1) Hält das Gericht, dessen Beschluss angefochten wird, die Beschwerde für begründet, so hat es ihr abzuhelfen; anderenfalls ist die Beschwerde unverzüglich dem Beschwerdegericht vorzulegen. Das Gericht ist zur Abhilfe nicht befugt, wenn die Beschwerde sich gegen eine Endentscheidung in einer Familiensache richtet.

(2) Das Beschwerdegericht hat zu prüfen, ob die Beschwerde an sich statthaft und ob sie in der gesetzlichen Form und Frist eingelegt ist. Mangelt es an einem dieser Erfordernisse, so ist die Beschwerde als unzulässig zu verwerfen.

(3) Das Beschwerdeverfahren bestimmt sich im Übrigen nach den Vorschriften über das Verfahren im ersten Rechtszug. Das Beschwerdegericht kann von der Durchführung eines Termins, einer mündlichen Verhandlung oder einzelner Verfahrenshandlungen absehen, wenn diese bereits im ersten Rechtszug vorgenommen wurden und von einer erneuten Vornahme keine zusätzlichen Erkenntnisse zu erwarten sind.

(4) Das Beschwerdegericht kann die Beschwerde durch Beschluss einem seiner Mitglieder zur Entscheidung als Einzelrichter übertragen; § 526 der Zivilprozessordnung gilt mit der Maßgabe entsprechend, dass eine Übertragung auf einen Richter auf Probe ausgeschlossen ist.

Übersicht

	Rz		Rz
A. Allgemeines	1	II. Voraussetzungen der Zulässigkeit	28
B. Abhilfeverfahren	2	III. Entscheidung bei Unzulässigkeit der Beschwerde	31
I. Abhilfe	3	D. Weiteres Verfahren, § 68 Abs 3	33
1. Abhilfebefugnis	3	I. Verweis auf die Vorschriften des ersten Rechtszuges, § 68 Abs 3 S 1	33
a) Zuständigkeit	4		
b) Abhilfe bei unzulässiger Beschwerde	5	II. Wiederholung erstinstanzlicher Verfahrenshandlungen	36
2. Abhilfeverfahren	7	1. Grundsatz	36
3. Abhilfeentscheidung	11	2. Wiederholung der mündlichen Verhandlung	38
a) Vollständige Abhilfe	12		
b) Teilweise Abhilfe	13	3. Wiederholung von Anhörungen	40
II. Vorlage	14		
1. Vorlagepflicht	15	4. Wiederholung der Beweisaufnahme	42
2. Unverzüglichkeit der Vorlage	17	E. Einzelrichter	45
3. Nichtabhilfe- und Vorlageentscheidung	18	I. Allgemeines	45
a) Begründung der Nichtabhilfeentscheidung	18	II. Einzelheiten	48
		1. Übertragung auf den Einzelrichter	49
b) Form der Nichtabhilfeentscheidung	19	2. Rückübertragung auf den Spruchkörper	50
c) Folgen eines fehlerhaften Abhilfeverfahrens	20		
III. Nicht abhilfefähige Entscheidungen	21	3. Unanfechtbarkeit von Übertragungsentscheidungen	51
C. Zulässigkeit der Beschwerde	22	4. Kammern für Handelssachen	52
I. Grundsatz der Amtsprüfung	24	III. Spezialvorschriften	53

A. Allgemeines

1 Die Vorschrift regelt erstmals für das Recht der freiwilligen Gerichtsbarkeit ausdrücklich den Gang des Beschwerdeverfahrens. Dabei ist sie in weiten Teilen an die Regelung des § 572 ZPO zum Gang des Beschwerdeverfahrens nach der ZPO in der Neufassung des ZPO-RG angelehnt: § 68 Abs 1 (Abhilfeverfahren; Rz 2 ff) entspricht § 572 Abs 1 ZPO, § 68 Abs 2 (Zulässigkeitsprüfung; Rz 22 ff) entspricht § 572 Abs 2 ZPO u § 68 Abs 4 ZPO (Übertragungsmöglichkeit auf den Einzelrichter; Rz 45 ff) entspricht § 572 Abs 4 ZPO. Hinzu tritt außerdem § 68 Abs 3, der – mit einer Modifikation für die Durchführung von mündlichen Verhandlungen in § 68 Abs 3 S 2 – für das weitere Beschwerdeverfahren (Rz 33 ff) grds auf die Vorschriften über das Verfahren im ersten Rechtszug verweist.

B. Abhilfeverfahren

Gem § 68 Abs 1 S 1 besteht für das Ausgangsgericht nunmehr auch in der freiwilligen Gerichtsbarkeit grds immer die Befugnis (u ggf auch Verpflichtung) des Ausgangsgerichts, einer Beschwerde abzuhelfen. Mit der Neuregelung erfolgt eine Angleichung an die ZPO, wo seit der ZPO-Reform eine generelle Abhilfebefugnis für alle Fälle der (sofortigen) Beschwerde besteht. Zugleich wird systematisch genauer als bisher zwischen der Abhilfebefugnis bei einem Rechtsmittel gegen eine noch nicht rechtskräftige Entscheidung (§ 68 Abs 1) u der späteren Abänderung einer bereits rechtskräftigen Entscheidung bei einer wesentlichen Veränderung der Sach- u Rechtslage (§§ 48 Abs 1, 238, 240) unterschieden. 2

I. Abhilfe

1. Abhilfebefugnis

Gem § 68 Abs 1 S 1, 1. Hs hat nunmehr auch im FamFG-Verfahren grds bei jeder Beschwerde das Gericht der ersten Instanz zunächst zu prüfen, ob es die Beschwerde für begründet hält u ihr ggf abzuhelfen. Nach dem bisherigen Recht war dem Gericht zwar in § 18 Abs 1 FGG eine generelle Abänderungs- u somit zugleich auch eine Abhilfebefugnis eingeräumt, jedoch war diese gem § 18 Abs 2 FGG gerade für alle Verfügungen ausgeschlossen, die der (sofortigen) Beschwerde unterlagen u daher in formelle Rechtskraft erwuchsen. Da letzteres aber nunmehr den Normalfall darstellt, war für eine dem § 18 Abs 1 FGG entsprechende Regelung im Rahmen des FamFG kein Raum mehr (vgl *Jacoby* FamRZ 2007, 1703, 1707), so dass zum Ausgleich wie in der ZPO das Abhilfeverfahren vorgesehen wurde. 3

a) Zuständigkeit

Zuständig für die Abhilfe als »actus contrarius« zu der angefochtenen Entscheidung ist derjenige, der diese erlassen hat, idR also der Richter am Amtsgericht, ausnahmsweise im Landwirtschaftsverfahren ggf das Landwirtschaftsgericht auch unter Mitwirkung der ehrenamtlichen Richter, soweit diese an der Ausgangsentscheidung mitgewirkt haben u in den Fällen des § 95 Abs 2 GVG – je nachdem wer jeweils die Ausgangsentscheidung getroffen hat – die Kammer für Handelssachen beim Landgericht oder deren Vorsitzender, soweit diese in den dort aufgezählten Sonderfällen in erster Instanz in einem Verfahren der freiwilligen Gerichtsbarkeit tätig geworden ist (OLG Stuttgart MDR 2003, 110; *Schneider*, MDR 2003, 253). Bei Beschwerden gegen eine Entscheidung des Rechtspflegers in den Fällen des § 11 Abs 1 RPflG ist entsprechend dieser für die Abhilfe zuständig; zur Abhilfe im Erinnerungsverfahren gem § 11 Abs 2 RPflG vgl § 11 Abs 2 S 2 u 3 RPflG. Wird der Rechtsstreit an ein anderes Gericht verwiesen oder abgegeben (vgl §§ 3, 4), so ist das Adressatgericht auch für die Durchführung eines von dem verweisenden oder abgebenden Gericht noch nicht durchgeführten Abhilfeverfahrens zuständig (Zöller/*Heßler* § 572 ZPO Rn 5). 4

b) Abhilfe bei unzulässiger Beschwerde

Wie in § 572 Abs 1 S 1 ZPO hängt die Abhilfe nach dem ausdrücklichen Wortlaut des Gesetzes allein davon ab, dass das Ausgangsgericht die Beschwerde »für begründet hält«. Damit stellt sich die auch für die ZPO umstrittene Frage, ob das Gericht auch einer unzulässigen Beschwerde abhelfen kann oder sogar muss (dafür zB Musielak/*Ball* 5

§ 572 ZPO Rn 4; Zöller/*Heßler* § 572 ZPO Rn 14; aA– wenigstens Statthaftigkeit erforderlich – BLAH/*Hartmann* § 572 ZPO Rn 4; ThP/*Reichold* § 572 Rn 2, 7).

6 Im Ergebnis wird man eine solche Abhilfebefugnis bejahen müssen (ebenso *Schulte-Bunert* Rn 274; aA Prütting/Helms/*Abramenko* Rn 6), denn die (unzulässige) Beschwerde kann stets auch als (grds immer zulässige) Gegenvorstellung verstanden werden, der dementsprechend auch abgeholfen werden kann. Einzige Voraussetzung für eine so verstandene Abhilfebefugnis ist, dass die Entscheidung für das Gericht selbst noch nicht bindend geworden ist (ebenso *Lipp* NJW 2002, 1700, 1702), insbes also kein Fall von § 68 Abs 1 S 2 vorliegt. Gegen bindende Entscheidungen idS ist vielmehr nur die Möglichkeit der Anhörungsrüge nach § 44 eröffnet.

2. Abhilfeverfahren

7 Eine **Verpflichtung** zur Durchführung eines Abhilfeverfahrens besteht nur, soweit ein Rechtsmittel überhaupt statthaft ist. Ist der Beschwerderechtszug nicht eröffnet, braucht das Erstgericht die Beschwerde grds nicht vorzulegen, sondern kann sie ausnahmsweise selbst verwerfen (Zöller/*Heßler*; § 572 ZPO Rn 6 mwN; aA Musielak/*Ball* § 572 ZPO Rn 7 mwN), es sei denn der Beschwerdeführer besteht ausdrücklich auf einer Vorlage an das Beschwerdegericht u es liegt auch kein Fall eines bloß querulatorischen (zB wiederholt unzulässigen, nur der Verfahrenverzögerung dienenden) Rechtsmittels vor (Zöller/*Heßler* § 572 ZPO Rn 6 mwN).

8 Wird eine Beschwerde **ohne Begründung** eingelegt, so darf das Erstgericht das Verfahren grds sofort dem Beschwerdegericht vorlegen. Ein Abwarten darauf, ob u wann der Beschwerdeführer noch eine Beschwerdebegründung nachreicht, ist nur dann erforderlich, wenn dieser selbst eine solche angekündigt hat (Zöller/*Heßler* § 572 ZPO Rn 8).

9 Ansonsten trifft das Erstgericht jedoch eine **Amtspflicht**, die angefochtene Entscheidung daraufhin zu überprüfen, ob sie aufgrund der vorgebrachten Beschwerdebegründung abzuändern ist, der sich dieses nicht unter Berufung auf die Zuständigkeit des Rechtsmittelgerichts entziehen darf (OLG Hamm FamRZ 1986, 1127; OLG Saarbrücken OLGR 2006, 600). Hiervon wird das Erstgericht auch durch die Pflicht zur unverzüglichen Vorlage an das Beschwerdegericht (§ 68 Abs 1 S 1, 2. Hs) nicht entbunden. Diese besagt nur, dass das Erstgericht sich ohne schuldhaftes Zögern (§ 121 Abs 1 BGB) darüber klar werden muss, ob es der Beschwerde abhilft, nicht aber, dass eine Abhilfeentscheidung zur Verfahrensbeschleunigung vollständig unterbleiben kann (Musielak/*Ball* § 572 ZPO Rn 5).

10 Bei der Entscheidung über die Abhilfe muss auch **neues Vorbringen**, das in der Beschwerdeschrift enthalten ist, berücksichtigt werden (OLG Brandenburg FamRZ 2003, 48, 49; OLG Düsseldorf FamRZ 2006, 1551). Falls notwendig, kann vor der Abhilfeentscheidung Beweis zu erheben sein (OLG Frankfurt, NJW 1968, 57; Musielak/*Ball* § 572 ZPO Rn 5). Ggf kann zu diesem Zweck auch eine mündliche Verhandlung anberaumt werden (Stein/Jonas/*Grunsky* § 572 ZPO Rn 2; Musielak/*Ball* § 572 ZPO Rn 5). Soll auf die Beschwerde hin eine Abhilfe erfolgen, so muss zuvor den übrigen, dadurch beschwerten Beteiligten **rechtliches Gehör** gewährt werden (OLG Hamm FamRZ 1986, 1127; Musielak/*Ball* § 572 ZPO Rn 5; Zöller/*Heßler* § 572 ZPO Rn 9).

3. Abhilfeentscheidung

11 Hält das Erstgericht nach dem Ergebnis der Abhilfeprüfung die Abänderung des angefochtenen Beschlusses für geboten, so hilft es der Beschwerde durch Beschluss ab (Musielak/*Ball* § 572 ZPO Rn 6). Dieser Beschluss, der jedenfalls dann, wenn er – wie meist – einen anderen Beteiligten beschwert, begründet werden muss (Musielak/*Ball* § 572 ZPO Rn 6; Stein/Jonas/*Grunsky* § 571 ZPO aF Rn 5), ist den Beteiligten nach Maßgabe von § 41 bekannt zu geben.

a) Vollständige Abhilfe

Bei Abhilfe in vollem Umfang ist die Beschwerde damit erledigt. Falls im Einzelfall erforderlich, hat das Erstgericht in einem solchen Fall auch über die Kosten des Beschwerdeverfahrens zu entscheiden (Zöller/*Heßler* § 572 ZPO Rn 15 mwN). Die Beschwer des Beschwerdeführers wird durch volle Abhilfe beseitigt, jedoch kann ein anderer, durch die Abhilfeentscheidung beschwerter Beteiligter gegen diese nunmehr nach Maßgabe der §§ 58 ff seinerseits Beschwerde einlegen.

b) Teilweise Abhilfe

Hält das Erstgericht die Beschwerde nur teilweise für begründet, so hilft es ihr insoweit ab u legt die Akten dem Beschwerdegericht nur wegen des unerledigten Teils der Beschwerde vor (Musielak/*Ball* § 572 ZPO Rn 6). Auch in diesem Fall ist der Teilabhilfebeschluss den Beteiligten bekannt zu geben u diesen vor der Vorlage an das Beschwerdegericht Gelegenheit zur Rückäußerung einzuräumen (Zöller/*Heßler* § 572 ZPO Rn 13). Legt nunmehr ein anderer Beteiligter Beschwerde gegen den Teilabhilfebeschluss ein, ist das Beschwerdegericht mit zwei verschiedenen Beschwerden befasst, über die es jedoch ggf in einem einheitlichen Beschluss entscheiden kann (Zöller/*Heßler* § 572 ZPO Rn 13).

II. Vorlage

§ 68 Abs 1, 2. Hs entspricht dem durch die ZPO-Reform neu gefassten § 572 Abs 1 S 1, 2. Hs ZPO u führt zu einer Angleichung des FamFG-Verfahrens auch an die Verfahrensordnungen der Verwaltungs-, Finanz- u Sozialgerichte (vgl §§ 148 Abs 1, 2. Hs VwGO, 130 Abs 1, 2. Hs FGO u 174, 2. Hs SGG).

1. Vorlagepflicht

Soweit das Erstgericht der Beschwerde nicht abhilft, hat es demnach das Verfahren unverzüglich dem Beschwerdegericht zur Entscheidung vorzulegen. Das gilt – abgesehen von dem Ausnahmefall der von vornherein unstatthaften Beschwerde (Rz 7) – auch dann, wenn es die Beschwerde für unzulässig hält (Musielak/*Ball* § 572 ZPO Rn 7 mwN; aA ThP/*Reichold* § 572 ZPO Rn 7).

Will das Erstgericht die angefochtene Entscheidung zwar im Ergebnis, aber mit einer nunmehr abweichenden Begründung aufrechterhalten, so hat es das Verfahren unter Darlegung der veränderten Begründung in der Nichtabhilfeentscheidung dem Beschwerdegericht vorzulegen (OLG Köln FamRZ 1986, 487; Musielak/*Ball* § 572 ZPO Rn 7 mwN). Eine erneute Beschwerde gegen den Nichtabhilfebeschluss ist unzulässig (OLG Celle OLGR 2006, 462).

2. Unverzüglichkeit der Vorlage

Im Falle der Nichtabhilfe ist das Verfahren »unverzüglich« – also ohne schuldhaftes Zögern (§ 121 Abs 1 S 1 BGB) – dem Beschwerdegericht vorzulegen. Durch diese flexible Regelung u den Verzicht auf eine starre Vorlagefrist, wie sie vor der ZPO-Reform in § 571 ZPO aF enthalten war, will der Gesetzgeber erreichen, dass einerseits dem Grundsatz der Verfahrensbeschleunigung hinreichend Rechnung getragen wird, andererseits aber dem Erstgericht eine hinreichende, dem Einzelfall jeweils angemessene Überprüfungsfrist zur Verfügung steht, in der ggf auch der Sachverhalt in dem erforderlichen Umfang weiter aufgeklärt werden kann (vgl BTDrs 16/6308 S 207).

§ 68 FamFG | Gang des Beschwerdeverfahrens

3. Nichtabhilfe- und Vorlageentscheidung

a) Begründung der Nichtabhilfeentscheidung

18 Während für das FGG eine Pflicht zur Äußerung, dass u warum einer Beschwerde nicht abgeholfen wurde, zumindest nach herrschender Ansicht verneint wurde (KKW/*Sternal* § 21 FGG Rn 5; Bassenge/Roth § 21 FGG Rn 2), wird man für das Abhilfeverfahren nach § 71 Abs 1 in Angleichung an § 572 ZPO sowie nach dem Sinn u Zweck dieses Verfahrens davon auszugehen haben, dass die Nichtabhilfeentscheidung des Erstgerichts grds immer einer ausdrücklichen Begründung bedarf u diese nur ausnahmsweise im Einzelfall dann entfallen kann, wenn das Rechtsmittel seinerseits nicht begründet wurde oder sich diese Begründung auf eine bloße Wiederholung von bereits bekanntem Parteivortrag beschränkt (OLG München MDR 2004, 291, 292; OLG Karlsruhe OLGR 2004, 313 zu § 572 ZPO). Erst recht ist die Nichtabhilfe zu begründen, wenn sich der Sach- u Streitstand seit der Ausgangsentscheidung geändert hat (OLG Köln OLGR 2007, 570 f), wenn sich die Beschwerde auf neue Tatsachen stützt (OLG Brandenburg FamRZ 2003, 48) oder der angefochtene Ausgangsbeschluss noch keine Begründung enthalten hatte u diese nunmehr erst nachträglich ergänzt werden muss (Zöller/*Heßler* § 572 ZPO Rn 11; Musielak/*Ball* § 572 ZPO Rn 9).

b) Form der Nichtabhilfeentscheidung

19 Eine Form ist für die Nichtabhilfe- u Vorlageentscheidung nicht ausdrücklich vorgeschrieben. IdR sollte diese aber nicht in Gestalt einer bloßen Übersendungsverfügung, sondern in Beschlussform ergehen, da ihr – ebenso wie im Falle der positiven Abhilfe (Rz 11) – eine Abwägung von Für u Wider zugrunde liegt, sie also echten Entscheidungscharakter hat (OLG Zweibrücken Rpfleger 2000, 537). Zweckmäßig ist ein Beschluss in jedem Falle, zumal auch aus einer bloßen Nichtabhilfeverfügung zumindest hervorgehen muss, ob u in welcher Weise das Erstgericht seiner Amtspflicht zur Abhilfeprüfung nachgekommen ist (Zöller/*Heßler* § 572 ZPO Rn 10 mwN) u auch eine bloße Verfügung den Beteiligten in jedem Fall zur Wahrung des rechtlichen Gehörs in Abschrift bekannt gegeben werden muss (Zöller/*Heßler* § 572 ZPO Rn 11). Zwingend notwendig ist ein (gemeinsamer) Beschluss jedenfalls dann, wenn für die Entscheidung ein aus mehreren Personen bestehender Spruchkörper zuständig ist (Rz 4), denn eine Übersendungsverfügung des Vorsitzenden reicht dann schon aus Zuständigkeitsgründen nicht aus (OLG Stuttgart MDR 2003, 110).

c) Folgen eines fehlerhaften Abhilfeverfahrens

20 Die Durchführung eines Abhilfeverfahrens, das den dargelegten Anforderungen genügt, bildet keine Verfahrensvoraussetzung für das weitere Beschwerdeverfahren, keine Voraussetzung für den Eintritt des mit der Beschwerde verbundenen Devolutiveffekts u auch keine Voraussetzung für die Beschwerdeentscheidung selbst (OLG Frankfurt MDR 2002, 1391; OLG Stuttgart MDR 2003, 110; Zöller/*Heßler* § 572 ZPO Rn 4). Jedoch kann bei Fehlen einer ordnungsgemäßen Abhilfeentscheidung ein **wesentlicher Verfahrensmangel** vorliegen, der unter Umständen die Aufhebung der Vorlageentscheidung u die Zurückverweisung des Beschwerdeverfahrens an das Erstgericht zu Folge haben kann. Allerdings dürfte dies wegen der ggü dem bisherigen Recht verschärften Voraussetzungen des § 69 S 3 nur noch selten der Fall sein, weil es idR an dem dafür jetzt notwendigen Zurückverweisungsantrag zumindest eines Beteiligten fehlen wird. Eine wirksame Sanktionsmöglichkeit des Beschwerdegerichts besteht daher im Ergebnis meist nicht.

III. Nicht abhilfefähige Entscheidungen

§ 68 Abs 1 S 2 entspricht inhaltlich den bisherigen §§ 621e Abs 3 S 2, 318 ZPO (Zöller/ **21** *Philippi* § 621e ZPO Rn 60). Eine Abhilfebefugnis besteht also nicht, wenn sich die Beschwerde gegen eine **Endentscheidung** (§ 58 Rz 11 ff) in einer Familiensache richtet.

C. Zulässigkeit der Beschwerde

§ 68 Abs 2 S 1 stellt klar, dass das Beschwerdegericht im FamFG-Verfahren wie in jeder **22** anderen Verfahrensordnung nur in die Sachprüfung eines Rechtsmittels eintreten darf, wenn es hierzu logisch vorrangig zunächst dessen Zulässigkeit geprüft hat u sich dabei keine Mängel ergeben haben.

Maßgeblich für die Prüfung der Zulässigkeit ist dabei grds das **bei der Einlegung der** **23** **Beschwerde geltende Verfahrensrecht** (BayObLG NJW 1977, 1733, 1734; BayObLGZ 1989, 283, 284). Beim Übergang vom FGG u dem sechsten Buch der ZPO auf das FamFG ist zusätzlich Art 111 FGG-RG zu beachten, wonach ein in erster Instanz noch vor dem Inkrafttreten der Reform eingeleitetes Verfahren oder ein Verfahren, dessen Einleitung bis zu diesem Zeitpunkt zumindest beantragt war, auch im Rechtsmittelverfahren noch nach dem alten Recht zu Ende zu führen ist (OLG Köln FPR 2009, 241; aA Prütting/ Helms/*Prütting*, Art 111 FGG-RG Rn 5). Eine zunächst gegebene Zulässigkeit der Beschwerde darf aber bis zum Zeitpunkt der Entscheidung des Beschwerdegerichts, im Falle einer mündlichen Verhandlung bis zu deren Schluss, nicht aufgrund einer veränderten Tatsachengrundlage nachträglich entfallen sein. Auch schwierige Zulässigkeitsfragen dürfen bei der Prüfung der Zulässigkeit nicht offen gelassen werden, wenn die Beschwerde offensichtlich unbegründet ist (KKW/*Sternal*, § 25 Rn 16; Jansen/*Briesemeister* § 25 FGG Rn 4; aA OLG Zweibrücken FGPrax 2004, 42; Bumiller/Harders Rn 2). Zu überprüfen sind über den Wortlaut des § 68 Abs 2 S 1 hinaus sämtliche Voraussetzungen für die Zulässigkeit der Beschwerde (Rz 28 ff) u nicht nur die in dieser Vorschrift ausdrücklich aufgezählten (MüKoZPO/*Rimmelspacher* § 522 ZPO Rn 3; Musielak/*Ball* § 522 ZPO Rn 3, jeweils zur ZPO).

I. Grundsatz der Amtsprüfung

Wie sich schon aus der Natur der Zulässigkeitsprüfung von selbst versteht, hat diese **24** von Amts wegen zu erfolgen, auch wenn dies im Wortlaut des Gesetzes nicht mit der gleichen Deutlichkeit zum Ausdruck kommt wie zB in den §§ 522, 552 oder 572 Abs 2 ZPO. Nach der Vorstellung des Gesetzgebers (BTDrs 16/6308 S 207) soll durch die gewählte Gesetzesfassung darüber hinaus zum Ausdruck gebracht werden, dass sich der Amtsermittlungsgrundsatz uneingeschränkt auch auf die Prüfung der von den Beteiligten erhobenen **Zulässigkeitsrügen** beziehe, wie dies bereits bisher der hM entspreche.

Abgesehen davon, dass dies dem Gesetzeswortlaut so gerade nicht zu entnehmen ist, **25** trifft es in dieser Allgemeinheit schon deshalb nicht zu, weil die §§ 58 ff u somit auch § 68 Abs 2 das Rechtsmittelrecht einheitlich für das gesamte FamFG regeln, der früher in § 12 FGG u jetzt in § 26 geregelte Amtsermittlungsgrundsatz aber für den Bereich der **Ehe- u Familienstreitsachen** nicht gilt, sondern gem § 113 Abs 1 S 2 durch die Vorschriften der ZPO u damit durch den Beibringungsgrundsatz ersetzt ist. Ausgehend von dem systematischen Prinzip, dass für die tatsächlichen Feststellungen der prozessualen Voraussetzungen einer Entscheidung grds die gleichen Verfahrensgrundsätze wie für deren materiellrechtliche Grundlagen gelten müssen (KKW/*Schmidt* § 12 FGG Rn 64), ist daher jedenfalls für die Ehe- u Familienstreitsachen ohnehin auch nach dem neuen Recht unverändert von der Geltung des Verhandlungsgrundsatzes auszugehen.

Darüber hinaus darf die Aussage des Gesetzgebers aber auch für die echten Verfahren **26** der freiwilligen Gerichtsbarkeit nicht dahingehend missverstanden werden, dass die tatsächlichen Grundlagen für die Entscheidung über die Zulässigkeit nunmehr allein

§ 68 FamFG | Gang des Beschwerdeverfahrens

durch das Gericht zu ermitteln sind u die Parteiinitiative für die Einführung des erforderlichen Tatsachenstoffs in das Verfahren vollständig ausgeschlossen ist. Unabhängig von der nur begrifflichen Frage, ob sich der Amtsermittlungsgrundsatz in seinem Anwendungsbereich nur auf den der Sachentscheidung zugrunde liegenden Tatsachenstoff beschränkt (so zB Jansen/*Briesemeister* § 25 FGG Rn 6; Jansen/*v König/v Schuckmann* vor § 8–18 FGG Rn 23 mwN) oder ob er auch die für die Entscheidung über die Zulässigkeit erforderlichen Tatsachen mit erfasst (so zB KKW/*Schmidt* § 12 FGG Rn 64 mwN), bestand nämlich jedenfalls für das bisherige Recht darin Einigkeit, dass auch im Geltungsbereich einer derart weit verstandenen Amtsermittlungsmaxime Beibringungspflichten der Beteiligten für die tatsächlichen Grundlagen verfahrensrechtlich erheblicher Umstände jedenfalls in dem Umfang bestehen, in dem dies für Antragsverfahren, insbesondere in echten Streitsachen, auch bezüglich der materiell-rechtlichen Entscheidungsgrundlagen allgemein anerkannt ist (BGH MDR 1999, 62, 63; KKW/*Schmidt* § 12 FGG Rn 64).

27 Da es sich bei der Beschwerde nur um den Sonderfall eines Antragsverfahrens handelt u jedes Rechtsmittelverfahren der freiwilligen Gerichtsbarkeit unabhängig davon, auf wessen Initiative das Verfahren in der ersten Instanz eingeleitet wurde, jedenfalls insoweit der Disposition der Beteiligten unterliegt, als es die Eröffnung des Rechtsmittelzuges als solche betrifft, ergab sich daraus für das FGG auch ungeachtet einer unterstellten Geltung des Amtsermittlungsgrundsatzes die grds Verpflichtung des Rechtsmittelführers, in gleicher Weise wie im Zivilprozess die Tatsachen vorzutragen, welche die Zulässigkeit seines Rechtsmittels begründen u auch das Risiko der Nichterweislichkeit dieser Tatsachen zu tragen, wenn die von Amts wegen anzustellenden Ermittlungen des Beschwerdegerichts über diese Tatsachen zu keinem Ergebnis führen (BGH MDR 1999, 62, 63; iE ebenso Jansen/*Briesemeister* § 25 FGG Rn 6). An dieser Rechtslage, von der zB auch § 18 Abs 2 S 1 implizit ausgeht, wollte der Gesetzgeber durch das FamFG ersichtlich nichts ändern, sondern diese nur klarstellen, so dass es dabei unverändert auch für das neue Recht verblieben ist. Etwas anderes gilt ausnahmsweise nur dann, wenn die in Frage stehenden Tatsachen nicht in den Verantwortungsbereich des Beschwerdeführers fallen. Das betrifft insbes den Beginn der Beschwerdefrist, soweit diese von einer im Amtsbetrieb vorzunehmenden Bekanntgabe abhängt u über deren Wirksamkeit oder Zeitpunkt nicht behebbare Zweifel verbleiben, so dass in einem derartigen Fall eine Rechtsmittelfrist zu Lasten des Beschwerdeführers nicht zu laufen beginnen kann (Jansen/*Briesemeister* § 25 FGG Rn 8).

II. Voraussetzungen der Zulässigkeit

28 Voraussetzungen für die Zulässigkeit der Beschwerde sind gem § 68 Abs 2 S 1 zunächst deren **Statthaftigkeit** (§ 58) sowie die Einhaltung der vorgeschriebenen **Form** (§ 64 Abs 2) u **Frist** (§ 63) für die Einlegung des Rechtsmittels, in Ehe- u Familienstreitsachen gem § 117 Abs 1 S 3 iVm § 522 Abs 1 S 1 u 2 ZPO darüber hinaus auch für dessen **Begründung**. Weitere, in dieser Vorschrift nicht ausdrücklich aufgezählte Voraussetzungen für die Zulässigkeit der Beschwerde sind außerdem die **Beschwerdeberechtigung** (§ 59) u die **Beschwerdeführungsbefugnis** (§ 59 Rz 19 ff). In vermögensrechtlichen Streitigkeiten muss die **Beschwerdewertgrenze** von 600,00 € überschritten sein oder die Beschwerde durch das Erstgericht ausdrücklich **zugelassen** werden (§ 61).

29 Neben diesen spezifischen Zulässigkeitsvoraussetzungen für das Rechtsmittel der Beschwerde müssen weiterhin aber auch die allgemeinen, für jedes Verfahren erforderlichen Voraussetzungen vorliegen. Neben den **Verfahrenshandlungsvoraussetzungen** (Beteiligtenfähigkeit, Verfahrensfähigkeit, Vertretungsmacht, Postulationsfähigkeit), die in der Person des Beschwerdeführers bzw eines an seiner Stelle handelnden Vertreters gegeben sein müssen, gehört hierher ua die **Fortdauer der Rechtshängigkeit**, die nicht aufgrund einer zwischenzeitlichen Antrags- oder Beschwerderücknahme (§ 67 Abs 4),

eines Verzichts auf den geltend gemachten Anspruch oder das Recht der Beschwerde (§ 67 Abs 1–3), einer übereinstimmenden Erledigungserklärung der Beteiligten oder durch einen Vergleich entfallen sein darf. Auch das mögliche Entgegenstehen der Rechtshängigkeit eines anderen Verfahrens oder einer bereits rechtskräftigen Entscheidung über denselben Verfahrensgegenstand ist insoweit zu überprüfen.

Außerdem darf schließlich das **Rechtsschutzbedürfnis** für die Beschwerde nicht fehlen. Dieses ergibt sich zwar idR schon aus der Beschwerdeberechtigung, kann aber im Einzelfall zB dann fehlen, wenn ein einfacherer u billigerer Weg zur Erreichung desselben Rechtsschutzziels in Betracht kommt, etwa durch eine Berichtigung statt durch eine Beschwerde (OLG Zweibrücken FamRZ 1985, 614), wenn ein Fall des Rechtsmissbrauchs vorliegt (KKW/*Kahl* § 19 FGG Rn 81) oder wenn nur eine Änderung der Entscheidungsbegründung erstrebt wird (§ 59 Rz 15). Das Rechtsschutzbedürfnis fehlt auch in den Fällen einer verfahrensmäßigen Überholung (BayObLG FamRZ 1990, 551 f; Bassenge/Roth § 19 FGG Rn 31 mwN) u wenn kein Bedürfnis für die Aufhebung der angefochtenen Entscheidung besteht, weil der Beschwerdeführer deren Wirksamwerden zB durch Antragsrücknahme selbst verhindern kann oder diese für ihn ohne Auswirkungen bleibt, weil er ein ihm dadurch zugewiesenes Amt als Testamentsvollstrecker oder Liquidator einer GmbH nicht anzunehmen braucht (Bassenge/Roth § 19 FGG Rn 30 mwN). Es kann außerdem fehlen, soweit eine Entscheidung bereits endgültig wirksam geworden ist u auch das Beschwerdegericht sie nicht mehr abändern darf (Bassenge/Roth § 19 Rn 32 mwN). Der hier bisher denkbare Fall, dass ein Beschluss über die Genehmigung eines Rechtsgeschäfts einem Dritten ggü bereits wirksam wurde (§§ 62, 55, 75 FGG), kann allerdings wegen der jetzt gem § 40 Abs 2 auf den Zeitpunkt der Rechtskraft aufgeschobenen Wirksamkeit derartiger Beschlüsse in vergleichbarer Weise nicht mehr auftreten. Schließlich kann das Rechtsschutzbedürfnis auch entfallen, wenn das Erstgericht der Beschwerde abhilft (§ 68 Abs 1) oder sich die Hauptsache – unabhängig von einer entsprechenden Erledigungserklärung der Beteiligten – während des Beschwerdeverfahrens erledigt.

III. Entscheidung bei Unzulässigkeit der Beschwerde

Führt die Prüfung des Beschwerdegerichts zur Unzulässigkeit der Beschwerde, so ist diese gem § 68 Abs 2 S 2 als unzulässig zu verwerfen. Betrifft der Mangel der Zulässigkeit nur einen Teil der Beschwerde oder nur einen von mehreren Beteiligten, ist die Verwerfung entsprechend zu beschränken (Musielak/*Ball* § 522 ZPO Rn 11; MüKoZPO/*Rimmelspacher* § 522 ZPO Rn 11). Zur Wahrung des rechtlichen Gehörs darf die Verwerfung nur erfolgen, nachdem der Beschwerdeführer zuvor auf die Unzulässigkeit seines Rechtsmittels hingewiesen worden ist (BGH MDR 2006, 44, 45 zu § 522 ZPO).

Der Verwerfungsbeschluss ist grds **nicht anfechtbar**, ebenso auch nicht der Beschluss, durch den dem Beschwerdeführer die Wiedereinsetzung in die Frist zur Einlegung oder Begründung der Beschwerde versagt wird. Etwas anderes gilt nur für **Ehe- u Familienstreitsachen**, wo – außer in Verfahren des einstweiligen Rechtsschutzes (§ 70 Abs 4) – gem § 117 Abs 1 S 3 iVm § 522 Abs 1 S 4 ZPO gegen den Verwerfungsbeschluss die Rechtsbeschwerde statthaft ist (Musielak/Borth, § 117 Rn 12; unklar *Maurer* FamRZ 2009, 465, 476). Kommt danach eine Rechtsbeschwerde in Betracht, ist sie allerdings dennoch nur statthaft, wenn nach dem Ergebnis der Prüfung durch das Rechtsbeschwerdegericht die Voraussetzungen des § 70 Abs 2 gegeben sind (BGH FamRZ 2003, 1093; MDR 2004, 107). Der Beschluss über die Versagung der Wiedereinsetzung kommt in seinen Auswirkungen einer Verwerfung der Beschwerde gleich u kann daher in Ehe- u Familienstreitsachen gem §§ 68 Abs 3 S 1, 113 Abs 1 S 2, 238 Abs 2 S 1 ebenfalls mit der Rechtsbeschwerde angegriffen werden; in anderen Verfahren ist er unanfechtbar, weil dort auch ein Verwerfungsbeschluss nicht angefochten werden kann. In den dem **FamGKG** unterfallenden Verfahren ist der Verwerfungsbeschluss **gebührenfrei**, allerdings erfolgt auch keine Ermäßigung der schon angefallenen Verfahrensgebühr. Im Anwendungsbereich der **KostO** gilt § 131 Abs 1 Nr 1 KostO (§ 58 Rz 55).

D. Weiteres Verfahren, § 68 Abs 3

I. Verweis auf die Vorschriften des ersten Rechtszuges, § 68 Abs 3 S 1

33 Die an § 525 S 1 ZPO angelehnte Vorschrift des § 68 Abs 3 S 1 regelt, dass auf das Beschwerdeverfahren ergänzend grds die Vorschriften über das Verfahren im ersten Rechtszug (Abschnitt 2 = §§ 23–37) anzuwenden sind. Darüber hinaus finden darauf die allg Vorschriften (Abschnitt 1 = §§ 1–22a) bereits unmittelbare Anwendung u in § 69 Abs 3 wird zudem die entsprechende Anwendung auch noch der Vorschriften über den Beschluss (Abschnitt 3 = §§ 38–48) angeordnet (§ 69 Rz 49 ff). In **Ehe- u Familienstreitsachen** verbleibt es bei der Geltung dieser Vorschriften allerdings nur für die §§ 1 (Anwendungsbereich des Gesetzes) u 38 f (Beschlussform u Notwendigkeit einer Rechtsbehelfsbelehrung); § 38 wird dabei außerdem durch § 116 bestätigt u ergänzt. Im Übrigen verweisen sowohl § 68 Abs 3 S 1 wie auch § 69 Abs 3 S 1 über § 113 Abs 1 S 2 stattdessen jeweils auf die Geltung der §§ 1–494a ZPO u § 118 verweist auf die §§ 578–591 ZPO.

34 Nicht ausdrücklich geregelt in den §§ 58 ff ist, wie mit der Beschwerdeschrift u der Beschwerdebegründungsschrift nach deren Eingang bei dem Beschwerdegericht jeweils zu verfahren ist, u zwar auch nicht für die Ehe- u Familienstreitsachen, für die eine Bezugnahme auf § 521 ZPO in § 117 fehlt. Nur aus § 68 Abs 3 S 1 iVm § 23 Abs 2 analog ergibt sich daher, dass die **Beschwerdeschrift** den übrigen Beteiligten grds zumindest formlos zu übermitteln ist. Nur aus §§ 68 Abs 3 S 1, 113 Abs 1 S 2 iVm § 172 ZPO analog ist herzuleiten, dass sie diesen bzw ihren Verfahrensbevollmächtigten in **Ehe- u Familienstreitsachen** auch nach dem neuen Recht weiterhin förmlich zuzustellen ist.

35 Auch die **Beschwerdebegründung** ist den Beteiligten zur Wahrung des rechtlichen Gehörs (KKW/*Schmidt* § 12 FGG Rn 166) grds nur formlos zu übermitteln. Nur wenn – wie es allerdings zur Wahrung des rechtlichen Gehörs idR zweckmäßig sein wird u im Amtsverfahren zusätzlich auch wegen des dort herrschenden Untersuchungsgrundsatzes (KKW/*Schmidt* § 12 FGG Rn 68) geboten sein kann – bei dieser Gelegenheit zugleich eine **Frist zur Beschwerdeerwiderung** gesetzt wird, ist die Beschwerdebegründung den Beteiligten gem § 15 Abs 1 in der nach § 15 Abs 2 vorgeschriebenen Form, also entweder durch Zustellung nach der ZPO oder durch Aufgabe zur Post nach § 15 Abs 2 S 2 bekannt zu geben. In **Ehe- u Familienstreitsachen** richtet sich die Setzung einer Frist zur Beschwerdeerwiderung nach § 117 Abs 2 S 1 iVm § 521 Abs 2 ZPO (§ 117 Rz 33b). Für die Bekanntgabe der Beschwerdebegründung gelten aber auch in diesen Verfahren nur die allgemeinen Vorschriften, denn ein Verweis auch auf § 521 Abs 1 ZPO ist in § 117 Abs 2 S 1 nicht enthalten.

II. Wiederholung erstinstanzlicher Verfahrenshandlungen

1. Grundsatz

36 § 68 Abs 3 S 2 greift einen zunächst von der Rspr entwickelten u sodann bisher ausschl in § 69g Abs 5 S 3 FGG für die Anhörung des Betroffenen im Betreuungsrecht kodifizierten Grundsatz (näher vgl KKW/*Kayser* § 69g FGG Rn 28 f mwN) auf u regelt nunmehr allgemein für das gesamte Recht der freiwilligen Gerichtsbarkeit, dass das Beschwerdegericht nach pflichtgemäßem Ermessen von der Wiederholung eines Termins, einer mündlichen Verhandlung oder einer sonstigen, einzelnen Verfahrenshandlung (insbes also von einer erneuten Anhörung oder von einer erneuten Beweisaufnahme) absehen kann, wenn diese bereits in der ersten Instanz ordnungsgemäß durchgeführt wurde u von einer erneuten Vornahme keine zusätzlichen Erkenntnisse zu erwarten sind.

Die Vorschrift soll nach der Vorstellung des Gesetzgebers der effizienten Nutzung gerichtlicher Ressourcen in der Beschwerdeinstanz dienen u etwa unnötige doppelte Beweisaufnahmen verhindern oder die Durchführung eines Verhandlungstermins entbehrlich machen, wenn die Sache bereits in der ersten Instanz im erforderlichen Umfang mit den Beteiligten erörtert wurde (BTDrs 16/6308 S 207). Jedoch war bereits nach dem bisherigen Recht die Durchführung eines Termins oder einer mündlichen Verhandlung (außer bei den der ZPO unterliegenden Ehe- u Familienstreitsachen) nur für Familiensachen im Rahmen des Scheidungsverbundes oder im Einzelfall aufgrund von Spezialregelungen vorgeschrieben (KKW/*Meyer-Holz* vor § 8–18 FGG, Rn 9; Bassenge/Roth Einl Rn 72; Bumiller/Winkler, § 12 FGG Rn 36 f, jeweils mwN), die Wiederholung einer Anhörung war schon bisher nur unter besonderen Voraussetzungen notwendig (KKW/*Schmidt* § 12 FGG Rn 72; KKW/*Kayser* § 69g FGG Rn 28 f; Bassenge/Roth § 23 Rn 5, jeweils mwN) u auch die Wiederholung der Tatsachenfeststellung in der Rechtsmittelinstanz stand schon bisher grds im pflichtgemäßen Ermessen des Gerichts (KKW/*Schmidt* § 12 FGG Rn 72; KKW/*Sternal* § 23 FGG Rn 16, jeweils mwN). Mit größeren Änderungen in der tatsächlichen Verfahrensweise der Beschwerdegerichte aufgrund der Neuregelung ist daher nicht zu rechnen.

2. Wiederholung der mündlichen Verhandlung

Die wiederholte Durchführung einer mündlichen Verhandlung im Beschwerdeverfahren ist unter den Voraussetzungen der Neuregelung grds auch dann entbehrlich, wenn eine solche in der ersten Instanz aufgrund von Sondervorschriften durchgeführt werden muss (wie zB § 15 LwVG) oder jedenfalls idR durchgeführt werden soll (wie zB beim VA, § 221 Abs 1, oder in Haushaltssachen, § 207). Anders als bisher kann unter den Voraussetzungen des § 68 Abs 3 S 2 – u somit deutlich weitergehend als nach dem in seiner Funktion sonst ähnlichen § 522 Abs 2 ZPO – eine mündliche Verhandlung in der Beschwerdeinstanz sogar in den bisher ohne Einschränkung dem Berufungsrecht der ZPO unterliegenden **Ehe- u Familienstreitsachen** unterbleiben, wobei das Beschwerdegericht auf eine derartige Verfahrensweise lediglich zuvor nach § 117 Abs 3 ausdrücklich **hinzuweisen** hat. Außerhalb der Ehe- u Familienstreitsachen schreibt das Gesetz einen vergleichbaren Hinweis dagegen nicht ausdrücklich vor. Er wird aber zur Gewährleistung eines fairen Verfahren u zur Vermeidung von Überraschungen für die Beteiligten häufig ebenfalls geboten sein; zB auch in sonstigen Familiensachen sollte ohne einen derartigen Hinweis idR auch sonst nicht im rein schriftlichen Verfahren entschieden werden. Bei Vorliegen der Voraussetzungen des § 68 Abs 3 2 S steht dem Verzicht auf eine erneute mündliche Verhandlung dabei auch nicht entgegen, wenn eine solche zuvor bereits anberaumt war u sich ihre Entbehrlichkeit erst nachträglich herausstellt (OLG Düsseldorf FamRZ 2005, 1499 f zu § 522 Abs 2 ZPO).

Die Regelung des § 68 Abs 3 S 2 ist mit **Art 6 EMRK** vereinbar, das Beschwerdegericht hat diese Vorschrift jedoch konform mit der EMRK auszulegen u bei der Ausübung des ihm durch sie eingeräumten Ermessens auch die Rechtsprechung des EGMR zu beachten (BTDrs 16/6308 S 207 f). Art 6 EMRK enthält zwar den Grundsatz der mündlichen Verhandlung für den »Zivilprozess«, worunter nach der Rspr des EGMR auch Ehe-, Kindschafts- u Unterbringungssachen fallen (Meyer/Ladewig Art 6 EMRK Rn 8), jedoch kann von einer erneuten mündlichen Verhandlung in der Rechtsmittelinstanz jedenfalls dann abgesehen werden, wenn eine solche schon in der ersten Instanz stattgefunden hat u wenn nur zur Zulässigkeit verhandelt wird, wenn die sachlichen Angriffe des Rechtsmittelführers für die Entscheidung ohne Bedeutung sind oder wenn diese angemessen auf der Grundlage der Akten u ohne eigene Tatsachenermittlung des Rechtsmittelgerichts behandelt werden können (OLG Celle NJW 2002, 2800 zu § 522 ZPO). Eine erneute mündl Verhandlung ist auch nach der Rspr des EGMR nur dann erforderlich, wenn der Fall schwierig ist u nicht einfache tatsächliche Fragen von erheblicher Bedeutung eine Rolle spielen (Meyer/Ladewig Art 6 EMRK Rn 66). Auch Bedenken wegen eines Verstoßes gegen Art 19 Abs 4, 101 Abs 1 S 2 (BVerfG NJW 2003, 281) oder gegen Art 103 Abs 1 GG (OLG Düsseldorf FamRZ 2005, 1499, 1500) bestehen bei einer sachlich zutreffenden Handhabung der neuen Vorschrift nicht.

3. Wiederholung von Anhörungen

40 Die Wiederholung der durch das Gesetz vorgeschrieben Anhörung eines Beteiligten ist wie bisher jedenfalls dann erforderlich, wenn die Entscheidung zum Nachteil des anzuhörenden Betroffenen abgeändert werden soll (BVerfG NJW-RR 2004, 577, 578; KKW/*Kayser* § 69g FGG Rn 29; Bassenge/Roth § 23 FGG Rn 5), wenn wesentliche neue Tatsachen zu erörtern sind, die in der ersten Instanz noch nicht zur Sprache gekommen sind (OLG Celle OLGR 1995, 297; KKW/*Kayser* § 69g FGG Rn 29; Bassenge/Roth § 23 FGG Rn 5), wenn der Akteninhalt den persönlichen Eindruck von dem anzuhörenden Beteiligten nicht hinreichend vermittelt (BayObLG FamRZ 1998, 453, 454; FamRZ 2001, 1555, 1556; KKW/*Kayser* § 69g FGG Rn 29; Bassenge/Roth § 23 FGG Rn 5), wenn die erstinstanzliche Anhörung schon länger zurückliegt oder wenn diese nicht ordnungsgemäß durchgeführt worden ist (BayObLG FamRZ 2001, 1646; OLG Hamm FamRZ 2000, 494 ff; KKW/*Kayser* § 69g FGG Rn 29; Bassenge/Roth § 23 FGG Rn 5).

41 **Entbehrlich** ist eine erneute Anhörung in der Beschwerdeinstanz – ebenfalls nach den gleichen Maßstäben wie bisher – insbes zB dann, wenn die Beschwerde zurückgewiesen werden soll u sich aus den Akten nichts ergibt, was eine nochmalige Anhörung erforderlich erscheinen lässt, wenn es in der Beschwerdeinstanz nur um Rechtsfragen geht, wenn die Beschwerde ohnehin ohne Sachentscheidung als unzulässig verworfen werden soll oder wenn der angefochtene Beschluss in jedem Falle aufzuheben ist, ohne dass es auf das Ergebnis einer wiederholten Anhörung noch ankäme (KKW/*Kayser* § 69g FGG Rn 29 mwN).

4. Wiederholung der Beweisaufnahme

42 Obwohl das Beschwerdeverfahren grds als vollwertige zweite Tatsacheninstanz ausgestaltet worden ist (vor §§ 58–75 Rz 7, § 69 Rz 7, § 117 Rz 2 f), steht unter den Voraussetzungen von § 68 Abs 3 S 2 auch die Wiederholung der **Tatsachenfeststellung** im pflichtgemäßen Ermessen des Beschwerdegerichts (§ 26).

43 Die Notwendigkeit einer erneuten Tatsachenfeststellung u insbes einer wiederholten Beweisaufnahme ist damit in einer Weise geregelt, die einerseits hinter § 525 ZPO in der bis zum Inkrafttreten der ZPO-Reform geltenden Fassung mit seinem grundsätzlichen Erfordernis einer vollständigen Wiederholung der ersten Instanz zurückbleibt, jedoch andererseits trotz des vom Gesetzgeber ausdrücklich gewünschten, sparsamen Umgangs mit den Personalressourcen der Justiz eine Wiederholung der Beweisaufnahme nach seinem Wortlaut jedenfalls tendenziell eher angebracht erscheinen lässt als nach § 529 Abs 1 Nr 1 ZPO, wonach eine Wiederholung der erstinstanzlichen Tatsachenfeststellung nur dann ausnahmsweise zulässig u geboten ist, wenn konkrete Anhaltspunkte Zweifel an der Richtigkeit u Vollständigkeit der entscheidungserheblichen Feststellungen begründen.

44 Zumindest in all den Situationen, in denen nach der von der Rspr entwickelten Kasuistik zu § 529 Abs 1 Nr 1 ZPO sogar konkrete Anhaltspunkte für Zweifel an der Richtigkeit oder Vollständigkeit der erstinstanzlichen Tatsachenfeststellungen im Sinne dieser Vorschrift bejaht werden (Zöller/*Heßler* § 529 ZPO Rn 5–11; Musielak/*Ball* § 529 ZPO Rn 4–18, jeweils mwN) ist daher auch für das Verfahren nach dem FamFG in jedem Fall von der Notwendigkeit einer erneuten Tatsachenfeststellung u erforderlichenfalls der Wiederholung oder Ergänzung einer erstinstanzlichen Beweisaufnahme auszugehen. Insbes wird eine solche Wiederholung somit – wie bisher – jedenfalls dann geboten sein, wenn die Beweisaufnahme in erster Instanz an einem Verfahrensmangel leidet, der

nicht entsprechend § 295 Abs 1 ZPO geheilt worden ist u von dem zumindest nicht ausgeschlossen werden kann, dass er das Ergebnis der erstinstanzlichen Entscheidung beeinflusst hat (KKW/*Schmidt* § 12 FGG Rn 72; KKW/*Sternal* § 23 FGG Rn 16, jeweils mwN). Die Wiederholung einer Zeugenvernehmung ist – ebenfalls wie bisher – jedenfalls dann erforderlich, wenn das Beschwerdegericht die Glaubwürdigkeit dieses Zeugen abweichend von der Beurteilung des Erstgerichts einschätzen oder ihr jedenfalls in der Gesamtwürdigung der Aussage ein anderes Gewicht beimessen will (KKW/*Schmidt* § 12 FGG Rn 72 u § 15 Rn 64).

E. Einzelrichter

I. Allgemeines

Gem § 68 Abs 4 kann das Beschwerdegericht den Rechtsstreit einem seiner Mitglieder **45** durch Beschluss als Einzelrichter zur Entscheidung übertragen. Diese Neuregelung knüpft inhaltlich an den bisherigen, durch die ZPO-Reform neu gefassten § 30 Abs 1 S 3 FGG an, sieht die Möglichkeit des Einzelrichtereinsatzes aber in Angleichung an u in Übereinstimmung mit § 526 ZPO künftig nicht mehr nur für die – ohnehin nur noch gem § 72 Abs 2 GVG nF für die Entscheidungen der Betreuungsgerichte u in Freiheitsentziehungssachen als Beschwerdeinstanz zuständigen – Zivilkammern beim Landgericht vor, sondern für sämtliche Beschwerdeverfahren, u betrifft somit nunmehr auch die Beschwerdezuständigkeit der OLG.

Entsprechend der allgemeinen Tendenz des Gesetzgebers zu einer immer weitergehenden **46** Einschränkung des Kollegialprinzips soll damit offenbar der Einsatzbereich für den mit der ZPO-Reform erst kürzlich überhaupt in das Recht der freiwilligen Gerichtsbarkeit eingeführten Einzelrichter weiter ausgedehnt werden. Jedoch kennt auch das FamFG nach wie vor weder den **originären Einzelrichter** iSd § 568 ZPO noch den **vorbereitenden Einzelrichter** iSd § 527 ZPO. Die bisher für Endentscheidungen dem Berufungsrecht u im Übrigen dem Beschwerderecht der ZPO unterliegenden Ehe- u Familienstreitsachen u die weiteren, bisher der befristeten Beschwerde nach § 621e ZPO unterliegenden Familiensachen fallen daher aufgrund der Neuregelung aus dem Anwendungsbereich dieser Vorschriften heraus. Auch für sie gibt es nunmehr nur noch den fakultativen Einzelrichter nach § 68 Abs 4 iVm § 526 ZPO. Im Ergebnis führt die Neuregelung also in dieser Hinsicht sogar zu einer teilweisen Einschränkung des Einzelrichterprinzips (bedauert von *Gutjahr* FPR 2006, 433, 435). Die Vorschriften der ZPO über den beauftragten u ersuchten Richter (§§ 361f ZPO) bleiben allerdings über die Verweisungen gem § 30 Abs 1 u § 113 Abs 1 auch für das FamFG-Verfahren weiter anwendbar.

Zu einer weiteren Einschränkung des Einzelrichterprinzips im Vergleich zur ZPO **47** kommt es auch, soweit gem § 68 Abs 4, 2. Hs **Richter auf Probe** als Einzelrichter nicht zugelassen sind, was die BReg in ihrer Stellungnahme (BTDrs 16/6308 Anlage 3, S 410) zu dem abweichenden Vorschlag des BR (BTDrs 16/6308 Anlage 2, S 368 f) zu Recht abgelehnt hat, weil gegen die zu treffenden Beschwerdeentscheidungen in der weit überwiegenden Mehrzahl der Fälle ein weiteres Rechtsmittel nicht mehr gegeben ist u daher die größere berufliche Erfahrung eines Lebenszeitrichters auch für die landgerichtlichen Beschwerdesachen – in denen der Einsatz von Proberichtern ansonsten grds in Betracht käme – als unabdingbar erscheine. Die in dieser Hinsicht vom BR gerügte Ungleichbehandlung des Einzelrichters in den verschiedenen Verfahrensordnungen sollte in einer künftigen Reform eher in der Weise beseitigt werden, dass Proberichter auch in der ZPO als Einzelrichter nicht mehr zugelassen werden.

II. Einzelheiten

48 Gem § 68 Abs 4, 2. Hs gilt für die Übertragung auf den fakultativen Einzelrichter § 526 ZPO mit der genannten Maßgabe entsprechend, dass eine Übertragung auf einen Proberichter ausgeschlossen ist. Das bedeutet – wobei wegen weiterer Einzelheiten auch auf die Kommentierungen zu § 526 ZPO Bezug genommen werden kann – Folgendes:

1. Übertragung auf den Einzelrichter

49 Entsprechend **§ 526 Abs 1 ZPO** ist die Übertragung auf den Einzelrichter zulässig, wenn die angefochtene Entscheidung von einem Einzelrichter erlassen wurde. Einzelrichter idS ist sowohl der Richter als auch der Rechtspfleger in den Fällen des § 11 Abs 1 RPflG. Weiterhin darf die Sache keine besonderen Schwierigkeiten rechtlicher oder tatsächlicher Art aufweisen u keine grundsätzliche Bedeutung haben; ob dies der Fall ist, richtet sich nach den gleichen Maßstäben wie in den §§ 348, 348a ZPO. Schließlich ist die Übertragung nur zulässig, wenn nicht zuvor bereits in der Hauptsache mündlich verhandelt wurde, es sei denn, dass inzwischen eine Vorbehalts-, Teil- oder Zwischenentscheidung ergangen ist.

2. Rückübertragung auf den Spruchkörper

50 Entsprechend **§ 526 Abs 2 ZPO** ist ausnahmsweise die Rückübertragung auf die Kammer oder den Senat möglich, wenn sich aus einer wesentlichen Änderung der Prozesslage tatsächliche oder rechtliche Schwierigkeiten der Sache oder die grundsätzliche Bedeutung der Rechtssache nachträglich ergeben. Die Rückübertragung erfolgt nach Vorlage durch den Einzelrichter u Anhörung der Beteiligten durch Übernahmebeschluss des jeweiligen Gesamtspruchkörpers (aA Zöller/Heßler, § 526 ZPO Rn 13: Beschluss des Einzelrichters). Eine erneute Übertragung auf den Einzelrichter ist entsprechend § 526 Abs 2 S 3 ZPO ausgeschlossen.

3. Unanfechtbarkeit von Übertragungsentscheidungen

51 Entsprechend **§ 526 Abs 3 ZPO** kann auf eine erfolgte oder unterlassene Übertragung, Vorlage oder (Rück-)übernahme ein Rechtsmittel nicht gestützt werden. Entscheidet jedoch der Einzelrichter, ohne dass zuvor ein ordnungsgemäßer Übertragungsbeschluss ergangen ist, so liegt ein absoluter Rechtsbeschwerdegrund im Sinne von § 72 Abs 3 FamFG iVm § 547 Nr 1 ZPO vor (BayObLG FGPrax 2004, 77; OLG Zweibrücken, FGPrax 2003, 268; Bumiller/Harders § 72 Rn 17); das Gleiche gilt umgekehrt auch bei Entscheidung durch den gesamten Spruchkörper, wenn eine Rückübertragung nach § 526 Abs 2 ZPO nicht stattgefunden hat.

4. Kammern für Handelssachen

52 Die Verweisung auf **§ 526 Abs 4 ZPO** geht zumindest weitgehend ins Leere, weil ein Fall, in dem eine Beschwerde nach dem FamFG durch eine Kammer für Handelssachen beim Landgericht entschieden wird u in dem daher eine Übertragung der Beschwerdeentscheidung an deren Vorsitzenden als Einzelrichter in Betracht käme, wegen der Verschiebung der Beschwerdezuständigkeit in den bisher von den Kammern für Handelssachen bearbeiteten Verfahren auf das OLG gem § 119 Abs Nr 1b) GVG nF kaum noch denkbar erscheint. Allenfalls aus Spezialgesetzen – die jedoch nicht ersichtlich sind – könnte sich eine Beschwerdezuständigkeit der Kammer für Handelssachen auch jetzt noch ergeben (zur insoweit in sich widersprüchlichen Gesetzesbegründung vgl BTDrs 16/6308 S 208).

III. Spezialvorschriften

Sondervorschriften enthalten unter anderem die §§ 2 Abs 2, 20 Abs 1 LwVG (fakultativer Einzelrichter beim Landwirtschaftsgericht nur in den in § 20 Abs 1 LwVG enumerativ aufgezählten Sonderfällen) sowie §§ 57 Abs 5, 58 Abs 1 S 1, 59 Abs 1 S 5, 60 S 2 FamGKG, 14 Abs 7 KostO, 4 Abs 7 JVEG (originärer Einzelrichter in Kostenangelegenheiten). In Verfahren nach dem IntFamRVG ist der Einsatz des Einzelrichters ausgeschlossen (§ 40 Abs 2 IntFamRVG).

53

§ 69 Beschwerdeentscheidung

(1) Das Beschwerdegericht hat in der Sache selbst zu entscheiden. Es darf die Sache unter Aufhebung des angefochtenen Beschlusses und des Verfahrens nur dann an das Gericht des ersten Rechtszugs zurückverweisen, wenn dieses in der Sache noch nicht entschieden hat. Das Gleiche gilt, soweit das Verfahren an einem wesentlichen Mangel leidet und zur Entscheidung eine umfangreiche oder aufwändige Beweiserhebung notwendig wäre und ein Beteiligter die Zurückverweisung beantragt. Das Gericht des ersten Rechtszugs hat die rechtliche Beurteilung, die das Beschwerdegericht der Aufhebung zugrunde gelegt hat, auch seiner Entscheidung zugrunde zu legen.

(2) Der Beschluss des Beschwerdegerichts ist zu begründen.

(3) Für die Beschwerdeentscheidung gelten im Übrigen die Vorschriften über den Beschluss im ersten Rechtszug entsprechend.

Übersicht

	Rz		Rz
A. Allgemeines und Prüfungsumfang des Beschwerdegerichts	1	2. Bindung des Beschwerdegerichts	31
I. Prüfungspflicht und Gegenstand des Beschwerdeverfahrens	1	3. Bindung des Rechtsbeschwerdegerichts	32
1. Prüfungspflicht des Beschwerdegerichts	1	C. Verschlechterungsverbot	33
		I. Verfahren im öffentlichen Interesse	34
2. Gegenstand des Beschwerdeverfahrens	2	II. Verfahren im Privatinteresse	35
		III. Versorgungsausgleich	36
a) Verfahren im öffentlichen Interesse	3	IV. Reichweite des Verschlechterungsverbots	38
b) Verfahren im Privatinteresse .	5	D. Begründung der Beschwerdeentscheidung	41
3. Anwendbares Recht	8	
B. Zurückverweisung	9	I. Grundsatz des Begründungszwangs	41
I. Grundsatz der Selbstentscheidung .	9	
II. Voraussetzungen einer Zurückverweisung	11	II. Ausnahmen	42
		III. Form und Umfang der Entscheidungsbegründung	44
1. Unterschiede zum bisherigen Recht	12	IV. Folgen von Begründungsmängeln	48
2. Fehlende Entscheidung in der Sache	15	E. Verweis auf die Vorschriften über den Beschluss im ersten Rechtszug	49
3. Wesentlicher Verfahrensmangel .	17	F. Wirksamwerden der Beschwerdeentscheidung	52
a) Wesentlicher Verfahrensmangel	19	I. Grundsatz	52
		II. Ausnahmen kraft Gesetzes	53
b) Umfangreiche oder aufwändige Beweisaufnahme	22	1. Aufgeschobene Wirksamkeit . .	53
4. Zurückverweisung nur auf Antrag	25	2. Unterausnahme: Anordnung der sofortigen Wirksamkeit im Einzelfall	54
III. Inhalt der Zurückverweisungsentscheidung	28	III. Aussetzung der Vollziehung und einstweilige Anordnungen des Rechtsbeschwerdegerichts	56
IV. Bindungswirkung	29	
1. Bindung des Erstgerichts	29	

A. Allgemeines und Prüfungsumfang des Beschwerdegerichts

I. Prüfungspflicht und Gegenstand des Beschwerdeverfahrens

1. Prüfungspflicht des Beschwerdegerichts

1 Als echte zweite Tatsacheninstanz tritt das Beschwerdegericht – wie schon im Verfahren nach dem FGG (Jansen/*Briesemeister* § 25 Rn 19; KKW/*Sternal* § 23 FGG Rn 3, jeweils mwN) in den Grenzen der Beschwerde vollständig an die Stelle des Erstgerichts, u zwar nicht nur in den (sonstigen) Verfahren der freiwilligen Gerichtsbarkeit, sondern zumin-

dest grds auch in den Ehe- u Familienstreitsachen (*Borth* FamRZ 2007, 1925, 1931). Es hat dessen Entscheidung in rechtlicher u tatsächlicher Hinsicht grds umfassend – also nicht nur auf die erhobenen Beschwerderügen hin – zu überprüfen u seine eigene Entscheidung aufgrund der Sachlage zu treffen (KKW/*Sternal* § 23 FGG Rn 3). Dabei darf es sich nicht auf eine Aufhebung der angefochtenen Entscheidung beschränken (Bassenge/Roth § 25 Rn 9) oder das Ausgangsgericht zur Entscheidung unter Abstandnahme von seinen Bedenken anweisen (OLG Hamm OLGZ 1968, 80, 83). Nur Ausführungshandlungen (zB Registereintragungen, die Erteilung oder Einziehung eines Erbscheins, die Bestellung oder Entlassung eines Vormunds, Betreuers oder Pflegers) kann u muss es dem dafür funktionell zuständigen Erstgericht überlassen (Jansen/*Briesemeister* § 25 Rn 20; Bassenge/Roth § 25 Rn 9). Dieses ist an die Anordnungen des Beschwerdegerichts gebunden. Gegen die Umsetzung der Entscheidung des Beschwerdegerichts durch das Erstgericht ist keine erneute Beschwerde zulässig, es sei denn, die Sach- oder Rechtslage hätte sich zwischenzeitlich geändert (Bumiller/Harders Rn 8; Jansen/*Briesemeister* § 25 FGG Rn 21).

2. Gegenstand des Beschwerdeverfahrens

Der Gegenstand des Beschwerdeverfahrens wird bestimmt durch den Verfahrensgegenstand der ersten Instanz u die Anträge der Beteiligten, soweit diese über diesen Verfahrensgegenstand disponieren können.

a) Verfahren im öffentlichen Interesse

In **Amtsverfahren** u Verfahren, die zwar auf **Antrag** eingeleitet werden, aber vornehmlich **im öffentlichen Interesse** durchgeführt werden, ist wie bisher der von dem Gericht der ersten Instanz bestimmte Verfahrensgegenstand auch für das Beschwerdeverfahren maßgeblich (BayObLG FamRZ 1997, 1563). Eine Bindung an die Anträge der Beteiligten im Beschwerdeverfahren besteht daher vor allem bei den bisherigen Familiensachen der freiwilligen Gerichtsbarkeit (§ 621 ZPO Nr 1–3, 7 u 9–13), nicht (Zöller/*Philippi* § 621e ZPO Rn 62; *Gutjahr* FPR 2006, 433, 436). Daher kann zB bei der Anfechtung der Übertragung der elterlichen Sorge auf einen Elternteil durch den anderen Elternteil bei Gefährdung des Kindeswohls eine von beiden Eltern nicht beantragte Entziehung des Sorgerechts u Übertragung auf einen Vormund in Betracht kommen (*Gutjahr* FPR 2006, 433, 436; Zöller/*Philippi* § 621e ZPO Rn 63).

Die Beteiligten können auch nicht ihrerseits **den Verfahrensgegenstand** analog §§ 533, 263 ff, 528 Abs 1 ZPO **ändern oder erweitern** (BayObLG FamRZ 1997, 1563), zB indem sie das Beschwerdeverfahren zu einer Regelung der elterlichen Sorge in der Beschwerdeinstanz auch auf das Umgangsverfahren ausweiten (OLG Hamm FamRZ 1980, 488, 489; KKW/*Sternal* § 23 FGG Rn 5 mwN). Allenfalls die Genehmigung einer einverständlichen Umgangsregelung der Beteiligten durch das Beschwerdegericht in einem Sorgerechtsverfahren wird aus pragmatischen Gründen für möglich gehalten (OLG Karlsruhe FamRZ 1994, 1401; Johannsen/Henrich/*Sedemund-Treiber* § 621e ZPO Rn 17; *Maurer* FamRZ 2009, 465, 469). Wie weit die von den Anträgen der Beteiligten losgelöste Entscheidungskompetenz des Beschwerdegerichts in den hier fraglichen Verfahren im Einzelnen reicht, insbesondere auch im Hinblick auf die Frage, ob das Verfahren von Amts wegen oder auf Antrag eingeleitet wurde, ist aber im Detail ungeklärt. Zu einer hier erhofften Klarstellung des Gesetzgebers im Zuge der FGG-Reform (*Gutdeutsch* FPR 2006, 433, 436) ist es nicht gekommen, so dass die weitere Klärung der Problematik auch künftig der Rspr vorbehalten bleibt. Auch eine Disposition der Beteiligten durch eine für das Beschwerdegericht bindende (BGH FamRZ 1984, 990) Beschränkung des Streitstoffs in Form einer **Teilanfechtung** ist nur zulässig, soweit das Verfahren mehrere Verfahrensgegenstände betrifft oder sich die Anfechtung auf einen abtrennbaren Teil des Verfahrensgegenstandes bezieht (§ 64 Rz 17; *Gutjahr* FPR 2006, 433, 436).

b) Verfahren im Privatinteresse

5 Auch in **Antragsverfahren**, in denen überwiegend **private Interessen** der Beteiligten im Mittelpunkt stehen, wird – wie in jedem Rechtsmittelverfahren – der Verfahrensgegenstand des Beschwerdeverfahrens durch den Verfahrensgegenstand der ersten Instanz bestimmt. Anders als bei den Verfahren im öffentlichen Interesse ist das Beschwerdegericht aber an die Anträge der Beteiligten gebunden (Zöller/*Philippi* § 621e ZPO Rn 63 zum Familienverfahren) u diese sind auch berechtigt, ihre Sachanträge innerhalb des durch den Verfahrensgegenstand vorgegebenen Rahmens zu ändern, zu erweitern oder zu beschränken, soweit dabei nur dessen Identität als solche gewahrt bleibt (Jansen/ *Briesemeister* § 23 FGG Rn 11; Bassenge/Roth § 23 FGG Rn 9 zur freiwilligen Gerichtsbarkeit allgemein). Nur eine vollständige Auswechslung des Verfahrensgegenstandes in der Beschwerdeinstanz ist – wie im übrigen auch im Verfahren nach der ZPO (Zöller/ *Heßler* vor § 511 ZPO Rn 10 mwN) – auch in diesen Verfahren der freiwilligen Gerichtsbarkeit unzulässig (OLG Frankfurt Rpfleger 1997, 262).

6 Erst recht dürfen die Beteiligten in **echten Streitverfahren** der freiwilligen Gerichtsbarkeit über ihre Anträge auch durch Änderungen, Erweiterungen, Hilfsanträge oder Gegenanträge disponieren, wobei zumindest für diese Verfahren in der Rspr zum FGG – anders als für die Amtsverfahren (BayObLG FamRZ 1994, 1068, 1069) – auch eine entsprechende Anwendung der §§ 525, 263 f, 531 u 533 Nr 1 ZPO anerkannt war (BayObLG FamRZ 1997, 1563; NJW-RR 1995, 652; OLG Düsseldorf FGPrax 1999, 132, 133).

7 Nach dem neuen Recht hat sich zwar an dieser Dispositionsmöglichkeit der Beteiligten über den Gegenstand des Beschwerdeverfahrens u auch an der Bindung des Beschwerdegerichts an deren Anträge in solchen Verfahren nichts geändert. Eine entsprechende Anwendung der §§ 525, 263 f, 531 oder 533 ZPO kommt aber nicht mehr in Betracht, denn der Gesetzgeber hat solche Vorschriften bewusst in das FamFG nicht übernommen. Inbes ein »Novenverbot« wie in § 531 oder eine nur eingeschränkte Zulässigkeit von Antragsänderungen wie in § 531 ZPO wären auch mit der von ihm verfolgten Konzeption einer grds vollwertigen zweiten Tatsacheninstanz (vor §§ 58–75 Rz 7, § 117 Rz 2 f) nicht ohne weiteres vereinbar gewesen. Die Beteiligten dürfen daher in der Beschwerdeinstanz in den hier in Frage stehenden Verfahren nicht nur ihre Anträge in der Beschwerdeinstanz grds ohne weiteres ändern, sondern sie dürfen dies auch noch unter gleichzeitigem Nachschieben von neuem Tatsachenvortrag (§ 65 Rz 8 ff) u selbst noch nach dem Ablauf einer ihnen ggf gesetzten Frist zur Berufungsbegründung (§ 65 Rz 6). Das gilt in gleicher Weise sogar für die **Ehe- u Familienstreitsachen,** denn auch für diese hat der Gesetzgeber eine entpr Geltung der ZPO – außer bezüglich der Antragsbindung (§ 117 Rz 35) – ausdrücklich nicht (mehr) vorgesehen (§ 117 Rz 12 ff).

3. Anwendbares Recht

8 Rechtliche Grundlage für die Entscheidung des Beschwerdegerichts ist das unter Berücksichtigung eventueller Überleitungsvorschriften zur Zeit der Entscheidung geltende materielle Recht (BGH NJW 1977, 1733 f; Jansen/*Briesemeister* § 27 Rn 37; KKW/*Sternal* § 23 Rn 22). Das Gleiche gilt grds auch für das anzuwendende Verfahrensrecht, mit Ausnahme der Vorschriften über die Zulässigkeit von Rechtsmitteln, für die ausnahmsweise auf den Zeitpunkt der Einlegung des Rechtsmittels abzustellen ist. Für das Inkrafttreten des FamFG ist jedoch die Überleitungsvorschrift des Art 111 FGG-RG zu beachten (§ 68 Rz 23).

B. Zurückverweisung

I. Grundsatz der Selbstentscheidung

Das Beschwerdegericht hat über die Beschwerde idR abschließend in der Sache selbst **9** zu entscheiden, § 69 Abs 1 S 1. Bereits für das – insoweit lückenhafte – FGG war jedoch anerkannt, dass ausnahmsweise eine Zurückverweisung an das Ausgangsgericht in Betracht kam, wenn dieses noch nicht in der Sache entschieden hatte oder die angefochtene Entscheidung sonst unter bestimmten, derart schwerwiegenden Verfahrensmängeln litt, dass den Beteiligten bei Unterbleiben einer Zurückverweisung faktisch eine Instanz genommen wurde (BayObLG NJW-RR 2002, 679, 680; KKW/*Sternal* § 25 FGG Rn 21; Bassenge/Roth § 25 FGG Rn 2). § 69 Abs 1 S 2 u 3 knüpft an diese Rspr an u legt nun ausdrücklich fest, unter welchen Voraussetzungen eine Zurückverweisung an das Ausgangsgericht zulässig ist (BTDrs 16/6308 S 208).

Auch in den nunmehr gesetzlich geregelten Fällen, in denen eine Zurückverweisung **10** zulässig ist, steht sie allerdings im – durch das Rechtsbeschwerdegericht überprüfbaren – **Ermessen** des Gerichts, ist also niemals zwingend vorgeschrieben (vgl zum FGG KKW/*Sternal* § 25 FGG Rn 21; Bassenge/Roth § 25 Rn 10, jeweils mwN; zur ZPO BGH FamRZ 2005, 971; aA Musielak/*Ball* § 538 ZPO Rn 2). Die Ausübung des Ermessens folgt den gleichen Grundsätzen wie bei § 538 ZPO. Danach ist jeweils eine Abwägung zwischen den Nachteilen des Zeit- u Kostenaufwandes einer Zurückverweisung einerseits u den Nachteilen des Verlusts einer Tatsacheninstanz andererseits beim Absehen von einer Zurückverweisung erforderlich (BGH NJW 2000, 2024, 2025 = EzFamR ZPO § 539 Nr 8; FamRZ 2005, 971).

II. Voraussetzungen einer Zurückverweisung

Eine Zurückverweisung ist nach § 69 Abs 1 S 2 u 3 nur in den beiden dort enumerativ **11** aufgezählten Fallgruppen sowie außerdem nur dann zulässig, wenn sie von zumindest einem der Beteiligten ausdrücklich beantragt wird. Für Ehe- u Familienstreitsachen wird § 69 Abs 1 S 2 u 3 dabei allerdings gem § 117 Abs 2 S 1 durch § 538 Abs 2 ZPO verdrängt (aA *Schürmann* FamRB 2009, 24, 28); im Scheidungsverbund gilt die Sonderregelung des § 146. Hat das Rechtsbeschwerdegericht eine Sache an das Beschwerdegericht zurückverwiesen, darf dieses sie nicht seinerseits an das Erstgericht weiter verweisen, weil es dadurch in die Entscheidungskompetenz des Rechtsbeschwerdegerichts eingreifen würde, den Fall selbst im Wege der »Sprungzurückverweisung« (§ 74 Abs 6 S 2, 2. Alt) sogleich dem Erstgericht zu übertragen (BayObLG FamRZ 1991, 724, 725; NJW-RR 1999, 452 f).

1. Unterschiede zum bisherigen Recht

Die dabei vom Gesetzgeber auch über die Ehe- u Familienstreitsachen hinaus bewusst **12** gewollte Anlehnung an § 538 Abs 2 ZPO (BTDrs 16/6308 S 208) führt zT zu einer Einschränkung der Zurückverweisungsmöglichkeiten ggü dem bisherigen Rechtszustand. Eine Zurückverweisung ist nämlich nunmehr auch im Verfahren der freiwilligen Gerichtsbarkeit in Anlehnung an § 538 Abs 2 S 1 ZPO nur noch auf ausdrücklichen Antrag eines Beteiligten möglich (näher Rz 25 ff, aA *Gutjahr* FPR 2006, 433, 436: nur bei Entscheidung in der Sache); für den Fall der unzulässigen Teilentscheidung geht das FamFG wegen des Fehlens einer § 538 Abs 2 S 3 ZPO entsprechenden Vorschrift über die ZPO sogar noch hinaus. Das gilt auch für die früheren Fälle der befristeten Beschwerde nach § 621e ZPO, für welche die Möglichkeit einer Zurückverweisung auch ohne Antrag eines Beteiligten bisher zumindest noch mit der Begründung vertreten werden konnte, dass in § 621e Abs 3 S 2 ZPO nicht ausdrücklich auf § 538 Abs 2 ZPO verwiesen wurde (vgl OLG Köln FamRZ 2005, 1921, 1922 f; OLG Hamm FamRZ 2007,

1257, 1258; Musielak/*Borth* § 621e ZPO Rn 26; aA allerdings auch schon bisher Zöller/*Philippi* § 621e ZPO Rn 76 mwN). Auch für Amtsverfahren, in denen ein derartiges Antragserfordernis bisher für systemwidrig gehalten wurde (KKW/*Schmidt* § 12 FGG Rn 73) wird hier vom Gesetzgeber keine Differenzierung vorgenommen.

13 Die genannten Voraussetzungen der Zurückverweisung gelten nach dem eindeutigen Wortlaut des Gesetzes ohne jede Einschränkung, also selbst beim Vorliegen »absoluter« Rechtsbeschwerdegründe iSd § 72 Abs 3 iVm § 547 Nr 1–6 ZPO bis hin zB zu einem vollständigen Fehlen der Entscheidungsgründe. Selbst eine aufwändige Beweisaufnahme muss danach bei fehlendem Zurückverweisungsantrag künftig durch das Beschwerdegericht selbst durchgeführt werden. Ob dieser rigorose Vorrang des Beschleunigungsgrundsatzes tatsächlich sinnvoll ist, bleibt dahingestellt. Erst die Zukunft wird zeigen, in welchem Umfang zB die Beteiligten von der Möglichkeit eines Zurückverweisungsantrages unter dem neuen Recht Gebrauch machen. Noch mehr als schon bisher (Zöller/*Heßler* § 538 ZPO Rn 7) wird es sich aber nach dem neuen Recht empfehlen, die Frage einer möglichen Zurückverweisung mit den Beteiligten ausdrücklich zu erörtern, damit ein denkbarer Zurückverweisungsantrag zumindest nicht irrtümlich unterbleibt.

14 Die strengen Voraussetzungen des § 69 Abs 1 für eine Zurückverweisung gelten allerdings nur im Anwendungsbereich dieser Vorschrift, also nur für Beschwerden gegen Endentscheidungen. Für alle diejenigen Fälle, in denen das Gesetz die **sofortige Beschwerde entsprechend §§ 567 ff ZPO** gegen Zwischen- u Nebenentscheidungen (§ 58 Rz 31) vorsieht, bleibt eine Aufhebung u Zurückverweisung nach dem Ermessen des Gerichts auch ohne Antrag der Parteien u selbst ohne Vorliegen eines besonderen Verfahrensmangels daher – wie in den entsprechenden Fällen auch schon in Anwendung des bisherigen FGG-Beschwerderechts – möglich, denn die bei einem derartigen Rechtsmittel entsprechend anwendbare Vorschrift des § 572 Abs 3 ZPO setzt einen Antrag oder das Vorliegen eines Verfahrensmangels anders als § 538 Abs 2 ZPO nicht voraus. Insbes besteht diese Möglichkeit daher zB auch nach wie vor in den Fällen einer sofortigen Beschwerde im Verfahren über die Bewilligung von Verfahrenskostenhilfe (Zöller/*Philippi* § 127 ZPO Rn 38 zur ZPO).

2. Fehlende Entscheidung in der Sache

15 Gem § 69 Abs 1 S 2 kommt eine Zurückverweisung zunächst dann in Betracht, wenn das erstinstanzliche Gericht in der Sache noch nicht entschieden hat. Wie bereits für das FGG anerkannt, ist dies zunächst dann der Fall, wenn sich das Erstgericht ausschl mit Zulässigkeitsfragen beschäftigt hat u eine Befassung mit der Sache selbst aus diesem Grund unterblieben ist (BayObLG FamRZ 1995, 1028, 1029; KKW/*Sternal* § 25 FGG Rn 21; Bassenge/Roth § 25 FGG Rn 11).

16 Neben diesem in der ZPO in § 538 Abs 2 Nr 3 ZPO geregelten Fall können aber auch die sonstigen Fälle des § 538 Abs 2 ZPO – außer § 538 Abs 2 Nr 2, 5 u 6 ZPO, die ausschl die Ehe- u Familienstreitsachen betreffen – auch in der freiwilligen Gerichtsbarkeit auftreten. Außer in § 538 Abs 2 Nr 1 geht es auch dort jeweils um Fälle, in denen das Erstgericht noch nicht oder jedenfalls nicht in der gebotenen Weise umfassend in der Sache entschieden hat (Zöller/*Heßler* § 538 ZPO Rn 3). Auch wenn der Gesetzgeber an diese Fälle offenbar nicht ausdrücklich gedacht hat (vgl BTDrs 16/6308 S 208) erscheint es daher geboten, § 69 Abs 1 S 2 umfassend zu verstehen. Auch in diesen Fällen ist daher eine Aufhebung u Zurückverweisung in zumindest entsprechender Anwendung dieser Vorschrift möglich. Das gilt insbes auch für den wichtigen Fall der unzulässigen Teilentscheidung (§ 538 Abs 2 Nr 7 ZPO), bei dem es sich allerdings zugleich auch um einen Sonderfall des wesentlichen Verfahrensmangels im Sinne von § 69 Abs 1 S 3 handelt (Zöller/*Heßler* § 538 ZPO Rn 30).

3. Wesentlicher Verfahrensmangel

Nach § 69 Abs 1 S 3 – der mit § 538 Abs 2 Nr 1 ZPO fast wörtlich übereinstimmt u dessen Auslegung sich daher an dieser Vorschrift zu orientieren hat – ist eine Zurückverweisung außerdem statthaft, wenn das Verfahren unter einem **wesentlichen Verfahrensmangel** handelt u zur Herbeiführung der Entscheidungsreife zunächst eine **umfangreiche oder aufwändige Beweisaufnahme** erforderlich ist. 17

Das gilt ungeachtet der Tatsache, dass das Verfahren nach dem FamFG wie dasjenige nach dem früheren FGG als vollwertige zweite Tatsacheninstanz ausgestaltet ist, während das Rechtsmittelverfahren nach der ZPO grds nur eine Kontrollfunktion hat u schon von daher von umfangreichen u aufwändigen Beweisaufnahmen zu entlasten ist. Anders als bisher (vgl zB KKW/*Schmidt* § 12 FGG Rn 73; Bassenge/Roth § 25 FGG Rn 11) spielt also der mit der Durchführung einer Beweisaufnahme durch das Beschwerdegericht selbst unter Verzicht auf eine Zurückverweisung verbundene Verlust einer Instanz für die Beteiligten nach dem FamFG für die Ermessensentscheidung, ob eine Zurückverweisung zu erfolgen hat, keine größere Rolle als für das Verfahren nach der ZPO. Die Maßstäbe für die Ermessensentscheidung sind vielmehr durch den Gesetzgeber für beide Verfahrensordnungen bewusst angeglichen worden. 18

a) Wesentlicher Verfahrensmangel

Als wesentliche Mängel, die eine Zurückverweisung nach § 69 Abs 1 S 3 rechtfertigen können, kommen nur **Verstöße gegen Verfahrensnormen** in Betracht, nicht hingegen Fehler in der Anwendung des materiellen Rechts (BGH MDR 2001, 469; 2003, 108, 109; Zöller/*Heßler* § 538 ZPO Rn 10 mwN; Musielak/*Ball* § 538 ZPO Rn 7). Ob ein Verfahrensfehler vorliegt, beurteilt sich dabei aus der materiell-rechtlichen Sicht des Erstrichters (BGH MDR 2001, 469; Musielak/*Ball* § 538 ZPO Rn 8; aA MüKoZPO/*Rimmelspacher* § 538 ZPO Rn 22). 19

Ein Mangel des Verfahrens ist als für eine Zurückverweisung hinreichend **wesentlich** anzusehen, wenn er so erheblich ist, dass das Verfahren keine ordnungsgemäße Grundlage für die Entscheidung mehr darstellt (BGH MDR 2001, 1313, 1314). Das ist zumindest beim Vorliegen von absoluten Rechtsbeschwerdegründen gem § 72 iVm § 547 ZPO immer der Fall (BGH NJW 1992, 2099, 2100; BLAH/*Hartmann* § 538 ZPO Rn 7; aA MüKoZPO/*Rimmelspacher* § 538 ZPO Rn 25). Darüber hinaus kommen vor allem auch Verletzungen des rechtlichen Gehörs sowie eine fehlerhafte Tatsachenfeststellung aufgrund einer nicht hinreichenden oder nicht ordnungsgemäßen Sachverhaltsaufklärung in Betracht, wobei wegen weiterer Einzelheiten auf die zu § 538 ZPO entwickelte Kasuistik Bezug zu nehmen ist (Einzelheiten vgl zB Zöller/*Heßler* § 538 ZPO Rn 13 ff; Musielak/*Ball* § 538 ZPO Rn 11–14 mwN). 20

Wie bei dieser Vorschrift ist es außerdem auch für eine Zurückverweisung nach § 69 Abs 1 S 3 erforderlich, dass die angefochtene Entscheidung **auf dem Verfahrensfehler beruht** u es auf diesen auch nach dem Standpunkt des Beschwerdegerichts für das Ergebnis des Verfahrens ankommt (Musielak/*Ball* § 538 ZPO Rn 10 mwN). 21

b) Umfangreiche oder aufwändige Beweisaufnahme

Die zusätzliche Voraussetzung der Erforderlichkeit einer umfangreichen oder aufwändigen Beweisaufnahme für eine Zurückverweisung ist grds wie in § 538 Abs 2 ZPO zu verstehen. »**Umfangreich**« ist eine Beweisaufnahme daher zB dann, wenn sie die Vernehmung einer Vielzahl von Zeugen oder Sachverständigen erfordert, »**aufwändig**« ist sie zB dann, wenn die Vernehmung an einem weit entfernten Ort stattfinden muss (vgl BTDrs 16/6308 S 208; insoweit identisch mit der Begründung zu § 538 Abs 2 ZPO, BTDrs 14/4722 S 102) oder wenn sie besonders zeitraubende u komplizierte Fragen betrifft (vgl Zöller/*Heßler* § 538 ZPO Rn 31). 22

23 Allein die einfache Vernehmung eines einzelnen Zeugen oder auch die unterbliebene Anhörung nur eines einzelnen Beteiligten in einer Kindschaftssache nach §§ 159, 160 wird dagegen regelmäßig als Zurückverweisungsgrund nicht ausreichen; insoweit bedarf es vielmehr einer zusätzlichen Begründung, zu der sich die aufhebende Entscheidung jeweils auch ausdrücklich verhalten muss.

24 Abw von § 538 Abs 2 ZPO verlangt § 69 Abs 1 S 3 nicht ausdrücklich, dass sich die Notwendigkeit der Beweisaufnahme »auf Grund« des wesentlichen Verfahrensmangels ergeben muss. Eine Abweichung in der Sache wird dadurch allerdings durch den Gesetzgeber nicht bezweckt (vgl BTDrs 16/6308 S 208). Wie bei § 538 Abs 2 ZPO muss sich daher die Notwendigkeit der Beweisaufnahme aus dem Verfahrensmangel ergeben, was jedoch bereits immer dann der Fall ist, wenn ohne den Mangel die Beweisaufnahme in erster Instanz durchzuführen gewesen wäre. Dafür genügt es auch, wenn der Verfahrensfehler einen anderen als den beweisbedürftigen Teil des Streitstoffs betrifft (vgl zB Musielak/*Ball* § 538 ZPO Rn 15).

4. Zurückverweisung nur auf Antrag

25 Nach § 69 Abs 1 ist eine Zurückverweisung – wiederum in Anlehnung an § 538 Abs 2 ZPO – künftig auch in Verfahren der freiwilligen Gerichtsbarkeit nur noch zulässig, wenn diese von zumindest einem der Beteiligten ausdrücklich beantragt wird. Ergeht die Entscheidung – wie idR bei den Ehe- u Familienstreitsachen – aufgrund einer mündlichen Verh, kann ein solcher Antrag noch bis zu deren Schluss gestellt werden (OLG Saarbrücken NJW-RR 2003, 573, 574 zu § 538 ZPO), ansonsten bis zum Zeitpunkt des Erlasses (§ 38 Abs 3 S 3) der Entscheidung auch noch danach. Auch ein nur hilfsweise gestellter Antrag genügt (OLG Frankfurt OLGR 2003, 388, 390 zu § 538 ZPO).

26 Wie aus der Gesetzesbegründung (BTDrs 16/6308 S 208: Anlehnung an § 538 Abs 2 S 1 ZPO bei jedem Vorliegen »eines« Zurückverweisungsgrundes) zu entnehmen ist, gilt das trotz des in diesem Punkt scheinbar abweichenden Regelungswortlauts nicht nur für die Fälle des § 69 Abs 1 S 3 (Zurückverweisung wegen wesentlicher Verfahrensmängel), sondern auch für die Fälle des § 69 Abs 1 S 2 (Zurückverweisung bei fehlender Entscheidung in der Sache). Ein Vergleich zwischen der Endfassung des Gesetzes u dem – bei gleicher Gesetzesbegründung – in diesem Punkt noch eindeutig abweichenden Wortlaut des § 72 RefE FGG-RG II, bei dem sich aus dem an § 538 Abs 2 S 1 ZPO angelehnten Schriftbild noch die eindeutige Zuordnung des Antragserfordernisses auf beide Fallgruppen der Zurückverweisung ergab, zeigt, dass in diesem Punkt ein Redaktionsirrtum des Gesetzgebers angenommen werden muss, so dass der Gesetzestext hier im Ergebnis in die Irre führt (so wohl auch *Maurer* FamRZ 2009, 465, 482; ohne nähere Begründung im Ergebnis ebenso *Schürmann* FamRB 2009, 24, 28).

27 Probleme für die Praxis dürften sich hieraus vor allem für den Fall der unzulässigen Grund- oder Teilentscheidung ergeben, für den die Möglichkeit einer Zurückverweisung ohne vorherigen Antrag eines Beteiligen gem § 538 Abs 2 S 1 Nr 7 iVm § 538 Abs 2 S 3 ZPO selbst in der ZPO besteht u in der Regel auch zweckmäßig ist u mit teils unterschiedlicher Begründung (Jansen/*Briesemeister* § 25 FGG Rn 22 u KKW/*Schmidt* § 12 FGG Rn 73: Antragserfordernis des § 538 ZPO gilt generell nicht für das FGG; Zöller/*Philippi* § 621e ZPO Rn 79: § 538 Abs 2 S 2 ZPO gilt analog für das FGG) im Ergebnis auch für das FGG angenommen wurde. Da der Gesetzgeber nunmehr das Erfordernis der Zustimmung eines Beteiligten auch für die freiwillige Gerichtsbarkeit ausdrücklich vorgesehen u selbst für den Fall unzulässiger Grund- oder Teilentscheidungen eine dem § 538 Abs 2 S 2 ZPO entsprechende Ausnahme nicht berücksichtigt hat, darf auch hier künftig eine Zurückverweisung nur noch mit dem Einverständnis zumindest eines Beteiligten erfolgen. Wird ein dahin gehender Antrag nicht gestellt, ist das Beschwerdegericht daher jetzt zur Vermeidung von widersprüchlichen Entscheidungen gezwungen, den in der ersten Instanz anhängig gebliebenen Teil an sich zu ziehen u zur Behebung des Verfahrensfehlers auch über diesen Teil des Verfahrens mit zu entscheiden (zur ZPO vgl zB Zöller/*Heßler* § 538 ZPO Rn 8; Zöller/*Vollkommer* § 301 ZPO Rn 13, jeweils mwN).

III. Inhalt der Zurückverweisungsentscheidung

Die Zurückverweisung erfolgt unter Aufhebung nur des angefochtenen Beschlusses, soweit der zugrunde liegende Mangel nur den Beschluss u sein Zustandekommen als solchen betrifft, die erstinstanzlich getroffenen Tatsachenfeststellungen jedoch Bestand haben. Nur wenn auch diese fehlerhaft zustande gekommen sind, ist auch das Verfahren der ersten Instanz aufzuheben u das Erstgericht muss auch das zur Ermittlung der tatsächlichen Entscheidungsgrundlage erforderliche Verfahren wiederholen (Zöller/*Heßler* § 538 ZPO Rn 57). Dabei hat es die Richtlinien zu beachten, die ihm vom Beschwerdegericht für die weitere Behandlung der Sache im Rahmen des Zurückverweisungsbeschlusses erteilt werden. Der Zurückverweisungsbeschluss ist seinerseits eine Endentscheidung, die bei Vorliegen der entsprechenden Voraussetzungen – vor allem der ggf erforderlichen Zulassung durch das Beschwerdegericht – mit der Rechtsbeschwerde angefochten werden kann. Er enthält noch keine Entscheidung über die Kosten des Verfahrens; diese ist der Schlussentscheidung des Erstgerichts vorzubehalten (Bassenge/Roth § 25 FGG Rn 13; Zöller/*Heßler* § 538 ZPO Rn 58).

28

IV. Bindungswirkung

1. Bindung des Erstgerichts

§ 69 Abs 1 S 4 übernimmt die schon für das bisherige Recht allgemein anerkannte Bindung des **Gerichts des ersten Rechtszuges** an die der zurückverweisenden Beschwerdeentscheidung zugrunde liegende Beurteilung der Sach- u Rechtslage als ausdrückliche gesetzliche Regelung.

29

Das Gericht der ersten Instanz ist an die Beurteilung des Beschwerdegerichts gebunden, sofern sich nicht in der Zwischenzeit der Sachverhalt oder das anzuwendende Recht geändert hat (Jansen/*Briesemeister* § 25 FGG Rn 24–26; Bassenge/Roth § 25 FGG Rn 15, jeweils mwN). Wird eine Entscheidung nur wegen eines Verfahrensmangels aufgehoben, so ist das Erstgericht in seiner materiell-rechtlichen Beurteilung frei (BayObLG FamRZ 1988, 214 f). **Keine** Bindung besteht für andere als das der Aufhebung unterliegende Verfahren (BayObLG FamRZ 1998, 1198 f) oder im Hinblick auf Rechtsausführungen des Beschwerdegerichts, auf denen die Aufhebung nicht unmittelbar beruht (BayObLGZ 60, 216, 220 u 88, 92). Nicht bindend ist deshalb auch eine Rechtsauffassung, des Erstgerichts, die das Beschwerdegericht in einer aus anderen Gründen aufhebenden Entscheidung gebilligt hat (BGH NJW 1995, 1673 zur ZPO-Revision).

30

2. Bindung des Beschwerdegerichts

Wird das **Beschwerdegericht**, nachdem sein Zurückverweisungsbeschluss in Rechtskraft erwachsen ist, in einem späteren Beschwerdeverfahren erneut mit der Sache befasst, so ist es nach einem ungeschrieben, aber in stRspr anerkannten – auch in § 74 Abs 6 S 4 zum Ausdruck kommenden – Grundsatz des Verfahrensrechts, von dem abzuweichen auch für das FamFG keine Veranlassung besteht, an seine eigene Beurteilung der Sach- u Rechtslage in gleichem Umfang gebunden wie das Erstgericht (BayObLG FamRZ 1996, 436; OLG Frankfurt FamRZ 1996, 819, 820; KKW/*Sternal* § 25 FGG Rn 26 zum FGG; BGH NJW 1958, 59, 60; 2005, 3071, 3073; Musielak/*Ball* § 538 ZPO Rn 38 zur ZPO).

31

3. Bindung des Rechtsbeschwerdegerichts

32 Diese Bindungswirkung erstreckt sich im weiteren Verfahren auch auf das Rechtsbeschwerdegericht, wenn die Zurückverweisung nicht angefochten wurde u die Sache nach erneuter Entscheidung der ersten Instanz u des Beschwerdegerichts an das Rechtsbeschwerdegericht gelangt (BGHZ 15, 122, 124 f; BayObLG FamRZ 1996, 436; KKW/*Sternal* § 25 FGG Rn 26; Bassenge/Roth § 25 FGG Rn 16).

C. Verschlechterungsverbot

33 Die Thematik einer Schlechterstellung des Rechtsmittelführers durch Abänderung einer angefochtenen Sachentscheidung zum Nachteil des Rechtsmittelführers durch das Beschwerdegericht (»**reformatio in peius**«) ohne gleichzeitige Anfechtung dieser Entscheidung durch einen anderen Verfahrensbeteiligten ist in der freiwilligen Gerichtsbarkeit – auch nach neuem Recht – abweichend von § 528 ZPO nicht ausdrücklich geregelt. Die Frage, ob eine derartige Schlechterstellung zulässig ist, muss differenziert beantwortet werden (aA Bassenge/Roth § 23 FGG Rn 13 mwN zum bisherigen Recht: reformatio in peius ist grds immer unzulässig).

I. Verfahren im öffentlichen Interesse

34 Die reformatio in peius ist **zulässig** in allen Verf, die **von Amts wegen** eingeleitet u durchgeführt werden oder in solchen Verf, die zwar nur **auf Antrag** eingeleitet werden, die aber vornehmlich **im öffentlichen Interesse** durchgeführt werden oder von deren Entscheidung eine größere Personenmehrheit berührt wird, u deren Verfahrensgegenstand daher nur eingeschränkt oder gar nicht der Disposition der Beteiligten unterliegt. Insbes ist eine reformatio in peius daher zB in den Kindschaftsverfahren des § 151 Nr 1–3 zulässig (*Gutjahr* FPR 2006, 433, 435 f). Sie muss sich allerdings im Rahmen des Verfahrensgegenstandes halten, weil nur in dem dadurch vorgegebenen Umfang das Beschwerdegericht mit der Sache überhaupt befasst ist (KKW/*Kahl* § 19 FGG Rn 115, 119; Jansen/*Briesemeister* § 25 FGG Rn 18).

II. Verfahren im Privatinteresse

35 Entsprechend §§ 528 ZPO, 74 Abs 3 S 1 **nicht zulässig** ist die reformatio in peius dagegen in **Antragsverfahren**, in denen es überwiegend um **private Interessen** der Beteiligten geht, insbes **in echten Streitverfahren**, in denen die Einleitung, Begrenzung oder Beendigung des Verfahrens in der Disposition der Beteiligten liegt. Das gilt insbesondere, wenn nur vermögensrechtliche Ansprüche betroffen sind (BayObLG FamRZ 1997, 185, 186 zum Verfahren über die Höhe der Vergütung von Vormündern, Pflegern oder Betreuern), darüber hinaus aber zB auch im Erbscheins- (BayObLG FamRZ 1992, 477), Notaranweisungs- (OLG Frankfurt FGPrax 1997, 238), Betreuungs- (BayObLG FamRZ 1998, 922) u Freiheitsentziehungsverfahren (OLG Hamm FGPrax 1995, 82). Dabei gilt das Verschlechterungsverbot auch dann, wenn eine strikte Bindung des Gerichts an die Sachanträge der Beteiligten nicht besteht. Zu Besonderheiten beim Haushaltsverfahren (fehlende Abgrenzbarkeit des Verfahrensgegenstandes auf einzelne Haushaltsgegenstände vgl zB OLG Zweibrücken FamRZ 1993, 82. Für **Ehe- u Familienstreitsachen** ergibt sich die unveränderte Anwendbarkeit von § 528 ZPO ausdrücklich aus § 117 Abs 2 S 1 ZPO.

III. Versorgungsausgleich

36 Das Verbot der reformatio in peius gilt grds auch im Rechtsmittelverfahren über den **öffentlich-rechtlichen VA** (vgl zB Zöller/*Philippi* § 621e ZPO Rn 68–70, Jansen/*Wick* § 53b FFG Rn 75; Johannsen/Henrich/*Sedemund-Treiber* § 621e ZPO Rn 21, jeweils mwN). Das gilt vor allem für den Fall, dass die Entscheidung von einem der **Ehegatten** angefochten wird, denn auch wenn das Verfahren über den VA idR von Amts wegen eingeleitet wird, das Gericht darin an Sachanträge nicht gebunden ist u der Rechtsmittelantrag nur den allgemeinen Umfang der Anfechtung angeben muss, betrifft es doch vermögenswerte Rechte der Ehegatten, über welche diese zumindest eingeschränkt disponieren können (BGH FamRZ 1983, 44, 45 f).

Bei Beschwerden von **Versorgungsträgern** ist zu differenzieren. Ist – wie meistens – 37 offen, ob sich die Änderung der angefochtenen Entscheidung zum Vor- oder zum Nachteil des beschwerdeführenden Versorgungsträgers auswirkt, weil der künftige Versicherungsverlauf des bei ihm versicherten Ehegatten nicht vorhersehbar ist, greift das Verbot der reformatio in peius nicht u das Interesse des Versorgungsträgers an einer sachlich richtigen Entscheidung erlaubt eine Überprüfung durch das Beschwerdegericht in jeder Richtung (BGH FamRZ 84, 990, 991 f). Steht jedoch im Einzelfall fest, dass sich die Abänderung der angefochtenen Entscheidung in jedem Fall nachteilig zu Lasten des Versorgungsträgers auswirken wird, ist das Verschlechterungsverbot auch bei einer Beschwerde des Versorgungsträgers zu beachten (BGH FamRZ 85, 1240, 1242; 90, 1339, 1341).

IV. Reichweite des Verschlechterungsverbots

Das Verschlechterungsverbot gilt nur für die Sachentscheidung in der Hauptsache selbst 38 (Bumiller/Harders Rn 5). Bei der **Kostenentscheidung** ist eine Abänderung zum Nachteil des Beschwerdeführers daher zulässig, nicht allerdings im **Kostenfestsetzungsverfahren** (KKW/*Kahl* § 19 FGG Rn 116), für das § 85 auf die §§ 103 ff ZPO verweist. Stets zulässig ist eine bloße Auswechslung oder Ergänzung der **Entscheidungsbegründung** durch das Beschwerdegericht (Jansen/*Briesemeister* § 25 FGG Rn 12), auch wenn dies dazu führt, dass ein zunächst nur als unzulässig abgewiesener Antrag in der Beschwerdeinstanz nunmehr als sachlich unbegründet abgewiesen wird (BGH NJW 1988, 1982, 1983).

Ist einem Antrag zunächst in der Sache stattgegeben worden u es wird erst in der Be- 39 schwerdeinstanz festgestellt, dass das erstinstanzliche Verfahren insgesamt an einem von Amts wegen zu beachtenden, nicht behebbaren Mangel leidet, ist nach der für den Zivilprozess entwickelten Rspr (BGH NJW 1986, 1494, 1496 ff) danach abzuwägen, ob im Einzelfall der fehlenden Prozessvoraussetzung oder dem Verschlechterungsverbot der Vorrang zukommt (aA BayObLG FamRZ 1998, 1055, 105 u KKW/*Kahl* § 19 FGG Rn 116: Verschlechterung immer zulässig; Musielak/*Ball* § 528 Rn 17: Verschlechterung zulässig, soweit kein Mangel vorliegt, der die Unwirksamkeit der angefochtenen Entscheidung im Ganzen zur Folge hat oder geeignet ist, den Eintritt ihrer materiellen Rechtskraft zu verhindern; differenzierend Jansen/*Briesemeister* § 25 FGG Rn 13 mwN: idR überwiegt das Gewicht des Verfahrensmangels).

Die ggü dem bisherigen Recht erweiterte Statthaftigkeit von **Anschlussrechtsmitteln** 40 (vgl §§ 66, 73) führt richtigerweise nicht zu einer Erweiterung des Anwendungsbereichs für das Verbot der reformatio in peius. Ob ein Rechtsmittelführer mit einer Verschlechterung der angefochtenen Entscheidung von Amts wegen rechnen muss u ob eine solche Verschlechterung in Betracht kommt, wenn ein anderer Beteiligter ebenfalls ein Rechtsmittel gegen die Entscheidung einlegt, sind zwei logisch voneinander zu trennende Fragen, die füreinander allenfalls von indizieller Bedeutung sein können, sich aber gegenseitig nicht unmittelbar beeinflussen.

D. Begründung der Beschwerdeentscheidung

I. Grundsatz des Begründungszwangs

Übereinstimmend mit § 25 FGG bestimmt § 69 Abs 2, dass auch nach dem neuen Recht 41 sämtliche (End-)Entscheidungen des Beschwerdegerichts zu begründen sind. Während sich das früher schon daraus ergab, dass grds jede Beschwerdeentscheidung mit der

§ 69 FamFG | Beschwerdeentscheidung

weiteren Beschwerde angegriffen werden konnte u daher die tatsächlichen u rechtlichen Grundlagen der Entscheidung stets für das Gericht der weiteren Beschwerde nachvollziehbar sein mussten (vgl KKW/*Sternal* § 25 FGG Rn 28 mwN), ist die nunmehr an die Stelle der weiteren Beschwerde getretene Rechtsbeschwerde außer in Betreuungs-, Unterbringungs- u Freiheitsentziehungssachen (§ 70 Abs 3) nur zulässig, wenn sie durch das Beschwerdegericht im Einzelfall zugelassen wurde, § 70 Abs 1. Noch im RegE FGG-RGG war daher eine leichte Auflockerung des Begründungszwangs vorgesehen u eine Begründung sollte abgesehen von einem Katalog bestimmter Ausnahmefälle, in denen eine Begründung zwingend gefordert wurde, nur noch idR erforderlich sein (§ 69 Abs 2 idF des RegE FGG-RG). In den Beratungen des Rechtsausschusses wurde dies jedoch wieder geändert u man ist zu der bisherigen Regelung eines strikten Begründungszwangs zurückgekehrt, wobei als Begründung nunmehr allerdings angegeben wird, auf diese Weise solle die Akzeptanz auch gerade der künftig nicht mehr anfechtbaren Beschwerdebegründung bei dem unterliegenden Beteiligten erhöht u zudem die »Richtigkeitsgewähr« der Beschwerdeentscheidung gestärkt werden (BTDrs 16/9733 S 290).

II. Ausnahmen

42 Ungeachtet dessen bestehen aber auch nach dem neuen Recht Ausnahmen von dem in § 69 Abs 2 angeordneten Begründungszwang. Das betrifft zunächst den schon zu § 25 FGG anerkannten Fall, dass das Beschwerdegericht **der angefochtenen Entscheidung folgt** u dies in seinem Beschluss feststellt. Hier sollte die Entbehrlichkeit der Begründung in § 72 Abs 4 RefE FGG-RG II sogar ausdrücklich geregelt werden, wobei diese Regelung dann allerdings schon im RegE FGG-RG wieder entfallen ist, weil man ihren Inhalt offenbar für so selbstverständlich gehalten hat, dass es deswegen keiner gesonderten Vorschrift bedurfte. Verfährt das Beschwerdegericht in dieser Weise, dann müssen allerdings die Gründe der Vorentscheidung, auf die verwiesen wird, ihrerseits den sonst für die Beschwerdeentscheidung selbst geltenden Anforderungen (Rz 44 ff) entsprechen u bei einer Veränderung der Sachlage in der Beschwerdeinstanz ist jedenfalls in dem sich daraus ergebenden Umfang auch eine Darstellung des Sachverhalts erforderlich (BayObLG NJW-RR 1998, 1014 f; Bassenge/Roth § 25 Rn 3; KKW/*Sternal* § 25 FGG Rn 29; Jansen/*Briesemeister* § 25 FGG Rn 31, jeweils mwN).

43 Von einer Begründung kann vorbehaltlich der sich aus § 38 Abs 5 u 6 ergebenden Ausnahmen außerdem auch in der Beschwerdeinstanz **in den sich aus § 38 Abs 4 ergebenden Fällen** abgesehen werden, in denen eine Beschwer eines Beteiligten durch die Beschwerdeentscheidung erkennbar nicht vorliegt (BTDrs 16/6308 S 195), mithin also bei **Anerkenntnis, Verzichts- oder Versäumnisentscheidungen in Ehe- u Familienstreitsachen** (§ 38 Abs 4 Nr 1) sowie dann, wenn durch die Beschwerdeentscheidung **gleichgerichteten Anträgen** der Beteiligten stattgegeben wird oder diese dem erklärten Willen aller Beteiligten entspricht (§ 38 Abs 4 Nr 2) u schließlich auch dann, wenn alle Beteiligten vor Abfassung der schriftlichen Beschwerdeentscheidung ausdrücklich erklären, dass sie auf Rechtsmittel **verzichten** (§ 38 Abs 4 Nr 3). Denn nach dem Sinn u Zweck (Rz 41) von § 69 Abs 2 kann nicht davon ausgegangen werden, dass der Gesetzgeber auch in diesen Fällen, in denen weder die Überprüfungsmöglichkeit durch ein Rechtsmittelgericht noch die erhoffte Akzeptanzverbesserung bei den Beteiligten eine Begründung erfordern, diese dennoch vorschreiben u hierdurch eine Spezialregelung für die Beschwerdeinstanz schaffen wollte, durch welche die allgemeinen Regeln über die Begründung von Beschlüssen – u darüber hinaus auch die bisher für die Begründung von Urteilen in Ehe- u Familienstreitsachen nach der ZPO geltenden Regeln – noch verschärft werden sollten (ebenso im Ergebnis *Maurer* FamRZ 2009, 465, 481).

III. Form und Umfang der Entscheidungsbegründung

Die gebotene **Form** der Beschwerdeentscheidung ergibt sich schon aus den allg Vorschriften (§ 38); soweit im Einzelfall erforderlich, ist auch auf die nunmehr vorgeschriebene Rechtsmittelbelehrung (§ 39) zu achten.

Zum erforderlichen **Umfang** der Beschwerdeentscheidungsbegründung trifft das Gesetz keine ausdrücklichen Aussagen, so dass hierzu weiterhin auf die bereits zu § 25 FGG entwickelten Maßstäbe (KKW/Sternal § 25 FGG Rn 28–32; Bassenge/Roth § 25 FGG Rn 1–3; Jansen/*Briesemeister* § 25 FGG Rn 30–33, jeweils mwN) zurückgegriffen werden kann.

Wie bisher muss die Entscheidungsbegründung danach grds eine vollständige Darstellung des Sachverhalts unter Anführung der Gründe, aus denen eine Tatsache für erwiesen gehalten wird sowie die Rechtsanwendung auf den festgestellten Sachverhalt enthalten (BayObLG NJW-RR 1998, 1014 f). Eine Trennung nach Tatbestand (»I«) u Entscheidungsgründen (»II«) ist dabei nicht vorgeschrieben, aber weitgehend üblich. Auch über Rz 42 hinaus kann eine Begründung jeweils auch durch (konkrete) **Bezugnahme** auf die Gründe der angefochtenen Entscheidung oder auf Entscheidungen in anderen Verfahren mit denselben Beteiligten erfolgen, wenn diese ihrerseits den entsprechenden Begründungserfordernissen genügen. Auch ein Verweis auf einzelne Aktenbestandteile, wie zB Protokolle über Zeugenaussagen oder Sachverständigengutachten ist zulässig, wenn ihr Umfang klar gekennzeichnet ist u die Entscheidung des Beschwerdegerichts aus sich heraus verständlich bleibt (BayObLG NJW-RR 1997, 396, 397; Bassenge/Roth § 25 FGG Rn 3; KKW/*Sternal* § 25 FGG Rn 29 mwN).

Bei **Ermessensentscheidungen** muss die Begründung der Beschwerdeentscheidung auch die für die Ausübung des Ermessens maßgeblichen Gründe angeben (BayObLG NJW 1975, 2148, 2149). Die Nichtausübung eines Handlungsermessens ist jedenfalls dann zu begründen, wenn sich die Ausübung nach den Umständen aufdrängt (BayObLGZ 1970, 317, 319). Auch das ausnahmsweise Unterlassen einer mündlichen Anhörung (zB nach §§ 159 Abs 3, 160 Abs 3 FamFG) ist zu begründen (BayObLG FamRZ 1986, 603). Die wesentlichen Behauptungen u Beweisangebote der Beteiligten müssen gewürdigt werden. Eine erschöpfende Auseinandersetzung auch mit irrigen Rechtsausführungen der Beteiligten oder mit Vorbringen, auf das es nach dem Rechtstandpunkt des Beschwerdegerichts nicht ankommen kann, braucht nicht zu erfolgen (Jansen/*Briesemeister* § 25 FGG Rn 32).

IV. Folgen von Begründungsmängeln

Fehlt die gem § 69 Abs 2 vorgeschriebene **Begründung** einer Beschwerdeentscheidung **insgesamt**, liegt ein **absoluter Rechtsbeschwerdegrund** nach § 72 Abs 3 iVm § 547 Nr 6 ZPO vor, der zwingend die Aufhebung des angefochtenen Beschlusses u Zurückverweisung der Sache zur Folge hat (Einzelheiten, auch zur Frage des **Nachschiebens** einer zunächst fehlenden Begründung s § 72 Rz 30). Ist eine Begründung der Beschwerdeentscheidung zwar **vorhanden, aber unrichtig, unzureichend oder unvollständig**, so kann auch dies im Einzelfall zu deren Aufhebung durch das Rechtsbeschwerdegericht u ggf auch zur Zurückverweisung führen, wenn die Beschwerdeentscheidung auf einem derartigen Mangel beruht (BayObLG FamRZ 1994, 913, 915; KKW/*Sternal* § 25 FGG Rn 30 zum bisherigen Recht). Ein Fall von § 547 Nr 6 ZPO liegt dann aber nicht vor.

E. Verweis auf die Vorschriften über den Beschluss im ersten Rechtszug

Gem § 69 Abs 3 gelten für die Beschwerdeentscheidung im Übrigen mit Ausnahme der Ehe- u Familienstreitsachen, für die – abgesehen von der Geltung von § 38f u der Sonderregelung des § 116 – ergänzend auf die ZPO zurückzugreifen ist (§ 68 Rz 33), die Vor-

§ 69 FamFG | Beschwerdeentscheidung

schriften über den Beschluss im ersten Rechtszug (= Abschnitt 3 des ersten Buches) entsprechend.

50 Es gelten also zunächst die Vorschriften über die **Form** des erstinstanzlichen Beschlusses (§ 38 Abs 2 sowie Abs 3 S 2 u 3) auch für die Entscheidungen der zweiten Instanz. § 38 Abs 3 S 1 über die Notwendigkeit einer **Begründung** aller Entscheidungen ist durch den gleichlautenden u daher systematisch an sich überflüssigen § 69 Abs 2 ersetzt. Die § 38 Abs 4 bis 6 bleiben zumindest nach der hier vertretenen Auffassung (Rz 43 auf Beschwerdeentscheidungen ungeachtet von § 69 Abs 2 weiterhin anwendbar. Außerdem ist durch § 69 Abs 3 iVm § 39 auch für Beschwerdeentscheidungen die Notwendigkeit einer **Rechtsbehelfsbelehrung** allgemein angeordnet. Diese ist somit auch für den (Regel-)Fall erforderlich, dass ein Rechtsmittel mangels Zulassung der Rechtsbeschwerde überhaupt nicht gegeben ist; sie dient insoweit lediglich der Klarstellung.

51 Außerdem gelten jeweils die Vorschriften über das **Wirksamwerden** von Entscheidungen (§ 40; Einzelheiten Rz 52 ff), die **Bekanntgabe** (§ 41), die **Berichtigung** (§ 42) u die **Ergänzung** von Beschlüssen (§ 43) sowie die Regelungen über die **Anhörungsrüge** (§ 44), die **formelle Rechtskraft** (§ 44), über die Erteilung von **Rechtskraftzeugnissen** (§ 47), über das **Wirksambleiben von Rechtsgeschäften** trotz Aufhebung einer ihnen zugrunde liegenden Genehmigungsentscheidung (§ 47) u die allgemeine Vorschrift über die **Abänderung** u die **Wiederaufnahme** des Verfahrens (§ 48) in gleicher Weise auch für das Beschwerdeverfahren.

F. Wirksamwerden der Beschwerdeentscheidung

I. Grundsatz

52 Gem § 69 Abs 3 iVm § 40 Abs 1 werden die Entscheidungen des Beschwerdegerichts grds **mit der Bekanntmachung** an denjenigen **wirksam**, für den sie nach ihrem wesentlichen Inhalt bestimmt sind. Bereits mit Bekanntmachung einer abändernden oder aufhebenden Entscheidung tritt diese also an die Stelle der Erstentscheidung des Ausgangsgerichts u es treten ihre materiell- u verfahrensrechtlichen Wirkungen ein. Soweit es darüber hinaus einer gesonderten Vollziehung oder Vollstreckung bedarf, sind sie folgerichtig von diesem Zeitpunkt an auch sofort vollziehbar bzw vollstreckbar. Für die Anordnung einer vorläufigen Vollstreckbarkeit oder eines sofortigen Vollzuges ist daher in diesen Fällen kein Raum. Eine Ausnahmeregelung wie in § 26 S 1 FGG, wonach Entscheidungen des Beschwerdegerichts, die ihrerseits mit der sofortigen weiteren Beschwerde anfechtbar waren, erst mit Eintritt der Rechtskraft wirksam wurden, ist in das neue Recht nicht übernommen worden. Auch mit der Rechtsbeschwerde anfechtbare Beschlüsse werden also regelmäßig sofort mit Bekanntgabe wirksam. Die bisher nach § 26 S 2 FGG allgemein – u nicht nur als Unterausnahme, Rz 54 f – bestehende Möglichkeit einer Anordnung der sofortigen Wirksamkeit durch das Beschwerdegericht ist damit gegenstandslos u deshalb ebenfalls entfallen (zum – abweichenden – bisherigen Recht vgl KKW/*Sternal* § 26 FGG Rn 1, 6 mwN).

II. Ausnahmen kraft Gesetzes

1. Aufgeschobene Wirksamkeit

53 Wie bisher (vgl KKW/*Sternal* § 26 FGG Rn 1 f mwN) gibt es allerdings dennoch eine Reihe von Sonderfällen, in denen mit der Wirksamkeit der (Beschwerde-)Entscheidung eine so einschneidende Veränderung der Rechtslage verbunden ist, dass nach der ausdrücklichen Regelung des Gesetzes die Wirksamkeit erst mit der **formellen Rechtskraft** eintreten soll oder für das Wirksamwerden der Beschwerdeentscheidung an ein **anderes,** erst nach dem Zeitpunkt der Bekanntmachung liegendes **Ereignis** angeknüpft wird. Die Vorschriften, aus denen sich ein solch aufgeschobener Zeitpunkt des Inkrafttretens erge-

ben kann, sind im Wesentlichen die gleichen, aus denen sich ein aufgeschobenes Wirksamwerden auch schon der erstinstanzlichen Entscheidung in den jeweiligen Fällen ergibt (§ 64 Rz 24 f). Eine Regelung, in der die Wirksamkeit speziell einer Beschwerdeentscheidung auf den Zeitpunkt der formellen Rechtskraft aufgeschoben ist, findet sich zB in § 27 Abs 1 IntFamRVG.

2. Unterausnahme: Anordnung der sofortigen Wirksamkeit im Einzelfall

In vielen der Fälle, in denen der Eintritt der Wirksamkeit in dieser Weise aufgeschoben **54** ist, kann aber – ggf unter der zusätzlichen Voraussetzung, dass Gefahr im Verzug vorliegt – die sofortige Wirksamkeit im Einzelfall gerichtlich angeordnet werden, u zwar bereits durch das Gericht der ersten Instanz (§ 64 Rz 26 f sowie Rz 28 zu den **Familienstreitsachen** im Besonderen). Während der Anhängigkeit eines Beschwerdeverfahrens geht dieses Recht jedoch auf das Beschwerdegericht über. In diesen Fällen kann daher auch das Beschwerdegericht die sofortige Wirksamkeit seiner Beschwerdeentscheidung anordnen. Sonderregelungen, welche die Möglichkeit einer Anordnung der sofortigen Wirksamkeit speziell für eine Beschwerdeentscheidung vorsehen, finden sich zB in § 27 Abs 2 IntFamRVG (für das Beschwerdegericht) u § 31 2. Alt IntFamRVG (für das Rechtsbeschwerdegericht).

Die Entscheidung des Beschwerdegerichts über die Anordnung oder Ablehnung der **55** sofortigen Wirksamkeit in diesen Fällen ist unanfechtbar (zum bisherigen Recht vgl zB KKW/*Sternal* § 26 FGG Rn 16). Ein Rechtsmittel gegen eine derartige Entscheidung ist entsprechend § 70 Abs 3 ausgeschlossen, denn wie sich aus den dort geregelten Fällen ergibt, soll eine Rechtsbeschwerde wegen bloß vorläufiger Anordnungen nach dem Willen des Gesetzgebers nicht möglich sein.

III. Aussetzung der Vollziehung und einstweilige Anordnungen des Rechtsbeschwerdegerichts

Ist eine Entscheidung kraft Gesetzes schon vor ihrer Rechtskraft wirksam (Rz 52) oder **56** ist ihre sofortige Wirksamkeit im Einzelfall durch das Beschwerdegericht gerichtlich angeordnet worden (Rz 54 f), so stellt sich die Frage, auf der Grundlage welcher Vorschriften das Rechtsbeschwerdegericht bei Einlegung einer Rechtsbeschwerde seinerseits die Vollziehung dieser Entscheidung aussetzen oder sonstige Anordnungen zu einstweiligen Regelung zB bis zur endgültigen Entscheidung im Falle einer Aufhebung u Zurückverweisung treffen kann. Bisher ergab sich eine derartige Befugnis des Rechtsbeschwerdegerichts aus der über § 29 Abs 4 FGG auch auf die weitere Beschwerde entsprechend anwendbaren Vorschrift des § 24 Abs 3 FGG (BayObLG WuM 1990, 324, 325; 2002, 517; Jansen/*Briesemeister* § 24 FGG Rn 18; KWW/*Meyer-Holz* § 29 Rn 1; Bassenge/Roth § 29 FGG Rn 1). Nunmehr findet sich eine gesetzliche Regelung für derartige Fallkonstellationen nur noch in Sondervorschriften wie zB § 31 1. Alt IntFamRVG. Eine allgemeine Regelung ist jedoch nicht mehr vorhanden, weil der an die Stelle von § 24 Abs 3 FGG getretene § 64 Abs 3 wegen des Fehlens einer dem § 29 Abs 4 FGG entsprechenden Auffangvorschrift (vor §§ 58–75 Rz 3) nicht mehr ausdrücklich für anwendbar erklärt ist. § 64 Abs 3 dürfte aber dennoch auf das Rechtsbeschwerdegericht analog anzuwenden sein. Denn ein Anhaltspunkt dafür, dass der Gesetzgeber das bestehende Recht insoweit bewusst ändern wollte u die Aufnahme einer entsprechenden Verweisungsvorschrift in das Gesetz nicht nur versehentlich unterlassen hat, ist nicht zu erkennen.

Unterabschnitt 2
Rechtsbeschwerde

§ 70 Statthaftigkeit der Rechtsbeschwerde

(1) Die Rechtsbeschwerde eines Beteiligten ist statthaft, wenn sie das Beschwerdegericht oder das Oberlandesgericht im ersten Rechtszug in dem Beschluss zugelassen hat.

(2) Die Rechtsbeschwerde ist zuzulassen, wenn
1. die Rechtssache grundsätzliche Bedeutung hat oder
2. die Fortbildung des Rechts oder die Sicherung einer einheitlichen Rechtsprechung eine Entscheidung des Rechtsbeschwerdegerichts erfordert.

Das Rechtsbeschwerdegericht ist an die Zulassung gebunden.

(3) Die Rechtsbeschwerde gegen einen Beschluss des Beschwerdegerichts ist ohne Zulassung statthaft in
1. Betreuungssachen zur Bestellung eines Betreuers, zur Aufhebung einer Betreuung, zur Anordnung oder Aufhebung eines Einwilligungsvorbehalts,
2. Unterbringungssachen und Verfahren nach § 151 Nr. 6 und 7 sowie
3. Freiheitsentziehungssachen.

In den Fällen des Satzes 1 Nr. 2 und 3 gilt das nur, wenn sich die Rechtsbeschwerde gegen den Beschluss richtet, der die Unterbringung oder die freiheitsentziehende Maßnahme anordnet.

(4) Gegen einen Beschluss im Verfahren über die Anordnung, Abänderung oder Aufhebung einer einstweiligen Anordnung oder eines Arrests findet die Rechtsbeschwerde nicht statt.

Übersicht

	Rz		Rz
A. Allgemeines	1	5. Bindungswirkung der Zulassung	15
I. Sinn und Zweck	1	IV. Zulassungsgründe	17
II. Anwendungsbereich	3	1. Allgemeines	17
1. Grundsatz	3	2. Die Zulassungsgründe im Einzelnen	19
2. Sonderfälle	4		
B. Statthaftigkeit der Rechtsbeschwerde	7	C. Rechtsbeschwerde in Betreuungs-, Unterbringungs- und Freiheitsentziehungssachen	26
I. Beschwer	7		
II. Zulassungsbedürftigkeit	8		
III. Zulassungsentscheidung	9	D. Keine Rechtsbeschwerde in Verfahren des einstweiligen Rechtsschutzes	28
1. Zuständigkeit	9		
2. Form, Inhalt, Verfahren	10	E. Kosten	30
3. Teilzulassung	11		
4. Unanfechtbarkeit der Nichtzulassung	13		

A. Allgemeines

I. Sinn und Zweck

1 § 70 führt die allgemeine Rechtsbeschwerde in das FamFG-Verfahren ein u überträgt das – selbst erst durch die ZPO-Reform als allgemeinen Rechtsbehelf eingeführte – Verfahren der § 574 ff ZPO auf das FamFG. Zugleich erfolgt eine **Vereinheitlichung des Rechtsmittelzuges**, da auch die bisher der ZPO-Revision unterliegenden Verf, soweit sie jetzt im FamFG geregelt sind, mit in den Anwendungsbereich der Rechtsbeschwerde aufgenommen werden. Durch die Anlehnung des Rechtsbeschwerdeverfahrens an die §§ 574 ff ZPO wird ein einheitliches, auf eine reine Rechtskontrolle beschränktes Rechts-

mittel für das gesamte FamFG geschaffen, durch das die verschiedenen, hier bisher nebeneinander bestehenden Rechtsmittel der dritten Instanz ersetzt werden. Neben dieser systematischen Vereinheitlichung verspricht sich der Gesetzgeber von der mit der Neuregelung verbundenen **Konzentration der Rechtsbeschwerden beim BGH** eine »zügige höchstrichterliche Entscheidung von Grundsatzfragen« u die »Stärkung des BGH als Wahrer der Rechtseinheitlichkeit u Rechtsfortbildung«, dem es ermöglicht werde, sich künftig in erster Linie mit Verfahren zu befassen, denen aufgrund ihrer grundsätzlichen Bedeutung eine über den Einzelfall hinaus reichende Wirkung zukomme (BTDrs 16/6308 S 209).

Die §§ 70 ff treten im Anwendungsbereich des FGG **an die Stelle der weiteren Beschwerde** (§§ 27 ff FGG). Außer in den Fällen des § 70 Abs 3 Satz 1 Nr 1–3, in denen die Rechtsbeschwerde zulassungsfrei statthaft ist (Rz 26 f), entfällt dadurch die hier bisher unbeschränkt bestehende Möglichkeit einer Anrufung der dritten Instanz zur Überprüfung einer zweitinstanzlichen Entscheidung u die bestehenden Rechtsschutzmöglichkeiten werden teilweise eingeengt. Außerdem werden durch die Rechtsbeschwerde die bisher als rudimentäre »vierte Instanz« in § 28 Abs 2 u 3 FGG sowie in einigen Sondergesetzen (zB SpruchG, GBO) vorgesehenen **Divergenzvorlageverfahren** an den BGH ersetzt. Bei den ZPO-Familiensachen tritt die Rechtsbeschwerde an die Stelle der bisher für die Anfechtung von Endentscheidungen (Berufungsurteilen) in Ehesachen u in den jetzt als Familienstreitsachen bezeichneten Verfahren vorgesehenen **Revision** gem §§ 542 ff ZPO. Für die bisher **§ 621e Abs 2 ZPO** unterfallenden Familiensachen tritt sie an die Stelle des bisherigen Rechtsmittels nach § 621e Abs 2 ZPO. Ein Restbereich von Familienverfahren, in denen – wie bisher zB bei Ehewohnungs- u Haushaltsangelegenheiten u beim Gewaltschutz – eine Rechtsbeschwerde gänzlich unstatthaft ist, verbleibt nach der Neuregelung nicht mehr.

II. Anwendungsbereich

1. Grundsatz

§ 70 Abs 1 bestimmt, dass die Rechtsbeschwerde – außer in den Fällen des § 70 Abs 3 Satz 1 – nur statthaft ist, wenn sie vom Beschwerdegericht oder, wenn der Beschluss ausnahmsweise vom OLG im ersten Rechtszug erlassen ist, von diesem in der Beschwerdeentscheidung zugelassen wurde. Ausnahmsweise vom OLG im ersten Rechtszug erlassen u daher – wenn überhaupt – von vornherein **nur mit der Rechtsbeschwerde anfechtbar** sind zB die gerichtliche Entscheidung über die Anfechtung von Justizverwaltungsakten (vgl § 25 EGGVG; vor §§ 58–75 Rz 43) oder die Entscheidungen der OLG's über die Anerkennung ausländischer Entscheidungen in Ehesachen außerhalb des Anwendungsbereiches der VO (EG) Nr 2201/2003 (»Brüssel-IIa-Verordnung«; vor §§ 58–75 Rz 44).

2. Sonderfälle

In einer Reihe von Fällen ist die **Rechtsbeschwerde** – wie bisher die weitere Beschwerde – **durch Sonderregelungen ausgeschlossen**. So ist gem §§ 35 Abs 3 S 3, 85 Abs 3 S 3, 104 Abs 6 S 3, 142 Abs 6 S 3 AktG, 26 Abs 4 S 4 UmwG, 30 Abs 4 S 3 SEAG nF – entsprechend dem bisherigen Recht – die Rechtsbeschwerde bei Streitigkeiten über die **Vergütung u den Ersatz der baren Auslagen** von **gerichtlich bestellten Gesellschaftsorganen u Prüfern im Recht der Kapitalgesellschaften** ausgeschlossen, weil der Gesetzgeber diese Verfahren als nicht hinreichend wichtig angesehen hat, um eine höchstrichterliche Klärung der sie betreffenden Rechtsfragen durch den BGH zu ermöglichen (BTDrs 16/6308 S 353–355, 427). Dagegen ist in Streitigkeiten gem §§ 99 Abs 3 S 7, 132 Abs 3 S 1, 260 Abs 3 S 1 AktG (gerichtliche Entscheidungen über die Zusammensetzung des Aufsichtsrats einer AG, das Auskunftsrecht des Aktionärs u die Feststellungen von aktienrechtlichen Sonderprüfern) sowie § 51b S 1 GmbHG iVm § 132 Abs 3 S 1 AktG (gerichtliche Entscheidung über das Auskunfts- u Einsichtsrecht des GmbH-Gesellschafters) die Rechtsbeschwerde gegen **gerichtliche Entscheidungen im Recht der Kapitalgesellschaften** – abweichend vom bisherigen Recht – nunmehr zugelassen, weil derartige Entscheidungen nicht nur die Kosten, sondern die Sache selbst betreffen u daher für entsprechend wichtig gehalten werden (BTDrs 16/6308 S 427) sowie die Rechtsbeschwerde zudem generell unter dem Vorbehalt der Zulassung steht (BTDrs 16/6308 S 817). Der Vorschlag des BR zum Ausschluss der Rechtsbeschwerde auch in diesen Verfahren ist von der BReg daher ausdrücklich abgelehnt worden (BTDrs 16/6308 S 353).

5   Auch in anderen Fällen, in denen eine weitere Beschwerde nach dem FGG durch Sondervorschriften ausgeschlossen war, ist die **Rechtsbeschwerde** nunmehr – nach Zulassung durch das Beschwerdegericht u bei Vorliegen ihrer sonstigen allgemeinen Voraussetzungen – **nach Maßgabe des FamFG ausdrücklich zulässig** oder die Vorschrift, aufgrund deren die weitere Beschwerde bisher ausgeschlossen war, ist zumindest ersatzlos weggefallen:

– Nach § 27 Abs 2 FGG war die weitere Beschwerde gegen Entscheidungen des Beschwerdegerichts über eine **isolierte Beschwerde gegen erstinstanzliche Kostenentscheidungen** nicht statthaft (vgl zum bisherigen Recht KKW/*Meyer-Holz* § 27 FGG Rn 9); mangels Übernahme einer entsprechenden Vorschrift in das neue Recht ist in den bisher von dieser Vorschrift erfassten Fällen nunmehr eine Rechtsbeschwerde möglich.

– § 12 Abs 2 S 3 SpruchG aF (Ausschluss der weiteren Beschwerde gegen **Entscheidungen nach dem SpruchG**) ist weggefallen; auch in diesem Verfahren ist somit im Zuge der allgemeinen Angleichung u Bereinigung des Rechtsmittelrechts die Rechtsbeschwerde zulässig geworden.

– § 63 FGG iVm §§ 55, 62 FGG (Ausschluss der weiteren Beschwerde bei Fällen, in denen die **Erteilung oder Versagung der vormundschaftsgerichtlichen Genehmigung** eines Rechtsgeschäfts einem Dritten ggü wirksam geworden ist) ist ersatzlos weggefallen, nachdem das Wirksamwerden derartiger Genehmigungen nunmehr durch § 40 Abs 2 S 1 generell auf den Zeitpunkt der Rechtskraft aufgeschoben u eine dem § 62 FGG entsprechende Regelung damit entbehrlich geworden ist; auch der bisherige Meinungsstreit über die Reichweite des Ausschlusses der weiteren Beschwerde nach dem FGG, wenn die erste Instanz in solchen Fällen ohne einen bisher notwendigen gesonderten Vorbescheid entschieden hatte (Jansen/*Sonnenfeld* § 62 FGG Rn 10 f mwN), ist damit gegenstandslos geworden.

6   Nach bisherigem Recht zulässig war auch eine weitere Beschwerde der Staatsanwaltschaft gegen die Erteilung oder Versagung der Genehmigung des VormG zum Antrag auf Entlassung einer unter elterlicher Sorge oder Vormuschaft stehenden Person aus der deutschen Staatsangehörigkeit gem § 19 Abs 1 S 2 StAG, gegen die Entscheidung über die Genehmigung des Antrags auf Erwerb einer ausländischen Staatsangehörigkeit durch eine solche Person gem § 25 Abs 1 StAG u gegen die Entscheidung über die Genehmigung des Verzichts eines Minderjährigen auf die deutsche Staatsangehörigkeit gem § 26 Abs 4 StAG. Jedoch hat das bisherige Beschwerderecht der Staatsanwaltschaft in derartigen Fällen in der Praxis keine Bedeutung erlangt. Mit dem FGG-RG ist deshalb nicht nur die Möglichkeit der weiteren Beschwerde, sondern das Beschwerderecht der Staatsanwaltschaft in **Verfahren nach dem StAG** insgesamt entfallen (BTDrs 16/6308 S 316).

B. Statthaftigkeit der Rechtsbeschwerde

I. Beschwer

Wie die Revision ist auch die Rechtsbeschwerde des FamFG Parteirechtsmittel. Der 7
Rechtsbeschwerdeführer muss daher durch die Beschwerdeentscheidung ebenso beschwert sein wie ein Beschwerdeführer durch eine erstinstanzliche Entscheidung (§ 59) u er muss diese Beschwer mit der Rechtsbeschwerde beseitigen wollen. Ein Beteiligter, der durch den Inhalt einer Beschwerdeentscheidung nicht beschwert ist, kann daher auch eine zugelassene Rechtsbeschwerde nicht allein mit dem Ziel einlegen, einen Verfahrensfehler festzustellen oder eine zwar möglicherweise fehlerhafte, ihn aber nicht konkret belastende Entscheidungsbegründung zur Überprüfung zu stellen (Zöller/*Heß-ler* § 543 ZPO Rn 6). Abgesehen von den Fällen einer zulässigen Beschränkung der Rechtsbeschwerde (Rz 11) – bleibt es ihm aber unbenommen, diese aus anderen Gründen einzulegen, als gerade aus denjenigen, derentwegen sie zugelassen worden ist (BGHZ 9, 357, 358 f zur ZPO-Revision).

II. Zulassungsbedürftigkeit

Die Rechtsbeschwerde setzt idR immer die vorherige Zulassung durch das Beschwerde- 8
gericht voraus. Ausnahmen bestehen außer in den Fällen des § 70 Abs 3 Satz 1 zB in Ehe- u Familienstreitsachen für die Rechtsbeschwerde gegen einen Beschluss, durch den eine Beschwerde als unzulässig verworfen wird (§ 117 Abs 1 S 2 iVm § 522 Abs 1 S 4 ZPO) u für die Rechtsbeschwerde gegen ein zweites Versäumnisurteil mit der Begründung, dass ein Fall der schuldhaften Säumnis nicht vorgelegen habe (§ 117 Abs 2 S 1 iVm § 514 Abs 2 ZPO). Eine Beschwerdesumme muss nicht gewahrt sein; § 61 Abs 1 ist mangels einer dahingehenden Vorschrift im Gesetz auf die Rechtsbeschwerde nicht entsprechend anzuwenden (BGH NJW 1985, 913 f zur Parallelsituation bei der weiteren Beschwerde in einem WEG-Verfahren). Zur Problematik eines – ohne Zulassung statthaften – außerordentlichen Rechtsmittels gegen die Entscheidung des Beschwerdegerichts vgl vor §§ 58–75 Rz 31 ff.

III. Zulassungsentscheidung

1. Zuständigkeit

Zuständig für die Entscheidung über die Zulassung der Rechtsbeschwerde ist der mit 9
der Beschwerdeentscheidung befasste Spruchkörper. Ist diese gem § 68 Abs 4 dem **Einzelrichter** übertragen, dann kann – u muss – dieser die Rechtsbeschwerde wegen grundsätzlicher Bedeutung selbst zulassen (BGH NJW 2003, 2900 f zur ZPO-Revision). Das ergibt sich daraus, dass der Gesamtspruchkörper schon bei der Übertragung der Sache auf den Einzelrichter die grds Bedeutung der Sache – zumindest implizit – geprüft u aus seiner Sicht verneint hat. Etwas anderes gilt nur dann, wenn sich die Prozesslage seit der Übertragung auf den Einzelrichter wesentlich geändert u sich die grds Bedeutung der Sache dadurch erst nachträglich ergeben hat. Dann ist die Sache gem § 68 Abs 4 iVm § 526 Abs 2 Nr 1 ZPO zunächst dem Gesamtspruchkörper zur Entscheidung über eine mögliche Übernahme vorzulegen. Eine dennoch erfolgende Zulassung der Rechtsbeschwerde durch den Einzelrichter ist jedoch wirksam u bleibt ohne prozessuale Folgen (BGH NJW 2004, 2301; in BGH NJW 2003, 2900 f offen gelassen), denn sie ist durch den gesetzlichen Richter erfolgt u allein auf die unterlassene Vorlage an das Kollegium kann die Rechtsbeschwerde gem § 68 Abs 4, 2. Hs iVm § 526 Abs 3 ZPO nicht gestützt werden.

2. Form, Inhalt, Verfahren

10 Zum Verfahren sowie zu Form u Inhalt der stets von Amts wegen zu treffenden Zulassungsentscheidung gilt § 61 Rz 16–18 entsprechend.

3. Teilzulassung

11 Die Zulassung der Rechtsbeschwerde umfasst grds den gesamten Streitstoff. Eine Beschränkung der Zulassung nach den für die Revision entwickelten Grundsätzen, die vor allem für die Rechtsbeschwerde in Ehe- u Familienstreitsachen ohne weiteres auf das FamFG übertragbar sind, ist jedoch zulässig. Nach der Rspr des BGH kommt eine Beschränkung der Zulassung demnach dann in Betracht, wenn sie sich auf einen tatsächlich u rechtlich selbstständigen, **abtrennbaren Teil des Gesamtstreitstoffs** bezieht, über den in einem besonderen Verfahrensabschnitt durch Teil- oder Zwischenurteil entschieden werden kann (BGH MDR 2005, 886; NJW 2007, 144) oder auf den auch der Rechtsmittelführer sein Rechtsmittel von vornherein beschränken könnte (BGH NJW-RR 2004, 1365 f). Soweit der von der Zulassung erfasste Teil einen abtrennbaren, rechtlich selbständigen Teil des Gesamtstreitstoffs betrifft, wird tendenziell darüber hinausgehend auch eine Beschränkung der Revisionszulassung auf einzelne Angriffs- oder Verteidigungsmittel zugelassen. Unzulässig ist aber eine Beschränkung nur auf einzelne Rechtsfragen (BGH MDR 2005, 886) oder tatsächliche Gesichtspunkte (BGH MDR 2004, 468, 469), auf einzelne Entscheidungselemente (zB einzelne Anspruchsgrundlagen zur Begründung desselben prozessualen Anspruchs, BGH NJW 1984, 615 oder auf einzelne prozessuale Vorfragen (BGH NJW 1984, 3264 f). Wegen aller weiteren Einzelheiten ist auf die einschlägigen ZPO-Kommentare (zB Zöller/*Heßler* § 543 ZPO Rn 19; Musielak/*Ball* § 543 ZPO Rn 10–13, jeweils mwN) Bezug zu nehmen.

12 Eine entgegen den vorstehenden Grundsätzen dennoch ausgesprochene Beschränkung der Rechtsbeschwerdezulassung ist unwirksam. Die Zulassung als solche bleibt aber wirksam. Die Rechtsbeschwerde ist daher in einem solchen Fall unbeschränkt zulässig u die Entscheidung der Beschwerdeinstanz in vollem Umfang überprüfbar (BGH NJW 2003, 2529; Zöller/*Heßler* § 543 ZPO Rn 19). Das Gleiche gilt auch bei sprachlichen oder sonstigen Unklarheiten über die Reichweite einer vom Beschwerdegericht ausgesprochenen Zulassungsbeschränkung (BGH NJW 2003, 2529; FamRZ 2008, 1339; Zöller/*Heßler* § 543 ZPO Rn 26).

4. Unanfechtbarkeit der Nichtzulassung

13 Die Nichtzulassung der Rechtsbeschwerde ist – wie im Fall der §§ 574 ff ZPO – nicht anfechtbar. Das Rechtsbeschwerdeverfahren kennt keine Nichtzulassungsbeschwerde. Da die Rechtsbeschwerde nunmehr für sämtliche Verfahren der freiwilligen Gerichtsbarkeit einschließlich aller Familiensachen den einzigen, im Instanzenzug über die zweite Instanz hinausführenden Rechtsbehelf darstellt, wird durch das FamFG in der Sache die bis zum 31.12.2019 befristete Übergangsregelung des § 26 Nr 9 ZPO über den Ausschluss der Nichtzulassungsbeschwerde bei den bisher der Revision u der Rechtsbeschwerde gem § 621e Abs 2 S 1 Nr 2 ZPO unterliegenden Familiensachen unbefristet verlängert. Dies ist verfassungsrechtlich unbedenklich, da von Verfassungs wegen die Existenz eines vollständigen Instanzenzuges u insbes das durchgängige Vorhandensein einer dritten Instanz zur Überprüfung von Entscheidungen der zweiten Instanz nicht geboten ist (BVerfG FamRZ 2003, 995, 996; BGH FamRZ 2005, 1902, 1903; Zöller/*Heßler* § 574 ZPO Rn 16 mwN). Soweit die fehlende Anfechtbarkeit eines Ausschlusses der Rechtsbeschwerde bei der ZPO-Reform allerdings noch ausdrücklich mit der relativ geringen Bedeutung der von einer solchen Beschwerde idR nur erfassten Zwischen- u Nebenentscheidungen begründet wurde (BTDrs 14/4722 S 116) trägt diese Begründung jetzt nicht mehr. Der Ausschluss von Rechtsmitteln gegen eine Nichtzulassung der

Rechtsbeschwerde wird für das FamFG vielmehr ganz bewusst auch auf Endentscheidungen ausgedehnt.

Wegen der ausnahmsweisen Zulässigkeit einer **außerordentlichen Beschwerde** vgl 14 § 61 Rz 19 u vor §§ 58–75 Rz 31 f.

5. Bindungswirkung der Zulassung

Noch in § 70 Abs 2 S 2 RegE FGG-RG war als verfahrensmäßige Neuerung vorgesehen, 15 dass zur Entlastung des BGH wegen der zusätzlichen Arbeitsbelastungen durch die Einführung der Rechtsbeschwerde in der freiwilligen Gerichtsbarkeit die Zulassungsentscheidung des Beschwerdegerichts nicht bindend sein sollte. Unter Berücksichtigung von Bedenken der zu dem Gesetzentwurf vor dem Rechtsausschuss des Bundestages angehörten Sachverständigen hat man diese Regelung jedoch fallen gelassen. In seiner schließlich Gesetz gewordenen Fassung regelt § 70 Abs 2 S 2 nun in Übereinstimmung mit der ZPO u den Verfahrensordnungen der Sondergerichtsbarkeiten, dass das Rechtsbeschwerdegericht an die Zulassung der Rechtsbeschwerde durch das Beschwerdegericht auch nach dem neuen Recht gebunden ist.

Das Rechtsbeschwerdegericht hat die Zulassungsentscheidung des Beschwerde- 16 gerichts folglich hinzunehmen u darf das Vorliegen eines Rechtsbeschwerdegrundes nicht nochmals prüfen. Eine Bindung an die Zulassung besteht für das Rechtsbeschwerdegericht nur dann nicht, wenn eine Rechtsbeschwerde von vornherein unstatthaft ist, weil sie aufgrund besonderer Vorschriften (Rz 4) gesetzlich ausgeschlossen ist (BGH NJW-RR 2006, 286, stRspr) oder wenn es schon an einer wirksamen Zulassungsentscheidung fehlt, weil diese zB unzulässigerweise erst nachträglich erfolgt ist, obwohl die Voraussetzungen des § 43 nicht vorlagen (BGH FamRZ 2004, 1278). Auch an die zusätzliche Zulassung einer schon kraft Gesetzes ohnehin statthaften Rechtsbeschwerde ist das Rechtsbeschwerdegericht nicht gebunden; in einem derartigen Fall darf es das Vorliegen eines Rechtsbeschwerdegrundes daher ausnahmsweise auch selbst nachprüfen (BGH FamRZ 2003, 1009; 2004, 1023, 1024).

IV. Zulassungsgründe

1. Allgemeines

Die Zulässigkeit der Rechtsbeschwerde setzt idR das **Vorliegen eines Zulassungsgrun-** 17 **des** nach § 70 Abs 2 voraus. Nur in den Sonderfällen des § 70 Abs 3 ist die vollständig zulassungsfreie Rechtsbeschwerde vorgesehen. Ein Zulassungsgrund ist in diesen Fällen also – abweichend von der Parallelvorschrift des § 574 Abs 2 ZPO – auch durch das Rechtsbeschwerdegericht nicht zu prüfen und muss daher auch in der Rechtsbeschwerdeschrift nicht dargelegt werden (aA 1. Aufl, noch auf der Grundlage der vom Rechtsausschuss vorgeschlagenen, jedoch sodann als »technisches Versehen« durch BT-Drs 16/9831 korrigierten Fassung von § 70 Abs 3 S 2, wonach auch die zulassungsfreie Rechtsbeschwerde nur unter den Voraussetzungen des § 70 Abs 2 möglich sein sollte, vgl *Vorwerk* FPR 2009, 8, 11 mwN; kritisch zu der derart weitgehenden Zulassungsfreiheit zu Recht Prütting/Helms/*Abramenko* Rn 16). Auch die Rechtsbeschwerde gegen die Verwerfung einer Beschwerde in Ehe- und Familienstreitsachen gem § 117 Abs 1 S 3 iVm § 522 Abs 1 S 4 ZPO ist nur zulässig, wenn das Rechtsbeschwerdegericht das Vorliegen eines Zulassungsgrundes gem § 70 Abs 2 bejaht. Erfolgt die Prüfung des Zulassungsgrundes durch das Rechtsbeschwerdegericht, so muss der Rechtsbeschwerdegrund (noch) im Zeitpunkt der Entscheidung über die Rechtsbeschwerde vorliegen (BGH NJW 2005, 154, 155 mwN zur Nichtzulassungsbeschwerde nach der ZPO). Etwas anderes gilt allerdings, wenn er erst nach der Einlegung der Rechtsbeschwerde entfallen ist und die Rechtsbeschwerde im Übrigen Aussicht auf Erfolg hat (BVerfG NJW 2008, 2493 f; BGH NJW-RR 2005, 438). Liegt ein Zulassungsgrund vor, so ist die Zulassung zwingend vorgeschrieben. Ein Ermessen ist dem Beschwerdegericht ausdrücklich nicht eingeräumt (BTDrs 16/6308 S 209).

18 Die im Rechtsbeschwerdeverfahren zu klärende Rechtsfrage oder der zu klärende Rechtsfehler müssen nach den anerkannten Grundsätzen des ZPO-Rechtsmittelrechts (Musielak/*Ball* § 543 ZPO Rn 9k ff; Zöller/*Heßler* § 574 ZPO Rn 13a, § 543 ZPO Rn 6a), die auf das FamFG zu übertragen sind, für die Rechtsbeschwerde **entscheidungserheblich** sein (§ 72 Rz 17–21). Maßgeblich für die Beurteilung der Entscheidungserheblichkeit ist dabei der Zeitpunkt der Zulassungsentscheidung (Zöller/*Heßler* § 543 ZPO Rn 6a).

2. Die Zulassungsgründe im Einzelnen

19 Die – sich in der Sache zT überschneidenden – Zulassungsgründe des § 70 Abs 2 Nr 1 u 2 sind mit denen der §§ 574 Abs 2, 543 Abs 2 ZPO identisch, so dass wegen sämtlicher Einzelheiten ihrer Auslegung auf die umfassende bereits vorhandene Rspr zur Revision u zur Rechtsbeschwerde nach der ZPO (Übersichten zB bei Zöller/*Heßler* § 543 ZPO Rn 11–16; Musielak/*Ball* § 543 ZPO Rn 4–9 oder MüKoZPO/*Wenzel* § 543 ZPO Rn 6–25) Bezug genommen werden kann:

20 Wie dort ist ein Verfahren von **grundsätzlicher Bedeutung** gem § 70 Abs 2 Nr 1, wenn es eine **klärungsfähige** (§ 72 Rz 3) u **klärungsbedürftige** Rechtsfrage aufwirft, die in einer unbestimmten Vielzahl von Fällen von tatsächlicher, rechtlicher oder wirtschaftlicher Bedeutung sein kann (BTDrs 16/6308 S 209 zu § 70 FamFG; BTDrs 14/4722 S 104 f zu § 543 ZPO).

21 Zur **Fortbildung des Rechts** gem § 70 Abs 2 Nr 2 1. Alt ist die Zulassung erforderlich, wenn der Einzelfall Veranlassung gibt, Leitsätze für die Auslegung von Gesetzesbestimmungen des materiellen oder des Verfahrensrechts aufzustellen oder Gesetzeslücken auszufüllen (BTDrs 16/6308 S 209 zu § 70 FamFG; BTDrs 14/4722 S 104 zu § 543 ZPO). Nach der zT einschränkenden Auslegung des BGH soll das nur dann der Fall sein, wenn es für die rechtliche Beurteilung typischer oder verallgemeinerungsfähiger Lebenssachverhalte an einer richtungsweisenden Orientierungshilfe ganz oder teilweise fehlt (NJW 2002, 3029, 3030; NJW 2003, 1074).

22 Der Zulassungsgrund der **Sicherung einer einheitlichen Rspr** gem § 70 Abs 2 Nr 2 2. Alt ist hingegen dann gegeben, wenn vermieden werden soll, dass **schwer erträgliche Unterschiede** in der Rspr entstehen oder fortbestehen, wobei darauf abzustellen ist, welche Bedeutung die angefochtene Entscheidung für die Rspr als Ganzes hat (BTDrs 16/6308 S 209 zu § 70 FamFG; BTDrs 14/4722 S 104).

23 Das betrifft zunächst die Fälle einer **Divergenz** im eigentlichen Sinne, die nur dann vorliegt, wenn in der angefochtenen Entscheidung ein die Entscheidung tragender allgemeiner Rechtssatz aufgestellt wird, der von einem tragenden abstrakten Rechtssatz in der Entscheidung eines höher- oder gleichrangigen anderen Gerichts oder eines anderen Spruchkörpers desselben Gerichts abweicht (BGH NJW 2002, 2473; BGH NJW-RR 2003, 1366, 1367).

24 Ebenfalls unter diese Vorschrift fallen aber auch solche Fälle, in denen das Vertrauen in die Rspr deshalb Schaden zu nehmen droht, weil die angefochtene Beschwerdeentscheidung **materielle oder formelle Fehler von symptomatischer**, über den Einzelfall hinausreichender **Bedeutung** enthält, welche die Interessen der Allgemeinheit nachhaltig berühren (BTDrs 14/4733 S 104; BGH NJW 2002, 2473, 2474; NJW 2003, 1943, 1944). Dies ist nach der Rspr des BGH zum ZPO-Rechtsmittelrecht dann anzunehmen, wenn konkrete Anhaltspunkte dafür bestehen, dass ohne ein Eingreifen des Rechtsbeschwerdegerichts eine **Wiederholung** des Fehlers durch dasselbe Gericht oder seine **Nachahmung** durch andere Gerichte droht (BGH NJW 2003, 1943, 1944; NJW 2003, 754, 755). Wiederholungsgefahr idS besteht aber nicht, wenn lediglich ein Beschwerdegericht eine geänderte höchstrichterliche Rspr zur Zeit seiner Entscheidung noch nicht kannte (BVerfG NJW 2008, 2493, 2494).

Nachhaltig berührt sind die Interessen der Allgemeinheit vor allem auch dann, wenn 25
das Vertrauen in die Rspr dadurch gefährdet ist, dass die Beschwerdeentscheidung auf
einer Verletzung von Verfahrensgrundrechten – insbes der Grundrechte auf rechtliches
Gehör u auf ein objektiv willkürfreies Verfahren – beruht (BGH NJW 2003, 1943, 1964;
NJW 2005, 153) oder einer der vom Gesetz als besonders gravierend angesehenen, **absoluten Rechtsbeschwerdegründe** des § 72 Abs 3 iVm § 547 Nr 1–4 ZPO gegeben ist (BGH
FamRZ 2007, 1643; Bumiller/Harders, § 70 Rn 15; aA Zöller/*Heßler* § 543 ZPO Rn 15b: in
allen Fällen des § 547 ZPO; wieder anders Musielak/*Ball* § 547 ZPO Rn 2 u ThP/*Reichold*
§ 543 ZPO Rn 5: nie; differenzierend MüKoZPO/*Wenzel* § 543 ZPO Rn 18), wobei in den
beiden zuletzt genannten Fallgruppen Anhaltspunkte für eine (zusätzliche) Wiederholungs- oder Nachahmungsgefahr im Einzelfall nicht bestehen müssen (BGH NJW
2003, 1943, 1946; FamRZ 2007, 1643; aA Musielak/*Ball* § 543 ZPO Rn 9 u § 547 ZPO
Rn 2).

C. Rechtsbeschwerde in Betreuungs-, Unterbringungs- und Freiheitsentziehungssachen

Gem § 70 Abs 3 S 1 Nr 1–3 ist die Rechtsbeschwerde in Betreuungssachen zur Bestellung 26
eines Betreuers, zur Aufhebung einer Betreuung, zur Anordnung oder Aufhebung eines
Einwilligungsvorbehalts (vgl § 271 Nr 1 u 2), in Unterbringungsverfahren (vgl § 312 für
Volljährige sowie § 151 Nr 6 u 7 für Minderjährige) u in Freiheitsentziehungssachen (vgl
§ 415) ohne Zulassung statthaft.

Wie durch § 70 Abs 3 S 2 ausdrücklich klargestellt wird, gilt diese Befreiung von der 26a
Notwendigkeit der Rechtsmittelzulassung jedoch nur, soweit sich die Rechtsbeschwerde
gegen einen Beschluss richtet, der für den Beschwerdeführer eine unmittelbar freiheitsentziehende Wirkung hat. Andere Entscheidungen in den hier aufgezählten Verfahrensarten – wie etwa solche, die nur die Vergütung eines Verfahrenspflegers betreffen – sind
dagegen von dem Wegfall der Zulassungsbedürftigkeit ausdrücklich ausgenommen,
weil der Gesetzgeber ansonsten eine unüberschaubare, durch die Bedeutung der in Frage stehenden Verfahren nicht gerechtfertigte Mehrbelastung des BGH befürchtet (BTDrs
16/12717 S 70).

Die in § 70 Abs 3 enthaltene Abweichung von gesetzlichen Regelfall der zulassungs- 27
bedürftigen Rechtsbeschwerde war im RegE FGG-RG zunächst noch nicht vorgesehen u
ist erst auf die von verschiedener Seite geäußerte Kritik hin in das Gesetz aufgenommen
worden, durch den Rechtsweg des FamFG werde der bisher durch das FGG gewährleistete, bürgernahe u »niederschwellige« Zugang zu den Gerichten mit seinem voll ausgebauten Instanzenzug vom AG über das LG zum OLG gerade auch in der besonders
sensiblen u grundrechtsrelevanten Rechtsmaterie des Betreuungsrechts ohne Not eingeschränkt (*Knittel* BTPrax 2008, 99, 101–103). Unabhängig davon, ob man dieser Kritik
folgt, ist aber auch die nunmehr getroffene Regelung nicht ohne Nachteile u Probleme.
Zum einen wird dadurch der mit der Reform wesentlich verfolgte Zweck einer Vereinheitlichung des Rechtsweges zT wieder aufgegeben, zum anderen erschließt sich nicht
ohne weiteres, wieso zwar in einer Materie wie den Betreuungssachen die Rechtsbeschwerde ohne Zulassung statthaft ist, nicht aber zB auch in den häufig ebenso
grundrechtsrelevanten Kindschaftssachen des § 151. Außerdem werden sich wegen des
unterschiedlichen Zugangs zur Rechtsbeschwerde Akzentverschiebungen in der Bedeutung der unterschiedlichen Fallgruppen ergeben, in denen ein Rechtsbeschwerdegrund
anzunehmen ist. Da es eine Nichtzulassungsbeschwerde für den Regelfall nicht gibt,
wird sich die Rechtsbeschwerde in ihrer Funktion nämlich für die Regelfälle im Wesentlichen auf die Klärung von Grundsatzfragen (Rz 20 ff) in den seltenen Fällen beschränken, in denen solche Fragen eine Zulassung der Rechtsbeschwerde aus der Sicht des
Beschwerdegerichts erforderlich machen. Eine einzelfallbezogene Korrektur von

§ 70 FamFG | Statthaftigkeit der Rechtsbeschwerde

schweren Rechtsfehlern (Rz 24) wird dagegen idR nur bei den Betreuungs-, Unterbringungs-, u Freiheitsentziehungssachen in Betracht kommen.

D. Keine Rechtsbeschwerde in Verfahren des einstweiligen Rechtsschutzes

28 § 70 Abs 4 übernimmt die inhaltlich entsprechende Regelung der durch das 1. JuMoG eingefügten §§ 574 Abs 1 S 2, 542 Abs 2 ZPO. Demnach unterliegt ein Beschluss, mit dem das Beschwerdegericht eine EA trifft oder einen Arrest anordnet oder eine EA oder einen Arrest ablehnt, aufhebt oder abändert, in keinem Fall der Rechtsbeschwerde. Das gilt auch dann, wenn die Rechtsbeschwerde in einem solchen Verfahren irrtümlich zugelassen worden ist (BGH NJW 2003, 1531; BGH NJW 2002, 3554; 2003, 70; s.a. § 61 Rz 20). Auch eine Rechtsbeschwerde gegen eine Kostenentscheidung nach Rücknahme eines Antrages auf EA oder auf Erlass eines Arrests (BGH NJW 2003, 3565) oder nach der Erledigung eines solchen Antrages (BGH NJW-RR 2003, 1075) ist ausgeschlossen, ebenso die Rechtsbeschwerde gegen die Verwerfung einer Beschwerde als unzulässig in einem Verfahren des einstweiligen Rechtsschutzes (BGH NJW 2003, 69).

29 Der Ausschluss der Rechtsbeschwerde gilt aber nur für das Verfahren des einstweiligen Rechtsschutzes selbst, nicht jedoch für Folgesachen wie zB einen Schadensersatzanspruch in einer Familienstreitsache nach § 119 Abs 1 S 2 oder § 119 Abs 2 S 2, jeweils iVm § 945 ZPO (Zöller/*Heßler* § 542 ZPO Rn 9; Musielak/*Ball* § 542 ZPO Rn 5), ebenso auch nicht für die Entscheidung über den Rechtsweg (§ 17a GVG) (BGH NJW 2003, 1194) bzw die interne Zuständigkeitsabgrenzung zwischen streitiger Gerichtsbarkeit, freiwilliger Gerichtsbarkeit im Allgemeinen u den Familiengerichten im Besonderen (§ 17a Abs 6 GVG nF) u auch nicht für die Anerkennung oder Vollstreckung ausländischer Entscheidungen des einstweiligen Rechtsschutzes (BGHZ 74, 278; Musielak/*Ball* § 542 ZPO Rn 5).

E. Kosten

30 Im Anwendungsbereich des **FamGKG** sind wie bei der Beschwerde auch bei der Rechtsbeschwerde Pauschalgebühren vorgesehen, durch die jeweils das gesamte Verfahren abgegolten wird. Die Höhe der Verfahrensgebühr beträgt 4,0 Gebühren in Ehe- u Folgesachen (KV 1130), 1,5 Gebühren im vereinfachten Unterhaltsverfahren (KV 1213), 5,0 Gebühren in sonstigen Familienstreitsachen (KV 1225), 1,5 Gebühren in Kindschaftssachen (KV 1316), 4,0 Gebühren in sonstigen Familiensachen (KV 1325), 300,00 € bei Beschwerden in den Verfahren mit Auslandsbezug gem KV 1710, 1713 u 1714 (KV 1720), 150,00 € bei Rechtsbeschwerden gem den §§ 71 Abs 2, 91a Abs 2, 99 Abs 2 u 269 Abs 5 ZPO (KV1920) sowie 100,00 € in allen sonstigen Fällen, soweit keine Gebührenfreiheit besteht (KV 1923).

31 Ebenfalls wie in der Beschwerdeinstanz gelten verschiedene **Ermäßigungstatbestände** für den Fall der Beendigung des Verfahrens ohne gerichtliche Entscheidung, wobei für alle Verfahrenstypen jeweils danach differenziert wird, ob das Verfahren **vor oder erst nach dem Eingang der Rechtsbeschwerdebegründung endet**. In allen Fällen ermäßigt sich die Gebühr dabei jeweils bei einer Beendigung des Verfahrens durch die Zurücknahme der Rechtsbeschwerde, in den Fällen der Gebühr gem KV 1130 ff (Ehe- u Folgesachen) u gem 1225 ff (Familienstreitsachen außer dem vereinfachten Unterhaltsverfahren) steht die Erledigung der Hauptsache der Rücknahme gleich, soweit keine streitige Kostenentscheidung des Gerichts ergehen muss.

32 Bei den der **KostO** unterfallenden Verfahren fallen Verfahrenskosten wie bei der Beschwerde (§ 58 Rz 55) auch bei der Rechtsbeschwerde nur nach Maßgabe von § 131 KostO an. Gem § 131 Abs 2 Nr 1 ermäßigt sich die Gebühr jedoch bei Verwerfung oder Zurückweisung der Beschwerde nur auf das Eineinhalbfache der vollen Gebühr, höchstens jedoch einen Betrag von 1 200,00 € u gem § 131 Abs 2 Nr 2 KostO im Falle der Rück-

Statthaftigkeit der Rechtsbeschwerde | § 70 FamFG

nahme nur auf drei Viertel der vollen Gebühr, höchstens jedoch einen Betrag von 750,00 €.

Die **Anwaltskosten** des Rechtsbeschwerdeverfahrens in **Familien- u Landwirtschaftssachen** sind in Teil 3, Abschnitt 2, Unterabschnitt 2 des VV zum RVG geregelt. Danach erhält der Rechtsanwalt 1,6 Verfahrensgebühren gem VV 3206 u 1,5 Terminsgebühren gem VV 3210. Ist ein Beteiligter nicht ordnungsgemäß vertreten u es werden nur Anträge zur Prozess- u Sachleitung oder auf Erlass einer Versäumnisentscheidung gestellt, entstehen gem VV 3211 nur 0,8 Terminsgebühren. Die Gebühr für die **sonstigen Rechtsbeschwerden** der freiwilligen Gerichtsbarkeit ergeben sich grds aus Teil 3, Abschnitt 5 des VV zum RVG. Danach erhält der Rechtsanwalt in diesen Verfahren 1,0 Verfahrensgebühren gem VV 3502 u (ggf) 1,2 Terminsgebühren gem VV 3516. In **Freiheitsentziehungs- u Unterbringungssachen** gelten die speziellen Gebührentatbestände gem VV 6300–6303. 33

§ 71 Frist und Form der Rechtsbeschwerde

(1) Die Rechtsbeschwerde ist binnen einer Frist von einem Monat nach der schriftlichen Bekanntgabe des Beschlusses durch Einreichen einer Beschwerdeschrift bei dem Rechtsbeschwerdegericht einzulegen. Die Rechtsbeschwerdeschrift muss enthalten:
1. die Bezeichnung des Beschlusses, gegen die die Rechtsbeschwerde gerichtet wird und
2. die Erklärung, dass gegen diesen Beschluss Rechtsbeschwerde eingelegt werde.

Die Rechtsbeschwerdeschrift ist zu unterschreiben. Mit der Rechtsbeschwerdeschrift soll eine Ausfertigung oder beglaubigte Abschrift der angefochtenen Entscheidung vorgelegt werden.

(2) Die Rechtsbeschwerde ist, sofern die Beschwerdeschrift keine Begründung enthält, binnen einer Frist von einem Monat zu begründen. Die Frist beginnt mit der schriftlichen Bekanntgabe der angefochtenen Entscheidung. § 551 Abs. 2 Satz 5 und 6 der Zivilprozessordnung gilt entsprechend.

(3) Die Begründung der Rechtsbeschwerde muss enthalten:
1. die Erklärung, inwieweit der Beschluss angefochten und dessen Aufhebung beantragt werde (Rechtsbeschwerdeanträge);
2. die Angabe der Rechtsbeschwerdegründe, und zwar
   a) die bestimmte Bezeichnung der Umstände, aus denen sich die Rechtsverletzung ergibt,
   b) soweit die Rechtsbeschwerde darauf gestützt wird, dass das Gesetz in Bezug auf das Verfahren verletzt sei, die Bezeichnung der Tatsachen, die den Mangel ergeben.

(4) Die Rechtsbeschwerde- und die Begründungsschrift sind den anderen Beteiligten bekannt zu geben.

Übersicht

	Rz			Rz
A. Allgemeines	1		2. Verlängerung der Frist zur Begründung der Rechtsbeschwerde	14
B. Einlegung der Rechtsbeschwerde	2			
I. Frist für die Einlegung der Rechtsbeschwerde	2		3. Wiedereinsetzung in die Frist zur Begründung der Rechtsbeschwerde	15
II. Form für die Einlegung der Rechtsbeschwerde	4	II.	Inhalt der Rechtsbeschwerdebegründung	18
1. Einreichung einer Rechtsbeschwerdeschrift	4		1. Rechtsbeschwerdeantrag	19
2. Inhalt der Rechtsbeschwerdeschrift	5		a) Inhaltliche Anforderungen	20
III. Einlegung beim Rechtsbeschwerdegericht	7		b) Teilanfechtung	21
IV. Kein Abhilfeverfahren	8		2. Rechtsbeschwerdegründe	22
C. Begründung der Rechtsbeschwerde	10		a) Sachrügen	23
I. Begründungsfrist	11		b) Verfahrensrügen	26
1. Dauer und Beginn der Frist zur Begründung der Rechtsbeschwerde	11	III.	Bekanntgabe der Rechtsbeschwerdebegründung	28

A. Allgemeines

1   Die Vorschrift regelt die Anforderungen an die Einlegung (Frist und Form) sowie an die Begründung der Rechtsbeschwerde. Wegen der durch den Gesetzgeber ausdrücklich beabsichtigten Harmonisierung des Rechtsmittelzuges mit der ZPO lehnt sie sich weitgehend an die Regelung des § 575 ZPO für die ZPO-Rechtsbeschwerde an, die ihrerseits

wieder in weiten Teilen mit der Regelung in §§ 548–551 ZPO für die ZPO-Revision übereinstimmt.

B. Einlegung der Rechtsbeschwerde

I. Frist für die Einlegung der Rechtsbeschwerde

§ 71 Abs 1 S 1 bestimmt für die Einlegung der Beschwerde eine Frist von einem Monat, die mit der schriftlichen Bekanntgabe (§ 41) zu laufen beginnt, welche nach § 12 Abs 2 S 1 entweder durch Zustellung nach den Vorschriften der ZPO oder (ausnahmsweise bei Nichtvorliegen der Voraussetzungen des § 41 Abs 1 S 2) durch Aufgabe zur Post erfolgen kann. Wiedereinsetzung in den vorigen Stand (§§ 17 ff bzw §§ 233 ff ZPO in Ehe- und Familienstreitsachen, s § 117 Rz 47 f) ist möglich, auch wenn das FamFG den Begriff der Notfrist nicht mehr kennt (§ 63 Rz 4). 2

Analog zur ZPO-Revision besteht anders als für den zweiten Rechtszug keine Regelung des Fristbeginns für den Fall einer **unwirksamen oder fehlenden Bekanntgabe** des anzufechtenden Beschlusses. Eine dem § 63 Abs 3, 2. Hs entsprechende Regelung für die Rechtsbeschwerde fehlt. In einem derartigen Fall beginnt die Rechtsbeschwerdefrist nicht zu laufen; die Einlegung der Rechtsbeschwerde ist daher – vorbehaltlich einer evtl. Verwirkung – grds unbefristet möglich (zur Parallele bei der ZPO Rechtsbeschwerde Zöller/*Heßler* § 575 ZPO Rn 2; aA Musielak/*Ball* § 575 ZPO Rn 2: analoge Anwendung der dem § 63 Abs 3, 2. Hs entsprechenden Vorschrift des § 548 2. Hs ZPO; ebenso zum FamFG *Maurer* FamRZ 2009, 465, 473). Wie bei der Beschwerde (§ 63 Rz 12) ist allerdings auch bei der Rechtsbeschwerde die Heilung einer nicht formgerechten Zustellung nach § 15 Abs 2 S 1 iVm § 189 ZPO möglich. Für den Beginn, die Berechnung und die Wahrung der Frist zur Einlegung der Rechtsbeschwerde im Übrigen gilt das Gleiche wie für die Frist zur Einlegung der Beschwerde (§ 63 Rz 8–14, 22 und 23–29). 3

II. Form für die Einlegung der Rechtsbeschwerde

1. Einreichung einer Rechtsbeschwerdeschrift

Gem § 71 Abs 1 S 1 wird die Rechtsbeschwerde durch die Einreichung einer Rechtsbeschwerdeschrift eingelegt. Es gilt also die **Schriftform**, wobei in dem gleichen Umfang und unter den gleichen Voraussetzungen moderne Kommunikationsmittel verwendet werden können wie für die Einlegung der Beschwerde (§ 64 Rz 8). Eine Rechtsmitteleinlegung durch Niederschrift zur Geschäftsstelle ist bei der Rechtsbeschwerde nicht zulässig. Für die Rechtsbeschwerde besteht gem §§ 10 Abs 4 S 1, 114 Abs 2 idR in allen Verfahren einschließlich der Ehe- und Familienstreitsachen **Anwaltszwang**; Ausnahmen s §§ 10 Abs 4 S 2 und 3, 114 Abs 3 und 4 Nr 2 sowie für Notare in Notarkostensachen gem § 15 Abs 4 S 2 KostO. 4

2. Inhalt der Rechtsbeschwerdeschrift

§ 71 Abs 1 S 2 regelt den notwendigen **Inhalt der Rechtsbeschwerdeschrift**. Wie bei der Erstbeschwerde und analog zur ZPO-Rechtsbeschwerde muss daraus ersichtlich sein, **welche Entscheidung** angegriffen wird (§ 71 Abs 1 S 2 Nr 1), sowie dass gegen sie das Rechtsmittel der **Rechtsbeschwerde** eingelegt wird (§ 71 Abs 1 S 2 Nr 2). Zu der dabei erforderlichen Eindeutigkeit in der Bezeichnung des Rechtsmittels und des angefochtenen Beschlusses s § 64 Rz 11 bis 13; zur erforderlichen Eindeutigkeit in der Bezeichnung der Beteiligten s § 64 Rz 14 f. Wie die Beschwerdeschrift ist gem § 70 Abs 1 S 3 auch die Rechtsbeschwerdeschrift zu **unterschreiben**. Ausnahmen sind nach Maßgabe der dazu für die ZPO entwickelten Kasuistik nur zulässig, soweit dies aufgrund der Verwendung moderner Technik unvermeidlich ist, s § 64 Rz 18 f. 5

§ 71 FamFG | **Frist und Form der Rechtsbeschwerde**

6   Gem § 71 Abs 1 S 4 soll der Beschwerdeschrift eine **Ausfertigung oder beglaubigte Abschrift** der angefochtenen Entscheidung beigefügt werden. Das entspricht ebenfalls den Vorschriften über die ZPO-Rechtsbeschwerde (§ 575 Abs 1 S 3 ZPO), soll das Rechtsbeschwerdegericht möglichst frühzeitig über den Inhalt der angefochtenen Entscheidung informieren (BTDrs 16/6308 S 209) und dient der Erleichterung bei der Bestimmung des dort intern zuständigen Spruchkörpers (BTDrs 14/4722 S 105 zu § 544 ZPO). Es handelt sich um eine reine Ordnungsvorschrift, deren Nichteinhaltung keine unmittelbaren prozessualen Nachteile nach sich zieht. Bei Mängeln in der Bezeichnung der angefochtenen Entscheidung und/oder der Beteiligten des Rechtsbeschwerdeverfahrens handelt es sich aber um eine wertvolle Auslegungshilfe, welche die Zulässigkeit des Rechtsmittels trotz derartiger Mängel im Ergebnis noch retten kann.

III. Einlegung beim Rechtsbeschwerdegericht

7   Die Rechtsbeschwerde kann – abweichend vom dem früheren § 29 Abs 1 FGG für die weitere FGG-Beschwerde, aber übereinstimmend mit § 575 Abs 1 S 1 ZPO für die ZPO-Rechtsbeschwerde und mit dem früheren § 621e Abs 3 S 1 ZPO für die befristete Beschwerde in FGG-Familiensachen – nur unmittelbar bei dem Rechtsbeschwerdegericht eingelegt werden. Dieses ist gem § 133 GVG immer der BGH.

IV. Kein Abhilfeverfahren

8   Aus dem Erfordernis der Einlegung der Rechtsbeschwerde bei dem Rechtsbeschwerdegericht, ergibt sich unmittelbar und ohne die Notwendigkeit einer dem früheren § 29 Abs 3 FGG entsprechenden Vorschrift, dass eine Abhilfebefugnis des Beschwerdegerichts nicht besteht.

9   Das FamFG enthält für die Rechtsbeschwerde keine den §§ 575 Abs 5, 541 ZPO entsprechende Regelung. Auch ohne eine solche Regelung ergibt sich aus dem Fehlen eines Abhilfeverfahrens aber, dass die Geschäftsstelle des Rechtsbeschwerdegerichts entsprechend § 541 Abs 1 ZPO selbstverständlich auch bei Einlegung der Rechtsbeschwerde nach diesem Gesetz unverzüglich die Akten bei dem Beschwerdegericht anzufordern und dieses die Akten dem Rechtsbeschwerdegericht auf Anforderung unverzüglich zu übersenden hat.

C. Begründung der Rechtsbeschwerde

10   Gem § 71 Abs 2 ist die Rechtsbeschwerde – abweichend von der weiteren Beschwerde nach § 29 FGG (KKW/*Meyer-Holz* § 29 FGG Rn 32), aber in Übereinstimmung mit § 575 Abs 2 ZPO für die ZPO-Rechtsbeschwerde, der sich wiederum weitgehend an die §§ 551 Abs 2, 520 Abs 2 ZPO für die Revision und die Berufung anlehnt – in einem **gesonderten Schriftsatz** beim Gericht der Rechtsbeschwerde **zu begründen**, falls die Begründung nicht sogleich zusammen mit der Einlegung der Rechtsbeschwerde erfolgt.

I. Begründungsfrist

1. Dauer und Beginn der Frist zur Begründung der Rechtsbeschwerde

11   Die **Dauer** der Begründungsfrist für die Rechtsbeschwerde beträgt gem § 71 Abs 2 S 1 einen Monat. Das gilt mangels Sonderregelungen einheitlich auch für die Ehe- und Familienstreitsachen und für die bisherigen FGG-Familiensachen, für die bisher gem § 551 Abs 2 S 2 bzw §§ 621e Abs 3 S 2 iVm 551 Abs 2 S 2 ZPO eine Frist zur Begründung der Berufung oder Rechtsbeschwerde von zwei Monaten galt; für die Ehe- und Familienstreitsachen ist die Frist zur Begründung der Rechtsbeschwerde damit sogar kürzer als die Frist zur Begründung der Beschwerde.

Die Frist **beginnt** gem § 71 Abs 2 S 2 ebenso wie die Frist zur Einlegung der Rechtsbeschwerde mit der schriftlichen Bekanntgabe der angefochtenen Entscheidung. Beide Frist beginnen und enden also gleichzeitig, es sei denn die Frist zur Begründung der Rechtsbeschwerde wird entsprechend verlängert. Wie die Einlegungsfrist beginnt die Begründungsfrist nur zu laufen, wenn die Bekanntgabe in ordnungsgemäßer Weise erfolgt ist. Wie die Einlegung ist auch die Begründung der Rechtsbeschwerde bereits möglich, bevor die schriftliche Bekanntgabe der angefochtenen Entscheidung an den Rechtsmittelführer erfolgt ist (BGH NJW 1999, 3269, 3270 zur ZPO-Berufung). Diese muss nur überhaupt schon existent, also iSd § 38 Abs 3 S 2 durch Verlesen der Urteilsformel oder Übergabe an die Geschäftsstelle erlassen (oder bei Ehe- und Familienstreitsachen ggf verkündet) sein. 12

Wie bei der Rechtsbeschwerdeeinlegungsfrist hat es der Gesetzgeber auch bei der Rechtsbeschwerdebegründungsfrist unterlassen, eine – insoweit dem § 551 Abs 2 S 3 2. Hs ZPO für die Revision entsprechende – **Auffangfrist** von fünf Monaten ab Erlass für den Fall einer fehlenden oder unwirksamen Bekanntgabe der Beschwerdeentscheidung an den Beschwerdeführer vorzusehen, obwohl ein Bedürfnis für eine solche Vorschrift an sich bei allen Rechtsmitteleinlegungs- und Rechtsmittelbegründungfristen in gleicher Weise in Betracht kommt. Die gleiche Inkonsistenz zwischen den Vorschriften besteht allerdings auch bisher schon im Verhältnis zwischen § 575 Abs 2 ZPO und § 551 Abs 2 ZPO. Wie dort, wird eine Frist zur Begründung der Rechtsbeschwerde daher in einem solchen Fall ebenso wenig in Lauf gesetzt wie eine Frist zu deren Einlegung (Rz 3; aA zur ZPO-Rechtsbeschwerde Musielak/*Ball* § 575 ZPO Rn 5: analoge Anwendung von § 551 Abs 2 S 3 2. Hs ZPO). 13

2. Verlängerung der Frist zur Begründung der Rechtsbeschwerde

Wenn die Frist zur Begründung der Rechtsbeschwerde im Einzelfall nicht ausreicht, kann sie – wie die Fristen zur Begründung der ZPO-Rechtsmittel – auf Antrag durch den Vorsitzenden **verlängert** werden, wobei § 71 Abs 2 S 3 wegen der Voraussetzungen und Einzelheiten auf den (zuletzt durch das 1. JuMoG modifizierten) § 551 Abs 2 S 5 und 6 ZPO verweist. Die Frist kann somit auch ohne Einwilligung des Gegners zunächst um bis zu zwei Monate verlängert werden, wenn nach freier Überzeugung des Vorsitzenden das Verfahren durch die Verlängerung nicht verzögert wird oder der Rechtsbeschwerdeführer erhebliche Gründe für die Fristverlängerung darlegt, § 551 Abs 2 S 6, 1. Hs ZPO. Verzögert sich die Übersendung der Verfahrensakten an den Bevollmächtigten des Rechtsmittelführers, kann die Frist darüber hinaus um bis zu zwei Monate ab Übersendung der Akten verlängert werden, § 551 Abs 2 S 6, 2. Hs ZPO. Willigt der »Gegner« – falls ein solcher in einem FamFG-Verfahren im Einzelfall überhaupt vorhanden ist – ein, kann die Frist ohne zeitliche Grenzen und ggf auch wiederholt verlängert werden, § 551 Abs 2 S 5 ZPO. 14

3. Wiedereinsetzung in die Frist zur Begründung der Rechtsbeschwerde

Hat ein Rechtsbeschwerdeführer die Frist zur Begründung der Rechtsbeschwerde schuldlos versäumt, kann er gem § 17 Abs 1 die Wiedereinsetzung in den vorigen Stand beantragen; das wird – wie im Verfahren nach der ZPO – vor allem dann häufig vorkommen, wenn er die Kosten des Verfahrens nicht aus eigenen Mitteln aufbringen kann und ihm deshalb die Einlegung und Durchführung der Rechtsbeschwerde erst nach der vorherigen Bewilligung von Verfahrenskostenhilfe möglich ist. Nach dem Wortlaut von § 18 Abs 1 wäre ein solcher Antrag auf Wiedereinsetzung in die Rechtsbeschwerdebegründungsfrist grds wie jeder andere Wiedereinsetzungsantrag nach dem FamFG binnen zwei Wochen nach Wegfall des Hindernisses zur Begründung der Rechtsbeschwerde zu stellen, in den Fällen der finanziellen Bedürftigkeit also binnen zwei Wochen ab der Bekanntgabe des Beschlusses, durch den dem Rechtsbeschwerdeführer die bean- 15 tragte Verfahrenskostenhilfe bewilligt wird. Das hätte aber die Folge, dass der unbemittelte Rechtsmittelführer gegenüber dem bemittelten ungerechtfertigt benachteiligt wäre, denn dieser hat für die Begründung der Rechtsbeschwerde nach § 71 Abs 2 S 1 einen vollen Monat Zeit, während einem bedürftigen Beteiligten, der die Rechtsbeschwerdebegründung nach § 18 Abs 2 S 2 zusammen mit dem Antrag auf die Wiedereinsetzung nachzuholen hat, dafür nur zwei Wochen ab dem Wegfall des entgegenstehenden Hindernisses zur Verfügung stehen. § 18 Abs 1 ist daher verfassungskonform dahingehend auszulegen, dass die Wiedereinsetzungsfrist für den bedürftigen Rechtsbeschwerdeführer analog der speziell für Fälle dieser Art geschaffenen Vorschrift des § 234 Abs 1 S 2 ZPO auch außerhalb des Bereichs der Ehe- und Familienstreitsachen einen Monat beträgt, so wie § 117 Abs 5 ZPO die Geltung dieser Vorschrift für Ehe- und Familiensachen bereits ohnehin anordnet (wie hier Prütting/Helms/*Ahn-Roth* § 18 Rn 23; aA Keidel/*Meyer-Holz* Rn 30). Wie bei der im Hinblick auf den Lauf der Fristen zur Einlegung und zur Begründung des Rechtsmittels vergleichbaren ZPO-Rechtsbeschwerde (BGH MDR 2008, 1058; anders noch BGH MDR 2008, 712) und abweichend von der ZPO-Berufung (BGH NJW 2007, 3354, 3355 ff) sowie der Beschwerde in Ehe- und Familienstreitsachen (§ 117 Rz 47 f) ist dabei allerdings davon auszugehen, dass diese Monatsfrist zur Nachholung der Rechtsbeschwerdebegründung bereits mit der Bekanntgabe der Bewilligung der Verfahrenskostenhilfe und nicht erst mit der Bekanntgabe der Bewilligung der Wiedereinsetzung gegen die Versäumung der Frist zur Einlegung der Rechtsbeschwerde in Lauf gesetzt wird (ebenso Prütting/Helms/*Ahn-Roth* § 18 Rn 24; aA Keidel/*Meyer-Holz* Rn 30).

16 Andere denkbare Lösungen des Problems, wie insbes der erneute Lauf einer gesonderten Begründungsfrist von einem Monat ab Bewilligung der Wiedereinsetzung oder der Prozesskostenhilfe, die bei analog gelagerten Problemen in anderen Verfahrensordnungen vom BVerwG, BSG, BFH und BAG entwickelt und auch für die ZPO zumindest in der Zeit bis zum Inkrafttreten des 1. JuMoG vertreten wurden (Nachweise zB bei *Schultz*, NJW 2004, 2329, 2331 f; speziell zur ZPO-Rechtsbeschwerde vor dem 1. JuMoG s.a. BGH NJW 2003, 3782), erscheinen trotz verbleibender Probleme mit der derzeitigen, zT als verfehlt (Zöller/*Greger* § 234 ZPO Rn 1), zT als zumindest im Sinne einer verfassungskonformen Korrektur auslegungsbedürftig (*Schultz* NJW 2004, 2329, 2334) bezeichneten Vorschrift des § 234 Abs 1 S 2 ZPO als ungeeignet, weil sie gegen die ausdrückliche Absicht des Gesetzgebers zur Vereinheitlichung des Rechtsmittelrechts verstoßen würden und weil eine unterschiedliche Behandlung der ansonsten vollständig gleichgelagerten Fallkonstellationen nach der ZPO und nach dem FamFG auch ansonsten kaum begründbar sein dürfte.

17 Wie bei der unmittelbaren Anwendung von § 234 Abs 1 S 2 ZPO in derartigen Fällen ist es auch bei einer entsprechenden Anwendung dieser Vorschrift auf die Rechtsbeschwerde des FamFG für die Bewilligung der Wiedereinsetzung ausreichend, wenn der Rechtsbeschwerdeführer innerhalb der Begründungsfrist Verfahrenskostenhilfe beantragt und nach deren Bewilligung die Begründung innerhalb der Wiedereinsetzungsfrist nachholt. Die Versäumung der Begründungsfrist ist also auch dann schuldlos, wenn er vor deren Ablauf nicht ihre Verlängerung beantragt hatte (BGH NJW-RR 2005, 1586; Zöller/*Philippi* § 119 ZPO Rn 58).

II. Inhalt der Rechtsbeschwerdebegründung

18 Bei der weiteren Beschwerde des FGG war eine Begründung grds überhaupt nicht notwendig und auch bei der Rechtsbeschwerde in ZPO-Familiensachen war mangels Verweises auf § 551 Abs 3 ZPO jedenfalls ein formalisierter Mindestinhalt der Rechtsbeschwerdebegründung nicht ausdrücklich vorgeschrieben. Rechtsbeschwerden in der freiwilligen Gerichtsbarkeit mussten daher bisher generell weder einen konkreten Antrag noch die Angabe bestimmter Beschwerdegründe enthalten (KKW/*Meyer-Holz* § 29,

Rn 32; § 27 FGG Rn 4; Zöller/*Philippi* § 621e ZPO Rn 91). Gem § 71 Abs 3 ist hingegen die Rechtsbeschwerde auch in dieser Hinsicht der ZPO-Rechtsbeschwerde angeglichen und revisionsähnlich ausgestaltet worden.

1. Rechtsbeschwerdeantrag

Wie gem §§ 575 Abs 3 Nr 1, 551 Abs 3 Nr 1, 520 Abs 3 Nr 1 ZPO ist daher gem § 71 Abs 3 Nr 1 nunmehr auch für die FamFG-Rechtsbeschwerde ein konkreter Rechtsbeschwerdeantrag erforderlich.

a) Inhaltliche Anforderungen

Wie ein ZPO-Revisionsantrag muss der Rechtsbeschwerdeantrag erkennen lassen, ob der angefochtene Beschluss ganz oder nur teilweise angegriffen werden soll und in welcher Weise seine Abänderung erstrebt wird (Zöller/*Heßler* § 551 ZPO Rn 6). Ist dies erkennbar, so ist das Fehlen eines ausdrücklich ausformulierten Antrags unschädlich (Zöller/*Heßler* § 551 ZPO Rn 6 mwN). Je nach den Umständen kann auch ein allein auf Aufhebung und Zurückverweisung gerichteter Antrag des Rechtsbeschwerdeführers genügen (Zöller/*Heßler* § 551 ZPO Rn 6, Musielak/*Ball* § 551 ZPO Rn 5). Nicht ausreichend ist ein solcher Antrag aber wegen § 74 Abs 5 S 1 FamFG, wenn der Rechtsbeschwerdeführer selbst von der Entscheidungsreife der Sache ausgeht und dennoch ausdrücklich nur die Zurückverweisung an die Vorinstanz begehrt (OLG Hamburg NJW 1987, 783, 784).

b) Teilanfechtung

Wie grundsätzliches jedes Rechtsmittel kann auch die Rechtsbeschwerde auf einen abtrennbaren Teil des Streitgegenstandes beschränkt werden (Zöller/*Heßler* § 551 ZPO Rn 6; zur Beschwerde § 64 Rz 17). Geschieht dies, liegt darin jedenfalls allein noch kein Rechtsmittelverzicht für den nicht angefochtenen Teil (Zöller/*Heßler* § 551 ZPO Rn 6 mwN; Musielak/*Ball* § 551 ZPO Rn 6). Die Rechtsbeschwerdeanträge sind auch nach dem Ablauf der Rechtsbeschwerdebegründungsfrist nicht bindend. Sie können daher auch dann noch nachträglich beschränkt oder geändert werden, und zwar, da die Entscheidungen nach dem FamFG – mit Ausnahme der Ehe- und Familienstreitsachen – regelmäßig nicht auf eine mündliche Verhandlung ergehen, grds noch bis zum Erlass der Rechtsbeschwerdeentscheidung. Auch eine nachträgliche (Wieder-)Erweiterung von zunächst oder zwischenzeitlich beschränkten Anträgen ist zulässig, soweit die geänderten Anträge inhaltlich noch von der fristgerecht eingelegten Begründung gedeckt sind (BGH NJW 1984, 2831, 2832; NJW-RR 1988, 66; Zöller/*Heßler* § 551 ZPO Rn 7; Musielak/*Ball* § 551 ZPO Rn 7). Wegen dieser Möglichkeit der nachträglichen Antragsänderung tritt auch bezüglich der nicht angefochtenen Teile der Beschwerdeentscheidung zunächst noch keine Teilrechtskraft ein (Zöller/*Heßler* § 551 ZPO Rn 8; Musielak/*Ball* § 551 ZPO Rn 6). Unzulässig ist hingegen eine Ausweitung der Rechtsbeschwerdeanträge auf einen Streitgegenstand, der nicht schon seinerseits Gegenstand der Beschwerdeentscheidung gewesen ist (Zöller/*Heßler* § 551 ZPO Rn 9).

2. Rechtsbeschwerdegründe

Die formalen Mindesterfordernisse an den Inhalt der Rechtsbeschwerdegründe ergeben sich aus § 71 Abs 3 Nr 2 und sind ebenfalls der ZPO so weit wie möglich angeglichen. Wie dort ist zwischen den Begründungserfordernissen für Sach- und für Verfahrensrügen zu unterscheiden. Dabei werden an die Begründung von Verfahrensrügen erhöhte Anforderungen gestellt, weil sich diese – anders als die Sachrügen – nicht bereits aus dem Urteil selbst ergeben, sondern nur unter Hinzuziehung außerhalb des Urteils lie-

§ 71 FamFG | Frist und Form der Rechtsbeschwerde

gender, ggf noch nicht einmal aus dem sonstigen Akteninhalt ersichtlicher Umstände festgestellt werden können.

a) Sachrügen

23 Die Regelung für die Rüge sachlicher Mängel in § 71 Abs 3 Nr 2a entspricht §§ 575 Abs 3 Nr 3a, 551 Abs 3 Nr 2a, 520 Abs 3 Nr 2 ZPO. Die gerügte Rechtsverletzung muss demnach konkret bezeichnet sein. Dazu ist die Angabe einer bestimmten Rechtsnorm nicht notwendig. Auch eine irrtümliche Falschbezeichnung ist unschädlich, solange zumindest das Ziel des Rechtsbeschwerdeangriffs erkennbar bleibt (Zöller/*Heßler* § 551 ZPO Rn 11; Musielak/*Ball* § 551 ZPO Rn 9, jeweils mwN). Hat das Beschwerdegericht die Entscheidung der ersten Instanz nach § 69 Abs 1 aufgehoben und zurückverwiesen, reicht eine Sachrüge nicht aus. In diesem Fall muss vielmehr dargelegt werden, warum eine Zurückverweisung unzulässig war (BGH FamRZ 2008, 782).

24 Die Begründung der Rechtsbeschwerde muss eine **konkrete** und auf den Streitfall bezogene inhaltliche **Auseinandersetzung mit den Gründen des angefochtenen Beschlusses** enthalten (Zöller/*Heßler* § 551 ZPO Rn 11; Musielak/*Ball* § 551 ZPO Rn 8 mwN). Die bloße Verwendung von Textbausteinen reicht nicht aus (BGH MDR 2008, 994). Eine Bezugnahme auf Schriftsätze in anderen Verfahren oder vorangehende Schriftsätze in demselben Verfahren ist nur zulässig, soweit dieses Erfordernis gewahrt bleibt (Zöller/*Heßler* § 551 ZPO Rn 12; Musielak/*Ball* § 551 ZPO Rn 8, jeweils mwN). Bezieht sich die Rechtsbeschwerde auf mehrere Verfahrensgegenstände, muss das Erfordernis einer ausreichenden Rechtsbeschwerderüge für jeden einzelnen davon erfüllt sein (Zöller/*Heßler* § 551 ZPO Rn 12 mwN).

25 Ist bezogen auf einen Verfahrensgegenstand auch nur eine einzige zulässige Rechtsbeschwerderüge – gleichgültig, ob Sach- oder Verfahrensrüge – erhoben worden, so ist die Rechtsbeschwerde im Hinblick auf ihre Begründung insoweit ordnungsgemäß und damit die materiellrechtliche Prüfung durch das Rechtsbeschwerdegericht eröffnet (Zöller/*Heßler* § 551 ZPO Rn 13). Hiervon zu unterscheiden ist der Umfang, in dem die Sache dann durch das Rechtsbeschwerdegericht auf materielle Rechtsfehler überprüft wird. Dieser richtet sich nach § 74 Abs 3, so dass grds eine umfassende Prüfung ohne Beschränkung auf die Rügen der Rechtsbeschwerde erfolgt (Zöller/*Heßler* § 551 ZPO Rn 13; § 74 Rz 7 ff).

b) Verfahrensrügen

26 Verfahrensrügen erfordern nach der §§ 575 Abs 3 Nr 3b), 551 Abs 3 Nr 2b) ZPO entsprechende Regelung des § 71 Abs 3 Nr 2b die Angabe der **Tatsachen, aus denen sich der gerügte Mangel ergibt**. Für eine ordnungsgemäße Verfahrensrüge muss der beanstandete Rechtsfehler unter Angabe der Tatsachen, aus denen er sich ergibt, konkret vorgetragen werden. Eine konkrete Benennung der verletzten Rechtsnorm ist dagegen nicht erforderlich. Wegen des Umfangs der Begründungsnotwendigkeit iE kann auf die für die ZPO-Revision entwickelten Maßstäbe Bezug genommen werden (Zöller/*Heßler* § 551 ZPO Rn 14; Musielak/*Ball* § 551 ZPO Rn 11, jeweils mwN).

27 Anders als bei Sachrügen erfolgt bei Verfahrensrügen, die nicht solche Verfahrensmängel betreffen, die ohnehin von Amts wegen zu berücksichtigen sind, gem § 74 Abs 3 S 3 eine Nachprüfung der Beschwerdeentscheidung nur, wenn die Verfahrensmängel bis zum Ablauf der Rechtsbeschwerdebegründungsfrist nach §§ 71 Abs 3, 73 S 2 ordnungsgemäß gerügt worden sind. Das **Nachschieben** einer Verfahrensrüge oder der für diese erforderliche Tatsachenbegründung nach Ablauf der Rechtsbeschwerdebegründungsfrist ist unzulässig. Das gilt auch für absolute Rechtsbeschwerdegründe gem § 72 Abs 3 iVm § 547 Nr 1–6 ZPO, nicht allerdings für sog Gegenrügen des Rechtsbeschwerdegegners (Musielak/*Ball* § 551 ZPO Rn 12). Findet eine – für die Rechtsmittel nach dem FamFG aber selbst bei den Ehe- und Familienstreitsachen nicht mehr in jedem Fall obli-

gatorische – mündliche Verhandlung statt, sind diese daher noch bis zu deren Schluss zulässig (BGHZ 121, 65, 69; Zöller/*Heßler* § 557 ZPO Rn 12; Musielak/*Ball* § 551 ZPO Rn 12), ansonsten grds noch darüber hinaus bis zum Erlass der Rechtsbeschwerdeentscheidung.

III. Bekanntgabe der Rechtsbeschwerdebegründung

§ 71 Abs 4 entspricht den §§ 575 Abs 4 S 2, 550 Abs 2, 521 Abs 2 ZPO für die Rechtsmittel **28** der ZPO. Danach ist die Rechtsbeschwerdeschrift den »anderen Beteiligten« des Verfahrens – also nicht nur dem Rechtsmittelgegner, sondern allen Beteiligten der zweiten Instanz – **nach Maßgabe des § 15 Abs 2 bekannt zu geben**. Anders als gem § 23 Abs 2 bzw § 68 Abs 3 S 1 iVm § 23 Abs 2, wonach für die Antragsschrift in erster Instanz und die Beschwerdeschrift in zweiter Instanz jeweils nur die formlose Übersendung an die anderen Beteiligten (§ 15 Abs 3) vorgesehen ist, muss die Mitteilung der Rechtsbeschwerdebegründung in Form der Bekanntgabe (§ 15 Abs 2) erfolgen. Diese erhöhte Förmlichkeit ist deswegen erforderlich, weil durch die Zustellung der Rechtsbeschwerdebegründung gem § 73 S 1 die Frist für eine mögliche Anschlussrechtsbeschwerde in Lauf gesetzt wird. Erfolgt die Bekanntgabe gem § 15 Abs 2 S 1 iVm §§ 166 ZPO durch Zustellung gem §§ 166 ff ZPO (§ 15 Abs 2 S 1, 1. Alt), so ist damit eine Zustellung von Amts wegen gemeint; eine Zustellung von Anwalt zu Anwalt reicht nicht aus (Zöller/*Stöber* § 195 ZPO Rn 5).

§ 72 Gründe der Rechtsbeschwerde

(1) Die Rechtsbeschwerde kann nur darauf gestützt werden, dass die angefochtene Entscheidung auf einer Verletzung des Rechts beruht. Das Recht ist verletzt, wenn eine Rechtsnorm nicht oder nicht richtig angewendet worden ist.

(2) Die Rechtsbeschwerde kann nicht darauf gestützt werden, dass das Gericht des ersten Rechtszugs seine Zuständigkeit zu Unrecht angenommen hat.

(3) Die §§ 547, 556 und 560 der Zivilprozessordnung gelten entsprechend.

Übersicht

	Rz
A. Allgemeines	1
B. Gründe der Rechtsbeschwerde	2
I. Verletzbares Recht	3
1. Umfassende Rügefähigkeit	3
2. Rechtsnormen	4
3. Zeitliche Grenzen der Rügefähigkeit	7
II. Rechtsverletzung	8
1. Fehlerhafte Rechtsanwendung	9
2. Überprüfung von Willenserklärungen	10
3. Beweiswürdigung	12
4. Ermessensentscheidungen	14
5. Anwendung unbestimmter Rechtsbegriffe	16
III. Beruhen auf einer Rechtsverletzung	17
1. Verletzung materiellen Rechts	18
2. Verletzung von Verfahrensrecht	20
3. Absolute Rechtsbeschwerdegründe	21
C. Zuständigkeitsrügen	22
D. Entsprechende Anwendung des Revisionsrechts	24
I. Absolute Rechtsbeschwerdegründe	25
1. Allgemeines	25
2. Die absoluten Rechtsbeschwerdegründe im Einzelnen	26
II. Verlust des Rügerechts	31
III. Bindung an die Feststellungen des Beschwerdegerichts bei nicht überprüfbaren Rechtssätzen	32

A. Allgemeines

1 Die Vorschrift regelt, auf welche Gründe die Rechtsbeschwerde gestützt werden kann. **§ 72 Abs 1 S 1** stimmt mit § 27 Abs 1 S 1 FGG und dem durch Art 29 Nr 2 FGG-RG in seinem Anwendungsbereich zeitgleich mit dem Inkrafttreten des FamFG in seinem Anwendungsbereich ausgeweiteten und angepassten § 545 Abs 1 ZPO für das ZPO-Revisionsrecht überein. Nur der ebenfalls korrespondierende § 576 ZPO für die ZPO-Rechtsbeschwerde ist nicht gleichzeitig angeglichen worden und erlaubt daher auch weiterhin nur die Rüge von Bundes- oder Landesrecht. **§ 72 Abs 1 S 2** entspricht § 27 Abs 1 2 FGG, der auf den inhaltsgleichen § 54 ZPO verweist und **§ 72 Abs 3** enthält eine Verweisung auch auf die §§ 547, 556, 560 ZPO. Wie die Revision und die ZPO-Rechtsbeschwerde ist somit auch die FamFG-Rechtsbeschwerde als reine Rechtskontrollinstanz ausgestaltet, in der Tatsachen grds nicht neu festgestellt werden (§ 74 Rz 15 ff).

B. Gründe der Rechtsbeschwerde

2 Gem § 72 Abs 1 S 1 kann mit der Rechtsbeschwerde daher ausschl geltend gemacht werden, dass die angefochtene Entscheidung auf der Verletzung formellen oder materiellen Rechts beruht.

I. Verletzbares Recht

1. Umfassende Rügefähigkeit

3 Rügefähiges Recht iSd § 72 Abs 1 S 1 ist nach der gem § 485 auch für das FamFG geltenden Legaldefinition des Art 2 EGBG **jede Rechtsnorm**, also nicht nur Vorschriften des Bundes- oder Landesrechts, sondern – anders als nach § 545 ZPO aF – auch **ausländisches** (Prütting/Helms/*Abramenko* Rn 10; aA Keidel/*Meyer-Holz* Rn 4) oder **lokales**

Recht, gleichgültig ob dessen Geltungsbereich sich auf einen einzelnen OLG-Bezirk beschränkt oder über diesen hinausgeht (BTDrs 16/6308 S 210; BTDrs 16/9733 S 358, 381 f). Das umfasst auch das Recht der früheren DDR, das gem Art 9 Einigungsvertrag als Bundesrecht fortgilt (BGH DtZ 1997, 56). Rechtsbeschwerdefähige Normen sind auch **zwischenstaatliche Abkommen**, soweit sie in innerstaatliches Recht umgesetzt worden sind (BGH NJW 1973, 417) sowie die nach Art 25 S 1 GG als Bestandteil des Bundesrechts geltenden Regeln des **Völkerrechts** und die gem § 31 Abs 2 BVerfGG mit Gesetzeskraft ausgestatteten **Entscheidungen des BVerfG** (Jansen/*Briesemeister* § 27 FGG Rn 31). Rügefähig ist auch **Europäisches Gemeinschaftsrecht**, wenn auch mit der Maßgabe, dass über dessen Auslegung der EuGH zu entscheiden hat, dem das Rechtsbeschwerdegericht das Verfahren deshalb ggf vorlegen muss, Art 234 EGV (Musielak/*Ball* § 545 ZPO Rn 5).

2. Rechtsnormen

Rechtsnormen im Sinne des § 72 Abs 1 sind alle **Gesetze im materiellen Sinne**, neben Verfassungsrecht und einfachen Gesetzen also auch **Rechtsverordnungen** (KKW/*Meyer-Holz* § 27 FGG Rn 21; Musielak/*Ball* § 545 ZPO Rn 2, jeweils mwN), **Verwaltungsanordnungen** mit Außenwirkungen, **Satzungen** öffentlicher Körperschaften oder **Anstaltsordnungen** von Anstalten des öffentlichen Rechts (Jansen/*Briesemeister* § 27 FGG Rn 30). Auch die Verletzung von **Gewohnheitsrecht** kann mit der Rechtsbeschwerde gerügt werden (BGH NJW 1965, 1862, 1864; OLG Hamburg, NJW-RR 1990, 76). 4

Keine Rechtsnormen sind interne Dienstanweisungen und Verwaltungsvorschriften (KKW/*Meyer-Holz* § 27 FGG Rn 21), die Verkehrssitte (Musielak/*Ball* § 545 ZPO Rn 2), Handelsbräuche (BGH NJW 1966, 502/503) oder allgemeine Erfahrungssätze (Musielak/*Ball* § 545 ZPO Rn 2). 5

Grds ebenfalls keine Rechtsnormen sind Bestimmungen rechtsgeschäftlicher Art. Diese werden aber dessen ungeachtet als rechtsbeschwerdefähig behandelt, wenn sie in gleicher Weise wie eine Rechtsnorm eine allgemeine und auch räumlich im gesamten Bundesgebiet geltende Regelung beinhalten. Unter diesem Gesichtspunkt kommt zB die Rügefähigkeit von AGB (BGH NJW 2005, 2919, 2921) oder von Satzungen juristischer Personen des Privatrechts in Betracht (BGH NJW–RR 1986, 1033, 1034; BayObLG NJW-RR 1992, 802, 803; KKW/*Meyer-Holz* § 27 FGG Rn 21). 6

3. Zeitliche Grenzen der Rügefähigkeit

Maßgeblich für das Vorliegen einer Rechtsverletzung ist grds das zum **Zeitpunkt der Rechtsbeschwerdeentscheidung geltende** Recht. Zu beachten ist daher auch ein neues, erst nach Erlass der Beschwerdeentscheidung ergangenes Gesetz, sofern es nach seinem zeitlichen Geltungswillen den streitigen Verfahrensgegenstand erfasst (OLG Jena FGPrax 1999, 224; Bassenge/Roth § 27 FGG Rn 19; KKW/*Meyer-Holz* § 27 FGG Rn 16 mwN). Die Verletzung bereits außer Kraft getretener Vorschriften kann dann mit der Rechtsbeschwerde gerügt werden, wenn diese auf Grund von Überleitungsvorschriften oder nach allgemeinen Grundsätzen auf den Sachverhalt noch anzuwenden sind (Zöller/*Heßler* § 545 ZPO Rn 8a; Musielak/*Ball* § 545 ZPO Rn 6, jeweils mwN). 7

II. Rechtsverletzung

§ 72 Abs 1 S 2 enthält die **Legaldefinition** des Begriffs »Rechtsverletzung«. Danach liegt eine Rechtsverletzung iSd § 72 Abs 1 S 2 vor, wenn eine Rechtsnorm nicht oder nicht richtig angewendet ist. 8

§ 72 FamFG | Gründe der Rechtsbeschwerde

1. Fehlerhafte Rechtsanwendung

9 Eine **Nichtanwendung oder unrichtige Anwendung des Rechts** liegt vor, wenn die Tatbestandsmerkmale einer Norm nicht richtig erkannt werden (**Interpretationsfehler**), wenn der von dem Beschwerdegericht festgestellte Sachverhalt die Tatbestandsmerkmale der angewendeten Norm nicht erfüllt oder statt dessen diejenigen einer nicht angewendeten Norm erfüllt (**Subsumtionsfehler**) oder irrtümlich eine angewendete Norm für gültig oder eine nicht angewendete für ungültig gehalten wird (**Gültigkeitsirrtum**) (Bassenge/Roth § 27 FGG Rn 20; KKW/*Meyer-Holz* § 27 FGG Rn 22).

2. Überprüfung von Willenserklärungen

10 Die Auslegung **von rechtsgeschäftlichen Willenserklärungen** ist grds Sache des Tatrichters. Auf Rechtsfehler nachprüfbar ist allerdings die Auslegungsfähigkeit der Erklärung als solche, die Berücksichtigung aller wesentlichen Tatsachen, die Beachtung von **gesetzlichen Auslegungsregeln, Sprachregeln, Erfahrungs- oder Denkgesetzen** (BGH NJW 1992, 1967, 1968; 2003, 2235, 2236, stRspr) sowie die Frage, ob das Beschwerdegericht die wesentlichen von ihm selbst festgestellten Tatsachen bei der Auslegung hinreichend berücksichtigt hat (BGHZ 24, 19, 41; Zöller/*Heßler* § 546 ZPO Rn 9).

11 Satzungen (BGH NJW 1992, 892, 893; NJW 1999, 3263, 3264), Formularverträge (BGH NJW 2005, 2919, 2921), Grundbuch- oder Registereintragungen (BGH NJW 1998, 3713, 3714), behördliche Erklärungen oder Verwaltungsakte (BGH NJW 1983, 1793), gerichtliche Handlungen und Urteile (BGH NJW 1988, 1915) sowie Prozesshandlungen und Prozesserklärungen der Beteiligten (BGH NJW 1998, 3350, 3352) kann das Rechtsbeschwerdegericht – jedenfalls im Hinblick auf ihre prozessuale Bedeutung (Musielak/*Ball* § 546 ZPO Rn 7) – dagegen ohne Bindungen an die Auslegung des Beschwerdegerichts uneingeschränkt selbst auslegen.

3. Beweiswürdigung

12 Die Beweiswürdigung gehört grds zur **Tatsachenfeststellung**. Soweit sie nicht auf einem Verstoß gegen Verfahrensrecht (§ 74 Abs 3 S 4 iVm § 559 Abs 2 ZPO) beruht, ist sie daher für das Rechtsbeschwerdegericht grds bindend. Nachprüfbar durch das Rechtsbeschwerdegericht ist nur, ob der Sachverhalt ausreichend erforscht ist (§ 26), ob bei der Erörterung alle wesentlichen Umstände berücksichtigt worden sind, ob die Beweiswürdigung von falschen rechtlichen Grundlagen ausgeht oder gegen Denkgesetze verstößt, ob Schlussfolgerungen gezogen werden, die gegen gesetzliche Beweisregeln, anerkannte Grundsätze (zB Anscheinsbeweis) oder Erfahrungssätze verstoßen oder ob das Beschwerdegericht das Beweismaß vernachlässigt oder überspannt hat (Jansen/*Briesemeister* § 27 FGG Rn 44; KKW/*Meyer-Holz* § 27 FGG Rn 42; Bassenge/Roth § 27 FGG Rn 23). Vom Beschwerdegericht gezogene Schlussfolgerungen müssen nur grds zulässig, nicht jedoch zwingend sein (BGH FGPrax 2000, 130; BayObLG FamRZ 1995, 1235, 1236). Das gilt selbst dann, wenn eine andere Schlussfolgerung ebenso nahe oder noch näher liegt. Jedoch ist die Abweichung von einer sich aufdrängenden Schlussfolgerung durch das Beschwerdegericht zu begründen; anderenfalls ist die Beweiswürdigung lückenhaft (Jansen/*Briesemeister* § 27 FGG Rn 47 mwN).

13 Die Glaubwürdigkeit von **Zeugen** und Beteiligten und die Glaubhaftigkeit ihrer Bekundungen sind grds nicht nachprüfbar (BayObLG NJW-RR 2003, 659, 661). Zu überprüfen ist jedoch, ob die Beurteilung auf nicht bestehenden Erfahrungssätzen oder einem fehlerhaften Verfahren beruht (Bassenge/Roth § 27 FGG Rn 23; Jansen/*Briesemeister* § 27 FGG Rn 45). Auch die Würdigung von **Sachverständigengutachten** durch den Tatrichter ist nur auf Rechtsfehler überprüfbar (Jansen/*Briesemeister* § 27 FGG Rn 46; KKW/*Meyer-Holz* § 27 FGG Rn 43). Ein solcher Rechtsfehler liegt allerdings dann vor, wenn das Beschwerdegericht das Gutachten nur kritiklos übernimmt und nicht auf sei-

nen sachlichen Gehalt, seine logische Schlüssigkeit und daraufhin überprüft, ob es von dem richtigen Sachverhalt und einem zutreffenden Verständnis der rechtlichen Voraussetzungen ausgeht (BayObLG NJW 2003, 216, 219) oder wenn der Tatrichter bei seiner Überzeugungsbildung die wissenschaftlichen Erkenntnisquellen nicht ausschöpft und sich mit beachtlichen wissenschaftlichen Meinungen nicht auseinandersetzt (BGH MDR 1960, 659).

4. Ermessenentscheidungen

Ein **Handlungsermessen** ist dem Tatrichter eingeräumt, wenn ihm eine Norm die Wahl zwischen mehreren rechtlich gleichermaßen zulässigen Entscheidungen aus Gründen der **Zweckmäßigkeit** lässt. Die an der Zweckmäßigkeit orientierte Entscheidung als solche ist der Überprüfung durch das Rechtsbeschwerdegericht in solchen Fällen ebenso wie die Tatsachenfeststellung entzogen. Nachprüfbar ist nur, ob eine Vorschrift ein Ermessen überhaupt einräumt, ob das Beschwerdegericht dies erkannt und den ihm dadurch eingeräumten Entscheidungsspielraum richtig beurteilt hat (**Ermessensunter- oder Überschreitung**), ob es alle für die Ermessensentscheidung maßgeblichen Umstände verfahrensgemäß ermittelt und berücksichtigt hat und ob es (**Ermessensmissbrauch**) das Ermessen in einer dem Zweck der ihm eingeräumten Ermächtigung entsprechenden Weise ausgeübt hat (BGH NJW-RR 1990, 1157; OLG Schleswig FGPrax 2004, 244; Bassenge/Roth § 27 Rn 24; Jansen/*Briesemeister* § 27 Rn 57). 14

Ein **Beurteilungsermessen** des Tatrichters besteht, wenn zwar nur eine Entscheidung richtig sein kann, deren Inhalt aber nicht eindeutig bestimmt, sondern in das »billige«, dh wertende Ermessen des Gerichts gestellt ist, zB bei Entscheidungen nach §§ 81 Abs 1 FamFG, 1361a Abs 2 oder 1382 Abs 4 BGB. Der Umfang der Nachprüfung durch das Rechtsbeschwerdegericht in einem solchen Fall des Beurteilungsermessens richtet sich nach den gleichen Grundsätzen wie beim Handlungsermessen (Bassenge/Roth § 27 Rn 25; KKW/*Meyer-Holz* § 27 FGG Rn 26). 15

5. Anwendung unbestimmter Rechtsbegriffe

Enthält eine Rechtsnorm dagegen – wie zB in den Fällen der §§ 138 (»gute Sitten«), 1383 Abs 1 (»grobe Unbilligkeit«), 1666, 1741 BGB (»Wohl des Kindes«) oder § 66 Abs 2 GmbHG (»wichtiger Grund«) – nicht eine Ermessensermächtigung, sondern einen unbestimmten Rechtsbegriff, so handelt es sich bei der Auslegung und der Subsumtion des verfahrensfehlerfrei festgestellten Sachverhalts unter einen solchen Begriff grds um reine Rechtsfragen, die daher auch durch das Rechtsbeschwerdegericht in vollem Umfang überprüft werden können (BayObLG NJW-RR 1994, 781, 782; Bassenge/Roth, § 27 Rn 26; KKW/*Meyer-Holz* § 27 FGG Rn 27). Dasselbe dürfte auch für die Begriffe der »Billigkeit«, der »schweren Härte« und der »unbilligen Härte« in den neuen §§ 1568a und 1568b BGB (idF des Gesetzes zur Änderung des Zugewinnausgleichs- und Vormundschaftsrechts v 6.7.2009, BGBl I, S 1696) gelten. Ausnahmen von der vollen Überprüfbarkeit durch das Rechtsbeschwerdegericht kommen nur in Fällen in Betracht, in denen eine individuelle Beurteilung nicht typisierbarer Einzelfälle oder die Beurteilung persönlicher Eigenschaften und Fähigkeiten oder eine aus sonstigen besonderen Gründen nicht über den Einzelfall hinaus verallgemeinerungsfähige Entscheidung erforderlich ist und dem Tatrichter daher ein als solches nicht überprüfbares Beurteilungsermessen eingeräumt werden muss, wie zB bei der Beurteilung der Eignung der Eltern zur Kindererziehung oder bei der Frage, ob eine bestimmte Maßnahme iSd § 1696 BGB zum Wohl des Kindes angezeigt oder erforderlich ist (Jansen/*Briesemeister* § 27 FGG Rn 67 mwN). 16

III. Beruhen auf einer Rechtsverletzung

17 Die Rechtsbeschwerde kann nur mit einer Rechtsverletzung begründet werden, auf der die angefochtene Beschwerdeentscheidung im konkreten Fall beruht. Es muss sich um eine Rechtsverletzung handeln, die im Beschwerdeverfahren selbst begangen worden ist, sei es auch ggf durch Übernahme eines fehlerhaften Ergebnisses der ersten Instanz (Bassenge/Roth § 27 FGG Rn 27).

1. Verletzung materiellen Rechts

18 Im Fall der Verletzung materiellen Rechts beruht die Entscheidung des Beschwerdegerichts nur dann auf der Rechtsverletzung, wenn zwischen dieser und dem Ergebnis der Beschwerdeentscheidung, so wie sie konkret getroffen wurde, ein **ursächlicher Zusammenhang** besteht (KKW/*Meyer-Holz* § 27 FGG Rn 17). Erforderlich ist, dass die Entscheidung ohne die Rechtsverletzung im Ergebnis anders – nämlich für den Rechtsbeschwerdeführer günstiger – ausgefallen wäre (KKW/*Meyer-Holz* § 27 FGG Rn 17; Musielak/*Ball* § 545 ZPO Rn 11, jeweils mwN).

19 An einem solchen Ursachenzusammenhang fehlt es, wenn das Beschwerdegericht seine Entscheidung vor oder gleichrangig und nicht nur hilfsweise auf einen anderen rechtlichen Gesichtspunkt gestützt hat, der sein Ergebnis trägt (MüKoZPO/*Wenzel* § 543 ZPO Rn 10, 15; Musielak/*Ball* § 543 ZPO Rn 9k). Das Gleiche gilt, wenn sich die angefochtene Entscheidung – unabhängig von der klärungsbedürftigen Rechtsfrage oder dem zu korrigierenden Rechtsfehler – im Ergebnis als richtig erweist (BGH FamRZ 2005, 1667, 1669; NJW 2003, 3205, 3206). An der Entscheidungserheblichkeit soll es außerdem nach der – allerdings bestrittenen – Rspr des BGH sogar auch dann fehlen, wenn eine Entscheidung auf mehreren Rechtsfehlern beruht, aber nicht für jeden einzelnen ein Zulassungsinteresse iSd § 70 Abs 2 Nr 1 oder 2 gegeben ist (BGH MDR 2006, 346, 347; 2004, 226; aA Zöller/*Heßler* § 543 Rn 6a; Musielak/*Ball* § 543 Rn 9m, jeweils mwN).

2. Verletzung von Verfahrensrecht

20 Im Fall der Verletzung von Verfahrensvorschriften reicht es dagegen im Grundsatz aus, wenn die angefochtene Entscheidung auf dem Rechtsfehler beruhen kann, wenn sich also die Möglichkeit einer im Ergebnis abweichenden Entscheidung nicht ausschließen lässt (KKW/*Meyer-Holz* § 27 FGG Rn 17; Musielak/*Ball* § 545 Rn 11). Auch hier gilt allerdings, dass die Rechtsbeschwerde gem § 74 Abs 2 als unbegründet zurückzuweisen ist, wenn dies zwar der Fall ist, sich die Entscheidung aber aus anderen Gründen im Ergebnis als richtig erweist.

3. Absolute Rechtsbeschwerdegründe

21 Für bestimmte Verfahrensfehler (**absolute Rechtsbeschwerdegründe**), in denen die Feststellung der Kausalität für das Ergebnis der Beschwerdeentscheidung auf besondere Schwierigkeiten stößt (Zöller/*Heßler* § 547 ZPO Rn 1), wird das Beruhen der angefochtenen Entscheidung auf der Rechtsverletzung unwiderlegbar vermutet, § 72 Abs 3 iVm § 547 ZPO (Rz 25 ff). Die Anwendung von § 74 Abs 2 ist in diesem Fall ausgeschlossen (KKW/*Meyer-Holz* § 27 FGG Rn 32; Bassenge/Roth § 27 FGG Rn 28).

C. Zuständigkeitsrügen

22 § 72 Abs 2 bestimmt ebenso wie § 65 Abs 4 für die (Erst-)Beschwerde, dass auch die Rechtsbeschwerde nicht darauf gestützt werden kann, dass das Gericht des ersten Rechtszuges seine Zuständigkeit zu Unrecht angenommen hat. Auf § 65 Rz 11 ff kann Bezug genommen werden.

Anders als in §§ 545 Abs 2, 576 Abs 2 ZPO, jedoch in Übereinstimmung mit § 65 Abs 4 für die Beschwerde und mit § 513 Abs 2 ZPO ist damit allerdings eine Zuständigkeitsrüge nicht ausgeschlossen, soweit das Gericht des ersten Rechtszuges seine Zuständigkeit zu Unrecht **verneint** hat. Ein absoluter Rechtsbeschwerdegrund gem § 72 Abs 3 iVm § 547 ZPO liegt darin jedoch nicht, denn in § 547 ZPO in der Fassung des ZPO-RG ist der frühere Revisionsgrund der vom Gericht zu Recht oder zu Unrecht angenommenen Zuständigkeit nicht mehr enthalten. Auch wenn die angefochtene Entscheidung auf der fehlerhaften Anwendung von (auch die Zuständigkeit im weiteren Instanzenzug bestimmenden) Zuständigkeitsvorschriften durch das Gericht der ersten Instanz beruhen kann, ist die Rechtsbeschwerde daher dann nicht begründet, wenn sich die Entscheidung trotz dieser Rechtsverletzung aus anderen Gründen als richtig erweist, § 74 Abs 2 (zur bisherigen – hiermit nur zT übereinstimmenden – Rechtslage vgl zB KKW/ *Meyer-Holz* § 27 FGG Rn 33 mwN). 23

D. Entsprechende Anwendung des Revisionsrechts

§ 72 Abs 3 erklärt die §§ 547, 556 und 560 ZPO für entsprechend anwendbar. 24

I. Absolute Rechtsbeschwerdegründe

1. Allgemeines

Wie bisher gem § 27 Abs 1 S 2 FGG für die weitere Beschwerde gilt auch gem § 72 Abs 3 die Vorschrift des **§ 547 ZPO** entsprechend. Damit ist eine Entscheidung in den dort geregelten Fällen stets als auf einer Rechtsverletzung beruhend anzusehen. Dabei dürfte sich die Funktion der absoluten Rechtsbeschwerdegründe künftig allerdings weitgehend auf die Fälle der zulassungsfreien Rechtsbeschwerde nach § 70 Abs 3 beschränken, da in den Fällen der zulassungsbedürftigen Rechtsbeschwerde nach § 70 Abs 2 der Grund für die Zulassung der Rechtsbeschwerde durch das Beschwerdegericht idR nicht im Vorliegen eines absoluten Rechtsbeschwerdegrundes besteht und auch bei dessen Vorliegen dem Rechtsbeschwerdeführer eine Nichtzulassungsbeschwerde nicht zusteht. Die Vermutung des § 547 ZPO betrifft nicht die Zulässigkeit der Rechtsbeschwerde, sondern nur ihre Begründetheit. Auch das Vorliegen eines absoluten Rechtsbeschwerdegrundes führt daher nur dann zum Erfolg der Rechtsbeschwerde, wenn diese im Übrigen statthaft – insbes also auch nach § 70 zugelassen – ist (BGHZ 2, 278, 280; 39, 333, 335) und wenn die gerügten Verfahrensmängel, soweit sie nicht ausnahmsweise als unverzichtbare Prozessvoraussetzungen von Amts wegen zu beachten sind, nach § 71 Abs 3 ordnungsgemäß gerügt werden. Von Amts wegen werden daher nur die Rechtsbeschwerdegründe des § 72 Abs 3 iVm § 547 Nr 4 (BGH NJW 1995, 2563) und richtigerweise auch Nr 6 ZPO (BGH NJW-RR 1994, 1340, 1341; MüKoZPO/*Wenzel* § 547 Rn 3) geprüft. In allen übrigen Fällen des § 547 ZPO erfolgt die Prüfung hingegen nur auf Rüge (BGH NJW 2007, 909, 911; MüKoZPO/*Wenzel* § 547 ZPO Rn 3). 25

2. Die absoluten Rechtsbeschwerdegründe im Einzelnen

Die Entscheidung des Beschwerdegerichts ist als auf einer Rechtsverletzung gem § 72 Abs 3 iVm **§ 547 Nr 1 ZPO** beruhend anzusehen, wenn das Gericht nicht ordnungsgemäß besetzt war. In Betracht kommen Fehler betreffend die Befähigung zum Richteramt (§ 5 ff DRiG), die ordnungsgemäße Bestellung zum Richteramt (§ 8 ff DRiG), die richtige Zahl der entscheidenden Richter, die Einhaltung der Vertretungsvorschriften des GVG und die ordnungsgemäße Besetzung der Spruchkörper sowie das gesetzmäßige Zustandekommen und die Anwendung der Regeln über die gerichtsweite und die spruchkörperinterne Geschäftsverteilung. Eine von der Geschäftsverteilung abweichende Zusammensetzung des entscheidenden Spruchkörpers fällt allerdings nur bei einer 26 objektiv willkürlichen, nicht aber schon bei einer nur irrtümlich falschen Besetzung des Gerichts unter § 547 Nr 1 ZPO (BGH NJW 1994, 1735, 1736). Nicht vorschriftsmäßig besetzt ist das Beschwerdegericht insbes auch bei einer Entscheidung durch den Einzelrichter ohne den gem § 68 Abs 4 notwendigen Übertragungsbeschluss (BayObLG FGPrax 2004, 77; OLG Zweibrücken FGPrax 2003, 268).

27   Ein Fall des **§ 547 Nr 2 ZPO** liegt vor, wenn bei der Entscheidung ein Richter mitgewirkt hat, der gem § 6 Abs 1 iVm §§ 41 ff ZPO von der Mitwirkung bei der Entscheidung kraft Gesetzes ausgeschlossen war; ein Fall des **§ 547 Nr 3 ZPO** ist gegeben wenn ein Richter mitgewirkt hat, obwohl er noch vor der Absetzung und Unterzeichnung der Entscheidung BGH NJW 2001, 1502, 1503) erfolgreich wegen der Besorgnis der Befangenheit abgelehnt worden ist. Nicht ausreichend ist das bloße Vorliegen eines nur potenziellen Befangenheitsgrundes, soweit dieser nicht durch Gerichtsbeschluss ausdrücklich für begründet erklärt worden ist (Jansen/*Briesemeister* § 27 FGG Rn 76; Musielak/*Ball* § 547 ZPO Rn 8, jeweils mwN).

28   Der Rechtsbeschwerdegrund des **§ 547 Nr 4 ZPO** ist gegeben, wenn ein Beteiligter nicht nach den gesetzlichen Vorschriften vertreten war, sofern er die Prozessführung nicht ausdrücklich oder stillschweigend genehmigt. Diese Genehmigung kann auch noch im Verlauf des Rechtsbeschwerdeverfahrens nachgeholt werden (BayObLG FamRZ 1997, 218). Die Vorschrift bezieht sich sowohl auf die gesetzliche wie auf die gewillkürte Vertretung (Jansen/*Briesemeister* § 27 FGG Rn 77). Sie ist auf den Fall entsprechend anzuwenden, dass ein Beteiligter, der an einem Verfahren hätte beteiligt werden müssen (§ 7 Abs 2), daran tatsächlich nicht beteiligt worden ist (BayObLG FamRZ 1999, 1093 f), es sei denn, er wäre durch die Entscheidung im Einzelfall nicht beeinträchtigt (BayObLG FamRZ 1999, 331).

29   Ein Fall des **§ 547 Nr 5 ZPO** liegt vor, wenn die Entscheidung auf Grund einer mündlichen Verhandlung ergangen ist, bei der die Vorschriften über die Öffentlichkeit des Verfahrens verletzt waren. Dabei ist zu beachten, dass die §§ 169 ff GVG nunmehr gem §§ 12, 13 GVG nF unmittelbar auch auf alle Angelegenheiten der freiwilligen Gerichtsbarkeit anzuwenden sind und darüber hinaus alle Verhandlungen, Erörterungen und Anhörungen in Familiensachen und Angelegenheiten der freiwilligen Gerichtsbarkeit nunmehr gem § 170 S 1 GVG nicht öffentlich sind, gem § 170 S 2 GVG die Öffentlichkeit aber, soweit keiner der Beteiligten widerspricht, zugelassen werden kann. Anders als bisher (BayObLGZ 1974, 258 f) kann ein Verstoß gegen diese Vorschriften daher jetzt auch einen Verfahrensfehler nach § 547 Nr 5 ZPO begründen (aA Bumiller/Harders Rn 21).

30   Die Voraussetzungen des **§ 547 Nr 6 ZPO** sind erfüllt, wenn die gem § 69 Abs 2 erforderliche Begründung der Beschwerdeentscheidung vollständig oder in wesentlichen Punkten fehlt. Dem steht es gleich, wenn eine Begründung zwar nicht gänzlich, aber doch in für die Entscheidung tragenden Teilen fehlt. Das ist zB dann der Fall, wenn sich aus der Entscheidung weder unmittelbar noch durch Bezugnahme ergibt, welcher Sachverhalt ihr zugrunde liegt (BayObLG NJW-RR 1994, 617, 618; 2000, 1435, 1436) oder wenn die Gründe so unverständlich oder inhaltsleer sind, dass sie die tragenden Erwägungen des Beschwerdegerichts nicht mehr erkennen lassen (Bassenge/Roth § 27 Rn 30; Jansen/*Briesemeister* § 27 FGG Rn 83). Ist eine Entscheidung nicht spätestens binnen fünf Monaten ab ihrer Bekanntgabe – bzw im Fall der Ehe- und Familienstreitsachen ab ihrer Verkündung – in vollständiger Form der Geschäftsstelle übergeben, so kann eine zunächst fehlende Begründung nicht mehr nachgeholt werden und ist als nicht vorhanden zu betrachten (arg § 63 Abs 3; zum bisherigen Recht vgl GemS-OGB NJW 1993, 2603 ff; BGH NJW-RR 2005, 1151, 1152). Allein die Durchführung einer mündlichen Verh, ohne dass in dieser selbst auch eine Entscheidung ergeht, löst eine derartige Frist für die Nachholung der Beschwerdebegründung aber noch nicht aus (Jansen/*Briesemeister* § 27 FGG Rn 86).

II. Verlust des Rügerechts

Gem § 72 Abs 3 iVm § 556 ZPO kann eine Verletzung einer das **Verfahren vor dem Beschwerdegericht** betreffenden Vorschrift mit der Rechtsbeschwerde nicht mehr gerügt werden, wenn der Rechtsbeschwerdeführer sein Rügerecht bereits in der Beschwerdeinstanz nach § 295 ZPO verloren hat. Mittelbar ergibt sich daraus auch die entsprechende – ansonsten nicht ausdrücklich geregelte – Anwendbarkeit des § 295 ZPO auf sämtliche Verfahren nach dem FamFG, auch über die ausdrückliche Verweisung auf die §§ 1–494a ZPO für den Sonderfall der Ehe- und Familienstreitsachen in § 113 Abs 1 S 2 hinaus. Auf Mängel des **erstinstanzlichen Verfahrens** kann die Rechtsbeschwerde nur gestützt werden, wenn diese nicht ohnehin bereits dort gem § 295 ZPO geheilt worden und außerdem auch im Beschwerdeverfahren nochmals ohne Erfolg geltend gemacht worden sind, wobei zusätzlich noch erforderlich ist, dass die Beschwerdeentscheidung auf dem in Frage stehenden Mangel beruht (BGHZ 133, 36, 39, BGH NJW-RR 2000, 1635, 1637).

31

III. Bindung an die Feststellungen des Beschwerdegerichts bei nicht überprüfbaren Rechtssätzen

Gem § 72 Abs 3 iVm § **560 ZPO** sind die Feststellungen des Beschwerdegerichts über das Bestehen und den Inhalt von Gesetzen, auf deren Verletzung die Rechtsbeschwerde nicht gestützt werden kann, für das Rechtsbeschwerdegericht maßgeblich. Nachdem die Rechtsbeschwerde gem § 72 Abs 1 S 1 in seiner schließlich verabschiedeten Fassung – anders als noch in § 72 Abs 1 S 1 RegE FGG-RG vorgesehen – auf die Verletzung jeder Rechtsnorm gestützt werden kann (Rz 3), gibt es solche nicht rügefähigen Gesetze tatsächlich nicht (aA *Schulte-Bunert* Rn 294). Die Verweisung auf § 560 ZPO geht daher ins Leere und hätte mit der Ausweitung der Rechtsbeschwerde auf sämtliche Rechtsnormen eigentlich entfallen müssen (im Ergebnis ebenso Prütting/Helms/*Abramenko* Rn 11; aA Keidel/*Meyer-Holz* Rn 53).

32

§ 73 Anschlussrechtsbeschwerde

Ein Beteiligter kann sich bis zum Ablauf einer Frist von einem Monat nach der Bekanntgabe der Begründungsschrift der Rechtsbeschwerde durch Einreichen einer Anschlussschrift beim Rechtsbeschwerdegericht anschließen, auch wenn er auf die Rechtsbeschwerde verzichtet hat, die Rechtsbeschwerdefrist verstrichen oder die Rechtsbeschwerde nicht zugelassen worden ist. Die Anschlussrechtsbeschwerde ist in der Anschlussschrift zu begründen und zu unterschreiben. Die Anschließung verliert ihre Wirkung, wenn die Rechtsbeschwerde zurückgenommen, als unzulässig verworfen oder nach § 74a Abs. 1 zurückgewiesen wird.

1   Die Vorschrift regelt die Anschließung an die Rechtsbeschwerde eines anderen Beteiligten. Sie korrespondiert inhaltlich mit der entsprechenden Anschließungsmöglichkeit für die Beschwerdeinstanz gem § 66 und entspricht dem durch das ZPO-RG eingeführten § 574 Abs 4 ZPO. Zum Verfahren der Anschlussrechtsbeschwerde gelten die Ausführungen zu § 66 entsprechend, jedoch mit folgenden **Besonderheiten**:

2   Für die Anschlussrechtsbeschwerde gilt eine gesonderte **Einlegungsfrist** von einem Monat ab Bekanntgabe der Begründung der Rechtsbeschwerde (§ 73 S 1). Wiedereinsetzung in den vorigen Stand ist möglich. Die Einlegung muss – wie bei der Rechtsbeschwerde – stets ggü dem Rechtsbeschwerdegericht (iudex ad quem) erfolgen.

3   Die Anschlussrechtsbeschwerde bedarf **keiner gesonderten Zulassung**, sondern folgt der Zulässigkeit und Statthaftigkeit des Hauptrechtsmittels (§ 73 S 3).

4   Die Anschlussrechtsbeschwerde bedarf der **Begründung**, die bereits in der Anschlussschrift erfolgen muss (§ 73 S 2). Dies ist deshalb gerechtfertigt, weil dem zur Einlegung der Anschlussrechtsbeschwerde berechtigten Beteiligten für die Einlegung seines Rechtsmittels die Monatsfrist des § 73 S 1 zur Verfügung steht, die erst mit der Zustellung der Rechtsbeschwerdebegründung zu laufen beginnt. Die Begründung kann daher nach Einlegung der Anschlussrechtsbeschwerde auch dann nicht nachgereicht werden, wenn bei ihrer Einlegung die Monatsfrist des § 73 S 1 nicht ausgeschöpft wurde (Zöller/*Heßler* § 574 ZPO Rn 20). Der formale Mindestinhalt der Anschlussbeschwerdebegründung richtet sich nach § 71 Abs 3. Wie die Rechtsbeschwerdeschrift ist gem § 73 S 2 auch die Anschlussrechtsbeschwerdeschrift zu **unterschreiben**. Fehlt es an einer rechtzeitigen und hinreichenden Begründung der Anschlussrechtsbeschwerde, so ist diese als unzulässig zu verwerfen (§ 74 Abs 1).

5   Nach § 73 S 3 ist die Anschließung – wie bei der Beschwerde (§ 66) – von der Zulässigkeit und der Durchführung der Rechtsbeschwerde selbst abhängig. Ihr **Verfahrensgegenstand** wird somit **durch das Hauptrechtsmittel bestimmt**. Da sich dieses wiederum nur auf die Entscheidung des Beschwerdegerichts, nicht aber auch auf die Entscheidung der ersten Instanz bezieht, kann mit der Anschließung an ein Rechtsmittel gegen die zweitinstanzliche Entscheidung ein Verfahrensgegenstand, der nicht Gegenstand der Beschwerdeentscheidung geworden ist, nicht zum Gegenstand des Verfahrens vor dem Rechtsbeschwerdegericht gemacht werden. Das gilt sowohl für den Fall, dass ein solcher Verfahrensgegenstand zB im Falle einer Teilentscheidung noch in der ersten Instanz anhängig ist, wie auch für den Fall, dass darüber in der ersten Instanz bereits rechtskräftig entschieden wurde, weil der Anschlussrechtsbeschwerdeführer von seiner Möglichkeit zur Erstbeschwerde dagegen keinen Gebrauch gemacht hat (BGH FamRZ 1980, 683, 684 zur Beschwerde in FGG-Familiensachen).

§ 74 Entscheidung über die Rechtsbeschwerde

(1) Das Rechtsbeschwerdegericht hat zu prüfen, ob die Rechtsbeschwerde an sich statthaft ist und ob sie in der gesetzlichen Form und Frist eingelegt und begründet ist. Mangelt es an einem dieser Erfordernisse, ist die Rechtsbeschwerde als unzulässig zu verwerfen.

(2) Ergibt die Begründung der angefochtenen Entscheidung zwar eine Rechtsverletzung, stellt die Entscheidung aber aus anderen Gründen sich als richtig dar, so ist die Rechtsbeschwerde zurückzuweisen.

(3) Der Prüfung des Rechtsbeschwerdegerichts unterliegen nur die von den Beteiligten gestellten Anträge. Das Rechtsbeschwerdegericht ist an die geltend gemachten Rechtsbeschwerdegründe nicht gebunden. Auf Verfahrensmängel, die nicht von Amts wegen zu berücksichtigen sind, darf die angefochtene Entscheidung nur geprüft werden, wenn die Mängel nach § 71 Abs. 3 und § 73 Satz 2 gerügt worden sind. Die §§ 559, 564 der Zivilprozessordnung gelten entsprechend.

(4) Auf das weitere Verfahren sind, soweit sich nicht Abweichungen aus den Vorschriften dieses Unterabschnitts ergeben, die im ersten Rechtszug geltenden Vorschriften entsprechend anzuwenden.

(5) Soweit die Rechtsbeschwerde begründet ist, ist der angefochtene Beschluss aufzuheben.

(6) Das Rechtsbeschwerdegericht entscheidet in der Sache selbst, wenn diese zur Endentscheidung reif ist. Andernfalls verweist es die Sache unter Aufhebung des angefochtenen Beschlusses und des Verfahrens zur anderweitigen Behandlung und Entscheidung an das Beschwerdegericht, oder, wenn dies aus besonderen Gründen geboten erscheint, an das Gericht des ersten Rechtszugs zurück. Die Zurückverweisung kann an einen anderen Spruchkörper des Gerichts erfolgen, das die angefochtene Entscheidung erlassen hat. Das Gericht, an das die Sache zurückverwiesen ist, hat die rechtliche Beurteilung, die der Aufhebung zugrunde liegt, auch seiner Entscheidung zugrunde zu legen.

(7) Von einer Begründung der Entscheidung kann abgesehen werden, wenn sie nicht geeignet wäre, zur Klärung von Rechtsfragen grundsätzlicher Bedeutung, zur Fortbildung des Rechts oder zur Sicherung einer einheitlichen Rechtsprechung beizutragen.

Übersicht

	Rz
A. Allgemeines	1
B. Zulässigkeit der Rechtsbeschwerde	2
C. Zurückweisung der Rechtsbeschwerde	3
D. Prüfungsumgang des Rechtsbeschwerdegerichts	5
I. Überprüfung nur in den Grenzen der gestellten Anträge	5
II. Umfassende Überprüfung der materiellen Rechtslage	7
III. Eingeschränkte Überprüfung von Verfahrensmängeln	10
IV. Tatsachengrundlage der Rechtsbeschwerdeentscheidung	15
1. Bindung an die Tatsachenfeststellungen des Beschwerdegerichts	16
2. Tatsachen zur Begründung von Verfahrensrügen	17
3. Veränderungen der Tatsachengrundlage während des Rechtsbeschwerdeverfahrens	18
a) Neue Tatsachen zur materiellen Rechtslage	18
b) Neue Tatsachen zum Verfahren	20
c) Wiederaufnahmegründe	24
E. Entscheidung bei begründeter Rechtsbeschwerde	25
I. Aufhebung der Beschwerdeentscheidung	25
II. Eigene Entscheidung des Rechtsbeschwerdegerichts	27
III. Zurückverweisung	31
1. Zurückverweisung an das Beschwerdegericht	34

§ 74 FamFG | Entscheidung über die Rechtsbeschwerde

	Rz		Rz
2. Zurückverweisung an das Gericht der ersten Instanz	35	G. Begründung der Rechtsbeschwerdeentscheidung	37
F. Bindungswirkung bei Aufhebung und Zurückverweisung	36		

A. Allgemeines

1   Die Vorschrift regelt den Prüfungsumfang sowie Inhalt und Form der Entscheidung über die Rechtsbeschwerde.

B. Zulässigkeit der Rechtsbeschwerde

2   Der den §§ 552 Abs 1 S 1, 577 Abs 1 S ZPO nachgebildete **§ 74 Abs 1 S 1** regelt den Umfang der Zulässigkeitsprüfung für das Rechtsbeschwerdeverfahren im Wesentlichen übereinstimmend mit § 68 Abs 2 S 1 für das Beschwerdeverfahren. § 68 Rz 22–30 gelten daher für das Rechtsbeschwerdeverfahren entsprechend. Zusätzlich ist für die Zulässigkeit der Rechtsbeschwerde auch außerhalb des Bereichs der Ehe- und Familienstreitsachen die ordnungsgemäße Begründung der Rechtsbeschwerde (§ 71 Abs 2 und 3) zu prüfen sowie bei den nicht zulassungsbedürftigen Rechtsbeschwerden in Betreuungs-, Unterbringungs- und Freiheitsentziehungssachen gem § 70 Abs 3 S 2 zwar nicht das Vorliegen eines Zulassungsgrundes (§ 70 Rz 17), aber doch immerhin die Frage, ob ein unter diese Vorschrift fallender Fall der zulassungsfreien Rechtsbeschwerde überhaupt vorliegt (§ 70 Rz 26a). Im Übrigen ist das Rechtsbeschwerdegericht an die Zulassungsentscheidung des Beschwerdegerichts gebunden (§ 70 Rz 15 f). Der mit §§ 552 Abs 1 S 2, 577 Abs 1 S 2 ZPO übereinstimmende **§ 74 Abs 1 S 2** entspricht § 68 Abs 2 S 2 für das Beschwerdeverfahren; § 68 Rz 31 gilt entsprechend. Wie der Beschluss über die Verwerfung der Beschwerde (§ 68 Rz 31) ist auch der Beschluss über die Verwerfung der Rechtsbeschwerde im Anwendungsbereich des **FamGKG** gebührenfrei. Im Anwendungsbereich der **KostO** gilt § 131 Abs 1 Nr 1 KostO (§ 70 Rz 32).

C. Zurückweisung der Rechtsbeschwerde

3   § 74 Abs 2 entspricht § 27 Abs 1 S 2 FGG, soweit darin auf den inhaltsgleichen § 561 ZPO verwiesen wurde. Die Vorschrift regelt einen Sonderfall der Unbegründetheit der Rechtsbeschwerde. Diese ist immer dann **unbegründet, wenn das Rechtsbeschwerdegericht zu derselben Entscheidung wie das Beschwerdegericht gelangt** (vgl Jansen/*Briesemeister* § 27 FGG Rn 119 zur weiteren FGG-Beschwerde). Das ist dann der Fall, wenn die angefochtene Entscheidung das Recht nicht verletzt oder nicht auf einer darin enthaltenen Rechtsverletzung beruht (§ 72 Abs 1) oder wenn mit einer zulässigen Rechtsbeschwerde rügebedürftige Verfahrensmängel nicht oder nicht ordnungsgemäß gerügt worden sind (§ 74 Abs 3 S 3, vgl Musielak/*Ball* § 561 ZPO Rn 1 zur ZPO-Revision). § 74 Abs 2 stellt darüber hinaus klar, dass die Rechtsbeschwerde auch dann unbegründet ist, wenn die Beschwerdeentscheidung zwar auf einer Rechtsverletzung beruht (§ 72 Rz 17–20), sich aber im Ergebnis aus anderen als den von dem Beschwerdegericht seiner Entscheidung zugrunde gelegten Gründen als richtig erweist (vgl Musielak/*Ball* § 561 ZPO Rn 1 zur ZPO-Revision.

4   Eine Beschwerdeentscheidung erweist sich auch dann als im Ergebnis richtig iSd § 74 Abs 2, wenn ein Verfahrensfehler, auf dem die Beschwerdeentscheidung beruht, durch das Rechtsbeschwerdegericht selbst korrigiert werden kann (BGH NJW 1991, 3036) oder wenn der Rechtsbeschwerdeführer durch eine Rechtsverletzung des Beschwerdegerichts sogar zu Unrecht begünstigt worden ist (Zöller/*Heßler* § 561 ZPO Rn 3). Hat das Beschwerdegericht eine unzulässige Beschwerde zu Unrecht als unbegründet zurückgewiesen oder eine unbegründete Beschwerde zu Unrecht als unzulässig verworfen, so

ist die Rechtsbeschwerde mit der klarstellenden Maßgabe zurückzuweisen, dass die Sachabweisung durch eine Prozessabweisung (oder umgekehrt) zu ersetzen ist (Bay-ObLGZ 1961, 200, 203 f; OLG Karlsruhe NJW-RR 2005, 1097, 1098; KKW/*Meyer-Holz* § 27 FGG Rn 55 mwN; aA zB Musielak/*Ball* § 561 ZPO Rn 4; Stein/Jonas/*Grunsky* § 563 ZPO Rn 2: kein Fall der Zurückweisung, sondern Aufhebung und Zurückverweisung oder eigene Sachentscheidung).

D. Prüfungsumgang des Rechtsbeschwerdegerichts

I. Überprüfung nur in den Grenzen der gestellten Anträge

Gegenstand des Rechtsbeschwerdeverfahrens ist der Verfahrensgegenstand nur, soweit 5 das Beschwerdegericht darüber entschieden hat und mit der Rechtsbeschwerde eine Abänderung dieser Entscheidung beantragt wird. Wie §§ 528 S 2, 557 Abs 1, 577 Abs 2 S 1 ZPO für die Rechtsmittel der ZPO bestimmt § 74 Abs 3 S 1 auch für die FamFG-Rechtsbeschwerde, dass die Rechtsmittelanträge der Beteiligten die Begründetheitsprüfung begrenzen. Ist die Rechtsbeschwerde wirksam auf einen abtrennbaren Teil der Beschwerdentscheidung (§ 61 Rz 18) beschränkt, so ist der nicht angegriffene Teil der Nachprüfung und Abänderung durch das Rechtsbeschwerdegericht entzogen (Musielak/*Ball* § 557 ZPO Rn 7); § 64 Rz 17 gilt für das Rechtsbeschwerdeverfahren entsprechend. Das Verbot der reformatio in peius (§ 69 Rz 33 ff) gilt für das Rechtsbeschwerdegericht im gleichen Umfang wie für das Beschwerdegericht.

Eine **Änderung des Verfahrensgegenstandes** in der Rechtsbeschwerdeinstanz ist grds 6 nicht zulässig, weil die Beteiligten idR an die Tatsachenfeststellungen des Beschwerdegerichts gebunden sind (Rz 15 ff). Die **Rechtsbeschwerdeanträge** sind aber auch nach dem Ablauf der Rechtsbeschwerdefrist nicht bindend, soweit sie von der fristgerecht eingereichten Rechtsbeschwerdebegründung gedeckt sind. Insbesondere eine Einschränkung des Umfangs der Rechtsbeschwerde auf abtrennbare Teile des Verfahrensgegenstandes oder eine bloße Modifikation der bisherigen Verfahrensanträge auf der Grundlage des vom Tatrichter schon gewürdigten Sachverhalts (BGH NJW 1998, 2969, 2970 zur ZPO-Revision) ist daher im Falle einer mündlichen Verhandlung noch bis zu deren Schluss und ansonsten auch noch darüber hinaus bis zum Erlass der Entscheidung über die Rechtsbeschwerde möglich. Ebenso können die Anträge auch (wieder) erweitert werden, soweit die geänderten Anträge von der fristgerechten Rechtsbeschwerdebegründung bereits erfasst sind (Zöller/*Heßler* § 551 ZPO Rn 7; Musielak/*Ball* § 551 ZPO Rn 7, jeweils zur ZPO-Revision). Nicht zulässig ist dagegen die Einführung neuer Ansprüche, soweit diese neuen Tatsachenvortrag voraussetzen (Zöller/*Heßler* § 551 ZPO Rn 8). Insbesondere eine Beteiligtenänderung oder Beteiligtenerweiterung ist daher nicht mehr zulässig (BGH NJW 1997, 1855).

II. Umfassende Überprüfung der materiellen Rechtslage

§ 74 Abs 3 S 2 entspricht §§ 557 Abs 3 S 2, 577 Abs 2 S 2 ZPO. In Übereinstimmung mit 7 diesen Vorschriften ist jetzt auch für das FamFG ausdrücklich klargestellt, dass das Rechtsbeschwerdegericht die Beschwerdeentscheidung innerhalb des gem Rz 5 f vorgegebenen Rahmens grundsätzlich von Amts wegen in vollem Umfang auf Fehler bei der Anwendung formellen und materiellen Rechts zu prüfen hat und dabei an die von den Beteiligten geltend gemachten Rechtsbeschwerdegründe nicht gebunden ist (zum FGG vgl zB KKW/*Meyer-Holz* § 27 FGG Rn 15).

Hat der Rechtsbeschwerdeführer also auch nur eine einzige – sei es formelle, sei es 8 materielle – Verfahrensrüge erhoben, wird die materielle Rechtmäßigkeit der Beschwerdeentscheidung durch das Rechtsbeschwerdegericht ohne Beschränkung auf die Entscheidungsgründe der Vorinstanz und die ausdrücklich erhobenen Rügen der Rechts-

§ 74 FamFG | Entscheidung über die Rechtsbeschwerde

beschwerde in vollem Umfang und in allen Richtungen überprüft (Zöller/*Heßler* § 557 ZPO Rn 15).

9   Zu den zu überprüfenden Fragen des materiellen Rechts in diesem Sinne gehören zB die Überprüfung der Entscheidung im Kostenpunkt (KKW/*Meyer-Holz* § 27 FGG Rn 15) oder die Frage der richtigen Anwendung des deutschen internationalen Privatrechts (BGH NJW 1998, 1395, 1396). Das Gleiche gilt im Grundsatz auch für die Überprüfung von Rechtsfehlern des Beschwerdegerichts bei der Auslegung von Willenserklärungen und anderen Rechtsakten (§ 72 Rz 10 f). Lediglich Verfahrensfehler bei der Feststellung der Tatsachengrundlage, auf der die Auslegung beruht, werden durch das Rechtsbeschwerdegericht gem § 74 Abs 3 S 2 nur auf besondere Rüge hin überprüft (BGH NJW 1996, 838, 839). Auch alle Fragen der Darlegungs- und Beweislast (BGH NJW 1999, 860, 861) und die Frage, ob der Tatrichter die Anforderungen an eine schlüssige und substantiierte Darstellung nicht überspannt (BGH NJW-RR 2001, 1204) oder die Anforderungen an ein ordnungsgemäßes Bestreiten falsch beurteilt hat (BGH NJW 1995, 130, 131), betreffen grds das materielle Recht und sind daher ohne besondere Rüge des Beschwerdeführers stets umfassend zu überprüfen.

III. Eingeschränkte Überprüfung von Verfahrensmängeln

10   § 74 Abs 3 S 3 beschränkt jedoch nunmehr die Überprüfung bei Verfahrensmängeln, die nicht von Amts wegen zu berücksichtigen sind. Während solche Mängel bei der weiteren Beschwerde nach dem FGG ebenfalls umfassend zu prüfen waren (KKW/*Meyer-Holz* § 27 FGG Rn 15; Jansen/*Briesemeister* § 27 FGG Rn 94), unterliegen sie jetzt in Angleichung an die Revision und die Rechtsbeschwerde der ZPO nur noch dann der Nachprüfung, wenn sie in der Rechtsbeschwerdebegründung (§ 71 Abs 3) oder in der Rechtsbeschwerdeanschlussschrift (§ 73 S 2) ausdrücklich vorgebracht worden sind.

11   **Von Amts wegen** hat das Rechtsbeschwerdegericht damit auch bei der FamFG-Rechtsbeschwerde nur noch solche Verfahrensmängel zu überprüfen, von denen das Rechtsbeschwerdeverfahren in seiner Gültigkeit und Rechtswirksamkeit als Ganzes abhängt (Zöller/*Heßler* § 557 ZPO Rn 7).

12   Zu diesen sog **absoluten Verfahrensmängeln** (Auflistungen zur ZPO zB bei MüKoZPO/*Wenzel* § 557 ZPO Rn 23 ff; Musielak/*Ball* § 557 ZPO Rn 14 ff; Zöller/*Heßler* § 557 ZPO Rn 8, jeweils mwN) gehören zunächst solche das Verfahren als Ganzes betreffenden Fragen wie das Fehlen der deutschen Gerichtsbarkeit (BGH NJW 1961, 1116), die mangelnde internationale Zuständigkeit der deutschen Gerichte (BGH FamRZ 2004, 1952), das Fehlen von Verfahrenshandlungsvoraussetzungen (Beteiligtenfähigkeit, Verfahrensfähigkeit, ordnungsgemäße Vertretung, Postulationsfähigkeit) in der Person der Beteiligten, ein zwischenzeitlicher Wegfall der Rechtshängigkeit sowie ein Fehlen des Rechtsschutzbedürfnisses (Musielak/*Ball* § 557 ZPO Rn 14), die alle jeweils in gleicher Weise zu prüfen sind wie bei der Zulässigkeit der Beschwerde (§ 68 Rz 29 f), das Vorliegen der absoluten Rechtsbeschwerdegründe des § 72 Abs 3 iVm § 547 Nr 4 und 6 ZPO (§ 72 Rz 25; MüKoZPO/*Wenzel* § 557 Rn 23) oder der Fall, dass ein an dem Verfahren nicht beteiligter Dritter in der Beschwerdeinstanz fälschlich als Beteiligter behandelt worden ist (BGH NJW 1993, 3067).

13   Ebenfalls von Amts wegen durch das Rechtsbeschwerdegericht zu prüfen ist die **Zulässigkeit der Beschwerde** oder Anschlussbeschwerde, des **zweitinstanzlichen Verfahrens** und der **Beschwerdeentscheidung** (Musielak/*Ball* 557 ZPO Rn 15; MüKoZPO/ *Wenzel*, § 557 ZPO Rn 26). Hierher gehört auch die Überprüfung auf mögliche Verstöße des Beschwerdegerichts gegen Säumnisvorschriften in Ehe- und Familienstreitsachen, auf die Ordnungsmäßigkeit des Tenors der Beschwerdeentscheidung im Hinblick auf Bestimmtheit und Vollstreckbarkeit (Musielak/*Ball* § 557 ZPO Rn 15; Zöller/*Heßler* § 557 Rn 8, jeweils mwN), auf Widersprüche zwischen Beschwerdentscheidung und Beschwerdegründen (Zöller/*Heßler* § 557 Rn 8) oder auf das Fehlen von ausreichenden tat-

sächlichen Feststellungen, welche die Beschwerdeentscheidung tragen (BGH FamRZ 2004, 265). Ohne Verfahrensrüge zu prüfen sind auch Verstöße gegen das Verschlechterungsverbot (BGH NJW 1962, 907) oder eine unzulässige Überschreitung der von den Beteiligten gestellten Anträge, soweit das Gericht daran in der freiwilligen Gerichtsbarkeit gebunden ist (§ 65 Rz 3). Weiter prüft das Rechtsbeschwerdegericht von Amts wegen, ob dem Erlass der Beschwerdeentscheidung die Rechtshängigkeit (BGH NJW-RR 1990, 45, 47) oder rechtskräftige Entscheidung des gleichen Verfahrensgegenstandes in einem anderweitigen Verfahren (BGH MDR 2001, 1046) entgegenstehen und ob das Beschwerdegericht sich über die Bindungswirkung des § 69 Abs 1 S 4 hinweggesetzt hat (BGH NJW 1992, 2831, 2832).

Zu den ohne Verfahrensrüge zu überprüfenden Fragen gehört schließlich auch die 14 Unzulässigkeit von Grund- (BGH NJW 2000, 1498, 1499) oder Teilentscheidungen (Musielak/*Ball* § 557 ZPO Rn 16; MüKoZPO/*Wenzel* § 557 ZPO Rn 26; offen gelassen bei BGH NJW 2003, 2380, 2381; aA die ältere Rspr zur ZPO, vgl zB BGH NJW 2000, 3007 mwN), die das Beschwerdegericht selbst erstmals getroffen oder durch Aufrechterhaltung von Entscheidungen der ersten Instanz fehlerhaft bestätigt hat (BGH NJW 1996, 848, 850).

IV. Tatsachengrundlage der Rechtsbeschwerdeentscheidung

Die Verweisung auf § 559 ZPO gem § 74 Abs 3 S 4 entspricht inhaltlich der Verweisung 15 auf die gleiche Vorschrift in dem bisherigen § 27 Abs 1 S 2 FGG.

1. Bindung an die Tatsachenfeststellungen des Beschwerdegerichts

Danach unterliegt der Prüfung des Rechtsbeschwerdegerichts grds nur dasjenige Vor- 16 bringen der Beteiligten, das aus der angefochtenen Entscheidung oder einem Sitzungsprotokoll ersichtlich ist (§ 74 Abs 3 S 4 iVm § 559 Abs 1 S 1 ZPO). Die tatsächlichen Feststellungen des Beschwerdegerichts sind auch für das Rechtsbeschwerdegericht bindend, es sei denn, dass in Bezug auf eine Feststellung ein zulässiger und begründeter Rechtsbeschwerdeangriff erhoben ist (§ 74 Abs 3 S 4 iVm § 559 Abs 2 ZPO); zu Einzelheiten vgl zB Zöller/*Heßler* § 559 ZPO Rn 11 f; KKW/*Meyer-Holz* § 27 FGG Rn 42–44; Jansen/*Briesemeister* § 27 FGG Rn 106, jeweils mwN). Auch wenn ein solcher Angriff erhoben wird, ist das Rechtsbeschwerdegericht nicht selbst an Stelle des Beschwerdegerichts zur erneuten Ermittlung der davon betroffenen Tatsachen befugt, sondern muss die Sache, soweit erforderlich, nach § 74 Abs 6 S 2 an das Beschwerdegericht oder das Gericht des ersten Rechtszuges zurückverweisen (BayObLG OLGR 2003, 476; Bassenge/Roth § 27 FGG Rn 33).

2. Tatsachen zur Begründung von Verfahrensrügen

Darüber hinaus können nur solche – bereits aus der Zeit bis zur Beschwerdeentschei- 17 dung herrührenden oder neuen – Tatsachen berücksichtigt werden, die zur Begründung von gem § 71 Abs 3 Nr 2b) ordnungsgemäß erhobenen Verfahrensrügen vorgebracht werden (§ 74 Abs 3 S 4 iVm § 559 Abs 1 S 2 ZPO). Das umfasst auch den Fall von sog »**Gegenrügen**«, also Verfahrensrügen, die ein Rechtsbeschwerdegegner vorbringt, um ihm ungünstige Feststellungen der Beschwerdeentscheidung aus dem Weg zu räumen, die für die Beurteilung durch das Rechtsbeschwerdegericht von Bedeutung sein können (vgl Zöller/*Heßler* § 559 ZPO Rn 3, § 557 ZPO Rn 12 f).

§ 74 FamFG | Entscheidung über die Rechtsbeschwerde

3. Veränderungen der Tatsachengrundlage während des Rechtsbeschwerdeverfahrens

a) Neue Tatsachen zur materiellen Rechtslage

18 Neue Tatsachen, welche die materielle Rechtslage betreffen, dh solche, die entweder bei Erlass der Beschwerdeentscheidung schon vorlagen, aber nicht vorgebracht worden sind, oder erst aus der Zeit nach der Beschwerdeentscheidung herrühren, können grds in das Rechtsbeschwerdeverfahren weder durch die Beteiligten eingeführt noch von Amts wegen durch das Rechtsbeschwerdegericht berücksichtigt werden.

19 Ausgenommen davon sind aus Gründen der Verfahrensökonomie jedoch **offenkundige Tatsachen**, wenn sie sich aus einem rechtskräftigen Gerichtsurteil oder bestandskräftigen Verwaltungsakt ergeben sowie solche Tatsachen, die **ohne weitere Ermittlungen feststehen**, weil sie unstreitig sind oder sich eindeutig aus den Akten, aus dem Grundbuch oder aus einem anderen Register ergeben (vgl KKW/*Meyer-Holz* § 27 FGG Rn 45; Jansen/*Briesemeister* § 27 FGG Rn 101–103; Bassenge/Roth § 27 FGG Rn 35, jeweils mwN). Auch in diesen Fällen ist eine Berücksichtigung aber nur möglich, wenn schützenswerte Belange eines der Beteiligten einer Berücksichtigung im Einzelfall nicht entgegenstehen (BGH NJW 2002, 1130, 1131 zur ZPO-Revision).

b) Neue Tatsachen zum Verfahren

20 Neue Tatsachen, die das Verfahren betreffen, können dagegen berücksichtigt und durch das Rechtsbeschwerdegericht auch selbst erstmals ermittelt oder auf ihre Richtigkeit hin überprüft werden (Zöller/*Heßler* § 559 ZPO Rn 5 mwN zur ZPO; KKW/*Meyer-Holz* § 27 FGG Rn 46 mwN zum FGG).

21 Das betrifft zunächst in der Rechtsbeschwerdeinstanz neu vorgetragene **Tatsachen zur Begründung von ordnungsgemäß erhobenen Verfahrensmängeln** gem § 77 Abs 3 S 4 iVm § 559 Abs 1 S 2 ZPO und §§ 71 Abs 3 Nr 2b), 73 S 2 (vgl KKW/*Meyer-Holz* § 27 FGG Rn 46 f mwN zum FGG oder Musielak/*Ball* § 559 ZPO Rn 7 mwN zur ZPO; s.a. schon Rz 17).

22 Weiter sind solche neu vorgetragenen Umstände durch das Rechtsbeschwerdegericht zu berücksichtigen, von denen die Zulässigkeit der Rechtsbeschwerde abhängt oder welche die vom Rechtsbeschwerdegericht von Amts wegen zu prüfenden, **absoluten Verfahrensmängel** (Rz 11–14) betreffen (Musielak/*Ball* § 559 ZPO Rn 8 mwN zur ZPO). Das umfasst sowohl solche Tatsachen, die bis zum Ende der zweiten Instanz bereits vorgelegen haben, aber bisher von den Beteiligten noch nicht vorgetragen waren (Musielak/*Ball* § 559 ZPO Rn 8 zur ZPO), wie auch solche, die erst danach neu eingetreten sind.

23 Zu berücksichtigen sind schließlich neu vorgetragene Tatsachen, welche die **prozessuale Rechtslage nach dem Schluss des Beschwerdeverfahrens geändert** haben (Zöller/*Heßler* § 559 ZPO Rn 4 mwN zur ZPO; KKW/*Meyer-Holz* § 27 FGG Rn 46 mwN zum FGG). Dabei kann es sich sowohl um solche Tatsachen handeln, die zur Entstehung bisher noch nicht vorhandener Verfahrensmängel führen, wie auch um solche, welche die Heilung eines bisher vorhandenen Mangels bewirken (Musielak/*Ball* § 559 ZPO Rn 9 mwN zur ZPO; KKW/*Meyer-Holz* § 27 FGG Rn 48 mwN zum FGG). Insbesondere gehören hierzu auch solche Tatsachen, die zu einer Erledigung der Hauptsache während des Rechtsbeschwerdeverfahrens führen (KKW/*Meyer-Holz* § 27 FGG Rn 51–53 mwN zum FGG).

c) Wiederaufnahmegründe

24 Sowohl das Verfahren wie auch die materielle Rechtslage können betroffen sein, wenn nach Abschluss der Beschwerdeinstanz Gründe bekannt werden, die eine Wiederauf-

nahme des bereits rechtskräftig abgeschlossenen Verfahrens rechtfertigen würden (§§ 48 Abs 2 und 118, jeweils iVm §§ 578 ff ZPO). Der Rechtsbeschwerdeführer muss dann nicht auf ein gesondertes Wiederaufnahmeverfahren verwiesen werden, sondern der Wiederaufnahmegrund kann aus Gründen der Prozessökonomie sowohl von ihm selbst wie auch von Amts wegen durch das Rechtsbeschwerdegericht (Jansen/*Briesemeister* § 27 FGG Rn 92) in das laufende Rechtsbeschwerdeverfahren eingeführt und bereits dort berücksichtigt werden (BGH NJW-RR 2007, 767 f zur ZPO-Revision; OLG Karlsruhe FamRZ 1977, 148 f zu § 27 FGG). Anders als bisher zT für das FGG vertreten (vgl Jansen/*Briesemeister* § 27 FGG Rn 92; aA OLG Karlsruhe FamRZ 1977, 148), gilt dies nicht mehr nur in echten Streitsachen der freiwilligen Gerichtsbarkeit, sondern generell, denn § 48 Abs 2 sieht die Möglichkeit einer Wiederaufnahme jetzt ausdrücklich im gesamten Anwendungsbereich des FamFG vor.

E. Entscheidung bei begründeter Rechtsbeschwerde

I. Aufhebung der Beschwerdeentscheidung

§ 74 Abs 5 entspricht den §§ 562 Abs 1, 577 Abs 4, 1. Hs ZPO und regelt übereinstim- 25 mend mit den schon für weitere Beschwerde nach dem FGG anerkannten Grundsätzen (Jansen/*Briesemeister* § 27 FGG Rn 120) ausdrücklich, dass die angefochtene Entscheidung aufzuheben – also nicht etwa abzuändern – ist, soweit sich die Rechtsbeschwerde begründet als begründet erweist (**kassatorischer Teil der Entscheidung**; sog »iudicium rescindens«).

Betrifft der Mangel der Beschwerdeentscheidung nur einen von mehreren Verfahrens- 26 gegenständen oder den abtrennbaren Teil eines Verfahrensgegenstandes, der auch Gegenstand einer selbständigen Entscheidung sein könnte (vgl § 61 Rz 18, § 64 Rz 17), so kommt dabei auch eine Teilaufhebung der Beschwerdeentscheidung in Betracht. Diese liegt jedoch im Ermessen des Rechtsbeschwerdegerichts und ist nur zweckmäßig, wenn dadurch das Verfahren vereinfacht wird. Ist das nicht der Fall, sollte die Beschwerdeentscheidung im Ganzen aufgehoben werden (MüKoZPO/*Wenzel* § 562 ZPO Rn 5 zur ZPO-Revision).

II. Eigene Entscheidung des Rechtsbeschwerdegerichts

§ 74 Abs 6 regelt den weiteren Inhalt der Entscheidung im Falle der begründeten Rechts- 27 beschwerde (**reformatorischer Teil der Entscheidung**; sog. »iudicium recissorium«). Unter Umkehrung des gesetzestechnischen Regel-/Ausnahmeverhältnisses in den korrespondierenden Vorschriften der §§ 563, 577 ZPO, jedoch in der Sache übereinstimmend mit der bisherigen Rechtslage zur ZPO (MüKoZPO/*Wenzel* § 563 ZPO Rn 21) wie auch zum FGG (Jansen/*Briesemeister* § 27 FGG Rn 120 f; Bassenge/*Roth* § 27 FGG Rn 43) ist dabei gem § 74 Abs 6 S 1 im Grundsatz davon auszugehen, dass das Rechtsbeschwerdegericht aus Gründen der Verfahrensökonomie in der Sache selbst zu entscheiden hat, soweit diese zur Endentscheidung reif ist.

Entscheidungsreife für eine abschließende **Prozessentscheidung** des Rechtsbe- 28 schwerdegerichts ist gegeben, wenn ein von der Beschwerdeinstanz zu Unrecht als zulässig behandeltes Verfahren wegen eines unbehebbaren Verfahrensmangels unzulässig ist und daher der Verfahrensantrag des Antragstellers als unzulässig abgewiesen werden muss (BGH NJW 1992, 2099, 2100; MüKoZPO/*Wenzel* § 563 ZPO Rn 19) oder wenn das Beschwerdegericht ein Rechtsmittel zu Unrecht als zulässig erachtet hat, das richtigerweise als unzulässig hätte verworfen werden müssen (MüKoZPO/*Wenzel* § 563 ZPO Rn 20).

Entscheidungsreife für eine abschließende **Sachentscheidung** liegt vor, wenn zur An- 29 wendung des materiellen Rechts aus Sicht des Rechtsbeschwerdegerichts keine weitere Tatsachenfeststellung mehr erforderlich und daher eine weitere Verhandlung in der Tatsacheninstanz überflüssig ist. Das ist vor allem dann der Fall, wenn der Sachverhalt vom Beschwerdegericht verfahrensrechtlich einwandfrei festgestellt wurde und nur materiellrechtlich anders zu würdigen ist (Subsumtionsfehler iSd § 563 Abs 3 ZPO, vgl zB Jansen/*Briesemeister* § 27 FGG Rn 120; KKW/*Meyer-Holz* § 27 FGG Rn 56). Darüber hinaus kann Entscheidungsreife auch dann vorliegen, wenn das Beschwerdegericht nicht in der Sache entschieden, sondern die (Erst-)beschwerde zu Unrecht als unzulässig verworfen hat (OLG Frankfurt FamRZ 1994, 265, 266; BayObLG 2000, 220). Voraussetzung dafür ist aber, dass schon die Entscheidung der ersten Instanz hinreichende Feststellungen zum Sachverhalt enthält und weitere tatsächliche Feststellungen nicht in Betracht kommen (Jansen/*Briesemeister* § 27 FGG Rn 121; Bassenge/Roth § 27 FGG Rn 43). Unter der Voraussetzung, dass die Tatsachengrundlage für die Entscheidung abschließend feststeht, kann Entscheidungsreife in besonderen Fallkonstellationen sogar dann gegeben sein, wenn die Vorinstanzen den Klageantrag oder die in einem Verfahren von Amts wegen zu treffende Maßnahme als unzulässig behandelt haben (Jansen/*Briesemeister* § 27 FGG Rn 121. Schließlich kann ein Verfahren auch durch neue, aber ausnahmsweise berücksichtigungsfähige Tatsachen (Rz 19) noch im Verlauf des Rechtsbeschwerdeverfahrens entscheidungsreif werden (KKW/*Meyer-Holz* § 27 FGG Rn 56).

30 Entscheidet das Rechtsbeschwerdegericht in der Sache selbst, so tritt es vollständig an die Stelle des Beschwerdegerichts (BGH NJW 1961, 1301, 1303 zum FGG). Bei seiner Entscheidung auf der Grundlage der vom Beschwerdegericht verfahrensfehlerfrei festgestellten Tatsachen und der weiteren, ausnahmsweise berücksichtigungsfähigen, neuen Tatsachen aus dem Rechtsbeschwerdeverfahren (Rz 18 f) ist es daher auch zu einer **eigenen Würdigung und Gewichtung der vom Beschwerdegericht festgestellten Tatsachen** berechtigt (BayObLG NJW-RR 1989, 1092; OLG Köln OLGR 2002, 437 zum FGG; BGH NJW 1992, 437 zur ZPO), übt ein **eigenes Ermessen** aus (OLG Frankfurt NJW-RR 2006, 44, 45 zum FGG; BGH NJW 1992, 2235, 2236 zur ZPO), und kann **Willenserklärungen selbständig auslegen** (BayObLG FamRZ 1996, 761 zum FGG; BGH NJW 1998, 1219, 1220 zur ZPO). **Ausführungshandlungen** wie zB die Bestellung eines Pflegers oder eine Registereintragung, die auf der Grundlage der Entscheidung des Rechtsbeschwerdegerichts notwendig werden, sind allerdings – ebenso wie schon bei der Beschwerdeentscheidung (§ 69 Rz 1) – dem Gericht der ersten Instanz zu übertragen (Jansen/*Briesemeister* § 27 FGG Rn 122; KKW/*Meyer-Holz* § 27 FGG Rn 57).

III. Zurückverweisung

31 § 74 Abs 6 S 2 entspricht den §§ 563 Abs 1 S 1, 577 Abs 4 S 1 2. Hs ZPO, greift die damit übereinstimmende, auch schon zum bisherigen FGG vertretene Ansicht (Jansen/*Briesemeister* § 27 FGG Rn 123; KKW/*Meyer-Holz* § 27 FGG Rn 58) auf und regelt nunmehr auch für das FamFG ausdrücklich, dass die Sache in die Tatsacheninstanz zurückverwiesen wird, wenn die Entscheidungsreife im Sinne von Rz 28 f fehlt. Eine vorrangige Sonderregelung für den Scheidungsverbund ist in § 147 enthalten.

32 Die Entscheidungsreife fehlt zunächst dann, wenn ein **absoluter Rechtsbeschwerdegrund** iSd § 72 Abs 3 iVm § 547 ZPO vorliegt. In diesem Fall mangelt es an einer ordnungsgemäßen Tatsachengrundlage für eine Entscheidung des Rechtsbeschwerdegerichts, weil das Verfahren des Beschwerdegerichts an einem unheilbaren Mangel leidet. Die Beschwerdeentscheidung ist daher einschließlich des Verfahrens stets zwingend aufzuheben und die Sache zur Wiederholung des Beschwerdeverfahrens sowie zur erneuten Entscheidung an das Beschwerdegericht zurückzuverweisen (BGH WM 1984, 1170; MüKoZPO/*Wenzel* § 547 ZPO Rn 23 zur ZPO; KKW/*Meyer-Holz* § 27 FGG Rn 58; Jansen/*Briesemeister* § 27 FGG Rn 123 zum FGG).

33 Darüber hinaus ist die Zurückverweisung ganz allgemein immer dann geboten, wenn noch **weitere tatsächliche Feststellungen** geboten sind. Das ist zB dann regelmäßig der Fall, wenn die Beschwerdeentscheidung unter Verstoß gegen den Amtsermittlungs-

grundsatz (§ 26) zustande gekommen ist, wenn den Beteiligten das rechtliche Gehör (Art 103 Abs 1 GG) in Bezug auf die tatsächlichen Feststellungen nicht gewährt wurde, wenn das Beweisverfahren fehlerhaft war oder wenn der Sachverhalt aus der materiell-rechtlichen Sicht des Rechtsbeschwerdegerichts noch weiterer Aufklärung bedarf (Jansen/*Briesemeister* § 27 FGG Rn 123). Außerdem kann es an der Entscheidungsreife auch deshalb fehlen, weil in den Vorinstanzen noch keine oder keine ausreichende Tatsachenfeststellung stattgefunden hat, weil diese den Verfahrensantrag oder die Erstbeschwerde zu Unrecht aus prozessualen Gründen für unzulässig gehalten haben (Jansen/*Briesemeister* § 27 FGG Rn 123). Ist in einer Ehe- oder Familienstreitsache eine **Versäumnisentscheidung** zu Unrecht nicht erlassen worden, so kann diese durch das Rechtsbeschwerdegericht nicht nachgeholt werden, weil damit die prozessualen Rechte des in der Beschwerdeinstanz säumigen Beteiligten in unzulässiger Weise verkürzt würden; aus dem gleichen Grund ist auch eine eigene streitige Entscheidung des Rechtsbeschwerdegerichts nicht zulässig (BGH NJW 1995, 2563, 2564).

1. Zurückverweisung an das Beschwerdegericht

Nach § 74 Abs 6 S 2, 1. Alt erfolgt die Zurückverweisung regelmäßig an das Beschwerdegericht, und zwar dort wiederum an den Spruchkörper, der die aufgehobene Entscheidung erlassen hat. Die Weiterverweisung eines derart zurückverwiesenen Verfahrens durch das Beschwerdegericht an das Erstgericht ist unzulässig (BayObLG FamRZ 1991, 724, 725). Für den Fall, dass sich aus der Beschwerdeentscheidung der Eindruck ergibt, das Beschwerdegericht sei in seiner Entscheidung bereits so festgelegt, dass die Gefahr einer Voreingenommenheit bestehen könnte (BTDrs 16/6308 S 211), sieht § 74 Abs 5 S 3 in Angleichung an § 563 Abs 1 Satz 2 ZPO und abweichend von der bisher hM zum FGG (BayObLG NJW-RR 1995, 653 mwN) aber ausnahmsweise auch die Möglichkeit vor, die Sache an einen **anderen Spruchkörper** des Beschwerdegerichts zu verweisen. 34

2. Zurückverweisung an das Gericht der ersten Instanz

Darüber hinaus wird dem Rechtsbeschwerdegericht für den Fall, dass dies aus besonderen Gründen geboten erscheint, gem § 74 Abs 6 S 2, 2. Alt auch eine **Sprungzurückverweisung** an das Gericht des ersten Rechtszuges ermöglicht. Das entspricht der bisher hM zum FGG (KKW/*Meyer-Holz* § 27 FGG Rn 61 mwN), auf die in der Gesetzesbegründung (BTDrs 16/6308 S 211) ausdrücklich Bezug genommen wird, ist aber – wohl bewusst – weiter gefasst, als für die ZPO-Revision anerkannt, wo eine Zurückverweisung an die erste Instanz außer bei der Sprungrechtsbeschwerde (Musielak/*Ball* § 563 ZPO Rn 3) nur für den Fall als zulässig erachtet wird, dass eine Zurückverweisung durch das Berufungsgericht gem § 538 Abs 2 ZPO zulässig oder sogar geboten gewesen wäre (Musielak/*Ball* § 563 Rn 3; MüKoZPO/*Wenzel* § 563 ZPO Rn 27, jeweils mwN). Weitergehend wird ein besonderer Grund für eine Sprungzurückverweisung aber auch für das FamFG nach wie vor dann anerkannt werden können, wenn die Beschwerdeentscheidung auf den gleichen Verfahrensfehlern – wie etwa einem Verstoß gegen § 26 – beruht, wie die Entscheidung der ersten Instanz oder wenn die noch erforderlichen Ermittlungen zweckmäßigerweise durch das Gericht der ersten Instanz vorzunehmen sind (Jansen/*Briesemeister* § 27 FGG Rn 123). 35

F. Bindungswirkung bei Aufhebung und Zurückverweisung

§ 74 Abs 6 S 4 regelt in Übereinstimmung mit der korrespondierenden Regelung des § 69 Abs 1 S 4 für das Beschwerdeverfahren die **Bindung der Vorinstanz** an die rechtliche Beurteilung des Rechtsbeschwerdegerichts. Zum Umfang dieser Bindung sowie der **Selbstbindung des Rechtsbeschwerdegerichts**, falls dieses in einem vorhergehen- 36

§ 74 FamFG | Entscheidung über die Rechtsbeschwerde

den Verfahren schon einmal mit der Sache befasst war, gelten § 69 Rz 29 ff entsprechend mit der Maßgabe, dass eine Bindung an die der Rechtsbeschwerdeentscheidung zugrunde gelegten Tatsachen nur besteht, soweit diese ausnahmsweise vom Rechtsbeschwerdegericht selbst festgestellt werden können (BGH NJW 1995, 3115, 3116; Musielak/*Ball* § 563 ZPO Rn 10 zur ZPO-Revision).

G. Begründung der Rechtsbeschwerdeentscheidung

37 Wie die Beschwerdeentscheidung ist auch die Entscheidung über die Rechtsbeschwerde grds immer zu begründen. Eine Ausnahme gilt gem § 74 Abs 3 S 4 iVm § 564 ZPO dann, wenn das Rechtsbeschwerdegericht – außer bei Vorliegen absoluter Rechtsbeschwerdegründe – **Rügen von Verfahrensmängeln für nicht durchgreifend** erachtet. Nach dem – in dieser Form neuen – § 74 Abs 7 kann auf eine Begründung außerdem dann verzichtet werden, wenn diese **nicht geeignet wäre, zur Klärung von Rechtsfragen grundsätzlicher Bedeutung oder zur Fortentwicklung der Rspr beizutragen**. Die Vorschrift lehnt sich an § 544 Abs 4 S 2 ZPO an. Die danach für die Begründung der Nichtzulassungsbeschwerde bestehende Einschränkung der Begründungspflicht wird für den Bereich des FamFG auf die Entscheidung über die Rechtsbeschwerde selbst übertragen. Anders als dort geht es hier aber nicht nur um eine Entbehrlichkeit der Begründung, soweit sie zur Klärung der Zulassungsgründe für eine Rechtsbeschwerde nichts beiträgt, sondern um eine – darüber hinausgehende – generelle Entbehrlichkeit der Begründung in allen Fällen, in denen die Rechtsbeschwerdegründe des § 70 Abs 2 an sich nicht vorliegen, das Rechtsbeschwerdegericht mit der Sache aber dennoch befasst wird, weil das Beschwerdegericht die Rechtsbeschwerde zu Unrecht zugelassen hat oder diese – in den Fällen des § 70 Abs 3 – bereits ohne Zulassung statthaft ist. Die Regelung ist sowohl auf die Entscheidung über die Verwerfung einer Rechtsbeschwerde als unzulässig gem § 74 Abs 1 als auch auf eine Sachentscheidung nach § 74 Abs 6 anwendbar.

§ 74a Zurückweisungsbeschluss

(1) Das Rechtsbeschwerdegericht weist die von dem Beschwerdegericht zugelassene Rechtsbeschwerde durch einstimmigen Beschluss ohne mündliche Verhandlung oder Erörterung im Termin zurück, wenn es davon überzeugt ist, dass die Voraussetzungen für die Zulassung der Rechtsbeschwerde nicht vorliegen und die Rechtsbeschwerde keine Aussicht auf Erfolg hat.

(2) Das Rechtsbeschwerdegericht oder der Vorsitzende hat zuvor die Beteiligten auf die beabsichtigte Zurückweisung der Rechtsbeschwerde und die Gründe hierfür hinzuweisen und dem Rechtsbeschwerdeführer binnen einer zu bestimmenden Frist Gelegenheit zur Stellungnahme zu geben.

(3) Der Beschluss nach Absatz 1 ist zu begründen, soweit die Gründe für die Zurückweisung nicht bereits in dem Hinweis nach Absatz 2 enthalten sind.

A. Allgemeines

Der erst durch den Rechtsausschuss im Verlauf des Gesetzgebungsverfahrens eingefügte § 74a ist dem durch das 1. JuMoG in die ZPO aufgenommenen § 552a ZPO nachgebildet und soll dem BGH eine Entlastungsmöglichkeit bieten, um den vermehrten Arbeitsanfall zT wieder auszugleichen, der sich aus der Einführung der Zulassungsrechtsbeschwerde anstelle des Vorlageverfahrens nach § 28 Abs 2 und 3 FGG nach den mit der ZPO-Reform gemachten Erfahrungen voraussichtlich auch für das FamFG-Verfahren ergeben wird. Nachdem sich der Gesetzgeber zu der zunächst vorgesehenen Einführung einer nicht bindenden Beschwerdezulassung (§ 70 Abs 2 S 2 idF des RegE FGG-RG) nicht entschließen konnte, eröffnet er dem BGH einen erleichterten, nach Ansicht des Rechtsausschusses in der ZPO mittlerweile bereits bewährten Weg zur Erledigung von durch das Beschwerdegericht zu Unrecht, aber dennoch bindend zugelassenen Rechtsbeschwerden ohne den Aufwand einer sonst idR gem § 74 Abs 4 erforderlichen mündlichen Verhandlung (BTDrs 16/9733 S 290). An dem wahrscheinlich höheren Aufwand, der sich aus der Einführung der zulassungsfreien Rechtsbeschwerde in Betreuungs-, Unterbringungs- und Freiheitsentziehungssachen gem § 70 Abs 3 ergeben wird, ändert § 74a jedoch nichts. 1

B. Voraussetzungen einer Beschlusszurückweisung

Die Zurückweisung einer Rechtsbeschwerde im Beschlussweg nach § 74a Abs 1 setzt zunächst das Vorliegen einer zulässigen und zulassungsbedürftigen Rechtsbeschwerde in einer der nicht von § 70 Abs 3 erfassten Rechtsmaterien voraus (BLAH/*Hartmann* Rn 3). Ist die Rechtsbeschwerde schon unzulässig, ist sie durch Beschluss nach § 74 Abs 1 S 2 zu verwerfen. 2

Weiterhin darf nach der einstimmigen Überzeugung des Rechtsbeschwerdegerichts im Zeitpunkt der Beschlussfassung des Rechtsbeschwerdegerichts keiner der Zulassungsgründe des § 70 Abs 2 Nr 1 oder 2 gegeben sein (BLAH/*Hartmann* Rn 4). Dabei spielt es keine Rolle, ob diese (zB wegen einer zwischenzeitlich ergangenen Grundsatzentscheidung des BGH in einem Parallelverfahren) erst nachträglich weggefallen sind oder ob sie schon von Anfang an nicht vorgelegen haben. 3

Die Rechtsbeschwerde darf außerdem nach der Überzeugung des Rechtsbeschwerdegerichts insgesamt keine Aussicht auf Erfolg haben, weil sich bereits aus dem Akteninhalt ergibt, dass das Rechtsmittel unbegründet ist und die geltend gemachten Rügen nicht durchgreifen. Fehlt es an dieser Voraussetzung, darf auch eine zu Unrecht zugelassene Rechtsbeschwerde nicht im Wege des § 74a zurückgewiesen werden, so dass durch die auf diese Weise in jedem Fall notwendige Begründetheitsprüfung zugleich auch 4 dem verfassungsrechtlichen Gebot der Einzelfallsgerechtigkeit (BVerfGE 54, 277) Rechnung getragen ist.

5   Legen mehrere Beteiligte gegen einen Beschluss Rechtsbeschwerde ein und liegen die Voraussetzungen für eine einstimmige Beschlusszurückweisung nach § 74a nur in der Person einzelner, aber nicht sämtlicher Beteiligter vor, so ist auch eine Teilzurückweisung der unzulässig eingelegten Rechtsmittel im Beschlusswege zulässig (BGH MDR 2007, 968 zu § 552a ZPO). Das gleiche gilt auch, wenn die Voraussetzungen einer Zurückweisung nur für einen von mehreren Verfahrensgegenständen oder für einen abtrennbaren Verfahrensteil vorliegen, über den das Ausgangsgericht auch eine Teilentscheidung hätte fällen dürfen (OLG Dresden NJW 2004, 37; OLG Rostock OLGR 2003, 252 zu § 522 ZPO; str).

C. Hinweis- und Begründungspflicht

6   Zur Wahrung des rechtlichen Gehörs ist eine Beschlusszurückweisung nach der aus § 522 Abs 2 S 2 ZPO übernommenen Regelung des § 74a Abs 2 nur zulässig, wenn das Rechtsbeschwerdegericht oder dessen Vorsitzender die Beteiligten zuvor auf die beabsichtigte Verfahrensweise und die Gründe dafür **hingewiesen** und dem Rechtsbeschwerdeführer binnen einer zu bestimmenden Frist, die ggf nach § 16 Abs 2 iVm § 224 Abs 2 ZPO auf Antrag verlängert werden kann, **Gelegenheit zur Stellungnahme** gegeben worden ist. Eine Wiedereinsetzung gem § 17 kommt nicht in Betracht, denn es handelt sich nicht um die Frist zur Einlegung eines Rechtsbehelfs (aA BLAH/*Hartmann* Rn 7). Nach der § 522 Abs 2 S 3 ZPO entsprechenden Vorschrift des § 74a Abs 3 ist der Zurückweisungsbeschluss zu begründen, soweit die Gründe für die Zurückweisung nicht bereits in dem vorher erteilten Hinweis enthalten waren.

D. Kosten

7   Zusätzliche Gerichtskosten durch das Verfahren gem § 74a entstehen nicht; jedoch kommt dem Beschwerdeführer auch eine Gebührenermäßigung nicht zugute.

§ 75 Sprungrechtsbeschwerde

(1) Gegen die im ersten Rechtszug erlassenen Beschlüsse, die ohne Zulassung der Beschwerde unterliegen, findet auf Antrag unter Übergehung der Beschwerdeinstanz unmittelbar die Rechtsbeschwerde (Sprungrechtsbeschwerde) statt, wenn
1. die Beteiligten in die Übergehung der Beschwerdeinstanz einwilligen und
2. das Rechtsbeschwerdegericht die Sprungrechtsbeschwerde zulässt.

Der Antrag auf Zulassung der Sprungrechtsbeschwerde und die Erklärung der Einwilligung gelten als Verzicht auf das Rechtsmittel der Beschwerde.

(2) Für das weitere Verfahren findet § 566 Abs. 2 bis 8 der Zivilprozessordnung entsprechende Anwendung.

A. Allgemeines

Während im bisherigen FGG eine Sprungrechtsbeschwerde nicht vorgesehen war, wird dieses Rechtsmittel durch § 75 auch in den Anwendungsbereich des FamFG eingeführt. Die Vorschriften über die Sprungrevision in der Fassung des durch das ZPO-RG neu gefassten § 566 ZPO werden damit für die freiwillige Gerichtsbarkeit nachvollzogen und in ihrem Anwendungsbereich weitestgehend auf diese erstreckt. Die Beteiligten erhalten damit die Möglichkeit, ein Verfahren unter Verzicht auf das Beschwerdeverfahren direkt der Rechtsbeschwerdeinstanz vorzulegen, wenn dies zur möglichst raschen Herbeiführung einer höchstrichterlichen Entscheidung – insbes in Fällen, in denen ausschl die Klärung von Rechtsfragen beabsichtigt ist – im Einzelfall sinnvoll erscheint.

B. Statthaftigkeit der Sprungrechtsbeschwerde

I. Erfasste Entscheidungen

Gem § 75 Abs 1 S 1 ist die Sprungrechtsbeschwerde gegen die im ersten Rechtszug ergangenen **Beschlüsse der Amts- oder Landgerichte** statthaft, **die ohne Zulassung der Beschwerde unterliegen**, mithin also gegen alle erstinstanzlichen Entscheidungen, gegen die nach Maßgabe von § 58 Abs 1 die Beschwerde gegeben ist, mit Ausnahme von vermögensrechtlichen Angelegenheiten, bei denen der Wert des Beschwerdegegenstandes 600,00 € nicht überschreitet. Für Entscheidungen, die wegen ihrer geringen wirtschaftlichen Bedeutung nur ausnahmsweise im Falle der Beschwerdezulassung nach Maßgabe von § 61 Abs 2 und 3 überhaupt mit einem Rechtsmittel angegriffen werden können, ist dagegen die Möglichkeit der Sprungrechtsbeschwerde nicht eröffnet. Sie kommt daher auch dann nicht in Betracht, wenn das Erstgericht die Beschwerde in einem derartigen Fall zugelassen hat.

II. Zustimmung der Beteiligten

Gem § 75 Abs 1 S 1 Nr 1 ist das Übergehen der zweiten Instanz mittels der Sprungrechtsbeschwerde ist nur zulässig, wenn **sämtliche** an der ersten Instanz **Beteiligten** in diese Verfahrensweise **einwilligen**; anders als bei der ZPO-Sprungrevision reicht also selbst bei einem kontradiktorischen Verfahren nicht nur die Einwilligung des jeweiligen Rechtsmittelgegners.

III. Zulassung

Gem § 75 Abs 1 S 1 Nr 2 ist weiterhin die **Zulassung** der Rechtsbeschwerde **durch den BGH** als Rechtsbeschwerdegericht erforderlich. Das gilt auch in den Fällen der ansonsten zulassungsfreien Rechtsbeschwerde gem § 70 Abs 3, in denen eine vergleichbare Anforderung bei Einhaltung des normalen Instanzenzuges nicht besteht (Prüttung/Helms/

Abramenko Rn 10; zum Inhalt der Zulassungsentscheidung in diesen Fällen s Rz 10). Dieses Erfordernis entspricht dem nach Maßgabe des § 70 auch sonst geltenden Grundsatz, dass die Rechtsbeschwerde immer eine besondere Zulassung voraussetzt, wobei diese wegen des Übergehens der Beschwerdeinstanz nicht wie sonst durch das Beschwerdegericht ausgesprochen werden kann und daher unmittelbar durch das Rechtsbeschwerdegericht selbst erfolgt, da eine Zulassungsentscheidung durch das Gericht der ersten Instanz schon aus Gründen der Prozessökonomie nicht in Betracht kommt (Zöller/*Heßler* § 566 ZPO Rn 2 zur ZPO-Sprungrevision) und auf diese Weise auch am Besten eine hinreichend einheitliche Zulassungspraxis erreicht werden kann (vgl BTDrs 16/6308 S 211).

C. Verzichtswirkung

5   § 75 Abs 1 S 2 entspricht inhaltlich § 566 Abs 1 S 2 ZPO. Danach gelten der Antrag auf Zulassung der Sprungrechtsbeschwerde ebenso wie die Einwilligung der übrigen Verfahrensbeteiligten als endgültiger und als Prozesshandlung grds unwiderruflicher Verzicht auf das Rechtsmittel der Beschwerde, mit der – nicht ungefährlichen – Folge, dass diese den Beteiligten selbst dann nicht mehr eröffnet ist, wenn die Zulassung der Sprungrechtsbeschwerde durch das Rechtsbeschwerdegericht abgelehnt wird. Die Einwilligung wirkt allerdings erst dann als Beschwerdeverzicht, wenn die Sprungrechtsbeschwerde tatsächlich eingelegt wird (BGH NJW 1997, 2387 zur ZPO-Sprungrevision). Ist eine Beschwerde schon eingelegt worden, steht dies der späteren Einlegung der Sprungrevision nicht entgegen (RGZ 154, 146 zur ZPO-Sprungrevision); die Beschwerde wird dann allerdings nachträglich unzulässig (Zöller/*Heßler* § 566 ZPO Rn 6).

D. Verfahren

6   § 75 Abs 2 regelt, dass sich das Verfahren der Sprungrechtsbeschwerde nach den hierfür maßgeblichen, durch das ZPO-RG neu gefassten Absätzen 2 bis 8 des § 566 ZPO richtet. Das bedeutet iE:

I. Antragsverfahren

7   Gem § 75 Abs 2 iVm **§ 566 Abs 2 S 1 ZPO** ist die Zulassung der Rechtsbeschwerde durch Einreichung eines Schriftsatzes (Zulassungsschrift) bei dem Rechtsbeschwerdegericht zu beantragen.

8   Entsprechend **§ 566 Abs 2 S 2 ZPO** gilt für die Zulassungsschrift die – den dort in Bezug genommenen §§ 548–550 ZPO entsprechende – Vorschrift des § 71 Abs 1. Die Zulassungsschrift ist also entsprechend § 71 Abs 1 S 1 binnen einer Frist von einem Monat nach der schriftlichen Bekanntgabe des angefochtenen Beschlusses bei dem Rechtsbeschwerdegericht einzureichen. Entsprechend § 71 Abs 1 S 2 muss sie die Bezeichnung der Entscheidung enthalten, gegen die sich die Sprungrechtsbeschwerde richtet sowie die Erklärung, dass gegen diese Entscheidung Sprungsrechtsbeschwerde eingelegt werden soll. Entsprechend § 74 Abs 1 Satz 2 ist die Zulassungsschrift zu unterschreiben; entsprechend § 74 Abs 1 S 3 soll ihr idR eine Ausfertigung oder beglaubigte Abschrift der angefochtenen Entscheidung beigefügt werden.

9   Entsprechend **§ 566 Abs 2 S 3 ZPO** sind in der Zulassungsschrift die Voraussetzungen für die Zulassung der Sprungrechtsbeschwerde (Rz 14) darzulegen.

10   Entsprechend **§ 566 Abs 2 S 4 ZPO** sind der Zulassungsschrift die schriftlichen Einwilligungserklärungen aller anderen Beteiligten des Verfahrens mit der Übergehung der Beschwerdeinstanz beizufügen, wobei diese Erklärungen auch von dem Verfahrensbevollmächtigten des ersten Rechtszuges abgegeben werden können. Ebenso kann die Einwilligung grds auch von den Beteiligten selbst zu Protokoll der Geschäftsstelle erklärt werden, denn ein Anwaltszwang besteht gem § 10 Abs 1, 2 in der ersten Instanz re-

gelmäßig nicht. Eine Ausnahme besteht hier allerdings in Ehe- und Lebenspartnerschaftssachen für die Ehegatten bzw Lebenspartner selbst und die Beteiligten in selbständigen Familienstreitsachen generell, für die nach Maßgabe des § 114 Abs 1 Anwaltszwang besteht, so dass für diese Verfahren die Möglichkeit der Einwilligungserklärung zu Protokoll der Geschäftsstelle entfällt.

Die Einwilligungserklärung muss rechtzeitig vor Ablauf der Rechtsbeschwerdefrist **11** dem Rechtsbeschwerdegericht vorliegen; bei nicht rechtzeitiger Vorlage kann aber entsprechend § 17 Abs 1 Wiedereinsetzung in den vorigen Stand gewährt werden (Musielak/*Ball* § 566 ZPO Rn 3 mwN zur ZPO-Sprungrevision). Die Einwilligung unterliegt als prozessuale Willenserklärung den gleichen Formerfordernissen wie eine Rechtsmittelschrift oder ein sonstiger bestimmender Schriftsatz. Nach einer Entscheidung des BGH zur ZPO-Sprungrevision aus dem Jahre 1984 ist daher grds die Einreichung einer handschriftlich unterschriebenen Originalerklärung des Einwilligenden notwendig (BGHZ 92, 76). Eine derart weitgehende Formstrenge lässt sich aber angesichts der zwischenzeitlichen Aufweichung des Unterschriftserfordernisses bei den bestimmenden Schriftsätzen (vgl § 64 Rz 18) heute jedenfalls nicht mehr uneingeschränkt durchhalten (ebenso Zöller/*Heßler* § 566 ZPO Rn 4 zur ZPO-Sprungrevision). Ausnahmen sind hier zumindest in dem gleichen Umfang zuzulassen wie im Hinblick auf das Unterschriftserfordernis für die Beschwerdeschrift (§ 64 Rz 19).

Dieselbe Wirkung wie eine Einwilligungserklärung während des Verfahrens hat auch **12** eine außergerichtliche, schon vor Beginn des Verfahrens getroffene Vereinbarung der Beteiligten, dass gegen einen Beschluss nur das Rechtsmittel der Sprungrechtsbeschwerde eingelegt werden darf. Eine vereinbarungswidrig dennoch eingelegte Beschwerde ist als unzulässig zu verwerfen. Verweigert ein Beteiligter die Zustimmung zu einer zuvor außergerichtlich vereinbarten Sprungrechtsbeschwerde, kann er sich allerdings ggü einer dennoch eingelegten Beschwerde auf den Beschwerdeverzicht des Rechtsmittelführers nicht mehr berufen, da er sich insoweit arglistig verhält (BGH NJW 1986, 168 zur ZPO-Sprungrevision).

II. Verfahrensrechtliche Folgen des Antrags

Gem § 75 Abs 2 iVm **§ 566 Abs 3 S 1 ZPO** wird die Rechtskraft des angefochtenen Be- **13** schlusses durch den Antrag auf Zulassung der Sprungrechtsbeschwerde gehemmt (Suspensiveffekt). Entsprechend **§ 566 Abs 3 S 2 ZPO** kann das Rechtsbeschwerdegericht unter den Voraussetzungen des § 719 Abs 2 ZPO die Zwangsvollstreckung aus dem angefochtenen Beschluss einstweilen einstellen.

III. Zulassungsgründe

Gem § 75 Abs 2 iVm **§ 566 Abs 4 S 1 ZPO** ist die Sprungrechtsbeschwerde nur unter den **14** Voraussetzungen der Rechtsbeschwerde zulässig. In den Fällen der zulassungsbedürftigen Rechtsbeschwerde müssen also die Voraussetzungen des § 70 Abs 2 S 1 Nr 1 oder 2 (Einzelheiten siehe dort) erfüllt sein. In den Fällen der ansonsten zulassungsfreien Rechtsbeschwerde nach § 70 Abs 3 kann das Rechtsbeschwerdegericht dagegen auch im Falle der Sprungrechtsbeschwerde nur nachprüfen, ob ein unter diese Vorschriften zu subsumierender Fall überhaupt gegeben ist und ob die nach § 75 Abs 1 Nr 1 notwendige Einwilligung aller Beteiligten mit dem Überspringen des Beschwerderechtszuges vorliegt. Entsprechend **§ 566 Abs 4 S 2 ZPO** kann die Sprungrechtsbeschwerde außerdem nicht auf einen Mangel des Verfahrens gestützt werden. Ein Beteiligter, der Verfahrensmängel rügen will, muss also zunächst die Beschwerde einlegen.

IV. Entscheidung über die Zulassung

15 Gem § 75 Abs 2 iVm **§ 566 Abs 5 ZPO** entscheidet das Rechtsbeschwerdegericht über den Antrag auf Zulassung der Sprungrechtsbeschwerde durch Beschluss. Dieser ist den Beteiligten bekannt zu geben, wobei die Bekanntgabe – da § 566 Abs 5 ZPO lediglich »entsprechend« anzuwenden ist – nicht nur durch Zustellung (§ 15 Abs 2 Satz 1, 1. Alt), sondern nach pflichtgemäßem Ermessen wahlweise auch durch Aufgabe zur Post (§ 15 Abs 2 Satz 2, 2. Alt) erfolgen kann.

V. Ablehnung der Zulassung

16 Gem § 75 Abs 2 iVm **§ 566 Abs 6 ZPO** wird ein mit der Sprungrechtsbeschwerde angegriffener Beschluss rechtskräftig, wenn der Antrag auf Zulassung der Sprungrechtsbeschwerde zurückgewiesen wird.

VI. Fortsetzung des Verfahrens als Rechtsbeschwerdeverfahren

17 Gem § 75 Abs 2 iVm **§ 566 Abs 7 S 1 ZPO** wird das Verfahren im Falle einer Zulassung der Sprungrechtsbeschwerde als Rechtsbeschwerdeverfahren fortgesetzt. Entsprechend **§ 566 Abs 7 S 2 ZPO** gilt in diesem Fall der form- und fristgerechte Antrag auf Zulassung als Einlegung der Rechtsbeschwerde, entsprechend **§ 566 Abs 7 S 3 ZPO** beginnt mit der Bekanntgabe der Zulassungsentscheidung die Frist für die Begründung der Rechtsbeschwerde.

VII. Aufhebung und Zurückverweisung bei der Sprungrechtsbeschwerde

18 Gem § 75 Abs 2 iVm **§ 566 Abs 8 S 1 ZPO** bestimmt sich das weitere Verfahren nach der Zulassung der Sprungsrechtsbeschwerde nach den für die Rechtsbeschwerde geltenden Vorschriften. Entsprechend **§ 566 Abs 8 S 2 ZPO** ist dabei § 77 Abs 6 mit der Maßgabe anzuwenden, dass eine eventuelle Zurückverweisung zwangsläufig an das Gericht des ersten Rechtszuges erfolgen muss. Wird dann gegen die nachfolgende Entscheidung des erstinstanzlichen Gerichts Beschwerde eingelegt, so hat das Beschwerdegericht die rechtliche Beurteilung, die der Aufhebung durch das (Sprung-)Rechtsbeschwerdegericht zugrunde gelegt ist, auch seiner Entscheidung zugrunde zu legen.

E. Kosten

19 Die gerichtlichen **Verfahrensgebühren** nach dem **FamGKG** für das Verfahren über die Zulassung der Sprungrechtsbeschwerde in Familiensachen belaufen sich in Ehe- und Folgesachen auf 1,0 Gebühren gemäß KV 1140, im vereinfachten Unterhaltsverfahren auf 0,5 Gebühren gemäß KV 1216, in sonstigen selbständigen Familienstreitsachen – insbes also den Unterhalts- und Güterrechtssachen – auf 1,5 Gebühren gem KV 1228, in Kindschaftssachen auf 0,5 Gebühren gem KV 1319, in den übrigen selbständigen Familiensachen auf 1,0 Gebühren gem KV 1328 und auf eine Festgebühr von 50,00 € gem KV 1930 in allen sonstigen Verfahren, wobei diese Gebühren jeweils sämtlich nur anfallen, wenn der Antrag auf Zulassung der Sprungrechtsbeschwerde abgelehnt wird. In den sonstigen selbständigen Familienstreitsachen fallen bei einer Antragsrücknahme oder anderweitigen Erledigung des Verfahrens gem KV 1229 nur 1,0 Verfahrensgebühren an. Bei allen anderen Verfahrensarten ist eine Gebührenermäßigung für den Fall der Rücknahme oder der sonstigen Erledigung nicht vorgesehen. **Gegenstandswert** für den Antrag auf Zulassung der Sprungrechtsbeschwerde ist der für das Rechtsbeschwerdeverfahren maßgebende Wert, § 40 Abs 3 FamGKG. In den der **KostO** unterfallenden Verfahren fehlt ein Gebührentatbestand. Das Verfahren auf Zulassung der Rechtsbeschwerde ist daher in diesen Verfahren gerichtskostenfrei.

Zusätzliche **Anwaltskosten** fallen durch das Verfahren auf Zulassung der Sprungrechtsbeschwerde nicht an. Die Einwilligung und das Einholen der Einwilligung zur Einlegung der Sprungrechtsbeschwerde sind durch die Verfahrensgebühr des (erstinstanzlichen) ProzBev abgegolten, § 19 Abs 1 S 2 Nr 9 RVG. Das Verfahren über die Zulassung der Sprungrechtsbeschwerde und das Rechtsbeschwerdeverfahren sind dieselbe Angelegenheit iSd § 16 Nr 13 RVG. Wegen der dafür anfallenden Gebühren des ProzBev beim Rechtsbeschwerdegericht s daher § 70 Rz 33.

Abschnitt 6
Verfahrenskostenhilfe

Einleitung

1 Verfahrens- oder Prozesskostenhilfe ist eine **besondere Form von Sozialhilfe** im Bereich der Rechtspflege. Sie soll auch weniger bemittelten Rechtsuchenden den Zugang zu den staatlichen Gerichten eröffnen (BVerfG FamRZ 1988, 1139; BGH FamRZ 2005, 605). Eine vollständige Gleichstellung mit nicht auf Kostenhilfe Angewiesenen wird mit ihr weder verfolgt noch ist dies verfassungsrechtlich geboten (BVerfG FamRZ 2007, 1876 zur Abhängigkeit der Kostenhilfe von der Erfolgsaussicht). Die Hilfe erfolgt durch zT nur vorläufige Freistellung von Gerichtskosten und, sofern die Vertretung durch Anwälte erforderlich ist, auch von Anwaltskosten durch Beiordnung eines Anwalts. Als »Armenrecht« wurde Prozesskostenhilfe ursprünglich nur Bedürftigen mit geringem Einkommen gewährt. Mittlerweile kann sie grundsätzlich von jedem beansprucht werden, der seine Verfahrenskosten nicht in zumutbarer Weise vollständig aus seinem Einkommen oder Vermögen im Voraus bezahlen kann. Die Begünstigten müssen sich je nach Leistungsfähigkeit durch Einmalzahlungen an die Staatskasse oder mit monatliche Raten für einen begrenzten Zeitraum an den Kosten beteiligen, bis hin zu ihrer vollständigen Tilgung. Somit übernimmt die Staatskasse zu einem nicht unerheblichen Teil die Rolle eines Prozessfinanzierers und gleichzeitig dem beigeordneten Anwalt das Bonitäts- und Vollstreckungsrisiko ab. Dafür sind die aus der Staatskasse an den beigeordneten Anwalt zu leistenden Gebühren ab einem bestimmten Gegenstandwert geringer als diejenigen, die für den privat beauftragten Anwalt gesetzlich vorgesehen sind (s § 49 RVG; vgl zur Verfassungsmäßigkeit BVerfG NJW 2008, 1063). Reichen die Zahlungen des Begünstigten an die Staatskasse aus, finanziert sie auch die Differenz.

2 Die **Ausgaben der Justizhaushalte** für Prozess- und Verfahrenskostenhilfe sind in den letzten Jahren ständig gestiegen und haben einige Länder zur Vorlage eines Gesetzesentwurfs zur Begrenzung der Ausgaben für Prozesskostenhilfe veranlasst (BRDrs 250/06). Der kontrovers diskutierte Entwurf sieht ua vor, die sachlichen Voraussetzungen für die Bewilligung von Prozesskostenhilfe zu verschärfen und die zeitliche Begrenzung der Zahlungspflichten an die Staatskasse aufzuheben (s dazu *Büttner* AnwBl 2007, 477 mwN auch zu den Ausgaben). Seit der im November 2007 erfolgten Sachverständigenanhörung im Rechtsausschuss des Bundestages ist das Gesetzgebungsverfahren nicht weiter fortgeschritten.

3 Die FGG-RG hat die Verfahrenskostenhilfe – entsprechend dem Sprachgebrauch im FamFG ersetzt dieser Begriff den der Prozesskostenhilfe – noch nicht reformiert. Das FamFG behält die Generalverweisung aus § 14 FGG auf die Bestimmungen in der ZPO über die Prozesskostenhilfe im Grundsatz bei. In Ehe- und Familienstreitsachen gelten sie über § 113 Abs 1 weiterhin direkt und ohne Einschränkung. Zwar tritt für sämtliche FG-Sachen an die Stelle des § 121 ZPO der § 78 und damit eine eigenständige Regelung der Voraussetzungen für die Beiordnung eines Anwalts. Sie unterscheidet sich bis auf den Verzicht auf den Grundsatz der »Waffengleichheit« und Präzisierungen für das Amtsverfahren kaum von § 121 ZPO. Während nach dem RegE ursprünglich auch die persönlichen und sachlichen Voraussetzungen für die Bewilligung von Verfahrenskostenhilfe eigenständig und insbesondere für Amtsverfahren abweichend von § 114 ZPO geregelt werden sollten (vgl BTDrs 16/6308, S 27, 212), wurde davon nach dem Widerstand der Länder Abstand genommen und auch insoweit auf die ZPO verwiesen. Verblieben ist nur noch eine Modifikation des Bewilligungsverfahrens (§ 77 Abs 1), die dem Gericht einen größeren Spielraum bei der Anhörung der übrigen Verfahrensbeteiligten im Bewilligungsverfahren einräumt. Ansonsten wurden auf Empfehlung des Rechtsausschusses (BTDrs 16/9733, 291; s.a. Einl vor § 1 Rz 4) aus den ursprünglich in drei Paragrafen (§§ 76, 77 und 79) enthaltenen Regelungen die konsensfähigen in §§ 76 und 77 zu-

sammengefasst. Sie enthalten zT nur klarstellende Verweisungen auf die §§ 114 bis 127 ZPO (s BTDrs 16/6308, 214 f). Im Zuge des FGG-RG wurden in Art 29 Nr 6 und 7 auch die Regelungen für die Informationsmöglichkeiten des Gegners erweitert und § 127a ZPO durch § 246 FamFG ersetzt.

§ 76 Voraussetzungen

(1) Auf die Bewilligung von Verfahrenskostenhilfe finden die Vorschriften der Zivilprozessordnung über die Prozesskostenhilfe entsprechende Anwendung, soweit nachfolgend nichts Abweichendes bestimmt ist.

(2) Ein Beschluss, der im Verfahrenskostenhilfeverfahren ergeht, ist mit der sofortigen Beschwerde in entsprechender Anwendung der §§ 567 bis 572, 127 Abs. 2 bis 4 der Zivilprozessordnung anfechtbar.

§ 77 Bewilligung

(1) Vor der Bewilligung der Verfahrenskostenhilfe kann das Gericht den übrigen Beteiligten Gelegenheit zur Stellungnahme geben. In Antragsverfahren ist dem Antragsgegner vor der Bewilligung Gelegenheit zur Stellungnahme zu geben, wenn dies nicht aus besonderen Gründen unzweckmäßig erscheint.

(2) Die Bewilligung von Verfahrenskostenhilfe für die Vollstreckung in das bewegliche Vermögen umfasst alle Vollstreckungshandlungen im Bezirk des Vollstreckungsgerichts einschließlich des Verfahrens auf Abgabe der Versicherung an Eides statt.

Zu §§ 76 und 77:

A. Voraussetzungen

1 Wegen der Voraussetzungen für die Bewilligung von Verfahrenskostenhilfe verweist § 76 Abs 1 auf die entsprechende Anwendung der §§ 114, 115 ZPO, die durch §§ 116 und 119 Abs 1 ZPO ergänzt werden. Entsprechend **§ 114 ZPO** (**Anspruchnorm**) erhält ein Verfahrensbeteiligter, der nach seinen persönlichen und wirtschaftlichen Verhältnissen die Kosten der Verfahrensführung oder -beteiligung nicht, nur zum Teil oder nur in Raten aufbringen kann, auf Antrag Verfahrenskostenhilfe, wenn die beabsichtigte Rechtsverfolgung hinreichende Aussicht auf Erfolg hat und nicht mutwillig erscheint.

2 **§ 115 ZPO** konkretisiert den **Maßstab für die Beurteilung der wirtschaftlichen Leistungsfähigkeit** und bestimmt, ob und in welchem Umfang der Bedürftige sein Einkommen und Vermögen für die Verfahrenskosten einzusetzen hat. Dazu verweist § 115 Abs 1 und 3 ZPO wiederum auf die im Sozialhilferecht (§§ 82 Abs 2, 90 SGB XII) enthaltenen Kriterien zur Bestimmung der Bedürftigkeit und zur Zumutbarkeit des Vermögenseinsatzes. Anstelle der sozialhilferechtlichen Regelsätze gibt das BMJ jährlich Bedarfssätze für den Antragssteller und den in seinem Haushalt lebenden Familienangehörigen bekannt (PKHB iVm § 115 Abs 1 ZPO), die neben den tatsächlichen Aufwendungen für die Warmmiete (sofern sie nicht unangemessen sind, § 115 Abs 1 Satz 2 Nr 3 ZPO) den notwendigen Grundbedarf bilden, der für die Verfahrenskosten nicht eingesetzt werden muss. Von dem letztlich einzusetzenden Einkommen bestimmt § 115 Abs 2 ZPO in einer nach oben offenen Tabelle die Höhe der jeweils zumutbaren **Monatsraten**, die der Begünstigte auf die Verfahrenskosten zu leisten hat, sofern nicht von Zahlungen vollständig abzusehen ist. Das ist derzeit nur der Fall, wenn das einzusetzende Einkommen weniger als 15 € monatlich beträgt. Können die voraussichtlichen Kosten mit 4 Monatsraten und/oder dem aus dem Vermögen aufzubringenden Beträgen beglichen werden, ist es dem Antragsteller zuzumuten, für diese Kosten selbst aufzukommen (§ 115 Abs 4 ZPO). Ansonsten sind für das gesamte Verfahren (über alle Rechtszüge) höchstens 48 Monatsraten zu zahlen (§ 115 Abs 2 ZPO). Die Bedürftigkeit ist somit keine feste Größe, sondern hängt von der Höhe der Verfahrenskosten und damit wesentlich vom Verfahrenswert ab.

I. Persönliche Anspruchsberechtigung

1. Berechtigte

Die Möglichkeit, Verfahrenskostenhilfe zu erhalten, haben nur die **Verfahrensbeteilig-** 3
ten. Im direkten Anwendungsbereich der ZPO sind dies die Parteien des Hauptsacheverfahrens und Streithelfer, in FG-Verfahren diejenigen, die gemäß § 7 kraft Gesetzes oder durch Hinzuziehung am Verfahren beteiligt sind oder beteiligt werden müssen. Während die lediglich Anzuhörenden (§ 7 Abs 6) im Verfahren keine eigenen Rechte verfolgen und daher auch keine Verfahrenskostenhilfe beanspruchen können.

Juristische Personen und **parteifähige Vereinigungen** sind von der Verfahrenskos- 4
tenhilfe nicht von vornherein ausgeschlossen (§ 116 ZPO), ebenso wenig **Parteien kraft Amtes**. Letztere erhalten Verfahrenskostenhilfe, wenn sie keine eigenen, sondern Ansprüche des verwalteten Vermögens verfolgen, und die Kosten aus diesem oder von den am Verfahrensgegenstand wirtschaftlich Beteiligten nicht aufgebracht werden können (§ 116 Satz 1 Nr 1 ZPO). Gleiches gilt für die juristischen Personen ua, sofern sie ihren Sitz innerhalb der EU oder des EWR haben. Als weitere Bedingung muss hinzukommen, dass die Rechtsverfolgung oder -verteidigung im allgemeinen Interesse liegt (§ 116 Satz 1 Nr 2 ZPO, s dazu ausführlich Zöller/*Philippi* § 116 Rn 11 ff). Zur Prozessstandschaft s.u. Rz 17.

Auf die **Nationalität** oder einen Wohnsitz im Inland kommt es nicht an. Vgl zur 5
grenzüberschreitenden Verfahrenskostenhilfe §§ 1076–1078 ZPO und § 43 IntFamRVG und Bumiller/Winkler § 14 Rn 23 ff.

2. Wirtschaftliche Voraussetzungen

a) Einkommen (§ 115 Abs 1 ZPO)

Gemäß § 115 Abs 1 ZPO gehören zum Einkommen alle Einkünfte in Geld oder Geldes- 6
wert. Darunter fallen **alle Einnahmen ohne Rücksicht auf ihre Herkunft und Rechtsnatur**; damit auch Unterhalts- und Sozialleistungen wie Unterhaltsvorschuss (als Einkommen des Kindes), Wohngeld, Kranken- und Arbeitslosengeld nach dem SGB III sowie Leistungen nach dem SGB II (jedenfalls wenn sie mit weiteren Einkünften zusammentreffen, BGH FamRZ 2008, 781), Kindergeld als Einkommen des beziehenden Elternteils nur, soweit es nicht für den Lebensbedarf des Kindes benötigt wird (BGH FamRZ 2005, 605, s.a. § 82 Abs 1 Satz 2 SGB XII). Ausgenommen sind lediglich die durch Gesetz ausdrücklich verschonten Leistungen, zB Elterngeld bis zu 300 € (§ 10 Abs 1 BEEG). Sachleistungen, wie die Überlassung eines Dienstwagens zur privaten Nutzung, sind ebenso zu berücksichtigen, wie regelmäßige und auch künftig zu erwartende Zuwendungen (BGH FamRZ 2008, 400). Bei Selbstständigen und Gewerbetreibenden kommt es auf den aktuellen Überschuss der Einnahmen über die Ausgaben an (BGH NJW-RR 1991, 637; JurBüro 1993, 105). Bei ihnen ist, wenn das Verfahren die berufliche Betätigung betrifft, auch die Möglichkeit der Kreditaufnahme zu prüfen (BGH FamRZ 2007, 460). Zu weiteren Einzelheiten s Zöller/*Philippi* § 115 Rn 9 ff.

Wegen der **Abzüge vom Einkommen** verweist § 115 Abs 1 Satz 2 Nr 1a ZPO auf **§ 82** 7
Abs 2 SGB XII. Danach sind abzusetzen:

1. auf das Einkommen entrichtete Steuern,
2. Pflichtbeiträge zur Sozialversicherung einschließlich der Beiträge zur Arbeitsförderung,
3. Beiträge zu öffentlichen oder privaten Versicherungen oder ähnlichen Einrichtungen, soweit diese Beiträge gesetzlich vorgeschrieben oder nach Grund und Höhe angemessen sind sowie geförderte Altersvorsorgebeiträge nach § 82 EStG, soweit sie den Mindesteigenbeitrag nach § 86 EStG nicht überschreiten,
4. die mit der Erzielung des Einkommens verbundenen notwendigen Ausgaben,

5. das Arbeitsförderungsgeld und Erhöhungsbeträge des Arbeitsentgelts im Sinne von § 43 Satz 4 SGB IX.

8 **Erläuterung:** Auslegungsprobleme ergeben sich vor allem bei den berufsbedingten Aufwendungen von Arbeitnehmern (Nr 4), insbesondere wenn für die **Fahrt zur Arbeit** der eigene Pkw benutzt werden muss. Ein Teil der Rspr wendet § 3 der DVO zu § 82 Abs 2 SGB XII an (OLG Düsseldorf FamRZ 2007, 644; OLG Brandenburg FamRZ 2008, 158 mwN). Danach können pauschal für jeden Entfernungskilometer (bis maximal 40 km) nur 5,20 € monatlich abgesetzt werden und zusätzlich nach Nr 3 die Haftpflichtversicherung. Höhere Fahrtkosten wären demzufolge nur als besondere Belastungen (s.u. Rz 11) zu berücksichtigen. Zwingend ist die Heranziehung der DVO nicht, weil sie als Verwaltungsanweisung die Gerichte nicht bindet. Die wohl überwiegende Rspr gilt sämtliche Fahrtkosten, wie im Unterhaltsrecht, mit der Kilometerpauschalen nach § 5 JVEG von 0,20 € oder 0,30 € pro gefahrenem Kilometer ab (OLG Karlsruhe FamRZ 2008, 735 mwN). **Versicherungsprämien** für gesetzlich nicht vorgeschriebene Versicherungen (Nr 3 Hs 1 2. Alt) sind, soweit sie der angemessenen Kranken- und Altersvorsorge von nicht gesetzlich Versicherten dienen, immer abzuziehen. Bei Prämien für Lebensversicherungen kann das allerdings nur insoweit gelten, als sie nicht selbst als Vermögen einzusetzen sind (s.u. Rz 14). Dasselbe gilt für Altersvorsorgebeiträge Nichtselbstständiger, die über die nach Nr 3 Hs 2 geschützten Prämien auf zertifizierte Altersvorsorgeverträge hinaus gehen (OLG Celle 20.1.2009 6 W 184/08). Ansonsten sind die üblichen Haftpflicht-, Unfall, Gebäude- und Hausratsversicherungen, mit Ausnahme der Ausbildungsversicherung (OLG Karlsruhe FamRZ 2007, 1109), im angemessenen Rahmen absetzbar (vgl Musielak/*Fischer* § 115 Rn 14 mwN).

9 Von dem so bereinigten Einkommen sind die für den Lebensunterhalt des Antragstellers und seiner Angehörigen benötigten Beträge abzuziehen. Dieser **notwendige Eigenbedarf** wird gemäß § 115 Abs 1 Satz 2 Nr 2 ZPO für den Antragsteller und seinen in Haushaltsgemeinschaft lebenden Ehegatten und Kindern oder sonstigen Personen, denen der Antragsteller gesetzlich zum Unterhalt verpflichtet ist (zB Eltern), anknüpfend an die **Regelsätze** der Sozialhilfe jährlich zum 1. Juli im BGBl neu bekannt gemacht (s.o. Rz 2). Stellen in einem Verfahren beide, die Kinder gemeinsam betreuende Elternteile Anträge auf Verfahrenskostenhilfe, sind die Kinderfreibeträge nach OLG Hamm (MDR 2007, 973) bei Beiden in voller Höhe zu berücksichtigen. Der Freibetrag für den Ehegatten gilt auch für den eingetragenen Lebenspartner, nicht aber für sonstige Lebensgefährten (s dazu Rz 11). Eigene Einkünfte der unterhaltsberechtigten Hausgenossen (berechnet nach Rz 6 ff) werden darauf angerechnet. Das für das Kind bezogene Kindergeld gehört zum Einkommen des Kindes, soweit es für seinen Lebensbedarf (= Regelsatz) benötigt wird (s Rz 6). Wird der **Unterhalt** nicht in Natur, sondern in Form einer Geldrente geleistet, ist diese statt der Pauschale abzusetzen, soweit sie angemessen ist. Für einen **erwerbstätigen Antragsteller** erhöht sich der Selbstbehalt um einen zusätzlichen und ebenfalls bekannt gemachten Freibetrag für unspezifische Mehraufwendungen (§ 115 Abs 1 Satz 2 Nr 1a; s.a. BVerfG NJW 1992, 3153).

10 Die Kosten für **Wohnung und Heizung** sind nach § 115 Abs 1 Satz 2 Nr 3 ZPO in der tatsächlich monatlich anfallenden Höhe zusätzlich abzuziehen, sofern sie nicht in einem auffälligen Missverhältnis zu den Lebensverhältnissen stehen bzw »als offensichtlicher Luxus erscheinen« (BTDrs 12/6963, 8; s dazu OLG Brandenburg FamRZ 2001, 1085). Ggf sind dann nur die angemessenen Mietaufwendungen abzuziehen. Bei Mietwohnungen ist (nur) die **Warmmiete** zu berücksichtigen, nicht aber sonstige Verbrauchskosten, die im Selbstbehalt enthalten sind (BGH, FamRZ 2008, 781). Die Kosten für die Garagenmiete gehören dann nicht dazu, wenn die Garage nicht zum Einstellen eines beruflich benötigten Kfz genutzt wird (OLG Brandenburg FamRZ 2008, 68). Bei **Wohnungseigentum** treten an die Stelle der Miete die Finanzierungskosten (einschließlich der Tilgungsanteile OLG Köln FamRZ 1999, 997; OLG Karlsruhe FamRZ 2008, 70) und die Kosten

der Instandhaltung gemäß §§ 9 ff der WohngeldVO, Stand 1.1.2009 (Zöller/*Philippi* § 115 Rn 35; BTDrs 12/6963,12). Wird die Wohnung von Personen mitbewohnt, die nicht beim Antragssteller entweder als Unterhaltsberechtigte (Rz 9) oder nach Rz 11 zu berücksichtigen sind, sind die Wohnkosten grundsätzlich nur anteilig abzusetzen. Eine Aufteilung nach Kopfteilen erscheint nur dann unproblematisch, wenn die nicht zu berücksichtigenden Mitbewohner über ausreichende Einkünfte verfügen. Ansonsten wird man wohl nur eine Kürzung auf die ohne die **nicht zu berücksichtigenden Mitbewohner** erforderlichen Wohnkosten vornehmen können. Gehören Kinder mit nur geringem Einkommen (Kindergeld) zum Haushalt, ist eine gleichmäßige Aufteilung nach Köpfen ebenfalls problematisch.

Für **besondere Belastungen**, die über die üblichen Lebenshaltungskosten hinaus gehen (Zöller/*Philippi* § 115 Rn 36), können nach § 115 Abs 1 Satz 2 Nr 4 ZPO weitere Beträge abgesetzt werden, sofern dies angemessen ist. Hier können **Kreditraten** uä berücksichtigt werden, jedenfalls wenn der Kredit vor dem Entstehen des Rechtsstreits oder für notwendige Anschaffungen aufgenommen wurde (OLG Brandenburg FamRZ 2008, 158 mwN). Ebenfalls abzuziehen sind Raten auf die **Prozesskosten** in vorausgegangenen Verfahren (BGH FamRZ 1990, 389) sowie die Raten zur Finanzierung eines beruflich benötigten **Kfz** (OLG Hamm FamRZ 2007, 155). Das gilt aber nicht, wenn bereits der höchste Pauschalsatz nach § 5 Nr 2 JEVG als Werbungskosten abgesetzt wird (s.o. Rz 8), der auch Anschaffungskosten abgilt (OLG Hamm FamRZ 2007, 155). Als besondere Belastungen können auch **Unterhaltsleistungen** an nicht unterhaltsberechtigte Personen anzuerkennen sein, zB die Unterstützung bedürftiger Angehöriger im Ausland oder für den (informellen) Lebenspartner und dessen Kinder, wenn diesen Sozialhilfe aufgrund der Bedarfsgemeinschaft mit dem Antragsteller versagt wird. Das Gleiche gilt für Kinder des Ehepartners (Stiefkinder). **Höhere Lebenshaltungskosten im Ausland** können ebenfalls als besondere Belastungen anzuerkennen sein (BGH NJW-RR 2008, 1453; s.a. *Motzer*, FamRBint 2008, 16). 11

b) Vermögen (§ 115 Abs 3 ZPO)

Außer den Einkünften hat der Antragssteller für die Verfahrenskosten auch sein Vermögen einzusetzen, soweit dies zumutbar ist (§ 115 Abs 3 Satz 1 ZPO). Zur Konkretisierung verweist Satz 2 auf § 90 SGB XII: 12

(1) Einzusetzen ist das gesamte verwertbare Vermögen.

(2) Die Sozialhilfe darf nicht abhängig gemacht werden vom Einsatz oder der Verwertung
1. eines Vermögens, das aus öffentlichen Mitteln zum Aufbau oder zur Sicherung einer Lebensgrundlage oder zur Gründung eines Hausstandes erbracht wird,
2. eines Kapitals einschließlich seiner Erträge, das der zusätzlichen Altersvorsorge im Sinne des § 10a oder des Abschnitts XI des Einkommensteuergesetzes dient und dessen Ansammlung staatlich gefördert wurde,
3. eines Vermögens, solange es nachweislich zur baldigen Beschaffung oder Erhaltung eines Hausgrundstücks im Sinne der Nummer 8 bestimmt ist, soweit dieses Wohnzwecken behinderter oder pflegebedürftiger Menschen dient oder dienen soll und dieser Zweck durch den Einsatz oder die Verwertung des Vermögens gefährdet würde,
4. eines angemessener Hausrats; dabei sind die bisherigen Lebensverhältnisse der nachfragenden Person zu berücksichtigen,
5. von Gegenständen, die zur Aufnahme oder Fortsetzung der Berufsausbildung oder der Erwerbstätigkeit unentbehrlich sind,
6. von Familien- und Erbstücken, deren Veräußerung für die nachfragende Person oder ihre Familie eine besondere Härte bedeuten würde,
7. von Gegenständen, die zur Befriedigung geistiger, insbesondere wissenschaftlicher oder künstlerischer Bedürfnisse dienen und deren Besitz nicht Luxus ist,
8. eines angemessenen Hausgrundstücks, das von der nachfragenden Person oder dem (nicht getrennt lebenden) Ehegatten, Lebenspartner oder Kindern oder zusammen mit Angehöri-

gen ganz oder teilweise bewohnt wird und nach ihrem Tod von ihren Angehörigen bewohnt werden soll. Die Angemessenheit bestimmt sich nach der Zahl der Bewohner, dem Wohnbedarf (zum Beispiel behinderter, blinder oder pflegebedürftiger Menschen), der Grundstücksgröße, der Hausgröße, dem Zuschnitt und der Ausstattung des Wohngebäudes sowie dem Wert des Grundstücks einschließlich des Wohngebäudes,
9. kleinerer Barbeträge oder sonstiger Geldwerte; dabei ist eine besondere Notlage der nachfragenden Person zu berücksichtigen.

(3) Die Sozialhilfe darf ferner nicht vom Einsatz oder von der Verwertung eines Vermögens abhängig gemacht werden, soweit dies für den, der das Vermögen einzusetzen hat, und für seine unterhaltsberechtigten Angehörigen eine Härte bedeuten würde. Dies ist bei der Leistung nach dem Fünften bis Neunten Kapitel (in besonderen Lebenslagen, d Verf) insbesondere der Fall, soweit eine angemessene Lebensführung oder die Aufrechterhaltung einer angemessenen Alterssicherung wesentlich erschwert würde.

13 **Erläuterung**: Die in **Abs 2** aufgeführten **Ausnahmetatbestände** von dem in Abs 1 aufgestellten Grundsatz der Einsatzpflicht sämtlichen verwertbaren Vermögens gelten nebeneinander (OLG Köln OLGR 2004, 60). Das gilt insbesondere für das dem Begünstigten nach Abs 2 Nr 9 zu belassene **kleinere Barvermögen** (OLG Stuttgart FamRZ 2007, 914). Der Schonbetrag bestimmt sich nach § 1 Abs 1 Nr 1b der DVO zu § 90 Abs 2 Nr 9 SGB XII (BGH NJW 2008, 1453) und beträgt derzeit 2.600 € für den Begünstigten, zuzüglich 614 € für den mit ihm zusammenlebenden Ehegatten und 256 € für jedes Kind (§ 1 Abs 1 Nr 2 DVO). Die Beträge können, wenn der Begünstigte im Ausland lebt und dort höhere Lebenshaltungskosten hat, zwar herauf- aber, zumindest bei Aufenthalt innerhalb der EU, nicht herabgesetzt werden (BGH NJW 2008, 1453).

14 § 90 SGB XII enthält in **Abs 3** eine **Härtefallregelung**, nach der weitere Vermögensteile vom Einsatz für die Verfahrenskosten ausgenommen werden können. Umstritten ist, ob das angesparte Kapital aus einer zur Alterssicherung gedachten **Lebensversicherung** darunter fällt. Verschont ist nach Nr 5 iVm § 10a EStG auf jeden Fall das Vermögen aus zertifizierten Altersvorsorgeverträgen (Riester-Rente). Über den Schutz darüber hinausgehender Vermögenswerte aus Lebensversicherungen urteilt die obergerichtliche Rspr uneinheitlich (s Überblick bei *Nickel* FamRB 2007, 81; s.a. die Verwertung bejahend OLG Stuttgart FamRZ 2008, 2290; OLG Nürnberg FamRZ 2008, 2289; OLG Karlsruhe FamRZ 2008, 423, ebenso BVerwG 2004, 3647 zu § 88 BSHG; aA OLG Zweibrücken FamRZ 2008, 524). Es ist immer eine Einzelfallprüfung der bereits vorhandenen Absicherung für das Alter und der künftig noch bestehenden Möglichkeiten zu ihrem Ausbau vorzunehmen. Dabei ist auch die Höhe der vom Begünstigten zu tragenden Verfahrenskosten und die Möglichkeit der Aufnahme eines Policendarlehens zu berücksichtigen (OLG Stuttgart OLGR 2007, 1036).

15 **Sonstiges verwertbares Vermögen:** Ein nicht mehr selbst von dem Begünstigten bewohntes (Wochenend-)**Hausgrundstück** ist nicht mehr nach § 90 Abs 2 Nr 8 SGB XII geschützt (BGH FuR 2001, 138; FamRZ 2008, 250). Das gilt erst recht nach der Veräußerung des Familienheims für den **Verkaufserlös**, auch wenn er für neues Wohneigentum verwandt werden soll. Die Privilegierung bereiter Mittel für die Anschaffung eines Eigenheims gilt nur für die in § 90 Abs 2 Nr 3 SGB XII genannten Zwecke (s Rz 12). Ansonsten muss auch das für die Anschaffung von Wohneigentum vorgesehene Vermögen, und damit auch ein Bausparguthaben, für die Verfahrenskosten eingesetzt werden (BGH FamRZ 2008, 250; FamRZ 2007, 1720). Dasselbe gilt für die **Nachzahlung von Renten** aus einer Berufsunfähigkeitsversicherung (OLG Karlsruhe FamRZ 2008, 1262). Auch die **Abfindung** für den Verlust des Arbeitsplatzes kann zumindest mit einem Teilbetrag einzusetzen sein (BAG RVGreport 2004,196 mwN). Ein **Kfz**, das nicht zur Aufnahme oder Fortsetzung der Erwerbstätigkeit oder Berufsausbildung benötigt wird und daher nicht nach § 90 Abs 2 Nr 5 SGB XII vom Einsatz verschont ist, stellt grundsätzlich einzusetzendes Vermögen dar (BGH WuM 2006, 708; OLG Bremen OLGR 2008, 839 mwN; KG

FamRZ 2007, 158; s.a. BSG NJW 2008, 281). Eine **Geldentschädigung** wegen Verletzung von Persönlichkeitsrechten ist nicht, wie Schmerzensgeld (s dazu OLG Stuttgart FamRZ 2007, 1661), verschont (BGH FamRZ 2006, 548). Der Antragssteller muss sich uU auch **fiktives Vermögen** zurechnen lassen, wenn nicht nachvollziehbar ist, warum früher vorhandene Geldbeträge nicht mehr zur Verfügung stehen (BGH FamRZ 2008, 1163), oder wenn er Geldbeträge ohne dringende Notwendigkeit anderweitig ausgegeben hat, obwohl er mit dem Rechtsstreit rechnen konnte (BGH FamRZ 2006, 548).

Ein realisierbarer Anspruch auf **Verfahrens- bzw Prozesskostenvorschuss** (§§ 1360a 16
Abs 4 iVm 1361 Abs 4 Satz 4 und 1610 Abs 2 BGB) stellt einen Vermögenswert dar und lässt die Bedürftigkeit entfallen (BGH FamRZ 2008, 1842). Gegebenenfalls muss er im Wege der einstweiligen Anordnung realisiert werden. Zwar wurde § 127a ZPO durch das FGG-RG (Art 29 Nr 7) gestrichen. Dafür wurde bei den besonderen Verfahrensvorschriften in Unterhaltssachen durch § 246 die Möglichkeit geschaffen, auch ohne dringendes Bedürfnis die Leistung eines Kostenvorschusses für jedes gerichtliche Verfahrens durch einstweilige Anordnung titulieren zu lassen. Er steht auch einem volljährigen Kind zu, wenn es sich noch in Ausbildung befindet und deshalb noch keine eigene Lebensstellung erlangt hat (BGH FamRZ 2005, 883). Der Anspruch richtet sich auf Zahlung in Raten entsprechend der Tabelle in § 115 Abs 2 ZPO, wenn die Eltern den Vorschuss nicht in einer Summe zahlen können. In diesem Fall ist dem vorschussberechtigten Kind Verfahrenskostenhilfe mit entsprechender Zahlungsbestimmung zu bewilligen (BGH FamRZ 2004, 1633).

Gleiches gilt, wenn ein fremdes Recht im Wege der gewillkürten **Prozessstandschaft** 17
verfolgt wird, zB vom Sozialleistungsträger rückübertragene Unterhaltsansprüche (BGH FamRZ 2008, 1159). Bei gesetzlicher Prozessstandschaft des betreuenden Elternteils nach § 1629 Abs 3 BGB kommt es dagegen allein auf die wirtschaftlichen Verhältnisse des antragstellenden Elternteils an (BGH FamRZ 2006, 32; FamRZ 2005, 1164). Anders ist es bei Parteien kraft Amtes, s dazu Rz 4.

II. Sachliche Voraussetzungen

Auf die gemäß § 114 ZPO erforderliche **Erfolgsaussicht** ist im letztlich Gesetz geworde- 18
nen neuen Familienverfahrensrecht auch für die von Amts wegen eingeleiteten Verfahren nicht verzichtet worden (BTDrs 16/9377, 291). Die Rechtsverfolgung verspricht hinreichende Aussicht auf Erfolg, wenn bei summarischer Prüfung für seinen Eintritt eine gewisse Wahrscheinlichkeit besteht. Insgesamt dürfen die Anforderungen an die Erfolgsaussichten nicht überspannt werden. Auf die Schwere des möglichen Eingriffs in eigene Rechte kommt es nicht an. Die beabsichtigte Rechtsverfolgung hat in der Regel bereits dann hinreichende Aussicht auf Erfolg im Sinne von § 114 ZPO, wenn die Entscheidung von der Beantwortung schwieriger Rechts- oder Tatsachenfragen abhängt (BVerfG FamRZ 2007, 1876; BGH FamRZ 2007, 1006) oder sobald eine Beweisaufnahme ernsthaft in Betracht kommt (BGH NJW 1988, 266). Geht es um die Feststellung oder Regelung einer Rechtsbeziehung, so kann auch dem Antragsgegner, der dem nicht entgegentreten will, Verfahrenskostenhilfe bewilligt werden, wenn er ein berechtigtes Interesse an der Klärung hat (OLG Karlsruhe FamRZ 1992, 221 mwN zum Abstammungsverfahren).

Für ein **Rechtsmittel** ist die Erfolgsaussicht und Mutwilligkeit nicht zu prüfen, soweit 19
ein anderer Verfahrensbeteiligter das Rechtsmittel eingelegt hat. **§ 119 Abs 1 Satz 2 ZPO** gilt auch in FG-Sachen (BayObLG FamRZ 1997, 685). Eine Ausnahme macht der BGH in stRspr dann, wenn eine Rechtsverteidigung noch nicht nötig ist, und bewilligt Prozesskostenhilfe für den Gegner erst, nachdem das Rechtsmittel begründet ist (BGH NJW-RR 2001, 1009; s.a. OLG Karlsruhe JurBüro 2005, 660 und BVerfG NJW 2005, 409).

Auch bei gegebener Erfolgsaussicht darf die Rechtsverfolgung **nicht mutwillig** sein. 20
Mutwilligkeit ist regelmäßig dann anzunehmen, wenn ein bemittelter Verfahrensbetei-

ligter objektiv betrachtet seine Rechte nicht in gleicher Weise verfolgen würde (BGH NJW 2005, 1498 mwN). Davon kann ausgegangen werden, wenn mit einem Rechtsmittel nur Formalien gerügt werden, in der Sache selbst aber keine Änderung zu erwarten ist (BGH ZfIR 2004, 309). Teilweise wird Mutwilligkeit einer Rechtsverteidigung bejaht, wenn sich das Verfahren durch rechtzeitige Auskunftserteilung (OLG Düsseldorf FamRZ 1997, 1017) oder Stellungnahme im PKH-Prüfungsverfahren ganz oder teilweise hätte vermeiden lassen (OLG Brandenburg FamRZ 2008, 70; OLG Oldenburg FamRZ 2002, 1712; aA OLG Schleswig MDR 2007, 118). Die Frage der Mutwilligkeit wurde in letzter Zeit vermehrt im Hinblick auf die Möglichkeit diskutiert, kostenlose staatliche Hilfen in Anspruch zu nehmen; zB bei Meinungsverschiedenheiten über den Umgang und die elterliche Sorge das Beratungs- und Vermittlungsangebot der Jugendhilfe (vgl Miesen in KindPrax 2005, 2006 und zur Rspr allgemein *Büte* FuR 2008, 223, 225). Zur Frage, ob die Verfolgung von Zugewinnausgleichsansprüchen und nachehelichen Unterhalt im isolierten Verfahren statt im Scheidungsverbund mutwillig ist, vgl BGH FamRZ 2005, 786; 788 (ablehnend) und zu weiteren Einzelfällen Musielak/*Fischer* § 114 Rn 40 ff.

B. Wirkungen (§§ 122, 123 ZPO)

21   Die Bewilligung von Verfahrenskostenhilfe bewirkt die **Freistellung** des Begünstigten von Gerichtskosten und gegebenenfalls auch von der Leistung einer Prozesskostensicherheit (§ 122 Abs 1 Nr 1a und Nr 2 ZPO). Wird Verfahrenskostenhilfe ohne Ratenzahlung bewilligt (s.o. Rz 2) sind auch die übrigen Verfahrensbeteiligten bis zu einer rechtskräftigen Kostenentscheidung vorläufig von der Zahlung gerichtlicher Gebühren und Auslagen befreit (§ 122 Abs 2 iVm § 125 ZPO). Ähnliche Wirkungen entfaltet die Verfahrenskostenhilfe für den Begünstigten in Bezug auf den Vergütungsanspruch des ihm beigeordneten Anwalts (s § 78 Rz 8). Sie befreit allerdings nicht von den Kosten, die der Begünstigte anderen Verfahrensbeteiligten aufgrund gerichtlicher Entscheidung zu erstatten hat (§ 123 ZPO); das gilt auch, wenn dem Anderen ebenfalls Verfahrenskostenhilfe bewilligt wurde (BGH FamRZ 1997, 1141; aA OLG München Rpfl 2001, 307).

22   Die Bewilligung wirkt nur **für die jeweilige Instanz** (BGH FamRZ 2007, 1088; 2006, 1522) und für die im Bewilligungsbeschluss bezeichneten Verfahrensgegenstände. Insoweit umfasst sie auch einen Vergleichsabschluss, nicht aber die Zwangsvollstreckung. Wird der Antrag erweitert ist hierfür gesondert Verfahrenskostenhilfe zu beantragen (BGH NJW-RR 2006, 429). Dasselbe gilt, wenn in einen Vergleich nicht anhängige Verfahrensgegenstände einbezogen werden sollen (zu Ausnahmen s § 48 Abs 3 RVG).

23   Wird auf gesonderten Antrag hin Verfahrenskostenhilfe für die **Zwangsvollstreckung** in das bewegliche Vermögen bewilligt, sind davon sämtliche Vollstreckungshandlungen in das im Gerichtsbezirk belegene bewegliche Vermögen des Schuldners umfasst, einschließlich der Abnahme der eidesstattlichen Versicherung (§ 77 Abs 2 und inhaltsgleich § 119 Abs 2 ZPO). Bei der Immobiliarvollstreckung muss für jede Vollstreckungshandlung gesondert Verfahrenskostenhilfe beantragt werden, ebenso bei Vollstreckungen nach §§ 95 ff iVm §§ 887 ff ZPO.

24   Bei einem **unbezifferten Stufenklageantrag** erfasst die Bewilligung der Verfahrenskostenhilfe auch den noch unbezifferten Zahlungsanspruch (OLG Jena FamRZ 2005, 1186 mwN). Nach Bezifferung kann das Gericht aber von sich aus den Beschluss abändern und die Bewilligung auf den Teil beschränken, der hinreichende Aussicht auf Erfolg hat (OLG Celle FamRZ 1997, 99 mwN).

25   Im **Verbundverfahren** erstreckt sich eine uneingeschränkte Bewilligung auf alle zum Zeitpunkt der Bewilligung anhängigen Folgesachen (OLG München FamRZ 1995, 822; aA OLG Zweibrücken FamRZ 2001, 1466). Werden nach der Beiordnung weitere Folgesachen anhängig gemacht, so erstreckt sich die Verfahrenskostenhilfe nicht automatisch auf diese. Sie muss gesondert beantragt werden. Das Gleiche gilt für eine Antragserwei-

terung in einer Folgesache. Eine Ausnahme besteht für den Versorgungsausgleich. § 149 erstreckt die Bewilligung von Verfahrenskostenhilfe für die Scheidung auch auf den Versorgungsausgleich und zwar auch dann, wenn er erst später anhängig wird (*Diederichsen* NJW 86, 1467). Nach der Abtrennung einer Folgesache aus dem Scheidungsverbund wirkt die einmal bewilligte Prozesskostenhilfe auch bei Fortführung als selbstständige Familiensache fort. Zur Erstreckung der Beiordnung eines Anwalts in Ehesachen auf die Einigung über nicht anhängige Folgesachen vgl § 48 Abs 3 RVG.

C. Verfahren (§§ 117, 118, 120 Abs 1 ZPO)

Über die Bewilligung von Verfahrenskostenhilfe einschließlich der Anwaltsbeiordnung entscheidet das **Gericht der Hauptsache** (bzw das Vollstreckungsgericht) jeweils nur für seine Instanz (119 Abs 1 Satz 1 ZPO; s.a. BGH FamRZ 2007, 1088) **durch Beschluss**, in welchem es zugleich über die gemäß § 115 ZPO von dem Begünstigten zu leistenden Zahlungen auf die Verfahrenskosten zu befinden und sie ggf anzuordnen hat (§ 120 Abs 1 ZPO, s.o. Rz 25). Ein abweisender Beschluss erwächst nicht in Rechtskraft. Einem erneuten Antrag fehlt aber bei unverändertem Sachverhalt das Rechtsschutzbedürfnis (BGH NJW 2004, 1805; 2005, 1498).

26

Das Verfahren richtet sich nach §§ 117, 118 ZPO. Es wird durch die Eröffnung des Insolvenzverfahrens gegen den Antragssteller oder die Bestellung eines vorläufigen Insolvenzverwalters ebenso wenig unterbrochen (BGH NJW-RR 2006, 1208), wie durch die **Unterbrechung** des Hauptverfahrens aus anderen Gründen (BGH NJW 1966, 1126). Verfahrenskostenhilfe wird nur auf **Antrag** gewährt. Hierfür besteht auch im Rechtsmittelverfahren kein Anwaltszwang (§§ 10 Abs 4 Satz 1 und 114 Abs 4 Nr 5). Für die Erklärung über die persönlichen und wirtschaftlichen Verhältnisse ist der amtlichen **Vordruck** zu verwenden (s PKH-VordruckVO, abgedruckt bei Zöller/*Philippi* § 117 Rn 15). Der Vordruck ist mitsamt den amtlichen Erläuterungen unter *www.bmj.bund.de/Service/Publikationen* abrufbar. Von der Benutzung des Vordrucks ist nur das minderjährige Kind in Abstammungs- oder Unterhaltsverfahren befreit, wenn es selbst über kein einzusetzendes Einkommen oder Vermögen verfügt. In diesem Fall muss es sich aber (formfrei) zu den Einkommens- und Vermögensverhältnissen der ihm unterhaltspflichtigen Personen erklären. Die Formularerklärung ist grundsätzlich in jeder Instanz erneut beizubringen (BGH FamRZ 2006, 1522), es sei denn, es wird ausdrücklich unter Bezugnahme auf die in der Vorinstanz vorgelegten Formulare und Belege erklärt, dass keine Veränderung eingetreten ist (BGH NJW 1994, 2097; 2001, 2720). Verfahrenskostenhilfe kann erst ab dem Zeitpunkt bewilligt werden, in dem eine vollständige Erklärung mit den erforderlichen Belegen eingereicht ist (BGH NJW 1992, 839). Erst dann kann ein Antrag auf Verfahrenskostenhilfe fristwahrende Wirkung entfalten (vgl BGH NJW 2001, 2720).

27

An die Stelle von § 118 Abs 1 Satz 1 ZPO, der die **Anhörung des Gegners** vor der Bewilligung regelt, tritt **in FG-Verfahren § 77 Abs 1**. In Amtsverfahren überlässt es das Gesetz gemäß Satz 1 dem Gericht, im Einzelfall zu bestimmen, welche Beteiligten vor der Bewilligung von Verfahrenskostenhilfe gehört werden sollen (BTDrs 16/6308, 213). In den Antragsverfahren, die mit einem Sachantrag eingeleitet werden, ist dem Antragsgegner dagegen regelmäßig Gelegenheit zur Stellungnahme zu geben, wie es auch § 118 Abs 1 Satz 1 ZPO vorschreibt. Dem Gegner bzw den weiteren Verfahrensbeteiligten steht eine Anhörungs- und Akteneinsichtsrecht grundsätzlich nur in Bezug auf den Vortrag zur Erfolgsaussicht zu, nicht aber zu den persönlichen und wirtschaftlichen Verhältnissen (BGH NJW 1984, 740). Aufgrund der Ergänzung des § 117 ZPO durch das FGG-RG (s Rz 3) darf das Gericht jetzt auch ohne Zustimmung des Antragstellers anderen Verfahrensbeteiligten die Unterlagen zu den persönlichen und **wirtschaftlichen Verhältnissen bekannt geben**, sofern diese nach bürgerlichem Recht Auskunft verlangen können (vgl § 117 Abs 2 Satz 2 bis 4 ZPO, auch zum weiteren Vorgehen). Damit sollen unnötige Auskunftsverfahren vermieden werden (BTDrs 16/6308, 325).

28

29 Wird anderen Beteiligten Gelegenheit zur Stellungnahme gegeben, richtet sich das weitere Verfahren nach § 118 Abs 1 Satz 2 bis Abs 4 ZPO. Das Gericht kann die Verfahrensbeteiligten zu einem **Erörterungstermin** laden, wenn eine Einigung zu erwarten ist. Die Anwendung von Zwangsmitteln ist jedoch ausgeschlossen. Ein **Vergleich** kann aber auch schriftlich entsprechend § 36 Abs 3 iVm § 278 Abs 6 ZPO geschlossen werden. Für einen Vergleichsschluss kann ausnahmsweise auch Verfahrenskostenhilfe bewilligt werden, nicht aber für das gesamte Prüfungsverfahren (BGH NJW 1984, 2106; FamRZ 2004, 1708, aA OLG Hamm FamRZ 2005, 528).

30 Das **Verfahren ist gerichtsgebührenfrei**. Eine Erstattung von Kosten, die den anderen Beteiligten entstanden sind, findet nicht statt (BTDrs 16/6308, 213).

D. Zahlungspflichten (§§ 120, 124 ZPO)

31 Enthält der Bewilligungsbeschluss **Zahlungsanordnungen** gemäß § 120 Abs 1 ZPO, wird damit eine entsprechende Zahlungspflicht des Begünstigten zugunsten der Staatskasse begründet, und zwar entweder in Form von Einmalzahlungen aus dem Vermögen oder von monatlichen Raten aus den Einkünften (s.o. Rz 2). Die Zahlungsanordnung legt für **Einmalzahlungen** Höhe und Zeitpunkt, bei **Ratenzahlung** deren monatliche Höhe und den Zahlungsbeginn fest. Die Mindestrate nach der Tabelle in § 115 Abs 2 ZPO beträgt derzeit 15 €. Werden in verschiedenen Instanzen unterschiedliche Raten festgesetzt, so löst die jüngere Anordnung die jeweils ältere ab (ex nunc BGH NJW 1983, 944; OLG Stuttgart FamRZ 2003, 106). Die Zahlungen sind an die Landeskasse zu leisten; nur wenn vom BGH erstmals Verfahrenskostenhilfe bewilligt wird, an die Bundeskasse (§ 120 Abs 2 ZPO). Grundsätzlich sind Raten solange zu entrichten, bis entweder die Verfahrenskosten aller Instanzen (einschließlich sämtlicher Vergütungsansprüche des beigeordneten Anwalts, OLG Düsseldorf Rpfl 2001, 244, s § 78 Rz 9) gedeckt sind (§ 120 Abs 3 Nr 1 ZPO) oder sie aufgrund einer gerichtlichen Kostenentscheidung gegen einen anderen Verfahrensbeteiligten geltend gemacht werden können (§ 120 Abs 3 Nr 2 ZPO). In diesem Fall ist die **Zahlungseinstellung** regelmäßig nur vorläufig (vgl BGH NJW-RR 1991, 827).

32 Die Ratenzahlungspflicht ist auf **höchstens 48 Monatsraten** begrenzt (§ 115 Abs 2 ZPO). Monate, in denen die Ratenzahlung ausgesetzt wurde, zählen nicht mit (OLG Stuttgart Rpfl 1999, 82; OLG Düsseldorf FamRZ 1993, 341; aA OLG Karlsruhe FamRZ 1995, 1505). Das gilt auch, wenn erst aufgrund einer Abänderung erstmals Ratenzahlungen auferlegt werden (Zöller/*Philippi* § 115 Rn 45 mwN).

33 Die Zahlungsbestimmungen können innerhalb von 4 Jahren nach Abschluss des Verfahrens jederzeit **geändert** werden, wenn sich die persönlichen und wirtschaftlichen Verhältnisse des Begünstigten ändern (§ 120 Abs 4 ZPO). Die Raten können sowohl herauf, als auch herabgesetzt werden. Die Tatsache, dass der Begünstigte aus dem Verfahren größere Geldbeträge erlangt hat, führt aber nicht automatisch dazu, dass er diese vorrangig zur Deckung der von der Staatskasse verauslagten Verfahrenskosten einsetzen muss (BGH NJW-RR 2008, 1453; FamRZ 2007, 1720). Auch in diesem Fall ist die Zumutbarkeit des Einsatzes von Einkommen und Vermögen nach § 115 Abs 1 und 3 ZPO (s.o. Rz 6 ff) im Einzelnen zu prüfen (OLG Karlsruhe FamRZ 2006, 649 mwN). Der Begünstigte ist innerhalb des Vierjahreszeitraumes verpflichtet, dem für die Überwachung der Zahlungen zuständigen Rechtspfleger (§ 20 Nr 4c RpflG) auf Verlangen Änderungen seiner wirtschaftlichen Verhältnisse mitzuteilen. Kommt der Begünstigte dem nicht nach, kann die Bewilligung aufgehoben werden (s.u.).

34 Die Bewilligung kann nach Maßgabe des § 124 ZPO **aufgehoben** werden: Innerhalb von 4 Jahren kann die Bewilligung aufgehoben oder reduziert werden, wenn und soweit das Gericht **irrtümlich** vom Vorliegen einer Kostenarmut ausgegangen ist (Nr 3). Hat der Antragssteller allerdings vorsätzlich oder grob fahrlässig **unrichtige Angaben** zu seinen wirtschaftlichen Verhältnissen gemacht, kann die Bewilligung auch noch später

aufgehoben werden (Nr 2). Das Gleiche gilt, wenn der Antragsteller das Gericht über den Sachverhalt (**Erfolgsaussicht**) **getäuscht** hat und bei richtiger Darstellung keine oder nur teilweise Verfahrenskostenhilfe bewilligt worden wäre (Nr 1). Nach hM muss sich der Begünstigte auch ein Verschulden eines für ihn im VKH-Verfahren tätigen Anwalts zurechnen lassen (BGH NJW 2001, 2720). In den vorgenannten Fällen ist die Bewilligung oder die Zahlungsbestimmung den tatsächlichen Gegebenheiten anzupassen und die Bewilligung ggf nur teilweise aufzuheben bzw die Zahlungsbestimmungen zu ändern (Zöller/*Philippi* § 124 Rn 5a mwN; teilweise aA OLG Zweibrücken NJOZ 2007, 5746). Kommt der Begünstigte mit mehr als 3 Monatsraten in **Zahlungsverzug** kann die Bewilligung der Verfahrenskostenhilfe vollständig aufgehoben werden (Nr 4); aber nicht, wenn den Betroffenen kein Verschulden trifft (BGH NJW 1997, 1077). Dasselbe gilt, wenn er auf eine Aufforderung nach § 120 Abs 4 ZPO (s.o. Rz 33) **keine Erklärung** zu Änderungen in seinen wirtschaftlichen Verhältnissen abgibt (Nr 2 2. Alt). Die Aufhebung der Bewilligung von Verfahrenskostenhilfe führt zum **Wegfall der Befreiung** von den Gerichtskosten, die der Betroffene nachzuzahlen hat, einschließlich der an den beigeordneten Anwalt gezahlten Beträge (zu den Auswirkungen auf die Vergütung des beigeordneten Anwalts s § 78 Rz 11).

E. Rechtsmittel (§ 76 Abs 2, § 127 ZPO)

I. Systematik

Die Vorschrift stellt klar, dass auch in FG-Sachen für ein Rechtsmittel gegen die Erstentscheidung in Verfahrenskostenhilfesachen die Vorschriften der Zivilprozessordnung entsprechend Anwendung finden, und zwar nach § 127 Abs 2 bis 4 ZPO die **sofortige Beschwerde** entsprechend den Regeln der §§ 567 bis 572 ZPO (BTDrs 16/6308, 214). Damit gilt auch die Abhilfebefugnis des Erstgerichts (§ 572 Abs 1 ZPO). Eine eigene Rechtsmittelregelung war notwendig, weil die in §§ 58 ff geregelte Beschwerde nur Endentscheidungen in der Hauptsache betrifft; nicht aber Nebenentscheidungen, zu denen auch die Bewilligung der Prozess- oder bzw Verfahrenkostenhilfe zählt (*Schulte-Bunert* Rn 243). Gegen die Entscheidung des Beschwerdegerichts ist nach dem Wegfall der bisher statthaften weiteren Beschwerde nach § 27 FGG nunmehr die **zulassungsabhängige Rechtsbeschwerde** zum BGH nach § 70 gegeben (vgl zum bisherigen Recht BGH NJW 2006, 2122). Eine Entscheidung des BGH ist unanfechtbar (BGH FamRZ 2006, 1029). Gegen unanfechtbare Entscheidungen bleibt die **Gegenvorstellung** möglich (BGH FamRZ 2006, 163).

Die Beschwerde ist **unzulässig**, soweit die Hauptsache unanfechtbar ist (Grundsatz der Konvergenz BGH NJW 2005, 1659; s.a. BTDrs 16/6308, 215). Soweit die Entscheidung über die Bewilligung von Verfahrenskostenhilfe dem Rechtspfleger übertragen ist, ist auch § 11 Abs 2 RpflG zu beachten. Die Rechtsbeschwerde darf nur in Bezug auf Streitpunkte, die das Verfahren oder die persönlichen und wirtschaftlichen Verhältnisse betreffen, zugelassen werden (BGH FamRZ 2007, 1721; 2005, 790).

II. Überblick

Für den **Antragsteller** ist die sofortige Beschwerde vorbehaltlich Rz 36 uneingeschränkt eröffnet, wenn sie sich gegen die Versagung der Verfahrenskostenhilfe mangels Bedürftigkeit richtet oder der beantragten Beiordnung eines Anwalts. Soweit Verfahrenskostenhilfe mangels Erfolgsaussicht oder Mutwilligkeit versagt wurde, ist sie nur statthaft, wenn die **Beschwer** 600 € übersteigt (§§ 127 Abs 2 Satz 2 iVm 511 Abs 2 Nr 1 ZPO). Abweichend von § 569 Abs 1 Satz 1 ZPO beträgt die **Notfrist** zur Einlegung der Beschwerde 1 Monat (§ 127 Abs 2 Satz 3 ZPO). Die anderen Verfahrensbeteiligten haben kein Beschwerderecht (BGH NJW 2002, 3554). Zum (eingeschränkten) Beschwerderecht des **Anwalts** vgl Musielak/*Fischer* § 127 Rn 15.

38 Die **Staatskasse** ist nach derzeitiger Rechtslage nur insoweit beschwerdeberechtigt, als es das vollständige Absehen von Zahlungsbestimmungen betrifft (BGH NJW 2002, 3554). Für sie beginnt die Monatsfrist erst mit der nicht vAw vorzunehmenden Bekanntgabe des Bewilligungsentscheidung an sie (§ 127 Abs 3 Satz 1 bis 3, 6 ZPO). Nach Ablauf von drei Monaten nach Wirksamwerden der Bewilligung, entweder durch ihre Verkündung oder durch Übergabe an die Geschäftsstelle, verliert die Staatskasse das Beschwerderecht (§ 127 Abs 3 Satz 4 und 5 ZPO).

39 Der Ausschluss der **Kostenerstattung** im Beschwerdeverfahren gemäß § 127 Abs 4 ZPO gilt uneingeschränkt. Für die Zurückweisung oder Verwerfung fällt eine **Gerichtsgebühr** nach FamGKG KV 1912 an (s § 3 FamGKG Rz 52).

§ 78 Beiordnung eines Rechtsanwalts

(1) Ist eine Vertretung durch einen Rechtsanwalt vorgeschrieben, wird dem Beteiligten ein zur Vertretung bereiter Rechtsanwalt seiner Wahl beigeordnet.

(2) Ist eine Vertretung durch einen Rechtsanwalt nicht vorgeschrieben, wird dem Beteiligten auf seinen Antrag ein zur Vertretung bereiter Rechtsanwalt seiner Wahl beigeordnet, wenn wegen der Schwierigkeit der Sach- und Rechtslage die Vertretung durch einen Rechtsanwalt erforderlich erscheint.

(3) Ein nicht in dem Bezirk des Verfahrensgerichts niedergelassener Rechtsanwalt kann nur beigeordnet werden, wenn hierdurch besondere Kosten nicht entstehen.

(4) Wenn besondere Umstände dies erfordern, kann dem Beteiligten auf seinen Antrag ein zur Vertretung bereiter Rechtsanwalt seiner Wahl zur Wahrnehmung eines Termins zur Beweisaufnahme vor dem ersuchten Richter oder zur Vermittlung des Verkehrs mit dem Verfahrensbevollmächtigten beigeordnet werden.

(5) Findet der Beteiligte keinen zur Vertretung bereiten Anwalt, ordnet der Vorsitzende ihm auf Antrag einen Rechtsanwalt bei.

A. Allgemeines

Die Vorschrift nimmt § 121 ZPO von der Generalverweisung in § 76 Abs 1 aus und enthält eine **eigenständige Regelung der Beiordnungsvoraussetzungen** für FG-Verfahren. In Familiensachen betrifft sie damit nur die selbstständigen FG-Familiensachen und nicht die Ehe- und Familienstreitsachen, für die § 114 und über § 113 Abs 1 § 121 ZPO direkt gilt. 1

§ 78 entspricht in Aufbau und Inhalt dem § 121 ZPO. Der einzige **Unterschied** besteht darin, dass in Abs 2 der Umstand, dass der Gegner anwaltlich vertreten ist, als Beiordnungsgrund nicht enthalten ist. Das entspricht der bisher vorherrschenden Meinung in der Rechtsprechung, die dem Gebot der »Waffengleichheit« in § 121 Abs 2 ZPO in FG-Verfahren keine oder nur eingeschränkt Beachtung geschenkt hat. Der Gesetzgeber ist dem ausdrücklich unter Hinweis auf den Amtsermittlungsgrundsatz und darauf, dass bei schweren Eingriffen in die Rechte eines Betroffenen bereits durch die Bestellung eines Verfahrenspflegers eine angemessene Vertretung gesichert sei, gefolgt (vgl BTDrs 16/6308, S 214). 2

B. Voraussetzungen

Abs 1. Voraussetzung jeder Beiordnung ist, dass dem Antragstellenden unabhängig von der Beiordnung nach § 114, 115 ZPO Verfahrenskostenhilfe bewilligt wird. Umgekehrt führt nicht jede Bewilligung von Verfahrenskostenhilfe automatisch zur Beiordnung eines Anwalts. Gemäß Abs 1 ist nur dann ein Anwalt vAw beizuordnen, wenn die Vertretung durch Anwälte vorgeschrieben ist. Das ist in FG-Sachen nur vor dem BGH der Fall (vgl § 10 Abs 4 auch zu den Ausnahmen). Es kann auch eine Sozietät beigeordnet werden (BGH FamRZ 2009, 47). 3

Abs 2. Ist eine Vertretung durch Anwälte nicht vorgeschrieben, ist auch im Erstbeschwerdeverfahren vor dem OLG, nach Abs 2 auf Antrag ein Rechtsanwalt nur beizuordnen, wenn der Antragssteller das Verfahren wegen der **Schwierigkeit der Sachund Rechtslage** nicht selbst führen kann (BTDrs 16/6308, S 168). Die Erforderlichkeit ergibt sich nicht schon daraus, dass ein anderer Verfahrensbeteiligter anwaltlich vertreten oder eine Behörde ist (s.o. Rz 2). Es kommt neben objektiven Kriterien auch auf die subjektive Sachkenntnis und die persönliche Befähigung des Antragstellers an, ohne Anwalt das Verfahren zu führen (BGH FamRZ 2003, 1547; 1923; BVerfG FamRZ 2002, 531; NJW-RR 2007, 1713). Die Beiordnung darf nicht durch pauschale Bezugnahme auf den 4

§ 78 FamFG | Beiordnung eines Rechtsanwalts

Amtsermittlungsgrundsatz versagt werden (BVerfG FamRZ 2002, 531); ebenso wenig wegen der Möglichkeit einer Beistandschaft durch das Jugendamt (§ 1712 BGB; BGH FamRZ 2006, 481). In Abstammungsverfahren ist dem Gegner wegen der besonderen Bedeutung der Statusfeststellung auf seinen Antrag regelmäßig sofort und nicht erst nach Vorliegen eines Gutachtens ein Anwalt beizuordnen (BGH FamRZ 2007, 1968). Ist die Beiordnung zwingend, kann auch einem Rechtsanwalt in eigener Sache ein Anwalt beigeordnet werden (BGH NJW 2002, 2179).

5 **Abs 3.** Ein auswärtiger dh ein nicht im Bezirk des Gerichts niedergelassener Anwalt kann nur beigeordnet werden, wenn dies keine besonderen (Reise-) Kosten verursacht. Es ist zulässig, einen **nicht im Gerichtsbezirk niedergelassenen Anwalt** auch ohne sein vorheriges Einverständnis nur »zu den Bedingungen eines im Gerichtsbezirk niedergelassenen Anwalts« beizuordnen (BGH FamRZ 2007, 37). Vorher ist allerdings zu prüfen, ob durch den damit beabsichtigten Ausschluss der Reisekosten tatsächlich Mehrkosten erspart werden. Das ist nicht der Fall, wenn bei Beauftragung eines im Bezirk niedergelassenen Anwalts Reisekosten in gleicher Höhe entstanden wären (OLG München FamRZ 2007, 489) oder für eine ansonsten notwendige Beiordnung eines Verkehrsanwalts oder Terminsvertreters die gleichen oder höheren Kosten anfallen würden (BGH FamRZ 2004, 1362; OLG Stuttgart FamRZ 2005, 2007; OLG Hamburg Rpfl 2006, 661). Trotz einer ohne Einschränkung erfolgten Beiordnung eines auswärtigen Anwalts kann nach OLG Stuttgart (FamRZ 2008, 1011) im Vergütungsfestsetzungsverfahren nach § 55 RVG eingenständig die Erforderlichekeit der Reisekosten geprüft werden.

6 **Abs 4.** Besonderer Prüfung der Erforderlichkeit bedarf es, wenn **weitere Anwälte** beigeordnet werden sollen, zB als Terminsvertreter oder Verkehrsanwalt. Dies erfordert gemäß Abs 4 besondere Umstände. Hierbei ist neben der Entfernung des Wohnorts des Antragstellers vom Gerichtsort auch seine Möglichkeit zu berücksichtigen, mit einem Anwalt vor Ort zu kommunizieren. Die Einschaltung eines Verkehrsanwalts ist dann gerechtfertigt, wenn mit mehreren Besprechungen gerechnet werden muss, wie zB in einem problematischen Umgangsverfahren.

7 **Abs 5** regelt wie in § 121 ZPO die Verpflichtung des Gerichts, einen bestimmten Anwalt beizuordnen, wenn der Antragsteller keinen zu seiner Vertretung bereiten findet.

C. Wirkungen – Vergütungsanspruch

8 Aus der Beiordnung im Wege der Verfahrenskostenhilfe erwächst dem beigeordneten Rechtsanwalt ein **Vergütungsanspruch gegen die Staatskasse** (§ 45 RVG). Gleichzeitig verliert er das Recht, die vertragliche Vergütung vom Auftraggeber zu fordern (§ 122 Abs 1 Nr 3 ZPO iVm § 76 Abs 1). Die Vergütungssperre gegenüber dem Mandanten erstreckt sich auf sämtliche nach Bewilligung (nochmals) verwirklichten Gebührentatbestände und auch auf die mit Bewilligung der Verfahrenskostenhilfe mit der Gebühr für die Hauptsache zu verrechnende Verfahrensgebühr für das Verfahrenskostenhilfeverfahren (BGH FamRZ 2008, 982). Die Sperre wirkt auch dann fort, wenn der Anwalt seinen Vergütungsanspruch gegen die Staatskasse verjähren lässt (OLG Köln FamRZ 1995, 239).

9 **Umfang der Vergütung** aus der Staatskasse richtet sich nach §§ 12 ff, 45 ff RVG und dem Bewilligungsbeschluss (§ 48 Abs 1 RVG). Die Höhe wird bei Wertgebühren der besondern Tabelle für den beigeordneten Anwalt in § 49 RVG entnommen. Wenn die maximalen Zahlungsverpflichtungen des Begünstigten aus dem Bewilligungsbeschluss (s § 77 Rz 31 ff) den Betrag übersteigt, der zum Ausgleich der gerichtlichen Kosten und der nach § 49 RVG berechneten Anwaltsgebühren benötigt wird, können dem beigeordneten Anwalt auf seinen Antrag auch weitere Gebühren aus der Staatskasse gezahlt werden; und zwar bis zur Höhe der Wahlanwaltsgebühren (§ 50 RVG). Die Staatskasse kann den Anwalt nach § 55 Abs 6 RVG auffordern innerhalb eines Monats einen Antrag auf Festsetzung seiner **weiteren Vergütung** einzureichen. Versäumt er diese Ausschluss-

frist, so erlischt nach nahezu einhelliger Meinung in Literatur und Rspr (zB OLG Koblenz FamRZ 2004, 216; OLG Köln NJW-RR 1999, 1582; OLG Zweibrücken FamRZ 1999, 391) nicht nur der Anspruch auf die weitere Vergütung, sondern sämtliche noch offenen Vergütungsansprüche gegen die Staatskasse!

I. Teilweise Beiordnung

Wurde Verfahrenskostenhilfe nur **für einen Teil der Verfahrensgegenstände** bewilligt, errechnet sich die vom Mandanten zu tragende Gebühr aus der Differenz zwischen der Wahlanwaltsgebühr aus dem Gesamtwert und der Wahlanwaltsgebühr aus dem Teilwert. Aus der Staatskasse erhält er die ermäßigte Gebühr (§ 49 RVG) aus dem Teilwert, für den Verfahrenskostenhilfe bewilligt wurde (BGHZ 13, 373; OLG München FamRZ 1995, 750; Gerold/Schmidt/v Eicken/Müller-Rabe § 48 Rn 61 mit Beispiel). Vertritt ein Anwalt mehrere **Streitgenossen** hinsichtlich desselben Gegenstands und ist er nur einem von ihnen beigeordnet, so ist umstritten, in welcher Höhe der Anwalt einen Vergütungsanspruch gegen die Staatskasse hat. Nach BGH schuldet die Staatskasse nur den Mehrvertretungszuschlag nach RVG-VV 1008 (BGH NJW 1993, 1715). Nach wohl überwiegender Ansicht besteht ein Anspruch gegen die Staatskasse auf die ungekürzten Gebühren ohne Mehrvertretungszuschlag (OLG Koblenz MDR 2004, 1206; OLG Celle Rpfl 2007, 151 mwN; s.a. Rönnebeck NJW 1994, 2273). 10

II. Aufhebung der Bewilligung

Wird die Bewilligung der **Verfahrenskostenhilfe später aufgehoben** (s § 77 Rz 34), so behält der Anwalt wegen der bereits entstandenen Gebühren seine gegen die Staatskasse begründeten Ansprüche (OLG Zweibrücken NJW-RR 1999, 436; OLG Koblenz AnwBl 1997, 240). Er kann statt dessen auch von seinem Mandanten die Wahlanwaltsgebühren verlangen (Zöller/*Philippi* § 124 Rn 24). 11

III. Anwaltswechsel

Der einmal beigeordnete Anwalt kann nicht ohne weiteres ausgewechselt werden. Das Gericht kann ihn nur auf seinen Antrag entpflichten, wenn ein wichtiger Grund gegeben ist (§ 48 Abs 2 BRAO, s dazu BGH, FamRZ 2008, 982 und ausführlich Musielak/*Fischer* § 121 Rn 26). Hat der Mandant durch sachlich nicht gerechtfertigtes oder mutwilliges Verhalten die Entpflichtung verursacht, hat er keinen Anspruch auf Beiordnung eines anderen Anwalts (BGH NJW-RR 1992, 189). Ohne einen wichtigen Grund kann bei Zustimmung aller Betroffenen ein anderer Anwalt beigeordnet werden, wenn der Staatskasse dadurch keine weiteren Kosten entstehen (allgM); zB wenn der neue Anwalt auf die bereits vom alten verdienten Gebühren verzichtet (OLG Rostock FamRZ 2003, 1938) oder umgekehrt der alte verzichtet auf die dem neuen Anwalt erwachsenen Gebühren (OLG Stuttgart FamRZ 2002, 1504). Wird an Stelle des zunächst beigeordneten Anwalts ein anderer Anwalt »unter Ausschluss der bisher angefallenen Gebühren« beigeordnet, so ist diese Beschränkung der Beiordnung nach hM nur dann wirksam, wenn der neue Anwalt sich damit einverstanden erklärt hat (OLG Karlsruhe FamRZ 1998, 632; OLG Oldenburg JurBüro 1995, 137). Ohne wirksame Beschränkung verliert der ursprünglich beigeordnete Anwalt wegen der bereits entstandenen Gebühren seinen Anspruch gegen die Staatskasse nicht (s.o. Rz 11). 12

IV. Erstattungsanspruch (§ 126 ZPO)

Erwirbt der Mandant aufgrund gerichtlicher **Kostenentscheidung** Erstattungsansprüche gegen andere Verfahrensbeteiligte, können diese auch vom beigeordneten Anwalt im eigenen Namen verfolgt werden (§ 126 Abs 1 ZPO), soweit die Staatskasse noch kei- 13 ne Zahlungen an den Anwalt erbracht hat. Macht der Anwalt die Vergütungsansprüche im eigenen Namen geltend, beschränkt § 126 Abs 2 ZPO die Einrederechte des Gegners auf die Aufrechnung mit eigenen Kostenerstattungsansprüchen aus demselben Verfahren (vgl BGH NJW 1994, 3292 auch zum Verhältnis zum Erstattungsanspruch des Mandanten). Soweit die Staatskasse Zahlungen an den Anwalt erbracht hat, geht der Erstattungsanspruch auf die Staatskasse über (§ 59 RVG). Der **Übergang** darf aber nicht zum Nachteil des Anwalts geltend gemacht werden (§ 59 Abs 1 Satz 2 RVG). Damit wird dem Vergütungsanspruch des Anwalts praktisch ein Qotenvorrecht eingeräumt (s *Groß* FPR 2002, 513).

§ 79 (entfallen)

Abschnitt 7
Kosten

Einleitung

Der nachfolgende Abschnitt regelt wie die ZPO in den §§ 91 bis 107 unter dem Titel Prozesskosten, Grundsatz und Umfang der Kostenpflicht sowie den Kostenausgleich für die Verfahren der freiwilligen Gerichtsbarkeit einschließlich der Familiensachen, die nicht Ehe- und Familienstreitsachen sind, für die kraft Verweisung (§ 113 Abs 1) weiterhin die §§ 91 ff ZPO anzuwenden sind. Anders als im FGG ist, wenn eine Kostenentscheidung getroffen wird, sowohl über die gerichtlichen als auch über die außergerichtlichen Kosten zu entscheiden (§ 80). Zugleich wird die Entscheidung über die Kosten des Verfahrens in stärkerem Umfang als bislang im FGG zur Pflichtaufgabe des Gerichts erhoben. In Familiensachen ist sie zwingend, in den übrigen Verfahren ist sie weitgehend in das Ermessen des Gerichts gestellt. Auch bei der Kostenverteilung räumt das FamFG im Gegensatz zur ZPO dem Gericht ein weites Ermessen ein und sieht ausdrücklich die Möglichkeit vor, sie abweichend vom Ausgang eines Verfahrens und unter Würdigung des Verfahrensverhaltens der Beteiligten zu verteilen. Um den Beteiligten die Überprüfung dieser Ermessensentscheidung zu eröffnen, wurde das in § 20a FGG enthaltene Verbot der isolierten Anfechtung der Kostenentscheidung nicht in das FamFG übernommen (BTDrs 16/6308, S 158). Wie in der ZPO regelt dieser Abschnitt einerseits die vom Richter zu treffende Kostengrundentscheidung (§§ 81 bis 84) und andererseits, durch schlichten Verweis auf die §§ 103 ff der ZPO, deren Konkretisierung und Titulierung im Kostenfestsetzungsverfahren (§ 85). Daneben gibt es sowohl bei den allgemeinen als auch bei den besonderen Verfahrensvorschriften eine ganze Reihe von Sonderregelungen für die Kostenentscheidung (s § 81 Rz 2).

§ 80 Umfang der Kostenpflicht

Kosten sind die Gerichtskosten (Gebühren und Auslagen) und die zur Durchführung des Verfahrens notwendigen Aufwendungen der Beteiligten. § 91 Abs. 1 Satz 2 der Zivilprozessordnung gilt entsprechend.

1   Die Vorschrift legt in Anlehnung an § 162 Abs 1 VwGO fest über welche Kosten zu entscheiden ist. Das sind einmal die Gerichtskosten, die sich aus den Gebühren und den Auslagen zusammensetzen (Legaldefinition), und zum andern die notwendigen Aufwendungen der Verfahrensbeteiligten, die ihnen zur Durchführung des Verfahrens und der Teilnahme an ihm erwachsen. Trotz der abweichenden Formulierung dürften diese den zur zweckentsprechenden Rechtsverfolgung notwenigen und damit erstattungsfähigen Kosten iSd § 91 Abs 1 Satz 1 ZPO entsprechen. Das sind hauptsächlich die Anwaltskosten der Verfahrensbeteiligten sowie ihre Reisekosten und ggf Aufwenden für von ihnen beauftragte Sachverständige. Durch den Verweis auf § 91 Abs 1 Satz 2 ZPO in Satz 2 wird klargestellt, dass die Erstattung für notwendige Reisekosten sich nach den Grundsätzen der Zeugenentschädigung im JVEG richtet.

2   Die Vorschrift verweist, wie vormals § 13a Abs 3 FGG, zum Umfang der notwendigen Aufwendungen nur auf § 91 Abs 1 ZPO und nicht auch auf dessen Abs 2, so dass die Erstattungsfähigkeit von Anwaltskosten nach wie vor nicht zwingend ist. Im Übrigen gelten die zu § 91 Abs 1 entwickelten Grundsätze (BayObLG FGPrax 1999, 77; BGH MDR 2007, 1163). Über die Erstattungsfähigkeit wird regelmäßig erst im Kostenfestsetzungsverfahren (s § 85 Rz 2 ff) entschieden, sofern nicht das Gericht die Erstattung bestimmter Kosten ausdrücklich anordnet (OLG Stuttgart JurBüro 1990, 93).

§ 81 Grundsatz der Kostenpflicht

(1) Das Gericht kann die Kosten des Verfahrens nach billigem Ermessen den Beteiligten ganz oder zum Teil auferlegen. Es kann auch anordnen, dass von der Erhebung der Kosten abzusehen ist. In Familiensachen ist stets über die Kosten zu entscheiden.

(2) Das Gericht soll die Kosten des Verfahrens ganz oder teilweise einem Beteiligten auferlegen, wenn
1. der Beteiligte durch grobes Verschulden Anlass für das Verfahren gegeben hat;
2. der Antrag des Beteiligten von vornherein keine Aussicht auf Erfolg hatte und der Beteiligte dies erkennen musste;
3. der Beteiligte zu einer wesentlichen Tatsache schuldhaft unwahre Angaben gemacht hat;
4. der Beteiligte durch schuldhaftes Verletzen seiner Mitwirkungspflichten das Verfahren erheblich verzögert hat;
5. der Beteiligte einer richterlichen Anordnung zur Teilnahme an einer Beratung nach § 156 Abs. 1 Satz 4 nicht nachgekommen ist, sofern der Beteiligte dies nicht genügend entschuldigt hat.

(3) Einem minderjährigen Beteiligten können Kosten in Verfahren, die seine Person betreffen, nicht auferlegt werden.

(4) Einem Dritten können Kosten des Verfahrens nur auferlegt werden, soweit die Tätigkeit des Gerichts durch ihn veranlasst wurde und ihn ein grobes Verschulden trifft.

(5) Bundesrechtliche Vorschriften, die die Kostenpflicht abweichend regeln, bleiben unberührt.

A. Allgemeiner Grundsatz

Nach **Abs 1** soll das Gericht einheitlich über die Kosten des Verfahrens entscheiden und damit nicht nur über die Erstattung außergerichtlicher, sondern auch über die Verpflichtung zum Tragen der gerichtlichen Kosten. Gegen anfängliche Bedenken des Bundesrats ist es bei dem bereits im Regierungsentwurf enthaltenen weiten Ermessen bei der Kostenentscheidung geblieben. Insbesondere ist eine Entscheidung über die Kosten in FG-Verfahren, außer in Familiensachen und in den in Spezialregelungen für einzelne Verfahren (s Rz 2), nicht zwingend vorgeschrieben (BTDrs 16/6308, S 215). Die Verpflichtung zur Kostenentscheidung in Familiensachen korrespondiert mit der Angleichung des Gerichtskostenrechts an das GKG durch das FamGKG. Auch bei verpflichtender Entscheidungen über die Kosten ist das Gericht in Ausübung seines Ermessens nicht gehindert, von der Erhebung der Kosten ganz abzusehen (Abs 1 Satz 2). Das ist aus Sicht des Gesetzgebers beispielsweise angebracht, wenn es nach dem Verlauf oder dem Ausgang des Verfahrens unbillig erscheint, die Beteiligten mit den Gerichtkosten zu belasten (BTDrs 16/6308, S 215). Ansonsten ist eine Orientierung an den in § 91 ff der ZPO enthaltenen Grundsätzen sicher nicht verfehlt. Soweit keine Kostenentscheidung getroffen wird, gelten für die gerichtlichen Kosten die Haftungsregelungen der §§ 21 ff FamGKG; eine Erstattung außergerichtlicher Kosten findet nicht statt.

Die **Regelung wird ergänzt** und damit gleichzeitig das Ermessen eingeschränkt, einmal durch § 83 für die Fälle, in denen das Verfahren durch Vergleich, Rücknahme oder auf andere Weise ohne Entscheidung in der Hauptsache beendet wird, und in § 84 für den Fall eines erfolglos eingelegten Rechtsmittels. Darüber hinaus enthält das FamG eine Reihe von Sonderregeln, zB über die Kosten in Zwangs- und Ordnungsmittelverfahren (§§ 35, 92, 389), Ehesachen (§§ 135, 150), bei Anfechtung der Vaterschaft (§ 183), in Unterhaltsverfahren (§ 243), Betreuungs- und Unterbringungssachen (§§ 307, 337), bei Widerspruch gegen die Löschung einer Firma (§ 393) oder Auflösung einer AG (§ 399),

§ 81 FamFG | **Grundsatz der Kostenpflicht**

mit inhaltlichen Vorgaben für eine in jedem Fall zu treffende Kostenentscheidung. In anderen wird ausdrücklich auf Regelungen in diesem Abschnitt verwiesen, zB für einstweilige Anordnungsverfahren (§ 51), Beschwerden in Vollstreckungsverfahren (§ 87) oder eine Kostenentscheidung zur Pflicht gemacht, zB bei Entziehung oder Kraftloserklärung eines Erbscheins (§ 353). Unberührt bleiben gemäß Abs 5 auch in anderen Bundesgesetzen enthaltenen Regelungen zur Kostentragung, zB in § 16 FreiheitsentziehungsG.

B. Einzelheiten

I. Kostenhaftung bei grobem Verschulden (Abs 2)

3   Abs 2 grenzt das Ermessen ein, indem es Fallkonstellationen aufzeigt, in denen es regelmäßig der Billigkeit entspricht, einem Verfahrensbeteiligten die Kosten ganz oder teilweise aufzuerlegen, wie das zT schon nach § 13a Abs 1 Satz 2 FGG möglich war. Die in der Rechtsprechung hierzu entwickelte Kasuistik wird in fünf **Regelbeispielen** zusammengefasst, dh es handelt sich um keine abschließende Aufzählung.

4   Nr 1 entspricht § 13a Abs 1 Satz 2 2. Alt FGG und sanktioniert die **Verursachung des Verfahrens durch grobes Verschulden**, aber unter Verzicht auf das Erfordernis der Verursachung zusätzlicher Kosten. Dadurch ist die Auferlegung von Kosten, falls die Voraussetzungen vorliegen, auch nicht auf die Mehrkosten beschränkt. Ein grobes Verschulden iS dieser Vorschrift ist zu bejahen bei Vorsatz oder wenn die nach den Umständen erforderliche Sorgfalt in einem ungewöhnlichem Ausmaß wurde (Bumiller/Winkler § 13a Rn 20; s dazu zB OLG München NJW-RR 2006, 1377; OLG Brandenburg FamRZ 2006, 971).

5   Nr 2 ist ein Unterfall der Veranlasserhaftung (s LG Berlin BtPrax 2008, 275). Sie betrifft nur Antragsverfahren und setzt voraus, dass der **Antrag von vornherein erkennbar aussichtslos** war. Das entspricht den Kriterien, die zur Frage der Mutwilligkeit iSd § 114 ZPO entwickelt wurden (s dazu § 77 Rz 20). Im Übrigen ist beim Ausschöpfen dieser Möglichkeit insbesondere in Familiensachen Zurückhaltung geboten (vgl OLG Brandenburg FamRZ 2006, 1774 mwN). Der Anwendungsbereich wird außerdem dadurch überlagert, dass dem Unterlegenen bereits nach Abs 1 die Kosten auferlegt werden können, so dass der praktische Nutzen gering ist.

6   Nr 3 soll **schuldhaft unwahre Angaben** über wesentliche Tatsachen sanktionieren. Auch hier ist grobes Verschulden erforderlich. Die Voraussetzungen sind vergleichbar mit denen, die nach § 124 Nr 1 und 2 ZPO zu einer Entziehung der Verfahrenskostenhilfe führen können (vgl dazu § 77 Rz 34).

7   Nr 4 sanktioniert **schuldhafte Verfahrensverzögerung**. Ob dafür die in § 27 statuierte Mitwirkungspflicht als Rechtsgrundlage ausreicht, erscheint jedenfalls in Amtsverfahren zweifelhaft. Die Voraussetzungen dieser kostenrechtlichen Sanktion sind zu vergleichen mit denen einer (zusätzlichen) Strafgebühr, wie sie für selbständige Familienstreitsachen in § 32 FamGKG und ansonsten in § 34 GKG eröffnet ist (vgl dazu § 32 FamGKG).

8   Nr 5 bezieht sich auf die dem Familiengericht eröffnete Möglichkeit, in Kindschaftssachen den Eltern die Teilnahme an einer **Beratung** verbindlich aufzulegen, und sanktioniert die **unentschuldigte Nichtteilnahme**.

II. Haftungsbeschränkung (Abs 3)

9   Abs 3 übernimmt die bisher in § 94 Abs 3 Satz 2 KostO enthaltene Freistellung **Minderjähriger** von der Kostenerstattung und Überbürdung mit Gerichtskosten in persönlichen Angelegenheiten. Das korrespondiert mit der bereits im FamGKG enthalten Freistellung von gerichtlichen Gebühren und Auslagen (s FamGKG § 3 Rz 12, 57).

III. Haftung Dritter (Abs 4)

Abs 4 übernimmt die bisher nur für Betreuungs- und Unterbringungssachen in § 13a 10
Abs 2 Satz 3 FGG vorgesehene Möglichkeit auch einem Nichtbeteiligten Verfahrenskosten aufzuerlegen, weil er ein Verfahren in Gang gebracht hat, obwohl das Vorliegen seiner Voraussetzung nicht wenigstens hinreichend wahrscheinlich war (BayObLGZ 1997, 379). Damit können zB in Kindschaftssachen auch dem Jugendamt, das sich nicht förmlich beteiligt hat, Kosten auferlegt werden, wenn es durch grobes Verschulden eines Mitarbeiters zur Einleitung eines Verfahrens gekommen ist (Friederici/Kemper/*Schneider* § 81 Rn 43).

§ 82 Zeitpunkt der Kostenentscheidung

Ergeht eine Entscheidung über die Kosten, hat das Gericht hierüber in der Endentscheidung zu entscheiden.

1. Die Vorschrift legt fest, dass über die Kosten, soweit das Gericht eine Entscheidung treffen muss oder sie für angemessen hält (§ 81 Rz 1), hierüber **zusammen mit der Endentscheidung** zu befinden hat. Zum Begriff der Endentscheidung vergleiche die Legaldefinition in § 38 Abs 1 Satz 1. Zur Kostenentscheidung für den Fall, dass sich das Verfahren ohne Endentscheidung auf andere Weise erledigt s § 83 Abs 2.
2. Die Entscheidung über die Kosten ist **isoliert mit der Beschwerde anfechtbar**, sofern der Beschwerdewert (§ 61 Abs 1) erreicht ist. Eine des § 20a FGG aF vergleichbare Regelung wurde nicht in das FamFG übernommen (BTDrs 16/6308 S 204). Damit ist das Verbot der isolierten Anfechtung der Kostenentscheidung in FG-Sachen entfallen. In Versorgungsausgleichssachen ist eine Beschwer nur für die Anfechtung der Kostenentscheidung vorgesehen, während die Hauptsache davon ausgenommen ist (vgl § 228).

§ 83 Kostenpflicht bei Vergleich, Erledigung und Rücknahme

(1) Wird das Verfahren durch Vergleich erledigt und haben die Beteiligten keine Bestimmung über die Kosten getroffen, fallen die Gerichtskosten jedem Teil zu gleichen Teilen zur Last. Die außergerichtlichen Kosten trägt jeder Beteiligte selbst.

(2) Ist das Verfahren auf sonstige Weise erledigt oder wird der Antrag zurückgenommen, gilt § 81 entsprechend.

1. **Abs 1** ist in Zusammenhang mit § 36 zu sehen, der erstmals für das FGG die Zulässigkeit eines Vergleichs regelt und bestimmt dessen Kostenfolgen in Anlehnung an § 98 ZPO. Vereinbarungen der Parteien über die Kosten sind immer vorrangig (s.a. Zöller/*Herget* §§ 98 ff). Das gilt auch, wenn die Beteiligten vereinbaren, dass das Gericht über die Kosten entscheiden soll.
2. **Abs 2** stellt durch den Verweis auf § 81 klar, dass das Gericht eine isolierte Kostenentscheidung treffen kann, wenn das Verfahren weder durch eine Endentscheidung noch durch einen Vergleich beendet wird. Nach den Vorstellungen des Gesetzgebers rechtfertigt die Rücknahme eines Antrags allein die Auferlegung der Kosten nicht. Er verweist insoweit vielmehr auf die pflichtgemäße Ausübung des Ermessens unter Berücksichtigung der Umstände, die zur Rücknahme des Antrags geführt haben (s.a. § 84 Rz 2).

§ 84 Rechtsmittelkosten

Das Gericht soll die Kosten eines ohne Erfolg eingelegten Rechtsmittels dem Beteiligten auferlegen, der es eingelegt hat.

Die Vorschrift knüpft an den bisherigen § 13a Abs 1 Satz 2 FGG an. Danach sollen dem **1** mit seinem Rechtsmittel unterlegenen Beteiligten die in der Rechtsmittelinstanz erwachsenen Kosten auferlegt werden.

Durch die Fassung als Sollvorschrift wird die Möglichkeit eröffnet, in Ausnahmefällen **2** davon abzuweichen. Insoweit verweist die Gesetzesgründung auf die besonderen Umstände, die den Rechtsmittelführer zur Rücknahme seines Rechtsmittels veranlasst haben und die im Rahmen des Ermessens berücksichtigt werden sollen (BTDrs 16/6308 S 216).

§ 85 Kostenfestsetzung

Die §§ 103 bis 107 der ZPO über die Festsetzung des zu erstattenden Betrags sind entsprechend anzuwenden.

A. Allgemeines

1 Wie im FGG (§ 13a Abs 3) verweist das FamFG für die **Durchführung des Kostenausgleichs** auf das Kostenfestsetzungsverfahren nach §§ 103 bis 107 ZPO. Die Verweisung umfasst auch die in § 104 Abs 3 geregelte Statthaftigkeit der **Beschwerde**. Das bezieht sich nicht auf die in § 58 ff FamFG geregelte Beschwerde, die nur für Endentscheidungen gilt, sondern auf die sofortige Beschwerde entsprechend den §§ 567 bis 572 ZPO (BTDrs 16/6308, 203).

B. Kostenfestsetzung – Überblick

2 Aufgrund einer vollstreckbaren Kostenentscheidung oder eines Vergleichs werden auf Antrag eines Beteiligten seine daraus resultierenden Erstattungsansprüche gegen den oder die übrigen Beteiligen vom Rechtspfleger (§ 21 RpflG) durch Beschluss festgesetzt, aus dem der Begünstigte die Zwangsvollstreckung nach den Regeln der ZPO betreiben kann. Soweit Erstattungsansprüche im Kostenfestsetzungsverfahren (KFV) tituliert werden können, fehlt einer Klage gleichen Inhalts das Rechtsschutzbedürfnis (BGH NJW 1990, 2061). Das Verfahren richtet sich nach allgemeinen Grundsätzen, insbesondere dem Beibringungsgrundsatz. Lediglich für die Entstehung der Kosten kann sich das Gericht mit der Glaubhaftmachung begnügen (§§ 104 Abs 2 Satz 1 ZPO). Als Betragsverfahren ist es an die Kostengrundentscheidung gebunden und füllt diese aus. Es können nur Kosten festgesetzt werden, die von der Kostengrundentscheidung umfasst werden. Diese muss zwar ausgelegt, darf aber nicht korrigiert werden. Einwendungen, die nicht die Ausfüllung der Kostengrundentscheidung (Entstehung von Kosten und Gebühren, ihre Prozesszugehörigkeit, Notwendigkeit und Höhe) und damit den prozessualen Erstattungsanspruch betreffen, sind im KFV nicht zu berücksichtigen.

3 Soweit das Gericht nicht bereits in der Kostenentscheidung die Erstattung bestimmter Aufwendungen und Auslagen in seiner Kostenentscheidung befunden hat, entscheidet der Rechtspfleger unabhängig über die **Erstattungsfähigkeit** der geltend gemachten außergerichtlichen Aufwendungen (s § 80) und damit auch über die Notwendigkeit anwaltlichen Beistands und die Berechtigung der angesetzten Vergütung. Dabei hat er die Anrechnungsvorschriften des RVG (s dazu zuletzt BGH FamRZ 2008, 878) ebenso zu beachten, wie die Verpflichtung der Beteiligten zur kostengünstigen Prozessführung (vgl zu den Reisekosten auch § 78 Rz 5). Vgl zur Erstattungsfähigkeit von Anwaltskosten im Kostenfestsetzungsverfahren ausführlich (Zöller/*Herget* § 104 Rn 21).

4 Die für berechtigt erachteten Kosten werden nach Anhörung des Gegners ggf unter Berücksichtigung eines nach § 1360a BGB unstreitig geleisteten Prozesskostenvorschusses (Musielak/*Wolst* § 104 Rn 10 mwN) festgesetzt. Sind aufgrund der gerichtlichen Entscheidung wechselseitig Kosten zu erstatten, werden die bekannt gegebenen und erstattungsfähigen Kosten sämtlicher Beteiligter miteinander verrechnet und nur der Überschuss festgesetzt (§ 106 Abs 1 ZPO). Soweit ein Beteiligter seine Kosten nicht rechtzeitig bekannt gibt, ist dadurch die nachträgliche (isolierte) Festsetzung nicht ausgeschlossen, verpflichtet aber ggf zur Erstattung der sich daraus ergebenen Mehrkosten (§ 106 Abs 2 ZPO).

5 Wird nach der Kostenfestsetzung der Wert des Verfahrensgegenstandes in Abweichung zu dem Wert gerichtlich festgesetzt, der bei der Kostenfestsetzung zugrunde gelegt wurde, so kann der der Kostenfestsetzungsbeschluss auf Antrag **abgeändert** werden (§ 107 ZPO). Der Antrag kann nur innerhalb einer Frist von 1 Monat nach Zustellung oder Verkündung des den Wert ändernden Beschlusses gestellt werden.

Abschnitt 8
Vollstreckung

Einleitung

Der 8. Abschnitt des Allgemeinen Teils befasst sich in den §§ 86–96a mit der Vollstre- 1
ckung. Er gliedert sich in drei Unterabschnitte: Allgemeine Vorschriften (§§ 86, 87), Vollstreckung von Entscheidungen über die Herausgabe von Personen und die Regelung des Umgangs (§§ 88–94) und die Vollstreckung nach der ZPO (§§ 95–96a).

Unterabschnitt 1
Allgemeine Vorschriften

§ 86 Vollstreckungstitel

(1) Die Vollstreckung findet statt aus
1. gerichtlichen Beschlüssen;
2. gerichtlich gebilligten Vergleichen (§ 156 Abs. 2);
3. weiteren Vollstreckungstiteln im Sinne des § 794 der Zivilprozessordnung, soweit die Beteiligten über den Gegenstand des Verfahrens verfügen können.

(2) Beschlüsse sind mit Wirksamwerden vollstreckbar.

(3) Vollstreckungstitel bedürfen der Vollstreckungsklausel nur, wenn die Vollstreckung nicht durch das Gericht erfolgt, das den Titel erlassen hat.

A. Allgemeines

Bislang war die Basis einer gerichtlichen Vollstreckung im Verfahren der freiwilligen Ge- 1
richtsbarkeit gesetzlich nicht fixiert und es war somit nicht ersichtlich, woraus die Vollstreckung betrieben werden konnte. Mit § 86 wird nunmehr klargestellt, dass auch in FamFG-Sachen eine Vollstreckung aus Vollstreckungstiteln stattfindet.

B. Vollstreckungstitel

Vollstreckungstitel sind nach § 86 Abs 1: 2
1. gerichtliche Beschlüsse,
2. gerichtlich gebilligte Vergleiche (§ 156 Abs 2) und
3. weitere Vollstreckungstitel iSd § 794 ZPO, soweit die Beteiligten über den Gegenstand des Verfahrens verfügen können.

I. Gerichtliche Beschlüsse

Die Vollstreckung aus gerichtlichen Beschlüssen erfasst **Endentscheidungen** sowie an- 3
dere **verfahrensabschließenden Entscheidungen**, die einen vollstreckungsfähigen Inhalt haben wie zB Beschlüsse zur Ersatzvornahme bei vertretbaren Handlungen nach § 887 ZPO (= Handlung, die durch einen Dritten vorgenommen werden kann). Dies kann die Vornahme der Erstellung eines Vermögensverzeichnisses nach § 1640 BGB oder nach § 1802 BGB sein. Ein gerichtlicher Beschluss iSd § 86 Abs 1 Nr 1 liegt auch vor bei einer Zwangsgeldfestsetzung bezüglich der Vornahme einer unvertretbaren Handlung nach § 888 ZPO (= Handlung, die nicht durch einen Dritten vorgenommen werden kann und ausschließlich vom Willen des Verpflichteten abhängt) wie der Verpflichtung zur Auskunftserteilung. Erfasst werden desgleichen Beschlüsse zur Erzwingung von Unterlassungen und Duldungen nach § 890 ZPO. Darüber hinaus fallen hierunter auch Kos-

§ 86 FamFG | Vollstreckungstitel

tenfestsetzungsbeschlüsse nach § 85 iVm §§ 104, 105 ZPO und Beschlüsse im vereinfachten Unterhaltfestsetzungsverfahren nach § 253. Ferner können hierzu einstweilige Anordnungen nach §§ 49f zählen (BLAH/*Hartmann* FamFG § 86 Rn 1). **Keine** gerichtlichen Beschlüsse iSd § 86 Abs 1 Nr 1 sind verfahrensleitende Anordnungen oder Verfügungen wie zB hinsichtlich der Anordnung der Auskunftserteilung nach § 220 im Versorgungsausgleichsverfahren oder bezüglich der Ablieferung von Testamenten nach § 358. Dies gilt auch, wenn sie als Beschluss erlassen worden sind. Ihre Vollstreckung richtet sich vielmehr nach § 35. Dies gilt ebenso für die Vollstreckung der Verpflichtung zur Herausgabe einer Betreuungsverfügung oder der Abschrift einer Vorsorgevollmacht nach § 285, zur Aushändigung von Schriftstücken bzw Unterlagen bei der Dispache nach §§ 404, 405 Abs 2 und zur Antragstellung sowie Verschaffung der notwendigen Unterlagen bei der Zwangsberichtigung des Grundbuchs nach § 82 GBO.

II. Gerichtlich gebilligte Vergleiche

4   Als Vollstreckungstitel werden in § 86 Abs 1 Nr 2 auch gerichtlich gebilligte Vergleiche nach § 156 Abs 2 in Bezug auf Umgangsregelungen oder die Kindesherausgabe aufgeführt. Nicht hiernach vollstreckt werden können bloß außergerichtliche Umgangsvereinbarungen zwischen den Beteiligten.

III. Weitere Vollstreckungstitel nach § 794 ZPO

5   Schließlich findet die Vollstreckung auch aus den in § 794 ZPO aufgeführten Vollstreckungstiteln statt – also insbes aus gerichtlichen Vergleichen nach § 794 Abs 1 Nr 1 ZPO oder aus Anwaltsvergleichen nach § 794 Abs 1 Nr 4b ZPO – allerdings nur, soweit den Beteiligten die **Dispositionsbefugnis** zusteht. Dementsprechend scheidet diese Möglichkeit in Amtsverfahren aus und kommt nur in Antragsverfahren in Betracht, so zB bei einer Einigung im Rahmen der Erbauseinandersetzung.

6   Die Vollstreckungstitel müssen natürlich **vollzugsfähig**, dh hinreichend bestimmt und wirksam (vgl § 86 Abs 2) sein. Die Anordnung muss zu ihrer Bestimmtheit aus sich heraus eindeutig gefasst sein, sodass der Verpflichtete genau erkennen kann, welches Verhalten von ihm verlangt wird. So bedarf es bei einer **Umgangsregelung** genauer und erschöpfender Bestimmungen über Art, Ort und Zeit des Umgangs mit dem Kind (OLG Brandenburg FamRZ 2008, 1551) und auch der Modalitäten der Umgangskontakte (OLG Koblenz FamRZ 2007, 1682). Dabei sind Formulierungen wie zB »von samstags morgen bis sonntags abends«, »in der Ferienzeit … zusammenhängend für mindestens 14 Tage« und »abwechselnd an den Feiertagen« nicht ausreichend. Ferner ist zu regeln, wer das Kind jeweils bringt und/oder holt (OLG Frankfurt aM FamRZ 2008, 1372). Nicht aufgenommen werden muss, dass der eine Elternteil das Kind dann auch zur Zeit der Abholung durch den anderen Elternteil bereit zu halten hat, da es sich hierbei um eine Selbstverständlichkeit handelt (OLG Karlsruhe FamRZ 2005, 1698, 1699; Gottschalk FPR 2007, 308, 309; aA OLG Brandenburg FamRZ 2008, 1551, 1552).

C. Wirksamwerden

7   Gem § 86 Abs 2 (bisher § 24 Abs 1 FGG) sind Beschlüsse mit Wirksamwerden **vollstreckbar**. Beschlüsse werden grds mit ihrer **Bekanntgabe** gem § 40 Abs 1 an den Beteiligten wirksam, für den dieser seinem wesentlichen Inhalt nach bestimmt ist. Die Bekanntgabe richtet sich wiederum nach § 15 (Zustellung oder Aufgabe zur Post). Damit wird grds ein schnelles Wirksamwerden von Entscheidungen und eine mögliche zügige Vollstreckung gewährleistet. Nur ausnahmsweise werden Beschlüsse erst mit ihrer (formellen) **Rechtskraft** wirksam. Das ist der Fall bei der Genehmigung eines Rechtsgeschäfts nach § 40 Abs 2, der Ersetzung der Zustimmung eines anderen zu einem Rechtsgeschäft (zB nach § 1365 Abs 2 BGB) oder der Beschränkung oder Ausschließung

der Berechtigung eines Ehegatten iR der Geschäfte zur Deckung des Lebensbedarfs gem § 1357 Abs 2 S 1 BGB nach § 40 Abs 3 sowie bei einer Endentscheidung in Abstammungssachen nach 184 Abs 1 S 1. Ferner werden erst mit Rechtskraft wirksam der Beschluss über die Ersetzung einer Einwilligung oder Zustimmung im Rahmen der Adoption nach 198 Abs 1 S 1, die Endentscheidung in Ehewohnungs- und Haushaltssachen nach § 209 Abs 2 S 1 und Beschlüsse über die Genehmigung oder die Anordnung einer Unterbringungsmaßnahme nach 324 Abs 1. In Adoptionssachen kann jedoch nach § 198 Abs 1 S 2 bei Gefahr im Verzug die **sofortige Wirksamkeit** des Beschlusses angeordnet werden. Dann wird der Beschluss nach § 198 Abs 1 S 3 mit der Bekanntgabe an den Antragsteller wirksam. In Ehewohnungssachen soll nach § 209 Abs 2 S 2 die sofortige Wirksamkeit angeordnet werden. In Unterbringungssachen kann ebenfalls die sofortige Wirksamkeit angeordnet werden nach § 324 Abs 2 S 1. Dieser wird nach § 324 Abs 2 S 2 wirksam, wenn er und die Anordnung seiner sofortigen Wirksamkeit dem Betroffenen, dem Verfahrenspfleger, dem Betreuer oder dem Bevollmächtigten bekannt gegeben werden (Nr 1) oder einem Dritten zwecks Vollzug des Beschlusses mitgeteilt werden (Nr 2) oder der Geschäftsstelle des Gerichts zwecks Bekanntgabe übergeben werden (Nr 3).

D. Vollstreckungsklausel

Nach § 86 Abs 3 bedürfen Vollstreckungstitel der Vollstreckungsklausel nur, wenn die Vollstreckung nicht durch das Gericht erfolgt, das den Titel erlassen hat. Das kommt zB in Betracht, wenn nach einer Entscheidung auf Kindesherausgabe der gewöhnliche Aufenthalt des Kindes in einen anderen Gerichtsbezirk verlegt wurde (vgl § 88 Abs 1) und dieses nun die Vollstreckung durchführt oder bei der Vollstreckung von Geldforderungen, welche von den Beteiligten selbst betrieben wird. In allen übrigen Fällen ist eine Vollstreckungsklausel entbehrlich. Eine **Sonderregelung** enthält **§ 53 Abs 1** für die einstweilige Anordnung – entsprechend § 929 Abs 1 ZPO –. Danach bedarf es der Vollstreckungsklausel nur, wenn die Vollstreckung für oder gegen einen anderen als den in dem Beschluss bezeichneten Beteiligten erfolgen soll, was allerdings nicht notwendig ist, wenn sie nach § 86 Abs 3 entbehrlich ist. Die Klauselpflicht soll lediglich eingeschränkt und nicht erweitert werden. Zum Zwecke der Verfahrensbeschleunigung entfällt somit idR das Erfordernis der Erteilung der Vollstreckungsklausel. 8

§ 87 Verfahren; Beschwerde

(1) Das Gericht wird in Verfahren, die von Amts wegen eingeleitet werden können, von Amts wegen tätig und bestimmt die im Fall der Zuwiderhandlung vorzunehmenden Vollstreckungsmaßnahmen. Der Berechtigte kann die Vornahme von Vollstreckungshandlungen beantragen; entspricht das Gericht dem Antrag nicht, entscheidet es durch Beschluss.

(2) Die Vollstreckung darf nur beginnen, wenn der Beschluss bereits zugestellt ist oder gleichzeitig zugestellt wird.

(3) Der Gerichtsvollzieher ist befugt, erforderlichenfalls die Unterstützung der polizeilichen Vollzugsorgane nachzusuchen. § 758 Abs. 1 und 2 sowie die §§ 759 bis 763 der Zivilprozessordnung gelten entsprechend.

(4) Ein Beschluss, der im Vollstreckungsverfahren ergeht, ist mit der sofortigen Beschwerde in entsprechender Anwendung der §§ 567 bis 572 der Zivilprozessordnung anfechtbar.

(5) Für die Kostenentscheidung gelten die §§ 80 bis 82 und 84 entsprechend.

A. Amts- und Antragsverfahren

1 Bislang fehlte eine Regelung, die bestimmte, ob die Vollstreckung in einem Verfahren von Amts wegen oder nur auf Antrag durchgeführt wird. Nunmehr wird dies für Amtsverfahren im Gesetz festgelegt. Gem § 87 Abs 1 S 1 werden Entscheidungen in Amtsverfahren von Amts wegen vollstreckt. In Antragsverfahren ist hingegen auch für die Durchführung des Vollstreckungsverfahrens ein Antrag erforderlich (BTDrs 16/6308 S 217). Dies hätte ebenso klarstellend in den Gesetzeswortlaut aufgenommen werden sollen. Gem § 87 Abs 1 S 2 kann in Amtsverfahren auch die Vornahme von Vollstreckungshandlungen beantragt werden. Sofern das Gericht dem nicht nachkommt, muss es durch Beschluss entscheiden, gegen den wiederum die sofortige Beschwerde offen steht nach § 87 Abs 4.

B. Vollstreckungsbeginn

2 Nach § 87 Abs 2 darf in Anlehnung an § 750 Abs 1 S 1 ZPO die Vollstreckung nur beginnen, wenn der Beschluss bereits zugestellt ist oder gleichzeitig zugestellt wird. Ausnahmsweise kann die Vollstreckung jedoch schon vor der Zustellung beginnen. In Gewaltschutzsachen (wie bisher nach § 64b Abs 3 S 3 FGG) sowie in sonstigen Fällen (zB Entscheidungen auf Kindesherausgabe oder Freiheitsentziehung nach § 427), in denen hierfür ein besonderes Bedürfnis besteht, kann das Gericht nach § 53 Abs 2 S 1 anordnen, dass die Vollstreckung der einstweiligen Anordnung vor Zustellung an den Verpflichteten zulässig ist. Gem § 53 Abs 2 S 2 wird die einstweilige Anordnung dann stets mit ihrem Erlass wirksam. Auch in Ehewohnungssachen kann nach § 209 Abs 3 S 1 die Zulässigkeit der Vollstreckung vor der Zustellung angeordnet werden. Dies gilt auch für Endentscheidungen in Gewaltschutzsachen nach § 216 Abs 2 S 1 (bisher § 64b Abs 2 S 2, 2. HS FGG).

C. Gerichtsvollzieher

3 § 87 Abs 3 S 1 (bisher § 33 Abs 2 S 3 FGG) sieht die Befugnis des Gerichtsvollziehers vor, erforderlichenfalls die Unterstützung der polizeilichen Vollzugsorgane nachzusuchen. § 87 Abs 3 S 2 ist neu und bestimmt die entsprechende Anwendung der §§ 758 Abs 1, 2, 759–763 ZPO. Nach § 758 Abs 1 ZPO ist der Gerichtsvollzieher befugt, die Wohnung und die Behältnisse des Verpflichteten zu durchsuchen und nach § 758 Abs 2 ZPO steht

ihm das Recht zu, Türen etc öffnen zu lassen. § 759 ZPO regelt die Pflicht des Gerichtsvollziehers bezüglich der Hinzuziehung von Zeugen, sofern Widerstand geleistet wird oder weder der Verpflichtete noch eine zu seiner Familie gehörige oder dieser Familie dienende erwachsene Person anwesend ist. In § 760 ZPO ist das Akteneinsichts- und Abschriftsrecht der Beteiligten geregelt und § 762 ZPO bestimmt, welchen Inhalt das – zwingend erforderliche – Gerichtsvollzieherprotokoll haben muss. Aus § 763 ZPO ergibt sich, wie der Gerichtsvollzieher erforderliche Aufforderungen und Mitteilungen im Rahmen von Vollstreckungshandlungen vorzunehmen hat. Die notwendigen Aufforderungen ergeben sich aus der GVGA.

D. Sofortige Beschwerde

Beschlüsse im Vollstreckungsverfahren sind nach § 87 Abs 4 mit der sofortigen Beschwerde nach § 567–572 ZPO anfechtbar. Dies gilt gem § 11 Abs 1 RPflG auch, sofern der Rechtspfleger entschieden hat. Nach § 570 Abs 1 ZPO hat die Beschwerde aufschiebende Wirkung hinsichtlich der Festsetzung von Ordnungs- und Zwangsmitteln (so bisher für FGG-Verfahren nach § 24 Abs 1 FGG). Über die sofortige Beschwerde entscheidet grds das OLG nach § 119 Abs 1 Nr 1 GVG. Nur gegen Entscheidungen in Freiheitsentziehungssachen und der von den Betreuungsgerichten entschiedenen Sachen entscheidet das LG nach § 72 Abs 1 S 2 GVG.

E. Kostenentscheidung

Die Kostenentscheidung im Vollstreckungsverfahren richtet sich gem § 87 Abs 5 nach den Vorschriften der Kostenentscheidung im zugrunde liegenden Ausgangsverfahren (§§ 80–82, 84).

Unterabschnitt 2
Vollstreckung von Entscheidungen über die Herausgabe von Personen und die Regelung des Umgangs

§ 88 Grundsätze

(1) Die Vollstreckung erfolgt durch das Gericht, in dessen Bezirk die Person zum Zeitpunkt der Einleitung der Vollstreckung ihren gewöhnlichen Aufenthalt hat.

(2) Das Jugendamt leistet dem Gericht in geeigneten Fällen Unterstützung.

A. Örtliche Zuständigkeit

1 Nach § 88 Abs 1 erfolgt die Vollstreckung durch das Gericht, in dessen Bezirk die Person zum Zeitpunkt der Einleitung der Vollstreckung ihren **gewöhnlichen Aufenthalt** (Daseinsmittelpunkt) hat. Bislang wurde primär an den Wohnsitz des Kindes gem §§ 64 Abs 3, 43 Abs 1, 36 Abs 1 S 1 FGG, §§ 7 Abs 1, 11 S 1 BGB angeknüpft und nur sekundär an den einfachen Aufenthalt (vgl § 36 Abs 1 S 1 FGG). Maßgeblich ist der Zeitpunkt der **Einleitung** der Vollstreckung. Eingeleitet wird die Vollstreckung durch die erste Vollstreckungsmaßnahme des Gerichtsvollziehers bzw den Erlass (§ 38 Abs 3) des Beschlusses der ersten Vollstreckungsmaßnahme (vgl BLAH/*Hartmann* FamFG § 88 Rn 1; ZPO, Grundz § 704 Rn 51). Ob ein Antrag auf Verfahrenskostenhilfe gestellt wurde, spielt insofern keine Rolle. Das gerichtliche Handeln kann natürlich auch in Amtsverfahren durch den Antrag eines Beteiligten angestoßen werden. Wird nach Einleitung der Vollstreckung ein neuer gewöhnlicher Aufenthalt für zB das herauszugebende Kind außerhalb des Gerichtsbezirks begründet, bleibt das Gericht weiterhin für die Vollstreckung zuständig. Somit gilt auch hier (wie in § 261 Abs 3 Nr 2 ZPO) der Grundsatz der **perpetuatio fori**, vgl § 2 Abs 2.

B. Unterstützung durch Jugendamt

2 § 88 Abs 2 normiert in Anlehnung an § 9 IntFamRVG, dass das Jugendamt dem Gericht in geeigneten Fällen Unterstützung leistet. Dies soll im Interesse des Kindeswohls der Vermeidung von Gewaltanwendung dienen. Die Unterstützungspflicht erstreckt sich auch auf das Handeln des Gerichtsvollziehers, wenn dieser im Auftrag des Gerichts tätig wird.

§ 89 Ordnungsmittel

(1) Bei der Zuwiderhandlung gegen einen Vollstreckungstitel zur Herausgabe von Personen und zur Regelung des Umgangs kann das Gericht gegenüber dem Verpflichteten Ordnungsgeld und für den Fall, dass dieses nicht beigetrieben werden kann, Ordnungshaft anordnen. Verspricht die Anordnung eines Ordnungsgeldes keinen Erfolg, kann das Gericht Ordnungshaft anordnen. Die Anordnungen ergehen durch Beschluss.

(2) Der Beschluss, der die Herausgabe der Person oder die Regelung des Umgangs anordnet, hat auf die Folgen einer Zuwiderhandlung gegen den Vollstreckungstitel hinzuweisen.

(3) Das einzelne Ordnungsgeld darf den Betrag von 25000 Euro nicht übersteigen. Für den Vollzug der Haft gelten § 901 Satz 2, die §§ 904 bis 906, 909, 910 und 913 der Zivilprozessordnung entsprechend.

(4) Die Festsetzung eines Ordnungsmittels unterbleibt, wenn der Verpflichtete Gründe vorträgt, aus denen sich ergibt, dass er die Zuwiderhandlung nicht zu vertreten hat. Werden Gründe, aus denen sich das fehlende Vertretenmüssen ergibt, nachträglich vorgetragen, wird die Festsetzung aufgehoben.

A. Allgemeines

In § 89 sind als Ordnungsmittel das Ordnungsgeld und die Ordnungshaft vorgesehen. Dabei handelt es sich zum einen um **Beugemittel** zur Erzwingung einer gerichtlichen Anordnung, wodurch ein entgegenstehender Wille des Verpflichteten gebeugt werden soll. Zum anderen dienen die Ordnungsmittel auch als **Sanktion**. Der Einsatz von Ordnungs- statt Zwangsmitteln hat den Vorteil, dass eine Vollstreckung auch noch möglich ist, wenn Zeitablauf eingetreten ist. So war bislang, wenn zB eine Umgangsregelung für die Weihnachtsferien vereitelt wurde, eine Vollstreckung nach den Ferien mit Zwangsmitteln (nach dem bisherigen § 33 FGG) nicht mehr möglich, da die Zwangsmittel lediglich Beugecharakter haben, der Wille jedoch nicht mehr gebeugt werden kann, falls die Zeit abgelaufen ist und somit die Handlung nicht mehr in der Zeit vorgenommen werden kann. Nunmehr ist eine Vollstreckung mit Ordnungsmitteln auch nach Zeitablauf möglich, da den Ordnungsmitteln ein strafrechtlicher Sanktionscharakter innewohnt. Hierdurch wird die Vollstreckung von Herausgabe- und Umgangsentscheidungen effektiver. Dabei kann zunächst Ordnungsgeld festgesetzt werden und für den Fall der Nichtbeitreibung Ordnungshaft, § 89 Abs 1 S 1. Wenn die Festsetzung von Ordnungsgeld jedoch von vornherein keinen Erfolg verspricht, kann direkt Ordnungshaft angeordnet werden, § 89 Abs 1 S 2 (vgl hinsichtlich der Vollstreckung in Familiensachen nach dem bisherigen § 33 FGG: *Schulte-Bunert* FuR 2005, 200 f; FPR 2008, 397 f). 1

§ 89 regelt die zwangsweise Durchsetzung von **verfahrensabschließenden Entscheidungen**. Die Vollstreckung von verfahrensleitenden gerichtlichen Anordnungen in Familiensachen (zB hinsichtlich der Auskunftspflicht im Rahmen des Versorgungsausgleichs nach § 220) und in Angelegenheiten der freiwilligen Gerichtsbarkeit (zB bezüglich der Anordnung zur Ablieferung von Testamenten nach § 358) richtet sich hingegen nach § 35. 2

Sofern ein **deutsches Gericht** eine Entscheidung hinsichtlich der Herausgabe von Personen und zur Regelung des Umgangs trifft, wird diese als (bisher) »echte« FGG-Angelegenheit bzw sog **Rechtsfürsorgeangelegenheit**, bei der es nicht nur um subjektive Interessen sondern auch die staatliche Wahrnehmung öffentlicher Interessen geht, nach § 89 vollstreckt. Demgegenüber richtet sich die Zwangsvollstreckung in den (bisherigen) »streitigen« FGG-Angelegenheiten bzw »**echten**« **Streitsachen der freiwilligen Gerichtsbarkeit**, bei welchen sich private Interessen entgegenstehen, nach den Vorschriften 3

§ 89 FamFG | Ordnungsmittel

der ZPO gem § 95 Abs 1, wie zB Endentscheidungen in Ehewohnungs- und Haushaltssachen (bisher § 16 Abs 3 HausratsVO), in Zugewinnausgleichsverfahren (bisher § 53a Abs 4 FGG) und in Versorgungsausgleichsverfahren (bisher § 53g Abs 3 FGG).

4   Bei der Vollstreckung einer Entscheidung eines **ausländischen Gerichts** (vgl die Erläuterungen zu § 110) ist zu differenzieren. Primär ist als Rechtsquelle das supranationale Recht – das Gemeinschaftsrecht – in der Gestalt von Verordnungen berufen. Die gemeinschaftsrechtlichen Verordnungen sind nach Art 249 Abs 2 EGV in allen ihren Teilen verbindlich und gelten unmittelbar – also ohne innerstaatlichen Umsetzungsakt – in jedem Mitgliedstaat. Erst danach sind staatsvertragliche Regelungen heranzuziehen und letztlich das autonome (nationale) Recht. Für den Bereich der elterlichen Verantwortung richtet sich die Rechtsanwendung zB vorrangig nach der VO (EG) 2201/2003 (Verordnung (EG) Nr 2201/2003 des Rates über die Zuständigkeit und die Anerkennung und Vollstreckung von Entscheidungen in Ehesachen und in Verfahren betreffend die elterliche Verantwortung und zur Aufhebung der Verordnung (EG) Nr 1347/2000 v 27.11.2003, ABl EG 2003 Nr L 338 S 1, in Kraft seit dem 1.3.2005, auch Brüssel IIa, EheVO II oder EuEheVO genannt. Mittlerweile liegt ein Vorschlag zur Änderung der VO vor.). Eine staatsvertragliche Bestimmung ergibt sich aus dem ESÜ (Luxemburger Europäisches Übereinkommen über die Anerkennung und Vollstreckung von Entscheidungen über das Sorgerecht für Kinder und die Wiederherstellung des Sorgeverhältnisses v 20.5.1980, BGBl 1990 II S 220, in Kraft seit dem 1.2.1991). Dieses kann ua im Verhältnis zu der Schweiz, Dänemark und der Türkei Bedeutung erlangen. Als nationales Ausführungsgesetz dient jeweils das IntFamRVG (Gesetz zum internationalen Familienrecht vom 26.1.2005, BGBl 2005 I S 162, in Kraft seit dem 1.3.2005); hiernach werden auch inländische Titel nach dem HKÜ (Haager Übereinkommen über die zivilrechtlichen Aspekte internationaler Kindesentführung v 25.10.1980, BGBl 1990 II S 207, in Kraft seit dem 1.12.1990) vollstreckt. Vgl zur Vollstreckung von Entscheidungen über die elterliche Verantwortung nach der VO (EG) 2001/2003 iVm IntFamRVG: *Schulte-Bunert* FamRZ 2007, 1608 f). § 44 Abs 1 IntFamRVG sieht – wie § 89 hinsichtlich der Vollstreckung von Entscheidungen über die Herausgabe von Personen und die Regelung des Umgangs – den Einsatz von Ordnungsmitteln vor.

5   Im Folgenden geht es allein um die Vollstreckung von inländischen Entscheidungen (mit Ausnahme solcher nach dem HKÜ) nach § 89.

B. Ordnungsmittel

6   Gerichtliche Herausgabe- und Umgangsbeschlüsse werden – anders als bisher in § 33 FGG, wonach Zwangsmittel vorgesehen waren – nunmehr nach § 89 Abs 1 durch Ordnungsmittel vollstreckt.

I. Ordnungsgeld

1. Voraussetzungen

7   Voraussetzungen für die Anordnung von Ordnungsmitteln sind:
   – Vollstreckungstitel zur Herausgabe von Personen oder zur Regelung des Umgangs,
   – Schuldhafte Zuwiderhandlung,
   – Hinweis.

a) Vollstreckungstitel zur Herausgabe von Personen und zur Regelung des Umgangs

8   Voraussetzung für den Einsatz von Ordnungsmitteln ist zunächst das Vorliegen eines Vollstreckungstitels zur Herausgabe von Personen und zur Regelung des Umgangs. Hierbei kann es sich gem § 86 Abs 1 um gerichtliche Beschlüsse, gerichtlich gebilligte

Vergleiche nach § 156 Abs 2 oder um weitere Vollstreckungstitel iSd § 794 ZPO handeln, soweit die Beteiligten über den Gegenstand des Verfahrens verfügen können. Die materiellrechtlichen Grundlagen für entsprechende gerichtliche Herausgabeentscheidungen ergeben sich für Kinder aus § 1632 Abs 1 BGB, für Mündel aus §§ 1800, 1632 Abs 1 BGB, für Pfleglinge aus §§ 1915 Abs 1 S 1, 1800, 1632 Abs 1 BGB und für Betreute aus §§ 1908i Abs 1 S 1, 1632 Abs 1 BGB. Die Entscheidung über Umgangsregelungen basiert idR auf § 1684 BGB. Vollstreckungstitel können wie erwähnt auch gerichtlich gebilligte Vergleiche nach § 156 Abs 2 sein, also einvernehmliche Regelungen über den Umgang oder die Herausgabe des Kindes. Neben den Titeln aus § 156 Abs 2 dürfte den weiteren Titeln aus § 794 ZPO nur ein eingeschränkter Anwendungsbereich zukommen, da die erforderliche Dispositionsbefugnis nicht hinsichtlich des Umgangsrechts gegeben ist. Vergleiche nach § 794 Abs 1 Nr 1 ZPO kommen insofern nicht in Betracht. Verfügen können die Beteiligten zwar hinsichtlich der Herausgabe eines Kindes (aA *Giers* FPR 2008, 441, 442), sodass ein Vergleich nach § 794 Abs 1 Nr 1 ZPO denkbar wäre. Insofern dürfte § 156 Abs 2 jedoch lex specialis sein.

b) Schuldhafte Zuwiderhandlung

Nach § 89 Abs 4 unterbleibt die Festsetzung eines Ordnungsmittels, wenn der Verpflichtete Gründe vorträgt, aus denen sich ergibt, dass er die Zuwiderhandlung nicht zu vertreten hat. Sofern dies nachträglich geschieht, ist die Festsetzung aufzuheben. Aus der negativen Formulierung ergibt sich, dass das Verschulden des Verpflichteten – die schuldhafte Zuwiderhandlung – grds vermutet wird. Dabei geht die Gesetzesbegründung von dem Erfordernis einer detaillierten Erläuterung aus. Allein zB die Behauptung, das Kind habe nicht zum Umgangsberechtigten gewollt, reicht nicht aus. Vielmehr muss auch iE dargelegt werden, wie auf das Kind eingewirkt wurde, um das Kind doch noch dem Umgangsberechtigten zuzuführen. Auch wenn es keine starren Altersgrenzen gibt, sondern auf die konkreten Umstände des jeweiligen Falles abzustellen ist, wird eine Weigerung von jüngeren Kindern idR kein unüberwindliches Hindernis für den Verpflichteten darstellen und somit nicht zur Exkulpation führen. Insofern wird erwartet, dass dem Widerstand mit erzieherischen Mitteln begegnet werden kann (vgl für Kinder unter 10 Jahren OLG Hamm NJW-RR 1996, 324, 325; es wird aber auch eine Beachtlichkeit des Kindeswillens bei etwa 7- bis 10-jährigen Kindern vertreten: KKW/*Zimmermann* § 33 Rn 12; ab dem 12. Lebensjahr: OLG Hamburg FamRZ, 2008, 1372, 1373; zwischen dem 9. und 11. Lebensjahr: OLG Hamm FamRZ 2008, 1371). Ab dem 14. Lebensjahr dürfte der Wille des Kindes jedoch wohl stets zu berücksichtigen sein aufgrund des ihm nach Art 2 Abs 1 GG iVm Art 1 Abs 1 GG zustehenden allgemeinen Persönlichkeitsrechts (vgl insofern auch: BGH FamRZ 1975, 273, 276; BayObLG FamRZ 1974, 534, 536 f für 16 und 17 Jahre alte Kinder).

c) Hinweis

Auf die Folgen einer Zuwiderhandlung (Einsatz von Ordnungsmitteln) ist nach § 89 Abs 2 in dem Beschluss, der die Herausgabe der Person oder die Regelung des Umgangs anordnet, hinzuweisen. Entfallen ist dafür die bisher in § 33 Abs 3 S 6 FGG geforderte vorherige Androhung der Vollstreckung. Die Hinweispflicht dürfte auch für gerichtlich gebilligte Vergleiche nach § 156 Abs 2 bestehen (*Giers* FPR 2008, 441, 442). Dementsprechend ist in der gerichtlichen Anordnung auf die möglichen Ordnungsmittel hinzuweisen. Ein nachträglicher Hinweis kommt nicht in Betracht. Vielmehr ist er in die gerichtliche Anordnung aufzunehmen. Er muss die Höhe des beabsichtigten Ordnungsgeldes bzw die Dauer der möglichen Ordnungshaft enthalten. Es ist jedoch ausreichend, wenn der Hinweis die Höchstsumme des Ordnungsgeldes (25 000 €) und der Ordnungshaft (6 Monate) enthält.

§ 89 FamFG | Ordnungsmittel

2. Anordnung/Festsetzung

11 Das Gesetz verwendet wahlweise den Begriff der Anordnung (vgl § 89 Abs 1) oder der Festsetzung (vgl § 89 Abs 4). Die mögliche Anordnung von Ordnungsgeld basiert auf § 89 Abs 1 S 1. Zunächst war geplant, § 89 Abs 1 S 1, 2 als Soll-Bestimmungen auszugestalten. Aufgrund der Entscheidung des BVerfG v 1.4.2008 (NJW 2008, 1287 f; vgl dazu auch: *Peschel-Gutzeit* NJW 2008, 1922 f), wonach § 33 Abs 1 S 1, 3 FGG verfassungskonform dahingehend auszulegen ist, dass die **zwangsweise Durchsetzung der Umgangspflicht eines umgangsverweigernden Elternteils** zu unterbleiben hat, wenn nicht im konkreten Einzelfall hinreichende Anhaltspunkte dafür vorliegen, dass der erzwungene Umgang dem **Kindeswohl dient** (zB wenn das Kind schon älter und in seiner Persönlichkeitsentwicklung gefestigt ist), hat man sich jedoch entschlossen, es weiterhin bei einer Kann-Bestimmung zu belassen. Zuvor wurde hierzu zum einen vertreten, dass für den zwangsweisen Umgang »eine mit an Sicherheit grenzende Wahrscheinlichkeit der Nicht-Gefährdung des Kindeswohls erforderlich« ist (*Altrogge* S 210, 211, 214) und zum anderen, dass eine Vollstreckung nur möglich ist, »wenn dies zum Wohl des Kindes erforderlich ist« (*Schweitzer* S 126). Die Verhängung der Ordnungsmittel steht somit auch künftig aufgrund der Formulierung als Kann-Vorschrift im pflichtgemäßen **Ermessen** des Gerichts. Dabei ist allerdings zu berücksichtigen, dass die Vollstreckung der effektiven Durchsetzung der zugrunde liegenden materiellen Entscheidung dient und somit eine Vollstreckung idR geboten sein dürfte, um die materielle Entscheidung nicht leer laufen zu lassen. Wenn sich also zB der betreuende Elternteil grundlos weigert, den Umgang des Kindes mit dem Umgangsberechtigten zustande kommen zu lassen, dürfte der Einsatz von Ordnungsmitteln angebracht sein. Die Vollstreckung einer negativen Umgangsregelung, also einer Bestimmung, jeglichen Umgang – auch unter Benutzung telekommunikativer Mittel – mit dem Kind außerhalb der festgelegten Zeiten zu unterlassen (vgl BayObLG FamRZ 1993, 823, 824), kann mit Ordnungsmitteln nach § 89 vollstreckt werden, wenn es sich um eine verfahrensabschließende Entscheidung handelt (vgl zur Bestimmtheit einer positiven Umgangsregelung: § 86 Rz 6). Die Anordnungen von Ordnungsmitteln ergehen gem § 89 Abs 1 S 3 durch **Beschluss**. Das Ordnungsgeld darf nach § 89 Abs 3 S 1 (bislang § 33 Abs 3 S 2 FGG) den Betrag von 25 000 € nicht übersteigen. Die Untergrenze liegt bei 5 €, Art 6 Abs 1 S 1 EGStGB. Hinsichtlich der **Höhe** sind die jeweiligen Umstände des Einzelfalls, wie zB die Intensität der Zuwiderhandlung, der Grad des Verschuldens sowie die wirtschaftlichen Verhältnisse des Verpflichteten, zu berücksichtigen (BayObLG FamRZ 1993, 823, 825).

3. Vollstreckung

12 Die Vollstreckung des Ordnungsgeldes richtet sich nach §§ 1 Abs 1 Nr 3, Abs 2, 2 f der Justizbeitreibungsordnung iVm §§ 1 Abs 1 Nr 3, Abs 4, 2 lit B, 3 f der Einforderungs- und Beitreibungsordnung. Die Beitreibung erfolgt durch die Gerichtskasse als Einziehungsbehörde zu Gunsten der Staatskasse. Funktionell zuständig ist der Rechtspfleger gem. § 31 Abs 3 RPflG. Das Gericht kann Ratenzahlungen oder Stundungen gewähren (vgl Art 7 EGStGB). Einer Vollstreckungsklausel bedarf es nicht. Dies ist nur in den in §§ 53 Abs 1, 86 Abs 3 aufgeführten Fällen erforderlich.

II. Ordnungshaft

1. Voraussetzungen

13 Für die Anordnung von Ordnungshaft bedarf es ebenfalls der Erfüllung der zur Festsetzung des Ordnungsgeldes erforderlichen Voraussetzungen (Vollstreckungstitel zur Herausgabe von Personen oder zur Regelung des Umgangs, schuldhafte Zuwiderhandlung, Hinweis). Falls die Beitreibung des Ordnungsgeldes nicht möglich ist, kann nach

§ 89 Abs 1 S 1 ersatzweise Ordnungshaft angeordnet werden und, sofern ein Ordnungsgeld von vornherein keinen Erfolg verspricht, kann nach § 89 Abs 1 S 2 originär Ordnungshaft angeordnet werden (vgl EuGHMR FamRZ 2008, 1317, 1318). Dies bietet sich zB bei vermögenslosen Personen an.

2. Anordnung/Festsetzung

Die Anordnung der Ordnungshaft hat durch **Beschluss** zu erfolgen, § 89 Abs 1 S 3. Ein Nebeneinander von Ordnungsgeld und Ordnungshaft kommt nicht in Betracht. Stets muss der aus dem Rechtsstaatsprinzip gem Art 20 Abs 2 S 2, Abs 3 GG abzuleitende **Verhältnismäßigkeitsgrundsatz** gewahrt werden. Danach muss eine hoheitliche Maßnahme geeignet, erforderlich und angemessen zur Erreichung des angestrebten legitimen Ziels sein. Demnach ist immer das mildest mögliche Mittel zu wählen. Das mildeste Mittel ist das Ordnungsgeld, ein schärferes die Zwangshaft und am schärfsten greift die Anwendung unmittelbaren Zwangs nach § 90 in die Rechte des Verpflichteten ein. Für die Haftanordnung ist der **Richter** funktionell zuständig nach Art 104 Abs 2 S 1 GG. Eine Ausnahme nach § 4 Abs 2 Nr 2 RPflG liegt nicht vor.

14

3. Vollzug

Ferner wird in § 89 Abs 3 S 2 (bislang § 33 Abs 3 S 5 FGG) auf die Vorschriften über den Haftvollzug in der ZPO verwiesen und zwar auf die §§ 901 S 2, 904–906, 909, 910, 913 ZPO. Für die Ordnungshaft bedarf es folglich des Erlasses eines Haftbefehls gem § 901 S 2 ZPO durch den Richter. Die Verhaftung erfolgt durch den Gerichtsvollzieher nach § 909 Abs 1 S 1 ZPO. Dieser erhält seinen Verhaftungsauftrag vom Gericht. Er ist gem § 87 Abs 3 S 1 befugt, die Unterstützung der polizeilichen Vollzugsorgane nachzusuchen, wenn dies erforderlich ist. Dies dürfte der Fall sein, wenn er Widerstand vorfindet (wie in § 758 Abs 3 ZPO). Die Haftdauer beträgt mindestens einen Tag (Art 6 Abs 2 S 1 EGStGB) und maximal 6 Monate nach § 913 S 1 ZPO. Wenn die 6 Monate insgesamt nicht überschritten werden, ist eine erneute Haftanordnung zulässig.

15

C. Rechtsbehelfe

Für Beschlüsse im Vollstreckungsverfahren ist nun allgemein in § 87 Abs 4 normiert, dass diese mit der sofortigen Beschwerde in entsprechender Anwendung der §§ 567–572 ZPO anfechtbar sind (vgl auch § 87 Rz 4).

16

§ 90 Anwendung unmittelbaren Zwangs

(1) Das Gericht kann durch ausdrücklichen Beschluss zur Vollstreckung unmittelbaren Zwang anordnen, wenn
1. die Festsetzung von Ordnungsmitteln erfolglos geblieben ist;
2. die Festsetzung von Ordnungsmitteln keinen Erfolg verspricht;
3. eine alsbaldige Vollstreckung der Entscheidung unbedingt geboten ist.

(2) Anwendung unmittelbaren Zwangs gegen ein Kind darf nicht zugelassen werden, wenn das Kind herausgegeben werden soll, um das Umgangsrecht auszuüben. Im Übrigen darf unmittelbarer Zwang gegen ein Kind nur zugelassen werden, wenn dies unter Berücksichtigung des Kindeswohls gerechtfertigt ist und eine Durchsetzung der Verpflichtung mit milderen Mitteln nicht möglich ist.

A. Voraussetzungen

1 Ferner kommt die Anwendung unmittelbaren Zwangs zur Vollstreckung in Betracht. Hierfür bedarf es ebenfalls grds der Erfüllung der zur Festsetzung des Ordnungsgeldes/der Ordnungshaft erforderlichen Voraussetzungen (Vollstreckungstitel zur Herausgabe von Personen oder zur Regelung des Umgangs, schuldhafte Zuwiderhandlung). Eine Hinweispflicht wie in § 89 Abs 2 besteht jedoch nicht. Insofern ist allerdings der Verpflichtete – wie auch sonst vor der Festsetzung von Ordnungsmitteln – grds vorher zu hören nach § 92 Abs 1. Die Anordnung von unmittelbarem Zwang ist nach § 90 Abs 1 möglich, wenn:
1. die Festsetzung von Ordnungsmitteln erfolglos geblieben ist oder
2. die Festsetzung von Ordnungsmitteln keinen Erfolg verspricht oder
3. eine alsbaldige Vollstreckung der Entscheidung unbedingt geboten ist.

2 Bei den einzelnen Ziffern handelt es sich um alternative Tatbestände. Erfolglos geblieben ist die Festsetzung von Ordnungsmitteln iSv Nr 1 zB, wenn der Verpflichtete trotz der Festsetzung und Vollstreckung von Ordnungsgeld und/oder Ordnungshaft ein Kind nicht herausgegeben hat. Die Festsetzung von Ordnungsmitteln verspricht iSv Nr 2 zB keinen Erfolg, wenn die Festsetzung von Ordnungsgeld aufgrund Vermögenslosigkeit ausscheidet. Die Anordnung von Ordnungshaft verspricht keinen Erfolg, wenn aufgrund des daraus resultierenden Zeitverlustes der Erfolg vereitelt würde (vgl Jansen/v König § 33 Rn 60). Eine alsbaldige Vollstreckung der Entscheidung ist zB unbedingt geboten, wenn sich ein Elternteil mit dem herauszugebenden Kind in das Ausland abzusetzen droht.

B. Anordnung

3 Auch die Anordnung der Anwendung unmittelbaren Zwangs steht im **Ermessen** des Gerichts. Dabei ist allerdings der Grundsatz der **Verhältnismäßigkeit** zu beachten, wonach eine Maßnahme zur Erreichung eines legitimen Ziels geeignet, erforderlich und angemessen sein muss. Erforderlich ist eine Maßnahme nur, wenn kein gleichgeeignetes milderes Mittel zur Verfügung steht. Die Anwendung unmittelbaren Zwangs greift am stärksten in die Rechte des Betroffen ein und ist somit nur als ultima ratio in Erwägung zu ziehen (vgl BGH Rpfleger 1977, 55, 56). Dabei geht die Gesetzesbegründung davon aus, dass vor der Anordnung, welche die Anwendung unmittelbaren Zwangs durch **ausdrücklichen Beschluss** (§ 90 Abs 1) ausspricht, folgende Schritte idR erst durchlaufen werden sollten:
– persönliches Gespräch des Familiengerichts mit den Beteiligten
– Unterstützung des Familiengerichts durch das Jugendamt
– Verhängung von Ordnungsmitteln.

Unmittelbarer Zwang gegen ein Kind kommt nach § 90 Abs 2 S 1 (bisher § 33 Abs 2 S 2 **4**
FGG) nicht zur Durchsetzung des Umgangsrechts in Betracht. Dies ist nach § 90 Abs 2
S 2 im Übrigen, also bei der Vollstreckung von **Herausgabeentscheidungen** möglich,
wenn es unter Berücksichtigung des Kindeswohls gerechtfertigt ist und die Verhältnismäßigkeit gewahrt ist. Dabei dürfte dem jeweiligen Entwicklungsstand und somit idR
dem Alter des Kindes eine ausschlaggebende Bedeutung zukommen. Je mehr sich das
Kind der Volljährigkeit nähert, desto eher wird eine Gewaltanwendung ausscheiden.
Die Grundrechte des Herausgabeberechtigten und des betroffenen Kindes sind im Wege
der praktischen Konkordanz gegeneinander abzuwägen. Jedenfalls ab dem 14. Lebensjahr des Kindes dürfte die Durchsetzung der Herausgabeentscheidung gegen den Willen
des Kindes mit unmittelbarem Zwang wohl kaum in Betracht kommen (s.a. § 89 Rz 9).
Da der **Richter** für die Herausgabeentscheidung zB nach § 1632 Abs 1 BGB zuständig ist
gem § 14 Abs 1 Nr 8 RPflG, ist er auch für die Anordnung der Anwendung unmittelbaren Zwangs funktionell zuständig.

C. Vollstreckung

Sofern ausnahmsweise die Anwendung unmittelbaren Zwangs angeordnet wird, erfolgt **5**
die Vollstreckung durch den Gerichtsvollzieher, welcher sich ggf der polizeilichen Hilfe
nach § 87 Abs 3 S 1 bedienen darf. Den Vollstreckungsauftrag erhält er vom Gericht und
nicht von dem herausgabeberechtigten Elternteil.

D. Rechtsbehelfe

Für Beschlüsse im Vollstreckungsverfahren ist allgemein in § 87 Abs 4 geregelt, dass die- **6**
se mit der sofortigen Beschwerde in entsprechender Anwendung der §§ 567–572 ZPO
anfechtbar sind (s.a. § 87 Rz 4).

§ 91 Richterlicher Durchsuchungsbeschluss

(1) Die Wohnung des Verpflichteten darf ohne dessen Einwilligung nur aufgrund eines richterlichen Beschlusses durchsucht werden. Dies gilt nicht, wenn der Erlass des Beschlusses den Erfolg der Durchsuchung gefährden würde.

(2) Auf die Vollstreckung eines Haftbefehls nach § 94 in Verbindung mit § 901 der Zivilprozessordnung ist Absatz 1 nicht anzuwenden.

(3) Willigt der Verpflichtete in die Durchsuchung ein oder ist ein Beschluss gegen ihn nach Absatz 1 Satz 1 ergangen oder nach Absatz 1 Satz 2 entbehrlich, haben Personen, die Mitgewahrsam an der Wohnung des Verpflichteten haben, die Durchsuchung zu dulden. Unbillige Härten gegenüber Mitgewahrsamsinhabern sind zu vermeiden.

(4) Der Beschluss nach Absatz 1 ist bei der Vollstreckung vorzulegen.

A. Richterlicher Durchsuchungsbeschluss

1   In § 91 werden im Wesentlichen die Regelungen des § 758a ZPO übernommen. Nach § 91 Abs 1 S 1 (wie § 758a Abs 1 S 1 ZPO) darf die Wohnung des Verpflichteten ohne dessen Willen grds nur aufgrund eines richterlichen Beschlusses durchsucht werden. Die Unverletzlichkeit der Wohnung ist grundrechtlich in Art 13 Abs 1 GG geschützt. Durchsuchungen unterliegen nach Art 13 Abs 2 GG einem Richtervorbehalt. Diesem wird nunmehr einfachgesetzlich durch § 91 entsprochen. Bislang gab es eine entsprechende Vorschrift im FGG nicht und es war zweifelhaft, ob § 33 FGG diesen Voraussetzungen genügt hat (vgl BVerfG NJW 2000, 943, 944). Der Wohnungsbegriff ist weit auszulegen. Hierzu zählen neben privaten Wohnräumen auch Arbeits-, Betriebs- und Geschäftsräume, sowie Garage, Hof und Garten (vgl Schuschke/Walker/*Walker* § 758 Rn 3). Durchsuchung ist im Rahmen des § 91 das ziel- und zweckgerichtete Suchen nach Personen (vgl BVerfG NJW 1987, 2499).

B. Entbehrlichkeit

2   Eine richterliche Durchsuchungsanordnung ist entbehrlich, wenn:
– der Verpflichtete in die Durchsuchung einwilligt (§ 91 Abs 1 S 1),
– ansonsten der Erfolg der Durchsuchung gefährdet würde (§ 91 Abs 1 S 2; wie § 758a Abs 1 S 2 ZPO) oder
– ein Haftbefehl nach § 94 iVm § 901 ZPO vollstreckt wird (§ 91 Abs 2; wie § 758a Abs 2, 2. Alt ZPO).

I. Einwilligung

3   Sofern eine Einwilligung (§ 91 Abs 1 S 1) des Verpflichteten vorliegt, bedarf es keines richterlichen Durchsuchungsbeschlusses. Unter Einwilligung ist die vorherige Zustimmung zu verstehen (wie in § 183 S 1 BGB). Die Einwilligung muss gegenüber dem zuständigen Vollstreckungsorgan, dem Gerichtsvollzieher, erklärt werden. Dies kann ausdrücklich oder konkludent geschehen. Letzteres dürfte dann zB der Fall sein, wenn der Verpflichtete den Gerichtsvollzieher in seine Wohnung lässt zwecks Durchführung seiner Aufgaben, ohne Einwendungen zu erheben. Wird die Einwilligung auf Teile der Wohnung beschränkt, ist im Übrigen ein richterlicher Durchsuchungsbeschluss erforderlich.

II. Gefährdung Durchsuchungserfolg

Ein richterlicher Durchsuchungsbeschluss ist desgleichen entbehrlich, wenn der Erlass 4 des Beschlusses den Durchsuchungserfolg gefährden würde (§ 91 Abs 1 S 2). Nach Art 13 Abs 2 GG ist der Maßstab **Gefahr im Verzug**. Dies ist wiederum der Fall, wenn die vorherige Einholung der richterlichen Anordnung den Erfolg der Durchsuchung gefährden würde (BVerfGE 51, 97, 111; 103, 142, 154). Insofern greift der Gesetzestext die Formulierung des BVerfG auf. Eine solche Gefährdung ist nicht schon gegeben aufgrund der abstrakten Möglichkeit, dass der Verpflichtete den Durchsuchungserfolg vereiteln würde. Hiefür bedarf es vielmehr konkreter Anhaltspunkte (BVerfG NJW 2001, 1121, 1123). Dies wäre zB der Fall, wenn bekannt wäre, dass der Verpflichtete der Vollstreckung einer Kindesherausgabeentscheidung durch einen unmittelbar bevorstehenden Wegzug mit dem Kind entgehen will und ein richterlicher Durchsuchungsbeschluss möglicherweise nicht mehr rechtzeitig vorher zu erhalten wäre.

III. Haftbefehl

Wenn ein Haftbefehl nach § 94 iVm § 901 ZPO vollstreckt wird, muss ein richterlicher 5 Durchsuchungsbeschluss nicht zusätzlich eingeholt werden (§ 91 Abs 2). Nach § 94 kann das Gericht anordnen, dass der Verpflichtete eine eidesstattliche Versicherung abgeben muss, wenn die herauszugebende Person nicht vorgefunden wird. Erscheint der Verpflichtete in dem Termin nicht oder verweigert er ohne Grund die Abgabe der eidesstattlichen Versicherung, ergeht nach § 901 S 1 ZPO ein Haftbefehl. In dem Haftbefehl ist die richterliche Durchsuchungsanordnung der Wohnung mitenthalten (Schuschke/Walker/*Walker* § 758a Rn 21). Für die Haftanordnung ist der **Richter** funktionell zuständig nach Art 104 Abs 2 S 1 GG.

C. Duldungspflicht der Mitgewahrsamsinhaber

Sofern ein richterlicher Durchsuchungsbeschluss entbehrlich ist oder ein solcher vor- 6 liegt, haben die Mitgewahrsamsinhaber an der Wohnung die Durchsuchung nach § 91 Abs 3 S 1 (wie § 758a Abs 3 S 1 ZPO) zu dulden. Unter **Gewahrsam** ist die tatsächliche Gewalt iSv unmittelbarem Eigen- oder Fremdbesitz zu verstehen (BLAH/*Hartmann* § 808 Rn 10). **Mitgewahrsamsinhaber** dürften insofern diejenigen sein, die mit dem Verpflichteten in einer Wohnung leben. Bei diesen Dritten kann es sich um Ehegatten, Lebenspartner, Angehörige im Übrigen, Lebensgefährten oder um bloße Mitbewohner im Sinne einer Wohngemeinschaft handeln, unabhängig davon wie die Eigentums- oder Mietverhältnisse ausgestaltet sind. Eine Herausgabe- und nicht nur Duldungspflicht besteht auch für Dritte, wenn ein sog **Scheinobhutsverhältnis** vorliegt, also sofern der Dritte im Auftrag und nach Weisung des Verpflichteten die tatsächliche Obhut ausübt (OLG Zweibrücken FamRZ 2004, 1592, 1593).

Jedoch sind Mitgewahrsamsinhabern gegenüber **unbillige Härten** zu vermeiden (§ 91 7 Abs 3 S 2; wie § 758a Abs 3 S 2 ZPO). So muss bei einer ernsthaften Gesundheitsgefährdung des Dritten von einer Durchsuchung seiner Räumlichkeiten abgesehen werden (vgl § 107 Nr 10 GVGA; BLAH/*Hartmann* § 758a Rn 16 mit weiteren Beispielen).

D. Verfahren

Es handelt sich um ein **Amtsverfahren**, welches keiner Einleitung durch einen Antrag 8 bedarf. Es gilt der Amtsermittlungsgrundsatz des § 26 (bisher § 12 FGG). Die Entscheidung liegt im pflichtgemäßen **Ermessen** des Gerichts. Sie ergeht durch **Beschluss**. Die Entscheidung ist zu begründen. Sachlich **zuständig** für das Vollstreckungsverfahren ist das jeweils mit der Sache befasste Gericht, also zB das AG als Familiengericht für die Vollstreckung von Herausgabeentscheidungen in Familiensachen nach § 23a Abs 1 Nr 1

§ 91 FamFG | Richterlicher Durchsuchungsbeschluss

GVG iVm §§ 111 Nr 2, 151 Nr 3 oder das AG als Betreuungsgericht für die Vollstreckung von Herausgabeentscheidungen in Betreuungssachen gem § 23a Abs 1 Nr 2, Abs 2 Nr 1 GVG iVm § 271 Nr 3. Die örtliche Zuständigkeit ergibt sich zB in Kindschaftssachen aus § 152 und in Betreuungssachen aus § 272. Funktionell zuständig ist der Richter nach Art 13 Abs 2 GG, § 91 Abs 1 S 1. Stets ist der **Verhältnismäßigkeitsgrundsatz** zu wahren.

9   Zuständig für die Vollstreckung ist der **Gerichtsvollzieher**. Bevor der Gerichtsvollzieher jedoch einen Durchsuchungsbeschluss erwirkt, muss er nach der Zustellung des Herausgabetitels an den Verpflichteten diesen auffordern, seiner Verpflichtung nachzukommen. Damit wird auch die Möglichkeit gegeben, in die Durchsuchung einzuwilligen, sodass ein Durchsuchungsbeschluss entbehrlich wäre. Wird der Verpflichtete in der Wohnung nicht angetroffen, muss der Gerichtsvollzieher dies mehrmals versuchen. Schließlich muss auch der Richter vor Erlass des Beschlusses den Verpflichteten wegen des Anspruchs auf rechtliches Gehör nach Art 103 Abs 1 GG anhören (vgl BVerfG NJW 1981, 2111, 2112), es sei denn, der Verpflichtete hat gegenüber dem Gerichtsvollzieher seine Weigerung erklärt oder es liegt ein Fall der Gefährdung nach § 91 Abs 1 S 2 vor. Nach § 91 Abs 4 ist der Durchsuchungsbeschluss bei der Vollstreckung **vorzulegen** (ähnlich wie bei § 758a Abs 5 ZPO: dort »vorzuzeigen«). Dies hat unaufgefordert zu geschehen. Ausreichend ist es, wenn dem Verpflichteten die Möglichkeit gewährt wird, den Beschluss in angemessener und ausreichender Weise lesen zu können (vgl auch: BLAH/*Hartmann* § 758a Rn 22). Sofern der Verpflichtete dies begehrt, ist ihm eine Abschrift des Durchsuchungsbeschlusses zu erteilen gem § 87 Abs 3 S 2 iVm § 760 S 1 ZPO.

E. Rechtsbehelfe

10   Der Durchsuchungsbeschluss ist nach § 87 Abs 4 mit der sofortigen Beschwerde in entsprechender Anwendung der §§ 567–572 ZPO anfechtbar (s.a. § 87 Rz 4).

§ 92 Vollstreckungsverfahren

(1) Vor der Festsetzung von Ordnungsmitteln ist der Verpflichtete zu hören. Dies gilt auch für die Anordnung von unmittelbarem Zwang, es sei denn, dass hierdurch die Vollstreckung vereitelt oder wesentlich erschwert würde.

(2) Dem Verpflichteten sind mit der Festsetzung von Ordnungsmitteln oder der Anordnung von unmittelbarem Zwang die Kosten des Verfahrens aufzuerlegen.

(3) Die vorherige Durchführung eines Verfahrens nach § 165 ist nicht Voraussetzung für die Festsetzung von Ordnungsmitteln oder die Anordnung von unmittelbarem Zwang. Die Durchführung eines solchen Verfahrens steht der Festsetzung von Ordnungsmitteln oder der Anordnung von unmittelbarem Zwang nicht entgegen.

A. Anhörung

Nach Art 103 Abs 1 GG ist grds rechtliches Gehör zu gewähren. Dieser Grundsatz wird in § 92 einfachgesetzlich ausgeformt. Gem § 92 Abs 1 S 1 ist der Verpflichtete vor der Festsetzung von Ordnungsmitteln (Ordnungsgeld/Ordnungshaft) in Anlehnung an § 891 S 2 ZPO zu hören. Dies gilt prinzipiell auch vor der Anordnung von unmittelbarem Zwang. Dadurch hat der Verpflichtete die Möglichkeit, sich zu äußern. Die Anhörung kann grds persönlich oder schriftlich erfolgen. Sie ist auch ggf fernmündlich oder per E-Mail möglich. 1

B. Entbehrlichkeit

Vor der Anordnung unmittelbaren Zwangs ist eine Anhörung des Verpflichteten jedoch nicht erforderlich, wenn dadurch der Vollstreckungserfolg vereitelt oder wesentlich erschwert würde. Dies wäre der Fall, wenn konkrete Anhaltspunkte dafür bestehen, dass sich der Verpflichtete der Anwendung unmittelbaren Zwangs entziehen wird zB durch Planung einer längeren Reise mit dem herauszugebenden Kind oder wenn die Gefahr besteht, dass er mit diesem untertaucht, da er im Übrigen keine festeren Bindungen familiärer, beruflicher und sozialer Art zu seinem bisherigen gewöhnlichen Aufenthalt hat bzw, wenn er sich mit dem Kind in das Ausland dauerhaft absetzen will. 2

C. Kein vorheriges Vermittlungsverfahren

Klargestellt wird nunmehr in § 92 Abs 3, dass die vorherige Durchführung eines Vermittlungsverfahrens nach § 165 (bislang § 52a FGG) weder erforderlich ist (so auch schon nach bisherigem Recht: OLG Naumburg FamRZ 2008, 1550, 1551), noch ihre Durchführung der Vollstreckung entgegensteht. Jedoch kann das Gericht die Vollstreckung nach § 93 Abs 1 Nr 5 einstellen, wenn die Durchführung eines solchen Verfahrens beantragt wird. 3

D. Kosten

Gem § 92 Abs 2 (bisher § 33 Abs 1 S 3 FGG) sind dem Verpflichteten die Kosten des Verfahrens aufzuerlegen. Damit sind natürlich nur die Kosten des Vollstreckungsverfahrens gemeint und nicht die des jeweiligen Hauptsache- oder einstweiligen Anordnungsverfahrens. Für die entsprechenden Kosten gelten die §§ 80 f. Auf diese Vorschriften wird in § 51 Abs 4 für das einstweilige Anordnungsverfahren verwiesen. 4

E. Rechtsbehelfe

Beschlüsse im Vollstreckungsverfahren sind nach § 87 Abs 4 mit der sofortigen Beschwerde in entsprechender Anwendung der §§ 567–572 ZPO anfechtbar (s.a. § 87 Rz 4). 5

§ 93 Einstellung der Vollstreckung

(1) Das Gericht kann durch Beschluss die Vollstreckung einstweilen einstellen oder beschränken und Vollstreckungsmaßregeln aufheben, wenn
1. Wiedereinsetzung in den vorigen Stand beantragt wird;
2. Wiederaufnahme des Verfahrens beantragt wird;
3. gegen eine Entscheidung Beschwerde eingelegt wird;
4. die Abänderung einer Entscheidung beantragt wird;
5. die Durchführung eines Vermittlungsverfahrens (§ 165) beantragt wird.

In der Beschwerdeinstanz ist über die einstweilige Einstellung der Vollstreckung vorab zu entscheiden. Der Beschluss ist nicht anfechtbar.

(2) Für die Einstellung oder Beschränkung der Vollstreckung und die Aufhebung von Vollstreckungsmaßregeln gelten § 775 Nr. 1 und 2 und § 776 der Zivilprozessordnung entsprechend.

A. Einstweilige Einstellung

1 Die einstweilige Einstellung der Vollstreckung wird in § 93 Abs 1 in Anlehnung an §§ 707, 719 ZPO übersichtlich geregelt. Allerdings ist anders als in den ZPO-Vorschriften, bei denen es um den Schutz von Vermögensinteressen geht, Sicherheitsleistung nicht vorgesehen, da es sich in diesem Abschnitt (§§ 88–94) um die Vollstreckung von Entscheidungen über die Herausgabe von Personen und die Regelung des Umgangs geht. Es kommt eine einstweilige Einstellung oder eine einstweilige Beschränkung der Vollstreckung in Betracht jeweils kombiniert ggf mit der Aufhebung von Vollstreckungsmaßregeln. Dies ist nach § 93 Abs 1 S 1 möglich, wenn:
1. Wiedereinsetzung in den vorigen Stand beantragt wird (vgl §§ 18 f; wie bei § 707 Abs 1 S 1, 1. Hs, 1. Alt ZPO),
2. Wiederaufnahme des Verfahrens beantragt wird (vgl § 48 Abs 2; wie bei § 707 Abs 1 S 1, 1. Hs, 2. Alt ZPO),
3. gegen eine Entscheidung Beschwerde eingelegt wird (vgl §§ 58 f; wie bei § 719 Abs 1 S 1 ZPO),
4. die Abänderung einer Entscheidung beantragt wird (vgl § 48 Abs 1),
5. die Durchführung eines Vermittlungsverfahrens (§ 165) beantragt wird.

2 Erforderlich ist somit die Stellung eines Antrags bzw die Einlegung der Beschwerde. Die Entscheidung steht im Ermessen des Gerichts. Sie ergeht durch Beschluss. Zuständig ist das Gericht, welches die Entscheidung erlassen hat. Wenn Beschwerde eingelegt wird, ist jedoch das Beschwerdegericht zuständig, vgl § 93 Abs 1 S 2. Dieses hat dann über die einstweilige Einstellung vorab zu entscheiden. Vor der einstweiligen Einstellung ist dem Antragsgegner rechtliches Gehör nach Art 103 Abs 1 GG zu gewähren. Nur ausnahmsweise kann die Anhörung zB in Eilfällen nachgeholt werden (BLAH/ *Hartmann* § 707 Rn 15 mwN). Der stattgebende als auch ablehnende Beschluss ist nicht anfechtbar, § 93 Abs 1 S 3. Bei der Aussetzung der Vollstreckung einer einstweiligen Anordnung ist vorrangig § 55 anzuwenden und nicht § 93.

B. Dauerhafte Einstellung

3 Für eine dauerhafte Einstellung der Vollstreckung wird in § 93 Abs 2 auf §§ 775 Nr 1, 2, 776 ZPO verwiesen.

C. Rechtsbehelfe

4 Die Beschlüsse nach § 93 sind gem § 87 Abs 4 mit der sofortigen Beschwerde in entsprechender Anwendung der §§ 567–572 ZPO anfechtbar (s.a. § 87 Rz 4).

§ 94 Eidesstattliche Versicherung

Wird eine herauszugebende Person nicht vorgefunden, kann das Gericht anordnen, dass der Verpflichtete eine eidesstattliche Versicherung über ihren Verbleib abzugeben hat. § 883 Abs. 2 bis 4, § 900 Abs. 1 und die §§ 901, 902, 904 bis 910 sowie 913 der Zivilprozessordnung gelten entsprechend.

A. Voraussetzungen

Die Vorschrift des § 94 über die eidesstattliche Versicherung übernimmt die Regelungen des § 33 Abs 2 S 5, 6 FGG. Sofern eine herauszugebende Person nicht vorgefunden wird, kann das Gericht gegenüber dem Verpflichteten die Abgabe einer eidesstattlichen Versicherung anordnen, § 94 S 1.   **1**

B. Anordnung

Es handelt sich um ein Amtsverfahren, sodass ein entsprechender Antrag nicht gestellt werden muss. Die Entscheidung steht im pflichtgemäßen Ermessen des Gerichts. Das Verfahren richtet sich nach den §§ 883 Abs 2–4, 900 Abs 1, 901, 902, 904–910, 913 ZPO, vgl § 94 S 1. Funktionell zuständig für die Abnahme ist der Gerichtsvollzieher.   **2**

C. Vollstreckung

Sofern der Verpflichtete in dem Termin zur Abgabe der eidesstattlichen Versicherung nicht erscheint oder deren Abgabe ohne Grund verweigert, hat das Gericht gegen ihn Haftbefehl zu erlassen. Der Haftbefehl nach § 901 S 1 ZPO muss jedoch vom Richter erlassen werden, Art 104 Abs 2 S 1 GG. Eine Ausnahme nach § 4 Abs 2 Nr 2 RPflG liegt nicht vor. Die Verhaftung erfolgt durch den Gerichtsvollzieher nach § 909 Abs 1 S 1 ZPO. Dem Verpflichteten ist eine beglaubigte Abschrift des Haftbefehls bei der Verhaftung zu übergeben nach § 909 Abs 1 S 2 ZPO. Der Gerichtsvollzieher erhält seinen Verhaftungsauftrag vom Gericht. Er ist gem § 758 Abs 3 ZPO befugt, sich der Hilfe der Polizei zu bedienen, wenn der zu Verhaftende Widerstand leistet. Die Haftdauer beträgt mindestens einen Tag (Art 6 Abs 2 S 1 EGStGB) und maximal 6 Monate nach § 913 S 1 ZPO.   **3**

D. Rechtsbehelfe

Sowohl Anordnung und Ablehnung der Abgabe der eidesstattlichen Versicherung als auch Erlass und Ablehnung eines Haftbefehls sind nach § 87 Abs 4 mit der sofortigen Beschwerde in entsprechender Anwendung der §§ 567–572 ZPO anfechtbar (s.a. § 87 Rz 4).   **4**

Unterabschnitt 3
Vollstreckung nach der Zivilprozessordnung

§ 95 Anwendung der Zivilprozessordnung

(1) Soweit in den vorstehenden Unterabschnitten nichts Abweichendes bestimmt ist, sind auf die Vollstreckung
1. wegen einer Geldforderung,
2. zur Herausgabe einer beweglichen oder unbeweglichen Sache,
3. zur Vornahme einer vertretbaren oder nicht vertretbaren Handlung,
4. zur Erzwingung von Duldungen und Unterlassungen oder
5. zur Abgabe einer Willenserklärung
die Vorschriften der Zivilprozessordnung über die Zwangsvollstreckung entsprechend anzuwenden.

(2) An die Stelle des Urteils tritt der Beschluss nach den Vorschriften dieses Gesetzes.

(3) Macht der aus einem Titel wegen einer Geldforderung Verpflichtete glaubhaft, dass die Vollstreckung ihm einen nicht zu ersetzenden Nachteil bringen würde, hat das Gericht auf seinen Antrag die Vollstreckung vor Eintritt der Rechtskraft in der Entscheidung auszuschließen. In den Fällen des § 707 Abs. 1 und des § 719 Abs. 1 der Zivilprozessordnung kann die Vollstreckung nur unter derselben Voraussetzung eingestellt werden.

(4) Ist die Verpflichtung zur Herausgabe oder Vorlage einer Sache oder zur Vornahme einer vertretbaren Handlung zu vollstrecken, so kann das Gericht durch Beschluss neben oder anstelle einer Maßnahme nach den §§ 883, 885 bis 887 der Zivilprozessordnung die in § 888 der Zivilprozessordnung vorgesehenen Maßnahmen anordnen, soweit ein Gesetz nicht etwas Anderes bestimmt.

A. Allgemeines

1 Gem § 95 Abs 1 sind auf die Vollstreckung, soweit in den vorstehenden Unterabschnitten (§§ 86–94) nichts Abweichendes geregelt ist, die Vorschriften der ZPO über die Zwangsvollstreckung (8. Buch, §§ 704–915h ZPO) entsprechend anzuwenden. Bislang war dies nur in Einzelvorschriften bestimmt (§§ 53a Abs 4, 53g Abs 3, 64b Abs 4 FGG, § 16 Abs 3 HausratsVO). Nicht nach § 95 sondern nach § 35 richtet sich jedoch die Vollstreckung von verfahrensleitenden Anordnungen oder Verfügungen (vgl § 86 Rz 3).

B. Anwendungsbereich

2 Die entsprechende Anwendung der ZPO gilt für die Vollstreckung:
1. wegen einer Geldforderung,
2. zur Herausgabe einer beweglichen oder unbeweglichen Sache,
3. zur Vornahme einer vertretbaren oder nicht vertretbaren Handlung,
4. zur Erzwingung von Duldungen und Unterlassungen oder
5. zur Abgabe einer Willenserklärung.

3 Die Vollstreckung wegen einer Geldforderung nach **Nr 1** kommt zB in Betracht bezüglich der Vergütung des Vormundes gem § 168 oder des Betreuers nach § 292 sowie einer bestätigten Dispache nach § 409 (BTDrs 16/6308 S 219). Demnach sind speziell die §§ 803–882a ZPO anwendbar.

4 Unter die Vollstreckung zur Herausgabe einer beweglichen oder unbeweglichen Sache nach **Nr 2** fällt jetzt auch zB die Herausgabevollstreckung der zum persönlichen Gebrauch des Kindes bestimmten Sachen nach § 883 Abs 1 ZPO. Bislang war in diesen Fällen grds nur die Festsetzung von Zwangsgeld nach §§ 50d iVm 33 FGG möglich. Ferner erfasst die Sachherausgabe die Vollstreckung einer Vereinbarung über die Auseinandersetzung von Nachlassgegenständen nach § 371 Abs 2. Die Vollstreckung richtet sich insbes nach den §§ 883–886 ZPO.

Die Vollstreckung zur Vornahme einer vertretbaren oder nicht vertretbaren Handlung 5
nach **Nr 3** bestimmt sich grds nach §§ 887, 888, 891, 892 ZPO. Eine vertretbare Handlung ist zB die Räumung einer Wohnung in Gewaltschutz- oder Ehewohnungssachen durch Ersatzvornahme nach § 887 ZPO. Unter nicht vertretbare Handlungen fällt zB die Auskunftserteilung durch den Vorstand einer AG nach § 132 AktG durch Zwangsmittel nach § 888 ZPO.

Nr 4 betrifft die Vollstreckung zur Erzwingung von Duldungen und Unterlassungen, 6
wobei dann die §§ 890–892 ZPO angewandt werden können. Die Vollstreckung von Duldungen zB der Einsichtnahme in Bücher der AG nach § 273 Abs 3 AktG oder von Unterlassungen, wie insbes des Umgangs mit dem Kind außerhalb der bestimmten Umgangszeiten, kann jeweils mit Ordnungsmitteln nach § 890 ZPO erfolgen.

Schließlich richtet sich auch die Vollstreckung zur Abgabe einer Willenserklärung 7
gem **Nr 5** nach der ZPO und zwar nach §§ 894f ZPO.

C. Beschluss

Nach § 95 Abs 2 tritt an die Stelle des Urteils der Beschluss. Das gilt auch für Vollstre- 8
ckungsabwehrverfahren nach § 767 ZPO und Drittwiderspruchsverfahren nach § 771 ZPO. Diese werden dann ebenfalls per Beschluss (§ 38) entschieden.

D. Ausschluss/Einstellung

Gem § 95 Abs 3 S 1 kann die Vollstreckung vor Eintritt der Rechtskraft **ausgeschlossen** 9
werden, wenn die Vollstreckung wegen einer Geldforderung (§ 95 Abs 1 Nr 1) dem Verpflichteten einen **nicht zu ersetzenden Nachteil** bringen würde (vgl insoweit auch die Erläuterungen zu § 120 Rz 4). Die Vorschrift wurde § 62 Abs 1 S 2 ArbGG nachgebildet. Es soll damit der Eintritt eines Schadens verhindert werden, der auch bei einem erfolgreichen Rechtsmittel nicht rückgängig gemacht werden könnte. Die Erfolgsaussicht eines Rechtsmittels wird dabei jedoch nicht geprüft. Ob ein nicht zu ersetzender Nachteil die Folge der Vollstreckung wäre, ist mit Zurückhaltung zu beurteilen und wird idR nicht der Fall sein. Die bloße Vermögenslosigkeit des Vollstreckungsgläubigers ist grds nicht ausreichend, also zB auch im Falle der Gewährung von Verfahrenskostenhilfe (vgl *Germelmann*/Matthes/Prütting/Müller-Glöge § 62 Rn 24) oder durch die Gefahr der Insolvenz des Verpflichteten (vgl BLAH/*Hartmann* § 707 Rn 11 mit weiteren Beispielen). Dies gilt im Grundsatz auch, falls der Vollstreckungsgläubiger arbeitslos ist. Denkbar ist die Annahme eines nicht zu ersetzenden Nachteils jedoch, sofern die Vollstreckung die Sperrung des einzigen Geschäftskontos zur Folge hätte, da dann die konkrete Gefahr bestünde, dass der Schuldner seine Lebensgrundlage verliert (vgl *Germelmann*/Matthes/Prütting/Müller-Glöge § 62 Rn 27). Der Verpflichtete muss einen entsprechenden **Antrag** vor Eintritt der Rechtskraft stellen. Die Voraussetzungen hat der Verpflichtete **glaubhaft** zu machen. Hierfür kann er sich aller präsenter Beweismittel bedienen.

Nach § 95 Abs 3 S 2 kann in den Fällen des § 707 Abs 1 ZPO und § 719 Abs 1 ZPO die 10
Einstellung der Vollstreckung aufgrund des Wortlauts der Vorschrift ebenfalls nur erfolgen, wenn der Verpflichtete glaubhaft macht, dass ihm die Vollstreckung einen nicht zu ersetzenden Nachteil bringen würde. Nach aA kommt es nur auf die Erfüllung der Voraussetzungen der §§ 707 Abs 1, 719 Abs 1 ZPO an (BLAH/*Hartmann* FamFG § 95 Rn 8).

Vor der Entscheidung ist dem Antragsgegner rechtliches Gehör zu gewähren. Bezüg- 11
lich einer Einstellungsentscheidung kann die Anhörung ausnahmsweise zB in Eilfällen nachgeholt werden (BLAH/*Hartmann* § 707 Rn 15 mwN).

E. Zwangsgeld/Zwangshaft

12 Nach § 95 Abs 4 kann das Gericht durch Beschluss neben oder anstelle einer Maßnahme nach §§ 883, 885–887 ZPO die in § 888 ZPO vorgesehenen Maßnahmen anordnen, wenn die Verpflichtung zur Herausgabe oder Vorlage einer Sache oder zur Vornahme einer vertretbaren Handlung zu vollstrecken ist. Dadurch soll eine effektive Vollstreckung ermöglicht werden (BTDrs 16/6308 S 220). Die Vorschrift ist ähnlich gestaltet wie § 35 Abs 4 hinsichtlich der Vollstreckung von verfahrensleitenden Anordnungen (vgl insoweit die Erläuterungen zu § 35 Rz 18 f). Die Entscheidung steht im Ermessen des Gerichts.

F. Rechtsbehelfe

13 Die Vollstreckungsmaßnahmen sind nach § 87 Abs 4 mit der sofortigen Beschwerde in entsprechender Anwendung der §§ 567–572 ZPO anfechtbar (s.a. § 87 Rz 4).

§ 96 Vollstreckung in Verfahren nach dem Gewaltschutzgesetz und in Ehewohnungssachen

(1) Handelt der Verpflichtete einer Anordnung nach § 1 des Gewaltschutzgesetzes zuwider, eine Handlung zu unterlassen, kann der Berechtigte zur Beseitigung einer jeden andauernden Zuwiderhandlung einen Gerichtsvollzieher zuziehen. Der Gerichtsvollzieher hat nach § 758 Abs. 3 und § 759 der Zivilprozessordnung zu verfahren. Die §§ 890 und 891 der Zivilprozessordnung bleiben daneben anwendbar.

(2) Bei einer einstweiligen Anordnung in Gewaltschutzsachen, soweit Gegenstand des Verfahrens Regelungen aus dem Bereich der Ehewohnungssachen sind, und in Ehewohnungssachen ist die mehrfache Einweisung des Besitzes im Sinne des § 885 Abs. 1 der Zivilprozessordnung während der Geltungsdauer möglich. Einer erneuten Zustellung an den Verpflichteten bedarf es nicht.

A. Voraussetzungen

§ 96 Abs 1 entspricht dem bisherigen § 892a ZPO und § 96 Abs 2 entspricht dem bisherigen § 885 Abs 1 S 3, 4 ZPO (diese ZPO-Vorschriften wurden aufgehoben). Nach § 96 Abs 1 S 1 kann der Berechtigte einen Gerichtsvollzieher hinzuziehen, wenn der Verpflichtete einer Anordnung nach § 1 GewSchG zuwiderhandelt, eine Handlung zu unterlassen. **1**

I. Gerichtliche Anordnung

Erfasst werden nur gerichtliche Anordnungen (vgl § 96 Abs 1 S 1 iVm § 1 GewSchG), nicht jedoch zB außergerichtliche Vergleiche (Schuschke/Walker/*Sturhahn* § 892a Rn 2). Künftig wird das AG als Familiengericht für alle Verfahren nach dem GewSchG zuständig sein gem §§ 23a Abs 1 Nr 1, 23b Abs 1 GVG iVm §§ 111 Nr 6, 210, also auch, wenn die Beteiligten keinen auf Dauer angelegten gemeinsamen Haushalt führen oder innerhalb von sechs Monaten vor Antragstellung geführt haben (vgl auch Einl v § 210). Diese Entscheidungen, für die bislang die allgemeinen Zivilgerichte zuständig waren, werden dann ebenfalls nach § 96 vollstreckt. **2**

II. Verpflichtung zur Unterlassung einer Handlung

Es muss die Verpflichtung bestehen, eine Handlung zu unterlassen. Insofern kommen insbes die gerichtlichen Anordnungen nach § 1 Abs 1 S 3 GewSchG in Betracht. Wenn die dortigen Anordnungen als Ge-/Verbote ergangen sind, ist dies unschädlich, da hierin zugleich idR auch eine Unterlassungsverpflichtung enthalten ist (vgl auch BLAH/*Hartmann* FamFG § 96 Rn 5). Wenn zB dem Verpflichteten verboten wurde, Verbindung zur verletzten Person, auch unter Verwendung von Fernkommunikationsmitteln, aufzunehmen (§ 1 Abs 1 S 3 Nr 4 GewSchG), liegt darin denknotwendiger Weise zugleich die Verpflichtung, diese Kontaktaufnahme zu unterlassen. **3**

III. Zuwiderhandlung

Schließlich muss der Verpflichtete eine Zuwiderhandlung gegen eine gerichtlich angeordnete Verpflichtung zur Unterlassung einer Handlung begangen haben. Dabei muss die Zuwiderhandlung **andauern**. Die bloße Befürchtung, dass es zukünftig zu weiteren Zuwiderhandlungen in Form von Kontaktaufnahmen etc kommt, reicht nicht aus. Vielmehr muss sich der Verpflichtete zB noch in der sog »Bannmeile« befinden, wenn er es gem § 1 Abs 1 S 3 Nr 2 GewSchG zu unterlassen hat, sich in einem bestimmten Umkreis der Wohnung aufzuhalten. **Schuldhaft** muss das Verhalten des Verpflichteten nicht sein, sofern es um die Vollstreckung durch den Gerichtsvollzieher geht nach § 96 Abs 1 S 1, 2. Erforderlich ist dies aber, obwohl dies im Wortlaut der Vorschrift keinen Ausdruck ge- **4** funden hat, um Ordnungsmittel nach § 890 ZPO festsetzen zu können über § 96 Abs 1 S 3 (aA wohl BLAH/*Hartmann* FamFG § 96 Rn 6). Hierfür spricht der Doppelcharakter der Ordnungsmittel, bei denen es sich um eine Strafe bzw eine strafähnliche Maßnahme handelt und zugleich um eine Zwangsmaßnahme (BVerfG NJW-RR 2007, 860, 861).

B. Vollstreckung

5   Wenn die Voraussetzungen erfüllt sind, kann der Berechtigte einen Gerichtsvollzieher hinzuziehen, § 96 Abs 1 S 1. Dem Berechtigten steht es also frei, ob er diesen Weg gehen will. Wenn er sich hierfür entscheidet, kann der Gerichtsvollzieher zB den Verpflichteten aus der Bannmeile verweisen, sofern also gerichtlich angeordnet wurde, dass es dem Verpflichteten untersagt ist, sich in einem Umkreis von 100 m der Wohnung des Berechtigten zu nähern. Falls der Verpflichtete Widerstand leistet, hat der Gerichtsvollzieher (kein Ermessen; nach § 87 Abs 3 ist er befugt) gem § 96 Abs 1 S 2 nach §§ 758 Abs 3, 759 ZPO zu verfahren und somit den Widerstand ggf mit Gewalt und Unterstützung der Polizei zu brechen. Hierbei handelt es sich um die Anwendung **unmittelbaren Zwangs** (wie bei § 90). In dem bisherigen § 892a ZPO wurde dies schon in der Überschrift klargestellt. Für den Berechtigten dürfte die Hinzuziehung des Gerichtsvollziehers nur selten hilfreich sein, da Zuwiderhandlungen häufig abends und nachts begangen werden und ein schnelles Eingreifen des Gerichtsvollziehers dann nicht ohne weiteres möglich ist (Schuschke/Walker/*Sturhahn* § 892a Fn 4). Trotz der Kritik an der Vorgängervorschrift (vgl auch *v Pechstaedt* NJW 2007, 1233, 1236) wurde daran in § 96 festgehalten.

6   Ferner besteht nach § 96 Abs 1 S 3 daneben die Möglichkeit der Vollstreckung nach § 890 ZPO mit **Ordnungsmitteln**. Es ist die Entscheidung des Berechtigten, ob er den Gerichtsvollzieher hinzuziehen möchte nach § 96 Abs 1 S 1 oder sein Ziel mit Ordnungsmitteln nach § 96 Abs 1 S 3 verfolgt. Schließlich kann er auch beide Wege zugleich beschreiten. Vor der Festsetzung von Ordnungsmitteln ist der Vollstreckungsschuldner nach § 891 S 2 ZPO zu hören. In dem Ordnungsmittelverfahren kann das Gerichtsvollzieherprotokoll oder die Vernehmung des Gerichtsvollziehers selbst als Beweismittel herangezogen werden.

C. Mehrfache Einweisung

7   Gem § 96 Abs 2 ist bei einer einstweiligen Anordnung in Gewaltschutzsachen mit Wohnungszuweisung nach § 2 GewSchG (vgl §§ 214, 216) und bei einer einstweiligen Anordnung in Ehewohnungssachen selbst (vgl §§ 200, 209, 49 f) die mehrfache Einweisung des Besitzes nach § 885 Abs 1 ZPO möglich, ohne dass es einer erneuten Zustellung an den Verpflichteten bedarf. Sofern die einstweilige Anordnung zeitlich befristet wurde, darf der Zeitraum nicht verstrichen sein. Eine mehrfache Einweisung soll jedoch nicht mehr möglich sein, sofern der Berechtigte den Verpflichteten freiwillig wieder in die Wohnung aufgenommen hat und der Berechtigte nun aufgrund neuer Vorkommnisse die Einweisung durch den Gerichtsvollzieher begehrt (BTDrs 14/5429 S 35).

D. Rechtsbehelfe

8   Die Vollstreckungsmaßnahmen sind nach § 87 Abs 4 mit der sofortigen Beschwerde in entsprechender Anwendung der §§ 567–572 ZPO anfechtbar (s.a. § 87 Rz 4).

E. Güterrechtsreform

9   Durch das Gesetz zur Änderung des Zugewinnausgleichs- und Vormundschaftsrechts, das mit dem FamFG in Kraft getreten ist, erfolgten in § 96 lediglich redaktionelle Änderungen. Das Wort »Wohnungszuweisungssachen« wurde jeweils durch das Wort »Ehewohnungssachen« ersetzt.

§ 96a Vollstreckung in Abstammungssachen

(1) Die Vollstreckung eines durch rechtskräftigen Beschluss oder gerichtlichen Vergleich titulierten Anspruchs nach § 1598a des Bürgerlichen Gesetzbuchs auf Duldung einer nach den anerkannten Grundsätzen der Wissenschaft durchgeführten Probeentnahme, insbesondere die Entnahme einer Speichel- oder Blutprobe, ist ausgeschlossen, wenn die Art der Probeentnahme der zu untersuchenden Person nicht zugemutet werden kann.

(2) Bei wiederholter unberechtigter Verweigerung der Untersuchung kann auch unmittelbarer Zwang angewendet, insbesondere die zwangsweise Vorführung zur Untersuchung angeordnet werden.

A. Voraussetzungen

Mit § 96a wird die im Rahmen des Gesetzes zur Klärung der Vaterschaft unabhängig vom Anfechtungsverfahren vom 26.3.2008 (BGBl I, S 441; in Kraft 1.4.2008) eingeführte Regelung des § 56 Abs 4 S 1, 3 FGG übernommen. Dabei entspricht § 96a Abs 1 dem bisherigen § 56 Abs 4 S 1 und § 96a Abs 2 dem bisherigen § 56 Abs 4 S 3 FGG. Abstammungssachen sind nach § 111 Nr 3 Familiensachen und in § 169 definiert. Voraussetzung einer Vollstreckung ist das Vorliegen eines durch rechtskräftigen Beschluss oder gerichtlichen Vergleich titulierten **Anspruchs nach § 1598a BGB** auf Duldung einer nach den anerkannten Grundsätzen der Wissenschaft durchgeführten Probeentnahme. In § 1598a Abs 1 S 1 BGB findet sich der Begriff der genetischen Probe. In § 96a Abs 1 werden beispielhaft die Speichel- oder Blutprobe aufgeführt. IdR dürfte eine bloße Speichelprobe als milderes Mittel ausreichend sein. 1

B. Vollstreckung

Die Vollstreckung erfolgt grds über § 95 Abs 1 Nr 4 (Vollstreckung zur Erzwingung von Duldungen; insofern war eine dem § 56 Abs 4 S 4 FGG entsprechende Regelung entbehrlich) nach den Vorschriften der ZPO und somit nach § 890 ZPO. Danach ist **Ordnungsgeld** (bis 250 000 € je Verstoß; ersatzweise Ordnungshaft) oder **Ordnungshaft** (bis zu 6 Monaten je Verstoß; insgesamt maximal 2 Jahre) zu verhängen. Sollte sich der Verpflichtete wiederholt (mindestens 2 ×) unberechtigt der Untersuchung verweigern, kann auch **unmittelbarer Zwang** angeordnet werden, insbes die zwangsweise Vorführung zur Untersuchung, § 96a Abs 2. Die Möglichkeit, unmittelbaren Zwang anzuwenden, erstreckt sich auch auf die Untersuchung an sich, da anderenfalls keine effektive Vollstreckung gewährleistet wäre. Durch die Nachrangigkeit der Anwendung unmittelbaren Zwangs wird dem stets zu beachtenden Verhältnismäßigkeitsgrundsatz entsprochen. 2

C. Zumutbarkeit

Die Vollstreckung ist jedoch ausgeschlossen nach § 96 Abs 1 aE, wenn die **Art der Probeentnahme** der zu untersuchenden Person nicht zugemutet werden kann, was nach der Gesetzesbegründung (BRDrs 549/07 S 28) der Fall sein soll, wenn gesundheitliche Schäden für den zu Untersuchenden zu befürchten sind. Abgestellt wird nicht auf die Probeentnahme an sich, sondern lediglich auf die Art der Probeentnahme. Grds ist von der Zumutbarkeit auszugehen, wie sich bereits aus der Formulierung als negative Tatbestandsvoraussetzung ergibt. Die Art der Probeentnahme dürfte – insbes bei der Speichelprobe –, idR nie unzumutbar sein. Eine Ausnahme hiervon ist zB bei Suizidgefahr gegeben, wenngleich sich dann die Unzumutbarkeit nicht aus der Art der Probeentnahme ergibt, sondern aus der Probeentnahme an sich. 3

D. Rechtsbehelfe

4 Die Vollstreckungsmaßnahmen sind nach § 87 Abs 4 mit der sofortigen Beschwerde in entsprechender Anwendung der §§ 567–572 ZPO anfechtbar (s.a. § 87 Rz 4).

Abschnitt 9
Verfahren mit Auslandsbezug

Unterabschnitt 1
Verhältnis zu völkerrechtlichen Vereinbarungen und Rechtsakten der Europäischen Gemeinschaft

§ 97 Vorrang und Unberührtheit

(1) Regelungen in völkerrechtlichen Vereinbarungen gehen, soweit sie unmittelbar anwendbares innerstaatliches Recht geworden sind, den Vorschriften dieses Gesetzes vor. Regelungen in Rechtsakten der Europäischen Gemeinschaft bleiben unberührt.

(2) Die zur Umsetzung und Ausführung von Vereinbarungen und Rechtsakten im Sinn des Absatzes 1 erlassenen Bestimmungen bleiben unberührt.

A. Vorrang von Staatsverträgen und Europarecht

Nach § 97 Abs 1 genießen Regelungen in unmittelbar anwendbaren Staatsverträgen und in Rechtsakten der Europäischen Gemeinschaft Vorrang vor den Bestimmungen des FamFG. Die Vorschrift ist dem früheren Art 3 Abs 2 (jetzt Art 3 Nr 1 und 2) EGBGB nachgebildet. Wie jene kollisionsrechtliche Bestimmung so hat auch § 97 Abs 1 ausschließlich **deklaratorischen Charakter**. Die Vorschrift stellt lediglich fest, was ohnehin gilt. Sie ist somit, streng genommen, überflüssig, wenn auch in der Sache unschädlich. **1**

Nach dem Willen des Gesetzgebers übernimmt die Regelung in erster Linie eine **Hinweis- und Warnfunktion**. Damit ist gemeint, dass die Anwendbarkeit völkerrechtlicher Verträge und gemeinschaftsrechtlicher Normen in der Rechtswirklichkeit von Gerichten und Behörden nicht selten übersehen wird. Das ist deshalb misslich, weil die betreffenden Rechtsakte auf diese Weise ihrer einheitsstiftenden Funktion beraubt werden und die Bundesrepublik Deutschland zugleich gegen ihre internationalen Verpflichtungen verstößt. Blieben für Deutschland verbindliche internationale Rechtsakte systematisch unbeachtet, so nähme nicht nur das Ansehen Deutschlands in der Welt Schaden, sondern es könnte auch zu handfesten diplomatischen Auseinandersetzungen kommen. § 97 Abs 1 will den Rechtsanwender deshalb gewissermaßen mit der Nase auf gegebenenfalls vorrangig zu berücksichtigende völkerrechtliche und europarechtliche Regelungen stoßen. Ob ihm dies gelingt, ist allerdings fraglich. So gibt es keine Anhaltspunkte dafür, dass internationale Verträge im Bereich des IPR weniger häufig übersehen werden als vor der Einführung des damaligen Art 3 Abs 2 (jetzt Art 3 Nr 1 und 2) EGBGB im Jahre 1986. Vielmehr dürfte das Problem eher in der verbreiteten Unkenntnis der Rechtsanwender oder ihrer mangelnden Vertrautheit im Umgang mit Rechtsquellen völker- und gemeinschaftsrechtlichen Ursprungs liegen. Der pauschale gesetzliche Hinweis auf die vorrangige Beachtlichkeit dieser Quellen vermag daran wenig zu ändern. **2**

Gem Art 25 GG gehen nur die sog allgemeinen Regeln des Völkerrechts automatisch den förmlichen Gesetzen vor. **Völkerrechtliche Verträge** besitzen dagegen nach ihrer Transformation ins innerstaatliche Recht grundsätzlich nur den **Rang einfachen Bundesrechts**. Soweit sie den Regelungsgegenstand des FamFG betreffen, ergibt sich ihr Vorrang jedoch aus der allgemeinen rangkollisionsrechtlichen Regel, nach der das speziellere das allgemeinere Gesetz verdrängt (lex specialis derogat legi generali). Der Vorrang des spezielleren Gesetzes greift auch gegenüber dem später erlassenen allgemeinen Gesetz. Völkerrechtliche Vereinbarungen setzen sich also gegenüber dem FamFG auch für den Fall durch, dass sie älter sind. **3**

Der Vorrang der Staatsverträge kommt nur zum Tragen, soweit diese **unmittelbar anwendbares innerstaatliches Recht** geworden sind. Drei Voraussetzungen müssen dafür erfüllt sein (zu Einzelheiten s *Kropholler* IPR S 57). Zum einen muss der Vertrag in Kraft **4**

§ 97 FamFG | Vorrang und Unberührtheit

getreten und damit völkerrechtlich wirksam geworden sein. Hierzu bedarf es meistens der Hinterlegung einer gewissen Anzahl von Ratifikationsurkunden durch die Vertragsstaaten (im Falle der Haager Konventionen idR drei). Vom Inkrafttreten zu unterscheiden ist die **innerstaatliche Wirksamkeit** des Vertrags, wozu in Deutschland gem Art 59 Abs 2 GG die Zustimmung des Parlaments mittels eines förmlichen Gesetzes erforderlich ist. Das Zustimmungs- oder Vertragsgesetz verleiht dem Vertragsinhalt innerstaatliche Geltung (Transformation). Als dritte Voraussetzung muss der Vertrag unmittelbar anwendbar sein. Daran fehlt es, wenn die Anwendung des Vertrags den Erlass weiterer innerstaatlicher Akte voraussetzt oder der Gesetzgeber die unmittelbare Anwendbarkeit ausgeschlossen hat.

5   Zu den **vorrangig zu beachtenden Staatsverträgen** gehört das Haager Erwachsenenschutzübereinkommen (ESÜ) von 2000, das am 1.1.2009 für Deutschland in Kraft getreten ist. Es findet auf Schutzmaßnahmen für hilfsbedürftige Personen über 18 Jahre Anwendung und trifft Regelungen zu internationaler Zuständigkeit, anwendbarem Recht, Anerkennung und Vollstreckung sowie Behördenzusammenarbeit. Zu beachten sind ferner das Haager Minderjährigenschutzabkommen (MSA) von 1961 und das Haager Kindesentführungsübereinkommen (HKÜ) von 1980. Das MSA wird seinerseits in ihrem Anwendungsbereich von der Brüssel IIa-VO verdrängt, während HKÜ und Brüssel IIa-VO sich ergänzen. Das Haager Kinderschutzübereinkommen (KSÜ) von 1996 ist dagegen von Deutschland, trotz Ermächtigung seitens der EU, noch nicht ratifiziert worden. Im Verhältnis zu den Rest-EFTA-Staaten Island, Norwegen und der Schweiz ist namentlich in Unterhaltsfragen das Luganer Übereinkommen über die gerichtliche Zuständigkeit und die Vollstreckung gerichtlicher Entscheidungen in Zivil- und Handelssachen vom 16.9.1988 (LugÜ) zu beachten (BGBl 1994 II S 2658).

6   Dass **Rechtsakte der Europäischen Gemeinschaft** Vorrang vor den nationalen Rechtsnormen zukommt, folgt bereits aus den allgemeinen Prinzipien des Gemeinschaftsrechts und ist vom EuGH wiederholt festgestellt worden. Die Erwähnung des Vorrangs im FamFG dient insofern nur der Klarstellung. Der Vorrang umfasst sowohl das primäre als auch das sekundäre Gemeinschaftsrecht, sofern es unmittelbar anwendbar ist (näher *Brödermann/Rosengarten* Rn 255 ff). Unmittelbar anwendbar sind gem Art 249 Abs 2 EGV von der EG erlassene Verordnungen. Nicht unmittelbar anwendbar sind dagegen von der Gemeinschaft erlassene Richtlinien. Sie bedürfen zunächst der Umsetzung ins nationale Recht. Die zu diesem Zweck ergehende Ausführungsgesetzgebung stellt innerstaatliches und kein europäisches Recht dar.

7   Von den **europarechtlichen Rechtsakten** ist an erster Stelle die Brüssel IIa-VO zu nennen. In unterhaltsrechtlichen Verfahren ist außerdem die Europäische Unterhaltsverordnung (EuUntVO) von 2008 zu beachten. Für Altfälle ist in Unterhaltssachen die Europäische Gerichtsstands- und Vollstreckungsverordnung (EuGVO) von 2000 heranzuziehen.

8   **Rangverhältnis.** Unter den verschiedenen Rechtsquellen hat der Rechtsanwender zunächst das Europäische Gemeinschaftsrecht heranzuziehen, in zweiter Linie für Deutschland in Kraft getretene und unmittelbar anwendbare Staatsverträge und erst in dritter Linie das autonome deutsche Recht, unter Einschluss des FamFG.

B. Vorrang von Durchführungsgesetzen

9   Gem § 97 Abs 2 erstreckt sich der Vorrang gegenüber dem FamFG auf Vorschriften, die zum Zwecke der **Umsetzung und Ausführung** völker- und gemeinschaftsrechtlicher Normen ergangen sind. Ebenso wie die Vorrangregel in § 97 Abs 1, so ist auch diese lediglich von deklaratorischer Bedeutung. Die entsprechenden Gesetze hätten nämlich schon nach dem lex-specialis-Grundsatz Vorrang vor den allgemeineren Regelungen des FamFG.

Zu den **vorrangig zu berücksichtigenden Gesetzen** gehören das Internationale 10
Familienrechtsverfahrensgesetz (IntFamRVG) von 2005 (abgedruckt im Anhang zu
§ 110), das Anerkennungs- und Vollstreckungsausführungsgesetz (AVAG) von 2001, das
Erwachsenenschutzübereinkommens-Ausführungsgesetz (ErwSÜAG) von 2000 und das
Adoptionsübereinkommens-Ausführungsgesetz (AdÜbAG) von 2001.

Unterabschnitt 2
Internationale Zuständigkeit

A. Allgemeines

1 Der zweite Unterabschnitt (§§ 98–106) besteht größtenteils aus Regelungen, die sich **früher in der ZPO und im FGG** fanden. Manche Vorschriften stimmen mit ihren Vorgängernormen fast wörtlich überein (etwa § 98 mit dem früheren § 606a ZPO). Gegenüber der alten Rechtslage finden sich nur wenige Neuerungen, sodass die noch zum alten Recht ergangene Rechtsprechung und die ältere Literatur überwiegend ihre Gültigkeit behalten.

2 Regelungen in Rechtsakten der **Europäischen Gemeinschaft und in völkerrechtlichen Verträgen**, sofern Letztere für Deutschland in Kraft getreten sind, haben gegenüber den Vorschriften dieses Unterabschnitts **Vorrang** (§ 97). Im Ergebnis werden die Zuständigkeitsnormen der §§ 98 ff deshalb in großem Umfang verdrängt. Zu beachten ist insbes die Brüssel IIa-VO, die auch den meisten völkerrechtlichen Verträgen vorgeht. Ihr sachlicher Regelungsbereich umfasst in weiten Teilen denjenigen des zweiten Unterabschnitts. Sie ist daher regelmäßig zuerst zu prüfen.

B. Internationale Zuständigkeit

3 Sie ist von der mit ihr **verwandten örtlichen Zuständigkeit** streng zu unterscheiden. Während die internationale Zuständigkeit festlegt, ob die Gerichte oder Behörden eines Staates in ihrer Gesamtheit zur Entscheidung eines Falles berufen sind, sagt die örtliche Zuständigkeit, welche Gerichte eines bestimmten Bezirks innerstaatlich zuständig sind. Im Unterschied zu vielen Zuständigkeitsnormen der ZPO, die eine Doppelfunktion aufweisen, also sowohl die örtliche als auch die internationale Zuständigkeit regeln, beziehen sich die §§ 98–106 ausschließlich auf die internationale Zuständigkeit. Sie gelten also speziell für Auslandsfälle. Einzig § 105 folgt dabei als Auffangnorm dem Prinzip der Doppelfunktionalität.

4 Die Normen des zweiten Unterabschnitts gelten für die **direkte** oder **Entscheidungszuständigkeit**, im Unterschied zur indirekten oder Anerkennungszuständigkeit. Als Entscheidungsvoraussetzung sagen sie dem deutschen Richter, ob er in dem Verfahren entscheiden darf. Mittelbar erlangen sie jedoch auch Bedeutung für die Anerkennungszuständigkeit. So ist nach § 109 Abs 1 Nr 1 die Anerkennung einer fremden Entscheidung ausgeschlossen, wenn die ausländischen Gerichte nach deutschem Recht nicht zuständig gewesen sind.

5 Bei allen internationalen Zuständigkeiten des FamFG handelt es sich um **konkurrierende** und nicht um ausschließliche Zuständigkeiten (§ 106). Die Anerkennung einer im Ausland ergangenen Entscheidung ist daher auch dann nicht ausgeschlossen, wenn die deutschen Gerichte nach §§ 98 ff zuständig gewesen wären. Dagegen sind die örtlichen Zuständigkeiten im FamFG meist als ausschließliche ausgestaltet (zB §§ 122, 152 Abs 1, 170).

6 Gemeinsam ist den internationalen Zuständigkeitsregeln des FamFG, das sie sowohl die deutsche Staatsangehörigkeit als auch den inländischen gewöhnlichen Aufenthalt für maßgeblich erklären. Heimat- und Aufenthaltszuständigkeit stehen alternativ und somit **gleichrangig** zur Auswahl. Hinzu kommen in einigen Fällen ein besonderes Fürsorgebedürfnis oder die Vornahme eines statusrelevanten Aktes als weitere Zuständigkeitsgründe. Durch die Vielzahl von Merkmalen, auf welche die Zuständigkeit gestützt werden kann, wird der Zugang zu den deutschen Gerichten erleichtert.

7 Ob die deutschen Gerichte international zuständig sind, ist jeder Lage des Verfahrens **von Amts wegen** zu ermitteln (BGHZ 160, 332, 334).

Die Frage, was geschehen soll, wenn der **Grund für die internationale Zuständigkeit** **8** **nachträglich wegfällt**, ist im FamFG nicht geregelt. Ob in diesem Fall die Zuständigkeit fortdauert (perpetuatio fori), lässt sich nicht pauschal beantworten. Vielmehr ist auf den jeweiligen Sachzusammenhang sowie auf die beteiligten Interessen abzustellen.

Eigenständigkeit der Zuständigkeitsregelung. Die internationale Zuständigkeit sagt **9** grundsätzlich nichts über das anwendbare Recht aus. Deutsche Gerichte können dementsprechend zuständig sein, obwohl in der Sache ausländisches Recht anzuwenden ist. Nach der von den Gerichten favorisierten Gleichlauftheorie gab es für Nachlasssachen früher eine Ausnahme von diesem Grundsatz. So sollte in diesen Fällen die Zuständigkeit der Gerichte dem anwendbaren Recht folgen. Dieser umstrittenen Konstruktion hat der Gesetzgeber nunmehr in § 105 eine ausdrückliche Absage erteilt. Eine gewisse Parallelität zwischen internationaler Zuständigkeit und anwendbarem Recht ist freilich möglich, wenn Zuständigkeitsrecht und IPR ähnliche Anknüpfungsbegriffe verwenden. Ferner folgen einzelne völkerrechtliche Verträge, die gegenüber dem FamFG vorrangig zu berücksichtigen sind, dem Gleichlaufprinzip, so namentlich MSA und ESÜ.

§ 98 Ehesachen; Verbund von Scheidungs- und Folgesachen

(1) Die deutschen Gerichte sind für Ehesachen zuständig, wenn
1. ein Ehegatte Deutscher ist oder bei der Eheschließung war;
2. beide Ehegatten ihren gewöhnlichen Aufenthalt im Inland haben;
3. ein Ehegatte Staatenloser mit gewöhnlichem Aufenthalt im Inland ist;
4. ein Ehegatte seinen gewöhnlichen Aufenthalt im Inland hat, es sei denn dass die zu fällende Entscheidung offensichtlich nach dem Recht keines der Staaten anerkannt würde, denen einer der Ehegatten angehört.

(2) Die Zuständigkeit der deutschen Gerichte nach Absatz 1 erstreckt sich im Fall des Verbunds von Scheidungs- und Folgesachen auf die Folgesachen.

Übersicht

	Rz		Rz
A. Allgemeines	1	II. Zuständigkeitsgründe	14
B. Brüssel IIa-VO	5	1. Heimatzuständigkeit	16
C. Zuständigkeit nach autonomem Recht	13	2. Aufenthaltszuständigkeiten	23
I. Vorrang der Brüssel IIa-VO	13	D. Verbundszuständigkeit	35

A. Allgemeines

1 Die Vorschrift regelt, vorbehaltlich der vorrangigen Brüssel IIa-VO, die internationale Zuständigkeit der deutschen Gerichte für Ehe- und Verbundsachen. § 98 Abs 1 entspricht, bis auf den Hinweis zur fehlenden Ausschließlichkeit, fast wörtlich dem ehemaligen § 606a Abs 1 ZPO. Die Regelung in § 98 Abs 2 ist zwar neu, gibt aber in der Sache die ebenfalls zuvor schon gem §§ 621 Abs 2, 623 Abs 1 ZPO aF geltende Rechtslage wieder.

2 § 98 betrifft allein die internationale Zuständigkeit. Sie ist gem 106 **nicht ausschließlich**.

3 Die **örtliche Zuständigkeit** für Ehesachen ist in § 122 geregelt und im Gegensatz zur internationalen Zuständigkeit ausschließlicher Natur.

4 Für den Begriff der **Ehesachen** enthält § 121 eine an den früheren § 606 ZPO anknüpfende Legaldefinition. Die Definition ist auch für § 98 zu beachten. Ehesachen sind danach die Scheidung und die Aufhebung der Ehe wegen anfänglicher Mängel sowie Feststellungen über das Bestehen oder Nichtbestehen einer Ehe. Der Begriff ist **funktional** zu verstehen und umfasst auch verwandte, dem deutschen Recht nicht geläufige ausländische Rechtsinstitute. Dazu zählt die **Trennung von Tisch und Bett**, die in vielen Ländern als Alternative oder auch als Vorstufe zur Scheidung fungiert. Eine entsprechende Klage ist vor deutschen Gerichten zulässig (BGH NJW 1967, 2109). Ebenso zulässig sind die in einigen ausländischen Rechten, zB Italien, bekannten **Ehenichtigkeitsklagen**, obwohl das deutsche Recht in den §§ 1313 ff BGB seit dem EheschlRG von 1998 nur noch die Eheaufhebung und nicht mehr die Nichtigkeitserklärung kennt. Generell richtet sich in diesen Fällen – in den Grenzen des ordre public (Art 6 EGBGB) – die Art der Rechtsfolge nach dem gem Art 13, 17 iVm Art 14 EGBGB anwendbaren Recht.

B. Brüssel IIa-VO

5 **Übersicht**. § 98 wird weitgehend verdrängt durch die Verordnung (EG) Nr 2201/2003 des Rates vom 27.11.2003 über die Zuständigkeit und die Anerkennung und Vollstreckung von Entscheidungen in Ehesachen und in Verfahren betreffend die elterliche Verantwortung (ABl EU 2003 Nr L 338 S 1). Der meist kurz Brüssel IIa-VO genannte Rechtstext ist seit dem 1.3.2005 für alle EU-Staaten mit Ausnahme Dänemarks in Kraft und hat die ältere VO Nr 1347/2000 (Brüssel II-VO) vom 29.5.2000 (ABl EG 2000 Nr L 160 S 19) abgelöst. Die Brüssel IIa-VO ist **supranationales Gemeinschaftsrecht** und hat daher Vorrang vor den nationalen deutschen Rechtsakten, einschließlich dem FamFG. Inhaltlich regelt die Brüssel IIa-VO die internationale Zuständigkeit sowie die Anerkennung und Vollstreckung von Entscheidungen.

Der **sachliche Anwendungsbereich** der VO umfasst nach ihrem Art 1 zum einen alle 6 den ehelichen Status betreffenden Verfahren (Ehescheidung, Ehetrennung, Ungültigerklärung von Ehen), zum anderen sämtliche Entscheidungen, welche die elterliche Verantwortung betreffen, und zwar unabhängig davon, ob sie einen Zusammenhang mit einer Ehesache aufweisen. Sie gilt nicht für andere Familiensachen, wie Unterhalt, Güterrecht, Versorgungsausgleich usw (s FAKomm-FamR/*Rausch* Vorb § 606a ZPO Rn 14).

Die Brüssel IIa-VO ist als sekundäres Europäisches Gemeinschaftsrecht **autonom**, dh 7 unabhängig vom nationalen Begriffsinhalten, auszulegen. Besondere Bedeutung kommt dem EuGH zu, der nach Art 234 EGV aufgerufen ist, im Vorabentscheidungsverfahren über Fragen der Auslegung von Gemeinschaftsrechtsakten zu entscheiden. Seit dem 1.3.2008 ist es den nationalen Gerichten möglich, dem EuGH Auslegungsfragen im Zusammenhang mit der Brüssel IIa-VO in Form eines **Eilantrags** zur Vorabentscheidung vorzulegen. Wie erste Erfahrungen zeigen, kann die Dauer der Vorabentscheidungsverfahren dadurch erheblich reduziert werden (s *Rieck* NJW 2008, 2958).

Entscheidungszuständigkeit. Die Zuständigkeitsordnung der Brüssel IIa-VO in Ehe- 8 sachen basiert auf den Anknüpfungspunkten gewöhnlicher Aufenthalt und Staatsangehörigkeit. Insgesamt stellt Art 3 Abs 1 Brüssel IIa-VO sieben Entscheidungszuständigkeiten zur Verfügung. Die Zuständigkeiten sind alle **gleichrangig**. Es gibt keinen Vorrang der Aufenthalts- gegenüber der Staatsangehörigkeitszuständigkeit.

Die **Aufenthaltszuständigkeit** in Art 3 Abs 1 lit a besteht alternativ in sechsfacher 9 Form, nämlich: beide Ehegatten haben gegenwärtig ihren gewöhnlichen Aufenthalt im Gerichtsstaat (Strich 1); sie hatten ihn dort zuletzt und für einen von ihnen besteht er fort (Strich 2); der Antragsgegner hat seinen gewöhnlichen Aufenthalt im Forumstaat (Strich 3); einer der Ehegatten hat dort seinen gewöhnlichen Aufenthalt und beide Ehegatten stellen den Antrag (Strich 4); der Antragsteller hält sich im Gerichtsstaat seit mindestens einem Jahr vor der Antragstellung gewöhnlich auf (Strich 5); er hat seinen gewöhnlichen Aufenthalt dort seit mindestens sechs Monaten und besitzt zugleich die Staatsangehörigkeit des betreffenden Staates (Strich 6).

Der Begriff des **gewöhnlichen Aufenthalts** wird in der Brüssel IIa-VO nicht definiert. 10 Er ist gemeinschaftsautonom zu bestimmen (EuGH FamRZ 2009, 843 Rn 34). Im Interesse einer international möglichst einheitlichen Begriffsbildung sollten allerdings die bereits im Zusammenhang mit den Haager Konventionen entwickelten Kriterien herangezogen werden. Für Einzelheiten s § 98 Rz 24 ff.

Die **Heimatzuständigkeit** ist nach Art 3 Abs 1 lit b Brüssel IIa-VO in dem Staat gege- 11 ben, dessen Staatsangehörigkeit beide Eheleute besitzen. Sind beide Deutsche, sind auch die deutschen Gerichte international zuständig, unabhängig davon, wo der gewöhnliche Aufenthalt der Eheleute liegt. Im Fall des Vereinigten Königreichs und Irlands tritt an die Stelle der Staatsangehörigkeit das nach dem Recht dieser beiden Staaten zu bestimmende »domicile«. Die Staatsangehörigkeitszuständigkeit steht mit der Aufenthaltszuständigkeit **auf einer Stufe**, ist also nicht nachrangig. Die Staatsangehörigkeit nur eines Ehegatten reicht, anders als nach § 98 Abs 1 Nr 1, nicht aus, um die internationale Zuständigkeit zu begründen. Damit entfällt im Anwendungsbereich der Brüssel IIa-VO auch das Deutschenprivileg. Bei Personen mit **mehrfacher Staatsangehörigkeit** ist für Effektivitätsüberlegungen kein Raum. Vielmehr sind alle mitgliedstaatlichen Nationalitäten zuständigkeitsrechtlich gleich zu behandeln (ausf *Dilger* Rn 484 ff). Besitzen bspw beide Ehegatten die deutsche und die griechische Staatsangehörigkeit, können sie sich sowohl an die Gerichte in Deutschland als auch in Griechenland wenden.

Die Zuständigkeit des Gerichts nach Art 3 erstreckt sich auch auf **Gegenanträge**, die 12 im Rahmen eines bereits anhängigen Eheverfahrens gestellt werden, ohne dass es einer zusätzlichen Zuständigkeitsprüfung bedarf (Art 4 Brüssel IIa-VO). Schließlich ist gem

§ 98 FamFG | Ehesachen; Verbund von Scheidungs- und Folgesachen

Art 5 Brüssel IIa-VO das Gericht eines Mitgliedstaats, das eine Entscheidung über eine Trennung ohne Auflösung des Ehebandes erlassen hat, auch für die Umwandlung dieser Entscheidung in eine Ehescheidung zuständig. Solche reinen **Trennungsentscheidungen** gibt es etwa in Italien, nicht jedoch in Deutschland.

C. Zuständigkeit nach autonomem Recht

I. Vorrang der Brüssel IIa-VO

13 Die Bestimmungen der Brüssel IIa-VO sind vorrangig zu beachten. Nur soweit sich für kein Gericht eines Mitgliedstaats der EU eine internationale Zuständigkeit aus Art 3–5 Brüssel IIa-VO ergibt, kommen die nationalen »Restzuständigkeiten«, zu denen auch § 98 zählt, zum Tragen (Art 7 Abs 1 Brüssel IIa-VO). Hat der Antragsgegner seinen gewöhnlichen Aufenthalt in einem EU-Mitgliedstaat oder besitzt er die Staatsangehörigkeit eines dieser Staaten, richtet sich die internationale Zuständigkeit ausschließlich nach den Vorschriften der Brüssel IIa-VO (s deren Art 6). Der sonach für das autonome deutsche Zuständigkeitsrecht verbleibende Anwendungsbereich ist gering. Vorwiegend findet es noch Anwendung, wenn beide Ehegatten sich gewöhnlich in einem Nichtmitgliedstaat aufhalten und einer von ihnen Deutscher ist (vgl § 98 Abs 1 Nr 1). Das ist etwa bei einem in den USA lebenden deutsch-spanischen Ehepaar der Fall. Darüber hinaus greift § 98 im Verhältnis zu Dänemark ein, da insoweit die Brüssel IIa-VO nicht gilt.

II. Zuständigkeitsgründe

14 § 98 Abs 1 Nr 1–4 stellt alternativ auf die Heimatzuständigkeit für Deutsche und die Aufenthaltszuständigkeit für in Deutschland lebende Ausländer ab. Eine Rangfolge zwischen den unterschiedlichen Zuständigkeitsgründen ist im Gegensatz zur Regelung über die örtliche Zuständigkeit (§ 122) nicht vorgesehen. Die zuständigkeitsbegründenden Merkmale des § 98 Abs 1 sind vielmehr gleichberechtigt und kommen daher **nebeneinander** zur Anwendung.

15 *Perpetuatio fori.* In Ehesachen besteht die deutsche internationale Zuständigkeit grundsätzlich auch dann fort, wenn das zuständigkeitsbegründende Merkmal **nachträglich entfällt**. Das hat der Bundesgerichtshof zum früheren Recht mit Blick auf den gewöhnlichen Aufenthalt so entschieden (BGH FamRZ 1983, 1216; ebenso Stein/Jonas/*Schlosser* § 606 ZPO Rn 6). Für eine Abkehr von dieser Ansicht besteht unter der Geltung des FamFG kein Anlass. Verlegt ein Beteiligter während des Verfahrens seinen gewöhnlichen Aufenthalt ins Ausland, bleibt die internationale Zuständigkeit demnach bestehen. Gleiches muss für den wesentlich selteneren Fall des nachträglichen Verlustes der deutschen Staatsangehörigkeit gelten (s Zöller/*Geimer* § 606a Rn 40). Anders ist nur die Situation zu sehen, wenn sich eine zu Beginn bestehende positive Anerkennungsprognose im weiteren Verlauf des Verfahrens ins negative verkehrt. Dann entfällt auch die internationale Zuständigkeit nachträglich (Staudinger/*Spellenberg* § 606a ZPO Rn 300).

1. Heimatzuständigkeit

16 Die deutschen Gerichte sind nach § 98 Abs 1 Nr 1 international zuständig, wenn zumindest ein Ehegatte die deutsche Staatsangehörigkeit hat oder im Zeitpunkt der Eheschließung hatte (sog Antrittszuständigkeit). Dieses **Deutschenprivileg** sichert einem deutschen Ehepartner die Zuständigkeit seiner Heimatgerichte auch für den Fall, dass sein gewöhnlicher Aufenthalt im Ausland liegt. Es handelt sich um einen vom Üblichen abweichenden, exorbitanten Gerichtsstand (*Schack* Rn 372).

17 Rechtspolitisch ist die Heimatzuständigkeit **umstritten**. Das gilt insbes für die zuständigkeitsrechtliche Privilegierung auch solcher Personen, die ihrer deutschen Staatsangehörigkeit nach vollzogener Eheschließung entsagt haben (*Kropholler* IPR S 634). Die Be-

Ehesachen; Verbund von Scheidungs- und Folgesachen | § 98 FamFG

denken werden dadurch verstärkt, dass Art 3 Brüssel IIa-VO einseitige Staatsangehörigkeitszuständigkeiten im Anwendungsbereich der VO nicht zulässt. Trotz der Bedenken ist Nr 1 nicht verfassungswidrig (s *Becker-Eberhard* FS Schütze 88 ff). Rechtfertigen lässt sich die Heimatzuständigkeit bis zu einem gewissen Grade damit, dass das deutsche IPR in Fragen der Eheschließung und -scheidung primär auf die Staatsangehörigkeit der Partner abstellt, sodass eine wertungsmäßige Übereinstimmung zwischen Zuständigkeit und anwendbarem Recht besteht. **Rechtspraktisch** hat die Heimatzuständigkeit für deutsche Ehegatten den Vorteil, dass über die einschlägigen Kollisionsnormen (Art 17 Abs 1 iVm Art 14 Abs 1 EGBGB) im Ergebnis deutsches materielles Scheidungsrecht zur Anwendung gelangt.

Die Heimatzuständigkeit ist **unabhängig** davon eröffnet, ob die Ehescheidung durch die deutschen Gerichte im Staat des gewöhnlichen Aufenthalts der Ehegatten auch **anerkannt** wird. Das Risiko einer hinkenden Scheidung liegt in diesem Fall bei den Eheleuten. Ebenso wenig setzt § 98 Abs 1 Nr 1 im Falle gemischtnationaler Ehen mit deutscher Beteiligung zwingend voraus, dass es sich bei dem die Scheidung, Eheaufhebung usw begehrenden Ehegatten um den deutschen Partner handelt. Auch wenn dies der Regelfall sein dürfte, so ist doch nach dem Wortlaut zumindest nicht ausgeschlossen, dass auch der ausländische Ehegatte eines aktuell oder ehemals Deutschen vor den deutschen Gerichten klagt, selbst wenn er ansonsten keine weiteren Verbindungen zum Inland unterhält (s Staudinger/*Spellenberg* § 606a ZPO Rn 19). **18**

Deutsche Staatsangehörigkeit. Wer deutscher Staatsangehöriger ist, bestimmt sich nach dem seit 1.1.2000 geltenden StAG (BGBl 1999 I S 1618). Die deutsche Staatsangehörigkeit ist als Voraussetzung der internationalen Zuständigkeit in jeder Lage des Verfahrens von Amts wegen zu ermitteln. Etwaige Vorfragen, die für den Staatsangehörigkeitserwerb von Bedeutung sein können, wie Abstammung oder Adoption, hat das Gericht nach den anwendbaren IPR-Vorschriften zu klären. **19**

Wegen der wachsenden Zahl von Personen mit **mehrfacher Staatsangehörigkeit** stellt sich in verstärktem Maße die Frage, wie die internationale Zuständigkeit zu beurteilen ist, wenn der Ehegatte neben der deutschen auch eine oder mehrere ausländische Staatsangehörigkeiten besitzt. Die Regelung des Art 5 Abs 1 S 2 EGBGB, wonach bei deutschen Mehrstaatern in jedem Fall die deutsche Staatsangehörigkeit maßgeblich ist, greift nicht ein, da sie nur für das IPR, nicht dagegen für das Zuständigkeitsrecht bestimmt ist (BTDrs 10/504 S 41). Manche wollen in diesen Fällen der effektiven Staatsangehörigkeit den Vorrang einräumen, also der Staatsangehörigkeit, zu der die Person durch andere Gesichtspunkte die engste Verbindung aufweist. Ist die deutsche Staatsangehörigkeit unter den mehreren die ineffektive, könnte die Zuständigkeit dementsprechend nicht auf § 98 Abs 1 Nr 1 gestützt werden (so etwa Staudinger/*Spellenberg* § 606a ZPO Rn 83). Nach überwiegender Auffassung soll jedoch die deutsche Staatsangehörigkeit ausreichen, auch wenn es sich nicht um die effektive handelt (*Mansel* Rn 444 mwN). Der hM ist zu folgen; sie entspricht am besten dem Zweck der Heimatzuständigkeit, nämlich den Zugang zu den deutschen Gerichten für Deutsche zu erleichtern. Im Ergebnis ist es daher irrelevant, welche Staatsangehörigkeit bei einem deutschen Mehrstaater die effektivere ist. Die Tatsache, dass er auch Deutscher ist, genügt. **20**

Flüchtlinge sind zuständigkeitsrechtlich ebenso wie deutsche Staatsangehörige zu behandeln (zu den einschlägigen Gesetzesnormen Staudinger/*Spellenberg* § 606a Rn 93 ff). Für sie gilt daher § 98 Abs 1 Nr 1 entsprechend. Ob **anerkannte Asylberechtigte** deutschen Staatsangehörigen oder aber Staatenlosen gleichzustellen sind, hat der BGH offengelassen (BGH FamRZ 1990, 33). Im Ergebnis macht dies keinen Unterschied, da Staatenlose mit gewöhnlichem Aufenthalt im Inland gem § 98 Abs 1 Nr 3 klagen können. **21**

Die **Antrittszuständigkeit** für Personen, die bei der Eheschließung Deutsche waren, soll einem deutschen Eheschließenden die Zuständigkeit der deutschen Gerichte für den Fall garantieren, dass er die deutsche Staatsangehörigkeit später verliert. Es ist ausreichend, wenn die Eigenschaft als Deutscher bei der Eheschließung vorlag. Ob sie da- **22** vor oder danach bestand, ist ohne Bedeutung. Unerheblich sind auch die Gründe für den Fortfall der deutschen Staatsangehörigkeit. Selbst wenn der Betroffene sie bewusst aufgegeben hat, sind die deutschen Gerichte zuständig.

2. Aufenthaltszuständigkeiten

23 § 98 Abs 1 Nr 2–4 knüpfen die internationale Zuständigkeit der deutschen Gerichte an den gewöhnlichen Aufenthalt. Durch den Vorrang der Brüssel IIa-VO sind die Aufenthaltszuständigkeiten allerdings nur noch von **eingeschränkter Bedeutung**.

24 **Gewöhnlicher Aufenthalt**. Der inländische gewöhnliche Aufenthalt fungiert in Ehesachen ebenso wie in anderen FamFG-Verfahren als zuständigkeitsbegründendes Merkmal. Er ist darüber hinaus zentraler Anknüpfungsgrund in einschlägigen EU-Rechtsakten und völkerrechtlichen Vereinbarungen.

25 Der Begriff des gewöhnlichen Aufenthalts hat ausgehend von den IPR-Konventionen der Haager Konferenz Aufnahme in die Rechtsordnungen der meisten Staaten gefunden. Das deutsche Kollisions- und Verfahrensrecht enthält **keine Legaldefinition** des Ausdrucks. Eine gesetzliche Umschreibung findet sich ebenso wenig in den Haager Konventionen oder den einschlägigen EU-Rechtsakten. Die Resolution 72 (1) des Europarats vom 18.1.1972 (auszugsweise abgedruckt bei *Kropholler* IPRS 282 f) enthält Empfehlungen zur Vereinheitlichung der Rechtsbegriffe »Wohnsitz« und »Aufenthalt«, die Anhaltspunkte zur Konkretisierung des gewöhnlichen Aufenthalts geben, jedoch nicht bindend sind. Da der gewöhnliche Aufenthalt mittlerweile von nationalen, internationalen und supranationalen Normgebern verwendet wird, sollte man sich zur Vermeidung von Widersprüchen um eine **übernationale Begriffsbildung** bemühen. Nationale Sonderwege sollten also tunlichst vermieden werden, auch wenn sie sich nie ganz ausschließen lassen.

26 Die Rechtsprechung lokalisiert den gewöhnlichen Aufenthalt am Ort des **Daseinsmittelpunkts** einer Person, dort wo der **Schwerpunkt ihrer Bindungen** liegt (BGH NJW 1975, 1068). Dies entspricht der Judikatur des EuGH und der Auffassung der Haager IPR-Konferenz und ist auch für das deutsche Recht zutreffend (s *Baetge* FS Kropholler 78 ff). Um einen Daseinsmittelpunkt zu begründen, muss die Anknüpfungsperson in gewissem Umfang sozial integriert sein (EuGH FamRZ 2009, 843 Rn 38). Ihre vollständige Assimilation ist jedoch nicht erforderlich. Ausschlaggebend sind die **tatsächlichen Beziehungen**, welche die Person zu dem Staat unterhält. Indizien für das Maß der Integration sind bspw die Einrichtung einer Wohnung, der tatsächliche Schulbesuch der Kinder, die Ausübung beruflicher Tätigkeiten, Sprachkenntnisse und die Belegenheit von Vermögensinteressen (EuGH FamRZ 2009, 843 Rn 39; EuGH Slg 2001 I 5547, 5592). Einen weiteren Anhaltspunkt bildet die Dauer des Aufenthalts. Häufig wird ein sechsmonatiger Aufenthalt als wichtiges Indiz für die Begründung eines gewöhnlichen Aufenthalts gewertet. Indes handelt es sich lediglich um eine Faustformel, die nicht verabsolutiert werden darf. Entscheidend ist die Qualität des Aufenthalts und weniger dessen Dauer (*Baetge* IPRax 2001, 575 f).

27 Die **Rechtmäßigkeit** der Aufenthaltsnahme ist **nicht Voraussetzung** für das Entstehen eines gewöhnlichen Aufenthalts. Auch Personen, die sich illegal in Deutschland aufhalten, können, sofern sie hier hinreichend sozial integriert sind, ihren gewöhnlichen Aufenthalt begründen. Das Gleiche gilt, wenn ihre Aufenthaltsberechtigung nachträglich entfällt. Ebenfalls keine Rolle spielen **Registrierungs- und Meldeerfordernisse**. Wird die polizeiliche Meldung versäumt, so ist darin kein Indiz gegen einen gewöhnlichen Inlandsaufenthalt zu erblicken (Staudinger/*Spellenberg* Art 3 EheGVO Rn 57).

28 Der gewöhnliche Aufenthalt kann bereits **mit der Ankunft in einem Land** begründet werden, ohne dass eine gewisse Frist verstrichen sein muss, wenn die Aufenthaltsnahme von vornherein in der Absicht geschieht, dort seinen Lebensmittelpunkt zu begründen (BGHZ 78, 293). Nur in diesem Zusammenhang ist der Bleibewille (animus manen-

Ehesachen; Verbund von Scheidungs- und Folgesachen | § 98 FamFG

di) von Bedeutung. Ansonsten setzt der gewöhnliche Aufenthalt, im Unterschied zum Wohnsitz, kein subjektives Element voraus. Im Falle eines Umzugs von einem Land in ein anderes kann daher im Zuzugsstaat sofort ein gewöhnlicher Aufenthalt entstehen. Dadurch werden zeitliche Lücken vermieden, da der alte gewöhnliche Aufenthalt mit dem Wegzug regelmäßig entfällt.

Ob eine Person **mehrere gewöhnliche Aufenthalte** gleichzeitig haben kann, ist umstritten (s OLG Nürnberg FamRZ 2007, 1590 f). Dient der gewöhnliche Aufenthalt wie im FamFG oder in der Brüssel IIa-VO zur Begründung einer konkurrierenden Zuständigkeit, sollte diese Möglichkeit im Interesse eines leichteren Zugangs zu den Gerichten anerkannt werden. 29

Im Gegensatz zum gewöhnlichen Aufenthalt erfordert der **schlichte** oder **einfache Aufenthalt** eine nur **vorübergehende physische Anwesenheit**. Er setzt keinerlei soziale Integration voraus. Vielmehr genügt das bloß vorübergehende Verweilen anlässlich eines Ausflugs oder während der Durchreise. 30

Nr 2 (Zuständigkeit bei beiderseitigem Inlandsaufenthalt). Der Zuständigkeitsgrund stimmt mit Art 3 Abs 1 lit a Strich 1 Brüssel IIa-VO überein. Er hat daher keine selbständige Bedeutung. 31

Nr 3 (Staatenlose). Ist nur ein Ehegatte staatenlos und hat seinen gewöhnlichen Aufenthalt in Deutschland, sind die deutschen Gerichte international zuständig. Ist der andere Ehepartner Deutscher, folgt die Zuständigkeit bereits aus § 98 Abs 1 Nr 1. Die Nr 3 ist von geringer praktischer Bedeutung. Zum einen ist die Brüssel IIa-VO vorrangig zu beachten, insbes deren Art 5 Abs 1. Zum anderen hat auch das New Yorker Übereinkommen über die Rechtsstellung der Staatenlosen vom 28.9.1954 Vorrang (BGBl 1976 II S 473). Danach sind Staatenlose den Angehörigen des Vertragsstaats, in dem sie sich gewöhnlich aufhalten, im Hinblick auf den Zugang zu den Gerichten gleichgestellt (Art 16 Staatenlosenkonvention). Dadurch ist die internationale Zuständigkeit wie für deutsche Staatsangehörige eröffnet (*Becker-Eberhard* FS Schütze 97). 32

Nr 4 (Zuständigkeit bei einseitigem Inlandsaufenthalt). Haben beide Ehegatten eine fremde Staatsangehörigkeit und nur einer von ihnen seinen gewöhnlichen Aufenthalt im Inland, ist die Zuständigkeit der deutschen Gerichte ebenfalls eröffnet, es sei denn, dass die zu fällende Entscheidung offensichtlich nach dem Recht keines der Staaten anerkannt würde, denen einer der Eheleute angehört. Ziel des **Anerkennungsprognose** ist die Vermeidung hinkender Scheidungen und damit zugleich hinkender neuer Ehen. Haben die Parteien unterschiedliche ausländische Staatsangehörigkeiten, so genügt nach dem klaren Wortlaut der Nr 4 zur Bejahung der Zuständigkeit die Anerkennungsfähigkeit in einem der beiden Staaten. Bei ausländischen Mehrstaatern ist allein auf die effektive Staatsangehörigkeit abzustellen, weil dadurch dem gesetzlichen Zweck am besten Genüge getan werden kann (Thomas/Putzo/*Hüßtege* § 606a ZPO Rn 10; aA *Mansel* Rn 455). 33

Die mangelnde Anerkennungsfähigkeit muss **offensichtlich** sein. Die Zuständigkeit ist ausgeschlossen, wenn bereits ohne intensive Nachforschungen und langwierige Ermittlungen des deutschen Gerichts davon auszugehen ist, dass die Scheidung in keinem der Heimatstaaten anerkannt würde (s BTDrs 10/5632 S 47). Wie weit danach die Ermittlungspflicht des Richters reicht, lässt sich abstrakt kaum sagen. Er muss jedenfalls alle ihm zugänglichen Rechtsquellen nutzen und die einschlägigen gesetzlichen und vertraglichen Bestimmungen prüfen. Liegen auf die Nichtanerkennung hindeutende Indizien vor, trifft den Richter eine weitergehende Aufklärungspflicht. Die Anerkennungsprognose fällt offensichtlich negativ aus, wenn das ausländische Recht Ehescheidungen grds ablehnt. Ferner, wenn es für seine Staatsangehörigen eine ausschließliche Zuständigkeit in Anspruch nimmt oder am gewöhnlichen Aufenthalt des Klägers ergangene Entscheidungen nicht anerkennt (s etwa OLG Hamm, IPRax 1987, 250). Umgekehrt sieht es bei den Mitgliedstaaten der EU aus. Bei ihnen ist die Anerkennungsfähigkeit im Hinblick auf die Art 21 ff Brüssel IIa-VO grundsätzlich zu bejahen. Für Staaten außerhalb 34

§ 98 FamFG | Ehesachen; Verbund von Scheidungs- und Folgesachen

der EU ist für die Anerkennungsprognose auf einschlägige Länderlisten zu verweisen (ausführliche Liste bei Staudinger/*Spellenberg* § 606a ZPO Rn 217; ferner Stein/Jonas/ *Schlosser* § 606a ZPO Rn 20).

D. Verbundszuständigkeit

35   Die internationale Zuständigkeit für Ehesachen wird durch § 98 Abs 2 auf **Scheidungsfolgesachen** ausgedehnt. Die deutschen Gerichte sind damit auch für jene Folgesachen zuständig, für die keine isolierte internationale Zuständigkeit bestünde. Zwar war die Regelung in dieser Form früher in der ZPO nicht enthalten. Jedoch hat sich inhaltlich gegenüber der alten Rechtslage insoweit keine Veränderung ergeben, als die internationale Verbundszuständigkeit für die Scheidungsfolgen auf Grund der §§ 621 Abs 2, 623 Abs 1 ZPO aF auch zuvor allgemein anerkannt war (s BGHZ 75, 241, 243 f).

36   Welche Verfahren als **Folgesachen** in Betracht kommen, sagen § 137 Abs 2 und 3, nämlich Versorgungsausgleichssachen, Unterhaltssachen, Ehewohnungs- und Haushaltssachen, Güterrechtssachen sowie die elterliche Sorge betreffende Kindschaftssachen. Darüber hinaus ist eine Verbundszuständigkeit auch dann möglich, wenn das anwendbare ausländische Recht eine dem deutschen Recht fremde und daher in dem Katalog des § 137 nicht enthaltene Folgesache vorsieht. Dazu zählt namentlich die Morgengabe nach islamischem Recht (vgl BGH NJW 1987, 2161; KG FamRZ 1980, 470).

37   **Europarecht und völkerrechtliche Verträge.** Rechtsakte der Europäischen Gemeinschaft und staatsvertragliche Normen, welche die Verbundszuständigkeit betreffen, haben gegenüber § 98 Abs 2 Vorrang. Solche Vorschriften bestehen insbes für die elterliche Sorge und für Unterhaltssachen. Für Regelungen der **elterlichen Sorge** im Zuge der Ehescheidung ist zuvörderst die Brüssel IIa-VO (Art 12 Abs 1) zu beachten. Danach kommt in zweiter Linie das MSA in Betracht (s.a. BGH FamRZ 1984, 353).

38   In **Unterhaltssachen** ist für Verfahren, die **vor dem 30.1.2009** eingeleitet worden sind, die VO (EG) Nr 44/2001 des Rates über die gerichtliche Zuständigkeit und die Anerkennung und Vollstreckung von Entscheidungen in Zivil- und Handelssachen vom 22.12.2000 (ABl EG 2001 Nr L 12 S 1), konkreter der **Art 5 Nr 2 EuGVO**, als gemeinschaftsrechtliche Regelung vorrangig heranzuziehen. Gem Art 3 Abs 1 EuGVO dürfen Personen, die in einem EU-Mitgliedstaat wohnen, vor den Gerichten eines anderen Mitgliedstaats nur nach den Zuständigkeitsvorschriften der EuGVO verklagt werden. Nach Art 5 Nr 2 EuGVO kann in Unterhaltssachen eine Person mit Wohnsitz in der Gemeinschaft vor dem Gericht des Ortes verklagt werden, an dem der Unterhaltsberechtigte seinen Wohnsitz oder seinen gewöhnlichen Aufenthalt hat. Der Begriff des Unterhalts ist, gemeinschaftsrechtlich autonom, weit zu verstehen (*Kropholler* EuZPR Art 5 EuGVO Rn 57). Die Verbundszuständigkeit nach den nationalen Zuständigkeitsrechten wird von der EuGVO allerdings nicht in ihrer Gänze verdrängt. Sie ist für Unterhaltssachen vielmehr nur ausgeschlossen, wenn sie sich auf die Staatsangehörigkeit lediglich einer der Parteien stützen kann. Gründet sie dagegen in der Nationalität beider Parteien oder im gewöhnlichen Aufenthalt einer Seite, ist der Verbund möglich (vgl *Kropholler* EuZPR Art 5 EuGVO Rn 60 ff). Für das deutsche autonome Recht folgt daraus, dass die Verbundszuständigkeit der deutschen Gerichte für den Scheidungsunterhalt nach Maßgabe der Nr 2–4 des § 98 Abs 1 greift, nicht dagegen im Falle der Nr 1. Stützt sich die Zuständigkeit auf die deutsche Staatsangehörigkeit lediglich eines der Ehegatten, sind die deutschen Gerichte zwar für die Ehesache zuständig, der Unterhaltsprozess ist jedoch separat vor einem nach der EuGVO zuständigen anderen Gericht zu führen. Entsprechendes gilt gegenüber den Rest-EFTA-Staaten Island, Norwegen und der Schweiz im Hinblick auf Art 5 Nr 2 LugÜ.

39   Für **neue Unterhaltsverfahren** kommt die VO (EG) Nr 4/2009 des Rates über die Zuständigkeit, das anwendbare Recht, die Anerkennung und Vollstreckung von Entscheidungen und die Zusammenarbeit in Unterhaltssachen vom 18.12.2008 zur Anwendung

(ABl EU 2009 Nr L 7 S 1). Die **Europäische Unterhaltsverordnung** (EuUntVO) ist am 30.1.2009 in Kraft getreten und ersetzt seitdem die unterhaltsrechtlichen Bestimmungen der EuGVO. Für zu diesem Zeitpunkt laufende Verfahren gilt allerdings übergangsweise noch die EuGVO (Art 68 Abs 1, 75 EuUntVO). Gem Art 1 Abs 1 EuUntVO findet diese Anwendung auf Unterhaltspflichten, die auf einem Familien-, Verwandtschafts- oder eherechtlichen Verhältnis oder auf Schwägerschaft beruhen. Erfasst werden also sowohl der Ehe- als auch der Kindesunterhalt. Das **Zuständigkeitssystem** der EuUntVO basiert auf dem **gewöhnlichen Aufenthalt**. Danach ist für Entscheidungen in Unterhaltssachen das Gericht des Ortes zuständig, an dem entweder der Beklagte oder die berechtigte Person ihren gewöhnlichen Aufenthalt haben (Art 3 lit a und b EuUntVO). Für die Verbundszuständigkeit gilt das zur EuGVO Gesagte (§ 98 Rz 38). Gründet diese allein auf der Staatsangehörigkeit einer Partei, ist sie ausgeschlossen (Art 3 lit c EuUntVO). Fungieren hingegen die beiderseitige Staatsangehörigkeit oder der gewöhnliche Aufenthalt einer Partei als Grundlage für die Zuständigkeit, so kann der Verbund nach § 98 Abs 2 zum Tragen kommen.

Abgesehen von der primären Aufenthaltszuständigkeit kennt die EuUntVO noch **andere Zuständigkeitsgründe**. So können die Parteien das zuständige Gericht im Wege der Prorogation oder der rügelosen Einlassung festlegen (Art 4, 5 EuUntVO). Nur subsidiär besteht eine Zuständigkeit der Gerichte des Mitgliedstaats der gemeinsamen Staatsangehörigkeit der Parteien (Art 6 EuUntVO). Um besonderen Fällen von Rechtsverweigerung begegnen zu können, sieht Art 7 EuUntVO außerdem eine Notzuständigkeit (forum necessitatis) vor, die allerdings nur bei einem hinreichenden Inlandsbezug greift. Ein solcher ist gegeben, wenn etwa eine der Parteien die Staatsangehörigkeit des Forumstaats besitzt (s Erwägungsgrund Nr 16 der EuUntVO). **40**

§ 98 Abs 2 eröffnet **keine isolierte Verbundszuständigkeit**. Die Gesetzesmaterialien zum FamFG sind in diesem Punkt eindeutig (s BTDrs 16/6308 S 220). Die noch unter der Geltung des alten Rechts vom BGH vertretene Auffassung, wonach den §§ 621, 623 ZPO aF eine internationale Zuständigkeit für die Scheidungsfolgen auch dann zu entnehmen sein soll, wenn über die Folgeregelung nicht innerhalb eines Eheverfahrens entschieden wird (BGHZ 75, 241; BGH FamRZ 1993, 416), ist abzulehnen. Sie führt zu fragwürdigen Ergebnissen, insbes bei im Ausland vollzogenen Scheidungen. Statt des Verbunds ist vielmehr auf die für den jeweiligen Verfahrensgegenstand geltenden Zuständigkeitsvorschriften abzustellen. Soll bspw nach erfolgter ausländischer Ehescheidung nachträglich in Deutschland der, im Ausland weithin unbekannte, Versorgungsausgleich durchgeführt werden, richtet sich die internationale Zuständigkeit nach § 102. **41**

Wie alle Zuständigkeiten des zweiten Unterabschnitts, so ist auch die internationale Verbundszuständigkeit **keine ausschließliche**. Dementsprechend sind ausländische Urteile über Scheidungsfolgen in Deutschland anerkennungsfähig, unabhängig davon, ob eine inländische Zuständigkeit bestanden hätte. **42**

§ 99 Kindschaftssachen

(1) Die deutschen Gerichte sind außer in Verfahren nach § 151 Nr. 7 zuständig, wenn das Kind
1. Deutscher ist oder
2. seinen gewöhnlichen Aufenthalt im Inland hat.
3. (weggefallen)

Die deutschen Gerichte sind ferner zuständig, soweit das Kind der Fürsorge durch ein deutsches Gericht bedarf.

(2) Sind für die Anordnung einer Vormundschaft sowohl die deutschen Gerichte als auch die Gerichte eines anderen Staates zuständig und ist die Vormundschaft in dem anderen Staat anhängig, kann die Anordnung der Vormundschaft im Inland unterbleiben, wenn dies im Interesse des Mündels liegt.

(3) Sind für die Anordnung einer Vormundschaft sowohl die deutschen Gerichte als auch die Gerichte eines anderen Staates zuständig und besteht die Vormundschaft im Inland, kann das Gericht, bei dem die Vormundschaft anhängig ist, sie an den Staat, dessen Gerichte für die Anordnung der Vormundschaft zuständig sind, abgeben, wenn dies im Interesse des Mündels liegt, der Vormund seine Zustimmung erteilt und dieser Staat sich zur Übernahme bereit erklärt. Verweigert der Vormund oder, wenn mehrere Vormünder die Vormundschaft gemeinschaftlich führen, einer von ihnen seine Zustimmung, so entscheidet anstelle des Gerichts, bei dem die Vormundschaft anhängig ist, das im Rechtszug übergeordnete Gericht. Der Beschluss ist nicht anfechtbar.

(4) Die Absätze 2 und 3 gelten entsprechend für Verfahren nach § 151 Nr. 5 und 6.

Übersicht

	Rz		Rz
A. Allgemeines	1	III. Haager Kindesentführungsübereinkommen (HKÜ)	16
B. Vorrangiges Gemeinschafts- und Völkerrecht	4	C. Internationale Zuständigkeit nach autonomem Recht	22
I. Brüssel IIa-VO	5		
II. Haager Minderjährigenschutzabkommen (MSA)	10		

A. Allgemeines

1 Die Vorschrift legt die internationale Zuständigkeit der deutschen Gerichte in Kindschaftssachen fest. Ihr tatsächlicher Anwendungsbereich ist auf Grund des Vorrangs europäischer und internationaler Rechtsinstrumente schmal. Inhaltlich entspricht sie den früheren § 35b Abs 1 und 2 iVm §§ 43 Abs 1, 64 Abs 3 S 2, 70 Abs 4 sowie § 47 FGG. Für Erwachsene sind § 104 sowie, vorrangig, das Erwachsenenschutzübereinkommen heranzuziehen. Die Bestimmung ist noch vor Inkrafttreten des FamFG geändert worden (BGBl 2009 I S 2449, 2471). Die Novellierung hat allerdings nur zu sprachlichen, nicht jedoch zu inhaltlichen Veränderungen geführt.
2 Die internationale Zuständigkeit des § 99 ist **nicht ausschließlich** (§ 106).
3 Die **örtliche Zuständigkeit** für Kindschaftssachen ergibt sich aus § 152.

B. Vorrangiges Gemeinschafts- und Völkerrecht

4 Die autonome Regelung des § 99 wird weitgehend durch vorrangige (§ 97 Abs 1) gemeinschaftliche Rechtsakte und Staatsverträge verdrängt, so namentlich die Brüssel IIa-VO, das Minderjährigenschutzabkommen und das Haager Kindesentführungsübereinkommen.

I. Brüssel IIa-VO

Sachlicher Anwendungsbereich. Die Brüssel IIa-VO erfasst gem Art 1 Abs 1 lit b in ihrem kindschaftsrechtlichen Teil die **Zuweisung, Ausübung, Übertragung und Entziehung der elterlichen Verantwortung**. Dazu zählen die folgenden, in Art 1 Abs 2 Brüssel IIa-VO beispielhaft erwähnten Bereiche: Sorge- und Umgangsrecht; Vormundschaft, Pflegschaft und entsprechende Rechtsinstitute; Bestimmung und Aufgabenbereich von Vertretern, Betreuern und Beiständen; Unterbringung des Kindes in einer Pflegefamilie oder einem Heim; Schutzmaßnahmen im Zusammenhang mit der Vermögenssorge. Nach der Rechtsprechung des Europäischen Gerichtshofs fallen auch **öffentlich-rechtliche Maßnahmen** des Kinderschutzes in den Anwendungsbereich der VO (EuGH IPRax 2008, 509). Ausdrücklich **ausgenommen** sind gem Art 1 Abs 3 Brüssel IIa-VO dagegen Feststellung und Anfechtung des Eltern-Kind-Verhältnisses, Adoption, Name, Volljährigkeitserklärung, Unterhalt, Trusts und Erbschaften sowie Maßnahmen auf Grund von Straftaten des Kindes.

Entscheidungszuständigkeit. Für Entscheidungen über die elterliche Verantwortung sind nach Art 8 Abs 1 Brüssel IIa-VO grundsätzlich die Gerichte des Mitgliedstaats am **gewöhnlichen Aufenthaltsort** des Kindes zuständig. Ausnahmsweise ist der schlichte Aufenthalt ausreichend, nämlich wenn der gewöhnliche Aufenthalt des Kindes nicht ermittelt werden kann oder wenn es sich um ein Flüchtlingskind handelt (Art 13 Brüssel IIa-VO; s.a. EuGH FamRZ 2009, 843 Rn 32).

Wechselt das Kind seinen **gewöhnlichen Aufenthalt**, so ändert sich auch die Zuständigkeit, sofern der Umzug **rechtmäßig**, dh mit dem Willen des Sorgeberechtigten, erfolgte. In diesem Fall sind die Gerichte im Staat des neuen gewöhnlichen Aufenthalts zuständig, während die Zuständigkeit des zuerst angerufenen Gerichts erlischt (arg Art 9 Brüssel IIa-VO). Lediglich für Umgangsrechtsstreitigkeiten schreibt Art 9 Brüssel IIa-VO die Fortgeltung der zuvor begründeten Zuständigkeit für die Dauer von drei Monaten vor. Ist der Wechsel des gewöhnlichen Aufenthalts **gegen den Willen des (Mit-)Sorgeberechtigten** und somit unrechtmäßig herbeigeführt worden, so bleibt nach Art 10 Brüssel IIa-VO die Zuständigkeit der Gerichte im Ursprungsstaat grundsätzlich bestehen. Sie geht auf die Gerichte des neuen Aufenthaltsstaats erst über, wenn alle Sorgerechtsinhaber dem Wechsel zugestimmt haben oder wenn sich das Kind seit mindestens einem Jahr dort aufhält und eingelebt hat und kein Rückgabeverfahren im Herkunftsland anhängig ist.

Von der Aufenthaltszuständigkeit des Art 8 kann unter den Voraussetzungen des Art 12 Brüssel IIa-VO abgewichen werden. Danach ist die **Vereinbarung einer Zuständigkeit** bei gleichzeitiger Anhängigkeit einer Ehesache oder bei wesentlichen Bindungen des Kindes zu einem Mitgliedstaat möglich. Ist die Entscheidung über die elterliche Verantwortung mit dem Antrag auf Ehescheidung verbunden, können die gem Art 3 Brüssel IIa-VO für die Ehesache zuständigen Gerichte auch über die elterliche Verantwortung entscheiden (Annexzuständigkeit), wenn zumindest ein Ehegatte die elterliche Verantwortung hat, die Ehegatten oder anderen Träger der elterlichen Verantwortung die Zuständigkeit des angerufenen Gerichts ausdrücklich oder auf andere Weise eindeutig anerkannt haben und die Zuständigkeit nicht dem Kindeswohl widerspricht (Art 12 Abs 1 und 2 Brüssel IIa-VO). Ist keine Ehesache anhängig, so können die Parteien die Zuständigkeit des Gerichts ausdrücklich oder auf andere eindeutige Weise herbeiführen, wenn das Kind eine wesentliche Bindung zu dem betreffenden Mitgliedstaat hat und die Zuständigkeit im Einklang mit dem Kindeswohl steht (Art 12 Abs 3 Brüssel IIa-VO). Eine wesentliche Bindung des Kindes ist insbesondere anzunehmen, wenn ein Elternteil in dem Mitgliedstaat seinen gewöhnlichen Aufenthalt oder das Kind dessen Staatsangehörigkeit besitzt (Art 12 Abs 3 lit a Brüssel IIa-VO). Je stärker die Bindung, desto eher entspricht die Zuständigkeit auch dem Wohl des Kindes (*Looschelders* JR 2006, 47).

§ 99 FamFG | Kindschaftssachen

9   Ausnahmsweise kann ein Verfahren auch an das Gericht eines **anderen Mitgliedstaats verwiesen** werden (Art 15 Brüssel IIa-VO). Die auf dem Gedanken des forum non conveniens beruhende Verweisungsmöglichkeit setzt voraus, dass das Kind zu dem anderen Staat eine besondere Bindung hat, zB auf Grund eines früheren gewöhnlichen Aufenthalts, seiner Staatsangehörigkeit oder der Belegenheit von Vermögensgegenständen.

II. Haager Minderjährigenschutzabkommen (MSA)

10   **Einführung.** Das Haager Übereinkommen über die Zuständigkeit der Behörden und das anzuwendende Recht auf dem Gebiet des Schutzes von Minderjährigen vom 5.10.1961 (BGBl 1971 II S 217) gilt außer in Deutschland noch in einer Reihe weiterer europäischer Staaten, darunter Italien, Frankreich, Österreich, die Türkei und Polen.

11   Für Deutschland noch nicht in Kraft getreten ist das derzeit für rund 15 Staaten geltende **Kinderschutzübereinkommen** (Haager Übereinkommen über die Zuständigkeit, das anzuwendende Recht, die Anerkennung, Vollstreckung und Zusammenarbeit auf dem Gebiet der elterlichen Verantwortung und der Maßnahmen zum Schutz von Kindern vom 19.10.1996). Der Rat der EU hat auf Grund der auf diesem Gebiet bestehenden Außenkompetenz der Gemeinschaft die Mitgliedstaaten am 6.6.2008 ermächtigt, das KSÜ innerhalb von zwei Jahren zu ratifizieren (*Wagner* NJW 2008, 2228). Deutschland hat das Übereinkommen inzwischen ratifiziert (BGBl 2009 II S 602). Angestrebt wird eine gemeinsame Hinterlegung der Ratifikationsurkunden aller EG-Mitgliedstaaten bis zum 5.6.2010. Drei Monate nach der Hinterlegung würde das KSÜ für Deutschland in Kraft treten und das jetzt noch gültige MSA ersetzen.

12   **Anwendungsbereich, Verhältnis zur Brüssel IIa-VO.** Das MSA gilt für alle Minderjährigen im Sinne des Abk (Art 12 MSA), die ihren gewöhnlichen Aufenthalt in einem Vertragsstaat haben. Die Staatsangehörigkeit des Minderjährigen ist dabei unbeachtlich. Die erfassten Schutzmaßnahmen entsprechen den in Art 1 Abs 2 Brüssel IIa-VO erwähnten, umfassen also namentlich sämtliche Regelungen und Eingriffe innerhalb des Eltern-Kind-Verhältnisses (§ 99 Rz 5).

13   Das MSA hat durch die Brüssel IIa-VO erheblich an Bedeutung eingebüßt. Letztere **verdrängt das MSA**, soweit sie die betreffende Materie regelt (Art 60 lit a Brüssel IIa-VO). Das ist insbes bei der internationalen Zuständigkeit der Fall. Nur soweit sich keine Zuständigkeit eines Mitgliedstaats der EU aus den Art 8 ff Brüssel IIa-VO ergibt, kommen die entsprechenden Regeln des MSA zum Tragen (s Art 14 Brüssel IIa-VO). Hat also ein Minderjähriger seinen gewöhnlichen Aufenthalt in einem EU-Mitgliedstaat, zB in Deutschland, so richtet sich die Frage der Zuständigkeit nach der Brüssel IIa-VO. Für das anzuwendende Recht bleibt dagegen das MSA maßgeblich.

14   **Internationale Zuständigkeit.** Für den Erlass von Schutzmaßnahmen sind nach dem MSA grundsätzlich die Gerichte und Behörden am **gewöhnlichen Aufenthalt** des Minderjährigen zuständig (Art 1 MSA). Die Heimatbehörden der Vertragsstaaten besitzen eine konkurrierende Zuständigkeit in den Fällen, in denen das Wohl des Minderjährigen ihre Tätigkeit erfordert (Art 4 Abs 1 MSA). Den Behörden am gewöhnlichen Aufenthalt bleibt es allerdings trotz der Heimatzuständigkeit unbenommen, Maßnahmen zum Schutz des Minderjährigen zu ergreifen, soweit er in seiner Person oder seinem Vermögen ernstlich gefährdet ist (Art 8 MSA). Weiterhin gibt es Auftrags-, Eil- und Scheidungszuständigkeiten (Art 6, 9 und 15 MSA).

15   **Anwendbares Recht.** Im MSA gilt das Gleichlaufprinzip. Die zuständigen Behörden und Gerichte wenden also auf die zu treffenden Schutzmaßnahmen ihr jeweils **eigenes internes Recht** an (Art 2, 4 Abs 1 und 2 MSA). Eine in ihrem Umfang str Ausnahme gilt für nach dem Heimatrecht des Minderjährigen bestehende ex-lege-Gewaltverhältnisse, die gem Art 3 MSA in allen Vertragsstaaten anzuerkennen sind (näher *Kropholler* IPR S 395 f). Da die Brüssel IIa-VO das anwendbare Recht nicht regelt, bleibt das MSA in

diesem Punkt zu beachten, selbst wenn sich die Frage der Zuständigkeit nach der Brüssel IIa-VO beantwortet. Demgemäß findet der Gleichlaufgrundsatz Anwendung, und die deutschen Stellen können ihre Entscheidung über Schutzmaßnahmen entsprechend Art 2 Abs 1 MSA nach Maßgabe des deutschen Rechts fällen.

III. Haager Kindesentführungsübereinkommen (HKÜ)

Das Haager Übereinkommen über die zivilrechtlichen Aspekte internationaler Kindes- 16
entführung vom 25.10.1980 (BGBl 1990 II S 207) befindet sich für Deutschland und rund 80 weitere Staaten in Kraft. Es gilt allein zwischen den Vertragsstaaten und ist von großer praktischer Bedeutung.

Anwendungsbereich, Grundprinzipien. Das HKÜ ist nach seinem Art 4 auf alle Kin- 17
der anzuwenden, die vor ihrer Entführung einen gewöhnlichen Aufenthalt in einem anderen Vertragsstaat hatten und zu diesem Zeitpunkt unter 16 Jahren waren. Wie auch in anderen rechtlichen Zusammenhängen ist unter dem **gewöhnlichen Aufenthalt** der Ort des tatsächlichen Mittelpunkts der Lebensführung zu verstehen (OLG Karlsruhe FamRZ 2008, 2224). Abzustellen ist auf die Person des Kindes. Gegenüber dem MSA hat das HKÜ ebenso Vorrang wie, sollte es für Deutschland in Kraft treten, gegenüber dem KSÜ.

Wichtigstes Ziel des HKÜ ist gem seinem Art 1 die **sofortige Rückgabe** widerrechtlich 18
entführter Kinder. Damit zusammen hängt das weitere Ziel, nämlich zu gewährleisten, dass die in einem Vertragsstaat bestehenden Sorge- und Umgangsrechte auch tatsächlich beachtet werden. Prägender Leitgedanke des Üb ist das Kindeswohl (s Präambel zum HKÜ). Durch die schnellstmögliche Rückführung an den ursprünglichen Aufenthaltsort ist den Interessen des Kindes regelmäßig am besten gedient (BVerfG NJW 1999, 632). Zugleich will das Üb damit zukünftigen Entführungen generalpräventiv entgegenwirken. Zu diesem Zweck sieht das Üb ua eine enge Zusammenarbeit der Zentralen Behörden der Vertragsstaaten, in Deutschland das Bundesamt für Justiz, vor (Art 7 HKÜ).

Eine Entführung setzt nach dem HKÜ voraus, dass das Kind von einem Vertragsstaat 19
widerrechtlich in einen anderen verbracht wurde oder dort zurückgehalten wird. Das Merkmal der Widerrechtlichkeit (Art 3 HKÜ) bestimmt sich gleichermaßen nach rechtlichen und faktischen Kriterien. Erforderlich ist die Verletzung eines tatsächlich ausgeübten Sorgerechts, das einer Person nach dem Recht des Staates zusteht, in dem das Kind zum Zeitpunkt der Entführung seinen gewöhnlichen Aufenthalt hatte. Die Verletzung eines Mitsorgerechts ist ausreichend (s *Baetge* IPRax 2000, 146 ff). Bei einem widerrechtlichen Verbringen oder Zurückhalten iSd Üb hat die zuständige Stelle die sofortige Rückführung anzuordnen, wenn zwischen der Entführung und dem Rückgabeantrag weniger als ein Jahr vergangen ist (Art 12 Abs 1 HKÜ). Ist mehr als ein Jahr verstrichen, muss das Gericht die Rückgabe nur anordnen, wenn nicht erwiesen ist, dass das Kind sich in seiner neuen Umgebung bereits eingelebt hat (Art 12 Abs 2 HKÜ). Mit dem Stellen des Rückgabeantrags darf also nicht zu lange gezögert werden. Wird ein Rückgabeantrag von den nationalen Stellen nicht mit der gebotenen Eile behandelt oder verhalten sich diese bei der Durchsetzung einer Rückgabeanordnung nachlässig, kann ein Verstoß gegen das Menschenrecht des Sorgeberechtigten aus Art 8 EMRK vorliegen (EGMR NJW-RR 2007, 1225).

Regelmäßig berufen sich Entführer in Rückgabeverfahren vor Gericht auf einen der 20
Ausnahmegründe des Art 13 HKÜ. Danach kann die Rückführung ausnahmsweise abgelehnt werden, und zwar bei Einverständnis des (Mit-)Sorgeberechtigten mit der Aufenthaltsverlagerung, bei schwerwiegender Gefahr einer körperlichen oder seelischen Schädigung des Kindes durch die Rückführung oder bei einem beachtlichen Widerspruch des Kindes. Da die Ausnahmegründe den eigentlichen Zielen des Üb zuwiderlaufen, sind sie **äußerst restriktiv** auszulegen. Die mit einem Aufenthaltswechsel verbundenen üblichen Erschwernisse sind in keinem Fall ausreichend. Ebenso wenig darf

die Person des Entführers dabei eine Rolle spielen; denn er hat die prekäre Situation durch sein rechtswidriges Handeln überhaupt erst herbeigeführt.

21 **Verhältnis zur Brüssel IIa-VO.** Im Verhältnis der EU-Mitgliedstaaten untereinander wird das HKÜ durch die Brüssel IIa-VO nicht verdrängt, sondern **ergänzt**. Wird die Rückführung des Kindes aus einem Mitgliedstaat der EU in einen anderen beantragt, sind insbes die Sonderregeln in Art 11 Brüssel IIa-VO zu beachten (vgl *Rieck* NJW 2008, 184 f). Danach ist die Anhörung des Kindes und des Antragstellers im Rückgabeverfahren zwingend vorgeschrieben (Art 11 Abs 2, 5 Brüssel IIa-VO). Ferner darf die Rückführung nicht wegen der Gefahr der Schädigung des Kindes (Art 13 Abs 1 lit b HKÜ) abgelehnt werden, sofern geeignete Vorkehrungen zum Schutz des Kindes bei seiner Rückkehr getroffen wurden (Art 11 Abs 4 Brüssel IIa-VO). Die Ablehnung der Rückführung nach Art 13 HKÜ ist den Behörden des früheren gewöhnlichen Aufenthalts unverzüglich mitzuteilen. Diese Behörden haben sodann die Parteien zu unterrichten und sie zu Sorgerechtsanträgen einzuladen (Art 11 Abs 6, 7 Brüssel IIa-VO). Außerdem ist die in einem Sorgerechtsstreit erwirkte Herausgabeentscheidung in jedem EU-Staat gem Art 40 ff Brüssel IIa-VO vollstreckbar, auch wenn sie einer auf Art 13 HKÜ gestützten Rückgabeverweigerung zeitlich nachfolgt (Art 11 Abs 8 Brüssel IIa-VO). Ein Vollstreckungstitel über die Rückgabeentscheidung gem Art 42 Brüssel IIa-VO kann auch ausgestellt werden, wenn die Entscheidung über die Ablehnung der Herausgabe nach dem HKÜ noch nicht rechtskräftig geworden oder später durch eine gegenteilige Entscheidung ersetzt wird (EuGH NJW 2008, 2973).

C. Internationale Zuständigkeit nach autonomem Recht

22 Ist kein vorrangiges Gemeinschafts- oder Völkervertragsrecht anwendbar, richtet sich die internationale Zuständigkeit nach § 99. Die Zuständigkeit der deutschen Gerichte umfasst die in § 151 genannten kindschaftsrechtlichen Angelegenheiten, mit Ausnahme der **öffentlich-rechtlichen Unterbringung** nach den Landesgesetzen über die Unterbringung psychisch Kranker (Nr 7). Für die öffentlich-rechtliche Unterbringung Minderjähriger sind keine besonderen Zuständigkeitsnormen vorhanden. Daher kommt die Auffangbestimmung des § 105 zum Tragen. Die internationale Zuständigkeit ist folglich gegeben, wenn ein deutsches Gericht örtlich zuständig ist. In erster Linie ist der gewöhnliche Aufenthalt des Kindes maßgebend (§ 152 Abs 2). Sollte die Zuständigkeit danach nicht vorliegen, kann auch auf den Ort abgestellt werden, an dem das Bedürfnis der Fürsorge, dh der Unterbringung, bekannt geworden ist (§ 152 Abs 3).

23 In **allen übrigen Kindschaftssachen** sind drei Zuständigkeiten **gleichrangig** begründet, nämlich eine Heimatzuständigkeit, eine Aufenthaltszuständigkeit und eine Fürsorgebedürfniszuständigkeit. In der Praxis ist die Aufenthaltszuständigkeit am wichtigsten. Weitere Zuständigkeiten sind daneben nicht gegeben. So gibt es insbes **keine Statuszuständigkeit**, wenn in der Sache deutsches Recht anwendbar ist. Die Zuständigkeit der deutschen Gerichte und das anzuwendende materielle Recht können auseinanderfallen.

24 Die **Heimatzuständigkeit für Deutsche** nach § 99 Abs 1 Nr 1 ist eröffnet, wenn das Kind die deutsche Staatsangehörigkeit besitzt. Wo sich sein gewöhnlicher Aufenthalt befindet, ist ohne Bedeutung. Hat das Kind sowohl die deutsche als auch eine oder **mehrere** fremde **Staatsangehörigkeiten**, so ist die internationale Zuständigkeit zu bejahen, selbst wenn die deutsche nicht die effektive Staatsangehörigkeit ist (vgl BGH NJW 1997, 3024).

25 Geht es um die Pflegschaft für eine **Leibesfrucht** (§ 151 Nr 5), ist die Staatsangehörigkeit maßgeblich, welche das Kind im Falle seiner Geburt vermutlich erlangen würde. Wird es voraussichtlich (auch) Deutscher, ist die deutsche internationale Zuständigkeit folglich anzunehmen (Jansen/*Müller-Lukoschek* § 35b Rn 10).

26 Die deutschen Gerichte sind ebenso bei einem **gewöhnlichen Aufenthalt** des Kindes in Deutschland zuständig (§ 99 Abs 1 Satz 1). Seine Staatsangehörigkeit spielt in diesem

Zusammenhang keine Rolle. Abzustellen ist auf den gewöhnlichen Aufenthalt des Kindes und nicht der Eltern oder anderer sorgeberechtigter Personen. Faktisch können diese jedoch zusammenfallen. Ein schlichter oder einfacher Aufenthalt genügt nicht.

Die deutsche internationale Zuständigkeit besteht auch bei einem **inländischen Für-** 27 **sorgebedürfnis** (§ 99 Abs 1 Satz 2). Das Fürsorgebedürfnis kann sowohl aus der Person des Kindes als auch aus dessen Vermögensinteressen herrühren (Jansen/*Müller-Lukoschek* § 35b Rn 15). Geht es um die Person, wird die internationale Fürsorgezuständigkeit regelmäßig mit dem schlichten Aufenthalt des Kindes in Deutschland zusammenfallen; bei einem gewöhnlichen Inlandsaufenthalt ist die Zuständigkeit schon nach der Nr 2 begründet. Ist inländisches Vermögen, etwa ein hier belegenes Grundstück, des Kindes betroffen, so kann die internationale Fürsorgezuständigkeit auch ohne die Anwesenheit des Kindes in Deutschland gegeben sein. Allein die Tatsache, dass deutsches Recht auf den Sachverhalt anwendbar ist, begründet keine deutsche Fürsorgezuständigkeit.

Die Frage nach der **internationalen Zuständigkeitsfortdauer** (perpetuatio fori), wenn 28 das zuständigkeitsbegründende Merkmal nachträglich fortfällt, lässt sich in Kindschaftssachen nicht generell beantworten. Vielmehr muss eine einzelfallabhängige **Abwägung der beteiligten Interessen** vorgenommen werden.

Zuständigkeitskoordination. § 99 Abs 2 und 3 ermöglichen die **Koordinierung der** 29 **deutschen mit einer ausländischen internationalen Zuständigkeit** für bestimmte Kindschaftssachen. Sie gleichen dem ehemaligen § 47 FGG.

Nach Abs 2 kann die **Anordnung einer Vormundschaft unterbleiben**, wenn sie schon 30 vor den international zuständigen Gerichten eines anderen Staates anhängig ist und der Verzicht des deutschen Gerichts im Interesse des Mündels liegt. Worauf sich die internationale Zuständigkeit des ausländischen Gerichts gründet, ob auf Staatsvertrag oder fremdes autonomes Recht, ob auf den gewöhnlichen Aufenthalt oder einen anderen Zuständigkeitsgrund, ist ohne Belang. Entscheidend ist allein die Anhängigkeit im ausländischen Staat. Den Interessen des Mündels entspricht die Untätigkeit des deutschen Gerichts, wenn die ausländische Vormundschaft ihm hinreichenden Schutz gewährt (zu den Kriterien Jansen/*Müller-Lukoschek* § 47 Rn 11 f). Ein Verzicht kommt unter den gleichen Voraussetzungen ebenso für die **Pflegschaft** und die **Unterbringung** Minderjähriger durch die gesetzlichen Vertreter (Eltern, Vormund, Pfleger) in Betracht (§ 99 Abs 4).

Neben einem Verzicht auf die deutsche Vormundschaft ist nach § 99 Abs 3 auch die 31 **Abgabe der Vormundschaft an die Gerichte eines ausländischen Staates** zulässig, wenn diese nach ihrem Recht international zuständig sind. Vorausgesetzt wird eine bestehende Vormundschaft im Inland. Ansonsten gilt Abs 2. Ferner hat die Abgabe dem Interesse des Mündels zu entsprechen, so bspw wenn der Betroffene seinen gewöhnlichen Aufenthalt ins Ausland verlegt. Der Vormund muss außerdem der Abgabe zustimmen. Verweigert er die Zustimmung, kann das nächsthöhere Gericht sie durch einen unanfechtbaren Beschluss ersetzen. Schließlich muss sich der fremde Staat zur Übernahme der Vormundschaft auch bereit erklärt haben. Sind diese Kriterien erfüllt und erfolgt die Abgabe, so endigt die inländische Vormundschaft. Kehrt das Mündel später ins Inland zurück, muss sie neu angeordnet werden. Obwohl im Gesetzeswortlaut nicht ausdrücklich erwähnt, kann ein deutsches Gericht umgekehrt auch eine **im Ausland angeordnete Vormundschaft** von der zuständigen ausländischen Stelle übernehmen. Das war schon unter der Geltung des § 47 FGG der Fall (s BTDrs 10/504 S 92). Die Reform hat daran nichts geändert. **Pflegschaften und Unterbringungen** Minderjähriger durch ihre gesetzlichen Vertreter können gem § 99 Abs 4 unter den gleichen Bedingungen wie Vormundschaften abgegeben werden.

§ 100 Abstammungssachen

Die deutschen Gerichte sind zuständig, wenn das Kind, die Mutter, der Vater oder der Mann, der an Eides statt versichert, der Mutter während der Empfängniszeit beigewohnt zu haben,
1. Deutscher ist oder
2. seinen gewöhnlichen Aufenthalt im Inland hat.

A. Allgemeines

1 Die Vorschrift regelt die internationale Zuständigkeit der deutschen Gerichte in Anlehnung an den früheren § 640a Abs 2 ZPO. Der Hinweis auf den nicht ausschließlichen Charakter der Zuständigkeit findet sich jetzt in § 106. Der Umfang des Begriffs »Abstammungssachen« und damit auch der internationalen Zuständigkeit ergibt sich aus § 169. Er beinhaltet ua Verfahren auf Feststellung der Vater- und Mutterschaft und auf Vaterschaftsanfechtung.

2 **Kein vorrangiges internationales Recht.** Rechtsakte der Europäischen Gemeinschaft oder staatvertragliche Regelungen, die vorrangig zu berücksichtigen wären, sind in Abstammungssachen nicht vorhanden.

3 Geregelt wird die deutsche internationale Zuständigkeit. Die **örtliche Zuständigkeit** in Abstammungssachen richtet sich nach § 170.

4 Die internationale Zuständigkeit ist, anders als die örtliche, **nicht ausschließlich** (§ 106). Eine ausländische Entscheidung kann hier also anerkannt werden, obwohl die deutschen Gerichte zuständig gewesen wären.

B. Zuständigkeit der deutschen Gerichte

5 **Zuständigkeitsgründe.** Es gelten sowohl Heimat- als auch Aufenthaltszuständigkeiten, und zwar **gleichrangig**. Dadurch wird der Zugang zu deutschen Gerichten in weitem Umfang ermöglicht.

6 Wie auch sonst in Statussachen, wird die internationale Zuständigkeit durch die **deutsche Staatsangehörigkeit** der Beteiligten eröffnet (Heimatzuständigkeit, § 100 Nr 1). Es genügt, wenn nur einer der Beteiligten (Kind, Mutter, Vater) Deutscher ist. Das gilt auch, wenn alle Beteiligten ihren gewöhnlichen Aufenthalt im Ausland haben. Im Falle mehrfacher Staatsangehörigkeit kommt es nicht darauf an, dass die deutsche Staatsangehörigkeit die effektivere ist.

7 Die internationale Zuständigkeit Deutschlands ist ferner gegeben, wenn einer der Beteiligten sich hier **gewöhnlich aufhält** (Aufenthaltszuständigkeit, § 100 Nr 2). Der gewöhnliche Aufenthalt ist ein unbestimmter Rechtsbegriff und frei von fiktiven Elementen anhand tatsächlicher Merkmale zu bestimmen (§ 98 Rz 24 ff). Ob die deutsche Statusentscheidung im Heimatstaat des Beteiligten anerkannt wird, ist für die Zuständigkeit ohne Belang. Eine positive Anerkennungsprognose ist, anders als in Ehesachen (§ 98 Rz 33 f), nicht notwendig.

C. Anwendbares Recht

8 Das in der Sache anwendbare Recht ergibt sich in einem Fall mit Auslandsberührung aus den Normen des IPR. Für die Abstammung und deren Anfechtung sind Art 19 und 20 EGBGB in der seit dem KindRG von 1998 geltenden Fassung maßgebend (zu den intertemporalen Fragen s PWW/*Rausch* Art 19 EGBGB Rn 18 ff). Danach richtet sich die Abstammung eines Kindes nach dem Recht seines gewöhnlichen Aufenthalts (Art 19 Abs 1 S 1 EGBGB). In Übereinstimmung mit dem deutschen materiellen Recht wird nicht zwischen ehelicher und nichtehelicher Abstammung unterschieden. Kommt es nach dem berufenen ausländischen Recht darauf an, ob die Mutter verheiratet ist, so

handelt es sich um eine Vorfrage nach dem Bestehen einer Ehe, die selbständig anzuknüpfen ist (*Kropholler* IPR S 406). Zusätzlich kann die Abstammung von jedem Elternteil nach dessen Heimatrecht und, wenn die Mutter verheiratet ist, auch nach dem Ehewirkungsstatut bestimmt werden (Art 19 Abs 1 S 2, 3 EGBGB). Die Anfechtung der Abstammung ist gem Art 20 S 1 EGBGB nach dem Recht zu beurteilen, aus dem sich ihre Voraussetzungen ergeben, dh alternativ nach jedem der nach Art 19 Abs 1 EGBGB berufenen Rechte. Für das Kind besteht eine zusätzliche Anfechtungsmöglichkeit nach seinem Aufenthaltsrecht (Art 20 S 2 EGBGB).

§ 101 Adoptionssachen

Die deutschen Gerichte sind zuständig, wenn der Annehmende, einer der annehmenden Ehegatten oder das Kind
1. Deutscher ist oder
2. seinen gewöhnlichen Aufenthalt im Inland hat.

A. Allgemeines

1 Die deutschen Gerichte sind in Adoptionssachen international zuständig, wenn ein Beteiligter Deutscher ist oder sich im Inland gewöhnlich aufhält. Die Norm entspricht dem früheren § 43b Abs 1 FGG. Allein der Hinweis auf den nicht ausschließlichen Charakter der Zuständigkeit wurde im Hinblick auf § 106 nicht übernommen.

2 Über den Inhalt des Begriffs »**Adoptionssache**« informiert § 186. Danach sind Adoptionssachen Verfahren, welche die Annahme als Kind, die Ersetzung der Einwilligung zur Annahme als Kind, die Aufhebung des Annahmeverhältnisses oder die Befreiung vom Eheverbot des § 1308 Abs 1 BGB betreffen.

3 § 101 betrifft die internationale Zuständigkeit. Die **örtliche Zuständigkeit** in Adoptionssachen ist in § 187 geregelt.

4 Anders als die örtliche Zuständigkeit ist die internationale Zuständigkeit **nicht ausschließlich** (§ 106).

B. Zuständigkeitsgründe

5 Die internationale Zuständigkeit der deutschen Gerichte kann sowohl auf die deutsche Staatsangehörigkeit als auch auf den gewöhnlichen Aufenthalt in Deutschland gestützt werden. Beide Anknüpfungspunkte sind **gleichrangig**. Weitere Zuständigkeitsgründe, etwa auf Grund eines besonderen Fürsorgebedürfnisses, bestehen daneben nicht. Zu dem Begriff des gewöhnlichen Aufenthalts s § 98 Rz 24 ff.

6 **Anknüpfungspersonen** sind alternativ der Annehmende, einer der annehmenden Ehegatten oder das Kind. Sind beide Annehmenden ausländischer Nationalität und halten sich außerdem gewöhnlich nicht im Inland auf, so ist die Zuständigkeit der deutschen Gerichte dennoch gegeben, wenn das Kind hier lebt oder die deutsche Staatsangehörigkeit hat. Fernadoptionen in Deutschland sind also möglich. Besitzt keiner der Beteiligten die deutsche Staatsangehörigkeit, so reicht es aus, wenn nur einer von ihnen im Inland seinen gewöhnlichen Aufenthalt hat.

7 Fällt der gewöhnliche Aufenthalt nachträglich wegen Wegzugs ins Ausland fort, entfällt idR auch die internationale Zuständigkeit der deutschen Gerichte. Eine **perpetuatio fori** dürfte mit Blick auf das Kindeswohl idR **zu verneinen** sein (*Kropholler* IPR S 425).

8 **Anwendbares materielles Recht**. Das in der Sache anwendbare **Adoptionsstatut** richtet sich gem Art 22 Abs 1 S 1 EGBGB nach dem Heimatrecht des Annehmenden im Zeitpunkt der Adoption. Im Falle der Annahme durch einen oder beide Ehegatten ist das Ehewirkungsstatut maßgeblich (Art 22 Abs 1 S 2 iVm Art 14 Abs 1 EGBGB).

C. Sonstige Regelungen

9 **Staatsverträge**. Deutschland ist seit 2002 Vertragsstaat des Haager Übereinkommens über den Schutz von Kindern und die Zusammenarbeit auf dem Gebiet der internationalen Adoption vom 29.5.1993 (BGBl 2001 II S 1035). Das Üb schreibt materiell- und verfahrensrechtliche Mindeststandards für Adoptionen vor. Außerdem enthält es Bestimmungen über die Zusammenarbeit und die Anerkennung von Adoptionen in den anderen Vertragsstaaten. Die internationale Zuständigkeit und das anwendbare Recht regelt es dagegen nicht. § 101 bleibt demnach unberührt.

Auslandsadoptionen. Zu beachten ist das Gesetz über Wirkungen der Annahme als 10
Kind nach ausländischem Recht (Adoptionswirkungsgesetz) vom 5.11.2001 (BGBl 2001 I
S 2950). Es regelt auch die Zuständigkeit und das Verfahren bei Auslandsadoptionen,
unabhängig davon, ob sie in den Anwendungsbereich des Haager Adoptionsübereinkommens fallen (Übersicht bei Jansen/*Müller-Lukoschek* § 43b Rn 40 ff). Gem § 1 AdWirkG stellt das Familiengericht auf Antrag allgemeinverbindlich (§ 4 Abs 2 S 1 AdWirkG) fest, ob eine Adoption **anzuerkennen** (bei Dekretadoptionen) oder **wirksam** (bei Vertragsadoptionen) ist. Durch die Anerkennungs- bzw Wirkungsfeststellung werden die Wirkungen der auf ausländischen Rechtsvorschriften beruhenden Adoption im Inland klargestellt. Zugleich stellt das Familiengericht fest, ob das Eltern-Kind-Verhältnis zu den bisherigen Eltern erloschen ist und erklärt in diesem Fall, dass das Annahmeverhältnis einer nach den Vorschriften des deutschen Rechts begründeten Volladoption (§ 1754 f BGB) gleichsteht. Ansonsten stellt es fest, dass die Annahme in Ansehung der elterlichen Sorge und der Unterhaltspflicht einer deutschen Adoption entspricht (§ 2 Abs 2 Nr 2 AdWirkG). In dem zuletzt genannten Fall einer schwachen Auslandsadoption kann das Familiengericht diese auf Antrag des Annehmenden oder der annehmenden Ehegatten (§ 4 Abs 1 Nr 2 AdWirkG) in eine Volladoption des deutschen Rechts **umwandeln**, vorausgesetzt dem Wohl des Kindes ist gedient, die notwendigen Zustimmungen zu einer Volladoption liegen vor und überwiegende Interessen des Ehegatten oder der Kinder des Annehmenden stehen nicht entgegen (§ 3 Abs 1 AdWirkG). Über die Zustimmungserfordernisse bestimmt das ausländische Recht, wobei gewisse, dem deutschen ordre public entsprechende Mindeststandards einzuhalten sind. Außerdem muss das Kind nach § 1746 BGB in diesen Schritt einwilligen (§ 3 Abs 1 S 2, 3 AdWirkG). Für die internationale **Zuständigkeit** gilt § 101, für die örtliche Zuständigkeit § 187, mit Ausnahme des Abs 3, entsprechend (§ 5 Abs 1 S 2 AdWirkG). Sachlich zuständig ist das Familiengericht, in dessen Bezirk ein Oberlandesgericht seinen Sitz hat, und zwar jeweils für den ganzen OLG-Bezirk (§ 5 Abs 1 S 1 AdWirkG).

§ 102 Versorgungsausgleichssachen

Die deutschen Gerichte sind zuständig, wenn
1. der Antragsteller oder der Antragsgegner seinen gewöhnlichen Aufenthalt im Inland hat,
2. über inländische Anrechte zu entscheiden ist oder
3. ein deutsches Gericht die Ehe zwischen Antragsteller und Antragsgegner geschieden hat.

A. Allgemeines

1 Eine ausdrückliche Bestimmung zur internationalen Zuständigkeit der deutschen Gerichte für isolierte Versorgungsausgleichsverfahren hat es vor dem FamFG nicht gegeben. § 45 FGG enthielt lediglich eine Regelung über die örtliche Zuständigkeit. Der BGH wollte den früheren §§ 621, 623 ZPO eine isolierte Verbundszuständigkeit der deutschen Gerichte für den Versorgungsausgleich nach erfolgter Scheidung im Ausland entnehmen (so etwa BGH FamRZ 1993, 798). Das FamFG hat diese fragwürdige Konstruktion überflüssig gemacht.

2 § 102 wird **nicht** durch vorrangiges **europäisches Recht verdrängt**. Zu denken wäre an die Brüssel IIa-VO. Die VO gilt jedoch nach Nr 8 der Erwägungsgründe nicht für »sonstige mögliche Nebenaspekte« der Ehescheidung. Dazu zählt auch der Versorgungsausgleich. Ebenfalls in Betracht zu ziehen wäre die EuGVO. Nach Art 1 Abs 2 lit a EuGVO sind »eheliche Güterstände« indes von ihrem Anwendungsbereich ausgenommen. Der Anwendungsausschluss für »eheliche Güterstände« umfasst alle unmittelbaren vermögensrechtlichen Folgen der Ehe, unter Einschluss des deutschen Versorgungsausgleichs (*Kropholler* EuZPR Art 1 EuGVO Rn 27).

3 Zum Begriff der **Versorgungsausgleichssachen** trifft § 217 die wenig erhellende Aussage, dass es sich um Verfahren handelt, die den Versorgungsausgleich betreffen. Gemeint sind damit alle Streitigkeiten zwischen den Ehegatten aus dem Versorgungsausgleichsgesetz, soweit sie den Familiengerichten zugewiesen sind.

4 § 102 regelt allein die internationale Zuständigkeit der deutschen Gerichte. Für die **örtliche Zuständigkeit** ist § 218 heranzuziehen. Die dort genannten Zuständigkeitsgründe sind ausschließlicher, die des § 102 hingegen **konkurrierender Natur** (§ 106).

5 § 102 gilt für **isolierte Versorgungsausgleichsverfahren** außerhalb des Scheidungsverbunds. Ist im Rahmen des Verbunds mit der Scheidungssache über den Versorgungsausgleich zu befinden, so richtet sich die internationale Zuständigkeit nach § 98 Abs 2.

B. Zuständigkeit der deutschen Gerichte

6 **Zuständigkeitsgründe**. Die deutsche internationale Zuständigkeit ist in Versorgungsausgleichssachen eröffnet, wenn Antragsteller oder -gegner sich in Deutschland gewöhnlich aufhalten, inländische Anrechte in Rede stehen oder die Ehe der Betroffenen von einem deutschen Gericht geschieden wurde. Alle Zuständigkeitsmerkmale sind **gleichberechtigt**; eine Stufenfolge wie bei der örtlichen Zuständigkeit (§ 218) besteht nicht.

7 Der Versorgungsausgleich ist funktional dem Güterrecht und Unterhalt verwandt (Staudinger/*Spellenberg* § 606a ZPO Rn 278). Der Gesetzgeber hielt deshalb mit Blick auf den unterhaltsähnlichen Charakter des Versorgungsausgleichs in Anlehnung an die §§ 12, 13, 23 und 23a ZPO eine an den **gewöhnlichen Aufenthalt** von Antragsteller oder Antragsgegner anknüpfende Zuständigkeitsbegründung für sinnvoll (BTDrs 16/6308 S 221). Der nach der lex fori zu bestimmende Begriff des gewöhnlichen Aufenthalts wird oben, § 98 Rz 24 ff, erläutert. Auf die **Staatsangehörigkeit** der Betroffenen kann die internationale Zuständigkeit **nicht gestützt** werden. Die Heimatzuständigkeit taugt für vermögensrechtliche Ansprüche nicht (s Staudinger/*Spellenberg* § 606a ZPO Rn 274).

Die deutsche internationale Zuständigkeit ist ebenfalls bei **inländischen Versorgungs-** 8
anwartschaften eröffnet. Welche Anrechte damit gemeint sind, zeigt § 50 FamGKG.

Der **Scheidung der Ehe zwischen Antragsteller und -gegner vor einem deutschen** 9
Gericht als drittem Zuständigkeitsgrund liegt die Überlegung zugrunde, dass über ausländische Anrechte häufig nicht im Verbund entschieden wird, weil die Scheidung dadurch verzögert würde. Nun soll die Abtrennung der Versorgungsausgleichssache sich nicht nachteilig auswirken, wenn Antragsteller und Antragsgegner ihren gewöhnlichen Aufenthalt im Ausland haben, wo der Versorgungsausgleich möglicherweise nicht durchgeführt werden kann, weil er dort unbekannt ist (vgl BTDrs 16/6308 S 221).

C. Anwendbares Recht

Das auf den Versorgungsausgleich anzuwendende Recht richtet sich nach Art 17 Abs 3 10
EGBGB. Die im Einzelnen komplizierte und wenig überzeugende Regelung stellt im Grundsatz auf das Scheidungsstatut ab, vorausgesetzt, der Versorgungsausgleich ist dem Heimatrecht wenigstens eines der Ehegatten bekannt (Art 17 Abs 3 S 1 EGBGB). Tatsächlich ist der Versorgungsausgleich in den weitaus **meisten Staaten unbekannt**. Vergleichbare Institute kennen einige US-amerikanische Gliedstaaten und kanadische Provinzen und wohl auch die Schweiz (PWW/*Rausch* Art 17 EGBGB Rn 20). Dagegen ist in den Niederlanden der Versorgungsausgleich nicht bekannt (BGH FamRZ 2009, 677). Davon abweichend kann der Versorgungsausgleich in den Grenzen der »Billigkeit« gem Art 17 Abs 3 S 2 EGBGB auf Antrag auch regelwidrig nach deutschem Recht durchgeführt werden, sofern ein ausländisches Scheidungsstatut gilt. Gedacht ist dabei hauptsächlich an den Fall, dass der andere Ehegatte in der Ehezeit inländische Versorgungsanrechte erworben hat (vgl *Borth* Rn 873 ff; BGH FamRZ 2009, 677, 680 f).

§ 103 Lebenspartnerschaftssachen

(1) Die deutschen Gerichte sind in Lebenspartnerschaftssachen, die die Aufhebung der Lebenspartnerschaft aufgrund des Lebenspartnerschaftsgesetzes oder die Feststellung des Bestehens oder Nichtbestehens einer Lebenspartnerschaft zum Gegenstand haben, zuständig, wenn
1. ein Lebenspartner Deutscher ist oder bei Begründung der Lebenspartnerschaft war,
2. einer der Lebenspartner seinen gewöhnlichen Aufenthalt im Inland hat oder
3. die Lebenspartnerschaft vor einer zuständigen deutschen Stelle begründet worden ist.

(2) Die Zuständigkeit der deutschen Gerichte nach Absatz 1 erstreckt sich im Falle des Verbundes von Aufhebungs- und Folgesachen auf die Folgesachen.

(3) Die §§ 99, 101, 102 und 105 gelten entsprechend.

A. Allgemeines

1 Die Bestimmung schafft eine Rechtsgrundlage für die internationale Zuständigkeit der deutschen Gerichte in Lebenspartnerschaftssachen. Eine in der Sache vergleichbare Regelung fand sich zuvor in § 661 Abs 3 ZPO. § 103 sorgt für mehr Übersichtlichkeit, indem er die Zuständigkeitsgründe zusammenfasst und insoweit, im Unterschied zur alten Regelung, auf interne Verweisungen verzichtet. Von den vielen in § 269 genannten **Lebenspartnerschaftssachen** erfasst § 103 direkt lediglich die Aufhebung der Lebenspartnerschaft nach dem LPartG und die Feststellung des Bestehens oder Nichtbestehens einer Lebenspartnerschaft (§ 269 Abs 1 Nr 1 und 2). Für die übrigen Sachbereiche wird auf andere internationale Zuständigkeitsnormen verwiesen (§ 103 Abs 3).

2 **Vorrangiges internationales Recht.** Die Brüssel IIa-VO setzt das Bestehen einer Ehe im traditionellen Sinne, dh eine Verbindung von Mann und Frau, voraus. Gleichgeschlechtliche Lebenspartnerschaften werden von ihr daher nicht erfasst (s *Dilger* Rn 108 mwN). Stehen unterhaltsrechtliche Fragen in Rede, kann für Altfälle vor dem 30.1.2009 der Art 5 Nr 2 EuGVO vorrangig zu berücksichtigen sein, im Verhältnis zu Island, Norwegen und der Schweiz auch die Parallelvorschrift des Art 5 Nr 2 LugÜ. Für Unterhaltsverfahren ab dem 30.1.2009 ist die EuUntVO zu beachten.

3 § 103 trifft eine Regelung zur internationalen Zuständigkeit der deutschen Gerichte. Für die **örtliche Zuständigkeit** sind die jeweils für den Fall der Ehe geltenden Parallelvorschriften zu beachten (§ 270).

4 Wie alle Regelungen zur internationalen Zuständigkeit im FamFG, so ist auch die zu den Lebenspartnerschaften gem § 106 **nicht ausschließlich**.

B. Zuständigkeit der deutschen Gerichte

5 **Zuständigkeitsgründe.** Das Zuständigkeitssystem des § 103 folgt, mit gewissen Abweichungen, der Regelung in Ehesachen. Wie in § 98, so sind auch für Lebenspartnerschaftssachen Heimat- und Aufenthaltszuständigkeiten vorgesehen. Alle Zuständigkeitsgründe stehen im Verhältnis der **Alternativität**.

6 Nach § 103 Abs 1 Nr 1 ist die internationale Zuständigkeit schon bei **deutscher Staatsangehörigkeit** nur eines der Lebenspartner gegeben. Ob auch der andere Lebenspartner Deutscher ist, spielt keine Rolle, ebenso wenig, wo sich beide gewöhnlich aufhalten. Bestimmte Personen sind deutschen Staatsangehörigen gleichgestellt (§ 98 Rz 21). Bei mehrfacher Nationalität kommt es auf die Effektivität der deutschen Staatsangehörigkeit nicht an. Es gilt das zu den Ehesachen Gesagte (§ 98 Rz 20). Zur Begründung der Zuständigkeit ist es ausreichend, wenn ein Lebenspartner bei Eingehung der Partnerschaft Deutscher war (Antrittszuständigkeit). Aus welchem Grund er die Staatsangehörigkeit später verloren hat, ist ohne Bedeutung.

Die **Aufenthaltszuständigkeit** in Abs 1 Nr 2 lässt genügen, wenn einer der Lebenspart- 7
ner seinen gewöhnlichen Aufenthalt in Deutschland hat. Seine Parteirolle ist ebenso unerheblich wie die Staatsangehörigkeit beider Partner. Keine Rolle spielt auch, wo die Lebenspartnerschaft begründet und wo sie geführt wurde. Im Gegensatz zur Regelung in Ehesachen lässt der Gesetzgeber bei Lebenspartnerschaften den gewöhnlichen Inlandsaufenthalt eines der Partner genügen, **ohne** dass es zusätzlich einer **positiven Anerkennungsprognose** in seinem Heimatstaat bedarf. Die Lebenspartnerschaft wird dadurch gegenüber der Ehe privilegiert. Manche halten diese Besserstellung für verfassungsrechtlich bedenklich (so Zöller/*Geimer* § 661 ZPO Rn 35). Doch lässt sie sich damit rechtfertigen, dass das Institut der gleichgeschlechtlichen Lebenspartnerschaft international noch nicht so verbreitet ist, weshalb die Anerkennung einer Aufhebungsentscheidung größere Schwierigkeiten bereiten würde als im Falle der Ehescheidung (s *Wagner*, IPRax 2001, 287). Über den Begriff des gewöhnlichen Aufenthalts informiert § 98 Rz 24 ff.

Anders als bei Ehesachen kann die internationale Zuständigkeit nach Abs 1 Nr 3 auch 8
darauf gestützt werden, dass die Lebenspartnerschaft vor einem deutschen Standesbeamten begründet wurde (**Zelebrationszuständigkeit**). Damit kann die Zuständigkeit der deutschen Gerichte eröffnet sein, wenn beide Lebenspartner Ausländer sind und sich in Deutschland auch nicht gewöhnlich aufhalten. Begründen lässt sich diese weitreichende Zuständigkeit wiederum mit der mangelnden internationalen Verbreitung der Lebenspartnerschaft (§ 103 Rz 7; kritisch Zöller/*Geimer* § 606a ZPO Rn 5).

Verbundszuständigkeit. In Parallele zu den Scheidungssachen sieht § 103 Abs 2 bei 9
Lebenspartnerschaften eine Verbundszuständigkeit für Aufhebungs- und Folgesachen vor. Besteht eine deutsche internationale Zuständigkeit für die Aufhebung, so erstreckt sich diese danach auch auf die Folgesachen. Als Folgesachen in Betracht kommen die in § 261 Abs 1 Nr 3 ff angeführten weiteren Lebenspartnerschaftssachen. § 103 Abs 2 eröffnet, in Übereinstimmung mit der Regelung für Ehesachen, **keine isolierte internationale Verbundszuständigkeit** (*Schulte-Bunert* Rn 392).

Zu beachten ist jedoch ein möglicher **Vorrang europarechtlicher Normen**. So findet 10
bei lebenspartnerschaftlich begründeten Unterhaltspflichten vor dem 30.1.2009 Art 5 Nr 2 EuGVO vorrangig Anwendung (s § 98 Rz 38). Ob für das lebenspartnerschaftliche Güterrecht der Anwendungsausschluss nach Art 1 Abs 2 lit a EuGVO zum Tragen kommt, ist nicht eindeutig, muss nach dem Sinn und Zweck der Vorschrift aber wohl bejaht werden (aA Thomas/Putzo/*Hüßtege* § 661 ZPO Rn 14). Für Verfahren ab dem 30.1.2009 ist die **EuUntVO** zu beachten (§ 98 Rz 39 f). Die EuUntVO gilt ua für Unterhaltspflichten, die auf einem familienrechtlichen Verhältnis beruhen. Angesichts des übergeordneten Zwecks der EuUntVO, die Gleichbehandlung aller Unterhaltsberechtigten zu gewährleisten (s deren Erwägungsgrund Nr 11), müssen dazu auch gleichgeschlechtliche Lebenspartnerschaften gezählt werden.

Die internationalen Zuständigkeiten für Kindschafts-, Adoptions- und Versorgungs- 11
ausgleichssachen sowie andere FamFG-Verfahren sind bei Lebenspartnerschaftssachen **entprechend anzuwenden** (§ 103 Abs 3).

C. Anwendbares Recht

Liegt ein Fall mit Auslandsberührung vor, so unterliegen die Begründung, die allgemei- 12
nen und die güterrechtlichen Wirkungen sowie die Auflösung einer eingetragenen Lebenspartnerschaft den Sachvorschriften des registerführenden Staates. Gleiches gilt für den Versorgungsausgleich und, zumindest subsidiär, auch für den Unterhalt (Art 17b Abs 1 EGBGB). Der Begriff der »eingetragenen Lebenspartnerschaft« ist im Geiste des IPR funktional zu verstehen. Er umfasst nicht nur das entsprechende Institut des deutschen Sachrechts, sondern auch verwandte ausländische Institute (*Wagner* IPRax 2001, 288). Doch dürfen die Wirkungen einer im Ausland registrierten Lebenspartnerschaft nach der Kappungsregel des Art 17b Abs 4 EGBGB nicht weiter gehen als im deutschen Sachrecht vorgesehen.

§ 104 Betreuungs- und Unterbringungssachen; Pflegschaft für Erwachsene

(1) Die deutschen Gerichte sind zuständig, wenn der Betroffene oder der volljährige Pflegling
1. Deutscher ist oder
2. seinen gewöhnlichen Aufenthalt im Inland hat.
3. (weggefallen)

Die deutschen Gerichte sind ferner zuständig, soweit der Betroffene oder der volljährige Pflegling der Fürsorge durch ein deutsches Gericht bedarf.

(2) § 99 Abs. 2 und 3 gilt entsprechend.

(3) Die Absätze 1 und 2 sind im Fall einer Unterbringung nach § 312 Nr. 3 nicht anzuwenden.

A. Allgemeines

1 Die Bestimmung regelt die deutsche internationale Zuständigkeit in Betreuungs- und Unterbringungssachen sowie in Pflegschaftsangelegenheiten für **Erwachsene**. Bei Minderjährigen kommt § 99 zum Tragen. § 104 wird in weiten Teilen durch das Erwachsenenschutzübereinkommen verdrängt. Inhaltlich entspricht die Regelung den früheren § 35b Abs 1 und 2, § 69e Abs 1 S 1 und § 70 Abs 4 FGG. Die Vorschrift ist noch vor Inkrafttreten des FamFG geändert worden (BGBl 2009 I S 2449, 2471). Die Novellierung hat allerdings nur zu sprachlichen, nicht jedoch zu inhaltlichen Veränderungen geführt.

2 Die internationale Zuständigkeit des § 104 ist **nicht ausschließlich** (§ 106).

3 Die **örtliche Zuständigkeit** ist für Betreuungssachen in § 272 und für Unterbringungssachen in § 313 geregelt. Pflegschaftsangelegenheiten Erwachsener zählen zu den betreuungsgerichtlichen Zuweisungssachen; für die örtliche Zuständigkeit verweist § 341 auf § 272.

B. Haager Erwachsenenschutzübereinkommen (ESÜ)

4 **Einführung.** Das Haager Übereinkommen über den internationalen Schutz Erwachsener vom 13.1.2000 (BGBl 2007 II S 324) ist am 1.1.2009 für Deutschland, Frankreich und das Vereinigte Königreich in Kraft getreten. Die Vorschrift ist noch vor Inkrafttreten des FamFG geändert worden (BGBl 2009 I S 2449, 2471). Die Novellierung hat allerdings nur zu sprachlichen, nicht jedoch zu inhaltlichen Veränderungen geführt. Mit seinem Inkrafttreten in weiteren Staaten ist in absehbarer Zeit zu rechnen. Als völkerrechtliche Vereinbarung iSv § 97 Abs 1 genießt das ESÜ **Vorrang** vor dem § 104. Inhaltlich lehnt es sich eng an das für Deutschland noch nicht in Kraft getretene Haager Kinderschutzübereinkommen (KSÜ) von 1996 an. Das ESÜ ist an die Stelle des älteren und relativ erfolglosen Haager Entmündigungsabkommens von 1905 getreten, das von Deutschland schon 1992 gekündigt worden war.

5 Ergänzend zum ESÜ ist das **Erwachsenenschutzübereinkommens-Ausführungsgesetz** (Gesetz zur Ausführung des Haager Übereinkommens vom 13. Januar 2000 über den internationalen Schutz Erwachsener–ErwSÜAG) vom 23.3.2007 (BGBl 2007 I S 314) zu berücksichtigen. Es enthält Regelungen über die Zentrale Behörde, die sachliche und örtliche Zuständigkeit der Betreuungsgerichte sowie zum Verfahren der Anerkennung und Vollstreckung (dazu Wagner IPRax 2007, 11, 14 f).

6 **Anwendungsbereich.** Das ESÜ gilt nach seinem Art 1 für alle hilfsbedürftigen Personen über 18 Jahre, die aufgrund einer Beeinträchtigung ihrer persönlichen Fähigkeiten nicht in der Lage sind, ihre Interessen wahrzunehmen. Danach reicht eine auf geistige oder körperliche Gebrechen zurückzuführende Hilfsbedürftigkeit des Erwachsenen. Sei-

ne vollständige Urteilsunfähigkeit oder Entmündigung ist nicht Voraussetzung für die Anwendbarkeit des ESÜ. Der sachliche Anwendungsbereich des Üb ist weit gespannt (*Guttenberger* S 65 f). Erfasst werden zunächst sämtliche Grundanordnungen von Maßnahmen zum Erwachsenenschutz, unabhängig von der konkreten Ausgestaltung des jeweiligen staatlichen Fürsorgesystems. Dazu gehören die Anordnung einer Vormundschaft, Pflegschaft oder Betreuung sowie alle damit in Zusammenhang stehenden Maßnahmen, wie zB die Auswahl des Betreuers und die Festlegung seines Aufgabenbereichs. Ebenso erfasst sind Einzelfallanordnungen, wie Unterbringungen, staatliche Genehmigungen von Heilbehandlungen oder Maßnahmen der Vermögensverwaltung (Art 3 ESÜ).

Das Üb greift ein, wenn ein **internationaler Sachverhalt** vorliegt, nicht dagegen bei 7 reinen Inlandsfällen (Art 1 Abs 1 ESÜ). Wann ein internationaler Sachverhalt gegeben ist, sagt das ESÜ nicht. Dem umfassenden Schutzzweck des Üb entsprechend, dürfte der Begriff weit zu verstehen sein. Eine internationale Situation ist danach jedenfalls anzunehmen, wenn der Erwachsene eine fremde Staatsangehörigkeit oder seinen gewöhnlichen Aufenthalt im Ausland hat, gegebenenfalls aber auch, wenn sich zu verwaltendes Vermögen von ihm in einem anderen Staat befindet (*Guttenberger* S 63).

Internationale Zuständigkeit. Vorrangig zuständig für das Ergreifen von Schutzmaß- 8 nahmen sind die Gerichte und Behörden am **gewöhnlichen Aufenthalt** des Erwachsenen (Art 5 Abs 1 ESÜ). Für Flüchtlinge und Personen, deren gewöhnlicher Aufenthalt nicht feststellbar ist, genügt ausnahmsweise bereits der schlichte Aufenthalt, also die bloße Anwesenheit, um die behördliche Zuständigkeit zu begründen (Art 6 ESÜ). Nur subsidiär zuständig sind unter gewissen Voraussetzungen die Behörden im Heimatstaat, dh im Staat der Staatsangehörigkeit, der schutzbedürftigen Person (Art 7 ESÜ). Dafür ist erforderlich, dass der Erwachsene seinen gewöhnlichen Aufenthalt in einem anderen Vertragsstaat hat oder dort zumindest anwesend ist. Ferner müssen die Stellen im Heimatstaat der Auffassung sein, besser in der Lage zu sein, die Interessen der betreffenden Person wahrzunehmen. Ergänzend bestehen weitere Zuständigkeiten am Ort der Vermögensbelegenheit, für Eilfälle und für den Erlass vorläufiger Maßnahmen (Art 9–11 ESÜ). In diesen Fällen kann von der primären Zuständigkeit am gewöhnlichen Aufenthaltsort zugunsten einer bloßen Anwesenheitszuständigkeit abgewichen werden.

Anwendbares Recht. Das ESÜ folgt dem Gleichlaufprinzip. Demnach wendet die zu- 9 ständige Stelle ihr **eigenes Recht** an (Art 13 Abs 1 ESÜ). Eine eventuelle Rückverweisung (Renvoi) ist unbeachtlich (Art 19 ESÜ). Von diesem Grundsatz gibt es einige Ausnahmen. So können die Gerichte und Behörden das Recht eines anderen Staates berücksichtigen, zu dem der Sachverhalt eine enge Verbindung, insbes aufgrund der fremden Staatsangehörigkeit des Erwachsenen, aufweist (Art 13 Abs 2 ESÜ). Die Regelung eröffnet dem inländischen Rechtsanwender einen gewissen Spielraum, die er im Interesse der schutzbedürftigen Person sinnvoll und mit dem notwendigen Fingerspitzengefühl nutzen sollte. Werden Schutzmaßnahmen in einem anderen Vertragsstaat getroffen, die im Inland durchzusetzen, dh zu vollziehen sind, so richten sich die Bedingungen der Durchsetzung nach dem fremden Recht (Art 14 ESÜ). Eine weitere Ausnahme vom Gleichlaufgrundsatz gibt es für Vorsorgevollmachten. Sie können ausländischem Recht, einschließlich des Rechts der Nichtvertragsstaaten, unterstellt werden (Art 15 Abs 2 ESÜ). Schließlich besteht eine Ausnahme zu Zwecken des Verkehrsschutzes zugunsten gutgläubiger Dritter, die auf die Geltung des Ortsrechts vertrauen (Art 17 ESÜ).

Anerkennung und Vollstreckung. Von einem Vertragsstaat getroffene Schutzmaß- 10 nahmen sind, sofern kein Versagungsgrund vorliegt, in jedem anderen Vertragsstaat **von Gesetzes wegen anzuerkennen**. Eine Überprüfung der fremden Entscheidung in der Sache ist unzulässig (Art 22 Abs 1 ESÜ). Gleiches gilt für die Vollstreckung (Art 25 Abs 3, 26 ESÜ). Anerkennung und Vollstreckung können nur ausnahmsweise untersagt werden, wenn einer der in Art 22 Abs 2 ESÜ genannten Versagungsgründe eingreift. Diese sind: mangelnde internationale Zuständigkeit der ausländischen Stelle; Verstoß gegen den verfahrens- oder materiellrechtlichen ordre public; Unvereinbarkeit mit der zeitlich späteren Entscheidung eines hypothetisch zuständigen Nichtvertragsstaats, wenn diese im Anerkennungsstaat anzuerkennen ist; fehlende Kooperation mit den Behörden des Staates, in dem der Erwachsene untergebracht werden soll.

11 Zusätzlich kann jede interessierte Person eine **Entscheidung des Vertragsstaats** darüber herbeiführen, ob er die in einem anderen Vertragsstaat getroffenen Maßnahmen anerkennt oder nicht (Art 23 ESÜ). In Deutschland ist für diese Entscheidung das Betreuungsgericht zuständig, in dessen Bezirk ein Oberlandesgericht seinen Sitz hat (§ 6 Abs 1 Nr 1 ErwSÜAG). Die Zuständigkeitskonzentration gilt auch für die Vollstreckbarerklärung nach Art 25 ESÜ einer in einem anderen Vertragsstaat getroffenen Maßnahme (§ 6 Abs 1 Nr 2 ErwSÜAG). Die örtliche Zuständigkeit liegt in beiden Fällen bei dem Betreuungsgericht, in dessen Zuständigkeitsbereich der Betroffene bei Antragstellung seinen gewöhnlichen Aufenthalt hat. Hat er keinen gewöhnlichen Aufenthalt im Inland oder ist ein solcher nicht feststellbar, so ist das Betreuungsgericht örtlich zuständig, in dessen Bezirk das Fürsorgebedürfnis hervorgetreten ist (§ 6 Abs 3 ErwSÜAG). Ab dem Zeitpunkt der Anhängigkeit erstreckt sich die Zuständigkeit des Betreuungsgerichts auf alle den Betroffenen betreffenden Betreuungssachen, es sei denn, der Antrag auf Anerkennungsfeststellung oder Vollstreckbarerklärung ist offensichtlich unzulässig (§ 7 Abs 1 ErwSÜAG). Ansonsten finden auf das Verfahren der Anerkennung und Vollstreckbarerklärung die Bestimmungen des ersten Buches des FamFG entsprechende Anwendung (§ 8 Abs 1 ErwSÜAG).

12 **Behördenzusammenarbeit.** Für die Funktionsfähigkeit des ESÜ bildet die grenzüberschreitende Behördenzusammenarbeit eine wichtige Voraussetzung. Sie obliegt in erster Linie den **Zentralen Behörden** (Art 28 ESÜ). Zentrale Behörde für Deutschland ist das Bundesamt für Justiz in Bonn (§ 1 ErwSÜAG). Es kooperiert mit den Zentralen Behörden der anderen Vertragsstaaten ebenso wie mit den zuständigen inländischen Stellen bei der Beschaffung von Informationen und der Ermittlung des Aufenthaltsorts von schutzbedürftigen Erwachsenen (Art 30 ESÜ, § 4 ErwSÜAG). Sollen Schutzmaßnahmen getroffen werden, verpflichten sich die übrigen Vertragsstaaten zur Übermittlung der erforderlichen Informationen über die betreffende Person (Art 32). Die Auskünfte unterliegen dem Datenschutz und sind vertraulich zu behandeln (Art 39 f). Die Kosten der Zusammenarbeit fallen, vorbehaltlich spezieller Abmachungen, grundsätzlich jedem Staat selber zur Last (Art 36). In Deutschland richtet sich die Vergütung für von der Zentralen Behörde veranlasste Übersetzungen nach dem Justizvergütungs- und entschädigungsgesetz (§ 5 ErwSÜAG).

C. Internationale Zuständigkeit nach autonomem Recht

13 **Verhältnis zum ESÜ.** Nur soweit das Haager Erwachsenenschutzübereinkommen nicht anwendbar ist, ergibt sich die internationale Zuständigkeit aus § 104. Folgende **Fallgestaltungen** sind zu unterscheiden (vgl *Guttenberger* S 239 ff). Soll für einen Ausländer mit gewöhnlichem Aufenthalt in Deutschland ein Betreuer bestellt werden, folgt die Zuständigkeit der deutschen Gerichte aus Art 5 Abs 1 ESÜ. Ist der Betroffene deutscher Staatsbürger mit gewöhnlichem Aufenthalt im Ausland, ist danach zu differenzieren, wo sich der gewöhnliche Aufenthalt befindet. Liegt er in einem Nichtvertragsstaat, greift das ESÜ nicht ein, und die deutsche internationale Zuständigkeit kann aus § 104 Abs 1 Nr 1 hergeleitet werden. Hält der Betroffene sich dagegen in einem Vertragsstaat gewöhnlich auf, ist die Zuständigkeit Deutschlands gem Art 7 ESÜ nur mit der Maßgabe zu bejahen, dass die Behörden am Aufenthaltsort nicht ihrerseits schon tätig geworden sind oder entschieden haben, dass keine Maßnahmen einzuleiten sind. Geht es um einen fremden Staatsangehörigen mit gewöhnlichem Aufenthalt im Ausland, der sich in Deutschland nur vorübergehend aufhält, ist die deutsche internationale Zuständigkeit in Eilverfahren gem Art 10 Abs 1 ESÜ umfassend gegeben. In nicht dringenden

Fällen besteht lediglich eine beschränkte Anwesenheitszuständigkeit für Maßnahmen zum Schutze der Person des Betroffenen, die überdies eine Verständigung mit den Behörden am gewöhnlichen Aufenthalt des Betroffenen voraussetzt.

Anwendungsbereich. Die internationale Zuständigkeit gilt für die in § 271 genannten **14 Betreuungssachen**, also insbes Verfahren zur Bestellung eines Betreuers, zur Aufhebung der Betreuung und zur Anordnung eines Einwilligungsvorbehalts. Sie erfasst ferner **Unterbringungssachen** des § 312, namentlich die zivilrechtliche Unterbringung und die unterbringungsähnlichen Maßnahmen des Zivilrechts, jedoch nicht die öffentlich-rechtliche Unterbringung. Schließlich erstreckt sie sich auch auf **Pflegschaftsangelegenheiten**, sofern es sich um einen volljährigen Pflegling handelt (§ 340 Nr 1). Im Falle der Pflegschaft für einen Minderjährigen richtet sich die internationale Zuständigkeit nach § 99.

Die Zuständigkeiten des § 104 gelten gem Abs 3 nicht bei **öffentlich-rechtlichen Unterbringungen** 15 nach den Landesgesetzen über die Unterbringung psychisch Kranker. Ebenso wie bei Minderjährigen (§ 99 Rz 22) ist für die öffentlich-rechtliche Unterbringung Erwachsener keine spezielle internationale Zuständigkeitsnorm vorgesehen. Vorrangig ist das Erwachsenenschutzübereinkommen zu beachten, das auch die Unterbringung Erwachsener in einer Einrichtung erfasst (Art 3 lit e ESÜ). Ansonsten folgt, dem Grundsatz des § 105 entsprechend, die internationale Zuständigkeit der örtlichen. Die deutschen Gerichte sind danach zuständig, wenn im Inland ein Bedürfnis für die Unterbringung hervortritt oder der Betroffene sich bereits in einer inländischen Unterbringungseinrichtung befindet (§ 313 Abs 3).

Zuständigkeitsgründe. Die Zuständigkeit der deutschen Gerichte richtet sich **gleich- 16 rangig** nach der Staatsangehörigkeit, dem gewöhnlichen Aufenthalt und dem Fürsorgebedürfnis.

Die **Staatsangehörigkeitszuständigkeit** nach § 104 Abs 1 S 1 Nr 1 erfordert die deut- 17 sche Staatsbürgerschaft des Betroffenen. Sie besteht unabhängig von seinem gewöhnlichen Aufenthaltsort. Bei Personen mit **doppelter Staatsangehörigkeit** reicht es aus, wenn sie auch Deutsche sind. Die deutsche Staatsangehörigkeit muss also nicht effektiv sein.

Die **Aufenthaltszuständigkeit** gem § 104 Abs 1 S 2 setzt einen gewöhnlichen Aufent- 18 halt des Betroffenen im Inland voraus (s § 98 Rz 24 ff). Ein schlichter Aufenthalt ist nicht ausreichend. Die zuständigkeitsrechtliche weicht damit von der kollisionsrechtlichen Lage ab. Denn nach IPR kann ein Betreuer nach deutschem Recht uU auch bestellt werden, wenn er hier lediglich einen einfachen Aufenthalt besitzt (Art 24 Abs 1 S 2 EGBGB).

Die **Fürsorgezuständigkeit** der deutschen Gerichte nach § 104 Abs 1 S 2 besteht bei ei- 19 nem inländischen Fürsorgebedürfnis. Ihr Vorliegen ist ebenso wie in Kindschaftssachen zu beurteilen (§ 99 Rz 27).

Zuständigkeitskoordination. Durch den Verweis des § 104 Abs 2 auf die Regelung in 20 § 99 Abs 2 und 3 wird wie in Kindschaftsangelegenheiten eine Koordinierung der deutschen mit ausländischen internationalen Zuständigkeiten nach dem Vorbild des ehemaligen § 47 FGG ermöglicht. Danach kann die Betreuungs-, zivilrechtliche Unterbringungs- oder Pflegschaftsmaßnahme im Inland unterbleiben, wenn ein entsprechendes Verfahren **im Ausland** anhängig ist und die Untätigkeit der deutschen Gerichte im Interesse des Betroffenen liegt. Ebenso kann die Sache auch an ein international zuständiges ausländisches Gericht abgegeben werden, wenn dieses sich zur Übernahme bereit erklärt. Der umgekehrte Fall der Abgabe vom Ausland ins Inland ist ebenfalls möglich. Für Einzelheiten s § 99 Rz 30 f.

Bei **öffentlich-rechtlichen Unterbringungen** nach den Landesgesetzen über die Un- 21 terbringung psychisch Kranker ist eine Zuständigkeitskoordination mit dem Ausland gem § 104 Abs 3 ausgeschlossen.

D. Anwendbares Recht

22 Das in der **Sache anwendbare Recht** richtet sich in erster Linie nach dem Erwachsenenschutzübereinkommen (§ 104 Rz 9) und erst nachrangig nach dem autonomen deutschen IPR. Letzteres beruft für Entstehung, Änderung und Ende der Betreuung oder Pflegschaft grundsätzlich das Recht der Staatsangehörigkeit, während für den Inhalt aus praktischen Gründen das Recht des anordnenden Staates gilt (Art 24 Abs 1 S 1 und Abs 3 EGBGB). In Abweichung vom Staatsangehörigkeitsprinzip kann bei einem Ausländer mit gewöhnlichem Aufenthalt im Inland die Bestellung eines Betreuers auch nach deutschem Recht erfolgen (Art 24 Abs 1 S 2 EGBGB).

§ 105 Andere Verfahren

In anderen Verfahren nach diesem Gesetz sind die deutschen Gerichte zuständig, wenn ein deutsches Gericht örtlich zuständig ist.

A. Allgemeines

Die Bestimmung ordnet die deutsche internationale Zuständigkeit für andere Verfahren 1 nach dem FamFG an, sofern in diesen Verfahren eine örtliche Zuständigkeit im Inland besteht. Es handelt sich um eine **Auffangnorm**, die immer dann zum Tragen kommt, wenn die speziellen §§ 98–104 nicht eingreifen.

Die Vorschrift schreibt den Grundsatz der **Doppelfunktionalität** gesetzlich fest. Nach 2 diesem seit langem anerkannten prozessualen Grundsatz ist die internationale Zuständigkeit in den Normen über die örtliche Zuständigkeit **mitgeregelt**, auch wenn diese sich nach ihrem Wortlaut nicht ausdrücklich auf die internationale Zuständigkeit beziehen (BGHZ 44, 46, 47). Aus der örtlichen darf daher regelmäßig auf die internationale Zuständigkeit der deutschen Gerichte geschlossen werden. § 105 bestätigt diese Form der Verknüpfung von örtlicher und internationaler Zuständigkeit für den Bereich des FamFG.

§ 105 wird durch **vorrangiges EU-Recht** und **Völkervertragsrecht** verdrängt. Man 3 darf also nicht vorschnell bei Fehlen einer besonderen Zuständigkeitsregelung im FamFG auf die Auffangnorm zurückgreifen. Vielmehr ist immer zu überlegen, ob nicht europäische oder völkerrechtliche Instrumente einschlägig sind.

Die nach § 105 begründeten internationalen Zuständigkeiten sind **nicht ausschließ-** 4 **lich**, obwohl die meisten örtlichen Zuständigkeitsregeln ausschließlicher Natur sind. Das folgt aus § 106, der nicht zwischen den besonderen und der allgemeinen internationalen Zuständigkeitsnorm unterscheidet.

B. Einzelne Zuständigkeiten

Für die **nachstehenden Verfahren** enthält das Gesetz keine besonderen Vorschriften 5 über die internationale Zuständigkeit, sodass sich diese nach der **jeweiligen örtlichen Zuständigkeit** richtet (zur Regelung in Nachlasssachen s § 105 Rz 18 ff).

In **Ehewohnungs- und Haushaltssachen** ist Deutschland international zuständig, 6 wenn ein deutsches Gericht nach § 201 örtlich zuständig ist. Das ist in erster Linie der Fall, wenn eine Ehesache vor einem deutschen Gericht anhängig ist. Subsidiär begründen auch die Belegenheit der gemeinsamen Ehewohnung in Deutschland und der inländische gewöhnliche Aufenthalt des Antragstellers bzw des Antragsgegners die deutsche internationale Zuständigkeit. Diese Zuständigkeiten kommen nur bei **isolierten Verfahren** zum Tragen. Innerhalb des Scheidungsverbunds richtet sich die internationale Zuständigkeit dagegen nach § 98 Abs 2. Vorrangig zu beachtende europarechtliche oder völkerrechtliche Regelungen bestehen nicht. Insbesondere greifen auch nicht die besonderen unterhaltsrechtlichen Zuständigkeitsbestimmungen der EuGVO und des LugÜ (jeweils Art 5 Nr 2) ein, da es sich bei Hausratsverteilung und Wohnungszuweisung nicht um unterhaltsrechtliche Vorgänge handelt (s Staudinger/*Spellenberg* § 606a ZPO Rn 235 ff). Für die EuUntVO kann nichts anderes gelten.

In **Gewaltschutzsachen** folgt die internationale Zuständigkeit der örtlichen Zustän- 7 digkeit aus § 211. Die deutschen Gerichte sind danach zuständig, wenn die Tat in Deutschland verübt wurde, Antragsteller und Antragsgegner hier ihre gemeinsame Wohnung haben oder der Antragsgegner sich im Inland gewöhnlich aufhält. Es existieren **keine vorrangigen europäischen oder internationalen** Regelungen.

In **Unterhaltssachen** sind **vorrangig** die **Europäische Unterhaltsverordnung** (für Alt- 8 fälle die EuGVO) sowie das LugÜ zu berücksichtigen (§ 98 Rz 38 ff). Ansonsten ergibt sich die deutsche Gerichtszuständigkeit aus der örtlichen Zuständigkeit in § 232. Da-

§ 105 FamFG | Andere Verfahren

nach folgt die internationale Zuständigkeit in erster Linie der Anhängigkeit der Ehesache im Inland, bei Kindesunterhalt nachrangig auch dem deutschen gewöhnlichen Aufenthalt des Kindes oder des Elternteils, der auf Seiten des Kindes zu handeln befugt ist. Darüber hinaus ist die internationale Zuständigkeit auf Grund der Verweisung in § 232 Abs 3 auf §§ 12 f ZPO hilfsweise gegeben, wenn der Antragsgegner seinen gewöhnlichen Aufenthalt im Inland hat. § 105 gilt nur für isolierte Unterhaltsverfahren. Handelt es sich um eine **Scheidungsfolgesache**, greift die Verbundszuständigkeit gem § 98 Abs 2 ein.

9   In **Güterrechtsverfahren** bestimmt sich die deutsche internationale Zuständigkeit nach der örtlichen Zuständigkeit in § 262. Sie folgt grundsätzlich aus der Anhängigkeit der Ehesache im Inland und ansonsten aus dem gewöhnlichen Aufenthalt des Antragsgegners (§ 262 Abs 2 iVm §§ 12 f ZPO). Einschlägige Staatsverträge oder europäische Normen mit Vorrang sind nicht vorhanden. Allerdings kommt § 105 nur bei **isolierter Geltendmachung** des Güterrechtsverfahrens zum Zuge. Im Rahmen des Verbunds ist § 98 Abs 2 zu beachten.

10 Bei sonstigen **Familiensachen** sind der mögliche **Vorrang der EuGVO** und des LugÜ zu beachten. Ansonsten folgt die deutsche internationale Zuständigkeit der örtlichen Zuständigkeit in § 267. Sie besteht vorrangig bei Anhängigkeit der Ehesache in Deutschland, andernfalls nach § 267 Abs 2 iVm §§ 12 f ZPO bei gewöhnlichem Aufenthalt des Antragsgegners im Inland.

11 Für die **öffentlich-rechtliche Unterbringung** von Kindern und Erwachsenen gibt es keine speziellen Regelungen über die internationale Zuständigkeit. Es gelten, vorbehaltlich internationaler Abkommen, die örtlichen Zuständigkeitsnormen der § 152 (§ 99 Rz 22) und § 313 Abs 3 (§ 104 Rz 15).

12 In **Registersachen** und **unternehmensrechtlichen Verfahren** ergibt sich die internationale Zuständigkeit aus der örtlichen Zuständigkeit in § 377. Demgemäß sind die deutschen Gerichte grundsätzlich zuständig, wenn sich die Niederlassung des Einzelkaufmanns oder der Sitz der Gesellschaft, Genossenschaft, Partnerschaft, des Vereins oder Versicherungsvereins im Inland befinden.

13 Für **weitere Angelegenheiten der freiwilligen Gerichtsbarkeit** folgt die internationale Zuständigkeit aus der örtlichen Zuständigkeitsregelung des § 411. Danach besteht für eine nicht vor dem Vollstreckungsgericht zu erklärende eidesstattliche Versicherung die deutsche internationale Zuständigkeit bei Inlandswohnsitz oder -aufenthalt, in den übrigen Angelegenheiten bei inländischer Sachbelegenheit sowie im Falle der Ernennung oder Vernehmung eines Sachverständigen auch bei Prorogation eines deutschen Gerichts.

14 In **Freiheitsentziehungssachen** ist die internationale Zuständigkeit aus der örtlichen Zuständigkeit des § 416 abzuleiten. Die Zuständigkeit der deutschen Gerichte liegt danach vor, wenn die Person, der die Freiheit entzogen werden soll, im Inland ihren gewöhnlichen Aufenthalt hat oder wenn hier das Bedürfnis zur Freiheitsentziehung entsteht. Sie ist ebenfalls gegeben, wenn sich die Person bereits im Inland in Verwahrung einer abgeschlossenen Einrichtung befindet.

15 Für das **Aufgebot des Grundstückseigentümers und Grundpfandgläubigers** folgt die internationale Zuständigkeit aus der Grundstücksbelegenheit im Inland (§§ 442 Abs 2, 447 Abs 2). Gleiches gilt nach § 453 Abs 1 für das Aufgebotsverfahren zum Ausschluss unbekannter Vormerkungsberechtigter, dinglicher Vorkaufsberechtigter und Reallastgläubiger. Für das Aufgebot der **Schiffsgläubiger** verweist das Gesetz auf die Zuständigkeit des Heimathafens oder Heimatorts des Schiffes (§ 465 Abs 2), für das Aufgebot zum Ausschluss eines Schiffshypothekengläubigers auf das inländische Registergericht (§ 452 Abs 2).

16 Für das **Aufgebotsverfahren von Nachlassgläubigern** besteht die internationale Zuständigkeit, sofern ein deutsches Nachlassgericht örtlich zuständig ist (§ 454 Abs 2). Da-

mit kommen die Wohnsitz-, Aufenthalts-, Staatsangehörigkeits- und Belegenheitszuständigkeit des § 343 zum Tragen (§ 105 Rz 19).

Im **Aufgebotsverfahren zum Zwecke der Kraftloserklärung von Urkunden** richtet 17 sich die internationale Zuständigkeit in erster Linie nach dem Erfüllungsort, der in der Urkunde bezeichnet ist, ansonsten nach dem allgemeinen Gerichtsstand des Ausstellers (§ 466 Abs 1). Für das Aufgebot von Urkunden über im Grundbuch eingetragene Rechte folgt die internationale Zuständigkeit der im Inland belegenen Sache (§ 466 Abs 2).

C. Zuständigkeit in Nachlasssachen

In Nachlass- und Teilungssachen richtet sich die internationale Zuständigkeit nach der 18 **örtlichen Zuständigkeit** in § 343. Für einige Sonderfälle (amtliche Verwahrung letztwilliger Verfügungen, Nachlasssicherung, Auseinandersetzung des Gesamtguts einer Gütergemeinschaft) trifft § 344 eine spezielle Regelung. In Nachlassverfahren folgte die deutsche Rechtsprechung bislang, gegen den Widerstand der überwiegenden Literaturmeinung, dem Gleichlaufprinzip. Danach waren die deutschen Gerichte international zuständig, wenn in der Sache deutsches Recht Anwendung fand (zB BayObLG, FamRZ 2003, 1598). Der Gesetzgeber hat diesen Standpunkt ausdrücklich als systemfremd verworfen (BTDrs 16/6308 S 221). Die **Gleichlauftheorie** findet damit unter der Geltung des FamFG im Nachlassrecht **keine Anwendung** mehr. Vielmehr gilt auch für diesen Bereich der Grundsatz der Doppelfunktionalität der örtlichen Zuständigkeitsregeln.

Gem § 343 Abs 1 sind die deutschen Gerichte international zuständig, wenn der **Erb-** 19 **lasser** seinen **Wohnsitz** zur Zeit des Erbfalls im Inland hatte. Hatte er keinen Inlandswohnsitz, richtet sich die internationale Zuständigkeit hilfsweise nach dem letzten **Aufenthalt**. Gemeint ist der schlichte Aufenthalt, der im Unterschied zum gewöhnlichen Aufenthalt keine soziale Integration voraussetzt (§ 98 Rz 30). Subsidiär besteht eine internationale Staatsangehörigkeitszuständigkeit für einen deutschen Erblasser ohne Wohnsitz oder Aufenthalt im Inland (§ 343 Abs 2). Bei einem Erblasser mit **ausländischer Staatsangehörigkeit** ohne inländischen Wohnsitz oder Aufenthalt ist eine internationale Belegenheitszuständigkeit der deutschen Gerichte gegeben, sofern sich im Inland Nachlassgegenstände befinden (§ 343 Abs 3).

Die Maßgeblichkeit der örtlichen für die internationale Zuständigkeit gilt auch für 20 **Erbscheinsverfahren**. Hat ein fremder Staatsangehöriger seinen Wohnsitz oder Aufenthalt im Inland, sind die deutschen Gerichte zuständig, selbst wenn gem Art 25 Abs 1 EGBGB in der Sache ausländisches Erbrecht Anwendung findet. In diesem Fall erteilt das Gericht einen unbeschränkten Fremdrechtserbschein, und zwar unabhängig davon, ob dieser im ausländischen Herkunftsstaat des Erblassers anerkannt wird. Daneben besteht nach § 2369 Abs 1 BGB in der durch Art 50 Nr 70 FGG-RG geänderten Fassung die Möglichkeit, einen auf die im Inland befindlichen Gegenstände beschränkten Fremdrechtserbschein zu beantragen.

Zuständigkeitsregelungen in Staatsverträgen haben Vorrang. Eine für die Praxis wich- 21 tige Regelung enthält das noch heute gültige **deutsch-türkische Nachlassabkommen** in der Anlage zu Art 20 des Konsularvertrags vom 28.5.1929 (RGBl 1930 II S 748). Gem § 15 des Abkommens sind Klagen, soweit sie sich auf Erbschaftsansprüche am beweglichen Nachlass beziehen, vor den Gerichten des Staates anhängig zu machen, dem der Erblasser zur Zeit seines Todes angehörte, soweit es um unbeweglichen Nachlass geht, bei den Gerichten des Staates, in dessen Gebiet sich der unbewegliche Nachlass befindet. Im Deutsch-türkischen Verhältnis gilt demnach für bewegliche Nachlassgegenstände eine Staatsangehörigkeitszuständigkeit und für unbeweglichen Nachlass eine Belegenheitszuständigkeit. In beiden Fällen handelt es sich um **ausschließliche Zuständigkeiten**. Infolgedessen scheidet eine anderweitige Zuständigkeitsbegründung mittels rügeloser Einlassung aus (LG München I ZEV 2007, 436).

§ 106 Keine ausschließliche Zuständigkeit
Die Zuständigkeiten in diesem Unterabschnitt sind nicht ausschließlich.

1 Die Vorschrift **stellt klar**, dass die internationalen Zuständigkeiten im FamFG keine ausschließlichen, sondern konkurrierende sind. Der Grund ist in einer möglichst umfassenden Rechtsschutzgewährung zu sehen. Von konkurrierender Natur sind auch die subsidiären internationalen Zuständigkeiten des § 105, ungeachtet der Tatsache, dass die örtlichen Zuständigkeiten, aus denen sie sich ableiten, vielfach ausschließlichen Charakter besitzen.

2 Infolge der Nichtausschließlichkeit der internationalen Zuständigkeitsnormen können **ausländische Urteile in Deutschland anerkannt** werden, selbst wenn die deutschen Gerichte nach dem FamFG ebenfalls zuständig gewesen wären.

3 **Gerichtsstandvereinbarungen** sind bei konkurrierenden Zuständigkeiten im Grundsatz möglich, freilich nur dann, wenn die Beteiligten über den Verfahrensgegenstand disponieren können (s BLAH/*Hartmann* § 106 Rn 2; zu weitgehend *Schulte-Bunert* Rn 408). Das ist bei den internationalen Zuständigkeiten des FamFG auf Grund der involvierten öffentlichen Interessen überwiegend nicht der Fall. So ist auch die Zuständigkeit in Ehesachen nach § 98 als zwingend anzusehen. Die Beteiligten können daher die deutsche Scheidungszuständigkeit weder abbedingen noch im Wege der Prorogation vereinbaren. Im Anwendungsbereich der Brüssel IIa-VO ist gem Art 12 in Verfahren über die elterliche Sorge unter bestimmten Voraussetzungen eine Zuständigkeitsvereinbarung erlaubt (s § 99 Rz 8).

Unterabschnitt 3
Anerkennung und Vollstreckbarkeit ausländischer Entscheidungen

A. Nationales und internationales Anerkennungsrecht

Für die Anerkennung und Vollstreckung ausländischer Entscheidungen stehen EU-Rechtsakte und eine Vielzahl völkerrechtlicher Verträge zur Verfügung. Beide Rechtsquellen gehen den autonomen deutschen Anerkennungsvorschriften der § 107–110 vor (vgl § 97 Abs 1). Der Vorrang kommt im Anerkennungsrecht jedoch nicht in gleicher Weise wie im Zuständigkeitsrecht zum Tragen. Vielmehr gilt im Anerkennungsrecht das **Günstigkeitsprinzip**, wonach für die Anerkennung ausländischer Entscheidungen grundsätzlich die im Einzelfall **anerkennungsfreundlichste Regelung** heranzuziehen ist, auch wenn diese in der Hierarchie der Rechtsquellen eigentlich nachgeordnet ist (s etwa BayObLG NJW-RR 1990, 843). Tatsächlich stellt sich das höherrangige Recht jedoch meist als das anerkennungsfreundlichere dar und ist schon aus diesem Grunde regelmäßig das maßgebliche. 1

Nur mit **Einschränkungen** gilt das Günstigkeitsprinzip im Anwendungsbereich der **Brüssel IIa-VO**. Gem ihren Art 59 ff beansprucht die Brüssel IIa-VO für die von ihr erfassten Materien absoluten Vorrang vor den zwischen den EU-Mitgliedstaaten geschlossenen bilateralen Anerkennungs- und Vollstreckungsverträgen sowie vor gewissen multilateralen Übereinkommen. Das schließt einen eventuellen Rückgriff auf das autonome Anerkennungsrecht der Mitgliedstaaten zwar nicht aus (*Schack* Rn 809), jedoch gebührt der Brüssel IIa-VO in der Praxis auch hier der Vorrang, da sie regelmäßig das anerkennungsfreundlichere Anerkennungsregime zur Verfügung stellt, so auch im Verhältnis zu den §§ 107 ff. 2

B. Brüssel IIa-VO

Die Brüssel IIa-VO erleichtert im Verhältnis zwischen den EU-Mitgliedstaaten, mit Ausnahme Dänemarks, die Anerkennung und Vollstreckung von Entscheidungen in Ehe- und Kindschaftssachen. Wie im autonomen deutschen Recht, ist für die Anerkennung **kein besonderes Verfahren erforderlich** (Art 21 Abs 1 Brüssel IIa-VO). Die Anerkennung tritt mit anderen Worten ipso iure ein. Die Prüfung der Anerkennungsfähigkeit erfolgt meist inzident (Art 21 Abs 4 Brüssel IIa-VO). 3

Die **inzidente Anerkennung** von Entscheidungen aus anderen Mitgliedstaaten gilt nach der Brüssel IIa-VO auch für **Ehesachen**. Anders als im deutschen Recht ist kein besonderes Verfahren vorgeschrieben. Insbesondere bedarf es zur Beischreibung einer rechtskräftigen Ehescheidung in den Personenstandsbüchern keines vorherigen Anerkennungsverfahrens. § 107 wird insoweit verdrängt. 4

Davon abgesehen können die Parteien die Anerkennung oder Nichtanerkennung in **einem besonderen Verfahren feststellen** lassen (Art 21 Abs 3 Brüssel IIa-VO). Auf diese Weise können mögliche Zweifel hinsichtlich der Anerkennungsfähigkeit ausgeräumt werden. Das dafür erforderliche Feststellungsinteresse ist weit zu interpretieren (*Schütze* § 328 Rn 165). Die Zuständigkeit für das Verfahren in Deutschland liegt gem §§ 10, 12 IntFamRVG (abgedruckt im Anhang zu § 110) bei dem Familiengericht am Sitz des Oberlandesgerichts, in dessen Bezirk sich der Antragsgegner oder das Kind, auf das sich die Entscheidung bezieht, gewöhnlich aufhält. Bei Fehlen eines gewöhnlichen Inlandsaufenthalts ist das Familiengericht Pankow/Weißensee zuständig. Gegen die Entscheidung des Familiengerichts kann Beschwerde zum Oberlandesgericht, gegen den Beschluss des Oberlandesgerichts Rechtsbeschwerde zum Bundesgerichtshof eingelegt werden (§ 32 iVm §§ 24, 28 IntFamRVG). 5

Die Anerkennung darf nur bei Vorliegen bestimmter **Versagungsgründe** unterbleiben. Die Anerkennungsversagungsgründe sind für Ehesachen in Art 22 und für Sorgerechts- 6 entscheidungen in Art 23 Brüssel IIa-VO abschließend aufgelistet. Weitere Gründe für die Nichtanerkennung bestehen darüber hinaus nicht.

7 Einen Versagungsgrund bildet der Verstoß gegen den deutschen **ordre public** (Art 22 lit a, 23 lit a Brüssel IIa-VO). Er entspricht § 109 Abs 1 Nr 4. Um den freien Entscheidungsverkehr zwischen den Mitgliedstaaten nicht zu gefährden, ist vom Vorbehalt der öffentlichen Ordnung äußerst restriktiv Gebrauch zu machen. Es muss sich um eine **offensichtliche Verletzung** einer »als wesentlich geltenden Rechtsnorm oder eines als grundlegend anerkannten Rechts« handeln (EuGH NJW 2000, 1853). Die möglicherweise falsche Anwendung von nationalem oder europäischem Gemeinschaftsrechts begründet noch keinen Verstoß gegen die öffentliche Ordnung (EuGH NJW 2000, 2185).

8 Die **Verletzung des rechtlichen Gehörs** ist ein weiteres Anerkennungshindernis, das zum Tragen kommt, wenn der Betroffene sich nicht auf das Verfahren eingelassen hat und das verfahrenseinleitende Schriftstück ihm nicht so rechtzeitig und in einer Weise zugestellt wurde, dass er sich verteidigen konnte (Art 22 lit b, 23 lit c Brüssel IIa-VO). Der Versagungsgrund entspricht § 109 Abs 1 Nr 2. Allerdings verzichtet die Brüssel IIa-VO auf die Notwendigkeit einer »ordnungsgemäßen« Zustellung. Darüber hinaus kann die Anerkennung nicht versagt werden, wenn der Betroffene mit der Entscheidung »eindeutig« einverstanden ist. Ob danach eine Verletzung des rechtlichen Gehörs vorliegt, hat das Gericht, anders als im autonomen deutschen Recht, **von Amts wegen** zu prüfen.

9 Bei **Unvereinbarkeit mit einer anderen Entscheidung** ist die Anerkennung ebenfalls zu versagen. In **Ehesachen** kommen die gleichen Grundsätze wie im deutschen autonomen Recht zum Tragen (§ 109 Abs 1 Nr 3). Danach ist die Anerkennung ausgeschlossen, wenn sie einer früheren ausländischen Entscheidung in derselben Sache widerspricht. Handelt es sich um eine inländische Entscheidung, geht diese in jedem Fall vor, auch wenn sie später erlassen wurde als die ausländische (Art 22 lit c, d Brüssel IIa-VO). Bei Entscheidungen über die **elterliche Sorge** stellen dagegen nur spätere inländische wie ausländische Entscheidungen ein Anerkennungshindernis dar (Art 23 lit e, f Brüssel IIa-VO).

10 **Keinen Versagungsgrund** bildet die **fehlende Zuständigkeit des Erstgerichts**. Sie darf im Anerkennungsstaat nicht überprüft werden (Art 24 Brüssel IIa-VO). Ebenso wenig ist eine **Nachprüfung der Entscheidung in der Sache** gestattet (Art 26 Brüssel IIa-VO). Für die Anerkennung ohne Belang ist schließlich auch die **Form**, in der die Entscheidung im Erststaat ergangen ist (Art 2 Nr 4 Brüssel IIa-VO).

11 **Vollstreckbarerklärung.** Entscheidungen über die elterliche Verantwortung können nach den Art 28 ff Brüssel IIa-VO für vollstreckbar erklärt werden. Voraussetzung dafür ist die Erteilung einer **Vollstreckungsklausel**. Die örtliche Zuständigkeit richtet sich in erster Linie nach dem gewöhnlichen Aufenthalt der Person, gegen die vollstreckt werden soll, oder des Kindes, auf das sich der Antrag bezieht, ansonsten nach dem Ort der Vollstreckung (Art 29 Abs 2 Brüssel IIa-VO). In Deutschland ist für die Erteilung der Vollstreckungsklausel das Familiengericht am Sitz des örtlich zuständigen Oberlandesgerichts zentral zuständig(§§ 16 Abs 2, 12 IntFamRVG). Für das Verfahren gilt deutsches Recht (s Art 30 Abs 1 Brüssel IIa-VO). Die Einzelheiten sind in den §§ 16 ff IntFamRVG geregelt (ausf dazu Jansen/*Wick* § 16a Rn 72 ff).

12 Die Brüssel IIa-VO schreibt in Art 31 aus Vereinfachungsgründen ein **einseitiges Exequaturverfahren** vor, in dessen Rahmen weder die Person, gegen die die Vollstreckung erwirkt werden soll, noch das Kind eine Erklärung abgeben können. Erst im Rechtsbehelfsverfahren wird beiderseitiges rechtliches Gehör gewährt (Art 33 Abs 3 Brüssel IIa-VO). Die Vollstreckbarerklärung darf nur bei **Vorliegen eines Anerkennungsversagungsgrundes** abgelehnt werden (Art 31 Abs 2 Brüssel IIa-VO). Eine Überprüfung der Entscheidung in der Sache ist ebenso unzulässig wie eine Kontrolle der erstgerichtlichen Zuständigkeit.

13 In einzelnen Bereichen bedarf es **keines Verfahrens der Vollstreckbarerklärung**. Dazu zählen zum einen die in einem anderen Mitgliedstaat ergangenen Entscheidungen

über das **Umgangsrecht** und zum anderen Entscheidungen gem Art 11 Abs 8 Brüssel IIa-VO über die Rückgabe entführter Kinder. Erforderlich ist lediglich die Vorlage einer förmlichen Bescheinigung des Richters im Ursprungsmitgliedstaat, aus der sich ergibt, dass die Entscheidung dort vollstreckbar ist und den Beteiligten die Gelegenheit zu rechtlichem Gehör geboten wurde (Art 41, 42 Brüssel IIa-VO).

Für die **Vollstreckung** der im Inland nach der Brüssel IIa-VO zu vollstreckenden Titel sieht das deutsche Recht, außer wenn es um die Erstattung von Verfahrenskosten geht, die Festsetzung von Ordnungsmitteln vor. In erster Linie ist ein Ordnungsgeld festzusetzen. Verspricht dies keinen Erfolg, hat das Gericht Ordnungshaft anzuordnen (s iE § 44 IntFamRVG). **14**

C. Weitere europäische Rechtsakte und Staatsverträge

I. Unterhaltssachen

Bei Unterhaltstiteln ist für Verfahren ab dem 30.1.2009 die **EuUntVO** zu beachten. Sie enthält in den Art 16 ff ausführliche Regelungen über die Anerkennung und Vollstreckung von Unterhaltsentscheidungen aus den anderen EU-Mitgliedstaaten. Je nachdem, ob die zur Anerkennung stehende Entscheidung aus einem Mitgliedstaat stammt, der dem Haager Protokoll über das auf Unterhaltspflichten anzuwendende Recht vom 23.11.2007 angehört, gelten unterschiedliche Anerkennungsvoraussetzungen. Ist ein Mitgliedstaat dem Haager Protokoll beigetreten, so sind in diesem Staat erlassene Unterhaltsentscheidungen in allen anderen Mitgliedstaaten automatisch, dh **ohne Exequaturverfahren**, anzuerkennen und zu vollstrecken (Art 17 EuUntVO). Der Antragsgegner hat lediglich ein nach Art 18 EuUntVO auf 45 Tage begrenztes Nachprüfungsrecht, das sich inhaltlich auf die Verletzung des rechtlichen Gehörs wegen verspäteter Zustellung des verfahrenseinleitenden Schriftstücks und auf den Einwand der höheren Gewalt beschränkt. Das Unterhaltsprotokoll ist derzeit noch nicht in Kraft und auch noch von keinem EU-Staat gezeichnet worden. Ist die Entscheidung in einem Mitgliedstaat ergangen, der nicht an das Haager Unterhaltsprotokoll gebunden ist, so erfolgt die Anerkennung grundsätzlich ebenfalls **automatisch** (Art 23 Abs 1 EuUntVO). Die Durchführung eines Anerkennungsfeststellungsverfahrens ist auf Antrag möglich (Art 23 Abs 2 EuUntVO). Für die Vollstreckbarkeit bedarf es allerdings gem Art 26 EuUntVO einer besonderen **Vollstreckbarkeitserklärung**. Die Gründe für die Versagung der Anerkennung in Art 24 EuUntVO sind die gleichen wie in der Brüssel IIa-VO (s Vorb § 107 Rz 6 ff). Sie werden im Rahmen der Vollstreckbarerklärung erst im Rechtsbehelfsverfahren geprüft (Art 30, 34 EuUntVO). Eine generelle Überprüfung der erststaatlichen Entscheidung auf ihre Rechtmäßigkeit ist nach Art 42 EuUntVO ausgeschlossen. Gerichtliche Vergleiche und öffentliche Urkunden sind ebenso anzuerkennen und vollstreckbar wie Entscheidungen (Art 48 Abs 1 EuUntVO). Zur Erleichterung der Vollstreckung bzw Vollstreckbarerklärung im Zweitstaat sind bestimmte Formblätter vorgesehen, die in den Anhängen I und II der EuUntVO abgedruckt sind. **15**

Für vor dem 30.1.2009 anhängige Anerkennungs- und Vollstreckungsverfahren greift bei Unterhaltsentscheidungen aus anderen EU-Mitgliedstaaten die **EuGVO** ein (zur zeitlichen Übergangsregelung s Art 75 Abs 2 EuUntVO). Sie sieht ein erleichtertes Verfahren der Anerkennung und Vollstreckung vor, insbes indem sie den Schuldner für die Geltendmachung von Gründen, die der Vollstreckung entgegenstehen könnten, auf ein von ihm einzuleitendes Rechtsbehelfsverfahren verweist (s Art 41, 45 EuGVO). **16**

Zu den für Deutschland in Kraft befindlichen Staatsverträgen gehören die **beiden Haager Unterhaltsvollstreckungsübereinkommen**. Das Haager Übereinkommen über die Anerkennung und Vollstreckung von Unterhaltsentscheidungen vom 2.10.1973 (BGBl 1986 II S 826) ist insbes noch im Verhältnis Deutschlands zu Australien und der Türkei von Bedeutung (Auflistung der Vertragsstaaten bei Stein/Jonas/*Roth* § 328 Rn 52). Das ältere Haager Übereinkommen über die Anerkennung und Vollstreckung von Entschei- **17** dungen auf dem Gebiet der Unterhaltspflicht gegenüber Kindern vom 15.4.1958 (BGBl 1961 II S 1006) hat dagegen kaum mehr praktische Bedeutung. Im **Verhältnis der EU-Mitgliedstaaten** untereinander gebührt der EuUntVO nach ihrem Art 69 Abs 2 Vorrang vor beiden Haager Konventionen. In Verfahren ab dem 30.1.2009 über die Anerkennung und Vollstreckung von Unterhaltstiteln aus einem EU-Staat sind sie also in Deutschland nicht mehr anzuwenden. Für Verfahren, die vor diesem Datum begonnen wurden, lässt Art 71 Abs 1 EuGVO die Anwendbarkeit der Übereinkommen zwar grundsätzlich unberührt. Der Unterhaltsgläubiger kann demgemäß wählen, nach welchen Regeln er die Anerkennung und Vollstreckung betreiben will (*Kropholler* EuZPR Art 71 EuGVO Rn 5). Doch dürfte die EuGVO im allgemeinen wegen des Verzichts auf das kontradiktorische Anerkennungs- und Vollstreckungsverfahren für ihn günstiger sein. Gleiches gilt für das **LugÜ** im Hinblick auf Unterhaltsentscheidungen aus den Rest-EFTA-Staaten Island, Norwegen und der Schweiz.

II. Statussachen

18   Eine Reihe von **multilateralen Staatsverträgen**, denen Deutschland beigetreten ist, befassen sich mit der Anerkennung von ausländischen Statusentscheidungen. Sie sind von unterschiedlicher praktischer Bedeutung.

19   **Europäisches Sorgerechtsübereinkommen.** Auf dem Gebiet der Anerkennung und Vollstreckung von Sorgerechtsentscheidungen ist das Europäische Übereinkommen über die Anerkennung und Vollstreckung von Entscheidungen über das Sorgerecht für Kinder und die Wiederherstellung des Sorgeverhältnisses (ESorgeÜ) vom 20.5.1980 (BGBl 1990 II S 220) einschlägig. Das ESorgeÜ steht allen Mitgliedstaaten des Europarats offen und gilt derzeit für Deutschland und 35 weitere Vertragsstaaten. Im Anwendungsbereich der Brüssel IIa-VO wird es durch diese verdrängt (Art 60 lit d Brüssel IIa-VO). Sachlich überlappt es sich mit dem HKÜ (s § 99 Rz 16 ff). Letzteres stellt bei Kindesentführungen durch den weitgehenden Verzicht auf Förmlichkeiten das wirkungsvollere Rückführungsinstrument zur Verfügung und wird deshalb in der Praxis wesentlich häufiger genutzt als das von seinen Verfahrensabläufen umständlichere ESorgeÜ. Für Deutschland ist der Vorrang des HKÜ in § 37 IntFamRVG festgeschrieben. Danach richtet sich die Rückgabe automatisch nach dem HKÜ, sofern der Antragsteller die Anwendung des ESorgeÜ nicht ausdrücklich begehrt. Inhaltlich ist im ESorgeÜ das **erleichterte Anerkennungs- und Vollstreckungsverfahren** am wichtigsten (Art 7 ff ESorgeÜ). Es verpflichtet zur Anerkennung einer Sorgerechtsentscheidung ohne die Prüfung von Versagungsgründen, sofern die Entscheidung in dem Staat der gemeinsamen Staatsangehörigkeit von Eltern und Kind ergangen ist, das Kind in diesem Staat vor der Entführung seinen gewöhnlichen Aufenthalt hatte und der Antrag innerhalb von sechs Monaten nach der Entführung gestellt wird (Art 8 ESorgeÜ). Geht der Antrag später ein oder liegt eine der anderen Voraussetzungen nicht vor, so kommen verschiedene Versagungsgründe zum Zuge, unter denen die offensichtliche Unvereinbarkeit der Rückführung mit dem **Wohl des Kindes** die größte Bedeutung einnimmt (Art 10 Abs 1 lit b ESorgeÜ). Wie andere Vertragsstaaten, so hat auch Deutschland einen gem Art 17 Abs 1 ESorgeÜ zulässigen Vorbehalt erklärt, wonach das Kindeswohl in allen Entführungsfällen, also auch in denjenigen, die unter Art 8 ESorgeÜ fallen, zu überprüfen ist. Die Prüfung kann zu erheblichen Verzögerungen bei der Rückgabe ggf sogar zu deren Vereitelung führen (*Kropholler* IPR S 405).

20   **Haager Adoptionsübereinkommen.** Die Anerkennung ausländischer **Kindesadoptionen** richtet sich vorrangig nach dem Haager Übereinkommen über den Schutz von Kindern und die Zusammenarbeit auf dem Gebiet der internationalen Adoption (HAÜ) vom 29.5.1993 (BGBl 2001 II S 1035). Es gilt derzeit für Deutschland und 80 weitere Staaten. Zur Umsetzung hat Deutschland das Haager Adoptionsübereinkommens-Ausführungsgesetz (AdÜbAG) vom 5.11.2001 erlassen (BGBl 2001 I S 2950). Kern der Anerken-

nungsregelung ist Art 23 HAÜ, wonach die in einem Vertragsstaat durchgeführte Adoption in allen anderen Vertragsstaaten kraft Gesetzes, dh **ohne besonderes Verfahren**, anerkannt wird, wenn der Adoptionsstaat bescheinigt hat, dass die Adoption in Übereinstimmung mit dem Übereinkommen zustande gekommen ist. Auf Antrag bestätigt die beim Bundesamt für Justiz angesiedelte Bundeszentrale für Auslandsadoptionen die Echtheit der Bescheinigung (§ 9 AdÜbAG). Die Anerkennung der Adoption kann nur bei offensichtlichem Widerspruch gegen den ordre public versagt werden. Dabei ist auch das Wohl des Kindes zu berücksichtigen (Art 24 HAÜ). Die **Wirkungen** der Anerkennung umfassen stets die Anerkennung eines Eltern-Kind-Verhältnisses zwischen dem Kind und seinen Adoptiveltern sowie die elterliche Verantwortung der Adoptiveltern für das Kind (Art 26 Abs 1 lit a und b HAÜ). Führt die Adoption in dem Vertragsstaat, in dem sie stattgefunden hat, zum Erlöschen der früheren Eltern-Kind-Beziehung (sog Volladoption), wird diese Wirkung gem Art 26 Abs 1 lit c HAÜ ebenfalls anerkannt. Bewirkt eine im Heimatstaat durchgeführte Adoption nicht die Beendigung des früheren Eltern-Kind-Verhältnisses (sog schwache Adoption), so kann sie nach Art 27 HAÜ im Aufnahmestaat in eine Volladoption umgewandelt werden. In Deutschland gestattet § 3 AdWirkG diese Umwandlung (s § 101 Rz 10). Die Umwandlungsentscheidung ihrerseits wird gem Art 27 Abs 2 HAÜ in allen Vertragsstaaten automatisch anerkannt.

Haager Erwachsenenschutzübereinkommen. Das für Deutschland zum 1.1.2009 in Kraft getretene ESÜ trifft auch vorrangige Regelungen über die Anerkennung und Vollstreckung von Maßnahmen zum Erwachsenenschutz. Diese werden an anderer Stelle erläutert (§ 104 Rz 10 f). 21

III. Bilaterale Verträge

Für Deutschland gelten derzeit **11 zweiseitige Anerkennungs- und Vollstreckungsabkommen** (Auflistung mit Fundstellen bei *Schack* Rn 55). Sie sind überwiegend nur noch von **geringer Bedeutung**. Die meisten hat Deutschland mit europäischen Staaten geschlossen (Belgien, Griechenland, Großbritannien und Nordirland, Italien, Niederlande, Norwegen, Österreich, Schweiz, Spanien), zwei mit außereuropäischen Staaten (Israel, Tunesien). Die europäischen Verordnungen und Übereinkommen verdrängen in ihrem Anwendungsbereich die bilateralen Abkommen (s Art 59 Abs 1 Brüssel IIa-VO, Art 69 Abs 2 EuUntVO, Art 69 EuGVO, Art 55 LugÜ). Außerhalb dieses Bereichs sind die zweiseitigen Verträge weiterhin anwendbar (Erläuterungen bei *Schütze* § 328 Rn 199 ff, § 722 Rn 121 ff; *Jansen/Wick* § 16a Rn 89 ff). 22

Die **Durchführung** der beiderseitigen Abkommen unterliegt speziellen Ausführungsgesetzen, in den Fällen der Abkommen mit Norwegen, Israel und Spanien dem AVAG vom 19.2.2001 (Gesetz zur Ausführung zwischenstaatlicher Verträge und zur Durchführung von Verordnungen der Europäischen Gemeinschaft auf dem Gebiet der Anerkennung und Vollstreckung in Zivil- und Handelssachen, BGBl 2001 I S 288). Das AVAG regelt auch die innerstaatliche Durchführung der EuGVO und des LugÜ. 23

§ 107 Anerkennung ausländischer Entscheidungen in Ehesachen

(1) Entscheidungen, durch die im Ausland eine Ehe für nichtig erklärt, aufgehoben, dem Ehebande nach oder unter Aufrechterhaltung des Ehebandes geschieden oder durch die das Bestehen oder Nichtbestehen einer Ehe zwischen den Beteiligten festgestellt worden ist, werden nur anerkannt, wenn die Landesjustizverwaltung festgestellt hat, dass die Voraussetzungen für die Anerkennung vorliegen. Hat ein Gericht oder eine Behörde des Staates entschieden, dem beide Ehegatten zur Zeit der Entscheidung angehört haben, hängt die Anerkennung nicht von einer Feststellung der Landesjustizverwaltung ab.

(2) Zuständig ist die Justizverwaltung des Landes, in dem ein Ehegatte seinen gewöhnlichen Aufenthalt hat. Hat keiner der Ehegatten seinen gewöhnlichen Aufenthalt im Inland, ist die Justizverwaltung des Landes zuständig, in dem eine neue Ehe geschlossen oder eine Lebenspartnerschaft begründet werden soll; die Landesjustizverwaltung kann den Nachweis verlangen, dass die Eheschließung oder die Begründung der Lebenspartnerschaft angemeldet ist. Wenn eine andere Zuständigkeit nicht gegeben ist, ist die Justizverwaltung des Landes Berlin zuständig.

(3) Die Landesregierungen können die den Landesjustizverwaltungen nach dieser Vorschrift zustehenden Befugnisse durch Rechtsverordnung auf einen oder mehrere Präsidenten der Oberlandesgerichte übertragen. Die Landesregierungen können die Ermächtigung nach Satz 1 durch Rechtsverordnung auf die Landesjustizverwaltungen übertragen.

(4) Die Entscheidung ergeht auf Antrag. Den Antrag kann stellen, wer ein rechtliches Interesses an der Anerkennung glaubhaft macht.

(5) Lehnt die Landesjustizverwaltung den Antrag ab, kann der Antragsteller beim Oberlandesgericht die Entscheidung beantragen.

(6) Stellt die Landesjustizverwaltung fest, dass die Voraussetzungen für die Anerkennung vorliegen, kann ein Ehegatte, der den Antrag nicht gestellt hat, beim Oberlandesgericht die Entscheidung beantragen. Die Entscheidung der Landesjustizverwaltung wird mit der Bekanntgabe an den Antragsteller wirksam. Die Landesjustizverwaltung kann jedoch in ihrer Entscheidung bestimmen, dass die Entscheidung erst nach Ablauf einer von ihr bestimmten Frist wirksam wird.

(7) Zuständig ist ein Zivilsenat des Oberlandesgerichts, in dessen Bezirk die Landesjustizverwaltung ihren Sitz hat. Der Antrag auf gerichtliche Entscheidung hat keine aufschiebende Wirkung. Für das Verfahren gelten die Abschnitte 4 und 5 sowie § 14 Abs. 1 und 2 und § 48 Abs. 2 entsprechend.

(8) Die vorstehenden Vorschriften sind entsprechend anzuwenden, wenn die Feststellung begehrt wird, dass die Voraussetzungen für die Anerkennung einer Entscheidung nicht vorliegen.

(9) Die Feststellung, dass die Voraussetzungen für die Anerkennung vorliegen oder nicht vorliegen, ist für Gerichte und Verwaltungsbehörden bindend.

(10) War am 1. November 1941 in einem deutschen Familienbuch (Heiratsregister) aufgrund einer ausländischen Entscheidung die Nichtigerklärung, Aufhebung, Scheidung oder Trennung oder das Bestehen oder Nichtbestehen einer Ehe vermerkt, steht der Vermerk einer Anerkennung nach dieser Vorschrift gleich.

A. Allgemeines

Die Bestimmung schreibt ein **besonderes Verfahren für die Anerkennung von Entscheidungen in Ehesachen** vor. Im Unterschied zu ausländischen Entscheidungen auf sonstigen Rechtsgebieten sind Entscheidungen in Ehesachen **nicht inzident anzuerkennen**. Begründet wird dies mit dem Bedürfnis nach Rechtssicherheit, welches es gebiete, das im Hinblick auf die Auflösung oder den Fortbestand einer Ehe Klarheit herrscht (Staudinger/*Spellenberg* Art 7 § 1 FamRÄndG Rn 1). § 107 monopolisiert deshalb die förmliche Feststellung der Anerkennung von Auslandsscheidungen und anderer Eheaufhebungen bei der Landesjustizverwaltung. Inhaltlich entspricht die Norm weitgehend dem früheren Art 7 § 1 FamRÄndG. 1

Das obligatorische Feststellungsverfahren gilt allein in **Ehesachen**, also hauptsächlich für ausländische Ehescheidungen. Welche Ehesachen im Einzelnen betroffen sind, sagt § 107 Abs 1 S 1. Die Aufhebung im Ausland registrierter **Lebenspartnerschaften** fällt nicht darunter. Von dem Anerkennungsverfahren ausgenommen sind bestimmte Altfälle (§ 107 Abs 10). 2

Im **Verhältnis der EU-Mitgliedstaaten untereinander** wird die Regelung durch die Brüssel IIa-VO verdrängt. Diese sieht im Unterschied zum deutschen Recht **kein besonderes Anerkennungsverfahren** vor. Gem Art 21 Abs 1 Brüssel IIa-VO sind Entscheidungen in Ehesachen aus anderen Mitgliedstaaten vielmehr automatisch anzuerkennen, sofern keiner der in Art 22 genannten Versagungsgründe vorliegt. Das spezielle Anerkennungsverfahren gilt daher nur für Entscheidungen aus Nichtmitgliedstaaten. 3

§ 107 regelt allein das Verfahren. Die **Voraussetzungen der Anerkennung** beurteilen sich hingegen auch in Ehesachen nach § 109 (vgl BGH NJW 1990, 3090). 4

Die Feststellungsentscheidung der Landesjustizverwaltung entfaltet gem § 107 Abs 9 **Bindungswirkung gegenüber jedermann**, dh nicht nur gegenüber den Beteiligten, sondern auch gegenüber allen Gerichten und Behörden. Diese erga-omnes-Wirkung kann nach dem durch das FamFG eingeführten Anerkennungsfeststellungsverfahren nunmehr gem § 108 Abs 2 S 2 auch bei anderen ausländischen Entscheidungen nicht vermögensrechtlichen Inhalts herbeigeführt werden. Vor der förmlichen Anerkennung durch die Justizverwaltung entfaltet die ausländische Entscheidung in Ehesachen keine Wirkung im Inland. Das gilt auch im Hinblick auf etwaige Scheidungsfolgen, wie zB den Scheidungsunterhalt. 5

Ausländische Entscheidung. § 107 Abs 1 S 1 setzt eine im Ausland ergangene Entscheidung voraus. Der Begriff »Entscheidung« ist weit zu verstehen. Er umfasst nicht nur Entscheidungen von Gerichten, sondern auch solche von **Verwaltungsbehörden** und sonstigen Hoheitsträgern. Die Handlung des fremden Hoheitsträgers muss zudem nicht konstitutiv sein. So genügt die bloße behördliche **Registrierung** einer ansonsten rechtsgeschäftlich vollzogenen Scheidung oder Eheaufhebung. Ebenso reicht es aus, wenn die Registrierung vor einer ausländischen diplomatischen Vertretung im Inland vorgenommen wurde, solange nur der konstitutive Scheidungsakt im Ausland erfolgte (BGHZ 82, 34, 41). Handelt es sich bei der mitwirkenden Stelle um eine **religiöse Einrichtung**, so kommt es darauf an, ob diese staatlich autorisiert ist. Das ist etwa bei den Rabbinatsgerichten in Israel der Fall (BGH FamRZ 2008, 1412). 6

Bei **Privatscheidungen** ist die Durchführung des Anerkennungsverfahrens umstritten. Nicht zu Unrecht wird zT für sämtliche Privatscheidungen ein solches Verfahren angemahnt (s zB *Kropholler* IPR S 375). Die nicht immer widerspruchsfreie Praxis versucht zu differenzieren. Handelt es sich um eine **reine Privatscheidung**, an der keine staatliche Stelle beteiligt gewesen ist, so ist nach überwiegender Auffassung kein Feststellungsverfahren durchzuführen, da es insoweit an einer ausländischen Entscheidung fehlt. Die Prüfung der Wirksamkeit der Scheidung ist jeweils inzidenter vorzunehmen (BGH FamRZ 2008, 1412). Hat eine **ausländische Behörde mitgewirkt** und sei es auch nur registrierend, unterliegt sie dagegen dem Feststellungsmonopol der Justizverwal- 7 tung. Die **Voraussetzungen für die Anerkennung** der Privatscheidung richten sich sowohl bei reinen Privatscheidungen als auch bei solchen unter behördlicher Mitwirkung nach dem von Art 17 EGBGB berufenen Scheidungsstatut (BayObLG FamRZ 2003, 382). Ist danach ausländisches Recht anzuwenden, bestehen, sofern die Voraussetzungen des betreffenden Scheidungsstatuts erfüllt sind, grundsätzlich keine Bedenken, die Scheidung anzuerkennen. Allerdings muss auf die Einhaltung des ordre public (Art 6 EGBGB) besonders geachtet werden, insbes wenn der Inlandsbezug stark ist (zB deutsche Staatsangehörigkeit der gegen ihren Willen im Ausland verstoßenen Ehefrau). Findet auf Grund der kollisionsrechtlichen Verweisung dagegen deutsches Sachrecht Anwendung, so ist die im Ausland vollzogene Privatscheidung in Folge des gerichtlichen Scheidungsmonopols (§ 1564 S 1 BGB) nicht anerkennungsfähig (BGH NJW-RR 1994, 642). In jedem Fall unwirksam ist schließlich im Hinblick auf Art 17 Abs 2 EGBGB die im Inland vollzogene Privatscheidung, unabhängig davon, ob sie ausländischem oder deutschem Scheidungsrecht untersteht.

8   Entscheidungen des **gemeinsamen Heimatstaats** sind nach § 107 Abs 1 S 2 vom Anerkennungsmonopol der Justizverwaltung ausgenommen. Die Anerkennung kann in diesen Fällen inzident, ohne die Durchführung eines förmlichen Verfahrens erfolgen. Beide Ehegatten müssen zum Zeitpunkt der Entscheidung demselben Staat angehören. Haben sie **mehrere Staatsangehörigkeiten** und ist eine davon die deutsche, so kommt die Ausnahmeregelung für Heimatstaatentscheidungen nicht zum Tragen. Das gilt unabhängig davon, ob die deutsche Staatsangehörigkeit effektiv ist. Der Grund dafür ist weniger in der Regelung des Art 5 Abs 1 S 2 EGBGB zu erblicken, der im Verfahrensrecht keine Anwendung findet (so aber Stein/Jonas/*Roth* § 328 ZPO Rn 168), als vielmehr in dem Wunsch, möglichst viele Entscheidungen dem Anerkennungsverfahren zu unterstellen (*Mansel* Rn 474). Den Betroffenen bleibt es bei Vorliegen einer Heimatstaatentscheidung unbenommen, **freiwillig** ein behördliches Feststellungsverfahren anzustrengen, um dadurch etwaige Unsicherheiten im Hinblick auf dessen Wirkung auszuschließen (BGHZ 112, 127).

9   Die **Verbürgung der Gegenseitigkeit** ist nicht Voraussetzung für die Anerkennung der ausländischen Entscheidung. Das folgt im Umkehrschluss aus § 109 Abs 4, der Urteile in Ehesachen nicht zu den reziprozitätsbedürftigen Entscheidungen zählt.

B. Verfahren

10   Die **sachliche Zuständigkeit** für die Anerkennung liegt bei den Landesjustizverwaltungen. Diese Befugnis können die Landesregierungen auf die Präsidenten der Oberlandesgerichte übertragen (§ 107 Abs 3). Unter der Geltung des alten Art 7 § 1 FamRÄndG haben zwei Drittel der Länder von dieser Möglichkeit Gebrauch gemacht (vgl BLAH/ *Hartmann* § 107 Rn 19). **Örtlich zuständig** ist nach § 107 Abs 2 die Justizverwaltung oder der OLG-Präsident des Landes, in dem einer der Ehegatten seinen gewöhnlichen Aufenthalt hat. Hält sich kein Ehegatte im Inland gewöhnlich auf, ist die Justizverwaltung des Bundeslandes zuständig, in dem eine neue Ehe oder Lebenspartnerschaft geschlossen werden soll. Ist auch diese Voraussetzung nicht erfüllt, etwa weil beide Ehegatten verstorben sind, ist die Justizverwaltung Berlins örtlich zuständig.

11   Die Entscheidung der Justizverwaltung ergeht gem § 107 Abs 4 S 1 auf **Antrag** und nicht von Amts wegen. Für den Antrag ist weder die Einhaltung einer besonderes Form noch einer Frist vorgeschrieben. Der Antrag kann sowohl auf Anerkennung als auch auf Nichtanerkennung lauten (§ 107 Abs 8). Antragsberechtigt ist nach § 107 Abs 4 S 1 jeder, der ein rechtliches Interesse an der Anerkennung oder Nichtanerkennung glaubhaft machen kann. Gem § 31 stehen ihm dafür alle Beweismittel zur Verfügung. Ein **rechtliches Interesse** besitzen in erster Linie die früheren Ehegatten, ebenso der Partner der neuen Ehe oder Lebenspartnerschaft eines der Ehegatten. Die Kinder und nach dem Tod der Ehegatten auch deren Erben sind ebenfalls antragsberechtigt, darüber hinaus Behörden,

sofern die Anerkennung der ausländischen Scheidung für sie rechtlich bedeutsam ist. Das trifft etwas auf Sozialversicherungsträger zu, nicht jedoch auf Standesbeamte oder Gerichte (ausführlich Staudinger/*Spellenberg* Art 7 § 1 FamRÄndG Rn 134 ff).

Das Feststellungsverfahren wird mit einem **förmlichen Bescheid** (Justizverwaltungs- **12** akt) abgeschlossen, der grundsätzlich mit Bekanntgabe an den Antragsteller wirksam wird. Davon abweichend kann die Justizverwaltung die Wirksamkeit auch an den Ablauf einer bestimmten Frist knüpfen, etwa wenn zu erwarten ist, dass der andere Ehegatte einen Antrag auf gerichtliche Entscheidung stellen wird (§ 107 Abs 6 Satz 2, 3).

Gegen einen ablehnenden oder stattgebenden Bescheid der Justizverwaltung kann die **13** **Entscheidung durch das OLG** beantragt werden. Im Falle eines ablehnenden Bescheids ist gem § 107 Abs 5 der Antragsteller berechtigt, das OLG anzurufen, über den zu engen Wortlaut der Vorschrift hinaus aber auch jeder Dritter, der ein rechtliches Interesse an der Anerkennung oder Nichtanerkennung geltend machen kann (KG FamRZ 2004, 276). Im Falle eines stattgebenden Bescheids kann sich der andere Ehegatten, der den Antrag nicht gestellt hat, an das OLG wenden (§ 107 Abs 6 S 1). Im Hinblick auf das Gebot effektiven Rechtsschutzes muss das Antragsrecht aber auch jedem Dritten zugebilligt werden, sofern er ein rechtliches Interesse hat (OLG Koblenz NJW-RR 1988, 1159). Für das Verfahren vor dem OLG erklärt § 107 Abs 7 den vierten und fünften Abschnitt des ersten Buches für entsprechend anwendbar. Das OLG kann daher gem §§ 49 ff **einstweilige Anordnungen** treffen. Eine Wiederaufnahme des Verfahrens ist durch den Verweis auf § 48 Abs 2 ebenfalls möglich. Im Unterschied zur früheren Rechtslage ist der Antrag auf Entscheidung des OLG an eine **Frist** gebunden. Sie beträgt gem § 63 einen Monat. Gegen die Entscheidung des OLG kann innerhalb eines Monats Rechtsbeschwerde vor dem BGH eingelegt werden (§§ 70 ff).

§ 108 Anerkennung anderer ausländischer Entscheidungen

(1) Abgesehen von Entscheidungen in Ehesachen werden ausländische Entscheidungen anerkannt, ohne dass es hierfür eines besonderen Verfahrens bedarf.

(2) Beteiligte, die ein rechtliches Interesse haben, können eine Entscheidung über die Anerkennung oder Nichtanerkennung einer ausländischen Entscheidung nicht vermögensrechtlichen Inhalts beantragen. § 107 Abs. 9 gilt entsprechend. Für die Anerkennung oder Nichtanerkennung einer Annahme als Kind gelten jedoch die §§ 2, 4 und 5 des Adoptionswirkungsgesetzes, wenn der Angenommene zur Zeit der Annahme das 18. Lebensjahr nicht vollendet hatte.

(3) Für die Entscheidung über den Antrag nach Absatz 2 Satz 1 ist das Gericht örtlich zuständig, in dessen Bezirk zum Zeitpunkt der Antragstellung
1. der Antragsgegner oder die Person, auf die sich die Entscheidung bezieht, sich gewöhnlich aufhält oder
2. bei Fehlen einer Zuständigkeit nach Nummer 1 das Interesse an der Feststellung bekannt wird oder das Bedürfnis der Fürsorge besteht.

Diese Zuständigkeiten sind ausschließlich.

A. Automatische Anerkennung

1 § 108 Abs 1 legt das Prinzip der automatischen Anerkennung fest. Danach werden ausländische Entscheidungen in Deutschland grundsätzlich **ipso iure anerkannt**, ohne dass es eines besonderen Verfahrens bedarf. Die Anerkennung erfolgt inzidenter. Dies war schon im alten Recht unter der Geltung des § 16a FGG so und gilt auch für die parallele Regelung des § 328 ZPO. Die Anerkennung scheidet nur aus, wenn eines der Anerkennungshindernisse in § 109 vorliegt. Eine Ausnahme vom Grundsatz der automatischen Anerkennung gilt für Ehesachen, für die nach autonomem deutschen Recht ein besonderes Anerkennungsverfahren in § 107 zwingend vorgeschrieben ist. Dagegen sieht die Brüssel IIa-VO auch für diese Fälle die ipso-iure-Anerkennung vor (Vorb § 107 Rz 4).

2 Die Anerkennung führt zur **Erstreckung der ausländischen Entscheidungswirkungen auf das Inland**. Die Wirkungserstreckung hat zur Folge, dass die ausländische Entscheidung in Deutschland die gleichen Wirkungen wie im Entscheidungsstaat entfaltet. Die inländischen Wirkungen der Entscheidung können nicht über die im Erststaat hinausgehen. So kann bspw die im Ausland ausgesprochene Trennung von Tisch und Bett im Inland nicht in eine Scheidung umgemünzt werden. Umstritten ist, inwieweit dem deutschen Recht **fremde Urteilswirkungen** anerkannt werden können. Nach der vielfach vertretenen Kumulationstheorie sind die Wirkungen der ausländischen Entscheidung auf die Wirkungen eines entsprechenden deutschen Aktes zu beschränken (Stein/Jonas/*Roth* § 328 ZPO Rn 8; *Schütze* § 328 Rn 1). Diese Form der Wirkungsbegrenzung ist indes abzulehnen. Sie widerspricht der anerkennungsfreundlichen Haltung des deutschen Prozessrechts. Demnach sind auch Entscheidungswirkungen anzuerkennen, die, wie etwa die Trennung von Tisch und Bett, dem deutschen Recht unbekannt sind. Bei zu großer Abweichung von den deutschen Rechtsvorstellungen kann im Einzelfall ein Rückgriff auf den ordre public in Betracht kommen (Staudinger/*Spellenberg* § 328 ZPO Rn 125).

3 Die **anerkennungsfähigen Entscheidungswirkungen** umfassen zunächst die materielle Rechtskraft. Der Inhalt der ausländischen Entscheidung ist danach in späteren inländischen Verfahren für das Gericht und die Beteiligten maßgeblich. Eine zweite, widersprechende Entscheidung ist so ausgeschlossen. Der Umfang der Rechtskraft bemisst sich entsprechend dem Grundsatz der Wirkungserstreckung nach dem Recht des Entscheidungsstaats. Die Anerkennung erstreckt sich ebenso auf eine über die Rechtskraft hinausgehende Gestaltungswirkung der fremden Entscheidung. Die Gestaltungswir-

kung folgt unmittelbar aus dem Prozessrecht und ist nicht nach Maßgabe der kraft IPR-Regeln auf das Rechtsverhältnis anwendbaren Rechtsordnung zu beurteilen (*Schack* Rn 779). Anerkennungsfähig sind auch Streitverkündungs- und Interventionswirkungen, sofern sie im Entscheidungsstaat bekannt sind. Dagegen handelt es sich bei der Tatbestandswirkung um eine Frage des materiellen und nicht des Prozessrechts, die folglich dem nach IPR anwendbaren Sachrecht und nicht den Anerkennungsregelungen zu entnehmen ist (Zöller/*Geimer* § 328 ZPO Rn 62; aA *Schütze* § 328 Rn 10). Die Anerkennungswirkungen beinhalten nicht die **Vollstreckbarkeit**. Hierfür bedarf es vielmehr einer besonderen Vollstreckbarerklärung, die wiederum die Anerkennung voraussetzt.

Der Anerkennung sind nur ausländische **Entscheidungen** zugänglich. Hierzu zählen alle **Sachentscheidungen** fremder Gerichte, dagegen nicht Entscheidungen, die rein verfahrensrechtliche Fragen zum Gegenstand haben. Unerheblich ist die Bezeichnung des ausländischen Entscheids. Die Entscheidung muss von einer mit **hoheitlichen Befugnissen ausgestatteten Stelle** erlassen worden sein, die in ihrer Stellung einem deutschen Gericht zumindest ähnelt. Dazu zählen auch ausländische Behörden, sofern sie Rechtsprechungsaufgaben wahrnehmen. Entscheidungen rein privater Spruchkörper fallen nicht unter § 108. Dagegen schadet es nicht, wenn das ausländische Gericht auch oder sogar ausschließlich mit Laien besetzt ist (vgl OLG Saarbrücken NJW 1988, 3100). Entscheidungen religiöser Spruchkörper sind nach prozessualen Grundsätzen anerkennungsfähig, wenn sie im Rahmen staatlich verliehener Autorität erlassen worden sind. Ansonsten beurteilt sich ihre Anerkennung nach dem kraft IPR anwendbaren materiellen Recht. Entsprechendes gilt für reine Vertragsadoptionen, die ohne gerichtliche Prüfung zustande gekommen sind. Setzt der Adoptionsvertrag dagegen zu seiner Wirksamkeit eine gerichtliche Bewilligung oder Genehmigung voraus, so steht diese einer Adoptionsverfügung gleich und kann nach § 108 anerkannt werden (KG FamRZ 2006, 1405). Keine Entscheidungen iSd § 108 sind notarielle Urkunden und gerichtliche Vergleiche. In europäischen Rechtsakten und Staatsverträgen werden sie jedoch teilweise gerichtlichen Entscheidungen gleichgestellt (vgl Jansen/*Wick* § 16a Rn 10). 4

§§ 108 f gelten für die Anerkennung von Entscheidungen in Familiensachen und Angelegenheiten der freiwilligen Gerichtsbarkeit. Die Anerkennung im Bereich der **streitigen Zivilgerichtsbarkeit** richtet sich nach § 328 ZPO. Die Abgrenzung, die etwa im Hinblick auf das Gegenseitigkeitserfordernis in § 328 Abs 1 Nr 5 ZPO von Bedeutung sein kann, ist nach den deutschen Rechtsvorstellungen vorzunehmen, weil es um die Anerkennung in Deutschland geht (s.a. BayObLGZ 2000, 180). Dementsprechend kommt es darauf an, ob der Entscheid in einem Bereich ergangen ist, der zu den vom FamFG erfassten Materien gehört. Die ausländische Verfahrensart ist dagegen unerheblich. 5

B. Fakultatives Anerkennungsverfahren

Gem § 108 Abs 2 Satz 1 besteht die Möglichkeit, eine ausländische Entscheidung in einem **isolierten Feststellungsverfahren** anerkennen zu lassen. Das Anerkennungsfeststellungsverfahren stellt eine echte Neuerung gegenüber dem alten Rechtszustand unter dem FGG dar. Gegenständlich beschränkt es sich auf Entscheidungen **nicht vermögensrechtlichen Charakters**. Für vermögensrechtliche Entscheidungen ist kein Feststellungsverfahren vorgesehen. Der Gesetzgeber sah dafür keine Notwendigkeit, da solche Entscheidungen vor ihrer Vollstreckung der Vollstreckbarerklärung nach § 110 Abs 2 bedürfen, was die Beurteilung ihrer Anerkennungsfähigkeit mit einschließt (BTDrs 16/6308 S 222). An dieser gesetzgeberischen Entscheidung sind Zweifel angebracht. So kann auch bei vermögensrechtlichen Entscheidungen durchaus ein Bedürfnis bestehen, das Vorliegen der Anerkennungsvoraussetzungen verbindlich feststellen zu lassen und damit, unabhängig von der Vollstreckbarerklärung, für Rechtsklarheit zu sorgen. Die entsprechende Möglichkeit besteht sowohl im streitigen Zivilprozess (Feststellungsklage nach § 256 ZPO; s Zöller/*Geimer* § 328 Rn 281 f) als auch im Rahmen der EuGVO (Art 33 6

§ 108 FamFG | Anerkennung

Abs 2 EuGVO). Dass sie im Anwendungsbereich des FamFG nicht besteht, ist zu bedauern, muss aber nach dem klaren Gesetzeswortlaut hingenommen werden.

7 Die Durchführung des Anerkennungsfeststellungsverfahrens ist fakultativ. Antragsberechtigt ist jeder Beteiligte, der ein **rechtliches Interesse** an der Anerkennung oder Nichtanerkennung der ausländischen Entscheidung besitzt. Ähnlich wie bei zivilprozessualen Anerkennungsfeststellungsklagen ist der Begriff des rechtlichen Interesses weit zu verstehen. So reicht bereits die abstrakte Gefahr sich widersprechender Entscheidungen bei der formlosen Anerkennung und die damit verbundene Rechtsunsicherheit aus (vgl *Schütze* § 328 Rn 88; Stein/Jonas/*Roth* § 328 Rn 38). Das rechtliche Interesse ist daher regelmäßig zu bejahen.

8 Die Feststellungsentscheidung entfaltet, wie im Falle der Anerkennung ausländischer Entscheidungen in Ehesachen, Bindungswirkung gegenüber jedermann (**erga-omnes-Wirkung**). Inländische Gerichte und Behörden sind daran gem § 108 Abs 2 Satz 2 iVm § 107 Abs 9 in allen nachfolgenden Verfahren gebunden. Das gilt gleichermaßen für die positive wie für die negative Feststellung der Nichtanerkennung. Das Feststellungsverfahren sorgt dadurch für Rechtssicherheit und beugt widersprüchlichen Entscheidungen vor.

9 **Örtlich zuständig** für die Durchführung des Feststellungsverfahrens ist nach § 108 Abs 3 Satz 1 in erster Linie das Gericht am gewöhnlichen Aufenthaltsort des Antragsgegners oder der durch die Anerkennungsentscheidung betroffenen Person im Zeitpunkt der Antragstellung. Fehlt ein gewöhnlicher Inlandsaufenthalt, so richtet sich die örtliche Zuständigkeit nach dem Ort des Bekanntwerdens eines Feststellungsinteresses oder dem Bestehen eines Fürsorgebedürfnisses. Die örtlichen Zuständigkeiten sind gem § 108 Abs 3 Satz 2 **ausschließlich**. Die **internationale Zuständigkeit** der deutschen Gerichte für das Anerkennungsverfahren beurteilt sich nach den §§ 98–105. Es kommt also auf den Gegenstand der zur Anerkennung stehenden ausländischen Entscheidung an.

10 Bei **Auslandsadoptionen** gilt ein **besonderes Anerkennungsverfahren** nach Maßgabe des AdWirkG (s § 101 Rz 10). Das allgemeine FamFG-Verfahren tritt gegenüber diesem spezielleren Verfahren gem § 108 Abs 2 Satz 3 zurück.

§ 109 Anerkennungshindernisse

(1) Die Anerkennung einer ausländischen Entscheidung ist ausgeschlossen,
1. wenn die Gerichte des anderen Staates nach deutschem Recht nicht zuständig sind;
2. wenn einem Beteiligten, der sich zur Hauptsache nicht geäußert hat und sich hierauf beruft, das verfahrenseinleitende Dokument nicht ordnungsgemäß oder nicht so rechtzeitig mitgeteilt worden ist, dass er seine Rechte wahrnehmen konnte;
3. wenn die Entscheidung mit einer hier erlassenen oder anzuerkennenden früheren ausländischen Entscheidung oder wenn das ihr zugrunde liegende Verfahren mit einem früher hier rechtshängig gewordenen Verfahren unvereinbar ist;
4. wenn die Anerkennung der Entscheidung zu einem Ergebnis führt, das mit wesentlichen Grundsätzen des deutschen Rechts offensichtlich unvereinbar ist, insbesondere wenn die Anerkennung mit den Grundrechten unvereinbar ist.

(2) Der Anerkennung einer ausländischen Entscheidung in einer Ehesache steht § 98 Abs. 1 Nr. 4 nicht entgegen, wenn ein Ehegatte seinen gewöhnlichen Aufenthalt in dem Staat hatte, dessen Gerichte entschieden haben. Wird eine ausländische Entscheidung in einer Ehesache von den Staaten anerkannt, denen die Ehegatten angehören, steht § 98 der Anerkennung der Entscheidung nicht entgegen.

(3) § 103 steht der Anerkennung einer ausländischen Entscheidung in einer Lebenspartnerschaftssache nicht entgegen, wenn der Register führende Staat die Entscheidung anerkennt.

(4) Die Anerkennung einer ausländischen Entscheidung, die
1. Familienstreitsachen,
2. die Verpflichtung zur Fürsorge und Unterstützung in der partnerschaftlichen Lebensgemeinschaft,
3. die Regelung der Rechtsverhältnisse an der gemeinsamen Wohnung und an den Haushaltsgegenständen der Lebenspartner,
4. Entscheidungen nach § 6 Satz 2 des Lebenspartnerschaftsgesetzes in Verb. mit den §§ 1382 und 1383 des Bürgerlichen Gesetzbuchs oder
5. Entscheidungen nach § 7 Satz 2 des Lebenspartnerschaftsgesetzes in Verb. mit den §§ 1426, 1430 und 1452 des Bürgerlichen Gesetzbuchs
betrifft, ist auch dann ausgeschlossen, wenn die Gegenseitigkeit nicht verbürgt ist.

(5) Eine Überprüfung der Gesetzmäßigkeit der ausländischen Entscheidung findet nicht statt.

Übersicht

	Rz			Rz
A. Allgemeines	1	III.	Unvereinbare Entscheidungen	14
B. Versagungsgründe	4	IV.	Ordre public	18
I. Internationale Zuständigkeit	5	V.	Gegenseitigkeit	24
II. Verletzung des rechtlichen Gehörs	9			

A. Allgemeines

Ausländische Entscheidungen, die eine im FamFG geregelte Materie betreffen, werden 1 nach § 108, mit Ausnahme von Entscheidungen in Familiensachen, grundsätzlich **automatisch anerkannt**. Nur ausnahmsweise, nämlich wenn einer der in § 109 genannten Versagungsgründe eingreift, ist die Anerkennung ausgeschlossen. Das Vorliegen der Anerkennungshindernisse ist **von Amts wegen** zu ermitteln. Es ist also nicht erforderlich, dass sich ein Beteiligter im Verfahren darauf beruft (BGHZ 59, 116, 121). Eine Ausnahme vom Amtsermittlungsgrundsatz gilt nur für Verletzungen des rechtlichen Gehörs nach § 109 Abs 1 Nr 2.

§ 109 FamFG | Anerkennungshindernisse

2   Neben den einzelnen Versagungsgründen, die in § 109 abschließend aufgelistet werden, ist die Anerkennung auch dann ausgeschlossen, wenn dem ausländischen Staat die **Gerichtsbarkeit** gefehlt hat. Wurden im Entscheidungsstaat etwa diplomatische Immunitäten missachtet, so steht das Völkerrecht einer Anerkennung im Zweitstaat entgegen. Ebenso scheidet die Anerkennung aus, wenn der Rechtsakt im Entscheidungsstaat **unwirksam oder nichtig** ist. Nur Entscheidungen, die nach den Rechtsvorstellungen des Erststaats wirksam sind, sind auch anerkennungsfähig.

3   Die ausländische Entscheidung darf **nicht generell auf ihre Rechtmäßigkeit überprüft** werden. § 109 Abs 5 schreibt das Verbot der révision au fond jetzt ausdrücklich fest. Es ist strikt zu beachten, da die automatische Anerkennung sonst ihres Wertes beraubt würde. So darf namentlich unter dem Deckmantel des ordre public (§ 109 Abs 1 Nr 4) keine verkappte Gesetzmäßigkeitskontrolle vorgenommen werden.

B. Versagungsgründe

4   § 109 Abs 1 normiert die einzelnen Gründe, nach denen die Anerkennung einer ausländischen Entscheidung ausgeschlossen ist, in Übereinstimmung mit dem früheren § 16a FGG. Von der Parallelvorschrift des § 328 Abs 1 ZPO unterscheidet sich die Regelung im FamFG durch den grundsätzlichen **Verzicht auf das Erfordernis der Gegenseitigkeit**. Der Unterschied wird allerdings durch § 109 Abs 4 relativiert, der für bestimmte, dort im Einzelnen aufgelistete Verfahren die Verbürgung der Gegenseitigkeit verlangt.

I. Internationale Zuständigkeit

5   Die ausländischen Gerichte müssen unter hypothetischer Zugrundelegung der deutschen Zuständigkeitsregeln international zuständig gewesen sein. § 109 Abs 1 Nr 1 schreibt das sog **Spiegelbildprinzip** in Übereinstimmung mit § 328 Abs 1 Nr 1 ZPO für die im FamFG geregelten Sachgebiete fest. Maßgeblich sind die Bestimmungen des FamFG über die direkte internationale Zuständigkeit, also die §§ 98–105. Spezielle Vorschriften für die indirekte Anerkennungszuständigkeit enthält das Gesetz nicht. Da das FamFG gem § 106 allein konkurrierende internationale Zuständigkeiten vorsieht, kann die spiegelbildliche Zuständigkeit der ausländischen Gerichte nicht an einer ausschließlichen inländischen Zuständigkeit scheitern. Die Anerkennung kann mit anderen Worten auch dann erfolgen, wenn die deutschen Gerichte ebenfalls zuständig gewesen wären.

6   Nur die internationale Zuständigkeit der Gerichte des Entscheidungsstaats ist zu überprüfen, nicht dagegen ihre örtliche, sachliche und funktionelle Zuständigkeit (vgl BGH NJW 1999, 3199). Der Wortlaut des § 109 Abs 1 Nr 1 ist insofern einschränkend zu verstehen. Ohne Bedeutung ist, auf welches **Kriterium** die Gerichte des Erststaats ihre internationale Zuständigkeit gegründet haben oder ob sie überhaupt nach ihrem eigenen Recht zuständig waren. Es kommt nur darauf an, dass die Zuständigkeit nach deutschem Recht bestanden hätte. **Maßgeblicher Zeitpunkt** für die Prüfung der internationalen Zuständigkeit ist grundsätzlich die ausländische Verfahrenseinleitung (Antragstellung, Klageerhebung). Allerdings reicht es auch aus, wenn die ausländischen Gerichte bis zum Erlass der Entscheidung die Zuständigkeit nach deutschem Verständnis erlangt haben (BGHZ 141, 286, 291). Hingegen genügt es, trotz der Verwendung des Wortes »sind« in § 109 Abs 1 Nr 1, nicht, wenn die Zuständigkeit erst im Zeitpunkt der Anerkennung vorliegt.

7   Eine **Auflockerung des Spiegelbildgrundsatzes in Ehesachen** bewirkt die dem früheren § 606a Abs 2 ZPO entsprechende Regelung in § 109 Abs 2. Danach ist in solchen Verfahren die Anerkennungszuständigkeit in weiterem Umfang gegeben als die direkte Entscheidungszuständigkeit. Es gilt Folgendes: Erkennen die Heimatstaaten beider Ehegatten die Ehescheidung an, wird die internationale Zuständigkeit der Gerichte des Erststaats nicht überprüft; § 109 Abs 1 Nr 1 findet in diesem Fall also keine Anwendung.

Hatte ein Ehegatte seinen gewöhnlichen Aufenthalt im ausländischen Entscheidungsstaat, so wird abweichend von § 98 Abs 1 Nr 4 auf die Prüfung der Anerkennung nach dem Recht eines Heimatstaats verzichtet.

Zu einer weiteren **Auflockerung des Spiegelbildprinzips in Lebenspartnerschafts-** 8
sachen führt § 109 Abs 3, der dem früheren § 661 Abs 3 Nr 2 und 3 ZPO entspricht. Nach dieser Bestimmung ist eine Kontrolle der Anerkennungszuständigkeit der Gerichte des Erststaats nicht erforderlich, wenn die Aufhebung der Lebenspartnerschaft in dem Staat, in dem sie begründet wurde (registerführender Staat), anerkannt wird. Eine Überprüfung anhand der Kriterien des § 103 Abs 1 ist in diesem Fall also entbehrlich.

II. Verletzung des rechtlichen Gehörs

Die Anerkennung ist gem § 109 Abs 1 Nr 2 zu versagen, wenn das rechtliche Gehör ver- 9
letzt wurde, weil einem Beteiligten das verfahrenseinleitende Dokument nicht ordnungsgemäß oder rechtzeitig mitgeteilt worden ist. Im Gegensatz zu den anderen Versagungsgründen ist die Gehörsverletzung im Stadium der Verfahrenseröffnung nur zu beachten, wenn der Beteiligte sie **ausdrücklich rügt**. Darin unterscheidet sich das deutsche Recht von der Brüssel IIa-VO, die in solchen Fällen eine Berücksichtigung von Amts wegen vorsieht (Vorb § 107 Rz 8). Für den Beteiligten hat die Lösung des deutschen Rechts den Vorteil, dass eine für ihn günstige Entscheidung trotz des Mangels anerkannt werden kann. Beantragt der Beteiligte die Durchführung eines Anerkennungsfeststellungsverfahrens nach § 108 Abs 2, so ist darin der stillschweigende Verzicht auf die Rüge der Gehörsverletzung zu sehen (vgl Jansen/*Wick* § 16a Rn 46).

Der Beteiligte darf sich im erststaatlichen Verfahren **nicht zur Hauptsache geäußert** 10
haben. Unter Äußerungen zur Hauptsache sind tatsächliche oder rechtliche Erklärungen zum Verfahrensgegenstand zu verstehen, nicht dagegen Erklärungen, zu einzelnen Verfahrensfragen (vgl KG FamRZ 1987, 603). Auch das Bestreiten der internationalen Zuständigkeit ist keine Einlassung zur Hauptsache. Die Rechtslage unter dem FamFG unterscheidet sich insoweit von der zivilprozessualen Anerkennungsregelung in § 328 Abs 1 Nr 2 ZPO, nach der der Beklagte sich nicht auf das »Verfahren« eingelassen, also keinerlei wirksame Prozesshandlungen vorgenommen haben darf.

Das **verfahrenseinleitende Dokument** ist die Urkunde, durch deren Mitteilung der 11
Beteiligte erstmalig von dem der Entscheidung zugrunde liegenden Verfahren Kenntnis erlangt (BayObLG FamRZ 2000, 1170). Welche Urkunde das ist, bspw die Antragsschrift, richtet sich nach dem Verfahrensrecht des Entscheidungsstaats.

Das verfahrenseinleitende Dokument muss dem Beteiligten **ordnungsgemäß** mit- 12
geteilt worden sein. Die Ordnungsgemäßheit beurteilt sich ebenfalls nach dem Recht des Erststaats oder nach vorrangigen völkerrechtlichen Verträgen. Ersatz- oder öffentliche Zustellung können genügen, wenn sie das Verfahrensrecht des betreffenden Staats kennt. Selbst ohne förmliche Zustellung kommt eine Anerkennung in Betracht, wenn die Voraussetzungen einer ordnungsgemäßen Mitteilung nach dem maßgeblichen ausländischen Recht auch auf andere Weise erfüllt werden können.

Das verfahrenseinleitende Dokument muss dem Beteiligten nicht nur ordnungs- 13
gemäß, sondern auch so **rechtzeitig** übermittelt worden, sein, dass er seine Rechte wahrnehmen konnte. Ob die Mitteilung rechtzeitig erfolgte, ist eine vom Einzelfall abhängige Wertungsfrage. Generell muss der Beteiligte hinreichend Zeit gehabt haben, seine Interessen in dem Verfahren angemessen zur Geltung zu bringen. Erforderliche Übersetzungen fremdsprachlicher Texte oder die Konsultation eines spezialisierten Anwalts sprechen für eine länger zu bemessende Frist. Auf der anderen Seite dürfen auch die Interessen der übrigen Beteiligten an einem möglichst zügigen Verfahren nicht unberücksichtigt bleiben.

III. Unvereinbare Entscheidungen

14 Entscheidungen, die mit einer deutschen oder anzuerkennenden früheren ausländischen Entscheidung kollidieren, dürfen nicht anerkannt werden. § 109 Abs 1 Nr 3 enthält **drei Fallgruppen**.

15 **Deutsche Entscheidungen** beanspruchen gegenüber **kollidierenden ausländischen Rechtsakten** stets Vorrang, unabhängig davon, ob sie früher oder später ergangen sind. Das Prioritätsprinzip findet in dieser Fallgruppe keine Anwendung. Der unbedingte Vorrang inländischer Entscheidungen sieht sich im Schrifttum zwar berechtigter Kritik ausgesetzt (zB *Schack* Rn 855), ist aber geltendes Recht. Das Vorrangprinzip kommt selbst dann zum Tragen, wenn die deutschen Gerichte international gar nicht zuständig waren oder die ausländische Entscheidung missachtet haben (Jansen/*Wick* § 16a Rn 55). Eine **Unvereinbarkeit** der Entscheidungen ist nur anzunehmen, wenn sie denselben Verfahrensgegenstand betreffen. Die Entscheidungen müssen außerdem in der Sache ergangen sein. Eine inländische Entscheidung über Verfahrens- oder Prozesskostenhilfe steht insofern einer ausländischen Hauptsacheentscheidung nicht entgegen (BGH NJW 1984, 568).

16 Bei Kollision von **zwei ausländischen Entscheidungen** gilt das Prioritätsprinzip. Die frühere geht der später erlassenen ausländischen Entscheidung vor. Maßgebend ist nicht der Zeitpunkt der An- oder Rechtshängigkeit, sondern der Wirksamkeit (Rechtskraft) der Entscheidungen.

17 Ein **früheres deutsches Verfahren** hat ebenfalls Vorrang. Ausschlaggebend ist der Zeitpunkt der Rechtshängigkeit, in Verfahren der freiwilligen Gerichtsbarkeit entsprechend der Anhängigkeit (»Befasstsein« iSv § 2 Abs 1). Die Nichtbeachtung der inländischen Anhängigkeit der Sache im erststaatlichen Verfahren führt dazu, dass die ausländische Entscheidung nicht anerkannt werden kann. Ob das ausländische Gericht von der Anhängigkeit in Deutschland wusste, ist ohne Belang. Nach Erlass einer deutschen Entscheidung greift die erste Alternative des § 109 Abs 1 Nr 3.

IV. Ordre public

18 Die Anerkennung einer ausländischen Entscheidung ist ausgeschlossen, wenn sie zu einem Ergebnis führt, das mit wesentlichen Grundsätzen des deutschen Rechts offensichtlich unvereinbar ist. § 109 Abs 1 Nr 4 ist der internationalprivatrechtlichen Vorbehaltsklausel des Art 6 EGBGB nachgebildet. In der Brüssel IIa-VO findet sich eine leicht abweichende Formulierung, die aber in der Sache das Gleiche meint (Vorb § 107 Rz 7). Die ordre-public-Klausel führt zu einer Durchbrechung des Grundsatzes, dass ausländische Entscheidungen nicht auf ihre Rechtmäßigkeit überprüft werden dürfen. Wie der Wortlaut verrät (»wesentliche« Grundsätze, »offensichtliche« Unvereinbarkeit), ist die Bestimmung **restriktiv** auszulegen. Sie dient als eine Art **Notanker** für krasse Rechtsverstöße. Ihre Anwendung ist daher auf Ausnahmesituation zu begrenzen.

19 Die Anschauungen darüber, wann ein Ergebnis gegen wesentliche deutsche Rechtsprinzipien verstößt, sind dem Wandel unterworfen (vgl *Schütze* § 328 Rn 57, der vom »Zeitgeist« spricht). Maßgebend für die Beurteilung sind die Umstände im **Zeitpunkt der Anerkennung** und nicht bei Erlass der ausländischen Entscheidung (BGH NJW 1989, 2199; KG FamRZ 2006, 1406). Generell kann bei der anerkennungsrechtlichen ordre-public-Prüfung ein großzügigerer Maßstab angelegt werden als bei der internationalprivatrechtlichen nach Art 6 EGBGB, da die Entscheidung nicht auf das Wirken eines deutschen Gerichts zurückgeht (s BGHZ 138, 331, 334).

20 Der ordre-public-Vorbehalt hat den Charakter einer **Generalklausel**. Eine exakte Bestimmung der Voraussetzungen seines Eingreifens ist nicht möglich. Vielmehr muss im Einzelfall ermittelt werden, ob ein Verstoß gegen die deutsche öffentliche Ordnung vorliegt. Daran ändert auch die Erwähnung der Grundrechte in § 109 Abs 1 Nr 4 nichts. Die Bildung von Fallgruppen kann zwar helfen, entbindet jedoch nicht von der Notwendig-

keit einer Bewertung des jeweiligen Falles. Darauf deutet auch der Wortlaut der ordre-public-Klausel hin, wonach allein das **Ergebnis** der ausländischen Entscheidung zu kontrollieren ist. Die abstrakte Überprüfung fremder Rechtsinstitute ist danach nicht gestattet. So mag eine bestimmte Einrichtung des ausländischen Rechts an sich aus deutscher Sicht problematisch erscheinen, solange das Resultat der Entscheidung des Erststaats mit unseren Vorstellungen noch vereinbar ist, besteht kein Grund, ihr die Anerkennung zu versagen.

Der anerkennungsrechtliche ordre public umfasst **zwei Komponenten**, eine **materiell-** **21** **rechtliche** und eine **verfahrensrechtliche**. In der Praxis steht der materiellrechtliche ordre public im Vordergrund. Dies liegt auch daran, dass ein relativ häufiger verfahrensrechtlicher Verstoß, nämlich die Verletzung des rechtlichen Gehörs bei Verfahrenseröffnung, in § 109 Abs 1 Nr 2 gesondert geregelt ist.

Die **materiellrechtliche ordre-public-Kontrolle** betrifft den Inhalt der ausländischen **22** Entscheidung, nicht dagegen ihre möglicherweise falsche oder sogar fehlende Begründung (vgl Stein/Jonas/*Roth* § 328 ZPO Rn 101). Die Anerkennung der Entscheidung müsste zu einem Ergebnis führen, das für die deutsche Rechtsordnung schlechterdings unerträglich wäre. Das ist umso eher der Fall je enger die **Inlandsbeziehungen** des Sachverhalts sind. Sind die Verbindungen zu Deutschland nur schwach ausgeprägt, können fremdartige Ergebnisse in größerem Maße hingenommen werden als bei starkem Inlandskontakt (sog Relativität des ordre public). Ein Verstoß gegen wesentliche Grundsätze des deutschen Rechts ist bspw anzunehmen, wenn einer ausländischen **Adoptionsentscheidung** keine Überprüfung des Kindeswohls vorausgegangen ist. Gleiches gilt bei fehlender oder grob mangelhafter Eignungsprüfung der Annehmenden (OLG Celle FamRZ 2008, 1109; AG Köln FamRZ 2008, 1111). Das Fehlen verbindlicher Vorschriften, die bei Auslandsadoptionen die Einschaltung von anerkannten Vermittlungsstellen oder die Einholung von Sozialberichten solcher Stellen des Heimatstaats gebieten, begründet für sich genommen jedoch noch keine Verletzung des ordre public (KG FamRZ 2006, 1405). Eine **Ehescheidung** ist ordre-public-widrig, wenn einer der Ehegatten gezwungen wurde, daran mitzuwirken. Das ist der Fall bei einer sog Get-Scheidung in Israel, sofern das Rabbinatsgericht auf den Ehemann Zwang dahingehend ausgeübt hat, den Scheidungsbrief (Get) auszustellen (OLG Oldenburg FamRZ 2006, 950).

Der **verfahrensrechtliche ordre public** bezieht sich auf das der Entscheidung voran- **23** gegangene Verfahren. Dies kommt im Wortlaut des § 109 Abs 1 Nr 4 nicht klar zum Ausdruck, ist aber unstreitig (etwa BayObLGZ 1999, 211, 212). Nicht jeder Verfahrensunterschied bewirkt einen Verstoß gegen die inländische öffentliche Ordnung. Vielmehr muss das ausländische Verfahren in einer Weise von Grundprinzipien des deutschen Verfahrensrechts abweichen, dass die Entscheidung nicht mehr als in rechtsstaatlicher Weise ergangen angesehen werden kann (BGHZ 118, 312, 320). Das ist nicht schon allein deshalb der Fall, weil die ausländische Entscheidung von einem mit Laienrichtern besetzten Spruchkörper gefällt wurde (OLG Saarbrücken NJW 1988, 3100; *Rogler* IPRax 2009, 223, 227; Bedenken bei *Schütze* § 328 Rn 67), wohl aber wenn Mitglieder des Gerichts über längere Zeit schliefen oder aus anderen Gründen, etwa wegen Trunkenheit, dem Verfahren nicht folgen konnten (vgl OLG Koblenz RIW 2004, 302). Am häufigsten führen Verstöße gegen das grundrechtlich gewährleistete (Art 103 Abs 1 GG) **Gebot des rechtlichen Gehörs** zum Verdikt der ordre-public-Widrigkeit. Für den Betroffenen muss danach die Möglichkeit bestanden haben, sich vor Erlass der Entscheidung zur Sache zu äußern und auf den Ablauf des Verfahrens Einfluss zu nehmen (BGH NJW 1997, 2052). Keinen Grund für die Verweigerung der Anerkennung bildet hingegen das Fehlen eines mit deutschen Standards vergleichbaren Verfahrens- und Prozesskostenhilfesystems im Entscheidungsstaat (BGH NJW 1978, 1114). Generell ist von dem Betroffenen zu verlangen, dass er sich mit vertretbarem Aufwand um eine **Beseitigung von Verstößen im Erststaat**, insbes durch die Einlegung von Rechtsbehelfen, bemüht hat. Nur wenn seine

§ 109 FamFG | Anerkennungshindernisse

Bemühungen keinen Erfolg hatten oder, etwa wegen eines zu hohen Kostenrisikos, unzumutbar erschienen, können Verfahrensmängel als Verletzung des ordre public angesehen werden (vgl BayObLG FamRZ 2002, 1639; aA *Schack* Rn 866).

V. Gegenseitigkeit

24 Grundsätzlich ist nach dem FamFG, ebenso wie im früheren § 16a FGG, die Verbürgung der Gegenseitigkeit keine Voraussetzung für die Anerkennung. Eine Ausnahme gilt für ausländische Entscheidungen in **Familienstreitsachen** iSv § 111 und einigen lebenspartnerschaftlichen Sachen. Diese können gem § 109 Abs 4 nur anerkannt werden, wenn die Gegenseitigkeit mit dem Erststaat verbürgt ist. Insoweit hat der Gesetzgeber die Regelung in § 328 Abs 1 Nr 5 ZPO aufgegriffen. Dagegen sind ausländische Entscheidungen in Ehesachen, also insbes fremde Ehescheidungen, wie schon nach früherem Recht (Art 7 § 1 Abs 1 S 2 FamRÄndG) vom Reziprozitätserfordernis ausgenommen.

25 Die Gegenseitigkeit ist verbürgt, wenn die Anerkennung und Vollstreckung einer entsprechenden deutschen Entscheidung im Entscheidungsstaat auf keine wesentlich größeren Schwierigkeiten stößt als die Anerkennung und Vollstreckung der anzuerkennenden ausländischen Entscheidung im Inland (BGH NJW 2001, 525). Entscheidend ist eine Gesamtschau der tatsächlich geübten **Anerkennungspraxis**. Fehlt es bislang an Erfahrungen mit der Anerkennung deutscher Entscheidungen in dem betreffenden Staat, so kann nicht erst auf eine entsprechende Praxis gewartet werden. Dies könnte nämlich ggf einer Rechtsverweigerung gleichkommen. Vielmehr genügt in diesem Fall die grundsätzliche **Anerkennungsbereitschaft** in dem fremden Staat, wie sie sich etwa aus der dortigen Gesetzeslage entnehmen lässt. Die Anerkennungsbereitschaft von vornherein auf sog »Kulturstaaten« zu beschränken (vgl *Schütze* § 328 Rn 73), ist schon deshalb nicht möglich, weil nach dem Gebot der souveränen Gleichheit aller Staaten kein Staat pauschal als »unzivilisiert« gelten darf.

26 Das Erfordernis der Gegenseitigkeit ist rechtspolitisch fragwürdig, da es nicht den Interessen der Beteiligten dient. Bei der Reziprozitätsprüfung sollte daher kein zu strenger Maßstab angelegt werden. So kann es ausreichen, wenn die Gegenseitigkeit nur **partiell**, dh mit Blick auf bestimmte Entscheidungsgattungen oder Rechtsbereiche, verbürgt ist, während sie ansonsten zu verneinen wäre (Stein/Jonas/*Roth* § 328 Rn 121). Ob die Gegenseitigkeit im Einzelfall tatsächlich verbürgt ist, lässt sich oftmals nur mit großem Aufwand ermitteln. **Länderlisten** können einen ersten Anhaltspunkt geben (ausführliche Liste bei *Schütze* § 328 Rn 149). Sie sind jedoch kritisch im Hinblick auf die Aktualität der Informationen zu überprüfen.

27 Im Anwendungsbereich **europäischer Verordnungen** und **völkerrechtlicher Verträge** wird vom Gegenseitigkeitserfordernis vielfach abgesehen. Im Bereich der Familienstreitsachen gilt das etwa für die EuUntVO, die EuGVO und das LugÜ.

§ 110 Vollstreckbarkeit ausländischer Entscheidungen

(1) Eine ausländische Entscheidung ist nicht vollstreckbar, wenn sie nicht anzuerkennen ist.

(2) Soweit die ausländische Entscheidung eine in § 95 Abs. 1 genannte Verpflichtung zum Inhalt hat, ist die Vollstreckbarkeit durch Beschluss auszusprechen. Der Beschluss ist zu begründen.

(3) Zuständig für den Beschluss nach Absatz 2 ist das Amtsgericht, bei dem der Schuldner seinen allgemeinen Gerichtsstand hat, und sonst das Amtsgericht, bei dem nach § 23 der Zivilprozessordnung gegen den Schuldner Klage erhoben werden kann. Der Beschluss ist erst zu erlassen, wenn die Entscheidung des ausländischen Gerichts nach dem für dieses Gericht geltenden Recht die Rechtskraft erlangt hat.

Das FamFG sieht, im Unterschied zu § 722 ZPO, für ausländische Entscheidungen **1** grundsätzlich **keine gesonderte Vollstreckbarerklärung** vor. Sie sind daher ohne förmliches Exequaturverfahren in Deutschland vollstreckbar. Wie inländische Titel werden sie nach den §§ 86 ff vollstreckt. Voraussetzung ist allerdings gem § 110 Abs 1, wie schon nach früherem Recht in FGG-Verfahren (s BGH NJW 1983, 2775), dass die ausländische Entscheidung **anerkennungsfähig** ist. Es darf also insbes kein Anerkennungshindernis iSv § 109 vorliegen. Die Frage der Anerkennungsfähigkeit wird als Vorfrage im Vollstreckungsverfahren inzidenter geprüft (*Bassenge/Roth* § 33 Rn 36).

Gem § 110 Abs 2 ist eine **Vollstreckbarerklärung** jedoch **ausnahmsweise erforderlich** **2** bei den in § 95 Abs 1 genannten Ansprüchen, deren Vollstreckung sich nach den Bestimmungen der ZPO richtet. Hierbei handelt es sich im Einzelnen um ausländische Entscheidungen über Geldforderungen, die Herausgabe von Sachen, Vornahme von Handlungen, Erzwingung von Duldungen und Unterlassungen sowie Abgabe von Willenserklärungen. Danach bedürfen zB fremde Unterhaltsentscheidungen, sofern nicht vorrangiges europäisches Recht oder Staatsverträge eingreifen, der Vollstreckbarerklärung.

Die Vollstreckbarerklärung ergeht in den Fällen des § 110 Abs 2 per **Beschluss**. Nach **3** Satz 2 unterliegt der Beschluss der Begründungspflicht. Danach müssen die maßgeblichen Tatsachen und ihre rechtliche Bewertung aus dem Beschluss erkennbar werden. Der Beschluss muss mit anderen Worten nachvollziehbar sein (BLAH/*Hartmann* § 110 Rn 2). Besonderes Augenmerk ist bei der Begründung auf die Versagungsgründe des § 109 zu richten (BTDrs 16/6308 S 223). Die ausländische Entscheidung darf im Verfahren der Vollstreckbarerklärung jedoch **nicht** einer **generellen Rechtmäßigkeitskontrolle** unterzogen werden. Das entsprechende Verbot der révision au fond folgt aus § 109 Abs 5.

Örtlich und sachlich zuständig für die Vollstreckbarerklärung ist nach § 110 Abs 3 S 1 **4** das AG, bei dem der Schuldner der Entscheidung seinen allgemeinen Gerichtsstand, dh seinen Wohnsitz (§§ 12, 13 ZPO) hat. Verfügt der Schuldner über keinen inländischen Wohnsitz, so richtet sich die Zuständigkeit nach dem besonderen Vermögensgerichtsstand in § 23 ZPO. Voraussetzung für die Vollstreckbarerklärung ist, ebenso wie nach § 723 Abs 2 S 1 ZPO, in jedem Fall die **Rechtskraft** der ausländischen Entscheidung. Deren Vorliegen beurteilt sich nach dem Verfahrensrecht des Erststaats (§ 110 Abs 3 S 2).

Anhang zu § 110: FamFG | IntFamRVG

Anhang zu § 110: IntFamRVG – Gesetz zur Aus- und Durchführung bestimmter Rechtsinstrumente auf dem Gebiet des internationalen Familienrechts (Internationales Familienrechtsverfahrensgesetz)

Abschnitt 1 Anwendungsbereich; Begriffsbestimmungen

§ 1 Anwendungsbereich

Dieses Gesetz dient
1. der Durchführung der Verordnung (EG) Nr. 2201/2003 des Rates vom 27.11.2003 über die Zuständigkeit und die Anerkennung und Vollstreckung von Entscheidungen in Ehesachen und in Verfahren betreffend die elterliche Verantwortung und zur Aufhebung der Verordnung (EG) Nr. 1347/2000 (ABl EU Nr. L 338 S 1);
2. der Ausführung des Haager Übereinkommens vom 25.10.1980 über die zivilrechtlichen Aspekte internationaler Kindesentführung (BGBl II 1990 S 207) – im Folgenden: Haager Kindesentführungsübereinkommen;
3. der Ausführung des Luxemburger Europäischen Übereinkommens vom 20.5.1980 über die Anerkennung und Vollstreckung von Entscheidungen über das Sorgerecht für Kinder und die Wiederherstellung des Sorgeverhältnisses (BGBl II 1990 S 220) – im Folgenden: Europäisches Sorgerechtsübereinkommen.

§ 2 Begriffsbestimmungen

Im Sinne dieses Gesetzes sind »Titel« Entscheidungen, Vereinbarungen und öffentliche Urkunden, auf welche die durchzuführende EG-Verordnung oder das jeweils auszuführende Übereinkommen Anwendung findet.

Abschnitt 2 Zentrale Behörde; Jugendamt

§ 3 Bestimmung der Zentralen Behörde

(1) Zentrale Behörde nach
1. Artikel 53 der Verordnung (EG) Nr. 2201/2003,
2. Artikel 6 des Haager Kindesentführungsübereinkommens,
3. Artikel 2 des Europäischen Sorgerechtsübereinkommens
ist das Bundesamt für Justiz.
(2) Das Verfahren der Zentralen Behörde gilt als Justizverwaltungsverfahren.

§ 4 Übersetzungen bei eingehenden Ersuchen

(1) Die Zentrale Behörde, bei der ein Antrag aus einem anderen Staat nach der Verordnung (EG) Nr. 2201/2003 oder nach dem Europäischen Sorgerechtsübereinkommen eingeht, kann es ablehnen, tätig zu werden, solange Mitteilungen oder beizufügende Schriftstücke nicht in deutscher Sprache abgefasst oder von einer Übersetzung in diese Sprache begleitet sind.
(2) Ist ein Schriftstück nach Artikel 24 Abs 1 des Haager Kindesentführungsübereinkommens ausnahmsweise nicht von einer deutschen Übersetzung begleitet, so veranlasst die Zentrale Behörde die Übersetzung.

§ 5 Übersetzungen bei ausgehenden Ersuchen

(1) Beschafft die antragstellende Person erforderliche Übersetzungen für Anträge, die in einem anderen Staat zu erledigen sind, nicht selbst, veranlasst die Zentrale Behörde die Übersetzungen auf Kosten der antragstellenden Person.
(2) Das Amtsgericht, in dessen Bezirk die antragstellende Person ihren gewöhnlichen Aufenthalt oder bei Fehlen eines gewöhnlichen Aufenthalts im Inland ihren tatsächlichen Aufenthalt hat, befreit die antragstellende Person auf Antrag von einer Erstattungspflicht, wenn diese die persönlichen und wirtschaftlichen Voraussetzungen für die Gewährung von Verfahrenskostenhilfe ohne einen eigenen Beitrag zu den Kosten nach den Vorschrif-

ten des Gesetzes über das Verfahren in Familiensachen und in den Angelegenheiten der freiwilligen Gerichtsbarkeit erfüllt.

§ 6 Aufgabenerfüllung durch die Zentrale Behörde

(1) Zur Erfüllung der ihr obliegenden Aufgaben veranlasst die Zentrale Behörde mit Hilfe der zuständigen Stellen alle erforderlichen Maßnahmen. Sie verkehrt unmittelbar mit allen zuständigen Stellen im In- und Ausland. Mitteilungen leitet sie unverzüglich an die zuständigen Stellen weiter.
(2) Zum Zweck der Ausführung des Haager Kindesentführungsübereinkommens und des Europäischen Sorgerechtsübereinkommens leitet die Zentrale Behörde erforderlichenfalls gerichtliche Verfahren ein. Im Rahmen dieser Übereinkommen gilt sie zum Zweck der Rückgabe des Kindes als bevollmächtigt, im Namen der antragstellenden Person selbst oder im Weg der Untervollmacht durch Vertreter gerichtlich oder außergerichtlich tätig zu werden. Ihre Befugnis, zur Sicherung der Einhaltung der Übereinkommen im eigenen Namen entsprechend zu handeln, bleibt unberührt.

§ 7 Aufenthaltsermittlung

(1) Die Zentrale Behörde trifft alle erforderlichen Maßnahmen einschließlich der Einschaltung von Polizeivollzugsbehörden, um den Aufenthaltsort des Kindes zu ermitteln, wenn dieser unbekannt ist und Anhaltspunkte dafür vorliegen, dass sich das Kind im Inland befindet.
(2) Soweit zur Ermittlung des Aufenthalts des Kindes erforderlich, darf die Zentrale Behörde bei dem Kraftfahrt-Bundesamt erforderliche Halterdaten nach § 33 Abs 1 Satz 1 Nr. 2 StVG erheben und die Leistungsträger im Sinne der §§ 18 bis 29 SGB I um Mitteilung des derzeitigen Aufenthalts einer Person ersuchen.
(3) Unter den Voraussetzungen des Absatzes 1 kann die Zentrale Behörde die Ausschreibung zur Aufenthaltsermittlung durch das Bundeskriminalamt veranlassen. Sie kann auch die Speicherung eines Suchvermerks im Zentralregister veranlassen.
(4) Soweit andere Stellen eingeschaltet werden, übermittelt sie ihnen die zur Durchführung der Maßnahmen erforderlichen personenbezogenen Daten; diese dürfen nur für den Zweck verwendet werden, für den sie übermittelt worden sind.

§ 8 Anrufung des Oberlandesgerichts

(1) Nimmt die Zentrale Behörde einen Antrag nicht an oder lehnt sie es ab, tätig zu werden, so kann die Entscheidung des Oberlandesgerichts beantragt werden.
(2) Zuständig ist das Oberlandesgericht, in dessen Bezirk die Zentrale Behörde ihren Sitz hat.
(3) Das Oberlandesgericht entscheidet im Verfahren der freiwilligen Gerichtsbarkeit. § 14 Abs 1 und 2 sowie die Abschnitte 4 und 5 des Buches 1 des Gesetzes über das Verfahren in Familiensachen und in den Angelegenheiten der freiwilligen Gerichtsbarkeit gelten entsprechend.

§ 9 Mitwirkung des Jugendamts an Verfahren

(1) Unbeschadet der Aufgaben des Jugendamts bei der grenzüberschreitenden Zusammenarbeit unterstützt das Jugendamt die Gerichte und die Zentrale Behörde bei allen Maßnahmen nach diesem Gesetz. Insbesondere
1. gibt es auf Anfrage Auskunft über die soziale Lage des Kindes und seines Umfelds,
2. unterstützt es in jeder Lage eine gütliche Einigung,
3. leistet es in geeigneten Fällen Unterstützung bei der Durchführung des Verfahrens, auch bei der Sicherung des Aufenthalts des Kindes,
4. leistet es in geeigneten Fällen Unterstützung bei der Ausübung des Rechts zum persönlichen Umgang, der Heraus- oder Rückgabe des Kindes sowie der Vollstreckung gerichtlicher Entscheidungen.

(2) Zuständig ist das Jugendamt, in dessen Bereich sich das Kind gewöhnlich aufhält. Solange die Zentrale Behörde oder ein Gericht mit einem Herausgabe- oder Rückgabeantrag oder dessen Vollstreckung befasst ist, oder wenn das Kind keinen gewöhnlichen Aufenthalt im Inland hat, oder das zuständige Jugendamt nicht tätig wird, ist das Jugendamt zuständig, in dessen Bereich sich das Kind tatsächlich aufhält.
(3) Das Gericht unterrichtet das zuständige Jugendamt über Entscheidungen nach diesem Gesetz auch dann, wenn das Jugendamt am Verfahren nicht beteiligt war.

Abschnitt 3 Gerichtliche Zuständigkeit und Zuständigkeitskonzentration

§ 10 Örtliche Zuständigkeit für die Anerkennung und Vollstreckung

Örtlich ausschließlich zuständig für Verfahren nach
- Artikel 21 Abs 3 und Artikel 48 Abs 1 der Verordnung (EG) Nr. 2201/2003 sowie für die Zwangsvollstreckung nach den Artikeln 41 und 42 der Verordnung (EG) Nr. 2201/2003,
- dem Europäischen Sorgerechtsübereinkommen,

ist das Familiengericht, in dessen Zuständigkeitsbereich zum Zeitpunkt der Antragstellung
1. die Person, gegen die sich der Antrag richtet, oder das Kind, auf das sich die Entscheidung bezieht, sich gewöhnlich aufhält oder
2. bei Fehlen einer Zuständigkeit nach Nummer 1 das Interesse an der Feststellung hervortritt oder das Bedürfnis der Fürsorge besteht,
3. sonst das im Bezirk des Kammergerichts zur Entscheidung berufene Gericht.

§ 11 Örtliche Zuständigkeit nach dem Haager Kindesentführungsübereinkommen

Örtlich zuständig für Verfahren nach dem Haager Kindesentführungsübereinkommen ist das Familiengericht, in dessen Zuständigkeitsbereich
1. sich das Kind beim Eingang des Antrags bei der Zentralen Behörde aufgehalten hat oder
2. bei Fehlen einer Zuständigkeit nach Nummer 1 das Bedürfnis der Fürsorge besteht.

§ 12 Zuständigkeitskonzentration

(1) In Verfahren über eine in den §§ 10 und 11 bezeichnete Sache sowie in Verfahren über die Vollstreckbarerklärung nach Artikel 28 der Verordnung (EG) Nr. 2201/2003 entscheidet das Familiengericht, in dessen Bezirk ein Oberlandesgericht seinen Sitz hat, für den Bezirk dieses Oberlandesgerichts.
(2) Im Bezirk des Kammergerichts entscheidet das Familiengericht Pankow/Weißensee.
(3) Die Landesregierungen werden ermächtigt, diese Zuständigkeit durch Rechtsverordnung einem anderen Familiengericht des Oberlandesgerichtsbezirks oder, wenn in einem Land mehrere Oberlandesgerichte errichtet sind, einem Familiengericht für die Bezirke aller oder mehrerer Oberlandesgerichte zuzuweisen. Sie können die Ermächtigung auf die Landesjustizverwaltungen übertragen.

§ 13 Zuständigkeitskonzentration für andere Familiensachen

(1) Das Familiengericht, bei dem eine in den §§ 10 bis 12 bezeichnete Sache anhängig wird, ist von diesem Zeitpunkt an ungeachtet des § 137 Abs 1 und 3 des Gesetzes über das Verfahren in Familiensachen und in den Angelegenheiten der freiwilligen Gerichtsbarkeit für alle dasselbe Kind betreffenden Familiensachen nach § 151 Nr. 1 bis 3 des Gesetzes über das Verfahren in Familiensachen und in den Angelegenheiten der freiwilligen Gerichtsbarkeit einschließlich der Verfügungen nach § 44 und den §§ 35 und 89 bis 94 des Gesetzes über das Verfahren in Familiensachen und in den Angelegenheiten der freiwilligen Gerichtsbarkeit zuständig. Die Zuständigkeit nach Absatz 1 Satz 1 tritt nicht ein, wenn der Antrag offensichtlich unzulässig ist. Sie entfällt, sobald das angegangene Gericht auf Grund unanfechtbarer Entscheidung unzuständig ist; Verfahren, für die dieses Gericht hiernach seine Zuständigkeit verliert, sind nach näherer Maßgabe des § 281 Abs 2 und 3 Satz 1 der Zivilprozessordnung von Amts wegen an das zuständige Gericht abzugeben.

(2) Bei dem Familiengericht, das in dem Oberlandesgerichtsbezirk, in dem sich das Kind gewöhnlich aufhält, für Anträge der in Absatz 1 Satz 1 genannten Art zuständig ist, kann auch eine andere Familiensache nach § 151 Nr. 1 bis 3 des Gesetzes über das Verfahren in Familiensachen und in den Angelegenheiten der freiwilligen Gerichtsbarkeit anhängig gemacht werden, wenn ein Elternteil seinen gewöhnlichen Aufenthalt in einem anderen Mitgliedstaat der Europäischen Union oder in einem anderen Vertragsstaat des Europäischen Sorgerechtsübereinkommens oder des Haager Kindesentführungsübereinkommens hat.

(3) Im Falle des Absatzes 1 Satz 1 hat ein anderes Familiengericht, bei dem eine dasselbe Kind betreffende Familiensache nach § 151 Nr. 1 bis 3 des Gesetzes über das Verfahren in Familiensachen und in den Angelegenheiten der freiwilligen Gerichtsbarkeit im ersten Rechtszug anhängig ist oder anhängig wird, dieses Verfahren von Amts wegen an das nach Absatz 1 Satz 1 zuständige Gericht abzugeben. Auf übereinstimmenden Antrag beider Elternteile sind andere Familiensachen, an denen diese beteiligt sind, an das nach Absatz 1 oder Absatz 2 zuständige Gericht abzugeben. § 281 Abs 2 Satz 1 bis 3 und Abs 3 Satz 1 der Zivilprozessordnung gilt entsprechend.

(4) Das Familiengericht, das gemäß Absatz 1 oder Absatz 2 zuständig oder an das die Sache gemäß Absatz 3 abgegeben worden ist, kann diese aus wichtigen Gründen an das nach den allgemeinen Vorschriften zuständige Familiengericht abgeben oder zurückgeben, soweit dies nicht zu einer erheblichen Verzögerung des Verfahrens führt. Als wichtiger Grund ist es in der Regel anzusehen, wenn die besondere Sachkunde des erstgenannten Gerichts für das Verfahren nicht oder nicht mehr benötigt wird. § 281 Abs 2 und 3 Satz 1 der Zivilprozessordnung gilt entsprechend. Die Ablehnung einer Abgabe nach Satz 1 ist unanfechtbar.

(5) §§ 4 und 5 Abs 1 Nr. 5, Abs 2 und 3 des Gesetzes über das Verfahren in Familiensachen und in den Angelegenheiten der freiwilligen Gerichtsbarkeit bleibt unberührt.

Abschnitt 4 Allgemeine gerichtliche Verfahrensvorschriften

§ 14 Familiengerichtliches Verfahren

Soweit nicht anders bestimmt, entscheidet das Familiengericht
1. über eine in den §§ 10 und 12 bezeichnete Ehesache nach den hierfür geltenden Vorschriften des Gesetzes über das Verfahren in Familiensachen und in den Angelegenheiten der freiwilligen Gerichtsbarkeit,
2. über die übrigen in den §§ 10, 11, 12 und 47 bezeichneten Angelegenheiten als Familiensachen im Verfahren der freiwilligen Gerichtsbarkeit.

§ 15 Einstweilige Anordnungen

Das Gericht kann auf Antrag oder von Amts wegen einstweilige Anordnungen treffen, um Gefahren von dem Kind abzuwenden oder eine Beeinträchtigung der Interessen der Beteiligten zu vermeiden, insbesondere um den Aufenthaltsort des Kindes während des Verfahrens zu sichern oder eine Vereitelung oder Erschwerung der Rückgabe zu verhindern; Abschnitt 4 des Buches 1 des Gesetzes über das Verfahren in Familiensachen und in den Angelegenheiten der freiwilligen Gerichtsbarkeit gilt entsprechend.

Abschnitt 5 Zulassung der Zwangsvollstreckung, Anerkennungsfeststellung und Wiederherstellung des Sorgeverhältnisses

Unterabschnitt 1 Zulassung der Zwangsvollstreckung im ersten Rechtszug

§ 16 Antragstellung

(1) Mit Ausnahme der in den Artikeln 41 und 42 der Verordnung (EG) Nr. 2201/2003 aufgeführten Titel wird der in einem anderen Staat vollstreckbare Titel dadurch zur Zwangsvollstreckung zugelassen, dass er auf Antrag mit der Vollstreckungsklausel versehen wird.

(2) Der Antrag auf Erteilung der Vollstreckungsklausel kann bei dem zuständigen Familiengericht schriftlich eingereicht oder mündlich zu Protokoll der Geschäftsstelle erklärt werden.

(3) Ist der Antrag entgegen § 184 des Gerichtsverfassungsgesetzes nicht in deutscher Sprache abgefasst, so kann das Gericht der antragstellenden Person aufgeben, eine Übersetzung des Antrags beizubringen, deren Richtigkeit von einer
1. in einem Mitgliedstaat der Europäischen Union oder
2. in einem anderen Vertragsstaat eines auszuführenden Übereinkommens
hierzu befugten Person bestätigt worden ist.

§ 17 Zustellungsbevollmächtigter

(1) Hat die antragstellende Person in dem Antrag keinen Zustellungsbevollmächtigten im Sinne des § 184 Abs 1 Satz 1 der Zivilprozessordnung benannt, so können bis zur nachträglichen Benennung alle Zustellungen an sie durch Aufgabe zur Post (§ 184 Abs 1 Satz 2, Abs 2 der Zivilprozessordnung) bewirkt werden.
(2) Absatz 1 gilt nicht, wenn die antragstellende Person einen Verfahrensbevollmächtigten für das Verfahren bestellt hat, an den im Inland zugestellt werden kann.

§ 18 Einseitiges Verfahren

(1) Im Anwendungsbereich der Verordnung (EG) Nr. 2201/2003 erhält im erstinstanzlichen Verfahren auf Zulassung der Zwangsvollstreckung nur die antragstellende Person Gelegenheit, sich zu äußern. Die Entscheidung ergeht ohne mündliche Verhandlung. Jedoch kann eine mündliche Erörterung mit der antragstellenden oder einer von ihr bevollmächtigten Person stattfinden, wenn diese hiermit einverstanden ist und die Erörterung der Beschleunigung dient.
(2) Abweichend von § 130 Abs 1 des Gesetzes über das Verfahren in Familiensachen und in den Angelegenheiten der freiwilligen Gerichtsbarkeit ist in Ehesachen im ersten Rechtszug eine anwaltliche Vertretung nicht erforderlich.

§ 19 Besondere Regelungen zum Europäischen Sorgerechtsübereinkommen

Die Vollstreckbarerklärung eines Titels aus einem anderen Vertragsstaat des Europäischen Sorgerechtsübereinkommens ist auch in den Fällen der Artikel 8 und 9 des Übereinkommens ausgeschlossen, wenn die Voraussetzungen des Artikels 10 Abs 1 Buchst. a oder b des Übereinkommens vorliegen, insbesondere wenn die Wirkungen des Titels mit den Grundrechten des Kindes oder eines Sorgeberechtigten unvereinbar wären.

§ 20 Entscheidung

(1) Ist die Zwangsvollstreckung aus dem Titel zuzulassen, so beschließt das Gericht, dass der Titel mit der Vollstreckungsklausel zu versehen ist. In dem Beschluss ist die zu vollstreckende Verpflichtung in deutscher Sprache wiederzugeben. Zur Begründung des Beschlusses genügt in der Regel die Bezugnahme auf die Verordnung (EG) Nr. 2201/2003 oder den auszuführenden Anerkennungs- und Vollstreckungsvertrag sowie auf die von der antragstellenden Person vorgelegten Urkunden.
(2) Auf die Kosten des Verfahrens ist § 81 des Gesetzes über das Verfahren in Familiensachen und in den Angelegenheiten der freiwilligen Gerichtsbarkeit entsprechend anzuwenden; in Ehesachen gilt § 788 der Zivilprozessordnung entsprechend.
(3) Ist der Antrag nicht zulässig oder nicht begründet, so lehnt ihn das Gericht durch mit Gründen versehenen Beschluss ab. Für die Kosten gilt Absatz 2; in Ehesachen sind die Kosten dem Antragsteller aufzuerlegen.

§ 21 Bekanntmachung der Entscheidung

(1) Im Falle des § 20 Abs 1 sind der verpflichteten Person eine beglaubigte Abschrift des Beschlusses, eine beglaubigte Abschrift des noch nicht mit der Vollstreckungsklausel versehenen Titels und ggf. seiner Übersetzung sowie der gemäß § 20 Abs 1 Satz 3 in Bezug genommenen Urkunden von Amts wegen zuzustellen. Ein Beschluss nach § 20 Abs 3 ist der verpflichteten Person formlos mitzuteilen.

(2) Der antragstellenden Person sind eine beglaubigte Abschrift des Beschlusses nach § 20, im Falle des § 20 Abs 1 ferner eine Bescheinigung über die bewirkte Zustellung zu übersenden. Die mit der Vollstreckungsklausel versehene Ausfertigung des Titels ist der antragstellenden Person erst dann zu übersenden, wenn der Beschluss nach § 20 Abs 1 wirksam geworden und die Vollstreckungsklausel erteilt ist.

(3) In einem Verfahren, das die Vollstreckbarerklärung einer die elterliche Verantwortung betreffenden Entscheidung zum Gegenstand hat, sind Zustellungen auch an den gesetzlichen Vertreter des Kindes, an den Vertreter des Kindes im Verfahren, an das Kind selbst, soweit es das 14. Lebensjahr vollendet hat, an einen Elternteil, der nicht am Verfahren beteiligt war, sowie an das Jugendamt zu bewirken.

(4) Handelt es sich bei der für vollstreckbar erklärten Maßnahme um eine Unterbringung, so ist der Beschluss auch dem Leiter der Einrichtung oder der Pflegefamilie bekannt zu machen, in der das Kind untergebracht werden soll.

§ 22 Wirksamwerden der Entscheidung

Der Beschluss nach § 20 wird erst mit seiner Rechtskraft wirksam. Hierauf ist in dem Beschluss hinzuweisen.

§ 23 Vollstreckungsklausel

(1) Auf Grund eines wirksamen Beschlusses nach § 20 Abs 1 erteilt der Urkundsbeamte der Geschäftsstelle die Vollstreckungsklausel in folgender Form:

»Vollstreckungsklausel nach § 23 IntFamRVG vom 26.1.2005 (BGBl I S 162). Gemäß dem Beschluss des ... (Bezeichnung des Gerichts und des Beschlusses) ist die Zwangsvollstreckung aus ... (Bezeichnung des Titels) zugunsten ... (Bezeichnung der berechtigten Person) gegen ... (Bezeichnung der verpflichteten Person) zulässig.

Die zu vollstreckende Verpflichtung lautet:

... (Angabe der aus dem ausländischen Titel der verpflichteten Person obliegenden Verpflichtung in deutscher Sprache; aus dem Beschluss nach § 20 Abs 1 zu übernehmen).

(2) Wird die Zwangsvollstreckung nur für einen oder mehrere der durch den ausländischen Titel zuerkannten oder in einem anderen ausländischen Titel niedergelegten Ansprüche oder nur für einen Teil des Gegenstands der Verpflichtung zugelassen, so ist die Vollstreckungsklausel als »Teil-Vollstreckungsklausel nach § 23 IntFamRVG vom 26.1.2005 (BGBl I S 162)« zu bezeichnen.

(3) Die Vollstreckungsklausel ist von dem Urkundsbeamten der Geschäftsstelle zu unterschreiben und mit dem Gerichtssiegel zu versehen. Sie ist entweder auf die Ausfertigung des Titels oder auf ein damit zu verbindendes Blatt zu setzen. Falls eine Übersetzung des Titels vorliegt, ist sie mit der Ausfertigung zu verbinden.

Unterabschnitt 2 Beschwerde

§ 24 Einlegung der Beschwerde; Beschwerdefrist

(1) Gegen die im ersten Rechtszug ergangene Entscheidung findet die Beschwerde zum Oberlandesgericht statt. Die Beschwerde wird bei dem Oberlandesgericht durch Einreichen einer Beschwerdeschrift oder durch Erklärung zu Protokoll der Geschäftsstelle eingelegt.

(2) Die Zulässigkeit der Beschwerde wird nicht dadurch berührt, dass sie statt bei dem Oberlandesgericht bei dem Gericht des ersten Rechtszugs eingelegt wird; die Beschwerde ist unverzüglich von Amts wegen an das Oberlandesgericht abzugeben.

(3) Die Beschwerde gegen die Zulassung der Zwangsvollstreckung ist einzulegen

1. innerhalb eines Monats nach Zustellung, wenn die beschwerdeberechtigte Person ihren gewöhnlichen Aufenthalt im Inland hat;
2. innerhalb von 2 Monaten nach Zustellung, wenn die beschwerdeberechtigte Person ihren gewöhnlichen Aufenthalt im Ausland hat. Die Frist beginnt mit dem Tag, an dem die Vollstreckbarerklärung der beschwerdeberechtigten Person entweder persönlich oder in ihrer Wohnung zugestellt worden ist. Eine Verlängerung dieser Frist wegen weiter Entfernung ist ausgeschlossen.

Anhang zu § 110: FamFG | IntFamRVG

(4) Die Beschwerdefrist ist eine Notfrist.
(5) Die Beschwerde ist dem Beschwerdegegner von Amts wegen zuzustellen.

§ 25 Einwendungen gegen den zu vollstreckenden Anspruch

Die verpflichtete Person kann mit der Beschwerde gegen die Zulassung der Zwangsvollstreckung aus einem Titel über die Erstattung von Verfahrenskosten auch Einwendungen gegen den Anspruch selbst insoweit geltend machen, als die Gründe, auf denen sie beruhen, erst nach Erlass des Titels entstanden sind.

§ 26 Verfahren und Entscheidung über die Beschwerde

(1) Der Senat des Oberlandesgerichts entscheidet durch Beschluss, der mit Gründen zu versehen ist und ohne mündliche Verhandlung ergehen kann.
(2) Solange eine mündliche Verhandlung nicht angeordnet ist, können zu Protokoll der Geschäftsstelle Anträge gestellt und Erklärungen abgegeben werden. Wird in einer Ehesache die mündliche Verhandlung angeordnet, so gilt für die Ladung § 215 der Zivilprozessordnung.
(3) Eine vollständige Ausfertigung des Beschlusses ist den Beteiligten auch dann von Amts wegen zuzustellen, wenn der Beschluss verkündet worden ist.
(4) § 20 Abs 1 Satz 2, Abs 2 und 3, § 21 Abs 1, 2 und 4 sowie § 23 gelten entsprechend.

§ 27 Anordnung der sofortigen Wirksamkeit

(1) Der Beschluss des Oberlandesgerichts nach § 26 wird erst mit seiner Rechtskraft wirksam. Hierauf ist in dem Beschluss hinzuweisen.
(2) Das Oberlandesgericht kann in Verbindung mit der Entscheidung über die Beschwerde die sofortige Wirksamkeit eines Beschlusses anordnen.

Unterabschnitt 3 Rechtsbeschwerde

§ 28 Statthaftigkeit der Rechtsbeschwerde

Gegen den Beschluss des Oberlandesgerichts findet die Rechtsbeschwerde zum Bundesgerichtshof nach Maßgabe des § 574 Abs 1 Nr. 1, Abs 2 der Zivilprozessordnung statt.

§ 29 Einlegung und Begründung der Rechtsbeschwerde

§ 575 Abs 1 bis 4 der Zivilprozessordnung ist entsprechend anzuwenden. Soweit die Rechtsbeschwerde darauf gestützt wird, dass das Oberlandesgericht von einer Entscheidung des Gerichtshofs der Europäischen Gemeinschaften abgewichen sei, muss die Entscheidung, von der der angefochtene Beschluss abweicht, bezeichnet werden.

§ 30 Verfahren und Entscheidung über die Rechtsbeschwerde

(1) Der Bundesgerichtshof kann nur überprüfen, ob der Beschluss auf einer Verletzung des Rechts der Europäischen Gemeinschaft, eines Anerkennungs- und Vollstreckungsvertrags, sonstigen Bundesrechts oder einer anderen Vorschrift beruht, deren Geltungsbereich sich über den Bezirk eines Oberlandesgerichts hinaus erstreckt. Er darf nicht prüfen, ob das Gericht seine örtliche Zuständigkeit zu Unrecht angenommen hat.
(2) Der Bundesgerichtshof kann über die Rechtsbeschwerde ohne mündliche Verhandlung entscheiden. § 574 Abs 4, § 576 Abs 3 und § 577 der Zivilprozessordnung sind entsprechend anzuwenden; in Angelegenheiten der freiwilligen Gerichtsbarkeit bleiben § 574 Abs 4 und § 577 Abs 2 Satz 1 bis 3 der Zivilprozessordnung sowie die Verweisung auf § 556 in § 576 Abs 3 der Zivilprozessordnung außer Betracht.
(3) § 20 Abs 1 Satz 2, Abs 2 und 3, § 21 Abs 1, 2 und 4 sowie § 23 gelten entsprechend.

§ 31 Anordnung der sofortigen Wirksamkeit

Der Bundesgerichtshof kann auf Antrag der verpflichteten Person eine Anordnung nach § 27 Abs 2 aufheben oder auf Antrag der berechtigten Person erstmals eine Anordnung nach § 27 Abs 2 treffen.

Unterabschnitt 4 Feststellung der Anerkennung

§ 32 Anerkennungsfeststellung

Auf das Verfahren über einen gesonderten Feststellungsantrag nach Artikel 21 Abs 3 der Verordnung (EG) Nr. 2201/2003 oder nach dem Europäischen Sorgerechtsübereinkommen, eine Entscheidung, eine Vereinbarung oder eine öffentliche Urkunde aus einem anderen Staat anzuerkennen oder nicht anzuerkennen, sind die Unterabschnitte 1 bis 3 entsprechend anzuwenden.

Unterabschnitt 5 Wiederherstellung des Sorgeverhältnisses

§ 33 Anordnung auf Herausgabe des Kindes

Liegt im Anwendungsbereich des Europäischen Sorgerechtsübereinkommens ein vollstreckungsfähiger Titel auf Herausgabe des Kindes nicht vor, so stellt das Gericht nach § 32 fest, dass die Sorgerechtsentscheidung oder die von der zuständigen Behörde genehmigte Sorgerechtsvereinbarung aus dem anderen Vertragsstaat anzuerkennen ist, und ordnet zur Wiederherstellung des Sorgeverhältnisses auf Antrag an, dass die verpflichtete Person das Kind herauszugeben hat.

Unterabschnitt 6 Aufhebung oder Änderung von Beschlüssen

§ 34 Verfahren auf Aufhebung oder Änderung

(1) Wird der Titel in dem Staat, in dem er errichtet worden ist, aufgehoben oder abgeändert und kann die verpflichtete Person diese Tatsache in dem Verfahren der Zulassung der Zwangsvollstreckung nicht mehr geltend machen, so kann sie die Aufhebung oder Änderung der Zulassung in einem besonderen Verfahren beantragen. Das Gleiche gilt für den Fall der Aufhebung oder Änderung von Entscheidungen, Vereinbarungen oder öffentlichen Urkunden, deren Anerkennung festgestellt ist.
(2) Für die Entscheidung über den Antrag ist das Familiengericht ausschließlich zuständig, das im ersten Rechtszug über den Antrag auf Erteilung der Vollstreckungsklausel oder auf Feststellung der Anerkennung entschieden hat.
(3) Der Antrag kann bei dem Gericht schriftlich oder durch Erklärung zu Protokoll der Geschäftsstelle gestellt werden. Die Entscheidung ergeht durch Beschluss.
(4) Auf die Beschwerde finden die Unterabschnitte 2 und 3 entsprechend Anwendung.
(5) Im Falle eines Titels über die Erstattung von Verfahrenskosten sind für die Einstellung der Zwangsvollstreckung und die Aufhebung bereits getroffener Vollstreckungsmaßregeln die §§ 769 und 770 der Zivilprozessordnung entsprechend anzuwenden. Die Aufhebung einer Vollstreckungsmaßregel ist auch ohne Sicherheitsleistung zulässig.

§ 35 Schadensersatz wegen ungerechtfertigter Vollstreckung

(1) Wird die Zulassung der Zwangsvollstreckung aus einem Titel über die Erstattung von Verfahrenskosten auf die Rechtsbeschwerde aufgehoben oder abgeändert, so ist die berechtigte Person zum Ersatz des Schadens verpflichtet, welcher der verpflichteten Person durch die Vollstreckung des Titels oder durch eine Leistung zur Abwendung der Vollstreckung entstanden ist. Das Gleiche gilt, wenn die Zulassung der Zwangsvollstreckung nach § 34 aufgehoben oder abgeändert wird, sofern der zur Zwangsvollstreckung zugelassene Titel zum Zeitpunkt der Zulassung nach dem Recht des Staates, in dem er ergangen ist, noch mit einem ordentlichen Rechtsbehelf angefochten werden konnte.
(2) Für die Geltendmachung des Anspruchs ist das Gericht ausschließlich zuständig, das im ersten Rechtszug über den Antrag, den Titel mit der Vollstreckungsklausel zu versehen, entschieden hat.

Unterabschnitt 7 Vollstreckungsgegenklage

§ 36 Vollstreckungsgegenklage bei Titeln über Verfahrenskosten

(1) Ist die Zwangsvollstreckung aus einem Titel über die Erstattung von Verfahrenskosten zugelassen, so kann die verpflichtete Person Einwendungen gegen den Anspruch selbst in einem Verfahren nach § 767 der Zivilprozessordnung nur geltend machen, wenn die Gründe, auf denen ihre Einwendungen beruhen, erst
1. nach Ablauf der Frist, innerhalb deren sie die Beschwerde hätte einlegen können, oder
2. falls die Beschwerde eingelegt worden ist, nach Beendigung dieses Verfahrens entstanden sind.

(2) Die Klage nach § 767 der Zivilprozessordnung ist bei dem Gericht zu erheben, das über den Antrag auf Erteilung der Vollstreckungsklausel entschieden hat.

Abschnitt 6 Verfahren nach dem Haager Kindesentführungsübereinkommen

§ 37 Anwendbarkeit

Kommt im Einzelfall die Rückgabe des Kindes nach dem Haager Kindesentführungsübereinkommen und dem Europäischen Sorgerechtsübereinkommen in Betracht, so sind zunächst die Bestimmungen des Haager Kindesentführungsübereinkommens anzuwenden, sofern die antragstellende Person nicht ausdrücklich die Anwendung des Europäischen Sorgerechtsübereinkommens begehrt.

§ 38 Beschleunigtes Verfahren

(1) Das Gericht hat das Verfahren auf Rückgabe eines Kindes in allen Rechtszügen vorrangig zu behandeln. Mit Ausnahme von Artikel 12 Abs 3 des Haager Kindesentführungsübereinkommens findet eine Aussetzung des Verfahrens nicht statt. Das Gericht hat alle erforderlichen Maßnahmen zur Beschleunigung des Verfahrens zu treffen, insbesondere auch damit die Entscheidung in der Hauptsache binnen der in Artikel 11 Abs 3 der Verordnung (EG) Nr. 2201/2003 genannten Frist ergehen kann.
(2) Das Gericht prüft in jeder Lage des Verfahrens, ob das Recht zum persönlichen Umgang mit dem Kind gewährleistet werden kann.
(3) Die Beteiligten haben an der Aufklärung des Sachverhalts mitzuwirken, wie es einem auf Förderung und Beschleunigung des Verfahrens bedachten Vorgehen entspricht.

§ 39 Übermittlung von Entscheidungen

Wird eine inländische Entscheidung nach Artikel 11 Abs 6 der Verordnung (EG) Nr. 2201/2003 unmittelbar dem zuständigen Gericht oder der Zentralen Behörde im Ausland übermittelt, ist der Zentralen Behörde zur Erfüllung ihrer Aufgaben nach Artikel 7 des Haager Kindesentführungsübereinkommens eine Abschrift zu übersenden.

§ 40 Wirksamkeit der Entscheidung; Rechtsmittel

(1) Eine Entscheidung, die zur Rückgabe des Kindes in einen anderen Vertragsstaat verpflichtet, wird erst mit deren Rechtskraft wirksam.
(2) Gegen eine im ersten Rechtszug ergangene Entscheidung findet die Beschwerde zum Oberlandesgericht nach Unterabschnitt 1 des Abschnitts 5 des Buches 1 des Gesetzes über das Verfahren in Familiensachen und in den Angelegenheiten der freiwilligen Gerichtsbarkeit statt; § 65 Abs 2, § 68 Abs 4 sowie § 69 Abs 1 Halbsatz 2 jenes Gesetzes sind nicht anzuwenden. Die Beschwerde ist innerhalb von 2 Wochen einzulegen und zu begründen. Die Beschwerde gegen eine Entscheidung, die zur Rückgabe des Kindes verpflichtet, steht nur dem Antragsgegner, dem Kind, soweit es das 14. Lebensjahr vollendet hat, und dem beteiligten Jugendamt zu. Eine Rechtsbeschwerde findet nicht statt.
(3) Das Beschwerdegericht hat nach Eingang der Beschwerdeschrift unverzüglich zu prüfen, ob die sofortige Wirksamkeit der angefochtenen Entscheidung über die Rückgabe des Kin-

des anzuordnen ist. Die sofortige Wirksamkeit soll angeordnet werden, wenn die Beschwerde offensichtlich unbegründet ist oder die Rückgabe des Kindes vor der Entscheidung über die Beschwerde unter Berücksichtigung der berechtigten Interessen der Beteiligten mit dem Wohl des Kindes zu vereinbaren ist. Die Entscheidung über die sofortige Wirksamkeit kann während des Beschwerdeverfahrens abgeändert werden.

§ 41 Bescheinigung über Widerrechtlichkeit

Über einen Antrag, die Widerrechtlichkeit des Verbringens oder des Zurückhaltens eines Kindes nach Artikel 15 Satz 1 des Haager Kindesentführungsübereinkommens festzustellen, entscheidet das Familiengericht,
1. bei dem die Sorgerechtsangelegenheit oder Ehesache im ersten Rechtszug anhängig ist oder war, sonst
2. in dessen Bezirk das Kind seinen letzten gewöhnlichen Aufenthalt im Geltungsbereich dieses Gesetzes hatte, hilfsweise
3. in dessen Bezirk das Bedürfnis der Fürsorge auftritt.

Die Entscheidung ist zu begründen.

§ 42 Einreichung von Anträgen bei dem Amtsgericht

(1) Ein Antrag, der in einem anderen Vertragsstaat zu erledigen ist, kann auch bei dem Amtsgericht als Justizverwaltungsbehörde eingereicht werden, in dessen Bezirk die antragstellende Person ihren gewöhnlichen Aufenthalt oder, mangels eines solchen im Geltungsbereich dieses Gesetzes, ihren tatsächlichen Aufenthalt hat. Das Gericht übermittelt den Antrag nach Prüfung der förmlichen Voraussetzungen unverzüglich der Zentralen Behörde, die ihn an den anderen Vertragsstaat weiterleitet.
(2) Für die Tätigkeit des Amtsgerichts und der Zentralen Behörde bei der Entgegennahme und Weiterleitung von Anträgen werden mit Ausnahme der Fälle nach § 5 Abs 1 Kosten nicht erhoben.

§ 43 Verfahrenskosten- und Beratungshilfe

Abweichend von Artikel 26 Abs 2 des Haager Kindesentführungsübereinkommens findet eine Befreiung von gerichtlichen und außergerichtlichen Kosten bei Verfahren nach diesem Übereinkommen nur nach Maßgabe der Vorschriften über die Beratungshilfe und Verfahrenskostenhilfe statt.

Abschnitt 7 Vollstreckung

§ 44 Ordnungsmittel; Vollstreckung von Amts wegen

(1) Bei Zuwiderhandlung gegen einen im Inland zu vollstreckenden Titel nach Kapitel III der Verordnung (EG) Nr. 2201/2003, dem Haager Kindesentführungsübereinkommen oder dem Europäischen Sorgerechtsübereinkommen, der auf Herausgabe von Personen oder die Regelung des Umgangs gerichtet ist, soll das Gericht Ordnungsgeld und für den Fall, dass dieses nicht beigetrieben werden kann, Ordnungshaft anordnen. Verspricht die Anordnung eines Ordnungsgeldes keinen Erfolg, soll das Gericht Ordnungshaft anordnen.
(2) Für die Vollstreckung eines in Absatz 1 genannten Titels ist das Oberlandesgericht zuständig, sofern es die Anordnung für vollstreckbar erklärt, erlassen oder bestätigt hat.
(3) Ist ein Kind heraus- oder zurückzugeben, so hat das Gericht die Vollstreckung von Amts wegen durchzuführen, es sei denn, die Anordnung ist auf Herausgabe des Kindes zum Zweck des Umgangs gerichtet. Auf Antrag der berechtigten Person soll das Gericht hiervon absehen.

Anhang zu § 110: FamFG | IntFamRVG

Abschnitt 8 Grenzüberschreitende Unterbringung

§ 45 Zuständigkeit für die Zustimmung zu einer Unterbringung

Zuständig für die Erteilung der Zustimmung zu einer Unterbringung eines Kindes nach Artikel 56 der Verordnung (EG) Nr. 2201/2003 im Inland ist der überörtliche Träger der öffentlichen Jugendhilfe, in dessen Bereich das Kind nach dem Vorschlag der ersuchenden Stelle untergebracht werden soll, andernfalls der überörtliche Träger, zu dessen Bereich die Zentrale Behörde den engsten Bezug festgestellt hat. Hilfsweise ist das Land Berlin zuständig.

§ 46 Konsultationsverfahren

(1) Dem Ersuchen soll in der Regel zugestimmt werden, wenn
1. die Durchführung der beabsichtigten Unterbringung im Inland dem Wohl des Kindes entspricht, insbesondere weil es eine besondere Bindung zum Inland hat,
2. die ausländische Stelle einen Bericht und, soweit erforderlich, ärztliche Zeugnisse oder Gutachten vorgelegt hat, aus denen sich die Gründe der beabsichtigten Unterbringung ergeben,
3. das Kind im ausländischen Verfahren angehört wurde, sofern eine Anhörung nicht auf Grund des Alters oder des Reifegrades des Kindes unangebracht erschien,
4. die Zustimmung der geeigneten Einrichtung oder Pflegefamilie vorliegt und der Vermittlung des Kindes dorthin keine Gründe entgegenstehen,
5. eine erforderliche ausländerrechtliche Genehmigung erteilt oder zugesagt wurde,
6. die Übernahme der Kosten geregelt ist.

(2) Im Falle einer Unterbringung, die mit Freiheitsentziehung verbunden ist, ist das Ersuchen ungeachtet der Voraussetzungen des Absatzes 1 abzulehnen, wenn
1. im ersuchenden Staat über die Unterbringung kein Gericht entscheidet oder
2. bei Zugrundelegung des mitgeteilten Sachverhalts nach innerstaatlichem Recht eine Unterbringung, die mit Freiheitsentziehung verbunden ist, nicht zulässig wäre.

(3) Die ausländische Stelle kann um ergänzende Informationen ersucht werden.
(4) Wird um die Unterbringung eines ausländischen Kindes ersucht, ist die Stellungnahme der Ausländerbehörde einzuholen.
(5) Die zu begründende Entscheidung ist auch der Zentralen Behörde und der Einrichtung oder der Pflegefamilie, in der das Kind untergebracht werden soll, mitzuteilen. Sie ist unanfechtbar.

§ 47 Genehmigung des Familiengerichts

(1) Die Zustimmung des überörtlichen Trägers der öffentlichen Jugendhilfe nach den §§ 45 und 46 ist nur mit Genehmigung des Familiengerichts zulässig. Das Gericht soll die Genehmigung in der Regel erteilen, wenn
1. die in § 46 Abs 1 Nr. 1 bis 3 bezeichneten Voraussetzungen vorliegen und
2. kein Hindernis für die Anerkennung der beabsichtigten Unterbringung erkennbar ist.

§ 46 Abs 2 und 3 gilt entsprechend.
(2) Örtlich zuständig ist das Familiengericht am Sitz des Oberlandesgerichts, in dessen Zuständigkeitsbereich das Kind untergebracht werden soll, für den Bezirk dieses Oberlandesgerichts. § 12 Abs 2 und 3 gilt entsprechend.
(3) Der zu begründende Beschluss ist unanfechtbar.

Abschnitt 9 Bescheinigungen zu inländischen Entscheidungen nach der Verordnung (EG) Nr. 2201/2003

§ 48 Ausstellung von Bescheinigungen

(1) Die Bescheinigung nach Artikel 39 der Verordnung (EG) Nr. 2201/2003 wird von dem Urkundsbeamten der Geschäftsstelle des Gerichts des ersten Rechtszugs und, wenn das Verfahren bei einem höheren Gericht anhängig ist, von dem Urkundsbeamten der Geschäftsstelle dieses Gerichts ausgestellt.

(2) Die Bescheinigung nach den Artikeln 41 und 42 der Verordnung (EG) Nr. 2201/2003 wird beim Gericht des ersten Rechtszugs von dem Familienrichter, in Verfahren vor dem Oberlandesgericht oder dem Bundesgerichtshof von dem Vorsitzenden des Senats für Familiensachen ausgestellt.

§ 49 Berichtigung von Bescheinigungen

Für die Berichtigung der Bescheinigung nach Artikel 43 Abs 1 der Verordnung (EG) Nr. 2201/2003 gilt § 319 der Zivilprozessordnung entsprechend.

Abschnitt 10 Kosten

§§ 50 bis 53 (weggefallen ab 1.9.2009)

§ 54 Übersetzungen

Die Höhe der Vergütung für die von der Zentralen Behörde veranlassten Übersetzungen richtet sich nach dem Justizvergütungs- und -entschädigungsgesetz.

Abschnitt 11 Übergangsvorschriften

§ 55 Übergangsvorschriften zu der Verordnung (EG) Nr. 2201/2003

Dieses Gesetz findet sinngemäß auch auf Verfahren nach der Verordnung (EG) Nr. 1347/2000 des Rates vom 29.5.2000 über die Zuständigkeit und die Anerkennung und Vollstreckung von Entscheidungen in Ehesachen und in Verfahren betreffend die elterliche Verantwortung für die gemeinsamen Kinder der Ehegatten (ABl EG Nr. L 160 S 19) mit folgender Maßgabe Anwendung:

Ist ein Beschluss nach § 21 an die verpflichtete Person in einem weder der Europäischen Union noch dem Übereinkommen vom 16.9.1988 über die gerichtliche Zuständigkeit und die Vollstreckung gerichtlicher Entscheidungen in Zivil- und Handelssachen (BGBl II 1994 S 2658) angehörenden Staat zuzustellen und hat das Familiengericht eine Beschwerdefrist nach § 10 Abs 2 und § 50 Abs 2 Satz 4 und 5 des Anerkennungs- und Vollstreckungsausführungsgesetzes bestimmt, so ist die Beschwerde der verpflichteten Person gegen die Zulassung der Zwangsvollstreckung innerhalb der vom Gericht bestimmten Frist einzulegen.

§ 56 Übergangsvorschriften zum SorgeRÜbkAG

Für Verfahren nach dem Haager Kindesentführungsübereinkommen und dem Europäischen Sorgerechtsübereinkommen, die vor Inkrafttreten dieses Gesetzes eingeleitet wurden, finden die Vorschriften des SorgeRÜbkAG vom 5.4.1990 (BGBl I S 701), zuletzt geändert durch Artikel 2 Abs 6 des Gesetzes vom 19.2.2001 (BGBl I S 288, 436), weiter Anwendung. Für die Zwangsvollstreckung sind jedoch die Vorschriften dieses Gesetzes anzuwenden. Hat ein Gericht die Zwangsvollstreckung bereits eingeleitet, so bleibt seine funktionelle Zuständigkeit unberührt.

Buch 2
Verfahren in Familiensachen

Abschnitt 1
Allgemeine Vorschriften

§ 111 Familiensachen

Familiensachen sind
1. Ehesachen,
2. Kindschaftssachen,
3. Abstammungssachen,
4. Adoptionssachen,
5. Ehewohnungs- und Haushaltssachen,
6. Gewaltschutzsachen,
7. Versorgungsausgleichssachen,
8. Unterhaltssachen,
9. Güterrechtssachen,
10. sonstige Familiensachen,
11. Lebenspartnerschaftssachen.

1 Als Anwendungsbereich des FamFG ist in § 1 ua das »Verfahren in **Familiensachen**« bezeichnet. Das Gesetz enthält **keine inhaltliche Begriffsbestimmung** (weder in § 1 noch sonst). Eine solche Definition (etwa iSd Abstellens auf die besondere Nähe zu familienrechtlich geregelten Rechtsverhältnissen oder den engen Zusammenhang m der Auflösung eines solchen Rechtsverhältnisses; vgl RegE Amtl Begr S 168, 170 zur Einbeziehung »sonstiger Familiensachen«) wäre notwendig unpräzise u würde zu Anwendungsproblemen führen (vgl aber die sinnvolle Benutzung weiter inhaltlicher Begriffe in § 266 Abs 1; nachstehend Rz 2).

2 Das Ziel einer vollständigen Regelung des Verfahren in Familiensachen (Amtl Begr S 174) wird stattdessen erreicht durch eine **Aufzählung** der einzelnen Arten in § 111. Die Liste ist **abschließend** (wie schon bisher die Kataloge in § 621 Abs 1 ZPO, § 23b Abs 1 Satz 2 GVG; Zöller/*Philippi* § 621 Rn 1, 67; § 23b GVG Rn 13). Spätestens nach Zuweisung der »sonstigen Familiensachen« gem § 266 (m generalklauselartigen Begriffe wie Verlöbnis, Ehe, Trennung, Scheidung, Eltern-Kind-Verhältnis, Umgangsrecht) an die Familiengerichte u der damit (neben der Erfassung der Adoptionssachen) vervollständigten Schaffung des »Großen Familiengerichts« (vgl Amtl Begr S 2, 168 f, 223; *Borth* FamRZ 2007, 1927, 1935; *Meyer-Seitz/Kröger/Heiter* FamRZ 2005, 1430, 1432; *Jacoby* FamRZ 2007, 1703, 1704, 1708; *Wever* FF 2008, 399) besteht kein Raum mehr für eine etwaige entsprechende Anwendung auf weitere Verfahren.

3 Die Bestimmung des § 111 ist auch maßgeblich, soweit andere Gesetze den Begriff der Familiensache verwenden (Amtl Begr S 223; *Meyer-Seitz/Kröger/Heiter* FamRZ 2005, 1430, 1432), zB bei der Regelung der **sachlichen Zuständigkeit** in der Neufassung des § 23a Abs 1 Nr 1 GVG (Amtl Begr S 318 f).

4 Die in § 111 lediglich aufgezählten Familiensachen sind jeweils zu Beginn der einzelnen Abschnitte in gesonderten **Definitionsnormen** näher bestimmt (zu Nr 1: § 121; Nr 2: § 151; Nr 3: § 169; Nr 4: § 186; Nr 5: § 200; Nr 6: § 210; Nr 7: § 217; Nr 8: § 231; Nr 9: § 261; Nr 10: § 266; Nr 11: § 269). Dabei sind die Definitionsnormen für Unterhalts-, Güterrechts- u sonstige Familiensachen zweigeteilt: Der jeweils erste Abs bezeichnet die Familienstreitsachen (dazu § 112), der zweite Abs die Verfahren der freiwilligen Gerichtsbarkeit. Wegen der weiteren Einzelheiten, insbes der näheren inhaltlichen Bestimmung der Definitionsnormen, wird auf die Erläuterungen zu den genannten Normen verwiesen.

§ 112 Familienstreitsachen

Familienstreitsachen sind folgende Familiensachen:
1. Unterhaltssachen nach § 231 Abs. 1 und Lebenspartnerschaftssachen nach § 269 Abs. 1 Nr. 8 und 9,
2. Güterrechtssachen nach § 261 Abs. 1 und Lebenspartnerschaftssachen nach § 269 Abs 1 Nr. 10 sowie
3. sonstige Familiensachen nach § 266 Abs. 1 und Lebenspartnerschaftssachen nach § 269 Abs. 2.

Das FamFG behält m Rücksicht auf die teilweise erheblich differierenden materiellen Normen u Verfahrensziele der einzelnen Familiensachen die bisherige **Zweispurigkeit des Verfahrens** in den (früheren) ZPO-Familiensachen u den Angelegenheiten der freiwilligen Gerichtsbarkeit bei (RegE Amtl Begr S 162), ua die Unterscheidung zwischen Amtsermittlung u Beibringungsgrundsatz, die Möglichkeit eines Versäumnisurteils insbes in vermögensrechtlichen Streitigkeiten usw (näher zu den Gründen Amtl Begr S 162, 163; *Meyer-Seitz/Kröger/Heiter* FamRZ 2005, 1430, 1433). 1

Das FamFG verdeutlicht dies durch die Einführung des **neuen Begriffs** der **Familienstreitsachen** (im Referentenentwurf noch stärker ausgeprägt durch Zuweisung eines eigenen Regelungskomplexes; Abschnitt 10 im Buch 1 »Allgemeiner Teil«; §§ 105 bis 110 RefE). Damit wird der Charakter als »Streitsache« betont. Fraglich ist, ob daneben die (bisher gebräuchliche) **Bezeichnung** als »**ZPO-Familiensachen**« noch eine inhaltliche u/oder terminologische Berechtigung hat (haben sollte). Inhaltlich ist die häufig (insbes *Schael* FamRZ 2009, 7 mwN; ferner *Jacoby* FamRZ 2007, 1703, 1708) befürwortete Weiterverwendung ohne Substanz; denn die (Fort-)Geltung der (meisten) ZPO-Normen beruht jetzt auf ausdrücklicher gesetzlicher Anordnung (§ 113 Abs 1 Satz 1), ohne dass es zusätzlich eines Rückgriffs auf »Charakter« oder »Wesen« der Familienstreitsachen als ZPO-Sachen bedarf. Darüber hinaus ist die Bezeichnung auch teilweise irreführend; sie knüpft an die (im Rahmen der bisherigen ZPO sinnvolle) Abgrenzung gegenüber den FGG-Familiensachen an, ohne dass eine (gänzliche) Identität der jetzigen Familienstreitsachen und der früheren ZPO-Familiensachen besteht (nachstehend Rz 3). Auf die Bezeichnung »ZPO-Familiensachen« sollte deshalb im Interesse einer **möglichst umfassenden** u raschen **begrifflichen Verselbständigung des FamFG** verzichtet werden (zu ähnlichen Fragen im Rahmen des § 113 Abs 5 vgl § 113 Rz 18). 2

Die Familienstreitsachen stimmen weitgehend, aber nicht vollständig überein (Amtl Begr S 223; vgl auch *Jacoby* FamRZ 2007, 1703, 1708; *Meyer-Seitz/Kröger/Heiter* FamRZ 2005, 1430, 1433) m den **bisherigen ZPO-Familiensachen**, dh (abgesehen von den Ehesachen) den Unterhaltssachen gem § 621 Abs 1 Nr 4, 5, 11 ZPO aF, Güterrechtssachen gem § 621 Abs 1 Nr 8 ZPO aF u Kindschaftssachen gem § 621 Abs 1 Nr 10 ZPO aF m Ausnahme von § 1600e BGB (vgl Zöller/*Vollkommer* § 78 Rn 36 f; Zöller/*Philippi* § 621a Rn 1). Deren Bereich wird (entsprechend dem Charakter als »Streitsache«) eingeschränkt durch die Überführung sämtlicher Abstammungssachen (bisher: Kindschaftssachen) in das Verfahren der freiwilligen Gerichtsbarkeit, hingegen erweitert durch die (im Rahmen der Schaffung des »Großen Familiengerichts« − § 111 Rz 2 − erfolgte) Zuweisung der Mehrzahl der sonstigen Familiensachen zum Familiengericht. 3

Die **Familienstreitsachen** werden wie in § 111 (§ 111 Rz 1 f) nicht inhaltlich, sondern durch eine **abschließende Aufzählung** (Unterhaltssachen gem § 231 Abs 1; Güterrechtssachen gem § 261 Abs 1, sonstige Familiensachen gem § 266 Abs 1 sowie die jeweils entsprechenden Lebenspartnerschaftssachen gem § 269 Abs 1 Nr 8 bis 10 und Abs 2; vgl auch Amtl Begr S 223) definiert und von den übrigen Familiensachen abgegrenzt. **Ehesachen** sind ihrer Natur nach keine Familienstreitsachen, sondern unterliegen eigenen in Abschnitt 2 enthaltenen Verfahrensregeln (Amtl Begr S 223), allerdings m zahlreichen 4

§ 112 FamFG | Familienstreitsachen

Überschneidungen des Katalogs der anwendbaren Verfahrensnormen (vgl nachstehend Rz 5 aE).

5 Für die Familienstreitsachen kann (als »Streitsachen«) zwanglos auf die meisten Vorschriften der **ZPO** zurückgegriffen werden; dies geschieht durch zahlreiche **Verweisungsvorschriften** (§ 113 Abs 1, 2, § 117 Abs 1 Satz 3, Abs 2 Satz 1, Abs 5, § 118, § 119 Abs 1 Satz 2, Abs 2, § 120 Abs 1; sie gelten zu einem erheblichen Teil auch für die Ehesachen; § 113 Abs 1, § 117 Abs 1 Satz 3, Abs 2 Satz 1, Abs 5, § 118, § 120 Abs 1).

6 In anderen Punkten (§ 113 Abs 3, § 114, § 115, § 116 Abs 3, § 117, § 119 Abs 1 Satz 1, § 120 Abs 2) werden im Interesse der einheitlichen Verfahrensgestaltung in allen Familiensachen (§ 117, § 119 Abs 1 Satz 1; vgl Amtl Begr S 224, 225) sowie entsprechend dem auch in »Streitsachen« als Familiensachen zT vorrangigen Schutzbedürfnis der Parteien (vgl etwa die Erweiterung des Anwaltszwangs in Unterhaltssachen; § 114 Abs 1; dazu Amtl Begr S 223) oder der in Familiensachen generell größeren Fürsorgepflicht der Gerichte u ihrer Verantwortung für eine umfassende Sachverhaltsaufklärung u materielle Richtigkeit der Entscheidung (vgl Amtl Begr S 162, 163, 164) **Sonderregeln oder Modifikationen ggü der ZPO** vorgenommen (zB Einschränkung der Möglichkeit, verspätetes Vorbringen zurückzuweisen; § 115). Wegen der Einzelheiten wird auf die Erläuterungen der betreffenden Vorschriften verwiesen.

§ 113 Anwendung von Vorschriften der Zivilprozessordnung

(1) In Ehesachen und Familienstreitsachen sind die §§ 2 bis 37, 40 bis 45, 46 Satz 1 und 2 sowie §§ 47 und 48 sowie 76 bis 96 nicht anzuwenden. Es gelten die Allgemeinen Vorschriften der Zivilprozessordnung und die Vorschriften der Zivilprozessordnung über das Verfahren vor den Landgerichten entsprechend.

(2) In Familienstreitsachen gelten die Vorschriften der Zivilprozessordnung über den Urkunden- und Wechselprozess und über das Mahnverfahren entsprechend.

(3) In Ehesachen und Familienstreitsachen ist § 227 Abs. 3 der Zivilprozessordnung nicht anzuwenden.

(4) In Ehesachen sind die Vorschriften der Zivilprozessordnung über
1. die Folgen der unterbliebenen oder verweigerten Erklärung über Tatsachen,
2. die Voraussetzungen einer Klageänderung,
3. die Bestimmung der Verfahrensweise, den frühen ersten Termin, das schriftliche Vorverfahren und die Klageerwiderung,
4. die Güteverhandlung,
5. die Wirkung des gerichtlichen Geständnisses,
6. das Anerkenntnis,
7. die Folgen der unterbliebenen oder verweigerten Erklärung über die Echtheit von Urkunden,
8. den Verzicht auf die Beeidigung des Gegners sowie von Zeugen oder Sachverständigen
nicht anzuwenden.

(5) Bei der Anwendung der Zivilprozessordnung tritt an die Stelle der Bezeichnung
1. Prozess oder Rechtsstreit die Bezeichnung Verfahren,
2. Klage die Bezeichnung Antrag,
3. Kläger die Bezeichnung Antragsteller,
4. Beklagter die Bezeichnung Antragsgegner,
5. Partei die Bezeichnung Beteiligter.

A. Allgemeines

Das Verfahren in Familiensachen war **bisher** in Buch 6 der ZPO geregelt, wurde mithin grds ohne weiteres erfasst von den »Allgemeinen Vorschriften« der ZPO aF (Buch 1); ferner waren in den §§ 608, 621b und 624 Abs 3 ZPO aF für Ehesachen sowie (zivilprozessuale; Zöller/*Philippi* § 621b Rn 1, § 624 Rn 8) Güterrechts- und Folgesachen pauschale Verweisungen auf das Verfahren vor den Landgerichten (Buch 2: §§ 253 bis 494a ZPO aF) enthalten. **Sonderbestimmungen** waren nur **für Ausnahmen** v der Anwendung der **ZPO-Normen** erforderlich. Dies erfolgte vor allem in § 621a ZPO aF für die Verfahren der freiwilligen Gerichtsbarkeit durch Anordnung der Geltung zahlreicher Vorschriften des früheren FGG (zu den wegen der insgesamt lückenhaften Regelungen entstandenen Streitfragen vgl Zöller/*Philippi* § 621a Rn 4 ff, 7 ff).

Nach der Zusammenführung der Verfahrensnormen für Familiensachen u Angelegenheiten der freiwilligen Gerichtsbarkeit im FamFG als neuem »Stammgesetz« (RegE Amtl Begr S 163), wiederum (wie in der ZPO) beginnend m einer gebündelten Darstellung allgemeiner Vorschriften (Buch 1 »Allgemeiner Teil«; hier einschließlich der Bestimmungen über das Verfahren im ersten Rechtszug), ist die Regelungstechnik vergleichbar, erfordert aber inhaltlich andere Ausnahmeregelungen. Ohne sie würden die jetzigen, in wesentlichen Punkten an den Grundsätzen der freiwilligen Gerichtsbarkeit orientierten Vorschriften des Allgemeinen Teils auch **für Ehesachen** (§ 121) u **Familienstreitsachen** (§ 112) gelten. Um deren eigenständigen Charakter (vgl § 112 Rz 1, 3 f) verfahrensrechtlich umzusetzen, sind **nunmehr Sonderregelungen zur Beibehaltung der** bisherigen

§ 113 FamFG | Anwendung von Vorschriften der Zivilprozessordnung

(weiterhin gewollten und insbes für die Familienstreitsachen gebotenen; § 112 Rz 1) **Anlehnung dieser Verfahrensarten an die ZPO-Normen** notwendig. Dies geschieht, je nach dem Regelungszweck, durch schlichte Verweisung auf die ZPO nF oder Modifikationen (§ 112 Rz 5 f). Die wichtigsten Bestimmungen hierzu sind in § 113 enthalten, ergänzt durch weitere Vorschriften (§ 112 Rz 5 f).

3   Ferner bestimmt **Abs 5** die generelle Ersetzung der ZPO-Bezeichnungen durch die entsprechenden **Bezeichnungen des FamFG-Verfahrens**.

B. Einzelheiten

I. Absatz 1 (Anwendbarkeit des Buches 1 »Allgemeiner Teil« in Ehe- u Familienstreitsachen)

1. Teilausschluss des Allgemeinen Teils (Buch 1) und Generalverweisung auf allgemeine Normenkomplexe der ZPO

4   Abs 1 regelt als (durch Spezialnormen ergänzte, vgl § 112 Rz 5 f) **Grundsatznorm** für das Verfahren in Ehe- u Familienstreitsachen dessen **Anlehnung an das ZPO-Verfahren** (vgl Rz 2). Es wird die **Nichtanwendbarkeit einzelner ausdrücklich u damit erkennbar** (vorbehaltlich von Sonderregeln) **abschließend genannter Vorschriften aus dem Allgemeinen Teil des FamFG**, nämlich der §§ 2 bis 37, 40 bis 45, 46 Satz 1 u 2 sowie der §§ 47, 48, 76 bis 96 bestimmt; dazu gehört zB die Amtsermittlung gem § 26 (zu einem Beispiel für den Wegfall der Amtsermittlung durch Umwandlung in eine Familienstreitsache vgl § 266 Rz 5). Statt dieser Normen wird durch generelle und flexible (die betreffende Regelung mit ihrem jeweiligen abänderbaren Inhalt inkorporierende) Verweisung die **entsprechende Geltung vergleichbarer (korrespondierender) Normenkomplexe der ZPO** angeordnet, nämlich der Allgemeinen Vorschriften (Buch 1 = §§ 1 bis 252 ZPO nF) u der Vorschriften über das Verfahren vor den Landgerichten (Buch 1 = §§ 253 bis 494a ZPO nF). – Die Verweisung in Abs 1 ist zT ergänzungsbedürftig (Rz 10), zT ist sie durch Herausnahme einzelner Normen oder von Normenbündeln zu spezifischen Punkten wieder einzuschränken (Rz 11 ff). Beides dient der sachgerechten Ausformung der in Ehesachen u Familienstreitsachen unterschiedlich starken Anbindung an das ZPO-Verfahren.

5   Die Verweisung verzichtet auf eine detaillierte Aufzählung der jeweils ersatzweise anzuwendenden Normen. Es wäre auch kaum möglich, zumindest unpraktikabel, in das Gesetz einen vollständigen Katalog in Form einer Gegenüberstellung der ausgeschlossenen FamFG-Norm und der statt dessen entsprechend geltenden (ihrerseits flexiblen; Rz 4) ZPO-Norm aufzunehmen. Die notwendige Rechtsklarheit wird durch die enumerative Auflistung der nicht anwendbaren FamFG-Normen erreicht. Es ist Sache des Rechtsanwenders, jeweils aus den genannten ZPO-Normenkomplexen die passende Einzelvorschrift »entsprechend« heranzuziehen.

2. (Modifizierte) Anwendbarkeit der vom Ausschluss in Absatz 1 nicht erfassten Vorschriften des Allgemeinen Teils

6   Abs 1 lässt durch Beschränkung des Anwendungsausschlusses auf ausdrücklich und abschließend genannte Normen (Rz 4) die **Geltung der übrigen Vorschriften des Allgemeinen Teils (Buch 1)** für Ehe- u Familienstreitsachen **unberührt**. Die §§ 1, 38, 39, 49 bis 75 sowie 97 bis 110 sind deshalb grds anzuwenden vorbehaltlich der Modifizierung durch Sondervorschriften (zu § 46 Satz 3 s Rz 7 aE). Das bedeutet im Einzelnen:

7   **§ 1** bezeichnet den Anwendungsbereich des FamFG als Ganzem. Der in **§ 38 Abs 1** enthaltene Grundsatz (Beschluss als generelle Entscheidungsform für Endentscheidungen; vgl Amtl Begr S 195, 224) wird für Familiensachen allgemein (dh einschließlich der Ehe- und Familienstreitsachen) in § 116 Abs 1 wiederholt ohne eine Begrenzung auf

Endentscheidungen; daraus ist nicht abzuleiten, dass jede eine Endentscheidung vorbereitende oder ergänzende Maßnahme in Familiensachen (**Neben- und Zwischenentscheidungen**) in Beschlussform erfolgen muss; insbes sind verfahrensleitende oder -begleitende Verfügungen (zB Auflagen an die Beteiligten) weiterhin zulässig (so offenbar auch Amtl Begr S 195). § 38 Abs 2 bis 6 (Einzelheiten zur Abfassung von Beschlüssen) ist uneingeschränkt anwendbar. Das Gleiche gilt für § 39 (Pflicht zur Erteilung einer Rechtsbehelfsbelehrung; vgl Amtl Begr S 196, 224). Ein **Verstoß gegen § 39** kann in dem FamFG unterliegenden Verfahren generell zu einer erleichterten Wiedereinsetzung in den vorigen Stand führen, weil bei Versäumung einer gesetzlichen Frist zur Einlegung eines Rechtsbehelfs gem § 17 Abs 2 ein Fehlen des Verschuldens vermutet wird (was nicht ausschließt, dass gleichwohl, etwa bei anwaltlicher Vertretung, eine Ursächlichkeit des Verstoßes verneint wird; vgl Amtl Begr S 183). Diese Erleichterung gilt jedoch – weil § 17 zu den gem Abs 1 Satz 1 nicht anwendbaren Normen gehört (vgl dazu Rz 4) – nicht für Ehe- u Familienstreitsachen. Der Beteiligte muss deshalb in jedem Fall die Ursächlichkeit des Fehlens der Rechtsbehelfsbelehrung darlegen u glaubhaft machen (§ 236 Abs 2 ZPO; andernfalls Zurückweisung des Antrags; Zöller/*Greger* § 233 Rn 22c); diese Ungleichbehandlung ist hinzunehmen, weil in Ehe- u Familienstreitsachen die Ehegatten u sonstigen Beteiligten durchgängig anwaltlich vertreten sind (§ 114). Folgerichtig wird in § 117 Abs 5 bezüglich der Gründe für eine Wiedereinsetzung auch nur auf § 233 ZPO verwiesen. Die Erteilung von Rechtskraftzeugnissen richtet sich in Ehe- und Familienstreitsachen grds nicht nach § 46, sondern nach den Normen der ZPO (vgl zum Ausschluss von § 46 Satz 1, 2 oben Rz 4); eine Ausnahme ist nur in dem ua für Ehesachen (nicht für Familienstreitsachen) geltenden **§ 46 Satz 3** (Erteilung von Amts wegen) vorgesehen.

Die **§§ 49 bis 57** (Einstweilige Anordnung) sind grds anwendbar; in § 119 Abs 1 Satz 1 **8** wird die Zulässigkeit einer einstweiligen Anordnung für die Familienstreitsachen noch einmal klargestellt (Amtl Begr S 225) u durch weitere Regelungen in § 119 Abs 1 Satz 2 (Schadensersatzanspruch in bestimmten Familienstreitsachen außer Unterhaltssachen) sowie in den §§ 246 f (für Unterhaltssachen) ergänzt; ferner ist in § 119 Abs 2 zusätzlich der persönliche u dingliche Arrest vorgesehen entsprechend den Vorschriften der ZPO. Wegen der Einzelheiten wird auf die Kommentierung der betreffenden Vorschriften Bezug genommen.

Die **§§ 58 bis 75** (Rechtsmittel) sind grds anwendbar, werden jedoch in § 117 wesent- **9** lich (unter maßgeblicher Verweisung auf die ZPO; vgl § 112 Rz 5 u Amtl Begr S 225) modifiziert (vgl die Erläuterung zu § 117). Die 97 bis 110 (Verfahren m Auslandsbezug) sind wiederum uneingeschränkt heranzuziehen.

II. Absatz 2 (Anwendbarkeit weiterer spezifischer Normenkomplexe der ZPO in Familienstreitsachen)

Die Generalverweisung in Abs 1 erfasst nur Normenkomplexe allgemeiner Art (Rz 4). **10** **Zusätzlich** ist **in Familienstreitsachen** (§ 112 Rz 1 ff) zur Vereinfachung u Beschleunigung der Durchsetzung der darunter fallenden (insbes vermögensrechtlichen) Ansprüche die entsprechende Anwendbarkeit des betreffenden ZPO-Instrumentariums geboten (allgemein zur verstärkten Anlehnung des Verfahren in Familienstreitsachen an die ZPO Rz 2 iVm § 112 Rz 1). Dies geschieht wie in Abs 1 durch generelle und flexible (Rz 4) Verweisung, hier auf die »passenden« **spezifischen Normenkomplexe der ZPO** für den Urkunden- und Wechselprozess und das Mahnverfahren (wiederum – vgl Rz 5 – ohne Bezeichnung der einzelnen Normen; zzt: ZPO Buch 5, §§ 592 bis 605a; Buch 7, §§ 688 bis 703d). Die »entsprechende« Anwendung des § 690 Abs 1 Nr 5 ZPO bedeutet, dass als das für ein streitiges vermögensrechtliches Verfahren zuständige Gericht das Amtsgericht – Familiengericht – unabhängig v Streitwert anzugeben ist (Amtl Begr

§ 113 FamFG | Anwendung von Vorschriften der Zivilprozessordnung

S 223; *Schulte-Bunert* Rn 454; zum Schwellenwert von 5 000 € in allgemeinen zivilrechtlichen Streitigkeiten vgl § 23 Nr 1 GVG).

III. Absatz 3, 4 (Nichtanwendbarkeit einzelner Vorschriften oder spezifischer Normenkomplexe der ZPO in Ehe- und Familienstreitsachen bzw nur in Ehesachen)

11   **Abs 3 u 4** schränken die zu weit reichende **Generalverweisung in Abs 1 Satz 2 ein**, für **Familienstreitsachen** nur **geringfügig** (Abs 3; Rz 12), für **Ehesachen** zusätzlich **in erheblichem Umfang** (Abs 4; Rz 13 ff). Letzteres ist notwendig, weil die Verweisung eine Vielzahl von Normen erfasst, die zwar für die Familienstreitsachen »passen« und deren verfahrensrechtliche Anlehnung an die ZPO-Normen gerade als »Streitsache« (Rz 2 iVm § 112 Rz 3) angemessen umsetzen, deren Heranziehung jedoch dem besonderen, für sich wiederum eigenständigen Charakter der Ehesachen (gerade hier mit gesteigerten Pflichten der Gerichte; näher dazu § 112 Rz 6) widersprechen würde.

12   **Abs 3** (Ausschluss des § 227 Abs 3 Satz 1 ZPO nF) entspricht § 227 Abs 3 Satz 1 iVm Satz 2 Nr 3 ZPO aF. In **Ehe- und Familienstreitsachen** (wie in den übrigen Familiensachen) besteht kein verfahrensrechtlicher Anspruch auf Vertagung.

13   **Abs 4** bestimmt die **in Ehesachen nicht anwendbaren Vorschriften** aus praktischen Gründen nicht durch ausdrückliche Auflistung, sondern (wie in Abs 2; Rz 10) durch generelle u flexible (Rz 4) Verweisung auf **spezifische Normenkomplexe der ZPO**. Sie betreffen fast durchweg Vorschriften, die Ausfluss der Dispositionsmaxime sind, Sanktionen bei unzureichenden Erklärungen vorsehen und die richterliche Verfahrensweise strikten Regeln unterwerfen. Das FamFG hat sich insoweit im Wesentlichen darauf beschränkt, die bereits im früheren Recht (Buch 6 ZPO aF) an verschiedenen Stellen geregelten Ausnahmen in einer übersichtlichen Aufzählung zusammenzufassen (Amtl Begr S 223). Im Einzelnen:

14   **Abs 4 Nr 1 und Nr 5 bis 8** entsprechen § 617 ZPO aF (Amtl Begr S 223). Damit wird die Anwendung folgender Vorschriften der ZPO ausgeschlossen: § 138 Abs 3 (Nr 1; vgl ergänzend zur Zulässigkeit eines nicht rechtzeitig erfolgten Vorbringens § 115), § 288 (Nr 5), § 307 (Nr 6), § 439 Abs 3 (Nr 7), § 452 Abs 3 (Nr 8 Hs 1) u § 391 iVm § 402 ZPO nF (Nr 8 Hs 2). Den Parteien wird dadurch jede Möglichkeit genommen, einen Antrag in Ehesachen »unstreitig« zu stellen oder die freie Beweiswürdigung durch das Gericht einzuengen (zu weiteren Einzelheiten, ua zur Verwertung eines entsprechenden Verhaltens der Beteiligten als Beweisumstände vgl Zöller/*Philippi* § 617 Rn 1; zu Parteivereinbarungen bezüglich des beiderseitigen Verhaltens im Verfahren vgl Zöller/*Philippi* § 617 Rn 3, 6). Zulässig bleiben ein Klageverzicht (§ 306 ZPO nF), der allerdings in Ehesachen nur begrenzte Wirkung hat (Zöller/*Philippi* § 617 Rn 4), sowie Vergleiche m dem Ziel, ein Verfahren zu beenden oder einvernehmliche Erklärungen über die Rücknahme oder den Verzicht auf ein Rechtsmittel (auch in Bezug auf einen die Scheidung aussprechenden Beschluss; näher dazu Zöller/*Philippi* § 617 Rn 5).

15   **Abs 4 Nr 2** erlaubt (wie § 611 Abs 1 ZPO aF) abweichend von § 263 ZPO, dh ohne Zustimmung des Gegners oder Feststellung der Sachdienlichkeit, eine Antragsänderung. Das gilt auch für die Rechtsmittelinstanz; ein neuer Antrag kann insbes nicht gem § 115 zurückgewiesen werden (kein Angriffs- u Verteidigungsmittel; vgl für das frühere Recht Zöller/*Philippi* § 611 Rn 5; § 615 Rn 4).

16   **Abs 4 Nr 3** schließt (weitergehend als § 611 Abs 2 ZPO aF; vgl Amtl Begr S 223) die Anwendung der Bestimmungen der ZPO über den frühen ersten Termin (§ 275), das schriftliche Vorverfahren (§ 276) u die Klageerwiderung (§ 277) insgesamt aus. Sie sind im flexiblen Verfahren in Ehesachen entbehrlich (und gegebenenfalls eher hinderlich); die gebotene Beschleunigung kann über die weiterhin anwendbaren §§ 273, 279 Abs 2 u § 282 ZPO (vgl Amtl Begr S 223) erreicht werden.

Gem **Abs 4 Nr 4** ist abweichend vom bisherigen Recht (§ 608 iVm § 278 Abs 2 ZPO aF; 17
vgl dazu Zöller/*Philippi* § 612 Rn 1) eine gesonderte Güteverhandlung nicht mehr vorgeschrieben. Der Gesetzgeber hält sie in Anbetracht der bestehenden Sondervorschriften (zB § 128) zu Recht nicht mehr für erforderlich (Amtl Begr S 223).

IV. Absatz 5 (Einheitliche Begrifflichkeit)

Abs 5 ordnet zwecks Einführung einer einheitlichen Begriffsbildung (Amtl Begr S 223) 18
in Nr 1 bis 5 an, dass die bisher üblichen zivilprozessualen Bezeichnungen (zB Prozess oder Klage pp) durch die entsprechenden FamFG-Bezeichnungen (zB Verfahren oder Antrag pp) ersetzt werden. Dies sollte (aus den bei § 112 Rz 2 genannten Gründen) möglichst umfassend, unter Vermeidung von Irreführungen u im Rahmen des sprachlich Vertretbaren (näher dazu *Schael* FamRZ 2009, 7) umgesetzt werden, auch dann, wenn das Gesetz selbst terminologische Inkonsequenzen aufweist. So sollte etwa durchgängig (einschließlich der Familienstreitsachen) v **Verfahrenskostenhilfe** (so auch § 114 Abs 4 Nr 5) und nicht von Prozesskostenhilfe gesprochen werden (zutreffend *Schulte-Bunert* Rn 458; ebenso wohl *Schürmann* FF 2008, 395; *Borth* FamRZ 2007, 1923, 1930; *Götsche* FamRZ 2009, 383), obwohl letztere in den §§ 149, 242 FamFG erwähnt wird (daraus leitet *Schael* FamRZ 2009, 9 die Fortgeltung dieses Begriffes ab). Denn wenn es im gesamten FamFG keinen Prozess, sondern nur noch Verfahren gibt (Amtl Begr S 212; zust *Borth* FamRZ 2007, 1923, 1930; insoweit auch *Schael* FamRZ 2009, 7), ist es folgerichtig, alle zugehörigen zusammengesetzten Begriffe (in den oben genannten Grenzen) anzupassen (zB Verfahrensfähigkeit, Verfahrensverbindung, Verfahrensstandschaft; insoweit zutreffend *Schael* FamRZ 2009, 8 f; zum Verfahrenswert statt des Streitwerts vgl § 3 Abs 1 FamGKG; wohl zu Recht noch weitergehend *Schulte-Bunert* Rn 458). An ungewohnte Begriffe (zB »Widerantrag« statt Widerklage; dafür *Schulte-Bunert* Rn 458; aA *Schael* FamRZ 2009, 8 unter Hinweis auf § 39 FamGKG) wird man sich gewöhnen oder sie durch andere eigenständige, aber sprachlich gefälligere Begriffe (zB Gegenantrag statt Widerantrag) ersetzen.

§ 114 Vertretung durch einen Rechtsanwalt; Vollmacht

(1) Vor dem Familiengericht und dem Oberlandesgericht müssen sich die Ehegatten in Ehesachen und Folgesachen und die Beteiligten in selbständigen Familienstreitsachen durch einen Rechtsanwalt vertreten lassen.

(2) Vor dem Bundesgerichtshof müssen sich die Beteiligten durch einen bei dem Bundesgerichtshof zugelassenen Rechtsanwalt vertreten lassen.

(3) Behörden und juristische Personen des öffentlichen Rechts einschließlich der von ihnen zur Erfüllung ihrer öffentlichen Aufgaben gebildeten Zusammenschlüsse können sich durch eigene Beschäftigte oder Beschäftigte anderer Behörden oder juristischen Personen des öffentlichen Rechts einschließlich der von ihnen zur Erfüllung ihrer öffentlichen Aufgaben gebildeten Zusammenschlüsse vertreten lassen. Vor dem Bundesgerichtshof müssen die zur Vertretung berechtigten Personen die Befähigung zum Richteramt haben.

(4) Der Vertretung durch einen Rechtsanwalt bedarf es nicht
1. im Verfahren der einstweiligen Anordnung,
2. wenn ein Beteiligter durch das Jugendamt als Beistand vertreten ist,
3. für die Zustimmung zur Scheidung und zur Rücknahme des Scheidungsantrags und für den Widerruf der Zustimmung zur Scheidung,
4. für einen Antrag auf Abtrennung einer Folgesache von der Scheidung,
5. im Verfahren über die Verfahrenskostenhilfe,
6. in den Fällen des § 78 Abs. 3 der Zivilprozessordnung sowie
7. für den Antrag auf Durchführung des Versorgungsausgleichs nach § 3 Abs. 3 des Versorgungsausgleichsgesetzes und die Erklärungen zum Wahlrecht nach § 15 Abs. 1 und 3 des Versorgungsausgleichsgesetzes.

(5) Der Bevollmächtigte in Ehesachen bedarf einer besonderen auf das Verfahren gerichteten Vollmacht. Die Vollmacht für die Scheidungssache erstreckt sich auch auf die Folgesachen.

A. Allgemeines

1   Das FamFG regelt an zwei Stellen den **Anwaltszwang**. § 10 Abs 4 (Anwaltszwang nur beim BGH) ist die Grundnorm für die Verfahren, die sich in ihren wesentlichen Teilen nicht (durch Verweisung) nach der ZPO, sondern nach der eigenständigen Normierung im FamFG (wenn auch ggf ergänzt durch rechtstechnische Verweisung auf die ZPO) richten (Angelegenheiten der freiwilligen Gerichtsbarkeit und entsprechende Familiensachen, dh die bisherigen FGG-Familiensachen). § 10 gilt gem § 113 Abs 1 Satz 1 nicht für **Ehesachen** (§ 121) und **Familienstreitsachen** (§ 112); für diese Komplexe bildet § 114 die erforderliche Regelung des Anwaltszwangs; sie wird ferner (insoweit als Sonderregelung gegenüber der allgemeinen Bestimmung des § 10) ausgedehnt auf die **Folgesachen** aus dem Gebiet der freiwilligen Gerichtsbarkeit (bisherige FGG-Familiensachen). Für **isolierte Familiensachen aus dem Bereich der freiwilligen Gerichtsbarkeit** ergibt sich der (auf den BGH beschränkte) Anwaltszwang bereits aus § 10 Abs 4 (s.o.); man sollte gleichwohl § 114 (abgesehen von der Sonderregelung in Abs 5 für die Verfahrensvollmacht in Ehesachen) als **zusammenhängende** (teilweise deklaratorische) **Regelung des Anwaltszwangs** in Familiensachen betrachten; die in Abs 4 detailliert geregelten Ausnahmen v Anwaltszwang (Rz 13 ff) sind dann ohne weiteres auch auf die genannten isolierten Familiensachen anwendbar.

2   Im Ergebnis ändert sich nichts für Ehesachen, Folgesachen u isolierte Familiensachen aus dem Bereich der freiwilligen Gerichtsbarkeit. Die **wesentlichen Änderungen** betreffen **Erweiterungen des Anwaltszwangs** im Bereich der **selbständigen Familienstreitsa-**

chen (bisherige ZPO-Familiensachen; vgl § 112 Rz 1, 3) hinsichtlich des **erstinstanzlichen Verfahrens**
– vor allem in den betreffenden Unterhaltssachen (§ 231 Abs 1; einschließlich der entsprechenden Lebenspartnerschaftssachen gem § 269 Abs 1 Nr 8 und 9),
– ferner in den betreffenden (erstmals den Familiengerichten zugewiesenen; vgl § 111 Rz 2, § 112 Rz 3 aE) sonstigen Familiensachen (§ 266 Abs 1; wiederum einschließlich der entsprechenden Lebenspartnerschaftssachen gem § 269 Abs 2), soweit hierfür bisher nicht bereits Anwaltszwang wegen der sachlichen Zuständigkeit der Landgerichte bestand (wie häufig, zB bei wirtschaftlich bedeutsamen Streitigkeiten über die Rückabwicklung oder den Ausgleich von Vermögensverschiebungen aus Anlass einer Ehe oder Lebenspartnerschaft; vgl Amtl Begr S 224).

Für die Güterrechtssachen (als weiteren Teil der Familienstreitsachen; § 261 Abs 1; auch **3** hier einschließlich der entsprechenden Lebenspartnerschaftssachen; § 269 Abs 1 Nr 10) bestand schon nach altem Recht Anwaltszwang (§ 78 Abs 2 iVm §§ 621 Abs 1 Nr 8, 661 Abs 1 Nr 6 ZPO aF).

Die Ausdehnung des **Anwaltszwangs** rechtfertigt sich wegen der wachsenden Kom- **4** plexität des für den Unterhalt und den internen Vermögensausgleich maßgeblichen materiellen Rechts (Amtl Begr S 223; *Wever* FF 2008, 399, 403) sowie (insbes im Unterhaltsrecht) unter dem Gesichtspunkt des Schutzes der Beteiligten (vgl § 112 Rz 6) und der Waffengleichheit; faktisch sind die betreffenden Verfahren auch bisher schon in erster Instanz ganz überwiegend von Anwälten geführt worden (Amtl Begr S 224).

B. Einzelheiten

I. Absatz 1 bis 2 (sachliche und instanzielle Voraussetzungen des Anwaltszwangs)

1. Absatz 2 (Instanzieller Anwaltszwang beim BGH)

Die Regelung des **Anwaltszwangs** in § 114 ist (weitgehend; vgl Rz 6) aus sich heraus **5** verständlich u eindeutig, soweit sie ausschließlich an den Instanzenzug anknüpft: In **allen Verfahren** (unabhängig von der Verfahrensart; zu den Ausnahmen bei Verfahrensteilen vgl Rz 6, 13 ff) vor dem **BGH** müssen sich **alle Beteiligten** (iSv § 7, dh auch beteiligte Dritte, die deshalb in § 114, anders als in § 78 Abs 1 Satz 5, Abs 2, 3 ZPO aF, nicht mehr gesondert erwähnt werden) durch einen beim BGH zugelassenen RA vertreten lassen; zur verfassungsrechtlichen Problematik der Singularzulassung beim BGH Zöller/ *Vollkommer* § 78 Rn 2 aE).

Dieser Grundsatz wird nur geringfügig eingeschränkt, zum einen sachlich durch He- **6** rausnahme bestimmter Nebenverfahren bzw Verfahrensteile (Rz 13 ff), zum andern im Rahmen des »Behördenprivilegs« (Abs 3 Satz 2; Rz 11 f).

2. Absatz 1 (Verfahrensbezogener Anwaltszwang beim Familiengericht u OLG)

Abgesehen v BGH (Rz 5 f) besteht bei den mit Familiensachen befassten Gerichten nur **7** ein **eingeschränkter** (wenn auch gegenüber dem bisherigen Rechtszustand erweiterter; Rz 2 ff) **verfahrensbezogener Anwaltszwang**. Soweit er gilt, ist die **Vertretung durch einen RA** vorgeschrieben (**ohne jede Unterscheidung zwischen den beiden Instanzen**, insbes ohne Anknüpfung an die Zulassung bei bestimmten Gerichten; vgl zur Entwicklung – Deregulierung – des Anwaltszwangs Zöller/*Vollkommer* § 78 Rn 2 f).

Der Anwaltszwang betrifft zunächst (Abs 1; insoweit unverändert) die **Ehesachen** **8** (§ 121) u **Folgesachen (§ 137 Abs 2, 3)**. Eindeutig geregelt ist in § 137 Abs 5 die Wirkung der **Abtrennung** einer Folgesache (§ 140): Die Verfahren gem § 137 Abs 2 (VA; Unterhalt mit der dort genannten Ausnahme; Ehewohnungs- und Haushaltssachen; Güterrecht) bleiben Folgesache, so dass der Anwaltszwang fortbesteht (Amtl Begr S 230; nach altem

§ 114 FamFG | Vertretung durch einen Rechtsanwalt; Vollmacht

Recht streitig, vgl Zöller/*Vollkommer* § 78 Rn 30 mwN); er entfällt hingegen bei Verfahren gem § 137 Abs 3 (Teil der Kindschaftssachen), sie werden als selbständige (nunmehr anwaltsfreie; Rz 10) Verfahren fortgeführt.

9 Der Anwaltszwang gilt ferner (auch hier für alle Beteiligten; Rz 5) in **selbständigen Familienstreitsachen** (Abs 1; insoweit m der in Rz 2 beschriebenen Erweiterung). Demgemäß unterliegen die Familienstreitsachen (§ 112 Rz 4) immer dem Anwaltszwang (nicht nur als Folgesache; dazu Rz 8).

10 Hingegen ist (unverändert; Rz 1) bei **ausschließlich dem FamFG unterliegenden Familiensachen** (früheren FGG-Familiensachen; Rz 1) die Form der Geltendmachung maßgeblich: Der Anwaltszwang gilt nur für die betreffenden **Folgesachen**, nicht bei – von vornherein oder nach Abtrennung (Rz 8) – selbständigen Verfahren.

II. Absatz 3 bis 4 (Modifizierte) Ausnahmen vom Anwaltszwang

1. Absatz 3 (»Behördenprivileg«)

11 Die Vorschrift enthält (inhaltlich entsprechend der angestrebten Neuregelung des bisherigen § 78 Abs 4 ZPO aF; vgl Amtl Begr S 224) ein weit reichendes Behördenprivileg. Der Begriff »**Behörde**« (vgl auch § 8 Nr 3) wird im Gesetz nicht eigenständig definiert; abzustellen ist deshalb auf die verwaltungsrechtlichen Regelungen (vgl § 8 Rz 9).

12 Der teilweise bestehende Anwaltszwang beim Familiengericht u OLG (Rz 8 f) wird für Behörden und die in Abs 3 genannten juristischen Personen und Zusammenschlüsse aufgehoben; sie können sich statt dessen durch eigene Beschäftigte oder solche anderer Behörden oder der erwähnten weiteren Funktionsträger vertreten lassen; insoweit besteht auch das in § 78 Abs 4 ZPO aF zuletzt enthaltene Erfordernis der Befähigung zum Richteramt nicht mehr **(Abs 3 Satz 1)**. Diese zusätzliche Qualifikation muss nur noch bei Vertretung durch eigene Beschäftigte beim BGH vorliegen **(Abs 3 Satz 2)**.

2. Absatz 4 (Ausnahmen vom Anwaltszwang für Nebenverfahren und Verfahrensteile)

13 Abs 4 nimmt bestimmte Nebenverfahren bzw Verfahrenshandlungen generell (auch vor dem BGH, soweit dies praktisch relevant ist) vom Anwaltszwang aus. Dabei werden die schon bisher bestehenden Befreiungen (vgl zu Nr 1 § 620a Abs 2 Satz 2 ZPO aF; zu Nr 3 § 630 Abs 2 Satz 2 ZPO aF) zusammengefasst und zT erweitert.

14 Die **(Neben-)Verfahren** betreffend die **einstweilige Anordnung (Abs 4 Nr 1**; vgl §§ 49 ff; selbständiges Verfahren gem § 51 Abs 3 Satz 1) u die **Verfahrenskostenhilfe (Abs 4 Nr 5)** werden nach dem Wortlaut **uneingeschränkt**, dh für den gesamten Verlauf, vom Anwaltszwang ausgenommen. Das gilt folglich auch für etwaige mündliche Verhandlungen (die damit zusammenhängenden früheren Streitfragen sind deshalb gegenstandslos; vgl etwa Zöller/*Vollkommer* § 78 Rn 46; Zöller/*Philippi* § 620a Rn 9, 9a).

15 Zusätzlich können **einzelne**, in **Abs 4 Nr 2 bis 4 u 7** bezeichnete **Verfahrenshandlungen** ohne Vertretung durch einen Anwalt vorgenommen werden:

16 Die Befreiung gem **Nr 2** (Vertretung durch das Jugendamt als Beistand; vgl § 1712 BGB iVm § 53a ZPO) wird man im Zusammenhang m der Regelung in Abs 3 zu sehen haben; er ermöglicht (dort in eigenen Angelegenheiten) das Auftreten des Jugendamts als Behörde durch eigene Beschäftigte ohne anwaltliche Vertretung; diese Befugnis wird in Abs 3 Nr 2 auf die Tätigkeit als Beistand ausgedehnt; folgerichtig wird aber auch die in Abs 3 Satz 2 geforderte zusätzliche Qualifikation des Beschäftigten (Rz 12) gelten müssen, wenn das Jugendamt als Beistand beim BGH auftritt (ebenso offenbar Baumbach/Lauterbach/*Hartmann* § 114 FamFG Rn 6).

17 Die in **Nr 3, 4 u 7** genannten Ausnahmen dienen der Erleichterung der Mitwirkung des anderen Ehegatten in Ehesachen u Verbundverf, in denen nur eine Seite anwaltlich vertreten ist; der andere soll nicht gezwungen sein, für Verfahrenshandlungen m be-

grenzter Zielrichtung einen Anwalt zu beauftragen; das dient auch der Kostenreduzierung (vgl Amtl Begr S 224, 229; zu den **Wahlrechten** im Rahmen der **externen Teilung gem §§ 14, 15 VersAusglG** ausf § 222 Rz 1 ff; dort, Rz 5 f, insbes zur Abgrenzung der v vornherein anwaltsfreien rein materiellrechtlichen Erklärungen gem § 14 Abs 2 VersAusglG v den potentiell verfahrensrechtlichen Erklärungen gem § 15 VersAusglG).

Nr 6 entspricht der Regelung in § 78 Abs 3 ZPO (früher: § 78 Abs 5 ZPO aF). Insoweit kann auf die Kommentierung zu dieser Norm verwiesen werden (zB Zöller/Vollkommer § 78 Rn 46 ff). Anträge und Erklärungen vor dem Urkundsbeamten der Geschäftsstelle können zB gem § 257 (früher: § 657 ZPO aF) abgegeben werden. **18**

III. Absatz 5 (Vollmacht in Ehe- und Folgesachen)

Die Vorschrift übernimmt die bisherigen Regelungen in §§ 609, 624 Abs 1 ZPO aF. Wegen der Einzelfragen wird deshalb vorläufig auf die einschlägigen Kommentierungen verwiesen. Danach muss sich die Vollmacht auf die konkrete Verfahrensart beziehen, so dass beim Übergang von einem Scheidungs- zum Aufhebungsantrag eine neue Vollmacht erforderlich ist; sie wird aber nicht von Amts wegen geprüft, sondern regelmäßig nur auf entsprechende Rüge hin und kann auch stillschweigend (zB durch Duldung des Auftretens im Namen der Partei) erteilt werden (dazu Zöller/*Philippi* § 609 Rn 1 ff). Die Vollmacht für die Scheidungssache erstreckt sich zunächst auf die Folgesachen (Abs 5 Satz 2); die Prozessvollmacht kann aber nach ganz hM auf die Scheidung oder einzelne Folgesachen beschränkt werden (Zöller/*Philippi* § 624 Rn 3 f; zur Beschränkung der Vollmacht auf einzelne Verfahrenshandlungen, insbes den Rechtsmittelverzicht vgl Zöller/*Philippi* § 609 Rn 4 f). **19**

§ 115 Zurückweisung von Angriffs- und Verteidigungsmitteln

In Ehesachen und Familienstreitsachen können Angriffs- und Verteidigungsmittel, die nicht rechtzeitig vorgebracht werden, zurückgewiesen werden, wenn ihre Zulassung nach der freien Überzeugung des Gerichts die Erledigung des Verfahrens verzögern würde und die Verspätung auf grober Nachlässigkeit beruht. Im Übrigen sind die Angriffs- und Verteidigungsmittel abweichend von den allgemeinen Vorschriften zuzulassen.

1 Die Vorschrift fasst den Inhalt der §§ 615, 621d ZPO aF zusammen und bestimmt für **Ehesachen** (§ 121) und **Familienstreitsachen** (§ 112; dort Rz 1 ff) eine **begrenzte Zulässigkeit der Zurückweisung v Angriffs- u Verteidigungsmitteln** (Rz 3). Die Regelung ist **abschließend** (Satz 2); andere, insbes (von der allgemeinen Verweisung in § 113 Abs 1 Satz 2 erfasste; vgl § 113 Rz 4) schärfere Verspätungsvorschriften (vor allem § 296 ZPO) gelten nicht (*Borth* FamRZ 2007, 1925, 1931; zum alten Recht Zöller/*Philippi* § 615 Rn 2). Die Vorschrift differenziert (anders als im Zivilprozess; vgl § 296, §§ 530 f ZPO) nicht zwischen erster und Rechtsmittelinstanz; die Vorschriften der ZPO über das Berufungsverfahren sind auch nicht von der allgemeinen Verweisung in § 113 Abs 1 Satz 2 erfasst; die Einbeziehung einzelner Normen in § 117 betrifft andere Fragen.

2 Eine entsprechende Norm fehlt für **Verfahren** (als Folgesachen und selbständige Verfahren) aus dem Bereich der bisherigen FGG-Familiensachen, die sich jetzt **ausschl nach dem FamFG** richten (§ 114 Rz 1); hier darf nach dem Grundsatz der **Amtsermittlung** (§ 26) verspätetes Vorbringen, das nur eine Anregung zur Amtsaufklärung bildet, nicht als verspätet zurückgewiesen werden (vgl Zöller/*Philippi* § 615 Rn 1a, 11); Gleiches gilt, auch wenn die Voraussetzungen des § 115 erfüllt sind, für **Ehesachen** im Rahmen der auch dort grds bestehenden Amtsermittlung (Zöller/*Philippi* § 615 Rn 3).

3 **Angriffs- und Verteidigungsmittel** sind im FamFG nicht definiert; nach der (über § 113 Abs 1 Satz 2 anwendbaren) erläuternden Beschreibung in § 282 Abs 1 ZPO handelt es sich wie im Zivilprozess insbes um Behauptungen, Bestreiten, Einwendungen, Einreden, Beweismittel u Beweiseinreden. Nicht darunter fallen neue Anträge (Streitgegenstände); sie können nicht wegen Verspätung zurückgewiesen werden (Zöller/*Philippi* § 615 Rn 4), allerdings dürften (wiederum gem § 113 Abs 1 Satz 2) in Familienstreitsachen die Beschränkungen für eine Klageänderung gem § 263 ZPO gelten (seine Anwendung ist nur für Ehesachen gem § 113 Abs 4 Nr 2 ausgeschlossen; § 113 Rz 15; abweichend wohl *Schulte-Bunert* Rn 466 und – für das alte Recht – Zöller/*Philippi* § 615 Rn 4.

4 § 115 stellt für eine **Zurückweisung drei Voraussetzungen** auf. Ein **Vorbringen** erfolgt **nicht rechtzeitig**, wenn es § 282 ZPO nicht entspricht. Eine **Verzögerung der Erledigung** des Verfahren ist gegeben, wenn es zur Endentscheidung reif wäre, die Zulassung des Vorbringens (zB eines Beweisantrages) jedoch eine Vertagung erfordert. Die **Verspätung** (des Vortrages) beruht auf **grober Nachlässigkeit**, wenn Partei oder Anwalt (vgl § 85 Abs 2 ZPO) sich in der konkreten Verfahrenslage besonders sorglos (über bloße leichte Fahrlässigkeit hinaus) verhalten, zB Tatsachen zurückhalten oder (Anwalt) nicht erfragen, die erkennbar von erheblicher Bedeutung sind (vgl Zöller/*Philippi* § 615 Rn 8 mwN).

5 Nach Feststellung der Voraussetzungen (Rz 4) steht die Zurückweisung im **Ermessen des Gerichts**. Es wird dabei die Folgen einer Zulassung oder Zurückweisung für beide Parteien abwägen. Gerade bei Titeln mit Dauerwirkung (Unterhalt) wird nicht selten eine zurückhaltende Anwendung angebracht sein wegen der hier wichtigen Funktion der Rechtsprechung, eine materiell richtige Entscheidung zu treffen (vgl § 112 Rz 6).

§ 116 Entscheidung durch Beschluss; Wirksamkeit

(1) Das Gericht entscheidet in Familiensachen durch Beschluss.

(2) Endentscheidungen in Ehesachen werden mit Rechtskraft wirksam.

(3) Endentscheidungen in Familienstreitsachen werden mit Rechtskraft wirksam. Das Gericht kann die sofortige Wirksamkeit anordnen. Soweit die Endentscheidung eine Verpflichtung zur Leistung von Unterhalt enthält, soll das Gericht die sofortige Wirksamkeit anordnen.

Abs 1 wiederholt den in § 38 Abs 1 enthaltenen (über § 113 Abs 1 Satz 2 auch für Ehe- u Familienstreitsachen geltenden; vgl § 113 Rz 6 f) Grundsatz, dass in allen Familiensachen in Beschlussform zu entscheiden ist (Wegfall des Urteils als Entscheidungsform; zu dieser und anderen Veränderungen der Terminologie in Familiensachen vgl *Schael* FamRZ 2009, 7, 9; ferner § 112 Rz 2, § 113 Rz 18); trotz des (abweichend von § 38) uneingeschränkten Wortlauts sind auch hier (nur) die Endentscheidungen, nicht Nebenentscheidungen pp gemeint (vgl § 113 Rz 7). Für Inhalt und Form der Beschlüsse gelten im Übrigen generell die §§ 38, 39 (auch in Ehe- und Familienstreitsachen; näher dazu, insbes zu den Rechtsfolgen eines Verstoßes gegen § 39, bei § 113 Rz 7). 1

Abs 2 bestimmt entsprechend dem zumeist rechtsgestaltenden Charakter der Endentscheidungen in Ehesachen, dass sie (abweichend von § 40) erst mit Rechtskraft wirksam werden. Andere Entscheidungen (Zwischenentscheidungen pp), zB eine Aussetzung gem § 136, werden entsprechend § 329 ZPO (vgl § 113 Rz 4) wirksam. 2

Abs 3 Satz 1 enthält die gleiche Regelung wie Abs 2 für Endentscheidungen in Familienstreitsachen (§ 112 Rz 4). Nach **Satz 2** kann das Gericht jedoch die sofortige Wirksamkeit der Endentscheidung anordnen; es soll dies tun bei einer titulierten Verpflichtung zur Leistung von Unterhalt (**Satz 3**; nach *Borth* FamRZ 2007, 1925, 1931 »stets«; vgl aber zutr *Schulte-Bunert* Rn 469, wonach ein Bedürfnis bei übergegangenen Ansprüchen des Jugendamts nicht notwendig zu bejahen ist). 3

§ 117 Rechtsmittel in Ehe- und Familienstreitsachen

(1) In Ehesachen und Familienstreitsachen hat der Beschwerdeführer zur Begründung der Beschwerde einen bestimmten Sachantrag zu stellen und diesen zu begründen. Die Begründung ist beim Beschwerdegericht einzureichen. Die Frist zur Begründung der Beschwerde beträgt zwei Monate und beginnt mit der schriftlichen Bekanntgabe des Beschlusses, spätestens mit Ablauf von fünf Monaten nach Erlass des Beschlusses. § 520 Abs. 2 Satz 2 und 3 sowie § 522 Abs. 1 Satz 1, 2 und 4 der Zivilprozessordnung gelten entsprechend.

(2) Die §§ 514, 516 Abs. 3, 521 Abs. 2, 524 Abs. 2 Satz 2 und 3, die §§ 528, 538 Abs. 2 und § 539 der Zivilprozessordnung gelten im Beschwerdeverfahren entsprechend. Einer Güteverhandlung bedarf es im Beschwerde- und Rechtsbeschwerdeverfahren nicht.

(3) Beabsichtigt das Beschwerdegericht, von einzelnen Verfahrensschritten nach § 68 Abs. 3 Satz 2 abzusehen, hat das Gericht die Beteiligten zuvor darauf hinzuweisen.

(4) Wird die Endentscheidung in dem Termin, in dem die mündliche Verhandlung geschlossen wurde, verkündet, kann die Begründung auch in die Niederschrift aufgenommen werden.

(5) Für die Wiedereinsetzung gegen die Versäumung der Fristen zur Begründung der Beschwerde und Rechtsbeschwerde gelten die §§ 233 und 234 Abs. 1 Satz 2 der Zivilprozessordnung entsprechend.

Übersicht

	Rz
A. Allgemeines	1
B. Verfahrensgrundsätze und Regelungsstruktur	5
C. Beschwerdebegründung	9
I. Regelungsgehalt	9
II. Antragspflicht	10
1. Inhaltliche Anforderungen	10
2. Nachträgliche Beschränkung des Beschwerdeantrags	11
3. Nachträgliche Erweiterung des Beschwerdeantrags	12
III. Begründungspflicht	16
1. Funktion	17
2. Einzelheiten	18
3. Sonstiger Inhalt der Beschwerdebegründungsschrift	22
IV. Beschwerdebegründungsfrist	24
V. Folgen bei nicht ordnungsgemäßer Beschwerdebegründung	25
D. Entsprechende Anwendung von Rechtsmittelrecht der ZPO	26
I. Versäumnisverfahren	27
1. Rechtsmittel gegen Versäumnisentscheidungen erster Instanz	27
2. Versäumnisverfahren in der Beschwerdeinstanz	30
3. Versäumnisverfahren in der Rechtsbeschwerdeinstanz	33
II. Folgen der Beschwerderücknahme	33a
III. Beschwerdeerwiderungsfrist	33b
IV. Zulässigkeit von Anschlussrechtsmitteln	34
V. Bindung an die Beschwerdeanträge	35
VI. Aufhebung und Zurückverweisung	36
E. Entscheidung ohne mündliche Verhandlung	37
I. Regelungsgehalt	37
II. Unterschiede zwischen den Verfahren nach § 522 Abs 2 und 3 ZPO und § 117 Abs 3	38
III. Hinweispflicht	40
1. Sinn und Zweck	40
2. Inhalt	41
3. Fristsetzung	42
F. Protokollierung der Entscheidungsgründe	43
G. Wiedereinsetzung in den vorigen Stand bei Versäumung von Rechtsmittel- und Rechtsmittelbegründungsfristen	47

A. Allgemeines

1 Die **Beschwerde** gem §§ 58 ff ist im Grundsatz einheitliches Rechtsmittel auch gegen die erstinstanzlichen Endentscheidungen in Ehe-, Familienstreit- und Lebenspartnerschafts-

sachen (§§ 112, 121, 269 f FamFG). Die allgemeinen Vorschriften des Rechtsmittelrechts werden für diese Verfahren jedoch durch die in § 117 enthaltenen Sonderregelungen und Verweisungen erheblich modifiziert. Im Ergebnis wird so eine weitgehende **Annäherung** der Beschwerde **an das Berufungsrecht der ZPO** erreicht und die Aufspaltung des bisherigen Rechtsmittelrechts für ZPO- und FGG-Familiensachen ist zwar abgeschwächt, besteht aber in der Sache dennoch im Wesentlichen fort.

Nach der Grundvorstellung des Gesetzgebers (BTDrs 16/6308 S 224 f) ist es gerechtfertigt, insbes die Familienstreitsachen trotz ihrer Eigenschaft als Streitsache abweichend von den allgemeinen Zivilsachen zu behandeln, weil die zivilprozessuale Berufung wegen ihrer verfahrensrechtlichen Ausgestaltung als nur eingeschränkte Kontrollinstanz den Bedürfnissen des familiengerichtlichen Verfahrens nicht hinreichend gerecht werde. Den Vorschriften des ZPO-Berufungsrechts liege die Vorstellung zugrunde, dass über einen bereits abgeschlossenen Lebenssachverhalt gestritten wird. Das sei aber mit der Dynamik des Trennungsgeschehens im Falle einer Scheidung häufig nur schwer vereinbar und lasse – insbes in Unterhaltssachen – die Berücksichtigung von Veränderungen der Einkommens- und Vermögensverhältnisse während des Rechtsmittelverfahrens nicht ausreichend zu. Die Rechtsmittelinstanz sei daher wie bei den sonstigen Verfahren der freiwilligen Gerichtsbarkeit auch bei den Ehe- und Familienstreitsachen als vollwertige zweite Tatsacheninstanz auszugestalten. 2

Diese sehr klare, dem ursprünglichen Gesetzentwurf zugrunde liegende Ausgangskonzeption ist allerdings im Verlauf des Gesetzgebungsverfahrens durch Vorschriften wie § 115 (Zurückweisung verspäteten Vorbringens) oder die – zunächst nicht vorgesehene – Einführung einer zeitlichen Grenze für die Anschlussbeschwerde (§ 117 Abs 2 S 1 iVm § 524 Abs 2 S 2 und 3 ZPO) zT wieder aufgeweicht worden. Im Ergebnis ähnelt das Beschwerderecht für Ehe- und Familienstreitsachen daher nunmehr in weiten Teilen doch dem bisherigen ZPO-Berufungsrecht, wenn auch mit den Besonderheiten für familienrechtliche Verfahren, die dafür auch schon im 6. Buch der ZPO vorgesehen waren. 3

Gegen die Entscheidungen des Beschwerdegerichts findet auch in Ehe- und Familienstreitsachen nach Maßgabe der §§ 70 ff die **Rechtsbeschwerde** statt. Da diese im Wesentlichen den gleichen inhaltlichen und formellen Voraussetzungen wie die ZPO-Revision unterliegt, kommt es insoweit kaum zu Änderungen ggü dem bisher geltenden Recht. Die Nichtzulassungsbeschwerde (§ 544 ZPO), die im FamFG nicht mehr vorgesehen ist, war in Familiensachen gem der – mehrfach verlängerten – Übergangsvorschrift des § 26 Nr 9 ZPO ohnehin schon seit längerem außer Kraft gesetzt. Besonderheiten ggü den allgemeinen Vorschriften bestehen für die Ehe- und Familienstreitsachen nur im Hinblick auf die Wiedereinsetzung bei der Versäumung von Rechtsmittelfristen, die für Beschwerde und Rechtsbeschwerde gemeinsam in § 117 Abs 5 geregelt ist. 4

B. Verfahrensgrundsätze und Regelungsstruktur

Nach der im Ergebnis zum Gesetz gewordenen »Mischkonzeption« wird das Beschwerdeverfahren in Familienstreitsachen wie bisher auch weiterhin als Streitverfahren unter Geltung der **Parteimaxime**, des **Beibringungsgrundsatzes** und des Grundsatzes der **mündlichen** Verhandlung geführt. In Ehesachen gilt gem § 127 wie bisher ein eingeschränkter Amtsermittlungsgrundsatz. Gem § 68 Abs 3 finden auf das weitere Verfahren in der Beschwerdeinstanz – also das Verf, soweit es nicht das Rechtsmittelrecht, sondern **die allgemeinen Vorschriften** betrifft – die Vorschriften über das Verfahren in erster Instanz Anwendung. In Ehe- und Familienstreitsachen sind das nach näherer Maßgabe des § 113 grds die Vorschriften der **ZPO**, es sei denn das FamFG enthält hiervon abweichende Sondervorschriften wie zB die den bisherigen §§ 615 Abs 1, 621d S 1 ZPO entsprechende Regelung über die Zurückweisung von verspätetem Vorbringen in § 115. 5

Die Vorschriften des **Berufungsrechts** der ZPO sind dagegen nur anzuwenden, soweit darauf in § 117 Abs 1 und 2 ausdrücklich verwiesen wird. Ansonsten gelten wie auch 6 sonst die allgemeinen Vorschriften der §§ 58 ff, die zT allerdings in § 117 Abs 1–5 durch Sondervorschriften verdrängt werden.

7   Anders als nach dem bisherigen Recht besteht damit insbes auch bei Ehe- und Familienstreitsachen **keine** auch nur eingeschränkte **Bindung** des Beschwerdegerichts an die **Tatsachenfeststellungen der ersten Instanz** und auch die Prüfung von **Verfahrensmängeln**, die nicht von Amts wegen zu berücksichtigen sind, ist nicht von einer ausdrücklichen Rüge der Beteiligten abhängig, denn § 117 verweist nicht auf § 529 ZPO. Auch die Vorschriften der §§ 530, 531 oder 571 Abs 3 S 2 ZPO sind mangels Verweisung nicht anzuwenden. Einer den bisherigen §§ 615 Abs 2, 621d S 2 ZPO entsprechenden Sondervorschrift bedarf es insoweit nicht. Eine **Präklusion** von verspätetem Vorbringen kommt nur nach § 115 in Betracht. Mangels Verweis auf § 533 ZPO ist außerdem eine **Antragsänderung**, eine **Aufrechnung** oder ein **Gegenantrag** (Widerklage) im Beschwerdeverfahren auch bei den Ehe- und Familienstreitsachen in gleicher Weise wie im sonstigen Anwendungsbereich des FamFG grds ohne zusätzliche Voraussetzungen möglich. Die allgemeinen, schon gem § 113 Abs 1 S 2 geltenden Vorschriften – insbes also § 263 f ZPO für die Klageänderung und § 33 ZPO für den Gegenantrag – sind allerdings zu beachten.

8   Gem der § 525 S 2 ZPO nachgebildeten Vorschrift des § 117 Abs 2 S 2 bedarf es einer **Güteverhandlung** in der Beschwerdeinstanz auch in Ehe- und Familienstreitsachen nicht.

C. Beschwerdebegründung

I. Regelungsgehalt

9   § 117 Abs 1 S 1 statuiert für Ehe- und Familienstreitsachen – abweichend von der bloßen Sollvorschrift des § 65 Abs 1 – eine allgemeine, an § 520 Abs 2 S 1 ZPO angelehnte **Pflicht zur Begründung der Beschwerde**. Der Grund dafür liegt nach der Vorstellung des Gesetzgebers in der auch in der zweiten Instanz grds weiter geltenden Parteimaxime (BTDrs 16/6308 S 224 f). Eine Überprüfung der angefochtenen Entscheidung findet nicht von Amts wegen statt, sondern der Beschwerdeführer muss durch den obligatorischen Sachantrag angeben, in welchem Umfang und mit welcher Begründung er die erstinstanzliche Entscheidung angreift. Das Gleiche gilt ungeachtet der dort geltenden Einschränkungen der Parteimaxime (§ 113 Abs 4) auch bei den Ehesachen.

9a   § 117 Abs 1 S 2 legt ergänzend fest, dass die Begründung der Beschwerde in Ehe- und Familienstreitsachen – anders als ihre Einlegung, § 64 Rz 1) – zwingend bei dem Beschwerdegericht zu erfolgen hat, denn eine Rechtsmittelbegründung gegenüber dem Ausgangsgericht wäre in diesen Verfahren wegen der hier fehlenden Abhilfebefugnis der ersten Instanz wenig sinnvoll (BTDrs 16/12717, S 71). Eine dennoch beim Ausgangsgericht eingereichte Begründung wahrt nicht die Frist des § 117 Abs 1 S 3. Für ihre Weiterleitung an das Beschwerdegericht gelten die gleichen Grundsätze wie für die Beschwerdeeinlegung bei einem unzuständigen Gericht (§ 64 Rz 3 f).

II. Antragspflicht

1. Inhaltliche Anforderungen

10   Die Pflicht zur Begründung der Beschwerde in Ehe- und Familienstreitsachen nach § 117 Abs 1 S 1 umfasst zunächst die Verpflichtung des Beschwerdeführers, einen bestimmten Sachantrag zu stellen. Dieser entspricht in der Sache dem Berufungsantrag nach § 520 Abs 3 Nr 1 ZPO bei der ZPO-Berufung. Wie dort ist ein förmlicher Antrag auch nach § 117 Abs 1 S 1 nicht notwendig, soweit aus der Beschwerdebegründung zumindest erkennbar ist, in welchem Umfang die angefochtene Entscheidung angegriffen wird und welche Abänderung der Ausgangsentscheidung angestrebt wird. Die zur ZPO-Berufung

gestellten Anforderungen an den Inhalt und die Bestimmtheit des Rechtsmittelantrages (Zöller/*Heßler* § 520 ZPO Rn 28 und 32; Musielak/*Ball* § 520 ZPO Rn 20 f, jeweils mwN) gelten für den Beschwerdeantrag in Ehe- und Familienstreitsachen entsprechend.

2. Nachträgliche Beschränkung des Beschwerdeantrags

Die Beschwerdeanträge können nachträglich auf einen zumindest quantitativ abgrenzbaren Teil des Streitgegenstandes beschränkt werden. Auch in dieser Hinsicht gelten bei den Ehe- und Familienstreitsachen ggü den bisher anwendbaren Regeln der ZPO-Berufung keine Besonderheiten (zu Einzelheiten vgl zB Zöller/*Heßler* § 520 ZPO Rn 29; Musielak/*Ball* § 520 ZPO Rn 22 ff, jeweils mwN). **11**

3. Nachträgliche Erweiterung des Beschwerdeantrags

Beschwerdeanträge in Ehe- und Familienstreitsachen können bis zur Ausschöpfung der vollen Beschwer des Beschwerdeführers grds noch bis zum Schluss der mündlichen Verhandlung und, falls eine solche nach § 68 Abs 3 S 2 nicht stattfindet, auch noch darüber hinaus bis zur abschließenden Entscheidung des Beschwerdegerichts erweitert werden. Durch eine derartige Erweiterung kann auch eine Beschwerde, die ursprünglich oder nach einer Teilrücknahme die notwendige Beschwerdesumme (§ 61 Abs 1) noch nicht erreicht hatte, nachträglich zulässig werden (BGH NJW 1961, 1115 zur ZPO-Berufung). Der Rechtsmittelführer muss sich eine solche Ausweitung seines Beschwerdebegehrens nicht ausdrücklich vorbehalten (BGH NJW-RR 1998, 572 zur ZPO-Berufung). Selbst eine zwischenzeitliche Zurückverweisung durch das Rechtsbeschwerdegericht hindert eine nachträgliche Erweiterung der Beschwerdeanträge nicht (BGH NJW 1963, 444 zur ZPO-Berufung). **12**

Ist innerhalb der Beschwerdebegründungsfrist des § 117 Abs 1 S 3 nur überhaupt eine Beschwerdebegründung eingereicht worden, die als solche den Mindestanforderungen des Gesetzes genügt, so ist eine solche Ausweitung des Beschwerdebegehrens auch dann noch in zulässiger Weise möglich, wenn sie erst nach dem Ablauf der Beschwerdebegründungsfrist erfolgt. Anders als bei der ZPO-Berufung kommt es dabei nicht darauf an, ob die erweiterten Anträge inhaltlich auch schon durch die fristgerecht eingereichten Beschwerdegründe gedeckt sind, denn allein mit der teilweisen Versäumung der Beschwerdebegründungsfrist im Hinblick auf die nachträgliche Erweiterung des Beschwerdebegehrens sind keine Präklusionsfolgen oder sonstigen Sanktionen verbunden. Erst die vollständige Versäumung dieser Frist führt gem § 117 Abs 1 S 4 iVm § 522 Abs 1 S 2 ZPO zur Verwerfung der Beschwerde als unzulässig. Insbesondere verweist § 117 auch nicht auf § 533 Nr 1 ZPO iVm § 529 Abs 1 Nr 2 ZPO, so dass sich aus der Anwendung dieser Vorschriften keine Einschränkungen für die nachträgliche Zulässigkeit einer Beschwerdeerweiterung herleiten lassen. Neue Tatsachen und Beweismittel können also zu diesem Zweck auch noch nach dem Ablauf der Beschwerdebegründungsfrist nachgeschoben werden. Dem lässt sich auch nicht entgegenhalten, auch der Vortrag solcher neuen Tatsachen- und Beweismittel müsse nach dem Sinn und Zweck von § 117 Abs 1 unter dem Vorbehalt stehen, dass er jedenfalls in irgendeiner Weise der Ausfüllung eines zuvor schon fristgerecht erhobenen Berufungsangriffs dienen müsse. Bei einem derartigen Verständnis des Gesetzes wäre nämlich das Leitbild des Gesetzgebers von einer vollwertigen zweiten Tatsacheninstanz nicht mehr umzusetzen. **13**

Anders als bisher sind Erweiterungen der Beschwerdeanträge nach Anlauf der Beschwerdebegründungsfrist also nicht nur ausnahmsweise dann zulässig, wenn nach Ablauf dieser Frist noch Umstände eingetreten sind, die eine Abänderungsklage (§ 238), eine Wiedereinsetzung oder eine Wiederaufnahme des Verfahrens rechtfertigen würden, sondern auch ohne derartige Einschränkungen möglich. Auch ein zwischenzeitlich beschränkter Beschwerdeantrag kann im weiteren Verlauf des Verfahrens wieder ausgeweitet werden, es sei denn der Beschwerdeführer hätte zuvor ausdrücklich oder still- **14** schweigend auf die Beschwerde verzichtet (BGHZ 7, 144; NJW 1989, 170; jeweils zur ZPO-Berufung).

15 Von einer nachträglichen Ausweitung der Beschwerdeanträge bis zur Ausschöpfung der vollen Beschwer durch die erstinstanzliche Entscheidung begrifflich zu unterscheiden ist eine erst in zweiter Instanz erfolgende Erweiterung des ursprünglichen Klagebegehrens. Diese ist keine Anfechtung der Ausgangsentscheidung, sondern setzt eine zulässige Beschwerde zunächst voraus (BGH NJW 1992, 3243 zur ZPO-Berufung). Die Beschwerdesumme (§ 61 Abs 1) ist durch eine derartige Klageerweiterung nicht zu erreichen (Musielak/*Ball* § 520 ZPO Rn 27 zur ZPO-Berufung). Dasselbe gilt auch für eine Klageänderung in zweiter Instanz, wobei aber ansonsten an die Zulässigkeit der Klageerweiterung oder Klageänderung in der Beschwerdeinstanz zusätzliche Voraussetzungen wegen des Fehlens einer Verweisung auf § 533 ZPO nicht geknüpft sind.

III. Begründungspflicht

16 Weiterer Bestandteil des § 117 Abs 1 S 1 ist die Verpflichtung des Beschwerdeführers, den gestellten Beschwerdeantrag inhaltlich zu begründen. Auf eine nähere Ausgestaltung dieser Begründungspflicht wie in § 520 Abs 3 S 2 Nr 2–4 ZPO hat der Gesetzgeber allerdings verzichtet. Eine Aufgliederung der Beschwerdegründe wie in dieser – der sich aus § 513 ZPO ergebenden Systematik des ZPO-Berufungsverfahrens folgenden – Vorschrift macht auch schon wegen der davon abweichenden Ausgestaltung des FamFG-Beschwerdeverfahrens als weitgehend vollwertige zweite Tatsacheninstanz keinen Sinn.

1. Funktion

17 Nach dem Sinn des § 117 Abs 1 S 1, durch den ungeachtet der Einbeziehung in das einheitliche Rechtsmittelrecht des FamFG bei Ehe- und Familienstreitsachen in gleicher Weise wie bisher der Parteimaxime Geltung verschafft werden soll, ist damit aber eine Absenkung der Anforderungen an die Qualität und den Inhalt der Rechtsmittelbegründung in Ehe- und Familienstreitsachen im Verhältnis zur ZPO-Berufung grds nicht verbunden. Wie dort soll die Rechtsmittelbegründung möglichst eine Konzentration auf den in der Beschwerdeinstanz noch streitigen Verfahrensstoff und so möglichst eine Beschleunigung des Verfahrens ermöglichen (Zöller/*Heßler* § 520 ZPO Rn 33a zur ZPO-Berufung). Sie soll aus sich heraus verständlich sein und erkennen lassen, aus welchen rechtlichen oder tatsächlichen Gründen der Beschwerdeführer die Entscheidung der ersten Instanz für unrichtig hält (BGH NJW 1997, 1309; 1997, 3449; 1998, 3126; 2001, 228 zur ZPO-Berufung).

2. Einzelheiten

18 Die für die ZPO-Berufung anerkannten Anforderungen an den **Umfang, den Inhalt und die Qualität** einer Rechtsmittelbegründung (Zöller/*Heßler* § 520 ZPO Rn 27, 33–36, 38; Musielak/*Ball* § 520 ZPO Rn 29, 40, jeweils mwN) gelten daher entsprechend auch für die Begründung der Beschwerde in einer Ehe- oder Familienstreitsache, allerdings mit den beiden Unterschieden, dass eine Ergänzung und Erweiterung der Beschwerdebegründung – ebenso wie eine Erweiterung der Beschwerdeanträge (Rz 13 ff) – grds noch bis zum Schluss der mündlichen Verhandlung oder – falls eine solche gem § 68 Abs 3 S 2 nicht stattfindet, sogar noch darüber hinaus – zulässig ist, ohne dabei einer dem § 530 ZPO vergleichbaren Verspätungsschranke zu unterliegen und dass wegen der Ausgestaltung der Beschwerdeinstanz als vollwertige zweite Tatsacheninstanz auch neue Angriffs- und Verteidigungsmittel, die in der Beschwerdeinstanz erstmals geltend gemacht werden, abweichend von §§ 520 Abs 2 Nr 4, 531 ZPO grds ohne besondere Zusatzbegründung in das Verfahren eingeführt werden können.

Eine **Präklusion** wegen Verspätung ist – wie schon bisher in den von §§ 615, 621d 19
ZPO erfassten Fällen – lediglich nach Maßgabe von § 115 S 1 möglich. Abgesehen davon
ist nur zur Begründung eines Antrags auf Wiedereröffnung der mündlichen Verhandlung zwecks Berücksichtigung eines nach § 113 Abs 1 S 2 iVm § 296a ZPO an sich nicht
mehr zulässigen Vorbringens eine besondere Begründung erforderlich, warum die verspätet vorgebrachten Tatsachen im Einzelfall doch noch in das Verfahren eingeführt
werden dürfen.

Für die Anforderungen an eine Beschwerdebegründung bei **mehreren Streitgegen-** 20
ständen (vgl Zöller/*Heßler* § 520 ZPO Rn 37, 37a, Musielak/*Ball* § 520 ZPO Rn 38f, jeweils mwN) und für die **Zulässigkeit von Bezugnahmen** auf den Vortrag in der ersten
Instanz, in einem Parallelverfahren oder auf die Ausführungen Dritter gelten die gleichen Maßstäbe wie bei der ZPO-Berufung (vgl Zöller/*Heßler* § 520 ZPO Rn 40; Musielak/*Ball* § 520 ZPO Rn 42 f, jeweils mwN).

Ob **Beweisanträge** aus der ersten Instanz in der Rechtsmittelbegründung ausdrück- 21
lich wiederholt werden müssen, ist für die ZPO-Berufung nach dem derzeit geltenden
Recht streitig (dafür zB Musielak/*Ball* § 520 ZPO Rn 29; dagegen Zöller/*Heßler* § 520
ZPO Rn 41 mwN). Angesichts der Ausgestaltung der Beschwerde als uneingeschränkte
zweite Tatsacheninstanz dürfte eine derartige Wiederholung von Beweisantritten aus
der Vorinstanz aber auch bei Ehe- und Familienstreitsachen grds ebenso wenig zu verlangen sein wie bei der ZPO-Berufung für das vor der ZPO-Reform geltende Recht (dazu vgl BGH MDR 2004, 829). Jedenfalls dann, wenn der Beschwerdeführer sein Rechtsmittel nicht ausdrücklich auf bestimmte Streitpunkte beschränkt hat, wirken die
Beweisantritte der Beschwerdeinstanz im Prinzip auch ohne ausdrückliche Bezugnahme
in der Beschwerdeinstanz fort. Dabei ist das Beschwerdegericht allerdings nicht verpflichtet, den Vortrag der ersten Instanz allein schon aufgrund einer globalen Bezugnahme auf das erstinstanzliche Vorringen umfassend auch auf versteckte Beweisantritte zu
durchforschen (Zöller/*Heßler* § 520 ZPO Rn 41 mwN zur ZPO-Berufung), so dass sich
im Zweifel eine ausdrückliche Wiederholung der für relevant gehaltenen Beweisantritte
in der Beschwerdebegründung dennoch empfehlen dürfte.

3. Sonstiger Inhalt der Beschwerdebegründungsschrift

Der Gesetzgeber hat auf eine Übernahme der – letztlich nur formalen – Anforderungen 22
des § 520 Abs 4 ZPO in das FamFG verzichtet. Eine **Wertangabe** ist daher in der Beschwerdebegründung unabhängig von der Art des Streitgegenstandes nicht erforderlich. Ebenso wird in der Beschwerdebegründung auch keine Äußerung zu der Frage erwartet, ob einer Übertragung der Sache auf den **Einzelrichter** Gründe entgegenstehen.

Auch eine dem § 520 Abs 5 ZPO entsprechende Vorschrift für die Ehe- und Familien- 23
streitsachen ist in das FamFG nicht aufgenommen worden. Eine derartige Regelung ist
allerdings auch überflüssig, da die allgemeinen **Vorschriften der ZPO über vorbereitende Schriftsätze** (§§ 129 ff ZPO) schon gem § 113 Abs 1 S 2 für die Ehe- und Familienstreitsachen ohnehin gelten, was automatisch auch die Beschwerdebegründungsschrift
in solchen Verfahren mit umfasst.

IV. Beschwerdebegründungsfrist

Die – gesetzliche und obligatorische, nicht wie sonst gem § 65 Abs 2 nur fakultative, 24
richterliche – Frist zur Begründung der Beschwerde in Ehe- und Familienstreitsachen
beträgt gem § 117 Abs 1 S 3 zwei Monate und beginnt mit der schriftlichen Bekanntgabe
des angefochtenen Beschlusses gem § 41, spätestens mit dem Ablauf von fünf Monaten
nach Erlass des Beschlusses. »Erlassen« idS ist der Beschluss bereits unabhängig von seiner Bekanntgabe, sobald er existent ist (§ 63 Rz 17 f; aA BLAH/*Hartmann* Rn 7). Die Verlängerung der Frist zur Beschwerdebegründung durch den Vorsitzenden des Beschwerdegerichts ist unter den gleichen Voraussetzungen zulässig wie die Verlängerung der

Frist zur Begründung einer ZPO-Berufung, § 117 Abs 1 S 4 iVm § 520 Abs 2 S 2 und 3 ZPO. Wegen aller Einzelfragen zur Berechnung und ordnungsgemäßen Wahrung der Frist sowie zu dem Beginn des Fristlaufs bei ordnungsgemäßer und nicht ordnungsgemäßer Bekanntgabe des angefochtenen Beschlusses wird auf § 63 Rz 3–29 Bezug genommen. Zur Wiedereinsetzung bei Versäumung der Beschwerdebegründungsfrist s Rz 47 f.

V. Folgen bei nicht ordnungsgemäßer Beschwerdebegründung

25   Erfüllt die Beschwerdebegründung in einer Ehe- oder Familienstreitsache nicht die Anforderungen des § 117 Abs 1, dann ist sie nicht in der gesetzlich vorgeschriebenen Form oder Frist eingelegt und daher gem § 117 Abs 1 S 4 iVm § 522 S 1 und 2 ZPO als unzulässig zu verwerfen. Gegen den Verwerfungsbeschluss findet gem § 117 Abs 1 S 4 iVm § 522 S 4 ZPO die Rechtsbeschwerde statt (Einzelheiten § 68 Rz 32).

D. Entsprechende Anwendung von Rechtsmittelrecht der ZPO

26   Gem § 117 Abs 2 S 1 gelten die Vorschriften der §§ 514, 516 Abs 3, 521 Abs 2, 524 Abs 2 Satz 2 und 3, 528, 538 Abs 2 und 539 ZPO für das Beschwerdeverfahren in Ehe- und Familienstreitsachen entsprechend. Das bedeutet iE:

I. Versäumnisverfahren

1. Rechtsmittel gegen Versäumnisentscheidungen erster Instanz

27   Als Ausdruck der Parteimaxime und des Grundsatzes der mündlichen Verhandlung findet in Familienstreitsachen gem § 113 Abs 1 S 2 iVm §§ 330 ff ZPO und nach Maßgabe des § 130 auch in Ehesachen wie bisher das **Versäumnisverfahren** statt, wobei allerdings die Entscheidungen auch hier nicht als Urteile, sondern als Beschlüsse ergehen, § 116 Abs 1.

28   Gegen Beschlüsse, durch die der Antrag auf Erlass einer **Versäumnisentscheidung** aus den Gründen des § 335 ZPO **zurückgewiesen** wird, findet also die **sofortige Beschwerde** entsprechend den §§ 336 Abs 1 S 1, 567 ff ZPO statt. Gegen **unechte Versäumnisentscheidungen**, die gegen den anwesenden Antragsteller mangels Zulässigkeit oder Schlüssigkeit des Klagebegehrens ergehen, ist hingegen die **Beschwerde** oder Anschlussbeschwerde nach den allgemeinen Vorschriften der §§ 58 ff, 117 gegeben.

29   Dem Beteiligten, gegen den eine Versäumnisentscheidung erlassen ist, steht gegen diese entsprechend den §§ 338 ff ZPO der **Einspruch** zu (BTDrs 16/12717 S 71). Hingegen kann gem § 117 Abs 2 S 1 iVm **§ 514 Abs 1 ZPO** eine in erster Instanz ergangene Versäumnisentscheidung von dem Beteiligten, gegen den sie erlassen ist, grds mit der Beschwerde oder Anschlussbeschwerde nicht angefochten worden. Entsprechend **§ 514 Abs 2 S 1 ZPO** unterliegt eine solche Entscheidung nur dann ausnahmsweise der Anfechtung mit der Beschwerde oder Anschlussbeschwerde, wenn sie darauf gestützt wird, dass ein Fall der schuldhaften Säumnis nicht vorgelegen habe. Entsprechend **§ 514 Abs 2 S 2 ZPO** ist dabei § 61 nicht anzuwenden. Eine derartige Beschwerde ist also auch in vermögensrechtlichen Angelegenheiten ohne Rücksicht auf den Wert des Beschwerdegegenstandes oder eine Zulassung des Rechtsmittels statthaft.

2. Versäumnisverfahren in der Beschwerdeinstanz

30   § 117 Abs 2 S 1 verweist auf § 539 ZPO. In Ehe- und Familienstreitsachen findet daher auch im Beschwerderechtszug ein Versäumnisverfahren statt.

31   Entsprechend **§ 539 Abs 1 ZPO** ist eine Beschwerde in einer Ehe- und Familienstreitsache auf Antrag in der Beschwerdeinstanz durch eine Versäumnisentscheidung zurückzuweisen, wenn der **Beschwerdeführer** im Termin zur mündlichen Verhandlung

vor dem Beschwerdegericht trotz ordnungsgemäßer Ladung nicht erscheint. Wahlweise ist entsprechend **§ 539 Abs 1, 3, 331a ZPO** auch eine Entscheidung nach Aktenlage möglich. In Ehesachen kann eine Versäumnisentscheidung oder eine Entscheidung nach Aktenlage gegen den säumigen Beschwerdeführer auch dann ergehen, wenn es sich um den erstinstanzlichen Antragsteller handelt, denn § 130 Abs 2 wird für das Beschwerdeverfahren durch die insoweit speziellere Verweisung auf § 539 Abs 1 ZPO verdrängt (vgl zum alten Recht OLG München FamRZ 1995, 378).

Entsprechend **§ 539 Abs 2 ZPO** kann in der Beschwerdeinstanz in Familienstreitsachen auf Antrag des Beschwerdeführers auch eine Versäumnisentscheidung gegen den **Beschwerdegegner** ergehen, wenn dieser trotz ordnungsgemäßer Ladung in einem Termin zur mündlichen Verhandlung nicht erscheint. In diesem Fall ist das zulässige tatsächliche Vorbringen des Beschwerdeführers als zugestanden anzunehmen (§ 539 Abs 2 S 1 ZPO). Soweit dieses den Beschwerdeantrag rechtfertigt, ist nach diesem Antrag zu erkennen; anderenfalls ist die Beschwerde zurückzuweisen. In Ehesachen kann aber eine Versäumnisentscheidung nicht ergehen (Bumiller/Harders, § 117 Rn 20), denn ist der Beschwerdegegner der erstinstanzliche Antragsgegner, so gilt § 130 Abs 2 und ist der Beschwerdegegner der erstinstanzliche Antragsteller, so kann dennoch die Geständnisfiktion des § 539 Abs 2 S 1 ZPO wegen der Sonderregelung des § 113 Abs 4 Nr 5 nicht eingreifen (vgl zum alten Recht Zöller/*Philippi* § 612 ZPO Rn 9 mwN; aA zB StJ/*Schlosser* § 612 ZPO Rn 13). 32

3. Versäumnisverfahren in der Rechtsbeschwerdeinstanz

Gem § 74 Abs 4 gelten die Vorschriften über den ersten Rechtszug für die Rechtsbeschwerde entsprechend, für Ehe- und Familienstreitsachen also über § 113 Abs 1 S 2 auch die **§§ 330 ff ZPO** über das Versäumnisverfahren im ersten Rechtszug. In Ehesachen gelten aber die gleichen Einschränkungen wie in der Beschwerdeinstanz, eine Versäumnisentscheidung kommt also nur bei Säumnis des Rechtsbeschwerdeführers, nicht aber bei Säumnis des Rechtsbeschwerdegegners in Betracht. 33

II. Folgen der Beschwerderücknahme

Gem § 117 Abs 2 S 1 iVm **§ 516 Abs 3 S 1 ZPO** hat die Zurücknahme der Beschwerde in Ehe- und Familienstreitsachen den Verlust des Rechtsmittels und die Verpflichtung zur Folge, dass der Beschwerdeführer die durch das Rechtsmittel entstandenen Kosten zu tragen hat. Gem § 117 Abs 2 S 1 iVm **§ 516 Abs 3 S 2** ZPO sind diese Folgen durch Beschluss von Amts wegen auszusprechen. § 84 wird durch diese Sonderregelung verdrängt. Analog zur ZPO trägt der Beschwerdeführer damit auch die Kosten einer (zulässigen) Anschlussbeschwerde, sofern diese durch die Rücknahme der Beschwerde gem § 66 S 2 ihre Wirkung verloren hat (BGH NJW-RR 2007, 786 mwN) und nicht ausnahmsweise trotz ihrer Wirkungslosigkeit weiter verfolgt wird (BGH NJW 2000, 3215, 3216). Bei Rücknahme der Beschwerde aufgrund eines außergerichtlichen Vergleichs und Fehlen einer anderweitigen Kostenregelung der Beteiligten richten sich die Kosten aber auch in Ehe- und Familienstreitsachen nach § 83 Abs 1 (BGH NJW 1989, 39, 40). Weitere Einzelheiten zur Beschwerderücknahme in Ehe- und Familienstreitsachen s § 67 Rz 20 f. 33a

III. Beschwerdeerwiderungsfrist

Durch die Verweisung des § 117 Abs 2 S 1 auf **§ 521 Abs 2 ZPO** soll dem Beschwerdegericht für Ehe- und Familienstreitsachen nach dem Willen des Gesetzgebers die »Möglichkeit eröffnet werden, dem Beschwerdegegner eine Erwiderungsfrist zu setzen« (BTDrs 16/12717 S 71). Da diese Möglichkeit allerdings auch außerhalb der Ehe- und Familienstreitsachen ohnehin besteht (§ 68 Rz 35), erschöpft sich der Regelungsgehalt der Verweisung im Ergebnis auf die darin über § 521 Abs 2 S 2 ZPO mittelbar ebenfalls ent- 33b haltene Bezugnahme auf § 277 ZPO. Entspr § 277 Abs 1 S 1 ZPO trifft den Beschwerdegegner daher die Pflicht zur sorgfältigen und zügigen Prozessführung, entspr § 277 Abs 2 ZPO ist er über den sich aus § 114 ergebenden Anwaltszwang und über die Folgen einer möglichen Fristversäumung – vor allem gem § 115 S 1 – zu belehren, entspr § 277 Abs 3 wird man von einer Mindestdauer der Beschwerdeerwiderungsfrist von zwei Wochen auszugehen haben und entspr § 277 Abs 4 ZPO gelten die Vorschriften über die Beschwerdeerwiderungsfrist auch für eine mögliche Frist zur Replik. Eine Äußerung zur Übertragung auf den Einzelrichter (§ 277 Abs 1 S 2 ZPO) braucht die Beschwerdeerwiderung allerdings nicht enthalten, denn diese wird selbst vom Beschwerdeführer nicht verlangt (Rz 22).

IV. Zulässigkeit von Anschlussrechtsmitteln

34 Gem § 117 Abs 2 S 1 iVm **§ 524 Abs 2 S 2 ZPO** sind Anschlussrechtsmittel in Ehe- und Familienstreitsachen grds nur bis zum Ablauf einer – allerdings nicht zwingend vorgeschriebenen – Frist zur Beschwerdeerwiderung zulässig. Gem § 117 Abs 2 S 1 iVm § 524 Abs 2 S 3 ZPO gilt dies jedoch nicht, wenn die Anschließung eine Verurteilung zu wiederkehrenden Leistungen zum Gegenstand hat, insbes also nicht für Unterhaltsverfahren (näher § 66 Rz 16).

V. Bindung an die Beschwerdeanträge

35 § 117 Abs 2 S 1 verweist für Ehe- und Familienstreitsachen auf **§ 528 ZPO**. Danach unterliegen der Prüfung und Entscheidung des Beschwerdegerichts nur die Beschwerdeanträge und die Entscheidung des ersten Rechtszuges darf nur abgeändert werden, soweit eine Abänderung beantragt ist.

VI. Aufhebung und Zurückverweisung

36 Gem § 117 Abs 2 S 1 wird schließlich die allgemeine Vorschrift des § 69 Abs 1 S 2 und 3 in Ehe- und Familienstreitsachen über die Aufhebung und Zurückverweisung durch die weiter ausdifferenzierte Vorschrift des **§ 538 Abs 2 ZPO** verdrängt. Insbes die Fälle des § 538 Abs 2 Nr 2, 5 und 6 ZPO betreffen prozessuale Situationen, die nur in solchen Verfahren überhaupt auftreten können. Eine Abweichung zu § 69 Abs 1 S 2 und 3 ergibt sich daraus insbes für den Fall der unzulässigen Teilentscheidung (§ 538 Abs 2 Nr 7 ZPO), wo eine Aufhebung und Zurückverweisung entsprechend § 538 Abs 2 Satz 3 ZPO ausnahmsweise auch weiterhin ohne Antrag eines Beteiligten möglich bleibt.

E. Entscheidung ohne mündliche Verhandlung

I. Regelungsgehalt

37 § 117 Abs 3 bestimmt, dass das Beschwerdegericht die Beteiligten darauf **hinzuweisen** hat, wenn es beabsichtigt, nach § 68 Abs 3 S 2 von der Durchführung einer mündlichen Verhandlung (oder auch nur von einzelnen Verfahrensschritten) abzusehen, weil aufgrund der Feststellungen der ersten Instanz eine erneute Durchführung der mündlichen Verhandlung nicht geboten erscheint. Diese Vorschrift ist an die durch das ZPO-RG eingeführte Möglichkeit der Zurückweisung von Berufungen im **Beschlussverfahren gem § 522 Abs 2 und 3 ZPO** und die bei dieser Verfahrensweise bestehende Hinweispflicht des Gerichts nach § 522 Abs 2 S 2 ZPO angelehnt. Anders als dort muss der Hinweis nach § 117 Abs 3 aber in jedem Fall durch das »Gericht«, also durch den gesamten zuständigen Spruchkörper, erteilt werden; ein Hinweis allein durch den Vorsitzenden reicht nicht aus (*Maurer* FamRZ 2009, 465, 479). Ein Vorgehen analog § 522 Abs 2 und 3 ZPO kommt neben dem jetzt vorgesehenen Verfahren nach § 117 Abs 3 nicht mehr in Be-

tracht (aA wohl Musielak/Borth Rn 5, 16), weil es insoweit schon an der für eine solche Analogie erforderlichen Regelungslücke fehlt.

II. Unterschiede zwischen den Verfahren nach § 522 Abs 2 und 3 ZPO und § 117 Abs 3

Da durch das FamFG der Beschluss als Entscheidungsform in der freiwilligen Gerichts- 38 barkeit ohnehin allgemein eingeführt ist und auch eine mündliche Verhandlung in der Berufungsinstanz schon grds nicht mehr zwingend ist, gehen die gerichtlichen Möglichkeiten der Verfahrensgestaltung aber nunmehr im Ergebnis weit über die bisherigen Möglichkeiten der Beschlusszurückweisung im ZPO-Verfahren hinaus und unterscheiden sich von dieser in wesentlicher Weise:

– Abweichend von § 522 Abs 2 und 3 ZPO kann auch dann nach § 117 Abs 3 verfahren 39 werden, wenn die Beschwerde **ganz oder teilweise begründet** ist (*Schürmann* FamRB 2009 24, 28).
– Abweichend von § 522 Abs 2 Nr 2 und 3 ZPO ist der Verzicht auf eine mündliche Verhandlung nach § 117 Abs 3 auch dann nicht ausgeschlossen, wenn die Voraussetzungen des § 70 Abs 2 vorliegen und daher **die Rechtsbeschwerde zuzulassen** ist; generell hat die Vorgehensweise nach § 117 Abs 3 keine Folgen für die Anfechtbarkeit der Beschwerdeentscheidung, weil ein Rechtsmittel gegen die Beschwerdeentscheidung ohnehin nur bei Zulassung der Rechtsbeschwerde gegeben ist.
– Eine Entscheidung kann auch bei Verzicht auf eine mündliche Verhandlung nicht nur durch den gesamten Spruchkörper, sondern auch durch den **Einzelrichter** (§ 68 Abs 4 iVm § 526 ZPO) ergehen.
– Auch bei Verzicht auf eine mündliche Verhandlung muss die Beschwerdeentscheidung anders als im Falle des § 522 Abs 2 ZPO **nicht einstimmig** ergehen, sondern es gilt wie auch sonst das Mehrheitsprinzip (§ 196 GVG).
– Im Verfahren nach § 522 Abs 2 ZPO ist eine **Änderung des erstinstanzlichen Streitgegenstandes** nicht zulässig (OLG Nürnberg, MDR 2007, 171); in dem Verfahren nach § 117 Abs 3 iVm § 68 Abs 3 S 2 ist eine Klageänderung in der Beschwerdeinstanz in dem gleichen Umfang möglich, in dem sie auch bei Durchführung einer mündlichen Verhandlung zulässig ist (Rz 7).

III. Hinweispflicht

1. Sinn und Zweck

Die Hinweispflicht des Beschwerdegerichts nach § 117 Abs 3 soll der besonderen Rolle 40 der von der Parteimaxime geprägten Familienstreitsachen Rechnung tragen (BTDrs 16/6308 S 225). Vor allem aber ist sie notwendig, damit die Beteiligten zu dem beabsichtigten Verzicht auf die mündliche Verhandlung in der gebotenen Weise rechtliches Gehör erhalten und ihnen damit die Möglichkeit eröffnet wird, dem Beschwerdegericht weitere Gesichtspunkte zu unterbreiten, die einem Verzicht auf eine Wiederholung der mündlichen Verhandlung in der Beschwerdeinstanz entgegenstehen.

2. Inhalt

Anders als im Falle des § 522 Abs 2 ZPO, wonach auf die Gründe für die beabsichtigten 41 Zurückweisung hinzuweisen und im Zusammenhang damit letztlich die gesamte Sach- und Rechtslage aus der Sicht des Rechtsmittelgerichts schon in dem der eigentlichen Zurückweisungsentscheidung vorausgehenden Hinweisbeschluss darzustellen ist, kann sich der Hinweis nach § 117 Abs 3 deshalb grds auch darauf beschränken, dass nur der beabsichtigte Verzicht auf die Durchführung einer mündlichen Verhandlung und die dafür maßgeblichen Gründe vor der Entscheidung mitgeteilt wird. Davon unberührt blei-

§ 117 FamFG | Rechtsmittel in Ehe- und Familienstreitsachen

ben allerdings die sonstigen Hinweispflichten des Gerichts gem § 113 Abs 1 S 2 iVm § 139 ZPO, so dass sich in der Praxis auch bei einem beabsichtigten Vorgehen nach § 117 Abs 3 idR ein ähnlich umfassender Hinweisbeschluss wie bei einer beabsichtigten Berufungszurückweisung nach § 522 Abs 2 ZPO empfehlen dürfte (*Maurer* FamRZ 2009, 465, 479; tendenziell aA *Schürmann* FamRB 2009, 24, 28: Hinweis auf die beabsichtigte Entscheidung ohne mündliche Verhandlung reicht idR schon aus).

3. Fristsetzung

42 Abw von § 522 Abs 2 S 2 ZPO schreibt § 117 Abs 3 die Setzung einer Frist, in der den Beteiligten Gelegenheit zur Stellungnahme zu dem beabsichtigten Verzicht auf die Durchführung einer mündlichen Verhandlung gegeben wird, nicht ausdrücklich vor. Da jedoch der Hinweis auf die beabsichtigte Verfahrensweise seinen Sinn verfehlt, wenn die Beteiligten dazu keine hinreichende Gelegenheit zur Stellungnahme erhalten, ist die Setzung einer angemessenen Frist zur Abgabe einer Stellungnahme auch bei einem Vorgehen nach § 117 Abs 3 idR nach wie vor notwendig. Während der Hinweis auf die beabsichtigte Vorgehensweise nach § 117 Abs 3 als solcher sich nach dem ausdrücklichen Wortlaut des Gesetzes an sämtliche Verfahrensbeteiligten richtet, wird es allerdings ausreichen, eine solche Frist nur denjenigen Beteiligten zu setzen, die durch die beabsichtigte Vorgehensweise beschwert sein können, jedenfalls im Falle einer vollständigen Zurückweisung der Beschwerde also – wie bei § 522 Abs 2 ZPO – nur dem Beschwerdeführer (aA BLAH/*Hartmann* Rn 10: allen Beteiligten iSd § 7). In Anlehnung an die für die Ehe- und Familienstreitsachen über § 113 Abs 1 S 2 anwendbaren Vorschrift des § 277 Abs 3 ZPO sollte die Dauer der Frist mindestens zwei Wochen betragen (vgl Zöller/*Heßler* § 522 ZPO Rn 34; BLAH/*Hartmann* Rn 10). Entsprechend zur üblichen Handhabung bei § 522 Abs 2 ZPO (Zöller/*Heßler* § 522 ZPO Rn 34) dürfte wegen der Setzung dieser Frist eine förmliche Bekanntgabe des Hinweisbeschlusses in den Formen des § 15 Abs 2 geboten sein. Eine Verlängerung der Frist ist nach § 113 Abs 1 S 2 iVm § 225 ZPO möglich. Erfolgt der Hinweis formlos ohne einen Beschluss, muss er zumindest aktenkundig gemacht werden (BLAH/*Hartmann* Rn 10).

F. Protokollierung der Entscheidungsgründe

43 § 117 Abs 4 bestimmt, dass das Beschwerdegericht den gem § 69 Abs 2 erforderlichen Inhalt einer Beschwerdeentscheidung in Ehe- und Familienstreitsachen zur Vereinfachung und Verfahrensbeschleunigung ersatzweise auch in das Sitzungsprotokoll aufnehmen kann, wenn es seine Entscheidung in dem Termin, in dem die mündliche Verhandlung geschlossen wird, unmittelbar verkündet. Diese Regelung ist an die durch das ZPO-RG neu gefasste Vorschrift des § 540 Abs 1 S 2 ZPO angelehnt. Sie setzt die Anwendbarkeit der Vorschriften über die Durchführung der mündlichen Verhandlung (§ 128 ZPO) sowie der Vorschriften über die Abfassung des Protokolls (§§ 160 ff ZPO) voraus und ist aus diesem Grunde auf Ehe- und Familienstreitsachen beschränkt.

44 Der restliche Inhalt der Beschwerdeentscheidung, also die nach § 38 Abs 2 Nr 1 bis 3 vorgeschriebenen Angaben kann bei derartigen »**Protokollentscheidungen**« entweder in das Sitzungsprotokoll selbst mit aufgenommen (Zöller/*Heßler* § 540 ZPO Rn 28) oder es kann eine gesonderte Beschwerdeentscheidung mit dem entsprechenden Inhalt gefertigt werden, die dann allerdings fest mit dem Protokoll verbunden werden muss (BGH NJW 2004, 1666; FamRZ 2007, 1314 zu § 540 Abs 1 S 2 ZPO). Ein zusätzlicher Hinweis auf die in dem Protokoll enthaltenen Entscheidungsgründe in der gesonderten Beschwerdeentscheidung ist nicht erforderlich und vermag auch die notwendige Verbindung mit dem Protokoll nicht zu ersetzen (BGH NJW 2004, 1666; NJW 2006, 1523). Eine derartige Verbindung kann – wie eine Entscheidungsbegründung (§ 72 Rz 30) oder eine fehlende richterliche Unterschrift (BGH FamRZ 2006, 858) – nur binnen fünf Monaten ab der Verkündung der Entscheidung noch nachgeholt werden (BGH MDR 2008, 996).

Dass das FamFG eine dem § 548 2. Hs ZPO entsprechende Frist von fünf Monaten bei der Rechtsbeschwerde nicht vorsieht (§ 71 Rz 3), schadet dabei nicht. Die in dieser Regelung wie auch in § 63 Abs 3 zum Ausdruck kommende Wertung des Gesetzes, Erinnerungsfehler der an der Entscheidung beteiligten Richter zu vermeiden und damit zur Rechtssicherheit beizutragen (GemS-OGB NJW 1993, 2603, 2604; BGH MDR 2008, 996), gilt dessen ungeachtet auch hier.

Eine **Unterschrift** der beisitzenden Richter ist nicht notwendig, denn die Beschwerdeentscheidung ergeht gem § 116 Abs 1 auch in Ehe- und Familienstreitsachen durchgängig in Beschlussform. Für Beschlüsse ist aber die Vorschrift des § 315 Abs 1 ZPO, aus der sich ein Unterschriftserfordernis allein ergeben könnte, auch im Rahmen der ZPO nicht anzuwenden (Zöller/*Vollkommer* § 329 ZPO Rn 36 mwN, str; aA Musielak/*Musielak* § 329 ZPO Rn 3). 45

Eine Beschwerdeentscheidung ist auch dann noch iSd 117 Abs 4 »in dem Termin, in dem die mündliche Verhandlung geschlossen wurde« verkündet, wenn die Verkündung nicht unmittelbar im Anschluss an die mündliche Verhandlung der Sache erfolgt, sondern am Ende der Sitzung, nachdem dazwischen noch andere Sachen verhandelt worden sind (BGH NJW 2004, 1666). Die dort zu protokollierenden Angaben haben die gleiche Funktion wie eine normale Beschwerdebegründung nach § 69 Abs 2. An sie sind daher auch die gleichen inhaltlichen Mindestanforderungen zu stellen (BGH NJW 2004, 1389; 2006, 1523). 46

G. Wiedereinsetzung in den vorigen Stand bei Versäumung von Rechtsmittel- und Rechtsmittelbegründungsfristen

Für die Wiedereinsetzung gegen die Versäumung der Fristen zur Einlegung und Begründung der Beschwerde in Ehe- und Familienstreitsachen verweisen die §§ 68 Abs 3 S 1, 113 Abs 1 S 2 auf die entsprechende Geltung der **§§ 233 ff ZPO**. Das Gleiche gilt trotz des Fehlens einer ausdrücklichen Regelung im Gesetz entsprechend auch für die Wiedereinsetzung gegen die Versäumung der Fristen zur Einlegung der Beschwerde und der Rechtsbeschwerde. Zusätzlich ist in § 117 Abs 5 die entsprechende Geltung der §§ 233 und 234 Abs 1 S 2 ZPO für die Wiedereinsetzung bei Versäumung der Fristen zur Begründung der Beschwerde und der Rechtsbeschwerde noch einmal gesondert angeordnet. Da auf diese Weise aber ausdrücklich nur »klargestellt« werden soll, dass eine Wiedereinsetzung auch bei Versäumung der Frist zur Begründung der Beschwerde oder der Rechtsbeschwerde möglich ist und die Wiedereinsetzungsfrist in diesem Fall einen Monat beträgt (BTDrs 16/6308 S 225; BTDrs 16/12717 S 71 f), ist die sich systematisch bereits aus der Verweisung auf die allgemeinen Vorschriften der ZPO gem §§ 68 Abs 3 S 1, 113 Abs 1 S 2 auch für das Beschwerdeverfahren (§ 68 Rz 33) ergebende Geltung der §§ 233–238 ZPO für das Verfahren der Wiedereinsetzung hierdurch aber nicht ausgeschlossen, so dass diese Vorschriften für die Ehe- und Familienstreitsachen auch im Übrigen an die Stelle der §§ 17 ff für das Wiedereinsetzungsverfahren treten (aA BLAH/*Hartmann* Rn 12: § 17 Abs 2 bleibe anwendbar; die Anwendung des § 17 ist aber gem § 113 Abs 1 S 1 ausdrücklich ausgeschlossen; iE wie hier *Maurer* FamRZ 2009, 465, 473). 47

Dabei ist für die Anwendung von § 234 Abs 1 S 2 ZPO auf die Wiedereinsetzung in den vorigen Stand zugunsten eines **unbemittelten Beteiligten** bei einer Beschwerde in Ehe- und Familienstreitsachen diese Vorschrift wie bei der im Hinblick auf den Fristenlauf vergleichbar ausgestalteten ZPO-Berufung (BGH NJW 2007, 3354, 3355 ff) und anders als für alle Verfahren nach dem FamFG einschließlich der Ehe- und Familienstreitsachen bei der Rechtsbeschwerde (§ 71 Rz 15) dahingehend auszulegen, dass bei versäumter Frist zur Einlegung der Beschwerde die Frist zu deren Begründung erst ab der Mitteilung der Entscheidung über den Antrag auf Wiedereinsetzung gegen die Versäumung der Beschwerdefrist – und nicht schon ab der Bekanntgabe der Bewilligung der Verfahrenskostenhilfe – zu laufen beginnt. 48

§ 118 Wiederaufnahme

Für die Wiederaufnahme des Verfahrens in Ehesachen und Familienstreitsachen gelten die §§ 578 bis 591 der Zivilprozessordnung entsprechend.

A. Allgemeines

1 Für Ehesachen (§ 121) und Familienstreitsachen (§ 112) gelten nach Maßgabe des § 113 die Vorschriften des 1 Buchs der ZPO sowie des landgerichtlichen Verfahrens. Für das Rechtsmittelverfahren hingegen erfolgt in § 117 keine Verweisung auf die ZPO, sondern eine Modifikation der §§ 58 ff (§ 117 Rz 1 f). Die Wiederaufnahme des Verfahrens in Ehesachen und Familienstreitsachen wird wiederum durch eine Bezugnahme auf die Vorschriften des 4. Buchs der ZPO geregelt (§§ 578 bis 591 ZPO). Für Abstammungssachen ist in § 185 eine Sonderregelung für den Wiederaufnahmegrund eines neuen Gutachtens (BGH FamRZ 2003, 1833) vorgesehen.

B. Wiederaufnahmegründe

2 Das Wiederaufnahmeverfahren ermöglicht durch einen Nichtigkeitsantrag (§ 579 ZPO) oder einen Restitutionsantrag (§ 580 ZPO) die Fortsetzung eines rechtskräftig abgeschlossenen Verfahrens (§ 578 ZPO) bei schwersten Verstößen gegen die Prozessordnung sowie bei (mit strafrechtlicher Relevanz [§ 581 Abs 2 ZPO] verbundener) Unrichtigkeit der Entscheidungsgrundlagen. Die Gründe des § 579 Nr 1 bis 4 ZPO, die den absoluten Revisionsgründen des § 547 Nr 1 bis 4 ZPO entsprechen (BGH FamRZ 2007, 1643), rechtfertigen einen Nichtigkeitsantrag ohne weiteres, während für den Restitutionsantrag zwischen den Gründen des § 580 Nr 1 bis 8 ZPO und der ergangenen Entscheidung ein ursächlicher Zusammenhang bestehen muss (Zöller/*Greger* § 580 Rn 5). Neben den Tatbeständen des § 579 Abs 1 Nr 1 bis 3 ZPO ist als praktisch bedeutsamer Nichtigkeitsgrund der **nicht ordnungsgemäß vertretene Beteiligte** (§ 579 Abs 1 Nr 4 ZPO) anzuführen, der das Grundrecht auf rechtliches Gehör sichert. Erfasst werden Entscheidungen gegen einen Nichtbeteiligten, einen nicht verfahrensfähigen Beteiligten (§ 10; BGH FamRZ 2005, 200 [zu § 83 ZVG]) sowie einen nicht ordnungsgemäß vertretenen Beteiligten, etwa wenn der Beteiligte nicht durch den gesetzlichen Vertreter (§ 1629 BGB) vertreten wird. Nicht ausreichend ist hingegen, wenn ein Beteiligter infolge einer erschlichenen öffentlichen Zustellung vom Verfahren, von einem Verhandlungstermin oder der Endentscheidung keine Kenntnis erhalten hatte (BGH FamRZ 2003, 672). Erwirkt der Antragsteller im Scheidungsverfahren durch die Behauptung, der Aufenthalt seines Ehegatten sei ihm unbekannt, die **öffentliche Zustellung**, begründet dies keinen Nichtigkeitsgrund; der Restitutionsgrund aufgrund eines zugleich begangenen Prozessbetrugs (§ 580 Nr 4 ZPO) setzt indes eine strafgerichtliche Verurteilung voraus (§ 581 Abs 1 ZPO).

3 Im **Restitutionsverfahren**, das gegenüber jedem Rechtsbehelf und Rechtsmittel subsidiär ist (§ 582 ZPO), muss durch den Restitutionsgrund der Entscheidung (ganz oder teilweise) die Grundlage entzogen werden, so dass sie in dieser Weise nicht ergangen wäre, wobei ausreichend ist, dass die Kausalität nicht ausgeschlossen werden kann. § 580 Nr 5 ZPO erfasst insbesondere den **Prozessbetrug** eines Beteiligten. Daneben ist § 580 Nr 7b ZPO praktisch relevant, wonach ein Beteiligter das Wiederaufnahmeverfahren auch darauf stützen kann, dass er eine andere **Urkunde aufgefunden** hat oder zu benutzen in den Stand gesetzt wurde, die eine ihm günstige Entscheidung herbeigeführt haben könnte (zur Geburtsurkunde oder zur Anerkennung der Vaterschaft Zöller/*Greger* § 580 Rn 17). Für das Wiederaufnahmeverfahren ist maßgeblich, wie das Vorverfahren nach dem damaligen Verfahrensstoff unter Berücksichtigung der aufgefundenen Urkunde zu entscheiden gewesen wäre (BGH FamRZ 2007, 896, 898). Die Gründe des § 580 Nr 1 bis 5 ZPO setzen eine strafgerichtliche Verurteilung voraus (§ 581 Abs 1 ZPO;

nicht ausreichend eine vorläufige Einstellung gemäß § 153a StPO OLG Köln FamRZ 1991, 584; zur Undurchführbarkeit der Strafverfolgung Zöller/*Greger* § 580 Rn 7). Bisher rechtfertigte ein Urteil des EuGHMR die Wiederaufnahme eines Verfahrens nicht (BVerfG FamRZ 2004, 1857, 1861 m Anm *Rixe* 1863, 1865). Dies wurde durch die Einfügung des § 580 Nr 8 ZPO geändert.

C. Wiederaufnahmeverfahren

Das Wiederaufnahmeverfahren ist in **drei Verfahrensabschnitte** unterteilt: Der Nichtigkeits- oder Wiederaufnahmeantrag (§§ 587, 588 ZPO) muss zulässig sein (§ 589 ZPO), insbesondere die Antragsfrist nach § 586 Abs 1 oder 2 ZPO wahren (OLG Köln FamRZ 1989, 647; Ausnahme § 185 Abs 4) und einen Wiederaufnahmegrund geltend machen; ein Wiederaufnahmegrund nach §§ 579, 580 ZPO muss gegeben sein, der die Aufhebung der vorangegangenen Entscheidung rechtfertigt; schließlich die Fortsetzung des abgeschlossenen Verfahrens durch erneute Verhandlung und Entscheidung (§ 590 ZPO). Die Aufhebung einer vorangegangenen rechtskräftigen Entscheidung kann durch einen Zwischenbeschluss oder mit der Endentscheidung erfolgen. Die ausschließliche Zuständigkeit bestimmt sich nach § 584 ZPO (OLG Karlsruhe FamRZ 1996, 301 zur Unanwendbarkeit des § 621 Abs 2 ZPO aF). Durch die Aufhebung eines **Ehescheidungsurteils** wird die geschiedene Ehe wieder von Anfang an wirksam und ein geschlossene zweite Ehe nach §§ 1306, 1314 Abs 2 BGB aufhebbar (BGH FamRZ 1963, 132; zur unzulässigen Rechtsausübung OLG Frankfurt FamRZ 1978, 922). Nach dem Tod eines Beteiligten ist eine Wiederaufnahme des Scheidungsverfahrens nicht mehr zulässig (OLG Zweibrücken FamRZ 2005, 733). Der Wiederaufnahmeantrag kann auch isoliert gegen eine Entscheidung in einer Folgesache erhoben werden (Zöller/*Greger* vor § 578 Rn 10).

§ 119 Einstweilige Anordnung und Arrest

(1) In Familienstreitsachen sind die Vorschriften dieses Gesetzes über die einstweilige Anordnung anzuwenden. In Familienstreitsachen nach § 112 Nr. 2 und 3 gilt § 945 der Zivilprozessordnung entsprechend.

(2) Das Gericht kann in Familienstreitsachen den Arrest anordnen. Die §§ 916 bis 934 und die §§ 943 bis 945 der Zivilprozessordnung gelten entsprechend.

Übersicht

	Rz		Rz
A. Allgemeines	1	I. Arrest in Unterhaltssachen	10
B. Einstweilige Anordnung in Familienstreitsachen	2	II. Arrest in Güterrechtssachen	12
C. Arrest in Familienstreitsachen	9	III. Arrestverfahren	18

A. Allgemeines

1   Die Vorschrift erklärt für den einstweiligen Rechtsschutz in Familienstreitsachen (§ 112) sowohl die Vorschriften des FamFG als auch die Regelungen der ZPO für anwendbar. In den Familienstreitsachen, die grundsätzlich der ZPO unterliegen (§ 113 Abs 1), gelten für einstweilige Anordnungen die §§ 49 ff, 246 ff. Daneben wird die Sicherung der materiell-rechtlichen Individualansprüche über den Arrest nach den Vorschriften der §§ 916 ff ZPO gewährleistet. Schließlich gilt in unterschiedlichem Umfang die Schadensersatzverpflichtung nach § 945 ZPO. Durch die ausdrückliche gesetzliche Regelung (Abs 1 Satz 1), den partiellen gesetzlichen Verweis (Abs 2 Satz 2) und die Betonung in der Gesetzesbegründung (BTDrs 16/6308 S 226) ist endgültig klargestellt, dass für die **einstweilige Verfügung** (§§ 935, 940 ZPO), deren Anwendungsbereich durch die einstweiligen Anordnungen nach der ZPO aF und die Rspr auf einen schmalen und nahezu unbedeutenden Bereich begrenzt worden war (Musielak/*Borth* § 644 Rn 5), in allen Familiensachen nicht mehr zulässig ist. Für den einstweiligen Rechtsschutz in **Familienstreitsachen** ist sowohl nach den jeweiligen Verfahrensgegenständen als auch zwischen der konkreten gerichtlichen Regelung oder der Sicherung eines Anspruchs zu differenzieren.

B. Einstweilige Anordnung in Familienstreitsachen

2   **I.** In **Unterhaltssachen** ist die einstweilige Anordnung in den §§ 246–248 gesondert geregelt. Auch wenn bisher außerhalb eines familienrechtlichen Hauptsacheverfahrens der Anspruch auf Prozesskostenvorschuss mittels einstweiliger Verfügung durchgesetzt werden musste, gilt zukünftig ausschließlich die einstweilige Anordnung nach § 246 Abs 1. In den das Kindergeld betreffenden Unterhaltssachen nach § 231 Abs 2, die keine Familienstreitsachen sind, wird ein dringendes Bedürfnis zum gerichtlichen Tätigwerden (§ 49 Abs 1) nicht bestehen. Zur Sicherung durch Arrest Rz 10.

3   **II.** Der einstweilige Rechtsschutz in **Güterrechtssachen** nach § 112 Nr 2, 261 erfolgt überwiegend durch Arrest, soweit die Sicherung eines Anspruchs betroffen ist. Gleichwohl verbleibt ein begrenzter Anwendungsbereich für die einstweilige Anordnung:

4   **1. Sicherung des § 1365 BGB:** Nach § 1365 Abs 1 BGB kann ein Ehegatte nur mit Einwilligung des anderen Ehegatten über sein Vermögen im Ganzen verfügen. Gesamtvermögensgeschäfte konnten bisher durch eine einstweilige Verfügung unterbunden werden; an deren Stelle treten nun die allgemeinen Vorschriften der §§ 49 ff. Besteht die Besorgnis, dass ein Ehegatte über sein Vermögen im Ganzen – etwa sein Grundstück – verfügen wird, kommt während bestehender Ehe ein **Veräußerungsverbot** (§ 49 Abs 2) in Betracht (*Ebert* § 10 Rn 8 ff), das als Verfügungsbeschränkung im Grundbuch eingetragen werden kann (AG Baden-Baden FamRZ 2009, 1344). Der auf Unterlassung gerichtete Anordnungsanspruch folgt unmittelbar aus § 1365 Abs 1 BGB, weil die wirtschaftliche

Existenzgrundlage der Familiengemeinschaft erhalten werden soll. Das **Regelungsbedürfnis** stützt sich auf die drohende Verfügung über das Gesamtvermögen, zB durch die Veräußerung des Grundstücks. Beide Voraussetzungen sind vom antragstellenden Ehegatten **glaubhaft** zu machen. Für das Anordnungsverfahren gelten die allgemeinen Vorschriften, auf die verwiesen wird. Als Sicherungsmaßnahme kann das Gericht ein Veräußerungsverbot anordnen (§ 49 Abs 2), das in das Grundbuch eingetragen werden kann. Mit Rechtskraft der Ehescheidung endet das Zustimmungserfordernis des § 1365 BGB (OLG Hamm FamRZ 2006, 1557). Wird die Folgesache Güterrecht aus dem Scheidungsverbund abgetrennt und die Scheidung rechtskräftig, ist § 1365 analog anzuwenden, weil der andere Ehegatte auch vor einer Gefährdung seines Anspruchs auf Zugewinnausgleich geschützt ist (OLG Celle FamRZ 2004, 625; OLG Köln FamRZ 2001, 176). Ist der Erwerber noch nicht im Grundbuch eingetragen, kann gegen diesen vor dem Zivilgericht, weil es sich nicht um eine Familiensache handelt (§ 266 Rz 1 ff), ein Erwerbsverbot erwirkt werden (*Ebert* § 10 Rn 22 ff). Ist der Erwerber bereits im Grundbuch eingetragen, besteht neben der auf Grundbuchberichtigung (§ 894 BGB) gerichteten Anspruch aus § 1368 BGB die Möglichkeit, eine Weiterveräußerung durch Eintragung eines Widerspruchs zu verhindern (*Derleder* FuR 1994, 164).

2. In Güterrechtssachen nach § 261 Abs 2, die keine Familienstreitsachen sind (§ 261 **5** Rz 8 ff, §§ 264, 265), kann eine einstweilige Anordnung ergehen. Für Verfahren nach **§ 1382, 1383 BGB** war dies bisher in § 53a Abs 3 FGG aF geregelt, aber praktisch kaum bedeutsam, denn nach Beendigung des Güterstandes müsste für die Stundung der Zugewinnausgleichsforderung oder die Übertragung von Vermögensgegenständen ein Regelungsbedürfnis bestehen, zumal der Antrag im Verfahren um den Zugewinnausgleich gestellt werden kann (§ 1382 Abs 5 BGB; PWW/*Weinreich* § 1382 Rn 17).

III. Die **sonstigen Familienstreitsachen** nach § 266 Abs 1 betreffen eine Vielzahl ganz **6** unterschiedlicher Ansprüche (§ 266 Rz 11 ff). Für den einstweiligen Rechtsschutz stehen die aus der Ehe herrührenden Ansprüche (§ 266 Abs 1 Nr 2) im Vordergrund. Sie umfassen alle Ansprüche, die auf die eheliche Lebensgemeinschaft des **§ 1353 BGB** zurückgeführt werden und den Schutz des räumlich-gegenständlichen Ehebereichs zum Gegenstand haben. Die vermögensrechtlichen Ansprüche der (geschiedenen) Eheleute iSd § 266 Abs 1 Nr 3 sowie Ansprüche nach § 266 Abs 1 Nr 4 und 5 können im hiesigen Zusammenhang vernachlässigt werden. In der familiengerichtlichen Praxis sind folgende Ansprüche für die einstweilige Anordnung von praktischer Bedeutung:

1. Die vermögensrechtlichen Nebenpflichten, die aus § 1353 BGB hergeleitet werden **7** (PWW/*Weinreich* § 1353 Rn 15 f), beziehen sich überwiegend auf die steuerlichen Fragestellungen, für die kein Bedürfnis nach einstweiligem Rechtsschutz besteht. Praktisch bedeutsam ist der kurzfristige Schutz des **räumlich-gegenständlichen Bereichs der Ehe**, der als absolutes Recht iSd § 823 Abs 1 BGB geschützt ist. Der Anordnungsanspruch folgt aus dem Unterlassungsanspruch des Ehegatten gemäß §§ 823 Abs 1, 1004 BGB (OLG Düsseldorf FamRZ 1991, 705; 1988, 1053); bei Miteigentum aus § 743 Abs 2 BGB. Er ist im Verhältnis zum Dritten auf die Räumung der Wohnung und das Verbot, die Wohnung wieder zu betreten, gerichtet und in Beziehung zum anderen Ehegatten auf dessen Verpflichtung, die dritte Person aus der Wohnung zu weisen und ihr nicht wieder Zutritt zur Wohnung zu gewähren (*Gießler/Soyka* Rn 974). Ziel des einstweiligen Rechtsschutzes ist es, die Zerrüttung der Ehe oder deren Vertiefung zu verhindern. Daher rechtfertigt sich das Regelungsbedürfnis zumeist aus der bereits erfolgten Störung und die dadurch begründete Wiederholungsgefahr. Hieran fehlt es indes, wenn der Anspruchsberechtigte sich selbst von der Ehe abgewandt hat, aus der Wohnung ausgezogen ist oder bereits einen Scheidungsantrag gestellt hat (FA-FamR/*v Heintschel-Heinegg*, 6. Aufl, Kap 1 Rn 259 ff; OLG Zweibrücken FamRZ 1989, 55).

2. Als sonstige Familiensache fallen die Ansprüche auf Herausgabe oder Benutzung **8** der zum persönlichen Gebrauch eines Ehegatten oder eines Kindes (§ 1629 Abs 2 Satz 2 BGB analog; Schwab/Maurer/*Borth* I Rn 894) bestimmten Sachen (§ 620 Nr 8 ZPO aF)

§ 119 FamFG | Einstweilige Anordnung und Arrest

unter § 266 Nr 3. **Gegenstände des persönlichen Gebrauchs**, die nicht zum Hausrat zählen, umfassen Kleider, Wäsche, Schmuck, Bücher, Medikamente, persönliche Unterlagen (Pass, Krankenversicherung, Zeugnisse) sowie dem Beruf oder Hobby dienende Sachen (Werkzeug, Literatur, Instrumente, Sportgeräte usw), während Wertpapiere, Sparbücher oä nicht erfasst werden (Zöller/*Philippi* § 620 Rn 80). Der Anordnungsanspruch lässt sich aus §§ 985, 812, 861 BGB, aber auch aus § 1361a BGB analog (AG Weilburg FamRZ 2000, 1071) herleiten. Darüber hinaus kann der Anspruch als Nebenpflicht einer Sorgerechtsregelung oder Herausgabeentscheidung in Bezug auf ein Kind (§ 50d FGG aF) verstanden werden (*Gießler/Soyka* Rn 835). Das Regelungsbedürfnis folgt daraus, dass das Kind oder der Ehegatte auf die Gegenstände für seine Lebensführung angewiesen ist.

C. Arrest in Familienstreitsachen

9 Nach § 119 Abs 2 kann das Gericht in Familienstreitsachen auf Antrag den Arrest als prozessuales Sicherungsinstrument nach Maßgabe der §§ 916 ff ZPO anordnen. Im Gegensatz zur einstweiligen Anordnung, bei der in Unterhaltssachen die Gewährleistung des Lebensbedarfs im Vordergrund steht, ist der Arrest allein auf die Sicherung der Zwangsvollstreckung wegen einer Geldforderung gerichtet. Der Arrest kommt zur Sicherung zukünftiger Unterhaltsansprüche sowie zur Sicherung des Zugewinnausgleichsanspruchs in Betracht. Durch das Gesetz zur Reform des Zugewinnausgleichsrechts ergeben sich gerade im Bereich des einstweiligen Rechtsschutzes nicht unerhebliche Änderungen.

I. Arrest in Unterhaltssachen

10 1. Während die einstweilige Anordnung auf die vorläufige Titulierung von Unterhaltsansprüchen gerichtet ist, um diese vollstrecken zu können, dient die Anordnung eines Arrests allein deren **Sicherung** (*Menne* FamRZ 2004, 6 ff). Der **Arrestanspruch** folgt aus dem jeweiligen Unterhaltsrechtsverhältnis (§ 246 Rz 12–16) und umfasst den vollen Unterhalt. Nachehelicher Unterhalt kann ab Rechtshängigkeit des Scheidungsantrags, mit dessen Klagbarkeit, durch den Arrest gesichert werden (OLG Düsseldorf FamRZ 1994 111, 113). Der zu sichernde Unterhalt kann auf rückständige wie zukünftig fällig werdende Ansprüche gerichtet sein. Allerdings besteht für den Unterhaltsrückstand kein Anordnungsgrund, wenn dieser bereits tituliert ist. Für die Höhe der zu sichernden Forderungen ist auf die voraussichtliche Dauer der Verpflichtung abzustellen. Diese kann durch die Volljährigkeit des Kindes, durch eine weitergehende Erwerbsobliegenheit des Unterhaltsberechtigten oder einen späteren Rentenbezug des Schuldners begrenzt sein. Eine gesetzliche Regelung oder ein allgemeiner Grundsatz, auf welchen **Unterhaltszeitraum** der Arrest zu erstrecken ist, bestehen nicht. Im Hinblick auf die mit jeder Prognose verbundenen Unsicherheiten sollten die Ansprüche auf die Dauer von 3 bis 5 Jahren (5 Jahre: OLG Düsseldorf FamRZ 1994, 111, 113; OLG Hamm 1995, 1427; Wendl/Staudigl/*Schmitz* § 10 Rn 262; Prütting/*Helms* § 119 Rn 6; 2 Jahre: OLG Karlsruhe FamRZ 1996, 1429) und für den Kindesunterhalt jedenfalls auf die Zeit bis zur Volljährigkeit (OLG München FamRZ 2000, 965) begrenzt werden (*Menne* FamRZ 2004, 6, 11; *Ebert* Rn 7, 13).

11 2. Der **Arrestgrund** setzt voraus, dass ohne dessen Anordnung die Vollstreckung des Anspruchs vereitelt oder wesentlich erschwert werden würde (§ 917 Abs 1 ZPO). Vermögensverschiebungen rechtfertigen grundsätzlich die Sicherung durch den Arrest (Rz 17), während die Weigerung, Auskunft zu erteilen, nicht ausreichend ist (OLG München FamRZ 2000, 965). Einen Arrestgrund hat das OLG Hamm (FamRZ 1995, 1427) bei einem ungeklärten Zusammenbruch einer vom Unterhaltsschuldner betriebenen GmbH angenommen. Die Zwangsvollstreckung bereits fälliger Ansprüche bedarf keiner Sicherung durch den dinglichen Arrest, wenn der Unterhaltsberechtigte über einen rechtskräftigen oder ohne Sicherheitsleistung vollstreckbaren Titel verfügt (OLG Düsseldorf

OLGR 2006, 480; OLG Karlsruhe NJW-RR 1996, 960), während für zukünftig fällige Ansprüche ein Sicherungsbedürfnis bestehen kann (AG Steinfurth FamRZ 1988, 1082). Ist der Unterhaltstitel vorläufig vollstreckbar, bleibt der Arrest statthaft, wobei im Hinblick auf die Sicherungsvollstreckung nach § 720a ZPO zunehmend das Schutzbedürfnis verneint wird (Zöller/*Vollkommer* § 917 Rn 13). Bei einem rechtkräftigen Titel kann die Möglichkeit der Vorratspfändung nach § 850d Abs 3 ZPO eine ausreichende Sicherung bieten (*Menne* FamRZ 2004, 6, 8). Der materiell-rechtliche Anspruch auf Sicherheitsleistung nach § 1585a Abs 1 BGB lässt den Arrestgrund nicht entfallen (Prütting/*Helms* § 119 Rn 6).

II. Arrest in Güterrechtssachen

Der lange Zeitraum zwischen der Trennung der Eheleute und der Fälligkeit eines evtl. 12
Anspruchs auf Zugewinnausgleich, der mit der Beendigung des Güterstands gemäß § 1378 Abs 3 Satz 1 BGB entsteht, kann Vermögensmanipulationen des ausgleichspflichtigen Ehegatten ermöglichen. Die Vorverlegung des Stichtags im Fall der Ehescheidung auf die Rechtshängigkeit des Scheidungsantrags (§ 1384 BGB), die Regelung des § 1375 Abs 2 BGB, wonach bestimmte illoyale Vermögensverschiebungen eines Ehegatten dem Endvermögen hinzugerechnet werden, und schließlich die Möglichkeit nach bisherigem Recht, auf vorzeitigen Zugewinnausgleich nach §§ 1385, 1386 BGB aF klagen zu können, bieten kaum praktischen Schutz vor (unredlichen) Vermögensverschiebungen (FA-FamR/*v Heintschel-Heinegg* Kap 1 Rn 240 ff). Effektiver Rechtsschutz kann für den ausgleichsberechtigten Ehegatten in einem erleichterten vorzeitigen Zugewinnausgleich sowie in der Sicherung seines zukünftigen Ausgleichsanspruchs bestehen, wie sie im Gesetz zur Änderung des Zugewinnausgleichs- und Vormundschaftsrechts (BRDrs 635/08) geregelt sind.

1. Nach der (bisherigen) Vorschrift des **§ 1389 BGB** konnte der ausgleichsberechtigte 13
Ehegatte **Sicherheitsleistung** – nach Maßgabe des § 232 BGB – verlangen, wenn zu besorgen war, dass sein Recht auf künftigen Ausgleich des Zugewinns durch das Verhalten des anderen Ehegatten erheblich gefährdet war. Auch wenn die Sicherheitsleistung den Ausgleichsanspruch grundsätzlich sichern kann, waren die Voraussetzungen nur ausnahmsweise erfüllt, weil die Klage auf vorzeitigen Zugewinnausgleich erhoben sein musste und diese eine dreijährige Trennung (§ 1385 BGB aF) oder ein wirtschaftlich unredliches bzw illoyales Verhalten voraussetzte (§ 1386 Abs 1 und 2 BGB). Ob (verneinend KG FamRZ 1994, 1478) und wie die im Hauptsacheverfahren durchzusetzende Sicherheitsleistung vorläufig – etwa durch Arrest (OLG Celle FamRZ 1996, 1429; Zöller/*Vollkommer* § 916 Rn 5; *Gießler/Soyka* Rn 937) oder einstweilige Verfügung (OLG Hamburg FamRZ 1988, 964; Palandt/*Brudermüller* § 1389 Rn 9; FA-FamR/*v Heintschel-Heinegg*, 6. Aufl, Kap 1 Rn 243) – gesichert werden konnte, war bisher umstritten (*Kohler* FamRZ 1989, 797 ff). Für die einstweilige Verfügung sprach, dass ein zu sichernder Zahlungsanspruch nicht bestand und der dingliche Arrest dem Gläubiger weitergehende Rechte einräumte, als diese im Hauptsacheverfahren zu erzielen waren (*Dose* Rn 242). Mit der Reform des Zugewinnausgleichs wird diese Regelung aufgehoben, so dass sich diese Streitfrage künftig nicht mehr stellt.

2. Ebenso umstritten war, ob der Anspruch auf **künftigen Zugewinnausgleich** selbst 14
durch **Arrest** gesichert werden konnte (FA-FamR/*v Heintschel-Heinegg*, 6. Aufl, Kap 1 Rn 240 ff). Während teilweise darauf abgestellt wurde, dass der zu sichernde Anspruch erst mit Rechtskraft der Ehescheidung entstehe, aus diesem Grund nicht selbständig einklagbar sei und deswegen die Sicherheitsleistung nach § 1389 BGB gesetzlich als vorrangiges Sicherungsmittel zur Verfügung stehe (OLG Karlsruhe FamRZ 2007, 410; OLG Koblenz FamRZ 1999, 97; OLG Stuttgart FamRZ 1995, 1427; *Dose* Rn 244; Schwab/*Schwab* VII Rn 225), wurde zunehmend die Auffassung vertreten, dass der Anspruch auf künftigen Zugewinnausgleich ab Rechtshängigkeit des Scheidungsantrags im Wege des Ar-

§ 119 FamFG | Einstweilige Anordnung und Arrest

rests zu sichern sei, weil der Anspruch im Scheidungsverbund vor seiner Fälligkeit eingeklagt werden könne und die Einführung des § 1389 BGB eine verfahrensrechtliche Sicherung nicht ausschließen sollte (OLG Brandenburg FamRZ 2009, 446; OLG München FamRZ 2007, 1101; OLG Karlsruhe FamRZ 2007, 408; OLG Hamburg FamRZ 2003, 238; OLG Düsseldorf FamRZ 1994, 14 f; *Ebert* § 12 Rn 6; *Gießler/Soyka* Rn 936).

15 3. Die Sicherung des zukünftigen Anspruchs auf Zugewinnausgleich wird mit dem Gesetz zur **Reform des Zugewinnausgleichs-** und **Vormundschaftsrechts** (BRDrs 635/08) auf eine vollständig neue Grundlage gestellt. Ziel des Gesetzes ist es ua, den vorläufigen Rechtsschutz des ausgleichsberechtigten Ehegatten vor Vermögensmanipulationen bei Trennung und Scheidung zu verbessern (BRDrs 635/08, 20). Der »frühzeitige und effektive« Schutz des ausgleichsberechtigten Ehegatten soll dadurch herbeigeführt werden, dass die bisherige Wahl zwischen der auf Auflösung des gesetzlichen Güterstandes gerichteten Gestaltungsklage und der weiteren Klage auf die Ausgleichsforderung entfällt. § 1385 BGB nF regelt unmittelbar einen Anspruch auf Zahlung des Zugewinnausgleichs, der mit der Aufhebung der Zugewinngemeinschaft verbunden ist (BRDrs 635/08 S 37; *Krause* ZFE 2008, 406; *v Eichel* ZFE 2008, 206). Zugleich werden die bisherigen Gründe des § 1386 Abs 2 BGB in § 1385 Nr 1–4 BGB nF »maßvoll« erweitert, indem nach § 1385 Nr 2 BGB nF ausreichend ist, wenn Handlungen der in § 1365 BGB oder § 1375 Abs 2 BGB bezeichneten Art zur befürchten sind, während § 1386 Abs 2 BGB aF bisher die Vornahme derselben voraussetzte. Der **Anspruch auf vorzeitigen Zugewinnausgleich** nach § 1385 BGB nF ist nach der Gesetzesbegründung im Wege des Arrestes sicherungsfähig (BRDrs 635/08 S 37; *Brudermüller* FamRZ 2009, 1185, 1189; *Weinreich* FuR 2009, 497, 506). Zugleich wird § 1389 BGB aF aufgehoben, um die im vorläufigen Rechtsschutz bestehende erhebliche Rechtsunsicherheit zu beseitigen (BRDrs 635/08 S 41).

16 a) **Arrestanspruch** (§ 916 ZPO): Der Arrestanspruch folgt künftig unmittelbar aus § 1385 BGB nF. Danach kann der ausgleichsberechtigte Ehegatte den vorzeitigen Zugewinnausgleich alternativ (aA wohl *Koch* FamRZ 2008, 1124, 1128) geltend machen, wenn die Ehegatten seit mindestens drei Jahren getrennt leben (Nr 1), Handlungen der in § 1365 oder 1375 Abs 2 BGB bezeichneten Art zu befürchten sind und dadurch eine erhebliche Gefährdung für die Erfüllung der Ausgleichsforderung zu besorgen ist (Nr 2), der andere Ehegatte längere Zeit die wirtschaftlichen Verpflichtungen, die sich aus dem ehelichen Verhältnis ergeben, schuldhaft nicht erfüllt hat (Nr 3) oder dieser sich ohne ausreichenden Grund beharrlich weigert, Auskunft über sein Vermögen zu erteilen (Nr 4). Während die Gründe der Nr 1, 3 und 4 bereits in § 1386 Abs 1 und 3 BGB aF normiert waren, wurden die Voraussetzungen des § 1386 Abs 2 BGB dadurch nicht unerheblich erweitert, dass bereits die Besorgnis einer unredlichen bzw illoyalen Vermögensverschiebung für den Anspruch ausreichend ist. Im Arrestverfahren muss der antragstellende Ehegatte die Voraussetzungen des jeweiligen Tatbestandes sowie die Höhe seines Ausgleichsanspruchs glaubhaft machen. Nach der Gesetzesbegründung (BRDrs 635/08 S 38 f) können die Voraussetzungen des § 1385 BGB nF erfüllt sein, wenn ein Ehegatte Aktien veräußert, Festgeldkonten auflöst und die Beträge ohne wirtschaftlichen Grund auf sein Girokonto überweist, als Alleineigentümer einer vermieteten Eigentumswohnung unmittelbar nach der Trennung den Verkauf der Wohnung inseriert oder ein Ehegatte ungewöhnliche Luxusaufwendungen (Kreuzfahrten oä) tätigt.

17 b) **Arrestgrund:** Nach § 917 Abs 1 ZPO wurde eine Gefährdung des zu sichernden Anspruchs bisher angenommen, wenn die Veräußerung oder Verschiebung von Vermögenswerten – etwa eines Grundstücks (OLG Dresden FamRZ 2007, 1029), einer Eigentumswohnung, des Betriebs (OLG Düsseldorf FamRZ 1994, 114; OLG Hamm FamRZ 1995, 1427), eines Schiffs (OLG Celle OLGR 2005, 522) usw – zu befürchten waren (OLG Karlsruhe FamRZ 1997, 622), oder die Besorgnis eines Rechtsgeschäfts iSd § 1365 BGB (OLG Hamm FamRZ 1992, 430) bzw einer schädigenden Handlung iSd § 1375 Abs 2 BGB bestand. Ebenso konnte eine verschwenderische Lebensweise (*Ebert* § 12 Rn 19;

Zöller/*Vollkommer* § 916 Rn 5), die Aufgabe bzw der häufige Wechsel des Wohnorts oder die ernsthafte Auswanderungsabsicht (OLG Düsseldorf FamRZ 1994, 114; anders OLG Stuttgart FamRZ 1997, 181 bei hinreichendem Inlandsvermögen), aber auch die fortgesetzte Vermögensverschleierung durch grob falsche Auskünfte (OLG Frankfurt FamRZ 1996, 749) einen Arrestgrund rechtfertigen. Als gesetzlicher Arrestgrund gemäß § 917 Abs 2 ZPO kommt die drohende Vollstreckung des Anspruchs im Ausland in Betracht. Demgegenüber stellt die schlechte Vermögenslage des Ausgleichspflichtigen als solche oder die Konkurrenz zu anderen Gläubigern keinen Arrestgrund dar (BGH NJW 1996, 324). Schließlich besteht ein Arrestgrund nicht mehr, wenn im Hauptsacheverfahren eine rechtskräftige Entscheidung ergangen ist (*Ebert* § 12 Rn 15). Mit der Formulierung des Arrestanspruchs in **§ 1385 Nr 2–4 BGB** nF sind wesentliche Anforderungen an den Arrestgrund erfasst, denn die tatbestandlichen Handlungen lassen den Schluss zu, den Ausgleichsanspruch beeinträchtigen zu wollen, so dass der Arrestanspruch den **Arrestgrund indiziert** (zust Prütting/*Helms* § 119 Rn 7).

III. Arrestverfahren

Verfahren: Für das Arrestverfahren ist das Gericht der Hauptsache zuständig (§§ 119 Abs 2 Satz 2 FamFG iVm §§ 919, 943 ZPO). Nach § 262 kann dies das Gericht sein, bei dem eine Ehesache anhängig ist (Abs 1), anderenfalls folgt die **Zuständigkeit** nach dem allgemeinen Gerichtsstand (Abs 2). Die Antragsschrift muss einen hinreichend bestimmten Antrag enthalten, aus dem der begehrte Rechtsschutz (dinglicher oder persönlicher Arrest) erkennbar sein muss. Wegen der Unsicherheiten über die Höhe des Ausgleichsanspruchs ist eine genaue Bezeichnung der Arrestgegenstände nicht erforderlich (OLG Düsseldorf FamRZ 1991, 351); es genügt die Anordnung des Arrests in das gesamte Vermögen des Schuldners. Im Arrestgesuch sind die Voraussetzungen für den **Arrestanspruch** und **-grund glaubhaft** zu machen (§§ 920 Abs 2 ZPO). Auch wenn Güterrechtssachen nach § 114 Abs 1 dem Anwaltszwang unterliegen, kann der Arrestantrag von dem ausgleichsberechtigten Ehegatten selbst gestellt werden (§ 920 Abs 3 ZPO iVm § 114 Abs 4 Nr 6). Wird im Arrestverfahren eine mündliche Verhandlung anberaumt, besteht wiederum **Anwaltszwang**, weil die §§ 114 Abs 4 Nr 1, 119 zwischen dem einstweiligen Anordnungsverfahren und dem Arrestverfahren bewusst unterscheiden. Das Arrestgericht entscheidet nach fakultativer mündlicher Verhandlung über die Anordnung des Arrestes, die Art des Arrests, die zu sichernde Forderung dem Grund und der Höhe nach sowie über die Höhe der Lösungssumme, mittels derer der Antragsgegner die Vollziehung des Arrests verhindern kann (*Ebert* § 12 Rn 52, 69). Nach Anordnung des dinglichen Arrests muss der Antragsteller die **einmonatige Vollziehungsfrist** des § 929 Abs 2 ZPO beachten, innerhalb derer eine bestimmte Zwangsvollstreckungsmaßnahme nicht erwirkt, wohl aber fristgerecht beantragt werden muss (BGH NJW 1990, 122, 124; *Ebert* § 2 Rn 479 ff). Lässt der Antragsteller die Vollziehungsfrist verstreichen, ist der Arrest auf den Widerspruch des Antragsgegners (§ 924 Abs 1 ZPO) oder im Verfahren nach § 927 ZPO, ggf im Beschwerdeverfahren oder nach § 926 Abs 2 ZPO aufzuheben (Zöller/*Vollkommer* § 929 Rn 21; Prütting/*Helms* § 119 Rn 9). Für die Rechtsmittel im Arrestverfahren gelten die in Bezug genommenen Vorschriften der ZPO. Danach ist gegen den Beschluss, durch den ein Arrest (ohne mündliche Verhandlung; § 922 Abs 1 ZPO) angeordnet wird, der Widerspruch statthaft (§ 924 Abs 1 ZPO), während bei Zurückweisung des Arrestantrags die sofortige Beschwerde (§ 567 Abs 1 Nr 2 ZPO) eröffnet ist. Gegen den Arrestbeschluss nach mündlicher Verhandlung ist das Rechtsmittel der Beschwerde (§§ 58 ff, 117) gegeben (Prütting/*Helms* § 119 Rn 9).

§ 119 Abs 1 Satz 2 und Abs 2 erklären die Regelung des **§ 945 ZPO** in einstweiligen Anordnungsverfahren über die Familienstreitsachen des § 112 Nr 2 und 3 sowie in Arrestverfahren für anwendbar. Danach ist der Antragsteller des Arrestverfahrens dem Gegner zum Schadensersatz verpflichtet, wenn sich die einstweilige Anordnung oder

§ 119 FamFG | Einstweilige Anordnung und Arrest

der Arrest als von Anfang an unberechtigt erweisen oder nach § 926 Abs 2 ZPO aufgehoben werden. Nach der ausdrücklichen gesetzlichen Regelung in § 119 Abs 1 Satz 2 sind einstweilige Anordnungen in Unterhaltssachen von einer Schadensersatzpflicht nach § 945 ZPO ausgenommen. Zu ersetzen ist der Schaden, der dem Antragsgegner aus der Vollziehung der angeordneten Maßnahme oder durch die Sicherheitsleistung zu deren Abwendung entstanden ist. Die **verschuldensunabhängige** Haftung auf **Schadensersatz** gilt für die Arrestanordnung in allen Familienstreitsachen (§ 119 Abs 2), greift jedoch nicht bei einer Vollstreckung des durch einstweilige Anordnung titulierten Unterhalts nach § 246 iVm § 119 Abs 1 Satz 2. Denn nach der Rspr des BGH enthalten die Regelungen des einstweiligen Rechtsschutzes nach §§ 49 ff, 246 (§§ 620 ff ZPO aF) eine abschließendes Regelungskonzept (BGH FamRZ 2000, 751; § 56 Rz 18). Der Schadensersatzanspruch nach § 945 ZPO ist als sonstige Familiensache gemäß § 266 Abs 1 Nr 3 vor dem Familiengericht geltend zu machen (Prütting/*Helms* § 119 Rn 2). Anspruchsvoraussetzung ist, dass der durch Arrest zu sichernde Unterhalts- oder Zugewinnausgleichsanspruch bei Erlass des Arrests oder der Arrestgrund nicht bestanden. War er gegeben und fiel später weg, besteht keine Schadensersatzpflicht (Zöller/*Vollkommer* § 945 Rn 8). Ob im Schadensersatzverfahren das Gericht in der Beurteilung der anfänglichen Berechtigung des Arrests frei oder im Fall der Aufhebung im Widerspruchs- oder Beschwerdeverfahren an dessen Beurteilung gebunden ist, wird unterschiedlich beurteilt (Zöller/*Vollkommer* § 945 Rn 9 f).

§ 120 Vollstreckung

(1) Die Vollstreckung in Ehesachen und Familienstreitsachen erfolgt entsprechend den Vorschriften der Zivilprozessordnung über die Zwangsvollstreckung.

(2) Endentscheidungen sind mit Wirksamwerden vollstreckbar. Macht der Verpflichtete glaubhaft, dass die Vollstreckung ihm einen nicht zu ersetzenden Nachteil bringen würde, hat das Gericht auf seinen Antrag die Vollstreckung vor Eintritt der Rechtskraft in der Endentscheidung einzustellen oder zu beschränken. In den Fällen des § 707 Abs. 1 und des § 719 Abs. 1 der Zivilprozessordnung kann die Vollstreckung nur unter denselben Voraussetzungen eingestellt oder beschränkt werden.

(3) Die Verpflichtung zur Eingehung der Ehe und zur Herstellung des ehelichen Lebens unterliegt nicht der Vollstreckung.

A. Anwendungsbereich

Gem § 120 Abs 1 erfolgt die Vollstreckung in Ehesachen und Familienstreitsachen entsprechend den Vorschriften der ZPO über die Zwangsvollstreckung (§§ 704–915h ZPO). Ehesachen sind Familiensachen nach § 111 Nr 1 und als solche in § 121 definiert. Die Zuordnung zu den Familienstreitsachen erfolgt in § 112. Gem § 113 Abs 1 gelten ohnehin grds für das Verfahren die Vorschriften der ZPO. Dies ist nach § 120 Abs 1 auch für die Vollstreckung in Ehesachen und Familienstreitsachen der Fall. **1**

B. Wirksamwerden

§ 120 Abs 2 orientiert sich an § 62 Abs 1 ArbGG. Nach § 120 Abs 2 S 1 sind Endentscheidungen mit Wirksamwerden vollstreckbar. Es bedarf somit keiner Vollstreckbarerklärung mehr. Dementsprechend gelten die §§ 708–713 ZPO nicht. Die §§ 714–720a ZPO gelten nur eingeschränkt (vgl ausführlicher: Germelmann/Matthes/Prütting/Müller-Glöge/*Germelmann* § 62 Rn 3). Das Wirksamwerden richtet sich nicht nach der Bekanntgabe gem § 40 Abs 1, da diese Vorschrift gem § 113 Abs 1 S 1 in Ehesachen und Familienstreitsachen nicht anzuwenden ist. Vielmehr werden die Endentscheidungen in Ehesachen nach § 116 Abs 2 mit Rechtskraft wirksam, ebenso wie solche in Familienstreitsachen nach § 116 Abs 3 S 1. Allerdings kann das Gericht in Familienstreitsachen nach § 116 Abs 3 S 2 die sofortige Wirksamkeit anordnen und soll dies tun nach § 116 Abs 3 S 3, wenn es um Unterhaltszahlungen geht. **2**

Der Begriff der **Endentscheidung** wird in § 38 Abs 1 S 1 gesetzlich definiert. Dies ist eine Entscheidung, durch die der Verfahrensgegenstand ganz oder teilweise erledigt wird. Es muss sich um eine Entscheidung handeln, welche die Instanz abschließt. Dies wird idR die Hauptsacheentscheidung sein. Bei vorheriger Erledigung kann dies aber auch eine Kostenentscheidung sein. In Ehe- und Familienstreitsachen sind insbes die Beschlüsse über Unterhalts- oder Zugewinnausgleichszahlungen – als Folgesache im Verbund oder isoliert – von Bedeutung. Nicht darunter fallen jedoch mangels Entscheidung diesbezügliche Vergleiche. Für diese ergibt sich die Vollstreckung nach der ZPO aus § 120 Abs 1. Dies dürfte auch für entsprechende Kostenfestsetzungsbeschlüsse gelten. **3**

C. Einstellung/Beschränkung

Unter den Voraussetzungen von § 120 Abs 2 S 2 kann die Vollstreckung **eingestellt oder beschränkt** werden, wenn die Vollstreckung dem Verpflichteten einen **nicht zu ersetzenden Nachteil** bringen würde. Es soll damit der Eintritt eines Schadens verhindert werden, der auch bei einem erfolgreichen Rechtsmittel nicht rückgängig gemacht werden könnte. Die Erfolgsaussicht eines Rechtsmittels wird dabei jedoch nicht geprüft. Voraussetzung ist zunächst, dass ein entsprechender **Antrag** gestellt wird. Dieser muss vor **4**

Eintritt der Rechtskraft angebracht werden. Ob ein nicht zu ersetzender Nachteil die Folge der Vollstreckung wäre, ist mit Zurückhaltung zu beurteilen und wird idR nicht der Fall sein. In Betracht kommt dies, wenn Schadensersatzansprüche oder Rückzahlungsansprüche nicht durchsetzbar wären (vgl OLG Koblenz FamRZ 2005, 468). Die bloße Vermögenslosigkeit des Vollstreckungsgläubigers ist grds nicht ausreichend, also zB auch im Falle der Gewährung von Verfahrenskostenhilfe (vgl Germelmann/Matthes/Prütting/Müller-Glöge/*Germelmann* § 62 Rn 24). Dies gilt im Grundsatz auch, falls der Vollstreckungsgläubiger arbeitslos ist. Denkbar ist die Annahme eines nicht zu ersetzenden Nachteils jedoch, sofern die Vollstreckung die Sperrung des einzigen Geschäftskontos zur Folge hätte, da dann die konkrete Gefahr bestünde, dass der Schuldner seine Lebensgrundlage verliert (vgl Germelmann/Matthes/Prütting/Müller-Glöge/*Germelmann* § 62 Rn 27). Der Verpflichtete hat die Voraussetzungen **glaubhaft** zu machen. Hierfür kann er sich gem § 294 Abs 1 ZPO aller präsenter Beweismittel bedienen. Insbes ist auch die Abgabe einer entsprechenden eidesstattlichen Versicherung möglich. Für diese reicht jedoch nicht aus, dass einfach die Versicherung erfolgt, dass der Vortrag des Verfahrensbevollmächtigten zutreffend ist. Nötig ist vielmehr eine eigenständige Sachverhaltsdarstellung und Stellungnahme.

5   Nach § 120 Abs 2 S 3 kann in den Fällen des § 707 Abs 1 ZPO und § 719 Abs 1 ZPO die **Einstellung oder Beschränkung** der Vollstreckung ebenfalls nur erfolgen, wenn der Verpflichtete glaubhaft macht, dass ihm die Vollstreckung einen nicht zu ersetzenden Nachteil bringen würde.

6   Vor der Entscheidung ist dem Verpflichteten rechtliches Gehör zu gewähren. Die Entscheidung ergeht durch Beschluss gem §§ 113 Abs 1 S 1, 38 Abs 1 S 1.

D. Ausschluss

7   Gem § 120 Abs 3 unterliegt die Verpflichtung zur Eingehung der Ehe und zur Herstellung des ehelichen Lebens nicht der Vollstreckung. Diese Regelung war bislang in § 888 Abs 3 ZPO enthalten. Bei diesen nicht vollstreckbaren Verpflichtungen handelt es sich um sonstige Familiensachen nach § 266 Abs 1 Nr 1, 2. Die Vorschrift dürfte in Bezug auf entsprechende Lebenspartnerschaftssachen analog anwendbar sein (vgl BLAH/*Hartmann* FamFG § 120 Rn 4).

I. Eingehung der Ehe

8   Bei Anwendbarkeit deutschen Rechts kann ein entsprechender Titel nach § 1297 Abs 1 BGB nicht erstritten werden. Denkbar ist dies bei Anwendung ausländischen Rechts. Allerdings würde eine diesbezügliche Entscheidung durch ein inländisches Gericht wohl nicht ergehen, da sie gegen den ordre public nach Art 6 EGBGB verstoßen würde (s.a. Palandt/*Heldrich* EGBGB Art 13 Rn 30 mwN). Eine ausländische Entscheidung mit der Verpflichtung zur Eingehung der Ehe würde aus diesem Grund schon nicht anerkannt nach § 109 Abs 1 Nr 4, sodass sie dann auch nicht vollstreckbar wäre nach § 110 Abs 1.

II. Herstellung des ehelichen Lebens

9   Sofern deutsches Recht anzuwenden ist, kann ein diesbezüglicher Titel wegen § 1353 Abs 2 BGB grds nicht erlangt werden, was wiederum jedoch bei Anwendung ausländischen Rechts möglich ist. Ob eine solche Entscheidung dann auch durch ein inländisches Gericht erfolgen würde, ist grds zweifelhaft wegen des möglichen Verstoßes gegen den ordre public. Im Falle einer ausländischen Entscheidung dürfte eine Anerkennung ebenfalls idR nicht erfolgen (s.a. § 120 Rz 8). Relevanz kann der Vollstreckungsausschluss allerdings erlangen, wenn mittelbar die Herstellung des ehelichen Lebens vollstreckt werden soll zB dergestalt, dass ein freiwillig aus der ehelichen Wohnung aus-

gezogener Ehegatte nach einiger Zeit wieder Aufnahme in selbige begehrt (Schuschke/ *Walker* § 888 48).

E. Rechtsbehelfe

Grds ist gegen Endentscheidungen in Ehesachen und Familienstreitsachen die befristete **10** Beschwerde nach § 117 iVm §§ 58f gegeben. Aufgrund des Verweises in § 120 Abs 1 hinsichtlich der Vollstreckung auf die Vorschriften der ZPO dürfte dies auch für die Rechtsbehelfe der ZPO im Zwangsvollstreckungsverfahren als Spezialnormen gelten. Insofern sind die §§ 732, 766, 793 ZPO entsprechend anwendbar (BLAH/*Hartmann* FamFG § 120 Rn 8).

Abschnitt 2
Verfahren in Ehesachen; Verfahren in Scheidungssachen und Folgesachen

Unterabschnitt 1
Verfahren in Ehesachen

§ 121 Ehesachen

Ehesachen sind Verfahren
1. auf Scheidung der Ehe (Scheidungssachen),
2. auf Aufhebung der Ehe und
3. auf Feststellung des Bestehens oder Nichtbestehens einer Ehe zwischen den Beteiligten.

A. Ehesache

1 § 121 definiert den **Begriff Ehesache**. Darunter fallen alle Verfahren, die eine Scheidung oder Aufhebung der Ehe zum Gegenstand haben. Ehesache ist weiter ein auf Feststellung des Bestehens oder Nichtbestehens einer Ehe zwischen den Beteiligten gerichtetes Verfahren.

2 Aus dem bisherigen Katalog der Ehesachen des § 606 Abs 1 Satz 1 ZPO ist das Verfahren auf Herstellung des ehelichen Lebens herausgenommen. Der Entwurf begründete dies zutreffend damit, dass solche Verfahren statistisch zahlenmäßig gering sind und wenig praktische Bedeutung haben (BTDrs 16/6308, 226). Die Herstellungsklage sei ein Anachronismus und das Rechtsschutzbedürfnis wegen des derzeit noch in § 888 Abs 3 ZPO geregelten Vollstreckungsverbots oftmals zweifelhaft. Dies gelte insbes auch für die als korrespondierend angesehene Klage auf Feststellung des Rechts zum Getrenntleben (BTDrs 16/6308, 226). Derartige Verfahren könnten als **sonstige Familiensachen** (§ 266 Abs 1 Nr 2) weiterhin vor dem Familiengericht geführt werden. Sie bedürften keines Verfahrens, für das die Besonderheiten des Verfahrens in Ehesachen, insbes der Amtsermittlungsgrundsatz, gelten, ohne dass damit der Rechtsschutz verkürzt wird (BTDrs 16/6308, 226).

B. Auslandsberührung

3 Der so definierte Begriffsinhalt behindert nicht die Zuordnung von Verfahren, in denen ausländisches Recht anzuwenden ist und die qualitativ vergleichbare Lebenssachverhalte der Ziffern 1. bis 3. der Norm zum Gegenstand haben (BTDrs 16/6308, 226).

§ 122 Örtliche Zuständigkeit

Ausschließlich zuständig ist in dieser Rangfolge:
1. das Gericht, in dessen Bezirk einer der Ehegatten mit allen gemeinschaftlichen minderjährigen Kindern seinen gewöhnlichen Aufenthalt hat;
2. das Gericht, in dessen Bezirk einer der Ehegatten mit einem Teil der gemeinschaftlichen minderjährigen Kinder seinen gewöhnlichen Aufenthalt hat, sofern bei dem anderen Ehegatten keine gemeinschaftlichen minderjährigen Kinder ihren gewöhnlichen Aufenthalt haben;
3. das Gericht, in dessen Bezirk die Ehegatten ihren gemeinsamen gewöhnlichen Aufenthalt zuletzt gehabt haben, wenn einer der Ehegatten bei Eintritt der Rechtshängigkeit im Bezirk dieses Gerichts seinen gewöhnlichen Aufenthalt hat;
4. das Gericht, in dessen Bezirk der Antragsgegner seinen gewöhnlichen Aufenthalt hat;
5. das Gericht, in dessen Bezirk der Antragsteller seinen gewöhnlichen Aufenthalt hat;
6. das Amtsgericht Schöneberg in Berlin.

A. Zuständigkeiten

Die Vorschrift regelt sowohl die **örtliche** als auch die **ausschließliche Zuständigkeit des** 1
Familiengerichtes für Ehesachen. Dabei stehen die Ziffern 1. bis 5. in einer Rangfolge, so dass ein mit höherer Ziffer etikettierter Gerichtsstand erst dann begründet ist, wenn der vorhergehende nicht vorliegt (*Bergerfuhrt/Rogner* Rn 1370; MüKo/*Bernreuther* § 606 Rn 13; Zöller/*Philippi* § 606 Rn 22). Die aufsteigenden Ziffern geben die Reihenfolge vor, in der zu prüfen ist, welches Gericht zur Entscheidung berufen ist. Gegenüber der »alten« Zuständigkeitsregelung des § 606 ZPO ist § 122 wohltuend übersichtlich.

B. Anknüpfungstatsachen

Die **Anknüpfungsmomente der Zuständigkeit** entsprechen den im bisherigen § 606 2
Abs 1 und Abs 2 ZPO beschriebenen Tatsachen, mit Ausnahme des Tatbestandsmerkmals des gemeinsamen gewöhnlichen Aufenthaltes aus § 606 Abs 1 Satz 1 ZPO. Dieser Gerichtsstand war schon nach altem Recht praktisch ohne Bedeutung, weil zur Erfüllung der die Zuständigkeit begründenden Tatsachen nicht ausreichend war, dass die getrennt lebenden Ehegatten ihren gewöhnlichen Aufenthalt in derselben Gemeinde oder gar im selben Gerichtsbezirk hatten (BGH FamRZ 1993, 798, 800; MüKo/*Bernreuther* § 606 Rn 18; Zöller/*Philippi* § 606 Rn 31). Einen gemeinsamen gewöhnlichen Aufenthalt begründete auch nicht ein Getrenntleben innerhalb ein und derselben Wohnung (MüKo/*Bernreuther* § 606 Rn 18; Stein/Jonas/*Schlosser* § 606 Rn 12). Ein gemeinsamer gewöhnlicher Aufenthalt lag nur dann vor, wenn auch der Lebens- und Wirtschaftsmittelpunkt gemeinsam war, ein Lebenssachverhalt, der für Ehesachen nach materiellem Recht regelmäßig ausschied (OLG Stuttgart FamRZ 1982, 84; MüKo/*Bernreuther* § 606 Rn 18; Zöller/*Philippi* § 606 Rn 23).

Ziffern 1. bis 4. haben als gemeinsames Anknüpfungsmoment den »**gewöhnlichen** 3
Aufenthalt«. Darunter versteht man den Lebensmittelpunkt einer Person für eine gewisse Dauer (Faustregel: 6 Monate – BLAH § 122 Rn 10), der von ihrem Netzwerk an persönlichen, sozialen und beruflichen Bindungen geprägt ist (BGH FamRZ 2002, 1182; MüKo/*Bernreuther* § 606 Rn 15; Zöller/*Philippi* § 606 Rn 23). Durch vorübergehende Abkehr wird der Lebensmittelpunkt nicht verändert, wenn eine Rückkehr dahin möglich und beabsichtigt ist (MüKo/*Bernreuther* § 606 Rn 15; Zöller/*Philippi* § 606 Rn 25).

Erfüllung nur melderechtlicher Vorschriften begründet allein keinen gewöhnlichen 4
Aufenthalt am gemeldeten Ort. Der Begriff des gewöhnlichen Aufenthaltes verlangt eine – wenn auch noch so kleine – **Behausung**.

I. Ziffer 1

5 Danach wird der Gerichtsstand bei dem Familiengericht begründet, in dessen Bezirk **einer der Ehegatten zusammen mit allen gemeinschaftlichen minderjährigen Kindern** seinen gewöhnlichen Aufenthalt hat. Ob die gemeinschaftlichen minderjährigen Kinder zusammen mit einem Elternteil ihren gewöhnlichen Aufenthalt haben, entscheidet sich danach, wo wiederum ihr Lebensmittelpunkt ist. Bei Kleinkindern wird entscheidendes Kriterium dafür, in wessen Obhut sie sich befinden. Bei älteren Kindern ist zusätzlich auf soziale Bindungen auch zu anderen Familienmitgliedern, Freunden, Schule abzuheben (MüKo/*Bernreuther* § 606 Rn 20; Zöller/*Philippi* § 606 Rn 34). Zuständigkeitsbegründend ist weiter, dass die gemeinsamen Kinder bei dem Ehegatten leben.

6 Gemeinsame Kinder sind diejenigen, die von beiden Ehegatten gemeinschaftlich abstammen *oder* gemeinsam als Kind angenommen wurden *oder* aber von einem Ehegatten abstammen und vom anderen angenommen wurden. Der Gerichtsstand nach Ziffer 1 wird nicht begründet, wenn ein Teil der gemeinsamen Kinder beim Vater, der andere Teil oder eines der minderjährigen Kinder bei der Mutter lebt.

II. Ziffer 2

7 Leben nur **ein Teil der gemeinschaftlichen minderjährigen Kinder** mit einem Ehegatten zusammen, so ist das **Gericht ihres gewöhnlichen Aufenthaltes** zuständig, **sofern** bei dem anderen Ehegatten keine gemeinschaftlichen minderjährigen Kinder mit in dessen Haushalt leben.

III. Ziffer 3

8 Ist eine Zuständigkeit nach den Ziffern 1. und 2. nicht gegeben, so wird das Gericht zuständig, in dem die **Ehegatten ihren gemeinsamen gewöhnlichen Aufenthalt zuletzt gehabt haben,** wenn einer der Ehegatten bei Eintritt der Rechtshängigkeit im Bezirk dieses Gerichts seinen gewöhnlichen Aufenthalt hat.

IV. Ziffer 4

9 Sind auch diese Voraussetzungen nicht erfüllt, wird das Gericht für die Ehesache ausschließlich zuständig, in dessen Bezirk der **Antragsgegner seinen gewöhnlichen Aufenthalt** hat.

V. Ziffer 5

10 Fehlt ein solcher inländischer Gerichtsstand des Antragsgegners, wird das Gericht ausschließlich zuständig, in dessen Bezirk der **Antragsteller seinen gewöhnlichen Aufenthalt** hat.

VI. »Auffanggericht«

11 Erfüllt der Interessenkonflikt keines der Anknüpfungsmomente der Ziffern 1. bis 5., wird als ausschließliches Gericht das Familiengericht des **Amtsgerichts Schöneberg** in Berlin auch ausschließlich zuständig.

§ 123 Abgabe bei Anhängigkeit mehrerer Ehesachen

Sind Ehesachen, die dieselbe Ehe betreffen, bei verschiedenen Gerichten im ersten Rechtszug anhängig, sind, wenn nur eines der Verfahren eine Scheidungssache ist, die übrigen Ehesachen von Amts wegen an das Gericht der Scheidungssache abzugeben. Ansonsten erfolgt die Abgabe an das Gericht der Ehesache, die zuerst rechtshängig geworden ist. § 281 Abs. 2 und 3 Satz 1 ZPO gilt entsprechend.

A. Normzweck

Zweck der Norm ist, sämtliche gleichzeitig bei verschiedenen deutschen Gerichten im ersten Rechtszug anhängige Ehesachen, die dieselbe Ehe betreffen, zusammen zu führen. Dabei kommt es nicht darauf an, ob die Ehesachen denselben Streitgegenstand haben. Die vorgesehene Abgabe erfolgt von Amts wegen. 1

B. Prioritätsprinzip

Sind **mehrerer Ehesachen** im ersten Rechtszug rechtshängig und ist eine davon **Scheidungssache**, hat stets das Scheidungsverfahren Vorrang (*Schulte-Bunert* Rn 488). Auf die zeitliche Abfolge der Rechtshängigkeit kommt es nicht an, § 123 Satz 1. Der Einwand anderweitiger Rechtshängigkeit kann der Scheidungssache, sollte sie das zeitlich nachfolgende Verfahren sein, nicht entgegenstehen, da die übrigen Ehesachen nicht denselben Streitgegenstand betreffen (BTDrs 16/6308, 227). 2

Es bleibt allerdings beim **Prioritätsprinzip,** wenn keine der dieselbe Ehe betreffenden im ersten Rechtszug anhängigen Ehesachen eine Scheidungssache ist oder mehr als eine Scheidungssache anhängig ist (BTDrs 16/6308, 227). In diesem Fall hat die Abgabe von Amts wegen an dasjenige Gericht zu erfolgen, bei dem die zu erst rechtshängig gewordene Scheidungssache noch anhängig ist. 3

C. Bindende Verweisung

Die Abgabe ist nicht anfechtbar und für das Adressatgericht bindend. Dies folgt aus der Inbezugnahme der §§ 281 Abs 2 und 3 Satz 1 ZPO in § 123 Satz 3. 4

§ 124 Antrag

Das Verfahren in Ehesachen wird durch Einreichung einer Antragsschrift anhängig. Die Vorschriften der Zivilprozeßordnung über die Klageschrift gelten entsprechend.

A. Antragsschrift

1 Eine Ehe kann nur auf entsprechenden Antrag durch Beschluss geschieden, aufgehoben oder das Bestehen oder Nichtbestehen einer Ehe zwischen den Beteiligten festgestellt werden. Die Antragsschrift macht das Verfahren anhängig, während die Rechtshängigkeit erst mit Zustellung an den jeweiligen Antragsgegner oder, falls die Voraussetzungen des § 129 gegeben sind, mit Zustellung an beide Ehegatten eintritt, § 261 Abs 1, Abs 2, Satz 2 ZPO.

B. Anforderungen

2 § 124 Satz 1 entspricht inhaltlich dem bisherigen § 622 Abs 1 ZPO. Regelte dieser ausschließlich die Modalitäten der Einleitung des Verfahrens auf Scheidung, gelten nun die in § 124 formulierten Voraussetzungen für die Einleitung aller Verfahren in Ehesachen.

3 Die **inhaltlichen und formellen Anforderungen** an die Antragsschrift ergeben sich aus den Vorschriften der ZPO über die Klageschrift, auf die § 124 Satz 2 insoweit verweist (*Schulte-Bunert* Rn 489).

§ 125 Verfahrensfähigkeit

(1) In Ehesachen ist ein in der Geschäftsfähigkeit beschränkter Ehegatte verfahrensfähig.

(2) Für einen geschäftsunfähigen Ehegatten wird das Verfahren durch den gesetzlichen Vertreter geführt. Der gesetzliche Vertreter bedarf für den Antrag auf Scheidung oder Aufhebung der Ehe der Genehmigung des Familien- oder Betreuungsgerichts.

A. Verfahrensfähigkeit

Die Vorschrift ergänzt für Ehesachen die §§ 52 bis 58 ZPO. Die Norm beschreibt, wer verfahrensfähig ist, also ein Verfahren in Ehesachen einleiten und führen kann. Bliebe es bei der ausschließlichen Anwendung der allgemeinen Grundsätze über die Prozessfähigkeit der ZPO auf Ehesachen, würde für die Geschäftsunfähigen und in der Geschäftsfähigkeit beschränkten Personen grds der gesetzliche Vertreter das Verfahren zu führen haben. Wegen des **höchstpersönlichen Charakters der Ehe** ist das jedoch nicht sachgerecht (MüKo/*Bernreuther* § 607 Rn 1; Zöller/*Philippi* § 606 Rn 1). 1

Wer beschränkt geschäftsfähig ist, folgt aus § 106 BGB. Seit Inkrafttreten des BetreuungsG sind die in § 125 Abs 1 erfassten, beschränkt Geschäftsfähigen nur noch **Minderjährige ab Vollendung des 16. Lebensjahres,** § 1303 Abs 2 BGB. 2

B. Umfang

Der in Ehesachen Verfahrensfähige kann **sämtliche Handlungen** vornehmen, **die zur Wahrung seiner Rechte in Ehesachen erforderlich sind** (MüKo/*Bernreuther* § 607 Rn 3). Soweit das materielle Recht für zu begründende Rechtsfolgen aber volle Geschäftsfähigkeit voraussetzt, bedarf der nach § 125 Abs 1 Verfahrensfähige der Zustimmung seiner gesetzlichen Vertreter. Dies gilt etwa für den Abschluss einer Scheidungsfolgenvereinbarung über vermögensrechtliche Gegenstände und folgt zwanglos aus der Begrifflichkeit der Verfahrensfähigkeit, die **nur** für Ehesachen einem in der Geschäftsfähigkeit beschränkten Ehegatten eröffnet wird (MüKo/*Bernreuther* § 607 Rn 3 aE). Damit respektiert das Gesetz die Entscheidungsfreiheit des beschränkt Geschäftsfähigen in seinen persönlichen Angelegenheiten (MüKo/*Bernreuther* § 607 Rn 1), belässt es im übrigen rechtsgeschäftlichen Bereich bei den sachlich gebotenen Beschränkungen der Geschäftsfähigkeit. Die Verfahrensfähigkeit nach § 125 Abs 1 beschränkt sich auch im Verbund eben nur auf Ehesachen. 3

I. Geschäftsunfähigkeit und Verfahrensfähigkeit

§ 125 Abs 2 normiert, dass für einen **geschäftsunfähigen Ehegatten** das Verfahren durch den gesetzlichen Vertreter geführt wird. Gesetzlicher Vertreter ist der Betreuer gem § 1896 BGB, bei minderjährigen geschäftsunfähigen Ehegatten der oder die Inhaber der elterlichen Sorge, ggf ein Pfleger gem § 1909 BGB. 4

II. Familiengerichtliche oder betreuungsgerichtliche Genehmigung

Für den Antrag auf Scheidung oder Aufhebung der Ehe bedarf der gesetzliche Vertreter der **Genehmigung des Familiengerichts**. Warum die Genehmigung des Familiengerichtes nicht auch für die Einleitung des Verfahrens auf Feststellung des Bestehens oder Nichtbestehens einer Ehe zwischen den Beteiligten gefordert wird, erschließt sich nicht. Zwar ist damit der alte Rechtszustand des § 607 Abs 2 Satz 2, 2. Halbsatz ZPO übernommen. Die Feststellung des Bestandes oder Nichtbestandes einer Ehe sind jedoch ebenso gewichtig wie Scheidungssachen und Verfahren auf Aufhebung der Ehe. 5

§ 125 FamFG | **Verfahrensfähigkeit**

6   Ist für einen volljährigen geschäftsunfähigen Ehegatten auf dessen Antrag oder von Amts wegen ein Betreuer bestellt worden, wird die Genehmigung zum Antrag auf Scheidung oder Aufhebung der Ehe durch das Betreuungsgericht erteilt. Dies folgt aus § 23a Abs 1 Nr 2, Abs 2 Nr 1 GVG iVm § 23c Abs 1 GVG. Nachdem die Vormundschaftsgerichte abgeschafft sind, ist für alle Betreuungssachen das Amtsgericht zuständig und dort die eingerichteten Abteilungen für Betreuungssachen, sog Betreuungsgerichte. Die funktionelle Zuständigkeit bei den Betreuungsgerichten ist weiter zwischen Betreuungsrichter und Rechtspfleger aufgeteilt und zwar nach der Maßgabe der §§ 3 Nr 2, 15 RPflG.

§ 126 Mehrere Ehesachen; Ehesachen und andere Verfahren

(1) Ehesachen, die dieselbe Ehe betreffen, können miteinander verbunden werden.

(2) Eine Verbindung von Ehesachen mit anderen Verfahren ist unzulässig. § 137 bleibt unberührt.

(3) Wird in demselben Verfahren Aufhebung und Scheidung beantragt und sind beide Anträge begründet, so ist nur die Aufhebung der Ehe auszusprechen.

A. Verbindungsgebot und -verbot

Die Möglichkeit, **sämtliche** Ehesachen, die dieselbe Ehe betreffen, miteinander zu verbinden, ermöglicht eine **effektive Verfahrensführung**. 1

Das **Verbindungsverbot** des Abs 2 Satz 1 entspricht im Wesentlichen dem bisherigen § 610 Abs 2 Satz 1 ZPO. Damit wird erreicht, dass andere Verfahrensgegenstände in das Verfahren einer Ehesache nicht mit einbezogen werden. Ist ein anderer Verfahrensgegenstand Teil des Eheverfahrens geworden, ist nach § 145 ZPO von Amtswegen dieser Verfahrensgegenstand abzutrennen. Das Verbindungsverbot gilt allerdings nicht für Folgesachen, die für den Fall der Scheidung zu regeln und gleichzeitig mit der Scheidungssache zu verhandeln und zu entscheiden sind, Abs 2 Satz 2. 2

B. Eventualverhältnis

Abs 3 begründet ein »**gesetzliches Eventualverhältnis**« (MüKo/*Bernreuther* § 610 Rn 2; Stein/Jonas/*Schlosser* § 610 Rn 6) **zu Gunsten des Aufhebungsantrages**, falls zu den Begehren von der beantragenden Partei keine Rangfolge festgelegt wurde. Die beantragende Partei kann freilich bis zum Schluss der mündlichen Verhandlung die Reihenfolge ihrer Anträge bestimmen. Wird Scheidung, hilfsweise Aufhebung begehrt, und liegen die Voraussetzungen zur Scheidung vor, wird dem Scheidungsbegehren stattgegeben. Über die hilfsweise Aufhebung ist als nachrangiges Begehren nicht zu entscheiden (Stein/Jonas/*Schlosser* § 610 Rn 6 f; Zöller/*Philippi* § 610 Rn 12 mwN). 3

§ 126 Abs 3 ist nicht nur bei einer Klagehäufung zu beachten, sondern auch dann, wenn sich Scheidungs- und Aufhebungsantrag als Antrag und Widerantrag gegenüberstehen (MüKo/*Bernreuther* § 610 Rn 3). 4

§ 127 Eingeschränkte Amtsermittlung

(1) Das Gericht hat von Amts wegen die zur Feststellung der entscheidungserheblichen Tatsachen erforderlichen Ermittlungen durchzuführen.

(2) In Verfahren auf Scheidung oder Aufhebung der Ehe dürfen von den Beteiligten nicht vorgebrachte Tatsachen nur berücksichtigt werden, wenn sie geeignet sind, der Aufrechterhaltung der Ehe zu dienen oder wenn der Antragsteller einer Berücksichtigung nicht widerspricht.

(3) In Verfahren auf Scheidung kann das Gericht außergewöhnliche Umstände nach § 1568 des Bürgerlichen Gesetzbuchs nur berücksichtigen, wenn sie von dem Ehegatten, der die Scheidung ablehnt, vorgebracht worden sind.

A. Normzweck

1 Wegen des staatlich gebotenen Schutzes der Ehe kann das zur Entscheidung berufenen Gericht eigene Nachforschungen über den Wahrheitsgehalt des Parteivortrages anstellen, um damit die eigene Entscheidungsgrundlage zu »verobjektivieren« (*Bergerfurth/ Rogner* Rn 1053; MüKo/*Bernreuther* § 616 Rn 1).

I. Amtsermittlung

2 Die Norm modifiziert den generellen Verfahrensgrundsatz der uneingeschränkten Amtsermittlung des § 26 für Ehesachen. Aus den in den Absätzen 2 und 3 gemachten Einschränkungen folgt, dass der uneingeschränkte Untersuchungsgrundsatz nur für Verfahren gilt, die auf die Feststellung des Bestehens oder Nichtbestehens einer Ehe zwischen den Beteiligten ausgerichtet sind (vgl zur Systematik BLAH § 127 Rn 1).

3 Ausnahmen gelten für das Verfahren auf Scheidung oder Aufhebung der Ehe, soweit es um ehefeindliche Tatsachen geht; Abs 3 bringt eine weitere Einschränkung für die Verfahren auf Scheidung.

II. Gerichtliche Befugnisse

4 Die **Befugnis des Gerichts** wird damit umschrieben, die zur Feststellung der entscheidungserheblichen Tatsachen erforderlichen Ermittlungen von Amtswegen durchführen zu können. Das bedeutet, dass das zur Entscheidung berufene Gericht bei der Aufnahme von Beweisen nicht auf Beweisangebote der Parteien angewiesen ist (*Bergerfurth/ Rogner* Rn 1053; MüKo/*Bernreuther* § 616 Rn 3). Das Gericht kann Tatsachen ermitteln, die die Parteien nicht beigebracht haben und wegen sich aus dem Vortrag ergebenden Anhaltspunkten oder Anregungen weitergehende Ermittlungen anstellen, ohne dass förmliche Beweisantritte von den Parteien gestellt sein müssen (MüKo/*Bernreuther* § 616 Rn 3).

5 Dabei erfährt der Untersuchungsgrundsatz eine von der Sache gebotene Einschränkung aus dem Streitgegenstand des Verfahrens. Ebenso selbstverständlich ist, dass aus dem Untersuchungsgrundsatz nur die Befugnis des Gerichtes abzuleiten ist, **entscheidungserhebliche Sachverhalte** zu ermitteln.

6 Der Untersuchungsgrundsatz fordert nicht, den Parteien einen erhobenen Antrag schlüssig zu machen (MüKo/*Bernreuther* § 616 Rn 6; Zöller/*Philippi* § 616 Rn 7). Bei unschlüssigem Antrag bedarf es nur eines richterlichen Hinweises (MüKo/*Bernreuther*, § 616 Rn 6; Zöller/*Philippi* § 616 Rn 7).

7 Wie das zur Entscheidung berufene Gericht den Amtsermittlungsgrundsatz umsetzt, liegt im Ermessen des Gerichtes. Das Ermessen muss darauf abzielen, sich zu den entscheidungserheblichen Tatsachen eine Überzeugung bilden zu können, die Entscheidungsgrundlage wird.

B. Beweislast

Der **Untersuchungsgrundsatz** wirkt sich **nicht auf die Beweislast** aus. Diese richtet sich 8 ausschließlich nach materiellem Recht (MüKo/*Bernreuther* § 616 Rn 11; Stein/Jonas/*Schlosser* § 616 Rn 14; Zöller/*Philippi* Rn 10).

Im Verfahren auf Scheidung oder Aufhebung der Ehe kann das Gericht **ehefreundli-** 9 **che Tatsachen** uneingeschränkt ermitteln und berücksichtigen. Ein Widerspruch des Antragstellers behindert dies nicht.

Anders sieht es bei **ehefeindlichen Tatsachen** aus. Hier macht ein Widerspruch des 10 Antragstellers jegliche auf die Ermittlung solcher Tatsachen gerichtete Maßnahme unzulässig. Der die Scheidung oder Aufhebung der Ehe betreibende Ehegatte soll bestimmen können, aufgrund welchen Sachverhalts die Ehe geschieden oder aufgehoben wird. Damit wird seine Selbstbestimmung und Entscheidungsfreiheit in der Intimsphäre respektiert (MüKo/*Bernreuther* § 616 Rn 13).

Der Widerspruch muss im Verfahren ausdrücklich oder konkret artikuliert werden. Er 11 ist Prozesshandlung (MüKo/*Bernreuther* § 616 Rn 13), unterliegt allerdings nicht dem Anwaltszwang (Zöller/*Philippi* § 616 Rn 6). Dies folgt aus seinem Schutzzweck.

C. Personenbedingte Gründe

Nach § 1568 BGB soll eine an sich gescheiterte Ehe nicht geschieden werden, wenn ge- 12 gen eine Scheidung Interessen der gemeinsamen ehelichen Kinder sprechen oder wegen außergewöhnlichen Gründen, die in der Person des Antragsgegners liegen, dem Antragsgegner eine Scheidung nicht zuzumuten ist. Die Einschränkung des Amtermittlungsgrundsatzes nach Abs 3 bezieht sich nur auf die außergewöhnlichen Gründe in der Person des eine Scheidung ablehnenden Ehegatten. Selbst wenn derartige Gründe offensichtlich vorliegen und vom Gericht ermittelt und festgestellt werden könnten, kann das Gericht sie nur berücksichtigen, wenn sie der betroffene Ehegatte vorgebracht hat. Der dadurch geschützte Ehegatte soll in seinem höchstpersönlichen Bereich frei entscheiden können (*Bergerfurth*/Rogner Rn 1059; Müko/*Bernreuther* § 616 Rn 16; Zöller/*Philippi* § 613 Rn 6).

Soweit Interessen des Kindeswohls in Frage stehen, gilt uneingeschränkte Amts- 13 ermittlung. Die Entscheidungsfreiheit der Ehegatten erfährt hier ihre sachgerechte Beschränkung durch das Kindeswohl.

§ 128 Persönliches Erscheinen der Parteien

(1) Das Gericht soll das persönliche Erscheinen der Ehegatten anordnen und sie anhören. Die Anhörung eines Ehegatten hat in Abwesenheit des anderen Ehegatten stattzufinden, falls dies zum Schutz des anzuhörenden Ehegatten oder aus anderen Gründen erforderlich ist. Das Gericht kann von Amts wegen einen oder beide Ehegatten als Beteiligte vernehmen, auch wenn die Voraussetzungen des § 448 der Zivilprozeßordnung nicht gegeben sind.

(2) Sind gemeinschaftliche minderjährige Kinder vorhanden, hat das Gericht die Ehegatten auch zur elterlichen Sorge und zum Umgangsrecht anzuhören und auf bestehende Möglichkeiten der Beratung hinzuweisen.

(3) Ist ein Ehegatte am Erscheinen verhindert oder hält er sich in so großer Entfernung vom Sitz des Gerichts auf, dass ihm das Erscheinen nicht zugemutet werden kann, kann die Anhörung oder Vernehmung durch einen ersuchten Richter erfolgen.

(4) Gegen einen nicht erschienenen Ehegatten ist wie gegen einen im Vernehmungstermin nicht erschienenen Zeugen zu verfahren; die Ordnungshaft ist ausgeschlossen.

A. Generelles Gebot persönlichen Erscheinens

1   Nach § 33 kann das Gericht das persönliche Erscheinen eines Beteiligten zu einem Termin anordnen und ihn anhören, wenn es zur Aufklärung des Sachverhalts sachdienlich erscheint. § 128 modifiziert die Regelung für das Eheverfahren und berücksichtigt damit dessen Spezialität. Es ist nicht erforderlich, dass das persönliche Erscheinen »zum Zwecke der Sachaufklärung« sachdienlich erscheint.

2   Es genügt, dass das persönliche Erscheinen und die Anhörung dem Gericht Einsichten zu dem Beziehungs- und Interessengeflecht des Konfliktes vermitteln können, die sachgerechte Lösungen befördern. Die Ehegatten sollen deswegen immer erscheinen und angehört werden (vgl auch § 34).

B. Art und Weise der Anhörung

3   Die Anhörung eines Ehegatten hat in Abwesenheit des anderen stattzufinden, falls dies zum Schutze des anhörenden Ehegatten oder aus anderen Gründen erforderlich ist, § 128 Abs 1 Satz 2, selbstverständliches Postulat an das Gericht.

4   Die **Parteivernehmung** der Ehegatten von Amtswegen wird möglich, ohne dass die Voraussetzungen des § 448 ZPO dazu vorliegen müssen (MüKo/*Bernreuther* § 613 Rn 13; Zöller/*Philippi* § 613 Rn 7). Sie steht im Ermessen des Gerichtes, ist Beweisaufnahme (MüKo/*Bernreuther* § 613 Rn 13).

5   § 128 Abs 2 entspricht dem »alten« § 613 Abs 1 Satz 2 ZPO. Die Regelung des Satz 2 in § 613 Abs 1 ZPO wurde durch das KindRG zum 1.7.1998 auf Initiative des Bundesrates eingefügt. Das Anliegen war dabei, einer mangelnden Berücksichtigung des Interesses der aus der Ehe hervorgegangenen und durch das Scheidungsverfahren belasteten Kinder zu begegnen. Solche Befürchtungen machten an dem Umstand fest, dass das Verfahren der elterlichen Sorge aus dem Zwangsverbund zum 1.7.1998 durch das KindRG herausgelöst worden war.

I. Anhörung zum Sorge- und Umgangsrecht

6   Die **zwingende Anhörung** der Eltern **zum Sorge- und Umgangsrecht** soll alle Beteiligten am Verfahren für diese Fragestellungen sensibilisieren und schon in einem frühen Stadium die Eltern auf mögliche professionelle Unterstützung bei der Lösung in diesem Bereich auftretender Konflikte hinweisen. Nebeneffekt der zwingenden Anhörung ist,

dass das Gericht im Einzelfall Sachverhalte erfährt, die die Einleitung eines Verfahrens von Amtswegen erforderlich machen.

II. Anhörung vor ersuchtem Richter

Abs 3 umreißt die Voraussetzungen, unter denen **Anhörung und Vernehmung durch einen ersuchten Richter** erfolgen kann. Gründe einer Verhinderung können Krankheit, Gebrechlichkeit und mangelnde Reisefähigkeit sein. Große Entfernungen vom Sitz des Gerichts kann eine Anordnung des persönlichen Erscheinens unzumutbar machen (vgl weitere Fallkonstellationen in MüKo/*Bernreuther* § 613 Rn 7 ff, 8 mit weiteren Rspr-Nachw). Es muss sich allerdings um **extreme Ausnahmesituationen** handeln, weil es im Eheverfahren um höchstpersönliche Dinge geht und die Parteien dabei die unmittelbarste und sicherste Erkenntnisquelle sind. Das Gericht braucht in der Regel den persönlichen Eindruck, um seine Entscheidung tragfähig und richtig zu fundamentieren. Dies gebietet schon Art 6 GG (*Bergerfurth*/Rogner Rn 165).

C. Ordnungsmittel bei Fernbleiben

Erscheint eine Partei trotz der Anordnung persönlichen Erscheinens nicht, so hat das Gericht grds dieselben Ordnungsmittel zur Verfügung, die gegenüber einem nicht im Termin erschienen, geladenen Zeugen möglich werden, § 128 Abs 4. Ordnungshaft ist zwar ausgeschlossen, nicht jedoch die zwangsweise Vorführung bei wiederholtem Ausbleiben (§ 380 Abs 2 2. Halbsatz ZPO).

Abs 4 beschreibt den Maßnahmekatalog gegenüber einem Ehegatten, der trotz Anordnung des persönlichen Erscheinens nicht erschienen ist. Maßnahmen, die gegen einen zu Unrecht die Aussage verweigernden Zeugen möglich sind, können gegenüber dem Ehegatten jedoch nicht getroffen werden. Die Partei kann nicht gezwungen werden, sich in einer Anhörung oder Vernehmung zu äußern. Sie läuft allerdings bei derartigem Verhalten Gefahr, vom Gegner ins Verfahren eingeführte Sachverhalte unstreitig zu stellen, § 138 Abs 2 ZPO (*Bergerfurth*/Rogner Rn 1053 aE).

§ 129 Mitwirkung der Verwaltungsbehörde oder dritter Personen

(1) Beantragt die zuständige Verwaltungsbehörde oder bei Verstoß gegen § 1306 des Bürgerlichen Gesetzbuchs die dritte Person die Aufhebung der Ehe, ist der Antrag gegen beide Ehegatten zu richten.

(2) Hat in den Fällen des § 1316 Abs. 1 Nr. 1 des Bürgerlichen Gesetzbuchs ein Ehegatte oder die dritte Person den Antrag gestellt, ist die zuständige Verwaltungsbehörde über den Antrag zu unterrichten. Die zuständige Verwaltungsbehörde kann in diesen Fällen, auch wenn sie den Antrag nicht gestellt hat, das Verfahren betreiben, insbesondere selbständig Anträge stellen oder Rechtsmittel einlegen. Im Fall eines Antrags auf Feststellung des Bestehens oder Nichtbestehens einer Ehe zwischen den Beteiligten gelten die Sätze 1 und 2 entsprechend.

A. Beteiligung der Verwaltungsbehörde oder Dritter

1 Abs 1 und Abs 2 Sätze 1–2 regeln Besonderheiten im Verfahren auf Aufhebung der Ehe, § 121 Ziff 2. Abs 2 Satz 3 erstreckt diese Regelungen auf die Verfahren auf Feststellung des Bestehens oder Nichtbestehens einer Ehe zwischen den Beteiligten. Der Text übernimmt wortwörtlich die Formulierungen des § 631 Abs 3 und Abs 4 ZPO aF. § 129 Abs 2 Satz 3 entspricht der Sache nach § 632 Abs 3 ZPO aF.

B. Aufhebungsgründe und Ausnahmetatbestände

2 Die möglichen **Aufhebungsgründe** sind in § 1314 BGB abschließend aufgezählt. Es handelt sich um **fehlende Ehefähigkeit wegen Minderjährigkeit** (§ 1303 Abs 1 BGB), fehlende Ehefähigkeit **wegen Geschäftsunfähigkeit** (§ 1304 BGB), **Doppelehe** (§ 1306 BGB), **Eheverbot der Verwandtschaft** (§ 1307 BGB), **Formmangel** (§ 1311 BGB), **Bewusstlosigkeit** oder **vorübergehende Störung der Geistestätigkeit** (§ 1314 Abs 2 Nr 1 BGB), **Verkennung der Eheschließung** (§ 1314 Abs 2 Nr 2 BGB), **arglistige Täuschung** über solche Umstände, die den Ehegatten bei Kenntnis der Sachlage und bei richtiger Würdigung des Wesens der Ehe von der Eingehung der Ehe abgehalten hätten (§ 1314 Abs 2 Nr 3 BGB), **widerrechtliche Drohung** (§ 1314 Abs 2 Nr 4 BGB) oder **Scheinehe** (§ 1314 Abs 2 Nr 5 BGB), etwa Heirat nur, um eine Aufenthaltsberechtigung für den ausländischen Ehegatten zu erwirken.

3 § 1315 BGB formuliert **Ausnahmetatbestände**, bei deren Vorliegen die **Aufhebung ausgeschlossen** ist.

C. Antragsberechtigung

4 In den Fällen des § 1314 Abs 2 Nr 2–4 BGB, in denen es um Irrtum über Eheschließung, arglistige Täuschung oder widerrechtliche Drohung geht, ist der betroffene Ehegatte antragsberechtigt. In allen übrigen Fällen kann sowohl der Ehegatte als auch die zuständige Verwaltungsbehörde das Verfahren einleiten, im Fall der Doppelehe, § 1306 BGB, und bei Wiederheirat nach Todeserklärung, § 1320 BGB, außerdem die dritte Person (vgl *Bergerfurth*/Rogner Rn 1403 ff).

§ 130 Säumnis der Beteiligten

(1) Die Versäumnisentscheidung gegen den Antragsteller ist dahin zu erlassen, dass der Antrag als zurückgenommen gilt.

(2) Eine Versäumnisentscheidung gegen den Antragsgegner sowie eine Entscheidung nach Aktenlage ist unzulässig.

Die Säumnis eines Verfahrensbeteiligten hat in allen Ehesachen dieselben Konsequenzen. Wegen des höchstpersönlichen Charakters besteht in diesen Verfahren ein erhöhtes Interesse an einer materiell richtigen Entscheidung. Allein aufgrund der Säumnis eines der Beteiligten soll deshalb grds keine materiell rechtskraftfähige Entscheidung ergehen. Die Rücknahmefiktion bei Säumnis des Antragstellers trägt dem Rechnung. 1

Nach § 130 Abs 2 ist eine Versäumnisentscheidung gegen den Antragsgegner unzulässig. Die Erstreckung der Unzulässigkeit auf Entscheidungen nach Aktenlage ist konsequente Erweiterung der Behandlung von Säumnis in solchen Verfahren (*Schulte-Bunert* Rn 505). 2

§ 131 Tod eines Ehegatten

Stirbt ein Ehegatte, bevor die Endentscheidung in der Ehesache rechtskräftig ist, gilt das Verfahren als in der Hauptsache erledigt.

A. Erledigung kraft Gesetzes

1 Die Norm gilt grds in allen Instanzen (BLAH § 131 Rn 2). Sie verknüpft mit dem Tod eines Ehegatten **vor** Rechtskraft der Endentscheidung in der Ehesache die **Erledigung des Verfahrens kraft Gesetzes.** Ein bis zu diesem Zeitpunkt eingetretener Tod erledigt das Verfahren in der Hauptsache. Diese Rechtsfolge trägt dem höchstpersönlichen Charakter des Verfahrens Rechnung. Gewinnt der Bestand oder Zustand der Ehe für Dritte Bedeutung, so sind diese Fragen als Vorfragen in den entsprechenden Verfahren zu klären (MüKo/*Bernreuther* § 619 Rn 1), etwa in Konstellationen des § 1933 BGB. Die Auswirkungen des Todes eines Ehegatten sind abhängig vom Stand des Verfahrens.

I. Tod vor oder bei Einreichung der Antragsschrift

2 Ist der **Antragsgegner bereits bei Einreichung der Antragsschrift verstorben**, kann mangels Gegners ein Prozessrechtsverhältnis nicht begründet werden. Der Antrag ist unzulässig und, falls eine Entscheidung begehrt wird, auch als unzulässig zu verwerfen (BLAH § 131 Rn 1). Dasselbe gilt, wenn der Antragsgegner **vor Zustellung** der Antragsschrift (Rechtshängigkeit) verstirbt. Derartige Anträge können zurückgenommen werden. Für eine Kostenentscheidung ist sodann kein Raum, denn ein Gegner, der Kostenerstattung verlangen könnte, existiert ja nicht (Zöller/*Philippi* § 619 Rn 1).

II. Tod nach Rechtshängigkeit

3 Stirbt ein Ehegatte **nach Rechtshängigkeit**, wird das Verfahren unterbrochen, § 239 ZPO, es sei denn, der Verstorbene hätte zu Lebzeiten im Verfahren einen Prozessbevollmächtigten bestellt. Das Verfahren ist jedoch auf Antrag des Prozessbevollmächtigten oder des Gegners auszusetzen, § 246 Abs 1 ZPO, was zur Folge hat, dass jegliche Prozesshandlungen unwirksam sind, § 249 Abs 2 ZPO.

III. Verfahren

4 Weil der Tod eines Ehegatten die Hauptsache kraft Gesetzes erledigt (BLAH § 131 Rn 3), bedarf es keiner besonderen Erklärung des Gerichts, dass Erledigung eingetreten ist. Entsprechend § 269 Abs 4 ZPO kann jedoch auf Antrag des überlebenden Ehegatten durch Beschluss ausgesprochen werden, dass die Ehesache und/oder im Verbund anhängigen Folgesachen sich in der Hauptsache erledigt haben, wenn der Ehegatte hieran ein **rechtliches Interesse** hat (Zöller/*Philippi* § 619 Rn 5). Eine Kostenentscheidung erfolgt entsprechend § 93a ZPO (*Bergerfurth* FamRZ 1998, 16).

B. Auswirkung auf Folgesachen

5 Für **Folgesachen** gilt dies allerdings mit folgenden **Einschränkungen:** Ist über die Folgesache nur für den Fall der Scheidung zu entscheiden, so sind die Folgesachen ebenfalls erledigt. Auf entsprechenden Antrag kann den Erben des verstorbenen Ehegatten oder dem überlebenden Ehegatten allerdings vorbehalten werden, eine Folgesache als selbständige Familiensache fortzuführen. Diese Möglichkeit ist allerdings nur wenigen Folgesachen eröffnet. Hatte der überlebende Ehegatte von dem Verstorbenen Unterhalt verlangt, so kann ihm nach § 1586b BGB ein Unterhaltsanspruch gegen den/die Erben zustehen. Auch die Folgesache Zugewinnausgleich kann fortgeführt werden, wenn der überlebende Ehegatte vom Verstorbenen Ausgleich verlangt hatte und nicht dessen Erbe oder Vermächtnisnehmer ist. Eine Fortführung kommt nicht in Betracht, wenn der Zugewinnausgleich durch Erhöhung des gesetzlichen Erbes verwirklicht wird.

C. Keine Wiederaufnahme

Eine **Wiederaufnahme des Verfahrens** auf Auflösung der Ehe, wenn dazu eine rechtskräftige Entscheidung vorliegt, ist nicht mehr möglich. Eine erneute Verhandlung über die Hauptsache kann nicht mehr stattfinden, weil diese durch den Tod eines Ehegatten erledigt ist. Auch wegen der Kostenentscheidung kann das Verfahren nicht wieder aufgenommen werden (Zöller/*Philippi* § 619 Rn 16). 6

§ 132 Kosten bei Aufhebung der Ehe

(1) Wird die Aufhebung der Ehe ausgesprochen, sind die Kosten des Verfahrens gegeneinander aufzuheben. Erscheint dies im Hinblick darauf, dass bei der Eheschließung ein Ehegatte allein die Aufhebbarkeit der Ehe gekannt hat oder ein Ehegatte durch arglistige Täuschung oder widerrechtliche Drohung seitens des anderen Ehegatten oder mit dessen Wissen zur Eingehung der Ehe bestimmt worden ist, als unbillig, kann das Gericht die Kosten nach billigem Ermessen anderweitig verteilen.

(2) Absatz 1 ist nicht anzuwenden, wenn eine Ehe auf Antrag der zuständigen Verwaltungsbehörde oder bei Verstoß gegen § 1306 des Bürgerlichen Gesetzbuchs auf Antrag des Dritten aufgehoben wird.

A. Allgemeines

1 Die vormals in § 93a Abs 3 und 4 ZPO enthaltene Sonderregelung für die Kostenentscheidung bei Aufhebung der Ehe wurde inhaltlich unverändert in § 132 übernommen; bis auf die wirtschaftliche Härteregelung. Auf sie wurde wie für Scheidungsverfahren verzichtet (s § 150 Rz 10). Sie geht als **Spezialregelung** den allgemeinen Bestimmungen der §§ 91 ff ZPO vor. Dies ergibt sich auch aus Abs 2. Der Gegenstandswert sämtlicher Ehesachen bemisst sich jetzt nach § 43 FamGKG; zu den Gerichtsgebühren s § 3 FamGKG Rz 8.

B. Kostenfolge bei Aufhebung (Abs 1)

2 Für die **Aufhebung** einer Ehe sieht **Abs 1 Satz 1**, wie bisher § 93a Abs 3 ZPO, im Erfolgsfall als Regelfolge die Kostenaufhebung vor, mit der Folge dass die beteiligten Ehegatten jeweils die Hälfte der gerichtlichen Kosten und ihre außergerichtlichen Kosten vollständig selbst tragen (§§ 92 Abs 1 Satz 2 ZPO).

3 Erscheint die Belastung des einen Ehegatten mit Kosten deshalb **unbillig**, weil nur er bei Eheschließung gutgläubig war, oder mit unredlichen Mitteln zur Eingehung der Ehe veranlasst wurde, so erlaubt **Abs 1 Satz 2** die Verteilung der Kosten auf die Ehegatten nach billigem Ermessen.

C. Antrag durch Dritte (Abs 2)

4 Wird die Ehe auf **Antrag der Verwaltungsbehörde** aufgehoben, verbleibt es bei den allgemeinen Regeln. Dh, die Kosten des Verfahrens sind idR den Eheleuten als Gesamtschuldner aufzuerlegen. Unterliegt die Verwaltungsbehörde, trägt die Staatskasse die Kosten (§ 91 ZPO). Bei Rücknahme oder Erledigung gelten ebenfalls die allgemeinen Regeln.

4.1 Wurde der Aufhebungsantrag vom Ehegatten einer früheren Ehe bzw dem früheren Lebenspartner gestellt (**dritte Person** iSd § 1306 BGB), so gelten ebenfalls die allgemeinen Kostenregeln der §§ 91 ff ZPO.

Unterabschnitt 2
Verfahren in Scheidungssachen und Folgesachen

§ 133 Inhalt der Antragsschrift

(1) Die Antragsschrift muss enthalten:
1. Namen und Geburtsdaten der gemeinschaftlichen minderjährigen Kinder sowie die Mitteilung ihres gewöhnlichen Aufenthalts,
2. die Erklärung, ob die Ehegatten eine Regelung über die elterliche Sorge, den Umgang und die Unterhaltspflicht gegenüber den gemeinschaftlichen minderjährigen Kindern sowie die durch die Ehe begründete gesetzliche Unterhaltspflicht, die Rechtsverhältnisse an der Ehewohnung und an den Haushaltsgegenständen getroffen haben, und
3. die Angabe, ob Familiensachen, an denen beide Ehegatten beteiligt sind, anderweitig anhängig sind.

(2) Der Antragsschrift sollen die Heiratsurkunde und die Geburtsurkunden der gemeinschaftlichen minderjährigen Kinder beigefügt werden.

A. Zwingend notwendige Angaben

Die Vorschrift ergänzt § 124, soweit es um die Antragsschrift in einer Scheidungssache 1
und/oder um die Antragsschrift in einer Folgesache geht (*Schulte-Bunert* Rn 509 ff).

Zwingend notwendige Angaben der Antragsschrift in einer Scheidungssache sind 2
die Namen und Geburtsdaten der gemeinschaftlichen minderjährigen Kinder und ihr gewöhnlicher Aufenthalt, Ziffer 1. Damit wird einmal gewährleistet, dass das zuständige Jugendamt mit erforderlichen Informationen ausgestattet werden kann, § 17 Abs 3 SGB VIII; zum anderen sensibilisiert die Angabe des persönlichen Aufenthalts der Kinder früh für Probleme der örtlichen Zuständigkeit, § 122.

Zwingend notwendig sind **weiter Erklärungen**, ob Regelungen zur elterlichen Sorge, 3
Umgang und Unterhaltspflicht gegenüber den gemeinschaftlichen minderjährigen Kindern sowie durch die Ehe begründete gesetzliche Unterhaltspflicht, Rechtsverhältnisse an Ehewohnung und Haushaltsgegenständen getroffen worden sind und schließlich eine Erklärung dazu, ob Familiensachen anderweitig anhängig sind, an denen beide Ehegatten beteiligt sind, Ziffer 3. Die von Ziffer 2. erwarteten Erklärungen verdeutlichen dem Gericht, welches Streitpotenzial zwischen den Parteien noch offen oder schon geregelt ist, um ggf auf die Parteien einwirken zu können, zu den noch offenen Fragen Regelungen zu treffen.

B. Soll-Angaben

Der Antragsschrift sollen **Heiratsurkunde** und **Geburtsurkunde** der gemeinschaftlichen 4
minderjährigen Kinder beigefügt werden, Abs 2. Damit wird einem praktischen Bedürfnis Rechnung getragen, nämlich der korrekten Erfassung der Personaldaten der Eheleute und der Kinder sowie dem Datum der standesamtlichen Eheschließung. Weitere Ermittlungen des Gerichts werden dadurch entbehrlich.

§ 134 Zustimmung zur Scheidung und zur Rücknahme; Widerruf

(1) Die Zustimmung zur Scheidung und zur Rücknahme des Scheidungsantrags kann zur Niederschrift der Geschäftsstelle oder in der mündlichen Verhandlung zur Niederschrift des Gerichts erklärt werden.

(2) Die Zustimmung zur Scheidung kann bis zum Schluss der mündlichen Verhandlung, auf die über die Scheidung der Ehe entschieden wird, widerrufen werden. Der Widerruf kann zur Niederschrift der Geschäftsstelle oder in der mündlichen Verhandlung zur Niederschrift des Gerichts erklärt werden.

A. Zustimmung

1 Die Regelung entspricht der bisherigen gerichtlichen Praxis. Bei beiderseitiger Scheidungswilligkeit, einjähriger Trennung, gestellten Antrag einerseits, **Zustimmung** andererseits, braucht das Gericht keine weiteren Feststellungen zum Scheitern der Ehe zu treffen, um von der unwiderlegbaren Vermutung des § 1566 Abs 1 BGB ausgehen zu können. Eine Verknüpfung des Verfahrensrechts mit dem materiellen Scheidungsrecht besteht nicht mehr. Die Regelung bestimmter Scheidungsfolgen ist damit nicht mehr Voraussetzung für das Eingreifen der Vermutung des § 1566 Abs 1 BGB.

2 Die Zustimmung zur Scheidung, Zustimmung zur Antragsrücknahme, Widerruf der Zustimmung zum Scheidungsantrag können zu Protokoll der Geschäftsstelle oder in der mündlichen Verhandlung erklärt werden.

B. Widerruf

3 Abs 2 behandelt den **Widerruf der Zustimmung**. Da der Gegenstand des Verfahrens höchstpersönlicher Natur ist, gibt es rechtstechnisch nichts, was sowohl die Stellung eines Scheidungsantrages, Zustimmung zur Scheidung und zur Rücknahme sowie Widerruf der Zustimmung zementiert. Jeder Verfahrensbeteiligte soll in seiner Entscheidung bis zum Abschluss der mündlichen Verhandlung in der Instanz frei sein, einen gestellten Scheidungsantrag weiterzuverfolgen, ihn zurück zu nehmen oder seine Zustimmung zur Scheidung aufrechtzuerhalten oder zu widerrufen.

4 Dies entspricht schon der bisherigen Rechtslage. Auch an der Art und Weise der zu beachtenden Erklärung des Beteiligten ändert sich nichts. Der Widerruf kann, wie bisher, zu Protokoll der Geschäftsstelle oder in der mündlichen Verhandlung erfolgen.

§ 135 Außergerichtliche Streitbeilegung über Folgesachen

(1) Das Gericht kann anordnen, dass die Ehegatten einzeln oder gemeinsam an einem kostenfreien Informationsgespräch über Mediation oder eine sonstige Möglichkeit der außergerichtlichen Streitbeilegung anhängiger Folgesachen bei einer von dem Gericht benannten Person oder Stelle teilnehmen und eine Bestätigung hierüber vorlegen. Die Anordnung ist nicht selbständig anfechtbar und nicht mit Zwangsmitteln durchsetzbar.

(2) Das Gericht soll in geeigneten Fällen den Ehegatten eine außergerichtliche Streitbeilegung anhängiger Folgesachen vorschlagen.

A. Außergerichtliche Streitbeilegung

Mediation (grundlegend: Haft/Schlieffen, Handbuch Mediation; Schröder, Familienmediation) und **außergerichtliche Streitbeilegung** (Haft/Schlieffen, 6. Kap) sind der Königsweg einer Konfliktlösung bei Abwicklung gescheiterter Ehen. Den Beteiligten wird die Eigenverantwortung und die Option belassen, für sich und ihre Konflikte mit Hilfe eines allparteilichen Dritten, der ausschließlich den Prozess steuert, die maßgeschneiderte Lösung, ihr individuelles Recht für den Konflikt gemeinsam zu schöpfen. Die Norm hat damit Nasenstübercharakter, will sicherstellen, dass die Verfahrensbeteiligten andere als Streitentscheidungen für Konfliktlösungen kennen, ist aber auch vor dem Hintergrund der Bemühungen zu sehen, Mediation und sonstige außergerichtliche Streitbelegung auf europäischer Ebene zu fördern und verstärkt zur Anwendung zu bringen. 1

I. Bisherige Rechtslage

Auch das bisherige Recht eröffnete schon im Ansatz derartige Möglichkeiten, §§ 608 iVm 278 Abs 5 Satz 2 ZPO, was im Bewusstsein der Rechtsanwender in Familiensachen allerdings nicht so präsent gewesen ist. 2

II. Gerichtliche Anordnung zur Information

Die Vorschrift stellt klar, dass die Parteien zu »ihrem Glück« nicht gezwungen werden können. Die Anordnung des Gerichts nach § 135 Abs 1 Satz 2 ist nicht mit Zwangsmitteln nach § 35 durchsetzbar. Deshalb ist sie als Zwischenentscheidung auch nicht selbständig anfechtbar, § 135 Abs 1 Satz 2 (*Schulte-Bunert* Rn 514). 3

Am englischen Vorbild (*Schröder* Rn 17) angelehnt, kann es für den Beteiligten, der der Anordnung unentschuldigt nicht nachkommt, allerdings kostenrechtliche Konsequenzen haben, § 150 Abs 4 Satz 2, was ein pragmatisches Vorgehen zur Erreichung erwünschter Ziele ist. 4

B. Zumutbarkeit

Ob das Familiengericht eine entsprechende Anordnung erteilt, liegt in seinem freien Ermessen. Die Wahrnehmung eines **kostenfreien Informationsgespräches** muss zumutbar sein. Die Begründung zum Gesetz nennt häusliche Gewalt und zu weite Anreise als Gründe, die die Wahrnehmung eines Informationsgespräches unzumutbar sein lassen können (BTDrs 16/6308, 229). 5

§ 136 Aussetzung des Verfahrens

(1) Das Gericht soll das Verfahren von Amts wegen aussetzen, wenn nach seiner freien Überzeugung Aussicht auf Fortsetzung der Ehe besteht. Leben die Ehegatten länger als ein Jahr getrennt, darf das Verfahren nicht gegen den Widerspruch beider Ehegatten ausgesetzt werden.

(2) Hat der Antragsteller die Aussetzung des Verfahrens beantragt, darf das Gericht die Scheidung der Ehe nicht aussprechen, bevor das Verfahren ausgesetzt war.

(3) Die Aussetzung darf nur einmal wiederholt werden. Sie darf insgesamt die Dauer von einem Jahr, bei einer mehr als dreijährigen Trennung die Dauer von sechs Monaten nicht überschreiten.

(4) Mit der Aussetzung soll das Gericht in der Regel den Ehegatten nahelegen, eine Eheberatung in Anspruch zu nehmen.

A. Ehe bewahrende Aussetzung

1 Mit der Aussetzung des Scheidungsverfahren in den Fällen, in denen eine Aussöhnung möglich erscheint, soll den Beteiligten ein Zeitfenster geöffnet werden, in dem sie ohne Druck eines laufenden Verfahrens ausloten können, ob eine einvernehmliche Beilegung des ehelichen Konfliktes möglich ist (MüKo/*Bernreuther* § 614 Rn 1). Die Aussetzung kann damit der Erhaltung nicht endgültig gescheiterter Ehen dienen. Sie kann einem unüberlegten Scheidungsantrag begegnen und damit überflüssigen Scheidungen vorbeugen (*Bergerfurth*/Rogner Rn 144; MüKo/*Bernreuther* § 614 Rn 1).

I. Mögliche Aussöhnung

2 Dieser **besondere Aussetzungsgrund** einer möglichen Aussöhnung (*Bergerfurth*/Rogner Rn 144) erweitert die allgemeinen Gründe für die Aussetzung des Verfahrens, die sich aus § 113 Abs 1 iVm §§ 246 ff ZPO ergeben.

II. Normzweck

3 Der Normzweck erschöpft sich in der möglichen **Aussetzung in Scheidungssachen**. Im Aufhebungsverfahren geht es um Ehen, denen von vornherein Begründungsmängel anhaften, §§ 1303–1307, 1311, 1314 Abs 1 Nr 1–5 BGB. Bei dem Verfahren auf Feststellung des Bestehens oder Nichtbestehens einer Ehe zwischen den Beteiligten überwiegt das öffentliche Interesse an der Aufdeckung bloßer Scheinehen und der Klärung der Rechtslage. Dem Verfahren auf Feststellung wohnt keine Tendenz zur Erhaltung von Ehen inne.

III. Widerspruch

4 Das Familiengericht setzt von Amts wegen aus, wenn nach seiner freien Überzeugung Aussicht auf Fortsetzung der Ehe besteht. Dabei hindert der **Widerspruch nur eines Ehegatten** die Aussetzung nicht, selbst wenn die Beteiligten schon länger als ein Jahr getrennt leben (MüKo/*Bernreuther* § 614 Rn 4).

5 1. Wird ein Antrag auf Scheidung vor Ablauf des Trennungsjahres gestützt auf § 1565 Abs 2 BGB gestellt und hält das Gericht die weitere Aufrechterhaltung der Ehe für unzumutbar, scheidet eine Aussetzung des Verfahrens allein schon deshalb aus, weil regelmäßig in solchen Fällen keine verobjektivierbaren Anhaltspunkte gegeben sein dürften, die eine Aussicht auf Aussöhnung begründen.

6 2. Hat der Antragsteller Aussetzung beantragt, so ist diesem Antrag grds stattzugeben, falls nicht der Scheidungsantrag schon abweisungsreif ist. Wäre dem Scheidungs-

antrag schon stattzugeben, ist dem Aussetzungsantrag zu entsprechen. Dies folgt aus der Ratio der Norm, Abs 2.

B. Rechtsmissbrauch

Dem Antrag auf Aussetzung ist nicht stattzugeben, wenn Rechtsmissbrauch vorliegt (MüKo/*Bernreuther* § 614 Rn 10). Das wäre etwa der Fall, wenn um eine Aussetzung, da der Antragsteller für § 1565 Abs 2 BGB beweisfällig bliebe, nur nachgesucht wird, damit das Trennungsjahr nach Aussetzung abgelaufen ist.

§ 137 Verbund von Scheidungs- und Folgesachen

(1) Über Scheidung und Folgesachen ist zusammen zu verhandeln und zu entscheiden (Verbund).

(2) Folgesachen sind
1. Versorgungsausgleichssachen,
2. Unterhaltssachen, sofern sie die Unterhaltspflicht gegenüber einem gemeinschaftlichen Kind oder die durch Ehe begründete gesetzliche Unterhaltspflicht betreffen mit Ausnahme des vereinfachten Verfahrens über den Unterhalt Minderjähriger,
3. Ehewohnungs- und Haushaltssachen und
4. Güterrechtssachen,

wenn eine Entscheidung für den Fall der Scheidung zu treffen ist und die Familiensache spätestens zwei Wochen vor der mündlichen Verhandlung im ersten Rechtszug in der Scheidungssache von einem Ehegatten anhängig gemacht wird. Für den Versorgungsausgleich ist in den Fällen der §§ 6 bis 19 und 28 des Versorgungsausgleichsgesetzes kein Antrag notwendig.

(3) Folgesachen sind auch Kindschaftssachen, die die Übertragung oder Entziehung der elterlichen Sorge, das Umgangsrecht oder die Herausgabe eines gemeinschaftlichen Kindes der Ehegatten oder das Umgangsrecht eines Ehegatten mit dem Kind des anderen Ehegatten betreffen, wenn ein Ehegatte vor Schluss der mündlichen Verhandlung im ersten Rechtszug in der Scheidungssache die Einbeziehung in den Verbund beantragt, es sei denn, das Gericht hält die Einbeziehung aus Gründen des Kindeswohls nicht für sachgerecht.

(4) Im Fall der Verweisung oder Abgabe werden Verfahren, die die Voraussetzungen des Absatzes 2 oder des Absatzes 3 erfüllen, mit Anhängigkeit bei dem Gericht der Scheidungssache zu Folgesachen.

(5) Abgetrennte Folgesachen nach Absatz 2 bleiben Folgesachen; sind mehrere Folgesachen abgetrennt, besteht der Verbund auch unter ihnen fort. Folgesachen nach Absatz 3 werden nach der Abtrennung als selbständige Verfahren fortgeführt.

A. Gesetzgeberische Intention

1   Zum **Kernbereich** der Regeln des Verfahrens in Scheidungssachen zählt nach wie vor der **Verfahrensverbund** (MüKo/*Bernreuther* § 623 Rn 1). Seinen Inhalt definiert die Norm legal in der Weise, dass über Scheidung und Folgesachen zusammen zu verhandeln und zu entscheiden ist. Der Zwangsverbund soll dem Betroffenen die Tragweite und Komplexität seines Scheidungsentschlusses vor Augen führen, ihn vor übereilten, nicht mehr umkehrbaren Entschlüssen schützen, um so ggf ehebewahrend zu wirken. Er hat damit Warn- und Schutzfunktion (MüKo/*Bernreuther* § 623 Rn 1; Zöller/*Philippi* § 623 Rn 2).

2   Die Lebenswirklichkeit ist anders. Der Trennungs- und Scheidungsentschluss fällt regelmäßig nach einem die persönlichen Beziehungen zerstörenden, schleichenden Prozess, der in den seltensten Fällen durch den Sachzwang, aus der Trennung und Scheidung folgende Konsequenzen regeln zu müssen, umkehrbar wird.

B. Folgesachen

3   Die Norm verzichtet, anders als noch § 623 Abs 1 Satz 1 ZPO, zum Begriff Folgesache eine Legaldefinition zu geben. Vielmehr werden in Abs 2 und Abs 3 die **Folgesachen enumerativ benannt** und unter welchen Voraussetzungen sie eben in den Verbund gelangen, eine transparente und anwenderfreundliche Vorgehensweise des Gesetzes.

Zu Folgesachen werden die aufgezählten Regelungsgegenstände, wenn eine Entscheidung für den Fall der Scheidung zu treffen ist und die Familiensache spätestens **zwei Wochen vor Schluss der mündlichen Verhandlung** im ersten Rechtszug in der Scheidungssache von einem Ehegatten anhängig gemacht wird. Die 2-Wochen-Frist war im Gesetzesentwurf der Bundesregierung noch nicht enthalten. Sie beschränkt immerhin etwas die Möglichkeiten prozesstaktischer Spielchen, noch in der mündlichen Verhandlung zur entscheidungsreifen Ehesache und Versorgungsausgleich eine Verlängerung des Verfahrens dadurch herbeizuführen, dass noch eine den Verbund auslösende Folgesache anhängig gemacht wird. Bezüglich der Versorgungsausgleichssachen bedarf es allerdings keines Antrags, Abs 2 Satz 2. 4

I. Zeitfenster

Ob eine Entscheidung für den Fall der Scheidung zu treffen ist, hängt vom Zeitfenster des Regelungsgegenstandes ab, wird also vom Antrag und der Begründung des damit verfolgten Anspruches bestimmt (*Bergerfurth/Rogner* Rn 370; MüKo/*Bernreuther* § 623 Rn 7; Zöller/*Philippi* § 623 Rn 5). Dabei ist unerheblich, ob einem solchen Antrag zu entsprechen oder dieser Antrag abzuweisen ist. Haben die Parteien etwa in einer notariellen Urkunde sich über nachehelichen Unterhalt verständigt und macht der aus der Urkunde Berechtigte gleichwohl im Scheidungsverfahren nachehelichen Unterhalt anhängig, wird dieses Verfahren Folgesache im Verbund. 5

II. Folgesachen auf Antrag

Abs 3 definiert, unter welchen Voraussetzungen auch **Kindschaftssachen** Folgesachen im Verbund sein können. Auch wenn sie gleichzeitig mit der Scheidungssache anhängig sind, werden sie **nicht mehr kraft Gesetzes** in den **Verbund** aufgenommen. **Gegenstand des Verfahrens** muss vielmehr die Übertragung oder Entziehung der elterlichen Sorge, das Umgangsrecht oder die Herausgabe eines gemeinschaftlichen Kindes der Ehegatten oder das Umgangsrecht eines Ehegatten mit dem Kind des anderen Ehegatten sein. Voraussetzung ist wie in Abs 2, dass die Einbeziehung solcher Verfahren **vor Schluss der mündlichen Verhandlung** im ersten Rechtszug in der **Scheidungssache beantragt** worden ist. Im Wege der Auslegung ist wohl auch hier die **2-Wochen-Frist** zu beachten (aA: *Schulte-Bunert* Rn 524). 6

Sprechen Gründe des Kindeswohles gegen eine Einbeziehung, bleibt die anhängig gemachte Folgesache isoliertes Verfahren. 7

Abs 4 hat klarstellende Funktion: Ohne Scheidungssache keine Folgesache! 8

C. Grundsatz: Einmal Folgesache immer Folgesache

Abs 5 Satz 1 stellt klar, dass Folgesachen nach Abs 2 ihre Eigenschaft als Folgesachen durch Abtrennung nicht verlieren und zwischen mehreren auch abgetrennten Folgesachen der Verbund fortbesteht. Die Abtrennung ändert nämlich nichts daran, dass in diesen Verfahren eine Entscheidung für den Fall der Scheidung zu treffen ist. 9

Konsequenzen ergeben sich aus dem Fortbestehen der Eigenschaft als Folgesache für die Frage des **Anwaltszwanges**, aber auch in kostenrechtlicher Hinsicht (MüKo/*Finger* § 623 Rn 51; Zöller/*Philippi* § 623 Rn 32d). 10

D. Ausnahmen

Abs 5 Satz 2 regelt für **Folgesachen nach Abs 3** abweichend, dass solche Verfahren **nach Abtrennung als selbständige Verfahren** fortgeführt werden. Dies ist sinnhaft, weil Verfahren nach Abs 3 Tendenzen im Interesse der betroffenen Kinder innewohnen, eine alsbaldige Entscheidung zu ermöglichen, damit die Parteien Orientierungshilfen bekommen. 11

§ 138 Beiordnung eines Rechtsanwaltes

(1) Ist in einer Scheidungssache der Antragsgegner nicht anwaltlich vertreten, hat das Gericht ihm für die Scheidungssache und eine Kindschaftssache als Folgesache von Amts wegen zur Wahrnehmung seiner Rechte im ersten Rechtszug einen Rechtsanwalt beizuordnen, wenn diese Maßnahme nach der freien Überzeugung des Gerichts zum Schutz des Beteiligten unabweisbar erscheint; § 78 c Abs. 1 und 3 der Zivilprozeßordnung gilt entsprechend. Vor einer Beiordnung soll der Beteiligte persönlich angehört und dabei auch darauf hingewiesen werden, dass und unter welchen Voraussetzungen Familiensachen gleichzeitig mit der Scheidungssache verhandelt und entschieden werden können.

(2) Der beigeordnete Rechtsanwalt hat die Stellung eines Beistands.

A. Voraussetzungen der Beiordnung

1 Das Gericht hat für die Scheidungssache selbst und eine Kindschaftssache als Folgesache einen Rechtsanwalt beizuordnen, wenn diese Maßnahme zum Schutze des Antragsgegners unabweisbar erscheint, weil der Antragsgegner aus Unkenntnis, Fehleinschätzung seiner Lage und der Konsequenzen einer Scheidung oder aufgrund einer Beeinflussung durch den Antragsteller seine Rechte in unvertretbarer Weise nicht hinreichend wahrnimmt (OLG Hamm FamRZ 1998, 1123 f; MüKo/*Finger* § 625 Rn 4; Stein/Jonas/*Schlosser*, § 625 Rn 1; Zöller/*Philippi* § 625 Rn 1). Das Gericht muss im Rahmen der persönlichen Anhörung der Beteiligten es zunächst selbst unternehmen, den Antragsgegner zu befähigen, seine Rechte wahrzunehmen.

I. Beiordnung gegen den Willen

2 Die Beiordnung kann gegen den Willen des Antragsgegners angeordnet werden (MüKo/*Finger* § 625 Rn 9; Zöller/*Philippi* § 625 Rn 7). Sie ist auf die Scheidungssache und eine Kindschaftssache nach § 137 Abs 3 zu beschränken. Die Beiordnung ist ferner auf den ersten Rechtszug zu beschränken.

II. Rechtsmittel

3 Der Antragsgegner kann die gerichtliche Beiordnung mit der **sofortigen Beschwerde** angreifen, § 78c Abs 3 Satz 1 ZPO. Die Berechtigung zur Einlegung der Beschwerde wird mit dem Wenn-dann-Argument begründet: Da der Antragsgegner nach § 78c Abs 1 Satz 1 iVm § 78c Abs 3 ZPO Beschwerde mit dem Ziel einlegen kann, ihm einen anderen Anwalt zu bestellen, muss für die Grundentscheidung der Beiordnung ebenfalls ein Rechtsbehelf zur Verfügung stehen (MüKo/*Finger* § 625 Rn 7; **aA** Zöller/*Philippi* § 625 Rn 4 – jeweils mwN).

B. Konsequenzen der Beiordnung

4 Der **beigeordnete Anwalt** hat die Beiordnung hinzunehmen. Er hat lediglich die **Stellung eines Beistands** (MüKo/*Finger* § 625 Rn 9; Zöller/*Philippi* § 625 Rn 7). Erteilt der Antragsgegner, wenn auch auf den Gegenstand der Beiordnung beschränkte Prozessvollmacht, kann der beigeordnete Anwalt ab diesem Zeitpunkt Prozesshandlungen für die Partei vornehmen und Anträge stellen. Der Antragsgegner wird dem beigeordneten Anwalt honorarpflichtig (MüKo/*Finger* § 625 Rn 10; Zöller/*Philippi* § 625 Rn 8). Zahlt der Antragsgegner nicht, kann der beigeordnete Anwalt Vergütung aus der Landeskasse wie ein im Wege der PKH beigeordneter Anwalt verlangen (Zöller/*Philippi* § 625 Rn 8).

§ 139 Einbeziehung weiterer Beteiligter und Dritter Personen

(1) Sind außer den Ehegatten weitere Beteiligte vorhanden, werden vorbereitende Schriftsätze, Ausfertigungen oder Abschriften diesen nur insoweit mitgeteilt oder zugestellt, als der Inhalt des Schriftstücks sie betrifft. Dasselbe gilt für die Zustellung von Entscheidungen an dritte Personen, die zur Einlegung von Rechtsmitteln berechtigt sind.

(2) Die weiteren Beteiligten können von der Teilnahme an der mündlichen Verhandlung insoweit ausgeschlossen werden, als die Familiensache, an der sie beteiligt sind, nicht Gegenstand der Verhandlung ist.

Weitere Beteiligte in Ehesachen, soweit in ihrer Rechtssphäre betroffen, sind auf denselben Informationsstand zu bringen, wie die verfahrensbeteiligten Ehegatten. Dies gewährleistet die Norm, in dem sie in Abs 1 fordert, dass vorbereitende Schriftsätze, Ausfertigungen oder Abschriften den weiteren Beteiligten/Dritten mitzuteilen oder zuzustellen sind, soweit der Inhalt der Schriftsätze sie betrifft. Ergeht im Verfahren eine Entscheidung, die von der dritten Person mit Rechtmitteln angegriffen werden kann, so ist diese Entscheidung den weiteren Beteiligten/Dritten zuzustellen – ebenfalls verfahrenstechnische Selbstverständlichkeit. 1

Die Möglichkeit, die weiteren Beteiligten von der **Teilnahme an der mündlichen Verhandlung** im Verbund nach Abs 2 **auszuschließen**, soweit nicht Verhandlungsgegenstand die sie betreffende Familiensache ist, bewahrt den Ehegatten ihre »Verfahrensintimität«. Damit werden die Besonderheiten des Verbundes, zusammen zu verhandeln und zu entscheiden, bei Drittbeteiligung von der Sache her auf das zur Wahrung der Drittrechte Gebotene beschränkt. 2

§ 140 Abtrennung

(1) Wird in einer Unterhaltsfolgesache oder Güterrechtsfolgesache außer den Ehegatten eine weitere Person Beteiligter des Verfahrens, ist die Folgesache abzutrennen.

(2) Das Gericht kann eine Folgesache vom Verbund abtrennen. Dies ist nur zulässig, wenn
1. in einer Versorgungsausgleichsfolgesache oder Güterrechtsfolgesache vor der Auflösung der Ehe eine Entscheidung nicht möglich ist,
2. in einer Versorgungsausgleichsfolgesache das Verfahren ausgesetzt ist, weil ein Rechtsstreit über den Bestand oder die Höhe eines Anrechts vor einem anderen Gericht anhängig ist,
3. in einer Kindschaftsfolgesache das Gericht dies aus Gründen des Kindeswohls für sachgerecht hält oder das Verfahren ausgesetzt ist,
4. seit der Rechtshängigkeit des Scheidungsantrags ein Zeitraum von drei Monaten verstrichen ist, beide Ehegatten die erforderlichen Mitwirkungshandlungen in der Versorgungsausgleichsfolgesache vorgenommen haben und beide übereinstimmend deren Abtrennung beantragen oder
5. sich der Scheidungsausspruch so außergewöhnlich verzögern würde, dass ein weiterer Aufschub unter Berücksichtigung der Bedeutung der Folgesache eine unzumutbare Härte darstellen würde, und ein Ehegatte die Abtrennung beantragt.

(3) Im Fall des Absatzes 2 Nr. 3 kann das Gericht auf Antrag eines Ehegatten auch eine Unterhaltsfolgesache abtrennen, wenn dies wegen des Zusammenhangs mit der Kindschaftsfolgesache geboten erscheint.

(4) In den Fällen des Absatzes 2 Nr. 4 und 5 bleibt der vor Ablauf des ersten Jahres seit Eintritt des Getrenntlebens liegende Zeitraum außer Betracht. Dies gilt nicht, sofern die Voraussetzungen des § 1565 Abs. 2 des Bürgerlichen Gesetzbuchs vorliegen.

(5) Der Antrag auf Abtrennung kann zur Niederschrift der Geschäftsstelle oder in der mündlichen Verhandlung zur Niederschrift des Gerichts gestellt werden.

(6) Die Entscheidung erfolgt durch gesonderten Beschluss; sie ist nichtselbständig anfechtbar.

A. Arten der Abtrennung

1 Die Norm fasst die bisher an verschiedenen Stellen geregelten Möglichkeiten der **Abtrennung einer Folgesache** zusammen und gestaltet sie weitgehend einheitlich aus. Dabei sind **zwingende Abtrennung** einerseits und **ins Ermessen des Gerichts** gestellte Abtrennung andererseits zu unterscheiden.

2 Verfahrensgegenstände, über die zusammen mit der Scheidung zu verhandeln und zu entscheiden ist und die spätestens zwei Wochen vor Schluss der mündlichen Verhandlung in der Scheidungssache anhängig gemacht wurden, sind Folgesachen, § 137 Abs 2.

3 Auf Antrag werden die in § 137 Abs 3 aufgeführten Kindschaftssachen Folgesachen und in den Verbund einbezogen, es sei denn, das Gericht hält die Einbeziehung aus Gründen des Kindeswohles nicht für sachgerecht. Der Antrag wird durch Beschluss beschieden.

4 Eine **Unterhaltsfolgesache** oder **Güterrechtsfolgesache** ist abzutrennen, wenn eine weitere Person Beteiligter des Verfahrens wird, Abs 1.

5 Bei **Unterhaltsfolgesachen** kann dies etwa der Fall sein, wenn Unterhalt für ein gemeinsames Kind in gesetzlicher Prozessstandschaft (§ 1629 Abs 3 BGB) geltend gemacht wird und im Verlauf des Verfahrens das Kind volljährig wird. Mit Volljährigkeit entfällt die Prozessführungsbefugnis des Elternteils. Das Kind tritt in das Verfahren ein. Eine solche Folgesache ist abzutrennen.

Geht es um nachehelichen Unterhalt und verstirbt der auf nachehelichen Unterhalt in 6
Anspruch Genommene, so kann unter den Voraussetzungen des § 1586b BGB ein Unterhaltsanspruch gegen den/die Erben gegeben sein. Hier ist die Folgesache anders als die Scheidungssache durch den Tod nicht erledigt. Sie ist abzutrennen und ist nach Umstellung im Klageantrag als selbständige Folgesache beim Familiengericht zu führen, § 137 Abs 5.

Güterrechtsfolgesachen sind Verfahren, die güterrechtliche Ansprüche zum Gegen- 7
stand haben. Ein Anspruch hat Güterrechtsqualität, wenn er sich aus dem gewählten und damit für die Ehegatten einschlägigen Güterstand ergibt. Dabei regeln die gesetzlichen Normen des Güterrechts nicht alle vermögensrechtlichen Verflechtungen der Ehegatten, was zu Abgrenzungsschwierigkeiten führen kann.

Leben die Ehegatten im **Güterstand der Gütertrennung**, bestehen kraft Gesetzes kei- 8
ne güterrechtlichen Ansprüche zwischen Ehegatten oder Ehegatten an einem Dritten. Ergeben sich nach Auflösung der Ehe Probleme, weil die in Gütertrennung lebenden Ehegatten sich während bestehender Ehe gegenseitig Zuwendungen gemacht oder Vermögen des Anderen durch Mitarbeit im Geschäft vermehrt haben, sind daraus evtl entstehende Ausgleichsansprüche nicht im einschlägigen Güterrecht Gütertrennung verwurzelt. Vielmehr ist ein möglicher Ausgleich über Institute außerhalb des Güterrechts wie Ehegatteninnengesellschaft, Wegfall der Geschäftsgrundlage oder Bereicherungsrecht zu suchen.

Leben die Ehegatten im **gesetzlichen Güterstand der Zugewinngemeinschaft**, kön- 9
nen aus den Verfügungsbeschränkungen im gesetzlichen Güterstand güterrechtliche Streitigkeiten erwachsen, an denen Dritte beteiligt sind. Auch in Fällen, in denen der Zugewinnausgleichspflichtige in Benachteiligungsabsicht unentgeltliche Zuwendungen an einen Dritten gemacht hat, kann der Dritte nach Regeln des Bereicherungsrechtes auf Herausgabe in Anspruch genommen werden.

B. Ermessen

Abs 2 räumt dem Gericht Ermessen ein, ob eine Folgesache vom Verbund abzutrennen 10
ist. Die Ausübungskriterien ergeben sich aus den Ziffern 1. bis 5.

Ziffer 3 scheint im Widerspruch zu § 137 Abs 3 letzter Halbsatz zu stehen. Denn 11
Kindschaftssachen werden nur dann Folgesachen, wenn ihre Einbeziehung in den Verbund rechtzeitig beantragt wird und, positiv formuliert, die Einbeziehung aus Gründen des Kindeswohles sachgerecht ist. Der scheinbare Widerspruch löst sich auf. Fragen der Übertragung oder Entziehung der elterlichen Sorge, Fragen des Umgangsrechtes oder der Herausgabe eines gemeinschaftlichen Kindes liegen wandelbare Verhältnisse zugrunde, so dass bei Antrag auf Einbeziehung einer Kindschaftssache als Folgesache es aufgrund der gegebenen Umstände durchaus zunächst sachgerecht sein kann, diese in den Verbund einzubeziehen, während im weiteren Verlauf des Verfahrens sich eine Entwicklung abzeichnen kann, die jetzt eine Abtrennung geradezu fordert. Dasselbe gilt, wenn das Gericht im Verlauf des Verfahrens eine Aussetzung der Kindschaftsfolgesache für angezeigt hält, um etwa Verhältnisse zu stabilisieren oder sich beruhigen zu lassen.

Der Gesetzesentwurf hatte diese eröffneten Möglichkeiten der Abtrennung in Kind- 12
schaftsfolgesachen damit begründet, einem regelmäßigen Bedürfnis nach zügiger Entscheidung im Interesse des Kindeswohles Rechnung zu tragen (BTDrs 16/6308, 231). Häufig sind nämlich in diesen Konflikten schnelle Entscheidungen geboten, würden dann aber wegen fehlender Entscheidungsreife eines anderen Verfahrensgegenstandes bei Verbleib im Verbund behindert.

Ziffer 4 enthält eine erleichterte Abtrennungsmöglichkeit der **Folgesache Versor-** 13
gungsausgleich. Bei regulärem Verlauf können somit nach 3 Monaten eine noch offene Versorgungsausgleichsfolgesache abgetrennt und damit die Scheidung ermöglicht werden, was zu einer erheblichen Verkürzung der Verfahrensdauer als solche führt.

§ 140 FamFG | Abtrennung

14   Auf Antrag eines Ehegatten kann die **Abtrennung** von Folgesachen erfolgen, wenn sich der Scheidungsausspruch **außergewöhnlich verzögern** würde und ein weiterer Aufschub unter Berücksichtigung der Bedeutung der Folgesache eine **unzumutbare Härte** in der Person des antragstellenden Ehegatten darstellt. Dabei ist nicht nur das Zeitmoment Laufzeit eines Verfahrens zu berücksichtigen. Hier kann weiter nicht nur die Verzögerung berücksichtigt werden, die dadurch eintritt, dass die zur Abtrennung beantragte Folgesache zu erledigen ist. Es reicht vielmehr auch aus, wenn andere Verzögerungsgründe, wie etwa Überlastung des Gerichts, vorliegen. Zur Frage der außergewöhnlichen Verzögerung und unzumutbaren Härte dürften dieselben Gründe, wie sie die bisher in der Rechtsprechung zu § 628 Satz 1 Nr 4 ZPO ergangenen Entscheidungen formuliert haben, herangezogen werden, wobei die 3-Monats-Frist der Ziffer 4 die Messlatte relativiert, nach der zu entscheiden ist, ob eine außergewöhnliche Verzögerung vorliegt, die eine unzumutbare Härte begründet.

15   Wird eine Folgesache nach Abs 2 Nr 3 abgetrennt, so kann auf Antrag eines Ehegatten auch eine **Unterhaltsfolgesache** abgetrennt werden, die im Sachzusammenhang mit der Kindschaftsfolgesache steht, Abs 3. An dem geforderten Sachzusammenhang wird es regelmäßig fehlen, wenn sich die Entscheidungen in der Kindschaftsfolgesache nicht auf die konkrete Unterhaltsfolgesache auswirken können.

C. Folgen der Abtrennung

16   Für die **Folgen der Abtrennung** ist ebenfalls § 137 Abs 5 einschlägig, für die Unterhaltsfolgesache § 137 Abs 5 Satz 1, für die Kindschaftssache § 137 Abs 5 Satz 2. Bei Gewichtung der Zeitkriterien der Möglichkeiten einer Abtrennung nach Abs 2 Nr 4 und Nr 5 fallen die Zeiträume vor Ablauf des ersten Jahres seit Eintritt des Getrenntlebens nicht ins Gewicht. Dies ist selbstverständlich, da die Abtrennungsmöglichkeit eine verfahrensrechtliche Privilegierung bedeutet, die erst dann greifen kann, wenn die materiell rechtlichen Voraussetzungen einer Scheidung vorliegen. Dies stellt Abs 4 Satz 2 nochmals klar.

§ 141 Rücknahme des Scheidungsantrags

Wird ein Scheidungsantrag zurückgenommen, erstrecken sich die Wirkungen der Rücknahme auch auf die Folgesachen. Dies gilt nicht für Folgesachen, die die Übertragung der elterlichen Sorge oder eines Teils der elterlichen Sorge wegen Gefährdung des Kindeswohls auf einen Elternteil, einen Vormund oder Pfleger betreffen, sowie für Folgesachen, hinsichtlich derer ein Beteiligter vor Wirksamwerden der Rücknahme ausdrücklich erklärt hat, sie fortführen zu wollen. Diese werden als selbständige Familiensachen fortgeführt.

A. Folgen der Rücknahme

Die Wirkung einer Rücknahme von ein Verfahren einleitenden Anträgen ergeben sich aus § 113 Abs 1 iVm § 269 Abs 3 ZPO. Die mit der Rücknahme eines Scheidungsantrages verknüpfte Rechtsfolge erstreckt die Norm grds darüber hinaus auch auf anhängige Folgesachen. Dies ist selbstverständliche Konsequenz des Verbundes. Satz 2 formuliert davon **Ausnahmen.** Dabei handelt es sich einmal um Folgesachen, deren Regelungsbedürfnis mit einer Rücknahme des Scheidungsantrages nicht in jedem Fall automatisch entfällt. Derartige Verfahren sind die Übertragung der elterlichen Sorge oder eines Teils der elterlichen Sorge wegen Gefährdung des Kindeswohls auf einen Elternteil, einen Vormund oder Pfleger. Solche Verfahren werden als selbständige Familiensachen fortgeführt. 1

Die **weitere Ausnahme** wird durch die **Erklärung eines der Beteiligten am Verfahren vor Wirksamwerden der Rücknahme des Scheidungsantrags** begründet, dieses Verfahren fortsetzen zu wollen. Mehrere Ausnahmeverfahren verbleiben nicht im Verbund. Sie werden jede für sich als selbständige Familiensache fortgeführt, Satz 3. 2

B. Umstellung des Antrages

Der jeweilige Antrag muss nunmehr »unbedingt« gestellt werden, nicht mehr nur, dass eine Entscheidung für den Fall der Scheidung begehrt wird. Ob der jeweilige Antrag sodann erfolgreich ist, entscheidet sich nach materiellem Recht. 3

§ 142 Einheitliche Entscheidung; Abweisung des Scheidungsantrags

(1) Im Fall der Scheidung ist über sämtliche im Verbund stehenden Familiensachen durch einheitlichen Beschluss zu entscheiden. Dies gilt auch, soweit eine Versäumnisentscheidung zu treffen ist.

(2) Wird der Scheidungsantrag abgewiesen, werden die Folgesachen gegenstandslos. Dies gilt nicht für Folgesachen nach § 137 Abs. 3 sowie für Folgesachen, hinsichtlich derer ein Beteiligter vor der Entscheidung ausdrücklich erklärt hat, sie fortführen zu wollen. Diese werden als selbständige Familiensachen fortgeführt.

(3) Enthält der Beschluss nach Absatz 1 eine Entscheidung über den Versorgungsausgleich, so kann insoweit bei der Verkündung auf die Beschlussformel Bezug genommen werden.

1 Die Notwendigkeit, durch **einheitlichen Beschluss** über die Scheidung und alle im Verbund stehenden Folgesachen zu entscheiden, folgt aus den Prinzipien, die den Verfahrensverbund prägen. Die formellen und inhaltlichen Voraussetzungen des Beschlusses ergeben sich aus § 38.

2 **Abs 1 Satz 2** stellt klar, dass der einheitliche Beschluss neben dem stattgebenden Scheidungsantrag auch eine Versäumnisentscheidung zu Familienstreitsachen enthalten kann, etwa zum Unterhalt oder zum Güterrecht. Die Voraussetzungen einer Säumnisentscheidung sind in diesen Fällen gegeben, wenn trotz schlüssigen Vortrags der Antragsgegner im Verfahren entgegen § 114 anwaltlich nicht vertreten ist oder der Verfahrensbevollmächtigte des Antragsgegners keinen Antrag stellt.

3 **Abs 2** regelt das Schicksal von Folgesachen, wenn der Scheidungsantrag abgewiesen wird. Regelmäßig regeln Folgesachen ihren Konfliktstoff nur für den Fall der Scheidung der Ehe. Deshalb werden sie mit Abweisung des Scheidungsantrags oder seiner Rücknahme gegenstandslos. Dies gilt nicht für Kindschaftssachen, die die Übertragung oder Entziehung der elterlichen Sorge, das Umgangsrecht oder die Herausgabe eines gemeinschaftlichen Kindes der Ehegatten oder das Umgangsrecht eines Ehegatten mit dem Kind des anderen Ehegatten betreffen, § 137 Abs 3, oder hinsichtlich derer ein Beteiligter vor der Entscheidung ausdrücklich erklärt hat, diese Folgesache fortführen zu wollen. Solche Verfahren werden als selbständige Familiensachen fortgeführt, § 137 Abs 2 Satz 3.

§ 143 Einspruch

Wird im Fall des § 142 Abs. 1 Satz 2 gegen die Versäumnisentscheidung Einspruch und gegen den Beschluss im Übrigen ein Rechtsmittel eingelegt, ist zunächst über den Einspruch und die Versäumnisentscheidung zu verhandeln und zu entscheiden.

Ist eine Versäumnisentscheidung Teil eines einheitlichen Beschlusses nach § 142 Abs 1, so ist gegen die Versäumnisentscheidung als Teil der Verbundentscheidung eine **doppelte Anfechtung** statthaft, nämlich einmal der Einspruch, soweit aufgrund der Säumnis entschieden worden ist, und zum anderen Beschwerde oder Rechtsbeschwerde für den nicht auf der Säumnis beruhenden Teil der einheitlichen Entscheidung. Wird in diesem Sinne »doppelt« angefochten, ist zunächst über den Einspruch zu verhandeln und zu entscheiden. Erst dann kann das weitere Rechtsmittelverfahren betrieben werden. Damit wird gewährleistet, dass der Verbund auch in der Berufungsinstanz erhalten bleibt. Diese Konsequenz lädt zu taktischen Spielchen ein, in dem in einer Folgesache durch Nichtverhandeln eine Versäumnisentscheidung dazu provoziert wird. Wird gegen den Scheidungsausspruch im einheitlichen Beschluss Beschwerde eingelegt, wird das Beschwerdeverfahren durch den Einspruch solange angehalten und verzögert, bis dass über den Einspruch verhandelt und entschieden ist (Stein/Jonas/*Schlosser* § 629 Rn 2 aE). **1**

§ 144 Verzicht auf Anschlussrechtsmittel

Haben die Ehegatten auf Rechtsmittel gegen den Scheidungsausspruch verzichtet, können sie auch auf dessen Anfechtung im Wege der Anschließung an ein Rechtsmittel in einer Folgesache verzichten, bevor ein solches Rechtsmittel eingelegt ist.

A. Rechtsmittelverzicht

1 Damit der Scheidungsausspruch rechtskräftig wird, reicht es nicht aus, dass die Ehegatten auf Rechtsmittel gegen den die Scheidung aussprechenden Teil des Beschlusses verzichten. Ein solcher Verzicht schneidet den Ehegatten nämlich nicht die Möglichkeit ab, sich dem Rechtsmittel eines Drittbeteiligten in einer Folgesache anzuschließen und damit auch den Scheidungsausspruch anzufechten (Zöller/*Philippi* § 629a Rn 38; BGH FamRZ 1997, 804 f). Die Rechtskraft des Scheidungsausspruches und damit zugleich die Rechtskraft der Entscheidung zu den Folgesachen können nur durch Verzicht der Ehegatten auf Rechtsmittel und Anschlussrechtsmittel herbeigeführt werden (BGH FamRZ 1994, 300 f; Zöller/*Philippi* § 629a Rn 38). Dabei erfasst ein ohne weitere Einschränkungen erklärter Rechtsmittelverzicht bei einer Verbundscheidung sowohl den Scheidungsausspruch als auch sämtliche Folgesachen, selbst wenn die Parteien dies so nicht gewollt haben (BGH FamRZ 1981, 947; MüKo/*Finger* § 629a Rn 39). Entscheidend ist der objektive Wert der Erklärung (MüKo/*Finger* § 629a Rn 39).

I. Anwaltszwang bei umfassenden Rechtsmittelverzicht

2 Bei Erklärung des umfassenden Verzichtes müssen sich die Parteien durch postulationsfähige Anwälte vertreten lassen (BGH FamRZ 1984, 372). Die Befugnis des Anwaltes zum umfassenden Verzicht folgt aus dessen spezieller Verfahrensvollmacht. Eine Beschränkung der Vollmacht, Rechtsmittelverzicht hier nicht erklären zu dürfen, ist dem Gericht und auch dem Gegner gegenüber unwirksam, § 11 Satz 3 iVm § 83 ZPO.

II. Wirksamwerden des Verzichts

3 Ein umfassend gegenüber dem Gericht erklärter Rechtsmittelverzicht wird mit Zugang wirksam. Er kann nicht widerrufen werden (BGH FamRZ 1985, 801, OLG Hamm FamRZ 1995, 943 f).

B. Anschlussrechtsmittel

4 Nach den allgemeinen Grundsätzen kann auf ein Anschlussrechtsmittel grds erst nach Einlegung eines Hauptrechtsmittels verzichtet werden. Dies würde an sich auch für Anschlussrechtsmittel in Folgesachen gelten (OLG München FamRZ 1993, 1320 f) und auch für die Anschließung an eine Anfechtung des Scheidungsausspruchs. § 144 schafft dazu eine **Ausnahmeregelung**. Ehegatten, die auf ein Rechtsmittel gegen den Scheidungsausspruch verzichtet haben, können auch auf dessen Anfechtung durch Anschließung an ein Rechtsmittel in einer Folgesache schon verzichten, bevor ein solches Rechtsmittel eingelegt ist. Dadurch sollen nicht hinnehmbare Verzögerungen der Scheidung durch Rechtsmittel in Folgesachen verhindert werden. Die Rechtskraft des Scheidungsausspruches würde nämlich trotz Verzicht auf Rechtsmittel dagegen hinausgeschoben, solange der andere beteiligte Ehepartner zwar auch auf Rechtsmittel gegen den Scheidungsausspruch verzichtet hat, Rechtsmittel gegen den Teil einer Verbundentscheidung, die eine Folgesache zum Gegenstand hat, jedoch einlegt und der andere sich noch dem Verfahren in der Folgesache anschließen und damit auch den Scheidungsausspruch angreifen kann.

§ 145 Befristung von Rechtsmittelerweiterung und Anschlussrechtsmittel

(1) Ist eine nach § 142 einheitlich ergangene Entscheidung teilweise durch Beschwerde oder Rechtsbeschwerde angefochten worden, können Teile der einheitlichen Entscheidung, die eine andere Familiensache betreffen, durch Erweiterung des Rechtsmittels oder im Wege der Anschließung an das Rechtsmittel nur noch bis zum Ablauf eines Monats nach Zustellung der Rechtsmittelbegründung angefochten werden; bei mehreren Zustellungen ist die letzte maßgeblich.

(2) Erfolgt innerhalb dieser Frist eine solche Erweiterung des Rechtsmittels oder Anschließung an das Rechtsmittel, so verlängert sich die Frist um einen weiteren Monat. Im Fall einer erneuten Erweiterung des Rechtsmittels oder Anschließung an das Rechtsmittel innerhalb der verlängerten Frist gilt Satz 1 entsprechend.

A. Allgemeines

Das bisher schon geltende, komplizierte, zeitlich abgestufte System der Rechtskraft hat der Gesetzgeber beibehalten. Besteht nämlich nach ergangener Entscheidung in der Familiensache noch die Befugnis zur Anschließung ein Rechtsmittel oder der Rechtsmittelerweiterung, wird die Verbundentscheidung insgesamt nicht rechtskräftig. Dies hat Folgen, die auch wegen der sich jeweils neu öffnenden Zeitfenster von einem Monat für die Parteien unübersichtlich und wenig einleuchtend sind. **1**

I. Teilanfechtung

Wird die Verbundentscheidung nicht insgesamt, sondern nur hinsichtlich eines Teils angefochten, kann die Anfechtung eines anderen Teils nur innerhalb eines Monats erfolgen. Dabei beginnt die Frist mit Zustellung der Rechtsmittelbegründung des (Haupt-)Rechtsmittels. Bei mehreren Zustellungen ist für den Lauf der Frist die zuletzt erfolgte Zustellung maßgeblich. **2**

II. Begründungszwang

Das Anschlussrechtsmittel muss innerhalb der Monatsfrist begründet werden, weil nur eine begründete Anschließung ausreichende Grundlage für eine weitere Anfechtung sein kann. **3**

III. Voraussetzung der Erweiterung

Die Erweiterung des Rechtsmittels auf einen anderen Teil der Entscheidung setzt voraus, dass diese Erweiterung durch die ursprüngliche Begründung abgedeckt ist, etwa dann, wenn in der Verbundentscheidung über Ehegattenunterhalt und Kindesunterhalt entschieden ist, zunächst nur die Entscheidung zum Ehegattenunterhalt mit Vortrag einer mangelnden Leistungsfähigkeit angegriffen wird. Da die Frage der Leistungsfähigkeit auch entscheidungserheblich für die Verpflichtung zur Zahlung von Kindesunterhalt ist, wird eine Erweiterung hier möglich. **4**

B. »Fristenmarathon«

Erfolgt eine Erstanschließung innerhalb der Monatsfrist, so verlängert sich die Frist um einen weiteren Monat. Fristbeginn ist in dem Fall nicht die Zustellung der Rechtsmittelbegründung der ersten Anschließung (*Bergerfurth* FamRZ 1986, 940, 941; *Philippi* FamRZ 1989, 1257, 1260; **aA** *Kemnade* FamRZ 1986, 625; MüKo/*Finger* § 629a Rn 35). Dieser Fris- **5**

§ 145 FamFG | Befristung von Rechtsmittelerweiterung und Anschlussrechtsmittel

tenmarathon ist für so viele Erweiterungsstufen vorstellbar, wie Anschließung und Gegenanschließung für die Anzahl der im Verbund entschiedenen Folgesachen möglich ist. Der Sinn dieser Regelung ist zweifelhaft (vgl MüKo/*Finger* § 629a Rn 36 aE).

§ 146 Zurückverweisung

(1) Wird eine Entscheidung aufgehoben, durch die der Scheidungsantrag abgewiesen wurde, soll das Rechtsmittelgericht die Sache an das Gericht zurückverweisen, das die Abweisung ausgesprochen hat, wenn dort eine Folgesache zur Entscheidung ansteht. Das Gericht hat die rechtliche Beurteilung, die der Aufhebung zugrunde gelegt wurde, auch seiner Entscheidung zugrunde zu legen.

(2) Das Gericht, an das die Sache zurückverwiesen wurde, kann, wenn gegen die Aufhebungsentscheidung Rechtsbeschwerde eingelegt wird, auf Antrag anordnen, dass über die Folgesachen verhandelt wird.

A. Sicherung des Verbunds

Die Norm sichert den **Fortbestand des Verbundes**. Wird die einen Scheidungsantrag abweisende Entscheidung des Familiengerichts in der Rechtsmittelinstanz aufgehoben und wäre der beantragten Scheidung stattzugeben, darf das Rechtsmittelgericht die Scheidung nicht aussprechen, wenn noch Folgesachen anstehen. Dabei geht die Begrifflichkeit »zur Entscheidung anstehen« über den Begriff der Anhängigkeit hinaus. So ist ausreichend, dass zu einer Folgesache, die auf Antrag in dem Verbund einzubeziehen ist, in erster Instanz angekündigt war, hilfsweise für den Fall der Scheidung bestimmte Folgesachen geltend zu machen. 1

B. Soll-Vorschrift

Die mögliche **Anordnung der Zurückverweisung** ist nunmehr, anders als im bisher geltenden § 629b Abs 1 Satz 1 ZPO als **Soll-Vorschrift** ausgestaltet. Gleichwohl wird die Zurückverweisung der **Regelfall** sein, wenn bei dem Gericht, das die Abweisung des Scheidungsantrags ausgesprochen hat, eben noch eine Folgesache zur Entscheidung ansteht. 2

I. Ausnahmen

Das Gericht kann in begründeten **Ausnahmefällen** von einer Zurückverweisung absehen. Die Begründung zum Entwurf nennt beispielhaft die Konstellation, dass die anstehende Folgesache durch Abtrennung vom Verbund ohnehin bereits abgelöst war oder dass die Folgesache durch eine Vereinbarung oder in sonstiger Weise ohne größeren Verfahrensaufwand vor dem Rechtsmittelgericht zum Abschluss gebracht werden kann (vgl BTDrs 16/6308 S 232). Gegen den Willen eines Beteiligten wird allerdings das Gericht von einer Zurückverweisung nicht absehen können, also wenn einer der Beteiligten auf Zurückverweisung besteht. Es entspricht einem Bedürfnis der Praxis, in Ausnahmefällen von einer Zurückverweisung abzusehen, wenn auf diese Weise in dafür geeigneten Fällen das Verfahren zeitnah zum Abschluss gebracht werden kann (BTDrs 16/6308 S 233). 3

II. Bindung

Die Instanz, an die zurückverwiesen wird, ist an die rechtliche Beurteilung der aufhebenden Entscheidung gebunden: Die Scheidung der Ehe ist auszusprechen und die anstehenden Folgesachen sind zu regeln. Etwas anderes kann sich ergeben, wenn neue Anträge formuliert oder sich neue Tatsachen ergeben, die bisher keine Berücksichtigung gefunden hatten. Den Ehegatten bleibt es unbenommen, im ersten Rechtszug weitere Folgesachen anhängig zu machen. 4

III. Antragsrecht zu Folgesachen

5 Wie schon nach bisherigem Rechtszustand kann das Gericht, an das die Sache zurückverwiesen ist, auf Antrag anordnen, über die Folgesachen zu verhandeln, wenn gegen die Aufhebungsentscheidung Rechtsbeschwerde eingelegt wird.

§ 147 Erweiterte Aufhebung

Wird eine Entscheidung auf Rechtsbeschwerde teilweise aufgehoben, kann das Rechtsbeschwerdegericht auf Antrag eines Beteiligten die Entscheidung auch insoweit aufheben und die Sache zur anderweitigen Verhandlung und Entscheidung an das Beschwerdegericht zurückverweisen, als dies wegen des Zusammenhangs mit der aufgehobenen Entscheidung geboten erscheint. Eine Aufhebung des Scheidungsausspruchs kann nur innerhalb eines Monats nach Zustellung der Rechtsmittelbegründung oder des Beschlusses über die Zulassung der Rechtsbeschwerde, bei mehreren Zustellungen bis zum Ablauf eines Monats nach der letzten Zustellung, beantragt werden.

A. Voraussetzungen

Die erweiterte Aufhebung kann sich nur auf die mit der Rechtsbeschwerde nicht angefochtenen Teile der OLG-Entscheidung beziehen. Dies folgt aus der Formulierung, weil auch nur eine teilweise Aufhebung voraussetzt, dass diese Teile der Entscheidung Verhandlungsgegenstand waren. 1

Zur erweiterten Aufhebung für einen bestimmten, nicht ausdrücklich durch Rechtsbeschwerde angefochtenen Teil der OLG-Entscheidung ist erforderlich, dass ein entsprechender **Antrag** von einer der Parteien gestellt wird. Der Antrag unterliegt dem **Anwaltszwang** und kann bis zum Schluss der mündlichen Verhandlung gestellt werden, im Verfahren ohne mündliche Verhandlung bis zur Entscheidung (BGHZ 71, 314, 321; MüKo/*Finger* § 629c Rn 5). Neben dem Antrag muss die Zurückverweisung wegen des Zusammenhangs mit der aufgehobenen Entscheidung geboten erscheinen (BGH FamRZ 1986, 895; Beispiele bei Zöller/*Philippi* § 629c Rn 4 ff). 2

B. Fristen

Soll von der erweiterten Aufhebung der Scheidungsausspruch erfasst werden, ist der entsprechende Antrag binnen Monatsfrist nach Zustellung der Begründung zur Rechtsbeschwerde oder des Beschlusses über die Zulassung der Rechtsbeschwerde möglich. Bei mehreren Zustellungen wird der Lauf der Frist durch die letzte Zustellung in Gang gesetzt. Die Ehescheidung wird, sofern ein Antrag auf erweiterte Aufhebung fristgemäß gestellt ist, erst mit der Entscheidung des BGH rechtskräftig, die der beantragten erweiterten Aufhebung nicht stattgibt. Diese Konsequenz kann für die Beteiligten fatal sein, weil auch ein völlig unbegründeter Antrag die Rechtskraft der Scheidung aufschiebt. 3

§ 148 Wirksamwerden von Entscheidungen in Folgesachen

Vor Rechtskraft des Scheidungsausspruchs werden die Entscheidungen in Folgesachen nicht wirksam.

1 Über Scheidung und Folgesachen ist zusammen zu verhandeln und zu entscheiden. Deshalb ist es nur konsequent, wenn **gerichtliche Regelungen in Folgesachen nicht vor Rechtskraft des Scheidungsausspruchs wirksam** werden.

2 Rechtskraft der Scheidung in Verbundentscheidungen tritt erst mit Ablauf der Rechtsmittelfristen für alle Beteiligten ein. Das ist der Fall, wenn gegen die Verbundentscheidung oder Teile davon kein Rechtsmittel, insbes kein Anschlussrechtsmittel mehr möglich ist. Die Rechtskraft des Scheidungsausspruchs kann jedoch auch vorzeitig durch **Rechtsmittelverzicht** herbeigeführt werden. Dann muss es sich um einen umfassenden Rechtsmittelverzicht handeln, der auch Anschlussrechtsmittel erfasst. Schwebt das Verfahren in der nächst höheren Instanz, muss auch auf das Antragsrecht zur erweiterten Aufhebung, § 147, verzichtet werden.

3 Ein PKH-Gesuch für die Rechtsmittelinstanz hindert den Eintritt der Rechtskraft nicht, wenn nicht gleichzeitig unbedingt die gerichtliche Entscheidung selbst angegriffen wird (BGH FamRZ 1987, 570; OLG Zweibrücken FamRZ 1995, 619). Dasselbe gilt für einen Wiedereinsetzungsantrag.

4 Eine **Vollstreckungsklausel für die Folgesachenentscheidung** darf erst nach Rechtskraft des Scheidungsausspruchs erteilt werden (vgl iE MüKo/*Finger* § 629d Rn 6 ff), weil mit der Rechtskraft des Scheidungsausspruchs eben auch erst die Entscheidungen in Folgesachen wirksam werden.

§ 149 Erstreckung der Bewilligung von Verfahrenskostenhilfe

Die Bewilligung der Verfahrenskostenhilfe für die Scheidungssache erstreckt sich auf eine Versorgungsausgleichsfolgesache, sofern nicht eine Erstreckung ausdrücklich ausgeschlossen wird.

Die Vorschrift entspricht inhaltsgleich dem bisherigen § 624 Abs 2 ZPO. Sie erstreckt kraft Gesetzes die Bewilligung von Verfahrenskostenhilfe für die Ehescheidung auch auf den im Verbund mit der Ehescheidung durchzuführenden Versorgungsausgleich. Es sei denn, in dem Bewilligungsbeschluss ist die Folgesache Versorgungsausgleich ausdrücklich ausgenommen. Für ihn muss daher, anders als für die übrigen Folgesachen, Verfahrenskostenhilfe nicht gesondert beantragt werden; und zwar auch dann nicht, wenn der Versorgungsausgleich erst später anhängig wird (*Diederichsen* NJW 1986, 1467). Unanwendbar ist § 149 dagegen auf Versorgungsausgleichsverfahren, die erst nach der Scheidung anhängig werden. **1**

Die Bewilligung erstreckt sich auch auf die im Bewilligungsbeschluss für die Ehescheidung erfolgte **Beiordnung eines Anwalts** (s dazu § 78 und zu den Wirkungen § 77 Rz 21 ff). Ansonsten gilt für diesen § 48 Abs 3 und 4 RVG. Die einmal eingetretene (automatische) Bewilligung von Verfahrenskostenhilfe für den Versorgungsausgleich und die Beiordnung eines Anwalts hierfür wird von einer Trennung des Verfahrens aus dem Verbund (§ 140) nicht berührt. Zur Kostenentscheidung bei Abtrennung vgl § 150 Rz 14 ff. **2**

§ 150 Kosten in Scheidungssachen und Folgesachen

(1) Wird die Scheidung der Ehe ausgesprochen, sind die Kosten der Scheidungssache und der Folgesachen gegeneinander aufzuheben.

(2) Wird der Scheidungsantrag abgewiesen oder zurückgenommen, trägt der Antragsteller die Kosten der Scheidungssache und der Folgesachen. Werden Scheidungsanträge beider Ehegatten zurückgenommen oder abgewiesen oder ist das Verfahren in der Hauptsache erledigt, sind die Kosten der Scheidungssache und der Folgesachen gegeneinander aufzuheben.

(3) Sind in einer Folgesache, die nicht nach § 140 Abs. 1 abzutrennen ist, außer den Ehegatten weitere Beteiligte vorhanden, tragen diese ihre außergerichtlichen Kosten selbst.

(4) Erscheint in den Fällen der Absätze 1 bis 3 die Kostenverteilung insbesondere im Hinblick auf eine Versöhnung der Ehegatten oder auf das Ergebnis einer als Folgesache geführten Unterhaltssache oder Güterrechtssache als unbillig, kann das Gericht die Kosten nach billigem Ermessen anderweitig verteilen. Es kann dabei auch berücksichtigen, ob ein Beteiligter einer richterlichen Anordnung zur Teilnahme an einem Informationsgespräch nach § 135 Abs. 1 nicht nachgekommen ist, sofern der Beteiligte dies nicht genügend entschuldigt hat. Haben die Beteiligten eine Vereinbarung über die Kosten getroffen, soll das Gericht sie ganz oder teilweise der Entscheidung zugrunde legen.

(5) Die Vorschriften der Absätze 1 bis 4 gelten auch hinsichtlich der Folgesachen, über die infolge einer Abtrennung gesondert zu entscheiden ist. Werden Folgesachen als selbständige Familiensachen fortgeführt, sind die hierfür jeweils geltenden Kostenvorschriften anzuwenden.

A. Allgemeines

1   Die Vorschrift regelt die Kostenragung in Scheidungssachen und Folgesachen und geht als **Spezialregelung** den allgemeinen Bestimmungen der §§ 91 ff ZPO und auch den Sonderregelungen für einzelne Folgesachen im FamFG, zB § 243, vor (BTDrs 16/6308, S 233). Sie greift inhaltlich die bisher in § 93a ZPO für die Ehescheidung und das Verbundverfahren enthaltenen Sonderregelungen nur teilweise auf, modifiziert sie und geht über sie hinaus. Gemäß § 270 Abs 1 gilt sie auch in Verfahren auf Aufhebung einer Lebenspartnerschaft.

2   Über die Kosten sämtlicher Verfahrensgegenstände, auch der FG-Folgesachen, wird **einheitlich nach zivilprozessualen Grundsätzen entschieden**. Es findet insbesondere im Kostenausspruch keine Trennung zwischen den Kostenarten statt. Ausgenommen sind hiervon lediglich die außergerichtlichen Kosten eines Drittbeteiligten (s.u. Rz 8), über die gesondert, aber im Rahmen der Gesamtkostenentscheidung zu befinden ist.

3   Wie den Entscheidungsverbund (§ 137) gibt es auch einen »**Kostenverbund**«(Zöller/ *Herget* § 93a Rn 1). Es ergeht grundsätzlich keine isolierte Kostenentscheidung über einzelne Folgesachen solange der Verbund besteht. Zu den Auswirkung bei seiner Auflösung bei Abtrennung von Folgesachen (s.u. Rz 14 f). Der Kostenverbund gilt auch in der Rechtsmittelinstanz, betrifft aber nur die dort anhängigen Folgesachen (BGH FamRZ 1983, 693). Nur wenn in der Rechtsmittelinstanz der Scheidungsausspruch aufgehoben wird, ist über die Kosten des gesamten Verfahrens zu entscheiden, soweit nicht einer Partei die Fortführung einer Folgesache vorbehalten wird (§ 142 Abs 2).

B. Grundsätze der Kostenentscheidung

Zu den **Kosten des Verfahrens**, über deren Verteilung auf Verfahrensbeteiligen einheit- 4
lich zu entscheiden ist, gehören die gerichtlichen Kosten (Gebühren und Auslagen) und
die außergerichtlichen Kosten der Beteiligten (vgl § 91 ZPO). Der **Gegenstandswert** für
die Scheidung ist jetzt nach § 43 FamGKG zu bemessen (s zum Wert der Folgesachen
und zum Verbund §§ 44 ff FamGKG und zu den Gerichtskosten § 3 FamGKG Rz 8).

Bei einem **erfolgreichem Scheidungsantrag** sind die Kosten des Verfahrens ein- 5
schließlich der Kosten der in den Verbund einbezogenen Folgesachen (Kostenverbund
s.o. Rz 3) grundsätzlich gegeneinander aufzuheben; mit der Folge, dass die beteiligten
Ehegatten jeweils die Hälfte der gerichtlichen Kosten und ihre außergerichtlichen Kosten vollständig selbst tragen (**Abs 1** iVm § 92 Abs 1 Satz 2 ZPO).

Bei **Abweisung** oder **Rücknahme** des Scheidungsantrags fallen grundsätzlich dem 6
Antragssteller die gesamten Verfahrenskosten zur Last, einschließlich der Kosten der
Folgesachen, die infolge der Rücknahme gegenstandslos werden (**Abs 2 Satz 1**). Das
gilt auch für die Kosten der Folgesachen, die nach § 140, 137 Abs 5 Satz 1 abgetrennt
sind (s.u. Rz 15). Zur Fortführung als selbstständige Familiensache s Rz 14.

Werden die **Scheidungsanträge beider Ehegatten** abgewiesen oder zurückgenommen 7
oder **erledigt** sich das Verfahren auf andere Weise, zB im Fall des § 619 ZPO durch den
Tod eines Ehegatten, gilt nach **Abs 2 Satz 2** Kostenaufhebung wie in Rz 5. Damit ist der
Gesetzgeber der bisher hM gefolgt, die in diesen Fällen schon bisher § 93a Abs ZPO analog angewendet hat (BGH FamRZ 1986, 253).

Gemäß **Abs 3** tragen **Drittbeteiligte** in Folgesachen, zB Vermieter oder das Jugend- 8
amt, ihre außergerichtlichen Kosten grundsätzlich selbst. Darüber sollte im Rahmen der
Gesamtkostenregelung zumindest zur Klarstellung mit entschieden werden.

Nachdem § 93a ZPO bislang auch in der **Rechtsmittelinstanz** entsprechend ange- 9
wandt wurde und die Gesetzesbegründung keinen Hinweis darauf enthält, dass der Gesetzgeber daran etwas ändern wollte, gilt zumindest bei erfolgreichem Scheidungsantrag § 150 auch in der Rechtsmittelinstanz. Beruht der Erfolg eines Rechtsmittels
gegen den in 1. Instanz abgewiesenen Scheidungsantrag darauf, dass zwischenzeitlich
das Trennungsjahr abgelaufen ist, können die Kosten des Beschwerdeverfahrens danach
entweder entsprechend Abs 4 Satz 1 (s.u.) oder analog § 97 Abs 2 ZPO dem Beschwerdeführer auferlegt werden (BGH FamRZ 1997, 347). Die Kosten eines erfolglos eingelegten
Rechtsmittels regeln sich nach § 97 ZPO, für die Rücknahme gilt § 516 Abs 3 ZPO.

C. Abweichende Kostenfolge (Abs 4)

Abs 4 fasst die vorher in § 93a ZPO enthaltenden **Ausnahmeregelungen** zusammen. Sie 10
werden einerseits ergänzt; andererseits wird mangels praktischer Relevanz auf die sog
Härteklausel (§ 93a Abs 1 Satz 2 Nr 1 ZPO aF) verzichtet.

Die **Billigkeitsregelung** in Satz 1 betrifft die Kostenregelungen in den Abs 1 bis 3. Sie 11
erlaubt zum einen wie bisher eine Abweichung von der Kostenaufhebung, wenn einer
der Ehegatten in einer Güterrechts- oder Unterhaltsfolgesache deutlich obsiegt oder
unterlegen ist. Davon sollte besonders bei Rücknahme, Erledigung oder Anerkenntnis
Gebrauch gemacht werden (OLG Köln FamRZ 2004, 1661 mwN); allerdings nicht schematisch, sondern unter Beachtung der Vorgeschichte. Die ggf ausgesonderten Kosten
können dem in einer Folgesache Unterlegenen ganz oder nach § 92 ZPO verteilt auferlegt werden, oder es werden ihm entsprechend § 96 ZPO nur die Mehrkosten auferlegt
(OLG Köln FamRZ 1997, 764; OLG München NJW-RR 1999, 366). Hinzugekommen ist
die Möglichkeit, auch dann von der Kostenfolge des Abs 2 abzuweichen, wenn sich die
Eheleute versöhnt haben.

Neu in **Satz 2** ist die nicht unproblematische Möglichkeit, auf eine **Weigerung** eines 12
Beteiligten, an einem nach § 135 Abs 1 angeordneten Informationsgespräch teilzuneh-

§ 150 FamFG | Kosten in Scheidungssachen und Folgesachen

men, »im Rahmen der Kostenentscheidung zu reagieren« (BTDrs 16/6308, S 233, s.a. S 229).

13   **Satz 3** entspricht dem bisherigen § 93a Abs 1 Satz 3 ZPO. Haben die Parteien eine **Vereinbarung** über die Kosten getroffen, sollte diese schon aus Gründen der Prozesswirtschaftlichkeit zugrunde gelegt werden. Eine nachträgliche Vereinbarung berührt eine rechtskräftige Kostenentscheidung nicht mehr (BGH NJW-RR 2001, 285).

D. Abtrennung und Fortführung von Folgesachen (Abs 5)

14   Die Trennung von Folgesache hat verfahrensrechtlich zwei unterschiedliche Konsequenzen (s § 137 Abs 5), die sich auch auf den Kostenverbund (s.o. Rz 3) auswirken. Wird die Folgesache als **selbstständige Familiensache** fortgeführt, so scheidet sie auch aus dem Kostenverbund des Scheidungsverfahrens aus und über die Kosten wird getrennt und in den mehreren Verfahren jeweils unabhängig voneinander nur in Bezug auf die das jeweilige Verfahren betreffenden Gegenstände und unter Anwendung der für diese geltenden Kostenvorschriften entschieden (**Satz 2**). Das Gleiche gilt bei Fortführung von Folgesachen als selbstständige Familiensachen nach Rücknahme oder Abweisung des Scheidungsantrags (s §§ 141, 142 Abs 2).

15   Bei den **übrigen** Abtrennungen unterliegen die Folgesachen auch nach der Trennung weiterhin den verfahrensrechtlichen Vorschriften des Scheidungsverbunds; dasselbe gilt für die kostenrechtlichen. Grundsätzlich dürfte deshalb, wie im Verhältnis von Teilurteilen und Endurteil nach der ZPO, nur eine einheitliche Kostenentscheidung nach Abschluss sämtlicher Einzelverfahren ergehen. Hiervon ist die Rechtsprechung schon bisher aus Praktikabilitätsgründen abgewichen (s Zöller/*Herget* § 93a Rn 3; aA bei Aussetzung nach § 2 VAÜG: OLG Naumburg FamRZ 2007, 1758). Die neue Regelung in Abs 5 lässt dies auch nach dem neuen Verfahrensrecht zu. Liest man sie im Zusammenhang mit Abs 3 ist vielmehr davon auszugehen, dass der Gesetzgeber von einer getrennten Kostenentscheidung auch in unselbstständigen Folgesachen ausgeht. In diesem Fall ist darauf zu achten, dass sich die geteilten Kostenentscheidungen im Falle der Anwendung des Abs 4 (Rz 11) nur auf die Gegenstände der jeweiligen Hauptsache(n) beziehen und nicht mehrfach bewertet werden (vgl zu den Gebühren in diesem Fall § 6 FamGKG Rz 14; FA-FamR/*Keske* 6. Aufl Kap 17 Rn 274 ff).

Abschnitt 3
Verfahren in Kindschaftssachen

Vorbemerkungen zu den §§ 151 ff

A. Allgemeines

Unter den Begriff der Familiensachen fallen nunmehr Verfahren, die 1
– die elterliche Sorge,
– das Umgangsrecht,
– die Kindesherausgabe,
– die Vormundschaft,
– die Pflegschaft für Minderjährige,
– die freiheitsentziehende Unterbringung Minderjähriger sowie
– die familiengerichtlichen Aufgaben nach dem Jugendgerichtsgesetz

betreffen. Der bislang in § 640 Abs 2 ZPO aF verwendete Begriff der Kindschaftssachen 2 soll in dem genannten Sinne neu definiert werden, zumal ein entsprechender Bedeutungswandel in der Praxis bereits heute, dh unter der Geltung der alten Regelung, zu beobachten ist.

Neu aufgenommen hat der Gesetzgeber die gesetzlichen Vorkehrungen zur Beschleu- 3 nigung bestimmter Verfahren, die die Person des Kindes betreffen, wie zB ein ausdrückliches Vorrang- und Beschleunigungsgebot, ein früher erster Termin, der einen Monat nach Eingang der Antragsschrift stattfinden soll sowie eine obligatorische Fristbestimmung bei Einholung eines schriftlichen Sachverständigengutachtens. Das Gericht ist danach befugt, anzuordnen, dass der Sachverständige im Rahmen seines lösungsorientierten Gutachtens zwischen den Eltern auf ein Einvernehmen hinwirken soll.

Die Bezeichnung »Verfahrenpfleger« wird für das familiengerichtliche Verfahren aus- 4 getauscht durch den Begriff des »Verfahrensbeistandes«, dessen Aufgaben und Befugnisse deutlicher als bisher umschrieben sind.

Im Bürgerlichen Gesetzbuch besteht nun die Möglichkeit der Bestellung eines Um- 5 gangspflegers.

§ 151 Kindschaftssachen

Kindschaftssachen sind die dem Familiengericht zugewiesenen Verfahren, die
1. die elterliche Sorge,
2. das Umgangsrecht,
3. die Kindesherausgabe,
4. die Vormundschaft,
5. die Pflegschaft oder die gerichtliche Bestellung eines sonstigen Vertreters für einen Minderjährigen oder für eine Leibesfrucht,
6. die Genehmigung der freiheitsentziehenden Unterbringung eines Minderjährigen (§§ 1631b, 1800 und 1915 des Bürgerlichen Gesetzbuchs),
7. die Anordnung der freiheitsentziehenden Unterbringung eines Minderjährigen nach den Landesgesetzen über die Unterbringung psychisch Kranker oder
8. die Aufgaben nach dem Jugendgerichtsgesetz

betreffen.

A. Allgemeines

1 Die Vorschrift fasst die im bisherigen § 621 Abs 1 Nr 1 bis 3 ZPO aF und teilweise auch die dort unter Nr 12 genannten Familiensachen sowie weitere bislang überwiegend dem Vormundschaftsgericht zugewiesenen Gegenstände unter einer einheitlichen Bezeichnung zusammen. Zugleich wird der Begriff der Kindschaftssachen neu definiert. Bisher handelte es sich dabei nach § 640 Abs 2 ZPO aF um Verfahren, die überwiegend das Abstammungsrecht betreffen, wie die Feststellung des Bestehens oder Nichtbestehens eines Eltern-Kind-Verhältnisses, die Feststellung der Wirksamkeit oder Unwirksamkeit einer Anerkennung der Vaterschaft, die Anfechtung der Vaterschaft und die Feststellung des Bestehens oder Nichtbestehens der elterlichen Sorge der einen Partei für die andere. Nunmehr sind die beiden erstgenannten Verfahren keine Kindschaftssachen mehr, sondern Abstammungssachen nach §§ 169 f.

2 Die in § 151 genannten Gegenstände betreffen im wesentlichen die Verantwortung für die Person oder das Vermögen eines Minderjährigen bzw dessen Vertretung. Durch den Begriff Kindschaftssachen soll der für die überwiegende Zahl der davon umfassten Einzelverfahren gemeinsame Gesichtspunkt, dass das Kind und damit auch das Kindeswohl im Mittelpunkt des Verfahrens steht, hervorgehoben werden.

3 Eine wesentliche Neuerung liegt in der Abschaffung des Vormundschaftsgerichts. Die bisherigen vormundschaftsgerichtlichen Zuständigkeiten aus dem Bereich Betreuung und Unterbringung für Volljährige werden künftig vom **Betreuungsgericht**, das, vorbehaltlich spezieller Regelungen, ebenfalls eine Abteilung des Amtsgerichts ist, wahrgenommen. Die danach noch verbleibenden Aufgaben sind mit denen des Familiengerichts weitgehend vergleichbar. Dadurch wird die Problematik der Zuständigkeitsabgrenzung zwischen Familien- und Vormundschaftsgericht, insbesondere im Bereich der Anordnung, der Pflegschaft oder Vormundschaft sowie der Auswahl und Bestellung eines Pfleger oder Vormunds, beseitigt, was zu einer nicht unerheblichen Verfahrensbeschleunigung beitragen dürfte.

B. Elterliche Sorge, Nr 1

4 § 151 Nr 1 erfasst alle Verfahren, die die Bestimmung der Person, der Rechte oder Pflichten des Sorgeberechtigten betreffen:
– Personensorge,
– Vermögenssorge,
– Vertretung in der Personensorge,
– Vertretung in der Vermögenssorge.

Dadurch sind auch Verfahrensgegenstände, die mit einer solchen Regelung aus sachli- 5
chen oder verfahrensrechtlichen Gründen in Zusammenhang stehen, mitumfasst. Es
geht also zunächst um die Regelung der elterlichen Sorge für ein Kind, soweit nach den
Vorschriften des BGB das Familiengericht hierfür zuständig ist (*Motzer* FamRZ 2001,
1094), und zwar unabhängig davon, ob die Eltern miteinander verheiratet sind,
§§ 1626 ff BGB (BGH NJW 2001, 2472). Das Familiengericht ist in folgenden Verfahren
zuständig: §§ 1626 Satz 1, 1631b, 1632, 1640, 1643, 1666, 1666a, 1667, 1671–1674, 1678,
1680–1682, 1687–1688, 1696, 1697a BGB. Maßgebend für die Entscheidung ist stets das
Kindeswohl, § 1697a BGB.

Sind zugleich auch die Voraussetzungen einer nachfolgenden Nummer erfüllt, geht 6
letztere als speziellere Vorschrift vor. Daraus ergibt sich, dass die bisher von § 621 Abs 1
Nr 1 ZPO aF erfassten Verfahren unverändert Kindschaftssachen bleiben. Darüber hinaus gehören folgende weitere Verfahrensgegenstände zur Nr 1:
– die Feststellung des Bestehens oder Nichtbestehens der elterlichen Sorge eines Beteiligten für den anderen,
– ferner die familiengerichtlichen Genehmigungen bzw Entscheidungen nach § 112, § 2
 Abs 3, § 3 Abs 2 und § 7 RelKErzG, § 1 Abs 1 NamÄndG, § 16 Abs 3 VerschG, §§ 1303
 Abs 2–4, 1315 Abs 1 Satz 1 Nr 1 BGB, soweit der Minderjährige unter elterlicher Sorge
 steht.

Eine Erweiterung der Kindschaftssachen wird auch durch die Abschaffung des Vor- 7
mundschaftsgerichts herbeigeführt, weil nunmehr das Familiengericht grundsätzlich
für die Aufgaben, die bislang das Vormundschaftsgericht für Minderjährige wahrgenommen hat, einheitlich zuständig ist.

Nicht anwendbar ist Ziff 1 auf folgende Fälle: §§ 1683, 1686 und 1687 BGB (OLG Köln 8
FamRZ 2007, 743) sowie auf den Sorgerechtsstreit Unverheirateter (OLG Stuttgart
FamRZ 2000, 632).

C. Umgangsrecht, Nr 2

Nr 2 entspricht dem bisherigen § 621 Abs 1 Nr 2 ZPO aF und erfasst die Regelung des 9
Umgangs mit dem Kind und betrifft das Umgangsrecht der Eltern, § 1684 BGB (OLG
Köln FamRZ 2002, 979), des Lebengefährten (OLG Bamberg NJW-RR 1999, 804), der
Großeltern und Geschwister nach § 1685 Abs 1 BGB, Dritter gemäß § 1685 Abs 2 BGB
und das Auskunftsrecht nach § 1686 BGB. Dabei ist es ohne Bedeutung, ob die Eltern
miteinander verheiratet sind. Richtschnur ist auch in diesen Verfahren allein das Kindeswohl, §§ 1684 Abs 4, 1697a BGB.

D. Kindesherausgabe, Nr 3

§ 151 Nr 3 entspricht dem bisherigen § 621 Abs 1 Nr 3 ZPO aF. Es geht auch um die He- 10
rausgabe eines Kindes an den anderen Elternteil nach § 1632 BGB (OLG Hamm FamRZ
2005, 814) und die Anordnung des Verbleibs in der Familienpflege (KG FamRZ 2006,
278), das Verfahren über die Herausgabe an den Vormund oder Pfleger (OLG Hamm
FamRZ 2005, 1845), und zwar auch dann, wenn die Bestellung eine Scheidungsfolgenmaßnahme nach § 1671 Abs 5 BGB ist (BGH NJW 1981, 2460).

E. Vormundschaft, Nr 4

Die Vorschrift umfasst sämtliche Verfahren, die die Bestimmung einer Person oder der 11
Rechte bzw Pflichten des Vormunds betreffen, wie insbesondere die Anordnung und
Aufhebung der Vormundschaft, die Auswahl und Bestellung des Vormunds, die Genehmigungen des Vormundschaftsrechts, die Aufsicht über die Tätigkeit des Vormunds
und Entscheidungen über die Vergütung sowie die Entscheidungen nach den §§ 112,
113 Abs 3, 1303 Abs 2–4, 1315 Abs 1 Satz 1 Nr 1 BGB, § 2 Abs 3, § 3 Abs 2 und § 7 Rel-

KErzG, § 56 SGB VIII, § 2 Abs 1 NamÄndG, § 16 Abs 3 VerschG und anderer spezialgesetzlicher Vorschriften, soweit der Minderjährige unter Vormundschaft steht, die bislang das Vormundschaftsgericht und künftig das Familiengericht zu treffen hat.

12   Hinzukommt aber auch die in den §§ 1793–1895 BGB geregelte Vormundschaft von ihrer Begründung über die Fürsorge und Aufsicht des Familiengerichts, die Mitwirkung des Jugendamtes, die befreite Vormundschaft bis zur Beendigung. Im wesentlichen hat nur eine Begriffsänderung von Vormundschafts- in Familiengericht stattgefunden.

F. Pflegschaft, Nr 5

13   Nach Nr 5 sind Kindschaftssachen auch die dem Familiengericht zugewiesenen Verfahren, welche die Pflegschaft oder die Bestellung eines solchen Vertreters für eine minderjährige Person oder für eine Leibesfrucht betreffen. In gleicher Weise ist diese Zuweisungsnorm im umfassenden Sinne zu verstehen, so dass sämtliche Entscheidungen, die sich auf die Bestimmung der Person des Pflegers oder Vertreters sowie auf dessen Rechte oder Pflichten beziehen, erfasst sind. Als Pflegschaft für eine minderjährige Person kommt in erster Linie die Ergänzungspflegschaft nach § 1909 BGB in Betracht, weitere Fälle sind denkbar. Die Pflegschaft für eine Leibesfrucht ist in § 1912 BGB geregelt.

G. Genehmigung der Unterbringung, Nr 6

14   Nr 6 regelt die Fälle des bisherigen § 70 Abs 1 Nr 1a FGG aF und bestimmt sie als Kindschaftssachen; dabei handelt es sich um die Genehmigung der mit einer Freiheitsentziehung verbundenen Unterbringung eines Kindes nach § 1631b BGB. Gem § 167 hat das Familiengericht in diesen Angelegenheiten die für das Verfahren in Unterbringungssachen geltenden Vorschriften anzuwenden.

H. Anordnung der Unterbringung, Nr 7

15   Die Vorschrift, die einen Ausschnitt der bisher in § 70 Abs 1 Nr 3 FGG aF geregelten Fälle darstellt, erfasst die freiheitsentziehende Unterbringung Minderjähriger, soweit in den Landesgesetzen über die Unterbringung psychisch Kranker eine solche vorgesehen ist. Das Familiengericht hat auch hier nach § 167 die für das Verfahren in Unterbringungssachen geltenden Vorschriften anzuwenden.

I. Aufgaben nach dem JGG, Nr 8

16   Nr 8 erklärt die dem Familiengericht aufgrund des Jugendgerichtsgesetzes obliegenden Aufgaben zu Kindschaftssachen. Hierzu gehören insbesondere:
– die Festsetzung von Erziehungsmaßregeln, § 9 JGG, durch das Familiengericht (§§ 53, 104 Abs 4 JGG) als Rechtsfolge einer Straftat des Jugendlichen und
– Entscheidungen nach § 67 Abs 4 S 3 JGG, wonach dem Erziehungsberechtigten oder dem gesetzlichen Vertreter nach dem Entzug ihrer Verfahrensrechte ein Pfleger zu bestellen ist.

§ 152 Örtliche Zuständigkeit

(1) Während der Anhängigkeit einer Ehesache ist unter den deutschen Gerichten das Gericht, bei dem die Ehesache im ersten Rechtszug anhängig ist oder war, ausschließlich zuständig für Kindschaftssachen, sofern sie gemeinschaftliche Kinder der Ehegatten betreffen.

(2) Ansonsten ist das Gericht zuständig, in dessen Bezirk das Kind seinen gewöhnlichen Aufenthalt hat.

(3) Ist die Zuständigkeit eines deutschen Gerichts nach Absätzen 1 und 2 nicht gegeben, ist das Gericht zuständig, in dessen Bezirk das Bedürfnis der Fürsorge bekannt wird.

(4) Für die in den §§ 1693 und 1846 des Bürgerlichen Gesetzbuchs und in Artikel 24 Abs. 3 des Einführungsgesetzes zum Bürgerlichen Gesetzbuch bezeichneten Maßnahmen ist auch das Gericht zuständig, in dessen Bezirk das Bedürfnis der Fürsorge bekannt wird. Es soll die angeordneten Maßnahmen dem Gericht mitteilen, bei dem eine Vormundschaft oder Pflegschaft anhängig ist.

A. Allgemeines

Die Vorschrift regelt die örtliche Zuständigkeit für Verfahren in Kindschaftssachen umfassend (vgl AmtlBegr BTDrs 16/6308, 234). Damit werden insbesondere die bisherigen Regelungen in § 621 Abs 2 S 1 Nr 1 bis 3 ZPO und §§ 36 Abs 1, Abs 3, 43 Abs 1 iVm § 64 Abs 3 S 2 FGG, § 621a S 1 ZPO ersetzt und weitgehend übernommen. Die Regelung beschränkt sich auf drei Anknüpfungspunkte: Anhängigkeit der Ehesache, gewöhnlicher Aufenthalt des Kindes und Fürsorgebedürfnis. Die **sachliche Zuständigkeit** des Amtsgerichts folgt aus § 23a Abs 1 Nr 1 GVG iVm §§ 111 Nr 2, 151; die Zuständigkeit des Familiengerichts aus der gesetzlichen Geschäftsverteilung in § 23b Abs 1 GVG. **Funktionell** ist der Rechtspfleger zuständig, falls nicht ein Richtervorbehalt nach §§ 3 Nr 2a, 14 RPflG besteht. 1

Maßgebender Zeitpunkt für die Bestimmung der örtlichen Zuständigkeit ist der Eingang eines entsprechenden Sachantrags (nicht erst dessen Zustellung) – in Amtsverfahren die gerichtliche Kenntnis von Tatsachen, die Anlass zum Tätigwerden geben (s § 2 Rz 5, KKW-*Sternal* § 5 Rn 40 f). Gemäß § 2 Abs 2 bleibt die einmal begründete örtliche Zuständigkeit erhalten (perpetuatio fori). 2

B. Zuständigkeitskonzentration beim Ehesachengericht, Absatz 1

Abs 1 **konzentriert** die örtliche Zuständigkeit für Kindschaftssachen bei dem Gericht der Ehesache und übernimmt damit nicht nur die bisherige Regelung des § 621 Abs 2 S 1 Nr 1 bis 3 ZPO, sondern erstreckt sie auch noch auf die weiteren in § 151 bezeichneten Verfahren. Sie gilt nur für **gemeinschaftliche Kinder** der Ehegatten. Ob die Kindschaftssachen als Folgesachen in den Scheidungsverbund einzubeziehen sind (Verfahrenskonzentration), richtet sich ausschließlich nach § 137 Abs 3. 3

Eine **Ehesache** iSd § 121 muss **anhängig** sein. Dies ist ab Eingang eines entsprechenden Antrags (§ 124) auf Scheidung, Aufhebung oder Feststellung des Bestehens oder Nichtbestehens einer Ehe der Fall. Die Einreichung eines Prozesskostenhilfeantrages (§ 117 ZPO iVm § 113 Abs 1) genügt nicht. Die Anhängigkeit endet mit rechtskräftigem Beschluss (§ 38 iVm § 116) in der Ehesache (auch wenn Folgesachen – § 137 Abs 2 – noch anhängig sind, BGH FamRZ 1982, 43), Antragsrücknahme (§ 269 ZPO iVm § 113 Abs 1), übereinstimmenden Erledigungserklärungen (§ 91a ZPO iVm § 113 Abs 1) oder Tod eines Ehegatten (§ 131). Das bloße Nichtbetreiben der Ehesache oder ihr Weglegen nach der Aktenordnung beendet die Anhängigkeit nicht (BGH NJW-RR 1993, 898). Ist die 4

§ 152 FamFG | Örtliche Zuständigkeit

Ehesache in höherer Instanz noch anhängig, bleibt das vorinstanzlich befasste Amtsgericht auch für die jetzt erst anhängig gemachten Kindschaftssachen örtlich zuständig.

5   Die örtliche Zuständigkeit für Kindschaftssachen richtet sich nicht nach der tatsächlichen Zuständigkeit für die Ehesache, sondern – nach dem unmissverständlichen Wortlaut der Vorschrift – ausschließlich danach, bei welchem Gericht die Ehesache anhängig ist. Daher begründet auch die Anhängigkeit der Ehesache bei einem örtlich unzuständigen Familiengericht dessen Zuständigkeit für die Kindschaftssachen (Zöller/*Philippi* § 621 Rn 86b; Thomas/Putzo-*Hüßtege* § 621 Rn 41). Dies gilt jedoch nicht im Falle rechtsmissbräuchlichen Verhaltens (vgl KG FamRZ 1986, 1105).

6   Die Zuständigkeitskonzentration nach Abs 1 ist **ausschließlich**. Im Vollstreckungsverfahren geht sie der Zuständigkeit nach § 88 Abs 1 vor (so für Verfahren gemäß § 33 FGG: Zöller/*Philippi* § 621 Rn 95; MüKo/*Bernreuther* § 621 Rn 171). Einer Verweisung unter Verstoß gegen Abs 1 kommt wegen des überragenden Grundsatzes der Entscheidungskonzentration – entgegen § 281 Abs 2 S 4 ZPO – ausnahmsweise keine Bindungswirkung zu (vgl OLG Frankfurt FamRZ 1988, 184, 185 zu § 621 Abs 3 ZPO; Thomas/Putzo-*Hüßtege* § 621 Rn 44; Johannsen/Henrich-*Sedemund-Treiber* § 621 Rn 8; aA Zöller/*Philippi* § 621 Rn 99 mwN).

C. Aufenthaltszuständigkeit, Absatz 2

7   Ist eine Ehesache nicht anhängig (sonst gilt Abs 1), richtet sich die örtliche Zuständigkeit für Kindschaftssachen nach dem **gewöhnlichen Aufenthalt** des Kindes in Deutschland. Zum Begriff des gewöhnlichen Aufenthalts s § 122 Rz 3 f. Das minderjährige Kind hat seinen gewöhnlichen Aufenthalt bei dem Elternteil, in dessen Obhut es sich befindet (vgl AmtlBegr BTDrs 16/6308, 226 f). Auf das bisherige Kriterium des Wohnsitzes (vgl §§ 36 Abs 1 S 1, 64 Abs 3 S 2 FGG) wurde vom Reformgesetzgeber aus Vereinfachungsgründen verzichtet, da in diesem Begriff zahlreiche normative Elemente enthalten sind (AmtlBegr BTDrs 16/6308, 235).

D. Fürsorgezuständigkeit, Absatz 3

8   Liegen die Voraussetzungen der Abs 1 und 2 nicht vor, ist das Gericht örtlich zuständig, in dessen Bezirk das Bedürfnis der **Fürsorge hervortritt**. Dies ist insbesondere der Fall, wenn das Kind (noch) keinen gewöhnlichen Aufenthalt in Deutschland hat oder ein solcher nicht feststellbar ist. Abs 3 gilt ferner stets für das noch ungeborene Kind (vgl AmtlBegr BTDrs 16/6308, 235).

E. Zusätzliche Eilzuständigkeit, Absatz 4

9   Abs 4 entspricht dem bisherigen § 44 FGG. Er schafft in **S 1** eine **zusätzliche** örtliche Zuständigkeit des Gerichts, in dessen Bezirk das Fürsorgebedürfnis hervortritt, für die in Bezug genommenen vorläufigen Eilmaßnahmen. Dabei wird das Gericht an Stelle der (auch nur vorübergehend) verhinderten Eltern (§ 1693 BGB) oder des fehlenden oder verhinderten Vormunds (§ 1846 BGB) tätig. Art 24 Abs 3 EGBGB betrifft den Fall, dass über einen Ausländer im Inland eine Vormundschaft oder Pflegschaft errichtet werden soll. Als Eilmaßnahmen kommt insbesondere die Bestellung eines Ergänzungspflegers gemäß § 1909 BGB in Betracht, ggf aber auch ein direktes Handeln in Vertretung des Kindes (Einwilligung in Operation, Vermögensverwahrung). Für Unterbringungssachen ist jedoch § 313 Abs 2 vorrangig (Bumiller/Winkler § 44 Rn 1).

10 **S 2** bestimmt Mitteilungspflichten im Falle einer anhängigen Vormundschaft oder Pflegschaft.

§ 153 Abgabe an das Gericht der Ehesache

Wird eine Ehesache rechtshängig, während eine Kindschaftssache, die ein gemeinschaftliches Kind der Ehegatten betrifft, bei einem anderen Gericht im ersten Rechtszug anhängig ist, ist diese von Amts wegen an das Gericht der Ehesache abzugeben. § 281 Abs. 2 und 3 Satz 1 der Zivilprozessordnung gilt entsprechend.

Die Vorschrift entspricht dem bisherigen § 621 Abs 3 ZPO, bezogen auf alle Familiensachen des § 151, sofern sie ein gemeinschaftliches Kind der Ehegatten betreffen. Sie bewirkt die **Zuständigkeitskonzentration** beim Gericht der Ehesache, wenn – umgekehrt als in den Fällen des § 152 Abs 1 – zuerst die Kindschaftssache anhängig wird. Ob die Kindschaftssachen als Folgesachen in den Scheidungsverbund einzubeziehen sind (Verfahrenskonzentration), richtet sich ausschließlich nach § 137 Abs 3. 1

Eine **Kindschaftssache** muss bereits – sonst gilt § 152 Abs 1 – und noch erstinstanzlich **anhängig** sein. Dies ist ab Eingang eines entsprechenden Sachantrags (§ 23 Abs 1) der Fall – in Amtsverfahren ab gerichtlicher Kenntnis von Tatsachen, die Anlass zum Tätigwerden geben (s § 2 Rz 5, KKW/*Sternal* § 5 Rn 40 f). Die erstinstanzliche Anhängigkeit endet mit Beschluss des Amtsgerichts, der das Verfahren abschließt (§§ 38 Abs 1, 116 Abs 1) oder mit Antragsrücknahme (§ 22 Abs 1), sofern das Verfahren nicht von Amts wegen fortgesetzt wird. 2

Eine **Ehesache** zwischen den Eltern des Kindes muss – anders als bei § 152 Abs 1 – nicht nur anhängig, sondern **rechtshängig** geworden sein. Dies ist gemäß §§ 261 Abs 1, 253 Abs 1 ZPO iVm §§ 113 Abs 1, 124 Abs 1 erst mit Zustellung der Antragsschrift (§§ 124, 133) der Fall. 3

Nach Rechtshängigkeit der Ehesache ist die andernorts anhängige Kindschaftssache gemäß S 1 sofort an das Gericht der Ehesache **von Amts wegen abzugeben**. Dies gilt aber nur, wenn zum Zeitpunkt des Eintritts der Rechtshängigkeit der Ehesache die Kindschaftssache **noch in erster Instanz anhängig** ist. Dies ist solange der Fall, als das Amtsgericht noch keine abschließende Entscheidung getroffen hat (BGH FamRZ 2001, 618, 619). Danach kommt eine Abgabe an das Ehesachengericht nicht mehr in Betracht, weil der Zweck der Entscheidungskonzentration dann nicht mehr erreicht werden kann, zumal gemäß § 68 Abs 1 S 2 keine Abhilfemöglichkeit besteht (vgl BGH FamRZ 1985, 800, 801 zum früheren § 621 Abs 3 S 1 ZPO bei zivilprozessualer Familiensache mwN; Zöller/*Philippi* § 621 Rn 93). Wird eine Ehesache rechtshängig während sich die Kindschaftssache bereits in der Beschwerdeinstanz befindet, verweist das Beschwerdegericht im Falle des § 69 Abs 1 S 2 und 3 die Sache an das nunmehr zuständige Ehesachengericht zurück (BGH FamRZ 1980, 444; Zöller/*Philippi* § 621 Rn 94). Dagegen beendet die Beschwerde gegen eine nicht abschließende Entscheidungen des Amtsgerichts die erstinstanzliche Zuständigkeit nicht, weshalb vordringlich nach S 1 zu verfahren ist. Unterlässt das mit der Kindschaftssache befasste Gericht stattdessen eine Abgabe an das Ehesachengericht und legt die Beschwerde selbst vor, hebt das Beschwerdegericht die Vorlageentscheidung auf und gibt die Sache unter Abgabe an das zuständige Ehesachengericht zurück (Zöller/*Philippi* § 621 Rn 93 f). Über eine nach Eintritt der Rechtshängigkeit einer Ehesache beim OLG eingegangene Beschwerde gegen eine nicht abschließende Entscheidung des Amtsgerichts hat das dem nunmehr zuständigen Ehesachengericht übergeordnete OLG zu befinden, selbst wenn eine Abgabe gemäß S 1 erst später erfolgt (vgl BGH FamRZ 2001, 618, 619; Müko/*Bernreuther* § 621 Rn 172). Ist die Kindschaftssache beim Rechtsbeschwerdegericht (BGH) anhängig, entscheidet gemäß § 50 Abs 1 S 2 über den Erlass einstweiliger Anordnungen das Gericht des ersten Rechtszugs (s § 50 Rz 10), im Falle der zwischenzeitlichen Rechtshängigkeit einer Ehesache aber an dessen Stelle gemäß S 1 das Gericht der Ehesache (vgl BGH FamRZ 1980, 444). 4

§ 153 FamFG | Abgabe an das Gericht der Ehesache

5   Auch das Vollstreckungsverfahren, das eine Kindschaftssache betrifft, ist gemäß S 1 an das Ehesachengericht abzugeben; § 88 Abs 1 wird verdrängt (so für Verfahren gemäß § 33 FGG: Zöller/*Philippi* § 621 Rn 95; MüKo/*Bernreuther* § 621 Rn 171).

6   Vor Abgabe sind die Beteiligten anzuhören. Der **Abgabebeschluss** ist gemäß **S 2** iVm § 281 Abs 2 S 2 und 4 unanfechtbar und für das darin bezeichnete Gericht bindend (soweit nicht ohne Bindungswillen, willkürlich oder unter Verletzung des rechtlichen Gehörs abgegeben würde). Jedoch ist eine Weiterabgabe zulässig und veranlasst, wenn die Ehesache ihrerseits verwiesen oder nach Antragsrücknahme bei einem anderen Gericht rechtshängig wird (Zöller/*Philippi* § 621 Rn 96). Einer fehlerhaften Verweisung des gemäß S 2 zuständigen Ehesachengerichts an ein anderes Gericht, kommt wegen des überragenden Grundsatzes der Entscheidungskonzentration – entgegen § 281 Abs 2 S 4 ZPO – ausnahmsweise keine Bindungswirkung zu (vgl OLG Frankfurt FamRZ 1988, 184, 185; Thomas/Putzo-*Hüßtege* § 621 Rn 44; Johannsen/Henrich/*Sedemund-Treiber* § 621 Rn 8; aA Zöller/*Philippi* § 621 Rn 99 mwN, der mit OLG Hamm FamRZ 2000, 841 f nur eine Ausnahme bei Rechtshängigkeit der Ehesache nach Verweisung zulassen will).

7   Die vor dem zunächst angegangenen Gericht der Kindschaftssache entstandenen Verfahrenskosten gelten gemäß **S 2** iVm § 281 Abs 3 S 1 ZPO als vor dem nunmehr zuständigen Ehesachengericht erwachsen. Die durch die Abgabe entstandenen **Mehrkosten** dürfen dem Antragsteller aber nicht auferlegt werden, da S 2 gerade nicht auf § 281 Abs 3 S 2 ZPO verweist.

§ 154 Verweisung bei einseitiger Änderung des Aufenthalts des Kindes

Das nach § 152 Abs. 2 zuständige Gericht kann ein Verfahren an das Gericht des früheren gewöhnlichen Aufenthaltsorts des Kindes verweisen, wenn ein Elternteil den Aufenthalt des Kindes ohne vorherige Zustimmung des anderen geändert hat. Dies gilt nicht, wenn dem anderen Elternteil das Recht der Aufenthaltsbestimmung nicht zusteht oder die Änderung des Aufenthaltsorts zum Schutz des Kindes oder des betreuenden Elternteils erforderlich war.

1 Die völlig neu geschaffene Vorschrift trägt der nicht ganz selten zu beobachtenden Praxis Rechnung, dass in Konfliktsituationen ein Elternteil ohne Zustimmung des anderen mit dem gemeinsamen Kind wegzieht und dadurch dessen Kontakt zum anderen Elternteil sowie eine vernünftige **Konfliktlösung** erheblich **erschwert**. Diesem eigenmächtig handelnden Elternteil, soll – sofern er hierfür keine nachvollziehbaren Gründe hat – nicht auch noch der Vorteil eines ortsnahen Gerichts zu Gute kommen (AmtlBegr BTDrs 16/6308, 235). Denn grundsätzlich ist es dem trennungswilligen Elternteil zuzumuten, zunächst eine einvernehmliche Lösung und nach deren Scheitern eine umgehende gerichtliche Regelung bei dem für den (derzeitigen) gewöhnlichen Aufenthalt des Kindes zuständigen Gericht zu suchen (AmtlBegr BTDrs 16/6308, 235). Dies gilt selbstverständlich nicht, wenn von dem anderen Elternteil Gewalt oder Drohungen ausgehen, was durch S 2 2. Hs klargestellt wird.

2 Das zunächst angegangene Gericht muss gemäß § 152 Abs 2 zuständig sein, das Kind also seinen gewöhnlichen Aufenthalt nunmehr in dessen Bezirk haben (s § 152 Rz 7). Liegt ein Fall des § 152 Abs 1 vor, findet § 154 keine Anwendung. Die Vorschrift greift ferner nicht ein, wenn die Aufenthaltsänderung des Kindes mit – auch nur schlüssig erklärtem – Einverständnis des anderen Elternteils erfolgt ist, da dann der Schutzzweck der Norm nicht berührt wird. Dasselbe gilt gemäß **S 2 1. Hs**, wenn dem anderen Elternteil kein Aufenthaltsbestimmungsrecht zusteht. Schließlich stellt **S 2 2. Hs** klar, dass eine Verweisung nach S 1 auch dann ausgeschlossen ist, wenn der Wegzug zum Schutz von Kind oder betreuendem Elternteil notwendig war. Denn Opfer häuslicher Gewalt müssen effektiv geschützt werden.

3 Die Vorschrift ermöglicht die **Verweisung** an das Gericht, in dessen Bezirk das Kind vor dem eigenmächtigen Handeln des nicht allein aufenthaltsbestimmungsberechtigten Elternteils seinen gewöhnlichen Aufenthalt hatte. Das kann nach Sinn und Zweck der Regelung aber nur gelten, wenn dort der andere Elterteil noch wohnt. Die Verweisung steht – vorbehaltlich S 2 – im Ermessen des Gerichts des neuen Aufenthalts. § 3 findet Anwendung, insbesondere ist der Verweisungsbeschluss bindend. Die zunächst vorgesehene Ausgestaltung als nicht bindende Abgabe hätte das berechtigte Anliegen der Vorschrift aufs Spiel gesetzt und ist auf Initiative des Rechtsausschusses hin erfreulicherweise nicht Gesetz geworden.

§ 155 Vorrang- und Beschleunigungsgebot

(1) Kindschaftssachen, die den Aufenthalt des Kindes, das Umgangsrecht oder die Herausgabe des Kindes betreffen, sowie Verfahren wegen Gefährdung des Kindeswohls sind vorrangig und beschleunigt durchzuführen.

(2) Das Gericht erörtert in Verfahren nach Absatz 1 die Sache mit den Beteiligten in einem Termin. Der Termin soll spätestens einen Monat nach Beginn des Verfahrens stattfinden. Das Gericht hört in diesem Termin das Jugendamt an. Eine Verlegung des Termins ist nur aus zwingenden Gründen zulässig. Der Verlegungsgrund ist mit dem Verlegungsgesuch glaubhaft zu machen.

(3) Das Gericht soll das persönliche Erscheinen der verfahrensfähigen Beteiligten zu dem Termin anordnen.

A. Allgemeines

1 Die Vorschrift übernimmt fast wortgleich den bisherigen § 50e Abs 1 bis 3 FGG, der erst mit dem Gesetz zur Erleichterung familiengerichtlicher Maßnahmen bei Gefährdung des Kindeswohls vom 4.7.2008 (BGBl I S 1188) in das FGG eingefügt wurde und am 12.7.2008 in Kraft getreten war. Insbesondere die Verpflichtung zu einem frühen ersten Termin binnen Monatsfrist ist von Praktikern kritisch besprochen worden. So gibt *Jaeger* (FPR 2006, 410, 415) zu bedenken, dass zumindest bei überlasteten Großstadtgerichten und ebenso überlasteten Großstadtjugendämtern die Gefahr besteht, dass dieser erste Termin nicht sachgerecht vorbereitet werden kann und zu einem hastigen nicht abgewogenen Kompromiss führt (ähnlich *Reichert* ZKJ 2006, 230, 232). Auch liegt es nahe, dass sich durch diese Regelung die Verfahrensdauer verlängert, wenn im ersten Termin keine Einigung zustande kommt (*Schulte-Bunert* Rn 575).

B. Grundsatz, Absatz 1

2 Abs 1 normiert für die genannten Kindschaftssachen ein **Vorrang- und Beschleunigungsgebot**, das dem § 61a ArbGG nachgebildet ist. Ziel ist es, im Interesse des Kindeswohls die Verfahrensdauer zu verkürzen, die der Reformgesetzgeber in Sorge- und Umgangsverfahren im Durchschnitt als zu lang erachtete (AmtlBegr BTDrs 16/6308, 235).

3 Das Gebot richtet sich an das jeweils mit der Sache befasste Gericht **in allen Rechtszügen** und gilt gerade auch für einstweilige Anordnungen in Umgangsverfahren. Es gilt **in jeder Lage des Verfahrens**, gleich ob es sich um die Terminsbestimmung, die Fristsetzung gegenüber Verfahrensbeteiligten und Sachverständigen oder die Bekanntgabe von Entscheidungen handelt (AmtlBegr BTDrs 16/6308, 235). Aufgrund des Vorranggebots müssen in der gerichtlichen Praxis notfalls andere anhängige Sachen zurückstehen. Diese Prioritätenbildung zugunsten der benannten Kindschaftssachen nimmt der Reformgesetzgeber bewusst in Kauf (AmtlBegr BTDrs 16/6308, 235).

4 Das Beschleunigungsgebot darf aber nicht schematisch gehandhabt werden. Über allem steht auch hier das **Kindeswohl**. Es prägt und begrenzt zugleich das Beschleunigungsgebot (AmtlBegr BTDrs 16/6308, 235 f). Denn nicht immer dient eine beschleunigte Verfahrensweise dem Kindeswohl. Zwar sollte ein erster Anhörungstermin in den genannten Kindschaftssachen fast immer möglichst frühzeitig stattfinden. Doch kann es – insbesondere in Umgangsrechtsverfahren – für eine dauerhafte Konfliktlösung unter Umständen besser sein, mit einer Entscheidung zuzuwarten. Das heißt freilich nicht, dass das Gericht einfach untätig bleibt; vielmehr muss es durch geeignete Maßnahmen – wozu auch weitere Anhörungstermine gehören – versuchen, eine Verständigung der Beteiligten zu fördern.

C. Anhörungstermin, Absatz 2 und 3

Die Abs 2 und 3 gestalten den Beschleunigungsgrundsatz des Abs 1 für die dort genannten Kindschaftssachen näher aus, indem sie Regeln für den (ersten) Anhörungstermin aufstellen.

I. Persönliche Anhörung binnen Monatsfrist, Absatz 2 Satz 1 bis 3

Gemäß **Abs 2 S 1** muss die Kindschaftssache mit den Beteiligten mündlich in einem Termin erörtert werden. Nach Abs 3 soll hierzu das persönliche Erscheinen der verfahrensfähigen Beteiligten angeordnet werden. Der Anhörungstermin soll gemäß Abs 2 S 2 spätestens einen Monat nach Verfahrensbeginn stattfinden. Ziel dieser Regelungen ist es, eine in der ersten Trennungszeit drohende Eskalierung des Elternkonflikts zu verhindern. Die Eltern sollen vom Gericht in einem persönlichen Gespräch möglichst schnell wieder zur Übernahme gemeinsamer Verantwortung gebracht werden.

Die **Monatsfrist** des **Abs 2 S 2** beginnt – außer bei Amtsverfahren – mit Eingang des Antrags oder der Anregung eines Beteiligten betreffend eine der in Abs 1 genannten Kindschaftssachen. Dabei genügt bereits der Antrag auf Verfahrenskostenhilfe gemäß §§ 76 ff in einer solchen Sache; deren Voraussetzungen sind dann ebenfalls in dem Termin zu erörtern (AmtlBegr BTDrs 16/6308, 236; *Schulte-Bunert* Rn 575; aA *Borth* FamRZ 2007, 1925, 1933 zu § 50e FGG: Beginn erst bei Befassung mit konkretem Rechtsbegehren). Die Frist ist grundsätzlich verbindlich. Das Gericht darf sie nur in begründeten Ausnahmefällen überschreiten; bei der erforderlichen Einzelfallprüfung hat der Beschleunigungsgrundsatz im Zweifel Vorrang (AmtlBegr BTDrs 16/6308, 236). Ausnahmefälle können in der Sphäre des Gerichts liegen – beispielsweise fehlende Vertretung im Krankheitsfall oder notwendige öffentliche Antragszustellung – oder aber in der Sache selbst begründet sein, wenn etwa bereits ein Termin wegen einer einstweiligen Anordnung vorausgegangen ist (AmtlBegr BTDrs 16/6308, 236). Im Beschwerdeverfahren beginnt die Frist mit der Einlegung des Rechtsmittels. Sofern nach Ablauf der Monatsfrist noch keine Beschwerdebegründung vorliegt, erscheint es vertretbar – und wohl auch sachgerecht – (erst) unmittelbar nach Eingang der Begründung Termin zur Anhörung zu bestimmen (*Büte* FuR 2008, 361, 363 zu § 50e FGG).

Gemäß **Abs 2 S 3** ist in dem Termin auch ein Vertreter des **Jugendamts anzuhören**. Dies erfordert nicht nur eine gewisse Rücksichtnahme des Gerichts bei der Terminierung, vielmehr muss sich hierauf in erster Linie auch das Jugendamt organisatorisch einstellen, das auch dem Beschleunigungsgebot Rechnung zu tragen hat. Die persönliche Teilnahme eines Jugendamtsvertreters hat mehrere Vorteile: Es kann eine Stellungnahme zum aktuellen Sachstand erfolgen, der sich möglicherweise geändert hat. Der schriftliche Jugendamtsbericht kann – soweit er bereits vorliegt – mündlich erläutert und ergänzt werden, wodurch insbesondere auch der Elterteil, der sich als zurückgesetzt empfindet, wieder zur Übernahme gemeinsamer Elternverantwortung gebracht oder zumindest sein weiterer Rückzug vermieden werden kann (vgl AmtlBegr BTDrs 16/6308, 236).

II. Erhöhte Anforderungen an Terminsverlegung, Absatz 2 Satz 4 und 5

Gemäß **Abs 2 S 4** ist eine **Verlegung** des anberaumten Anhörungstermins nur aus **zwingenden Gründen** möglich. Anders als bei § 32 Abs 1 S 2 iVm § 227 Abs 1 ZPO genügen erhebliche Gründe nicht. Zwingende Gründe sind nur solche, die eine Teilnahme am Termin tatsächlich unmöglich machen, wie etwa eine Erkrankung (AmtlBegr BTDrs 16/6308, 236). Insbesondere ist eine Terminskollision eines Beteiligtenvertreters kein zwingender Grund. Dieser muss vielmehr in der anderen Sache einen Verlegungsantrag stellen, dem das dortige Gericht nachzukommen hat. Etwas anderes gilt nur, wenn es

§ 155 FamFG | Vorrang- und Beschleunigungsgebot

sich dabei ebenfalls um eine Kindschaftssache iSd Abs 1 handelt (AmtlBegr BTDrs 16/6308, 236).

10 Gemäß **Abs 2 S 5** ist bereits mit dem Verlegungsantrag auch dessen Grund **glaubhaft** zu machen (vgl § 31), um dem Gericht eine möglichst schnelle Prüfung und Entscheidung zu erlauben.

III. Anordnung des persönlichen Erscheinens, Absatz 3

11 Gemäß **Abs 3** soll das Gericht das **persönliche Erscheinen** der verfahrensfähigen Beteiligte zu dem Termin anordnen. Dies dient der Aufklärung des Sachverhalts und trägt der Verpflichtung des Gerichts nach § 156 Rechnung, auf eine einvernehmliche Konfliktlösung hinzuwirken, was ohne die persönliche Anwesenheit der Beteiligten wenig Erfolg verspricht.

12 Die Anordnung des persönlichen Erscheinens des Kindes schreibt Abs 3 nicht vor. Ob und wann dessen Anhörung gemäß § 159 stattzufinden hat, bedarf einer für den Einzelfall zu treffenden Entscheidung des Gerichts. Regelmäßig wird die Teilnahme des Kindes an einem ersten Anhörungstermin iSd Vorschrift seinem Wohl entgegenstehen.

13 Die Ausgestaltung als Sollvorschrift ermöglicht es in begründeten Ausnahmefällen von der Anordnung des persönlichen Erscheinens abzusehen. So kann etwa in Fällen häuslicher Gewalt zumindest zunächst eine getrennte Anhörung der Beteiligten angezeigt sein (AmtlBegr BTDrs 16/6308, 236).

14 Kommt ein Beteiligter der Anordnung zum persönlichen Erscheinen nicht nach, kann das Gericht gemäß **§ 33 Abs 3 Ordnungsmittel** ergreifen. Dabei muss aber bedacht werden, dass dies wenig zur Konfliktlösung beiträgt und oftmals den nicht erschienenen Elternteil noch in seiner Abwehrhaltung bestärken wird. Stattdessen sollte daher versucht werden, die Gründe für das Nichterscheinen des Elternteils zu erforschen und ihn notfalls durch eine getrennte Anhörung, die auch telefonisch erfolgen kann, von der Notwendigkeit einer gemeinsamen konstruktiven Erörterung der bestehenden Probleme zu überzeugen. Im Einzelfall können freilich auch einmal Ordnungsmittel helfen, den verfestigten Widerstand eines Elternteils aufzubrechen.

§ 156 Hinwirken auf Einvernehmen

(1) Das Gericht soll in Kindschaftssachen, die die elterliche Sorge bei Trennung und Scheidung, den Aufenthalt des Kindes, das Umgangsrecht oder die Herausgabe des Kindes betreffen, in jeder Lage des Verfahrens auf ein Einvernehmen der Beteiligten hinwirken, wenn dies dem Kindeswohl nicht widerspricht. Es weist auf Möglichkeiten der Beratung durch die Beratungsstellen und -dienste der Träger der Kinder- und Jugendhilfe insbesondere zur Entwicklung eines einvernehmlichen Konzepts für die Wahrnehmung der elterlichen Sorge und der elterlichen Verantwortung hin. Das Gericht soll in geeigneten Fällen auf die Möglichkeit der Mediation oder der sonstigen außergerichtlichen Streitbeilegung hinweisen. Es kann anordnen, dass die Eltern an einer Beratung nach Satz 2 teilnehmen. Die Anordnung ist nicht selbständig anfechtbar und nicht mit Zwangsmitteln durchsetzbar.

(2) Erzielen die Beteiligten Einvernehmen über den Umgang oder die Herausgabe des Kindes, ist die einvernehmliche Regelung als Vergleich aufzunehmen, wenn das Gericht diese billigt (gerichtlich gebilligter Vergleich). Das Gericht billigt die Umgangsregelung, wenn sie dem Kindeswohl nicht widerspricht.

(3) Kann in Kindschaftssachen, die den Aufenthalt des Kindes, das Umgangsrecht oder die Herausgabe des Kindes betreffen, eine einvernehmliche Regelung im Termin nach § 155 Abs. 2 nicht erreicht werden, hat das Gericht mit den Beteiligten und dem Jugendamt den Erlass einer einstweiligen Anordnung zu erörtern. Wird die Teilnahme an einer Beratung oder eine schriftliche Begutachtung angeordnet, soll das Gericht in Kindschaftssachen, die das Umgangsrecht betreffen, den Umgang durch einstweilige Anordnung regeln oder ausschließen. Das Gericht soll das Kind vor dem Erlass einer einstweiligen Anordnung persönlich anhören.

A. Allgemeines

Abs 1 S 1 und 2 entspricht weitgehend dem bisherigen § 52 Abs 1 S 1 und 2 FGG. Im Übrigen sind die Regelungen neu: **Abs 1 S 3** erweitert die Hinweispflichten und **Abs 1 S 4** ermächtigt das Familiengericht die Eltern zur Teilnahme an Beratungen zu verpflichten; **Abs 1 S 5** klärt Rechtsmittel und Vollstreckungsfragen. **Abs 2** regelt den Vergleich in Umgangsverfahren und enthält eine Definition des gerichtlich gebilligten Vergleiches. **Abs 3** ergänzt § 155; er entspricht weitgehend dem bisherigen § 52 Abs 3 FGG. 1

B. Hinwirken auf Einvernehmen; gerichtliche Hinweispflichten; Anordnungen, Absatz 1

Abs 1 S 1 fordert vom Familiengericht in den genannten Kindschaftssachen grundsätzlich eine einvernehmliche Streitbeilegung anzustreben. Nur ausnahmsweise, insbesondere bei Beeinträchtigung des Kindeswohls, kann dies nicht angezeigt sein, wie etwa in Fällen häuslicher Gewalt (AmtlBegr BTDrs 16/6308, 235). Ausdrücklich verboten ist es nach Abs 1 S 1 2. Hs auf ein Einvernehmen hinzuwirken, wenn dies dem Kindswohl widerspricht. Abs 1 S 1 entspricht weitgehend dem bisherigen § 52 Abs 1 S 1 FGG, der durch das KindRG vom 16.12.1997 eingefügt worden war. Ziel ist es, im Interesse der Kinder eine eigenständige Konfliktlösung durch die Eltern zu fördern (BTDrs 13/4899 S 45 zum KindRG). Hierzu sollen die Eltern die Beratungshilfe nach §§ 17, 18 SGB VIII (KJHG) in Anspruch nehmen, worauf das Gericht gem **Abs 1 S 2** (vormals § 52 Abs 1 S 2 FGG) hinzuweisen hat. Die Streitbeilegung unter Vermittlung der außergerichtlich tätigen Beratungsstellen trägt entscheidend dazu bei, die Belastungen der Kinder – aber auch der Eltern – zu reduzieren. Denn ein »streitiges« gerichtliches Verfahren mit Anhörungen, Sachverständigengutachten und Ermittlungen des Jugendamts kann so vermieden werden (BTDrs 13/4899 S 133 zum KindRG; Johannsen/Henrich/*Brudermüller* § 52 2

§ 156 FamFG | Hinwirken auf Einvernehmen

FGG Rn 4; FAKomm-FamR/*Büte* § 52 FGG Rn 1; KKW/*Engelhardt* § 52 FGG Rn 1). Neben dem Hinweis auf die Beratung durch die Träger der Jugendhilfe (vgl § 3 SBG VIII – KJHG) nach Abs 1 S 2 soll das Gericht gem **Abs 1 S 3** in geeigneten Fällen auch auf andere Möglichkeiten der außergerichtlichen Streitbeilegung hinweisen, namentlich die Mediation.

3   Gem **Abs 1 S 4** ist das Familiengericht – einer Empfehlung des Arbeitskreises 10 des 16. Familiengerichtstages folgend (vgl FamRZ 2005, 1962, 1964) – nunmehr in der Lage die Eltern zur Teilnahme an einer Beratung nach S 2 zu verpflichten. Dies kommt immer in Betracht, wenn eine Einigung im ersten gerichtlichen Termin nicht erzielt werden kann. Die Teilnahme an einer Mediation oder sonstiger Verfahren außergerichtlicher Streitbeilegung gem S 3 kann nicht angeordnet werden, wie sich aus dem Gesetzeswortlaut zweifelsfrei ergibt (AmtlBegr BTDrs 16/6308, 237). Das Gericht sollte die Anordnung nach Abs 1 S 4 möglichst konkret fassen und den Eltern unter Fristsetzung eine bestimmte Beratungsstelle vorgeben. Zuvor ist dem Jugendamt Gelegenheit zur Stellungnahme zu geben (so AmtlBegr BTDrs 16/6308, 237, ohne dass dies dem Wortlaut zu entnehmen wäre). Die Verpflichtung zur Beratung darf nicht zu einer Verfahrensverzögerung führen. Daher darf das Verfahren aus diesem Grund auch nicht ausgesetzt werden (anders noch der bisherige § 52 Abs 2 FGG); eine Aussetzung kann nur bei Vorliegen der Voraussetzungen des § 21 erfolgen (AmtlBegr BTDrs 16/6308, 237). Eine Beratungsanordnung zieht gem Abs 3 S 2 regelmäßig eine einstweilige Regelung des Umgangs nach sich.

4   **Abs 1 S 5** klärt ergänzende Fragen zur Anordnung nach Abs 1 S 4: Sie ist als Zwischenentscheidung nicht selbständig anfechtbar und kann nicht erzwungen werden. Die fehlende zwangsweise Durchsetzbarkeit gefährdet das gesetzgeberische Ziel des Abs 1 S 4. Zwar würde die erzwungene Teilnahme an einer Beratung oftmals nicht den gewünschten Erfolg haben, doch hätte andererseits im Einzelfall die bloße Möglichkeit der Verhängung von Zwangsmitteln die Teilnahmebereitschaft entscheidend erhöhen können. Weigert sich ein Elternteil – ausdrücklich oder stillschweigend, indem er seiner Mitwirkungspflicht nicht ordnungsgemäß nachkommt – an der angeordneten Beratung teilzunehmen, bleibt dem Gericht nur die Möglichkeit die Sache nochmals mit diesem Elternteil und dem Jugendamt zu erörtert, um eine Verhaltensänderung herbeizuführen (AmtlBegr BTDrs 16/6308, 237). Dabei wird das Gericht auch auf § 81 Abs 2 Nr 5 hinweisen, der gerade für diesen Fall vorsieht, dem sich weigernden Elterteil die Verfahrenskosten allein aufzuerlegen.

C. Gerichtlich gebilligter Vergleich, Absatz 2

5   Abs 2 enthält die Legaldefinition des gerichtlich gebilligten Vergleichs, der gem § 86 Abs 1 Nr 2 Vollstreckungstitel ist. Da weder das Umgangsrecht noch die Kindesherausgabe disponibel sind, wäre wegen § 36 Abs 1 S 1 ohne die Regelung des Abs 2 ein Vergleich hierüber unzulässig. Im Gegensatz zum bisherigen § 52a Abs 4 S 3 FGG müssen dem Vergleich alle formell am Verfahren Beteiligten zustimmen, also auch Jugendamt, Kinder und Verfahrenspfleger.

D. Einstweilige Anordnungen, Absatz 3
I. Allgemeines

6   Abs 3 setzt die Reihe der Vorschriften fort, deren Ziel es ist, in eilbedürftigen Kindschaftssachen möglichst schnell eine Lösung der bestehenden Konflikte herbeizuführen und einem unbefriedigenden, das Kindeswohl beeinträchtigenden Stillstand entgegenzuwirken. Nach § 155 Abs 1 und 2 sind die das Kind betreffenden Verfahren wegen Aufenthalts, Umgangs und Herausgabe vorrangig und beschleunigt in einem frühen Termin zu verhandeln, in dem gem Abs 1 S 1 möglichst Einvernehmen erzielt werden sollte. Ge-

lingt dies nicht sofort im ersten Termin, muss bereits eine einstweilige Anordnung in Betracht gezogen werden. Damit soll verhindert werden, dass Verfahrensverzögerungen eine für das Kindeswohl abträgliche Situation herbeiführen oder sogar »vollendete Tatsachen« schaffen (AmtlBegr BTDrs 16/6308, 237). Der Reformgesetzgeber hält die Vorschrift vor dem Hintergrund, dass mehr als ein Drittel aller Umgangsverfahren länger als sechs Monate dauern unter Kindeswohlgesichtspunkten für dringend erforderlich (AmtlBegr BTDrs 16/6308, 237). Dem ist zuzustimmen, wenn auch nicht übersehen werden darf, dass gerade in Umgangsverfahren ein staatlicher Hoheitsakt die Probleme nicht lösen wird und daher eine gütliche Einigung oberstes Ziel bleiben muss, das zu erreichen manchmal gewisser Zeit bedarf.

II. Erörterungspflicht bei fehlendem Einvernehmen, Absatz 3 Satz 1

Der **Anwendungsbereich** des Abs 3 S 1 ist nur eröffnet, wenn eine Kindschaftssache nach § 155 Abs 1 vorliegt, mit Ausnahme der Verfahren wegen Kindswohlgefährdung: Für diese gilt § 157. Wird in den bezeichneten Kindschaftssachen im (möglichst frühen) ersten Termin gem § 155 Abs 2 keine Einigung erzielt, muss das Gericht gem Abs 3 S 1 unverzüglich – regelmäßig am Ende dieses Termins – den Erlass einer einstweiligen Anordnung (vgl § 49) mit den Beteiligten und dem Jugendamt erörtern. Ist eine rasche Einigung nicht absehbar und droht durch die Verzögerung der Konfliktlösung eine Beeinträchtigung des Kindeswohls, wird das Gericht regelmäßig eine einstweilige Anordnung zu erlassen haben, sofern dies von Amts wegen möglich ist oder ein Elternteil es beantragt.

Der Erlass einer einstweiligen Anordnung nach § 49 kann – anders als nach altem Recht – grundsätzlich auch **von Amts wegen** erfolgen. Das gilt gem § 51 Abs 1 S 1 aber dann nicht, wenn das entsprechende Hauptsacheverfahren nur auf **Antrag** eingeleitet werden kann. Im Anwendungsbereich des Abs 3 sind dies die Verfahren betreffend den Aufenthalt des Kindes, da Entscheidungen nach § 1628 S 1 BGB oder § 1671 Abs 1 BGB eines Antrags bedürfen, und die Verfahren wegen Kindesherausgabe nach § 1632 Abs 1 und 2 BGB (vgl § 1632 Abs 3 BGB). Für die praktisch bedeutsamen Verfahren der Kindesherausgabe gem § 1632 Abs 4 BGB sowie in allen Umgangsverfahren (vgl §§ 1684 Abs 3 S 1, 1685 Abs 3 BGB) bedarf es dagegen keines Antrags; hier können einstweilige Anordnungen von Amts wegen erlassen werden.

III. Regelmäßiger Erlass bei Beratungsanordnung oder Begutachtung, Absatz 3 Satz 2

Um den unvermeidlichen Verfahrenverzögerungen entgegenzuwirken, die durch Beratungsanordnungen nach Abs 1 S 4 oder die Erholung eines schriftlichen Sachverständigengutachtens zwangsläufig eintreten, soll das Gericht gem **Abs 3 S 2** in diesen beiden Fällen den Umgang durch einstweilige Anordnung regeln. Dadurch soll insbesondere eine drohende Entfremdung zwischen dem Kind und der den Umgang begehrenden Person so weit wie möglich vermieden werden (AmtlBegr BTDrs 16/6308, 237). Die einstweilige Anordnung kann das Gericht von Amts wegen erlassen (s.o. Rz 8). Regelmäßig muss das Gericht in den Fällen des Abs 3 S 2 den Umgang auch durch einstweilige Anordnung regeln. Hiervon kann es nur in Ausnahmefällen absehen, etwa wenn bereits absehbar ist, dass nur eine unwesentliche Verzögerung des Verfahrens zu befürchten ist (vgl AmtlBegr BTDrs 16/6308, 237). Im Einzelfall kommt freilich auch der Ausschluss des Umgangsrechts mittels einstweiliger Anordnung in Betracht, was – wie bisher in § 52 Abs 3 FGG – ausdrücklich klargestellt ist.

Abs 3 S 2 ist nicht einschlägig, falls ein Sachverständigengutachten in Auftrag gegeben wird, das nur mündlich zu erstatten ist. Es liegt aber auf der Hand, dass dadurch eine ähnlich lange Verfahrensverzögerung eintreten wird. Denn die Dauer bis zur Fertigstellung des Gutachtens wird weniger durch seine schriftliche Abfassung als durch die notwendigen Explorationen und der sich anschließenden geistigen Arbeit des Gutachters bestimmt. Daher sollte das Gericht auch in diesen Fällen entsprechend Abs 3 S 2 regelmäßig eine einstweilige Anordnung erlassen, zu der es gem § 49 ohnehin befugt ist.

IV. Persönliche Kindesanhörung, Absatz 3 Satz 3

11 Das Gericht muss das Kind vor Erlass der einstweiligen Anordnung persönlich anhören, um sich einen persönlichen Eindruck zu verschaffen. Hiervon kann nur ausnahmsweise abgesehen werden (vgl § 159 Rz 8 ff).

§ 157 Erörterung der Kindeswohlgefährdung; einstweilige Anordnung

(1) In Verfahren nach den §§ 1666 und 1666a des Bürgerlichen Gesetzbuchs soll das Gericht mit den Eltern und in geeigneten Fällen auch mit dem Kind erörtern, wie einer möglichen Gefährdung des Kindeswohls, insbesondere durch öffentliche Hilfen, begegnet werden und welche Folgen die Nichtannahme notwendiger Hilfen haben kann. Das Gericht soll das Jugendamt zu dem Termin laden.

(2) Das Gericht hat das persönliche Erscheinen der Eltern zu dem Termin nach Absatz 1 anzuordnen. Das Gericht führt die Erörterung in Abwesenheit eines Elternteils durch, wenn dies zum Schutz eines Beteiligten oder aus anderen Gründen erforderlich ist.

(3) In Verfahren nach den §§ 1666 und 1666a des Bürgerlichen Gesetzbuchs hat das Gericht unverzüglich den Erlass einer einstweiligen Anordnung zu prüfen.

A. Allgemeines

Die Vorschrift übernimmt fast wortgleich die bisherigen §§ 50e Abs 4, 50 f FGG, die erst mit dem Gesetz zur Erleichterung familiengerichtlicher Maßnahmen bei Gefährdung des Kindeswohls vom 4.7.2008 (BGBl I S 1188) in das FGG eingefügt worden und am 12.7.2008 in Kraft getreten waren. **1**

B. Erörterung mit den Beteiligten, Absatz 1

Die Erörterung der Kindeswohlgefährdung gem **Abs 1 S 1** bildet einen eigenen Verfahrensabschnitt, der neben die Pflicht zur persönlichen Anhörung der Eltern nach § 160 Abs 1 S 2 tritt. Diese dient in erster Linie der Feststellung des Sachverhalts und der Gewährung rechtlichen Gehörs, während Abs 1 eigens die Erörterung der Kindeswohlgefährdung in den Fällen der §§ 1666, 1666a BGB regelt (AmtlBegr BTDrs 16/6308, 237). Damit übernimmt das Gericht teilweise Aufgaben des Jugendamts (ablehnend daher, auch unter Hinweis auf den Gewaltenteilungsgrundsatz: *Flügge* FPR 2008, *Schulte-Bunert* Rn 580: Erziehungsgespräche sind ureigenste Aufgabe der Jugendämter). Die nach § 155 Abs 2 S 1 vorgeschriebene mündliche Erörterung kann mit der nach Abs 1 verbunden werden (AmtlBegr BTDrs 16/6308, 237). **2**

Ziel der Erörterung nach Abs 1 ist es vor allem, die Eltern in die Pflicht zu nehmen und sie zur Inanspruchnahme öffentlicher Hilfen und zur Zusammenarbeit mit dem Jugendamt anzuhalten (AmtlBegr BTDrs 16/6308, 237). Dabei soll ihnen ganz offen klar gemacht werden, welche Eingriffe in ihre Elternrechte – bis hin zum Sorgerechtsentzug – andernfalls drohen. Dies ist grundsätzlich nur in einem persönlichen Gespräch möglich, vgl Abs 2. **3**

In geeigneten Fällen soll auch das **Kind** an der Erörterung **teilnehmen**. Dies kommt insbesondere in Betracht, wenn eher sein Verhalten – und nicht das der Eltern – im Vordergrund steht und Anlass zur Sorge gibt, wie etwa bei Drogensucht oder Straffälligkeit. **4**

Dass die **Teilnahme des Jugendamts** an dem Erörterungstermin sinnvoll ist, versteht sich von selbst. Es ist nicht nur sozialpädagogische Fachbehörde, sondern auch Leistungsträger der Hilfemaßnahmen. Im Übrigen kann es nur von Vorteil sein, wenn alle Beteiligten unter der Moderation des Gerichts miteinander sprechen. Daher schreibt **Abs 1 S 2** die Ladung des Jugendamts zum Termin grundsätzlich vor. Ein Absehen hiervon kommt nur ganz ausnahmsweise in Betracht, etwa wenn das Konfliktpotential zwischen Jugendamt und Eltern so groß ist, dass eine zunächst getrennte Erörterung eher zum Ziel führt. **5**

Eine Gefährdung des Kindeswohls braucht noch nicht sicher festzustehen. Es genügt, dass sie möglich ist. Dadurch wird § 8a Abs 1, Abs 3 SGB VIII Rechnung getragen, wo- **6**

§ 157 FamFG | **Erörterung der Kindeswohlgefährdung; einstweilige Anordnung**

nach das Jugendamt das Familiengericht bereits dann anrufen kann, wenn das Gefährdungsrisiko abgeschätzt werden soll und die Eltern hierbei nicht mitwirken wollen (AmtlBegr BTDrs 16/6308, 237). Die Erörterungspflicht kann daher auch bereits unterhalb der Schwelle zur Kindeswohlgefährdung einsetzen.

7   Die Ausgestaltung als **Soll-Vorschrift** ermöglicht es dem Gericht ausnahmsweise von der Erörterung abzusehen, was insbesondere bei offensichtlich unbegründeten Anträgen in Betracht kommt.

C. Anordnung des persönliches Erscheinens, Absatz 2

8   Das Ziel der Kindeswohlerörterung (s.o. Rz 3) kann am besten in einem persönlichen Gespräch mit den Eltern erreicht werden. Deshalb schreibt Abs 2 S 1 die Anordnung des persönlichen Erscheinens der Eltern vor. Nur wenn es zum Schutz der Beteiligten erforderlich ist, muss der Elternteil vom gemeinsamen Anhörungstermin ausgeschlossen werden, von dem die Bedrohung ausgeht. Dies betrifft vor allem die Fälle häuslicher Gewalt. Eine Anhörung dieses Elternteils sollte aber gleichwohl in einem gesonderten Termin stattfinden.

D. Einstweilige Anordnungen, Absatz 3

9   **Abs 3** verlangt vom Familiengericht unverzüglich den Erlass einer einstweiligen Anordnung zu prüfen. Dadurch soll ein hilfloses Zuwarten zum Nachteil des Kindes vermieden werden. Gelingt es nicht in dem Erörterungstermin befriedigende Lösungen zu finden, muss das Gericht der Kindeswohlgefährdung durch einstweilige Anordnungen entgegenwirken, soweit dies möglich ist.

§ 158 Verfahrensbeistand

(1) Das Gericht hat dem minderjährigen Kind in Kindschaftssachen, die seine Person betreffen, einen geeigneten Verfahrensbeistand zu bestellen, soweit dies zur Wahrnehmung seiner Interessen erforderlich ist.

(2) Die Bestellung ist in der Regel erforderlich,
1. wenn das Interesse des Kindes zu dem seiner gesetzlichen Vertreter in erheblichem Gegensatz steht,
2. in Verfahren nach den §§ 1666 und 1666a des Bürgerlichen Gesetzbuchs, wenn die teilweise oder vollständige Entziehung der Personensorge in Betracht kommt,
3. wenn eine Trennung des Kindes von der Person erfolgen soll, in deren Obhut es sich befindet,
4. in Verfahren, die die Herausgabe des Kindes oder eine Verbleibensanordnung zum Gegenstand haben, oder
5. wenn der Ausschluss oder eine wesentliche Beschränkung des Umgangsrechts in Betracht kommt.

(3) Der Verfahrensbeistand ist so früh wie möglich zu bestellen. Er wird durch seine Bestellung als Beteiligter zum Verfahren hinzugezogen. Sieht das Gericht in den Fällen des Absatzes 2 von der Bestellung eines Verfahrensbeistandes ab, ist dies in der Endentscheidung zu begründen. Die Bestellung eines Verfahrensbeistandes oder deren Aufhebung sowie die Ablehnung einer derartigen Maßnahme sind nicht selbständig anfechtbar.

(4) Der Verfahrensbeistand hat das Interesse des Kindes festzustellen und im gerichtlichen Verfahren zur Geltung zu bringen. Er hat das Kind über Gegenstand, Ablauf und möglichen Ausgang des Verfahrens in geeigneter Weise zu informieren. Soweit nach den Umständen des Einzelfalls ein Erfordernis besteht, kann das Gericht dem Verfahrensbeistand die zusätzliche Aufgabe übertragen, Gespräche mit den Eltern und weiteren Bezugspersonen des Kindes zu führen sowie am Zustandekommen einer einvernehmlichen Regelung über den Verfahrensgegenstand mitzuwirken. Das Gericht hat Art und Umfang der Beauftragung konkret festzulegen und die Beauftragung zu begründen. Der Verfahrensbeistand kann im Interesse des Kindes Rechtsmittel einlegen. Er ist nicht gesetzlicher Vertreter des Kindes.

(5) Die Bestellung soll unterbleiben oder aufgehoben werden, wenn die Interessen des Kindes von einem Rechtsanwalt oder einem anderen geeigneten Verfahrensbevollmächtigten angemessen vertreten werden.

(6) Die Bestellung endet, sofern sie nicht vorher aufgehoben wird,
1. mit der Rechtskraft der das Verfahren abschließenden Entscheidung oder
2. mit dem sonstigen Abschluss des Verfahrens.

(7) Für den Ersatz von Aufwendungen des nicht berufsmäßigen Verfahrensbeistands gilt § 277 Abs. 1 entsprechend. Wird die Verfahrensbeistandschaft berufsmäßig geführt, erhält der Verfahrensbeistand für die Wahrnehmung seiner Aufgaben nach Absatz 4 in jedem Rechtszug jeweils eine einmalige Vergütung in Höhe von 350 Euro. Im Fall der Übertragung von Aufgaben nach Absatz 4 Satz 3 erhöht sich die Vergütung auf 550 Euro. Die Vergütung gilt auch Ansprüche auf Ersatz anlässlich der Verfahrensbeistandschaft entstandener Aufwendungen sowie die auf die Vergütung anfallende Umsatzsteuer ab. Der Aufwendungsersatz und die Vergütung sind stets aus der Staatskasse zu zahlen. Im Übrigen gilt § 168 Abs. 1 entsprechend.

(8) Dem Verfahrensbeistand sind keine Kosten aufzuerlegen.

§ 158 FamFG | Verfahrensbeistand

Übersicht

	Rz		Rz
A. Allgemeines	1	F. Anderweitige Vertretung	23
B. Verfahrensbeistand	4	G. Beendigung	24
C. Regelbeispiele	5	H. Vergütung	25
D. Zeitpunkt der Bestellung	13	I. Kostenauferlegung	26
E. Aufgaben und Rechtsstellung des Verfahrensbeistands	17		

A. Allgemeines

1 Die Vorschrift behandelt die Rechtsfigur des Verfahrensbeistandes und ersetzt den im bisherigen § 50 FGG aF vorgesehenen Verfahrenspfleger für minderjährige Kinder. Sie verfolgt weiter das Ziel, bestimmte wesentliche Streit- und Zweifelsfragen aus dem Bereich des bisherigen § 50 FGG aF einer gesetzlichen Klärung zuzuführen.

2 In anderen Rechtsbereichen, wie etwa im Betreuungs- und Unterbringungsrecht, ist die Verfahrenspflegschaft in § 276 für das Betreuungs- bzw § 317 für das Unterbringungsrecht weiterhin vorgesehen. Die Schaffung zweier auch begrifflich verschiedener Rechtsinstitute unterstreicht nach Auffassung des Gesetzgebers die unterschiedliche Ausgestaltung nach den spezifischen Anforderungen der betreffenden Rechtsgebiete. Für Kindschaftssachen ist bei der Ausgestaltung insbesondere Art 6 GG zu berücksichtigen.

3 Die Bezeichnung »Verfahrensbeistand« bringt Aufgabe und Funktion im Verfahren deutlicher zum Ausdruck als der Begriff des Verfahrenspflegers. Ob allein die neue Bezeichnung hierzu ausreicht, ist zu bezweifeln. Als ein ausschließlich verfahrensrechtliches Institut handelt es sich auch nicht um eine Beistandschaft nach §§ 1712 ff BGB.

B. Verfahrensbeistand

4 Nach Abs 1 hat das Gericht dem minderjährigen Kind in Kindschaftssachen, die seine Person betreffen, einen geeigneten Verfahrensbeistand zu bestellen, soweit dies zur Wahrnehmung seiner Interessen erforderlich ist. Aus der Kann-Bestimmung des § 50 FGG aF ist eine Verpflichtung des Gerichts geworden. Dabei soll das Gericht nur eine Person zum Verfahrensbeistand bestimmen, die persönlich und fachlich geeignet ist, das Interesse des Kindes festzustellen und sachgerecht in das Verfahren einzubringen.

C. Regelbeispiele

5 In § 158 Abs 2 werden Regelbeispiele aufgestellt, in denen die Bestellung eines Verfahrensbeistands erforderlich ist. Soll trotz Vorliegen eines Regelbeispiels von einer Bestellung abgesehen werden, bedarf dies besonderer Gründe, die das Gericht im Einzelnen darlegen muss. Denkbar ist dies insbesondere bei Entscheidungen von geringer Tragweite, die sich auf die Rechtspositionen der Beteiligten und auf die künftige Lebensgestaltung des Kindes nicht in erheblichem Umfang auswirken. Die Erforderlichkeit kann weiter fehlen, wenn alle beteiligten Personen und Stellen gleichgerichtete Verfahrensziele verfolgen oder die Interessen des Kindes in anderer Weise ausreichend im Verfahren zur Geltung gebracht werden, wie zB durch einen Ergänzungspfleger.

6 Die in den Nr 1 bis 6 enthaltenen Regelbeispiele können auch als Orientierung zur Auslegung des Begriffs der Erforderlichkeit in Abs 1 dienen.

7 **Nr 1** entspricht dem bisherigen § 50 Abs 2 Nr 1 FGG aF.

8 In **Nr 2** ist die teilweise oder vollständige Entziehung der Personensorge nach den §§ 1666, 1666a BGB genannt. Eine derartige Maßnahme hat für das Kind typischerweise erhebliche Auswirkungen. Grundlage für ein solches Verfahren ist häufig der Vorwurf eines Fehlverhaltens des betroffenen Elternteils oder beider Eltern gegenüber dem Kind. In einer derartigen Konfliktsituation benötigt das Kind Unterstützung durch eine geeig-

Verfahrensbeistand | § 158 FamFG

nete dritte Person, um seinen Willen hinreichend deutlich zum Ausdruck bringen zu können.

Nr 3 nennt die Trennung des Kindes von der Person, in deren Obhut es sich befindet. »Trennung« ist so zu verstehen wie in § 1666a BGB. Für die Anwendung der Regelung ist es ohne Belang, wer die Trennung anstrebt, insbesondere ob es das Kind selbst, das Jugendamt, ein Elternteil oder ein außenstehender Dritter ist oder ob das Gericht eine derartige Maßnahme in Betracht zieht. 9

Der Tatbestand in **Nr 4** ist weiter gefasst als im bisherigen § 50 Abs 2 Nr 2 FGG aF: Es erfolgte keine Beschränkung auf Verfahren nach den §§ 1666, 1666a BGB, da es für die Auswirkungen einer solchen Maßnahme ohne Bedeutung ist, auf welcher Rechtsgrundlage sie erfolgt. So hat das BVerfG in einem Urteil (NJW 1999, 631, 633) zur Begründung des Erfordernisses eines Verfahrenspflegers in einem Fall einer Rückführung entschieden, dass dadurch das soziale Umfeld des Kindes betroffen wird und zu einer Herauslösung des Kindes aus der unmittelbaren Zuwendung des gegenwärtig betreuenden Elternteils führen kann. 10

Verfahren, die die Herausgabe des Kindes oder eine Verbleibensanordnung zum Gegenstand haben, sind in **Nr 4** genannt. Auch hier geht es um den grundsätzlichen Aufenthalt des Kindes, wobei es auf das Vorliegen der Tatbestandsmerkmale der Nr 4 nicht ankommt. Verfahren auf Herausgabe des Kindes sind in erster Linie solche nach § 1632 Abs 1, 3 BGB. Eine Verbleibensanordnung enthält § 1623 Abs 4, § 1682 BGB. 11

Nach **Nr 5** ist ein Verfahrensbeistand idR zu bestellen, wenn ein Ausschluss oder eine Beschränkung des Umgangsrechts in Betracht kommt (§ 1684 Abs 4 Satz 1, 2 BGB), wie zB in dem Fall, dass eine solche Maßnahme vom Jugendamt oder einem Verfahrensbeteiligten gefordert oder durch das Gericht ernsthaft erwogen wird. Diese Situation ist regelmäßig von einem schweren Grundkonflikt oder von Vorwürfen gegenüber dem Umgangsberechtigten geprägt und mit der Konstellation in Nr 3 vergleichbar. 12

D. Zeitpunkt der Bestellung

Nach Abs 3 Satz 1 soll die Bestellung des Verfahrensbeistandes so früh wie möglich erfolgen, wobei zunächst Anfangsermittlungen zur Erforderlichkeit der Bestellung erfolgen müssen. Andererseits sollen der Verfahrensbeistand bzw das Kind mit dessen Unterstützung, Einfluss auf die Gestaltung und den Ausgang des Verfahrens nehmen können, weshalb nach dem Zeitpunkt, zu dem das Vorliegen der Voraussetzungen des Abs 1 bzw 2 zu bejahen ist, ein weiteres Zuwarten nicht mehr gerechtfertigt ist. 13

Mit der Bestellung wird der Verfahrensbeistand Beteiligter, Abs 3 S 2. Insoweit entspricht die Regelung den § 274 Abs 2 und § 315 Abs 2. Der Verfahrensbeistand hat, ebenso wie bislang der Verfahrenspfleger, die Rechte des Betroffenen wahrzunehmen, ohne an dessen Weisungen gebunden zu sein. Damit hat er im Verfahren eine eigenständige Stellung, die die formelle Beteiligung erforderlich macht. 14

Sieht das Gericht von der Bestellung eines Verfahrensbeistandes ab, ist dies nach § 158 Abs 3 Satz 3 in der Endentscheidung zu begründen. Insoweit entspricht die Regelung dem bisherigen § 50 Abs 2 Satz 2 FGG aF. 15

Abs 3 Satz 4 stellt klar, dass die Entscheidung über die Bestellung, die Aufhebung der Bestellung eines Verfahrensbeistandes sowie über die Ablehnung einer derartigen Maßnahme nicht selbständig anfechtbar ist. Die nicht selbständige Anfechtbarkeit der Entscheidung ergibt sich bereits aus ihrem Charakter als Zwischenentscheidung und wird im Gesetz zur Klarstellung noch einmal ausdrücklich erwähnt. Der Ausschluss der Anfechtbarkeit ist umfassend und insbesondere nicht auf eine Anfechtung durch einzelne Personen oder Beteiligte beschränkt. Dagegen kann ein Rechtsmittel gegen die Endentscheidung weiterhin damit begründet werden, dass das Gericht einen Verfahrensbeistand zu Unrecht bestellt oder abberufen hat oder dass es die Bestellung eines Verfahrensbeistands zu Unrecht unterlassen oder abgelehnt hat. 16

E. Aufgaben und Rechtsstellung des Verfahrensbeistands

17 Erstmals enthält Abs 4 Regelungen zu den Aufgaben und der Rechtsstellung des Verfahrensbeistands. Nach Satz 1 hat der Verfahrensbeistand das Interesse des Kindes, insbesondere dessen Wille, festzustellen und im gerichtlichen Verfahren zur Geltung zu bringen; es steht ihm aber frei, darüber hinaus weitere Gesichtspunkte und etwaige Bedenken vorzutragen. Damit ist festgehalten, dass der Verfahrensbeistand dem Interesse des Kindes verpflichtet ist und nicht allein dem von ihm geäußerten Willen. Der Verfahrensbeistand hat bei seiner Stellungnahme sowohl das subjektive Interesse des Kindes (Wille des Kindes) als auch das objektive Interesse des Kindes (Kindeswohl) einzubeziehen. Dieses Verständnis der Aufgaben des Verfahrensbeistandes entspricht der Wertung des materiellen Rechts, das vom zentralen Begriff des Kindeswohls geprägt ist, vgl § 1697a BGB.

18 Die Stellungnahme des Verfahrensbeistands kann schriftlich oder auch mündlich im Termin abgegeben werden. Eine mündliche Stellungnahme wird insbesondere dann in Betracht kommen, wenn die Bestellung zeitnah zu einem Termin nach § 155 Abs 2 erfolgt. Im Übrigen ist klargestellt, dass die Aufgaben des Verfahrensbeistands nur auf das konkrete Verfahren, für das er bestellt wurde, beschränkt sind.

19 Nach § 158 Abs 4 Satz 2 hat der Verfahrensbeistand das Kind über das gesamte Verfahren in geeigneter Weise zu informieren. Dabei handelt es sich um das Gegenstück zur Geltendmachung des Interesses des Kindes. Dieses wäre ohne Unterstützung oftmals nicht in der Lage, die verfahrensmäßigen Abläufe zu verstehen. Eine altersgerechte Information, ggf auch über den wesentlichen Inhalt der Verfahrensakte, erleichtert dem Kind die Wahrnehmung der eigenen Position. Dies erfordert ein behutsames Vorgehen und bedarf eines gewissen Einfühlungsvermögens, so dass auch nur solche Personen zu Verfahrensbeiständen bestellt werden sollten, die die Gewähr dafür bieten.

20 Sofern nach den Umständen des Einzelfalls Bedarf besteht, kann der Verfahrensbeistand nach Abs 4 Satz 3 Gespräche mit Eltern oder sonstigen Bezugspersonen des Kindes führen und am Zustandekommen einer einverständlichen Regelung über den Verfahrensgegenstand mitwirken. Ob er von diesen Befugnissen Gebrauch macht, entscheidet er selbst. Entscheidet er sich dafür, handelt er im Rahmen seiner – fakultativen – Aufgaben. Hierfür erhält er dann auch eine Vergütung. Allerdings hat das Gericht nach Satz 4 Art und Umfang der Beauftragung konkret festzulegen und die Beauftragung zu begründen. Aus den Sätzen 3 und 4 ergibt sich, dass es sich um eine restriktiv zu handhabende Ausnahmeregelung handelt, die der Konzentration des Verfahrensbeistandes auf seine Kernaufgabe, nämlich die Wahrnehmung der Interessen des Kindes, und der Entlastung der Länderhaushalte dient. Ansonsten ist es grundsätzlich Aufgabe des Jugendamtes bzw Gerichts, die entsprechenden Gespräche zu führen.

21 Im Interesse des Kindes kann der Verfahrensbeistand nach § 158 Abs 4 Satz 5 das Rechtsmittel der Beschwerde einlegen.

22 Abs 4 Satz 6 bringt zum Ausdruck, dass eine gesetzliche Vertretungsmacht des Verfahrensbeistandes für das Kind nicht besteht. Die Bestellung ändert an den Vertretungsverhältnissen nichts. Die Eltern, der Vormund oder im Einzelfall der Ergänzungspfleger bleiben weiterhin gesetzliche Vertreter. Der Verfahrensbeistand handelt im eigenen Namen und hat nicht die Funktion, rechtliche Willenserklärungen für das Kind abzugeben oder entgegenzunehmen. Auf diese Weise werden Eingriffe in das Elternrecht möglichst gering gehalten und eine sachwidrige Verlagerung von Aufgaben auf den Verfahrensbeistand vermieden.

F. Anderweitige Vertretung

23 Nach § 158 Abs 5, der den bisherigen § 50 Abs 3 FGG aF ersetzt, soll die Bestellung unterbleiben oder aufgehoben werden, wenn das Kind von einem Rechtsanwalt oder einem anderen geeigneten Verfahrensbevollmächtigtem vertreten wird.

G. Beendigung

Die Bestimmung über das Ende der Verfahrensbeistandschaft in Absatz 6 entspricht der bisherigen Regelung des § 50 Abs 4 FGG aF. 24

H. Vergütung

§ 158 Abs 7 Satz 1, der auf § 277 Abs 1 verweist, entspricht für nicht berufsmäßig handelnde Verfahrensbeistände auf den bisherigen § 50 Abs 5 FGG aF, wonach diese Aufwendungsersatz gemäß § 1835 Abs 1, 2 BGB erhalten; eine Vergütung steht ihnen dagegen nicht zu. Für den berufsmäßig handelnden Verfahrensbeistand hat sich der Gesetzgeber nun in Satz 2 für die Einführung einer Fallpauschale von 350 € und gegen ein nur mit hoher Abrechnungs- und Kontrolltätigkeit verbundenes Vergütungssystem entschieden. Dabei hat sich der Gesetzgeber an der Gebühr eines Rechtsanwalts in einer Kindschaftssache mit einem Regelstreitwert von 3 000 € und einem Gebührensatz von 2,0 orientiert. Die Vergütung erhöht sich bei der Übertragung von Aufgaben nach Abs 4 S 3 auf 550 €, § 158 Abs 7 Satz 3. In dieser Vergütung sind nach Satz 4 alle Aufwendungen sowie die auf die Vergütung entfallende Umsatzsteuer enthalten. Aufwendungsersatz und Vergütung sind stets aus der Staatskasse zu bezahlen, § 158 Abs 7 Satz 5. Im Übrigen verweist das Gesetz auf § 168 Abs 1. 25

I. Kostenauferlegung

Abs 8 bestimmt, dass dem Verfahrensbeistand keine Verfahrenskosten auferlegt werden können. Dies ist sachgerecht, da er allein im Interesse des Kindes tätig wird. Die Regelung gilt sowohl für das erstinstanzliche Verfahren als auch für das Rechtsmittelverfahren. 26

§ 159 Persönliche Anhörung des Kindes

(1) Das Gericht hat das Kind persönlich anzuhören, wenn es das 14. Lebensjahr vollendet hat. Betrifft das Verfahren ausschließlich das Vermögen des Kindes, kann von einer persönlichen Anhörung abgesehen werden, wenn eine solche nach der Art der Angelegenheit nicht angezeigt ist.

(2) Hat das Kind das 14. Lebensjahr noch nicht vollendet, ist es persönlich anzuhören, wenn die Neigungen, Bindungen oder der Wille des Kindes für die Entscheidung von Bedeutung sind oder wenn eine persönliche Anhörung aus sonstigen Gründen angezeigt ist.

(3) Von einer persönlichen Anhörung nach Absatz 1 oder Absatz 2 darf das Gericht aus schwerwiegenden Gründen absehen. Unterbleibt eine Anhörung allein wegen Gefahr im Verzug, ist sie unverzüglich nachzuholen.

(4) Das Kind soll über den Gegenstand, Ablauf und möglichen Ausgang des Verfahrens in einer geeigneten und seinem Alter entsprechenden Weise informiert werden, soweit nicht Nachteile für seine Entwicklung, Erziehung oder Gesundheit zu befürchten sind. Ihm ist Gelegenheit zur Äußerung zu geben. Hat das Gericht dem Kind nach § 158 einen Verfahrensbeistand bestellt, soll die persönliche Anhörung in dessen Anwesenheit stattfinden. Im Übrigen steht die Gestaltung der persönlichen Anhörung im Ermessen des Gerichts.

Übersicht

	Rz		Rz
A. Allgemeines	1	E. Nachholung der persönlichen Anhörung bei Gefahr im Verzug, Absatz 3 Satz 2	12
B. Pflicht zur persönlichen Anhörung von Kindern über 14 Jahren, Absatz 1	5		
C. Pflicht zur persönlichen Anhörung von Kindern unter 14 Jahren, Absatz 2	6	F. Gestaltung der persönlichen Anhörung, Absatz 4	14
D. Absehen von der persönlichen Anhörung, Absatz 3 Satz 1	8		

A. Allgemeines

1   Die Vorschrift entspricht im Wesentlichen dem bisherigen § 50b FGG. Lediglich der Aufbau der Norm wurde geändert und die Regelungen zur Kindesanhörung präzisiert. Die Bestimmung des § 50b Abs 4 FGG konnte entfallen, da die Vorschrift nach neuer Gesetzeslage ohnedies auch für Mündel gilt.

2   Die Kindesanhörung dient in erster Linie der **Aufklärung des Sachverhalts** und der Optimierung der richterlichen Entscheidung (§ 26); daneben aber auch – vgl Art 103 GG – der **Gewährung rechtlichen Gehörs** (BayObLG FamRZ 1994, 913, 914; FAKomm-FamR/*Büte* § 50b FGG Rn 1, § 50a FGG Rn 1; Johannsen/Henrich/*Brudermüller* § 50b FGG Rn 1; KKW/*Engelhardt* § 50b FGG Rn 3). Sie entspricht dem verfassungsrechtlichen Gebot, in Angelegenheiten der Personensorge den Willen des Kindes zu berücksichtigen, soweit dies mit seinem Wohl vereinbar ist. Eine Entscheidung, die den Belangen des Kindes gerecht wird, kann in der Regel nur ergehen, wenn das Kind in dem gerichtlichen Verfahren die Möglichkeit erhalten hat, seine persönlichen Beziehungen zu den übrigen Familienmitgliedern erkennbar werden zu lassen (BVerfG FamRZ 1981, 124). Grundsätzlich schreibt das Gesetz die persönliche (dh mündliche) Anhörung vor, weil das Kind sich vielfach schriftlich nicht ausreichend verständlich machen kann und eine schriftliche Anhörung die erhebliche Gefahr der elterlichen Einflussnahme birgt; zudem kommt dem persönlichen Eindruck, den sich das Gericht so verschaffen kann, regelmäßig erhebliche Bedeutung zu (BayObLG FamRZ 1987, 87, 88; KKW/*Engelhardt* § 50b FGG Rn 1). Die Anhörung des Kindes durch einen Sachverständigen macht die richterliche Anhörung nicht entbehrlich.

Die Vorschrift gilt für alle Verfahren in Kindschaftssachen, auch für solche, die eine 3
einstweilige Anordnung oder die Festsetzung von Zwangs- oder Ordnungsmitteln gem
§§ 35, 89 zum Gegenstand haben. Sie gilt in beiden Tatsacheninstanzen, also auch im Beschwerdeverfahren (BayObLG FamRZ 1985, 635; 1994, 913, 914; 1995, 500, 501; OLG Stuttgart FamRZ 1989, 1110, 1111; zu Ausnahmen von der persönlichen Anhörungspflicht s.u. Rz 8 ff).

Die Anordnung der persönlichen Kindesanhörung kann von den Eltern nicht ange- 4
fochten werden (OLG Karlsruhe FamRZ 2004, 712; FAKomm-FamR/*Büte* § 50b FGG Rn 1; aA OLG Köln FamRZ 1997, 1549 bei Anhörung in Abwesenheit der Eltern wegen Eingriffs in Parteiöffentlichkeit und deren Recht auf rechtliches Gehör).

B. Pflicht zur persönlichen Anhörung von Kindern über 14 Jahren, Absatz 1

Gemäß Abs 1 **muss** das minderjährige Kind ab einem Alter von 14 Jahren (Jugendlicher) 5
persönlich durch den Familienrichter angehört werden, wenn das Verfahren – zumindest auch – die **Personensorge** betrifft (Ausnahme vgl Abs 3). Grundsätzlich ist ein Jugendlicher auch persönlich anzuhören, wenn das Verfahren ausschließlich die Vermögenssorge betrifft; hier kann aber gem Abs 1 S 2 von der persönlichen Anhörung abgesehen werden, wenn dies nach der Art der Angelegenheit nicht angezeigt ist. In diesem Fall muss aber eine schriftliche Anhörung erfolgen, um rechtliches Gehör zu gewähren (KKW/*Engelhardt* § 50b FGG Rn 21). Wegen der Vorteile der persönlichen Anhörung (s.o. Rz 2, 8) sollte auf sie aber nur verzichtet werden, wenn dies zum Wohl des Kindes notwendig erscheint.

C. Pflicht zur persönlichen Anhörung von Kindern unter 14 Jahren, Absatz 2

Gemäß der 1. Alt des Abs 2 **muss** auch das noch nicht 14 Jahre alte Kind **persönlich an-** 6
gehört werden, wenn dessen **Neigungen, Bindungen** oder **Wille** für die Entscheidung von Bedeutung sind. Dies ist in der Regel bei allen Angelegenheiten der Personensorge der Fall, insbesondere aber bei Verfahren nach §§ 1632, 1666, 1671, 1684, 1685 BGB (BayObLG FamRZ 1982, 640; BGH FamRZ 1984, 1084, 1086; Johannsen/Henrich/*Brudermüller* § 50b FGG Rn 3; KKW/*Engelhardt* § 50b FGG Rn 5; BVerfG FamRZ 2008, 246; 1983, 872 zwingend in Umgangsverfahren). Dabei ist die persönliche Anhörung umso mehr angezeigt je älter das Kind ist. Doch auch bei kleineren Kindern unter zehn Jahren liefert der stets zu beachtende Kindeswille ein ernst zu nehmendes Indiz für die zu berücksichtigenden persönlichen Bindungen (BGH FamRZ 1990, 392, 393). Nach gefestigter Meinung in Rechtsprechung und Literatur ist eine Anhörung im Allgemeinen vom dritten Lebensjahr an veranlasst (vgl BayObLG FamRZ 1983, 948; 1984, 312; KG FamRZ 1983, 1159; OLG Frankfurt FamRZ 1997, 571; OLG Brandenburg FamRZ 2003, 624; KKW/*Engelhardt* § 50b FGG Rn 9; Johannsen/Henrich/*Brudermüller* § 50b FGG Rn 7; FAKomm-FamR/*Büte* § 50b FGG Rn 3). Je nach Entwicklungsstand des Kindes und Gegenstand des Verfahrens kann auch eine persönliche Anhörung unterhalb dieser Altersgrenze sinnvoll sein (vgl OLG Köln FamRZ 1980, 1153, 1154; Hamburg FamRZ 1983, 527 f). Denn auch wenn kleine Kinder noch keinen eigenen Willen entwickelt haben, so lassen sich doch Wünsche und Vorlieben feststellen (KKW/*Engelhardt* § 50b FGG Rn 9).

Gemäß der 2. Alt des Abs 2 **muss** das noch nicht 14 Jahre alte Kind ebenfalls **persön-** 7
lich angehört werden, wenn dies aus **sonstigen Gründen** angezeigt ist. In Betracht kommen etwa vermögensrechtliche Angelegenheiten (AmtlBegr BTDrs 16/6308, 240). Sonstige Gründe liegen aber auch vor, wenn es zur Feststellung des Sachverhalts angezeigt erscheint, dass das Gericht sich von dem Kind einen unmittelbaren Eindruck verschafft. Dass diese Formulierung des bisherigen § 50b Abs 1 FGG nicht übernommen wurde, steht dem nicht entgegen. Ein unmittelbarer Eindruck kann vor allem bei kleineren Kindern wichtig sein; zudem kann er erforderlich sein, um das Vorliegen der Vo-

raussetzungen für eine Anhörung nach der 1. Alt des Abs 2 beurteilen zu können (Johannsen/Henrich/*Brudermüller* § 50b FGG Rn 6).

D. Absehen von der persönlichen Anhörung, Absatz 3 Satz 1

8   Die persönliche Anhörung des Kindes ist unter den Voraussetzungen des Abs 1 und 2 **zwingend**. Von ihr darf nur aus schwerwiegenden Gründen abgesehen werden. Ob **schwerwiegende Gründe** iSd Abs 3 S 1 vorliegen, ist im Wege einer Interessenabwägung festzustellen, deren Maßstab in erster Linie das Kindeswohl ist (OLG Köln FamRZ 1997, 1549; KKW/*Engelhardt* § 50b FGG Rn 26; Johannsen/Henrich/*Brudermüller* § 50b FGG Rn 8). Abzuwägen ist zwischen den mutmaßlichen Belastungen des Kindes durch die Anhörung einerseits und deren voraussichtlichem Beitrag zur Sachverhaltsaufklärung andererseits (FAKomm-FamR/*Büte* § 50b FGG Rn 11; Johannsen/Henrich/*Brudermüller* § 50b FGG Rn 8). Allgemein lässt sich sagen, dass die Anhörung eine hervorragende Erkenntnisquelle ist, weil sie es dem Gericht ermöglicht, sich unmittelbar selbst einen persönlichen Eindruck von dem Kind zu verschaffen, um dessen Neigungen, Bindungen und Willen besser beurteilen zu können. Dies liegt gerade auch im Interesse des Kindes an einer bestmöglichen Entscheidung. Daher muss schon eine erhebliche Beeinträchtigung des Wohlbefindens des Kindes zu befürchten sein, um von der Anhörung absehen zu können. Die richterliche Anhörung ist für das Kind immer mit einer gewissen Belastung verbunden, die der Gesetzgeber bewusst in Kauf genommen hat. Sie ist jedenfalls kein Grund, von der gesetzlich vorgeschriebenen Anhörung abzusehen (BayObLG FamRZ 1987, 88; FAKomm-FamR/*Büte* § 50b FGG Rn 11). Anders aber, wenn zu befürchten ist, dass das Kind durch die Anhörung aus seinem seelischen Gleichgewicht gebracht und sein Gesundheitszustand beeinträchtigt wird (OLG Köln FamRZ 1997, 1549; BGH NJW-RR 1986, 1130; KKW/*Engelhardt* § 50b FGG Rn 27; Johannsen/Henrich/*Brudermüller* § 50b FGG Rn 8; FAKomm-FamR/*Büte* § 50b FGG Rn 11). Doch zeigt die Erfahrung, dass die Belastung gerade bei Kleinkindern eher von den Eltern als von den Kindern selbst empfunden wird, vorausgesetzt der Familienrichter führt die Anhörung kindgerecht und in einer angstfreien und entspannten Atmosphäre durch.

9   Daneben kann von der Anhörung aber auch abgesehen werden, wenn sicher feststeht, dass sie keinen Erkenntnisgewinn erbringen wird, etwa weil das Kind schon aus tatsächlichen Gründen keine Bindungen und Neigungen zu den Eltern oder einem Elternteil entwickeln konnte (BayObLG FamRZ 1988, 871, 873; aA KKW/*Engelhardt* § 50b FGG Rn 27, der hier bereits das Vorliegen der Voraussetzungen für eine Anhörung verneint). Gleiches gilt, wenn die Anhörung mit Sicherheit für die Entscheidung ohne Bedeutung ist, etwa weil das Gericht bereits seine Zuständigkeit verneinen muss (OLG Düsseldorf FamRZ 1993, 1108). In diesen Fällen ist der voraussichtliche Beitrag der Anhörung zur Sachverhaltsaufklärung und damit zu einer besseren Entscheidung so gering bzw fehlt völlig, dass bereits die naturgemäße Belastung, mit der Anhörungen regelmäßig verbunden sind, den Ausschlag bei der **Interessenabwägung** zugunsten eines Absehens gibt. Der übereinstimmende Entscheidungsvorschlag der Eltern und des Jugendamts machen eine Kindesanhörung nicht entbehrlich. Allerdings kann in diesen Fällen eher von der persönlichen Anhörung abgesehen werden, wenn diese das Kind nicht unerheblich belasten würde (vgl Johannsen/Henrich/*Brudermüller* § 50b FGG Rn 8).

10   Eine nach § 159 erforderliche persönliche Kindesanhörung muss auch im **Beschwerdeverfahren** (erneut) durchgeführt werden. Allerdings gilt auch hier, dass sie ausnahmsweise unterbleiben kann, wenn ein Erkenntniszuwachs ausgeschlossen ist. Davon kann auch ausgegangen werden, wenn das Kind kurze Zeit vor der Entscheidung des Beschwerdegerichts im amtsgerichtlichen Verfahren persönlich angehört worden ist, die dabei getroffenen Feststellungen aktenkundig gemacht worden sind und bis zur Entscheidung des Beschwerdegerichts offensichtlich weder neue entscheidungserhebliche Tatsachen bekannt geworden sind noch eine Änderung des rechtlichen Gesichtspunkts

eingetreten ist (OLG Zweibrücken FamRZ 1990, 544; KKW/*Engelhardt* § 50b FGG Rn 20). Wegen der besonderen Bedeutung des persönlichen Eindrucks sollte das Beschwerdegericht aber nur zurückhaltend von dieser Möglichkeit des Absehens von der mündlichen Anhörung Gebrauch machen (vgl FAKomm-FamR/*Büte* § 50b FGG Rn 11; Johannsen/Henrich/*Brudermüller* § 50b FGG Rn 17); ggf kann auch ein Kammermitglied mit der Anhörung beauftragt werden (Johannsen/Henrich/*Brudermüller* § 50b FGG Rn 18; zum eingeschränkten Beweiswert der Anhörung durch den beauftragten Richter s.u. Rz 18).

Unterbleibt die Anhörung zu Unrecht, muss die gerichtliche Entscheidung wegen Verletzung des Anspruchs auf rechtliches Gehör aufgehoben werden, wenn nicht ausnahmsweise auszuschließen ist, dass die Anhörung zur Sachverhaltsklärung beigetragen hätte (BVerfG FamRZ 2002, 229; vgl auch BVerfG FamRZ 2008, 246; 1983, 872). Eine versäumte Anhörung kann jedoch vom Beschwerdegericht – nicht aber vom Rechtsbeschwerdegericht – nachgeholt werden (BayObLG FamRZ 1980, 1150, 1152; Johannsen/Henrich/*Brudermüller* § 50b FGG Rn 19); sie rechtfertigt aber auch die Zurückverweisung durch das Beschwerdegericht (OLG Köln FamRZ 1999, 1517; Johannsen/Henrich/*Brudermüller* § 50b FGG Rn 19). 11

E. Nachholung der persönlichen Anhörung bei Gefahr im Verzug, Absatz 3 Satz 2

Die notwendige persönliche Anhörung des Kindes muss grundsätzlich vor der Entscheidung erfolgen. Lediglich bei **Gefahr im Verzug** kann sie zunächst unterbleiben, muss dann aber gemäß Abs 3 S 2 sobald als möglich nachgeholt werden. Aufgrund des Ergebnisses der Anhörung ist die bereits getroffene Entscheidung zu überprüfen und ggf abzuändern, soweit dies möglich ist. 12

Gefahr im Verzug liegt vor, wenn die zeitliche Verzögerung, die durch die Anhörung zu erwarten ist, die beabsichtigte Wirkung der gerichtlichen Entscheidung gefährden würde und dadurch erhebliche Nachteile für einen Beteiligten, insbesondere für das Kind, zu befürchten sind. Das Gericht muss aber alles tun, um eine vorherige Anhörung noch zu ermöglichen, insbesondere ist auch in Betracht zu ziehen, das Kind an seinem Aufenthaltsort aufzusuchen. Je nach Alter und Gegenstand des Verfahrens sollte notfalls zumindest eine telefonische Anhörung erfolgen, die die unverzügliche Nachholung der persönlichen Anhörung jedoch nicht entbehrlich macht. 13

F. Gestaltung der persönlichen Anhörung, Absatz 4

Die Gestaltung der persönlichen Anhörung steht gemäß Abs 4 S 4 grundsätzlich im Ermessen des Gerichts. Das Gesetz macht lediglich in Abs 4 S 1 bis 3 gewisse Vorgaben. Nach **Abs 4 S 1** soll das Kind in geeigneter Weise über Gegenstand, Ablauf und möglichen Ausgang des Verfahrens informiert werden, soweit dadurch kein Schaden für sein Wohl zu befürchten ist. Daher sollte der Richter zu Beginn der Anhörung – nach einer Zeit der Eingewöhnung – dem Kind in verständlicher Sprache erklären, warum die Anhörung stattfindet und worüber der Anhörende (nicht das Kind!) zu entscheiden hat. Nach **Abs 4 S 2** muss dem Kind Gelegenheit zur Äußerung gegeben werden. Ein bloßes Beobachten des Kindes im Sitzungssaal (BayObLG FamRZ 1997, 223; OLG Karlsruhe, FamRZ 1994, 915) oder durch eine Einwegscheibe (OLG Karlsruhe FamRZ 1994, 915) ist keine Anhörung. Aus Abs 4 S 2 folgt aber auch, dass das Kind sich nicht äußern muss und es dazu auch nicht gezwungen werden sollte. Schließlich soll nach **Abs 4 S 3** der Verfahrensbeistand an der Anhörung teilnehmen, falls ein solcher bestellt wurde. Die Anwesenheit des Verfahrensbeistands soll dem Kind helfen, die für es ungewohnte und möglicherweise als bedrohlich empfundene Anhörungssituation zu meistern und sich den Fragen des Gerichts zu öffnen (Rechtsausschuss BTDrs 16/9733, 367; kritisch dazu unten Rz 16). 14

15 Im Übrigen steht die Gestaltung der Anhörung im **Ermessen des Gerichts**. Dies wird durch **Abs 4 S 4** klargestellt. Dadurch soll einer Einflussnahme von Verfahrensbeteiligten auf die Gestaltung der Anhörung entgegengewirkt werden (AmtlBegr BTDrs 16/6308, 240). Insbesondere entscheidet das Gericht nach seinem Ermessen, das sich in erster Linie am Wohl des Kindes auszurichten hat, wo die Anhörung stattfindet, wer an ihr noch teilnimmt (Eltern, Rechtsanwälte, Sachverständige, Jugendamtsvertreter), wie lange sie dauert, an wie vielen Terminen und wann sie erfolgt (anlässlich einer mündlichen Verhandlung oder gesondert) und ob Geschwister gemeinsam oder getrennt angehört werden (vgl BVerfG FamRZ 1981, 124). Verbindliche Regeln, wie eine Anhörung am besten durchzuführen ist, lassen sich nicht aufstellen. Dies bestimmt sich nach den Umständen des Einzelfalls, vor allem dem Gegenstand des Verfahrens und dem Entwicklungsstand des Kindes. Je älter das anzuhörende Kind ist, umso mehr kann die Anhörung wie bei einer erwachsenen Person erfolgen. Es lassen sich aber einige Hinweise geben, die in vielen Fällen – gerade bei der Anhörung jüngerer Kinder – Beachtung verdienen:

16 Der Anhörende sollte eine positive und geschützte Gesprächssituation schaffen, die dem Kind ein offenes Artikulieren seiner Wünsche und Bedürfnisse ermöglicht. In aller Regel sollte die Anhörung deshalb in **Abwesenheit** von Eltern und Verfahrensbevollmächtigten erfolgen (vgl BGH FamRZ 1986, 895, 896; OLG Karlsruhe FamRZ 1994, 915, 916). Denn andernfalls kann das Kind bei wahrheitsgemäßen Angaben in Konflikte mit seinen Eltern kommen, zumindest aber ist seine Unbefangenheit beeinträchtigt (KKW/*Engelhardt* § 50b FGG Rn 18; Johannsen/Henrich/*Brudermüller* § 50b FGG Rn 10). Aus letzterem Grund ist auch die Anwesenheit sonstiger Personen grundsätzlich störend, zumal beim Kind allzu leicht der Eindruck des Beobachtetwerdens entsteht. Dies gilt – entgegen der gesetzgeberischen Vorstellung – auch für den Verfahrensbeistand, zumal wenn dieser – wie häufig in der praktischen Wirklichkeit – kein besonderes Vertrauensverhältnis zum Kind hat. Will der Verfahrensbeistand über eine bloße Beobachterrolle hinaus an der Anhörung mitwirken – wenn auch nur als Betreuer des Kindes – so besteht die Gefahr, dass er dem Richter die Chance nimmt, in einem Vieraugengespräch mit dem Kind dessen Vertrauen zu gewinnen und so zu erreichen, dass es sich ihm im Gespräch öffnet. Wegen der Vorschrift des Abs 4 S 3 wird das Gericht aber nicht umhin können, in der Regel den bestellten Verfahrensbeistand hinzuzuziehen, will es nicht die Aufhebung seiner Entscheidung aufgrund eines Verfahrenfehlers riskieren.

17 Die Anhörung sollte also **kindgerecht** und in einer angstfreien und entspannten Atmosphäre durchgeführt werden. Dies hängt wesentlich vom Geschick des Richters ab. Grundsätzlich sollten die Kinder nicht durch direkte Fragen, die unmittelbar ergebnisorientiert sind, in die Enge getrieben werden. Daher sollte etwa in einem Sorgerechtsverfahren ein Kleinkind im Kindergartenalter nicht direkt gefragt werden, ob es lieber beim Vater oder der Mutter leben möchte. Dagegen ist es grundsätzlich geboten, zu Beginn der Anhörung dem Kind in verständlichen Sprache zu erklären, warum die Anhörung stattfindet und dass der Anhörende (nicht das Kind!) etwa darüber zu entscheiden hat, ob es künftig beim Vater oder der Mutter wohnt. Am wertvollsten sind die Äußerungen des Kindes, die nicht auf eine direkte Frage hin erfolgen, sondern die es von sich aus macht, sofern nicht nur Angelerntes abgespult wird. Das Kind zum ungezwungen Plaudern zu bringen, ist deshalb die wichtigste Aufgabe des Anhörenden. Dazu trägt auch der äußere Rahmen der Anhörung einen wesentlichen Teil bei. Kleinkinder können mit einer Aufgabe (Bild malen, Puzzle legen) beschäftigt werden, um die Situation aufzulockern und die zu Beginn der Anhörung häufig zu beobachtende »Erstarrungshaltung« des Kindes aufzulösen. Aber auch bei älteren Kindern, zumindest bis zu 14 Jahren, ist es empfehlenswert die Situation äußerlich entspannt zu gestalten. Ein Spaziergang durch einen nahe gelegenen Park oder an einen anderen ruhigen Ort kann dabei sehr förderlich sein. Dagegen muss sorgfältig geprüft werden, ob eine Anhörung in vertrauter Umgebung für das Kind tatsächlich weniger belastend ist oder ob nicht –

wofür vieles spricht – zumindest ein Kleinkind das Eindringen eines Fremden in seine Intimsphäre bedrohlicher empfindet als das Aufsuchen eines fremden Gebäudes mit einer vertrauten Begleitperson (vgl KG FamRZ 1983, 1159; BayObLG FamRZ 1983, 948). Das Gericht muss sich auch damit zufrieden geben, wenn die Anhörung kein für die Entscheidung verwertbares oder erhebliches Ergebnis erbringt. Gerade jüngere Kinder sind oft nicht in der Lage ihre persönlichen Bindungen zu den Eltern dem Gericht präzise mitzuteilen. Das Kind befindet sich oft auch in dem Konflikt, dass es sich mit der Entscheidung für einen Elternteil notwendig gegen den anderen Elternteil aussprechen muss; etwas, was es nicht leisten kann (BVerfGE 55, 171, 183 f = FamRZ 1981, 124, 127). Es darf auch nicht in den innersten Bereich eines Kindes eingedrungen werden, um etwas zu erfahren, was das Kind erkennbar nicht offenbaren will (KG FamRZ 1990, 1383).

Die Anhörung erfolgt grundsätzlich durch alle erkennenden Richter, bei einem Kollegialgericht also durch den vollbesetzten Spruchkörper. Zwar ist die Anhörung durch einen **beauftragten Richter** eines Kollegialgerichts oder den im Rechtshilfeweg **ersuchten Richter** nicht schlechthin ausgeschlossen, sollte aber wegen der besonderen Bedeutung des persönlichen Eindrucks die absolute Ausnahme bilden; dies gilt insbesondere für die Anhörung im Rechtshilfeweg (BGH FamRZ 1985, 169, 172; Johannsen/Henrich/*Brudermüller* § 50b FGG Rn 11, 18; KKW/*Engelhardt* § 50b FGG Rn 17). Denn einen eigenen persönlichen Eindruck kann das Gericht seiner Entscheidung nur zugrunde legen, wenn es die Anhörung selbst in voller Besetzung durchgeführt hat. Andernfalls kann es nur von dem Eindruck des beauftragten oder ersuchten Richters – wie von einem Dritten – sprechen (BGH FamRZ 1985, 169, 172). Ein Rechtshilfeersuchen zur Kindesanhörung darf gleichwohl nicht vom Rechtshilfegericht abgelehnt werden (OLG Düsseldorf FamRZ 1980, 934). **18**

Gemäß § 29 Abs 4 hat das Gericht die Ergebnisse der Beweisaufnahme **aktenkundig** zu machen. Dies gilt auch für die Kindesanhörung, die ja in erster Linie der Sachverhaltsaufklärung dient. Mitzuteilen sind – jedenfalls in groben Zügen – der Verlauf und das Ergebnis der Kindesanhörung (BayObLG FamRZ 1994, 913, 914). Dies kann sowohl in einem Protokoll als auch in einem Aktenvermerk oder in den Gründen der Entscheidung geschehen (BayObLG FamRZ 1994, 913, 914; Johannsen/Henrich/*Brudermüller* § 50a FGG Rn 5). Denn nur so kann die Beweiswürdigung überprüft und festgestellt werden, ob und inwieweit bei der Anhörung entscheidungserhebliche Fragen erörtert wurden (BayObLG FamRZ 1994, 913, 914). **19**

§ 160 Anhörung der Eltern

(1) In Verfahren, die die Person des Kindes betreffen, soll das Gericht die Eltern persönlich anhören. In Verfahren nach den §§ 1666 und 1666a des Bürgerlichen Gesetzbuchs sind die Eltern persönlich anzuhören.

(2) In sonstigen Kindschaftssachen hat das Gericht die Eltern anzuhören. Dies gilt nicht für einen Elternteil, dem die elterliche Sorge nicht zusteht, sofern von der Anhörung eine Aufklärung nicht erwartet werden kann.

(3) Von der Anhörung darf nur aus schwerwiegenden Gründen abgesehen werden.

(4) Unterbleibt die Anhörung allein wegen Gefahr im Verzug, ist sie unverzüglich nachzuholen.

A. Allgemeines

1 Die Vorschrift entspricht im Wesentlichen dem bisherigen § 50a FGG. Ein Absehen von der persönlichen Anhörung in Verfahren, die die Personensorge betreffen, wird durch Abs 1 S 1 noch mehr zur Ausnahme erklärt. Gemäß Abs 2 S 1 ist nunmehr in allen Kindschaftssachen zumindest eine schriftliche Anhörung zwingend. Die Regelung des § 50a Abs 4 FGG konnte entfallen, da die Vorschrift nach neuer Gesetzeslage ohnedies auch für Mündel gilt.

2 Die Anhörung dient der **Aufklärung des Sachverhalts** (vgl § 26) und dadurch der Optimierung der richterlichen Entscheidung, nicht der Gewährung rechtlichen Gehörs (Johannsen/Henrich/*Brudermüller* § 50a FGG Rn 1; KKW/*Engelhardt* § 50a FGG Rn 3). Dies muss unabhängig von § 160 stets – zumindest schriftlich – erfolgen. Freilich wird den Eltern mit der Anhörung zugleich rechtliches Gehör gewährt.

3 Die Vorschrift gilt für alle Verfahren in Kindschaftssachen, auch für solche, die eine einstweilige Anordnung oder die Festsetzung von Zwangs- oder Ordnungsmitteln gem §§ 35, 89 zum Gegenstand haben. Sie gilt in beiden Tatsacheninstanzen, also auch im Beschwerdeverfahren (BayObLG FamRZ 1985, 635; 1994, 913, 914; 1995, 500, 501; OLG Stuttgart FamRZ 1989, 1110, 1111; zu Ausnahmen von der persönlichen Anhörungspflicht s.u. Rz 8 ff).

B. Pflicht zur persönlichen Anhörung der Eltern, Absatz 1

4 Gem **Abs 1 S 1 sollen** die Eltern persönlich durch den Familienrichter angehört werden, wenn das Verfahren – zumindest auch – die **Person des Kindes** betrifft. Damit werden alle Kindschaftssachen erfasst, die nicht ausschließlich vermögensrechtlicher Art sind (AmtlBegr BTDrs 16/6308, 241). Von der Anhörung kann nur in begründeten Ausnahmefällen abgesehen werden. Da es sich um eine Sollvorschrift handelt, können damit aber nicht nur schwerwiegende Gründe iSd Abs 3 gemeint sein. Andererseits wird durch den Verzicht auf die Wendung »in der Regel« im bisherigen § 50a Abs 1 S 2 FGG deutlich gemacht, dass sich die Anforderungen erhöht haben und das Gericht von einer Anhörung nur in besonders gelagerten Ausnahmefällen absehen darf (AmtlBegr BTDrs 16/6308, 240). Wird von der persönlichen Anhörung ohne Heranziehung des Abs 3 abgesehen, ist im Hinblick auf die zwingende Regelung in Abs 2 S 1 und das gesetzgeberische Ziel der Stärkung der Anhörungspflicht, eine schriftliche Anhörung stets geboten (*Schulte-Bunert* Rn 597).

5 Gem **Abs 1 S 2 müssen** die Eltern durch den Familienrichter angehört werden, wenn das Verfahren – zumindest auch – gerichtliche Maßnahmen bei Gefährdung des Kindeswohls nach § 1666 BGB zum Gegenstand hat. Hiervon kann nur aus schwerwiegenden Gründen iSd Abs 3 abgesehen werden.

C. Pflicht zur (schriftlichen) Anhörung der Eltern, Absatz 2

Gem **Abs 2 S 1** sind die Eltern auch in allen anderen Kindschaftssachen anzuhören, die 6
nicht die Person des Kindes betreffen (Angelegenheiten der Vermögenssorge) und daher
nicht schon unter Abs 1 fallen. Die Anhörung muss in diesen Fällen aber nicht persönlich durchgeführt werden, sondern kann auch schriftlich erfolgen. Dies ist zur Gewährung rechtlichen Gehörs immer notwendig. Von der Anhörung kann nur aus schwerwiegenden Gründen iSd Abs 3 oder gem Abs 2 S 2 abgesehen werden.

Der 1. Hs des **Abs 2 S 2** macht eine Ausnahme von der Pflicht zur Anhörung der El- 7
tern in Kindschaftssachen des Abs 2 S 1, also in Angelegenheiten der Vermögenssorge:
Ein Elternteil braucht nicht angehört zu werden, wenn ihm die elterliche Sorge nicht zusteht. Dabei muss es im Hinblick auf den Regelungsbereich ausreichen, wenn dem
Elternteil die Vermögenssorge nicht zusteht. Nach dem 2. Hs des Abs 2 S 2 steht diese
Entbindung von der Anhörungspflicht aber unter der Bedingung, dass eine Sachverhaltsaufklärung nicht erwartet werden kann. Die Formulierung zeigt, dass im Zweifel
eine (zumindest schriftliche) Anhörung durchzuführen ist.

D. Absehen von der Anhörung, Absatz 3

Die Anhörung der Eltern ist nach Maßgabe der Abs 1 und 2 **zwingend**. Von ihr darf 8
gem Abs 3 nur aus **schwerwiegenden Gründen** abgesehen werden. Bei der Prüfung, ob
solche vorliegen ist zwischen dem Interesse des Elternteils, von der Anhörung freigestellt zu werden, und deren voraussichtlichem Beitrag zur Sachverhaltsaufklärung abzuwägen (Johannsen/Henrich/*Brudermüller* § 50a FGG Rn 17; KKW/*Engelhardt* § 50a
FGG Rn 22). Dabei müssen die Gründe für ein Absehen desto gravierender sein, je strikter das Gesetz die Anhörung durch die abgestuften Regelungen der Abs 1 und 2 vorschreibt (Johannsen/Henrich/*Brudermüller* § 50a FGG Rn 17; KKW/*Engelhardt* § 50a
FGG Rn 22). Kann oder muss von einer persönlichen Anhörung gem Abs 3 abgesehen
werden, sollte wenigstens eine schriftliche Anhörung erfolgen. Zwar erlaubt das Gesetz
grundsätzlich auch ein Absehen von der Anhörung überhaupt, also auch von der
schriftlichen, doch sollte diese immer durchgeführt werden, soweit sie tatsächlich möglich ist (KKW/*Engelhardt* § 50a FGG Rn 23). Denn auf die Gewährung rechtlichen Gehörs kann – soweit tatsächlich möglich – ohnehin nicht verzichtet werden (Johannsen/
Henrich/*Brudermüller* § 50a FGG Rn 17).

Schwerwiegende Gründe iSd Abs 3 sind beispielsweise in folgenden Fällen anzuneh- 9
men: **Auslandsaufenthalt** von längerer, nicht absehbarer Dauer bei erheblich erschwerter Erreichbarkeit (BayObLG FamRZ 1981, 814, 815); **unbekannter Aufenthalt**, wobei
sich das Gericht aber nicht mit der Feststellung der Unerreichbarkeit begnügen darf,
sondern zunächst verpflichtet ist, Ermittlungen zum Aufenthalt des Anzuhörenden
durchzuführen (BayObLG FamRZ 1987, 1080, 1082); **erhebliche Gesundheitsbeeinträchtigungen**, die über die zwangsläufig mit der Anhörung verbundenen Belastungen
hinausgehen (Johannsen/Henrich/*Brudermüller* § 50a FGG Rn 17; KKW/*Engelhardt*
§ 50a FGG Rn 23; FAKomm-FamR/*Büte* § 50a FGG Rn 8; vgl auch BGH NJW-RR 1986,
1130 bezüglich Kindesanhörung).

Von der Anhörung kann auch abgesehen werden, wenn von vornherein keine ausrei- 10
chenden tatsächlichen Anhaltspunkte für eine gerichtliche Maßnahme erkennbar sind
(BayObLG, FamRZ 1993, 1350, 1352; 1987, 87, 88; KKW/*Engelhardt* § 50a FGG Rn 11; Johannsen/Henrich/*Brudermüller* § 50a FGG Rn 17). Denn insbesondere unter Berücksichtigung des Rechts der Eltern, die Sorge für ihre Kinder grundsätzlich frei von staatlicher
Bevormundung auszuüben (BayObLG, FamRZ 1993, 1350, 1352), muss eine Interessenabwägung zum Verzicht auf die Anhörung führen.

Eine nach Abs 1 erforderliche persönliche Anhörung muss auch im **Beschwerdever-** 11
fahren (erneut) durchgeführt werden; ggf kann auch ein Kammermitglied mit der Anhörung beauftragt werden (Johannsen/Henrich/*Brudermüller* § 50a FGG Rn 12; zum ein-

geschränkten Beweiswert der Anhörung durch den beauftragten Richter s.u. Rz 16). Allerdings gilt auch hier, dass die persönliche Anhörung ausnahmsweise unterbleiben kann, wenn ein Erkenntniszuwachs ausgeschlossen ist. Davon kann auch ausgegangen werden, wenn die Eltern kurze Zeit vor der Entscheidung des Beschwerdegerichts im amtsgerichtlichen Verfahren persönlich angehört worden sind, die dabei getroffenen Feststellungen aktenkundig gemacht worden sind und bis zur Entscheidung des Beschwerdegerichts offensichtlich weder neue entscheidungserhebliche Tatsachen bekannt geworden sind noch eine Änderung des rechtlichen Gesichtspunkts eingetreten ist (BayObLG FamRZ 1991, 214; OLG Zweibrücken FamRZ 1990, 544; Johannsen/Henrich/*Brudermüller* § 50a FGG Rn 11; KKW/*Engelhardt* § 50a FGG Rn 19). Wird von der erneuten persönlichen Anhörung abgesehen, müssen die Eltern stattdessen schriftlich angehört werden; unabhängig von § 160 folgt dies bereits aus der Verpflichtung zur Gewährung rechtlichen Gehörs.

12 **Unterbleibt die Anhörung zu Unrecht**, liegt ein Verfahrensfehler vor, der in aller Regel zur Aufhebung der Entscheidung führt, wenn nicht ausnahmsweise auszuschließen ist, dass die Anhörung zur Sachverhaltsklärung beigetragen hätte (BVerfG FamRZ 2002, 229). Dies gilt insbesondere bei Verstoß gegen Abs 1 S 2, weil der Anhörungspflicht in Verfahren nach § 1666 BGB besondere Bedeutung zukommt (vgl OLG Köln FamRZ 1999, 530). Eine versäumte Anhörung kann jedoch vom Beschwerdegericht – nicht aber vom Rechtsbeschwerdegericht – nachgeholt werden (BayObLG FamRZ 1980, 1150, 1152; Johannsen/Henrich/*Brudermüller* § 50a FGG Rn 13); sie rechtfertigt aber auch die Zurückverweisung durch das Beschwerdegericht (OLG Köln FamRZ 1999, 1517; Johannsen/Henrich/*Brudermüller* § 50a FGG Rn 10).

E. Nachholung der Anhörung bei Gefahr im Verzug, Absatz 4

13 Die notwendige Anhörung der Eltern muss grundsätzlich vor der Entscheidung erfolgen. Lediglich bei **Gefahr im Verzug** kann sie zunächst unterbleiben, muss dann aber gemäß Abs 4 sobald als möglich nachgeholt werden. Aufgrund des Ergebnisses der Anhörung ist die bereits getroffene Entscheidung zu überprüfen und ggf abzuändern, soweit dies möglich ist.

14 Gefahr im Verzug liegt vor, wenn die zeitliche Verzögerung, die durch die Anhörung zu erwarten ist, die beabsichtigte Wirkung der gerichtlichen Entscheidung gefährden würde und dadurch erhebliche Nachteile für einen Beteiligten, insbesondere für das Kind, zu befürchten sind. Das Gericht muss aber grundsätzlich alles tun, um eine vorherige Anhörung noch zu ermöglichen. Insbesondere ist auch eine telefonische Anhörung in Betracht zu ziehen, die allerdings nur die Nachholung der schriftlichen, nicht aber der persönlichen Anhörung (nach Abs 1) entbehrlich macht.

F. Gestaltung der persönlichen Anhörung

15 Die Gestaltung der persönlichen Anhörung steht im **Ermessen des Gerichts**; dies gilt auch ohne ausdrückliche Regelung wie etwa bei der Kindesanhörung in § 159 Abs 4 S 4. Das Gericht entscheidet über Zeit und Ort der Anhörung sowie die Anwesenheit weiterer Personen. In der Regel werden die Eltern im Sitzungssaal anlässlich einer mündlichen Verhandlung gemeinsam angehört.

16 Die persönliche Anhörung erfolgt grundsätzlich durch alle erkennenden Richter, bei einem Kollegialgericht also durch den vollbesetzten Spruchkörper. Die persönliche Anhörung durch einen **beauftragten Richter** eines Kollegialgerichts oder den im Rechtshilfeweg **ersuchten Richter** ist aber nicht schlechthin ausgeschlossen, sollte aber wegen der besonderen Bedeutung des persönlichen Eindrucks die Ausnahme bilden; dies gilt insbesondere für die Anhörung im Rechtshilfeweg (BGH FamRZ 1985, 169, 172; BayObLG FamRZ 1987, 412, 413; Johannsen/Henrich/*Brudermüller* § 50a FGG Rn 6; KKW/*Engelhardt* § 50b FGG Rn 17). Denn einen eigenen persönlichen Eindruck kann das Ge-

richt seiner Entscheidung nur zugrunde legen, wenn es die Anhörung selbst in voller Besetzung durchgeführt hat. Andernfalls kann es nur von dem Eindruck des beauftragten oder ersuchten Richters – wie von einem Dritten – sprechen (BGH FamRZ 1985, 169, 172). Kommt es entscheidend darauf an, dass sich das erkennende Gericht als solches einen persönlichen Eindruck verschafft, so reicht die Anhörung durch den beauftragten Richter regelmäßig nicht aus (BayObLG FamRZ 1987, 412, 413). Stets ist zu begründen, weshalb eine Anhörung durch die vollbesetzte Kammer nicht für erforderlich erachtet wurde (vgl BayObLG FamRZ 1987, 412, 413). Ein Rechtshilfeersuchen zur persönlichen Anhörung darf gleichwohl nicht vom Rechtshilfegericht abgelehnt werden (OLG Düsseldorf FamRZ 1980, 934).

Gemäß § 29 Abs 4 hat das Gericht die Ergebnisse der Beweisaufnahme **aktenkundig** 17 zu machen. Dies gilt auch für die persönliche Elternanhörung, die der Sachverhaltsaufklärung dient. Mitzuteilen sind – jedenfalls in groben Zügen – der Verlauf und das Ergebnis der Anhörung (BayObLG FamRZ 1994, 913, 914). Dies kann sowohl in einem Protokoll als auch in einem Aktenvermerk oder in den Gründen der Entscheidung geschehen (BayObLG FamRZ 1994, 913, 914; Johannsen/Henrich/*Brudermüller* § 50a FGG Rn 5). Denn nur so kann die Beweiswürdigung überprüft und festgestellt werden, ob und inwieweit bei der Anhörung entscheidungserhebliche Fragen erörtert wurden (BayObLG FamRZ 1994, 913, 914).

§ 161 Mitwirkung der Pflegeperson

(1) Das Gericht kann in Verfahren, die die Person des Kindes betreffen, die Pflegeperson im Interesse des Kindes als Beteiligte hinzuziehen, wenn das Kind seit längerer Zeit in Familienpflege lebt. Satz 1 gilt entsprechend, wenn das Kind auf Grund einer Entscheidung nach § 1682 des Bürgerlichen Gesetzbuchs bei dem dort genannten Ehegatten, Lebenspartner oder Umgangsberechtigten lebt.

(2) Die in Absatz 1 genannten Personen sind anzuhören, wenn das Kind seit längerer Zeit in Familienpflege lebt.

A. Allgemeines

1 Die Vorschrift verbessert die Stellung der Pflege- und Bezugspersonen im Vergleich zum früheren § 50c FGG erheblich, indem diese nun auch formell am Verfahren beteiligt werden können. Nach der Rechtsprechung des BGH zur alten Rechtslage war eine Pflegeperson in Sorgerechtsverfahren mangels unmittelbaren Eingriffs in ein subjektives Recht und mangels entsprechender Ausgestaltung des gerichtlichen Verfahrens grundsätzlich weder materiell noch formell verfahrensbeteiligt (BGH FamRZ 2000, 219 ff; AmtlBegr BTDrs 16/6308, 241). Ausnahmen bestanden nur in Verfahren nach § 1630 Abs 3, § 1632 Abs 4 sowie § 1688 Abs 3 und 4 BGB (vgl BGH FamRZ 2005, 975 ff). Dies hatte zur Folge, dass sich die Beteiligung der Pflegeperson regelmäßig in der Anhörung erschöpft hat (AmtlBegr BTDrs 16/6308, 241). Die formelle Beteiligung stellt nun sicher, dass die Pflegeperson über den Fortgang des Verfahrens und über die Beweisergebnisse informiert wird und aktiv auf den Verlauf des Verfahrens Einfluss nehmen kann (AmtlBegr BTDrs 16/6308, 241).

2 Trotz dieser Stärkung der Rechte der Pflege- und Bezugspersonen steht diesen – anders als dem Jugendamt gemäß § 162 Abs 3 S 2 – keine verfahrensrechtliche **Beschwerdebefugnis** zu. Die Rechtsmittelbefugnis richtet sich – wie nach altem Recht – allein nach einer Beschwer der Pflege- bzw Bezugsperson (AmtlBegr BTDrs 16/6308, 241). Gegen eine Sorgerechtsentscheidung steht ihnen daher keine Beschwerde zu (BGH FamRZ 2000, 219), wohl aber gegen Entscheidungen in Verfahren nach § 1632 Abs 4 BGB, die eine Verbleibensanordnung zum Gegenstand haben (BGH FamRZ 2000, 219).

B. Beteiligung der Pflegeperson, Absatz 1 Satz 1

3 Die Beteiligung der Pflegeperson ist nur in Verfahren möglich, die – zumindest auch – die Person des Kindes betreffen. Damit werden alle Kindschaftssachen erfasst, die nicht ausschließlich vermögensrechtlicher Art sind (AmtlBegr BTDrs 16/6308, 241). Das Kind muss sich seit längerer Zeit in **Familienpflege** bei der Pflegeperson befinden. Unter Familienpflege ist jedes tatsächliche Pflegeverhältnis zu verstehen, nicht nur eines iSd §§ 45 ff SGB VIII; es ist daher gleichgültig, ob ein Pflegevertrag vorliegt oder eine etwa erforderliche Pflegeerlaubnis (BGH FamRZ 2001, 1449, 1451; Johannsen/Henrich/*Brudermüller* § 50c FGG Rn 2). Der Begriff »**längere Zeit**« ist wie in § 1630 Abs 3 und § 1632 Abs 4 BGB zu verstehen (AmtlBegr BTDrs 16/6308, 241), also nicht absolut im Sinne einer bestimmten Zeitspanne. Auszugehen ist vielmehr vom engeren kindlichen Zeitbegriff und den kindlichen Zeitvorstellungen, die wiederum in Beziehung zum Kindesalter stehen. Je jünger das Kind ist, umso länger wird ihm eine Zeitspanne erscheinen und umso länger ist auch die Zeit in Beziehung zur Dauer seines bisherigen Lebens, so dass es schon einen recht langen Zeitraum darstellt, wenn ein einjähriges Kind seit einem halben Jahr in einer Pflegefamilie gelebt hat. Entscheidend ist vor allem, welche Bindungen sich in diesem Zeitraum zwischen Kind und Pflegeperson entwickelt haben, wobei auch das Verhältnis zu anderen Personen in der Pflegefamilie, wie etwa Pflegegeschwister, von Bedeutung sein kann (BayObLG FamRZ 1991, 1080; OLG Celle FamRZ 1990, 191, 192; OLG Karlsruhe FamRZ 2006, 1501, 1502).

Die Pflegeperson wird von Amts wegen gemäß § 7 Abs 3 als Beteiligte im Verfahren **4** hinzugezogen. Darüber entscheidet das Gericht nach pflichtgemäßem **Ermessen**. Dieses wird aber begrenzt durch das Interesse des Kindes. Ein solches Interesse besteht, wenn die formelle Beteiligung der Pflegeperson dem Kindeswohl dienen kann (AmtlBegr BTDrs 16/6308, 241). Davon ist in der Regel auszugehen, wenn es um Angelegenheiten geht, durch die das Pflegeverhältnis berührt wird. Insbesondere in Umgangsverfahren wird das Gericht nur ganz ausnahmsweise von einer Hinzuziehung der Pflegeperson absehen können. Wird die Pflegperson in Umgangsverfahren formell beteiligt, kann sie auch unmittelbar in die gerichtliche Entscheidung einbezogen werden (AmtlBegr BTDrs 16/6308, 241).

C. Beteiligung der Bezugsperson, Absatz 1 Satz 2

Abs 1 S 2 stellt die Personen, bei denen das Kind aufgrund einer Verbleibensanordnung **5** gemäß § 1682 BGB seit längerer Zeit (s.o. Rz 3) lebt, den Pflegepersonen in vollem Umfang gleich. Solche Bezugspersonen können der Ehegatte, Lebenspartner oder ein nach § 1685 Abs 1 BGB umgangsberechtigter Volljähriger sein.

D. Anhörungspflicht, Absatz 2

Gemäß Abs 2 **müssen** die Pflege- oder Bezugspersonen angehört werden, wenn das **6** Kind seit längerer Zeit (s.o. Rz 3) in Familienpflege bzw im Familienverband lebt. Dies hat vor allem Bedeutung, wenn keine Hinzuziehung nach Abs 1 erfolgt ist. Die Anhörung dient in erster Linie der **Aufklärung des Sachverhalts** (vgl § 26), nur hilfsweise auch der Gewährung rechtlichen Gehörs (Johannsen/Henrich/*Brudermüller* § 50c FGG Rn 1). Die Anhörung kann **mündlich** oder **schriftlich** erfolgen. Von ihr kann – im Gegensatz zum früheren Recht – nicht abgesehen werden. Da eine persönliche Anhörung ohnehin nicht vorgeschrieben ist und eine schriftliche Anhörung immer durchgeführt werden sollte, besteht für eine analoge Anwendung des § 160 Abs 3 kein Bedürfnis (s dort Rz 8). Nur wenn die Anhörung aus tatsächlichen Gründen nicht möglich ist (s § 160 Rz 9), etwa weil der Anzuhörende nicht erreichbar ist, kann (muss) von ihr abgesehen werden. Abs 2 gilt auch für das Beschwerdegericht.

Unterbleibt die Anhörung zu Unrecht, liegt ein Verfahrensfehler vor, der in aller Re- **7** gel zur Aufhebung der Entscheidung führt, wenn nicht ausnahmsweise auszuschließen ist, dass die Anhörung zur Sachverhaltsklärung beigetragen hätte (vgl BVerfG FamRZ 2002, 229). Eine versäumte Anhörung kann jedoch vom Beschwerdegericht – nicht aber vom Rechtsbeschwerdegericht – nachgeholt werden (vgl BayObLG FamRZ 1980, 1150, 1152; Johannsen/Henrich/*Brudermüller* § 50a FGG Rn 13); sie rechtfertigt aber auch die Zurückverweisung durch das Beschwerdegericht (vgl OLG Köln FamRZ 1999, 1517; Johannsen/Henrich/*Brudermüller* § 50a FGG Rn 10).

Zur Gestaltung einer persönlichen Anhörung s § 160 Rz 15 ff. **8**

Die Vorschrift enthält keine Regelung zur Nachholung der Anhörung bei Gefahr im **9** Verzug. Da aber nichts anderes als bei der Elternanhörung gelten kann, ist § 160 Abs 4 analog anzuwenden (s § 160 Rz 13 f).

§ 162 Mitwirkung des Jugendamts

(1) Das Gericht hat in Verfahren, die die Person des Kindes betreffen, das Jugendamt anzuhören. Unterbleibt die Anhörung wegen Gefahr im Verzug, ist sie unverzüglich nachzuholen.

(2) Das Jugendamt ist auf seinen Antrag an dem Verfahren zu beteiligen.

(3) Dem Jugendamt sind alle Entscheidungen des Gerichts bekannt zu machen, zu denen es nach Absatz 1 Satz 1 zu hören war. Gegen den Beschluss steht dem Jugendamt die Beschwerde zu.

A. Allgemeines

1 Die Vorschrift erfasst – im Gegensatz zum bisherigen § 49a FGG – lückenlos alle Verfahren, die die Person des Kindes betreffen. Nach Abs 2 ist das Jugendamt auf seinen Antrag hin formell am Verfahren zu beteiligen, wodurch seine Stellung im Vergleich zur alten Rechtslage gestärkt wurde. Abs 3 S 2 verankert nunmehr eine verfahrensrechtliche Beschwerdebefugnis des Jugendamts.

2 Die Anhörung dient der **Aufklärung des Sachverhalts** (vgl § 26) und dadurch der Optimierung der richterlichen Entscheidung, nicht der Gewährung rechtlichen Gehörs (vgl Johannsen/Henrich/*Brudermüller* § 50a FGG Rn 1).

3 Die Vorschrift gilt für alle Verfahren, die die Person des Kindes betreffen, auch für solche, die eine einstweilige Anordnung oder die Festsetzung von Zwangs- oder Ordnungsmitteln gem §§ 35, 89 zum Gegenstand haben. Sie gilt in beiden Tatsacheninstanzen, also auch im Beschwerdeverfahren.

B. Pflicht zur Anhörung des Jugendamts, Absatz 1 Satz 1

4 Gemäß Abs 1 S 1 **muss** das Jugendamt angehört werden, wenn das Verfahren die Person des Kindes betrifft. Damit werden alle Kindschaftssachen erfasst, die nicht ausschließlich vermögensrechtlicher Art sind (AmtlBegr BTDrs 16/6308, 241). Die Anhörung kann **mündlich** oder **schriftlich** erfolgen. In der Regel wird ein Vertreter des Jugendamts an den mündlichen Verhandlungen teilnehmen und dabei auch persönlich angehört werden. Von der Anhörung kann – auch nicht ausnahmsweise – abgesehen werden. Denn schwerwiegende Gründe iSd § 160 Abs 3, die dies rechtfertigen könnten, sind in Bezug auf das Jugendamt ebenso wenig denkbar wie dessen (andauernde) Unerreichbarkeit. Lediglich bei Gefahr im Verzug darf die Anhörung zurückgestellt werden, ist dann aber gemäß Abs 1 S 2 unverzüglich nachzuholen.

5 **Unterbleibt die Anhörung**, liegt ein Verfahrensfehler vor, der in aller Regel zur Aufhebung der Entscheidung führt, wenn nicht ausnahmsweise auszuschließen ist, dass die Anhörung zur Sachverhaltsklärung beigetragen hätte (vgl BVerfG FamRZ 2002, 229). Eine versäumte Anhörung kann jedoch vom Beschwerdegericht – nicht aber vom Rechtsbeschwerdegericht – nachgeholt werden (vgl BayObLG FamRZ 1980, 1150, 1152; Johannsen/Henrich/*Brudermüller* § 50a FGG Rn 13); sie rechtfertigt aber auch die Zurückverweisung durch das Beschwerdegericht (vgl OLG Köln FamRZ 1999, 1517; Johannsen/Henrich/*Brudermüller* § 50a FGG Rn 10).

C. Nachholung der Anhörung bei Gefahr im Verzug, Absatz 1 Satz 2

6 Die notwendige Anhörung des Jugendamts muss grundsätzlich vor der Entscheidung erfolgen. Lediglich bei **Gefahr im Verzug** kann sie zunächst unterbleiben, muss dann aber gemäß Abs 2 S 2 unverzüglich nachgeholt werden. Aufgrund des Ergebnisses der Anhörung ist die bereits getroffene Entscheidung zu überprüfen und ggf abzuändern, soweit dies möglich ist.

Gefahr im Verzug liegt vor, wenn die zeitliche Verzögerung, die durch die Anhörung 7
zu erwarten ist, die beabsichtigte Wirkung der gerichtlichen Entscheidung gefährden
würde und dadurch erheblich Nachteile für einen Beteiligten, insbesondere für das
Kind, zu befürchten sind. Das Gericht muss aber grundsätzlich alles tun, um eine vorherige Anhörung noch zu ermöglichen. Insbesondere ist auch eine telefonische Anhörung in Betracht zu ziehen. Da in der Regel beim Jugendamt ein Notdienst eingerichtet
ist, kann die Anhörung selbst abends oder am Wochenende erfolgen. Oftmals wird auch
das Jugendamt die Eilfälle an das Gericht herantragen, so dass sich das Problem der
rechtzeitigen Anhörung nicht stellt.

D. Beteiligung des Jugendamts, Absatz 2

Gemäß Abs 2 wird das Jugendamt auf seinen Antrag hin nach § 7 Abs 3 als Beteiligter 8
im Verfahren hinzugezogen. Das Gericht ist hierzu verpflichtet; es hat kein Ermessen.
Die Anhörung allein macht das Jugendamt noch nicht zum Beteiligten. Ob es sich darüber hinaus formell beteiligt, ist eine Frage des Einzelfalls, über die nur das Jugendamt
zu befinden hat. Stellt das Jugendamt in einem Antragsverfahren einen Sach- oder Verfahrensantrag, ist es schon deshalb Beteiligter (AmtlBegr BTDrs 16/6308, 241). Die Beteiligung ist nur in Verfahren nach Abs 1 möglich, also wenn die Person des Kindes betroffen ist (s.o. Rz 4).

E. Bekanntmachung gerichtlicher Entscheidungen, Absatz 3 Satz 1

Gemäß Abs 3 S 1 sind dem Jugendamt alle Entscheidungen bekannt zu machen, zu de- 9
nen es gemäß Abs 1 S 1 anzuhören war, also alle Entscheidungen, die die Person des
Kindes betreffen. Die Bekanntmachung richtet sich nach § 41 und erfolgt im Hinblick
auf die Beschwerdebefugnis des Jugendamts nach Abs 3 S 2 durch Zustellung. Im Übrigen dient die Bekanntmachung auch der Information des Jugendamts und soll die notwendige vertrauensvolle Zusammenarbeit mit dem Gericht gewährleisten (KKW/*Engelhardt* § 49a FGG Rn 14).

F. Beschwerdebefugnis des Jugendamts, Absatz 3 Satz 2

Abs 3 S 2 verankert eine verfahrensrechtliche Beschwerdebefugnis des Jugendamts (vgl 10
§ 59 Abs 3). Diese besteht unabhängig von einer Beschwer des Jugendamts iSd § 59
Abs 1.

§ 163 Fristsetzung bei schriftlicher Begutachtung; Inhalt des Gutachtenauftrags; Vernehmung des Kindes

(1) Wird schriftliche Begutachtung angeordnet, setzt das Gericht dem Sachverständigen zugleich eine Frist, innerhalb derer er das Gutachten einzureichen hat.

(2) Das Gericht kann in Verfahren, die die Person des Kindes betreffen, anordnen, dass der Sachverständige bei der Erstellung des Gutachtenauftrags auch auf die Herstellung des Einvernehmens zwischen den Beteiligten hinwirken soll.

(3) Eine Vernehmung des Kindes als Zeuge findet nicht statt.

A. Pflicht zur Fristsetzung bei Anordnung schriftlicher Begutachtung, Absatz 1

1 Gemäß Abs 1 **muss** das Gericht bei Anordnung der schriftlichen Begutachtung in einer Kindschaftssache dem Sachverständigen zugleich eine Frist für die Einreichung des Gutachtens setzen. § 411 Abs 1 S 2 ZPO, der die Fristsetzung in das Ermessen des Gerichts stellt, wird verdrängt. Die Pflicht zur Fristsetzung soll der Verfahrensbeschleunigung dienen und der erheblichen Verlängerung der Verfahrensdauer entgegenwirken, die oftmals mit der Erholung eines schriftlichen Sachverständigengutachtens verbunden ist (AmtlBegr BTDrs 16/6308, 241).

2 Die Fristsetzung muss **zugleich** mit der Anordnung der Begutachtung erfolgen. Dadurch soll dem Sachverständigen Gelegenheit gegeben werden, frühzeitig seine Kapazitäten zu prüfen und dem Gericht mitzuteilen, falls das Gutachten innerhalb der gesetzten Frist voraussichtlich nicht fertig gestellt werden kann (AmtlBegr BTDrs 16/6308, 242). Wird die gesetzte Frist nicht eingehalten, kann das Gericht gegen den Sachverständigen ein Ordnungsgeld nach Maßgabe des § 411 Abs 2 ZPO iVm § 30 Abs 1 und 2 verhängen. Dies wird nicht in Betracht kommen, wenn die Fristversäumnis auf eine unzureichende Mitwirkung der Beteiligten zurückzuführen ist (AmtlBegr BTDrs 16/6308, 242).

3 Die Eltern sind gemäß § 27 Abs 1 zur Mitwirkung an der Erstellung des Gutachtens verpflichtet (AmtlBegr BTDrs 16/6308, 242). Ihre Mitwirkung ist allerdings nicht erzwingbar. Jedoch können ihnen im Weigerungsfall gemäß § 81 Abs 1 und 2 Nr 4 Kosten auferlegt werden (AmtlBegr BTDrs 16/6308, 242).

B. Auftrag zur Konfliktlösung neben dem Gutachten, Absatz 2

4 Abs 2 gibt dem Gericht die Möglichkeit den Sachverständigen über den Gutachtensauftrag hinaus einzusetzen, um eine Konfliktminderung zwischen den Beteiligten zu erzielen. Das gilt aber nur für Verfahren, welche – zumindest auch – die Person des Kindes betreffen. Damit werden alle Kindschaftssachen erfasst, die nicht ausschließlich vermögensrechtlicher Art sind (AmtlBegr BTDrs 16/6308, 241). Mit der Begutachtung in solchen Verfahren werden in der Regel Psychologen beauftragt, die nicht selten in der Paar- und Familienberatung (gerade auch bei Trennung und Scheidung) tätig sind oder doch über Erfahrungen auf diesem Gebiet verfügen. Dennoch dürfen und müssen sich die Sachverständigen grundsätzlich auf die Beantwortung der im Beweisbeschluss gestellten Fragen beschränken, wie etwa, welcher Elternteil zur Wahrnehmung der elterlichen Sorge besser geeignet ist oder in welchem Umfang ein Umgang des Kindes mit dem anderen Elternteil zu empfehlen ist. Dabei werden die Konflikte zwischen den Beteiligten zwar beschrieben, vielleicht sogar Wege der Lösung aufgezeigt, aber ein direktes Hinwirken auf ein solches Einvernehmen zwischen den Beteiligten findet nicht statt. Gemäß Abs 2 kann das Gericht aber genau dies anordnen. So kann der Sachverständige die Eltern zunächst über die negativen psychologischen Auswirkungen einer Trennung auf alle Familienmitglieder aufklären und sodann versuchen, bei den Eltern Verständnis

und Feinfühligkeit für die von den Interessen der Erwachsenen abweichenden Bedürfnisse und für die psychische Lage des Kindes zu wecken. Gelingt dies, kann er etwa mit den Eltern ein einvernehmliches Konzept zum künftigen Lebensmittelpunkt des Kindes und der Gestaltung des Umgangs erarbeiten (AmtlBegr BTDrs 16/6308, 242). Freilich macht sich der Sachverständige durch diese zusätzliche vermittelnde Tätigkeit leichter angreifbar, was bis zur Ablehnung wegen Besorgnis der Befangenheit führen kann (*Schulte-Bunert* Rn 606; ablehnend wegen des Verstoßes gegen fachliche Standards durch Vermischung der beiden grundlegend verschiedenen Tätigkeiten *Flügge* FPR 2008, 1, 4). Doch überwiegen die Vorteile der durch Abs 2 geschaffenen Möglichkeit (gutheißend auch *Jaeger* FPR 2006, 410, 415). Denn die im Rahmen der Gutachtenserstellung gewonnenen Erkenntnisse kann der Sachverständige sogleich für die Vermittlung zwischen den Eltern nutzen, denen sonst kaum so schnell eine so kenntnisreiche Beratung zuteil werden würde. Damit dient diese Tätigkeit des Sachverständigen in den meisten Fällen auch dem Wohl des Kindes, zumindest ist ein Schaden für das Kind nicht zu besorgen.

C. Verbot der Zeugenvernehmung des Kindes, Absatz 3

Abs 3 verhindert, dass die in § 30 normierte Pflicht zur Durchführung einer förmlichen Beweisaufnahme dazu führt, dass das Kind in Anwesenheit der Eltern und anderer Beteiligter als Zeuge vernommen werden muss und dadurch zusätzlich belastet wird (Rechtsausschuss BTDrs 16/9733, 367).

§ 164 Bekanntgabe der Entscheidung an das Kind

Die Entscheidung, gegen die das Kind das Beschwerderecht ausüben kann, ist dem Kind selbst bekannt zu machen, wenn es das 14. Lebensjahr vollendet hat und nicht geschäftsunfähig ist. Eine Begründung soll dem Kind nicht mitgeteilt werden, wenn Nachteile für dessen Entwicklung, Erziehung oder Gesundheit zu befürchten sind. § 38 Abs. 4 Nr. 2 ist nicht anzuwenden.

1 Die Vorschrift entspricht dem bisherigen § 59 Abs 2 und 3 S 1 FGG. Das Beschwerderecht des Kindes bestimmt sich nach § 59 Abs 1 und 2. Die Bekanntgabe gemäß § 41 muss nach **S 1** gegenüber dem Kind selbst erfolgen. Die Entscheidung ist stets zu begründen, weshalb gemäß **S 3** die Bestimmung des § 38 Abs 4 Nr 2 keine Anwendung findet.

2 Unter der Voraussetzung des **S 2** muss in der Regel von der Mitteilung der Begründung – nicht der Entscheidung selbst – abgesehen werden. Hierüber entscheidet der Richter bzw Rechtspfleger und in der Rechtsmittelinstanz der Vorsitzende. Diese Entscheidung ist dem Kind mitzuteilen; sie ist nicht anfechtbar (KKW/*Engelhardt* § 59 FGG Rn 23).

§ 165 Vermittlungsverfahren

(1) Macht ein Elternteil geltend, dass der andere Elternteil die Durchführung einer gerichtlichen Entscheidung oder eines gerichtlich gebilligten Vergleichs über den Umgang mit dem gemeinschaftlichen Kind vereitelt oder erschwert, vermittelt das Gericht auf Antrag eines Elternteils zwischen den Eltern. Das Gericht kann die Vermittlung ablehnen, wenn bereits ein Vermittlungsverfahren oder eine anschließende außergerichtliche Beratung erfolglos geblieben ist.

(2) Das Gericht lädt die Eltern unverzüglich zu einem Vermittlungstermin. Zu diesem Termin ordnet das Gericht das persönliche Erscheinen der Eltern an. In der Ladung weist das Gericht darauf hin, welche Rechtsfolgen ein erfolgloses Vermittlungsverfahren nach Absatz 5 haben kann. In geeigneten Fällen lädt das Gericht auch das Jugendamt zu dem Termin.

(3) In dem Termin erörtert das Gericht mit den Eltern, welche Folgen das Unterbleiben des Umgangs für das Wohl des Kindes haben kann. Es weist auf die Rechtsfolgen hin, die sich ergeben können, wenn der Umgang vereitelt oder erschwert wird, insbesondere darauf, dass Ordnungsmittel verhängt werden können oder die elterliche Sorge eingeschränkt oder entzogen werden kann. Es weist die Eltern auf die bestehenden Möglichkeiten der Beratung durch die Beratungsstellen und -dienste der Träger der Kinder- und Jugendhilfe hin.

(4) Das Gericht soll darauf hinwirken, dass die Eltern Einvernehmen über die Ausübung des Umgangs erzielen. Kommt ein gerichtlich gebilligter Vergleich zustande, tritt dieser an die Stelle der bisherigen Regelung. Wird ein Einvernehmen nicht erzielt, sind die Streitpunkte im Vermerk festzuhalten.

(5) Wird weder eine einvernehmliche Regelung des Umgangs noch Einvernehmen über eine nachfolgende Inanspruchnahme außergerichtlicher Beratung erreicht oder erscheint mindestens ein Elternteil in dem Vermittlungstermin nicht, stellt das Gericht durch nicht anfechtbaren Beschluss fest, dass das Vermittlungsverfahren erfolglos geblieben ist. In diesem Fall prüft das Gericht, ob Ordnungsmittel ergriffen, Änderungen der Umgangsregelung vorgenommen oder Maßnahmen in Bezug auf die Sorge ergriffen werden sollen. Wird ein entsprechendes Verfahren von Amts wegen oder auf einen binnen eines Monats gestellten Antrag eines Elternteils eingeleitet, werden die Kosten des Vermittlungsverfahrens als Teil der Kosten des anschließenden Verfahrens behandelt.

A. Allgemeines

Die Vorschrift entspricht weitgehend dem bisherigen § 52a FGG. Abs 1 erweitert den Anwendungsbereich auf gerichtliche Vergleiche. Denn ein Vermittlungsverfahren zwischen den Eltern erscheint auch und gerade dann Erfolg versprechend, wenn sie sich zu einem früheren Zeitpunkt bereits über die Durchführung des Umgangs geeinigt hatten (AmtlBegr BTDrs 16/6308, 242). Da der gerichtliche Vergleich nun in § 156 Abs 2 geregelt ist, konnte Abs 4 gestrafft werden; Abs 2 wurde sprachlich klarer gefasst und die Abs 3 und 5 an die Einführung von Ordnungsmitteln angepasst. 1

Ziel der Vorschrift ist es, eine Vollstreckung der gerichtlichen Entscheidung oder des gerichtlich gebilligten Vergleichs im Interesse des Kindeswohls zu verhindern (OLG Zweibrücken FamRZ 2000, 299; KKW/*Engelhardt* § 52a FGG Rn 1; Johannsen/Henrich/*Brudermüller* § 52a FGG Rn 3). Daneben ist das Vermittlungsverfahren in der Regel aber auch für den Antragsteller die bessere Alternative um seinem Umgangsrecht dauerhaft in akzeptabler Weise Geltung zu verschaffen. Denn die Vollstreckung nach §§ 88 ff markiert oft den Tiefpunkt der Beziehung zwischen den Eltern, von dem aus sie nur schwer wieder zu einer wünschenswerten Normalisierung zurückfinden. Ein konfliktfreies Zu- 2

§ 165 FamFG | Vermittlungsverfahren

sammenwirken auf der Elternebene ist aber die beste Voraussetzung für ein funktionierendes Umgangsrecht. Nach dem Gesetz kommt dem Vermittlungsverfahren jedoch kein Vorrang gegenüber der Einleitung der Vollstreckung zu. Es gilt § 92 Abs 3 (s dort Rz 3). Anders als nach hM zur alten Rechtslage (vgl OLG Zweibrücken FamRZ 00, 299; KKW/*Engelhardt* § 52a FGG Rn 1; Johannsen/Henrich/*Brudermüller* § 52a FGG Rn 3) steht es im freien Ermessen des Gerichts auch während des Vermittlungsverfahrens Vollsteckungsmaßnahmen zu ergreifen. Das Vermittlungsverfahren ist auf umgangsberechtigte Eltern beschränkt (Johannsen/Henrich/*Brudermüller* § 52a FGG Rn 3).

B. Antrag eines Elternteils; gerichtliche Entscheidung, Absatz 1

3   Gemäß **Abs 1 S 1** wird das Vermittlungsverfahren nur auf Antrag eines Elternteils eingeleitet. Dabei muss er geltend machen, dass die Durchführung des angeordneten oder (mit gerichtlicher Billigung) vereinbarten Umgangsrechts durch den anderen Elternteil vereitelt oder erschwert wird. Dies kann auch durch einen Antrag auf Ausschluss des Umgangsrechts geschehen. Denn ein solcher Sachantrag enthält lediglich die Vorstellung des Antragstellers, wie letztlich eine Einigung der Eltern zum Umgangsrecht aussehen könnte (OLG Hamm FamRZ 1998, 1303).

4   Gem **Abs 1 S 2** kann das Gericht das Vermittlungsverfahren nach seinem freien Ermessen ablehnen, wenn bereits ein (gerichtliches) Vermittlungsverfahren erfolglos geblieben ist. Dasselbe gilt, wenn man sich in dem gerichtlichen Vermittlungsverfahren zwar auf eine außergerichtliche Beratung (etwa nach § 18 Abs 3 S 3 SGB VIII) geeinigt hat, diese aber ohne Erfolg geblieben ist. Lehnt das Gericht den Antrag nicht ab, muss es die Eltern gemäß Abs 2 S 1 unverzüglich zum Vermittlungstermin laden.

5   Gegen die Ablehnung des Vermittlungsverfahrens steht dem antragstellenden Elternteil gemäß §§ 58 Abs 1, 59 Abs 2, 63 Abs 1 die befristete Beschwerde zu. Denn es handelt sich um eine Endentscheidung (aA zur alten Rechtslage: KKW/*Engelhardt* § 52a FGG Rn 7: unbefristete Beschwerde nach § 19 FGG unter Berufung auf BGH FamRZ 1992, 538). Mit der Beschwerde kann aber nicht die Feststellung der Erfolglosigkeit in dem früheren Vermittlungsverfahren überprüft werden. Denn dadurch würde die Unanfechtbarkeit dieser Feststellung gemäß Abs 5 S 1 unterlaufen werden (KKW/*Engelhardt* § 52a FGG Rn 8).

C. Anberaumung eines Vermittlungstermins, Absatz 2

6   Lehnt das Gericht den Antrag nicht ab, lädt es die Eltern gemäß **Abs 2 S 1** unverzüglich zum Vermittlungstermin. Nach **Abs 2 S 2** muss (früher: soll) das persönliche Erscheinen der Eltern angeordnet werden. Denn nur so ist eine ausreichende und unmittelbare Erörterung der Konfliktsituation möglich (BTDrs 13/4899, 134 zu § 52a FGG). Aus Abs 5 S 1 folgt aber, dass das Erscheinen der beiden Elternteile nicht erzwingbar ist (FAKomm-FamR/*Büte* § 52a FGG Rn 9). Um der Anordnung dennoch den nötigen Nachdruck zu verleihen, bestimmt **Abs 2 S 3**, dass in der Ladung auf Abs 5 hinzuweisen ist. Die Beiladung des Jugendamts nach **Abs 2 S 4** wird vor allem dann angezeigt sein, wenn es an dem zugrunde liegenden Umgangsverfahren bereits mitgewirkt hatte oder wenn Möglichkeiten der außergerichtlichen Konfliktlösung über das Jugendamt erörtert werden sollen (BTDrs 13/4899, 134 zu § 52a FGG). Zur Prüfung des Kindeswohls kann auch das Kind angehört werden (FAKomm-FamR/*Büte* § 52a FGG Rn 11). Ermittlungen über die Umgangsrechtsproblematik muss das Gericht grundsätzlich nicht anstellen (OLG Hamm FamRZ 1998, 1303).

D. Hinweispflichten im Vermittlungstermin, Absatz 3

7   **Abs 3** sieht mehrere Hinweispflichten im Vermittlungstermin vor: Das Gericht muss den Eltern die negativen Folgen eines fehlenden Umgangs für das Kindeswohl vor Au-

gen halten, **S 1**. Auf die Rechtsfolgen eines Verstoßes gegen die Wohlverhaltenspflicht ist hinzuweisen, namentlich auf die Möglichkeit der Verhängung von Ordnungsmitteln (§ 89) oder eines (Teil)Sorgerechtsentzugs, **S 2**. Schließlich muss das Gericht auf die (außergerichtlichen) Beratungsmöglichkeiten durch die Träger der Kinder- und Jugendhilfe hinweisen, **S 3**.

E. Ergebnis des Vermittlungstermins, Absatz 4

S 1 formuliert das Ziel des Vermittlungsverfahrens (vgl Rz 2). Im Erfolgsfall wird ein Vergleich protokolliert, der dem Kindeswohl zumindest nicht widerspricht und deshalb die gerichtliche Billigung findet. Er tritt nach **S 2** an die Stelle der bisherigen Regelung und kann daher Grundlage der Vollstreckung gem §§ 88 ff sein. Wird keine Einigung erzielt, sind gem **S 3** die Streitpunkte in einem Vermerk (vgl § 28 Abs 4) festzuhalten. Dies geschieht insbesondere im Hinblick auf nachfolgende Verfahren (Johannsen/Henrich/*Brudermüller* § 52a FGG Rn 12).

8

F. Folgen eines erfolglosen Vermittlungsverfahrens, Absatz 5

Einigen sich die Eltern zwar nicht über die Regelung des Umgangs, aber kommen sie überein sich anschließend außergerichtlich beraten zu lassen, ist das Vermittlungsverfahren nicht erfolglos iSd **Abs 5 S 1**. Für einen erneuten Antrag auf Vermittlung gilt dann aber ebenso Abs 1 S 2. Erfolglosigkeit wird auch fingiert, wenn ein Elternteil nicht erscheint.

9

Ist das Vermittlungsverfahren iSd Abs 5 S 1 erfolglos geblieben, muss dies durch (unanfechtbaren) Beschluss festgestellt werden. Ferner hat das Familiengericht dann zu prüfen, ob es die in **Abs 5 S 2** genannten Maßnahmen ergreifen soll. Dies kann auf Antrag oder von Amts wegen noch im selben Termin aufgrund der Erkenntnisse des Vermittlungsverfahrens geschehen (Johannsen/Henrich/*Brudermüller* § 52a FGG Rn 14).

10

Das Vermittlungsverfahren ist im Interesse der Förderung einer einvernehmlichen Konfliktlösung gerichtsgebührenfrei (vgl BTDrs 13/4899, 134 zu § 52a FGG). Wird jedoch seine Erfolglosigkeit festgestellt und ein nachfolgendes Verfahren gemäß Abs 5 S 2 eingeleitet, so umfasst dessen Kostenentscheidung gemäß **Abs 5 S 3** auch die Kosten des Vermittlungsverfahrens, also insbesondere gerichtliche Auslagen und außergerichtliche Kosten. Bei Einleitung des Nachverfahrens auf Antrag hin, gilt dies aber nur, wenn der Antrag binnen eines Monats nach der Feststellung des Scheiterns des Vermittlungsverfahrens gestellt wurde. Dadurch soll zusätzlich ein Anreiz zur Einigung im Vermittlungsverfahren geschaffen werden, weshalb gemäß Abs 2 S 3 bereits in der Ladung auf die Bestimmung des Abs 5 hinzuweisen ist.

11

§ 166 Abänderung und Überprüfung von Entscheidungen und gerichtlich gebilligten Vergleichen

(1) Das Gericht ändert eine Entscheidung oder einen gerichtlich gebilligten Vergleich nach Maßgabe des § 1696 des Bürgerlichen Gesetzbuchs.

(2) Eine länger dauernde kindesschutzrechtliche Maßnahme hat das Gericht in angemessenen Zeitabständen zu überprüfen.

(3) Sieht das Gericht von einer Maßnahme nach den §§ 1666 bis 1667 des Bürgerlichen Gesetzbuchs ab, soll es seine Entscheidung in einem angemessenen Zeitabstand, in der Regel nach drei Monaten, überprüfen.

A. Allgemeines

1 Die Vorschrift übernimmt den verfahrensrechtlichen Gehalt des § 1696 BGB (AmtlBegr BTDrs 16/6308, 242), der mit Inkrafttreten des FamFG ebenfalls geändert wurde. Abs 2 entspricht dem bisherigen § 1696 Abs 3 S 1 BGB. Abs 3 entspricht dem bisherigen § 1696 Abs 3 S 2 BGB, der erst mit dem Gesetz zur Erleichterung familiengerichtlicher Maßnahmen bei Gefährdung des Kindeswohls vom 4.7.2008 (BGBl I 1188), in Kraft seit 12.7.2008, eingefügt wurde.

B. Eingriffsnorm, Absatz 1

2 Abs 1 enthält sowohl die Verpflichtung als auch die Ermächtigung gerichtliche Entscheidungen und gerichtlich gebilligte Vergleiche abzuändern. Sie verdrängt als Spezialvorschrift die allgemeine Regelung des § 48. Jedoch bleibt § 54 unberührt, da § 166 nur die Abänderung von Entscheidungen in der Hauptsache betrifft (AmtlBegr BTDrs 16/6308, 242).

C. Regelmäßige Überprüfung bei Anordnung, Absatz 2

3 Der Begriff der kindesschutzrechtlichen Maßnahmen ist in § 1696 Abs 2 BGB definiert. Demnach verpflichtet **Abs 2** das Gericht insbesondere die nach §§ 1666 bis 1667 BGB getroffenen Maßnahmen regelmäßig zu überprüfen. Dabei ist in erster Linie festzustellen, ob die Maßnahmen im Hinblick auf die Aufhebungspflicht gemäß § 1696 Abs 2 BGB noch erforderlich sind. Aber auch allen sonstigen Veränderungen, die eine Anpassung der Maßnahmen erfordern, ist gemäß § 1696 Abs 1 BGB Rechnung zu tragen.

4 Der **Umfang der Überprüfung** ist von den Umständen des Einzelfalls abhängig. Keinesfalls ist das Verfahren jedes Mal neu aufzurollen. Regelmäßig genügt eine Anfrage beim Jugendamt. Bei schweren Eingriffen und unzureichender Informationsbereitschaft der Beteiligten kann aber auch eine intensivere Überprüfung erforderlich sein. Dieselben Grundsätze gelten auch für die Bestimmung des **angemessenen Zeitabstands**, der zwischen den Überprüfungen liegen sollte. Als Faustregel kann eine Frist von einem Jahr gelten. Haben bereits wiederholt Überprüfungen stattgefunden, ohne dass sich die Notwendigkeit einer Abänderung gezeigt hat, kann der Abstand auch vergrößert werden. Über drei Jahre sollte er jedoch nicht liegen.

D. Nochmalige Überprüfung bei Nichtanordnung, Absatz 3

5 Das Gericht ist gemäß **Abs 3** auch im Falle des Absehens von Maßnahmen nach §§ 1666 bis 1667 BGB zur nochmaligen (einmaligen) Überprüfung dieser Entscheidung verpflichtet (vgl *Schulte-Bunert* Rn 618). Die Prüfpflicht wird nicht nur durch förmlichen Beschluss, sondern auch durch jede andere das Verfahren beendigende Maßnahme ausgelöst (AmtlBegr BTDRs 16/6815, 15). Die Pflicht zur nochmaligen Überprüfung soll der Gefahr entgegenwirken, dass es – entgegen der Annahme des Gerichts – nicht ge-

lingt, die Gefährdung für das Kind abzuwenden und das Gericht hiervon nichts erfährt (AmtlBegr BTDRs 16/6815, 15). Gerade wenn das Gericht im Hinblick auf Zusagen der Eltern das Verfahren ohne konkrete Maßnahmen abgeschlossen hat oder aber die Schwelle der Kindeswohlgefährdung noch nicht erreicht ist, soll sich das Gericht im Interesse des Kindes nochmals mit der Sache befassen. Damit übernimmt das Familiengericht zumindest teilweise Aufgaben des Jugendamts (aA AmtlBegr BTDRs 16/6815, 16), was aber im Hinblick auf die Einmaligkeit der Überprüfung hingenommen werden kann (aA *Schulte-Bunert* Rn 618 unter Hinweis auf den Gewaltenteilungsgrundsatz und die ohnehin bis zur Entscheidungsreife bestehende Ermittlungspflicht des Gerichts). Denn dadurch hält sich auch die Mehrbelastung für die Gerichte in vertretbarem Rahmen. Ob durch Abs 3 tatsächlich eine Verbesserung des Kinderschutzes erreicht wird (so *Meysen* NJW 08, 2637, 2677; aA *Schulte-Bunert* Rn 618), wird die Praxis zeigen. Zwar ist Abs 3 als Soll-Vorschrift ausgestaltet, doch kommt ein völliges Absehen von der nochmaligen Überprüfung kaum in Betracht. In eindeutigen Fällen kann aber die Prüfung kurz ausfallen.

Der **Umfang der Überprüfung** orientiert sich stark an der Entscheidungslage zum Zeitpunkt des Absehens von Maßnahmen. Das Gericht muss prüfen, inwieweit sich die Verhältnisse geändert und die gehegten Erwartungen erfüllt haben. Eine Nachfrage beim Jugendamt ist unerlässlich. Sie wird aber häufig dann nicht ausreichen, wenn das Jugendamt (weiterhin) Maßnahmen gemäß §§ 1666 bis 1667 BGB befürwortet und das Gericht davon absehen will. Die im Gesetz genannte Regelfrist von drei Monaten bis zur Überprüfung der Entscheidung dient als Anhaltspunkt für einen angemessenen Zeitabstand. In den meisten Fällen dürfte diese Zeitspanne notwendig aber auch ausreichend sein, um erkennen zu lassen, ob die Eltern unter dem Eindruck des gerichtlichen Verfahrens bereit sind notwendige sozialpädagogische Hilfen anzunehmen und mit dem Jugendamt zu kooperieren (AmtlBegr BTDRs 16/6815, 16). Doch kann sich auch ein anderer Überprüfungszeitpunkt aufdrängen, etwa wenn die Eltern Zusagen im Hinblick auf bestimmte Termine gemacht haben. 6

E. Verfahren

Die Abänderung einer Sorgerechtsentscheidung gemäß Abs 1 iVm § 1696 BGB ist ein gegenüber der Erstentscheidung **selbständiges Verfahren**, für das die Zuständigkeit unabhängig vom Erstverfahren zu bestimmen ist (BayObLG FamRZ 00, 1233). Dies gilt auch, wenn die Maßnahme durch eine höhere Instanz angeordnet wurde (BayObLG FamRZ 80, 284). Die **örtliche, sachliche und funktionelle Zuständigkeit** richtet sich nach den zum Zeitpunkt der Einleitung des Abänderungsverfahrens für die in Betracht kommende Maßnahme geltenden Vorschriften (BGH FamRZ 90, 1101). Dasselbe gilt für Verfahren, die nach Überprüfung gemäß Abs 3 erstmalig eingeleitet werden, um eine Maßnahme anzuordnen. 7

Das Überprüfungsverfahren nach Abs 2 und 3 ist ein **formelles, selbständiges Vorverfahren**, das abklären soll, ob ein Verfahren auf Abänderung bzw Anordnung von Maßnahmen eingeleitet werden muss. Ist dies nicht der Fall, trifft das Gericht keine förmliche Entscheidung; andernfalls mündet das Vorverfahren in ein Abänderungsverfahren nach Abs 1 bzw ein Anordnungsverfahren nach §§ 1666 bis 1667 BGB. Zuständig für die Überprüfung ist das Gericht, das auch für das Abänderungs- bzw Anordnungsverfahren zuständig wäre. 8

§ 167 Anwendbare Vorschriften bei Unterbringung Minderjähriger

(1) In Verfahren nach § 151 Nr. 6 sind die für Unterbringungssachen nach § 312 Nr. 1, in Verfahren nach § 151 Nr. 7 die für Unterbringungssachen nach § 312 Nr. 3 geltenden Vorschriften anzuwenden. An die Stelle des Verfahrenspflegers tritt der Verfahrensbeistand.

(2) Ist für eine Kindschaftssache nach Absatz 1 ein anderes Gericht zuständig als dasjenige, bei dem eine Vormundschaft oder eine die Unterbringung erfassende Pflegschaft für den Minderjährigen eingeleitet ist, teilt dieses Gericht dem für das Verfahren nach Absatz 1 zuständigen Gericht die Anordnung und Aufhebung der Vormundschaft oder Pflegschaft, den Wegfall des Aufgabenbereiches Unterbringung und einen Wechsel in der Person des Vormunds oder Pflegers mit; das für das Verfahren nach Absatz 1 zuständige Gericht teilt dem anderen Gericht die Unterbringungsmaßnahme, ihre Änderung, Verlängerung und Aufhebung mit.

(3) Der Betroffene ist ohne Rücksicht auf seine Geschäftsfähigkeit verfahrensfähig, wenn er das 14. Lebensjahr vollendet hat.

(4) In den in Absatz 1 Satz 1 genannten Verfahren sind die Elternteile, denen die Personensorge zusteht, der gesetzliche Vertreter in persönlichen Angelegenheiten sowie die Pflegeeltern persönlich anzuhören.

(5) Das Jugendamt hat die Eltern, den Vormund oder den Pfleger auf deren Wunsch bei der Zuführung zur Unterbringung zu unterstützen.

(6) In Verfahren nach § 151 Nr. 6 und 7 soll der Sachverständige Arzt für Kinder- und Jugendpsychiatrie und -psychotherapie sein. In Verfahren nach § 151 Nr. 6 kann das Gutachten auch durch einen in Fragen der Heimerziehung ausgewiesenen Psychotherapeuten, Psychologen, Pädagogen oder Sozialpädagogen erstattet werden.

A. Allgemeines

1 Abs 2 entspricht im Wesentlichen dem bisherigen § 70 Abs 7 FGG, soweit er Minderjährige betrifft. Abs 3 entspricht dem bisherigen § 70a FGG, Abs 4 dem bisherigen § 70d Abs 2 FGG und Abs 5 dem bisherigen § 70g Abs 5 S 1 FGG.

B. Verweisung auf Unterbringungsvorschriften, Absatz 1

2 Gemäß **Abs 1 S 1** sind die Vorschriften für die Unterbringung Erwachsener auch auf Minderjährige anwendbar. Je nach dem ob es sich um die Genehmigung einer zivilrechtlichen (§ 151 Nr 6) oder die Anordnung einer öffentlich-rechtlichen Unterbringung (§ 151 Nr 7) handelt, gelten die entsprechenden bei einer erwachsenen Person anzuwendenden Vorschriften der §§ 312 ff. Ein Verweis auf die Vorschriften für die Genehmigung unterbringungsähnlicher Maßnahmen nach § 1906 Abs 4 BGB (vgl § 312 Nr 2) erfolgt nicht, weil es für Minderjährige keine materiellrechtliche Norm gibt, die diese Sachverhalte regelt. Wendet man richtigerweise § 1906 Abs 4 BGB analog bei Minderjährigen an (Staudinger/*Salgo* § 1631b BGB Rn 15; Palandt/*Diederichsen* § 1631b BGB Rn 4; FA-Komm-FamR/*Ziegler* § 1631b BGB Rn 2), gelangt man zwanglos auch zur entsprechenden Anwendung der diesbezüglichen Verfahrensvorschriften, also der §§ 312 ff.

3 Abweichend von den Vorschriften betreffend die Unterbringung Erwachsener kommt beim Minderjährigen gemäß **Abs 1 S 2** nur die Bestellung eines Verfahrensbeistands in Betracht. Dies hat immer dann zu erfolgen, wenn nach § 317 dem Erwachsenen ein Verfahrenspfleger zu bestellen wäre.

C. Gegenseitige Unterrichtungspflichten, Absatz 2

Sind für die Genehmigung oder die Anordnung der Unterbringung eines Minder- 4
jährigen nach § 151 Nr 6 oder Nr 7 (vgl Abs 1 S 1) einerseits und die Führung der
Vormundschaft oder Pflegschaft mit Unterbringung andererseits, verschiedene Familiengerichte zuständig, so haben beide Gerichte sich gegenseitig über die in **Abs 2** genannten Maßnahmen zu informieren. Die Vorschrift soll sicherstellen, dass der jeweilige
Richter über die Entwicklung seines Falles im Bilde bleibt (KKW/*Kayser* zu § 70 FGG
Rn 28). Abs 2 ist entsprechend anzuwenden, wenn zwei Gerichte mit solchen Verfahren
befasst sind, ohne dass tatsächlich eine unterschiedliche Zuständigkeit besteht.

D. Verfahrensfähigkeit, Absatz 3

In Abweichung zu § 316 bestimmt Abs 3, dass Kinder erst ab 14 Jahren verfahrensfähig 5
sind. Der Gesetzgeber hat es (weiterhin) nicht als sachgerecht erachtet jüngeren Kindern
die Verfahrensfähigkeit einzuräumen (BTDRs 11/4528, 183 zu § 70a FGG). Soweit Minderjährige nach Abs 3 verfahrensfähig sind, haben sie die gleiche Rechtsposition wie
verfahrensfähige Erwachsene (vgl dazu § 316 Rz 2); gemäß Abs 1 S 2 tritt an die Stelle
des Verfahrenspflegers der Verfahrensbeistand. Abs 3 gilt für alle Unterbringungssachen
nach § 151 Nr 6 und Nr 7 (vgl Abs 1 S 1).

E. Anhörungspflichten, Absatz 4

Abs 4 normiert die Anhörungspflichten in Unterbringungssachen nach § 151 Nr 6 und 6
Nr 7 (vgl Abs 1 S 1). Die persönliche (mündliche) Anhörung der drei Personenkreise ist
unter den Voraussetzungen des Abs 4 zwingend. Dadurch sollen Kommunikationsschwierigkeiten vermieden und nicht sogleich ins Auge fallende Entwicklungsstörungen des Kindes dem Gericht vermittelt werden (BTDRs 11/4528, 184 zu § 70d FGG).
Persönliche Angelegenheit ist gleichbedeutend mit einer die Person des Kindes betreffenden Sache (s dazu § 160 Rz 4). Es gelten für alle Personenkreise die Erläuterungen
zur zwingenden persönlichen Anhörung der Eltern nach § 160 entsprechend (s § 160
Rz 2, 8 ff). Die Anhörung der Pflegeeltern ist – anders als nach § 161 – auch zwingend,
wenn das Kind noch nicht längere Zeit in Familienpflege gelebt hat. Ihre Anhörung ist
vorgeschrieben, weil sie häufig über die aktuellsten Erkenntnisse verfügen, die für die
Entscheidung erheblich sind (BTDRs 11/4528, 184 zu § 70d FGG). Wie bei § 161 ist es
ausreichend, dass ein tatsächliches Pflegeverhältnis besteht (s dazu § 161 Rz 3). Die Begriffe Pflegeeltern und Pflegeperson sind gleichbedeutend.

F. Unterstützungspflicht des Jugendamts, Absatz 5

Abs 5 betrifft die zivilrechtliche Unterbringung Minderjähriger gemäß § 151 Nr 6. Denn 7
diese wird – im Gegensatz zur öffentlich-rechtlichen Unterbringung nach § 151 Nr 7 –
durch die Eltern, den Vormund oder den Pfleger selbst bewirkt. Das Gericht genehmigt
lediglich die Unterbringung. Dem daraus folgenden Bedürfnis, diesem unterbringungsbefugten Personenkreis eine behördliche Anlaufstelle zu geben, trägt Abs 5 Rechnung
(BTDRs 11/4528, 185 zu § 70g FGG). Für die Unterbringung Volljähriger durch den Betreuer findet sich dieselbe Regelung in § 326 Abs 1. Das Jugendamt unterstützt den gesetzlichen Vertreter aber nur bei der Zuführung zur Unterbringung, nicht bei der Unterbringung selbst; hierfür ist die Anstalt zuständig (BTDRs 11/6949, 84 zu § 70g FGG).
Das Jugendamt ist aber behilflich, wenn der gesetzliche Vertreter wegen des Widerstands des Minderjährigen die Unterbringung nicht alleine durchführen kann, weil etwa
ein besonderes Fahrzeug oder Fachpersonal erforderlich ist (BTDRs 11/4528, 185 zu
§ 70g FGG). Gewalt darf das Jugendamt aber nur bei ausdrücklicher gerichtlicher Entscheidung anwenden. Es kann um polizeiliche Unterstützung nachsuchen. Denn die Be-

§ 167 FamFG | Anwendbare Vorschriften bei Unterbringung Minderjähriger

fugnisse des Jugendamts bei der Zuführung zur Unterbringung richten sich nach Abs 1 iVm § 326 Abs 2 (BTDRs 16/6308, 243).

G. Auswahl des Sachverständigen, Absatz 6

8   Abs 6 regelt die Qualifikation des Sachverständigen in Unterbringungssachen Minderjähriger abweichend von § 321 Abs 1 S 4. Nach **Abs 6 S 1** soll der ärztliche Gutachter nicht mehr (nur) Arzt für Psychiatrie, sondern speziell für Kinder- und Jugendpsychiatrie und -psychotherapie sein. Soweit nicht Abs 6 S 2 greift, ist der 2. Halbsatz des § 321 Abs 1 S 4 entsprechend anzuwenden. Denn die Prüfung der Unterbringungsvoraussetzungen bei Kindern kann nicht hinter der bei erwachsenen Personen zurückbleiben. Im Übrigen finden über Abs 1 die Regelungen zur Gutachtenseinholung bei Erwachsenen nach § 321 Anwendung (s dazu § 321 Rz 3 ff), insbesondere auch dessen Abs 2 (s.o. Rz 2).

9   **Abs 6 S 2** enthält eine Ausnahme von der Regel des Abs 6 S 1. Bei der zivilrechtlichen Unterbringung kann das Gutachten auch durch eine der genannten nichtärztlichen Fachleute erstattet werden. Dies kommt aber nur in Betracht, wenn eine psychiatrische Diagnose offensichtlich nicht vorliegt. Denn in der Gesetzesbegründung (BTDRs 16/6308, 243) heißt es hierzu:»Zwar handelt es sich gerade bei stark verhaltensauffälligen Kindern, für die eine geschlossene Unterbringung in Betracht kommt, um eine psychiatrische Hochrisikogruppe, für die im Regelfall eine psychiatrische Begutachtung erforderlich ist. In bestimmten Fällen, etwa bei eindeutigen Erziehungsdefiziten, kann aber unter Umständen von vornherein nur eine Unterbringung in einem Heim der Kinder- und Jugendhilfe in Betracht kommen, ohne dass ein psychiatrischer Hintergrund im Raum ist.«

§ 168 Beschluss über Zahlungen des Mündels

(1) Das Gericht setzt durch Beschluss fest, wenn der Vormund, Gegenvormund oder Mündel die gerichtliche Festsetzung beantragt oder das Gericht sie für angemessen hält:
1. Vorschuss, Ersatz von Aufwendungen, Aufwandsentschädigung, soweit der Vormund oder Gegenvormund sie aus der Staatskasse verlangen kann (§ 1835 Abs. 4 und § 1835a Abs. 3 des Bürgerlichen Gesetzbuchs) oder ihm nicht die Vermögenssorge übertragen wurde;
2. eine dem Vormund oder Gegenvormund zu bewilligende Vergütung oder Abschlagszahlung (§ 1836 des Bürgerlichen Gesetzbuchs).

Mit der Festsetzung bestimmt das Gericht Höhe und Zeitpunkt der Zahlungen, die der Mündel an die Staatskasse nach den §§ 1836c und 1836e des Bürgerlichen Gesetzbuchs zu leisten hat. Es kann die Zahlungen gesondert festsetzen, wenn dies zweckmäßig ist. Erfolgt keine Festsetzung nach Satz 1 und richten sich die in Satz 1 bezeichneten Ansprüche gegen die Staatskasse, gelten die Vorschriften über das Verfahren bei der Entschädigung von Zeugen hinsichtlich ihrer baren Auslagen sinngemäß.

(2) In dem Antrag sollen die persönlichen und wirtschaftlichen Verhältnisse des Mündels dargestellt werden. § 118 Abs. 2 Satz 1 und 2 sowie § 120 Abs. 2 bis 4 Satz 1 und 2 der Zivilprozessordnung sind entsprechend anzuwenden. Steht nach der freien Überzeugung des Gerichts der Aufwand zur Ermittlung der persönlichen und wirtschaftlichen Verhältnisse des Mündels außer Verhältnis zur Höhe des aus der Staatskasse zu begleichenden Anspruchs oder zur Höhe der voraussichtlich vom Mündel zu leistenden Zahlungen, kann das Gericht ohne weitere Prüfung den Anspruch festsetzen oder von einer Festsetzung der vom Mündel zu leistenden Zahlungen absehen.

(3) Nach dem Tode des Mündels bestimmt das Gericht Höhe und Zeitpunkt der Zahlungen, die der Erbe des Mündels nach § 1836e des Bürgerlichen Gesetzbuchs an die Staatskasse zu leisten hat. Der Erbe ist verpflichtet, dem Gericht über den Bestand des Nachlasses Auskunft zu erteilen. Er hat dem Gericht auf Verlangen ein Verzeichnis der zur Erbschaft gehörenden Gegenstände vorzulegen und an Eides statt zu versichern, dass er nach bestem Wissen und Gewissen den Bestand so vollständig angegeben habe, als er dazu imstande sei.

(4) Der Mündel ist zu hören, bevor nach Absatz 1 eine von ihm zu leistende Zahlung festgesetzt wird. Vor einer Entscheidung nach Absatz 3 ist der Erbe zu hören.

(5) Auf die Pflegschaft sind die Absätze 1 bis 4 entsprechend anzuwenden.

Übersicht

	Rz
A. Allgemeines	1
B. Einzelheiten	2
I. Anwendungsbereich	2
II. Festsetzungsverfahren	4
1. Festsetzung auf Antrag bzw von Amts wegen	5
2. Zuständigkeit und Entscheidung	7
3. Gegenstand der Festsetzung	9
a) Aufwendungsersatz, -vorschuss und -entschädigung	10
b) Vergütungen	15
4. Mit der Festsetzung verbindbare Entscheidungen	16
a) Bestimmung zumutbarer Zahlungen nach §§ 1836c, 1836e BGB	17
b) Bestimmung zumutbarer Zahlungen unter Einbeziehung von Unterhaltsansprüchen des Mündels nach §§ 1836c, 1836e BGB	18
c) Gesonderte Entscheidung	19
5. Verzicht auf Festsetzungsverfahren	20
a) Keine Festsetzung	21
b) Ansprüche gegen die Staatskasse	23

§ 168 FamFG | Beschluss über Zahlungen des Mündels

	Rz		Rz
c) Prüfungsmaßstab	24	IV. Rückgriffsansprüche gegen den Erben, Absatz 3	53
6. Wiederholtes Festsetzungsverfahren	25	1. Festsetzung von Zahlungen, Satz 1	55
7. Aussetzung des Festsetzungsverfahrens	26	2. Auskunftserteilung, Satz 2	56
III. Antrag und gerichtliche Ermittlungen, Abs 2	27	3. Nachlassverzeichnis und eidesstattliche Versicherung, Satz 3	57
1. Grundsatz	28	4. Anhörung, Absatz 4	58
2. Antragsinhalt	29	V. Zwangsvollstreckung	62
a) Antragsgegner	30	1. Grundsatz	62
b) Antragsinhalt und -begründung	31	2. Materiell-rechtliche Einwendungen	64
c) Anspruchszeitraum	37	VI. Entsprechende Anwendbarkeit, Abs 5	66
d) Persönliche und wirtschaftliche Verhältnisse des Mündel	38	VII. Rechtsbehelf	67
e) Angabe von Namen und Anschrift sowie Bankverbindung des (Gegen)Vormundes	41	1. Überblick	68
		2. Beschwerde, §§ 58 ff	69
3. Antragsform	42	a) Grundsätze	69
4. Anwendung von PKH-Vorschriften	45	b) Beschwerdewert	74
a) § 118 Absatz 2 Satz 1 ZPO	46	aa) Zulassung der Beschwerde	75
b) § 118 Absatz 2 Satz 1 ZPO	47	bb) Nichtzulassung, Erinnerungsverfahren	77
c) § 120 Absatz 2 ZPO	48	c) Beschwerdebefugnis	78
d) § 120 Absatz 3 ZPO	49	d) Verschlechterung	80
e) § 120 Absatz 4 Satz 1 ZPO	50	3. Rechtsbeschwerde, §§ 70 ff	81
f) § 120 Absatz 4 Satz 2 ZPO	51		
5. Absehen von weiteren Ermittlungen	52		

A. Allgemeines

1 § 168 gibt die Regelungen des bisherigen § 56g Abs 1–4, 7 FGG in der Fassung des 2. BtÄndG wieder. Die in Abs 5 und 6 enthaltenen Normierungen zum statthaften Rechtsmittel und zur Vollstreckung eines Festsetzungsbeschlusses konnten in Hinblick auf die §§ 58 ff, 70 ff und 86 ff entfallen.

B. Einzelheiten

I. Anwendungsbereich

2 Die Verfahrensregelungen des § 168 gelten unmittelbar für die Geltendmachung von Ansprüchen auf Aufwendungsersatz und Vergütung von (Gegen-)Vormund und Pfleger sowie über Verweisungen innerhalb des Gesetzes auch für den Verfahrenspfleger bzw -beistand sowie den (Gegen-, Mit-, Ergänzungs-)Betreuer, auch für Betreuungsvereine bzw -behörden, soweit ihnen selbst als Betreuer oder für die Tätigkeit ihrer Mitarbeiter solche Ansprüche zustehen. Die Vorschrift regelt die Festsetzung bzw Zahlung im vereinfachten Verwaltungsverfahren von
– Vorschuss, Ersatz von Aufwendungen und Aufwandsentschädigung (§§ 1835, 1835a BGB), soweit sie aus der Staatskasse verlangt werden oder dem (Gegen)Vormund nicht die Vermögenssorge zusteht, Abs 1 Satz 1 Nr 1,
– Vergütung oder Abschlagszahlung (§ 1836 BGB), also die Ermessensvergütung nach § 1836 Abs 2, § 8 VBVG, Vergütung nach Zeitaufwand nach §§ 3, 6 VBVG, §§ 158 Abs 7, 277, 318, 419, Abschlagszahlungen nach § 3 Abs 4 VBVG, Pauschalvergütungen nach §§ 4, 5, 7 VBVG und Zahlungen von Leistungen aus der Staatskasse, wenn keine Festsetzung erfolgt, Abs 1 Satz 1 Nr 2, sowie

- den Rückgriff auf das Einkommen und/oder Vermögen des Mündel (§ 1836e Abs 1 S 1 BGB), Abs 1 Satz 2 und Satz 3,
- den Rückgriff auf den Nachlass des verstorbenen Mündel (§ 1836e Abs 1 Satz 3 BGB), Abs 3,
- die Anhörung des Mündel bzw seiner Erben, Abs 4, und
- die Anwendbarkeit auf Pflegschaften, Abs 5.

§ 168 findet entsprechende Anwendung für die gerichtliche Festsetzung von Aufwendungsersatz und Vergütung 3
- des Verfahrensbeistandes des Kindes in Kindschaftssachen, §§ 158 Abs 7, 277 Abs 5 Satz 2, in Abstammungssachen, §§ 174, 158 Abs 7, 277 Abs 5 Satz 2 und Adoptionssachen, §§ 191, 158 Abs 7, 277 Abs 5 Satz 2,
- des Betreuers, § 292 Abs 1,
- des Verfahrenspflegers in Betreuungssachen, §§ 277 Abs 5 Satz 2, in Unterbringungssachen, §§ 318, 277 Abs 5 Satz 2 und in Freiheitsentziehungssachen, §§ 419 Abs 5 Satz 1, 277 Abs 5 Satz 2.

II. Festsetzungsverfahren

In seinem Abs 1 regelt § 168, unter welchen Voraussetzungen zugunsten eines (Gegen)Vormundes Ansprüche auf Aufwendungsersatz bzw Vorschuss und Vergütung gegen die Staatskasse bzw den vermögenden Mündel festgesetzt werden können. 4

1. Festsetzung auf Antrag bzw von Amts wegen

Eine Festsetzung erfolgt nicht allein auf Antrag des (Gegen)Vormundes, sondern auch 5 auf Antrag des Mündels sowie durch das Gericht, soweit dieses es für angemessen erachtet. Der Antrag ist angesichts der Anforderungen der Rechtsprechung und der §§ 23 Abs 1, 27 Abs 1 schriftlich zu stellen. § 292 Abs 2 Satz 1 ermächtigt zudem die Landesregierungen, durch Rechtsverordnung amtliche Vordrucke für die Abrechnung von Aufwendungsersatz und Vergütung eines Betreuers einzuführen. Sofern solche Formulare eingeführt sind, müssen sich Berufsbetreuer ihrer bedienen und sie als elektronisches Dokument einreichen, wenn dieses für die automatische Bearbeitung durch das Gericht geeignet ist, da anderenfalls keine ordnungsgemäße Geltendmachung der Ansprüche vorliegt, § 292 Abs 2 Satz 2 und 3.

Von Amts wegen dürfte ein Bedarf für eine Festsetzung vorliegen, wenn 6
- Anhaltspunkte bestehen, dass der im vereinfachten Verwaltungsverfahren (vgl Abs 1 Satz 4) zahlbar gemachte Betrag unrichtig errechnet ist,
- die Staatskasse es anregt,
- der (Gegen)Vormund nur teilweise Ansprüche geltend macht oder diese streitig sind,
- das Mündel verstorben ist und sich der Anspruch gegen den Nachlass richtet oder
- zugleich oder später auf das Vermögen des Mündels Rückgriff genommen werden soll, vgl Abs 4.

2. Zuständigkeit und Entscheidung

Zuständig ist das Amtsgericht, dort je nach dem zugrunde liegenden Verfahren das Familien- oder Betreuungsgericht. Im Beschwerdeverfahren ist das Oberlandesgericht bzw in Betreuungs-, Unterbringungs- und Freiheitsentziehungsverfahren das Landgericht zuständig, und zwar örtlich das Gericht, das für das jeweils zugrunde liegende Verfahren zuständig war oder auf Grund vollzogener Abgabe zuständig geworden war (BayObLG BtPrax 1997, 114). Funktionell ist beim Gericht der Rechtspfleger zuständig, und zwar auch für ein Festsetzungsverfahren bezüglich von im Unterbringungsverfahren 7 entstandenen Ansprüchen eines Verfahrenspflegers (*Damrau/Zimmermann* § 56g FGG Rn 13).

8   Die Entscheidung erfolgt durch Beschluss, der zu begründen ist, § 38 Abs 1 und 3. Er muss insbesondere angeben, welche Ansprüche in welcher Höhe und ggf für welchen Zeitraum Gegenstand der Entscheidung sind. Der Beschluss muss eine Rechtsbehelfsbelehrung enthalten, § 39. Zum Wirksamwerden, zur Bekanntgabe und zur formellen Rechtskraft vgl §§ 40, 41 und 45.

3. Gegenstand der Festsetzung

9   Gegenstand einer Festsetzung können zulässigerweise Ansprüche gegen die Staatskasse bzw durch den nicht für die Vermögenssorge bestellten (Gegen)Vormund auf Vorschuss, Ersatz von Aufwendungen einschließlich der Aufwandspauschale (§§ 1835 und 1835a BGB) sowie auf Vergütung bzw Abschlagszahlungen auf Vergütungen (§ 1836 BGB) gegen die Staatskasse bzw den vermögenden Mündel sein.

a) Aufwendungsersatz, -vorschuss und -entschädigung

10   Nach § 168 Abs 1 Satz 1 Nr 1 FGG kann sich die Festsetzung auf die Ansprüche des (Gegen)Vormunds hinsichtlich eines Vorschusses auf Aufwendungen bzw des Ersatzes von Aufwendungen nach § 1835 BGB sowie der Aufwendungsentschädigung nach § 1835a BGB beziehen. Eine Festsetzung kommt dann in zwei Fällen in Betracht:

11   Der Anspruch richtet sich gegen die Staatskasse. Dieser Fall ist gegeben, wenn das Mündel mittellos im Sinne des §§ 1836c und 1836d BGB (dazu *Dodegge/Roth* Teil F Rn 246 ff) ist.

12   Der Anspruch richtet sich gegen einen vermögenden Mündel, dessen (Gegen)Vormund die Vermögenssorge nicht oder nicht mehr (etwa nach Tod oder Aufhebung, OLG Hamm FamRZ 2004, 1065 oder Entlassung des Vormundes, BayObLG FamRZ 2005, 393) zusteht. Stünde dem (Gegen)Vormund die Vermögenssorge zu, könnte er die ihm nach den §§ 1835, 1835a BGB zustehenden Beträge selbst dem Vermögen des Mündels entnehmen. Eine gerichtliche Festsetzung ist dann unzulässig (BayObLG BtPrax 2001, 77). Erweisen sich bewilligte Vorschüsse auf Aufwendungen als zu hoch, hat das Gericht den übersteigenden Betrag aufzuführen und nach § 1837 Abs 1 BGB auf Rückzahlung zu drängen (BayObLG FGPrax 2003, 173).

13   Da Gegenbetreuern und Verfahrenspflegern niemals die Vermögenssorge zustehen kann, kann zu ihren Gunsten ein Festsetzungsverfahren erfolgen. Soweit der Vormund die ihm zustehenden Beträge dem Vermögen des Mündels entnimmt, hat er dies in seine Rechnungslegung (§ 1840 Abs 2, 3 BGB) aufzunehmen, ist er davon befreit, in die Schlussrechnung (§ 1892 BGB). Die Kontrolle durch das Gericht erfolgt über §§ 1837, 1843, 1890, 1892 BGB. Steht kein frei verfügbares Vermögen und/oder Einkommen für den (Gegen)Vormund bereit, hat er Anspruch auf Freigabe des gesperrt angelegten Vermögens durch das Gericht (LG Dortmund Rpfleger 1993, 439). Streitigkeiten über die Berechtigung einer Entnahme zwischen (Gegen)Vormund und Mündels sind ggf vor den ordentlichen Gerichten auszutragen.

14   Berufsbetreuer, die seit dem 1.7.2005 eine pauschale Vergütung nach §§ 4, 5 VBVG erhalten, können Aufwendungen nur noch für berufliche bzw gewerbliche Dienste nach §§ 1835 Abs 3, 1908i Abs 1 BGB (vgl dazu § 277 Rz 7) festgesetzt verlangen bzw dem Vermögen des Mündels entnehmen.

b) Vergütungen

15   Nach § 168 Abs 1 Satz 1 Nr 2 kann sich die Festsetzung außerdem auf die Ansprüche des (Gegen)Vormundes auf Bewilligung einer Vergütung (§§ 1836 Abs 2 BGB bzw 1836 BGB iVm §§ 1 ff VBVG), eines Abschlages auf eine Vergütung beziehen. Die Ansprüche

können sich gegen die Staatskasse bei mittellosen Mündel, aber auch gegen den vermögenden Mündel selbst richten.

4. Mit der Festsetzung verbindbare Entscheidungen

Das Gericht soll mit der Festsetzung bezüglich der in Nr 1 und 2 genannten Ansprüche des (Gegen)Vormundes weitere Bestimmungen verbinden. 16

a) Bestimmung zumutbarer Zahlungen nach §§ 1836c, 1836e BGB

Wenn das Mündel aus seinem – nach § 1836c BGB zu bestimmenden – einzusetzenden Einkommen und/oder Vermögen die Ansprüche des (Gegen)Vormundes zum Teil oder in Raten bezahlen kann, kann das Gericht die entsprechende Höhe im Festsetzungsbeschluss bestimmen. Das Gericht kann also im Beschluss zum Beispiel aufnehmen, dass das Mündel auf den festgesetzten Betrag ab dem 1.1.2010 monatlich 50 € an die Staatskasse zu zahlen hat, vgl § 1836e BGB. Zur angemessenen Höhe von Raten, LG Koblenz FamRZ 2009, 371. 17

b) Bestimmung zumutbarer Zahlungen unter Einbeziehung von Unterhaltsansprüchen des Mündels nach §§ 1836c, 1836e BGB

Ein weiterer denkbarer Fall ist, dass das Mündel als mittellos gilt, weil der Unterhaltsverpflichtete nicht freiwillig Unterhalt leistet. Das Gericht kann dann unter Einbeziehung der Unterhaltsschuld – die Ansprüche des Mündels gegen den Unterhaltsschuldner gehen durch Leistung der Staatskasse an den (Gegen)Vormund insoweit auf die Staatskasse über – die vom Mündel zu leistenden Zahlungen bestimmen. 18

c) Gesonderte Entscheidung

Nach § 168 Abs 1 Satz 3 kann das Gericht die vom Mündel zu leistenden Zahlungen auch gesondert festsetzen, wenn dies zweckmäßig ist. Ein solcher Fall kann vorliegen, wenn zur Ermittlung der Leistungsfähigkeit des Mündels weitere umfangreiche Ermittlungen nötig sind oder sich eine Veränderung der maßgeblichen Einkommens- oder Vermögensverhältnisse abzeichnet. 19

5. Verzicht auf Festsetzungsverfahren

§ 168 Abs 1 Satz 4 ermöglicht die Erstattung der vom (Gegen)Vormund begehrten Ansprüche in einem vereinfachten Verfahren, sofern Vergütung und/oder Auslagenersatz aus der Staatskasse begehrt werden und kein Festsetzungsverfahren erfolgt. Die Verweisung auf das Verfahren bei der Entschädigung von Zeugen hinsichtlich ihrer Barauslagen (dies richtet sich nach dem JVEG) besagt nämlich, dass der Urkundsbeamte der Geschäftsstelle des Gerichts die aus der Staatskasse zu zahlenden Beträge im Verwaltungswege feststellen und zur Anweisung (Auszahlung) bringen kann. Dies ist unter folgenden Voraussetzungen möglich: 20

a) Keine Festsetzung

Eine Festsetzung entfällt, wenn sie nicht ausdrücklich beantragt ist und das Gericht sie auch nicht für angemessen erachtet (Abs 1 Satz 1). Letzteres prüft der Rechtspfleger des Gerichts. Stellt er fest, dass es sich um einen einfach gelagerten Sachverhalt handelt, kann er die Angelegenheit an den Urkundsbeamten der Geschäftsstelle weiterleiten. Der Sachverhalt kann selbst dann einfach gelagert sein, wenn Regressansprüche in Betracht kommen. Sie können gegebenenfalls durch gesonderten Beschluss festgesetzt werden, vgl Abs 1 Satz 3. 21

22 Wird eine Vergütung aus der Staatskasse ohne förmliche Festsetzung gezahlt, können überzahlte Beträge zurückverlangt werden (OLG Köln FGPrax 2006, 116).

b) Ansprüche gegen die Staatskasse

23 Weiterhin müssen sich die Ansprüche gegen die Staatskasse richten.

c) Prüfungsmaßstab

24 Der Urkundsbeamte der Geschäftsstelle hat die vorgelegte Abrechnung zu prüfen und kann auch Abstriche machen. Ist der (Gegen)Vormund damit nicht einverstanden, kann er Festsetzung nach Satz 1 beantragen, ein Feststellungsverfahren nach § 4 JVEG findet nicht statt (BayObLG BtPrax 1999, 195). Das Gericht ist dann nicht an die Feststellungen des Urkundsbeamten der Geschäftsstelle gebunden.

6. Wiederholtes Festsetzungsverfahren

25 In Ausnahmefällen kann ein wiederholtes Festsetzungsverfahren in Betracht kommen. Entschieden ist das für den Fall der rechtskräftig erfolgten Ablehnung eines Vergütungsanspruches gegen die Staatskasse mangels Mittellosigkeit. Stellt sich nachträglich heraus, dass der Betroffene bzw sein Nachlass von Anfang an oder wegen veränderter Umstände nicht über ausreichendes Vermögen verfügt, um die Forderung des (Gegen)Vormundes zu erfüllen, kann sich ein zweites Festsetzungsverfahren gegen die Staatskasse anschließen. Der (Gegen)Vormund muss aber alles Mögliche und Zumutbare unternommen haben, um seinen Vergütungsanspruch gegen das Mündel bzw den Nachlass durchzusetzen (BayObLG FamRZ 2004, 305 und 308).

7. Aussetzung des Festsetzungsverfahrens

26 Bei Vorgreiflichkeit eines anhängigen Rechtsstreits, zB über die Berechtigung von Aufwendungen, die in der Vergangenheit bereits in gleicher Form angefallen und dem Vermögen des Mündels entnommen worden waren, kann das Festsetzungsverfahren ausgesetzt werden (BayObLG FamRZ 2004, 1323). Gleiches gilt, wenn der Verdacht einer Straftat des (Gegen)Vormunds besteht und insoweit ein Ermittlungsverfahren der Staatsanwaltschaft anhängig ist (BayObLG FamRZ 2004, 1323).

III. Antrag und gerichtliche Ermittlungen, Abs 2

27 In § 168 Abs 2 finden sich Regelungen zu inhaltlichen Anforderungen an einen Antrag auf Festsetzung an das Gericht, zur Glaubhaftmachung sowie zum Ermittlungsumfang des Gerichts vor einer Festsetzung.

1. Grundsatz

28 Zwingende Vorgaben zum Inhalt eines Festsetzungsantrages nach Abs 1 finden sich in § 168 nicht. Nach Abs 2 Satz 1 sollen die persönlichen und wirtschaftlichen Verhältnisse des Mündels dargestellt werden. Indes lassen sich aus den gesetzlichen Regelungen des Allgemeinen Teils, §§ 23 Abs 1, 27 Abs 1, sowie den von der Rechtsprechung entwickelten Vorgaben eine Reihe von inhaltlichen Anforderungen ableiten.

2. Antragsinhalt

29 Die formellen Inhalte eines Antrages regelt § 23 Abs 1, der sich an §§ 130, 131, 253 ZPO orientiert. Spezielle Regelungen in den jeweiligen Verfahren, zB § 292 in Betreuungssachen, sind zusätzlich zu beachten. Es handelt sich bei § 23 Abs 1 um Soll-Vorschriften,

die die Mitwirkungsregelungen des § 27 konkretisieren. Der Antrag sollte demzufolge nachstehende Punkte umfassen:

a) Antragsgegner

Da sich die Ansprüche gegen das Mündel, ggf seine Erben, oder die Staatskasse richten 30 können, ist eine entsprechende Klarstellung sinnvoll. Bei unklarer Einkommens- und/ oder Vermögenssituation sollte der Anspruch hilfsweise der Staatskasse gegenüber geltend gemacht werden. Damit wird auch das Erlöschen der Ansprüche gegen den Mündel verhindert, vgl §§ 1835 Abs 1 Satz 3, 1835a Abs 4 BGB, § 2 Satz 1 VBVG.

b) Antragsinhalt und -begründung

Die Ansprüche (Aufwendungsvorschuss, -ersatz, Aufwendungsentschädigung, Ab- 31 schlagszahlung auf Vergütung, Vergütung etc) müssen genau angegeben und beziffert werden, weil der Antrag nur so nachvollziehbar und von anderen oder künftigen Ansprüchen abgrenzbar und für das Gericht überprüfbar ist (OLG Dresden FamRZ 2004, 137). Auch sollte klargestellt werden, dass eine Festsetzung begehrt wird. Weiterhin muss eine Begründung des Anspruches erfolgen, § 23 Abs 1 Satz 1.

Hinsichtlich des Umfanges der Darlegungen zu den getätigten Aufwendungen bzw 32 des mit der Amtsführung verbundenen Zeitaufwandes ist unter Berücksichtigung des § 23 Abs 1 Satz 2 danach zu unterscheiden, durch wen im Einzelnen Aufwendungsersatz bzw Vergütung geltend gemacht wird.

Ein ehrenamtlicher (Gegen)Vormund wird den besonderen Umfang bzw die besonde- 33 re Schwierigkeit der Amtsführung, die ausnahmsweise eine Vergütung rechtfertigen, darzulegen haben, wenn er eine Vergütung begehrt. In Bezug auf Aufwendungen nach § 1835 BGB bedarf es nachvollziehbarer Angaben zu Art und Umfang der Aufwendungen.

Ein Berufsbetreuer im Regelfall der Betreuung (§§ 4, 5 VBVG) wird bei erstmaliger 34 Antragstellung Angaben zur beruflichen Qualifikation zwecks Einstufung in die drei Vergütungsstufen zu machen haben. Weiter sind Angaben zum geltend gemachten Stundenansatz und dem gewöhnlichen Aufenthalt des Betroffenen während des Abrechnungszeitraumes nebst Klarstellung, ob es sich um einen Heim handelt oder nicht, erforderlich.

Angaben zu Aufwendungen sind entbehrlich, da sie mit dem Stundensatz als abge- 35 golten gelten.

Ein Berufsvormund, Berufsbetreuer in den Sonderfällen der Betreuung und ein be- 36 rufsmäßiger Verfahrenspfleger bzw -beistand werden bei der Geltendmachung eines Vergütungs- und Aufwendungsersatzanspruches nachvollziehbare Angaben über den Zeitaufwand sowie von Art und Umfang von Aufwendungen tätigen müssen. Fehlen sie, würde der Antrag die Ansprüche nur dem Grunde nach geltend machen und den Ablauf der Ausschlussfristen nicht verhindern (OLG Frankfurt MDR 2002, 156). Im Einzelfall kann aber ein Antrag auf Bewilligung von Abschlagszahlungen und Entnahme nach Bewilligung ausreichen (BayObLG FamRZ 2003, 1221). Dagegen genügt die Angabe von Stundenzahlen pro Jahr nicht (OLG Schleswig BtPrax 2004, 245). Bei Vergütungsansprüchen empfiehlt es sich, den Zeitaufwand zu erfassen, die einzelnen Tätigkeiten dazu stichwortartig zu beschreiben und zu jeder Tätigkeit die dazugehörenden Aufwendungen, zB Telefon, Porto, Kopierkosten etc, festzuhalten (OLG Zweibrücken BtPrax 2000, 220). Diese Anforderungen gelten auch bei einem EDV-unterstützten Nachweis (LG Traunstein BtPrax 1998, 193). Eine detaillierte Aufschlüsselung der Ansprüche führt zudem dazu, dass beim Gericht lediglich eine Plausibilitätsprüfung, zB hinsichtlich des Zeitaufwandes und seiner Erforderlichkeit, stattfinden muss (BayObLG BtPrax 2001, 76; OLG Zweibrücken FamRZ 2002, 627). Erfolgen diese Angaben nicht, steht dem Gericht ein Schätzungsermessen nach § 287 ZPO zu (BayObLG BtPrax 2001, 76; OLG Schleswig

§ 168 FamFG | **Beschluss über Zahlungen des Mündels**

FamRZ 2001, 1480). Begehrt der Vormund eines vermögenden Betroffenen einen über die Stundensätze des § 3 Abs 1 VBVG hinausgehenden Stundensatz, muss er darlegen und belegen, welche besonderen Schwierigkeiten (vgl § 3 Abs 3 VBVG) dies rechtfertigt (BayObLG BtPrax 2001, 252).

c) Anspruchszeitraum

37 Aus dem Antrag muss sich auch ergeben, für welchen Zeitraum die Erstattung von Aufwendungen und Vergütung beantragt wird. Nur so lässt sich eine ausreichende Abgrenzung vornehmen und überprüfen, ob die Ansprüche überhaupt bestehen (zB bei der Aufwendungspauschale, bei Abschlagszahlungen oder Zahlung der Pauschale nach §§ 4, 5 VBVG, vgl § 9 VBVG) bzw wegen Fristablauf erloschen sind, vgl § 2 VBVG.

d) Persönliche und wirtschaftliche Verhältnisse des Mündel

38 Nach § 168 Abs 2 Satz 1 soll (nicht muss) der Antrag die persönlichen und wirtschaftlichen Verhältnisse des Mündels darstellen.

39 Zu den persönlichen Verhältnissen gehören Angaben dazu, ob das Mündel ledig, verheiratet, getrennt lebend ist oder einen Lebenspartner iSd § 1 LPartG hat. Diese Angaben sind in der Regel jedem Vormund möglich, da er persönlichen Kontakt zum Mündel hat und sie im Jahresbericht an das Gericht ohnehin berichten muss. Für das Gericht sind diese Angaben zB wichtig im Rahmen der Ermittlung der Leistungsfähigkeit des Mündels (vgl § 1836c Nr 1 BGB, §§ 82, 85 Abs 1, 86, 87, 90, 102 SGB XII).

40 Zu den wirtschaftlichen Verhältnissen des Mündels zählen die Einkommens- und Vermögensverhältnisse, Unterhaltsverpflichtete bzw -berechtigte (LG Kleve BtPrax 1999, 201). Verfügt der (Gegen)Vormund nicht über den Aufgabenkreis der Vermögenssorge, wird er häufig dazu keine genauen Angaben machen können. Er wird sich im Rahmen seiner Mitwirkungspflichten auf die Mitteilung bekannter Umstände und die Benennung von Auskunftspersonen beschränken können. Das Gericht wird dann im Rahmen seiner Amtsermittlungspflicht die notwendigen Angaben vom Mündel erfragen. Ergeben dessen Auskünfte kein ausreichendes Bild zu seinen wirtschaftlichen Verhältnissen, muss das Gericht ggf Auskünfte von Verwandten des Mündels einholen (OLG Schleswig MDR 2004, 814). Gehört die Vermögenssorge zum Aufgabenkreis des Vormundes, werden sich die Einkommens- und Vermögensverhältnisse regelmäßig aus der Akte ergeben, sofern der (Gegen)Vormund zur jährlichen Rechnungslegung verpflichtet ist.

e) Angabe von Namen und Anschrift sowie Bankverbindung des (Gegen)Vormundes

41 Ohne diese Angaben kann keine Zahlung erfolgen. Bei einem umsatzsteuerpflichtigen (Gegen)Vormund bedarf es grds nicht der Angabe einer laufenden Rechnungsnummer, der Umsatzsteuernummer (bzw ID-Nummer) und des zuständigen Finanzamtes.

3. Antragsform

42 Zur Antragsform vgl §§ 23 Abs 1, 25 Abs 1 und 292 Abs 2. Der Antrag kann danach schriftlich oder mündlich zur Niederschrift der Geschäftsstelle gestellt werden. Er ist zu begründen und mit den zur Begründung dienenden Tatsachen und Beweismitteln zu versehen. Die Personen, die als Beteiligte in Betracht kommen, sind zu nennen. Wird auf Urkunden Bezug genommen, sind sie in Ur- oder Abschrift beizufügen. Schließlich ist der Antrag zu unterschreiben.

43 § 292 Abs 2 ermächtigt darüber die Landesregierungen durch Rechtsverordnung, amtliche Vordrucke für die Abrechnung von Betreuervergütungen einzuführen. NRW hat

im Rahmen des § 292 Abs 2 Satz 4 die Befugnis zum Erlass einer entsprechenden Rechtsverordnung auf das Justizministerium delegiert (GV NRW 2005, 301).

Sofern solche Vordrucke durch das Bundesland eingeführt worden sind, müssen sich **44** Berufsbetreuer ihrer bedienen. Sie sind als elektronisches Dokument einzureichen, wenn dieses für die automatische Bearbeitung durch die Gerichte geeignet ist. Geschieht die Verwendung der Vordrucke nicht, fehlt es an einer ordnungsgemäßen Geltendmachung im Sinne des § 1836 Abs 2 Satz 2 BGB. Das Gericht könnte dann nur nach § 168 Abs 1 S 1 von Amts wegen die Vergütung festsetzen.

4. Anwendung von PKH-Vorschriften

In § 168 Abs 2 Satz 2 finden sich Verweisungen auf Vorschriften des PKH-Verfahrens. **45** Sie bedeuten im Einzelnen folgendes:

a) § 118 Absatz 2 Satz 1 ZPO

Danach kann das Gericht vom (Gegen)Vormund oder Mündel die Glaubhaftmachung **46** seiner Angaben verlangen. Glaubhaftmachung kann durch eidesstattliche Versicherung der Richtigkeit der Angaben gegenüber dem Gericht erfolgen. Sie kann sich auf die Angaben des (Gegen)Vormundes zum Stundenaufwand oder den Anfall von Fahrtkosten oder die Angaben des Mündels zu seinen wirtschaftlichen Verhältnissen beziehen.

b) § 118 Absatz 2 Satz 1 ZPO

Das Gericht muss von Amts wegen die erforderlichen Tatsachen ermitteln und Erhebun- **47** gen dazu anstellen, insbesondere die Vorlage von Urkunden (Sparbücher, Darlehensverträge, Mietvertrag) anordnen und Auskünfte einholen und ggf Zeugen oder Sachverständige vernehmen.

c) § 120 Absatz 2 ZPO

Setzt das Gericht Zahlungen fest, die vom Mündel zu leisten sind, hat die (Rück-)Zah- **48** lung an die Landeskasse zu erfolgen.

d) § 120 Absatz 3 ZPO

Das Mündel hat nichts mehr zu zahlen, wenn es voll bezahlt hat (Nr 1). Das Gericht **49** kann zudem anordnen, dass die Staatskasse nicht mehr an den (Gegen)Vormund zahlt, wenn das Mündel wegen zwischenzeitlichen Vermögenserwerbs selbst zahlen muss (Nr 2).

e) § 120 Absatz 4 Satz 1 ZPO

Bei maßgeblicher Veränderung der persönlichen und wirtschaftlichen Verhältnisse des **50** Mündels kann das Gericht den Beschluss über die vom Mündel zu leistenden Zahlungen abändern. Nimmt das Mündel etwa eine Arbeit mit höheren Einkommen auf, können die Raten erhöht werden. Umgekehrt können sie bei Verlust der Arbeit herabgesetzt werden.

f) § 120 Absatz 4 Satz 2 ZPO

Das Mündel bzw der (Gegen)Vormund mit dem Aufgabenkreis der Vermögenssorge ha- **51** ben sich auf Verlangen des Gerichts dazu zu äußern, ob eine Veränderung der persönlichen oder wirtschaftlichen Verhältnisse des Mündels eingetreten ist. Die Nichtbeachtung bleibt wegen des fehlenden Verweises auf § 124 Nr 2 ZPO folgenlos.

5. Absehen von weiteren Ermittlungen

52 Steht der Aufwand zur Ermittlung der persönlichen und wirtschaftlichen Verhältnisse des Mündels in keinem Verhältnis zu den zu erwartenden Regressforderungen der Staatskasse, kann das Gericht auch ohne weitere Ermittlungen (Prüfung) gem § 168 Abs 2 Satz 3 den Anspruch festsetzen. Das Gericht muss den voraussichtlich zu erwartenden Rückzahlungsanspruch gegen den Mündel mit den Kosten vergleichen, die auf Seiten des Gerichts und des (Gegen)Vormunds entstehen. Das Gericht darf nicht jede vorherige Prüfung unterlassen. Umfasst die Betreuung die Vermögenssorge nicht, ist beim Mündel nachzufragen, wie es um seine persönlichen und wirtschaftlichen Verhältnisse bestellt ist. Unter Umständen hat das Gericht bei den Angehörigen des Mündels nachzufragen. Nur wenn von vornherein konkrete Anhaltspunkte vorliegen, dass die Kosteneinziehung aussichtslos ist, zB bei Bezug von Sozialhilfe, kann auf Ermittlungen verzichtet werden (LG Essen NJWE-FER 2001, 133).

IV. Rückgriffsansprüche gegen den Erben, Absatz 3

53 § 168 Abs 3 enthält Regelungen für das Verfahren, wenn nach dem Tod des Mündels Zahlungen gegen den Erben wegen der aus der Staatskasse geleisteten und damit auf sie übergegangenen Ansprüche des (Gegen)Vormunds gegen den Mündel (vgl § 1836e BGB) oder die Vergütung direkt gegen den Erben festgesetzt werden sollen, Satz 1.

54 Der Erbe ist in beiden Fällen zu hören, Abs 4 Satz 2. In der Regel geschieht das im schriftlichen Verfahren. Bei der Ermittlung der Erben kann das zuständige Nachlassgericht (s dazu §§ 343 f) um Amtshilfe gebeten werden. Sind die Erben unbekannt, besteht die Möglichkeit, dass das Nachlassgericht einen Nachlasspfleger nach §§ 1960, 1961 BGB bestellt, der dann vom Gericht zu beteiligen ist. Den Erben treffen nach Satz 2 und 3 Mitwirkungspflichten.

1. Festsetzung von Zahlungen, Satz 1

55 Die Bestimmung, dass der Erbe Zahlungen zu leisten hat, kommt in zwei Fällen in Betracht. Zum einen ist denkbar, dass die Staatskasse Ansprüche des (Gegen)Vormunds nach §§ 1835 ff BGB, §§ 1 ff VBVG durch Zahlung befriedigt hat, das Mündel verstorben ist und einzusetzender Nachlass vorhanden ist (vgl § 1836e Abs 1 Satz 3 BGB). War der ursprüngliche Festsetzungsbeschluss vor dem Tod des Mündels rechtskräftig geworden, stehen den Erben insoweit keine Einwendungen mehr zu. Das Gericht kann nach den nötigen Ermittlungen festsetzen, welche Zahlungen die Erben zu erbringen haben. Eine Abänderung ist möglich, soweit sich die wirtschaftlichen und persönlichen Verhältnissen geändert haben, etwa dadurch, dass Schonbeträge, die nur dem Mündel zustanden, entfallen. Zum anderen können Ansprüche des (Gegen)Vormunds nach §§ 1835 ff BGB, §§ 1 ff VBVG bestehen, die vor dem Tod des Mündels noch nicht festgesetzt worden waren. Hier kann die Festsetzung nach dem Tod des Mündels erfolgen (OLG Frankfurt NJW 2004, 373; OLG Hamm JMBlNRW 2003, 237; BayObLG BtPrax 2001, 163), selbst wenn die Ersatzansprüche aus dem Nachlass des vermögenden Mündels zu bewilligen sind (BayObLG FGPrax 1999, 182; OLG Düsseldorf BtPrax 2002, 265).

2. Auskunftserteilung, Satz 2

56 § 168 Abs 3 Satz 2 verpflichtet den Erben, dem Gericht Auskunft über den Bestand des Nachlasses zu erteilen. Ggf können Zwangsmittel nach § 35 eingesetzt werden, Rückgriff auf den Inhalt der Nachlassakten genommen oder einfach Rückgriff angeordnet werden.

3. Nachlassverzeichnis und eidesstattliche Versicherung, Satz 3

Wenn das Gericht es fordert, hat der Erbe ein Nachlassverzeichnis vorzulegen und an Eides statt zu versichern, dass dieses nach bestem Wissen und Gewissen den Bestand so vollständig wiedergibt, wie es ihm möglich ist.

4. Anhörung, Absatz 4

Abs 4 sieht die Anhörung des Mündels vor einer Festsetzung einer von ihm zu leistenden Zahlung (Satz 1) bzw des Erben, gegen den die Zahlung einer Leistung an die Staatskasse bestimmt werden soll (Satz 2), vor.

Die Anhörung – schriftlich oder mündlich – ist erforderlich, wenn das Mündel Vergütung und/oder Aufwendungsersatz selbst zu zahlen hat. Sie dient der Gewährung rechtlichen Gehörs. Die Notwendigkeit einer Verfahrenspflegerbestellung im Vergütungsverfahren bemisst sich im Einzelfall danach, ob überhaupt noch eine Verständigung mit dem Mündel möglich ist (OLG Köln FamRZ 2003, 171) bzw ein Interesse des Mündels an der Verfahrenspflegerbestellung besteht (OLG Karlsruhe FamRZ 2003, 405). Ist der Betreute mittellos, bedarf es einer Anhörung nur, wenn er im Wege des Regresses (§ 1836e BGB) in Anspruch genommen werden soll.

Obwohl die Staatskasse nicht ausdrücklich in Abs 4 genannt ist, ergibt sich aus dem Grundsatz des rechtlichen Gehörs sowie landesrechtlichen Vorschriften, dass sie anzuhören ist, wenn Zahlungen aus der Staatskasse erfolgen sollen.

Die Anhörung des Erben, der im Rahmen des § 168 Abs 3 in Anspruch genommen werden soll, erfolgt regelmäßig schriftlich.

V. Zwangsvollstreckung

1. Grundsatz

Die Festsetzung des Aufwendungsersatzes bzw der Vergütung erfolgt durch Beschluss, § 38 Abs 1 Satz 1, und ist demzufolge ein Vollstreckungstitel, § 86 Abs 1 Nr 1. Mit dem Wirksamwerden (dazu § 40 Abs 1) des Festsetzungsbeschlusses ist dieser vollstreckbar, § 86 Abs 2. Eine Vollstreckungsklausel ist erforderlich, wenn die Vollstreckung nicht durch das Gericht erfolgt, das den Titel erlassen hat, § 86 Abs 3. Das ist etwa der Fall, wenn der Vormund die Vollstreckung selbst betreibt.

Nach dem Tod des Mündels kann der Titel gegen dessen Erben umgeschrieben werden und gegen sie vollstreckt werden. Gemäß § 1 Abs 1 Nr 4b JBeitrO werden Ansprüche aus § 168 nach der JBeitrO beigetrieben, wenn die Staatskasse ihre Regressansprüche nach gerichtlicher Festsetzung gegen die Erben des Mündels vollstrecken will. Wegen der gesamtschuldnerischen Haftung der Erben, vgl § 2058 BGB, kann die Leistung von jedem der Miterben ganz gefordert werden, § 421 BGB.

2. Materiell-rechtliche Einwendungen

Wie materiell-rechtliche Einwendungen des Mündels gegen die Festsetzung von Ansprüchen des (Gegen)Vormunds nach §§ 1835 ff BGB, §§ 1 ff VBVG zu behandeln sind, ist umstritten. Nach zutreffender Meinung ist zu differenzieren. Erhebt das Mündel gegen die Anspruchsgrundlage bzw die Höhe oder das Erlöschen der Vergütung Einwendungen, wie zB Aufwendungen seien nicht angefallen, Tätigkeiten des (Gegen)Vormunds tatsächlich nicht erbracht worden oder erforderlich gewesen bzw die Ansprüche seien nach § 2 VBVG erloschen oder verwirkt (dazu OLG Hamm NJW-RR 2007, 1081), sind diese vom Gericht im Festsetzungsverfahren zu beachten (BayObLG BtPrax 2001, 163). Das Gericht darf dabei allerdings keine Zweckmäßigkeitserwägungen anstellen oder pauschale Kürzungen vornehmen (LG Marburg BtPrax 1999, 248).

65 Unbeachtlich bleiben dagegen Behauptungen, der (Gegen)Vormund habe seine Leistung mangelhaft erbracht (KG NJW-RR 2007, 1598). Sie können nur im Rahmen eines Prozesses vor dem Zivilgerichte nach § 767 ZPO geltend gemacht werden. Das gilt auch für die Einwendungen des Erlasses der Ansprüche, der Aufrechnung und des Zurückbehaltungsrechts (BayObLG FamRZ 1999, 1591).

VI. Entsprechende Anwendbarkeit, Abs 5

66 Nach § 168 Abs 5 sind die Abs 1–4 auf Pflegschaften sinngemäß anzuwenden, also etwa auf den Aufwendungsersatz und die Vergütung eines Ergänzungspflegers nach § 1909 BGB oder eines Nachlasspflegers nach §§ 1960, 1961 BGB.

VII. Rechtsbehelf

67 Die bisher in § 56g Abs 5 FGG enthaltenen Regelungen zum Rechtsweg gegen Entscheidungen, die im Rahmen des § 168 vom Gericht getroffen werden, konnten aufgrund der im Allgemeinen Teil aufgenommenen Vorschriften entfallen.

1. Überblick

68 Gegen Entscheidungen des Gerichts im Festsetzungsverfahren ist regelmäßig die Beschwerde nach §§ 58 ff bzw nach § 11 Abs 2 RPflG die Erinnerung als Rechtsbehelf gegeben.

2. Beschwerde, §§ 58 ff

a) Grundsätze

69 § 58 sieht den Rechtsbehelf der Beschwerde gegen Entscheidungen vor, die die Festsetzung
 – von Vorschuss, Ersatz von Aufwendungen und Aufwandsentschädigung, soweit der (Gegen)Vormund sie aus der Staatskasse verlangen kann oder ihm die Vermögenssorge nicht übertragen wurde, betreffen (§§ 1835 Abs 4, 1835a Abs 3 BGB), Abs 1 Satz 1 Nr 1,
 – einer dem (Gegen)Vormund zu bewilligenden Vergütung oder Abschlagszahlung § 1836 BGB) betreffen, Abs 1 Satz 1 Nr 2,
 – von gleichzeitigen Rückzahlungen des Mündels an die Staatskasse betreffen (§ 1836e Abs 1 Satz 1 BGB), Abs 1 Satz 2,
 – von gesonderten Rückzahlungen des Mündels an die Staatskasse (§ 1836e Abs 1 Satz 1 BGB) betreffen, Abs 1 Satz 3 FGG,
 – von Ratenänderungen beinhalten, Abs 2 Satz 2,
 – von Rückzahlungen der Erben des Mündels an die Staatskasse betreffen (§ 1836e Abs 1 Satz 3 BGB), Abs 3,
 – von Aufwendungsersatz und Vergütung für einen Verfahrenspfleger oder Verfahrensbeistand betreffen, vgl §§ 277, 318, 419 Abs 5 Satz 1, 158 Abs 7,
 – sowie die Feststellung der anwaltlichen Ausübung einer Verfahrenspflegschaft zum Gegenstand haben (OLG Köln FamRZ 2004, 715), und der Beschwerdewert 600 € übersteigt bzw bei darunter liegendem Beschwerdewert das Gericht sie wegen grds Bedeutung, zur Fortbildung des Rechts oder zur Sicherung einer einheitlichen Rechtsprechung zugelassen hat, § 61 Abs 3. Wird die Beschwerde durch den Richter nicht zugelassen, ist die Entscheidung nicht anfechtbar. Bei Nichtzulassung durch den Rechtspfleger kann dagegen die befristete Erinnerung nach § 11 Abs 2 RPflG eingelegt werden (*Schulte-Bunert* Rn 252).

Die im vereinfachten Verwaltungsverfahren vorgenommene Zahlung kann nicht mit der Beschwerde angegriffen werden, hier kann Festsetzung nach § 168 Abs 1 beantragt werden. 70

Die Beschwerde kann auf die Frage der Höhe des Stundensatzes des Berufs(Gegen)Vormunds eingeschränkt werden (KG FGPrax 2003, 123; OLG Schleswig FamRZ 2002, 1286). 71

Die Beschwerde ist innerhalb einer Frist von einem Monat einzulegen, § 63 Abs 1. Die Frist beginnt für jeden Beteiligten – für die Staatskasse ist das der Bezirksrevisor – mit der schriftlichen Bekanntgabe des Beschlusses, spätestens mit Ablauf von fünf Monaten nach Erlass des Beschlusses, § 63 Abs 3. Die Frist für eine Beschwerde der Staatskasse gegen Festsetzungsentscheidungen in Betreuungssachen (dazu § 271) beträgt nach §§ 59 Abs 3, 304 Abs 2 Satz 1 drei Monate und beginnt mit der formlosen Mitteilung der Entscheidung (dazu § 15 Abs 3) an den Vertreter der Staatskasse. Wird die Zustellung durch Niederlegung bewirkt, läuft die Frist mit diesem Tag. Zur Fristberechnung vgl § 16 Abs 2, § 222 ZPO, § 191 BGB. Das Rechtsmittel muss innerhalb der Frist beim Gericht eingegangen sein und kann schriftlich oder zur Niederschrift der Geschäftsstelle erfolgen, § 64 Abs 2 Satz 1. 72

Über die Beschwerde entscheidet das übergeordnete Beschwerdegericht, idR das Oberlandesgericht. Nach § 119 Abs 1 Nr 1a und b GVG ist das Oberlandesgericht zuständig für die Entscheidung über die Rechtsmittel in den von den Familiengerichten entschiedenen Sachen sowie in den Angelegenheiten der freiwilligen Gerichtsbarkeit mit Ausnahme der Freiheitsentziehungssachen und der von den Betreuungsgerichten entschiedenen Sachen. Hier ist das Landgericht zuständiges Beschwerdegericht. Demgemäß ist das Landgericht als Beschwerdegericht zB zuständig für die Entscheidung über die Rechtsmittel gegen die erstinstanzliche Festsetzung der Vergütung eines Betreuers oder eines Verfahrenspflegers in Unterbringungs- oder Freiheitsentziehungssachen. 73

b) Beschwerdewert

Die Beschwerde ist nur zulässig, wenn der Wert des Beschwerdegegenstandes 600 € übersteigt, § 61 Abs 1 FamFG. Der Beschwerdewert entspricht dem Betrag, um den der Beschwerdeführer durch die Entscheidung in seinen Rechten verkürzt zu sein behauptet und in dessen Höhe er mit seiner Beschwerde Abänderung der angegriffenen Entscheidung begehrt (BayObLG FamRZ 2001, 379). Will der (Gegen)Vormund also konkret 1.000 € Vergütung und werden 300 € festgesetzt, beträgt er 700 €. Bei einem Rechtsmittel der Staatskasse bestimmt sich der Beschwerdewert aus dem Betrag, um den der Bezirksrevisor den Festsetzungsbeschluss gekürzt sehen will (BayObLG BtPrax 2001, 86). Übersteigt der so ermittelte Betrag den Wert von 600 € nicht, so ist zu unterscheiden: 74

aa) Zulassung der Beschwerde

Bei Zulassung ist die Beschwerde trotz des zu geringen Wertes gegeben. Die Zulassung der Beschwerde kann nach zutreffender Auffassung sowohl durch den Rechtspfleger als auch den Richter erfolgen (BayObLG BtPrax 2001, 75; OLG Hamm BtPrax 2000, 219; OLG Frankfurt BtPrax 2000, 131). Enthält die Entscheidung keine Ausführungen zur Zulassung der Beschwerde, entfällt dieses Rechtsmittel (BayObLG FamRZ 2001, 379; OLG Schleswig NJW-RR 2008, 675). Die Zulassung kann nicht nachgeholt werden (OLG Karlsruhe FamRZ 2000, 302; OLG Schleswig FamRZ 2000, 301). Eine Ausnahme gilt für den Fall der Berichtigung der ursprünglichen Entscheidung nach § 42 oder der nachträglichen Zulassung im Rahmen der Abhilfeentscheidung des Rechtspflegers nach § 11 Abs 2 Satz 2 RPflG (BayObLG FamRZ 2004, 304). 75

Die Zulassung kann bei grds Bedeutung der Rechtssache, zur Fortbildung des Rechtes oder zur Sicherung der Einheitlichkeit der Rechtsprechung erfolgen. Die Zulassung kann sich auf einzelne – selbstständig abtrennbare – Aspekte der Entscheidung be- 76 schränken. Bei unzulässiger Zulassungsbeschränkung gilt die Zulassung als unbeschränkt (OLG Schleswig NJW-RR 2005, 1093).

bb) Nichtzulassung, Erinnerungsverfahren

77 Übersteigt der Beschwerdewert 600 € nicht und wird die Beschwerde nicht zugelassen, ist gegen die durch den Rechtspfleger ergangenen Entscheidungen im Festsetzungsverfahren das Rechtsmittel der (befristeten) Erinnerung zulässig, § 11 Abs 2 RPflG. Für die Einlegung dieses Rechtsmittels gelten die Ausführungen zur Beschwerde. Die Erinnerung ist innerhalb von zwei Wochen nach der schriftlichen Bekanntgabe einzulegen. Es sind in der Sache folgende Entscheidungen möglich. Der Rechtspfleger hilft ab, dh er gibt dem Erinnerungsführer Recht, der Rechtspfleger hilft (ganz oder teilweise) nicht ab und legt sie dem Richter des Gerichts zur Entscheidung vor. Dieser kann das dann als Beschwerde geltende Rechtsmittel (ganz oder teilweise) zurückweisen und dabei die Beschwerde zum Beschwerdegericht zulassen oder nicht, dem dann als Beschwerde geltende Rechtsmittel (ganz oder teilweise) stattgeben und dabei wiederum die Beschwerde zum Beschwerdegericht zulassen oder nicht.

c) Beschwerdebefugnis

78 Beschwerdeberechtigt sein können diejenigen, die durch die Entscheidung in ihren Rechten beeinträchtigt sind, § 59 Abs 1, also
– das Mündel, wenn es zur Zahlung aus seinem Einkommen und/oder Vermögen verpflichtet wird, nicht bei Ablehnung oder Bewilligung der Zahlung aus der Staatskasse (BayObLG BtPrax 2000, 259; OLG Hamm FGPrax 2007, 171),
– der (Gegen)Vormund, Verfahrenspfleger bzw -beistand, wenn bei der Bestellung die Feststellung der Berufsmäßigkeit unterbleibt (OLG Brandenburg NJOZ 2009, 513) oder seinem Antrag nicht (in vollem Umfang) entsprochen wird, allerdings nicht, wenn die Vergütung aus dem Vermögen des Mündels bewilligt wird, und statt dessen Zahlung aus der Staatskasse begehrt wird (OLG Hamm FamRZ 2007, 854),
– der Erbe bei Festsetzung von Ansprüchen gegen den Nachlass des verstorbenen Mündels,
– die Staatskasse, vgl für Betreuungssachen auch §§ 59 Abs 3, 304 Abs 1 Satz 1. Soweit Zahlungen aus der Staatskasse zu erbringen sind. Sind die Zahlungen aus dem Vermögen des Mündels festgesetzt, steht der Staatskasse kein Beschwerderecht zu. Das gilt auch, wenn sie mit dem Rechtsmittel das Ziel verfolgt, die festgesetzte Vergütung herabzusetzen, um auf den frei werdenden Vermögensbetrag im Wege des Regresses wegen früher geleisteter Zahlungen zurückgreifen zu können (BayObLG BtPrax 2001, 261). Wird die Berufsmäßigkeit der Betreuung festgestellt, steht der Staatskasse dagegen – im Gegensatz zum Mündel – ebenfalls keine Beschwerdebefugnis zu (BayObLG BtPrax 2001, 204).

79 Ist eine beantragte Festsetzung durch Beschluss zurückgewiesen, steht dagegen nur dem Antragsteller ein Beschwerderecht zu, § 59 Abs 2.

d) Verschlechterung

80 Im Beschwerdeverfahren gilt das Gebot der reformatio in peius (Verschlechterungsverbot). Demgemäß darf, wenn nur der (Gegen)Vormund das Rechtsmittel einlegt, die Entscheidung des Landgerichts den (Gegen)Vormund nicht noch schlechter stellen. Etwas anderes gilt, wenn auch oder nur der Betreute bzw die Staatskasse Rechtsmittel, etwa eine Anschlussbeschwerde nach § 66, eingelegt haben (OLG Schleswig NJW-RR 2005, 1093).

3. Rechtsbeschwerde, §§ 70 ff

Gegen die Entscheidung des Beschwerdegerichts kann die Rechtsbeschwerde, §§ 70 ff, **81** eingelegt werden, wenn das Beschwerdegericht das wegen der grds Bedeutung der zur Entscheidung stehenden Frage, zur Fortbildung des Rechts oder zur Sicherung einer einheitlichen Rechtsprechung zugelassen hat. Die Zulassung kann sich auf einzelne Aspekte der Entscheidung beschränken. Bei unzulässiger Zulassungsbeschränkung gilt die Zulassung als unbeschränkt (OLG Schleswig NJW-RR 2005, 1093). Ohne Zulassung ist die Rechtsbeschwerde nicht zulässig (OLG Schleswig NJW-RR 2008, 675). Grds Bedeutung liegt vor, wenn neue oder sonst ungeklärte Rechtsfragen zu entscheiden sind, die aus Sicht des Beschwerdegerichts zweifelhaft sind. Zudem muss die Frage für die Entscheidung bedeutsam sein und nicht nur einen Einzelfall betreffen.

Die Zulassung muss ausdrücklich erfolgen (OLG Stuttgart FGPrax 2009, 114), fehlt sie, **82** gilt sie als nicht erfolgt. Sie kann nicht nachgeholt werden (OLG Karlsruhe FamRZ 2000, 302; OLG Schleswig FamRZ 2000, 301). Mit der Zulassung ist die Rechtsbeschwerde statthaft. Über ihre Zulässigkeit, zB Beschwerdebefugnis, und Begründetheit sagt sie nichts aus. Rechtsbeschwerdegericht ist der BGH, § 133 GVG.

An die Zulassung ist das Rechtsbeschwerdegericht nicht gebunden, § 70 Abs 2 Satz 2. **83** Nach § 74a Abs 1 kann der BGH als Rechtsbeschwerdegericht die vom Beschwerdegericht zugelassene Rechtsbeschwerde durch einstimmigen Beschluss ohne mündliche Verhandlung oder Erörterung im Termin zurückweisen. Voraussetzung ist, das der BGH davon überzeugt ist, dass die Voraussetzungen für die Zulassung der Rechtsbeschwerde (dazu § 70 Abs 2) im Zeitpunkt der Entscheidung nicht vorliegen und insgesamt keine Erfolgsaussicht besteht. Zur Sprungsrechtsbeschwerde vgl § 75.

Die Rechtsbeschwerde ist innerhalb einer Frist von einem Monat einzulegen, § 71 **84** Abs 1 Satz 1. Die Frist beginnt mit der schriftlichen Bekanntmachung, § 41. Das Rechtsmittel ist beim BGH einzulegen, § 71 Abs 1 Satz 1. Zum zwingenden Inhalt einer Rechtsbeschwerdeschrift vgl § 71 Abs 1 Satz 2, 3 und 4, Abs 2 und 3. Die Rechtsbeschwerde kann nur darauf gestützt werden, dass die angefochtene Entscheidung auf einer Verletzung des Rechts beruht, § 72 Abs 1 Satz 1. Nach § 72 Abs 1 Satz 2 ist das Recht verletzt, wenn eine Rechtsnorm nicht oder nicht richtig angewendet worden ist. Der BGH nimmt nur eine Rechtskontrolle vor, Tatsachen können nicht gerügt und zur Überprüfung gestellt werden. Zu weiteren Einzelheiten vgl § 72 Rz 3 ff. Zum Verfahren des Rechtsbeschwerdegericht vgl § 74 Abs 4, zu seinem Prüfungsmaßstab, § 74 Abs 1–3, zu seiner Entscheidung, vgl § 74 Abs 5 und 6.

§ 168a Mitteilungspflichten des Standesamts

(1) Wird dem Standesamt der Tod einer Person, die ein minderjähriges Kind hinterlassen hat, oder die Geburt eines Kindes nach dem Tod des Vaters oder das Auffinden eines Minderjährigen, dessen Familienstand nicht zu ermitteln ist, angezeigt, hat das Standesamt dies dem Familiengericht mitzuteilen.

(2) Führen Eltern, die gemeinsam für ein Kind sorgeberechtigt sind, keinen Ehenamen und ist von ihnen binnen eines Monats nach der Geburt des Kindes der Geburtsname des Kindes nicht bestimmt worden, teilt das Standesamt dies dem Familiengericht mit.

1 **Abs 1** entspricht inhaltlich dem bisherigen § 48 FGG, wobei an die Stelle des Vormundschaftsgerichts das Familiengericht tritt. **Abs 2** entspricht inhaltlich dem bisherigen § 64c FGG, der mit Wirkung vom 1.1.2009 durch das Gesetzes zur Reform des Personenstandsrechts vom 19.2.2007 (BGBl I 122) eingeführt wurde und den bis dahin geltenden § 21a PStG ersetzte.

2 Die **Mitteilungspflichten** bestehen unabhängig davon, ob im Einzelfall tatsächlich Maßnahmen zu ergreifen sind. Hierüber entscheidet allein das Familiengericht (Bumiller/Winkler § 48 FGG Rn 1; KKW/*Engelhardt* § 48 FGG Rn 1). Das Standesamt richtet die Mitteilung an das für seinen Sitz zuständige Familiengericht, das sie ggf an das für die entsprechenden Maßnahmen zuständige Familiengericht weiterleitet.

3 **Abs 1** nennt drei Fallkonstellationen die das Standesamt dem Familiengericht mitteilen muss, weil möglicherweise ein Vormund zu bestellen oder eine andere Maßnahme zu ergreifen ist. Beim **Tod** einer Person, die einen Minderjährigen hinterlässt kommen Maßnahmen gemäß §§ 1680, 1685, 1773, 1791c 1909 BGB in Betracht (Bumiller/Winkler § 48 FGG Rn 1). Dies gilt auch bezüglich nichtehelicher Kinder (KKW/*Engelhardt* § 48 FGG Rn 2). Ferner kann bei der **Geburt** eines Kindes nach dem Tod des Vaters wegen §§ 1592, 1593 BGB die Bestellung eines Vormunds erforderlich sein. Schließlich ist gemäß § 1773 Abs 2 BGB iVm §§ 25, 26 PStG dem Minderjährigen mit **ungeklärtem Familienstand** stets ein Vormund zu bestellen.

4 Die Mitteilungspflicht nach **Abs 2** korrespondiert mit § 1617 Abs 2 BGB, wonach das Gericht einem Elternteil das Namensbestimmungsrecht überträgt, wenn die Eltern binnen eines Monats nach der Geburt keine Bestimmung getroffen haben.

Abschnitt 4
Verfahren in Abstammungssachen

Vorbemerkung Abstammungssachen

Die verwandtschaftliche Beziehung zweier Personen, wie sie durch die Abstammung **1** der einen von der anderen Person bestimmt wird (§ 1589 BGB), ist für das Kind wie für seine Mutter und seinen Vater für die Identitätsfindung und familiäre Einbindung von existentieller Bedeutung. Die Diskussion um die Verwertbarkeit heimlicher Vaterschaftstests im gerichtlichen Verfahren und Entscheidungen des BVerfG haben zu mehreren materiell-rechtlichen und verfahrensrechtlichen Änderungen geführt. Im FamFG erhalten die Abstammungsverfahren nicht nur eine neue Bezeichnung, sondern eine neue verfahrensrechtliche Konzeption. Der bisherige Begriff der Kindschaftssachen in § 640 Abs 1 ZPO aF brachte die Verfahrensgegenstände nur unzureichend zum Ausdruck und führte nicht selten zu Verwechselungen mit Verfahren bezüglich der elterlichen Sorge. Dem trägt die Reform durch den Begriff der Abstammungssachen, der den Bezug zum allgemeinen Sprachgebrauch herstellt, Rechnung.

Verfahrensrechtlich orientieren sich die Vorschriften des 4. Abschnitts an den bisheri- **2** gen Regelungen der §§ 640 ff ZPO aF, die nach Entscheidungen des BVerfG zum Vaterschaftsanfechtungsverfahren vor kurzem modifiziert wurden. Die konzeptionelle Neuerung der Abstammungssachen besteht darin, dass sämtliche Abstammungsverfahren als **einseitige Antragsverfahren**, wie die postmortalen Abstammungsverfahren nach §§ 1600e Abs 2 BGB aF, 621 Nr 10, 621a Abs 1 Satz 1 ZPO aF, ausgestaltet sind. Für sie gelten neben den §§ 169 ff – von einigen Verweisungen auf die ZPO abgesehen – die allgemeinen Vorschriften des FamFG. Ein kontradiktorisches Verfahren nach den bisherigen – wenn auch den Verfahrensgegenständen gemäß modifizierten – Regelungen der ZPO findet nicht mehr statt. Von anderen Familiensachen unterscheiden sich die Abstammungssachen ganz wesentlich dadurch, dass ein durch Antrag eingeleitetes Verfahren (§ 171) nicht mehr der Parteiherrschaft, sondern der gerichtlichen **Amtsermittlung** unterliegt (§ 177) und die gerichtliche Statusentscheidung gegenüber jedermann wirkt (§ 184 Abs 2).

Die Abstammungsverfahren sind zu Recht nicht den Familienstreitsachen (§ 112) **3** gleichgestellt worden (*Heiter* FPR 2006, 417, 418). Im Gegensatz zu den Familienstreitsachen, bei denen die finanziellen Beziehungen der Beteiligten Verfahrensgegenstand sind, betreffen die Abstammungssachen den **Status** eines Kindes. Dieser wird allein durch die verwandtschaftliche Beziehung (§ 1589 BGB) zu Mutter und Vater bestimmt, während die auf Ehelichkeit oder Nichtehelichkeit bezogene statusrechtliche Einordnung bereits mit dem KindRG abgeschafft wurde. Fallen biologische und rechtliche Vaterschaft auseinander, muss den Familienmitgliedern die Möglichkeit offen stehen, die tatsächliche Abstammung zu klären und darüber hinaus eine rechtliche Beziehung aufzulösen. Hiervon sind nicht nur der rechtliche Elternteil und das Kind betroffen, sondern auch die verfassungsrechtlich geschützten Interessen der biologischen Elternteile. Den Interessen aller Beteiligten müssen die materiell-rechtlichen Regelungen einerseits wie die verfahrensrechtliche Gestaltung andererseits in angemessener Weise Rechnung tragen (BVerfG FamRZ 2007, 441). Sie müssen darüber hinaus bei der Auslegung der Vorschriften Berücksichtigung finden.

Hierfür ist das bisherige kontradiktorische Verfahren der ZPO weniger geeignet, weil **4** sich mehrpolige und widerstreitende Interessen verfahrensrechtlich schwieriger abstimmen lassen. Die Beteiligung beider Eltern und ggf weiterer Personen gemäß §§ 172, 7 kann im neuen Beschlussverfahren verfahrensrechtlich integriert werden, ohne die Regelung des § 640e ZPO aF über Beiladung, Verfahrensbeitritt oder die Streitverkündung (§§ 66 ff ZPO) bemühen zu müssen. Auch die Interessen des minderjährigen Kindes können durch die Beteiligung des Jugendamts (§ 176) und die Bestellung eines Verfah-

Vorbemerkung Abstammungssachen

rensbeistands (§ 174) im Verfahren besser zur Geltung kommen. Ob darüber hinaus aufgrund der Möglichkeiten außergerichtlicher Vaterschaftstests im gerichtlichen Abstammungsverfahren ein »niedrigschwelliger« Verfahrensansatz, der durch ein Verfahren der freiwilligen Gerichtsbarkeit und den Abbau fragwürdiger Hürden besser gewährleistet werde (*Heiter* FPR 2006, 417, 418), sinnvoll erscheint und als Begründung trägt, darf im Hinblick auf die Komplexität der fortbestehenden Verfahrensvorschriften und den Änderungen des Regierungsentwurfs bezweifelt werden.

5   In den §§ 1599 Abs 1 BGB und § 1600d Abs 4 BGB ist die Abstammung materiellrechtlich in zwei Richtungen geschützt, weil die Rechtswirkungen der Vaterschaft erst vom Zeitpunkt ihrer Feststellung geltend gemacht werden können (sog Rechtsausübungssperre) und die bestehende Vaterschaft bis zu ihrer rechtskräftigen Anfechtung Bestand hat. Verfahrensrechtlich korrespondiert hiermit die Exklusivität des Abstammungsverfahrens, weil nur nach Maßgabe der besonderen Regelungen der §§ 169 ff über die Verfahrensgegenstände, dann jedoch mit Wirkung für und gegen alle (§ 182), entschieden werden kann, ohne eine spätere – auf besseren Erkenntnismöglichkeiten beruhende – Änderung der Entscheidung auszuschließen (§ 185).

§ 169 Abstammungssachen

Abstammungssachen sind Verfahren
1. auf Feststellung des Bestehens oder Nichtbestehens eines Eltern-Kind-Verhältnisses, insbesondere der Wirksamkeit oder Unwirksamkeit einer Anerkennung der Vaterschaft,
2. auf Ersetzung der Einwilligung in eine genetische Abstammungsuntersuchung und Anordnung der Duldung einer Probeentnahme,
3. auf Einsicht in ein Abstammungsgutachten oder Aushändigung einer Abschrift oder
4. auf Anfechtung der Vaterschaft.

Übersicht

	Rz		Rz
A. Allgemeines	1	V. Wirksamkeit oder Unwirksamkeit einer Anerkennung der Vaterschaft	9
B. Feststellung des Bestehens oder Nichtbestehens eines Eltern-Kind-Verhältnisses	3	VI. Isolierte Abstammungsfeststellung	10
I. Vaterschaftsfeststellung	4	C. Verfahren nach § 1598a BGB	11
II. Negativer Feststellungsantrag	5	D. Anfechtung der Vaterschaft	13
III. Feststellung der Mutterschaft	6	E. Postmortale Abstammungsverfahren	17
IV. Weitere Anwendungsfälle	7	F. Keine Abstammungssachen	18
		G. Exklusivität der Abstammungssachen	21

A. Allgemeines

§ 169 definiert die **Verfahrensgegenstände** der Abstammungssachen, in denen über die 1 für die Verwandtschaft iSd § 1589 BGB allein maßgebliche Abstammung zweier Personen voneinander entschieden wird. § 169 übernimmt die Regelung des § 640 Abs 2 ZPO aF mit Ausnahme der Verfahren auf Feststellung des Bestehens oder Nichtbestehens der elterlichen Sorge. Durch das Gesetz zur Klärung der Vaterschaft unabhängig vom Anfechtungsverfahren vom 26. März 2008 (BGBl I, 441) waren die jetzigen Ziffern 2 und 3 in § 640 Abs 2 ZPO aF eingefügt worden. § 169 legt **abschließend** fest, auf welche Verfahren die besonderen Vorschriften der §§ 170–185 Anwendung finden, wobei das Wiederaufnahmeverfahren selbst eine Abstammungssache ist. Die Anerkennung einer ausländischen Abstammungsentscheidung betrifft zwar nicht die Feststellung des Bestehens oder Nichtbestehens eines Eltern-Kind-Verhältnisses, sondern hat die Anerkennungsvoraussetzungen einer Entscheidung zum Gegenstand. Aufgrund der statusrechtlichen Bedeutung handelt es sich um eine Abstammungssache kraft Sachzusammenhangs (BGH NJWE-FER 1999, 282; FamRZ 1997, 490; OLG Hamm FamRZ 1994, 438; BGH – XII ZB 169/07 – zum Verstoß einer ausländischen Entscheidung gegen den ordre public bei Feststellung der Vaterschaft ohne Einholung eines Sachverständigengutachtens allein auf der Grundlage der Aussage einer Zeugin vom Hörensagen; OLG Naumburg FamRZ 2009, 636). In der gerichtlichen Praxis stehen das Vaterschaftsfeststellungsverfahren und das Vaterschaftsanfechtungsverfahren im Vordergrund. Ob auch die Klärungsverfahren nach Nr 2 und 3 relevant werden oder durch den Appellcharakter der materiell-rechtlichen Anspruchsgrundlagen in § 1598a Abs 1 und 4 BGB weitgehend außergerichtliche Wirkung haben, bleibt abzuwarten. Die privatautonome Disposition über die Vaterschaft eines Mannes für ein nach Anhängigkeit des Scheidungsverfahrens geborenes Kind gemäß § 1599 Abs 2 BGB erfolgt außerhalb eines gerichtlichen Abstammungsverfahrens.

Ist die Verwandtschaft zwischen den Beteiligten außerhalb eines Abstammungsver- 2 fahrens streitig, wird materiell-rechtlich das Kind durch § 1599 Abs 1 BGB und ein Mann durch § 1600d Abs 4 BGB geschützt, weil die rechtliche Vaterschaft bis zu deren gerichtlicher Auflösung Bestand hat und Rechte oder Pflichten aus der verwandtschaftlichen Beziehung nur bei Feststellung der Vaterschaft geltend gemacht werden können.

Ein gerichtliches Verfahren, in dem die Verwandtschaft bzw die Abstammung Tatbestandsvoraussetzung ist, muss **ausgesetzt** werden (§ 21 Abs 1, §§ 153, 154 ZPO), wenn ein rechtlich vorgreifliches Abstammungsverfahren anhängig ist oder wird (OLG München FamRZ 1996, 950, 951; aA OLG Hamm FamRZ 1987, 1188 beim Eilverfahren; BGH FamRZ 1973, 26). Eine Ausnahme bilden lediglich die einstweiligen Anordnungsverfahren nach §§ 247, 248, in denen Unterhalt trotz ungeklärter Vaterschaft bei Anhängigkeit eines Vaterschaftsfeststellungsverfahrens tituliert werden kann. In Ausnahmefällen lässt der BGH nunmehr die Inzidentfeststellung der Vaterschaft in einem anderen Verfahren zu (Rz 21 ff).

B. Feststellung des Bestehens oder Nichtbestehens eines Eltern-Kind-Verhältnisses

3   Von § 169 Nr 1 werden unterschiedliche Verfahren erfasst, die das Bestehen oder Nichtbestehen eines Eltern-Kind-Verhältnisses zum Gegenstand haben, ohne dass es auf die eheliche oder nichteheliche Abstammung ankommt. Der umfassende Begriff des Eltern-Kind-Verhältnisses ist erforderlich, weil die Rechtsbeziehung zwischen dem Kind und seiner Mutter betroffen sein kann, auch wenn die Mutterschaft als solche – selbst bei Ei- oder Embryonenspende – nicht angefochten werden kann (§ 1591 BGB).

I. Vaterschaftsfeststellung

4   Besteht keine rechtliche Vaterschaft, bedarf es der **Feststellung der Vaterschaft** gemäß § 1600d Abs 1 BGB, um deren Rechtswirkungen geltend machen zu können (Abs 4), woraus sich zugleich das erforderliche Feststellungsinteresse begründet (OLG Frankfurt FamRZ 2009, 704). Verfahrensgegenstand ist allein die Feststellung der Vaterschaft als verwandtschaftliche Beziehung und nicht das Bestehen oder Nichtbestehen eines nichtehelichen Vater-Kind-Verhältnisses (Zöller/*Philippi* § 640 Rn 11). Die Vaterschaft kann nur festgestellt werden, wenn eine Vaterschaft nach den §§ 1592 Nr 1 und 2, 1593 BGB nicht besteht (BGH FamRZ 1999, 716; 2007, 538, 542; OLG Köln FamRZ 2002, 480; OLG Düsseldorf FamRZ 2003, 1578, 1580). Ein Antrag ist daher **unzulässig**, wenn die Muter zum Zeitpunkt der Geburt verheiratet ist (§ 1592 Nr 1 BGB) bzw die Ehe durch Tod aufgelöst wurde und das Kind innerhalb von 300 Tagen nach der Auflösung geboren wird (§ 1593 Satz 1 BGB) oder ein Mann die Vaterschaft wirksam anerkannt hat (§ 1592 Nr 2 BGB). Dies gilt auch bei bestehender rechtlicher Vaterschaft für einen Antrag auf Feststellung, dass das Kind von einem anderen Mann abstammt (OLG Hamm FamRZ 1999, 1365), weil zuvor die bestehende Vaterschaft angefochten werden muss. Solange ein Vaterschaftsanerkenntnis mangels Zustimmung der Mutter nicht wirksam ist (§ 1595 Abs 1 BGB), können das Kind und der Mann ein Verfahren zur Feststellung der Vaterschaft einleiten. Ist ausnahmsweise die Zustimmung des Kindes zum Vaterschaftsanerkenntnis erforderlich (§ 1595 Abs 2 BGB), kann ein Antrag auch dann zulässig sein, wenn der Mann bereit ist, die Vaterschaft anzuerkennen, denn das Kind hat ein schutzwürdiges Interesse an der Feststellung der tatsächlichen biologischen Vaterschaft, die einem Anerkenntnis nicht zugrunde liegen muss (KG FamRZ 1994, 909, 910; OLG Nürnberg FamRZ 1995, 620). Das Rechtsschutzbedürfnis kann fehlen, wenn keinerlei Zweifel an der Vaterschaft des Anerkennenden besteht. Der (positive) Vaterschaftsfeststellungsantrag kann als Ausnahme des Verbots der Verfahrensverbindung nach § 179 Abs 1 und 2 mit dem Antrag auf Zahlung des Mindestunterhalts (§ 1612a BGB) verbunden werden (§ 237).

II. Negativer Feststellungsantrag

5   Neben dem Ziel, die Vaterschaft festzustellen, kommt ein Antrag über deren Nichtbestehen zu entscheiden, als **negativer Feststellungsantrag** in Betracht, wie sich aus § 182 Abs 2 ergibt. Der Antrag eines Mannes kann zulässig sein, wenn ein Kind oder dessen

Mutter nachdrücklich behaupten, der Antragsteller sei der Vater des Kindes, denn dieser muss nicht ein evtl. Vaterschaftsfeststellungsverfahren abwarten. Umgekehrt können das Kind oder seine Mutter einen dahingehenden Antrag stellen, wenn ein Mann – aus deren Sicht – zu Unrecht geltend macht, der leibliche Vater des Kindes zu sein. Auch ein Verfahren über die Unwirksamkeit eines die Vaterschaft feststellenden Urteils, das ein Gericht der ehemaligen DDR gefällt hat, wird hiervon erfasst (BGH FamRZ 1997, 490).

III. Feststellung der Mutterschaft

Nur in seltenen Ausnahmefällen wird ein Rechtsschutzbedürfnis bestehen, die **Mutter-** 6
schaft gerichtlich feststellen zu lassen. Denn gemäß § 1591 BGB ist Mutter eines Kindes die Frau, die es geboren hat. Die Möglichkeiten der medizinisch unterstützen Fortpflanzung, durch die die gebärende Frau und die Trägerin des genetischen Erbguts aufgrund der unterschiedlichen Formen der Ei- oder Embryonenspende sowie der Ersatzmutterschaft auseinander fallen können, ändern hieran nichts (*Wanitzek* S 200 ff). Der Antrag einer Frau auf Feststellung ihrer Mutterschaft ist unzulässig, wenn sie sich zu einer Ei- oder Embryonenspende bereit erklärt hatte und das Kind von einer anderen Frau geboren wird (Musielak/*Borth* § 640 Rn 4). Ebenso ist die Anfechtung der rechtlichen Mutter ausgeschlossen (FA-FamR/*Pieper* Kap 3 Rn 69 ff). Ein Feststellungsinteresse kann indes bestehen, wenn die Geburt durch die Frau – etwa wegen einer evtl. Vertauschung der Kinder in der Klinik – zweifelhaft ist (OLG Bremen FamRZ 1995, 1291; BGH FamRZ 1973, 26 f). Ob die Mutter in diesen Fällen ein Klärungsverfahren nach § 1598a Abs 2 BGB einleiten kann, ist streitig (Rz 11).

IV. Weitere Anwendungsfälle

Die Abstammung kann auch dann zu klären sein, wenn sich jemand als Kind eines an- 7
deren ausgibt (BGH FamRZ 1973, 26). Die Vaterschaft eines Mannes nach § 1593 Satz 3 BGB wird seltener im Feststellungsverfahren (Zöller/*Philippi* § 640 Rn 7) als häufiger im Vaterschaftsanfechtungsverfahren geklärt. Die Feststellung der Wirksamkeit einer vor 1977 erfolgten **Adoption** betrifft ebenfalls das Eltern-Kind-Verhältnis, dürfte jedoch praktisch bedeutungslos sein, weil die Aufhebung des Annahmeverhältnisses gemäß § 1759 BGB nur in Betracht kommt, wenn die für die Annahme als Kind erforderlichen Erklärungen fehlen (§ 1760 BGB) oder die Aufhebung aus schwerwiegenden Gründen des Kindeswohls erforderlich ist (§ 1763 BGB).

Auch die Auflösung der durch **Ehelicherklärung** (§ 1723 BGB aF) oder infolge **Legiti-** 8
mation durch nachfolgende Ehe (§ 1719 BGB aF) begründeten Vaterschaft, die bis zur Kindschaftsrechtsreform 1998 möglich waren, ist im Abstammungsverfahren möglich. Beruht die Vaterschaft in beiden Fällen nicht auf einer gerichtlichen Feststellung, sondern auf einer vorherigen Anerkennung, kann der rechtliche Vater die Unwirksamkeit der Vaterschaftsanerkennung geltend machen oder ein Vaterschaftsanfechtungsverfahren einleiten (BGH FamRZ 1995, 225, 226; OLG Düsseldorf FamRZ 1995, 315; 1998, 53 f). Entfällt die Wirkung des Vaterschaftsanerkenntnisses, ist auch die Legitimationswirkung kraft Gesetzes hinfällig (OLG München FamRZ 1987, 307, 308). Im Fall einer gerichtlichen Feststellung müssen Gründe für die Wiederaufnahme des Verfahrens (§ 185) bestehen.

V. Wirksamkeit oder Unwirksamkeit einer Anerkennung der Vaterschaft

Die Rechtswirkungen der Anerkennung der Vaterschaft können erst mit deren Wirk- 9
samkeit geltend gemacht werden. Ihre Unwirksamkeit lässt sich gemäß § 1598 Abs 1 BGB nur auf die Nichteinhaltung der Formerfordernisse nach §§ 1594–1597 BGB stützen, während andere Gründe, insbesondere das bewusst falsche Anerkenntnis, nicht zu dessen Unwirksamkeit führen. Im Feststellungsverfahren nach § 169 Nr 1 ist allein die von

§ 169 FamFG | Abstammungssachen

Anfang an bestehende (Un-)Wirksamkeit der Anerkennung der Vaterschaft Verfahrensgegenstand. Der Grund für die Unwirksamkeit kann in der fehlenden Geschäftsfähigkeit (§ 1596, BGH FamRZ 1985, 271), einem Formmangel nach § 1597 BGB, einer fehlenden Zustimmung nach § 1595 BGB oder auf dem Streit über die bestehende Vaterschaft eines anderen Mannes (§ 1594 Abs 2 BGB, OLG München FamRZ 2008, 2227) beruhen. Die vorgenannten Unwirksamkeitsgründe können im Feststellungsverfahren nicht mehr angeführt werden, wenn seit der Eintragung in ein deutsches Personenstandsregister fünf Jahre vergangen sind (§ 1598 Abs 2 BGB). Der Ablauf dieser Frist heilt jedoch nicht die Unwirksamkeit einer Anerkennung, die während der Vaterschaft eines anderen Mannes erklärt wurde (OLG Rostock FamRZ 2008, 2226). Gegenstand des Feststellungsverfahrens kann auch die Frage sein, ob die im Erörterungstermin (§ 175 Abs 1) erklärte Anerkennung der Vaterschaft (§ 180) wirksam protokolliert wurde (OLG Brandenburg FamRZ 2004, 471). Da das Feststellungsverfahren allein auf die (Un-)Wirksamkeit des Vaterschaftsanerkenntnisses aufgrund materiell-rechtlich begrenzter Mängel gerichtet ist, ist der Verfahrensgegenstand mit der Vaterschaftsanfechtung (Nr 4) nicht identisch. Wird die Unwirksamkeit der Anerkennung festgestellt, ist ein Vaterschaftsfeststellungsantrag eines anderen Verfahrensbeteiligten (ggf in demselben Verfahren) zulässig. Hat der Feststellungsantrag hingegen keinen Erfolg, kann der rechtliche Vater gleichwohl seine Vaterschaft anfechten. Um die zweijährige Anfechtungsfrist des § 1600b Abs 1 BGB zu wahren, sollte der Antrag auf Feststellung der Unwirksamkeit der Anerkennung hilfsweise mit einem Anfechtungsantrag (Nr 4) verbunden werden (§ 179).

VI. Isolierte Abstammungsfeststellung

10 Nachdem durch §§ 1598a Abs 2 BGB, § 169 Nr 2 FamFG ein Abstammungsklärungsverfahren normiert ist, dürfte der Streit um eine »**isolierte Abstammungsfeststellungsklage**« oder eine »statusunabhängige Feststellungsklage« zur Feststellung der Abstammung beendet sein (BVerfG FamRZ 2008, 2257, 2258; Prütting/Helms/*Stößer* § 169 Rn 9). Überlegungen in diese Richtung erfolgten einerseits nach der Entscheidung des BVerfG zum begrenzten Anfechtungsrechts des volljährigen Kindes nach § 1589 BGB aF (FamRZ 1989, 255), um sein verfassungsrechtlich geschütztes Recht auf Kenntnis der eigenen Abstammung realisieren zu können, und andererseits im Rahmen der Kindschaftsrechtsreform (BT-Drs 13/4899 S 56 f, 147 und 166), um den begrenzten Rechtsschutz bei gespaltener Elternschaft zu erweitern (*Gaul* FamRZ 1997, 1441, 1464) und die Rechtsstellung des biologischen Vaters, dem bis April 2004 kein Anfechtungsrecht zustand, zu verbessern. Im Rahmen der Zulässigkeit eines solchen (rechtsfolgenlosen) auf Klärung der Abstammung gerichteten Feststellungsantrags erwiesen sich insbesondere das festzustellende Rechtsverhältnis in Form der genetischen Abstammung wie auch das Feststellungsinteresse iSv § 256 ZPO als problematisch, wenn aus der gerichtlichen Entscheidung keine Rechtsfolgen gezogen werden können (*Wanitzek* S 380, 390 ff mwN; *Gaul* FamRZ 2000, 1461, 1474; Staudinger/*Rauscher* Einl §§ 1589 ff BGB Rn 80 ff). Die Rechtsprechung hat bisher ein rechtsfolgenloses oder isoliertes Abstammungsfeststellungsverfahren durchgängig als unzulässig angesehen, weil bis zum Inkrafttreten des § 1598a BGB eine statusunabhängige Vaterschaftsfeststellung weder materiell- noch verfahrensrechtlich vorgesehen war (BGH FamRZ 2007, 538, 642; OLG Hamm FamRZ 1999, 1356; OLG Köln FamRZ 2002, 480, 481) und § 1600d Abs 1 BGB eine abschließende Sonderregelung für das Abstammungsrecht darstellt, die eine gerichtliche Feststellung der Vaterschaft ausschließt, solange die rechtliche Vaterschaft eines anderen Mannes besteht.

C. Verfahren nach § 1598a BGB

11 Nachdem der BGH (FamRZ 2005, 340 ff, 342 ff, hierzu § 171 Rz 15) die Verwertung heimlicher Vaterschaftstests im Vaterschaftsanfechtungsverfahren für unzulässig erklärt

hatte, stellte das BVerfG (FamRZ 2007, 441 ff; 1315; 2008, 2257 f; *Brosius-Gersdorf* NJW 2007, 806 ff) für den rechtlichen Vater ein verfahrensrechtliches Defizit fest. Er könne sein aus Art 2 Abs 1 GG hergeleitetes Recht auf Kenntnis der genetischen Abstammungsverhältnisse im Anfechtungsverfahren, das an strenge Voraussetzungen gebunden ist und seinen evtl begrenzten Interessen nicht entspreche, nicht durchsetzen. Es besteht jedoch eine grundrechtliche Schutzpflicht des Staates, ein Verfahren vorzusehen, in dem im Einzelfall Zweifel an der Vaterschaft geklärt werden können, ohne daran zwingend weitere rechtliche Folgen zu knüpfen. Mit dem – teilweise heftig kritisierten (*Helms* FamRZ 2008, 1033 ff; *Schwab* FamRZ 2008, 23 ff; *Wellenhofer* FamRZ 2008, 1185 ff; *Zimmermann* FuR 2008, 374 ff; Genenger JZ 2008, 1031 ff) Gesetz zur **Klärung der Vaterschaft** unabhängig vom Anfechtungsverfahren vom 26. März 2008 (BGBl I, 441 ff) wurden in § 1598a Abs 1 und 4 BGB materiell-rechtliche Ansprüche eingeführt und in § 1600b Abs 5 BGB das Verhältnis zum Vaterschaftsanfechtungsverfahren geregelt. Streitigkeiten über diese Ansprüche sind Abstammungssachen (§ 169 Nr 2 und 3). Nach § 1598a Abs 1 BGB können der (rechtliche) Vater jeweils von Mutter und Kind (Nr 1), die Mutter jeweils von Vater und Kind (Nr 2) sowie das Kind jeweils von beiden Elternteilen (Nr 3) (zu den Beteiligten § 172 Rz 16 f) verlangen, dass diese (voraussetzungslos) in eine genetische Abstammungsuntersuchung einwilligen und die Entnahme einer für die Untersuchung geeigneten genetischen Probe dulden. Wird die Einwilligung nicht erteilt, hat diese das Familiengericht auf Antrag des Klärungsberechtigten nach § 1598a Abs 2 BGB zu ersetzen und die Duldung anzuordnen. Folge des Anspruchs auf Einwilligung in eine genetische Untersuchung ist der in § 1598a Abs 4 BGB geregelte Annexanspruch des Klärungspflichtigen auf Einsicht in ein (außergerichtlich) vom Klärungsberechtigten eingeholtes Abstammungsgutachten oder Aushändigung einer Abschrift. Auch wenn der Gesetzgeber den »Dialog in der Familie und der Gesellschaft fördern« will (BTDrs 16/6561 S 10; krit *Schwab* FamRZ 2008, 23 ff), werden die Beteiligten in einer Vielzahl von Fällen außergerichtlich die Einwilligung erteilen und so dem Klärungsberechtigten die Einholung eines (gerichtlich verwertbaren) Abstammungsgutachtens ermöglichen.

Verfahrensgegenstände sind die Ersetzung der Einwilligung und die Duldungsanordnung (Nr 2) sowie der Anspruch auf Einsicht oder Aushändigung (Nr 3). Auf die Klärung der genetischen Abstammung selbst ist das Verfahren wegen der materiell-rechtlichen Ansprüche nicht gerichtet. Nur in diesem Umfang ist die Frage relevant, ob eine bestehende rechtliche Zuordnung den genetischen Tatsachen entspricht (*Helms* FamRZ 2008, 1033). Gegenstand des Verfahrens ist weder die Anfechtung der Vaterschaft noch ein Anspruch gegen die weiteren Verfahrensbeteiligten auf Erstattung der Kosten des außergerichtlich vom Klärungsberechtigten einzuholenden Gutachtens, der sich allein aus der Rechtsbeziehung der Beteiligten ergeben kann und eine sonstige Familiensache iSd § 266 ist. Nach dem Wortlaut des § 1598a Abs 1 BGB ist der Anspruch auf Einwilligung in eine genetische Abstammungsuntersuchung zur Klärung der leiblichen Abstammung gerichtet. Danach ist unabhängig vom Namen des Gesetzes, der allein auf die Klärung der Vaterschaft hindeutet, auch die Abstammung des Kindes von der Mutter erfasst. Dass nach § 1591 BGB die rechtliche Mutter des Kindes die Frau ist, die es geboren hat, steht – auch verfassungsrechtlich – der Klärung der genetischen Abstammung nicht entgegen (Prütting/Helms/*Stößer* § 169 Rn 12; *Wellenhofer* NJW 2008, 1185, 1189; *Helms* FamRZ 2008, 1033; *Hammermann* FamRB 2008, 150, 151; *Schwab* FamRZ 2008, 23, 27; *Borth* FPR 2007, 382; für eine teleologische Reduktion *Rotax* ZFE 2008, 290, 291). 12

D. Anfechtung der Vaterschaft

Verfahren auf Anfechtung der Vaterschaft (§§ 1600 ff BGB) sind darauf gerichtet, die gesetzlich vermutete oder durch Anerkennung begründete Vaterschaft, die durch § 1599 13

Abs 1 BGB geschützt wird, aufzuheben, wenn sie nicht mit der biologischen Wirklichkeit in Einklang steht. Verfahrensgegenstand ist die genetische Abstammung des Kindes vom rechtlichen Vater. Da es verfassungsrechtlich nicht zu beanstanden ist, die Vaterschaft ohne Feststellung der biologischen Abstammung an bestimmte Vorgänge der sozialen Wirklichkeit zu knüpfen, wie dies in § 1592 Nr 1 für in der **Ehe** geborene Kinder geschieht, muss dem rechtlichen Vater ein Verfahren zur Lösung dieser Beziehung zur Verfügung stehen. Demgegenüber kann die nach § 1592 Nr 3 BGB gerichtlich festgestellte Vaterschaft nicht angefochten, sondern allein im Wiederaufnahmeverfahren (§ 185) überprüft werden.

14 Während die Vaterschaft nach § 1592 Nr 1 BGB allein aufgrund der Ehe gesetzlich vermutet wird, liegt der **Anerkennung der Vaterschaft** nach § 1594 Abs 1 BGB ein (freiwillig) bekundeter Willensentschluss des Anerkennenden zugrunde. Dieser kann seine Erklärung von der Feststellung seiner biologischen Vaterschaft abhängig machen; muss dies jedoch nicht. Liegt kein »Mangel« der Anerkennung iS der §§ 1594–1598 BGB vor, kann gleichwohl die Vaterschaft angefochten werden. Anfechtungsgrund ist allein die objektive Unrichtigkeit der Anerkennung hinsichtlich der Abstammung. Auch wenn der Anerkennende seine Vaterschaft wider besseren Wissens erklärt hat, kann er diese anfechten (OLG Koblenz FamRZ 2007, 2098). Einem Anfechtungsantrag bei **bewusst unrichtigem Anerkenntnis** steht nicht der Einwand unzulässiger Rechtsausübung entgegen (OLG Naumburg FamRZ 2008, 2146; OLG Koblenz FamRZ 2007, 2098), denn die Vaterschaftsanerkennung ist an keine weiteren Voraussetzungen geknüpft, so dass innerhalb der zweijährigen Anfechtungsfrist das Vertrauen des Kindes in den Bestand der Anerkennung rechtlich nicht geschützt ist (OLG Köln FamRZ 2002, 629, 630).

15 Das Anfechtungsverfahren nach **§ 1600 Abs 1 Nr 2 BGB**, das allein durch den potentiellen biologischen Vater eingeleitet werden kann, ist vom Verfahrensgegenstand nicht allein auf die Auflösung der bestehenden rechtlichen Vaterschaft gerichtet, sondern erfährt eine Ausweitung des Verfahrensgegenstandes durch die materiell-rechtliche Anfechtungsvoraussetzung und den verfahrensrechtlichen, in Rechtskraft erwachsenden Entscheidungsinhalt nach § 182 Abs 1. Voraussetzung für das Anfechtungsrecht ist gemäß § 1600 Abs 2 BGB die gerichtliche Feststellung der Vaterschaft des Antragstellers.

16 Nimmt die zuständige Behörde das ihr nach **§ 1600 Abs 1 Nr 5 BGB** zustehende Recht zur Anfechtung einer auf Anerkennung beruhenden Vaterschaft wahr, so ist Verfahrensgegenstand nicht die tatsächliche biologische Abstammung, zumal die missbräuchliche Anerkennung der Vaterschaft lediglich den Grund für die Einleitung des Verfahrens darstellt.

E. Postmortale Abstammungsverfahren

17 Verfahren auf Feststellung oder Anfechtung der Vaterschaft sind auch zulässig, wenn der potentielle biologische oder der rechtliche Vater oder das Kind bereits verstorben sind (**§ 1600e Abs 2 BGB aF**). Nach bisherigem Recht handelte es sich in diesem Fall um ein Verfahren der freiwilligen Gerichtsbarkeit (§§ 55b, 56c FGG aF), weil ein streitiges Kindschaftsverfahren nach § 640 ZPO nicht durchgeführt werden konnte. Verfahrensrechtliche Besonderheiten ergeben sich nach der Vereinheitlichung des Abstammungsverfahrens künftig nicht mehr. Zu den Verfahrensbeteiligten s § 172 Rz 27 f. Die Beweisaufnahme kann nach der Bestattung eines Verfahrensbeteiligten Probleme bereiten, soweit nicht ausreichendes genetisches Material aus früheren medizinischen Behandlungen vorhanden ist. Hier kann über die Beteiligten am Verfahren hinaus die Einbeziehung weiterer Personen im Rahmen des § 178 Abs 1 erforderlich sein. Zum Problem der Exhumierung des Verstorbenen s § 177 Rz 11.

F. Keine Abstammungssachen

Aus der abschließenden Definition der Abstammungssachen in § 169 Nr 1–4 ergeben 18
sich zugleich die Verfahren, die keine Abstammungssachen sind. Ist die gerichtliche
Entscheidung nicht unmittelbar auf die Abstammung zweier Personen voneinander
gerichtet, so liegt – etwa bei der Berichtigung der deklaratorischen Eintragung im Geburtenregister gemäß § 48 PStG – keine Abstammungssache vor. Da der Wiederaufnahmeantrag nach § 185 Abs 1 zur Fortsetzung des rechtskräftig abgeschlossenen Abstammungsverfahrens führen kann, betrifft das Verfahren eine Abstammungssache iSd § 169
(BGH FamRZ 1994, 237; OLG Hamm FamRZ 1997, 502). Während für das auf Kindesunterhalt bezogene Annexverfahren des § 653 ZPO aF streitig war, ob es sich um eine
Kindschaftssache oder ein streitiges ZPO-Verfahren handelte, ist diese Frage nunmehr
durch die Regelung des § 237 als Unterhaltssachen entschieden. Ebenso wenig gelten in
den einstweiligen Anordnungsverfahren nach §§ 247, 248 die Regelungen der §§ 169 ff.

Die Auseinandersetzung um eine rechtlich bindende Verpflichtung einer schriftlichen 19
Erklärung über die **Bereitschaft**, sich den erforderlichen ärztlichen Untersuchungen eines **Vaterschaftstests** zu unterziehen, ist keine Abstammungssache und kann nicht als
Annex einer Abstammungssache oder als ein dieser vorgeschaltetes Verfahren angesehen werden. Weder ein enger Zusammenhang zur Feststellung bzw Anfechtung der
Vaterschaft oder prozesswirtschaftliche Gründe noch der Bezug zu demselben Lebenssachverhalt rechtfertigen deren Anwendung (BGH FamRZ 2007, 124; 368, 369). Ob materiell-rechtlich ein durchsetzbarer Anspruch bestehen kann (OLG Zweibrücken FamRZ
2005, 735), hat der BGH nicht abschließend entschieden, weil die Auslegung der schriftlichen Erklärung lediglich zu einer Absichtserklärung der künftigen Teilnahme ohne
Rechtsbindungswillen führte (BGH FamRZ 2007, 359 f). Das Verfahren über den Regressanspruch des Scheinvaters (§ 1607 Abs 3 BGB) ist ebenso wenig eine Abstammungssache (BGH FamRZ 2008, 1424) wie ein evtl ihm zustehender Schadensersatzanspruch (LG Saarbrücken FamRZ 2009, 124 f).

Aus dem Recht auf Kenntnis der Abstammung, das das BVerfG für das Kind (FamRZ 20
1989, 147) und für den rechtlichen Vater (FamRZ 2007, 441, 443) verfassungsrechtlich
aus dem allgemeinen Persönlichkeitsrecht (Art 2 Abs 1 iVm Art 1 Abs 1 GG) hergeleitet
hat, folgt ein **Auskunftsanspruch** (FA-FamR/*Pieper* 3. Kap Rn 79 ff), den das Kind gemäß § 1618a BGB oder der rechtliche Vater gegen die Mutter auf Benennung des leiblichen Vaters geltend machen kann (BVerfG FamRZ 1997, 869 ff; *Frank/Helms* FamRZ 1997,
1258 ff). Der titulierte Auskunftsanspruch kann idR unter Abwägung der betroffenen Interessen im Wege der Zwangsvollstreckung durchgesetzt werden (BGH FamRZ 2008,
1751 ff mwN). Das auf Auskunft gerichtete Verfahren ist auch aus dem Sachzusammenhang mit einem späteren Vaterschaftsfeststellungsverfahren keine Abstammungssache,
sondern eine sonstige Familiensache iSd § 266 Abs 1 Nr 4 (OLG Hamm FamRZ 2000,
38). Dies gilt auch für den Auskunftsanspruch einer Frau gegenüber dem Betreiber eines
Internetportals, wenn sie an einer »anonymen Sex-Auktion« teilgenommen hatte und
nach Kontakten zu diesen Männern infolge ihrer Schwangerschaft deren Namen erfahren will (LG Stuttgart FamRZ 2008, 1648).

G. Exklusivität der Abstammungssachen

Die Abstammung eines Kindes ist grundsätzlich im Verfahren der §§ 169 ff zu klären 21
(Prütting/Helms/*Stößer* § 169 Rn 3). Diese Vorschriften enthalten **Sonderregelungen**,
die durch den Kreis der Verfahrensbeteiligten und den Grundsatz der Amtsermittlung
die Gewähr für die Richtigkeit der Entscheidung bieten und die materiell-rechtliche
Schutzwirkung verfahrensrechtlich durch die Rechtskrafterstreckung umsetzen.

Nach der Rspr des BGH (FamRZ 1993, 696 ff; zum Unterhalt OLG Köln FamRZ 2003, 22
1751) war eine **Inzidentfeststellung** der Vaterschaft im Regressverfahren des Scheinvaters ausgeschlossen, solange die Vaterschaft des biologischen Vaters nicht festgestellt

§ 169 FamFG | Abstammungssachen

war. Zur Begründung führte der BGH die Rechtsausübungssperre des § 1600d Abs 4 BGB, die speziellen Vorschriften für die gerichtliche Vaterschaftsfeststellung in den §§ 640 ff ZPO aF sowie deren Entstehungsgeschichte an, so dass die Feststellung der Vaterschaft dem Anerkenntnis oder der gerichtlichen Feststellung vorbehalten sei. Aus diesem Grund war es auch dem Ehemann versagt, sich im Scheidungsverfahren auf den Ehebruch der Frau (BGH FamRZ 1966, 502) bzw im Versorgungsausgleich auf eine unbillige Härte iSv § 1587c BGB (BGH FamRZ 1983, 267 ff) zu berufen, weil die Abstammung des Kindes nicht unter einem beliebigen Gesichtspunkt zum Gegenstand eines gewöhnlichen Rechtsstreits gemacht werden könne. Durchbrechungen der Rechtsausübungssperre hatte der BGH nur ausnahmsweise in einem Regressverfahren des Scheinvaters gegen seinen früheren Rechtsanwalt, der die Vaterschaftsanfechtungsfrist versäumt hatte (FamRZ 1979, 112 ff) und in einem Unterhaltsverfahren zugelassen, weil die Ehefrau ihren Mann von der rechtzeitigen Vaterschaftsanfechtung abgehalten hatte (FamRZ 1985, 51).

23 Im Wege der teleologischen Reduktion des **§ 1600d Abs 4 BGB** hat der BGH (FamRZ 2008, 1424, 1425; 2009, 32; Prütting/Helms/*Stößer* § 169 Rn 4) für den **Scheinvaterregress** (s *Schwonberg* FuR 2006, 395, 448, 501; *Heukamp* FamRZ 2007, 606 ff) sowie für andere Verfahren (BGH FamRZ 2008, 1836, 1838 f) weitere Ausnahmen zugelassen, wenn das gesetzliche Bestreben nach Übereinstimmung von rechtlicher und biologischer Vaterschaft aufgrund besonderer Umstände faktisch auf längere Zeit nicht erreicht werden kann. Hintergrund der Rechtsprechungsänderung waren die Abschaffung der gesetzlichen Amtspflegschaft und Einführung der freiwilligen Beistandschaft, die die Feststellung der Vaterschaft allein vom Willen der Mutter des Kindes abhängig machte (OLG Celle FuR 2006, 574 ff; OLG Hamm FamRZ 2007, 1764 ff; zur Problematik *Schwonberg* FamRZ 2008, 449 ff) sowie die Einführung des Abstammungsklärungsverfahrens nach § 1598a BGB. Die Klärung der Vaterschaft außerhalb eines Abstammungsverfahrens ist weiterhin nur unter engen Voraussetzungen ausnahmsweise zulässig, insbesondere wenn ein Vaterschaftsfeststellungsverfahren auf längere Zeit, wovon nach Ablauf von 1 $^{3}/_{4}$ Jahren auszugehen ist (BGH FamRZ 2009, 32, 33), nicht stattfinden wird und konkrete Umstände, an die § 1600d Abs 2 BGB die Vermutung der Vaterschaft knüpft, vorgetragen werden (vgl *Schwonberg* FamRZ 2008, 449, 455). Über diese Tatsachen kann ggf vor Einholung eines Vaterschaftsgutachtens Beweis zu erheben sein. Einer Beweisaufnahme über die Abstammung bedarf es nicht, wenn diese zwischen den Parteien des Regressverfahrens unstreitig ist oder nach dem Vorbringen des Antragstellers hiervon aufgrund der Vermutung des § 1600d Abs 2 BGB auszugehen ist. Im Regressverfahren ist jedoch ein Abstammungsgutachten einzuholen, wenn der Antragsgegner die Vermutung entkräften will (BGH FamRZ 2009, 32, 33). Die Inzidentfeststellung der Vaterschaft erwächst als Vorfrage des Regressanspruchs weder in Rechtskraft, noch kommt ihr die inter-omnes-Wirkung des § 184 Abs 2 zu (BGH FamRZ 2008, 1424, 1426). Schützenswerte Interessen des Kindes wird das Gericht vAw zu berücksichtigen haben und hierbei den Gedanken des § 1600 Abs 5 BGB heranziehen können. Für **weitere Verfahren** zwischen den rechtlichen Eltern eines Kindes, die deren rechtliche Beziehungen untereinander betreffen, ist eine Ausnahme vom Schutz des **§ 1599 Abs 1 BGB** in Betracht zu ziehen, wenn der Umstand der Nichtabstammung des Kindes zwischen den Verfahrensbeteiligten oder Parteien des Rechtsstreits unstreitig ist (BGH FamRZ 2008, 1836, 1838 f [zu § 1587c BGB]). Im Rahmen einer **umfassenden Interessenabwägung** ist zu prüfen, ob eine Ausnahme von der Rechtsausübungssperre gerechtfertigt ist, wobei die Beeinträchtigung der schutzwürdigen Interessen des Kindes und des Familienfriedens besonders zu berücksichtigten sind (BGH FamRZ 2008, 1836, 1839).

§ 170 Örtliche Zuständigkeit

(1) Ausschließlich zuständig ist das Gericht, in dessen Bezirk das Kind seinen gewöhnlichen Aufenthalt hat.

(2) Ist die Zuständigkeit eines deutschen Gerichts nach Absatz 1 nicht gegeben, ist der gewöhnliche Aufenthalt der Mutter, ansonsten der des Vaters maßgebend.

(3) Ist eine Zuständigkeit nach den Absätzen 1 und 2 nicht gegeben, ist das Amtsgericht Schöneberg in Berlin ausschließlich zuständig.

Die Vorschrift bestimmt allein die **örtliche Zuständigkeit** in allen Abstammungssachen 1
des § 169 einheitlich – auch für postmortale Verfahren – in einer abgestuften Regelung nach dem **gewöhnlichen Aufenthalt** des Kindes, der Mutter, des Vaters sowie hilfsweise beim Amtsgericht Schöneberg in Berlin und orientiert sich nicht mehr am Wohnsitz eines Beteiligten. Anders als die bisherige Regelung des § 640a ZPO aF, der in Abs 2 die internationale Zuständigkeit erfasste, ist diese in § 100 wahlweise an die deutsche Staatsangehörigkeit oder den gewöhnlichen Aufenthalt eines Beteiligten im Inland angeknüpft, § 100 Rz 5. Das ggf anzuwendende ausländische materiell-rechtliche Abstammungsrecht folgt aus Art 19, 20 EGBGB. Die **sachliche Zuständigkeit** des Amtsgerichts – Familiengericht – in allen Abstammungssachen ergibt sich aus § 23a Abs 1 Nr 1 GVG iVm § 111 Nr 3. Für Beschwerden gegen dessen Entscheidungen ist das OLG gemäß § 119 Abs 1 Nr 1a GVG iVm § 111 Nr 3 zuständig.

Die örtliche Zuständigkeit in Abstammungsverfahren ist eine **ausschließliche Zu-** 2
ständigkeit, die auch durch eine Zuständigkeitsvereinbarung, rügeloses Einlassen oder die Anhängigkeit einer Ehesache nicht beeinflusst wird. Die primäre Anknüpfung an den gewöhnlichen Aufenthalt des Kindes führt zu einer Verfahrenskonzentration bei dem danach zuständigen Gericht, das – bei unverändertem Aufenthalt des Kindes – sowohl für ein Vaterschaftsanfechtungsverfahren als auch ein daran anschließendes Vaterschaftsfeststellungsverfahren zuständig ist, auch wenn mehrere Männer als biologischer Vater in Betracht kommen. Die Zuständigkeit gilt auch für postmortale Abstammungsverfahren, in denen ein Beteiligter bereits vor Anhängigkeit des Verfahrens verstorben war. Der gewöhnliche Aufenthalt des Kindes ist auch in anderen Familiensachen vorrangiges Zuständigkeitskriterium – in Ehesachen (§ 122 Nr 1 und 2), in Kindschaftssachen (§ 152 Abs 2) oder in Unterhaltssachen (§ 232 Abs 1 Nr 2) –, und führt zu einer weiteren Konzentration der eine Familie betreffenden Verfahren. Für Anträge im selbständigen Unterhaltsverfahren nach § 237 und in einstweiligen Anordnungsverfahren nach §§ 247, 248 ist dasselbe Gericht örtlich zuständig.

Die **örtliche Zuständigkeit** regelt § 170 Abs 1 in erster Linie nach dem **gewöhnlichen** 3
Aufenthalt des Kindes. Sie ist von der Verfahrensstellung des Kindes unabhängig, so dass es nicht darauf ankommt, ob das Kind – verheirateter oder nicht verheirateter Eltern – Antragsteller (§ 7 Abs 1) oder weiterer Beteiligter nach § 171 Nr 1 ist. Der gewöhnliche Aufenthalt eines (minderjährigen) Kindes bestimmt sich nach seinem tatsächlichen Lebensmittelpunkt bzw dem Ort, an dem es sich überwiegend aufhält (s § 98 Rz 24 ff). Der gewöhnliche Aufenthalt ist nicht der Ort eines vorüber gehenden Verweilens, sondern der Ort, an dem der Schwerpunkt der Bindungen einer Person insbesondere in familiärer und sozialer Hinsicht, mithin ihr Daseinsmittelpunkt, liegt (BGH FamRZ 2002, 1182; EuGH FamRZ 2009, 843, 845 zu Art 8 Abs 1 Brüssel IIa-VO, wonach eine gewisse Integration in ein soziales und familiäres Umfeld erforderlich ist). Auf den gemeldeten Wohnsitz kommt es nicht an. Auch wenn das minderjährige Kind üblicher Weise den gewöhnlichen Aufenthalt mit seinen sorgeberechtigten Eltern teilt, leitet sich dieser nicht automatisch vom Aufenthalt oder Wohnsitz des Sorgeberechtigten ab, sondern ist selbständig zu bestimmen (BGH FamRZ 1997, 1070; OLG Frankfurt FamRZ 2006, 883 mwN). Der gewöhnliche Aufenthalt ist – ggf auch aufgrund einer Prognose – auf eine

§ 170 FamFG | **Örtliche Zuständigkeit**

gewisse Dauer ausgerichtet. Auf das gemeinsame oder alleinige Sorgerecht der Eltern kommt es für den eher durch faktische als rechtliche Verhältnisse geprägten Begriff nicht an. Während bei Kleinkindern für den gewöhnlichen Aufenthalt die tatsächliche Betreuung und Versorgung im Vordergrund steht, sind bei älteren Kindern auch deren soziale Beziehungen (Schule, Lehrstelle, Freunde usw) zu berücksichtigen (OLG Schleswig FamRZ 2000, 1426; OLG Karlsruhe FamRZ 2005, 287). Wird den sorgeberechtigten Elternteilen vor oder unmittelbar nach der Geburt die elterliche Sorge wegen einer Kindeswohlgefährdung entzogen (§ 1666 BGB) und das Kind bei Pflegeeltern in einem anderen Gerichtsbezirk untergebracht, so leitet sich der gewöhnliche Aufenthalt des Kindes allein nach dem vom Vormund vorgegebenen Lebensmittelpunkt des Kindes ab (BGH FamRZ 1992, 170).

4   Kommt die Zuständigkeit eines deutschen Gerichts nach Abs 1 nicht in Betracht, weil das Kind seinen gewöhnlichen Aufenthalt nicht in Deutschland hat, so ist für Abstammungsverfahren das Gericht am **gewöhnlichen Aufenthalt der Mutter** zuständig. Ist die örtliche Zuständigkeit nach § 170 Abs 2 Hs 1 gegeben, begründet dies zugleich die internationale Zuständigkeit nach § 100. Einen nach § 640a Abs 1 S 1 und 2 ZPO aF vorgesehenen Wahlgerichtsstand nach dem Wohnsitz des Kindes oder der Mutter sieht die Neuregelung, die eine Zuständigkeitsrangfolge enthält, nicht mehr vor.

5   Im dritten Rang bestimmt sich die Zuständigkeit nach dem **gewöhnlichen Aufenthalt des rechtlichen oder potentiellen Vaters**, wenn eine Zuständigkeit nach dem gewöhnlichen Aufenthalt des Kindes und dessen Mutter nicht gegeben ist. Eine im Hinblick auf Art 3 Abs 2 GG verfassungsrechtlich bedenkliche Regelung (*Schulte-Bunert* Rn 637) besteht nicht, denn im Vaterschaftsfeststellungsverfahren sind idR die Angaben der alleinsorgeberechtigten Mutter des Kindes maßgeblich. Soweit nach dem gewöhnlichen Aufenthalt der Verfahrensbeteiligten nach § 172 Abs 1 eine Zuständigkeit eines deutschen Gerichts nicht begründet ist, folgt schließlich aus § 170 Abs 3 die ausschließliche Zuständigkeit des Amtsgerichts Berlin Schöneberg, wie sie bereits nach bisherigem Recht bestand.

6   Eine Änderung der die örtliche Zuständigkeit begründenden Umstände nach Anhängigkeit des Abstammungsverfahrens berührt gemäß § 2 Abs 2 die Zuständigkeit des angerufenen Gerichts nicht (Prütting/Helms/*Stößer* § 170 Rn 4; Keidel/*Engelhardt* § 170 Rn 5). Eine Abgabe des Verfahrens an ein anderes Gericht kommt allein unter den Voraussetzungen des § 4 in Betracht.

§ 171 Antrag

(1) Das Verfahren wird durch einen Antrag eingeleitet.

(2) In dem Antrag sollen das Verfahrensziel und die betroffenen Personen bezeichnet werden. In einem Verfahren auf Anfechtung der Vaterschaft nach § 1600 Abs. 1 Nr. 1 bis 4 des Bürgerlichen Gesetzbuchs sollen die Umstände angegeben werden, die gegen die Vaterschaft sprechen, sowie der Zeitpunkt, in dem diese Umstände bekannt wurden. In einem Verfahren auf Anfechtung der Vaterschaft nach § 1600 Abs. 1 Nr. 5 des Bürgerlichen Gesetzbuchs müssen die Umstände angegeben werden, die die Annahme rechtfertigen, dass die Voraussetzungen des § 1600 Abs. 3 des Bürgerlichen Gesetzbuchs vorliegen, sowie der Zeitpunkt, in dem diese Umstände bekannt wurden.

Übersicht

	Rz		Rz
A. Allgemeines	1	1. Verfahrenskostenvorschuss	27
B. Antragserfordernis	2	2. Rechtsanwaltsbeiordnung	28
C. Antragsinhalt	5	3. Vaterschaftsfeststellungsverfahren	30
I. Vaterschaftsfeststellung	6		
II. Abstammungsklärungsverfahren	8	4. Vaterschaftsanfechtungsverfahren	32
III. Vaterschaftsanfechtung	11		
D. Verfahrensfragen	22	5. Abstammungsklärungsverfahren	34
I. Allgemeine Verfahrensregelungen	23		
II. Anwaltszwang	25	E. Wirkung des Antrags	35
III. Verfahrenskostenhilfe	26		

A. Allgemeines

Sämtliche Abstammungsverfahren sind als einseitige Verfahren der freiwilligen Gerichtsbarkeit ausgestaltet und werden nur auf Antrag (§ 23) eingeleitet. Neben dem Antragserfordernis nach Abs 1 werden die inhaltlichen Anforderungen in Abs 2 für alle Abstammungssachen (Satz 1) und darüber hinaus für alle Vaterschaftsanfechtungsverfahren (Satz 2 und 3) geregelt. Die im Zusammenhang mit der Diskussion um die Verwertbarkeit heimlicher Vaterschaftstests geäußerten Kritik an der Rechtsprechung des BGH zum Anfangsverdacht (*Wellenhofer* FamRZ 2005, 665 mwN; *Schlosser* JZ 1999, 43) wollte die Reform ursprünglich auf verfahrensrechtlichem Weg aufnehmen, hat jedoch nach der Entscheidung des BVerfG zum Vaterschaftsanfechtungsverfahren und nach Einführung des Vaterschaftsklärungsverfahrens hiervon wieder Abstand genommen.

B. Antragserfordernis

Abstammungsverfahren sind **reine Antragsverfahren**. Das Gericht kann nicht von Amts wegen ein solches Verfahren einleiten, auch wenn es von der Scheinehelichkeit eines Kindes etwa im Rahmen des Scheidungsverfahrens Kenntnis erlangt. Selbst ein erheblicher Gegensatz zwischen den Interessen der Mutter und denen des Kindes, die Vaterschaftsfeststellung nicht zu betreiben, rechtfertigt es nicht, dem sorgeberechtigten Elternteil die Vertretung des Kindes insoweit zu entziehen (AG Fürth FamRZ 2001, 1089; aA noch AG Biberach JAmt 2001, 303), solange nicht eine Gefährdung des Kindeswohls iSv § 1666 BGB zu befürchten ist (PWW/*Ziegler* § 1629 Rn 12; MüKo/*Huber* § 1629 Rn 69). Eine Sonderstellung bildet nunmehr die Anfechtung durch die zuständige Behörde im Fall einer missbräuchlichen Anerkennung der Vaterschaft nach § 1600 Abs 1 Nr 5 BGB, obwohl auch hier die Entscheidung über die Verfahrenseinleitung der Verwaltungsbehörde allein obliegt.

Nach § 640c ZPO aF konnte während der Anhängigkeit eines Abstammungsverfahrens ein entsprechendes Verfahren anderweitig nicht anhängig gemacht werden (BGH FamRZ 2002, 880 zur Vaterschaftsanfechtung). Durch die Zuständigkeitsregelung des § 170 und die Regelung zur Verfahrensverbindung in § 179 besteht keine Notwendigkeit für die Fortführung der bisherigen Regelung. Dass verschiedene Antragsberechtigte an unterschiedlichen Gerichtsständen Abstammungsverfahren anhängig machen, wird durch die Verfahrenskonzentration des § 170 Abs 1 verhindert. Mehrere beim zuständigen Gericht anhängige Anträge bezüglich der Abstammung eines Kindes können nach Maßgabe des § 179 verbunden werden.

4   Die Abstammungsverfahren nach § 169 Nr 1 und 4 sind Verfahren, die ihrem Antrag nach auf die Feststellung gerichtet sind, dass ein Eltern-Kind-Verhältnis besteht oder nicht besteht. Das **Rechtsschutzbedürfnis** folgt aus dem schutzwürdigen Interesse an der Feststellung der verwandtschaftlichen Beziehung aufgrund der damit verbundenen Rechtsfolgen und kann evtl im Falle einer Berichtigung des Personenstandsregisters nach § 48 PStG fraglich sein. Auf ein **besonderes Feststellungsinteresse** kommt es nicht an (hierzu BGH FamRZ 1973, 26; *Habscheid/Habscheid* FamRZ 1999, 480, 482 mwN), zumal § 256 ZPO im Abstammungsverfahren keine Anwendung findet. Am Rechtsschutzbedürfnis kann es fehlen, wenn eine außergerichtliche Aufforderung zur Anerkennung der Vaterschaft oder Einwilligung in eine genetische Untersuchung geboten ist. Im einseitigen Abstammungsverfahren kann jeder Beteiligter Anträge stellen, soweit er hierzu materiell-rechtlich berechtigt ist. Die Anträge müssen nicht im Gegensatz zum verfahrenseinleitenden Antrag stehen, sondern können auch im Hinblick auf eine jederzeit zulässige Antragsrücknahme gleichgerichtet sein (§ 179 Rz 3). Für die Verfahren nach § 169 Nr 2 und 3 folgt das Rechtsschutzbedürfnis aus dem Interesse an der Klärung der Abstammung.

C. Antragsinhalt

5   Für den verfahrenseinleitenden Sachantrag gilt die allgemeine Vorschrift des § 23. Daher ist der Antrag zu begründen und hierzu die Tatsachen und Beweismittel anzugeben. Darüber hinaus enthält § 171 Abs 2 spezifische **Antragserfordernisse**. Diese beziehen sich in allen Abstammungssachen auf die Angabe des Verfahrensziels und die hiervon betroffenen Personen (§ 172 Abs 2 Satz 1 BGB). Daher ist klarzustellen, ob die Feststellung der Vaterschaft oder die Klärung bzw Anfechtung einer bestehenden Vaterschaft angestrebt wird. Für die Anfechtungsverfahren nach § 1600 Abs 1 BGB konkretisieren Abs 2 Satz 2 und 3 die inhaltlichen Anforderungen an die Darstellung des Anfangs- bzw Anfechtungsverdachts.

I. Vaterschaftsfeststellung

6   Im **Vaterschaftsfeststellungsverfahren** können die nach materiellem Recht Antragsberechtigten, die mit den Beteiligten nach § 172 Abs 1 übereinstimmen, beantragen festzustellen, dass der Antragsteller oder beteiligte Mann der Vater des beteiligten oder antragstellenden Kindes ist (zur Entscheidungsformel § 182 Rz 3). Der Feststellungsantrag ist – anders als im Anfechtungsverfahren – nicht fristgebunden. Auch wenn das 1967 ehelich geborene Kind erst nach einer im Jahr 2002 erfolgten Vaterschaftsanfechtung Vaterschaftsfeststellungsklage erhebt, ist diese **nicht rechtsmissbräuchlich** (BGH FamRZ 2007, 1731, 1733; OLG Saarbrücken FamRZ 2006, 565). Unabhängig davon, welche Person Antragsteller ist, sollten Angaben zum Beginn und zur Dauer der intimen Beziehung der Mutter zum potentiellen biologischen Vater sowie ggf zu anderen Männern in der gesetzlichen Empfängniszeit gemacht werden, weil dies für die nach § 175 Abs 1 gebotene gerichtliche Erörterung sowie für eine etwaige Beweisaufnahme von Bedeutung ist. Schließlich sollte der Antrag den Hinweis enthalten, dass der Mann zur Anerkennung der Vaterschaft beim Jugendamt (§ 59 Abs 1 Nr 1 SGB VIII) vor dem Verfahren erfolglos aufgefordert wurde.

7   Ein Antrag auf Feststellung der **Unwirksamkeit der Anerkennung** der Vaterschaft gemäß § 1594 BGB sollte die vollständigen Angaben und Kopien der erfolgten Beurkundung enthalten. Fehlen diese, wird das Gericht unter Mitwirkung der Beteiligten (§ 27)

die entsprechenden Ermittlungen beim Standesamt und Jugendamt vornehmen müssen. Darüber hinaus sind die geltend gemachten Unwirksamkeitsgründe iSv § 1598 BGB anzugeben. Da keine Anfechtungsfrist zu beachten, ein Abstammungsgutachten nicht einzuholen und die Kostenentscheidung nicht an § 183 gebunden ist, bestehen verfahrensrechtliche Vorteile gegenüber dem Vaterschaftsanfechtungsverfahren (Vorwerk/*Kaul* Kap 101 Rn 101).

II. Abstammungsklärungsverfahren

Der Antrag im **Abstammungsklärungsverfahren** zielt darauf, die Einwilligung der Klärungsverpflichteten in einer genetische Abstammungsuntersuchung zu ersetzen und die Entnahme einer für die Untersuchung geeigneten Probe zu dulden (s § 169 Rz 12). Formal handelt es sich um zwei Verfahrensgegenstände, nämlich Einwilligungsersetzung und Duldungsanordnung. Für beide muss ein Rechtsschutzbedürfnis bestehen. Auch wenn allein aus der Verweigerung der Einwilligung in die genetische Untersuchung nicht notwendig auf die Weigerung einer Probeentnahme geschlossen werden kann, ist es aus verfahrensökonomischen Gründen einer abschließenden Regelung gerechtfertigt, beide Anträge zu verbinden und die Duldungspflicht nicht in einem nachfolgenden Verfahren geltend zu machen. Der Anspruch selbst ist an **keine Frist** gebunden, – den Vorgaben des BVerfG folgend (FamRZ 2007, 441, 444) – »bewusst niederschwellig« ausgestaltet (BTDrs 16/6561, 12) und an keine weiteren Voraussetzungen geknüpft (PWW/*Pieper* § 1598a Rn 1; *Wellenhofer* NJW 2008, 1185, 1186), so dass es keines weiteren Vortrags zu etwaigen Zweifeln an der Vaterschaft oder eines Anfangs- bzw Anfechtungsverdachts (Rz 12 ff) bedarf. Die bestehende rechtliche Abstammung sollte durch einen Auszug aus dem Geburtenbuch oder die Urkunde über die Vaterschaftsanerkennung nachgewiesen werden. Der Antrag ist auch dann zulässig, wenn bereits eine Entscheidung zur Vaterschaftsanfechtung ohne Beweisaufnahme zur Abstammung ergangen ist. Als Schranke des materiell-rechtlichen Anspruchs führt die Gesetzesbegründung allein die **missbräuchliche Rechtsausübung** an (BTDrs 16/6561, 12). Sie kommt etwa im Fall wiederholter Antragstellung oder nach rechtskräftiger Entscheidung über die Vaterschaftsanfechtung mit Sachverständigengutachten in Betracht (*Helms* FamRZ 2008, 1033, 1035). Allerdings ist die Ersetzung der Einwilligung in eine genetische Abstammungsuntersuchung nur erforderlich, wenn die weiteren Beteiligten vom Antragsteller zu entsprechenden Erklärungen vor Einleitung des Verfahrens aufgefordert wurden. Anderenfalls fehlt es am Rechtsschutzbedürfnis bzw ein Antrag auf Verfahrenskostenhilfe erweist sich als mutwillig (§ 76 Abs 1, §§ 76–77 Rz 7). Neben dem Antragsteller sind am Verfahren die beiden klärungsverpflichteten Personen beteiligt (§ 172 Rz 16), die im Antrag namentlich mit ladungsfähiger Anschrift benannt werden sollen (Abs 2 Satz 1). Die Durchführung der außergerichtlichen Abstammungsuntersuchung ist Angelegenheit des Antragstellers. Ihm ist nach der Regelung des § 1598a BGB freigestellt, welches Labor er beauftragt und welche Untersuchungsmethode dort verwandt wird. Nach dem Wortlaut des § 1598a Abs 1 Satz 1 BGB muss allein die Probe nach den anerkannten Grundsätzen der Wissenschaft entnommen werden. Angaben hierzu sind im Antrag nicht erforderlich (aA *Borth* FPR 2008, 381, 382), auch wenn sie für die Beteiligten hilfreich sein können. Ausreichenden Rechtsschutz gewährt insoweit § 96a Abs 1, denn eine Untersuchung ist nicht zumutbar, wenn sie nicht den Anforderungen der Richtlinien des Beirats der Bundesärztekammer (§ 177 Rz 15) entspricht.

Das Vaterschaftsklärungsverfahren ist nicht auf die Auflösung der verwandtschaftlichen Beziehung gerichtet, kann aber einem Vaterschaftsanfechtungsverfahren vorausgehen. Damit die – von Amts wegen zu beachtende – zweijährige Anfechtungsfrist nicht infolge des Klärungsverfahrens verstreicht, wird gemäß **§ 1600b Abs 5 BGB** diese Frist durch die Einleitung des Vaterschaftsklärungsverfahrens gehemmt. Durch die Bezugnahme auf § 204 Abs 2 BGB endet die **Hemmung der Anfechtungsfrist** des § 1600b

Abs 1 BGB sechs Monate nach der rechtskräftigen Entscheidung oder anderweitigen Beendigung des Abstammungsklärungsverfahrens.

10   Eine ausdrückliche Regelung, ob das Verfahren nach § 1598a Abs 2 BGB auch nach dem Tod eines Klärungsberechtigten bzw -verpflichteten eingeleitet werden kann, enthalten weder § 1598a BGB noch die Vorschriften des Abstammungsverfahrens. Einen Vorrang des postmortalen Vaterschaftsanfechtungsverfahrens wird man wegen der unterschiedlichen Interessen der Beteiligten nicht ohne weiteres begründen können. Ist die klärungsberechtigte Person verstorben, geht der Anspruch aus § 1598a Abs 1 BGB nicht auf die Erben oder Angehörigen über. Der Tod eines Klärungspflichtigen steht hingegen der Durchführung eines **postmortalen Klärungsverfahrens**, nicht entgegen (*Helms* FamRZ 2008, 1033, 1034, *Wellenhofer* FamRZ 2008, 1185, 1189).

III. Vaterschaftsanfechtung

11   Über die Anforderungen an den Antrag nach § 172 Abs 2 Satz 1 hinaus sind für **Vaterschaftsanfechtungsverfahren** in den Sätzen 2 und 3 **besondere Erfordernisse** normiert. Danach sollen einerseits die Umstände angegeben werden, die gegen die Vaterschaft sprechen, sowie andererseits der Zeitpunkt, in dem diese Umstände dem Antragsteller bekannt wurden. Die Vorschrift knüpft an die Rspr des BGH seit 1998 an, obwohl im Gesetzgebungsverfahren ursprünglich im Hinblick auf die Unverwertbarkeit heimlicher Vaterschaftstests eine abweichende Konzeption verfolgt worden war. Der Sachantrag wie auch dessen Begründung orientieren sich an der angestrebten und in Rechtskraft erwachsenden gerichtlichen Entscheidung, die auf die Auflösung der personenrechtlichen Beziehung zwischen rechtlichem Vater und Kind gerichtet ist, ohne die wahre genetische Abstammung zu klären.

12   **1. Anfechtung nach § 1600 Abs 1 Nr 1, 3 und 4 BGB**: Nach der gefestigten Rspr des BGH (FamRZ 1998, 955; 2003, 155; 2005, 340, 342; 2006, 686, 687; 2008, 501) ist im Vaterschaftsanfechtungsverfahren der Vortrag, nicht der biologische Vater des Kindes zu sein, nicht ausreichend. Vielmehr muss der Antragsteller Umstände vortragen und ggf beweisen, die bei objektiver Betrachtung geeignet sind, Zweifel an der Abstammung des Kindes zu wecken und die Möglichkeit einer anderweitigen Abstammung als nicht ganz fern liegend erscheinen lassen. Trotz des in Abstammungsverfahren geltenden Untersuchungsgrundsatzes (§ 177 Abs 1) hat der BGH diesen »**Anfangsverdacht**« (oder Anfechtungsverdacht) mit der nur dann in sich schlüssigen Gesamtregelung des Anfechtungsrechts und der Anfechtungsfrist des § 1600b Abs 1 BGB begründet. Diese Rechtsprechung war und ist erheblicher Kritik ausgesetzt, weil sie die Anforderungen an die vom rechtlichen Vater mögliche Kenntnis von einer anderweitigen Vaterschaft überspanne und daher die Durchsetzung eines Rechts durch verfahrensrechtliche Hürden erschwere (*Wellenhofer* FamRZ 2005, 665, 666; *Knoche* FuR 2005, 348; *Ohly* JZ 2005, 626; *Schlosser* JZ 1999, 43; *Wolf* NJW 2005, 2417, 2419; krit Vorwerk/*Kaul* Kap 101 Rn 141).

13   Dieser Kritik wollte der Referentenentwurf des FamFG in § 180 dadurch Rechnung tragen, dass auf ein Begründungserfordernis insgesamt verzichtet und das Abstammungsverfahren als streitiges Verfahren der freiwilligen Gerichtsbarkeit ausgestaltet werden sollte (Begr S 510 zu § 180 Ref-E). Eine Schlüssigkeit des Antrags sollte im Hinblick auf die umfassende gerichtliche Aufklärungspflicht, die durch die individuelle und generelle Bedeutung der Abstammungssachen als Statusverfahren gerechtfertigt sei, nicht mehr erforderlich sein. Nach der Entscheidung des BVerfG zum heimlichen Vaterschaftstest (FamRZ 2007, 441) wurde die ursprüngliche Konzeption nicht mehr aufrecht erhalten, denn das BVerfG hatte die Rspr des BGH zur Auslegung der Anfechtungsvorschriften sowie zu den sich hieraus ergebenden verfahrensrechtlichen Anforderungen ausdrücklich für verfassungsgemäß erklärt. Die praktischen Schwierigkeiten des rechtlichen Vaters, einen Anfangs- bzw Anfechtungsverdacht darlegen zu können, ver-

kannte das BVerfG nicht und löste die Problematik aus einer grundrechtlichen Schutzpflicht des Staates, die verfahrensrechtliche Vorschriften zur Klärung der Vaterschaft unabhängig von deren Anfechtung erfordere (§ 169 Rz 11).

Die Regelung des § 171 Abs 2 Satz 2 knüpft unter ausdrücklicher Bezugnahme auf die vorgenannten Entscheidungen in der Gesetzesbegründung (BTDrs 16/6308 S 244) an die Rspr zum **Anfangs- bzw Anfechtungsverdacht** an und hebt diese verfahrensrechtlich zur **gesetzlichen Antragsvoraussetzung** (Prütting/Helms/*Stößer* § 171 Rn 16; Keidel/*Engelhardt* § 171 Rn 5). Die gesetzliche Formulierung, wonach die Umstände angegeben werden sollen, die gegen die Vaterschaft sprechen, beruht auf dem Anfangs- bzw Anfechtungsverdacht, ohne dass aufgrund der vorgetragenen Tatsachen die Nichtvaterschaft wahrscheinlicher oder gar überwiegend wahrscheinlich sein muss. Vor diesem Hintergrund sind Gerüchte (BGHZ 61, 195, 198; BGH FamRZ 1984, 80; OLG Koblenz FamRZ 2007, 1675), Mutmaßungen (OLG Celle OLGR 2000, 8) oder ein bloßer Verdacht etwa aufgrund anonymer Anrufe (BGH FamRZ 2008, 501; OLG Köln NJW-RR 2004, 1081), die fehlende Ähnlichkeit mit Ausnahme erheblicher Abweichungen bei charakteristischen Erbmerkmalen wie etwa der Hauptfarbe (BGH FamRZ 2005, 501, 502; OLG Thüringen FamRZ 2003, 944 f) oder die laienhaft falsche Bewertung naturwissenschaftlich unrichtiger Zusammenhänge (OLG Frankfurt FamRZ 2008, 805 f zur Blutgruppenvererbung) nicht ausreichend, um einen Antrag auf Anfechtung der Vaterschaft zu begründen und den Lauf der Anfechtungsfrist auszulösen. Allerdings dürfen keine zu hohen Anforderungen an die Darlegung der bei objektiver Beurteilung geeigneten Zweifel an der Abstammung gestellt werden (BTDrs 16/6308 S 244). Insoweit hat der BGH wiederholt mögliche Erleichterungen für den Anfangsverdacht in Erwägung gezogen (FamRZ 2005, 340, 342; 2006, 686, 687). Folgende **Umstände** werden als Anfangs- bzw Anfechtungsverdacht anerkannt (PWW/*Pieper* § 1600b Rn 4 ff; *Grün* Rn 225 ff): fehlende intime Beziehung in der gesetzlichen Empfängniszeit mit dem rechtlichen Vater (*Grün* Rn 227) bzw seine sichere Kenntnis oder das Eingeständnis einer intimen Beziehung zu einem anderen Mann (BGH FamRZ 1989, 169; OLG Karlsruhe FamRZ 2001, 702), Kenntnis einer bestehenden Partnerschaft (OLG Brandenburg FamRZ 2002, 1055) oder der Prostitution in der Empfängniszeit (BGH FamRZ 2006, 771; OLG Frankfurt FamRZ 2000, 108 »Sextourismus«), der Reifegrad des Kindes (BGH FamRZ 1990, 507, 510) und die eigene absolute Zeugungsunfähigkeit (BGH FamRZ 1989, 169). Zur begrenzten Rechtskraft abweisender Beschlüsse § 184 Rz 4 f).

Nach der vom BVerfG (FamRZ 2007, 441) bestätigten Rspr des BGH (FamRZ 2005, 340, 342; 2008, 501, 502; so auch OLG Celle FamRZ 2004, 481, OLG Thüringen FamRZ 2003, 944; aA OLG Dresden FamRZ 2005, 1491; hierzu *Schwonberg* JAmt 2005, 265) sind das **heimlich,** ohne Einwilligung des Kindes oder seines gesetzlichen Vertreters eingeholte **DNA-Gutachten oder ein heimlicher Vaterschaftstest** rechtswidrig und weder als Beweismittel noch als Parteivortrag für den Anfangs- bzw Anfechtungsverdacht verwertbar. Auch die Weigerung der Mutter, an einem solchen Test mitzuwirken, begründet diesen nicht (BGH FamRZ 2008, 501, 502), sondern berechtigt zur Einleitung eines Abstammungsklärungsverfahrens nach § 1598a Abs 2 BGB. Räumt die Mutter nach Vorlage eines heimlichen Vaterschaftstests eine intime Beziehung zu einem anderen Mann ein, begründet dies einen schlüssigen Antrag (OLG Koblenz FamRZ 2006, 808). Die Untersuchung und Verwendung der DNA-Identifizierungsmuster stellt einen Eingriff in das durch Art 2 Abs 1 iVm Art 1 Abs 1 GG geschützte Persönlichkeitsrecht bzw Recht auf informationelle Selbstbestimmung dar, der unter Abwägung der betroffenen Grundrechtspositionen und Interessen mangels höherwertiger Interessen des Scheinvaters nicht gerechtfertigt ist. Nach § 17 Abs 1 Satz 1 des Entwurfs eines Gesetzes über genetische Untersuchungen bei Menschen (Gendiagnostikgesetz GenDG) darf eine genetische Untersuchung zur Klärung der Abstammung nur vorgenommen werden, wenn die betroffene Person hierüber aufgeklärt wurde und in die Untersuchung eingewilligt hat (BTDrs 16/10532). Auch wenn ein ausreichender Anfangsverdacht mit einem heimlichen Vaterschaftstest nicht dargelegt wurde, wird der Anfechtungsantrag durch ein gleichwohl gerichtlich eingeholtes Abstammungsgutachten, das sich der Antragsteller stillschweigend zu eigen macht, schlüssig, ohne dass dem ein verfahrensrechtliches Verwertungsverbot entgegensteht (BGH FamRZ 2006, 686, 687). In der Praxis werden sich die Probleme häufig durch eine dem Anfechtungsverfahren vorgeschaltete (außergerichtliche) Klärung der Vaterschaft relativieren. Denn zum einen kann der Antragsteller seinen Antrag auf das Ergebnis des Abstammungsgutachtens stützen, das mit erklärter oder ersetzter Einwilligung im Verfahren verwertbar ist, und zum anderen wird nach § 1600b Abs 5 BGB die zweijährige Anfechtungsfrist durch die Einleitung des Ersetzungsverfahrens nach § 1598a Abs 2 BGB gehemmt. Hat der Antragsteller hingegen unabhängig von einem Vaterschaftstest sichere Kenntnis von Umständen, die einen Anfangsverdacht begründen, so beginnt die Frist mit dem Zeitpunkt dieser Kenntniserlangung.

16 Neben dem Anfangs- bzw Anfechtungsverdacht sowie der Angabe der betroffenen Personen sollte die rechtliche Vaterschaft urkundlich nachgewiesen werden. Erfolgt die Anfechtung – wie häufig – durch das geschäftsunfähige oder beschränkt geschäftsfähige Kind gemäß **§ 1600a Abs 3 BGB** durch den gesetzlichen Vertreter muss im Antrag dargetan werden, dass die Anfechtung dem Wohl des Kindes entspricht (OLG Köln FamRZ 2001, 245 f; zur Abwägung nach § 1597 BGB aF BayObLG FamRZ 1991, 185, 186). Insoweit sind das Interesse an der Klärung der Abstammung, die familiäre Situation und das Persönlichkeitsrecht der Mutter maßgeblich (OLG Schleswig FamRZ 2003, 51). Ein gutes und vertrauensvolles Verhältnis des Kindes zum rechtlichen Vater kann gegen ein Anfechtungsrecht sprechen. In anderen Anfechtungsverfahren ist eine Kindeswohlprüfung nicht erforderlich (OLG Köln FamRZ 2002, 629, 631).

17 2. **Anfechtung nach § 1600 Abs 1 Nr 2 BGB**: Ein **Recht auf Anfechtung** der durch Ehe oder Anerkenntnis bestehenden Vaterschaft steht dem **biologischen Vater** nach der Entscheidung des BVerfG (FamRZ 2003, 816) und der hierauf beruhenden gesetzlichen Regelung des § 1600 Abs 1 Nr 2, Abs 2 BGB nur in eingeschränktem Umfang zu, wenn er an Eides statt versichert, der Mutter des Kindes während der Empfängniszeit beigewohnt zu haben, eine sozial-familiäre Beziehung zwischen dem rechtlichen Vater und dem Kind nicht besteht oder zum Zeitpunkt seines Todes nicht bestanden hat und der Anfechtende der leibliche Vater des Kindes ist. § 1600 Abs 4 BGB definiert eine sozial-familiäre Beziehung dahin, dass der rechtliche Vater für das Kind tatsächliche Verantwortung trägt oder getragen hat, wovon in der Regel auszugehen ist, wenn er mit der Mutter des Kindes verheiratet ist oder mit dem Kind längere Zeit in häuslicher Gemeinschaft zusammengelebt hat. Bei Abwägung der Interessen des Kindes, des rechtlichen Vaters, der Mutter sowie des biologischen Vaters kann der Gesetzgeber verfassungsrechtlich dem Erhalt eines bestehenden sozialen Familienverbandes den Vorrang vor dem Interesse des potentiellen biologischen Vaters einräumen (BVerfG FamRZ 2003, 816, 820 f; ebenso Österr VGH FamRZ 2008, 537; BGH FamRZ 2007, 538; OLG Frankfurt FamRZ 2007, 1674).

18 Der potentielle biologische Vater muss – auch in Ansehung des Amtsermittlungsgrundsatzes – im Verfahren **darlegen**, dass eine **sozial-familiäre Beziehung** des rechtlichen Vaters zum Kind im Zeitpunkt der letzten mündlichen Verhandlung nicht besteht (BGH FamRZ 2007, 538, 539). Dabei ist nach der Rspr des BGH nach § 1600 Abs 4 Satz 1 BGB unwiderleglich von einer sozial-familiären Beziehung auszugehen, wenn der rechtliche Vater für das Kind Verantwortung trägt (BGH FamRZ 2008, 1821). Hiervon ist die widerlegliche Regelannahme der Übernahme von Verantwortung nach Satz 2 aufgrund der Ehe oder einer längeren häuslichen Gemeinschaft zu unterscheiden, die indes für den Fortbestand im maßgeblichen Zeitpunkt der letzten mündlichen Verhandlung nicht ausreichend ist. Auch wenn diese Voraussetzung – verfassungsrechtlich zulässig – als negatives Tatbestandsmerkmal ausgestaltet ist, was im Fall einer non-liquet Situation zu Lasten des Anfechtenden geht (BGH FamRZ 2007, 538, 540), ist es ihm nicht faktisch un-

möglich die Regelannahme zu entkräften. Der Antragsteller kann schlüssig die nach außen in Erscheinung tretenden Umstände, wie etwa ein Getrenntleben der Eheleute (OLG Bremen OLGR 2007, 99 f [auch zum substantiierten Bestreiten des rechtlichen Vaters]; OLG Stuttgart FamRZ 2008, 629) oder das Zusammenleben der Mutter mit einem neuen Partner, oder aus Besuchskontakten gewonnene Einblicke in die Beziehung des Vaters zu seinem Kind oder zwischen den Eltern darlegen. Er muss dabei nicht die gesetzlich Vermutung des Abs 4 Satz 2 widerlegen, weil diese nicht auf den Fortbestand der von Verantwortung getragenen Vater-Kind-Beziehung bezogen ist. Der Antragsteller kann sich jedoch insoweit nicht auf das Bestreiten einer solchen Beziehung mit Nichtwissen beschränken oder auf die Darlegungslast des rechtlichen Vaters verweisen. Hat der Anfechtende hingegen keinerlei Anhaltspunkte dafür, dass der rechtliche Vater tatsächlich keine Verantwortung mehr wahrnimmt, ist sein Antrag nicht begründet (BGH FamRZ 2007, 538, 539).

Nach der bisherigen Regelung des § 1600e Abs 1 Satz 1 BGB aF musste der potentielle 19 biologische Vater seine Anfechtungsklage gegen das Kind und den rechtlichen Vater richten und ihnen gegenüber die zweijährige Anfechtungsfrist wahren. Hieraus hat der BGH (FamRZ 2008, 1921, 1922) die Konsequenz gezogen, dass die Anfechtungsfrist nur bei Erhebung der Klage gegen beide Beklagten gewahrt ist, denn das Verfahren ist sowohl auf die Feststellung der eigenen Vaterschaft wie auch auf die Anfechtung der bestehenden Vaterschaft gerichtet. Ob an dieser Auffassung unter Geltung des einseitigen Abstammungsverfahrens festzuhalten ist, erscheint zweifelhaft, weil zur Wahrung der Anfechtungsfrist nach neuem Recht die Anhängigkeit des Anfechtungsantrags ausreichend ist.

3. **Anfechtung nach § 1600 Abs 1 Nr 5 BGB**: Mit dem Gesetz zur Ergänzung des 20 Rechts zur Anfechtung der Vaterschaft (BGBl I 2008, 313 ff) wurde in § 1600 Abs 1 Nr 5 BGB das Anfechtungsrecht der zuständigen Verwaltungsbehörde in Fällen des § 1592 Nr 2 BGB eingeführt (*Zimmermann* FuR 208, 569; 2009, 21; *Löhnig* FamRZ 2008, 1130). Das **behördliche Anfechtungsrecht** soll der missbräuchlichen Anerkennung von Vaterschaften entgegen wirken (Keidel/*Engelhardt* § 171 Rn 10). Die zuständige Behörde soll in ihrem Antrag die Umstände vortragen, die ihr Anfechtungsrecht begründen, das gemäß § 1600 Abs 3 BGB nur gegeben ist, wenn keine sozial-familiäre Beziehung (Rz 17 f) besteht und durch die Anerkennung die rechtlichen Voraussetzungen für die erlaubte Einreise oder den erlaubten Aufenthalt des Kindes oder eines Elternteiles geschaffen werden sollten (zu den Fallgruppen BTDrs 16/3291, S 14; Keidel/*Engelhardt* § 171 Rn 16 ff). Die zuständige Behörde, die nach landesrechtlichen Vorschriften bestimmt wird (Übersicht StAZ 2009, 29–32), muss keinen Anfangs- bzw Anfechtungsverdacht (Rz 12 ff) darlegen, weil ihr dies nicht zumutbar ist. Nach der Gesetzesgründung (BTDrs 16/6308 S 244) soll eine wechselseitige Darlegungs- und Beweislast gelten. Danach sind von der Behörde die Aspekte des Staatsangehörigkeits- und Ausländerrechts (s §§ 4 Abs 1, 3 StAG, 28 Abs 1 Nr 3 AufenthG) sowie vor diesem Hintergrund ein fehlendes Zusammenleben in häuslicher Gemeinschaft vorzutragen. Es ist dann Aufgabe der weiteren Verfahrensbeteiligten, eine frühere oder bestehende Beziehung im Einzelnen darzulegen, die das Gericht dann von Amts wegen zu ermitteln hat (§§ 175, 176). Um hier die erforderlichen Informationen zu gewährleisten, wurden in § 87 Abs 2 und 5 AufenthG Unterrichtungs- und Mitteilungspflichten für öffentliche Stellen und die Ausländerbehörde eingeführt. Aufgrund der unterschiedlichen Funktion der sozial-familiären Beziehung (*Helms* StAZ 2007, 69, 73; *Löhnig* FamRZ 2008, 1130, 1131) sind für einen Eingriff in eine Vater-Kind-Beziehung durch den potentiellen biologischen Vater strengere Maßstäbe gerechtfertigt und beim Anfechtungsrecht der Verwaltungsbehörde ein geringeres Maß an Verantwortung des rechtlichen Vaters für das Kind ausreichend, um die Auflösung der rechtlichen Vaterschaft und ein staatlichen Anfechtungsrecht auszuschließen. Die Anfechtungsfrist beträgt nach § 1600b Abs 1a BGB lediglich ein Jahr und beginnt mit Kenntnis der anfechtungsberechtigten Behörde.

§ 171 FamFG | Antrag

21 4. **Anfechtungsfrist**: In allen Anfechtungsverfahren soll der Antragsteller den **Zeitpunkt**, in dem ihm die Umstände seines Anfechtungsrechts bekannt wurden, angeben. Damit wird dem Gericht ermöglicht, den Fristbeginn bzw -ablauf, der von Amts wegen zu beachtenden Anfechtungsfrist ist, zu überprüfen (BTDrs 16/6308 S 244). Angaben für den Lauf der ein- bzw zweijährigen Frist sind nur in Vaterschaftsanfechtungsverfahren erforderlich, während das Vaterschaftsklärungs- und das Vaterschaftsfeststellungsverfahren keiner Frist unterliegen. Die **Beweislast** für den Beginn und damit für den Ablauf der **Anfechtungsfrist** trifft, wenn nach Ausschöpfen der verfügbaren Beweismittel Zweifel verbleiben, denjenigen Beteiligten, der sich hierauf beruft (BGH FamRZ 1990, 507, 509; 1998, 955, 956; Prütting/Helms/*Stößer* § 169 Rn 19; Keidel/*Engelhardt* § 171 Rn 7; BTDrs 16/6308, S 244), dh regelmäßig nicht den Antragsteller, der jedoch die Feststellungslast für die eine Hemmung der Anfechtungsfrist begründenden Tatsachen trägt.

D. Verfahrensfragen

22 Genügen die Angaben des Antragstellers in seiner Antragsschrift nicht den Erfordernissen des § 171 Abs 2, so ist der Antrag nicht ohne weiteres unzulässig. Es obliegt dem Gericht gemäß § 28 Abs 1 darauf hinzuwirken, dass der Antragsteller sich zu allen erheblichen Tatsachen erklärt und ungenügende tatsächliche Angaben ergänzt. Die gesetzliche **Hinweispflicht** besteht nicht nur für den verfahrenseinleitenden Antrag, sondern im gesamten Verfahren (§ 28 Rz 5 ff). Da im Antrag lediglich das Verfahrensziel und die beteiligten Personen bzw im Anfechtungsverfahren die Anfechtungsgründe angeführt werden sollen, wird der Antrag bei fehlenden Angaben nicht unzulässig sein. Kommt der Antragsteller einem gerichtlichen Hinweis nicht nach, kann ihm jedoch Verfahrenskostenhilfe zu versagen sein. Der Ablauf des Abstammungsverfahren ist überwiegend in den §§ 169–185 geregelt. Ergänzend sind die allgemeinen Verfahrensregelungen oder materiell-rechtliche Vorschriften heranzuziehen.

I. Allgemeine Verfahrensregelungen

23 Spezielle **Verfahrensregelungen** in Abstammungssachen enthalten § 175 Abs 1 für den Erörterungstermin, §§ 175 Abs 2, 176 für die Anhörung der Eltern und des Kindes sowie des Jugendamts im Abstammungsklärungs- sowie verschiedenen Anfechtungsverfahren, §§ 177, 178 für den Umfang der Ermittlungen und die Durchführung der Beweisaufnahme, § 179 für die Verbindung von Verfahrensgegenständen, § 180 für die Protokollierung der Vaterschaftsanerkennung zur Niederschrift des Gerichts sowie schließlich § 181 zu den Folgen des Todes eines Verfahrensbeteiligten. Der Antragsteller kann seinen **Antrag**, der das Verfahren einleitet, bis zum rechtskräftigen Abschluss des Verfahrens jederzeit **zurücknehmen**. Mit der Zurücknahme des Antrags endet das Verfahren, ohne dass darin ein Verzicht auf das Antragsrecht zu sehen ist. Daher kann der Antrag später wieder gestellt werden.

24 Darüber hinaus folgt aus der materiell-rechtlichen Regelung des **§ 1598a Abs 3 BGB**, dass das Gericht das **Verfahren aussetzt** (§ 21 Abs 1), wenn und solange die Klärung der leiblichen Abstammung eine erhebliche Beeinträchtigung des Wohls des minderjährigen Kindes begründet. Dabei ist der Gesetzgeber den Vorgaben des BVerfG (FamRZ 2007, 441, 447) gefolgt, um den Schutz des minderjährigen Kindes in bestimmten Lebens- und Entwicklungsphasen zu gewährleisten. Die Kinderschutzklausel führt verfahrensrechtlich allein zu einer späteren Entscheidung des Verfahrens und ist auf besondere Ausnahmesituationen bezogen, die über die mit einem Abstammungsverfahren allgemein verbundenen Beeinträchtigungen hinausgehen müssen. Das Ergebnis des später einzuholenden Abstammungsgutachtens muss für das Kind zu besonders gravierenden psychischen oder physischen Beeinträchtigungen führen, wobei in der Gesetzesbegründung die Suizidgefahr und die gravierende Verschlechterung einer bestehenden schweren Krankheit (etwa Magersucht) angeführt sind (BTDrs 16/6561 S 13). Ob insoweit die Maßstäbe des § 1568 BGB zum Scheidungsverfahren herangezogen werden sollten (*Wellenhofer* NJW 2008, 1185, 1187) oder die Aussetzung des Verfahrens aus Gründen des Kindeswohls auf extreme Ausnahmefälle zu begrenzen ist (*Helms* FamRZ 2008, 1033, 1036), scheint fraglich. Über das Alter des Kindes hinaus sind verallgemeinerungsfähige Kriterien nicht ersichtlich. Maßgeblich sind die konkreten Umstände der individuellen Entwicklung des Kindes. Eine analoge Anwendung auf volljährige Kinder ist nach der ausdrücklichen gesetzlichen Regelung ausgeschlossen (*Wellenhofer* NJW 2008, 1185, 1188).

II. Anwaltszwang

Im Abstammungsverfahren müssen sich die Verfahrensbeteiligten nicht durch einen Rechtsanwalt vertreten lassen. Es gilt der allgemeine Grundsatz des § 10 Abs 1, wonach die Beteiligten das Verfahren selbst betreiben können, soweit eine Vertretung durch einen Rechtsanwalt nicht geboten ist. § 114 Abs 1 sieht den **Anwaltszwang** nur für die Verfahren vor dem FamG und dem OLG in Ehe- und Folgesachen (§§ 121, 137) sowie in selbständigen Familienstreitsachen (§ 112) vor. Eine anwaltliche Vertretung ist danach weder in erster Instanz noch im Beschwerdeverfahren vor dem OLG, sondern allein im Rechtsbeschwerdeverfahren vor dem BGH (§ 114 Abs 2) vorgeschrieben.

III. Verfahrenskostenhilfe

Die am Abstammungsverfahren Beteiligten können einen Antrag auf **Verfahrenskostenhilfe** stellen. Durch den Verweis in § 76 Abs 1 auf die Vorschriften der ZPO gelten für die Verfahrenskostenhilfebedürftigkeit die Grundsätze der §§ 114, 115, 117 ZPO, insbesondere die hinreichende Erfolgsaussicht und Bedürftigkeit, die auch im einseitigen Abstammungsverfahren für jeden Verfahrensbeteiligten gesondert festzustellen sind. Die restriktive Rspr zur Bewilligung von Prozesskostenhilfe für die dem Verfahren beitretende Person (OLG Düsseldorf FamRZ 2001, 1467; 1995, 1506; OLG Karlsruhe FamRZ 1998, 485; Zöller/*Philippi* § 114 Rn 54) unter dem Gesichtspunkt »eigener sachdienlicher Beiträge« kann für die Verfahrensbeteiligten nach § 172 nicht mehr fortgeführt werden.

1. Verfahrenskostenvorschuss

Steht einem Beteiligten ein Anspruch auf **Verfahrenskostenvorschuss** zu (§ 246 Rz 18 ff), so schließt dies seine Bedürftigkeit aus. Beantragt das Kind die **Feststellung der Vaterschaft** eines Mannes, ist sein Anspruch auf Kostenvorschuss gegen seine leistungsfähige Mutter zu berücksichtigen. Ein Anspruch gegen den potentiellen biologischen Vater besteht nicht, weil seine Vaterschaft und damit die die Unterhaltsverpflichtung begründende Verwandtschaft nicht festgestellt ist (OLG Koblenz FamRZ 1999, 241; OLG Karlsruhe FamRZ 2008, 2042). Etwas anderes ergibt sich auch nicht aus § 248 Abs 1, wonach eine auf Unterhalt und Kostenvorschuss gerichtete einstweilige Anordnung ergehen kann (so OLG Düsseldorf FamRZ 1995, 1426; § 248 Rz 8), denn der Anspruch besteht nur im Rahmen der Billigkeit. Für das **Vaterschaftsanfechtungsverfahren** ist je nach Antragsteller zu differenzieren: Ficht das Kind die Vaterschaft an, so entspricht es regelmäßig nicht der Billigkeit, den rechtlichen Vater auf Prozesskostenvorschuss in Anspruch zu nehmen (OLG Hamburg FamRZ 1996, 224; aA OLG Koblenz FamRZ 1997, 679; OLG Karlsruhe FamRZ 1996, 872). Ist der rechtliche Vater Antragsteller, so besteht grundsätzlich eine Vorschusspflicht, weil sich das Kind dem Verfahren nicht entziehen kann (OLG Celle NJW-RR 1995, 6).

2. Rechtsanwaltsbeiordnung

28 Nach § 78 Abs 2 wird dem Beteiligten ein **Rechtsanwalt beigeordnet**, wenn wegen der Schwierigkeit der Sach- und Rechtslage die Vertretung durch einen Rechtsanwalt erforderlich erscheint. Nach der Rechtsprechung des BGH (FuR 2007, 564 = FamRZ 2008, 1968; ebenso OLG Karlsruhe FamRZ 2009, 900 m Anm Kemper S 1614; OLG Frankfurt NJW 2007, 230; OLG Schleswig JAmt 2001, 141; OLG Dresden FamRZ 1999, 600, 601; aA KG FamRZ 2007, 1472) ist in Abstammungssachen unabhängig vom Amtsermittlungsgrundsatz wegen der existentiellen Bedeutung für den jeweiligen Beteiligten und der (bisher) vom allgemeinen Zivilprozess stark abweichenden Verfahrensvorschriften die Beiordnung eines Anwalts erforderlich. Auch wenn diese Entscheidung zum streitigen Verfahren nach der ZPO erging, ist sie auf die Beteiligten des Abstammungsverfahrens weiterhin anzuwenden. Allein der aus § 121 Abs 2 ZPO hergeleitete Grundsatz der Waffengleichheit kann die Beiordnung eines Anwalts nicht mehr rechtfertigen (§ 78 Rz 2; vgl bisher OLG Bremen FamRZ 2006, 964; aA OLG Hamburg FamRZ 2000, 1587), so dass auf die Erforderlichkeit einer anwaltlichen Vertretung aufgrund der Schwierigkeit der Sach- und Rechtslage unter Berücksichtigung der vorgenannten Rechtsprechung des BGH abzustellen ist. Danach gilt die frühere Rechtsprechung, dass eine Beiordnung in besonders einfach gelagerten Fällen nicht erforderlich sei (OLG Schleswig FamRZ 1991, 1074), nicht mehr fort. Eine vergleichbare und angemessene Vertretung des Kindes ist durch die Tätigkeit des Jugendamts als Beistand im Vaterschaftsfeststellungsverfahren oder als Ergänzungspfleger in anderen Abstammungssachen regelmäßig gewährleistet, so dass die Beiordnung eines Rechtsanwalts nicht erforderlich ist (OLG Zweibrücken FamRZ 2003, 1936; OLG Thüringen FamRZ 1996, 418; OLG Köln FamRZ 1994, 1126 (LS)). Eine Obliegenheit zur Inanspruchnahme der Beistandschaft besteht indes nicht (OLG Karlsruhe FamRZ 2009, 901; OLG Köln FamRZ 2005, 530). Im Fall der Vertretung durch das Jugendamt kann bei widerstreitenden Anträgen der Grundsatz der Waffengleichheit für weitere Beteiligte eingreifen. Sind sich die Beteiligten im Vaterschaftsanfechtungsverfahren darüber einig, dass der rechtliche Vater nicht der biologische Vater ist, bedarf es einer Beiordnung eines Rechtsanwalts nur für den Antragsteller.

29 Für die Bewilligung von Verfahrenskostenhilfe ist im Übrigen zwischen den Abstammungssachen wie folgt zu differenzieren:

3. Vaterschaftsfeststellungsverfahren

30 Hinreichende Erfolgsaussichten bestehen im **Vaterschaftsfeststellungsverfahren**, wenn der Antragsteller die Voraussetzungen schlüssig darlegt. Über Verfahrenskostenhilfe für einen Antrag auf Zahlung des Mindestunterhalts (§ 1612a BGB) nach § 237 wird regelmäßig vor einer möglichen Verbindung der selbständigen Verfahren (§ 179 Abs 1 Satz 2) zu entscheiden sein. Der Aufenthalt eines Beteiligten im Ausland, eine dort erforderliche Beweisaufnahme oder Vollstreckung stehen der Bewilligung nicht entgegen. Eine hinreichende Erfolgsaussicht für die Rechtsverfolgung für die Beteiligten besteht nicht mehr, wenn der vollständige Verfahrenskostenhilfeantrag erst nach Vorlage des Abstammungsgutachtens gestellt wird. Dies gilt sowohl für das Kind oder die Mutter, falls die Vaterschaft ausgeschlossen ist, als auch für den (potentiellen) Vater, wenn seine Vaterschaft praktisch erwiesen ist oder er die Vaterschaft im laufenden Verfahren anerkennt (OLG Karlsruhe FamRZ 1995, 1163). Die Beteiligten können nicht auf die vorrangige Einholung eines außergerichtlichen Gutachtens verwiesen werden (OLG Hamm FamRZ 2004, 549).

31 Dass im Feststellungsverfahren regelmäßig eine Beweisaufnahme erforderlich ist (§ 177 Rz 4 ff), steht der Gewährung von Verfahrenskostenhilfe nicht entgegen, sondern rechtfertigt gerade den Anspruch. Für den auf Vaterschaft in Anspruch genommenen Mann kann Verfahrenskostenhilfe nur bewilligt werden, wenn seine Rechtsverteidigung hinreichende Aussicht auf Erfolg hat. Diese ist anzunehmen, wenn der Mann die intime

Beziehung bestreitet oder substantiiert Mehrverkehr einwendet. Hält der Mann anderweitige Beziehungen der Mutter zu Männern für möglich, werden die Erfolgsaussichten unterschiedlich beurteilt. Während teilweise (OLG Naumburg FamRZ 2006, 960; OLG Nürnberg FamRZ 2004, 547; OLG Köln FamRZ 2003, 1018; OLG Hamburg FamRZ 2000, 1587) die Widerlegung der Vaterschaftsvermutung aus § 1600d Abs 2 BGB durch ernsthafte Zweifel verlangt wird, soll andererseits allein die Vermutung anderer Beziehungen genügen. Zunehmend wird im Einzelfall danach differenziert, ob vom Mann aufgrund einer längeren Lebensgemeinschaft konkrete Angaben erwartet werden können oder ob diese nach einer nur flüchtigen Begegnung nicht zumutbar sind (OLG Brandenburg FamRZ 2007, 151; OLG Stuttgart FamRZ 2005, 1266, 1267; 2006, 797).

4. Vaterschaftsanfechtungsverfahren

Im **Vaterschaftsanfechtungsverfahren** kann dem Antragsteller Verfahrenskostenhilfe 32 nur bewilligt werden, wenn er einen Anfangs- bzw Anfechtungsverdacht (s Rz 12) konkret darlegt. Wird der Antrag den Anforderungen des § 171 Abs 2 Satz 2 gerecht, ist im Verfahren regelmäßig Beweis durch Einholung eines Abstammungsgutachtens zu erheben, so dass auch den weiteren Verfahrensbeteiligten Verfahrenskostenhilfe zu bewilligen ist. Die Bewilligung ist – anders als die Beiordnung eines Rechtsanwalts – nicht davon abhängig, ob die Beteiligten dem Antrag entgegen treten. Denn wie im Scheidungsverfahren können die weiteren Beteiligten nicht über den Verfahrensgegenstand verfügen oder dem Antrag durch außergerichtliche Erklärungen entsprechen (OLG Karlsruhe FamRZ 1999, 1286; OLG Koblenz FamRZ 2002, 1194, OLG Hamm FamRZ 2007, 1753). Dem rechtlichen Vater, der die Vaterschaft wider besseren Wissens anerkannt hat, kann Verfahrenskostenhilfe nicht wegen Mutwillens versagt werden (OLG Naumburg FamRZ 2008, 2146; OLG Köln FamRZ 2002, 629), weil die Rechtsprechung des BGH zur Verfahrenskostenhilfe im Fall einer Scheinehe (FamRZ 2005, 1477) hierauf nicht übertragbar ist. Der Mutter des Kindes kann diese ebenso wenig mit der Begründung versagt werden, sie habe dem bewusst falschen Vaterschaftsanerkenntnis zugestimmt (OLG Köln FamRZ 2006, 1280; OLG Rostock MDR 2007, 958).

Grundsätzlich steht den Beteiligten ein Wahlrecht zu, auf welchem für sie sichersten 33 Weg sie das angestrebte Verfahrenziel erreichen können. Deswegen kann der rechtliche Vater nicht auf das Abstammungsklärungsverfahren verwiesen werden. Umstritten ist, ob den Beteiligten vorrangig die privatautonome Disposition der Vaterschaft durch Erklärungen nach § 1599 Abs 2 BGB zuzumuten ist. Besteht zwischen der Mutter des Kindes, dem rechtlichen Vater und dem potentiellen biologischen Vater Einigkeit, dass das nach Anhängigkeit des Scheidungsverfahrens geborene Kind nicht vom Ehemann der Mutter abstammt, können sie unabhängig von einem gerichtlichen Verfahren einen Wechsel der Vaterschaft herbeiführen. Im Hinblick auf die laufende Anfechtungsfrist kann der rechtliche Vater jedoch nicht auf eine zukünftige Anerkennung eines anderen Mannes verwiesen werden (OLG Karlsruhe FamRZ 2001, 232; OLG Köln FamRZ 2005, 743; OLG Brandenburg FamRZ 2008, 68). Haben die Mutter und der Dritte indes entsprechende wirksame Erklärungen abgegeben, hängt die Auflösung seiner Vaterschaft allein von der außergerichtlichen Erklärung des rechtlichen Vaters ab (OLG Naumburg FamRZ 2008, 432 f).

5. Abstammungsklärungsverfahren

Für das Abstammungsklärungsverfahren ergeben sich für die Bewilligung von Verfah- 34 renskostenhilfe aufgrund der materiell- und verfahrensrechtlichen Regelungen Besonderheiten. Während dem rechtlichen Vater bei schlüssigem Antrag Verfahrenskostenhilfe zu bewilligen ist, kann die Rechtsverfolgung der Mutter des Kindes, die ihre Einwilligung verweigert, nur dann erfolgversprechend sein, wenn Gründe des Kindeswohls eine Aussetzung des Verfahrens (§ 1598a Abs 3 BGB) rechtfertigen (Rz 24). Das

§ 171 FamFG | Antrag

minderjährige Kind kann im Verfahren von beiden Eltern nicht vertreten werden (§ 1629 Abs 2a BGB), so dass ein Ergänzungspfleger zu bestellen ist. Dieser kann im Verfahren die Einwilligung erklären. In diesem Fall wie auch unter den Voraussetzungen einer Verfahrensaussetzung ist dem Kind Verfahrenskostenhilfe zu bewilligen. Einer Beiordnung eines Rechtsanwalts bedarf es bei der Vertretung durch einen Ergänzungspfleger nicht.

E. Wirkung des Antrags

35 Der Eingang eines Antrags in einer Abstammungssache bei Gericht führt zu dessen Anhängigkeit, durch die etwaige Fristen gewahrt werden. Für das Vaterschaftsfeststellungs- und das Vaterschaftsklärungsverfahren sind gesetzliche Fristen nicht zu beachten. Die Verfahren können durch entsprechende Anträge jederzeit eingeleitet werden, ohne dass sich andere Verfahrensbeteiligte auf eine Verwirkung des Rechts oder einen Rechtmissbrauch berufen können (BGH FamRZ 1973, 26 f; Ausnahme Rz 8). Durch die Einreichung eines Antrags auf **Klärung der Abstammung** nach § 1598a Abs 2 BGB iVm § 169 Nr 2 wird der Lauf der zweijährigen Anfechtungsfrist nach Maßgabe des § 1600b Abs 5 gehemmt.

36 Im **Vaterschaftsanfechtungsverfahren** muss der Antragsteller die von Amts wegen zu beachtende zwei- bzw einjährige Anfechtungsfrist des § 1600b Abs 1 und 1a BGB wahren, wobei die Frist frühestens mit der Geburt des Kindes bzw mit dem Zeitpunkt, in dem der Anfechtungsberechtigte von den Umständen erfährt, die gegen die Vaterschaft sprechen, beginnt (§ 1600b Abs 1 Satz 2 BGB). Die **Frist** wird durch den rechtzeitigen Eingang des Antrags bei Gericht gewahrt (Prütting/Helms/*Stößer* § 171 Rn 3; Keidel/*Engelhardt* § 171 Rn 2), während nach bisherigem Recht die Erhebung der Klage, dh die Zustellung der Klagschrift, maßgeblich war. Zur Fristwahrung war eine demnächst bewirkte Zustellung gemäß § 167 ZPO (BGH FamRZ 1995, 1484) oder der rechtzeitig gestellte Antrag auf Bewilligung von Prozesskostenhilfe ausreichend. Darüber hinaus konnte der Fristablauf durch höhere Gewalt gehemmt sein (§§ 1600b Abs 6 S 2, 206 BGB), wobei es sich jedoch um eine materiell-rechtliche Frage der Begründetheit des Antrags handelt (FA-FamR/*Pieper* Kap 3 Rn 149). Nach neuem Recht kommt es im einseitigen Abstammungsverfahren auf die Zustellung des Antrags, dh die Bekanntgabe des Schriftsatzes an die weiteren Verfahrensbeteiligten nicht mehr an, weil allein der **rechtzeitige Eingang des Antrags** beim **zuständigen Gericht** maßgeblich ist. Der Antragseingang bei einem unzuständigen Gericht wahrt die Frist nicht, wenn der Antrag beim zuständigen Gericht nicht mehr fristgerecht eingeht (BTDrs 16/6308 S 244). Denn nach § 25 Abs 3 Satz 2 tritt die Wirkung einer Verfahrenshandlung nicht ein, bevor der Schriftsatz beim zuständigen Gericht eingeht (§ 25 Rz 23 ff). Für Verzögerungen beim unzuständigen Gericht, mit denen der Antragsteller nicht rechnen musste, gilt dies nicht. Für die Wahrung der Anfechtungsfrist ist die Adressierung des Antrags an das unzuständige Gericht nicht mehr ursächlich, wenn die Frist bei pflichtgemäßem Weiterleiten des Schriftstücks noch gewahrt worden wäre (Zöller/*Greger* § 233 Rn 22b; BGH NJW 1999, 1170).

§ 172 Beteiligte

(1) Zu beteiligen sind
1. das Kind,
2. die Mutter,
3. der Vater.

(2) Das Jugendamt ist in den Fällen des § 176 Abs. 1 Satz 1 auf seinen Antrag zu beteiligen.

Übersicht

	Rz		Rz
A. Allgemeines	1	2. Abstammungsklärung	16
B. Verfahrensbeteiligte	4	3. Vaterschaftsanfechtung	18
I. bisherige Rechtslage	5	4. Unwirksamkeit des Vaterschaftsanerkenntnisses	25
II. Minderjährige Beteiligte	9		
1. Eltern	9	5. Postmortale Abstammungsverfahren	26
2. Kind	10		
III. Abstammungsverfahren	13	C. Beteiligung des Jugendamts	28
1. Vaterschaftsfeststellung	14	D. Folgen der fehlerhaften Beteiligung	30

A. Allgemeines

Die Vorschrift regelt, welche Personen zum Abstammungsverfahren hinzuzuziehen 1
sind. Sie stellt eine Konkretisierung bzw Ergänzung der allgemeinen Bestimmung der Verfahrensbeteiligten in § 7 dar, so dass neben den in Abs 1 Nr 1 bis 3 genannten Beteiligten (§ 7 Abs 2 Nr 2) weitere Personen nach Maßgabe des § 7 Abs 2 und 3 in Betracht kommen können. Der Antragsteller ist nach § 7 Abs 1 am Verfahren beteiligt, so dass der potentielle biologische Vater und die zuständige Behörde in den jeweiligen Anfechtungsverfahren sowie das Jugendamt nach § 172 Abs 2 auf seinen Antrag am Verfahren beteiligt sind. Während nach bisherigem Recht die Aktiv- und Passivlegitimation in Abstammungssachen in § 1600e Abs 1 BGB geregelt war, gilt nach dessen Aufhebung (Art 50 Nr 25) die spezielle Regelung des § 172 iVm § 7. Aus diesem Grund wurde im Gesetzgebungsverfahren die Regelung des Referentenentwurfs in § 172 Abs 1 Nr 4, die sich auf den biologischen Vater und die zuständige anfechtungsberechtigte Behörde bezogen hatte, gestrichen (BTDrs 16/9733).

In allen Abstammungsverfahren sind die in § 172 Nr 1 bis 3 genannten Personen als 2
Muss-Beteiligte zwingend zu beteiligen (BTDrs 16/6308 S 367). Dass darüber hinaus ihre Beteiligtenstellung aus § 7 hergeleitet werden kann – für den Antragsteller aus § 7 Abs 1, für das betroffene Kind aus § 7 Abs 2 Nr 1 – ist unerheblich. Ob oder in welchem Umfang die rechtliche Stellung der Mutter des Kindes vom Abstammungsverfahren betroffen ist (§ 7 Abs 2 Nr 1), bedarf aufgrund der ausdrücklichen Regelung in Abs 1 Nr 2 keiner Entscheidung. Die **weiteren** zum Verfahren **hinzuzuziehenden Personen** sind nach § 7 Abs 2 und 3 zu bestimmen. Allerdings ist zwischen der Sachaufklärung durch die Anhörung bestimmter Personen, deren Beteiligung am Verfahren sowie deren evtl Beschwerderecht zu unterscheiden. Nach § 7 Abs 2 Nr 1 kommt es allein darauf an, ob durch das Verfahren ein **Recht** der Person **unmittelbar betroffen** ist. Für das Abstammungsverfahren ist indes nicht jedes betroffene Recht, insbesondere vermögensrechtliche Aspekte ausreichend. Vielmehr ist die statusrechtliche Beziehung der Person maßgeblich. Stellt man auf die **unmittelbare statusrechtliche Betroffenheit** ab, gelangt man zu einer sachlich gerechtfertigten und angemessenen Begrenzung der am Verfahren beteiligten Personen, auch wenn ein weitaus größerer Personenkreis ein Interesse am Ausgang des Verfahrens haben wird (*Heiter* FPR 2006, 417, 419). Darüber hinaus kann das Gericht gemäß § 7 Abs 2 und 3 von Amts wegen oder auf Antrag Personen zum Verfahren hinzuziehen, so dass für das postmortale Abstammungsverfahren weitere Beteiligte in Betracht kommen.

3 Die Begriffe des § 172 Abs 1 sind dahingehend zu präzisieren, dass mit der Mutter die rechtliche Mutter des Kindes iSv § 1591 BGB und mit dem Vater der rechtliche Vater, wie er sich aus § 1592 Nr 1 bis 3 ergibt, gemeint ist. Besteht keine rechtliche Vaterschaft, ist der Mann als potentieller biologischer Vater nach § 7 Abs 2 Nr 1 zum Verfahren hinzuziehen.

B. Verfahrensbeteiligte

4 Durch die Neugestaltung der Abstammungsverfahren als einseitiges Verfahren mit Beteiligten entfällt das frühere kontradiktorische ZPO-Verfahren, auch wenn die Beteiligten weiterhin widerstreitende Interessen verfolgen können. Die Personen des § 172 Abs 1 sind Muss-Beteiligte iSv § 7 Abs 2 Nr 2. Gegenüber dem bisherigen Recht (Rz 5) ergeben sich für alle Abstammungsverfahren Änderungen in der Vertretung des Kindes einerseits sowie durch den Wegfall der Beiladung, Streitverkündung und des Verfahrensbeitritts für die weiteren Beteiligten andererseits.

I. bisherige Rechtslage

5 Bisher war die Aktiv- und Passivlegitimation in Abstammungsverfahren in § 1600e Abs 1 BGB aF und die Beiladung des anderen Elternteils oder des Kindes in § 640e ZPO aF geregelt.

6 1. Klagte das minderjährige Kind gegen den Vater (oder umgekehrt) auf Feststellung oder Anfechtung der Vaterschaft, konnte die nicht verheiratete alleinsorgeberechtigte Mutter oder die geschiedene Ehefrau, der die alleinige elterliche Sorge übertragen worden war, das Kind vertreten (BGH FamRZ 1972, 498; OLG Karlsruhe FamRZ 1991, 1337, 1338). Einer Beiladung der Mutter nach § 640e Abs 1 ZPO aF bedurfte es als gesetzlicher Vertreterin des Kindes nicht. Nur im Fall eines erheblichen Interessenkonflikts zwischen Mutter und Kind musste für das Kind nach §§ 1629 Abs 2 Satz 3, 1796 Abs 2 BGB ein Ergänzungspfleger bestellt werden. Waren die Eltern des Kindes hingegen verheiratet, konnte der Vater als Anfechtungskläger das Kind nicht vertreten (§ 181 BGB), während für die Mutter ein gesetzliches Vertretungshindernis aus §§ 1629 Abs 2 Satz 1, 1795 Abs 1 Nr 3 BGB folgte (BGH FamRZ 1972, 498 f; OLG Celle DAVorm 1993, 86), so dass für das Kind ebenfalls ein Ergänzungspfleger zu bestellen war. Konnte die Mutter das Kind im Verfahren nicht vertreten, war sie gemäß § 640e ZPO beizuladen.

7 2. Anders war die Rechtslage zu beurteilen, wenn nicht das Kind selbst Partei des Vaterschaftsanfechtungsverfahrens war, sondern die Mutter gegen den Vater klagte. In diesem Fall war das Kind nach § 640e Abs 1 ZPO aF zum Verfahren beizuladen. Unabhängig von einem konkret bestehenden Interessengegensatz war nach der Rspr des BGH (FamRZ 2002, 880, 882) die Bestellung eines Ergänzungspflegers erforderlich, weil die Mutter des Kindes aus ihrer Prozessstellung an der Vertretung des Kindes gehindert war (§§ 1629 Abs 2, 1795 Abs 1 Nr 3 BGB). Das Kind musste im Statusverfahren seine Interessen an einer sozialen Bindung und einem Unterhaltsschuldner, die denen seiner Mutter auf Anfechtung der Vaterschaft gegenüber standen, unabhängig von ihrer Person vertreten können.

8 3. Im Anfechtungsverfahren des potentiellen biologischen Vaters war ein Ausschluss der Vertretungsbefugnis der Eltern nicht gegeben, so dass beide Eltern das Kind gemeinsam vertreten konnte, solange ihnen nicht wegen eines erheblichen Interessengegensatzes die Vertretungsbefugnis entzogen war (BGH FamRZ 2007, 538, 539).

II. Minderjährige Beteiligte

1. Eltern

9 Nach § 172 Abs 1 sind **Vater** und **Mutter** in allen Abstammungsverfahren zum Verfahren hinzuzuziehen. Dies gilt auch, wenn sie minderjährig sind. Materiell-rechtlich sichert § 1600a Abs 2 BGB, dass die Entscheidung über die **Anfechtung der Vaterschaft** nur von ihnen selbst getroffen werden kann, und erweitert damit partiell ihrer Geschäftsfähigkeit. Der minderjährige, beschränkt geschäftsfähige Elternteil bedarf der Zustimmung seines gesetzlichen Vertreters insoweit nicht (§ 1600a Abs 2 Satz 2 BGB). Nur für einen geschäftsunfähigen Elternteil kann allein der gesetzliche Vertreter die Vaterschaft anfechten (§ 1600a Abs 2 Satz 3 BGB). Ein unter Betreuung stehender Elternteil ist geschäftsfähig und kann gemäß § 1600a Abs 5 BGB seine Vaterschaft nur selbst anfechten. Die partielle Geschäftsfähigkeit eines Elternteils wird für das gerichtliche Verfahren auf ihre Verfahrensfähigkeit mit der Folge erstreckt, dass minderjährige, beschränkt geschäftsfähige Elternteile gemäß § 9 Abs 1 Nr 2 verfahrensfähig sind. In **anderen Abstammungssachen** ist eine Ausweitung der Verfahrensfähigkeit nicht geregelt. Die minderjährige Mutter des Kindes wird durch ihre Eltern vertreten und ist selbst an der Vertretung ihres Kindes gemäß § 1673 Abs 2 Satz 2 BGB bei beschränkter Geschäftsfähigkeit rechtlich gehindert, so dass für das Kind ein Vormund zu bestellen ist (§ 1773 BGB). Der minderjährige (potentielle) Vater wird ebenfalls durch seine Eltern vertreten.

2. Kind

Das nach § 172 Nr 1 am Verfahren zu beteiligende **Kind** wird nur in Ausnahmefällen volljährig und damit verfahrensfähig (§ 9 Abs 1 Nr 1) sein. In der überwiegenden Zahl der Verfahren ist das Kind minderjährig. Dann ist es zwar nach § 8 Nr 1 beteiligtenfähig, aber nicht nach § 9 Abs 1 Nr 1 und 2 iVm § 1600a Abs 3 BGB verfahrensfähig (zur Problematik *Helms/Balzer* ZKJ 2009, 348, 349 f). Die Verfahrensfähigkeit des minderjährigen, mindestens 14 Jahre alten Kindes ließe sich dem Wortlaut nach (teilweise) aus **§ 9 Abs 1 Nr 3** herleiten (*Heiter* FamRZ 2009, 85 ff). Nach dieser Vorschrift sind verfahrensfähig die nach bürgerlichem Recht beschränkt Geschäftsfähigen über 14 Jahre, soweit sie in einem Verfahren, das ihre Person betrifft, ein ihnen nach bürgerlichem Recht zustehendes Recht geltend machen. Eine Abstammungssache, in der über die verwandtschaftliche Beziehung entschieden wird, betrifft unzweifelhaft die Person des Kindes (*Heiter* FamRZ 2009, 85, 87). Sein individuelles Recht nach bürgerlichem Recht folgt aus dem Antragsrecht der §§ 1600 Abs 1 Nr 5, 1598a Abs 1 Nr 3 BGB und besteht für die Vaterschaftsfeststellung auch ohne ausdrückliche gesetzliche Regelung. Weil das Kind das Anfechtungsrecht nicht selbständig, sondern allein durch seinen gesetzlichen Vertreter geltend machen kann (§ 1600a Abs 3 BGB), müsste es in diesen Verfahren durch die gemäß § 9 Abs 2 nach bürgerlichem Recht dazu befugten Personen handeln, während es im Übrigen als verfahrensfähig anzusehen wäre. In § 10 Abs 1 des Referentenentwurfs (S 180) war die Regelung des § 9 Abs 1 Nr 3 noch nicht vorgesehen und ist im Gesetzgebungsverfahren auf die Beschlussempfehlung des Rechtsausschusses aufgenommen worden (BTDrs 16/9733 S 352). Nach der dortigen Begründung soll die Vorschrift dem Kind die eigenständige Geltendmachung materieller Rechte im kindschaftsrechtlichen Verfahren, das seine Person betrifft, ohne Mitwirkung seines gesetzlichen Vertreter ermöglichen und ein verfahrensrechtliches Korrelat zu bestehenden Widerspruchs- und Mitwirkungsrechten schaffen (zur restriktiven Auslegung und Beschränkung der Verfahrensfähigkeit *Heiter* FamRZ 2009, 85, 87; *Schael* FamRZ 2009, 265, 267; Prütting/Helms/*Stößer* § 172 Rn 7). Eine Begrenzung auf Personensorge- und Umgangsverfahren nach diesem Verständnis entspricht zwar nicht dem bisherigen Anwendungsbereich des § 59 Abs 1 FGG aF zur Beschwerdeberechtigung (jetzt § 60), der umfassender in allen die Person des Kindes mittelbar oder unmittelbar betreffenden Angelegenheiten Anwendung fand (KWW/*Engelhardt* § 59 Rn 13). Gleichwohl lässt sich vor diesem Hintergrund eine einschränkende Auslegung der Ausnahmevorschrift (*Heiter* FamRZ 2009, 85, 86 f; Keidel/ *Engelhardt* § 172 Rn 2) oder deren teleologische Reduktion auf Kindschaftssachen rechtfertigen (§ 9 Rz 8; *Schulte-Bunert* Rn 92). Die Bedeutung der Verfahrensgegenstände und

§ 172 FamFG | Beteiligte

deren Relevanz in bestimmten Entwicklungsphasen des Kindes sprechen ebenfalls nach dem Sinn und Zweck gegen eine Erweiterung der Verfahrensfähigkeit des Kindes.

11 Danach sind **minderjährige Kinder nicht verfahrensfähig** und werden in Abstammungsverfahren durch ihre Eltern gemeinschaftlich vertreten (§§ 9 Abs 2 FamFG, 1629 Abs 1 Satz 2 BGB), soweit nicht einem Elternteil die elterliche Sorge allein zusteht (§ 1629 Abs 1 Satz 3 iVm §§ 1626a Abs 2, 1628, 1671 BGB). Bisher waren die Eltern in verschiedenen Verfahrenskonstellationen von der Vertretung ihres Kindes als Prozessgegner (§§ 1629 Abs 2, 1795 Abs 2, 181 BGB) oder aufgrund eines gesetzlich vermuteten Interessenkonflikts von der Vertretung in einem Rechtsstreit bzw einer Kindschaftssache (§ 640 ZPO aF) kraft Gesetzes ausgeschlossen (§§ 1629 Abs 2, 1795 Abs 1 Nr 3 BGB; BGH FamRZ 1972, 498; 2002, 880, 882). Weitgehend ungeklärt ist, wie das minderjährige Kind im einseitigen Abstammungsverfahren nach dem FamFG – durch die sorgeberechtigten Elternteile, einen Ergänzungspfleger, den Beistand oder einen Verfahrensbeistand – vertreten wird bzw wie seine Interessen wahrgenommen werden, so dass der Deutsche Familiengerichtstag 2009 (AK 7) für eine Klarstellung und Abstimmung der verfahrens- und materiell-rechtlichen Aspekte plädierte. Die grundsätzlich zur gesetzlichen Vertretung berufenen Eltern sind im Gegensatz zum bisherigen Recht nicht mehr aufgrund der Regelung des § 1795 Abs 1 und 2 BGB an der Vertretung gehindert, weil diese Regelungen auf einen Rechtsstreit bzw ein Rechtsgeschäft bezogen sind (aA Prütting/Helms/*Stößer* § 172 Rn 4). Hiervon werden Zivilprozesse und echte Streitsachen der freiwilligen Gerichtsbarkeit erfasst, nicht hingegen andere Verfahren, in denen – wie etwa beim Registerverfahren – ein Interessengegensatz nicht besteht (PWW/*Bauer* § 1795 Rn 7; Palandt/*Diederichsen* § 1795 Rn 6; MüKo/*Wagenitz* § 1795 Rn 34, 9). In dem vom Amtsermittlungsgrundsatz (§ 177) geprägten Abstammungsverfahren besteht ein durch das Verfahren vorgegebenes Gegeneinander von Antragsteller und Antragsgegner nicht mehr, so dass § 1795 Abs 1 BGB von seinem Sinn und Zweck nicht eingreift. Ein gesetzlicher Vertretungsausschluss lässt sich auch nicht aus der Regelung des § 1629 Abs 2a BGB begründen, wonach die Eltern das Kind im Abstammungsklärungsverfahren nach § 1598a Abs 2 BGB nicht vertreten können. Eine analoge Anwendung dieser Vorschrift ist nicht gerechtfertigt (Rz 12), weil die Vorschrift nach dem Wortlaut auf die Ersetzung der Einwilligung und die Duldung einer Probeentnahme begrenzt ist. Von einer Ausweitung der Vorschrift wurde im Gesetzgebungsverfahren abgesehen; eine solche erscheint auch sachlich nicht geboten.

11a Sind danach die sorgeberechtigten Eltern nicht grundsätzlich von der Vertretung ihres minderjährigen Kindes in Abstammungssachen – mit Ausnahme eines Verfahrens nach § 1598a Abs 2 BGB – ausgeschlossen (so Keidel/*Engelhardt* § 172 Rn 2; Helms/*Balzer* ZKJ 2009, 348, 350), könnte jedoch ein Vertretungshindernis für den antragstellenden Elternteil bestehen. M.E. ist der Rechtsgedanke eines gesetzlich zu vermutenden Interessenkonflikts, der bisher im kontradiktorischen Verfahren durch §§ 1795 Abs 2, 181 BGB seinen Ausdruck fand, unabhängig von der Frage, ob das einseitige Abstammungsverfahren ein Rechtsstreit im Sinn dieser Vorschrift ist, fortzuführen. § 181 BGB ist auf Prozesshandlungen und Verfahrenshandlung in echten Streitsachen der freiwilligen Gerichtsbarkeit analog anzuwenden; die Vorschrift soll indes für nichtstreitige Verfahren – etwa vor dem Registergericht (BayObLG RPfl 1970, 288) – nicht gelten, weil die Beteiligten dort nicht in einem Gegnerverhältnis stehen (Staudinger/*Schilken* (2003) § 181 Rn 27 f; Helms/*Balzer* ZKJ 2009, 348, 350). Der Grundgedanke des § 181 BGB, der zumindest in Vaterschaftsanfechtungsverfahren Anwendung findet, besteht darin, dass niemand als Vertreter eines anderen mit sich selbst prozessieren oder beide Prozessparteien zugleich vertreten kann (Staudinger/*Schilken* (2003) § 181 Rn 27). Die Gefahr eines Interessenkonflikts, wie sie § 181 BGB zugrunde liegt, besteht zwischen dem antragstellenden Elternteil und dem Kind im Vaterschaftsanfechtungsverfahren. Für den rechtlichen Vater als Antragsteller ist dies offensichtlich, soweit nicht alle Beteiligten von seiner Nichtvaterschaft ausgehen; aber auch das Interesse der Mutter an der Auflösung der Vaterschaft kann in Widerspruch zu den Interessen des Kindes an der Aufrechterhaltung einer gewachsenen sozialen Beziehung zum rechtlichen Vater einerseits sowie an einem Unterhaltsschuldner andererseits stehen, wie der BGH für ein von der Mutter des Kindes eingeleitetes Anfechtungsverfahren betont und daher für die Beiladung des Kindes gemäß § 640e ZPO aF die Bestellung eines Ergänzungspflegers gefordert hatte (FamRZ 2002, 880, 882), Die tatsächlich bestehenden Interessenkonflikte werden durch den formalen Wechsel von der kontradiktorischen Kindschaftssache zum einseitigen und gegnerfreien Abstammungsverfahren weder entschärft (*Helms/Balzer* ZKJ 2009, 348, 350) noch beseitigt. Über eine Entziehung der Vertretungsmacht gemäß §§ 1629 Abs 2 Satz 3, 1796 BGB ist dem Interessengegensatz nur sehr begrenzt zu begegnen, weil der danach im Einzelfall erforderliche erhebliche Interessenkonflikt in einem gesonderten Verfahren festzustellen ist (OLG Karlsruhe FamRZ 2007, 738) und bis zur Wirksamkeit einer dahingehenden Entscheidung die Vertretung fortbesteht. Soweit § 174 dem Gericht die Möglichkeit eröffnet, einem minderjährigen Beteiligten einen Verfahrensbeistand zu bestellen, hat dies auf die Vertretung des Kindes im Verfahren keinen Einfluss, weil der Verfahrensbeistand eigenständiger Beteiligter wird, ohne gesetzlicher Vertreter des Kindes zu sein (§ 174 Rz 9). Schließlich könnte de lege ferenda die Erweiterung der Aufgaben des Beistandes (§ 1712 Abs 1 Nr 2 BGB) auf die Anfechtung der Vaterschaft erwogen werden, wodurch die Vertretung des Kindes indes nur bei einem entsprechenden Antrag der Mutter geregelt wäre (§ 175 Rz 3). Zusammenfassend ist danach der sorgeberechtigte **Antragsteller** in Vaterschaftsanfechtungsverfahren von der Vertretung des Kindes aufgrund eines gesetzlich vermuteten Interessengegensatzes ausgeschlossen. Im Gegensatz zum bisherigen Recht ist der **andere sorgeberechtigte Elternteil** nicht mehr nach §§ 1629 Abs 2, 1795 Nr 3 BGB an der Vertretung des Kindes gehindert.

Nach diesen Grundsätzen kann für die Abstammungsverfahren wie folgt differenziert werden: **11b**

– Im Abstammungsklärungsverfahren nach §§ 169 Nr 2 FamFG, 1598a Abs 2 BGB ist ein Ergänzungspfleger zu bestellen, weil beide Eltern von der gesetzlichen Vertretung gemäß § 1629 Abs 2a BGB ausgeschlossen sind.

– Im Vaterschaftsfeststellungsverfahren kann die Mutter das Kind unabhängig davon vertreten, ob sie als Antragstellerin das Verfahren einleitet oder auf Antrag des durch sie vertretenen Kindes Verfahrensbeteiligte ist. Mangels bestehenden Eltern-Kind-Verhältnisses kommt der potentielle biologische Vater nicht als gesetzlicher Vertreter des Kindes in Betracht.

– Im Vaterschaftsanfechtungsverfahren kann der antragstellende Elternteil das beteiligte Kind nicht vertreten, während der andere (sorgeberechtigte) Elternteil bis zu einer evtl. Entscheidung nach § 1796 BGB hieran nicht gehindert ist. Will das Kind selbst als Antragsteller die Vaterschaft anfechten, bedarf es bei Uneinigkeit über die Frage der Ausübung des Gestaltungsrechts einer sorgerechtlichen Entscheidung, die zugleich die Vertretung im Abstammungsverfahren umfasst.

Ist hiernach eine Vertretung des Kindes durch beide Elternteile ausgeschlossen, muss ein Ergänzungspfleger (§ 1909 BGB) bestellt werden.

Ein Widerspruch zur speziellen Regelung der Vertretung des Kindes im **Abstam-** **12** **mungsklärungsverfahren** besteht darin nicht. Bereits nach bisherigem Recht war das Verfahren als (damalige) Kindschaftssache gemäß § 621a Abs 1 Satz 1 BGB aF dem Verfahren der freiwilligen Gerichtsbarkeit unterstellt (§ 56 FGG aF). Zugleich wurde in § 1629 Abs 2a BGB die Vertretungsbefugnis der Eltern im gerichtlichen Verfahren nach § 1598a Abs 2 BGB ausgeschlossen. Nach der Gesetzesbegründung (BTDrs 16/6561 S 15) tritt diese Regelung an die Stelle der §§ 1629 Abs 2 iVm § 1795, 1796 BGB und trägt dem Umstand Rechnung, dass die Eltern neben den Interessen ihres Kindes zugleich in eigenen Interessen betroffen sind. Daher soll von vornherein eine Interessenkollision vermieden und durch die Bestellung eines Ergänzungspflegers im Klärungsverfahren gewährleistet werden, dass die Interessen des Kindes im Verfahren zur Geltung kommen. Zwar könnten diese Erwägungen zum Klärungsverfahren und die Rspr des BGH (FamRZ 2002, 880, 882) auf alle Abstammungsverfahren übertragen werden (Schwab FamRZ 2008, 23, 24 Fn 8), auch wenn § 1629 Abs 2a BGB mit dem FamFG nicht erweitert wurde (Art 50 Nr 25, 26 FGG-RG). Die bestehenden Unterschiede rechtfertigen eine differenzierte verfahrensrechtliche Ausgestaltung. Denn die Feststellung der Vaterschaft dient dem Wohl des Kindes, so dass ein gesetzlicher Ausschluss der Vertretungsbefugnis nicht gerechtfertigt ist und in Widerspruch zu § 1629 Abs 2 Satz 3 BGB stünde. Die Anfechtung der Vaterschaft muss den Interessen des Kindes nicht zuwider laufen. Für eine analoge Anwendung des § 1629 Abs 2a BGB auf alle Abstammungssachen besteht danach kein Grund (Helms/Balzer ZKJ 2009, 348, 350).

III. Abstammungsverfahren

13 Aus den vorgenannten allgemeinen Grundsätze ergeben sich für die jeweiligen Abstammungsverfahren folgende Konsequenzen für die Verfahrensbeteiligten:

1. Vaterschaftsfeststellung

14 Am Verfahren auf **Feststellung der Vaterschaft** ist die den verfahrenseinleitenden Antrag stellende Person beteiligt. Sie muss materiell-rechtlich antragsberechtigt sein. Nach Aufhebung des § 1600e Abs 1 BGB (Art 25 FGG-RG) fehlt eine gesetzliche Vorschrift. Das Antragsrecht folgt für den Mann und das Kind aus dem Recht auf Kenntnis der Abstammung und für die Mutter aus Art 6 Abs 2 GG. Betreibt die Mutter das Feststellungsverfahren, ist sie von der Vertretung des minderjährigen Kindes nicht ausgeschlossen (Rz 11–11b; anders Vorauflage). Ebenso kann die Mutter (weiterhin) das Kind als Antragsteller vertreten. Besteht eine Beistandschaft, ist das Kind Verfahrensbeteiligter und wird vom Beistand im Verfahren vertreten (§ 174). Nehmen mehrere Männer die Vaterschaft für sich in Anspruch oder räumt die Mutter des Kindes eine intime Beziehung in der gesetzlichen Empfängniszeit zu mehreren Männer ein, sind diese nach § 7 Abs 2 Verfahrensbeteiligte. Denn einem Vaterschaftsprätendenten ist rechtliches Gehör zu gewähren, weil von der zu treffenden Entscheidung sein durch Art 6 Abs 2 GG verfassungsrechtlich geschütztes Interesse an der rechtlichen Vaterposition betroffen ist (BGH FamRZ 2007, 1731, 1733 f). Über mehrere Anträge kann in einem Verfahren entschieden werden (§ 179), wenn eine rechtliche Vaterschaft bisher nicht besteht. Anderenfalls verbleibt dem potentiellen biologischen Vater allein der Weg über das Anfechtungsrecht nach § 1600 Abs 1 Nr 2 BGB.

15 **Weitere Personen** können keinen Antrag auf Feststellung der Vaterschaft stellen. Zwar kann auch ein Drittrechtsverhältnis in einem Verfahren festgestellt werden. Voraussetzung hierfür ist, dass dieses Drittrechtsverhältnis zugleich für die Rechtsbeziehung der Verfahrensbeteiligten untereinander von Bedeutung ist und der Antragsteller ein rechtliches Interesse an der alsbaldigen Feststellung hat (BGH NJW 1993, 2539, 2540). Rechtlich geschützte Interessen oder eine unmittelbare Betroffenheit von der zu treffenden Entscheidung bestehen für die Eltern der Mutter oder des potentiellen Vaters sowie weiter entfernte Verwandte nicht.

2. Abstammungsklärung

16 Die Beteiligten an einem Verfahren nach **§ 1598a Abs 2 und 4 BGB** sind durch die materiell-rechtliche Rechtsbeziehung des § 1598a Abs 1 BGB begrenzt. Neben der klärungsberechtigten Person sind am **Abstammungsklärungsverfahren** die beiden klärungsverpflichteten Personen beteiligt. Einen Anspruch auf Einwilligung in eine genetische Abstammungsuntersuchung haben nur der rechtliche Vater, die Mutter und das Kind, die entweder Antragsteller oder weitere Beteiligte sein können. Im Klärungsverfahren

kann das minderjährige Kind weder durch seine Eltern gemeinschaftlich noch durch einen Elternteil allein vertreten werden (§ 1629 Abs 2a BGB; Rz 12), so dass für das Kind ein **Ergänzungspfleger** gemäß § 1909 BGB zu bestellen ist. Der Vertretungsausschluss ist auf das gerichtliche Verfahren beschränkt. Vor Einleitung des Verfahrens vertreten die Eltern das Kind bis zu einer anderweitigen gerichtlichen Regelung gemeinschaftlich (§ 1626a Abs 1 Nr 1 oder 2 BGB). Aus diesem Grund wird das minderjährige Kind in der Praxis das Verfahren kaum selbst einleiten können. Allein der Umstand, dass ein Jugendlicher einen Antrag auf Abstammungsklärung bei Gericht stellt, führt nicht dazu, ihm vAw einen Ergänzungspfleger zu bestellen oder von einem erheblichen Interessengegensatz auszugehen (so aber *Rotax* ZFE 2008, 290, 292)

Weitere Beteiligte sieht die gesetzliche Regelung nicht vor. Insbesondere der **potentiellen biologischen Vater** (krit *Helms* FamRZ 2008, 1033; *Wellenhofer* NJW 2008, 1185, 1188 f; ausführlich Genenger JZ 2008, 1031, 1033) ist am Verfahren nicht beteiligt. Ihm steht – auch unter den Voraussetzungen des § 1600 Abs 1 Nr 2 BGB – kein materiellrechtlicher Anspruch aus § 1598a Abs 1 oder 4 BGB zu, so dass er – verfassungsrechtlich unbedenklich (BVerfG FamRZ 2008, 2257 f) – nicht antragsberechtigt ist. Ebenso wenig ist er klärungsverpflichtet und kann weder vom Kind noch von dessen Mutter in Anspruch genommen werden. Weil seine Rechte durch den Ausgang des Verfahren nicht unmittelbar betroffen sind, ist er auch nicht nach § 7 Abs 2 Nr 1 am Verfahren zu beteiligen. Nach der Gesetzesbegründung werden seine Rechte ausreichend durch die Antragsrechte im Vaterschaftsfeststellungs- und -anfechtungsverfahren gewahrt, wodurch zugleich eine Beeinträchtigung der funktionierenden sozialen Familie verhindert werden soll (BTDrs 16/6561 S 12). **Angehörige** der Beteiligten sind weder klärungsberechtigt noch -verpflichtet und von der Entscheidung nicht unmittelbar in ihren Rechten betroffen. 17

3. Vaterschaftsanfechtung

Nach § 1600 Abs 1 BGB ist der (durch Ehe oder Anerkennung) **rechtliche Vater** anfechtungsberechtigt. Auch der **potentielle biologische Vater**, der an Eides statt versichert, der Mutter des Kindes während der Empfängniszeit beigewohnt zu haben, ist während bestehender rechtlicher Vaterschaft nach § 1600 Abs 1 Nr 2 BGB zur Anfechtung der Vaterschaft berechtigt (anders noch BGH FamRZ 1999, 716). Weiterhin kann nach § 1600 Abs 1 Nr 3 BGB die **Mutter** selbst die Vaterschaft anfechten (OLG Frankfurt FamRZ 2000, 548). Vor der Geburt des Kindes besteht für eine Anfechtung keine Rechtsgrundlage (OLG Rostock FamRZ 2007, 1675). Das **Anfechtungsrecht** der Mutter und des Vaters ist nach § 1600 Abs 4 BGB **ausgeschlossen**, wenn das Kind mit Einwilligung des Mannes und der Mutter durch künstliche Befruchtung mittels Samenspende eines Dritten gezeugt wurde (OLG Hamm FamRZ 2008, 630 auch im Fall der Selbstvornahme; zuvor BGH FamRZ 1995, 1272; 1993, 695; OLG Celle FamRZ 2001, 700; zum Unterhaltsanspruch bei abredewidriger in vitro Fertilisation BGH FamRZ 2001, 541). Dem Samenspender selbst steht kein Anfechtungsrecht zu. Im Übrigen kann auf das Anfechtungsrecht nicht wirksam verzichtet werden. Stellen der rechtliche Vater oder die Mutter den Antrag auf Vaterschaftsanfechtung, so sind neben ihnen die weiteren Personen nach § 172 Abs 1 am Verfahren beteiligt. 18

Schließlich kann das **Kind** die Vaterschaft anfechten (§ 1600 Abs 1 Nr 4 BGB). Für das volljährige und geschäftsfähige Kind gilt dies ohne Einschränkung auf bestimmte Anfechtungsgründe (BVerfG FamRZ 1989, 255). Das geschäftsunfähige oder in der Geschäftsfähigkeit beschränkte Kind kann nach § 1600a Abs 3 BGB nur durch den gesetzlichen Vertreter anfechten, wobei nach Abs 4 der Vorschrift die Anfechtung dem Wohl des Kindes als Vertretenen dienen muss. Zwischen der Ausübung des materiellen Gestaltungsrechts der Anfechtung, die den sorgeberechtigten Eltern bis zu einer anderweitigen Entscheidung zusteht, und der prozessualen Verfahrenshandlung ist dabei zu un- 19 terscheiden (BGH FamRZ 2009, 861, 863; OLG Hamm FamRZ 2008, 1646, 1647). Sind sich die Eltern nicht einig, müssen sie für die Entscheidung über die Vaterschaftsanfechtung einerseits sowie für die Vertretung im Anfechtungsverfahren andererseits eine Sorgerechtsentscheidung herbeiführen (§§ 1628, 1666, 1671 BGB; OLG Brandenburg FamRZ 2008, 1270). Die Bestellung eines Ergänzungspflegers für das Vaterschaftsanfechtungsverfahrens ist für den hierauf bezogenen Entzug der elterlichen Sorge nicht ausreichend (BGH FamRZ 2009, 861, 864). Stellen der Vater oder die Mutter einen Anfechtungsantrag, kann das Kind durch den anderen Elternteil vertreten werden (Rz 11–11b), bis diesem aufgrund eines erheblichen Interessengegensatzes gemäß § 1796 BGB insoweit die Vertretungsbefugnis entzogen und ein Ergänzungspfleger bestellt wird. Neben dieser materiell-rechtlichen Lösung kann die Bestellung eines Verfahrensbeistandes nach § 174 erfolgen. Eine Vertretung durch das Jugendamt als Beistand kommt im Vaterschaftsanfechtungsverfahren nicht in Betracht (§ 1712 Abs 1 Nr 1 BGB; OLG Nürnberg FamRZ 2001, 705).

20 **Weitere Personen**, insbesondere die Eltern des Vaters (§ 1595a Abs 1 BGB aF) oder der Mutter, sind nicht antragsberechtigt. Sie sind wie auch andere Personen keine weiteren Verfahrensbeteiligten, weil ihre Rechte durch die Entscheidung nicht unmittelbar betroffen sind (§ 7 Abs 2 Nr 1). Dies gilt auch für den **potentiellen biologischen Vater**, dessen Interessen sehr unterschiedlich sein können. Einerseits mag ihm an der Anfechtung einer bestehenden Vaterschaft gelegen sein, um seine eigene Vaterschaft anerkennen oder feststellen lassen zu können. Andererseits kann er die Anfechtung der rechtlichen Vaterschaft – etwa durch Hinweis auf die bereits verstrichene Anfechtungsfrist – zu verhindern suchen, um die Feststellung seiner Vaterschaft bereits im Vorfeld abzuwenden. Unabhängig hiervon ist das Anfechtungsverfahren nicht darauf gerichtet, mittels der Einbeziehung eines anderen Mannes die wahre Abstammung des Kindes zu klären, weil dies nicht Gegenstand des Anfechtungsverfahrens ist (BVerfG NJW 2009, 425; BGH FamRZ 1994, 694, 695; § 169 Rz 13 ff). Das Gericht ist aus diesem Grund auch nicht gehalten, ihn von einem anhängigen Verfahren zu verständigen (aA *Wieser* MDR 2009, 61), um durch seine Beteiligung und die Anwendung des § 182 Abs 2 weitere Anfechtungsverfahren zu vermeiden.

21 Zum bisherigem Recht war streitig, ob der potentielle biologische Vater gemäß § 640e Abs 1 ZPO aF im Vaterschaftsanfechtungsverfahren vAw beizuladen war. Dies wurde teilweise mit der Begründung bejaht, dass ihm bereits in diesem Verfahren rechtliches Gehör zu gewähren sei und seine Rechtsverteidigung in einem späteren Feststellungsverfahren nicht verkürzt werden dürfe (Zöller/*Philippi* § 640e Rn 2). Mit der hM hat der BGH diese Auffassung nicht geteilt (FamRZ 2007, 1731, 1732), weil der potentielle biologische Vater kein Elternteil iSd § 640e ZPO aF ist und er durch die Entscheidung im Anfechtungsverfahren nur mittelbar wie jeder andere Person (OLG Thüringen FamRZ 2006, 1602) dadurch betroffen ist, dass nunmehr gegen ihn die Vaterschaftsfeststellung betrieben werden konnte. In diesem Verfahren kann er seine biologische Vaterschaft bestreiten. Schließlich dient weder die Anfechtungsfrist dem Interesse des potentiellen biologischen Vaters, einer Inanspruchnahme durch das Kind zu entgehen, noch war ein solches Interesse durch den Beitritt zum Verfahren geschützt (OLG Frankfurt FamRZ 2009, 704, 705). Auch die Verletzung des Anspruchs auf rechtliches Gehör des potentiellen biologischen Vaters, der dem Verfahren beigetreten war, vermochte im bisher kontradiktorisch ausgestalteten Anfechtungsverfahren dessen Berufung nicht zu begründen (BGH FamRZ 2009, 1404, 1406). Unabhängig von der Beiladung konnte der potentielle biologische Vater dem Anfechtungsverfahren als (**einfacher**) **Streitgenosse** auf Seiten einer Partei beitreten (§ 66 ZPO). Allerdings war seine verfahrensrechtliche Stellung dadurch beschränkt, dass er sich mit seinen Erklärungen und Handlungen zu denen der Hauptpartei nicht in Widerspruch setzen durfte. Aus diesem Grund war eine Berufung des potentiellen biologischen Vaters, die er gegen das Urteil im Anfechtungsprozess eingelegt hatte, unzulässig, wenn die Hauptpartei das Urteil nicht anfechten wollte (BGH FamRZ

2009, 1404, 1405; 2007, 1729, 1731, 1734; OLG Oldenburg FamRZ 2005, 1841; 2004, 1985). Eine streitgenössische Nebenintervention bestand hingegen – anders als beim Beitritt des beigeladenen Elternteils oder Kindes (BGH FamRZ 2009, 861; 1984, 164) – nicht, weil die mit der Rechtskraftwirkung des § 640h ZPO aF versehene Anfechtungsentscheidung keine unmittelbaren Auswirkungen auf ein bestehendes Rechtsverhältnis zwischen dem potentiellen biologischen Vater und dem Kind hat.

Die nach bisherigem Recht angeführten Gründe für die eingeschränkte Rechtsstellung 22 des biologischen Vaters im Anfechtungsverfahren gelten fort und führen dazu, dass er an diesem künftig nicht zu beteiligen ist (*Helms/Balzer* ZKJ 2009, 348, 350). Erlangt der potentielle biologische Vater Kenntnis von dem Vaterschaftsanfechtungsverfahren kann er gemäß **§ 7 Abs 5** beantragen, zum Verfahren nach § 7 Abs 2 Nr 1 hinzugezogen zu werden. Dieser Antrag ist zurück zu weisen, weil der Mann kein rechtlich geschütztes Interesse daran hat, auf die Rechtsbeziehung zwischen dem rechtlichen Vater und dem Kind einzuwirken. Dies gilt auch dann, wenn das Verstreichen der – von Amts wegen zu beachtenden – Anfechtungsfrist von keinem Beteiligten im Anfechtungsverfahren problematisiert oder durch kollusives Zusammenwirken der dortigen Beteiligten verschwiegen wird. Denn die Anfechtungsfrist dient dem Familien- und Rechtsfrieden und damit dem Wohl des Kindes und nicht hingegen dem Schutz des mutmaßlichen Erzeugers vor Feststellung seiner Vaterschaft (BGH FamRZ 2007, 1729, 1730; 2007, 36 [zur Amtshaftung]). Lehnt das FamG die Hinzuziehung des potentiellen biologischen Vaters durch Beschluss ab, ist nach § 7 Abs 5 Satz 2 die sofortige Beschwerde eröffnet.

Stellt der potentielle biologische Vater gemäß **§ 1600 Abs 1 Nr 2 BGB** einen Antrag, so 23 ist er gemäß § 7 Abs 1 an diesem Verfahren beteiligt. Neben ihm sind am Verfahren die Eltern des Kindes und dieses selbst, das durch seine Eltern vertreten werden kann, solange kein erheblicher Interessengegensatz besteht, beteiligt.

Beantragt die zuständige Behörde gemäß **§ 1600 Abs 1 Nr 5 BGB** die Anfechtung der 24 durch Anerkenntnis begründeten Vaterschaft, so ist die Behörde als Antragstellerin (§ 7 Abs 1) am Verfahren beteiligt. Daneben sind die Personen des § 172 Abs 1 Nr 1 bis 3 zum Verfahren hinzuziehen, wobei das minderjährige Kind wiederum durch seine Eltern vertreten wird.

4. Unwirksamkeit des Vaterschaftsanerkenntnisses

Am Verfahren auf Feststellung der **(Un)Wirksamkeit einer Anerkennung der Vater-** 25 **schaft** (§ 169 Rz 9) sind sowohl der rechtliche Vater als auch die Mutter und das Kind zu beteiligen, weil sie sich auf die Unwirksamkeitsgründe des § 1598 BGB berufen könne. Eine Begrenzung des Antragsrechts auf den Anerkennenden besteht nicht. Das Kind kann durch den nicht antragstellenden Elternteil vertreten werden. Weitere Personen sind mangels unmittelbarer Betroffenheit nicht hinzu zu ziehen. Dies gilt auch, wenn der Antrag hilfsweise mit der Vaterschaftsanfechtung verbunden ist.

5. Postmortale Abstammungsverfahren

Durch das einseitige Abstammungsverfahren werden die bisher in §§ 1600e Abs 2 BGB 26 aF, 55b, 56c FGG aF geregelten Verfahren auf Feststellung oder Anfechtung der Vaterschaft erfasst, in denen der rechtliche Vater oder das Kind vor Einleitung des Verfahrens bereits verstorben waren. Die **Antragsberechtigung** entspricht den dargestellten Grundsätzen für das Vaterschaftsfeststellungs- oder -anfechtungsverfahren. Ist der potentielle biologische Vater verstorben, sind die Mutter und das Kind, beim Tod des Kindes die Mutter und der Vater antragsberechtigt (§ 7 Abs 1).

Neben dem Antragsteller ist die weitere Person nach § 172 Abs 1 Nr 1–3 am Verfahren 27 beteiligt. Im Vaterschaftsfeststellungsverfahren waren als **weitere Beteiligte** nach § 55b Abs 1 FGG aF die Ehefrau, der Lebenspartner sowie die Eltern und Kinder des verstorbenen Mannes am Verfahren zu beteiligen. Ob darüber hinaus weitere Personen im Ver-

§ 172 FamFG | Beteiligte

fahren anzuhören oder zu beteiligen sind, hat der BGH in seiner Entscheidung zur Beschwerdeberechtigung nach § 55b Abs 3 FGG aF ausdrücklich offen gelassen (FamRZ 2005, 1067). Die dortigen Erwägungen können auch für die Bestimmung der Verfahrensbeteiligten herangezogen werden. Nicht nur für die Beschwerdeberechtigung sondern auch für die Beteiligtenstellung ist eine Begrenzung des Personenkreises erforderlich. Aus diesem Grund sind weiterhin an Stelle des verstorbenen Mannes seine **engsten Angehörigen (Ehefrau, Lebenspartner, Eltern** und **Kinder;** OLG Frankfurt FamRZ 2009, 704; OLG Düsseldorf, FamRZ 1990, 316, 317; OLG Hamm, FamRZ 1982, 1239, 1240) zum Verfahren hinzuzuziehen, ohne dass es auf eine unmittelbare Rechtsbeziehung durch die statusrechtliche Entscheidung (so *Heiter* FPR 2006, 417, 419) oder jedes rechtlich geschützte Interesse, etwa eine erbrechtliche Beziehung (so *Engelhardt* in KKW § 55b Rn 9) ankommt. Weiter Personen sind im Verfahren weder anzuhören (aA Vorwerk/*Kaul* Kap 101 Rn 330) noch zu beteiligen. Dies gilt auch für den potentiellen biologischen Vater (BayObLG FamRZ 1992, 984). Im postmortalen Anfechtungsverfahren sind die vorgenannten Personen nicht zu beteiligen.

C. Beteiligung des Jugendamts

28 Die Stellung des Jugendamtes in Abstammungsverfahren wurde an die geänderte Verfahrenskonzeption zur Vertretung des Kindes angepasst. Die Beteiligung des Jugendamts kann dem Gericht weitere Erkenntnisse verschaffen, die für das Bestehen einer sozial-familiären Beziehung oder ggf für die Bestellung eines Verfahrensbeistands (§ 174) von Bedeutung sein können. Das Jugendamt soll nach § 176 Abs 1 in verschiedenen Anfechtungsverfahren angehört werden. In diesen Verfahren eröffnet § 172 Abs 2 dem Jugendamt die **verfahrensrechtlich Option**, auf seinen Antrag hin die formale Stellung eines Verfahrensbeteiligten zu erhalten. Eine Anhörungspflicht besteht bei der Vaterschaftsanfechtung durch den potentiellen biologischen Vater (§ 1600 Abs 1 Nr 2 BGB), durch die zuständige Behörde (§ 1600 Abs 1 Nr 5 BGB) sowie bei der Anfechtung durch den gesetzlichen Vertreter des Kindes (§ 1600 Abs 1 Nr 4, § 1600a Abs 4 BGB). Hört das Gericht das Jugendamt allein deswegen an, weil ein Verfahrensbeteiligter minderjährig ist, so begründet dies kein Beteiligungsrecht.

29 Durch die gerichtlich Anhörung in den vorgenannten Verfahren erlangt das Jugendamt zwar Kenntnis vom Vaterschaftsanfechtungsverfahren, wird dadurch jedoch nicht Verfahrensbeteiligter. In dem zu erstellenden Bericht kann das Jugendamt ausdrücklich den Antrag auf Beteiligung am Verfahren stellen. Der entsprechende Wille kann sich auch aus dem Bericht selbst ergeben. Unabhängig von der Beteiligtenoption steht das durch § 176 Abs 2 Satz 2 dem Jugendamt eingeräumte Beschwerderecht. Übersieht das Gericht die Anhörungsverpflichtung nach § 176 Abs 1, kann das Jugendamt, sofern es vom Verfahren anderweitig Kenntnis erlangt, ebenfalls beantragen, am Verfahren beteiligt zu werden.

D. Folgen der fehlerhaften Beteiligung

30 In den verschiedenen Verfahrenskonstellationen kann es vorkommen, dass ein Beteiligter irrtümlich zum Verfahren entgegen der gesetzlichen Regelung nicht hinzugezogen wird. Die Person, die nach §§ 172, 7 Abs 2 am Abstammungsverfahren zu beteiligen gewesen wäre, kann gegen den ergangenen Beschluss gemäß § 184 Abs 3 Beschwerde einlegen. Die einmonatige Beschwerdefrist des § 63 Abs 1 läuft mangels Bekanntgabe der schriftlichen Entscheidung gegenüber dieser Person nicht (§ 63 Abs 3). Eines Antrags auf Wiedereinsetzung in den vorigen Stand bedarf es daher nicht. Eines Nichtigkeitsantrags (§ 579 Abs 1 Nr 4 ZPO) aufgrund mangelnder Beteiligung am Verfahren bedarf es wegen des statthaften Rechtsmittels nicht.

§ 173 Vertretung eines Kindes durch einen Beistand

Wird das Kind durch das Jugendamt als Beistand vertreten, ist die Vertretung durch den sorgeberechtigten Elternteil ausgeschlossen.

Die Regelung entspricht – auf Abstammungssachen beschränkt – der Vorschrift des § 53a ZPO, die für Unterhaltssachen minderjähriger Kinder in § 234 entsprechend übernommen wird. Sie dient der Klarheit der verfahrensrechtlichen Vertretung des minderjährigen Kindes im Abstammungsverfahren und regelt die verfahrensrechtlichen Folgen aus dem materiell-rechtlichen Nebeneinander von elterlicher Sorge und Beistandschaft. Nur durch die eindeutige Vertretung des Kindes wird eine **widerspruchsfreie Prozessführung** ermöglicht. 1

Bestandteil der zum 1. Juli 1998 erfolgten Kindschaftsrechtsreform war ua das Beistandschaftsgesetz. Mit diesem wurde die gesetzliche Amtspflegschaft für ein minderjähriges Kind einer nicht verheirateten Mutter (§§ 1705 ff BGB aF) abgeschafft. An ihre Stelle trat die **Beistandschaft** des Jugendamts. Die Beistandschaft ist abhängig vom Willen des sorgeberechtigten Elternteils, weil sie nur auf seinen Antrag bestellt wird (§ 1714 BGB) und auf sein Verlangen hin jederzeit endet (§ 1715 Abs 1 BGB; *Meysen* JAmt 2008, 120). Der Aufgabenbereich des Jugendamts als Beistand umfasst die **Feststellung der Vaterschaft** und/oder die Geltendmachung von Unterhaltsansprüchen des minderjährigen Kindes (§ 1712 Abs 1 Nr 1 und 2 BGB). Im Rahmen der Aufgabenbereiche ist das Jugendamt gesetzlicher Vertreter des Kindes (§§ 1716 Satz 2, 1915 Abs 1, 1793 Abs 1 Satz 1 BGB), ohne die gesetzliche Vertretung des sorgeberechtigten Elternteils zu verdrängen (§ 1716 Abs 1 Satz 1 BGB). 2

Auch wenn die Vertretungsbefugnis des Elternteils materiell-rechtlich fortbesteht, ordnet § 173 an, dass im Abstammungsverfahren das Kind **allein** durch den **Beistand** vertreten wird und insoweit die Vertretung durch den sorgeberechtigten Elternteil ausgeschlossen ist (OLG Naumburg FamRZ 2006, 1223). Das Jugendamt kann als Beistand des Kindes nur im **Vaterschaftsfeststellungsverfahren** tätig werden. Verfahrensbeteiligter ist das nicht verfahrensfähige Kind (§ 9 Abs 1), das als Antragsteller (§ 7 Abs 1) oder als weiterer Verfahrensbeteiligter durch das Jugendamt vertreten ist. Die Vertretung des Kindes durch das Jugendamt berührt die Stellung des sorgeberechtigten Elternteils im Verfahren als Beteiligter nach § 172 Abs 1 nicht. Der sorgeberechtigte Elternteil kann mit seinem Antrag auf Einrichtung einer Beistandschaft den Aufgabenbereich des Jugendamts auf die Vaterschaftsfeststellung begrenzen, hingegen nicht dem Jugendamt Weisungen für die Durchführung der Vaterschaftsfeststellung erteilen, etwa dahingehend, dass nur gegen einen bestimmten Mann vorgegangen werden soll (str PWW/*Friederici* § 1712 Rn 8). Der Aufgabenbereich der gesetzlichen Vertretung des Kindes erstreckt sich **nicht** auf ein **Vaterschaftsanfechtungsverfahren** (OLG Nürnberg FamRZ 2001, 705) oder das **Abstammungsklärungsverfahren** nach § 1598a BGB (PWW/*Friederici* § 1712 Rn 2, *Borth* FPR 2008, 381, 384). 3

Der Beginn und das Ende der Beistandschaft sind vom Jugendamt dem Gericht schriftsätzlich mitzuteilen. Soweit und solange die Beistandschaft, deren Einrichtung auf gerichtliches Verlangen nachzuweisen ist, besteht, kann nur das Jugendamt als alleiniger gesetzlicher Vertreter im Feststellungsverfahren für das Kind wirksam Erklärungen abgeben. Schriftsätze anderer Beteiligter, gerichtliche Verfügungen oder Beschlüsse sind dem Jugendamt zur Kenntnis zu bringen oder Zustellungen an dieses zu bewirken. Hat das Kind, vertreten durch seine Mutter, den Antrag auf Feststellung der Vaterschaft gestellt und beantragt die Mutter zu einem späteren Zeitpunkt die Beistandschaft, so erfolgt mit dem Beginn der Beistandschaft ein Wechsel in der gesetzlichen Vertretung des Kindes im laufenden Verfahren, ohne dass dies einen Wechsel des Verfahrensbeteiligten darstellt. Die bisherigen verfahrensrechtlichen Erklärungen des sorgeberechtigten Elternteils bleiben wirksam, soweit sie nicht in Widerspruch zu denen des Jugendamts ste- 4

§ 173 FamFG | **Vertretung eines Kindes durch einen Beistand**

hen. Endet die Beistandschaft aufgrund eines entsprechenden außergerichtlichen Verlangens des sorgeberechtigten Elternteils (§ 1715 Abs 1 BGB), entfallen die Vertretung des Kindes durch das Jugendamt im Verfahren und die Beschränkungen des § 173 für den sorgeberechtigten Elternteil. Wird das bei Verfahrensbeginn minderjährige Kind im laufenden Verfahren volljährig, endet die Beistandschaft (§ 1715 Abs 2 BGB) und das verfahrensfähige Kind führt das Verfahren fort (OLG Karlsruhe JAmt 2001, 302).

§ 174 Verfahrensbeistand

Das Gericht hat einem minderjährigen Beteiligten in Abstammungssachen einen Verfahrensbeistand zu bestellen, sofern dies zur Wahrnehmung seiner Interessen erforderlich ist. § 158 Abs. 2 Nr. 1 sowie Abs. 3 bis 7 gilt entsprechend.

A. Allgemeines

Die Regelung des § 174 stellt eine Neuerung in Abstammungssachen dar und stärkt die **1** Stellung minderjähriger Beteiligter im Verfahren. Die Voraussetzungen für die Bestellung des Verfahrensbeistands sowie seine Rechtsstellung folgen aus dem Verweis auf § 158 in Kindschaftssachen. Die Bestellung des Verfahrensbeistands muss zur Wahrnehmung der Interessen des Kindes erforderlich sein und setzt einen erheblichen Interessengegensatz zum sorgeberechtigten Elternteil voraus (§ 158 Abs 2 Nr 1). Der Anwendungsbereich der Norm erschließt sich nur aus dem Zusammenspiel mit der gesetzlichen Vertretung des minderjährigen Kindes (§ 172 Rz 10 ff). Grundsätzlich kann ein minderjähriger Beteiligter in Abstammungsverfahren durch den allein sorgeberechtigten oder ggf durch beide Elternteile vertreten werden. Ein gesetzliches Vertretungshindernis besteht nur für den Antragsteller (§§ 1795 Abs 2, 181 BGB) und im Abstammungsklärungsverfahren (§ 1629 Abs 2a BGB). Die Interessen des Kindes können zu denen des gesetzlichen Vertreters in Widerspruch stehen, so dass die Gefahr besteht, dass diese im Verfahren nicht in gleicher Weise zur Geltung gelangen (BGH FamRZ 2002, 880, 882). Um etwaige Defizite infolge der elterlichen Vertretung zu kompensieren und ein Verfahren nach § 1796 BGB sowie die Bestellung eines Ergänzungspflegers zu vermeiden, wurde der Verfahrensbeistand in das Abstammungsverfahren übernommen. Gleichwohl ist die verfahrensrechtliche Situation in Abstammungssachen – schon wegen der unterschiedlichen Verfahrensgegenstände – mit der in Kindschaftssachen nicht ohne weiteres vergleichbar, weil das Kind im Sorge- und Umgangskonflikt zwischen beiden Eltern stehen kann, während im Abstammungsverfahren der Interessengegensatz zum vertretungsberechtigten Elternteil maßgeblich ist.

B. Bestellung in Abstammungssachen

Für die Bestellung ist primär darauf abzustellen, ob eine von dem sorgeberechtigten El- **2** ternteil unabhängige Verfahrensvertretung des Kindes zur Wahrnehmung seiner Interessen erforderlich ist. Der Verweis in Satz 2 auf § 158 Abs 2 Nr 1 konkretisiert dies für den Fall eines erheblichen Interessengegensatz zum gesetzlichen Vertreter. Auch wenn dadurch in der Praxis der Anwendungsbereich im Wesentlichen erfasst ist, kann das Gericht hiervon unabhängig die Voraussetzung des § 158 Abs 1 bejahen (KKW/*Engelhardt* § 50 Rn 22 f). Durch den Interessengegensatz zum vertretungsberechtigten Elternteil scheidet die Bestellung eines Verfahrensbeistandes in allen Verfahren aus, in denen das Kind durch eine andere Person vertreten wird (§ 158 Abs 5), mithin bei der Bestellung eines **Ergänzungspflegers** oder der Einrichtung einer **Beistandschaft** (§ 173). Für volljährige Beteiligte ist die Bestellung bereits nach dem Wortlaut der Vorschrift nicht möglich.

Die Bestellung eines Verfahrensbeistands ist nicht auf das **minderjährige Kind**, des- **3** sen Vaterschaft festgestellt oder angefochten werden soll, begrenzt. Der Verfahrensbeistand kann im Fall eines erheblichen Interessengegensatzes auch für **andere minderjährige Beteiligte**, sei es die Mutter des Kindes oder der potentielle biologische Vater des Kindes, bestellt werden, die als Antragsteller oder Beteiligte durch ihre Eltern oder einen Vormund vertreten werden.

Im **Vaterschaftsfeststellungsverfahren** kann das Kind durch seine sorgeberechtigte **4** Mutter oder einen Beistand nach § 173 vertreten werden. Im Fall der Beistandschaft nimmt das Jugendamt die Interessen des Kindes allein wahr. Stellt das minderjährige

§ 174 FamFG | Verfahrensbeistand

Kind vertreten durch seine Mutter den Antrag, werden die Voraussetzungen regelmäßig nicht vorliegen, weil das Kind ein Interesse an der Feststellung der Vaterschaft hat. Stellt die Mutter selbst den Antrag, kann sie das Kind trotz gleich gerichteter Interessen nicht vertreten (§ 181 BGB), so dass ein Ergänzungspfleger zu bestellen ist. Schließlich werden Anhaltspunkte für eine nicht den Kindesinteressen entsprechende Vertretung idR nicht gegeben sein, wenn der potentielle rechtliche Vater das Feststellungsverfahren einleitet.

5   Von der gesetzlichen Vertretung ihres Kindes sind im **Abstammungsklärungsverfahren** nach § 1598a Abs 2 BGB beide Eltern gemäß § 1629 Abs 2a BGB kraft Gesetzes ausgeschlossen (§ 172 Rz 16 f). Für das Kind ist daher ein Ergänzungspfleger zu bestellen (§ 1909 BGB), der das Kind im Verfahren vertritt.

6   Im **Vaterschaftsanfechtungsverfahren** sind nach den jeweiligen Antragstellern verschiedene Verfahrenskonstellationen denkbar: Ficht der rechtliche Vater die bestehende Vaterschaft an, so wird das Kind durch die sorgeberechtigte Mutter vertreten. Die Interessen des Kindes können mit denen der Mutter übereinstimmen, sie können jedoch auch differieren. Ist ein erheblicher Interessengegensatz festzustellen, ist ein Verfahrensbeistand zu bestellen. Dies gilt auch dann, wenn die Mutter die Vaterschaft anficht und das Kind durch den rechtlichen Vater vertreten wird. Dem verfahrensrechtlichen Anfechtungsantrag des minderjährigen Kindes ist die außergerichtliche Entscheidung der Eltern über die Anfechtung vorgelagert (§ 1600a Abs 3 BGB), so dass hierfür im Zweifel eine Sorgerechtsentscheidung herbeigeführt werden muss, für die bereits die Interessen des Kindeswohls wie auch für den Antrag selbst berücksichtigt werden (§ 172 Rz 19).

7   Anders ist die Situation zu beurteilen, wenn der potentielle biologische Vater oder die zuständige Behörde die bestehende rechtliche Vaterschaft gemäß § 1600 Abs 1 Nr 2 und 5 BGB anfechten. Die Eltern können das Kind weiterhin vertreten und ihnen gemeinsam an der Abwehr des Antrags gelegen sein. Nur ausnahmsweise wird dann ein Interessengegensatz bestehen.

C. Erheblicher Interessengegensatz

8   Zur Bestimmung der Kriterien eines erheblichen Interessengegensatzes kann auf die Grundsätze der vergleichbaren Vorschrift des § 1796 BGB zurückgegriffen werden. Nach einer sehr allgemein gehaltenen Definition liegt ein solcher Gegensatz vor, wenn die Interessen einer Person nur auf Kosten der anderen Person durchgesetzt werden können (PWW/*Bauer* § 1795 Rn 2) oder die konkrete Gefahr besteht, dass der Elternteil die Interessen des Kindes im konkreten Einzelfall nicht ausreichend berücksichtigt, wobei bloße Meinungsverschiedenheiten nicht ausreichen. Der in Abstammungssachen geltende Amtsermittlungsgrundsatz, aufgrund dessen der Sachverhalt in alle Richtungen zu erforschen ist und die Belange des Kindes zu berücksichtigen sind, schmälert den Anwendungsbereich des Verfahrensbeistands in Abstammungssachen ebenso wenig wie in Kindschaftssachen (so aber wohl Keidel/*Engelhardt* § 174 Rn 4), zumal die Interessenabwägung im Mehrpersonenverhältnis komplizierter ist. Bei der Abwägung in Abstammungssachen ist von dem natürlichen Interesse des Kindes an der Kenntnis seiner Abstammung aufgrund der Bedeutung für die Persönlichkeitsentwicklung auszugehen (OLG Schleswig FamRZ 2003, 51; BGH FamRZ 1972, 498), soweit diese überhaupt möglich ist (BayObLG FamRZ 1995, 185, 186). Darüber hinaus ist neben dem Alter des Kindes seine aktuelle Lebenssituation zu berücksichtigen (OLG Karlsruhe FamRZ 1991, 1337, 1338). Bei Kleinkindern kann das Interesse an der Klärung der Abstammung von untergeordneter Bedeutung sein, insbesondere wenn mit der Volljährigkeit ein eigenes Anfechtungsrecht besteht (BayObLG FamRZ 1999, 737, 739). Lebt das Kind mit seiner Mutter und dem rechtlichen Vater zusammen oder bestehen intensive Bindungen zum Scheinvater, können dies beachtliche Gründe gegen eine Vaterschaftsanfechtung sein, während eine Gemeinschaft mit dem biologischen Vater für eine Anfechtung sprechen kann. Wirtschaftlichen Umständen, wie dem Erhalt von Unterhaltsansprüchen, kommt

eine geringere Bedeutung zu. Auch die Lebensumstände der Mutter, die Auswirkungen auf ihre Ehe oder die Offenbarung einer außerehelichen Beziehung können zu berücksichtigen sein.

D. Bestellung und Aufgabenbereich

Für die **Bestellung** und die Ausgestaltung des **Aufgabenbereichs** gelten die Regelungen in § 158 Abs 3 bis 7 entsprechend. Der Verfahrensbeistand ist auch im Abstammungsverfahren so früh wie möglich zu bestellen (§ 158 Abs 3 Satz 1), um eine zeitliche Verzögerung, die Interessen des Kindes in das Verfahren möglichst vor einer ggf anzuordnenden Beweisaufnahme einbringen zu können, zu vermeiden. Besteht ein Interessenkonflikt, muss das Gericht seine Entscheidung, von der Bestellung eines Verfahrensbeistands abzusehen, in der Endentscheidung begründen (§ 158 Abs 3 Satz 2). Die Bestellung des Verfahrensbeistands erfolgt durch nicht selbständig anfechtbaren Beschluss (§ 158 Abs 3 Satz 3). Der Verfahrensbeistand ist Verfahrensbeteiligter, ohne gesetzlicher Vertreter des Kindes zu sein (§ 158 Rz 24), und kann selbständig Beschwerde einlegen.

Aufgabe des Verfahrensbeistands ist es, das Interesse des Kindes festzustellen und im gerichtlichen Verfahren zur Geltung zu bringen (§ 158 Abs 4 Satz 1; § 158 Rz 17). Der gesetzliche Auftrag nach § 158 Abs 4 ist auf die Besonderheiten des Abstammungsverfahrens abzustimmen. Die Mitwirkung an einer einvernehmlichen Regelung (§ 158 Abs 4 Satz 3) scheidet bei Statusfragen mit Ausnahme des Abstammungsklärungsverfahrens von vornherein aus. Eine besondere gerichtliche Anordnung für die Beauftragung wird zumeist entbehrlich sein (§ 158 Abs 4 Satz 4). Aufgabe des Verfahrensbeistand ist es, die nach den vorgenannten Grundsätzen (Rz 8) relevanten (objektiven) Interessen des Kindes im Verfahren darzustellen und auf besondere Belastungen für das Kind hinzuweisen. Abhängig vom Alter des Kindes wird der Verfahrensbeistand in Absprache mit dem sorgeberechtigten Elternteil das Kind über den Gegenstand, den Ablauf und den möglichen Ausgang des Verfahrens informieren (§ 158 Abs 4 Satz 2).

Die Bestellung des Verfahrensbeistands endet alternativ mit einer gerichtlichen Entscheidung über die Aufhebung der Bestellung, mit der rechtskräftigen, das Verfahren abschließenden Entscheidung oder einem sonstigen Verfahrensabschluss (§ 158 Abs 6). Dem Verfahrensbeistand steht für seine Tätigkeit bei ehrenamtlicher Ausübung ein Aufwendungsersatz entsprechend § 277 oder im Fall der berufsmäßigen Tätigkeit eine pauschale Vergütung von 350 € zu (§ 158 Abs 7 S 2). Dass für den Verfahrensbeistand nicht auf § 158 Abs 8, wonach dem Verfahrensbeistand keine Kosten auferlegt werden können, ausdrücklich Bezug genommen wird, lässt sich nur durch ein Redaktionsversehen erklären (Prütting/Helms/*Stößer* § 174 Rn 6; *Helms/Balzer* ZKJ 2009, 348, 351).

§ 175 Erörterungstermin; persönliche Anhörung

(1) Das Gericht soll vor einer Beweisaufnahme über die Abstammung die Angelegenheit in einem Termin erörtern. Es soll das persönliche Erscheinen der verfahrensfähigen Beteiligten anordnen.

(2) Das Gericht soll vor einer Entscheidung über die Ersetzung der Einwilligung in eine genetische Abstammungsuntersuchung und die Anordnung der Duldung der Probeentnahme (§ 1598a Abs. 2 des Bürgerlichen Gesetzbuchs) die Eltern und ein Kind, das das 14. Lebensjahr vollendet hat, persönlich anhören. Ein jüngeres Kind kann das Gericht persönlich anhören.

A. Allgemeines

1 Die Vorschrift regelt das Verfahren vor einer Beweisaufnahme in allen Abstammungsverfahren. An die Stelle der mündlichen Verhandlung im bisherigen ZPO-Verfahren tritt der Erörterungstermin, der im Regelfall durchzuführen ist. Nur in Ausnahmefällen kann hiervon abgesehen werden, wenn von einer Erörterung für die zu treffende Entscheidung keinerlei verfahrensrelevanten Erkenntnisse zu erwarten sind. Zugleich wird die bisherige Regelung des § 56 FGG aF in Abs 2 übernommen. Die Vorschrift unterscheidet zwischen der **Erörterung** rechtlicher und tatsächlicher Aspekte nach Abs 1 und der **Anhörung** nach Abs 2, bei der im Abstammungsklärungsverfahren nach § 1598a Abs 2 BGB die persönlichen Beziehungen der Familiemitglieder untereinander sowie die Verweigerung der Einwilligung im Vordergrund stehen.

B. Erörterungstermin

2 Im bisherigen ZPO-Verfahren entsprach es einer häufigen gerichtlichen Handhabung, einen Beweisbeschluss gemäß § 358a ZPO vor einer mündlichen Verhandlung zu erlassen, so dass teilweise erst nach Vorlage des Abstammungsgutachtens die Einhaltung der Anfechtungsfrist problematisiert wurde. Dieser Verfahrensverlauf entsprach und entspricht nicht der Rspr des BGH (FamRZ 1998, 955, 956; OLG Köln FamRZ 1990, 761). Zum einen ist für eine Beweisaufnahme durch eine DNA-Analyse zu klären, ob die Mutter der Kindes zu anderen Männern eine intime Beziehung hatte, weil hierdurch evtl die biostatistische Berechnung beeinflusst sein kann (BGH FamRZ 1990, 615). Zum anderen sind nach dieser Rspr im Falle einer Anfechtungsklage des rechtlichen Vaters dem beklagten Kind und seiner Mutter die Unannehmlichkeiten der ärztlichen Untersuchungen nur zuzumuten, wenn ein Anfangs- bzw Anfechtungsverdacht (§ 171 Rz 12 ff) schlüssig vorgetragen und hierüber ggf zuvor Beweis erhoben wurde. Auch wenn ein erheblicher körperlicher Eingriff mit der Entnahme einer Probe zumeist nicht mehr verbunden ist, wird in das Persönlichkeitsrecht der Beteiligten eingegriffen (BTDrs 16/6561 S 16).

3 In dem Termin hat das Gericht die Probleme des jeweiligen Abstammungsverfahrens mit den (verfahrensfähigen) Beteiligten, deren persönliches Erscheinen nach Satz 2 angeordnet werden soll, zu erörtern. Im **Vaterschaftsfeststellungsverfahren** wird das Gericht mit den Beteiligten die Beziehung der Mutter zum potentiellen biologischen Vater in der gesetzlichen Empfängniszeit ansprechen. Unabhängig von einem substantiierten Vortrag des Mannes wird die Mutter Angaben zu evtl weiteren intimen Kontakten während des maßgeblichen Zeitraums zu machen haben. In Betracht kommt auch, die Tatsachen für eine evtl. nach ausländischem Recht bereits bestehende Vaterschaft weiter aufzuklären und ggf Beweis zu erheben (OLG Düsseldorf FamRZ 2008, 630). Im Termin kann der als Vater in Anspruch genommene Mann auch die Vaterschaft zur Niederschrift des Gerichts anerkennen (§ 180) und die Mutter ihre Zustimmung erklären (§ 180 Rz 2). Im **Vaterschaftsanfechtungsverfahren** steht der schlüssige Anfangs- bzw Anfechtungsverdacht (§ 171 Rz 12) im Vordergrund der Erörterungen, wobei sich die Pro-

blematik relativiert, wenn dem Verfahren eine außergerichtliche Vaterschaftsklärung (§ 1598a BGB) vorausgegangen ist. Darüber hinaus wird ggf die Einhaltung der Anfechtungsfrist zu erörtern sein. Bei hinreichendem Vortrag der Beteiligten kann in dem Termin ggf über den Beginn der Anfechtungsfrist Beweis erhoben werden (§ 177 Rz 7). Weiterhin kann das Gericht mit der Ladungsverfügung der Mutter ggf aufgeben, den Mutterpass im Termin vorzulegen, um den Zeitpunkt der Empfängnis bei mehreren Intimkontakten präziser eingrenzen zu können. Stellt der potentielle biologische Vater nach § 1600 Abs 1 Nr 2 BGB oder die zuständige Behörde gemäß § 1600 Abs 1 Nr 5 BGB einen Antrag auf Anfechtung der Vaterschaft, sind die Voraussetzungen einer **sozial-familiären Beziehung** (§ 171 Rz 17 f) zu erörtern. Von dem Erörterungstermin soll nur ausnahmsweise abgesehen werden (BTDrs 16/6308 S 245), weil regelmäßig entscheidungserhebliche Fragestellungen geklärt werden können. Haben sich die Beteiligten zum Verfahrensgegenstand ausreichend geäußert und sind keine Anhaltspunkte für tatsächliche oder rechtliche Probleme zutage getreten (Anhaltspunkte für Mehrverkehr beim Vaterschaftsfeststellungsverfahren oder für eine Fristversäumung beim Anfechtungsverfahren; Prütting/Helms/*Stößer* § 175 Rn 4), kann das Gericht vom **Erörterungstermin absehen**.

Da sich die Beteiligten im Abstammungsverfahren durch einen Bevollmächtigten (§ 10 Abs 2) vertreten lassen können, soll das Gericht das **persönliche Erscheinen** der Beteiligten anordnen. Diese Befugnis sieht bereits § 33 Abs 1 als Kann-Bestimmung vor und wird durch § 175 Abs 1 Satz 2 zur Soll-Vorschrift verstärkt. Die persönliche Anhörung dient sowohl der weiteren Sachaufklärung als auch der zweckdienlichen Ergänzung des Beteiligtenvorbringens (BGH FamRZ 1990, 507, 509; § 32 Rz 17). Sieht das Gericht entgegen seiner verfahrensrechtlichen Verpflichtung von einem Erörterungstermin oder einer Anhörung ab und ordnet unmittelbar eine Beweisaufnahme an, können die Beteiligten einen Antrag auf Anberaumung eines solchen Termins stellen oder im Rahmen der Beweisaufnahme die Rechte gemäß §§ 386 ff ZPO geltend machen (§ 178 Rz 6), weil die Beweisaufnahme (noch) nicht erforderlich oder zumutbar ist (§ 178 Rz 3) und eine hinreichende Grundlage für einen Beweisbeschluss nicht besteht (Prütting/Helms/*Stößer* § 175 Rn 2). **4**

C. Anhörung im Abstammungsklärungsverfahren

Für das **Abstammungsklärungsverfahren** nach § 1598a Abs 2 BGB trifft § 175 Abs 2 eine weitere Verfahrensregelung, die in § 177 des Referentenentwurfs nicht vorgesehen war und durch das Abstammungsklärungsverfahren aus § 56 Abs 1 FGG aF übernommen wurde. Da dem Anspruch auf Einwilligung in die genetische Abstammungsuntersuchung keine Einwendungen in der Sache entgegen gehalten werden können, stehen die familiären Beziehungen im Vordergrund, zu denen die Beteiligten gehört werden sollen. Im Gegensatz zu anderen Abstammungssachen ist im Vaterschaftsklärungsverfahren eine **einvernehmliche Lösung** denkbar, auf die das Gericht im Termin hinwirken kann (Keidel/*Engelhardt* § 175 Rn 5). Zugleich kann es einen persönlichen Eindruck von den Beteiligten gewinnen (BTDrs 16/6561 S 16). Das Gericht **soll** beide Eltern und ein Kind, das älter als 14 Jahre ist, anhören. Bereits bei der Anordnung der Anhörung eines 14-jährigen Kindes sind die Erwägungen des § 1598a Abs 3 BGB zu berücksichtigen, weil bereits die Anhörung zu einer Beeinträchtigung des Kindeswohls führen kann. Die Anhörung jüngerer Kinder wird in das pflichtgemäße Ermessen des Gerichts gestellt (Abs 2 Satz 2). In einem Verfahren nach § 1598a Abs 4 BGB muss das Gericht keinen Anhörungstermin anberaumen. **5**

D. Folgen des Ausbleibens

Für die ZPO-Kindschaftssachen waren die Folgen, wenn eine Partei zur mündlichen Verhandlung nicht erschien, für das erst- und zweitinstanzliche Verfahren dahin gere- **6**

§ 175 FamFG | Erörterungstermin; persönliche Anhörung

gelt, dass die Klage – unter Ausschluss eines Versäumnisurteils – als zurückgenommen galt oder als unbegründet zurückgewiesen werden konnte (§§ 640, 632 Abs 4 ZPO aF; Vorwerk/*Kaul* Kap 101 Rn 48 f). Im einseitigen Abstammungsverfahren hat das Ausbleiben eines Beteiligten keine unmittelbaren verfahrensrelevanten Auswirkungen (zur Verhängung eines Ordnungsgeldes nach § 33 Abs 3 *Brinkmann* § 33 Rz 15 ff). Selbst aus dem Nichterscheinen des Antragstellers kann nicht geschlossen werden, dass der (ggf fristgebundene) Antrag nicht mehr aufrechterhalten wird. Der Termin kann mit den erschienenen Beteiligten durchgeführt werden, denn nach § 34 Abs 3 kann das Verfahren ohne seine persönliche Anhörung beendet werden. Ebenso kommt die Anberaumung eines neuen Erörterungstermins in Betracht. Sodann hat das Gericht eine Entscheidung nach Lage der Akten und ggf unter Berücksichtigung der Erkenntnisse der Erörterung mit den anwesenden Beteiligten treffen.

§ 176 Anhörung des Jugendamts

(1) Das Gericht soll im Fall einer Anfechtung nach § 1600 Abs. 1 Nr. 2 und 5 des Bürgerlichen Gesetzbuchs sowie im Fall einer Anfechtung nach § 1600 Abs. 1 Nr. 4 des Bürgerlichen Gesetzbuchs, wenn die Anfechtung durch den gesetzlichen Vertreter erfolgt, das Jugendamt anhören. Im Übrigen kann das Gericht das Jugendamt anhören, wenn ein Beteiligter minderjährig ist.

(2) Das Gericht hat dem Jugendamt in den Fällen einer Anfechtung nach Absatz 1 Satz 1 sowie einer Anhörung nach Absatz 1 Satz 2 die Entscheidung mitzuteilen. Gegen den Beschluss steht dem Jugendamt die Beschwerde zu.

A. Allgemeines

Die Anhörung des Jugendamts in bestimmten Abstammungssachen als weitere Möglichkeit der Sachaufklärung stellt eine Ergänzung zur Erörterung und Anhörung nach § 175 dar und ist Bestandteil der Amtsermittlung des Gerichts (§ 177 Abs 1, BGH FamRZ 2007, 538, 541; einschränkend BGH FamRZ 2008, 1821, 1822). Die Regelung knüpft an die durch das Gesetz zur Ergänzung des Rechts zur Anfechtung der Vaterschaft geänderte Vorschrift des § 640d Abs 2 ZPO aF an und erweitert zugleich dessen ursprünglichen Anwendungsbereich. Das Jugendamt ist im Regelfall in den aufgeführten Anfechtungsverfahren anzuhören, während im Fall eines minderjährigen Beteiligten dessen Anhörung im pflichtgemäßen Ermessen des Gerichts steht. Über das Optionsrecht des § 172 Abs 2 hinaus (§ 172 Rz 28) ist nach Abs 2 dem Jugendamt die Endentscheidung mitzuteilen, dem zugleich ein Beschwerderecht eingeräumt ist. **1**

B. Anwendungsbereich

Der **Anwendungsbereich** der Vorschrift beschränkt sich auf bestimmte, ausdrücklich und abschließend aufgeführte **Vaterschaftsanfechtungsverfahren**. Eine Ausweitung auf das Vaterschaftsfeststellung- oder das Abstammungsklärungsverfahren ist aufgrund der differenzierten Regelung nicht geboten, zumal eine Anhörung nach Abs 1 Satz 2 in Betracht kommt. Das Jugendamt soll in dem vom potentiellen biologischen Vater nach **§ 1600 Abs 1 Nr 2 BGB** sowie in dem von der zuständigen Behörden gemäß **§ 1600 Abs 1 Nr 5 BGB** betriebenen Anfechtungsverfahren vom Gericht angehört werden. In beiden Verfahren steht die sozial-familiäre Beziehung zwischen dem rechtlichen Vater und dem Kind im Vordergrund (*Beinkinstadt* JAmt 2007, 342, 344). Darüber hinaus soll das Jugendamt angehört werden, wenn das **nicht verfahrensfähige Kind** (§ 9 Abs 1) das Vaterschaftsanfechtungsverfahren betreibt, in dem der gesetzlicher Vertreter für das Kind handelt (§ 172 Rz 10 ff). Hintergrund ist die Regelung des § 1600a Abs 4 BGB, wonach die Anfechtung durch den gesetzlichen Vertreter nur zulässig ist, wenn diese dem Wohl des Kindes dient (§ 171 Rz 16). Eine Anhörung im Fall der Anfechtung durch einen minderjährigen oder geschäftsunfähigen Elternteil (§ 1600a Abs 2 Satz 3 BGB) ist nach Abs 1 Satz 2 nicht vorgesehen. Denn die Anhörung des Jugendamts steht in allen anderen Abstammungssachen nach § 176 Abs 1 Satz 2 im pflichtgemäßen Ermessen des Gerichts, wenn ein **Beteiligter minderjährig** ist. Für Abstammungsklärungsverfahren war eine entsprechende Regelung in § 49a Abs 2a FGG aF vorgesehen (krit *Helms* FamRZ 2008, 1033, 1035). **2**

C. Anhörung

Die **Anhörung** des Jugendamts, dessen Zuständigkeit sich aus § 87b Abs 1 SGB VIII ergibt, ist eine besondere Form der Sachaufklärung des Gerichts. Durch die Anhörung wird das Jugendamt nicht zum Verfahrensbeteiligten (§ 7 Abs 6), kann jedoch von seinem Optionsrecht nach § 172 Abs 2 Gebrauch machen. Die gerichtliche Anhörungs- **3**

§ 176 FamFG | Anhörung des Jugendamts

pflicht ist an § 49a FGG aF angelehnt (BT/Drs 16/3291 S 18). Die rechtliche Verpflichtung des Jugendamts zur Unterstützung des Gerichts folgt aus der Änderung des § 50 Abs 1 Satz 2 Nr 2 SGB VIII, wonach das Jugendamt in Verfahren nach § 176 mitzuwirken hat. In seiner fachlichen Stellungnahme hat das Jugendamt die ihm bekannten Tatsachen mitzuteilen und zum Abstammungsverfahren Stellung zu nehmen. In den von § 176 Abs 1 erfassten Verfahren wird die Anhörung des Jugendamts regelmäßig schriftlich erfolgen; eine Stellungnahme kann auch im Rahmen eines Erörterungstermins nach § 175 Abs 1 abgegeben werden. Diese muss vor der gerichtlichen Entscheidung eingeholt und den Verfahrensbeteiligten zur Kenntnis und evtl Stellungnahme gegeben werden. Ist die Anhörung unterblieben, stellt dies einen schweren Verfahrensfehler dar, der eine Zurückverweisung durch das Beschwerdegericht rechtfertigen kann, wenn die Anhörung nicht im Beschwerdeverfahren nachgeholt wird. Eine erneute Anhörung im Beschwerdeverfahren ist nicht zwingend, jedoch bei Änderung der Verhältnisse oder ggf bei Zeitablauf geboten.

4 Inhaltlich ist die Anhörung darauf gerichtet, über das Jugendamt für das jeweilige Verfahren entscheidungserhebliche Tatsachen zu erfahren. Bei den Anfechtungsverfahren nach Abs 1 Satz 1 stehen die familiären Verhältnisse im Vordergrund. Da das Jugendamt einer unverheirateten Mutter unverzüglich Beratung und Unterstützung über den Umfang einer möglichen Beistandschaft anzubieten hat (§ 52 Abs 1 SGB VIII), können ihm die familiären Verhältnisse bereits bekannt sein. Nach der Gesetzesbegründung kann das Jugendamt »seine Bewertung der vorhandenen Fakten gemäß seinem Aufgabenverständnis in das Gerichtsverfahren einbringen« (BTDrs 16/3291 S 18). Ob zwischen der Mitteilung und Bewertung von Fakten in der Praxis hinreichend unterschieden werden kann, scheint fraglich. Die vom Gesetzgeber vermuteten bereits bekannten Tatsachen über familiäre Verhältnisse werden bei der Anfechtung nach § 1600 Abs 1 Nr 2 BGB seltener vorliegen, so dass hier auf Feststellungen und Bewertungen des Jugendamts aus aktuellen Kontakten anlässlich des Verfahrens abzustellen sein dürfte. Bei der Anfechtung des minderjährigen Kindes (§ 1600a Abs 4 BGB) soll das Jugendamt zu den möglichen Auswirkungen auf den Familienfrieden und auf die persönlichen Beziehungen zwischen Mutter und Kind (BTDrs 13/4899 S 87) Stellung nehmen (§ 174 Rz 8).

D. Mitteilungspflicht und Beschwerderecht

5 In welchen Fällen das Gericht dem Jugendamt seine **Entscheidung mitzuteilen** hat, damit dieses beurteilen kann, ob es seine Beschwerdebefugnis nach Abs 2 Satz 2 der Vorschrift wahrnimmt, regelt Abs 2 Satz 1. Hat das Jugendamt sein Optionsrecht nach § 172 Abs 2 ausgeübt, wird ihm der Beschluss als Verfahrensbeteiligter zugestellt. Darüber hinaus kommt Abs 2 Satz 1 zur Anwendung. In den Anfechtungsverfahren durch den potentiellen biologischen Vater, die zuständige Behörde sowie das gesetzliche vertretene Kind (Abs 1 Satz 1) ist die Entscheidung in jedem Fall dem Jugendamt mitzuteilen. Die Mitteilungspflicht besteht auch dann, wenn das Gericht von der Anhörung nach Abs 1 Satz 1 ausnahmsweise abgesehen hat. Bei der Beteiligung eines Minderjährigen kommt es indes auf die konkrete durchgeführte Anhörung des Jugendamts an. Sieht das Gericht hiervon ab, ist die Entscheidung dem Jugendamt nicht mitzuteilen. Begrifflich ist die Mitteilung auf eine formlose Übersendung gerichtet. Da die Anhörung keine Beteiligtenstellung begründet, ist eine Bekanntgabe nach § 41 Abs 1 nicht vorgeschrieben. Das Erfordernis einer Zustellung folgt jedoch daraus, dass dem Jugendamt nach Abs 2 Satz 2 eine fristgebunden Beschwerdeberechtigung eingeräumt ist (§ 184 Abs 3).

6 Über die **Beschwerdeberechtigung** des § 59 Abs 1 räumt § 176 Abs 2 Satz 2 dem Jugendamt ein Beschwerderecht (iSv § 59 Abs 3; § 59 Rz 38 ff; *Maurer* FamRZ 2009, 465, 470) ein, das aus der Funktion des Jugendamts erwächst, die Interessen des Kindes bzw die Aspekte des Kindeswohls in der gerichtlichen Entscheidung zu sichern.

§ 177 Eingeschränkte Amtsermittlung; förmliche Beweisaufnahme

(1) Im Verfahren auf Anfechtung der Vaterschaft dürfen von den beteiligten Personen nicht vorgebrachte Tatsachen nur berücksichtigt werden, wenn sie geeignet sind, dem Fortbestand der Vaterschaft zu dienen, oder wenn der die Vaterschaft Anfechtende einer Berücksichtigung nicht widerspricht.

(2) Über die Abstammung in Verfahren nach § 169 Nr. 1 und 4 hat eine förmliche Beweisaufnahme stattzufinden. Die Begutachtung durch einen Sachverständigen kann durch die Verwertung eines von einem Beteiligten mit Zustimmung der anderen Beteiligten eingeholten Gutachtens über die Abstammung ersetzt werden, wenn das Gericht keine Zweifel an der Richtigkeit und Vollständigkeit der im Gutachten getroffenen Feststellungen hat und die Beteiligten zustimmen.

Übersicht

	Rz		Rz
A. Allgemeines	1	III. Einschränkung der Amtsermittlung	12
B. Amtsermittlungsgrundsatz	2	C. Beweisaufnahme	13
I. Verfahrensrechtliche Folgen der Amtsermittlung	3	I. Förmliche Beweisaufnahme	14
II. Umfang der Amtsaufklärung	4	II. Verwertung eines außergerichtlichen Gutachtens	16

A. Allgemeines

Die Abstammungssachen unterlagen bereits im Parteiprozess nach bisherigem Recht dem Amtsermittlungsgrundsatz (§§ 640 Abs 1, 616 Abs 1 ZPO aF), der nur im Anfechtungsverfahren eingeschränkt war (§ 640d ZPO aF). Im einseitigen Abstammungsverfahren folgt diese Pflicht des Gerichts aus § 26, wonach das Gericht von Amts wegen die zur Feststellung der entscheidungserheblichen Tatsachen erforderlichen Ermittlungen durchzuführen hat. Hiervon macht Abs 1 für Anfechtungsverfahren weiterhin eine Ausnahme und ordnet in Abs 2 an, dass in Verfahren nach § 169 Nr 1 und 4 eine förmliche Beweisaufnahme (§ 30) zu erfolgen hat, bei der uU ein privat eingeholtes Sachverständigengutachten mit Zustimmung der anderen Beteiligten verwertet werden kann. 1

B. Amtsermittlungsgrundsatz

Die besondere Bedeutung einer gerichtlichen Entscheidung in Statusverfahren für die Beteiligten selbst, das öffentliche Interesse an der Richtigkeit der Entscheidung wie auch die Wirkung des Beschlusses für und gegen alle (§ 184 Abs 2) rechtfertigen den Amtsermittlungsgrundsatz, auch wenn den Beteiligten die Mitwirkung obliegt (§ 30). 2

I. Verfahrensrechtliche Folgen der Amtsermittlung

Aus der gerichtlichen Amtsermittlung ergeben sich Konsequenzen für die Durchführung und den Abschluss des Verfahrens. Die Untersuchungsmaxime gilt nicht uneingeschränkt, weil ansonsten die biologische Abstammung des Kindes bei Geburt von Amts wegen festzustellen wäre. Hiervon hat der Gesetzgeber bewusst abgesehen und die Mutterschaft an die Geburt und die Vaterschaft an bestimmte sozialtypische Sachverhalte oder Erklärungen gebunden (BVerfG FamRZ 2003, 816, 820). Dem entspricht die Ausgestaltung der Abstammungssachen als Antragsverfahren und die Begrenzung der Amtsermittlung in Anfechtungsverfahren. Die **Amtsermittlung** hat zur Folge (Vorwerk/Kaul Kap 101 Rn 41 ff), dass den Beteiligten in weitem Umfang die Herrschaft über das Verfahren entzogen ist, sieht man von der Verfahrenseinleitung und der Antragsrücknahme ab. Verfahrensrechtlich findet sie ihren Ausdruck im Ausschluss des verfahrensrechtlichen Anerkenntnisses (BGH FamRZ 2005, 514; OLG Brandenburg FamRZ 2009, 59), der jedoch die materiell-rechtliche Anerkennung nicht berührt (§ 180), im Aus- 3

§ 177 FamFG | Eingeschränkte Amtsermittlung; förmliche Beweisaufnahme

schluss eines Geständnisses sowie einer Säumnisentscheidung (OLG Brandenburg FamRZ 1994, 1044) in beiden Instanzen, in der Berücksichtigung sämtlichen Vorbringens der Beteiligten, auch wenn dies spät erfolgt, sowie schließlich im Umfang der Ermittlungen im Wege der förmlichen Beweisaufnahme (§§ 76–77 Rz 7).

II. Umfang der Amtsaufklärung

4 Der Amtsermittlungsgrundsatz verpflichtet das Gericht, alle zur Aufklärung des Sachverhalts **erforderlichen Beweise** zu erheben. Dabei ist es an den Sachvortrag der Beteiligten und an die von ihnen benannten Beweismittel, die Anregungen darstellen, nicht gebunden (BayObLG FamRZ 1999, 1363, 1365). Aus diesem Grund sind an den Umfang der Ermittlungen hohe Anforderungen zu stellen, so dass alle Aufklärung versprechenden und erreichbaren Beweismittel vom Gericht zu nutzen sind (BGH FamRZ 1994, 506 f, 1996, 1001).

5 Inhaltlich ist die Beweiserhebung im Vaterschaftsfeststellungsverfahren von der im Vaterschaftsanfechtungsverfahren zu unterscheiden (*Kaul* in Vorwerk Kap 101 Rn 30 ff, 213 ff, 385 ff). Während sie im ersten Fall auf die **Feststellung** der biologischen Abstammung und wahren Vaterschaft gerichtet ist, bezieht sie sich im zweiten Fall »nur« auf den **Ausschluss** der Vaterschaft. Da auf den Vaterschaftsanfechtungsantrag des biologischen Vaters dessen Vaterschaft festzustellen ist (§ 182 Abs 1), ist die Beweisaufnahme hierauf gerichtet. Das Gericht muss nach dem Ergebnis der Beweisaufnahme die volle Überzeugung von der festzustellenden Tatsache erlangen. Erst wenn dieses Ziel nicht erreichbar ist, greifen die unterschiedlichen **gesetzlichen Vermutungen**. Für das Feststellungsverfahren wird nach § 1600d Abs 2 Satz 1 BGB als Vater vermutet, wer der Mutter während der Empfängniszeit beigewohnt hat, woraus auf die Zeugung des Kindes geschlossen wird. Nur schwerwiegende Zweifel können diese Vermutung entkräften. Demgegenüber wird im Anfechtungsverfahren nach § 1600c Abs 1 BGB vermutet, dass das Kind vom rechtlichen Vater abstammt, es sei denn dieser beweist im Fall seiner Anerkennung einen Willensmangel (§ 1600c Abs 2 BGB). Aufgrund der weitreichenden naturwissenschaftlichen bzw genetischen Erkenntnismöglichkeiten kann in nahezu allen Fällen der unmittelbare Beweis zur Feststellung oder zum Ausschluss der Vaterschaft durch ein DNA-Gutachten geführt werden, ohne dass persönlichkeitsrelevante Erbinformationen erhoben werden. Zu den Untersuchungen durch die PCR/STR-Methode und die RFLP-Analyse *Grün* Rn 315 ff; MüKo/*Seidel* § 1600d Rn 65 f; Staudinger/*Rauscher* Vorbem § 1591 Rn 92 ff, 162 ff; Keidel/*Engelhardt* § 178 Rn 4 ff. Praktisch haben diese die serologischen Untersuchungen nahezu vollständig verdrängt, denen lange Zeit aufgrund geringerer Mutationsraten der verschiedenen System (Antigene, Serumproteine, Enzyme und HLA-Systeme) eine größere Zuverlässigkeit zugeschrieben wurde.

6 Mit Ausnahme der Abstammungsklärungsverfahren (§ 169 Nr 2 und 3) wird die Frage der genetischen Abstammung durch die Einholung eines Sachverständigengutachtens positiv oder negativ zu entscheiden sein. Auf übereinstimmende jedoch unsichere Angaben der Beteiligten und evtl Zeugen kann eine Entscheidung über die Abstammung nicht gestützt werden; vielmehr ist eine DNA-Untersuchung unerlässlich (BayObLG FamRZ 1999, 1363, 1365). Ob hiervon in analoger Anwendung des § 1599 Abs 2 BGB bei übereinstimmenden Angaben der Mutter, des rechtlichen Vaters und des (potentiellen) biologischen Vaters sowie einer langen Trennungszeit eine Ausnahme zu machen ist (Prütting/Helms/*Stößer* § 177 Rn 26; AG Hannover FamRZ 2001, 245), ist umstritten. Gleichwohl kommt dem **Zeugenbeweis** nicht unerhebliche Bedeutung zu. Die Angaben der Beteiligten oder evtl Zeugen können für Tatbestandsvoraussetzungen, als Vorfrage für die Einbeziehung in die Begutachtung sowie ggf für die statistische Bewertung der genetischen Untersuchung erforderlich sein.

7 Im **Vaterschaftsfeststellungsverfahren** können weitere intime Beziehungen der Mutter in der gesetzlichen Empfängniszeit eine wesentliche Bedeutung haben, so dass hierü-

Eingeschränkte Amtsermittlung; förmliche Beweisaufnahme | § 177 FamFG

ber **Zeugen** zu vernehmen sind. Denn hierdurch kann sich insbesondere bei nahen Verwandten die Beurteilung bzw Bewertung der statistischen Berechnung ändern. Nach der Rspr des BGH ist eine Zeugenvernehmung im Vaterschaftsfeststellungsverfahren nicht wegen der durch die Paternitätsbegutachtung erreichbaren hohen Wahrscheinlichkeit der genetischen Abstammung entbehrlich (BGH FamRZ 2006, 1745, 1746). Zeugenaussagen können als Entscheidungsgrundlage dienen, wenn die genetische Abstammung nicht festgestellt werden kann (Rz 10). Hiervon abgesehen kann eine Vaterschaftsfeststellung allein aufgrund der Angaben der Mutter grundsätzlich nicht erfolgen (BGH FamRZ 1986, 665, 667). Größere Bedeutung kommt der Zeugenvernehmung regelmäßig im **Anfechtungsverfahren** zu, wenn über streitige Tatsachen, die den Anfangs- bzw Anfechtungsverdacht, den Beginn der Anfechtungsfrist durch Kenntniserlangung oder das Bestehen einer sozial-familiären Beziehung (BGH FamRZ 2008, 1821; 2007, 538; § 171 Rz 17 f) belegen sollen, Beweis zu erheben ist. Soweit die Glaubwürdigkeit der Zeugen oder die Widersprüchlichkeit ihrer Angaben substantiiert angegriffen wird, kommt auch eine Beweisaufnahme durch hierzu benannte Zeugen in Betracht. Angaben der Zeugen vom Hörensagen mögen mit besonderen Unsicherheiten verbunden sein. Sie können jedoch andere Zeugenaussagen im Kernbereich bei konkreten Anhaltspunkten erschüttern (BGH FamRZ 2006, 1745, 1746). Die Einigkeit der Beteiligten, dass die biologische Vaterschaft ausgeschlossen ist, macht im Vaterschaftsanfechtungsverfahren ein Sachverständigengutachten regelmäßig nicht entbehrlich (BGH FamRZ 1999, 778, 780), allerdings kann das Gericht von dem Erörterungstermin absehen. Ob im Fall des nach Trennung, aber vor Rechtshängigkeit des Scheidungsantrags geborenen Kindes § 1599 Abs 2 BGB analog anwendbar ist, ist umstritten (AG Hannover FamRZ 2001, 245). Das **Abstammungsklärungsverfahren** selbst ist nicht auf eine Beweisaufnahme gerichtet. Allerdings kann sie in Ausnahmefällen für die Entscheidung über die Aussetzung des Verfahrens gemäß **§ 1598a Abs 3 BGB** wegen der Beeinträchtigung des Kindeswohls erforderlich sein. Dabei bedarf es einer Abwägung, ob das Wohl des minderjährigen Kindes durch eine Beweisaufnahme über die Folgen der (außergerichtlichen) Abstammungsklärung nicht in stärkerem Maße beeinträchtigt wird als durch ein später festzustellendes Ergebnis (*Wellenhofer* NJW 2008, 1185, 1187 f).

DNA-Untersuchungen stellen gegenüber jedem anderen Beweismittel die zuverlässigste Erkenntnismöglichkeit zur Bestimmung der Abstammung dar. Aus diesem Grund hält der BGH in ständiger Rspr die Einholung eines naturwissenschaftlichen Abstammungsgutachtens für erforderlich (BGH FamRZ 1997, 490, 492). Ist die Vaterschaft danach nicht ausgeschlossen, wird jedenfalls bei einer Wahrscheinlichkeit von 99,9 % von der erwiesenen Vaterschaft ausgegangen. Dies schließt eine ergänzende Beweisaufnahme durch ein serologisches Gutachten nicht aus, insbesondere wenn es zur weiteren Aufklärung erheblicher Umstände geeignet ist und Indizien gegen die Vaterschaft sprechen (BGH FamRZ 2006, 1745, 1746; FA-FamR/*Pieper* Kap 3 Rn 218 ff). Wird von einem Beteiligten geltend gemacht, die Mutter habe weitere intime Beziehungen gehabt, ist auch dieser Behauptung durch Anhörung der Beteiligten und Zeugenvernehmung nachzugehen (BGH FamRZ 1988, 1037, 1038 [bei 99,9996 %]; OLG Karlsruhe NJWE-FER 1999, 252 zur pauschalen Behauptung der Prostitution bei 99,91 %). Allerdings muss das Gericht nicht alle denkbaren Beweismöglichkeiten ausschöpfen, wenn etwa aufgrund einer DNA-Analyse eine sehr hohe Vaterschaftswahrscheinlichkeit von mehr als 99,9999 % berechnet ist und keine gegen die Vaterschaft sprechenden Umstände vorliegen (BGH FamRZ 1994, 506, 507; OLG Hamm FamRZ 1993, 472). Zweifel an den Feststellungen des Sachverständigen hat das Gericht nachzugehen. Diese können sich aus den zugrunde gelegten Vergleichsdaten der Allelfrequenz der europäischen Bevölkerung ergeben, wenn in das Gutachten auch Personen aus der afrikanischen oder amerikanischen Bevölkerung einbezogen wurden (BGH FamRZ 2006, 1745, 1747; OLG Hamm FamRZ 2004, 897). Die biostatistische Berechnung kann dadurch beeinflusst werden, dass eine andere Person (BGH FamRZ 1990, 615), insbesondere ein naher Blutsver-

§ 177 FamFG | **Eingeschränkte Amtsermittlung; förmliche Beweisaufnahme**

wandter (zB Bruder oder Vater) des potentiellen biologischen Vaters mit der Kindesmutter in der gesetzlichen Empfängniszeit Geschlechtsverkehr hatte (BGH FamRZ 1982, 691; OLG Karlsruhe NJWE-FER 1999, 252). In Verfahren vor dem OLG Hamm (FamRZ 2009, 707 zur Vaterschaftsanfechtung) und dem OLG Celle (15 UF 51/06 zur Vaterschaftsfeststellung) konnte die Vaterschaft trotz genetischer Untersuchung von mehr als 1 000 nach neuesten wissenschaftlichen Erkenntnissen ausgesuchten Genloci nicht bestimmt werden, weil die Mutter des Kindes in der gesetzlichen Empfängniszeit zu monozygoten Zwillingsbrüdern eine intime Beziehung hatte, so dass eine gerichtliche Entscheidung auf der Grundlage der gesetzlichen Vaterschaftsvermutungen (§§ 1600c Abs 1, 1600d Abs 2 Satz 1 BGB) erging. Kann von dem potentiellen biologischen Vater genetisches Material nicht erlangt werden, können seine nahen Verwandten in das Gutachten einbezogen werden (sog Defizienzgutachten; Staudinger/*Rauscher* Vorbem § 1591 Rn 77 f). Eine Verfahrensaussetzung, wie sie § 640f ZPO aF bei der Untersuchung von Säuglingen und Kleinkindern ermöglicht hatte, ist bei den heutigen Erkenntnismethoden regelmäßig nicht erforderlich. Die vorgenannten Grundsätze gelten auch für das postmortale Abstammungsverfahren, weil Blutproben oder genetisches Material des Verstorbenen untersucht werden können.

9 Das Gericht hat alle Beweise zu erheben, die zur Klärung der Vaterschaft geeignet sind, ohne dass es gehalten ist, alle denkbaren Beweismöglichkeiten auszuschöpfen. Es muss aufgrund seiner Ermittlungen zu der vollen Überzeugung von der (Nicht-)Vaterschaft des Mannes gelangen und hierzu alle zur Verfügung stehenden und Aufklärung versprechenden Beweismittel nutzen (BGH FamRZ 1990, 615). Auch unter Geltung des Amtsermittlungsgrundsatzes findet die gerichtliche Verpflichtung zur Aufklärung des Sachverhalts durch eine weitere Beweisausnahme dort ihre Grenzen, wo sie in anderen Verfahren in entsprechender Anwendung des § 244 StPO abgelehnt werden kann. Dies ist namentlich dann der Fall, wenn das Beweismittel bedeutungslos, als solches ungeeignet oder unerreichbar ist (BGH FamRZ 1988, 1037, 1038). In mehreren Entscheidungen hat sich der BGH mit der Frage befasst, wann der Tatrichter von einer weiteren Beweisaufnahme absehen darf und dabei strenge Maßstäbe angelegt. Eine unerhebliche bzw **bedeutungslose Beweisaufnahme** ist vom Gericht nicht durchzuführen. Im Anfechtungsverfahren sind Mehrverkehrzeugen aufgrund des Verfahrensgegenstandes nicht in das Abstammungsgutachten einzubeziehen. Darauf beruhenden Kosten sind von den Verfahrensbeteiligten nicht zu tragen, weil sie auf einer unrichtigen Sachbehandlung beruhen (§ 20 FamGKG; OLG Celle OLGR 1995, 224). Ebenso wenig müssen Zeugen über die Modalitäten der Blutentnahme vernommen werden, wenn der Weg des Blutes bis zum Eintreffen beim Sachverständigen dadurch nicht aufgeklärt werden kann (BGH FamRZ 1993, 691, 693). Ein **ungeeigneter Beweis** muss ebenfalls nicht erhoben werden. Dass die Beweisaufnahme voraussichtlich erfolglos bleiben werde, darf nicht aufgrund einer Würdigung vorweggenommen werden (BGH FamRZ 1994, 506, 508), etwa für die Vernehmung eines Zeugen, weil von ihm keine zuverlässigen Angaben zu erwarten seien. Bestehen keine konkreten Anhaltspunkte für einen Geschlechtsverkehr in der gesetzlichen Empfängniszeit und erfolgt der Vortrag »ins Blaue hinein«, ist dem Zeugenbeweis nicht nachzugehen (OLG Brandenburg FamRZ 2000, 1581, 1582). Ein Zeuge ist nur dann **unerreichbar**, wenn das Gericht unter Beachtung seiner Aufklärungspflicht alle der Bedeutung des Zeugnisses entsprechenden Bemühungen zur Beibringung des Zeugen, ggf auch mit Zwangsmittel, vergeblich entfaltet hat und keine Aussicht besteht, das Beweismittel auf absehbare Zeit beizubringen (BGH FamRZ 2006, 1745, 1746). Da DNA-Analysen ausreichenden Beweis über die Abstammung erbringen, stellt sich die frühere Problematik, ob zusätzlich zu einem bereits erstatteten serologischen Gutachten eine DNA-Analyse durchzuführen ist (OLG Brandenburg FamRZ 2000, 1581, 1583), nicht mehr in diesem Umfang (Zöller/*Philippi* § 640 Rn 42). Ein Beweisangebot kann nicht mit der Begründung, das Gegenteil stehe für das Gericht aufgrund anderer Beweise bereits fest, abgelehnt werden. Hiervon zu unterscheiden ist die zulässige Zurückweisung des

Antrags wegen Ungeeignetheit, wenn es um die Feststellung bestimmter Indizien geht. Dann kann das Gericht unter Berücksichtigung des bisherigen Beweisergebnisses darauf abstellen, ob eine weitere Aufklärung erheblicher Umstände zu erwarten ist, die als ernst zu nehmende Indizien gegen die Vaterschaft sprechen. Dies ist nicht der Fall, wenn allein eine Relativierung des bisherigen Beweisergebnisses angestrebt ist (BGH FamRZ 1994, 506, 508; Rz 8), ohne dass sonst Umstände dargetan sind, die zu einem Vaterschaftsausschluss führen können.

Kann der Beweis über die Vaterschaft durch Einholung eines Abstammungsgutachtens aufgrund des Verhaltens des potentiellen biologischen Vaters nicht eingeholt werden, kann die gerichtliche Entscheidung auf die **Grundsätze der Beweisvereitelung** gestützt werden. Hierfür müssen – nach der bisher nur in Feststellungsverfahren ergangenen Rspr – folgende Voraussetzungen vorliegen (Prütting/Helms/*Stößer* § 177 Rn 28): Der in Anspruch genommene Mann hatte – unstreitig oder nach dem bisherigen Beweisergebnis – während der Empfängniszeit allein (etwa auch weil andere in Betracht kommende Männer durch Gutachten ausgeschlossen sind) eine intime Beziehung mit der Mutter des Kindes, so dass keine schwerwiegenden Zweifel an seiner Vaterschaft bestehen. Er ist zu den bisher vom Sachverständigen zur Untersuchung angesetzten Terminen nicht erschienen. Seine Teilnahme an der Begutachtung konnte durch gerichtliche Zwangsmaßnahme (§ 178 Rz 9) – etwa bei einem Aufenthalt im Ausland – nicht herbeigeführt werden. Will das Gericht das Verfahren auf der Grundlage der bisherigen Beweisergebnisse und nach den Grundsätzen der Beweisvereitelung entscheiden, muss es den Beteiligten über die Folgen seiner Weigerung durch Hinweisbeschluss belehren und ihm eine Frist nach §§ 30 Abs 1 FamFG, 356 ZPO setzen, innerhalb derer er zur Untersuchung zu erscheinen hat. Verweigert der Beteiligte weiterhin die Untersuchung, so kann bei einer hinreichenden Grundlage für die Vaterschaft die Entscheidung nicht an seinem unberechtigten Verhalten scheitern. Daher kann der Mann sich nach Treu und Glauben nicht darauf berufen, das Gericht habe von einer weiteren Beweiserhebung abgesehen (BGH FamRZ 1986, 663, 664 f; 1993, 691, 693 f). Die Feststellung der Vaterschaft beruht dann nicht auf einer Beweislastregel, sondern knüpft an die unberechtigte Weigerung zur Mitwirkung an einer weiteren Untersuchung an, wonach sich keine schwerwiegenden Zweifel an der Vaterschaft ergeben. Nach Belehrung und Fristsetzung in erster Instanz müssen diese im Beschwerdeverfahren nicht wiederholt werden (BGH FamRZ 1993, 691, 693 f).Vor einer hierauf gestützten Entscheidung sind jedoch andere nahe Verwandte des potentiellen biologische Vaters in das Gutachten einzubeziehen. Eine Entscheidung nach Beweislastgrundsätzen bzw nach der gesetzlichen Vermutung des § 1600d Abs 2 BGB ist indes nicht möglich, wenn die Mutter des Kindes eine intime Beziehung mit zwei Männern in der Empfängniszeit einräumt, sich jedoch der im Ausland wohnende Mann weigert, an einer Blutentnahme mitzuwirken, und der andere, sich ebenfalls im Ausland aufhaltende Mann vom Gericht nicht ermittelt werden kann (OLG Karlsruhe FamRZ 2001, 931; Prütting/Helms/*Stößer* § 177 Rn 28).

Im **postmortalen Abstammungsverfahren** kann die Beweisaufnahme dadurch erschwert werden, dass genetische Material des Verstorbenen nicht zur Verfügung steht und weitere Personen nicht oder nicht Erfolg versprechend in ein Defizienzgutachten einbezogen werden können. Im Abstammungsverfahren ist dann ggf die Zulässigkeit einer **Exhumierung** des Verstorbenen zur Entnahme von Gewebeproben oder Knochenmaterial für eine DNA-Untersuchung zu klären. Das Recht des Kindes auf Kenntnis der Abstammung hat gegenüber der Achtung der Totenruhe Vorrang. Im Rahmen einer Abwägung muss der Antragsteller sein Interesse an der verwandtschaftlichen Beziehung zum Verstorbenen nachhaltig unter Beweis stellen, während den Angehörigen des Verstorbenen keine beachtlichen Gründe für eine Verweigerung der Exhumierung und Probeentnahme zur Seite stehen dürfen (EUGHMR FamRZ 2006, 1354). Die Berechtigten der sog. Totenfürsorge haben den Eingriff durch eine Exhumierung grundsätzlich zu dulden (OLG München FamRZ 2001, 126, 127; OLG Naumburg FPR 2002, 570). Vor ei-

§ 177 FamFG | Eingeschränkte Amtsermittlung; förmliche Beweisaufnahme

nem solchen Eingriff sind die Möglichkeiten der Einbeziehung weiterer Verwandter in das Abstammungsgutachten zu prüfen (OLG Köln FamRZ 2001, 930 f; OLG Naumburg FamRZ 2001, 168). Die Beweisaufnahme muss in einem zulässigen Verfahren erforderlich sein, in deren Rahmen die Beteiligten nach § 178 eine Untersuchung dulden müssen. Hieran fehlt es, wenn durch die Exhumierung erst das für ein Wiederaufnahmeverfahren nach § 185 Abs 1 erforderliche neue Gutachten erstellt werden soll (OLG Celle FamRZ 2000, 1510, 1512).

III. Einschränkung der Amtsermittlung

12 Die vorgenannten Anforderungen an die gerichtliche Sachverhaltsaufklärung sind allein im Verfahren auf Anfechtung der Vaterschaft eingeschränkt (OLG Brandenburg FamRZ 2004, 471, 472). Weil ein öffentliches Interesse an der Auflösung der rechtlichen Vaterschaft nicht besteht, sind Tatsachen, die die Beteiligten nicht vorgebracht haben, nur zu berücksichtigen, wenn sie dem Erhalt der Vaterschaft dienen oder der Antragsteller der Berücksichtigung nicht widerspricht (BGH FamRZ 1979, 1007, 1009). *Engelhardt* (Keidel/ *Engelhardt* § 177 Rn 3) kritisiert, dass durch die alternative Formulierung (»oder«) der bisherige (§ 640d ZPO aF) Bezug beider Voraussetzungen zueinander nicht zum Ausdruck komme. Allerdings konnten nach der Rspr des BGH (FamRZ 1990, 507, 508) für das Anfechtungsrecht günstige Tatsachen gegen den Widerspruch des Anfechtenden nicht berücksichtigt werden. Daher ist die (alternative) Unterscheidung in vaterschaftserhaltende Umstände, die von Amts wegen in die Entscheidung einbezogen werden können, und anfechtungsgünstigen Tatsachen, die nicht gegen den Widerspruch des Anfechtenden zugrunde gelegt werden dürfen, gerechtfertigt. Wie der verfahrenseinleitende Antrag steht die Berücksichtigung anfechtungsbegründender Tatsachen zur Disposition des Antragstellers. Die Wahrung der Anfechtungsfristen nach § 1600b Abs 1 und 1a BGB ist indes von Amts wegen zu beachten (Prütting/Helms/*Stößer* § 177 Rn 5). Die Begrenzung des § 177 Abs 1 bezieht sich nur auf Tatsachen und bindet das Gericht für die Beweiserhebung nicht. Ein **Widerspruch** iSd Vorschrift liegt vor, wenn der Antragsteller Tatsachen behauptet, die mit den vom Gericht oder anderen Beteiligten eingeführten Tatsachen unvereinbar sind. Im Allgemeinen wird man davon ausgehen können, dass der Antragsteller sein Begehren auf alle ihm günstigen Tatsachen stützen will, so dass sein Widerspruch ausdrücklich erklärt oder anderweitig erkennbar sein muss (MüKo-ZPO/*Coester-Waltjen* § 640d Rn 2). Weniger strenge Anforderungen stellt der BGH (FamRZ 1990, 507, 508), wenn das Gericht für den Anfechtungsantrag günstige Tatsachen nicht berücksichtigen darf, soweit sie zu dem in sich eindeutigen und widerspruchsfreien Tatsachenvortrag des Antragstellers in Widerspruch stehen.

C. Beweisaufnahme

13 § 177 Abs 2 regelt die Voraussetzungen der Beweisaufnahme in den Verfahren des § 169 Nr 1 und 4 und ermöglicht unter bestimmten Bedingungen die Verwertung eines außergerichtlich eingeholten Gutachtens über die Abstammung. Nur in seltenen Fällen wird eine Sicherung der Beweisaufnahme im Wege der einstweiligen Anordnung nach § 49 in Betracht kommen (*Schuschke* FS Schneider S 179 ff; OLG Köln FamRZ 1995, 369; § 49 Rz 40 f).

I. Förmliche Beweisaufnahme

14 Das Gericht kann gemäß §§ 29, 30 nach pflichtgemäßen Ermessen entscheiden, ob es die entscheidungserheblichen Tatsachen im Wege des Freibeweises oder durch eine förmliche Beweisaufnahme feststellen will. Für die Verfahren auf nach **§ 169 Nr 1 und 4** regelt § 177 Abs 2 Satz 1, dass allein eine förmliche Beweisaufnahme zulässig und der Freibeweis ausgeschlossen ist (§ 30 Rz 9). Wegen der Bedeutung des Statusverfahrens für

die Beteiligten, des mit einem Abstammungsgutachten verbundenen Grundrechtseingriffs (BTDrs 16/6308 S 189) und des öffentlichen Interesse an der Richtigkeit der Entscheidung ist die Begrenzung auf den Strengbeweis gerechtfertigt (BTDrs 16/6308 S 245). Wie bisher sind für die Voraussetzungen der Beweisaufnahme die Vorschriften der ZPO maßgeblich (§ 30 Rz 20 ff). Für die Anordnung der Beweisaufnahme ist der Erlass eines **Beweisbeschlusses** iSv §§ 358 ff ZPO erforderlich, der den Beteiligten bekannt zu machen ist. In diesem müssen die Art des Sachverständigengutachtens sowie die einzubeziehenden Personen konkret bezeichnet werden (OLG Celle OLGR 1995, 224), anderenfalls kann die Mitwirkung an der Untersuchung verweigert werden. Der Beweisbeschluss selbst ist **unanfechtbar**, weil es sich um eine verfahrensleitende Zwischenentscheidung handelt (BGH FamRZ 2007, 529; 1728). Für die Durchführung der Beweisaufnahme gilt der Unmittelbarkeitsgrundsatz des § 355, von dem Abs 2 Satz 2 bei Einverständnis der Beteiligten eine Ausnahme zulässt. Für das Abstammungsverfahren sind die Regelungen über den **Zeugenbeweis** (§§ 373 ff ZPO) sowie den Beweis durch **Sachverständige** (§§ 402 ff ZPO) von besonderer Bedeutung (§ 30 Rz 41 ff). Denkbar ist auch der Urkundenbeweis, etwa für die rechtliche Vaterschaft oder für den Todeszeitpunkt im postmortalen Abstammungsverfahren. Ein Bedürfnis für eine (zu beeidende) Vernehmung von Beteiligten nach den §§ 445 ff ZPO wird gegenüber der Anhörung der Beteiligten im Rahmen des Erörterungstermins nach § 175 Abs 1 kaum bestehen. Das Ergebnis der Beweisaufnahme hat das Gericht nach freier Überzeugung zu würdigen. Gerade im Bereich der Vaterschaftsfeststellung, der eine statistische Wahrscheinlichkeitsberechnung zugrunde liegt, bedarf es keiner absoluten Gewissheit; ausreichend und erforderlich ist die volle Überzeugung von der Richtigkeit der vom Gericht ermittelten Tatsachen. Für das Beschwerdeverfahren findet § 398 ZPO mit der Folge Anwendung, dass bei einer vom erstinstanzlichen Gericht abweichenden Würdigung der Glaubwürdigkeit eines Zeugen, dieser erneut zu vernehmen ist.

Für die Erstellung eines Sachverständigengutachtens in Abstammungsverfahren hat **15** der Wissenschaftliche Beirat der Bundesärztekammer in Zusammenarbeit mit dem Robert-Koch-Institut »**Richtlinien** für die Erstattung von Abstammungsgutachten« (FamRZ 2002, 1159 ff; *Mutschler* FamRZ 1995, 841; *Orgis* FamRZ 2001, 1157) erstellt. Im Gutachtenauftrag und dem Abstammungsgutachten müssen die zu untersuchenden Personen mit vollständigem Namen und Geburtsdatum bezeichnet sein. Sie haben sich bei der Untersuchung bzw Probeentnahme durch gültige amtliche Ausweise mit Lichtbild zu legitimieren (Ziff 2.2 der Richtlinien). Die zu dokumentierende Identitätsprüfung soll durch ein angefügtes Lichtbild und/oder einen Fingerabdruck ergänzt werden. Die Möglichkeit eines falschen Gutachtenergebnisses kann in Ausnahmefällen auf einer anderen Untersuchungsperson oder auf vertauschte Proben im Labor zurück zuführen sein. Für die Analyse des genetischen Materials sind bestimmte Systemkategorien nach Ziff 2.4.1 hinreichend evaluiert. In der Regel soll eine Blutprobe oder in begründeten Ausnahmefällen ein Mundschleimhautabstrich entnommen werden (Ziff 2.3.1). Von einem Ausschluss der Abstammung kann ausgegangen werden (Ziff 2.6.1.), wenn nach der Untersuchung von mindestens zwölf voneinander unabhängigen Loci auf mindestens zehn verschiedenen Chromosomen (Ziff 2.4.2.1.) drei oder mehr Ausschlusskonstellationen auf verschiedenen Chromosomen gegeben sind. Die Wahrscheinlichkeit von 99,9 % entspricht dem Prädikat »Vaterschaft praktisch erwiesen« (Ziff 2.6.2.). Darüber hinaus bestehen zur Zeit keine gesetzlichen Anforderungen an Abstammungsgutachten. **§ 1598a Abs 1 S 2 BGB** schreibt für das Klärungsverfahren allein vor, dass die Probe nach den anerkannten Grundsätzen der Wissenschaft entnommen werden muss. Die Gesetzesbegründung nimmt insoweit auf die vorgenannten Richtlinien Bezug (BTDrs 16/6561 S 13). Der Entwurf eines Gesetzes über genetische Untersuchungen bei Menschen (**Gendiagnostikgesetz** GenDG; BTDrs 16/10532; auch BTDrs 16/3233) sieht in § 5 GenDG Regelungen für die Qualitätssicherung genetischer Analysen sowie in § 23 GenDG die Einrichtung einer interdisziplinär zusammengesetzten, unabhängigen Gendiagnostik-Kommission vor, die insbesondere Richtlinien für die Anforderungen an die Durchführung genetischer Analysen erstellen soll (§ 23 Abs 2 Nr 4 GenDG).

II. Verwertung eines außergerichtlichen Gutachtens

16 Von dem **Unmittelbarkeitsgrundsatz** des § 355 Abs 1 Satz 1 ZPO macht § 177 Abs 2 Satz 2 für Abstammungsverfahren eine Ausnahme, die über die Regelung des § 411a ZPO hinausgeht, so dass unter bestimmten Voraussetzungen ein einverständlich außergerichtlich eingeholtes privates Abstammungsgutachten der gerichtlichen Entscheidung zugrunde gelegt werden kann. Ein solches Gutachten ist grundsätzlich als substantiiertes Beteiligtenvorbringen im Verfahren verwertbar. Aufgrund des Amtsermittlungsgrundsatzes müsste das Gericht sowohl im Vaterschaftsfeststellungs- wie auch im -anfechtungsverfahren ein gerichtliches Abstammungsgutachten einholen (Rz 8). Liegt beiden Gutachten das genetische Material der Verfahrensbeteiligten zugrunde, werden identische Fragen beantwortet. Aus diesem Grund ist es sachgerecht, unter den weiteren Voraussetzungen von einer förmlichen Beweisaufnahme ausnahmsweise absehen zu können, zumal die Verfahrensweise der Prozessökonomie dient (BTDrs 16/6308 S 245) und den Beteiligten bzw der Landeskasse nicht unerhebliche Kosten erspart. Die Vorschrift, die vorrangig nach einem Abstammungsklärungsverfahren und einem sich hieran anschließenden Anfechtungsverfahren praktische Bedeutung erlangen wird, ist hierauf nicht begrenzt, sondern findet auf Anfechtungsverfahren des potentiellen biologischen Vaters oder der zuständigen Behörde sowie auf das Vaterschaftsfeststellungsverfahren **Anwendung**.

17 Ein Verfahrensbeteiligter, nicht notwendig der Antragsteller, muss bereits ein privates Gutachten über die Abstammung – ein solches über die Zeugungsunfähigkeit ist nicht ausreichend – in Auftrag gegeben haben, dessen Verwertung nun begehrt wird. Während der Anspruch nach § 1598a Abs 1 BGB auf die Einwilligung, dh vorherige Zustimmung (§ 183 Satz 1 BGB) in eine genetische Untersuchung gerichtet ist, genügt für die Verwertbarkeit nach Abs 2 Satz 2 die Zustimmung, dh auch die Genehmigung als nachträgliche Zustimmung (§ 184 Abs 1 BGB). Zwar heißt es in der Gesetzesbegründung (BTDrs 16/6308 S 245) (untechnisch) »Einverständnis der Beteiligten«. Deren Rechtspositionen wird durch eine nachträgliche Zustimmung nicht beeinträchtigt, weil die Verwertung allein von ihrer Entscheidung abhängt. Mit seinem Antrag auf Verwertung des Gutachtens hat der Beteiligte die Zustimmungserklärungen darzulegen. Ein heimlicher Vaterschaftstest kann schon aus diesem Grund keine Grundlage der gerichtlichen Entscheidung bilden. Um ein nicht verwertbares, weil rechtswidrig eingeholtes Gutachten handelt es sich bei nachträglich erklärter Zustimmung, die in der freien Entscheidung der Beteiligten steht, nicht mehr (aA wohl Musielak/*Borth* § 640 Rn 10 aufgrund eines absoluten Verwertungsverbots; Prütting/Helms/*Stößer* § 177 Rn 10). Die Verwertung eines für einen Beteiligten erstatteten privaten Gutachtens ist verfahrensrechtlich nur dann gerechtfertigt, wenn die strengen Anforderungen an dessen Richtigkeit gewährleistet sind. Daher knüpft Satz 2 die Verwertung an die **Zustimmung** aller Verfahrensbeteiligten und setzt deren Kenntnis von diesem Gutachten voraus. Die Zustimmung jedes Beteiligten ist ein Indiz, dass diese in das außergerichtlich erstattete Gutachten einbezogen waren, eine ordnungsgemäße Untersuchung erfolgte und sie Kenntnis von dessen Ergebnis haben. Hat der Beteiligte die Zustimmung der anderen nicht belegt, hat das Gericht sie zu einer Erklärung über die Verwertung aufzufordern. Die Zustimmung zur Verwertung im Verfahren muss **ausdrücklich** erfolgen. Im Hinblick auf den Verfahrensgegenstand gilt das Schweigen eines Beteiligten als deren Verweigerung (§ 177 Abs 2 Satz 2 BGB). Jeder Beteiligte kann der Verwertung ohne Begründung widersprechen.

18 Liegen die Zustimmungen aller Verfahrensbeteiligten vor, ist das Gericht nicht zur Verwertung des privaten Gutachtens verpflichtet. Als Element der Entscheidungsfin-

dung muss das Gericht von der Richtigkeit und Vollständigkeit der im Gutachten getroffenen Feststellungen überzeugt sein, denn nur in diesem Fall ist ein gerichtliches Gutachten entbehrlich. Haben die Beteiligten ihre Zustimmungen erklärt, hat das Gericht hat das privat eingeholte Gutachten darauf hin zu prüfen, ob die für die Erstattung von Abstammungsgutachten maßgeblichen Anforderungen erfüllt sind (Rz 15). Die Identitätsfeststellung der untersuchten Personen und Verfahrensbeteiligten ist von besonderer Wichtigkeit und nach Maßgabe der vorgenannten Richtlinien (Ziff 2.2) sorgfältig zu überprüfen. Darüber hinaus müssen die Probeentnahme und deren Untersuchung den fachlichen Standards (Ziff 2.3 und 2.4 der Richtlinien) entsprechen und dokumentiert sein (Ziff 2.5 der Richtlinien). Schließlich sind die Untersuchungsergebnisse zum Ausschluss wie zu einer evtl Feststellung der Vaterschaft einschließlich der biostatistischen Berechnung im privaten Gutachten darzustellen (Ziff 2.6 der Richtlinien). Verbleiben Zweifel, wird einem gerichtlichen Gutachten der Vorrang zu geben sein. Seine evtl abweichende Auffassung hat das Gericht den Beteiligten in einem unanfechtbaren (Hinweis- oder Beweis-)Beschluss darzulegen.

§ 178 Untersuchungen zur Feststellung der Abstammung

(1) Soweit es zur Feststellung der Abstammung erforderlich ist, hat jede Person Untersuchungen, insbesondere die Entnahme von Blutproben, zu dulden, es sei denn, dass ihr die Untersuchung nicht zugemutet werden kann.

(2) Die §§ 386 bis 390 der Zivilprozessordnung gelten entsprechend. Bei wiederholter unberechtigter Verweigerung der Untersuchung kann auch unmittelbarer Zwang angewendet, insbesondere die zwangsweise Vorführung zur Untersuchung angeordnet werden.

A. Allgemeines

1 Die Vorschrift entspricht – von sprachlichen Änderungen abgesehen – der Regelung des § 372a ZPO und statuiert die Verpflichtung der Verfahrensbeteiligten sowie jeder anderen Person an Untersuchungen in Abstammungsverfahren mitzuwirken und körperliche Eingriffe nebst der erforderlichen (genetischen) Analyse zu dulden. Die Regelung ist allein auf Verfahren anwendbar, in denen die Abstammung positiv oder negativ festzustellen ist. Auch wenn es an einer solchen (rechtskraftfähigen) Feststellung in Verfahren außerhalb des § 169 fehlt, kann die Klärung der Abstammung in anderen Verfahren (etwa bei Erbauseinandersetzungen) gleichwohl erforderlich sein. Allerdings findet § 178 in Unterhaltsverfahren keine Anwendung (aA Keidel/*Engelhardt* § 178 Rn 2), denn zum einen könnte die Vaterschaft nur ausnahmsweise inzident als Vorfrage geklärt werden (§ 169 Rz 22 f) und zum anderen wird für diese Familienstreitsachen über § 113 Abs 1 auf die Regelung in § 372a ZPO verwiesen. Im Abstammungsklärungsverfahrens nach § 169 Nr 2 und 3 ist dies nicht Verfahrensgegenstand. Über die Verfahren nach § 169 Nr 1 und 4 hinaus greift § 178 nicht nur ein, wenn die Vaterschaft mit Rechtskraftwirkung (§ 184 Abs 2) festgestellt wird, sondern auch dann, wenn sie als Vorfrage ausnahmsweise in einem anderen Verfahren inzident zu klären ist (§ 169 Rz 21 ff). Die Vorschrift ist auch auf Ersuchen eines ausländischen Gerichts, im Wege der Rechtshilfe eine Blutentnahme durchzuführen, anwendbar (OLG Frankfurt NJW-RR 1988, 714). Gegenüber der Regelung des § 372a Abs 1 ZPO ist die Vorschrift sprachlich gestrafft, als ua die anerkannten Grundsätze der Wissenschaft entfallen sind (BTDrs 16/6308 S 246). Der mit der Untersuchung verbundene Eingriff in das Recht auf informationelle Selbstbestimmung ist verfassungsgemäß (BVerfG FamRZ 2007, 441, 444; 1956, 215; OLG Düsseldorf FamRZ 2008, 630, 632; krit und rechtsvergleichend *Frank* FamRZ 1995, 975).

B. Voraussetzungen

2 Die Erstellung eines Abstammungsgutachtens ist mit einem (geringfügigen) Eingriff in die körperliche Integrität einerseits und mit einem Eingriff in das Recht auf informationelle Selbstbestimmung der zu untersuchenden Person (BGH FamRZ 2006, 686, 688) andererseits verbunden. Diese Eingriffe sind nur gerechtfertigt, wenn sie zur Entscheidung im Abstammungsverfahren erforderlich sind. Daher setzt eine Beweisanordnung nach § 178 Abs 1 voraus, dass die Feststellung der Abstammung entscheidungserheblich und beweisbedürftig ist. Ist der Antrag in der Abstammungssache unzulässig oder unschlüssig ist dies nicht der Fall (BGH FamRZ 2006, 686, 688). Um in einem solchen Fall einen nicht gerechtfertigten Eingriff in Grundrechte abwehren zu können, steht der Untersuchungsperson das Weigerungsrecht nach den §§ 386–389 ZPO zu, das auch mit dem Fehlen der Erforderlichkeit der Abstammungsfeststellung begründet und im Rahmen eines Zwischenstreits nach § 387 ZPO geltend gemacht werden kann. In seinem Beweisbeschluss ordnet das Gericht an, welche Personen in das Abstammungsgutachten einzubeziehen sind (OLG Celle OLGR 1995, 224). Da der Beweisbeschluss selbst unanfechtbar ist, können die Erforderlichkeit, Geeignetheit sowie Zumutbarkeit der Untersuchung nur im Rechtsschutzverfahren nach Abs 2 überprüft werden.

I. Die **Erforderlichkeit** des medizinisch/naturwissenschaftlichen Gutachtens folgt aus 3 der Beweiserheblichkeit der Abstammungsklärung und den Unsicherheiten der weiteren Beweismittel. Allerdings kann die konkrete Untersuchung oder Einbeziehung bestimmter Personen nicht erforderlich sein. Das BVerfG (FamRZ 2008, 1507 f) hat den Vollzug eines Zwischenurteils, mit dem die Weigerung zur Mitwirkung am Gutachten für unbegründet erklärt wurde, außer Vollzug gesetzt, weil der Mann den Ablauf der Anfechtungsfrist, fehlende Anhaltspunkte für eine andere Vaterschaft und eine unzulässige Ausforschung geltend gemacht hatte. Die Einbeziehung des potentiellen biologischen Vaters in ein Gutachten im Anfechtungsverfahren des rechtlichen Vaters ist nicht erforderlich, solange die Beteiligten nach § 172 Nr 1 bis 3 für eine Probeentnahme zur Verfügung stehen, weil die Klärung der wahren Abstammung nicht Gegenstand des Anfechtungsverfahrens ist (BGH FamRZ 1994, 694, 695; OLG Düsseldorf FamRZ 2008, 630 [zur fehlenden anderweitigen Vaterschaft]). Andererseits kann der Ehemann der Mutter des Kindes zur Duldung einer (erneuten) Untersuchung in einem späteren Feststellungsverfahren verpflichtet sein, weil die gerichtliche Feststellung zur biologischen Abstammung nicht in Rechtskraft erwächst (§ 184 Rz 4; BGH FamRZ 2007, 1731, 1733). Die Untersuchung einer Person ist nicht erforderlich, wenn – ggf nach Durchführung einer Zeugenvernehmung – keinerlei Anhaltspunkte für eine intime Beziehung in der Empfängniszeit bestehen (KG FamRZ 1987, 294) oder der Geschlechtsverkehr erwiesenermaßen erst nach Feststellung der Schwangerschaft erfolgt ist. Stehen der potentielle biologische Vater oder Scheinvater bzw die Mutter des Kindes für eine Untersuchung nicht zur Verfügung, kann die Einbeziehung ihrer nahen Verwandten (Eltern, Geschwister usw) für die Erstellung eines sog **Defizienzgutachtens** gerechtfertigt sein (OLG Dresden FamRZ 1999, 448), bevor eine Entscheidung des Verfahrens nach den Grundsätzen der Beweisvereitelung (§ 177 Rz 10) zu erwägen ist. Die Einbeziehung naher Verwandter ist – auch im postmortalen Verfahren – nicht erforderlich, wenn eine Exhumierung des Verstorbenen in Betracht kommt (OLG Nürnberg FamRZ 2005, 728). Ebenso ist im postmortalen Vaterschaftsanfechtungsverfahren die Untersuchung von Proben des potentiellen biologischen Vaters oder dessen Abkömmlinge nicht notwendig (OLG Hamm FamRZ 2005, 1192). Vor diesem Hintergrund kommt dem einem Abstammungsgutachten vorgeschalteten Erörterungstermin (§ 175 Abs 1) große Bedeutung zu, um die Sachaufklärung insoweit nicht in den Zwischenstreit zu verlagern.

II. Die Untersuchung muss **geeignet** sein, die Abstammung feststellen zu können, 4 und daher den anerkannten wissenschaftlichen Methoden entsprechen. Die DNA-Analyse ist eine verlässliche und allgemein anerkannte Abstammungsuntersuchung. Die früher verwandten Methoden des Blutgruppengutachtens, des erbbiologischen Gutachtens sowie des Tragezeitguachtens (FA-FamR/*Pieper* Kap 3 Rn 179 ff; MüKo/*Seidel* § 1600d Rn 59 ff) haben praktisch eine nur noch untergeordnete Bedeutung. Im Rahmen der DNA-Analyse werden lediglich Informationen des nicht-codierten Erbguts untersucht, so dass Erkenntnisse über Krankheiten usw nicht möglich sind (*Grün* Rn 315; Staudinger/*Rauscher* Vorbem § 1591 Rn 163 f).

III. Schließlich muss die angeordnete Untersuchung in der Durchführung und deren 5 Folgen für die Person **zumutbar** sein. Da eine ausreichende Menge genetischen Materials für eine DNA-Analyse über einen Mundschleimhautabstrich zu erhalten sind, sind gesundheitliche Schäden für die Person nicht zu befürchten. Selbst bei einem mit einer Blutprobe verbundenen körperlichen Eingriff ist hiermit nicht zu rechnen. Allein das psychische Unbehagen der Untersuchungsperson stellt keinen Verweigerungsgrund dar. Eine Aussetzung des Verfahrens, wie sie in § 640f ZPO aF vorgesehen war und nach § 21 Abs 1 weiterhin möglich ist, bedarf es idR nicht. Die Exhumierung (§ 177 Rz 11) für eine DNA-Analyse ist den Angehörigen idR zumutbar (OLG München FamRZ 2001, 126, 127). Das Risiko der Strafverfolgung (Keidel/*Engelhardt* § 178 Rn 14) wegen einer unrichtigen Zeugenaussage und selbst aufgrund eines durch das Gutachten aufgedeckten Inzests führt nicht zur Unzumutbarkeit (OLG Hamm FamRZ 1993, 76, 77; OLG

Karlsruhe FamRZ 1992, 334 [bei einer Vergewaltigung der Mutter]). Schließlich steht ein Zeugnisverweigerungsrecht (§§ 383–385 ZPO) der Einbeziehung in das Gutachten nicht entgegen (wohl auch Keidel/*Engelhardt* § 178 Rn 12).

C. Rechtsschutzmöglichkeiten

6   Der BGH hat in jüngster Zeit wiederholt auf die Rechtsschutzmöglichkeiten der Verfahrensbeteiligten wie auch anderer Personen durch die §§ 386–390 ZPO hingewiesen, die ein Korrektiv der weit reichenden Eingriffsnorm darstellen. Die Untersuchungspersonen haben die Möglichkeit, die Erforderlichkeit und Zumutbarkeit ihrer Einbeziehung sowie der Untersuchung in einem gerichtsförmigen Verfahren überprüfen zu lassen. Dadurch ist ausreichender und rechtzeitiger Rechtsschutz eröffnet, weil bis zum Abschluss des **Zwischenstreitverfahrens** die Anordnung von Zwangsmitteln ausgeschlossen ist (BGH FamRZ 2007, 1728, 1729). Daher rechtfertigt die Weigerung der Mutter für ihr minderjähriges Kind, an der Untersuchung mitzuwirken, keine sorgerechtlichen Maßnahmen (OLG Karlsruhe FamRZ 2007, 738).

I. Weigerungsrecht

7   Gegen einen unberechtigten Eingriff in seine Rechte kann sich die zu untersuchende Person nach Maßgabe der §§ 386–389 ZPO wenden. Im Zwischenstreitverfahren wird über die Rechtmäßigkeit der Weigerung nach Anhörung der Beteiligten entschieden (§ 387 ZPO). Die Testperson kann geltend machen, dass die Feststellung der Abstammung nicht erforderlich bzw entscheidungserheblich, nicht geeignet oder unzumutbar ist. Während bisher streitig war, in welchem Umfang die Beweisanordnung vom Beschwerdegericht im Zwischenstreit überprüft werden kann (BGH FamRZ 1993, 691), hat der BGH eine **umfassende Prüfung** auch bei einem unschlüssigen Vaterschaftsanfechtungsantrag zugelassen (BGH FamRZ 2006, 686, 688; 2007, 1728, 1729). Das am Verfahren beteiligte **minderjährige Kind** kann über das Weigerungsrecht nur selbst entscheiden, wenn es – vergleichbar einer ärztlichen Behandlung – die erforderliche Verstandesreife hat. Ob diese im Alter ab etwa 14 Jahren unterstellt werden kann (Prütting/Helms/*Stößer* § 178 Rn 14; OLG Thüringen FamRZ 2007, 1676 für 5-jähriges Kind verneint; OLG München FamRZ 1997, 1170 für 7-jähriges Kind verneint; OLG Karlsruhe FamRZ 1998, 563 für 15-jähriges Kind bejaht), ist vom Gericht unter Berücksichtigung der mit der Untersuchung verbundenen Folgen im Einzelfall festzustellen (Keidel/*Engelhardt* § 178 Rn 18 unter Hinweis auf § 81c Abs 3 Satz 2 StPO). Kann das Kind über sein Weigerungsrecht nicht selbst entscheiden, ist hierzu der gesetzliche Vertreter berufen, soweit dessen Vertretung nicht wegen eines erheblichen Interessengegensatzes ausgeschlossen ist (§ 1796 BGB), so dass ein Ergänzungspfleger zu bestellen ist. Die praktische Relevanz des Weigerungsrechts wird künftig durch das Abstammungsklärungsverfahren und die Regelung des § 177 Abs 2 Satz 2 an Bedeutung verlieren.

II. Zwischenstreitverfahren

8   Die Testperson muss nach § 386 Abs 1 ZPO unter Angabe seiner Gründe die Weigerung, an der Untersuchung teilzunehmen, im Untersuchungstermin oder zuvor gegenüber dem Gericht erklären. Allein der Umstand, dass die zu untersuchende Person nicht zu dem vom Sachverständigen anberaumten Termin erscheint, genügt weder für die Erklärung des Weigerungsrechts noch für die Anordnung von Zwangsmaßnahmen (OLG Brandenburg FamRZ 2001, 1010). Über die Rechtmäßigkeit der Weigerung ist durch das Gericht im Zwischenstreitverfahren, für das Verfahrenskostenhilfe bewilligt werden kann (OLG Hamburg FamRZ 2009, 1232), durch zu begründenden Beschluss nach Anhörung der Beteiligten zu entscheiden (§ 387 Abs 1 ZPO; nicht in der Endentscheidung OLG Brandenburg FamRZ 2007, 1755 f). Gegen diese Entscheidung ist die **sofortige Be-**

schwerde gemäß §§ 387 Abs 3, 567 ff ZPO eröffnet. Das Beschwerdegericht hat ggf die Rechtsbeschwerde zuzulassen (BGH FamRZ 2006, 686, 688; zur Verfassungsbeschwerde BVerfG FamRZ 2008, 1507). Bis zur rechtskräftigen Entscheidung über den Zwischenstreit ist die Person nicht verpflichtet, an der Untersuchung mitzuwirken (§ 386 Abs 3 ZPO). Die Kosten des Zwischenstreitverfahrens trägt bei unberechtigter Weigerung die Testperson. Da die Beweisaufnahme im Rahmen der Amtsermittlung des Gerichts erfolgt, handelt es sich bei den Auslagen der Testperson in dem für diese erfolgreichen Zwischenstreit um Kosten der Hauptsache (zur Kostentragung durch den Antragsteller OLG Celle OLGR 1997, 82).

Erst wenn über den Zwischenstreit rechtskräftig entschieden ist oder die Weigerung nicht erklärt wird, kann die Teilnahme der Testperson an dem gerichtliche angeordneten Untersuchungstermin (§ 377 Abs 2 ZPO) durch Anordnung der **Zwangsmittel** nach § 390 ZPO erzwungen werden. Allerdings kann die Person auch nachträglich ein Weigerungsrecht geltend machen oder sein Ausbleiben entschuldigen (§ 381 ZPO analog). Gegen die Anordnung von Zwangsmitteln ist ebenfalls die sofortige Beschwerde eröffnet (§ 87 Abs 4). Bei wiederholter unberechtigter Verweigerung der Untersuchung kann das Gericht die Anwendung unmittelbaren Zwangs, insbesondere die **zwangsweise Vorführung** der Person zur Untersuchung (LG Regensburg DGVZ 1980, 171) und Probeentnahme (§ 96a Rz 2) anordnen (**§ 178 Abs 2 Satz 2**). Für die zwangsweise Durchsetzung einer Duldungspflicht gegenüber einer sich im Ausland aufhaltenden Untersuchungsperson ist nach Art 13 Abs 1 EG-Bew-VO das Recht des ersuchten Staates maßgeblich (OLG Bremen FamRZ 2009, 802 m Anm *Knöfel* 1339, 1340, wonach eine dem § 178 Abs 1 vergleichbare Vorschrift nur in Dänemark, Norwegen, Österreich, Schweden, der Schweiz und Ungarn besteht). Kann diese – ggf auch mit polizeilicher Hilfe – nicht durchgesetzt werden, kommt eine Entscheidung nach den Grundsätzen zur Beweisvereitelung in Betracht (§ 177 Rz 10), sofern nicht vorrangig andere Verwandte einbezogen werden können.

§ 179 Mehrheit von Verfahren

(1) Abstammungssachen, die dasselbe Kind betreffen, können miteinander verbunden werden. Mit einem Verfahren auf Feststellung des Bestehens der Vaterschaft kann eine Unterhaltssache nach § 237 verbunden werden.

(2) Im Übrigen ist eine Verbindung von Abstammungssachen miteinander oder mit anderen Verfahren unzulässig.

A. Allgemeines

1   Die Vorschrift regelt in Anlehnung an den bisherigen § 640c ZPO aF die Verbindung mehrerer Abstammungssachen und einer solchen mit anderen Verfahren. Nach dem Grundsatz in Abs 1 Satz 1, der eine wesentliche Änderung zum bisherigen Recht darstellt, können nur Abstammungssachen iSv § 169, die dasselbe Kind betreffen, miteinander verbunden werden, wobei Satz 2 für eine auf den Mindestunterhalt (§ 1612a BGB) gerichtete Unterhaltssache des § 237 eine Ausnahme – wie § 653 ZPO aF – zulässt. Abs 2 regelt als zweiten Grundsatz, dass andere Abstammungssachen miteinander und andere Verfahren mit einer Abstammungssache nicht verbunden werden dürfen. Seine Rechtfertigung erfährt das Verbindungsverbot daraus, dass Verfahren mit unterschiedlichen Verfahrensgrundsätzen nicht gemeinsam behandelt und entschieden werden sollen, um zugleich Verfahrensverzögerungen zu vermeiden (BGH FamRZ 2007, 124, 2007, 368, 369).

B. Zulässige Verfahrensmehrheit

2   In einem Abstammungsverfahren können mehrere, auch widerstreitende, auf die Abstammung eines Kindes gerichtete Anträge gestellt und gemeinsam entschieden werden. Das **Rechtsschutzbedürfnis** muss für jeden von einem Beteiligten gestellten Antrag gesondert geprüft und bejaht werden (OLG Brandenburg FamRZ 2004, 471). Zulässig ist die Mehrheit von Verfahrensgegenstände nur dann, wenn sie auf **dasselbe Kind** gerichtet sind (bei Geschwistern Rz 6). Der **Antragsteller** kann seine Anträge im Verhältnis von **Haupt- und Hilfsantrag** stellen. Dies ist wegen der laufenden Anfechtungsfrist insbesondere dann sinnvoll, wenn er primär die Feststellung der Unwirksamkeit seiner Vaterschaftsanerkennung geltend macht und hilfsweise die Anfechtung der Vaterschaft begehrt. Zulässig sind mehrere **gleichrangige Hauptanträge** eines Beteiligten, etwa wenn das Kind als Antragsteller mehrere Männer als Vater in Anspruch nimmt (Musielak/Borth § 640c Rn 2). Seinen Antrag auf Anfechtung der Vaterschaft kann das Kind mit dem Antrag auf Feststellung der Vaterschaft eines anderen Mannes verbinden, auch wenn dieser erst nach Entscheidung über den Erstantrag zulässig wird.

3   Auch wenn das einseitige Abstammungsverfahren nicht von dem Gegeneinander von Antragsteller und Antragsgegner gekennzeichnet ist, können die **Beteiligten** ihrerseits auf die Abstammung gerichtete Anträge stellen. Auf den Anfechtungsantrag des Scheinvaters, dem das Kind nicht entgegen treten will, kann es mit einem Feststellungsantrag gegen einen anderen Mann reagieren. Trotz identischer Verfahrensgegenstände der Vaterschaftsanfechtung können auf den verfahrenseinleitenden Antrag des Scheinvaters sowohl das Kind als auch die Mutter ihrerseits wegen der ggf laufenden Anfechtungsfristen einen gleichlautenden Antrag stellen, um nicht bei Rücknahme oder Abweisung des Antrags eines anderen Verfahrensbeteiligten ihr Anfechtungsrecht durch Fristversäumung zu verlieren. Für diesen Antrag ist Verfahrenskostenhilfe zu bewilligen (OLG Celle FamRZ 1991, 978). Ein Anfechtungsantrag des rechtlichen Vater (§ 1600 Abs 1 Nr 1 BGB) schließt einen Antrag des potentiellen biologischen Vaters nach § 1600 Abs 1 Nr 2 BGB nicht aus (*Wieser* MDR 2009, 61). Insoweit handelt es sich um unterschiedliche Verfahren, für die jedoch aus den vorgenannten Gründen ebenfalls ein Rechtsschutzbedürfnis besteht.

Im Gegensatz zu § 640c Abs 1 Satz 2 ZPO aF sieht § 179 eine Regelung zu einer Wider- **4** klage nicht mehr vor. Dies schließt **widerstreitende Anträge** verschiedener Beteiligter im Abstammungsverfahren nicht aus, wenn sie dasselbe Kind betreffen und auf eine Abstammungssache iSd § 169 gerichtet sind. Beantragt der gemäß § 1592 Nr 2 rechtliche Vater die Feststellung, dass seine Anerkennung unwirksam ist, können die Mutter und/ oder das Kind ihrerseits im Verfahren den Antrag auf Feststellung der Vaterschaft stellen (OLG München DAVorm 1989, 632). Dem negativen Feststellungsantrag eines Mannes, nicht der Vater zu sein (§ 169 Rz 6), kann das Kind mit einem Vaterschaftsfeststellungsantrag entgegen treten, weil eine rechtliche Vaterschaft noch nicht besteht und Unterhaltsanträge nach §§ 248 oder 237 zulässig werden (Zöller/*Philippi* § 640c Rn 5). Für den widerstreitenden Antrag muss ein Rechtsschutzbedürfnis bestehen. Hieran fehlt es, wenn das Kind auf den Vaterschaftsanfechtungsantrag seinerseits mit einem Antrag auf Feststellung der Vaterschaft des Antragstellers reagiert. Ebenso wenig besteht dieses, wenn der auf Vaterschaftsfeststellung in Anspruch genommene Mann einen Antrag auf Feststellung der Unwirksamkeit einer erstinstanzlich erklärten Anerkennung stellt, weil dies inzindenter festzustellen ist (OLG Brandenburg FamRZ 2004, 471, 472). Für die Verbindung eines Vaterschaftsanfechtungsverfahrens mit einem Abstammungsklärungsverfahren (§ 1598a Abs 1 oder 2 BGB) wird regelmäßig kein Bedürfnis bestehen.

Nach den jeweiligen Anträgen bestimmt sich der Kreis der Verfahrensbeteiligten. Das **5** Gericht kann isoliert gestellte Anträge zu einem gemeinsamen Verfahren verbinden oder mehrere verbundene Anträge – nach entsprechendem gerichtlichen Hinweis (BGH FamRZ 2007, 124) – abtrennen, soweit es dies gemäß § 20 für sachdienlich hält. Bei Anträgen auf Vaterschaftsanfechtung und Vaterschaftsfeststellung – nicht jedoch nach § 1600 Abs 1 Nr 2 BGB – wird eine Trennung in Erwägung zu ziehen sein, weil über die Vaterschaft des potentiellen biologischen Vaters erst entschieden werden kann, wenn das Nichtbestehen der rechtlichen Vaterschaft festgestellt ist (AG Schwerin FamRZ 2005, 381). Im Fall der Abtrennung ist das Feststellungsverfahren für die Dauer des Anfechtungsverfahrens nach § 21 Abs 1 aus wichtigem Grund auszusetzen. Bei der Anfechtung durch den rechtlichen und den potentiellen biologischen Vater sprechen verfahrensrechtliche Gründe für eine Verbindung der Verfahren, weil die Feststellung des anfechtungsberechtigten biologischen Vaters zum Ausschluss des Scheinvaters führt. Eine Verpflichtung des Gerichts zur Verfahrensverbindung lässt sich aufgrund der unterschiedlichen Verfahrensziele aus Gründen der Rechtskrafterstreckung nicht herleiten (aA *Wieser* MDR 2009, 61).

C. Unzulässige Verfahrensmehrheit

Nach dem unter Rz 2 dargestellten Grundsatz, dass die Abstammungssache nur auf **6** dasselbe Kind bezogen sein darf, ist über die Abstammung von **Geschwistern** nicht in einem Verfahren, sondern in getrennten Verfahren zu entscheiden. Anträge auf Vaterschaftsanfechtung oder -feststellung bezüglich mehrerer Kinder sind unabhängig vom Antragsteller nicht in einem Verfahren zulässig (anders noch OLG Köln FamRZ 2005, 1765) und daher aVw – nach entsprechendem gerichtlichen Hinweis (BGH FamRZ 2007, 124) – abzutrennen.

Andere Verfahrensgegenstände (Ausnahme Rz 8) können mit einer Abstammungs- **7** sache nicht verbunden werden (Abs 2). Dies gilt für andere Familiensachen ebenso wie für andere Verfahrensgegenstände der Freiwilligen Gerichtsbarkeit und erst recht für Verfahren nach der ZPO – etwa auf Mitwirkung am Vaterschaftsgutachten (BGH FamRZ 2007, 124, 359). Auch Unterhaltssachen (§ 231) können grundsätzlich nicht mit einer Abstammungssache in einem Verfahren entschieden werden. Ein beziffter Unterhaltsanspruch des Kindes oder ein Unterhaltsantrag dessen nicht verheirateter Mutter (§ 1615l BGB) sind im Abstammungsverfahren unzulässig. Ebenso wenig kann mit dem Anfechtungsantrag ein Unterhaltsabänderungsantrag (§§ 238, 239), eine Vollstreckungs-

§ 179 FamFG | Mehrheit von Verfahren

abwehrklage (§ 767 ZPO) oder eine Bereicherungsklage (§ 812 BGB) verbunden werden. Diese Anträge sind abzutrennen (OLG Hamm FamRZ 1988, 1317, 1318) und die Unterhaltssache ist bis zur Entscheidung der Abstammungssache gemäß § 21 Abs 1 auszusetzen. Aufgrund der Abtrennungs- und Aussetzungsmöglichkeit sind die Anträge nicht durch Teilbeschluss als unzulässig abzuweisen (BGH FamRZ 1974, 249). Entsprechend ist zu verfahren, wenn mit dem Antrag auf Vaterschaftsfeststellung eine Unterhaltsstufenklage (§ 254 ZPO) verbunden ist (OLG Brandenburg FamRZ 1996, 369, 370). Das Verbindungsverbot gilt auch für den Fall, dass der rechtliche Vater auf Unterhalt in Anspruch genommen wird und nunmehr die biologische Vaterschaft bestreitet. Über sein Anfechtungsbegehren ist in einem Abstammungsverfahren vorab zu entscheiden und die Unterhaltssache auszusetzen (§ 21 Abs 1; § 169 Rz 2).

8 Eine gesetzlich zugelassene **Ausnahme des Verbindungsverbots** stellt das **Unterhaltsverfahren nach § 237** dar (**§ 179 Abs 1 Satz 2**). Bei Anhängigkeit eines Verfahrens auf Feststellung der Vaterschaft kann in einem selbständigen Hauptsacheverfahren ein Antrag auf Zahlung von Unterhalt für ein minderjähriges Kind in Höhe des Mindestunterhalts nach § 1612a BGB gestellt werden (§ 237 Abs 1 und 3). Die Gründe des Verbindungsverbots stehen dem nicht entgegen, weil aufgrund der Darlegungs- und Beweislast sowie der begrenzten Verteidigungsmöglichkeiten des potentiellen biologischen Vaters (§ 237 Rz 5) nicht mit einer Verfahrensverzögerung zu rechnen ist. Hat der in Anspruch genommene Mann die Vaterschaft gemäß § 180 oder außergerichtlich anerkannt, verbleibt es bei dem begrenzten Unterhaltsantrag nach § 237 (BGH FamRZ 1974, 249).

9 Die Verfahrenswerte verschiedener Abstammungssachen sind zu addieren (OLG Köln FamRZ 2005, 1765).

§ 180 Erklärungen zur Niederschrift des Gerichts

Die Anerkennung der Vaterschaft, die Zustimmung der Mutter sowie der Widerruf der Anerkennung können auch in einem Erörterungstermin zur Niederschrift des Gerichts erklärt werden. Das Gleiche gilt für die etwa erforderliche Zustimmung des Mannes, der im Zeitpunkt der Geburt mit der Mutter des Kindes verheiratet ist, des Kindes oder eines gesetzlichen Vertreters.

Die Vorschrift findet primär im Vaterfeststellungsverfahren (§ 1600d Abs 1 BGB) Anwendung und regelt die Beurkundung der Anerkennung der Vaterschaft. Eine außergerichtliche Anerkennung der Vaterschaft des nicht mit der Mutter verheirateten Mannes ist bei den zuständigen Stellen (Jugendamt [§ 59 Abs 1 Satz 1 Nr 1 SGB VIII], Notar [§ 20 Abs 1 Satz 1 BNotO], jedem Amtsgericht [§ 62 Abs 1 Nr 1 BeurkG] sowie beim Standesamt [§ 29a Abs 1 BeurkG]) möglich (*Zimmermann* FuR 2009, 21, 25). Während eines anhängigen Abstammungsverfahrens kann der Mann dies jederzeit nachholen oder aber im Erörterungstermin (§ 175 Abs 1) die Anerkennung der Vaterschaft zur Niederschrift des Gerichts erklären, denn in Abstammungssachen kann eine Statusentscheidung aufgrund eines verfahrensrechtlichen Anerkenntnisses (BGH FamRZ 1994, 694; OLG Brandenburg FamRZ 2005, 1843) oder der Säumnis eines Beteiligten nicht ergehen. 1

Die **Erklärung** über die Anerkennung der Vaterschaft iSv § 1594 Abs 1 BGB kann der Mann nur persönlich (§ 1596 Abs 3 und 4 BGB) und daher nicht durch seinen Rechtsanwalt als Bevollmächtigten im Verfahren erster oder zweiter Instanz abgeben. Nach § 1597 Abs 1 BGB müssen die Anerkennung und weiteren Erklärungen öffentlich beurkundet werden. Im Abstammungsverfahren ist die Erklärung des Mannes nach entsprechender Belehrung über die Bedeutung und Folgen der Anerkennung der Vaterschaft in dem nach Maßgabe des § 28 Abs 4 zu fertigenden Vermerk (Prütting/Helms/*Stößer* § 180 Rn 3) gerichtlich zu **protokollieren** (§ 160 Abs 3 Nr 3 ZPO), vorzulesen oder vorzuspielen und zu genehmigen (§ 162 Abs 1 ZPO; OLG Hamm FamRZ 1988, 101, 102; aA OLG Brandenburg FamRZ 2000, 548). Die ordnungsgemäße Protokollierung der Erklärung ersetzt die Form des § 1597 Abs 1 BGB. Werden die formalen Voraussetzungen nicht eingehalten, ist die Erklärung wegen Formmangels nichtig (§§ 125, 1598 Abs 1 BGB), sofern nicht die 5-Jahresfrist seit Eintragung in ein deutsches Personenstandsregister verstrichen ist (§ 1598 Abs 2 BGB). Dass die Anerkennung im Rahmen eines Unterhaltsvergleichs erklärt wird, ist unschädlich, wenn die Erklärung als solche den formalen Voraussetzungen genügt. Zur Wirksamkeit der Anerkennung sind die **Zustimmungen** nach §§ 1595, 1596 BGB erforderlich. Deren Protokollierung kann nach § 180 Satz 2 unter den vorgenannten Voraussetzungen ebenfalls im gerichtlichen Verfahren erfolgen wie auch der Widerruf der Anerkennung der Vaterschaft gemäß § 1597 Abs 3 BGB, wenn diese ein Jahr nach der Protokollierung nicht wirksam geworden ist. 2

In einem **Vaterschaftsanfechtungsverfahren** können im Erörterungstermin auch die Erklärungen gemäß **§ 1599 Abs 2 Satz 2 BGB** – Anerkennung der Vaterschaft eines Dritten und Zustimmung der Mutter und des rechtlichen Vaters – zur Niederschrift des Gerichts abgegeben werden, wenn nach Anhängigkeit des Scheidungsverfahrens das Kind geboren wurde. 3

Beglaubigte Abschriften des gerichtlichen Protokolls sind dem Standesamt und den Verfahrensbeteiligten nach § 1597 Abs 2 BGB zu übersenden. Hat der Mann die Anerkennung der Vaterschaft wirksam erklärt, kann der Antrag auf Feststellung der Vaterschaft in der Hauptsache übereinstimmend für erledigt erklärt werden (OLG Brandenburg FamRZ 2004, 471, 472), so dass allein über die Kosten des Verfahrens (§ 183 Rz 2, 3) oder ggf über einen verbundenen Antrag nach § 237 zu entscheiden ist (OLG Brandenburg FamRZ 2003, 617). Hat das Gericht irrtümlich durch einen »Anerkenntnisbeschluss« entschieden, ist dies zwar verfahrensfehlerhaft (§ 177 Rz 3). Gleichwohl ist der Beschluss wirksam und erwächst in materielle Rechtskraft (BGH FamRZ 1994, 694). 4

§ 180 FamFG | Erklärungen zur Niederschrift des Gerichts

Ein Wiederaufnahmeverfahren nach § 185 Abs 1 kann in diesem Fall auf ein späteres (neues) Gutachten gestützt werden. Darüber hinaus können Formmängel in der Niederschrift der Anerkennungs- oder Zustimmungserklärung mit einem Antrag auf Feststellung der Unwirksamkeit der Anerkennung gelten gemacht werden (OLG Hamm FamRZ 1988, 101, 102).

§ 181 Tod eines Beteiligten

Stirbt ein Beteiligter vor Rechtskraft der Endentscheidung, hat das Gericht die übrigen Beteiligten darauf hinzuweisen, dass das Verfahren nur fortgesetzt wird, wenn ein Beteiligter innerhalb einer Frist von einem Monat dies durch Erklärung gegenüber dem Gericht verlangt. Verlangt kein Beteiligter innerhalb der vom Gericht gesetzten Frist die Fortsetzung des Verfahrens, gilt dieses als in der Hauptsache erledigt.

Die Vorschrift regelt die Folgen des Todes eines Beteiligten im anhängigen Abstammungsverfahren gegenüber dem bisherigen § 640g ZPO aF neu und einheitlich für alle Beteiligten. Weil materiell-rechtlich das Kind und dessen Mutter nach § 1600e Abs 1 BGB aF sowohl im Anfechtungs- wie Feststellungsverfahren klagebefugt waren, sah § 640g Satz 1 ZPO aF vor, dass beim Tod der Mutter das Kind und beim Tod des Kindes die Mutter das Verfahren aufnehmen konnten. In den übrigen Fallkonstellationen war nach bisherigem Recht das Kindschaftsverfahren in der Hauptsache als erledig anzusehen (§§ 640 Abs 1, 619 ZPO aF). Durch die Beteiligung der Personen am einseitigen Abstammungsverfahren können die Folgen einheitlich geregelt werden. 1

§ 181 findet auf alle anhängigen Abstammungssachen iSv § 169 Anwendung, die noch nicht rechtskräftig abgeschlossen sind, wenn ein Beteiligter stirbt. Es kommt nicht darauf an, ob der Antragsteller oder ein anderer Beteiligter nach § 172 gestorben ist. Sachlich ist es nicht gerechtfertigt zwischen diesen zu unterscheiden, weil das Interesse am Bestehen oder Nichtbestehen der Vaterschaft auch mit dem Tod des Antragstellers fortbestehen kann und das postmortale Abstammungsverfahren denselben Verfahrensregelungen unterliegt (§ 169 Rz 17). Der Tod eines Beteiligten führt weder zur Erledigung des Verfahrens in der Hauptsache kraft Gesetzes (§ 619 ZPO aF) noch zur Unterbrechung des Abstammungsverfahrens. Erlangt das Gericht vom Tod eines Beteiligten Kenntnis, hat es die übrigen Beteiligten des bisherigen Verfahrens durch ihnen bekannt zu gebenden Beschluss (§ 41 Abs 1) auf die Rechtsfolgen nach § 181 hinzuweisen. Der gerichtliche Hinweis ist darauf gerichtet, dass das Verfahren nur fortgesetzt wird, wenn ein Beteiligter dies innerhalb einer Frist von einem Monat durch Erklärung gegenüber dem Gericht verlangt. Die Zustellung des Hinweisbeschlusses ist erforderlich, um den Beginn und den Ablauf der **Monatsfrist** für das **Fortsetzungsverlangen** eines Beteiligten bestimmen zu können. Jedem Beteiligten steht es frei, die Fortsetzung des anhängigen Abstammungsverfahrens zu verlangen. Das Verlangen muss ausdrücklich oder konkludent aus der Erklärung des Beteiligten hervorgehen. Das Schweigen eines Beteiligten auf den gerichtlichen Hinweis kann nicht als solches ausgelegt werden. Das Fortsetzungsverlangen muss innerhalb der Monatsfrist bei dem zuständigen Gericht, sei es das FamG, Beschwerdegericht oder Rechtsbeschwerdegericht, eingehen. Entgegen dem missverständlichen Wortlaut, der in § 181 Satz 2 von der vom Gericht gesetzten Frist spricht, die kürzer oder länger als ein Monat sein könnte, gilt für das Fortsetzungsverlangen der Beteiligten grundsätzlich die Monatsfrist nach Satz 1. Setzt das Gericht in dem Hinweisbeschluss eine längere Frist, ist diese für die Beteiligten maßgeblich; gegenüber einer kürzeren gerichtlichen Frist können sich die Beteiligten auf die längere gesetzliche Frist berufen. Macht ein Beteiligter von seinem Recht auf Fortführung des Verfahrens Gebrauch, so ist dieses nach den allgemeinen Regelungen fortzusetzen. Die Beteiligten am postmortalen Abstammungsverfahren sind dann ggf neu hinzu zu ziehen (§ 172 Rz 26 f). Verlangt kein Beteiligter die Fortsetzung des Verfahrens, so gilt dieses als in der Hauptsache erledigt. 2

Gilt das Abstammungsverfahren in der Hauptsache nach Satz 2 als erledigt, so tritt diese Rechtsfolge kraft Gesetzes ein. Es bedarf keines dahingehenden feststellenden Beschlusses. Hinsichtlich der zu treffenden **Kostenentscheidung**, die nur auf Antrag eine Beteiligen ergeht (OLG Naumburg FamRZ 2006, 217), bleibt das Abstammungsverfah- 3 ren anhängig (*Gottwald* FamRZ 2006, 868). Ist eine erstinstanzliche Entscheidung in Unkenntnis des Todes eines Verfahrensbeteiligten ergangen, so ist diese – mit Ausnahme der weiterhin anfechtbaren Kostenentscheidung – wirkungslos (BGH FamRZ 1981, 245). Stirbt ein Beteiligter nach Bekanntgabe der erstinstanzlichen Entscheidung und vor deren Rechtskraft, so ist die Entscheidung ebenfalls wirkungslos. Im Beschwerdeverfahren kann auch bezüglich der erstinstanzlichen Entscheidung keine klarstellende Entscheidung ergehen (BGH FamRZ 1981, 245, 246). Während im Rahmen des § 619 ZPO aF ein Rechtsmittel mit dem Ziel, die Wirkungslosigkeit der Erstentscheidung festzustellen, unzulässig war, kann die Einlegung und/oder Begründung der Beschwerde als Fortsetzungsverlangen des Beteiligten auszulegen sein.

§ 182 Inhalt des Beschlusses

(1) Ein rechtskräftiger Beschluss, der das Nichtbestehen einer Vaterschaft nach § 1592 des Bürgerlichen Gesetzbuchs infolge der Anfechtung nach § 1600 Abs. 1 Nr. 2 des Bürgerlichen Gesetzbuchs feststellt, enthält die Feststellung der Vaterschaft des Anfechtenden. Diese Wirkung ist in der Beschlussformel von Amts wegen auszusprechen.

(2) Weist das Gericht einen Antrag auf Feststellung des Nichtbestehens der Vaterschaft ab, weil es den Antragsteller oder einen anderen Beteiligten als Vater festgestellt hat, spricht es dies in der Beschlussformel aus.

A. Allgemeines

Die §§ 182 bis 184 regeln den Inhalt der Entscheidungsformel, die für Vaterschaftsanfechtungsverfahren verbindliche Kostenteilung, die Wirksamkeit und Rechtskraft des Beschlusses sowie eine erweiterte Beschwerdeberechtigung. Sie nehmen die verschiedenen Regelungen der §§ 640h, 641h ZPO aF sowie 55b FGG aF inhaltlich auf. Die Entscheidungsformel im Anfechtungsverfahren des biologischen Vaters ist in Abs 1 sowie für das negative Vaterschaftsfeststellungsverfahren in Abs 2 ausdrücklich gesetzlich geregelt und von Amts wegen zu berücksichtigen. Im Übrigen gilt für die inhaltlichen Anforderungen des Beschlusses § 38 Abs 2 bis 5.

B. Entscheidungsformel

In der Entscheidungsformel ist je nach Verfahrensgegenstand über den oder die im Verfahren vom Antragsteller oder den weiteren Beteiligten gestellten Anträge zu befinden. Die Abstammungssachen nach § 169 Nr 1 und 4 sind auf die positive oder negative Feststellung eines Eltern-Kind Verhältnisses bzw der Vaterschaft gerichtet, während im Abstammungsklärungsverfahren eine Willenserklärung ersetzt und die Duldung der Untersuchung angeordnet wird. Dem Antrag ist im Erfolgsfall stattzugeben, anderenfalls ist er zurückzuweisen. Das Gericht entscheidet nach seiner freien, aus dem gesamten Inhalt des Verfahrens gewonnenen Überzeugung (§ 37 Abs 1). Dabei hat es die durch die förmliche Beweisaufnahme im Wege des Abstammungsgutachtens sowie der Zeugenvernehmung gewonnenen Erkenntnisse zugrunde legen. Der Antrag auf Vaterschaftsanfechtung (§ 169 Nr 4) gestaltet die Rechtsbeziehung, weil die bestehende rechtliche Zuordnung zwischen dem Kind und dem rechtlichen Vater aufgelöst wird. Ob das auf Feststellung der Vaterschaft gerichtete Verfahren allein feststellende oder darüber hinaus gestaltende Wirkung hat, ist streitig (Zöller/*Philippi* § 640 Rn 4), jedoch ohne praktische Auswirkung.

I. Hat der Antrag keinen Erfolg, ist zur Klarstellung des Verfahrensgegenstandes und dessen Rechtskraft wie folgt zu tenorieren:

Vaterschaftsfeststellungsverfahren: Der Antrag festzustellen, dass der Beteiligte zu … der Vater des Beteiligten zu … ist, wird zurück gewiesen.

Vaterschaftsanfechtungsverfahren: Der Antrag festzustellen, dass der Beteiligte zu … nicht der Vater des Beteiligten zu … ist, wird zurück gewiesen.

Bei **erfolgreichem Antrag** ist festzustellen, dass der Beteiligte zu … (beim Anfechtungsantrag: nicht) der Vater des Beteiligten zu … ist. Für den Anfechtungsantrag der zuständigen Behörde nach § 1600 Abs 1 Nr 5 BGB gilt dies gleichermaßen. Aus der Entscheidungsformel ist nicht ersichtlich, ob der zurückweisende Beschluss auf einem fehlenden Anfangs- bzw Anfechtungsverdacht der Versäumung der Anfechtungsfrist oder schwerwiegenden Zweifeln an Vaterschaft beruht.

II. Im **Klärungsverfahren** nach § 1598a Abs 2 kann die Entscheidungsformel wie folgt lauten:

§ 182 FamFG | Inhalt des Beschlusses

8   Die Beteiligten zu ... und ... werden verpflichtet, in die genetische Abstammungsuntersuchung einzuwilligen und die Entnahme einer für die Untersuchung geeigneten Probe zu dulden, die nach den anerkannten Grundsätzen der Wissenschaft entnommen werden muss (zur Bestimmtheit des Beschlusses *Hammermann* FamRB 2008, 150, 152).

9   III. Für das **Anfechtungsverfahren** des **biologischen Vaters** nach § 1600 Abs 1 Nr 2 BGB legt **§ 182 Abs 1** fest, dass mit der Auflösung der bisher bestehenden rechtlichen Vaterschaft zugleich über die tatsächliche biologische Vaterschaft zu entscheiden ist (BGH FamRZ 2008, 1921, 1922), um zu verhindern, dass das Kind infolge des Verfahrens vaterlos wird. Die verfahrensrechtliche Regelung folgt der materiell-rechtlichen Bestimmung (§ 1600 Abs 2 BGB; § 171 Rz 17). Mit der Feststellung der Vaterschaft des Anfechtenden aufgrund eines DNA-Vaterschaftsgutachtens geht der Ausschluss des rechtlichen Vaters einher. Ist die biologische Vaterschaft des Antragstellers erwiesen, ist sie gemäß § 182 Abs 1 Satz 1 festzustellen, sofern der Anfechtende die Vaterschaft nicht bereits zuvor anerkannt hat (*Höfelmann* FamRZ 2004, 745, 750). Diese Feststellung erfolgt unabhängig vom Antrag in der Beschlussformel aus Publizitätsgründen von Amts wegen (§ 182 Abs 1 Satz 2). Der Tenor kann lauten:
I. Es wird festgestellt, dass der Beteiligte zu ... (bisherige rechtliche Vater) nicht der Vater des Beteiligten zu ... (Kind) ist.
II. Es wird festgestellt, dass der Beteiligte zu ... (Antragsteller) der Vater des Beteiligten zu ... (Kind) ist.
III. Kostenentscheidung gemäß § 183.

10   Fehlt der Ausspruch zur Vaterschaftsfeststellung kann der Beschluss nach § 42 Abs 1 wegen einer offenbaren Unrichtigkeit berichtigt werden. Ob die Wirkung des § 182 Abs 1 auch dann eintritt, wenn der Ausspruch hierzu fehlt, jedoch aus den Gründen ersichtlich ist (Thomas/Putzo/*Hüßtege* § 641h Rn 14; Prütting/Helms/*Stößer* § 182 Rn 3), erscheint im Hinblick auf § 30 PStG zweifelhaft.

11   IV. **§ 182 Abs 2** ist allein auf den – praktisch seltenen – Antrag der **Feststellung des Nichtbestehens der Vaterschaft** anwendbar. Das Verfahren, das auch von der Mutter oder dessen Kind eingeleitet werden kann, kommt ua in Betracht, wenn ein Mann, ohne dass er bereits rechtlicher Vater ist, ein Rechtsschutzbedürfnis hat, sich vorbeugend (Zöller/*Philippi* § 641h Rn 1) gegen die Inanspruchnahme als Vater zu wenden (§ 169 Rz 5). Die Vorschrift findet auf die Feststellung der Unwirksamkeit einer Anerkennung der Vaterschaft oder das Vaterschaftsanfechtungsverfahren (§ 169 Nr 4; OLG Hamm FamRZ 1993, 472, 473; 1994, 649) **keine Anwendung**, weil es bei Zurückweisung des Antrags bei der bestehenden rechtlichen Vaterschaft verbleibt. Die positive Feststellung der rechtlichen und biologischen Vaterschaft ist in diesem Fall nicht Aufgabe des § 182 Abs 2, um ein weiteres Anfechtungsverfahren zu verhindern (so *Wieser* MDR 2009, 61, 62). Darüber hinaus kann die Regelung in den Verfahren nicht gelten, in denen die Vaterschaft des Antragstellers oder eines Beteiligten wegen ungeklärter Abstammung nicht festgestellt werden kann. Schließlich greift sie nicht, wenn sich im Verfahren antragsgemäß erweist, dass der beteiligte Mann nicht der biologische Vater des Kindes ist. Allein für den Fall, dass auf den negativen Feststellungsantrag durch die Beweisaufnahme seine Vaterschaft erwiesen wird, ist nicht allein der Antrag als unbegründet zurückzuweisen, sondern zugleich von Amts wegen – ggf auch im Beschwerdeverfahren – die Vaterschaft des beteiligten Mannes mit Wirkung des § 184 Abs 2 festzustellen. Denn aus der Abweisung des Antrags wäre anderenfalls das Beweisergebnis zB für den Standesbeamten, der nur die Beschlussformel erhält, nicht ersichtlich. Eines Vaterschaftsfeststellungsantrags des Kindes oder der Mutter bedarf es hierzu nicht. Der Mann kann als Antragsteller der Entscheidung nur durch die Rücknahme seines Antrags entgehen, wenn nicht ein anderer Beteiligter einen Feststellungsantrag gestellt hat.

12   Zur Kostenentscheidung s § 183.

C. Vollstreckung

Endentscheidungen in Abstammungssachen bedürfen grundsätzlich keiner Vollstreckung, weil sie auf Feststellung oder Gestaltung gerichtet sind. Ausnahmen ergeben sich nur in wenigen Fällen: Für einen mit einem Vaterschaftsfeststellungsverfahren verbundenen Unterhaltsantrag nach § 237 gilt die Vorschrift des § 120. Die Untersuchung zur Feststellung der Abstammung kann gegenüber jeder Person nach Maßgabe des § 178 Abs 2 zwangsweise durchgesetzt werden (§ 178 Rz 9). Für das Abstammungsklärungsverfahren bedarf die Einwilligung als Abgabe einer Willenserklärung keiner Vollstreckung, weil die gerichtliche Entscheidung als solche wirkt bzw diese ersetzt (BTDrs 16/6561 S 13). Die Vollstreckung, eine genetische Probe durch Blutentnahme oder Mundschleimhautabstrich zu dulden, erfolgt ebenfalls nach den allgemeinen Vorschriften der §§ 95 ff. Für den Fall, dass die Probenentnahme der zu untersuchenden Person nicht zugemutet werden kann, sieht § 96a Abs 1, der dem bisherigen § 56 Abs 4 FGG aF entspricht, vor, dass eine Vollstreckung nicht erfolgt. In Betracht kommen hier gesundheitliche Schädigungen des Verfahrensbeteiligten (BTDrs 16/6561 S 16). Bleibt ein Ordnungsgeld, das gemäß §§ 95 Abs 1 Nr 4 FamFG iVm § 890 ZPO festgesetzt werden kann, erfolglos und verweigert der Beteiligte wiederholt unberechtigt die Untersuchung, kann auch nach § 96a Abs 2 unmittelbarer Zwang, insbesondere die zwangsweise Vorführung zur Untersuchung angeordnet werden (§ 96a Rz 2).

§ 183 Kosten bei Anfechtung der Vaterschaft

Hat ein Antrag auf Anfechtung der Vaterschaft Erfolg, tragen die Beteiligten, mit Ausnahme des minderjährigen Kindes, die Gerichtskosten zu gleichen Teilen; die Beteiligten tragen ihre außergerichtlichen Kosten selbst.

A. Allgemeines

1 Die Vorschrift entspricht inhaltlich dem bisherigen § 93c Satz 1 ZPO, angepasst an die Struktur des Abstammungsverfahrens als FG-Sache (BTDrs 16/6308, S 246). Eine dem § 93c Satz 2 ZPO entsprechende Regelung wurde nicht übernommen. Eine Anpassung der Vorschrift an die während des Gesetzgebungsverfahrens durch das Gesetz v 26.3.2008 (BGBl I, 441; in Kraft seit 1.6.2008) erfolgte Erweiterung des Antragsrechts nach § 1600 BGB auf potenzielle Erzeuger und die zuständige Behörde ist unterblieben. Nachdem dies aber bei den vor und nachfolgenden Vorschriften dieses Abschnitts noch im Rechtsausschuss geschehen ist (vgl BTDrs 16/9733, 295), kann auch nicht von einem Versehen ausgegangen werden. Vom Gesetzgeber nicht geklärt ist auch die kostenrechtliche Folge der Verbindung mit einem Unterhaltsantrag nach § 179 Abs 1 Satz 2 nach dem Systemwechsel in der verfahrensrechtlichen Behandlung von Abstammungssachen.

2 In Abstammungssachen gelten jetzt die allgemeinen Regeln über die Kostenentscheidung in FG-Sachen nach §§ 80 ff mit der Verpflichtung, stets über die gerichtlichen und außergerichtlichen Kosten zu zusammen mit der Ententscheidung zu befinden (§ 81 Abs 1 Satz 3). Während allgemein die Entscheidung nach billigem Ermessen zu treffen ist, schreibt § 183 in Verfahren, in denen die **Vaterschaft erfolgreich angefochten** wird, eine bindende Kostenfolge vor und verdrängt in seinem Anwendungsbereich § 81 Abs 1. Dieser Grundsatz lässt sich aber nicht uneingeschränkt auf Verfahren übertragen, die auf Antrag der Verwaltungsbehörde geführt werden (s Rz 4) oder mit einem Unterhaltsantrag verbunden sind (s.u. Rz 7).

B. Anwendungsbereich

3 Unabhängig davon, wer das Verfahren eingeleitete hat, sind die gerichtliche Gebühren und Auslagen (Kosten) bei einer erfolgreichen Anfechtung der Vaterschaft unter den Verfahrensbeteiligten, mit Ausnahme eines beteiligten minderjährigen Kindes (s.a. § 83 Abs 3), zu gleichen Teilen zu verteilen und außergerichtlichen Kosten nicht zu erstatten. Das entspricht der **Kostenaufhebung** iSd § 92 Abs 1 Satz 2 ZPO, wie sie bisher in § 93c Satz 1 ZPO geregelt war. Der Kreis der **Verfahrensbeteiligten** beschränkt sich nicht auf die in § 172 Abs 1 genannten Personen oder das Jugendamt (§ 172 Abs 2). Gemäß § 7 Abs 1 Nr 1 gehört dazu jeder Antragssteller, also auch die anfechtende Behörde (s Rz 1 und zu den kostenrechtlichen Konsequenzen Rz 4) und jeder, den das Gericht nach § 7 Abs 2 und 3 hinzuzieht.

4 Die **gesonderte Belastung eines Beteiligten** mit Kosten, wie sie nach § 93c Satz 2 iVm § 96 ZPO möglich war, ist nicht mehr vorgesehen. Sie verträgt sich auch nicht mit dem Amtsermittlungsgrundsatz. Allerdings widerspräche es dem das Kostenrecht des FamFG beherrschenden Billigkeitsgrundsatz (s § 81 Rz 1) in eklatanter Weise, wenn zB im Falle der erfolgreichen Anfechtung eines missbräuchlichen Vaterschaftsanerkenntnisses durch die zuständige Behörde, ein Teil der gerichtlichen Kosten der Staatskasse zur Last fallen (s.u. Rz 5). Gleiches gilt, wenn der Scheinvater sein auf Täuschung beruhendes Anerkenntnis anficht. Jedenfalls in solchen Fällen muss unter Anwendung der Billigkeitsregel des § 81 Abs 2 Nr 1 dem Gericht die Möglichkeit einer abweichenden Entscheidung erhalten bleiben.

5 Wurde das **Jugendamt** auf seinen Antrag am Verfahren beteilt (s § 172 Abs 2), sind auch diesem die Gerichtskosten bei einer Entscheidung nach § 183 anteilig aufzuerlegen.

Das führt aber lediglich zu einer entsprechend geringeren Kostenbelastung der übrigen kostenpflichtigen Beteiligten. Denn das Jugendamt ist in diesen Verfahren gemäß § 64 Abs 2 und SGB X von Gebühren und Auslagen befreit. Diese **Kostenbefreiung** bewirkt nach § 2 FamGKG, dass die gerichtlichen Kosten trotz einer Kostenentscheidung zu Lasten des Jugendamts weder von der Behörde noch hinsichtlich ihres Anteils von anderen Verfahrensbeteiligten nicht erhoben werden dürfen (§ 2 FamGKG Rz 2 ff).

Soweit der Antrag zurückgewiesen wird oder das Verfahren sich **auf andere Weise erledigt**, gilt die allgemeine Kostenvorschrift des § 81; bei Antragsabweisung direkt, ansonsten über § 83 Abs 2 entsprechend. In allen Fällen ist eine Kostentscheidung zu treffen (s Rz 3). Die Kosten sind nach § 81 Abs 1 Satz 1 nach billigem Ermessen den Beteiligten ganz oder zum Teil aufzuerlegen, wobei auch von der Erhebung der Kosten ganz abgesehen werden kann (§ 81 Abs 1 Satz 2). Damit kann auch auf die Fallkonstellationen angemessen reagiert werden, in denen die Rspr bisher schon § 93c ZPO analog herangezogen hat (OLG Köln FamRZ 2006, 54). Hat ein Beteiligter durch grobes Verschulden das Verfahren veranlasst oder seine kostengünstige Erledigung verhindert, soll vornehmlich er mit Kosten belastet werden (Billigkeitsregelung § 81 Abs 2). Dem betroffenen minderjährigen Kind dürfen in keinem Fall Kosten auferlegt werden (§ 81 Abs 3). 6

C. Verbindung mit Unterhaltsantrag

Wird im Abstammungsverfahren ein Unterhaltsantrag nach §§ 237, 179 Abs 1 Satz 2 gestellt, ist über die **Kosten einheitlich nach den §§ 183, 81 ff** zu entscheiden. Zwar handelt es sich beim Unterhalt um eine Familienstreitsache und nicht um eine FG-Sache. Dennoch bleibt die Unterhaltssache ein Annex des Abstammungsverfahrens mit dem sie nicht nur einen Verfahrensverbund, sondern auch einen Kostenverbund bildet. Das dabei anzuwendende Kostenrecht richtet sich nach dem führenden Verfahren, wie die kostenrechtliche Behandlung der FG- und ZPO-Sachen im Scheidungsverbund nach altem Recht zeigt. 7

Damit sind nicht die §§ 91 ff ZPO sondern die Kostenregeln für das Abstammungsverfahren auf das gesamte Verfahren anzuwenden, also die §§ 81 ff und § 183. Dabei ist die Anwendung des § 183 beschränkt auf die Abstammungssache. Das bedeutet, dass die nicht an der Unterhaltssache Beteiligten nicht mit den dadurch verursachten Mehrkosten belastet werden sollten. **Mehrkosten** verursacht der Unterhaltsantrag regelmäßig deshalb, weil sich dadurch der Gegenstandswert erhöht. Die Abstammungssache hat einen (jetzt relativen) Festwert von 2.000 € (§ 47 FamGKG), während der Unterhaltsantrag nach § 51 Abs 1 und 2 FamGKG zu bewerten ist. Er liegt regelmäßig höher und bestimmt deshalb gemäß § 39 FamGKG den Gesamtwert (OLG Köln FamRZ 2001, 779 mwN; s.a. § 47 FamGKG Rz 4). Die Auslagen für ein Abstammungsgutachten entstehen nach allgM auch in der Unterhaltssache (OLG Naumburg FamRZ 2008, 1645; s dazu § 47 FamGKG Rz 4). 8

§ 184 Wirksamkeit des Beschlusses; Ausschluss der Abänderung; ergänzende Vorschriften über die Beschwerde

(1) Die Endentscheidung in Abstammungssachen wird mit Rechtskraft wirksam. Eine Abänderung ist ausgeschlossen.

(2) Soweit über die Abstammung entschieden ist, wirkt der Beschluss für und gegen alle.

(3) Gegen Endentscheidungen in Abstammungssachen steht auch demjenigen die Beschwerde zu, der an dem Verfahren beteiligt war oder zu beteiligen gewesen wäre.

A. Allgemeines

1 Die Vorschrift bestimmt für alle Abstammungssachen in Abweichung der allgemeinen Regelungen den Zeitpunkt der Wirksamkeit nebst Ausschluss der Abänderungsmöglichkeit (Abs 1), die materielle Rechtskraft einer Endentscheidung (Abs 2) sowie die – in den Beratungen des Rechtsausschusses eingefügte Klarstellung zur – Beschwerdeberechtigung aller Verfahrensbeteiligten (Abs 3).

B. Wirksamkeit und Abänderungsausschluss

2 Entscheidungen in Kindschaftssachen, die nach § 704 Abs 2 ZPO aF nicht für vorläufig vollstreckbar erklärt werden durften, wurden gemäß § 705 ZPO mit Ablauf der Rechtsmittelfrist formell rechtskräftig. Für postmortale Abstammungsverfahren nach § 1600e Abs 2 BGB aF folgte die Wirksamkeit aus §§ 55b Abs 2, 56c Abs 1 FGG aF. Diese Rechtslage schreibt § 184 Abs 1 in Abweichung von § 40 Abs 1 fort, so dass die Endentscheidung in Abstammungssachen wegen der weit reichenden Wirkung erst mit ihrer **Rechtskraft** wirksam wird (§ 40 Rz 17; *Schulte-Bunert* Rn 195). Die Abänderung einer Endentscheidung in einer Kindschaftssache nach § 18 Abs 1 FGG aF war für die bisherigen ZPO-Verfahren und postmortalen Abstammungsverfahren ausgeschlossen, weil sie nach den §§ 621a Abs 1, 621e Abs 1 ZPO aF allein mit der befristeten Berufung oder Beschwerde angefochten werden konnten. Eine Änderung der Rechtslage hat sich durch § 184 Abs 1 Satz 2 nicht ergeben.

C. Rechtskraftwirkung

3 I. Eine wirksame Entscheidung über die Abstammung liegt erst mit der Rechtskraft des Beschlusses vor (Abs 1). Ein (formell) **rechtskräftiger Beschluss** wirkt unabhängig davon, ob dem Antrag stattgegeben oder dieser zurückgewiesen wird, über die Verfahrensbeteiligten hinaus **für und gegen alle**. Die **materiell Rechtskraft** geht über die Verfahrensbeteiligten hinaus und erstreckt sich auf jedermann. Erforderlich ist eine **Entscheidung über die Abstammung**, so dass Beschlüsse in Abstammungssachen nach § 169 Nr 2 und 3 iVm § 1598a Abs 2 und 4 BGB nur die dortigen Verfahrensbeteiligten binden. Auch eine im Abstammungsverfahren nicht ordnungsgemäß ergangene Endentscheidung, etwa ein unzulässiger Anerkenntnisbeschluss (BGH FamRZ 2005, 514) oder ein Versäumnisbeschluss (OLG Bamberg FamRZ 1994, 1044), ist wirksam und erwächst in **materielle Rechtskraft** (zur Beschwer Rz 10). Die rechtskräftige Feststellung der biologischen Vaterschaft oder Auflösung der rechtlichen Vaterschaft bindet die Gerichte in anderen Verfahren (§ 169 Rz 2), so etwa im Unterhaltsverfahren, im Strafverfahren wegen Verletzung der Unterhaltspflicht (BGH NJW 1975, 1232), im Verwaltungsverfahren (BVerwG NJW 1971, 2336), aber auch den Standesbeamten (§§ 29 ff PStG), während eine Entscheidung im sozialgerichtlichen Verfahren keine Rechtskraftwirkung für eine späteres Abstammungsverfahren entfaltet (LG Hamburg DAVorm 1980, 298, 299). In materielle Rechtskraft erwächst nur der Entscheidungssatz des jeweiligen Beschlusses, wobei

die Gründe der Entscheidung zu deren Bestimmung herangezogen werden können. Dagegen erstreckt sich die Rechtskraftwirkung nicht auf die der Entscheidung zugrunde liegenden, vom Gericht festgestellten Tatsachen (Zöller/*Vollkommer* Vor § 322 Rn 31). Für Abstammungssachen ergeben sich folgende Konsequenzen:

II. Die Feststellung im **Anfechtungsverfahren**, dass der Scheinvater nicht der leibliche Vater des Kindes ist, erwächst nur hinsichtlich der rechtlichen Vaterschaft, nicht jedoch in Bezug auf die biologische Abstammung in materielle Rechtskraft. Daher kann der in einem späteren Verfahren als Vater in Anspruch genommene Mann nach der Rspr des BGH (FamRZ 2007, 1731, 1733) weiterhin behaupten, das Kind stamme vom (früheren) Scheinvater ab (weitergehend OLG Saabrücken NJW-RR 2005, 1672 unter Berufung auf BGH FamRZ 1994, 694, 695). Die eher theoretischen Erwägungen des BGH zur begrenzten Rechtskraft helfen dem potentiellen biologischen Vater praktisch kaum, weil durch ein DNA-Vaterschaftsgutachten idR die Abstammung positiv wie negativ festgestellt werden kann. Als Tatsachenfeststellung und Beschlusselement nimmt das Beweisergebnis über die biologische Abstammung nicht an der Rechtskraftwirkung teil. Stellt sich in einem späteren Feststellungsverfahren aufgrund eines neuen Gutachtens die leibliche Abstammung vom Ehemann der Mutter des Kindes heraus, können Kind und Mutter im vorangegangenen Anfechtungsverfahren einen Wiederaufnahmeantrag nach § 185 Abs 1 stellen (BGH FamRZ 1994, 694, 696). 4

Durch das Abstammungsklärungsverfahren nach § 1598a Abs 2 BGB kann der rechtliche Vater künftig einen Anfangs- bzw Anfechtungsverdacht schlüssig darzulegen (§ 171 Rz 12 ff). Die Reichweite der Rechtskraft einer nach einem DNA-Vaterschaftsgutachten den Vaterschaftsanfechtungsantrag zurückweisenden Entscheidung wird künftig eine geringere Bedeutung zukommen. Für frühere (klagabweisende) Urteile bzw Beschlüsse bleibt die Problematik der Rechtskraftwirkung indes relevant. Wurde ein Anfechtungsantrag mit der Begründung abgewiesen, der Anfangs- bzw Anfechtungsverdacht sei nicht dargelegt, ist eine Entscheidung über die biologische Abstammung nicht ergangen und kann insoweit nicht in Rechtskraft erwachsen. Diese Entscheidung steht einem erneuten Anfechtungsverfahren, das der Scheinvater auf neue, nach der letzten mündlichen Verhandlung des Vorverfahrens hervorgetretene Umstände stützt, nicht entgegen (BGH FamRZ 1998, 955, 957). Bei den neuen Tatsachen muss es sich um einen **neuen selbständigen Lebenssachverhalt** handeln. Hierfür genügt die gegenüber dem Vorverfahren lediglich abgewandelte, ergänzte oder korrigierte Sachverhaltsdarstellung – durch einen neuen Zeugen unter Beweis gestellte Behauptung einer intimen Beziehung – nicht (BGH FamRZ 2003, 155, 156). Die Vorlage eines außergerichtlich mit Zustimmung der weiteren Beteiligten eingeholten Abstammungsgutachtens erfüllt die Voraussetzungen an einen neuen Lebenssachverhalt. Der potentielle biologische Vater oder die zuständige Behörde können innerhalb der Anfechtungsfrist einen erneuten Anfechtungsantrag auf neue Erkenntnisse und Tatsachen zur sozial-familiären Beziehung zwischen rechtlichem Vater und Kind stützen. Die Rechtskraft eines den Anfechtungsantrag abweisenden Beschlusses steht einem Anfechtungsantrag eines anderen Verfahrensbeteiligten nicht entgegen (Baumbach/Lauterbach/*Hartmann* § 640h Rn 4). 5

III. Rechtskräftige Beschlüsse über das Bestehen oder Nichtbestehen eines Eltern-Kind-Verhältnisses erwachsen ebenfalls mit Wirkung für und gegen alle in Rechtskraft. Die **Feststellung der Vaterschaft** führt die Rechtswirkungen der positiven und negativen Rechtsausübungssperre des § 1600d Abs 4 BGB nicht nur zwischen den Verfahrensbeteiligten sondern auch gegenüber Dritten herbei. Wird ein Antrag auf Feststellung der Vaterschaft abgewiesen, ist die Reichweite der Rechtskraft davon abhängig, ob aufgrund des eingeholten Sachverständigengutachtens die Nichtvaterschaft erwiesen ist oder ob die Vaterschaft nicht geklärt werden konnte. Aus der Abweisung des Feststellungsantrags wegen schwerwiegender Zweifel kann nicht darauf geschlossen werden, ob die Vaterschaft des beteiligten Mannes offenbar unmöglich ist oder einem Vaterschaftsausschluss gleichsteht (Zöller/*Philippi* § 640h Rn 10) 6

§ 184 FamFG | Wirksamkeit des Beschlusses; Ausschluss der Abänderung

7   IV. Eine Einschränkung der Inter-omnes-Wirkung der Statusentscheidung ist nicht gerechtfertigt, wenn über die Abstammung ausnahmsweise aufgrund einer gesetzlichen Vermutung entschieden werden muss (Zöller/*Philippi* § 640h Rn 9 f; *Gaul* FS Bosch S 241, 247 ff; zu deren verfahrensrechtlicher Relevanz § 177 Rz 5). Der Antrag im Anfechtungsverfahren ist abzuweisen (§ 1600c Abs 1 BGB), wenn die Vaterschaft nicht ausgeschlossen werden kann. Im Vaterschaftsfeststellungsverfahren bleibt der Antrag des Kindes oder der Mutter erfolglos, wenn die intime Beziehung in der Empfängniszeit nicht bewiesen werden kann (§ 1600d Abs 2 Satz 1 BGB). Dem unmittelbaren Vaterschaftsnachweis oder -ausschluss kann ausnahmsweise entgegen stehen, dass die Mutter des Kindes in der gesetzlichen Empfängniszeit auch mit einem nahen Verwandten des potentiellen biologischen Vaters eine Intimbeziehung hatte. Insbesondere bei Zwillingsbrüdern können derart hohe genetische Übereinstimmungen bestehen, dass die eindeutige genetische Abstammung mit vertretbarem Aufwand auch im Rahmen des Amtsermittlungsgrundsatzes nicht bestimmt werden kann (OLG Hamm Jamt 2008, 378 nach Untersuchung von 1 000 Genomorten). In diesem Fall kann die gerichtliche Überzeugungsbildung auf Zeugenbeweis über die intimen Beziehungen der Kindesmutter sowie auf die gesetzlichen Vermutungen gestützt werden.

D. Rechtsmittel

8   Gegen Endentscheidungen in Abstammungsverfahren sind als Rechtsmittel die Beschwerde zum OLG (§§ 58 ff) und die Rechtsbeschwerde zum BGH (§§ 70 ff) eröffnet. Insoweit erweitert § 184 Abs 3 die Beschwerdeberechtigung auf alle Verfahrensbeteiligten.

9   I. Die **Beschwerde** in Abstammungsverfahren ist grundsätzlich nur gegen Endentscheidungen **statthaft**. Daher sind als Zwischenentscheidung weder die Bestellung eines Verfahrensbeistands nach §§ 174, 158 Abs 3 Satz 3 noch die verfahrensleitenden Verfügungen, zu denen ua die Anberaumung eines Erörterungstermins nach § 175 sowie die Beweisaufnahme (BGH FamRZ 2007, 1728) gehören, selbständig anfechtbar (§ 58 Rz 26 ff, 34). Gegen einen Beschluss, durch den ein Antrag auf Hinzuziehung zum Verfahren (§ 7 Abs 3) zurück gewiesen wird, ist jedoch die sofortige Beschwerde eröffnet (§ 7 Abs 5 Satz 2). Zum Zwischenstreitverfahren § 178 Rz 8. Für Beschwerden gegen Entscheidungen des FamG ist nach § 119 Abs 1 Nr 1a GVG das **OLG funktionell zuständig**. Hat das FamG das Vaterschaftsfeststellungsverfahren mit dem Antrag auf Unterhalt nach § 237 verbunden (§ 179 Abs 1 Satz 2), gilt die Zuständigkeit für beide Verfahrensgegenstände. Die Rechtsbeschwerde zum BGH (§ 133 GVG) ist nur bei deren Zulassung statthaft (§ 70). Auf die nicht vermögensrechtlichen Angelegenheiten des § 169 findet § 61 keine Anwendung. Hinsichtlich der Frist und Form der Beschwerde sowie des Beschwerdeverfahrens gelten die allgemeinen Vorschriften der §§ 63 ff.

10 II. Ob für das Rechtsmittelverfahren in Abstammungssachen eine **formelle Beschwer** erforderlich ist, war umstritten. Nach der bisherigen Rspr des BGH konnte jedenfalls nicht in allen Kindschaftssachen der ZPO auf die **Rechtsmittelbeschwer** verzichtet werden (FamRZ 1994, 694, 695). Zum Teil wurde aufgrund eines Erst-recht-Schlusses aus der Regelung des § 641i Abs 2 ZPO aF (jetzt § 185 Abs 2) darauf geschlossen, dass es einer formellen Beschwer als Zulässigkeitsvoraussetzung nicht bedarf (BGH FamRZ 2009, 861, 863 [unter Hinweis auf 184 Abs 3] als Revisionsentscheidung zu OLG Hamm FamRZ 2008, 1646, 1647 [für die Berufung der Mutter als streitgenössische Nebenintervenientin im Anfechtungsverfahren des Kindes]; OLG Brandenburg FamRZ 2001, 1630 [aufgrund materieller Beschwer]; KG DAVorm 1985, 412). Demgegenüber wurde eine entsprechende Anwendung des § 641i Abs 2 ZPO aF wegen des spezifischen Regelungszusammenhangs für den Wiederaufnahmeantrag verneint (Zöller/*Philippi* § 641i Rn 12; Musielak/*Borth* § 641i Rn 6). Die Rechtslage hat sich durch die Neukonzeption des einseitigen Abstammungsverfahrens geändert. Die **Beschwerdeberechtigung** ist nach § 59

Wirksamkeit des Beschlusses; Ausschluss der Abänderung | § 184 FamFG

zu bestimmen. Wird ein Beteiligter durch den Beschluss in seinen Rechten beeinträchtigt oder in Antragsverfahren der Antrag ganz oder teilweise zurückgewiesen, so ist der Beteiligte bzw der Antragsteller nach § 59 Abs 1 oder 2 beschwerdeberechtigt. Insoweit ergibt sich eine Änderung zur bisherigen Rechtslage nicht. Dem Antragsteller ist darüber hinaus die Beschwerde nunmehr auch dann eröffnet, wenn zwar seinem Antrag stattgegeben wurde, er jedoch durch die ergangene Entscheidung in seinen Rechten beeinträchtigt ist. Dies kann im Abstammungsverfahren in Betracht kommen, wenn der potentielle biologische Vater die Feststellung der Vaterschaft begehrt und ein entsprechender Beschluss ergeht. Im nichtstreitigen Abstammungsverfahren bedarf es einer formellen Beschwer nicht mehr. Der Antragsteller ist beschwerdebefugt, wenn er durch die ergangene Entscheidung **materiell beschwert** ist. Für Verfahren der freiwilligen Gerichtsbarkeit war dies im Rahmen des § 20 FGG aF anerkannt (KKW/*Kahl* § 20 Rn 52 mwN; BGH FamRZ 2007, 1729, 1731 [zu § 1600e Abs 2 BGB]) und gilt nunmehr in Abstammungssachen für die Beschwerdeberechtigung nach § 59 (§ 59 Rz 32 f). Darüber hinaus erweitert **§ 184 Abs 3**, der erst im Gesetzgebungsverfahren auf Empfehlung des Rechtsausschusses in die Vorschrift aufgenommen wurde (BTDrs 16/6308 S 368), die Beschwerdebefugnis, um sicherzustellen, dass alle Verfahrensbeteiligten nach § 172, insbesondere die Mutter des Kindes, rechtsmittelbefugt sind. Auch diese Regelung spricht dafür, dass eine formelle Beschwer für alle Verfahrensbeteiligten nicht vorausgesetzt wird. Ob hieraus zu schließen ist, dass für alle Verfahrensbeteiligten weder eine formelle noch eine materielle Beschwer Voraussetzungen ihrer Beschwerdeberechtigung sind (Prütting/Helms/*Stößer* § 184 Rn 11; Keidel/*Engelhardt* § 184 Rn 4), erscheint deswegen zweifelhaft, weil jedenfalls für den (rechtlichen oder biologischen) Vater und das Kind in der anzufechtenden Entscheidung eine formelle oder materielle Beschwer regelmäßig gegeben sein wird. Im Übrigen beschränken sich die Ausführungen des BGH in FamRZ 2009, 861, 863 auf die formelle Beschwer. Im postmortalen Abstammungsverfahren sind neben den Personen nach § 172 Abs 1 auch die weiteren Verfahrensbeteiligten (§ 172 Rz 26) beschwerdeberechtigt. Dass über den Vaterschaftsfeststellungsantrag unzulässigerweise durch Anerkenntnis- oder Versäumnisbeschluss (§ 177 Rz 2) entschieden wurde (BGH FamRZ 2005, 514; 1994, 694; OLG Bamberg 1994, 1044) begründet die Beschwerdebefugnis auch zukünftig nicht, wenn mit der Entscheidung keine materielle Beschwer verbunden ist. Im einzelnen gilt für die Beschwerdeberechtigung Folgendes (*Maurer* FamRZ 2009, 465, 470):

a) Der potentielle biologische oder der rechtliche **Vater** sind als Antragsteller oder als Person, dessen Rechte beeinträchtigt sind, beschwerdeberechtigt. Dies gilt unabhängig von einer formellen Beschwer. **11**

b) Das minderjährige **Kind** erlangt seine Beschwerdeberechtigung ebenfalls aus der Beteiligung am Verfahren als Antragsteller oder weil seine Rechte beeinträchtigt sind. Das Kind kann sein Beschwerderecht jedoch nicht gemäß § 60 neben dem und unabhängig von seinem gesetzlichen Vertreter (Elternteil, Ergänzungspfleger oder Beistand [§ 173 Rz 4]; § 60 Rz 9 ff) ausüben, sondern wird in der Beschwerdeinstanz von diesem vertreten (§ 172 Rz 10). **12**

c) Die **Mutter** des Kindes ist als Antragstellerin nach § 59 Abs 2 beschwerdeberechtigt. Ob sich ihr Beschwerderecht als weitere Beteiligte auch aus § 59 Abs 1 herleiten lässt, weil evtl. ihre Rechte aus Art 6 Abs 2 Satz 1 GG durch die Statusentscheidung beeinträchtigt sind, bedarf keiner Entscheidung. Denn ihre Beschwerdeberechtigung folgt unmittelbar aus § 184 Abs 3. **13**

d) Das **Jugendamt** ist auf seinen Antrag hin gemäß §§ 172 Abs 2, 176 Abs 1 am Abstammungsverfahren zu beteiligen und in diesem Fall gemäß § 184 Abs 3 beschwerdeberechtigt. Auch wenn das Jugendamt keinen Antrag auf Beteiligung am Verfahren stellt, folgt aus § 176 Abs 2 Satz 2 für die aufgeführten Anfechtungsverfahren sowie im Fall der Anhörung bei Beteiligung eines Minderjährigen die Beschwerdeberechtigung **14**

(§ 176 Rz 5 f, § 58 Rz 39 f). Schließlich ist das Jugendamt gemäß § 184 Abs 3 zur Beschwerde berechtigt, wenn es an dem Verfahren zu beteiligen gewesen wäre.

15 e) Hat das Gericht in einer Abstammungssache einem minderjährigen Beteiligten einen **Verfahrensbeistand** bestellt (§ 174), steht diesem als Beteiligten, der zum Verfahren hinzugezogen wird (§ 158 Abs 3 Satz 2), ein eigenständiges Beschwerderecht nach § 184 Abs 3 zu.

16 f) Sind **weitere Personen** am Verfahren beteiligt, sind sie nach der Regelung des § 184 Abs 3 zur Beschwerde berechtigt. Es bedarf keiner konkreten Feststellung, ob eigene Rechte durch die Entscheidung unmittelbar betroffen sind.

17 g) Hat die **zuständige Verwaltungsbehörde** von ihrem Anfechtungsrecht nach § 1600 Abs 1 Nr 5 BGB Gebrauch gemacht, folgt die Beschwerdeberechtigung allein aus der Beteiligung am Verfahren als Antragsteller, soweit der Antrag zurück gewiesen wurde (§ 59 Abs 2)

18 h) Hat das Gericht irrtümlich **Personen** oder **Behörden** am Verfahren **nicht beteiligt**, die nach § 172 zu beteiligen waren, sind diese beschwerdeberechtigt, was § 184 Abs 3 ausdrücklich klarstellt. Die für sie geltende Beschwerdefrist (§ 63 Abs 1) beginnt nicht, weil ihnen gegenüber der Beschluss nicht schriftlich bekannt gegeben wurde (§ 63 Abs 3).

19 i) **Anderen Personen**, auf die sich die Entscheidung nur mittelbar auswirkt, steht ein Beschwerderecht nicht zu. Verwandte der Beteiligten, wie etwa (Groß-)Eltern oder Geschwister, bzw Dritte, die über das Umgangsrecht, Unterhaltsansprüche oder erbrechtliche Positionen nur mittelbar betroffen sind, sind nicht beschwerdeberechtigt (BTDrs 16/6308 S 368; Unger § 58 Rz 7 f; Prütting/Helms/*Stößer* § 184 Rn 11; Keidel/*Engelhardt* § 184 Rn 4).

§ 185 Wiederaufnahme des Verfahrens

(1) Der Restitutionsantrag gegen einen rechtskräftigen Beschluss, in dem über die Abstammung entschieden ist, ist auch statthaft, wenn ein Beteiligter ein neues Gutachten über die Abstammung vorlegt, das allein oder in Verbindung mit den im früheren Verfahren erhobenen Beweisen eine andere Entscheidung herbeigeführt haben würde.

(2) Der Antrag auf Wiederaufnahme kann auch von dem Beteiligten erhoben werden, der in dem früheren Verfahren obsiegt hat.

(3) Für den Antrag ist das Gericht ausschließlich zuständig, das im ersten Rechtszug entschieden hat; ist der angefochtene Beschluss von dem Beschwerdegericht oder dem Rechtsbeschwerdegericht erlassen, ist das Beschwerdegericht zuständig. Wird der Antrag mit einem Nichtigkeitsantrag oder mit einem Restitutionsantrag nach § 580 der Zivilprozessordnung verbunden, ist § 584 der Zivilprozessordnung anzuwenden.

(4) § 586 der Zivilprozessordnung ist nicht anzuwenden.

A. Allgemeines

Endentscheidungen in Abstammungsverfahren erwachsen in formelle und gemäß § 184 Abs 2 über die Verfahrensbeteiligten hinaus in materielle Rechtskraft. Durch die Wiederaufnahme eines abgeschlossenen Verfahrens kann die Aufhebung einer rechtskräftigen Entscheidung und eine anderweitige gerichtliche Beurteilung herbeigeführt werden. Im Zivilverfahren verfolgen die Nichtigkeits- und die Restitutionsklage diese Ziele (§ 578 Abs 1 ZPO), wobei die Nichtigkeitsklage unabhängig von der Kausalität auf schwere Verfahrensverstöße (§ 579 Abs 1 Nr 1–4 ZPO) und die Restitutionsklage auf fehlerhafte sowie kausale Entscheidungsgrundlagen bezogen ist. In Kindschaftssachen iSv § 640 Abs 2 ZPO aF erweiterte § 641i ZPO aF die Restitutionsgründe des § 580 ZPO um die Vorlage eines neuen Gutachtens. Die Regelungen in § 185 Abs 1–3 entsprechen dem bisherigen § 641 Abs 1–3 ZPO aF. Daneben kann nach § 48 Abs 2, da § 118 die entsprechende Geltung der §§ 578–591 ZPO nur für Ehesachen und Familienstreitsachen anordnet, ein rechtskräftig beendetes Verfahren in entsprechender Anwendung der Vorschriften des Buches 4 der ZPO wieder aufgenommen werden, so dass in Abstammungssachen neben § 185 die §§ 578 bis 591 ZPO anwendbar sind.

Durch den Wiederaufnahmeantrag nach § 185 Abs 1 wird den Verfahrensbeteiligten die Möglichkeit eröffnet, für den positiven oder negativen Nachweis der Abstammung neue wissenschaftliche Erkenntnisse zu nutzen (BGH FamRZ 1994, 237, 238 f; OLG Hamm FamRZ 1986, 1026). Zukünftig können das Abstammungsklärungsverfahren nach § 1598a BGB und die zuverlässige genetische Abstammungsanalyse den Anwendungsbereich des Wiederaufnahmeverfahrens erweitern.

B. Dreistufiger Prüfungsumfang

Das Wiederaufnahmeverfahren ist in drei Stufen gegliedert. In der **ersten Stufe** ist die Zulässigkeit des Wiederaufnahmeverfahrens festzustellen, für die der Antragsteller ein neues Gutachten über die Abstammung vorlegen und einen abweichenden Verfahrensausgang oder -verlauf behaupten muss (Rz 4 ff). Im **zweiten Verfahrensabschnitt** ist zu klären, ob die Behauptung schlüssig ist und das neue Gutachten die frühere Entscheidung zu erschüttern vermag (Rz 11). Ist die Wiederaufnahme des Abstammungsverfahren danach zulässig und begründet, ist in der **dritten Verfahrensstufe** in die Neuverhandlung und -entscheidung des Verfahrens einzutreten (Rz 12).

§ 185 FamFG | Wiederaufnahme des Verfahrens

I. Zulässigkeit des Restitutionsantrags

4   Die Wiederaufnahme eines rechtskräftig abgeschlossenen Abstammungsverfahrens ist nach § 185 Abs 1 zulässig, wenn über die Abstammung eines Kindes im Vorverfahren mit Rechtskraftwirkung entschieden wurde und ein neues Gutachten vorgelegt wird.

1. Anwendungsbereich

5   In **Vaterschaftsfeststellungs- und Vaterschaftsanfechtungsverfahren** (OLG Hamm FamRZ 1986, 1026) wird eine gerichtliche Entscheidung über die Abstammung eines Kindes unabhängig davon getroffen, ob dem Antrag stattgegeben oder dieser zurückgewiesen wird (BGH FamRZ 2003, 1833; OLG Köln FamRZ 2002, 673). Ob im Vorverfahren mit dem Antrag auf Feststellung der Vaterschaft einen Unterhaltsantrag nach § 237 (bisher Annexverfahren nach § 653 ZPO aF) verbunden war, ist unerheblich (BGH FamRZ 1993, 943 f). Auch die Feststellung der (Un-)Wirksamkeit der **Anerkennung der Vaterschaft** (§ 169 Rz 9; *Braun* FamRZ 1989, 1129, 1132) führt zu einer Entscheidung über die Abstammung des Kindes. Nach einer Entscheidung über die Abstammung kann das Wiederaufnahmeverfahren auch postmortal betrieben werden (OLG Hamm FamRZ 1986, 1026). Schließlich ist die Wiederaufnahme zulässig, wenn im Vorverfahren verfahrenswidrig über die Abstammung durch Anerkenntnisurteil bzw -beschluss entschieden wurde (BGH FamRZ 1994, 696).

6   § 185 findet hingegen **keine Anwendung** auf Abstammungsklärungsverfahren nach § 169 Nr 2 und 3, weil diese nur die Einwilligung in eine genetische Abstammungsuntersuchung bzw die Einsicht in ein daraufhin erstelltes Abstammungsgutachten zum Gegenstand haben. Mit einem Restitutionsantrag kann ebenfalls nicht ein Vaterschaftsanfechtungsverfahren wieder aufgenommen werden, in dem der Antrag wegen **Versäumung der Anfechtungsfrist** zurückgewiesen wurde (BGH FamRZ 1982, 48), denn auch insoweit erfolgt keine Entscheidung des Gerichts über die Abstammung des Kindes. Auch wenn ein Verfahrensbeteiligter nach § 1598a Abs 1 oder 2 BGB mit Einwilligung der Beteiligten oder nach deren gerichtlicher Ersetzung ein neues Abstammungsgutachten außergerichtlich eingeholt hat, kann er auf dieses Gutachten einen Restitutionsantrag nicht stützen, wenn eine frühere Anfechtungsklage wegen Fristablaufs abgewiesen worden war (Art 229 § 17 EGBGB; *Wellenhofer* NJW 2008, 1185, 1188). Schließlich treffen Verfahren oder Rechtsstreitigkeiten, in denen die Abstammung eines Kindes ausnahmsweise als Vorfrage inzident geklärt wurde (§ 169 Rz 23 ff), keine insoweit in Rechtskraft erwachsende Entscheidung.

2. Neues Gutachten

7   Ein Verfahrensbeteiligter muss ein neues Gutachten über die Abstammung vorlegen, das allein oder in Verbindung mit den im früheren Verfahren erhobenen Beweisen eine andere Entscheidung herbeigeführt haben würde (BGH FamRZ 2003, 1833, 1834). Die Vorlage eines neuen Gutachtens über die Abstammung ist **Zulässigkeitsvoraussetzung** des Restitutionsantrags. Bei einem neuen Gutachten handelt es sich um eine schriftliche Ausarbeitung auf der Grundlage der sachverständig beurteilten naturwissenschaftlichen Erkenntnisse, die die Abstammung eines Verfahrensbeteiligten von einem anderen Beteiligten zum Gegenstand hat. Diese Erkenntnisse müssen auf den konkreten Sachverhalt des Vorverfahrens bezogen sein (BGH FamRZ 1989, 1067) und dürfen sich nicht in abstrakten wissenschaftlichen Auseinandersetzungen zu Nachweismöglichkeiten oder der Vererblichkeit genetischer Merkmale erschöpfen. Die sachverständige Beurteilung, die sowohl in einem Privatgutachten als auch in einem Gutachten eines anderen – beizuziehenden – gerichtlichen Verfahrens erfolgt sein kann, muss sich auf ein DNA- oder Blutgruppengutachten, ein anthropologisch-erbbiologisches Gutachten, ein Gutachten über die Tragezeit oder über die Zeugungsfähigkeit beziehen (BGH FamRZ 2003, 1833).

Ein Gutachten, das offensichtlich das Ergebnis des im Vorverfahren eingeholten Gutachtens bestätigt, genügt diesen Anforderungen nicht (OLG Hamm OLGR 1997, 92, 93; offen gelassen BGH FamRZ 2003, 1833, 1834). Der Antragsteller kann sich auch auf ein Gutachten beziehen, das in einem anderen Verfahren erstattet wurde und in das er nicht einbezogen war (BGH FamRZ 1994, 694, 695). Selbst wenn im Vorverfahren kein Gutachten eingeholt und unter Verstoß gegen die Verpflichtung zur Amtsermittlung – etwa aufgrund eines Anerkenntnisses – entschieden wurde, ist ein Wiederaufnahmeantrag nach § 185 möglich (BGH FamRZ 1994, 694, 696). Auf einen – nicht verwertbaren (§ 171 Rz 15) – heimlichen Vaterschaftstest kann der Restitutionsantrag nicht gestützt werden. Die Vorlage eines neuen Gutachtens kann nicht durch einen Antrag auf Einholung eines Gutachtens oder einen anderen Beweisantritt ersetzt werden (OLG Celle FamRZ 2000, 1510, 1512; Zöller/*Philippi* § 641i Rn 11). Ein Verfahrensbeteiligter oder Dritter kann auch nicht durch das Wiederaufnahmeverfahren zur Teilnahme an einer Abstammungsuntersuchung nach § 178 gezwungen werden (OLG Zweibrücken FamRZ 2005, 735; OLG Celle, FamRZ 2000, 1510, 1512 mwN; s § 169 Rz 19). Künftig werden sich die Probleme eines neuen Gutachtens für die Verfahrensbeteiligten durch das **Abstammungsklärungsverfahren** für die dort Anspruchsberechtigten relativieren. Mit Einwilligung oder nach deren gerichtlicher Ersetzung (§ 1598a Abs 1 und 2 BGB) haben die Berechtigten die Möglichkeit, das außergerichtlich eingeholte genetische Abstammungsgutachten, das auf neueren Erkenntnissen beruhen und ggf zu anderen Ergebnissen führen kann, für ihren Wiederaufnahmeantrag zu verwenden.

Das neue Gutachten muss mit dem Restitutionsantrag vorgelegt werden, anderenfalls ist der Antrag unzulässig (BGH FamRZ 1989, 1067; OLG Zweibrücken FamRZ 2005, 735). Ist das mit dem Antrag vorgelegte Gutachten nicht ausreichend, kann es im Verfahren **ergänzt werden** und einen bis dahin unzulässigen Antrag zulässig machen (BGH FamRZ 2003, 1833). Für die früheren ZPO-Kindschaftssachen galt der Schluss der mündlichen Verhandlung oder der nach § 128 Abs 2 ZPO gleichgestellte Zeitpunkt. Im einseitigen Abstammungsverfahren ist eine mündliche Verhandlung nicht vorgeschrieben, auch wenn ein Erörterungstermin nach § 175 Abs 1 vor einer Beweisaufnahme erfolgen soll. Damit besteht keine Frist, innerhalb derer der Antragsteller ein neues Gutachten inhaltlich ergänzen kann. Das Gericht hat den Antragsteller jedoch auf Mängel des Gutachtens hinzuweisen, um ihm Gelegenheit zur Ergänzung zu geben. 8

Das Gutachten ist **neu**, wenn es im vorangegangenen Verfahren nicht vorlag und daher nicht verwertet werden konnte. War es bereits vor Abschluss des Vorverfahrens erstellt, ist es gleichwohl neu, wenn der Antragsteller schuldlos außerstande war, dieses in das Vorverfahren – ggf im Beschwerdeverfahren – einzuführen oder sich hierauf zu berufen (BGH FamRZ 1989, 374, 375). Das neue Gutachten muss nicht auf (neuen) Befunden beruhen, sondern kann auch nach Aktenlage erstattet worden sein (BGH FamRZ 1989, 374, 375). Neue wissenschaftliche Erkenntnisse oder Untersuchungsmethoden sind nicht zwingend, weil auch die Darstellung von Fehlern im Gutachten des Erstverfahrens aufgrund eigenständiger und neuer Auswertung sowie Beurteilung (BGH FamRZ 2003, 1833, 1834) ausreichend ist (BGH FamRZ 1993, 943, 944). 9

3. Andere Entscheidung

Der Antragsteller muss geltend machen, im Vorverfahren wäre – möglicherweise – unter Berücksichtigung des vorgelegten neuen Gutachtens eine andere Entscheidung ergangen (BGH FamRZ 2003, 1833, 1834). Hierfür genügt die Behauptung, dass das neue Gutachten auf der Grundlage der aktuellen Erkenntnisse sowie einer im Wiederaufnahmeverfahren einzuholenden DNA-Analyse die sehr hohe Wahrscheinlichkeit für oder gegen die Vaterschaft belege. 10

II. Wiederaufnahmegrund

11 Im **zweiten Verfahrensabschnitt** ist zu prüfen, ob die Behauptung des Antragstellers schlüssig ist und insoweit zutrifft, dass das neue Gutachten die Feststellungen und die Richtigkeit der Entscheidung im Vorverfahren zu erschüttern geeignet ist. In Betracht kommt, dass das Verfahren bei Einbeziehung des neuen Gutachtens noch nicht entscheidungsreif gewesen wäre und weitere Beweiserhebungen erfordert hätte (BGH FamRZ 1980, 880, Zöller/*Philippi* § 641i Rn 10) oder anders hätte entschieden werden müssen. Für diese Feststellung ist – anders als im Regressverfahren – nicht darauf abzustellen, wie im damaligen Verfahren richtigerweise hätte entschieden werden müssen, sondern wie das Gericht des Vorverfahrens unter Berücksichtigung der Erkenntnisse aus dem neuen Gutachten hypothetisch geurteilt hätte (BGH FamRZ 2003, 1833, 1834). Erhöht das neue Gutachten die Vaterschaftswahrscheinlichkeit lediglich von 91,5% auf 93,6% kann unter Berücksichtigung widersprüchlicher Aussagen der Mutter in vorangegangenen Vaterschaftsfeststellungsverfahren zu ihren intimen Beziehungen in der gesetzlichen Empfängniszeit die Annahme gerechtfertigt sein, dass die geringfügig höhere Wahrscheinlichkeit nicht zu einer anderen Entscheidung im Vorverfahren geführt hätte (BGH FamRZ 2003, 1833, 1835).

III. Wiederaufnahmeentscheidung

12 Wird die Zulässigkeit des Antrags oder das Vorliegen eines Wiederaufnahmegrundes verneint, weist das Gericht den Antrag zurück. Kommt das Gericht zu dem Ergebnis, dass der Restitutionsantrag zulässig und der Restitutionsgrund begründet ist, ist das vorangegangene Verfahren fortzusetzen. Nach der Rechtsprechung des BGH (FamRZ 1993, 943, 945; 1989, 374, 376) ist hierüber durch einen selbständig anfechtbaren Beschluss als Zwischenentscheidung zu befinden und die Entscheidung des Vorverfahrens aufzuheben. Nach aA kann dies auch zusammen mit der Endentscheidung in der Hauptsache erfolgen (Zöller/*Philippi* § 641i Rn 15). In der **dritten Stufe** des Wiederaufnahmeverfahrens ist das Vorverfahren fortzusetzen, indem die Abstammung erneut erörtert (§ 175), die im Rahmen des § 177 erforderlichen Ermittlungen veranlasst, sowie Beweise erhoben werden und schließlich erneut über die Abstammung entschieden wird.

C. Wiederaufnahmeverfahren

13 I. Nach § 185 Abs 3 ist für den (isolierten) Wiederaufnahmeantrag nach Abs 1 **ausschließlich** das Gericht **zuständig**, das über die Abstammung im Vorverfahren rechtskräftig entschieden hat. Da das Abstammungsverfahren in der Hauptsache fortzusetzen ist, hat das FamG oder das Beschwerdegericht über die Wiederaufnahme zu entscheiden. Bei einer Entscheidung des Rechtsbeschwerdegerichts verbleibt die Zuständigkeit beim Beschwerdegericht (§ 185 Abs 3 Satz 1 2 Hs). Will der Antragsteller den Wiederaufnahmeantrag nach § 185 Abs 1 mit einem Nichtigkeitsantrag (§ 579 ZPO) oder einem Restitutionsantrag nach § 580 ZPO verbinden (§ 48 Abs 2), so bestimmt sich die Zuständigkeit nach § 584 ZPO.

14 II. Einen Wiederaufnahmeantrag, für den die vorgenannten und allgemeinen Voraussetzungen (§ 23) gelten, können alle Verfahrensbeteiligten des Vorverfahrens stellen, auch wenn sie in diesem Verfahren obsiegt hatten (§ 185 Abs 2). Einer **Beschwer** bedarf es für die **Antragsberechtigung** nach § 185 nicht (BGH FamRZ 1994, 694, 696). Für die Beschwerde gegen die Entscheidung im Wiederaufnahmeverfahren gelten die allgemeinen Voraussetzungen des Beschwerdeverfahrens (§ 184 Rz 8). Ist ein Verfahrensbeteiligter verstorben, können seine Erben den Restitutionsantrag nicht erheben (OLG Stuttgart FamRZ 1982, 193).

15 III. Der Wiederaufnahmeantrag nach § 185 ist an **keine Antragsfrist** gebunden, denn nach Abs 4 findet § 586 ZPO, der eine Notfrist von einem Monats vorschreibt, keine Anwendung. Werden Nichtigkeits- oder Restitutionsgründe nach §§ 579, 580 ZPO iVm § 48 Abs 2 geltend gemacht, gilt indes insoweit § 586 ZPO (OLG Düsseldorf FamRZ 2002, 1268). Ein Anwaltszwang besteht für das Wiederaufnahmeverfahren gemäß § 114 Abs 1 in beiden Instanzen nicht. Das Restitutionsverfahren kann als postmortales Abstammungsverfahren von den Antragsberechtigten geführt werden, wenn ein früherer Verfahrensbeteiligter verstorben ist (OLG Celle FamRZ 2000, 1510 ff; KG FamRZ 1998, 382).

Abschnitt 5
Verfahren in Adoptionssachen

Einführung zu Abschnitt 5: Verfahren in Adoptionssachen

A. Reform

1 Das gerichtliche Verfahren der Annahme als Kind war bisher unter den Vormundschaftssachen in den §§ 43b, 55c, 56d bis 56f FGG geregelt. Das FamFG führt nun den neuen Gesetzesbegriff der »Adoptionssache« ein, weist ihm einen eigenen Abschnitt zu und definiert ihn in § 186. Auch die Verfahren, die die Annahme als Kind betreffen, fallen nach § 186 Nr 1 darunter. Daneben sind die Ersetzung der Einwilligung zur Annahme als Kind (§ 186 Nr 2), die Aufhebung des Annahmeverhältnisses (§ 186 Nr 3) und die Befreiung vom Eheverbot des § 1308 Abs 1 BGB (§ 186 Nr 4) Adoptionssachen im Sinne der Legaldefinition.

2 Die wichtigste Neuerung besteht sicherlich darin, dass die in § 111 enthaltene Aufzählung der einzelnen Arten von Familiensachen auch die Adoptionssachen nennt (§ 111 Nr 4). Die mit dem FamFG verbundene Auflösung des Vormundschaftsgerichts und Einführung des Großen Familiengerichts bewirkt für Adoptionsverfahren mithin eine »Umwidmung« von Vormundschafts- zu Familiensachen und überträgt sie auf das Familiengericht. Dies rechtfertigt sich aus den vielfältigen Bezügen der Adoptionssachen zu den klassischen Familiensachen (BTDrs 16/6308 S 246). Dementsprechend wurde auch in den materiell-rechtlichen Adoptionsvorschriften (§§ 1741 ff BGB) jeweils der Begriff »Vormundschaftsgericht« durch »Familiengericht« ersetzt. Die Zuständigkeit des Familiengerichts bezieht auch die Adoption Volljähriger ein (*Schulte-Bunert* Rn 668).

3 Im Übrigen unterliegen die Adoptionssachen aber weiterhin dem Verfahrensrecht der freiwilligen Gerichtsbarkeit (BTDrs 16/6308 S 169). Die verfahrensrechtlichen Sonderbestimmungen der §§ 55c, 56d bis 56f FGG wurden inhaltlich weitgehend übernommen (vgl BTDrs 16/6308 S 169).

B. Zuständigkeit

I. Sachliche Zuständigkeit

4 Die sachliche Zuständigkeit für Adoptionssachen verbleibt wie bisher beim Amtsgericht. Mit der Unterordnung der Adoptionssachen unter die Familiensachen durch § 111 (Nr 4) gehören sie auch zur Zuständigkeit der Amtsgerichte für Familiensachen nach § 23a Nr 1 GVG.

II. Internationale und örtliche Zuständigkeit

5 Die örtliche Zuständigkeit in Adoptionssachen hat in § 187 eine umfassende Regelung erfahren; die internationale Zuständigkeit in § 101.

III. Funktionale Zuständigkeit

6 Im Hinblick auf die funktionale Zuständigkeit ist zunächst die Zuweisung von Familiensachen, und damit auch Adoptionssachen, an die Abteilungen für Familiensachen (Familiengerichte) beachtlich. Für die Adoptionssachen nach § 186 Nr 4 entspricht dies der bisherigen Rechtslage; für die in § 186 Nr 1 bis 3 genannten Adoptionssachen ist dies neu.

7 Innerhalb der Abteilung für Familiensachen sind die Adoptionssachen grds aufgrund der Neuregelung des § 3 Nr 2a) RPflG dem Rechtspfleger übertragen. Dies ist allerdings nur gesetzessystematisch der Grundsatz. Entsprechend dem Ziel des Gesetzgebers, die bisherige Aufgabenverteilung zwischen Richter und Rechtspfleger in diesem Bereich unverändert zu belassen (BTDrs 16/6308 S 321), sehen § 14 Abs 1 Nr 13, 14 RPflG weitgehende Vorbehalte zugunsten des Richters vor, die dazu führen, dass die Aufgaben, die er bisher wahrgenommen hat, auch weiterhin ihm verbleiben (vgl § 14 Abs 1 Nr 3 f) und Nr 18 Alt 3 RPflG aF sowie BTDrs 16/6308 S 321). Die Entscheidung durch den Richter bereits im ersten Rechtszug ist insbes hinsichtlich des Beschlusses über die Annahme als Kind auch verfassungsrechtlich durch Art 19 Abs 4 GG geboten, da in die elterliche Sorge und somit ein Grundrecht nach Art 6 GG eingegriffen wird und außerdem der Annahmebeschluss unanfechtbar nach § 197 Abs 3 ist (MüKoBGB/*Maurer* § 1752 Rn 7).

§ 14 Abs 1 Nr 13 RPflG behält, soweit darin eine richterliche Entscheidung enthalten **8** ist, folgende Adoptionssachen dem Richter vor:
– Die Entscheidung über die Annahme als Kind einschließlich der Entscheidung über den Namen des Kindes nach §§ 1742, 1768, 1757 Abs 4 BGB (Adoptionssachen gem § 186 Nr 1)
– Die Genehmigung der Einwilligung des Kindes zur Annahme nach § 1746 Abs 1 Satz 4 BGB (Adoptionssache gem § 186 Nr 1)
– Die Ersetzung der Einwilligung oder der Zustimmung zu einer Annahme als Kind nach §§ 1746 Abs 3, 1748, 1749 Abs 1 BGB (Adoptionssachen gem § 186 Nr 2)
– Die Aufhebung des Annahmeverhältnisses nach §§ 1760, 1763, 1771 BGB samt einer etwaigen Entscheidung zur Namensführung nach § 1765 Abs 2 BGB (Adoptionssachen gem § 186 Nr 3)

§ 14 Abs 1 Nr 14 RPflG behält dem Richter die Befreiung vom Eheverbot der durch die **9** Annahme als Kind begründeten Verwandtschaft in der Seitenlinie nach § 1308 Abs 2 BGB vor (Adoptionssache gem § 186 Nr 4).

In der Zuständigkeit des Rechtspflegers bleibt danach nur die Erteilung der Bescheini- **10** gung über den Eintritt der Vormundschaft des Jugendamtes im Fall des § 190, die Anordnung des Verbots der Offenbarung oder Ausforschung der Adoptionsumstände nach § 1758 Abs 2 S 2 BGB sowie die Anordnung nach § 1765 Abs 3 BGB, als Ehe- oder Lebenspartnerschaftsnamen den Geburts- statt des durch die Annahme als Kind erworbenen Namens zu führen (Jansen/*Müller-Lukoschek* § 43b Rn 67). Regelmäßig wird in den beiden letztgenannten Fällen allerdings der Richter die Entscheidung (mit-)übernehmen, da dies sachdienlich im Sinne des § 6 RPflG ist (Jansen/*Müller-Lukoschek* § 43b Rn 67). Da der Rechtspfleger grds zuständig ist, kann er über die Abgabe an ein anderes Gericht entscheiden, auch wenn dort nur richterliche Aufgaben wahrzunehmen sind (KG Rpfleger 1979, 135; Jansen/*Müller-Lukoschek* § 43b Rn 67).

Die Einordnung der Adoptionssachen in § 111 Nr 4 bewirkt allgemein, dass die für **11** Verfahren vor dem Familiengericht einschlägigen gerichtsverfassungsrechtlichen Regelungen anzuwenden sind (BTDrs 16/6308 S 246). Rechtsmittelgericht ist deshalb nicht mehr das Landgericht, sondern nach § 119 Abs 1 Nr 1a) GVG das Oberlandesgericht (BTDrs 16/6308 S 246 f; *Schulte-Bunert* Rn 668).

C. Anwaltszwang

Vor dem Familiengericht wie auch vor dem Oberlandesgericht als Rechtsmittelgericht **12** ist eine Vertretung durch einen Rechtsanwalt, im Ergebnis wie bisher, nicht geboten (arg e § 114 Abs 1, 2).

D. Öffentlichkeit, Akteneinsicht

Die Anwendung der gerichtsverfassungsrechtlichen Regelungen für Familiensachen (s **13** Rz 11) führt auch für Adoptionssachen zunächst zum Grundsatz der Öffentlichkeit nach § 169 GVG. Indes verkehrt § 170 Satz 1 GVG diesen Grundsatz für Familiensachen ins

Gegenteil; sie sind nicht öffentlich. Nach § 170 Satz 2 GVG kann das Gericht zwar die Öffentlichkeit zulassen, aber nicht gegen den Willen eines Beteiligten. In Adoptionssachen wird ein Zulassen der Öffentlichkeit schon wegen des hohen Stellenwertes des Adoptionsgeheimnisses (vgl § 1358 BGB) kaum in Betracht kommen.

14   Das Adoptionsgeheimnis wird im Übrigen durch die Versagung der Akteneinsicht nach Art 13 Abs 2 Satz 2 verfahrensrechtlich abgesichert.

E. Gebühren

15   Adoptionsverfahren, die die Annahme eines Minderjährigen als Kind betreffen, sind – wie nach bisherigem Recht – gebührenfrei (BTDrs 16/6308 S 312). Adoptionssachen, die einen Volljährigen betreffen, lösen eine (2,0-) Gebühr nach Nr 1320 KV FamGKG aus.

§ 186 Adoptionssachen

Adoptionssachen sind Verfahren, die
1. die Annahme als Kind,
2. die Ersetzung der Einwilligung zur Annahme als Kind,
3. die Aufhebung des Annahmeverhältnisses oder
4. die Befreiung vom Eheverbot des § 1308 Abs. 1 des Bürgerlichen Gesetzbuchs betreffen.

Übersicht

	Rz		Rz
A. Allgemeines	1	3. Prüfung durch das Gericht	22
B. Annahme als Kind (Nr 1)	2	4. Entscheidung des Gerichts	25
I. Begriff	2	D. Aufhebung des Annahmebeschlusses (Nr 3)	26
II. Gang des Verfahrens	3	I. Begriff	26
1. Einleitung des Verfahrens	3	II. Verfahren	27
2. Prüfung durch das Gericht	8	1. Einleitung des Verfahrens	27
a) Amtsermittlungsgrundsatz	8	2. Prüfung durch das Gericht	31
b) Prüfungsgegenstand	9	3. Entscheidung des Gerichts	34
3. Entscheidung des Gerichts	17	E. Befreiung vom Eheverbot des § 1308 Abs 1 BGB (Nr 4)	35
C. Ersetzung der Einwilligung zur Annahme als Kind (Nr 2)	18	I. Begriff	35
I. Begriff	18	II. Verfahren	36
II. Verfahren	19	F. Keine Adoptionssachen	38
1. Rechtsnatur des Verfahrens	19		
2. Einleitung des Verfahrens	20		

A. Allgemeines

Die Vorschrift führt den Begriff der Adoptionssache als neuen Gesetzesbegriff ein und zählt die darunter fallenden Verfahren auf, nämlich das Verfahren auf Annahme als Kind (Nr 1) sowie bestimmte weitere Einzelverfahren mit Bezug zur Adoption (Nr 2 bis 4). Die Legaldefinition der Adoptionssache gilt über das FamFG hinaus, bspw für den entsprechenden Begriff in §§ 3 Nr 2a, 14 Abs 1 RPflG. 1

B. Annahme als Kind (Nr 1)

I. Begriff

Mit Verfahren, die die Annahme als Kind betreffen, meint § 186 Nr 1 sowohl die Annahme Minderjähriger als auch die Annahme Volljähriger (BTDrs 16/6308 S 247). Erfasst ist das gesamte Verfahren einschließlich seiner unselbstständigen Teile. Es gehören dazu alle Verrichtungen, die im Verfahren anfallen oder anfallen können, etwa die Entgegennahme von Anträgen und Einwilligungen sowie Zustimmungen, die Einholung von Gutachten und Anhörungen (so zum alten Recht Jansen/*Müller-Lukoschek* § 43b Rn 46), weiterhin zB der Ausspruch zur Namensführung nach § 1757 BGB oder die gerichtliche Genehmigung nach § 1746 Abs 1 S 4 BGB (BTDrs 16/6308 S 247; *Schulte-Bunert* Rn 669). 2

II. Gang des Verfahrens

1. Einleitung des Verfahrens

Das gerichtliche Annahmeverfahren wird durch Einreichung eines Antrags (vgl §§ 1752, 1768 BGB) eingeleitet, den bei der Minderjährigenadoption der Annehmende (§ 1752 Abs 1 BGB), bei der Volljährigenadoption der Annehmende und der Anzunehmende (§ 1768 Abs 1 S 1 BGB) zu stellen haben. Dem Antrag geht bei der Minderjährigenadoption regelmäßig ein Adoptionsvermittlungsverfahren voraus, das von Adoptionsvermittlungsstellen, häufig dem Jugendamt, durchgeführt wird (vgl dazu insbes die Be- 3 stimmungen des AdVermiG). In jedem Fall geht dem gerichtlichen Verfahren ein notarielles Beurkundungsverfahren voraus, da der Antrag nach § 1752 Abs 2 S 2 BGB (ggf iVm § 1767 Abs 2 S 1 BGB) notarieller Beurkundung bedarf.

4 Adressat des Antrags ist das Familiengericht, vgl §§ 1752 Abs 1, 1768 Abs 1 S 1 BGB. Ihm muss der Antrag zugehen, und zwar in Ausfertigung; beglaubigte Abschrift reicht nicht (Müller/Sieghörtner/Emmerling de Oliveira/*Sieghörtner* Rn 153). Der Antrag wird in der Regel vom beurkundenden Notar eingereicht, was zulässig ist, arg § 1753 Abs 2 BGB (*Dodegge* FPR 2001, 321, 322). Er kann bis zur Wirksamkeit des Annahmebeschlusses (s § 197 Rz 9 ff) zurückgenommen werden, arg § 1750 Abs 4 S 1 BGB (Beck'sches Notarhandbuch/*Grziwotz*, B V Rn 49). Die Rücknahmeerklärung unterliegt, wie auch der Annahmeantrag selbst (§ 1752 Abs 2 S 1 BGB), dem Gebot der Höchstpersönlichkeit sowie der Bedingungs- und Befristungsfeindlichkeit (Beck'sches Notarhandbuch/*Grziwotz* B V Rn 49). Ob sie formgebunden ist, ist umstritten (BayObLGZ 1982, 318, 321 f: formfrei; Erman/*Saar* § 1752 Rn 4 mwN: öffentliche Beurkundung). Das Recht auf Rücknahme ist unvererblich (BayObLG NJW-RR 1996, 1092; Beck'sches Notarhandbuch/*Grziwotz*, B V Rn 49). Durch die Rücknahme wird das Adoptionsverfahren beendet (*Wuppermann* Rn 128).

5 Ist ein Antrag auf Adoption eines minderjährigen Kindes gestellt und wird dieses im Lauf des Verfahrens volljährig, so kann der Antrag nicht entsprechend umgedeutet werden, sondern es ist den Beteiligten Gelegenheit zur Stellung eines Antrags auf Volljährigenadoption zu geben (OLG Hamm NJWE-FER 2001, 95; OLG Karlsruhe FamRZ 2000, 768; *Dodegge* FPR 2001, 321, 322).

6 Neben dem Adoptionsantrag und den notwendigen Einwilligungen, die ebenfalls in Ausfertigungen einzureichen sind, sollten dem Gericht bei der Minderjährigenadoption vor allem folgende Unterlagen zugeleitet werden, wobei insoweit beglaubigte Abschriften genügen (Müller/Sieghörtner/Emmerling de Oliveira/*Sieghörtner* Rn 154):
– Geburtsurkunden des Annehmenden und des Anzunehmenden
– ggf Heiratsurkunden des Annehmenden bzw Anzunehmenden
– ggf Sterbeurkunden der Personen, deren Einwilligung erforderlich wäre
– Nachweise der Staatsangehörigkeit des Annehmenden und der Staatsangehörigkeit des Anzunehmenden; hierbei genügen in der Regel Auskünfte der Ortspolizeibehörden
– Ärztliche Zeugnisse über den Annehmenden und den Anzunehmenden; teilweise wird auch ein AIDS-Test verlangt (so LG Berlin FamRZ 1989, 427 für Annehmenden und Anzunehmenden; KG FamRZ 1991, 1101 für Anzunehmenden; s.u. Rz 12)
– Polizeiliches Führungszeugnis des Annehmenden.

7 Soweit schon vorhanden, kann zweckmäßigerweise auch sogleich die fachliche Äußerung nach § 189 mit vorgelegt werden (*Grauel* ZNotP 2001, 185, 188).

2. Prüfung durch das Gericht

a) Amtsermittlungsgrundsatz

8 Das Gericht hat alle formellen und materiellen Voraussetzungen für die Annahme zu prüfen. Es gilt der Grundsatz der Amtsermittlung, § 26. Das Gericht entscheidet grds nach der Lage des Einzelfalls nach seinem pflichtgemäßen Ermessen über Art und Umfang der Ermittlungen und der Beweiserhebung. Dieses Ermessen ist aber im Verfahren über die Annahme als Kind durch spezielle Ermittlungsvorschriften teilweise gebunden (vgl BayObLG FamRZ 1993, 1480). § 189 schreibt als notwendige Erkenntnisquelle bei der Minderjährigenadoption eine fachliche Äußerung einer Adoptionsvermittlungsstelle vor. §§ 192 bis 195 statuiert bestimmte Anhörungspflichten.

b) Prüfungsgegenstand

Neben der Zuständigkeit wird das Gericht zunächst das Vorliegen des Annahmeantrags und der notwendigen Einwilligungen, jeweils samt ihrer (formellen und sonstigen) Wirksamkeit, prüfen.

In die Annahme müssen bei der Minderjährigenadoption ggf einwilligen:
- das über vierzehnjährige Kind, § 1746 Abs 1 S 1 BGB, wobei es der Zustimmung des gesetzlichen Vertreters bedarf, § 1746 Abs 1 S 3 Hs 2 BGB
- der gesetzliche Vertreter, wenn das Kind noch nicht vierzehn Jahre alt oder geschäftsunfähig ist, § 1746 Abs 1 S 2 BGB
- die leiblichen Eltern des Kindes, § 1747 BGB
- bei Annahme durch einen Ehegatten bzw Lebenspartner allein der andere Ehegatte bzw Lebenspartner, § 1749 Abs 1 BGB bzw § 9 Abs 6 LPartG
- bei Annahme eines Verheirateten dessen Ehegatte, § 1749 Abs 2 BGB

Für die Volljährigenadoption gilt Entsprechendes. Allerdings entfällt die Einwilligung des Anzunehmenden, da er in diesem Verfahren Antragsteller ist, § 1768 Abs 1 S 1 BGB, und auch die Einwilligung seiner Eltern ist nicht erforderlich, § 1768 Abs 1 S 2 iVm § 1747 BGB. Führt der Annehmende eine Lebenspartnerschaft, so ist auch die Einwilligung seines Lebenspartners erforderlich (§ 1767 Abs 2 S 3 BGB).

Die Einwilligungen bedürfen der notariellen Beurkundung (§ 1750 Abs 1 S 2 BGB). Sie unterliegen den Geboten der Höchstpersönlichkeit (§ 1750 Abs 3 S 1 BGB), der Bedingungs- und der Befristungsfeindlichkeit (§ 1750 Abs 2 S 1 BGB). Ihr Empfänger ist nach § 1750 Abs 1 S 1 BGB das Familiengericht. Erforderlich ist insoweit die Übersendung von Ausfertigungen an das Gericht, beglaubigte Abschriften genügen nicht (OLG Hamm NJW 1982, 1002; BayObLG DNotZ 1979, 348; *Krause* NotBZ 2006, 221, 229), da nach § 47 BeurkG nur die Ausfertigung die Urschrift der notariellen Urkunde im Rechtsverkehr ersetzt. Mit dem Zugang beim Gericht, und zwar grds beim örtlich zuständigen (§ 187) Gericht (Erman/*Saar* § 1750 Rn 3), wird die Einwilligung nach § 1750 Abs 1 S 3 BGB wirksam.

Im Übrigen geht es bei der Minderjährigenadoption darum, die Prognose stellen zu können, dass sich ein Eltern-Kind-Verhältnis entwickelt und die Adoption dem Wohl des Kindes dient (§ 1741 Abs 1 S 1 BGB). Dabei ist Eltern-Kind-Verhältnis ein Verhältnis, das einem zwischen natürlichen Eltern und Kindern bestehenden Verhältnis entspricht (BGHZ 35, 75, 79 f). Dem Wohl des Kindes dient die Annahme, wenn sie »dessen Lebensbedingungen im Vergleich zu seiner gegenwärtigen Lage so ändert, dass eine merklich bessere Entwicklung der Persönlichkeit des Kindes zu erwarten ist« (BayObLG FamRZ 1997, 839, 840; Soergel/*Liermann* § 1741 Rn 7). Die Überprüfung der regelmäßig erforderlichen Probezeit (Adoptionspflege, § 1744 BGB) dient dem ebenso wie die Beachtung der Geschäftsfähigkeits- (§ 1741 Abs 2 S 4 BGB) und Alterserfordernisse (§ 1743 BGB). Abgeklärt werden ferner die Einkommensverhältnisse des Annehmenden, sein gesundheitlicher Zustand wie auch die Existenz von Vorstrafen (*Röchling* S 107). Entsprechende Nachweise sind zu erbringen zB durch Steuerbescheide, Gesundheitszeugnisse, polizeiliche Führungszeugnisse oder Strafregisterauskünfte. Die Beibringung ärztlicher Zeugnisse über den Gesundheitszustand wird regelmäßig auf der Basis der amtsgerichtlichen Aufklärungspflicht verlangt. Eine Zwischenverfügung, die die Beibringung anordnet, ist regelmäßig nicht anfechtbar (KG FamRZ 1991, 1101; anders LG Berlin FamRZ 1989, 427). Gesetzliche Grundlagen, dies bei Weigerung der Beteiligten auch zu erzwingen, bestehen allerdings nicht. Die Adoption darf in einem solchen Fall auch nicht einfach abgelehnt werden, sondern das Verhalten der Beteiligten ist im Rahmen der Entscheidung des Gerichts zu würdigen (KG FamRZ 1991, 1101 für die Weigerung, einen AIDS-Test beizubringen).

Bei der Annahme Volljähriger geht es in materieller Hinsicht darum, den unbestimmten Rechtsbegriff der »sittlichen Rechtfertigung« nach § 1767 Abs 1 BGB im Einzelfall zu würdigen, wobei nach Rechtsprechung und hM zur Ablehnung des Adoptionsantrags bereits begründete Zweifel reichen (BGH NJW 1957, 673; BayObLG FGPrax 2000, 25, 26; FamRZ 1997, 638, 639; NJW 1985, 2094; OLG Karlsruhe NJW-RR 1991, 713; OLG Köln FamRZ 2003, 1870; LG Augsburg MittBayNot 1995, 396, 397; MüKo/*Maurer* § 1767 Rn 17 mwN; aA AnwK-BGB/*Finger* § 1767 Rn 18).

15 Schutzwerte Interessen vorhandener Kinder des Annehmenden wie auch des Anzunehmenden werden bei der Annahme Minderjähriger nach § 1745 BGB berücksichtigt. Die Interessen aller Kinder sind gegeneinander abzuwägen (*Firsching/Dodegge* Rn 234). Allerdings sollen vermögensrechtliche Gesichtspunkte im Hintergrund bleiben (§ 1745 S 2 BGB). Bei der Volljährigenadoption hindern überwiegende Interessen vorhandener Kinder des Annehmenden oder des Anzunehmenden nach § 1769 BGB die Annahme, wobei vermögensrechtliche Interessen ausschlaggebend sein können (*Dodegge* FPR 2001, 321, 326). Zur Anhörung der Kinder s § 193.

16 Zu den Feststellungen des Gerichts gehört auch, ob die Geburts-, Heiratsurkunden und Staatsangehörigkeitszeugnisse der Betroffenen vorliegen (*Röchling* S 107 f).

3. Entscheidung des Gerichts

17 Das Gericht entscheidet über die Annahme durch Beschluss (Einzelheiten s.u. § 197).

C. Ersetzung der Einwilligung zur Annahme als Kind (Nr 2)

I. Begriff

18 § 186 Nr 2 behandelt folgende Verfahren:
– das Verfahren zur Ersetzung der Einwilligung oder Zustimmung des Vormunds oder Pflegers nach § 1746 Abs 3 S 1 Hs 1 BGB
– das Verfahren zur Ersetzung der Einwilligung eines Elternteils (oder beider Elternteile) nach § 1748 BGB
– das Verfahren zur Ersetzung der Einwilligung des Ehegatten bzw des Lebenspartners des Annehmenden nach § 1749 Abs 1 S 2 und 3 BGB (bei Lebenspartnerschaft iVm § 9 Abs 6 S 2 LPartG)

II. Verfahren

1. Rechtsnatur des Verfahrens

19 Die Ersetzung erfolgt in einem gesonderten Verfahren (selbstständiges »Zwischenverfahren«; OLG Celle ZfJ 1998, 262 mit dem Hinweis, dass der Beginn des Adoptionsverfahrens aber nicht Voraussetzung für das Ersetzungsverfahren ist; OLG Zweibrücken FGPrax 2001, 113, 114) vor demselben Familiengericht, das zur Entgegennahme des Annahmeantrags, der Einwilligungen, wie auch zum Erlass des Adoptionsdekrets zuständig ist (*Firsching/Dodegge* Rn 229). Vor der Reform war umstritten, ob es sich um eine Streitsache der freiwilligen Gerichtsbarkeit handelte (dafür OLG Zweibrücken FGPrax 2001, 113; dagegen MüKoBGB/*Maurer* § 1748 Rn 28 Fn 168 – jeweils für Ersetzung nach § 1748 BGB). Im Hinblick auf die nunmehr in § 112 enthaltene Definition der »Familienstreitsache«, welche § 186 Nr 2 nicht erwähnt, dürfte für eine solche Qualifizierung kein Raum (mehr) sein.

2. Einleitung des Verfahrens

20 Das Ersetzungsverfahren bedarf in den Fällen der §§ 1748, 1749 Abs 1 S 2 BGB (ggf iVm § 9 Abs 6 S 2 LPartG) eines Antrags. Im Fall des 1749 Abs 1 S 2 BGB (ggf iVm § 9 Abs 6 S 2 LPartG) ist der Antrag durch den Annehmenden zu stellen. Für das Ersetzungsverfahren nach § 1748 BGB bedarf es eines Antrags des Kindes, ggf vertreten durch seinen

gesetzlichen Vertreter. Ist der Elternteil, dessen Einwilligung ersetzt werden soll, oder sein Ehegatte noch gesetzlicher Vertreter, so ist entweder nach § 1666 BGB die Vertretungsmacht zu entziehen oder ein Pfleger wegen §§ 1629 Abs 2 S 3 Hs 1, 1796 BGB zu bestellen (MüKoBGB/*Maurer* § 1748 Rn 29). In Analogie zu § 60 kann das Kind auch selbst den Antrag stellen, wenn es das 14. Lebensjahr bereits vollendet hat und nicht geschäftsunfähig ist (vgl zum alten Recht OLG Braunschweig FamRZ 1964, 323; vgl auch OLG Hamm FamRZ 1976, 462, 464; Staud/*Frank* § 1748 Rn 64; RGRK/*Dickescheid* § 1748 Rn 23; aA Erman/*Saar* § 1748 Rn 21). Dem Antrag auf Ersetzung nach § 1748 BGB fehlt das Rechtsschutzbedürfnis auch dann nicht, wenn die Voraussetzungen des § 1747 Abs 4 BGB vorliegen (BayObLG FamRZ 1999, 1688, 1689; Erman/*Saar* § 1748 Rn 21).

Das Ersetzungsverfahren nach § 1746 Abs 3 S 1 Hs 1 BGB bedarf keines Antrags (OLG Hamm NJW-RR 1991, 905; MüKoBGB/*Maurer* § 1746 Rn 9). **21**

3. Prüfung durch das Gericht

Das Gericht – funktionell zuständig ist der Richter (s Einführung zu Abschnitt 5 Rz 8) – prüft vor allem, ob die Voraussetzungen der Ersetzung gegeben sind. Im Fall des § 1748 BGB kommen insoweit in Betracht: anhaltende grobe Pflichtverletzungen, besonders schwere einmalige Pflichtverstöße, Gleichgültigkeit, schwere psychische Störungen, bei der Ersetzung der Einwilligung des nichtehelichen Vaters nach § 1748 Abs 4 BGB schließlich unverhältnismäßige Nachteile für das Kind (Palandt/*Diederichsen* § 1748 Rn 1). Bei der Ersetzung nach § 1749 Abs 1 S 2 und 3 BGB hat das Gericht möglicherweise entgegenstehende berechtigte Interessen des anderen Ehegatten und der Familie zu prüfen. Im Verfahren zur Ersetzung nach § 1746 Abs 3 S 1 Hs 1 BGB kommt es darauf an, ob der Vormund oder Pfleger seine Erklärung ohne triftigen Grund verweigert hat. **22**

Die Ersetzungsgründe sind ohne Beschränkung auf die Antragsbegründung von Amts wegen (§ 26) zu ermitteln (BayObLG FamRZ 1984, 201, 202). **23**

Im Ersetzungsverfahren gelten die in §§ 192 Abs 2 und 3, 194 f niedergelegten Anhörungspflichten. **24**

4. Entscheidung des Gerichts

Die Entscheidung über die Ersetzung ergeht durch Beschluss (vgl § 198 Abs 1; näheres s dort – auch zu Rechtsmittelmöglichkeiten und den Wirkungen; Formulierungsbeispiel bei *Firsching/Dodegge* Rn 230). **25**

D. Aufhebung des Annahmebeschlusses (Nr 3)

I. Begriff

Die Aufhebung des Annahmeverhältnisses regelt das materielle Recht für die Minderjährigenadoption in §§ 1759 ff BGB, für die Volljährigenadoption in § 1771 BGB. Es handelt sich um die einzige Möglichkeit zur Beseitigung der Adoption. § 186 Nr 3 erfasst solche Aufhebungsverfahren einschließlich ihrer unselbstständigen Teile, wie etwa die Entscheidung zur Namensführung (BTDrs 16/6308 S 247). Leidet die Annahme an einem besonders schweren, offensichtlichen Mangel, so ist sie nichtig und nicht bloß aufhebbar (ausführlich zur Nichtigkeit des Annahmebeschlusses s § 197 Rz 17 ff). In der Praxis sind Aufhebungsverfahren selten (*Krause* NotBZ 2007, 276; Statistik bei Müller/Sieghörtner/Emmerling de Oliveira/*Müller* Rn 140). **26**

II. Verfahren

1. Einleitung des Verfahrens

27 Im Fall des § 1763 BGB kann das Familiengericht das Annahmeverhältnis von Amts wegen aufheben. Voraussetzung ist hier, dass die Aufhebung aus schwerwiegenden Gründen zum Wohl des Kindes erforderlich ist.

28 In den anderen Fällen bedarf es zur Einleitung des Aufhebungsverfahrens eines Antrags (vgl §§ 1760, 1762, 1771 BGB).

29 Die Antragsberechtigung steht bei der Minderjährigenadoption nach § 1762 Abs 1 S 1 BGB demjenigen zu, ohne dessen Antrag oder Einwilligung die Annahme erfolgte (zur Stellvertretung bei Antragstellung s § 1762 Abs 1 S 2 bis 4 BGB). Das gilt allerdings nicht für den Ehegatten des Angenommenen. Mängel bzw das Fehlen seiner Einwilligung berechtigen nach § 1760 Abs 1 BGB nicht zur Aufhebung. Das Antragsrecht ist fristgebunden, s § 1762 Abs 2 BGB. In formeller Hinsicht bedarf der Aufhebungsantrag der notariellen Beurkundung (§ 1762 Abs 3 BGB). Er muss dem Familiengericht als Antragsempfänger in Ausfertigung eingereicht werden (*Krause* NotBZ 2007, 276, 279). Die Einreichung kann auch durch einen Dritten geschehen (BaRoth/*Enders* § 1762 Rn 8). Auf das Antragsrecht kann verzichtet werden (Palandt/*Diederichsen* § 1762 Rn 1). Vererblich ist es nicht (BayObLG FamRZ 1986, 719; Staud/*Frank* § 1762 Rn 6).

30 Die Aufhebung der Volljährigenannahme erfordert einen entsprechenden Antrag des Annehmenden wie auch des Angenommenen (§ 1771 S 1 BGB). Das gilt auch dann, wenn sie die Adoption durch Täuschung des Gerichts erschlichen haben (*Krause* NotBZ 2007, 276, 283). Eine Aufhebung auf einseitigen Antrag gibt es nicht (BGH NJW 1988, 1139; OLG Karlsruhe FamRZ 1988, 979). Die leiblichen Eltern des Adoptierten haben kein Antragsrecht (BayObLG FamRZ 2001, 122; *Krause* NotBZ 2007, 276, 283).

2. Prüfung durch das Gericht

31 Bei der Minderjährigenadoption ist für die Aufhebung gefordert, dass bestimmte wesentliche Grundvoraussetzungen der Annahme gefehlt haben, wie etwa der (wirksame) Adoptionsantrag oder die (wirksame) Einwilligung des Kindes oder eines Elternteils (vgl im Einzelnen – insbes zu relevanten Unwirksamkeitsgründen und Heilungsmöglichkeiten – §§ 1760f BGB). Entsprechendes gilt bei der Volljährigenadoption, wobei dort auch ein (sonstiger) wichtiger Grund genügen kann (vgl § 1771 BGB). Liegen die gesetzlichen Aufhebungsgründe vor, so hat das Familiengericht die Adoption aufzuheben, ohne dass ihm ein Ermessen zustünde (BTDrs 7/3061 S 6; 7/5087 S 19). Bei § 1763 BGB haben sich die Ermittlungen auf die persönlichen Beziehungen zwischen Annehmendem und Angenommenem zu erstrecken (BayObLG FamRZ 1995, 1210, 1211).

32 Die Minderjährigenadoption ist nicht mehr nach § 1763 BGB aufhebbar, nachdem der Angenommene die Volljährigkeit erreicht hat (vgl OLG Stuttgart FamRZ 1988, 1096; OLG Hamm FamRZ 1981, 498, 500; BayObLG FamRZ 1990, 204, 205; OLG Zweibrücken FamRZ 1997, 577, 578; OLG Karlsruhe FamRZ 1996, 434; aA Erman/*Saar* § 1759 Rn 3), und zwar auch nicht nach § 1771 BGB (OLG Zweibrücken FGPrax 1997, 66; LG Düsseldorf NJWE-FER 2001, 9, *Krause* NotBZ 2007, 276, 279; aA *Bosch* FamRZ 1986, 1149 f). Für das Alter entscheidet der Zeitpunkt der letzten Tatsacheninstanz (OLG Karlsruhe FamRZ 1996, 434, 435; *Liermann* FuR 1997, 266, 269). Die Möglichkeit der Aufhebung nach § 1760 BGB kommt hingegen auch nach Eintritt der Volljährigkeit in Betracht.

33 Im Aufhebungsverfahren gelten die Anhörungsgebote der §§ 192 Abs 2 und 3, 194, ebenso das Gebot, einem Minderjährigen ggf einen Beistand nach § 191 zu bestellen. Das Familiengericht wird die Beteiligten (§ 188 Abs 1 Nr 3, Abs 2) zu einem Termin laden und in diesem die Sache mit ihnen erörtern. Dabei wird es neben den Aufhebungsvoraussetzungen auch etwaige Möglichkeiten, Mängel bei der Begründung des Annahmeverhältnisses zu heilen, klären (BTDrs 7/3061 S 59; KKW/*Engelhardt* § 56f Rn 15). Ist

ein leiblicher Elternteil Antragsteller, so ist bei einer Inkognito-Adoption das Inkognito zu wahren und der Antragsteller getrennt zu hören (*Firsching/Dodegge* Rn 230; MüKoBGB/*Maurer* § 1759 Rn 9).

3. Entscheidung des Gerichts

Die Entscheidung über die Ersetzung ergeht durch Beschluss (vgl § 198 Abs 2; näheres s dort – auch zu Rechtsmittelmöglichkeiten und den Wirkungen). 34

E. Befreiung vom Eheverbot des § 1308 Abs 1 BGB (Nr 4)

I. Begriff

Das (bestehende) Annahmeverhältnis führt nach § 1308 Abs 1 BGB zu einem Eheverbot 35 zwischen Personen, die durch die Adoption in gerader Linie verwandt oder zu Geschwistern wurden. Nach § 1308 Abs 2 BGB kann davon unter bestimmten Voraussetzungen zwischen Adoptivgeschwistern Befreiung erteilt werden. Dieses Verfahren war schon durch das EheSchlRG vom 4.5.1998 (BGBl I S 833) dem Familiengericht zugewiesen worden. § 186 Nr 4 ordnet es nun den Adoptionssachen unter, weil es zu den Adoptionsverfahren die größte Sachnähe aufweist (BTDrs 16/6308 S 247; Jansen/*Müller-Lukoschek* § 43b Rn 82: sinnvoll).

II. Verfahren

Das Verfahren bedarf zur Einleitung eines Antrags (§ 1308 Abs 2 S 1 BGB), wobei es 36 ausreicht, wenn einer der Verlobten ihn stellt (Jansen/*Müller-Lukoschek* § 44a Rn 27). Das Gericht hat nach § 1308 Abs 2 S 2 BGB zu prüfen, ob der Eheschließung ein wichtiger Grund entgegensteht. Einen Ermessensspielraum hat der Richter dabei nicht (AnwKom/*Kleist* § 1308 Rn 2). »Soll« in § 1308 Abs 2 S 2 BGB gibt kein Ermessen, sondern bringt zum Ausdruck, dass eine Verletzung nicht zur Unwirksamkeit führt (Jansen/*Müller-Lukoschek* § 44a Rn 31). Die Befreiung ist die Regel, ihre Verweigerung die Ausnahme (OLG Frankfurt FamRZ 1984, 582; KG FamRZ 1986, 993, 994; PWW/*Rausch* § 1308 Rn 2). Liegt ein wichtiger Grund vor (zB KG FamRZ 1984, 582, 583: empfindliche Störung des Familienverbandes), so ist die Befreiung zu versagen. Es gilt der Amtsermittlungsgrundsatz (§ 26; Jansen/*Müller-Lukoschek* § 44a Rn 27). Es sind alle für den Einzelfall bedeutsamen Tatsachen zu ermitteln (KKW/*Engelhardt* § 44a Rn 13). Anzuhören sind nach § 192 Abs 2 (iVm § 188 Abs 1 Nr 4) die beteiligten Verlobten. Entsprechend dem Rechtsgedanken des § 60 ist auch ein minderjähriger Verlobter im Verfahren nach § 186 Nr 4 selbständig verfahrensfähig (vgl zum alten Recht Jansen/*Müller-Lukoschek* § 44a Rn 29; KKW/*Engelhardt* § 44a Rn 12).

Die Entscheidung ergeht durch Beschluss (vgl § 198 Abs 3; näheres s dort – auch zu 37 Rechtsmittelmöglichkeiten).

F. Keine Adoptionssachen

Nicht zu den Adoptionssachen iSd § 186 gehören: 38
– das dem gerichtlichen Annahmeverfahren vorgelagerte Adoptionsvermittlungsverfahren nach dem AdVermiG
– das Verfahren nach dem Haager Übereinkommen über den Schutz von Kindern und die Zusammenarbeit auf dem Gebiet der internationalen Adoption vom 29.5.1993 (BGBl 2001 II S 1034). Es betrifft das Verfahren im Vorfeld »grenzüberschreitender Adoptionen« (vgl Art 2 des Übereinkommens) wie auch die Anerkennung und gewisse Wirkungen solcher Adoptionen
– das Verfahren nach dem AdWirkG (s dazu § 199)

§ 186 FamFG | Adoptionssachen

- das gesonderte Verfahren auf Rückübertragung der elterlichen Sorge nach § 1751 Abs 3 BGB, wenn die Einwilligung eines Elternteils ihre Kraft verloren hat; hierbei handelt es sich, wie auch sonst bei Verfahren auf Übertragung der elterlichen Sorge, um eine Kindschaftssache (BTDrs 16/6308 S 247; Jansen/*Müller-Lukoschek* § 43b Rn 81)
- dasselbe gilt für das selbstständige Verfahren nach § 1764 Abs 4 BGB auf Rückübertragung der elterlichen Sorge bzw Bestellung eines Vormunds oder Pflegers nach Aufhebung einer Minderjährigenadoption (BTDrs 16/6308 S 247; Jansen/*Müller-Lukoschek* § 43b Rn 81)

§ 187 Örtliche Zuständigkeit

(1) Für Verfahren nach § 186 Nr. 1 bis 3 ist das Gericht ausschließlich zuständig, in dessen Bezirk der Annehmende oder einer der Annehmenden seinen gewöhnlichen Aufenthalt hat.

(2) Ist die Zuständigkeit eines deutschen Gerichts nach Absatz 1 nicht gegeben, ist der gewöhnliche Aufenthalt des Kindes maßgebend.

(3) Für Verfahren nach § 186 Nr. 4 ist das Gericht ausschließlich zuständig, in dessen Bezirk einer der Verlobten seinen gewöhnlichen Aufenthalt hat.

(4) Kommen in Verfahren nach § 186 ausländische Sachvorschriften zur Anwendung, gilt § 5 Abs. 1 Satz 1 und Abs. 2 des Adoptionswirkungsgesetzes entsprechend.

(5) Ist nach den Absätzen 1 bis 4 eine Zuständigkeit nicht gegeben, ist das Amtsgericht Schöneberg in Berlin zuständig. Es kann die Sache aus wichtigem Grund an ein anderes Gericht verweisen.

A. Allgemeines

Die Vorschrift ersetzt die bisherigen Regeln über die örtliche Zuständigkeit in §§ 43b 1 Abs 2 bis 4, 44a Abs 1 FGG. Genauer entspricht § 187 Abs 1 im Wesentlichen § 43b Abs 2 S 1 FGG, § 187 Abs 2 im Wesentlichen § 43b Abs 4 S 1 FGG. § 187 Abs 3 entspricht § 44a Abs 1 S 1 FGG u § 187 Abs 5 enthält die Auffangzuständigkeit aus §§ 43b Abs 3 u 4 sowie 44a Abs 1 FGG (BTDrs 16/6308 S 247). § 187 Abs 4, der erst durch das Gesetz zur Modernisierung von Verfahren im anwaltlichen u notariellen Berufsrecht, zur Errichtung einer Schlichtungsstelle der Rechtsanwaltschaft sowie zur Änderung der Verwaltungsgerichtsordnung, der Finanzgerichtsordnung u kostenrechtlicher Vorschriften vom 30.7.2009 (BGBl I 2449) eingefügt wurde, entspricht dem bisherigen § 43b Abs 2 S 2 FGG

Dabei betreffen § 187 Abs 1, 2, 4 u 5 die Verfahren nach § 186 Nr 1–3, also die Annah- 2 me als Kind, die Ersetzung von Einwilligungen dazu bzw die Aufhebung einer Adoption. In erster Linie entscheidet dabei der gewöhnliche Aufenthalt des bzw eines der Annehmenden (Abs 1), wenn danach keine Anknüpfungsmöglichkeit besteht, gilt in zweiter Linie der gewöhnliche Aufenthalt des Kindes (Abs 2). Die Zuständigkeitskonzentration nach Abs 4 iVm § 5 Abs 1 S 1, Abs 2 AdWirkG ist zu beachten. Subsidiär greift die Auffangzuständigkeit des Amtsgerichts Berlin-Schöneberg (Abs 5).

§ 187 Abs 3, 4 u 5 regeln die örtliche Zuständigkeit für Verfahren über die Befreiung 3 vom Eheverbot des § 1308 Abs 1 BGB (§ 187 Nr 4). Hier ist zuständig das Familiengericht, in dessen Bezirk einer der Verlobten seinen gewöhnlichen Aufenthalt hat (Abs 3), ggf greift die Zuständigkeitskonzentration nach Abs 4 u subsidiär auch hier die Auffangzuständigkeit des Amtsgerichts Schöneberg in Berlin (Abs 5).

Inhaltlich entsprechen diese Regeln in weiten Teilen dem bisherigen Recht. Auffällig 4 ist jedoch, dass anstelle des früher in erster Linie entscheidenden Wohnsitzes nunmehr der gewöhnliche Aufenthalt das einzig maßgebliche Kriterium darstellt (zum Begriff s Rz 5). Weiterhin sind die Zuständigkeiten nach § 187 Abs 1–3 nun als ausschließliche ausgestaltet.

B. Der Begriff des gewöhnlichen Aufenthalts

Der gewöhnliche Aufenthalt, der in § 187 Abs 1–3 eine tragende Rolle spielt, ist vor 5 allem im Internationalen Privatrecht als Anknüpfungspunkt gebräuchlich. Er ist allerdings im EGBGB nicht legal definiert, ebensowenig im FamFG oder BGB. Der gewöhnliche Aufenthalt bestimmt sich über eine auf längere Dauer angelegte soziale Eingliederung u ist allein von der tatsächlichen – ggf vom Willen unabhängigen – Situation gekennzeichnet, die den Aufenthaltsort als Mittelpunkt der Lebensführung ausweist

§ 187 FamFG | Örtliche Zuständigkeit

(BTDrs 16/6308 S 226). Mit anderen Worten geht es um den Ort, an dem die Person ihren tatsächlichen Daseinsmittelpunkt hat (vgl BGHZ 78, 293, 295; BGH NJW 1993, 2047, 2048; 1975, 1068; Erman/*Hohloch* Art 5 EGBGB Rn 47). Entscheidend ist regelmäßig die Einbindung in Familie u Beruf (PWW/*Mörsdorf-Schulte* Art 5 EGBGB Rn 29). Eine Mindestdauer ist zwar nicht generell zu fordern, jedoch wird der Aufenthalt regelmäßig ab ca 6–12 Monaten zum gewöhnlichen werden (PWW/*Mörsdorf-Schulte* Art 5 EGBGB Rn 29). Auch subjektive Elemente können bedeutsam sein, so dass etwa ein neuer gewöhnlicher Aufenthalt unmittelbar dadurch begründet werden kann, dass der Aufenthaltswechsel auf einen längeren Zeitraum angelegt ist (BGHZ 78, 293, 295).

C. Die örtliche Zuständigkeit nach Abs 1 und 2 (Verfahren nach § 186 Nr 1 bis 3)

I. Gewöhnlicher Aufenthalt des oder eines Annehmenden (Abs 1)

6 Nach § 187 Abs 1 ist für Verfahren nach § 186 Nr 1 bis 3 das Familiengericht örtlich zuständig, in dessen Bezirk der Annehmende seinen gewöhnlichen Aufenthalt hat. Dahinter steht, zumindest auch, die Überlegung, dass der Annahme regelmäßig eine Adoptionspflegezeit (§ 1744 BGB) vorausgeht u das Gericht am Wohnsitz des Annehmenden damit sachnäher ist, als das des Kindes (*Röchling* S 97).

7 Es ist nach materiellem Recht unproblematisch, wenn eine Einwilligung (§§ 1746 ff BGB) erklärt wird, bevor überhaupt ein Antrag auf Adoption vorliegt (PWW/*Friederici* § 1750 Rn 3). Auch kann verfahrensrechtlich über die Wirksamkeit einer solchen Einwilligung bereits entschieden werden (OLG Hamm NJW-RR 1987, 260). In diesen Fällen gelten die potentiellen Adoptierenden als Annehmende, u es ist für die Zuständigkeit an ihre Verhältnisse anzuknüpfen (KG FamRZ 1981, 1111; Jansen/*Müller-Lukoschek* § 43b Rn 56). Das Gericht, bei dem die Einwilligungserklärung eingeht, muss von Amts wegen prüfen, ob es iSd § 1750 Abs 1 S 1 BGB der richtige Empfänger ist (vgl auch OLG Hamm NJW-RR 1987, 260; PWW/*Friederici* § 1750 Rn 2).

8 Bei mehreren Annehmenden, also im Fall der Adoption durch Ehegatten (§ 1741 Abs 2 S 2 BGB, ggf iVm § 1767 Abs 2 BGB) genügt es, dass ein Annehmender im Gerichtsbezirk den gewöhnlichen Aufenthalt hat. Der Fall, dass die annehmenden Ehegatten in verschiedenen Amtsgerichtsbezirken ihren jeweiligen gewöhnlichen Aufenthalt haben, wird praktisch am ehesten dann vorkommen, wenn es um ein Verfahren nach § 186 Nr 3 geht, also um die Aufhebung einer Adoption. In diesem Fall kommt es zu einer Doppelzuständigkeit, welche m § 2 Abs 1 zu lösen ist. Zuständig ist danach das Gericht, das zuerst m der Adoptionssache befasst ist. Die Zuständigkeit des anderen Gerichts ist gesperrt (vgl zum alten Recht KG FamRZ 1995, 440, 441 m Anm *Bosch*). Da Adoptionssachen meist Antragsverfahren sind, entscheidet der Zeitpunkt des Eingangs des Antrags (BTDrs 16/6308 S 175). In Verfahren von Amts wegen, vor allem also bei amtswegigen Adoptionsaufhebungen (§ 1763 BGB), kommt es, soweit ein Antrag nicht eingeht, auf die Kenntnisnahme der Umstände an, die die Verpflichtung des Gerichts, das Verfahren einzuleiten, begründen (BTDrs 16/6308 S 175).

II. Gewöhnlicher Aufenthalt des Kindes (Abs 2)

9 § 187 Abs 2 regelt die Zuständigkeit in Verfahren nach § 186 Nr 1–3 für den Fall, dass sich aus § 187 Abs 1 kein örtlich zuständiges deutsches Gericht ergibt. Das ist dann der Fall, wenn der Annehmende keinen, bzw bei mehreren Annehmenden keiner von ihnen, gewöhnlichen Aufenthalt im Inland hat. In der Regel hat ein minderjähriges Kind seinen gewöhnlichen Aufenthalt bei dem Elternteil, in dessen Obhut es sich befindet (BTDrs 16/6308 S 226 f).

III. Maßgeblicher Zeitpunkt

In zeitlicher Hinsicht entscheiden die Aufenthaltsverhältnisse zu dem Zeitpunkt, in dem 10 das Gericht m der Sache befasst wird (BTDrs 16/6308 S 247 iVm 234). Da Adoptionssachen meist Antragsverfahren sind, kommt es daher auf den Eingang des Antrags an (BTDrs 16/6308 S 247 iVm 234; so auch bisher § 43b Abs 2 S 2 Hs 2 FGG). In den – seltenen – Fällen, in denen eine Adoptionseinwilligung bereits vor dem Antrag beim Gericht eingeht (s Rz 7), entscheidet der Zeitpunkt des Zugangs dieser Einwilligungserklärung (KG FamRZ 1981, 1111; Jansen/*Müller-Lukoschek* § 43b Rn 57; so auch bisher § 43b Abs 2 S 2 Hs 2 FGG).

Das Aufhebungsverfahren nach § 1763 BGB u das Ersetzungsverfahren nach § 1746 11 Abs 3 S 1 Hs 1 BGB bedürfen keines Antrags. In derartigen Amtsverfahren ist ein Gericht m der Sache befasst, wenn es amtlich von Tatsachen Kenntnis erlangt, die Anlass zu den entsprechenden gerichtlichen Maßnahmen (Aufhebung bzw Ersetzung) sein können (BTDrs 16/6308 S 247 iVm 234 unter Hinweis auf KKW/*Sternal* § 5 Rn 40 f; vgl auch KG FamRZ 1995, 440 m Anm *Bosch*).

§ 1753 Abs 2 Alt 2 BGB eröffnet die Möglichkeit, dass das Gericht durch Eingang eines 12 Annahmeantrags erst nach dem Tod des Annehmenden m der Adoptionssache befasst wird u das Verfahren durchzuführen hat. Hier ist auf den Zeitpunkt abzustellen, zu dem der Annehmende den Notar damit betraut hat, den Antrag einzureichen (so auch bisher § 43b Abs 2 S 2 Hs 2 FGG; Jansen/*Müller-Lukoschek* § 43b Rn 59). Dies widerspricht zwar der Gesetzesbegründung, da es sich nicht um den Zeitpunkt handelt, zu dem das Gericht m der Sache befasst wird (s Rz 10). Es ist aber sachgerecht. Alternativ könnte man auf den letzten gewöhnlichen Aufenthalt des verstorbenen Annehmenden abstellen, was aber regelmäßig zu keinem anderen Ergebnis führen wird, oder nach Abs 2 auf den gewöhnlichen Aufenthalt des Kindes Rückgriff nehmen.

Ändert sich nach dem maßgeblichen Zeitpunkt der gewöhnliche Aufenthalt, der die 13 Zuständigkeit begründet hat, so ändert sie sich selbst nicht mehr (§ 2 Abs 2, perpetuatio fori). § 4 eröffnet aber die Möglichkeit, das Verfahren aus wichtigem Grund an ein anderes Familiengericht abzugeben. In Adoptionssachen kann ein wichtiger Grund gerade dann vorliegen, wenn der Annehmende u das Kind ihren gewöhnlichen Aufenthalt in den Bezirk eines anderen Gerichts verlegt haben (BTDrs 16/6308 S 176, wo allerdings noch vom »Wohnsitz« die Rede ist, unter Hinweis auf KKW/*Engelhardt* § 46 Rn 7).

Im Wege der Abgabe nach § 4 dürfte auch die denkbare Konstellation zu lösen sein, 14 dass nach einem relevanten Aufenthaltswechsel beim Gericht des neuen Aufenthalts ein Antrag auf Ersetzung einer Einwilligung (Adoptionssache nach § 186 Nr 2) gestellt wird, während das betreffende Annahmeverfahren selbst (Adoptionssache nach § 186 Nr 1) bereits beim Gericht des früheren Aufenthaltes eingeleitet wurde. Beide Verfahren beim selben Gericht zu führen, begründet wegen des gemeinsamen Bezugs zur selben Adoption einen wichtigen Grund iSd § 4.

IV. Örtliche Unzuständigkeit des angegangenen Gerichts

Ist das angegangene Gericht unzuständig, so ist dies über eine Verweisung nach § 3 zu 15 lösen.

Wird eine für die Adoption relevante Einwilligungserklärung nicht bei dem örtlich 16 zuständigen Gericht eingereicht, sondern bei einem örtlich unzuständigen Gericht, so hat dieses die Erklärung an das zuständige Gericht weiterzuleiten (*Krause* NotBZ 2006, 221, 229; AnwKom/*Finger* § 1750 Rn 2). Wirksam nach § 1750 Abs 1 S 3 BGB wird sie dabei erst dann, wenn sie dem örtlich zuständigen Gericht zugeht (PWW/*Friederici* § 1750 Rn 2; Erman/*Saar* § 1750 Rn 3).

D. Die örtliche Zuständigkeit nach Abs 3 (Verfahren nach § 186 Nr 4)

17 § 187 Abs 3 stellt für Verfahren auf Befreiung vom Eheverbot des § 1308 Abs 1 BGB auf den Gerichtsbezirk ab, in dem einer der Verlobten seinen gewöhnlichen Aufenthalt hat. Haben sie ihren gewöhnlichen Aufenthalt jeweils in verschiedenen Gerichtsbezirken, so besteht ein entsprechendes Wahlrecht des antragstellenden Verlobten. Werden in einem solchen Fall beide Gerichte m der Sache befasst, so ist dies m § 2 Abs 1 zu lösen. Zuständig ist das Gericht, das zuerst m der Adoptionssache befasst ist, dh bei dem zuerst ein entsprechender Antrag eingeht (BTDrs 16/6308 S 175). Die Zuständigkeit des anderen Gerichts ist gesperrt (s.a. Rz 8).

18 In zeitlicher Hinsicht entscheidet der Zeitpunkt des Zugangs des Antrags beim zuständigen Gericht (s iE Rz 10, 13).

19 Ist einer der Verlobten minderjährig, so bedarf es zusätzlich einer Befreiung nach § 1303 Abs 2 BGB. Für dieses Verfahren gilt Abs 3 nicht, so dass durchaus beim Zusammentreffen der Ehehindernisse des § 1303 BGB u des § 1308 BGB unterschiedliche Gerichte zuständig sein können (vgl zum bisherigen Recht Jansen/*Müller-Lukoschek* § 44a Rn 28).

E. Zuständigkeitskonzentration nach Abs 4 iVm § 5 Abs 1 Satz 1 und 2 AdWirkG

19a Sind auf ein Verfahren iSd § 186 ausländische Sachvorschriften anzuwenden, so ist entsprechend § 5 Abs 1 S 1 u 2 AdWirkG die dort enthaltene Zuständigkeitskonzentration zu beachten. Danach ist das AG – Familiengericht für den Bezirk eines OLG zuständig, in dessen Bezirk das OLG seinen Sitz hat, für den Bezirk des KG das AG Schöneberg, (§ 5 Abs 1 S 1 AdWirkG) oder gemäß Bestimmung der Landesregierung bzw -justizverwaltung ein anderes »zentrales« AG (§ 5 Abs 2 AdWirkG). Unklar ist, ob diese Konzentration nur gilt, wenn der Anzunehmende zum Zeitpunkt der Annahme das 18. Lebensjahr noch nicht erreicht hat. Gegen eine solche Beschränkung auf Minderjährigenadoptionen spricht der allgemein auf »Verfahren nach § 186« sich beziehende Wortlaut wie auch die praktische Erwägung, alle Adoptionssachen, bei denen ausländische Vorschriften eine Rolle spielen, zu konzentrieren (ebenso OLG Köln StAZ 2006, 234, 235; Müller/Sieghörtner/Emmerling de Oliveira/*Emmerling de Oliveira* Rn 236 – jeweils zum alten Recht; aA Bumiller/Harders § 187 Rn 10). Die Zuständigkeitskonzentration greift nicht nur, wenn in der Adoptionssache insgesamt (so aber zB OLG Bremen FamRZ 2006, 1142; OLG Schleswig FamRZ 2006, 1462) ausländische Sachnormen zur Anwendung gelangen, sondern es reicht vielmehr, dass nur für einzelne Fragen, etwa die Erforderlichkeit u Erteilung von Zustimmungen ausländisches Recht zu prüfen ist (zB OLG Stuttgart FamRZ 2004, 1124, 1125; BayObLG StAZ 2005, 297, 298; OLG Karlsruhe FamRZ 2005, 2095, 2096; OLG Hamm RNotZ 2006, 492, 493; OLG Köln StAZ 2006, 76; str). Sie gilt auch, wenn das ausländische Recht auf deutsches Recht zurückverweist (OLG Karlsruhe Rpfleger 2005, 428; Bumiller/Harders § 187 Rn 11).

F. Auffangzuständigkeit nach Abs 5

20 Findet sich auf der Grundlage der Abs 1–4 kein örtlich zuständiges Gericht, so beruft Abs 5 ersatzweise das AG Berlin-Schöneberg (10823 Berlin, Grunewaldstr. 66–67; Postanschrift: 10820 Berlin). Dies betrifft in Verfahren iSd § 186 Nr 1–3 die Konstellation, in der weder der bzw die Annehmende(n) noch das Kind gewöhnlichen Aufenthalt in Deutschland haben. In Verfahren nach § 186 Nr 4 greift die Ersatzzuständigkeit, wenn keiner der Verlobten gewöhnlichen Aufenthalt im Inland hat. Da stets vorrangig die internationale Zuständigkeit deutscher Gerichte zu prüfen ist, kommt Abs 5 dann zum Tragen, wenn trotz solcher »Defizite« des gewöhnlichen Aufenthalts die internationale

Örtliche Zuständigkeit | § 187 FamFG

Zuständigkeit auf der Basis der deutschen Staatsangehörigkeit nach § 101 Nr 1 gegeben ist.

Auf Vorschlag des Bundesrates (vgl BTDrs 16/6308 S 380, 417) ist in den Abs 5 dessen Satz 2 aufgenommen worden. Danach kann das AG Berlin-Schöneberg die Sache aus wichtigem Grund an ein anderes Gericht verweisen. Dies entspricht im Ergebnis der bisherigen Rechtslage (vgl §§ 43b Abs 3 S 2, 44a Abs 1 S 3 FGG). Der Unterschied zu § 5 S 1 besteht darin, dass sich das Gericht, an das abgegeben werden soll, nicht zur Übernahme bereit erklärt haben muss. Durch die Verwendung des Begriffs der »Verweisung« ist außerdem klargestellt, dass dieses Gericht durch die Entscheidung gebunden ist (vgl § 3 Abs 3 S 2; BTDrs 16/6308 S 417 iVm 414). **21**

Den Begriff des »wichtigen Grundes« wird man wie in § 4 S 1 zu interpretieren haben. Entscheidend ist, ob das Verfahren leichter u zweckmäßiger bei dem anderen Gericht geführt werden kann (stRspr zu Art 46 FGG; vgl zB BayObLG FamRZ 2001, 1536, 1537; Jansen/*Müller-Lukoschek* § 43b Rn 66). Angemessen wird dabei etwa die Verweisung an ein Familiengericht sein, in dessen Bezirk ein oder mehrere Beteiligte der Adoptionssache den schlichten Aufenthalt im Inland haben oder in dessen Bezirk sie früher ihren gewöhnlichen Aufenthalt hatten (Jansen/*Müller-Lukoschek* § 44a Rn 18 für die heutigen Adoptionssachen nach § 186 Nr 4, auch m dem Vorschlag, hier das Gericht, in dessen Bezirk die Ehe geschlossen werden soll, in Betracht zu ziehen). **22**

§ 188 Beteiligte

(1) Zu beteiligen sind
1. in Verfahren nach § 186 Nr. 1
   a) der Annehmende und der Anzunehmende,
   b) die Eltern des Anzunehmenden, wenn dieser entweder minderjährig ist und ein Fall des § 1747 Abs. 2 Satz 2 oder Abs. 4 des Bürgerlichen Gesetzbuchs nicht vorliegt oder im Fall des § 1772 des Bürgerlichen Gesetzbuchs,
   c) der Ehegatte des Annehmenden und der Ehegatte des Anzunehmenden, sofern nicht ein Fall des § 1749 Abs. 3 des Bürgerlichen Gesetzbuchs vorliegt;
2. in Verfahren nach § 186 Nr. 2 derjenige, dessen Einwilligung ersetzt werden soll;
3. in Verfahren nach § 186 Nr. 3
   a) der Annehmende und der Angenommene,
   b) die leiblichen Eltern des minderjährigen Angenommenen;
4. in Verfahren nach § 186 Nr. 4 die Verlobten.

(2) Das Jugendamt und das Landesjugendamt sind auf ihren Antrag zu beteiligen.

A. Beteiligte nach Absatz 1

I. Bedeutung

1 § 188 regelt erstmals detailliert den Beteiligtenbegriff für Adoptionssachen. Dabei bestimmt Abs 1 diejenigen, die jedenfalls als Beteiligte zum Verfahren hinzuzuziehen sind (BTDrs 16/6308 S 247). Soweit dort genannte Personen bereits in der Adoptionssache Antragsteller sind, sind sie bereits nach § 7 Abs 1 Beteiligte kraft Gesetzes. Ein besonderer Hinzuziehungsakt ist dann entbehrlich (BTDrs 16/6308 S 247). Andernfalls sind sie sog Muss-Beteiligte und vom Gericht zwingend von Amts wegen nach § 7 Abs 2 Nr 2 zum Verfahren hinzuzuziehen. Dabei ist zu beachten, dass die Aufzählung in Abs 1 nicht abschließend ist und unter den Voraussetzungen des § 7 Abs 2 Nr 1 im Einzelfall weitere Personen heranzuziehen sein können (BTDrs 16/6308 S 247).

II. Verfahren auf Annahme als Kind (Absatz 1 Nr 1)

2 Abs 1 Nr 1 betrifft Verfahren nach § 186 Nr 1.

1. Annehmender und Anzunehmender (Absatz 1 Nr 1 lit a)

3 Die Beteiligung des Adoptierenden wie auch des Kindes erscheint selbstverständlich. Da der Annehmende auch immer Antragsteller ist, bedarf es jedenfalls bei ihm keines weiteren Hinzuziehungsaktes.

2. Eltern des Anzunehmenden in den Fällen des Absatz 1 Nr 1 lit b

4 Abs 1 Nr 1 lit b bezieht die Eltern des Kindes grds in den Fällen ein, in denen die Verwandtschaft zu ihnen durch die Adoption erlöschen wird. Hier werden nämlich ihre rechtlichen Interessen tangiert und sie müssen daher von dem Annahmeverfahren in Kenntnis gesetzt werden (BVerfG FamRZ 2008, 243). Das betrifft zum einen der Fall der Volljährigenannahme mit den Wirkungen einer Minderjährigenadoption nach § 1772 BGB (Abs 1 Nr 1 lit b Alt 2). Zum anderen geht es um die Minderjährigenannahme selbst (Abs 1 Nr 1 lit b Alt 1). Hier wird jedoch in zwei Fällen auf die Beteiligung der Kindseltern verzichtet. Einmal dann, wenn es sich um eine sog Inkognitoadoption nach § 1747 Abs 2 S 2 BGB handelt. Und zum anderen, wenn nach § 1747 Abs 4 BGB die Einwilligung eines Elternteils nicht erforderlich ist, weil er zur Abgabe einer Erklärung dauernd außerstande oder sein Aufenthalt dauernd unbekannt ist. Diese Variante beein-

trächtigt nicht die Beteiligung des anderen Elternteils, bei dem diese Hindernisse nicht bestehen.

Den Elternbegriff definieren §§ 186 ff nicht eigenständig, so dass die Einordnung des 5 biologischen Vaters, der mit der Mutter nicht verheiratet ist und dessen rechtliche Verwandtschaft auch nicht durch Anerkennung oder Feststellung der Vaterschaft (§ 1592 BGB) begründet wurde, nicht explizit geregelt erscheint. Hier ist § 1747 Abs 1 S 2 BGB zu berücksichtigen und auch für die Beteiligung nach § 188 Abs 1 Nr 1b) derjenige als Vater zu behandeln, der glaubhaft macht, dass er der Mutter in der gesetzlichen Empfängniszeit beigewohnt hat (vgl zum alten Recht Jansen/*Müller-Lukoschek* § 43b Rn 7). Selbst wenn man dem nicht folgen würde, sondern für § 188 Abs 1 Nr 1b) an der rechtlichen Vaterschaft festhielte, müsste ein Mann, der Vorstehendes glaubhaft macht, doch zumindest nach § 7 Abs 2 Nr 1 beteiligt werden.

Gibt die Kindesmutter keine zur Identifizierung ausreichende Auskunft über den 6 nichtehelichen leiblichen Vater, weil sie nicht will oder nicht kann, – und hat das Gericht auch keine anderen Amtsaufklärungsmöglichkeiten (§ 26) – so gibt es keinen Vater, den das Gericht nach § 188 Abs 1 Nr 1b) im Annahmeverfahren beteiligen könnte bzw müsste (vgl LG Freiburg FamRZ 2002, 1647, welches auch ausführt, die Amtsaufklärungspflicht zur Ermittlung des Vaters werde dadurch eingeschränkt, dass § 1747 Abs 1 S 2 BGB davon ausgehe, der leibliche Vater werde selbst tätig, um seine Rechte zu wahren; vgl auch AnwKom/*Finger* § 1747 Rn 11 Fn 26).

3. Ehegatten des Annehmenden und des Anzunehmenden (Absatz 1 Nr 1 lit c)

Beteiligt sind der Ehegatte des Annehmenden wie auch der Ehegatte des Anzunehmen- 7 den, es sei denn die Einwilligung des Ehegatten ist nach § 1749 Abs 3 BGB entbehrlich, weil er zur Abgabe der Erklärung dauernd außerstande oder sein Aufenthalt dauernd unbekannt ist.

§ 188 Abs 1 Nr 1c) dürfte entsprechend auch für einen etwaigen eingetragenen Le- 8 benspartner des Annehmenden bzw des Anzunehmenden gelten.

III. Verfahren auf Ersetzung einer Einwilligung (Absatz 1 Nr 2)

Die Vorschrift betrifft Verfahren nach § 186 Nr 2, also insbes nach § 1748 und § 1749 9 BGB. Beteiligter ist hier, wessen Einwilligung ersetzt werden soll. Bedarf das Ersetzungsverfahren eines Antrags zur Eröffnung (s § 186 Rz 19), so ist nach § 7 Abs 1 auch der Antragsteller Beteiligter. Im Übrigen ist auch hier zu beachten, dass für die Frage, ob weitere Personen hinzuziehen sind, ergänzend § 7 Abs 2 Nr 1 zu beachten ist (BTDrs 16/6308 S 247).

IV. Verfahren auf Aufhebung des Annahmeverhältnisses (Absatz 1 Nr 3)

In Verfahren nach § 186 Nr 3 sind Beteiligte der Annehmende und der Angenommene 10 (Abs 1 Nr 3a).

Da ihre Interessen durch die Aufhebung ebenfalls unmittelbar berührt werden, sind 11 bei einem minderjährigen Angenommenen außerdem seine leiblichen Eltern zu beteiligen (Abs 1 Nr 3b). Für den Fall der Aufhebung kommt nämlich eine Rückübertragung der elterlichen Sorge auf sie in Betracht (BTDrs 16/6308 S 247). Die Beteiligtenstellung kommt ihnen unabhängig davon zu, ob sie nach § 1762 BGB antragsberechtigt sind und einen solchen Antrag gestellt haben (KG FamRZ 1993, 1359; Jansen/*Sonnenfeld* § 56f Rn 26). Dass in Verfahren, die die Aufhebung einer Volljährigenadoption betreffen, nur der Annehmende und der Angenommene Beteiligte sind, entspricht der bisherigen Rechtslage (vgl BayObLG FamRZ 1990, 1392; KKW/*Engelhardt* § 56f Rn 14).

Wenn eine nicht in Abs 1 Nr 3 genannte Person den Aufhebungsantrag nach § 1762 12 BGB stellt, ist auch diese als Antragsteller beteiligt (§ 7 Abs 1).

13 Im Übrigen richtet sich die Beteiligtenstellung weiterer Personen nach § 7 Abs 2 Nr 1. Gefordert ist also eine unmittelbare rechtliche Betroffenheit durch das Aufhebungsverfahren. Gemeint ist eine direkte Auswirkung auf eigene materielle, rechtlich geschützte Positionen (BTDrs 16/6308 S 178). Eine nur mittelbare Berührung durch nur mögliche Unterhaltspflichten genügt ebenso wenig wie Beeinträchtigungen des Erbrechts, da wegen § 1764 Abs 1 S 1 BGB nur künftige Erbrechte berührt werden können (Jansen/*Sonnenfeld* § 56f Rn 27; Bassenge/Roth/*Bassenge* § 56f Rn 2). Folglich sind Ehegatten bzw Lebenspartner eines leiblichen Elternteils und des Kindes wie auch entferntere Verwandte, zB die Kinder des Annehmenden, nicht Beteiligte (vgl BayObLG NJW-RR 1986, 872; Jansen/*Sonnenfeld* § 56f Rn 27; aA für den Ehegatten eines leiblichen Elternteils Bassenge/Roth/*Bassenge* § 56f Rn 2; aA auch Soergel/*Liermann* § 1759 Rn 9). Allerdings sind die leiblichen Verwandten dann zu beteiligen, wenn sie wegen des Todes der leiblichen Eltern unmittelbar unterhaltspflichtig werden (KKW/*Engelhardt* § 56f Rn 13; Bassenge/Roth/*Bassenge* § 56f Rn 2).

V. Verfahren auf Befreiung vom Eheverbot des § 1308 Absatz 1 BGB (Absatz 1 Nr 4)

14 Abs 1 Nr 4 regelt die Hinzuziehung beider Verlobter in Verfahren nach § 186 Nr 4. Es sind notwendig beide Verlobten beteiligt, da es sich bei § 1308 Abs 1 BGB um ein zweiseitiges Ehehindernis handelt (Jansen/*Müller-Lukoschek* § 44a Rn 28).

15 Ist ein Verlobter minderjährig, dh liegt zusätzlich das Ehehindernis des § 1303 BGB vor, so ist er nach dem Rechtsgedanken des § 60 dennoch im Verfahren nach § 186 Nr 4 selbstständig verfahrensfähig, da wegen der Höchstpersönlichkeit der Eheschließung (§ 1311 BGB) die Ausübung der Rechte durch den gesetzlichen Vertreter nicht in Betracht kommt (Jansen/*Müller-Lukoschek* § 44a Rn 29; KKW/*Engelhardt* § 44a Rn 12).

B. Jugendamt und Landesjugendamt (Absatz 2)

16 § 188 Abs 2 regelt einen Fall der Muss-Beteiligung auf Antrag iSd § 7 Abs 2 Nr 2. Jugendamt und Landesjugendamt sind zwingend hinzuzuziehen, wenn sie dies beantragen. Ein Ermessensspielraum des Gerichts besteht nicht. Sie haben also die Wahl, ob sie nur im Rahmen der fachlichen Äußerung bzw Anhörung (§§ 189, 194, 195) am Verfahren teilnehmen wollen oder als Beteiligte aktiv mitwirken. Daraus erhellt auch, dass sie allein durch die Anhörung nicht die Stellung eines Beteiligten erhalten (vgl zum alten Recht Jansen/*Sonnenfeld* § 56f Rn 28). Im Falle ihrer Beteiligung haben sie dann alle Verfahrensrechte, können aber auch mit Verfahrenskosten belastet werden (BTDrs 16/6308 S 179). Die Beschwerdebefugnisse nach §§ 194 Abs 2 Satz 2, 195 Abs 2 Satz 2 (jeweils iVm § 59 Abs 3) stehen den Behörden unabhängig davon zu, ob sie von ihrem Beteiligungsrecht Gebrauch machen oder nicht. Dadurch soll vermieden werden, dass sie sich nur zur Wahrung ihrer Beschwerdeberechtigung stets am Verfahren erster Instanz beteiligen (BTDrs 16/6308 S 179, 204).

C. Minderjährige Beteiligte

17 Im Fall minderjähriger Beteiligter ist die etwaige Pflicht zur Bestellung eines Verfahrensbeistands nach § 191 zu beachten. Ggf wird der Verfahrensbeistand durch seine Bestellung als Beteiligter zum Verfahren hinzugezogen (§ 191 S 2 iVm § 158 Abs 3 S 2).

§ 189 Fachliche Äußerung einer Adoptionsvermittlungsstelle

Wird ein Minderjähriger als Kind angenommen, hat das Gericht eine fachliche Äußerung der Adoptionsvermittlungsstelle, die das Kind vermittelt hat, einzuholen, ob das Kind und die Familie des Annehmenden für die Annahme geeignet sind. Ist keine Adoptionsvermittlungsstelle tätig geworden, ist eine fachliche Äußerung des Jugendamts oder einer Adoptionsvermittlungsstelle einzuholen. Die fachliche Äußerung ist kostenlos abzugeben.

Übersicht

	Rz		Rz
A. Allgemeines	1	E. Zweck und Inhalt der fachlichen Äußerung	11
B. Anwendungsbereich	2	F. Anhörung	16
C. Pflicht des Gerichts zur Einholung der fachlichen Äußerung	3	G. Verhältnis zur Anhörung des Jugendamts nach § 194	18
D. Ersteller der fachlichen Äußerung	6		

A. Allgemeines

Die Norm entspricht nahezu wortgleich dem bisherigen § 56d FGG, so dass Änderungen gegenüber der bisherigen Rechtslage nicht erfolgt sind (Jansen/*Sonnenfeld* § 56d Rn 21). Auf Empfehlung des Rechtsausschusses des BT wurde allerdings der Begriff der »gutachtlichen Äußerung« durch den der »fachlichen Äußerung« ersetzt (vgl BTDrs 16/9733 S 368 f). Es sollte nicht der Eindruck erweckt werden, als ob es sich um eine förmliche Beweisaufnahme handeln würde (*Schulte-Bunert* Rn 676). Inhaltlich regelt die Vorschrift die Einholung der für ein Verfahren über eine Minderjährigenadoption zentralen fachlichen Äußerung einer Adoptionsvermittlungsstelle über die Eignung des Kindes und der Familie des Annehmenden. 1

B. Anwendungsbereich

§ 189 gilt nur für solche Adoptionssachen iSd § 186 Nr 1, die eine Minderjährigenadoption (§§ 1741 ff BGB) betreffen. Für die Annahme Volljähriger (§§ 1767 ff BGB) gilt die Norm auch dann nicht, wenn sie mit den Wirkungen der Minderjährigenannahme nach § 1772 BGB ausgesprochen werden soll (Jansen/*Sonnenfeld* § 56d Rn 2). Sie betrifft ebenfalls nicht die in § 186 Nr 2–4 geregelten Adoptionssachen. Ob in Verfahren auf Ersetzung einer Einwilligung (§ 186 Nr 2) oder in Aufhebungsverfahren (§ 186 Nr 3) eine fachliche Äußerung eingeholt wird, entscheidet der Grundsatz der Amtsermittlung (§ 26; Bassenge/Roth/*Bassenge* § 56d Rn 2). 2

C. Pflicht des Gerichts zur Einholung der fachlichen Äußerung

§ 189 konkretisiert den Amtsermittlungsgrundsatz (§ 26) dahingehend, dass das Familiengericht vor der Entscheidung über eine Minderjährigenannahme zwingend verpflichtet ist, die fachliche Äußerung einzuholen. Ein Ermessen hat es nicht (Jansen/*Sonnenfeld* § 56d Rn 13). 3

Verstößt das Gericht gegen diese Pflicht, so begründet dies einen Verfahrensfehler, der im Falle der Zurückweisung des Adoptionsantrags mit der Beschwerde gerügt werden kann. Im gegenteiligen Fall jedoch, in dem die Annahme ausgesprochen wird, führt der Verfahrensfehler weder zur Anfechtbarkeit (vgl § 197 Abs 3) noch bildet er einen Aufhebungsgrund nach § 1760 BGB (Jansen/*Sonnenfeld* § 56d Rn 13). 4

Zur Notwendigkeit und zum Umfang der im Rahmen der Vorbereitung der fachlichen Äußerung anzustellenden Ermittlungen enthält § 189 keine Aussage, sondern dies richtet sich nach den Grundsätzen des § 26 (BayObLG FamRZ 2001, 647; Jansen/*Sonnenfeld* § 56d Rn 12). 5

D. Ersteller der fachlichen Äußerung

6 Die fachliche Äußerung soll in erster Linie von der Adoptionsvermittlungsstelle, die das Kind vermittelt hat, erstellt werden (S 1). Das ist sachgerecht, weil sie infolge ihrer Vorbefassung am ehesten dem Gericht eine fundierte Entscheidungshilfe zur Verfügung stellen kann (vgl BTDrs 7/5087 S 24).

7 Ist keine Adoptionsvermittlungsstelle tätig geworden, so ist die fachliche Äußerung des Jugendamtes oder einer Adoptionsvermittlungsstelle einzuholen (S 2). Im ersten Fall ist dabei einzuschalten das Jugendamt, das nach §§ 85 ff SGB VIII zuständig ist (KKW/*Engelhardt* § 56d Rn 2).

8 Adoptionsvermittlungsstellen sind mit der Adoptionsvermittlung befasste Fachbehörden, über die Näheres im AdVermiG geregelt ist. Es handelt sich um die Adoptionsvermittlungsstellen der Jugendämter und die zentralen Adoptionsstellen der Landesjugendämter; außerdem die örtlichen und zentralen Stellen des Diakonischen Werks, des Deutschen Caritasverbandes, der Arbeiterwohlfahrt, die diesen Verbänden angeschlossenen Fachverbände sowie sonstige Organisationen mit Sitz im Inland, jeweils soweit sie von der zentralen Adoptionsstelle des Landesjugendamtes als Adoptionsvermittlungsstelle anerkannt sind (§ 2 AdVermiG). Das Gesetz legt dabei Wert darauf, dass in der Stelle Fachkräfte tätig sind, die aufgrund ihrer Persönlichkeit, Ausbildung und beruflichen Erfahrung zur Adoptionsvermittlung auch geeignet sind (§ 3 Abs 1 S 1 AdVermiG), meist Sozialpädagogen und Sozialarbeiter, da diese komplexe Aufgabe Kenntnisse des sozialen, psychologischen, pädagogischen und juristischen Bereichs verlangt (Müller/Sieghörtner/Emmerling de Oliveira/*Sieghörtner* Rn 148).

9 Satz 3 stellt ausdrücklich klar, dass die fachliche Äußerung kostenlos zu erstatten ist (zur Mitwirkungspflicht des Jugendamtes s § 194 Rz 5).

10 Allein durch die Abgabe der fachlichen Äußerung wird die abgebende Stelle nicht zum Verfahrensbeteiligten (s § 188 Rz 16).

E. Zweck und Inhalt der fachlichen Äußerung

11 Die fachliche Äußerung ist die wichtigste Erkenntnisquelle für das Gericht, um beurteilen zu können, ob die Annahme dem Kindeswohl dient (§ 1741 Abs 1 S 1 BGB; BTDrs 7/3061 S 58). Da der Richter regelmäßig nicht über die besondere Sachkunde bzw Erfahrung der Mitarbeiter der Adoptionsvermittlungsstellen verfügen wird, sollen deren fachliche Kompetenz dienstbar gemacht werden (*Röchling* S 101). Die inneren Bindungen, Neigungen und der Wille der Beteiligten müssen aufgeklärt werden, um beurteilen zu können, ob ein Eltern-Kind-Verhältnis vorhanden oder seine Entstehung zu erwarten ist (vgl BayObLG FamRZ 1993, 1480; Jansen/*Sonnenfeld* § 56d Rn 8).

12 Inhaltlich verlangt Satz 1 daher, dass sich die gutachtliche Äußerung darüber verhalten muss, ob das Kind und die Familie des Annehmenden für die Annahme geeignet sind. Die Äußerung muss dabei ausführlich sein und darf sich nicht mit Floskeln, etwa das Kind habe sich gut eingelebt, es sei eine echte Eltern-Kind-Beziehung entstanden, begnügen (Jansen/*Sonnenfeld* § 56d Rn 10; *Arndt/Oberloskamp* ZfJ 1977, 273 mit praktischen Beispielen und Vorschlägen). Zusammenzutragen sind für den Richter alle Fakten aufgrund einer psychosozialen Beurteilung samt eines Entscheidungsvorschlags (KKW/*Engelhardt* § 56d Rn 3).

13 Die der Annahme regelmäßig vorangehende Probezeit nach § 1744 BGB dient der Erleichterung der von § 1741 Abs 1 S 1 BGB geforderten Prognose und die Erfahrungen aus ihr haben deshalb in die fachliche Äußerung Eingang zu finden. Wurde die Probezeit für entbehrlich gehalten, so sind die Gründe hierfür in der fachlichen Äußerung darzulegen (MüKoBGB/*Maurer* § 1752 Rn 12; RGRK/*Dickescheid* § 1752 Rn 16).

14 Vor allem dann, wenn das Kind nicht bereits seit längerer Zeit in der Familie des Annehmenden lebt, kann zusätzlich ein psychologisches Gutachten eingeholt werden (vgl *Dodegge* FPR 2001, 321, 322).

Das BayObLG (FamRZ 2001, 647) hat eine Äußerung des Jugendamts schon darin ge- 15
sehen, wenn dieses mitteilt, eine gutachtliche Äußerung könne nicht abgegeben werden.
Im konkreten Fall wurde dies damit begründet, dass die Mutter des Kindes erklärt habe,
dieses wisse nicht, dass es nicht das leibliche Kind des Annehmenden sei und werde
durch ein Gespräch mit dem Jugendamt zu sehr belastet. Jedenfalls darf der Adoptionsantrag allein deswegen nicht zurückgewiesen werden, sonst könnte das Jugendamt eine
Adoption dadurch unmöglich machen, dass es die Voraussetzungen für eine fachliche
Äußerung in der Sache verneint. Das Gericht muss dann die Ermittlungen selbst anstellen (BayObLG FamRZ 2001, 647; MüKoBGB/*Maurer* § 1752 Rn 12 Fn 54).

F. Anhörung

Zu der fachlichen Äußerung ist den Beteiligten, wie zu allen Ermittlungsergebnissen, 16
rechtliches Gehör zu gewähren (Art 103 Abs 1 GG; Bassenge/Roth/*Bassenge* § 56d Rn 2;
KKW/*Engelhardt* § 56d Rn 5). Das Gericht muss den Verfahrensbeteiligten aber nicht
den Inhalt der fachlichen Äußerung in allen Einzelheiten mitteilen, soweit damit eine
Gefährdung der Inkognitoadoption (vgl § 1747 Abs 2 S 2 BGB) verbunden wäre (§ 1758
BGB; § 13; BVerfG NJW 1989, 519, 521; Jansen/*Sonnenfeld* § 56d Rn 16). Dies kann zB den
Fall betreffen, in dem die Einwilligung eines leiblichen Elternteils nach § 1748 BGB er-
setzt wurde (Jansen/*Sonnenfeld* § 56d Rn 16; Bassenge/Roth/*Bassenge* § 56d Rn 2).

Die persönliche Anhörung des Kindes nach § 192 Abs 1, 3 ist nicht deshalb entbehr- 17
lich, weil es im Rahmen der Erstellung der fachlichen Äußerung bereits vom Jugendamt
persönlich angehört wurde (BayObLG FamRZ 1993, 1480; Jansen/*Sonnenfeld* § 56d
Rn 15).

G. Verhältnis zur Anhörung des Jugendamts nach § 194

§ 194 Abs 1 verpflichtet das Gericht, das Jugendamt im Rahmen einer Minderjährigen- 18
adoption anzuhören, es sei denn das Jugendamt hat bereits nach § 189 die fachliche Äußerung abgegeben. Daraus ergeben sich im Wesentlichen zwei Möglichkeiten:

Erstens, das Jugendamt hat die fachliche Äußerung abgegeben, und zwar entweder 19
nach § 189 S 1, weil es die Adoptionsvermittlungsstelle war, oder nach § 189 S 2, weil
keine Adoptionsvermittlungsstelle tätig geworden war und das Jugendamt zur Abgabe
der fachlichen Äußerung vom Gericht aufgefordert worden war. Dann muss es vom Gericht nicht noch zusätzlich angehört werden (§ 194 Abs 1 S 2). Das Gericht hat dem Jugendamt aber seine Entscheidung mitzuteilen (§ 194 Abs 2 S 1).

Zweitens, das Jugendamt hat die fachliche Äußerung nicht erstellt, sondern diese ist 20
entweder von einer anderen Adoptionsvermittlungsstelle, die das Kind vermittelt hat,
nach § 189 S 1 erstellt worden, oder es war insoweit keine Adoptionsvermittlungsstelle
tätig geworden und nach § 189 S 2 ist aber nicht das Jugendamt, sondern eine andere
Adoptionsvermittlungsstelle zur Erstellung der fachlichen Äußerung aufgefordert worden. Dann ist zusätzlich zur fachlichen Äußerung der anderen Adoptionsvermittlungsstelle das Jugendamt nach § 194 Abs 1 anzuhören.

Zur (zusätzlichen) Anhörung des Landesjugendamts s § 195. 21

§ 190 Bescheinigung über den Eintritt der Vormundschaft

Ist das Jugendamt nach § 1751 Abs. 1 Satz 1 und 2 des Bürgerlichen Gesetzbuchs Vormund geworden, hat das Familiengericht ihm unverzüglich eine Bescheinigung über den Eintritt der Vormundschaft zu erteilen; § 1791 des Bürgerlichen Gesetzbuchs ist nicht anzuwenden.

A. Allgemeines

1 Die Vorschrift entspricht, mit der Ausnahme des Zuständigkeitswechsels vom Vormundschafts- auf das Familiengericht, dem bisherigen § 1751 Abs 1 S 4 BGB. Sie regelt die Pflicht des Gerichts, eine Bescheinigung über die Vormundschaft zu erteilen, wenn das Jugendamt nach § 1751 Abs 1 S 2 BGB Vormund geworden ist. Dieser verfahrensrechtliche Charakter begründet den systematischen Wechsel der Stellung der Norm aus dem BGB in das FamFG (BTDrs 16/6308 S 247). Der Gesetzgeber erhofft sich durch die Einbettung der Regelung in einer eigenen Vorschrift außerdem eine stärkere Beachtung in der Praxis (BTDrs 16/6308 S 247).

B. Regelungsgehalt

2 § 1751 BGB beschreibt bestimmte Vorwirkungen der Minderjährigenadoption, welche bereits mit der Einwilligungserklärung der leiblichen Eltern bzw eines leiblichen Elternteils eintreten. Dazu gehört nach § 1751 Abs 1 S 1 Hs 1 BGB, dass mit der wirksamen Einwilligung eines Elternteils in die Adoption die elterliche Sorge dieses Elternteils ruht. In der Folge wird nach § 1751 Abs 1 S 2 BGB (vgl auch § 55 Abs 1 SGB VIII) das Jugendamt Vormund, es sei denn der andere Elternteil übt die Sorge allein aus oder es ist bereits ein Vormund bestellt. Wirksam wird die elterliche Einwilligung mit ihrem Zugang beim Familiengericht (§ 1750 Abs 1 S 3 BGB). Die Amtsvormundschaft tritt als Rechtsfolge der wirksamen Einwilligung automatisch ein (PWW/*Friederici* § 1751 Rn 4). Einer Bestellung bedarf es nicht (LG Kassel FamRZ 1993, 234, 235 m Anm *Henrich*). Demgemäß erhält das Jugendamt auch keine Bestallungsurkunde iSd § 1791 BGB; die Vorschrift ist nicht anwendbar (§ 190 Hs 2). Dasjenige Jugendamt wird Vormund, welches nach §§ 85 ff SGB VIII zuständig ist. Es weist seine Stellung als Amtsvormund ausschließlich durch die (deklaratorische) Bescheinigung des Familiengerichts nach (PWW/*Friederici* § 1751 Rn 4). Diese ist ihm unverzüglich (dh ohne schuldhaftes Zögern, § 121 Abs 1 S 1 BGB) zu erteilen. Sie dient auch dazu, dem Jugendamt frühzeitig Kenntnis von der elterlichen Einwilligung zu verschaffen und ihm die Möglichkeit zu geben, noch rechtzeitig auf die Notwendigkeit der Pflegeerlaubnis gem § 44 SGB VIII hinzuweisen bzw sie zu versagen, wenn das Wohl des Kindes es erfordert (BTDrs 7/5087 S 14; Palandt/*Diederichsen* § 1751 Rn 5). Das Jugendamt ist nicht selbst gesetzlicher Vertreter des Kindes, sondern einer seiner Beamten oder Angestellten, dem es die Aufgaben des Amtsvormunds überträgt (§ 55 Abs 2 SGB VIII).

3 Die vorstehenden Grundsätze gelten entsprechend, wenn die elterliche Einwilligung wirksam nach § 1748 BGB ersetzt wurde (KG FamRZ 1978, 210; Palandt/*Diederichsen* § 1751 Rn 2; aA AG Münster DAVorm 1977, 271).

4 Verliert die elterliche Einwilligung nach § 1750 Abs 4 BGB ihre Kraft, so endet die Amtsvormundschaft des Jugendamtes nicht automatisch, sondern das Familiengericht hat gem § 1751 Abs 3 BGB über die Übertragung der elterlichen Sorge zu entscheiden.

C. Zuständigkeit

5 Die Bescheinigung wird von dem nach § 187 zuständigen Familiengericht erteilt (vgl zum alten Recht BayObLG FamRZ 1978, 65, 66; Jansen/*Müller-Lukoschek* § 43b Rn 46).

Funktionell zuständig ist der Rechtspfleger (§ 3 Nr 2a) RPflG; vgl Einführung zu Abschnitt 5 Rz 10).

D. Rechtsbehelfe

Gegen eine zu Unrecht erteilte Bescheinigung können die Eltern die Beschwerde (§ 11 Abs 1 RPflG, §§ 58 ff) einlegen (vgl zum alten Recht BayObLG StAZ 1979, 122, 124), gegen die Verweigerung der Bescheinigung das Jugendamt (MüKoBGB/*Maurer* § 1751 Rn 6). **6**

§ 191 Verfahrensbeistand

Das Gericht hat einem minderjährigen Beteiligten in Adoptionssachen eine Verfahrensbeistand zu bestellen, sofern dies zur Wahrnehmung seiner Interessen erforderlich ist. § 158 Abs. 2 Nr. 1 sowie Abs. 3 bis 7 gilt entsprechend.

A. Allgemeines

1 Für das Verfahren zur Aufhebung einer Adoption erhielt ein minderjähriges oder geschäftsunfähiges Kind nach § 56f Abs 2 FGG einen Verfahrenspfleger, wenn der Annehmende sein gesetzlicher Vertreter war. Daneben konnte nach § 50 FGG, dem gegenüber § 56f Abs 2 FGG nur »lex specialis« war (Jansen/*Sonnenfeld* § 56f Rn 36), einem minderjährigen Kind ein Verfahrenspfleger bestellt werden, wenn dies zur Wahrnehmung seiner Interessen erforderlich war (§ 50 Abs 1 FGG). Die Bestellung war in der Regel erforderlich, wenn das Kindesinteresse zu dem seiner gesetzlichen Vertreter in erheblichem Gegensatz stand (§ 50 Abs 2 S 1 Nr 1 FGG).

2 § 191 S 1 verpflichtet das Gericht nun allgemein in Adoptionssachen, einem minderjährigen Beteiligten einen Verfahrensbeistand (diese Rechtsfigur ersetzt den bisherigen Verfahrenspfleger) zu bestellen, wenn dies zur Wahrnehmung seiner Interessen erforderlich ist, da Interessenkollisionen nicht auf die bisher in § 56f Abs 2 FGG geregelte Konstellation beschränkt sind (BTDrs 16/6308 S 248). Diese Ausweitung wird in der Literatur sehr begrüßt (Jansen/*Müller-Lukoschek* § 43b Rn 87). Der Gesetzgeber kommt mit der Verfahrensbeistandschaft auch der sich aus Art 6 Abs 2 S 2 und Art 2 Abs 1 GG ergebenden Schutzpflicht zugunsten des von einem Konflikt seiner (Adoptiv-)Eltern betroffenen Kindes nach (vgl BVerfG NJW 2003, 3544; Jansen/*Sonnenfeld* § 56f Rn 35).

3 Der BR sah für die umfassende Regelung in § 191 kein Bedürfnis und schlug ihre Streichung vor samt einer Schaffung eines neuen § 1910 BGB, in den die im bisherigen § 56f Abs 2 FGG enthaltenen Bestimmungen als Ergänzungspflegschaft bei Aufhebung der Adoption aufgenommen werden sollten (BTDrs 16/6308 S 380 f). Die BReg stimmte dem nicht zu, ua weil ein Interessenwiderstreit zwischen Kind und Sorgeberechtigtem nicht nur im Aufhebungsverfahren vorliegen könne (BTDrs 16/6308 S 417).

B. Anwendungsbereich

4 Das Gebot zur Bestellung eines Verfahrensbeistands bezieht sich auf alle in § 186 genannten Adoptionssachen und kann daher in jedem der dort erwähnten Verfahren zum Tragen kommen. Hauptanwendungsfeld wird aber sicher der bisher in § 56f Abs 2 FGG geregelte Fall des Aufhebungsverfahrens (Adoptionssache nach § 186 Nr 3) bleiben. In Verfahren auf Annahme eines Minderjährigen (Adoptionssache nach § 186 Nr 1) ist ohnehin das gesamte Verfahren auf sein Wohl und seine Interessen ausgerichtet. Die Minderjährigkeit eines Annehmenden kommt hier schon infolge der nach materiellem Recht gebotenen Altersgrenzen nicht in Betracht (vgl § 1743 BGB). Minderjährige Eltern (Beteiligte nach § 188 Abs 1 Nr 1b)), deren Interessen nicht schon durch das Einwilligungserfordernis gewahrt erscheinen, dürften eher selten sein. Dasselbe gilt für minderjährige Ehegatten (Beteiligte nach § 188 Abs 1 Nr 1c)) im Hinblick auf das Einwilligungserfordernis nach § 1749 BGB. Auch in Verfahren nach § 186 Nr 2 und 4 dürften minderjährige Beteiligte (vgl § 188 Abs 1 Nr 2 und 4), die zur Wahrnehmung ihrer Interessen eines Beistands bedürfen, eher die Ausnahme sein.

C. Voraussetzungen der Bestellung

5 Voraussetzung der Beistandsbestellung ist nach § 191 S 1, dass dies zur Wahrnehmung der Interessen eines minderjährigen Beteiligten erforderlich ist. Minderjährige Beteiligte (vgl dazu § 188) werden in Adoptionssachen (§ 186) grds durch ihren gesetzlichen Ver-

treter vertreten, soweit sie nicht etwa entsprechend § 60 selbst als verfahrensfähig anzusehen sind (vgl zB § 186 Rz 36, § 188 Rz 15). Hier kann es zu einem erheblichen Gegensatz zwischen dem Interesse des minderjährigen Beteiligten und dem seines gesetzlichen Vertreters kommen, was nach § 191 S 2 iVm § 158 Abs 2 Nr 1 in der Regel die Bestellung eines Verfahrensbeistands gebietet. § 191 S 2 iVm § 158 Abs 2 Nr 1 enthält insoweit ein Regelbeispiel für das Tatbestandsmerkmal der Erforderlichkeit zur Wahrnehmung der Interessen des Minderjährigen iSd § 191 S 1.

Nach § 191 S 2 iVm § 158 Abs 5 soll die Beistandsbestellung unterbleiben oder aufgehoben werden, wenn die Interessen des minderjährigen Beteiligten von einem Rechtsanwalt oder anderen geeigneten Verfahrensbevollmächtigten angemessen vertreten werden. Dies bedarf freilich vor allem dann sorgfältiger Prüfung, wenn der Verfahrensbevollmächtigte gerade durch den gesetzlichen Vertreter des Minderjährigen beauftragt und bevollmächtigt wurde (Jansen/Sonnenfeld § 56f Rn 36). 6

Nach dem insoweit eindeutigen Wortlaut räumt § 191 dem Gericht kein Ermessen ein, sondern begründet eine Verpflichtung des Gerichts zur Bestellung (vgl BTDrs 16/6308 S 238 zum insoweit gleich lautenden § 158 Abs 1). Flexibilität ermöglichen insoweit die Tatbestandsmerkmale der »Erforderlichkeit zur Wahrnehmung seiner Interessen« in § 191 S 1 sowie »in der Regel« in § 191 S 2 iVm § 158 Abs 2 Nr 1. 7

D. Zuständigkeit

Es ist das Familiengericht für die Bestellung zuständig, das auch mit der betreffenden Adoptionssache befasst ist. Da die Aufgabenverteilung zwischen Richter und Rechtspfleger auch nach Inkrafttreten des FamFG unverändert bleiben sollte (vgl BTDrs 16/6308 S 322), ist für die Bestellung weiterhin der Richter funktionell zuständig (vgl zum alten Recht Jansen/Sonnenfeld § 56f Rn 37). Allerdings bleiben hier insofern Zweifel aus dem Gesetzeswortlaut, als § 14 Abs 1 Nr 13 RPflG den § 191 nicht erwähnt, wohingegen § 14 Abs 1 Nr 3 f) aF RPflG den § 56f Abs 2 FGG ausdrücklich nannte, was eine Übertragung auf den Rechtspfleger nahe legen würde. 8

E. Bestellung

Obwohl § 191 S 1 von »Verfahrensbeistand« und nicht wie § 158 Abs 1 von »geeigneten Verfahrensbeistand« spricht, soll auch hier nur eine Person zum Beistand bestimmt werden, die persönlich und fachlich geeignet ist, das Interesse des minderjährigen Beteiligten festzustellen und sachgerecht in das Verfahren einzubringen (vgl BTDrs 16/6308 S 338 zu § 158 Abs 1). Die Bestellung hat möglichst früh zu erfolgen (§ 191 S 2 iVm § 158 Abs 3 S 1). Will das Familiengericht trotz Vorliegen der Voraussetzungen des § 191 S 2 iVm § 158 Abs 2 Nr 1 keinen Beistand bestellen, so bedarf dies besonderer Gründe, die im Einzelnen in der Endentscheidung darzulegen sind (§ 191 S 2 iVm § 158 Abs 3 S 3; vgl BTDrs 16/6308 S 238 zu § 158 Abs 2). 9

Der Beistand wird für das gesamte Verfahren der Adoptionssache einschließlich eines etwaigen Rechtsmittelverfahrens bestellt. Als ausschließlich verfahrensrechtliches Institut handelt es sich bei der Beistandschaft nicht um eine solche nach §§ 1712 ff BGB (vgl BTDrs 16/6308 S 238 zu § 158 Abs 2). Ein besonderer Aufgabenkreis muss in der Bestellung nicht angegeben werden (vgl zum alten Recht Jansen/Sonnenfeld § 56f Rn 38). Die Aufgaben des Beistands sind in § 191 S 2 iVm § 158 Abs 4 im Einzelnen genannt. Er hat nach § 191 S 2 iVm § 158 Abs 2 S 2 die Stellung eines Beteiligten. Dies schließt die Teilnahme an einer Kindesanhörung grds ein (vgl zum alten Recht KG FamRZ 2000, 1300; OLG Brandenburg FamRZ 2003, 256; Jansen/Zorn § 50b Rn 16). Zu Aufwendungsersatz und Vergütung vgl § 191 S 2 iVm § 158 Abs 7. 10

F. Ende der Beistandschaft, § 191 Satz 2 iVm § 158 Absatz 5 und 6

11 Nach § 191 Satz 2 iVm § 158 Abs 6 endet die Beistandschaft automatisch mit der Rechtskraft der das Verfahren abschließenden Entscheidung (Nr 1) oder einem sonstigen Abschluss des Verfahrens (Nr 2). Aus Nr 1 erhellt, dass die Beistandschaft auch für das Beschwerdeverfahren gilt. Nr 2 hat Bedeutung für abschließende Entscheidungen, die nicht in formelle Rechtskraft erwachsen.

12 Im Übrigen kann das Gericht in den Fällen der § 191 S 2 iVm § 158 Abs 5 die Beistandschaft auch schon vorher aufheben.

G. Rechtsbehelfe

13 Die Bestellung wie auch die Ablehnung oder Aufhebung der Beistandschaft sind nicht selbstständig anfechtbar (§ 191 S 2 iVm § 158 Abs 3 S 4). Ein etwaiger Verstoß gegen § 191 muss daher mit der Beschwerde gegen die Endentscheidung geltend gemacht werden, vorausgesetzt freilich sie ist überhaupt der Beschwerde zugänglich (vgl dazu unter §§ 197 und 198). Außerdem muss die angefochtene Entscheidung auf dem etwaigen Verstoß gegen die Verpflichtung zur Beistandsbestellung beruhen (§ 72 Abs 1 S 1; OLG Frankfurt FamRZ 1982, 848; Jansen/*Sonnenfeld* § 56f Rn 53).

§ 192 Anhörung der Beteiligten

(1) Das Gericht hat in Verfahren auf Annahme als Kind oder auf Aufhebung des Annahmeverhältnisses den Annehmenden und das Kind persönlich anzuhören.

(2) Im Übrigen sollen die beteiligten Personen angehört werden.

(3) Von der Anhörung eines minderjährigen Beteiligten kann abgesehen werden, wenn Nachteile für seine Entwicklung, Erziehung oder Gesundheit zu befürchten sind oder wenn wegen des geringen Alters von einer Anhörung eine Aufklärung nicht zu erwarten ist.

A. Allgemeines

Die Norm, die die Anhörung der Beteiligten regelt, entspricht, soweit es um die Anhörung des minderjährigen Kindes geht (Abs 1 und 3), weitgehend dem bisherigen § 55c iVm § 50b Abs 1, 2 S 1 und Abs 3 FGG.   1

Grds entscheidet das Gericht über Art und Umfang der Ermittlungen, § 192 schränkt dieses Ermessen jedoch ein (vgl zum alten Recht BayObLG FamRZ 1993, 1480; Jansen/ *Sonnenfeld* § 55c Rn 1). Die Vorschrift bezweckt dabei zunächst die Sachaufklärung, insbes Abs 1 durch die Vermittlung eines persönlichen Eindrucks von dem Kind. Die Anhörung versetzt das Gericht auch in die Lage, die fachliche Äußerung nach § 189 der gebotenen Prüfung zu unterziehen. In zweiter Linie dient sie aber auch der Gewährung rechtlichen Gehörs und der Stärkung der Rechtsstellung der Beteiligten (vgl zu § 55c FGG BayObLG NJW-RR 2001, 722, 723).   2

Dabei verpflichtet § 192 Abs 1 zur persönlichen Anhörung des Kindes und des Annehmenden bei Annahme- und Aufhebungsverfahren. Abs 2 gebietet im Übrigen die Anhörung der Beteiligten. Abs 3 erlaubt es von der Anhörung Minderjähriger abzusehen, wenn Nachteile für Entwicklung, Gesundheit oder Erziehung zu befürchten sind oder wegen geringen Alters keine Aufklärung zu erwarten ist.   3

B. Persönliche Anhörung des Annehmenden und des Kindes, Absatz 1

I. Anwendungsbereich

§ 192 Abs 1 betrifft Verfahren auf Annahme als Kind und solche auf Aufhebung des Annahmeverhältnisses, also Adoptionssachen nach § 186 Nr 1 und 3, nicht aber nach § 186 Nr 2 und 4. Unerheblich ist es, ob es sich um eine Minderjährigen- oder eine Volljährigenadoption handelt. Persönlich anzuhören sind dabei der Annehmende und das Kind, also die Beteiligten nach § 188 Abs 1 Nr 1a) bzw Nr 3 a). Die Einschränkung des Abs 1 auf Annahme- und Aufhebungsverfahren schließt freilich nicht aus, auch in Zwischenverfahren nach § 186 Nr 2 den Annehmenden und insbes das Kind persönlich anzuhören. Vor allem bei Verfahren auf Ersetzung der elterlichen Einwilligung nach § 1748 BGB kann die persönliche Anhörung des Kindes geboten sein, um die Voraussetzungen einer solchen Ersetzung aufzuklären (vgl BVerfG FamRZ 2002, 229).   4

II. Inhalt und Ausgestaltung der Anhörung

Bei der persönlichen Anhörung im Rahmen eines Annahmeverfahrens bezüglich eines Erwachsenen, geht es vor allem darum, dass die Beteiligten ihre Beweggründe schildern. Auch bei der Minderjährigenannahme geht es darum, dass der Richter sich einen ausreichenden Eindruck über das Vorliegen der materiellen Adoptionsvoraussetzungen verschaffen kann, insbes auch durch die Anhörung des Annehmenden (*Dodegge* FPR 2001, 321, 322). Die persönliche Anhörung des Kindes richtet sich hier auf seine Neigungen, Bindungen und auch seinen etwaigen Willen ebenso wie die Verschaffung eines unmittelbaren Eindrucks des Richters vom Kind (BayObLG FamRZ 1993, 1480; *Dodegge*   5

FPR 2001, 321, 322). Neigungen, Bindungen, Wille und Glaubwürdigkeit der Beteiligten sind wesentlich für die Herstellung oder das Bestehen eines Eltern-Kind-Verhältnisses (BayObLG FamRZ 1993, 1480; Jansen/*Sonnenfeld* § 55c Rn 6).

6 § 192 Abs 1 gebietet anders als Abs 2 eine persönliche, also mündliche Anhörung (vgl OLG Düsseldorf FamRZ 1995, 1294, 1295). Bei jüngeren Kindern rechtfertigt sich dies schon aus der Erwägung, dass sie sich regelmäßig nicht hinreichend schriftlich werden äußern können (vgl Jansen/*Zorn* § 50b Rn 1 zu § 50b FGG). Die persönliche Anhörung ist zwingend. Nur aus schwerwiegenden Gründen (Abs 3) darf bei minderjährigen Beteiligten von ihr abgesehen werden. Eine bestimmte Altersgrenze hat der Gesetzgeber auch bei ihnen nicht vorgesehen, da auch aus dem unmittelbaren Eindruck vom Verhalten kleiner Kinder Anhaltspunkte für das Kindeswohl gewonnen werden können.

7 Eine Bezugnahme auf ein Gespräch des Jugendamtes mit dem Kind kann die persönliche Anhörung ebenso wenig ersetzen (BayObLG FamRZ 1993, 1480; Müller/Sieghörtner/Emmerling de Oliveira/*Sieghörtner* Rn 164) wie die Anhörung des gesetzlichen Vertreters des Kindes (BayObLG FamRZ 1995, 1210, 1211; Jansen/*Sonnenfeld* § 55c Rn 5). Wird die nach § 1746 Abs 1 Satz 3 BGB gebotene Einwilligung eines mindestens 14 Jahre alten, nicht geschäftsunfähigen Kindes nicht vorgelegt, so dürfte die Anhörung dieses Kindes regelmäßig entbehrlich sein (von BayObLG FamRZ 1997, 576 allerdings nur für den Fall entschieden, dass es vor dem ersuchten Richter ausdrücklich die Einwilligung verweigert).

8 Die Ausgestaltung der persönlichen Anhörung, auch hinsichtlich der Anwesenheit Dritter (OLG Köln FamRZ 1997, 1549; OLG Bamberg FamRZ 1994, 1045 – jeweils für Sorgerechtsverfahren; s.a. Rz 9), steht im Übrigen grds im pflichtgemäßen Ermessen des Gerichts. Ein Erörterungstermin wie ihn § 56f Abs 1 FGG für das Aufhebungsverfahren vorsah, ist in §§ 186 ff nicht vorgeschrieben. Freilich kann das Gericht grds einen Termin zur Erörterung anberaumen (vgl § 32). Das Gesetz lässt auch offen, wo das Gericht die persönliche Anhörung durchzuführen hat (BTDrs 16/6308 S 192 zu § 34).

9 Die persönliche Anhörung minderjähriger Kinder sollte altersgerecht ausgestaltet werden (vgl OLG Karlsruhe FamRZ 1994, 915, 916 zu § 50b FGG) und geprägt sein durch Vermittlung von Verständnis und Nähe zwischen Gericht und Kind, Aufgeschlossenheit gegenüber kindlichem oder jugendlichem Verhalten und Sprachgebrauch und insgesamt eine positive menschliche Haltung für die anstehende wichtige Entscheidung (*Röchling* S 105). Um Konflikte zu vermeiden und die Unbefangenheit des minderjährigen Kindes zu gewährleisten, wird seine persönliche Anhörung regelmäßig in Abwesenheit der Eltern und deren Verfahrensbevollmächtigter stattfinden (OLG München FamRZ 2007, 745; KKW/*Engelhardt* § 50b Rn 18). Der entsprechende Anhörungstermin ist ihnen daher auch nicht mitzuteilen, wohl aber das Ergebnis der Anhörung bekannt zu geben (OLG München FamRZ 2007, 745; KKW/*Engelhardt* § 50b Rn 18). Anders kann es bei Kleinkindern sein (Jansen/*Zorn* § 50b Rn 20). Hinzuziehen ist hingegen grds der Verfahrensbeistand des Kindes nach § 191 (s § 191 Rz 10).

C. Anhörung der Beteiligten im Übrigen, Absatz 2

I. Anwendungsbereich

10 § 192 Abs 2, der nach dem ausdrücklichen Willen des Gesetzgeber nur eine Soll-Vorschrift darstellt (vgl BTDrs 16/6308 S 248), betrifft alle Adoptionssachen, also insbes auch Verfahren nach § 186 Nr 2 und 4 (*Schulte-Bunert* Rn 680). Geregelt wird die Anhörung aller Beteiligten (§ 188), also auch derjenigen Personen in Verfahren nach § 186 Nr 1 und 3, die nicht schon nach Abs 1 persönlich anzuhören sind. Anders als in § 50c FGG ist die Anhörung von Pflegepersonen (die nicht zugleich Annehmender sind) nicht explizit vorgesehen, da sie nicht Beteiligte sind. Ihre Anhörung wird aber regelmäßig über die allgemeine Amtsaufklärungspflicht (§ 26) geboten sein (vgl *Röchling* S 106). Ist ein Elternteil oder ein Ehegatte zur Abgabe einer Erklärung dauernd außerstande oder sein Aufenthalt dauernd unbekannt, so ist ist er gem § 188 Abs 1 Nr 1b) iVm § 1747 Abs 4 BGB bzw § 188 Abs 1 Nr 1c) iVm § 1749 Abs 3 BGB schon nicht Beteiligter und unterfällt deshalb nicht der Anhörungspflicht.

II. Inhalt und Ausgestaltung der Anhörung

§ 192 Abs 2 fordert anders als Abs 1 keine persönliche Anhörung (anders allerdings der ursprüngliche RefE), so dass auch eine schriftliche Anhörung genügen kann (nach *Schulte-Bunert* Rn 680 dürfte eine persönliche Anhörung aber idR angebracht sein). Wie unter dem alten Recht wird man davon ausgehen können, dass in Annahmeverfahren Minderjähriger die leiblichen Eltern bereits ausreichend über die Erteilung ihrer Einwilligung angehört sind (vgl *Dodegge* FPR 2001, 321, 322; *Müller/Sieghörtner/Emmerling de Oliveira/Sieghörtner* Rn 167). Bei der Aufhebung einer Inkognito-Adoption ist möglichst lange das Inkognito zu wahren, so dass die leiblichen Eltern und der Annehmende nicht etwa in einem Termin zu hören sind und ein Termin des einen dem anderen auch nicht bekanntzugeben ist (*Jansen/Sonnenfeld* § 56f Rn 32; RGRK/*Dickescheidt* § 1759 Rn 8). 11

D. Absehen von der Anhörung Minderjähriger, Absatz 3

§ 192 Abs 3 enthält die vor allem wegen der fundamentalen Bedeutung der persönlichen Anhörung des Kindes in Adoptionssachen nach § 186 Nr 1–3 äußerst praxisrelevante Einschränkung für das Erfordernis der Anhörung minderjähriger Beteiligter. Hier hat die Norm ihr eindeutiges Hauptanwendungsfeld. Sie gilt aber im Ausgangspunkt für alle minderjährigen Beteiligten und auch die »einfache« Anhörung nach Abs 2. Sie ist von der Sorge um das Wohl des Minderjährigen einerseits (Alt 1) und vom Aufklärungsziel der Anhörung andererseits (Alt 2) geleitet. Will das Gericht danach von der nach Abs 1 zwingenden persönlichen Anhörung des Kindes absehen, so muss es die leitenden Gründe darlegen (BGH FamRZ 1984, 1084, 1086; OLG Hamm FamRZ 1996, 421, 422; OLG Brandenburg FamRZ 2003, 624, 625 – jeweils zu § 50b Abs 3 FGG). 12

I. Nachteile für Entwicklung, Erziehung oder Gesundheit, Alt 1

§ 192 Abs 3 Alt 1 kodifiziert insbes die bisherige Rechtsprechung, wonach das Absehen von der persönlichen Anhörung gerechtfertigt ist, wenn das Kind durch die Anhörung aus dem seelischen Gleichgewicht gebracht würde und eine Gesundheitsbeeinträchtigung zu besorgen wäre (vgl zB BGH NJW-RR 1986, 1130 zu § 50b Abs 3 FGG; BayObLG FamRZ 2001, 647, 648; LG Freiburg FamRZ 2002, 1647, 1648). Allerdings ist zunächst zu beachten, dass die Anhörung für den Minderjährigen stets mit einer gewissen Belastung verbunden sein kann und der Gesetzgeber das bewusst in Kauf genommen hat (vgl BayObLG FamRZ 1987, 87, 88 zu § 50b Abs 3 FGG; *Jansen/Sonnenfeld* § 55c Rn 9). Außerdem hat das Gericht vorrangig zu versuchen, den in Alt 1 niedergelegten Anliegen durch angemessene, schonende Gestaltung der Anhörung Rechnung zu tragen, etwa im Fall der Alt 1 durch Anhörung des Kindes ohne Offenbarung der Abstammungsverhältnisses (vgl zum alten Recht BayObLG FamRZ 2001, 647, 648; *Jansen/Sonnenfeld* § 55c Rn 16). Ob die in Alt 1 genannten Nachteile zu befürchten sind, wird das Gericht zunächst durch entsprechende ärztliche Gutachten bzw Atteste klären (vgl LG Freiburg FamRZ 2002, 1647, 1648; *Röchling* S 105). 13

II. Geringes Alter, Alt 2

Auch die Bestimmung, wegen geringen Alters des Kindes auf die persönliche Anhörung zu verzichten, entspricht bisheriger Rechtsprechung. Eine feste Altersgrenze sieht das Gesetz nicht vor. Entscheidend ist bei Kleinkindern, ob man zumindest einen für die 14

§ 192 FamFG | Anhörung der Beteiligten

Aufklärung bedeutsamen unmittelbaren Eindruck gewinnen kann (*Dodegge* FPR 2001, 321, 322). Das dürfte bei einem zweijährigen Kind regelmäßig nicht der Fall sein (OLG Oldenburg NJW-RR 1996, 709; Jansen/*Sonnenfeld* § 55c Rn 8), wohl aber bei einem drei- oder vierjährigen (BayObLG FamRZ 1984, 312; FamRZ 1988, 871, 873; vgl auch *Schulte-Bunert* Rn 681: Aufklärung nicht zu erwarten idR bei Kindern bis zum 3. Lebensjahr). Hier können bereits Erkenntnisse über Bindungen, Beziehungen und Wünsche gewonnen werden.

15 Angesichts des abschließenden Wortlauts des Abs 3 dürfte an der bisherigen Rechtsprechung, wonach das Kind nicht angehört werden muss, wenn es aus tatsächlichen Gründen keine Bindungen oder Neigungen zu den leiblichen Eltern oder einem leiblichen Elternteil entwickeln konnte (BayObLG FamRZ 1984, 312: dreijähriges Kind hatte seinen Vater nur bei vereinzelten, sehr kurzen Besuchen gesehen; ähnlich BayObLG FamRZ 1988, 871, 873; 2001, 647, 648), nicht festzuhalten sein.

E. Beschwerde(verfahren)

16 § 192 gilt auch im Beschwerdeverfahren (BayObLG FamRZ 1993, 1480; 1984, 933 zu § 50b Abs 3 FGG; OLG Bremen FamRZ 2007, 930 zu § 55c FGG), ggf ist eine in erster Instanz unterlassene Anhörung in der Beschwerdeinstanz nachzuholen. Vorrangig ist freilich zu beurteilen, ob die Entscheidung des Familiengerichts überhaupt anfechtbar ist (s §§ 197 Abs 3; 198 Abs 3). Nach § 68 Abs 3 Satz 2 kann das Beschwerdegericht von der erneuten Anhörung absehen, wenn von ihr keine zusätzlichen Erkenntnisse zu erwarten sind. Das ist der Fall, wenn weder neue entscheidungserhebliche Tatsachen vorgetragen werden, noch eine Änderung des rechtlichen Gesichtspunkts vorliegt und auch nicht der Zeitablauf oder sonstige Gründe die nochmalige Anhörung gebieten (so die bisherige Rspr OLG Koblenz FamRZ 2001, 515; OLG Zweibrücken FamRZ 1990, 544 – jeweils zu § 50b FGG; Jansen/*Sonnenfeld* § 55c Rn 19).

17 Vor allem das Unterlassen der persönlichen Anhörung nach Abs 1 stellt einen wesentlichen Verfahrensmangel dar (vgl BayObLG FamRZ 1993, 1480 für unterlassene Anhörung des elfjährigen Kindes im Adoptionsverfahren). Er führt in der Rechtsbeschwerdeinstanz zur Aufhebung und Zurückverweisung, jedenfalls wenn nicht auszuschließen ist, dass die Verletzung der Anhörungspflicht die angefochtene Entscheidung beeinflusst hat (§ 74 Abs 2; vgl zum alten Recht OLG Düsseldorf FamRZ 1995, 1294, 1295). Eine Nachholung der Anhörung in der Rechtsbeschwerdeinstanz ist nicht möglich (vgl BayObLG NJW-RR 2001, 722; OLG Düsseldorf FamRZ 1995, 1294, 1295).

18 Wurde eine unanfechtbare Entscheidung (s §§ 197 Abs 3; 198 Abs 3) ohne gebotene Abhörung ausgesprochen, so greift die Gehörsrüge (§ 44).

19 Die gerichtliche Verfügung, das Kind in Abwesenheit der Eltern anzuhören bzw ihnen diesen Termin nicht mitzuteilen, ist nicht mit der Beschwerde anfechtbar (OLG München FamRZ 2007, 745; Jansen/*Zorn* § 50b Rn 21; aA OLG Köln FamRZ 1997, 1549; Bassenge/Roth/*Bassenge* § 50b Rn 4).

§ 193 Anhörung weiterer Personen

Das Gericht hat in Verfahren auf Annahme als Kind die Kinder des Annehmenden und des Anzunehmenden anzuhören. § 192 Abs. 3 gilt entsprechend.

Die Norm betrifft Verfahren auf Annahme als Kind (Adoptionssachen nach § 186 Nr 1). **1** Dort sind die Kinder (eine entsprechende Anwendung auf Enkel dürfte geboten sein; vgl MüKoBGB/*Maurer* § 1745 Rn 3) des Anzunehmenden und des Annehmenden anzuhören. Sie sind keine Beteiligten nach § 188 Abs 1 Nr 1 und im Regelfall auch nicht nach der allgemeinen Vorschrift des § 7 (BTDrs 16/6308 S 248), unterfallen daher nicht schon § 192. Ihre Interessen werden jedoch im materiellen Recht durch § 1745 bzw § 1769 BGB gewahrt und sind demgemäß bei der Annahmeentscheidung zu berücksichtigen. Die Notwendigkeit ihrer Anhörung war trotz Fehlens einer entsprechenden Vorschrift schon unter dem alten Recht anerkannt (vgl BVerfG NJW 1995, 316, 317; 1996, 1053; BayObLG FamRZ 2001, 121, 122; *Dodegge* FPR 2001, 321, 323). Das Familiengericht muss der Frage nachgehen, ob Kinder vorhanden sind (BVerfG NJW 1995, 316). Ein Adoptionsantrag, der mit der Einschränkung gestellt wurde, die Kinder nicht anzuhören, ist als unzulässig abzuweisen (BayObLG FamRZ 2001, 121, 122; *Krause* NotBZ 2007, 43, 46).

§ 193 Satz 1 schreibt keine persönliche Anhörung vor; sie kann sich aber aus der all- **2** gemeinen Amtsaufklärungspflicht ergeben (§ 26). § 193 S 2 iVm § 192 Abs 3 erlaubt in den dort genannten Fällen (s § 192 Rz 13 f) das Absehen von der Anhörung. Darüber hinaus wird man von ihr auch dann absehen können, wenn der Anzuhörende zur Abgabe einer Erklärung dauernd außerstande oder sein Aufenthaltsort unbekannt ist (*Dodegge* FPR 2001, 321, 323).

Hinsichtlich von Verstößen gegen die Anhörungspflicht sowie die Beschwerde und **3** ihr Verfahren gelten die Ausführungen zu § 192 Rz 17 ff entsprechend. Auch hier ist in Fällen einer unanfechtbaren Entscheidung (s § 197 Abs 3) auf die Gehörsrüge (§ 44) hinzuweisen.

§ 194 Anhörung des Jugendamts

(1) In Adoptionssachen hat das Gericht das Jugendamt anzuhören, sofern der Anzunehmende oder Angenommene minderjährig ist. Dies gilt nicht, wenn das Jugendamt nach § 189 eine fachliche Äußerung abgegeben hat.

(2) Das Gericht hat dem Jugendamt in den Fällen, in denen dieses angehört wurde oder eine fachliche Äußerung abgegeben hat, die Entscheidung mitzuteilen. Gegen den Beschluss steht dem Jugendamt die Beschwerde zu.

A. Allgemeines

1 § 194 regelt zusammen mit § 189 (und § 190) die Einbeziehung des Jugendamtes in Adoptionssachen. Dabei ersetzt die in Abs 1 enthaltene Anhörungspflicht weitgehend § 49 Abs 1 FGG, die Mitteilungspflicht nach Abs 2 S 1 den § 49 Abs 3 FGG. Neu ist das Beschwerderecht in Abs 2 S 2. Die in § 49 Abs 4 FGG niedergelegte Regelung über einstweilige Anordnungen bei Gefahr im Verzug ohne vorherige Anhörung findet sich nicht mehr wieder. Eine entsprechende Gefahr ist ohnehin bei Adoptionssachen nur schwer vorstellbar (vgl Jansen/*Zorn* § 49 Rn 25).

2 Die Vorschrift beansprucht nach dem Wortlaut Anwendung in allen Adoptionssachen des § 186, sofern der Anzunehmende bzw Angenommene minderjährig ist. Die Minderjährigkeit muss im gegenwärtigen Verfahren bestehen, dh es besteht keine Pflicht, dass Jugendamt einzubeziehen, wenn der Angenommene zwar bei der Adoption minderjährig war, inzwischen aber volljährig ist und es nun um die Aufhebung der Annahme (Adoptionssache nach § 186 Nr 3) oder die Befreiung vom Ehehindernis des § 1308 Abs 1 BGB (Adoptionssache nach § 186 Nr 4) geht.

B. Anhörungspflicht, Absatz 1

3 Die Anhörung des Jugendamtes dient zum einen der Sachaufklärung, zum anderen aber auch dazu, dem Gericht für die eigene Entscheidungsfindung die besondere Erfahrung des Jugendamtes als kompetenter Fachbehörde nutzbar zu machen (OLG Schleswig FamRZ 1994, 1129; Jansen/*Zorn* § 49 Rn 5, 9). Die Anhörung entbindet das Gericht freilich nicht von eigenen Ermittlungen (OLG Frankfurt FamRZ 1979, 70 für Sorgerechtsverfahren; BayObLG FamRZ 1975, 223, 226; Jansen/*Zorn* § 49 Rn 11).

4 Die Anhörung ist für das Familiengericht verpflichtend, unabhängig von der Staatsangehörigkeit des Kindes wie auch von der Anwendbarkeit deutschen oder ausländischen Adoptionsrechts (OLG Hamm FamRZ 1972, 309) und auch ohne Rücksicht darauf, ob das Jugendamt mit dem Kind bisher schon Berührung hatte (Jansen/*Zorn* § 49 Rn 6). Die Anhörung ist auch durchzuführen, wenn das Gericht die Maßnahme, die Gegenstand der Adoptionssache ist, ablehnen will (OLG Hamm FamRZ 1974, 29, 30 für Sorgerechtsverfahren; Jansen/*Zorn* § 49 Rn 6). Die Anhörungspflicht gilt dann nicht, wenn das Jugendamt ohnehin schon die fachliche Äußerung nach § 189 abgegeben hat (Satz 2). Die Anhörung ist außerdem entbehrlich, wenn von vornherein keine tatsächlichen Anhaltspunkte dafür bestehen, dass die Maßnahme, die Gegenstand der Adoptionssache ist, überhaupt in Betracht kommt (BayObLG FamRZ 1987, 87, 88; 1993, 1350, 1352 – jeweils für Sorgerechtsverfahren; KKW/*Engelhardt* § 49 Rn 4).

5 Welches Jugendamt örtlich zuständig ist, bestimmt sich nach § 87b (iVm § 86 Abs 1 bis 4) SGB VIII. Das gilt auch, wenn ein anderes Jugendamt die Vormundschaft führt (OLG Schleswig SchlHA 1969, 94). Unberührt bleibt aber die aus § 26 ggf folgende Pflicht, noch ein anderes Jugendamt zu hören (BayObLGZ 1987, 17; 1995, 22, 25 – für Kindesherausgabe- bzw Sorgerechtsverfahren: Jugendamt am Wohnsitz der leiblichen Eltern). Korrespondierend zur Anhörungspflicht des Gerichts ist das Jugendamt gem § 50 Abs 1 S 2 Nr 3 SGB VIII zur entsprechenden Mitwirkung in der Adoptionssache verpflichtet. Erzwungen werden nach § 95 (Abs 1 Nr 3) kann sie allerdings nicht (OLG

Schleswig FamRZ 1994, 1129; *Oberloskamp* DAVorm 1993, 373, 377; offen lassend OLG Oldenburg NJW-RR 1996, 650). Durch die Anhörung allein wird das Jugendamt nicht Beteiligter des Verfahrens (s.a. § 188 Abs 2).

Eine bestimmte Form der Anhörung ist nicht vorgeschrieben, regelmäßig wird sie 6
schriftlich erfolgen (KKW/*Engelhardt* § 49 Rn 6), schon um die Beteiligten von dem Ergebnis umfassend in Kenntnis setzen zu können (vgl *Oberloskamp* FamRZ 1992, 1241, 1244). Das Jugendamt hat die erforderlichen Ermittlungen anzustellen (geboten ist dabei grds ein Hausbesuch bei beiden Elternteilen; OLG Köln FamRZ 1999, 1517; 2001 1535 – jeweils für Sorgerechtsverfahren; empfehlen kann sich ggf auch die Teilnahme an einem Gerichtstermin; OLG Köln NJW-RR 1995, 1410, 1411 für Sorgerechtsverfahren) und deren Ergebnis dem Gericht samt einer Stellungnahme zu den beabsichtigten Maßnahmen einschließlich eines Entscheidungsvorschlags mitzuteilen (BGH FamRZ 1954, 219, 220; OLG Köln NJW-RR 1995, 1410; KKW/*Engelhardt* § 49 Rn 5).

Für die Frage, ob in der Beschwerdeinstanz die Anhörung zu wiederholen ist, gilt § 68 7
Abs 3 S 2. Haben sich die Verhältnisse seit dem Verfahren vor dem Familiengericht nicht geändert, so werden zusätzliche Erkenntnisse von einer Wiederholung regelmäßig nicht zu erwarten sein (vgl zum alten Recht BGH NJW 1987, 1024, 1025; BayObLG NJW-RR 1995, 387, 388 für Sorgerechts- bzw Ehelichkeitsanfechtungsverfahren). Das Unterlassen der Anhörung stellt einen schweren Verfahrensfehler dar, der zur Aufhebung der Entscheidung führen kann und in der Rechtsbeschwerdeinstanz regelmäßig auch wird (BGH NJW 1987, 1024, 1026; OLG Bremen BeckRS 2007, 03255; BayObLG FamRZ 1987, 87, 88; OLG Köln NJW-RR 1995, 1410; KKW/*Engelhardt* § 49 Rn 7).

C. Mitteilungspflicht, Absatz 2 Satz 1

Die Entscheidung in der Adoptionssache ist dem Jugendamt in jedem Fall mitzuteilen, 8
unabhängig davon, ob es nach Abs 1 gehört wurde, nach § 189 eine fachliche Äußerung abgegeben hat oder die gebotene Anhörung bzw Einholung der Äußerung unterlassen wurde. Zweck der Vorschrift dürfte neben der bloßen Informationsverschaffung sowie der Förderung der Zusammenarbeit zwischen Gericht und Jugendamt (Jansen/*Zorn* § 49 Rn 24) auch die Unterstützung der in Abs 2 S 2 eingeräumten Beschwerdebefugnis sein, jedenfalls soweit es sich um eine anfechtbare Entscheidung handelt.

D. Beschwerderecht, Absatz 2 Satz 2

Der Gesetzgeber hat nun dem Jugendamt eine eigenes ausdrückliches Beschwerderecht 9
zugewiesen. Diese Beschwerdeberechtigung steht ihm unabhängig von § 59 zu (BTDrs 16/6308 S 248). Die allgemeinen Voraussetzungen einer Beschwerdeberechtigung müssen also nicht vorliegen.

§ 195 Anhörung des Landesjugendamts

(1) In den Fällen des § 11 Abs. 1 Nr. 2 und 3 des Adoptionsvermittlungsgesetzes hat das Gericht vor dem Ausspruch der Annahme auch die zentrale Adoptionsstelle des Landesjugendamts anzuhören, die nach § 11 Abs. 2 des Adoptionsvermittlungsgesetzes beteiligt worden ist. Ist eine zentrale Adoptionsstelle nicht beteiligt worden, tritt an seine Stelle das Landesjugendamt, in dessen Bereich das Jugendamt liegt, das nach § 194 Gelegenheit zur Äußerung erhält oder das nach § 189 eine fachliche Äußerung abgegeben hat.

(2) Das Gericht hat dem Landesjugendamt alle Entscheidungen mitzuteilen, zu denen dieses nach Absatz 1 anzuhören war. Gegen den Beschluss steht dem Landesjugendamt die Beschwerde zu.

A. Allgemeines

1   Abs 1 und Abs 2 S 1 der Vorschrift ersetzen den bisherigen § 49 Abs 2 und 3 FGG. Abs 2 S 2 enthält mit dem eigenständigen Beschwerderecht eine sachliche Neuerung.

B. Anwendungsbereich

2   Der zentralen Adoptionsstelle des Landesjugendamtes obliegt nach § 11 Abs 1 Nr 2 und 3 AdVermiG die Mitwirkung bei sog Auslandsadoptionen, dh solchen Adoptionen, bei denen ein Adoptionsbewerber oder das Kind ausländischer Staatsangehöriger oder staatenlos ist oder ein Adoptionsbewerber oder das Kind seinen Wohnsitz oder gewöhnlichen Aufenthalt im Ausland hat. Hier ist die zentrale Adoptionsstelle bereits ab dem Beginn der Adoptionsvermittlung zu beteiligen (§ 11 Abs 2 S 1 AdVermiG). Hintergrund dafür ist die besondere Schwierigkeit und die erforderliche besondere Sachkunde in solchen Fällen.

3   Die Norm regelt die Einbeziehung des Landesjugendamtes »vor dem Ausspruch der Annahme«, bezieht sich also auf Verfahren nach § 186 Nr 1. Allerdings wird auch in entsprechenden Aufhebungsverfahren (Adoptionssache iSd § 186 Nr 3) eine Anhörung des Landesjugendamtes aus der allgemeinen Amtsaufklärungspflicht (§ 26) regelmäßig geboten sein (KKW/*Engelhardt* § 49 Rn 13).

C. Anhörungspflicht, Absatz 1

4   Anzuhören ist die zentrale Adoptionsstelle, die bereits im Adoptionsvermittlungsverfahren beteiligt war (Abs 1 S 1). Ist entgegen § 11 Abs 2 S 1 AdVermiG keine zentrale Adoptionsstelle beteiligt worden, so ist das Landesjugendamt anzuhören, in dessen Bereich das Jugendamt liegt, das nach § 194 anzuhören ist oder das die fachliche Äußerung nach § 189 abgegeben hat (Abs 1 S 2). Die Anhörung der zentralen Adoptionsstelle des Landesjugendamts erfolgt zusätzlich zur Anhörung bzw fachlichen Äußerung des »einfachen« Jugendamtes. Im Übrigen gelten mutatis mutandis dieselben Regeln wie bei der Anhörung des Jugendamtes nach § 194 (s § 194 Rz 3–7).

D. Mitteilungspflicht und Beschwerderecht, Absatz 2

5   Ebenso wie dem Jugendamt nach § 194 Abs 2 ist auch dem Landesjugendamt die Entscheidung mitzuteilen (Einzelheiten s § 194 Rz 8) und es hat ebenso eine eigene Beschwerdebefugnis (Einzelheiten s § 194 Rz 9). Auch diese Beschwerdeberechtigung besteht unabhängig von § 59 (BTDrs 16/6308 S 248).

§ 196 Unzulässigkeit der Verbindung

Eine Verbindung von Adoptionssachen mit anderen Verfahren ist unzulässig.

§ 20 eröffnet dem Gericht die Möglichkeit, Verfahren zu verbinden, soweit es dies für 1 sachdienlich hält. Davon macht § 196 eine Ausnahme und schließt eine Verbindung von Adoptionssachen (§ 186) mit anderen Verfahren explizit aus. Hintergrund dafür sind die Besonderheiten der Adoptionssachen, nicht zuletzt das in § 1758 BGB niedergelegte Offenbarungs- und Ausforschungsverbot (BTDrs 16/6308 S 248) sowie die Höchstpersönlichkeit des Verfahrens (*Schulte-Bunert* Rn 687). Der Wortlaut der Norm bezieht sich zwar nur auf das Verhältnis von Adoptionssachen zu anderen Verfahren, also »Nicht-Adoptionssachen«. Der Zweck der Regelung, insbes der vom Gesetzgeber in Bezug genommene § 1758 BGB, dürfte grds aber auch die Verbindung von Adoptionssachen untereinander verbieten, etwa die Annahmeverfahren bezüglich mehrerer Kinder.

§ 197 Beschluss über die Annahme als Kind

(1) In einem Beschluss, durch den das Gericht die Annahme als Kind ausspricht, ist anzugeben, auf welche gesetzlichen Vorschriften sich die Annahme gründet. Wurde die Einwilligung eines Elternteils nach § 1747 Abs. 4 des Bürgerlichen Gesetzbuchs nicht für erforderlich erachtet, ist dies ebenfalls in dem Beschluss anzugeben.

(2) In den Fällen des Absatzes 1 wird der Beschluss mit der Zustellung an den Annehmenden, nach dem Tod des Annehmenden mit der Zustellung an das Kind wirksam.

(3) Der Beschluss ist nicht anfechtbar. Eine Abänderung oder Wiederaufnahme ist ausgeschlossen.

Übersicht

	Rz		Rz
A. Allgemeines	1	VI. Nichtigkeit	17
B. Annahmebeschluss	2	C. Zurückweisungsbeschluss	20
I. Grundsätzliches	2	I. Inhalt	20
II. Inhalt	5	II. Wirksamkeit	21
III. Wirksamkeit, Absatz 2	9	III. Rechtsbehelf	22
IV. Wirkungen	12	IV. Abänderung, Wiederaufnahme	26
V. Unanfechtbarkeit, Abänderungs- und Wiederaufnahmeausschluss, Absatz 3	13		

A. Allgemeines

1 Die Norm entspricht dem bisherigen § 56e FGG. Sie betrifft die Endentscheidung in Adoptionssachen nach § 186 Nr 1 (Annahmeverfahren), und diese auch nur wenn sie die Annahme als Kind ausspricht. Sie findet auch Anwendung auf Entscheidungen des Beschwerdegerichts, durch die unter Aufhebung der die Annahme versagenden Entscheidung des Familiengerichts die Annahme ausgesprochen wird (Jansen/*Sonnenfeld* § 56e Rn 2). Ein den Adoptionsantrag ablehnender Beschluss wird von § 197 nicht erfasst.

B. Annahmebeschluss

I. Grundsätzliches

2 Die Annahme als Kind erfolgt durch Beschluss des Familiengerichts (vgl auch § 1752 Abs 1 BGB; Formulierungsbeispiele bei *Firsching/Dodegge* Rn 236, 246 f). Dies entspricht dem seit 1977 geltenden Dekretsystem (Adoption durch staatlichen Hoheitsakt). Der Beschluss ist zu erlassen, wenn alle formellen und materiellen Voraussetzungen für die Annahme gegeben sind (s § 186 Rz 8 ff). Sind Zwischenverfahren notwendig, insbes die gerichtliche Ersetzung von Einwilligungen oder Zustimmungen (§§ 1746 Abs 3, 1748, 1749 Abs 1 S 2 BGB; Adoptionssachen nach § 186 Nr 2), so darf der Annahmebeschluss nicht vor dem rechtskräftigen Abschluss des Ersetzungsverfahren (§§ 198 Abs 1, 45) erlassen werden (OLG Hamm FamRZ 1991, 1230, 1232; *Lüderitz* NJW 1976, 1865, 1869; *Bischof* JurBüro 1976, 1569, 1593). Hatte bei der Minderjährigenadoption der nichteheliche Vater einen Antrag auf Übertragung der alleinigen elterlichen Sorge nach § 1672 Abs 1 BGB gestellt, so darf die Adoption ebenfalls erst nach abschlägiger Entscheidung über diesen Antrag erfolgen (§ 1747 Abs 3 Nr 2 BGB).

3 Wurde Antrag auf Annahme eines minderjährigen Kindes gestellt und wird dieses während des Verfahrens noch vor dem Beschluss volljährig, so darf die Annahme nicht ausgesprochen werden, denn bei der Minderjährigenadoption muss das Kind bei Erlass des Beschlusses minderjährig sein (Staudinger/*Frank* § 1741 Rn 12; Palandt/*Diederichsen*

§ 1741 Rn 1). Den Beteiligten ist hier Gelegenheit zur Stellung eines Antrages auf Volljährigenadoption zu geben (OLG Karlsruhe FamRZ 2000, 768; Müller/Sieghörtner/Emmerling de Oliveira/*Sieghörtner* Rn 174; eine entsprechende Umdeutung des Antrages ist nicht möglich).

Wurde bei der Erwachsenenadoption Antrag auf Volladoption nach § 1772 BGB gestellt, so darf das Familiengericht, wenn es dessen Voraussetzungen nicht als gegeben erachtet, nicht ohne Weiteres eine Annahme mit schwächeren Wirkungen aussprechen (KG FamRZ 1996, 240, 241; *Krause* NotBZ 2007, 43, 47). Die Antragsteller können aber hilfsweise einen Ausspruch der Annahme nach § 1770 BGB beantragen. Wird diesem Hilfsantrag stattgegeben unter Ablehnung des Antrags auf Volladoption, so kann letzterer mit der Beschwerde weiter verfolgt werden (*Krause* NotBZ 2007, 43, 47; Erman/*Saar* § 1772 Rn 4; aA AnwKom/*Finger* § 1772 Rn 2).

II. Inhalt

§ 197 Abs 1 enthält Vorgaben für den Inhalt des Adoptionsbeschlusses, welche allerdings nicht abschließend sind (Jansen/*Sonnenfeld* § 56e Rn 1), so dass darüber hinaus die allgemeinen Vorschriften in § 38 Beachtung verlangen. Die in Abs 1 vorgeschriebenen Angaben können nach dem Ermessen des Gerichts sowohl in den Tenor als auch in die Gründe des Beschlusses aufgenommen werden (BTDrs 7/3061 S 78 f; 7/5087 S 24; Bassenge/Roth/*Bassenge* § 56e Rn 1). Der Adoptionsbeschluss muss im Hinblick auf die unterschiedlichen Wirkungen der Adoption zur Verdeutlichung im Rechtsverkehr angeben, auf welche Vorschriften er sich stützt (Abs 1 S 1). Anzugeben sind die Vorschriften, die die Rechtsgrundlage der Annahme darstellen (OLG Karlsruhe DAVorm 1978, 787), nicht erforderlich ist die Angabe der Normen, die die Wirkungen regeln (Jansen/*Sonnenfeld* § 56e Rn 11). Zu unterscheiden sind insoweit:
– die normale Minderjährigenadoption (ggf als Stiefkindadoption), §§ 1754 Abs 1, 2, 1755 Abs 1, 2 BGB
– die Verwandtenadoption iSd § 1756 Abs 1 BGB
– die Stiefkindadoption des verwitweten Ehegatten, § 1756 Abs 2 BGB
– die normale Volljährigenadoption, § 1767 BGB
– die Volljährigenadoption mit gesteigerter Wirkung, § 1772 BGB.

Der Beschluss muss außerdem aufführen, wenn eine elterliche Einwilligung nach § 1747 Abs 4 BGB für nicht erforderlich gehalten wurde, weil eine falsche Beurteilung dieser Frage für eine Aufhebung des Annahmeverhältnisses von Bedeutung ist (s § 1760 Abs 5 BGB; BTDrs 7/3061 S 38, 48; 7/5087 S 19; KKW/*Engelhardt* § 56e Rn 14).

Der Annahmebeschluss ist grds zu begründen (§ 38 Abs 3 S 1), es sei denn die Voraussetzungen des § 38 Abs 4 Nr 2 sind gegeben.

Eine Entscheidung über den Namen des Adoptierten muss streng genommen grds nicht in den Beschluss aufgenommen werden, da dies gesetzlich nicht vorgeschrieben ist und die namensrechtlichen Folgen sich ohnehin aus dem Gesetz ergeben (*Frank* StAZ 2008, 1, 4; vgl auch LG Freiburg FamRZ 2002, 1647, 1648: Namensänderung nach § 1757 Abs 1 BGB kann zur Klarstellung in den Tenor aufgenommen werden). Die Aufnahme in den Beschluss ist jedoch praxisüblich (*Frank* StAZ 2008, 1, 4). Er muss allerdings im Tenor aufführen und begründen, wenn eine Änderung des Vornamens erfolgt (§ 1757 Abs 4 Nr 1 BGB) und/oder der bisherige Familienname zusätzlich fortgeführt wird (§ 1757 Abs 4 Nr 2 BGB), da diese Entscheidungen nur auf entsprechenden Antrag ausgesprochen werden dürfen und ihnen konstitutive Wirkung zukommt (Jansen/*Sonnenfeld* § 56e Rn 7).

III. Wirksamkeit, Absatz 2

9   Der Annahmebeschluss wird wirksam mit der (förmlichen) Zustellung an den Annehmenden (Abs 2 Hs 1). Bei der Annahme durch Eheleute wird er erst mit Zustellung an den letzten Ehegatten wirksam (Soergel/*Liermann* § 1752 Rn 14). Im Falle des Todes des Annehmenden kann unter den Voraussetzungen des § 1753 Abs 2 BGB dennoch die Annahme ausgesprochen werden. Dann entscheidet die Zustellung an den Angenommenen bzw dessen gesetzlichen Vertreter (Abs 2 Hs 2). Erfolgt die Annahme nach dem Tod eines von annehmenden Ehegatten, tritt die Wirksamkeit mit der Zustellung an den überlebenden Ehegatten ein (Jansen/*Sonnenfeld* § 56e Rn 25; MüKoBGB/*Maurer* § 1753 Rn 4).

10   Die Wirksamkeit tritt mit der Zustellung auch für bzw gegen alle anderen Beteiligten ein. Ihnen ist der Beschluss durch förmliche Zustellung oder einfache Aufgabe zur Post bekannt zu geben (§§ 15 Abs 2 S 1, 41 Abs 1 S 1). Bei der Inkognito-Adoption sind Name und Anschrift der Annehmenden in diesen Ausfertigungen des Beschlusses wegzulassen und durch die Nummer in der Bewerberliste der Adoptionsvermittlungsstelle zu ersetzen (MüKoBGB/*Maurer* § 1752 Rn 13). Für den Eintritt der Wirksamkeit des Beschlusses ist diese Bekanntmachung an die weiteren Beteiligten unbedeutend (Jansen/*Sonnenfeld* § 56e Rn 21). Zu beachten sind weiter die Mitteilungspflichten an das Jugendamt (§ 194 Abs 2 S 1) sowie ggf das Landesjugendamt (§ 195 Abs 2 S 1).

11   Der Beschluss ist auch dem Standesamt, das die Geburt des Kindes beurkundet hat, durch Übersendung einer beglaubigten Abschrift mitzuteilen (§ 56 PStV). Die Mitteilung muss eine Erklärung über die Wirksamkeit des Beschlusses enthalten und datiert und unterschrieben sein. Die Personenstandsregister sind entsprechend zu berichtigen (vgl §§ 27 Abs 3 Nr 1 PStG). Der Standesbeamte ist an den Beschluss gebunden, es sei denn er wäre nichtig (BayObLG FamRZ 2005, 1010, 1011; StAZ 2003, 42, 43; *Frank* StAZ 2008, 1, 4 f).

IV. Wirkungen

12   Der Beschluss hat gestaltende Wirkung für die Zukunft (Soergel/*Liermann* § 1752 Rn 14). Es treten die in §§ 1754–1758, 1770, 1772 BGB vorgesehenen familien- und namensrechtlichen Folgen ein, welche zB auch ausstrahlen auf das Erb-, Straf-, Sozialversicherungs-, Beamten- und Steuerrecht (Jansen/*Müller-Lukoschek* § 43b Rn 20). Auch die Staatsangehörigkeit des Kindes kann sich ändern (§§ 6, 27 StAG; ausführlich Müller/Sieghörtner/Emmerling de Oliveira/*Sieghörtner* Rn 301 ff). Weiterhin entsteht das in § 1308 BGB vorgesehene Eheverbot.

V. Unanfechtbarkeit, Abänderungs- und Wiederaufnahmeausschluss, Absatz 3

13   Zur Absicherung der Rechtsstellung des Kindes (vgl BTDrs 7/3061 S 58) ist der Annahmebeschluss unanfechtbar und auch Abänderung und Wiederaufnahme sind ausgeschlossen (Abweichung von § 48). Die Beschwerde ist demnach nicht statthaft (§ 58 Abs 1 aE), auch wenn die Entscheidung falsch ist (zB auch wenn Elternteil seine erforderliche Einwilligung verweigert hat und sie nicht ersetzt wurde). Eine Anfechtbarkeit kann auch nicht mittelbar dadurch geschaffen werden, dass man dem Beschluss einen entsprechenden Vorbescheid vorangehen lässt, da ein solcher die Einführung eines eben durch Abs 3 S 1 ausgeschlossenen Rechtsmittelzuges bedeuten würde (BayObLGZ 58, 171, 174; MüKoBGB/*Maurer* § 1752 Rn 13; das gilt auch für die Namensentscheidung nach § 1757 Abs 4 BGB; KG OLGZ 1978, 135; Bassenge/Roth/*Bassenge* § 56e Rn 2).

14   Infolge der Unanfechtbarkeit tritt sofort mit der Wirksamkeit des Beschlusses auch die Rechtskraft ein (§ 45). Willensmängel und Verfahrensmängel sind dadurch geheilt (Palandt/*Diederichsen* § 1752 Rn 2). Nur im Wege des Aufhebungsverfahren kann ggf

nach den Bestimmungen der §§ 1760–1765, 1771 BGB die Annahme rückgängig gemacht werden, wenn die dort genannten besonderen Voraussetzungen einschlägig sind. Die Unabänderbarkeit, die dem Beschluss Bestandsschutz auch gegenüber dem entscheidenden Gericht verleiht, tritt mit dessen Erlass (vgl die Legaldefinition in § 38 Abs 3 Satz 3) ein (BayObLG NJW-RR 1999, 1379; OLG Düsseldorf FamRZ 1997, 117). Hingegen ist eine Berichtigung wegen offenbarer Unrichtigkeit nach § 42 ebenso zulässig wie eine Ergänzung nach § 43, zB hinsichtlich der Angaben, die nur deklaratorische Bedeutung haben (Jansen/*Sonnenfeld* § 56e Rn 38). Nicht durch die Unanfechtbarkeit ausgeschlossen ist außerdem die Anhörungsrüge nach § 44 (vgl zum alten Recht hinsichtlich der Nichtanhörung der Kinder des Annehmenden bzw Anzunehmenden (vgl §§ 1745, 1769 BGB) BVerfG NJW 1995, 316; 1994, 1053; 1988, 1963; BayObLG NJW-RR 1999, 1379, 1380). Beim Verstoß gegen andere gravierende Verfahrensgrundsätze bleibt ggf nur die Verfassungsbeschwerde (vgl dazu und zur Diskussion über eine außerordentliche Beschwerde – welche das FamFG jedoch nicht vorsieht – LG Koblenz NJW-RR 2000, 959; Jansen/*Sonnenfeld* § 56e Rn 31 f). Hat sie Erfolg, so führt sie nicht zur Aufhebung des Adoptionsbeschlusses, sondern zur Beseitigung seiner Rechtskraft, damit das Familiengericht die versäumte oder fehlerhafte Handlung nachholen und entscheiden kann, ob es den Beschluss rückwirkend aufhebt oder aufrechterhält (vgl BVerfG NJW 1994, 1053; FamRZ 2008, 243).

Von der Unanfechtbarkeit und Unabänderbarkeit wird die Gesamtentscheidung erfasst (AG Kaiserslautern StAZ 1983, 17, 18). Teil des Adoptionsbeschlusses ist dabei auch die Namensregelung, wenn sie in ihm enthalten ist (vgl BayObLG FamRZ 1980, 501; vgl auch OLG Karlsruhe MDR 1999, 485). Wurde vor dem Wirksamwerden des Beschlusses kein Antrag auf Namensregelung nach § 1757 Abs 4 BGB gestellt, so ist ein späterer Antrag unstatthaft (BayObLG FamRZ 2003, 1773; *Frank* StAZ 2008, 1, 6), eine entsprechende Namensregelung also nicht mehr möglich, weil dem die Unabänderbarkeit des Beschlusses entgegensteht. In gleicher Weise kann eine »einfache« Volljährigenadoption nach Wirksamkeit des Beschlusses nicht mehr zu einer solchen mit den gesteigerten Wirkungen des § 1772 BGB »hochgestuft« werden, wenn erst jetzt ein entsprechender Antrag gestellt wird (AG Kaiserslautern StAZ 1983, 17, 18; BaRoth/*Enders* § 1772 Rn 2; Palandt/*Diederichsen* § 1772 Rn 3). 15

Allerdings kann das Gericht eine Namensänderung nachholen, wenn diese rechtzeitig beantragt worden war, aber unterblieben ist, weil das Gericht sie übersehen hat (OLG Hamm StAZ 1983, 200, 201). Insoweit wird man nun die Bestimmungen über die Ergänzung nach § 43 anwenden können. Dasselbe wird gelten, wenn ein Antrag auf Volladoption nach § 1772 BGB zwar gestellt wurde, eine Entscheidung darüber aber unterblieben ist (vgl zum alten Recht Jansen/*Sonnenfeld* § 56e Rn 40). Es ist sehr umstritten, ob die in einem Adoptionsdekret enthaltene (fehlerhafte) Namensbestimmung selbständig, dh isoliert, angefochten werden kann (dagegen BayObLG StAZ 1980, 65; OLG Hamm StAZ 1983, 200, 201; AnwKom/*Finger* § 1757 Rn 9). Die vordringende Ansicht tendiert nunmehr dazu, die selbständige Anfechtung zuzulassen (OLG Köln FamRZ 2003, 1773; OLG Zweibrücken StAZ 2001, 140; LG Braunschweig StAZ 1999, 336; *Frank* StAZ 2008, 1, 6). Anfechtbar ist in jedem Fall die Ablehnung einer nach § 1757 Abs 4 BGB beantragten Namensregelung (*Frank* StAZ 2008, 1, 6). Zur Beschwerdeberechtigung s Rz 23. 16

VI. Nichtigkeit

Der Annahmebeschluss entfaltet dann keine Wirkungen, wenn er nichtig ist, so dass sich hier die Frage der Anfechtbarkeit nicht stellt. In einem solchen Fall kann das Familiengericht die Wirkungslosigkeit der Entscheidung durch Verfügung klarstellen (*Krause* NotBZ 2006, 221, 233). Außerdem kann sie im Wege der Statusklage nach § 169 Nr 1 geltend gemacht werden (vgl zum alten Recht OLG Düsseldorf FamRZ 1997, 117). Ob ein Fehler des Beschlusses derart gravierend ist, dass er zur Nichtigkeit führt, ist im Einzel- 17 fall zu prüfen, wobei ein sehr strenger Maßstab anzulegen ist, weil durch die Annahme ein dauerhaftes Verhältnis begründet werden soll (OLG Düsseldorf NJW-RR 2008, 231, 232; *Liermann* FamRZ 2000, 722). Außerdem zeigen die in § 1760 BGB normierten Aufhebungsgründe, dass selbst schwerste Verstöße gegen materielles Recht nicht die Nichtigkeit, sondern nur die Aufhebbarkeit begründen (OLG Düsseldorf NJW-RR 2008, 231, 232; BayObLG FamRZ 2000, 768, 770).

18 Nichtig ist die Annahmeentscheidung zB dann,
– wenn sie trotz des Todes des Kindes (§ 1753 Abs 1 BGB) ausgesprochen wird (BayObLG FamRZ 1996, 1034, 1035; *Krause* NotBZ 2006, 221, 233; Erman/*Saar* 1753 Rn 1),
– wenn sie nach dem Tod des Annehmenden erfolgt, obwohl die Voraussetzungen des § 1753 Abs 2 BGB nicht vorliegen,
– wenn sie durch den Rechtspfleger ausgesprochen wird (*Krause* NotBZ 2007, 276, 277; Jansen/*Sonnenfeld* § 56e Rn 41),
– wenn sie die Annahme durch Personen ausspricht, die nicht verheiratet sind (Jansen/*Sonnenfeld* § 56e Rn 41),
– soweit sie entgegen § 1757 Abs 1 BGB die Weiterführung des bisherigen Namens des Angenommenen vorsieht (OLG Karlsruhe FamRZ 2000, 115; *Liermann* FamRZ 2000, 722; *Krause* NotBZ 2007, 276, 277; MüKoBGB/*Maurer* § 1757 Rn 11; vgl aber auch BayObLG StAZ 2003, 42, 43),
– wenn das eigene Kind adoptiert wurde (BayObLG FamRZ 1996, 1034, 1035; Palandt/*Diederichsen* § 1759 Rn 2).

19 Wirksam ist sie hingegen, wenn sie
– eine Minderjährigenadoption ausspricht, obwohl das Kind zwischenzeitlich das 18. Lebensjahr vollendet hat (BayObLG FamRZ 1996, 1034 Anm *Liermann*; 1997, 112; AG Kempten StAZ 1990, 108),
– eine Adoption ohne vorherige Adoptionspflege (§ 1744 BGB) ausspricht (*Krause* NotBZ 2006, 221, 223),
– die in Abs 1 geforderten Angaben nicht enthält, da sie ohnehin nur deklaratorisch sind (Bassenge/Roth/*Bassenge* § 56e Rn 1),
– gegen das Verbot der Zweitadoption (§ 1742 BGB) verstößt (BayObLG FamRZ 1985, 201, 203; Jansen/*Sonnenfeld* § 56e Rn 43),
– die Adoption durch einen Ehegatten allein unter Zustimmung des anderen ausspricht (OLG Düsseldorf NJW-RR 2008, 231),
– die Annahme ausspricht, obwohl der Adoptionsantrag zurückgenommen worden war (BTDrs 7/3061 S 74, 85; 7/5087 S 15; OLG Düsseldorf FamRZ 1997, 117: aber Aufhebungsgrund nach § 1760 Abs 1 BGB),
– die auf Antrag vorzunehmenden Bestimmungen nach § 1757 Abs 4 bzw § 1772 BGB nicht enthält (Bassenge/Roth/*Bassenge* § 56e Rn 2); dann treten zwar ihre Wirkungen nicht ein, die Wirksamkeit der Annahme selbst bleibt aber unberührt (KKW/*Engelhardt* § 56e Rn 16; MüKoBGB/*Maurer* § 1752 Rn 14).

C. Zurückweisungsbeschluss

I. Inhalt

20 Der den Annahmeantrag zurückweisende Beschluss wird von § 197 nicht erfasst. Für ihn gelten die allgemeinen Regeln (§§ 38 ff; vgl zum alten Recht Jansen/*Sonnenfeld* § 56e Rn 48). Sein Tenor lautet auf Zurückweisung des Antrags auf Ausspruch der Annahme (Soergel/*Liermann* § 1752 Rn 10 Fn 46). Er ist insbes zu begründen (§ 38 Abs 3 Satz 1), wobei die Zurückweisungsgründe darin liegen können, dass der Antrag unzulässig oder unbegründet ist (ausführlich Soergel/*Liermann* § 1752 Rn 10). Zur erforderlichen Rechtsmittelbelehrung vgl § 39.

II. Wirksamkeit

Die Wirksamkeit des Zurückweisungsbeschlusses richtet sich nach § 40 Abs 1, so dass 21 sie eintritt mit der Bekanntgabe an den Antragsteller, im Fall seines zwischenzeitlichen Todes mit der Bekanntgabe an das Kind (vgl zum alten Recht Jansen/*Sonnenfeld* § 56e Rn 50). Auch den übrigen Beteiligten ist er bekannt zu machen (§ 41 Abs 1 S 1). Dabei ist der Beschluss nach § 41 Abs 1 S 2 jedem förmlich zuzustellen, dessen erklärtem Willen er nicht entspricht. Das ist in jedem Fall der Antragsteller. Jedoch auch Beteiligte, die in die Annahme eingewilligt haben, fallen dem Wortlaut nach darunter. Das können auch das Jugendamt (vgl §§ 189, 194) bzw das Landesjugendamt (vgl § 195) sein, wenn sie sich positiv zur Annahme geäußert haben. Bei ihnen sind im Übrigen auch die Mitteilungspflichten nach §§ 194 Abs 2 S 1, 195 Abs 2 S 1 zu beachten.

III. Rechtsbehelf

Gegen den zurückweisenden Beschluss ist die Beschwerde zum OLG statthaft (§ 58 22 Abs 1; § 119 Abs 1 Nr 1a) GVG). Das Familiengericht hat gem § 68 Abs 1 S 2 keine Abhilfebefugnis. Die Beschwerdefrist beträgt einen Monat (§ 63 Abs 1) und beginnt mit der schriftlichen Bekanntgabe des Beschlusses, spätestens mit Ablauf von fünf Monaten nach Erlass des Beschlusses (§ 63 Abs 3). Mit Ablauf der Frist erwächst, wenn nicht rechtzeitig Beschwerde eingelegt wurde, der Beschluss in formelle Rechtskraft (§ 45). Mit dem Eintritt der formellen Rechtskraft des ablehnenden Beschlusses verlieren Einwilligungen von Kind, Eltern und Ehegatten ihre Kraft (§ 1750 Abs 4 S 1 BGB).

Nach § 59 Abs 2 steht die Beschwerdeberechtigung dem Antragsteller zu, bei mehre- 23 ren Antragstellern jedem von ihnen einzeln (vgl zum alten Recht Jansen/*Sonnenfeld* § 56e Rn 52), nicht jedoch bei der Minderjährigenadoption dem Kind, da dieses hier nicht Antragsteller ist (*Krause* NotBZ 2006, 221, 232). Zur Einlegung der Beschwerde kann auch der Notar bevollmächtigt werden, der den Antrag beurkundet hat (vgl § 10 Abs 2 S 2 Nr 3). Ist der Annehmende während des Verfahrens über eine Minderjährigenadoption verstorben (vgl § 1753 Abs 2 BGB), so steht weder dem Kind noch dem Erben ein Anfechtungsrecht zu (LG Kassel NJW-RR 2006, 511; KKW/*Engelhardt* § 56e Rn 30; aA Soergel/*Liermann* § 1753 Rn 4; MüKoBGB/*Maurer* § 1752 Rn 17). Stirbt er dagegen erst während des laufenden (Rechts-)Beschwerdeverfahrens, ist entsprechend § 1753 Abs 2 BGB die Beschwerdeberechtigung des Annehmenden bis zur Entscheidung über das von ihm eingelegte Rechtsmittel als fortwirkend anzunehmen (OLG Braunschweig DAVorm 1978, 784; KKW/*Engelhardt* § 56e Rn 30).

Jugendamt bzw Landesjugendamt haben ein Beschwerderecht nach §§ 59 Abs 3 iVm 24 194 Abs 2 S 2 bzw 195 Abs 2 S 2.

Spricht das OLG als Beschwerdegericht die Annahme aus (vgl § 69 Abs 1 S 1), so ist 25 diese Entscheidung unanfechtbar (§ 197 Abs 3 S 1). Weist es die Beschwerde zurück oder hebt es die angefochtene Entscheidung auf und verweist die Sache an das Familiengericht zurück (vgl § 69 Abs 1 S 2–4), so ist dagegen die Rechtsbeschwerde zum BGH (§ 133 GVG) statthaft, wenn das OLG sie zugelassen hat (§ 70). Dabei ist eine vom Rechtsbeschwerdegericht in vollem Umfang nachprüfbare Rechtsfrage zB, ob die vom Tatrichter festgestellten Umstände den Rechtsbegriff der »sittlichen Rechtfertigung« nach § 1767 Abs 1 BGB erfüllen (BayObLG MittBayNot 2003, 140).

IV. Abänderung, Wiederaufnahme

Für die Abänderung und Wiederaufnahme gilt im Ausgangspunkt § 48. Allerdings ver- 26 lieren nach § 1750 Abs 4 BGB mit Rechtskraft des ablehnenden Beschlusses die erteilten Einwilligungen ihre Kraft (s Rz 22). Ab diesem Zeitpunkt wird eine Abänderung (die vom ursprünglichen Antragsteller zu beantragen wäre, § 48 Abs 1 S 2) nicht mehr in Betracht kommen (vgl zur Diskussion unter dem alten Recht KKW/*Engelhardt* § 56e Rn 31;

§ 197 FamFG | Beschluss über die Annahme als Kind

Jansen/*Sonnenfeld* § 56e Rn 59), sondern es wird ein neues Adoptionsverfahren zu beantragen sein, wenn sich die Sach- bzw Rechtslage wesentlich geändert haben sollte. Ein Wiederaufnahmeverfahren (§§ 48 Abs 2 iVm 578 ff ZPO) dürfte daher ebenfalls ausscheiden, da es Rechtskraft voraussetzt.

§ 198 Beschluss in weiteren Verfahren

(1) Der Beschluss über die Ersetzung einer Einwilligung oder Zustimmung zur Annahme als Kind wird erst mit Rechtskraft wirksam. Bei Gefahr im Verzug kann das Gericht die sofortige Wirksamkeit des Beschlusses anordnen. Der Beschluss wird mit Bekanntgabe an den Antragsteller wirksam. Eine Abänderung oder Wiederaufnahme ist ausgeschlossen.

(2) Der Beschluss, durch den das Gericht das Annahmeverhältnis aufhebt, wird erst mit Rechtskraft wirksam; eine Abänderung oder Wiederaufnahme ist ausgeschlossen.

(3) Der Beschluss, durch den die Befreiung vom Eheverbot nach § 1308 Abs. 1 des Bürgerlichen Gesetzbuchs erteilt wird, ist nicht anfechtbar; eine Abänderung oder Wiederaufnahme ist ausgeschlossen, wenn die Ehe geschlossen worden ist.

A. Allgemeines

Die Regelungen in § 198 entsprechen der früheren Rechtslage nach dem FGG (Jansen/ 1 *Müller-Lukoschek* § 43b Rn 89). Dabei entspricht Abs 1 weitgehend dem bisherigen § 53 Abs 1 Satz 2, Abs 2 FGG, Abs 2 den §§ 56f Abs 3, 18 Abs 2 iVm 60 Abs 1 Nr 6 FGG, Abs 3 dem § 44a Abs 2 FGG (BTDrs 16/6308 S 248).

B. Beschluss in Ersetzungsverfahren nach § 186 Nr 2

I. Ersetzungsbeschluss, Absatz 1

Die (von der Adoptionsentscheidung gesonderte) Entscheidung, die eine Einwilligung 2 oder Zustimmung zur Annahme als Kind ersetzt (Adoptionssache nach § 186 Nr 2), ergeht durch Beschluss (Formulierungsbeispiel bei *Firsching/Dodegge* Rn 230). Für diesen Beschluss enthält Abs 1 Vorgaben hinsichtlich Wirksamkeit, Abänderung und Wiederaufnahme.

Der Beschluss ist zu begründen (§ 38 Abs 3 S 1). Er ist den Beteiligten (s § 188 Rz 9, 15) 3 bekannt zu geben (§ 41 Abs 1 S 1); demjenigen, dessen Einwilligung bzw Zustimmung ersetzt wird, ist er förmlich zuzustellen (§ 41 Abs 1 S 2). In Abweichung von § 40 Abs 1 wird er erst mit Rechtskraft (§ 45) wirksam (Abs 1 Hs 1). Dies bestätigt § 40 Abs 3 S 2 nochmals. Erst nach Rechtskraft kann daher die Adoption ausgesprochen werden (*Lüderitz* NJW 1976, 1865, 1869; *Bischof* JurBüro 1976, 1569, 1593). Für die in § 40 Abs 3 S 3 vorgesehene Möglichkeit der Anordnung der sofortigen Wirksamkeit bei Gefahr in Verzug besteht im vorliegenden Zusammenhang kein Bedürfnis (so ausdrücklich der Gesetzgeber in BTDrs 16/6308 S 248). Nach der Rechtskraft eines Beschlusses, der die elterliche Einwilligung nach § 1748 Abs 3 BGB ersetzt, kann eine Aufhebung der Adoption nicht mehr gem § 1760 Abs 1 BGB darauf gestützt werden, dass die Voraussetzungen des § 1747 Abs 4 BGB zu Unrecht angenommen worden waren (Jansen/*Sonnenfeld* § 56e Rn 18).

Gegen den Ersetzungsbeschluss ist die Beschwerde gegeben (§ 58 Abs 1). Beschwerde- 4 berechtigt ist nach § 59 Abs 1 derjenige, dessen Einwilligung bzw Zustimmung ersetzt wird.

§ 198 Abs 1 S 2 und 3 ermöglichen die Anordnung der sofortigen Wirksamkeit bei Ge- 5 fahr im Verzug; Abs 1 S 4 schließt, wie bisher (BTDrs 16/6308 S 248), die Abänderung des Beschlusses und Wiederaufnahme des Verfahrens (§ 48) aus.

II. Zurückweisungsbeschluss

Der Beschluss, der die Ersetzung ablehnt, wird von Abs 1 nicht erfasst. Es gelten die all- 6 gemeinen Regeln. Er ist nach § 41 Abs 1 S 1 den Beteiligten bekannt zu geben und wird

§ 198 FamFG | Beschluss in weiteren Verfahren

mit der Bekanntmachung nach § 40 Abs 1 wirksam. Abänderung und Wiederaufnahme (§ 48) sind nicht ausgeschlossen.

7   Gegen den Beschluss ist die Beschwerde statthaft (§ 58 Abs 1). Beschwerdeberechtigt ist in den Fällen der §§ 1748, 1749 Abs 1 S 2 BGB der Antragsteller (§ 59 Abs 2), bei § 1748 BGB also das Kind, nicht aber der Annehmende (vgl zum alten Recht BayObLG FamRZ 1984, 935; 2002, 1282), bei 1749 Abs 1 S 2 BGB umgekehrt der Annehmende, nicht aber das Kind (*Krause* NotBZ 2006, 221, 228). In Ersetzungsverfahren nach § 1746 Abs 3 S 1 Hs 1 BGB bedarf es keines Antrags. Hier ist nach § 59 Abs 1 der Annehmende und der Anzunehmende beschwerdeberechtigt.

C. Beschluss in Aufhebungsverfahren nach § 186 Nr 3

I. Aufhebungsbeschluss, Absatz 2

8   Die Entscheidung über die Aufhebung der Annahme erfolgt durch Beschluss, der erst mit Rechtskraft (§ 45) wirksam wird (Abs 2 Hs 1). Er ist den Beteiligten (s § 188 Rz 10 ff, 15) bekannt zu geben (§ 41 Abs 1 S 1). Für das Erfordernis förmlicher Zustellung gilt § 41 Abs 1 S 2. Die Mitteilungspflicht an das Jugendamt nach § 194 Abs 2 S 1 ist zu beachten. Der rechtskräftige Beschluss ist außerdem dem Standesamt durch Übersendung einer beglaubigten Abschrift mitzuteilen (§ 56 PStV). Der Beschluss unterliegt nicht der Abänderung oder Wiederaufnahme nach § 48 (§ 198 Abs 2 Hs 2).

9   Mit der Wirksamkeit des Beschlusses treten seine Wirkungen ein, welche in §§ 1764, 1765 (ggf iVm 1767 Abs 2 S 1) BGB geregelt sind, allerdings nur für die Zukunft (§ 1764 Abs 1 S 1 BGB; Ausnahme: § 1764 Abs 1 S 2 BGB), dh ohne Rückwirkung. Die namensrechtlichen Folgen regelt § 1765 BGB, wobei die in 1765 Abs 2 und 3 BGB enthaltenen besonderen Namensbestimmungen, welche einen entsprechenden Antrag voraussetzen, in den Aufhebungsbeschluss aufzunehmen sind (Jansen/*Sonnenfeld* § 56f Rn 43). Die Rückübertragung der elterlichen Sorge bzw Bestellung eines Vormunds oder Pflegers nach Aufhebung einer Minderjährigenadoption nach § 1764 Abs 4 BGB erfolgt in einem gesonderten Verfahren, welches wie auch sonst bei Verfahren auf Übertragung der elterlichen Sorge (§ 151 Nr 1) eine Kindschaftssache darstellt (BTDrs 16/6308 S 247; Jansen/ *Müller-Lukoschek* § 43b Rn 81).

10 Gegen den Aufhebungsbeschluss ist die Beschwerde statthaft (§ 58 Abs 1). Beschwerdeberechtigt ist jeder, der durch die Aufhebung in seinen Rechten beeinträchtigt ist (§ 59 Abs 1). Das können sein bei der Aufhebung einer Minderjährigenadoption oder einer Volladoption nach § 1772 BGB vor allem der Annehmende, der Angenommene, deren Ehegatten, die leiblichen Eltern des Angenommenen und ggf seine Abkömmlinge und deren Ehegatten (*Krause* NotBZ 2007, 276; Erman/*Saar* § 1759 Rn 10). Zum Beschwerderecht des über 14 Jahre alten, nicht geschäftsunfähigen Kindes s § 60, zum Beschwerderecht des Jugendamtes § 194 Abs 2 S 2.

II. Die Aufhebung ablehnender Beschluss

11 Für den Beschluss, der die Aufhebung ablehnt, gilt Abs 2 nicht. Für seine Bekanntgabe und Zustellung gilt § 41. Die Wirksamkeit richtet sich nach § 40 Abs 1. Wurde die Aufhebung beantragt, entscheidet damit die Bekanntgabe an den Antragsteller, handelte es sich um ein amtswegiges Verfahren (§ 1763 BGB), die an das Kind und den Annehmenden (Bassenge/Roth/*Bassenge* § 56f Rn 9). Der Beschluss unterliegt gem § 48 der Abänderung und Wiederaufnahme.

12 Der Beschluss unterliegt der Beschwerde (§ 58 Abs 1). Beschwerdeberechtigt sind die Antragsteller, wenn das Verfahren auf Antrag eingeleitet wurde (§ 59 Abs 2). Beim Ablehnungsbeschluss im amtswegigen Verfahren (§ 1763 BGB) gilt § 59 Abs 1. Beschwerdeberechtigt ist das Kind (vgl dabei auch § 60), nicht aber der Annehmende, da § 1763 BGB nicht seinen Interessen, sondern dem Schutz des Kinds dient (zum alten Recht Bay-

ObLG FamRZ 2000, 768; 1980, 498; OLG Oldenburg FamRZ 2004, 399; Jansen/*Sonnenfeld* § 56f Rn 50).

D. Beschluss in Aufhebungsverfahren nach § 186 Nr 4

I. Vom Eheverbot befreiender Beschluss, Absatz 3

Der Beschluss, der vom Eheverbot des § 1308 Abs 1 BGB befreit, ist den Ehegatten bekannt zu geben (§ 41 Abs 1, § 188 Abs 1 Nr 4) und wird mit dieser Bekanntgabe wirksam (§ 40 Abs 1). Er beseitigt das Ehehindernis und bindet den Standesbeamten (KKW/*Engelhardt* § 44a Rn 17). Er ist nicht anfechtbar (Abs 3 Hs 1). Weist erst das OLG als Beschwerdegericht das Familiengericht zur Erteilung der Befreiung an, so ist die Entscheidung des Beschwerdegerichts unanfechtbar (Jansen/*Müller-Lukoschek* § 44a Rn 34). Nach Abs 3 Hs 2 ist die Abänderung oder Wiederaufnahme (§ 48) erst ausgeschlossen, wenn die Ehe geschlossen worden ist.   13

II. Die Befreiung versagender Beschluss

Für den Beschluss, der die Befreiung versagt, gilt Abs 3 nicht. Für die Wirksamkeit gilt § 40 Abs 1, wobei die Bekanntgabe bzw Zustellung (§ 41 Abs 1) an beide Verlobten entscheidet (so zum alten Recht bereits Bassenge/Roth/*Bassenge* § 54a Rn 7; aA damals allerdings Jansen/*Müller-Lukoschek* § 44a Rn 33; KKW/*Engelhardt* § 44a Rn 16: Bekanntmachung an den Antragsteller). Auch diese Entscheidung bindet den Standesbeamten (Jansen/*Müller-Lukoschek* § 44a Rn 33).   14

Gegen den versagenden Beschluss ist die Beschwerde gegeben (§ 58 Abs 1). Beschwerdeberechtigt ist nach § 59 Abs 2 der Antragsteller. Für Minderjährige ist § 60 zu beachten. Der »wichtige Grund« nach § 1308 Abs 2 S 2 BGB ist ein vom (Rechts-)Beschwerdegericht nachprüfbarer unbestimmter Rechtsbegriff (Jansen/*Müller-Lukoschek* § 44a Rn 31).   15

§ 199 Anwendung des Adoptionswirkungsgesetzes
Die Vorschriften des Adoptionswirkungsgesetzes bleiben unberührt.

1 Das AdWirkG regelt spezielle familiengerichtliche Verfahren, um die Anerkennung und die Wirkungen einer Annahme verbindlich zu klären, die auf einer ausländischen Entscheidung oder auf ausländischen Sachvorschriften beruht (vgl § 1 S 1 AdWirkG). Sein Anwendungsbereich erfasst sowohl Volladoptionen als auch solche Annahmeverhältnisse, die lediglich schwache Wirkungen entfalten oder allein rechtsgeschäftlicher Natur sind (*Staudinger/Winkelsträter* FamRBint 2006, 10). Er ist allerdings beschränkt auf Adoptionen von Personen, die zur Zeit der Annahme noch nicht das 18. Lebensjahr vollendet haben (§ 1 S 2 AdWirkG).

2 Nach § 2 AdWirkG stellt das Familiengericht auf Antrag fest, ob eine (Dekret-)Adoption anzuerkennen oder eine (Vertrags-)Adoption wirksam ist und ob das Eltern-Kind-Verhältnis zu den bisherigen Eltern erloschen ist. Die rechtlichen Maßstäbe für die Anerkennungs- und Wirksamkeitsprüfung regelt das AdWirkG nicht, sondern insoweit gelten ggf vorrangig staatsvertragliche Regelungen (insbes Art 23, 24 des Haager Adoptionsübereinkommens von 1993), andernfalls bei Dekretadoptionen §§ 108 f bzw bei Vertragsadoptionen Art 22 f EGBGB. Ist das Eltern-Kind-Verhältnis zu den bisherigen Eltern erloschen, stellt das Gericht zusätzlich fest, dass das Annahmeverhältnis einem nach den deutschen Sachvorschriften begründeten gleichsteht, andernfalls dass es hinsichtlich der elterlichen Sorge und der Unterhaltspflicht des Annehmenden einem nach den deutschen Sachvorschriften begründeten Annahmeverhältnis gleichsteht (§ 2 Abs 2 AdWirkG). Sind die Wirkungen der Adoption schwächer als diejenigen des deutschen Sachrechts, ermöglicht § 3 AdwirkG auf Antrag einen Umwandlungsausspruch, wodurch das Kind die Rechtsstellung eines nach deutschem Sachrecht angenommenen Kindes erhält.

3 Die Verfahren nach AdWirkG setzen einen entsprechenden Antrag voraus (zur Antragsberechtigung s § 4 AdWirkG) und sind Verfahren der freiwilligen Gerichtsbarkeit (§ 5 Abs 3 S 1 AdWirkG). §§ 186 ff gelten für sie unmittelbar nicht. Es handelt sich nicht um Adoptionssachen iSd § 186. § 199 stellt klar, dass das AdWirkG unberührt bleibt. Seine Vorschriften gehen als Spezialvorschriften denjenigen des FamFG vor (BTDrs 16/6308 S 248). § 199 ergänzt § 97 Abs 2, da das AdWirkG über die Umsetzung und Ausführung von Rechtsakten nach § 97 Abs 1 hinausgeht (Jansen/*Müller-Lukoschek* § 43b Rn 90). Das AdWirkG ist zwar mit den Ausführungsregeln zum Haager Adoptionsübereinkommen von 1993 erlassen worden, ist aber inhaltlich eigenständig und findet auch Anwendung bei Adoptionen, die nicht in den Geltungsbereich des Übereinkommens fallen (Jansen/*Müller-Lukoschek* § 43b Rn 41).

4 Die Zuständigkeit für Verfahren nach dem AdWirkG ist auf höchstens ein Familiengericht in jedem OLG-Bezirk beschränkt (§ 5 Abs 1 S 1, Abs 2 AdWirkG). Für die internationale und örtliche Zuständigkeit gelten §§ 101 und 187 Abs 1, 2 und 4 entsprechend (§ 5 Abs 1 S 2 AdWirkG). Die meisten Entscheidungen nach dem AdWirkG genießen, ähnlich wie ein Adoptionsbeschluss, erhöhten Bestandsschutz entsprechend § 197 Abs 2 und 3 (§ 5 Abs 4 S 1 AdWirkG).

Abschnitt 6
Verfahren in Ehewohnungs- und Haushaltssachen

Vorbemerkung vor §§ 200 ff

Der 6. Abschnitt umfasst die §§ 200 bis 216 und enthält Vorschriften für die Verfahren in 1
Ehewohnungs- und Haushaltssachen. Dabei sind die verfahrensrechtlichen Normen der
HausratsVO, nämlich die §§ 1 und 11 ff, weitgehend übernommen und die Vorschriften
der §§ 1, 7, 11, 13 bis 17, 18a, 20 und 23 HausratsVO aufgehoben worden. Die weiteren
Vorschriften der HausratsVO sind mit dem Inkrafttreten der Reform des Güterrechts am
1.9.2009 durch §§ 1568a und b BGB ersetzt worden. Zugleich ist die Güterrechtsreform
mit einer Änderung der Terminologie verbunden: der »Hausrat« wird nun als »Haushaltsgegenstände« bezeichnet.

Gegenüber der HausratsVO begründet das FamFG weitergehende Mitwirkungs- 2
pflichten der Ehegatten. Während außerdem § 13 Abs 4 HausratsVO nur eine Benachrichtigung des Jugendamtes von der Entscheidung für den Fall vorsah, dass ein Kind in
einer Wohnung lebt, die Gegenstand einer Wohnungszuweisung war, begründet § 204
Abs 2 die Verpflichtung der förmlichen Beteiligung des Jugendamtes auf dessen Antrag.

Die Regelungen finden Anwendung auf Ehewohnungs- und Haushaltsachen, die in 3
§ 200 definiert werden und die ihre materielle Rechtsgrundlage in §§ 1361a und b BGB
sowie in §§ 1568a und 6 BGB finden.

Ehewohnungs- und Haushaltssachen sind Familiensachen (§ 111 Nr 5). Für das Ver- 4
fahren ist deshalb vorrangig auf §§ 200 ff und – soweit diese keine speziellen Regelungen enthalten – auf §§ 111 ff sowie schließlich die allgemeinen Vorschriften der §§ 1 ff
abzustellen.

Haben sich die Beteiligten bereits außergerichtlich über die weitere Nutzung der Ehe- 5
wohnung oder der Haushaltssachen geeinigt, führt dies nicht mehr – wie nach § 1 Abs 1
HausratsVO – zur Unzulässigkeit des Verfahrensantrages. Wenn und soweit eine Einigung vorliegt, entfällt vielmehr das Regelungsinteresse für ein gerichtliches Verfahren
(BTDrs 16/6308 S 249).

Das Verfahren in Ehewohnungs- und Haushaltssachen betrifft keine Familienstreitsa- 6
che, so dass in ihm kein Anwaltszwang besteht, sofern es nicht im Verbund geführt
wird. Der Antrag kann allein durch einen Verfahrensantrag eingeleitet werden, der nicht
die Anforderungen des § 253 ZPO erfüllen muss. Auch gilt der Grundsatz der Amtsermittlung (vgl allerdings §§ 203, 206). Es bestimmt sich nach §§ 23 ff, soweit nicht
§§ 200 ff abweichende Regelungen enthalten.

§ 200 Ehewohnungssachen; Haushaltssachen

(1) Ehewohnungssachen sind Verfahren
1. nach § 1361b des Bürgerlichen Gesetzbuchs,
2. nach § 1568a des Bürgerlichen Gesetzbuchs.

(2) Haushaltssachen sind Verfahren
1. nach § 1361a des Bürgerlichen Gesetzbuchs,
2. nach § 1568b des Bürgerlichen Gesetzbuchs.

A. Allgemeines

1 § 200 bestimmt den Umfang der Anwendbarkeit des Verfahrens in Wohnungs- und Hausratszuweisungssachen und enthält die Definitionen des Begriffs der Ehewohnungssachen (Abs 1) sowie der Haushaltssachen (Abs 2).

B. Ehewohnungssachen

2 Ehewohnungssachen sind nach Abs 1 Verfahren die ihre materielle Rechtsgrundlage in § 1361b BGB sowie in § 1568a BGB haben. Der Begriff der Ehewohnung ist in beiden Fällen weit auszulegen. Die Ehewohnung umfasst – unabhängig von den eigentums- und güterrechtlichen Verhältnissen – alle Räume, in denen die Ehegatten wohnen, gewohnt haben oder bestimmungsgemäß wohnen wollten (FAKomm-FamR/Weinreich § 1 HausratsVO Rn 14). Hierzu zählen außer der eigentlichen Wohnung auch die zu ihr rechnenden Nebenräume (OLG Jena NJW-RR 2004, 435) wie der Dachboden, der Keller oder die Garage, Sport- und Fitnessräume sowie der Hausgarten (BGH FamRZ 1990, 987).

3 Ferienwohnung und Wochenendhaus können Ehewohnung sein, wenn sie nur häufig genug genutzt werden, um den räumlichen Mittelpunkt der Ehe darzustellen. (OLG Brandenburg OLGR 2008, 542; OLG Naumburg FamRZ 1994, 389; OLG München FamRZ 1994, 1331). Ausreichend ist dafür, dass sie wenigstens zeitweise neben der Hauptwohnung wie diese genutzt worden sind (OLG Frankfurt FamRZ 1982, 398; aA: KG FamRZ 1986, 1010). Das ist etwa bei einer nur für wenige Wochen im Jahr genutzten Ferienwohnung im Ausland nicht der Fall (OLG Bamberg FamRZ 2001, 1316).

4 Auch Gartenlauben können die Ehewohnung darstellen, (OLG Naumburg FamRZ 2005, 1269) ohne dass darauf abgestellt werden kann, ob diese Räume nach öffentlichem Recht überhaupt entsprechend genutzt werden dürfen, da auch im Übrigen nur auf die tatsächliche Nutzung und die Absicht zur Nutzung abgestellt wird (*Rauscher* Rn 715; *Gottwald* FamRZ 2005, 1269; aA: OLG Naumburg FamRZ 2005, 1269).

5 Die von der nichtehelichen Lebensgemeinschaft genutzte Wohnung ist keine Ehewohnung (OLG Hamm FamRZ 2005, 2085; FAKomm-FamR/Weinreich § 1361b BGB Rn 7). Eine Zuständigkeit des Familiengerichts für Wohnungszuweisungssachen betreffend die von einer nichtehelichen Lebensgemeinschaft genutzten Wohnung ist deshalb nur dann begründet, wenn die materielle Rechtsgrundlage hierfür im Gewaltschutzgesetz zu finden ist. Für die Zuweisung der Wohnung von Lebenspartnern verweist § 270 Abs 1 S 2 auf § 111 Nr 5, weshalb das Wohnungszuweisungsverfahren insoweit entsprechende Anwendung findet.

6 Nicht Ehewohnung sind ausschließlich oder überwiegend beruflich genutzte Räume wie die Werkstatt oder Praxisräume.

7 Verlässt ein Ehegatte die eheliche Wohnung, ändert dies an deren Qualifikation zur Ehewohnung nichts, solange das Verlassen bloße Folge der ehelichen Spannungen ist (OLG Jena NJW-RR 2004, 435). Hat der die Wohnung verlassende Ehegatte dagegen zu erkennen gegeben, dass er die Wohnung nicht mehr für sich beansprucht, kann insoweit eine Einigung vorliegen (OLG Köln FamRZ 2005, 1993), die das Regelungsinteresse entfallen lässt. Dabei kann von einem Verlassen der Ehewohnung regelmäßig erst dann

ausgegangen werden, wenn der weichende Ehegatte seinen Lebensmittelpunkt verlegt hat (OLG Koblenz FamRZ 2006, 1207).

Die Frage, ob zur Entscheidung von Streitigkeiten über Ansprüche auf eine Nutzungsvergütung bei freiwilligem Auszug eines Miteigentümers die Zuständigkeit der allgemeinen Zivilgerichte oder der Familiengerichte gegeben ist (zum Streitstand vgl OLG Brandenburg FamRZ 2008, 1930; KG FamRZ 2009, 1933; OLG Jena FamRZ 2008, 1934; OLG Hamm, FamRZ 2008, 1935; 1637 die jeweils die Zuständigkeit des Familiengerichts annehmen) stellt sich nicht mehr, da die Familiengerichte auch zuständig sind, wenn man die Anspruchsgrundlage in § 745 Abs 2 BGB sieht, §§ 266 Abs 1 Nr 3, 112, 111 Nr 10). Von Bedeutung ist die Problematik aber deshalb noch, weil die sonstigen Familiensachen Familienstreitsachen iSd § 112 sind, die weitgehend den Regeln der ZPO folgen (§ 113). 8

C. Haushaltssachen

Haushaltssachen sind solche, die ihre materielle Rechtsgrundlage in § 1361a BGB sowie in § 1568b BGB haben. Die mit der Güterrechtsreform einhergehende neue Terminologie hat zu einer inhaltlichen Änderung des Begriffes nicht geführt. 9

Zu den Haushaltssachen gehören alle beweglichen Gegenstände, die nach den Vermögens- und Lebensverhältnissen der Eheleute und ihrer Kinder üblicherweise für die Wohnung, die Hauswirtschaft und das Zusammenleben der Familie einschließlich der Freizeitgestaltung bestimmt sind, also der gemeinsamen Lebensführung dienen (BGH FamRZ 1984, 144, 146; FamRZ 1984, 575). Anschaffungsmotiv (OLG Düsseldorf FamRZ 1986, 1132) und Wert des Gegenstandes sind ohne Belang (BGH FamRZ 1984, 575). 10

Zu den Haushaltssachen gehören danach Möbel, Teppiche, Herde, Kühlschränke, Küchen- und Haushaltsgeräte, Lampen, Bilder und Wandschmuck, Gardinen, Vorhänge, Bett- und Tischwäsche, Rundfunk, Fernseh- und Videogeräte sowie Tonträge, Filme, Bücher, Gartenmöbel, Nähmaschinen und Klaviere. Etwas anderes gilt dann, wenn die Gegenstände der Berufsausübung eines der Ehegatten oder beider dienen. 11

Das Kraftfahrzeug rechnet grundsätzlich nicht zu den Haushaltssachen, es sei denn, es ist unabhängig von den Eigentumsverhältnissen kraft Widmung dazu bestimmt gewesen, dem gemeinsamen Haushalt zum Zweck der Haushalts- und privaten Lebensführung insbesondere zum Einkauf, zur Betreuung der gemeinsamen Kinder oder zu Schul- und Wochenendfahrten zu dienen (BGH FamRZ 1991, 43; OLG Köln FamRZ 2002, 322, 323; OLG Karlsruhe FamRZ 2001, 760). Die bloße Mitbenutzung des Fahrzeugs auch für eheliche und familiäre Bedürfnisse macht es noch nicht zum Haushaltsgegenstand (OLG Zweibrücken FamRZ 1991, 848; OLG Hamm FamRZ 1990, 54; OLG Hamburg FamRZ 1990, 1118). Hat jeder Ehegatte seinen eigenen Wagen, spricht das regelmäßig gegen die Zugehörigkeit zu den Haushaltssachen. 12

Wohnwagen und Wohnmobil sind regelmäßig Haushaltssachen, da sie bestimmungsgemäß mehr als der PKW während der Ehezeit von der Familie genutzt worden sind (OLG Koblenz NJW-RR 1994, 516; OLG Düsseldorf FamRZ 1992, 60; OLG Köln FamRZ 1992, 696; OLG Celle FamRZ 1992, 1300). Dasselbe gilt unabhängig von ihrem Wert auch für die von der Familie genutzte Segel- (LG Ravensburg FamRZ 1995, 1585) oder Motoryacht (OLG Dresden OLGR 2003, 232), nicht aber das auf einem gepachteten Gartengrundstück stehende Gartenhaus (OLG Hamm FamRZ 2009, 1225). 13

Kunstgegenstände und Antiquitäten sind dann Haushaltssachen, wenn sie nach ihrer Zweckbestimmung und dem Lebenszuschnitt der Eheleute der Möblierung oder Ausschmückung der ehelichen Wohnung dienen (BGH FamRZ 1984, 575; OLG Brandenburg FamRZ 2003, 532; OLG Bamberg FamRZ 1997, 378). Sind sie dagegen vorrangig zum Zweck der Kapitalanlage erworben worden, unterliegen sie dem Zugewinnausgleich. 14

Einbauküchen, Einbaumöbel und Badezimmereinrichtung sind dann keine Haushaltssachen, wenn sie Zubehör (OLG Nürnberg FamRZ 2003, 156) oder wesentlicher Be- 15

§ 200 FamFG | Ehewohnungssachen; Haushaltssachen

standteil des Gebäudes und damit des Grundstücks sind, § 94 Abs 2 BGB (OLG Zweibrücken FamRZ 1993, 82; OLG Hamm FamRZ 1990, 54). Ob dies der Fall ist, bestimmt sich danach, ob sie dem Baukörper besonders angepasst sind und deshalb mit ihm eine Einheit bilden (BGH FamRZ 1984, 2277; NJW-RR 1990, 914). Letztlich ist dies eine Frage des Einzelfalls, deren Beantwortung sich auch nach regionalen Besonderheiten richtet (OLG Hamm FamRZ 1998, 1028). Die Höhe der Montagekosten stellt jedoch kein maßgebliches Kriterium dar (OLG Zweibrücken FamRZ 1993, 82).

16 Haustiere gehören nicht zu den Haushaltssachen, doch sind die Vorschriften über die Haushaltssachen auf sie entsprechend anzuwenden (OLG Zweibrücken FuR 1998, 235 = FamRZ 1998, 1432), sofern mit dem Halten der Tiere nicht die Absicht der Gewinnerzielung verbunden ist (OLG Naumburg FamRZ 2001, 481).

17 Nicht zu den Haushaltssachen zählen alle Gegenstände, die ausschließlich beruflichen Zwecken eines oder beider Ehegatten zu dienen bestimmt sind. Dasselbe gilt für solche Gegenstände, die lediglich den individuellen Bedürfnissen oder persönlichen Interessen nur eines Ehegatten oder eines anderen Familienmitgliedes dienen, wie die Briefmarken- (OLG Hamm FamRZ 1980, 683) oder Münzsammlung (OLG Düsseldorf FamRZ 1986, 1134), der dem Hobby oder der Berufsausübung dienende Computer (OLG Hamburg FamRZ 1990, 1118; anders AG Amberg NJW-RR 2009, 2 für den von der Familie genutzten Computer) oder das Musikinstrument des Musiklehrers.

18 Unerheblich sind die Eigentumsverhältnisse, weshalb Haushaltssachen auch geliehen (OLG Hamm FamRZ 1990, 531) oder geleast (OLG Stuttgart FamRZ 1995, 1275) sein oder sich im Sicherungseigentum Dritter befinden können.

19 Stellt der streitige Gegenstand keine Haushaltssache dar, dürfte der um sie geführte Rechtsstreit regelmäßig eine sonstige Familiensache im Sinne § 266 Abs 1 Nr 3 sein, so im Fall der Forderung der Herausgabe persönlicher Gegenstände.

§ 201 Örtliche Zuständigkeit

Ausschließlich zuständig ist in dieser Rangfolge:
1. während der Anhängigkeit einer Ehesache das Gericht, bei dem die Ehesache im ersten Rechtszug anhängig ist oder war,
2. das Gericht, in dessen Bezirk sich die gemeinsame Wohnung der Ehegatten befindet,
3. das Gericht, in dessen Bezirk der Antragsgegner seinen gewöhnlichen Aufenthalt hat,
4. das Gericht, in dessen Bezirk der Antragsteller seinen gewöhnlichen Aufenthalt hat.

A. Allgemeines

§ 201 regelt die örtliche Zuständigkeit der Familiengerichte. Sie entspricht der früheren Regelung des § 11 Abs 1 und 2 HausratsVO, wobei die darin enthaltene Verweisung auf § 606 Abs 2 und 3 ZPO nicht mehr erforderlich ist. Die Norm bezweckt eine Konzentration der Zuständigkeit auf ein Gericht. Die sachliche Zuständigkeit der Familiengerichte folgt aus §§ 23a Nr 1 GVG, 111 Nr 5. 1

B. Die örtliche Zuständigkeit im Besonderen

Hinsichtlich der örtlichen Zuständigkeit sind folgende Fallgruppen zu unterscheiden: 2

I. Bei Anhängigkeit einer Ehesache

Ist eine Ehesache im Sinne des § 121 anhängig, also ein Verfahren auf Scheidung der Ehe (§ 121 Nr 1), auf Aufhebung der Ehe (§ 121 Nr 2) oder auf Feststellung des Bestehens oder Nichtbestehens einer Ehe (§ 121 Nr 3), so ist ausschließlich das Gericht der Ehesache zuständig, gleich in welcher Instanz die Ehesache schwebt. Damit soll erreicht werden, dass über Wohnungszuweisungs- und Hausratssachen grundsätzlich im Verbund mit der Ehescheidung entschieden wird. 2a

Gemäß § 124 S 1 tritt die Anhängigkeit der Ehesache mit der Einreichung der Antragsschrift ein, nicht schon mit dem Eingang eines Verfahrenskostenhilfeantrages (Keidel/Giers, 16. Aufl, § 201 Rn 4). Endet die Anhängigkeit der Ehesache, bleibt die Zuständigkeit des Gerichts für eine bis dahin anhängig gewordene Ehewohnungs- oder Haushaltssache bestehen, was unmittelbar aus dem Gesetzestext folgt (»... oder war«). 2b

II. Im isolierten Verfahren

Ist eine Ehesache nicht anhängig, also während der Dauer des Getrenntlebens oder nach der Rechtskraft der Ehescheidung, ist vorrangig dasjenige Familiengericht örtlich zuständig, in dessen Bezirk sich die gemeinsame Wohnung der Ehegatten befindet, die Eheleute ihren gewöhnlichen Aufenthalt haben (Nr 2). Während §§ 11 Abs 2 S 2 HausratsVO, 606 Abs 2 ZPO aF noch regelte, dass bei Fehlen eines gemeinsamen Aufenthalts im dritten Rang das Gericht zuständig ist, in dessen Bezirk die Eheleute ihren gemeinsamen Aufenthalt gehabt haben, fehlt eine entsprechende Regelung jetzt. 3

Haben die Eheleute nämlich keine gemeinsame Wohnung, ist nach § 201 Nr 3 dasjenige Gericht örtlich zuständig, in dessen Bezirk der Antragsgegner seinen gewöhnlichen Aufenthalt hat. Das gilt nach dem insoweit eindeutigen Wortlaut sowohl für den Fall, dass die Eheleute keinen gemeinsamen Wohnsitz gehabt haben, als auch dann, wenn die gemeinsame Wohnung als Folge der Trennung aufgegeben worden ist. 4

Ist schließlich auch danach eine örtliche Zuständigkeit nicht festzustellen, ist nach Nr 3 das Gericht zuständig, in dessen Bezirk der Antragsteller seinen gewöhnlichen Aufenthalt hat. 5

§ 202 Abgabe an das Gericht der Ehesache

Wird eine Ehesache rechtshängig, während eine Ehewohnungs- oder Haushaltssache bei einem anderen Gericht im ersten Rechtszug anhängig ist, ist diese von Amts wegen an das Gericht der Ehesache abzugeben. § 281 Abs. 2 und 3 Satz 1 der Zivilprozessordnung gilt entsprechend.

1   § 202 entspricht der bisherigen Regelung des § 11 Abs 3 HausratsVO und bewirkt wie jene Norm oder § 621 Abs 3 ZPO aF und § 201 Nr 1 die Zuständigkeitskonzentration bei dem Gericht der Ehesache.

2   Nach dieser Norm ist die Ehewohnungs- oder Haushaltssache an das Gericht der Ehesache abzugeben, wenn die Ehesache bei einem anderen Gericht rechtshängig wird. Die Rechtshängigkeit wird begründet durch Zustellung (§§ 124, 253 Abs 1, 261 Abs 1 ZPO).

3   Die Abgabe erfolgt von Amts wegen, also ohne entsprechenden Antrag eines der Beteiligten. Der Abgabebeschluss ist nicht anfechtbar und für das Gericht, an das abgegeben worden ist, bindend, was aus der Bezugnahme auf § 281 Abs 2 ZPO folgt. Die im Verfahren vor dem angerufenen Gericht angefallenen Kosten werden als Teil der Kosten behandelt, die bei dem Gericht erwachsen, an das abgegeben worden ist.

4   Eine Abgabe kommt nicht mehr in Betracht, wenn die isolierte Ehewohnungs- oder Haushaltssache zum Zeitpunkt der Rechtshängigkeit der Ehesache bereits in der Rechtsmittelinstanz schwebt (BGH NJW 1986, 2058 zu § 11 HausratsVO). Im Fall der Zurückweisung der Sache an die erste Instanz hat das Rechtsmittelgericht dagegen an das jetzt zuständige Gericht der Ehesache zu verweisen.

§ 203 Antrag

(1) Das Verfahren wird durch den Antrag eines Ehegatten eingeleitet.

(2) Der Antrag in Haushaltssachen soll die Angabe der Gegenstände enthalten, deren Zuteilung begehrt wird. Dem Antrag in Haushaltssachen nach § 200 Abs. 2 Nr. 2 soll zudem eine Aufstellung sämtlicher Haushaltsgegenstände beigefügt werden, die auch deren genaue Bezeichnung enthält.

(3) Der Antrag in Ehewohnungssachen soll die Angabe enthalten, ob Kinder im Haushalt der Ehegatten leben.

A. Allgemeines

§ 203 bestimmt, dass das Verfahren nur auf Antrag, also nicht von Amts wegen, eingeleitet wird. Abs 1 entspricht insoweit der bisherigen Regelung des § 1 Abs 1 HausratsVO. Abs 2 begründet darüber hinaus besondere Anforderungen an den Inhalt des Antrages. Auf diese Weise werden die Mitwirkungspflichten der Beteiligten stärker als bislang betont und konkretisiert (BTDrs 16/6308 S 249). Indem die Regelungen der Abs 2 und 3 jedoch nur als Sollvorschrift ausgestaltet sind, führt die Nichtbeachtung der Mitwirkungspflichten nicht sogleich zur Unbegründetheit oder gar Unzulässigkeit des Antrages. Da in dem Verfahren der Grundsatz der Amtsermittlung gilt (§ 26), ist das Gericht vielmehr verpflichtet, auf eine Nachbesserung des Antragsinhalts hinzuwirken (§ 28). Ergänzt wird die Norm im Übrigen durch § 206. 1

Abs 3 bestimmt für das Verfahren auf Zuweisung der Ehewohnung, dass Angaben zu den im Haushalt lebenden Kindern gemacht werden sollen. Auf diese Weise soll die in § 205 begründete Anhörung des Jugendamtes gewährleistet werden. 2

B. Verfahrensantrag

Das Ehewohnungs- und Haushaltsverfahren wird nur auf Antrag eines der beteiligten Ehegatten eingeleitet. Die sonstigen Beteiligten wie beispielsweise der Vermieter der Ehewohnung (vgl § 204), die Kinder oder das Jugendamt sind nach dem insoweit eindeutigen Wortlaut der Norm nicht selbst antragsberechtigt. 3

Der Verfahrensantrag bildet die Grundlage des gerichtlichen Verfahrens, ohne dass das Gericht an ihn wie an einen Sachantrag nach § 253 ZPO gebunden wäre. Der Antrag stellt vielmehr lediglich einen Vorschlag der Beteiligten dar, der das Gericht in seiner Entscheidungsfreiheit nicht einschränkt (BGH FamRZ 1992, 531 zu § 1 HausratsVO). Außerhalb des Verbundes kann der Antrag auch zu Protokoll der Geschäftsstelle gestellt werden (§ 25). 4

Während das Fehlen einer Einigung nach § 1 Abs 1 HausratsVO Zulässigkeitsvoraussetzung war (OLG Zweibrücken FamRZ 2003, 131), ist das Vorliegen einer Einigung jetzt nicht mehr als Verfahrenshindernis ausgestaltet. Dessen bedarf es auch nicht, da es ohnehin am Regelungsinteresse für ein gerichtliches Verfahren fehlt, wenn und soweit zwischen den Beteiligten Einigkeit über die Verteilung von Haushalt und Ehewohnung besteht. 5

C. Antragsinhalt

§ 203 Abs 2 bestimmt zum einen, dass der den Antrag stellende Ehegatte angibt, welche Ziele er mit seinem Antrag verfolgt. Dies ist auch Folge der Ausgestaltung des § 1568b BGB als Anspruchsnorm. Daneben ist er gehalten, den genauen Umfang des gesamten Haushalts zu nennen, weil nur auf diese Weise eine ausgewogene Verteilung möglich ist. Abs 3 schließlich dient der Sicherung der Beteiligung des Jugendamtes. Diese Norm 6 ist eine Präzisierung der nach § 27 Abs 1 allgemein bestehenden Mitwirkungspflicht. Daneben gelten die allgemeinen Vorschriften des § 23.

7 Indem die Norm als Sollvorschrift ausgestaltet ist, führt die Nichtbeachtung der Mitwirkungspflichten nicht sogleich zur Unzulässigkeit des Antrages. Das Gericht ist nach § 28 jedoch verpflichtet, darauf hinzuwirken, dass die Beteiligten sich über alle wesentlichen Umstände erklären. § 206 Abs 2 und Abs 3 begründen überdies nachteilige Rechtsfolgen für die säumigen Parteien, wenn das Gericht ihnen zuvor entsprechende Auflagen erteilt hat.

I. Präzisierung des Verfahrensziels

8 Nach Abs 2 S 1 soll der Antrag die Angabe derjenigen Gegenstände enthalten, deren Zuteilung der Antragsteller begehrt. Durch diese Präzisierung des Verfahrensziels wird zwar nicht der Entscheidungsspielraum des Gerichtes eingeengt, doch wird auf diese Weise die Begrenzung des Verfahrensstoffs auf die streitigen Punkte begrenzt, was der Verfahrensökonomie dient (BTDrs 16/6308 S 249).

9 Diese Regelung hat nur dann Bedeutung, wenn der Antragsteller die Zuweisung bestimmter Haushaltsgegenstände begehrt, nicht dann, wenn er sonstige Regelungen wie zB die Zahlung einer Nutzungsentschädigung anstrebt (BTDrs 16/6308 S 249). Auch in diesem Fall erscheint es aber sinnvoll und geboten, das Gericht auf dieses Begehren hinzuweisen.

II. Bestimmung des Umfangs des Haushalts

10 Dem Antrag soll zudem nach Abs 2 S 2 eine Aufstellung sämtlicher Haushaltsgegenstände beigefügt werden, die auch deren genaue Bezeichnung enthält. Auch diese Regelung ist wiederum nur als Sollvorschrift ausgestaltet, die aber ggf nach § 206 durchgesetzt werden kann.

11 Auch schon nach altem Recht bestand eine Aufklärungs- und Ermittlungspflicht des Gerichts nur solange, wie der Vortrag der Beteiligten oder der Sachverhalt als solcher sowie die aufzuklärenden Tatbestandsmerkmale bei sorgfältiger Überlegung dazu Anlass gaben. Deshalb wurde auch nach altem Recht eine Verpflichtung der Beteiligten angenommen, durch eingehende Darstellung des Sachverhalts an der Aufklärung des Sachverhalts mitzuwirken (OLG Brandenburg FamRZ 2003, 532). Diese Pflicht ist jetzt dahingehend präzisiert worden, dass eine Aufstellung über den gesamten Haushalt verlangt wird, was deshalb sinnvoll ist, weil nur in Kenntnis des gesamten Haushalts dessen billige Verteilung vorgenommen werden kann. Durch die Verstärkung der Mitwirkungspflicht der Beteiligten bei fortbestehender Pflicht zur Amtsermittlung wird zudem der Umfang vorzunehmender Ermittlungen verringert, was sich positiv auf die Verfahrensdauer auswirken dürfte.

12 Die Verpflichtung zur Auflistung besteht auch dann, wenn ein Teil der Haushaltsgegenstände bereits einvernehmlich verteilt worden ist. Denn Ziel der Haushaltsverteilung ist auch danach, eine insgesamt ausgewogene Verteilung vorzunehmen, ggf auch durch Anordnung von Ausgleichszahlungen, die aber Kenntnis des Gesamthaushalts und über den bereits verteilten Teil voraussetzt.

13 Die Verpflichtung nach Abs 2 S 2 besteht nur dann, wenn die Haushaltsverteilung für die Zeit nach der Rechtskraft der Ehescheidung Gegenstand des Verfahrens ist, während für eine vorläufige Zuweisung nach § 1361a BGB nur Kenntnis von den Eigentumsverhältnissen zwingend geboten ist, da nach dieser Norm eine Zuweisung nur zur Gebrauchsüberlassung erfolgt und auch die Anordnung einer Ausgleichszahlung ausgeschlossen ist (FAKomm-FamR § 1361a BGB Rn 2). Ziel der Haushaltsverteilung bei Getrenntleben ist somit nicht zwingend die Herstellung einer insgesamt ausgewogenen Regelung.

Gibt der Vortrag der Beteiligten Anlass zu konkreten Zweifeln an der Vollständigkeit oder Richtigkeit der Auflistung, ist das Gericht ggf gehalten, dessen Bestand von Amts wegen durch eine Augenscheinseinnahme aufzuklären (OLG Naumburg FamRZ 2007, 565), zumindest aber auf die Zweifel hinzuweisen und auf die Vervollständigung des Vortrages und Klärung von Widersprüchen zu drängen (OLG Zweibrücken FamRZ 1993, 82, 84). 14

Die zu fordernde Aufstellung über den Haushalt muss die genaue Bezeichnung der Haushaltsgegenstände enthalten. Wegen der Ausfüllung dieses Kriteriums kann auf die Anforderungen an die Bestimmtheit eines Vollstreckungstitels zurückgegriffen werden (BTDrs 16/6308 S 249). Danach ist es erforderlich, dass die Haushaltsgegenstände soweit wie möglich individualisiert und mit der für die Zwangsvollstreckung nötigen Bestimmtheit bezeichnet werden (OLG Brandenburg FamRZ 2003, 532 LS; FamRZ 2000, 1102; OLG Köln FamRZ 2001, 1174). 15

Die Vorschrift ist als Sollvorschrift ausgestaltet, was zum einen zur Folge hat, dass Anträge ohne gesonderte Auflistung des Haushalts nicht allein deshalb unzulässig oder auch nur unbegründet sind. Darüber hinaus sind atypische Ausnahmefälle denkbar, in denen auf eine Auflistung ohnehin verzichtet werden kann (BTDrs 16/6308 S 249). Ein derartiger Ausnahmefall wäre etwa dann gegeben, wenn einer der Ehegatten ohne eigenes Verschulden keine Kenntnis über die Zusammensetzung des Haushalts hat, was zB nach längerer Strafhaft der Fall sein kann. 16

Unter der Geltung der HausratsVO war streitig, ob ein Anspruch auf Auskunft über den Bestand des Haushalts anzuerkennen war (Zum Streitstand vgl FAKomm-FamR/Weinreich, § 1 HausratsVO Rn 8). Nach den durch das FamFG eingeführten Änderungen wird man einen Auskunftsanspruch nicht mehr annehmen können, weil insbesondere § 206 ausreichend Möglichkeiten gibt, die Beteiligten zu umfassenden Erklärungen zu bewegen. 17

III. Information des Jugendamtes

Nach Abs 3 soll der Antrag in Verfahren der Zuweisung der Ehewohnung die Angabe enthalten, ob Kinder im Haushalt der Ehegatten leben. Der Sinn dieser Regelung besteht darin, die nach § 205 vorgesehene Beteiligung des Jugendamtes in Ehewohnungssachen zu gewährleisten und sicherzustellen, dass das Wohl der Kinder bei der zu treffenden Entscheidung berücksichtigt werden kann. Auch diese Vorschrift ist wiederum als Sollvorschrift ausgestaltet, weshalb ein Verstoß hiergegen den Antrag nicht unzulässig macht. 18

§ 204 Beteiligte

(1) In Ehewohnungssachen nach § 200 Abs. 1 Nr. 2 sind auch der Vermieter der Wohnung, der Grundstückseigentümer, der Dritte (§ 1568a Absatz 4 des Bürgerlichen Gesetzbuchs) und Personen, mit denen die Ehegatten oder einer von ihnen hinsichtlich der Wohnung in Rechtsgemeinschaft stehen, zu beteiligen.

(2) Das Jugendamt ist in Ehewohnungssachen auf seinen Antrag zu beteiligen, wenn Kinder im Haushalt der Ehegatten leben.

A. Allgemeines

1 § 204 entspricht dem bisherigen § 7 HausratsVO. Die gegenüber jener Regelung vorgenommenen Änderungen stellen lediglich sprachliche Anpassungen dar. Anwendung findet die Vorschrift allein in Ehewohnungsverfahren und hier auch wiederum nur in solchen nach § 200 Abs 1 Nr 2, also solchen nach § 1568a BGB. In den übrigen Haushalts- und Ehewohnungsverfahren bedarf es einer Beteiligung Dritter nicht, da weder durch die Verteilung des Haushalts noch durch die nur vorläufige Regelung der Nutzung der ehelichen Wohnung für die Dauer des Getrenntlebens nach § 1361b BGB in deren Rechte eingegriffen wird.

2 Die nach § 204 vorgesehene Beteiligung soll sicherstellen, dass den Dritten das ihnen grundgesetzlich zustehende Recht auf rechtliches Gehör gewährt wird. Außerdem dient die Beteiligung Dritter auch der Sachaufklärung.

3 Die Aufzählung in Abs 1 ist keine abschließende. Abgesehen von dem in Abs 2 genannten Jugendamt kann sich eine Beteiligung insbesondere nach § 7 Abs 2 Nr 1 ergeben. Danach sind als Beteiligte diejenigen hinzuziehen, deren Recht durch das Verfahren unmittelbar betroffen wird. Wird also durch eine Entscheidung in einer Ehewohnungssache unmittelbar in Rechte Dritter eingegriffen, die nicht in Abs 1 genannt sind, so sind auch diese zu beteiligen.

B. Beteiligte

3a Beteiligte können nicht nur natürliche, sondern auf juristische Personen sein.

I. Die Beteiligten im Einzelnen

1. Der Vermieter

4 Zu beteiligende Vermieter sind nicht nur die Vertragspartner im Rahmen des eigentlichen Mietverhältnisses. Die Norm gilt auch für ähnlich gelagerte Vertragsverhältnisse, wie die Leihe oder die Pacht, weshalb auch Verleiher oder Verpächter zu beteiligen sind. Dasselbe gilt für die Wohnungsbaugenossenschaft, wenn die Ehewohnung als Genossenschaftswohnung zugeteilt war. Ist die Wohnung von einer Erbengemeinschaft oder einer BGB – Gesellschaft gemietet, ist die Gemeinschaft bzw die Gesellschaft zu beteiligen.

2. Der Grundstückseigentümer

6 Dem Grundstückseigentümer gleich stehen der Erbbauberechtigte, der Nießbräucher und alle sonst dinglich Berechtigten an der Wohnung.

3. Der Dritte (§ 1568a Abs 4 BGB)

7 Dritter im Sinne des § 1568a Abs 4 BGB ist der Dienstherr, wenn die Wohnung auf Grund eines Dienst- oder Arbeitsverhältnisses zur Verfügung gestellt worden ist. Zumeist wird er allerdings ohnehin schon als Grundstückseigentümer oder Vermieter zu

beteiligen sein. Andererseits besteht die Pflicht zur Beteiligung auch dann, wenn er nicht Grundstückseigentümer ist und die Wohnung seinerseits angemietet hat, um sie an Betriebsangehörige weiter zu geben.

4. Personen, mit denen die Ehegatten oder einer von ihnen hinsichtlich der Wohnung in Rechtsgemeinschaft stehen

Hierunter fallen solche Personen, die eigene dingliche oder schuldrechtliche Ansprüche an der Wohnung erworben haben. Das sind Miteigentümer oder Mitmieter der ehelichen Wohnung, Untermieter in der Wohnung oder auch nahe Angehörige, die mit beiden oder einem Ehegatten bezüglich der Wohnung in Rechtsgemeinschaft stehen. Die allein tatsächliche Beeinträchtigung durch die Zuweisungsentscheidung begründet das Erfordernis der Beteiligung dagegen noch nicht, so dass minderjährige Kinder, die die Wohnung auf Grund eines Eltern/Kind Verhältnisses bewohnen nicht zu beteiligen sind (BayObLG FamRZ 1977, 467). Dasselbe gilt für ohne eigene Rechtsposition in die Wohnung aufgenommene Angehörige eines Ehegatten oder dessen neuer Partner. Nicht zu beteiligen ist auch der Insolvenzverwalter über das Vermögen eines Ehegatten, da die den Gegenstand des Verfahrens auf Zuweisung der Ehewohnung bildenden Rechte an der Wohnung nicht der Pfändung unterworfen sind und damit auch von der Insolvenz des Ehegatten nicht erfasst werden (OLG Celle MDR 1962, 416). 8

5. Sonstige

Die Aufzählung in Abs 1 ist nicht abschließend (BTDrs 16/6308 S 250). Deshalb sind neben den in Abs 1 genannten all solche Personen zu beteiligen, deren Rechte durch das Wohnungszuweisungsverfahren sonst unmittelbar betroffen sind (§ 7 Abs 2 Nr 1). 9

II. Beteiligung des Jugendamtes (Abs 2)

Nach Abs 2 ist das Jugendamt am Verfahren zu beteiligen, wenn Gegenstand des Verfahrens die Zuweisung der Ehewohnung ist und Kinder im Haushalt der Ehegatten leben. Weitere Voraussetzung ist, dass das Jugendamt einen entsprechenden Antrag stellt. Durch diese Regelung soll flexibel auf das Erfordernis der Beteiligung reagiert werden können, wodurch unnötiger Verwaltungsaufwand dadurch vermieden wird, dass eine Beteiligung unterbleibt, wenn sie sich als nicht notwendig erweist. Diese so genannte »Zugriffslösung« (BTDrs 16/6308 S 250) korrespondiert mit der Regelung des § 205, der die Anhörung des Jugendamtes durch das Gericht regelt. 10

§ 205 Anhörung des Jugendamtes in Wohnungszuweisungssachen

(1) In Ehewohnungssachen soll das Gericht das Jugendamt anhören, wenn Kinder im Haushalt der Ehegatten leben. Unterbleibt die Anhörung allein wegen der Gefahr im Verzug, ist sie unverzüglich nachzuholen.

(2) Das Gericht hat in den Fällen des Absatzes 1 Satz 1 dem Jugendamt die Entscheidung mitzuteilen. Gegen den Beschluss steht dem Jugendamt die Beschwerde zu.

A. Allgemeines

1 Die Regelung des § 205 ersetzt den früheren § 49a Abs 2 FGG, der gleichfalls eine Anhörung des Jugendamtes in Wohnungszuweisungsverfahren vorsah. Anders als in jener Regelung ist die Anhörung aber unabhängig vom voraussichtlichen Ausgang des Verfahrens vorgesehen. Allerdings ist die Norm – anders als andere entsprechende Vorschriften des 2. Buches – nur als Sollvorschrift ausgestaltet. Sie trägt dem Umstand Rechnung, dass die Zuweisung der Wohnung im Regelfall erhebliche Auswirkungen auf das Wohl der betroffenen Kinder hat (BTDrs 16/6308 S 250) und entspricht der sich aus § 50 Abs 1, 2 SGB VIII ergebenden Unterstützungs- und Mitwirkungspflicht des Jugendamtes bei allen Maßnahmen, die die Personensorge betreffen.

B. Anhörung des Jugendamtes

2 Angehört werden soll das Jugendamt, in dessen Bezirk die Eltern ihren gewöhnlichen Aufenthalt haben (§§ 87 Abs 1 S 1, 86 SGB VIII). Eine einmal begründete Zuständigkeit bleibt bis zum Abschluss des Verfahrens bestehen (§ 87b Abs 2 S 2). Haben die Eltern ihren gewöhnlichen Aufenthalt in verschiedenen Jugendamtsbezirken, sind alle Jugendämter zu hören, in deren Bezirken sich Eltern und Kinder aufhalten (*Büte* Rn 33 mwN). Angehört werden sollen die Jugendämter in allen Verfahren, also auch bei einstweiligen Anordnungen (OLG Düsseldorf DAVorm 1996, 531).

3 Ist die Anhörung eigentlich vorgesehen, unterbleibt sie jedoch allein deshalb, weil Gefahr im Verzug besteht, mithin besonderer Eilbedarf gegeben ist, ist sie unverzüglich nachzuholen. Diese Regelung entspricht der des früheren § 49 Abs 4 FGG. Sie ist vor Erlass einstweiliger Anordnungen von Bedeutung, wenn durch die Anhörung des Jugendamtes ein nicht vertretbarer Zeitverlust entstehen würde.

4 Eine erneute Anhörung in der Beschwerdeinstanz ist grundsätzlich nicht erforderlich (BGH FamRZ 1986, 895; BayObLG 1997, 688).

C. Mitteilung der Entscheidung an das Jugendamt (Abs 2 S 1)

5 Nach Abs 2 hat das Gericht dem Jugendamt die Entscheidung mitzuteilen, wenn ein Fall des Abs 1 S 1 vorliegt. Dieser Formulierung ist zu entnehmen, dass die Mitteilung der Entscheidung auch dann zwingend ist, wenn die Anhörung des Jugendamtes unterbleibt. Dies ist auch deshalb zwingend, weil andernfalls nicht gewährleistet wäre, dass das Jugendamt von seiner ihm nach Abs 2 S 2 zustehenden Beschwerdebefugnis Gebrauch machen kann. Die Norm entspricht der des bisherigen § 13 Abs 4 HausratsVO.

D. Rechtsmittel (Abs 2 S 2)

6 Nach § 59 Abs 3 bestimmt sich die Beschwerdeberechtigung von Behörden nach den besonderen Vorschriften dieses Gesetzes. Abs 2 S 2 ist eine derartige Vorschrift, durch die dem Jugendamt ein eigenständiges Beschwerderecht gegen die Entscheidung auf Zuweisung der Ehewohnung dann zusteht, wenn Kinder im Haushalt der Ehegatten leben. Wegen Einzelheiten zur Ausgestaltung der Beschwerde wird auf §§ 59 ff verwiesen. Das Beschwerderecht besteht unabhängig davon, ob das Jugendamt beteiligt worden ist. Eine Beschwer ist nicht erforderlich.

§ 206 Besondere Vorschriften in Haushaltssachen

(1) Das Gericht kann in Haushaltssachen jedem Ehegatten aufgeben,
1. die Haushaltsgegenstände anzugeben, deren Zuteilung er begehrt,
2. eine Aufstellung sämtlicher Haushaltsgegenstände einschließlich deren genauer Bezeichnung vorzulegen oder eine vorgelegte Aufstellung zu ergänzen,
3. sich über bestimmte Umstände zu erklären, eigene Angaben zu ergänzen oder zum Vortrag eines anderen Beteiligten Stellung zu nehmen oder
4. bestimmte Belege vorzulegen,
und ihm hierzu eine angemessene Frist setzen.

(2) Umstände, die erst nach Ablauf einer Frist nach Absatz 1 vorgebracht werden, können nur berücksichtigt werden, wenn dadurch nach der freien Überzeugung des Gerichts die Erledigung des Verfahrens nicht verzögert wird oder wenn der Ehegatte die Verspätung genügend entschuldigt.

(3) Kommt ein Ehegatte einer Auflage nach Absatz 1 nicht nach oder sind nach Absatz 2 Umstände nicht zu berücksichtigen, ist das Gericht insoweit zur weiteren Aufklärung des Sachverhalts nicht verpflichtet.

A. Allgemeines

Im Verfahren nach der HausratsVO galt der Grundsatz der Amtsermittlung, doch bestanden Aufklärungs- und Ermittlungspflichten des Gerichts auch danach nur insoweit, wie der Vortrag der Beteiligten oder der Sachverhalt als solcher dazu Anlass gaben. Das Gericht war nicht gehalten, allen nur denkbaren Möglichkeiten von Amts wegen nachzugehen, weshalb die Beteiligten auch nach der HausratsVO verpflichtet waren, durch eingehende Darstellung des Sachverhalts an der Tatsachenaufklärung mitzuwirken (BGHZ 16, 378; OLG Naumburg OLGR 2003, 324). 1

§ 27 bestimmt für das Verfahren in Familiensachen und in Angelegenheiten der freiwilligen Gerichtsbarkeit, dass die Beteiligten bei der Ermittlung des Sachverhalts mitzuwirken und ihre Erklärungen über tatsächliche Umstände vollständig und der Wahrheit gemäß abzugeben haben. Durch Abs 1 wird die in § 27 allgemein geregelte Mitwirkungspflicht der Beteiligten im Einzelfall konkretisiert. Die Nichteinhaltung der gebotenen Mitwirkung hat – anders als bislang – in Abs 2 und 3 näher genannten Folgen für die nicht hinreichend mitwirkungsbereiten Beteiligten. 2

Das Bedürfnis, die Beteiligten zur Mitwirkung anzuhalten, ist in Haushaltssachen besonders groß, da es sich dabei typischerweise um Verfahren handelt, sie eine Vielzahl von Einzelgegenständen betreffen, wobei jeweils hinsichtlich jedes Einzelgegenstandes wiederum mehrere Punkte, nämlich der Verbleib, die Eigentumslage, die Umstände der Anschaffung und der Wert streitig sein können (BTDrs 16/6308 S 250). 3

Andererseits betrifft das Haushaltsverfahren vermögensrechtliche Angelegenheiten, hinsichtlich derer kein gesteigertes öffentliches Interesse besteht. Das Verfahren hat außerdem gewisse Ähnlichkeiten mit dem Zivilprozess, so dass es sachgerecht ist, nicht allein das Gericht, sondern die Beteiligten für die Beibringung des Tatsachenstoffes verantwortlich sein zu lassen (BTDrs 16/6308 S 250). 4

Die Abs 2 und 3 knüpfen an die mangelnde oder verspätete Mitwirkung der Beteiligten für diese negative Rechtsfolgen, die dem Haushaltsverteilungsverfahren bislang unbekannt waren. 5

B. Substantiierungs- und Mitwirkungspflicht

Während Abs 1 dem Gericht die Befugnis gibt, den Beteiligten als verfahrensleitender Maßnahme aufzugeben, den Antrag näher zu substantiieren, sich über bestimmte Umstände zu erklären oder Belege vorzulegen, beinhaltet Abs 2 eine Verspätungsregelung. 6

Abs 3 schränkt die Pflicht zur Amtsermittlung durch das Gericht im Fall mangelhafter Mitwirkung durch die Beteiligten ein.

7   Nach Abs 1 hat das Gericht die Möglichkeit, den Beteiligten zur Erledigung der aufgegebenen Substantiierungen eine angemessene Frist zu setzen. Wird diese Frist versäumt, greifen die Verspätungsregelungen der Abs 2 und 3.

I. Angabe der begehrten Haushaltsgegenstände

8   Nach Abs 1 Nr 1 kann das Gericht den Beteiligten aufgeben, eine Auflistung derjenigen Haushaltsgegenstände vorzulegen, deren Zuweisung sie begehren. Zwar ist das Gericht auch nach der Gesetzesänderung an die Anträge der Beteiligten nicht gebunden. Diese stellen eine Verfahrensvoraussetzung dar (§ 23) und beinhalten im übrigen Vorschläge der beteiligten Eheleute (BGH FamRZ 1992, 531 zur alten Rechtslage). Sie zeigen daneben jedoch, welche Verteilung der Haushaltssachen die Eheleute selbst als billig empfinden. Die Verpflichtung ermöglicht sodann auch eine Beschränkung des Streitstoffes (BTDrs 16/6308 S 250), wobei allerdings zu bemerken ist, dass eine billige Verteilung des Haushalts erst dann möglich ist, wenn dessen genauer Umfang bekannt ist.

9   Die Auflage richtet sich an diejenigen Beteiligten, die ihrer aus § 203 Abs 2 ohnehin folgenden Verpflichtung nicht nachgekommen sind. Da diese Norm eine Sollvorschrift ist, deren Nichtbeachtung nicht zur Unzulässigkeit des Antrages führt (vgl § 203 Rz 7), ist Abs 1 Nr 1 die Ergänzung, deren Nichtbeachtung negative Folgen auslöst.

10 Daneben ist die Möglichkeit der Erteilung von Auflagen auch insoweit von Bedeutung, als mit ihr entsprechende Verpflichtungen auch für die jeweiligen Antragsgegner begründet werden können, die, da sie keinen Antrag stellen, von der Regelung des § 203 Abs 2 nicht erfasst sind.

II. Aufstellung über den gesamten Haushalts

11 Nach Abs 1 Nr 2 kann das Gericht daneben anordnen, dass die Beteiligten eine Aufstellung sämtlicher Haushaltsgegenstände unter deren genauer Bezeichnung vorlegen oder eine bereits vorgelegte Aufstellung ergänzen. Nur dann, wenn der genaue Umfang des gesamten Haushalts bekannt ist, kann sachgerecht eine Verteilung durchgeführt werden. Abs 1 Nr 2 gibt dem Gericht somit die Möglichkeit, sich die tatsächliche Grundlage für eine interessengerechte Abwägung zu schaffen. Die Aufstellung über den gesamten Haushalt beinhaltet auch diejenigen Gegenstände, die einer der Ehegatten bereits vorab erhalten hat, da diese in die Abwägung mit einfließen.

12 Die genaue Bezeichnung der Haushaltsgegenstände ist erforderlich, um deren Wert abschätzen zu können. Durch sie kann aber auch erst erreicht werden, dass der zu schaffende Titel so präzise gefasst wird, dass er vollstreckbar wird.

III. Erklärung über besondere Umstände

13 Abs 1 Nr 3 ermöglicht es dem Gericht, den Beteiligten eine Ergänzung ihres Vortrages aufzuerlegen. Die besonderen Umstände können etwa die Modalitäten der Anschaffung oder die Art und Weise der Nutzung des Haushaltsgegenstandes sein. Gefordert werden kann nach dieser Vorschrift aber auch die Ergänzung eigenen Vortrages oder die Auflage, zu dem Vortrag des anderen Beteiligten Stellung zu nehmen.

IV. Belegpflicht

14 Abs 1 Nr 4 begründet die Verpflichtung, auf Verlangen Belege vorzulegen. In Betracht kommen hier zum Beispiel Unterlagen über den Kauf von Haushaltsgegenständen, die über den Zeitpunkt der Anschaffung, die Person des Käufers und den Anschaffungspreis Auskunft geben können (BTDrs 16/6308 S 250).

C. Verspätungsregelung (Abs 2)

Abs 2 stellt eine Präklusionsregelung für den Fall dar, dass ein Beteiligter die ihm gesetzte Frist nach Abs 1 versäumt. Eine derartige Regelung war dem auf dem Amtsermittlungsgrundsatz aufbauenden FGG oder der HausratsVO bislang fremd. Die Regelung ist der des § 296 Abs 1 ZPO angeglichen. Sie ist notwendig, um die Mitwirkung der Beteiligten sicherzustellen. Eine Fristsetzung ohne entsprechende Sanktionsmöglichkeit für den Fall der Fristversäumung wäre sinnlos. 15

Die Präklusionsregelung erfasst nur »Umstände«. Dies sind Sachvortrag und Beweisangebote für bestimmte Tatsachenbehauptungen, nicht dagegen das Verfahrensziel als solches. Den Beteiligten bleibt es also unbenommen, die Angaben zu den Haushaltsgegenständen, die sie zugeteilt erhalten möchten (Abs 1 Nr 1) zu ändern (BTDrs 16/6308 S 250). 16

D. Einschränkung des Amtsermittlungsprinzips (Abs 3)

Für das Verfahren in Ehewohnungs- und Haushaltssachen gilt auch nach dem FamFG der Grundsatz der Amtsermittlung. Danach hat das Familiengericht die objektive Wahrheit von Amts wegen zu ergründen. Schon nach der HausratsVO war diese Verpflichtung jedoch dahingehend eingeschränkt, dass sie nur solange bestand, wie der Vortrag der Beteiligten oder der Sachverhalt als solcher sowie die aufzuklärenden Tatbestandmerkmale bei sorgfältiger Überlegung dazu Anlass gaben (Staudinger/Weinreich [2004] § 13 HausratsVO Rn 8). 17

Durch Abs 3, der eine Ergänzung der Präklusionsregelung des Abs 2 beinhaltet, wird dieser Grundsatz erheblich eingeschränkt. Kommt nämlich ein Beteiligter ihm nach Abs 1 erteilten Auflagen nicht nach oder ist er mit seinem Vortrag nach Abs 2 präkludiert, besteht keine weitere Verpflichtung des Gerichts mehr, diese Umstände von Amts wegen aufzuklären. 18

Ohne diese Regelung wäre eine Nichtbeachtung erteilter Auflagen oder verspäteter Vortrag folgenlos geblieben. Denn in jenem Fall hätte das Gericht die nicht vorgetragenen Umstände ohnehin von Amts wegen klären müssen. Aus diesem Grunde verhilft erst Abs 3 den durch Abs 1 und 2 erheblich erweiterten Mitwirkungspflichten zur Wirksamkeit. 19

Nach Sinn und Zweck der Regelung erfasst die Präklusionswirkung nur solche Umstände, die für denjenigen Beteiligten, gegen den sich die Auflage nach Abs 1 richtet, günstig sind. Betrifft sie hingegen für ihn nachteilige Umstände, ist die Pflicht des Gerichts zur Amtsermittlung nicht eingeschränkt (BTDrs 16/6308 S 250). 20

§ 207 Erörterungstermin

Das Gericht soll die Angelegenheit mit den Ehegatten in einem Termin erörtern. Es soll das persönliche Erscheinen der Ehegatten anordnen.

A. Allgemeines

1 Die Norm entspricht im Wesentlichen dem § 13 Abs 2 HausratsVO. Sie stellt klar, dass die mündliche Verhandlung den Regelfall darstellt und nur ausnahmsweise von ihr abgesehen werden kann. Anders als § 13 Abs 2 HausratsVO bestimmt sie allerdings nicht, dass das Gericht darauf hinwirken soll, dass die Beteiligten sich gütlich einigen. Dessen bedarf es aber auch nicht, da die entsprechende Verpflichtung des Gerichts sich bereits aus § 36 Abs 1 S 2 ergibt.

B. Erörterung in einem Termin

2 Die Norm sieht die mündliche Verhandlung und Erörterung mit den Beteiligten als Regelfall vor. Deshalb kann nur ausnahmsweise nach pflichtgemäßem Ermessen von ihr abgesehen werden. Die Norm gilt auch für das Beschwerdeverfahren (OLG Braunschweig FamRZ 1980, 568).

3 Die mündliche Verhandlung ist nicht öffentlich (§ 170 GVG), die Beweisaufnahme parteiöffentlich.

C. Anordnung des persönlichen Erscheinens

4 Nach S 2 soll das persönliche Erscheinen der Ehegatten angeordnet werden. Diese Formulierung lässt zum einen erkennen, dass die Anordnung des persönlichen Erscheinens der Regelfall ist. Darüber hinaus bezieht sie sich nur auf die Ehegatten, nicht auf sonstige Beteiligte (§ 204). Wegen weiterer Einzelheiten wird auf § 33 verwiesen.

§ 208 Tod eines Ehegatten

Stirbt einer der Ehegatten vor Abschluss des Verfahrens, gilt dies als in der Hauptsache erledigt.

Mit dem Tod eines der Ehegatten vor dem Abschluss des Verfahrens gilt dieses als in der Hauptsache erledigt. Denn dem laufenden Verfahren ist die Grundlage für eine Entscheidung entzogen. Wie schon für das Verfahren nach der HausratsVO anerkannt, ist eine Fortsetzung des Verfahrens nur wegen der Kosten zulässig, während das Gericht Wohnung oder Hausrat nicht etwa einem Dritten, zum Beispiel den Kindern des Verstorbenen, zuweisen kann (OLG München MDR 1951, 623 zur HausratsVO). 1

Eine entsprechende Vorschrift war in der HausratsVO bislang nicht enthalten. Diese Norm lehnt sich an die des § 131 an und trägt dem Umstand Rechnung, dass die Rechte der Ehegatten aus den Vorschriften über die Zuweisung der Wohnung und von Hausrat höchstpersönlich und nicht vererblich sind. 2

Die Grundsätze der Kostenentscheidung richten sich gemäß § 83 Abs 2 nach § 81. 3

§ 209 Durchführung der Entscheidung, Wirksamkeit

(1) Das Gericht soll mit der Endentscheidung die Anordnungen treffen, die zu ihrer Durchführung erforderlich sind.

(2) Die Endentscheidung in Ehewohnungs- und Haushaltssachen wird mit der Rechtskraft wirksam. Das Gericht soll in Ehewohnungssachen nach § 200 Abs. 1 Nr. 1 die sofortige Wirksamkeit anordnen.

(3) Mit der Anordnung der sofortigen Wirksamkeit kann das Gericht auch die Zulässigkeit der Vollstreckung vor der Zustellung an den Antragsgegner anordnen. In diesem Fall tritt die Wirksamkeit in dem Zeitpunkt ein, in dem die Entscheidung der Geschäftsstelle des Gerichts zur Bekanntmachung übergeben wird. Dieser Zeitpunkt ist auf der Entscheidung zu vermerken.

A. Allgemeines

1   Die Norm entspricht im Wesentlichen den bisherigen §§ 15 und 16 HausratsVO. Sie schafft in Abs 1 die Möglichkeit, Maßnahmen zu treffen, die die Vollstreckung der Entscheidung erleichtern und sichern sollen. Auch nach § 209 gibt es keine vorläufige Vollstreckbarkeit von Entscheidungen. Doch kann nach Abs 2 S 2 in bestimmten Fällen nunmehr die sofortige Wirksamkeit der Entscheidung angeordnet werden. Damit ist eine Gleichbehandlung mit den in § 2 GewSchG geregelten Fällen hergestellt, die wegen der Vergleichbarkeit der Sachverhalte geboten war.

2   Abs 3 gibt die Möglichkeit, zum Schutz des begünstigten Ehegatten weitergehend die Zulässigkeit der Vollstreckung aus der Entscheidung in der Ehewohnungssache noch vor der Zustellung an den Antragsgegner anzuordnen. Insoweit wird eine Parallele zu der schon nach § 64b Abs 2 S 2 und Abs 3 S 3 FGG gegebenen Möglichkeit in Gewaltschutzverfahren geschaffen. Verheiratete Opfer von Gewalt sind jetzt somit nicht mehr darauf angewiesen, die Wohnungszuweisung nach dem GewSchG zu betreiben. Sie können vielmehr auch nach § 1361b BGB oder § 1568a BGB vorgehen.

3   Während § 64b Abs 4 FGG wegen der Vollstreckungsmöglichkeiten noch auf die Vorschriften der ZPO, insbesondere die §§ 885, 891 und 892a ZPO verwiesen hat, fehlt eine solche Verweisung jetzt. Dieser Verweisung bedarf es allerdings auch nicht mehr, da § 96 eigenständige Regeln zur Vollstreckung aufstellt.

B. Anordnungen, die zur Durchführung der Entscheidung erforderlich sind (Abs 1)

4   Die nach Abs 1 möglichen Maßnahmen sind solche, die die Vollstreckung der Entscheidungen erleichtern und sichern sollen. Sie können von Amts wegen angeordnet werden, doch ist ein entsprechender Antrag der Beteiligten als Hinweis auf das Erfordernis begleitender Anordnungen sinnvoll.

5   Werden die Haushaltsgegenstände verteilt, kann im Rahmen von Abs 1 dem zur Leistung einer Ausgleichszahlung verpflichteten Ehegatten nachgelassen werden, diese in Raten oder Zug um Zug gegen im Einzelnen zu bestimmende Gegenleistungen zu erbringen. Weiter kann einem Ehegatten aufgegeben werden, eigenmächtig aus dem Haushalt entfernte Gegenstände zurückzugeben (OLG Düsseldorf FamRZ 1979, 154).

6   Im Fall der Zuweisung der Ehewohnung können Räumungsanordnungen getroffen oder Räumungsfristen eingeräumt werden, was deshalb von besonderer Bedeutung ist, weil die §§ 721 oder 765a ZPO hier nicht anwendbar sind (OLG Hamburg FamRZ 1983, 1151; OLG Stuttgart FamRZ 1980, 467). Bei der Bemessung der Räumungsfrist ist auf die Verhältnisse am Wohnungsmarkt und den für den Umzug erforderlichen Aufwand abzustellen (OLG München FamRZ 1995, 1205, 1206). Dabei sollte beachtet werden, dass

die Räumungsfrist erst mit dem Wirksamwerden der Entscheidung zu laufen beginnt (vgl Abs 2).

Zu den weiteren möglichen Anordnungen zählen auch Verbote und Gebote, die zu einer sachgerechten Nutzung erforderlich sind (OLG Dresden FamRZ 1997, 183; OLG Karlsruhe FamRZ 1994, 1185; KG FamRZ 1991, 467), wie etwa die Anordnung eines Betretungsverbotes zu Lasten des Lebensgefährten des räumungspflichtigen Ehegatten oder die Auflage, die Umzugs- und Transportkosten zu tragen. Ist der räumende Ehegatte Alleinmieter oder Alleineigentümer, kommt auch die Anordnung eines Verfügungsverbotes in Betracht (*Coester* FamRZ 1993, 249, 253). 7

C. Wirksamkeit der Endentscheidung (Abs 2 S 1)

Abs 2 S 1 entspricht dem bisherigen § 16 Abs 1 S 1 HausratsVO. Die Regelungen des § 16 Abs 1 S 2 sowie Abs 2 HausratsVO sind dagegen nicht übernommen worden, weil dazu auch keine Notwendigkeit mehr bestand. Die Bindung von Gerichten und Verwaltungsbehörden an die Entscheidungen des Gerichts sind selbstverständlich; notwendige Genehmigungen der Begründung von Mietverhältnissen durch andere sind, da es eine Wohnraumbewirtschaftung nicht mehr gibt, nicht vorgesehen. 8

Entscheidungen in Haushalts- oder Ehewohnungssachen werden mit der Rechtskraft der Entscheidung wirksam. Eine vorläufige Vollstreckbarkeit gibt es nicht. Der Eintritt der formellen Rechtskraft bestimmt sich nach § 45. Daneben erwachsen Haushalts- und Ehewohnungssachen aber auch in materielle Rechtskraft (BGHZ 6, 258), wobei deren Bedeutung angesichts der Abänderungsmöglichkeit nach § 48 Abs 1 nur gering ist. 9

D. Anordnung der sofortigen Wirksamkeit

Entscheidungen in Haushalts- und Ehewohnungssachen sind nicht vorläufig vollstreckbar. Für Ehewohnungssachen im Sinne des § 200 Abs 1 Nr 1 eröffnet Abs 2 S 2 als Sollvorschrift dem Gericht aber die Möglichkeit, die sofortige Wirksamkeit der Entscheidung anzuordnen. Diese Möglichkeit bestand nach der bisherigen Rechtslage nicht, da § 16 HausratsVO eine Vollstreckung nur aus rechtskräftigen Entscheidungen vorsah und diese Norm als speziellere den § 26 S 2 FGG verdrängte. 10

Aus der Verweisung auf § 200 Abs 1 Nr 1 folgt, dass die sofortige Wirksamkeit der Entscheidung nur in Fällen der vorläufigen Wohnungszuweisung nach § 1361b BGB erfolgen soll. Da über § 270 Abs 2 in Lebenspartnerschaftssachen die in Familiensachen nach § 111 Nr 5 geltenden Vorschriften Anwendung finden, gilt dasselbe auch für die Zuweisung der Wohnung nach § 14 LPartG. In diesen Fällen kann jedoch nur in begründeten Ausnahmefällen von der Anordnung der sofortigen Wirksamkeit abgesehen werden. 11

E. Zulässigkeit der Vollstreckung vor der Zustellung an den Antragsgegner

Abs 3 gibt über die Anordnung der sofortigen Wirksamkeit hinaus noch die Möglichkeit, die Vollstreckung noch vor der Zustellung an den Antragsgegner anzuordnen. Diese Regelung entspricht der nach §§ 64b Abs 2 S 2 und Abs 3 S 3 FGG. Durch sie wird eine Gleichstellung mit den Verfahren nach dem GewSchG hergestellt. 12

Die Anordnung steht im Ermessen des Gerichts. Von ihr wird Gebrauch gemacht werden, wenn mit der vorherigen Bekanntgabe an den Antragsgegner Gefahren für den antragstellenden Ehegatten verbunden sind, was insbesondere bei der Zuweisung wegen Gewalttätigkeiten der Fall sein kann. In Fällen ohne Gewalthintergrund wird regelmäßig kein Anlass für eine derart einschneidende Maßnahme gegeben sein. 13

Die Anordnung kann auch ohne vorherige Antragstellung von Amts wegen erfolgen. Allerdings wird eine entsprechende Anregung durch die Beteiligten sinnvoll sein. 14

§ 209 FamFG | Durchführung der Entscheidung, Wirksamkeit

15 Im Fall der Anordnung nach Abs 3 wird die Wirksamkeit auf den Zeitpunkt der Übergabe der Entscheidung an die Geschäftsstelle zur Bekanntmachung ein. Mit diesem in der Akte zu vermerkenden Zeitpunkt wird die Entscheidung in Abweichung von den allgemeinen Regeln wirksam.

Abschnitt 7
Verfahren in Gewaltschutzsachen

Einleitung

Der 7. Abschnitt im Verfahren der Familiensachen befasst sich mit dem Verfahren in Gewaltschutzsachen. Diese sind in den §§ 210–216a geregelt. Künftig wird das **Familiengericht für alle Verfahren nach dem GewSchG zuständig** sein (Großes Familiengericht). Dies war bislang nur der Fall, wenn die Beteiligten einen auf Dauer angelegten gemeinsamen Haushalt führen oder innerhalb von sechs Monaten vor Antragstellung geführt haben nach §§ 23a Nr 7, 23b Abs 1 S 2 Nr 8a GVG, §§ 620 Nr 9, 621 Abs 1 Nr 13 ZPO. Die sachliche Zuständigkeit des AG als Familiengericht ergibt sich nunmehr aus §§ 23a, 23b Abs 1 GVG iVm §§ 111 Nr 6, 210. Die damit einhergehenden Zuständigkeitsstreitigkeiten sind dann obsolet, was somit auch in einer geringen Anzahl von Fällen zu einer Verfahrensbeschleunigung beiträgt und im Übrigen mehr Rechtssicherheit schafft, da Gewissheit besteht, welches Gericht zuständig ist. Als Kehrseite der Medaille kann es dazu kommen, dass das Familiengericht sich mit Angelegenheiten beschäftigen muss, die kein familienrechtliches Verhältnis aufweisen, wenn also zB eine Person ohne ein solches Näheverhältnis gegenüber einer anderen eine Gewalttat begeht. Zu begrüßen ist die Vereinheitlichung des Verfahrens, welches sich nunmehr nach dem FamFG richtet und nicht nach der ZPO – mit Ausnahme der Vollstreckung (vgl § 96) –. Das flexiblere Verfahren der freiwilligen Gerichtsbarkeit erleichtert die Anforderungen an die Einleitung des Verfahrens, sodass ein Antrag nicht den Voraussetzungen des § 253 ZPO genügen muss. Ferner kommt dem Antragsteller der nach § 26 bestehende Amtsermittlungsgrundsatz zugute und die grds Geltung des Freibeweises führt ggf zu einer Beschleunigung des Verfahrens. Die Verhandlung ist nach § 170 S 1 GVG nichtöffentlich.

§ 210 Gewaltschutzsachen

Gewaltschutzsachen sind Verfahren nach den §§ 1 und 2 des Gewaltschutzgesetzes.

A. Allgemeines

1 Gem § 210 sind Gewaltschutzsachen Verfahren nach den §§ 1, 2 GewSchG (vgl dazu: *Barth* S 59 f; *Schulte-Bunert* RpflStud 2003, 129 f; FA-FamR/*Weinreich* 8. Kap Rn 314 f). Das Gesetz zur Verbesserung des zivilgerichtlichen Schutzes bei Gewalttaten und Nachstellungen sowie zur Erleichterung der Überlassung der Ehewohnung bei Trennung ist am 1.1.2002 in Kraft getreten. In Art 1 ist das Gesetz zum zivilrechtlichen Schutz vor Gewalttaten und Nachstellungen (GewSchG) geregelt, welches wiederum aus vier Paragraphen besteht. In § 1 GewSchG sind gerichtliche Schutzmaßnahmen geregelt, in § 2 GewSchG die Überlassung einer gemeinsam genutzten Wohnung, in § 3 GewSchG der persönliche Anwendungsbereich sowie die Konkurrenzen zu anderen Vorschriften und § 4 GewSchG enthält eine Strafandrohung bei Verstoß gegen eine Schutzanordnung nach § 1 GewSchG. Zu beachten ist dabei, dass eine Zuwiderhandlung gegen einen Vergleich nicht nach § 4 GewSchG strafbar ist (OLG München ZFE 2008, 234). Auf den Abschluss eines Vergleiches soll das Gericht in Gewaltschutzsachen auch nicht hinwirken nach § 36 Abs 1 S 2. Dennoch ist der Abschluss eines Vergleichs möglich (vgl *Schulte-Bunert* Rn 181). Mittlerweile gibt es allerdings mit § 238 StGB einen eigenen Straftatbestand der Nachstellung, wobei es sich um ein Antragsdelikt handelt (vgl dazu: *Mitsch* NJW 2007, 1237 f).

B. § 1 GewSchG

2 Bei den **gerichtlichen Schutzmaßnahmen** nach § 1 GewSchG handelt es sich um eine verfahrensrechtliche Regelung zur Durchsetzung von materiell-rechtlichen Unterlassungsansprüchen gem §§ 823, 1004 BGB analog (BTDrs 14/5429 S 12, 17, 27, 28, 41). Einzelne mögliche gerichtliche Maßnahmen bei erfolgter oder angedrohter Gewaltanwendung und Nachstellungen (»stalking«; vgl dazu: *v Pechstaedt* NJW 2007, 1233 f) sind beispielhaft in § 1 Abs 1 S 3 GewSchG aufgeführt, wobei stets der Verhältnismäßigkeitsgrundsatz zu wahren ist und insofern eine Befristung zu erfolgen hat. Es sind dies:
1. Wohnungsbetretungsverbot (§ 1 Abs 1 S 3 Nr 1 GewSchG),
2. Näherungsverbot hinsichtlich Wohnung (»Bannmeile«; § 1 Abs 1 S 3 Nr 2 GewSchG),
3. Verbot, Orte aufzusuchen, an denen sich die verletzte Person regelmäßig aufhält (zB Arbeitsplatz; Schule der Kinder; § 1 Abs 1 S 3 Nr 3 GewSchG),
4. Kontaktverbot (auch per Telefon, E-Mail etc; § 1 Abs 1 S 3 Nr 4 GewSchG),
5. Verbot, Zusammentreffen mit der verletzten Person herbeizuführen (§ 1 Abs 1 S 3 Nr 5 GewSchG).

C. § 2 GewSchG

3 § 2 GewSchG stellt eine Anspruchsgrundlage für die **Überlassung einer gemeinsam genutzten Wohnung** dar. Zu beachten ist der grds Vorrang eines Wohnungszuweisungsverfahrens nach § 1361b BGB, wenn es sich um Ehegatten handelt, die getrennt leben oder sofern Trennungsabsicht besteht, gegenüber einem Wohnungsüberlassungsverfahren nach § 2 GewSchG (BTDrs 14/5429 S 21). § 2 Abs 1 GewSchG setzt voraus, dass die verletzte Person zum Zeitpunkt der Tat mit dem Täter einen **auf Dauer angelegten gemeinsamen Haushalt** geführt hat. Hierunter ist eine Lebensgemeinschaft zu verstehen, die auf Dauer angelegt ist, keine weiteren Bindungen gleicher Art zulässt und sich durch innere Bindungen auszeichnet, die ein gegenseitiges Füreinandereinstehen begründen und über eine reine Wohn- und Wirtschaftsgemeinschaft hinausgehen (wie bei § 563 Abs 2 S 4 BGB; BTDrs 14/5429 S 30; vgl zur Zuweisung der Ehewohnung nach beiden Vorschriften: *Weinreich* FuR 2007, 145 f). Damit entspricht der Begriff den Kriterien zur »eheähnlichen Gemeinschaft«, ohne dass es allerdings auf das Vorliegen geschlechtlicher Beziehungen zwischen den Partnern ankommt. Sowohl die hetero- oder homosexuelle Partnerschaft wie auch das dauerhafte Zusammenleben alter Menschen als Alternative zum Alters- oder Pflegeheim, die ihr gegenseitiges Füreinandereinstehen zB durch gegenseitige Vollmachten dokumentieren, können daher grds diese Kriterien erfüllen (BRDrs 439/00 S 92 f). Einen auf Dauer angelegten gemeinsamen Haushalt führen idR Eheleute, Lebenspartner, Personen in eheähnlichen und lebenspartnerschaftsähnlichen Beziehungen, nicht jedoch minderjährige Kinder mit ihren Eltern, da es sich hierbei um eine »bloßes Mitwohnen« handelt (*Schulte-Bunert* RpflStud 2003, 129, 131 mit weiteren Beispielen). Das Führen eines Haushalts setzt demgegenüber die Übernahme von Verantwortung für die Erledigung der anfallenden finanziellen, rechtlichen und tatsächlichen Angelegenheiten voraus (*Schumacher* FamRZ 2002 645, 650, 651).

§ 211 Örtliche Zuständigkeit

Ausschließlich zuständig ist nach Wahl des Antragstellers
1. das Gericht, in dessen Bezirk die Tat begangen wurde,
2. das Gericht, in dessen Bezirk sich die gemeinsame Wohnung des Antragstellers und des Antragsgegners befindet oder
3. das Gericht, in dessen Bezirk der Antragsgegner seinen gewöhnlichen Aufenthalt hat.

A. Internationale Zuständigkeit

1 Die internationale Zuständigkeit in Gewaltschutzsachen richtet sich mangels spezialgesetzlicher Regelungen nach § 105 und somit nach der Theorie der Doppelfunktionalität. Demnach sind deutsche Gerichte zuständig, wenn ein deutsches Gericht örtlich zuständig ist (s.a. *Schulte-Bunert* Rn 397, 401).

B. Sachliche Zuständigkeit

2 Sachlich zuständig ist nunmehr für alle Gewaltschutzsachen das AG als Familiengericht nach §§ 23a, 23b Abs 1 GVG iVm §§ 111 Nr 6, 210 (s.a. Einl v § 210).

C. Örtliche Zuständigkeit

3 Die örtliche Zuständigkeit nach § 211 ist **ausschließlich**. Die Vorschrift greift die bisherige Regelung in § 64b Abs 1 FGG auf und gestaltet diese übersichtlicher. Unter den aufgeführten Gerichtsständen hat der Antragsteller die **Wahl** (wie bisher nach § 64b Abs 1 FGG, § 35 ZPO). Die getroffene Wahl ist endgültig (BLAH/*Hartmann* FamFG § 211 Rn 1). Örtlich zuständig ist:
1. das Gericht, in dessen Bezirk die Tat begangen wurde,
2. das Gericht, in dessen Bezirk sich die gemeinsame Wohnung des Antragstellers und des Antragsgegners befindet oder
3. das Gericht, in dessen Bezirk der Antragsgegner seinen gewöhnlichen Aufenthalt hat.

4 Bisher wurde in § 64b Abs 1 FGG iVm § 32 ZPO auf den Ort abgestellt, an dem die Handlung begangen wurde. Nunmehr wird in § 211 **Nr 1** auf den Ort abgestellt, an dem die Tat begangen wurde. Inhaltliche Unterschiede ergeben sich nicht. Tatort iSv Nr 1 ist sowohl der Handlungs- als auch Erfolgsort (BTDrs 16/6308 S 251; vgl zum bisherigen Recht: BLAH/*Hartmann* § 32 Rn 17 f mwN). Dies kann zB beim sog Telefonterror von Bedeutung sein. Ruft der Täter aus München das Opfer in Köln an, kann dieses einen Gewaltschutzantrag in Köln stellen.

5 Wie sich aus dem Wortlaut ergibt, muss es sich im Falle von **Nr 2** um eine gemeinsame Wohnung handeln. Die Eigentumsverhältnisse bzw die mietvertraglichen Regelungen sind insofern nicht ausschlaggebend, sondern der Wille der Beteiligten, die Wohnung gemeinsam zu nutzen. Diese Voraussetzung ist nicht erfüllt, wenn es sich zB um zwei separate Miet- oder Eigentumswohnungen innerhalb desselben Gebäudes handelt, wohl aber, sofern Antragsteller und Antragsgegner innerhalb der gemeinsamen Wohnung getrennt leben, jedoch einige Einrichtungen wie zB Bad und Küche noch gemeinsam genutzt werden, wenn auch zu unterschiedlichen Zeiten. Falls jedoch zB ein Haus zusätzlich über eine Einliegerwohnung verfügt und somit über einen in sich abgeschlossenen Wohnbereich und ein Beteiligter im Haus und der andere davon getrennt in der Einliegerwohnung lebt, handelt es sich nicht um eine gemeinsame Wohnung.

6 Schließlich wird in **Nr 3** an den gewöhnlichen Aufenthalt (Daseinsmittelpunkt) des Antragsgegners angeknüpft. Bislang wurde über § 64b Abs 1 FGG auf die Vorschriften der §§ 12–16 ZPO verwiesen. Dies führte idR zum allgemeinen Gerichtsstand des Wohnsitzes nach §§ 12, 13 ZPO iVm § 7 Abs 1 BGB, wobei die Begründung des Wohnsitzes ei-

nen entsprechenden Willen voraussetzt (BGH NJW 1952, 1251, 1252; BVerwG FamRZ 1963, 441).

D. Funktionelle Zuständigkeit

Funktionell zuständig für die Entscheidungen in der Hauptsache oder im einstweiligen Anordnungsverfahren ist der Richter. Im RPflG findet sich weder eine Voll-, Vorbehalts- noch Einzelübertragung auf den Rechtspfleger.

§ 212 Beteiligte

In Verfahren nach § 2 des Gewaltschutzgesetzes ist das Jugendamt auf seinen Antrag zu beteiligen, wenn ein Kind in dem Haushalt lebt.

1 Gem § 212 ist das Jugendamt in Verfahren nach § 2 GewSchG auf seinen Antrag zu beteiligen, wenn ein Kind in dem Haushalt lebt. Dann handelt es sich um einen Muss-Beteiligten nach § 7 Abs 2 Nr 2. Gemeint sein dürften nur die minderjährigen Kinder (vgl auch § 7 Abs 2 SGB VIII). Nicht vorausgesetzt wird, dass das Kind einen auf Dauer angelegten gemeinsamen Haushalt mit Antragsteller und Antragsgegner führt, was auch nicht der Fall ist (vgl § 210 Rz 3). Dies ist nach § 2 Abs 1 GewSchG nur Voraussetzung für die Ansprüche dieser untereinander. Voraussetzung für die antragsweise Beteiligung des Jugendamts ist lediglich, dass das Kind in dem Haushalt lebt. Insofern ist ein »bloßes Mitwohnen« ausreichend.

§ 213 Anhörung des Jugendamts

(1) In Verfahren nach § 2 des Gewaltschutzgesetzes soll das Gericht das Jugendamt anhören, wenn Kinder in dem Haushalt leben. Unterbleibt die Anhörung allein wegen Gefahr im Verzug, ist sie unverzüglich nachzuholen.

(2) Das Gericht hat in den Fällen des Absatzes 1 Satz 1 dem Jugendamt die Entscheidung mitzuteilen. Gegen den Beschluss steht dem Jugendamt die Beschwerde zu.

A. Anhörung

Die Vorschrift ist wie § 205 aufgebaut. Nach § 213 Abs 1 S 1 soll das Gericht in Verfahren nach § 2 GewSchG das Jugendamt anzuhören, wenn Kinder in dem Haushalt leben. Dies war bislang nach § 49a Abs 2 FGG nur im Falle der ablehnenden Entscheidung vorgesehen. Die Soll-Bestimmung ermöglicht jedoch in begründeten Ausnahmefällen ein Absehen von der Anhörung, was allerdings nur selten der Fall sein dürfte. § 213 Abs 1 S 2 entspricht den bisherigen §§ 49a Abs 3, 49 Abs 4 S 2 FGG. Danach ist eine Anhörung, die allein wegen Gefahr im Verzug unterblieben ist, unverzüglich nachzuholen. **1**

B. Mitteilung

Nach § 213 Abs 2 S 1 (bisher § 49 Abs 3 FGG) ist dem Jugendamt die Entscheidung des Gerichts mitzuteilen. Dies gilt sowohl für die ablehnende als auch stattgebende Entscheidung. Die Mitteilung ist auch erforderlich, wenn das Jugendamt keinen Antrag auf Beteiligung nach § 212 gestellt hat. **2**

C. Rechtsbehelfe

In § 213 Abs 2 S 2 ist das Beschwerderecht des Jugendamts normiert, §§ 58, 59 Abs 3. Dieses steht dem Jugendamt auch dann zu, wenn es nicht am Verfahren beteiligt war. Die Beschwerdefrist beträgt in Hauptsacheverfahren einen Monat nach § 63 Abs 1 und im einstweiligen Anordnungsverfahren zwei Wochen gem § 63 Abs 2 Nr 1. Dabei beginnt die Frist nach § 63 Abs 3 S 1 mit der schriftlichen Bekanntgabe gegenüber dem Jugendamt. **3**

§ 214 Einstweilige Anordnung

(1) Auf Antrag kann das Gericht durch einstweilige Anordnung eine vorläufige Regelung nach § 1 oder § 2 des Gewaltschutzgesetzes treffen. Ein dringendes Bedürfnis für ein sofortiges Tätigwerden liegt in der Regel vor, wenn eine Tat nach § 1 des Gewaltschutzgesetzes begangen wurde oder aufgrund konkreter Umstände mit einer Begehung zu rechnen ist.

(2) Der Antrag auf Erlass der einstweiligen Anordnung gilt im Fall des Erlasses ohne mündliche Erörterung zugleich als Auftrag zur Zustellung durch den Gerichtsvollzieher unter Vermittlung der Geschäftsstelle und als Auftrag zur Vollstreckung; auf Verlangen des Antragstellers darf die Zustellung nicht vor der Vollstreckung erfolgen.

A. Allgemeines

1 Gem § 214 Abs 1 S 1 kann das Gericht auf Antrag durch einstweilige Anordnung eine vorläufige Regelung nach §§ 1, 2 GewSchG treffen. Im Unterschied zum bisherigen § 64b Abs 3 S 1 FGG ist das Verfahren nunmehr **hauptsacheunabhängig**. Dementsprechend muss weder ein Hauptsacheverfahren anhängig noch ein Antrag auf Verfahrenskostenhilfe für ein entsprechendes Verfahren gestellt sein. Dies entspricht der Systematik der nunmehr in §§ 49 f geregelten einstweiligen Anordnungen. IdR wird ein Hauptsacheverfahren dann zukünftig nicht mehr erfolgen. Das Verfahren der einstweiligen Anordnung ist aber auch dann ein selbständiges Verfahren gem § 51 Abs 3 S 1, wenn zugleich eine Hauptsache anhängig ist. Die §§ 210 f sind vorrangig anzuwenden. Wenn sie jedoch keine verdrängenden Spezialregelungen enthalten, kann auf die Vorschriften des 1. Buchs (Allgemeiner Teil) zurückgegriffen werden. Dies ist insbes im Rahmen der einstweiligen Anordnungen relevant in Bezug auf die §§ 49 f.

B. Voraussetzungen

2 Voraussetzung ist zunächst, dass nach § 214 Abs 1 S 1 ein **Antrag** auf Erlass einer einstweiligen Anordnung gestellt wird. Ein **dringendes Bedürfnis für ein sofortiges Tätigwerden** (wie in § 49 Abs 1) liegt nach § 214 Abs 1 S 2 idR vor, wenn eine Tat nach § 1 GewSchG begangen wurde oder aufgrund konkreter Umstände mit einer Begehung zu rechnen ist. Letzteres ist nur selten der Fall. Ein dringendes Bedürfnis für ein sofortiges Tätigwerden dürfte nicht vorliegen, wenn die Tatbegehung schon einige Wochen zurück liegt. Der Antragsteller muss seinen Antrag **begründen** und die Voraussetzungen für die Anordnung **glaubhaft** machen nach § 51 Abs 1 S 2. Hierfür ist neben den sonstigen Beweismitteln die Abgabe der Versicherung an Eides statt ausreichend nach § 31 Abs 1. § 31 Abs 2 erfordert allerdings präsente Beweismittel, sodass zB Zeugen mitgebracht werden müssen und die bloße Bezugnahme in der Antragsschrift nicht ausreichend für die Glaubhaftmachung ist. Bei erfolgten Gewalttätigkeiten empfiehlt es sich, ärztliche Zeugnisse und polizeiliche Dokumentationen – soweit möglich – beizufügen.

C. Anordnung

3 Nach § 214 Abs 1 S 1 kann das Gericht eine vorläufige Regelung treffen. Ob vor einer Entscheidung eine mündliche Verhandlung durchgeführt wird, liegt im Ermessen des Gerichts, vgl § 51 Abs 2 S 2. Eine Versäumnisentscheidung ist nach § 51 Abs 2 S 3 ausgeschlossen. Die Entscheidung ergeht als Endentscheidung durch Beschluss gem § 38 Abs 1 S 1 und ist zu begründen nach § 38 Abs 3 S 1. Grds ist eine Befristung vorzunehmen nach § 1 Abs 1 S 2 GewSchG.

D. Auftrag zur Zustellung und Vollstreckung

§ 214 Abs 2 übernimmt die Regelung des bisherigen § 64b Abs 3 S 6 FGG. Somit gilt der 4
Antrag auf Erlass der einstweiligen Anordnung – wenn diese ohne mündliche Verhandlung erlassen wird – zugleich als Auftrag zur:
– Zustellung durch den Gerichtsvollzieher unter Vermittlung der Geschäftsstelle und
– Vollstreckung.

Sofern es der Antragsteller verlangt, darf die Zustellung nicht vor der Vollstreckung er- 5
folgen. Dies dient dem Schutz des Antragstellers und ist ihm zu raten. Eine Vollstreckungsklausel ist grds nicht erforderlich, vgl §§ 53 Abs 1, 86 Abs 3. Bisher wurde sie teilweise für notwendig gehalten (vgl OLG Karlsruhe FamRZ 2008, 291; *Looff* FamRZ 2008, 1391 f mwN; aA Jansen/*Wick* § 64b Rn 16, 17).

E. Kosten

Für die Kosten des Verfahrens der einstweiligen Anordnung gelten nach § 51 Abs 4 die 6
allgemeinen Vorschriften. Damit wird auf die §§ 80 f verwiesen. Das bedeutet, dass nach § 81 Abs 1 das Gericht die Kosten (Gerichtskosten und außergerichtliche Kosten) nach **billigem Ermessen** verteilen kann, in Familiensachen jedoch stets eine Kostenentscheidung erforderlich ist. In Gewaltschutzsachen sollten dem Antragsgegner die Kosten des Verfahrens auferlegt werden, wenn dieser durch grobes Verschulden Anlass für das Verfahren gegeben hat, § 81 Abs 2 Nr 1. Ggf kann nach § 81 Abs 1 S 2 auch angeordnet werden, dass von der Erhebung der Kosten abzusehen ist. Das kommt in Betracht, wenn die Belastung der Beteiligten mit den Gerichtskosten aufgrund des Verfahrensverlaufs oder des Verfahrensausgangs unbillig erscheint.

Der **Verfahrenswert** beträgt in Gewaltschutzsachen für das **Hauptsacheverfahren** 7
2000 € für das Verfahren nach § 1 GewSchG und 3000 € für das Verfahren nach § 2 GewSchG, § 49 Abs 1 FamGKG (bisher 3000 € nach §§ 100a Abs 2, 30 Abs 2 S 1 KostO). Im Verfahren der **einstweiligen Anordnung** beträgt der Verfahrenswert in Gewaltschutzsachen 1000 € für das Verfahren nach § 1 GewSchG (bisher 500 €, vgl § 53 Abs 2 S 2 GKG, § 24 RVG) und 1500 € für Verfahren nach § 2 GewSchG (bisher 2000 € nach § 53 Abs 2 S 2 GKG, § 24 S 1, 2 RVG).

Nach § 91 S 2 KostO wurden für einstweilige Anordnungen in isolierten Verfahren 8
bislang keine Gebühren erhoben. Für einstweilige Anordnungen in Gewaltschutzsachen liegt der **Gebührensatz** bei 1,5 (so bisher auch für Arrest und einstweilige Verfügung) und in Hauptsacheverfahren bei 2,0 (in ZPO-Gewaltschutzverfahren betrug die Gebühr in der Hauptsache bisher 3,0 und in FGG-Gewaltschutzverfahren 1,0). Nunmehr betragen die **Gerichtskosten** in einem Gewaltschutzhauptsacheverfahren bei 2,0 Gebühren 146 € für Verfahren nach § 1 GewSchG (Verfahrenswert 2000 €) und 178 € für Verfahren nach § 2 GewSchG (Verfahrenswert 3000 €). Nach bisherigem Recht wurde in FGG-Gewaltschutzverfahren lediglich eine Gebühr von 26 € erhoben (Geschäftswert 3000 €). Im Rahmen eines einstweiligen Anordnungsverfahrens hinsichtlich einer Gewaltschutzsache betragen die Gerichtskosten bei 1,5 Gebühren 82,50 € für Verfahren nach § 1 GewSchG (Verfahrenswert 1000€) und 97,50 € für Verfahren nach § 2 GewSchG (Verfahrenswert 1500 €).

F. Rechtsbehelfe

§ 57 sieht die begrenzte Anfechtbarkeit von Entscheidungen vor, die per einstweiliger 9
Anordnung ergangen sind, und lehnt sich damit teilweise an § 620c ZPO an. So stellt § 57 S 1 den Grundsatz auf, dass solche Entscheidungen in Familiensachen nicht anfechtbar sind. Dies ist auch nicht zu beanstanden, da es den Beteiligten offen steht, zur Überprüfung der Entscheidung ein Hauptsacheverfahren einzuleiten – direkt oder über § 52 –. Hiervon macht § 57 S 2 jedoch Ausnahmen für Angelegenheiten, in denen in be-

sonderem Maße die grundrechtlich geschützten Rechtspositionen der Beteiligten betroffen sind. Dies gilt aber nur, wenn eine Entscheidung aufgrund mündlicher Erörterung ergangen ist. War dies nicht der Fall, muss zunächst die Durchführung einer mündlichen Verhandlung gem § 54 Abs 2 (bislang § 620b Abs 2 ZPO) beantragt werden. § 57 S 2 regelt in übersichtlicher Weise, in welchen Fällen die Beschwerde nach § 58 eröffnet ist, wobei die Frist dann nach § 63 Abs 2 Nr 1 zwei Wochen beträgt. Dies trifft ua zu auf Entscheidungen über einen Antrag nach §§ 1, 2 GewSchG. Dabei beginnt die Frist nach § 63 Abs 3 S 1 mit der schriftlichen Bekanntgabe gegenüber den Beteiligten.

§ 215 Durchführung der Endentscheidung

In Verfahren nach § 2 des Gewaltschutzgesetzes soll das Gericht in der Endentscheidung die zu ihrer Durchführung erforderlichen Anordnungen treffen.

Nach § 215 (bisher § 64b Abs 2 S 4, § 15 HausratsVO) soll das Gericht in der Endentscheidung die zu ihrer Durchführung erforderlichen Anordnungen treffen – wie in § 209 Abs 1 –. Da die Wohnungszuweisung allein noch keinen Räumungstitel darstellt, ist die Anordnung der Räumung und Herausgabe der Wohnung an den Antragsteller unter Fristsetzung geboten (vgl Palandt/*Brudermüller* Anh zu §§ 1361a, 1361b (HausrVO Rn 1).

§ 216 Wirksamkeit; Vollstreckung vor Zustellung

(1) Die Endentscheidung in Gewaltschutzsachen wird mit Rechtskraft wirksam. Das Gericht soll die sofortige Wirksamkeit anordnen.

(2) Mit der Anordnung der sofortigen Wirksamkeit kann das Gericht auch die Zulässigkeit der Vollstreckung vor der Zustellung an den Antragsgegner anordnen. In diesem Fall tritt die Wirksamkeit in dem Zeitpunkt ein, in dem die Entscheidung der Geschäftsstelle des Gerichts zur Bekanntmachung übergeben wird; dieser Zeitpunkt ist auf der Entscheidung zu vermerken.

A. Wirksamwerden

1   Gem § 216 Abs 1 S 1 (bisher § 64b Abs 2 S 1 FGG) wird die Endentscheidung mit **Rechtskraft** wirksam. Eine vorläufige Vollstreckbarkeit (wie bei §§ 708 f ZPO) gibt es nicht. Die formelle Rechtskraft tritt nach § 45 S 1 (wie bei § 705 S 1 ZPO) ein, sobald die Rechtsbehelfsfristen abgelaufen sind. Die Beschwerdefrist beträgt bei Entscheidungen in der Hauptsache einen Monat nach § 63 Abs 1 und zwei Wochen bei einstweiligen Anordnungen nach § 63 Abs 2 Nr 1, wobei die Frist grds mit der schriftlichen Bekanntgabe an die Beteiligten beginnt (s.a. § 214 Rz 9). Ferner wird die Entscheidung rechtskräftig, wenn alle Beteiligten einen Rechtsmittelverzicht erklärt haben. Dies ist auch der Fall, sofern das Beschwerdegericht (OLG) abschließend in der Sache entschieden hat (ohne Zulassung der Rechtsbeschwerde) oder das Rechtsbeschwerdegericht endgültig eine Entscheidung getroffen hat sei es, dass das Beschwerdegericht die Rechtsbeschwerde nach § 70 zugelassen hat oder Sprungrechtsbeschwerde nach § 75 eingelegt wurde.

2   Nach § 216 Abs 1 S 2 (bisher § 64b Abs 2 S 2, 1. Hs FGG) soll das Gericht die **sofortige Wirksamkeit** anordnen. Dies dient dem Schutz des Opfers, welchem es bei erfolgten bzw angedrohten Gewaltanwendungen und Nachstellungen nicht zuzumuten ist, die Rechtskraft der Entscheidung abzuwarten und sich bis dahin ggf weiteren Gewalttaten etc ausgesetzt zu sehen. Von der Anordnung der sofortigen Wirksamkeit kann in Ausnahmefällen abgesehen werden. Dies dürfte der Fall sein, wenn das Gericht der Auffassung ist, dass eine akute Gefährdungslage aufgrund der jetzigen Umstände nicht mehr gegeben ist.

B. Vollstreckung vor Zustellung

I. Hauptsache

3   Grds sieht § 87 Abs 2 vor, dass die Vollstreckung nur beginnen darf, wenn der Beschluss bereits zugestellt ist oder gleichzeitig zugestellt wird. Hiervon macht § 216 Abs 2 S 1 (§ 64b Abs 2 S 2, 2. Hs FGG) eine Ausnahme für den Fall der Anordnung der sofortigen Wirksamkeit. Dann kann das Gericht auch die Zulässigkeit der Vollstreckung vor der Zustellung an den Antragsgegner anordnen. Dies ist wiederum zum Schutz des Antragstellers sinnvoll, da ansonsten die Gefahr besteht, dass der Antragsgegner in dem Zeitraum zwischen Zustellung und Vollstreckung weitere Gewalttaten etc begeht. Dann tritt nach § 216 Abs 2 S 2, 1. Hs (bisher § 64b Abs 2 S 3 FGG) die Wirksamkeit in dem Zeitpunkt ein, in dem die **Entscheidung der Geschäftsstelle des Gerichts zur Bekanntmachung übergeben** wird. Dabei muss die Entscheidung den Anforderungen des § 38 entsprechen und somit insbes Rubrum, Tenor, Begründung und Unterschrift enthalten. Gem § 216 Abs 2 S 2, 2. Hs ist der Zeitpunkt der Übergabe an die Geschäftsstelle auf der Entscheidung zu vermerken. Maßgebend ist also der Eingang auf der Geschäftsstelle (BLAH/*Hartmann* FamFG § 216 Rn 2). Dementsprechend muss die Geschäftsstelle Tag, Stunde und Minute des Eingangs auf der Entscheidung vermerken. Geschieht dies nicht korrekt, steht ggf der Straftatbestand der Falschbeurkundung im Amt nach § 348 Abs 1 StGB im Raum. Eine dem § 64b Abs 4 FGG entsprechende Bestimmung fehlt im § 216.

Der Verweis auf die Vorschriften der ZPO zum Zwecke der Zwangsvollstreckung ergibt sich nunmehr aus § 96.

II. Einstweilige Anordnung

In Gewaltschutzsachen sowie in sonstigen Fällen, in denen hierfür ein besonderes Bedürfnis besteht, kann das Gericht nach § 53 Abs 2 S 1 – wie in § 216 Abs 2 S 1 – anordnen, dass die Vollstreckung der einstweiligen Anordnung vor Zustellung an den Verpflichteten zulässig ist. Dies entspricht der bisherigen Regelung für Gewaltschutzsachen nach § 64b Abs 3 S 3 FGG. Mit den sonstigen Fällen sind zB Entscheidungen auf Kindesherausgabe gemeint oder bei der Freiheitsentziehung nach § 427. Gem § 53 Abs 2 S 2 wird die einstweilige Anordnung dann stets mit ihrem **Erlass** wirksam. Bislang war dies nach § 64b Abs 3 S 4 FGG nur mit Übergabe an die Geschäftsstelle der Fall, wenn die einstweilige Anordnung ohne mündliche Verhandlung erlassen wurde. Erlass ist nach der Legaldefinition des § 38 Abs 3 die Übergabe des Beschlusses an die Geschäftsstelle oder die Bekanntgabe durch Verlesen der Beschlussformel. Für die Übergabe an die Geschäftsstelle soll das Legen der Akte durch den Richter in das Ablagefach zur Weiterleitung an die Geschäftsstelle ausreichend sein (vgl BLAH/*Hartmann* FamFG § 53 Rn 2).

§ 216a Mitteilung von Entscheidungen

Das Gericht teilt Anordnungen nach den §§ 1 und 2 des Gewaltschutzgesetzes sowie deren Änderung oder Aufhebung der zuständigen Polizeibehörde und anderen öffentlichen Stellen, die von der Durchführung der Anordnung betroffen sind, unverzüglich mit, soweit nicht schutzwürdige Interessen eines Beteiligten an dem Ausschluss der Übermittlung, das Schutzbedürfnis anderer Beteiligter oder das öffentliche Interesse an der Übermittlung überwiegen. Die Beteiligten sollen über die Mitteilung unterrichtet werden.

A. Mitteilungspflicht

1 § 216a S 1 statuiert eine bundeseinheitliche (bislang liegen unterschiedliche landesrechtliche Regelungen vor) Mitteilungspflicht hinsichtlich der Anordnungen nach §§ 1, 2 GewSchG sowie deren Änderung oder Aufhebung. Dies gilt nicht im Falle der Abweisung eines Antrags nach §§ 1, 2 GewSchG. Die Mitteilungspflicht besteht gegenüber den (örtlich) zuständigen Polizeibehörden und anderen öffentlichen Stellen, die von der Durchführung der Anordnung betroffen sind. Hierbei kann es sich ggf um Schule, Kindergarten oder eine Jugendhilfeeinrichtung handeln. Damit sollen Informationsdefizite überwunden werden. Eine daneben gegenüber dem Jugendamt bestehende Mitteilungspflicht ergibt sich aus § 213 Abs 2 S 1 (s § 213 Rz 2). Die Mitteilung muss unverzüglich erfolgen, also ohne schuldhaftes Zögern (vgl § 121 Abs 1 S 1 BGB). Sie hat ausnahmsweise zu unterbleiben, wenn schutzwürdige Interessen eines Beteiligten an dem Ausschluss der Übermittlung das Schutzbedürfnis anderer Beteiligter oder das öffentliche Interesse an der Übermittlung überwiegen. Dies dürfte wohl kaum jemals der Fall sein, da zB die Mitteilungspflicht gegenüber der Polizei insbes deshalb besteht, um Verstöße gegen § 1 GewSchG (Straftat nach § 4 GewSchG; Offizialdelikt) oder § 2 GewSchG (Straftat nach § 123 StGB; Antragsdelikt) besser vermeiden bzw sanktionieren zu können.

B. Unterrichtungspflicht

2 Gem § 216a S 2 sollen die Beteiligten grds über die Mitteilung unterrichtet werden. Wenn jedoch zB die Aufenthaltsorte des Antragstellers und/oder betroffener Kinder zu deren Schutz nicht bekannt gemacht werden sollen, kann die Mitteilung an den Antragsgegner unterbleiben. Die Art und Weise der Mitteilung wurde nicht festgeschrieben. Eine entsprechende Regelung ist in die Anordnung über Mitteilungen in Zivilsachen (MiZi) aufgenommen worden. Dabei ist der Mitteilungspflicht gegenüber der Polizei entsprechend dem Vorschlag des Bundesrates durch die Übermittlung einer abgekürzten Ausfertigung der Entscheidung ohne Gründe durch den Urkundsbeamte der Geschäftsstelle genüge getan.

Abschnitt 8
Verfahren in Versorgungsausgleichssachen

§ 217 Versorgungsausgleichssachen

Versorgungsausgleichssachen sind Verfahren, die den Versorgungsausgleich betreffen.

Die Vorschrift soll (wie die übrigen Definitionsnormen zu Beginn eines Abschnitts, § 111 Rz 4) den Regelungsbereich beschreiben. Dies geschieht hier allerdings in Form eines sprachlich unschönen, misslungenen Satzes ohne jede Aussagekraft (vgl auch Baumbach/Lauterbach/*Hartmann* § 217 FamFG Rn 1). Eine inhaltliche Bestimmung ergibt sich aus dem materiellen VA-Recht, insbesondere dem »Programmsatz« in § 1 Abs 1 des aus dem BGB ausgegliederten VersAusglG (vgl RegE des Gesetzes zur Strukturreform des Versorgungsausgleichs, VAStrRefG, BTDrs 16/10144 S 45); § 1587 BGB nF enthält nur noch einen Verweis auf das VersAusglG (mit inhaltlicher Wiederholung der Bezeichnung der auszugleichenden Anrechte gem § 2 Abs 1 VersAusglG). 1

In VA-Sachen gelten – mangels Zuordnung zu Verfahren mit Sonderregelungen (Familienstreitsachen, Ehesachen; § 113 Rz 1 f) – **grds die allgemeinen Vorschriften**, insbesondere des Allgemeinen Teils (Buch 1 §§ 1 bis 110). Sie werden geringfügig, wenn auch in bedeutsamen Einzelheiten, modifiziert im Bereich der Folgesachen (§§ 133 ff), zu denen der VA in den wichtigsten Fällen auch ohne Antrag gehört (§ 137 Abs 2 Satz 2); **Sondernormen** bestehen vor allem für den Anwaltszwang und die Vollmacht (§ 114 Abs 1, 5; dort Rz 1 f, 8, 10, 19; vgl ferner zur Abtrennung von VA-Sachen § 140 Abs 2 iVm § 137 Abs 5; dazu § 114 Rz 8). 2

§ 218 Örtliche Zuständigkeit

Ausschließlich zuständig ist in dieser Rangfolge:
1. während der Anhängigkeit einer Ehesache das Gericht, bei dem die Ehesache im ersten Rechtszug anhängig ist oder war;
2. das Gericht, in dessen Bezirk die Ehegatten ihren gemeinsamen gewöhnlichen Aufenthalt haben oder zuletzt gehabt haben, wenn ein Ehegatte dort weiterhin seinen gewöhnlichen Aufenthalt hat;
3. das Gericht, in dessen Bezirk ein Antragsgegner seinen gewöhnlichen Aufenthalt oder Sitz hat;
4. das Gericht, in dessen Bezirk ein Antragsteller seinen gewöhnlichen Aufenthalt oder Sitz hat;
5. das Amtsgericht Schöneberg in Berlin.

1 Die örtliche Zuständigkeit für Versorgungsausgleichssachen wird als ausschließliche und in verbindlicher Rangfolge geregelt.

2 Nr 1 entspricht inhaltlich § 621 Abs 2 Satz 1 ZPO aF und den neuen Regelungen in § 152 Abs 1, § 201 Nr 1 (insoweit wörtliche Übereinstimmung), § 232 Abs 1 Nr 1, § 262 Abs 1, § 267 Abs 1. Wie dort wird die Zuständigkeitskonzentration beim Gericht der Ehesache bewirkt.

3 Nr 2 entspricht im Wesentlichen § 45 Abs 1 FGG aF (zum Merkmal des »gewöhnlichen Aufenthalts« vgl § 122 Rz 3 f; ferner Amtl Begr S 226 f).

4 Nr 3 stellt (eindeutiger als § 45 Abs 2 Satz 1 FGG aF mit der jeweils klärungsbedürftigen Frage der »Rechtsbeeinträchtigung«; zutr Amtl Begr S 252) auf die formale Stellung als »Antragsgegner« ab. Die weitere (neue, in der Amtl Begr nicht erläuterte) Anknüpfung an den »Sitz« eines Antragsgegners (ähnlich in Nr 4 für den Antragsteller) soll ersichtlich Beteiligte erfassen, die anstelle eines »gewöhnlichen Aufenthalts« (Rz 3) einen »Sitz« haben (Versorgungsträger, Behörden pp; unklar *Schulte-Bunert* Rn 750).

5 Nr 4 entspricht § 45 Abs 2 Satz 2 FGG aF (zum neuen Anknüpfungsmerkmal des »Sitzes« vgl Rz 4).

6 Nr 5 enthält (wie § 45 Abs 4 FGG aF und die jetzigen §§ 122 Nr 5, 170 Abs 3, 187 Abs 4) die Auffangzuständigkeit des AG Schöneberg in Berlin.

§ 219 Beteiligte

Zu beteiligen sind
1. die Ehegatten,
2. die Versorgungsträger, bei denen ein auszugleichendes Anrecht besteht,
3. die Versorgungsträger, bei denen ein Anrecht zum Zwecke des Ausgleichs begründet werden soll, und
4. die Hinterbliebenen und die Erben der Ehegatten

§ 219 ergänzt (neben anderen Vorschriften) § 7 Abs 2 Nr 2 durch ausdrückliche gesetzliche Bezeichnung von »**Muss-Beteiligten**« (Amtl Begr S 178) in den Verfahren gem § 217; weitere können sich aus § 7 Abs 2 Nr 1 (unmittelbare Betroffenheit eines Rechts) ergeben (Amtl Begr S 252). Wegen der weiteren Einzelheiten zum Begriff des »Beteiligten« wird auf die Kommentierung zu § 7 Bezug genommen. **1**

In Nr 1 bis 3 sind die **Hauptbeteiligten** im VA aufgeführt: In Nr 1 die **Ehegatten** im Anschluss an die Generalnormen in § 1587 BGB nF und § 1 Abs 1 VersAusglG (VA »zwischen den geschiedenen Ehegatten«), in Nr 2 und 3 die **Versorgungsträger** unter Anknüpfung an die Grundformen des reformierten Wertausgleichs gem § 9 Abs 2, 3 VersAusglG (zur Beschränkung ihrer Beteiligung auf das betroffene Anrecht vgl *Norpoth* FamRB 2009, 288, 294). Nr 2 korrespondiert mit der internen Teilung (§ 10 VersAusglG), Nr 3 mit der externen Teilung (§ 14 VersAusglG; vgl RegE VAStrRefG S 93). **2**

Nr 4 erfasst die (praktisch weniger bedeutsamen) Fälle der Beteiligung von **Hinterbliebenen** (Witwe/Witwer gem §§ 25, 26 VersAusglG) und **Erben** (§§ 225, 226). **3**

§ 220 Verfahrensrechtliche Auskunftspflicht

(1) Das Gericht kann über Grund und Höhe der Anrechte Auskünfte einholen bei den Personen und Versorgungsträgern, die nach § 219 zu beteiligen sind, sowie bei sonstigen Stellen, die Auskünfte geben können.

(2) Übersendet das Gericht ein Formular, ist dieses bei der Auskunft zu verwenden. Satz 1 gilt nicht für eine automatisiert erstellte Auskunft eines Versorgungsträgers.

(3) Das Gericht kann anordnen, dass die Ehegatten oder ihre Hinterbliebenen oder Erben gegenüber dem Versorgungsträger Mitwirkungshandlungen zu erbringen haben, die für die Feststellung der in den Versorgungsausgleich einzubeziehenden Anrechte erforderlich sind.

(4) Der Versorgungsträger ist verpflichtet, die nach § 5 des Versorgungsausgleichsgesetzes benötigten Werte einschließlich einer übersichtlichen und nachvollziehbaren Berechnung sowie der für die Teilung maßgeblichen Regelungen mitzuteilen. Das Gericht kann den Versorgungsträger von Amts wegen oder auf Antrag eines Beteiligten auffordern, die Einzelheiten der Wertermittlung zu erläutern.

(5) Die in dieser Vorschrift genannten Personen und Stellen sind verpflichtet, gerichtliche Ersuchen und Anordnungen zu befolgen.

A. Allgemeines

1   Die Vorschrift regelt die »verfahrensrechtliche Auskunftspflicht« unter zwei unterschiedlichen Aspekten. Die **Abs 1 bis 3 und 5** fassen die bisher in den §§ 53b Abs 2 Satz 2, 3 FGG und § 11 Abs 2 VAHRG enthaltenen Bestimmungen über die **allgemeine Auskunftspflicht der Beteiligten und sonstigen Stellen** (Rz 4 ff) zusammen und erweitern (konkretisieren) sie durch die Verpflichtungen zur Benutzung von Formularen (Abs 2) und zur Erbringung von Mitwirkungshandlungen (Abs 3).

2   Gänzlich neu gestaltet (wenn auch inhaltlich als Teil der generellen Auskunftspflicht) ist die **spezifische Auskunftspflicht der Versorgungsträger in Abs 4** (Rz 11 ff); sie knüpft an die nach neuem materiellen VA-Recht wesentlich gestärkte Funktion der Versorgungsträger nach § 5 VersAusglG an (Rz 11 ff):

3   Der **Ablauf** eines **VA-Verfahrens** wird **in der künftigen Praxis maßgeblich geprägt** werden **durch** die **konkrete Anwendung des Abs 4** durch die Gerichte und sonstigen Verfahrensbeteiligten (als Antragsberechtigte gem Abs 4 Satz 2). Familienrichter und Anwälte pp können sich die Arbeit »bequem« machen, indem sie die Auskünfte insbesondere der privaten Versorgungsträger (Firmen pp) weitgehend ungefragt übernehmen; dies würde der Vereinfachung des Bewertungs- und Teilungsvorganges (als einem wesentlichen Ziel der VA-Reform; vgl RegE VAStrRefG S 31, 44; § 217 Rz 1) dienen, jedoch auf Kosten der Verfahrenssteuerung der Gerichte mit der möglichen Folge eines faktischen Übergewichts der Versorgungsträger (ausf dazu *Rehme* FuR 2008, 474, 476; kritisch auch *Born* NJW 2008, 2289, 2292; zur weitergehenden Rollenverlagerung in § 5 des Diskussionsentwurfs v 29.8.2007 vgl Rz 12). Umgekehrt kann das Verfahren (je nach der angestrebten **Kontrolldichte**) erheblich komplexer, vor allem zeitaufwändiger als bisher gestaltet werden (zB durch Anträge auf Einholung von Gutachten, Anträge auf Vernehmung von Sachbearbeitern der Firmen pp). Bei einer peniblen Wahrnehmung der Auskunftsrechte werden weitere (bisher ebenfalls nicht relevante) kritische Punkte auftauchen (ausf Rz 14, insbesondere zur Frage der Überprüfbarkeit des Kalkulationsgrundlagen einer Altersversorgung und der Berechnungen des Kostenabzugs gem § 13 VersAusglG). Es wird deshalb (gerade in der Rspr der Obergerichte) darauf ankommen, zwischen einfacher Gestaltung eines Massenverfahrens und angemessener Kontrolle abzuwägen und dafür Maßstäbe zu entwickeln. Schon jetzt dürfte feststehen, dass eine schlichte (nicht hinterfragte) Übernahme der Auskünfte die Pflichten verantwortlich

handelnder Familienrichter und Anwälte nicht erfüllt. Letztere werden zudem bei unvollständiger Sachaufklärung künftig erheblich **größeren Haftungsrisiken** ausgesetzt sein, zumal wegen des (grundsätzlichen) Ausschlusses der Fehlerkorrektur und der (verfassungswidrigen; s § 225 Rz 26 ff) Beschränkung der Abänderung auf die Regelversorgungen des § 32 VersAusglG (was zu der aus Sicht der Anwälte verständlichen, aber einseitigen und inkonsequenten Anregung geführt hat, eine Fehlerkorrektur zur Beschränkung der Anwaltshaftung zuzulassen; *Hauß*, Schriftliche Stellungnahme für die Anhörung im Rechtsausschusses des BT am 3.12.2008, Ziff II 7 S 12 ff).

B. Einzelheiten

I. Absatz 1 bis 3, 5: Allgemeine Auskunfts- und Mitwirkungspflicht der Beteiligten und sonstiger Stellen

1. Absatz 1: Auskunftspflicht

Abs 1 entspricht inhaltlich den bisherigen Auskunftspflichten (Rz 1), so dass auf die vorhandene Rspr und Literatur verwiesen werden kann (zB Johannsen/Henrich/*Hahne* § 11 Rn 2 f; Johannsen/Henrich/*Brudermüller* § 53b FGG Rn 19 ff; Staudinger/*Rehme* § 11 VAHRG Rn 4 ff; FAKomm-FamR/*Rehme* § 11 VAHRG Rn 2 ff). 4

Auskunftspflichtig sind nicht nur die Beteiligten gem § 219, sondern auch »sonstige« zu einer (sinnvollen, verfahrensfördernden) Auskunft fähige »Stellen«; das können zB frühere Arbeitgeber, die Arbeitsverwaltung in Bezug auf Rentenanwartschaften und die Verbindungsstellen der gesetzlichen Rentenversicherung bei der Klärung ausländischer Anrechte sein (Amtl Begr S 93). Die »sonstigen Stellen« werden durch die Auskunftserteilung nicht zu Beteiligten gem § 7 (vgl § 7 Abs 5 und Amtl Begr S 93). 5

Die Auskunftspflicht besteht **ggü dem Gericht**; ein Beteiligter kann und sollte jedoch (in Wahrnehmung seiner Mitwirkungspflichten gem § 27; Anwälte auch wegen des Haftungsrisikos; Rz 3 aE) bei etwaigen Lücken auf ein Auskunftsverlangen seitens des Gerichts hinwirken. 6

Das Gericht kann Auskunft über **Grund und Höhe** der Anrechte verlangen. Dazu gehört (wie bisher; OLGE Frankfurt, Hamburg, Bremen FamRZ 2000, 540, 541; 2004, 31), jedenfalls bei entsprechender Aufforderung, auch die **unentgeltliche Berechnung** des Ehezeitanteils der Anrechte (ebenso für das neue Recht Amtl Begr S 57 zu § 13; vgl aber zu möglichen Problemen bei der Kontrolle des Kostenabzugs gem § 13 VersAusglG Rn 14). 7

2. Absatz 2: Modifizierter Formularzwang

Die (aus anderen Vorschriften bekannte; zB § 117 Abs 4 ZPO) im VA-Verfahren neue Verpflichtung zur Benutzung übersandter Formulare fördert eine vollständige und EDV-gerechte Erteilung der Auskünfte (vgl RegE VAStrRefG S 253; § 217 Rz 1). Der Zwang gilt gem Satz 2 nicht für automatisiert erstellte Auskünfte von Versorgungsträgern; sie erfüllen den genannten Zweck regelmäßig (wie etwa bei den Auskünften der Träger der gesetzlichen Rentenversicherung) bereits jetzt; sofern dies in Einzelfällen nicht zutrifft, muss das Gericht auf eine zweckgerechte, den gesetzlichen Anforderungen an die Auskunft entsprechende (Amtl Begr S 94) Ausgestaltung der automatisierten Auskünfte hinwirken. 8

3. Absatz 3: Mitwirkungshandlungen

Die Vorschrift klärt die bisher zT str Frage, inwieweit die Beteiligten iSv § 219 Nr 1 u 4 verpflichtet sind, die Versorgungsträger (Beteiligte iSv § 219 Nr 2; Nr 3 dürfte insoweit nicht relevant sein) bei deren Aufgabe der Feststellung der in den VA einzubeziehenden Anrechte (vgl insbes § 5 VersAusglG) zu unterstützen durch bestimmte Mitwirkungs- 9 handlungen (Stellung von Anträgen, Mitteilung von Tatsachen, Vorlage von Urkunden pp; zum bisherigen Recht vgl FAKomm-FamR/*Rehme* § 11 VAHRG Rn 3 iVm § 1587e Rn 7 mwN). Abs 3 begründet nunmehr eine generelle abstrakte Mitwirkungspflicht (ohne Regelbeispiele wie in der bisherigen Fassung des FamFG; vgl dazu, insbesondere zum Kontenklärungsantrag, Amtl Begr S 253). Sofern der Beteiligte die verlangte Mitwirkung nicht erbringt, kann der Versorgungsträger (wie schon bisher in der Praxis) die gewünschte Handlung dem Gericht mitteilen; dieses wird nach Prüfung und Bejahung der »Erforderlichkeit« eine entsprechende Anordnung treffen und ggf mit Zwangsmitteln durchsetzen (§ 35).

4. Absatz 5: Befolgungspflicht

10 Abs 5 wiederholt (in wohl nur deklaratorischer, überflüssiger Form) die sich bereits aus den Einzelnormen zur Auskunftserteilung (Abs 1 bis 4) ergebende Pflicht, den gerichtlichen Ersuchen und Anordnungen Folge zu leisten.

II. Absatz 4: Spezifische Auskunftspflicht der Versorgungsträger in Ergänzung des § 5 VersAusglG

1. Ausgangslage: Rollenverteilung, Prüfumfang und -probleme

11 § 5 VersAusglG hat im reformierten VA eine **zentrale Funktion**. Teilungsgegenstand sind die Ehezeitanteile der von den Ehegatten erworbenen Anrechte; die Hälfte des Wertes der einzelnen Ehezeitanteile bildet den jeweiligen Ausgleichswert (§ 1 Abs 1, 2 VersAusglG). Die **Berechnung** des Wertes der einzelnen **Ehezeitanteile** (u darauf aufbauend die Ermittlung eines Wertunterschiedes als Grundlage des Ausgleichsanspruchs gem § 1587a Abs 1 BGB aF) war **bis zur Reform Sache des Familienrichters**; die Versorgungsträger (die häufig, etwa die Träger der gesetzlichen Rentenversicherung, auch ohne eine entsprechende Verpflichtung bereits mit der Auskunft eine Berechnung des Ehezeitanteils übermittelten) wurden in die Wertermittlung einbezogen, aber nach den v Familienrichter vorgegebenen einheitlichen Kriterien, mithin unter Wahrung seiner allein verantwortlichen Verfahrenssteuerung.

12 § 5 VersAusglG bringt hier zumindest formal eine wesentliche Änderung: Im Hinblick auf die Sachkenntnis und Vertrautheit mit den eigenen Versorgungsregelungen wird die **Ermittlung des Ehezeitanteils** »nun generell in die Hand des Versorgungsträgers gelegt« (RegE VAStrRefG S 49; § 217 Rz 1); sie wird damit **originäre Aufgabe der Versorgungsträger**. Die noch weitergehende Rollenverlagerung im Diskussionsentwurf v 29.8.2007 (abgedr in FamRZ 2007, 1788; § 5 Abs 1: »Der Versorgungsträger berechnet den auf dem Ehezeitanteil beruhenden Ausgleichswert«; Folge: Reduzierung der Funktion der Familiengerichte auf ihre »Kontrollverantwortung«; Diskussionsentwurf S 87; zur Kritik *Rehme* FamRZ 2008, 738, 739, 742 f) ist später zurückgenommen worden; die Versorgungsträger machen jetzt lediglich einen Vorschlag für die (vom Familiengericht vorzunehmende) Bestimmung des Ausgleichswerts (§ 5 Abs 3 VersAusglG). Es bleibt aber bei der **jeweils eigenständigen Berechnung des Ehezeitanteils**, bei betrieblichen Anrechten vermutlich nach den üblicherweise intern (ggf spezifisch firmenbezogen) angewandten Kriterien, ohne dass insoweit verbindliche unternehmensübergreifende Maßstäbe bestehen oder v Familiengericht vorgegeben werden (vgl *Rehme* FuR 2008, 474, 476; FamRZ 2008, 738, 742 f).

13 Die **Familiengerichte** werden zurückgedrängt auf ihre »Verantwortung«, »die **Auskünfte zu prüfen** und den Ausgleichswert festzusetzen« (RegE VAStrRefG S 50; ähnlich S 94; § 217 Rz 1). Diese Aufgabe wird angesichts des (jedenfalls derzeit, mangels einer hierzu entwickelten Rspr, noch gegebenen) Fehlens einheitlicher Bewertungskriterien (Rz 12 aE) deutlich komplizierter als bisher. Nach altem VA-Recht war es grds Aufgabe des Richters, (künftige) in den Auskünften der Versorgungsträger angegebene Leistun-

gen im Versorgungsfall zu bewerten, nicht (unmittelbar und notwendig) deren im Einzelfall evtl differierende Rechnungs- und Kalkulationsgrundlagen (für etwaige Fehler bestand überdies die Möglichkeit einer Korrektur gem § 10a VAHRG). Nach neuem Recht ist dies jedenfalls dann anders (und außerhalb der Regelversorgungen ohne nachträgliche Abänderung; § 225), wenn der Ehezeitanteil nicht in Form eines Rentenbetrages, sondern einer anderen Bezugsgröße ermittelt wird (§ 5 Abs 1 VersAusglG). ZB ist der Kapitalwert nur verständlich iVm den zugrundeliegenden Rechengrößen (firmeninterne, zB satzungsrechtliche Regelungen, versicherungsmathematische Grundsätze, gesetzliche Berechnungsvorschriften pp). Dementsprechend können sich für strukturell (insbesondere leistungsmäßig) vergleichbare Anrechte unterschiedliche Kapitalwerte ergeben. § 47 (**korrespondierender Kapitalwert**) bildet dies ab durch spezifische Vorgaben für die Berechnung; Folge ist schon jetzt ein Dissens hinsichtlich der Anwendung und Funktion des § 47 (vgl die Schriftlichen Stellungnahmen für die Anhörung im Rechtsausschuss des BT am 3.12.2008 v *Glockner*, S 3 ff, *Hauß*, S 7 f, 10, und *Hahne*, S 5 f). Dieser Streit hat durchaus praktische Folgen, weil nach § 5 Abs 3 für jedes Anrecht der Kapitalwert oder der korrespondierende Kapitalwert anzugeben sind, ua als Grundlage für die Fälle, in denen trotz des Prinzips der Realteilung eine Versorgungsbilanz hilfreich oder geboten ist (zB für die Anwendung des § 18 Abs 1, 2 und § 27 VersAusglG; vgl RegE VAStrRefG S 50; § 217 Rz 1; vgl ferner – zur Fassung des Tenors bei der externen Teilung – § 222 Abs 3 und dort Rz 10); es bleibt abzuwarten, ob die durch den Rechtsausschuss des BT (BTDrs 16/11903 S 40 f, 111 f) veranlasste Reduzierung des § 47 VersAusglG auf eine Hilfsgröße zu einer wesentlichen (dann aber mit Unsicherheiten verbundenen) Flexibilisierung der Rechtsanwendung führen wird.

Es wird deshalb vermehrt Fälle geben, in denen sich der Familienrichter (und der Anwalt; vgl Rz 3 aE) intensiv mit den Rechnungsgrundlagen befassen muss. Dies könnte (ohne dass dies bisher in der Tragweite überschaubar ist) zu weiteren **Problemen** führen. So kann bei der umfassenden Prüfung einer firmeninternen Bewertung des Ehezeitanteils in Form eines Kapitalwerts die Aufdeckung spezifischer **Kalkulationsgrundlagen** geboten sein; dies erfordert uU eine Abgrenzung ggü nicht offenbarungspflichtigen **Geschäftsgeheimnissen** (vgl RegE VAStrRefG S 94; § 217 Rz 1), ggf mit der Folge eines Verzichts auf vollständige Aufklärung aus Rücksichtnahme auf die Firmen (auch dieses Problem bestand nicht im Rahmen der rein leistungs-, dh ergebnisbezogenen und notfalls korrigierbaren Bilanzierung nach altem Recht). Vergleichbare Fragen können bei der Prüfung des **Kostenabzugs** gem § 13 VersAusglG auftreten, der von den Versorgungsträgern beim Vorschlag zum Ausgleichswert ausgewiesen werden soll (vgl RegE VAStrRefG S 50, 57). Die jedenfalls von den privaten Kostenträgern angestrebte vollständige Abwälzung der Teilungskosten (vgl *Rehme* FuR 2008, 433, 437 mwN) könnte dazu verleiten, ggf auch etwaige als unangemessen hoch angesehene, an sich nicht erstattungsfähige (RegE VAStrRefG S 57) Kosten der Ermittlung des Ehezeitanteils als verdeckte Teilungskosten gem § 13 VersAusglG auszuweisen; derartige überhöhte Eigenberechnungen sind kaum vermeidbar, weil die Kostenstruktur der Versorgungsträger für den Familienrichter von außen nicht oder nur mit Hilfe aufwändiger Gutachten überprüfbar sein wird.

2. Prüfmittel

Abs 4 stellt das der Komplexität der Prüfung (Rz 3, 11 ff) **adäquate Instrumentarium** zur Verfügung, ergänzt durch die auch insoweit geltende (überflüssige; Rz 10) Festlegung einer Befolgungspflicht in Abs 5. Das Familiengericht kann sämtliche relevanten Informationen, etwa zum angewandten Berechnungsverfahren einschließlich seiner Grundlagen wie Zinssatz und Sterbetafeln, vertragliche (evtl auch individuell ausgestaltete; vgl Rechtsausschuss BTDrs 16/11903 S 118) Bestimmungen und Satzungsrecht (RegE VAStrRefG S 94; § 217 Rz 1) in Form einer »übersichtlichen und nachvollziehbaren Berechnung« beschaffen und erg Erläuterungen anfordern. Das Problem sind idR nicht die (vorhandenen) rechtlichen Möglichkeiten (abgesehen von den noch abzusteckenden Grenzen bei Geschäftsgeheimnissen; Rz 14), sondern ihre verantwortliche (dh auch faktisch mögliche; vgl ua Rz 14 aE) und sachgerechte Nutzung (zur angemessenen Kontrolldichte im jeweiligen Einzelfall vgl Rz 3). Angesichts der Vielfalt unterschiedlicher (insbesondere betrieblicher) Versorgungsträger mit (ggf) jeweils spezifischen (nicht notwendig erkennbaren) Versorgungsregelungen und -üblichkeiten ist zu befürchten, dass der Familienrichter nicht nur im Einzelfall und übergangsweise überfordert ist (*Rehme* FuR 2008, 433, 437); die Ersetzung einer Detailprüfung durch eine bloße Plausibilitätskontrolle ist dann naheliegend und verständlich (*Rehme* FuR 2008, 436; dort auch zum einfacheren Prüfschema im System des Einmalausgleichs).

§ 221 Erörterung, Aussetzung

(1) Das Gericht soll die Angelegenheit mit den Ehegatten in einem Termin erörtern.

(2) Das Gericht hat das Verfahren auszusetzen, wenn ein Rechtsstreit über Bestand oder Höhe eines in den Versorgungsausgleich einzubeziehenden Anrechts anhängig ist.

(3) Besteht Streit über ein Anrecht, ohne dass die Voraussetzungen des Absatzes 2 erfüllt sind, kann das Gericht das Verfahren aussetzen und einem oder beiden Ehegatten eine Frist zur Erhebung der Klage setzen. Wird diese Klage nicht oder nicht rechtzeitig erhoben, kann das Gericht das Vorbringen unberücksichtigt lassen, das mit der Klage hätte geltend gemacht werden können.

Abs 1 knüpft an die Regelung in § 53b Abs 1 FGG aF an; die dazu entwickelten Rechtsgrundsätze gelten im Wesentlichen fort (vgl dazu zB Johannsen/Henrich/*Brudermüller* § 53b FGG Rn 2 ff; Jansen/*Wick*, § 53b FGG Rn 2 ff). Die als Sollvorschrift ausgestaltete Pflicht wird jedoch auf die **Erörterung mit den Ehegatten** (ohne die weiteren Beteiligten wie bisher) beschränkt. Damit wird zum einen den (in der bisherigen Praxis häufigen) Wünschen der Versorgungsträger nach Befreiung von der persönlichen Teilnahme an einem Termin entsprochen; zum andern kommt zum Ausdruck, dass die mündliche Verhandlung vorrangig der Erörterung aller die Interessen der Ehegatten berührenden Gesichtspunkte dient; das betrifft die (im neuen VA-Recht erweiterten) Möglichkeiten einer Vereinbarung der Eheleute (§ 6 VersAusglG), aber auch die Anwendung von Ermessens- und Billigkeitsregeln (§ 18 Abs 1, 2; § 27 VersAusglG; RegE VAStrRefG S 94; § 217 Rz 1). 1

Abs 2, 3 regeln (ähnlich wie § 53c FGG aF; vgl dazu Johannsen/Henrich/*Brudermüller* § 53c FGG Rn 1 ff; Jansen/*Wick* § 53c FGG Rn 1 ff) die **Aussetzung** des VA-Verfahrens bei einem **Streit über Bestand oder Höhe eines** in den VA einzubeziehenden **Anrechts**. Daneben gilt die allgemeine (weitergehende) Vorschrift des § 21. § 136 erfasst zunächst die Ehesachen und ggf mittelbar den VA als Folgesache. § 148 ZPO ist auf den VA als Familiensache aus dem Bereich der freiwilligen Gerichtsbarkeit (§ 217 Rz 2) nicht (mehr) anwendbar (zum alten Recht Johannsen/Henrich/*Brudermüller* § 53c FGG Rn 9; Jansen/*Wick* § 53c FGG Rn 2). 2

Abs 2, 3 gelten für den VA als Folgesache und als isolierte Familiensache (vgl Johannsen/Henrich/*Brudermüller* § 53c Rn 2; Jansen/*Wick* § 53c FGG Rn 3); bei einer Aussetzung als Folgesache (ohne gleichzeitige Aussetzung der Ehesache gem § 136) wird häufig auch eine Abtrennung gem § 140 Abs 2 Nr 1, 2 zu prüfen sein. Die Aussetzung ist entsprechend § 21 Abs 2 (iVm §§ 567 bis 572 ZPO) mit der **sofortigen Beschwerde** anfechtbar. 3

Abs 2 sieht die **obligatorische Aussetzung** des VA-Verfahrens vor, wenn ein **Rechtsstreit** iSv Rz 2 **anhängig** ist und dies dem Gericht bekannt wird. Unerheblich ist, zwischen wem der Rechtsstreit anhängig ist (nicht notwendig zwischen den Beteiligten gem § 219; häufig wird dies aber der Fall sein, etwa bei Streit zwischen einem Ehegatten und einem Versorgungsträger); unerheblich ist auch, ob der Anhängigkeit eine nicht befolgte Fristsetzung gem Abs 3 vorangegangen ist (anders nach bisherigem Recht: Ermessensentscheidung gem § 53c Abs 2 Satz 2 FGG aF). Mit der jetzt durchgängig zwingenden Regelung wird die Verwertung des Fachwissens des für das jeweilige Anrecht zuständigen Spezialgerichts sichergestellt (RegE VAStrRefG S 94; § 217 Rz 1). 4

Wenn ein für das VA-Verfahren relevanter Streit (zu den möglichen Streitbeteiligten vgl Rz 4) über ein Anrecht besteht, ohne dass die engeren Voraussetzungen des Abs 2 (anhängiger Rechtsstreit) vorliegen, kann das Gericht grds die Vorfragen im Rahmen der Amtsermittlung (§ 26) selbst aufklären und entscheiden (zur Ausübung des Ermessens vgl Jansen/*Wick* § 53c FGG Rn 7; ferner, insbesondere zum idR vom Familiengericht zu entscheidenden VA-spezifischen Streit zwischen den Eheleuten über die Hö- 5 he des Ehezeitanteils bzw des Ausgleichswerts, RegE VAStrRefG S 95; § 217 Rz 1). Statt dessen besteht nach Abs 3 die Möglichkeit der **fakultativen Aussetzung**, verbunden mit einer Fristsetzung zur Klageerhebung an die Eheleute (nicht die Versorgungsträger; Jansen/*Wick* § 53c FGG Rn 7) und ggf der Nichtberücksichtigung von Vorbringen. Abs 3 ergänzt insoweit (als Legaldefinition eines »wichtigen Grundes«) die allgemeine, ebenfalls in das Ermessen des Gerichts gestellte Aussetzungsregelung gem § 21 Abs 1. Der Regelungsinhalt entspricht (abgesehen von den möglichen Streitbeteiligten) § 53c Abs 1 FGG aF; insoweit wird auf die Kommentierungen zum alten Recht Bezug genommen (vgl Johannsen/Henrich/*Brudermüller* § 53c FGG Rn 5 ff; Jansen/*Wick* § 53c FGG Rn 7).

§ 222 Durchführung der externen Teilung

(1) Die Wahlrechte nach § 14 Abs. 2 und § 15 Abs. 1 des Versorgungsausgleichsgesetzes sind in den vom Gericht zu setzenden Fristen auszuüben.

(2) Übt die ausgleichsberechtigte Person ihr Wahlrecht nach § 15 Abs. 1 des Versorgungsausgleichsgesetzes aus, so hat sie in der nach Absatz 1 gesetzten Frist zugleich nachzuweisen, dass der ausgewählte Versorgungsträger mit der vorgesehenen Teilung einverstanden ist.

(3) Das Gericht setzt in der Endentscheidung den nach § 14 Abs. 4 des Versorgungsausgleichsgesetzes zu zahlenden Kapitalbetrag fest.

(4) Bei einer externen Teilung nach § 16 des Versorgungsausgleichsgesetzes sind die Absätze 1 bis 3 nicht anzuwenden.

A. Allgemeines

Das neue materielle VA-Recht sieht für den Wertausgleich bei der Scheidung als Regelausgleichsform die interne (Real-)Teilung vor (§ 9 Abs 2 VersAusglG). Die externe Teilung (als Form der Anrechtsbegründung in einem anderen Versorgungssystem verbunden mit einem entsprechenden Kapitaltransfer zwischen den beteiligten Versorgungsträgern; § 14 Abs 4 VersAusglG) ist nur in den in § 9 Abs 3 VersAusglG abschließend genannten Fällen zulässig. **1**

Abgesehen von den obligatorischen Sonderfällen (zT zeitlich bedingt: »solange ...«) gem § 16 Abs 1, 2 VersAusglG (vgl Rz 4 aE) erfolgt die **externe Teilung** nicht von Amts wegen, sondern nur **fakultativ**, nach Ausübung eines an weitere Voraussetzungen geknüpften »**Wahlrechts**« (so der einheitliche Terminus gem § 222 Abs 1): es kann gem § 14 Abs 2 Nr 2 (ggf iVm § 17) VersAusglG einseitig v Versorgungsträger (nur) des Ausgleichspflichtigen im Rahmen bestimmter Wertgrenzen oder gem § 14 Abs 2 Nr 1 VersAusglG (als »Wahlrecht« im weiteren Sinne) zweiseitig, dh im Wege einer Vereinbarung zwischen dem Ausgleichsberechtigten und dem Versorgungsträger des Ausgleichspflichtigen (insoweit ohne wertmäßige Begrenzung), vorgenommen werden. **2**

Nach der Entscheidung für die externe Teilung (Wahlrecht »dem Grunde nach«) hat der Ausgleichsberechtigte in allen Fällen (auch bei vorherigem einseitigem Verlangen des Versorgungsträgers) gem § 15 Abs 1 VersAusglG ein (weiteres, ebenfalls an bestimmte Voraussetzungen gebundenes) **Wahlrecht** hinsichtlich der konkreten Form der Durchführung, nämlich hinsichtlich der **Zielversorgung**. Dieses Wahlrecht muss nicht ausgeübt werden; bei fehlender Auswahl erfolgt die externe Teilung durch Begründung eines Anrechts in der gesetzlichen Rentenversicherung (§ 15 Abs 5 VersAusglG in der geltenden Fassung) oder, beim Ausgleich von Anrechten im Sinne des Betriebsrentengesetzes, künftig (nach Inkrafttreten der beschlossenen Änderung) in der Versorgungsausgleichskasse (§ 15 Abs 5 S 2 VersAusglG nF). **3**

In den Fällen der fakultativen externen Teilung gem § 14 Abs 2 Nr 1, 2 VersAusglG (Rz 2) muss spätestens bis zur Entscheidung des Familiengerichts über den Wertausgleich klargestellt sein, ob und ggf in welcher Weise (§ 15 VersAusglG; Rz 9) diese Ausgleichsform an die Stelle der Regelausgleichsform der internen Teilung (Rz 1) tritt. Abs 1 (iVm Abs 2) gibt dem **Gericht** die entsprechenden **verfahrensrechtlichen Befugnisse** durch die Möglichkeit, eine zeitliche Grenze für die Ausübung der Wahlrechte zu bestimmen. Abs 2 regelt zusätzlich (zumindest klarstellend) eine erg Voraussetzung für das Wahlrecht gem § 15 Abs 1 VersAusglG (Zustimmung des Trägers der Zielversorgung nebst entsprechendem Nachweis). Ferner wird in Abs 3 der Kapitaltransfer zwischen den beteiligten Versorgungsträgern (Rz 1 aE) als betragsmäßig zu bestimmender Teil des Tenors der familiengerichtlichen Entscheidung festgelegt. Abs 4 stellt klar, dass Abs 1 bis 3 nicht für die Fälle der obligatorischen externen Realteilung gilt. **4**

B. Einzelheiten

I. Abs 1: Ausübung der Wahlrechte gem §§ 14 Abs 2, 15 Abs 1 VersAusglG, Fristsetzung und Folgen der Nichteinhaltung

5 Die **Wahlrechte** »dem Grunde nach« (§ 14 Abs 2 Nr 1, 2 VersAusglG; Rz 2) sind, auch wenn sie in der mündlichen Verhandlung ausgeübt werden, rechtlich keine Erklärungen ggü dem Gericht, sondern im Gesetz vorgesehene **materiellrechtliche Erklärungen** zur Art der Teilung ggü dem Ausgleichsberechtigten, entweder im Rahmen einer Vereinbarung oder als einseitiges Verlangen (entsprechend einem Abfindungsanspruch; vgl RegE VAStrRefG S 58, 93; § 217 Rz 1). Deshalb gelten nicht die Vorschriften für verfahrensrechtliche Handlungen, insbesondere nicht der Anwaltszwang. Auch sonstige Formvorschriften bestehen nicht; insbesondere ist § 7 VersAusglG nicht anwendbar mangels einer Vereinbarung zwischen den Eheleuten über den VA selbst (vgl RegE VAStrRefG S 58; § 217 Rz 1), so dass die Wahlrechte gem § 14 Abs 2 VersAusglG **formfrei** ausgeübt werden können.

6 Das Gleiche (anwalts- und formfreie Erklärung) gilt im Ergebnis für das **Wahlrecht gem § 15 Abs 1 VersAusglG** in Bezug auf die Zielversorgung (Rz 3); es hat ebenfalls materiellrechtlichen Charakter im vorstehenden Sinne (hier: Konkretisierung der externen Teilung). Ob darüberhinaus stets eine Verfahrenshandlung anzunehmen ist (so offenbar RegE VAStrRefG S 93; § 217 Rz 1), kann letztlich offen bleiben (eine verfahrensrechtliche Bedeutung ist jedenfalls gegeben, wenn durch Einbeziehung eines neuen Versorgungsträgers ein weiterer Beteiligter iSv § 219 Nr 3 hinzuziehen ist; vgl § 219 Rz 2 aE). Durch § 114 Abs 4 Nr 7 wird zumindest klargestellt, dass (ua) für die Ausübung dieses Wahlrechts eine anwaltliche Vertretung nicht erforderlich ist (RegE VAStrRefG S 57, 93).

7 Für alle – die Begründung oder Durchführung der externen Teilung betr – Wahlrechte (Rz 2 f) können (müssen nicht!) gem Abs 1 **Fristen** mit einer v Gericht zu bestimmenden Dauer gesetzt werden. Das Gericht kann sich auf diese Weise in einer dem jeweiligen Verfahren angemessenen Zeit Klarheit darüber verschaffen, ob und in welcher Form die Beteiligten sich anstelle der Regelform der internen Teilung (Rz 1) für die externe Teilung entscheiden.

8 Abs 1 regelt nur die Möglichkeit der Fristsetzung als solcher, nicht (ausdrücklich) eine etwaige **Sanktion bei Nichteinhaltung der Frist**. Die Annahme eines (generellen) Ausschlusses einer späteren Ausübung der Wahlrechte (so RegE VAStrRefG S 95; ebenso *Wick* FuR 2009, 482, 491) macht wenig Sinn. Solange keine bewusste Verfahrensverschleppung anzunehmen ist, sollte das Gericht auch eine spätere (materiell wirksame; vgl dazu Rz 5, 6) Erklärung berücksichtigen, insbesondere um den in der Wahl zum Ausdruck kommenden Willen des Ausgleichsberechtigten hinsichtlich einer eigenständigen Gestaltung der Altersversorgung zu respektieren (zumal dafür häufig ökonomische Gründe bestehen, zB zu erwartende höhere private Rentenleistung als beim regelmäßig »teuren« Einkauf in der GRV; vgl auch RegE VAStrRefG S 93: Bestimmung der Zielversorgung, »um so die eigene Altersversorgung zu optimieren und zu bündeln«). Wenn deshalb verspätete Erklärungen des Ausgleichsberechtigten nach Möglichkeit zu berücksichtigen sein werden, dürfte dies aus Gründen der Gleichbehandlung auch für Erklärungen der Versorgungsträger gelten. In der Praxis wird die Fristsetzung deshalb nur bedeuten, dass das Gericht ein Mittel zur Verfahrensförderung hat und nach Ablauf der Frist ohne weiteres Zuwarten (oder erneute Nachfrage) entscheiden kann.

II. Abs 2: Zustimmung des Trägers der Zielversorgung; Nachweis

9 Voraussetzung für die Ausübung des Wahlrechts des Ausgleichsberechtigten gem § 15 Abs 1 VersAusglG (Rz 3) ist insbesondere die Zustimmung des Trägers der Zielversorgung (weitere Voraussetzung: § 15 Abs 3 VersAusglG; Rechtsausschuss BTDrs 16/11903 S 104 f). Dies ergibt sich bereits aus dem allgemeinen Grundsatz, dass belastende Maß-

nahme (hier: Aufnahme eines neuen Versorgungsberechtigten) ohne gesetzliche Grundlage (wie zB allgemein in den Sozialgesetzen oder – in Bezug auf die externe Teilung – in § 15 Abs 5 VersAusglG) nicht einseitig vorgenommen werden können (vgl auch RegE VAStrRefG S 58, 95). Davon geht Abs 2 aus und regelt lediglich in Ergänzung des Abs 1, dass innerhalb der für die Ausübung der Wahlrechte gesetzten Frist (Rz 7) auch der Nachweis der Zustimmung des ausgewählten Versorgungsträgers zu erbringen ist.

III. Abs 3: Gerichtliche Festsetzung des Kapitalbetrags gem § 14 Abs 4 VersAusglG

Abs 3 ergänzt § 14 Abs 4 VersAusglG. Der v Versorgungsträger der ausgleichspflichtigen Person an den (neuen) Versorgungsträger der ausgleichsberechtigten Person zu leistende Kapitalbetrag entspricht dem Ausgleichswert iSd § 1 Abs 2 iVm § 5 Abs 3 VersAusglG (Rechtsausschuss BTDrs 16/11903 S 104); wenn dieser nicht als Kapitalwert ausgedrückt wird, ist auf den korrespondierenden Kapitalwert abzustellen (RegE VAStrRefG S 95; § 217 Rz 1; zu möglichen Problemen vgl § 220 Rz 13). 10

Der betr Teil des Tenors der familiengerichtlichen Entscheidung bildet (nach Rechtskraft; § 224) bei fehlender Zahlung einen Vollstreckungstitel für den Träger der Zielversorgung (RegE VAStrRefG S 95). 11

IV. Abs 4: Nichtanwendbarkeit bei externer Teilung gem § 16 VersAusglG

Abs 4 stellt ausdrücklich klar, dass Abs 1 bis 3 in den Fällen der obligatorischen externen Teilung (Rz 2) gem § 16 Abs 1, 2 VersAusglG nicht anwendbar sind (vgl Rechtsausschuss BTDrs 16/11903 S 118 iVm RegE VAStrRefG S 95). Abs 1, 2 sind gegenstandslos, weil sie ein Wahlrecht voraussetzen. Abs 3 ist nicht anwendbar, weil in den genannten Fällen kein Kapitaltransfer erfolgt, sondern ein Ausgleich gem § 225 SGB VI erfolgt (insbesondere im Wege der Erstattung der Aufwendungen des Trägers der Rentenversicherung). 12

§ 223 Antragserfordernis für Ausgleichsansprüche nach der Scheidung

Über Ausgleichsansprüche nach der Scheidung nach den §§ 20 bis 26 des Versorgungsausgleichsgesetzes entscheidet das Gericht nur auf Antrag.

1 Schuldrechtliche Ausgleichszahlungen gem §§ 20 bis 26 VersAusglG erfordern, wie bisher Ansprüche auf schuldrechtlichen Versorgungsausgleich gem § 1587f BGB aF, § 3a VAHRG, einen Antrag. Er ist (wie nach altem Recht; vgl FAKomm-FamR/*Rehme* § 1587f Rn 18) nur **Verfahrensvoraussetzung, kein Sachantrag**.

§ 224 Entscheidung über den Versorgungsausgleich

(1) Endentscheidungen, die den Versorgungsausgleich betreffen, werden erst mit Rechtskraft wirksam.

(2) Die Endentscheidung ist zu begründen.

(3) Soweit ein Wertausgleich bei der Scheidung nach § 3 Abs. 3, den §§ 6, 18 Abs. 1 oder Abs. 2 oder § 27 des Versorgungsausgleichsgesetzes nicht stattfindet, stellt das Gericht dies in der Beschlussformel fest.

(4) Verbleiben nach dem Wertausgleich bei der Scheidung noch Anrechte für Ausgleichsansprüche nach der Scheidung, benennt das Gericht diese Anrechte in der Begründung.

Abs 1 entspricht dem bisherigen § 53g Abs 1 FGG aF, **Abs 2** § 53b Abs 3 FGG aF. Auf die betr Kommentierungen wird verwiesen (zB Johannsen/Henrich/*Brudermüller* § 53b Rn 24 ff und § 53g Rn 2). 1

Abs 3 verpflichtet das Gericht, im Tenor festzustellen, ob und inwieweit (»soweit ...«) der VA nicht stattfindet, und zwar aus den in der Vorschrift abschließend (RegE VAStrRefG S 96) genannten Gründen, dh wegen Anwendung des § 3 Abs 3 (kurze Ehezeit), der Sollvorschrift des § 18 Abs 1, 2 (geringer Wertunterschied bei Anrechten gleicher Art oder geringer Ausgleichswert eines einzelnen Anrechts) und der Härteklausel des § 27 VersAusglG. 2

Mangels ausdrücklicher Regelung können die tragenden Normen (wie auch sonst üblich) in den Entscheidungsgründen (zusammen mit der ohnehin gem Abs 2 vorgeschriebenen Begründung) aufgeführt werden; die **Rechtskraft** erstreckt sich darauf nicht (anders offenbar RegE VAStrRefG S 96; § 217 Rz 1), sondern (wie auch sonst) allenfalls auf die **Feststellung des (Teil-)Ausschlusses** als solche. Letzteres sollte bei Anwendung des Abs 3, anders als nach altem Recht (s nachstehend), unstr werden: 3

Bisher hat die hM etwaige (nicht notwendig zu treffende) **Feststellungen gem § 53d FGG aF** (nach Ausschluss des VA gem §§ 1408, 1587o BGB aF) regelmäßig nur als einen zwar anfechtbaren, aber lediglich deklaratorischen Hinweis auf die Rechtslage ohne Rechtskraftwirkung bewertet (zB OLG Düsseldorf NJW 2006, 234, 235; OLGE Nürnberg und Bremen FamRZ 2005, 454 und 2007, 1180, 1181; *Wick* Rn 368; aA *Philippi* FamRZ 1982, 1057). Abw davon hat der BGH (NJW 2009, 677 m Anm *Rehme*) nunmehr entschieden, dass jedenfalls feststellende Aussprüche nach (ehe-)vertraglichem Ausschluss gem § 1408 Abs 2 BGB aF rechtskraftfähig sind, wenn sie pflichtgemäß auf einer die Wirksamkeit der Vereinbarung umfassenden Rechtsprüfung beruhen. 4

Die Rspr des BGH, die zutr auf die schon seit langem angenommene Pflicht des Familienrichters zur Wirksamkeitsprüfung abstellt, ist ohne weiteres auf Feststellungen gem Abs 3 übertragbar: Der Familienrichter ist nach neuem Recht (generell ohne zusätzliches Genehmigungsverf wie bisher gem § 1587o BGB aF) im Rahmen der Prüfung seiner Bindung an die Vereinbarung (§ 6 Abs 2 VersAusglG) ausdrücklich gehalten, die Einhaltung der formellen und materiellen Wirksamkeitsvoraussetzungen (§§ 7, 8 VersAusglG) einer umfassenden Kontrolle zu unterziehen (ausf RegE VAStrRefG S 52 f; § 217 Rz 1). Wenn diese Prüfung in die wiederum gesetzlich vorgeschriebene ausdrückliche Feststellung gem Abs 3 mündet, hat dies Rechtskraftwirkung (RegE VAStrRefG S 52, 96). Entspr gilt nach dem erkennbaren Willen des Gesetzgebers für die nicht auf einer Vereinbarung, sondern anderen Gründen (s.o. Rz 2) beruhenden (Teil-)Ausschlüsse; auch insoweit soll die Feststellung des Gerichts das (zumeist von Amts wegen – vgl § 137 Abs 2 Satz 2 – zu betreibende) Verfahren betr den VA dauerhaft beenden. 5

Bei einem **Teilausschluss** sollten – wegen des das neue VA-Recht prägenden Grundsatzes der Realteilung jedes einzelnen Anrechts – die betroffenen Anrechte im Tenor 6

§ 224 FamFG | Entscheidung über den Versorgungsausgleich

(hilfsweise zwingend in den Gründen) angegeben werden, um die Reichweite des Teilausschlusses zu bestimmen.

7   **Abs 4** schreibt vor, dass in der Begründung der Endentscheidung zum Wertausgleich bei der Scheidung **nicht ausgeglichene** u damit dem (schuldrechtlichen) Ausgleich gem §§ 20 bis 26 VersAusglG überlassene **Anrechte** ausdrücklich benannt werden; dabei kann es sich zB um ausländische, einer Realteilung im Inland nicht zugängliche Anrechte handeln (vgl zum bisherigen Recht Staudinger/*Rehme* § 1587b Rn 50), ferner um noch verfallbare, mithin nicht ausgleichsreife betriebliche Anrechte (§ 19 Abs 2 Nr 1 VersAusglG), die nachträglich unverfallbar werden können. Der **Hinweis** dient der Erinnerung der Parteien an einen noch nicht geregelten (Teil-)Ausgleich in Bezug auf konkrete Anrechte. Damit wird in sinnvoller Weise das Begründungspotential der gerichtlichen Endentscheidung in der typischerweise offenen zukunftsorientierten Regelungsmaterie des VA genutzt (vgl hierzu bereits *Rehme* FPR 2007, 117, 120).

8   Der gerichtliche Hinweis, der als solcher (wie entspr bisher grds überflüssige Bemerkungen zum schuldrechtlichen Ausgleich nach altem Recht; vgl FAKomm-FamR/*Rehme* § 1587 f Rn 20) keine konstitutive Wirkung hat (RegE VAStrRefG S 96; § 217 Rz 1), bedarf zur wirksamen u zeitnahen Sicherung u Durchsetzung künftiger Ansprüche der **Implementierung**. Weil die Eheleute selbst dies nicht selten unterlassen werden, sollten die **Anwälte** (in Zusammenarbeit m ihren Mandanten) möglichst formalisierte Methoden (zB routinemäßige Kontrollanfragen bei den Versorgungsträgern unter Hinweis auf die Entscheidung) entwickeln u umsetzen.

§ 225 Zulässigkeit einer Abänderung des Wertausgleichs bei der Scheidung

(1) Eine Abänderung des Wertausgleichs bei der Scheidung ist nur für Anrechte im Sinne des § 32 des Versorgungsausgleichsgesetzes zulässig.

(2) Bei rechtlichen oder tatsächlichen Veränderungen nach dem Ende der Ehezeit, die auf den Ausgleichswert zurückwirken und zu einer wesentlichen Wertänderung führen, ändert das Gericht auf Antrag die Entscheidung in Bezug auf dieses Anrecht ab.

(3) Die Wertänderung nach Absatz 2 ist wesentlich, wenn sie mindestens 5 Prozent des bisherigen Ausgleichswerts des Anrechts beträgt und bei einem Rentenbetrag als maßgeblicher Bezugsgröße 1 Prozent, in allen anderen Fällen als Kapitalwert 120 Prozent der am Ende der Ehezeit maßgeblichen Bezugsgröße nach § 18 Abs. 1 des Vierten Buches Sozialgesetzbuch übersteigt.

(4) Eine Abänderung ist auch dann zulässig, wenn durch sie eine für die Versorgung der ausgleichsberechtigten Person maßgebende Wartezeit erfüllt wird.

(5) Die Abänderung muss sich zugunsten eines Ehegatten oder seiner Hinterbliebenen auswirken.

Übersicht

	Rz
A. Allgemeines (insbes: Abänderung u Halbteilung, Frage der Verfassungsmäßigkeit des Abs 1)	1
I. Standort der Norm	1
II. Abänderung u Halbteilung	4
1. Allgemeines	4
2. Abänderung im engeren Sinne (nachträgliche Umstände)	5
3. Fehlerkorrektur	6
III. Abänderung nach altem u neuem Recht	8
1. Abänderung nach altem Recht (§ 10a VAHRG)	8
2. Abänderung nach neuem Recht (§ 225; Rechtsänderungen u ihre Folgen, rechtspolitische Hintergründe, Entstehungsgeschichte)	9
a) Übersicht	9
b) Verkürzung der Rechtsbehelfe	10
c) Einschränkung des Grundsatzes der Halbteilung (insbes der »gerechten Teilhabe im Versorgungsfall«)	11
d) Fehlende tragfähige Begründung für die Einschränkung der Halbteilung im RegE	13
e) Fehlende eigenständige kritische Behandlung der Abänderungsfragen im Parlament	17
f) Zu vermutende maßgebliche Gründe für die Verkürzung der Rechtsbehelfe	22
IV. Verfassungswidrigkeit der neuen Abänderungsregelung	26
1. Allgemeines	26
2. Verfassungswidrigkeit der Begrenzung der Abänderung auf die Regelversorgungen des § 32 VersAusglG	28
a) Äußerungen in der Lit	28
b) Neueste Rspr des BVerfG	29
aa) Allgemeines	29
bb) Ungleichbehandlung durch die Reform	31
cc) Nichterfüllung der Mindestanforderungen an eine Rechtfertigung der Ungleichbehandlung	32
3. Folgen der Verfassungswidrigkeit (gem 2.)	38
B. (Weitere) Einzelheiten	43
I. Abs 1 (Begrenzung der Abänderung auf die Regelversorgungen des § 32 VersAusglG)	43
II. Abs 2 (Voraussetzungen für eine Abänderung)	44
1. Allgemeines	44
2. Fehlerkorrektur	45
3. Sonstiges	48
III. Abs 3 (Wesentlichkeit der Wertänderung)	49
IV. Abs 4 (Wartezeiterfüllung)	50
V. Abs 5 (Auswirkung zugunsten eines Ehegatten oder seiner Hinterbliebenen)	51

§ 225 FamFG | Zulässigkeit einer Abänderung des Wertausgleichs

A. Allgemeines (insbes: Abänderung u Halbteilung, Frage der Verfassungsmäßigkeit des Abs 1)

I. Standort der Norm

1   § 225 regelt die **Abänderung** als **Teil der (neuen) Verfahrensnormen** zum VA im Rahmen **des FamFG**. Das ist vertretbar, wenn man den verfahrensrechtlichen Charakter der Abänderung hervorheben will, nämlich die Zulässigkeit einer nachträglichen Änderung einer rechtskräftigen Entscheidung.

2   Damit wird allerdings die das Rechtsinstitut der Abänderung maßgeblich mitprägende (u bisher in singulärer Weise verwirklichte; vgl Rz 13) **materiellrechtliche Komponente** (zT verfassungsrechtlich gebotene Umsetzung der Halbteilung im zukunftsorientierten System des VA; Rz 4 f, 21, 22, 36 aE) in den Hintergrund gedrängt. Es wäre durchaus denkbar u sinnvoll gewesen, die Abänderung (wie bisher im Rahmen des VAHRG aF) im Zusammenhang mit der Anpassung nach Rechtskraft (§§ 32 ff VersAusglG; bisher: §§ 4 ff VAHRG aF) zu regeln. Dadurch würde der Zukunftsbezug des VA, das (zuletzt im Bericht des Rechtsausschusses betonte; vgl BTDrs 16/11903 S 1) Ziel einer »gerechten Teilhabe **im Versorgungsfall**« (Hervorhebung v Verfasser), unterstrichen; das VersAusglG hätte einen in sich geschlossenen Normenkomplex der Rechtsmaterie VA gebildet unter Ausklammerung nur der rein verfahrensrechtlichen Normen (jetzt §§ 219 bis 224, 228 bis 229 FamFG).

3   Die Standortwahl mit der Reduzierung auf eine rein verfahrensrechtliche Natur korrespondiert allerdings mit dem erkennbaren materiellrechtlichen Bestreben, die Abänderung – zur **Entlastung der Versorgungsträger** (Rz 22 ff) u unter **Beschneidung der Interessen der Eheleute** (Rz 10 ff; 25) – auf das (verfassungsrechtlich) notwendige (Rz 22), notfalls auch rechtspolitisch rückschrittliche (Rz 13 f) Maß zu beschränken; tatsächlich dürfte das VersAusglG hierbei die verfassungsrechtlichen Grenzen überschritten haben: Der Ausschluss gerade der als zunehmend bedeutsam angesehenen Anrechte der sog »2. u 3. Säule« (ergänzende betriebliche u private Altersvorsorge; ihre wirksame Einbeziehung in den VA war ein maßgebliches Reformmotiv) von jeder Form der Abänderung (u überdies von der Anpassung gem §§ 32 ff VersAusglG) muss als **verfassungswidrig** betrachtet werden mangels einer sachgerechten, auf konsistenter konzeptioneller Neuorientierung beruhenden Differenzierung (Verstoß gegen Art 3 GG; Rz 26, 30, 31 ff).

II. Abänderung u Halbteilung

1. Allgemeines

4   Nach altem Recht waren die einzelnen (zT schwer verständlichen) Bewertungsvorschriften (vor allem des § 1587a Abs 2 BGB aF) Hilfsmittel zur Verwirklichung des Halbteilungsgrundsatzes (zuletzt BGH FamRZ 2008, 1602, 1603 mwN; FAKomm-FamR/*Rehme* vor § 1587 Rn 37 mwN); er bildete seinerseits (insbes in Zweifelsfällen) eine Auslegungshilfe. Die VA-Reform lässt dies im Ansatz unberührt: Die Halbteilung soll auch bei einem nach dem VersAusglG durchgeführten VA Programmsatz, Maßstab u Auslegungsrichtlinie für die Rechtsanwendung sein (RegE VAStrRefG S 45; § 217 Rz 1; vgl aber Rz 20 aE, 21 aE, 32).

2. Abänderung im engeren Sinne (nachträgliche Umstände)

5   Die Möglichkeit, den Wertausgleich bei der Scheidung nachträglich zu ändern, fügt dem Gedanken der Halbteilung materiellrechtlich nichts Neues hinzu. Sie ist deshalb nach altem Recht als rein **prozessuales Hilfsmittel zur Verwirklichung des Halbteilungsgrundsatzes** verstanden worden, nämlich (abgesehen von dem Sonderproblem der Fehlerkorrektur; s Rz 6, 8) mit dem Ziel der Aktualisierung der Versorgungswerte unter Einbeziehung nachträglicher ehezeitbezogener Veränderungen (unter Beibehaltung der

Festschreibung der persönlichen Bemessungsgrundlagen auf das Ende der Ehezeit; FA-Komm-FamR/*Rehme* § 10a VAHRG Rn 3 f; zum rechtspolitischen Ziel der Einführung des § 10a VAHRG vgl MüKo/*Dörr* § 10a VAHRG Rn 1: »Idealzustand«: Erwerb gleich hoher Versorgungsanrechte; *Borth* Rn 802: »Fiktivbewertung mit dem tatsächlichen Versorgungsbezug so weit wie möglich in Einklang zu bringen«). Auch insoweit gilt für das neue Recht nichts Anderes: Die Abänderung dient dazu, nachträgliche auf den (zum Stichtag Ehezeitende festgestellten; § 5 Abs 2 VersAusglG) Ausgleichswert zurückwirkende Veränderungen zu berücksichtigen (vgl auch RegE VAStrRefG S 97 iVm 49; § 217 Rz 1); der neu berechnete Ausgleichswert ist dann Grundlage für eine (geänderte) halbteilungsgerechte Entscheidung.

3. Fehlerkorrektur

Eine Fehlerkorrektur ist **folgerichtig**, wenn eine in vollem Umfang halbteilungsgerechte 6 Entscheidung angestrebt wird; nur auf diese Weise wird eine umfassende Aktualisierung des wirklichen Ausgleichswertes erreicht als Grundlage für eine »gerechte Teilhabe im Versorgungsfall« (Rz 2 aE; der Versorgungsfall liegt häufig in weit entfernter Zukunft). Ohne Fehlerkorrektur wäre auch eine aus anderen Gründen erfolgende Abänderung unvollständig, weil sie den Fehler fortschreiben, dh in dem durch den Fehler vorgegebenen Rahmen notwendig fiktiv wäre (zu der im RegE angedeuteten Fehlerkorrektur im Rahmen eines Abänderungsverf s Rz 45 ff).

Der **Gesetzgeber des VAHRG** hat dies ebenso gesehen u eine **Fehlerkorrektur** für 7 **notwendig** erachtet (BTDrs 10/6369 S 21; ausf zur Entstehungsgeschichte einschl der Reformforderungen in der Lit Johannsen/Henrich/*Hahne* § 10a VAHRG Rn 1 ff; *Borth* Rn 801, 803; vgl ferner Staudinger/*Rehme* Einleitung zum VAHRG Rn 8 f, 13; § 10a VAHRG Rn 22; *Rehme* FamRZ 2008, 738, 740 f). Sie hat sich seit Einführung des § 10a VAHRG im Jahre 1986 bewährt; ihre Sinnhaftigkeit ist, soweit ersichtlich, nie ernsthaft angezweifelt worden, trotz nahe liegender, vom damaligen Gesetzgeber ausdrücklich geprüfter u »**im Interesse der Verwirklichung der materiellen Gerechtigkeit**« (BTDrs 10/6369 S 21) nicht für durchgreifend erachteter Bedenken wegen der Rechtskraftdurchbrechung (anders noch der RegE zu § 10a; BTDrs 10/5447 S 17, 19; vgl auch Soergel/*Hohloch* § 10a VAHRG Rn 3 f). Ein praktisches (wenn auch nicht immer in sich konsequent formuliertes) Bedürfnis hierfür wird wegen der möglichen weitreichenden, insbes langfristig wirkenden Folgen von Fehlern auch heute noch von Fachleuten angenommen (vgl zB die schriftlichen Äußerungen einiger vom Rechtsausschuss angehörter Sachverständiger; Anl zum Protokoll der 120. Sitzung am 3.12.2008: *Hauß* S 12 ff; *Niehaus* S 6 ff).

III. Abänderung nach altem u neuem Recht

1. Abänderung nach altem Recht (§ 10a VAHRG)

Nach bisherigem Recht war eine umfassende Abänderungsmöglichkeit im Sinne einer 8 **Totalrevision** gegeben (näher dazu Johannsen/Henrich/*Hahne* § 10a VAHRG Rn 4; *Borth* Rn 804; Staudinger/*Rehme* § 10a VAHRG Rn 1 ff), dh im Wege der Berücksichtigung nachträglicher Veränderungen (Rz 5), aber auch der Fehlerkorrektur (Rz 6 f).

2. Abänderung nach neuem Recht (§ 225; Rechtsänderungen u ihre Folgen, rechtspolitische Hintergründe, Entstehungsgeschichte)

a) Übersicht

§ 225 enthält gravierende Änderungen, insbes **radikale Einschränkungen** der bisheri- 9 gen Abänderungsmöglichkeit gem § 10a VAHRG aF (zum Fehlen einer tragfähigen Begründung s Rz 13 ff). Sie ist nur (noch) zulässig für die **Regelversorgungen** iSd § 32

§ 225 FamFG | Zulässigkeit einer Abänderung des Wertausgleichs

VersAusglG (Abs 1). Ferner ist die Änderung nach dem Wortlaut (Abs 2 Hs 1) begrenzt auf die Fälle rechtlicher oder tatsächlicher auf den Ausgleichswert eines Anrechts zurückwirkender **Veränderungen nach dem Ende der Ehezeit**; damit ist eine **Fehlerkorrektur grds ausgeschlossen** (zu der, zudem unklar abgegrenzten, Möglichkeit der Fehlerkorrektur »im Rahmen der begrenzten Abänderung in Bezug auf das entspr Anrecht« s Rz 45 ff). Schließlich erfolgt die **Abänderung** nicht als Totalrevision des Gesamtausgleichs, sondern **nur in Bezug auf das jeweilige** (von der Änderung des Ausgleichswerts betroffene) **Anrecht** (Abs 2 Hs 2); dies korrespondiert mit der neuen Struktur des Wertausgleichs bei der Scheidung, nämlich der Teilung jedes einzelnen Anrechts (§§ 1, 9 VersAusglG).

b) Verkürzung der Rechtsbehelfe

10 Die beiden anderen Änderungen (Beschränkung auf die Regelversorgungen; grds Ausschluss der Fehlerkorrektur; Rz 9) bedeuten zunächst eine erhebliche **Verkürzung der Rechtsbehelfe**: Bestimmte den Ausgleichswert eines Anrechts oder seine Feststellung beeinflussende Umstände können nicht mehr Grundlage eines Abänderungsverlangens sein. Fehler mit Auswirkungen auf die Bezifferung des Ausgleichswertes in der Erstentscheidung (Kalkulations-, Rechenfehler pp), können generell nicht mehr als solche allein Gegenstand eines Abänderungsverf sein. Ferner können nachträgliche Entwicklungen (zB Änderungen der Versorgungsordnung oder individuelle Umstände), die auf den Ausgleichswert eines Anrechts außerhalb der Regelversorgungen des § 32 VersAusglG zurückwirken, nicht berücksichtigt werden.

c) Einschränkung des Grundsatzes der Halbteilung (insbes der »gerechten Teilhabe im Versorgungsfall«)

11 Die formale Verkürzung der Rechtsbehelfe hat **notwendig** eine **Einschränkung des Halbteilungsgrundsatzes** zur Folge. Das gilt unabhängig von dem jeweils vertretenen Ausgleichsgedanken (zu den gängigen Alternativen – Ausgleich der wahren, wirklichen in Entwicklung befindlichen Versorgungswerte oder der stichtagsbezogenen Kapitalwerte bei Ehezeitende – vgl *Rehme* FuR 2008, 433 mwN) jedenfalls für den **Ausschluss der Fehlerkorrektur**. Etwaige unerkannte, zumal grobe Fehler verfälschen bereits in der Erstentscheidung den Ausgleichswert u die darauf beruhende Teilung des Anrechts.

12 Die **Nichtberücksichtigung nachehezeitlicher (rückwirkender) Veränderungen** (Rz 5) in Bezug auf nicht unter § 32 VersAusglG fallende Anrechte bildet ebenfalls eine (mögliche) Verletzung des Halbteilungsgrundsatzes, wenn Ziel des VA nicht eine strikt stichtagsfixierte Teilung der Kapitalwerte ist, sondern eine »gerechte Teilhabe **im Versorgungsfall**« (Rz 2 aE) oder (entspr den vergleichbaren Formulierungen im RegE VAStrRefG; § 217 Rz 1) die »rechnerische Halbteilung im Versorgungsfall« (RegE VAStrRefG S 30; dazu *Rehme* FuR 2008, 433, 436; ähnlich S 33: »gewünschte Halbteilung im Versorgungsfall«), die »gerechte Teilhabe im Versorgungsfall« entspr den »tatsächlichen Werten im Versorgungsfall« (RegE VAStrRefG Vorblatt S 1; vgl ferner zum Abstellen auf die »Wertverhältnisse« oder »Ergebnisse« im »Versorgungsfall« RegE VAStrRefG S 32, 43; ähnlich wohl, wenn auch ohne ausdrücklichen Bezug auf den »Versorgungsfall«: S 41, 45: »gleichmäßige Teilhabe ... am ehezeitlichen Vorsorgevermögen«; S 85: »Ziel des VA, beiden Eheleuten die ... erworbenen Anrechte jeweils zur Hälfte wirtschaftlich zuzuordnen«). Wenn diese Formulierungen nicht nur Floskeln sind oder vage Chancen, sondern (wie nach altem Recht; dazu *Rehme* FamRZ 2008, 738, 740) real anzustrebende Ziele beschreiben sollen (vgl allerdings zur fehlenden dogmatischen Präzision, insbes in Bezug auf ein durchgängiges Teilungskonzept, *Rehme* FamRZ 2008, 739, 740, 742 f u FuR 2008, 433, 435 f), dann ist damit der Ausschluss der Abänderung für ganze Gruppen von Anrechten unvereinbar; er blendet in einem (angeblich zunehmend

Zulässigkeit einer Abänderung des Wertausgleichs | § 225 FamFG

wichtigen; Rz 3 aE) Versorgungsbereich nachehezeitliche Wertveränderungen von vornherein aus u verhindert insoweit eine an den tatsächlichen (dh regelmäßig erst später voll erfassbaren) Versorgungswerten ausgerichtete Berechnung des Ausgleichswertes; sie hat zwangsläufig in vielen Fällen fiktive Elemente (u damit gerade den Mangel, der – wegen fehlender Übereinstimmung von Prognose u späteren tatsächlichen Werten im Versorgungsfall – dem bisherigen Recht, aber auch den Berechnungen nach dem modifizierten »Modell Bergner« vorgehalten wird; vgl RegE VAStrRefG S 40 f; letztere sind immerhin stets korrigierbar).

d) Fehlende tragfähige Begründung für die Einschränkung der Halbteilung im RegE

Der **Ausschluss der Fehlerkorrektur** wird im RegE VAStrRefG (§ 217 Rz 1) **nicht begründet** (der Begriff als solcher wird lediglich einmal kurz erwähnt; RegE VAStrRefG S 97). Der einzige erkennbare allgemeine Begründungsansatz ist die Anpassung an die »allgemeinen Regeln der Rechtskraftdurchbrechung« (RegE VAStrRefG S 96 unter Hinweis auf den Abschlussbericht der »Kommission Strukturreform VA«). Dieses (auch sonst gelegentlich benutzte) Argument des »Gleichklangs« (Gleichlaufs) des VA-Rechts mit anderen Rechtsmaterien oder -prinzipien (vgl insbes im Zusammenhang mit der Anpassung nach Rechtskraft gem §§ 32 ff VersAusglG RegE VAStrRefG S 71, 73, 76; ferner S 86, 98) ist wenig tragfähig, weil der VA gerade in dem hier interessierenden Punkt der Rechtskraftdurchbrechung einen singulären, die besondere Struktur u (wachsende) Bedeutung der Alterssicherung betonenden, eigenständigen rechtspolitischen Standard erhalten hat (*Rehme* FamRZ 2008, 738, 741); dies erfolgte, wie gezeigt (Rz 7), unter bewusster Abgrenzung ggü dem Rechtskraftprinzip. Die Anpassung an allgemeine Rechtskraftgrundsätze bedeutet deshalb einen **rechtspolitischen Rückschritt** (ohne dass entspr sorgfältige Abwägungen wie bei der Einführung des § 10a VAHRG erkennbar sind; zur Frage der möglichen bewussten Desinformation des Parlaments vgl Rz 21). 13

Im Übrigen wäre – wegen der langfristigen (weit in die Zukunft reichenden) Wirkungen einer VA-Entscheidung – allenfalls eine vorsichtige **Parallele zur Abänderung v Entscheidungen zum Unterhalt** denkbar. Hier hat es schon seit langem Versuche gegeben, den unbefriedigenden Zustand der mangelnden Berücksichtigungsfähigkeit v sog »Alttatsachen« (vor dem in § 323 Abs 2 ZPO genannten Zeitpunkt entstandene Tatsachen) zu modifizieren u Korrekturen falscher oder nicht mehr zutr Feststellungen in der abzuändernden Entscheidung zuzulassen (näher dazu Musielak/*Borth* 6. Aufl, § 323 Rn 37 ff; Zöller/*Vollkommer* § 323 Rn 41 f). Im Anschluss daran hatte die BReg im RegE des FGG-RG (BTDrs 16/6308: § 238 Abs 2 Hs 2, Abs 3 Satz 5 iVm § 240 Abs 2 Satz 4 FamFG sowie § 323 Abs 2 Hs 2, Abs 3 Satz 2 ZPO nF; dazu Amtl Begr S 257 ff, 325) insbes für Unterhaltsabänderungen eine Härteklausel vorgesehen, die der Rspr die Möglichkeit zu weitergehenden Korrekturen gegeben hätte; diese Absicht hat sie auch ggü den Einwänden des BR (BTDrs 16/6308 S 384) m plausiblen Erwägungen aufrecht erhalten (BTDrs 16/6308 S 418 f). Der Rechtsausschuss des BT (u ihm folgend das Plenum) hat sich dem BR angeschlossen (BTDrs 16/9733 zu § 238 FamFG), so dass die Härteklausel nicht Gesetz geworden ist; immerhin war sie wegen eines in der Praxis aufgetretenen Bedürfnisses Gegenstand rechtspolitischer Erörterungen. Der jetzige (neue u dennoch begründungslose) gänzliche Ausschluss einer Fehlerkorrektur für VA-Entscheidungen ignoriert dies, auch insoweit rechtspolitisch rückschrittlich (zudem ursprünglich m der Absicht einer gegenläufigen Rechtsentwicklung in diesen beiden Rechtsgebieten innerhalb desselben Gesetzentwurfes des FamFG). Hinzu kommt, dass Fehler bei der ehezeitbezogenen (dh grds zurückliegende Umstände bewertenden) VA-Entscheidung oft deutlich gravierendere (zumal ohne Korrektur irreparable) Auswirkungen haben als bei einer Unterhaltsentscheidung, bei der häufig aus anderen Gründen (Änderung der maßgeblichen Umstände) ein Einstieg in eine Neuberechnung möglich wird, die dann regel- 14 mäßig auch ohne Bindung an frühere Berechnungsgrundsätze erfolgt (vgl Zöller/*Vollkommer* § 323 Rn 41; Musielak/*Borth* 6. Aufl, § 323 Rn 38). Um so mehr besteht ein praktisches Bedürfnis, in VA-Sachen eine Fehlerkorrektur zuzulassen (vgl zur Einschätzung der Fachleute Rz 7 aE).

15 Der **Ausschluss der Abänderungsmöglichkeit** (reduziert auf die Berücksichtigung nachträglicher Veränderungen; Rz 5, 12) **für Anrechte außerhalb der Regelversorgungen des § 32 VersAusglG** wird kurz, aber grob **unzureichend begründet** (RegE VAStrRefG S 97). Etwaige praktische Schwierigkeiten bei der Abänderung bestimmter Entscheidungen (in Bezug auf kapitalgedeckte Anrechte) rechtfertigen nicht den Ausschluss der Reparatur von (möglichen) Verletzungen des Halbteilungsgrundsatzes (hierzu Rz 12); sie sind auch hier denkbar, etwa bei rückwirkender Änderung der betr Versorgungsregelungen (zB Satzungen; vgl dazu, bezogen auf das bisherige Recht, Johannsen/Henrich/*Hahne* § 10a VAHRG Rn 30; Soergel/*Hohloch* § 10a VAHRG Rn 15 aE unter Hinweis auf die Möglichkeit des Widerrufs einer Versorgungszusage; MüKo/*Dörr* § 10a VAHRG Rn 50; *Borth* Rn 93). Das gilt verstärkt bei zeitratierlich bemessenen Anrechten; hier ist die Verneinung eines rechtstatsächlichen Bedarfs für nachträgliche Abänderungen (RegE VAStrRefG S 97) unverständlich; zB sind rückwirkende Änderungen der Satzungen in den Zusatzversorgungen des öffentlichen Dienstes ohne weiteres denkbar, auch (zumal in Zeiten wirtschaftlicher Krisen) mit der Folge der Kürzung von Anrechten (näher dazu *Rehme* FuR 2008, 474 mwN, ua mit Hinweisen auf *Ruland* u *Bergner*; vgl ferner zum Wechsel der Brutto- zur Nettogesamtversorgung bei der VBL mit der Folge einer Verringerung des Versorgungswerts BGH FamRZ 1994, 92; 1998, 94).

16 Die schlichte Verneinung eines Änderungsbedarfs wird, soweit ersichtlich, in der **Fachöffentlichkeit** nicht geteilt. Soweit dort gleichwohl die Regelung als solche (Begrenzung der Abänderungsmöglichkeit) für (ua verfassungsrechtlich; näher dazu Rz 26 ff) vertretbar gehalten wird, kann dies nicht überzeugen. *Hahne* (Stellungnahme für die Anhörung im Rechtsausschuss am 3.12.2008 S 4) unterstellt ohne konkrete Prüfung (etwa zu den unter Rz 12, 15 angedeuteten möglichen Verletzungen des Halbteilungsgrundsatzes) eine praktisch nicht relevante Abänderungshäufigkeit im künftigen Recht. *Eichenhofer* (Stellungnahme für dieselbe Anhörung S 7) verneint etwaige Probleme wegen der weit reichenden Dispositionsfreiheit der Parteien; eine (auch verfassungsrechtlich) bedenkliche Regelung kann jedoch nicht »geheilt« werden durch die bloße (nicht erzwingbare) Möglichkeit interner Absprachen zwischen den Parteien.

e) Fehlende eigenständige kritische Behandlung der Abänderungsfragen im Parlament

17 Im Bericht des Rechtsausschusses (BTDrs 16/11903) wird die **Abänderungsfrage nicht erwähnt**. Die §§ 225 bis 227 werden unverändert übernommen; insoweit wird (wie bei den übrigen nicht geänderten Normen) pauschal auf die Begründung des RegE VAStrRefG (§ 217 Rz 1) verwiesen (BTDrs 16/11903 S 100). Auch in den Parlamentsdebatten (Plenarprotokolle 16/180 v 26.9.2008 S 19282 ff sowie 16/205 v 12.2.2009 S 22175 ff) fehlt nahezu jeder Hinweis darauf (einzige Ausnahme im Protokoll 16/205 S 22179: Hinweis eines Abgeordneten der Fraktion DIE LINKE auf die »Ungleichbehandlung im Rahmen der Anpassung von Anwartschaftsübertragungen« nebst kritischer, nicht beantworteter Frage, weshalb davon nur die Regelsicherungssysteme u nicht auch betriebliche u private Altersversorgungen erfasst werden oder – als Alternative – die nachträgliche Anpassung in Gänze entfallen sollte).

18 Die Parlamentsmaterialien lassen darauf schließen, dass die Abgeordneten die **Abänderungsfrage nicht erörtert** haben, dass sie insbes die dargestellten (Rz 9 ff) radikalen Änderungen der bisherigen Rechtslage nicht für diskussionswürdig u erwähnenswert erachtet haben, trotz der langen, zT kontroversen Entstehungsgeschichte des § 10a VAHRG aF mit sorgfältiger Abwägung der Argumente (Rz 7; ferner Rz 13 aE), u trotz

der zT deutlichen Ablehnung der neu eingeführten Ungleichbehandlung der Anrechte (hinsichtlich ihrer nachträglichen Anpassung bzw Abänderung) durch einige der angehörten Sachverständigen wegen dringenden Bedarfs einer Ausweitung der Regelungen (*Niehaus* Stellungnahme S 5 ff) u wegen klar bejahter Verfassungswidrigkeit (*Ruland* Stellungnahme S 29 ff; ausf dazu Rz 26 ff).

Eine denkbare **Erklärung für** das schlichte **Ignorieren der Abänderungsproblematik** 19 (die bereits vor Einbringen des Gesetzentwurfs in den Bundestag Ende August 2008 in der Lit erörtert wurde; zB *Ruland* NZS 2008, 225, 237; *Rehme* FamRZ 2008, 738, 740 f) wäre die Gewissheit, dass (für jeden Abgeordneten u künftigen Rechtsanwender ohne Weiteres einsichtig) im neuen Ausgleichssystem des VA sowohl eine Fehlerkorrektur (ggf in reduzierter Form wie gem § 238 Abs 2 Hs 2 idF RegE; vgl Rz 14) als auch eine Abänderung in Bezug auf Anrechte außerhalb der Regelversorgungen gänzlich verfehlt, ferner dass verfassungsrechtliche Bedenken geradezu abwegig u deshalb vernachlässigbar seien. Für eine solche Selbstsicherheit ist bei den aufgezeigten rechtlichen u verfassungsrechtlichen Fragen (Rz 11 ff; ferner Rz 26 ff) kein Raum. Jedenfalls bei nicht strikt stichtagsfixierter Betrachtung (vgl Rz 12 am Anfang) kann der Wechsel der Ausgleichsstruktur nur die Häufigkeit des Abänderungsbedarfs beeinflussen, nicht aber seine stets praktisch wiederholbare (nicht nur theoretische) Möglichkeit beseitigen. Schon der Umstand, dass die nachträgliche Anpassung (§§ 32 ff VersAusglG) u Abänderung (§§ 225 bis 227) für die Regelversorgungen weiter bestehen bleiben soll (offenbar aus verfassungsrechtlichen Gründen; vgl RegE VAStrRefG S 97), hätte Anlass sein müssen, (auch) auf die verfassungsrechtliche Dimension der (neuen) Differenzierung (Schaffung von zwei »Klassen« von Anrechten; *Rehme* FamRZ 2008, 738, 741; *Born* NJW 2008, 2289, 2292) einzugehen u exakt zu begründen, weshalb sie zulässig sein soll (näher dazu Rz 26 ff; zur verfassungsrechtlichen Nonchalance des RegE vgl *Rehme* FuR 2008, 474, 475). Aber selbst wenn die Abgeordneten die Gewissheit insbes der verfassungsrechtlichen Zulässigkeit gehabt hätten, wäre es aus Respekt ggü dem Verfassungsorgan BVerfG notwendig gewesen, die (zunächst der BReg obliegenden, von ihr nicht annähernd erfüllte; Rz 21; *Rehme* FuR 2008, 474, 475) Aufgabe der Verfassungswahrung auch nach außen zu dokumentieren u sich mit der einschlägigen Rspr des BVerfG auseinanderzusetzen u ihr ggü abzugrenzen, ferner (zumindest als nobile officium) auf die Erwägungen des früheren Gesetzgebers (Rz 7) einzugehen u ihre mangelnde (überholte?) rechtspolitische Relevanz darzulegen (ebenso *Born* NJW 2008, 2289, 2292).

Im Erg stellen sich – insbes bei der Frage der Abänderung gem § 225 (sowie der An- 20 passung gem §§ 32 ff VersAusglG) – der Bericht des Rechtsausschusses u die parlamentarischen Beratungen nicht als eigenständige rechtliche u rechtspolitische Prüfung des Gesetzgebungsvorhabens dar, sondern eher als Beispiel für eine den Vorgaben der Regierung weitgehend ohne Grundsatzdiskussion folgende, sich statt dessen auf Detailkritik beschränkende Verabschiedung eines Gesetzes. Dies hat unmittelbare **Folgen für die Rechtsanwendung**: Die vom Parlament fortgeschriebene mangelnde Präzision des RegE in Grundsatzfragen, insbes hinsichtlich eines konsistenten Teilungsbegriffs (vgl *Rehme* FuR 2008, 433 f, 435 f; *Born* NJW 2008, 2289, 2292; vgl ferner Rz 11, 12) entwertet den Halbteilungsgrundsatz als Auslegungshilfe (vgl dazu Rz 4); eine diffuse, »ungefähre«, in »Klassen« von Anrechten aufgegliederte Halbteilung (*Rehme* FamRZ 2008, 738, 739, 742 f; *Born* NJW 2008, 2289, 2292) diskreditiert das Ziel der »gerechten Teilhabe im Versorgungsfall« (Rz 2 aE, 12) u kann keinen einheitlichen Leitgedanken des VA bilden.

Unmittelbare Ursache für die (rechtlich u rechtspolitisch) verkürzte Behandlung der 21 Abänderungsfragen im Parlament ist deren **mangelhafte Aufbereitung u Problematisierung im RegE VAStrRefG** (§ 217 Rz 1). Trotz ausf vorangegangener Erörterung in der Literatur (vgl Rz 19 am Anfang; dem BMJ zT vorab zugeleitet im Rahmen von Stellungnahmen zum Diskussionsentwurf v 29.8.2007 bzw zum Referentenwurf v 12.2.2008) wird weiterhin die Fehlerkorrektur nahezu gänzlich übergangen (Rz 13), jeder Hinweis auf die diesbezüglichen intensiven Erörterungen des früheren Gesetzgebers (Rz 7) un-

§ 225 FamFG | Zulässigkeit einer Abänderung des Wertausgleichs

terbleibt, die einschlägige Rspr des BVerfG zur verfassungsrechtlich uneingeschränkt (ohne Differenzierung zwischen den Anrechten) gebotenen Abänderbarkeit von Entscheidungen zum VA wird grob unzureichend ausgewertet (RegE VAStrRefG S 97; dazu *Ruland* Schriftliche Stellungnahme für den Rechtsausschuss S 29 ff; *Rehme* FuR 2008, 2008, 474, 475 mwN). Dies legt den Schluss auf eine bewusste **Desinformation des Parlaments** nahe (durch Verschweigen, Bagatellisieren von Problemen; näher dazu *Rehme* FamRZ 2008, 738, 739; FuR 2008, 474, 475; ferner *Born* NJW 2008, 2289, 2292), vermutlich mit dem Ziel, die parlamentarische Diskussion einzuschränken. Dem hätte der Bundestag nur durch eigenständige Erörterung der Grundsatzfragen (einschl des vorgegebenen verfassungsrechtlichen Rahmens) entgegentreten können. Die fehlende weiterführende, zwischen Vor- u Nachteilen (für Eheleute u Versorgungsträger; zu letzteren Rz 22) abwägende Diskussion wirkt sich aus bei der Frage der Verfassungsmäßigkeit (Rz 26 ff): Das Fehlen eines konsistenten (für alle Anrechte gleichmäßig geltenden) Teilungsbegriffs offenbart zugleich den Mangel des für einen Systemwechsel erforderlichen Mindestmaßes an konzeptioneller Neuorientierung (näher dazu Rz 30, 32, 36 ff).

f) Zu vermutende maßgebliche Gründe für die Verkürzung der Rechtsbehelfe

22 Die maßgeblichen Gründe für die Verkürzung der Rechtsbehelfe (Rz 10; zu den negativen Folgen Rz 11 f) können mangels tragfähiger Begründung im RegE (Rz 13 ff) nur vermutet werden. Im RegE (S 97) wird ausgeführt, dass die Regelung in § 225 »etwaige nachträglich eintretende grundrechtswidrige Auswirkungen des VA« verhindere; der Gesetzgeber sei »von Verfassungs wegen verpflichtet«, in bestimmten Fällen die Möglichkeit einer nachträglichen Korrektur zu eröffnen (BVerfG FamRZ 1993, 161). Damit wird jedoch nur die (weiterhin bestehende) Notwendigkeit einer Abänderungsmöglichkeit begründet, nicht ihre konkrete Ausformung mit den genannten schwerwiegenden Einschränkungen; letztere werden insbes nicht verfassungsrechtlich abgesichert. Der in diesem Zusammenhang nicht ausdrücklich genannte, aber in der Begründung des RegE (ebenso im Bericht des Rechtsausschusses vom 11.2.2009 BTDrs 16/11903 S 1) immer wieder zum Ausdruck kommende tragende Gesichtspunkt ist erkennbar die **Entlastung der Versorgungsträger, insbes der** (auch kleinen u mittleren) **privaten Träger der ergänzenden Altersversorgung** (private u betriebliche Altersvorsorge; ausf zur Entlastung *Rehme* FamRZ 2008, 738, 739, 741 ff, 746 f; FuR 2008, 474, 476 f):

23 Die privaten Versorgungsträger (Firmen pp) werden erstmals zwangsweise in die Umsetzung des VA (Realteilung) einbezogen. Um hier die Akzeptanz zu erreichen (vgl RegE S 42) u das verfassungsrechtliche Risiko eines Eingriffs in die Vertragsfreiheit zu reduzieren (vgl RegE S 43) sieht das VersAusglG zahlreiche Entlastungen zugunsten der (insbes privaten) Versorgungsträger vor. Hierzu gehört an erster Stelle eine **möglichst weitgehende (zumindest fakultative) Beschränkung des Verwaltungsaufwands:**

24 – Alle Versorgungsträger können zunächst die (lästige) Dauerverwaltung kleiner neu (bei interner Teilung) entstehender Anrechte gem § 14 Abs 2 Nr 2 VersAusglG vermeiden durch einseitige Wahl der externen Teilung (einer Teilungsform mit »regelmäßig« »ungleichen Ergebnissen im Versorgungsfall«; so RegE S 43).
– Die generelle Abschaffung der Fehlerkorrektur (vgl allerdings Rz 45 ff) bewirkt, dass alle Versorgungsträger sich grds mit einer durch eine VA-Entscheidung abgeschlossenen Sache nicht mehr rückwirkend (bezogen auf die Zeit vor Erlass der Entscheidung) befassen müssen, sondern allenfalls mit nachträglichen Wertveränderungen; etwaige Fehler der Erstentscheidung werden, unabhängig von ihrer praktischen Relevanz, nicht korrigiert.
– Die Anpassung gem §§ 32 ff erfolgt (anders als bisher) generell ohne Rückwirkung (wiederum eine einseitig die Versorgungsträger begünstigende Regelung; vgl *Rehme* FamRZ 2008, 738, 747).

- Die Träger der ergänzenden Altersvorsorge werden zusätzlich dadurch privilegiert, dass überhaupt keine Abänderung gem § 225 u keine Anpassung gem §§ 32 ff VersAusglG erfolgt. Ihre Tätigkeit beschränkt sich auf eine reine Verwaltungstätigkeit auf der Grundlage der einmal getroffenen VA-Entscheidung. Nicht nur Fehler, auch nachträgliche Wertveränderungen bleiben unberücksichtigt.
- Die Träger der betrieblichen Altersvorsorge mit internen Durchführungswegen (Direktzusage, Unterstützungskasse) können gem § 17 (iVm § 14 Abs 2 Nr 2) VersAusglG die externe Teilung nicht nur in Fällen kleiner Anrechte, sondern nahezu in allen praktisch relevanten Fällen (Anrechte bis zu einem Kapitalwert von ca 127 000 € bzw einer Monatsrente von ca 860 €; vgl *Rehme* FuR 2008, 474, 476 mit Fn 24) einseitig die externe Teilung wählen.

Diese zahlreichen Erleichterungen gehen regelmäßig zu Lasten zumindest eines der 25 Ehegatten; ihre Rechte, zumal ihr Interesse an einer halbteilungsgerechten Teilhabe im Versorgungsfall werden massiv eingeschränkt (vgl Rz 10 ff), insbes im Bereich der zunehmend bedeutsamen Anrechte der ergänzenden Altersvorsorge (Rz 3 aE).

IV. Verfassungswidrigkeit der neuen Abänderungsregelung

1. Allgemeines

Die Abänderungsregelungen sind, wie dargestellt (Rz 9), gravierend eingeschränkt worden. 26 Die Tragweite dieser Einschnitte ergibt sich erst aus dem systematischen Zusammenhang mit dem Halbteilungsgrundsatz (Rz 4 ff, 11 f) u vor dem rechtspolitischen Hintergrund (Rz 7, 13). Die Verkürzung der Rechtsposition der Eheleute ist um so belastender einzuschätzen, je enger die Halbteilung mit dem Postulat einer »gerechten Teilhabe im Versorgungsfall« (Rz 2 aE, 12) verknüpft wird. Die Abänderungsregelungen haben eine herausragende Bedeutung bei der Verwirklichung des Halbteilungsgrundsatzes (Rz 5), weil nur so eine nicht nur punktuelle, sondern fortwirkende Umsetzung verfahrensrechtlich gesichert werden kann. Das hat nicht nur eine rechtspolitische, sondern ggf auch **verfassungsrechtliche Dimension** (Rz 21, 22 mwN; *Rehme* FamRZ 2008, 738, 740). Deshalb muss sich jede (einschneidende) Verkürzung der Rechtsbehelfe in diesem Bereich an **Art 3 Abs 1 GG** (allgemeiner Gleichheitssatz) messen lassen, insbes daran, ob sie unvermeidbar ist (oder ob schonendere Alternativen möglich sind), ferner ob die Verkürzung in einem angemessenen Verhältnis zum angestrebten Ziel steht. Dabei ist eine sorgfältige Abwägung der Interessen aller Betroffenen (hier: insbes der Eheleute u der Versorgungsträger) vorzunehmen. Das alles gilt auch im Rahmen einer Reform (Systemwechsel; hier: Strukturreform des VA), im Sinne eines erforderlichen u erkennbaren Mindestmaßes an konzeptioneller Neuorientierung (vgl Rz 30, 32, 36 ff). Dabei kann das Fehlen jeder nachvollziehbaren Begründung ein Indiz für das Fehlen des Konzepts sein.

Es sollte unstr sein, dass der generelle Ausschluss der **Fehlerkorrektur** rechtspolitisch 27 rückschrittlich ist (Rz 13, 14). Auch die damit zu erzielenden (nicht näher dargelegten) Entlastungseffekte bei den Versorgungsträgern u Gerichten können, insbes bei möglichen groben Fehlern, kein ernsthaftes Argument für diese Neuerung sein (näher dazu *Rehme* FamRZ 2008, 738, 741, 742; vgl ferner Rz 7 aE, 14 aE); auch der RegE VAStrRefG (§ 217 Rz 1) verzichtet auf eine Begründung nebst Abgrenzung ggü dem früheren Gesetzgeber (Rz 13). Ob diese Erwägungen ausreichen, um die Grenze der willkürlichen (weil konzeptlosen; Rz 26 aE) Bevorzugung der Interessen der Versorgungsträger zu überschreiten, mag zweifelhaft sein; immerhin ist die Fehlerkorrektur unter Durchbrechung der Rechtskraft bisher (vgl aber Rz 14) eine Ausnahme im Rechtsmittelsystem. Letztlich kann die Frage wegen der (klaren) Verfassungswidrigkeit im nachstehend erörterten Punkt offen bleiben.

§ 225 FamFG | Zulässigkeit einer Abänderung des Wertausgleichs

2. Verfassungswidrigkeit der Begrenzung der Abänderung auf die Regelversorgungen des § 32 VersAusglG

a) Äußerungen in der Lit

28 Die Verfassungswidrigkeit der Begrenzung ist mehrfach gerügt worden (Rz 19 am Anfang mwN; ferner *Born* NJW 2289, 2292). In seiner schriftlichen Stellungnahme für die Anhörung im Rechtsausschuss (S 29 ff) hat *Ruland* die Bedenken (auch zur parallelen Frage der Begrenzung der nachträglichen Anpassung gem §§ 32 ff VersAusglG auf die Regelversorgungen) ausf dargelegt (zu weiteren Nachw aus der Lit vgl *Ruland* Anhörung S 31 m Fn 58) mit dem klaren Erg der Bejahung der Verfassungswidrigkeit (offenbar ohne nachfolgende Erörterung im Rechtsausschuss, vgl Rz 17 ff; zu den nur pauschalen Gegenäußerungen anderer Sachverständiger vgl Rz 16). Auf die Stellungnahme von *Ruland* wird Bezug genommen (vgl ferner *Bergner* KommRefVA, 2009, § 1 Ziff 2.6.3, § 225 FamFG Ziff 3).

b) Neueste Rspr des BVerfG

aa) Allgemeines

29 Ergänzend zu den Stimmen in der Lit (Rz 28) kann die Annahme der Verfassungswidrigkeit auf die **neueste Rspr des BVerfG** zur sog. Pendlerpauschale (Urt v 9.12.2008 – 2 BvL 1/07 ua – = NJW 2009, 48; im Folgenden Zitat m Angabe der S in NJW 2009 u amtl Rn) gestützt werden:

30 In der Entscheidung hat das BVerfG seine Rspr zur Anwendung des allgemeinen Gleichheitssatzes (Art 3 Abs 1 GG) zusammenfassend dargestellt (NJW 2009, S 49 Rn 56) u auf den konkreten Fall der Steuergesetzgebung angewandt (Rn 57 ff). Die Ausführungen betreffen überwiegend die dort zur Entscheidung anstehende (teilweise) Reform des Steuerrechts, die dabei entwickelten Grundsätze (Rechtsfiguren, Leitgedanken) lassen sich jedoch (zur Verdeutlichung der **Reichweite des Gleichheitssatzes**) auf den vorliegenden Fall der Reform eines Teilgebietes des Familienrechts übertragen. Das gilt zumindest für die Frage, inwieweit eine mit **einer Ungleichbehandlung verbundene Reform** eine auf zutr Erfassung des Sachverhalts (Gesamtbild mit **sachgerechter Typisierung**) beruhende u erkennbare Begründung (S 50, 52 f; Rn 59 f, 77) **u/oder** einen **Systemwechsel mit** einem **Mindestmaß an konzeptioneller Neuorientierung** u folgerichtiger Umsetzung **erfordert** (S 51, 53, 54; Rn 66, 80 f, 83). Die Anwendbarkeit dieser Grundsätze ist sorgfältig zu prüfen, zumal angesichts der nach der bisherigen Rspr gebotenen generellen Abänderbarkeit (Rz 21):

bb) Ungleichbehandlung durch die Reform

31 § 225 sieht eine evidente **Ungleichbehandlung** bei der nachträglichen Abänderung von Entscheidungen vor; sie ist nur noch für die Regelversorgungen gem § 32 VersAusglG zulässig (ebenso für die nachträgliche Anpassung gem §§ 32 ff VersAusglG). Darin liegt eine Abweichung von der bisherigen Grundentscheidung des Gesetzgebers, die Abänderung (u Anpassung) für alle Versorgungen vorzusehen (Rz 7, 9; zur Desinformation des Parlaments Rz 21). Die Neuregelung erfordert (über eine bloße Willkürkontrolle hinaus) schon deshalb **höhere Anforderungen an Rechtfertigungsgründe**, weil sich die (neue) Differenzierung auf die Ausübung **grundrechtlich geschützter Freiheiten** auswirkt (BVerfG S 49 Rn 56; näher zur Entwicklung der Kontrolldichte zu einer strengen Verhältnismäßigkeitsprüfung vgl Schmidt-Bleibtreu/Klein/*Kannengießer*, GG, 11. Aufl 2008, Art 3, Rn 17). Die Verkürzung der Rechtsbehelfe bei Nicht-Regelversorgungen bedeutet beim Ausgleichspflichtigen, dass sich der Eigentumsschutz reduziert auf eine bloße stichtagsbezogene Richtigkeitskontrolle, während etwaige nachträgliche negative Wertveränderungen nicht zu einer Herabsetzung der Ausgleichspflicht führen, dh allein

zu seinen Lasten gehen. Auf Seiten des Ausgleichsberechtigten ist möglicherweise der Eigentumsschutz nicht unmittelbar tangiert; es kann jedoch eine wirtschaftlich gleichgewichtige Benachteiligung im Falle nachträglicher Wertsteigerungen der Anwartschaften eintreten, an denen der Ausgleichsberechtigte mangels Korrekturmöglichkeit nicht teilhat (zur bloßen Unterstellung fehlender praktischer Relevanz Rz 16; insbes zur fehlenden Kontrollierbarkeit eines gerade in der betrieblichen Altersversorgung nicht gewährleisteten Gleichlaufs des Versorgungsverlaufs *Rehme* FuR 2008, 433, 436 f).

cc) Nichterfüllung der Mindestanforderungen an eine Rechtfertigung der Ungleichbehandlung

Die aus der Rechtsprechung des BVerfG ableitbaren **Mindestanforderungen** an eine **32 Rechtfertigung** der in § 225 vorgesehenen **Ungleichbehandlung** (Rz 30, 31) sind ersichtlich nicht gegeben. Eine **sachgerechte Typisierung** auf der Grundlage eines zutr Gesamtbildes der zu regelnden Sachverhalte (Gesamtheit der Versorgungsanrechte) **fehlt** (Rz 33 ff). Es liegt (schon wegen des Fehlens eines konsistenten Teilungsbegriffs; Rz 20 aE mwN) auch **keine erkennbare konzeptionelle Neuorientierung** mit Ansätzen einer folgerichtigen Umsetzung vor (Rz 36 ff).

Eine **sachgerechte Typisierung** dient der normativen Zusammenfassung bestimmter **33** in wesentlichen Elementen gleich gearteter Lebenssachverhalte (BVerfG, Rn 29, S 50 Rn 60). Bei der Reform des VA müsste eine solche Typisierung (ggf mit nachfolgender Bildung von Gruppen mit unterschiedlichen Regelungen entspr der typischen Sachdifferenzen) ansetzen beim Zweck der Versorgungsanrechte. Sie dienen typischerweise (im ganz überwiegend zu regelnden Sachverhalt der Scheidung vor Eintritt eines Versorgungsfalles) nicht der Absicherung eines gegenwärtigen Bedarfs, sondern der Vorsorge für die Zukunft (insbes im Alter). Derartige Anwartschaften können sich erfahrungsgemäß nach Inhalt und Umfang der künftig zu erwartenden Leistung nach Rechtskraft einer familiengerichtlichen (Ausgleichs-)Entscheidung erheblich ändern; ferner kann aus anderen Gründen (nachträglicher Eintritt unbilliger Härten) die Anpassung einer Entscheidung geboten erscheinen. Diesem evidenten Regelungsbedarf hat der Gesetzgeber (wie erwähnt; zumeist auf Drängen des BVerfG) entsprochen u adäquate (umfassende) Rechtsbehelfe im VAHRG eingeführt.

Wenn man insoweit **grds** einen **Regelungsbedarf** anerkennt, dann gilt er zunächst un- **34** eingeschränkt u in gleicher Weise **für alle Versorgungsanrechte**. Es kann offen bleiben, ob eine Korrekturmöglichkeit im Rahmen einer typisierenden, pauschalierenden Vereinfachung (dazu BVerfG, Rn 29, S 52 f Rn 75 ff) für bestimmte Anrechte aus Gründen praktikabler Gesetzesanwendung ausgeschlossen werden könnte. Voraussetzung hierfür wäre eine erkennbare u am Lebenssachverhalt orientierte Typisierung. Daran fehlt es völlig (vgl auch BVerfG, Rn 29, S 52 f Rn 75 ff). Eine sachgerechte Typisierung könnte möglicherweise auf die versorgungsrechtliche Bedeutung des betr Versorgungsanrechts abstellen, etwa durch Begrenzung der Korrektur auf wichtige Anrechte ab einer bestimmten Wertgrenze, verbunden mit dem Ausschluss für Bagatellanrechte (quantitative wertbezogene Typisierung; vgl dazu BVerfG, Rn 29, S 52 f Rn 77, dort zur gemischten Veranlassung der Aufwendungshöhe). Der Entwurf sieht demgegenüber einen **Ausschluss unabhängig von der wirtschaftlichen Bedeutung des betr Anrechts** vor; vielmehr wird allein an bestimmte Versorgungsarten angeknüpft (u damit zB eine Abänderung/Anpassung für Anrechte der Zusatzversorgung ausgeschlossen, die häufig einen erheblichen Zusatzbedarf abdecken). Diese Art der Typisierung lässt keinen Bezug zum oben geschilderten und bei einer realitätsbezogenen Gesamtbetrachtung nicht hinwegzudenkenden Sicherungszweck der Versorgungsanrechte erkennen. Sie ist deshalb unzulässig, weil die Gruppenbildung gerade nicht entsprechend dem sachlichen Gewicht der wesentlichen wertbildenden Elemente erfolgt.

35 Tatsächlich wird die **Gruppenbildung** auch **nicht nach aus der Gesetzbegründung erkennbaren Sachkriterien** vorgenommen (zur Bedeutung des Merkmals der »Erkennbarkeit« gesetzgeberischer Motive vgl BVerfG, Rn 29, S 50, 51 Rn 59, 66), sondern, soweit ersichtlich, ausschl zum Zwecke der Entlastung der insbes privaten Versorgungsträger und zur Erhöhung der entspr Akzeptanz des neuen Instruments der Realteilung (Rz 22 ff mwN. Eine die wesentlichen Elemente des Lebenssachverhalts selbst außer Acht lassende, nur der Erleichterung der Umsetzung eines neuen Regelungsinstruments dienende Gruppenbildung ist nicht verfassungsrechtlich zulässig, wenn gleichzeitig die Interessen der betroffenen Eheleute vernachlässigt werden und ihre mögliche massive Beeinträchtigung (hier insbesondere durch Ausschluss der Korrektur wegen nachteiliger nachträglicher Entwicklungen) bewusst in Kauf genommen wird. Das gilt verstärkt deshalb, weil in Form des Modells Bergner eine (zweifelsfrei verfassungsgemäße) praktikable (aber nicht detailliert geprüfte) Alternative vorhanden ist (zum Modell »Bergner« ausf *Rehme* FamRZ 2008, 738, 744 ff; FuR 2008, 433, 434 f).

36 Die gravierende (den Grundrechtsbereich berührende; Rz 31) Ungleichbehandlung hinsichtlich der Abänderung/Anpassung von Entscheidungen könnte (mangels zulässiger Typisierung) nur noch gerechtfertigt werden als Ausfluss eines (zulässigen) **Systemwechsels**. In diesen Fällen kann nach der Rechtsprechung des BVerfG die Bindung an frühere Grundentscheidungen (hier: die Einführung einer umfassenden Möglichkeit der Abänderung/Anpassung; Rz 31 am Anfang, Rz 33 aE) entfallen u eine weite Gestaltungsfreiheit (wieder) begründet werden (BVerfG, Rn 29, S 53 Rn 80). Das setzt aber ein **Mindestmaß an konzeptioneller Neuorientierung** voraus. Eine sachlich begrenzte Neuregelung, die zudem wegen des fehlenden Bezuges zu den maßgeblichen Elementen des Lebenssachverhaltes (Rz 33 f) von vornherein der erforderlichen Konsequenz und Konsistenz der Regelungsziele ermangelt (dazu BVerfG, Rn 29, S 54 Rn 83), ist nicht zulässig, stellt insbesondere nicht den Beginn eines nach u nach, jedoch folgerichtig umzusetzenden neuen Grundkonzepts dar (BVerfG, Rn 29, S 53 Rn 80). Es ist bereits auf das Fehlen eines konsistenten Teilungsbegriffs hingewiesen worden (Rz 20 aE, 21 aE, 32). Die Strukturreform des VA wird zwar gelegentlich als Wechsel zu einem stichtagsbezogenen Kapitalwertausgleich (fehl-)gedeutet. Tatsächlich distanziert sie sich (schon durch die Zulassung der Abänderung/Anpassung für die Regelversorgungen; Rz 19) jedenfalls im Erg (u im angestrebten Ideal der »rechnerischen Halbteilung im Versorgungsfall«; Rz 12) davon. Es fehlt auch jede Andeutung im RegE VAStrRefG (§ 217 Rz 1), dass künftig ein rein stichtagsbezogener Ausgleich angestrebt u durch gänzlichen Wegfall der (bisher für wesentliche Teile der Anrechte aufrecht erhaltenen) Korrekturmöglichkeiten umgesetzt werden soll. Eine solche Neukonzeption wäre im Übrigen nach der eigenen Einschätzung des BMJ verfassungswidrig, jedenfalls mit der derzeitigen Rspr des BVerfG (zB BVerfGE 87, 348, 358; iE *Ruland*, Rz 28) unvereinbar.

37 Wenn danach davon auszugehen ist, dass mit der Strukturreform eine **dauerhafte Aufspaltung** in »einfache« (nicht abänderbare) u »privilegierte« Anrechte (m der Möglichkeit der Abänderung/Anpassung) angestrebt wird (vgl Rz 20 mwN), dann bleibt als Anlass für diese (bezogen auf den Versorgungszweck **willkürliche**; Rz 33 f) **Gruppenbildung** nur das Motiv der einfacheren Umsetzung mit verbesserter Akzeptanz durch Entlastung der (insbesondere privaten) Versorgungsträger (Rz 22 ff). Darin mag ein praktischer Vorteil liegen (vgl *Rehme* FuR 2008, 474, 476 f); er ist jedoch kein auch nur ansatzweise tragfähiger Grund für die sachlich willkürliche Beschneidung der Rechte der betroffenen Eheleute. Hier muss der Gesetzgeber auf andere (bereits vorhandene) Regelungsalternativen (Rz 35 aE) ausweichen.

3. Folgen der Verfassungswidrigkeit (gem 2.)

38 Die durch die Auswertung der neuesten Rspr des BVerfG bestärkte Annahme der Verfassungswidrigkeit des § 225 (die Gründe gelten in gleicher Weise für die Anpassung gem §§ 32 ff VersAusglG) erschwert die Rechtsanwendung für die betroffenen Eheleute, Richter, Rechtsanwälte u Versorgungsträger. Bei derart gewichtigen Bedenken müsste ein **Anwalt** schon aus **Haftungsgründen** in jedem einschlägigen Fall (Benachteiligung seines Mandanten wegen fehlender Möglichkeit der Abänderung/Anpassung) ein an sich unzulässiges Korrekturverf einleiten u auf eine Richtervorlage gem Art 100 GG dringen oder (bei Ablehnung durch den Richter) für seinen Mandanten Verfassungsbeschwerde einlegen.

Im Falle der (bei Bestätigung der bisherigen Rspr zu erwartenden) Bejahung der Verfassungswidrigkeit der Regelungen über die Abänderung/Anpassung durch das BVerfG wäre eine **langfristige Rechtsunsicherheit** die Folge. Denn wegen der unterschiedlichen Gestaltungsmöglichkeiten des Gesetzgebers würde sich das BVerfG wahrscheinlich auf die Feststellung der Unvereinbarkeit mit dem GG beschränken (vgl BVerfG NJW 2009, 54 Rn 86 f): 39

Eine Beseitigung des Verstoßes gegen Art 3 Abs 1 GG durch **Gleichbehandlung aller Anrechte** könnte zunächst durch einen **generellen Ausschluss der Abänderung/Anpassung** für alle Versorgungsanrechte, auch die Regelversorgungen bewirkt werden; Folge wäre ein auf den Stichtag Ehezeitende fixierter Ausgleich. Das erscheint mit Rücksicht auf die vielfältig denkbaren nachträglichen Wertveränderungen (vgl Rz 5, 12, 15) rechtlich u rechtspolitisch unvertretbar; es wird auch von der BReg ersichtlich nicht angestrebt (Rz 36 aE). 40

Eine Alternative wäre die Aufhebung der Begrenzung u damit **Ausdehnung der Abänderung/Anpassung auf alle Versorgungen**. Mit dieser Lösung würde ein dem alten Recht ähnlicher Rechtszustand erreicht (ggf mit Einschränkungen hinsichtlich der Fehlerkorrektur). Sie würde jedoch eine wesentliche Änderung der konzeptuellen Grundlagen des RegE VAStrRefG (§ 217 Rz 1) erfordern: Nach allen bekannten Äußerungen der Vertreter insbes der kleinen u mittleren Versorgungsträger beruht die Akzeptanz (u auch eine, wenn überhaupt, denkbare verfassungsrechtliche Legitimierbarkeit; vgl Rz 23) in Bezug auf das obligatorische System der Realteilung maßgeblich darauf, dass die privaten Versorgungsträger möglichst umfassend entlastet werden. Ein wesentlicher Punkt dabei ist eine feste unabänderliche Ausgangsentscheidung, die die privaten Träger nur noch umsetzen müssen ohne das Risiko, ggf noch nach langer Zeit alte Aufteilungen (Realteilungen) mit zusätzlichem Aufwand korrigieren zu müssen. Die Begrenzung der Abänderung/Anpassung bei betrieblichen Anrechten ist danach eine notwendige (systembedingte) Voraussetzung für die Einführung u praktische Umsetzbarkeit der Realteilung als grundsätzliches Teilungskonzept. Eine Änderung in diesem Punkt würde eine grundlegende Überarbeitung des VersAusglG erfordern (nach entspr Vorbereitung, insbes Abstimmung mit den Versorgungsträgern). 41

Die zu erwartenden Probleme im Falle einer vom BVerfG bestätigten Verfassungswidrigkeit der Neuregelung entbinden den Rechtsanwender (insbes Anwälte u Richter) nicht von der Verpflichtung, die dargelegten (massiven) verfassungsrechtlichen Bedenken ggf mit den vorgegebenen rechtlichen Möglichkeiten einer Klärung zuzuführen. 42

B. (Weitere) Einzelheiten

I. Abs 1 (Begrenzung der Abänderung auf die Regelversorgungen des § 32 VersAusglG)

Die Vorschrift ist verfassungswidrig (ausf Rz 26 ff; zu den Rechtsfolgen Rz 38 ff). 43

II. Abs 2 (Voraussetzungen für eine Abänderung)

1. Allgemeines

44 Abs 2 umschreibt entspr der neuen **anrechtsbezogenen Struktur des Wertausgleichs** (Rz 9 aE) die allgemeinen Voraussetzungen für eine Abänderung. Von den drei Fallgruppen des § 10a Abs 1 Nr 1 bis 3 VAHRG wird nur noch die (bisher schon praktisch herausragende) Nr 1 (Wertunterschied) benötigt (vgl auch RegE VAStrRefG S 96 f) u umformuliert auf die Besonderheiten des neuen Systems.

2. Fehlerkorrektur

45 Ein wesentlicher Unterschied ggü dem alten Recht ist das Erfordernis von »rechtlichen oder tatsächlichen Veränderungen nach dem Ende der Ehezeit« u damit der grundsätzliche **Ausschluss der Fehlerkorrektur** (ausf, auch zum rechtspolitischen Hintergrund, Rz 6 ff, 9 ff, 13 f, 27). Die Begründung des VAStrRefG (S 97; § 217 Rz 1) will abweichend von dem an sich eindeutigen Wortlaut gleichwohl »im Rahmen der begrenzten Abänderung in Bezug auf das entspr Anrecht eine Fehlerkorrektur« zulassen. Dies deutet darauf hin, dass ein **Fehler als solcher keinen Einstieg in ein Abänderungsverf** bietet, **wohl aber im Rahmen einer aus anderen Gründen** (nämlich bei wesentlicher nachträglicher Veränderung des Ausgleichswertes) **zulässigen Abänderung zusätzlich berücksichtigt** werden darf. Dies erinnert an Überlegungen, die bereits im Vorfeld der Einführung des § 10a VAHRG angestellt wurden (vgl BTDrs 10/5447 S 19 zu § 10a Abs 3 des damaligen RegE; Zweck: Vermeidung von erheblichen Ungerechtigkeiten in Einzelfällen; vgl ferner Johannsen/Henrich/*Hahne* § 10a VAHRG Rn 4). Der Versuch im jetzigen RegE VAStrRefG, die Fehlerkorrektur in gewissen Fällen (genannt werden »Buchungs- oder Berechnungsfehler« der Versorgungsträger) zu erhalten, zeigt einmal mehr die (letztlich wiederum auf dem Fehlen eines schlüssigen Teilungsbegriffs beruhende; dazu Rz 20 aE, 21 aE, 32, 36) Inkonsequenz der Strukturreform: Das praktische Unbehagen, an Fehlern festhalten zu müssen (vgl auch die deutliche Kritik der Fachleute Rz 7 aE), nötigt zu dogmatisch unsauberen Auswegen. Dies wird in der Praxis zu großen Schwierigkeiten oder reinen Billigkeitsentscheidungen führen.

46 Wenn in dem vorstehend vorsichtig angedeuteten Umfang eine Fehlerkorrektur möglich sein sollte (u von der Praxis so genutzt wird), sind weitere **erhebliche Unklarheiten u Ungereimtheiten** zu bewältigen: Unklar ist zunächst, ob die Fehlerkorrektur nur im Rahmen eines gerichtlichen Abänderungsverfahrens zulässig ist oder ob die Versorgungsträger schon vorher eine aktenmäßige Korrektur vornehmen können (insbes um etwaige »Buchungs- oder Berechnungsfehler« nicht fortschreiben zu müssen); das wäre grds wünschenswert, aber kaum mit der Abgrenzung der Kompetenzen von Gericht u Versorgungsträger vereinbar. Schließlich führen die Versuche, die Fehlerkorrektur begrenzt zuzulassen, notwendig zu unauflöslichen Wertungswidersprüchen: Es ist den Eheleuten kaum zu vermitteln, dass Fehler evtl im Rahmen einer zulässigen Abänderung zu berücksichtigen sind, nicht aber (gänzlich unabhängig von ihrer wirtschaftlichen Bedeutung), wenn eine nachträgliche Veränderung des Ausgleichswertes nicht eingetreten ist (vgl dazu ua *Niehaus* Schriftliche Stellungnahme für den Rechtsausschuss S 6 ff).

47 Insgesamt ist die Behandlung der Frage der Fehlerkorrektur ein weiterer Beleg für die mangelnde Konsequenz u Stringenz der Strukturreform. Hier muss die Rspr praktisch gangbare Wege erst entwickeln (sofern nicht eine baldige Entscheidung des BVerfG zur Verfassungswidrigkeit der Abänderung ohnehin zur umfassenden Neubearbeitung der entspr Fragen nötigt; vgl Rz 26 ff, 38 ff).

3. Sonstiges

Die Voraussetzungen für eine Abänderung wegen nachträglicher Änderung des Ausgleichswertes eines Anrechts entsprechen sachlich weitgehend dem bisherigen Recht: Es ist eine rechtliche oder tatsächliche Änderung mit Rückwirkung (»Ehezeitbezug«; vgl RegE VAStrRefG S 97) erforderlich (zur Wesentlichkeit der Wertänderung vgl Rz 49). Wegen weiterer Einzelheiten wird vorläufig auf die Kommentierungen zu § 10a VAHRG Bezug genommen (zB Staudinger/*Rehme* § 10a VAHRG Rn 7 ff, 30 ff; FAKomm-FamR/ *Rehme* § 10a VAHRG Rn 3 f, 11 ff). 48

III. Abs 3 (Wesentlichkeit der Wertänderung)

Abs 3 ergänzt Abs 2, indem er die dort angesprochene »wesentliche« Wertänderung definiert. Er entspricht strukturell dem bisherigen § 10a Abs 2 S 1 Nr 1, S 2 VAHRG; wie dort wird eine relative u eine absolute Wesentlichkeitsgrenze bestimmt, hier – entspr der neuen Ausgleichsform (vgl Rz 44) – wiederum bezogen auf die Wertänderung des einzelnen Anrechts (zur Festlegung der Wertgrenzen vgl Reg VAStrRefG S 97; § 217 Rz 1). 49

IV. Abs 4 (Wartezeiterfüllung)

Abs 4 entspricht § 10a Abs 2 Nr 2 VAHRG. Alternativ zur Erfüllung der Wesentlichkeitsgrenze ist die Abänderung auch bei (tatsächlicher, nicht nur weiter angenäherter; vgl FAKomm-FamR/*Rehme* § 10a VAHRG Rn 38) Wartezeiterfüllung zulässig. 50

V. Abs 5 (Auswirkung zugunsten eines Ehegatten oder seiner Hinterbliebenen)

Abs 5 entspricht § 10a Abs 2 Nr 3 VAHRG (vgl dazu FAKomm-FamR/*Rehme* § 10a VAHRG Rn 39). Die günstigen Auswirkungen müssen nach der jetzigen leicht geänderten Formulierung feststehen, nicht nur voraussichtlich möglich sein. 51

§ 226 Durchführung einer Abänderung des Wertausgleichs bei der Scheidung

(1) Antragsberechtigt sind die Ehegatten, ihre Hinterbliebenen und die von der Abänderung betroffenen Versorgungsträger.

(2) Der Antrag ist frühestens sechs Monate vor dem Zeitpunkt zulässig, ab dem ein Ehegatte voraussichtlich eine laufende Versorgung aus dem abzuändernden Anrecht bezieht oder dies auf Grund der Abänderung zu erwarten ist.

(3) § 27 des Versorgungsausgleichsgesetzes gilt entsprechend.

(4) Die Änderung wirkt ab dem ersten Tag des Monats, der auf den Monat der Antragstellung folgt.

(5) Stirbt der Ehegatte, der den Abänderungsantrag gestellt hat, vor Rechtskraft der Endentscheidung, hat das Gericht die übrigen antragsberechtigten Beteiligten darauf hinzuweisen, dass das Verfahren nur fortgesetzt wird, wenn ein antragsberechtigter Beteiligter innerhalb einer Frist von einem Monat dies durch Erklärung gegenüber dem Gericht verlangt. Verlangt kein antragsberechtigter Beteiligter innerhalb der Frist die Fortsetzung des Verfahrens, gilt dieses als in der Hauptsache erledigt. Stirbt der andere Ehegatte, wird das Verfahren gegen dessen Erben fortgesetzt.

1 Die Vorschrift trifft (zT mit Modifikationen) die Durchführung der Abänderung betr, insbes verfahrensrechtliche Regelungen, die bisher in § 10a Abs 3 bis 5, 7 S 1, 10 VAHRG enthalten waren (der Regelung in § 10a Abs 7 S 2 entspricht jetzt § 30 VersAusglG, der in Abs 9 § 227 Abs 2). Wegen weiterer Einzelheiten wird auf die Kommentierungen zum bisherigen Recht verwiesen (zB FAKomm-FamR/*Rehme* § 10a VAHRG Rn 40 bis 50, 54).

2 **Abs 1** entspricht § 10a Abs 4 VAHRG.

3 **Abs 2** regelt (entspr § 10a Abs 5 VAHRG) den Zeitpunkt der möglichen Antragstellung, jedoch nunmehr allein unter Koppelung an den voraussichtlichen Beginn des Leistungsbezugs (6-Monats-Frist; näher dazu RegE VAStrRefG S 98; § 217 Rz 1).

4 **Abs 3** regelt (wie § 10a Abs 3 VAHRG) die Modifizierung der Abänderung aus Billigkeitsgründen, jetzt (zT abweichend von der früheren Normierung; dazu FAKomm-FamR/*Rehme* § 10a VAHRG Rn 40 ff) in vollständiger Anbindung an die allgemeine Billigkeitsregel in § 27 VersAusglG (früher: § 1587c Nr 1 BGB aF).

5 **Abs 4** entspricht § 10a Abs 7 S 1 VAHRG (dazu FAKomm-FamR/*Rehme* Rn 54).

6 **Abs 5** regelt (entspr § 10a VAHRG Abs 10) die Folgen des Todes des Antragstellers (**S 1 bis 3**) bzw des Antragsgegners (**S 4**). Die bisher geltende Frist für die Wiederaufnahme des Verf nach dem Tod des Antragstellers ist auf 1 Monat verkürzt, jedoch beginnt diese Frist erst nach Zugang eines entspr Hinweises durch das Gericht zu laufen (so die sinnvolle Auslegung des nicht ganz eindeutigen Wortlauts in RegE VAStrRefG S 98; § 217 Rz 1).

§ 227 Sonstige Abänderungen

(1) Für die Abänderung einer Entscheidung über Ausgleichsansprüche nach der Scheidung nach den §§ 20 bis 26 des Versorgungsausgleichsgesetzes ist § 48 Abs. 1 anzuwenden.

(2) Auf eine Vereinbarung der Ehegatten über den Versorgungsausgleich sind die §§ 225 und 226 entsprechend anzuwenden, wenn die Abänderung nicht ausgeschlossen worden ist.

Nach der allgemeinen Vorschrift des § 48 Abs 1 sind rechtskräftige Endentscheidungen mit **Dauerwirkung** aus dem Bereich der freiwilligen Gerichtsbarkeit (vorbehaltlich von Sonderregelungen; vgl AmtlBegr S 198) abänderbar, wenn sich die zugrunde liegende Sach- oder Rechtsgrundlage nachträglich wesentlich geändert hat. Dies gilt nach der (wohl nur deklaratorischen) Regelung in **Abs 1** auch für die Abänderung von Entscheidungen über Ausgleichsansprüche nach der Scheidung gem §§ 20 bis 26 VersAusglG (entspr dem bisherigen schuldrechtlichen VA; unzutr insoweit der Hinweis auf die den bisherigen öffentlich-rechtlichen VA ergänzenden Vorschriften gem § 1587d Abs 2 BGB aF u § 3b Abs 1 Nr 2 S 2 VAHRG aF in RegE VAStrRefG S 98; § 217 Rz 1) mangels Dauerwirkung wohl nicht bei Ansprüchen gem §§ 22, 23 VersAusglG (vgl *Norpoth* FamRB 2009, 288, 294). Weil die Erstentscheidung über die genannten Ansprüche nur auf Antrag erfolgt (§ 223), ist ein solcher auch für die Abänderung erforderlich (§ 48 Abs 1 S 2). Wegen der weiteren Einzelheiten wird auf die Kommentierung zu § 48 Abs 1 Bezug genommen. 1

Die Abänderung gem Abs 1 iVm § 48 Abs 1 setzt nach dem **Wortlaut** eine nachträgliche Änderung voraus. Eine reine **Fehlerkorrektur** ist danach ebenso wie gem § 225 **ausgeschlossen**. Dies entspricht der früheren Regelung in § 1587g Abs 3 iVm § 1587d Abs 2 BGB aF; gleichwohl war nach wohl hM eine Fehlerkorrektur möglich (im Hinblick auf die geboten erscheinende Konkordanz mit § 10a VAHRG; vgl ua Johannsen/Henrich/ *Hahne* § 1587g Rn 24; FAKomm-FamR/*Rehme* Rn 25 mwN). Der jetzige (erneute) Ausschluss der Fehlerkorrektur wirft im Übrigen die gleichen Fragen auf wie bei Anwendung des § 225 (vgl dort Rz 45 ff). 2

Abs 2 bestimmt, dass die §§ 225, 226 über die Abänderung von Entscheidungen entspr gelten für die **Abänderung von Vereinbarungen** der Ehegatten über den VA, sofern die Abänderung nicht ausgeschlossen ist (wohl zu Recht kritisch bezüglich des Verweises auf § 225 Abs 1 bis 3 – *Norpoth* FamRB 2009, 288, 293). Eine gleichartige Regelung enthielt bisher § 10a Abs 9 VAHRG aF; auf die Kommentierungen hierzu (zB Johannsen/Henrich/*Hahne* § 10a VAHRG Rn 52) wird verwiesen. 3

§ 228 Zulässigkeit der Beschwerde

In Versorgungsausgleichssachen gilt § 61 nur für die Anfechtung einer Kostenentscheidung.

1 Die Vorschrift regelt, dass die allgemeine Rechtsmittelbeschränkung in § 61 für Beschwerden in vermögensrechtlichen Streitigkeiten (Mindestbeschwer von mehr als 600 EUR) in VA-Sachen nur für die Anfechtung von Kostenentscheidungen gilt (zu den Motiven vgl AmtlBegr S 254, übernommen in RegE VAStrRefG S 99; § 217 Rz 1). Das Gleiche dürfte für die Anfechtung von Auslagenentscheidungen gelten (in der jetzigen Fassung der Vorschrift – abweichend vom Wortlaut idF des FGG-RG – nicht mehr ausdrücklich erwähnt, jedoch in der Begründung; RegE VAStrRefG S 99).

§ 229 Elektronischer Rechtsverkehr zwischen den Familiengerichten und den Versorgungsträgern

(1) Die nachfolgenden Bestimmungen sind anzuwenden, soweit das Gericht und der nach § 219 Nr. 2 oder 3 beteiligte Versorgungsträger an einem zur elektronischen Übermittlung eingesetzten Verfahren (Übermittlungsverfahren) teilnehmen, um die im Versorgungsausgleich erforderlichen Daten auszutauschen. Mit der elektronischen Übermittlung können Dritte beauftragt werden.

(2) Das Übermittlungsverfahren muss
1. bundeseinheitlich sein,
2. Authentizität und Integrität der Daten gewährleisten und
3. bei Nutzung allgemein zugänglicher Netze ein Verschlüsselungsverfahren anwenden, das die Vertraulichkeit der übermittelten Daten sicher stellt.

(3) Das Gericht soll dem Versorgungsträger Auskunftsersuchen nach § 220, der Versorgungsträger soll dem Gericht Auskünfte nach § 220 und Erklärungen nach § 222 Abs. 1 im Übermittlungsverfahren übermitteln. Einer Verordnung nach § 14 Abs. 4 bedarf es insoweit nicht.

(4) Entscheidungen des Gerichts in Versorgungsausgleichssachen sollen dem Versorgungsträger im Übermittlungsverfahren zugestellt werden.

(5) Zum Nachweis der Zustellung einer Entscheidung an den Versorgungsträger genügt die elektronische Übermittlung einer automatisch erzeugten Eingangsbestätigung an das Gericht. Maßgeblich für den Zeitpunkt der Zustellung ist der in dieser Eingangsbestätigung genannte Zeitpunkt.

Die Vorschrift ist (aufbauend auf einem Vorschlag des BR in seiner Stellungnahme zum RegE VAStrRefG – § 217 Rz 1 – iVm der Gegenäußerung der BReg) erstmals in der vom BT unverändert angenommenen Beschlussempfehlung des Rechtsausschusses vom 11.2.2009 (BTDrs 16/11903) enthalten. Die Beschlussempfehlung enthält eine ausf Begründung (BTDrs 16/11903 S 118 bis 121), auf die wegen weiterer Einzelheiten Bezug genommen wird: 1

Danach ist die Teilnahme an einem Verf zur elektronischen Übermittlung der für den VA erforderlichen Daten für Gericht u Versorgungsträger (Übermittlungsverf) freiwillig u kann sukzessive (u ohne förmliche Teilnahmeerklärung) erfolgen (BTDrs 16/11903 S 118). Wenn ein solches Übermittlungsverf installiert wird (ggf unter Einschaltung Dritter als beliehener Unternehmer; Abs 1 S 2; BTDrs 16/11903 S 119), muss es bestimmte Voraussetzungen erfüllen (Abs 2). Sobald es technisch verfügbar ist u die genannten Stellen ihm beigetreten sind, ist die weitere Nutzung grds verpflichtend (Abs 3, 4; Einschränkung des Ermessens; BTDrs 16/11903 S 119, 120); gleichwohl handelt es sich dabei nur um Ordnungsvorschriften, so dass ein Verstoß nicht zur Unwirksamkeit einer etwaigen anderen (bisher üblichen) Form der Übermittlung, Zustellung pp führt (BTDrs 16/11903 S 120, 121). Abs 5 erleichtert (über die nach geltendem Recht vorhandenen Möglichkeiten hinaus; vgl § 15 Abs 2 FamFG iVm §§ 174 Abs 3 ZPO nF) den Nachweis der Zustellung bei elektronischer Übermittlung an den Versorgungsträger (BTDrs 16/11903 S 121). 2

§ 230 (weggefallen)

1 Die Vorschrift enthielt idF des FGG-RG Bestimmungen über die Abänderung von Entscheidungen u Vereinbarungen. Dies ist jetzt in den §§ 225 bis 227 geregelt. § 230 ist deshalb entbehrlich u wieder (vor Inkrafttreten) aufgehoben worden.

Abschnitt 9
Verfahren in Unterhaltssachen

Unterabschnitt 1
Besondere Verfahrensvorschriften

Verfahren in Unterhaltssachen (§§ 231 ff)

Der 9. Abschnitt des 2. Buchs des FamFG regelt in §§ 231 bis 260 – gegliedert in drei Un- **1**
terabschnitte – die Verfahren in Unterhaltssachen:
- **Unterabschnitt 1:** Besondere Verfahrensvorschriften (§§ 231 bis 245),
- **Unterabschnitt 2:** Einstweilige Anordnung (§§ 246 bis 248),
- **Unterabschnitt 3:** Das vereinfachte Verfahren über den Unterhalt Minderjähriger (§§ 249 bis 260).

Der Gesetzgeber hat mit dem »Gesetz zur Reform des Verfahrens in Familiensachen und **2**
in den Angelegenheiten der freiwilligen Gerichtsbarkeit« (FGG-Reformgesetz – FGG-RG) vom 17.12.2008 (BGBl I 2586) die für Unterhaltsverfahren bislang geltenden Regeln der ZPO neu strukturiert sowie inhaltlich teilweise verändert. Dieses Gesetz tritt am 1.9.2009 in Kraft. Für Unterhaltsstreitigkeiten ist künftig insbesondere Art 1 dieses Gesetzes maßgebend; er enthält das Gesetz über das Verfahren in Familiensachen und in den Angelegenheiten der freiwilligen Gerichtsbarkeit (FamFG). Für Unterhaltsverfahren vermischen sich nunmehr die bekannten Verfahrensabläufe aus der ZPO mit den neuen Regeln des FamFG, was sicherlich die »Fehleranfälligkeit begünstigen« (s.a. *Rasch* FPR 2006, 426, 427) wird.

Es verbleibt in der Sache bei der grundsätzlichen Anwendbarkeit der Vorschriften der **3**
ZPO; Modifikationen ergeben sich insbesondere dadurch, dass das Urteil durch die Entscheidungsform des Beschlusses ersetzt wird, und dass an die Stelle der Rechtsmittel der ZPO diejenigen des FamFG treten. Eine wesentliche Veränderung gegenüber dem derzeitigen Rechtszustand besteht darin, dass das Gericht künftig unter bestimmten Voraussetzungen zur Einholung der für die Unterhaltsberechnung erforderlichen Auskünfte vom Gegner und ggf auch von Dritten verpflichtet ist. Das bisherige Recht (§ 643 ZPO) stellte ein solches Vorgehen noch in das Ermessen des Gerichts.

Vorgesehen sind weiterhin spezielle Vorschriften für die Abänderung von Entschei- **4**
dungen und sonstigen Titeln in Unterhaltssachen. Die Vorschriften orientieren sich an der bisherigen Fassung des § 323 ZPO, wurden jedoch im Hinblick auf die hierzu ergangene Rechtsprechung und die Bedürfnisse der Praxis überarbeitet.

§ 231 Unterhaltssachen

(1) Unterhaltssachen sind Verfahren, die
1. die durch Verwandtschaft begründete gesetzliche Unterhaltspflicht,
2. die durch Ehe begründete gesetzliche Unterhaltspflicht,
3. die Ansprüche nach § 1615l oder § 1615m des Bürgerlichen Gesetzbuchs betreffen.

(2) Unterhaltssachen sind auch Verfahren nach § 3 Abs. 2 Satz 3 des Bundeskindergeldgesetzes und § 64 Abs. 2 Satz 3 des Einkommensteuergesetzes. Die §§ 235 bis 245 sind nicht anzuwenden.

Übersicht

	Rz		Rz
A. Struktur der Norm	1	8. Rechtsmittel der Beschwerde	18
B. Unterhalts-Familienstreitsachen	2	a) Beschwer	19
I. Definition »Familienstreitsache«	3	b) Beschwerdefrist	21
II. Grundsätzliche Anwendbarkeit der ZPO-Vorschriften (§ 113 Abs 1 und 2)	5	c) Beschwerdegericht	22
		d) Beschwerdebegründungsfrist	23
III. Wesentliche Änderungen (§§ 38, 58, 63, 113)	7	e) Gang des Beschwerdeverfahrens	27
1. Wesentliche Änderungen im Überblick	8	f) Beschwerdeentscheidung	29
2. Antragsverfahren	9	9. Rechtsmittel der Rechtsbeschwerde	31
3. Besondere Verfahrensregeln	10	10. Anwaltspflicht (§ 114)	35
4. Beschlussverfahren	11	11. Verfahrenskostenhilfe in Unterhaltssachen	38
5. Kostenentscheidung	13	C. Unterhaltssachen der freiwilligen Gerichtsbarkeit	41
6. Begründung und Rechtsbehelfsbelehrung	14		
7. Wirksamkeit von Beschlüssen	16		

A. Struktur der Norm

1 § 231 hat die Bezeichnung »Unterhaltssachen« als **Gesetzesbegriff** eingeführt und diesen Begriff gleichzeitig definiert. Nunmehr sind **zwei Gruppen** von »**Unterhaltssachen**« zu unterscheiden:

– Abs 1: Die in § 621 Abs 1 Nr 4, 5 und 11 ZPO genannten Unterhaltsverfahren gehören mit den »Güterrechtssachen« (§ 261 Abs 1) und den »sonstigen Familiensachen« (§ 266 Abs 1) zu den sog »**Familienstreitsachen**« (§ 112). Für sie sind unverändert die Vorschriften der ZPO maßgebend (s §§ 113 ff); diese treten an die Stelle der entsprechenden Regeln des FamFG (§ 113 Abs 1 S 2), soweit keine spezielleren Vorschriften eingreifen, **und**

– **Unterhaltssachen** der **freiwilligen Gerichtsbarkeit** nach § 3 Abs 2 S 3 BKGG und § 64 Abs 2 S 3 EStG, also Kindergeldverfahren wegen Bestimmung des Bezugsberechtigten, wenn mehrere Personen die Anspruchsvoraussetzungen für den Bezug von Kindergeld erfüllen. Der direkte Bezug der Verfahren wegen Bestimmung des Bezugsberechtigten zum Unterhalt und ihre verfahrensrechtliche Zuordnung ergeben sich aus der bedarfsdeckenden Funktion des Kindergeldes (§ 1612b BGB). Diese bisher den Vormundschaftsgerichten zugewiesenen »Bestimmungs-«Verfahren sind jedoch keine Streitverfahren, so dass hierfür überwiegend die Vorschriften des 1. Buches des FamFG gelten, ergänzt um §§ 232 bis 234.

B. Unterhalts-Familienstreitsachen

2 § 112 hat die Bezeichnung »**Familienstreitsachen**« als **Gesetzesbegriff** eingeführt und diesen Begriff gleichzeitig definiert.

I. Definition »Familienstreitsache«

»Familienstreitsachen« sind mit den bisherigen »ZPO-Familiensachen« weitgehend, 3
aber nicht vollständig identisch. Die Definitionsnormen für Unterhaltssachen (§ 231),
Güterrechtssachen (§ 261) und sonstige Familiensachen (§ 269) sind jeweils zweigeteilt:
In dieser Norm sind in Abs 1 jeweils diejenigen Verfahren genannt, die zur Kategorie
der Familienstreitsachen gehören, in Abs 2 die Verfahren, bei denen dies nicht der Fall
ist, da sie Verfahren der freiwilligen Gerichtsbarkeit sind. Die den Unterhaltssachen, Güterrechtssachen und sonstigen Familienstreitsachen jeweils entsprechenden Lebenspartnerschaftssachen sind den einzelnen Ziffern zugeordnet.

Unterhaltssachen sind als Familienstreitsachen nach § 231 Abs 1 Verfahren, welche 4
die
- (Nr 1) durch Verwandtschaft begründete gesetzliche Unterhaltspflicht (vormals § 621 Abs 1 Nr 4 ZPO),
- (Nr 2) durch Ehe begründete gesetzliche Unterhaltspflicht (vormals § 621 Abs 1 Nr 5 ZPO) und
- (Nr 3) Ansprüche nach § 1615l BGB [Unterhaltsanspruch von Mutter oder Vater aus Anlass der Geburt] oder § 1615m BGB [Beerdigungskosten für die Mutter] (vormals § 621 Abs 1 Nr 11 ZPO)

betreffen. Eine Familienstreitsache iSd § 231 Abs 1 Nr 2 kann auch dann vorliegen, wenn
die Ehegatten über eine von ihnen als **eigenständig** gewollte **vertragliche Unterhaltsregelung** streiten; entscheidend ist allein, ob die vertragliche Regelung hinsichtlich der
Voraussetzungen, des Umfangs und des Erlöschens des Anspruchs die im gesetzlichen
Unterhaltsrecht vorgegebenen Grundsätze aufnimmt und – wenn auch unter vielleicht
erheblicher Modifikation – abbildet (BGH FamRZ 2009, 219 noch zu § 621 Abs 1 Nr 5
ZPO).

II. Grundsätzliche Anwendbarkeit der ZPO-Vorschriften (§ 113 Abs 1 und 2)

§ 113 ordnet in Abs 1 für Ehe- und Familienstreitsachen die entsprechende Anwen- 5
dung der Allgemeinen Vorschriften der ZPO (§§ 1 bis 252 ZPO) und der dortigen Vorschriften über das Verfahren vor den Landgerichten (§§ 253 bis 494a ZPO) an, in Abs 2
für Familienstreitsachen der ZPO-Vorschriften über den Urkunden- und Wechselprozess
(§§ 592 bis 605a ZPO) sowie über das Mahnverfahren (§§ 688 bis 703d ZPO); diese Normen treten an die Stelle der entsprechenden, ausdrücklich genannten Vorschriften des
FamFG. Da gemäß § 113 Abs 1 Satz 1 in Ehe- und Familienstreitsachen die §§ 2 bis 37, 40
bis 48, 76 bis 96 nicht anzuwenden sind, verbleiben aus dem 1. Buch des FamFG somit
nur
- §§ 1 (Anwendungsbereich),
- § 38 (Entscheidung durch Beschluss),
- § 39 (Rechtsbehelfsbelehrung),
- §§ 49 bis 75 (Einstweilige Anordnung, Beschwerde, Rechtsbeschwerde),
- §§ 97 bis 110 (Internationale Zuständigkeit, Anerkennung und Vollstreckbarkeit ausländischer Entscheidungen).

Somit kann auch in einer Unterhaltssache ein Mahnbescheid beantragt werden. In dem 6
Mahnantrag ist das Familiengericht anzugeben (§ 690 Abs 1 Nr 5 ZPO). Es besteht keine
Begrenzung auf Ansprüche bis zu 5000 € (§ 23 Nr 1 GVG), weil die Amtsgerichte ohne
Rücksicht auf den Streitwert erstinstanzlich ua für Familiensachen und Angelegenheiten
der freiwilligen Gerichtsbarkeit zuständig sind (§ 23a Abs 1 GVG).

III. Wesentliche Änderungen (§§ 38, 58, 63, 113)

7 Das Verfahren in Unterhaltssachen (§§ 231 ff) hat durch das FamFG bedeutende Neuerungen erfahren, die für die familienrechtliche Praxis kurz in den Strukturen vorgestellt werden (s vertiefende Kommentierungen bei den jeweiligen Normen).

1. Wesentliche Änderungen im Überblick

8 § 113 Abs 5 führt die wesentlichen Änderungen gegenüber dem Verfahren in gewohnter Weise – insbesondere §§ 253, 261 ZPO (Inhalt der Klageschrift, Rechtshängigkeit), §§ 272 ff ZPO (Terminsbestimmung, Einlassungsfristen, mündliche Verhandlung) und §§ 355 ff ZPO (Beweisaufnahme) – auf:
– Bezeichnung der Beteiligten (außer in Ehesachen; vgl § 113 Abs 5 Nr 3 bis 5),
– Bezeichnung der Verfahren und Anträge (vgl § 113 Abs 5 Nr 1, 2),
– Entscheidung durch Beschluss und nicht mehr durch Urteil (vgl §§ 113 Abs 1 S 1, 38 Abs 1 S 1),
– Rechtsmittel der **befristeten** Beschwerde und nicht der Berufung (vgl §§ 113 Abs 1 Satz 1, 58 Abs 1, 63 Abs 1),
und stellt die jeweilgen Bezeichnungen klar, wenn ZPO-Vorschriften anzuwenden sind; dann tritt an die Stelle der ZPO-Bezeichnung
– Prozess oder Rechtsstreit die Bezeichnung Verfahren,
– Klage die Bezeichnung Antrag,
– Kläger die Bezeichnung Antragsteller,
– Beklagter die Bezeichnung Antragsgegner,
– Partei die Bezeichnung Beteiligter.

2. Antragsverfahren

9 Ein Unterhaltsverfahren wird – gleichgültig ob Familienstreitsache oder ob Verfahren der freiwilligen Gerichtsbarkeit – nur mehr mit einem »Antrag« (§ 113 Abs 5 Nr 2) eingeleitet. Dementsprechend wechseln auch die Parteibezeichnungen in Antragsteller und Antragsgegner. Da im Übrigen die Vorschriften der ZPO entsprechend anzuwenden sind (Verweisung für die Familienstreitsachen über § 113 Abs 1 S 2 auf die Vorschriften der ZPO über das Verfahren vor den Landgerichten, §§ 253–494a ZPO), muss der Antrag den Anforderungen einer Antragsschrift genügen (§ 253 ZPO). Dementsprechend sind auch Stufenanträge (bisher: Stufenklagen) nach § 254 ZPO möglich, und es kann desgleichen ein Antrag auf wiederkehrende Leistungen nach § 258 ZPO gestellt werden, wenn der Anspruch noch nicht fällig ist. Vollstreckungsabwehr nach § 767 wird künftig durch einen Vollstreckungsabwehrantrag geltend gemacht; eine Widerklage heißt nunmehr Widerantrag.

3. Besondere Verfahrensregeln

10 Für Familienstreitsachen sind insbesondere folgende besonderen Verfahrensregeln zu beachten:
– Anders als bislang ist das Gericht nunmehr gemäß §§ 235, 236 unter bestimmten Voraussetzungen zur Einholung der für die Unterhaltsberechnung erforderlichen Auskünfte bei Beteiligten und/oder Dritten **verpflichtet**; das bisherige Recht (§ 643 ZPO) stellte ein solches Vorgehen noch in das richterliche Ermessen;
– Es gibt nunmehr spezielle Regelungen über die **Abänderung** von **Unterhaltstiteln** (§§ 238, 239), die sich zwar an § 323 ZPO orientieren, jedoch nach der Art des abzuändernden Titels stärker aufgliedern. Bei der Zeitgrenze (s vormals § 323 Abs 3 ZPO) ist der auf Herabsetzung gerichtete Abänderungsantrag mit dem Antrag auf Erhöhung des Unterhaltsbetrages nunmehr im Wesentlichen gleichgestellt;

– Veränderte Sondervorschriften über die einstweilige Anordnung in Unterhaltssachen ergänzen das neu geordnete Anordnungssystem der §§ 43 ff.

4. Beschlussverfahren

In allen **Unterhaltsverfahren** darf nur mehr einheitlich durch **Beschluss** entschieden werden (§§ 113 Abs 1 S 1, 38 Abs 1 S 1), allerdings nicht im Namen des Volkes (s § 311 Abs 1 ZPO), da der Verweis in § 113 Abs 1 S 2 auf die ZPO für Beschlüsse ua auf die Vorschrift des § 329 Abs 1 ZPO verweist, welcher seinerseits jedoch keine Verweisung auf § 311 Abs 1 ZPO enthält. Da alle Bezeichnungen anzupassen sind, werden künftig Versäumnis- bzw Anerkenntnis-»*beschlüsse*« (§ 38 Abs 6) ergehen. § 38 bestimmt den Inhalt des Beschlusses: Es können dieselben Regelungen wie vormals in einem Urteil getroffen werden.

Der Beschluss wird aufgrund der Generalverweisung in § 113 Abs 1 ZPO nach den Regeln der ZPO schriftlich bekannt gegeben; insoweit gilt § 329 ZPO, der wiederum auf die für Urteile geltenden Normen verweist. Der Beschluss wird erlassen durch Übergabe an die Geschäftsstelle oder per Bekanntgabe durch Verlesen der Beschlussformel (§ 38 Abs 3 S 3). Die Beschlussformel ersetzt den Urteilstenor (§ 38 Abs 2 Nr 3); der Tenor muss dementsprechend vor Erlass stets schriftlich fixiert sein. Der aufgrund mündlicher Verhandlung erlassene Beschluss muss im Termin oder einem sofort anzusetzenden Verkündungstermin verkündet werden (§ 310 ZPO). Sofern eine Entscheidung nicht sofort im Termin verkündet wird, ist zeitnah ein Verkündungstermin anzuberaumen. Einschlägig sind in Unterhaltsverfahren §§ 317, 329 ZPO. Erst mit der schriftlichen Zustellung des Beschlusses beginnt die Rechtsmittelfrist (§ 63 Abs 3).

5. Kostenentscheidung

Jeder Unterhaltsbeschluss muss eine Kostenentscheidung enthalten. Nunmehr sind die **Kosten** eines Unterhaltsverfahrens immer nach **billigem Ermessen** zu verteilen (§ 243), wobei das Gericht »**insbesondere**« zu berücksichtigen hat
– das Verhältnis von Obsiegen und Unterliegen der Beteiligten einschließlich der Dauer der Unterhaltsverpflichtung,
– den Umstand, dass ein Beteiligter vor Beginn des Verfahrens einer Aufforderung des Gegners zur Erteilung der Auskunft und Vorlage von Belegen über das Einkommen nicht oder nicht vollständig nachgekommen ist, es sei denn, dass eine Verpflichtung hierzu nicht bestand,
– den Umstand, dass ein Beteiligter einer Aufforderung des Gerichts nach § 235 Abs 1 innerhalb der gesetzten Frist nicht oder nicht vollständig nachgekommen ist, sowie
– ein sofortiges Anerkenntnis nach § 93 ZPO.

6. Begründung und Rechtsbehelfsbelehrung

Ein Beschluss in Unterhaltssachen ist grundsätzlich zu **begründen** (§ 38 Abs 3). Das Gesetz sieht bewusst davon ab, die inhaltlichen Anforderungen zu konkretisieren (BT-Drs 16/608 S 195). Künftig muss nicht mehr förmlich zwischen Tatbestand und Entscheidungsgründen (vgl § 313 ZPO) differenziert werden; das Gericht ist generell in Form und Inhalt der Begründung freier. In Versäumnisentscheidungen und bei nichtstreitigen Anträgen der Beteiligten kann das Gericht von einer Begründung absehen (§ 38 Abs 4).

Alle einen Beteiligten beschwerenden Entscheidungen müssen eine **Rechtsbehelfsbelehrung** enthalten (§ 39). Über die in § 39 ausdrücklich bezeichneten Rechtsbehelfe hinaus gilt dies auch für andere Formen, so etwa bei der einstweiligen Anordnung für den Antrag auf mündliche Verhandlung (§ 54 Abs 2) und für den Antrag auf Einleitung des Verfahrens zur Hauptsache (§ 52; BT-Drs 16/6308 S 196: »sonstige ordentliche Rechtsbehelfe«). Aus der Rechtsbehelfsbelehrung müssen hervorgehen: der jeweils statt-

§ 231 FamFG | Unterhaltssachen

hafte Rechtsbehelf, das für die Einlegung zuständige Gericht einschließlich der Ortsbezeichnung, sowie Form und Frist. § 17 unterstreicht die Bedeutung der Rechtsbehelfsbelehrung: Danach wird vermutet, dass eine Frist unverschuldet nicht eingehalten wurde, wenn eine Rechtsbehelfsbelehrung fehlte oder fehlerhaft war (BT-Drs 16/6308 S 196: »sonstige ordentliche Rechtsbehelfe«). Allerdings ist § 17 in Familienstreitsachen nicht anzuwenden (§ 113 Abs 1); an ihre Stelle ist die allgemeine Verweisung auf die ZPO getreten. Für die Versäumung der Beschwerde- bzw der Begründungsfrist verweist § 117 Abs 5 zusätzlich auf § 233 und § 234 Abs 1 S 2 ZPO.

7. Wirksamkeit von Beschlüssen

16 Beschlüsse in FG-Familiensachen werden grundsätzlich mit der Bekanntgabe an den Beteiligten, für den er seinem wesentlichen Inhalt nach bestimmt ist, **wirksam** (§ 40 Abs 1). Für die Bekanntgabe ist grundsätzlich die einfache schriftliche Übermittlung per Post ausreichend (vgl § 15 Abs 2). Nur sofern der Beschluss dem erklärten Willen eines Beteiligten nicht entspricht, ist er diesem nach § 41 Abs 1 S 2 zuzustellen. Anwesenden kann der Beschluss nach § 41 Abs 2 S 1 auch durch Verlesen der Beschlussformel bekannt gegeben werden; er wird damit wirksam. Allerdings ist der Beschluss dann noch zusätzlich schriftlich bekannt zu geben (§ 41 Abs 2 S 3); erst mit Zugang der Entscheidung beginnt die Beschwerdefrist nach § 63 Abs 3 S 1. Unterhaltsverfahren kennen keinen Streit- oder Gegenstandswert mehr, sondern nurmehr einen Verfahrenswert (vgl § 3 Abs 1 FamGKG).

17 Beschlüsse in **Ehesachen** und in **Familienstreitsachen** als **Endentscheidungen** werden erst mit ihrer **Rechtskraft wirksam** (§ 116 Abs 2 und 3). Das Gericht kann die **sofortige Wirksamkeit anordnen** (§ 116 Abs 3 S 2) und soll sie sogar anordnen, soweit die Endentscheidung eine Verpflichtung zur **Leistung** von **Unterhalt** enthält (§ 113 Abs 3 Satz 3). Mit dieser Anordnung kann aus der Entscheidung sofort vollstreckt werden; besondere Regeln zur vorläufigen Vollstreckbarkeit gibt es nicht mehr. Die Anordnung der sofortigen Wirksamkeit kann auf Teile der Entscheidung beschränkt werden: So kann etwa die sofortige Wirksamkeit nur für den laufenden Unterhalt angeordnet werden, während Unterhaltsrückstände von der sofortigen Wirksamkeit ausgenommen bleiben. Das Gericht muss hingegen die vorläufige Wirksamkeit bei Unterhaltsverpflichtungen nicht zwingend anordnen (»soll«). Insbesondere bei Ansprüchen, deren Vollstreckung nicht besonders dringlich ist – etwa wenn die bürgerlich-rechtlichen Ansprüche auf einen Sozialleistungsträger übergegangen sind – soll von der Anordnung eher abgesehen werden (BT-Drs 16/6308 S 224 – »kann« abgesehen werden).

8. Rechtsmittel der Beschwerde

18 An die Stelle der Rechtsmittel der ZPO sind nunmehr diejenigen des FamFG getreten; in Ehe- und Familienstreitsachen gelten für Rechtsmittel daher grundsätzlich dieselben Regeln wie für das Berufungsverfahren. Gegen einen Unterhaltsbeschluss kann als statthafter Rechtsbehelf grundsätzlich nur noch die **befristete Beschwerde** nach §§ 58f eingelegt werden, die in Ehe- und Familienstreitsachen nunmehr an die Stelle der Berufung getreten ist (s § 117). Da die Beschwerde in Familiensachen stets befristet ist, unterscheidet das FamFG bei den die Instanz abschließenden Entscheidungen nicht mehr zwischen einfacher und sofortiger Beschwerde. Neben der Beschwerde sind für Zwischenentscheidungen unverändert noch die sofortige Beschwerde nach §§ 567 bis 572 ZPO und die Erinnerung nach § 11 Abs 2 RPflG bestehen geblieben.

a) Beschwer

19 **Beschwer** gegen eine Unterhaltsentscheidung ist nur dann anzunehmen, wenn sie den **Beschwerdewert** von **600 €** übersteigt (§ 61 Abs 1). Dieser aus § 511 Abs 2 ZPO übernommene Wert gilt einheitlich für alle Verfahren. Wird der Beschwerdewert in Unterhaltsverfahren **nicht** erreicht, kann das **erstinstanzliche Gericht** die **Beschwerde zulassen** (§ 61 Abs 3). Hierzu ist es verpflichtet, wenn die Rechtssache grundsätzliche Bedeutung hat oder eine Entscheidung des Beschwerdegerichts zur Sicherung einer einheitlichen Rechtsprechung erforderlich ist. Das Beschwerdegericht ist an die Zulassung gebunden.

Bei laufenden Unterhaltsansprüchen ist zur Festsetzung der Beschwer unverändert § 9 ZPO (3½-facher Jahreswert) heranzuziehen (BGH FamRZ 1997, 546; EzFamR ZPO § 9 Nr 5), da weder das FamFG noch das FamGKG eine eigene Regelung zur Bemessung der Beschwer bei laufenden Rentenzahlungen enthält. Nach § 54 FamGKG ist die Festsetzung des Zulässigkeitswertes auch für die **Gebührenfestsetzung** maßgeblich, sofern sich nicht – in Unterhaltssachen s § 51 FamGKG – nach den allgemeinen Vorschriften ein abweichender Wert ergibt. 20

b) Beschwerdefrist

Die **Beschwerdefrist** beträgt in der Regel **einen Monat**; lediglich bei Beschwerden gegen eine **einstweilige Anordnung** und in Verfahren zur Genehmigung von Rechtsgeschäften ist die Frist auf **zwei Wochen** abgekürzt (§ 63 Abs 1 und 2). Die Beschwerdefrist beginnt mit der schriftlichen Bekanntgabe der Entscheidung (§ 63 Abs 3); eine mündliche Bekanntgabe setzt die Frist noch nicht in Gang. Kann die Entscheidung einem Beteiligten nicht schriftlich bekannt gegeben werden, dann beginnt die Beschwerdefrist spätestens 5 Monate nach Erlass der entsprechenden Entscheidung (§ 63 Abs 3 S 2). Dies betrifft nicht diejenigen Fälle, in denen ein materiell-rechtlich Beteiligter versehentlich nicht zum Verfahren hinzugezogen worden ist (BT-Drs 16/9733 S 289). Das Wort »jeweils« stellt klar, dass der Fristablauf für jeden Beteiligten individuell zu bestimmen ist. 21

c) Beschwerdegericht

Die Beschwerde ist innerhalb der Beschwerdefrist **ausschließlich** beim **erstinstanzlichen Gericht** einzulegen (§ 64 Abs 1). Diese unverzichtbare Zulässigkeitsvoraussetzung kann nicht durch Einlegung des Rechtsmittels beim Beschwerdegericht umgangen werden. Es besteht zwar eine gerichtliche Fürsorgepflicht, ein beim Beschwerdegericht eingegangenes Rechtsmittel unverzüglich an das erstinstanzliche Gericht weiterzuleiten; für die Wahrung der Beschwerdefrist bleibt jedoch der Zeitpunkt des Eingangs beim Erstgericht als maßgeblicher Zeitpunkt. Damit behält das erstinstanzliche Gericht die Kontrolle über alle Rechtsmittel und kann ohne bürokratischen Aufwand die Rechtskraft einer Entscheidung feststellen. Das erstinstanzliche Gericht ist bei Familiensachen nicht zur Abhilfe befugt (§ 68 Abs 1 S 2). Die Beschwerde kann auch zur Niederschrift bei der Geschäftsstelle des erstinstanzlichen Gerichts eingelegt werden (§ 64 Abs 2); ein an einem Unterhaltsverfahren Beteiligter kann somit Beschwerde auch persönlich einlegen (s § 114 Abs 4 Nr 6 iVm § 78 Abs 3 ZPO nF). Für das weitere Verfahren bedarf er dann allerdings wieder anwaltlicher Vertretung. 22

d) Beschwerdebegründungsfrist

Der Beschwerdeführer muss zur Begründung der Beschwerde einen bestimmten **Sachantrag** stellen und diesen **begründen** (§ 117 Abs 1). Die **Frist** zur **Begründung** der Beschwerde beträgt **zwei Monate**; sie beginnt mit der schriftlichen Bekanntgabe des Beschlusses, spätestens jedoch mit Ablauf von fünf Monaten nach Erlass des Beschlusses (§ 117 Abs 1 S 2). Ausdrücklich ordnet § 117 Abs 1 Satz 3 an, dass folgende ZPO-Vorschriften entsprechend gelten: 23
– § 520 Abs 2 S 2 und 3: Die Frist kann auf Antrag von dem Vorsitzenden verlängert werden, wenn der Gegner einwilligt; ohne Einwilligung kann die Frist um bis zu ei-

§ 231 FamFG | Unterhaltssachen

nem Monat verlängert werden, wenn nach freier Überzeugung des Vorsitzenden das Verfahren durch die Verlängerung nicht verzögert wird, oder wenn der Berufungskläger erhebliche Gründe darlegt;
- § 522 Abs 1 S 1, 2 und 4: Das Berufungsgericht hat von Amts wegen zu prüfen, ob die Berufung an sich statthaft, und ob sie in der gesetzlichen Form und Frist eingelegt und begründet ist. Mangelt es an einem dieser Erfordernisse, so ist die Berufung als unzulässig zu verwerfen. Die Entscheidung kann durch Beschluss ergehen; gegen den Beschluss ist Rechtsbeschwerde statthaft.

24 Ausdrücklich erklärt § 117 Abs 2 S 1 folgende ZPO-Vorschriften für Rechtsmittelverfahren in Ehe- und Familienstreitsachen für entsprechend anwendbar:
- § 514 (Versäumnisurteile),
- § 528 (Bindung an die Berufungsanträge),
- 538 Abs 2 (Voraussetzungen für Aufhebung der Erstentscheidung und Zurückverweisung an das Gericht des ersten Rechtszuges) und
- § 539 (Versäumnisverfahren)

und weist in § 117 Abs 2 S 1 darauf hin, dass es einer Güteverhandlung im Beschwerde- und Rechtsbeschwerdeverfahren nicht bedarf.

25 Geht die Begründung nicht fristgerecht ein, ist die Beschwerde als unzulässig zu verwerfen.

26 Mangels Verweisung in § 117 Abs 1 S 3 auf § 520 Abs 3 ZPO wird aus dem Gesetz nicht hinreichend deutlich, bei welchem Gericht die Beschwerdebegründung einzureichen ist. Aus dem Zusammenhang mit der Prüfungs- und Entscheidungskompetenz erschließt sich aber, dass Adressat der Begründungsschrift das Beschwerdegericht ist. Beschwerdegericht ist in allen von den Familiengerichten entschiedenen Sachen das Oberlandesgericht (§ 119 Abs 1 Nr 1a GVG).

e) Gang des Beschwerdeverfahrens

27 Das Beschwerdeverfahren ist ebenfalls Tatsacheninstanz (BT-Drs 16/6308 S 225). Die Verfahrensvorschriften erster Instanz gelten grundsätzlich auch im Beschwerdeverfahren. Eine enge Bindung an die erstinstanzlich getroffenen Feststellungen – wie sie § 529 ZPO für das zivilprozessuale Verfahren vorschreibt – besteht nicht (mehr). Das Beschwerdegericht kann unabhängig davon, ob es das Rechtsmittel ganz oder teilweise für begründet hält, in Unterhaltssachen auch im schriftlichen Verfahren entscheiden, muss jedoch nach § 117 Abs 3 darauf hinweisen, wenn es von einzelnen Verfahrensschritten gemäß § 68 Abs 3 S 2 absehen will. Anders als § 522 ZPO enthält § 117 Abs 3 keine besondere Anforderungen an die Inhalt dieses Hinweises.

28 Eine § 522 Abs 2 ZPO vergleichbare Norm (Zurückweisung eines offensichtlich unbegründeten Rechtsmittels) gibt es nicht; allerdings kann das Beschwerdegericht »von der Durchführung eines Termins, einer mündlichen Verhandlung oder einzelner Verfahrenshandlungen« absehen, wenn hiervon keine neuen Erkenntnisse zu erwarten sind (§ 68 Abs 3). Damit erhält das Beschwerdegericht auch in den Familienstreitverfahren einen weit über die Regeln der ZPO hinausgehenden Spielraum bei der Gestaltung des Verfahrens (s BT-Drs 16/6308 S 372, S 412; kritisch mit beachtlichen Gründen *Rasch* FPR 2006, 426, 427).

f) Beschwerdeentscheidung

29 Grundsätzlich hat das Beschwerdegericht über eine Beschwerde gegen eine Endentscheidung selbst – und zwar der Senat in voller Besetzung – zu entscheiden (§ 69 Abs 1 S 1). Der Senat kann jedoch durch Beschluss das Verfahren einem seiner Mitglieder als Einzelrichter sowohl zur Vorbereitung als auch zur endgültigen Entscheidung übertragen (§ 68 Abs 4; § 30 Abs 1 S 3 FGG ließ die Übertragung auf den allein entscheidenden

Einzelrichter nur für das Landgericht als Beschwerdegericht zu, vgl BGH MDR 2008, 874). Angesichts des Stellenwertes, den die – endgültige – Entscheidung für die Beteiligten in Unterhaltsverfahren hat, sollte hiervon aber nur zurückhaltend Gebrauch gemacht werden (so zutr *Schürmann* FuR 2008, 183 unter Hinweis auf *Bergerfurth* FamRZ 2001, 1493, 1495 f).

Die Befugnis, unter Aufhebung der angefochtenen Entscheidung die Sache an das 30 erstinstanzliche Gericht zurückverweisen, ist in gleicher Weise wie im Berufungsverfahren eingeschränkt. In den Unterhaltsverfahren ist § 538 Abs 2 ZPO entsprechend anzuwenden (§ 117 Abs 2). Selbst wenn die Sache an einem schweren Verfahrensfehler leidet und noch einer aufwändigen Sachaufklärung bedarf, ist eine Zurückverweisung nur statthaft, wenn dies einer der Beteiligten beantragt.

9. Rechtsmittel der Rechtsbeschwerde

In der **Regel** entscheidet das Beschwerdegericht in allen Familiensachen endgültig. Eine 31 Rechtsbeschwerde ist nur statthaft, wenn sie vom Beschwerdegericht zugelassen wird (§ 70 Abs 1). Ohne ausdrückliche Zulassung bleibt die Rechtsbeschwerde unzulässig. Eine **Ausnahme** gilt in Ehe- und Familienstreitsachen für Beschlüsse, durch die eine Beschwerde als **unzulässig** verworfen worden ist: In diesen Fällen ist die Rechtsbeschwerde wie bisher ohne besondere Zulassung gegeben (§ 117 Abs 1 Satz 3 iVm § 522 Abs 1 S 2, 4 ZPO; die nur Ehe- und Familienstreitsachen betreffende Verweisung ist auf Vorschlag des Bundesrates in das Gesetz aufgenommen worden, um Brüche zum Berufungsverfahren zu vermeiden; BT-Drs 16/6308 S 372). Ist eine Beschwerde in FG-Familiensachen als unzulässig verworfen worden, dann findet auch keine Rechtsbeschwerde statt (BGH FamRZ 2008, 1245 zu § 621 Abs 1 Nr 7 ZPO).

Die Rechtsbeschwerde ist unter denselben Voraussetzungen wie bisher zuzulassen: 32 Sie muss von grundsätzlicher Bedeutung, oder eine Entscheidung des Rechtsbeschwerdegerichts muss zur Fortbildung des Rechts bzw der Sicherung einer einheitlichen Rechtsprechung erforderlich sein. Liegen diese Voraussetzungen vor, muss das Beschwerdegericht die Rechtsbeschwerde zulassen (BT-Drs 16/6308 S 209). Das Rechtsbeschwerdegericht ist an die Zulassung gebunden (§ 70 Abs 2).

Die Rechtsbeschwerde ist weiterhin beim Rechtsbeschwerdegericht – dem BGH (§ 133 33 GVG) – einzulegen. Das Verfahren der Rechtsbeschwerde entspricht formal dem Revisionsverfahren (anwaltliche Vertretung, Rechtsbeschwerdeschrift, Begründung, s §§ 71 Abs 1 und 2, 114 Abs 2).

Die Entscheidung des BGH ergeht ebenfalls einheitlich durch Beschluss. Als Erleichte- 34 rung kann der BGH jedoch von einer Begründung absehen, wenn ein Gericht die Beschwerde zugelassen hat, obwohl nach seiner Auffassung die Voraussetzungen nicht gegeben waren (§ 74 Abs 7). § 74a eröffnet die Möglichkeit, die Rechtsbeschwerde in einem den §§ 552a, 522 ZPO nachgebildeten Verfahren durch einstimmigen Beschluss zurückzuweisen, wenn es an den Zulassungsvoraussetzungen fehlt, und die Rechtsbeschwerde keine Aussicht auf Erfolg hat. Hierauf hat das Rechtsbeschwerdegericht die Beteiligten zuvor mit einem begründeten Beschluss hinzuweisen (§ 74a).

10. Anwaltspflicht (§ 114)

Abweichend von der alten Rechtslage müssen sich die Beteiligten nunmehr wie in allen 35 anderen Familienstreitsachen auch in Unterhaltsverfahren – selbst in einfach gelagerten Verfahren – durch einen Rechtsanwalt vertreten lassen (§ 114 Abs 1). Ist der Antragsgegner anwaltlich nicht vertreten, führt dies zum »Versäumnisbeschluss«.

Dieser Anwaltszwang dient dem Schutze der Beteiligten (BT-Drs 16/6308 S 223 f). Die 36 anwaltlich nicht vertretene Beteiligte kann vor Gericht keinen wirksamen Vergleich mehr schließen. Vom Anwaltszwang unberührt bleibt jedoch das Recht der Beteiligten, sich außergerichtlich über die Zahlung von Unterhalt zu einigen. Solche Vereinbarungen sind in den durch das materielle Recht gesetzten Grenzen formfrei zulässig (s §§ 1361 Abs 4, 1360a Abs 4, 1614 Abs 1, 1585c BGB).

37   Ist zunächst ein Antrag auf Verfahrenskostenhilfe gestellt, bleibt den Beteiligten bis zur Zustellung des Antrags zur Hauptsache die Option, das Verfahren ohne anwaltliche Vertretung zu beenden, da es im Verfahren wegen Verfahrenskostenhilfe weiterhin keinen Anwaltszwang gibt (§ 114 Abs 4 Nr 5): Durch die Generalverweisung (§ 113) gilt § 118 Abs 1 S 3 ZPO uneingeschränkt. In einem nach dieser Vorschrift anberaumten Termin kann innerhalb der Grenzen des materiellen Rechts (s etwa § 1585c BGB betreffend den nachehelichen Unterhalt) unverändert ein Vergleich ohne anwaltliche Mitwirkung geschlossen werden.

11. Verfahrenskostenhilfe in Unterhaltssachen

38   Nachdem die Bezeichnungen »Prozess« bzw »Rechtsstreit« durch die Bezeichnung »Verfahren« ersetzt worden sind (s § 113 Abs 5 Nr 1), tritt an die Stelle der Prozesskostenhilfe künftig die »Verfahrenskostenhilfe«. Es gibt somit in Unterhaltssachen künftig (auch) Verfahren wegen Verfahrenskostenhilfe. Die Verweisung des § 113 Abs 1 auf die unmittelbare Anwendung der Vorschriften der ZPO in den Familienstreitsachen schließt die unmittelbare Anwendung der Vorschriften zur Prozesskostenhilfe (§§ 114–127 ZPO) ein; § 246 ersetzt dabei § 127a ZPO.

39   Sachlich ergibt sich keine Änderung gegenüber dem derzeitigen Recht. Im Bewilligungsverfahren besteht auch dann kein Anwaltszwang, wenn im Hauptsacheverfahren anwaltliche Vertretung vorgeschrieben ist (§ 114 Abs 4 Nr 5). Die Beteiligten können den Antrag persönlich stellen, und sie können nach dessen Zurückweisung selbst sofortige Beschwerde einlegen. Da in Unterhaltsverfahren Anwaltszwang besteht, ist den Beteiligten bei Bewilligung von Verfahrenskostenhilfe stets ein Rechtsanwalt beizuordnen (§ 121 Abs 1 ZPO). Es bleibt aber dabei, dass ein außerhalb des Gerichtsbezirks niedergelassener Rechtsanwalt nur dann beigeordnet werden darf, wenn hierdurch keine weiteren Kosten entstehen (§ 121 Abs 3 ZPO; zum konkludenten Einverständnis mit einer Beiordnung »zu den Bedingungen eines am Prozessgericht zugelassenen Rechtsanwalts« s BGH FamRZ 2007, 37).

40   Abweichend von der bisherigen Rechtslage dürfen in Unterhaltssachen nunmehr die **Erklärung** zu den **persönlichen** und **wirtschaftlichen Verhältnissen** und die **entsprechenden Belege** der Gegenpartei zugänglich gemacht werden, wenn diese gegen den Antragsteller **materiell-rechtlich** einen **Anspruch** auf **Auskunft** über **Einkünfte** und **Vermögen** des **Antragstellers** hat (BT-Drs 16/6308 S 325). Dem Antragsteller ist vor der Übermittlung seiner Erklärung an den Gegner Gelegenheit zur Stellungnahme zu geben, und er ist über die Übermittlung seiner Erklärung zu unterrichten (§ 117 Abs 2 ZPO). Mit dieser Neuregelung erhofft sich der Gesetzgeber durch die Information der Gegenseite eine größere Gewähr der Richtigkeit der Angaben zu den wirtschaftlichen Voraussetzungen (§§ 115, 117 Abs 2 ZPO; BT-Drs 16/6308 S 325), indem der/die andere Beteiligte diese kontrolliert.

C. Unterhaltssachen der freiwilligen Gerichtsbarkeit

41   Nach Abs 2 **S 1** sind die nach dem Bundeskindergeldgesetz und dem Einkommensteuergesetz vorgesehenen Verfahren zur **Bestimmung** der für das **Kindergeld bezugsberechtigten Person** ebenfalls Unterhaltssachen, jedoch keine Familienstreitsachen, sondern Verfahren der freiwilligen Gerichtsbarkeit. Maßgebend hierfür ist der enge tatsächliche und rechtliche Zusammenhang mit Verfahren, die den Unterhalt des Kindes betreffen: Nach § 1612b BGB hat das Kindergeld und damit auch die Frage, wer hierfür bezugsberechtigt ist, unmittelbaren Einfluss auf die Höhe des geschuldeten Unterhalts.

42   **S 2** nimmt daher §§ 235 bis 245, die für ZPO-Verfahren typische Regelungen enthalten, von der Anwendbarkeit für Unterhaltssachen nach § 231 Abs 2 aus. Das Verfahren

in Unterhaltssachen nach § 231 Abs 2 richtet sich in erster Linie nach den Vorschriften des Buches 1 (§§ 1 bis 110); hinzu kommen die Vorschriften der §§ 232 bis 234. Für diese Verfahren ist der Rechtspfleger nach §§ 3 Nr 3g, 25 Nr 2a RPflG zuständig.

§ 232 Örtliche Zuständigkeit

(1) Ausschließlich zuständig ist
1. für Unterhaltssachen, die die Unterhaltspflicht für ein gemeinschaftliches Kind der Ehegatten betreffen, mit Ausnahme des vereinfachten Verfahrens über den Unterhalt Minderjähriger, oder die die durch die Ehe begründete Unterhaltspflicht betreffen, während der Anhängigkeit einer Ehesache das Gericht, bei dem die Ehesache im ersten Rechtszug anhängig ist oder war;
2. für Unterhaltssachen, die die Unterhaltspflicht für ein minderjähriges Kind oder ein nach § 1603 Abs. 2 Satz 2 des Bürgerlichen Gesetzbuchs gleichgestelltes Kind betreffen, das Gericht, in dessen Bezirk das Kind oder der Elternteil, der auf Seiten des minderjährigen Kindes zu handeln befugt ist, seinen gewöhnlichen Aufenthalt hat; dies gilt nicht, wenn das Kind oder ein Elternteil seinen gewöhnlichen Aufenthalt im Ausland hat.

(2) Eine Zuständigkeit nach Absatz 1 geht der ausschließlichen Zuständigkeit eines anderen Gerichts vor.

(3) Sofern eine Zuständigkeit nach Absatz 1 nicht besteht, bestimmt sich die Zuständigkeit nach den Vorschriften der Zivilprozessordnung mit der Maßgabe, dass in den Vorschriften über den allgemeinen Gerichtsstand an die Stelle des Wohnsitzes der gewöhnliche Aufenthalt tritt. Nach Wahl des Antragstellers ist auch zuständig
1. für den Antrag eines Elternteils gegen den anderen Elternteil wegen eines Anspruchs, der die durch Ehe begründete gesetzliche Unterhaltspflicht betrifft, oder wegen eines Anspruchs nach § 1615l des Bürgerlichen Gesetzbuchs das Gericht, bei dem ein Verfahren über den Unterhalt des Kindes im ersten Rechtszug anhängig ist;
2. für den Antrag eines Kindes, durch den beide Eltern auf Erfüllung der Unterhaltspflicht in Anspruch genommen werden, das Gericht, das für den Antrag gegen einen Elternteil zuständig ist;
3. das Gericht, bei dem der Antragsteller seinen gewöhnlichen Aufenthalt hat, wenn der Antragsgegner im Inland keinen Gerichtsstand hat.

A. Struktur der Norm

1 § 232 bestimmt die örtliche Zuständigkeit der Gerichte in Unterhaltssachen und regelt gleichzeitig Zuständigkeitskonkurrenzen.

2 **Abs 1 Nr 1** enthält einen ausschließlichen Gerichtsstand für Unterhaltssachen, welche die Unterhaltspflicht für ein gemeinschaftliches Kind der Ehegatten betreffen, sowie für Unterhaltssachen, die die durch die Ehe begründete Unterhaltspflicht betreffen. Zuständig ist das Gericht der Ehesache. Die Vorschrift entspricht inhaltlich weitgehend dem bisherigen Recht (s § 621 ZPO).

3 **Abs 1 Nr 2** sieht für Verfahren, die den Kindesunterhalt betreffen, und hinsichtlich derer eine Zuständigkeit nach Nr 1 nicht gegeben ist, (wie bisher § 642 Abs 1 ZPO) die Zuständigkeit des Gerichts vor, in dessen Bezirk das Kind oder der zuständige Elternteil seinen gewöhnlichen Aufenthalt hat, jedoch mit **zwei Veränderungen**:
– Nunmehr sind auch die nach § 1603 Abs 2 S 2 BGB privilegierten volljährigen Kinder in diese Zuständigkeitsregelung einbezogen, **und**
– bei der Bezeichnung des Elternteils wird nicht mehr auf die gesetzliche Vertretung, sondern allgemein auf die Handlungsbefugnis in der Unterhaltsangelegenheit abgestellt; damit werden auch die Fälle der Prozessstandschaft nach § 1629 Abs 3 S 1 BGB mit umfasst.

4 **Abs 2** ordnet den Vorrang der in Abs 1 vorgesehenen ausschließlichen Zuständigkeit gegenüber anderen ausschließlichen Gerichtsständen an.

Abs 3 S 1 verweist für den Fall, dass eine Zuständigkeit nach Abs 1 nicht gegeben ist, 5
auf die Vorschriften der Zivilprozessordnung zur örtlichen Zuständigkeit. Aus Gründen
der Vereinheitlichung tritt in den Vorschriften über den allgemeinen Gerichtsstand der
gewöhnliche Aufenthalt an die Stelle des Wohnsitzes.

Abs 3 S 2 hat weitgehend die Regelung des § 642 Abs 3 ZPO übernommen und des 6
weiteren die bislang verstreuten weiteren Sondervorschriften zur örtlichen Zuständigkeit aus der ZPO zusammengefasst:
- **Nr 1** entspricht dem bisherigen § 642 Abs 3 ZPO,
- **Nr 2** dem bisherigen § 35a ZPO **und**
- **Nr 3** dem bisherigen § 23a ZPO.

Neben dem Wahlrecht nach den allgemeinen Zuständigkeitsregeln wird eine weitere 7
Wahlmöglichkeit für den Antragsteller begründet, jedoch keine Rangfolge der Zuständigkeiten.

B. § 232 Abs 1 – ausschließliche Zuständigkeiten

Die **örtliche Zuständigkeit** nach § 232 **Abs 1** hat **Vorrang** vor allen anderen Zuständig- 8
keiten, auch im Rahmen der Vollstreckungsabwehr, weil ein entsprechender Antrag
nunmehr nicht mehr bei dem Gericht des ersten Rechtszugs (vgl BGH FamRZ 2001,
1705, 1706), sondern ausschließlich bei dem örtlich zuständigen Gericht einzureichen ist
(BT-Drs 16/6308 S 255; eine entsprechende Vorschrift enthält § 262 FamFG für Güterrechtssachen).

I. § 232 Abs 1 Nr 1 – Gericht der Ehesache

Nr 1 bestimmt die ausschließliche örtliche Zuständigkeit des Gerichts der Ehesache für 9
Streitigkeiten um Kindes- oder Ehegattenunterhalt: Für Unterhaltssachen, die die Unterhaltspflicht für ein gemeinschaftliches Kind der Ehegatten – mit Ausnahme des Vereinfachten Verfahrens über den Unterhalt Minderjähriger – oder die durch die Ehe begründete Unterhaltspflicht betreffen, ist während der Anhängigkeit einer Ehesache das
Gericht, bei dem die Ehesache im ersten Rechtszug anhängig ist oder war, ausschließlich
zuständig. Wie bisher wird die gerichtliche Zuständigkeit in erster Linie davon bestimmt, ob eine **Ehesache anhängig** ist oder nicht:
- Während der Anhängigkeit eines Scheidungsverfahrens ist für den Antrag auf Unterhalt für die gemeinschaftlichen Kinder und den Ehegatten das Gericht der Ehesache zuständig,
- in allen anderen Fällen bestimmt sich die Zuständigkeit für Unterhaltsansprüche minderjähriger sowie nach § 1603 Abs 2 BGB privilegierter volljähriger Kinder nach dem Gerichtsbezirk, in dem das Kind (bzw während der Trennungszeit »der Elternteil, der auf Seiten des minderjährigen Kindes zu handeln befugt ist« – vgl § 1629 Abs 2 BGB) seinen gewöhnlichen Aufenthalt hat (§ 232 Abs 1 Nr 2). Das Kind selbst kann wiederum bei Ansprüchen gegen beide Eltern jedes Gericht anrufen, welches für **einen** Elternteil zuständig ist (§ 232 Abs 3 Nr 2, bisher § 35a ZPO).

II. § 232 Abs 1 Nr 2 – Gerichtsstand Kindesunterhalt

Nr 2 begründet für Unterhaltssachen, die die Unterhaltspflicht für ein minderjähriges 10
Kind oder ein ihm nach § 1603 Abs 2 S 2 BGB gleichgestelltes Kind betreffen, nachrangig
– wenn also eine Zuständigkeit nach Nr 1 nicht gegeben ist – die ausschließliche Zuständigkeit des Gerichts, in dessen Bezirk das Kind oder der Elternteil, der auf Seiten des
minderjährigen Kindes zu handeln befugt ist, seinen gewöhnlichen Aufenthalt hat, sofern nicht das Kind oder ein Elternteil diesen Aufenthalt im Ausland hat (dann ergibt
sich die örtliche Zuständigkeit aus § 232 Abs 3). Das Gesetz knüpft nunmehr an den Bezirk des Gerichts an, in dem das Kind oder der zuständige Elternteil seinen **gewöhnli-**

§ 232 FamFG | Örtliche Zuständigkeit

chen **Aufenthalt** hat (nicht mehr an den Wohnsitz, s § 642 Abs 1 ZPO). Es entsprach einem praktischen Bedürfnis, nunmehr auch die nach § 1603 Abs 2 Satz 2 BGB gleichgestellten volljährigen Kinder (das sind unverheiratete Kinder bis zur Vollendung des 21. Lebensjahres, solange sie im Haushalt der Eltern oder eines Elternteils leben und sich in der allgemeinen Schulausbildung befinden) in diesen Schutz mit einzubeziehen.

11   Dieser **ausschließliche** Gerichtsstand gilt für alle Unterhaltsverfahren minderjähriger Kinder: Leistungs-, Stufen- und Abänderungsklagen sowie vereinfachte Verfahren, auch für Anträge Dritter, auf die der Unterhaltsanspruch des Kindes übergegangen ist (zB nach § 33 SGB II, § 94 SGB XII, § 7 Abs 1 UVG), und für Erstattungs- oder Schadensersatzansprüche Dritter im Zusammenhang mit dem Kindesunterhalt.

12   Die sachliche Zuständigkeit des Familiengerichts betreffend die Unterhaltpflicht gegenüber einem gemeinschaftlichen ehelichen oder außerehelich geborenen minderjährigen Kind ergibt sich aus § 111 iVm § 23b GVG.

C. § 232 Abs 2 – Konkurrenz ausschließlicher Zuständigkeiten

13   Die Vorschrift ordnet den **Vorrang** der in Abs 1 vorgesehenen ausschließlichen Zuständigkeit gegenüber anderen ausschließlichen Gerichtsständen an. Die Kollision mehrerer ausschließlicher Gerichtsstände hat in Unterhaltssachen insbesondere im Fall der Vollstreckungsgegenklage praktische Bedeutung. Der Gesetzgeber hielt es für sachgerecht, angesichts des Gewichts der nach Abs 1 Nr 1 u 2 maßgeblichen Anknüpfungskriterien der hierauf gegründeten ausschließlichen Zuständigkeit den Vorrang einzuräumen: Die Fallkenntnis des Gerichts des Vorprozesses sei insbesondere nach Ablauf einer längeren Zeitspanne oder im Falle eines Richterwechsels nicht mehr von ausschlaggebender Bedeutung; maßgeblich sei vielmehr in erster Linie der Inhalt der Akten, die von dem zuständigen anderen Gericht ohne weiteres beigezogen werden können.

D. § 232 Abs 3

14   Ist kein Gericht nach § 232 Abs 1 zuständig, dann bestimmt sich die örtliche Zuständigkeit nach § 232 Abs 3: S 1 verweist auf die Vorschriften der Zivilprozessordnung zur örtlichen Zuständigkeit (§§ 12f ZPO), wobei jedoch in den Vorschriften über den allgemeinen Gerichtsstand nunmehr der **gewöhnliche Aufenthalt** des **Schuldners** an die Stelle des Wohnsitzes getreten ist. Hat der Antragsgegner im Inland keinen gewöhnlichen Gerichtsstand, dann ist auch das Gericht am Aufenthaltsort des Antragstellers zuständig (§ 232 Abs 3 Nr 3, bisher § 23a ZPO). Darüber hinaus kann der Antragsteller Ansprüche auf Ehegattenunterhalt (§§ 1570 ff BGB) bzw wegen Kindesbetreuung (§ 1615l BGB) bei dem Gericht geltend machen, bei dem ein Verfahren auf Kindesunterhalt anhängig ist (§ 232 Abs 3 Nr 1, bisher § 642 Abs 2 ZPO).

15   Diese konzentrierte Zuständigkeit wird mit Einreichung einer Antragsschrift zur Hauptsache bzw eines Antrags auf Verfahrenskostenhilfe eröffnet; sie endet mit dem endgültigen Abschluss des Verfahrens durch Beschluss, Vergleich, Erledigungserklärung oder Rücknahme des Antrags.

16   Neu ist des weiteren, dass bei der Bezeichnung des Elternteils nicht mehr auf die gesetzliche Vertretung, sondern allgemein auf die **Handlungsbefugnis** in der Unterhaltsangelegenheit abgestellt wird. Damit werden auch die Fälle der Prozessstandschaft nach § 1629 Abs 3 S 1 mit erfasst.

§ 233 Abgabe an das Gericht der Ehesache

Wird eine Ehesache rechtshängig, während eine Unterhaltssache nach § 232 Abs. 1 Nr. 1 bei einem anderen Gericht im ersten Rechtszug anhängig ist, ist diese von Amts wegen an das Gericht der Ehesache abzugeben. § 281 Abs. 2 und 3 Satz 1 der Zivilprozessordnung gilt entsprechend.

Die Vorschrift übernimmt das sog Konzentrationsprinzip des bisherigen § 621 Abs 3 ZPO: Wird eine Ehesache bei einem anderen Gericht rechtshängig, dann muss das Gericht das bei ihm anhängige Verfahren von Amts wegen an das Gericht der Ehesache abgeben: Beide Verfahren sind aus Zweckmäßigkeitsgründen örtlich beim Gericht der Ehesache zu konzentrieren. Die örtliche Zusammenführung laufender Verfahren bei einem Familiengericht lässt hingegen nicht notwendig auch den »Verbund« entstehen; vielmehr fällt – wenn auch in der anderen Familiensache eine Entscheidung für die Zeit nach der Scheidung begehrt wird – das Unterhaltsverfahren nach §§ 1601 ff in den Scheidungsverbund, weil es seiner Rechtsnatur nach Scheidungsfolgesache sein kann. Trifft dies nicht zu, dann ist das Verfahren als isolierte Familiensache vor dem Gericht der Ehesache fortzuführen. Die vorrangige Zuständigkeit des Gerichts der Ehesache wird begründet, um in Scheidungssachen den Verbund zu ermöglichen und in Verfahren wegen der durch Verwandtschaft begründeten Unterhaltspflicht aus Gründen des Sachzusammenhangs die Erledigung durch den Richter der Ehesache sicherzustellen. Aufgrund der ausschließlichen Zuständigkeit ist die Begründung der Zuständigkeit eines anderen Gerichts durch Prorogation oder rügelose Einlassung ausgeschlossen. 1

§ 234 Vertretung eines Kindes durch einen Beistand

Wird das Kind durch das Jugendamt als Beistand vertreten, ist die Vertretung durch den sorgeberechtigten Elternteil ausgeschlossen.

1 § 234 schließt die Vertretungsmacht des sorgeberechtigten Elternteils aus, um widersprüchliche verfahrensrechtliche Erklärungen zu vermeiden, wenn das Kind durch das Jugendamt als Beistand vertreten wird (s.a. § 173). Die Regelung entspricht dem bisherigen § 53a ZPO. Auf schriftlichen Antrag eines Elternteils kann das Jugendamt Beistand des Kindes werden (§ 1712 BGB). Die elterliche Sorge wird durch die Beistandschaft nicht eingeschränkt. Diese Regelung dient dazu, im Verfahren gegensätzliche Erklärungen des Jugendamts und des sorgeberechtigten Elternteils zu verhindern, indem dem Jugendamt der Vorrang eingeräumt wird. Durch die Beistandschaft wird das Jugendamt nicht zum Verfahrensbeteiligten; die Beteiligung regelt sich allein nach §§ 172 Abs 2, 176 Abs 1.

§ 235 Verfahrensrechtliche Auskunftspflicht der Beteiligten

(1) Das Gericht kann anordnen, dass der Antragsteller und der Antragsgegner Auskunft über ihre Einkünfte, ihr Vermögen und ihre persönlichen und wirtschaftlichen Verhältnisse erteilen sowie bestimmte Belege vorlegen, soweit dies für die Bemessung des Unterhalts von Bedeutung ist. Das Gericht kann anordnen, dass der Antragsteller und der Antragsgegner schriftlich versichern, dass die Auskunft wahrheitsgemäß und vollständig ist; die Versicherung kann nicht durch einen Vertreter erfolgen. Mit der Anordnung nach Satz 1 oder Satz 2 soll das Gericht eine angemessene Frist setzen. Zugleich hat es auf die Verpflichtung nach Absatz 3 und auf die nach §§ 236 und 243 Satz 2 Nr. 3 möglichen Folgen hinzuweisen.

(2) Das Gericht hat nach Absatz 1 vorzugehen, wenn ein Beteiligter dies beantragt und der andere Beteiligte vor Beginn des Verfahrens einer nach den Vorschriften des bürgerlichen Rechts bestehenden Auskunftspflicht entgegen einer Aufforderung innerhalb angemessener Frist nicht nachgekommen ist.

(3) Antragsteller und Antragsgegner sind verpflichtet, dem Gericht ohne Aufforderung mitzuteilen, wenn sich während des Verfahrens Umstände, die Gegenstand der Anordnung nach Absatz 1 waren, wesentlich verändert haben.

(4) Die Anordnungen des Gerichts nach dieser Vorschrift sind nicht selbständig anfechtbar und nicht mit Zwangsmitteln durchsetzbar.

A. Anordnung und ihr Umfang (§ 235 Abs 1)

Schon bislang konnte ein Gericht in Unterhaltsstreitigkeiten von den Beteiligten Auskunft über ihr Einkommen sowie die Vorlage von Belegen verlangen und im Falle der Verweigerung entsprechende Auskünfte bei Arbeitgebern, Sozialleistungsträgern und – bei Streit um den Unterhalt minderjähriger Kinder – auch den Finanzämtern einholen (s § 643 ZPO). § 235 Abs 1 S 1 hat diese Auskunftspflichten im laufenden Verfahren erweitert und ermächtigt nunmehr das Gericht darüber hinaus auch noch in § 235 Abs 1 S 2, von den Beteiligten persönlich (!) eine schriftliche Versicherung zu verlangen, dass die von ihnen gemachten Angaben wahrheitsgemäß und vollständig sind. 1

I. § 235 Abs 1 Satz 1 – Auskunft und Belegvorlage

S 1 entspricht inhaltlich im Wesentlichen dem bisherigen § 643 Abs 1 ZPO: Das Gericht kann anordnen, dass der Antragsteller und der Antragsgegner **Auskunft** über ihre Einkünfte, ihr Vermögen und ihre persönlichen und wirtschaftlichen Verhältnisse zu erteilen sowie bestimmte **Belege** vorzulegen haben, und macht gleichzeitig deutlich, dass Auskunft/Belegvorlage nur insoweit angeordnet werden dürfen, als sie für die Bemessung des Unterhalts von Bedeutung sind (§ 235 Abs 1 S 1; diese Einschränkung ist bewusst in das Gesetz aufgenommen worden, BT-Drs 16/6398 S 255). 2

II. § 235 Abs 1 Satz 2 – schriftliche Versicherung

S 2 ermöglicht es dem Gericht (nunmehr), von jedem Prozessbeteiligten eine **schriftliche Versicherung** anzufordern, dass die Auskunft wahrheitsgemäß und vollständig erteilt worden ist. Diese Möglichkeit, von einem Beteiligten eine ausdrückliche eigenhändige Versicherung über die Richtigkeit der von ihm erteilten Auskunft zu verlangen, kennt das derzeit geltende Verfahrensrecht nicht. Mit dieser Neuregelung, die teilweise die Funktion der zweiten Stufe (eidesstattliche Versicherung) einer Stufenklage erfüllt, sollen die bisherigen zeitintensiven Stufenklagen (künftig: Stufenanträge) in möglichst weitgehendem Umfange entbehrlich werden (s.a. *Borth* FamRZ 2007, 1925, 1934). Daher gibt das Reformgesetz dem Gericht ein Instrumentarium an die Hand, das – wenigstens 3 zum Teil – die Funktion der zweiten Stufe (eidesstattliche Versicherung) einer Stufenklage erfüllt. Da diese zweite Stufe in Unterhaltssachen allerdings oftmals nicht beschritten wird, erschien es ausreichend, dass das Gericht zunächst schriftliche Versicherung verlangen kann.

4 Seinem Wortlaut nach bezieht das Gesetz die Pflicht zur schriftlichen Versicherung in § 235 Abs 1 S 2 nur auf die nach § 235 Abs 1 S 1 zu erteilende Auskunft. Dafür spricht auch die Begründung (s.a. die Begründung in BT-Drs 16/6908 S 255: »S 2 ermöglicht es dem Gericht, vom Antragsteller oder dem Antragsgegner eine schriftliche Versicherung anzufordern, dass er **die Auskunft** wahrheitsgemäß und vollständig erteilt hat.«). Bereits auf Grund der ratio legis muss allerdings diese Pflicht zur Abgabe einer Versicherung auch für eine vorprozessual erteilte Auskunft gelten: Wenn der Gesetzgeber vor allem mit der Eindämmung von der Hauptsache vorgelagerten Annexstreitigkeiten (insbesondere Auskunft und Belegvorlage) eine beschleunigte Abwicklung von Unterhaltsstreitigkeiten vor Gericht erreichen will, müssen die entsprechenden Verfahrensregeln zwingend auch die beschleunigte Abwicklung vorgerichtlicher, vorbereitender Maßnahmen beinhalten.

5 Anders als innerhalb der bürgerlich-rechtlichen Auskunftsschuldverhältnisse (anders noch BGH FamRZ 2008, 600 – eine Auskunft nach § 260 Abs 1 BGB dürfe auch durch einen Boten, zB einen Rechtsanwalt, an den Gläubiger übermittelt werden) muss der Beteiligte diese schriftliche Versicherung **eigenhändig** abgeben; er kann sich – wie bei der eidesstattlichen Versicherung – **weder** eines **Vertreters** noch seines **Verfahrensbevollmächtigten** bedienen (§ 235 Abs 1 S 2; BT-Drs 16/6908 S 255). Eine solche Versicherung hat zwar eine ähnliche Funktion wie die eidesstattliche Versicherung nach § 260 Abs 2 BGB; sie ist aber ohne weitere Voraussetzungen abzugeben.

III. § 235 Abs 1 Satz 3 – Fristsetzung

6 Das Gericht soll nach § 235 Abs 1 S 3 Auskunft (S 1) und/oder Belegvorlage (S 2) wie auch schriftliche Versicherung **regelmäßig** mit angemessener **Fristsetzung** anordnen, um eine übermäßige Verzögerung des Verfahrens zu vermeiden, und zugleich auch auf die Informationspflicht nach § 235 Abs 3, auf die Möglichkeit einer Ersatzvornahme (s § 236) und auf Kostennachteile (§ 243 S 2 Nr 3) hinweisen. Auch diese Regelung soll die oft sehr schwerfälligen und langwierigen Stufenprozesse entbehrlich machen (BT-Drs 16/6308 S 256). Die Fristsetzung ist insbesondere für die Rechtsfolgen des § 236 für den Fall der Nichterfüllung der Auflagen von Bedeutung. Von der Fristsetzung kann **ausnahmsweise** abgesehen werden, etwa wenn feststeht, dass der Beteiligte, an den sich die Auflage richtet, bestimmte Informationen oder Belege ohne eigenes Verschulden nicht kurzfristig erlangen kann.

IV. § 235 Abs 1 Satz 4 – Hinweispflicht des Gerichts

7 § 235 Abs 1 S 4 verpflichtet das Gericht, in der gerichtlichen Anordnung auf die
– Verpflichtung nach Abs 3 (Pflicht zur ungefragten Information bei wesentlicher Veränderung der Umstände; s hierzu auch BGH FamRZ 2008, 1325 = FuR 2008, 401),
– Folgen nach § 236 (Auskunftseinholung bei Dritten durch das Gericht), **und**
– nachteilige Kostenentscheidung (243 S 2 Nr 3)
hinzuweisen. Die Hinweispflicht ist wegen der geänderten Struktur der Vorschriften über die Auskunftspflicht gegenüber der früheren Regelung des § 643 Abs 2 S 2 ZPO etwas erweitert.

B. Pflicht zur Anordnung (§ 235 Abs 2)

8 Im Verlaufe eines Unterhaltsprozesses müssen die Beteiligten zunächst vorprozessual Auskunft und/oder Belege einholen (Anspruchsgrundlagen für den Familienunterhalt

Verfahrensrechtliche Auskunftspflicht der Beteiligten | § 235 FamFG

§§ 1360a Abs 4, 1605 BGB, für den Trennungsunterhalt §§ 1361 Abs 4, 1360a Abs 4, 1605 BGB, für den nachehelichen Unterhalt § 1580 BGB und für den Verwandtenunterhalt § 1605 BGB). Erst wenn dieses Auskunfts-/Belegvorlageverlangen teilweise oder insgesamt erfolglos war, ist die gerichtliche Unterstützung nach § 235 Abs 2 zu erreichen.

Stellt ein Beteiligter sodann einen entsprechenden **Antrag** auf Erlass einer Anordnung 9 gem 235 Abs 1, weil der/die andere Beteiligte vor Beginn des Verfahrens einer nach den Vorschriften des bürgerlichen Rechts bestehenden Auskunfts-/Belegvorlagepflicht entgegen einer Aufforderung innerhalb angemessener Frist nicht nachgekommen ist, dann ist das Gericht nach § 235 Abs 2 **verpflichtet**, entsprechende Anordnungen nach § 235 Abs 1 zu erlassen: Es hat die andere Beteiligte förmlich unter angemessener Fristsetzung zur Auskunft und/oder zur Vorlage von Belegen aufzufordern. Auf diese Weise wird für den Auskunftsgläubiger ein zusätzlicher Anreiz geschaffen, um die benötigten Informationen von der Gegenseite zunächst außergerichtlich zu erhalten.

Diese Regelung ist neu. Mit ihr bestrebt das Gesetz, die zeitaufwendigen Stufenklagen 10 möglichst weitgehend entbehrlich zu machen; im Übrigen bestehe angesichts der oftmals existenziellen Bedeutung von Unterhaltsleistungen für den Berechtigten und angesichts dessen, dass ungenügende Unterhaltszahlungen zu einem erhöhten Bedarf an öffentlichen Leistungen führen können, über das private Interesse des Unterhaltsgläubigers hinaus auch ein öffentliches Interesse an einer sachlich richtigen Entscheidung in Unterhaltsangelegenheiten.

Auf die gerichtliche Anforderung hin eingegangene Informationen sind nunmehr 11 vom Antragsteller zu prüfen; etwaigen schlüssig und substantiiert vorgetragenen Einwänden hat das Gericht nachzugehen. Dies alles geschieht in einem schriftlichen Verfahren, in dem jeweils beiden Seiten rechtliches Gehör zu gewähren ist. Dabei können sich dieselben Meinungsverschiedenheiten über Umfang der Auskunftspflicht und die Vollständigkeit der Angaben wie bei einer Stufenklage ergeben.

C. Pflicht zur unverlangten Information (§ 235 Abs 3)

§ 235 Abs 3 verpflichtet den Adressaten einer Auflage nach § 235 Abs 1, während des 12 laufenden Verfahrens das Gericht **ungefragt** und **unaufgefordert** über wesentliche Veränderungen derjenigen Umstände zu **informieren**, die Gegenstand der Auflage waren. Eine solche ausdrückliche Verpflichtung zu ungefragter Informationen, die der Beschleunigung des Unterhaltsverfahrens dienen soll, enthielt das Gesetz bislang nicht. Voraussetzung ist aber, dass das Gericht eine förmliche Anordnung nach § 235 Abs 1 erlassen hat. Die inhaltliche Anknüpfung an eine dem Beteiligten bereits gerichtlich erteilte Auflage begrenzt den Umfang der Informationspflicht.

Für alle anderen Fälle begründet das FamFG keine eigenständige Offenbarungs- 13 pflicht. Das Fehlen einer weitergehenden verfahrensrechtlichen Verpflichtung lässt die prozessuale Wahrheitspflicht nach § 138 Abs 1 ZPO jedoch unberührt; zudem gelten die materiell-rechtlichen Informationspflichten, die auch ohne ausdrückliche Nachfrage bestehen (BGH FamRZ 2008, 1325 mit Anm *Borth*).

D. Anfechtbarkeit und Durchsetzbarkeit der Anordnung (§ 235 Abs 4)

Abs 4 erklärt die Entscheidungen des Gerichts nach § 235 Abs 2 für nicht selbständig an- 14 fechtbar; sie können auch nicht mit Zwangsmitteln durchgesetzt werden (§ 235 Abs 4). Dies entspricht der derzeitigen Rechtslage zu § 643 ZPO. Dass die Entscheidung nicht selbständig anfechtbar ist, ergibt sich bereits aus ihrem Charakter als Zwischenentscheidung; es wird gleichwohl zur Klarstellung im Gesetz noch einmal ausdrücklich bestimmt. Die mangelnde selbständige Anfechtbarkeit einer Anordnung nach § 235 Abs 2 ergibt sich zwar bereits aus ihrem Charakter als Zwischenentscheidung; gleichwohl hat der Gesetzgeber noch einmal ausdrücklich klargestellt, dass Anordnungen nach § 235 Abs 2 – wie bislang auch Anordnungen nach § 643 ZPO – weder selbständig anfechtbar

§ 235 FamFG | Verfahrensrechtliche Auskunftspflicht der Beteiligten

noch mit Zwangsmitteln nach § 35 durchsetzbar sind. Die Nichtanwendbarkeit von Zwangsmitteln beruht auf der überwiegenden Anwendung der ZPO-Vorschriften nach § 113 Abs 1 – die Anwendung des § 35 ist ausgeschlossen – aufgrund des kontradiktorischen Charakters des Unterhaltsverfahrens, ist jedoch kontraproduktiv zu dem bestehenden öffentlichen Interesse an einer richtigen Entscheidung.

15 Auch wenn das Gesetz keine direkten Zwangsmittel vorsieht (§ 235 Abs 4), wird in der Praxis regelmäßig doch die mit den entsprechenden Hinweisen nach § 235 Abs 1 Satz 3 verbundene Aufforderung des Gerichts mit einer Belehrung über die Folgen eines aus grober Nachlässigkeit verspäteten Vorbringens (§ 115, entsprechend § 621d ZPO) genügen, um das Verfahren zu beschleunigen. Wird die gerichtliche Anordnung nach § 235 Abs 2 nämlich nicht befolgt, ist das Gericht berechtigt, Auskünfte von Dritten einzuholen (§ 236). Diese sind verpflichtet, dem Ersuchen Folge zu leisten. Während es bislang (nur) im Ermessen des Gerichts stand, ob es von den ihm nach § 643 ZPO eingeräumten Befugnissen Gebrauch machte, ist es künftig auf den Antrag einer Beteiligten **verpflichtet**, förmliche Anordnungen nach §§ 235 Abs 1, 236 Abs 1 zu treffen, wenn eine Partei keine oder eine nur unvollständige Auskunft erteilt bzw Belege nicht oder nur unvollkommen vorgelegt hat.

§ 236 Verfahrensrechtliche Auskunftspflicht Dritter

(1) Kommt ein Beteiligter innerhalb der hierfür gesetzten Frist einer Verpflichtung nach § 235 Abs. 1 nicht oder nicht vollständig nach, kann das Gericht, soweit dies für die Bemessung des Unterhalts von Bedeutung ist, über die Höhe der Einkünfte Auskunft und bestimmte Belege anfordern bei
1. Arbeitgebern,
2. Sozialleistungsträgern sowie der Künstlersozialkasse,
3. sonstigen Personen oder Stellen, die Leistungen zur Versorgung im Alter und bei verminderter Erwerbsfähigkeit sowie Leistungen zur Entschädigung und zum Nachteilsausgleich zahlen,
4. Versicherungsunternehmen oder
5. Finanzämtern.

(2) Das Gericht hat nach Absatz 1 vorzugehen, wenn dessen Voraussetzungen vorliegen und der andere Beteiligte dies beantragt.

(3) Die Anordnung nach Absatz 1 ist den Beteiligten mitzuteilen.

(4) Die in Absatz 1 bezeichneten Personen und Stellen sind verpflichtet, der gerichtlichen Anordnung Folge zu leisten. § 390 der Zivilprozessordnung gilt entsprechend, wenn nicht eine Behörde betroffen ist.

(5) Die Anordnungen des Gerichts nach dieser Vorschrift sind für die Beteiligten nicht selbständig anfechtbar.

Abs 1 entspricht – jedoch mit einigen Veränderungen – dem bisherigen § 643 Abs 2 S 1 ZPO. Unverändert darf das Gericht, wenn eine der Prozessparteien innerhalb der hierfür gesetzten Frist einer nach § 235 Abs 1 bestehenden Verpflichtung nicht oder nicht vollständig nachgekommen ist, bei den im Gesetz genannten Dritten über die Höhe der Einkünfte Auskunft und/oder bestimmte Belege anfordern. Die in § 236 Abs 1 aufgeführten Personen oder Stellen entsprechen denen des § 643 Abs 2 Nr 1, 3 ZPO. Angefordert werden können die Auskünfte bei: 1

1. privat- und öffentlich-rechtlichen Arbeitgebern,
2. Sozialleistungsträgern (zB Krankenkassen, Kreise und kreisfreie Städte für Kinder- und Jugendhilfe und Sozialhilfe) sowie der Künstlersozialkasse (weggefallen ist jedoch mangels eines nennenswerten praktischen Bedürfnisses die vormals in § 643 Abs 2 Nr 2 ZPO aufgeführte Datenstelle der Rentenversicherungsträger),
3. sonstigen Personen oder Stellen, die Leistungen zur Versorgung im Alter und bei verminderter Erwerbsfähigkeit sowie Leistungen zur Entschädigung und zum Nachteilsausgleich zahlen (zB öffentlich-rechtliche, private, betriebliche und berufsständische Einrichtungen),
4. Versicherungsunternehmen (zB hinsichtlich einer Kapitallebensversicherung), oder
5. Finanzämtern.

Die Formulierung des einleitenden Satzteils ist teilweise an § 235 Abs 1 S 1 angeglichen, stellt jedoch nunmehr abweichend fest, dass das Vermögen wie auch die persönlichen und wirtschaftlichen Verhältnisse nicht von dem Auskunftsrecht des Gerichts gegenüber Dritten umfasst sind. Das Gesetz will damit, auch vor dem Hintergrund des Antragsrechts nach Abs 2, eine Ausforschung verhindern und den Umfang der Inanspruchnahme der an dem Verfahren nicht beteiligten Dritten begrenzen. Der Bestand des Vermögens zu einem bestimmten Stichtag ist für die Berechnung des Unterhalts nur von untergeordneter Bedeutung; Erträge des Vermögens werden vom Begriff der Einkünfte umfasst. 2

Die in § 643 ZPO noch enthaltene Beschränkung der Auskunftspflicht der Finanzämter auf Rechtsstreitigkeiten, die den Unterhaltsanspruch eines minderjährigen Kindes 3

§ 236 FamFG | Verfahrensrechtliche Auskunftspflicht Dritter

betreffen, wurde – weil nicht sachgerecht – nicht aufrecht erhalten. Der Steuerpflichtige ist in der Regel aufgrund materiellen Rechts zur Auskunftserteilung über seine Einkünfte gegenüber dem Gegner verpflichtet. Wird die Auskunft nicht erteilt, verhält er sich pflichtwidrig und ist daher in geringerem Maße schutzwürdig. Auch das öffentliche Interesse daran, dass der Steuerpflichtige gegenüber den Finanzbehörden alle für die Besteuerung erheblichen Umstände wahrheitsgemäß und umfassend offenbart, damit keine Steuerausfälle eintreten, wird nicht stärker beeinträchtigt als bisher, da der Pflichtige bereits derzeit damit rechnen muss, dass das Finanzamt Auskünfte erteilt. Zudem werden zum einen vielfach Unterhaltsansprüche der Mutter mit denen minderjähriger Kinder im gleichen Verfahren geltend gemacht, zum anderen Unterhaltsansprüche des Kindes in einer Vielzahl von Fällen durch die Mutter in Vertretung des Kindes oder in Prozessstandschaft, so dass die Mutter bereits nach geltendem Recht vom Ergebnis einer gerichtlichen Anfrage beim Finanzamt regelmäßig Kenntnis erhält.

4   Für die im bisherigen § 643 Abs 2 S 1 Nr 2 ZPO genannte Auskunftsmöglichkeit gegenüber der Datenstelle der Rentenversicherungsträger hat sich in Unterhaltssachen kein nennenswertes praktisches Bedürfnis ergeben; sie wurde daher nicht in das Reformgesetz übernommen.

5   **Abs 2** verpflichtet das Gericht, gemäß Abs 1 bestimmte Auskünfte bei Dritten anzufordern, sofern die Voraussetzungen des Abs 1 erfüllt sind, und der andere Beteiligte des Unterhaltsverfahrens einen entsprechenden Antrag stellt. Es handelt sich hierbei um eine Parallelregelung zu § 235 Abs 2 (s die dortigen entsprechenden Erläuterungen).

6   **Abs 3** bestimmt, dass eine Anordnung nach Abs 1 den Beteiligten mitzuteilen ist: Die Einholung von Auskünften und Belegen bei Dritten soll nicht ohne gleichzeitige Kenntniserlangung der Beteiligten erfolgen.

7   **Abs 4** orientiert sich an dem bisherigen § 643 Abs 3 ZPO: Alle bezeichneten Personen und/oder Stellen sind verpflichtet, der gerichtlichen Anordnung Folge zu leisten. **S 1** entspricht dem bisherigen § 643 Abs 3 S 1 ZPO. **S 2** entspricht im wesentlichen dem bisherigen § 643 Abs 3 S 2 ZPO; die Norm stellt klar, dass insbesondere Aussage- bzw Zeugnisverweigerungsrechte einer Auskunftserteilung nicht entgegengehalten werden können. Handelt es sich bei dem Adressaten einer Aufforderung nach Abs 1 um eine Behörde, dann besteht im Hinblick auf die bei der Mitwirkung anderer staatlicher Stellen zu beachtende Zuständigkeitsordnung keine Möglichkeit, Ordnungsgeld festzusetzen oder Ordnungshaft festzusetzen, so dass § 390 ZPO nicht gegenüber Behörden anzuwenden ist; vielmehr muss bei einer Nichtbefolgung ggf die jeweils übergeordnete Behörde eingeschaltet werden.

8   **Abs 5** entspricht hinsichtlich der Beteiligten § 235 Abs 5 (s die dortigen entsprechenden Erläuterungen). Der Ausschluss der Anfechtbarkeit gilt ausdrücklich nicht für nicht am Verfahren beteiligte Dritte, da sie nicht die Möglichkeit haben, die Rechtmäßigkeit einer Anordnung nach Abs 1 inzident im Rechtsmittelzug überprüfen zu lassen. Die Anordnungen sind gem § 236 Abs 5 nicht isoliert anfechtbar.

§ 237 Unterhalt bei Feststellung der Vaterschaft

(1) Ein Antrag, durch den ein Mann auf Zahlung von Unterhalt für ein Kind in Anspruch genommen wird, ist, wenn die Vaterschaft des Mannes nach § 1592 Nr. 1 und 2 oder § 1593 des Bürgerlichen Gesetzbuchs nicht besteht, nur zulässig, wenn das Kind minderjährig und ein Verfahren auf Feststellung der Vaterschaft nach § 1600d des Bürgerlichen Gesetzbuchs anhängig ist.

(2) Ausschließlich zuständig ist das Gericht, bei dem das Verfahren auf Feststellung der Vaterschaft im ersten Rechtszug anhängig ist.

(3) Im Fall des Absatzes 1 kann Unterhalt lediglich in Höhe des Mindestunterhalts und gemäß den Altersstufen nach § 1612a Abs. 1 Satz 3 des Bürgerlichen Gesetzbuchs und unter Berücksichtigung der Leistungen nach § 1612b oder § 1612c des Bürgerlichen Gesetzbuchs beantragt werden. Das Kind kann einen geringeren Unterhalt verlangen. Im Übrigen kann in diesem Verfahren eine Herabsetzung oder Erhöhung des Unterhalts nicht verlangt werden.

(4) Vor Rechtskraft des Beschlusses, der die Vaterschaft feststellt, oder vor Wirksamwerden der Anerkennung der Vaterschaft durch den Mann wird der Ausspruch, der die Verpflichtung zur Leistung des Unterhalts betrifft, nicht wirksam.

A. Allgemeines

Ein Unterhaltsrechtsverhältnis iSv § 1601 BGB besteht allein aufgrund der Verwandtschaft, die nach § 1589 Satz 1 BGB voraussetzt, dass eine Person von der anderen abstammt. Einen Unterhaltsanspruch kann das Kind gegen seinen Vater erst geltend machen, wenn dessen Vaterschaft aufgrund der Ehe mit der Mutter des Kindes zum Zeitpunkt der Geburt (§§ 1592 Nr 1, 1593 BGB) oder aufgrund der Anerkennung der Vaterschaft (§ 1592 Nr 2 BGB) oder nach gerichtlicher Feststellung (§ 1592 Nr 3 BGB) feststeht. Anderenfalls steht die Rechtsausübungssperre des § 1600d Abs 4 BGB dem Begehren des Kindes entgegen. Um die rechtliche und finanzielle Situation des Kindes zu verbessern, sehen die Regelungen der §§ 237, 247 und 248 Ausnahmen bzw Durchbrechungen dieses Grundsatzes für Unterhaltsansprüche vor. Während die §§ 247, 248 einstweilige Anordnungen bereits vor der Geburt des Kindes bzw bei Anhängigkeit eines Verfahrens auf Feststellung der Vaterschaft betreffen, ermöglicht § 237 ab diesem Zeitpunkt ein **Hauptsacheverfahren** zum Kindesunterhalt. 1

Die Vorschrift dient dazu, dem minderjährigen Kind in einem einfachen und schnellen Verfahren einen ersten Vollstreckungstitel gegen seinen potentiellen Vater zu verschaffen. Aus diesem Grund soll das Verfahren nicht mit den komplexen Unterhaltsfragen belastet werden, so dass die Angriffs- und Verteidigungsmittel des Unterhaltspflichtigen limitiert sind und der durchsetzbare Unterhaltsanspruch des Kindes auf den Mindestunterhalt (§ 1612a BGB) begrenzt ist. Die Vorschrift übernimmt die Regelungsstrukturen des § 653 ZPO aF. Eine wesentliche verfahrensrechtliche Änderung besteht darin, dass das Unterhaltsverfahren nach § 237 ein **selbständiges Hauptsacheverfahren** ist und nicht mehr als Annexverfahren zur Vaterschaftsfeststellung ausgestaltet ist (BTDrs 16/6308 S 257; Prütting/Helms/*Bömelburg* § 237 Rn 3; Keidel/*Weber* § 237 Rn 1). Mit der Regelung als Unterhaltssache im Abschnitt 9 ist klargestellt, dass die Verfahrensvorschriften der §§ 231 ff Anwendung finden, was für das Verfahren nach § 653 ZPO aF umstritten war (Zöller/*Philippi* § 653 Rn 5a; aA MüKo-ZPO/*Coester-Waltjen* § 653 Rn 10; OLG Brandenburg FamRZ 2003, 617). Ob mit der Ausgestaltung als selbständiges Hauptsacheverfahren wesentliche Vorteile verbunden sind, erscheint im Hinblick auf die Anbindung an das Vaterschaftsfeststellungsverfahren fraglich. Die Zuständigkeit für dieses Unterhaltsverfahren bestimmt sich nach der des Vaterschaftsfeststellungsverfahrens (Abs 2), wodurch nach der Gesetzesbegründung (BTDrs 16/6308 S 257) die Verbin- 2 dung beider Verfahren – trotz unterschiedlicher Prinzipien (BGH FamRZ 2008, 368, 369) – ermöglicht werden soll. War der Regelungszweck des § 653 ZPO aF darin gesehen worden, dem Kind einen zweiten Prozess über den Unterhalt zu ersparen, wenn es den Mindestunterhalt geltend machte, werden zukünftig zwei selbständige Hauptsacheverfahren eingeleitet, die nach §§ 20, 179 Abs 1 Satz 2 verbunden werden können. Als Alternative kann das Kind erwägen, seinen Mindestunterhalt oder den vollen Unterhaltsbedarf durch eine einstweilige Anordnung nach § 248 zu verfolgen.

B. Vaterschaftsfeststellungsverfahren

3   Das Unterhaltsverfahren nach § 237 ist nur zulässig, wenn ein Verfahren auf Feststellung der Vaterschaft (§ 169 Nr 1) anhängig ist oder ein Antrag auf Bewilligung von Verfahrenskostenhilfe für ein solches Verfahren gestellt wurde. Es kommt nicht darauf an, ob im Abstammungsverfahren das Kind oder dessen Mutter Antragsteller ist, zumal in der Unterhaltssache das Kind den Anspruch nur durch seinen gesetzlichen Vertreter bzw einen Beistand (§ 1712 Abs 1 Nr 1 BGB) geltend machen kann. Das Verfahren nach § 237 ist für das Kind auch dann eröffnet, wenn ein Mann einen negativen Vaterschaftsfeststellungsantrag (§ 169 Rz 5) gestellt hat und das Kind seinerseits in diesem Abstammungsverfahren beantragt, die Vaterschaft dieses Mannes festzustellen. Den Antrag auf Zahlung des Mindestunterhalts kann das Kind bis zum rechtskräftigen Abschluss des Vaterschaftsfeststellungsverfahrens stellen. Das Kind hat ein **Wahlrecht**, ob es seinen Unterhaltsanspruch nach § 237 verfolgen oder diesen nach Abschluss des Abstammungsverfahrens im vereinfachten Verfahren (§§ 249 ff), in einem Anordnungsverfahren oder in einem Hauptsacheverfahren geltend machen will.

C. Unterhaltsanspruch

4   Nach § 237 Abs 3 kann das Kind seinen Unterhaltsanspruch nur in Höhe des **Mindestunterhalts** nach § 1612a Abs 1 BGB vermindert um das nach § 1612b Abs 1 BGB anzurechnende Kindergeld bzw die nach § 1612c BGB anzurechnenden kindbezogenen Leistungen verfolgen. Der Unterhaltsantrag ist durch den Mindestunterhalt auf einen dynamischen Titel gerichtet. Ein bezifferter Unterhaltsanspruch kann dem Kind nicht zuerkannt werden (OLG Naumburg FamRZ 2002, 838). Ein höherer Anspruch als 100 % des Mindestunterhalts ist ebenso wenig durchsetzbar wie ein Sonder- oder Mehrbedarf. Die Beschleunigung des Verfahrens nach § 237 wird dadurch erreicht, dass Feststellungen zur Leistungsfähigkeit des Unterhaltspflichtigen nicht zu treffen sind, denn die gerichtliche Auseinandersetzung über den individuellen Unterhalt erscheint wenig sinnvoll (BTDrs 13/7338 S 42 f). Zugunsten des Kindes wird ein Unterhaltsanspruch in Höhe des Mindestbedarfs gesetzlich vermutet. Das Kind kann aufgrund der vorgelegten Unterlagen seinen Anspruch reduzieren und einen geringeren Prozentsatz des Mindestbedarfs beantragen (Abs 3 Satz 2). Der Antragsgegner kann nach Abs 3 Satz 3 hingegen nicht geltend machen, nur einen geringeren Betrag zahlen zu können (OLG Brandenburg FamRZ 2000, 1044). Insoweit verbleibt den Beteiligten allein das Abänderungsverfahren nach § 240. Zeitlich ist der Unterhaltsanspruch nicht auf die Zukunft beschränkt, so dass der gesamte **rückständige Unterhalt** ab dem Tag der Geburt des Kindes verlangt werden kann. Das Kind kann Unterhalt für den zurückliegenden Zeitraum beanspruchen, weil es aus rechtlichen Gründen an der Geltendmachung des Anspruchs gehindert war (§ 1613 Abs 2 Nr 2a BGB; PWW/*Soyka* § 1613 Rn 10).

5   Die zweite Besonderheit des Verfahrens nach § 237 besteht darin, dass der (festzustellende) unterhaltspflichtige Vater mit **Einwendungen** gegen den Unterhaltsanspruch in weitem Umfang **ausgeschlossen** ist. Mit der ganz hM hat der BGH (FamRZ 2003, 1095) zu § 653 ZPO aF die für § 237 fortgeltende Auffassung vertreten, dass die Angriffs- und Verteidigungsmöglichkeiten limitiert sind, weil dem Kind schnell ein Vollstreckungstitel zur Verfügung stehen soll. Zur Begründung hat er den Wortlaut des § 653 Abs 1 Satz 3

(Rz 5) Anwendung. Der für die Vaterschaftsfeststellung geltende Amtsermittlungsgrundsatz (§ 177) findet keine Anwendung, weil gemäß §§ 112 Nr 1, 113 Abs 1 die Vorschriften der ZPO gelten. Im Hinblick auf die nur sehr begrenzt zulässigen Einwendungen des Antragsgegners kommt dem Beibringungsgrundsatz geringe Bedeutung zu. Weder die Rechte aus § 235 noch die gerichtliche Kompetenz nach § 236 zur Ermittlung der Einkünfte kommen zur Geltung, weil die Leistungsfähigkeit des Antragsgegners nicht zu beurteilen ist. Die Beteiligten können – im Gegensatz zur Abstammung – über den Verfahrensgegenstand disponieren und in der Unterhaltssache im isolierten oder verbundenen Verfahren einen **Vergleich** schließen, der nicht den Begrenzungen des § 237 Abs 3 unterliegt. Sie können sich bei eingeschränkter Leistungsfähigkeit auf einen geringeren Anspruch, bei höheren Einkünften des Antragsgegners auf einen höheren Zahlungsanspruch als dynamisierten Titel oder als Festbetrag einigen. Schließlich kann der Antragsgegner den Unterhaltsanspruch **anerkennen** (OLG Brandenburg FamRZ 2005, 1843). Auch eine Entscheidung aufgrund **Säumnis** ist möglich.

8 Die selbständigen Verfahren auf Feststellung der Vaterschaft (§ 169 Nr 1) und Titulierung des Mindestunterhalts (§ 237) können vom Gericht, wenn sie zeitgleich anhängig sind, gemäß **§ 20** verbunden werden (§ 179 Abs 1 Satz 2). Da die Verfahrensgegenstände in einem engen sachlichen Zusammenhang stehen, ist eine **Verbindung** regelmäßig sachdienlich, wovon auch die Gesetzesbegründung (BTDrs 16/6308 S 257) ausgeht, zumal aus dem Beschluss zum Unterhalt gemäß § 237 Abs 4 erst vollstreckt werden kann, wenn die Vaterschaft rechtskräftig festgestellt (§ 184 Abs 1) oder wirksam anerkannt ist. Dass an den Verfahren unterschiedliche Personen beteiligt sein können, steht einer Verbindung nicht entgegen (*Schulte-Bunert* Rn 131). Auch die unterschiedlichen Verfahrensgrundsätze sprechen nicht notwendig gegen eine Verbindung der Verfahren (s aber BGH FamRZ 2008, 368, 369).

9 III. Über den Unterhaltsanspruch ist durch Beschluss, ggf aufgrund Anerkenntnisses oder Säumnis, zu entscheiden. Die **Beschlussformel** kann lauten:

10 »Der Beteiligte zu ... (biologische Vater) wird verurteilt, dem Kind (Beteiligten zu ...) 100 % (oder auf Antrag des Kindes ggf einen geringeren Satz) des Mindestunterhalts entsprechend der jeweiligen Altersstufe abzüglich des hälftigen Kindergeldes für ein erstes Kind zu zahlen.«

11 Ist das Abstammungsverfahren mit der Unterhaltssache verbunden worden, so ergeben sich für die zwei Verfahrensgegenstände regelmäßig unterschiedliche Beteiligte. Der Beschluss bedarf hinsichtlich der Feststellung der Vaterschaft in jedem Fall einer Begründung, während diese für die Unterhaltsregelung entbehrlich sein kann (§ 113 Abs 1 Satz 1 iVm §§ 313a, 313b ZPO). Die gerichtliche Regelung zum Unterhalt wird – wie nach § 653 Abs 2 ZPO aF – entgegen der Regelung des § 120 Abs 1 nach der besonderen Vorschrift des § 237 Abs 4 erst mit der Rechtskraft der gerichtlichen Vaterschaftsfeststellung oder der Wirksamkeit einer Anerkennung der Vaterschaft wirksam. Aus diesem Grund ist in der Beschlussformel zum Mindestunterhalt auszusprechen, dass eine **Vollstreckung** erst mit Rechtskraft der Vaterschaftsfeststellung stattfindet (OLG Brandenburg FamRZ 2003, 617, 618). Eine Anpassung des auf der Grundlage von § 237 erlassenen Unterhaltstitels an die individuellen (Einkommens)Verhältnisse erfolgt im Abänderungsverfahren nach § 240. Dabei ist für den Unterhaltspflichtigen für eine rückwirkende Abänderung die Monatsfrist des § 240 Abs 2 (ab Rechtskraft des Beschlusses nach § 237) zu beachten, weil anderenfalls eine Abänderung nur für die Zeit ab Rechtshängigkeit des Antrags zulässig ist.

E. Gebühren

12 Wie im gewöhnlichen Unterhaltsverfahren, auch nach Verbindung.
13 **Streitwert**: Für das selbständige Unterhaltsverfahren gilt § 51 FamGKG. Werden die Verfahren auf Feststellung der Abstammung und auf Unterhalt verbunden, ist nach § 33

ZPO aF (jetzt § 237 Abs 3 Satz 3), die Funktion des (früheren) Annexverfahrens sowie systematische Erwägungen zum vereinfachten Verfahren und zur Korrekturklage nach § 654 ZPO aF (BGH FamRZ 2003, 304) herangezogen. Der Antragsgegner ist mit dem Einwand
- der (auch offenkundig) **fehlenden Leistungsfähigkeit** (§ 237 Abs 3 Satz 3; BGH FamRZ 2003, 1095, 1096; OLG Dresden FamRZ 2003, 161, 162; OLG Köln FamRZ 2003, 1018; OLG Celle OLGR 2002, 154; OLG Bremen FamRZ 2000, 1164; aA noch OLG Brandenburg FamRZ 2000, 1581, 1583),
- der **Barunterhaltspflicht beider Eltern** infolge der Drittbetreuung des Kindes,
- der **Erfüllung** (BGH FamRZ 2003, 1095 f; OLG Düsseldorf FamRZ 2001, 1620),
- der **Begrenzung** oder **Stundung** des »rückständigen« Unterhalts wegen einer unbilligen Härte iSv § 1613 Abs 3 BGB,
- des **Forderungsübergangs** aufgrund subsidiärer Sozialleistungen (§§ 33 Abs 2 SGB II, 94 Abs 1 SGB XII, 7 Abs 1 UVG; Zöller/*Philippi* § 653 Rn 4; aA zu § 643 ZPO aF BGH FamRZ 1981, 32),
- der **Verjährung** (OLG Brandenburg FamRZ 2005, 1843, 1844),
- der **Verwirkung** gemäß § 242 wegen verspäteter Rechtsausübung (OLG Karlsruhe FamRZ 2002, 1262; OLG Brandenburg FamRZ 2000, 1044, 1045),

im Verfahren nach § 237 ausgeschlossen. Die individuellen Verhältnisse sowie die vorgenannten Gesichtspunkte können die Beteiligten, nur im Verfahren nach § 240 wirksam einbringen, wobei dessen Monatsfrist nach Abs 2 zu beachten ist (BGH FamRZ 2003, 1095, 1096; OLG Celle OLGR 2002, 154, 155). Vom **Einwendungsausschluss** des § 237 Abs 3 Satz 3 hat der BGH (FamRZ 2003, 1095, 1096) dann eine **Ausnahme** erwogen, wenn etwa die vom Antragsgegner geltend gemachte Leistungsunfähigkeit oder Erfüllung unstreitig ist. In diesem Fall ist zu prüfen, ob für einen dennoch gestellten Antrag des Kindes wegen einer **missbräuchlichen** Ausnutzung des Einwendungsausschlusses das Rechtsschutzbedürfnis fehlt (Prütting/Helms/*Bömelburg* § 237 Rn 8). Ein solcher Missbrauchsfall liegt nicht vor, wenn entweder die Zeiträume oder die Aufteilung von Unterhaltszahlungen auf das Kind und dessen Mutter zweifelhaft sind.

D. Verfahren

I. **Zuständigkeit**: Für das Verfahren nach § 237 ist nach Abs 2 das Gericht ausschließlich 6 zuständig, bei dem das Verfahren auf Feststellung der Vaterschaft im ersten Rechtszug anhängig ist. Wegen der übereinstimmenden Anknüpfung der örtlichen Zuständigkeit an den gewöhnlichen Aufenthalt des Kindes (§§ 170 Abs 1, 232 Abs 1 Nr 2) folgt dies in der Mehrzahl der Fälle bereits aus den jeweiligen Einzelregelungen, denen jedoch § 237 Abs 2 vorgeht. Ob das Abstammungsverfahren bei dem nach § 170 örtlich zuständigen Gericht anhängig ist, an dessen Zuständigkeit die des Unterhaltsverfahrens nach § 237 gebunden ist, ist für die Zulässigkeit des Unterhaltsverfahrens unerheblich. Hat ein Beteiligter gegen die Entscheidung im Vaterschaftsfeststellungsverfahren Beschwerde eingelegt, ist für den erstmaligen Antrag nach § 237 nicht das Beschwerdegericht (§§ 654, 640a ZPO aF) zuständig, weil es sich um ein selbständiges Hauptsacheverfahren handelt. Für die Dauer des Beschwerdeverfahrens bestimmt sich die Zuständigkeit in der Unterhaltssache nach dem Gericht des Vaterschaftsfeststellungsverfahrens, um ein Auseinanderfallen der (Rechtsmittel-)Zuständigkeiten zu verhindern. Zur internationale Zuständigkeit s Art 5 Nr 2 EuGVO; Art 10 EuUntVO Zöller/*Philippi* § 653 Rn 5. Wird während des laufenden Unterhaltsverfahrens vor einer Verfahrensverbindung (Rz 8) die Vaterschaft rechtskräftig festgestellt, bleibt das Verfahren weiterhin zulässig und ist nicht vAw, sondern allenfalls auf Antrag in ein allgemeines Unterhaltsverfahren überzuleiten.

II. Auf das Unterhaltsverfahren nach § 237 finden die Verfahrensvorschriften der 7 §§ 231 ff für das **streitige Unterhaltsverfahren** mit den vorgenannten Einschränkungen

Abs 2 allein der höhere Wert beider Verfahrensgegenstände maßgeblich, weil ein nichtvermögensrechtlicher Anspruch (Vaterschaftsfeststellung) mit einem aus diesem hergeleiteten vermögensrechtlichen Anspruch (Unterhalt) verbunden ist. Daher ist regelmäßig von dem Wert der Unterhaltssache auszugehen, weil der Streitwert nach dem Mindestunterhalt für die ersten zwölf Monate nach Einreichung des Antrags abzüglich der nach §§ 1612b und 1612c BGB anzurechnenden Beträge zuzüglich der bei Einreichung des Antrags fälligen Beträge (§ 51 Abs 1 und 2 FamGKG; OLG Naumburg FamRZ 2008, 1645; OLG München FamRZ 2005, 1766 mwN zu § 48 Abs 4 GKG aF) zu berechnen ist. Dieser Betrag liegt regelmäßig über dem Wert von 2 000 € für die Vaterschaftsfeststellung nach § 47 Abs 1 Satz 1 FamGKG. Zur Kostenentscheidung nach § 243 Nr 2 (§ 93d ZPO aF) OLG Frankfurt FamRZ 2008, 1643.

§ 238 Abänderung gerichtlicher Entscheidungen

(1) Enthält eine in der Hauptsache ergangene Endentscheidung des Gerichts eine Verpflichtung zu künftig fällig werdenden wiederkehrenden Leistungen, kann jeder Teil die Abänderung beantragen. Der Antrag ist zulässig, sofern der Antragsteller Tatsachen vorträgt, aus denen sich eine wesentliche Veränderung der der Entscheidung zugrundeliegenden tatsächlichen oder rechtlichen Verhältnisse ergibt.

(2) Der Antrag kann nur auf Gründe gestützt werden, die nach Schluss der Tatsachenverhandlung des vorausgegangenen Verfahrens entstanden sind und deren Geltendmachung durch Einspruch nicht möglich ist oder war.

(3) Die Abänderung ist zulässig für die Zeit ab Rechtshängigkeit des Antrags. Ist der Antrag auf Erhöhung des Unterhalts gerichtet, ist er auch zulässig für die Zeit, für die nach den Vorschriften des bürgerlichen Rechts Unterhalt für die Vergangenheit verlangt werden kann. Ist der Antrag auf Herabsetzung des Unterhalts gerichtet, ist er auch zulässig für die Zeit ab dem Ersten des auf ein entsprechendes Auskunfts- oder Verzichtsverlangen des Antragstellers folgenden Monats. Für eine mehr als ein Jahr vor Rechtshängigkeit liegende Zeit kann eine Herabsetzung nicht verlangt werden.

(4) Liegt eine wesentliche Veränderung der tatsächlichen oder rechtlichen Verhältnisse vor, ist die Entscheidung unter Wahrung ihrer Grundlagen anzupassen.

A. Neuordnung des Abänderungssystems in Unterhaltssachen

1 Die **Abänderung bestehender Unterhaltstitel** ist künftig in **drei Vorschriften** geregelt. Der Gesetzgeber des FamFG hat davon abgesehen, sämtliche diversen Abänderungsmöglichkeiten – wie vormals in § 323 ZPO – wieder in eine einzige Norm einzuarbeiten; er hat vielmehr aus Gründen der Übersichtlichkeit die jeweils verschiedenen Anpassungsregeln für die verschiedenen Arten von Unterhaltstiteln auf mehrere Vorschriften verteilt und mit dieser Entzerrung das Abänderungssystem insgesamt übersichtlich gestaltet. Nunmehr ergibt sich die Rechtslage klarer als bisher unmittelbar aus dem Wortlaut der drei Normen (§§ 238, 239, 240) selbst, die nunmehr als **leges speciales** zu § 323 ZPO anzusehen sind:
– § 238 betrifft die in einem Hauptsacheverfahren ergangenen gerichtlichen Entscheidungen zu künftig fällig werdenden wiederkehrenden Leistungen (bisher: § 323 Abs 1–3 ZPO),
– § 239 übernimmt aus § 323 Abs 4 ZPO die Regelung über die Abänderung von Verpflichtungen aus gerichtlichen Vergleichen und vollstreckbaren Urkunden **und**
– § 240 enthält (in Abweichung von § 323 Abs 5 ZPO; die Vorschrift des § 655 ZPO wurde nicht übernommen) die Möglichkeit einer Abänderung von gerichtlichen Entscheidungen in Vaterschaftsfeststellungsverfahren nach § 237 (bisher § 653 ZPO) und im vereinfachten Unterhaltsfestsetzungsverfahren nach § 253 (bisher § 649 ZPO).

2 § 238 orientiert sich als Spezialregelung für die Abänderung gerichtlicher Entscheidungen in Unterhaltssachen an der Grundstruktur des § 323 ZPO. Die Vorschrift ist in vier Absätze gegliedert: Abs 1 und 3 betreffen die Zulässigkeit des Abänderungsantrags, Abs 2 die Tatsachenpräklusion für den Antragsteller und Abs 4 die Begründetheit des Antrags.

B. § 238 Abs 1

3 Jeder Beteiligte kann Abänderung eines Urteils über laufende Unterhaltsleistungen beantragen (S 1), wenn sie Tatsachen vorträgt, aus denen sich eine wesentliche Veränderung der dem Urteil seinerzeit Entscheidung zugrunde liegenden tatsächlichen oder rechtlichen Verhältnisse ergibt (S 2).

§ 238 FamFG | Abänderung gerichtlicher Entscheidungen

die Zeit nach Erhebung des Antrags angeknüpft). Inhaltlich ergeben sich keine Änderungen, da nach § 261 Abs 1 ZPO durch die Einreichung des Antrags die Rechtshängigkeit begründet wird, und die Erhebung des Antrags durch die Zustellung der Antragsschrift an den Gegner nach § 253 Abs 1 ZPO erfolgt. Nunmehr ist allerdings eindeutig klargestellt, dass weder die Einreichung des Abänderungsantrags noch eines entsprechenden Antrags auf Bewilligung von Verfahrenskostenhilfe im Sinne einer Vorwirkung für die Wahrung der Frist nach § 167 ZPO ausreichend ist (so bereits BGH NJW 1982, 1050, 1051).

II. § 238 Abs 3 Satz 2

9   S 2 entspricht der Sache nach § 323 Abs 3 S 2 ZPO. Der Gesetzgeber hat anstelle des Verweises auf zahlreiche Gesetzesbestimmungen nunmehr eine zusammenfassende Formulierung gewählt. Ein auf Erhöhung des Unterhalts – also ein Recht, welches der Unterhaltsgläubiger geltend macht – gerichteter Antrag ist auch für denjenigen Zeitraum zulässig, für den nach den Vorschriften des bürgerlichen Rechts Unterhalt für die Vergangenheit verlangt werden kann (s insbesondere etwa die Vorschriften der § 1360a Abs 3 BGB [Familienunterhalt], §§ 1361 Abs 4 S 4, 1360a Abs 3 BGB [Trennungsunterhalt], § 1585b Abs 2 BGB [nachehelicher Unterhalt], jeweils iVm § 1613 BGB, und aus § 1613 Abs 1 BGB [Verwandtenunterhalt]).

III. § 238 Abs 3 Satz 3

10 S 3 bestimmt nunmehr neu, dass im Wege der Abänderung gerichtlicher Entscheidungen für die Zeit vor Rechtshängigkeit des Abänderungsverfahrens Unterhalt rückwirkend nicht mehr nur heraufgesetzt, sondern auch **herabgesetzt** werden kann. Anträge auf **Herabsetzung** des **Unterhalts** – also ein Recht, welches der Unterhaltsschuldner geltend macht – unterliegen nunmehr spiegelbildlich denjenigen Voraussetzungen, für die nach den Vorschriften des bürgerlichen Rechts Unterhalt für die Vergangenheit verlangt werden kann, also (auch) für die Zeit ab dem Ersten des auf ein entsprechendes Auskunfts- oder Verzichtsverlangen des Antragstellers folgenden Monats, jedoch im Regelfall nach § 238 Abs 3 Satz 4 maximal bis zu einem Jahr vor Rechtshängigkeit (s insoweit auch die Rechtsprechung des BGH zur Verwirkung von Unterhaltsforderungen, zuletzt FamRZ 1988, 370; 2002, 1698; 2007, 453). Damit hat das Gesetz nunmehr Gläubiger und Schuldner gleichgestellt.

11 Diese Voraussetzungen ergeben sich nach der Neufassung des § 1585b Abs 2 BGB durch das Gesetz zur Änderung des Unterhaltsrechts (vgl BT-Drs 16/1830) künftig einheitlich aus § 1613 Abs 1 BGB. Erforderlich sind daher entweder ein **Auskunftsverlangen** mit dem Ziel der **Herabsetzung** des Unterhalts gegenüber dem Unterhaltsgläubiger oder eine sog »**negative Mahnung**«, also die Aufforderung an den Unterhaltsgläubiger, teilweise oder vollständig auf den titulierten Unterhalt zu verzichten. Ein entsprechendes Verlangen muss dem Unterhaltsgläubiger zugegangen sein.

IV. § 238 Abs 3 Satz 4

12 S 4 enthält eine **zeitliche Einschränkung** für die Geltendmachung eines **rückwirkenden Herabsetzungsverlangens** und ist § 1585b Abs 3 BGB nachgebildet. Aus Gründen der Rechtssicherheit hat der Gesetzgeber das Herabsetzungsverlangen zeitlich begrenzt. Während sich die rückwirkende Erhöhung des Unterhalts nach S 2 nach dem materiellen Recht richtet, ist das Herabsetzungsverlangen rein verfahrensrechtlich ausgestaltet, so dass sich etwa die Frage der Verjährung nicht stellen kann. Zwar kann unter engen Voraussetzungen auch die Verwirkung eines prozessualen Rechts in Betracht kommen (vgl BVerfGE 32, 305 ff; BAGE 61, 258 ff).

I. § 238 Abs 1 Satz 1 (Anwendungsbereich der Norm)

S 1 lehnt sich an § 323 Abs 1 ZPO an und übernimmt im wesentlichen dessen Funktion. **4** Die Vorschrift bezeichnet diejenigen gerichtlichen Entscheidungen, die einer **Abänderung zugänglich** sind. Anstelle des Begriffs »Urteil« verwendet das Gesetz nunmehr den Begriff »**Endentscheidung**« und stellt zudem ausdrücklich klar, dass Entscheidungen in einstweiligen Anordnungsverfahren nicht der Abänderung nach § 238 unterliegen, sondern dass derartige Entscheidungen nach § 54 Abs 1 abzuändern sind. Endentscheidungen in der Hauptsache, die eine Verpflichtung zu künftig fällig werdenden wiederkehrenden Leistungen zum Gegenstand haben, betreffen regelmäßig Unterhaltsansprüche nach §§ 1360 ff, 1361, 1570 ff, 1601 ff, 1615l BGB. Für die Zulässigkeit des Antrags muss – wie bisher – eine wesentliche Veränderung der zugrunde liegenden Verhältnisse dargelegt werden.

II. § 238 Abs 1 Satz 2 (Wesentlichkeitsschwelle)

S 2 übernimmt die **Wesentlichkeitsschwelle** des § 323 Abs 1 ZPO, jedoch mit leichten **5** sprachlichen Modifizierungen. In Umsetzung der Rechtsprechung des Bundesgerichtshofes (s etwa BGH FamRZ 1984, 353, 355 – ein Abänderungsantrag ist nur dann zulässig, wenn der Antragsteller Tatsachen vorträgt, aus denen sich eine wesentliche Veränderung ergibt, wobei nur Tatsachen berücksichtigt werden dürfen, die nicht nach Abs 2 ausgeschlossen sind) stellt das Gesetz nunmehr ausdrücklich klar, dass auch eine Veränderung der zugrunde liegenden **rechtlichen Verhältnisse**, wie etwa der höchstrichterlichen Rechtsprechung für die Zulässigkeit eines Abänderungsverfahrens ausreicht. Die Vorschrift behandelt das Wesentlichkeitskriterium nur unter dem Gesichtspunkt der Zulässigkeit des Abänderungsantrags; für die Begründetheit ist es in Abs 4 nochmals gesondert erwähnt.

C. § 238 Abs 2 (Tatsachenpräklusion)

§ 238 Abs 2 hat inhaltlich – sprachlich nur präzisiert und klarstellend – die Funktion des **6** § 323 Abs 2 ZPO übernommen (»**Tatsachenpräklusion**«; hierzu ausführlich *Klein* FPR 2002, 600 ff): Der Antragsteller muss im Abänderungsverfahren entsprechende Tatsachen vortragen, aus denen sich eine wesentliche Veränderung ergibt, »Abänderungsbilanz«), sofern sie nicht nach Abs 2 ausgeschlossen sind (BGH FamRZ 1984, 353, 355); andernfalls ist sein Antrag unzulässig. Weiterhin können Tatsachen berücksichtigt werden, sofern deren Geltendmachung durch Einspruch nicht möglich ist oder war, wenn also die Einspruchsfrist gegen ein Versäumnisurteil von zwei Wochen gem § 339 Abs 1 ZPO verstrichen ist, und die entsprechenden Gründe danach entstanden sind. Ausdrücklich erwähnt ist nunmehr auch die Veränderung der rechtlichen Verhältnisse und somit insbesondere die Änderung der höchstrichterlichen Rechtsprechung.

D. § 238 Abs 3

Die **Zeitschranke** des § 238 Abs 3 knüpft an die Bestimmung des § 323 Abs 3 ZPO an: **7** Die Abänderung einer Entscheidung ist **grundsätzlich** nur zulässig für die Zeit ab Rechtshängigkeit des Abänderungsverlangens (S 1); Ausnahmen regeln S 2 und 3 hinsichtlich der auf die Rechtshängigkeit abstellenden Zeit. Allerdings ergeben sich gegenüber § 323 Abs 3 ZPO in mehrfacher Hinsicht Veränderungen.

I. § 238 Abs 3 Satz 1

S 1 entspricht weitgehend § 323 Abs 2 S 1 ZPO, bestimmt aber nunmehr ausdrücklich, **8** dass der Abänderungsantrag hinsichtlich eines vor dem maßgeblichen Zeitpunkt – Zustellung des Antrags an den Gegner – liegenden Teils unzulässig ist (bislang wurde an

E. § 238 Abs 4

§ 238 Abs 4 normiert – inhaltlich zu § 323 ZPO unverändert –, dass ein Abänderungsantrag nur dann begründet ist, wenn eine **wesentliche Veränderung** der **tatsächlichen** oder **rechtlichen Verhältnisse** vorliegt. Im Vergleich zu § 323 Abs 1 ZPO hebt § 238 Abs 4 den Gesichtspunkt der **Bindung** an die **Erstentscheidung** deutlicher hervor (Formulierung des § 323 Abs 1 ZPO: »eine entsprechende Abänderung«), wonach eine Anpassung nur unter Wahrung ihrer (übrigen) Grundlagen erfolgen darf. In der Sache entspricht dies der bestehenden Rechtslage, wobei die Formulierung »anzupassen« den Bezug an den Wegfall der Geschäftsgrundlage nach § 313 BGB herstellen soll.

§ 239 Abänderung von Vergleichen und Urkunden

(1) Enthält ein Vergleich nach § 794 Abs. 1 Nr. 1 der Zivilprozessordnung oder eine vollstreckbare Urkunde eine Verpflichtung zu künftig fällig werdenden wiederkehrenden Leistungen, kann jeder Teil die Abänderung beantragen. Der Antrag ist zulässig, sofern der Antragsteller Tatsachen vorträgt, die die Abänderung rechtfertigen.

(2) Die weiteren Voraussetzungen und der Umfang der Abänderung richten sich nach den Vorschriften des bürgerlichen Rechts.

1 § 239 greift die Regelung des § 323 Abs 4 ZPO auf; allerdings gelten nun nicht mehr die Vorschriften des § 323 Abs 1 bis 3 ZPO (Wesentlichkeits- bzw Zeitgrenze) entsprechend (so jedoch bereits die Rechtsprechung des BGH, wonach § 323 Abs 1, 2 und 3 ZPO bei der Abänderung von gerichtlichen Vergleichen und/oder vollstreckbaren Urkunden grundsätzlich nicht anzuwenden waren), sondern ein Antrag ist dann zulässig, wenn Tatsachen vorgetragen werden, die die Abänderung nach materiellem Recht rechtfertigen.

A. § 239 Abs 1

2 § 239 Abs 1 S 1 bestimmt, dass Verfahrensvergleiche nach § 794 Abs 1 Nr 1 ZPO und vollstreckbare Urkunden (ebenfalls) der Abänderung unterliegen, sofern sie eine Verpflichtung zu künftig fällig werdenden wiederkehrenden Leistungen enthalten. Die bisherige Regelung in § 323 Abs 4 ZPO zu § 794 Abs 1 Nr 2a ZPO (Beschlüsse im vereinfachten Unterhaltsfestsetzungsverfahren, diese Vorschrift wird aufgehoben) findet sich nun in § 240. Statt des Begriffs »Titel nach § 794 Abs 1 Nr 5 ZPO« (in § 323 Abs 4 ZPO) verwendet § 239 den Begriff »**vollstreckbare Urkunde**« (etwa notarielle Urkunden nach § 794 Abs 1 Nr 5 ZPO, Jugendamtsurkunden nach §§ 59 Abs 1 S 1 Nr 3, 60 Abs 1 S 3 SGB VIII oder ein für vollstreckbar erklärter Anwaltsvergleich gem §§ 794 Abs 1 Nr 4b, 796a, 796c ZPO). Da die Vertragspartner eines Vergleichs die Kriterien der Abänderbarkeit autonom bestimmen können, richtet sich die Abänderbarkeit solcher Titel auch künftig nach **materiellem Recht** (ständige Rechtsprechung seit BGH GSZ FamRZ 1983, 22); maßgebend hierfür sind allein der Inhalt der getroffenen Vereinbarung, welche Voraussetzungen die Beteiligten also für eine Abänderung vereinbart haben, sowie die Regeln zur Anpassung der Geschäftsgrundlage (§ 313 BGB). Einer rückwirkenden Abänderung können daher nur materiell-rechtliche Gründe entgegenstehen. Es ist **vorrangig** zu prüfen, welche Umstände die Beteiligten zur Grundlage und zu den möglichen Abänderungen, etwa einer Vereinbarung, gemacht haben, und **nachrangig** Abänderung nach den gesetzlichen Vorschriften, insbesondere Störung bzw Wegfall der Geschäftsgrundlage (§ 313 BGB) neben den Grundsätzen über das Schuldanerkenntnis (»Vertrag vor Gesetz«).

3 S 2 entspricht § 238 Abs 1 S 2: Auch bei der Abänderung eines Vergleichs oder einer vollstreckbaren Urkunde muss der Antragsteller Tatsachen vortragen, die – ihre Richtigkeit unterstellt – die Abänderung des Titels tragen; ansonsten ist der Abänderungsantrag unzulässig.

B. § 239 Abs 2

4 § 239 Abs 2 verweist wegen der übrigen Voraussetzungen und wegen des Umfangs der Abänderung auf die Regelungen des bürgerlichen Rechts; bedeutsam sind insbesondere die Störung bzw der Wegfall der Geschäftsgrundlage sowie die Grundsätze über das Schuldanerkenntnis.

§ 240 Abänderung von Entscheidungen nach den §§ 237 und 253

(1) Enthält eine rechtskräftige Endentscheidung nach § 237 oder § 253 eine Verpflichtung zu künftig fällig werdenden wiederkehrenden Leistungen, kann jeder Teil die Abänderung beantragen, sofern nicht bereits ein Antrag auf Durchführung des streitigen Verfahrens nach § 255 gestellt worden ist.

(2) Wird ein Antrag auf Herabsetzung des Unterhalts nicht innerhalb eines Monats nach Rechtskraft gestellt, so ist die Abänderung nur zulässig für die Zeit ab Rechtshängigkeit des Antrags. Ist innerhalb der Monatsfrist ein Antrag des anderen Beteiligten auf Erhöhung des Unterhalts anhängig geworden, läuft die Frist nicht vor Beendigung dieses Verfahrens ab. Der nach Ablauf der Frist gestellte Antrag auf Herabsetzung ist auch zulässig für die Zeit ab dem Ersten des auf ein entsprechendes Auskunfts- oder Verzichtsverlangen des Antragstellers folgenden Monats. § 238 Abs. 3 Satz 4 gilt entsprechend.

A. § 240 Abs 1

§ 240 regelt die Möglichkeit der Abänderung von im Rahmen eines Vaterschaftsfeststellungsverfahrens nach § 237 (bisher § 653 ZPO) und im vereinfachten Verfahren nach § 253 (bisher § 649 ZPO) festgesetzten Unterhaltsbeträgen. Enthält eine rechtskräftige Endentscheidung in einem pauschalierten Verfahren nach § 237 oder § 253 eine Verpflichtung zu künftig fällig werdenden wiederkehrenden Leistungen, kann jeder Teil die Abänderung beantragen, wobei allerdings ein streitiges Verfahrens über den festgesetzten Unterhalt (§ 255) stets Vorrang vor dem Abänderungsantrag nach § 240 Abs 1 hat. 1

Die Norm entspricht inhaltlich dem bisherigen § 654 Abs 1 ZPO, jedoch mit der Einschränkung, dass ein streitiges Verfahren nach § 255 (bisher § 651 ZPO) vorgeht, welches dann durchzuführen ist, wenn nicht zurückzuweisende oder zulässige Einwendungen nach §§ 254, 252 Abs 1 S 3, Abs 2 (bisher §§ 650, 648 Abs 1 S 3, Abs 2 ZPO) erhoben worden sind, und ein Beteiligter die Durchführung des streitigen Verfahrens beantragt. Abänderung kann demnach sowohl Erhöhung als auch Herabsetzung bedeuten. 2

B. § 240 Abs 2

Bezüglich der Zulässigkeitsfristen ist zwischen § 240 Abs 2 S 1 und S 2 zu differenzieren: § 240 Abs 2 S 1 regelt die Herabsetzung, **Satz 2** die Erhöhung des Unterhalts. 3

S 1, wonach die Abänderung nur für die Zeit ab Rechtshängigkeit des Antrags zulässig ist, wenn ein Antrag auf Herabsetzung des Unterhalts nicht innerhalb eines Monats nach Rechtskraft gestellt worden ist, entspricht inhaltlich dem bisherigen § 654 Abs 2 S 1 ZPO und hat dessen Zeitgrenze übernommen. Für eine rückwirkende Herabsetzung reicht die Zustellung des Verfahrenskostenhilfeantrags (bisher: Prozesskostenhilfeantrags) nicht aus (str, so OLG Hamm FamRZ 2008, 1540, 1541). Ob der Antrag betreffend Herabsetzung des Unterhalts oder nur der Verfahrenskostenhilfeantrag mit dem entsprechenden Antragsentwurf zugestellt wird, richtet sich nach der Zustellungsverfügung des Richters und dessen Zustellungsabsicht, nicht nach der Ausführung durch den Urkundsbeamten der Geschäftsstelle (OLG Hamm FamRZ 2008, 1540, 1541). 4

S 2, wonach die Frist nicht vor Beendigung des entsprechenden Verfahrens abläuft, wenn innerhalb der Monatsfrist ein Antrag des anderen Beteiligten auf Erhöhung des Unterhalts anhängig geworden ist, entspricht inhaltlich dem bisherigen § 654 Abs 2 S 2 ZPO, wobei die Verständlichkeit der Formulierung verbessert worden ist. Die in einem pauschalen Verfahren erfolgte Festsetzung kann wie bisher durch eine »Korrekturklage« (§ 654 Abs 2 ZPO) individuell angepasst werden; hierfür gilt die Frist von einem Monat ab Rechtskraft des Beschlusses. 5

§ 240 FamFG | Abänderung von Entscheidungen nach den §§ 237 und 253

6   S 3 normiert eine modifizierte Zeitschranke für auf Herabsetzung gerichtete Abänderungsanträge entsprechend § 238 Abs 3 S 3. Der nach Ablauf der Frist gestellte Antrag auf **Herabsetzung** ist auch für die Zeit ab dem Ersten des auf ein entsprechendes Auskunfts- oder Verzichtsverlangen des Antragstellers folgenden Monats zulässig. Die Norm stellt ausnahmsweise für die Herabsetzung auf einen früheren Zeitpunkt ab, allerdings nach § 240 Abs 2 S 4 nur bis zu einem Jahr vor Rechtshängigkeit, wie sich aus dem Verweis auf § 238 Abs 3 S 4 ergibt. Zudem ermöglicht § 240 Abs 2 S 3, 4 eine rückwirkende Abänderung unter denselben Voraussetzungen wie in § 238 Abs 3.

7   S 4 führt über die Verweisung auf § 238 Abs 3 S 4 eine zeitliche Einschränkung für die Geltendmachung eines rückwirkenden Herabsetzungsverlangens ein. Die Vorschrift ist – wie auch § 238 Abs 3 S 4 – § 1585b Abs 3 BGB nachgebildet. Während sich die rückwirkende Erhöhung des Unterhalts nach materiellem Recht richtet, ist das Herabsetzungsverlangen rein verfahrensrechtlich ausgestaltet. Obwohl auch prozessuale Rechte verwirkt werden können (vgl BVerfGE 32, 305 ff; BAGE 61, 258 ff), erschien es dem Gesetzgeber dennoch notwendig, aus Gründen der Rechtssicherheit diese Zeitschranke zu errichten.

§ 241 Verschärfte Haftung

Die Rechtshängigkeit eines auf Herabsetzung gerichteten Abänderungsantrags steht bei der Anwendung des § 818 Abs. 4 des Bürgerlichen Gesetzbuchs der Rechtshängigkeit einer Klage auf Rückzahlung der geleisteten Beträge gleich.

Diese neu eingeführte Vorschrift entschärft eine bislang sehr missliche Situation, vereinfacht gewisse Unterhaltsverfahren und trägt in gewissem Umfange – soweit bislang für einen zusätzlichen Leistungsantrag Verfahrenskostenhilfe zu bewilligen – auch zur Kostenersparnis bei. 1

Nach alter Rechtslage führten weder Anhängigkeit noch Rechtshängigkeit einer auf Herabsetzung bzw Wegfall des Unterhalts gerichteten negativen Feststellungs-, Abänderungs- oder Vollstreckungsgegenklage des Unterhaltsschuldners (als Bereicherungsgläubiger) bei Rückforderung überzahlten Unterhalts per se zu einer verschärften Haftung des Unterhaltsgläubigers (als Bereicherungsschuldner) des überzahlten Unterhalts. Sofern der zur Rückzahlung Verpflichtete nicht verschärft haftete, wurde vielfach erfolgreich der Entreicherungseinwand nach § 818 Abs 3 BGB erhoben, zumal vielfach auf den Erfahrungssatz zurückgegriffen wurde, insbesondere bei unteren und mittleren Einkommen spreche eine Vermutung dafür, dass erhaltener Unterhalt für die Verbesserung des Lebensstandards ausgegeben wurde, ohne dass der Bereicherte einen besonderen Verwendungsnachweis erbringen musste (BGHZ 143, 65, 69 = FamRZ 2000, 751; BGH FamRZ 2008, 1911). Der Abänderungsantragsteller musste somit, um verschärfte Haftung des Unterhaltsgläubigers herbeizuführen, so dass dieser sich nicht mehr auf den Entreicherungseinwand des § 818 Abs 3 BGB berufen konnte, zusätzlich zum Hauptsacheantrag einen gesonderten (bereicherungsrechtlichen) Leistungsantrag stellen (sog Bereicherungs- oder Rückforderungsklage; s zuletzt BGH FamRZ 2008, 1911 mwN). Auch wenn dieser Antrag als bereits als Hilfsantrag Bösgläubigkeit setzte, war es doch immer ein kompliziertes und aufgeblähtes Verfahren. 2

Nunmehr ist nur noch ein einziges Verfahren notwendig: Künftig genügt bereits die Rechtshängigkeit eines auf Herabsetzung gerichteten Abänderungsantrags, um die verschärfte Haftung nach § 818 Abs 4 BGB auszulösen, so dass bereits mit der Rechtshängigkeit eines auf Herabsetzung gerichteten Abänderungsantrags der Unterhaltsgläubiger gem § 818 Abs 4 BGB nach den allgemeinen Vorschriften haftet, womit insbes § 291 (Verfahrenszinsen), § 292 BGB (Haftung bei Herausgabepflicht) gemeint sind, und sich nicht mehr auf den Wegfall der Bereicherung nach § 818 Abs 3 BGB berufen kann. Es bedarf also nicht mehr der Antrag auf Rückzahlung (so zum geltenden Recht BGH in ständiger Rechtsprechung, zuletzt FamRZ 2008, 1911, 1919) – eine erhebliche Erleichterung bei der Verfahrensführung, nachdem nunmehr § 241 den Abänderungsantrag der Rückzahlungsantrag gleichsetzt. Maßgebend ist nunmehr in beiden Fällen der Zeitpunkt der **Rechtshängigkeit**; für die davorliegende Zeit bleibt dem Unterhaltsgläubiger der Entreicherungseinwand erhalten. Einer Rückzahlung der zwischen Herabsetzungsverlangen und Rechtshängigkeit geleisteten oder im Wege der Zwangsvollstreckung beigetriebenen Beträge steht in der Regel die Leistungsunfähigkeit des Empfängers entgegen. § 241 benachteiligt den Unterhaltsgläubiger nicht, da der Erfolg der verschärften Haftung auch bislang in jedem Fall durch einen Leistungsantrag herbeigeführt werden konnte. 3

Das gleiche Problem stellt sich, wenn eine **Unterhaltsanordnung** (als vorläufige Vollstreckungsmöglichkeit) im Rahmen eines Hauptsacheverfahrens bekämpft wird. Wurde per einstweiliger Anordnung Unterhalt tituliert, und verlangte der Unterhaltsschuldner überzahlten Unterhalt zurück, da er nur die Einleitung des Hauptsacheverfahrens nach § 52 oder die Aufhebung bzw Abänderung nach § 54 anstreben konnte, musste er nach wie vor einen Antrag (vgl § 113 Abs 5 Nr 2) auf Rückzahlung stellen, um die verschärfte 4

§ 241 FamFG | Verschärfte Haftung

Haftung des Unterhaltsgläubigers nach § 818 Abs 4 BGB herbeizuführen. In solchen Fällen sollte aus Gründen der Verfahrensökonomie § 241 *analog* angewendet werden (so auch *Rossmann* ZFE 2008, 245, 249, 250).

§ 242 Einstweilige Einstellung der Vollstreckung

Ist ein Abänderungsantrag auf Herabsetzung anhängig oder hierfür ein Antrag auf Bewilligung von Verfahrenskostenhilfe eingereicht, gilt § 769 der Zivilprozessordnung entsprechend. Der Beschluss ist nicht anfechtbar.

§ 242 greift die bisherige Rechtsprechung zur Möglichkeit der einstweiligen Einstellung der Zwangsvollstreckung auf. **S 1** bestimmt, dass der Unterhaltsschuldner bei einem bestehenden Unterhaltstitel die Einstellung der Zwangsvollstreckung nur dann erreichen kann, wenn ein auf Herabsetzung des Unterhalts gerichteter Abänderungsantrag anhängig ist, oder wenn er für ein solches Verfahren Verfahrenskostenhilfe beantragt. Die **analoge** Anwendbarkeit des § 769 ZPO wird in den genannten Fällen von der Rechtsprechung bereits heute ganz überwiegend angenommen. **S 2** normiert in Übereinstimmung mit der Rechtsprechung des Bundesgerichtshofes (FamRZ 2004, 1191 ff) die Unanfechtbarkeit eines diesbezüglichen Beschlusses. 1

Mit dem sog. »Reparaturgesetz« (Gesetz zur Modernisierung von Verfahren im anwaltlichen und notariellen Berufsrecht, zur Errichtung einer Schlichtungsstelle der Rechtsanwaltschaft sowie zur Änderung der Verwaltungsgerichtsordnung, der Finanzgerichtsordnung und kostenrechtlicher Vorschriften vom 30.7.2007 – BGBl 2009 I 2449, kurz: »Reparaturgesetz«) hat der Gesetzgeber nunmehr einen terminologischen Fehler in dieser Norm beseitigt und den Begriff »Prozesskostenhilfe« durch den Begriff »**Verfahrenskostenhilfe**« ersetzt. In FamFG-Verfahren wurde generell der Begriff »Prozess« durch den Begriff »Verfahren« ersetzt (§ 113 Abs 5 FamFG); daher verwendet das FamFG (nunmehr) durchgehend den Begriff »Verfahrens«-kostenhilfe statt vormals »Prozess«-kostenhilfe, auch wenn sich die Bewilligung der Hilfe noch immer direkt nach den Regelungen der ZPO bestimmt (vgl § 113 Abs 1 FamFG: Ehesachen, Familienstreitsachen). 2

§ 243 Kostenentscheidung

Abweichend von den Vorschriften der Zivilprozessordnung über die Kostenverteilung entscheidet das Gericht in Unterhaltssachen nach billigem Ermessen über die Verteilung der Kosten des Verfahrens auf die Beteiligten. Es hat hierbei insbesondere zu berücksichtigen:
1. das Verhältnis von Obsiegen und Unterliegen der Beteiligten, einschließlich der Dauer der Unterhaltsverpflichtung,
2. den Umstand, dass ein Beteiligter vor Beginn des Verfahrens einer Aufforderung des Gegners zur Erteilung der Auskunft und Vorlage von Belegen über das Einkommen nicht oder nicht vollständig nachgekommen ist, es sei denn, dass eine Verpflichtung hierzu nicht bestand,
3. den Umstand, dass ein Beteiligter einer Aufforderung des Gerichts nach § 235 Abs. 1 innerhalb der gesetzten Frist nicht oder nicht vollständig nachgekommen ist, sowie
4. ein sofortiges Anerkenntnis nach § 93 der Zivilprozessordnung.

1 Jeder Unterhaltsbeschluss muss eine Kostenentscheidung enthalten. In Unterhaltsverfahren verdrängt § 243 als **Sonderregelung** hinsichtlich der **Kostenverteilung** die allgemeinen Kostenregeln: Nunmehr sind die **Kosten** eines Unterhaltsverfahrens grundsätzlich nach **billigem Ermessen** zu verteilen, also flexibel und weniger formal entschieden werden als bisher (BT-Ds 16/6308 S 259), wobei das Gericht »**insbesondere**« zu berücksichtigen hat
– das Verhältnis von Obsiegen und Unterliegen der Beteiligten einschließlich der Dauer der Unterhaltsverpflichtung,
– den Umstand, dass ein Beteiligter vor Beginn des Verfahrens einer Aufforderung des Gegners zur Erteilung der Auskunft und Vorlage von Belegen über das Einkommen nicht oder nicht vollständig nachgekommen ist, es sei denn, dass eine Verpflichtung hierzu nicht bestand,
– den Umstand, dass ein Beteiligter einer Aufforderung des Gerichts nach § 235 Abs 1 innerhalb der gesetzten Frist nicht oder nicht vollständig nachgekommen ist, sowie
– ein sofortiges Anerkenntnis nach § 93 ZPO.

2 Das Wort »insbesondere« stellt klar, dass die in den Nrn 1 bis 4 aufgeführten Kriterien nicht als abschließend anzusehen sind; so soll etwa in einem Rechtsmittelverfahren auch der Gedanke des § 97 Abs 2 ZPO in die Kostenentscheidung einbezogen werden können.

3 Die Vorschrift zählt die wesentlichen Gesichtspunkte der ZPO-Kostenvorschriften als zu berücksichtigende Gesichtspunkte unter Nrn 1 bis 4 auf und übernimmt damit dieselben Kriterien über, die bereits bislang bei der Anwendung der §§ 91, 92, 93, 93d ZPO zu beachten waren. Das Gesetz verweist ua besonders auf die Dauer der Unterhaltspflicht, da diese keinen Einfluss auf die Höhe des Streitwertes hat, insbesondere bei Streit über die Begrenzung von Unterhaltsansprüchen (§ 1578b BGB) jedoch von enormer Bedeutung ist, und dem Dauercharakter der Verpflichtung bei der Streitwertermittlung bislang nur begrenzt Rechnung getragen werden konnte. Das Gesetz eröffnet hier nunmehr einen weiten Beurteilungsspielraum.

§ 244 Unzulässiger Einwand der Volljährigkeit

Wenn der Verpflichtete dem Kind nach Vollendung des 18. Lebensjahres Unterhalt zu gewähren hat, kann gegen die Vollstreckung eines in einem Beschluss oder in einem sonstigen Titel nach § 794 der Zivilprozessordnung festgestellten Anspruchs auf Unterhalt nach Massgabe des § 1612a des Bürgerlichen Gesetzbuchs nicht eingewandt werden, dass die Minderjährigkeit nicht mehr besteht.

§ 244 entspricht als Nachfolgenorm § 798a ZPO (diese Vorschrift ist aufgehoben). § 244 1 normiert den **Grundsatz** der **Identität** im Verwandtenunterhaltsrecht: Hat der Unterhaltsschuldner dem Kind auch noch über dessen Vollendung des 18. Lebensjahres hinaus Unterhalt zu gewähren, kann er gegen den in einem Urteil oder in einem Schuldtitel nach § 794 ZPO festgestellten Unterhaltsanspruch iSd § 1612a BGB nicht einwenden, das Kind sei nunmehr volljährig. Das Kind kann daher die Zwangsvollstreckung aus Unterhaltstiteln (Urteile, Festsetzungsbeschlüsse, Vergleiche, vollstreckbare Urkunden ua), wenn sie nicht bis zum Eintritt der Volljährigkeit begrenzt sind (sog »geschlossene« Titulierung), über das 18. Lebensjahr hinaus betreiben, soweit von dem Unterhaltsschuldner nach Eintritt der Volljährigkeit nach dem Unterhaltsrecht des BGB noch weiter Unterhalt verlangen kann. Insoweit ist die Vollstreckungsgegenantrag (§ 767 bzw §§ 795, 797 Abs 3 und 4 iVm § 767) ausgeschlossen; unberührt bleibt jedoch die Korrekturmöglichkeit nach §§ 238 bis 240.

Es ist nunmehr klargestellt, dass diese Regelung nur Einwände gegen die Vollstreckung aus einem entsprechenden Titel ausschließen will. § 244 bezweckt gleichzeitig eine Erleichterung der Zwangsvollstreckung. Ein Titel auf Unterhalt als Prozentsatz des jeweiligen Mindestunterhalts nach § 1612a BGB kann auch noch vollstreckt werden, wenn das Kind mit 18 Jahren volljährig geworden ist. § 1612a Abs 1 S 3 Nr 3 BGB spricht lediglich von der Zeit vom 13. Lebensjahr an, sieht aber keine Begrenzung bis zum 18. Lebensjahr vor. Dem Unterhaltsschuldner steht dann nur die Möglichkeit eines Abänderungsantrags nach §§ 238–240 zur Verfügung, nicht jedoch ein Vollstreckungsabwehrantrag nach § 767 ZPO.

§ 245 Bezifferung dynamisierter Unterhaltstitel zur Zwangsvollstreckung im Ausland

(1) Soll ein Unterhaltstitel, der den Unterhalt nach § 1612a des Bürgerlichen Gesetzbuches als Prozentsatz des Mindestunterhalts festsetzt, im Ausland vollstreckt werden, ist auf Antrag der geschuldete Unterhalt auf dem Titel zu beziffern.

(2) Für die Bezifferung sind die Gerichte, Behörden oder Notare zuständig, denen die Erteilung einer vollstreckbaren Ausfertigung des Titels obliegt.

(3) Auf die Anfechtung der Entscheidung über die Bezifferung sind die Vorschriften über die Anfechtung der Entscheidung über die Erteilung einer Vollstreckungsklausel entsprechend anzuwenden.

1 § 245 entspricht dem bisherigen § 790 ZPO in der Fassung des Gesetzes zur Änderung des Unterhaltsrechts (BT-Drs 16/1830).

A. § 245 Abs 1

2 Nach § 245 Abs 1 (bisher § 790 Abs 1 ZPO) ist ein Titel über Unterhalt nach § 1612a BGB, der als Prozentsatz des Mindestunterhalts festgesetzt wird, auf Antrag zu beziffern, wenn er im Ausland vollstreckt werden soll. Dies dient der erleichterten Zwangsvollstreckung im Ausland: Dadurch wird überhaupt erst die Möglichkeit der Zwangsvollstreckung eröffnet, die andernfalls wegen Unbestimmtheit des Titels nicht erfolgen könnte. Dies hat zugleich den Vorteil, dass der Titel als Europäischer Vollstreckungstitel nach Art 9 Abs 1 (gerichtliche Titel außer Vergleiche), 24 Abs 1 (gerichtliche Vergleiche), 25 Abs 1 (öffentliche Urkunden) VO (EG) 805/2004 bestätigt werden kann. Es muss sich um einen Titel über eine unbestrittene Forderung handeln (vgl Art 3 VO (EG) 805/2004), wie zB Anerkenntnisentscheidung, Versäumnisentscheidung, Vergleich, notarielle Urkunde, Jugendamtsurkunde, und die Forderung muss auf Zahlung einer bestimmten Geldsumme gerichtet sein (Art 4 Nr 2 VO (EG) 805/2004).

B. § 245 Abs 2

3 Zuständig für die Bezifferung ist nach § 245 Abs 2 (bisher: § 790 Abs 2 ZPO) das Gericht, die Behörde (zB Jugendamt nach § 60 S 3 Nr 1 SGB VIII) oder der Notar (§ 797 Abs 2 Satz 1 ZPO), dem sonst die Erteilung einer vollstreckbaren Ausfertigung des Titels obliegt. Beim Gericht ist funktionell der Rechtspfleger zuständig nach §§ 3 Nr 3g, 25 Nr 2b RPflG (bisher §§ 3 Nr 3a, 20 Nr 11 RPflG).

C. § 245 Abs 3

4 Die Entscheidung ist nach § 245 Abs 3 mit der Klauselerinnerung nach § 732 ZPO anfechtbar. Dagegen besteht die Möglichkeit der sofortigen Beschwerde nach § 11 Abs 1 RPflG, § 567 Abs 1 Nr 2 ZPO, so dass der Rechtspfleger nach § 572 Abs 1 S 1 Hs 1 ZPO abhelfen kann; andernfalls muss er die Sache dem OLG als Beschwerdegericht vorlegen (§ 567 Abs 1 S 1 2. Hs ZPO, § 119 Abs 1 Nr 1a GVG). Neben § 732 ZPO ist für einen Antrag nach § 731 oder § 768 ZPO kein Raum.

Unterabschnitt 2
Einstweilige Anordnung

§ 246 Besondere Vorschriften für die einstweilige Anordnung

(1) Das Gericht kann durch einstweilige Anordnung abweichend von § 49 auf Antrag die Verpflichtung zur Zahlung von Unterhalt oder zur Zahlung eines Kostenvorschusses für ein gerichtliches Verfahren regeln.

(2) Die Entscheidung ergeht auf Grund mündlicher Verhandlung, wenn dies zur Aufklärung des Sachverhalts oder für eine gütliche Beilegung des Verfahrens geboten erscheint.

Übersicht

	Rz		Rz
A. Allgemeines	1	4. Eltern- und Verwandtenunterhalt	16
B. Anspruch auf Unterhalt	2	VII. Abänderbarkeit von Vollstreckungstiteln	17
I. Umfang des Unterhalts	3		
II. Zeitliche Reichweite des Unterhalts	7		
III. Anspruchsübergang	9	C. Anspruch auf Kostenvorschuss	18
IV. Auslandsbezug	10	I. Allgemeines	18
V. Kein Regelungsbedürfnis	11	II. Anspruchsberechtigte	19
VI. Unterhaltsrechtliche Rechtsverhältnisse	12	III. Anspruchsvoraussetzungen	24
1. Kindesunterhalt	12	IV. Umfang des Anspruchs	30
2. Ehegattenunterhalt	14	V. Rückforderungsanspruch	33
3. Unterhalt der nicht verheirateten Mutter	15	D. Besonderheiten des Anordnungsverfahrens	34

A. Allgemeines

Dem einstweiligen Rechtsschutz in Unterhaltssachen kommt eine erhebliche praktische **1** Bedeutung zu, weil durch eine kurzfristige Titulierung des Unterhaltsanspruchs ein wesentlicher Teil der **Existenzsicherung** der unterhaltsberechtigten Person gewährleistet werden kann. Bei der Ausgestaltung des Eilverfahrens ist dem Interesse des Unterhaltsberechtigten an einer baldigen Entscheidung bzw Titulierung und dem Interesse des Unterhaltspflichtigen an einer Minimierung unberechtigter Inanspruchnahme (§ 818 Abs 3 BGB) Rechnung zu tragen (MüKo-ZPO/*Finger* § 620 Rn 35). Vor diesem Hintergrund enthält § 246 Sonderregelungen für das einstweilige Anordnungsverfahren, soweit dieses auf Zahlung von Unterhalt oder Zahlung eines Kostenvorschusses für ein gerichtliches Verfahren gerichtet ist. Auch wenn für Unterhaltssachen als Familienstreitsachen die Anwendung der allgemeinen Regelungen des FamFG in § 113 Abs 1 ausgenommen ist und grundsätzlich auf die Verfahrensvorschriften der ZPO verwiesen wird, sind hiervon die Regelungen der einstweiligen Anordnung in den §§ 49 ff ausgenommen. Zugleich stellt § 119 Abs 1 Satz 1 für Familienstreitsachen die Anwendung der Vorschriften über die einstweilige Anordnung ausdrücklich klar. § 246 wird für die Unterhaltssachen durch die §§ 247, 248 für den Kindesunterhalt und den Unterhaltsanspruch nach § 1615l BGB ergänzt, soweit die Vaterschaft für das Kind rechtlich nicht feststeht. Im Übrigen gelten für das Anordnungsverfahren die §§ 49 ff. Gegenüber dem allgemeinen Anordnungsverfahren weist § 246 zwei wesentliche **Unterschiede** auf: Zum einen ist ein Bedürfnis für ein sofortiges Tätigwerden nicht erforderlich (*Gießler* FPR 2006, 421, 424), weil sich dieses regelmäßig als (widerlegliche) **gesetzliche Vermutung** aus dem Zweck der Unterhaltsverpflichtung zur Existenzsicherung ergibt (vgl Prütting/Helms/*Hau* § 246 Rn 7). Ob für alle Aspekte des geltend gemachten Anspruchs auf ein Regelungsbedürfnis verzichtet werden kann (so BTDrs 16/6308 S 259), scheint indes fraglich. Zum anderen entfällt auf der Rechtsfolgenseite die Begrenzung auf vorläufige Maßnahmen, weil im Anordnungsverfahren nach § 246 Abs 1 gerichtliche Entscheidungen über die Sicherung eines Anspruchs hinausgehen und auf die (teilweise) **Erfüllung** der bestehenden Unterhaltsverpflichtung gerichtet sind. Insoweit handelt es sich um eine Ausnahme vom sog Vorwegnahmeverbot (§ 49 Rz 7). Schließlich wird für den Verfahrensablauf die Bedeutung der mündlichen Verhandlung besonders hervorgehoben, indem diese regelmäßig anzuberaumen ist, soweit dies zur gütlichen Einigung oder Sachaufklärung geboten erscheint.

B. Anspruch auf Unterhalt

2   Für alle einstweiligen Anordnungen ist die **materiell-rechtliche Grundlage** den Vorschriften des jeweiligen Unterhaltsrechtsverhältnisses zu entnehmen (§§ 1360 ff, 1361, 1569 ff, 1601 ff und 1615l BGB). Durch den Bezug zum materiell-rechtlichen Anspruch (§§ 49 Abs 1, 51 Abs 2) sind die Rechtswirkungen einer einstweiligen Anordnung begrenzt und gehen, soweit sie die Trennungszeit betreffen, nicht mehr über den Zeitpunkt der Rechtskraft der Ehescheidung bzw die Entscheidung im Hauptsacheverfahren hinaus (§ 51 Rz 6). Dass durch diese materiell-rechtliche Akzessorietät ein regelungsloser Zeitraum entstehen kann (*Dose* Rn 35), beruht auf der Selbständigkeit des Anordnungsverfahrens sowie dessen Herauslösung aus dem Scheidungsverbund und kann nur von den Beteiligten durch entsprechende Vereinbarungen oder Verfahrensanträge verhindert werden.

I. Umfang des Unterhalts

3   **1.** Der **Unterhaltsbedarf**, der sich materiell-rechtlich aus den ehelichen Lebensverhältnisse (§§ 1578 Abs 1, 1361 Abs 1) oder der Lebensstellung des Unterhaltsberechtigten (§ 1610 Abs 1 BGB) ergibt, ist im Anordnungsverfahren in vollem Umfang und grundsätzlich zeitlich unbegrenzt zu gewähren. Im Gegensatz zur einstweiligen Verfügung, mit der nur ein auf den Notunterhalt begrenzter und für die Dauer von 6 Monaten befristeter Unterhaltsanspruch im Wege der sog. Leistungsverfügung zugesprochen werden konnte (*Ebert* § 2 Rn 415, 417; OLG Karlsruhe FamRZ 1995, 1424), ist für die einstweilige Anordnung allgemein anerkannt, dass die Zahlung des nach materiellem Recht geschuldeten vollen Unterhalts angeordnet werden kann (OLG Zweibrücken FamRZ 1999, 662; *Dose* Rn 32; *Ebert* § 2 Rn 20; *Gießler/Soyka* Rn 551 f; *Zöller/Philippi* § 620 Rn 58; aA OLG Hamm FamRZ 2000, 964). Eine Begrenzung erfolgt nur insoweit, als die Voraussetzungen des Unterhaltsanspruchs glaubhaft zu machen sind. Weder die Festlegung auf den vollen Unterhaltsanspruch noch eine Begrenzung auf den Notunterhalt werden den Interessen der Beteiligten gerecht und sind durch die Unterschiede des einstweiligen Verfügungsverfahrens einerseits und des einstweiligen Anordnungsverfahrens andererseits nicht begründet. Für die gerichtliche Regelung ist von der **Wechselwirkung** zwischen Unterhaltsanspruch und Glaubhaftmachung auszugehen (MüKo-ZPO/*Finger* § 620 Rn 42), so dass der Unterhalt **bis zum vollen Anspruch** zugesprochen werden kann. Je höher der begehrte Unterhalt ist, umso weitergehende Anforderungen sind an dessen Glaubhaftmachung zu stellen. Unsicherheiten aufgrund der summarischen Beurteilung in tatsächlicher (Erwerbsobliegenheit, Verwirkung oä) oder rechtlicher Hinsicht kann durch eine zeitliche oder betragsmäßige Begrenzung des Anspruchs Rechnung getragen werden.

4   Beim **Kindesunterhalt** kann der Mindestunterhalt nach § 1612a Abs 1 BGB durch eine einstweilige Anordnung regelmäßig festgesetzt werden, weil den Unterhaltspflichtigen die Darlegungs- und Beweislast für seine eingeschränkte Leistungsfähigkeit trifft. Ergibt sich aufgrund der glaubhaft gemachten Einkünfte eine begrenzte oder weitergehende unterhaltsrechtliche Leistungsfähigkeit, ist auf den entsprechend niedrigeren oder höheren Betrag zu erkennen. Beim **Ehegattenunterhalt** kann zwar auch ein Unterhalt in erheblicher Höhe festgesetzt werden (AG München FamRZ 1998, 1583 [15 000 DM]). An

die Glaubhaftmachung eines Bedarfs, der oberhalb des angemessenen Lebensbedarfs (derzeit 1 000 €) liegt, sind höhere Anforderungen zu stellen als an einen niedrigeren Betrag oder einen nach der Rechtsprechung des BGH für möglich gehaltenen Mindestbedarf des Ehegatten (FamRZ 2008, 1739, 1742). Für den Anspruch der nicht verheirateten Mutter auf Betreuungsunterhalt nach **§ 1615l Abs 2 BGB** gelten die vorgenannten Grundsätze entsprechend (BGH FamRZ 2008, 1739, 1741 f).Beim Unterhaltsanspruch des **volljährigen Kindes** sind nicht nur die Einkünfte des Antragsgegners, sondern auch das Einkommen des anderen Elternteils und die sich danach ergebenden beiderseitigen Haftungsquoten darzulegen, während für den **Elternunterhalt** regelmäßig ein Regelungsbedürfnis, insbesondere bei übergegangenen Unterhaltsansprüchen, nicht bestehen wird.

2. In allen Unterhaltsrechtsbeziehungen kann ein Anspruch auf **Sonderbedarf** im Anordnungsverfahren beansprucht werden, sofern ein **Regelungsbedürfnis** glaubhaft gemacht wird. Als Sonderbedarf kommen Aufwendungen für einen unregelmäßigen außergewöhnlich hohen Betrag, der nicht mit Wahrscheinlichkeit voraussehbar war und bei der Bemessung des laufenden Unterhalts nicht berücksichtigt werden konnte, in Betracht (BGH FamRZ 2006, 612, 2001, 1603). Im Vordergrund stehen hier die Kosten für nicht durch die Krankenversicherung gedeckte ärztliche oder medizinische Behandlungen, einen Umzug, Klassenfahrten oder Nachhilfestunden, jedoch nicht für die Konfirmation (FA-FamR/*Gerhardt* Kap 6 Rn 191). Ob für einen unterhaltsrechtlichen Mehrbedarf ein Regelungsbedürfnis besteht, ist im Einzelfall zu entscheiden (Musielak/*Borth* § 620 Rn 51).

3. Unterschiedlich wird beurteilt, ob im einstweiligen Anordnungsverfahren ein Anspruch auf **Auskunft** geltend gemacht werden kann. Für einen isolierten Auskunftsantrag wird regelmäßig das Regelungsbedürfnis fehlen (OLG Düsseldorf FamRZ 1983, 514; OLG Hamm 1983, 515). Eine gerichtliche Auflage zur Vorlage von Einkommensunterlagen nach § 235 Abs 1 oder ein Vorgehen nach § 236 Abs 1 kann ein Regelungsbedürfnis für eine Auskunft beseitigen. Benötigt der Unterhaltsberechtigte die Auskunft, um seinen Unterhaltsanspruch beziffern zu können, steht einer einstweiligen Anordnung im Rahmen eines Stufenantrags weder das sog Vorwegnahmeverbot noch eine zeitliche Verzögerung des Verfahrens entgegen (aA *Gießler/Soyka* Rn 514; Wendl/Staudigl/*Schmitz* § 10 Rn 228; Prütting/Helms/*Hau* § 246 Rn 10; Keidel/*Giers* § 246 Rn 2). Die Realität einstweiliger Anordnungsverfahren zeigt, dass diese – mit Ausnahme des Kindesunterhalts – idR nicht innerhalb weniger Tage, sondern eher nach einigen Wochen, wenn nicht Monaten entschieden werden. Berücksichtigt man weiter, dass nach § 246 Abs 2 der mündlichen Verhandlung in Unterhaltssachen besondere Bedeutung für eine gütliche Einigung und zur Sachaufklärung zukommt, ist nicht erkennbar, dass durch eine gerichtliche Auflage zur Vorlage der maßgeblichen Einkommensunterlagen eine wesentliche zeitliche Verzögerung eintreten wird. Selbst Auskünfte von Arbeitgebern können, soweit die Voraussetzungen des § 236 vorliegen, innerhalb relativ kurzer Zeit eingeholt werden (Eschenbruch/Klinkhammer/*Klinkhammer* Kap 5 Rn 250). Daher ist auch im Anordnungsverfahren ein Stufenantrag auf Auskunft und Unterhalt zulässig (Schwab/*Maurer/Borth* I Rn 885). Eine höhere Richtigkeitsgewähr im Hinblick auf die begrenzten Rechtsschutzmöglichkeiten des Unterhaltspflichtigen erhält auch die nur vorläufige Regelung, wenn die Einkünfte durch Nachweise belegt sind. Zugleich kann diese Verfahrensgestaltung dem Anliegen, ein Hauptsacheverfahren entbehrlich zu machen, gerecht werden.

II. Zeitliche Reichweite des Unterhalts

1. Als zukunftsbezogener Anspruch ist die Unterhaltsanordnung nach bisher herrschender Meinung grundsätzlich nicht zeitlich zu befristen, während dies für die Leistungsverfügung nach § 940 ZPO für eine Dauer von 6 Monaten allgemein angenommen wur-

de. Für die Unterhaltsanordnung nach § 246 gilt etwas anderes nur dann, wenn der Antragsteller seinen Sachantrag zeitlich befristet oder eine **Befristung** aus dem Unterhaltsrechtsverhältnis folgt. Eine solche ist dem Anspruch auf Betreuungsunterhalt nach §§ 1570 Abs 1 Satz 1, 1615l Abs 2 Satz 3 BGB nicht mehr zu entnehmen (*Ehinger/Griesche/Rasch* Rn 441a; *PWW/Kleffmann* § 1570 Rn 15). Allerdings kann sich eine Befristung aus den Umständen des Einzelfalls (Aufnahme oder Beendigung einer Erwerbstätigkeit oder Ausbildung) ergeben. Liegen die Voraussetzungen einer verfestigten Lebensgemeinschaft (§ 1579 Nr 2 BGB) vor, kann diese eine Versagung, Kürzung oder Befristung des Unterhaltsanspruchs rechtfertigen. In § 258 Abs 3 und 4 des Referentenentwurfs war vorgesehen, dass das Gericht bei einer Verpflichtung zur Zahlung eines monatlichen Unterhaltsbetrags den Zeitpunkt des Außerkrafttretens bestimmen sollte. Ohne eine solche gerichtliche Befristung sollte die Unterhaltsanordnung auf Antrag des Verpflichteten aufzuheben sein, wenn die Verpflichtung länger als zwölf Monate angedauert hatte und ein Hauptsacheverfahren nicht anhängig war. Mit dieser – nicht Gesetz gewordenen – Regelung sollte die Vorläufigkeit der einstweiligen Anordnung im Unterhaltsrecht betont und der begrenzten Anfechtbarkeit (§ 57 Satz 1) Rechnung getragen werden. Gleichwohl kann die Befristung einer Unterhaltsanordnung einen wichtigen Aspekt zur Sicherung der Belange des Unterhaltspflichtigen darstellen.

8   2. Das Anordnungsverfahren soll den aktuellen Lebensbedarf der unterhaltsberechtigten Person gewährleisten. Ein Regelungsbedürfnis besteht daher idR nicht für **rückständigen Unterhalt**, der vor Antragstellung fällig geworden ist. Unterhalt für die Vergangenheit kann im Anordnungsverfahren daher grundsätzlich nicht festgesetzt werden, auch wenn die materiell-rechtlichen Verzugsvoraussetzungen (§§ 1613 Abs 1, 1585b Abs 2 BGB) gegeben sind (OLG Düsseldorf FamRZ 1987, 611; *Dose* Rn 33; *MüKo-ZPO/Finger* § 620 Rn 38). Ein Regelungsbedürfnis wird auch in Ausnahmefällen nicht bestehen, wenn in der Vergangenheit wegen ausgebliebener Unterhaltszahlungen Verbindlichkeiten (für Mietschulden oder Darlehen) entstanden sind (aA *Gießler/Soyka* Rn 509; *van Els* FamRZ 1990, 581; *Wendl/Staudigl/Schmitz* § 10 Rn 228; *Keidel/Giers* § 246 Rn 4), weil das Anordnungsverfahren nicht der Bewältigung oder Bereinigung zurückliegender Zeiträume dient, zumal das Eilverfahren zusätzlich belastet würde. Daher kommt für rückständigen Unterhalt allein eine einvernehmliche Regelung in Betracht (§ 51 Rz 31). Während der Trennungszeit besteht idR kein Regelungsbedürfnis für den Erlass einer einstweiligen Anordnung auf nachehelichen Unterhalt (*Zöller/Philippi* § 620 Rn 58), auch wenn eine auf den Trennungsunterhalt gerichtete Unterhaltsanordnung mit Rechtskraft der Scheidung außer Kraft tritt (§ 56 Abs 1). Ist die Scheidung der Ehe absehbar, kann jedoch für den **zukünftigen Unterhalt** ein Regelungsbedürfnis bereits dann bestehen, wenn der Unterhaltspflichtige auch bisher nur titulierten Unterhalt gezahlt hat.

III. Anspruchsübergang

9   Bleiben nach der Trennung von Ehegatten Unterhaltszahlungen aus, beziehen die Unterhaltsberechtigten häufig **Sozialleistungen**. Diese sind gegenüber den Unterhaltspflichten subsidiär. Der Nachrang wird durch den gesetzlichen Forderungsübergang gemäß § 33 Abs 1 SGB II, 94 Abs 1 Satz 1 SGB XII sowie § 7 Abs 1 UVG gewährleistet. Verfahrensrechtlich ergeben sich für das Anordnungsverfahren keine Besonderheiten gegenüber dem Hauptsacheverfahren. Aus diesem Grund ist die fortbestehende Aktivlegitimation auch im Eilverfahren durch eine Rückübertragung (§ 33 Abs 2 SGB II, 94 Abs 5 SGB XII, 7 Abs 4 Satz 2 UVG) nachzuweisen. Sind Unterhaltsansprüche auf den Sozialleistungsträger infolge des Leistungsbezugs übergegangen, so werden hiervon allein Ansprüche in der Vergangenheit erfasst, die im Anordnungsverfahren regelmäßig nicht durchgesetzt werden können. Daher kann für die Ansprüche zwischen Anhängigkeit des Anordnungsverfahrens und mündlicher Verhandlung oder Entscheidung des

Anordnungsverfahrens die Zahlung in Höhe der erbrachten Leistungen an den Sozialleistungsträger beantragt werden (§ 265 ZPO; *Ebert* Rn 71; Göppinger/Wax/*van Els* Rn 1725 ff; aA *Soyka/Gießler* Rn 537). Allein der Bezug subsidiärer Sozialleistungen lässt das Regelungsbedürfnis für die Zeit ab Antragstellung nicht entfallen (MüKo-ZPO/*Finger* § 620 Rn 40). Hat ein unterhaltsberechtigter Leistungsempfänger eine einstweilige Anordnung erwirkt, kann der Sozialleistungsträger als Rechtsnachfolger gemäß § 727 ZPO eine Vollstreckungsklausel im Umfang der erbrachten Leistungen beantragen (OLG Zweibrücken FamRZ 2000, 964; § 53 Rz 2).

IV. Auslandsbezug

Sowohl für den Kindes- wie für den Ehegattenunterhalt können sich Besonderheiten durch einen Auslandsbezug ergeben, denn auch im Anordnungsverfahren ist das kollisionsrechtlich berufene materielle Rechte anzuwenden, das staatsvertraglich begründet sein kann (BGH FamRZ 1986, 345) oder nach Art 18 EGBGB zu bestimmen ist (Eschenbruch/Klinkhammer/*Dörner* Kap 7 Rn 5 ff), wonach idR das Recht am gewöhnlichen Aufenthaltsort des Berechtigten maßgeblich ist. Aufgrund der jeweiligen Lebensverhältnissen kann eine Bedarfskorrektur durch Zu- bzw Abschläge geboten sein (zur Verbrauchergeldparität sowie zur steuerrechtlichen Ländergruppeneinteilung s Wendl/Staudigl/*Dose* § 9 Rn 22 ff). 10

V. Kein Regelungsbedürfnis

Auch wenn nach § 246 Abs 1 vom Regelungsbedürfnis für eine Unterhaltsanordnung regelmäßig auszugehen ist, kann auf diese verfahrensrechtliche Voraussetzung nicht vollständig verzichtet werden. Zahlt der Unterhaltspflichtige den beanspruchten oder vereinbarten Unterhalt bisher regelmäßig und zuverlässig und sind Anhaltspunkte für eine Änderung nicht erkennbar, besteht keine Veranlassung für ein gerichtliches Eilverfahren (Schwab/*Maurer/Borth* I Rn 899). Vor Einleitung eines Anordnungsverfahren muss der Unterhaltspflichtige zur Zahlung oder Titulierung vergeblich aufgefordert worden sein. Für eine einstweilige Anordnung mit dem Inhalt, dass Unterhalt nicht geschuldet wird, besteht kein Regelungsbedürfnis (Zöller/*Philippi* § 620 Rn 56). Die Rückforderung gezahlten Unterhalts oder eines Prozesskostenvorschusses kann im Anordnungsverfahren nicht durchgesetzt werden. Sind Unterhaltsansprüche auf den Sozialleistungsträger oder Dritte (§ 1607 BGB) übergegangen, besteht für diese kein Bedürfnis, den Anspruch kurzfristig durchsetzen zu können. Zum Unterhaltsrückstand Rz 8. Ein Regelungsbedürfnis besteht nicht, wenn aufgrund der beiderseitigen Einkommensdifferenz nur ein geringer Aufstockungsunterhalt geschuldet wird. Soweit ein vollstreckungsfähiger Titel bereits besteht, bedarf es für den betreffenden Zeitraum keines Eilverfahrens. Die Funktion des Anordnungsverfahrens, dem Gläubiger schnell einen vollstreckungsfähigen Titel zur Verfügung zu stellen und für die Zukunft Unterhaltsrückstände zu verhindern (*Dose* Rn 16; OLG Naumburg FamRZ 2004, 478; OLG Frankfurt FamRZ 2002, 401) kann die gerichtliche Anordnung nicht erfüllen, wenn der Unterhaltspflichtige offensichtlich über kein vollstreckungsfähiges Vermögen oder Einkommen verfügt. Dies kann insbesondere in den nicht seltenen Fällen fiktiver Einkünfte des Antragsgegners der Fall sein. Aus diesem Grund wird teilweise ein Regelungsbedürfnis verneint, wenn keinerlei **Vollstreckungsmöglichkeit** besteht (OLG Hamm FamRZ 1986, 919; KG FamRZ 1987, 840, 842; Schwab/*Maurer/Borth* I Rn 899; Wendl/Staudigl/*Schmitz* § 10 Rn 228), weil dann die Durchführung des Hauptsacheverfahrens zumutbar ist. Bei der Einschränkung des Anwendungsbereichs der einstweiligen Anordnung unter dem Gesichtspunkt fehlender Vollstreckbarkeit ist Zurückhaltung – vergleichbar zur Verfahrenskostenhilfe (Zöller/*Philippi* § 114 Rn 29) – geboten, zumal sich dieser Umstand bei Einleitung des Anordnungsverfahrens häufig nicht hinreichend beurteilen lässt (MüKo-ZPO/*Finger* 11

§ 620 Rn 40). Das Regelungsbedürfnis wird daher nur dann zu verneinen sein, wenn Vollstreckungsmöglichkeiten offensichtlich nicht gegeben sind.

VI. Unterhaltsrechtliche Rechtsverhältnisse

1. Kindesunterhalt

12 Nach § 246 Abs 1 können einstweilige Anordnungen zum Unterhalt minderjähriger sowie (privilegierter) volljähriger Kinder ergehen (anders §§ 620 Nr 4 aF). Materiell-rechtlich sind die §§ 1601 ff BGB maßgeblich. Während für den Barunterhaltsanspruch minderjähriger Kinder regelmäßig allein auf das Einkommen des nicht betreuenden Elternteils abzustellen ist, muss auch im einstweiligen Anordnungsverfahren für den Anspruch des (privilegierten) volljährigen Kindes die – sich aus den Einkünften beider Eltern ergebende – Haftungsquote (BGH FamRZ 2002, 815; Eschenbruch/Klinkhammer/*Wohlgemuth* Kap 3 Rn 569 ff) konkret dargelegt und glaubhaft gemacht werden. Kann der Kindesunterhalt durch den nicht betreuenden Elternteil nicht gewährleistet werden, kommt grundsätzlich auch ein Anspruch des Kindes gegen seine Großeltern in Betracht.

13 Nach der Trennung der Eltern steht ihnen die elterliche Sorge ohne gerichtliche Entscheidung gemeinsam zu. In dieser Situation kann der Elternteil, in dessen Obhut (BGH FamRZ 2006, 1015) sich das Kind befindet, gemäß § 1629 Abs 2 Satz 2 BGB Unterhaltsansprüche gegen den anderen Elternteil geltend machen. Darüber hinaus begründet § 1629 Abs 3 Satz 1 BGB eine gesetzliche **Prozessstandschaft**. Sind die Eltern verheiratet, so kann ein Elternteil während des Getrenntlebens oder bei Anhängigkeit einer Ehesache die Ansprüche auf Kindesunterhalt auch im Anordnungsverfahren nur im eigenen Namen geltend machen. Die von einem Elternteil erwirkte einstweilige Anordnung und ein zwischen den Elternteilen geschlossener gerichtlicher Vergleich wirken für und gegen das Kind (§ 1629 Abs 3 Satz 2 BGB; BGH FamRZ 1986, 878, 879; OLG Zweibrücken FamRZ 2000, 694). In dieser Konstellation kann ein Elternteil als Vollstreckungsgläubiger die Zwangsvollstreckung im eigenen Namen auch nach Rechtskraft der Ehescheidung betreiben (OLG Nürnberg FamRZ 1987, 1172; OLG Schleswig FamRZ 1990, 189). Eine Umschreibung des Titels auf das anspruchsberechtigte Kind ist erst mit Volljährigkeit erforderlich. Da die Unterhaltsansprüche für minderjährige und volljährige Kinder identisch sind, wirkt eine erlassene einstweilige Anordnung auch über die Volljährigkeit des Kindes hinaus (BGH FamRZ 1994, 696, 697). Einwendungen sind vom Unterhaltspflichtigen mit dem Vollstreckungsgegenantrag geltend zu machen (OLG München FamRZ 1990, 653). Wird das – bisher durch einen Elternteil vertretene – minderjährige Kind nach Erlass einer einstweiligen Anordnung volljährig, ist ein Abänderungs- oder Aufhebungsantrag, für den bereits durch die Quotenhaftung beider Eltern (§ 1606 Abs 3 BGB) Anlass bestehen kann, im Verfahren nach § 54 gegen das volljährige Kind zu richten (OLG Hamm FamRZ 1990, 1375; MüKo-ZPO/*Finger* § 620 Rn 61 f). Eine Entscheidung in dem vom volljährigen Kind betriebenen Hauptsacheverfahren führt Wirkungen des § 56 auch für eine in Prozessstandschaft erwirkte einstweilige Anordnung herbei. Wurde einem Elternteil das Sorgerecht übertragen, so vertritt er das Kind nach § 1629 Abs 1 Satz 3 BGB allein. Die gesetzliche Vertretung und Prozessführungsbefugnis bleiben auch im Fall eines Obhutswechsels zum anderen Elternteil bestehen, allerdings entfällt für die Zukunft die Barunterhaltspflicht des nunmehr betreuenden Elternteils (§ 1606 Abs 3 Satz 2 BGB). Hat der allein sorgeberechtigte Elternteil eine einstweilige Anordnung zum Kindesunterhalt erwirkt, besteht kein Rechtsschutzbedürfnis für einen negativen Feststellungsantrag, wenn der sorgeberechtigte Elternteil erklärt, er werde aus dem Titel keine Rechte herleiten (OLG Koblenz FamRZ 2002, 562). Wird für das in gesetzlicher Prozessstandschaft betriebene Anordnungsverfahren Verfahrenskostenhilfe beantragt, ist auf die wirtschaftlichen Verhältnisse des Elternteils und nicht auf die des Kindes abzustellen (BGH FamRZ 2005, 1164 f, 2006, 32).

2. Ehegattenunterhalt

Materiell rechtliche Grundlage für Unterhaltssachen nach § 231 Abs 1 Nr 2, die die **14** durch Ehe begründete Unterhaltspflicht betreffen, sind §§ 1361, 1569 ff BGB. Bei bestehender Lebensgemeinschaft sind für den Anspruch auf Familienunterhalt die §§ 1360, 1360a BGB maßgeblich, wenn die Beteiligten um Haushalts- bzw Wirtschaftsgeld (OLG Celle FamRZ 1999, 162), um das nach dem Familieneinkommen zu bestimmende Taschengeld (BGH FamRZ 1998, 608) sowie um einen Prozesskostenvorschuss (Rz 18) streiten. Bis zur Scheidung der Ehe wird idR der Krankenversicherungsschutz durch die Familienversicherung nach § 10 Abs 2 SGB IV gewährleistet, anderenfalls besteht ein Anspruch auf angemessene Krankenversicherung. Ab Rechtshängigkeit des Scheidungsantrags kann der Unterhaltsberechtigte **Altersvorsorgeunterhalt** geltend machen (§§ 1361 Abs 2, 1578 Abs 2 BGB). Diese Bedarfspositionen können auch im Anordnungsverfahren geltend gemacht werden unabhängig davon, ob nach § 246 Abs 1 ein Regelungsbedürfnis nicht erforderlich ist, denn im Gegensatz zur einstweiligen Verfügung ist eine Notlage nicht erforderlich (MüKo-ZPO/*Finger* § 620 Rn 64; *Gießler/Soyka* Rn 513; aA *Dose* Rn 31). Hingegen besteht ein Regelungsbedürfnis für den Anspruch auf Zustimmung zum begrenzten Realsplitting, auf Mitwirkung an der gemeinschaftlichen Steuererklärung oder für einen familienrechtlicher Ausgleichsanspruch nicht (*Ebert* § 2 Rn 26).

3. Unterhalt der nicht verheirateten Mutter

Unterhaltssachen iSv § 231 Abs 1 Nr 3 sind die Ansprüche aus §§ 1615l und 1615m BGB, **15** wobei Beerdigungskosten im Anordnungsverfahren unbeachtlich sind. Ist die Vaterschaft des Antragsgegners noch nicht festgestellt, kann die Mutter des Kindes ihren Unterhaltsanspruch für die Mutterschutzfristen nach § 1615l Abs 1 Satz 1 BGB im Anordnungsverfahren des § 247 und darüber hinaus während eines anhängigen Vaterschaftsfeststellungsverfahrens gemäß § 248 geltend machen. § 1615l BGB regelt unterschiedliche Ansprüche der nicht verheirateten Mutter: Praktisch relevant sind die Ansprüche gemäß § 1615l Abs 1 Satz 2 BGB für die Kosten, die infolge der Schwangerschaft oder der Entbindung entstehen, sowie gemäß § 1615l Abs 2 Satz 1 BGB für eine schwangerschaftsbedingte Erwerbsunfähigkeit nicht. Für das Anordnungsverfahren ist allein der Betreuungsunterhalt nach § 1615l Abs 2 Satz 2 BGB bedeutsam, der hinsichtlich der Voraussetzungen und Dauer dem nachehelichen Anspruch entspricht. Zum Unterhaltsbedarf BGH FamRZ 2008, 139, 1741. Während ein Anspruch auf Altersvorsorge nicht besteht, sind die Kosten für die Kranken- und Pflegeversicherung zu tragen (FA-Komm-FamR/*Klein* § 1615l Rn 10). Die Erstausstattung des Säuglings als Sonderbedarf (BVerfG FamRZ 1999, 1342) kann mit der einstweilige Anordnung beansprucht werden. Betreut die unterhaltsberechtigte Mutter auch ein ehelich geborenes Kind, kann sie im Anordnungsverfahren nur eine Haftungsquote vom Vater des Kindes beanspruchen (BGH FamRZ 2007, 1303; 2008, 1839, 1744; Eschenbruch/Klinkhammer/*Menne* Kap 4 Rn 73 ff), die sie konkret darzulegen hat.

4. Eltern- und Verwandtenunterhalt

Der Anspruch auf Elternunterhalt bestimmt sich nach den §§ 1601 ff BGB, der grund- **16** sätzlich im einstweiligen Rechtsschutz durchgesetzt werden kann. Praktisch ist dieser jedoch bedeutungslos, weil die Sozialhilfeträger in Vorleistung treten und der Anspruch auf Elternunterhalt im Regressverfahren zu klären ist, so dass es am Regelungsbedürfnis fehlt.

VII. Abänderbarkeit von Vollstreckungstiteln

17 Dem Unterhaltsberechtigten steht es grundsätzlich frei, seinen Unterhaltsanspruch alternativ oder kumulativ im Anordnungsverfahren oder Hauptsacheverfahren geltend zu machen (§ 51 Rz 3). Eine erwirkte Unterhaltsanordnung tritt mit Rechtskraft einer entsprechenden Hauptsacheentscheidung gemäß § 56 Abs 1 außer Kraft. Besteht aus einem vorangegangenen Hauptsacheverfahren bereits ein Unterhaltstitel, kann dieser aufgrund der Rechtskraftwirkung nicht durch eine spätere Unterhaltsanordnung abgeändert werden. Diese Möglichkeit ist nur eröffnet, wenn zugleich ein Abänderungsverfahren in der Hauptsache anhängig gemacht wird (§ 51 Rz 7, 9).

C. Anspruch auf Kostenvorschuss

I. Allgemeines

18 Ein realisierbarer Anspruch auf Kostenvorschuss schließt als einzusetzendes Vermögen die Bedürftigkeit für die Bewilligung von Verfahrenskostenhilfe aus (§ 77 Rz 16) und ist daher von praktischer Bedeutung. Dass ein solcher Anspruch nicht besteht, hat der Verfahrenskostenhilfe begehrende Beteiligte darzulegen (BGH FamRZ 2008, 1842; OLG Brandenburg FamRZ 2002, 1414). Als unterhaltsrechtliche Verpflichtung kann das Gericht durch einstweilige Anordnung die Verpflichtung zur Zahlung eines Kostenvorschusses für ein gerichtliches Verfahren regeln. Die unterschiedlichen Vorschriften nach bisherigem Recht (§§ 620 Nr 10, 621f, 127a ZPO aF) sind nunmehr einheitlich in § 246 Abs 1 zusammengeführt. Der Anspruch auf Kostenvorschuss ist nicht mehr in einem Nebenverfahren des jeweiligen Hauptsacheanspruch, sondern von diesem unabhängig in einem selbständigen Anordnungsverfahren geltend zu machen. Die einstweilige Anordnung nach § 246 Abs 1 verdrängt auch die einstweilige Verfügung für einen Kostenvorschuss in einer Nichtfamiliensache (bisher *Gießler/Soyka* Rn 694). Unabhängig vom einstweiligen Anordnungsverfahren besteht ein Rechtsschutzbedürfnis des Anspruchsberechtigten im Hauptsacheverfahren ebenso fort wie ein solches des Antragsgegners für einen negativen Feststellungsantrag, einen Kostenvorschuss nicht oder nicht in dieser Höhe zu schulden.

II. Anspruchsberechtigte

19 Ein Anspruch auf Kostenvorschuss ergibt sich für verschiedene unterhaltsrechtliche Beziehungen in unterschiedlichem Umfang. Gesetzlich geregelt ist der Anspruch auf Verfahrenskostenvorschuss allein in § 1360a Abs 4 Satz 1 BGB für den Familienunterhalt (§ 1360 BGB) und wird als Bestandteil einer Unterhaltsverpflichtung verstanden. Für den Trennungsunterhalt nimmt § 1361 Abs 4 BGB und für eine eingetragene Lebenspartnerschaft § 5 Satz 2 LPartG hierauf Bezug. Über diese unterhaltsrechtlichen Beziehungen hinaus und aufgrund des darin verankerten Gedankens der **personalen Mitverantwortung** wird die Verpflichtung zum Kostenvorschuss auf vergleichbare Unterhaltsrechtsverhältnisse erstreckt. Hingegen lässt sich der Anspruch als Sonderregelung nicht aus dem Unterhaltsbedarf allgemein aus §§ 1361, 1578, 1610 BGB herleiten (Schwab/*Borth* IV Rn 64).

20 1. Leben die **Ehegatten** in häuslicher Gemeinschaft, folgt der Anspruch auf Kostenvorschuss unmittelbar aus §§ 1360, 1360a Abs 4 BGB und für getrennt lebende Ehegatten aus § 1361 Abs 4 Satz 4 BGB. Rechtskräftig geschiedene Eheleute schulden einander keinen Kostenvorschuss, weil § 1578 BGB eine entsprechende Verpflichtung nicht enthält, der Kostenvorschuss keinen Sonderbedarf darstellt und die unterhaltsrechtliche Beziehung nicht in gleichem Umfang Ausdruck einer besonderen Verantwortung des Verpflichteten für den Berechtigten ist, wie sie die Grundlage der Regelung des § 1360a Abs 4 BGB bildet (BGH FamRZ 1984, 148; 1990, 280, 282; 2005, 883, 885). Allerdings ist

Besondere Vorschriften für die einstweilige Anordnung | § 246 FamFG

für den Anspruch ausreichend, dass der unterhaltspflichtige Ehegatte mit der Zahlung des Vorschusses in Verzug geraten ist, der berechtigte Ehegatte einen Antrag auf Erlass einer einstweiligen Anordnung gestellt hat und vor der Entscheidung über diesen die Ehescheidung rechtskräftig wird (OLG Schleswig FamRZ 2008, 614; OLG Frankfurt FamRZ 1993, 1465, OLG München FamRZ 1997, 1542). Für eingetragene Lebenspartner gilt dies entsprechend.

2. Nach § 1603 Abs 2 BGB sind Eltern ihren **minderjährigen und privilegierten volljährigen Kindern** (§ 1603 Abs 2 Satz 2 BGB) verpflichtet, alle verfügbaren Mittel zu ihrem und der Kinder Unterhalt gleichmäßig zu verwenden. Aufgrund dieser gesteigerten Unterhaltspflicht und der dadurch begründeten besonders engen unterhaltsrechtlichen Beziehung schulden Eltern ihren Kindern iSd § 1603 Abs 2 Satz 2 BGB einen Kostenvorschuss für erfolgversprechende Rechtsstreitigkeiten in persönlichen Angelegenheiten (BGH FamRZ 2005, 883, 885; 2004, 1633). Eine Kostenvorschusspflicht besteht indes nicht, wenn der notwendige Selbstbehalt dadurch gefährdet wäre. Kann der Elternteil den Vorschuss nur in Raten zahlen, ist dem Kind Verfahrenskostenhilfe mit der Anordnung einer entsprechenden Ratenzahlungsanordnung zu bewilligen (BGH FamRZ 2004, 1633). Neben dem barunterhaltspflichtigen Elternteil ist auch der betreuende (leistungsfähige) Elternteil vorschusspflichtig, weil die Befreiung vom Barunterhalt gemäß § 1606 Abs 3 Satz 2 BGB nur für den normalen Lebensbedarf und nicht für einen eventuellen Sonderbedarf gilt (OLG Koblenz FamRZ 2001, 632; OLG München FamRZ 1991, 347; OLG Karlsruhe FamRZ 1996, 1100 [über § 1607 Abs 2 BGB]). 21

3. Ein **volljähriges Kind** hat einen Anspruch auf Kostenvorschuss gegen seine Eltern, wenn deren angemessener Unterhalt gewahrt ist, nur dann, wenn es sich noch in der Ausbildung befindet und keine selbständige Lebensstellung erreicht hat (BGH FamRZ 2005, 883, 885). Die dem gesetzlichen Zweck des § 1360a Abs 4 BGB vergleichbare Situation ist nicht auf den Unterhaltsanspruch minderjähriger Kinder beschränkt, sondern im Wesentlichen darauf zurückzuführen, dass die Kinder wegen ihres Alters und Ausbildungsbedarfs noch keine eigene Lebensstellung erreicht haben und sich deswegen nicht selbst unterhalten können. Eine Vorschusspflicht wurde für einen volljährigen Musikstudenten (OLG Stuttgart FamRZ 1988, 758) ebenso wie für die erwerbslose volljährige Tochter nach Abschluss einer Ausbildung (OLG Hamburg FamRZ 1990, 1141) oder für ein Vaterschaftsfeststellungsverfahren (OLG Düsseldorf FamRZ 1990, 420) verneint. Ein Vorschussanspruch steht einem verheirateten volljährigen Kind (Studenten) wegen der selbständigen gesellschaftlichen Stellung für sein Scheidungsverfahren nicht mehr zu (OLG Düsseldorf FamRZ 1992, 1320). 22

4. § 1615l Abs 3 Satz 1 BGB verweist für die Unterhaltspflicht **gegenüber dem nicht verheirateten Elternteil** auf die Vorschriften zum Verwandtenunterhalt. Eine besondere Mitverantwortung oder ein unterhaltsrechtliches Näheverhältnis besteht danach nicht, so dass ein Kostenvorschuss nicht geschuldet wird. Da der Betreuungsunterhalt dem Anspruch nach § 1570 Abs 1 BGB entsprechend ausgestaltet wurde, ist die rechtliche Beziehung mehr der geschiedenen als der getrennt lebenden Ehefrau vergleichbar (*Ehinger/Griesche/Rasch* Rn 331). Aus den Grundgedanken des Kostenvorschusses als Ausdruck einer besonderen unterhaltsrechtlichen Verantwortung und eines besonderen Näheverhältnisses folgt, dass Kinder ihren **Eltern** (OLG München FamRZ 1993, 821, 822; aA BSG NJW 1970, 352) und **Großeltern** ihren Enkelkindern (aA OLG Koblenz FamRZ 1997, 681; Schwab/*Borth* IV Rn 64) keinen Kostenvorschuss schulden (Zöller/*Philippi* § 115 Rn 67d). Mangels gesetzlicher Unterhaltspflicht besteht ein Anspruch auf Kostenvorschuss zwischen Partnern einer **nichtehelichen Lebensgemeinschaft** nicht (Schwab/*Borth* IV Rn 67). 23

III. Anspruchsvoraussetzungen

24 Der Anspruch auf Kostenvorschuss besteht nach § 1360a Abs 4 BGB für einen Rechtsstreit, der eine persönliche Angelegenheit des Anspruchsberechtigten betrifft, der Billigkeit entspricht und im Übrigen zumutbar ist (BGH FamRZ 2001, 1363).

25 1. Eine gesetzliche Definition der **persönlichen Angelegenheit** besteht nicht, so dass Fallgruppen zur Konkretisierung gebildet wurden. Von den persönlichen Angelegenheiten sind die geschäftlichen Angelegenheiten des Anspruchsberechtigten abzugrenzen. Auch die wirtschaftliche und soziale Bedeutung des Verfahrens begründen für sich keine persönliche Angelegenheit. Vielmehr muss das gerichtliche Verfahren in einem Zusammenhang mit den aus der Rechtsbeziehung der Beteiligten erwachsenen engen persönlichen und wirtschaftlichen Bindungen und Beziehungen stehen (BGH FamRZ 2003, 1651). In diesem Rahmen werden vermögensrechtliche, nicht vermögensrechtliche, familienrechtliche und personenbezogene Ansprüche bzw Streitigkeiten erfasst (BGH FamRZ 1964, 167, 199); *Dose* Rn 110; Schwab/*Borth* IV Rn 70; Göppinger/Wax/*Vogel* Rn 1254 ff), wenn deren Wurzel in der familienrechtlichen Beziehung der Beteiligten liegt. Ein **Strafverfahren** betrifft die Person des Unterhaltsberechtigten und ist in § 1360 Abs 4 Satz 2 BGB ausdrücklich genannt. Der Kostenvorschuss kann nur für einen Rechtsstreit, dh ein **gerichtliches Verfahren**, beansprucht werden. Damit scheidet die allein außergerichtliche Tätigkeit (OLG München FamRZ 1990, 312, 313) ebenso aus wie die außergerichtliche Mediation. Wegen der Anrechnung der vorgerichtlichen Kosten auf die gerichtlichen Rechtsanwaltsgebühren sollen sachdienliche Kosten einer außergerichtlichen Rechtsberatung auch erfasst werden (*Dose* Rn 119; Schwab/*Borth* IV Rn 83, aA Göppinger/Wax/*Vogel* Rn 2620). Danach sind als persönliche Angelegenheiten anerkannt:
– alle Verfahren in Familiensachen des § 111, Ansprüche aus der ehelichen Lebensgemeinschaft, auf Unterhalt (BGH FamRZ 2005, 883, 885), Vermögensauseinandersetzung oder Auskunft; Ehesachen und Folgesachen; gegenüber dem neuen Ehegatten zur Herabsetzung oder Beseitigung des Unterhaltsanspruchs des geschiedenen Ehegatten (OLG Celle FamRZ 2008, 2219 mwN; aA BGH FamRZ 1984, 388), zu Abstammungsverfahren s § 171 Rz 27
– Schadensersatzansprüche wegen Eingriffe in Leben, Körper, Gesundheit, Freiheit usw. (OLG Köln FamRZ 1994, 1409, LG Koblenz FamRZ 2000, 761 [Schmerzensgeld]), Verletzung des Persönlichkeitsrechts, Arzthaftung (OLG Schleswig OLGR 2009, 511)
– Insolvenzverfahren mit Restschuldbefreiung, soweit nicht vorwiegend voreheliche Schulden betroffen sind (BGH FamRZ 2003, 1651; AG Dresden ZVI 2008, 120; AG Koblenz FamRZ 2007, 571; BGH FamRZ 2007, 722)
– Verwaltungsgerichtliche Verfahren (Göppinger/Wax/Vogel Rn 2606; VG Sigmaringen FamRZ 2004, 1653; OVG Hamburg FamRZ 1991, 960, OVG Münster FamRZ 2000, 21)
– Sozialgerichtliche Verfahren (BSG NJW 1960, 502, 1970, 352)
– Arbeitsgerichtliche Verfahren (Schwab/Borth IV Rn 71, aA Göppinger/Wax/Vogel Rn 2607)

26 Keine persönlichen Angelegenheiten, weil sie primär vermögensrechtliche oder allgemein wirtschaftliche Interessen betreffen, sind hingegen:
– Mietrechtliche Streitigkeit zwischen Eheleuten (OLG Frankfurt FamRZ 2001, 1148)
– Erbrechtliche Ansprüche (OLG Köln FamRZ 1979, 178)
– Gesellschaftsrechtliche Streitigkeiten (BGH FamRZ 1964, 197, 198 f)
– Mithaftung gegenüber Dritten (OLG Düsseldorf FamRZ 1984, 388)

27 **2. Billigkeit**: Der Vorschusspflichtige hat die Kosten nur vorzuschießen, soweit dies der Billigkeit entspricht. Nach der Rspr des BGH besteht ein Anspruch aus Gründen der Rechtsklarheit und Gleichbehandlung nur, wenn die (beabsichtigte) Rechtsverfolgung oder Rechtsverteidigung nach den entsprechend anwendbaren Grundsätzen des § 114

ZPO hinreichende Aussicht auf Erfolg biete und nicht mutwillig ist (BGH FamRZ 2001, 1363), zumal ein Rückforderungsanspruch nur in engen Grenzen besteht und nur selten durchgesetzt werden kann. Für Statusverfahren (Ehe- und Abstammungssachen), in denen das Interesse der Beteiligten und die öffentliche Belange an der Feststellung des Status eines Beteiligten im Vordergrund stehen, sind die Erfolgsaussichten indes nicht maßgeblich. Durch den unterhaltsrechtlichen Bezug des Anspruchs sind die persönlichen Beziehungen und wirtschaftlichen Verhältnisse der Beteiligten im Rahmen der Billigkeit zu berücksichtigen. Daher besteht ein Anspruch nur, wenn der Antragsteller die Verfahrens- oder Prozesskosten nicht selbst tragen (Bedürftigkeit) und der Antragsgegner diese aufbringen kann (Leistungsfähigkeit). Neben dem Einkommen hat der Vorschussberechtigte vorhandenes **Vermögen** – über die unterhaltsrechtlichen Obliegenheiten des § 1577 Abs 3 BGB hinausgehend – zu **verwerten** (OLG Zweibrücken FamRZ 1999, 1149). Etwas anderes kann bei sehr guten wirtschaftlichen Verhältnissen des Vorschusspflichtigen gelten.

Der in Anspruch genommene Unterhaltspflichtige muss in Höhe des Kostenvorschus- **28** ses **leistungsfähig** sein (Schwab/*Borth* IV Rn 76), wobei die **Selbstbehaltssätze** der unterhaltsrechtlichen Leitlinien maßgeblich sind. Im Verhältnis von Ehegatten und zu volljährigen Kindern muss der angemessenen Selbstbehalt (§§ 1581, 1603 Abs 1 BGB; derzeit 1 100 €) gewahrt sein (BGH FamRZ 1990, 491; OLG Köln FamRZ 1999, 792). Im Verhältnis zu minderjährigen und privilegierten volljährigen Kindern zieht der BGH nach Abzug der vorrangigen Verpflichtungen den notwendigen Selbstbehalt (von derzeit 900 €) heran (BGH FamRZ 2004, 1633, 1635; aA Wendl/Staudigl/*Scholz* § 6 Rn 27). Wenn der Vorschusspflichtige selbst Verfahrenskostenhilfe ohne Ratenzahlung erhalten würde, besteht eine Vorschusspflicht nicht, weil dieser Anspruch nicht weiter reichen kann, als die Einstandspflicht in eigenen Angelegenheiten. Ob eine Verpflichtung besteht, einen **Kostenvorschuss** bei eingeschränkter Leistungsfähigkeit **in Raten** zu erbringen, war lange Zeit umstritten. Während einige OLG eine Ratenzahlung an den Vorschussberechtigten, die dieser im Rahmen seiner Prozesskostenhilfebewilligung an die Landeskasse zu zahlen habe, als unbillig ansahen (OLG Brandenburg FamRZ 2002, 1414; OLG Naumburg FamRZ 2000, 1095; OLG Oldenburg FamRZ 99, 1148), vertraten andere OLG die Auffassung, dass die Vorschusspflicht durch Ratenzahlung für den »Sonderbedarf« Prozesskosten nicht unzumutbar sei (OLG Köln FamRZ 2003, 102; OLG Dresden FamRZ 2002, 1412; Schwab/*Borth* IV Rn 78). Der BGH (FamRZ 2004, 1633, 1635; OLG Schleswig FamRZ 2009, 897; *Dose* Rn 114; krit Zöller/*Philippi* § 115 Rn 70) begründet seine Auffassung eines ratenweise geschuldeten Kostenvorschusses damit, dass die monatlichen Zahlungen Vermögen des verfahrenskostenhilfebedürftigen Vorschussberechtigten iSd § 76 Abs 1 iVm § 115 Abs 3 ZPO sind. Beide Beteiligten werden durch die Ratenzahlung nicht belastet, weil der notwendige Selbstbehalt des Vorschusspflichtigen gewährleistet bleibt und dem Berechtigten die Ratenzahlung auf die Verfahrenskostenhilfe ermöglicht wird. Ob die praktischen Konsequenzen auch für den Fall, dass einzelne Ratenzahlungen des Vorschusspflichtigen ausfallen, hinreichend bedacht sind, und die Ratenzahlung auch beim Trennungsunterhalt gilt, wird zT kritisch beurteilt (FA-FamR/*Geißler* Kap 16 Rn 209).

Schließlich sind in die Beurteilung der Billigkeit auch die **persönlichen Beziehungen** **29** einzubeziehen (Göppinger/Wax/*Vogel* Rn 2615 ff). Allein aus dem Umstand, dem Verfahrensgegner die Verfahrenskosten vorschießen zu müssen, folgt keine Unbilligkeit. Ist ein Unterhaltsanspruch aus Billigkeitsgründen (§§ 1579, 1611 BGB) zu versagen, besteht auch keine Vorschusspflicht (aA OLG Zweibrücken FamRZ 2001, 1149). Ebenso kann es unbillig sein, den zweiten Ehegatten mit Verfahrenskosten für einen Rechtsstreit gegen einen früheren Ehegatten zu belasten (Wendl/Staudigl/*Scholz* § 6 Rn 30). Zum Kostenvorschuss in Abstammungssachen § 171 Rz 27.

IV. Umfang des Anspruchs

30 1. Die Höhe des Vorschussanspruchs ergibt sich aus den durch das gerichtliche Verfahren entstehenden notwendigen (§ 80; § 91 ZPO) und fälligen Kosten der Rechtsverfolgung oder Rechtsverteidigung. Diese bestehen aus den Gerichts- und Rechtsanwaltsgebühren sowie den Kosten eines etwaigen Anordnungsverfahrens. Der Vorschussanspruch besteht bis zum **Abschluss des Verfahrens** bzw Rechtsstreits, auch wenn die anwaltliche Tätigkeit bereits erbracht ist (BGH FamRZ 1985, 802; Zweibrücken OLGR 2002, 179). Wie für die Verfahrenskostenhilfe kann der Kostenvorschuss nach Abschluss der Instanz oder nach Beendigung des Rechtsstreits nicht mehr beansprucht werden. Da der Kostenvorschuss kein Sonderbedarf ist, greift § 1613 BGB nicht. Hat der Unterhaltsberechtigte den Vorschusspflichtigen zuvor in Verzug gesetzt (§ 286 BGB), kann er die Verfahrenskosten als Schadensersatz geltend machen (OLG Köln FamRZ 1991, 842, 843; aA Schwab/*Borth* IV Rn 84). Da unter Eheleuten die Vorschusspflicht mit Rechtskraft der Ehescheidung endet, kann für eine noch nicht beendete Folgesache ein Kostenvorschuss nicht mehr beansprucht werden (OLG München FamRZ 1997, 1542, aA OLG Nürnberg FamRZ 1990, 421). Hat der Vorschussberechtigte eine einstweilige Anordnung erwirkt, so kann er aus dieser nach Beendigung des Rechtsstreits die **Zwangsvollstreckung** betreiben, auch wenn er in der Hauptsache die Kosten zu tragen hat (BGH FamRZ 1985, 802), weil die Kostenpflicht nach §§ 81 ff FamFG, 91 ff ZPO den Vorschussanspruch nicht berührt (BGH FamRZ 1986, 40, 42). Eine Aufrechnung mit einem Kostenerstattungsanspruch ist nicht zulässig, da anderenfalls ein Anreiz zur Nichtzahlung des Vorschusses bestünde (BGH FamRZ 1985, 802).

31 2. Für die Einbeziehung des Kostenvorschusses im **Kostenfestsetzungsverfahren** (§ 85 FamFG; § 104 ZPO) ist nach der Kostenentscheidung im Hauptsacheverfahren zu unterscheiden, soweit der Vorschusspflichtige auch Antragsgegner war. Allerdings steht ein etwaiger Rückzahlungsanspruch (Rz 33) in keinem Zusammenhang zur Kostenentscheidung im Hauptsacheverfahren und kann dadurch nicht ausgeweitet werden. Da nach § 113 Abs 1 in Familienstreitsachen die Vorschriften der §§ 91 ff ZPO anzuwenden sind, ist in diesen Verfahren weiterhin im Rahmen des Ermessens das Verhältnis des Obsiegens und Unterliegens von Bedeutung. Wurde der Antrag abgewiesen, begründet dies keinen Rückzahlungsanspruch, denn der Vorschuss sollte dem Berechtigten die Durchführung des Verfahrens ermöglichen. Eine Verrechnung kann daher nur insoweit erfolgen, als der Vorschuss die eigenen Kosten übersteigt.

32 Wird in der Kostengrundentscheidung im Hauptsachverfahren eine **Kostenquotelung** angeordnet oder haben die Beteiligten eine solche vereinbart, werden drei Ansichten vertreten, ob bzw in welchem Umfang der Kostenvorschuss verrechnet werden kann: Einige OLG lehnen eine teilweise Verrechnung des Kostenvorschusses mit dem Argument ab, dass dieser dem Berechtigten für die ihm entstandenen Verfahrenskosten verbleiben müsse und anderenfalls einer Rückzahlung, der sich allein nach materiellem Recht richtet, gleichkäme (OLG Oldenburg FamRZ 1998, 445; OLG Düsseldorf FamRZ 1996, 1409 mwN). Nach anderer Ansicht ist der Vorschuss in vollem Umfang auf den Erstattungsanspruch anzurechnen (OLG Braunschweig FamRZ 2005, 1190; OLG München FamRZ 1994, 1605; OLG Stuttgart FamRZ 1992, 1460; Zöller/*Philippi* § 621f Rn 20; aA Schwab/*Borth* IV Rn 87), ohne dass dies zu einem Erstattungsanspruch des Vorschussgebers führen dürfe. Eine dritte Auffassung hält eine Verrechnung des Vorschusses ebenfalls grundsätzlich für zulässig. Aufgrund des unterhaltsrechtlichen Charakters der Leistung einerseits und dessen begrenzter Rückforderungsmöglichkeit andererseits sind vorrangig sämtliche Kosten des Vorschussberechtigten, auch soweit sie nicht erstattet werden, vorab in Abzug zu bringen. Nur ein danach verbleibender Überschuss ist zugunsten des Vorschusspflichtigen im Kostenfestsetzungsverfahren zu verrechnen (OLG Nürnberg FuR 2002, 287; FamRZ 1999, 1217; OLG Hamm FamRZ 1999, 728, OLG Bamberg FamRZ 1999, 724, *Dose* Rn 121).

V. Rückforderungsanspruch

Für den Erlass einer einstweilige Anordnung auf Kostenvorschuss ist die Möglichkeit, 33
diesen zurück fordern zu können, nicht entscheidend. Die fortbestehende Vollstreckungsmöglichkeit sowie die unzulässige Aufrechnung lassen indes die Frage nach der Rückforderung des Kostenvorschusses praktisch relevant werden. Grundsätzlich kann der Kostenvorschuss vom Unterhaltspflichtigen nicht zurück gefordert werden (*Dose* Rn 120), denn dieser soll die erfolgversprechende Verfahrensführung ermöglichen und ist nicht vom Ausgang dieses Verfahrens abhängig. Eine Pflicht zur Rückzahlung des Kostenvorschusses besteht nur in **Ausnahmefällen**, wenn sich herausstellt, dass die Voraussetzungen der Bewilligung von Anfang an nicht vorgelegen oder sich die wirtschaftlichen Verhältnisse des Anspruchsberechtigten wesentlich verbessert haben (KG FamRZ 2008, 2201). Grundlage des Rückforderungsanspruchs ist der Vorschusscharakter der Leistung einerseits sowie seine unterhaltsrechtliche Natur als **familienrechtlicher Anspruch eigener Art** andererseits (BGH FamRZ 1990, 491), so dass die §§ 812 ff, 814, 818 Abs 3 BGB keine Anwendung finden. Ein Anspruch auf Rückzahlung entspricht der Billigkeit, wenn die einstweilige Anordnung aufgrund falscher Angaben des Vorschussberechtigten zur Leistungsfähigkeit des Verpflichteten, der hierzu nicht gehört wurde, erging und sich nachträglich als falsch erwiesen (BGH FamRZ 1990, 491, 492). Entsprechendes gilt für die Bedürftigkeit des Vorschussberechtigten. Ein Rückzahlungsanspruch kommt auch dann in Betracht, wenn die berechtigte Person nach Erlass der Entscheidung erhebliche finanzielle Mittel erhalten hat, die eine Vorschusspflicht als unbillig erscheinen lassen. Unabhängig von der Regelung des § 814 BGB kann das berechtigte Vertrauen des Vorschussberechtigten dadurch geschützt werden, dass der Vorschuss nur teilweise zurück zu zahlen ist (OLG Hamm FamRZ 1992, 672). Werden die Verfahrenskosten dem Berechtigten vom Verfahrensgegner erstattet, besteht ebenfalls ein Rückzahlungsanspruch (Schwab/*Borth* IV Rn 89).

D. Besonderheiten des Anordnungsverfahrens

Das auf Zahlung von Unterhalt oder eines Kostenvorschusses gerichtete Eilverfahren ist 34
ein selbständiges Anordnungsverfahren, auf das die Vorschriften der §§ 49 ff Anwendung finden. Über die dargestellten Aspekte der Unterhaltsansprüche (insbesondere Bedürftigkeit und Leistungsfähigkeit), die glaubhaft zu machen sind (§ 51 Rz 22), das vermutete Regelungsbedürfnis und die auf Leistung gerichtete Anordnung (Rz 1, 11) hinaus, bestehen für das Anordnungsverfahren in Unterhaltssachen nur wenige weitere Besonderheiten, von denen die mündliche Verhandlung in § 246 Abs 2 geregelt ist. Die gerichtliche Zuständigkeit bestimmt sich grundsätzlich nach § 50 iVm § 232 und richtet sich nach dem fiktiven oder tatsächlich anhängigen Unterhaltsverfahren in der Hauptsache. Die Regelungsgegenstände des zuständigkeitsbegründenden Hauptsacheverfahrens und des Anordnungsverfahrens können trotz dessen Selbständigkeit auseinander fallen. Ist eine Unterhaltssache im Wege der **Stufenklage** anhängig und wurde gegen die Entscheidung zur Auskunftsstufe Beschwerde eingelegt, verbleibt der nicht bezifferte Leistungsantrag in erster Instanz anhängig. Nach dem Grundsatz der größeren Sachnähe, wie er zu § 620a Abs 4 Satz 1 ZPO aF angeführt wurde (Wendl/Staudigl/*Schmitz* § 10 Rn 227), ist für eine Unterhaltsanordnung weiterhin das Familiengericht zuständig (§ 50 Rz 10). Eine vergleichbare Problematik ergibt sich für eine einstweilige Anordnung auf Kostenvorschuss. Das Hauptsacheverfahren iSd § 50 Abs 1 wäre ein (erstinstanzliches) Unterhaltsverfahren, in dem der Anspruch gemäß § 1360a Abs 4 BGB geltend gemacht wird. Der verfahrensrechtliche Gleichlauf des auf Kostenvorschuss gerichteten Anordnungsverfahrens und des Hauptsacheverfahrens, für das der Kostenvorschuss begehrt wird, können in beiden Instanzen auseinander fallen. Für das Familiengericht ist dies der Fall, wenn die Zuständigkeit des Hauptsacheverfahrens nicht mit der des § 231 übereinstimmt. In der Beschwerdeinstanz bestünde keine Zuständigkeit nach § 50 Abs 1

Satz 2, wenn die Verfahrensgegenstände auseinander fallen. Aus dem Sachzusammenhang (Erfolgsaussicht, Kosten usw) und der Verfahrensökonomie heraus ist es gerechtfertigt, dass – wie nach bisherigem Recht (Schwab/*Maurer*/*Borth* I Rn 906) – in beiden Instanzen das Gericht der Hauptsache, für die ein Kostenvorschuss begehrt wird und bei der es sich auch um ein Anordnungsverfahren handeln kann, über einen Antrag auf Erlass einer einstweiligen Anordnung auf Kostenvorschuss entscheidet, zumal dieses auch für die Bewilligung von Verfahrenskostenhilfe zuständig ist.

35 Der Antrag auf Erlass einer Unterhaltsanordnung muss einen **bestimmten Sachantrag** iSd § 253 Abs 2 Nr 2 ZPO iVm §§ 112 Nr 1, 113 Abs 2 FamFG enthalten. Dabei ist der geltend gemachte Unterhalt zu konkretisieren und der Anspruch auf Kostenvorschuss zu beziffern. Im Übrigen gelten im Anordnungsverfahren die verfahrensrechtlichen Vorschriften des Hauptsacheverfahrens entsprechend (§§ 51 Abs 2 Satz 1, 231 ff).

36 § 246 Abs 2 hebt die Bedeutung der **mündlichen Verhandlung** in Anordnungsverfahren für Unterhaltssachen besonders hervor. Die Entscheidung soll aufgrund mündlicher Verhandlung ergehen, wenn diese zur Aufklärung des Sachverhalts oder für eine gütliche Beilegung des Verfahrens geboten erscheint. Nach der Gesetzesbegründung (BTDrs 16/6308 S 260) wird das Ziel der Verfahrensbeschleunigung im einstweiligen Rechtsschutz für Unterhaltssachen relativiert und in Verhältnis zur materiellen Richtigkeit der Entscheidung gesetzt (Prütting/Helms/*Hau* § 246 Rn 12). Für das Gericht besteht die Möglichkeit, unklare Tatsachen aufzuklären sowie problematische Rechtsfragen und »Einschätzungsfragen« zu erörtern (BTDrs 16/6308 S 260). Die Richtigkeit der Anordnungsentscheidung, die maßgeblich von der glaubhaft gemachten Tatsachengrundlage abhängt, kann durch die in einer mündlichen Verhandlung gewonnenen Erkenntnisse erhöht werden und zugleich die Möglichkeit einer einvernehmlichen Regelung eröffnen. Dies gilt nicht nur für den Unterhaltsanspruch selbst, sondern auch für das Vorschussverfahren, weil in einer mündlichen Verhandlung auch der in der Hauptsache geltend gemachte Anspruch hinsichtlich seiner Erfolgsaussicht erörtert werden muss. Gleichwohl steht die Durchführung einer mündlichen Verhandlung weiterhin im **Ermessen des Gerichts**, soweit nicht ein Beteiligter einen Antrag nach § 54 Abs 2 gestellt hat. Im Hinblick auf die vorgenannten Erwägungen und zur Vermeidung eines Verfahrens auf erneute Entscheidung gemäß § 54 Abs 2 wird es sich regelmäßig anbieten, vor Erlass eines Beschlusses eine mündliche Verhandlung durchzuführen. Wesentliche Erkenntnisse für die Entscheidung können nur die Beteiligten in das Verfahren einbringen, so dass die Anordnung ihres persönlichen Erscheinens (§ 33 Abs 1) zweckmäßig ist.

37 In Unterhaltssachen gilt der Amtsermittlungsgrundsatz des § 26 nicht, sondern es verbleibt bei den zivilprozessualen Verfahrensgrundsätzen (§§ 112 Nr 1, 113 Abs 1), die durch die Auskunftspflichten nach §§ 235, 236 modifiziert werden. Die Einkünfte der Beteiligten können durch entsprechende Nachweise glaubhaft gemacht werden, die gegenüber einer eidesstattliche Versicherung eine größere Verlässlichkeit bieten. Zum Auskunftsanspruch Rz 6. Im Anordnungsverfahren kann sowohl hinsichtlich des Unterhaltsanspruchs wie auch in Bezug auf den Kostenvorschuss ein **Vergleich** geschlossen werden (§ 51 Rz 31), wobei für die Unterhaltsansprüche klar gestellt werden sollte, ob die Beteiligten eine vorläufige Vereinbarung treffen wollten, die an die Stelle eines Anordnungsbeschlusses tritt, oder ob die Regelung auch in der Hauptsache gelten soll.

38 In dem zu begründenden Beschluss sind die Unterhaltsansprüche wie in einer Hauptsacheentscheidung konkret zu beziffern. Eine Zurückweisung des Antrags führt nicht dazu, dass die Verzugswirkung entfällt (BGH NJW 1995, 2032), weil hierfür die besonderen Voraussetzungen eines Erlassvertrags erforderlich sind (BGH FamRZ 2007, 453, 456). Über die Kosten ist im Anordnungsbeschluss nach Maßgabe des § 243 zu erkennen. Gegen eine Unterhaltsanordnung können die **Rechtsbehelfe** des § 54 Abs 1 und 2 erhoben werden. Darüber hinaus kann der unterhaltspflichtige Antragsgegner einen Antrag nach § 52 Abs 2 stellen. Für die Vollstreckung (§§ 120, 53, 55) und das Außerkrafttreten gelten die allgemeinen Vorschriften (Prütting/Helms/*Hau* § 246 Rn 28).

Besondere Vorschriften für die einstweilige Anordnung | § 246 FamFG

Die Bedeutung einer einstweiligen Anordnung in Unterhaltssachen wird dadurch verstärkt, dass diese **nicht** mit der **Beschwerde** nach § 57 Satz 2 zur Überprüfung durch das Rechtsmittelgericht gestellt werden kann (§ 57 Rz 8 ff). Ein Fall der außerordentlichen Beschwerde kommt nur bei der Verkennung der eigenen Entscheidungs- und Regelungskompetenz in Betracht (§ 57 Rz 5). Die baldige Einleitung eines Hauptsacheverfahrens über § 52 Abs 2 oder einen eigenen Antrag auf negative Feststellung (§ 56 Rz 9) und eine zügige Entscheidung in erster Instanz wird für den Unterhaltspflichtigen deshalb drängend, weil er anderenfalls nicht zu einer Überprüfung durch das Beschwerdegericht gelangen kann. Denn einem – nicht anfechtbaren – Antrag auf Einstellung der Zwangsvollstreckung wird das Familiengericht nicht entsprechen, wenn Rechtsbehelfe nach § 54 erfolglos geblieben sind. Darüber hinaus besteht häufig unabhängig vom Entreicherungseinwand (§ 818 Abs 3 BGB) oder einer verschärften Haftung praktisch keine realisierbare Chance, gezahlte Unterhaltsbeträge zurück erhalten zu können (zum Rechtsschutzdefizit Vorbem zu § 49 Rz 8). Ein verschuldensunabhängiger Schadensersatzanspruch gemäß § 945 ZPO besteht nicht, weil diese Vorschrift in § 119 Abs 1 für Unterhaltssachen vom Verweis ausdrücklich ausgenommen ist (Prütting/Helms/*Hau* § 246 Rn 4)

§ 247 Einstweilige Anordnung vor Geburt des Kindes

(1) Im Wege der einstweiligen Anordnung kann bereits vor der Geburt des Kindes die Verpflichtung zur Zahlung des für die ersten drei Monate dem Kind zu gewährenden Unterhalts sowie des der Mutter nach § 1615l Abs. 1 des Bürgerlichen Gesetzbuchs zustehenden Betrags geregelt werden.

(2) Hinsichtlich des Unterhalts für das Kind kann der Antrag auch durch die Mutter gestellt werden. § 1600d Abs. 2 und 3 des Bürgerlichen Gesetzbuchs gilt entsprechend. In den Fällen des Absatzes 1 kann auch angeordnet werden, dass der Betrag zu einem bestimmten Zeitpunkt vor der Geburt des Kindes zu hinterlegen ist.

A. Allgemeines

1 Ein Unterhaltsanspruch gemäß § 1601 BGB setzt die verwandtschaftliche Beziehung bzw Abstammung der Beteiligten iSd § 1589 BGB voraus. Steht die rechtliche Vaterschaft nicht fest, hindert die Rechtsausübungssperre des § 1600d Abs 4 BGB, wonach die Rechtswirkungen der Vaterschaft erst vom Zeitpunkt ihrer Feststellung an geltend gemacht werden können, soweit sich nicht etwas anderes aus dem Gesetz ergibt, die Durchsetzung eines Unterhaltsanspruchs. Die Verfahren nach §§ 247, 248 durchbrechen die Rechtsausübungssperre, um eine Titulierung des Anspruchs auf Unterhalt für das Kind und für dessen nicht verheiratete Mutter (§ 1615l BGB) zu ermöglichen. Für den begrenzten Zeitraum von drei Monaten für den Kindesunterhalt und von 14 Wochen für den Unterhalt der Mutter des Kindes stellt § 247 ein Eilverfahren zu Verfügung, weil nach der Gesetzesbegründung (BTDrs 16/6308 S 260) davon aus sei, dass weiterhin ein praktisches Bedürfnis nach einstweiligem Rechtsschutz bestehe. Hieran wird man aufgrund des zeitlich begrenzten Anwendungsbereichs, der sozialrechtlichen Leistungen für Mutter und Kind (nach dem SGB II, SGB XII und UVG) und der bisherigen praktischen Bedeutungslosigkeit der Vorgängerregelung in § 1615o BGB aF ernstlich zweifeln können. Allerdings verdeutlichen die Normen die kurzfristige Durchsetzbarkeit glaubhaft gemachter Unterhaltsansprüche »in einem beschleunigten und möglichst einfach zu betreibenden Verfahren« (BTDrs 16/6308 S 260). Verfahrensrechtlich wurde die einstweilige Verfügung nach § 1615o Abs 1 BGB aF in eine einstweilige Anordnung überführt.

B. Regelungszeitraum

2 Der verfahrensrechtlich auf **drei Monate** begrenzte Anspruch auf Kindesunterhalt kann bereits **vor der Geburt** des Kindes (Prütting/Helms/*Hau* § 247 Rn 4) gerichtlich geltend gemacht werden, so dass sein Lebensbedarf in den ersten Lebensmonaten frühzeitig gewährleistet oder gesichert werden kann, weshalb auch die Hinterlegung des Unterhalts in Betracht kommt (§ 247 Abs 2 Satz 2 BGB). Dementsprechend kann im letzten Abschnitt der Schwangerschaft auch die wirtschaftliche Situation der Mutter des Kindes geregelt werden. Einer zeitlichen Begrenzung bedarf es insoweit nicht, weil der Unterhaltsanspruch nach § 1615l Abs 1 Satz 1 BGB allein auf die Dauer der Mutterschutzfristen (§§ 3 Abs 2, 6 Abs 1 MuSchG), dh sechs Wochen vor und acht Wochen nach der Geburt des Kindes, bezogen ist. Ein Gleichlauf der unterhaltsrechtlichen Zeiträume wird dadurch nicht erreicht, weil der Unterhaltsanspruch der Mutter nur für 2 Monate nach der Geburt geltend gemacht werden kann. Da § 247 Abs 1 nur den Anspruch nach § 1615l Abs 1 BGB, der eine Kausalität zwischen Schwangerschaft, Entbindung und Erwerbstätigkeit nicht voraussetzt (BGH FamRZ 1998, 541, 542; FAKomm-FamR/*Schwolow* § 1615l BGB Rn 2 ff), erfasst, erstreckt sich das Verfahren nicht auf die weitergehenden Ansprüche nach § 1615l Abs 2 BGB. Für die Kosten der Schwangerschaft und der Entbindung wird zumeist durch die Leistungen der Krankenversicherung ein unterhaltsrechtlicher Bedarf der Mutter nicht bestehen.

C. Verfahrensbeteiligte

Ist das **Kind** geboren, kann dieses vertreten durch seine Mutter den Anspruch im Anordnungsverfahren für den 3-Monatszeitraum verfolgen. Ist das Kind noch nicht geboren, müsste für das Verfahren eine Pflegschaft für die Leibesfrucht (§ 1912 BGB) bestellt werden. Um diesen Weg zu vermeiden, wird der **Mutter der Kindes** im Wege der gesetzlichen Prozessstandschaft (§ 247 Abs 2 Satz 1) ein Antragsrecht eingeräumt (Prütting/Helms/*Hau* § 247 Rn 6 [Handlungsbefugnis]). Hat die Mutter einen Antrag auf Einrichtung einer Beistandschaft gestellt, der bereits vor der Geburt des Kindes möglich ist, kann auch das Jugendamt als **Beistand** vorgeburtlich den Kindesunterhalt durchsetzen (§§ 1712 Abs 1 Nr 2, 1714 Satz 2, 1716 BGB). Schließlich kann für eine (minderjährige) Schwangere bzw Mutter der Vormund die Ansprüche geltend machen (PWW/*Soyka* § 1615o Rn 4; § 1713 Abs 2 BGB). **Antragsgegner** ist der unterhaltspflichtige Vater des Kindes. Vor der Geburt des Kindes steht die Vaterschaft des Kindes nur im Fall einer zuvor anerkannten Vaterschaft rechtlich fest (§ 1594 Abs 4 BGB). Liegt eine Vaterschaftsanerkennung nicht vor, greift durch den für entsprechend anwendbar erklärten § 1600d Abs 2 und 3 BGB die gesetzliche Vaterschaftsvermutung (§ 247 Abs 2), wenn die Mutter des Kindes durch konkrete Angaben glaubhaft macht (§ 294 ZPO), dass sie mit dem Antragsgegner während der nach § 1600d Abs 3 zu berechnenden Empfängniszeit eine intime Beziehung hatte und keine schwerwiegenden Zweifel an der Vaterschaft bestehen. Der ab Anhängigkeit eines Vaterschaftsfeststellungsverfahrens geltende § 248 Abs 3 kann in dieser Situation nicht herangezogen werden (BTDrs 16/6308 S 260).

Das Anordnungsverfahren richtet sich nach den Vorschriften der §§ 49 ff, 246, so dass ein bestimmter Antrag iSd § 253 Abs 2 Nr 2 ZPO erforderlich ist. Die Ansprüche des Kindes und der Mutter sind – im Gegensatz zur einstweiligen Verfügung nach § 1615o BGB aF – nicht auf den Notunterhalt begrenzt (§ 246 Rz 3 ff) und umfassen auch deren **Sonderbedarf**. Die anspruchsbegründenden Tatsachen zur Bedürftigkeit und Leistungsfähigkeit sind mit Ausnahme des Kindesunterhalts in Höhe des Mindestunterhalts (§ 1612a BGB) glaubhaft zu machen (§§ 246 Rz 3 ff, 12, 15).

Vor Geburt des Kindes ist allein ein Verfahren nach § 247 eröffnet. Nach der Geburt des Kindes sind die bereits fälligen Beträge **rückständiger Unterhalt**, der jedoch aufgrund ausdrücklicher gesetzlicher Regelung für den kurzen Zeitraum von maximal drei Monaten im Anordnungsverfahren festgesetzt werden kann (aA *Dose* Rn 170; § 246 Rz 8). Sind seit der Geburt mehr als drei Monate vergangen, ist ein Anordnungsantrag nach § 247 nicht mehr zulässig. Nach der Geburt des Kindes ist das Verfahren nach § 248 vorrangig, wenn ein Vaterschaftsfeststellungsverfahren anhängig ist (*Dose* Rn 169; *Bernreuther* FamRZ 1999, 69, 73). Ist ein Verfahren nach § 247 anhängig und wird ein Vaterschaftsfeststellungsverfahren eingeleitet, so geht das Verfahren nach § 248 wegen des weitergehenden Regelungsumfangs dem Verfahren nach § 247 vor (Keidel/*Giers* § 247 Rn 2). Ein Antrag gemäß § 247 kann entsprechend umgestellt werden. Der tatsächlichen Zahlung räumt § 247 Abs 1 durch die Regelung des Unterhalts den Vorrang ein, während dessen Hinterlegung (§§ 49 Abs 2, 247 Abs 2 Satz 2) einen Ausnahmefall bilden soll (BTDrs 16/6308 S 260). Zum Anordnungsverfahren § 246 Rz 34 ff.

§ 248 Einstweilige Anordnung bei Feststellung der Vaterschaft

(1) Ein Antrag auf Erlass einer einstweiligen Anordnung, durch den ein Mann auf Zahlung von Unterhalt für ein Kind oder dessen Mutter in Anspruch genommen wird, ist, wenn die Vaterschaft des Mannes nach § 1592 Nr. 1 und 2 oder § 1593 des Bürgerlichen Gesetzbuchs nicht besteht, nur zulässig, wenn ein Verfahren auf Feststellung der Vaterschaft nach § 1600d des Bürgerlichen Gesetzbuchs anhängig ist.

(2) Im Fall des Absatzes 1 ist das Gericht zuständig, bei dem das Verfahren auf Feststellung der Vaterschaft im ersten Rechtszug anhängig ist; während der Anhängigkeit beim Beschwerdegericht ist dieses zuständig.

(3) § 1600d Abs. 2 und 3 des Bürgerlichen Gesetzbuchs gilt entsprechend.

(4) Das Gericht kann auch anordnen, dass der Mann für den Unterhalt Sicherheit in bestimmter Höhe zu leisten hat.

(5) Die einstweilige Anordnung tritt auch außer Kraft, wenn der Antrag auf Feststellung der Vaterschaft zurückgenommen oder rechtskräftig zurückgewiesen worden ist. In diesem Fall hat derjenige, der die einstweilige Anordnung erwirkt hat, dem Mann den Schaden zu ersetzen, der ihm aus der Vollziehung der einstweiligen Anordnung entstanden ist.

A. Allgemeines

1 Zur gesetzlichen Konzeption des einstweiligen Rechtsschutzes vor und nach der Geburt des Kindes § 247 Rz 1. Steht die Vaterschaft des Antragsgegners nach § 1592 BGB fest, können die Unterhaltsansprüche des Kindes und dessen Mutter allein im Anordnungsverfahren nach § 246 durchgesetzt werden. Anderenfalls ist die Anhängigkeit eines Verfahrens auf Feststellung der Vaterschaft (§ 169 Nr 1) Zulässigkeitsvoraussetzung für ein Anordnungsverfahren nach § 248. Wie § 247 durchbricht § 248 die Rechtsausübungssperre des § 1600d Abs 4 BGB (BTDrs 16/6308 S 260 f; Prütting/Helms/*Hau* § 248 Rn 3). Die Vorschrift ist dem bisherigen § 641d ZPO aF nachgebildet. Das Anordnungsverfahren ist kein Nebenverfahren des Vaterschaftsfeststellungsverfahrens, sondern ein selbständiges (§ 51 Abs 3 Satz 1) Anordnungsverfahren, das neben einem Hauptsacheverfahren nach § 237 eingeleitet werden kann. Gegenüber dem einstweiligen Rechtsschutz nach §§ 49, 246, 247 erfährt der Antragsgegner durch den Schadensersatzanspruch nach § 248 Abs 5 Satz 2 zusätzlichen Schutz.

B. Verfahrensrechtliche Besonderheiten

2 I. Das Anordnungsverfahren nach § 248 ist nur zulässig, wenn ein **Verfahren auf Feststellung der Vaterschaft** oder ein Antrag auf Verfahrenskostenhilfe für ein solches Verfahren (Prütting/Helms/*Hau* § 248 Rn 5) **anhängig** ist. Für diese Verfahren besteht ein Rechtsschutzbedürfnis erst mit der Geburt des Kindes. Nicht ausreichend ist ein Antrag auf Vaterschaftsanfechtung oder auf Feststellung der Unwirksamkeit einer Vaterschaftsanerkennung (Prütting/Helms/*Hau* § 248 Rn 6; Keidel/*Giers* § 248 Rn 2), weil in diesen Fällen eine rechtliche Vaterschaft als Voraussetzung einer Anordnung nach § 246 besteht (*Ebert* § 2 Rn 325). Der Antrag auf einstweilige Anordnung kann frühestens mit dem Antrag im Statusverfahren gestellt werden; er ist nicht mehr zulässig, wenn das Hauptsacheverfahren rechtskräftig abgeschlossen ist, der Hauptsacheantrag zurückgenommen oder übereinstimmend für erledigt erklärt worden ist. Eine Unterhaltssache als Hauptsacheverfahren kann mangels rechtlicher Vaterschaft nicht durchgeführt werden, so dass den Bezugspunkt für das Hauptsacheverfahren primär das Abstammungsverfahren bildet. Entsprechend erweitert § 248 Abs 5 die Gründe, aufgrund derer eine einstweilige Anordnung nach Abs 1 außer Kraft tritt (§ 56). Wird im Vaterschaftsfeststel-

lungsverfahren Beschwerde eingelegt, bleibt ein Anordnungsverfahren vor dem Beschwerdesenat zulässig (§ 248 Abs 2).

Die unterhaltsberechtigte Person kann zwischen dem Hauptsache- und Anordnungs- 3 verfahren frei wählen und diese alternativ oder kumulativ einleiten (§ 51 Rz 3). Daher kann das Kind seinen Unterhaltsanspruch im selbständigen Hauptsacheverfahren nach § 237 in Höhe des Mindestunterhalts verfolgen und zur vorläufigen Titulierung seiner Ansprüche das Anordnungsverfahren nach § 248 einleiten, zumal die Entscheidung nach § 237 erst mit der rechtskräftigen Feststellung der Vaterschaft wirksam wird (§ 237 Abs 4). Nach Abschluss des Verfahrens gemäß § 237 ist eine einstweilige Anordnung nach § 248 nicht mehr zulässig, weil diese eine Hauptsacheentscheidung zum Unterhalt im Verfahren nach § 237 nicht abändern kann (§ 51 Rz 9 f). Darüber hinaus ist dann über die Vaterschaft mit Rechtskraft entschieden. Hat das Gericht den Antrag nach § 248 zurückgewiesen, steht dies einem Hauptsacheantrag nach § 237 nicht entgegen.

II. Für den **Antrag** gelten die Ausführungen zu § 246 entsprechend. Der Antragsteller 4 muss einen bestimmten, dh einen bezifferten Antrag auf Zahlung von Unterhalt oder Sicherheitsleistung stellen. Während zu § 641d ZPO aF teilweise ein in das Ermessen des Gerichts gestellter Betrag als zulässig angesehen wurde (Zöller/*Philippi* § 641d Rn 8), ist für die Unterhaltssache des § 248 am Bestimmtheitserfordernis festzuhalten, ohne dass aus dem Bezug zum Vaterschaftsfeststellungsverfahren und der allein dort maßgeblichen Amtsermittlung etwas anderes herzuleiten wäre (aA MüKo-ZPO/*Coester-Waltjen* § 641d Rn 13).

Glaubhaftmachung: Wie im Verfahren nach § 247 hat der Antragsteller die **Vater-** 5 **schaft** des Antragsgegners darzulegen und glaubhaft zu machen, wobei dieser sich zur intimen Beziehung der Mutter mit dem Antragsgegner in der gesetzlichen Empfängniszeit der eidesstattlichen Versicherung (§ 294 ZPO) bedienen kann. Ist eine intime Beziehung glaubhaft gemacht oder wird diese vom Antragsgegner eingeräumt, greift die **Vaterschaftsvermutung** des § 1600d Abs 2 BGB (OLG Düsseldorf FamRZ 1994, 840). Da das Verfahren nach § 248 auf eine Unterhaltssache iSd 231 Abs 1 bezogen ist und § 1600d Abs 2 Satz 1 BGB nur im Verfahren auf gerichtliche Feststellung der Vaterschaft unmittelbar gilt, ist dessen entsprechende Anwendung in **§ 248 Abs 3** ausdrücklich angeordnet. Die Vaterschaftsvermutung kann nur durch schwerwiegende, vom Antragsgegner darzulegende und glaubhaft zu machende Zweifel an der Vaterschaft entkräftet werden (OLG Düsseldorf FamRZ 1995, 1425). Insoweit ist der allgemeine Vortrag eines Mehrverkehrs der Kindesmutter nicht ausreichend (aA wohl Prütting/Helms/*Hau* § 248 Rn 9), wohl aber die unstreitige Beziehung zu mehreren Männern in der gesetzlichen Empfängniszeit (OLG Karlsruhe FamRZ 2001, 931). Durch das Ergebnis einer im Abstammungsverfahren eingeholten und von einem Beteiligten in das Anordnungsverfahren eingeführten DNA-Analyse ist die Vaterschaft – von seltenen Ausnahmefällen abgesehen – erwiesen oder ausgeschlossen. Ob das Gericht vor der Erstellung eines Sachverständigengutachtens im Hauptsacheverfahren eine einstweilige Anordnung erlässt oder hiervon ggf im Einvernehmen mit den Beteiligten absieht (Zöller/*Philippi* § 641d Rn 9a; Prütting/Helms/*Hau* § 248 Rn 9), steht in seinem Ermessen, schränkt jedoch den praktischen Anwendungsbereich der einstweilen Anordnung unter Berücksichtigung eines Verfahrens nach § 237 ein.

Darüber hinaus hat der Antragsteller die Voraussetzungen der geltend gemachten 6 **Unterhaltsansprüche glaubhaft** zu machen (§ 246 Rz 3 ff). § 248 Abs 1 eröffnet den einstweiligen Rechtsschutz sowohl für den Kindesunterhalt gemäß §§ 1601 ff BGB als auch für den Anspruch der nicht verheirateten Mutter nach § 1615l Abs 1 und 2 BGB und unterliegt weder den zeitlichen noch inhaltlichen Beschränkungen des § 247 (für eine Begrenzung auf den Mindestunterhalt analog § 237 Abs 3; Keidel/*Giers* § 248 Rn 11). Der Antragsteller hat den Bedarf, die Bedürftigkeit, die Leistungsfähigkeit des Antragsgegners und den Anspruch der Höhe nach darzulegen und glaubhaft zu machen. Das Regelungsbedürfnis wird nach § 246 Abs 1 vermutet und durch eigene Einkünfte oder

Vermögen, freiwillige Leistungen Dritter oder den Bezug subsidiärer sozialstaatlicher Leistungen nicht ausgeschlossen (OLG Düsseldorf FamRZ 1994, 111; 840, 841; Zöller/*Philippi* § 641d Rn 10; aA OLG Karlsruhe FamRZ 1990, 422; teilweise Prütting/Helms/*Hau* § 248 Rn 10). Die ältere zu § 641d ZPO aF ergangene und auf der Anlehnung an die einstweilige Verfügung beruhende Rspr ist überholt (Zöller/*Philippi* § 641d Rn 10). Wenn das OLG Koblenz (FamRZ 2006, 1137) der Auffassung war, dass an den Anordnungsgrund des § 641d ZPO aF im Verhältnis zu § 620 ZPO aF aufgrund der Ungewissheit über den Anspruch dem Grunde nach strengere Anforderungen zu stellen seien, kann hieran nach der einheitlichen Ausgestaltung des einstweiligen Rechtsschutzes nicht mehr festgehalten werden. Die durch die rechtlich nicht begründete Vaterschaft bestehenden Unsicherheiten über den Anordnungsanspruch sind vorrangig im Rahmen der glaubhaft zu machenden Vaterschaftsvermutung zu berücksichtigen.

7   III. **Verfahrensbeteiligte:** Die Verfahrensbeteiligten des Hauptsacheverfahrens, das auf Feststellung der Vaterschaft gerichtet ist (§ 172), und des Anordnungsverfahrens stimmen nur dann überein, wenn sowohl das Kind als auch dessen Mutter ihre Unterhaltsansprüche gegen den Antragsgegner geltend machen. Wird das Kind im Vaterschaftsfeststellungsverfahren durch einen Beistand vertreten (§ 1712 Abs 1 Nr 1 BGB), so ist die Vertretung im Unterhaltsverfahren durch den sorgeberechtigten Elternteil nach § 234 ausgeschlossen, soweit sich die Beistandschaft auch auf die Geltendmachung des Unterhaltsanspruchs bezieht.

8   IV. **Regelungsumfang:** Die zu § 641d Abs 1 Satz 2 ZPO aF vertretene Differenzierung, wonach ein Bedürfnis für eine auf Unterhaltszahlung gerichtete Anordnung bei Vermögen oder beim Bezug von Sozialleistungen nicht bestand und eine Sicherheitsleistung genügen sollte (Zöller/*Philippi* § 641d Rn 11; MüKo-ZPO/*Coester-Waltjen* § 641d Rn 18), kann nach der Regelung des § 248 nicht fortgeführt werden. Denn aus der Systematik des § 248 (BTDrs 16/6308 S 260) folgt die Abstufung zwischen der **primär** gebotenen **Zahlungsanordnung** (Abs 1) und einer nur **sekundär** gebotenen **Sicherheitsleistung** (Abs 4). Für die Regelung der Unterhaltszahlung gelten die Ausführungen zu § 246 entsprechend (§ 246 Rz 7 ff). Neben dem monatlichen Unterhaltsbedarf käme gegen den Antragsgegner ein Anspruch auf **Kostenvorschuss** für das Kind in Betracht. Eine solch weitgehende Verpflichtung entspricht im Hinblick auf die ungeklärte Vaterschaft jedoch nicht der Billigkeit (§ 171 Rz 27; OLG Koblenz FamRZ 1998, 761, 1999, 241; aA OLG Düsseldorf FamRZ 1995, 1426). Gegenüber der nicht verheirateten Mutter besteht eine solche Verpflichtung bereits dem Grunde nach nicht (§ 246 Rz 23; aA Ebert § 2 Rn 331; Wendl/Staudigl/*Schmitz* § 10 Rn 247). Eine **Sicherheitsleistung**, deren Modalitäten sich aus §§ 232 ff BGB ergeben (PWW/*Kesseler*, § 232 Rn 2), bezweckt, den Sicherungsnehmer vor drohenden Rechtsnachteilen zu schützen (Prütting/Helms/*Hau* § 248 Rn 15; für eine Begrenzung auf rückständigen Unterhalt Keidel/*Giers* § 248 Rn 7). Sie kann für die ab Antragstellung fällig werdenden Unterhaltsansprüche nicht erst bei der Befürchtung, die Unterhaltsansprüche könnten in Zukunft nicht zu realisieren sein, angeordnet werden. Ausreichend ist bereits der Umstand, dass die während des Anordnungsverfahrens fälligen Ansprüche vom Antragsgegner nicht erfüllt werden (Zöller/*Philippi* § 641d Rn 12). Dass die Sicherheitsleistung bei gesetzlichem Forderungsübergang (§ 246 Rz 9) auch Dritten zugute kommen kann, steht dem Sicherungsaspekt des § 248 Abs 4 nicht entgegen.

9   V. Für das Anordnungsverfahren gelten die allgemeinen Regelungen der §§ 49 ff, soweit sich aus § 246 und § 248 keine Besonderheiten ergeben. Die **sachliche und örtliche Zuständigkeit** ist in § 248 Abs 2 abweichend von § 50 geregelt. Während nach § 50 Abs 1 das Gericht der Hauptsache für die geltend gemachten Unterhaltsansprüche nach § 232 zu bestimmen wäre, ist es durch den Bezug der einstweiligen Anordnung nach § 248 zum Vaterschaftsfeststellungsverfahren gerechtfertigt, die Zuständigkeit an die anhängige Abstammungssache aus verfahrensökonomischen Gründen (BTDrs 16/6308 S 260) unabhängig davon zu koppeln, dass § 170 Abs 1 und § 232 auf den gewöhnlichen

Einstweilige Anordnung bei Feststellung der Vaterschaft | § 248 FamFG

Aufenthalt des Kindes abstellen. Das Familiengericht ist mit Anhängigkeit der Abstammungssache oder eines Verfahrenskostenhilfeantrags für den Erlass einer einstweilgen Anordnung nach § 247 zuständig. Die Zuständigkeit geht mit Einlegung einer Beschwerde gegen die erstinstanzliche Entscheidung über die Vaterschaftsfeststellung auf das Beschwerdegericht über (§ 248 Abs 2 2. Hs). Während eines Rechtsbeschwerdeverfahren ist für einstweilige Anordnungen das Familiengericht zuständig (§ 50 Rz 10).

Während nach § 641d Abs 2 Satz 3 ZPO aF die Entscheidung nur auf Grund **mündli- 10 cher Verhandlung** erging, sieht § 248 eine solche obligatorische Regelung nicht vor. Gleichwohl gelangt man über § 246 Abs 2 dazu, dass idR eine mündliche Verhandlung erfolgen soll. Diese kann mit einem im Vaterschaftsfeststellungsverfahren vor einer Beweisaufnahme gemäß § 175 Abs 1 durchzuführenden Erörterungstermin verbunden werden. Steht die Vaterschaft aufgrund der Beweisaufnahme im Abstammungsverfahren noch nicht fest, hat das Gericht auf der Grundlage der glaubhaft gemachten Tatsachen und der gesetzlichen Vaterschaftsvermutung zu entscheiden. Für den Erlass einer Unterhaltsanordnung muss die Vaterschaft des Antragsgegners wahrscheinlicher sein als dessen Nichtvaterschaft (OLG Düsseldorf FamRZ 1995, 1425). Aus der Bindung an den Antrag folgt, dass bei beantragter Sicherheitsleistung nicht auf Unterhalt, wohl aber umgekehrt erkannt werden kann. Der Unterhaltsanspruch kann als monatlicher Betrag und nur für das Kind als am Mindestunterhalt orientierter dynamischer Betrag tituliert werden. Die Höhe einer Sicherheitsleistung, bei der es sich nicht um ein prozessuale Sicherheit iSv § 108 ZPO handelt, bestimmt das Gericht nach freiem Ermessen (Zöller/*Philippi* § 641d Rn 18). Das Gericht kann die Zahlung auf ein Sperrkonto des Kindes (OLG Celle FamRZ 1971, 197) oder ein Konto des Jugendamts anordnen. Die **Kostenentscheidung** folgt im Gegensatz zu § 641d Abs 4 ZPO aF aus § 51 Abs 4 nach Maßgabe der §§ 91 ff ZPO. Für die Vollstreckung ergeben sich keine Besonderheiten (§ 53).

VI. Abänderbarkeit: Die einstweilige Anordnung nach § 248 kann wie die Unterhalts- 11 anordnung nach § 246 auf Antrag nach der allgemeinen Regelung in § 54 (ganz oder teilweise) aufgehoben oder abgeändert werden. Eine einstweilige Anordnung nach § 248 Abs 1 und 4 könnte nach der allgemeinen Regelung des § 56 Abs 1 und 2 nur **außer Kraft treten**, wenn in einer entsprechende Unterhaltssache die Voraussetzungen erfüllt wären. Damit würde der spezifische Zusammenhang der Unterhaltsanordnung zum Vaterschaftsfeststellungsverfahren außer Acht gelassen. Allerdings kann der Bestand einer einstweiligen Unterhaltsanordnung nicht allein nach Maßgabe des Vaterschaftsfeststellungsverfahrens beurteilt werden, sondern muss für künftige Hauptsacheverfahren nach Feststellung der Vaterschaft offen bleiben. Aus diesem Grund ist neben § 248 Abs 5 Satz 1 die allgemeine Regelung des § 56 mit dem Bezug zu einer Unterhaltssache als Hauptsacheverfahren anwendbar. Zutreffend heißt es in der Gesetzesbegründung, dass die einstweilige Anordnung »auch außer Kraft« tritt nach Maßgabe des § 248 Abs 5 Satz 1 (§ 641f ZPO aF). Diese Regelung stellt den unmittelbaren Bezug zur Abstammungssache als Hauptsacheverfahren her (Prütting/Helms/*Hau* § 248 Rn 19; Keidel/*Giers* § 248 Rn 12). Danach tritt die einstweilige Anordnung sowohl hinsichtlich des Kindesunterhalts als auch in Bezug auf den Anspruch der Mutter des Kindes außer Kraft, wenn der Antrag auf Feststellung der Vaterschaft zurückgenommen oder rechtskräftig zurückgewiesen worden ist (BTDrs 16/6308 S 260). Wurde die Vaterschaft des Antragsgegners festgestellt, gilt die Unterhaltsanordnung fort, sofern der Unterhalt nicht im selbständigen Hauptsacheverfahren nach § 237 tituliert wird. Hat das Kind im Anordnungsverfahren nach § 248 Aussicht, dass ihm ein höherer Betrag als der Mindestunterhalt zugesprochen wird, kann die Rücknahme des Antrag im Verfahren nach § 237 zweckmäßig sein. Darüber hinaus kommt auch § 56 Abs 1 und 2 zu Anwendung. Erklären die Parteien das Abstammungsverfahren in der Hauptsache für erledigt, tritt die Unterhaltsanordnung gemäß § 56 Abs 2 Nr 3 außer Kraft. Nach Abschluss des Vaterschaftsfeststellungsverfahrens können die Beteiligten im Hinblick auf die Unterhaltsverpflichtung ein Hauptsachverfahren anhängig machen. Die Entscheidung in diesem Ver-

§ 248 FamFG | Einstweilige Anordnung bei Feststellung der Vaterschaft

fahren führt die Wirkungen des § 56 Abs 1 oder 2 herbei. **Rechtsmittel**: Im Rahmen des familiengerichtlichen einstweiligen Rechtsschutzes stellte die Vorschrift des § 641d Abs 3 ZPO aF ein Ausnahme dar, weil hiernach im Gegensatz zu § 620c ZPO aF die sofortige Beschwerde statthaft war. Diese Regelung ist in dem insoweit einheitlich ausgestalteten Anordnungsverfahren entfallen, so dass es bei der allgemeinen Regelung in § 57 Satz 1 verbleibt, wonach die Beschwerde im Anordnungsverfahren nicht statthaft ist (Prütting/Helms/*Hau* § 248 Rn 17; Keidel/*Giers* § 248 Rn 15 zum Antrag nach § 52 Abs 2; zu Ausnahmen § 57 Rz 4 ff).

12   Neben dem begrenzten Instanzenzug ist der einstweilige Rechtsschutz in Unterhaltssachen dadurch gekennzeichnet, dass dem Antragsgegner **Schadensersatzansprüche** gegen den Antragsteller nicht zustehen (§ 119 Abs 1 Satz 2), wenn dieser die Vollstreckung aus einer sich im Hauptsacheverfahren als unrichtig erweisenden einstweiligen Anordnung betrieben hat (§ 56 Rz 18). Insoweit enthält **§ 248 Abs 5 Satz 2** – wie § 641g ZPO aF – eine **Ausnahmevorschrift** insoweit, als der Antragsteller dem Antragsgegner verschuldensunabhängig zum Ersatz des Schadens verpflichtet ist, der diesem aus der Vollziehung der einstweiligen Anordnung entstanden ist, wenn der Antrag auf Feststellung der Vaterschaft zurückgenommen oder rechtskräftig zurückgewiesen worden ist. Auf ein späteres Außerkrafttreten gemäß § 56 Abs 1 und 2 infolge eines Unterhaltshauptsacheverfahrens erstreckt sich die Schadensersatzverpflichtung nicht. § 248 Abs 5 Satz 2 erfasst nicht nur die Zahlung von Unterhalt infolge der Unterhaltsanordnung, sondern auch den Schaden durch Anordnung einer Sicherheitsleistung. Den Schadensersatzanspruch kann der Antragsgegner gegen den oder die Antragsteller des Anordnungsverfahrens nach § 248 Abs 1 geltend machen. Damit ist der Anspruch primär auf Rückzahlung geleisteter Unterhaltszahlungen gerichtet. Konnte der Antragsgegner im Wege des Scheinvaterregresses vom biologischen Vater für erbrachte Unterhaltszahlungen Ersatz erhalten (§ 1607 Abs 3 BGB), mindert dies seinen Schaden (Prütting/Helms/*Hau* § 248 Rn 20).

Unterabschnitt 3
Vereinfachtes Verfahren über den Unterhalt Minderjähriger

§ 249 Statthaftigkeit des vereinfachten Verfahrens

(1) Auf Antrag wird der Unterhalt eines minderjährigen Kindes, das mit dem in Anspruch genommenen Elternteil nicht in einem Haushalt lebt, im vereinfachten Verfahren festgesetzt, soweit der Unterhalt vor Berücksichtigung der Leistungen nach den § 1612b oder § 1612c des Bürgerlichen Gesetzbuchs das 1,2fache des Mindestunterhalts nach § 1612a Abs. 1 des Bürgerlichen Gesetzbuchs nicht übersteigt.

(2) Das vereinfachte Verfahren ist nicht statthaft, wenn zum Zeitpunkt, in dem der Antrag oder eine Mitteilung über seinen Inhalt dem Antragsgegner zugestellt wird, über den Unterhaltsanspruch des Kindes entweder ein Gericht entschieden hat, ein gerichtliches Verfahren anhängig ist oder ein zur Zwangsvollstreckung geeigneter Schuldtitel errichtet worden ist.

A. Das vereinfachte Verfahren im Allgemeinen

Das FamFG hat in Abschnitt 9, Unterabschnitt 3 das Festsetzungsverfahren über den 1
Unterhalt Minderjähriger (das sog vereinfachte Verfahren) aus den bisherigen §§ 645 ff ZPO idF des Unterhaltsrechtsänderungsgesetzes (BT-Drs 16/1830 – jedoch mit Ausnahme der bisherigen § 655 und § 656 ZPO – übernommen, materiell-rechtlich im wesentlichen unverändert, jedoch zur Vereinheitlichung des Sprachgebrauchs mit geringfügig angepassten Formulierungen. Das vereinfachte Verfahren ist nunmehr in §§ 249 bis 260 normiert. Anstelle der entfallenen Abänderungsnormen der §§ 655, 656 ZPO kommt jetzt nur mehr ein normales Abänderungsverfahren nach §§ 238 bis 240 in Betracht. Da die Festsetzung des Unterhalts im vereinfachten Verfahren auf das 1,2-fache des Mindestunterhalts nach § 1612a Abs 1 BGB (vor Berücksichtigung der Leistungen nach § 1612b oder § 1612c BGB) begrenzt ist, müssen nach wie vor überschießende Unterhaltsansprüche in einem normalen Unterhaltsverfahren geltend gemacht werden. Das bislang in § 653 ZPO geregelte Verfahren über den Unterhalt bei Vaterschaftsfeststellung hat nunmehr einen Standort außerhalb dieses Unterabschnitts erhalten (vgl § 237).

Für das Verfahren ist der Rechtspfleger nach §§ 3 Nr 3a, 25 Nr 2c RPflG (bisher §§ 3 2
Nr 3a, 20 Nr 10a RPflG) funktionell zuständig.

B. Zulässigkeitsvoraussetzungen und Betragsbegrenzung (§ 249 Abs 1)

Der Antrag auf Einleitung eines vereinfachten Verfahrens nach §§ 249 ff ist unter folgen- 3
den Voraussetzungen statthaft:
– Regelungsgegenstand ist der Unterhalt für minderjähriges Kind,
– das betreffende Kind lebt mit dem in Anspruch genommenen Elternteil nicht in einem Haushalt,
– der Unterhalt übersteigt vor Berücksichtigung der Leistungen nach § 1612b oder § 1612c BGB das 1,2-fache des Mindestunterhalts nach § 1612a Abs 1 BGB nicht,
– keine Sperre nach § 249 Abs 2.

Das vereinfachte Verfahren kann, sofern der Unterhalt als statischer Betrag (dh ohne An- 4
wendung des § 1612a BGB) verlangt wird, auch durchgeführt werden, um einen auf ausländischem Sachrecht beruhenden Unterhaltsanspruch durchzusetzen (OLG Karlsruhe FamRZ 2006, 1393).

§ 249 FamFG | **Statthaftigkeit des vereinfachten Verfahrens**

I. Regelungsgegenstand: Minderjährigenunterhalt

5 Regelungsgegenstand des vereinfachten Verfahrens ist der Unterhalt für ein minderjähriges Kind. Für die Unterhaltsfestsetzung im vereinfachten Verfahren genügt es grundsätzlich, wenn das Kind im Zeitpunkt der Antragstellung noch minderjährig ist und rückständigen sowie laufenden Unterhalt verlangt (OLG Koblenz OLGR 2006, 632): Eine Sachentscheidung im vereinfachten Verfahren über den Unterhalt Minderjähriger ist auch dann zulässig, wenn der Antragsteller nach Anhängigkeit volljährig wird (BGH FamRZ 2006, 402; KG KGR 2003, 225). Die Unterhaltsfestsetzung im vereinfachten Verfahren darf auch in diesen Fällen nicht auf den Zeitpunkt der Vollendung des 18. Lebensjahrs des minderjährigen Kindes befristet werden (s hierzu § 244; OLG Brandenburg FamRZ 2007, 484). Allerdings kann mit der Beschwerde nicht gerügt werden, das Gericht habe entgegen § 1612a Abs 3 BGB die Titulierung des Kindesunterhalts im Unterhaltsfestsetzungsbeschluss auf die Vollendung des 18. Lebensjahres begrenzt hat (OLG Stuttgart FamRZ 2000, 1161 – Hinweis auf die Erinnerung nach § 11 Abs 2 S 1 RPflG).

II. Keine Haushaltsgemeinschaft

6 Die Unterhaltsfestsetzung im vereinfachten Verfahren ist nur dann zulässig, wenn das Kind nicht im Haushalt des in Anspruch genommenen Elternteils lebt, weil das vereinfachte Verfahren allein auf den Barunterhalt gerichtet ist. Es ist deshalb unzulässig, wenn das Kind zumindest **auch** bei dem barunterhaltspflichtigen Elternteil lebt (OLG Celle FamRZ 2003, 1475). Dies gilt erst recht, wenn der in Anspruch genommene Elternteil die alleinige Personensorge innehat (OLG Karlsruhe FamRZ 2001, 767). Der Unterhalt darf im vereinfachten Verfahren auch nicht für Zeiten festgesetzt werden, in denen die Beteiligten in einem Haushalt gelebt haben (OLG Stuttgart JAmt 2003, 322). Die darauf gestützte Rüge der Unzulässigkeit des vereinfachten Verfahrens kann auch erstmals in der Beschwerde erhoben werden (KG FuR 2006, 132). Erhebt der Unterhaltsschuldner mit der sofortigen Beschwerde gegen einen im vereinfachten Verfahren ergangenen Unterhaltsbeschluss den Einwand, die Voraussetzungen des § 249 ZPO träfen nicht mehr zu, weil das Kind inzwischen mit ihm in einem Haushalt lebe, kommt es für die Entscheidung darüber, ob diese Einwendung durchgreift, allein auf die Verhältnisse bei Erlass des angefochtenen Beschlusses an (OLG Brandenburg FamRZ 2004, 273 [Ls]).

III. Anderweitige Titulierung

7 Wird vor Titulierung im vereinfachten Verfahren Kindesunterhalt anderweitig tituliert, dann ist ein vereinfachtes Verfahrens unzulässig (OLG Naumburg FamRZ 2000, 431; 2003, 160); auf die Höhe des anderweit titulierten Unterhalts kommt es nicht an (OLG Naumburg FamRZ 2002, 1045). Wird erst nach Einleitung des vereinfachten Verfahrens ein Unterhaltstitel wegen eines Teilbetrages errichtet, hindert dies die weitere Durchführung des vereinfachten Verfahrens wegen des noch nicht titulierten Spitzenbetrages nicht. Erhebt der Unterhaltsschuldner diesbezüglich im weiteren Verfahren keine die Unterhaltsfestsetzung im vereinfachten Verfahren hindernden Einwände, kann der überschießend verlangte Unterhalt noch im vereinfachten Verfahren festgesetzt werden; es ist dann wie bei einer Zusatzantrag zu tenorieren (OLG Zweibrücken FamRZ 2000, 1160 = FuR 2001, 519).

IV. Rechtsnachfolger

8 Nicht nur das Kind, sondern auch Dritte, auf die der Unterhaltsanspruch des Kindes übergegangen ist (etwa nach § 33 SGB II, § 94 SGB XII, § 7 UVG oder § 1607 BGB), können Festsetzung des Unterhalts im vereinfachten Verfahren beantragen (OLG Branden-

burg FamRZ 2002, 545 zu § 7 UVG). Beantragt ein Land, das einem Kind Unterhaltsvorschuss gewährt hat, und auf das der Unterhaltsanspruch übergegangen ist, Unterhalt im vereinfachten Verfahren, dann ist es ohne Belang, ob die Sozialleistung zu Recht erfolgt ist (OLG Köln FamRZ 2006, 431). Soweit sich aus dem Einwand der Unrechtmäßigkeit der Hilfegewährung Bedenken gegen die Aktivlegitimation des Antragstellers herleiten lassen und damit Bedenken gegen die materielle Berechtigung des Landes, Ansprüche im eigenen Namen geltend zu machen, liegt eine Einwendung iSv § 252 Abs 2 vor, die der Antragsgegner nur erheben kann, wenn er zugleich erklärt, inwieweit er zur Unterhaltsleistung bereit ist, und dass er sich zur Erfüllung des Unterhaltsanspruchs verpflichtet (OLG Köln FamRZ 2006, 431). Im vereinfachten Verfahren können Unterhaltsvorschussleistungen auch wegen künftig übergehender Unterhaltsansprüche (s etwa § 7 UVG) festgesetzt werden, allerdings nur auf die voraussichtliche gesetzliche Leistungsdauer begrenzt (OLG Zweibrücken FamRZ 2008, 289, anders noch JAmt 2001, 374; OLG Stuttgart FamRZ 2006, 1769 – auch zum Rechtsmittel der Beschwerde gegen die Aufnahme dieser Bedingung; aA OLG Karlsruhe FamRZ 2004, 1796). Eine Klausel für Titel im vereinfachten Unterhaltsverfahren darf auch für künftig fällig werdenden Unterhalt erteilt werden (s etwa OLG Schleswig OLGR 2008, 242).

V. Unterhalt für die Vergangenheit

Auch im vereinfachten Verfahren kann Unterhalt für die Vergangenheit verlangt werden, jedoch nur unter den Voraussetzungen des § 1613 BGB (OLG Brandenburg FamRZ 2001, 1078; FuR 2001, 45). Allerdings ist die sofortige Beschwerde des Antragstellers, der Unterhaltsfestsetzung im vereinfachten Verfahren begehrt hat, unzulässig, wenn er mit dem Rechtsmittel lediglich erstmals rückständigen Unterhalt geltend macht (OLG Brandenburg FamRZ 2002, 1263). 9

C. Unzulässigkeit des vereinfachten Verfahrens (§ 249 Abs 2)

§ 249 Abs 2 (bisher § 645 Abs 2 ZPO) normiert, dass das vereinfachte Verfahren **nur** für die **Erstfestsetzung** von **Unterhalt** in Betracht kommt. Es ist daher nicht statthaft, wenn zu dem Zeitpunkt, in dem der Antrag oder eine Mitteilung über seinen Inhalt dem Antragsgegner zugestellt wird, 10

(1) in einem gerichtlichen Verfahren – sei es positiv oder negativ – über den Anspruch auf Zahlung von Unterhalt für das Kind entschieden worden ist, oder
(2) ein gerichtliches Verfahren – nicht aber ein (auch) vereinfachtes Verfahren gegen den anderen Elternteil (keine Identität auf Antragsgegner-/Beklagtenseite!) – anhängig ist, oder
(3) bereits ein auf andere Weise ein zur Zwangsvollstreckung geeigneter Unterhaltstitel vorhanden ist.

Hingegen kann ein (dann erneutes) vereinfachtes Verfahren eingeleitet werden, wenn ein (erster) Antrag im vereinfachten Verfahren zur Festsetzung von Regelunterhalt nach § 250 Abs 2 zurückgewiesen worden ist, weil er den Zulässigkeitsvoraussetzungen nicht entsprochen hat. Dem vereinfachten Verfahren steht weiterhin (auch) ein (anhängiges oder bereits entschiedenes) Auskunftsverfahren nicht entgegen. In beiden Fällen liegt keine Entscheidung über den Unterhaltsanspruch iSd § 249 vor. 11

Neben dem vereinfachten Verfahren ist für eine **einstweilige Verfügung** während der Dauer des vereinfachten Verfahrens auf Kindesunterhalt regelmäßig kein Raum, sofern nicht ausnahmsweise nach Antragstellung im vereinfachten Verfahren Umstände entstehen, mit denen der Antragsteller nicht rechnen konnte, etwa eine nicht vorhersehbare überlange Verfahrensdauer von mehr als drei Monaten (OLG München FamRZ 2000, 1580). 12

§ 250 Antrag

(1) Der Antrag muss enthalten:
1. die Bezeichnung der Beteiligten, ihrer gesetzlichen Vertreter und der Verfahrensbevollmächtigten;
2. die Bezeichnung des Gerichts, bei dem der Antrag gestellt wird;
3. die Angabe des Geburtsdatums des Kindes;
4. die Angabe, ab welchem Zeitpunkt Unterhalt verlangt wird;
5. für den Fall, dass Unterhalt für die Vergangenheit verlangt wird, die Angabe, wann die Voraussetzungen des § 1613 Abs. 1 oder Abs. 2 Nr. 2 des Bürgerlichen Gesetzbuchs eingetreten sind;
6. die Angabe der Höhe des verlangten Unterhalts;
7. die Angaben über Kindergeld und andere zu berücksichtigende Leistungen (§ 1612b oder § 1612c des Bürgerlichen Gesetzbuchs);
8. die Erklärung, dass zwischen dem Kind und dem Antragsgegner ein Eltern-Kind-Verhältnis nach den §§ 1591 bis 1593 des Bürgerlichen Gesetzbuchs besteht;
9. die Erklärung, dass das Kind nicht mit dem Antragsgegner in einem Haushalt lebt;
10. die Angabe der Höhe des Kindeseinkommens;
11. eine Erklärung darüber, ob der Anspruch aus eigenem, aus übergegangenem oder rückabgetretenem Recht geltend gemacht wird;
12. die Erklärung, dass Unterhalt nicht für Zeiträume verlangt wird, für die das Kind Hilfe nach dem Zwölften Buch Sozialgesetzbuch, Sozialgeld nach dem Zweiten Buch Sozialgesetzbuch, Hilfe zur Erziehung oder Eingliederungshilfe nach dem Achten Buch Sozialgesetzbuch, Leistungen nach dem Unterhaltsvorschussgesetz oder Unterhalt nach § 1607 Abs. 2 oder Abs. 3 des Bürgerlichen Gesetzbuchs erhalten hat, oder, soweit Unterhalt aus übergegangenem Recht oder nach § 94 Abs. 4 Satz 2 des Zwölften Buches Sozialgesetzbuch, § 33 Abs. 2 Satz 4 des Zweiten Buches Sozialgesetzbuch oder § 7 Abs. 4 Satz 1 des Unterhaltsvorschussgesetzes verlangt wird, die Erklärung, dass der beantragte Unterhalt die Leistung an oder für das Kind nicht übersteigt;
13. die Erklärung, dass die Festsetzung im vereinfachten Verfahren nicht nach § 249 Abs. 2 ausgeschlossen ist.

(2) Entspricht der Antrag nicht den in Absatz 1 und den in § 249 bezeichneten Voraussetzungen, ist er zurückzuweisen. Vor der Zurückweisung ist der Antragsteller zu hören. Die Zurückweisung ist nicht anfechtbar.

(3) Sind vereinfachte Verfahren anderer Kinder des Antragsgegners bei dem Gericht anhängig, hat es die Verfahren zum Zweck gleichzeitiger Entscheidung zu verbinden.

1 § 250 regelt die Einzelheiten des Antrags und seine Prüfung durch das Gericht; die Norm entspricht im wesentlichen dem bisherigen § 646 ZPO.

A. Formalitäten des Antrags und Prüfung durch das Gericht (§ 250 Abs 1)

2 § 250 Abs 1 entspricht im wesentlichen dem bisherigen § 646 Abs 1 ZPO. Die Vorschrift schreibt in 13 Ziffern vor, welche Angaben der Antrag auf Einleitung eines vereinfachten Verfahrens zwingend enthalten muss:

Nr 1: Die **Bezeichnung** der **Beteiligten** muss so bestimmt sein, dass Zustellung und Vollstreckung von Entscheidungen ohne Schwierigkeiten möglich ist (s § 313 Abs 1 Nr 1 ZPO); es muss auch die **Anschrift** des **antragstellenden Kindes** bekannt gegeben werden. An die Anerkennung eines schutzwürdigen Geheimhaltungsinteresses sind strenge Anforderungen zu stellen; allein die Angabe, dass beim Einwohnermeldeamt eine Auskunftssperre vermerkt sei, reicht nicht aus (OLG Hamm FamRZ 2001, 107).

Nr 2: **Bezeichnung** des **Gerichts** (diese Regelung entspricht des § 690 Abs 1 Nr 2 ZPO für das Mahnverfahren).

Nr 3: Mit der **Angabe** des **Geburtsdatums** des **Kindes** soll dem Gericht die Festsetzung des Unterhalts entsprechend den Altersstufen des § 1612a Abs 2 BGB ermöglicht werden.

Nr 4: Verlangt die Angabe, ab welchem **Zeitpunkt** Unterhalt verlangt wird, und normiert damit (in Verbindung mit Nr 5), dass auch rückständiger Unterhalt (§ 1613 BGB) im vereinfachten Verfahren geltend gemacht werden kann, damit nicht allein wegen rückständigen Unterhalts einen zusätzlichen Antrag angestrengt werden muss und – verfahrensökonomisch und praktikabel – der Unterhalt abschließend geregelt werden kann.

Nr 5: Bezieht sich nur auf die Geltendmachung von **Unterhalt** für die **Vergangenheit**: Es ist dann anzugeben, ab wann die Voraussetzungen des § 1613 Abs 1 oder 2 Nr 2 BGB vorgelegen haben, damit der Antragsgegner prüfen kann, ob auch zu Recht Unterhalt für die Vergangenheit verlangt wird.

Nr 6: Die **Höhe** des verlangten **Unterhalts** ist dann anzugeben, wenn der Antragsteller einen anderen Unterhalt als den Mindestunterhalt verlangt.

Nr 7: Verlangt die Angabe der nach §§ 1612b, 1612c BGB auf den Unterhalt anzurechnenden Leistungen, damit das Gericht den anzurechnenden Betrag dieser Leistungen bestimmen kann.

Nr 8: Fordert die Erklärung, dass zwischen den Beteiligten ein Eltern-Kind-Verhältnis nach §§ 1591 bis 1593 BGB besteht. Das nicht in einer Ehe geborene Kind hat demnach bei Inanspruchnahme seines Vaters dessen Vaterschaftsanerkenntnis oder die gerichtliche Vaterschaftsfeststellung darzulegen.

Nr 9: Verlangt die Erklärung, dass der Unterhaltsgläubiger nicht mit dem Antragsgegner in einem **gemeinsamen Haushalt** lebt (nach § 1606 Abs 3 S 2 BGB erfüllt derjenige, der das Kind betreut, in der Regel damit seine Unterhaltspflicht, so dass ein weiterer Barunterhaltsanspruch nicht besteht).

Nr 10: Nunmehr ist (neu) auch die **Höhe** des **Kindeseinkommens** anzugeben.

Nr 11: Setzt eine Erklärung darüber voraus, ob der Anspruch aus **eigenem**, aus **übergegangenem** oder **rückabgetretenem Recht** geltend gemacht wird.

Nr 12: Soll ausschließen, dass das Kind Unterhaltsansprüche im vereinfachten Verfahren geltend macht, die bereits auf Dritte (§ 33 SGB II, § 94 SGB XII, § 7 UVG oder § 1607 Abs 2 und 3 BGB) übergegangen sind. Es ist daher zu erklären, dass Unterhalt nicht für Zeiträume verlangt wird, für die staatliche Transferleistungen nach den Sozialgesetzen bzw durch die in § 1607 BGB bezeichneten Dritten erbracht worden sind. Wegen der zahlreichen Fälle des Übergangs der Unterhaltsansprüche gilt das vereinfachte Verfahren jedoch auch für diesen Kreis der Dritten, die – wenn sie Unterhalt im vereinfachten Verfahren verlangen – zu erklären haben, dass der beantragte Unterhalt nicht höher ist als die dem Kind gewährten Leistungen.

Nr 13: Der Antragsteller hat im vereinfachten Verfahren zu erklären, dass die Festsetzung des Unterhalts in dieser Verfahrensart nicht nach § 249 Abs 2 ausgeschlossen ist. Kann der Antragsteller diese Erklärung nicht wahrheitsgemäß abgeben, ist der Antrag unzulässig.

B. Zurückweisung des Antrags auf Grund gerichtlicher Vorprüfung (§ 250 Abs 2)

§ 250 Abs 2 entspricht dem bisherigen § 646 Abs 2 ZPO. Das Gericht muss den Antrag zurückweisen, wenn bereits ohne Beteiligung des Antragsgegners festzustellen ist, dass die Voraussetzungen für das vereinfachte Verfahren nicht vorliegen (Verweisung auf § 249: »den in § 249 bezeichneten Voraussetzungen«!), oder das Verfahren nach § 249 nicht statthaft ist. Gleiches gilt nach der zweiten Alternative dieser Norm, wenn der Antrag nicht die erforderlichen Angaben enthält (»Entspricht der Antrag nicht diesen ... Voraussetzungen«), und wenn der Antragsteller den mangelhaften Antrag nicht nachbessert. Ein offensichtlich unzulässiger Antrag ist dem Antragsgegner nicht zuzustellen, um dem Gericht Mehrarbeit und dem Gegner die Einlassung auf den unzulässigen Antrag zu ersparen.

4   Das Gericht muss jedoch vor der Zurückweisung des Antrags auf Einleitung des vereinfachten Verfahrens den Antragsteller hören (§ 250 Abs 2 S 1, 2) und ihm dadurch Gelegenheit geben, die Beanstandungen zu beheben und die Zurückweisung des Antrags zu verhindern.

5   Der den Festsetzungsantrag **insgesamt** zurückweisende Beschluss kann nicht angefochten werden (§ 250 Abs 2 S 3). Bei einer Teilzurückweisung muss dem Antragsteller (unter den besonderen Zulässigkeitsvoraussetzungen des § 256) die Möglichkeit der Beschwerde offen stehen, um der Gefahr widersprüchlicher Entscheidungen vorzubeugen, sofern einerseits eine befristete Erinnerung des Antragstellers nach § 11 Abs 2 S 1 RPflG eingelegt wird, über die im Falle der Nichtabhilfe der Familienrichter nach § 11 Abs 2 S 3 RPflG abschließend entscheidet, und andererseits der Antragsgegner Beschwerde einlegt, über welche das OLG entscheidet (BGH FamRZ 2008, 1428, 1429, noch zu §§ 645 ff ZPO).

6   Wird der Antrag auf Festsetzung von Unterhalt im vereinfachten Verfahren zurückgewiesen, darf das vereinfachte Verfahren erneut eingeleitet werden: Gegenüber einem neuen (verbesserten) Antrag kann sich der Antragsgegner weder auf den Einwand der »res iudicata« noch auf § 249 Abs 2 berufen (die Zurückweisung eines Antrags ist keine – wie in dieser Norm vorausgesetzt – materielle »Entscheidung« über den Unterhaltsanspruch).

C. Verbindung mehrerer vereinfachter Verfahren (§ 250 Abs 3)

7   § 250 Abs 3 entspricht dem bisherigen § 646 Abs 3 ZPO: Im Interesse einer Geringhaltung der Kosten sind vereinfachte Verfahren zum Zwecke gleichzeitiger Entscheidung zu verbinden, wenn mehrere Kinder des Antragsgegners die Festsetzung ihres Unterhalts betreiben.

§ 251 Maßnahmen des Gerichts

(1) Erscheint nach dem Vorbringen des Antragstellers das vereinfachte Verfahren zulässig, verfügt das Gericht die Zustellung des Antrags oder einer Mitteilung über seinen Inhalt an den Antragsgegner. Zugleich weist es ihn darauf hin,
1. ab welchem Zeitpunkt und in welcher Höhe der Unterhalt festgesetzt werden kann; hierbei sind zu bezeichnen:
   a) die Zeiträume nach dem Alter des Kindes, für das die Festsetzung des Unterhalts nach dem Mindestunterhalt der ersten, zweiten und dritten Altersstufe in Betracht kommt;
   b) im Fall des § 1612a des Bürgerlichen Gesetzbuchs auch der Prozentsatz des jeweiligen Mindestunterhalts;
   c) die nach § 1612b oder § 1612c des Bürgerlichen Gesetzbuchs zu berücksichtigenden Leistungen;
2. dass das Gericht nicht geprüft hat, ob der verlangte Unterhalt das im Antrag angegebene Kindeseinkommen berücksichtigt;
3. dass über den Unterhalt ein Festsetzungsbeschluss ergehen kann, aus dem der Antragsteller die Zwangsvollstreckung betreiben kann, wenn er nicht innerhalb eines Monats Einwendungen in der vorgeschriebenen Form erhebt;
4. welche Einwendungen nach § 252 Abs. 1 und 2 erhoben werden können, insbesondere, dass der Einwand eingeschränkter oder fehlender Leistungsfähigkeit nur erhoben werden kann, wenn die Auskunft nach § 252 Abs. 2 Satz 3 in Form eines vollständig ausgefüllten Formulars erteilt wird und Belege über die Einkünfte beigefügt werden;
5. dass die Einwendungen, wenn Formulare eingeführt sind, mit einem Formular der beigefügten Art erhoben werden müssen, das auch bei jedem Amtsgericht erhältlich ist.

Ist der Antrag im Ausland zuzustellen, bestimmt das Gericht die Frist nach Satz 2 Nr. 3.

(2) § 167 der Zivilprozessordnung gilt entsprechend.

A. Beteiligung des Antragsgegners am vereinfachten Verfahren (§ 251 Abs 1)

§ 251 **Abs 1** entspricht im wesentlichen dem bisherigen § 647 Abs 1 ZPO: Die Norm regelt die Beteiligung des Antragsgegners am vereinfachten Verfahren, wenn das Gericht die Zulässigkeit des Antrags auf Einleitung des vereinfachten Unterhaltsfestsetzungsverfahrens bejaht hat. Das Gericht hat die Zustellung des Antrags oder einer Mitteilung über dessen Inhalt an den Antragsgegner zu verfügen (§ 251 Abs 1 S 1) und zugleich – also zusammen mit dem Antrag oder der Mitteilung seines Inhalts – nach § 251 Abs 1 S 2 dem Antragsgegner bestimmte, in den Nummern 1 bis 4 der Norm aufgeführten Hinweise zu erteilen (§ 251 Abs 1 S 2 Nr 1–4). Diesen Hinweisen muss der Antragsgegner entnehmen können:

Nr 1: Ab welchem Zeitpunkt und in welcher Höhe der Unterhalt festgesetzt werden kann; hierbei sind zu bezeichnen:
  – die Zeiträume nach dem Alter des Kindes, für die die Festsetzung des Unterhalts nach dem Mindestunterhalt der ersten, zweiten und dritten Altersstufe in Betracht kommt (§ 251 Abs 1 S 2 Nr 1a),
  – im Falle des § 1612a BGB auch der Prozentsatz des jeweiligen Mindestunterhalts (§ 251 Abs 1 S 2 Nr 1b) und
  – mit welchem Betrag Kindergeld (§ 1612b BGB) bzw sonstige regelmäßig wiederkehrende kindbezogene Leistungen (§ 1612c BGB) anzurechnen sind (§ 251 Abs 1 S 2 Nr 1c),

§ 251 FamFG | Maßnahmen des Gerichts

Nr 2: dass das Gericht nicht geprüft hat, ob der verlangte Unterhalt das im Antrag angegebene Kindeseinkommen berücksichtigt;

Nr 3: dass ein zur Vollstreckung geeigneter Festsetzungsbeschluss ergehen kann, wenn nicht innerhalb eines Monats, im Falle einer Auslandszustellung innerhalb einer gerichtlich zu bestimmenden Frist (§ 251 Abs 1 S 2 Nr 5 S 2), Einwendungen in der vorgeschriebenen Form erhoben werden,

Nr 4: dass und welche Einwendungen er nach § 252 Abs 1 und 2 erheben kann; das Gericht muss hervorheben, dass Leistungsunfähigkeit oder eingeschränkte Leistungsfähigkeit nach § 252 Abs 2 S 3 nur eingewendet werden kann, wenn Auskunft über die Einkünfte, das Vermögen und die persönlichen und wirtschaftlichen Verhältnisse in Form eines vollständig ausgefüllten amtlichen Vordrucks erteilt wird und – damit der Unterhaltsgläubiger derartige Einwendungen sachlich überprüfen kann – entsprechende Belege über seine Einkünfte (nicht über das Vermögen!) vorlegt,

Nr 5: dass er die Einwendungen – soweit Vordrucke eingeführt sind – mit dem vom Gericht beigefügten Vordruck, der im übrigen bei jedem AG erhältlich sei, geltend machen muss.

2 Die Hinweise, die das Gericht nach § 251 Abs 1 S 2 Nr 1 zu erteilen hat, entsprechen inhaltlich der in den Festsetzungsbeschluss aufzunehmenden Bezeichnung der Unterhaltsleistungen.

3 Ist der Antrag im Ausland zuzustellen, soll das Gericht – es muss nicht! – die Frist des § 251 Abs 1 S 2 Nr 3 (Erhebung von Einwendungen) entsprechend den jeweiligen Gegebenheiten verlängern. Innerhalb dieser Frist hat der im Ausland wohnende Antragsgegner einen Zustellungsbevollmächtigten gemäß § 175 zu benennen. Unterlässt er dies, dann kann künftig in der vereinfachten Form der Aufgabe zur Post zugestellt werden (§ 175 Abs 1 S 2).

B. Rückwirkung der Zustellung (§ 251 Abs 2)

4 § 251 Abs 2 entspricht dem bisherigen § 647 Abs 2 ZPO: Soll durch die Zustellung eine Frist gewahrt werden oder die Verjährung neu beginnen oder nach § 204 BGB gehemmt werden, tritt diese Wirkung bereits mit Eingang des Antrags oder der Erklärung ein, wenn die Zustellung demnächst erfolgt. Daher wird die Verjährung der zur Festsetzung beantragten Unterhaltsansprüche bereits durch die Einreichung des Festsetzungsantrags unterbrochen, wenn die Zustellung demnächst erfolgt (Verweisung des § 251 Abs 2 auf § 167 ZPO).

§ 252 Einwendungen des Antragsgegners

(1) Der Antragsgegner kann Einwendungen geltend machen gegen
1. die Zulässigkeit des vereinfachten Verfahrens;
2. den Zeitpunkt, von dem an Unterhalt gezahlt werden soll;
3. die Höhe des Unterhalts, soweit er geltend macht, dass
   a) die nach dem Alter des Kindes zu bestimmenden Zeiträume, für die der Unterhalt nach dem Mindestunterhalt der ersten, zweiten und dritten Altersstufe festgesetzt werden soll, oder der angegebene Mindestunterhalt nicht richtig berechnet sind;
   b) der Unterhalt nicht höher als beantragt festgesetzt werden darf,
   c) Leistungen der in § 1612b oder § 1612c des Bürgerlichen Gesetzbuchs bezeichneten Art nicht oder nicht richtig berücksichtigt worden sind.

Ferner kann er, wenn er sich sofort zur Erfüllung des Unterhaltsanspruchs verpflichtet, hinsichtlich der Verfahrenskosten geltend machen, dass er keinen Anlass zur Stellung des Antrags gegeben hat. Nicht begründete Einwendungen nach Satz 1 Nr. 1 und 3 weist das Gericht mit dem Festsetzungsbeschluss zurück, ebenso eine Einwendung nach Satz 1 Nr. 2, wenn ihm diese nicht begründet erscheint.

(2) Andere Einwendungen kann der Antragsgegner nur erheben, wenn er zugleich erklärt, inwieweit er zur Unterhaltsleistung bereit ist und dass er sich insoweit zur Erfüllung des Unterhaltsanspruchs verpflichtet. Den Einwand der Erfüllung kann der Antragsgegner nur erheben, wenn er zugleich erklärt, inwieweit er geleistet hat und dass er sich verpflichtet, einen darüber hinausgehenden Unterhaltsrückstand zu begleichen. Den Einwand eingeschränkter oder fehlender Leistungsfähigkeit kann der Antragsgegner nur erheben, wenn er zugleich unter Verwendung des eingeführten Formulars Auskunft über
1. seine Einkünfte,
2. sein Vermögen und
3. seine persönlichen und wirtschaftlichen Verhältnisse im Übrigen
erteilt und über seine Einkünfte Belege vorlegt.

(3) Die Einwendungen sind nur zu berücksichtigen, solange der Festsetzungsbeschluss nicht verfügt ist.

§ 252 entspricht im wesentlichen dem bisherigen § 648 ZPO: Der Antragsgegner kann im vereinfachten Verfahren **Einwendungen** unter **unterschiedlichen Voraussetzungen** geltend machen. § 252 unterscheidet die möglichen Einwendungen des Antragsgegners nach **formeller** (§ 252 Abs 1) bzw nach **materieller** (§ 252 Abs 2) Natur. Nach § 252 Abs 3 sind Einwendungen im vereinfachten Verfahren zu berücksichtigen, »solange der Festsetzungsbeschluss nicht verfügt ist«. 1

A. Einwendungen des § 252 Abs 1 (formeller Natur)

Die Einwendungen des § 252 Abs 1 beziehen sich auf 2
(1) die **Zulässigkeit** des **Verfahrens** (§ 252 Abs 1 S 1 Nr 1): Gegebenenfalls ist zu rügen, dass die allgemeinen Prozessvoraussetzungen und/oder die in §§ 249, 250 geregelten besonderen Voraussetzungen des vereinfachten Verfahrens fehlen;
(2) den **Zeitpunkt** des **Beginns** der verlangten Unterhaltszahlungen (§ 252 Abs 1 S 1 Nr 2), insbesondere wenn die Festsetzung von Unterhalt für die Vergangenheit beantragt wird: Insoweit kann der Antragsgegner einwenden, dass die Voraussetzungen, unter denen nach § 1613 BGB Unterhalt für die Vergangenheit verlangt werden kann, zu dem im Antrag angegebenen Zeitpunkt noch nicht vorgelegen haben;

§ 252 FamFG | Einwendungen des Antragsgegners

(3) die **Höhe** des **Unterhalts**, jedoch nur im **formalen Bereich** (§ 252 Abs 1 S 1 Nr 3a–c); diese Einwendungen sind abschließend aufgezählt:
- **Nr 3a:** Fehlerhafte Angaben zu den Altersstufen und/oder zu den Mindestbeträgen und/oder fehlerhafte Berechnungen;
- **Nr 3b:** Keine höhere Festsetzung des Unterhalts als beantragt (Grundsatz des § 308 Abs 1), wobei alle – nicht unter Buchstabe a) oder c) fallenden – Berechnungs- und Übertragungsfehler, die unberichtigt zu einer höheren Festsetzung des Unterhalts als beantragt führen würden, zu beachten sind;
- **Nr 3c:** Rüge unzutreffender Berechnung der nach §§ 1612b, 1612c BGB anzurechnenden Leistungen (s etwa OLG Brandenburg FamRZ 2002, 1263).

3 § 252 Abs 1 S 2 schützt den leistungswilligen Unterhaltsschuldner vor **Verfahrenskosten**: Verpflichtet er sich sofort zur Erfüllung des Unterhaltsanspruchs, dann kann er hinsichtlich der Verfahrenskosten einwenden, er habe keinen Anlass zur Stellung des Antrags gegeben. Normzweck ist es neben dem Schutz des Schuldners allerdings auch, eine Inanspruchnahme der Gerichte zu vermeiden, wenn eine gütliche Einigung möglich ist.

4 Das Gericht darf nur überprüfen und darüber entscheiden, ob die Einwendungen in zulässiger Form und damit also zulässig erhoben worden sind (§ 252 Abs 1 S 3). Bezüglich des gerichtlichen Entscheidungs- und/oder Beurteilungsspielraums ist zu beachten: Einwendungen nach § 252 Abs 1 S 1 Nr 1 und 3 sind zurückzuweisen, wenn sie nicht begründet sind; das Gericht hat keinerlei Ermessensspielraum, sondern nur einen Beurteilungsspielraum. Über Einwendungen nach § 252 Abs 1 S 1 Nr 2 (Zeitpunkt des Beginns der verlangten Unterhaltszahlungen), die nicht begründet erscheinen, hat das Gericht hat nach pflichtgemäßem Ermessen (sorgfältige Prüfung des Sach- und Streitstandes, wie er sich nach dem Vorbringen beider Beteiligten sowie etwaiger präsenter Beweismittel darstellt), zu entscheiden.

5 Erachtet das Gericht die Einwendungen als teilweise oder insgesamt zulässig erhoben, dann hat es insoweit nicht gesondert zu entscheiden, sondern die Zulässigkeit der Einwendungen wird incident durch teilweisen oder gesamten Nichterlass des Festsetzungsbeschlusses und die in § 254 Abs 2 vorgeschriebene Mitteilung festgestellt, die teilweise oder vollständige Unzulässigkeit der Einwendungen konkludent durch Erlass des Festsetzungsbeschlusses.

B. Einwendungen des § 252 Abs 2 (materieller Natur)

6 Der Antragsgegner kann gemäß § 252 Abs 2 bereits im Festsetzungsverfahren auch **materielle** – also alle nicht gegen die Zulässigkeit des vereinfachten Verfahrens (vgl § 252 Abs 1) gerichteten – **Einwendungen** erheben; allerdings muss er hierbei die in § 252 Abs 2 vorgeschriebene **Form** wahren. Diese Formerfordernisse bezwecken zum einen, ein streitiges Verfahren zu vermeiden oder doch wenigstens – soweit dies nicht gelingt – den Streitstoff zur Frage der Leistungsfähigkeit des Unterhaltsschuldners weitgehend abzuklären, zum anderen wird der Antragsgegner anhalten, sich über die Berechtigung des Unterhaltsanspruchs Klarheit zu verschaffen und sich insoweit gegebenenfalls rechtlich beraten zu lassen. Mit – teilweise oder insgesamt – erfolgreichen Einwendungen kann der Unterhaltsschuldner den beantragten Festsetzungsbeschluss – ähnlich wie im Mahnverfahren durch Widerspruch der Vollstreckungsbescheid verhindert wird – teilweise oder insgesamt abwenden. Über die Begründetheit der unter § 252 Abs 2 fallenden Einwendungen darf allerdings im Festsetzungsverfahren nicht entschieden werden.

7 Im Gegensatz zum Mahnverfahren schreibt § 252 Abs 2 **Substantiierung** der **Einwendungen** vor. Werden die Einwendungen nicht oder nicht hinreichend substantiiert vorgetragen, muss der Einlassung des Antragsgegners wenigstens zu entnehmen sein, ob er überhaupt einen rechtlich relevanten Einwand vorträgt. Unsinnige, erkennbar unbe-

gründete oder offensichtlich nicht begründbare Einwendungen können den Festsetzungsbeschluss ebenso wenig abwenden wie eine nicht als Einwendung anzusehende Erwiderung, die lediglich allgemein, ohne jeden Hinweis auf den Rechtsgrund, den geltend gemachten Anspruch bestreitet oder das Bestehen von Einwendungen behauptet.

Der Antragsgegner kann alle materiellen Einwendungen des § 252 Abs 2 nur dann wirksam erheben, wenn er **zugleich** 8
– erklärt, inwieweit er zu Unterhaltsleistungen bereit ist, **und**
– eine entsprechende Verpflichtungserklärung abgibt.

Diesem Erfordernis genügt auch die Erklärung des Antragsgegners, dass er keinen Unterhalt leisten kann/will, wenn er meint, keinen solchen zu schulden. Macht ein Unterhaltsschuldner daher im vereinfachten Verfahren geltend, er sei nicht leistungsfähig, dann muss er keine weitergehende Erklärung abgeben, inwieweit er zur Unterhaltsleistung bereit ist (OLG Rostock FamRZ 2002, 836; OLG Brandenburg FamRZ 2004, 475). Als Erklärung iSd § 252 Abs 2 reicht es demnach aus, wenn aus den sonstigen Erklärungen des Antragsgegners hervorgeht, dass er aufgrund seiner wirtschaftlichen Situation nicht in der Lage ist, den begehrten Unterhalt zu zahlen (OLG Brandenburg FamRZ 2001, 766). Daher sind auch fehlende Angaben zu § 252 Abs 2 unbeachtlich, wenn der Unterhaltsschuldner mit seinen sonstigen Erklärungen kundgetan hat, dass er aufgrund seiner wirtschaftlichen Situation nicht in der Lage ist, den begehrten Unterhalt zu zahlen (OLG Brandenburg FamRZ 2004, 1587). 9

Es genügt den Anforderungen des § 252 Abs 2, wenn der in Anspruch Genommene außerhalb des Formulars ausdrücklich erklärt hat, zur Unterhaltszahlung überhaupt nicht fähig zu sein, und dies durch vollständige Auskünfte über seine Einkünfte und sein Vermögen belegt hat. Da eine Verpflichtungserklärung des Unterhaltsschuldners nur erwartet werden kann, wenn er sich imstande sieht, wenigstens teilweise den Unterhaltsanspruch zu erfüllen, entfällt bei insgesamt fehlender Leistungsfähigkeit die Notwendigkeit, in das Formular nachträglich eine Erklärung nach § 252 über die völlige Leistungsunfähigkeit einzufügen (OLG Frankfurt FamRZ 2002, 835). Eine gesonderte Erklärung des Unterhaltsschuldners ist auch dann entbehrlich, wenn er seine Einkommens- und Vermögensverhältnisse im vereinfachten Verfahren bereits umfassend offen gelegt und hierdurch seinen Einwand fehlender Leistungsfähigkeit nachvollziehbar begründet hat (OLG Hamm FamRZ 2006, 211). Erklärt der Unterhaltsschuldner in den amtlichen Vordrucken, dass er nur zur Zahlung eines bestimmten Betrages in der Lage sei, ist dies als Zahlungszusage zu verstehen (OLG Naumburg FamRZ 2007, 1027). 10

C. Einwand der Erfüllung (§ 252 Abs 2 Satz 2)

Wendet der Antragsgegner Erfüllung ein, muss er nach § 252 Abs 2 S 2 **gleichzeitig** erklären, inwieweit er bereits Unterhalt geleistet hat. Bestehen Unterhaltsrückstände, dann muss er sich gleichzeitig dazu verpflichten, diese zu begleichen (s hierzu § 271 BGB). 11

D. Einwendungen zur Leistungsfähigkeit (§ 252 Abs 2 Satz 3)

Am häufigsten wird der Einwand der eingeschränkten Leistungsfähigkeit oder der Leistungsunfähigkeit erhoben. § 252 Abs 2 S 3 verlangt daher **zusätzlich** zu der Erklärung nach § 252 Abs 2 S 1, dass der Antragsgegner in einem **besonderen Vordruck** (§ 259) **Auskunft** über seine Einkünfte, sein Vermögen und seine persönlichen und wirtschaftlichen Verhältnisse im übrigen erteilt und über seine Einkünfte **Belege** vorlegt, damit der Antragsteller die Richtigkeit der erteilten Auskunft überprüfen kann (hierzu ausführlich OLG Brandenburg FamRZ 2004, 273). 12

§ 252 FamFG | Einwendungen des Antragsgegners

13 Diese Auskunfts- und Belegvorlagepflicht soll
– den Antragsteller in die Lage versetzen, sich trotz des laufenden Verfahrens (noch) außergerichtlich mit dem Antragsgegner zu einigen,
– falls eine Einigung nicht gelingt, dem Antragsteller die Prüfung ermöglichen, wie die Aussichten einer weiteren Rechtsverfolgung einzuschätzen sind,
– das streitige Verfahren beschleunigen, wenn der Antragsteller seine Durchführung beantragt,
– verhindern, dass sich der unterhaltspflichtige Antragsgegner der Festsetzung des Unterhalts im vereinfachten Verfahren mit einem pauschalen Hinweis auf seine eingeschränkte oder fehlende Leistungsfähigkeit entziehen kann.

14 Beruft sich der Antragsgegner auf eingeschränkte Leistungsfähigkeit oder Leistungsunfähigkeit, und kommt er seiner Auskunfts- und Belegvorlagepflicht nicht pünktlich und/oder vollständig form- und fristgerecht nach, dann ist der Unterhalt im vereinfachten Verfahren antragsgemäß festzusetzen. Insoweit ist lediglich formal zu prüfen, ob die Einwendungen in der zulässigen Form geltend gemacht worden sind. Eine materiellrechtliche Prüfung, ob die Angaben den Einwand begründen, ist – sofern Rechtsmissbrauch auszuschließen ist – im Interesse eines einfachen Verfahrens nicht vorgesehen.

I. Verwendung des eingeführten Formulars

15 Im vereinfachten Verfahren kann der Unterhaltsschuldner seine begrenzte Leistungsfähigkeit bzw Leistungsunfähigkeit zur Zahlung von Kindesunterhalt nur dann wirksam einwenden, wenn der hierfür vorgesehene Vordruck (s § 259) ausgefüllt vorgelegt wird (OLG Karlsruhe FamRZ 2001, 107; 2006, 1548); die Darstellung der Einkünfte in einem Schriftsatz unter Beifügung von Belegen kann die Vorlage des eingeführten Vordrucks nicht ersetzen (OLG Nürnberg FamRZ 2004, 475 = FuR 2004, 363). Das Gericht ist allerdings aufgrund seiner prozessualen Fürsorgepflicht gehalten, darauf hinzuweisen, dass Einwendungen nur berücksichtigt werden können, wenn der amtliche Vordruck verwendet wird (OLG Frankfurt DAVorm 2000, 1132).

16 Bezeichnet sich ein Unterhaltsschuldner insgesamt als nicht leistungsfähig, dann kann er diese Erklärung auch außerhalb des amtlichen Vordrucks abgeben (OLG Düsseldorf FamRZ 2001, 765; OLG Bamberg FamRZ 2001, 108).

17 Die vorgeschriebene Verwendung des Vordrucks für den Fall des Vortrags einer nur eingeschränkten Leistungsfähigkeit stellt keinen unnötigen Formalismus dar, sondern soll der Tatsache gerecht werden, dass es sich beim vereinfachten Verfahren um ein summarisches Verfahren handelt, dessen Ziel es nicht ist, den Grad der Leistungsfähigkeit zu prüfen, sondern in dafür geeigneten Fällen eine rasche Entscheidung durch den Rechtspfleger zu ermöglichen, der die in rechter Form erhobenen Einwendungen nur auf ihre Zulässigkeit, nicht jedoch auf ihre Begründetheit zu prüfen hat (OLG Stuttgart JAmt 2003, 212).

18 Auch gegenüber einem im Ausland lebenden ausländischen Unterhaltsschuldner ist im vereinfachten Verfahren der Vordruck zu seiner Leistungsfähigkeit, jedoch mit einer Übersetzung in die Muttersprache, zu verwenden. Fraglich ist allerdings, ob das vereinfachte Verfahren gegenüber einem der deutschen Sprache nicht mächtigen und im Ausland lebenden Unterhaltsschuldner selbst bei Beifügung des erforderlichen Vordrucks geeignet ist, oder ob in solchen Fällen nicht besser das normale Unterhaltsverfahren beschritten werden sollte (OLG Frankfurt JAmt 2001, 244).

II. Belegvorlage

19 Im vereinfachten Verfahren kann der Unterhaltsschuldner mit dem Einwand eingeschränkter oder fehlender Leistungsfähigkeit nicht durchdringen, wenn er zwar den Vordruck über Einwendungen vollständig ausgefüllt, aber nicht alle notwendigen Bele-

ge, wie sie sich aus dem Vordruck selbst ergeben, beigefügt hat. Legt ein Beteiligter trotz Androhung gemäß § 142 Abs 3 ZPO keine Unterlagen vor, ist dies grundsätzlich wie eine Verweigerung der Belegvorlage zu behandeln.

Einnahmen aus Arbeitslosengeld oder -hilfe sind durch Vorlage der Bescheide des 20 laufenden und des vergangenen Jahres zu belegen; Vorlage nur aktueller Belege genügt nicht (OLG Brandenburg FamRZ 2004, 273). Schwärzt der Unterhaltsschuldner auf den dem Vordruck gemäß § 259 beigefügten Unterlagen vermögensrelevante Angaben, so ist seine Einwendung nicht ordnungsgemäß erhoben (OLG Brandenburg FamRZ 2004, 1587 – Kontoauszüge). Erklärt der Unterhaltsschuldner, er habe Einnahmen aus nichtselbständiger Tätigkeit, dann ist er von der Bezifferung und Belegpflicht nicht durch den Hinweis auf ein eröffnetes Verbraucheinsolvenzverfahren befreit, da dort das laufende Einkommen, soweit es gemäß § 850c ZPO unpfändbar ist, nicht umfasst wird, während und weil es zur Erfüllung laufenden Unterhalts herangezogen werden kann (OLG Koblenz FamRZ 2005, 915). Der im Ausland lebende Elternteil darf die angeforderten Belege zur Auskunft über sein Einkommen in der jeweiligen Landessprache vorlegen (OLG München FamRZ 2005, 381). Kommt er allerdings einer gerichtlichen Anordnung zur Vorlage von Übersetzungen nicht nach, hat er seine mangelnde Leistungsfähigkeit nicht ordnungsgemäß iSv § 252 Abs 2 S 3 nachgewiesen (OLG Brandenburg FamRZ 2005, 1842 zu Belegen in dänischer Sprache).

E. Maßgeblicher Zeitpunkt für die Beachtung von Einwendungen (§ 252 Abs 3)

Nach § 252 Abs 3 sind die Einwendungen (solange) zu berücksichtigen, solange der 21 Festsetzungsbeschluss nicht verfügt ist. Der Gesetzgeber hat davon abgesehen, die Frist für die Geltendmachung der Einwendungen als Ausschlussfrist auszugestalten. Das Gericht hat daher auch **nach Fristablauf** eingehende **Einwendungen** noch zu berücksichtigen, solange der Festsetzungsbeschluss noch **nicht verfügt** ist. Diese Regelung vermeidet unnütze Abänderungsanträge. Eine Verkürzung der Erklärungsfrist ist unzulässig (OLG Saarbrücken JAmt 2001, 94).

Ein noch nicht verkündeter Beschluss wird nicht bereits mit Unterzeichnung, sondern 22 erst dann existent, wenn er erstmals zur Zustellung an die Beteiligten aus dem inneren Geschäftsbetrieb des Gerichts herausgegeben worden ist, regelmäßig dann, wenn der Urkundsbeamte der Geschäftsstelle ihn zum Zwecke der Zustellung an den Empfänger der Post übergibt (OLG Frankfurt FamRZ 2001, 109; OLG Hamm FamRZ 2006, 44 = FuR 2005, 461; 2007, 836; KG FamRZ 2007, 2088; aA OLG Hamm FamRZ 2000, 901; OLG Brandenburg FamRZ 2001, 1078 – ein Beschluss sei dann verfügt, wenn er vom Rechtspfleger unterzeichnet worden ist). Bis zu diesem Zeitpunkt eingehende Schriftsätze sind daher zu berücksichtigen. Ist nicht auszuschließen, dass der Festsetzungsbeschluss zum Zeitpunkt des Eingangs von Einwendungen des Unterhaltsschuldners noch nicht iSd § 252 Abs 3 verfügt worden ist, hat das Familiengericht inhaltlich über die Einwendungen des Unterhaltsschuldners zu entscheiden.

§ 253 Festsetzungsbeschluss

(1) Werden keine oder lediglich nach § 252 Abs. 1 Satz 3 zurückzuweisende oder nach § 252 Abs. 2 unzulässige Einwendungen erhoben, wird der Unterhalt nach Ablauf der in § 251 Abs. 1 Satz 2 Nr. 3 bezeichneten Frist durch Beschluss festgesetzt. In dem Beschluss ist auszusprechen, dass der Antragsgegner den festgesetzten Unterhalt an den Unterhaltsberechtigten zu zahlen hat. In dem Beschluss sind auch die bis dahin entstandenen erstattungsfähigen Kosten des Verfahrens festzusetzen, soweit sie ohne weiteres ermittelt werden können; es genügt, wenn der Antragsteller die zu ihrer Berechnung notwendigen Angaben dem Gericht mitteilt.

(2) In dem Beschluss ist darauf hinzuweisen, welche Einwendungen mit der Beschwerde geltend gemacht werden können und unter welchen Voraussetzungen eine Abänderung verlangt werden kann.

A. Voraussetzungen der Festsetzung (§ 253 Abs 1 Satz 1)

1   Das Gericht – Rechtspfleger, s § 20 Nr 10a RPflG nF – setzt den beantragten Unterhalt durch Beschluss fest, wenn folgende Voraussetzungen vorliegen (s § 253 Abs 1 S 1):
(1) Die Monatsfrist nach § 251 Abs 1 (bzw bei Auslandszustellungen § 251 Abs 1 S 2 Nr 5) muss verstrichen sein **und**
(2) der Antragsgegner hat entweder keine oder nur solche Einwendungen erhoben, die nach § 252 zurückzuweisen oder als unzulässig zu erachten sind. Der Unterhalt ist auch dann festzusetzen, wenn ein Einwand zwar (zunächst) zulässig ist, der Antragsteller jedoch (sodann) seinen Antrag entsprechend diesem Einwand berichtigt hat.

B. Inhalt des Beschlusses (§ 253 Abs 1 Satz 2 und 3)

2   Das Gericht hat in dem Beschluss auszusprechen, dass der Antragsgegner den festgesetzten Unterhalt an den Unterhaltsgläubiger zu zahlen hat (§ 253 Abs 1 S 2). Mit dieser Vorschrift stellt das Gesetz klar, dass der Feststellungsbeschluss einen Zahlungsausspruch enthalten muss und damit einen Zahlungstitel darstellt. Gleichzeitig sind in dem Beschluss auch die bis dahin entstandenen erstattungsfähigen Kosten des Verfahrens festzusetzen, soweit sie ohne weiteres ermittelt werden können (wobei es genügt, wenn der Antragsteller die zu ihrer Berechnung notwendigen Angaben dem Gericht mitteilt, § 253 Abs 1 S 3; § 253 Abs 1 S 3 entspricht dem bisherigen § 641p Abs 1 S 4 aF). Diese Norm will ein zusätzliches Kostenfestsetzungsverfahren vermeiden, lässt dieses aber – damit der Festsetzungsbeschluss nicht verzögert wird – unberührt, wenn sich die erstattungsfähigen Kosten nicht ohne weiteres feststellen lassen.

3   Da Unterhaltsschulden bei Schuldnerverzug gemäß § 288 Abs 1 BGB wie andere Geldschulden zu verzinsen sind, können auch im vereinfachten Verfahren ab dem Zeitpunkt der Zustellung des Festsetzungsantrags (§ 251 Abs 1 S 1) gesetzliche Verzugszinsen auf den zu dieser Zeit rückständigen Unterhalt festgesetzt werden; die Festsetzung künftiger Verzugszinsen ist hingegen ausgeschlossen (BGH FamRZ 2008, 1428 = FuR 2008, 391). Wenn die Möglichkeit der Eintragung von Verzugszinsen auf dem Formular noch nicht vorgesehen ist, kann folgender zusätzliche Antrag gestellt werden:

4   »Es wird entsprechend dem Beschluss des Bundesgerichtshofes vom 28.5.2008 (XII ZB 34/05 – FamRZ 2008, 1428 = FuR 2008, 391) zusätzlich beantragt, den bei Zustellung dieses Festsetzungsantrags vorhandenen Unterhaltsrückstand in Höhe von … € ab diesem Zeitpunkt mit fünf Prozentpunkten über dem Basiszinssatz gemäß § 247 BGB zu verzinsen« (ähnlich *Vossenkämper* FamRZ 2008, 1431, 1432).

C. Entscheidung ohne mündliche Verhandlung (§ 253 Abs 2)

Nach § 253 Abs 2 kann der Beschluss ohne mündliche Verhandlung ergehen. 5

D. Rechtsmittelbelehrung (§ 253 Abs 2)

Nach § 253 Abs 2 hat das Gericht den Antragsgegner in dem Unterhaltsfestsetzungs- 6
beschluss darauf hinzuweisen,
(1) welche Einwendungen er mit der Beschwerde geltend machen, und
(2) unter welchen Voraussetzungen er eine Abänderung verlangen kann.

Diese Hinweispflicht des Gerichts soll unzulässige Rechtsmittel vermeiden. 7

Die im vereinfachten Verfahren auf Festsetzung des Unterhalts mit einer nicht ord- 8
nungsgemäßen Erklärung des Antragsgegners verbundenen schwerwiegenden Folgen
erfordern vom Gericht eine genaue Beachtung der vorgeschriebenen Belehrung einschließlich der Übersendung des amtlichen Vordrucks (OLG Oldenburg FamRZ 2001,
1078). Der Hinweis auf die zulässigen Einwendungen muss konkret sein, den Gesetzestext des § 253 Abs 2 erfassen und muss sich hinsichtlich der Kostenfestsetzung darauf
erstrecken, dass auch deren Unrichtigkeit angefochten werden kann. Unterbleibt die gemäß § 253 gebotene Belehrung bzw lässt sich die genaue Beachtung der Vorschrift nicht
feststellen, liegt darin ein Verfahrensmangel, der auf die Beschwerde zur Aufhebung
des Unterhaltsfestsetzungsbeschlusses zusammen mit dem zugrunde liegenden Verfahren und zur Zurückverweisung des Verfahrens nach § 575 ZPO an das Familiengericht
führt (OLG Naumburg OLGR 2001, 466; FamRZ 2001, 1464; OLG Schleswig OLGR 2003,
252).

Darüber hinaus besteht auch im vereinfachten Unterhaltsverfahren grundsätzlich eine 9
gerichtliche Hinweispflicht entsprechend § 139 Abs 2 ZPO; dies gebietet das Gebot fairen Verfahrens (OLG Karlsruhe FamRZ 2006, 1548). Wird im vereinfachten Verfahren
schriftsätzlich die mangelnde Leistungsfähigkeit geltend gemacht, ist das Gericht aufgrund seiner prozessualen Fürsorgepflicht gehalten, darauf hinzuweisen, dass Einwendungen nur berücksichtigt werden können, wenn der amtliche Vordruck verwendet
wird (OLG Frankfurt DAVorm 2000, 1132).

§ 254 Mitteilungen über Einwendungen

Sind Einwendungen erhoben worden, die nach § 252 Abs. 1 Satz 3 nicht zurückzuweisen oder die nach § 252 Abs. 2 zulässig sind, teilt das Gericht dem Antragsteller dies mit. Es setzt auf seinen Antrag den Unterhalt durch Beschluss fest, soweit sich der Antragsgegner nach § 252 Abs. 2 Satz 1 und 2 zur Zahlung von Unterhalt verpflichtet hat. In der Mitteilung nach Satz 1 ist darauf hinzuweisen.

1 § 254 (vormals § 650 ZPO) regelt den Fortgang des Verfahrens, wenn der Antragsgegner Einwendungen erhoben hat, die nicht nach § 252 Abs 1 S 3 zurückgewiesen werden dürfen und/oder die nach § 252 Abs 2 als zulässig anzusehen sind.

2 In der nach § 254 S 1 vorgeschriebenen Mitteilung an den Antragsteller, der Antragsgegner habe zulässige oder für zulässig erachtete Einwendungen erhoben, hat das Gericht den Antragsteller darauf hinzuweisen, dass der Unterhalt (nur) in der unstreitigen Höhe festgesetzt werden kann (in der sich der Antragsgegner zur Zahlung verpflichtet hat), und dass der Restanspruch im streitigen Verfahren weiter zu verfolgen ist. Nach § 254 S 1 hat das Gericht dem Antragsteller diese **Einwendungen mitzuteilen** und nach § 254 S 2 auf Antrag den **Unterhalt** insoweit durch Beschluss **festzusetzen**, als sich der Antragsgegner nach § 252 Abs 2 S 1 und 2 zur Zahlung verpflichtet hat. § 254 stellt damit sicher, dass der Antragsteller im vereinfachten Verfahren einen Vollstreckungstitel zumindest über den unstreitigen Teil seines geltend gemachten Anspruchs erwirken kann; der darüber hinausgehende Anspruch ist dann im streitigen Verfahren (§ 255) weiter zu verfolgen.

§ 255 Streitiges Verfahren

(1) Im Fall des § 254 wird auf Antrag eines Beteiligten das streitige Verfahren durchgeführt. Darauf ist in der Mitteilung nach § 254 Satz 1 hinzuweisen.

(2) Beantragt ein Beteiligter die Durchführung des streitigen Verfahrens, ist wie nach Eingang eines Antrags in einer Unterhaltssache weiter zu verfahren. Einwendungen nach § 252 gelten als Erwiderung.

(3) Das Verfahren gilt als mit der Zustellung des Festsetzungsantrags (§ 251 Abs. 1 Satz 1) rechtshängig geworden.

(4) Ist ein Festsetzungsbeschluss nach § 254 Satz 2 vorausgegangen, soll für zukünftige wiederkehrende Leistungen der Unterhalt in einem Gesamtbetrag bestimmt und der Festsetzungsbeschluss insoweit aufgehoben werden.

(5) Die Kosten des vereinfachten Verfahrens werden als Teil der Kosten des streitigen Verfahrens behandelt.

(6) Wird der Antrag auf Durchführung des streitigen Verfahrens nicht vor Ablauf von sechs Monaten nach Zugang der Mitteilung nach § 254 Satz 1 gestellt, gilt der über den Festsetzungsbeschluss nach § 254 Satz 2 oder die Verpflichtungserklärung des Antragsgegners nach § 252 Abs. 2 Satz 1 und 2 hinausgehende Festsetzungsantrag als zurückgenommen.

§ 255 entspricht dem bisherigen § 651 ZPO. Das sog. »Reparaturgesetz« (Gesetz zur Modernisierung von Verfahren im anwaltlichen und notariellen Berufsrecht, zur Errichtung einer Schlichtungsstelle der Rechtsanwaltschaft sowie zur Änderung der Verwaltungsgerichtsordnung, der Finanzgerichtsordnung und kostenrechtlicher Vorschriften vom 30.7.2007 – BGBl 2009 I 2449, kurz: »Reparaturgesetz«) hat in dieser Vorschrift nunmehr einen Redaktionsfehler beseitigt: Statt vormals von »Parteien« spricht das Gesetz nunmehr von »**Beteiligten**«. 1

A. Antragsprinzip (§ 255 Abs 1)

Erhebt der Unterhaltsverpflichtete im materiellen Recht begründete Einwendungen in der nach § 252 vorgeschriebenen Form, kann der Unterhalt nicht im vereinfachten Verfahren festgesetzt werden. In diesem Fall können die Beteiligten beantragen, das **streitige Verfahren** durchzuführen (§ 255 Abs 1). Die Vorschrift sieht einen automatischen Übergang des vereinfachten Verfahrens oder seine Überleitung von Amts wegen in das streitige Verfahren nicht vor; dieses wird vielmehr nur auf Antrag eines Beteiligten eingeleitet (§ 256 Abs 1 S 1, so auch das Verfahren nach dem Widerspruch im Mahnverfahren § 696 Abs 1). Das Antragsprinzip bezweckt einerseits, den Beteiligten Gelegenheit zu einer außergerichtlichen Einigung zu geben, anderseits, dem Antragsteller, der – etwa aufgrund der Einwendungen des Antragsgegners – den Unterhaltsanspruch ganz oder teilweise nicht weiter verfolgen will, zusätzliche Kosten zu ersparen. Auf das Antragsprinzip (insbesondere das Antragsrecht) ist in der Mitteilung nach § 255 Satz 1 iVm S 3 hinzuweisen (§ 255 Abs 1 S 2). Als raschere Alternative zur Titulierung des Mindestunterhalts steht das vereinfachte Verfahren wahlweise neben dem Unterhaltsantrag zur Verfügung. Kinder nicht miteinander verheirateter Eltern können außerdem im Rahmen des Kindschaftsverfahrens (zugleich) die Verurteilung zum Unterhalt gemäß § 237 (bisher § 653) betreiben. 2

B. Verfahrensfortgang nach Überleitung in das streitige Verfahren (§ 255 Abs 2)

3 Hat ein Beteiligter die Überleitung des vereinfachten in das streitige Verfahren beantragt, ist weiter wie nach Eingang eines Antrags zu verfahren (§ 255 Abs 2 S 1). Dabei gelten nach § 255 Abs 2 S 2 die erhobenen Einwendungen nach § 252 als Antragserwiderung. Das Gericht soll die gegebenenfalls noch weiter notwendigen Ermittlungen im Wege vorbereitender Maßnahmen (etwa nach §§ 235, 236 oder nach § 273 ZPO) veranlassen. Sollten der Antrag und/oder die Einwendungen nicht oder nicht genügend substantiiert sein, hat das Gericht nach § 139 Abs 1 S 1 ZPO darauf hinzuwirken, dass sich die Beteiligten über alle erheblichen Tatsachen vollständig erklären und sachdienliche Anträge stellen.

C. Eintritt der Rechtshängigkeit beim Übergang in das streitige Verfahren (§ 255 Abs 3)

4 § 255 Abs 3 regelt den Eintritt der Rechtshängigkeit beim Übergang in das streitige Verfahren. Maßgeblicher Zeitpunkt, zu dem die Rechtshängigkeit des Unterhaltsverfahrens als eingetreten gilt, ist die Zustellung des Antrags im vereinfachten Verfahren (§ 251 Abs 1 S 1). Diese Fiktion gilt jedoch nur dann, wenn der Antrag auf Durchführung des streitigen Verfahrens innerhalb einer **Frist** von **sechs Monaten** nach Zugang der Mitteilung nach § 254 gestellt wird. Das Gesetz hat diese Frist großzügig bemessen, damit der Antragsteller im Hinblick auf eine mögliche außergerichtliche Einigung nicht zu einem Übergang in das streitige Verfahren gedrängt wird.

D. Erleichterung der Zwangsvollstreckung durch einheitlichen Titel (§ 255 Abs 4)

5 § 255 Abs 4 sieht zur Erleichterung der Zwangsvollstreckung vor, dass ein **einheitlicher Unterhaltstitel** über zukünftige wiederkehrende Leistungen geschaffen wird, wenn vor Beginn des streitigen Verfahrens bereits ein Festsetzungsbeschluss nach § 254 ergangen ist: Der Unterhalt soll regelmäßig in einem Gesamtbetrag bestimmt und der bereits erlassene Festsetzungsbeschluss insoweit aufgehoben werden. Ausnahmsweise ist die Festsetzung in einem Gesamtbetrag dann nicht notwendig, wenn nach dem Zweck der Norm (Erleichterung der Zwangsvollstreckung) die Festsetzung eines Gesamtbetrages nicht sinnvoll erscheint (zB wenn der bereits vorliegende Festsetzungsbeschluss nur rückständigen Unterhalt umfasst).

E. Kosten des streitigen Verfahrens (§ 255 Abs 5)

6 Geht das vereinfachte in das streitige Verfahren über, dann sind – insbesondere aus Vereinfachungsgründen – die Kosten des vereinfachten Verfahrens als Teil der Kosten des streitigen Verfahrens zu behandeln (§ 255 Abs 5). Diese Regelung lehnt sich an § 281 Abs 3 S 1 und § 696 Abs 1 S 5 ZPO an.

F. Fiktion der Antragsrücknahme (§ 255 Abs 6)

7 § 255 Abs 6 fingiert die Rücknahme des Antrags auf Durchführung eines vereinfachten Verfahrens nach Ablauf einer großzügig bemessenen Frist: Wird der Antrag auf Durchführung des streitigen Verfahrens nicht vor Ablauf von **sechs Monaten** nach Zugang der Mitteilung nach § 254 S 1 gestellt, gilt der über den Festsetzungsbeschluss nach § 254 S 2 oder die Verpflichtungserklärung des Antragsgegners nach § 252 Abs 2 S 1 und 2 hinausgehende Festsetzungsantrag als zurückgenommen.

§ 256 Beschwerde

Mit der Beschwerde können nur die in § 252 Abs. 1 bezeichneten Einwendungen, die Zulässigkeit von Einwendungen nach § 252 Abs. 2 sowie die Unrichtigkeit der Kostenentscheidung oder Kostenfestsetzung, sofern sie nach allgemeinen Grundsätzen anfechtbar sind, geltend gemacht werden. Auf Einwendungen nach § 252 Abs. 2, die nicht erhoben waren, bevor der Festsetzungsbeschluss verfügt war, kann die Beschwerde nicht gestützt werden.

§ 256 entspricht dem bisherigen § 652 Abs 2 ZPO. Eine Nachfolgevorschrift für § 652 Abs 1 ZPO konnte entfallen, da nunmehr generell die befristete Beschwerde nach §§ 58f gegeben ist. Nach § 256 können **beide** Beteiligten des vereinfachten Verfahren den dort ergangenen Festsetzungsbeschluss (§ 253) mit der **sofortigen Beschwerde** anfechten. **1**

Der Regelungsgehalt der bisherigen § 655 und § 656 ZPO wurde nicht übernommen: **2** Die Anordnung der Kindergeldverrechnung erfolgt bei der Tenorierung zunehmend in dynamisierter Form, wodurch entsprechende Sondervorschriften nicht mehr benötigt werden. Entsprechendes gilt auch, soweit durch übergangsrechtliche Vorschriften auf das vereinfachte Abänderungsverfahren Bezug genommen wurde. Im Falle einer Erhöhung des Kindergeldes ergibt sich in der überwiegenden Zahl der Fälle eines Reduktion des Zahlbetrages für den Unterhalt. Es ist dem Unterhaltsschuldner zuzumuten, diesen Umstand bei Überschreiten der Wesentlichkeitsschwelle im Wege eines regulären Abänderungsverfahrens geltend zu machen. Gegen eine Übernahme spricht schließlich die Komplexität der bislang vorhandenen Abänderungsmöglichkeiten nach §§ 656, 323 Abs 5 ZPO und der aufwändige Mechanismus der zwei gesonderten Verfahren.

A. Statthaftigkeit der sofortigen Beschwerde

Nach § 256 können **beide** Beteiligten des vereinfachten Verfahren den dort ergangenen **3** Festsetzungsbeschluss (§ 253) mit der **sofortigen Beschwerde** anfechten, wobei sie im **Beschwerdeverfahren** jedoch nur **bestimmte Einwendungen** erheben dürfen:
– die in § 252 Abs 1 bezeichneten (Zulässigkeit des vereinfachten Verfahrens, unzutreffender Unterhaltszeitraum, unrichtige Berechnung des Unterhalts, kein Anlass zur Einleitung des vereinfachten Verfahrens),
– fehlerhafte Beurteilung einer (nach Ansicht des Beschwerdeführers zulässigen) Einwendung iSd § 252 Abs 2 als unzulässig,
– die Unrichtigkeit der Kostenentscheidung oder Kostenfestsetzung, sofern sie nach allgemeinen Grundsätzen anfechtbar sind.

Da im vereinfachten Verfahren die sofortige Beschwerde nach § 256 Abs 1 nur dann zu- **4** lässig ist, wenn sie auf die Anfechtungsgründe des § 256 Abs 2 gestützt wird, stellt eine in dem Unterhaltsfestsetzungsbeschluss enthaltene Bestimmung, nach der die Festsetzung unter einer Bedingung steht und bis zu einem bestimmten Zeitpunkt befristet ist, keinen zulässigen Einwand iSd § 256 Abs 2 dar (BGH FamRZ 2008, 1433 = FuR 2008, 389 – noch zu § 652 ZPO). Macht der Antragsgegner geltend, er habe »kein Kind mit diesem Geburtsdatum«, handelt es sich, weil die Zulässigkeit des vereinfachten Verfahrens gerügt wird, um eine zulässige Einwendung (OLG Brandenburg FamRZ 2002, 1345).

Erlässt das Familiengericht im vereinfachten Verfahren einen Unterhaltsfestsetzungs- **5** beschluss in der irrtümlichen Annahme, der Antragsgegner habe einen Unterhaltsbetrag in bestimmter Höhe anerkannt, so steht diesem in teleologischer Erweiterung des § 256 Abs 2 ein außerordentliches Beschwerderecht zu (OLG Stuttgart FamRZ 2002, 329). Beruht der Festsetzungsbeschluss ganz oder teilweise auf einem durch den Antragsgegner erklärten Anerkenntnis, dann können Einwendungen gegen die Wirksamkeit eines im vereinfachten Verfahren erklärten Anerkenntnisses zulässigerweise im Beschwerdeverfahren des § 256 geltend gemacht werden (OLG Brandenburg FamRZ 2007, 837).

I. Beschwerde des Antragstellers

6 Auch der Antragsteller des vereinfachten Verfahrens ist nach § 256 beschwerdebefugt; die Beschränkungen der Zulässigkeit der Beschwerde nach § 256 Abs 2 gelten auch für das Kind oder seinen Rechtsnachfolger. Wird ein Antrag auf Unterhaltsfestsetzung im vereinfachten Verfahren teilweise zurückgewiesen, weil die Voraussetzungen der §§ 249, 250 Abs 1 ZPO insoweit fehlen, kann der Antragsteller unter den Voraussetzungen des § 256 gegen den erlassenen Festsetzungsbeschluss sofortige Beschwerde einlegen; § 250 Abs 2 Satz 3 ZPO steht der Statthaftigkeit der sofortigen Beschwerde bei einer Teilzurückweisung jedenfalls dann nicht entgegen, wenn ansonsten bei einer Aufsplitterung der Kompetenzen zur Entscheidung über ein Rechtsmittel des Antragstellers (Erinnerung) und des Antragsgegners (Beschwerde) in der gleichen Sache die Gefahr widersprüchlicher Entscheidungen besteht (BGH FamRZ 2008, 1428 = FuR 2008, 391 – Fortführung des Senatsbeschlusses FamRZ 2008, 1433 = FuR 2008, 389; s.a. OLG München FamRZ 2002, 547).

7 Hat das Gericht einem zulässigen Antrag auf Festsetzung des Unterhalts für ein minderjähriges Kind materiell nicht voll entsprochen, sondern teilweise zurückgewiesen, dann ist der Antragsteller durch die insoweit unterbliebene Unterhaltsfestsetzung in der Sache beschwert; er kann daher seine gemäß § 256 Abs 1 zulässigen Einwendungen des § 252 Abs 1 mit der sofortigen Beschwerde geltend machen (OLG Zweibrücken FamRZ 2008, 289). Im Übrigen kann der antragstellende Beteiligte etwa die unrichtige Beurteilung einer Einwendung des § 252 Abs 1 Satz 1 Nr 1–3 rügen. Sie ist auch dann beschwert, wenn das Gericht den Unterhalt der Höhe nach unrichtig berechnet oder Unterhaltszeiträume nicht berücksichtigt hat (OLG Zweibrücken FamRZ 2000, 1160 = FuR 2001, 519; OLG Karlsruhe OLGR 2001, 90). Eine in dem Unterhaltsfestsetzungsbeschluss enthaltene Bestimmung, nach der die Festsetzung unter einer Bedingung steht und bis zu einem bestimmten Zeitpunkt befristet ist, stellt keinen zulässigen Einwand iSd § 652 Abs 2 ZPO dar (BGH FamRZ 2008, 1433 = FuR 2008, 389).

II. Erfüllung erstmals im Beschwerdeverfahren

8 Im Beschwerdeverfahren gegen den Festsetzungsbeschluss im vereinfachten Verfahren können Einwendungen nach § 252 Abs 2 nicht erstmalig erhoben werden (OLG Hamm NJWE-FER 2000, 97; OLG Celle JAmt 2001, 92, s aber OLG Stuttgart DAVorm 2000, 1130; OLG Koblenz OLGR 2001, 317; KG FamRZ 2002, 546; OLG Koblenz JAmt 2005, 100; aA OLG Bamberg FamRZ 2001, 108 – der Ausschluss der Zulässigkeit neuen Vorbringens lasse sich weder aus dem Gesetzestext noch dem Gesetzeszweck entnehmen). Dies gilt auch hinsichtlich der unterbliebenen Vorlage von Unterlagen (OLG Köln FamRZ 2000, 680; OLG Brandenburg FamRZ 2001, 1078). Maßgeblich sind allein die Umstände bei Erlass der Entscheidung (OLG Brandenburg FamRZ 2004, 273 [Ls]). So ist etwa der erstmals erhobene Einwand eingeschränkter bzw fehlender Leistungsfähigkeit im Beschwerdeverfahren gegen den Unterhaltsfestsetzungsbeschluss im vereinfachten Verfahren unzulässig (OLG Naumburg FuR 2000, 295; 2002, 561; OLG Brandenburg JAmt 2003, 502; OLG Koblenz JAmt 2003, 502). Der Einwand, nicht Vater des unterhaltsbedürftigen Kindes zu sein, kann im Beschwerdeverfahren erstmalig erhoben werden, da er sich gegen die Zulässigkeit des vereinfachten Verfahren gemäß §§ 250, 252 richtet (OLG Brandenburg FamRZ 2002, 545). Die sofortige Beschwerde des Antragstellers, der Unterhaltsfestsetzung im vereinfachten Verfahren begehrt hat, ist unzulässig, wenn der Antragsteller mit dem Rechtsmittel lediglich erstmals rückständigen Unterhalt geltend macht (OLG Brandenburg FamRZ 2002, 1263).

9 Im erstinstanzlichen Verfahren unterbliebene Einwendungen können jedoch im Beschwerdeverfahren nachgeholt werden, wenn der Antragsgegner keine Möglichkeit hatte, seine Einwendungen rechtzeitig vorzubringen. Werden solche Einwendungen zulässig vorgebracht, so ist der angefochtene Beschluss aufzuheben und das Verfahren an das

Amtsgericht zurückzuverweisen; das Beschwerdegericht darf den Unterhaltsfestsetzungsantrag nicht zurückweisen (OLG Brandenburg FamRZ 2001, 766 – keine ordnungsgemäße Zustellung). Dies gilt auch dann, wenn gerügt wird, das Gericht habe die vom Antragsgegner rechtzeitig in erster Instanz erhobenen Einwendungen unzutreffend behandelt (OLG Brandenburg FamRZ 2002, 545). Erhebt der Unterhaltsschuldner im Beschwerdeverfahren zulässig den Einwand eingeschränkter bzw fehlender Leistungsfähigkeit iSd ZPO § 252 Abs 2 Satz 3, dann muss er zugleich Auskunft iSd § 252 Abs 2 Satz 3 Nr 1 bis Nr 3 erteilen. Erfüllt der Schuldner diese (weitere) Voraussetzung nicht, ist seine im Beschwerdeverfahren erhobene Einwendung nicht zulässig (OLG Zweibrücken OLGR 2001, 17). Für die Rechtzeitigkeit nach § 252 Abs 3 kommt es auf den Eingang bei Gericht, nicht auf die Kenntnisnahme durch den Rechtspfleger an (OLG Köln FamRZ 2001, 1464).

Beruft sich der Antragsgegner auf mangelnde Leistungsfähigkeit, und legt er weder im Verfahren vor dem Rechtspfleger noch im Beschwerdeverfahren den nach § 259 eingeführten Vordruck vor, kann er mit seiner Einwendung unabhängig von der Frage, ob der Einwand fehlender Leistungsfähigkeit im Beschwerdeverfahren nach § 256 erstmals vorgebracht werden kann, nicht durchdringen (OLG Brandenburg FamRZ 2002, 1345). Macht der Antragsgegner mit der sofortigen Beschwerde im vereinfachten Verfahren geltend, er sei im Festsetzungsbeschluss nicht mit seiner zutreffenden Anschrift aufgeführt, so handelt es sich nicht um eine zulässige Einwendung. Ebenfalls unzulässig ist die Einwendung, die Antragstellerin wohne bereits an einem anderen Ort als im Festsetzungsbeschluss angegeben, und insoweit liege ein Verstoß gegen das Meldegesetz vor (OLG Brandenburg FamRZ 2002, 1345). 10

III. Unrichtigkeit der Kostenentscheidung

Die im vereinfachten Verfahren bei Einlegung der sofortigen Beschwerde zulässige Einwendung unrichtiger Kostenfestsetzung eröffnet beiden Beteiligten (auch) die Möglichkeit, die im Festsetzungsbeschluss getroffene Kostengrundentscheidung anzufechten (OLG Brandenburg FuR 2001, 45). Macht der Antragsgegner hinsichtlich der Verfahrenskosten geltend, er habe keinen Anlass zur Stellung des Antrages gegeben, dann trifft ihn die Darlegungs- und Beweislast für das Vorliegen der Voraussetzung des § 93 ZPO. Kommt der Unterhaltsschuldner einer berechtigten Aufforderung, einen Unterhaltstitel zu errichten, nicht nach, hat er Anlass zur Stellung eines Antrages auf Unterhaltsfestsetzung im vereinfachten Verfahren gegeben (OLG Brandenburg FuR 2001, 45). 11

§ 257 Besondere Verfahrensvorschriften

In vereinfachten Verfahren können die Anträge und Erklärungen vor dem Urkundsbeamten der Geschäftsstelle abgegeben werden. Soweit Formulare eingeführt sind, werden diese ausgefüllt; der Urkundsbeamte vermerkt unter Angabe des Gerichts und des Datums, dass er den Antrag oder die Erklärung aufgenommen hat.

1 § 257 entspricht dem bisherigen 657 ZPO.

§ 258 Sonderregelungen für maschinelle Bearbeitung

(1) In vereinfachten Verfahren ist eine maschinelle Bearbeitung zulässig. § 690 Abs. 3 der Zivilprozessordnung gilt entsprechend.

(2) Bei maschineller Bearbeitung werden Beschlüsse, Verfügungen und Ausfertigungen mit dem Gerichtssiegel versehen; einer Unterschrift bedarf es nicht.

1 § 258 Abs 1 entspricht dem bisherigen § 658 Abs 1 ZPO.
2 § 258 Abs 2 entspricht dem bisherigen § 658 Abs 2 ZPO.

§ 259 Formulare

(1) Das Bundesministerium der Justiz wird ermächtigt, zur Vereinfachung und Vereinheitlichung der Verfahren durch Rechtsverordnung mit Zustimmung des Bundesrates Formulare für das vereinfachte Verfahren einzuführen. Für Gerichte, die die Verfahren maschinell bearbeiten, und für Gerichte, die die Verfahren nicht maschinell bearbeiten, können unterschiedliche Formulare eingeführt werden.

(2) Soweit nach Absatz 1 Formulare für Anträge und Erklärungen der Beteiligten eingeführt sind, müssen sich die Beteiligten ihrer bedienen.

§ 259 Abs 1 entspricht dem bisherigen § 659 Abs 1 ZPO. 1
§ 259 Abs 2 entspricht dem bisherigen § 659 Abs 2 ZPO. 2
Der gemäß § 259 Abs 2 zwingend zu verwendende amtliche Vordruck sieht seit 3
1.1.2002 auch die Möglichkeit der Erklärung vollständiger Leistungsunfähigkeit und vollständig fehlender Leistungsbereitschaft vor. Unter Geltung des Formulars in der bis 31.12.2001 geltenden Fassung wurde die Angabe vollständiger Leistungsunfähigkeit und vollständig fehlender Leistungsbereitschaft außerhalb des amtlichen Formulars für ausreichend erachtet, und zwar ganz überwiegend unter Hinweis darauf, dass das Formular die Möglichkeit einer Erklärung, zu keiner Zahlung bereit zu sein, gar nicht vorsah (s zu allem etwa OLG Düsseldorf FamRZ 2001, 765, 766; OLG Frankfurt FamRZ 2002, 835, 836; OLG Rostock FamRZ 2002, 836; OLG Bamberg FamRZ 2001, 108, 109; OLG Hamm FamRZ 2000, 360; 2000, 901; zum Formular in der seit 1.1.2002 geltenden Fassung s OLG Brandenburg FamRZ 2004, 1587; OLG Karlsruhe FamRZ 2006, 1548).

§ 260 Bestimmung des Amtsgerichts

(1) Die Landesregierungen werden ermächtigt, die vereinfachten Verfahren über den Unterhalt Minderjähriger durch Rechtsverordnung einem Amtsgericht für die Bezirke mehrerer Amtsgerichte zuzuweisen, wenn dies ihrer schnelleren und kostengünstigeren Erledigung dient. Die Landesregierungen können die Ermächtigung durch Rechtsverordnung auf die Landesjustizverwaltungen übertragen.

(2) Bei dem Amtsgericht, das zuständig wäre, wenn die Landesregierung oder die Landesjustizverwaltung das Verfahren nach Absatz 1 nicht einem anderen Amtsgericht zugewiesen hätte, kann das Kind Anträge und Erklärungen mit der gleichen Wirkung einreichen oder anbringen wie bei dem anderen Amtsgericht.

§ 260 Abs 1 entspricht dem bisherigen § 660 Abs 1 ZPO. 1
§ 260 Abs 2 entspricht dem bisherigen § 660 Abs 2 ZPO. 2

Abschnitt 10
Verfahren in Güterrechtssachen

§ 261 Güterrechtssachen

(1) Güterrechtssachen sind Verfahren, die Ansprüche aus dem ehelichen Güterrecht betreffen, auch wenn Dritte an dem Verfahren beteiligt sind.

(2) Güterrechtssachen sind auch Verfahren nach § 1365 Abs. 2, § 1369 Abs. 2 und den §§ 1382, 1383, 1426, 1430 und 1452 des Bürgerlichen Gesetzbuchs.

A. Allgemeines

1 Die Norm definiert den Begriff der Güterrechtssachen, der neu ist und von dem in § 621 Abs 1 Nr 8 ZPO aF verwendeten Begriff der »Ansprüche aus dem ehelichen Güterrecht« abweicht. Er ist weitergehend als bislang gefasst, da sowohl Rechtsstreitigkeiten im Zusammenhang mit Gesamtvermögensgeschäften als auch Verfahren nach §§ 1382 und 1383 BGB mit einbezogen sind. Während die Güterrechtssachen nach Abs 1 Familienstreitsachen sind (§ 112 Nr 2), sind solche nach Abs 2 Verfahren der freiwilligen Gerichtsbarkeit (BTDrs 16/6308 S 262).

2 Keine Güterrechtssachen, sondern sonstige Familiensachen im Sinne des § 266 Abs 1 Nr 3 sind dagegen die vermögensrechtlichen Ansprüche außerhalb des Güterrechts.

B. Ansprüche aus dem ehelichen Güterrecht

3 Güterrechtssachen sind zunächst solche Verfahren, die Ansprüche aus dem ehelichen Güterrecht betreffen, auch wenn Dritte an dem Verfahren beteiligt sind. Hierzu zählen der Anspruch auf Ausgleich des Zugewinn einschließlich des Anspruchs auf Auskunft über das Anfangs- oder Endvermögen, Ansprüche aus der Gütergemeinschaft und deren Auflösung mit Ausnahme der in Abs 2 genannten (Ersetzung der Zustimmung nach §§ 1426, 1430 und 1452 BGB) sowie auch solche aus der Eigentums- und Vermögensgemeinschaft nach § 39 FGB-DDR (BGH FamRZ 1991, 794). Für diese Geschäfte ist die Zuständigkeit des Richters gegeben. Dasselbe gilt für Vollstreckungsabwehrklagen nach § 767 ZPO, die sich gegen einen Titel aus einer Güterrechtssache richten (BGH FamRZ 1981, 19).

4 Zu den Güterrechtssachen zählen ferner Rechtsstreitigkeiten aus Eheverträgen, durch die die Eheleute ihre güterrechtlichen Verhältnisse abweichend vom gesetzlichen Güterstand der Zugewinngemeinschaft geregelt haben und die Rechtsfolgen auslösen, die durch eine Änderung des bestehenden Güterstandes ausgelöst werden können (BGH NJW 1978, 1923).

5 An den Güterrechtssachen können auch Dritte beteiligt sein. Dies gilt etwa für die Geltendmachung der Unwirksamkeit eines Rechtsgeschäfts gegen einen Dritten nach § 1368 BGB, bei Ansprüchen nach § 1371 Abs 4 BGB oder nach § 1390 BGB.

6 Anders als Zugewinnausgleichsansprüche aus § 1371 Abs 2 und 3 BGB stellen solche aus § 1371 Abs 1 BGB keine Güterrechtssache dar, obwohl der erhöhte Erbteil des überlebenden Ehegatten ein pauschalierter Zugewinnausgleich ist (BGH FamRZ 1991, 43, 49).

7 Güterrechtssachen gehören zu den Familienstreitsachen nach § 112. In diesen Verfahren sind grundsätzlich die Vorschriften der ZPO anzuwenden (§ 113).

C. Sonstige Verfahren

8 Durch Abs 2 werden weitere Verfahren in den Katalog der Güterrechtssachen mit einbezogen, nämlich Auseinandersetzungen wegen Gesamtvermögensgeschäften im gesetzlichen Güterstand der Zugewinngemeinschaft (§§ 1365 Abs 2, 1369 Abs 2 BGB), Ver-

fahren mit dem Ziel der Stundung von Zugewinnausgleichsansprüchen (§ 1382 BGB) oder der Übertragung von Vermögensgegenständen (§ 1383 BGB) sowie Verfahren auf Ersetzung von Zustimmungen im Rahmen der Gütergemeinschaft nach den §§ 1426, 1430 oder 1452 BGB.

Für die Verfahren nach § 1365 Abs 2 oder § 1369 Abs 2 BGB ist der Richter des Familiengerichts funktionell zuständig, da § 3 Nr 1 RPflG keine Vollübertragung auf den Rechtspfleger beinhaltet und von einer Einzelübertragung für Geschäfte auf dem Gebiet der Familiensachen abgesehen wurde (§ 25 Nr 3 RPflG). 9

Diese Verfahren sind – anders als die nach Abs 1 – keine Familienstreitsachen, sondern Verfahren der freiwilligen Gerichtsbarkeit (BTDrs 16/6308 S 262). 10

Nicht zu den Güterrechtssachen zählen Verfahren nach den §§ 1411, 1491 Abs 3, 1492 Abs 3 und 1493 Abs 2 BGB. Bei diesen Verfahren steht das Wohl von Minderjährigen oder Betreuten im Vordergrund, so dass diese Angelegenheiten als Kindschaftssachen oder Betreuungssachen zu definieren sind (BTDrs 16/6308 S 261). 11

§ 262 Örtliche Zuständigkeit

(1) Während der Anhängigkeit einer Ehesache ist das Gericht ausschließlich zuständig, bei dem die Ehesache im ersten Rechtszug anhängig ist oder war. Diese Zuständigkeit geht der ausschließlichen Zuständigkeit eines anderen Gerichts vor.

(2) Im Übrigen bestimmt sich die Zuständigkeit nach der Zivilprozessordnung mit der Maßgabe, dass in den Vorschriften über den allgemeinen Gerichtsstand an die Stelle des Wohnsitzes der gewöhnliche Aufenthalt tritt.

A. Allgemeines

1   Die Zuständigkeitsregeln des § 262 gelten sowohl für die Güterrechtssachen nach § 261 Abs 1 als auch für solche nach § 262 Abs 2.

B. Zuständigkeit während der Anhängigkeit einer Ehesache

2   Abs 1 S 1 entspricht der bisherigen Regelung der §§ 621 Abs 1 Nr 8 und 9, Abs 2 S ZPO aF und verwirklicht die Konzentration der Zuständigkeit bei dem für die Ehesache zuständigen Gericht. Getragen wird die Regelung von dem Grundgedanken, dass Ehesachen und andere Familiensachen, an denen Ehegatten und ihre Kinder beteiligt sind, oft miteinander zusammen hängen und von einem Gericht sachgerechter und rationeller bearbeitet werden können als von mehreren Gerichten (BTDrs 13/4899 S 120). Durch die Zuständigkeitskonzentration werden auch widersprüchliche Entscheidungen vermieden.

3   Die Zuständigkeitsregelung setzt die Anhängigkeit der Ehesache voraus, die mit der Einreichung der Antragsschrift in der Ehesache beginnt (§ 124 S 1). Die Einreichung eines Antrages auf Bewilligung von Verfahrenskostenhilfe steht dem nicht gleich. Sie endet mit dem Tod eines Ehegatten (§ 131), der Rücknahme des Scheidungsantrags (§ 141) oder mit der Rechtskraft des Beschlusses in der Ehesache.

4   Nach Abs 1 S 2 geht die ausschließliche Zuständigkeit nach Abs 1 S 1 anderen ausschließlichen Zuständigkeiten gegenüber vor. Dies gilt insbesondere auch für die durch §§ 767 Abs 1, 802 ZPO begründete ausschließliche Zuständigkeit für Vollstreckungsgegenklagen.

C. Zuständigkeit im Übrigen

5   Ist eine Ehesache nicht anhängig, richtet sich die örtliche Zuständigkeit nach den Vorschriften der ZPO, hier also §§ 12 ff ZPO. Allerdings tritt in den Vorschriften über den allgemeinen Gerichtsstand des Wohnsitzes der gewöhnliche Aufenthaltsort. Dies ist der Ort, an dem der Schwerpunkt der sozialen und wirtschaftlichen Beziehungen, der Daseinsmittelpunkt namentlich in familiärer und beruflicher Hinsicht liegt (BGH FamRZ 2002, 1182). Von mehreren Aufenthaltsorten ist es derjenige, an dem der betroffene Beteiligte regelmäßig nächtigt (Zöller/Philippi § 606 Rn 23 mwN).

§ 263 Abgabe an das Gericht der Ehesache

Wird eine Ehesache rechtshängig, während eine Güterrechtssache bei einem anderen Gericht im ersten Rechtszug anhängig ist, ist diese von Amts wegen an das Gericht der Ehesache abzugeben. § 281 Abs. 2 und 3 Satz 1 der Zivilprozessordnung gilt entsprechend.

Die Norm sichert die durch § 262 geschaffene Zuständigkeitskonzentration bei dem Gericht der Ehesache. Sie entspricht dem früheren § 621 Abs 3 S 1 und S 2 ZPO und begründet im Fall der nachfolgenden Rechtshängigkeit der Ehesache die verpflichtende Abgabe an das für diese zuständige Gericht von Amts wegen. **1**

Voraussetzung für die Verpflichtung zur Abgabe ist die Anhängigkeit der Ehesache, die mit der Einreichung des Antragsschriftsatzes beginnt (§ 124 S 1) und mit der Verkündung oder Zustellung der Endentscheidung in der Ehesache endet. **2**

Die Verpflichtung zur Abgabe entfällt, wenn die Ehesache oder die Güterrechtssache bereits in der Rechtsmittelinstanz anhängig sind, da der fortgeschrittene Verfahrensstand einen Zuständigkeitswechsel verbietet (Zöller/Philippi, § 621 ZPO Rn 94). Verweist allerdings das Rechtsmittelgericht das Verfahren unter Aufhebung der erstinstanzlichen Entscheidung zurück, so hat das Rechtsmittelgericht die Zurückverweisung an das Gericht der Ehesache vorzunehmen (BGH FamRZ 1980, 444). **3**

Aus der Verweisung auf § 281 Abs 2 ZPO folgt, dass der Verweisungsantrag auch zu Protokoll der Geschäftsstelle gestellt werden kann, mithin formlos möglich ist und dass der Verweisungsbeschluss nicht angefochten werden kann sowie für das Gericht, an das abgegeben wird, bindend ist. **4**

Soweit auf § 281 Abs 3 S 1 ZPO verwiesen wird, wird klargestellt, dass die im Verfahren vor dem angegangenen Gericht erwachsenen Kosten als ein Teil der Kosten behandelt werden, die bei dem Gericht, an das abgegeben wurde, erwachsen. Dieses Gericht hat also auch über die Kosten zu entscheiden, die vor dem zunächst angegangenen Gericht angefallen sind. Indem § 281 Abs 3 S 2 ZPO nicht in Bezug genommen worden ist, sind diese Kosten dagegen nicht ohne weiteres der klagenden Partei aufzuerlegen. Das ist auch sachgerecht, da dieses Gericht anfangs zuständig war und die nachfolgende Unzuständigkeit nicht auf von der klagenden Partei zu verantwortenden Umständen beruht. **5**

§ 264 Verfahren nach den §§ 1382 und 1383 des Bürgerlichen Gesetzbuchs

(1) In den Verfahren nach den §§ 1382 und 1383 des Bürgerlichen Gesetzbuchs wird die Entscheidung des Gerichts erst mit der Rechtskraft wirksam. Eine Abänderung oder Wiederaufnahme ist ausgeschlossen.

(2) In dem Beschluss, in dem über den Antrag auf Stundung der Ausgleichsforderung entschieden wird, kann das Gericht auf Antrag des Gläubigers auch die Verpflichtung des Schuldners zur Zahlung der Ausgleichsforderung aussprechen.

A. Allgemeines

1   In § 264 werden Teile des bisherigen § 53a FGG übernommen. Die Regelung befasst sich mit dem Verfahren nach § 1382 oder § 1383 BGB. Während § 1382 BGB zum Schutz des Ausgleichsschuldners die Möglichkeit vorsieht, die Stundung der Ausgleichsforderung anzuordnen, wenn die sofortige Leistung des Zugewinns auch unter Berücksichtigung der Interessen des Ausgleichsberechtigten zur Unzeit erfolgen würde, eröffnet § 1383 BGB dem Ausgleichsberechtigten die Chance, ausnahmsweise unter Anrechnung auf die Ausgleichsforderung einen bestimmten Gegenstand aus dem Vermögen des anderen Ehegatten zugewiesen zu erhalten, wenn dies dem Ausgleichsschuldner zuzumuten ist.

2   Das Verfahren, für das stets ein Antrag erforderlich ist, fällt in die sachliche Zuständigkeit des Familiengerichts und hier der Rechtspfleger (§§ 3 Nr 3g, 25 Nr 3 RPflG). Es handelt sich bei den Verfahren nicht um Familienstreitsachen, da § 112 Nr 2 sich nur auf Güterrechtssachen im Sinne § 261 Abs 1 bezieht, während Verfahren nach §§ 1382, 1383 BGB Güterrechtssachen im Sinne § 261 Abs 2 sind.

B. Wirksamwerden der Entscheidung

3   Abs 1 S 1 entspricht dem bisherigen § 53a Abs 2 S 1 FGG. Danach wird die gerichtliche Entscheidung erst mit ihrer Rechtskraft wirksam. Eine vorläufige Vollstreckbarkeit gibt es nicht. Die formelle Rechtskraft regelt sich nach § 45.

C. Ausschluss der Abänderung oder Wiederaufnahme

4   Nach Abs 1 S 2 ist eine Abänderung oder die Wiederaufnahme des Verfahrens ausgeschlossen. Dessen bedarf es für die Stundungsentscheidung auch nicht, da § 1382 Abs 6 dem Familiengericht die Möglichkeit gibt, eine rechtskräftige Entscheidung auf Antrag zu ändern oder aufzuheben, wenn sich die Verhältnisse nach der Entscheidung geändert haben. Diese Möglichkeit besteht fort. Entsprechendes ist für das Verfahren nach § 1383 BGB nicht vorgesehen. Ein Bedürfnis hierfür besteht nicht.

D. Verpflichtung zur Zahlung der Ausgleichsforderung

5   Abs 2 entspricht dem bisherigen § 53a Abs 2 S 2 FGG. Danach kann das Gericht dann, wenn die Zugewinnausgleichsforderung als solche nicht streitig ist, auf Antrag des ausgleichsberechtigten Ehegatten auch zugleich mit der Stundungsentscheidung die Verpflichtung des Schuldners zur Zahlung aussprechen, also einen entsprechenden Zahlungstitel schaffen.

§ 265 Einheitliche Entscheidung

Wird in einem Verfahren über eine güterrechtliche Ausgleichsforderung ein Antrag nach § 1382 Abs. 5 oder § 1383 Abs. 3 des Bürgerlichen Gesetzbuchs gestellt, ergeht die Entscheidung durch einheitlichen Beschluss.

Die Norm entspricht dem bisherigen § 621a Abs 2 S 1 ZPO nur mit der Maßgabe, dass die Entscheidung nunmehr durch Beschluss, nicht mehr durch Urteil ergeht. 1

Geregelt wird damit der Fall, dass ein Ehegatte auf Leistung des Zugewinnausgleichs geltend macht und die Übertragung von Vermögensgegenständen unter Anrechnung auf die Ausgleichsforderung nach § 1383 BGB, oder der auf Leistung von Zugewinnausgleich in Anspruch genommene Ehegatte hilfsweise Stundung nach § 1382 BGB begehrt. Wenngleich der Antrag auf Ausgleich des Zugewinns eine Familienstreitsache (§§ 261 Abs 1, 112 Nr 2) und das Verfahren nach §§ 1382 oder 1383 BGB ein solches der freiwilligen Gerichtsbarkeit ist (vgl § 261 Rz 10), hat die Entscheidung in diesem Fall einheitlich und zwar durch Beschluss (§ 38) zu ergehen. 2

§ 266 FamFG | Sonstige Familiensachen

Abschnitt 11
Verfahren in sonstigen Familiensachen

§ 266 Sonstige Familiensachen

(1) Sonstige Familiensachen sind Verfahren, die
1. Ansprüche zwischen miteinander verlobten oder ehemals verlobten Personen im Zusammenhang mit der Beendigung des Verlöbnisses sowie in den Fällen der §§ 1298 und 1299 des Bürgerlichen Gesetzbuchs zwischen einer solchen und einer dritten Person,
2. aus der Ehe herrührende Ansprüche,
3. Ansprüche zwischen miteinander verheirateten oder ehemals miteinander verheirateten Personen oder zwischen einer solchen und einem Elternteil im Zusammenhang mit Trennung oder Scheidung oder Aufhebung der Ehe,
4. aus dem Eltern-Kind-Verhältnis herrührende Ansprüche oder
5. aus dem Umgangsrecht herrührende Ansprüche

betreffen, sofern nicht die Zuständigkeit der Arbeitsgerichte gegeben ist oder das Verfahren eines der in § 348 Abs. 1 Satz 2 Nr. 2 Buchstabe a bis k der Zivilprozessordnung genannten Sachgebiete, das Wohnungseigentumsrecht oder das Erbrecht betrifft und sofern es sich nicht bereits nach anderen Vorschriften um eine Familiensache handelt.

(2) Sonstige Familiensachen sind auch Verfahren über einen Antrag nach § 1357 Abs. 2 Satz 1 des Bürgerlichen Gesetzbuchs.

A. Allgemeines

1   Die Schaffung des »Großen Familiengerichts« (vgl dazu § 111 Rz 2) wird in § 266 komplettiert durch die Zuweisung der »sonstigen Familiensachen«, die (abgesehen von dem Einzelverfahren der freiwilligen Gerichtsbarkeit in Abs 2) im praktisch bedeutsamen Abs 1 (Familienstreitsachen) m weiten Tatbestandsmerkmalen (Verwendung generalklauselartiger Begriffe wie Verlöbnis pp; § 111 Rz 2) und offenen Anknüpfungen (»herrühren«, »betreffen«, »im Zusammenhang mit …«) umschrieben werden. Diese Regelungstechnik in Verbindung m dem ersichtlich angestrebten Ziel einer umfassenden Regelung des Verfahrens in Familiensachen (ua durch abschließende Aufzählung in § 111; vgl dort Rz 2) indiziert die Zulässigkeit einer insgesamt weiten Anwendung des § 266. Immer, wenn der **Rechtsstreit durch** die bezeichneten **familienrechtlichen Verhältnisse** (oder, bei Einbeziehung Dritter, eine spezifische **Nähe dazu**; vgl insbes Abs 1 Nr 1, 3, aber auch Nr 2 bei Ehestörungsverfahren; vgl Rz 13) »**nicht unwesentlich mitgeprägt**« ist, wird Abs 1 anwendbar sein (vgl auch Baumbach/Lauterbach/*Hartmann* § 266 Rn 4, 11, 12). Es wird Aufgabe der Rechtsprechung sein, geeignete Kriterien zu entwickeln, um die Fälle auszuscheiden, in denen der familienrechtliche Einschlag völlig untergeordnet ist, so dass eine Entscheidung durch das Familiengericht sachfremd erscheint; denkbar ist dabei auch eine Abtrennung (teilbarer) »familienfremder« Streitgegenstände (§ 113 Abs 1 Satz 2 iVm § 145 ZPO; vgl Baumbach/Lauterbach/*Hartmann* § 266 Rn 4 aE unter Hinweis auf den in Familienstreitsachen nicht anwendbaren § 20).

2   § 266 ist im Zusammenhang mit § 112 zu sehen. Abs 1 (mit sämtlichen Einzelsachen) betrifft Familienstreitsachen. Für sie sind auf Grund von Verweisungen (vgl § 112 Rz 5 f; § 113 Rz 4 ff, 10 f) in großem Umfang ZPO-Vorschriften anwendbar. Der neue eigenständige Komplex der FamFG-Vorschriften gilt als Ganzer nur für das Verfahren nach Abs 2.

B. Einzelheiten

I. Absatz 1

1. Aufbau (subsidiäre Auffangvorschrift)

Abs 1 mit seiner offenen Umschreibung weiterer Familiensachen zwecks möglichst umfassender Begründung der Zuständigkeit der Familiengerichte für alle entsprechende Streitigkeiten (Rz 1) soll die bisher als Fehlzuordnung (insbes im Bereich der ZPO-Verfahren) empfundenen Defizite beseitigen, nicht aber sachgerechte und bewährte, vor allem durch spezielle Rechtskenntnisse geprägte Zuständigkeiten ändern oder Doppelzuweisungen vornehmen. **3**

Abs 1 ist deshalb als subsidiäre (inhaltlich zu weit gefasste) **Auffangvorschrift** aufgebaut; sie greift nur ein, wenn keine der in Hs 2 (»sofern nicht ... handelt«) genannten **zahlreichen Ausnahmen** besteht. Im Folgenden werden sie zunächst abgehandelt (Rz 5 ff), bevor auf die inhaltlichen Details der einzelnen »sonstigen Familiensachen« eingegangen wird (beides ist nur bei Zuordnung einer Sache zu § 266 Abs 1 erforderlich, im Übrigen ist es bei der praktischen Arbeit unerheblich, ob eine Anwendung des § 266 Abs 1 abgelehnt wird wegen fehlender positiver oder negativer Voraussetzungen): **4**

Die Abgrenzung innerhalb des FamFG ist einfach: Wenn es sich bereits **nach anderen Vorschriften** um eine **Familiensache** handelt (was regelmäßig unschwer festzustellen ist), bedarf es keiner ergänzenden Zuweisung gem § 266 Abs 1; das Verfahren richtet sich allein nach den Regeln für diese (primäre) Familiensache; sie sind ua maßgeblich für die Zuordnung zu einer Familienstreitsache (§ 112) oder einer Sache aus dem Bereich der freiwilligen Gerichtsbarkeit (Beispiel für einen Wechsel der Verfahrensart: Behandlung eines auf § 1353 BGB gestützten Antrags auf Herstellung des ehelichen Lebens; dieses Verfahren ist nicht mehr im Katalog der Ehesachen gem § 121 enthalten, kann aber weiterhin geltend gemacht werden als Verfahren gem § 266 Abs 1 Nr 2, nunmehr jedoch als Familienstreitsache, dh nach anderen Verfahrensgrundsätzen, insbes ohne Amtsermittlung; vgl Amtl Begr S 226). **5**

Problematischer ist die **Abgrenzung**, wenn inhaltlich eine (primäre, nicht durch andere konkurrierende Zuweisung verdrängte; Rz 5) Zuordnung zu den »sonstigen Familiensachen« nach Nr 1 bis 5 (ggf) möglich wäre, sie jedoch m Rücksicht auf »den **Gesichtspunkt der Spezialität**« (der erforderlichen Rechtskenntnisse; Amtl Begr S 263) ausgeschlossen wird mit der Folge, dass überhaupt keine Familiensache vorliegt (demgemäß auch keine familiengerichtliche, sondern eine anderweitige Zuständigkeit). Dies ist vorgesehen für die Fälle, in denen die Arbeitsgerichte zuständig sind (§§ 2, 2a, 3 ArbGG) und wenn das Verfahren die in § 348 Abs 1 Satz 2 Nr 2 lit a bis k ZPO genannten Sachgebiete, das Wohnungseigentumsrecht oder das Erbrecht »betrifft«. Das dürfte klar umsetzbar (und bereits erprobt) sein im Verhältnis zu den Arbeitsgerichten. **6**

Unklar erscheint hingegen die **Reichweite des unbestimmten Rechtsbegriffes »betreffen«** (zutreffend Baumbach/Lauterbach/*Hartmann* § 266 FamFG Rn 4 f). Dieses Merkmal ist zu konkretisieren, nach hier vertretener Auffassung aus Gründen der **Rechtsklarheit** m weitgehender Beschränkung auf die Fälle einer rechtskraftfähigen (Teil-)Entscheidung über die genannten Spezialmaterien: **7**

Für den Ausschluss aus den »sonstigen Familiensachen« genügt es nicht, dass in einem (möglichen) Verfahren nach Abs 1 Nr 1 bis 5 eine **Vorfrage** aus einem der betreffenden Sachgebiete (§ 348 Abs 1 Satz 2 Nr 2 ZPO, Wohnungseigentumsrecht, Erbrecht) zu klären ist (außerhalb des Bereichs des § 148 ZPO; dazu Rz 10). Das ist auch sonst von den Gerichten häufig vorzunehmen; eine Einschränkung der (ua als Voraussetzung der umfassenden Entscheidungszuständigkeit gem § 17 Abs 2 Satz 1 GVG notwendigen) grds Vorfragenkompetenz würde überdies dem Normzweck des § 266 (Rz 1, 3) widersprechen und ist deshalb ohne ausdrückliche gesetzliche Regelung nicht anzunehmen. **8**

9 Auf der anderen Seite liegt ein hinreichender »(Mit-)Betreff« (so die Formulierung von Baumbach/Lauterbach/*Hartmann* § 266 Rn 4 f) sicher vor, wenn ein **Teil des Streitgegenstandes** eines der genannten Sachgebiete betrifft, mithin insoweit eine rechtskraftfähige Entscheidung zu treffen ist; der Rechtsstreit scheidet dann insgesamt oder zumindest m diesem Teil (zur Möglichkeit der Abtrennung vgl Rz 1 aE) als Familiensache aus. Dies gilt mit Rücksicht auf § 322 Abs 2 ZPO auch für den Fall der **Aufrechnung** m einer familienrechtsfremden Forderung. Dabei kann offen bleiben, ob sich bei Anwendung des § 17 Abs 2 Satz 1 GVG die umfassende Kompetenz auf die Aufrechnung m sämtlichen (auch rechtswegfremden) Gegenforderungen erstreckt (bejahend *Kissel/Mayer* § 17 Rn 52; anders die wohl hM, zB *Zöller/Greger* § 145 Rn 19a; *Zöller/Lückemann* § 13 GVG Rn 38, § 17 GVG Rn 10; *Stein/Jonas/Roth* § 148 Rn 34). Der in § 266 selbst hervorgehobene Gesichtspunkt der Spezialität (Rz 3 aE, 6) greift vorher ein, indem bereits bei der Definition der »sonstigen Familiensachen« (und der darauf beruhenden Zuständigkeit der Familiengerichte) hinreichend deutlich zum Ausdruck kommt, dass eine rechtskraftfähige Entscheidung in den aufgezählten Sachgebieten (in jeder Form) nicht vom Familiengericht getroffen werden soll.

10 Zwischen bloßen (wenn auch spezialisierten) Vorfragen und rechtskraftfähigen (Teil-)Entscheidungen sind andere Fälle des »(Mit-)Betreffs« in Bezug auf spezielle Sachgebiete denkbar. Im Zweifel wird das Interesse an einer möglichst umfassenden Zuständigkeit der Familiengerichte (Rz 1, 3) Vorrang haben vor dem Bestreben, die Familienrichter (im Rahmen einer inhaltlich unter Nr 1 bis 5 fallenden »sonstigen Familiensache«) weitgehend abzuschotten von der Befassung mit nur inzidenter bedeutsamen Spezialfragen aus anderen Rechtsgebieten; insoweit sind die Anforderungen an den Familienrichter (grds) nicht größer als bei der sonstigen Beurteilung von Vorfragen (Rz 8). Das Gleiche wird auch für die Fälle der **Vorgreiflichkeit nach § 113 Abs 1 iVm § 148 ZPO** (§ 21 ist nicht anwendbar) gelten; hier könnte allerdings, um die gewünschte Einbindung des spezialisierten Sachverstandes in die sonstige Familiensache zu gewährleisten, im Einzelfall eine Reduzierung des Ermessens bis hin zu einer Verpflichtung zur Aussetzung anzunehmen sein (vgl dazu *Stein/Jonas/Roth* § 148 Rn 34).

2. Einzelfälle

a) Allgemeines und Rangfragen

11 § 266 Abs 1 setzt stets voraus, dass der Rechtsstreit durch die betreffende familienrechtlichen Verhältnisse oder eine spezifische Nähe dazu »nicht unwesentlich mitgeprägt« ist (Rz 1). Wenn dies und die weiteren Voraussetzungen für die Anwendung des § 266 gegeben sind (bei Bejahung der Tatbestandsmerkmale einer Nummer von Abs 1 – nachstehend Rz 12 ff – und Nichteingreifen eines Ausnahmetatbestandes gem Hs 2 – Rz 5 ff –), führt es nicht weiter, innerhalb der Nr 1 bis 5 ein Rangverhältnis aufzustellen (abw Baumbach/Lauterbach/*Hartmann* § 266 FamFG Rn 11 ff: Vorrang der Nr 3 vor Nr 2 sowie der Nr 4 vor Nr 3). Rechtliche Konsequenzen fehlen; das Verfahren ist in allen Fällen das der Familienstreitsachen, dh weitgehend nach den (zT modifizierten) Vorschriften der ZPO (vgl § 112 Rz 5 f; § 113 Rz 2, 4 ff, 10, 11 f). Deshalb genügt es festzustellen, dass ein geltend gemachter Anspruch (vollständig) unter eine bestimmte Nummer des Abs 2 fällt, unabhängig davon ob noch eine weitere Nummer (wiederum als Familienstreitsache) einschlägig sein könnte; die Begründetheit richtet sich ohnehin nach dem materiellen Recht.

b) Nr 1 (Verlöbnis)

12 Nr 1 betrifft Verfahren zwischen (ehemaligen) Verlobten bzw (in den Fällen der §§ 1298, 1299) zwischen diesen und Dritten (zB den Eltern); Beispielsfälle sind die Rückgabe von Geschenken oder sonstigen Zuwendungen, Schadensersatzansprüche wegen unnötiger

(Vorbereitungs-)Kosten für eine geplante Hochzeit pp. Wesentlich ist der »**Zusammenhang mit der Beendigung des Verlöbnisses**« (ähnlich bei Nr 3; Rz 14). Darin liegt zunächst eine (notwendige) sachliche, **inhaltliche Begrenzung** (allgemein dazu Rz 1, 11 am Anfang); nicht jede Auseinandersetzung zwischen Verlobten hat familienrechtliche Bezüge. **Fraglich** ist, ob darüber hinaus ein **zeitlicher Zusammenhang** mit der Beendigung des Verlöbnisses zu verlangen ist, der gegebenenfalls fehle, »wenn seit der Beendigung der Verbindung ein längerer Zeitraum verstrichen ist« (*Meyer-Seitz/Kröger/Heiter* FamRZ 2005, 1430, 1437). Dieses zusätzliche Erfordernis ist im Gesetz nicht ausdrücklich vorgesehen und würde die Rechtsanwendung verunsichern wegen der fragwürdigen (ggf fallbezogen variablen) Bestimmung des maßgeblichen Zeitraums. Es ist kaum möglich, in sinnvoller Weise den Charakter als Familiensache u damit die Zuständigkeit des Familiengerichts danach abzugrenzen, wie lange der Antragsteller m der Durchsetzung seines (vermeintlichen) Anspruchs wartet m der Folge, dass nach Ablauf dieses Zeitraums (aber vor Eintritt der Verjährung) ein anderes Gericht (in den hier relevanten Fällen gem Nr 1 und 3 das Zivilprozessgericht) zuständig wird (zu Recht ablehnend *Wever* FF 2008, 399, 401). Ein zeitlicher Zusammenhang mit der Beendigung des Verlöbnisses, der Ehe pp ist deshalb nicht erforderlich; das schließt nicht aus, ein etwaiges (zumal ein nicht durch konkrete Umstände bedingtes) längeres Zuwarten materiellrechtlich zu bewerten (bis hin zur Verwirkung; vgl *Wever* FF 2008, 399, 401).

c) Nr 2 (Ehe)

Hier ist (wie stets; Rz 1, 11) zunächst der den Rechtsstreit mitprägende familienrechtliche Charakter zu prüfen, was durch den Ausdruck »herrühren« nur angedeutet wird (vgl Baumbach/Lauterbach/*Hartmann* § 266 FamFG Rn 11). Inhaltlich fallen unter Nr 2 vor allem Ansprüche aus § 1353 BGB, insbes Mitwirkungsansprüche (bei Handlungen gegenüber dem Finanzamt, Versicherungen pp; vgl *Wever* FF 2008, 399, 400 f), ferner die sog Ehestörungsverfahren (Abwehr- und Unterlassungsansprüche, auch gegenüber Dritten) einschließlich der entsprechenden Schadensersatzansprüche gem § 823 Abs 1 BGB (*Wever* FF 2008, 399, 400 f; *Schulte-Bunert* Rn 880). Nr 2 erfasst (als typische Auffangvorschrift) auch einen etwaigen Antrag auf Herstellung des ehelichen Lebens (nicht mehr, wie früher, Ehesache; vgl Rz 5 aE). 13

d) Nr 3 (Trennung, Scheidung, Aufhebung der Ehe)

Nr 3 umfasst die mit Abstand meisten und wichtigsten Fallgestaltungen (die insoweit fehlende Zuständigkeit bildete ein gravierendes Defizit der bisherigen familiengerichtlichen Tätigkeit). Erforderlich ist (wie bei Nr 1) ein inhaltlicher Zusammenhang mit der Beendigung der Verbindung (vgl dazu allgemein Rz 1, 11 am Anfang, ferner Rz 12), hingegen kein zeitlicher Zusammenhang (Rz 12). Die vielfältigen Anwendungsbereiche (zB Auseinandersetzung des Miteigentums am Familienheim einschließlich der Nutzungsvergütung, Rückgewähr von Zuwendungen und Schenkungen zwischen den Ehegatten und seitens der Eltern, Gesamtschuldnerausgleich, Auseinandersetzung von BGB-Innengesellschaften; Streit um Kontoguthaben pp) können hier nicht im Einzelnen aufgeführt werden (vgl dazu ausführlich *Wever* Vermögensauseinandersetzung; ferner *Wever* FF 2008, 399, 401). 14

e) Nr 4 (Eltern-Kind-Verhältnis)

Das Tatbestandsmerkmal »herrühren« ist, wie bei Nr 2, zu konkretisieren (Rz 1, 11, 13; vgl auch Amtl Begr S 263, wonach der Anspruch im Eltern-Kind-Verhältnis seine »Grundlage« haben muss; ferner *Wever* FF 2008, 399, 402). Inhaltlich erfasst Nr 4 zB Streitigkeiten wegen der Verwaltung des Kindesvermögens einschließlich etwaiger Schadensersatzansprüche (*Wever* FF 2008, 399, 402). 15

f) Nr 5 (Umgangsrecht)

16 Wegen der erforderlichen Konkretisierung vgl Rz 13 (am Anfang; allgemein Rz 1, 11). Inhaltlich sind vor allem Schadensersatzansprüche wegen Nichteinhaltens der Umgangsregelung gemeint (Amtl Begr S 263), auch bei nichtehelichen Kindern (*Wever* FF 2008, 399, 402).

II. Absatz 2

17 Abs 2 betrifft als Einzelregelung lediglich das Verfahren gem § 1357 Abs 2 Satz 1 BGB (zu den Gründen der Zuordnung zu den »sonstigen Familiensachen« – allgemeine güterstandsunabhängige Ehewirkung – vgl Amtl Begr S 263). Das Verfahren gehört nicht zu den in Abs 1 geregelten Familienstreitsachen, sondern zum Bereich der freiwilligen Gerichtsbarkeit (Rz 2 aE).

§ 267 Örtliche Zuständigkeit

(1) Während der Anhängigkeit einer Ehesache ist das Gericht ausschließlich zuständig, bei dem die Ehesache im ersten Rechtszug anhängig ist oder war. Diese Zuständigkeit geht der ausschließlichen Zuständigkeit eines anderen Gerichts vor.

(2) Im Übrigen bestimmt sich die Zuständigkeit nach der Zivilprozessordnung mit der Maßgabe, dass in den Vorschriften über den allgemeinen Gerichtsstand an die Stelle des Wohnsitzes der gewöhnliche Aufenthalt tritt.

Die Vorschrift stimmt wörtlich überein mit § 262. Die Regelung in Abs 1 entspricht § 621 Abs 2 Satz 1 ZPO aF (und weiteren neuen Vorschriften des FamFG; vgl § 218 Rz 2), in Abs 2 § 621 Abs 2 Satz 2 ZPO aF. **1**

Abs 1 Satz 1 bewirkt die Zuständigkeitskonzentration beim Gericht der Ehesache. Abs 1 Satz 2 bestimmt den Vorrang der hier festgelegten ausschließlichen Zuständigkeit vor anderen ausschließlichen Zuständigkeiten (etwa gem §§ 767 Abs 1, 802 ZPO). **2**

Abs 2 verweist im Übrigen, dh bei fehlender (früherer) Anhängigkeit einer Ehesache, auf die Vorschriften der ZPO mit der im Gesetz bezeichneten Maßgabe. Wegen der Kriterien für einen »gewöhnlichen Aufenthalt« (zu verstehen wie in § 606 ZPO aF, § 45 FGG aF) wird auf die Kommentierung zu § 122 verwiesen (vgl dazu auch Amtl Begr S 226 f). **3**

§ 268 Abgabe an das Gericht der Ehesache

Wird eine Ehesache rechtshängig, während eine sonstige Familiensache bei einem anderen Gericht im ersten Rechtszug anhängig ist, ist diese von Amts wegen an das Gericht der Ehesache abzugeben. § 281 Abs. 2 und 3 Satz 1 der Zivilprozessordnung gilt entsprechend.

Die Vorschrift stimmt (abgesehen von der Bezeichnung als »sonstige Familiensache«) wörtlich überein mit §§ 153, 202, 233, 263. Wie dort und entsprechend § 621 Abs 3 ZPO aF wird eine Zuständigkeitskonzentration beim Gericht der Ehesache (vgl § 267 Rz 2) erreicht, hier durch von Amts wegen vorzunehmende Abgabe der sonstigen Familiensache. **1**

Abschnitt 12
Verfahren in Lebenspartnerschaftssachen

§ 269 Lebenspartnerschaftssachen

(1) Lebenspartnerschaftssachen sind Verfahren, welche zum Gegenstand haben:
1. die Aufhebung der Lebenspartnerschaft auf Grund des Lebenspartnerschaftsgesetzes,
2. die Feststellung des Bestehens oder Nichtbestehens einer Lebenspartnerschaft,
3. die elterliche Sorge, das Umgangsrecht oder die Herausgabe in Bezug auf ein gemeinschaftliches Kind,
4. die Annahme als Kind und die Ersetzung der Einwilligung zur Annahme als Kind,
5. Wohnungszuweisungssachen nach § 14 oder § 17 des Lebenspartnerschaftsgesetzes,
6. Hausratssachen nach § 13 oder § 17 des Lebenspartnerschaftsgesetzes,
7. den Versorgungsausgleich der Lebenspartner,
8. die gesetzliche Unterhaltspflicht für ein gemeinschaftliches minderjähriges Kind der Lebenspartner,
9. die durch die Lebenspartnerschaft begründete gesetzliche Unterhaltspflicht,
10. Ansprüche aus dem lebenspartnerschaftlichen Güterrecht, auch wenn Dritte an dem Verfahren beteiligt sind,
11. Entscheidungen nach § 6 des Lebenspartnerschaftsgesetzes in Verbindung mit § 1365 Abs. 2, § 1369 Abs. 2 und den §§ 1382 und 1383 des Bürgerlichen Gesetzbuchs,
12. Entscheidungen nach § 7 des Lebenspartnerschaftsgesetzes in Verbindung mit den §§ 1426, 1430 und 1452 des Bürgerlichen Gesetzbuchs.

(2) Sonstige Lebenspartnerschaftssachen sind Verfahren, welche zum Gegenstand haben:
1. Ansprüche nach § 1 Abs. 4 Satz 2 des Lebenspartnerschaftsgesetzes in Verbindung mit den §§ 1298 bis 1301 des Bürgerlichen Gesetzbuchs,
2. Ansprüche aus der Lebenspartnerschaft,
3. Ansprüche zwischen Personen, die miteinander eine Lebenspartnerschaft führen oder geführt haben, oder zwischen einer solchen Person und einem Elternteil im Zusammenhang mit der Trennung oder Aufhebung der Lebenspartnerschaft,
sofern nicht die Zuständigkeit der Arbeitsgerichte gegeben ist oder das Verfahren eines der in § 348 Abs. 1 Satz 2 Nr. 2 Buchst. a bis k der Zivilprozeßordnung genannten Sachgebiete, das Wohnungseigentumsrecht oder das Erbrecht betrifft und sofern es sich nicht bereits nach anderen Vorschriften um eine Lebenspartnerschaftssache handelt.

(3) Sonstige Lebenspartnerschaftssachen sind auch Verfahren über einen Antrag nach § 8 Abs. 2 des Lebenspartnerschaftsgesetzes in Verb. mit § 1357 Abs. 2 Satz 1 des Bürgerlichen Gesetzbuchs.

1 § 269 Abs 1 enthält den Begriff der Lebenspartnerschaftssachen. Im Wesentlichen erfolgte die Übernahme des bisherigen § 661 Abs 1, 2 ZPO. Es handelt sich um Verfahren, die zum Gegenstand haben:
1. die Aufhebung der Lebenspartnerschaft aufgrund des LPartG (bisher § 661 Abs 1 Nr 1 ZPO; entspricht der Ehescheidung),
2. die Feststellung des Bestehens oder Nichtbestehens einer Lebenspartnerschaft (bisher § 661 Abs 1 Nr 2 ZPO),

3. die elterliche Sorge, das Umgangsrecht oder die Herausgabe in Bezug auf eingemeinschaftliches Kind (bisher § 661 Abs 1 Nr 3 a–c ZPO; gemeinschaftlich kann das Kind sein aufgrund der Stiefkindadoption nach § 9 Abs 7 LPartG),
4. die Annahme als Kind und die Ersetzung der Einwilligung zur Annahme als Kind (vgl § 9 Abs 6 LPartG),
5. Ehewohnungssachen (bisher Wohnungszuweisungssachen) nach §§ 14, 18 LPartG (bisher § 661 Abs 1 Nr 5 ZPO; die §§ 14, 18 LPartG sind angelehnt an die § 1361b BGB, § 5 HausratsVO),
6. Haushaltssachen (bisher Hausratssachen) nach § 13 oder § 19 LPartG (bisher § 661 Abs 1 Nr 5 ZPO; § 13 LPartG ist § 1361a BGB nachgebildet),
7. den Versorgungsausgleich der Lebenspartner (bisher § 661 Abs 1 Nr 4a ZPO; vgl § 20 LPartG),
8. die gesetzliche Unterhaltspflicht für ein gemeinschaftliches minderjähriges Kind der Lebenspartner (bisher § 661 Abs 1 Nr 3d ZPO; nach §§ 1601f BGB),
9. die durch die Lebenspartnerschaft begründete gesetzliche Unterhaltspflicht (bisher § 661 Abs 1 Nr 4 ZPO; vgl §§ 5, 12, 16 LPartG),
10. Ansprüche aus dem lebenspartnerschaftlichen Güterrecht, auch wenn Dritte an dem Verfahren beteiligt sind (bisher § 661 Abs 1 Nr 6 ZPO; vgl §§ 6–8 LPartG),
11. Entscheidungen nach § 6 LPartG iVm den §§ 1365 Abs 2, 1369 Abs 2, 1382, 1383 BGB (bisher § 661 Abs 1 Nr 7 ZPO; die §§ 1365, 1369 BGB sind aufgrund des Wegfalls des Vormundschaftsgerichts hinzugekommen),
12. Entscheidungen nach § 7 LPartG iVm den §§ 1426, 1430, 1452 BGB (ebenfalls hinzugefügt aufgrund des Wegfalls des Vormundschaftsgerichts).

Bei den Verfahren nach § 269 Abs 1 Nr 8, 9 handelt es sich um Familienstreitsachen nach § 112 Nr 1 und bei den Verfahren nach § 269 Abs 1 Nr 10 gem § 112 Nr 2. Auf diese sind grundsätzlich die ZPO-Vorschriften nach § 113 anzuwenden. **2**

§ 269 Abs 2 enthält (wie § 266 Abs 1 für sonstige Familiensachen) eine Definition von sonstigen Lebenspartnerschaftssachen, die ebenfalls nach § 112 Nr 3 Familienstreitsachen sind. Die Fälle des § 269 Abs 2 Nr 1–3 entsprechen insoweit denen des § 266 Abs 1 Nr 1–3 ebenso wie die Ausnahmen. Die Verfahren nach dem bisherigen § 661 Abs 1 Nr 3 ZPO sind nicht in § 269 Abs 1 aufgeführt, sondern fallen nunmehr unter § 269 Abs 2 Nr 2. **3**

§ 269 Abs 3 bestimmt (wie § 266 Abs 2) Verfahren über einen Antrag nach § 8 Abs 2 LPartG iVm § 1357 Abs 2 S 1 BGB zu sonstigen Lebenspartnerschaftssachen. Hierbei handelt es sich um Verfahren der freiwilligen Gerichtsbarkeit. **4**

Aufgrund des Gesetzes zur Änderung des Zugewinnausgleichs- und Vormundschaftsrechts, welches am 1.9.2009 mit dem FamFG in Kraft getreten ist, wurden in § 269 Abs 1 Nr 5 das Wort »Wohnungszuweisungssachen« durch das Wort »Ehewohnungssachen« und die Angabe »§ 18« durch die Angabe »§ 17« sowie in § 269 Abs 1 Nr 6 das Wort »Hausratssachen« durch das Wort »Haushaltssachen« und die Angabe »§ 19« durch die Angabe »§ 17« ersetzt. **5**

§ 270 Anwendbare Vorschriften

(1) In Lebenspartnerschaftssachen nach § 269 Abs. 1 Nr. 1 sind die für Verfahren auf Scheidung geltenden Vorschriften, in Lebenspartnerschaftssachen nach § 269 Abs. 1 Nr. 2 die für Verfahren auf Feststellung des Bestehens oder Nichtbestehens einer Ehe zwischen den Beteiligten geltenden Vorschriften entsprechend anzuwenden. In den Lebenspartnerschaftssachen nach § 269 Abs. 1 Nr. 3 bis 12 sind die in Familiensachen nach § 111 Nr. 2, 4, 5 und 7 bis 9 jeweils geltenden Vorschriften entsprechend anzuwenden.

(2) In sonstigen Lebenspartnerschaftssachen nach § 269 Abs. 2 und 3 sind die in sonstigen Familiensachen nach § 111 Nr. 10 geltenden Vorschriften entsprechend anzuwenden.

1 § 270 bestimmt, welche Vorschriften entsprechend anwendbar sind. Dabei greift § 270 Abs 1 die Lebenspartnerschaften auf, wobei in der zunächst verabschiedeten Fassung versehentlich § 269 Abs 1 Nr 12 nicht aufgenommen wurde. Dieses redaktionelle Versehen hat der Gesetzgeber erkannt und nun im Rahmen des sog Reparaturgesetzes berücksichtigt.

2 § 270 Abs 2 regelt die entsprechend anwendbaren Vorschriften für die sonstigen Lebenspartnerschaftssachen nach § 269 Abs 2, 3. Entsprechend anwendbar sind danach §§ 266–268.

Buch 3
Verfahren in Betreuungs- und Unterbringungssachen

Abschnitt 1
Verfahren in Betreuungssachen

§ 271 Betreuungssachen

Betreuungssachen sind
1. Verfahren zur Bestellung eines Betreuers und zur Aufhebung der Betreuung,
2. Verfahren zur Anordnung eines Einwilligungsvorbehaltes sowie
3. sonstige Verfahren, die die rechtliche Betreuung eines Volljährigen (§§ 1896 bis 1908i des Bürgerlichen Gesetzbuchs) betreffen, soweit es sich nicht um eine Unterbringungssache handelt.

A. Normzweck

Mit der vollständigen Neuregelung des Rechts der freiwilligen Gerichtsbarkeit steht den Verfahrensvorschriften in Betreuungssachen nunmehr eine exakte **Definition** der diesen unterfallenden Sachverhalte voran. Denn es ist auch Ziel der Reform, durch einen anwenderfreundlichen Gesetzesaufbau und eine klare Gesetzessprache eine hinreichend verständliche und deutliche Abgrenzung zu ermöglichen (BTDrs 16/6308 S 163 f). Zugleich soll die Bedeutung der jeweiligen betreuungsrechtlichen Verfahren hervorgehoben werden (*Schulte-Bunert* Rn 898). Die Vorschrift verweist deswegen abschließend auf die materiell-rechtlich geregelten Fälle originärer betreuungsrechtlicher Relevanz, die Gegenstand der nachfolgenden verfahrensrechtlichen Vorschriften sind. Zu den Betreuungssachen im Sinne des FamFG gehört dabei die Genehmigung in Unterbringungssachen nach § 1906 BGB **nicht**, deren Verfahren in §§ 312 ff speziell geregelt ist. Davon zu unterscheiden ist die Bestellung eines Betreuers (ua) mit dem Aufgabenkreis der Entscheidung über freiheitsentziehende Maßnahmen iSv § 1906 Abs 1 u 4 BGB, die Betreuungssache ist. 1

B. Regelungen

Nummer 1 erklärt das Verfahren zur Bestellung eines Betreuers und zur Aufhebung der Betreuung nach §§ 1896 bis 1901a BGB zur Betreuungssache. Dies betrifft die Fälle, in denen die Bestellung eines oder mehrerer rechtlicher (§ 1901 Abs 1 BGB) Betreuer für einen **Volljährigen** zu prüfen ist, wenn dieser auf Grund einer psychischen Krankheit oder einer körperlichen, geistigen oder seelischen Behinderung seine Angelegenheiten ganz oder teilweise nicht besorgen kann (§ 1896 Abs 1 BGB). Die Bestellung kann auch nur für bestimmte Aufgabenkreise erfolgen, in denen die Betreuung erforderlich ist (§ 1896 Abs 2 BGB), also konkreter Regelungsbedarf besteht. Hieran fehlt es, wenn das Auftreten eines Betreuungsbedürfnisses lediglich wahrscheinlich ist. Eine Betreuerbestellung »auf Vorrat« – auch bei einem Psychosekranken, bei dem phasenweise Krankheitsschübe drohen – ist ausgeschlossen (BTDrs 15/2494 S 17; OLG Köln FamRZ 2000, 908 f). Ein Betreuer darf schließlich ohne Zustimmung des Betroffenen nur bestellt werden, wenn dieser auf Grund seiner psychischen Erkrankung seinen Willen nicht frei bestimmen kann (§ 1896 Abs 1a BGB) und deswegen die Notwendigkeit einer bestimmten Maßnahme oder einer Änderung seiner Lebensverhältnisse nicht erkennt (PWW/*Bauer* § 1896 Rn 16). Spiegelbildlich gehört, wie die Vorschrift klar stellt, auch das Verfahren über die (teilweise) **Aufhebung** der Betreuung hierhin. 2

Als **Unterfälle** des Verfahrens über die Anordnung oder Aufhebung der Betreuung iSv § 1896 BGB sind die gerichtlichen Maßnahmen betreffend die Erweiterung des Auf- 3

§ 271 FamFG | Betreuungssachen

gabenkreises des Betreuers (§ 293), der Einschränkung der Betreuung (§ 294), der Verlängerung der Betreuung (§ 295) sowie der Entlassung des Betreuers (§ 296) zu verstehen.

4 Unter **Nr 1** fällt auch das Verfahren zur vorsorglichen Betreuerbestellung für einen 17-jährigen **Minderjährigen** nach § 1908a BGB, wenn zu erwarten ist, dass er auch bei Eintritt der Volljährigkeit betreuungsbedürftig sein wird. Zur Verfahrensfähigkeit s § 275; s im Übrigen § 279 Rz 6.

5 **Nr 2** bestimmt das Verfahren zur Anordnung eines Einwilligungsvorbehalts zur Betreuungssache. Nach § 1903 BGB kann zur Abwendung einer erheblichen Gefahr für die Person oder das Vermögen des Betroffenen, dessen Geschäftsfähigkeit durch die Bestellung eines Betreuers nicht eingeschränkt wird, zusätzlich ein **Einwilligungsvorbehalt** für Willenserklärungen oder rechtsgeschäftsähnliche Handlungen angeordnet werden. Dies gilt allerdings nicht für die in § 1903 Abs 2 und 3 BGB genannten Erklärungen sowie auch nicht, soweit die Aufenthaltsbestimmung betroffen ist (ganz hM: Bienwald/Sonnenfeld/Hoffmann/*Bienwald* § 1903 BGB Rn 18; jurisPK-BGB/*Bieg/Jaschinski* § 1903 Rn 41 f mwN). Vom Einwilligungsvorbehalt können nur Willenserklärungen umfasst sein, die zum Aufgabenkreis des Betreuers gehören.

6 **Nummer 3** stellt klar, dass mit Ausnahme der Unterbringungssachen (s dazu Rz 1 aE) auch alle übrigen, die rechtliche Betreuung von Volljährigen betreffenden Verfahren nach §§ 1896 bis 1908i BGB Betreuungssachen im Sinne der Vorschrift sind. Hierhin gehören, soweit sich dies nicht bereits aus Nummer 1 ergibt,
– die Bestellung eines Kontrollbetreuers nach § 1896 Abs 3 BGB
– die Genehmigung gefährlicher medizinischer Eingriffe nach § 1904 Abs 1 BGB
– die Genehmigung der Sterilisation nach § 1905 BGB
– die Genehmigung des Abbruchs lebenserhaltender Maßnahmen nach § 1904 Abs 2 BGB (s dazu näher § 298 Rz 12 ff)
– die Genehmigung der Kündigung des Mietverhältnisses über Wohnraum nach § 1907 BGB
– die Genehmigung des Versprechens oder der Gewährung einer Ausstattung nach §§ 1908, 1624 BGB
– die sich aus den Einzelverweisungen des § 1908i BGB ergebenden Verfahren, so unter anderem nach § 1632 BGB der Anspruch auf Herausgabe des Betreuten und Bestimmung seines Umgangs, nach § 1784 BGB die Bestellung eines Beamten oder Religionsdieners zum Betreuer, nach §§ 1792, 1799, 1895 BGB das Verfahren bei Bestellung eines Gegenbetreuers, nach § 1797 Abs 1 S 2 BGB die Angelegenheiten bei gemeinschaftlicher Führung der Betreuung, die Angelegenheiten der Vermögensverwaltung für den Betreuten nach §§ 1809 ff BGB oder nach §§ 1828 f BGB die Erteilung vormundschaftsgerichtlicher Genehmigungen (vgl im Übrigen die Darstellung bei Jürgens/*Klüsener* § 1908i Rn 8).

7 Zu den Betreuungssachen nach Nr 1 bis 3 zählen auch die **vorläufige** Betreuerbestellung, die vorläufige Erweiterung dessen Aufgabenkreises, seine vorläufige Entlassung oder die vorläufige Anordnung oder Erweiterung eines Einwilligungsvorbehalts im Wege **einstweiliger Anordnung**. Das weitere Verfahren regeln §§ 300 ff.

8 Zur sachlichen Zuständigkeit s § 272 Rz 14 f, zur internationalen Zuständigkeit s § 272 Rz 30, zur funktionellen Zuständigkeit s § 272 Rz 16 ff.

§ 272 Örtliche Zuständigkeit

(1) Ausschließlich zuständig ist in dieser Rangfolge
1. das Gericht, bei dem die Betreuung anhängig ist, wenn bereits ein Betreuer bestellt ist,
2. das Gericht, in dessen Bezirk der Betroffene seinen gewöhnlichen Aufenthalt hat,
3. das Gericht, in dessen Bezirk das Bedürfnis der Fürsorge hervortritt,
4. das Amtsgericht Schöneberg in Berlin, wenn der Betroffene Deutscher ist.

(2) Für einstweilige Anordnungen nach § 300 oder vorläufige Maßregeln ist auch das Gericht zuständig, in dessen Bezirk das Bedürfnis der Fürsorge bekannt wird. Es soll die angeordneten Maßregeln dem nach Absatz 1 Nr. 1, Nr. 2 oder Nr. 4 zuständigen Gericht mitteilen.

Übersicht

	Rz		Rz
A. Örtliche Zuständigkeit	1	B. Sachliche Zuständigkeit	14
I. Regelungssystematik	1	C. Funktionelle Zuständigkeit	16
II. Absatz 1	2	D. Internationale Zuständigkeit	30
III. Absatz 2	12		

A. Örtliche Zuständigkeit

I. Regelungssystematik

Die Vorschrift greift in Abs 1 die Regelungen des § 65 Abs 1 bis 4 FGG ohne wesentliche inhaltliche Änderungen auf. Sie stellt allerdings aus Gründen der Klarheit und des anwenderfreundlichen Gesetzesaufbaus (BTDrs 16/6308 S 163 f, 264) die Reihenfolge der Zuständigkeitsvoraussetzungen um und benennt die örtliche Zuständigkeit nunmehr ausdrücklich als ausschließliche. Abs 2 ersetzt für die Fälle einstweiliger Anordnungen und vorläufiger Maßregeln § 65 Abs 5 FGG. **1**

II. Absatz 1

Allem voran richtet sich nach **Nr 1** die örtliche Zuständigkeit des Betreuungsgerichts danach, ob bereits ein solches Gericht einen Betreuer bestellt hat. Dieses bleibt dann (wie nach § 65 Abs 4 FGG) auch für alle weiteren die Betreuung betreffenden Angelegenheiten **fortdauernd zuständig**, selbst wenn es zunächst örtlich unzuständig gewesen sein sollte (OLG München OLGR 2007, 893 f). Dabei kommt es nicht nur angesichts des klaren Wortlauts der Vorschrift auf den Zeitpunkt der Betreuerbestellung und nicht schon auf die Anhängigkeit des Betreuungsverfahrens an. Denn Sinn und Zweck der Zuständigkeitsfortdauer ist auch, die beim Erstgericht ermittelten und zu einer Entschließung gewordenen Erkenntnisse zur Grundlage weiterer Befassung durch dieses Gericht zu machen. Die Abgabe nach § 273 schließt dies nicht aus. Bestellt ist in Anbetracht dessen ein Betreuer schon dann, wenn der Beschluss erlassen ist, nicht erst, wenn er nach § 287 wirksam geworden ist (Jürgens/*Mertens* § 65 Rn 7). Die Bestellung eines vorläufigen Betreuers gemäß § 300 Abs 1 reicht insoweit allerdings nicht aus (s Rz 12). **2**

Grundlegende und bei der Erstbefassung des Betreuungsgerichts mit einer Betreuungssache iSv § 271 praktisch bedeutsamste Regelung ist diejenige in **Nr 2**, wonach für die örtliche Zuständigkeit an den **gewöhnlichen Aufenthalt** – und nicht etwa an den Wohnsitz – des Betroffenen anzuknüpfen ist. Die Begründung des Aufenthalts ist ein rein tatsächlicher Vorgang ist. Es bedarf lediglich der Feststellung, wo der tatsächliche Lebensmittelpunkt des Betroffenen liegt, also der Ort, an dem er sich hauptsächlich (nicht unbedingt ständig) aufzuhalten pflegt. Auf den melderechtlichen Status komm es nicht an. Bei einem Aufenthaltswechsel (zB Umzug in ein Altenpflegeheim) muss der Verbleib auf längere Zeit – idR mehr als sechs Monate – angelegt sein (KK-FamR/*Rausch* Vor 606a **3**

§ 272 FamFG | Örtliche Zuständigkeit

ZPO Rn 10; Bienwald/Sonnenfeld/Hoffmann/*Sonnenfeld* § 65 FGG Rn 16). Hingegen setzte die Wohnsitzbegründung im einzelnen Sinne einen rechtsgeschäftlichen Willen voraus, was in Fällen, in denen die Voraussetzungen des § 1896 Abs 1 BGB vorliegen, zu Schwierigkeiten führen kann. Diese werden bei einer Anknüpfung an den gewöhnlichen Aufenthalt vermieden. Im Übrigen wird hiermit sichergestellt, dass das Gericht zum Betroffenen ortsnah liegt und so dem Bemühen um persönlichen Kontakt zwischen Betroffenem, Betreuer und dem Gericht am ehesten Rechnung getragen wird (BTDrs 11/4528 S 169).

4   Schwierigkeiten bereitet die Abgrenzung zwischen vorübergehendem Aufenthalt und tatsächlichem Lebensmittelpunkt in den Fällen, in denen sich Betroffene für eine bestimmte Dauer in **besonderen Einrichtungen** wie **Kliniken** o.ä. befinden, die nicht ohne Weiteres den Lebensmittelpunkt darstellen. Hierzu gilt:

5   Der vorübergehende, auch längere Aufenthalt in einer **Klinik** oder einem **Krankenhaus** begründet grundsätzlich keinen gewöhnlichen Aufenthalt, da er nicht von vornherein auf Dauer angelegt ist (LG Koblenz FamRZ 2007, 2009 LS; Bienwald/Sonnenfeld/Hoffmann/*Bienwald* § 65 FGG Rn 17 mwN). Gleichwohl kann ein Betroffener seinen Daseinsmittelpunkt und damit seinen gewöhnlichen Aufenthalt ausnahmsweise in einer Klinik begründen. Entscheidend sind die Gesamtumstände des Einzelfalles, wozu neben der schlichten Dauer (OLG Köln NJW-RR 2007, 517 f: mindestens 9 Monate; OLG Zweibrücken OLGR 2007, 903 f = Rpfleger 2007, 545 f: 12 Monate) insbesondere gehört, dass der Betroffene durch die Einrichtung seiner Lebensverhältnisse erkennen lässt, dass ein anderer Aufenthaltsort für ihn weniger Bedeutung bekommen hat (OLG Zweibrücken aaO). Dies ist etwa auch dann der Fall, wenn (zB wegen der langen Zeitdauer) mangels persönlicher oder sozialer Bindungen ein Ort des gewöhnlichen Aufenthalts nicht mehr festzustellen ist. Diese Feststellung sollte allerdings nur in **begründeten Ausnahmefällen** getroffen werden, um im Hinblick auf die in der Praxis häufige Befassung der Betreuungsgerichte mit Klinikinsassen Unsicherheiten bei der Anwendung von Abs 1 Nr 2 zu vermeiden. Herangezogen kann in diesen Fällen ggf die Ersatzzuständigkeit nach Nr 3 (s dazu Rz 9), wenn die Rückkehr des Betroffenen an seinen bisherigen gewöhnlichen Aufenthaltsort aus medizinischen und/oder sozialen Gründen ausgeschlossen ist und darüber hinaus auch keine Angehörigen vorhanden sind, mit denen er an seinem bisherigen Lebensmittelpunkt zusammenleben kann, so dass ein gewöhnlicher Aufenthalt nicht feststellbar ist (OLG Stuttgart FamRZ 1997, 438 = NJWE-FER 1997, 111).

6   Der Aufenthalt in einer **Maßregelunterbringung** nach den Vorschriften der §§ 63 (psychiatrisches Krankenhaus), 64 (Entziehungsanstalt) oder 66 StGB (Sicherungsverwahrung) bzw einer Therapieeinrichtung iSv §§ 35, 36 BtMG sowie in einer **Justizvollzugsanstalt** beruht regelmäßig auf einer zwangsweisen Verbringung dorthin und begründet deswegen keinen gewöhnlichen Aufenthalt (OLG Köln FamRZ 1996, 946; FGPrax 2007, 83; OLG Koblenz OLGR 1998, 193 f = NJWE-FER 1998, 207). Etwas anderes kann unter besonderen betreuungsrechtlichen Verfahrensgesichtspunkten dann gelten, wenn der Betroffene keinen anderen Daseinsmittelpunkt als den Ort der zwangsweisen Unterbringung (mehr) hat. Es kommt darauf an zu ermitteln, ob der Schwerpunkt der Lebensbeziehungen des Betroffenen mangels hinreichender Bezüge im Übrigen am Ort seiner Unterbringung liegt (BayObLG BtPrax 2003, 132; OLG München OLGR 2007, 125 = BtPrax 2007, 29 f; wohl auch OLG Köln NJW-RR 2007, 517).

7   Der Aufenthalt in einem **Internat** oder einem **Studentenwohnheim** ist nach Maßgabe der Rz 3 zu beurteilen, wobei es entscheidend auf die konkreten Lebensverhältnisse des Betroffenen ankommt. So kann ein Internataufenthalt, wenn der Betroffene im Übrigen noch im Haushalt der Eltern wohnt und als Haushaltsmitglied geführt wird, nicht als Lebensmittelpunkt angesehen werden. Besteht der Umzug in eine solche Einrichtung, insbesondere etwa in eine Studentenwohnung oder auch in ein Internat, indessen in dem Loslösen vom elterlichen Haushalt und der Begründung eines eigenen – wenn

auch noch unselbständigen – Haushalts, wird bereits vom gewöhnlichen Aufenthalt im geforderten Sinne auszugehen sein (vgl OLG Hamm FamRZ 1989, 1331). Soweit in der Rspr bisher ein Internataufenthalt nicht als ausreichend angesehen worden ist (BGH NJW 1975, 1068 f; OLG Karlsruhe, Beschl v 18.1.2004, Az 18 UF 138/03), betraf dies Minderjährige. Deren Lebensumstände sind nicht ohne Weiteres auf diejenigen volljähriger Betroffener (s § 271 Rz 2) übertragbar.

Sofern ein Betroffener während des **Wehr- oder Zivildienstes** kaserniert oder vergleichbar untergebracht ist, gilt das zu Rz 7 Gesagte grundsätzlich entsprechend. Den gewöhnlichen Aufenthalt anzunehmen, wird allerdings in diesen Fällen nur ausnahmsweise, etwa bei besonderer sozialer Integration am Stationierungsort, in Betracht kommen (OLG Frankfurt NJW 1961, 1586; Jürgens/*Mertens* § 65 FGG Rn 3). 8

Nr 3 regelt (wie schon § 65 Abs 2 FGG) die **Ersatzzuständigkeit** für den Fall, dass ein gewöhnlicher Aufenthalt des Betroffenen im Inland nicht festzustellen ist. Dies ist etwa bei Obdachlosigkeit, bei einem Reisenden (§ 24 Abs 1 S 2 EGBGB) oder auch dann gegeben, wenn wegen seines Zustands eine Ermittlung des gewöhnlichen Aufenthalts des Betroffenen zunächst nicht möglich ist. In diesen Fällen soll nicht allein sein zufälliger Aufenthalt über die Zuständigkeit entscheiden, sondern der Ort, an dem das Bedürfnis der Fürsorge konkret hervortritt. Das kann zum Beispiel bei Grundstücksangelegenheiten der Gerichtsbezirk sein, in dem das Grundstück liegt, in anderen vermögensrechtlichen Angelegenheiten der Ort, an dem eine Angelegenheit zu regeln ist (Geschäft, Fabrik, Geldinstitut), und in personensorgerechtlichen Fragen auch der Ort des Aufenthalts (Krankenhaus, Unterbringungsanstalt, vorübergehende Wohnung) zum Zeitpunkt der Regelungsbedürftigkeit (BTDrs 11/4528 S 169; BayObLG Rpfleger 1996, 287 = FamRZ 1996, 1341). Ein Fürsorgebedürfnis ist stets gegeben, wenn eine Prüfung von Maßnahmen der in § 271 genannten Art veranlasst ist (s dazu § 271 Rz 2 ff). Die Bestellung eines Betreuers durch das nach Nr 3 zuständige Gericht begründet ihrerseits die fortdauernde Zuständigkeit nach Nr 1 (LG Stuttgart BWNotZ 2007, 15 f). 9

Nach **Nr 4** gilt die **Auffangzuständigkeit** des Amtsgerichts Schöneberg (Grunewaldstraße 66–67, 10823 Berlin), wenn der Betroffene Deutscher, eine Zuständigkeit nach den Nrn 1 bis 3 aber nicht gegeben ist. Dies betrifft im Grunde nur die im Ausland lebenden Deutschen, und zwar auch, wenn sie Doppelstaatler sind (Bienwald/Sonnenfeld/Hoffmann/*Sonnenfeld* § 65 FGG Rn 26). Bei Fällen mit **Auslandsberührung** sind weiterhin die §§ 104 Abs 2, 99 Abs 2 und 3 beachten. Die Neuregelung verzichtet im Übrigen nunmehr auf den noch in § 68 Abs 1 S 5 FGG enthaltenen – selbstverständlichen – Verweis darauf, dass die Anhörung bei im Ausland lebenden Betroffenen im Wege internationaler Rechtshilfe erfolgt. 10

Für alle Fälle ist der **Zeitpunkt** maßgebend, in dem das Gericht **mit der Sache befasst** wird. Beim Amtsverfahren ist dies der Fall, wenn das Gericht amtlich von Sachverhalten Kenntnis erlangt, die es veranlassen, ein Betreuungsverfahren einzuleiten (LG Stuttgart BWNotZ 2007, 15 f). Ist bei mehreren Gerichten die örtliche Zuständigkeit gegeben, ist nach § 2 Abs 1 dasjenige zuständige, dass nach Maßgabe dessen als erstes mit der Sache befasst ist. 11

III. Absatz 2

In Fällen, in denen über eine Eilmaßnahme iSv § 300 (Bestellung eines vorläufigen Betreuers oder die Einrichtung eines vorläufigen Einwilligungsvorbehalts im Wege einstweiliger Anordnung), eine vorläufige Maßregel iSv § 1908i BGB iVm § 1846 BGB (vorläufige Anordnung der Unterbringung oder unterbringungsähnlicher Maßnahmen durch das Gericht) oder eine vorläufige Maßregel iSv Art 24 Abs 3 EGBGB zu entscheiden ist, tritt nach **Satz 1** neben die Zuständigkeit nach Abs 1 eine zusätzliche und subsidiäre **Eilzuständigkeit**. Sie besteht – wie im Fall des Abs 1 Nr 3 (Rz 9) – dort, wo das Fürsorgebedürfnis hervortritt (BTDrs 16/9733 S 371). Der Unterschied besteht darin, 12

§ 272 FamFG | Örtliche Zuständigkeit

dass bei gegebener Eilzuständigkeit weiterhin eine ordentliche Zuständigkeit begründet ist und durch das Tätigwerden des nach Abs 2 zuständigen Gerichts keine Fortdauer der Zuständigkeit iSv Abs 1 Nr 1 (Rz 2) ausgelöst wird. Die Zuständigkeit des Eilgerichts soll, ohne die allgemeine Zuständigkeitsregelung zu verdrängen, lediglich eine schnelle Hilfestellung für den Betroffenen gewährleisten (OLG Hamm NJW-RR 2007, 157 ff). Nach § 51 Abs 3 ist das Verfahren der **einstweiligen Anordnung** ohnehin ein **selbständiges Verfahren**, auch wenn eine Hauptsache anhängig ist. Das Hauptsachegericht kann allerdings gewisse Ermittlungserkenntnisse aus dem Eilverfahren übernehmen, § 51 Abs 2 S 2. Das Eilgericht hat nach **S 2** die angeordneten Maßregeln dem nach Abs 1 zuständigen Gericht **mitzuteilen**. Das insofern hauptzuständige Gericht kann seinerseits eigene Maßnahmen treffen, die – anders als jene des eilzuständigen Gerichts, so sie sich auf dieselbe Regelung beziehen – deswegen nicht unwirksam sind (Jürgens/ Mertens § 65 FGG Rn 9). Allerdings endet die Eilzuständigkeit, wenn das konkrete Fürsorgebedürfnis erfüllt oder entfallen ist. Die Sache ist dann, ohne dass es eines Abgabeverfahrens nach § 273 bedarf, an das hauptzuständige Gericht abzugeben. Dieses ist verpflichtet, das Verfahren fortzuführen (BayObLG FamRZ 2000, 1442 f, OLG Hamm aaO); es kann unter den Voraussetzungen der §§ 48, 294 die getroffenen Eilmaßnahmen ändern. Etwas Anderes gilt nur dann, wenn sich das tätig gewordene Gericht nicht auf die Anordnung einer der genannten vorläufigen Maßnahmen beschränkt hat, es etwa einen Betreuer endgültig – wenn auch nur für kurze Zeit – bestellt hat. Es wird dann nach Abs 1 Nr 1 dauerhaft zuständig (OLG München OLGR 2007, 893 f).

13   Über die **Beschwerde** gegen die Entscheidung des Eilgerichts entscheidet bis zur Übernahme durch das hauptzuständige Gericht gemäß § 72 Abs 1 S 2 GVG das Landgericht, dem das eilzuständige Betreuungsgericht zugeordnet ist. Danach wechselt die Beschwerdezuständigkeit (Bienwald/Sonnenfeld/Hoffmann/*Sonnenfeld* § 65 FGG Rn 34; Jürgens/*Mertens* § 65 FGG Rn 10).

B. Sachliche Zuständigkeit

14   Mit dem FGG-Reformgesetz sind die Vormundschaftsgerichte abgeschafft. Sachlich zuständig in allen Betreuungssachen ist nach dem neu gefassten § 23a Abs 1 Nr 2, Abs 2 Nr 1 GVG, der die Zuständigkeiten in diesen Angelegenheiten nunmehr einheitlich und abschließend regelt (BTDrs 16/6308 S 319), zwar nach wie vor das **Amtsgericht**. Dort werden nach § 23c Abs 1 GVG jedoch Abteilungen für Betreuungssachen, Unterbringungssachen und betreuungsgerichtliche Zuweisungssachen gebildet, das **Betreuungsgericht**. Über **Beschwerden** in Betreuungssachen entscheidet gemäß § 72 Abs 1 S 2 GVG das **Landgericht**. Der Instanzenzug weicht insoweit von demjenigen in Familiensachen und anderen Angelegenheiten der freiwilligen Gerichtsbarkeit ab, was insbesondere der örtlichen Nähe der Landgerichte zum gewöhnlichen Aufenthalt des Betroffenen Rechnung tragen soll (BTDrs 16/6309 S 319). Für die Entscheidung über die **Rechtsbeschwerde** (§ 70) und die **Sprungrechtsbeschwerde** (§ 75) im Falle deren Zulassung ist der **Bundesgerichtshof** zuständig, § 133 GVG.

15   Im **Württembergischen Rechtsgebiet** ist Vormundschaftsgericht gemäß § 36 LFGG (idF des LJKG- und LFGG-ÄndG vom 28.7.2005) das AG oder das Notariat. Dabei ist in Betreuungssachen grundsätzlich das Notariat zuständig, soweit bestimmte Angelegenheiten nicht nach § 37 LFGG dem Amtsgericht vorbehalten sind. Hierzu zählen im Wesentlichen die mit Freiheitsentziehungen zusammenhängenden Maßnahmen, solche die erhebliche medizinische Eingriffe betreffen (§§ 1904, 1905 BGB, § 6 KastrationsG) sowie die Entscheidung über den Einwilligungsvorbehalt (§ 37 Abs 1 Nrn 5 bis 8 und 11 LFGG).

Örtliche Zuständigkeit | § 272 FamFG

C. Funktionelle Zuständigkeit

Die Betreuungsgerichte werden gemäß § 23c Abs 2 S 1 GVG mit **Betreuungsrichtern** be- 16
setzt. Dies entspricht der mit dem Wegfall der Vormundschaftsgerichte neuen Terminologie. Der vormals in § 65 Abs 6 FGG geregelte **Proberichterausschluss** im ersten Berufsjahr, mit dem für ein Mindestmaß an richterlicher Erfahrung bei der Befassung mit Betreuungssachen gesorgt werden soll, findet sich in S 2 der Vorschrift.

Im Übrigen erfolgt in Betreuungssachen wie auch in den anderen Bereichen freiwil- 17
liger Gerichtsbarkeit eine **Aufteilung** der funktionellen Zuständigkeit zwischen **Richter**
und **Rechtspfleger** nach Maßgabe der §§ 3 Nr 2, 15 RPflG. Dabei sind nach § 3 Nr 2b)
RPflG grundsätzlich *alle* Geschäfte in Betreuungs- sowie Betreuungszuweisungssachen
(§§ 271–311, 340 f) dem Rechtspfleger übertragen (dies betrifft insbesondere die Genehmigungsverfahren nach § 1908i Abs 1 S 1 iVm §§ 1821 ff BGB), wovon nach § 15 RPflG jedoch die folgenden Angelegenheiten **dem Richter** *vorbehalten* bleiben:

Nr 1: Die **Bestellung** eines Betreuers (§ 1896 BGB) einschließlich der Bestimmung des 18
Aufgabenkreises und die Auswahl des Betreuers (§ 1897 BGB); die Bestellung mehrerer
(weiterer) Betreuer (§ 1899 BGB) einschließlich der Entscheidung über deren Aufgabenkreis und Auswahl (§ 1899 Abs 1, 3 BGB); die Bestellung eines besonderen Betreuers für
die Einwilligung in die Sterilisation (§ 1899 Abs 2 BGB); die gleichzeitige oder nachträgliche Bestellung eines Ersatz- bzw Ergänzungsbetreuers (§ 1899 Abs 4 BGB); und zwar
auch, wenn der Erstbetreuer gemäß §§ 1908i Abs 1 S 1, 1795, 1796 BGB von der Vertretung ausgeschlossen ist (vgl BTDrs 11/4528 S 131, wonach die denkbaren Fälle der Verhinderung des Betreuers nicht eingegrenzt sind; so auch Jürgens/*Klüsener* § 14 RPflG
Rn 14; MüKo/*Schwab* § 1899 Rn 22; aA Bassenge/Roth § 14 RPflG Rn 32. Ggf hat der
Rechtspfleger die Sache dem Richter vorzulegen, wenn diesem vorbehaltene Maßnahmen geboten erscheinen, BTDrs 11/4528 S 165); die vorsorgliche Bestellung eines Betreuers und die Anordnung eines Einwilligungsvorbehalts für einen Minderjährigen
(§ 1908a BGB); die **Entlassung** des Betreuers bei mangelnder Eignung oder aus anderem
wichtigen Grund (§ 1908b Abs 1, 2 und 5 BGB), nämlich des Berufsbetreuers (§ 1897
Abs 6 BGB), falls Betreuung durch geeignete ehrenamtlich tätige Personen durchgeführt
werden kann, die Entlassung auf Verlangen des Betreuers, wenn ihm die Betreuung
nicht mehr zugemutet werden kann und die Entlassung des Vereins oder der Behörde
als Betreuer, wenn eine natürliche Person die Betreuung übernehmen kann (§ 1908b
Abs 5 BGB), jeweils einschließlich der anschließenden **Neubestellung** eines Betreuers
(§ 1908c BGB). Hierzu zählt nach richtiger Ansicht als Teilentlassung auch die Entziehung der Vertretungsmacht für einzelne Angelegenheiten (§§ 1908i Abs 1 S 1, 1796 BGB).
Eine Ausnahme ist nach dem durch das 2. BtÄndG eingefügten **§ 19 Abs 1 Nr 1 RPflG**
insoweit möglich, als dass durch Landesrecht der Richtervorbehalt teilweise, nämlich
insbesondere zur Auswahl und Bestellung des Betreuers, aufgehoben werden kann (s iE
Bienwald/Sonnenfeld/Hoffmann/*Sonnenfeld* § 65 FGG Rn 5 ff). Von der Ermächtigung
ist bisher nicht Gebrauch gemacht worden.

Nicht dem Richter **vorbehalten** ist indessen die Bestellung eines Betreuers nach 19
§ 1896 Abs 3 BGB (Vollmachts- oder **Kontrollbetreuung**), was mit dem reinen Fürsorgecharakter dieser Maßnahme begründet wird (BTDrs 11/4528 S 164; s auch PWW/*Bauer* § 1896 Rn 19). Dass diese Ausnahme in der Neufassung des § 15 RPflG nicht ebenfalls
in Nr 1, sondern nur in dessen Nr 3 (s Rz 23) ausdrücklich erwähnt ist, beruht ersichtlich
auf einem redaktionellen Versehen. Zum Bestellungsverfahren s § 293 Rz 11.

Zu der streitigen Frage, wer die Bestellung eines **Gegenbetreuers** (§§ 1908i Abs 1 20
Satz 1, 1792 BGB) vorzunehmen hat, findet sich auch nach der Neufassung des § 15
RPflG keine ausdrückliche Regelung (zum Meinungsstand siehe Jürgens/*Klüsener* § 14
RPflG Rn 15 und MüKo/*Schwab* § 1908i Rn 11). Angesichts dessen und vor dem Hintergrund der grundsätzlichen Entscheidung in § 3 Nr 2b) RPflG einschließlich der dem
Rechtspfleger überlassenen Zuständigkeit in Fällen der Kontrollbetreuung (Rz 19) muss

§ 272 FamFG | Örtliche Zuständigkeit

dies jedenfalls dann, wenn über die Bestellung des Gegenbetreuers nicht ohnehin im Zusammenhang mit einer dem Richter vorbehaltenen Entscheidung zu befinden ist, auch dem Rechtspfleger möglich sein. Ggf findet § 8 RPflG Anwendung.

21   Zur Bestellung des Betreuers iSd Nr 1 gehört nach § 286 Abs 1 Nr 4 auch die Feststellung der **berufsmäßigen Führung** der Betreuung (§ 1836 Abs 1 S 2 BGB iVm § 1 VBVG), und zwar auch bei deren nachträglicher Feststellung (s hierzu BayObLG FamRZ 2001, 867 f = Rpfleger 2001, 300; Brandenburgisches OLG FamRZ 2004, 1403 f). Diese bisher streitige Frage (vgl dazu Jürgens/*Klüsener* § 14 RPflG Rn 13 sowie BayObLG FamRZ 2001, 1484 = Rpfleger 2001, 418 f) ist durch den Gesetzgeber nunmehr klar gestellt (BTDrs 16/6308 S 268 f).

22   **Nr 2**: Die Bestellung eines neuen Betreuers nach dem **Tode** des früheren Betreuers (§ 1908c BGB).

23   **Nr 3**: Die **Verlängerung** (§ 295) und die **Aufhebung** der Betreuung; die **Änderung** des Umfangs der Betreuung (§ 1908d BGB) sowie die gerichtliche Entscheidung über einen Antrag des Betroffenen iSv § 291 auf Überprüfung der Auswahl des Vereins- oder Behördenbetreuers (§ 1900 Abs 2, 4 BGB).

24   **Nr 4**: Die Anordnung eines **Einwilligungsvorbehalts** (§ 1903 BGB) sowie dessen Verlängerung, Aufhebung, Einschränkung oder Erweiterung (§ 1908d Abs 4 BGB); die **Genehmigung** der Einwilligung des Betreuers in gefährliche ärztliche Maßnahmen (§ 1904 Abs 1 BGB) sowie den Abbruch lebenserhaltender Maßnahmen (§ 1904 Abs 2 BGB; s § 298 Rz 12 ff); die Genehmigung der Einwilligung des Bevollmächtigten iSv § 1904 Abs 5 BGB; die Genehmigung der Einwilligung durch den besonderen Betreuer (§ 1899 Abs 2 BGB) in die Sterilisation des Betroffenen (§ 1905 BGB).

25   **Nr 5**: die Bestellung eines Betreuers für den **Angehörigen eines fremden Staates** einschließlich vorläufiger Maßregeln (Art 24 Abs 1 S 2, Abs 3 EGBGB); dies gilt, da sich diese Ausnahme anders als im Fall der Nrn 1 bis 3 nach dem Gesetzeswortlaut hierauf nicht bezieht (s Rz 19), auch für die Bestellung eines Vollmacht- oder Kontrollbetreuers (Jürgens/*Klüsener* § 14 RPflG Rn 13; Bassenge/Roth § 14 RPflG Rn 20 aE).

26   **Nr 6**: die Bestellung eines Betreuers oder Pflegers auf Grund dienstrechtlicher Vorschriften, wie etwa im Disziplinarverfahren gegen Soldaten bei dessen Verhandlungsunfähigkeit (§ 85 WDO).

27   **Nr 7**: die Entscheidung über den **Umgang** des Betreuten mit Dritten (§§ 1908i Abs 1 S 1, 1632 Abs 2, 3 BGB) und die Entscheidung bei **Meinungsverschiedenheiten** zwischen mehreren Betreuern (§§ 1908i Abs 1 S 1, 1797 Abs 1 S 2, 1798 BGB). Soweit dies bislang aus einer entsprechenden Anwendung des Richtervorbehalts nach § 14 Abs 1 Nr 5 RPflG aF hergeleitet worden ist, ist dies wegen der entsprechend übernommenen Regelung nicht mehr nötig. Allein die **Herausgabe** des Betreuten (§§ 1908i Abs 1 S 1, 1632 Abs 1 BGB) wird von Nr 7 nicht in Bezug genommen. Da aber mit der neuen Regelung eine Änderung der Aufgabenverteilung zwischen Richter und Rechtspfleger nicht intendiert ist (BTDrs 16/6308 S 322) und diese Entscheidung den übrigen vorbezeichneten Angelegenheiten an Bedeutung nicht nachsteht, wird dies auf einem redaktionellen Versehen beruhen. Der Richtervorbehalt aus § 14 Abs 1 Nr 7 RPflG ist daher weiterhin auf die Betreuungssachen nach § 1632 BGB jedenfalls entsprechend anzuwenden (vgl Bassenge/Roth § 14 RPflG Rn 23; HK-BUR/*Bauer* § 14 RPflG Rn 8a; Jürgens/*Klüsener* § 14 RPflG Rn 21; Jürgens/Kröger/Marschner/Winterstein Rn 323).

28   **Nrn 8 und 9** betreffen Entscheidungen in betreuungsrechtlichen Zuweisungssachen (§ 340): die Genehmigung der Einwilligung des Betroffenen nach § 6 des Gesetzes über die freiwillige Kastration und andere Behandlungsmethoden (BGBl I S 1143) sowie Genehmigungen der Erklärungen des gesetzlichen Vertreters eines Geschäftsunfähigen zu Maßnahmen nach dem Transsexuellengesetz (BGBl I S 1654).

§ 15 Abs 2 RPflG sieht einen Richtervorbehalt für die gemäß §§ 6 ff ErwSÜAG – nach dessen Inkrafttreten – zu treffenden Anordnungen vor (vgl dazu im Einzelnen Jürgens/Kröger/Marschner/Winterstein Rn 315b ff; *Schulte-Bunert* Rn 903).

Dem Richter bzw dem Rechtspfleger obliegen jeweils die **Durchführung des Verfah-** 29
rens und die verfahrensrechtlichen Nebenentscheidungen (§§ 23 ff) in den Sachen, wie dies sich nach der Aufteilung der dafür geltenden funktionellen Zuständigkeit ergibt (BTDrs 11/4528 S 165). Dies betrifft auch Verfahren über den Erlass einstweiliger Anordnungen nach §§ 300 ff (Jurgeleit/*Bučić* § 69f FGG Rn 4), die Entscheidung über die Hinzuziehung nach § 274 sowie über die Bestellung eines Verfahrenspflegers nach § 276 (Jansen/*Sonnenfeld* § 67 FGG Rn 46; s auch § 276 Rz 16), nicht allerdings die Anordnung der Vorführung des Betroffenen (s § 278 Rz 10). Zur funktionellen Zuständigkeit betreffend die **Abgabe** oder Übernahme des Verfahrens siehe § 273 Rz 7. Zur Festsetzung von Zwangsgeld siehe § 285 Rz 3. Zur Durchführung des Verpflichtungsgesprächs siehe § 289 Rz 3.

D. Internationale Zuständigkeit

Die internationale Zuständigkeit in Betreuungssachen richtet sich nach § 104 (siehe die 30
Anmerkungen dort). Art 24 EGBG regelt das bei gegebener Zuständigkeit des Betreuungsgerichts anwendbare Recht.

§ 273 Abgabe bei Änderung des gewöhnlichen Aufenthalts

Als wichtiger Grund für eine Abgabe im Sinne des § 4 Satz 1 ist es in der Regel anzusehen, wenn sich der gewöhnliche Aufenthalt des Betroffenen geändert hat und die Aufgaben des Betreuers im Wesentlichen am neuen Aufenthaltsort des Betroffenen zu erfüllen sind. Der Änderung des gewöhnlichen Aufenthalts steht ein tatsächlicher Aufenthalt von mehr als einem Jahr an einem anderen Ort gleich.

A. Allgemeines

1 Die Regelungen zur **Abgabe** des Verfahrens finden sich im allgemeinen Teil in § 4. Die Vorschrift sieht nunmehr in allen FamFG-Verfahren die Möglichkeit vor, ein Verfahren unter bestimmten Voraussetzungen an ein anderes Gericht abzugeben. Der Gesetzgeber hält den Gedanken, dass der bislang in §§ 46 Abs 1, 65a Abs 1 S 1 FGG maßgebliche Personenbezug des Verfahrens auf alle Verfahren der freiwilligen Gerichtsbarkeit zutrifft, für verallgemeinerungsfähig. Es kann insbes zweckmäßig sein, das Verfahren an das Gericht abzugeben, in dessen Nähe sich die vom Verfahren betroffene Person zwischenzeitlich befindet (BTDrs 16/6308 S 175). Siehe im Übrigen die Anmerkungen zu § 4.

B. Besonderheiten in Betreuungssachen

2 Die Vorschrift übernimmt das Regelbeispiel des § 65a Abs 1 S 2 FGG als wichtigen Grund für die Abgabe. Sie füllt die nach Maßgabe des § 4 zu beurteilenden Voraussetzungen für die Abgabe in einem in Betreuungssachen besonders relevanten Gesichtspunkt aus. Nach S 1 liegt dem entsprechend ein wichtiger Grund vor, wenn sich der **gewöhnliche Aufenthalt** des Betroffenen **geändert** hat und – kumulativ – die Aufgaben des Betreuers im Wesentlichen dort zu erfüllen sind. Dabei ist die Begründung des neuen Aufenthalts ein rein tatsächlicher Vorgang. Es bedarf lediglich der Feststellung, wo der tatsächliche Lebensmittelpunkt des Betroffenen nunmehr liegt, also wo er sich hauptsächlich (nicht unbedingt ständig) aufzuhalten pflegt. Auf den melderechtlichen Status kommt es nicht an. Bei einem Aufenthaltswechsel (zB Umzug in ein Altenpflegeheim) muss der Verbleib auf längere Zeit angelegt sein (KK-FamR/*Rausch* Vor 606a ZPO Rn 10; Bienwald/Sonnenfeld/Hoffmann/*Sonnenfeld* § 65 FGG Rn 16; vgl auch BTDrs 11/4528 S 169). Der vorübergehende, auch längere Aufenthalt in einer **Klinik** oder einem **Krankenhaus** begründet grds keinen gewöhnlichen Aufenthalt, da er nicht von vornherein auf Dauer angelegt ist (LG Koblenz FamRZ 2007, 2009 LS; Bienwald/Sonnenfeld/Hoffmann/*Bienwald* aaO Rn 17 mwN). Gleichwohl kann ein Betroffener seinen Daseinsmittelpunkt und damit seinen gewöhnlichen Aufenthalt ausnahmsweise in einer Klinik begründen. Entscheidend sind die Gesamtumstände des Einzelfalles, wozu neben der schlichten Dauer (OLG Köln NJW-RR 2007, 517 f: mindestens 9 Monate; OLG Zweibrücken OLGR 2007, 903 f = RPfleger 2007, 545 f: 12 Monate) insbes gehört, dass der Betroffene durch die Einrichtung seiner Lebensverhältnisse erkennen lässt, dass ein anderer Aufenthaltsort für ihn weniger Bedeutung bekommen hat (OLG Zweibrücken OLGR 2007, 903 f = RPfleger 2007, 545 f). Dies ist etwa auch dann der Fall, wenn (zB wegen der langen Zeitdauer) mangels persönlicher oder sozialer Bindungen ein Ort des gewöhnlichen Aufenthalts nicht mehr festzustellen ist, insbes wenn die Rückkehr des Betroffenen an seinen bisherigen gewöhnlichen Aufenthaltsort aus medizinischen und/oder sozialen Gründen ausgeschlossen ist (OLG Stuttgart FamRZ 1997, 438 = NJWE-FER 1997, 111). Zur Bedeutung weiterer Aufenthaltswechsel, zB bei Unterbringung im Maßregelvollzug oder bei Aufenthalten in Wohnheimen, siehe § 272 Rz 6 ff. Zur Dauer des Aufenthalts siehe unten Rz 4.

3 Die weitere Voraussetzung des Regelbeispiels des Satzes 1, dass die **Aufgaben** des Betreuers im Wesentlichen **am neuen Aufenthaltsort zu erfüllen** sind, ist an den Umständen des Einzelfalls orientiert. Regelmäßig werden die Belange des Betroffenen dort zu

Abgabe bei Änderung des gewöhnlichen Aufenthalts | § 273 FamFG

regeln sein, wo er sich aufhält. Insoweit kommt der Bestimmung des Aufgabenkreises des Betreuers erhebliche – insbes in Gesundheitsangelegenheiten und solchen der Aufenthaltsbestimmung –, wenn auch nicht ausschlaggebende Bedeutung zu. Es kommt neben Zweckmäßigkeitserwägungen – auch die **Interessen des Betreuers** betreffend (OLG Köln FamRZ 1998, 840 LS: Kontakt zum Amtsgericht durch persönliche mündliche Vorsprachen; Jürgens/*Mertens* § 65a FGG Rn 3) – allem voran auf das **Wohl des Betroffenen** an (§ 1901 BGB; vgl auch Bienwald/Sonnenfeld/Hoffmann/*Sonnenfeld* § 65a FGG Rn 9). Dies gilt selbst dann, wenn zwischen Betreuer und Betreuungsgericht ein Verhältnis vertrauensvoller Zusammenarbeit besteht (BayObLG BtPrax 2002, 271 LS), wohingegen ein besonderes Vertrauensverhältnis zwischen Betroffenem und Betreuungsgericht einer Abgabe entgegenstehen kann (BayObLG FamRZ 2000, 1299). Werden die Interessen des Betroffenen sowie des Betreuers nicht beeinträchtigt, können schließlich **Zweckmäßigkeitserwägungen** aus Sicht des Betreuungsgerichts – wie etwa häufige persönliche Anhörungen – die Abgabe begründen (Bienwald/Sonnenfeld/Hoffmann/*Sonnenfeld* § 65a FGG Rn 11 mwN).

Satz 2 entspricht dem durch das 2. BtÄndG geänderten § 65a Abs 1 S 2 FGG, wonach 4 ein tatsächlicher Aufenthalt von **mehr als einem Jahr** einer Änderung des Aufenthalts iSd S 1 gleich steht. Hiermit soll die Feststellung des Vorliegens eines wichtigen Grundes erleichtert werden, dem Gericht mithin die (zuweilen mühevolle) Prüfung des tatsächlichen Lebensmittelpunkts des Betroffenen (s Rz 2) abgenommen werden (BTDrs 15/2494 S 18, 40). Da es sich indessen nach wie vor um eine Regelfallprüfung zum Vorliegen eines wichtigen Grundes handelt, ist bei einem solchen, mehr als ein Jahr dauernden Aufenthalt die Abgabe nicht immer veranlasst, etwa wenn wenige Zeit nach Überschreiten des Zeitpunkts eine Rückverlegung des Betroffenen an seinen ursprünglichen Wohnort ansteht.

Die bisher in § 65a Abs 1 S 3 FGG vorgesehene Möglichkeit, das nur einen Betreuer 5 betreffende Verfahren bei Vorliegen eines wichtigen Grundes abzugeben, wenn mehrere Betreuer für **unterschiedliche Aufgabenkreise** bestellt sind, ist bewusst *nicht* übernommen worden. Zwar ist denkbar, dass eine **Aufspaltung des Verfahrens** im Einzelfall vertretbar erscheint, wenn etwa im Fall eines Umzugs des Betroffenen seine vermögensrechtlichen Angelegenheiten weiterhin an seinem bisherigen Aufenthaltsort geregelt werden können. Wegen der Gefahr widerstreitender Entscheidungen soll nach dem Willen des Gesetzgebers jedoch die Konzentration des Betreuungsverfahrens bei einem einzigen Gericht Vorrang haben (BTDrs 16/6308 S 264).

Die **Abgabe** an ein anderes Gericht ist auch bereits **vor der Bestellung** eines Betreuers 6 möglich. Ergab sich dies in der vor Inkrafttreten des 2. BtÄndG geltenden Fassung des § 65a Abs 1 S 1 FGG aus dessen Verweis auf § 46 Abs 1 S 1 2. HS FGG, wonach es der Zustimmung des Betreuers zur Abgabe nur bedurfte, wenn er bereits bestellt war, hat sich dies durch den Wegfall des Zustimmungserfordernisses mit dem 2. BtÄndG nicht geändert. Denn der Gesetzgeber wollte die Abgabe ausschließlich weiter erleichtern (BTDrs 15/2494 S 18), so dass mit dem Entfall des Verweises auf § 46 Abs 1 S 1 2. HS FGG eine solche Einschränkung keinesfalls einhergehen kann. Dies erschließt sich im Übrigen auch aus dem Zweck der Abgabe iSv §§ 4, 273 (s Rz 1), dessen Erreichung in jedem Stadium des Verfahrens geboten sein kann. Dass § 272 Abs 1 Nr 1 die Fortdauer der Zuständigkeit des Gerichts, das den Betreuer bestellt hat, vorsieht, steht dem, sofern es allein um eine Zuständigkeitsbegründung geht, nicht entgegen (s § 272 Rz 2).

Zur Bedeutung des **Verfahrenspflegers** im Verfahren über die Abgabe s § 276 Rz 2. 7

Für die Abgabe des Verfahrens ist – mit Ausnahme eines solchen betreffend die 8 Bestellung eines Kontrollbetreuers nach § 1896 Abs 2 BGB (s dazu § 293 Rz 11) – der **Richter funktionell zuständig**. Es handelt sich um eine dem Richter gemäß § 15 RPflG vorbehaltenen Aufgabe, da sich die Abgabeentscheidung maßgeblich auf alle betreuungsgerichtlichen Maßnahmen auswirkt. Insbes die in § 15 RPflG detailliert aufgezählten richterlichen Aufgaben würden andernfalls faktisch einer Kontrolle durch den zu-

§ 273 FamFG | Abgabe bei Änderung des gewöhnlichen Aufenthalts

ständig gewesenen, mit der Sache befassten Richter entzogen. So muss der Richter unter anderem ständig überwachen, ob Umstände bekannt geworden sind, die eine Änderung des Umfangs der Betreuung oder eine Entlassung des Betreuers erfordern (BayObLG FuR 1993, 109 = FamRZ 1993, 448; OLG Düsseldorf NJW-RR 1998, 1704; Damrau/Zimmermann § 65a FGG Rn 1; Jürgens/Kröger/Marschner/Winterstein Rn 319; Jurgeleit/ *Bučić* § 65 FGG Rn 15; *Kayser* FGPrax 2001, 1). Dies übersieht die Gegenansicht, die die Zuständigkeit jener für das gerade anhängige Verfahren folgen lässt, da dies der Grundstruktur der Arbeitsteilung zwischen Richter und Rechtspfleger entspreche. Dem Rechtspfleger obliege die allgemeine Aufsicht über die gesamte Tätigkeit des Betreuers, den Richter träfen keine laufenden Überwachungspflichten. Dass der Rechtspfleger dem Richter durch eine Abgabe eine unmittelbar anstehende Entscheidung entziehe, sei bei korrekter Verfahrensweise ausgeschlossen. Sei ein Verfahren, das unter Richtervorbehalt stehe, bereits anhängig oder stelle der Rechtspfleger im Zuge der laufenden Aufsicht fest, dass Anlass zu richterlichen Maßnahmen bestehe, habe er vorzulegen (OLG Köln FamRZ 2001, 939; Bienwald/Sonnenfeld/Hoffmann/*Sonnenfeld* § 65 FGG Rn 11; HK-BUR/*Bauer* § 65 FGG Rn 3; Jürgens/*Klüsener* § 14 RPflG Rn 27). Die Abgabe durch den unzuständigen Rechtspfleger ist **unwirksam** (BayObLG FuR 1993, 109 = FamRZ 1993, 448).

§ 274 Beteiligte

(1) Zu beteiligen sind
1. der Betroffene,
2. der Betreuer, sofern sein Aufgabenkreis betroffen ist,
3. der Bevollmächtigte im Sinne des § 1896 Abs. 2 Satz 2 des Bürgerlichen Gesetzbuchs, sofern sein Aufgabenkreis betroffen ist.

(2) Der Verfahrenspfleger wird durch seine Bestellung als Beteiligter zum Verfahren hinzugezogen.

(3) Die zuständige Behörde ist auf ihren Antrag als Beteiligte in Verfahren über
1. die Bestellung eines Betreuers oder die Anordnung eines Einwilligungsvorbehalts,
2. Umfang, Inhalt oder Bestand von Entscheidungen der in Nummer 1 genannten Art hinzuzuziehen.

(4) Beteiligt werden können
1. in den in Absatz 3 genannten Verfahren im Interesse des Betroffenen dessen Ehegatte oder Lebenspartner, wenn die Ehegatten oder Lebenspartner nicht dauernd getrennt leben, sowie dessen Eltern, Pflegeeltern, Großeltern, Abkömmlinge, Geschwister und eine Person seines Vertrauens,
2. der Vertreter der Staatskasse, soweit das Interesse der Staatskasse durch den Ausgang des Verfahrens betroffen sein kann.

A. Normzweck

Die Vorschrift enthält in Ergänzung zu der Generalklausel des § 7 eine **gesetzliche Definition des Beteiligtenbegriffs in Betreuungssachen**. Dies stellt gegenüber der bisherigen Regelung betreffend die Beteiligung am Verfahren eine entscheidende Neuerung dar. Bislang wurde in der freiwilligen Gerichtsbarkeit nach hM (s dazu KKW/*Zimmermann* § 6 FGG Rn 18 mwN) zwischen formell und materiell Beteiligten unterschieden, nämlich anhand der Frage, ob Rechte und Pflichten von Personen durch das Verfahren und durch die darin zu erwartende oder getroffene Entscheidung unmittelbar betroffen sein können (materiell Beteiligter), oder ob die Beteiligung mangels Wahrnehmung eigener Interessen allein auf antragsgemäßer Hinzuziehung bzw solcher als Folge der amtswegigen Ermittlungen des Gerichts beruht (formell Beteiligter). Für das Verfahren in Betreuungssachen wurde dabei die Notwendigkeit der Beteiligung von Personen und Behörden aus den Vorschriften über die Anhörung (§§ 68, 68a FGG) sowie über die Beschwerdebefugnis (§ 69g FGG) herausgelesen (vgl Bumiller/Winkler Vorbem vor § 13 FGG Rn 3 f). Bei der Neugestaltung der Begrifflichkeit hat der Gesetzgeber nunmehr die Mitwirkungsfunktionen der Beteiligten weit gehend an das formelle Recht angelehnt. Es wird ausschließlich zwischen Beteiligten kraft Gesetzes und kraft Hinzuziehung unterschieden (BTDrs 16/6308 S 165 f, 177 f). 1

Nach der **Systematik** der Generalklausel des § 7 ist der Antragsteller gesetzlich Beteiligter (§ 7 Abs 1). Bei den hinzuzuziehenden Beteiligten ist zwischen den so genannten Muss-Beteiligten (§ 7 Abs 2), und den Kann-Beteiligten (§ 7 Abs 3) zu unterscheiden. Diejenigen, deren Recht durch das Verfahren unmittelbar betroffen wird bzw die aufgrund einer sonstigen Vorschrift des FamFG oder eines anderen Gesetzes von Amts wegen oder auf Antrag zwingend zu beteiligen sind, sind Muss-Beteiligte. Im Übrigen sehen das FamFG oder andere Gesetze vor, dass weitere Personen beteiligt werden können, und zwar solche, die nicht oder nicht zwingend in ihren Rechten betroffen werden, deren Hinzuziehung jedoch geboten sein kann, weil sie etwa als Angehörige ein schützenswertes ideelles Interesse haben. Bei der Hinzuziehung dieser Kann-Beteiligten, steht dem Gericht ein (überprüfbares) Ermessen zu (Rz 12; s auch § 279 Rz 5). Soweit diese Personen unmittelbar in einem Recht betroffen sind, reduziert sich das gerichtliche Er- 1a messen im Fall der Antragstellung auf Null (BTDrs 16/6308 S 179, 265). Sie sind dann wie Muss-Beteiligte zu behandeln. Gegen eine Ablehnung ihres Antrags ist nach § 7 Abs 3 S 3 die sofortige Beschwerde möglich. Wegen der Einzelheiten wird im Übrigen auf die Erläuterungen zu § 7 verwiesen.

B. Regelungen

2   Der **Betroffene** ist, sofern er einen **Antrag** auf Einleitung des Betreuungsverfahrens nach § 1896 Abs 1 S 1, 2 BGB stellt, nach § 7 Abs 1 **gesetzlicher Beteiligter**. Dies gilt auch für spätere Anträge. Im Übrigen sieht das Gesetz Antragsrechte, die zu einer gesetzlichen Beteiligung führen, nicht vor. Denn der Begriff des Antrags in § 7 Abs 1 knüpft iVm § 23 ausschließlich an die materielle Antragsbefugnis an (BTDrs 16/6308 S 178, 185). Diese steht nur dem Betroffenen selbst, nicht hingegen Dritten zu, selbst wenn sie verfahrenseinleitende Erklärungen abgeben. Diese sind als schlichte Anregungen zu verstehen (Jürgens/Kröger/Marschner/Winterstein Rn 341).

3   Die **Muss-Beteiligten** nach der Generalklausel des § 7 Abs 2 Nr 1, also jene Personen, die in einem Betreuungsverfahren in ihren Rechten betroffen sein können, bedürfen in § 274 keiner Erwähnung. Dies sind regelmäßig der Betroffene, der Betreuer, soweit sein Aufgabenkreis Gegenstand des Verfahrens ist, und der Bevollmächtigte iSv § 1896 Abs 2 S 2 BGB. Obschon diese Personen zugleich in Abs 1, der allein die Muss-Beteiligung nach § 7 Abs 2 Nr 2 betrifft, aufgeführt sind (s Rz 4), kann sich die Notwendigkeit ihrer Hinzuziehung daher bereits auch aus § 7 Abs 2 Nr 1 ergeben.

4   **Abs 1** bestimmt entsprechend der Systematik der gesetzlichen Beteiligtendefinition (s Rz 1) die **Muss-Beteiligten iSv § 7 Abs 2 Nr 2**.

Muss-Beteiligter nach **Nr 1** ist zunächst der **Betroffene**.

5   Obligatorisch zu beteiligen nach **Nr 2** ist außerdem der **Betreuer**, jedoch nur soweit sein Aufgabenkreis betroffen ist. Eine derartige Einschränkung kommt beispielsweise dann in Betracht, wenn mehrere Betreuer für verschiedene Aufgabenkreise bestellt sind (1899 Abs 1 S 2 BGB) und im konkreten Verfahren der einem bestimmten Betreuer zugewiesene Aufgabenkreis nicht berührt ist. Denn jeder Betreuer kann, sofern die Aufgabenkreise entsprechend abgegrenzt sind, grundsätzlich selbständig in seinem Aufgabenkreis handeln (Jürgens/*Jürgens* § 1899 BGB Rn 2). Kommt aber eine Überschneidung in Frage, etwa wegen uneindeutiger Zuweisung der Aufgabenkreise, oder aber in den Fällen der Ersatz- oder Verhinderungsbetreuung (§ 1899 Abs 4 BGB), liegt eine Beteiligung iSv Abs 1 vor. Dies gilt auch für den besonderen Betreuer für die Einwilligung in die Sterilisation (§§ 1899 Abs 2, 1905 BGB), obschon insoweit der Aufgabenkreis des mit der Gesundheitsfürsorge befassten Betreuers im Grunde nicht betroffen ist (Jürgens/*Jürgens* § 1899 BGB Rn 5). Allerdings betrifft die Sterilisation einen wesentlichen Eingriff in die Gesundheit des Betroffenen, so dass sich dieser in materieller Hinsicht nicht von der Entscheidung über medizinische Maßnahmen trennen lässt. Im Übrigen spricht der Umstand, dass nach Abs 1 auch nicht bereits von § 7 Abs 2 Nr 1 erfasste Muss-Beteiligungen in Frage kommen können, für einen weiteren Anwendungsbereich dieser Alternative. Zu diesem gehören weiterhin jegliche Erweiterung oder Einschränkung des Aufgabenkreises eines Betreuers.

Die Beteiligung eines **künftigen Betreuers**, dessen mögliche Bestellung den Gegenstand des Verfahrens bildet, folgt hingegen bereits aus § 7 Abs 2 Nr 1. Seine Beteiligung kann etwa erforderlich sein, wenn die Notwendigkeit einer Betreuerbestellung bereits feststeht und sich die Betreuerauswahl auf eine bestimmte Person konzentriert (BTDrs 16/6308 S 265).

6   Muss-Beteiligter ist nach **Nr 3** der **Bevollmächtigte** im Sinne des § 1896 Abs 2 S 2 BGB im Rahmen seines Aufgabenkreises. In einem Betreuungsverfahren wird ein solcher Bevollmächtigter, sofern sein Aufgabenkreis erfasst ist (Rz 5), nicht unerheblich in seinen Rechten betroffen sein, sei es, dass der Widerruf seiner Bevollmächtigung droht, sei es,

dass Gegenstand des Verfahrens zunächst die Bestellung eines Kontrollbetreuers nach § 1896 Abs 3 BGB ist. Hierzu gehören schließlich die Fälle, in denen die erteilte Vollmacht nicht mehr ausreicht, so dass es der Vollbetreuung bedarf (BayObLG BtPrax 2001, 163, 164), sich der Bevollmächtigte an deren Gebrauch weigert (BayObLG FamRZ 2004, 1403) oder sich wegen der Tragweite der Entscheidung des Bevollmächtigten in medizinischen Angelegenheiten die Notwendigkeit der Bestellung eines Betreuers ergibt (OLG Düsseldorf NJW-RR 1997, 903; zur Genehmigung beim Abbruch lebenserhaltender Maßnahmen s § 298 Rz 12b f).

Mit **Abs 2** wird die Beteiligung des **Verfahrenspflegers** klar gestellt. Sofern er nach 7 § 276 Abs 1 im Interesse des Betroffenen bestellt ist (s dort Rz 4), ist er zugleich Beteiligter. Ein weiterer Hinzuziehungsakt ist nicht notwendig. Auch wenn die verfahrensrechtliche Stellung des Verfahrenspflegers derjenigen nach dem FGG entsprechen soll (BTDrs 16/6308 S 265), wirkt sich die Vereinheitlichung des Begriffs der Beteiligung (Rz 1) insoweit aus. Denn der Verfahrenspfleger ist als gesetzlicher Vertreter des Betroffenen zwar grundsätzlich mit allen Rechten und Pflichten eines Beteiligten, etwa dem Akteneinsichtsrecht nach § 13 oder der Mitwirkungspflicht iSv § 27, ausgestattet. Auch ist seine Beteiligung an allen Verfahrenshandlungen notwendig. Allerdings ist er nach wie vor Pfleger eigener Art (BTDrs aaO) und hat nach § 303 Abs 3 neben der Befugnis, im Interesse des Betroffenen Beschwerde einzulegen (vgl Jürgens/Kröger/Marschner/Winterstein Rn 451), ein eigenes Beschwerderecht nur, wenn er iSv § 59 Abs 1 in eigenen Rechten verletzt ist (BTDrs 16/6308 S 272; s.a. § 303 Rz 5, 8). Ebenso trifft ihn keine Pflicht zur Kostentragung (§ 276 Abs 7). Im Hinblick auf diese besondere verfahrensrechtliche Ausgestaltung der Rolle des Verfahrenspflegers galt er in Ermangelung entsprechender Regelungen im FGG nicht als Beteiligter im eigentlichen Sinne (KKW/*Kayser* § 67 FGG Rn 15; Jürgens/Kröger/Marschner/Winterstein Rn 348).

Nach **Abs 3** ist auch die zuständige **Betreuungsbehörde** Muss-Beteiligter iSv § 7 8 Abs 2 Nr 2. Auf ihren Antrag ist sie in den in Nrn 1 und 2 genannten Fällen zum Verfahren hinzuzuziehen. Durch das Antragserfordernis sollen unnötige Beteiligungen und dadurch bedingte Zustellungen, Anhörungen oder sonstige Verfahrenshandlungen vermieden werden (BTDrs 16/6308 S 265). Unberührt bleibt hiervon die im Rahmen der Amtsermittlung des Gerichts nach § 26 bestehende, in § 279 Abs 1 konkretisierte Pflicht, die zuständige Behörde anzuhören, wenn dies im Einzelfall geboten erscheint (s § 279 Rz 4).

Im Einzelnen bedarf es auf ihren Antrag der Hinzuziehung der Behörde im Verfahren 9 über die Bestellung eines Betreuers und die Anordnung eines Einwilligungsvorbehaltes, Abs 3 **Nr 1**. Gleiches gilt bei Entscheidungen über Umfang, Inhalt und Bestand der Bestellung eines Betreuers bzw der Anordnung eines Einwilligungsvorbehaltes, Abs 3 **Nr 2**. Hierzu gehören die Aufhebung der Betreuung, die Einschränkung des Aufgabenkreises des Betreuten, die Aufhebung eines Einwilligungsvorbehaltes oder des Kreises der einwilligungsbedürftigen Willenserklärungen (§ 294), die Bestellung eines neuen Betreuers (§ 1908c BGB, § 296), ferner im Fall der Erweiterung des Aufgabenkreises die Bestellung eines weiteren Betreuers (§ 1899 BGB, § 293 Abs 3). Als Entscheidung über den Bestand der Betreuerbestellung ist darüber hinaus die Entlassung des Betreuers (§ 1908b BGB, § 296) anzusehen. Auch die Verlängerung der Betreuung oder eines Einwilligungsvorbehaltes (§ 295) ist eine Entscheidung über den Bestand einer solchen Maßnahme. Im Gleichlauf mit § 303 Abs 1, der der Behörde in eben diesen Fällen ein Recht zur Beschwerde gibt, entspricht dies den in den bisherigen Regelungen des §§ 69g Abs 1, 69i Abs 3, 5 und 8 FGG genannten Verfahrensgegenständen. Die vorstehende Aufzählung ist dabei nicht abschließend. Als Entscheidung über Umfang, Inhalt und Bestand der Bestellung eines Betreuers und die Anordnung eines Einwilligungsvorbehaltes kommen grundsätzlich weitere Verfahrensgegenstände in Betracht, etwa die gleichzeitige oder nachträgliche Bestellung eines Ergänzungsbetreuers (§ 1899 Abs 4 BGB) oder eines Gegenbetreuers (§§ 1908i Abs 1 S 1, 1792 BGB).

10　Die Zuständigkeit der Betreuungsbehörde ergibt sich aus §§ 1 ff **Betreuungsbehördengesetz** (BtBG, BGBl 1990 I 2002) iVm den hierzu erlassenen Ausführungsgesetzen der Länder. Siehe zu diesen die Aufstellung bei Jürgens/Kröger/Marschner/Winterstein Anhang 1. Die örtliche Zuständigkeit knüpft (wie § 272 Abs 1 Nr 2) an den gewöhnlichen Aufenthalt des Betroffenen an (s dazu § 272 Rz 3 ff).

11　**Abs 4** zählt die Kann-Beteiligten iSv § 7 Abs 3 auf. Dies sind nach **Nr 1** die dort genannten **Angehörigen** des Betroffen, deren Kreis nunmehr enger gefasst ist als bisher nach § 69g Abs 1 FGG. Es sind dies – abschließend – der nicht dauernd getrennt lebende Ehegatte oder Lebenspartner iSv § 1 LPartG, die Eltern des Betroffenen, dessen Pflegeeltern, Großeltern, Abkömmlinge sowie die Geschwister. Auf den Zeitpunkt der rechtskräftigen Scheidung der Ehe bzw der Aufhebung der Lebenspartnerschaft (vgl LG München I BtPrax 2000, 135) kommt es nicht mehr an. Auch verschwägerte Angehörige sowie in der Seitenlinie Verwandte gehören nicht zum Kreis der Kann-Beteiligten. Hingegen kann auch eine **Person des Vertrauens** des Betroffenen am Verfahren beteiligt werden. Diese Regelung ermöglicht es dem Gericht, im Einzelfall trotz der vorgenannten Einschränkungen auch entferntere Angehörige, einen getrennt lebenden Ehegatten oder Lebenspartner sowie sonstige Personen hinzuzuziehen, wenn sie mit dem Betroffenen eng verbunden sind (BTDrs 16/6308 S 266). Hierzu bedarf es der Feststellung besonderer, über die partner- oder verwandtschaftliche Verbindung hinausgehender Umstände, die die Nähe zum Betroffenen belegen. Im Hinblick darauf, dass die Hinzuziehung im Interesse des Betroffenen liegen muss (Rz 12), sollte dem Gericht insofern ein weiter Beurteilungsspielraum zustehen.

12　Die in Abs 4 Nr 1 genannten Personen sind, was bereits im Zeitpunkt der Hinzuziehung zu prüfen ist, nur **im Interesse des Betroffenen** zu beteiligen. Dabei ist das Interesse des Betroffenen aus seiner Sicht zu beurteilen, wozu allem voran die Feststellung seiner Wünsche und Vorstellungen im Hinblick auf die zu entscheidende betreuungsrechtliche Frage gehört (BTDrs 16/6308 S 265). Insoweit wird der Betroffene insbesondere dazu anzuhören sein, welche Personen das Gericht hinzuzuziehen beabsichtigt. Hierneben steht die sich aus § 26 ergebende Pflicht des Gerichts, sich zum Zustand des Betroffenen und der Notwendigkeit sowie Zweckmäßigkeit von Maßnahmen ein eigenes und möglichst umfassendes Bild zu machen. Es ist deswegen auch nach objektiven Kriterien zu beurteilen, inwiefern die Beteiligung einer der in Nr 1 genannten Personen dem wohlverstandenen Interessen des Betroffenen im Verfahren dient. Erfahrungsgemäß können die Kenntnisse von nahe stehenden Personen wesentlich zu interessengerechten Entscheidungen beitragen, wie etwa zur Auswahl eines bestimmten Betreuers oder der Ausgestaltung von Ersatzbetreuungen. Wie schon der die Anhörung betreffende § 68a FGG eine Ergänzung der Ermittlungsvorschrift des § 12 FGG darstellte (Bienwald/Sonnenfeld/Hoffmann/*Bienwald* § 68a FGG Rn 22), kommt dieses objektive Element auch bei der Beurteilung der Hinzuziehung nach der Vorschrift des Abs 4 Nr 1 zum Zuge, und zwar auch dann, wenn – was sorgfältiger Abwägung bedarf – der subjektive Wille des Betroffenen seinen objektiven Interessen zuwider läuft (BTDrs 16/608 S 266). Dies gilt umso mehr in Fällen, in denen sich der Betroffene selbst nicht äußern kann. Insoweit erlangt auch die Betreuungsvorsorge iSv § 1901c BGB maßgebliche Bedeutung (vgl § 285 Rz 1).

13　Unbeachtlich bleiben sollen hingegen die Interessen derjenigen Verwandten oder Vertrauenspersonen, die nicht auch in eigenen Rechten betroffen sind. Denn es handelt sich nach der Ausgestaltung der Vorschrift um eine **altruistische Beteiligung** dieser Personen, wodurch vermieden werden soll, dass diese auch dann Einfluss auf das Verfahren nehmen können, wenn dies den Interessen des Betroffenen zuwiderläuft. Im Gegensatz zu der Regelung des § 68a Satz 3 FGG, wonach in einem Regel-Ausnahme-Verhältnis Angehörige grundsätzlich anzuhören waren, wenn nicht der Betroffene mit erheblichen Gründen widersprach, ist nunmehr bereits von vornherein eine entsprechende Interessenfeststellung (s dazu Rz 12) vorzunehmen. Eines Widerspruchsrechts des Betroffenen bedarf es nicht (BTDrs 16/6308 S 265 f). Allerdings werden jedenfalls der Ehegatte und nicht selten auch Eltern oder Kinder des Betroffenen im Hinblick auf die sich aus Art 6 Abs 1 und 2 GG ergebenden Schutzbereiche, etwa die Bestimmung des gemeinsamen Wohnortes von Ehegatten oder das Fürsorge- und Erziehungsrecht der Eltern, unmittelbar und damit subjektiv betroffen iSv § 7 Abs 2 Nr 1 sein. In diesem Fall ergibt sich ihre Beteiligung bereits aus diesem Grund (Rz 3). Einer Abwägung der Interessen von Angehörigen mit den Belangen des Betroffenen (so noch nach dem BtG, vgl BTDrs 11/4528 S 174) bedarf es in dieser Form nicht.

Die Hinzuziehung der Angehörigen nach Abs 4 Nr 1 betrifft nur Verfahren über die in Abs 3 genannten Gegenstände (s dazu im Einzelnen Rz 9). Bezüglich der Verfahrensgegenstände, in denen auch die zuständige Behörde auf ihren Antrag zu beteiligen ist, waren auch nach den bisherigen Regelungen der §§ 69g Abs 1, 69i Abs 3, 5 und 8 FGG Dritte im Hinblick auf ihre Beteiligung privilegiert. **14**

Von Bedeutung ist die Hinzuziehung nach Abs 4 Nr 1 mit der Folge, dass eine der dort genannten Personen Beteiligter wird, insbesondere für das Rechtsmittelverfahren. Denn ohne in eigenen Rechten betroffen zu sein, kann diesen Personen gemäß § 303 Abs 2 2. HS das **Recht zur Beschwerde** gegen amtswegige Entscheidungen nur dann zustehen, wenn sie im ersten Rechtszug beteiligt worden sind (s § 303 Rz 7). Indessen kann nach § 76 Abs 2 den nur in fremdem Interesse Beteiligten **Verfahrenskostenhilfe** nicht bewilligt werden. Gegen die Ablehnung der Hinzuziehung steht der jeweiligen Person gemäß § 7 Abs 5 S 3 die sofortige Beschwerde nach §§ 567 f ZPO zu. **15**

Abs 4 Nr 2 nennt weiter den Vertreter der **Staatskasse** als fakultativen Beteiligten im Sinne des § 7 Abs 3 S 1. Er verfolgt fiskalische Interessen. Seine Hinzuziehung kommt nur in Betracht, wenn die Belange der Staatskasse betroffen sein können. Dies kommt etwa bei Entscheidungen nach § 307 oder aber in Betracht, wenn gemäß § 1836 Abs 1 BGB iVm § 1 VBVG die Feststellung der Berufsmäßigkeit der Betreuung getroffen wird. Mit dieser klar stellenden Regelung wird das dem Gericht in Abs 4 eingeräumte Ermessen konkretisiert. Unnötige Beteiligungen und damit verbundener zusätzlicher Verfahrensaufwand sollen vermieden werden (BTDrs 16/6308 S 266). **16**

Zur **funktionellen** Zuständigkeit für die Entscheidung über die Hinzuziehung eines Beteiligten s § 272 Rz 29.

§ 275 Verfahrensfähigkeit

In Betreuungssachen ist der Betroffene ohne Rücksicht auf seine Geschäftsfähigkeit verfahrensfähig.

A. Normzweck

1 Im Gegensatz zum FGG ist nunmehr die **Verfahrensfähigkeit** für alle dem FamFG unterliegenden Verfahren einheitlich geregelt. Dies findet sich in § 9, der die Fähigkeit eines Beteiligten, selbst oder durch einen selbst gewählten Vertreter wirksam Erklärungen im Verfahren abzugeben, regelt. Die Verfahrensfähigkeit setzt dabei die Beteiligtenfähigkeit nach § 8 voraus. Wer Beteiligter ist, ergibt sich aus § 7 und – für Betreuungssachen speziell – aus § 274 (s § 274 Rz 1 ff). Siehe hierzu im Übrigen die Anmerkungen zu § 9.

2 Da in Betreuungssachen über die Regelung des § 9 Abs 1 Nr 1, Abs 2 hinaus auch der **geschäftsunfähige Betroffene** verfahrensfähig ist, bedarf es einer entsprechenden Bestimmung durch die Vorschrift. Der Betroffene soll nach dem gesetzgeberischen Willen als eigenständiger Beteiligter angesehen werden und nicht nur »Verfahrensobjekt« sein. Auf eine solche von Achtung getragene Behandlung haben alle Betroffenen Anspruch und werden hierdurch in die Lage versetzt, ihren Willen nach Kräften im Betreuungsverfahren selbst zu vertreten, ohne auf andere, insbes gesetzliche Vertreter, angewiesen zu sein (BTDrs 11/4528 S 89). Im Übrigen aber sind geschäftsfähige Volljährige bereits nach § 9 verfahrensfähig.

B. Anwendungsbereich

3 Die Vorschrift gilt für **alle Verfahren in Betreuungssachen** iSv § 271. Hierzu gehören auch alle im Zusammenhang mit der Betreuung stehenden weiteren Verfahren und Verfahrensabschnitte (s dazu § 271 Rz 2 ff) einschließlich der Kostenentscheidungen, sofern es um Handlungen des Betroffenen geht, die von der Betreuung noch erfasst sind. So wird es insbes bei der nicht in unmittelbarem Zusammenhang mit einem Verfahren erfolgten Bevollmächtigung eines Dritten durch den Betroffenen hingegen auf dessen Geschäftsfähigkeit ankommen (Bienwald/Sonnenfeld/Hoffmann/*Sonnenfeld* § 66 FGG Rn 3; anders aber bei der Bestimmung eines Verfahrensbevollmächtigten, s dazu Rz 5). In **Unterbringungsverfahren** gilt die eigenständige Regelung des **§ 316**.

4 Die Prozessfähigkeit iSv § 51 ZPO wird durch die Vorschrift nicht erfasst, so dass in **Zivilrechtsstreiten** diese Voraussetzung selbständig zu ermitteln ist (Bienwald/Sonnenfeld/Hoffmann/*Sonnenfeld* § 66 FGG Rn 3; Jürgens/*Mertens* § 66 FGG Rn 7 ff). Insofern kommt – von der Verfahrensfähigkeit in Betreuungssachen unabhängig – allenfalls dem Betreuer als gesetzlichem Vertreter iSv § 51 Abs 1 ZPO bzw dem Bevollmächtigten iSv § 51 Abs 3 ZPO Bedeutung zu. Im **Strafverfahren** oder Sicherungsverfahren nach der StPO ist der Angeklagte bzw Betroffene stets Hauptbeteiligter. Für die Wirksamkeit seiner Prozesshandlung kommt es auf den Erhalt seiner Verhandlungsfähigkeit, nämlich die Fähigkeit, in oder außerhalb der Hauptverhandlung seine Interessen vernünftig wahrzunehmen, an. Dies setzt nicht Geschäftsfähigkeit, sondern allein einen genügenden Reifegrad sowie Freiheit und Fähigkeit der Willensentschließung voraus. Insbes bei Einschränkungen der geistigen, psychischen oder körperlichen Fähigkeiten können deren Auswirkungen auf die tatsächliche Wahrnehmung der Verfahrensrechte durch strafverfahrensrechtliche Hilfen regelmäßig hinreichend ausgeglichen werden (BVerfG NJW 1995, 1951 f). Insofern werden die Interessen des Betroffenen als Beschuldigter im Strafverfahren ausschließlich durch den Verteidiger geschützt; auch der Betreuer hat hier keine eigene Rechtsstellung (BGH NStZ 2008, 524 f). Rz 5 gilt hier nicht.

C. Regelung

Verfahrensfähigkeit bedeutet das Recht des Betroffenen, in allen Verfahren (s Rz 3) 5
Anträge stellen, Angriffs- und Verteidigungsmittel vorbringen, Richter und Sachverständige ablehnen, von Rechtsmitteln Gebrauch machen, sonstige verfahrensrelevante Äußerungen abgeben (zB nach § 278 Abs 1 S 3, 279 Abs 2, Abs 3) und Empfänger von Bekanntmachungen und Mitteilungen sein zu können. Dies gilt auch für die Erteilung einer Verfahrensvollmacht, zu deren Wirksamkeit es eines »natürlichen Willens« (dh Sinn und Folge seiner Erklärungen erkennen oder sich eine wenigstens ungefähre Vorstellung von seiner Lage machen können) nicht bedarf (Bassenge/Roth § 66 FGG Rn 3; aA OLG Saarbrücken FGPrax 1999, 108 f = BtPrax 1999, 153 ff). Denn diese Einschränkung ist mit dem Zweck, dem Betroffenen unabhängig von seiner Geschäftsfähigkeit eine eigene Stellung im Verfahren zu sichern (s Rz 2), nicht vereinbar. Sollte der so bestellte Bevollmächtigte nicht im Interesse des Betroffenen handeln, kann dem im Rahmen der gerichtlichen Aufklärungspflicht sowie durch die Bestellung eines Verfahrenspflegers Rechnung getragen werden. § 276 Abs 4, der auf das konkrete Bedürfnis des Betroffenen abzielt, steht nicht entgegen (OLG Schleswig FGPrax 2007, 130 f = FamRZ 2007, 1126; KKW/*Kayser* § 66 FGG Rn 4, § 67 FGG Rn 16). Es muss allerdings wenigstens eine entsprechende, dem Betroffenen zuzurechnende Willenserklärung vorliegen (Jürgens/Kröger/Marschner/Winterstein Rn 345; Bienwald/Sonnenfeld/Hoffmann/*Sonnenfeld* § 66 FGG Rn 13).

Das Recht des Betroffenen umfasst auch für ihn **nachteilige Verfahrenshandlungen** 6
wie die Rücknahme von und den Verzicht auf Rechtsmittel sowie die wirksame Entgegennahme von Zustellungen (§ 14 Abs 2). Dies ist die Konsequenz aus der Entscheidung des Gesetzgebers, dem Betroffenen eine eigenständige Stellung im Verfahren zu geben, hinsichtlich derer eine im Einzelfall nicht eindeutig zu beurteilende Vorteil- oder Nachteilhaftigkeit nicht über die Wirksamkeit seiner Verfahrenshandlungen zu entscheiden vermag (Bienwald/Sonnenfeld/Hoffmann/*Sonnenfeld* § 66 FGG Rn 9; Jürgens/*Mertens* § 66 FGG Rn 3). Etwas Anderes gilt nur dann, wenn der Betroffene die Bedeutung dieser Verfahrenshandlung – insbes im Fall des Rechtsmittelsverzichts – offensichtlich nicht versteht (so Bassenge/Roth § 66 FGG Rn 3; Damrau/Zimmermann § 66 FGG Rn 4) und das Gericht einen Verfahrenspfleger nicht bestellt hat (s § 276 Rz 4; ebenso Jansen/*Sonnenfeld* § 66 FGG Rn 8 aE).

Die Bestellung eines **Verfahrenspflegers** nach § 276 ergänzt die Rechtsposition des Be- 7
troffenen und schränkt sie nicht ein (BTDrs 11/4528 S 89). Deswegen können beide in derselben Angelegenheit Verfahrenshandlungen wirksam vornehmen, welchen das Gericht im Rahmen seiner Pflicht zur Amtsermittlung nachzugehen hat. Widersprechen sich die Verfahrenshandlungen oder auch jeweils selbständig eingelegte Rechtsmittel des Betroffenen und des Verfahrenspflegers, gilt nichts Anderes. Alle erhobenen Rechtsmittel müssen wie als solche von Einzelberechtigten behandelt werden und sind jeweils für sich zu bescheiden. Und das Gericht hat allen Anregungen, wie auch sonst bei sich widersprechenden Handlungen mehrerer am Verfahren Beteiligter, nachzugehen (BTDrs 11/4528 S 170 f). Der Verfahrenspfleger kann deswegen gegen den Willen des Betroffenen das von diesem eingelegte Rechtsmittel auch nicht zurücknehmen (BGH FamRZ 2003, 1275, 1276 = FuR 2003, 416; KKW/Kayser § 66 FGG Rn 5, Bienwald/Sonnenfeld/Hoffmann/*Sonnenfeld* § 66 FGG Rn 17 mwN).

§ 276 Verfahrenspfleger

(1) Das Gericht hat dem Betroffenen einen Verfahrenspfleger zu bestellen, wenn dies zur Wahrnehmung der Interessen des Betroffenen erforderlich ist. Die Bestellung ist in der Regel erforderlich, wenn
1. von der persönlichen Anhörung des Betroffenen nach § 278 Abs. 4 in Verbindung mit § 34 Abs. 2 abgesehen werden soll oder
2. Gegenstand des Verfahrens die Bestellung eines Betreuers zur Besorgung aller Angelegenheiten des Betroffenen oder die Erweiterung des Aufgabenkreises hierauf ist; dies gilt auch, wenn der Gegenstand des Verfahrens die in § 1896 Abs. 4 und § 1905 des Bürgerlichen Gesetzbuchs bezeichneten Angelegenheiten nicht erfasst.

(2) Von der Bestellung kann in den Fällen des Absatzes 1 Satz 2 abgesehen werden, wenn ein Interesse des Betroffenen an der Bestellung des Verfahrenspflegers offensichtlich nicht besteht. Die Nichtbestellung ist zu begründen.

(3) Wer Verfahrenspflegschaften im Rahmen seiner Berufsausübung führt, soll nur dann zum Verfahrenspfleger bestellt werden, wenn keine andere geeignete Person zur Verfügung steht, die zur ehrenamtlichen Führung der Verfahrenspflegschaft bereit ist.

(4) Die Bestellung eines Verfahrenspflegers soll unterbleiben oder aufgehoben werden, wenn die Interessen des Betroffenen von einem Rechtsanwalt oder einem anderen geeigneten Verfahrensbevollmächtigten vertreten werden.

(5) Die Bestellung endet, sofern sie nicht vorher aufgehoben wird, mit der Rechtskraft der Endentscheidung oder mit dem sonstigen Abschluss des Verfahrens.

(6) Die Bestellung eines Verfahrenspflegers oder deren Aufhebung sowie die Ablehnung einer derartigen Maßnahme sind nicht selbständig anfechtbar.

(7) Dem Verfahrenspfleger sind keine Kosten aufzuerlegen.

Übersicht

	Rz			Rz
A. Normzweck	1		I. Bestellung des Verfahrenspflegers.	4
B. Anwendungsbereich	2		II. Rolle des Verfahrenspflegers	17
C. Regelungen	3			

A. Normzweck

1 Die Vorschrift übernimmt die Regelung des § 67 Abs 1 S 1 bis 4 FGG und bestimmt, dass dem Betroffenen, ohne dass diese dessen Verfahrensfähigkeit berührt, ein Helfer zur Seite gestellt werden kann. Es soll der gesundheitliche Mangel des Betroffenen, sich selbst im Betreuungsverfahren angemessen vertreten zu können, ausgeglichen werden. Dies entspricht dem verfassungsrechtlichen Gebot auf Gewährung rechtlichen Gehörs aus Art 103 Abs 1 GG (BTDrs 15/2494 S 18). Die Bestellung ergänzt ausschließlich die Rechtsposition des Betroffenen, sie schränkt sie nicht ein (BTDrs 11/4528 S 89). Zur Entwicklung der erstmals mit dem BtG eingeführten gesetzlichen Regelungen nach dem FGG siehe im Einzelnen Bienwald/Sonnenfeld/Hoffmann/*Bienwald* § 67 FGG Rn 1 ff, zur Wirkung der Pflegerbestellung s hier Rz 17.

B. Anwendungsbereich

2 Die Vorschrift gilt für **alle Verfahren in Betreuungssachen** iSv § 271. Hierzu gehören auch die im Zusammenhang mit der Betreuung stehenden weiteren Verfahren und Verfahrensabschnitte (s dazu § 271 Rz 2 ff) einschließlich der Kostenentscheidungen, des Vergütungsfestsetzungsverfahrens gegen den Betroffenen sowie des Beschwerdeverfah-

rens (s dazu Rz 12). Soweit allein die **Abgabe** nach §§ 4, 273 Gegenstand des Verfahrens ist, kommt zu diesem Zweck die Bestellung eines Verfahrenspflegers grds nicht in Betracht (vgl KKW/*Kayser* § 67 FGG Rn 3; Jürgens/*Mertens* § 65a FGG Rn 9; Damrau/Zimmermann § 67 FGG Rn 7). Dies ist aber letztlich eine Frage der Erforderlichkeit (s dazu Rz 4). Ist ein Verfahrenspfleger bestellt, ist er im Abgabeverfahren nach Maßgabe des § 4 S 2 selbstverständlich zu beteiligen. In **Unterbringungsverfahren** gilt die eigenständige Regelung des § 317.

C. Regelungen

Die Abs 1 und 2 betreffen die Voraussetzungen der Bestellung des Verfahrenspflegers 3 und entsprechen den bisherigen § 67 Abs 1 S 1 bis 4 FGG. Dabei definiert Abs 1 S 1 im Sinne einer **Generalklausel** die Voraussetzungen, unter denen in einer einzelfallorientierten Entscheidung die Bestellung vorzunehmen ist (»erforderlich«). Abs 1 S 2 führt die in den Nrn 1 und 2 aufgeführten **Regelbeispiele** an, bei deren Vorliegen die Erforderlichkeit der Bestellung als gegeben anzusehen, eine Ausnahme aber zulässig ist. Hierzu stellen Abs 2 und Abs 4 (wie bisher § 67 Abs 1 S 3 und 7 FGG) bestimmte Anforderungen, insbesondere den Begründungszwang nach Abs 2 S 2 im Falle der Abweichung vom Regelfall. Abs 3 entspricht dem bisherigen § 67 Abs 1 S 6 iVm § 1897 Abs 6 S 1 BGB und sieht den Vorrang der **ehrenamtlichen Führung** der Verfahrenspflegschaft vor. Abs 5 bestimmt als **Ende der Verfahrenspflegschaft** den rechtskräftigen Verfahrensabschluss. Dies steht im Einklang mit den durch das FGG-Reformgesetz vorgenommenen Änderungen im Rechtsmittelverfahren. Abs 6 entzieht die Entscheidung über die Bestellung eines Verfahrenspflegers der **Anfechtbarkeit**. Abs 7 bestimmt, dass der Verfahrenspfleger nicht an den **Verfahrenskosten** zu beteiligen ist.

I. Bestellung des Verfahrenspflegers

Nach **Abs 1 S 1** ist ein Pfleger zu bestellen, wenn es nach der allgemeinen Verfahrens- 4 situation **erforderlich** ist. Ob und wann dies der Fall ist, ist auf Grund aller Umstände des Einzelfalles vom Gericht zu entscheiden. Dabei kommt es ua auf den Grad der Behinderung und die Bedeutung des jeweiligen Verfahrensgegenstandes an (BTDrs 11/4528 S 171). Wie auch die in S 2 aufgeführten Regelbeispiele verdeutlichen, spielen bei dieser **Einzelfallbeurteilung** stets zwei grundsätzliche Aspekte eine Rolle, nämlich einerseits die Fähigkeit des Betroffenen zur eigenen Wahrnehmung seiner Interessen und andererseits das Gewicht des im Verfahren konkret drohenden Eingriffs in seine Rechte. Ergibt eine Gesamtschau dieser Aspekte, dass dem Betroffenen die Beteiligung am Verfahren ohne Unterstützung nicht zuzumuten ist, bedarf es der Bestellung des Verfahrenspflegers. Dies wird eher dann der Fall sein, wenn sich der Betroffene – was insbesondere auch aus der gutachterlichen Stellungnahme (§ 280) hervorgehen kann – zu seiner Lage nicht oder nur schlecht äußern kann, eine Verständigung schwierig ist oder – mit Rücksicht auf § 1896 Abs 1a BGB – wenn erkennbar wird, dass er Wesen und Wirkung einer Betreuung nicht versteht (s aber Rz 8). Indessen kommt es auch insoweit auf den Umfang der Maßnahmen an (BtKomm/*Roth* Abschn A Rn 124 f; KKW/*Kayser* § 67 FGG Rn 4). Etwa bei der Genehmigung überschaubarer Rechtsgeschäfte nach bereits eingerichteter Betreuung drängt sich selbst bei stark eingeschränkter Interessenwahrnehmung eine Bestellung nicht auf (Jürgens/Kröger/Marschner/Winterstein Rn 352). Ebenfalls kein Grund für eine Bestellung besteht, wenn der Betroffene mit einer bestimmten Maßnahme, etwa der Anordnung eines Einwilligungsvorbehalts (§ 1903 BGB), nicht einverstanden ist und dieser vehement und nachvollziehbar widerspricht. Denn in diesem Fall ist seine Fähigkeit zur eigenen Rechtswahrnehmung ersichtlich gegeben (vgl Damrau/Zimmermann § 67 FGG Rn 9; Jansen/*Sonnenfeld* § 67 Rn 11 ff). Diese kann wiederum eingeschränkt sein, wenn erkennbar wird, dass weitere Beteiligte – insbesondere Verwandte (s § 274 Rz 11 f) – eigene Interessen in das Verfahren mit ein-

§ 276 FamFG | Verfahrenspfleger

bringen und der Betroffene zum Spielball dieser Interessen zu werden droht (Bienwald/Sonnenfeld/Hoffmann/*Bienwald* § 67 FGG Rn 30 f; Jürgens/*Mertens* § 67 FGG Rn 3). Nach denselben Erwägungen wird auch im Rahmen der Bestellung eines Kontrollbetreuers nach § 1896 Abs 3 BGB (s § 272 Rz 19) die Bestellung in Frage kommen, da der Kontrollbetreuer in die vom Betroffenen privatgeschäftlich geschaffene Sphäre zum Bevollmächtigten bis hin zum Widerruf eingreifen (PWW/*Bauer* § 1896 Rn 26) und dies eine Rechtswahrnehmung für den Betroffenen erfordern kann (aA Jürgens/Kröger/Marschner/Winterstein Rn 352).

5 Das Regelbeispiel des **Abs 1 S 2 Nr 1** sieht iVm Abs 2 in einem nicht zwingenden, aber grundsätzlich zu beachtenden Regel-Ausnahme-Verhältnis die Notwendigkeit der Bestellung vor, wenn von der persönlichen **Anhörung** des Betroffen nach § 278 Abs 4 iVm § 34 Abs 2 **abgesehen** werden soll (s dazu § 278 Rz 9). Denn in diesem Fall fehlt es andernfalls an der nötigen Gewährung rechtlichen Gehörs. Dem entsprechend ist Nr 1 auch anzuwenden, wenn nach § 288 Abs 1 von der Bekanntgabe der Entscheidungsgründe abgesehen werden soll (KKW/*Kayser* § 67 Rn 5; Jürgens/*Mertens* § 67 Rn 5; BtKomm/*Roth* Abschn A Rn 126; aA o Begr Damrau/Zimmermann § 67 FGG Rn 7) oder auch nur von der Übergabe des schriftlichen Sachverständigengutachtens (OLG München BtPrax 2005, 231 ff = FamRZ 2006, 440 f). Hingegen gilt das Regelbeispiel mangels Verweises nicht für die in §§ 296 Abs 2, 298 Abs 1 S 1, 299 vorgesehenen Fälle persönlicher Anhörung, was auch im Hinblick auf den Normzweck (s Rz 1) unbedenklich ist. Denn entweder ist in den genannten Sonderfällen die Anhörung ohnehin zwingend, oder aber die Voraussetzungen für ein Absehen sind weniger hoch (so auch Fröschle/*Fröschle* § 67 FGG Rn 12; Jansen/*Sonnenfeld* § 67 FGG Rn 20). Zur besonderen Regelung im Fall des unansprechbaren Betroffenen s Rz 8; zur Notwendigkeit der Bestellung, wenn von der persönlichen Anhörung nach § 296 Abs 1 abgesehen werden soll, s § 296 Rz 3.

6 Das Regelbeispiel des **Abs 1 S 2 Nr 2** sieht iVm Abs 2 wiederum in dem grundsätzlich zu beachtenden Regel-Ausnahme-Verhältnis die Notwendigkeit der Bestellung vor, wenn Gegenstand des Verfahrens die Bestellung eines Betreuers zur Besorgung **aller Angelegenheiten** des Betroffen oder die Erweiterung des Aufgabenkreises hierauf ist. Hier steht das Gewicht des dem Betroffenen drohenden (nicht des schlussendlich erfolgten) Eingriffs in seine Rechte im Vordergrund, das nach dem Willen des Gesetzgebers auch dann hinreichend erheblich ist, wenn sich das Verfahren nicht auf die Entscheidung über den Fernmeldeverkehr und die Postkontrolle (§ 1896 Abs 4 BGB) oder die Sterilisation (§ 1905 BGB) erstreckt. Weitere Einschränkungen des Verfahrensgegenstands führen zwar zu einer Nichtanwendbarkeit dieses Regelbeispiels, lassen aber die Prüfung der Erforderlichkeit iSv Abs 1 S 1 nicht entfallen. Liegt ein dem Regelbeispiel angenäherter Sachverhalt vor, wird deswegen gleichwohl regelmäßig die Bestellung in Betracht zu ziehen sein. Ein Absehen von der Bestellung erfordert in diesen Fällen eine aus sich heraus hinreichende **Begründung**, ohne die die Feststellung des entscheidungserheblichen Sachverhalts verfahrensfehlerhaft wäre. Folge ist die Aufhebbarkeit der Entscheidung, sofern der Mangel im Beschwerdeverfahren nicht geheilt wird (BayObLG FamRZ 2003, 1044 f). Eine derartige Fallkonstellationen entspricht deswegen im Grunde der des Abs 1 S 2 Nr 2 (vgl OLG München OLGR 2005, 379 f = RPfleger 2005, 429 f; LG Zweibrücken BtPrax 1999, 244 f m abl Anm *Hellmann* BtPrax 1999, 229 ff; Jansen/*Sonnenfeld* § 67 FGG Rn 69)

7 Nach § 297 Abs 5 ist die Bestellung eines Verfahrenspflegers im Verfahren über die Genehmigung der Einwilligung in die **Sterilisation** (§ 1905 Abs 2 GBG) stets erforderlich, sofern sich der Betroffene nicht von einem Rechtsanwalt oder einem anderen geeigneten Verfahrensbevollmächtigten vertreten lässt. Die vormals in § 67 Abs 1 S 5 FGG geregelte Bestimmung ist mit anderen, die Sterilisation betreffenden Vorschriften nunmehr einheitlich in § 297 zusammengefasst (BTDrs 16/6308 S 270). Für das Verfahren über die Bestellung des hierzu nach § 1899 Abs 2 BGB notwendigen besonderen Betreuers gilt

Verfahrenspfleger | § 276 FamFG

§ 297 Abs 5 nicht (Fröschle/*Fröschle* § 67 FGG Rn 5; wohl auch Bienwald/Sonnenfeld/ Hoffmann/*Bienwald* § 67 FGG Rn 29), wenngleich insoweit die Erforderlichkeit iSv Abs 1 Satz 1 nicht ausgeschlossen ist. Im Hinblick auf das Gewicht des von § 297 erfassten Eingriffs stellt sich die Frage, ob es – sei es in entsprechender Anwendung von § 297 Abs 5, sei es aus Abs 1 S 1 iVm S 2 Nr 2 – in für den Betroffenen **vergleichbar existenziellen Fällen** (Genehmigung nach § 1904 Abs 1 BGB) die Bestellung des Verfahrenspflegers ebenso zwingend ist. Allerdings fehlt es für § 1904 Abs 1 BGB in § 298 Abs 1 an einer § 297 Abs 5 vergleichbaren Regelung. Der Gesetzgeber lässt hier also – zu Recht – eine einzelfallorientierte Betrachtung nach Abs 1 S 1 ausreichen, wohingegen er in § 298 Abs 3 für den Fall der Genehmigung einer **Entscheidung** des Betreuers **gegen die Lebenserhaltung** stets die Bestellung des Verfahrenspflegers vorschreibt (s § 298 Rz 14b sowie zu diesem Verfahren iE § 298 Rz 12 ff).

Abs 2 definiert, wann dem Regelbeispiel des Abs 1 S 2 nicht gefolgt werden muss. 8 Dies soll möglich sein, wenn ein Interesse des Betroffenen an der Bestellung des Verfahrenspflegers offensichtlich nicht besteht. Obschon von dem Wortlaut dieser Definition zahlreiche Sachverhalte abgedeckt wären, hatte der Gesetzgeber hier vornehmlich den **unansprechbaren** Betroffenen im Blick (BTDrs 13/7158 S 18, 36), also den Fall, dass sich der Betroffene weder zu äußern in der Lage sieht noch ansonsten eine Entgegennahme seines Willens möglich scheint. Da es aber gerade in dieser Situation im wohlverstandenen Interesse des Betroffenen liegt (s dazu § 274 Rz 12), durch den Verfahrenspfleger vertreten zu werden, ist bei **verfassungskonformer Auslegung** mit Rücksicht auf Art 103 Abs 1 GG und den Normzweck (Rz 1) der Anwendungsbereich von Abs 2 abweichend zu definieren. Denn auch in den von den Regelbeispielen des Abs 1 S 2 erfassten Fällen – etwa auf Grund vorweggenommener Anhörung oder Äußerungen durch den Betroffenen (zB § 1901a BGB) – kann ein solches Interesse ausscheiden. In solchen oder sich ähnlich auswirkenden Konstellationen (BTDrs 13/7158 S 36: rein formaler Charakter) zwingt Abs 2 S 2 das Gericht wenigstens zu einer Begründung für das Absehen von der Bestellung. Hiermit erfüllt die Definition des Abs 2 S 1 ihren Zweck. Die Verfassungskonformität der (aus § 67 Abs 1 S 3 FGG unverändert übernommenen) Vorschrift wird im Übrigen allgemein in Zweifel gezogen (so Bienwald/Sonnenfeld/Hoffmann/*Bienwald* § 67 FGG Rn 43 f; BtKomm/*Roth* Abschn A Rn 127; Jansen/*Sonnenfeld* § 67 FGG Rn 26; Jürgens/*Mertens* § 67 FGG Rn 4; KKW/*Kayser* § 67 FGG Rn 8 ff; kritisch auch Jürgens/Kröger/Marschner/Winterstein Rn 356; *Schulte-Bunert* Rn 912).

Abs 3 stellt (wie vormals § 67 Abs 1 S 6 FGG) klar, dass der **ehrenamtlichen Verfahrenspflegschaft** Vorrang gegenüber der Bestellung eines Rechtsanwalts oder Berufsverfahrenspflegers gebührt. Der Gesetzeber geht – nicht zuletzt aufgrund fiskalischer Erwägungen – davon aus, dass eine dem Betroffenen nahe stehende Person zu einer wenigstens gleich effizienten Interessenvertretung in der Lage ist wie der Berufsverfahrenspfleger, da sie im Regelfall mit den persönlichen Verhältnissen und Wünschen des Betroffenen in stärkerem Maße vertraut ist (BTDrs 15/2494 S 18; kritisch dazu die Stellungnahme des Vormundschaftsgerichtstags, *Brill* S 56). 9

Abs 3 untersteht indessen wie auch die Entscheidung der Auswahl des Verfahrens- 10 pflegers überhaupt dem ungeschriebenen (siehe aber § 8 S 3 BtBG) Tatbestandsmerkmal der **Eignung**. Hiernach kann grundsätzlich jede volljährige natürliche Person, aber auch die Betreuungsbehörde oder ein Betreuungsverein bzw deren Mitarbeiter (s § 277 Abs 4) Verfahrenspfleger sein. Dabei richtet sich die Eignung wie auch schon die Frage der Erforderlichkeit (Abs 1 S 1) nach den Umständen des Einzelfalls, so dass sowohl je nach persönlicher, familiärer und sozialer Konstellation als auch mit Rücksicht auf die benötigte Sachkunde, bezogen auf das jeweilige Verfahren, ein geeigneter Pfleger auszuwählen ist. Erfordert der Sachverhalt besondere Kenntnisse (etwa in medizinischer oder juristischer Hinsicht), wird dies für die Auswahl einer entsprechend kompetenten Person sprechen. Soweit derartiges Sonderwissen oder eine derartige Erfahrung nicht erforderlich ist, wird hingegen die Bestellung einer dem Betroffenen nahe stehenden Person in

§ 276 FamFG | Verfahrenspfleger

Betracht kommen (BTDrs 15/2494 S 18). Gegen eine Eignung spricht die Gefahr von Interessenkollisionen, die für jede Person anzunehmen ist, die das Verfahren angeregt hat oder unmittelbar davon betroffen ist. Für die Betreuungsbehörde droht dies dann, wenn sie einen Antrag auf Hinzuziehung nach § 274 Abs 3 gestellt hat (vgl Bienwald/Sonnenfeld/Hoffmann/*Bienwald* § 67 FGG Rn 58 f; Fröschle/*Fröschle* § 67 FGG Rn 44, 46; Jürgens/Kröger/Marschner/Winterstein Rn 351), und für die Person des Betreuers, wenn die Genehmigung seines Handelns (§ 297 ff) Gegenstand des Verfahrens ist (Jansen/*Sonnenfeld* § 67 FGG Rn 40). Im Hinblick auf die Kontrollfunktion des Verfahrenspflegers dürfte die Bestellung von Verein oder Behörde nur in Ausnahmefällen, etwa wegen besonderer Eilbedürftigkeit oder besonderer Sachkunde in Einzelfall, in Betracht kommen (ähnlich Damrau/Zimmermann § 67 FGG Rn 25; BtKomm/*Roth* Abschn A Rn 128).

11 Abs 4 soll klar stellen, dass es für den bereits durch einen Rechtsanwalt oder Bevollmächtigen Betroffenen in der Regel eines (weiteren) Verfahrenspflegers nicht bedarf. Da denkbar ist, dass der jeweilige Vertreter nicht im Interesse des Betroffenen handelt (KG KGR 2004, 344 = FGPrax 2004, 117), oder auch, dass der Betroffenen von seinem Recht, einen Bevollmächtigten zu benennen, in nicht mehr hinnehmbarer Weise Gebrauch macht, lässt die Vorschrift gleichwohl im Einzelfall die Bestellung zu. Sie stellt auf das konkrete Bedürfnis des Betroffenen ab. Zur Verfahrenskostenhilfe s Rz 15.

12 Nach **Abs 5** endet (entsprechend dem bisherigen § 70b Abs 4 FGG) die Bestellung spätestens mit, aber ohne Aufhebung auch nicht vor rechtskräftigem **Abschluss** des gesamten Verfahrens. Nach dem bisherigen § 67 Abs 2 FGG war der Verfahrenspfleger für jeden Rechtszug gesondert zu bestellen, so dass seine Bestellung mit der das Verfahren abschließenden Entscheidung endete. Das **Ende der Bestellung** zum Verfahrenspfleger musste auch deshalb (förmlich) festgestellt werden, um dem Verfahrenspfleger die Geltendmachung einer etwaigen Vergütung oder eines Aufwendungsersatzes ab einem bestimmten Zeitpunkt zu ermöglichen (BTDrs 16/6308 S 266; Bienwald/Sonnenfeld/Hoffmann/*Bienwald* § 67 FGG Rn 62). Da das Rechtsmittel der Beschwerde nunmehr gemäß §§ 58, 63 grundsätzlich befristet ist, bedarf es keiner zeitlichen Begrenzung der Bestellung zum Verfahrenspfleger mehr. Im Beschwerdeverfahren ist es nicht notwendig, einen Verfahrenspfleger in einem gesonderten Beschluss erneut, wohl aber erstmals, zu bestellen. Im Übrigen endet die Bestellung mit ihrer **Aufhebung**, entweder nach Abs 4, oder weil das Erfordernis iSv Abs 1 S 1 entfällt. Hierzu zählt auch der Tod des Betroffenen. Rückwirkung zeitigt die Aufhebung nicht (vgl Jansen/*Sonnenfeld* § 67 FGG Rn 29).

13 Abs 6 regelt nunmehr ausdrücklich, dass die **Bestellung** des Verfahrenspflegers sowie die **Aufhebung** oder die **Ablehnung** einer Verfahrenspflegerbestellung als den Rechtszug nicht abschließende Zwischenentscheidungen, die auch nicht in einem hinreichenden Maße in die Rechtssphäre des Betroffenen eingreifen, **nicht anfechtbar** sind. Dies betrifft damit zugleich die Auswahl des Verfahrenspflegers sowie nach dem klaren Wortlaut auch die Fälle, in denen der Rechtspfleger die Entscheidung über die Bestellung des Verfahrenspflegers getroffen hat. Der Gesetzgeber ist unter Erledigung des vormaligen Meinungsstreits (s dazu Bienwald/Sonnenfeld/Hoffmann/*Bienwald* § 67 FGG Rn 49 f; Jansen/*Sonnenfeld* § 67 FGG Rn 62 ff) der höchstrichterlichen Rechtsprechung gefolgt, wonach jedenfalls für die Bestellung eines Verfahrenspflegers die Anfechtung ausgeschlossen war (BGH FamRZ 2003, 1275, 1276 = FuR 2003, 416 ff; KG KGR 2006, 962 = FGPrax 2006, 261; OLG Frankfurt OLGR 2006, 85 f).

14 Abs 7 bestimmt, dass der Verfahrenspfleger nicht mit **Verfahrenskosten** belegt werden kann. Da er allein im Interesse des Betroffenen tätig wird und dessen Rechte wahrnimmt, soll er nach dem Willen des Gesetzgebers auch in den von § 81 erfassten Fällen hieran nicht beteiligt werden. Verursacht ein Verfahrenspfleger im Einzelfall wider Erwarten nicht gerechtfertigte Kosten, kann das Gericht reagieren und ihn als Pfleger entlassen (BTDrs 16/6308 S 266). Zu den Kosten in Betreuungssachen siehe im Übrigen die Anmerkungen zu § 307.

Die Möglichkeit, einen Verfahrenspfleger zu bestellen, schließt für den Betroffenen die 15
Bewilligung von **Verfahrenskostenhilfe** sowie ggf die Beiordnung eines Rechtsanwalts
nach §§ 76 ff nicht aus. Gemäß § 76 Abs 2 ist dieses Recht ausdrücklich nur den Kann-
Beteiligten iSv § 274 Abs 4, die nicht in eigenen Rechten betroffen sind, verwehrt (BTDrs
16/6308 S 212 f), wird ansonsten aber neben § 276 für anwendbar erachtet (BTDrs
11/4528 S 171 f). Dies führt jedoch, sollte bereits ein Verfahrenspfleger bestellt sein,
grundsätzlich zum Wegfall der Bestellungsvoraussetzungen und damit zur Aufhebung
der Bestellung nach Abs 4 (Jansen/*Sonnenfeld* § 67 FGG Rn 31 f; Jürgens/*Mertens* § 67
FGG Rn 8).

Das **Verfahren** zur Entscheidung über die Bestellung des Verfahrenspflegers oder 16
deren Aufhebung ist ein **formloses Zwischenverfahren**, das auf Antrag oder – so regelmäßig – von Amts wegen durch den mit dem konkreten Betreuungsverfahren im Übrigen befassten Entscheider durchzuführen ist. Dies kann je nach funktioneller Zuständigkeit der Richter oder der Rechtspfleger sein (s dazu § 272 Rz 17 ff), aber auch im Falle
erstmaliger Bestellung dort die Beschwerdekammer, und zwar entweder in voller Besetzung oder nach erfolgter Übertragung auf den Einzelrichter (§ 68 Abs 4) durch diesen
(die gegenteilige Auffassung bei Jansen/*Sonnenfeld* § 67 FGG Rn 45 und Bienwald/Son-
nenfeld/Hoffmann/*Bienwald* § 67 FGG Rn 45 ist überholt). Vor der Entscheidung ist der
Betroffene **anzuhören**, es sei denn, hiervon soll iSv Abs 1 Satz 2 Nr 1 abgesehen werden.
Die Bestellung erfolgt durch Verfügung oder – zweckmäßiger Weise – durch Beschluss,
der nur dann zu begründen ist, wenn von dem Vorschlag des Betroffenen zur Auswahl
des Verfahrenspflegers abgewichen, einem sonstigen Petitum nicht stattgegeben oder
die Bestellung abgelehnt wird (Fröschle/*Fröschle* § 67 FGG Rn 25). Begründungspflicht
besteht daneben im Fall des Abs 2 sowie in den zu Rz 8 genannten übrigen Fällen. Wirksamkeit erlangt die Bestellung mit Bekanntgabe des Beschlusses oder der Verfügung an
den Verfahrenspfleger, wobei dies formlos erfolgen kann, § 15. Führen Fehler im Verfahren zu einer Verletzung des Betroffenen in dessen Recht auf rechtliches Gehör nach
Art 103 Abs 1 GG, kann die in der Sache getroffene Entscheidung (nicht die unterlassene
Zwischenentscheidung iSv § 276, s § 303 Rz 1) aufhebbar sein (s Rz 6, 13).

II. Rolle des Verfahrenspflegers

Die Stellung des Verfahrenspflegers entspricht der bisher im Rahmen des FGG gelten- 17
den. Er soll die Belange des Betroffenen im Verfahren wahren. Er hat seinen Willen zu
beachten, ist aber nicht an seine Weisungen gebunden, sondern hat die objektiven Interessen des Betroffenen wahrzunehmen. Er ist ein Pfleger bzw **Vertreter eigener Art**
(Fröschle/*Fröschle* § 67 FGG Rn 27; Jansen/*Sonnenfeld* § 67 Rn 54). Mit seiner Hinzuziehung zum Verfahren erhält er deswegen alle Rechte und Pflichten eines Beteiligten, etwa
ein Akteneinsichtsrecht nach § 13, eine Mitwirkungspflicht iSd § 27 und das Beteiligungsrecht iSd § 279 (s auch § 278 Rz 4, 6). Gemäß § 15 Abs 1 sind ihm gerichtliche Entscheidungen bekannt zu geben. Korrespondierend zu seiner Beteiligung in erster Instanz steht dem Verfahrenspfleger nach § 303 Abs 3 im Interesse des Betroffenen ein
Recht zur **Beschwerde** zu (BTDrs 16/6308 S 265). Da die Bestellung eines Verfahrenspflegers die Rechtsposition des Betroffenen ergänzt und nicht einschränkt (BTDrs
11/4528 S 89), können beide in derselben Angelegenheit Verfahrenshandlungen wirksam vornehmen, welchen das Gericht im Rahmen seiner Pflicht zur Amtsermittlung
nachzugehen hat. Widersprechen sich die Verfahrenshandlungen oder auch jeweils selbständig eingelegte Rechtsmittel des Betroffenen und des Verfahrenspflegers, gilt nichts
Anderes. Alle erhobenen Rechtsmittel müssen wie als solche von Einzelberechtigten behandelt werden und sind jeweils für sich zu bescheiden. Und das Gericht hat allen Anregungen, wie auch sonst bei sich widersprechenden Handlungen mehrerer am Verfahren Beteiligter, nachzugehen (BTDrs 11/4528 S 170 f). Der Verfahrenspfleger kann
deswegen gegen den Willen des Betroffenen das von diesem eingelegte Rechtsmittel

§ 276 FamFG | Verfahrenspfleger

auch nicht zurücknehmen (BGH FamRZ 2003, 1275, 1276 = FuR 2003, 416; KKW/*Kayser* § 66 FGG Rn 5; Bienwald/Sonnenfeld/Hoffmann/*Sonnenfeld* § 66 FGG Rn 17 mwN).

§ 277 Vergütung und Aufwendungsersatz des Verfahrenspflegers

(1) Der Verfahrenspfleger erhält Ersatz seiner Aufwendungen nach § 1835 Abs. 1 bis 2 des Bürgerlichen Gesetzbuchs. Vorschuss kann nicht verlangt werden. Eine Behörde oder ein Verein erhalten als Verfahrenspfleger keinen Aufwendungsersatz.

(2) § 1836 Abs. 1 und 3 des Bürgerlichen Gesetzbuchs gilt entsprechend. Wird die Verfahrenspflegschaft ausnahmsweise berufsmäßig geführt, erhält der Verfahrenspfleger neben den Aufwendungen nach Absatz 1 eine Vergütung in entsprechender Anwendung der §§ 1, 2 und 3 Abs. 1 und 2 des Vormünder- und Betreuervergütungsgesetzes.

(3) Anstelle des Aufwendungsersatzes und der Vergütung nach den Absätzen 1 und 2 kann das Gericht dem Verfahrenspfleger einen festen Geldbetrag zubilligen, wenn die für die Führung der Pflegschaftsgeschäfte erforderliche Zeit vorhersehbar und ihre Ausschöpfung durch den Verfahrenspfleger gewährleistet ist. Bei der Bemessung des Geldbetrags ist die voraussichtlich erforderliche Zeit mit den in § 3 Abs. 1 des Vormünder- und Betreuervergütungsgesetzes bestimmten Stundensätzen zuzüglich einer Aufwandspauschale von 3 Euro je veranschlagter Stunde zu vergüten. In diesem Fall braucht der Verfahrenspfleger die von ihm aufgewandte Zeit und eingesetzten Mittel nicht nachzuweisen; weitergehende Aufwendungsersatz- und Vergütungsansprüche stehen ihm nicht zu.

(4) Ist ein Mitarbeiter eines anerkannten Betreuungsvereins als Verfahrenspfleger bestellt, stehen der Aufwendungsersatz und die Vergütung nach den Absätzen 1 bis 3 dem Verein zu. § 7 Abs. 1 Satz 2 und Abs. 3 des Vormünder- und Betreuervergütungsgesetzes sowie § 1835 Abs. 5 Satz 2 des Bürgerlichen Gesetzbuchs gelten entsprechend. Ist ein Bediensteter der Betreuungsbehörde als Verfahrenspfleger für das Verfahren bestellt, erhält die Betreuungsbehörde keinen Aufwendungsersatz und keine Vergütung.

(5) Der Aufwendungsersatz und die Vergütung des Verfahrenspflegers sind stets aus der Staatskasse zu zahlen. Im Übrigen gilt § 168 Abs. 1 entsprechend.

Übersicht

	Rz			Rz
A. Allgemeines	1	IV.	Pauschalierung von Aufwendungsersatz und Vergütung, Abs 3	21
B. Einzelheiten	2		1. Fester Geldbetrag	22
I. Überblick	2		2. Vorhersehbarkeit der erforderlichen Zeit	23
II. Aufwendungsersatz für Verfahrenspfleger, Absatz 1	4		3. Gewähr der Ausschöpfung des prognostizierten Zeitaufwandes	24
1. Grundsatz	4			
2. Berufsspezifischer Auslagenersatz	7			
a) Grundsatz	8		4. Höhe der Pauschale, Abs 3 Satz 2	25
b) Einzelfälle	10			
III. Vergütung für Verfahrenspfleger, Absatz 2	13		5. Nachweisung und Nachforderung, Abs 3 Satz 3	26
1. Berufsmäßiger Verfahrenspfleger	14	V.	Anspruchsberechtigte, Abs 4	28
		VI.	Anspruchsverpflichteter, Abs 5	29
2. Ehrenamtlicher Verfahrenspfleger	19	VII.	Erlöschen	31
3. Abschlag auf die Vergütung	20	VIII.	Verfahrensrechtliches	33

A. Allgemeines

Die Vorschrift gibt den Inhalt des bisherigen § 67a FGG wieder und regelt die Vergütung und den Aufwendungsersatz eines Verfahrenspflegers. Für das Verfahren auf Festsetzung der Vergütung und des Aufwendungsersatzes verweist Abs 5 auf § 168 Abs 1. Wie bisher sind die Vergütung und der Aufwendungsersatz eines Verfahrenspflegers be-

1

§ 277 FamFG | Vergütung und Aufwendungsersatz des Verfahrenspflegers

tragsmäßig beschränkt. Nach § 61 Abs 1 besteht über einem Wert von 600 € generell eine Beschwerdemöglichkeit. Bei einem Beschwerdewert von weniger als 600 € kann die Beschwerde nach § 61 Abs 3 wegen grds Bedeutung, zur Fortbildung des Rechts oder zur Sicherung einer einheitlichen Rechtsprechung zugelassen werden.

B. Einzelheiten

I. Überblick

2 Die Fragen des Aufwendungsersatzes und der Vergütung für Verfahrenspfleger waren bis Ende 1998 stark umstritten (*Dodegge* NJW 1996, 2405, 2413), insbes hinsichtlich der Frage, ob anwaltliche Verfahrenspfleger ihre Dienste nach den Sätzen des RVG über § 1835 Abs 3 BGB als Aufwendungsersatz abrechnen können. Durch das 1. BtÄndG hat der Gesetzgeber den Streit dahin gelöst, dass eine Vergütung anwaltlicher (oder anderer beruflicher oder gewerblicher) Dienste als Aufwendungsersatz nach § 1835 Abs 3 BGB für Verfahrenspfleger ausgeschlossen wird. Auf der anderen Seite wurde durch die Bestimmung, dass Auslagenerstattung und Vergütung immer (auch bei vermögenden Betreuten) aus der Staatskasse erfolgen, eine erleichterte Abrechnungsmöglichkeit geschaffen. Die Staatskasse konnte ihrerseits den an den Verfahrenspfleger geleisteten Betrag dem leistungsfähigen Betreuten (vgl § 1836c BGB) als Auslagen in Rechnung stellen, §§ 137 Nr 16, 128b Satz 2, 93a Abs 2 KostO. Nach der Rechtsprechung des BVerfG (FamRZ 2000, 1280, 1284) können allerdings anwaltliche Verfahrenspfleger in Ausnahmefällen die Abrechnungsmöglichkeit über § 1835 Abs 3 BGB iVm dem RVG geltend machen. Mit dem 2. BtÄndG stellte der Gesetzgeber ergänzend klar, dass ein beruflicher Verfahrenspfleger nur noch ausnahmsweise bestellt werden soll, vgl jetzt § 277 Abs 2 Satz 2.

3 Die Vorschrift des § 277 gilt für Betreuungsverfahren, über § 318 für Unterbringungsverfahren, über § 419 Abs 5 Satz 1 für Freiheitsentziehungsverfahren sowie über § 158 Abs 7 für den Verfahrensbeistand des Kindes. Aus Abs 4 ergibt sich ausdrücklich, dass auch ein Mitarbeiter eines anerkannten Betreuungsvereines bzw ein Mitarbeiter der Betreuungsbehörde als Verfahrenspfleger bestellt werden kann.

II. Aufwendungsersatz für Verfahrenspfleger, Absatz 1

1. Grundsatz

4 Aufwendungsersatz steht sowohl ehrenamtlichen als auch berufsmäßigen Verfahrenspflegern zu. Erstattet werden nach Abs 1 Satz 1 die Aufwendungen gem § 1835 Abs 1 und 2 BGB. Vorschuss auf Aufwendungen kann nicht verlangt werden, Satz 2. Ein Betreuungsverein bzw eine Betreuungsbehörde als Verfahrenspfleger kann keinen Aufwendungsersatz erhalten, Abs 1 Satz 3. Der Verein kann allerdings bei Bestellung eines Vereinsmitarbeiters als Verfahrenspfleger Ersatz von dessen Aufwendung verlangen, Abs 4 Satz 1. Kosten einer angemessenen Versicherung (dazu § 1835 Abs 2 BGB) und allgemeine Verwaltungskosten können nicht geltend gemacht werden, vgl Abs 4 Satz 2 und § 1835 Abs 2 Satz 2 BGB. Die Betreuungsbehörde kann auch bei Bestellung eines ihrer Mitarbeiter keinen Ersatz für dessen Aufwendungen verlangen, vgl Abs 4 Satz 3.

5 Die Ansprüche erlöschen innerhalb von 15 Monaten nach ihrer Fälligkeit, Abs 1 Satz 1 iVm § 1835 Abs 1 Satz 3 BGB.

6 Der Verfahrenspfleger kann grds weder die Auslagenpauschale (§ 1835a BGB) geltend machen noch für berufliche oder gewerbliche Dienste (dazu § 1835 Abs 3 BGB) die festgelegte bzw übliche Vergütung verlangen. Die Vergütung von beruflichen Diensten, zB die eines Rechtsanwaltes, richtet sich daher allgemein nach §§ 1836 Abs 1 und 3 BGB, 1 bis 3 Abs 2 VBVG, § 277 Abs 2 Satz 1 und 2.

2. Berufsspezifischer Auslagenersatz

Nach der Konzeption des Gesetzgebers ist die Verfahrenspflegschaft keine anwaltsspezifische oder dem Anwaltsberuf vorbehaltene Tätigkeit (BVerfG FamRZ 2000, 1280, 1281 sowie 1284), so dass eine Vergütung nach dem RVG nur in Ausnahmefällen in Betracht kommt.

a) Grundsatz

Bei anwaltlichen Verfahrenspflegern gebietet eine am Grundgedanken des § 1835 Abs 3 BGB orientierte Auslegung des § 277 eine Vergütung nach dem RVG nur für solche Tätigkeiten zuzulassen, bei denen üblicherweise ein Rechtsanwalt zugezogen zu werden pflegt oder bei denen ein Laie in vergleichbarer Lage vernünftigerweise einen Rechtsanwalt zuziehen würde, weil gerade anwaltsspezifische Tätigkeiten anfallen (dazu OLG München BtPrax 2008, 219; OLG Zweibrücken BtPrax 2002, 41; OLG Karlsruhe FGPrax 2001, 72; OLG Köln NJWE-FER 2001, 290). Dabei kann es sich sowohl um eine gerichtliche als auch außergerichtliche Tätigkeit handeln.

Eine nach dem RVG zu vergütende Tätigkeit liegt vor, wenn die zu bewältigende Aufgabe besondere rechtliche Tätigkeiten erfordert und daher eine originär anwaltliche Dienstleistung darstellt. Es muss sich um eine Aufgabe handeln, für die ein anderer Verfahrenspfleger in vergleichbarer Lage vernünftigerweise einen Rechtsanwaltes herangezogen hätte. Abzustellen ist darauf, ob gerade auch ein Verfahrenspfleger mit einer Qualifikation, die ihm Anspruch auf Honorierung seiner Tätigkeit nach der höchsten Vergütungsstufe gibt, im konkreten Fall einen Rechtsanwalt zu Rate gezogen hätte. Das ist (nur) zu bejahen bei gerichtlicher Geltendmachung oder Abwehr von Ansprüchen sowie außergerichtlicher Vertretung in rechtlich besonders schwierig gelagerten Fällen oder Verhandlungen (BayObLG BtPrax 2002, 121). Die Gerichte sollen bei der Bestellung eines Verfahrenspfleger klarstellen, ob die Auswahl des anwaltlichen Verfahrenspflegers gerade im Hinblick darauf erfolgt, dass im konkreten Fall die Zuziehung eines Rechtsanwaltes wegen rechtlicher Schwierigkeiten für nötig erachtet wird. Der Rechtsanwalt darf dann auf den (richterlichen) Hinweis zur rechtlichen Schwierigkeit einer Verfahrenspflegschaft vertrauen (OLG Stuttgart NJW-RR 2004, 424; OLG Hamm JMBlNRW 2003, 237). Die Erwartung, nach dem RVG vergütet zu werden, ist in diesem Fall geschützt. Etwas anderes gilt nur, wenn das Gericht lediglich – ohne Benennung eines entsprechenden Sachverhaltes – mitteilt, dass anwaltsspezifische Tätigkeiten zu erwarten sind (BayObLG BtPrax 2002, 121). Dann besteht ein Vergütungsanspruch nach dem RVG nur, wenn der Rechtsanwalt seine beruflichen Dienste – aus dem Blickwinkel eines verständigen Verfahrenspflegers – bei Aufnahme der Tätigkeit für erforderlich erachten durfte.

b) Einzelfälle

Im Betreuungsverfahren ist die Zuziehung eines Rechtsanwaltes regelmäßig nicht üblich. Hier ist zu fragen, ob im konkreten Einzelfall ein gleich qualifizierter Betreuer einen Rechtsanwalt hinzugezogen hätte (OLG Frankfurt NJOZ 2005, 3616; OLG Köln NJWE-FER 2001, 290). Dies wird nur bei tatsächlichen, vor allem aber rechtlichen Schwierigkeiten und nicht in typischen Routinesachen zu bejahen sein. Wird in einem Betreuungsverfahren ein Antrag auf vormundschaftsgerichtliche Genehmigung, zB eines umfangreichen Vertragswerkes mit komplexen Rechtsfragen (etwa der Prüfung einer Scheidungsfolgenvereinbarung, LG Limburg FamRZ 2009, 1006), ggf aus unterschiedlichsten Rechtsbereichen, gestellt, wird in der Regel die Zuziehung anwaltlichen Sachverstandes unabdingbar sein. Maßgeblicher Zeitpunkt zur Beurteilung ist der Zeitpunkt der Bestellung zum Verfahrenspfleger, ggf ein späterer Zeitpunkt, wenn erst im Verlaufe des Verfahrens Schwierigkeiten auftreten.

11 Die Rechtsprechung hat eine Abrechnung beruflicher Dienste auch im Verfahren auf Bewilligung einer Vergütung für den Betreuer (OLG Frankfurt NJOZ 2005, 3616 f; aA LG München I BtPrax 2001, 175) oder in einem Zwangsversteigerungsverfahren (LG Leipzig FamRZ 2001, 864) zugelassen.

12 Zwar ist die Verteidigung gegen eine Freiheitsentziehung ureigenste Aufgabe von Rechtsanwälten (BayObLG FamRZ 2000, 566), trotzdem kann ein anwaltlicher Verfahrenspfleger im Unterbringungsverfahren seine beruflichen Dienste nicht immer nach dem RVG abrechnen (OLG München BtPrax 2008, 219; OLG München NJW-RR 2009, 355; Beurteilung einer in der Anhörung abgegebenen Freiwilligkeitserklärung).

III. Vergütung für Verfahrenspfleger, Absatz 2

13 Zu unterscheiden ist, ob der Verfahrenspfleger sein Amt berufsmäßig oder ehrenamtlich ausübt.

1. Berufsmäßiger Verfahrenspfleger

14 Ein Vergütungsanspruch besteht nur, wenn das Gericht bei der Bestellung des Verfahrenspflegers feststellt, dass das Amt berufsmäßig ausgeübt wird, Abs 2 Satz 1 iVm § 1836 Abs 1 Satz 2 BGB, 1 Abs 1 VBVG.

15 Unterbleibt bei der Bestellung des Verfahrenspflegers die Feststellung der Berufsmäßigkeit der Amtsführung versehentlich, kann sie nachgeholt werden (OLG Hamm FGPrax 2008, 106; OLG Naumburg FamRZ 2009, 370).

16 Der berufsmäßige Verfahrenspfleger erhält den aufgewandten und erforderlichen Zeitaufwand nach Stunden, multipliziert mit dem – nach der jeweiligen Qualifikation des Verfahrenspflegers zu bestimmenden – Stundensatz des § 3 Abs 1 VBVG.

17 Die Stundensätze des § 3 Abs 1 VBVG sind verbindlich. Anfallende Umsatzsteuer wird zusätzlich erstattet, § 3 Abs 1 S 3 VBVG. Die Stundensätze können bei besonderer Schwierigkeit der Geschäfte des Verfahrenspflegers auch dann nicht erhöht werden, wenn der Betroffene vermögend ist, da nicht auf § 3 Abs 3 VBVG verwiesen wird.

18 Betreuungsvereine und -behörden erhalten als Verfahrenspfleger keine Vergütung vgl Abs 2 Satz 1, 1836 Abs 3 BGB. Während aber ein Betreuungsverein nach Abs 4 Satz 1 für den Vereinsverfahrenspfleger eine Vergütung geltend machen kann, schließt Abs 4 Satz 3 dies in Bezug auf die Betreuungsbehörde für deren Mitarbeiter als Verfahrenspfleger aus.

2. Ehrenamtlicher Verfahrenspfleger

19 Erfüllt ein Verfahrenspfleger nicht die Voraussetzungen der §§ 1836 Abs 1 Satz 2, 3 BGB, 1 Abs 1 VBVG, so dass er das Amt ehrenamtlich ausübt, kommt eine Vergütung nicht in Betracht. Abs 2 Satz 1 verweist nicht auf den § 1836 Abs 2 BGB, der ausnahmsweise bei ehrenamtlicher Amtsführung eine Vergütung ermöglicht.

3. Abschlag auf die Vergütung

20 Ein Abschlag auf die Vergütung kann nicht verlangt werden, da Abs 2 Satz 2 die entsprechende Regelung in § 3 Abs 4 VBVG von der Anwendung auf die Verfahrenspflegervergütung ausschließt.

IV. Pauschalierung von Aufwendungsersatz und Vergütung, Abs 3

21 Anstelle von Aufwendungsersatz und Vergütung im Wege der Einzelabrechnung kann der berufsmäßige Verfahrenspfleger eine Pauschale geltend machen, Abs 3.

Vergütung und Aufwendungsersatz des Verfahrenspflegers | § 277 FamFG

1. Fester Geldbetrag

Die Entscheidung des Betreuungsgerichts muss auf einen bestimmten Betrag lauten und den gesamten Tätigkeitszeitraum umfassen. 22

2. Vorhersehbarkeit der erforderlichen Zeit

Der erforderliche Zeitaufwand muss im konkreten Verfahren hinreichend sicher zu prognostizieren sein, etwa aufgrund von Erfahrungswerten. Insbes in durchschnittlich gelagerten Fällen der Verfahrenspflegschaft, zB in Genehmigungsverfahren bei einer Wohnungsauflösung nach § 1907 BGB, einer Unterbringung nach § 1906 BGB oder im Verfahren auf Bewilligung einer Vergütung aus dem Vermögen des Betroffenen bieten sich Pauschalierungen an. Ist die Verfahrenspflegschaft bereits (durch den Tod des Betroffenen) beendet, kommt die Bewilligung einer Pauschale nicht mehr in Betracht (OLG Frankfurt FGPrax 2008, 152). 23

3. Gewähr der Ausschöpfung des prognostizierten Zeitaufwandes

Weiter muss gewährleistet sein, dass der Verfahrenspfleger den prognostizierten Zeitaufwand tatsächlich aufwenden muss. Es darf keine Anhaltspunkte dafür geben, dass der Zeitaufwand im Einzelfall aufgrund besonderer tatsächlicher oder rechtlicher Gründe niedriger ausfallen könnte. Zudem muss der einzelne Verfahrenspfleger die persönliche Gewähr dafür bieten, den prognostizierten Zeitaufwand auch tatsächlich auszuschöpfen. Dabei ist es nicht ausreichend, wenn der Verfahrenspfleger in Einzelfällen die Zeit nicht ausfüllt, sie in der Summe der von ihm geführten Verfahrenspflegschaften aber einhält. 24

4. Höhe der Pauschale, Abs 3 Satz 2

Die Höhe des festen Geldbetrages errechnet sich aus der voraussichtlich erforderlichen Zeit, sprich Stundenzahl, multipliziert mit dem nach § 3 Abs 1 VBVG zu ermittelnden Stundensatz zuzüglich einer Aufwendungspauschale von 3 € je veranschlagter Stunde, Abs 3 Satz 2. Umsatzsteuer wird – soweit sie anfällt – zusätzlich erstattet, § 3 Abs 1 Satz 3 VBVG. 25

5. Nachweisung und Nachforderung, Abs 3 Satz 3

Abs 3 Satz 3 stellt klar, dass der Verfahrenspfleger die in der konkreten Verfahrenspflegschaft aufgewandte Zeit nicht nachweisen muss. Umgekehrt können die Staatskasse bzw der Pflegling keinen Zeitnachweis vom Verfahrenspfleger verlangen. 26
Darüber hinaus schließt Abs 3 Satz 3, 2. Hs weitergehende Aufwendungsersatz- und Vergütungsansprüche des Verfahrenspflegers aus. 27

V. Anspruchsberechtigte, Abs 4

Neben dem berufsmäßigen (Einzel-) Verfahrenspfleger ist auch der anerkannte Betreuungsverein berechtigt, für den von ihm beschäftigten Mitarbeiter Aufwendungsersatz und Vergütung zu verlangen, wenn er zum Vereinsverfahrenspfleger bestellt wird, Abs 4 Satz 1. Der Vereinsverfahrenspfleger übt das Amt immer berufsmäßig aus, Abs 4 Satz 2 iVm § 7 Abs 1 S 2 VBVG. Der Vereinsverfahrenspfleger hat selbst keinen Anspruch auf Aufwendungsersatz und Vergütung, Abs 4 Satz 2 iVm § 7 Abs 3 VBVG. Allgemeine Verwaltungskosten und Kosten einer angemessenen Versicherung (§ 1835 Abs 2 BGB) werden nicht erstattet, vgl Abs 4 Satz 2 mit seinem Verweis auf § 1835 Abs 5 Satz 2 BGB und Abs 1 Satz 1, 1835 Abs 2 Satz 2 BGB. Für den zum Verfahrenspfleger be- 28

§ 277 FamFG | **Vergütung und Aufwendungsersatz des Verfahrenspflegers**

stellten Mitarbeiter der Betreuungsbehörde kann die Betreuungsbehörde keinen Aufwendungsersatz bzw Vergütung beanspruchen, Abs 4 Satz 3.

VI. Anspruchsverpflichteter, Abs 5

29 Wie nach bisheriger Rechtslage sind Aufwendungsersatz und Vergütung generell aus der Staatskasse zu zahlen, Abs 5 Satz 1.
30 Die von der Staatskasse erstatteten Aufwendungen – sie stellen Auslagen des Gerichts dar, § 137 Nr 16 KostO – werden dem vermögenden Betreuten in Rechnung gestellt, vgl §§ 2 Nr 2, 14, 93a Abs 2 KostO. Über § 128b Satz 2 KostO gilt das auch für Verfahrenspflegschaften im Unterbringungsverfahren.

VII. Erlöschen

31 Aufwendungsersatzansprüche des Verfahrenspflegers erlöschen, wenn sie nicht binnen 15 Monaten nach ihrer Entstehung gerichtlich geltend gemacht werden, Abs 1 Satz 1, 1835 Abs 1 Satz 3 BGB.
32 Der Vergütungsanspruch des berufsmäßigen Verfahrenspflegers erlischt, wenn er nicht binnen 15 Monaten nach seiner Entstehung beim Familien- bzw Betreuungsgericht geltend gemacht wird, § 2 VBVG. Der Anspruch entsteht mit der jeweiligen Ausübung der einzelnen Tätigkeit.

VIII. Verfahrensrechtliches

33 Das Verfahren bestimmt sich nach § 168 Abs 1, auf den Abs 5 Satz 2 Bezug nimmt.
34 Eine Beschwerdemöglichkeit ist unter den Voraussetzungen des § 61 Abs 1 (Mindestbeschwerdewert 600,01 €) bzw des § 61 Abs 3 (Zulassung der Beschwerde bei einem Wert unter 600,01 €) gegeben. Zu Einzelheiten vgl § 61 Rz 6 ff.

§ 278 Anhörung des Betroffenen

(1) Das Gericht hat den Betroffenen vor der Bestellung eines Betreuers oder der Anordnung eines Einwilligungsvorbehaltes persönlich anzuhören. Es hat sich einen persönlichen Eindruck von dem Betroffenen zu verschaffen. Diesen persönlichen Eindruck soll sich das Gericht in dessen üblicher Umgebung verschaffen, wenn es der Betroffene verlangt oder wenn es der Sachaufklärung dient und der Betroffene nicht widerspricht.

(2) Das Gericht unterrichtet den Betroffenen über den möglichen Verlauf des Verfahrens. In geeigneten Fällen hat es den Betroffenen auf die Möglichkeit der Vorsorgevollmacht, deren Inhalt sowie auf die Möglichkeit ihrer Registrierung bei dem zentralen Vorsorgeregister nach § 78a Abs. 1 Bundesnotarordnung hinzuweisen. Das Gericht hat den Umfang des Aufgabenkreises und die Frage, welche Person oder Stelle als Betreuer in Betracht kommt, mit dem Betroffenen zu erörtern.

(3) Verfahrenshandlungen nach Absatz 1 dürfen nur dann im Wege der Rechtshilfe erfolgen, wenn anzunehmen ist, dass die Entscheidung ohne eigenen Eindruck von dem Betroffenen getroffen werden kann.

(4) Soll eine persönliche Anhörung nach § 34 Abs. 2 unterbleiben, weil hiervon erhebliche Nachteile für die Gesundheit des Betroffenen zu besorgen sind, darf diese Entscheidung nur auf Grundlage eines ärztlichen Gutachtens getroffen werden.

(5) Das Gericht kann den Betroffenen durch die zuständige Behörde vorführen lassen, wenn er sich weigert, an Verfahrenshandlungen nach Absatz 1 mitzuwirken.

A. Normzweck

Die Vorschrift ist aus § 68 FGG hervorgegangen und konkretisiert die Amtsermittlungspflicht des Gerichts nach § 26 in Betreuungssachen dahin, dass eine Entscheidung grds nicht ohne Verschaffung eines unmittelbaren Eindrucks durch das Gericht selbst stattfinden darf. Hiermit wird zum Einen dem **Anspruch auf Gewährung rechtlichen Gehörs** sowie zum Anderen der in Betreuungssachen gesteigerten Relevanz eines **persönlichen Kontaktes** zwischen den Verfahrensbeteiligten in besonderer Weise Rechnung getragen. Eine angemessene Sachverhaltsaufklärung und damit einhergehend die nötige Kontrolle durch das Gericht ist ohne die aus einer persönlichen Anhörung gewonnene Erkenntnis regelmäßig nicht möglich, weshalb die Anhörung nach Abs 1 S 3 zweckmäßiger Weise in der üblichen Umgebung des Betroffenen durchzuführen ist (BTDrs 16/6308 S 267; BtKomm/*Roth* Abschn A Rn 138 f; Jansen/*Sonnenfeld* § 68 FGG Rn 2; Fröschle/*Fröschle* § 68 FGG Rn 2 ff). 1

B. Anwendungsbereich

§ 278 gilt unmittelbar für die in Abs 1 S 1 genannten Verfahren, nämlich die Entscheidung über die **Bestellung** eines **Betreuers** (§ 1896 Abs 1 BGB) sowie die **Anordnung** eines **Einwilligungsvorbehalts** (§ 1903 Abs 1 BGB). Die Vorschrift findet gemäß § 293 Abs 1 bei Verfahren betreffend die Erweiterung des Aufgabenkreises des Betreuers oder die Erweiterung des Kreises der einwilligungsbedürftigen Willenserklärungen **entsprechende Anwendung**, weiterhin gemäß § 293 Abs 3 bei der Bestellung eines weiteren Betreuers (§ 1899 BGB), sofern damit eine Erweiterung des Aufgabenkreises verbunden ist, sowie gemäß § 295 Abs 1 bei Verlängerung der Bestellung eines Betreuers oder der Anordnung eines Einwilligungsvorbehalts. § 296 regelt die Anhörung für den Fall der Entlassung und der Neubestellung eines Betreuers eigenständig, ebenso § 297 Abs 1 für den Fall der Entscheidung über die Sterilisation; § 298 Abs 1 S 1 für den Fall der Genehmigung der Einwilligung in eine der in § 1904 BGB genannten Maßnahmen sowie in eine 2

§ 278 FamFG | Anhörung des Betroffenen

Entscheidung des Betreuers über lebenserhaltende Maßnahmen; § 299 für Genehmigungsverfahren im Übrigen; §§ 300 Abs 1 Nr 4, S 2, 301 Abs 1 für einstweilige Anordnungen. In **Unterbringungssachen** gilt § 319. Im **Beschwerdeverfahren** gelten gemäß § 68 Abs 3 S 1 grds dieselben Regelungen wie im erstinstanzlichen Verfahren, wovon in Bezug auf die Anhörung abgesehen werden kann, wenn von einer erneuten Durchführung keine zusätzlichen Erkenntnisse zu erwarten sind (§ 68 Abs 3 S 2). Von dieser Möglichkeit ist jedoch im Hinblick auf den Normzweck (Rz 1) mit Augenmaß Gebrauch zu machen, zumal der persönliche Eindruck auch die zweitinstanzliche Entscheidung maßgeblich zu beeinflussen in der Lage ist (vgl zum »Alter« von Erkenntnissen Bienwald/Sonnenfeld/Hoffmann/*Sonnenfeld* § 68a FGG Rn 6). Werden in der Beschwerdeinstanz neue Tatsachen vorgebracht oder wird der durch das Betreuungsgericht gewonnene persönliche Eindruck nicht hinreichend in den Akten vermittelt, ist die Anhörung nach Maßgabe von § 278 zwingend (OLG Hamm FamRZ 2000, 494 ff = BtPrax 1999, 238 ff). Das Absehen ist zu begründen (Bienwald/Sonnenfeld/Hoffmann/*Sonnenfeld* § 69g FGG Rn 76).

3   Soll von den zu Rz 2 genannten Maßnahmen **abgesehen** werden oder stehen weniger bedeutsame Entscheidungen (zB nach § 1 S 1 VBVG) im Raum, bedarf es der Anhörung nach § 278 nicht; ebenso bei Bestellung eines Gegenbetreuers ohne Erweiterung des Aufgabenkreises (BayObLG FamRZ 1994, 325, 326; Damrau/Zimmermann § 1908i BGB Rn 5). Es gilt aber weiterhin § 26, der eine Anhörung gleichwohl im Einzelfall erforderlich machen kann (Bassenge/Roth § 68 FGG Rn 1; Jansen/*Sonnenfeld* § 68 FGG Rn 3).

C. Regelungen

4   **Abs 1** entspricht § 68 Abs 1 S 1 und 2 FGG. **S 1 und S 2** schreiben vor, dass das Gericht den Betroffenen vor seiner Entscheidung sowohl **anzuhören** als auch sich einen **persönlichen Eindruck** zu verschaffen hat. Durch diesen Zweiklang werden die mit der Vorschrift verfolgten Zwecke, nämlich Gewährung rechtlichen Gehörs und bestmögliche Sachaufklärung (s Rz 1), erreicht (vgl Bassenge/Roth § 68 FGG Rn 4 f; KKW/*Kayser* § 68 FGG Rn 6). Eine nicht unmittelbare, zB telefonische oder schriftliche Anhörung erfüllt diesen Zweck nicht (Fröschle/*Fröschle* § 68 FGG Rn 5), was insbes in den Fällen evident ist, wo sich der Kontakt des Gerichts mit dem Betroffenen auf Grund dessen Zustands weit gehend in einer Eindrucksverschaffung erschöpft (s aber Rz 9). Nach **S 3** soll jedenfalls die Verschaffung des persönlichen Eindrucks möglichst in der **Umgebung** des Betroffenen, also in dessen Wohnung, dem Krankenhaus, dem Wohnheim oder an seinem sonstigen Aufenthalt, stattfinden. Denn nur dort ergeben sich regelmäßig für das Gericht die notwendigen Eindrücke, die im Rahmen der Aufklärung zu einer sachgerechten Entscheidung führen. Dem trägt der 2. HS Rechnung, der dem Gericht insoweit ein einzelfallorientiertes Ermessen einräumt, das sich zugleich am Willen des Betroffenen auszurichten hat. Widerspricht der Betroffene, scheidet ein Aufsuchen der üblichen Umgebung aus. Wünscht er es hingegen, steht dem Gericht – auch und gerade in Eilfällen – ein Ermessensspielraum nicht zu. Da Anhörung und Verschaffung des persönlichen Eindruck in der Praxis meist zugleich erfolgen, kann – im Gleichlauf zu § 1896 Abs 1a BGB – ein Widerspruch des Betroffenen nach S 3 2. HS im Einzelfall dazu führen, dass ein Betreuer nicht bestellt werden kann (Jürgens/*Mertens* § 68 FGG Rn 4). Der **Verfahrenspfleger** ist zur Anhörung hinzuziehen (Bassenge/Roth § 68 FGG Rn 15; s auch § 276 Rz 17). Hierneben kann auch – vormals in § 68 Abs 4 S 1 FGG ausdrücklich geregelt – der **Sachverständige** zum Anhörungstermin hinzugezogen werden (s § 280 Rz 68, 78 ff).

5   Nach **Abs 2 S 1 und S 2** ist der Betroffene über den möglichen Verlauf des Verfahrens zu **unterrichten** und, wenn dies tunlich ist, auf die Möglichkeit der Erteilung einer Vorsorgevollmacht hinzuweisen. S 2 sieht ferner den fakultativen Hinweis auf deren Registrierung nach § 78a Abs 1 BNotO vor. Die Regelung schreibt **Form** und **Zeitpunkt**, an dem die Unterrichtung vorzunehmen ist, nicht vor. Da es hierbei bereits vom Ansatz her

um eine der Durchführung weiterer Verfahrensschritte vorgelagerte Informierung geht, kann sie nicht erst im Rahmen der Anhörung nach Abs 1, in welcher regelmäßig auch die Erörterung des Ergebnisses der gerichtlichen Ermittlungen stattfindet (s Rz 6), erfolgen. Deswegen bieten sich in der Praxis hierfür je nach Fallgestaltung entweder – beim verständigen Betroffenen – die schriftliche Unterrichtung oder eine vermittelte Unterrichtung durch hierzu ersuchte Verfahrensbeteiligte (Betreuungsbehörde, Verfahrenspfleger, künftiger Betreuer) an (vgl Fröschle/*Fröschle* § 68 FGG Rn 6; Jansen/*Sonnenfeld* § 68 FGG Rn 56; Bienwald/Sonnenfeld/Hoffmann/*Bienwald* § 68 FGG Rn 23; enger Jürgens/*Mertens* § 68 FGG Rn 6). Dies ergibt sich auch aus dem Ziel der Unterrichtung, wonach der Betroffene in die Lage versetzt werden soll, frühzeitig alle Gesichtspunkte vorzubringen, die für die Regelung seiner Probleme entscheidungserheblich sein können (BTDrs 141/4528 S 172). Hierzu gehören in erster Linie sachliche Fragen wie die Vorstellungen und Wünsche des Betroffenen oder das Vorhandensein von Angehörigen und Vertrauenspersonen (KKW/*Kayser* § 68 FGG Rn 9), weniger aber verfahrensrechtliche Belehrungen (so aber Jansen/*Sonnenfeld* § 68 FGG Rn 57). Der Hinweis auf die Möglichkeit der **Vorsorgevollmacht** spielt nur bei gegebener Geschäftsfähigkeit eine Rolle (Bassenge/Roth § 68 FGG Rn 7; KKW/*Kayser* § 68 FGG Rn 8) und ist nicht mit der nach § 26 iVm § 1896 Abs 2 S 2 BGB notwendigen Prüfung zu verwechseln, ob bereits eine wirksame Bevollmächtigung vorliegt.

Nach **Abs 2 S 3** hat das Gericht das Ergebnis seiner Ermittlungen mit dem Betroffenen 6 zu **erörtern**, wovon die Vorschrift den als nötig erachteten Umfang des Aufgabenkreises sowie die Person bzw Stelle, die als Betreuer in Betracht kommt (§§ 1897, 1900 BGB), hervorhebt. Diese Pflicht ergibt sich in allgemeiner Form bereits aus § 37 Abs 2 und wird durch die Vorschrift für die Entscheidung über die Bestellung eines Betreuers konkretisiert. Sehen die allgemeinen Vorschriften insoweit die persönliche Anhörung des Betroffenen nicht zwingend vor, ergibt sich dies jedoch aus der als solches formulierten Notwendigkeit der Erörterung. Zweckmäßiger Weise – und in der Praxis üblich – kann diese Erörterung in dem Termin der Anhörung nach Abs 1 stattfinden. Denn zu diesem Zeitpunkt wird das Gericht regelmäßig die notwendigen Erkenntnisse zusammengetragen haben, anhand derer sich Inhalt und Umfang der beabsichtigten Entscheidung abzeichnen und zu denen als letzte notwendige Ermittlungshandlung die umfassende Anhörung und Erörterung hinzutritt. Hieraus ergibt sich, dass die vormals in § 68 Abs 5 FGG für ein Schlussgespräch notwendigen Inhalte, insbes auch das **Gutachten**, zu erörtern sind (§ 280 Rz 80 f). Das Gutachten muss dem Betroffenen nach aller Möglichkeit vorher in schriftlicher Form zur Kenntnis gelangt sein (OLG Düsseldorf BtPrax 1996, 188 f = FamRZ 1997, 1361 ff; OLG München BtPrax 2005, 231 ff = FamRZ 2006, 440 f; KKW/*Kayser* § 68 FGG Rn 17; Jürgens/*Mertens* § 68 FGG Rn 13). Im Grunde untersteht dies bereits der sich aus § 37 Abs 2 ergebenden Beurteilung. Insbes kann in einfach gelagerten Fällen oder solchen, in denen bereits im Rahmen der Exploration eine hinreichende Verständigung mit dem Betroffenen erfolgt ist, rechtliches Gehör ausreichend in der Erörterung nach S 3 stattfinden. Der **Verfahrenspfleger** ist zu beteiligen (Bassenge/Roth § 68 FGG Rn 15; s auch § 276 Rz 17). Von der förmlichen Regelung eines Schlussgesprächs hat der Gesetzgeber bewusst abgesehen (BTDrs 16/6308 S 267). Soweit von der Erörterung ganz abgesehen werden soll, gilt Abs 4 (s Rz 9). Zum ersuchten Richter s Rz 7.

Abs 3 stellt (wie § 68 Abs 1 Satz 4 FGG) als Voraussetzung für die Zulässigkeit der 7 Anhörung des Betroffenen durch den **ersuchten Richter** darauf ab, dass es nach einer Vorausschau des mit dem Verfahren befassten Gerichts auch ohne dessen eigenen Eindruck zu einer sicheren Entscheidung kommen kann. Diese Bewertung kann nicht ohne das Vorliegen anderer Erkenntnisse wie der Stellungnahme von Beteiligten und insbes des Gutachtens getroffen werden. Welche Kriterien auf dem Boden dieser Erkenntnisse sodann heranzuziehen sind, ist vom Gesetzgeber offen gelassen. Anerkannt ist aber, dass die räumliche Entfernung zum Aufenthalt des Betroffenen, die überhaupt zu einem

§ 278 FamFG | Anhörung des Betroffenen

Ersuchen Anlass gibt, durchaus eine Rolle spielt (BTDrs 11/4528 S 172; BayObLG EzFamR *aktuell* 2003, 247 LS – Juris Volltext). Im Übrigen aber ist unter der Prämisse, dass es sich um eine Ausnahme handelt, darauf abzustellen, inwiefern der vom ersuchten Gericht vermittelbare Eindruck von der Person des Betroffenen ausreichen wird. Dies dürfte gerade in anspruchsvolleren Konstellation (wechselhaftes Verhalten des Betroffenen, schwierige soziale oder familiäre Verhältnisse, sonstiges Konfliktpotenzial) fraglich sein. Die gilt auch bei erstmaliger Anordnung einer Betreuung, obschon dort dem unmittelbaren persönlichen Eindruck besondere Bedeutung zukommt (zu eng OLG Stuttgart BWNotZ 2007, 39 f: Fehlgebrauch des eingeräumten Ermessens). Ergibt sich erst aus dem – zweckmäßiger Weise wörtlich abgefassten – Anhörungsprotokoll des ersuchten Gerichts, dass der vermittelte Eindruck nicht ausreicht, ist die Anhörung durch das zuständige Gericht nachzuholen (Bassenge/Roth § 68 FGG Rn 6; Fröschle/*Fröschle* § 68 FGG Rn 8; Jansen/*Sonnenfeld* § 68 FGG Rn 51 ff). Das **Rechtshilfeverfahren** richtet sich nach §§ 156 ff GVG, die für die Angelegenheiten der Freiwilligen Gerichtsbarkeit nunmehr unmittelbar gelten. Das ersuchte Gericht kann die Anhörung des Betreuten demnach nicht **verweigern** (§ 159 GVG), insbes nicht aus Zweckmäßigkeitserwägungen, es sei denn, das Ersuchen ist offensichtlich rechtsmissbräuchlich (OLG Köln FamRZ 2004, 818; OLG München BtPrax 2005, 199 LS – Juris Volltext).

8   Die Anhörung eines im **Ausland** aufhältigen Betroffenen (§ 272 Rz 10) ist nur im Wege der internationalen Rechtshilfe möglich. Die Neuregelung verzichtet insofern auf den noch in § 68 Abs 1 S 5 FGG enthaltenen Verweis hierauf. Es gilt im Verhältnis zu zahlreichen Staaten das Haager Übereinkommen vom 18.3.1970 über die Beweisaufnahme im Ausland in Zivil- oder Handelssachen (BGBl II 54 S 1472) und das entsprechende Ausführungsgesetz (BGBl I 1977 S 3105).

9   **Abs 4** verweist wegen der Möglichkeit, von der persönlichen Anhörung **abzusehen**, auf § 34 Abs 2. Es gelten deswegen die alternativen Voraussetzungen, dass die persönliche Anhörung eines Beteiligten entweder zu erheblichen Nachteilen für die Gesundheit des Betroffenen führen kann oder der Beteiligte offensichtlich nicht in der Lage ist, seinen Willen kundzutun. Für den ersten Fall stellt die Vorschrift die vormals in § 68 Abs 2 FGG geregelte Pflicht auf, diese Entscheidung nur auf Grundlage eines ärztlichen Gutachtens zu treffen. Zweckmäßiger Weise wird deswegen – wie in der Praxis üblich – dieser Aspekt im Rahmen des Gutachtenauftrags mitzuerwähnen sein. Wann solche Nachteile drohen, ist Frage des Einzelfalls. Sie müssen aber länger dauernd sein und nicht nur eine vorübergehende Beeinträchtigung des Wohlbefindens betreffen (Fröschle/*Fröschle* § 68 FGG Rn 9). Kommt in Betracht, dass der Betroffene nicht in der Lage ist, seinen Willen kundzutun, bedarf es einer Verschaffung des persönlichen Eindrucks des Betroffenen durch das Gericht, auf dessen Grundlage die Entscheidung über das Absehen von der Anhörung zu treffen ist (Jürgens/Kröger/Marschner/Winterstein Rn 364), auch wenn diese Voraussetzung in § 34 Abs 2 nicht erwähnt ist. Denn eine inhaltliche Neuausrichtung ist mit der nunmehr im Allgemeinen Teil des FamFG getroffenen Regelung nicht verbunden (BTDrs 16/6308 S 267). In der Regel wird das Gericht bei dieser Gelegenheit, soweit es möglich ist, einen Anhörungsversuch vornehmen, so dass diese Alternative auf Fälle beschränkt bleibt, in denen die persönliche Anhörung zu einem späteren Zeitpunkt (erneut) ansteht. Entfallen die Gründe, aus denen von der Anhörung abgesehen worden ist, im Laufe des Verfahrens, ist sie **nachzuholen** (Bassenge/Roth § 68 FGG Rn 8; Jürgens/Kröger/Marschner/Winterstein Rn 365). Um die nach Abs 4 iVm § 34 Abs 2 angestellten Erwägung nachprüfbar zu machen, ist die Entscheidung auch insoweit zu **begründen** (Bassenge/Roth § 68 FGG Rn 8; Jürgens/*Mertens* § 68 FGG Rn 10). Für die Bestellung des Verfahrenspflegers gilt § 276 Abs 1 S 2 Nr 1 (s § 276 Rz 5).

10 Zu bestimmten Verfahrenshandlungen kann der Betroffene im Falle seiner Weigerung **vorgeführt** werden. Nach **Abs 5** gilt dies auch für seine Mitwirkung an den in Abs 1 genannten Verfahrenshandlungen (Anhörung und Verschaffung eines persönlichen Eindrucks). Denn nach Maßgabe des § 26 handelt es sich insoweit um unverzichtbare Er-

kenntnisquellen, die nicht zur Disposition des Betroffenen stehen. Allerdings wird die Weigerung jedenfalls insoweit beachtlich sein, als dass hierin auch der Widerspruch gegen das Aufsuchen in seiner persönlichen Umgebung (s Rz 4) liegen wird. Unter welchen Voraussetzungen die Vorführung erforderlich ist, liegt unter Beachtung der Verhältnismäßigkeit im Ermessen des Gerichts. Im Falle zunächst erklärter Weigerung werden grds Versuche – ggf unter Einschaltung der Betreuungsbehörde oder des in Aussicht genommenen Betreuers – unternommen werden müssen, um den Betroffenen zur Not behutsam dazu zu bringen, die Durchführung einer Anhörung zu ermöglichen. Hieraus ergibt sich, dass diese dann auch nicht stets in den Räumen des Gerichts stattfinden muss. Insoweit wird dem Betroffenen die Vorführung auch zunächst anzudrohen sein (vgl Bienwald/Sonnenfeld/Hoffmann/*Bienwald* § 68 FGG Rn 57; Jansen/*Sonnenfeld* § 68 FGG Rn 42). Zuständig für das Vorführungsverfahren ist in allen Fällen der Richter (Fröschle/*Fröschle* § 68 FGG Rn 14 mwN; Jansen/*Sonnenfeld* § 68 FGG Rn 39).

D. Verfahren

Anhörung und Erörterung sind **nicht öffentlich**. Es gilt § 170 GVG. Auf Verlangen des Betroffenen ist jedoch einer (so Bassenge/Roth § 68 FGG Rn 13; Jansen/*Sonnenfeld* § 68 FGG Rn 45) oder mehreren (so richtigerweise HK-BUR/*Bauer* § 68 FGG Rn 174) Personen des Vertrauens die Anwesenheit zu gestatten, § 170 Satz 3 GVG. Das Gericht ist an dieses Begehren des Betroffenen gebunden, die Nichtbeachtung oder Versagung ist anfechtbar. Einer Belehrung bedarf es allerdings nicht. Der Begriff der Vertrauensperson ist dabei nicht deckungsgleich mit dem in § 274 Abs 4 Nr 1 (s dort Rz 14 f). Denn ob es sich bei der vom Betroffenen gewünschten Person um eine solche handelt, die im auch objektiv zu beurteilenden Interesse des Betroffenen zu beteiligen ist, ist keineswegs gewiss (ähnlich Bienwald/Sonnenfeld/Hoffmann/*Bienwald* § 68 FGG Rn 31). Die Anhörung kann ggf mit jener nach § 279 Abs 3 verbunden werden. Hierneben kann das Gericht die Öffentlichkeit zulassen, allerdings nicht gegen den Willen eines Beteiligten, § 170 S 2 GVG. Diese über den vormaligen § 68 Abs 4 S 3 FGG hinausgehende Regelung trägt Artikel 6 Abs 1 S 2 EMRK Rechnung (BTDrs 16/6308 S 320). In Rechtsbeschwerdeverfahren vor dem BGH soll nach § 170 Abs 2 GVG auch gegen den Willen eines Beteiligten wegen des regelmäßig größeren öffentlichen Interesses die Öffentlichkeit zuzulassen sein, soweit nicht das Interesse des Beteiligten überwiegt (BTDrs 16/9733 S 380). Die Pflicht der Anhörung Dritter nach § 279, die nicht im Termin der Anhörung des Betroffenen stattfinden muss, betrifft die Frage der Öffentlichkeit nicht. Das **Verfahren** über die Einrichtung der Betreuung **im Übrigen** richtet sich, sofern sich aus der Vorschrift sowie den diese ergänzenden nachfolgenden Regelungen nichts Besonderes ergibt, nach §§ 27 ff. Siehe hierzu auch § 279 Rz 7. 11

Die **Nichtbeachtung** der Vorschriften über die Anhörung und Erörterung ist ein **Verfahrensfehler**, der in der Beschwerde in aller Regel zur Aufhebung der Entscheidung des Betreuungsgerichts drängt (OLG Köln OLGR 2007, 594; OLG Frankfurt, Beschl v 4.12.2007, AZ 20 W 331/07 (Juris); Jürgens/*Mertens* § 68 FGG Rn 4; Bienwald/Sonnenfeld/Hoffmann/*Sonnenfeld* § 68 Rn 41). 12

§ 279 Anhörung der sonstigen Beteiligten, der Betreuungsbehörde und des gesetzlichen Vertreters

(1) Das Gericht hat die sonstigen Beteiligten vor der Bestellung eines Betreuers oder der Anordnung eines Einwilligungsvorbehaltes anzuhören.

(2) Das Gericht hat die zuständige Behörde vor der Bestellung eines Betreuers oder der Anordnung eines Einwilligungsvorbehaltes anzuhören, wenn es der Betroffene verlangt oder es der Sachaufklärung dient.

(3) Auf Verlangen des Betroffenen hat das Gericht eine ihm nahe stehende Person anzuhören, wenn dies ohne erhebliche Verzögerung möglich ist.

(4) Das Gericht hat im Falle einer Betreuerbestellung oder der Anordnung eines Einwilligungsvorbehaltes für einen Minderjährigen (§ 1908a des Bürgerlichen Gesetzbuchs) den gesetzlichen Vertreter des Betroffenen anzuhören.

A. Normzweck

1 Die Vorschrift ist aus § 68a FGG hervorgegangen und konkretisiert wie auch § 278 den Amtsermittlungsgrundsatz nach § 26 dahin, dass das Gericht neben der Anhörung des Betroffenen und der Einholung der für die Entscheidung erforderlichen Sachkunde auch die Anhörung bestimmter Dritter vorzunehmen hat. Es sollen nach Möglichkeit alle Erkenntnisquellen ausgeschöpft werden (Jansen/*Sonnenfeld* § 68a Rn 1).

B. Anwendungsbereich

2 § 279 gilt unmittelbar für die in Abs 1 genannten Verfahren, nämlich die Entscheidung über die **Bestellung** eines **Betreuers** (§ 1896 Abs 1 BGB) sowie die **Anordnung** eines **Einwilligungsvorbehalts** (§ 1903 Abs 1 BGB). Die Vorschrift findet gemäß § 293 Abs 1 bei Verfahren betreffend die Erweiterung des Aufgabenkreises des Betreuers oder die Erweiterung des Kreises der einwilligungsbedürftigen Willenserklärungen **entsprechende Anwendung**, ebenso gemäß § 293 Abs 3 bei der Bestellung eines weiteren Betreuers (§ 1899 BGB), sofern damit eine Erweiterung des Aufgabenkreises verbunden ist, gemäß § 295 Abs 1 bei Verlängerung der Bestellung eines Betreuers oder der Anordnung eines Einwilligungsvorbehalts sowie gemäß § 296 Abs 2 S 3 bei der Bestellung eines neuen Betreuers. § 297 enthält für den Fall der Entscheidung über die Sterilisation eine eigenständige Regelung; § 298 Abs 1 regelt den Fall der Genehmigung der Einwilligung in eine der in § 1904 BGB genannten Maßnahmen sowie in eine Entscheidung des Betreuers über lebenserhaltende Maßnahmen. **Nicht anwendbar** ist § 279 in sonstigen Genehmigungsverfahren (§ 299) sowie bei der Entlassung des Betreuers (vgl BTDrs 16/6308 S 267; zu § 68a FGG BayObLG BtPrax 2003, 220 f; Jansen/*Sonnenfeld* § 68a FGG Rn 3). Dies bedeutet aber nicht, dass es im Rahmen der Aufklärungspflicht sowie wegen Art 103 Abs 1 GG im Einzelfall nicht dennoch der entsprechenden Anhörung Dritter bedarf. Gleiches gilt für einstweilige Anordnungen, in deren Fällen im Übrigen §§ 300 Abs 1 Nr 4, S 2, 301 Abs 1 maßgeblich sind (Bienwald/Sonnenfeld/Hoffmann/*Bienwald* § 68a FGG Rn 4). In **Unterbringungssachen** gilt § 320. Im **Beschwerdeverfahren** gelten gemäß § 68 Abs 3 S 1 grds dieselben Regelungen wie im erstinstanzlichen Verfahren, wovon in Bezug auf die Anhörung abgesehen werden kann, wenn von einer erneuten Durchführung keine zusätzlichen Erkenntnisse zu erwarten sind (§ 68 Abs 3 S 2). Siehe hierzu auch § 278 Rz 2 aE.

C. Regelungen

3 **Abs 1** verpflichtet das Gericht zur **Anhörung** der nach Maßgabe des § 274 zum Verfahren hinzugezogenen **Beteiligten**. Dies sind stets der Betreuer bzw der Bevollmächtigte,

sofern der jeweilige Aufgabenkreis betroffen ist (§ 274 Abs 1 Nrn 2, 3), – soweit bestellt – der Verfahrenspfleger (§ 274 Abs 2) sowie – soweit hinzugezogen – die Angehörigen oder Vertrauenspersonen des Betroffenen (§ 274 Abs 4 Nr 1, § 7 Abs 2 Nr 1). Zu den diesbezüglichen Einzelheiten s § 274 Rz 14 ff. Ein Widerspruchsrecht (wie noch in § 68a Satz 3 FGG) gegen die Anhörung der Angehörigen steht dem Betroffenen nicht zu. Seine Rechte sind insofern durch die bei der Hinzuziehung dieser Personen zu beachtenden Voraussetzungen, insbes die Beachtung des Interesses des Betroffenen (s § 274 Rz 15 f), gewahrt (BTDrs 16/6308 S 267). Sind nahe Angehörige nicht in diesem Sinne beteiligt, kann die Amtsermittlungspflicht aus § 26 gleichwohl ihre Anhörung gebieten, etwa wenn sich das Gutachten auf Äußerungen Dritter stützt und deren Gehalt fraglich ist (Jürgens/*Mertens* § 68a FGG Rn 5 aE). Für die Betreuungsbehörde gilt Abs 2 (s Rz 4).

Wie schon § 68a S 1 FGG regelt **Abs 2** die Anhörung der **Betreuungsbehörde**. Dies be- 4 deutet, dass der Behörde Gelegenheit zur Äußerung zu geben ist, die sie nicht wahrnehmen muss. Da die Betreuungsbehörde nach § 8 BtBG indessen auch zur Unterstützung des Betreuungsgerichts verpflichtet ist und entsprechend beauftragt werden kann, wird sich die Anhörung in der Regel auch auf die Entgegennahme der sich hieraus ergebenden Erkenntnisse erstrecken. Die Pflicht zur Anhörung nach Abs 2 besteht einerseits, wenn es der **Betroffene verlangt** (1. Alt). Hierauf muss er nicht hingewiesen werden, wenngleich hierzu die Unterrichtung nach § 278 Abs 2 Gelegenheit gibt (s § 278 Rz 5; vgl auch Jansen/*Sonnenfeld* § 68a FGG Rn 9). Andererseits ist die Anhörung zwingend geboten, wenn es der **Sachaufklärung** dient (2. Alt), was im Hinblick auf die vorerwähnte Unterstützungspflicht häufig der Fall sein wird (Jürgens/*Mertens* § 68a FGG Rn 3; Jürgens/Kröger/Marschner/Winterstein Rn 400 f). Nach Abs 2 kommt es für die Anhörung der Betreuungsbehörde nicht darauf an, ob sie Beteiligte nach § 274 Abs 3 ist. Denn dann gilt ohnehin Abs 1.

Hinsichtlich der sonstigen, dem Betroffenen **nahe stehenden Personen** spricht **Abs 3** 5 diesem das Recht zu, deren Anhörung zu verlangen. Dies kommt nur dann zum Zuge, wenn diese Person, zumeist ein Angehöriger oder ein Vertrauter, nicht bereits nach § 274 Abs 4 Nr 1 anzuhören ist (Rz 3). Ist dies nicht der Fall, etwa weil es das Gericht auch unter dem Gebot der Amtsermittlung nicht für erforderlich hält, bedarf es der schlichten Benennung durch den Betroffenen. Im Unterschied zu § 274 Abs 4 Nr 1 kommt es dabei auf ein wirkliches Nahestehen oder darauf, ob die Anhörung auch im objektiven Interesse des Betroffenen liegt, nicht an (Damrau/Zimmermann § 68a FGG Rn 21). Zur Anhörung dieser Person ist das Gericht nicht verpflichtet, wenn hiermit eine erhebliche, nach der Eilbedürftigkeit im Einzelfall zu beurteilende Verzögerung des Verfahrens verbunden wäre. Das Gericht muss die Anschrift der benannten Person nicht selbst ermitteln. Die früher in § 68a Satz 3 FGG vorgesehene Möglichkeit, dass Angehörigen in der Regel Gelegenheit zur Äußerung zu geben ist, sofern der Betroffene nicht mit erheblichen Gründen widerspricht, ist nunmehr in der Regelng des Abs 1 iVm § 274 Abs 4 Nr 1 aufgegangen (BTDrs 16/6308 S 267 f). Zur Verfahrensfähigkeit s § 275 Rz 5; zur Anwesenheit einer Vertrauensperson bei der Anhörung des Betroffenen s § 278 Rz 11.

In den Fällen, in denen gemäß **§ 1908a BGB** bereits vor Erreichen des 18. Lebensjahres 6 des Betroffenen das Verfahren gemäß Abs 1 durchzuführen ist, schreibt **Abs 4** die Anhörung auch des **gesetzlichen Vertreters** vor. Dies ist insofern neben Abs 1 erforderlich, da Eltern und sonstige Sorgeberechtigte (§§ 1794, 1915, 1794 BGB) im Zeitpunkt des Wirksamwerdens der Entscheidung ihre Stellung als gesetzlicher Vertreter verlieren und damit auch nicht mehr nach § 7 Abs 2 Nr 1 zwingend zu beteiligen sind. Umfasst das Sorgerecht des gesetzlichen Vertreters nicht den künftigen Aufgabenkreis des Betreuers, kann von seiner Anhörung abgesehen werden (Jansen/*Sonnenfeld* § 68a FGG Rn 12); da die Vorschrift aber neben der Gewährung rechtlichen Gehörs auch der Sachaufklärung dient (Damrau/Zimmermann § 68a FGG Rn 15), sollte dies nur ausnahmsweise der Fall sein.

§ 279 FamFG | Anhörung weiterer Beteiligter

D. Verfahren

7 Die Anhörung ist an **keine Form** gebunden und kann daher auch mündlich oder schriftlich erfolgen. Sie ist **Auskunftsmittel**, so dass die in ihr gewonnenen Erkenntnisse der Entscheidung im Betreuungsverfahren zu Grunde gelegt werden können (Bienwald/Sonnenfeld/Hoffmann/*Bienwald* § 68a FGG Rn 2, s auch oben Rz 6 aE). Da es im Verfahren der freiwilligen Gerichtsbarkeit auch weiterhin im pflichtgemäßen Ermessen des Gerichts steht zu entscheiden, ob es sich mit formlosen Ermittlungen (»**Freibeweis**«) begnügt oder eine förmliche Beweisaufnahme (»**Strengbeweis**«) durchführt, kommt neben der Anhörung auch die förmliche Vernehmung Dritter als Zeugen in Betracht. Dies ist stets dann erforderlich, wenn durch formlose Ermittlungen eine genügende Sachaufklärung nicht zu erreichen ist, es insbes eines Eindrucks von deren Glaubwürdigkeit bedarf (OLG Zweibrücken NJW-RR 1988, 1211; OLG Schleswig BtPrax 2006, 191 f); dies gilt nach § 30 Abs 3 auch dann, wenn eine Tatsache, die für die zu treffende Entscheidung von maßgeblicher Bedeutung ist, im Freibeweisverfahren streitig geblieben ist (BTDrs 16/6308 S 166).

8 Zum **Verstoß** gegen die Verfahrensregeln des § 279 s § 278 Rz 12.

§ 280 Einholung eines Gutachtens

(1) Vor der Bestellung eines Betreuers oder der Anordnung eines Einwilligungsvorbehaltes hat eine förmliche Beweisaufnahme durch Einholung eines Gutachtens über die Notwendigkeit der Maßnahme stattzufinden. Der Sachverständige soll Arzt für Psychiatrie oder Arzt mit Erfahrung auf dem Gebiet der Psychiatrie sein.

(2) Der Sachverständige hat den Betroffenen vor der Erstattung des Gutachtens persönlich zu untersuchen oder zu befragen.

(3) Das Gutachten hat sich auf folgende Bereiche zu erstrecken:
1. das Krankheitsbild einschließlich der Krankheitsentwicklung,
2. die durchgeführten Untersuchungen und die diesen zugrunde gelegten Forschungserkenntnisse,
3. den körperlichen und psychiatrischen Zustand des Betroffenen,
4. den Umfang des Aufgabenkreises und
5. die voraussichtliche Dauer der Maßnahme.

Übersicht

	Rz		Rz
A. Normzweck	1	C. Regelungen	10
B. Anwendungsbereich	5		

A. Normzweck

Die Vorschrift regelt, in welchen Fällen die Einholung eines Gutachtens erforderlich ist; sie benennt die Anforderungen an die Person des Sachverständigen, die Art und Weise der Gutachtenerstellung und den Inhalt des Gutachtens. **1**

Die §§ 280–284 sind aus § 68b FGG hervorgegangen. § 280 übernimmt die Regelungen von § 68b Abs 1 S 1, 4 und 5 und § 68b Abs 2 FGG und bestimmt in Abs 1 S 1, dass vor der Bestellung eines Betreuers oder der Anordnung eines Einwilligungsvorbehalts ein Sachverständigengutachten über die Notwendigkeit der Maßnahme einzuholen ist. Die Regelung stellt klar, dass die Einholung des Sachverständigengutachtens durch förmliche Beweisaufnahme zu erfolgen hat (§ 30). **2**

Danach gelten die Vorschriften der ZPO über den Beweis durch Sachverständige entsprechend. Das ist bereits nach bisher geltendem Recht grds der Fall. Eine entsprechende Anwendung der ZPO erfordert keine schematische Übertragung aller Beweisregelungen und -grundsätze, sondern es verbleibt Spielraum im Einzelfall. So wird bspw eine im Zivilprozess übliche mündliche Erörterung des Sachverständigengutachtens auf das Betreuungsverfahren nicht ohne weiteres übertragbar sein (BTDrs 16/6308 S 268). **3**

Erstmalig gesetzlich geregelt werden in Abs 1 S 2 und Abs 3 die Anforderungen an die Qualifikation des Sachverständigen und die erweiterten Anforderungen an den Inhalt des Gutachtens, ohne dabei grundlegende Neuerungen einzuführen. Die Vorschriften dienen der Sicherung der Qualität der Gutachten, die der Anordnung der Betreuung zugrunde gelegt werden. Mit diesen Regelungen werden die von der Rspr entwickelten Maßstäbe zur Qualifikation des Sachverständigen und zu den inhaltlichen Anforderungen an die Gutachten aufgegriffen und systematisiert (BTDrs 16/9733 S 371 f). **4**

B. Anwendungsbereich

Die §§ 280–284 gelten nur für Verfahren, die die Bestellung eines Betreuers oder die Anordnung eines Einwilligungsvorbehalts zum Gegenstand haben. § 280 verlangt die Einholung eines Sachverständigengutachtens vor Bestellung einer Betreuung und Anordnung eines Einwilligungsvorbehalts unabhängig vom Aufgabenbereich. Das Gutachten hat sich zur Notwendigkeit der Bestellung eines Betreuers oder der Anordnung eines Einwilligungsvorbehalts zu verhalten. **5**

§ 280 FamFG | Einholung eines Gutachtens

6   Die Regelung gilt im Grundsatz entsprechend bei der Erweiterung der Betreuung und des Einwilligungsvorbehalts (§ 293 Abs 1), der Aufhebung und Einschränkung der Betreuung oder des Einwilligungsvorbehalts (§ 294 Abs 1) und der Verlängerung der Betreuung oder des Einwilligungsvorbehalts (§ 295 Abs 1 S 1). Zudem sind dort Sonderregelungen zur Erforderlichkeit der Einholung eines Gutachtens oder dem Absehen eines Gutachtens normiert. Nach § 293 Abs 2 bedarf es der Einholung eines Gutachtens nicht, wenn ein Gutachten zur Anordnung der Betreuung nicht länger als sechs Monate zurückliegt oder die beabsichtigte Erweiterung nach Abs 1 nicht wesentlich ist.

7   **Sonderregelungen** sehen § 297 für eine Sterilisation nach § 1905 Abs 2 BGB und § 298 für die Genehmigung der Einwilligung des Betreuers zu Heilmaßnahmen nach § 1904 BGB vor. Für die vorläufige Betreuerbestellung oder die vorläufige Anordnung eines Einwilligungsvorbehalts gelten die Sonderregelungen der §§ 300–302. In Unterbringungssachen sind Spezialregelungen in den §§ 321 und 329 Abs 2 bestimmt. Danach ist vor der Anordnung oder Verlängerung einer Unterbringungsmaßnahme ein Sachverständigengutachten einzuholen.

8   Im Beschwerderecht ist keine Sonderregelung vorgesehen, vgl §§ 303–305. Es gelten die allgemeinen Vorschriften. Das Beschwerdeverfahren bestimmt sich nach den Vorschriften über das Verfahren im ersten Rechtszug (§ 58 Abs 3 S 1). Auch im Beschwerdeverfahren gilt also § 280 iVm § 30. Auch dies entspricht der Rechtslage des FGG.

9   In der Beschwerdeinstanz muss auch eine persönliche Anhörung des Betroffenen erfolgen und ein Gutachten eines Sachverständigen über die Notwendigkeit der Betreuung eingeholt werden. Das Beschwerdegericht kann aber von der Beweisaufnahme absehen, wenn diese bereits im ersten Rechtszug vorgenommen wurde, ein Gutachten in unmittelbarer zeitlicher Nähe vorliegt und von einer erneuten Vornahme der Begutachtung keine zusätzlichen Erkenntnisse zu erwarten sind (OLG Köln FamRZ 2000, 1440).

C. Regelungen

10   Abs 1 S 1 normiert zwingend die Einholung eines Sachverständigengutachtens. Ausnahmen sind in den §§ 281 und 282 geregelt. Danach genügt unter bestimmten Voraussetzungen die Vorlage eines ärztlichen Zeugnisses (§ 281). Von der Einholung eines Gutachtens kann das Gericht auch dann absehen, wenn ein ärztliches Gutachten des Medizinischen Dienstes verwendet werden kann (§ 282). Diese Ausnahmen gelten nicht bei der Anordnung eines Einwilligungsvorbehalts.

11   Abs 1 S 2 enthält als Sollvorschrift die Qualifikationsanforderungen an den Sachverständigen. Er soll Arzt für Psychiatrie oder Arzt mit Erfahrung auf dem Gebiet der Psychiatrie sein.

12   Abs 2 bestimmt, dass der Sachverständige den Betroffenen vor der Erstattung des Gutachtens persönlich zu untersuchen oder zu befragen hat.

13   Abs 3 normiert die inhaltlichen Voraussetzungen des Gutachtens. War bislang gesetzlich nur vorgesehen, dass das Gutachten sich auch zum Umfang des Aufgabenkreises und zur voraussichtlichen Dauer der Maßnahme zu verhalten hat, muss es nun Angaben zum Krankheitsbild einschließlich der Krankheitsentwicklung, zu den durchgeführten Untersuchungen und die diesen zugrunde gelegten Forschungserkenntnissen, zum körperlichen und psychiatrischen Zustand des Betroffenen, zum Umfang des Aufgabenkreises und zu der voraussichtlichen Dauer der Maßnahme enthalten.

14   Nach § 1896 Abs 1 BGB bestellt das Gericht einen Betreuer, wenn ein Volljähriger auf Grund einer psychischen Krankheit oder einer körperlichen, geistigen oder seelischen Behinderung seine Angelegenheiten ganz oder teilweise nicht besorgen kann. Die Betreuung muss erforderlich sein, § 1896 Abs 2 BGB. Soweit dies zur Abwendung einer erheblichen Gefahr für die Person oder das Vermögen des Betreuten erforderlich ist, ordnet das Gericht einen Einwilligungsvorbehalt an (§ 1903 Abs 1 BGB).

Die **Einholung eines Sachverständigengutachtens** erfolgt nach Abs 1 S 1 zur Beurtei- 15
lung der Notwendigkeit dieser Maßnahmen. Sie steht nicht im Ermessen des Gerichts.
Die vorgesehene förmliche Beweisaufnahme hat stattzufinden (§ 30 Abs 2). Es gelten die
Vorschriften der ZPO zum Beweis durch Sachverständige, also die §§ 402–414 ZPO, soweit es im Betreuungsverfahren angezeigt ist (vgl BTDrs 16/6308 S 268).

Damit ist nun gesetzlich klargestellt, dass die Einholung eines Sachverständigengut- 16
achtens auch dann nicht entbehrlich ist, wenn der Richter aufgrund eigenen Sachverstands, langjähriger Erfahrung oder durch eine persönliche Anhörung des Betroffenen
oder aus sonstigen Gründen der Überzeugung ist, die Betreuungsanordnung bzw Anordnung eines Einwilligungsvorbehalts sei notwendig. Dies gilt auch bei eindeutiger
Hilfebedürftigkeit (Jansen/*Sonnenfeld* § 68b FGG Rn 4; Bienwald/Sonnenfeld/Hoffmann/*Sonnenfeld* § 68b Rn 11; OLG Düsseldorf FamRZ 1993, 1224, 1225; OLG Stuttgart
FamRZ 1993, 1365; kritisch dazu Damrau/Zimmermann § 68b FGG Rn 1).

Auch bei eindeutig erscheinenden Erkrankungen (zB Demenz) ist eine Abgrenzung 17
zu körperlich bedingten Ausfallerscheinungen wie Stoffwechselstörungen oder Mangelernährungsfolgen nur durch ärztliche Diagnose möglich (Jurgeleit/*Bučić* § 68b FGG
Rn 1).

Die Einholung eines Gutachtens ist aber nach wie vor entbehrlich, wenn das Gericht 18
von der Betreuerbestellung oder der Anordnung eines Einwilligungsvorbehalts absehen
oder den Aufgabenkreis oder den Kreis der einwilligungsbedürftigen Willenserklärung
einschränken will (Jansen/*Sonnenfeld* § 68b FGG Rn 2 mwN; Keidel/*Budde* § 280 Rn 3).
Schließlich wird ein Rechtseingriff dadurch gerade aufgehoben oder abgewiesen (Jurgeleit/*Bučić* § 68b FGG Rn 3).

Ein Gutachten ist aber einzuholen, wenn die Bestellung des Betreuers auf Antrag des 19
Betroffenen erfolgte, und insoweit ausnahmsweise ein ärztliches Zeugnis ausreichend
war (§ 281) und nun ein Antrag des Betroffenen auf Aufhebung der Betreuung erstmals
abgelehnt werden soll, § 294 Abs 2 (KG FGPrax 2006, 260).

Das Gericht kann auch bei Entbehrlichkeit des Gutachtens gem § 26 nach pflichtgemä- 20
ßem Ermessen entscheiden, ob es ein Gutachten einholt (Jurgeleit/*Bučić* § 68b FGG
Rn 3); vgl zum zusammenfassenden Überblick, in welchen Fällen die Erstattung eines
Gutachtens und/oder die Beteiligung eines Sachverständigen notwendig ist (Bienwald/
Sonnenfeld/Hoffmann/*Sonnenfeld* § 68b FGG Rn 64; HK-BUR/*Rink* § 68b FGG Rn 3 ff).

Die **Auswahl des Sachverständigen** obliegt dem Gericht (§ 404 Abs 1 ZPO analog). 21
Es trifft sie nach pflichtgemäßem Ermessen (Jansen/*Sonnenfeld* § 68b FGG Rn 17; HK-BUR/*Rink* § 68b FGG Rn 21). Im Ermessen des Gerichts stehen die Auswahl des Sachverständigen sowie die Entscheidung, ob es mehr als einen Sachverständigen bestellt
und zu welcher (Teil)Frage sich der jeweilige Sachverständige äußern soll (BTDrs
11/4528 S 174).

Das Gericht hat eine bestimmte Person, nicht eine Klinik oder Institution zu beauftra- 22
gen (Bienwald/Sonnenfeld/Hoffmann/*Sonnenfeld* § 68b FGG Rn 47). Die Heranziehung
von Hilfspersonen ist zulässig. Der Sachverständige hat aber zu versichern, dass die
gutachterlichen Feststellungen auf seinen eigenen Wahrnehmungen und Beurteilungen
beruhen, er also insoweit die Verantwortung übernimmt (HK-BUR/*Rink* § 68b FGG
Rn 101; Keidel/*Budde* § 280 Rn 6, 8; OLG Brandenburg FamRZ 2001, 40).

Aus der förmlichen Beweisaufnahme folgt, dass der Gutachter dem Betroffenen be- 23
kannt zu geben ist und er die Möglichkeit hat, diesen – etwa wegen der Besorgnis der
Befangenheit – abzulehnen (OLG München NJW 1992, 1569).

Der Gesetzeswortlaut sieht für das Gutachten eine bestimmte **Qualifikation des Sach-** 24
verständigen vor. In Abs 1 Satz 2 – wie im Übrigen auch in § 321 Abs 1 – ist durch Gesetz ausdrücklich vorgesehen, dass der Sachverständige Arzt für Psychiatrie oder Arzt
mit Erfahrung auf dem Gebiet der Psychologie sein »soll«.

Eine Änderung der bisherigen Rechtslage ist damit im Wesentlichen aber nicht einge- 25
treten. Soweit neurologische Erkrankungen zu untersuchen sind, wurde auch auf der

§ 280 FamFG | Einholung eines Gutachtens

Grundlage früher geltenden Rechts davon ausgegangen, dass als Sachverständiger regelmäßig ein Facharzt für Psychiatrie oder Neurologie bestellt werden soll; jedenfalls sollte der Sachverständige ein in der Psychiatrie erfahrener Arzt sein (BTDrs 16/9733 S 371; BayObLG NJW-RR 1997, 1501 f; BayObLG FamRZ 1993, 851 mwN; OLG Schleswig FamRZ 2008, 77).

26 Die Anforderungen an die Qualifikation des Sachverständigen iE richten sich auch nach gesetzlicher Konkretisierung immer noch nach der Art der Erkrankung oder Behinderung (Jansen/*Sonnenfeld* § 68b FGG Rn 14; Keidel/*Budde* § 280 Rn 6). Bei psychischen Erkrankungen wird zur Feststellung des medizinischen Befundes zwingend ein Facharzt der Psychiatrie oder zumindest ein in der Psychiatrie erfahrener Arzt (mindestens einjährige Erfahrung) verlangt (iE Jansen/*Sonnenfeld* § 68b FGG Rn 14; Bienwald/Sonnenfeld/Hoffmann/*Sonnenfeld* § 68b FGG Rn 47).

27 Der Wortlaut des § 280 lässt es als Soll-Vorschrift aber auch zu, dass als Sachverständiger ein Facharzt aus einem anderen Fachgebiet oder ein Arzt mit Erfahrung auf einem anderen Fachgebiet als Sachverständiger bestellt wird, wenn gerade nicht neurologische Erkrankungen zu beurteilen sind (BTDrs 16/9733 S 371).

28 Grds möglich bleibt danach auch, dass ein Gutachten von nicht medizinischen/ärztlichen Sachverständigen wie Diplom-Psychologen, Diplom-Sozialpädagogen, Diplom-Sozialarbeitern erstattet wird. Aufgrund derartiger Gutachten darf eine Betreuung aber nur angeordnet werden, wenn daneben auch ein ärztliches Gutachten eingeholt wurde (HK-BUR/*Rink* § 68b FGG Rn 97). Ein nichtärztliches Gutachten reicht als einzige Beurteilungsgrundlage nie aus.

29 Ein Sozialarbeiter kann nie Gutachter für die klinischen Voraussetzungen sein. Das obligatorische einzige Gutachten kann daher nie von einem Sozialarbeiter stammen (*Holzhauer* NZS 1996, 255, 259).

30 Bei bereits bekannten Diagnosen kann eine erneute ärztliche Begutachtung dann als überflüssig angesehen werden, wenn die Auswirkungen der Erkrankung oder Behinderung, also das Maß der Betreuungsbedürftigkeit, im Vordergrund stehen (HK-BUR/*Rink* § 68b FGG Rn 98 unter Bezug auf Bienwald/Sonnenfeld/Hoffmann/*Sonnenfeld* § 68b FGG Rn 7).

31 Wenn es also ausschließlich um die Feststellung des objektiven Betreuungsbedarfs geht, kann im Einzelfall – also bei Nachweis der subjektiven Betreuungsbedürftigkeit durch ärztliches Zeugnis – auch ein nichtmedizinisches Gutachten ausreichen (Jansen/*Sonnenfeld* § 68b FGG Rn 14 f). Für die Feststellung des objektiven Betreuungsbedarfs kommt in diesem Fall auch ein Sozialarbeiter oder Sozialpädagoge in Betracht (Jansen/*Sonnenfeld* § 68b FGG Rn 15; aA Damrau/Zimmermann § 68b FGG Rn 8).

32 Wenn aufgrund von ärztlichen Vorgutachten eine erneute ärztliche Begutachtung als überflüssig anzusehen ist und die Auswirkungen der Erkrankung oder Behinderung im Vordergrund stehen, kann also ein nichtärztliches psychologisches oder sozialpädagogisches Gutachten ausreichend sein (HK-BUR/*Rink* § 68b FGG Rn 98; ähnlich Bienwald/Sonnenfeld/Hoffmann/*Sonnenfeld* § 68b FGG Rn 15).

33 Für die Qualifikation als Arzt kommt es auf die Approbation sowie ggf die Anerkennung als Facharzt, nicht dagegen auf die Niederlassung als Arzt, kassenärztliche Anerkennung oder ein bestimmtes Anstellungsverhältnis an (Bienwald/Sonnenfeld/Hoffmann/*Sonnenfeld* § 68b FGG Rn 50).

34 Das Gutachten kann auch von dem Arzt erstattet werden, der über die Folgen der Anhörung nach § 34 Abs 2 iVm § 278 Abs 4 ein Gutachten erstattet hat. Zweckmäßigerweise kann also der nach § 280 beauftragte Gutachter mit diesem identisch sein (HK-BUR/*Rink* § 68b FGG Rn 22).

35 Bei der Feststellung des Betreuungsbedarfs ist nach Maßgabe des § 26 auch die Betreuungsbehörde (§ 9 BtBG) zur Ermittlung sozialer Gesichtspunkte im Rahmen der Beweisaufnahme zu beauftragen (Damrau/Zimmermann § 68b FGG Rn 6; s.a. § 274 Rz 11, § 279 Rz 4).

36 Als Gutachten können nur ärztliche Stellungnahmen Verwendung finden, die das Gericht selbst in **Auftrag** gegeben hat. Das Gericht muss den Sachverständigen selbst auswählen und ihm die Tatsachen mitteilen, auf deren Feststellung es für die Beurteilung der Notwendigkeit einer Betreuung ankommt. Qualitativ muss ein Gutachten die aktuelle Ausprägung der Erkrankung bzw Behinderung erfassen und die Notwendigkeit einer Betreuung nachvollziehbar machen (KG NJOZ 2006, 3162 = FGPrax 2006, 260).

37 Eine Bindung an den Willen des Betroffenen besteht auch im Antragsverfahren nicht, § 404 Abs 4 ZPO (HK-BUR/*Rink* § 68b FGG Rn 21).

38 Das Gericht kann etwaigen Wünschen des Betroffenen Rechnung tragen, ist aber nicht verpflichtet, diesen nachzukommen. Dies gilt auch, wenn der Betroffene sich weigert sich von einem bestimmten Sachverständigen untersuchen bzw befragen zu lassen oder wenn er sich nur von einem bestimmten Sachverständigen untersuchen lassen will (HK–BUR/*Rink* § 68b FGG Rn 21).

39 Das einem Antrag beigefügte ärztliche Gutachten ist zunächst ein Privatgutachten. Das Gericht kann aber den Aussteller des Gutachtens mit dem gerichtlichen Gutachten beauftragen (Damrau/Zimmermann § 68b FGG Rn 9).

40 Die Einholung mehrerer Gutachten unterschiedlicher Sachverständiger kann im Ausnahmefall sinnvoll und im Einzelfall geboten sein. Der Wortlaut der Norm begrenzt nicht auf ein Gutachten. Regelmäßig dürfte sich aber der Arzt, der mit dem medizinischen Beweisthema befasst ist, auch zum Betreuungsbedarf äußern können (Jansen/ *Sonnenfeld* § 68b FGG Rn 16). Ist der Arzt mit dem Gutachten beauftragt, so hat er sich auch zum Betreuungsbedarf zu äußern.

41 Der Umfang der Erfahrungen des Sachverständigen ist vom Gericht durch Rückfrage beim Sachverständigen zu klären und in seiner Entscheidung darzulegen (OLG Schleswig FamRZ 2008, 77). Die Sachkunde zur Erstellung von Gutachten über die Voraussetzungen einer Betreuung ist bei Ärzten des höheren öffentlichen Gesundheitsdienstes der Staatlichen Gesundheitsämter in Bayern vom Tatrichter im Einzelfall darzulegen (BayObLG NJW-RR 1997, 1501, 1502 – ausführlich hierzu HK-BUR/*Rink* § 68b FGG Rn 100).

42 Wird ein Gutachter beauftragt, dessen Sachkunde sich nicht ohne weiteres aus seiner Berufsbezeichnung oder aus der Art seiner Berufstätigkeit ergibt, hat der Tatrichter dessen Sachkunde in seiner Entscheidung nachvollziehbar darzulegen (BayObLG BtPrax 2002, 37, 38).

43 Abs 3 legt den **Inhalt des Gutachtens** zwingend fest. Bislang hatte sich das Gutachten auf den Umfang des Aufgabenkreises und die voraussichtliche Dauer der Betreuungsbedürftigkeit zu erstrecken, § 68b Abs 1 S 5 FGG. Über diese Inhalte hinaus werden nun Angaben zum Krankheitsbild einschließlich der Krankheitsentwicklung, zu den durchgeführten Untersuchungen und die diesen zugrunde gelegten Forschungserkenntnissen und zu dem körperlichen und psychiatrischen Zustand des Betroffenen verlangt.

44 Was im Rahmen dieser Angaben im Gutachten ausgeführt werden muss, hängt von den materiellen Voraussetzungen der Betreuungsanordnung oder der Anordnung eines Einwilligungsvorbehalts ab. Die Notwendigkeit und der Inhalt des Gutachtens korrespondieren mit der Erforderlichkeit iSd § 1896 Abs 2 BGB oder § 1903 Abs 1 BGB (Jansen/ *Sonnenfeld* § 68b FGG Rn 6).

45 Aus § 1896 Abs 1 BGB folgt eine subjektive Betreuungsbedürftigkeit aufgrund der Krankheit oder Behinderung und ein objektiver Betreuungsbedarf, der bestimmt, in welchem Umfang der Betroffene nicht in der Lage ist, seine Angelegenheiten ganz oder teilweise selbst zu besorgen (zu Begrifflichkeit und Inhalt von Betreuungsbedürftigkeit und -bedarf vgl BVerfG NJW-RR 1999, 1593, 1594; BVerfG FuR 2002, 241 f; OLG Zweibrücken FamRZ 2005, 748).

46 Das Gutachten muss sich grds zur subjektiven Betreuungsbedürftigkeit und zum objektiven Betreuungsbedarf verhalten. Was zur Notwendigkeit der Maßnahme iE ausgeführt werden muss, hängt von den Umständen des Einzelfalls ab.

§ 280 FamFG | Einholung eines Gutachtens

47 Dies gilt insbes für den **Umfang des Gutachtens**, der sich nach dem Schwierigkeitsgrad und der Fragestellung richtet (zu den an den Sachverständigen mit dem Gutachtenauftrag im Wesentlichen zu stellenden Fragen vgl Damrau/Zimmermann § 68b FGG Rn 4f; ähnlich Bienwald/Sonnenfeld/Hoffmann/*Sonnenfeld* § 68b FGG Rn 33).

48 Die Angaben zum Krankheitsbild, zu den Untersuchungen und zum Zustand des Betroffenen (Abs 3 Nr 1–3) dienen der Begründung und Nachvollziehbarkeit der gutachterlichen Stellungnahme zum Umfang des Aufgabenkreises und der voraussichtlichen Dauer der Maßnahme (Abs 3 Nr 4 und 5).

49 Angaben zum Sachverhalt, zur Vorgeschichte, zu den Untersuchungsergebnissen, zur Beurteilung und zur Prognose gehörten auch nach alter Rechtslage zum Inhalt des Gutachtens (vgl ausführlich Jürgens/Kröger/Marschner/Winterstein Rn 383 ff).

50 Das Gutachten muss erkennen lassen, von welchen Anknüpfungstatsachen es ausgeht, welche Tests und Forschungsergebnissen angewandt wurden und welcher Befund erhoben wurde. Diese Anforderungen hatte bereits die Rspr gestellt (BayObLG FamRZ 2001, 1403 f). Der Gesetzgeber hält an diesen Qualitätsanforderungen nun ausdrücklich fest (BT-Drs 16/9733 S 371 f).

51 Sie sind erforderlich, damit der Richter in eigener verantwortlicher Prüfung feststellen kann, ob die Ausführungen des Sachverständigen wissenschaftlich fundiert, logisch und in sich schlüssig sind. Deshalb muss das Gutachten auch erkennen lassen, dass der Sachverständige die sich ihm bietenden wissenschaftlichen Erkenntnisquellen ausgeschöpft und sich soweit erforderlich, mit beachtlichen wissenschaftlichen Meinungen auseinandergesetzt hat.

52 Der Sachverständige muss den Untersuchungsbefund, aus dem er seine Diagnose ableitet, iE mitteilen und die Folgerungen aus den einzelnen Befundstatsachen auf die Diagnose oder die ihm sonst gestellte Beweisfrage für den Richter nachvollziehbar darstellen (Bienwald/Sonnenfeld/Hoffmann/*Sonnenfeld* § 68b FGG Rn 35 mwN).

53 Anhand des medizinischen Gutachtens muss der Richter die aktuelle Ausprägung der Erkrankung oder Behinderung des Betroffenen erfassen und die derzeit bestehende Notwendigkeit seiner Betreuung nachvollziehen können. Hierzu ist erforderlich, dass der Sachverständige ein deutliches Bild der derzeitigen Verfassung des Betroffenen vermittelt, indem er die durchgeführte Untersuchung oder Befragung darstellt sowie die aus den Befundtatsachen gezogenen Schlussfolgerungen iE begründet (KG FGPrax 2006, 260).

54 Eine besonders herausragende Bedeutung hat die Bezeichnung des **Umfangs des Aufgabenkreises:**

55 Regelmäßig sind dabei Erkenntnisse des sozialen Umfelds des Betroffenen mit einzubeziehen, um die erforderlichen Hilfen auf die Bedürfnisse des Betroffenen abzustimmen. Das Gutachten hat sich zu der Frage zu äußern, ob der Betroffene einen Bevollmächtigten nicht mehr selbst beauftragen und/oder kontrollieren kann und ob Hilfen iSd § 1896 Abs 2 BGB nicht oder nicht gleichwertig zur Verfügung stehen.

56 Im Hinblick auf § 1896 Abs 1a BGB wird das Gutachten sich auch zum freien Willen des Betroffenen verhalten müssen. Der Sachverständige hat die Tatsachen darzulegen, aus denen auf eine unfreie Willensbildung geschlossen werden kann, wobei pauschal wertende Feststellungen nicht ausreichen (BT-Drucks 15/2494 S 28). Die Klärung, ob der Betroffene seinen Willen frei bestimmen kann, dient der Prüfung, ob der Betroffene in den in Aussicht genommenen Aufgabenkreisen der einzurichtenden Betreuung zu eigenverantwortlicher Entscheidung in der Lage ist. Wird ein medizinischer oder psychologischer Sachverständiger beauftragt, so hat er auch Ausführungen zu der Frage zu machen, ob und inwieweit der Betroffene infolge seiner Krankheit oder Behinderung die Erforderlichkeit seiner Betreuung nicht einzusehen vermag (*Holzhauer* NZS 1996, 255, 259).

Bei einem körperlich Behinderten ist eine Betreuungsbedürftigkeit erst dann festzustellen, wenn er selbst einen Antrag nicht stellt und seinen Willen nicht kundtun kann. Darüber hat sich das Gutachten zu verhalten. 57

Die Prognose über die **Dauer der Betreuung** muss die gesamte Situation des Betroffenen, die weitere Entwicklung seines Zustandes und auch erforderliche Rehabilitationsmaßnahmen berücksichtigen. 58

Ob der Gutachter auch Angaben zur **Geschäftsfähigkeit** machen soll, wird unterschiedlich beurteilt (dafür Damrau/Zimmermann § 68b FGG Rn 5, dagegen die hM, vgl Bienwald/Sonnenfeld/Hoffmann/*Sonnenfeld* § 68b FGG Rn 29). Zur Frage der Geschäftsfähigkeit hat sich das Gutachten grds nicht zu verhalten. Bei der Bestellung eines Betreuers und bei der Anordnung eines Einwilligungsvorbehalts findet also keine Geschäftsfähigkeitsprüfung statt. Einer Prüfung der Geschäftsfähigkeit bedarf es auch nicht zur Gewährung eines persönlichen Budgets. Mit dem persönlichen Budget ist ein neuer Aufgabenbereich für den Betreuer im Vormundschaftsrecht nicht geschaffen worden (*Bienwald* FamRZ 2005, 254). 59

Sobald die Prüfung der Wirksamkeit einer Vorsorgevollmacht im Rahmen der Erforderlichkeit der Betreuungsbestellung Beweisthema wird, hat sich der Sachverständige unter Umständen jedoch auch zur Geschäftsfähigkeit zu äußern. 60

Wenn auch das Gesetz – mit Ausnahme der persönlichen Untersuchung und Befragung vor Erstattung des Gutachtens – keine Vorschriften über die **Art und Weise des zu erstellenden Gutachtens** enthält, muss es dennoch in jedem Fall die Qualität eines medizinischen Sachverständigengutachtens haben. Der Sachverständige muss darlegen, von welchen Tatsachen er ausgegangen ist, welche Befragungen und Untersuchungen er vorgenommen hat und welche Tests und Forschungsergebnisse er angewandt und welchen Befund er erhoben hat (OLG Brandenburg NJWE-FER 2000, 322 mwN zu den Anforderungen an eine psychiatrische Untersuchung OLG Hamm FGPrax 2009, 90). 61

Die Anordnung der Gutachtenerstellung erfolgt durch förmliche Beweisaufnahme. Es gelten die §§ 402 ff ZPO. Damit hat ein förmlicher **Beweisbeschluss** zu ergehen, der die genaue Bezeichnung des Betroffenen, des Sachverständigen und des Beweisthemas zu enthalten hat. 62

Nach § 30 Abs 2 iVm § 280 ist zwingend eine förmliche Beweisaufnahme vorgeschrieben. § 280 ist Spezialregelung zur Ermessensvorschrift des § 30 Abs 1 (BTDrs 16/6308 S 189). Die Beweiserhebung kann nicht nur (verfahrensleitend) angeordnet werden. Der Beweisbeschluss sollte die für die Beurteilung des Beweisthemas wichtigen Fragen nennen (vgl dazu HK-BUR/*Rink* § 68b FGG Rn 25). 63

Der Richter ist im Regelfall für die Einholung des Gutachtens, mithin die Auswahl des Sachverständigen und die Benennung des Beweisthemas, zuständig (§ 404 Abs 1 ZPO analog; Ausnahme: Kontrollbetreuer, §§ 14, 4 RPflG, s dazu § 293 Rz 11). Bei der Anordnung eines Einwilligungsvorbehalts ist nur der Richter zuständig. 64

Der **Zeitpunkt des Beweisbeschlusses und der Auftragserteilung** kann unterschiedlich sein. Das Gericht kann für die Erstanhörung die Einholung des Gutachtens anordnen oder diese erst abwarten. Für beides gibt es gute Gründe (Jansen/*Sonnenfeld* § 68b FGG Rn 20f). Zweifelhaft ist, inwieweit hier Kosteninteressen mit zu berücksichtigen sind. 65

Liegt die Gutachtenerstattung längere Zeit zurück oder haben sich die tatsächlichen Verhältnisse geändert, ist ein neues Gutachten einzuholen (BayObLG FamRZ 2003, 115). 66

Durch die Einführung der Beweiserhebung durch förmliche Beweisaufnahme ist nun klargestellt, dass das Gericht die Erstattung des Gutachtens veranlassen muss und in diesem Zusammenhang den Gutachter nach pflichtgemäßem Ermessen selbst auswählen muss (KG FGPrax 2006, 260). 67

Abs 2 normiert die **Pflichten des Sachverständigen** vor Gutachtenerstellung. Das Gesetz verpflichtet den Gutachter, den Betroffenen vor Erstattung des Gutachtens persönlich zu untersuchen oder zu befragen. Das Gutachten muss auf Grund eigener Erkennt- 68

§ 280 FamFG | Einholung eines Gutachtens

nisse des Sachverständigen zeitnah erstellt werden (BTDrs 11/4528 S 174). Es darf nicht nur auf Grund von Akten, Berichten anderer Ärzte oder Krankenhäuser, Angaben von Dritten (zB Ehegatte) erstellt werden (Jürgens/Kröger/Marschner/Winterstein Rn 381; OLG Brandenburg FamRZ 2001, 40). Eine Begutachtung nach Lage der Akten genügt auch dann nicht, wenn das Gericht aufgrund der persönlichen Anhörung von der Erforderlichkeit der Betreuung überzeugt ist (Jansen/*Sonnenfeld* § 68b FGG Rn 23 mwN).

69   Vielmehr muss es zwischen Sachverständigem und Betroffenem einen persönlichen Kontakt vor Gutachtenerstellung gegeben haben (BayObLG NJWE-FER 2000, 43).

70   Nicht zu beanstanden ist, wenn der Tatrichter zur Aufklärung, ob eine Betreuung weiterhin erforderlich ist, ein Sachverständigengutachten in Auftrag gibt, weil das letzte Gutachten mehr als eineinhalb Jahre zurückliegt und aus Schreiben des Betroffenen Anhaltspunkte für paranoide Vorstellungen erkennbar sind (OLG München NJW-RR 2006, 512). Keine ordnungsgemäße Begutachtung liegt vor, wenn der Sachverständige einen Eindruck nur aufgrund eines Gesprächs wiedergibt, das der Betroffene aus völlig anderem Anlass mit dem Gutachter geführt hat (OLG Köln NJWE-FER 1999, 90).

71   Der Ort der Befragung ist gesetzlich nicht geregelt. Eine Befragung in der üblichen Umgebung kommt in Betracht und ergibt sich aus der Pflicht des Gutachtenauftrages, wenn der Betroffene aus gesundheitlichen Gründen nicht in der Lage ist, in der Praxis oder Dienststelle des Sachverständigen zu erscheinen. Im gerontologischen Bereich empfiehlt sich eine Befragung in der üblichen Umgebung, da nur dort die tatsächlich bedeutsamen Defizite in der Lebensgestaltung festgestellt werden können (HK-BUR/*Rink* § 68b FGG Rn 37).

72   Vor der Begutachtung muss der Sachverständige seine Kompetenz prüfen, § 407a ZPO. Zur Untersuchung darf der Betroffene mit Anwalt oder sonstigem Verfahrensbevollmächtigtem erscheinen, § 13.

73   Eine **Ablehnung des Sachverständigen** ist nach Maßgabe von § 406 ZPO möglich. Der Sachverständige kann etwa die Erstellung des Gutachtens verweigern bei Verwandtschaft, § 383 Nr 1–3 ZPO.

74   Wurde der Sachverständige vom Amtsgericht bestellt, ist für die Entscheidung über den Ablehnungsantrag das Amtsgericht zuständig; die Zurückweisung des Ablehnungsantrags ist mit der sofortigen Beschwerde angreifbar, § 406 Abs 5 ZPO.

75   Bei Nichterstattung des Gutachtens ohne Verweigerungsgrund oder bei nicht rechtzeitiger Erstattung ohne Entschuldigungsgrund hat der Sachverständige die verursachten Kosten zu tragen (§ 409 ZPO) und kann mit Ordnungsgeld belegt werden (§§ 409, 411 Abs 2 ZPO).

76   Ist der Sachverständige der behandelnde Arzt oder Psychologe, so ist für die Gutachtenerstellung die Entbindung von der **Verschwiegenheitspflicht** erforderlich. Diese kann nur durch den Betroffenen oder seinen gesetzlichen Vertreter mit entsprechendem Aufgabenkreis erteilt werden (HK-BUR/*Rink* § 68b FGG Rn 33).

77   Verweigert der Betroffene – insbes bei der Einholung eines Verlängerungsgutachtens – die Entbindung seines behandelnden Arztes von der Schweigepflicht, so geht sein Wille der anders lautenden Entscheidung des Betreuers vor, da auch der geschäftsunfähige Betreute nach § 275 als uneingeschränkt verfahrensfähig gilt.

78   Das Gesetz sieht eine besondere **Form des Gutachtens** nicht vor. § 280 verlangt keine schriftliche Abfassung des Gutachtens. Dies folgt aus § 284 Abs 1 S 1, der dem § 68b Abs 4 S 1 FGG entspricht (Jansen/*Sonnenfeld* § 68b FGG Rn 22). Wird das Gutachten nur mündlich erteilt, so sind in einem Protokoll, in einem Vermerk oder in den Entscheidungsgründen die wesentlichen Grundlagen des Gutachtens niederzulegen, insbes von welchen Tatsachen der Gutachter ausgegangen ist, welche Befragungen und Untersuchungen er vorgenommen, welche Tests und Forschungsergebnisse er angewandt und welchen Befund er erhoben hat (OLG Brandenburg NJWE-FER 2000, 322).

79   Der Betroffene ist vor Anordnung der Betreuung anzuhören. Das Gericht hat sich von dem Betroffenen einen unmittelbaren Eindruck zu verschaffen und ihn persönlich anzu-

hören. In einem solchen Gespräch ist auch das vorliegende Gutachten (und die ärztlichen Zeugnisse iSv § 281) sowie das Ergebnis der Beweiserhebung zu erörtern.

Die **Bekanntgabe des Gutachtens ist** unerlässlich. Das Gutachten muss dem Betroffenen vollständig, schriftlich und rechtzeitig vor seiner Anhörung bekannt gegeben werden (OLG München FamRZ 2006, 440, 441 = BtPrax 2006, 151; OLG Stuttgart FGPrax 2007, 47). Eine Ausnahme hiervon ist nicht schon dann zulässig, wenn der Gutachter, der zugleich der behandelnde Arzt des Betroffenen ist, aufgrund der Gutachtenkenntnis dessen mangelnde Mitwirkungsbereitschaft bei der weiteren Behandlung (»Compliance«) befürchtet (OLG München FamRZ 2006, 440, 441). 80

Die Übersendung an den Verfahrenspfleger reicht nicht aus (HK-BUR/*Rink* § 68b FGG Rn 47). Der Betroffene kann Einwendungen gegen das Gutachten erheben, die unter Umständen zu einem Ergänzungsgutachten Anlass geben (Jansen/*Sonnenfeld* § 68b FGG Rn 25f). 81

Die Bekanntgabe des Gutachtens dient dazu, dem Betroffenen **rechtliches Gehör** zum Gutachten zu gewähren. 82

Der Anspruch auf rechtliches Gehör ergibt sich aus § 278 und § 34, der Anhörung des Betroffenen. Da nach § 34 Abs 2 eine persönliche Anhörung unterbleiben soll, wenn hiervon erhebliche Nachteile für die Gesundheit des Betroffenen zu besorgen sind und diese Entscheidung nur auf der Grundlage eines ärztlichen Gutachtens getroffen werden darf (§ 278 Abs 4), soll das Beweisthema auch diese Frage erfassen. Bei Vorliegen der Voraussetzungen des § 34 Abs 2 ist ein Verfahrenspfleger zu bestellen, der das dem Betroffenen zustehende rechtliche Gehör wahrnimmt (OLG München RPfleger 2006, 16). 83

Für die Beschwerdeinstanz gilt nichts anderes (zur Ausnahme in einem Verfahren zur Bestellung eines Betreuers, das von der Rechtsanwaltskammer nach §§ 16 Abs 3, 224a BRAO beantragt wurde, vgl OLG Stuttgart FGPrax 2007, 47 ff). 84

Der Betroffene und alle anderen Beteiligten haben das Recht, in die Gerichtsakten und mithin in das Gutachten Einsicht zu nehmen, wenn nicht schwer wiegende Interessen eines Beteiligten oder eines Dritten entgegenstehen, § 13 Abs 1. 85

Im Grundsatz ist das Gutachten mündlich zu erläutern, § 411 Abs 4 ZPO. In den Gesetzesmaterialien wird jedoch klargestellt, dass eine mündliche Erörterung des Sachverständigengutachtens im Zivilprozess nicht ohne weiteres übertragbar ist (BTDrs 16/6308 S 268). 86

§ 30 sieht denn auch vor, dass den Beteiligten Gelegenheit zu geben ist, zum Ergebnis einer förmlichen Beweisaufnahme Stellung zu nehmen, soweit dies zur Aufklärung des Sachverhalts oder zur Gewährung rechtlichen Gehörs erforderlich ist. 87

Das Gutachten unterliegt der freien **richterlichen Beweiswürdigung**. Der Richter hat das Gutachten kritisch zu würdigen und darf es nicht kritiklos übernehmen (Jansen/*Sonnenfeld* § 68b FGG Rn 27; Bienwald/Sonnenfeld/Hoffmann/*Sonnenfeld* § 68b FGG Rn 38 ff; HK-BUR/*Rink* § 68b FGG Rn 114 ff). Im Rahmen der Würdigung ist zur Sachkunde des Sachverständigen auszuführen. An das Ergebnis und die Gründe des Gutachtens ist der Richter nicht gebunden. 88

Hat der vom Gericht beauftragte Gutachter wegen fehlender Kooperationsbereitschaft des Betroffenen ohne dessen Untersuchung auf Grund seines Eindrucks und von Drittinformationen lediglich den »dringenden Verdacht« einer psychischen Erkrankung festgestellt, so rechtfertigt dies nicht allein die Anordnung einer Betreuung. Der Tatrichter hat in einem solchen Fall eine ergänzende Begutachtung zu veranlassen und ggf Anordnungen nach § 284 Abs 1 zu erlassen (OLG Köln FamRZ 2006, 505). 89

Die freie richterliche Beweiswürdigung ist im Rechtsbeschwerdeverfahren nur eingeschränkt nachprüfbar. Es darf nur überprüft werden, ob der maßgebliche Sachverhalt erforscht wurde, bei der Erörterung des Beweisstoffes alle wesentlichen Umstände berücksichtigt wurden, die Beweisanforderungen vernachlässigt oder überzogen wurden, die 90

§ 280 FamFG | Einholung eines Gutachtens

Beweiswürdigung widerspruchsfrei und frei von Verstößen gegen die Denkgesetze oder allgemeinen Erfahrenssätze erfolgt ist.

91 Vereinzelt kann auch die Einholung eines weiteren Gutachtens gem § 412 Abs 1 ZPO erforderlich sein. Die Einholung kommt aber nur bei besonders schwierigen Fragen oder groben Mängeln vorliegender Gutachten in Betracht (Damrau/Zimmermann § 68b FGG Rn 6).

92 Gegen die Anordnung der Begutachtung durch Beweisbeschluss selbst ist ein **Rechtsmittel** nicht statthaft.

93 § 58 Abs 1 stellt klar, dass die Beschwerde (nur) gegen die im ersten Rechtszug ergangenen Endentscheidungen der Amts- und Landgerichte statthaft ist, sofern nichts Anderes bestimmt ist. Die ergänzenden Vorschriften über die Beschwerde in § 303 sehen insoweit nichts Abweichendes vor. § 58 Abs 2 bestimmt, dass der Beurteilung des Beschwerdegerichts auch die nicht selbstständig anfechtbaren Entscheidungen, die der Endentscheidung vorausgegangen sind, unterliegen.

94 Die Vorschrift schreibt die bereits auf der Grundlage des geltenden Rechts vertretene Auffassung, die Fehlerhaftigkeit von Zwischenentscheidungen könne noch mit der Endentscheidung gerügt werden (Bassenge/Herbst/Roth-Bassenge, Freiwillige Gerichtsbarkeit, 9. Aufl, 2002, Rn 3 zu § 19), ausdrücklich gesetzlich fest (BTDrs 16/6308 S 203). Der Endentscheidung vorausgegangen und mit ihr anfechtbar sind Beweisbeschlüsse (BTDrs 16/6308 S 204).

95 Lange war in Rspr und Lit streitig, ob die Beweisanordnung selbst mit der Beschwerde anfechtbar ist. Während die hM weder die Einleitung eines Verfahrens zur Anordnung einer Betreuung noch die Beauftragung eines (medizinischen) Sachverständigen mit Rechtsmitteln für anfechtbar hielt (OLG Stuttgart FGPrax 2003, 72, 73; OLG Brandenburg NJOZ 2004, 2152), hielt eine Mindermeinung in Einzelfällen eine Anfechtung für zulässig (KG FGPrax 2002, 63 – Begutachtung über Bestehen einer psychischen Krankheit).

96 Noch vor Inkrafttreten des FamFG hat der BGH diesen Meinungsstreit geklärt. Beschränkt sich der Beweisbeschluss darauf, einen Sachverständigen mit der Erstellung eines medizinischen Gutachtens über die Betreuungsbedürftigkeit zu beauftragen, und verpflichtet den Betroffenen nicht, sich zum Zwecke der Begutachtung untersuchen zu lassen, ist der Beschluss nicht mit der Beschwerde anfechtbar (BGH NJW-RR 2008, 737, 738 – zu §§ 19, 68b FGG).

97 Bei Verstoß gegen § 280 ist die unterbliebene Maßnahme nachzuholen. Andernfalls kann im Rahmen der Überprüfung der Endentscheidung nicht festgestellt werden, ob die Voraussetzungen für die Anordnung der Betreuung bestanden haben bzw noch bestehen und welche weiteren Maßnahmen ggf noch zu veranlassen sind (OLG Brandenburg NJWE-FER 2000, 322 f).

98 Ein Verstoß gegen § 280 stellt einen Verfahrensfehler dar, der das Rechtsbeschwerdegericht in der Regel zur Aufhebung der Beschwerdeentscheidung nötigt (Jürgens/Kröger/Marschner/Winterstein Rn 377; OLG Schleswig FamRZ 2008, 77).

99 Die **Kosten des Sachverständigen** richten sich nach den allgemeinen Grundsätzen der Entschädigung für Sachverständige (vgl dazu Bienwald/Sonnenfeld/Hoffmann/*Sonnenfeld* § 68b FGG Rn 52 f; HK-BUR/*Rink* § 68b FGG Rn 48).

§ 281 Ärztliches Zeugnis; Entbehrlichkeit eines Gutachtens

(1) Anstelle der Einholung eines Sachverständigengutachtens nach § 280 genügt ein ärztliches Zeugnis, wenn
1. der Betroffene die Bestellung eines Betreuers beantragt und auf die Begutachtung verzichtet hat und die Einholung des Gutachtens insbesondere im Hinblick auf den Umfang des Aufgabenkreises des Betreuers unverhältnismäßig wäre oder
2. ein Betreuer nur zur Geltendmachung von Rechten des Betroffenen gegenüber seinem Bevollmächtigten bestellt wird.

(2) § 280 Abs. 2 gilt entsprechend.

A. Normzweck

Die Vorschrift normiert in Abs 1 die Ausnahme vom in § 280 genannten Grundsatz der Erforderlichkeit einer Sachverständigenbegutachtung vor der Bestellung eines Betreuers. Die Ausnahme gilt nicht für die Anordnung eines Einwilligungsvorbehalts. Die Vorlagemöglichkeit eines ärztlichen Zeugnisses soll das Verfahren vereinfachen und beschleunigen. Das ist Regelungszweck des § 281. 1

Diese Vorschrift entspricht dem bisherigen § 68b Abs 1 S 2 und 3 FGG. Als Ausnahme von der Notwendigkeit der Durchführung einer förmlichen Beweisaufnahme durch Einholung eines Sachverständigengutachtens nach § 280 benennt § 281 die Fälle, in denen ein ärztliches Zeugnis ausreichend ist. Änderungen zu dem bisherigen § 68b Abs 1 S 2 und 3 FGG sind sprachlicher Art (BTDrs 16/6308 S 268). 2

Abs 2 entspricht inhaltlich § 68b Abs 1 S 4 und 5. Die Änderungen sind sprachlicher Art. 3

B. Anwendungsbereich

Ein ärztliches Zeugnis reicht als Voraussetzung für die Bestellung eines Betreuers in zwei Fällen aus: 4

Nach Abs 1 Nr 1 genügt bei Bestellung eines Betreuers auf Antrag des Betroffenen ein ärztliches Zeugnis, wenn der Betroffene auf die Begutachtung verzichtet hat und die Einholung des Gutachtens insbes im Hinblick auf den Umfang des Aufgabenkreises des Betreuers unverhältnismäßig wäre. Diese Voraussetzungen müssen kumulativ vorliegen. 5

Nach Abs 1 Nr 2 genügt ein ärztliches Zeugnis, wenn nur ein Betreuer zur Geltendmachung von Rechten des Betroffenen gegenüber seinem Bevollmächtigten bestellt wird. Damit ist der Fall des Kontrollbetreuers gemeint, der der Sache nach in § 1896 Abs 3 BGB geregelt ist (s dazu § 293 Rz 11). 6

Damit sind gesetzlich abschließend die Ausnahmefälle geregelt (zu anderen Fällen des Verzichts auf die Begutachtung vgl § 280 Rz 18). 7

C. Regelungen

Die Einholung eines Sachverständigengutachtens geschieht in einem förmlichen Beweisverfahren. Das ärztliche Zeugnis unterliegt nicht den Regeln des Beweisrechts der §§ 402 ff ZPO. Die Schlussfolgerungen aus dem ärztlichen Zeugnis zieht das Gericht in freier Beweiswürdigung im Rahmen seiner Amtsermittlungen (HK-BUR/*Rink* § 68b FGG Rn 52; Bienwald/Sonnenfeld/Hoffmann/*Sonnenfeld* § 68b FGG Rn 20). 8

Im Fall der **Betreuerbestellung auf Antrag** (Abs 1 Nr 1) des Betroffenen hat der Richter zu prüfen, ob der Betroffene wirksam auf eine Begutachtung verzichtet hat und ob die Einholung des Gutachtens insbes im Hinblick auf den Umfang des vorgesehenen Aufgabenkreises unverhältnismäßig ist. 9

§ 281 FamFG | Ärztliches Zeugnis; Entbehrlichkeit eines Gutachtens

10 Den Antrag auf Betreuerbestellung kann der Betroffene nur selbst stellen. § 1896 Abs 1 Satz 1 BGB sieht die Betreuerbestellung auf eigenen Antrag vor. Der Betroffene kann auch den Aussteller des ärztlichen Zeugnisses bestimmen. Willigt der Betroffene bei der Anhörung in die Betreuung mit ihrem konkret beabsichtigten Aufgabenkreis ein, kann darin ein Antrag liegen, wenn der Betroffene die Betreuung selbst aktiv wünscht (vgl Damrau/Zimmermann § 68b FGG Rn 18).

11 Der Betroffene kann den Antrag auch bei Geschäftsunfähigkeit stellen, da auch der Geschäftsunfähige im Betreuungsverfahren verfahrensfähig ist, § 275. Bei Geschäftsunfähigkeit kann der Betroffene auch einem Rechtsanwalt oder einer sonst zur Rechtsberatung befugten Person eine Verfahrensvollmacht erteilen. Der Verfahrensbevollmächtigte kann sodann im Namen des Betroffenen den Antrag auf Betreuung stellen. Dies gilt nicht für den Verfahrenspfleger. Er kann auf das ausführliche Gutachten nicht verzichten, weil er kein gesetzlicher Vertreter des Betroffenen ist.

12 Regelmäßig dürfte jedoch bei Anhaltspunkten für eine Geschäftsunfähigkeit ein Gutachten nach § 280 nicht entbehrlich sein. In solchen Fällen dürfte vielmehr der Umfang der Aufgabenkreise so weitreichend sein, dass die Einholung eines Gutachtens stets verhältnismäßig ist (Jansen/Sonnenfeld § 68b FGG Rn 32).

13 Für die Prüfung der **Verhältnismäßigkeit** gibt es keinen konkreten Maßstab. Einziges Kriterium ist der Umfang des Aufgabenkreises des Betreuers. Je mehr Aufgaben und je bedeutender die Aufgaben sind, desto eher wird Verhältnismäßigkeit zu bejahen sein (hierzu Jansen/Sonnenfeld § 68b FGG Rn 33 f). Unverhältnismäßigkeit dürfte insbes anzunehmen sein, wenn es sich um die Bestellung eines Betreuers für einzelne beschränkte Aufgabengebiete handelt, wie die Geltendmachung von Renten- und Unterhaltsansprüchen.

14 Weitere Gesichtspunkte für eine Unverhältnismäßigkeit können sich aus der Begutachtung selbst (zB durch Verzögerung und Belastung infolge Begutachtung) ergeben.

15 Das Gericht kann nur zur Verfahrenserleichterung und Beschleunigung den Antrag stellenden Betroffenen auffordern, ein ärztliches Zeugnis vorzulegen. Das ärztliche Zeugnis kann darüber hinaus auch von Dritten etwa Gesundheitsamt, sozialpsychiatrischer Dienst oder im Fall der Schweigepflichtentbindung auch vom Hausarzt oder Angehörigen des Betroffenen vorgelegt werden (Jurgeleit/Bučić § 68b FGG Rn 21). Das Gericht hat keine Befugnis, einen Arzt zu beauftragen, ein ärztliches Zeugnis auszustellen. Reicht die Vorlage des ärztlichen Zeugnisses nicht aus, kann das Gericht nur die Einholung eines Sachverständigengutachtens beschließen (Bienwald/Sonnenfeld/Hoffmann/Sonnenfeld § 68b FGG Rn 23; HK-BUR/Rink § 68b FGG Rn 60).

16 Im Fall des § 1896 Abs 3 BGB, sog **Kontrollbetreuung,** genügt ein ärztliches Zeugnis nach Abs 1 Nr 2. Die Herabsetzung der Anforderungen wird hier damit begründet, dass die Aufgaben des Betreuers nicht in die Rechte des Betroffenen eingreifen, dem Betreuer vielmehr nur eine Kontrollfunktion obliegt (BTDrs 11/4528 S 174; kritisch dazu Jansen/Sonnenfeld § 68b FGG Rn 35; s.a. § 293 Rz 11).

17 Inhalt und **Anforderungen an das ärztliche Zeugnis** sind im Gesetz nicht näher geregelt. Nach Sinn und Zweck der Regelung hat das ärztliche Zeugnis die Funktion, aus fachlicher Sicht zu den materiellen Voraussetzungen für die Bestellung eines vorläufigen Betreuers einschließlich der Notwendigkeit der Betreuung Stellung zu nehmen (vgl BTDrs 11/4528 S 178).

18 Durch den Verweis von Abs 2 auf § 280 Abs 2 ist aber klar gestellt, dass insoweit das ärztliche Zeugnis dem Gutachten entsprechen muss, ohne Gutachtenqualität zu haben. Auch das ärztliche Zeugnis muss auf der persönlichen Untersuchung oder Befragung des Betroffenen beruhen. Eine fehlende Untersuchung verringert den Beweiswert.

19 Das ärztliche Zeugnis hat die Anknüpfungstatsachen und eine nachvollziehbare Beurteilung zu nennen. Es hat, wenn auch in verkürzter Form, Angaben zum Sachverhalt, zur Vorgeschichte und zum Untersuchungsergebnis zu machen und damit den Inhalt eines Gutachtens in Kurzform zu bezeichnen (Damrau/Zimmermann § 68b FGG Rn 21).

§ 282 Vorhandene Gutachten des Medizinischen Dienstes der Krankenversicherung

(1) Das Gericht kann im Verfahren zur Bestellung eines Betreuers von der Einholung eines Gutachtens nach § 280 Abs. 1 absehen, soweit durch die Verwendung eines bestehenden ärztlichen Gutachtens des Medizinischen Dienstes der Krankenversicherung nach § 18 des Elften Buches Sozialgesetzbuch festgestellt werden kann, inwieweit bei dem Betroffenen infolge einer psychischen Krankheit oder einer geistigen oder seelischen Behinderung die Voraussetzungen für die Bestellung eines Betreuers vorliegen.

(2) Das Gericht darf dieses Gutachten einschließlich dazu vorhandener Befunde zur Vermeidung weiterer Gutachten bei der Pflegekasse anfordern. Das Gericht hat in seiner Anforderung anzugeben, für welchen Zweck das Gutachten und die Befunde verwendet werden sollen. Das Gericht hat übermittelte Daten unverzüglich zu löschen, wenn es feststellt, dass diese für den Verwendungszweck nicht geeignet sind.

(3) Kommt das Gericht zu der Überzeugung, dass das eingeholte Gutachten und die Befunde im Verfahren zur Bestellung eines Betreuers geeignet sind, eine weitere Begutachtung ganz oder teilweise zu ersetzen, hat es vor einer weiteren Verwendung die Einwilligung des Betroffenen oder des Pflegers für das Verfahren einzuholen. Wird die Einwilligung nicht erteilt, hat das Gericht die übermittelten Daten unverzüglich zu löschen.

(4) Das Gericht kann unter den Voraussetzungen der Absätze 1 bis 3 von der Einholung eines Gutachtens nach § 280 insgesamt absehen, wenn die sonstigen Voraussetzungen für die Bestellung eines Betreuers zur Überzeugung des Gerichts feststehen.

A. Normzweck

1 § 282 regelt die Fälle, in denen das Gericht von der Einholung eines Gutachtens iSv § 280 nach seinem Ermessen absehen und ein bereits vorhandenes ärztliches Gutachten des Medizinischen Dienstes der Krankenkasse verwenden kann.

2 Die Vorschrift entspricht dem bisherigen § 68b Abs 1a FGG, der durch das Zweite Gesetz zur Änderung des Betreuungsrechts vom 21.4.2005 (BGBl I S 1073) eingeführt worden ist. Die Bildung von Absätzen ist neu. Abs 4 enthält sprachliche Änderungen (BTDrs 16/6308 S 268).

3 Die Vorschrift dient in erster Linie dazu, dem Gericht in einem möglichst frühen Stadium des Betreuungsverfahrens Kenntnisse über die Erkrankung des Betroffenen zu verschaffen, um so die Ermittlungen über die Voraussetzungen der Betreuerbestellung von vornherein effektiver gestalten zu können (BTDr 15/4874 S 29).

4 Damit bezweckt die Regelung eine Erleichterung bei Anfangsermittlungen und hilft als Weichenstellung für weitere Ermittlungen. Mittelbar dient die Norm also unter Umständen der Vermeidung kostenintensiver Gutachten, der erleichterten Begründung der Entscheidung über die Notwendigkeit der Bestellung eines Verfahrenspflegers und der Vermeidung belastender weiterer Begutachtungen (vgl Jürgens/Kröger/Marschner/Winterstein Rn 389a).

5 Mit dieser Zielsetzung ist die Regelung mit dem 2. BtÄndG eingefügt worden (BTDrs 15/2494 S 41). Mit der Reform des FGG ist eine darüber hinausgehende Verwertungsmöglichkeit von Gutachten nicht gesetzlich eingeführt worden, obwohl im Rahmen des Gesetzgebungsverfahrens durchaus weitergehende Vorschläge unterbreitet wurden. Eine Änderung der Rechtslage ist mit der Neuregelung insoweit nicht eingetreten.

Ärztliches Zeugnis; Entbehrlichkeit eines Gutachtens | § 281 FamFG

Auf Angaben zu Untersuchungsmethoden und wissenschaftlichen Erfahrungssätzen kann aber verzichtet werden (Jansen/*Sonnenfeld* 68b FGG Rn 36; OLG Hamm FamRZ 2000, 494, 496). Das ärztliche Zeugnis darf sich aber nicht auf die Wiedergabe Erklärungen Dritter, bloßer Vermutungen oder einer Verdachtsdiagnose beschränken.

Die ordnungsgemäße Erstellung eines ärztlichen Attestes verlangt, dass der Arzt den Betroffenen zuvor zeitnah persönlich befragt bzw untersucht hat, da andernfalls eine zuverlässige Beurteilungsgrundlage nicht gegeben ist. Diesen Anforderungen genügt ein telefonisches Gespräch mit dem Ziel der Vereinbarung eines Untersuchungstermins nicht (OLG Frankfurt FGPrax 2005, 23, 24 mwN). Soll eine Betreuung gegen den ausdrücklich erklärten Willen eingerichtet werden, hat sich das ärztliche Zeugnis auch zu der hierfür erforderlichen Voraussetzung des krankheitsbedingten Fehlens der Fähigkeit zur freien Willensbestimmung zu äußern (vgl OLG Frankfurt FGPrax 2005, 23, 24). 20

Das ärztliche Zeugnis hat den Grad der Behinderung bzw Erkrankung und die Auswirkung auf die vom Betroffenen wahrzunehmenden Tätigkeiten anzugeben. Der erforderliche Aufgabenkreis und die Dauer der Maßnahme unter Angabe einer kurzen Prognose sind aufzuführen (Jürgens/Kröger/Marschner/Winterstein Rn 390). 21

Der Hausarzt kann das ärztliche Zeugnis ausstellen, es muss kein Zeugnis eines Amtsarztes sein. Der Arzt muss nicht die ärztliche Qualifikation eines Sachverständigen iSv § 280 haben. 22

Das ärztliche Zeugnis muss aber zwingend von einem Arzt ausgestellt sein. Dies ergibt sich aus dem Wortlaut und einer Abgrenzung zu § 280 Abs 1 Satz 2, wonach der Sachverständige für Psychiatrie oder Arzt mit Erfahrung auf dem Gebiet der Psychiatrie sein »soll«. Der Sachverständige muss damit nicht zwingend Arzt sein. 23

Zur Vorbereitung und Erstellung eines ärztlichen Zeugnisses kann die **Untersuchung** und die **Vorführung** des Betroffenen vom Gericht nicht angeordnet werden. Entsprechendes gilt für die Entscheidung über die Unterbringung und Beobachtung des Betroffenen zwecks Vorbereitung eines Gutachtens (§§ 283, 284). Streitig ist, ob das Gericht befugt ist, einen Arzt mit der Ausstellung eines ärztlichen Zeugnisses zu beauftragen (dagegen Bienwald/Sonnenfeld/Hoffmann/*Sonnenfeld* § 68b FGG Rn 23). Unabhängig von der Vorlage eines ärztlichen Zeugnisses kann das Gericht die Einholung eines Sachverständigengutachtens beschließen, wenn es dies zur Entscheidung über die Betreuerbestellung für erforderlich hält. 24

Ergeben sich im Laufe des Verfahrens Anhaltspunkte dafür, dass die von dem Betroffenen beantragte Bestellung eines Betreuers in weiterem Umfang als im Antrag erforderlich wird, muss das Gericht von Amts wegen weitere Ermittlungen anstellen und ist an den Antrag des Betroffenen nicht gebunden. Soweit das Gericht einen Betreuer mit einem erweiterten Aufgabenkreis bestellen will, muss es nach § 280 das Gutachten eines Sachverständigen einholen. 25

Nach § 294 Abs 2 hat das Gericht ein entsprechendes Gutachten ebenfalls einzuholen, wenn es in der ersten Entscheidung nach § 281 Abs 1 Nr 1 von der Einholung eines Gutachtens abgesehen hat und einen Antrag des Betroffenen auf Aufhebung der Betreuung oder auf Einschränkung des Aufgabenkreises erstmals ablehnen will. 26

B. Anwendungsbereich

§ 282 gilt nur in den Verfahren zur Anordnung einer Betreuung oder Erweiterung des Aufgabenkreises. Die Norm gilt nicht für das Verfahren über die Anordnung der Erweiterung eines Einwilligungsvorbehalts. Im Fall des § 1903 BGB besteht nach wie vor Begutachtungspflicht. Durch die Neuregelung in einem eigenen Paragraphen bestehen keine Zweifel mehr an der auf die Fälle des § 280 beschränkten Anwendbarkeit der Norm. 6

Die Regelung gilt auch nicht für Verfahren, deren Gegenstand die Bestellung eines Betreuers aufgrund körperlicher Behinderung ist. In diesem Fall reicht ohnehin ein ärztliches Attest aus, da die Betreuerbestellung grds nur auf eigenen Antrag in Betracht kommt, § 281 (vgl BTDrs 15/4874 S 29). 7

C. Regelungen

Nach Abs 1 kann von der Einholung eines Gutachtens abgesehen werden, soweit durch ein bereits **bestehendes ärztliches Gutachten** des Medizinischen Dienstes der Krankenkassen festgestellt werden kann, inwieweit bei der betroffenen Person infolge einer psychischen Krankheit oder einer geistigen oder seelischen Behinderung die Voraussetzungen für die Bestellung eines Betreuers vorliegen. Verwertbar sind nur Gutachten des Medizinischen Dienstes der Krankenversicherung nach § 18 SGB XI. 8

Die Gutachten des Medizinisches Dienstes nach § 18 SGB XI entsprechen in ihrer Qualität aufgrund der sozialrechtlichen Anforderungen weitgehend den Gutachten iSv 280. Es kann davon ausgegangen werden, dass sie von weisungsunabhängigen Gutachtern erstellt wurden, eine vorherige Untersuchung des Betroffenen stattgefunden hat und eine umfassende Sachverhaltsermittlung erfolgt ist (vgl Jurgeleit/Bučić § 68b FGG Rn 24). Anforderungen, Inhalt und Ausgestaltung dieser Begutachtung sind von den Grundsätzen des Betreuungsrechts nicht verschieden. Mit der Einschaltung des Medizinischen Dienstes ist gewährleistet, dass auf dem Gebiet der Sozialmedizin erfahrene Ärzte die medizinischen Voraussetzungen für die Feststellung der Pflegebedürftigkeit treffen (BTDrs 15/2494 S 41). 9

Inhaltlich sind diese Gutachten auf die Frage beschränkt, ob ein den in § 1896 Abs 1 BGB genannten Erkrankungen und Behinderungen vergleichbares Gebrechen vorliegt und Maßnahmen der Vorbeugung und Rehabilitation erforderlich sind. Diese Gutachten werden eingeholt, um die Voraussetzungen der Pflegebedürftigkeit zu prüfen. Der Medizinische Dienst untersucht nur, ob der Versicherte tatsächliche Verrichtungen des täglichen Lebens bewältigen kann. Damit kann das Gericht darauf verzichten, vorzeitig ohne genauere Kenntnisse über die Erkrankung oder Behinderung des Betroffenen eine Erstanhörung durchzuführen, ein Gutachten »ins Blaue« hinein einzuholen oder einen Verfahrenspfleger zu bestellen (BTDrs 15/4874 S 29). 10

Der Gesetzgeber ging davon aus, dass die Auswahl des Sachverständigen und die konkrete Umschreibung seines Gutachtenauftrags davon bestimmt würde, welche Behinderung bei dem Betroffenen vorliege. Dies setzt voraus, dass das Gericht bereits aus anderen Quellen in Erfahrung gebracht hat, welche Art von Krankheit oder Behinderung (voraussichtlich) vorliegen (BTDrs 15/2494 S 41). 11

Das Gutachten muss relativ aktuell sein. Teilweise wird die Grenze der zeitlichen Verwertbarkeit entsprechend § 293 Abs 2 Nr 1 mit sechs Monaten angesetzt (Jurgeleit/Bučić § 68b FGG Rn 25). Abgesehen von irreversiblen Krankheitsbildern mag man diese Zeitvorgabe mittragen. Bei medizinisch zweifelloser Irreversibilität sind je nach Einzelfall sehr großzügige Zeiträume denkbar, in denen eine Verwertung des Gutachtens möglich ist. Voraussetzung dafür ist, dass sich der Umstand der Irreversibilität deutlich aus dem Gutachten ergibt. 12

Aufgrund der beschränkten Prüfung des Medizinische Dienst reicht die Verwertung der Gutachten allein nur in wenigen Fällen aus. Das Gericht kann aber mit zusätzlichen 13

14 Die Verwertung des Gutachtens erfolgt nicht nach den Regeln der förmlichen Beweisaufnahme, sondern gem § 29 Abs 1 »in geeigneter Form«. Damit ist der Grundsatz des Freibeweises gemeint (BTDrs 16/6308 S 188). Nach § 30 Abs 2 erfolgt eine förmliche Beweisaufnahme nur, wenn es das FamFG vorsieht. Wenn auch § 280 für die Einholung des Gutachtens eine förmliche Beweisaufnahme bestimmt, so fehlt in § 282 ein entsprechender Bezug. Dass der Gesetzgeber insoweit eine Änderung der alten Rechtslage (vgl dazu Jurgeleit/*Bučić* § 68b FGG Rn 26) beabsichtigt hat, kann nicht festgestellt werden. Von der amtlichen Begründung der Verwertung im Rahmen des Freibeweises gem § 12 FGG (vgl BTDrs 15/2494 S 42) ist der Gesetzgeber nicht abgewichen.

15 Abs 2 regelt die **Erhebungsbefugnis** des Gerichts. Gem § 94 Abs 2 S 2 SGB XI hat die Pflegekasse auf Ersuchen des Gerichts das Gutachten und dazu erstellte Befunde dem Gericht als Abschrift oder als elektronischen Datensatz zu übermitteln. Die datenschutzrechtliche Befugnis ist in § 76 Abs 2 Nr 3 SGB X normiert. Diese mit der Erhebungsbefugnis korrespondierende Übermittlungsbefugnis der Pflegekasse ist durch Art 10 und 11 des 2. BtÄndG eingefügt worden.

16 Nach Abs 2 S 2 hat das Gericht aus Gründen des Datenschutzes zu Gunsten des Betroffenen in seiner Anforderung anzugeben, für welchen Zweck das Gutachten und die Befunde verwendet werden sollen. Als Zweck kommt nur die Vermeidung der Einholung weiterer Gutachten in Betracht. Dadurch soll gewährleistet werden, dass die Gutachten nur für diesen Zweck und nicht für andere außerhalb des Verfahrens liegende Zwecke Verwendung finden (BTDrs 15/4874 S 66).

17 Abs 3 regelt den Fall, dass das Gericht nach erfolgter Prüfung zu der Überzeugung kommt, dass das Gutachten für das weitere Verfahren geeignet ist und es dieses für das weitere Verfahren verwenden will. Liegen diese Voraussetzungen vor, muss das Gericht die **Einwilligung des Betroffenen** oder seines Verfahrenspflegers **einholen**. Ein Verfahrenspfleger ist dann zu bestellen, wenn der Betroffene nicht einwilligungsfähig ist. In diesem Fall ersetzt seine Einwilligung die des Betroffenen.

18 Die Einwilligung des Betroffenen setzt keine Geschäftsfähigkeit voraus und ist daher stets zu beachten. Das ergibt sich aus § 275. Allerdings setzt auch die Einwilligung voraus, dass der Betroffene in der Lage ist, die Reichweite seiner Entscheidung in Grundzügen intellektuell zu erfassen und nach dieser Einsicht handeln zu können. Bei Zweifeln wird man von einer unwirksamen Einwilligung ausgehen müssen.

19 Die Einwilligung ist ausdrücklich zu erteilen. Andernfalls ist das Gutachten unverwertbar. Eine konkludente Einwilligung ergibt sich auch nicht aus dem Umstand, dass der Betroffene sich als Versicherter im Verfahren zur Feststellung der Pflegebedürftigkeit nach § 17 SBG XI hat begutachten lassen (Jurgeleit/*Bučić* § 68b FGG Rn 31). Die Einwilligung kann auch ohne Angaben von Gründen verweigert werden. Hierfür sind unterschiedliche Gründe denkbar.

20 Kommt es auf die Einwilligung des Verfahrenspflegers an, hat dieser ein Einsichtsrecht in das beigezogene Gutachten, um eine Grundlage für seine Entscheidung hinsichtlich der Einwilligung zu haben (kritisch zur Einwilligung des Verfahrenspflegers, der nicht die Stellung eines gesetzlichen Vertreters habe Bumiller/Harders § 282 Rn 2).

21 Abs 2 und 3 sehen Regelungen zur **Löschungspflicht** des Gerichts vor: Aus Gründen des Datenschutzes hat das Gericht weiterhin die übermittelten Daten (elektronische Daten, Abschriften oder Kopien der Gutachten einschließlich Befunde) unverzüglich zu löschen, wenn diese nach seiner Einschätzung keine Aussage darüber treffen, inwieweit bei dem Betroffenen infolge einer psychischen Krankheit oder einer geistigen oder seelischen Behinderung die Voraussetzungen für die Bestellung eines Betreuers vorliegen (Abs 2 S 2).

22 Darüber hinaus hat das Gericht die übermittelten Daten auch dann unverzüglich zu löschen, wenn die Einwilligung zur Verwendung nicht erteilt wird (Abs 3 S 2). Originale

Vorhandene Gutachten des Medizinischen Dienstes | § 282 FamFG

sind in Papierform zurückzusenden. Damit soll gewährleistet werden, dass die Daten nicht ohne Grund beim Gericht verbleiben (vgl BTDrs 15/4874 S 29).

Abs 4 regelt den Fall, dass die Einwilligung des Betroffenen oder des Verfahrenspflegers erteilt wird. In diesem Fall kann das Gericht auf eine **Begutachtung** insgesamt **verzichten**, wenn die sonstigen Voraussetzungen für die Betreuerbestellung zweifellos festgestellt werden können. Da sich aus dem Gutachten des Medizinischen Dienstes nur Erkenntnisse im Hinblick auf die bestehende Erkrankung oder Behinderung ergeben, hat das Gericht die weiteren Voraussetzungen der Betreuerbestellung zu ermitteln. Nur wenn diese nach Überzeugung des Gerichts feststehen, kann es von einer weiteren Begutachtung absehen (BTDr 15/4874 S 29 f). Bestehen ganz oder teilweise Zweifel, so wird ein weiteres Gutachten einzuholen sein. 23

Kann sich das Gericht zweifelsfrei – nach eigener fester Überzeugung – von der Erforderlichkeit der Betreuerbestellung auch auf anderem Wege überzeugen, etwa auf der Grundlage von Auskünften Dritter (persönliche Anhörung des Betroffenen, Anhörung von Angehörigen und Zeugen) oder des Sozialberichts der zuständigen Behörde, so kann es von der weiteren Begutachtung (Einholung weiterer Gutachten) insgesamt absehen (Jurgeleit/*Bučić* § 68b FGG Rn 32). 24

Da der Medizinische Dienst grds nur untersucht, ob der Versicherte tatsächliche Verrichtungen des täglichen Lebens zu bewältigen in der Lage ist, wird nicht geprüft, ob er zur Wahrnehmung rechtlicher Angelegenheiten imstande ist. Insoweit mag die Erkenntnisquelle beschränkt sein auf die Feststellung eines Gebrechens iSd § 1896 Abs 1 BGB oder auf einfach gelagerte Fälle. Andere Erkenntnismöglichkeiten wird das Gericht unter Umständen weiterhin in Anspruch nehmen müssen (Jurgeleit/*Bučić* § 68b FGG Rn 24). 25

Nach Abs 4 dürfte daher künftig nur dann auf eine weitere Begutachtung verzichtet werden können, wenn es sich um eindeutige Fälle handelt, bei denen aus der im Gutachten dargestellten Erkrankung bzw Behinderung und den weiteren Ermittlungsergebnissen eindeutige Rückschlüsse auf den Ausprägungsgrad der Erkrankung bzw Behinderung und die Auswirkung auf die Fähigkeit des Betroffenen, seine Angelegenheiten zu besorgen, möglich sind. Das ist zu begründen. Aus der Begründung muss sich die entsprechende Sachkunde des Gerichts erschließen, nur so können die Verfahrensbeteiligten und das Beschwerdegericht die Entscheidung nachvollziehen und überprüfen (Jürgens/Kröger/Marschner/Winterstein Rn 389). 26

§ 283 Vorführung zur Untersuchung

(1) Das Gericht kann anordnen, dass der Betroffene zur Vorbereitung eines Gutachtens untersucht und durch die zuständige Behörde zu einer Untersuchung vorgeführt wird. Der Betroffene soll vorher persönlich angehört werden.

(2) Gewalt darf die Behörde nur anwenden, wenn das Gericht dies aufgrund einer ausdrücklichen Entscheidung angeordnet hat. Die zuständige Behörde ist befugt, erforderlichenfalls die Unterstützung der polizeilichen Vollzugsorgane nachzusuchen.

(3) Die Wohnung des Betroffenen darf ohne dessen Einwilligung nur betreten werden, wenn das Gericht dies aufgrund einer ausdrücklichen Entscheidung angeordnet hat. Bei Gefahr im Verzug findet Satz 1 keine Anwendung.

A. Normzweck

1 Die Norm sieht die Untersuchung und Vorführung des Betroffenen zur Vorbereitung eines Gutachtens vor und ermöglicht damit die Gutachtenerstellung auch für den Fall, dass der Betroffene nicht freiwillig bereit ist, zur Untersuchung zu erscheinen.

2 **Abs 1** entspricht dem bisherigen § 68b Abs 3 FGG. Die Vorführung zur Untersuchung kann angeordnet werden, wenn der Betroffene nicht bereits freiwillig zum Untersuchungstermin erscheint. Im Gegensatz zur Untersuchung selbst kann sie gegen den Willen des Betroffenen erfolgen. Die Anwendung unmittelbaren Zwangs kann dabei mit ihr einhergehen. Zur Sicherung der Verfahrensrechte des Betroffenen soll er vor der Vorführung persönlich angehört werden. **Abs 2 S 1** stellt nun sicher, dass die Anwendung von Gewalt in jedem Fall einer Entscheidung des Gerichts bedarf. Die Vorschrift entspricht § 326 Abs 2, der für die Zuführung zur Unterbringung unter Gewaltanwendung ebenfalls eine eigene richterliche Entscheidung verlangt. Bislang war nicht erklärlich, wieso bei einer Zuführung zur Unterbringung die Anwendung von Gewalt nur im Fall richterlicher Anordnung zulässig war, während die Vorführung zur Untersuchung und die Unterbringung zur Begutachtung im Betreuungsverfahren bereits ohne richterliche Prüfung mittels Gewalt vollzogen werden konnten. Dieser Widerspruch wird nun beseitigt. Zur Schonung des Betroffenen soll die Vorführung zur Untersuchung von der zuständigen Betreuungsbehörde vorgenommen werden. Es ist anzunehmen, dass diese über hinreichend geschultes Personal verfügt. Die Unterstützung durch polizeiliche Vollzugsorgane nach **Abs 2 S 2** ist nur als Ultima Ratio zulässig (BTDrs 16/6308 S 268).

3 Abs 3 regelt, unter welchen Voraussetzungen das Betreten der Wohnung des Betroffenen gestattet ist und stellt klar, dass das Gericht hierzu eine ausdrückliche Anordnung zu treffen hat. Nur bei Gefahr im Verzug kann auf eine richterliche Anordnung verzichtet werden. Damit wird Art 13 Abs 2 GG Rechnung getragen.

4 Die Einführung geht zurück auf den Vorschlag der Stellungnahme des Bundesrates (BTDrs 16/9733 S 372). Im Zusammenhang mit den Zwangsmaßnahmen ist auch eine Durchsuchung der Wohnung des Betroffenen – also ein Öffnen und Betreten – zulässig. Wie nach § 68b Abs 3 FGG ermächtigt § 283 Abs 1 dazu, die Anordnungen zu treffen, die zur Durchführung der Vorführung erforderlich sind. Wegen der besonderen Eingriffsschwere (Art 13 Abs 2 GG) ist aus rechtsstaatlichen Gründen eine ausdrückliche Klarstellung geboten.

B. Anwendungsbereich

5 Die Vorschrift soll sicherstellen, dass das erforderliche Gutachten tatsächlich erstattet werden kann. Entsprechend dem Verhältnismäßigkeitsgrundsatz darf von den Zwangsmaßnahmen nur dann Gebrauch gemacht werden, wenn eine Begutachtung sonst nicht möglich ist. Vor Anordnung der Zwangsmaßnahmen ist daher der Sachverhalt umfassend aufzuklären und zu prüfen, ob und inwiefern andere Gutachten verwandt werden

können (zur Nutzung von Sachverständigengutachten aus Strafverfahren vgl OLG Zweibrücken FGPrax 2007, 49, 50).

C. Regelungen

Nach Abs 1 kann das Gericht anordnen, dass der Betroffene zur Vorbereitung eines Gutachtens untersucht und durch die zuständige Behörde zu einer Untersuchung vorgeführt wird. 6

Es gilt der Verhältnismäßigkeitsgrundsatz (Jansen/*Sonnenfeld* § 68b FGG Rn 46). Die Untersuchungs- und Vorführungsanordnung muss erforderlich sein. Das ist der Fall, wenn der Betroffene seine freiwillige Teilnahme verweigert. Von einer Verweigerung ist auszugehen, wenn der Betroffene zum ersten, vom Sachverständigen bestimmten Untersuchungstermin unentschuldigt nicht erscheint oder den Sachverständigen nicht in seine Wohnung lässt und das Gutachten auf andere Weise nicht erstellt werden kann, ein Absehen von der Gutachteneinholung nicht möglich ist und eine freiwillige Teilnahme des Betroffenen auch nicht durch Hinzuziehung einer oder mehrerer Vertrauenspersonen, des Hausarztes oder eines Beistandes iSv § 12 erreicht werden kann. 7

Ein Verstoß gegen den Verhältnismäßigkeitsgrundsatz liegt vor, wenn vor dem Versuch des Gerichts, den Betroffenen und ggf seine Familienmitglieder persönlich anzuhören, um sich im Rahmen einer solchen Anhörung einen unmittelbaren Eindruck zu verschaffen, eine mit Gewalt durchgesetzte Vorführung zu einer ärztlichen Untersuchung erfolgen soll (OLG Hamm FamRZ 2007, 167, 168). 8

Eine Vorführung zur Anhörung kommt nicht in Betracht, wenn die Rechtsanwaltskammer ein Verfahren zur Bestellung eines Betreuers für einen Rechtsanwalt angeregt hat (hierzu OLG Stuttgart FGPrax 2007, 47). 9

Das Gericht kann anordnen, dass der Betroffene zur Vorbereitung eines Gutachtens untersucht wird. Zur Untersuchung kann bei psychischen Erkrankungen auch die Befragung des Betroffenen durch einen Sachverständigen zum Zwecke der Gutachtenvorbereitung gehören (Jurgeleit/*Bučić* § 68b FGG Rn 35). 10

Das Gericht kann generell Mitwirkungshandlungen nicht erzwingen. Weder die Anordnung des Gutachtens noch die der Vorführung verpflichten den Betroffenen, sich aktiv untersuchen und befragen zu lassen. Dazu bedarf es stets seiner Einwilligung bzw freiwilligen Mitwirkung (Jansen/*Sonnenfeld* § 68b FGG Rn 49). 11

Die Verpflichtung erstreckt sich nur darauf, eine passive und gewaltfreie Untersuchung über sich ergehen zu lassen. Der Betroffene ist nicht verpflichtet, körperliche Eingriffe hinzunehmen oder aktiv an Tests teilzunehmen. Dies kann nicht erzwungen werden (Jansen/*Sonnenfeld* § 68b FGG Rn 49). Auch die Beantwortung von Fragen kann nicht erzwungen werden (Bienwald/Sonnenfeld/Hoffmann/*Sonnenfeld* § 68b FGG Rn 79). 12

Steht bereits fest, dass sich der Betroffene jeder Untersuchung widersetzen wird, kommt nur eine Unterbringungsanordnung nach § 284 in Betracht (Jansen/*Sonnenfeld* § 68b FGG Rn 49). Dies ist im Rahmen der Verhältnismäßigkeitsprüfung zu berücksichtigen. 13

Für das Betreten der Wohnung sieht Abs 3 nun klarstellend vor, dass es hierzu einer ausdrücklichen Entscheidung des Gerichts bedarf, wenn die Wohnung des Betroffenen ohne dessen Einwilligung betreten werden soll. Allein die Anordnung der Vorführung zur Untersuchung reicht nicht mehr aus. 14

Das Gericht hat vielmehr ausdrücklich anzuordnen, dass der Betreuungsbehörde gestattet ist, zum Zwecke der Vorführung die Wohnung des Betroffenen zu öffnen und zu betreten. Bei der Anordnung iSv Abs 3 handelt es sich um eine nach Art 13 Abs 2 GG erforderliche richterliche Durchsuchungsanordnung (KG NJW 1997, 400, 401). Unter einer Durchsuchung iSv Art 13 Abs 2 GG ist das gewaltsame Eindringen staatlicher Organe in eine Wohnung zur ziel- und zweckgerichteten Suche nach Personen oder Sachen oder 15

§ 283 FamFG | **Vorführung zur Untersuchung**

zur Ermittlung eines Sachverhalts zu verstehen, insbes auch zum Zwecke der Vollziehung gerichtlicher Entscheidungen. Um eine solche ziel- und zweckgerichtete Suche handelt es sich, wenn die Betreuungsbehörde zum Zwecke der Vorführung des Betroffenen zur Untersuchung die Wohnung des Betroffenen betritt. Diese Maßnahme dient allein dem Ziel, die Person des Betroffenen aufzufinden, um ihn der Untersuchung zuzuführen.

16 Die Anordnung kann sich auch gegen Dritte richten, mit denen der Betroffene zusammenlebt, der Vollzug setzt deren Einverständnis nicht voraus (Jansen/*Sonnenfeld* § 68b FGG Rn 48).

17 Die Vorführung muss im Regelfall vorher angedroht werden (Jurgeleit/*Bučić* § 68b FGG Rn 37). Die Androhung kann mit der Untersuchungsanordnung verbunden werden.

18 Vor der Anordnung der Vorführung soll dem Betroffenen Gelegenheit zur Äußerung gegeben werden. Was nach dem FGG aus Art 103 Abs 1 GG abgeleitet wurde, sieht nun Abs 1 S 3 als Sollbestimmung vor. Der Betroffene soll vor der Anordnung zur Vorführung angehört werden.

19 Während in § 284 Abs 3 S 2 ausdrücklich geregelt wird, dass gegen Unterbringungsbeschlüsse die sofortige Beschwerde statthaft ist, fehlt eine solche Regelung in § 283. § 283 verzichtet auf eine Regelung zur **Anfechtbarkeit der Anordnung der Untersuchung und Vorführung** zur Untersuchung.

20 Sie wird als überflüssig angesehen (BRDrs 309/07 S 64 f; BTDrs 16/9733 S 372). Ausgehend von der allgemeinen Regelung des § 58 Abs 1 ist die Beschwerde nur gegen die im ersten Rechtszug ergangenen Endentscheidungen statthaft. Rechtsmittel gegen Nebenentscheidungen in Verfahrensfragen sind grds nicht vorgesehen, es sei denn die Vorschriften über die sofortige Beschwerde der ZPO, §§ 567 ff ZPO, werden für ausdrücklich anwendbar erklärt. Die Untersuchungs- und Vorführungsanordnung zur Vorbereitung eines Sachverständigengutachtens folgt danach der allgemeinen Regel und ist somit (im Grundsatz) unanfechtbar.

21 Die in der Anordnung liegende Beeinträchtigung wird für den Betroffenen grds als hinnehmbar angesehen und dieser wird darauf verwiesen, bis zum Abschluss des Verfahrens zuzuwarten (s.a. § 303 Rz 1).

22 Dies entspricht der Rechtslage nach dem FGG. Eine Anfechtbarkeit der Anordnung war im Grundsatz ausgeschlossen (KKW/*Kayser* § 68b FGG Rn 14; kritisch dazu Bienwald/Sonnenfeld/Hoffmann/*Sonnenfeld* § 68b FGG Rn 75).

23 Dies galt – nach überwiegender Meinung in der Rspr – auch für die Anordnung einfacher Gewalt, also wenn die Vorführung mittels einfacher körperlicher Gewalt erfolgt oder erst durch die Gestattung des gewaltsamen Öffnens und Betretens der Wohnung möglich ist (BayObLG FamRZ 2003, 60; OLG Hamm FamRZ 1997, 440; KG FamRZ 1997, 442; BayObLG BtPrax 1994, 108) oder der Betroffene im Anschluss an die Vorführung in eine Klink verbracht wird (BayObLG FamRZ 2002, 419).

24 Diese Auffassung ist jedoch nicht unumstritten geblieben: Teilweise wurde § 68b Abs 3 S 2 FGG verfassungskonform so ausgelegt, dass zumindest in denjenigen Fällen eine gesonderte Anfechtbarkeit besteht, in denen mit der Untersuchungs- und Vorführungsanordnung gleichzeitig die Befugnis zur Anwendung einfacher Gewalt gegen den Betroffenen und/oder die Erlaubnis zum gewaltsamen Zuritt zur Wohnung des Betroffenen erteilt wird (OLG Celle FamRZ 2007, 167). Zur Begründung wird auf die tief greifenden Eingriffe in den grundrechtlich geschützten Bereich der Betroffenen hingewiesen, die nicht ohne Möglichkeit der Überprüfung gestattet sein dürfe (so auch Jansen/*Sonnenfeld* § 68b FGG Rn 51). Der vom Gesetzgeber beabsichtigte Zweck, Rechtsmittel in Nebenverfahren zu beschränken (BTDrs 11/4528 S 215, 232) rechtfertige keinen schwer wiegenden Grundrechtseingriff ohne Gewährung effektiven Rechtsschutzes (OLG Celle FamRZ 2007, 167, 168).

§ 284 Unterbringung zur Begutachtung

(1) Das Gericht kann nach Anhörung eines Sachverständigen beschließen, dass der Betroffene auf bestimmte Dauer untergebracht und beobachtet wird, soweit dies zur Vorbereitung des Gutachtens erforderlich ist. Der Betroffene ist vorher persönlich anzuhören.

(2) Die Unterbringung darf die Dauer von sechs Wochen nicht überschreiten. Reicht dieser Zeitraum nicht aus, um die erforderlichen Erkenntnisse für das Gutachten zu erlangen, kann die Unterbringung durch gerichtlichen Beschluss bis zu einer Gesamtdauer von drei Monaten verlängert werden.

(3) § 283 Abs. 2 und 3 gilt entsprechend. Gegen Beschlüsse nach den Absätzen 1 und 2 findet die sofortige Beschwerde nach den §§ 567 bis 572 der Zivilprozessordnung statt.

A. Normzweck

1 Die Norm sieht eine befristete Unterbringung und Beobachtung des Betroffenen vor, soweit dies zur Vorbereitung des Gutachtens erforderlich ist.

2 Diese Regelung entspricht dem bisherigen § 68b Abs 4 FGG. Die Bildung von Absätzen ist neu. Der Verweis in der bisherigen Regelung des § 68b Abs 4 Satz 5 FGG folgt nun aus dem Verweis auf § 283. Damit ist zugleich sichergestellt, dass die Anwendung von Gewalt bei der Unterbringung zur Begutachtung nur aufgrund richterlicher Entscheidung zulässig ist. Auf die Begründung zu § 283 Abs 2 wird verwiesen (BTDrs 16/6308 S 268).

3 Neu ergänzt wurde allein Abs 3. Darin wird in S 1 klargestellt, dass auch für die Unterbringungsanordnung die Vorschriften zur Gewaltanwendung und zum Betreten der Wohnung des Betroffenen bei der Vorführung zur Untersuchung gelten (vgl dazu § 283).

4 Der Gesetzgeber hat zudem in S 2 neu eingeführt, dass gegen Beschlüsse, mit denen die Unterbringung angeordnet oder verlängert wird, die sofortige Beschwerde nach den §§ 567 bis 572 ZPO statthaft ist. Zur Begründung wird ausgeführt:

5 Dies wurde erforderlich, um klarzustellen, dass die Anfechtbarkeit von Unterbringungsanordnungen auch nach dem FamFG gegeben ist. Im System des FGG war es nicht erforderlich, die Anfechtbarkeit ausdrücklich in § 68b Abs 4 FGG zu erwähnen. Rspr und Lit bestätigten die grdse Statthaftigkeit der Beschwerde. Nach dem FamFG ist dies jedoch erforderlich, weil nach § 58 Abs 1 nur Endentscheidungen anfechtbar sind und Verfahrensfragen nur dann anfechtbar sind, wenn im FamFG die Vorschriften über die sofortige Beschwerde der ZPO für anwendbar erklärt werden (BTDrs 16/9733 S 372 verweist auf Stellungnahme des Bundesrates BRDrs 309/07 S 64 f).

B. Anwendungsbereich

6 Die Regelung ermöglicht eine befristete Unterbringung des Betroffenen, soweit dies zur Vorbereitung des Gutachtens erforderlich ist. Der Anordnung sind enge Grenzen gesetzt. Voraussetzung ist eine strenge Verhältnismäßigkeitsprüfung. Zunächst sind alle anderen ärztlichen Maßnahmen, insbes eine Vorführung zur Untersuchung oder zu einem Erörterungstermin, zu versuchen. In Anbetracht der Schwere des Grundrechtseingriffs ist weitere Voraussetzung für eine derartige Unterbringung ein konkreter Verdacht auf Betreuungsbedürftigkeit. Es müssen also tatsächliche Anhaltspunkte von erheblichem Gewicht auf eine Betreuungsbedürftigkeit hindeuten (vgl dazu § 300 Rz 5 f); bloße Vermutungen reichen nicht aus (BayObLG FGPrax 2004, 250, 251).

In ähnlicher Weise argumentiert der BGH – auf Vorlage des OLG Celle – mit der Zulassung der Anfechtung einer Untersuchungsanordnung in krassen Ausnahmefällen gegen die bislang herrschende Meinung. Eine Überprüfungsmöglichkeit der richterlichen Maßnahme müsse gegeben sein, wenn diese in existenzieller Weise in höchstpersönliche Rechte des Betroffenen eingreife und sich als objektiv willkürlich darstelle. 25

Das ist nicht schon bei einer zweifelsfrei fehlerhaften Rechtsanwendung der Fall. Vielmehr muss diese unter Berücksichtigung des Schutzzwecks von Art 3 Abs 1 und Art 103 Abs 1 GG nicht mehr verständlich sein und sich daher der Schluss aufdrängen, dass sie auf sachfremden Erwägungen beruht. Dies ist dann gegeben, wenn ein (jetzt) Betreuungsgericht die psychiatrische Untersuchung eines Betroffenen anordnet, ohne diesen vor der Entscheidung persönlich gehört oder sonstige Feststellungen, die die Annahme einer Betreuungsbedürftigkeit des Betroffenen rechtfertigen könnten, getroffen zu haben. In einem solchen Ausnahmefall ist es dem Betroffenen nicht zuzumuten, sich zunächst einer psychiatrischen Untersuchung zu unterziehen, die mit deren Anordnung und Durchführung möglicherweise einhergehenden gravierenden Auswirkungen in seinem sozialen Umfeld hinzunehmen und mit einer rechtlichen Klärung der Notwendigkeit einer solchen Begutachtung bis zur endgültigen Entscheidung des Gerichts über die Betreuerbestellung abzuwarten (BGH NJW 2007, 3575, 3577 = FamRZ 2007, 1002). 26

Mit der im Grundsatz beibehaltenen alten Rechtslage in § 283 Abs 1 können nach Maßgabe der bisherigen Rspr in Ausnahmefällen die Anordnungen in § 283 mit der Beschwerde überprüft werden. 27

Darüber hinaus ist die Androhung, dass der Betroffenen zwangsweise zur Untersuchung vorgeführt werden könne, anfechtbar, wenn das Verfahren nur die Aufhebung einer Betreuung oder einen Betreuerwechsel zum Gegenstand hat. In diesem Verfahren ist die Anordnung der zwangsweisen Vorführung nicht zulässig (BayObLG FamRZ 1996, 499). 28

Gegen Zwischenentscheidungen, die mit Zwangsmaßnahmen verbunden sind, die das Grundrecht der Freiheit (Art 2 Abs 1 GG) und der Unverletzbarkeit der Wohnung (Art 13 GG) betreffen, kann die Verfassungsbeschwerde statthaft sein (Jansen/*Sonnenfeld* § 68b FGG Rn 52). 29

Die Entscheidung über die Vorführung und über die Untersuchung des Betroffenen ergeht durch Beschluss. Funktionell zuständig zur Anordnung der Untersuchung und Vorführung durch die zuständige Behörde ist der Richter, § 14 Abs 1 Nr 4, § 19 Abs 1 Satz 1 Nr 1 RPflG (Jurgeleit/*Bučić* § 68b FGG Rn 34). 30

Die Vorführung soll von der zuständigen Behörde vorgenommen werden. Der Betroffene soll geschont werden, daher hat die Vorführung von im Umgang mit Kranken geschultem Personal zu erfolgen (BTDrs 11/4528 S 175). 31

Die zuständige Behörde kann zur Unterstützung die Polizei hinzuziehen (Jansen/*Sonnenfeld* § 68b FGG Rn 48). Ausdrücklich ist dies nun in Abs 2 Satz 2 mit der Maßgabe der Erforderlichkeit normiert. 32

Die Kosten, die der Betreuungsbehörde bei der Durchführung einer Vorführung des Betroffenen zum Sachverständigen bzw zur richterlichen Anhörung entstehen, sind von den Gerichten als Auslagenersatz zu erstatten (OLG Köln FamRZ 2005, 237; aA wohl Jurgeleit/*Bučić* § 68b FGG Rn 41). 33

C. Regelungen

Vor der Entscheidung über die Anordnung der Unterbringung ist nach § 284 Abs 1 S 1 **7**
der Sachverständige darüber anzuhören, ob und wie lange eine Unterbringung voraussichtlich erforderlich sein wird. Für die Unterbringung ist nach Abs 1 die Anhörung des Sachverständigen unerlässlich. Der Sachverständige ist zur Frage der Erforderlichkeit und Dauer der Unterbringung anzuhören (BayObLG Beschl v 30.3.2001 – 3Z BR 80/01 BeckRS 2001 30171747).

Seine Stellungnahme kann der Sachverständige aufgrund einer persönlichen Anhö- **8**
rung des Betroffenen aber auch nach Lage der Akten – schriftlich oder mündlich – geben (Jansen/*Sonnenfeld* § 68b FGG Rn 55; Damrau/Zimmermann § 68b FGG Rn 30; aA HK-BUR/*Rink* § 68b FGG Rn 84 nicht nach Aktenlage).

Der Sachverständige muss nicht mit demjenigen identisch sein, der das Gutachten zu **9**
erstellen hat. Er muss aber über dieselbe Qualifikation verfügen (vgl auch bei ärztl Zeugnis OLG Zweibrücken BtPrax 2003, 80).

§ 284 Abs 1 S 2 stellt klar, dass der Betroffene vorher persönlich anzuhören ist. Dabei **10**
hat sich die Anhörung auch auf das Ergebnis der Anhörung des Sachverständigen zu beziehen (Jurgeleit/*Bučić* § 68b FGG Rn 43).

Streitig ist, ob eine **Anhörung** in den Fällen des § 34 Abs 2 unterbleiben kann (dafür **11**
Damrau/Zimmermann § 68b FGG Rn 31; dagegen HK-BUR/*Rink* § 68b FGG Rn 86). Für den Verzicht sprechen die der Regelung des § 34 Abs 2 zugrunde liegenden Überlegungen (vgl dazu § 34). Beeinträchtigt die Anhörung die Gesundheit des Betroffenen oder ist der Betroffene offensichtlich nicht in der Lage, seinen Willen kundzutun, so ist auch auf die Anhörung vor Anordnung der Unterbringung zu verzichten. Soll eine persönliche Anhörung nach § 34 Abs 2 unterbleiben, darf diese Entscheidung nur auf der Grundlage eines ärztlichen Gutachtens getroffen werden, § 278 Abs 4. Keine Bedenken gegen die Anwendbarkeit des § 34 Abs 2 ergeben sich aus dem Verfahrensrecht in Unterbringungssachen. Danach ist zwar in § 319 Abs 1 die Anhörung des Betroffenen vorgesehen; Abs 3 enthält aber eine dem § 278 Abs 4 entsprechende Regelung.

Weigert sich der Betroffene zur Teilnahme an der persönlichen Anhörung, so gilt § 278 **12**
Abs 5. Das Gericht kann den Betroffenen durch die zuständige Behörde vorführen lassen. Diese Regelung gilt analog für die Anhörung nach § 284 Abs 1 S 2.

Die persönliche Anhörung nach § 284 Abs 1 Satz 2 gilt nicht nur für die erstmalige **13**
Anordnung, sondern auch für die Verlängerung der Unterbringungsmaßnahme (Bienwald/Sonnenfeld/Hoffmann/*Sonnenfeld* § 68b FGG Rn 68; HK-BUR/*Rink* § 68b FGG Rn 90; aA Jurgeleit/*Bučić* § 68b FGG Rn 43). Ein Vergleich zum Verfahrensrecht in Unterbringungssachen zeigt, dass nach § 329 Abs 2 S 1 auch für die Verlängerung der Genehmigung oder Anordnung einer Unterbringungsmaßnahme die Vorschriften für die erstmalige Anordnung oder Genehmigung entsprechend gelten.

Vor der Anordnung einer Unterbringung sind zunächst tatsächliche Anhaltspunkte **14**
festzustellen, auf die der konkrete Verdacht der Betreuungsbedürftigkeit gestützt werden kann. Darüber hinaus müssen diese Anknüpfungstatsachen in der Entscheidung iE genannt werden, damit sie einer rechtlichen Überprüfung zugänglich sind.

Nach Anhörung eines Sachverständigen und des Betroffenen kann das Gericht anord- **15**
nen, dass der Betroffene auf bestimmte Dauer untergebracht und beobachtet wird, soweit dies zur Vorbereitung des Gutachtens erforderlich ist. Der Anordnung sind enge Grenzen gesetzt. Voraussetzung ist eine strenge **Verhältnismäßigkeitsprüfung**. Zunächst sind alle anderen ärztlichen Maßnahmen, insbes eine Vorführung zur Untersuchung oder zu einem Erörterungstermin, zu versuchen. In Anbetracht der Schwere des Grundrechtseingriffs ist weitere Voraussetzung für eine derartige Unterbringung ein konkreter Verdacht auf Betreuungsbedürftigkeit. Es müssen also tatsächliche Anhaltspunkte von erheblichem Gewicht auf eine Betreuungsbedürftigkeit hindeuten; bloße Vermutungen reichen nicht aus. Nicht entscheidend ist hingegen, ob es später auf

Grund des während der Unterbringung erstellten Gutachtens tatsächlich zu einer Betreuerbestellung für den Betroffenen kommt. Der Richter trifft eine Prognoseentscheidung (BayObLG FGPrax 2004, 250, 251 – auch zum nachträglichen Rechtsschutz der erledigten Freiheitsentziehung; BayObLG FamRZ 2001, 1559).

16   Eine Unterbringung kommt erst in Betracht, wenn eine Begutachtung durch Vorführung zur Untersuchung nicht ausreicht. Die Anordnung hat zur Unterbringung und zur Beobachtung zu erfolgen, andernfalls handelt es sich um eine unzulässige Verwahrung (Bienwald/Sonnenfeld/Hoffmann/*Sonnenfeld* § 68b FGG Rn 81).

17   Die Unterbringungsanordnung ist unzulässig, wenn sich der Betroffene freiwillig in dem erforderlichen Zeitraum untersuchen und beobachten lässt.

18   Die Unterbringung darf die **Dauer** von sechs Wochen nicht überschreiten. Sie kann aber bis zu einer Gesamtdauer von drei Monaten verlängert werden, wenn der Zeitraum nicht ausgereicht hat, um die zur Begutachtung erforderlichen Erkenntnisse zu erlangen. Erst wenn feststeht, dass der Zeitraum von zunächst zulässigen sechs Wochen nicht ausreicht, um die erforderlichen Erkenntnisse für das Gutachten zu erhalten, kann die Unterbringung bis zu einer Gesamthöchstdauer von drei Monaten verlängert werden. Dies bedeutet zugleich, dass die Dreimonatsfrist nicht von Anfang an ausgeschöpft werden darf, auch dann nicht, wenn schon zu Beginn abzusehen ist, dass die sechs Wochen nicht ausreichen werden (Jansen/*Sonnenfeld* § 68b FGG Rn 59).

19   Vor der Verlängerung hat der Sachverständige die Erforderlichkeit darzulegen, dem Betroffenen ist rechtliches Gehör zu gewähren; eine persönliche Anhörung ist nicht vorgeschrieben, dürfte aber in der Regel geboten sein (Jansen/*Sonnenfeld* § 68b FGG Rn 59).

20   Der Sachverständige hat sich zur Notwendigkeit der Unterbringung aus medizinischen Gründen zu äußern. Soziale Gründe rechtfertigen die Beobachtungsunterbringung nicht (HK-BUR/*Rink* § 68b FGG Rn 83).

21   Die Anordnung erfolgt durch Beschluss. Zuständig für die Anordnung der Unterbringung ist nach Art 104 Abs 2 S 1 GG, § 4 Abs 2 Nr 2 RPflG der Richter (zu den Kosten der Unterbringung bei richterlicher Anordnung vgl OLG Frankfurt FGPrax 2008, 275).

22   Der schriftliche Beschluss des Richters hat die Bezeichnung des Betroffenen, die nähere Bezeichnung der Unterbringungsmaßnahme, den Hinweis, dass die Unterbringung zur Beobachtung nur zur Vorbereitung des Gutachtens erfolgt, den Zeitpunkt, die Art der Anstalt, die Befristung und die Entscheidungsgründe zu enthalten (HK-BUR/*Rink* § 68b FGG Rn 88; Damrau/Zimmermann § 68b FGG Rn 33).

23   Für die Begründung der Anordnung kommt es auf die Erforderlichkeit der Gutachtenerstellung an und damit nur mittelbar auf das Wohl des Betroffenen nicht aber auf eine unmittelbar drohende gewichtige Gesundheitsschädigung (kritisch dazu HK-BUR/*Rink* § 68b FGG Rn 79 f).

24   Die Einholung eines »Obergutachtens« kann im Einzelfall unter Beachtung des Grundsatzes der Verhältnismäßigkeit unterbleiben, wenn rechtlich zwar die Möglichkeit der zwangsweisen Vorführung oder Unterbringung in der geschlossenen Abteilung einer psychiatrischen Klinik besteht, der Betroffene jedoch trotz wiederholter Überzeugungsversuche eine erneute Begutachtung wegen der damit verbundenen psychischen Belastung ablehnt und Befunde, fachärztliche Stellungnahmen sowie Gutachten von Sachverständigen vorliegen (LG München FamRZ 2007, 2008).

25   Bei der Beobachtungsunterbringung handelt es sich um eine Freiheitsentziehung iSv Art 104 GG. Das Gericht hat dem Betroffenen einen Verfahrenspfleger zu bestellen, soweit dies zur Wahrnehmung der Interessen des Betroffenen erforderlich ist (§ 276 Abs 1 S 1).

26   Vor der Beobachtungsunterbringung ist die Zwangsvorführung zu prüfen. Die Beobachtungsunterbringung ist ausdrücklich vorher anzudrohen. Die Anordnung der Unterbringung rechtfertigt nicht die zwangsweise Zuführung des Betroffenen zur Unterbringung. Er kann aber nach § 284 Abs 3 S 1 nach § 283 Abs 2 und 3 vorgeführt werden.

Gegen die Beschlüsse zur Anordnung und Verlängerung der Unterbringung ist die sofortige Beschwerde nach den §§ 567 bis 572 ZPO statthaft. 27

Im Grundsatz ist nach § 58 Abs 1 nur die Beschwerde gegen Endentscheidungen statthaft. Das sind nach § 38 die Entscheidungen, die über den Verfahrensgegenstand in der Instanz ganz oder teilweise abschließend entscheiden (s iE § 303 Rz 1). Zwischen- und Nebenentscheidungen sind dagegen grds nicht selbständig anfechtbar. Sie sind entweder überhaupt nicht oder aber nur zusammen mit der Hauptsacheentscheidung anfechtbar. Soweit der Gesetzgeber hiervon abweichen wollte, hat er die sofortige Beschwerde in entsprechender Anwendung der §§ 567 bis 572 ZPO vorgesehen (BTDrs 16/6308 S 203). 28

In § 284 Abs 3 S 2 ist von dieser Möglichkeit Gebrauch gemacht worden. Die Anordnung oder Verlängerung der Unterbringung kann demnach innerhalb der kurzen, 14-tägigen Beschwerdefrist vom originären Einzelrichter überprüft werden lassen. Neue Tatsachen und Beweismittel können dabei berücksichtigt werden (vgl auch § 58). 29

Mit dieser Regelung wird das Recht der **Anfechtbarkeit** neu geregelt. Nach der früheren Rechtslage waren nach herrschender Meinung die Anordnungen wegen der Schwere des Eingriffs mit der unbefristeten Beschwerde und weiteren Beschwerde nach §§ 19, 27 FGG überprüfbar (KKW/*Kayser* § 68b FGG Rn 18; Jansen/*Sonnenfeld* § 68b FGG Rn 60; Damrau/Zimmermann § 68b FGG Rn 37). 30

Die Beschwerdeberechtigung folgte aus § 20 FGG. Danach waren der Betroffene, der Betreuer, der Verfahrenspfleger für den Betroffenen, der Inhaber der elterlichen Sorge im Fall des § 1908a BGB, ggf Ehegatte oder eingetragener Lebenspartner, beschwerdeberechtigt (Jansen/*Sonnenfeld* § 68b FGG Rn 60; Bumiller/Winkler § 68b FGG Rn 7). 31

Mit der gesetzlichen Einführung der sofortigen Beschwerde wird durch eine eindeutige gesetzliche Regelung Rechtssicherheit geschaffen. Das Recht der Beschwerde gegen die ergangene Anordnung steht im Interesse des Betroffenen auch dessen Ehegatten oder Lebenspartner, wenn die Ehegatten oder Lebenspartner nicht dauernd getrennt leben, sowie den Eltern, Großeltern, Pflegeeltern, Abkömmlichen und Geschwistern des Betroffenen sowie einer Person seines Vertrauens zu, wenn sie im ersten Rechtszug beteiligt worden sind. Das Recht der Beschwerde steht weiterhin dem Verfahrenspfleger und dem Betreuer zu. Die Regelung des § 303 Abs 2 bis 4 ist entsprechend anwendbar. Für den Fall einer statthaften Beschwerde in Betreuungssachen sind hier ergänzende Vorschriften für das Beschwerderecht normiert. Da in den Regelungen der §§ 567 bis 577 ZPO hierzu vergleichbare Regelungen fehlen, für die sofortige Beschwerde nach § 284 Abs 3 S 2 ein in der Sache erweiterter Kreis von Beschwerdeberechtigten aber geboten ist, kommt eine analoge Anwendung der Regelungen zur unbefristeten Beschwerde nach FGG in Betracht. 32

Die Beschwerde wird unzulässig, wenn sich der Betroffene freiwillig untersuchen lässt. Sie kann aber auch bei prozessualer Erledigung der Anordnung mit dem Ziel der Feststellung der Rechtswidrigkeit der Anordnung zulässig bleiben. 33

§ 285 Herausgabe einer Betreuungsverfügung oder der Abschrift einer Vorsorgevollmacht

In den Fällen des *§ 1901a* des Bürgerlichen Gesetzbuchs erfolgt die Anordnung der Ablieferung oder Vorlage der dort genannten Schriftstücke durch Beschluss.

Mit dem Inkrafttreten des 3. BetreuungsrechtsänderungsG muss es heißen: »In den Fällen des § 1901c des Bürgerlichen Gesetzbuchs erfolgt die Anordnung der Ablieferung oder Vorlage der dort genannten Schriftstücke durch Beschluss.«

A. Normzweck

1 Die Vorschrift ergänzt das in § 35 grundsätzlich geregelte Verfahren zur **Erzwingung der Herausgabe oder Vorlage** von verfahrensrelevanten Unterlagen für die **im gerichtlichen Betreuungsverfahren relevanten** Schriftstücke. Dabei geht es zum Einen um **Betreuungsverfügungen** nach § 1901c S 1 BGB als vom Betroffenen für den Fall späterer Betreuungsbedürftigkeit getroffene Regelungen und Wünsche (§ 1901 Abs 3 BGB), die dem Betreuungsgericht abzuliefern sind. Hierzu gehören auch Patientenverfügungen, sofern diese im Zusammenhang mit der Betreuungsverfügung stehen (vgl dazu im Einzelnen PWW/*Bauer* § 1901c Rn 1 ff sowie § 298 Rz 13). Zum Anderen ist eine **Vorsorgevollmacht** (§ 1901c S 2 BGB) vorzulegen, dh eine iSv § 164 BGB erteilte Ermächtigung für den Fall, dass der Vollmachtgeber auf Grund einer psychischen Krankheit oder einer körperlichen, geistigen oder seelischen Behinderung seine Angelegenheiten ganz oder teilweise nicht selbst besorgen kann. Beides soll, soweit vorhanden, möglichst rechtzeitig und vor dessen Entscheidung in der Sache dem Betreuungsgericht zur Verfügung stehen bzw zur Kenntnis gelangen. Dem trägt § 1901c BGB durch die unverzügliche Ablieferungspflicht von Betreuungsverfügungen bzw Unterrichtungspflicht bezüglich der Vorsorgevollmachten Rechnung (Jürgens/*Jürgens* § 1901a BGB Rn 16 ff). Soweit die Vorschrift nicht auf § 1901c BGB, sondern § 1901a BGB Bezug nimmt, beruht dies auf gesetzgeberischem Versehen. Denn mit dem 3. BetreuungsrechtsänderungsG (BGBl 2009 I S 2286), das am 1.9.2009 in Kraft getreten ist, wurde § 1901a inhaltsgleich zu § 1901c BGB, was in den Normtext nicht übernommen worden ist.

§ 285 stellt klar, dass die gerichtliche Anordnung einer solchen Herausgabe- oder Vorlagepflicht durch **Beschluss** zu erfolgen hat.

B. Verfahren

2 Das von der Vorschrift erfasste **Verfahren** erschöpft sich in der Beschlussfassung, die die Herausgabe oder Vorlage der Schriftstücke anordnet und den jeweiligen Schuldner bestimmt. Es genügt die Kenntnis des Gerichts, dass jemand im Besitz eines entsprechenden Schriftstücks ist (vgl Bienwald/Sonnenfeld/Hoffmann/*Sonnenfeld* § 69e FGG Rn 32). Die **Durchsetzung** dieser Anordnung richtet sich nach **§ 35**. Damit stehen dem Betreuungsgericht die Festsetzung von Zwangsgeld, die Anordnung von (auch originärer) Zwangshaft (§ 35 Abs 1 bis 3), die Ersatzvornahme und die Anwendung unmittelbaren Zwangs (§ 35 Abs 4 iVm §§ 883, 892 ZPO) zur Verfügung. Der Androhung der Zwangsmittel bedarf es mit Rücksicht auf die Beschleunigung des Verfahrens nicht (BTDrs 16/6308 S 193). Die Entscheidung steht im **pflichtgemäßem Ermessen** des Gerichts und bedarf keines Antrags. Auch die Anordnung mehrerer Zwangsmittel nebeneinander ist möglich (BTDrs aaO). Bestehen allerdings nur Anhaltspunkte für den Besitz entsprechender Schriftstücke, kann die betreffende Person gemäß § 35 Abs 4 iVm § 883 Abs 2 ZPO zur Abgabe einer eidesstattlichen Versicherung über deren Verbleib bzw den Umstand herangezogen werden, dass sie sie nicht habe und auch nicht wisse, wo sie sich befinde (Fröschle/*Locher* § 69e FGG Rn 4; Jürgens/*Mertens* § 69e FGG Rn 7; s.a. Rz 5). Siehe im Übrigen die Anmerkungen zu § 35.

Herausgabe einer Betreuungsverfügung oder Vollmacht | § 285 FamFG

Die **funktionelle Zuständigkeit** für den Beschluss richtet sich nach derjenigen für das konkrete Verfahren (s dazu § 272 Rz 29). Sofern Zwangsmaßnahmen anzuordnen sind, kann Zwangsgeld sowohl durch den Richter als auch den Rechtspfleger festgesetzt werden kann (BTDrs 16/6308 S 193; Bienwald/Sonnenfeld/Hoffmann/Sonnenfeld § 69e FGG Rn 46; Fröschle/*Locher* § 69e FGG Rn 5). Gleiches gilt für die Vollstreckung nach § 35 Abs 4, allerdings ist § 758a ZPO zu beachten. Soll dagegen ersatzweise oder originäre Zwangshaft angeordnet werden, so ist diese Anordnung der Zuständigkeit des Richters vorbehalten (§ 4 Abs 2 Nr 2 RPflG). Siehe hierzu im Einzelnen die Anmerkungen zu § 35. 3

Die **Beschwerde** ist gegen den die Herausgabe oder Vorlage als solches anordnenden Beschluss als schlichte Zwischenentscheidung nicht statthaft (BTDrs 16/6308 S 203; § 303 Rz 1). Anfechtbar ist gemäß § 35 Abs 5 mit der sofortigen Beschwerde in entsprechender Anwendung von §§ 567 ff ZPO hingegen der Beschluss, durch den Zwangsmaßnahmen angeordnet worden sind. 4

Gemäß §§ 78c ff BNotO führt die Bundesnotarkammer ein zentrales **Vorsorgeregister**, in welches auf Antrag des Vollmachtgebers bestimmte Inhalte der erteilten Vorsorgevollmacht eingetragen werden können (www.zvr-online.de). Die Unterrichtungs- oder Vorlagepflicht nach § 1901c S 2, 3 BGB entfällt bei erfolgter Eintragung zwar nicht; allerdings kann dies Einfluss auf die Ermessensentscheidung des Gericht betreffend Zwangsmaßnahmen haben. Eine vergleichbare zentrale Verwahrstelle für Betreuungsverfügungen gibt es, abgesehen von in einigen Ländern getroffenen Sonderregelungen (zB Art 34a BayAGGVG), nicht (näher dazu Jürgens/*Jürgens* § 1901a Rn 20 f). 5

§ 286 Inhalt der Beschlussformel

(1) Die Beschlussformel enthält im Fall der Bestellung eines Betreuers auch
1. die Bezeichnung des Aufgabenkreises des Betreuers;
2. bei Bestellung eines Vereinsbetreuers die Bezeichnung als Vereinsbetreuer und die des Vereins;
3. bei Bestellung eines Behördenbetreuers die Bezeichnung als Behördenbetreuer und die der Behörde;
4. bei Bestellung eines Berufsbetreuers die Bezeichnung als Berufsbetreuer.

(2) Die Beschlussformel enthält im Fall der Anordnung eines Einwilligungsvorbehalts die Bezeichnung des Kreises der einwilligungsbedürftigen Willenserklärungen.

(3) Der Zeitpunkt, bis zu dem das Gericht über die Aufhebung oder Verlängerung einer Maßnahme nach Absatz 1 oder Absatz 2 zu entscheiden hat, ist in der Beschlussformel zu bezeichnen.

A. Normzweck

1 Da die Anordnung der Betreuung nicht abstrakt erfolgt, sondern vielmehr in einer **Einheitsentscheidung** sowohl über die Notwendigkeit der Betreuung als auch den Aufgabenkreis, ggf die Anordnung eines Einwilligungsvorbehalts mit der Bezeichnung des Kreises der einwilligungsbedürftigen Willenserklärungen sowie über die Bestellung eines bestimmten Betreuers zu befinden ist (BTDrs 11/4528 S 175; *Zimmermann* NJW 1991, 538, 543), legt die Vorschrift den hiernach notwendigen **Entscheidungsinhalt** fest. Sie knüpft dabei an § 38 Abs 2 an, der für alle nach dem Gesetz zu treffenden Beschlüsse bereits als Mindestinhalt die Bezeichnung der Beteiligten nebst Vertretern (Nr 1), die Bezeichnung des Gerichts und die Namen der Entscheider (Nr 2) sowie die Beschlussformel (Nr 3) nennt. Vgl hierzu iE die Anmerkungen zu § 38.

B. Anwendungsbereich

2 Die Vorschrift gilt für alle Entscheidungen, durch die **Betreuung** angeordnet und ein Betreuer bestellt (Abs 1) oder ein **Einwilligungsvorbehalt** angeordnet wird (Abs 2), mithin auch solche im Wege einstweiliger Anordnung nach §§ 300 ff (Bassenge/Roth § 69 FGG Rn 1; Jürgens/*Mertens* § 69 FGG Rn 1). Nach § 293 Abs 1 ist sie bei **Erweiterung** des Aufgabenkreises des Betreuers oder Erweiterung des Kreises der einwilligungsbedürftigen Willenserklärungen entsprechend anzuwenden, nach § 295 Abs 1 S 1 gleichfalls bei **Verlängerung** dieser Anordnungen. Wird ein weiterer Betreuer gemäß § 1899 BGB bestellt, gilt Abs 1 unmittelbar; auf eine Erweiterung des Aufgabenkreises (§ 295 Abs 3) kommt es nicht an (BTDrs 16/6308 S 268; Bassenge/Roth § 69 FGG Rn 2; Fröschle/*Fröschle* § 69 FGG Rn 2). Im Fall der Ablehnung von Maßnahmen oder der Entlassung eines Betreuers gilt die Aufzählung nicht (Bienwald/Sonnenfeld/Hoffmann/*Sonnenfeld* § 69 FGG Rn 4). Hingegen unterliegt die Entscheidung des **Beschwerdegerichts**, sofern es die vorbezeichneten Anordnungen trifft, gemäß § 69 Abs 3 den Anforderungen der Vorschrift. Für Unterbringungsverfahren gilt § 323.

C. Regelungen

3 **Abs 1** enthält die Aufzählung der in die Beschlussformel (§ 38 Abs 2 Nr 3) aufzunehmenden Inhalte. Dies sind nach **Nr 1** zunächst der bzw die **Aufgabenkreise**. Das Gesetz sieht für die Beschreibung der Aufgabenkreise keine festgelegten Bezeichnungen vor, auch wenn mittlerweile bestimmte – regelmäßig an den notwendigen Angelegenheiten orientierte – Beschreibungen üblich sind. Im Interesse des Rechtsverkehrs ist der Auf-

gabenkreis aber je nach Einzelfall so konkret und eindeutig wie möglich anzugeben. Denn nach § 1896 Abs 2 BGB darf ein Betreuer nur für Aufgabenkreise bestellt werden, in denen die Betreuung erforderlich ist. Ihr Umfang muss aus dem Entscheidungssatz selbst bestimmt werden können, zumal der Betreuerausweis nur die Aufgabenkreise in ihrer konkreten Formulierung nennt (BayObLG FamRZ 1994, 1059 f; KKW/*Kayser* § 69 FGG Rn 3). Die Formulierung »alle Angelegenheiten« umfasst wegen § 1896 Abs 4 nicht die Entscheidung über den Fernmeldeverkehr und das Anhalten und Öffnen der Post. Zu den möglichen Bezeichnungsvarianten s iE Bienwald/Sonnenfeld/Hoffmann/*Bienwald* § 1896 BGB Rn 133. Nr 1 umfasst trotz seines einschränkenden Wortlauts hierneben auch die **Bezeichnung des Betreuers** (vgl BTDrs 16/6308 S 268). Hierzu gehören die notwendigen Identifizierungspersonalien, also Vor- und Nachname, Geburtsdatum und -ort sowie Anschrift. Bei Bestellung eines Betreuungsvereins (§ 1900 Abs 1 BGB) oder der Betreuungsbehörde (§ 1900 Abs 4 BGB) bedarf es der Bezeichnung von Name und Sitz bzw der zugehörigen Körperschaft.

Nr 2 verlangt bei der Bestellung eines **Vereinsbetreuers** (§ 1897 Abs 2 S 1 BGB) die zusätzliche Bezeichnung »als Vereinsbetreuer« sowie die Bezeichnung des Vereins. Dies ist wegen der Geltung besonderer Vorschriften (1908b Abs 4) und in Vergütungsfragen von Bedeutung (§ 7 VBVG; s auch Jansen/*Sonnenfeld* § 69 FGG Rn 5). 4

Bei der Bestellung eines **Behördenbetreuers** (§ 1897 Abs 2 S 1 BGB) schreibt **Nr 3** dessen Bezeichnung »als Behördenbetreuer« sowie die Bezeichnung der Behörde vor. S hierzu Rz 3 aE und Rz 4. 5

Nach § 1836 Abs 1 BGB iVm § 1 Abs 1 S 1 VBVG ist die Feststellung der berufsmäßigen Betreuung Voraussetzung für die Vergütung des **Berufsbetreuers**. **Nr 4** zählt deswegen in diesem Fall als weiteren notwendigen Inhalt der Beschlussformel die Bezeichnung »als Berufsbetreuer« auf. Dies dient insbes der Klarstellung des Vorliegens der Voraussetzungen der Berufsmäßigkeit (BTDrs 16/6308 S 268), ist aber auch im Verfahren von Bedeutung, § 289 Abs 1 S 2. Die unterbliebene Feststellung kann nachgeholt werden. Die Vergütung kann dann aber erst ab dem Zeitpunkt der Feststellung der Berufsmäßigkeit verlangt werden (Jürgens/*Jürgens* VBVG § 1 Rn 9 mwN). Zur Zuständigkeit s § 272 Rz 21. 6

Nach **Abs 2** ist der Umfang eines angeordneten **Einwilligungsvorbehalts** im Tenor so genau wie möglich zu bezeichnen. Dies gilt insbes, sofern er sich auch auf geringfügige Angelegenheiten des täglichen Lebens (§ 1903 Abs 3 S 2 BGB), einen festen Geldbetrag oder ganz bestimmte Geschäfte bezieht. Er kann nicht weiter reichen als die bestimmten Aufgabenkreise (*Dodegge* FuR 2008, 382 f). In diesem Fall oder bei nicht hinreichender Bezeichnung ist die Anordnung **unwirksam** (Fröschle/*Fröschle* § 69 FGG Rn 15; HK-BUR/*Rink* § 69 Rn 19). Soll der Einwilligungsvorbehalt ausnahmsweise »alle Angelegenheiten« betreffen, umfasst dies wegen § 1896 Abs 4 nicht die Entscheidung über den Fernmeldeverkehr und das Anhalten und Öffnen der Post (Bienwald/Sonnenfeld/Hoffmann/*Sonnenfeld* § 69 FGG Rn 11). Zu beachten ist, dass sich der Einwilligungsvorbehalt **nur auf Willenserklärungen oder rechtsgeschäftliche Handlungen** beziehen kann, nicht hingegen auf bloß tatsächliche Gestattungen wie etwa die Entscheidung über den konkreten Aufenthaltsort. Ein pauschaler Einwilligungsvorbehalt für Gesundheitsvorsorge oder Aufenthaltsbestimmung ist deswegen für den Betreuer keine Hilfe (*Dodegge* FuR 2008, 382, 383 f). Die Anordnung des Einwilligungsvorbehalts ist, da eigene Maßnahme nach § 1903 BGB, nicht notwendiger Bestandteil der Einheitsentscheidung iSv Abs 1 (Rz 1). Sie kann deswegen auch **später** erfolgen oder im Fall ihrer Unwirksamkeit (ex nunc) **nachgeholt** werden. 7

Zum Inhalt des Beschlusstenors gehört nach **Abs 3** stets der **Überprüfungszeitpunkt** (nicht die Zeitspanne) hinsichtlich der Betreuerbestellung (Abs 1) sowie der Anordnung eines Einwilligungsvorbehalts (Abs 2). In beiden Fällen ist gemäß § 294 Abs 3 bzw § 295 Abs 2 spätestens nach sieben Jahren (ausgenommen sind die bis zum 1.7.2005 ergangenen Entscheidungen, Art 5 Nr 8 2. BtÄndG, BGBl I 1077) über Aufhebung oder Verlän- 8

§ 286 FamFG | Inhalt der Beschlussformel

gerung der Maßnahme zu entscheiden; die Frist richtet sich aber nach den Umständen des Einzelfalls und ist ansonsten entsprechend kürzer zu bemessen. Anhaltspunkt ist grds der im eingeholten Gutachten für erforderlich erachtete Überprüfungszeitraum, der sowohl hinsichtlich der Betreuerbestellung einerseits als auch der Anordnung des Einwilligungsvorbehalts andererseits verschieden sein kann. Ebenso kann dies hinsichtlich verschiedener Aufgabenkreise in Betracht kommen (Bienwald/Sonnenfeld/Hoffmann/*Sonnenfeld* § 69 FGG Rn 23; Fröschle/*Fröschle* § 69 FGG Rn 16 ff). Bei schubweise verlaufenden (meist psychotischen) Erkrankungen darf ein Betreuer nur für den Zeitraum bestellt werden, in welchem der Betroffene seinen Willen nicht frei bestimmen kann. Eine **Vorratsbetreuung** bei fehlendem akutem Betreuungsbedarf ist **unzulässig** (BayObLG NJW-RR 1995, 1274, 1275 = FGPrax 1995, 63; OLG Zweibrücken FamRZ 2005, 748 f). Sind nur bestimmte, in sich abgeschlossene Angelegenheiten Gegenstand der Betreuerbestellung, ist dies nach Abs 3 im Tenor zum Ausdruck zu bringen. Eine nachträgliche Änderung der Überprüfungsfrist ist nur unter Beachtung der Verfahrensvorschriften der §§ 294 f zulässig (*Bienwald* FamRZ 2006, 1430).

9   Die Pflicht, die Entscheidung zu **begründen** und mit einer **Rechtsbehelfsbelehrung** zu versehen, ergibt sich bereits aus §§ 38, 39. Für die Einheitsentscheidung iSv Abs 1 bedeutet dies, dass unabhängig von der Art der Einleitung des Verfahrens jede in ihr getroffene oder abgelehnte Maßnahme für sich zu begründen ist (§ 38 Abs 5 Nr 3, Abs 4). Dies gilt auch für das Beschwerdegericht (BayObLG, Beschl v 3.6.1994, AZ 3Z BR 67/96, JURIS). Begründet werden muss die Auswahl des Betreuers, insbes im Fall der Bestellung eines Berufsbetreuers oder der Betreuungsbehörde (Bienwald/Sonnenfeld/Hoffmann/*Sonnenfeld* § 69 FGG Rn 33).

10 Zur Anordnung der sofortigen Wirksamkeit s § 287 Rz 7 ff.

D. Mängel des Beschlussinhalts

11 **Fehlt** es an einer hinreichenden **Bezeichnung** des Betroffenen, des Betreuers oder der Aufgabenkreise, ist die Anordnung der Betreuung wegen der mit ihr verbundenen weit reichenden Wirkungen **unwirksam** (Bassenge/Roth § 69 FGG Rn 6; Bienwald/Sonnenfeld/Hoffmann/*Sonnenfeld* § 69 FGG Rn 38; HK-BUR/*Rink* § 69 FGG Rn 17; ebenso, aber differenzierend Fröschle/*Fröschle* § 69 FGG Rn 6, 10; aA Damrau/Zimmermann § 69 FGG Rn 3; BtKomm/*Roth* Abschn A Rn 161; Jürgens/*Mertens* § 69 FGG Rn 6; KKW/*Kayser* § 69 FGG Rn 8). Ist nur die **Überprüfungsfrist** nicht bestimmt, ist von der Höchstfrist auszugehen, es sei denn, aus der Begründung des Beschlusses ergibt sich ein Anderes. Ihre Bestimmung ist ebenso wie die Anordnung oder Konkretisierung des Einwilligungsvorbehalts **nachholbar** (s Rz 7). Bei Überschreitung der Höchstfrist verliert die Betreuerbestellung nicht ihre Wirksamkeit, ebenso wenig die der Anordnung des Einwilligungsvorbehalts (BayObLG FamRZ 1998, 1183, 1185). Zur fehlenden Bezeichnung »als Berufsbetreuer« s Rz 6. S im Übrigen die Anmerkungen zu § 38.

12 Das Fehlen der stets notwendigen **Rechtsbehelfsbelehrung** betrifft nicht die Wirksamkeit des Beschlusses. Zum Lauf der Rechtsmittelfrist in diesen Fällen s § 63 Rz 15 ff.

§ 287 Wirksamwerden von Beschlüssen

(1) Beschlüsse über Umfang, Inhalt oder Bestand der Bestellung eines Betreuers, über die Anordnung eines Einwilligungsvorbehalts oder über den Erlass einer einstweiligen Anordnung nach § 300 werden mit der Bekanntgabe an den Betreuer wirksam.

(2) Ist die Bekanntgabe an den Betreuer nicht möglich oder ist Gefahr im Verzug, kann das Gericht die sofortige Wirksamkeit des Beschlusses anordnen. In diesem Fall wird er wirksam, wenn
1. der Beschluss und die Anordnung seiner sofortigen Wirksamkeit dem Betroffenen oder dem Verfahrenspfleger bekannt gegeben oder
2. der Geschäftsstelle zum Zweck der Bekanntgabe nach Nummer 1 übergeben werden.

Der Zeitpunkt der sofortigen Wirksamkeit ist auf dem Beschluss zu vermerken.

(3) Ein Beschluss, der die Genehmigung nach § 1904 Absatz 2 des Bürgerlichen Gesetzbuchs zum Gegenstand hat, wird erst zwei Wochen nach Bekanntgabe an den Betreuer oder Bevollmächtigten sowie an den Verfahrenspfleger wirksam.

A. Normzweck

Die Vorschrift **konkretisiert** die Grundregel des § 40, nach der Beschlüsse grundsätzlich 1 mit Bekanntgabe an den Beteiligten, für den sie bestimmt sind, wirksam werden, für das Betreuungsverfahren. Es sollen insoweit abweichend von dieser Grundregel die Beschlüsse regelmäßig (bereits) mit Bekanntgabe an den Betreuer wirksam werden, um etwa bei Krankheiten oder Behinderungen des Betroffenen **Zweifel am Eintritt der Wirksamkeit auszuschließen** (BTDrs 16/6308 S 269). Sofern Entscheidungen der Vorschrift nicht unterfallen (s dazu Rz 2), gelten die Grundregeln nach § 40 Abs 1 und 2. Im Übrigen soll Abs 2 den Eintritt der Wirksamkeit sicherstellen, wenn eine Bekanntgabe an den Betreuer nicht abgewartet werden kann.

B. Anwendungsbereich

Die Beschlüsse, deren Wirksamwerden in **Abs 1** geregelt ist, sind dort **aufgezählt**. Ge- 2 nannt sind die **das Verfahren abschließenden Entscheidungen** über Umfang, Inhalt oder Bestand der Bestellung des Betreuers, über die Anordnung eines Einwilligungsvorbehalts sowie über den Erlass einer einstweiligen Anordnung. Dies betrifft mithin alle Entscheidungen, durch die im Wege der Einheitsentscheidung (§ 286 Abs 1) die Betreuung angeordnet und ein Betreuer bestellt oder ein Einwilligungsvorbehalt angeordnet wird; ferner die die Entscheidung ändernden oder aufhebenden Beschlüsse iSv §§ 293, 294, 295 und 296 (siehe auch OLG Köln OLGR 2007, 410 f). Sofern die Entscheidung nur die Ablehnung der Betreuung zum Gegenstand hat, verbleibt es, da sie keinem Betreuer bekannt gegeben werden kann, bei § 40 Abs 1 mit der Bekanntgabe an den Betroffenen (Bassenge/Roth § 69a FGG Rn 9; Fröschle/*Fröschle* § 69a FGG Rn 14). Gleiches muss in den Fällen gelten, in denen auf Grund einer nach § 19 Abs 1 Nr 1 RPflG getroffenen landesrechtlichen Regelung (s dazu § 272 Rz 18 aE) die richterliche Betreuungsanordnung noch nicht die Auswahl und Bestellung eines Betreuers enthält (Jansen/*Sonnenfeld* § 69a FGG Rn 15).

Von der Vorschrift werden **Zwischenentscheidungen** und **Genehmigungsbeschlüsse** 3 des Betreuungsgerichts grundsätzlich **nicht** erfasst. Vorführens- und Unterbringungsanordnungen nach §§ 283f erlangen gemäß § 40 Abs 1 mit Bekanntgabe an den Betroffenen Wirksamkeit. Genehmigungen von Rechtsgeschäften, die nach § 3 Nr 2b) RPflG durch den Rechtspfleger erfolgen, werden gemäß § 40 Abs 2 erst mit Rechtskraft wirksam (BTDrs 16/6308 S 196; *Schulte-Bunert* Rn 951; s auch die Anmerkungen zu § 40). Ersetzungsentscheidungen betreffend Einwilligung oder Zustimmung in Adoptionssachen

§ 287 FamFG | Wirksamwerden von Beschlüssen

(§§ 1748, 1749 Abs 1, 1746 Abs 3, 1727 BGB) werden nach Maßgabe des § 40 Abs 3 wirksam, der nunmehr umfänglich auch im Betreuungsverfahren gilt (BTDrs 16/6308 S 196). Für die richterliche Genehmigung der Einwilligung des besonderen Betreuers in die Sterilisation (§ 1905 BGB) gilt § 297 Abs 7 und 8. Die richterliche **Genehmigung** der Einwilligung des Betreuers oder des Bevollmächtigten (§ 1904 Abs 5 BGB) in einen gefährlichen medizinischen Eingriff nach **§ 1904 Abs 1 BGB** wird bereits nach § 40 Abs 1 mit Bekanntgabe an diesen wirksam (BTDrs 16/6308 S 269). Soweit in den letzt genannten Fällen die Wirksamkeit bereits vor der Einlegung einer Beschwerde, ohnehin aber vor der Entscheidung des Beschwerdegerichts eintreten kann, stellt sich die Frage nach einem wirkungsvollen **Schutz des Betroffenen**. Aufschiebende Wirkung kommt der Einlegung der Beschwerde nicht zu, denn der Eintritt der Wirksamkeit wird nur in den Fällen gehemmt, in denen – so in § 40 Abs 2 – die Entscheidung kraft ausdrücklicher gesetzlicher Vorschrift erst mit Rechtskraft wirksam wird (Bumiller/Winkler § 19 FGG Rn 1) oder – so in §§ 35 Abs 5, 87 Abs 4 für Vollstreckungsmaßnahmen – durch den Verweis auf §§ 567 ff ZPO die dort vorgesehene aufschiebende Wirkung gilt. Insofern kann – ggf auf entsprechenden Antrag des Beschwerdeführers – auf **§ 64 Abs 3** zurückgegriffen werden. Dies ist in **entsprechender Anwendung** auch dem erstinstanzlichen Betreuungsgericht möglich, etwa indem es (in Anlehnung an die Regelung des Abs 3 bzw in § 1905 Abs 2 S 2 BGB) anordnet, dass seine Entscheidung erst wirksam wird, wenn nicht innerhalb von zwei Wochen nach Zustellung Beschwerde eingelegt wird. Je nach Bedeutung der Angelegenheit wird hierzu Veranlassung bestehen, was vor Inkrafttreten des 3. BetreuungsrechtsänderungsG (BGBl 2009 I S 2286) insbesondere bei der Zustimmung zur Einwilligung des Betreuers in den Abbruch einer lebenserhaltenden Maßnahme angenommen wurde (vgl LG Essen NJW 2008, 1170, 1172; Bienwald/Sonnenfeld/Hoffmann/*Hoffmann* § 1904 Rn 211; s auch Bumiller/Harders § 297 FamFG Rn 8 sowie Bumiller/Winkler § 19 FGG Rn 10 sowie im Einzelnen § 298 Rz 12 ff). Für diese, nunmehr in **§ 1904 Abs 2 BGB** vorgesehene Genehmigungsentscheidung trifft Abs 3 eine eigene Regelung (s Rz 12). Abzuwägen wird aber stets die Dringlichkeit des Eingriffs sein.

4   Die Vorschrift gilt auch im **Beschwerdeverfahren**, § 68 Abs 3.

C. Regelungen

5   Abs 1 enthält die **Grundregel**, nach der es für das Wirksam werden der Entscheidung, also den Eintritt deren rechtlicher Wirkungen (Damrau/Zimmermann § 69a FGG Rn 15), auf den Zeitpunkt der **Bekanntgabe an den Betreuer** ankommt. Dies ist bei vorausgegangener einstweiliger Anordnung – falls personenverschieden – der endgültige Betreuer (Bassenge/Roth § 69a FGG Rn 9). Die **Form** der Bekanntgabe ist in §§ 15, 41 geregelt. Danach ist sowohl schriftliche (§ 15 Abs 1) als auch gegenüber dem anwesenden Betreuer mündliche (§ 41 Abs 2 S 1) Bekanntgabe möglich. Im letzteren Fall ist die unverzügliche Nachholung der Begründung erforderlich (§ 41 Abs 2 S 2). Ob der schriftliche Beschluss förmlich zuzustellen oder per Aufgabe zur Post bekannt zu geben ist (§ 15 Abs 2) richtet sich nach den Umständen des Einzelfalls und liegt im pflichtgemäßen Ermessen des Gerichts (BTDrs 16/6308 S 182). Die nach § 16 FGG ehemals geltende Unterscheidung zwischen unbefristet und befristet anfechtbaren Entscheidungen (vgl dazu Bienwald/Sonnenfeld/Hoffmann/*Sonnenfeld* § 69a FGG Rn 36) ist mit der grundsätzlichen Befristung der Beschwerde nach § 63 obsolet. Deswegen kommt für die in Abs 1 genannten Entscheidungen auch ein formlose Bekanntgabe per E-Mail oder per Telefon nicht in Betracht (BTDrs 16/6308 S 183). Wegen der weit reichenden Wirkungen der Entscheidungen in Betreuungssachen empfiehlt es sich vor diesem Hintergrund, grundsätzlich förmlich zuzustellen; für Eilfälle gilt Abs 2 (Rz 7). Dass gemäß § 15 Abs 1 die Entscheidung auch den übrigen Beteiligten, insbesondere dem Verfahrenspfleger (s § 274 Rn 7 ff), bekannt zu geben ist, hindert den Eintritt der Wirksamkeit mit der Bekanntgabe an den Betreuer nicht. Nur für die Genehmigung der Einwilligung des besonderen Be-

treuers in die Sterilisation bzw des Betreuers oder Bevollmächtigten in den Abbruch einer lebensverlängernden Maßnahme bestimmen § 297 Abs 7 sowie hier Abs 3 (Rz 12) eine Ausnahme. In diesen Fällen ist wegen der für das Wirksamwerden abzuwartenden 2-Wochen-Frist stets die Bekanntgabe eines schriftlichen Beschlusses durch förmliche Zustellung tunlich.

Für **Genehmigungsbeschlüsse** des Betreuungsgerichts gelten, sofern sie Rechtsgeschäfte betreffen, §§ 40 Abs 2, 41 Abs 3; für richterliche Genehmigungen nach §§ 297, 298 gelten §§ 40 Abs 1, 41 Abs 1 und 2 (s Rz 3). Die Form der Bekanntgabe entspricht der der von Abs 1 erfassten Beschlüsse (s Rz 5). **6**

Abs 2 erlaubt es dem Gericht, die **sofortige Wirksamkeit** des Beschlusses anzuordnen mit der Folge, dass es nicht auf die **Bekanntgabe** an den Betreuer ankommt, sondern entweder (ohne besonderen Vorrang) auf eine solche **an den Betroffenen** selbst bzw den Verfahrenspfleger (**S 2 Nr 1**) oder aber auf den Zeitpunkt der **Übergabe des Beschlusses an die Geschäftsstelle** zum Zwecke der Bekanntmachung (**S 2 Nr 2**). Ist der Betroffene unansprechbar und – fehlerhafterweise – auch kein Verfahrenspfleger bestellt (s dazu § 276 Rz 8) oder kein Verfahrensbevollmächtigter vorhanden, scheidet eine Bekanntgabe nach Nr 1 aus (Bienwald/Sonnenfeld/Hoffmann/*Sonnenfeld* § 69a FGG Rn 31 aE). Alternative **Voraussetzungen** für die Anordnung der sofortigen Wirksamkeit sind **7**

– Die **Bekanntgabe** an den Betreuer ist **nicht möglich**. Hiermit sind tatsächliche Hinderungsgründe im Sinne mangelnder Erreichbarkeit (wie Krankheit oder Urlaubswesenheit) gemeint, nicht aber der Fall der Entlassung des Betreuers iSv § 296 Abs 1 (s hierzu Rz 2). Ist der Betreuer allerdings schon entlassen oder verstorben und steht eine weitere Entscheidung iSv Abs 1 an, etwa die Aufhebung der Betreuung, ist die Anordnung möglich (BTDrs 11/4258 S 175; Fröschle/*Fröschle* § 69a FGG Rn 14). Sofern die mangelnde Erreichbarkeit des Betreuers im vorstehenden Sinne nicht zu einer Gefährdung des Wohls des Betroffenen führt (etwa bei kurzer geplanter Abwesenheit), bedarf es der Anordnung, die lediglich eine Ausnahme von dem Grundsatz des Abs 1 darstellt, nicht (so auch Jansen/*Sonnenfeld* § 69a FGG Rn 18). Kein Fall der Verhinderung ist es, wenn auf Grund einer nach § 19 Abs 1 Nr 1 RPflG getroffenen landesrechtlichen Regelung die richterliche Betreuungsanordnung noch nicht die Auswahl und Bestellung eines Betreuers enthält (s dazu Rz 2; aA Bienwald/Sonnenfeld/Hoffmann/*Sonnenfeld* aaO Rn 29); insofern kommt jedoch Gefahr im Verzug in Betracht. **8**

oder

– Es besteht **Gefahr im Verzug**. Dies ist immer dann gegeben, wenn das Abwarten der Bekanntgabe an den Betreuer zu konkreten erheblichen Nachteilen für den Betroffenen führt. Dies betrifft insbesondere Fallgestaltungen, in denen ein Einwilligungsvorbehalt für Rechtsgeschäfte angeordnet ist und in dem Zeitraum bis zur Bekanntgabe nach Abs 1 weitere Selbstschädigung des Betroffenen droht. **9**

In den Fällen einer Genehmigung der Einwilligung des besonderen Betreuers in die Sterilisation bzw des Betreuers oder Bevollmächtigten in den Abbruch einer lebensverlängernden Maßnahme (§ 297 Abs 7 sowie hier Abs 3) ist die Anordnung der sofortigen Wirksamkeit **ausgeschlossen**.

Ob die Anordnung der sofortigen Wirksamkeit in der Hauptentscheidung mit enthalten oder in einem gesonderten Beschluss (auch nachträglich) getroffen ist, ist ohne Belang (Bassenge/Roth § 69a FGG Rn 10; Fröschle/*Fröschle* § 69a FGG Rn 15). Sie ist gemäß § 38 Abs 5 Nr 3, Abs 4 zu **begründen** (zuletzt str, ebenso Bassenge/Roth § 69a FGG Rn 10; Jürgens/*Mertens* § 69a FGG Rn 9; aA Jansen/*Sonnenfeld* § 69a FGG Rn 23). Sie ist als Zwischenentscheidung **nicht** selbständig **anfechtbar**, kann aber im Rahmen der Beschwerde in der Hauptsache überprüft werden (BTDrs 16/6308 S 203; Damrau/Zimmermann § 69a FGG Rn 23; Jürgens/*Mertens* § 69a FGG Rn 9). Es gilt § 64 Abs 3 (s dazu Rz 3 sowie § 64 Rz 29 ff). **10**

§ 287 FamFG | Wirksamwerden von Beschlüssen

11   Im Interesse der Rechtssicherheit schreibt **S 3** vor, den **Zeitpunkt** der sofortigen Wirksamkeit, also den der Bekanntgabe nach S 2 Nr 1 bzw der Übergabe nach S 2 Nr 2, **auf dem Beschluss zu vermerken**, was je nach Fallgestaltung durch Richter oder Geschäftsstelle geschehen kann (Damrau/Zimmermann § 69a FGG Rn 22; Jürgens/Kröger/Marschner/Winterstein Rn 411). Der Vermerk ist Gegenstand des Beschlusses und deshalb in alle Ausfertigungen aufzunehmen. Sein Fehlen hindert, da er der Klarstellung dient, das Wirksamwerden des Beschlusses nicht (Bassenge/Roth § 69a FGG Rn 11, HK-BUR/*Hoffmann* § 69a FGG Rn 41).

12   **Abs 3** schiebt den Zeitpunkt des Wirksamwerdens einer Genehmigung, die die Nichteinwilligung oder den Widerruf der Einwilligung des Betreuers oder Bevollmächtigten in eine lebensnotwendige medizinische Behandlung zum Gegenstand hat (§ 1904 Abs 2 BGB), **um zwei Wochen hinaus**. Damit wird von dem allgemeinen Grundsatz in Verfahren der Freiwilligen Gerichtsbarkeit, wonach die Verfügung des Gerichts mit Bekanntgabe an den jeweiligen Beteiligten wirksam wird (s Rz 1 ff), in Ansehung des Umstands abgewichen, dass die bei einer Genehmigung des Gerichts in den **Abbruch** oder die **Nichteinleitung lebenserhaltender** oder -verlängernder **Maßnahmen** gebotenen ärztlichen Handlungen regelmäßig nicht reversibel sind. So soll ein **effektiver Rechtsschutz** für die am Verfahren Beteiligten gewährleistet werden (BTDrs 16/8422 S 19; s.a. Rz 3). Für die Berechnung der 2-Wochen-Frist ist das Erfordernis kumulativer Bekanntgabe an den Betreuer/Bevollmächtigten sowie an den Verfahrenspfleger (§ 298 Abs 3) zu beachten; maßgeblicher Zeitpunkt für ihren Beginn ist mithin die letzte Bekanntgabe. Zur **Form** der Bekanntgabe s Rz 5 aE. Zu den Einzelheiten des Verfahrens betreffend den Abbruch lebensverlängernder Maßnahmen s § 298 Rz 12 ff.

§ 288 Bekanntgabe

(1) Von der Bekanntgabe der Gründe eines Beschlusses an den Betroffenen kann abgesehen werden, wenn dies nach ärztlichem Zeugnis erforderlich ist, um erhebliche Nachteile für seine Gesundheit zu vermeiden.

(2) Das Gericht hat der zuständigen Behörde den Beschluss über die Bestellung eines Betreuers oder die Anordnung eines Einwilligungsvorbehaltes oder Beschlüsse über Umfang, Inhalt oder Bestand einer solchen Maßnahme stets bekannt zu geben. Andere Beschlüsse sind der zuständigen Behörde bekannt zu geben, wenn sie vor deren Erlass angehört wurde.

A. Normzweck

Die Vorschrift konkretisiert die in § 41 getroffenen allgemeinen Regelungen zur Bekanntgabe von Entscheidungen für das Verfahren in Betreuungssachen. Im Hinblick auf die nach § 41 Abs 1 vorgesehene Pflicht zur umfänglichen Bekanntgabe an alle Beteiligte (§ 274) beschränkt sich diese Konkretisierung dabei auf die **Sonderfälle** des Absehens der Bekanntgabe der Gründe an den Betroffenen (Abs 1) sowie **der Bekanntgabe** von Entscheidungen im Verhältnis zur Betreuungsbehörde (Abs 2). Hierdurch soll dem Betreuungsgericht zum Einen, wenn es Schwierigkeiten bei der Bekanntmachung erwartet, ein fester Regelungsrahmen vorgegebenen werden. Zum Anderen soll die umfassende Information der Betreuungsbehörde zwecks Erleichterung deren Aufgabenerfüllung sichergestellt werden (BTDrs 11/4528 S 175). Im Übrigen aber verbleibt es, insbes zur Art der Bekanntgabe, bei den allgemeinen Regelungen der §§ 15 und 41 (s dazu auch § 287 Rz 5). 1

B. Anwendungsbereich

Es werden **alle Entscheidungen** des Betreuungsgerichts erfasst, die dem Betroffenen **begründet bekannt zu geben** sind (**Abs 1**). Dies sind Beschlüsse, durch die Betreuung angeordnet und ein (weiterer) Betreuer bestellt oder ein Einwilligungsvorbehalt angeordnet wird, mithin auch solche im Wege einstweiliger Anordnung nach §§ 300 ff. Nach § 293 Abs 1 ist die Vorschrift bei Erweiterung des Aufgabenkreises des Betreuers oder Erweiterung des Kreises der einwilligungsbedürftigen Willenserklärungen entsprechend anzuwenden, nach § 295 Abs 1 Satz 1 gleichfalls bei Verlängerung dieser Anordnungen. Auch im Fall der Ablehnung von Maßnahmen oder der Entlassung eines Betreuers kommt eine Anwendung in Betracht, ebenso bei betreuungsgerichtlichen Genehmigungen (Jansen/*Sonnenfeld* § 69a FGG Rn 1). Nur für die Genehmigung der Einwilligung des besonderen Betreuers in die Sterilisation trifft § 297 Abs 8 eine Sonderregelung. 2

Abs 2 differenziert hinsichtlich der der **Betreuungsbehörde** bekannt zu gebenden Entscheidungen. Nach S 1 sind dies wie schon nach Abs 1 alle die Betreuung oder einen Einwilligungsvorbehalt anordnenden oder diese Anordnungen verändernden Beschlüsse (§ 294 Abs 1), nicht hingegen die sonstigen Entscheidungen wie etwa Genehmigungen. Für die Genehmigung der Einwilligung des besonderen Betreuers in die Sterilisation gilt § 297 Abs 8 Satz 3. Alle übrigen Beschlüsse unterfallen S 2. 3

C. Regelungen

Abs 1 ermöglicht die Entscheidung des Betreuungsgerichts, unter bestimmten Voraussetzungen **von der Bekanntgabe der Gründe** eines Beschlusses (nur) an den Betroffenen **abzusehen**. Dazu, wann eine Begründung grds erforderlich ist, s § 286 Rz 9. Es ist sodann im Sinne einer **Abwägung** des Informationsrechtes des Betroffenen mit seinen gesundheitlichen Belangen nach pflichtgemäßem **Ermessen** zu überprüfen, ob deren Mit- 4 teilung an den Betroffenen zur Vermeidung erheblicher Nachteile für dessen Gesundheit zu unterbleiben hat. Damit sind solche Nachteile gemeint, die über die üblicherweise mit dem Bekanntwerden einschneidender Maßnahmen persönlicher Natur verbundenen Beeinträchtigungen (wie etwa Aufregung, vorübergehender Bluthochdruck, Unwohlsein) hinausgehen. Hierzu wird vielmehr bei depressiven oder hochpsychotischen Betroffenen Anlass bestehen; nicht jedoch bei zu erwartender Verärgerung oder zur Vermeidung bloß unkooperativen Verhaltens (Fröschle/*Fröschle* § 69a FGG Rn 7; Jansen/ *Sonnenfeld* § 69a FGG Rn 4). Ggf sind abgestufte (mildere) Varianten einer Begründung in Betracht zu ziehen (Damrau/Zimmermann § 69a FGG Rn 7). Erforderlich ist in jedem Fall ein **ärztliches Zeugnis** (Gutachten oder Attest), das sich konkret und iE zu den gesundheitlichen Gefahren im Falle der Mitteilung der Gründe verhält (Jürgens/*Mertens* § 69a FGG Rn 3). Die – oft anzutreffende – pauschale Formulierung, von der Bekanntmachung der Entscheidungsgründe solle unter Verweis auf das Gutachten abgesehen werden, reicht keinesfalls aus.

5   Abs 2 enthält nunmehr die ausdrückliche Anordnung, der **zuständigen Behörde** die in **S 1** aufgeführten Beschlüsse (s Rz 2 f) bekannt zu geben. Denn gegen solche Entscheidungen steht ihr gemäß §§ 59 Abs 3, 303 Abs 1 ein Recht zur Beschwerde zu. Die gegenüber § 69a Abs 2 FGG erweiterte Bekanntgabepflicht soll sicherstellen, dass die Frist zur Einlegung der Beschwerde der zuständigen Behörde gegenüber auch dann zu laufen beginnt, wenn sie in erster Instanz mangels dahingehenden Antrags nicht beteiligt wurde (BTDrs 16/6308 S 269). Dies bedingt es auch, dass der Betreuungsbehörde die Beschlüsse in Gänze, nicht etwa nur der Tenor, zur Kenntnis gelangen müssen (so für die frühere Regelung Jansen/*Sonnenfeld* § 69a FGG Rn 8). Ist die Betreuungsbehörde Beteiligte nach § 274 Abs 3 oder ist sie nach § 279 Abs 4 angehört worden (s dazu § 279 Rz 4), sind nach **S 2** auch nicht die von Satz 1 erfassten Entscheidungen ihr gegenüber bekannt zu geben, damit sie erforderliche Maßnahmen hinreichend beurteilen und ggf in die Wege leiten kann (Bienwald/Sonnenfeld/Hoffmann/*Sonnenfeld* § 69a FGG Rn 19).

D. Verfahren

6   Die Entscheidung kann im Tenor des Hauptsachebeschlusses oder gesondert getroffen werden (Jansen/*Sonnenfeld* § 69a FGG Rn 7); sie ist als **Nebenentscheidung** nicht zwingend in Beschlussform zu fassen (vgl BTDrs 16/6308 S 195). **Zuständig** ist entsprechend der Aufteilung funktioneller Zuständigkeit entweder der Richter oder der Rechtspfleger (s § 272 Rz 30). Im Beschwerdeverfahren kann die Kammer oder, im Fall der Übertragung nach § 68 Abs 4 auf den Einzelrichter, dieser zuständig sein. Die Entscheidung ist zu **begründen**, da sie im Rahmen der Überprüfung der Endentscheidung durch das Beschwerdegericht gemäß § 58 Abs 2 ihrerseits der Überprüfung unterliegt. Anders als noch nach der Regelung des § 69a Abs 1 S 2 FGG (vgl dazu BayObLG FGPrax 1999, 181; Jürgens/*Mertens* § 69a FGG Rn 3) kann sie als Nebenentscheidung jedoch **nicht selbständig angefochten** werden (BTDrs 16/6308 S 203). Es kommt allenfalls die Gehörsrüge nach § 44 bei einem Verstoß gegen die Anhörungspflicht des § 278 in Betracht, wobei dann in der Regel jedoch auch die Entscheidung in der Hauptsache angefochten sein dürfte.

§ 289 Verpflichtung des Betreuers

(1) Der Betreuer wird mündlich verpflichtet und über seine Aufgaben unterrichtet. Das gilt nicht für Vereinsbetreuer, Behördenbetreuer, Vereine, die zuständige Behörde und Personen, die die Betreuung im Rahmen ihrer Berufsausübung führen, sowie nicht für ehrenamtliche Betreuer, die mehr als eine Betreuung führen oder in den letzten zwei Jahren geführt haben.

(2) In geeigneten Fällen führt das Gericht mit dem Betreuer und dem Betroffenen ein Einführungsgespräch.

A. Normzweck

Da die Betreuerbestellung gemäß § 287 Abs 1 bereits mit der Bekanntgabe an diesen wirksam wird, bedarf es keines weiteren konstitutiven Aktes für das Tätigwerden des Betreuers (vgl zum alten Recht Bienwald/Sonnenfeld/Hoffmann/*Sonnenfeld* § 69b FGG Rn 4). Gleichwohl soll insbes der **nicht professionelle Betreuer** gleich zu Beginn seiner Tätigkeit mit dem Ziel gewissenhafter und richtiger Amtsführung über den Umfang seiner Aufgabe **umfassend informiert** werden. Zwischen ihm und dem Gericht soll von vornherein ein persönliches Verhältnis hergestellt, eventuell bestehende Hemmschwellen sollen abgebaut werden (BTDrs 11/4258 S 176; Bassenge/Roth § 69g FGG Rn 1). Diesem Anliegen trägt das Gesetz mit der mündlichen Verpflichtung **zu Beginn der Amtsgeschäfte** (Abs 1) sowie der Möglichkeit, ein Einführungsgespräch unter Beteiligung auch des Betroffenen zu führen (Abs 2), Rechnung. Soll verhindert werden, dass der Betreuer vor der Verpflichtung nach Abs 1 tätig werden kann, kann ihm der Beschluss über seine Bestellung erst im Rahmen des Verpflichtungsgesprächs bekannt gemacht werden (Damrau/Zimmermann § 69b FGG Rn 1). 1

B. Anwendungsbereich

Die Vorschrift gilt für alle Fälle, in denen ein (auch weiterer oder neuer) **Betreuer bestellt** wird iSv §§ 1896, 1899, 1908c BGB, und zwar auch im Wege einstweiliger Anordnung nach § 300 (OLG Frankfurt/M FGPrax 2004, 287). Denn hier besteht jeweils der angesichts der Tragweite der dem Betreuer zustehenden Befugnisse (gesetzlicher Vertreter) vom Gesetzgeber gesehene Bedarf an Information und Aufklärung (Rz 1). Ob dies auch erforderlich ist, wenn lediglich der **Aufgabenkreis** des Betreuers **erweitert** oder die Betreuung **verlängert** wird, ist – dem entsprechend – nach dem Sinn und Zweck der jeweiligen Verpflichtung zu beurteilen. Es wird Fälle geben, in denen bei einer Erweiterung des Aufgabenkreise (zB neben Vermögensangelegenheiten nunmehr auch solche der Wohnungsauflösung) der Bedarf an zusätzlicher Information derart gering ist, dass die erneute Verpflichtung bloße Förmelei wäre. Dass § 293 Abs 1 für die Erweiterung des Aufgabenkreises des Betreuers die Vorschriften über die Anordnung dieser Maßnahmen entsprechend gelten lässt, steht mit Rücksicht auf die Ausnahmen nach § 293 Abs 2 für nicht wesentliche Erweiterungen gerade nicht entgegen. Diese bisher streitige Frage (wie hier iE Bassenge/Roth § 69b FGG Rn 1; Jurgeleit/*Bučić* § 69b FGG Rn 2; aA Jansen/*Sonnenfeld* § 69b FGG Rn 3) ist auch mit der Neuregelung in § 289 nicht entschieden. Die Verlängerung der Betreuung, für die § 294 Abs 1 S 1 ebenfalls auf die Vorschrift verweist, gibt hiernach ohnehin keinen Anlass zu einer erneuten Verpflichtung, es sei denn, in diesem Zusammenhang wird ein neuer Betreuer bestellt (s dazu § 296 Rz 4). 2

C. Regelungen

Abs 1 S 1 sieht die Verpflichtung des neuen Betreuers durch ein **mündliches** Gespräch vor. **Zuständig** ist stets der **Rechtspfleger** (§ 3 Nr 2b) RPflG), was insbes im Hinblick auf den regelmäßigen Inhalt des Verpflichtungsgesprächs auch zweckmäßig ist. Denn 3

§ 289 FamFG | Verpflichtung des Betreuers

der Rechtspfleger überwacht die Erfüllung der den Betreuer unter anderem nach § 1908i BGB iVm §§ 1802, 1806 ff, 1840 f BGB treffenden Pflichten und erteilt die betreuungsgerichtlichen Genehmigungen, sofern es nicht um die Fälle der §§ 1904 f BGB geht. Dem entsprechend erstreckt sich der **Inhalt** des Gesprächs auf die Vermittlung der nötigen Kenntnisse der Betreuerpflichten und -rechte sowie das zugehörige Prozedere. Im Falle der Bestellung eines vorläufigen Betreuers durch das nach § 272 Abs 2 eilzuständige Gericht hat dieses die Verpflichtung vor Abgabe an das hauptzuständige Gericht selbst durchzuführen (OLG Frankfurt/M FGPrax 2004, 287). Eine besondere **Form** der Verpflichtung ist (abgesehen von der Mündlichkeit) nicht vorgeschrieben. Allerdings sollte sie nicht auf fernmündlichem Wege vorgenommen werden (so aber Bienwald/Sonnenfeld/Hoffmann/*Sonnenfeld* § 69b FGG Rn 5; Damrau/Zimmermann § 69b FGG Rn 3), da auf diese Weise – so der Aufklärungs- und Informationsbedarf besteht (s Rz 2) – die vom Gesetzgeber gewollte Amtseinführung nicht gewährleistet ist (KG FamRZ 1994, 1600 f = FGPrax 1995, 53 f; Bassenge/Roth § 69b FGG Rn 2; Fröschle/*Fröschle* § 69b FGG Rn 3; Jürgens/*Mertens* § 69b FGG Rn 1). In den Fällen, in denen dem Betreuer das Erscheinen beim Betreuungsgericht etwa wegen weiter Entfernung nicht zumutbar ist, ist die Vornahme der Verpflichtung durch ein **ersuchtes** Gericht möglich (Damrau/Zimmermann § 69b FGG Rn 3; Jürgens/Kröger/Marschner/Winterstein Rn 413). Im Übrigen wird durch die Ausnahmen in Satz 2 (s Rz 4) die Zahl der so vorzunehmenden Verpflichtungsgespräche auf das notwendige Maß beschränkt. Eine Stellvertretung in der Verpflichtung kommt nicht in Betracht (Bienwald/Sonnenfeld/Hoffmann/*Sonnenfeld* § 69 FGG Rn 6).

4 **Abs 1 S 2** nimmt von der Notwendigkeit der Führung des Verpflichtungsgesprächs die Bestellung solcher Personen zum Betreuer aus, bei denen die für die Übernahme der Betreuung erforderliche Sachkunde unterstellt werden kann. Dies gilt – weiter gehend als noch nach § 69b Abs 1 S 2 FGG – für alle »**professionell**« **tätigen Betreuer**, also Vereins- und Behördenbetreuer (§ 1897 Abs 2 S 1 BGB), die Betreuungsvereine (§ 1900 Abs 1 BGB), die Betreuungsbehörde (§ 1900 Abs 4 BGB) sowie den Berufsbetreuer (§ 1836 Abs 1 BGB). Rechtsanwälte zählen hierzu, sofern sie die Betreuung berufsmäßig führen (BTDrs 16/6308 S 269). Eine grds Erweiterung auf alle Rechtsanwälte (so *Schulte-Bunert* Rn 955) drängt sich nicht auf, da betreuungsrechtliches Spezialwissen und entsprechende Erfahrung nicht ohne Weiteres zu unterstellen ist. Schließlich soll auch der erfahrene ehrenamtliche Betreuer nicht mehr besonders verpflichtet werden müssen.

5 **Abs 2** sieht neben der mündlichen Verpflichtung des Betreuers (Rz 3) auch vor, dass das Gericht (der Rechtspfleger) in Anwesenheit des/der Betreuer/s sowie des Betroffenen ein **Einführungsgespräch** führt. Dessen Zweckrichtung ist von derjenigen des Verpflichtungsgesprächs verschieden. Es soll die Basis für eine vertrauensvolle Zusammenarbeit zwischen Betreuer, Betroffenem und Gericht geschaffen werden (BTDrs 11/4528 S 176), wobei nicht unbedingt der informative, sondern durchaus auch der **kommunikative Charakter** im Vordergrund steht. Das Einführungsgespräch ersetzt deswegen nicht die Verpflichtung, andererseits sind auch die nach Abs 1 S 2 ausgenommenen Betreuer (Rz 4) an der Teilnahme hieran verpflichtet (Bienwald/Sonnenfeld/Hoffmann/*Sonnenfeld* § 69b FGG Rn 24 ff; Jürgens/*Mertens* § 69b FGG Rn 5). Das Gespräch kann für den Berufsbetreuer insbes im Zusammenhang mit der Erstellung eines Betreuungsplans (§ 1901 Abs 4 BGB) hilfreich sein oder hierzu Anlass geben (Jansen/*Sonnenfeld* § 69b FGG Rn 20). Nach Maßgabe dessen sind auch die vom Gesetz gesehenen **geeigneten Fälle**, in denen das Gespräch anzuberaumen ist, zu beurteilen. Es muss eine hinreichende Verständigung mit dem Betroffenen möglich und der Austausch an Information in diesem Rahmen sinnvoll sein. Dies ist jedenfalls dann gegeben, wenn der Betroffene oder der Betreuer hierum bitten und es nicht nur um wenig bedeutsame Aufgaben des Betreuers oder reine Detailfragen geht (vgl Jürgens/Kröger/Marschner/Winterstein Rn 419; kritisch Damrau/Zimmermann § 69 FGG Rn 11). Der Betreuer ist für die Teil-

nahme nach Maßgabe der §§ 1835 ff iVm § 1908i Abs 1 S 1 BGB und des VBVG zu entschädigen.

Das **Fehlen** von Verpflichtungsgespräch nach Abs 1 oder Einführungsgespräch nach Abs 2 ist für den Bestand oder die Führung der Betreuung **unschädlich** (s Rz 1). Beides kann erforderlichenfalls nachgeholt werden. 6

§ 290 Bestellungsurkunde

Der Betreuer erhält eine Urkunde über seine Bestellung. Die Urkunde soll enthalten:
1. die Bezeichnung des Betroffenen und des Betreuers;
2. bei Bestellung eines Vereinsbetreuers oder Behördenbetreuers diese Bezeichnung und die Bezeichnung des Vereins oder der Behörde;
3. den Aufgabenkreis des Betreuers;
4. bei Anordnung eines Einwilligungsvorbehalts die Bezeichnung des Kreises der einwilligungsbedürftigen Willenserklärungen;
5. bei der Bestellung eines vorläufigen Betreuers durch einstweilige Anordnung das Ende der einstweiligen Maßnahme.

A. Normzweck

1 Zum **Nachweis seiner Vertretungsbefugnis** im Rechtsverkehr erhält der Betreuer einen Betreuerausweis, auch Bestallung oder – wie es das Gesetz formuliert – Bestellungsurkunde genannt. Deren Ausstellung kommt, was sich aus § 287 ergibt, für die Vertretungsmacht des Betreuers keinerlei konstitutive Wirkung zu, so dass bei Abweichungen zwischen ihr und dem bestellenden Beschluss allein der Inhalt des Letzteren maßgeblich ist (Bassenge/Roth § 69b FGG Rn 3; Jürgens/*Mertens* § 69b FGG Rn 4). Die Bestellungsurkunde dokumentiert die dem Betreuer zustehende Vertretungsmacht, ist aber **keine Vollmachtsurkunde** iSv §§ 172 ff BGB und genießt auch keinen öffentlichen Glauben (Bumiller/Harders § 290 FamFG Rn 1; Fröschle/*Fröschle* § 69b FGG Rn 12, 16).

B. Anwendungsbereich

2 Die Vorschrift erfasst grds **alle Fälle**, in denen ein **Betreuer** iSv §§ 1896 ff BGB **bestellt** wird. Deswegen erhalten wegen der Ausweisfunktion auch der Ergänzungsbetreuer (§§ 1908i Abs 1 S 1, 1795, 1796 BGB), der Nebenbetreuer (§ 1899 Abs 1 BGB), der Ersatzbetreuer (§ 1899 Abs 4), der Kontrollbetreuer (§ 1896 Abs 3 BGB) und der Gegenbetreuer (§ 1908i Abs 1 S 1 iVm § 1799 BGB) eine Bestellungsurkunde, ebenso der besondere Betreuer (§ 1899 Abs 2 BGB) für die Einwilligung in die Sterilisation (Jansen/*Sonnenfeld* § 69b FGG Rn 15). Dabei müssen die **Besonderheiten** der jeweiligen Bestellungen in der Urkunde Niederschlag finden, insbes eine ggf angeordnete Beschränkung in der Vertretungsmacht, Beginn und Ende besonderer Betreuerbestellungen, die Tatsache der Mitbetreuung im Fall des § 1899 Abs 3 BGB sowie die Voraussetzung der Verhinderung im Fall des § 1899 Abs 4 BGB (Fröschle/*Fröschle* § 69b FGG Rn 12 ff).

C. Regelungen

3 Die in die Bestellungsurkunde **aufzunehmenden Angaben** sind in S 2 Nr 1 bis 5 iE aufgeführt. Sie entsprechen im Wesentlichen dem nach § 286 Abs 1 und 2 vorgeschriebenen Inhalt der Beschlussformel. Insofern wird auf die Anmerkungen zu § 286 Rz 3 bis 5 und 7 verwiesen. S 2 Nr 5 sieht darüber hinaus im Fall der Bestellung eines **vorläufigen** Betreuers nach § 300 die Angabe der **Dauer** dessen Bestellung vor. Hierfür besteht im Hinblick auf die Ausweisfunktion der Bestellungsurkunde (s Rz 1) ein Bedürfnis, da die einstweilige Anordnung zu dem vom Gericht bestimmten Zeitpunkt, spätestens aber nach sechs Monaten außer Kraft tritt (§ 302). Die Aufnahme der Überprüfungsfrist (§ 294 Abs 3) im Übrigen sollte im Interesse der Sicherheit des Rechtsverkehrs indessen nicht erfolgen, da ihre Überschreitung keine Auswirkungen auf die Vertretungsbefugnis des Betreuers hat (s § 286 Rz 11).

4 Bei **Beendigung** der Bestellung ist die Bestellungsurkunde an das Betreuungsgericht **zurückzugeben** (§ 1908i iVm § 1893 Abs 2 S 1 BGB), was vom diesem zu überwachen ist. Eine bestimmte Form der Rückgabe ist nicht vorgeschrieben (Fröschle/*Fröschle* § 69b

FGG Rn 17 f). Im Fall der **Änderung** des Betreuungsumfangs oder der erneuten Bestellung des Betreuers ist der Ausweis entweder abzuändern oder neu auszustellen (HK-BUR/*Bauer* § 69b FGG Rn 39). Hierzu zählt auch die Abgabe der Betreuung an ein anderes Gericht (§§ 4, 273).

§ 291 Überprüfung der Betreuerauswahl

Der Betroffene kann verlangen, dass die Auswahl der Person, der ein Verein oder eine Behörde die Wahrnehmung der Betreuung übertragen hat, durch gerichtliche Entscheidung überprüft wird. Das Gericht kann dem Verein oder der Behörde aufgeben, eine andere Person auszuwählen, wenn einem Vorschlag des Betroffenen, dem keine wichtigen Gründe entgegenstehen, nicht entsprochen wurde oder die bisherige Auswahl dem Wohl des Betroffenen zuwiderläuft. § 35 ist nicht anzuwenden.

A. Normzweck

1 Grds ist nach § 1897 Abs 1 BGB eine geeignete natürliche Person zum Betreuer zu bestellen, wozu ebenso Vereins- und Behördenbetreuer (§ 1897 Abs 2 S 1 BGB) zählen. Nur wenn der Volljährige durch eine oder mehrere natürliche Personen nicht hinreichend betreut werden kann, etwa wenn wegen der Art der Erkrankung oder der Behinderung eines Betroffenen die Zuordnung konkreter Einzelpersonen unzweckmäßig ist, bestellt das Betreuungsgericht einen anerkannten Betreuungsverein zum Betreuer (§ 1900 Abs 1 S 1 BGB); und kann er auch durch einen Verein nicht hinreichend betreut werden (s dazu näher PWW/*Bauer* § 1900 BGB Rn 2 f), bestellt das Gericht die zuständige Behörde zum Betreuer (§ 1900 Abs 4 S 1 BGB). Verein oder Behörde haben bei der erstmaligen **Auswahl der konkreten Betreuungsperson** wegen des gleichwohl geltenden Vorrangs der Bestellung natürlicher Personen den Vorschlägen des Betroffenen zu entsprechen. Die Vorschrift soll dem Betroffenen in diesen Fällen einen **verfahrensrechtlich gesicherten Einfluss** auf die Auswahl der die Betreuung wahrnehmenden Person geben (BTDrs 11/4528 S 176; Bienwald/Sonnenfeld/Hoffmann/*Sonnenfeld* § 69c FGG Rn 2; Bumiller/Harders § 291 FamFG Rn 1; Jürgens/Kröger/Marschner/Winterstein Rn 421). Sie enthält das **Antragsrecht** des Betroffenen für eine nachträgliche **gerichtliche Entscheidung** über die Auswahl der Betreuungsperson.

B. Anwendungsbereich

2 Die Vorschrift greift nur ein, wenn ein **Betreuungsverein** oder die **Betreuungsbehörde** als solche **zum Betreuer bestellt** werden (§ 1900 Abs 1, 4 BGB). Sie gilt nicht bei der Bestellung einer natürlichen Person als Vereins- und Behördenbetreuer iSv § 1897 Abs 2 S 1 BGB (s Rz 1). Zur Anwendung kommt sie dabei nicht bereits bei der Betreuerbestellung im Wege der Einheitsentscheidung (§ 286 Rz 1, 3), sondern erst im Rahmen der auf die Bestellung folgenden Auswahl des konkreten Vereinsmitglieds oder Mitarbeiters als die die Betreuung ausübende Person. Diese Auswahl ist dem Betreuungsgericht von Verein oder der zuständigen Behörde alsbald mitzuteilen.

C. Regelungen

3 Es bedarf eines **Antrags** des Betroffenen bzw des für diesen handelnden Verfahrenspflegers oder -bevollmächtigten, mit dem die Auswahl der Betreuungsperson beanstandet wird (**S 1**), wobei eine bestimmte **Form nicht vorgeschrieben** ist. Insbes werden »Beschwerden« des Betroffenen über Probleme in der Zusammenarbeit mit der Betreuungsperson als derartiger Antrag auszulegen sein. Im Hinblick auf den klaren Wortlaut kommt eine Antragstellung durch andere Beteiligte iSv § 274 nicht in Betracht. Es gelten die **allgemeinen Verfahrensvorschriften** und § 26; zu einer Beweisaufnahme wird sich das Gericht jedoch grds nicht gedrängt sehen. Insbes ist das Verfahren nicht mit demjenigen der Einrichtung der Betreuung zu vergleichen (s dazu § 278 Rz 11, § 279 Rz 7), es handelt sich auch nicht um die Entlassung des Betreuers iSv § 296 (Bassenge/Roth § 69c FGG Rn 3; Fröschle/*Fröschle* § 69c FGG Rn 2). Die ausgewählte Betreuungsperson ist nach § 7 Abs 2 Nr 1 Beteiligter. Ihr, dem Verein bzw der Behörde sowie dem Betroffenen

ist Gelegenheit zur Äußerung zu geben. Eine persönliche Anhörung kann im Ausnahmefall geboten sein. Der Antrag hat keine aufschiebende Wirkung (Damrau/Zimmermann § 69c FGG Rn 2; Bienwald/Sonnenfeld/Hoffmann/*Sonnenfeld* § 69c FGG Rn 3, 6).

Das Gericht **prüft** die **Beanstandung** der Auswahl der Betreuungsperson daraufhin, **4** ob einem **Vorschlag** des Betroffenen, dem wichtige Gründe (insbes Kapazitätszwänge) nicht entgegenstehen, nicht entsprochen wurde oder die bisherige Auswahl dem **Wohl des Betroffenen** zuwiderläuft (**S 2**). Letzteres betrifft im Wesentlichen die fehlende Eignung der Betreuungsperson im konkreten Fall und kommt gerade bei Interessenkollisionen und (ohnehin) in den von § 1908b BGB erfassten Konstellationen in Betracht (Fröschle/*Fröschle* § 69c FGG Rn 3; vgl auch § 276 Rz 10 und § 274 Rz 15). Ist der Antrag nach dem Ergebnis dieser Prüfung nicht zurückzuweisen, teilt das Gericht dem Verein oder der Behörde dies mit, verbunden mit der Aufforderung, die Auswahl der Betreuungsperson nach Maßgabe dessen abzuändern. Eine bindende, insbes durchsetzbare Anordnung ist nicht vorgesehen (**S 3**). Ggf kann der Verein oder die Behörde selbst als Betreuer entlassen werden.

Der Beschluss des Betreuungsgerichts ist mit der **Beschwerde** anfechtbar. Es handelt **5** sich nicht lediglich um eine nicht selbständig anfechtbare Nebenentscheidung (BTDrs 16/6308 S 203; s auch § 288 Rz 6). Denn in Bezug auf das durch die Vorschrift eröffnete Antragsverfahren ist er Endentscheidung iSv § 58 Abs 1. Beschwerdeberechtigt ist entweder nach § 59 Abs 2 der Betroffene oder – bei stattgebender Entscheidung – der Verein bzw die Behörde, § 59 Abs 1. § 59 Abs 3 und § 303 Abs 1 sind insofern nicht einschlägig.

§ 292 Zahlungen an den Betreuer

(1) In Betreuungsverfahren gilt § 168 entsprechend.

(2) Die Landesregierungen werden ermächtigt, durch Rechtsverordnung für Anträge und Erklärungen auf Ersatz von Aufwendungen und Bewilligung von Vergütung Formulare einzuführen. Soweit Formulare eingeführt sind, müssen sich Personen, die die Betreuung im Rahmen der Berufsausübung führen, ihrer bedienen und sie als elektronisches Dokument einreichen, wenn dieses für die automatische Bearbeitung durch das Gericht geeignet ist. Andernfalls liegt keine ordnungsgemäße Geltendmachung im Sinne von § 1836 Abs. 1 Satz 2 des Bürgerlichen Gesetzbuchs in Verbindung mit § 1 des Vormünder- und Betreuungsvergütungsgesetzes vor. Die Landesregierungen können die Ermächtigung nach Satz 1 durch Rechtsverordnung auf die Landesjustizverwaltungen übertragen.

A. Normzweck

1 Die Vorschrift ist aus § 69e FGG hervorgegangen, der zahlreiche Verweise auf besondere Vorschriften für das FGG-Verfahren enthielt und diese für entsprechend anwendbar erklärte. Während der überwiegende Teil dieser Regelungsgegenstände nunmehr im Allgemeinen Teil (§§ 40 ff, § 104 iVm § 99 Abs 2, 3) bzw im Betreuungsverfahren (§ 285) spezielle Berücksichtigung findet, erschöpft sie sich wegen des Verfahrens zur Festsetzung von Vergütung und Aufwendungsersatz des Betreuers oder Gegenbetreuers im **Verweis auf § 168**. Weiterhin enthält die Vorschrift in Abs 2 die **Ermächtigung** zur Einführung von Vordrucken für die Berufsbetreuerentschädigung.

B. Regelungen

2 Die Vorschriften des materiellen Vormundschaftsrechts über den **Aufwendungsersatz** und die **Vergütung** von Vormündern einschließlich der Inanspruchnahme des Mündels und seiner Erben (§§ 1835 ff BGB) sind nach § 1908i Abs 1 S 1 BGB im materiellen Betreuungsrecht sinngemäß anzuwenden. Der Verweis in **Abs 1** auf § 168 stellt sicher, dass die zugehörigen **Verfahrensvorschriften** in Betreuungssachen ebenfalls entsprechend gelten (BTDrs 13/7158 S 39). Wegen der Einzelheiten s die Anmerkungen zu § 168.

3 Abs 2 S 1 ermächtigt die Landesregierungen, durch **Rechtsverordnung** Vordrucke für Anträge und Erklärungen betreffend Aufwendungsersatz und Vergütung der Berufsbetreuer einzuführen. In diesem Fall sind die Berufsbetreuer nach **S 2** zur Verwendung der **elektronischen Vordrucke** verpflichtet, andernfalls eine ordnungsgemäße Geltendmachung iSv § 2 Abs 1 S 1 VBVG nicht vorliegt (richtigerweise müsste der Verweis auf § 1836 Abs 1 S 3 BGB lauten). Von der in **S 3** vorgesehenen Möglichkeit, die Ermächtigung zu delegieren, haben bisher die Länder Nordrhein-Westfalen (Delegations-VO – § 69e Abs 2 FGG v 12.10.2004), Brandenburg (Justiz-Zuständigkeitsübertragungsverordnung – JuZÜV v 28.11.2006), Sachsen (Zuständigkeitsübertragungsverordnung Justiz – ZustÜVOJu v 7.11.2007), Sachsen-Anhalt (Verordnung zur Übertragung von Verordnungsermächtigungen im Bereich der Justiz v 28.3.2008) sowie Thüringen (Thüringer Ermächtigungsübertragungsverordnung Justiz – ThürErmÜVJ – v 25.10.2004) Gebrauch gemacht.

§ 293 Erweiterung der Betreuung oder des Einwilligungsvorbehalts

(1) Für die Erweiterung des Aufgabenkreises des Betreuers und die Erweiterung des Kreises der einwilligungsbedürftigen Willenserklärungen gelten die Vorschriften über die Anordnung dieser Maßnahmen entsprechend.

(2) Einer persönlichen Anhörung nach § 278 Abs. 1 sowie der Einholung eines Gutachtens oder ärztlichen Zeugnisses (§§ 280 und 281) bedarf es nicht,
1. wenn diese Verfahrenshandlungen nicht länger als sechs Monate zurückliegen oder
2. die beabsichtigte Erweiterung nach Absatz 1 nicht wesentlich ist.

Eine wesentliche Erweiterung des Aufgabenkreises des Betreuers liegt insbesondere vor, wenn erstmals ganz oder teilweise die Personensorge oder eine der in § 1896 Abs. 4 oder den §§ 1904 bis 1906 des Bürgerlichen Gesetzbuchs genannten Aufgaben einbezogen wird.

(3) Ist mit der Bestellung eines weiteren Betreuers nach § 1899 des Bürgerlichen Gesetzbuchs eine Erweiterung des Aufgabenkreises verbunden, gelten die Absätze 1 und 2 entsprechend.

A. Normzweck

Da neben der erstmaligen Einrichtung der Betreuung, der Bestellung eines Betreuers sowie der Anordnung eines Einwilligungsvorbehalts (§§ 1896, 1903 BGB) auch die **nachträgliche Änderung** solcher getroffener Entscheidungen in Betracht kommt (§ 1908d Abs 3 u 4 BGB), sieht die Vorschrift in Ergänzung zu den die erstmalige Entscheidung betreffenden §§ 278 ff für diese Fälle **spezielle Verfahrensregelungen** vor. Sie übernimmt dabei im Wesentlichen die Regelungen des vormaligen § 69i Abs 1, 2 u 5 FGG, wonach die verfahrensrechtlichen Besonderheiten maßgeblich die in Abs 2 geregelten **Verfahrensvereinfachungen** betreffen. Zugleich grenzt die Vorschrift in Abs 3 diejenigen Fälle (weiterer) Betreuerbestellung ab, für welche die Beachtung der für die Erstbestellung geltenden Regelungen ebenfalls als nicht erforderlich erachtet wird (BTDrs 16/6308 S 269). 1

B. Anwendungsbereich

Die Vorschrift gilt für alle Entscheidungen, durch die eine nach Maßgabe des § 1896 BGB eingerichtete **Betreuung** nebst Bestellung eines Betreuers bzw ein auf Grund § 1903 BGB angeordneter **Einwilligungsvorbehalt** im Wege der **Erweiterung** geändert wird. Ob diese Erweiterung wesentlich ist, spielt für die Anwendbarkeit als solches keine Rolle. Denn hierzu trifft die Vorschrift selbst entsprechende Regelungen (s Rz 7). 2

Nach Abs 3 gilt sie auch, wenn die Bestellung eines **weiteren Betreuers** gemäß § 1899 BGB zu prüfen ist. Das ist entweder der Fall, wenn ein weiterer Aufgabenkreis hinzukommt, für den ein anderer Betreuer bestellt wird, wenn für die bestehenden Aufgabenkreise nur ein zusätzlicher Betreuer mit (teilweise) deckungsgleichen Aufgaben hinzubestellt wird oder ein **Ersatzbetreuer** (Eventualbetreuer) bestimmt wird. Hierzu kann grds auch der **Ergänzungsbetreuer** zählen, der dann zu bestellen ist, wenn der Betreuer für ein bestimmtes Geschäft von der Vertretung ausgeschlossen ist (Bassenge/Roth § 69i FGG Rn 17; Bienwald/Sonnenfeld/Hoffmann/*Sonnenfeld* § 69i FGG Rn 3; Damrau/Zimmermann § 69i FGG Rn 14). Zur Frage, ob mit der Bestellung des weiteren Betreuers auch eine **Erweiterung des Aufgabenkreises** verbunden ist, s.u. Rz 10; ebenso zum Verfahren bei Bestellung eines Gegenbetreuers. 3

Die Vorschrift gilt für alle Entscheidungen über die Erweiterung der Betreuung im vorgenannten Sinne. Sie findet deswegen auch (sinngemäß, eines Gutachtens bedarf es dann ohnehin nicht) bei Erlass einer **einstweiligen Anordnung** nach § 300 (Fröschle/*Lo-* 4

§ 293 FamFG | Erweiterung der Betreuung oder des Einwilligungsvorbehalts

cher § 69i FGG Rn 5) sowie im **Beschwerdeverfahren** Anwendung (§ 69 Abs 3). Für die Genehmigung im Unterbringungsverfahren gilt indessen § 329 (s aber hier Rz 7 aE). Die vormals von § 69i FGG ebenfalls erfassten Fälle der Aufhebung der Betreuung, der Einschränkung von Aufgabenkreis oder Einwilligungsvorbehalt, deren Verlängerung sowie der Entlassung des Betreuers sind nunmehr in §§ 294 bis 296 geregelt.

C. Regelungen

5 Während **Abs 1** für die dort genannten Entscheidungen die für die erstmalige Einrichtung der Betreuung, die Bestellung eines Betreuers und die Anordnung eines Einwilligungsvorbehalts geltenden Verfahrensvorschriften (nämlich die Pflicht zu Anhörung nach §§ 278 f, zur Gutachteneinholung nach §§ 280–284, die Regelung des Beschlussverfahrens nach §§ 286–288 und der Betreuerverpflichtung nach §§ 289 f) entsprechend gelten lässt, sieht **Abs 2** in gewissen Konstellationen **verfahrensrechtliche Erleichterungen** vor. Nach **S 1** entfällt dabei die Pflicht zur **persönlichen Anhörung** (§ 278 Abs 1) sowie zur **Einholung eines Gutachtens** bzw ärztlichen Zeugnisses (§§ 280 f), wenn

6 – die genannten Verfahrenshandlungen **nicht länger als sechs Monate zurückliegen** (**Nr 1**). Sind die im Wesentlichen den Zustand des Betroffenen betreffenden Ermittlungen, wozu auch der persönliche Eindruck des Gerichts gehört (vgl § 278 Rz 4), noch so aktuell, dass ihre erneute Vornahme einen entbehrlichen Verfahrensaufwand darstellt, kann bei der Erweiterung der Betreuung iSv Abs 1 und Abs 3 hiervon abgesehen werden. Ob die Erweiterung wesentlich ist, ist in diesem Fall ohne Belang, kann aber im Rahmen der nach wie vor bestehenden Aufklärungspflicht nach § 26 von Bedeutung sein. Liegen etwa Hinweise darauf vor, dass sich der Zustand des Betroffenen gegenüber demjenigen im noch nicht mehr als sechs Monate zurückliegenden Anhörungstermin stark verändert hat, wird sich das Gericht gleichwohl zu einer erneuten Anhörung gedrängt sehen (Jürgens/*Mertens* § 69i FGG Rn 4 f). Das medizinische Gutachten ist erstattet nach § 280 Abs 2, wenn es dem Gericht zur Kenntnis gelangt ist (s iE § 280 Rz 1, 82).

7 – oder die beabsichtigte Erweiterung iSv Abs 1 **nicht wesentlich** ist (**Nr 2**). Abgesehen von der Aufzählung der **Regelbeispiele** in S 2, die stets als wesentliche Erweiterung anzusehen sind, richtet sich die Unterscheidung nach der rechtlichen Reichweite sowie dem tatsächlichen Umfang des jeweiligen Eingriffs im Einzelfall. Ist also erstmals ein neuer Rechtskreis betroffen (zB Vermögensangelegenheiten) oder wird der Aufgabenkreis von einzelnen Ausschnitten auf die gesamte Vermögenssorge erweitert, ist grds eine wesentliche Erweiterung anzunehmen, nicht jedoch bei der Übertragung einzelner zusätzlicher Befugnisse (BtKomm/*Roth* Abschn A Rn 170; Fröschle/*Locher* § 69i FGG Rn 7). Entsprechend gilt dies für den Kreis der einwilligungsbedürftigen Willenserklärungen, insbes das Maß des Eingriffs in die wirtschaftliche und finanzielle Betätigungsfreiheit des Betroffenen (s dazu § 286 Rz 7). Eine nur unwesentliche Erweiterung liegt nach S 2 insbes dann nicht vor, wenn erstmals ganz oder teilweise die Personensorge (Gesundheitsangelegenheiten, Aufenthaltsbestimmung, Umgangsregelung) in den Aufgabenkreis einbezogen wird (BayObLG FamRZ 2003, 402), dem Betreuer die Entscheidung über den Fernmeldeverkehr oder die Postkontrolle (§ 1896 Abs 4 BGB), die Einwilligung in die Sterilisation (besonderer Betreuer §§ 1905, 1899 Abs 2 BGB) oder die Entscheidung über freiheitsentziehende Maßnahmen (§ 1906 BGB) übertragen wird.

8 Liegen die Voraussetzungen des Abs 2 vor, **entfallen**, obschon nicht ausdrücklich genannt, auch die § 278 Abs 1 nachstehenden **weiteren Verfahrenshandlungen** wie die **Unterrichtung** über den Verfahrensverlauf nach § 278 Abs 2. Gleiches gilt für die **Anhörungspflicht Dritter** nach § 279, die ihrerseits eine Ausprägung der sich aus § 26 ergebenden Amtsermittlungspflicht ist und nach der ratio der Vorschrift als zusätzliche Er-

kenntnisquelle in den von Abs 2 erfassten Fällen von nachrangiger Bedeutung ist (so zur Vorgängerregelung des § 69i Abs 1 FGG Bienwald/Sonnenfeld/Hoffmann/*Sonnenfeld* § 69i FGG Rn 16; HK-BUR/*Hoffmann* § 69i FGG Rn 12; Jürgens/*Mertens* § 69i FGG Rn 4; aA Bassenge/Roth § 69i FGG Rn 3; Damrau/Zimmermann § 69i FGG Rn 11; Fröschle/*Locher* § 69i FGG Rn 3). Dennoch darf die Erweiterung auch in diesen Fällen **nicht ohne** das **Anhörungsverfahren** des § 34 erfolgen (BTDrs 16/6308 S 269).

Abs 3 erlaubt die Verfahrenserleichterungen (s Rz 5, 8) auch dann, wenn ein **weiterer** **Betreuer** bestellt wird (§ 1899 BGB), die damit verbundene Erweiterung des Aufgabenkreises aber nicht wesentlich ist (Abs 2 S 1 Nr 2, s Rz 7) oder aber Anhörung und Gutachtenerstattung noch nicht länger als sechs Monate zurückliegen (Abs 2 S 1 Nr 1). Ist mit der Bestellung des weiteren Betreuers eine Erweiterung des Aufgabenkreises nicht verbunden (Rz 10), sind die Verfahrensregelungen der §§ 278 ff insgesamt nicht anwendbar. Ob der Betroffene oder Dritte anzuhören sind, richtet sich dann nach §§ 26, 34. Insbes die Hinzuziehung des medizinischen oder psychiatrischen Sachverständigen ist grds entbehrlich, da in diesen Fällen die weitere Betreuerbestellung regelmäßig nicht auf dem Zustand des Betroffenen beruht. 9

Keine Erweiterung des Aufgabenkreises iSv Abs 3 liegt vor, wenn für bereits bestehende Aufgabenkreise nur ein zusätzlicher Betreuer mit (teilweise) deckungsgleichen Aufgaben oder ein **Ersatzbetreuer** (Eventualbetreuer) hinzubestellt wird. Zur ersten Gruppe zählt auch der **Ergänzungsbetreuer**, der dann zu bestellen ist, wenn der Betreuer für ein bestimmtes Geschäft von der Vertretung ausgeschlossen ist. Denn die Hinzuziehung des weiteren Betreuers in diesem Fall beruht auf materiell-rechtlichen Erwägungen und ist idR nicht einer Veränderung des Zustands des Betroffenen geschuldet. Dann aber wird den Belangen der Beteiligten durch die allgemeinen Verfahrensregelungen in §§ 26, 34 hinreichend Rechnung getragen (vgl Damrau/Zimmermann § 69i FGG Rn 14). Gleiches gilt für die Bestellung eines **Gegenbetreuers** (§ 1908i iVm 1792, 1799 BGB), so dass auch dieser als weiterer Betreuer ohne Erweiterung des Aufgabenkreises (nur Kontrolle des Betreuers bei größerem Verwaltungsaufwand) anzusehen ist, selbst wenn das Verfahrensrecht für dessen Bestellung nach wie vor keine eigene Regelung enthält. § 1792 Abs 4 BGB, der auf die Vorschriften für die Erstbestellung des Vormunds verweist, wird von der Verweisung in § 1908i BGB jedenfalls in dieser Konsequenz nicht erfasst (vgl BayObLG FamRZ 1994, 325, 326; wie hier Damrau/Zimmermann § 69i FGG Rn 17; BtKomm/*Roth* Abschn A Rn 173; Fröschle/*Locher* § 69i FGG Rn 17; Jürgens/Kröger/Marschner/Winterstein Rn 459; aA Bienwald/Sonnenfeld/Hoffmann/*Sonnenfeld* § 69i FGG Rn 32; Jürgens/*Mertens* § 69i FGG Rn 15 f). Zur Zuständigkeit bei der Bestellung des Gegenbetreuers s § 272 Rz 20. Hingegen ist im Fall des § 1899 Abs 2 iVm § 1905 BGB (Bestellung eines weiteren Betreuers für die Einwilligung in die Sterilisation) **stets** eine wesentliche Erweiterung gegeben. 10

Nicht unter Abs 3 fällt das Verfahren zur Bestellung eines **Kontrollbetreuers** (Vollmachtsbetreuers) iSv § 1896 Abs 3 BGB. Dieser ist eigenständiger Betreuer, dessen Bestellung nicht etwa neben einem anderen Betreuer, sondern erstmalig zur Überwachung der Vollmachtsausübung durch den vom Betroffenen Bevollmächtigten erfolgt (s dazu PWW/*Bauer* § 1896 Rn 19; OLG Köln OLGR 2009, 502 f). Es gelten die allgemeinen Vorschriften des Betreuungsverfahrens, so dass **§§ 278 ff** zu beachten sind. Abweichend davon bedarf es nach **§ 281 Abs 1 Nr 2** nicht der Einholung eines medizinischen Gutachtens, sondern nur eines Attests, es sei denn, der Aufgabenkreis des Betreuers geht über die reine Überwachung hinaus (s § 281 Rz 20). Dann ist er als Betreuer nach § 1896 Abs 1 BGB zu bestellen (vgl Jürgens/*Jürgens* § 1896 BGB Rn 38; MüKoBGB/*Schwab* § 1896 BGB Rn 253). Außerdem ist der Rechtspfleger für die Kontrollbetreuerbestellung zuständig (s § 272 Rz 19). 11

Zum **Beschwerdeverfahren** bei Erweiterung von Aufgabenkreis oder Umfang der einwilligungsbedürftigen Willenserklärungen sowie bei Bestellung eines weiteren Betreuers s § 303 Rz 1 ff. 12

§ 294 Aufhebung und Einschränkung der Betreuung oder des Einwilligungsvorbehalts

(1) Für die Aufhebung der Betreuung oder der Anordnung eines Einwilligungsvorbehalts und für die Einschränkung des Aufgabenkreises des Betreuers oder des Kreises der einwilligungsbedürftigen Willenserklärungen gelten die §§ 279 und 288 Abs. 2 Satz 1 entsprechend.

(2) Hat das Gericht nach § 281 Abs. 1 Nr. 1 von der Einholung eines Gutachtens abgesehen, ist dies nachzuholen, wenn ein Antrag des Betroffenen auf Aufhebung der Betreuung oder Einschränkung des Aufgabenkreises erstmals abgelehnt werden soll.

(3) Über die Aufhebung der Betreuung oder des Einwilligungsvorbehalts hat das Gericht spätestens sieben Jahre nach der Anordnung dieser Maßnahmen zu entscheiden.

A. Normzweck

1   Die Vorschrift fasst die zu Aufhebung oder Einschränkung von Betreuung bzw Einwilligungsvorbehalt relevanten Regelungen zusammen. Dies sind
– die in Abs 1 vorgesehenen **Verfahrenserleichterungen**,
– die **Verfahrenseinschränkung** in Abs 2, die aus der im vorangegangenen Bestellungsverfahren zur Gutachteneinholung möglichen Verfahrenserleichterung resultiert,
– die Bestimmung der **Überprüfungshöchstfrist** in Abs 3.

B. Anwendungsbereich

2   Es werden alle Fälle erfasst, in denen eine nach Maßgabe des § 1896 BGB eingerichtete **Betreuung** nebst Bestellung eines Betreuers bzw ein auf Grund § 1903 BGB angeordneter **Einwilligungsvorbehalt** entweder **eingeschränkt** (Wegfall oder Verkleinerung von Aufgabenkreisen bzw des Kreises der einwilligungsbedürftigen Willenserklärungen) oder **aufgehoben** wird (§ 1908d Abs 1, Abs 4 BGB), und zwar auch durch das Beschwerdegericht (§ 69 Abs 3). Verfahrensrechtlich sind insofern drei Konstellationen relevant: 1. das Gericht beabsichtigt von Amts wegen zu entscheiden; 2. das Gericht wird auf Antrag des Betroffenen oder eines Dritten tätig und beabsichtigt, dem Antrag stattzugeben; 3. das Gericht wird auf Antrag des Betroffenen tätig und beabsichtigt, den Antrag abzulehnen. In den ersten beiden Fällen greift die Vorschrift mit Abs 1 und den darin vorgesehenen Verfahrenserleichterungen ein, Abs 2 kommt nicht in Betracht. Im dritten Fall gilt Abs 1 nicht, denn eine Änderung der bestehenden Anordnungen soll nicht erfolgen. Das Verfahren bestimmt sich dann ausschließlich nach § 26; wohl aber kann Abs 2 zur Anwendung kommen (OLG München NJW-RR 2006, 512; KG FamRZ 2007, 81). Bei im Wege einstweiliger Anordnung zu treffenden Maßnahmen liefe die Vorschrift wegen der spezielleren Regelungen in § 300 indessen leer. Sie gilt deswegen **nicht** im **Eilverfahren** (Bienwald/Sonnenfeld/Hoffmann/*Sonnenfeld* § 69i FGG Rn 22).

C. Regelungen

3   Abs 1 erklärt für die Fälle von Aufhebung oder Einschränkung der getroffenen Maßnahmen (s Rz 2) ausschließlich §§ 279 und 288 Abs 2 S 1 für entsprechend anwendbar. Damit sind die **sonstigen Beteiligten**, die Betreuungsbehörde und auf Verlangen des Betroffenen eine nahe stehende Person **anzuhören** (s iE dazu § 279 Rz 3 ff), nicht jedoch der Betroffene selbst. § 278 gilt nicht. Ferner muss die **Bekanntgabe** des Beschlusses an die Betreuungsbehörde erfolgen, damit diese ihr Beschwerderecht aus §§ 59 Abs 3, 303 Abs 1 geltend machen kann (s § 288 Rz 5).

4   Aus der **Amtsermittlungspflicht** des Gerichts nach § 26 kann jedoch auch bei diesen Verfahrensgegenständen die Notwendigkeit einer **persönlichen Anhörung** des Betroffe-

nen resultieren (BTDrs 16/6308 S 270). Dies wird regelmäßig in Betracht zu ziehen sein, wenn nicht seinem Antrag auf Aufhebung der Betreuung ohne Weiteres stattzugeben ist oder wenn sich sein Antrag nicht von vornherein als zweifelsfrei sinnlose, lediglich querulatorische Eingabe darstellt, und zwar auch in der Beschwerdeinstanz (OLG Zweibrücken BtPrax 1998, 150). Ferner kann ein **Gutachten** einzuholen sein, wenn ein zeitnahes Gutachten nicht vorliegt oder aus sonstigen Gründen der Zustand des Betroffenen näherer Ermittlungen zum (teilweisen) Wegfall des Betreuungsbedürfnisses bedarf (OLG München NJW-RR 2006, 512; Bienwald/Sonnenfeld/Hoffmann/*Sonnenfeld* § 69i FGG Rn 23). Da die Untersuchung betreffende Zwangsmaßnahmen nach §§ 283 f mangels Verweises nicht zulässig sind, muss es, wenn sich die Erkenntnisse nicht auf anderem Wege gewinnen lassen (Anhörung), bei dem Umfang der eingerichteten Betreuung bzw des Einwilligungsvorbehalts verbleiben. Das Verfahren ist insoweit auszusetzen (Fröschle/*Locher* § 69i FGG Rn 13; aA Jürgens/*Mertens* § 69i FGG Rn 9). Hingegen bedarf es wiederholter Ermittlungen nicht bereits wenige Monate nach Erlass des die Betreuung bzw den Einwilligungsvorbehalt anordnenden Beschlusses, sofern nicht greifbare Anhaltspunkte dafür bestehen, dass eine wesentliche Veränderung des Zustands des Betroffenen eingetreten ist (OLG Hamm NJWE-FER 2001, 326; Jürgens/*Mertens* § 69i FGG Rn 9).

Die Pflicht, die Entscheidung zu **begründen** und mit einer **Rechtsbehelfsbelehrung** 5 zu versehen, ergibt sich aus §§ 38, 39.

Abs 2 zwingt zur **nachträglichen Einholung** eines Gutachtens, wenn der Auf- 6 hebungsantrag des Betroffenen abgelehnt, die Betreuung also aufrecht erhalten werden soll und noch kein Gutachten vorliegt. Dies betrifft die Fälle, in denen das Gericht bei Betreuerbestellung auf Antrag des Betroffenen nach § 281 Abs 1 Nr 1 festgestellt hat, dass dieser wirksam auf eine Begutachtung verzichtet hat und die Einholung des Gutachtens insbes im Hinblick auf den Umfang des vorgesehenen Aufgabenkreises unverhältnismäßig war (s dazu iE § 281 Rz 13 f). Es bedarf zur Sicherung der Verfahrensrechte des Betroffenen, ohne dessen Verzicht das Gutachten bereits im Bestellungsverfahren einzuholen gewesen wäre, der Nachholungspflicht (Jürgens/Kröger/Marschner/Winterstein Rn 458). Dem entsprechend gilt dies aber nur bei **erstmalig** abzulehnendem Aufhebungsantrag; im Übrigen verbleibt es bei § 26 (s Rz 4).

Abs 3 legt den längsten Zeitraum bis zur **Überprüfung** der Betreuerbestellung sowie 7 der Anordnung eines Einwilligungsvorbehalts fest. In beiden Fällen ist spätestens nach sieben Jahren (ausgenommen sind die bis zum 1.7.2005 ergangenen Entscheidungen, Art 5 Nr 8 2. BtÄndG, BGBl I 1077) über Aufhebung oder Verlängerung der Maßnahme zu entscheiden; die Frist richtet sich aber nach den Umständen des Einzelfalls und ist ansonsten entsprechend kürzer zu bemessen. Es ist auf jeden Fall ein bestimmter Zeitpunkt, nicht die Frist, anzugeben. Anhaltspunkt ist grds der im eingeholten Gutachten für erforderlich erachtete Überprüfungszeitraum, der sowohl hinsichtlich der Betreuerbestellung einerseits als auch der Anordnung des Einwilligungsvorbehalts andererseits verschieden sein kann. Ebenso kann dies hinsichtlich verschiedener Aufgabenkreise in Betracht kommen (Bienwald/Sonnenfeld/Hoffmann/*Sonnenfeld* § 69 FGG Rn 23; Fröschle/*Fröschle* § 69 FGG Rn 16 ff). Bei schubweise verlaufenden (meist psychotischen) Erkrankungen darf ein Betreuer nur für den Zeitraum bestellt werden, in welchem der Betroffene seinen Willen nicht frei bestimmen kann. Eine **Vorratsbetreuung** bei fehlendem akutem Betreuungsbedarf ist **unzulässig** (BayObLG NJW-RR 1995, 1274, 1275 = FGPrax 1995, 63; OLG Zweibrücken FamRZ 2005, 748 f).

Für **einstweilige Anordnungen** gilt ausschließlich § 302, wonach ein bestimmter Zeit- 8 raum deren Gültigkeit festzulegen ist. Mit dem Überprüfungszeitraum nach Abs 3, vor dessen Ablauf jederzeit eine Änderung möglich ist und der theoretisch auch verlängert werden kann (Fröschle/*Fröschle* § 69 FGG Rn 22), hat dies nichts gemein. Zu **Fehlern** bei der Bestimmung des Überprüfungszeitraums und zur **Überschreitung** der Höchstfrist § 286 Rz 11.

§ 295 Verlängerung der Betreuung oder des Einwilligungsvorbehalts

(1) Für die Verlängerung der Bestellung eines Betreuers oder der Anordnung eines Einwilligungsvorbehalts gelten die Vorschriften über die erstmalige Anordnung dieser Maßnahmen entsprechend. Von der erneuten Einholung eines Gutachtens kann abgesehen werden, wenn sich aus der persönlichen Anhörung des Betroffenen und einem ärztlichen Zeugnis ergibt, dass sich der Umfang der Betreuungsbedürftigkeit offensichtlich nicht verringert hat.

(2) Über die Verlängerung der Betreuung oder des Einwilligungsvorbehalts hat das Gericht spätestens sieben Jahre nach der Anordnung dieser Maßnahmen zu entscheiden.

A. Normzweck

1 Die Vorschrift legt die **Verfahrensweise** bei der **Verlängerung** von Betreuung und/oder Einwilligungsvorbehalt fest und enthält dabei neben dem allgemeinen Verweis auf die für die Anordnungen geltenden Regelungen eine **Verfahrenserleichterung** in Bezug auf das Erfordernis der Einholung eines Gutachtens (Abs 1 S 2). Der Betroffene erhält grds die vollen Verfahrensgarantien für die Entscheidung über die Fortsetzung der jeweiligen Maßnahmen (BayObLG 1999, 873). Im Übrigen legt Abs 2 den längstmöglichen **Überprüfungszeitraum** fest, nach dessen Ablauf spätestens über die Verlängerung (bzw Aufhebung) der Maßnahme zu entscheiden ist. Sie fasst damit die für die von ihr betroffenen Sachverhalte (s Rz 2) notwendigen Regelungen zusammen.

B. Anwendungsbereich

2 Von der Regelung werden insgesamt die Fallgestaltungen erfasst, in denen eine nach Maßgabe des § 1896 BGB eingerichtete **Betreuung** nebst Bestellung eines Betreuers bzw ein auf Grund § 1903 BGB angeordneter **Einwilligungsvorbehalt verlängert**, also die zeitliche Erstreckung ausgedehnt wird, und zwar auch durch das **Beschwerdegericht** (§ 69 Abs 3). Nicht hierunter fällt die Erweiterung von Aufgabenkreisen oder des Kreises der einwilligungsbedürftigen Willenserklärungen; hierfür gilt § 293 (s dort Rz 2 ff). Auch eine Anwendung auf im **Eilverfahren** vorläufig getroffene Anordnungen scheidet aus; insofern ist nach §§ 302, 300 stets eine neue Entscheidung im Wege einstweiliger Anordnung zu treffen (BTDrs 16/6308 S 271; s.a. § 302 Rz 3). Entsprechend ist das auf die Bestellung eines vorläufigen Betreuers folgende Verfahren zur dauerhaften Einrichtung der Betreuung unmittelbar nach §§ 278 ff und nicht unter Rückgriff auf § 295 durchzuführen (s dazu auch § 296 Rz 2 aE).

C. Regelungen

3 **Abs 1 S 1** erklärt die zur **erstmaligen Einrichtung** einer Betreuung oder der Anordnung eines Einwilligungsvorbehaltes geltenden **Regelungen** (nämlich die Pflicht zu Anhörung nach §§ 278 f, zur Bestellung eines Verfahrenspflegers nach § 276, zur Gutachteneinholung nach §§ 280–284 und die Regelung des Beschlussverfahrens nach §§ 286–288) für **entsprechend anwendbar** (zur Betreuerverpflichtung nach § 289 s dort Rz 2 aE). Insofern unterscheidet sich die verfahrensrechtliche Stellung des Betroffenen grds nicht von derjenigen zu Beginn des betreuungsgerichtlichen Verfahrens. So ist die persönliche Anhörung des Betroffenen unabdingbar, insbes auch, wenn die Beschwerdekammer die Anhörung des Betroffenen als Erkenntnisquelle für ihre selbständig zu treffenden Feststellungen benötigt (BayObLG FamRZ 1999, 873, 874).

4 Als **Verfahrenserleichterung** sieht **Abs 1 Satz 2** indessen vor, dass anstelle der Einholung eines Gutachtens diejenige eines ärztlichen **Attests** (zu den diesbezüglichen Anforderungen s § 281 Rz 24 ff) **ausreicht**, wenn sich die Betreuungsbedürftigkeit **offen-**

sichtlich nicht verringert hat. Diese Erkenntnis muss das Gericht **aus dem Attest und der persönlichen Anhörung** des Betroffenen gewonnen haben. Hierzu muss auf der Grundlage des zur Einrichtung der Betreuung zuletzt festgestellten Zustands anhand spezifischer Äußerungen im ärztlichen Zeugnis und dem vom Betroffenen gewonnenen aktuellen Eindruck ein hinreichend sicherer Schluss auf den Fortbestand der Betreuungsbedürftigkeit möglich sein. Die Aussagekraft des Attests hat das Gericht dabei sorgfältig zu würdigen, wobei grds – nicht nur fern liegende – Umstände betreffend die mögliche Verbesserung des Zustands des Betroffenen angesprochen sein müssen. Auch die Befassung des jeweiligen Arztes mit dem Betroffen sowie der Zeitablauf sind zu berücksichtigen (vgl BayObLG BtPrax 2004, 148 f). Der Arzt muss den Betroffenen persönlich untersucht und befragt haben (Jürgens/Kröger/Marschner/Winterstein Rn 460). Die Anordnung der Gutachteneinholung trotz möglichen Vorliegens der Voraussetzungen von Abs 2 S 2 ist als Nebenentscheidung nicht selbständig anfechtbar (BTDrs 16/6308 S 203; vgl auch Bienwald/Sonnenfeld/Hoffmann/*Sonnenfeld* § 69i FGG Rn 34); sie führt (a maiore ad minus) insbes nicht zu einer Verkürzung der Rechte des Betroffenen.

Abs 2 bestimmt den längsten **Zeitraum** bis zur **Überprüfung** der Betreuerbestellung 5 sowie der Anordnung eines Einwilligungsvorbehalts. In beiden Fällen ist spätestens nach sieben Jahren (ausgenommen sind die bis zum 1.7.2005 ergangenen Entscheidungen, Art 5 Nr 8 2. BtÄndG, BGBl I 1077) über Aufhebung oder Verlängerung der Maßnahme zu entscheiden; die Frist richtet sich aber nach den Umständen des Einzelfalls und ist ansonsten entsprechend kürzer zu bemessen. Es ist auf jeden Fall ein bestimmter Zeitpunkt, nicht die Frist anzugeben. Anhaltspunkt ist grds der im eingeholten Gutachten für erforderlich erachtete Überprüfungszeitraum, der sowohl hinsichtlich der Betreuerbestellung einerseits als auch der Anordnung des Einwilligungsvorbehalts andererseits verschieden sein kann. Ebenso kann dies hinsichtlich verschiedener Aufgabenkreise in Betracht kommen (Bienwald/Sonnenfeld/Hoffmann/*Sonnenfeld* § 69 FGG Rn 23; Fröschle/*Fröschle* § 69 FGG Rn 16 ff). Bei schubweise verlaufenden (meist psychotischen) Erkrankungen darf ein Betreuer nur für den Zeitraum bestellt werden, in welchem der Betroffene seinen Willen nicht frei bestimmen kann. Eine **Vorratsbetreuung** bei fehlendem akutem Betreuungsbedarf ist **unzulässig** (BayObLG NJW-RR 1995, 1274, 1275 = FGPrax 1995, 63; OLG Zweibrücken FamRZ 2005, 748 f).

§ 296 Entlassung des Betreuers und Bestellung eines neuen Betreuers

(1) Das Gericht hat den Betroffenen und den Betreuer persönlich anzuhören, wenn der Betroffene einer Entlassung des Betreuers (§ 1908b des Bürgerlichen Gesetzbuchs) widerspricht.

(2) Vor der Bestellung eines neuen Betreuers (§ 1908c des Bürgerlichen Gesetzbuchs) hat das Gericht den Betroffenen persönlich anzuhören. Das gilt nicht, wenn der Betroffene sein Einverständnis mit dem Betreuerwechsel erklärt hat. § 279 gilt entsprechend.

A. Normzweck

1 Die Vorschrift **konkretisiert** sowohl die **Amtsermittlungspflicht** des Gerichts in Betreuungssachen nach § 26 als auch die allgemeinen Regelungen zur persönlichen Anhörung nach § 34. Sie stellt dabei einerseits klar, dass die Fälle der Entlassung bzw Neubestellung eines Betreuers (§§ 1908b, 1908c BGB) **nicht** den **Anhörungsanforderungen des § 278** unterliegen. Anderseits gestaltet sie die Verweisung in § 34 Abs 1 Nr 2 konkret aus, indem sie für die von ihr erfassten Fälle das Erfordernis persönlicher Anhörung festlegt, so dass das Gericht dieses nicht mehr selbst (wie in § 34 Abs 1 Nr 1) beurteilen darf. Zugleich legt die Vorschrift die Form der Anhörung fest (§ 278 Rz 4).

B. Anwendungsbereich

2 Die besonderen Regelungen zur Anhörung des Betroffenen kommen in allen Fällen der Entlassung sowie der Neubestellung eines Betreuers zur Anwendung. Das Gesetzt **verweist** hier **ohne Einschränkung auf §§ 1908b und 1908c BGB**. Zwar führt die Entlassung grds zur Notwendigkeit der Bestellung eines neuen Betreuers, so dass die Vorschrift insofern doppelt einschlägig ist. Indem Abs 1 für die Entlassung jedoch andere Regelungen zur Anhörung trifft als Abs 2 für die Neubestellung (s dazu Rz 3), sind jeweils unterschiedliche Fallgestaltungen betroffen und gesondert zu prüfen. Ungeachtet dessen kann eine Neubestellung nach § 1908c BGB auch ohne Entlassung, nämlich bei Versterben des Betreuers, in Frage kommen. Die Vorschrift kommt dabei stets **nur** bei **die Person**, nicht den Umfang oder die Dauer einer Bestellung betreffende Entscheidungen zur Anwendung. Dies kann auch bei einer Entlassung nur in **Teilbereichen** der Fall der sein; ggf ist dann zusätzlich § 293 Abs 3 zu beachten (Fröschle/*Locher* § 69i FGG Rn 20). Da die Notwendigkeit der Bestellung eines neuen Betreuers, insbes wenn bei angeordnetem Einwilligungsvorbehalt andernfalls wirksame Willenserklärungen nicht abgegeben werden können, ggf dringend sein kann, kann der Betreuerwechsel im Wege **einstweiliger Anordnung** nach Maßgabe der Regelungen der §§ 300 f erfolgen (BTDrs 11/4528 S 155). Ist im Anschluss an die Bestellung eines vorläufigen Betreuers über die dauerhafte Einrichtung der Betreuung zu entscheiden, ist unmittelbar nach §§ 278 ff zu verfahren. Der neue Betreuer, der mit der Person des vorläufigen Betreuers identisch sein kann, ist dann auch nach Maßgabe des § 1897 BGB auszuwählen (BayObLG NJWE-FER 2001, 75; s.a. § 295 Rz 2 aE).

C. Regelungen

3 **Abs 1** regelt das Verfahren im Fall der **Entlassung** des Betreuers. Grds ist insofern, abgesehen von den sich aus § 26 für das Vorliegen der Voraussetzungen des § 1908b BGB ergebenden Aufklärungsanforderungen (idR ist einer Anregung oder einem Antrag auf Entlassung nachzugehen), **kein bestimmtes Verfahren** vorgesehen. Insbes sind für die Entlassung die speziellen Verfahrensregelungen im Fall der Einrichtung der Betreuung (vgl § 295 Rz 3) nicht heranzuziehen. Es bedarf im Grunde nur der Gewährung **rechtlichen Gehörs** für den Betreuer und den Betroffenen (Fröschle/*Locher* § 69i FGG Rn 20).

Entlassung des Betreuers und Bestellung eines neuen Betreuers | § 296 FamFG

Widerspricht der Betroffene jedoch der Entlassung, ist eine **persönliche Anhörung** von Betreuer und Betroffenem durchzuführen. Da die Vorschrift insoweit nicht auf § 278 verweist, richtet sich das Verfahren der Anhörung nach § 26. Der Betroffene kann nicht vorgeführt werden (§ 278 Abs 5), die Einschränkungen des § 278 Abs 3 betreffend die Durchführung der Anhörung im Wege der Rechtshilfe gelten nicht. Eine Anhörung durch den beauftragten oder ersuchten Richter kann allerdings dann fehlerhaft sein, wenn es zur abschließenden Würdigung des persönlichen Eindrucks (s dazu § 278 Rz 4) des entscheidenden Gerichts bedarf (Bienwald/Sonnenfeld/Hoffmann/*Sonnenfeld* § 69i FGG Rn 42; Jürgens/*Mertens* § 69i FGG Rn 19). Im Übrigen ist das Gericht bei der Wahl des Ortes der Anhörung frei; ferner in der Frage, ob Betreuer und Betroffener gemeinsam oder gesondert angehört werden. Dies gilt auch im Beschwerdeverfahren (§ 69 Abs 3). Gemäß § 34 Abs 2 besteht auch weiterhin die Möglichkeit, unter Berücksichtigung des Zustands des Betroffenen von der Anhörung abzusehen. Der Einholung eines ärztlichen Zeugnisses bedarf es hierzu nicht; s im Übrigen jedoch § 278 Rz 9. In diesem Fall besteht regelmäßig Anlass zur Bestellung eines **Verfahrenspflegers** (OLG Zweibrücken FGPrax 1998, 57, 58; s.a. § 276 Rz 5). Zum Verfahren im Übrigen s § 278 Rz 11.

Bei der **Bestellung eines neuen Betreuers** nach Entlassung oder Versterben des bisherigen Betreuers gelten nur die in **Abs 2** vorgesehenen Anhörungsanforderungen; die speziellen Verfahrensregelungen im Fall der Einrichtung der Betreuung (vgl § 295 Rz 3) sind nicht heranzuziehen. Nach **S 1** muss deswegen der Betroffene **persönlich angehört** werden. Wie nach Abs 1 wird auch hier nicht auf § 278 verwiesen, so dass das Gericht bei der Gestaltung der persönlichen Anhörung im Rahmen seiner Aufklärungspflicht nach § 26 frei ist (s dazu Rz 3). Diese kann insbes mit derjenigen betreffend die Entlassung (Abs 1) verbunden werden (Bienwald/Sonnenfeld/Hoffmann/*Sonnenfeld* § 69i FGG Rn 47). Von der Anhörung kann das Gericht in den Fällen des § 34 Abs 2 sowie nach **S 2** dann absehen, wenn der Betroffene sein **Einverständnis** mit dem konkreten Betreuerwechsel erklärt hat (Jürgens/*Mertens* § 69i FGG Rn 23). Im Hinblick auf § 275 muss der Betroffene für das wirksame Einverständnis nicht geschäftsfähig sein; auch bedarf es keiner persönlichen Erklärung gegenüber dem Gericht. Entscheidend ist das hinreichend erkennbare (§ 26) Einverständnis mit dem Betreuerwechsel und der neuen Betreuerperson (Fröschle/*Locher* § 69i FGG Rn 27). **Satz 3** sieht fernerhin durch den Verweis auf § 279 die Anhörung der zu beteiligenden Dritten vor (s dazu § 279 Rz 3 ff). 4

Zur **Beschwerde** gegen die Entlassung bzw die Bestellung des neuen Betreuers s § 303 Rz 1 ff. 5

§ 297 Sterilisation

(1) Das Gericht hat den Betroffenen vor der Genehmigung einer Einwilligung des Betreuers in eine Sterilisation (§ 1905 Abs. 2 des Bürgerlichen Gesetzbuchs) persönlich anzuhören und sich einen persönlichen Eindruck von ihm zu verschaffen. Es hat den Betroffenen über den möglichen Verlauf des Verfahrens zu unterrichten.

(2) Das Gericht hat die zuständige Behörde anzuhören, wenn es der Betroffene verlangt oder es der Sachaufklärung dient.

(3) Das Gericht hat die sonstigen Beteiligten anzuhören. Auf Verlangen des Betroffenen hat das Gericht eine ihm nahestehende Person anzuhören, wenn dies ohne erhebliche Verzögerung möglich ist.

(4) Verfahrenshandlungen nach den Absätzen 1 bis 3 können nicht durch den ersuchten Richter vorgenommen werden.

(5) Die Bestellung eines Verfahrenspflegers ist stets erforderlich, sofern sich der Betroffene nicht von einem Rechtsanwalt oder einem anderen geeigneten Verfahrensbevollmächtigten vertreten lässt.

(6) Die Genehmigung darf erst erteilt werden, nachdem durch förmliche Beweisaufnahme Gutachten von Sachverständigen eingeholt sind, die sich auf die medizinischen, psychologischen, sozialen, sonderpädagogischen und sexualpädagogischen Gesichtspunkte erstrecken. Die Sachverständigen haben den Betroffenen vor Erstattung des Gutachtens persönlich zu untersuchen oder zu befragen. Sachverständiger und ausführender Arzt dürfen nicht personengleich sein.

(7) Die Genehmigung wird wirksam mit der Bekanntgabe an den für die Entscheidung über die Einwilligung in die Sterilisation bestellten Betreuer und
1. an den Verfahrenspfleger oder
2. den Verfahrensbevollmächtigten, wenn ein Verfahrenspfleger nicht bestellt wurde.

(8) Die Entscheidung über die Genehmigung ist dem Betroffenen stets selbst bekannt zu machen. Von der Bekanntgabe der Gründe an den Betroffenen kann nicht abgesehen werden. Der zuständigen Behörde ist die Entscheidung stets bekannt zu geben.

A. Normzweck

1 Die Vorschrift führt die Regelungen für die Verfahren, die eine **Sterilisation** nach § 1905 Abs 2 BGB zum Gegenstand haben und die im FGG an unterschiedlichen Stellen geregelt waren (§ 67 Abs 1 S 5, 69a Abs 4, 69d Abs 3, 69i Abs 1 S 3, Abs 5 FGG) zusammen. Sie soll dabei für die Genehmigung einer Einwilligung eines Betreuers in eine Sterilisation **strengsten Verfahrensgarantien** Geltung verschaffen. Denn es handelt sich um einen erheblichen, nur in seltenen Fällen revisiblen Eingriff in die körperliche und persönliche Integrität des Betroffenen. Es soll insbes sicher gestellt werden, dass er möglichst umfassend in den Entscheidungsprozess einbezogen wird, dass die Behörde und Dritte hieran beteiligt werden sowie, dass vor einer Genehmigung mindestens zwei Sachverständigengutachten eingeholt werden. Die Vorschrift stellt nun klar, dass jedenfalls für die Einholung der Gutachten nach § 30 Abs 2 das **Strengbeweisverfahren** durchzuführen ist (BTDrs 11/4528 S 177; BTDrs 16/6308 S 270).

B. Anwendungsbereich

2 Das betreuungsgerichtliche **Verfahren** betreffend die Sterilisation des Betroffenen ist **zweistufig** aufgebaut. Es bedarf zunächst der **Bestellung eines besonderen Betreuers** nach § 1899 Abs 2 BGB. Dies richtet sich nach den allgemeinen Verfahrensregelungen

der §§ 278 ff nach Maßgabe des § 293 Abs 3 (s dort Rz 9 f). Dem gegenüber betrifft die Vorschrift erst die zweite Stufe des Verfahrens, die **betreuungsgerichtliche Genehmigung der Einwilligung** des (bereits bestellten) besonderen Betreuers nach § 1905 Abs 2 S 1 BGB. Es spricht allerdings nichts dagegen, beide Verfahrensabschnitte betreffende Verfahrenshandlungen nach Maßgabe der §§ 26, 30 Abs 1 (etwa Anhörungen) miteinander zu verbinden, sofern dies zweckmäßig erscheint (Bienwald/Sonnenfeld/Hoffmann/*Bienwald* § 1905 BGB Rn 26; Fröschle/*Locher* § 69d FGG Rn 15). In der Regel wird das Betreuungsgericht anlassbezogen tätig werden, so dass eine zeitnahe Wiederholung derartiger Verfahrenshandlungen auch der Sache angemessene Bedeutung nicht haben wird (so aber BtKomm/*Roth* Abschn E Rn 139). Bei entgegenstehenden Hinweisen ist das Gericht ohnehin gezwungen, diesen nachzugehen. Und soweit die zu genehmigende Einwilligung des besonderen Betreuers sinnlogisch zunächst dessen Bestellung voraussetzt (so Jürgens/Kröger/Marschner/Winterstein Rn 426), ist dem Gericht zuzutrauen, die dem jeweiligen Verfahrensabschnitt zugehörigen, zeitlich zusammenfallenden Ermittlungen hinreichend differenzierend zuzuordnen.

Die Vorschrift betrifft **nur** die **Sterilisation** als gezielte dauerhafte Unfruchtbarmachung von Frauen oder Männern durch einen ärztlichen Eingriff (PWW/*Bauer* § 1905 BGB Rn 2). **Andere ärztliche Maßnahmen** fallen **nicht** hierunter, können aber nach § 1904 BGB iVm § 298 zu beurteilen sein. Auch die Gabe hormoneller Empfängnisverhütungsmittel ist keine Sterilisation und bedarf keiner Genehmigung. Dies setzt aber voraus, dass (zumeist) die Betroffene zur Einnahme der Mittel bereit ist, die empfängnisverhütenden Mittel freiwillig einzunehmen. Fehlt es daran, kann mangels gesetzlicher Grundlage eine Schwangerschaftsverhütung nicht stattfinden. Andernfalls würden die strengen Voraussetzung des § 1905 BGB umgangen (OLG Karlsruhe NJW-RR 2008, 813, 816). Dass das Verfahren nur die Sterilisation weiblicher Betroffener betrifft (so etwa Jurgeleit/*Meier* § 1905 BGB Rn 16), ist weder dem Gesetz zu entnehmen (vgl BTDrs 11/4528 S 79), noch erschließt sich die Notwendigkeit einer solchen Einschränkung aus dem Regelungszusammenhang (Fröschle/*Locher* § 69d FGG Fn 33). 3

C. Regelungen

Abs 1 S 1 schreibt die **persönliche Anhörung** des Betroffenen sowie die Verschaffung 4 des persönlichen Eindrucks durch das Gericht **zwingend** vor. Deren Durchführung entspricht damit zwar der in § 278 Abs 1 geregelten Anhörung im Fall der Bestellung eines Betreuers (s dazu iE § 278 Rz 4 f, 11). Die Vorschrift verzichtet jedoch bewusst auf einen schlichten Verweis auf § 278, da die besonderen Regelungen sowie Ausnahmen in dessen Abs 1 S 3 (Eindrucksverschaffung in der üblichen Umgebung des Betroffenen), Abs 3 (Anhörung im Wege der Rechtshilfe) und Abs 5 (Vorführung) nicht gelten. Es ist daher nicht möglich, von der Anhörung abzusehen; wo sich das Gericht einen persönlichen Eindruck verschafft, bestimmt sich nach § 26 (BTDrs 16/6308 S 270; Fröschle/*Locher* § 69d FGG Rn 17). Dies dient insbes der Feststellung, ob der Betroffene in die Sterilisation dauerhaft nicht einwilligen kann iSv § 1905 Abs 1 BGB (Jürgens/*Mertens* § 69d FGG Rn 9), aber auch der Prüfung der Verständigungsfähigkeit des Betroffenen. Fehlt es an dieser, erschöpft sich die Anhörung idR in der Eindrucksverschaffung (Bienwald/Sonnenfeld/Hoffmann/*Sonnenfeld* § 69d FGG Rn 39). Weiterhin ist der Betroffene nach **S 2** über den möglichen **Verlauf des Verfahrens** zu **unterrichten** (s dazu § 278 Rz 5). Diese Unterrichtung erstreckt sich im Fall der Verbindung der Verfahrensabschnitte über die Bestellung des besonderen Betreuers und der Genehmigung (s Rz 2) auf beide Verfahrensverläufe. Zu beachten ist aber stets der Vorrang der sich aus der Vorschrift ergebenden strengeren Anforderungen.

Nach **Abs 2** ist im Gleichklang mit § 279 Abs 2 unter bestimmten Voraussetzungen 5 auch die **zuständige Behörde anzuhören** (BTDrs 16/6308 S 270). Es ist insofern auf die Anmerkungen zu § 279 Rz 4 zu verweisen. Allerdings wird der tatsächliche Unterstüt-

§ 297 FamFG | Sterilisation

zungsbedarf durch die Betreuungsbehörde hier seltener in Betracht kommen, da im Rahmen der Genehmigung nach § 1905 Abs 2 BGB vorwiegend medizinische und psychiatrische Belange eine Rolle spielen.

6 Weiterhin bestimmt **Abs 3** die Pflicht zur **Anhörung** der sonstigen **Beteiligten**, soweit diese zum Verfahren hinzugezogen sind, sowie einer Vertrauensperson des Betroffenen. Die Regelung entspricht § 279 Abs 1 u Abs 3, so dass insofern auf die Anmerkungen zu § 279 Rz 3 u 5 zu verweisen ist.

7 Anders als im Fall des § 278 Abs 3 dürfen nach **Abs 4** die in Abs 1 bis 3 vorgeschriebenen Anhörungen **in keinem Fall** durch den **ersuchten Richter** vorgenommen werden. Es kommt stets auf die durch eigene Ermittlung und Eindrucksverschaffung gewonnenen Erkenntnisse des den Eingriff genehmigenden Gerichts an. Deswegen scheidet auch eine (etwa nach einem Abteilungswechsel) Entscheidung durch den auf den die Anhörung durchführenden Richter nachfolgenden Richter aus. Diese ist vielmehr erneut durchzuführen.

8 Im Verfahren über die Genehmigung der Sterilisation sieht das Gesetz ohne Einschränkung einen Beistand für den Betroffenen vor. Demnach ist gemäß **Abs 5** immer dann ein **Verfahrenspfleger** zu bestellen, wenn sich der Betroffene nicht von einem **Rechtsanwalt** oder einem anderen geeigneten **Verfahrensbevollmächtigten** iSv § 276 Abs 4 vertreten lässt. In den letztgenannten Fällen geht das Gesetz davon aus, dass es für den bereits durch einen Rechtsanwalt oder Bevollmächtigen Betroffenen in der Regel eines (weiteren) Verfahrenspflegers nicht bedarf (s § 276 Rz 11). Für das Verfahren über die Bestellung des nach § 1899 Abs 2 BGB notwendigen besonderen Betreuers gilt § 297 Abs 5 nicht (Fröschle/*Fröschle* § 67 FGG Rn 5; wohl auch Bienwald/Sonnenfeld/Hoffmann/*Bienwald* § 67 FGG Rn 29). Insoweit kommt aber jedenfalls eine Bestellung nach Maßgabe des § 276 Abs 1 S 1 in Betracht. Wegen des engen Bezugs dieser Verfahrenshandlungen wird der Verfahrenspfleger regelmäßig umfänglich hinzuzuziehen sein.

9 Abs 6 regelt die Beweiserhebung durch die Einholung von **Sachverständigengutachten**. Dabei gelten die folgenden besonderen Anforderungen:
– Einholung im Strengbeweisverfahren nach § 30 Abs 2 (s § 280 Rz 62),
– mindestens zwei verschiedene Gutachten müssen vorliegen (Fröschle/*Locher* § 69d FGG Rn 19 mwN),
– Erörterung mindestens der medizinischen, psychiatrischen, sozialen, sonderpädagogischen und sexualpädagogischen Gesichtspunkte,
– persönliche Untersuchung oder Befragung des Betroffenen durch jeden Sachverständigen und damit Erstattung des Gutachtens auf Grund eigener Erkenntnisse (S 2),
– Personenverschiedenheit der Gutachter von dem den zu genehmigenden Eingriff ausführenden Arzt (S 3).

10 Da zur Erteilung der betreuungsgerichtlichen Genehmigung iSv § 1905 BGB die in dessen Abs 1 genannten engen Voraussetzungen, die ausschließlich auf die Interessen des oder der Betreuten abstellen, kumulativ erfüllt sein müssen, müssen sich die Gutachten insgesamt auch abschließend dazu äußern. Es müssen mithin die dauerhafte Einwilligungsunfähigkeit, eine konkrete und ernstliche Schwangerschaftserwartung (BayObLG NJW 2002, 149), die Notlagen-Indikation (vgl dazu Bienwald/Sonnenfeld/Hoffmann/*Bienwald* § 1905 BGB Rn 36 ff) sowie die sexualtherapeutische Fragestellung der Wirksamkeit alternativer Verhütungsmethoden untersucht sein. Die **Qualifikation** der Sachverständigen hält das Gesetz dabei bewusst offen, um im Einzelfall die Gutachter den Schwerpunkten der untersuchungsbedürftigen Gesichtspunkten entsprechend auswählen zu können (Jürgens/Kröger/Marschner/Winterstein Rn 430). Im Hinblick auf § 280 Abs 1 S 2 ist jedoch wenigstens einer der Sachverständigen Arzt bzw Facharzt für Psychiatrie, zumal die zu prüfenden Gesichtspunkte der Einwilligungsunfähigkeit sowie der Notlagenindikation vornehmlich diesen Fachbereichen unterfallende Sachgebiete darstellen. S hierzu im Übrigen § 280 Rz 24.

Soweit nach der Grundregel des § 40 gerichtliche Beschlüsse grds mit Bekanntgabe an 11
den Beteiligten, für den sie bestimmt sind, wirksam werden, erfährt diese Regel in Betreuungssachen weitere Ausformung. Für alle Verfahren außerhalb der Genehmigung der Einwilligung des Betreuers in die Sterilisation gilt nach § 287 für das **Wirksamwerden** idR die Bekanntgabe an den Betreuer (s dazu § 287 Rz 1 f). **Abs 7** konkretisiert diese Regel dahin weiter, dass es bei diesen Verfahren hierzu der **Bekanntgabe** sowohl an den nach § 1899 Abs 2 BGB bestellten **besonderen Betreuer** als auch an den **Verfahrenspfleger** (Nr 1) bzw den Verfahrensbevollmächtigten iSv § 276 Abs 4 (Nr 2) bedarf. Dies dient dem weitest gehenden Schutz der Verfahrensrechte des Betroffenen, für den gerade auch in diesen Fällen die zeitnahe Anfechtung der Genehmigung offen gehalten werden soll. Nach § 1905 Abs 2 S 2 BGB darf der Eingriff nämlich erst zwei Wochen nach Eintritt der Wirksamkeit durchgeführt werden, um mit Einlegung der Beschwerde ggf eine Anordnung nach § 64 Abs 3 zu erwirken, nach der die Vollziehung des angefochtenen Beschlusses auszusetzen ist (PWW/*Bauer* § 1905 BGB Rn 4; s dazu näher § 287 Rz 3). Es kommt deswegen für den Eintritt der Wirksamkeit auf den Zeitpunkt der letzten, nach Abs 7 notwendigen Bekanntgabe an (Jürgens/*Mertens* § 69a FGG Rn 12). Zu deren Form s § 287 Rz 5.

Abs 8 S 1 schreibt in Ergänzung zu § 41 Abs 1 vor, dass die Entscheidung über die Ge- 12
nehmigung der Einwilligung in die Sterilisation stets dem **Betroffenen selbst** bekannt zu geben ist. Nach **S 2** kann abweichend von § 288 Abs 1 auch von der Bekanntgabe der Gründe an den Betroffenen nicht abgesehen werden. **S 3** schreibt schließlich die Bekanntgabe an die zuständige Behörde unabhängig von den Voraussetzungen des § 288 Abs 2 vor.

Nach § 15 Nr 4 RPflG ist immer der Richter **zuständig** (s.a. § 272 Rz 24). 13

Gegen die Erteilung oder Versagung der Genehmigung ist nach §§ 58 Abs 1, 303 die 14
befristete **Beschwerde** (§ 63 Abs 1) statthaft. Die Beschwerde bleibt auch zulässig, wenn der Eingriff bereits stattgefunden hat und das Verfahren erledigt ist. Denn die Genehmigungsentscheidung des Betreuungsgerichts greift in elementare Rechte des Betroffenen ein. Sie würde – wenn sie unanfechtbar bliebe –, was nicht hinnehmbar ist, der Sterilisation auf Dauer den Anschein der Rechtmäßigkeit verleihen. Vielmehr hat der Betroffene einen Anspruch auf einen wirksamen Rechtsschutz (Art 19 Abs 4 GG) und damit auf Aufhebung des ihn beeinträchtigenden Genehmigungsbeschlusses (OLG Düsseldorf FamRZ 1996, 375, 376).

§ 298 Verfahren in Fällen des § 1904 des Bürgerlichen Gesetzbuchs

(1) Das Gericht darf die Einwilligung eines Betreuers oder eines Bevollmächtigten in eine Untersuchung des Gesundheitszustandes, eine Heilbehandlung oder einen ärztlichen Eingriff (§ 1904 Abs. 1 des Bürgerlichen Gesetzbuchs) nur genehmigen, wenn es den Betroffenen zuvor persönlich angehört hat. Das Gericht soll die sonstigen Beteiligten anhören. Auf Verlangen des Betroffenen hat das Gericht eine ihm nahe stehende Person anzuhören, wenn dies ohne erhebliche Verzögerung möglich ist.

(2) Das Gericht soll vor der Genehmigung nach § 1904 Abs. 2 des Bürgerlichen Gesetzbuchs die sonstigen Beteiligten anhören.

(3) Die Bestellung eines Verfahrenspflegers ist stets erforderlich, wenn Gegenstand des Verfahrens eine Genehmigung nach § 1904 Abs. 2 des Bürgerlichen Gesetzbuchs ist.

(4) Vor der Genehmigung ist ein Sachverständigengutachten einzuholen. Der Sachverständige soll nicht auch der behandelnde Arzt sein.

Übersicht

	Rz			Rz
A. Normzweck	1	E.	Abbruch lebensverlängernder Maßnahmen	12
B. Anwendungsbereich	2	I.	Entwicklung	12
C. Regelungen	4	II.	Heutige Regelung	12a
D. Weiteres Verfahren bei Heileingriffen	9	III.	Verfahren	12c

A. Normzweck

1 Die Vorschrift führt die Regelungen für das Verfahren über die Genehmigung der Einwilligung eines Betreuers oder eines Bevollmächtigten in eine ärztliche Maßnahme nach **§ 1904 BGB**, die im FGG noch an unterschiedlichen Stellen geregelt waren (§§ 68a S 3 u 4, 69d Abs 1 S 3, Abs 2 FGG), zusammen. Grundsätzlich gilt für die betreuungsgerichtlichen Genehmigungen § 26, der für bestimmte Fälle von Rechtsgeschäften durch § 299 konkretisiert wird (zur funktionellen Zuständigkeit s § 272 Rz 17). Im Interesse des Betroffenen trifft die Vorschrift für die eingangs genannten medizinischen Maßnahmen die **Amtsermittlungspflicht** weiter **konkretisierende Regelungen**, die der Tragweite der Genehmigungsentscheidung besonders Rechnung tragen sollen (BTDrs 16/6308 S 270). Mit dem Erfordernis der Einwilligung des Betreuers oder Bevollmächtigten, ohne die der ärztliche Eingriff eine strafbare Körperverletzung darstellt, wird dem **Selbstbestimmungsrecht des Betroffenen**, sofern dieser einwilligungsunfähig ist, die notwendige Geltung verschafft, zugleich aber auch die Kontrolle dessen zutreffender Wahrnehmung sichergestellt (Damrau/Zimmermann § 69d FGG Rn 9; Jürgens/*Marschner* § 1904 BGB Rn 2, 4). Nachdem mit dem 3. BetreuungsrechtsänderungsG (BGBl 2009 I S 2286) nunmehr die betreuungsgerichtliche Genehmigung, die eine **Nichteinwilligung** oder einen **Widerruf** der Einwilligung des Betreuers oder Bevollmächtigten in eine lebensnotwendige medizinische Behandlung zum Gegenstand hat (§ 1904 Abs 2, 5 BGB), gesetzlich geregelt worden ist, enthält die Vorschrift auch die diesbezüglichen besonderen Verfahrensansordnungen (Abs 2 und 3).

B. Anwendungsbereich

2 Das hier geregelte Verfahren betrifft zunächst die Einwilligung des Betreuers oder die des entsprechend Bevollmächtigten in eine der in § 1904 Abs 1 BGB genannten **ärztlichen Maßnahmen**. Dies sind Untersuchungen des Gesundheitszustands, Heilbehandlungen und ärztliche Eingriffe, insbesondere Operationen. **Nicht** hierzu zählen die **Organspende**, die nicht dritteinwilligungsfähig ist (PWW/*Bauer* § 1904 Rn 3), die **Steri-**

lisation (s § 297 Rz 2) und die **Kastration**. Letztere ist zwar auch einwilligungsfähig, es gelten aber die speziellen Regelungen des KastrationsG.

§ 3 KastrationsG

(1) Die Einwilligung ist unwirksam, wenn der Betroffene nicht vorher über Grund, Bedeutung und Nachwirkungen der Kastration, über andere in Betracht kommende Behandlungsmöglichkeiten sowie über sonstige Umstände aufgeklärt worden ist, denen er erkennbar eine Bedeutung für die Einwilligung beimisst.
(2) Die Einwilligung des Betroffenen ist nicht deshalb unwirksam, weil er zur Zeit der Einwilligung auf richterliche Anordnung in einer Anstalt verwahrt wird.
(3) Ist der Betroffene nicht fähig, Grund und Bedeutung der Kastration voll einzusehen und seinen Willen hiernach zu bestimmen, so ist die Kastration nur dann zulässig, wenn
1. der Betroffene mit ihr einverstanden ist, nachdem er in einer seinem Zustand entsprechenden Weise aufgeklärt worden ist und wenigstens verstanden hat, welche unmittelbaren Folgen eine Kastration hat, und
2. der Betroffene einen Betreuer erhalten hat, zu dessen Aufgabenbereich die Angelegenheit gehört, und dieser in die Behandlung einwilligt, nachdem er im Sinne des Abs. 1 aufgeklärt worden ist.
(4) Ist der Betroffene unfähig, die unmittelbaren Folgen einer Kastration zu verstehen, so ist die Kastration durch einen Arzt unter den Voraussetzungen des Abs. 3 Nr. 2 zulässig, wenn sie nach den Erkenntnissen der medizinischen Wissenschaft angezeigt ist und vorgenommen wird, um eine lebensbedrohende Krankheit des Betroffenen zu verhüten, zu heilen oder zu lindern. § 2 Abs. 1 Nr. 3 ist nicht anzuwenden.

§ 6 KastrationsG

In den Fällen des § 3 Abs. 3, 4 sowie des § 4 Abs. 2 bedarf die Einwilligung der Genehmigung des Vormundschaftsgerichts. Das Vormundschaftsgericht hat den Betroffenen persönlich zu hören. Die Verfügung, durch die es die Genehmigung erteilt, wird erst mit der Rechtskraft wirksam.

Darüber hinaus ist in Fällen, in denen es um die Einwilligung des Betreuers oder des Bevollmächtigten in die **Nichtvornahme** oder die **Beendigung** einer **lebenserhaltenden Behandlung** des Betroffenen geht (§ 1904 Abs 2 BGB), die betreuungsgerichtliche Genehmigung möglich. Schied noch nach bis zum Inkrafttreten des 3. BetreuungsrechtsänderungsG (BGBl 2009 I S 2286) hierfür geltender Rechtslage die unmittelbare oder analoge Anwendung der Vorschrift aus, ist das Unterlassen entsprechender ärztlicher Maßnahmen (zB die Nichtvornahme künstlicher Ernährung) nunmehr auch von ihr erfasst. S dazu im Einzelnen Rz 12 ff. 3

C. Regelungen

Abs 1 trifft für die Genehmigungsverfahren nach § 1904 BGB Abs 1 (Heileingriff) **besondere Regelungen zur Anhörung** der Beteiligten. Über § 34 Abs 1 sowie § 278 Abs 1 hinaus ist danach zwingend der **Betroffene persönlich** anzuhören (**S 1**). Ein Absehen von der Anhörung kommt nicht in Betracht. Da die Genehmigung der Einwilligung des Betreuers oder Bevollmächtigten in den von der Vorschrift erfassten Situationen voraussetzt, dass der Betroffene einwilligungsunfähig (maßgebend ist nicht die Geschäftsfähigkeit, sondern die natürliche Einsichts- und Steuerungsfähigkeit, OLG Hamm NJW-FER 1997, 78) ist, beschränkt sich die Anhörung dabei idR gleichwohl auf die Gewinnung eines persönlichen Eindrucks vom Betroffenen (§ 278 Rz 4). 4

Nach **S 2** soll ähnlich, wie dies in § 279 Abs 1 vorgeschrieben ist, eine Anhörung der **sonstigen Beteiligten** stattfinden. Dies sind stets der Betreuer bzw der Bevollmächtigte (§ 274 Abs 1 Nrn 2, 3), – soweit bestellt – der Verfahrenspfleger (§ 274 Abs 2) sowie – so- 5

§ 298 FamFG | Verfahren in Fällen des § 1904 des Bürgerlichen Gesetzbuchs

weit hinzugezogen – die Angehörigen oder Vertrauenspersonen des Betroffenen (§ 274 Abs 4 Nr 1, § 7 Abs 2 Nr 1). Zu den diesbezüglichen Einzelheiten s § 274 Rz 11 ff. Ein Widerspruchsrecht (wie noch in § 68a S 3 FGG) gegen die Anhörung der Angehörigen steht dem Betroffenen nicht zu. Seine Rechte sind insofern durch die bei der Hinzuziehung dieser Personen zu beachtenden Voraussetzungen, insbesondere die Beachtung des Interesses des Betroffenen (s § 274 Rz 12 f), gewahrt (BTDrs 16/6308 S 267). Sind nahe Angehörige nicht in diesem Sinne beteiligt, kann die Amtsermittlungspflicht aus § 26 gleichwohl ihre Anhörung gebieten (§ 279 Rz 3). Eine Anhörung der **Betreuungsbehörde**, die in diesem Verfahren nicht zu beteiligen ist (§ 274 Abs 3), ist **nicht vorgesehen**. Ob das Gericht die Anhörung vornimmt, richtet sich nach § 26. Ihre Vornahme ist nicht zwingend.

6   S 3 sieht vor, auf Verlangen des Betroffenen auch eine diesem **nahe stehende Person** anzuhören. Die Regelung entspricht § 279 Abs 3. S dazu im Einzelnen die Erläuterung zu § 279 Rz 5. Zum Verfahren der Anhörung s § 278 Rz 11.

Zu **Abs 2 und 3**, die das Verfahren nach § 1904 Abs 2 BGB betreffen (Nichteinwilligung in bzw Abbruch einer Behandlung), s.u. Rz 12c ff.

7   Die Genehmigung nach § 1904 BGB darf insgesamt nicht ohne Einholung eines **Sachverständigengutachtens** erteilt werden. Dies wird in **Abs 4 S 1** klar gestellt. Das Gutachten muss sich zu der die Genehmigungsentscheidung ausmachenden spezifischen Fragestellung verhalten, nämlich ob die Einwilligung in die Behandlung bei Abwägung aller Risiken dem Wohl des Betroffenen entspricht. Der Grad der medizinischen Indikation ist deswegen ebenso zu begutachten wie etwaige Folgen und mögliche Alternativbehandlungen (Bienwald/Sonnenfeld/Hoffmann/*Sonnenfeld* § 69d FGG Rn 23). Ob das Gutachten auch eine Aussage zur Einwilligungsfähigkeit des Betroffenen enthalten muss (so die zu § 69d Abs 2 S 1 FGG hM: Bienwald/Sonnenfeld/Hoffmann/*Sonnenfeld* § 69d FGG Rn 23; Jürgens/Kröger/Marschner/Winterstein Rn 425; Jürgens/*Mertens* § 69d FGG Rn 8; Jurgeleit/*Bučić* § 69d FGG Rn 23; aA Damrau/Zimmermann § 69d FGG Rn 11), lässt die Neuregelung offen. Hierfür wird es nach Maßgabe des § 26 letztlich auf die Umstände des Einzelfalls ankommen, so dass bei Zweifeln oder fehlender fachlicher Kompetenz des Gerichts die sachverständige Beratung durchaus notwendig sein dürfte. Andererseits sind Konstellationen denkbar, etwa bei vorangegangener Erstattung eines Gutachtens, komatösen Zuständen, geistiger Behinderung oder schwerer Demenz, in denen hierauf ohne Weiteres verzichtet werden kann (so auch Fröschle/*Locher* § 69d FGG Rn 13).

8   Der Sachverständige soll nicht auch der behandelnde Arzt sein, **S 2**. Anders als in § 297 Abs 6 S 3 ist die Personengleichheit aber nicht zwingend ausgeschlossen. Hiermit soll verhindert werden, dass in derartigen Fällen eine gerichtliche Entscheidung unterbleibt, weil bei eilbedürftigen Entscheidungen in der zur Verfügung stehenden Zeit ein geeignetes Gutachten nicht eingeholt werden kann (BTDrs 13/7158 S 38). Dies bedarf gesonderter Begründung (Damrau/Zimmermann § 69d FGG Rn 12). Ansonsten hat es jedoch bei der Trennung zu verbleiben, was auch der Fall ist, wenn beide Ärzte derselben Klinik angehören (Bassenge/Roth § 69d FGG Rn 8). Damit ist die **Auswahl des Sachverständigen** in gewisser Weise eingeschränkt. Sie richtet sich im Übrigen an der für die Genehmigungsentscheidung maßgeblichen Fragestellung (Rz 7), § 280 ist nicht anwendbar. Es kommt deswegen insbesondere die Beratung durch einen Spezialisten für die in Frage stehende Maßnahme in Betracht; ggf kann die Hinzuziehung eines Allgemeinmediziners nicht ausreichend sein (vgl Fröschle/*Locher* § 69d FGG Rn 12; Jurgeleit/*Bučić* § 69d FGG Rn 21).

D. Weiteres Verfahren bei Heileingriffen

9   Die Vorschrift macht zum Verfahren hinsichtlich der **Abs 1** unterfallenden Entscheidungen weitaus weniger Vorgaben als § 297. Zur Durchführung der **Anhörung** ist deswegen

auf § 278 Rz 11 f zu verweisen. § 278 ist allerdings nicht direkt anwendbar, so dass der Betroffene im Falle seiner Weigerung nicht vorgeführt werden kann (s aber § 33 Abs 3 S 3). Auch gelten die Einschränkungen für im Wege der **Rechtshilfe** vorgenommener Verfahrenshandlungen (§§ 278 Abs 3, 297 Abs 4) nicht. Für die Sachverhaltsaufklärung gilt im Übrigen der Grundsatz des § 30 Abs 1. Das Gericht entscheidet nach pflichtgemäßem **Ermessen**, ob es die persönliche Anhörung des Betroffenen oder die Einholung des Sachverständigengutachtens im Strengbeweisverfahren durchführt (BTDrs 16/6308 S 270). Der Bestellung eines **Verfahrenspflegers** nach § 276 Abs 1 Satz 1 wird es idR bedürfen (s § 276 Rz 4). Nach § 15 Nr 4 RPflG ist immer der Richter **zuständig** (s.a. § 272 Rz 24).

Da in den von § 1904 Abs 1 BGB erfassten Fällen nicht selten **Eilentscheidungen** veranlasst sind, kann nicht nur die Bestellung des Betreuers oder, bei dessen Verhinderung, eines Ergänzungsbetreuers im Wege einstweiliger Anordnung nach § 300 in Betracht kommen. Das Gericht kann die Einwilligung nach §§ 1908i Abs 1 S 1, 1846 BGB auch selbst erteilen (PWW/Bauer § 1904 Rn 8). In beiden Fällen ist nach bzw entsprechend § 300 Abs 1 Nr 3 ein Verfahrenspfleger zu bestellen. Zur **Bekanntmachung** und zum **Wirksamwerden** s § 287 Rz 3. 10

Gegen die Erteilung oder Versagung der Genehmigung ist nach §§ 58 Abs 1, 303 die befristete **Beschwerde** (§ 63 Abs 1) statthaft. Die verfahrensfehlerhaft erteilte Genehmigung ist jedoch nicht nichtig (Damrau/Zimmermann § 69d FGG Rn 13). 11

E. Abbruch lebensverlängernder Maßnahmen

I. Entwicklung

Soweit für den Betroffenen nicht die Vornahme eines medizinischen Eingriffs oder einer Behandlungsmaßnahme, sondern ihre **Unterlassung** oder ihr **Abbruch** in Rede stehen, unterliegt auch dies dem von der Vorschrift erfassten Anwendungsbereich des § 1904 BGB. Dessen Abs 2 sieht dies nunmehr ausdrücklich vor und gilt auch, soweit es hierbei um eine **lebenserhaltende Maßnahme** geht. 12

Für diese, gemeinhin unter den Begriffen **Sterbehilfe** oder Sterbebegleitung zusammengefassten Konstellationen, gab es vor Inkrafttreten des 3. Betreuungsrechtsänderungsgesetzes (BGBl 2009 I S 2286) **zunächst keine gesetzliche Regelung**. Im Rahmen der seit einer Entscheidung des 1. Strafsenates des BGH vom 13.9.1994 (Kemptener Fall, NJW 1995, 204) stattgefundenen Entwicklung in der Rechtsprechung hatten sich zu der Handhabung entsprechender Sachverhalte die folgenden Grundsätze herausgebildet: Ein Abbruch oder eine Verweigerung lebenserhaltender Maßnahmen ist nur zulässig, wenn das Grundleiden des Betroffenen einen irreversiblen tödlichen Verlauf angenommen hat (infauste Prognose) und der Tod in kurzer Zeit eintreten wird (»Hilfe beim Sterben«) bzw bei dem selben Grundleiden der Sterbevorgang noch nicht eingesetzt hat (»Hilfe zum Sterben«; zum so genannten Wachkoma s *Becker-Schwarze* FPR 2007, 52). Ist der Betroffene **einwilligungsunfähig**, ist es exklusive Aufgabe des Betreuers, dem Willen des Betroffenen Ausdruck zu verschaffen und eine vom Betroffenen höchstpersönlich getroffene Entscheidung umzusetzen. Lautet diese Entscheidung dahin, dass eine Einwilligung in die Fortführung bzw Aufnahme der lebenserhaltenden Maßnahme nicht erteilt wird, hat der Betreuer dies iSd Selbstbestimmungsrechts des Betroffenen durchzusetzen. Nach einer Grundsatzentscheidung des 12. Zivilsenates des BGH vom 17.3.2003 (NJW 2003, 1588, bestätigt in NJW 2005, 2385) war insoweit auf das Betreuungsrecht zurückzugreifen, allerdings nicht auf § 1904 BGB oder § 298. Vielmehr hatte der BGH im Wege **höchstrichterlicher Fortbildung des Betreuungsrechts** eine **eigene betreuungsgerichtliche Prüfungszuständigkeit** für die Fälle eröffnet, in denen es um die Einwilligung des Betreuers in eine lebensverlängernde oder -erhaltende Behandlung oder Weiterbehandlung eines nicht einwilligungsfähigen Betroffenen geht. Dabei kam dem Betreuungsgericht die Aufgabe zu, ein Verfahren betreffend die **Zustimmung** zu einer derartigen

§ 298 FamFG | Verfahren in Fällen des § 1904 des Bürgerlichen Gesetzbuchs

Betreuerentscheidung zu führen, vorausgesetzt, dass es überhaupt ein konkretes ärztliches Behandlungsangebot gibt. Andernfalls war sie nicht erforderlich, da das Betreuungsgericht nur in solchen Konfliktlagen angerufen werden sollte (BGH NJW 2003, 1588, 1592 ff; 2005, 2385 f; zum Ganzen *Müller*, NotBZ 2009, 289 ff).

II. Heutige Regelung

12a Mit **§ 1904 Abs 2 BGB** in der seit dem 1.9.2009 geltenden Fassung ist nunmehr die **Genehmigungspflicht** von Entscheidungen des Betreuers geregelt, wenn dieser in bestimmte medizinisch angezeigte Maßnahmen nicht einwilligen oder eine früher erteilte Einwilligung widerrufen will. Erfasst sind Entscheidungen des Betreuers über die Nichteinwilligung oder den Widerruf der Einwilligung, wenn das Unterbleiben oder der Abbruch der Maßnahme die begründete Gefahr des Todes oder des Eintritts schwerer und länger dauernder Schäden des Betreuten in sich birgt. Nach **§ 1904 Abs 3 BGB** hat das Betreuungsgericht die Entscheidung des Betreuers zum Schutz des Betreuten dahin gehend zu überprüfen, ob diese Entscheidung tatsächlich dem ermittelten **individuell-mutmaßlichen Patientenwillen** entspricht. Ist dies der Fall, hat das Gericht die Genehmigung zu erteilen. Einer Genehmigung bedarf es – wie nach der vom BGH im Wege höchstrichterlicher Fortbildung des Betreuungsrechts entwickelten Lösung (s Rz 13) – nicht, wenn Arzt und Betreuer keinen Zweifel daran haben, dass die Entscheidung dem Patientenwillen entspricht, § 1904 Abs 4 BGB. Die Umsetzung des Patientenwillens soll nicht durch ein – sich ggf durch mehrere Instanzen hinziehendes – betreuungsgerichtliches Verfahren belastet und damit die Durchsetzung des Patientenwillens erheblich verzögert oder gar unmöglich gemacht werden. Bei unterschiedlichen Auffassungen (Konfliktlage) oder bei Zweifeln des behandelnden Arztes und des Betreuers über den Behandlungswillen des Betreuten dient indessen die Einschaltung des Betreuungsgerichts der Kontrolle zum Schutz des Betroffenen. Die Pflicht, ein Einvernehmen zu dokumentieren, ergibt sich aus dem ärztlichen Berufsrecht (vgl § 10 der Musterberufsordnung für die deutschen Ärztinnen und Ärzte). Im Übrigen soll nach der gesetzgeberischen Intention vom Strafrecht eine wirksame Prävention ausgehen, um sachfremdes oder gar kollusives Zusammenwirken von Arzt und Betreuer entgegenzuwirken (BTDrs 16/8442 S 19; *Müller* NotBZ 2009, 289 ff).

12b Auch der **Bevollmächtigte** kann eine Entscheidung über lebensbeendende Maßnahmen treffen, wobei das betreuungsgerichtliche Verfahren zur Verfügung steht, **§§ 1901a Abs 5, 1904 Abs 5 BGB**.

Dies war bis zum Inkrafttreten des 3. BetreuungsrechtsänderungsG (BGBl 2009 I S 2286) nicht abschließend geklärt. Die vorzitierten Entscheidungen des BGH (Rz 13) befassten sich mit dieser Fragestellung nicht. Nach (zutreffender) überwiegender Auffassung (so LG Ellwangen FamRZ 2004, 732; *Becker-Schwarze* FPR 2007, 52, 53; Bienwald/Sonnenfeld/Hoffmann/*Hoffmann* § 1904 BGB Rn 203; Jürgens/Kröger/Marschner/Winterstein Rn 425; Jurgeleit/*Bučić* § 69d FGG Rn 30) waren jedoch diese Grundsätze uneingeschränkt zu übertragen. Denn es steht weder in Frage, dass der Betroffene durch rechtsgeschäftliches Handeln einen Dritten zu höchstpersönlichen Entscheidungen ermächtigen kann (§§ 1904 Abs 2, 1906 Abs 5 BGB aF), noch dass in den hier erörterten Konstellationen dieselben, die Prüfungszuständigkeit des Betreuungsgerichts auslösenden Konfliktlagen eintreten können (für die direkte Anwendung von § 1904 Abs 2 BGB aF, sofern keine Patientenverfügung vorliegt, *Milzer* MDR 2005, 1145, 1147. Anwendung nur bei notarieller Vorsorgevollmacht PWW/*Bauer* § 1904 BGB Rn 4). Allenfalls der Umstand, dass es ausweislich des Vorgehens des Betroffenen möglicherweise dessen Ziel war, eine Kontrolle des Bevollmächtigten durch Dritte oder behördliches Handeln weit gehend – insbesondere in diesem zentralen persönlichen Bereich – zu vermeiden, bedeutet eine Abweichung gegenüber dem Betreuerhandeln. Im Hinblick auf die gesetzlich bestehende **Vollmachtskontrolle** in den vorstehend genannten Fällen sowie mit Rücksicht auf die wohlverstandenen Interessen des Bevollmächtigten (Schutz vor Strafbarkeit) sowie des Betroffenen (bestmögliche Aufklärung von Zustand und Willen) musste das **betreuungsgerichtliche Verfahren** aber auch hier zur Verfügung stehen (kritisch noch der Bericht der Arbeitsgruppe »Patientenautonomie am Lebensende«, *Bril* S 165). Lehnte der Richter die Durchführung des Verfahrens ab, war die Bestellung des **Kontrollbetreuers** nach § 1896 Abs 3 BGB durch den Rechtspfleger zu prüfen (s § 293 Rz 11).

III. Verfahren

Im Rahmen des **dem Richter vorbehaltenen** Verfahrens sind drei tatsächliche Umstände 12c aufzuklären: Ist der Betroffene aktuell einwilligungsunfähig? Welche **medizinische Indikation** ist gegeben? Entspricht das diesbezügliche Vorgehen des Betreuers/Bevollmächtigten dem geäußerten oder mutmaßlichen Willen des Betroffenen?

Da neben der Aufklärung der medizinischen Sachverhalte, für die es nach § 1901a 13 Abs 3 BGB **nicht** auf einen unumkehrbaren tödlichen Verlauf des Grundleidens ankommt (BTDrs 16/8442 S 16 ff), zentrale Fragestellung im Rahmen des betreuungsgerichtlichen Zustimmungsverfahrens die **Ermittlung des Betroffenenwillens** ist (§ 1904 Abs 4 BGB), kommt der Eingrenzung der dazu zur Verfügung stehenden Erkenntnisquellen besondere Bedeutung zu. Dabei ist zwar prinzipiell zwischen dem noch mit Einwilligungsfähigkeit tatsächlich geäußerten und dem, liegt eine wirksame Äußerung nicht vor, später zu eruierenden mutmaßlichen Willen zu differenzieren (s dazu Bericht der Arbeitsgruppe »Patientenautonomie am Lebensende«, *Bril* S 161 f). Letztlich geht es aber in beiden Varianten, da es stets auf den Zeitpunkt der Einwilligung ankommt, im Kern um dasselbe, nämlich ob die Entscheidung des Betreuers/Bevollmächtigten zutreffender Ausübung des Selbstbestimmungsrechts entspricht. Eine ganz wesentliche Rolle spielt in diesem Rahmen die so genannte **Patientenverfügung** (auch Patiententestament). Hierbei handelt es sich gemäß **§ 1901a Abs 1 BGB** um die **schriftliche Festlegung** eines einwilligungsfähigen Volljährigen für den Fall seiner **Einwilligungsunfähigkeit**, ob er in bestimmte, zum Zeitpunkt der Festlegung noch nicht unmittelbar bevorstehende Untersuchungen seines Gesundheitsstandards, Heilbehandlungen oder ärztliche Eingriffe einwilligt oder sie untersagt. Sie ist grundsätzlich als Fortgeltung einer früheren Willensbekundung des Betroffenen im Sinne einer vorausschauenden Ausübung seines Selbstbestimmungsrechts anzusehen und deswegen, soweit sie die zu beurteilende Konstellation betrifft, verbindliche Richtschnur (*Becker-Schwarze* FPR 2007, 52, 53; BTDrs 16/8442 S 12). Die ursprünglich formfreie Festlegung derartiger Wünsche ist mit der gesetzlichen Regelung nicht mehr möglich (BTDrs 16/8442 S 13); praktisch war dies ohnehin nur ausnahmsweise von Bedeutung. Eine Übergangsregelung ist nicht vorgesehen, so dass diese Voraussetzungen für alle bestehenden Rechtsverhältnisse und laufenden Verfahren maßgeblich sind. Soweit im Rahmen politischer Diskussion in qualifizierten Fällen sogar die notarielle Beurkundung erörtert worden ist, ist dies vom Gesetzgeber nicht umgesetzt worden. Soweit der **Bevollmächtigte** agiert, bedarf es nach § 1904 Abs 5 S 2 BGB zudem einer schriftlichen und hinreichend konkreten Vollmachtserteilung, in der ggf die Patientenverfügung aufgehen kann. Dies bedarf jedoch sorgfältiger Prüfung im Einzelfall. Bei **Fehlen einer** einschlägigen schriftlichen **Patientenverfügung** ist gemäß **§ 1901a Abs 2 BGB** anhand früherer gezielter Äußerungen des Betroffenen, seiner Persönlichkeit, seinen Lebensentscheidungen, Wertvorstellungen und Überzeugungen der individuell-mutmaßliche Wille zu ermitteln. Ist auch insoweit keine eindeutige Festlegung möglich, soll – unter Beachtung des **Vorrangs des Schutzes des menschlichen Lebens** vor persönlichen Vorstellungen des Arztes, der Angehörigen oder anderer Beteiligter – auf Kriterien zurückgegriffen werden können, die allgemeinen Wertvorstellungen entsprechen, allerdings ausschließlich orientiert am Wohl des Betroffenen, das einerseits eine ärztlich für sinnvoll erachtete lebenserhaltende Behandlung gebietet, andererseits aber nicht jede medizinisch-technisch mögliche Maßnahme verlangt (BGH NJW 2003, 1588, 1591; BTDrs 16/8442 S 15 f.). Hierbei ist, um nicht allgemeinverbindliche Maßstäbe an die Stelle individueller Willensermittlung treten zu lassen, Vorsicht und Zurückhaltung geboten (vgl *Otto* NJW 2006, 2217, 2220; zum Ganzen auch *Müller*, NotBZ 2009, 289 ff).

14 Das **Verfahren** ist gerichtet auf die **betreuungsgerichtliche Genehmigung** der vom Betreuer erteilten bzw verweigerten Einwilligung. Das Gericht trifft dabei keine eigene Entscheidung in der Sache, sondern prüft, ob die Entscheidung des Betreuers/Bevollmächtigten von dem Willen des Betroffenen (Rz 13) getragen ist (BTDrs 16/8442 S 7; OLG München NJW 2007, 3506, 3508). Die für die Feststellung des mutmaßlichen Willens in § 1901a Abs 2 BGB genannten Anhaltspunkte sind dabei auch für die Entscheidung des Betreuungsgerichts heranzuziehen (BTDrs 16/8442 S 18). Grundsätzlich unterscheiden sich die zu beachtenden **Verfahrensschritte** nicht von einer Genehmigung nach Abs 1, so dass insofern zunächst auf die Ausführungen zu Rz 4–11 zu verweisen ist. Im Rahmen der **Anhörung** hat sich das Gericht zugleich einen **persönlichen Eindruck** zu verschaffen (Fröschle/*Locher* § 69d FGG Rn 23; BTDrs 16/8442 S 19). Zur Einholung eines **Sachverständigengutachtens** s zunächst Rz 7 f, wobei wegen der Bedeutung der Sache grundsätzlich im **Strengbeweis** nach § 30 Abs 2 vorzugehen sein wird (vgl Fröschle/*Locher* § 69d FGG Rn 22; etwas weiter Bienwald/Sonnenfeld/Hoffmann/ *Hoffmann* § 1904 BGB Rn 207). Das Gutachten muss sich auch zu der Frage der dauerhaften Einwilligungs(un)fähigkeit des Betroffenen verhalten. Im Verfahren gelten weiterhin **zusätzlich** die sich aus **Abs 2 und 3** ergebenden Anforderungen.

14a Nach **Abs 2** sollen die übrigen **Beteiligten** angehört werden. Dieselbe Regelung findet sich gleich lautend in Abs 1 S 2 für die Genehmigung iSv § 1904 Abs 1 BGB, so dass zunächst auf die Anmerkungen zu Rz 5 zu verweisen ist. Allerdings hebt die gesonderte Erwähnung des Anhörungsverfahrens hier die Bedeutung der Einbindung Dritter – insbesondere Angehöriger – als Ermittlungsmaßnahme hervor. Von ihr wird jedenfalls dann, wenn die Aktualität eines ehemals geäußerten Willens des Betroffenen oder dessen mutmaßlicher Wille in Frage steht, nicht abgesehen werden können (Fröschle/*Locher* § 69d FGG Rn 23). Aber auch im Übrigen bedarf es hinsichtlich der Frage, inwieweit ein vormals geäußerter Patientenwille aktuell noch gilt oder inwiefern die zu entscheidende Konstellation diesem unterfällt, gründlicher Aufklärung, die regelmäßig zur Anhörung Dritter drängt. Eine Abs 1 S 3 entsprechende Regelung hingegen ist im Falle der – hier stets vorliegenden – aktuellen Einwilligungsunfähigkeit entbehrlich.

14b **Abs 3** schreibt vor, dass zwingend ein **Verfahrenspfleger** zu bestellen ist. Dieser ist zum Schutz der Rechte des Betroffenen in einem Verfahren mit derart existenzieller Bedeutung erforderlich (BTDrs 16/8442 S 19), was auch bereits vor Inkrafttreten des 3. BetreuungsrechtsänderungsG (BGBl 2009 I S 2286) nach den von der Rspr entwickelten Verfahrensgrundsätzen galt (OLG Karlsruhe NJW 2004, 1882, 1883; Fröschle/*Fröschle* § 67 FGG Rn 6; vgl iÜ Rz 13).

14c Zum **Wirksamwerden** s § 287 Rz 12. **Verweigert** das Betreuungsgericht die **Genehmigung**, so gilt damit zugleich die Einwilligung des Betreuers/Bevollmächtigten in die angebotene Behandlung oder Weiterbehandlung des Betroffenen als ersetzt. Soweit ein dringendes Bedürfnis für ein unverzügliches Einschreiten des Gerichts besteht, welches ein Abwarten bis zur endgültigen Entscheidung nicht gestattet, können **vorläufige Anordnungen** nach allgemeinen Grundsätzen ergehen (KKW § 19 Rn 30). Das Gericht kann die Einwilligung allerdings **nicht** entsprechend §§ 1908i Abs 1 Satz 1, 1846 BGB **selbst versagen**. Zur **Beschwerde** s § 303 Rz 1, 4. Für Anordnungen des Beschwerdegerichts findet § 24 Abs 3 FGG Anwendung (BTDrs 16/8442 S 18).

§ 299 Verfahren in anderen Entscheidungen

Das Gericht soll den Betroffenen vor einer Entscheidung nach § 1908i Abs. 1 Satz 1 in Verbindung mit den §§ 1821, 1822 Nr. 1 bis 4, 6 bis 13 sowie den §§ 1823 und 1825 des Bürgerlichen Gesetzbuchs persönlich anhören. Vor einer Entscheidung nach § 1907 Abs. 1 und 3 des Bürgerlichen Gesetzbuchs hat das Gericht den Betroffenen persönlich anzuhören.

A. Normzweck

Die Vorschrift **ergänzt § 26 sowie § 34** für bestimmte weitere Verfahrensarten, die von 1 den sonstigen besonderen Verfahrensregelungen in Betreuungssachen nicht erfasst sind. Sie bezweckt, dass der **Betroffene vor wichtigen Entscheidungen** des Betreuungsgerichts **persönlich anzuhören** ist. Der in ihr genannte Katalog ist nicht vollständig. Soweit eine Anhörung nicht direkt vorgeschrieben ist, hat das Gericht unter Berücksichtigung des Amtsermittlungsgrundsatzes zu prüfen, ob und in welchem Umfang weitere Anhörungen erforderlich sind (BTDrs 16/6308 S 270; BTDrs 11/4528 S 176).

B. Anwendungsbereich

Der Anwendungsbereich der Vorschrift deckt im Wesentlichen die Verfahren, die **be-** 2 **treuungsgerichtliche Genehmigungen** im Bereich der **Vermögenssorge** zum Gegenstand haben, ab. Davon sind zum Einen die Genehmigungen rechtsgeschäftlicher Verfügungen des Betreuers in den Fällen der §§ 1821, 1822 Nrn 1–4, 6–13 BGB, 1823 und die Erteilung der allgemeinen Ermächtigung nach § 1825 BGB erfasst (S 1). Zum Anderen betrifft dies die Genehmigung der Kündigung bzw des Abschlusses eines längerfristigen Mietvertrags für den Betroffenen nach § 1907 Abs 1 und 3 BGB (S 2). Hierneben kommt, da die vorgenannte Aufzählung nicht abschließend ist (Rz 1), die Anwendung im Falle weiterer **Einzelmaßnahmen** der Vermögens- oder Personensorge in Frage. Im Grunde bedeutet dies jedoch nichts anderes, als dass dem Maß der aus § 26 resultierenden Aufklärungspflicht in Betreff der Anhörung des Betroffenen grds erhöhte Bedeutung zukommt (vgl Fröschle/*Locher* § 69d FGG Rn 1). Im Übrigen richtet sich die Pflicht zur Anhörung (auch Dritter) nach § 103 Abs 1 GG, so insbes im Fall der Herausgabe des Betreuten nach §§ 1908i Abs 1 S iVm 1632 BGB (OLG Frankfurt/M FamRZ 2003, 964). **Nicht anwendbar** ist die Vorschrift, soweit besondere Regelungen zur Anhörung getroffen sind. Über § 278 für den Fall der Einrichtung der Betreuung oder der Anordnung eines Einwilligungsvorbehalts hinaus sind dies die Fälle der Entscheidungen im Bereich der Personensorge nach §§ 1904, 1905 BGB, für die **§§ 297 und 298** gelten. Im Vergütungsverfahren sehen **§§ 292 Abs 1, 168 Abs 4** sowie bei Existenz eines Gegenbetreuers (s dazu § 293 Rz 10) **§ 1826 BGB** spezielle Anhörungsregeln vor.

C. Regelungen

S 1 betrifft die persönliche Anhörung des Betroffenen vor der Genehmigung der in der 3 Vorschrift näher aufgeführten Rechtsgeschäfte. Dies ist nicht zwingend (»**soll**«), bedeutet bei zutreffendem Verständnis der Vorschrift indessen nicht, dass bei für nicht notwendig erachteter Bedeutung im Hinblick auf das konkrete Rechtsgeschäft von ihr gänzlich, also ohne das persönliche Anhören, abgesehen werden könnte (so Bassenge/Roth § 69d FGG Rn 3; Jürgens/*Mertens* § 69d FGG Rn 4; Jürgens/Kröger/Marschner/Winterstein Rn 422). Denn für die Frage des Absehens von der Anhörung gilt § 34 Abs 2; und im Übrigen ist bereits mit Blick auf Art 103 Abs 1 GG, aber auch zur Sachaufklärung (doppelte Funktion der Anhörung) eine solche ggf schriftlich oder fernmündlich durchzuführen. Entscheidend ist stets, ob es wenigstens aus einem der beiden Gründe des persönlichen Eindrucks bedarf (Damrau/Zimmermann § 69d FGG Rn 2; Fröschle/

§ 299 FamFG | Verfahren in anderen Entscheidungen

Locher § 69d FGG Rn 2; ähnlich Bienwald/Sonnenfeld/Hoffmann/*Sonnenfeld* § 69d FGG Rn 8). Das **Absehen** von der Anhörung ist grds zu begründen (s § 278 Rz 9 aE).

4 S 2 schreibt die persönliche Anhörung in den dort näher aufgeführten Genehmigungsfällen (Rz 2) zwingend vor. Dies trägt der besonderen Bedeutung der **Wohnung** als räumlichem Lebensmittelpunkt des Betroffenen Rechnung, die auch zu einer ausgesprochen **sorgfältigen Sachaufklärung** im Übrigen, etwa in Form der Einholung eines Pflegegutachtens, drängt (Jurgeleit/*Bučić* § 69d FGG Rn 16 f).

5 Das **Verfahren** betreffend die von der Vorschrift erfassten Genehmigungen führt der **Rechtspfleger** (§ 3 Nr 2b) RPflG). Nach Maßgabe des § 276 Abs S 1 kann ggf ein **Verfahrenspfleger** bestellt werden (s dazu § 276 Rz 4) sowie, soweit es nach der Aufklärungspflicht geboten scheint, ein **Sachverständigengutachten** oder ein ärztliches **Attest** einzuholen sein (Bienwald/Sonnenfeld/Hoffmann/*Sonnenfeld* § 69d FGG Rn 10). **Ort** der Anhörung und ihre **Protokollierung** sind nicht vorgeschrieben, ebenfalls kann diese im Wege der Rechtshilfe erfolgen. § 278 Abs 1 und 3 sind nicht in Bezug genommen. Das persönliche Erscheinen der Beteiligten und die Möglichkeit ihrer **Vorführung** richten sich nach § 33. Zur Schonung des Betroffenen sollte dessen Vorführung durch die zuständige Behörde erfolgen (Jurgeleit/*Bučić* § 69d FGG Rn 9).

6 Im Fall der **Anfechtung** der durch den Rechtspfleger erteilten Genehmigung bestimmt § 40 Abs 2, dass diese erst mit Rechtskraft des Beschlusses wirksam wird. Da nach der Entscheidung des BVerfG v 18.1.2000 die Vorschriften über die Genehmigung von Rechtsgeschäften nur dann den Anforderungen an die Gewährung effektiven Rechtsschutzes genügen, wenn sie sowohl in rechtlicher als auch tatsächlicher Hinsicht der richterlichen Prüfung unterstellt werden können (BVerfGE 101, 397, 407), räumt die die §§ 55, 62 FGG ablösende Regelung des § 40 Abs 2 diese Überprüfungsmöglichkeit nunmehr ein, indem die Wirksamkeit der Entscheidung erst mit **Rechtskraft** eintritt. Der Gesetzgeber sieht dies als effizienter an als die bisher in der Praxis vorherrschende Lösung, vor Erlass der Entscheidung zunächst einen Vorbescheid zu erlassen und den Beteiligten Gelegenheit zu geben, diesen Vorbescheid anzufechten (vgl KKW/*Engelhardt* § 55 FGG Rn 12). Sei den Beteiligten an einer möglichst schnellen Rechtskraft der Entscheidung gelegen, so hätten sie die Möglichkeit, durch einen allseitigen Rechtsmittelverzicht die umgehende Wirksamkeit der Entscheidung herbeizuführen (BTDrs 16/6308 S 196).

§ 300 Einstweilige Anordnung

(1) Das Gericht kann durch einstweilige Anordnung einen vorläufigen Betreuer bestellen oder einen vorläufigen Einwilligungsvorbehalt anordnen, wenn
1. dringende Gründe für die Annahme bestehen, dass die Voraussetzungen für die Bestellung eines Betreuers oder die Anordnung eines Einwilligungsvorbehalts gegeben sind und ein dringendes Bedürfnis für ein sofortiges Tätigwerden besteht,
2. ein ärztliches Zeugnis über den Zustand des Betroffenen vorliegt,
3. im Fall des § 276 ein Verfahrenspfleger bestellt und angehört worden ist und
4. der Betroffene persönlich angehört worden ist.

Eine Anhörung des Betroffenen im Wege der Rechtshilfe ist abweichend von § 278 Abs. 3 zulässig.

(2) Das Gericht kann durch einstweilige Anordnung einen Betreuer entlassen, wenn dringende Gründe für die Annahme bestehen, dass die Voraussetzungen für die Entlassung vorliegen und ein dringendes Bedürfnis für ein sofortiges Tätigwerden besteht.

A. Normzweck

Gerade in Betreuungssachen kann sich im Hinblick auf das Wohl des Betroffenen, etwa bei plötzlichen Änderungen seines Zustands, kurzfristiger Handlungsbedarf ergeben. Nicht selten wird das Betreuungsgericht durch die Beteiligten erst dann mit derartigen Sachverhalten befasst, wenn bereits **Eile geboten** ist. Das Verfahren zur Einrichtung einer Betreuung, ggf einschließlich Genehmigung der Entscheidung des Betreuers, abzuwarten, ist dann untunlich. Zu diesem Zweck können **vorläufige betreuungsrechtliche Maßnahmen** getroffen werden. Um die Wahrung der Rechte des Betroffenen, das Maß notwendiger Sachaufklärung und das Interesse an schnellem Handeln in einen angemessenen Ausgleich zu bringen, sieht die Vorschrift **besondere**, auf derlei Sachverhalte zugeschnittene **Verfahrensregelungen** vor (vgl Jurgeleit/*Bučić* § 69f FGG Rn 1; Fröschle/*Locher* § 69f FGG Rn 1). Diese zeichnen sich einerseits durch ihren **summarischen Charakter** sowie andererseits durch ihre Eigenständigkeit aus. Gemäß § 51 Abs 3 ist das Verfahren der einstweiligen Anordnung ein selbständiges, **von der Hauptsache unabhängiges Verfahren**. Es kann auch bei anhängiger Hauptsache betrieben werden. Grundsätzlich gelten zunächst die §§ 49 ff, so dass der durch eine einstweilige Anordnung beschwerte Betroffene die Durchführung eines Hauptsacheverfahrens erzwingen kann, § 52 Abs 1. Die Vorschrift schreibt hierzu weitere Verfahrensschritte vor, die sich an den Bedürfnissen betreuungsrechtlicher Sachverhalte orientieren (BTDrs 16/6308 S 271). 1

Im Hinblick auf diese Bedürfnisse gilt eine abgestufte Regelung. § 69f FGG kannte **zwei Arten der einstweiligen Anordnung**: Die »gewöhnliche einstweilige Anordnung« nach § 69f Abs 1 Nr 1 FGG verlangte als Anordnungsgrund, dass mit dem Aufschub Gefahr verbunden ist. Eine »eilige einstweilige Anordnung« gemäß § 69f Abs 1 S 4 und 5 FGG konnte darüber hinaus bei Gefahr im Verzug unter erleichterten Voraussetzungen erlassen werden. Diese Unterscheidung wird in den §§ 300 und 301 weiterhin vollzogen. **§ 300** regelt die **gewöhnliche** einstweilige Anordnung. Gefahr im Verzug als **gesteigerte** Form der **Dringlichkeit** wurde in die eigene Norm des **§ 301** aufgenommen (BTDrs 16/6308 S 200, 271). 2

B. Anwendungsbereich

Zu den von §§ 300, 301 erfassten Fällen gehören die Bestellung eines **vorläufigen Betreuers** und die Anordnung eines **vorläufigen Einwilligungsvorbehalts** (Abs 1 S 1), die **Entlassung** (s § 296 Rz 2) eines vorläufigen oder dauerhaft bestellten Betreuers (Abs 2), 3

§ 300 FamFG | Einstweilige Anordnung

die Bestellung eines vorläufigen **neuen Betreuers** (§ 296 Abs 2), die **Erweiterung** des Aufgabenkreises eines bereits bestellten (auch vorläufigen) Betreuers bzw des Kreises der einwilligungsbedürftigen Willenserklärungen (§ 293 Abs 1) sowie die Bestellung eines **weiteren Betreuers** (§ 293 Abs 3). Auch die Bestellung eines vorläufigen Kontrollbetreuers kommt in Betracht (Bienwald/Sonnenfeld/Hoffmann/*Sonnenfeld* § 69f FGG Rn 8; s auch § 293 Rz 11). Auch im **Genehmigungsverfahren** nach § 1904 BGB iVm § 298 kommt eine vorläufige Regelung in Betracht (s § 298 Rz 10, 14c).

4   **Nicht speziell geregelt**, aber im Rahmen des § 26 unter Berücksichtigung der sich aus der Zweckrichtung der Vorschrift (Rz 1) ergebenden Voraussetzungen weiterhin zulässig sind **eigene vorläufige Maßnahmen oder Regelungen** durch das Betreuungsgericht, § 1908i Abs 1 iVm **§ 1846 bzw § 1632 BGB**. Hierzu zählen die Herausgabe des Betreuten (OLG Frankfurt/M FamRZ 2003, 964), die Erteilung einer Genehmigung oder die Abgabe einer rechtsgeschäftlichen Erklärung für den Betroffenen (Jurgeleit/*Bučić* § 69f FGG Rn 3) oder die Unterbringung sowie die Einwilligung in eine Heilbehandlung (BayObLG NJW-RR 2002, 1446, 1447). Hinsichtlich der letzt genannten Anordnungen muss das Gericht jedoch gleichzeitig mit der Einwilligung oder der Anordnung durch geeignete Maßnahmen sicherstellen, dass dem Betroffenen unverzüglich ein (vorläufiger) Betreuer zur Seite gestellt wird. Anderes kann nur gelten wenn die Maßnahme alsbald zu vollziehen und damit für die Bestellung eines Betreuers insoweit kein Raum mehr ist (BGH NJW 2002, 1801; BayObLG NJW-RR 2002, 1446, 1447). Insgesamt sind die vorläufigen Maßregeln nach § 1846 BGB subsidiär zu §§ 300, 301, so dass sie auf **Ausnahmefälle** zu beschränken und unter strenger Beachtung der Umstände des Einzelfalls zum Wohle des Betroffenen anzuwenden sind (Damrau/Zimmermann § 69f FGG Rn 15; Jürgens/Kröger/Marschner/Winterstein Rn 436).

C. Regelungen

5   **Abs 1 S 1** sieht für alle Verfahren, die eine (gewöhnliche) einstweilige Anordnung betreffend einen betreuungsrechtlichen Sachverhalt zum Gegenstand haben (s Rz 2 u 3) mit Ausnahme der Entlassung des Betreuers (s dazu Rz 10) abweichend zu §§ 278 ff die **summarische Prüfung** unter Glaubhaftmachung der relevanten Tatsachen folgender **Voraussetzungen** vor:
– Es bestehen **dringende Gründe** für einen **Betreuungsbedarf**/Bedarf eines **Einwilligungsvorbehalts** (**Nr 1 1. Alt**). Dies erfordert auf Grund konkreter Umstände eine erhebliche Wahrscheinlichkeit dafür, dass dauerhaft ein Betreuer bestellt oder die endgültige Anordnung des Einwilligungsvorbehalts erfolgen wird iSv §§ 1896, 1903 BGB (Damrau/Zimmermann § 69f FGG Rn 6). Dabei ist auch zu prüfen, ob der nicht einverstandene Betroffene im jeweiligen Aufgabenkreis seinen Willen nicht frei bestimmen kann (Damrau/Zimmermann § 69f FGG Rn 6, Jürgens/*Mertens* § 69f FGG Rn 3).
6   – Es besteht ein **dringendes Bedürfnis** für ein sofortiges Tätigwerden, dh **einstweiliger Handlungsbedarf** (**Nr 1 2. Alt**). Es muss auf Grund konkreter Umstände für den Betroffenen eine Gefahr bestehen, deren Abwendung hinsichtlich der bestimmten Maßnahme keinen Aufschub duldet, da ihm andernfalls erhebliche Nachteile drohen (BayObLG FamRZ 1999, 1611; OLG Schleswig OLGR 2005, 471). So kann zum Schutz des Betroffenen trotz Vorliegens einer General- und Vorsorgevollmacht ein vorläufiger Einwilligungsvorbehalt angeordnet werden, wenn die Wirksamkeit der Vollmacht wegen Zweifeln an der Geschäftsfähigkeit des Betroffenen unklar ist und die konkrete Gefahr besteht, dass ohne Einwilligungsvorbehalt vermögensrechtliche Transaktionen zum Nachteil des Betroffenen vorgenommen werden (BayObLG FamRZ 2004, 1814).
7   – Es liegt wenigstens ein **ärztliches Zeugnis** über den Zustand des Betroffenen vor (**Nr 2**). Da dies der Ermittlung der vorstehenden Voraussetzungen nach Nr 1 dient, hat sich das Zeugnis zum Gesundheitszustand, zur Betreuungsbedürftigkeit, deren Dauer, der Gefahr bei Aufschub sowie ggf der Fähigkeit zur eigenen Willensbildung

des Betroffenen zu verhalten (Jurgeleit/*Bučić* § 69f FGG Rn 7). Der Arzt oder Sachverständige muss nicht die Qualifikation des § 280 Abs 1 S 2 aufweisen; sein Zeugnis muss jedoch eine hinreichend zuverlässige Erkenntnisquelle im Hinblick auf den Verfahrensgegenstand darstellen. Dies setzt voraus, dass der Arzt den Betroffenen zuvor – nicht zwingend im Zusammenhang mit dem Verfahren – zeitnah persönlich befragt bzw untersucht hat, da anderenfalls eine zuverlässige Beurteilungsgrundlage nicht gegeben ist. Eine fernmündliche Befragung reicht nicht aus (OLG Frankfurt/M FamRZ 2005, 303 f).

- Es ist, soweit nach Maßgabe des § 276 erforderlich, ein **Verfahrenspfleger bestellt** **8** **und angehört** worden (**Nr 3**). Zur Notwendigkeit der Bestellung s im Einzelnen die Anmerkungen zu § 276 Rz 4. Es genügt das Vorhandensein eines **Verfahrensbevollmächtigten** (Bassenge/Roth § 69f FGG Rn 8). Die Möglichkeit, von der persönlichen Anhörung des Betroffenen in den von § 278 Abs 4 iVm § 34 Abs 2 erfassten Konstellationen abzusehen (s § 278 Rz 9), spielt auch hier eine Rolle (Bienwald/Sonnenfeld/Hoffmann/*Sonnenfeld* § 69f FGG Rn 23). Die persönliche Anhörung des Verfahrenspflegers ist nicht erforderlich. Es ist notwendig, aber auch hinreichend, dass der Verfahrenspfleger – ggf schriftlich – Gelegenheit zur Stellungnahme bekommt (BTDrs 13/7158 S 39).

- Es ist die **persönliche Anhörung des Betroffenen** (**Nr 4**), notfalls durch den ersuchten **9** Richter (**Satz 2**), erfolgt. Von der persönlichen Anhörung kann unter bestimmten Voraussetzungen abgesehen werden (s Rz 8). Dies ist zu unterscheiden von der aufgeschobenen Anhörung nach § 301.

Abs 2 sieht in den Fällen, in denen die vollständige oder teilweise, auf bestimmte Auf- **10** gabenkreise beschränkte Entlassung eines (vorläufigen) Betreuers im Wege einstweiliger Anordnung erfolgen soll, auf diese Situation zugeschnittene besondere Entscheidungsvoraussetzungen vor. Es wird nicht auf Abs 1 verwiesen, so dass nach Maßgabe des § 26 sowie Art 103 Abs 1 GG und bei summarischem Zuschnitt (Glaubhaftmachung) zweierlei zu prüfen ist:

- Es bestehen **dringende Gründe** für die Annahme, dass der **Betreuer** aus einem der in **11** § 1908b BGB genannten Gründen **zu entlassen** ist. Dies erfordert auf Grund konkreter Umstände eine erhebliche Wahrscheinlichkeit dafür, dass die Eignung des Betreuers nicht mehr gewährleistet ist oder aus sonstigen, in dessen Person oder Verhalten liegenden Gründen seine Entlassung notwendig ist (BTDrs 11/4528 S 178; Jürgens/*Mertens* § 69f FGG Rn 10).

- Es besteht ein **dringendes Bedürfnis** für ein sofortiges Tätigwerden, dh **einstweiliger** **12** **Handlungsbedarf**. Es muss wiederum auf Grund konkreter Umstände für den Betroffenen eine Gefahr bestehen, deren Abwendung hinsichtlich der bestimmten Maßnahme keinen Aufschub duldet, da ihm andernfalls erhebliche Nachteile drohen (Jürgens/*Mertens* § 69f FGG Rn 10). Dies ist insbesondere dann der Fall, wenn der Betreuer eine Maßnahme ankündigt, vorbereitet oder fortzusetzen gedenkt, die mit einer Gefahr für die Person oder das Vermögen des Betroffenen verbunden ist, und er auf andere Weise, insbesondere durch Aufsichtsmaßnahmen, nicht von seinem Vorhaben abgehalten werden kann (BTDrs BTDrs 11/4528 S 178).

Für das **Verfahren** in den von Abs 1 u 2 erfassten ist ein **Antrag nicht erforderlich**. Das **13** Betreuungsgericht ist von Amts wegen zum Handeln verpflichtet. Es gelten im Übrigen § 26 sowie Art 103 Abs 1 GG, so dass es im Einzelfall der entsprechenden **Anhörung Dritter** bedarf (Bassenge/Roth § 69f FGG Rn 9). Der zu entlassende Betreuer (Abs 2) ist, sofern nicht Gefahr im Verzug ist, stets anzuhören (Damrau/Zimmermann § 69f FGG Rn 21). Die Verfahrenserleichterungen des § 293 in den Fällen der Erweiterung sind auch hier anzuwenden (s § 293 Rz 4). Für die **Auswahl** des zu bestellenden vorläufigen Betreuers gilt § 1897 BGB; hiervon kann im Fall des § 301 Abs 2 abgewichen werden (s § 301 Rz 3). Örtlich **zuständig** ist nach § 272 Abs 2 das Gericht, in dessen Bezirk das Be-

§ 300 FamFG | **Einstweilige Anordnung**

dürfnis der Fürsorge bekannt wird (s dazu näher § 272 Rz 12). Die funktionelle Zuständigkeit richtet sich nach den allgemeinen Grundsätzen (s dazu § 272 Rz 29). **Bekanntgabe** und **Wirksamwerden** sind in §§ 287, 288 geregelt (s die Erläuterungen dort). Diese erfassen auch das zuvor von § 69f Abs 4 FGG ermöglichte Wirksamwerden mit Übergabe an die Geschäftsstelle. Zum **Außerkrafttreten** der einstweiligen Anordnung s § 302 Rz 2 f. Zur **Anfechtung** s § 303 Rz 1 u § 58 Rz 22.

§ 301 Einstweilige Anordnung bei gesteigerter Dringlichkeit

(1) Bei Gefahr im Verzug kann das Gericht eine einstweilige Anordnung nach § 300 bereits vor Anhörung des Betroffenen sowie vor Anhörung und Bestellung des Verfahrenspflegers erlassen. Diese Verfahrenshandlungen sind unverzüglich nachzuholen.

(2) Das Gericht ist bei Gefahr im Verzug bei der Auswahl des Betreuers nicht an § 1897 Abs. 4 und 5 des Bürgerlichen Gesetzbuchs gebunden.

A. Allgemeines

Die Vorschrift regelt die »eilige einstweilige Anordnung«, die in Fällen **gesteigerter Dringlichkeit** unter **erleichterten Voraussetzungen** erlassen werden kann. Bereits das bislang geltende FGG unterschied zwischen einer »gewöhnlichen einstweiligen Anordnung« und einer »eiligen einstweiligen Anordnung«, die in § 69f Abs 1 S 4 und 5 FGG geregelt war. Die »gewöhnliche einstweilige Anordnung« wird von § 300 erfasst (BTDrs 16/6308 S 271). S im Übrigen sowie zum Anwendungsbereich § 300 Rz 1 ff. 1

B. Regelungen

Nach **Abs 1 S 1** kann das Gericht von den in § 300 Abs 1 S 1 Nrn 3 u 4 grds zwingend vorgeschriebenen **Anhörungen** des Betroffenen sowie des Verfahrenspflegers vor Erlass der einstweiligen Anordnung **absehen**. Voraussetzung ist, dass **Gefahr im Verzug** ist. Es ist darauf abzustellen, dass die anzuordnende Maßnahme wegen unmittelbar drohender Nachteile für den Betroffenen so dringend ist, dass keine Zeit für eine vorherige Anhörung verbleibt. Dies ist auf Ausnahmefälle zu beschränken, da das Betreuungsgericht gehalten ist, notfalls unter Zurückstellung anderer weniger vordringlicher Dienstgeschäfte zunächst die Anhörung durchzuführen (KG FGPrax 2008, 40 ff – für die einstweilige Unterbringung; Fröschle/*Locher* § 69f FGG Rn 9; Jurgeleit/*Bučić* § 69f FGG Rn 11). Die zunächst unterlassenen Verfahrenshandlungen sind lediglich **aufgeschoben** und deswegen **unverzüglich nachzuholen, Satz 2**. Dies dient der Überprüfung der einstweiligen Anordnung durch das Betreuungsgericht (Bassenge/Roth § 69f FGG Rn 7), das gemäß § 54 Abs 1 in diesen Fällen ohne Weiteres und unabhängig von eingetretener Rechtskraft die Entscheidung nötigenfalls **abändern** kann. Andere als die vorgenannten Verfahrenshandlungen können nicht aufgeschoben werden. Der summarischen Prüfung der Voraussetzungen des § 300 Abs 1 Nr 1 und 2 bedarf es deswegen in jedem Fall (Jürgens/*Mertens* § 69f FGG Rn 7). 2

Abs 2 erlaubt es, bei **Gefahr im Verzug** (Rz 2) von den Vorgaben für die **Betreuerauswahl** nach § 1897 Abs 4 (Vorschlagsrecht des Betroffenen) und Abs 5 BGB (Vorrang des Verwandtschafts- oder Näheverhältnisses) abzusehen. Das Betreuungsgericht kann insbes, wenn sich die Eignung einer der in § 1897 Abs 4 oder 5 BGB genannten Personen wegen der Eilbedürftigkeit der Sache nicht abschließend klären lässt, an deren Stelle einen vorläufigen Berufsbetreuer bestellen. Es muss allerdings die genannte verwandtschaftliche oder sonstige Bindung in seine Erwägungen erkennbar mit einbeziehen. Sprechen im Rahmen der **summarischen Abwägung** gewisse Punkte gegen die Eignung dieser Person, kann der Bestellung eines Berufsbetreuers der Vorzug zu gewähren sein (BayObLGR 2005, 382 f). Der Prüfungsmaßstab für die Auswahl des Betreuers ist auch nicht nachträglich zu ändern. Anders als Abs 1, der die Nachholung der unterbliebenen Anhörungen vorschreibt, verlangt Abs 2 bei der Bestellung des vorläufigen Betreuers keine weiteren gerichtlichen Handlungen nach Wegfall der Gefahr (BayObLGR 2005, 382 f, Fröschle/*Locher* § 69f FGG Rn 11). 3

Zum **Verfahren** sowie zur **Anfechtbarkeit** s iE die Anmerkungen zu § 300 Rz 13 sowie zu § 303 Rz 1, 4. 4

§ 302 Dauer der einstweiligen Anordnung

Eine einstweilige Anordnung tritt, sofern das Gericht keinen früheren Zeitpunkt bestimmt, nach sechs Monaten außer Kraft. Sie kann jeweils nach Anhörung eines Sachverständigen durch weitere einstweilige Anordnungen bis zu einer Gesamtdauer von einem Jahr verlängert werden.

A. Allgemeines

1 Die Vorschrift ergänzt die Verfahrensregelungen der §§ 300 f, indem sie die begrenzte **Geltungsdauer** der einstweiligen Anordnung in Betreuungsverfahren (wie zuvor § 69f Abs 2 FGG) festlegt. Diese ausdrückliche Bestimmung ist erforderlich, da eine einstweilige Anordnung in diesen Verfahren sonst gemäß § 56 Abs 1 bis zum Wirksamwerden einer anderen Regelung gelten würde. Da der Erlass einer einstweiligen Anordnung in Betreuungsverfahren jedoch unter erleichterten Voraussetzungen möglich ist, soll das **Gericht** nach einer bestimmten Zeit aufgrund erneuter Prüfung **gezwungen** sein, eine **neue Entscheidung zu erlassen** (BTDrs 16/6308 S 271). Sie ist auf alle derartigen einstweiligen Anordnungen anwendbar (s § 300 Rz 2–4).

B. Regelungen

2 **S 1** schreibt vor, dass die einstweilige Anordnung, ohne dass dies weiterer Entschließung bedarf, nach spätestens **sechs Monaten** außer Kraft tritt. Anders als bei Entscheidungen im Hauptsacheverfahren, die nach Ablauf der Überprüfungs(höchst)frist weiterhin wirksam bleiben (s § 286 Rz 11), endet die Maßnahme dann (Fröschle/Locher § 69f FGG Rn 11). Die Frist des Satz 1 ist die Höchstfrist, die vom Gericht nicht ausgeschöpft werden muss. Wird eine **kürzere Dauer**, etwa der Bestellung eines vorläufigen Betreuers, bestimmt, ist diese maßgeblich. Insoweit sollte ohnehin nur diejenige Dauer gewählt werden, binnen derer mit dem Abschluss der zur Entscheidung in der Hauptsache nötigen Ermittlungen zu rechnen ist (Damrau/Zimmermann § 69f FGG Rn 16). Die Anordnung endet auch, sobald sie vom Betreuungsgericht gemäß § 54 Abs 1 (ggf teilweise) aufgehoben worden ist. Schließlich **tritt** sie gemäß § 56 Abs 1 **außer Kraft**, wenn eine **Maßnahme im Hauptsacheverfahren**, etwa die endgültige Betreuerbestellung oder die endgültige Anordnung eines Einwilligungsvorbehalts, **Wirksamkeit erlangt**. Ob dies auch im Fall der Ablehnung einer endgültigen Maßnahme unter dem Gesichtspunkt der prozessualen Überholung der Fall ist (so zur alten Rechtslage Fröschle/Locher § 69f FGG Rn 11), ist im Hinblick auf die diesbezügliche Neuregelung in § 56 fraglich. Denn abgesehen davon, dass das Verfahren der einstweiligen Anordnung gemäß § 51 Abs 3 ein selbständiges, von der Hauptsache unabhängiges Verfahren ist und auch bei anhängiger Hauptsache betrieben werden kann, lässt nach § 56 Abs 2 Nr 2 (nur) in Antragsverfahren die rechtskräftige Antragsabweisung die einstweilige Anordnung außer Kraft treten. Gerade nicht geregelt ist, dass dies auch in amtswegigen Verfahren entsprechend der Fall sein soll. Allerdings stellt sich die Frage nach der Sinnhaftigkeit des Inkraftbleibens einer einstweiligen Maßnahme, wenn zugleich die Voraussetzungen für den Erlass der endgültigen Maßnahme nicht (mehr) vorliegen. Das Eilgericht wäre insofern wenigstens zur Aufhebung nach § 54 Abs 1 gehalten, was aus Gründen der Rechtssicherheit die im Ergebnis vorzugswürdige Lösung ist.

3 Da die Durchführung des auf Erlass einer endgültigen Entscheidung gerichteten Verfahrens in Ausnahmefällen die sechsmonatige Höchstfrist des Satz 1 übersteigen kann, sieht **S 2** unter gesteigerten verfahrensrechtlichen Anforderungen für diese Fälle die **Verlängerung** der einstweiligen Maßnahme bis zu einer **Höchstdauer von einem Jahr** vor. Neben den für den Erlass einer einstweiligen Anordnung geltenden Voraussetzungen der persönlichen Anhörung und der Befassung des Verfahrenspflegers (s § 300 Rz 8 f, 13), bedarf es, um die Erkenntnisgrundlage der nunmehr längeren Maßnahme zu

verstärken, daher vor der Verlängerungsentscheidung der **Anhörung eines Sachverständigen** (BTDrs 11/4528 S 178). Es gelten hierfür, abgesehen davon, dass an die Stelle des Zeugnisses die Anhörung durch das Gericht tritt, dieselben Anforderungen, wie sie § 300 Abs 1 Nr 2 vorschreibt (Jurgeleit/*Bučić* § 69f FGG Rn 17). S dazu § 300 Rz 7. § 295 ist nicht anwendbar (§ 295 Rz 2). Die Maßnahme kann auf diese Weise durch mehrere, auf kürzere Dauer gerichtete Entscheidungen verlängert werden, bis die Höchstdauer von einem Jahr erreicht ist (Jürgens/Kröger/Marschner/Winterstein Rn 447). Auch die Verlängerung kann als »eilige einstweilige Anordnung« iSv § 301 erfolgen. Anhörung und Befassung des Verfahrenspflegers (s § 301 Rz 2) sind dann nachzuholen (Bienwald/Sonnenfeld/Hoffmann/*Sonnenfeld* § 69f FGG Rn 30). Auch § 301 Abs 2 kommt in Betracht, wird aber in der Praxis wegen der bei der Erstmaßnahme bereits getroffenen Auswahl kaum zur Anwendung kommen.

§ 303 Ergänzende Vorschriften über die Beschwerde

(1) Das Recht der Beschwerde steht der zuständigen Behörde gegen Entscheidungen über
1. die Bestellung eines Betreuers oder die Anordnung eines Einwilligungsvorbehalts,
2. Umfang, Inhalt oder Bestand einer in Nummer 1 genannten Maßnahme

zu.

(2) Das Recht der Beschwerde gegen eine von Amts wegen ergangene Entscheidung steht im Interesse des Betroffenen
1. dessen Ehegatten oder Lebenspartner, wenn die Ehegatten oder Lebenspartner nicht dauernd getrennt leben, sowie den Eltern, Großeltern, Pflegeeltern, Abkömmlingen und Geschwistern des Betroffenen sowie
2. einer Person seines Vertrauens

zu, wenn sie im ersten Rechtszug beteiligt worden sind.

(3) Das Recht der Beschwerde steht dem Verfahrenspfleger zu.

(4) Der Betreuer oder der Vorsorgebevollmächtigte kann gegen eine Entscheidung, die seinen Aufgabenkreis betrifft, auch im Namen des Betroffenen Beschwerde einlegen. Führen mehrere Betreuer oder Vorsorgebevollmächtigte ihr Amt gemeinschaftlich, kann jeder von ihnen für den Betroffenen selbständig Beschwerde einlegen.

A. Allgemeines

1 Das **Rechtsmittelverfahren** ist in §§ 58 ff grundlegend **neu geregelt**. Gemäß § 58 Abs 1 ist gegen **Endentscheidungen** grds die **Beschwerde** statthaft. Dies betrifft nach der Legaldefinition in § 38 die Entscheidung, die über den Verfahrensgegenstand in der Instanz ganz oder teilweise abschließend befindet. Hierzu zählen neben der Betreuerbestellung, der Anordnung eines Einwilligungsvorbehalts nebst jeweiliger Ablehnung und betreuungsgerichtlicher Genehmigungen auch Entscheidungen über den Erlass einstweiliger Anordnungen (§ 300 Rz 1 u § 58 Rz 23). Auch eine **teilweise** Anfechtung ist möglich, wie etwa die Beschränkung der Beschwerde auf die Auswahl des Betreuers oder die Bestellung für bestimmte Aufgabenkreise (Bassenge/Roth § 69g FGG Rn 1). Auf die Bestellung des Gegenbetreuers ist die Vorschrift entsprechend anwendbar (Jürgens/*Mertens* § 69g FGG Rn 10; s.a. § 293 Rz 10). Die Beschwerde übernimmt damit als Hauptsacherechtsmittel im FamFG die Funktion der Berufung in der ZPO und anderen Verfahrensordnungen. **Zwischen- und Nebenentscheidungen** können dagegen grds **nicht** selbständig **angefochten** werden. Sie sind entweder überhaupt nicht oder aber nur zusammen mit der Hauptsachentscheidung anfechtbar (§ 58 Abs 2). Hierzu zählen – da rein verfahrensleitende Bedeutung – die Entscheidung über die Einleitung des Betreuungsverfahrens (OLG Stuttgart FGPrax 2003, 72), die Bestellung des Verfahrenspflegers (§ 276 Rz 16), die Einholung eines Gutachtens nach § 280 (so OLG Stuttgart FGPrax 2003, 72; Bienwald/Sonnenfeld/Hoffmann/*Sonnenfeld* § 68b FGG Rn 65; tw bestr) oder das Absehen von der Bekanntgabe der Gründe des Beschlusses nach § 288 Abs 1 (§ 288 Rz 6; aA zu alten Rechtslage BayObLG FamRZ 2000, 250). Zur Anfechtbarkeit der Vorführungsanordnung des Betroffenen zur Untersuchung nach § 283 s § 283 Rz 27 ff.

2 Neben den Rechtsmitteln der Beschwerde und der **sofortigen Beschwerde**, soweit diese durch Verweis auf §§ 567 ff ZPO für entsprechend anwendbar erklärt wird (in Betreuungssachen nur durch § 284 Abs 3), bleibt die **Erinnerung** gemäß § 11 Abs 2 RPflG bestehen. Diese kommt vor allem in den Genehmigungsverfahren iSv § 299 (s § 299 Rz 5 sowie vor §§ 58 bis 75 Rz 25) sowie bei Vergütungsentscheidungen nach §§ 292, 168 zur Anwendung (Jurgeleit/*Bučić* § 69g FGG Rn 7).

3 § 63 Abs 1 S 1 bestimmt, dass die Beschwerde binnen einer **Frist** von **einem Monat** zu erheben ist. Die Vorschrift schafft damit die unbefristete (einfache) Beschwerde für die

Ergänzende Vorschriften über die Beschwerde | § 303 FamFG

im FamFG geregelten Verfahren ab. Die fristgebundene Beschwerde dient der **Verfahrensbeschleunigung** sowie der möglichst frühzeitigen **Rechtsklarheit** für alle Beteiligten über den dauerhaften Bestand der Entscheidung. Darüber hinaus bezweckt sie eine Verfahrensvereinfachung. Das vormalige Nebeneinander von einfacher und befristeter Beschwerde im FGG-Verfahren rechtfertigte sich gerade nicht aus der Unterschiedlichkeit der jeweils der einfachen oder sofortigen Beschwerde unterworfenen Verfahrensgegenstände. Durch die einheitliche Regelung soll das Beschwerdeverfahren übersichtlicher und systematischer sein (BTDrs 16/6308 S 204 ff). **Die sich aus §§ 58 ff ergebenden Regelungen** (s dazu iE vor §§ 58 bis 75 Rz 5 ff) **gelten auch für das Verfahren in Betreuungssachen**. Gemäß **§ 68 Abs 3** bestimmt sich das Beschwerdeverfahren im Übrigen nach den Vorschriften über das Verfahren im ersten Rechtszug (Ausnahme § 304 Abs 2). Das Beschwerdegericht kann von der Durchführung eines Termins, einer mündlichen Verhandlung oder einzelner Verfahrenshandlungen (wie etwa der erneuten Anhörung) absehen, wenn diese bereits im ersten Rechtszug vorgenommen wurden und von einer erneuten Vornahme keine zusätzlichen Erkenntnisse zu erwarten sind (vgl auch Fröschle/*Guckes* § 69g FGG Rn 24).

Neu geregelt ist ferner die Statthaftigkeit der Beschwerde **nach Erledigung der** 4 **Hauptsache**, welche sich nach § 62 bestimmt. Die (auch vorläufige) Anordnung der **Betreuung** selbst (BVerfG NJW 2002, 206) und die betreuungsrechtliche **Genehmigung** ärztlicher Maßnahmen nach § 1904 BGB (OLG Hamm FGPrax 2004, 231, 232) waren auch schon bisher von der Rspr als Fälle anerkannt, in denen ein Feststellungsinteresse trotz Erledigung der Hauptsache zur Gewährleistung des nach Art 19 Abs 4 GG gebotenen Grundrechtsschutzes in Betracht kommen kann. Stets ist dafür jedoch erforderlich, dass es auch tatsächlich zu einer Rechtsverletzung gekommen ist. Hat diese zwar gedroht, sich die Hauptsache dann aber schon vor dem angeordneten Grundrechtseingriff erledigt, verbleibt es bei dem Grundsatz, dass eine Beschwerde nach der Erledigung der Hauptsache nicht mehr zulässig ist (OLG Hamm FGPrax 2004, 231, 232). Dies gilt auch für das Außerkrafttreten einer **einstweiligen Anordnung** infolge Inkrafttretens einer endgültigen Maßnahme nach § 56 Abs 1 (s dazu § 302 Rz 2), da sich der anfechtbare Eingriff in die Rechte des Betroffenen nunmehr aus der endgültigen Maßnahme ergibt. Eine Erledigung idS tritt allerdings nicht ein, wenn ein vorläufiger Einwilligungsvorbehalt endgültig angeordnet wird. Denn in diesem Fall kann der Betroffene wegen des rückwirkenden Entfallens der sich aus dem Einwilligungsvorbehalt ergebenden Beschränkungen (§ 306) ein Interesse daran haben, die fehlende Rechtfertigung des vorläufigen Einwilligungsvorbehalts feststellen zu lassen. Hiermit werden Zweifel an der Wirksamkeit der von oder gegenüber dem Betroffenen vorgenommenen Rechtsgeschäfte endgültig beseitigt (BayObLG FamRZ 2004, 1814; Jürgens/*Mertens* § 69f FGG Rn 8). S im Übrigen § 62 Rz 6 ff.

B. Normzweck

Welcher **Personenkreis** beschwerdeberechtigt ist, ist allgemein in § 59 geregelt. Dessen 5 Abs 1 entspricht inhaltlich dem bisherigen § 20 Abs 1 FGG und bestimmt, dass sich die Beschwerdeberechtigung nach der **Beeinträchtigung eigener Rechte** richtet (s dazu § 59 Rz 5 ff). Auf die Beteiligtenstellung in erster Instanz kommt es dem gegenüber nicht an, so dass nach dieser allgemeinen Regelung auch ein Beteiligter im erstinstanzlichen Verfahren nicht beschwerdeberechtigt ist, wenn er vom Ergebnis der Entscheidung in seiner materiellen Rechtsstellung nicht betroffen ist. **Für die Betreuungssachen ergänzt** die aus § 69g FGG hervorgegangene Vorschrift daher die **Regelungen über die Beschwerdeberechtigung** und stellt klar, unter welchen Voraussetzungen den auch in § 274 genannten **Beteiligten** ein Beschwerderecht im eigenen Namen zusteht.

C. Regelungen

6 Nach **Abs 1** hat die **zuständige Behörde** eine Beschwerdebefugnis in den Fällen, in denen sie bereits in erster Instanz auf ihren Antrag zu **beteiligen** war (s § 274 Rz 11 ff). Hierzu gehören die Aufhebung der Betreuung, die Einschränkung des Aufgabenkreises des Betreuten, die Aufhebung eines Einwilligungsvorbehaltes oder des Kreises der einwilligungsbedürftigen Willenserklärungen (§ 294), die Bestellung eines neuen Betreuers (§ 1908c BGB, § 296), ferner im Fall der Erweiterung des Aufgabenkreises die Bestellung eines weiteren Betreuers (§ 1899 BGB, § 293 Abs 3). Als Entscheidung über den Bestand der Betreuerbestellung ist darüber hinaus die Entlassung des Betreuers (§ 1908b BGB, § 296) anzusehen. Auch die Verlängerung der Betreuung oder eines Einwilligungsvorbehaltes (§ 295) ist eine Entscheidung über den Bestand einer solchen Maßnahme. Als Entscheidung über Umfang, Inhalt und Bestand der Bestellung eines Betreuers und die Anordnung eines Einwilligungsvorbehaltes kommen grds weitere Verfahrensgegenstände in Betracht, etwa die gleichzeitige oder nachträgliche Bestellung eines Ergänzungsbetreuers (§ 1899 Abs 4 BGB) oder eines Gegenbetreuers (§§ 1908i Abs 1 S 1, 1792 BGB). Ob die Beteiligung der zuständigen Behörde erfolgt ist, spielt keine Rolle. Sie kann **auch** Beschwerde einlegen, wenn die Entscheidung **nicht von Amts wegen**, sondern auf Antrag des Betroffenen ergangen ist (anders noch § 69g Abs 1 FGG). Ihr steht ein **Beschwerderecht** damit auch **gegen den Willen** des Betroffenen zu. Das wird vom Gesetzgeber als sachgerecht erachtet, um kostenintensive Betreuungsverfahren einzudämmen, in denen der Betroffene entgegen seinem eigenen Antrag zur Regelung seiner Angelegenheiten tatsächlich in der Lage ist. Die Neuregelung soll der zuständigen Behörde die Möglichkeit eröffnen, eine Überprüfung solcher Betreuungen zu veranlassen (BTDrs 16/6308 S 271).

7 **Abs 2** regelt die Beschwerdebefugnis der **Angehörigen** (**Nr 1**) sowie einer **Vertrauensperson** (**Nr 2**) des Betroffenen. Ihnen steht das Recht zur Beschwerde zunächst gemäß § 59 Abs 1 bei einer Beeinträchtigung eigener Rechte zu (§ 59 Rz 5 ff). Unabhängig davon können sie jedoch nach Abs 2 Nr 1 **als Beteiligte** gemäß § 7 Abs 3 iVm § 274 Abs 4 gegen solche Entscheidungen **selbst Beschwerde** einlegen, in denen vormals nach §§ 69g Abs 1, 69i Abs 3, 5 u 8 FGG eine Beschwerdebefugnis der privilegierten Verwandten gegeben war. Deren Kreis deckt sich nunmehr mit dem der Personen, die in erster Instanz nach § 275 Abs 4 Nr 1 am Verfahren beteiligt werden können. Er ist enger gefasst als in der bisherigen Regelung des § 69g Abs 1 FGG (s dazu § 274 Rz 14). Voraussetzung dieses Beschwerderechts ist, dass der betreffende Angehörige des Betroffenen in erster Instanz beteiligt wurde. Dadurch sollen altruistische Beschwerden solcher Angehöriger vermieden werden, die am Verfahren erster Instanz kein Interesse gezeigt haben (BTDrs 16/6308 S 271). Ferner bedarf es einer Einlegung **im Interesse des Betroffenen** (s dazu § 274 Rz 15). Das Beschwerderecht der in Abs 2 genannten Personen besteht nach dieser Vorschrift nur, sofern die Entscheidung **von Amts wegen** ergangen ist. Die hierdurch bedingte, teils kritisierte (vgl BtKomm/*Roth* Abschn A Rn 189; Damrau/Zimmermann § 69g FGG Rn 10; Jürgens/*Mertens* § 69g FGG Rn 8) Einschränkung der Beschwerdebefugnis etwa des Betreuers bei Aufhebung der Betreuung (OLG Köln FamRZ 1997, 1293), der Verwandten bei Zurückweisung eines Antrags auf Entlassung des Betreuers (BGH NJW 1996, 1825, 1826) oder bei Einrichtung der Betreuung auf Antrag eines Dritten (OLG Düsseldorf FamRZ 1998, 510) ist insofern weiterhin bewusst in Kauf genommen.

8 Nach **Abs 3** steht dem **Verfahrenspfleger** ein Recht zur Beschwerde zu, um den Interessen des Betroffenen iSv § 276 Geltung zu verschaffen. Dies ist zu unterscheiden von dem eigenen Beschwerderecht des Verfahrenspflegers, für welches es auf die Möglichkeit der Verletzung eigener Rechte iSv § 59 Abs 1 ankommt (BTDrs 16/6308 S 272). Letzteres kommt insbes bei einer Bestellung gegen seinen Willen oder in Vergütungsfragen in Betracht (Fröschle/*Guckes* § 69g FGG Rn 11).

Ergänzende Vorschriften über die Beschwerde | § 303 FamFG

Dem **Betreuer** steht bereits aus seiner umfassenden **Vertretungsbefugnis** nach § 1902 **9**
BGB ein Recht zur Beschwerde im Namen des Betroffenen zu, soweit dies seinen Aufgabenkreis betrifft. Hierzu zählen auch Fälle, in denen es um einen entsprechenden Einwilligungsvorbehalt geht (Bienwald/Sonnenfeld/Hoffmann/*Sonnenfeld* § 69g FGG Rn 50). Dies gilt, solange die Betreuung besteht; andernfalls fehlt ihm die Vertretungsbefugnis. Deshalb kann er auch die wirksame Aufhebung der Betreuung nicht im Namen des Betroffenen anfechten (OLG Köln NJW-RR 1997, 708). Nach seiner Entlassung und auch im Übrigen kann er ein eigenes Beschwerderecht haben, wenn er in eigenen Rechten iSv § 59 Abs 1 verletzt ist. **Abs 4 S 1** hat hinsichtlich des im Rahmen der Vertretungsbefugnis gegebenen Beschwerderechts des Betreuers deswegen rein deklaratorische Bedeutung (BTDrs 16/6308 S 272), was gleichlaufend auch für den **Vorsorgebevollmächtigten** klar gestellt wird (BTDrs 16/9733 S 372). Sind **mehrere Betreuer** gemeinschaftlich, dh für dieselben Aufgabenkreise bestellt (§ 1899 Abs 3 BGB), können sie trotz der grds Einschränkungen für ein selbständiges Tätigwerden nach **S 2** jeder für sich Beschwerde im Namen des Betroffenen einlegen. Entsprechendes gilt für Vorsorgebevollmächtigte. Der **Betreuungsverein** ist wie der Betreuer zu behandeln. Ihm kann ein eigenes Beschwerderecht nach Maßgabe des § 59 Abs 1 bei Auswechselung des Vereinsbetreuers gegen einen privaten Betreuer (s § 291) oder der Entscheidung, dass der Vereinsbetreuer künftig als Privatperson Betreuer sei, zustehen (Fröschle/*Guckes* § 69g FGG Rn 10; Jurgeleit/*Klier* § 69g FGG Rn 74).

Nicht geregelt ist die **Beschwerdebefugnis des Betroffenen**, die sich bereits umfäng- **10**
lich aus § 59 Abs 1 herleitet. Denn dieser ist regelmäßig (auch bei antragsgemäßer Entscheidung) durch eine Entscheidung des Betreuungsgerichts in seinen Rechten beeinträchtigt, soweit diese seine Betreuung betrifft. Dies ist allein nicht der Fall bei der Festsetzung bzw der Ablehnung der Betreuervergütung gegen die Staatskasse oder der Entscheidung, dass der Vereinsbetreuer künftig als Privatperson Betreuer sei (Fröschle/*Guckes* § 69g FGG Rn 8). Legt allein der Betroffene gegen die Bestellung eines Betreuers Beschwerde ein, so ist das Landgericht als Beschwerdegericht nicht befugt, den Aufgabenkreis des Betreuers zu erweitern (BayObLG FamRZ 1996, 1035 f; FamRZ 1998, 922). Zur Verfahrensfähigkeit des Betroffenen s § 275 Rz 5 ff.

§ 304 Beschwerde der Staatskasse

(1) Das Recht der Beschwerde steht dem Vertreter der Staatskasse zu, soweit die Interessen der Staatskasse durch den Beschluss betroffen sind. Hat der Vertreter der Staatskasse geltend gemacht, der Betreuer habe eine Abrechnung falsch erteilt oder der Betreute könne anstelle eines nach § 1897 Abs. 6 des Bürgerlichen Gesetzbuchs bestellten Betreuers durch eine oder mehrere andere geeignete Personen außerhalb einer Berufsausübung betreut werden, steht ihm gegen einen die Entlassung des Betreuers ablehnenden Beschluss die Beschwerde zu.

(2) Die Frist zur Einlegung der Beschwerde durch den Vertreter der Staatskasse beträgt drei Monate und beginnt mit der formlosen Mitteilung (§ 15 Abs. 3) an ihn.

A. Normzweck

1   Die Vorschrift fasst die die Beteiligung der Staatskasse betreffenden Regelungsgegenstände in Beschwerdesachen zusammen. Dabei sieht Abs 1 S 1 als Gegenstück zur Beteiligung des Vertreters der Staatskasse nach § 274 Abs 4 Nr 2 dessen Beschwerderecht vor. S 2 entspricht dem bisherigen § 69g Abs 1 S 2 FGG in der seit dem 2. BtÄndG vom 21.4.05 (BGBl I 1073) geltenden Fassung. Soweit die **Interessen der Staatskasse** im Falle einer falschen Abrechnung des Betreuers nach § 1908b Abs 1 S 2 BGB oder eines nicht vollzogenen Betreuerwechsels gemäß § 1908b Abs 1 S 3 BGB betroffen sind, hat die Regelung nur deklaratorische Wirkung. Abs 2 soll sicherstellen, dass die Bezirksrevisoren ihre bisherige Praxis beibehalten und in regelmäßigen Abständen Revisionen vornehmen können (BTDrs 16/6308 S 272).

B. Regelungen

2   Da nach § 274 Abs 4 Nr 2 der Vertreter der Staatskasse fakultativ im Rahmen der Verfolgung fiskalischer Interessen iSd § 7 Abs 3 S 1 zu beteiligen ist und seine Hinzuziehung in Betracht kommt, wenn die Belange der Staatskasse betroffen sein können, regelt **Abs 1 S 1** in diesen Fällen für die Staatskasse das Beschwerderecht. Dies kommt etwa bei Entscheidungen nach § 307 oder aber (abweichend zu früheren Rechtslage, vgl Jürgens/*Mertens* § 69g FGG Rn 11) in Betracht, wenn gemäß § 1836 Abs 1 BGB iVm § 1 VBVG die Feststellung der Berufsmäßigkeit der Betreuung getroffen wird. Da auch die Entscheidung über die Hinzuziehung der Staatskasse als solche überprüfbar ist (§ 274 Rz 2), steht ihr insofern insgesamt das Recht zur Beschwerde zu (vgl auch *Schulte-Bunert* Rn 987).

3   **Abs 1 S 2** konkretisiert das der Staatskasse gegen Entscheidungen, die fiskalische Interessen betreffen, zustehende Beschwerderecht (Abs 1 S 1) für die Fälle, in denen es um die Auswahl der Betreuungsperson als Berufsbetreuer geht. Diese Fälle betreffen zwar grds den Fiskus, sollen nach der ausdrücklich Regelung allerdings nur dann anfechtbar sein, wenn ein **Antrag auf Entlassung** des Betreuers, gestützt auf § 1908b Abs 1 S 2 BGB, oder des Berufsbetreuers, gestützt auf § 1908b Abs 1 S 3 BGB, **abgelehnt** worden ist (Bassenge/Roth § 69g FGG Rn 8).

4   Nach **Abs 2** beginnt für den **Bezirksrevisor** ihm gegenüber der Lauf der **Beschwerdefrist** in Abweichung zu § 63 Abs 3 mit ihrer tatsächlichen Kenntnisnahme von der Entscheidung. Die Frist beträgt **drei Monate**. Nach dieser Zeitspanne soll Rechtskraft eintreten (BTDrs 16/6308 S 272; s.a. Rz 1).

§ 305 Beschwerde des Untergebrachten

Ist der Betroffene untergebracht, kann er Beschwerde auch bei dem Amtsgericht einlegen, in dessen Bezirk er untergebracht ist.

A. Normzweck

Im Interesse einer **erleichterten Rechtsverfolgung** soll der untergebrachte Betroffene 1 die Beschwerde abweichend von § 64 Abs 1 auch bei dem AG einlegen können, in dessen Bezirk die Unterbringung stattfindet (BTDrs 11/4528 S 179). Denn grds kann die fristwahrende Einlegung der Beschwerde nur in den von § 64 Abs 2 vorgesehenen Varianten – schriftlich oder zu Protokoll der Geschäftsstelle des Gerichts, dessen Entscheidung angefochten werden soll – erfolgen. Wird eine Beschwerde noch fristgerecht bei einem unzuständigen Gericht eingelegt, so ist dieses nach allgemein anerkannten Grundsätzen zwar verpflichtet, die Beschwerdeschrift unverzüglich an das zuständige Gericht weiterzuleiten. Die Beschwerdefrist bleibt aber nur gewahrt, wenn die Beschwerdeschrift noch innerhalb der Frist in die tatsächliche Verfügungsgewalt des eigentlich zuständigen Gerichts gelangt (§ 64 Rz 3 f). Dem gegenüber eröffnet die Vorschrift dem Untergebrachten eine echte **Wahlzuständigkeit**.

B. Anwendungsbereich

Die erweiterte Möglichkeit einer Beschwerdeeinlegung am Gericht des Anstaltsorts besteht nur, soweit sich der Betroffene in einer der **in §§ 271, 312 genannten Verfahrensarten** gegen eine Entscheidung, deretwegen er beschwerdebefugt ist (s § 303 Rz 10), wendet. Es muss sich dabei nicht um eine freiheitsentziehende Maßnahme handeln (Damrau/Zimmermann § 69g FGG Rn 32; Jürgens/*Mertens* § 69g FGG Rn 12). Allerdings scheidet eine entsprechende Anwendung auf Beschwerden untergebrachter Personen in sonstigen Angelegenheiten – etwa nach §§ 63, 64 oder 66 StGB – aus (BGH FGPrax 2002, 20, 21 zu §§ 69g Abs 3, 70m Abs 3 FGG, 7 Abs 4 FEVG). Daran hat sich auch durch die Neufassung der betreffenden Vorschriften nichts geändert (BTDrs 16/6308 S 272, 276, 294). Die Privilegierung kommt nach ihrem Sinn und Zweck (s Rz 1) auch nur dem Betroffenen selbst zu, nicht anderen Beschwerdeberechtigten, auch **nicht** dem **Verfahrenspfleger** (Damrau/Zimmermann § 69g FGG Rn 32; Jürgens/*Mertens* § 69g FGG Rn 12; Jurgeleit/*Klier* § 69g FGG Rn 93; aA Bassenge/Roth § 69g FGG Rn 14). Insofern muss die Vorschrift auch für alle weiteren, gegenüber dem Gericht abzugebenden fristgebundenen Erklärungen des untergebrachten Betroffenen gelten, so etwa nach § 65 Abs 2, aber auch zur Einlegung der **Rechtsbeschwerde** nach § 71 Abs 1.

C. Regelung

Die Einlegung der Beschwerde erfolgt entweder gemäß § 64 Abs 1 beim **iudex a quo**, 3 oder nach der Vorschrift bei dem **AG, in dessen Bezirk der Betroffene untergebracht ist**. Eine Beschwerdeeinlegung beim Rechtsmittelgericht ist nicht zulässig, so dass auch das Beschwerdegericht im Unterbringungsbezirk nicht zu dem von der Vorschrift erfassten Gericht zählt (s § 64 Rz 1). Im Übrigen finden die allgemeinen für die Einlegung der Beschwerde geltenden Vorschriften Anwendung. S dazu im Einzelnen die Anmerkungen zu § 64.

§ 306 Aufhebung des Einwilligungsvorbehalts

Wird ein Beschluss, durch den ein Einwilligungsvorbehalt angeordnet worden ist, als ungerechtfertigt aufgehoben, bleibt die Wirksamkeit der von oder gegenüber dem Betroffenen vorgenommenen Rechtsgeschäfte unberührt.

A. Normzweck

1 Wird ein Einwilligungsvorbehalt nach § 1903 BGB angeordnet, bedarf der Betroffene zu einer Willenserklärung, die vom Einwilligungsvorbehalt umfasst wird, der Einwilligung des Betreuers. Dies bedeutet gemäß § 183 S 1 BGB vorherige Zustimmung; bei Verträgen kommt die Genehmigung durch den Betreuer nach § 108 Abs 1 BGB in Betracht. Vom Betroffenen abgegebene Willenserklärungen, die diesen Erfordernissen nicht entsprechen, sind (schwebend) unwirksam; der Vertragspartner kann bis zur Erteilung der Genehmigung seine Erklärung widerrufen (vgl PWW/*Bauer* § 1903 Rn 7). Da eine derartige Wirkung nur dem in der Sache gerechtfertigten Einwilligungsvorbehalt zukommen soll, trifft die Vorschrift für den Fall, dass sich nachträglich die Unrichtigkeit des Einwilligungsvorbehalts herausstellt, die **materiell-rechtliche Regelung**, dass alle bis dahin mit bzw vom Betroffenen vorgenommenen **Rechtsgeschäfte wirksam** sind. Ihm sollen wegen der sachlich unrichtigen Entscheidung keine Nachteile entstehen (Bienwald/Sonnenfeld/Hoffmann/*Sonnenfeld* § 69h FGG Rn 2; Fröschle/*Guckes* § 69h FGG Rn 1).

B. Anwendungsbereich

2 Die Vorschrift kann in allen Fällen, in denen ein Einwilligungsvorbehalt angeordnet oder erweitert worden ist, zur Anwendung kommen. Dies gilt auch bei vorläufigem Einwilligungsvorbehalt auf Grund einstweiliger Anordnung (BTDrs 11/4528 S 179). Voraussetzung ist, dass die entsprechende Anordnung (wenigstens teilweise) **als ungerechtfertigt rückwirkend aufgehoben** wird. Dies bedeutet eine Beseitigung des Einwilligungsvorbehalts auf Grund der Erkenntnis, dass bereits im Zeitpunkt dessen Anordnung die sachlichen Voraussetzungen nicht vorgelegen haben. Nicht hierunter fallen deswegen die Aufhebung auf Grund eines Verfahrensfehlers sowie die nachträgliche Aufhebung oder Änderung iSv § 54 auf Grund veränderter Umstände. Es geht mithin prinzipiell um die Aufhebung im Rechtsmittelverfahren (Jürgens/*Mertens* § 69h FGG Rn 2). Soweit allerdings das erstinstanzliche Betreuungsgericht, insbes in dem Zeitraum zwischen Wirksamwerden und Rechtskraft der Anordnung, auf Grund weiterer Erkenntnisse zu der Überzeugung gelangt, es bedürfe rückwirkender Aufhebung, beansprucht die Vorschrift ebenfalls Geltung.

C. Wirkungen

3 Durch die materiell-rechtliche Wirkung der Vorschrift macht es im Falle nachträglicher Aufhebung eines Einwilligungsvorbehalts im hier einschlägigen Sinne keinen Unterschied, durch wen zuvor rechtsgeschäftliche Erklärungen für den Betroffenen abgegeben worden sind:
– Hat der **Betroffene mit Einwilligung** des Betreuers gehandelt, ist das Rechtsgeschäft ohnehin wirksam zustande gekommen; hierbei verbleibt es.
– Hat der **Betreuer als gesetzlicher Vertreter** im Rahmen des § 1902 BGB selbst gehandelt, hat er für den Betroffenen wirksam Rechte und Pflichten geschaffen. Der Einwilligungsvorbehalt betrifft seine Vertretungsmacht nicht.
– Hat der **Betroffene ohne Einwilligung** des Betreuers, soweit dies den Kreis der einwilligungsbedürftigen Willenserklärungen betrifft, gehandelt, sind wegen der Rückwirkung der Aufhebung nach Maßgabe der Vorschrift seine Erklärungen wirksam. Sofern sich widersprechende Erklärungen seitens des Betreuers einerseits sowie des

Aufhebung des Einwilligungsvorbehalts | § 306 FamFG

Betroffenen andererseits abgegeben worden sind, gelten die allgemeinen Regelungen. Dh, dass beide Verpflichtungsgeschäfte wirksam und die Folgen ggf im Wege des Schadensersatzes zu beseitigen sind. Für Verfügungsgeschäfte gilt das Prioritätsprinzip (vgl Bienwald/Sonnenfeld/Hoffmann/*Sonnenfeld* § 69h FGG Rn 6 ff; Jurgeleit/*Bučić* § 69h FGG Rn 5 f).

Die sich aus der Vorschrift ergebenden materiell-rechtlichen Wirkungen haben insofern **prozessuale Bedeutung**, als – ausnahmsweise – eine **Erledigung** einer gegen einen vorläufigen Einwilligungsvorbehalt erhobenen Beschwerde nicht eintritt, wenn die Anordnung endgültig erfolgt. Denn in diesem Fall kann der Betroffene wegen des rückwirkenden Entfallens der sich aus dem Einwilligungsvorbehalt ergebenden Beschränkungen ein Interesse daran haben, die fehlende Rechtfertigung des vorläufigen Einwilligungsvorbehalts feststellen zu lassen. Hiermit werden Zweifel an der Wirksamkeit der von oder gegenüber dem Betroffenen vorgenommenen Rechtsgeschäfte endgültig beseitigt (BayObLG FamRZ 2004, 1814; Jürgens/*Mertens* § 69f FGG Rn 8). **4**

§ 307 Kosten in Betreuungssachen

In Betreuungssachen kann das Gericht die Auslagen des Betroffenen, soweit sie zur zweckentsprechenden Rechtsverfolgung notwendig waren, ganz oder teilweise der Staatskasse auferlegen, wenn eine Betreuungsmaßnahme nach den §§ 1896 bis 1908i des Bürgerlichen Gesetzbuchs abgelehnt, als ungerechtfertigt aufgehoben, eingeschränkt oder das Verfahren ohne Entscheidung über eine solche Maßnahme beendet wird.

A. Allgemeines

1 Im Anschluss an die allgemeinen Bestimmungen zum Grundsatz der Kostenpflicht in §§ 81 ff regelt § 307 speziell die Fragen der Kostentragung in Betreuungssachen. Er entspricht dabei dem bisherigen § 13a Abs 2 S 1 FGG, soweit er die Kostenverteilung in Betreuungssachen betrifft. Die Verteilung der Kostentragung im Unterbringungsverfahren findet sich in § 337. Da eine Kostenentscheidung bereits nach den Grundsätzen des Allgemeinen Teils isoliert anfechtbar ist, bedurfte es keiner gesonderten, dem bisherigen § 20a Abs 1 S 2 FGG entsprechenden Regelung.

B. Einzelheiten

2 Im Betreuungsverfahren fehlt oft ein erstattungspflichtiger anderer Beteiligter. § 307 sieht daher die Möglichkeit vor, die Auslagen der Betroffenen der Staatskasse aufzuerlegen.

3 Neben den in § 307 geregelten Fällen kommt unter den Voraussetzungen des § 81 Abs 2 (dazu § 81 Rz 3 ff) die Auferlegung von Kosten auf einen am Verfahren Beteiligten (dazu § 274) bzw einen nicht beteiligten Dritten nach § 81 Abs 4 (dazu § 81 Rz 10) in Betracht. Diese Regelungen gelten auch, wenn sich das Verfahren auf sonstige Weise erledigt oder der Antrag zurückgenommen wird, vgl § 83 Abs 2.

I. Auferlegung der Kosten auf die Staatskasse

4 Nach § 307 können die zur zweckentsprechenden Rechtsverfolgung nötigen Auslagen des Betroffenen in einem eine Betreuungssache nach § 271 betreffenden Verfahren der Staatskasse auferlegt werden, wenn es zu einer bestimmten Art und Weise der Verfahrensbeendigung kommt.

1. Betreuungssache, § 271

5 Nach dem Sinn und Zweck der Vorschrift sind alle Betreuungsmaßnahmen einschließlich der Genehmigungsverfahren nach §§ 1904, 1905 BGB umfasst. Eine Ausnahme gilt nur für solche Maßnahmen, die sich nicht direkt auf den Betroffenen beziehen, etwa Genehmigung einer Grundstücksveräußerung (OLG Schleswig SchlHA 1994, 206), Verfahren auf Anerkennung eines Betreuungsvereins nach § 1908 f BGB oder Bestellung bzw Abberufung eines Ergänzungsbetreuers für ein Grundstücksgeschäft (OLG Karlsruhe FamRZ 1997, 1547). Ohne Bedeutung ist, ob das Verfahren auf Antrag oder von Amts wegen eingeleitet wurde.

2. Bestimmte Verfahrensbeendigung

6 Weiter muss das Verfahren auf die Betreuungsmaßnahme eine bestimmte Art der Beendigung gefunden haben, nämlich:

a) Ablehnung der Maßnahme

Die Betreuungsmaßnahme muss ganz oder teilweise als unzulässig oder unbegründet 7
abgelehnt worden sein. Denkbare Fälle sind die Ablehnung, einen Betreuer zu bestellen
oder einen Einwilligungsvorbehalt anzuordnen.

b) Aufhebung als von Anfang an ungerechtfertigt

Als von Anfang an ungerechtfertigt ist eine Betreuungsmaßnahme aufzuheben, wenn 8
sie schon ursprünglich nicht ergehen durfte. Ein solcher Fall kann vorliegen, wenn das
Gericht verfahrensfehlerhaft einen vorläufigen Betreuer bestellt (OLG Zweibrücken
FamRZ 2003, 1126). Das Gleiche gilt, wenn das Betreuungsgericht einen Betreuer bestellt
hat, obwohl der nicht einverstandene Betreute nicht an einer psychischen Krankheit litt
oder seine freie Willensbestimmung nicht aufgehoben war (s OLG München FGPrax
2009, 113). Entfallen die Voraussetzungen für die Betreuerbestellung dagegen erst nachträglich, ist keine Kostenerstattung möglich.

c) Einschränkung einer Maßnahme

Wie bei der Aufhebung einer Maßnahme sind auch hier nur Fälle erfasst, in denen eine 9
Maßnahme von Anfang an zum Teil nicht ergehen durfte, zB Bestellung eines Betreuers
für die gesamte Gesundheitsfürsorge, obwohl sie nur für die psychiatrische Gesundheitsfürsorge erforderlich war. Eine Kostenerstattung scheidet aus, wenn es sich nur um
eine unwesentliche Einschränkung oder eine solche aufgrund später veränderter Umstände handelt. Da Anwaltskosten regelmäßig unabhängig vom Umfang einer Maßnahme entstehen, können sie ebenfalls nicht erstattet werden. Ähnliches gilt für Gutachtenkosten, es sei denn, sie sind zusätzlich erforderlich geworden.

d) Beendigung ohne Entscheidung über eine Maßnahme.

Ein solcher Fall kann zB nach Antragsrücknahme, Erledigung der Hauptsache (Betreu- 10
ung wird nicht erforderlich, weil eine wirksame Vollmacht erteilt wird) oder Tod des Betroffenen eintreten.

3. Ermessen

Sind die vorgenannten Voraussetzungen erfüllt, kann das Gericht der Staatskasse die 11
Auslagen des Betroffenen ganz oder teilweise auferlegen. Insoweit besteht für das Gericht pflichtgemäßes Ermessen. Berücksichtigung kann schuldhaftes Veranlassen durch
den Betroffenen finden. Die Ermessensspielräume sind aber eher eng.

4. Umfang der Erstattung

Der Betroffene kann seine Auslagen, also die von ihm zu tragenden Gerichtskosten (Ge- 12
bühren und Auslagen) und außergerichtliche Kosten, wie Kosten für einen Anwalt, den
Verfahrenspfleger, Fahrtkosten etc, erstattet erhalten.

Ob sie zur zweckentsprechenden Rechtsverfolgung erforderlich waren, wird erst im 13
Festsetzungsverfahren vom zuständigen Rechtspfleger geprüft. Da in § 85 nicht auf § 91
Abs 2 ZPO verwiesen wird, sind Anwaltskosten nicht stets zu erstatten. Ihre Erstattungsfähigkeit ist aber zu bejahen, wenn die Hinzuziehung eines Rechtsanwaltes wegen
der Bedeutung der Entscheidung für die Lebensführung des Betroffenen erforderlich ist
(Keidel/Budde § 307 FamFG Rn 5). Das dürfte im Betreuungsverfahren in der Regel zu
bejahen sein (OLG Zweibrücken FGPrax 2003, 220 f).

14 Wird eine Betreuung als ungerechtfertigt aufgehoben, gehören die Vergütung und die Auslagen des bestellten Betreuers, die der vermögende Betroffene diesem schuldet, nicht zu den notwendigen Auslagen des Betroffenen (OLG München BtPrax 2006, 32).

15 Die Erstattung der Auslagen des Betroffenen kann ganz oder teilweise angeordnet werden. Ein solcher Fall kann auch eintreten, wenn der Betroffene mit seinem Rechtsbehelf in Beschwerdeverfahren in einem Punkt erfolgreich und in einem anderen Punkt erfolglos ist. Sind insoweit Kosten angefallen, kommt die Auferlegung dieser Auslagen auf die Staatskasse in Betracht (BayObLG FamRZ 2003, 1128).

16 Ist dem Betroffenen für das Beschwerdeverfahren Verfahrenskostenhilfe unter Beiordnung eines Rechtsanwaltes gewährt worden, ist kein Raum für eine positive oder ablehnende Entscheidung über die Auferlegung der Kosten auf die Staatskasse (OLG München BtPrax 2006, 150).

II. Verfahrensrechtliches

17 Da eine Kostenentscheidung nicht zwingender Bestandteil der Beschlusses ist, vgl §§ 38, 286, kann sie auch in einer gesonderten Entscheidung erfolgen. Gegen die Kostenentscheidung ist das Rechtsmittel der Beschwerde statthaft, § 58. Die Beschwerde ist aber nur zulässig, wenn der Beschwerdewert von 600 € überschritten ist, § 61 Abs 1. Ist der Wert geringer, bedarf es der Zulassung der Beschwerde nach § 61 Abs 2 und 3.

§ 308 Mitteilung von Entscheidungen

(1) Entscheidungen teilt das Gericht anderen Gerichten, Behörden oder sonstigen öffentlichen Stellen mit, soweit dies unter Beachtung berechtigter Interessen des Betroffenen erforderlich ist, um eine erhebliche Gefahr für das Wohl des Betroffenen, für Dritte oder für die öffentliche Sicherheit abzuwenden.

(2) Ergeben sich im Verlauf eines gerichtlichen Verfahrens Erkenntnisse, die eine Mitteilung nach Absatz 1 vor Abschluss des Verfahrens erfordern, hat diese Mitteilung über die bereits gewonnenen Erkenntnisse unverzüglich zu erfolgen.

(3) Das Gericht unterrichtet zugleich mit der Mitteilung den Betroffenen, seinen Verfahrenspfleger und seinen Betreuer über Inhalt und Empfänger der Mitteilung. Die Unterrichtung des Betroffenen unterbleibt, wenn
1. der Zweck des Verfahrens oder der Zweck der Mitteilung durch die Unterrichtung gefährdet würde,
2. nach ärztlichem Zeugnis hiervon erhebliche Nachteile für die Gesundheit des Betroffenen zu besorgen sind oder
3. der Betroffene nach dem unmittelbaren Eindruck des Gerichts offensichtlich nicht in der Lage ist, den Inhalt der Unterrichtung zu verstehen.

Sobald die Gründe nach Satz 2 entfallen, ist die Unterrichtung nachzuholen.

(4) Der Inhalt der Mitteilung, die Art und Weise ihrer Übermittlung, ihr Empfänger, die Unterrichtung des Betroffenen oder im Fall ihres Unterbleibens deren Gründe sowie die Unterrichtung des Verfahrenspflegers und des Betreuers sind aktenkundig zu machen.

Übersicht

	Rz		Rz
A. Normzweck	1	C. Regelungen	15
B. Anwendungsbereich	10		

A. Normzweck

Die Norm regelt die allgemeine Mitteilungspflicht von Entscheidungen des Gerichts in Betreuungssachen. Weitere Mitteilungspflichten sind in § 309 (besondere Mitteilungen), § 310 (Mitteilungen während einer Unterbringung) und § 311 (Mitteilungen zur Strafverfolgung) geregelt.

Nach neuerem verfassungsrechtlichen Verständnis des Persönlichkeitsschutzes wurden für die Mitteilungen in Strafsachen, Zivilsachen und in Angelegenheiten der freiwilligen Gerichtsbarkeit, soweit nicht vorhanden, gesetzliche Grundlagen erforderlich, die den Maßstäben der Entscheidung des Bundesverfassungsgerichts vom 15.12.1983 (BVerfGE 65, 1 ff = NJW 1984, 419 – »Volkszählungsurteil«) entsprechen (BTDrs 11/4528 S 181). Die Bestimmungen der §§ 308 ff bilden diese gesetzliche Grundlage für Mitteilungen.

Die Regelungen treffen eine Abwägung des Rechts des Betroffenen auf informationelle Selbstbestimmung und des öffentlichen Interesses an einer Weitergabe personenbezogener Daten. Sie werden den verfassungsrechtlichen Anforderungen an einen Eingriff in das informationelle Recht auf Selbstbestimmung gerecht, da nur unter bestimmten einschränkenden Voraussetzungen Entscheidungen anderen Gerichten, Behörden oder öffentlichen Stellen mitzuteilen sind.

Für die Mitteilungen nach den §§ 308 bis 311 gelten die datenschutzrechtlichen Regelungen der §§ 12 bis 21 EGGVG. Durch das JuMiG vom 18.6.1997 ist – als Folge der Rechtsprechung des BVerfG im »Volkszählungsurteil« (BVerfGE 65, 1 ff = NJW 1984, 419) – in das EGGVG eine Regelung für verfahrensüberleitende Mitteilungen von Amts we-

§ 308 FamFG | Mitteilung von Entscheidungen

gen eingeführt worden, die eine allgemeine Rechtsgrundlage für die Übermittlung personenbezogener Daten insbes durch die Gerichte schafft. Der Umfang der zu übermittelnden Daten und die Verwertung der übermittelten Daten sind dort geregelt. § 69o FGG verwies für die Mitteilungen in Betreuungssachen auf die Anwendbarkeit der §§ 19 und 20 EGGVG und bestimmte bei Vorliegen der tatbestandlichen Voraussetzungen die Anwendbarkeit von § 21 EGGVG.

5   Nach § 19 Abs 1 EGGVG dürfen die übermittelten Daten nur zu dem Zweck verwendet werden, zu dessen Erfüllung sie übermittelt worden sind. Eine Verwendung für andere Zwecke ist zulässig, soweit die Daten auch dafür hätten übermittelt werden dürfen. Sind die Daten nicht erforderlich, sind sie zurückzuschicken. Ist der Empfänger nicht zuständig, leitet er die Daten unter Unterrichtung der übermittelnden Stelle weiter. Nach § 20 EGGVG ist der Empfänger, dem Daten vor Beendigung eines Verfahrens übermittelt worden sind, über den weiteren Verlauf des Verfahrens zu unterrichten. Eine Unterrichtung kann unterbleiben, wenn sie erkennbar weder zur Wahrung der schutzwürdigen Interessen des Betroffenen noch zur Erfüllung der Aufgaben des Empfängers erforderlich sind. Betrifft die Mitteilung eine andere Person als den Betroffenen, gilt auch § 21 EGGVG. Danach ist der Empfänger, dem Daten vor Beendigung eines Verfahrens übermittelt worden sind, über den weiteren Verlauf des Verfahrens zu unterrichten. Der Empfänger ist auch zu unterrichten, wenn die Daten unrichtig sind; er hat die Daten zu berichtigen, oder ihre Unrichtigkeit in den Akten zu vermerken.

6   Im FamFG fehlt eine dem § 69o FGG vergleichbare Verweisungsnorm auf das EGGVG. § 69o FGG wurde ersatzlos gestrichen. Eine Begründung hierfür hat der Gesetzgeber etwa im Rahmen der §§ 308 ff nicht gegeben.

7   An der Rechtslage hat sich dadurch jedoch nichts geändert. Die Vorschriften der §§ 308 bis 311 entsprechen mit sprachlichen Änderungen den bisherigen §§ 69k bis 69n FGG (BTDrs 16/6308 S 272). Auch für die Mitteilungen nach den §§ 308 bis 311 gelten wie bisher die **Grundsätze der Zweckbindung und Erforderlichkeit** nach § 19 EGGVG sowie die Nachberichts- und Nachberichtigungspflicht nach § 20 EGGVG. Entsprechendes gilt für § 21 EGGVG (zu diesen Normen vgl Keidel/*Budde* § 308 Rn 12; Bumiller/Winkler § 69o FGG Rn 2 ff; HK-BUR/*Hoffmann* § 69o FGG Rn 3 ff). Die Vorschrift des § 69o FGG war eine reine Verweisungsregelung, die erforderlich wurde, weil die Regelungen über die Zweckbindung und Verwendungsregelung übermittelter Daten in den Mitteilungsvorschriften der § 69k Abs 5 und 6 FGG, § 69l Abs 3 FGG und § 69m Abs 2 FGG durch das JuMiG aufgehoben und in den §§ 12–21 EGGVG neu geregelt worden waren. Insoweit war § 69o FGG eine redaktionelle Hilfe bei der Rechtsanwendung. Die Regelung hatte nur deklaratorische Bedeutung; auf sie ist bei Einführung des FamFG verzichtet worden.

8   Unabhängig von den Mitteilungen der §§ 308 ff besteht das Recht auf Akteneinsicht von Personen, die an dem Verfahren nicht beteiligt sind, etwa Privatpersonen, Banken, Versicherungen und sonstigen privaten Institutionen, wenn sie ein berechtigtes Interesse glaubhaft machen können und schutzwürdige Interessen eines Beteiligten oder Dritten nicht entgegenstehen, § 13 Abs 2. Das Recht auf Akteneinsicht eines Rechtsanwalts, Notars oder einer beteiligten Behörde besteht unabhängig von der Mitteilungspflicht nach § 13 Abs 4 (vgl dazu Jansen/*Sonnenfeld* 69k FGG Rn 8).

9   Normzweck des § 308 ist die allgemeine Mitteilungspflicht von Entscheidungen und Erkenntnissen in Betreuungssachen an andere Gerichte, Behörden oder sonstige öffentliche Stellen.

B. Anwendungsbereich

10 Die Mitteilungspflicht des § 308 gilt für alle betreuungsrechtlichen Entscheidungen. Der **Begriff der Entscheidung** umfasst die erstmalige Bestellung eines Betreuers für einen bestimmten Aufgabenkreis (§ 1896 BGB), die Erweiterung oder Beschränkung eines

Aufgabenkreises, die Bestellung eines weiteren Betreuers, die Verlängerung der Bestellung, die Ablehnung oder Aufhebung der Anordnung, die Anordnung eines Einwilligungsvorbehalts (§ 1903 BGB) oder dessen Erweiterung. Auch einstweilige Anordnungen, vorläufige Maßnahmen oder gerichtliche Genehmigungen sind vom Begriff der Entscheidung erfasst.

Das Gericht hat nach Maßgabe des § 288 Abs 2 der zuständigen Behörde den Beschluss über die Bestellung eines Betreuers oder die Anordnung eines Einwilligungsvorbehalts oder Beschlüsse über Umfang, Inhalt oder Bestand einer solchen Maßnahme stets bekannt zu geben. Andere Beschlüsse sind der zuständigen Behörde bekannt zu geben, wenn sie vor deren Erlass angehört wurde. 11

Darüber hinaus sieht § 308 eine Mitteilungspflicht an andere staatliche Stellen vor. Einzelheiten sind in der Anordnung über Mitteilungen in Zivilsachen (MiZi) unter Ziff XV. Mitteilungen in Betreuungssachen geregelt. 12

Ein besonderer Anwendungsfall der Mitteilungspflichten liegt im Familienrecht. Über § 308 wird sichergestellt, dass das Familiengericht rechtzeitig durch das Gericht über Tatsachen informiert wird, die familiengerichtliche Maßnahmen angezeigt erscheinen lassen. Eine solche Mitteilung muss aber unter Beachtung berechtigter Interessen des Betroffenen nach den Erkenntnissen im gerichtlichen Verfahren erforderlich sein, um eine erhebliche Gefahr für das Wohl des Betroffenen, für Dritte oder für die öffentliche Sicherheit abzuwenden. 13

Solche Gefahrenmomente können gegeben sein, wenn das Gericht feststellt, dass 14
– dem betroffenen Elternteil selbst Gefahren drohen, weil im familiengerichtlichen Verfahren seine Geschäfts- bzw Prozessunfähigkeit unbeachtet bleibt oder
– eine Drittgefährdung besteht, weil der erkrankte Elternteil geschäftsunfähig oder nicht in der Lage ist, seinen Sorgepflichten gegenüber einem Kind oder Dritten nachzukommen. Kommt das Gericht zu der Bewertung einer erheblichen Gefährdung des Kindeswohls, kann es seine Entscheidung dem Familiengericht zuleiten und anregen, familiengerichtliche Maßnahmen nach den §§ 1666, 1666a BGB zu prüfen.

C. Regelungen

§ 308 sieht in Abs 1 die Mitteilungspflicht von Entscheidungen, in Abs 2 die Pflicht zur Mitteilung von Erkenntnissen vor Abschluss des Verfahrens und in Abs 3 eine Unterrichtungspflicht gegenüber dem Betroffenen, seinem Verfahrenspfleger und seinem Betreuer vor. Abs 4 enthält Regelungen zur Ausführung der Mitteilung. 15

Die Mitteilungspflichten sind **Pflichtaufgaben** des Gerichts. Es sind keine Maßnahmen der Justizverwaltung (Keidel/*Budde* § 308 Rn 13). 16

Empfänger der Mitteilungen können nur ein Gericht, eine Behörde oder sonstige öffentliche Stellen, nicht aber eine private natürliche oder juristische Person des Privatrechts (zB Betreuungsvereine) oder eine privatrechtlich organisierte Personengemeinschaft und öffentlich-rechtlich organisierte Banken oder Sparkassen sein. Dies gilt auch für ausländische Stellen. 17

Eine Mitteilung nach Abs 1 darf nur bei Vorliegen der Voraussetzungen und muss erfolgen, um einen der aufgeführten Zwecke zu erzielen. Liegen die Voraussetzungen der Abs 1 und 2 vor, so hat das Gericht die Mitteilung zu machen; es gibt kein Ermessen. Die Mitteilung erfolgt, sobald die Entscheidung des Gerichts wirksam geworden ist. 18

Die entsprechenden Mitteilungen müssen der Abwendung einer erheblichen Gefahr dienen. Dabei geht es um die Gefahr für das Wohl des Betroffenen, die Gefahr für Dritte und die Gefahr für die öffentliche Sicherheit (BTDrs 11/4528 S 181 f). 19

Der Umfang der Mitteilung hängt davon ab, was nach Auffassung des Gerichts zur Gefahrenabwehr erforderlich ist. Der Gesetzestext lässt auch die Mitteilung ablehnender Entscheidungen zu. 20

21 Maßgeblich für den Umfang der Mitteilungen ist der jeweilige Erkenntnisstand im gerichtlichen Verfahren. Berechtigte Interessen des Betroffenen sind zu berücksichtigen. Dies ergibt sich aus dem Grundsatz der Verhältnismäßigkeit, nach dem nicht jede gesetzliche Aufgabe jede beliebige Einschränkung des informationellen Selbstbestimmungsrechts durch eine personenbezogene Mitteilung rechtfertigen kann. Vielmehr muss das öffentliche Interesse an der Aufgabenerfüllung das Schutzinteresse des persönlich Betroffenen überwiegen.

22 Eine Mitteilung kann erforderlich sein, um eine **erhebliche Gefahr für das Wohl des Betroffenen** abzuwenden. Hier kommt eine Mitteilung an ein Gericht in Betracht, um etwa eine im Betreuungsverfahren festgestellte oder erkennbare Schuldunfähigkeit oder eingeschränkte Schuldfähigkeit oder eine bereits festgestellte Geschäfts- oder Prozessunfähigkeit mitzuteilen (BTDrs 11/4528 S 182). Der Gefahr einer ungerechtfertigten Strafverfolgung und strafrechtlichen Verurteilung soll entgegen gewirkt werden. Entsprechendes gilt für die Nichtberücksichtigung der Geschäfts- oder Prozessunfähigkeit in einem gerichtlichen Verfahren.

23 Eine Möglichkeit einer **erheblichen Gefahr für Dritte** besteht in einer sich im Betreuungsverfahren ergebenen Gewaltbereitschaft des Betroffenen gegen eine andere Person. In Betracht kommt auch, dass der Betroffene im Rahmen seiner beruflichen Tätigkeit Dritte erheblich schädigen könnte. Hier ist etwa an Betroffene, die als Arzt, Apotheker, Polizist, Rechtsanwalt tätig sind, zu denken. Auch die sich aus der Eheunfähigkeit (§ 1304 BGB) ergebene Gefährdung des heiratswilligen Partners kommt als Gefahr in Betracht (BTDrs 11/4528 S 182). In diesem Fall ist Mitteilung an das zuständige Standesamt geboten, es sei denn eine partielle Geschäftsfähigkeit für die Eheschließung kommt in Betracht (Jansen/*Sonnenfeld* § 69k FGG Rn 5). Es kann auch eine erhebliche Gefahr für minderjährige Kinder des Betroffenen bestehen, wenn wegen Geschäftsunfähigkeit oder aus anderen Gründen die elterliche Sorge nicht mehr im gebotenen Maß ausgeübt werden kann. Die Bestellung eines Betreuers hat keine Auswirkung auf die elterliche Sorge. Die Betreuerbestellung sollte daher dem für Sorgerechtsentscheidungen zuständigen Familiengericht (für Maßnahmen nach §§ 1666 ff, 1674 BGB) und Jugendamt (§§ 1674, 1773, 1774 BGB) mitgeteilt werden.

24 Eine Mitteilungspflicht besteht nur dann, wenn die öffentlichen Interessen deutlich überwiegen. Dies kann der Fall sein, wenn der sorgeberechtigte Elternteil im Rahmen einer schweren Depression aktuell nicht in der Lage ist, seine elterliche Sorge wahrzunehmen oder es auf Grund der Erkrankung aktuell zu massiven Gefährdungen eines Kindes kommt (Vernachlässigung, Misshandlung) (vgl *Dodegge* FPR 2005, 233, 234).

25 Eine **Gefahr für die öffentliche Sicherheit** kann eintreten, wenn der Betroffene einen Führerschein, Waffenschein oder Jagdschein besitzt und das Risiko besteht, dass der Betroffene mit seinem Kraftfahrzeug beziehungsweise seiner Waffe andere schädigen wird (BTDrs 11/4582 S 182).

26 Durch die Mitteilung wird in das Recht des Betroffenen auf informationelle Selbstbestimmung eingegriffen. Im Rahmen der Voraussetzungen ist daher der Grundsatz der **Verhältnismäßigkeit** zu beachten. Vor einer Mitteilung muss überprüft werden, ob der Mitteilung nicht berechtigte Interessen des Betroffenen entgegenstehen. Zwischen dem öffentlichen Interesse an einer Mitteilung und dem Interesse des Betroffenen an einer Nichtmitteilung muss das Gericht abwägen. Nur zur Erreichung der Abwehr einer erheblichen Gefahr darf daher in das Recht auf informationelle Selbstbestimmung eingegriffen werden. Das bedeutet, dass die Gefahr erheblich wahrscheinlich sein muss. Eine vage Möglichkeit reicht nicht aus. Die Mitteilung muss erforderlich sein. Das ist nur der Fall, wenn das öffentliche Interesse an der Erfüllung der Mitteilungspflichten das Interesse des Betroffenen am Schutz seines informationellen Selbstbestimmungsrecht überwiegt.

27 Auch der Umfang der Mitteilung richtet sich danach, was zu einer effektiven Gefahrenabwehr notwendig ist. Davon ist abhängig, ob nur der Tenor oder die gesamte Ent-

scheidung mitgeteilt wird. Eine bestimmte Mitteilungsform ist gesetzlich nicht vorgesehen. Regelmäßig dürfte aber eine schriftliche Mitteilung geboten sein. Eine vorherige Anhörung des Betroffenen oder sonstiger Beteiligter ist nicht erforderlich. Für die Anordnung der Mitteilung genügt eine Verfügung in den Akten.

Die **Mitteilung von Ermittlungsergebnissen** nach Abs 2 ist geboten, wenn bereits im Verlauf des Verfahrens eine Gefahr iSv Abs 1 droht und mit der Mitteilung nicht mehr bis zum Abschluss des Verfahrens zugewartet werden kann. Erfasst sind alle im Betreuungsverfahren gewonnenen Erkenntnisse. Wann eine Mitteilung vor Abschluss des Verfahrens erforderlich ist, wird iE nicht bestimmt. Hier wird man verlangen müssen, dass eine erhebliche Gefahr iSv Abs 1 unmittelbar bevorsteht, so dass mit der Mitteilung bis zum Ende des Verfahrens nicht abgewartet werden kann (Bienwald/Sonnenfeld/Hoffmann/*Sonnenfeld* § 69k FGG Rn 18). 28

Eine **Unterrichtung** über die Mitteilung hat nach Abs 3 gegenüber dem Betroffenen und seinem Verfahrensbevollmächtigten oder Verfahrenspfleger sowie dem Betreuer zu erfolgen. Neben dem Verfahrenspfleger und dem bestellten Betreuer ist ausdrücklich vorgesehen, dass der Betroffene selbst über den Inhalt und die Adressaten einer Mitteilung unterrichtet wird. Dies hat mit der erfolgenden Mitteilung zeitgleich zu erfolgen. 29

Durch die Unterrichtung soll dem Betroffenen, aber auch dem anderen Personenkreis die Möglichkeit gegeben werden, die Interessen des Betroffenen unmittelbar beim Empfänger der Mitteilung geltend zu machen, bevor dieser Maßnahmen ergreift, oder frühzeitig in anderer Weise die Rechte des Betroffenen geltend macht (BTDrs 11/4528 S 182). 30

Zu unterrichten ist über die Tatsache der Mitteilung, deren Umfang (Tenor, Entscheidungsgründe), den Inhalt der Mitteilung und den Empfängerkreis (Damrau/Zimmermann § 69k FGG Rn 21). Anders als bei der Bekanntgabe einer betreuungsrechtlichen Entscheidung erfolgt eine Unterrichtung bei der Bevollmächtigung nur an den Verfahrensbevollmächtigten und nicht auch an den Betroffenen selbst. 31

Aufgabe des Verfahrenspflegers ist es, uU gegen die Informationen eines Gerichts, einer Behörde oder sonstiger öffentlicher Stellen Rechtsmittel einzulegen, wenn dies angezeigt ist. 32

Die Unterrichtung erfolgt zugleich mit der Mitteilung, also nicht vorher. Unter Umständen kann die Unterrichtung gegenüber dem Verfahrenspfleger und dem Betreuer früher erfolgen, um zu klären, ob eine Unterrichtung des Betroffenen unterbleiben soll. 33

In **Ausnahmefällen** kann auf eine Unterrichtung des Betroffenen verzichtet werden, wenn 34
– nach Abs 3 Satz 2 Nr 1 die Gefahr besteht, dass durch die Unterrichtung des Betroffenen die Abwendung der Gefahr iSd Abs 1 vereitelt oder erschwert würde oder
– nach Abs 3 Satz 2 Nr 2 von der Unterrichtung nach ärztlichem Zeugnis erhebliche Nachteile für die Gesundheit des Betroffenen drohen oder
– nach Abs 3 Satz 2 Nr 3 der Betroffene nach dem unmittelbaren Eindruck des Gerichts offensichtlich nicht in der Lage ist, den Inhalt der Unterrichtung zu verstehen (kritisch hierzu Bienwald/Sonnenfeld/Hoffmann/*Sonnenfeld* § 69k FGG Rn 24, weil auch Geschäftunfähige verfahrensfähig sind). Die entsprechende Erkenntnis für diese Voraussetzung gewinnt das Gericht bei der Anhörung des Betroffenen.

Sobald die Gründe für das Unterlassen der Unterrichtung wegfallen, ist nach Abs 3 Satz 3 die Unterrichtung nachzuholen, sofern zu diesem Zeitpunkt kein anderer Grund für eine Ausnahme von der Unterrichtung vorliegt. 35

Ein Verzicht des Betroffenen auf die Unterrichtung wird als zulässig angesehen (Damrau/Zimmermann § 69k FGG Rn 26). Der Verzicht auf die Unterrichtung erstreckt sich nicht auf den Betreuer und den Verfahrenspfleger, denen aufgegeben werden kann, den Betroffenen nicht von der Unterrichtung zu verständigen. 36

Abs 4 normiert die **Dokumentationspflicht des Gerichts**. Die Mitteilung, ihr Inhalt, die Art und Weise der Übermittlung, der Empfänger und die Unterrichtung des Betrof- 37

§ 308 FamFG | Mitteilung von Entscheidungen

fenen oder die Gründe für das Unterbleiben sind aktenkundig zu machen. Dies dient einer späteren Nachprüfbarkeit und der Erinnerung an eine Nachberichtspflicht. In die Mitteilung sollte der Zweck aufgenommen werden, damit der Mitteilungsempfänger prüfen kann, ob er der richtige Adressat für die Mitteilung und die damit verbundene Absicht ist (Bienwald/Sonnenfeld/Hoffmann/*Sonnenfeld* § 69k FGG Rn 26). Da Mitteilungen nicht zwingend schriftlich zu erfolgen haben, muss sich die mündliche oder fernmündliche Mitteilung aus einem Aktenvermerk ergeben.

38   **Funktionell zuständig** für das Anordnen der Mitteilungen nach Abs 1 und 2 und die Unterrichtungen nach Abs 3 ist nach hM, wer für das Verfahren des Gerichts funktionell zuständig ist, da die Zuständigkeit für die jeweiligen Verfahrensverfügungen der Zuständigkeit für die materiellrechtliche Entscheidung folgt (Bienwald/Sonnenfeld/Hoffmann/*Sonnenfeld* § 69k FGG Rn 3; Keidel/*Budde* § 308 Rn 13; HK-BUR/*Hoffmann* § 69k FGG Rn 2; aA Jurgeleit/*Bučić* § 69k FGG Rn 3 – nach MiZi immmer der Richter; s.a. § 272 Rz 30). Es handelt sich um gerichtliche Maßnahmen, nicht um solche der Justizverwaltung.

39   **Sachlich zuständig** ist das Gericht erster Instanz, auch wenn erst die Beschwerdeentscheidung mitzuteilen ist (HK-BUR/*Hoffmann* § 69k FGG Rn 3; Damrau/Zimmermann § 69k FGG Rn 11, 16).

40   Mitteilungen des Gerichts waren nach FGG im Grundsatz keine anfechtbaren Verfügungen. Wenn aber mit der Beschwerde gerügt wurde, dass die Mitteilung inhaltlich fehlerhaft war, weil ihre Voraussetzungen nicht vorgelegen haben, konnte dies vom Betroffenen mit der einfachen **Beschwerde** gerügt werden (Jansen/*Sonnenfeld* § 69k FGG Rn 19).

41   Nach Maßgabe des § 58 Abs 1 bleibt es bei der Unanfechtbarkeit der Mitteilungen als Zwischen- oder Nebenentscheidung schlechthin. Eine Überprüfung ist nach § 58 Abs 2 nur im Rahmen der Überprüfung der Endentscheidung möglich. Der Gesetzgeber hat nicht vorgesehen, hier eine sofortige Beschwerde nach §§ 567 ff ZPO als Ausnahmefall zuzulassen (für eine Beschwerdemöglichkeit nach § 22 EGGVG siehe Keidel/*Budde* § 308 Rn 14.

§ 309 Besondere Mitteilungen

(1) Wird beschlossen, einem Betroffenen zur Besorgung aller seiner Angelegenheiten einen Betreuer zu bestellen oder den Aufgabenkreis hierauf zu erweitern, so hat das Gericht dies der für die Führung des Wählerverzeichnisses zuständigen Behörde mitzuteilen. Das gilt auch, wenn die Entscheidung die in § 1896 Abs. 4 und § 1905 des Bürgerlichen Gesetzbuchs bezeichneten Angelegenheiten nicht erfasst. Eine Mitteilung hat auch dann zu erfolgen, wenn eine Betreuung nach den Sätzen 1 und 2 auf andere Weise als durch den Tod des Betroffenen endet oder wenn sie eingeschränkt wird.

(2) Wird ein Einwilligungsvorbehalt angeordnet, der sich auf die Aufenthaltsbestimmung des Betroffenen erstreckt, so hat das Gericht dies der Meldebehörde unter Angabe des Betreuers mitzuteilen. Eine Mitteilung hat auch zu erfolgen, wenn der Einwilligungsvorbehalt nach Satz 1 aufgehoben wird oder ein Wechsel in der Person des Betreuers eintritt.

A. Normzweck

Neben der allgemeinen Mitteilungspflicht in § 308 (vgl dort allgemein und zu den datenschutzrechtlichen Regelungen aller Mitteilungspflichten § 308 Rz 4–6) sieht § 309 zwei besondere Mitteilungspflichten vor. Beide ergeben sich aus dem Umstand, dass die Anordnung der Betreuung und die Anordnung eines Einwilligungsvorbehalts Auswirkungen auf das Wahlrecht und das Recht zur An- und Abmeldung des Wohnsitzes hat. 1

Wer unter umfassender Betreuung steht, hat kein aktives und passives Wahlrecht. Nach § 13 Nr 2 Bundeswahlgesetz (BWG) ist vom Wahlrecht derjenige ausgeschlossen, für den zur Besorgung aller seiner Angelegenheiten ein Betreuer nicht nur durch einstweilige Anordnung bestellt ist; dies gilt auch, wenn der Aufgabenkreis des Betreuers die in § 1896 Abs 4 und § 1905 BGB bezeichneten Angelegenheiten nicht erfasst. Nach § 15 Abs 2 Nr 1 BWG ist nicht wählbar, wer nach § 13 BWG vom Wahlrecht ausgeschlossen ist. 2

Diese Regelungen beruhen auf der Überlegung, dass das Wahlrecht ein höchstpersönliches Recht ist, das nur Personen zustehen soll, die rechtlich in vollem Umfang selbständig handlungs- und entscheidungsfähig sind. Nur wer ein Mindestmaß an Einsichtsfähigkeit in die Bedeutung der Wahl hat, soll an der Wahl – aktiv und passiv – teilnehmen können (*Schreiber* § 13 Rn 8). 3

§ 309 Abs 1 stellt sicher, dass diese Einschränkung des Wahlrechts durch die Mitteilung an die für die Führung des Wählerverzeichnisses zuständigen Behörden abgesichert wird. § 309 Abs 2 verknüpft die Entscheidung über einen Einwilligungsvorbehalt mit den entsprechenden Informationspflichten an die jeweilige Meldebehörde. 4

Die Vorschrift entspricht mit sprachlichen Änderungen § 69l FGG (BTDrs 16/6308 S 272). 5

B. Anwendungsbereich

§ 309 Abs 1 regelt die Mitteilungen zwischen dem Betreuungsgericht und der für die Führung des Wählerverzeichnisses zuständigen Behörde. § 309 Abs 2 regelt den Mitteilungsverkehr zwischen dem Betreuungsgericht und der Meldebehörde. 6

Die Mitteilungspflicht besteht nicht, wenn ein Betreuer nur im Wege einstweiliger Anordnung bestellt oder die Betreuung nur im Wege einstweiliger Anordnung auf alle Angelegenheiten erweitert wurde. Dies ergibt sich aus dem Wortlaut der §§ 13 Nr 2 und 15 BWG (s Rz 1). 7

Eine Mitteilung hat nur dann zu erfolgen, wenn sich aus dem Tenor der Entscheidung ergibt, dass der Aufgabenkreis des Betreuers »alle Angelegenheiten« erfasst (Jansen/ *Sonnenfeld* § 69l FGG Rn 4). 8

§ 309 FamFG | **Besondere Mitteilungen**

9   Die Gemeindebehörde muss der Beschlussformel selbst entnehmen können, dass alle Angelegenheiten des Betreuten umfasst sind (BTDrs 13/4709 S 50).

10   Hiervon gibt es eine Ausnahme: Das BWG sieht in § 13 Nr 2 vor, dass der Ausschluss vom Wahlrecht auch dann gilt, wenn sich der Aufgabenkreis des Betreuers nicht auf die Entscheidung über den Fernmeldeverkehr des Betreuten, über die Entgegennahme, das Öffnen und Anhalten der Post (1896 Abs 4 BGB) und die Sterilisation (§ 1905 BGB) erstreckt. Soweit abgesehen von diesen Aufgabenkreisen eine Betreuung für alle Aufgabenkreise angeordnet ist, besteht demnach eine Mitteilungspflicht.

11   Umstritten ist, ob die Mitteilungspflicht objektiv eine Betreuung für **alle Angelegenheiten** voraussetzt (abstrakt generelle Betrachtung) oder ob auf die individuell für den Betroffenen möglichen Aufgabenkreise (konkret individualisierende Betrachtung) abzustellen ist.

12   »Alle Angelegenheiten« ist nach der zutreffenden hM formal zu verstehen. Die Voraussetzungen des § 309 liegen danach nur vor, wenn im Tenor des Betreuungsanordnungsbeschlusses eine Betreuung ausdrücklich und wörtlich für alle Angelegenheiten angeordnet wird.

13   Da es sich bei der Mitteilungspflicht gem § 309 Abs 1 praktisch um einen Vollzug des Ausschlusses vom Wahlrecht handelt, ist eine restriktive Auslegung geboten. Der Begriff ist nicht auslegungsbedürftig oder -fähig. Es ist zudem nicht Aufgabe des Gerichts, durch Mitteilungen die Gefahr von Wahlmanipulationen auszuschließen. Das Betreuungsrecht bietet dafür jedenfalls keine Grundlage. Die Mitteilungspflicht besteht daher erst dann, wenn im Tenor des Betreuungsbeschlusses eine Betreuung ausschließlich und wörtlich für »alle« Angelegenheiten angeordnet wird (HK-BUR/*Hoffmann* 691 FGG Rn 8; Jansen/*Sonnenfeld* § 691 FGG Rn 4; Jurgeleit/*Bučić* § 691 FGG Rn 3). Dabei ist unerheblich, ob das Gericht die Worte »alle Angelegenheiten« oder eine Aufzählung verwendet, bei der es sich in der Sache um alle Angelegenheiten handelt. Im letzten Fall ist das Ergebnis im Rahmen der Formel der Entscheidung klarzustellen (HK-BUR/*Hoffmann* § 691 FGG Rn 8).

14   Nach einer Mindermeinung kommt es darauf an, ob sämtliche individuell für den Betroffenen erforderlichen und in Betracht kommenden Aufgabenkreise angeordnet wurden. Gemeint sind alle »seine Angelegenheiten«, so dass der Begriff subjektiv zu verstehen ist. Auf die Bezeichnung »alle« Angelegenheiten komme es nicht an (LG Zweibrücken BtPrax 1999, 244 mit abl Anm *Hellmann* BtPrax 1999, 229).

15   Ein Betreuungsbedarf im Bereich der Vermögenssorge läge danach zB dann nicht vor, wenn der Betroffene kein Vermögen oder für diesen Bereich eine Vollmacht erteilt hat. In diesem Fall wird die Betreuung folglich den Bereich der Vermögenssorge nicht erfassen, auch wenn der Betroffene nicht die Fähigkeiten hat, diese Angelegenheit selbst wahrzunehmen. Bei der subjektiven Betrachtung würde auch in diesem Fall vom Vorliegen einer Betreuung in allen Angelegenheiten ausgegangen. Die Voraussetzungen des § 309 Abs 1 lägen vor und eine Mitteilungspflicht würde ausgelöst.

16   Der Begriff alle Angelegenheiten in § 309 korrespondiert mit dem in § 13 Nr 2 BWG. Auch insoweit wird zu § 13 Nr 2 BWG eine subjektive Betrachtungsweise vertreten und für bedenklich gehalten, dass im Fall der Anordnung der Betreuung ohne den Aufgabenbereich Vermögenssorge eine Wahlberechtigung gegeben sein kann, obwohl die hinreichende Einsichtsfähigkeit des Betroffenen fehlt (*Schreiber* § 13 Rn 9).

C. Regelungen

17   Eine Mitteilungspflicht nach § 309 Abs 1 Satz 1 setzt voraus, dass der Betroffene zunächst wahlberechtigt ist und durch die Anordnung der Betreuung bzw die Erweiterung des Aufgabenkreises das **Wahlrecht ausgeschlossen** ist. Mitteilungspflichten bestehen daher für Deutsche iSd Art 116 GG und für Unionsbürger, die im Rahmen der Kommunalwahl oder Wahlen zum EU-Parlament aktiv wahlberechtigt sind.

Besondere Mitteilungen | § 309 FamFG

Der für die Führung des Wählerverzeichnisses zuständigen Behörde hat das Gericht **18** Mitteilung zu machen, wenn das Wahlrecht des Betroffenen ausgeschlossen wird. Die Voraussetzungen des § 309 entsprechen § 13 Nr 2 Bundeswahlgesetz. Eine Mitteilung hat auch dann zu erfolgen, wenn eine entsprechende Betreuung auf andere Weise als durch den Tod des Betroffenen endet oder wenn sie eingeschränkt wird, weil dann das Wahlrecht des Betroffenen wieder auflebt.

Wenn die Voraussetzungen für den Ausschluss vom Wahlrecht entfallen, dh die alle **19** Angelegenheiten des Betroffenen umfassende Betreuung aufgehoben oder eingeschränkt wird, muss eine Mitteilung an die das Wählerverzeichnis führende Behörde erfolgen. Diese muss dann den Neueintrag in das Wählerverzeichnis durchführen. Dies ergibt sich aus § 309 Abs 1 Satz 3, der vorsieht, dass eine Mitteilung auch dann zu erfolgen hat, wenn die Betreuung mit dem beschriebenen Aufgabenkreis »alle Angelegenheiten« auf andere Weise als durch den Tod des Betroffenen endet oder wenn sie eingeschränkt wird. In diesem Fall wird der Betroffene wieder wahlberechtigt. Wird die Betreuung durch gerichtliche Entscheidung aufgehoben, so ist dies mitzuteilen. Dies gilt nicht für die Beendigung der Betreuung durch Zeitablauf (vgl Jansen/*Sonnenfeld* § 69l FGG Rn 6).

Der Betroffene und die anderen in § 308 genannten Personen sind nicht von den Mit- **20** teilungen zu unterrichten. Bei § 309 erfolgt keine **Unterrichtung**, weil die Norm eine abschließende Sonderregelung darstellt. Der Betroffene, der Betreute und der Verfahrenspfleger müssen davon ausgehen, dass die Mitteilung automatisch erfolgt (Jurgeleit/ *Bučić* § 69l FGG Rn 8). Ein Aktenvermerk über die Miteilung ist nicht erforderlich, aber zweckmäßig, da sie an die Nachberichtspflicht erinnert (HK-BUR/*Hoffmann* § 69l FGG Rn 3).

Die Mitteilungen sind von dem Richter sowohl in den Fällen des § 309 Abs 1 als auch **21** des Abs 2 zu veranlassen (hM HK-BUR/*Hoffmann* § 69l FGG Rn 2; Jurgeleit/*Bučić* § 69l FGG Rn 1 – nach MiZi; aA Bienwald/Sonnenfeld/Hoffmann/*Sonnenfeld* § 69l FGG Rn 11 – Rechtspfleger). Mitzuteilen ist eine abgekürzte Ausfertigung der Entscheidung; auf die Entscheidungsgründe kann verzichtet werden (Jurgeleit/*Bučić* § 69l FGG Rn 7).

Die Erfüllung der besonderen Mitteilungspflichten des § 309 Abs 1 und 2 stehen nicht **22** im Ermessen des jeweiligen Betreuungsgerichts (Jansen/*Sonnenfeld* § 69l FGG Rn 1).

Wird das **Aufenthaltsbestimmungsrecht** einem Einwilligungsvorbehalt unterworfen, **23** hat das Gericht nach Abs 2 Satz 1 diese Entscheidung nach deren Rechtskraft der zuständigen Meldebehörde als Mitteilungsempfängerin mitzuteilen (zu den zuständigen Meldebehörden vgl Damrau/Zimmermann § 69l FGG Rn 7). Durch diese Mitteilungspflicht, soll es der jeweiligen Meldebehörde ermöglicht werden, Rechtmäßigkeit von Ab- und Anmeldungen von Betreuten zu überprüfen. Mitzuteilen ist die Tatsache der Anordnung des Einwilligungsvorbehalts im Bereich der Aufenthaltsbestimmung. Die Mitteilung an die Meldebehörde darf erst ab Rechtskraft der Entscheidung über die Anordnung des Einwilligungsvorbehalts erfolgen.

Daneben ist der Betreuer zu bezeichnen (vgl § 2 Abs 1 Nr 9 Melderechtsrahmengesetz, **24** vgl auch Jansen/*Sonnenfeld* § 69l Rn 8). Mit den Worten »unter Angabe des Betreuers« sind die Personalien dieser Person gemeint. IE handelt es sich um Vor- und Familienname, akademische Grade, Anschrift und Tag der Geburt des Betreuers, § 2 Abs 1 Nr 9 des Melderechtsrahmengesetzes (BTDrs 11/4528 S 182).

Sind mehrere Betreuer für den Aufgabenkreis Wohnsitzbestimmung bestimmt (§ 1899 **25** Abs 3 BGB), sind alle Betreuer der Meldebehörde mitzuteilen. Bei geteilter Mitbetreuung ist der »zuständige Betreuer« mitzuteilen. Dasselbe gilt bei der Bestellung eines Eventualbetreuers nach § 1899 Abs 4 BGB (Damrau/Zimmermann § 69l FGG Rn 8).

Abs 2 Satz 2 schreibt eine Mitteilung zum Schutze des Betroffenen auch dann vor, **26** wenn der Einwilligungsvorbehalt aufgehoben wird oder wenn ein Wechsel in der Person des Betreuers eintritt.

§ 309 FamFG | Besondere Mitteilungen

27   Die Regelung sieht eine Nachberichtspflicht für den Fall vor, dass der Einwilligungsvorbehalt nach Satz 1 aufgehoben wird.

28   Aufenthalt ist nicht dasselbe wie Wohnsitz. Der Behörde sind nur Wohnsitzänderungen mitzuteilen, nicht Aufenthaltsänderungen. Abs 2 bezieht aber ausdrücklich den Einwilligungsvorbehalt auf die Aufenthaltsbestimmung. Eine Betreuung mit dem Aufgabenkreis Wohnsitzbestimmung beinhaltet danach die Aufenthaltsbestimmung und ist mitzuteilen (Damrau/Zimmermann § 69l FGG Rn 6).

29   Gegen die Mitteilung ist kein Rechtmittel zulässig. Nach FGG wurde von der Statthaftigkeit einer einfachen Beschwerde des Betroffenen iSd § 19 ausgegangen, wenn die Mitteilung an die das Wählerverzeichnis führende Behörde fehlerhaft ergangen war. Für diesen Fall wurde eine Beschwer des Betroffenen iSd § 20 FGG angenommen. Bei Erfolg bestand dann eine Nachberichtspflicht des Vormundschaftsgerichtes in entsprechender Anwendung des § 69l Abs 2 (Jurgeleit/*Bučić* § 69l FGG Rn 9; Damrau/Zimmermann § 69l FGG Rn 29; HK-BUR/*Hoffmann* § 69l FGG Rn 2b).

30   Nach dem FamFG kann die Mitteilung als Zwischen- und Nebenentscheidung nach Maßgabe von § 58 Abs 1 ohne Ausnahme nicht angefochten werden (vgl auch § 308 Rz 38). Unabhängig von Rechtsmitteln hat das Gericht von Amts wegen im Rahmen der Nachberichtspflicht unverzüglich dem Wahlamt mitzuteilen, wenn sich die Mitteilung als unrichtig erwiesen hat.

31   Gegen die Löschung aus dem Wählerverzeichnis kann bei der zuständigen Gemeindebehörde **Einspruch** eingelegt werden, § 22 Abs 1 BWO. Gegen die Entscheidung der Gemeindebehörde kann binnen zwei Tagen nach der Zustellung Beschwerde an den Kreiswahlleiter erhoben werden, § 22 Abs 5 BWO. Gegen die endgültig gewordene Verwaltungsentscheidung kann der von der Wahl ausgeschlossene Betreute beim Verwaltungsgericht Antrag auf einstweilige Anordnung nach § 123 VwGO auf Wiederzulassung zur Wahl durch Wiedereintragung in das Wählerverzeichnis stellen (HK-BUR/*Hoffmann* § 69l FGG Rn 2e).

§ 310 Mitteilungen während einer Unterbringung

Während der Dauer einer Unterbringungsmaßnahme hat das Gericht dem Leiter der Einrichtung, in der der Betroffene untergebracht ist, die Bestellung eines Betreuers, die sich auf die Aufenthaltsbestimmung des Betroffenen erstreckt, die Aufhebung einer solchen Betreuung und jeden Wechsel in der Person des Betreuers mitzuteilen.

A. Normzweck

Die Norm ist rechtliche Grundlage für die zwingende Mitteilungspflicht des Gerichts bei angeordneter Unterbringung (zu den allgemeinen und datenschutzrechtlichen Regelungen der Mitteilungspflichten vgl § 308 Rz 4–6). Die Mitteilung soll die Anstaltsleitung über die Anordnung der Betreuung und die Person des Betreuers informieren. 1

Zweck der Vorschrift ist es, der Leitung der Einrichtung die Möglichkeit zu verschaffen, festzustellen, ob der Betreuer (noch) zu einer Unterbringung des Betroffenen berechtigt ist. Dies ist vor allem von Bedeutung, wenn eine Unterbringung nicht mehr dem Willen des Betroffenen entspricht. 2

Wird ein Betroffener aufgrund einer Anordnung seines Betreuers gegen seinen Willen in einer Einrichtung untergebracht, so ist auch die Anstaltsleitung mit dafür verantwortlich, dass dies nicht ohne rechtliche Grundlage geschieht. Die Anstaltsleitung muss daher wissen, ob eine Betreuung mit Aufenthaltsbestimmungsrecht des Betreuers besteht und wer Betreuer ist (BTDrs 11/4528 S 220). 3

Darüber hinaus dient die Vorschrift bei einer öffentlich-rechtlichen Unterbringung des Betroffenen der sachgerechten Abwicklung der Unterbringungsmaßnahme und der sachgerechten Behandlung des Betroffenen (HUK-BUR/*Hoffmann* § 69m FGG Rn 5). Bei der öffentlich-rechtlichen Unterbringung ist die Kenntnis von der Änderung erforderlich, um in Rücksprache mit dem Betreuer die weiteren erforderlichen Maßnahmen abzusprechen oder eine zunächst öffentlich-rechtliche Unterbringung durch eine zivilrechtliche Unterbringung ersetzen lassen zu können. 4

Die Norm entspricht mit sprachlichen Änderungen dem bisherigen § 69m FGG (BTDrs 16/6308 S 272). 5

B. Anwendungsbereich

Voraussetzung der Mitteilungspflicht ist eine Unterbringungsmaßnahme. Anders als das FGG definiert das FamFG den Begriff Unterbringungsmaßnahme (§ 70 FGG) nicht mehr. In § 312 wird der Begriff »Unterbringungssachen« definiert. Es handelt sich dabei um Verfahren, die die Genehmigung einer zivilrechtlichen freiheitsentziehenden Unterbringung oder Maßnahme nach § 1906 BGB zum Gegenstand haben (§ 312 Nr 1 und 2) und um öffentlich-rechtliche freiheitsentziehende Unterbringungen nach landesgesetzlichen Bestimmungen (§ 312 Nr 3). 6

Eine Unterbringungsmaßnahme iSv § 310 liegt daher vor, wenn im Rahmen einer Unterbringungssache nach § 312 die **freiheitsentziehende Unterbringung bzw Maßnahme** angeordnet wurde und diese vollzogen wird. Damit ist gemeint, dass der Betreute in einer Einrichtung lebt, in der die Unterbringung vollzogen wird, also auch eine psychiatrische Klinik, in der sich der Betroffene nur aufhält (Jansen/*Sonnenfeld* § 69m FGG Rn 2). 7

Wenn der Betroffene in einem Heim oder einer sonstigen Einrichtung lebt und dort Maßnahmen nach § 1906 Abs 4 BGB genehmigt werden, so ist auch hiervon dem Leiter des Heimes oder der Einrichtung Mitteilung zu machen. Auch solche Maßnahmen sind Unterbringungsmaßnahmen nach § 312 Nr 2. 8

Wird lediglich eine Unterbringung zum Zwecke der Begutachtung iSv § 284 angeordnet, so löst dies noch keine Mitteilungspflicht nach § 310 aus. Im Fall des § 284 liegt noch keine Betreuungsanordnung vor. Die Maßnahme dient der gerichtlichen Feststellung, ob und in welchem Umfang eine Betreuung anzuordnen ist. § 310 setzt voraus, dass dem 9

§ 310 FamFG | Mitteilungen während einer Unterbringung

Leiter der Einrichtung die Bestellung eines Betreuers, die Aufhebung einer solchen Betreuung und ein Wechsel in der Person des Betreuers mitgeteilt werden kann. Das ist bei einer Unterbringung nach § 284 gerade noch nicht möglich.

10   Die Anwendung des § 310 verlangt weiterhin, dass die Bestellung eines Betreuers mit dem **Aufgabenkreis »Aufenthaltsbestimmung«** erfolgt ist. Die Anordnung dieses Aufgabenkreises kann ausdrücklich erfolgt sein, sie kann sich aber auch konkludent ergeben, zB wenn die gesamte Personensorge angeordnet wurde (dazu gehört auch die Aufenthaltsbestimmung, § 1631 BGB).

11   Liegen die Voraussetzungen vor, so sind die entsprechenden Informationen weiterzuleiten. Ein Ermessen besteht nicht. Die Vorschrift enthält eine Pflichtaufgabe des mit der Sache befassten Gerichts, es handelt sich bei der Mitteilung nicht um eine Maßnahme der Justizverwaltung.

C. Regelungen

12   Dauert eine Unterbringungsmaßnahme an, so besteht eine Mitteilungspflicht für die erstmalige Betreuerbestellung, für die Erweiterung und Aufhebung der Betreuung auf diesen Aufgabenkreis und für jeden Betreuerwechsel.

13   Die Mitteilungspflicht wird sowohl durch eine endgültige als auch durch eine vorläufige gerichtliche Maßnahme aufgrund einer einstweiligen Anordnung iSv § 300 ausgelöst.

14   Ist der Betroffene freiheitsentziehend untergebracht oder wird eine freiheitsentziehende Maßnahme durchgeführt, ist der Anstaltsleiter mit dafür verantwortlich, dass dies nicht ohne die erforderliche rechtliche Grundlage geschieht. Die Anstaltsleitung muss daher Kenntnis über die Berechtigung der Unterbringung haben, und wissen, ob eine Betreuung mit Aufenthaltsbestimmungsrecht besteht und wer befugt ist, über den Aufenthalt zu bestimmen. Mitteilungsempfänger kann auch ein Angehöriger der Einrichtung sein, auf den die Befugnis zur Entgegennahme solcher Mitteilungen übertragen worden ist.

15   Die Mitteilungspflicht setzt den Aufgabenkreis Aufenthaltsbestimmung voraus, ohne jedoch dass hierzu das Aufenthaltsbestimmungsrecht in seiner Gesamtheit gehört.

16   Untergebracht ist der Betroffene auch, wenn er sich in einer geschlossenen Einrichtung, einer psychiatrischen Klinik aufhält (Jansen/*Sonnenfeld* § 69m FGG Rn 2).

17   Da es sich um Mitteilungen des Gerichts handelt, ist der Richter oder Rechtspfleger, je nach Zuständigkeitsbereich, auch für die Mitteilung zuständig, §§ 3 Nr 2a, 14 RPflG (Jansen/*Sonnenfeld* § 69m FGG Rn 8; aA HK-BUR/*Hoffmann* § 69m FGG Rn 2 – Richter; Bienwald/Sonnenfeld/Hoffmann/*Sonnenfeld* § 69m FGG Rn 12 – Rechtspfleger).

18   Nach aA ist der Urkundsbeamte der Geschäftsstelle zuständig, da nach der MiZi der Richter nur für die Veranlassung der Mitteilung an ein für die Unterbringungsmaßnahmen zuständiges Gericht zuständig sei (Jurgeleit/*Bučić* § 69m FGG Rn 1; iE auch Damrau/Zimmermann § 69m Rn 3).

19   Nach Sinn und Zweck der Norm ist der Tenor der Entscheidung, also die Betreuerbestellung, Erweiterung, Aufhebung oder der Betreuerwechsel mitzuteilen. Soweit sich dies nicht ohnehin schon ergibt, ist an die Mitteilung des Aufgabenkreises zu denken. Die Entscheidungsgründe müssen nicht mitgeteilt werden. Zur Identifizierung sind der Name, die Anschrift, das Geburtsdatum sowie weitere zur Bestimmung des Betroffenen notwendige personelle Daten mitzuteilen.

20   Ein Aktenvermerk über die Mitteilung ist zwar gesetzlich nicht vorgeschrieben, dürfte aber zur Klarstellung zweckmäßig sein (HK-BUR/*Hoffmann* § 69m FGG Rn 3).

21   Eine Unterrichtung über die erteilte Mitteilung erfolgt weder gegenüber dem Betreuer des Betroffenen noch gegenüber seinem Verfahrenspfleger.

22   Mitteilungen des Gerichts sind im Grundsatz keine anfechtbaren Verfügungen. Wurde mit der Beschwerde gerügt, dass die Mitteilung inhaltlich fehlerhaft war, weil ihre Vo-

raussetzungen nicht vorgelegen haben, konnte nach FGG dies vom Betroffenen mit der einfachen Beschwerde gerügt werden (Jansen/*Sonnenfeld* § 69m FGG Rn 9). Nach dem FamFG kann die Mitteilung als Zwischen- und Nebenentscheidung nach Maßgabe von § 58 Abs 1 ohne Ausnahme nicht angefochten werden (vgl auch § 308 Rz 38 sowie § 303 Rz 1).

§ 311 Mitteilungen zur Strafverfolgung

Außer in den sonst in diesem Gesetz, in § 16 des Einführungsgesetzes zum Gerichtsverfassungsgesetz sowie in § 70 Satz 2 und 3 des Jugendgerichtsgesetzes genannten Fällen darf das Gericht Entscheidungen oder Erkenntnisse aus dem Verfahren, aus denen die Person des Betroffenen erkennbar ist, von Amts wegen nur zur Verfolgung von Straftaten oder Ordnungswidrigkeiten anderen Gerichten oder Behörden mitteilen, soweit nicht schutzwürdige Interessen des Betroffenen an dem Ausschluss der Übermittlung überwiegen. § 308 Abs. 3 und 4 gilt entsprechend.

A. Normzweck

1 Die Norm hat Mitteilungen zur Strafverfolgung zum Gegenstand. Die Regelung ermächtigt das Gericht, derartige Mitteilungen zu machen. Eine Mitteilungspflicht wird nicht normiert. Die Möglichkeit der Mitteilung zum Zwecke der Verfolgung von Straftaten und Ordnungswidrigkeiten ergänzt die in den §§ 308 bis 310 geregelte allgemeine und die besonderen Mitteilungspflichten des Gerichts (zu den allgemeinen und datenschutzrechtlichen Regelungen der Mitteilungspflichten vgl § 308 Rz 4–6).

2 Weitere Mitteilungsfälle sind geregelt in den genannten Normen § 16 EGGVG und § 70 Sätze 2 und 3 JGG. § 16 EGGVG betrifft die Datenübermittlung an ausländische öffentliche Stellen über das Bundesjustizministerium. Nach § 70 Satz 2 JGG hat das Gericht den Staatsanwalt zu benachrichtigen, wenn ihm bekannt wird, dass gegen den Betroffenen ein Strafverfahren anhängig ist. Nach § 70 Satz 3 JGG sind weitere betreuungsgerichtliche Maßnahmen mitzuteilen, wenn nicht für das Gericht erkennbar ist, dass schutzwürdige Interessen des Betroffenen überwiegen.

3 Die Vorschrift entspricht dem bisherigen § 69n FGG (BTDrs 16/6308 S 272).

B. Anwendungsbereich

4 Das Gericht ist zu einer personenbezogenen Mitteilung an Gerichte oder Behörden berechtigt, wenn die Mitteilung der personenbezogenen Daten der Verfolgung von Straftaten oder Ordnungswidrigkeiten dient, sofern nicht ein schutzwürdiges Interesse des Betroffenen an dem Ausschluss der Übermittlung seiner Daten erkennbar überwiegt.

5 Das mitteilende Gericht hat seiner Entscheidung eine Abwägung zwischen den Interessen des Betroffenen, etwa Gefährdung seiner Gesundheit oder seiner sozialen Eingliederung, und dem öffentlichen Strafverfolgungsinteresse zugrunde zu legen. Im Rahmen dieser Abwägung sind auch die Schwere des Delikts und die Auswirkungen der Mitteilung zu berücksichtigen.

6 Ob eine Mitteilung nach § 311 erfolgt, liegt im Gegensatz zu den anderen Mitteilungsfällen allein im Ermessen des Gerichts.

7 Gegenstand der Mitteilung sind wirksam gewordene gerichtliche **Entscheidungen** (auch eine einstweilige Anordnung oder Ablehnung einer Betreuungsmaßnahme) sowie Ermittlungsergebnisse aller Art, aus denen die Person des Betroffenen erkennbar ist und aus denen sich ergibt, dass möglicherweise Straftaten oder Ordnungswidrigkeiten begangen wurden, deren Opfer auch der Betroffene gewesen sein kann. Wenn die Person des Betroffenen sich aus dem Inhalt der Mitteilung nicht ergibt, ist § 311 nicht anwendbar. Betroffener im Sinne der Vorschrift ist der Betreute oder der zu Betreuende, nicht der von der Mitteilung Betroffene.

8 Empfänger der Mitteilung ist ausschließlich eine zur Verfolgung von Ordnungswidrigkeiten oder Straftaten zuständige Stelle wie Gerichte, nach § 152 StPO die Staatsanwaltschaften oder nach § 35 OWiG eine Verwaltungsbehörde.

9 Darüber hinaus regelt die Norm durch die Verweisung auf weitere Normen auch Mitteilungen in anderen Fällen. In anderen außer den genannten Fällen sind Mitteilungen,

aus denen die Person des Betroffenen erkennbar ist, nicht zulässig. § 311 ist daher auch eine Verwendungsregelung im Sinne von § 12 Abs 2 EGGVG.

C. Regelungen

Die Mitteilungen obliegen dem Richter oder Rechtspfleger je nachdem, wer für das Verfahren funktionell zuständig ist, §§ 3 Nr 2a, 14 RPflG (HK-BUR/*Hoffmann* § 69n FGG Rn 1; aA Damrau/Zimmermann § 69n FGG Rn 3 – nur Richter). **10**

Die Unterrichtung des Betroffenen, Verfahrenspflegers und Betreuers richtet sich nach Satz 2 iVm § 308 Abs 3. Die Unterrichtung ist nach Satz 2 iVm § 308 Abs 4 aktenkundig zu machen, es ist also zu vermerken, an wen und in welchem Umfang Mitteilung gemacht wurde und wer hiervon unterrichtet wurde. **11**

Die Mitteilungen unterliegen einer Nachberichtspflicht, § 20 EGGVG. **12**

Wurde nach dem FGG gerügt, die Miteilung sei inhaltlich fehlerhaft, weil ihre Voraussetzungen nicht vorgelegen haben, konnte dies vom Betroffenen mit der einfachen Beschwerde gerügt werden. Aufgrund der Regelung des § 58 Abs 2 ist die Mitteilung ohne Ausnahme nicht anfechtbar (vgl auch § 308 Rz 38). Der Rechtsschutz Dritter, die nicht Beteiligte des Betreuungsverfahrens sind, richtet sich nach § 22 EGGVG. **13**

Abschnitt 2
Verfahren in Unterbringungssachen

§ 312 Unterbringungssachen

Unterbringungssachen sind Verfahren, die
1. die Genehmigung einer freiheitsentziehenden Unterbringung eines Betreuten (§ 1906 Abs. 1 bis 3 des Bürgerlichen Gesetzbuchs) oder einer Person, die einen Dritten zu ihrer freiheitsentziehenden Unterbringung bevollmächtigt hat (§ 1906 Abs. 5 des Bürgerlichen Gesetzbuchs),
2. die Genehmigung einer freiheitsentziehenden Maßnahme nach § 1906 Abs. 4 des Bürgerlichen Gesetzbuchs oder
3. eine freiheitsentziehende Unterbringung eines Volljährigen nach den Landesgesetzen über die Unterbringung psychisch Kranker

betreffen.

A. Allgemeines

1 § 312 definiert den Begriff einer Unterbringungssache. Er knüpft an den bisherigen § 70 Abs 1 FGG an und definiert Unterbringungssachen als alle Verfahren, die auf die Genehmigung bzw Anordnung von mit Freiheitsentzug verbundenen Unterbringungen Volljähriger gerichtet sind. Über §§ 167 Abs 1 Satz 1, 151 Nr 6 und 7 sind die für Unterbringungssachen geltenden Vorschriften auch für die Unterbringung Minderjähriger nach §§ 1631b, 1800, 1915 BGB und den Landesunterbringungsgesetzen anwendbar. Neben der Entscheidung über die Genehmigung bzw Anordnung einer Unterbringung sind natürlich auch die Verfahren, die den Vollzug, die Beendigung und die Aufhebung einer Unterbringung betreffen, geregelt. Mit der Verwendung des Begriffes Unterbringungssachen hat der Gesetzgeber ein weites Begriffsverständnis zugrunde legen wollen. Obwohl gerichtliche Unterbringungsanordnungen, die sich auf § 1846 BGB stützen, nicht ausdrücklich aufgeführt sind, gelten auch für sie die §§ 312 ff. Dies lässt sich aus § 334 ableiten, der für solche Maßnahmen §§ 331 ff in Bezug nimmt.

2 Keine Anwendung finden die §§ 312 ff auf Freiheitsentziehungen (dazu s §§ 415 ff) sowie auf strafrechtliche und strafprozessuale Unterbringungen.

B. Einzelheiten

3 Nr 1 regelt die so genannte zivilrechtliche Unterbringung eines Volljährigen, nämlich die eines Betreuten nach § 1906 Abs 1–3 BGB bzw die einer Person, die einen Dritten gem § 1906 Abs 5 BGB, zu ihrer Unterbringung, die mit Freiheitsentzug verbunden ist, bevollmächtigt hat.

4 Nr 2 erfasst die Genehmigung so genannter unterbringungsähnlicher Maßnahmen nach § 1906 Abs 4 BGB als Unterbringungssache.

5 Nr 3 schließlich definiert die Anordnung einer freiheitsentziehenden Unterbringung eines Volljährigen nach den Landesgesetzen über die Unterbringung psychisch Kranker ebenfalls als Unterbringungssache. Eine Besonderheit ist für das Verfahren einer landesrechtlichen Unterbringung zu beachten. Grds heben die §§ 312 ff landesrechtliche Verfahrensvorschriften in den jeweiligen Landesunterbringungsgesetzen auf, Art 31 GG. Da Art 31 keine Ausnahmen zulässt, muss das auch für verfahrensrechtliche Verschärfungen durch das Landesrecht gelten. Einzig § 315 Abs 4 Satz 2 ermöglicht landesrechtliche Ergänzungen. Da die §§ 312 ff indes (nur) das gerichtliche Verfahren einer Unterbringungsmaßnahme regeln, bleiben landesrechtliche Vorschriften zum Verfahren vor einer gerichtlichen Unterbringungssache wirksam (BayObLG NJW 1992, 2709). Die jeweiligen Landesunterbringungsgesetze können daher die Zuständigkeit bestimmter Behörden für Maßnahmen im Vorfeld, zum Verfahren bei sofortiger Unterbringung des Be-

troffenen im verwaltungsrechtlichen Verfahren, zur Zuständigkeit der Antragstellung im gerichtlichen Verfahren sowie verwaltungsrechtlicher Verfahren im Rahmen der Nachsorge bestimmen.

C. Zuständigkeiten

I. Sachliche Zuständigkeit

Für Unterbringungssachen ist das Betreuungsgericht, eine Abteilung des Amtsgerichtes, zuständig, vgl § 23a Abs 1 Nr 2, Abs 2 Nr 1, 23c Abs 1. Eine Ausnahme macht das Gesetz für die Unterbringungssachen Minderjähriger. Insoweit sind die Familiengerichte zuständig, §§ 23a Abs 1 Nr 1, 23b, 111, 151 Nr 6 und 7. § 23d GVG eröffnet den Landesregierungen die Möglichkeit, durch Rechtsverordnung einem Amtsgericht für die Bezirke mehrerer Amtsgerichte Angelegenheiten der freiwilligen Gerichtsbarkeit zuzuweisen, wenn das der sachlichen Förderung der Verfahren dient oder zur Sicherung einer einheitlichen Rechtsprechung geboten scheint. 6

II. Funktionelle Zuständigkeit

Für Verfahren, die eine Unterbringungsmaßnahme zum Gegenstand haben, ist allein der Richter zuständig, da Art 104 Abs 2 GG die Entscheidung über einen Freiheitsentzug dem Richter vorbehält und die Unterbringungssachen nicht von der Aufgabenübertragung auf den Rechtspfleger erfasst sind, vgl § 3 Nr. 2b RPflG (BTDrs 16/6308, S 322). Das gilt auch in Württemberg, § 37 Abs 1 Nr 5 LFGG Bad-Württ. 7

III. Internationale Zuständigkeit

Die internationale Zuständigkeit deutscher Gerichte ist für die in Nr 1 und 2 genannten Unterbringungssachen in § 104 geregelt. Sie besteht für deutsche Staatsangehörige (Abs 1 Nr 1). Für nichtdeutsche Staatsangehörige besteht sie, wenn dieser einen gewöhnlichen Aufenthalt in Deutschland hat (Abs 1 Nr 2) bzw soweit er der Fürsorge durch ein deutsches Gericht bedarf (Abs Nr 3). Nach § 104 Abs 2 können Unterbringungsmaßnahmen bei nichtdeutschen Staatsangehörigen in deren Interesse unterbleiben, wenn eine Zuständigkeit eines anderen Staates besteht und dort ein einer Betreuung entsprechendes Verfahren anhängig ist. 8

Hinsichtlich der in Nr 3 genannten Unterbringungssachen gilt § 104 nach dessen Abs 3 nicht. Bei ihr folgt die internationale der örtlichen Zuständigkeit, § 105. 9

§ 313 Örtliche Zuständigkeit

(1) Ausschließlich zuständig für Unterbringungssachen nach § 312 Nr. 1 und 2 ist in dieser Rangfolge:
1. das Gericht, bei dem ein Verfahren zur Bestellung eines Betreuers eingeleitet oder das Betreuungsverfahren anhängig ist;
2. das Gericht, in dessen Bezirk der Betroffene seinen gewöhnlichen Aufenthalt hat;
3. das Gericht, in dessen Bezirk das Bedürfnis für die Unterbringungsmaßnahme hervortritt;
4. das Amtsgericht Schöneberg in Berlin, wenn der Betroffene Deutscher ist.

(2) Für einstweilige Anordnungen oder einstweilige Maßregeln ist auch das Gericht zuständig, in dessen Bezirk das Bedürfnis für die Unterbringungsmaßnahme bekannt wird. In den Fällen einer einstweiligen Anordnung oder einstweiligen Maßregel soll es dem nach Absatz 1 Nr. 1 oder Nr. 2 zuständigen Gericht davon Mitteilung machen.

(3) Ausschließlich zuständig für Unterbringungen nach § 312 Nr. 3 ist das Gericht, in dessen Bezirk das Bedürfnis für die Unterbringungsmaßnahme hervortritt. Befindet sich der Betroffene bereits in einer Einrichtung zur freiheitsentziehenden Unterbringung, ist das Gericht ausschließlich zuständig, in dessen Bezirk die Einrichtung liegt.

(4) Ist für die Unterbringungssache ein anderes Gericht zuständig als dasjenige, bei dem ein die Unterbringung erfassendes Verfahren zur Bestellung eines Betreuers eingeleitet ist, teilt dieses Gericht dem für die Unterbringungssache zuständigen Gericht die Aufhebung der Betreuung, den Wegfall des Aufgabenkreises Unterbringung und einen Wechsel in der Person des Betreuers mit. Das für die Unterbringungssache zuständige Gericht teilt dem anderen Gericht die Unterbringungsmaßnahme, ihre Änderung, Verlängerung und Aufhebung mit.

A. Allgemeines

1 Im Anschluss an § 2, der sich auf einige allgemeine Bestimmungen beschränkt, normiert § 313 die besonderen Regelungen zur örtlichen Zuständigkeit in Unterbringungssachen. Dabei hat der Gesetzgeber eine Harmonisierung mit der betreuungsrechtlichen Bestimmung betreffend die örtliche Zuständigkeit in Eilsachen gem § 272 Abs 2 (dazu § 272 Rz 12) vorgenommen. Das Gesetz hat für zivilrechtliche und öffentlich-rechtliche Unterbringungsmaßnahmen in § 313 Abs 1 und 3 unterschiedliche, von den Erfahrungen der Unterbringungspraxis geprägte, örtliche Zuständigkeitsregelungen getroffen. Abs 2 regelt die Zuständigkeit in Eilsachen, während sich in Abs 4 Regelungen zu Benachrichtigungen finden. Die Norm entspricht weitgehend dem bisherigen § 70 Abs 2, 3 und 7 FGG.

B. Einzelheiten

I. Zivilrechtliche Unterbringung, Abs 1

2 § 313 Abs 1 benennt in seinen Nr 1–4 nachstehende Gerichte in den so genannten zivilrechtlichen Unterbringungssachen nach § 312 Nr 1 und 2 in dieser Rangfolge als örtlich ausschließlich zuständig.

1. Hauptsacheverfahren

3 In erster Linie ist das Gericht zuständig, bei dem bereits ein (vorläufiger) Betreuer bestellt ist. Unerheblich ist es dabei, ob der Aufgabenkreis der Betreuung das Recht zur Unterbringung erfasst (aA Keidel/Budde § 313 FamFG Rn 2, der von einem Redaktions-

versehen ausgeht, weil das Gesetz bisher dieses Recht im Aufgabenkreis verlangte). Ggf muss von Amts wegen eine Erweiterung des Aufgabenkreises erfolgen. Mit der Neufassung des Gesetzes stellt der Gesetzgeber zugleich klar, dass diese vorrangige Zuständigkeit auch gilt, wenn noch kein (vorläufiger) Betreuer bestellt, aber bereits ein Verfahren auf Bestellung eines Betreuers eingeleitet ist. Eingeleitet ist ein Betreuungsverfahren, wenn ein Antrag oder eine Anregung zur Bestellung eines Betreuers beim örtlich zuständigen Gericht (dazu § 272) eingeht. Diese gesetzliche Klarstellung, soll sicherstellen, dass die im Rahmen der Ermittlungen zur Betreuerbestellung gewonnenen Erkenntnisse auch im Unterbringungsverfahren verwertet werden können.

Betrifft die Unterbringungsmaßnahme ein minderjähriges Kind, gelangt § 313 Abs 1 Nr 1 über §§ 167 Abs 1, 151 Nr 6 und 7 zur Anwendung. In erster Linie ist dann das Gericht örtlich zuständig, bei dem ein Vormundschafts- bzw Pflegschaftsverfahren eingeleitet bzw anhängig ist. 4

2. Gericht des gewöhnlichen Aufenthaltes, Nummer 2

Ist noch kein Vormundschafts-, Betreuungs- oder Pflegschaftsverfahren eingeleitet oder anhängig, bestimmt die Nr 2 das Gericht als örtlich ausschließlich zuständig, in dessen Bezirk der Betroffene gewöhnlichen Aufenthalt (dazu § 272 Rz 3–8) hat. 5

3. Fürsorgegericht, Nummer 3

Sofern auch ein gewöhnlicher Aufenthalt fehlt oder nicht feststellbar ist, benennt Nummer 3 das Gericht als örtlich ausschließlich zuständig, in dessen Bezirk sich der Ort des Fürsorgebedürfnisses befindet. Gemeint ist damit der Ort, an dem der – etwa auf Reisen unter Wahnerleben befindliche – Betroffene auffällig wird, der Bedarf für eine Unterbringungsmaßnahme zutage tritt (BayObLG FamRZ 1992, 722). 6

4. Auffangzuständigkeit, Nummer 4

Liegen die Voraussetzungen der Nummern 1–3 nicht vor, weil der Betroffene sich, ohne einen gewöhnlichen Aufenthalt im Inland zu haben, im Ausland befindet, ist für Deutsche das Amtsgericht Berlin-Schöneberg zuständig. Das Amtsgericht Berlin-Schöneberg kann ein solches Unterbringungsverfahren nach Maßgabe des § 314 weiter abgeben. 7

II. Eilmaßnahmen, Abs 2

Bedarf es einer Unterbringung durch einstweilige Anordnung oder Maßregel erweitert § 313 Abs 2 die örtliche Zuständigkeit dadurch, dass neben dem Hauptsachegericht das Gericht für örtlich zuständig erklärt wird, in dessen Bezirk das Bedürfnis für eine Unterbringungsmaßnahme hervortritt (dazu Rz 6). Diese Zuständigkeitsregelung gilt für vorläufige Unterbringungsmaßnahmen in Bezug auf Ausländer (Art 24 Abs 3 EGBGB), vorläufige Maßregeln durch das Gericht nach §§ 1846, 1908i Abs 1 S 1 BGB und einstweilige Anordnungen nach § 331. Neben dem an sich nach Abs 1 Nr 1 und 2 zuständigen Gericht ist auch das Gericht, in dessen Bezirk sich ein Fürsorgebedürfnis ergibt, örtlich zuständig. Hält sich der Betroffene zum Beispiel zwecks Erstellung eines Gutachtens zur Notwendigkeit einer Betreuerbestellung oder zu einer Rehabilitation in einer Klinik auf und wird dann unterbringungsbedürftig, kann dort das entsprechende Fürsorgebedürfnis auftreten (vgl BayObLG FamRZ 1995, 304 und 485). Es bestehen also zwei parallele Zuständigkeiten. Die des Fürsorgegerichtes entfällt allerdings, wenn es die eilige Maßnahme trifft oder wenn das Fürsorgebedürfnis aus anderem Grund entfällt (OLG Hamm NJW-RR 2007, 157). Das als Fürsorgegericht zuständige Gericht hat nach seinem Tätigwerden die Akte an das hauptsächlich zuständige Gericht zur Fortführung zu senden. Eine Abgabe ist nicht nötig (BayObLG BtPrax 2002, 129). 8

III. Öffentlich-rechtliche Unterbringungen, Abs 3

9 Abs 3 betrifft nur Unterbringungssachen nach § 312 Nr 3, also die so genannte öffentlich-rechtliche Unterbringung nach den Landesunterbringungsgesetzen.

1. Grundsatz, Satz 1

10 Grds ist das Gericht zuständig, in dessen Bezirk das entsprechende Bedürfnis zu der Unterbringungsmaßnahme hervortritt. Dieser Ort kann von dem gewöhnlichen Aufenthaltsort des Betroffenen abweichen. Wenn ein psychisch Kranker auf einer Reise oder aber im Rahmen einer auswärtigen Rehabilitation für sich oder andere gefährlich wird, muss das für den entsprechenden Ort zuständige Gericht tätig werden (Dodegge/Zimmermann Teil A Rn 29).

2. Sonderzuständigkeit, Satz 2

11 In Satz 2 findet sich ergänzend eine ausschließliche Sonderzuständigkeit. Für den Fall, dass der Betroffene sich bereits in einer Einrichtung zur freiheitsentziehenden Unterbringung befindet, ist allein das Gericht zuständig, in dessen Bezirk sich diese Einrichtung befindet (OLG Hamm BtPrax 2009, 41). Der Gesetzgeber wollte erreichen, dass an Wochenenden die nötigen eiligen Unterbringungen nach den Landesunterbringungsgesetzen durch das für die Unterbringungseinrichtung zuständige Gericht erfolgen können.

3. Weitere Abgabe

12 Wird der Betroffene nach Erlass der Unterbringungsanordnung in eine andere Klinik verlegt, zB von der Klinik am Ort des Fürsorgebedürfnisses an seinen Wohnort, kann das Unterbringungsverfahren nur unter den Voraussetzungen des § 314, der die allgemeine Regelung des § 4 konkretisiert, an das dort zuständige Gericht abgegeben werden. Der Gesetzgeber wollte offenbar keine formlose Weitergabe an das Gericht des neuen Unterbringungsortes in entsprechender Anwendung des Abs 2.

4. Zuständigkeitskonzentration

13 Die bisher in § 70 Abs 6 FGG enthaltene Ermächtigung für den Landesgesetzgeber, öffentlich-rechtliche Unterbringungssachen (dazu § 312 Nr 3) durch Rechtsverordnung bei bestimmten Amtsgerichten zu konzentrieren, ist aus systematischen Gründen jetzt in § 23d GVG geregelt.

§ 314 Abgabe der Unterbringungssache

Das Gericht kann die Unterbringungssache abgeben, wenn der Betroffene sich im Bezirk des anderen Gerichtes aufhält und die Unterbringungsmaßnahme dort vollzogen werden soll, sofern sich dieses zur Übernahme des Verfahrens bereit erklärt hat.

A. Allgemeines

Die Vorschrift entspricht dem bisherigen Regelungsinhalt des § 70 Abs 3 Satz 1 Hs 1 FGG und enthält Regelungen zur Abgabe eines Verfahrens, das eine Unterbringungssache (dazu § 312) betrifft. Die Norm ist eine Sonderregelung zu § 4. Funktionell zuständig für die Abgabe ist der Richter. **1**

B. Einzelheiten

Nach § 314 kann das Gericht unabhängig davon, ob bereits eine Betreuung (für Minderjährige eine Vormundschaft oder Pflegschaft) anhängig bzw ein entsprechendes Verfahren eingeleitet ist (dazu § 313 Rz 3), eine Unterbringungssache an das Gericht abgeben, in dessen Bezirk sich der Betroffene aufhält und die Unterbringungsmaßnahme vollzogen werden soll, sofern dieses Gericht übernahmebereit ist. Nach dem Wortlaut bezieht sich die Vorschrift auf alle Unterbringungssachen und dürfte anders als der bisherige § 70 Abs 3 Satz 1, 1. Hs FGG auch öffentlich-rechtliche Unterbringungsmaßnahmen nach § 312 Nr 3 erfassen. **2**

I. Aufenthalt und Vollzug der Unterbringung in einem anderen Bezirk

Der Betroffene muss sich im Bezirk eines anderen Gerichts aufhalten. Es genügt die – kurzfristige – Anwesenheit an diesem Ort. Ein längerfristiges Verbleiben oder gar ein gewöhnlicher Aufenthalt an diesem Ort wird nicht verlangt, schadet aber auch nicht. Hinzutreten muss, dass die Unterbringungsmaßnahme an diesem Aufenthaltsort des Betroffenen vollzogen werden soll. Dem Gesetzgeber standen dabei Fallkonstellationen vor Augen, in denen der Betroffene – etwa auf Reisen – außerhalb seines gewöhnlichen Aufenthaltsortes akut psychisch erkrankt und ein Unterbringungsbedürfnis entsteht bzw der Betroffene sich weit von seinem Wohnort entfernt in einem Heim oder Klinik befindet und dort freiheitsentziehende Maßnahmen nach § 1906 Abs 1 oder 4 BGB erforderlich werden. Der Aufwand für das an sich zuständige Gericht, insbes für die persönliche Anhörung des Betroffenen, erschien dem Gesetzgeber unverhältnismäßig zu sein. **3**

Liegen der aktuelle Aufenthaltsort des Betroffenen und der Ort, an dem die Unterbringungsmaßnahme vollzogen werden soll, in unterschiedlichen Gerichtsbezirken, dürfte angesichts der gesetzgeberischen Intention das Gericht des Aufenthaltsortes solange zuständig sein, bis es zum Vollzug der Unterbringungsmaßnahme kommt (vgl auch OLG München, FamRZ 2008, 1117). Gegebenenfalls kann eine weitere Abgabe erfolgen. **4**

II. Anhörung der Beteiligten

Die Beteiligten sollen vor einer Abgabe angehört werden, § 4 Satz 2. Diese Soll-Vorschrift ermöglicht es dem Gericht, in besonders eiligen Fällen oder in solchen, in denen eine Anhörung nur mit einem zu einer Verfahrensverzögerung führenden Zeitaufwand möglich ist, von einer Anhörung abzusehen. Dies trifft regelmäßig bei einer Unterbringung, aber auch in Fällen, in denen der Betroffene nicht in der Lage ist, sich zu äußern, zu (BtDrs 16/6308 S 176). Ggf wird aber ein Verfahrenspfleger zu bestellen sein, da es sich um Gewährung rechtlichen Gehörs handelt. **5**

6   Die Ablehnung der Abgabe durch den Betroffenen bzw den gesetzlichen oder gewillkürten Vertreter steht einer Abgabe nicht entgegen. Unter Umständen steht ihnen gegen die Abgabeentscheidung ein Beschwerderecht zu (BTDrs 16/6308 S 176).

III. Übernahmebereitschaft

7   Das andere Gericht muss übernahmebereit sein. Die Übernahmebereitschaft kann sich (konkludent) aus der Fortführung des Verfahrens durch den Richter ergeben. Wird die Übernahme durch das andere Gericht abgelehnt, muss eine Entscheidung des nächsthöheren gemeinsamen Gerichtes herbeigeführt werden. Das ergibt sich aus § 5 Abs 1 Nr 5. Ist das nächsthöhere gemeinsame Gericht der BGH, wird das zuständige Gericht durch das Oberlandesgericht bestimmt, zu dessen Bezirk das zuerst mit der Sache befasste Gericht gehört, § 5 Abs 2.

8   Verweigert das andere Gericht die Übernahme des Verfahrens, ist anders als bisher keine vorläufige Zuständigkeitsregelung getroffen. Vom Eingang der Akten beim nächsthöheren gemeinsamen Gericht bis zu dessen Entscheidung ist – wie nach bisherige Rechtslage – davon auszugehen, dass das um Übernahme angegangene Gericht für vorläufige Maßregeln zuständig ist. Trifft das um Übernahme angegangene Gericht in Unkenntnis einer vom nächsthöheren gemeinsamen Gericht inzwischen getroffen anders lautenden Entscheidung eine vorläufige Unterbringungsmaßregel, bleibt diese wirksam, was sich aus § 313 Abs 2 S 1 ergibt.

IV. Zuständigkeitsverlagerung

9   Mit der Übernahme des Verfahrens wird das Übernahmegericht zuständig, zB für die Verlängerung einer Unterbringungsmaßnahme.

V. Weitere Abgabe

10 Wechselt der Aufenthaltsort der von der Unterbringungsmaßnahme betroffenen Person, ist eine weitere Abgabe unter den unter I. – III. dargelegten Voraussetzungen möglich.

§ 315 Beteiligte

(1) Zu beteiligen sind
1. der Betroffene,
2. der Betreuer,
3. der Bevollmächtigte im Sinne des § 1896 Abs. 2 Satz 2 des Bürgerlichen Gesetzbuchs.

(2) Der Verfahrenspfleger wird durch seine Bestellung als Beteiligter zum Verfahren hinzugezogen.

(3) Die zuständige Behörde ist auf ihren Antrag als Beteiligte hinzuzuziehen.

(4) Beteiligt werden können im Interesse des Betroffenen
1. dessen Ehegatte oder Lebenspartner, wenn die Ehegatten oder Lebenspartner nicht dauernd getrennt leben, sowie dessen Eltern und Kinder, wenn der Betroffene bei diesen lebt oder bei Einleitung des Verfahrens gelebt hat, sowie die Pflegeeltern,
2. eine von ihm benannte Person seines Vertrauens,
3. der Leiter der Einrichtung, in der der Betroffene lebt.

Das Landesrecht kann vorsehen, dass weitere Personen und Stellen beteiligt werden können.

A. Allgemeines

Die Vorschrift knüpft an den Beteiligtenbegriff des § 7 an und legt fest, welche Personen in Unterbringungssachen zu beteiligen sind bzw beteiligt werden können. Die Vorschrift korrespondiert mit dem § 274, der den im Betreuungsverfahren zu beteiligenden Personenkreis benennt. Abs 1 konkretisiert die Personen, die in Unterbringungssachen stets zu beteiligen sind. In Abs 2 und 3 werden Personen bzw Institutionen genannt, die kraft ihrer Bestellung bzw ihres Antrages zu beteiligen sind. Personen, die im Interesse des Betroffenen beteiligt werden können, nennt schließlich der Abs 4. Der Sinn ihrer Beteiligung liegt darin, alle relevanten Gesichtspunkte zugunsten des Betroffenen zu ermitteln und zugrunde legen zu können. Die aufgeführten Personen und Institutionen stehen dem Betroffenen in der Regel nahe und können zu seiner Lebensweise, seinem aktuellen Verhalten und seinem Lebensumfeld Auskunft erteilen. 1

B. Einzelheiten

§ 315 nennt in Abs 1 die Personen, die immer sind, in Abs 2 und 3 die Personen, die Kraft ihrer Bestellung oder ihres Antrages zu beteiligen sind und in Abs 4 schließlich die Personen, die im Interesse des Betroffenen beteiligt werden können. 2

I. Beteiligte von Amts wegen, Abs 1

Abs 1 zählt in den Nummern 1–3 die Personen auf, die von Amts wegen zu beteiligen sind und konkretisiert damit den § 7 Abs 2 Nr 1 und 2 (dazu dort Rz 13 ff). 3

1. Betroffener, Abs 1 Nr 1

Eine Selbstverständlichkeit spricht die Nr 1 aus, wenn es den Betroffenen als zwingend zu beteiligende Person bezeichnet. Die Notwendigkeit seiner Beteiligung folgt bereits aus § 7 Abs 2 Nr 1. Der Betroffene ist auch stets verfahrensfähig, § 316. 4

2. Betreuer, Abs 1 Nr 2

5 Auch der wirksam bestellte Betreuer (dazu § 287 Rz 5) ist zwingend am Verfahren zu beteiligen. Sein Aufgabenkreis spielt keine Rolle, auch nicht der Umstand, ob er vorläufig oder endgültig bestellt ist.

3. Bevollmächtigter, Abs 1 Nr 3

6 Von Amts wegen ist auch der Bevollmächtigte iSd § 1896 Abs 2 Satz 2 BGB zu beteiligen. Mit dem Verweis auf § 1896 Abs 2 Satz 2 BGB stellt der Gesetzgeber klar, dass nur der Bevollmächtigte zu beteiligen ist, mit dessen Vollmacht die Angelegenheiten des Betroffenen ebenso gut wie durch eine Betreuung geregelt werden können (dazu Dodegge/Roth Teil C Rn 2 ff). Wie beim Betreuer spielt es keine Rolle, ob der Wirkungskreis der Vollmacht durch das Unterbringungsverfahren betroffen ist (BTDrs 16/6308 S 273).

II. Beteiligte kraft Bestellung, Abs 2

7 Wie § 274 Abs 2 für das Betreuungsverfahren beinhaltet § 315 Abs 2 eine Sondervorschrift über die Beteiligung des Verfahrenspflegers. Er wird mit seiner Bestellung durch das Gericht zugleich Beteiligter des Unterbringungsverfahrens. Zu den Voraussetzungen der Bestellung eines Verfahrenspflegers vgl § 317. Mit seiner Bestellung erhält der Verfahrenspfleger alle Rechte und Pflichten eines Verfahrensbeteiligten (dazu § 317 Rz 10). Nach § 335 Abs 2 ist er auch beschwerdeberechtigt.

III. Beteiligte kraft Antrages, Abs 3

8 Nach § 315 Abs 3 ist die zuständige Behörde, also die Betreuungsbehörde, das Jugendamt, die nach dem Landesunterbringungsgesetz für zuständig erklärte Behörde (in NRW zB das Ordnungsamt), auf ihren Antrag hin als Beteiligte hinzuzuziehen. Dem Antrag ist zu entsprechen, ein Ermessen räumt das Gesetz nicht ein. Die Vorschrift knüpft an den bisherigen § 70d Abs 1 Nr 6 FGG an. Demzufolge ist davon auszugehen, dass die jeweils zuständige Behörde bei den in § 312 genannten Unterbringungssachen berechtigt ist, einen entsprechenden Antrag zu stellen. Die Behörde kann so entscheiden, ob sie als Beteiligter (mit dem damit verbundenen Kostentragungsrisiko) am Verfahren mitwirken will oder sich auf eine Teilnahme im Rahmen der Anhörung nach § 320 S 2 beschränkt.

9 Bei den einzelnen Unterbringungsmaßnahmen sind unterschiedliche Behörden zuständig, nämlich:
– das Jugendamt (§ 162 Abs 1 S 1) bei Unterbringungsmaßnahmen bezüglich eines Kindes nach §§ 167 Abs 1 Satz 1, 151 Nr 6 und 7, 312 Nr 1 und 3,
– die Betreuungsbehörde bei Unterbringungsmaßnahmen bezüglich eines Betreuten oder Vollmachtgebers nach § 312 Nr 1 und 2, wobei das Landesrecht bestimmt, welche Behörde auf örtlicher Ebene zuständig ist, § 1 BtBG,
– die nach dem jeweiligen Landesunterbringungsgesetz zuständige Behörde bei Unterbringungsmaßnahmen nach § 312 Nr 3. In NRW ist zB die Ordnungsbehörde zuständig, § 12 Satz 1 PsychKG NRW.

IV. Beteiligte im Interesse des Betroffenen, Abs 4

10 § 315 Abs 4 enthält eine Konkretisierung der Personen, die nach § 7 Abs 3 zum Unterbringungsverfahren hinzugezogen werden können. Es handelt sich dabei idR um Angehörige oder nahe stehende Personen. Die Aufzählung in Abs 4 ist abschließend. Ist eine der genannten Personen in eigenen Rechten verletzt, ist nicht über ihre Beteiligung nach Abs 4 zu befinden, vielmehr sind sie stets nach § 7 Abs 2 Nr 1 zu beteiligen (dazu § 7 Rz 24).

Voraussetzung ist jeweils, dass ein Interesse des Betroffenen an der Beteiligung der genannten Personen besteht. Das Interesse des Betroffenen ist nicht objektiv, sondern aus seiner Sicht zu beurteilen; seine Wünsche und Belange hat das Gericht zu berücksichtigen. Dies gilt insbes, weil diesen Personen mit der Beteiligung im Gegensatz zum früheren Recht vom Betroffenen die Teilnahme an der persönlichen Anhörung (vgl § 319) nicht verwehrt werden kann. Bestehen Zweifel, ob der Betroffene mit der Hinzuziehung einer Person einverstanden ist, ist er zuvor dazu anzuhören. Gegen den Willen des Betroffenen kommt eine Beteiligung Verwandter nur in Betracht, wenn dieser Wille dem objektiven Interesse des Betroffenen zuwider läuft und keine erheblichen Gründe gegen die Beteiligung sprechen (BTDrs 16/6308 S 266). Im Einzelnen:

1. Ehegatte

Er kann beteiligt werden, wenn er nicht dauernd getrennt vom Betroffenen lebt. Maßgeblicher Zeitpunkt ist der der Verfahrenseinleitung. Bei erst kurz zuvor erfolgter Trennung kann eine Anhörung zur Sachverhaltsaufklärung nach § 26 angezeigt sein.

2. Lebenspartner

Unter Lebenspartner sind Partner gleichgeschlechtlicher Partnerschaften im Sinne des § 1 LPartG gemeint, nicht Partner einer nichtehelichen Gemeinschaft. Auch der Lebenspartner darf vom Betroffenen nicht dauernd getrennt leben.

3. Elternteil

Ein Elternteil kann beteiligt werden, wenn der Betroffene bei ihm lebt oder zum Zeitpunkt der Verfahrenseinleitung dort gelebt hat. Der Elternteil muss nicht der Sorgerechtsinhaber sein oder gewesen sein. Fehlt eine häusliche Gemeinschaft, kann eine Anhörung im Rahmen des § 26 angezeigt sein.

4. Kind

Der Betroffene muss bei dem Kind leben, was nur der Fall sein kann, wenn das Kind volljährig ist, vgl § 11 BGB. Auch nichteheliche, Stief- (dazu LG Oldenburg BtPrax 1996, 31) und Adoptivkinder sind gemeint. Fehlt eine häusliche Gemeinschaft, kann wiederum eine Anhörung nach § 26 erfolgen.

5. Pflegeeltern

Die Pflegeeltern zählen nicht zu den Personen, die nach der bisherigen Vorschrift des § 70d FGG Gelegenheit zur Äußerung erhielten. Der Gesetzgeber ermöglicht nunmehr ihre Beteiligung, weil sie zwar nicht in eigenen Rechten betroffen sind, aber ihr ideelles Interesse als schutzwürdig gewertet wird. Ein faktisches Pflegeverhältnis nach § 44 SGB VIII genügt.

6. Vertrauensperson

Der Betroffene kann eine oder mehrere natürliche Personen (nicht Organisationen oder Institutionen) als Vertrauensperson benennen, ohne dazu verpflichtet zu sein. Die Benennung einer Person mit natürlichem Willen genügt. Lediglich unsinnige Nennungen (Papst, englische Königin, Filmfiguren) bleiben unbeachtlich.

7. Leiter der Einrichtung, in der der Betroffene lebt

18 Gemeint ist der Leiter der Einrichtung, in der sich der Betroffene üblicherweise aufhält, nicht der Leiter der Unterbringungseinrichtung. Seitens der Einrichtung kann derjenige, dem innerhalb der Einrichtung diese Aufgabe intern zugewiesen ist, die Beteiligtenrechte wahrnehmen.

8. Öffnungsklausel nach Landesrecht

19 Abs 4 Satz 2 ermächtigt den Landesgesetzgeber in Unterbringungssachen nach § 312 Nr 3, also Unterbringungen nach den Landesunterbringungsgesetzen, weitere Personen und Stellen vorzusehen, die beteiligt werden können. In NRW ist das zB der Sozialpsychiatrische Dienst der unteren Gesundheitsbehörde, § 13 Abs 2 PsychKG NRW.

C. Verfahrensrechtliches

20 Die Ablehnung eines Antrages auf Hinzuziehung als Beteiligter erfolgt durch Beschluss, § 7 Abs 5 Satz 1. Dagegen ist das Rechtsmittel der sofortigen Beschwerde gegeben, § 7 Abs 5 Satz 2. Zu Einzelheiten vgl § 7 Rz 34. Zur Beteiligtenfähigkeit vgl § 8.

§ 316 Verfahrensfähigkeit

In Unterbringungssachen ist der Betroffene ohne Rücksicht auf seine Geschäftsfähigkeit verfahrensfähig.

A. Allgemeines

§ 316 knüpft an § 9 Abs 1 Nr 4 an und erweitert wegen der Besonderheiten im Bereich der Unterbringungssachen den allgemeinen Begriff der Verfahrensfähigkeit. Ungeachtet bestehender Geschäftsfähigkeit gilt der von einer Unterbringungssache (dazu § 312) Betroffene als verfahrensfähig. In Unterbringungssachen bedarf es vorrangig der Beteiligung des Betroffenen. Er wird vom Gesetz daher als vollwertiger Beteiligter mit allen Verfahrensrechten behandelt. Die Vorschrift entspricht inhaltlich dem bisherigen § 70a FGG, soweit er die Unterbringungsmaßnahmen in Bezug auf Volljährige betraf. § 316 gilt nur für Volljährige, wie sich aus § 312 ergibt. Zur Verfahrensfähigkeit Minderjähriger im Unterbringungsverfahren vgl § 167 Abs 3. Die Vorschrift korrespondiert mit der des § 275, der die Verfahrensfähigkeit im Betreuungsverfahren regelt.

B. Einzelheiten

§ 316 gilt sowohl für die so genannten zivilrechtlichen als auch die öffentlich-rechtlichen Unterbringungsmaßnahmen nach § 312 Nr 1–3. Der Betroffene gilt, unabhängig von seiner Geschäftsfähigkeit, seinem Alter oder dem Ausmaß seiner Erkrankung, im Unterbringungsverfahren als unbeschränkt verfahrensfähig. Er kann also zB wirksam einen Anwalt für das Verfahren beauftragen, Rechtsmittel einlegen oder zurücknehmen, auch wenn das für ihn nachteilig ist. Es bedarf dann aber zumindest einer Willenserklärung, die dem Betroffenen zuzurechnen ist (BayObLG NJOZ 2004, 2915). Das Gesetz nimmt die für den Betroffenen in einem Rechtsmittelverzicht bestehende Gefahr hin und schafft dadurch einen Ausgleich, dass dem Betroffenen ein Verfahrenspfleger (dazu § 317) zu bestellen ist, wenn er sich selbst durch Verfahrenshandlungen schädigt. Durch die Bestellung eines Verfahrenspflegers wird die Verfahrensfähigkeit des Betroffenen nicht tangiert. Nehmen Verfahrenspfleger und Betroffener sich widersprechende Verfahrenshandlungen vor, ist jede für sich gesondert zu behandeln und ggf wie die Verfahrenshandlung einer Einzelperson zu bescheiden (Dodegge/Roth Teil A Rn 123).

§ 317 Verfahrenspfleger

(1) Das Gericht hat dem Betroffenen einen Verfahrenspfleger zu bestellen, wenn dies zur Wahrnehmung der Interessen des Betroffenen erforderlich ist. Die Bestellung ist insbesondere erforderlich, wenn von einer Anhörung des Betroffenen abgesehen werden soll.

(2) Bestellt das Gericht dem Betroffenen keinen Verfahrenspfleger, ist dies in der Entscheidung, durch die eine Unterbringungsmaßnahme genehmigt oder angeordnet wird, zu begründen.

(3) Wer Verfahrenspflegschaften im Rahmen seiner Berufsausübung führt, soll nur dann zum Verfahrenspfleger bestellt werden, wenn keine andere geeignete Person zur Verfügung steht, die zur ehrenamtlichen Führung der Verfahrenspflegschaft bereit ist.

(4) Die Bestellung eines Verfahrenspflegers soll unterbleiben oder aufgehoben werden, wenn die Interessen des Betroffenen von einem Rechtsanwalt oder einem anderen geeigneten Verfahrensbevollmächtigten vertreten werden.

(5) Die Bestellung endet, sofern sie nicht vorher aufgehoben wird, mit der Rechtskraft der Endentscheidung oder mit dem sonstigen Abschluss des Verfahrens.

(6) Die Bestellung eines Verfahrenspflegers oder deren Aufhebung sowie die Ablehnung einer derartigen Maßnahme sind nicht selbständig anfechtbar.

(7) Dem Verfahrenspfleger sind keine Kosten aufzuerlegen.

A. Allgemeines

1   § 317 greift, mit redaktionellen Änderungen, die Regelungen des bisherigen § 70b FGG auf. Der Aufgabenkreis eines Verfahrenspflegers ist ebenso wenig festgelegt wie die zur Ausübung des Amtes notwendige Qualifikation. Ein Verfahrenspfleger ist an keine Weisungen gebunden. Die Verfahrenspflegschaft ist eine Pflegschaft eigener Art. Die Vorschrift korrespondiert mit § 276, der die Erforderlichkeit einer Verfahrenspflegerbestellung im Betreuungsverfahren regelt. Der Verfahrenspfleger soll die objektiven Interessen des Betroffenen wahrnehmen und dessen Belange wahren.

B. Einzelheiten

I. Voraussetzungen, Abs 1

2   Während § 317 Abs 1 Satz 1 die grds Voraussetzungen für eine Verfahrenspflegerbestellung nennt, beschreibt Satz 2 zwingende Fälle einer Verfahrenspflegerbestellung.

1. Grundsatz

3   Grds setzt die Bestellung eines Verfahrenspflegers voraus, dass dies zur Wahrnehmung der Interessen des Betroffenen erforderlich ist. Der Gesetzgeber wollte die Bestellung eines Verfahrenspflegers nicht als Regel ausgestaltet wissen. Die gerichtliche Praxis erachtet indes – zumindest bei Unterbringungen nach § 1906 Abs 1 BGB und den Landesunterbringungsgesetzen – regelmäßig die Bestellung eines Verfahrenspflegers für notwendig (BayObLG FamRZ 2000, 566), da die Verteidigung gegen eine Freiheitsentziehung die ureigenste Aufgabe von Anwälten ist. Maßgebliches Kriterium für die Erforderlichkeit einer Verfahrenspflegerbestellung ist, ob die konkrete Verfahrenssituation es angebracht erscheinen lässt, dem Betroffenen einen Beistand an die Seite zu stellen. Das wird der Fall sein, wenn der Betroffene nicht ausreichend sein Recht auf Wahrnehmung des rechtlichen Gehörs wahrnehmen kann (etwa durch adäquate Stellungnahme zu

dem ermittelten Sachverhalt, zu Zeugenaussagen und zu ärztlichen Gutachten (OLG Karlsruhe NJW-RR 2008, 813) oder ihm die Möglichkeit fehlt, sich differenzierend begründend zum Antrag zu äußern bzw auf der Hand liegende Einwendungen vorzutragen (OLG Köln FamRZ 2003, 171; BayObLG FamRZ 2003, 1044). Bei einer Unterbringungssache nach § 312 Nr 1 und 2 wird dies auch der Fall sein, wenn beim gesetzlichen Vertreter Interessenkollisionen vorliegen oder der Betroffene den Freiheitsentzug mit natürlichem Willen abgelehnt (*Damrau*/Zimmermann § 70b FGG Rn 3).

Bei Unterbringungssachen nach § 312 Nr 2 wird man eher eine Erforderlichkeit der Interessenwahrnehmung durch einen Dritten verneinen können. Entscheidend sind Art, Dauer und Intensität der Maßnahme. Geht es (lediglich) um das nächtliche Verschließen der Haustür oder das nächtliche Anbringen eines Bettgitters, um dem Betroffenen eine gefahrlose Nachtruhe zu gewährleisten, kann eher auf einen Verfahrenspfleger verzichtet werden als bei dem längerfristigen Anlegen eines Bauchgurtes. 4

Stellt das Gericht – dies kann auch das Beschwerdegericht sein – fest, dass eine Verfahrenspflegerbestellung erforderlich ist, muss sie erfolgen. Es besteht kein Ermessen. Will das Gericht dagegen die Genehmigung einer Unterbringungsmaßnahme ablehnen, bedarf es keiner Bestellung eines Verfahrenspflegers. 5

2. Zwingende Fälle

Nach Satz 2 ist eine Verfahrenspflegerbestellung zwingend, wenn das Gericht nach § 34 Abs 2 von der persönlichen Anhörung des Betroffenen absehen will. §§ 34 Abs 2, 319 Abs 3 ermöglichen dies, wenn nach ärztlichem Gutachten von der persönlichen Anhörung erhebliche Nachteile für die Gesundheit des Betroffenen zu besorgen sind (dazu § 34 Rz 13), oder der Betroffene nach dem unmittelbaren Eindruck des Gerichtes offensichtlich nicht in der Lage ist, seinen Willen kundzutun (dazu § 34 Rz 13). Die Verfahrenspflegerbestellung ist dann zur Gewährung des rechtlichen Gehörs unabdingbar. Gleiches muss gelten, wenn das Gericht die Entscheidungsgründe unter den Voraussetzungen des § 325 Abs 1 nicht an den Betroffenen bekannt machen will. 6

3. Person des Verfahrenspflegers, Abs 3

Der Gesetzgeber hat darauf verzichtet, bestimmte persönliche oder fachliche Qualifikationen für die Person des Verfahrenspflegers festzulegen. In Abs 3 spricht der Gesetzgeber aber einen Vorrang für den ehrenamtlichen Verfahrenspfleger aus. Insoweit hat er die Regelung des § 1897 Abs 6 Satz 1 BGB hinsichtlich der Betreuerauswahl auch auf die Auswahl des Verfahrenspflegers übernommen. Ist ein ehrenamtlicher Verfahrenspfleger, zB Angehöriger, nicht vorhanden, kann jede geeignete Person, zB Sozialarbeiter, Mitarbeiter eines Betreuungsvereins, Rechtsanwalt, etc, bestellt werden. Angesichts des gravierenden Eingriffs in die Freiheitsrechte wird zurecht verlangt, dass zumindest in Unterbringungssachen nach § 312 Nr 1 und 3 der zu bestellende Verfahrenspfleger Rechtsanwalt sein muss (BayObLG FamRZ 2000, 566). 7

Ist eine Vertretung durch einen Rechtsanwalt nicht geboten, kommen auch andere Personen als Verfahrenspfleger in Betracht. Werden sie bestellt, dürfen an ihre Sachkunde keine überspannten Anforderungen gestellt werden. Wichtig kann auch die Fähigkeit sein, auf den Betroffenen einzugehen und mit ihm kommunizieren zu können. 8

Um Interessenkonflikte zu vermeiden, sollte bei Unterbringungsmaßnahmen gegen Volljährige nicht die Betreuungsbehörde und gegen Minderjährige nicht das Jugendamt bzw ein dort tätiger Mitarbeiter zum Verfahrenspfleger bestellt werden. 9

4. Rechtsstellung des Verfahrenspflegers

Die Bestellung eines Verfahrenspflegers im Unterbringungsverfahren soll die Wahrung der Belange des Betroffenen im Verfahren gewährleisten. Der Betroffene soll bei den be- 10

§ 317 FamFG | Verfahrenspfleger

sonders schwerwiegenden Eingriffen in das Grundrecht der Freiheit der Person nicht allein stehen, sondern fachkundig beraten und vertreten werden (zu den Aufgaben eines Verfahrenspflegers vgl BVerfG NJW 2009, 2814). Mit seiner Bestellung ist der Verfahrenspfleger Beteiligter des Unterbringungsverfahrens und vom Gericht im selben Umfang wie der Betroffene an allen Verfahrenshandlungen zu beteiligen, etwa zum Anhörungstermin zu laden (OLG Hamm FGPrax 2009, 135). Ein anwaltlicher Verfahrenspfleger wird idR. im Verlaufe des Verfahrens eine Stellungnahme abgeben (Zu einem Muster vgl Meier Rn 1124). Zur Vergütung des berufsmäßigen Verfahrenspflegers vgl § 318, der auf § 277 verweist.

5. Zeitpunkt der Bestellung

11 Das Gesetz schreibt nicht vor, zu welchem Zeitpunkt ein Verfahrenspfleger im Unterbringungssachen zu bestellen ist. Die Bestellung sollte aber möglichst frühzeitig erfolgen. Steht der Betroffene nach einer vor oder in der persönlichen Anhörung erstatteten ärztlichen Stellungnahme mit hoher Wahrscheinlichkeit in einer akuten Krankheitsphase und zeichnet sich die Genehmigung einer Unterbringungsmaßnahme ab, bedarf es jedenfalls der rechtzeitigen Bestellung eines Verfahrenspflegers und dessen Beteiligung im Termin (OLG Hamm FamRZ 2000, 494).

II. Unterbleiben bzw Aufhebung der Verfahrenspflegerbestellung, Abs 4

12 Nach § 317 Abs 4 soll die Bestellung eines Verfahrenspflegers unterbleiben oder aufgehoben werden, wenn die Interessen des Betroffene von einem Rechtsanwalt oder einem anderen geeigneten Verfahrensbevollmächtigten vertreten werden. Die Bevollmächtigung ist ggf nachzuweisen, § 11.

13 Meldet sich vor Beginn oder im Unterbringungsverfahren ein Bevollmächtigter, kann – muss aber nicht – die Bestellung eines Verfahrenspflegers unterbleiben bzw wieder aufgehoben werden. Die Bestellung eines Verfahrenspflegers dürfte nur noch in atypischen Fallkonstellationen in Betracht kommen. Etwa, wenn der anwaltliche Bevollmächtigte gleichzeitig von einem anderen Beteiligten bevollmächtigt ist (KG FGPrax 2004, 117) oder der Betroffene durch krankheitsbedingte unsinnige Anweisungen eine adäquate Vertretung unterläuft.

III. Begründung der unterlassenen Bestellung, Abs 2

14 Erfolgt eine Verfahrenspflegerbestellung bedarf diese Entscheidung keiner Begründung. Etwas anderes gilt, wenn die Verfahrenspflegerbestellung unterbleibt, § 317 Abs 2.

15 Das Unterbleiben ist in der Entscheidung, durch die eine Unterbringungsentscheidung getroffen wird, zu begründen. Eine formelhafte, unter Verwendung von Vordrucken abgefasste Begründung genügt nicht (OLG Schleswig BtPrax 1994, 62; LG Köln BtPrax 1992, 74). Es bedarf einer auf den Einzelfall zugeschnittenen Begründung. Sie kann sich daraus ergeben, dass der Betroffene von einem Rechtsanwalt oder anderen geeigneten Verfahrensbevollmächtigten vertreten wird bzw dessen Bevollmächtigung ankündigt. Auf die Bestellung eines Verfahrenspflegers kann auch verzichtet werden, wenn es in der Sache keine Entscheidungsalternativen gibt und die Entscheidung durch den Verfahrenspfleger nicht zu beeinflussen ist (BayObLG FamRZ 2003, 786) bzw wenn in Vorverfahren durch den Verfahrenspfleger nichts zugunsten des Betroffenen zu erreichen war.

IV. Verfahrensrechtliches

1. Beendigung der Verfahrenspflegschaft, Abs 5

Die Verfahrenspflegschaft findet ihr Ende, durch Aufhebung, Eintritt der Rechtskraft 16
der das Verfahren abschließenden Entscheidung oder mit sonstigem Abschluss des Verfahrens.

a) Aufhebung

Die Aufhebung erfolgt durch Beschluss und ist in den Fällen des Abs 4 möglich. Dage- 17
gen lässt sich eine Aufhebung nicht damit begründen, dass das Unterbringungsverfahren entscheidungsreif und mit der Entscheidung erledigt sei (BayObLG FamRZ 2002, 1362).

b) Formelle Rechtskraft

Bei Genehmigung oder Anordnung einer Unterbringungsmaßnahme endet die Verfah- 18
renspflegschaft spätestens mit dem Eintritt der formellen Rechtskraft (dazu § 324 Abs 1).
Wird gegen die Entscheidung des Amtsgerichts Beschwerde und gegen die Beschwerdeentscheidung die Rechtsbeschwerde eingelegt, besteht die Verfahrenspflegschaft bis zur abschließenden Entscheidung der 3. Instanz. Im Beschwerdeverfahren bedarf es daher nicht der gesonderten erneuten Verfahrenspflegerbestellung.

c) Sonstiger Verfahrensabschluss

Die Verfahrenspflegschaft endet schließlich auch mit dem sonstigen Abschluss des Ver- 19
fahrens. Gemeint sind damit etwa die Rücknahme des Antrages bei öffentlich-rechtlichen Unterbringungsmaßnahmen, Entlassung des Betroffenen aus der Unterbringung oder Tod des Betroffenen.

2. Verlängerung

Ist nach Beendigung der Verfahrenspflegschaft eine Verlängerung bzw neue Unterbrin- 20
gungsmaßnahme nötig, ist neu zu prüfen, ob die Voraussetzungen für eine Verfahrenspflegerbestellung vorliegen.

3. Rechtsmittel, Abs 6

Die Bestellung eines Verfahrenspflegers, deren Aufhebung bzw die Ablehnung der Be- 21
stellung oder Aufhebung kann nicht isoliert angefochten werden. Das Gesetz greift insoweit die Rechtsprechung zur fehlenden Anfechtbarkeit der Verfahrenspflegerbestellung im Betreuungs- (BGH NJW-RR 2003, 1369) und Unterbringungsverfahren (OLG Schleswig FamRZ 2003, 1499) auf.

4. Kosten, Abs 7

Der Verfahrenspfleger ist nach § 315 Abs 2 mit seiner Bestellung Beteiligter des Verfah- 22
rens. Das mit der Beteiligtenstellung verbundene Kostenrisiko nach § 81 schließt das Gesetz mit der speziellen Regelung des § 317 Abs 7 für den Verfahrenspfleger aus.

§ 318 Vergütung und Aufwendungsersatz des Verfahrenspflegers

Für die Vergütung und den Aufwendungsersatz des Verfahrenspflegers gilt § 277 entsprechend.

1 Die Vorschrift entspricht dem bisherigen § 70b Abs 1 Satz 3 FGG und verweist auf die Regelungen zum Aufwendungsersatz und zur Vergütung eines Verfahrenspflegers in Betreuungssachen, § 277. Zu Einzelheiten kann auf die dortige Kommentierung verwiesen werden.

§ 319 Anhörung des Betroffenen

(1) Das Gericht hat den Betroffenen vor einer Unterbringungsmaßnahme persönlich anzuhören und sich einen persönlichen Eindruck von ihm zu verschaffen. Den persönlichen Eindruck verschafft sich das Gericht, soweit dies erforderlich ist, in der üblichen Umgebung des Betroffenen.

(2) Das Gericht unterrichtet den Betroffenen über den möglichen Verlauf des Verfahrens.

(3) Soll eine persönliche Anhörung nach § 34 Abs. 2 unterbleiben, weil hiervon erhebliche Nachteile für die Gesundheit des Betroffenen zu besorgen sind, darf diese Entscheidung nur auf Grundlage eines ärztlichen Gutachtens getroffen werden.

(4) Verfahrenshandlungen nach Absatz 1 sollen nicht im Wege der Rechtshilfe erfolgen.

(5) Das Gericht kann den Betroffenen durch die zuständige Behörde vorführen lassen, wenn er sich weigert, an Verfahrenshandlungen nach Absatz 1 mitzuwirken.

A. Allgemeines

Auch im Unterbringungsverfahren sind die persönliche Anhörung und die Gewinnung eines persönlichen Eindrucks vorgeschrieben, um dem Gebot des rechtlichen Gehörs (vgl Art 103 Abs 1 GG) zu entsprechen. Gleichwohl wird in der gerichtlichen Praxis dagegen immer wieder verstoßen. Zwar kann unter strengen Voraussetzungen bei einstweiligen Anordnungen auf eine persönliche Anhörung verzichtet werden, nicht aber auf die Verschaffung eines unmittelbaren Eindrucks vom Betroffenen (BayObLG FamRZ 2001, 578; OLG Karlsruhe FamRZ 1999, 670). Ein Verstoß gegen dieses verfassungsrechtliche Gebot wird durch eine Nachholung nicht geheilt. Die Vorschrift entspricht inhaltlich weitgehend dem bisherigen § 70c Abs 1 Satz 1–5, wurde inhaltlich teilweise neu gefasst und dem § 278, der eine entsprechende Regelung für das Betreuungsverfahren enthält, angepasst. Soweit die persönliche Anhörung der Gewährung rechtlichen Gehörs dient, folgt ihre Notwendigkeit schon aus § 34 Abs 1 Nr 1. 1

B. Einzelheiten

I. Regelungsinhalt

§ 319 gilt für Unterbringungssachen, also die in § 312 Nr 1 bis 3 aufgeführten Verfahren. Über § 329 Abs 2 Satz 1 gilt er auch für die Verlängerung von Unterbringungsmaßnahmen. Bei einer vorläufigen Unterbringungsmaßnahme durch einstweilige Anordnung (§ 331) ist die persönliche Anhörung nach § 331 Satz 1 Nr 4 vorgeschrieben. Sie kann aber im Wege der Rechtshilfe erfolgen, § 331 Satz 2. 2

Bei Ablehnung oder Abkürzung einer Unterbringungsmaßnahme bedarf es dagegen nicht immer der persönlichen Anhörung und der Verschaffung eines persönlichen Eindrucks. Ihre Notwendigkeit bemisst sich allein nach § 26. Dies gilt auch im Verfahren auf Klärung der Rechtmäßigkeit einer erledigten Unterbringungsmaßnahme (OLG Schleswig FamRZ 2000, 247). 3

II. Persönliche Anhörung und persönlicher Eindruck

In § 319 Abs 1 unterscheidet das Gesetz zwischen persönlicher Anhörung und persönlichem Eindruck. Beide konkretisieren die dem Gericht nach § 26 obliegende Pflicht zur Amtsermittlung. Sie verschaffen dem Gericht eigene Erkenntnisquellen und gehen damit über die Pflicht zur Gewährung des rechtlichen Gehörs hinaus. 4

§ 319 FamFG | Anhörung des Betroffenen

1. Persönliche Anhörung

5 Nach § 319 Abs 1 Satz 1 muss das Gericht den Betroffenen vor einer Unterbringungsmaßnahme anhören. Auch aus § 34 Abs 1 Nr 2 ergibt sich, dass die Anhörung persönlich, also mündlich zu erfolgen hat. Die weiteren Beteiligten (dazu § 315) sind zum Termin zu laden. Unterbleibt die Ladung oder wird ein Wunsch nach Terminverlegung nicht berücksichtigt, ist die Anhörung fehlerhaft und muss wiederholt werden (BayObLG NJWE-FER 2001, 324).

2. Persönlicher Eindruck

6 Weiterhin muss das Gericht sich einen persönlichen Eindruck vom Betroffenen verschaffen. Dies geschieht durch eine Augenscheinseinnahme des Betroffenen und seiner Umgebung.

3. Ort der Anhörung und der Verschaffung des persönlichen Eindrucks

7 Zwar schreibt § 319 Abs 1 Satz 2 nur für die Verschaffung des persönlichen Eindrucks vor, dass er, soweit erforderlich, in der üblichen Umgebung des Betroffenen erfolgt. Da es aber keinen Sinn macht, persönliche Anhörung und Verschaffung des persönlichen Eindrucks in zwei Verfahrensschritten vorzunehmen, sollte beides zusammen und in der Regel in der üblichen Umgebung des Betroffenen durchgeführt werden.

8 Die Anhörung in der üblichen Umgebung ist nicht zwingend, vielmehr entscheidet das Gericht darüber nach pflichtgemäßem Ermessen. Kommt es darauf an, die Persönlichkeit des Betroffenen in seinem persönlichen Lebensumfeld zu beobachten und einschätzen zu können, sein soziales Umfeld oder die aktuelle (Wohnungs-) Situation zu erleben, wird eine Anhörung in der üblichen Umgebung erforderlich sein. Akut psychotisches und fremdaggressives Verhalten des Betroffenen oder der Umstand, dass er niemanden in seine Wohnung lässt, können gegen eine Anhörung in der üblichen Umgebung sprechen. Auch im Rahmen eines Verfahrens nach § 1906 Abs 4 BGB ist häufig der unmittelbare Eindruck von der üblichen Umgebung wichtig (bauliche und pflegerische Besonderheiten der Einrichtung etc). Ist der Betroffene bettlägerig, ernstlich erkrankt oder nur eingeschränkt körperlich oder geistig in der Lage, in das Gericht zu kommen, sollte die Anhörung ebenfalls in der üblichen Umgebung erfolgen.

9 Anders als in § 278 Abs 1 Satz 2 räumt § 319 Abs 1 Satz 2 dem Betroffenen keinen Anspruch auf Anhörung in seiner üblichen Umgebung ein. Ebenso wenig kann er der Anhörung in seiner üblichen Umgebung widersprechen. Ist der Betroffene bereits untergebracht, befindet er sich im Krankenhaus, einer Rehabilitationsklinik oder einer Kurzzeitpflege, kann die Anhörung nicht in der üblichen Umgebung erfolgen.

4. Inhalt der Anhörung, Abs 2

a) Verfahrensablauf

10 § 319 Abs 2 sieht als Inhalt der Anhörung lediglich die Unterrichtung über den möglichen weiteren Verfahrensablauf vor. Dem Betroffenen soll das Verfahren verständlich gemacht werden, damit er die für ihn wichtigen Gesichtspunkte vortragen kann, insbes solche, die gegen eine Unterbringung sprechen könnten.

b) Weitere Gesichtspunkte

11 Gegenstand der Anhörung können weiterhin sein:
– Klärung der Personalien,
– Besprechung der Vorgänge/Gefährdungstatbestände, die zum Verfahren geführt haben,

- Eindruck vom Betroffenen und seiner Umgebung, seine Verhaltensweisen, welche anderen Hilfen bestehen, um so die nötige Kontrolle hinsichtlich des ärztlichen Gutachtens bzw Zeugnisses ausüben zu können (dazu BVerfG NJW 1990, 2309, 2310),
- Klärung, wer als Vertrauensperson, Angehöriger oder Institution zu beteiligen ist (§ 315),
- Klärung, ob ein Rechtsanwalt oder eine andere Person bevollmächtigt ist oder wird bzw ein Verfahrenspfleger (§ 317) zu bestellen ist,
- Klärung, ob der Betroffene über die Mitteilung der Entscheidung an andere Behörden unterrichtet werden kann (§ 338).

5. Verfahrensrechtliche Aspekte

Hinsichtlich der verfahrensrechtlichen Aspekte regeln die Abs 3–5 das Unterbleiben der Anhörung, ihre Durchführung durch den ersuchten Richter bzw die Vorführung des Betroffenen zur Anhörung. 12

a) Unterbleiben der Anhörung, Abs 3

Im Anschluss an § 34 Abs 2 (dazu § 34 Rz 13) knüpft § 319 Abs 3 das Unterlassen einer persönlichen Anhörung an weitere, einschränkende Kriterien. Danach kann von einer persönlichen Anhörung nur abgesehen werden, wenn erhebliche Gesundheitsnachteile für den Betroffenen zu befürchten sind oder er nicht in der Lage ist, seinen Willen kundzutun. Wie der § 278 Abs 4 für das Betreuungsverfahren verlangt § 319 Abs 3 zusätzlich, dass die Feststellungen zu erheblichen Gesundheitsnachteilen des Betroffenen auf Grund der persönliche Anhörung durch ein ärztliches Gutachten nachgewiesen sein müssen. Für das einzuholende Gutachten gilt § 29. Im Rahmen der Amtsermittlung hat das Gericht zu prüfen, welche Qualifikation des Gutachters erforderlich erscheint, welche Form und welchen Umfang es aufweisen muss. 13

aa) Gesundheitsnachteile

Als erhebliche Gesundheitsnachteile reichen vorübergehende Verschlechterungen oder solche, denen mit Medikamenten oder ärztlichem Beistand vorgebeugt werden kann, nicht aus (OLG Karlsruhe, FamRZ 1999, 670). 14

bb) Keine Willenskundgabe möglich

Soll die Anhörung unterbleiben, weil der Betroffene nicht in der Lage ist, seinen Willen kundzutun, darf das nur auf der Grundlage eines persönlichen Eindrucks vom Betroffenen erfolgen (BTDrs 16/6308 S 192). Da das Gericht bei seiner Entscheidung Wohl und Wünsche des Betroffenen zu berücksichtigen hat, ist davon auszugehen, das die Fähigkeit zur Willenskundgabe solange besteht, wie der Betroffene gestisch oder verbal seinen natürlichen Willen äußern kann. 15

cc) Einzelfälle

Eine persönliche Anhörung und Verschaffung eines persönlichen Eindruckes kann dann unterbleiben, wenn das Gericht keine Unterbringungsmaßnahme genehmigen oder anordnen will. Geht der Betroffene selbst von der Notwendigkeit einer Unterbringung aus, rechtfertigt das nicht das Absehen von einer persönlichen Anhörung (BayObLG FamRZ 1995, 695). 16

§ 319 FamFG | Anhörung des Betroffenen

b) Ersuchter Richter, Abs 4

17 Anders als im Betreuungsverfahren, § 278 Abs 3, sollen die persönliche Anhörung und die Verschaffung eines persönlichen Eindrucks sollen nicht durch einen ersuchten Richter (Rechtshilferichter eines anderen als des entscheidenden Gerichtes) erfolgen. Ob eine Anhörung durch einen ersuchten Richter genügt, ist unter Beachtung des § 26 nach pflichtgemäßem Ermessen zu entscheiden. Nach den Gesetzesmotiven zur bisherigen Rechtslage sollen sie auf seltene Ausnahmen beschränkt bleiben (BTDrs 11/4528 S 219 und 11/6949 S 84). Ein Verstoß dagegen schadet nicht (BayObLG FamRZ 2001, 566; aA für das Beschwerdeverfahren OLG Naumburg FamRZ 2008, 1635; zu denkbaren Fällen (*Dodegge/Roth* Teil G Rn 133). Der ersuchte Richter muss den persönlichen Eindruck vom Betroffenen aktenkundig wiedergeben (BayObLG FamRZ 2001, 566).

c) Auslandsberührung

18 Hat der Betroffene seinen Aufenthalt nicht nur vorübergehend im Ausland, erfolgen die Anhörung und die Verschaffung des unmittelbaren Eindrucks durch den ersuchten (ausländischen) Richter (dazu § 278 Rz 8).

6. Vorführung des Betroffenen

19 Verweigert der Betroffene eine persönliche Anhörung in seiner üblichen Umgebung und weigert sich zu der persönlichen Anhörung in das Gericht zu kommen, kann das Gericht ihn zwangsweise vorführen lassen, wie sich aus Abs 5 ergibt. Er ist wortgleich mit § 278 Abs 5, der die Vorführung im Betreuungsverfahren regelt. Die Vorführung sollte zuvor angedroht worden sein. Zu weiteren Einzelheiten s § 278 Rz 10.

7. Hinzuziehung eines Sachverständigen und anderer Personen

20 Nach § 170 Satz 1 GVG ist die persönliche Anhörung des Betroffenen grds nicht öffentlich. Ein Anwesenheitsrecht besteht für den Richter, den Betroffenen, den gesetzlichen Vertreter des Betroffenen (vgl BayObLG FamRZ 2003, 963), sowie die am Verfahren Beteiligten. Da der Sachverständige den Betroffenen persönlich zu untersuchen und zu befragen hat (§ 280 Abs 2) sowie für das Verfahren auf Erstattung des Gutachtens der Strengbeweis gilt, kann das Gericht den Sachverständigen ebenfalls zur Anhörung laden. Im Gegensatz zum bisherigen Recht kann der Betroffene Anwesenheit von Beteiligten nicht widersprechen. Nach § 170 Satz 3 GVG ist auf Verlangen des Betroffenen seiner Vertrauensperson die Anwesenheit zu gestatten. Letztlich kann das Gericht die Anwesenheit weiterer Personen gestatten, jedoch nicht gegen den Willen des Betroffenen, § 170 Satz 2 GVG.

8. Schlussgespräch

21 Die bisher in § 70c Satz 5 FGG vorgesehene Notwendigkeit eines Schlussgespräches ist entfallen. Der Gesetzgeber begründet das damit, dass das Gericht ohnehin nach den allgemeinen Verfahrensregelungen verpflichtet ist ein solches Gespräch zu führen. Ist nämlich dem Betroffenen zum erstatteten Gutachten rechtliches Gehör zu gewähren, ergibt sich die Erforderlichkeit zur persönlichen Anhörung – soweit geboten – aus §§ 37 Abs 2, 34 Abs 1. Soweit das bisherige Schlussgespräch der Sachaufklärung diente, kann § 26 die Notwendigkeit einer persönlichen Anhörung begründen (BTDrs 16/6308 S 267).

9. Protokollierung der Anhörung

22 Nach § 28 Abs 4 hat das Gericht über Termine und persönliche Anhörungen einen Vermerk zu fertigen. Zu Einzelheiten vgl § 28 Rz 28–33. Im Verfahren auf Unterbringungs-

maßnahmen empfiehlt es sich die Anhörung in Form eines Gespräches und die möglichst genaue Wiedergabe von Frage und Antwort. Auch der persönliche Eindruck, die Ergebnisse der Beobachtung, äußere Erscheinung, Umfeld, Gesprächsablauf, Gestik, Mimik, Verhalten sowie Vormedikation, sollten festgehalten werden.

10. Beschwerdeverfahren

Die Verpflichtung zur persönlichen Anhörung und zur Verschaffung eines persönlichen Eindrucks gilt auch im Beschwerdeverfahren, § 68 Abs 3 Satz 1. Unter den Voraussetzungen des § 68 Abs 3 Satz 2 kann das Beschwerdegericht davon absehen, wenn beides bereits im ersten Rechtszug vorgenommen wurde und von einer erneuten Vornahme keine zulätzlichen Erkenntnisse zu erwarten sind. Daran fehlt es, wenn der erstinstanzliche Anhörungsvermerk den persönlichen Eindruck nicht wiedergibt (OLG Hamm FGPrax 2006, 230), die erstinstanzliche Anhörung fehlerhaft war (OLG Hamm FGPrax 2009, 135) oder im Rahmen der Unterbringung eine Zwangsbehandlung ansteht (OLG Hamm FGPrax 2009, 90). Die persönliche Anhörung kann durch den beauftragten Richter erfolgen (OLG Naumburg FamRZ 2008, 1635; BGH NJW-RR 2008, 1241: Beschwerdeverfahren kann Einzelrichter übertragen werden).

§ 320 Anhörung der sonstigen Beteiligten und der zuständigen Behörde

Das Gericht hat die sonstigen Beteiligten anzuhören. Es soll die zuständige Behörde anhören.

A. Allgemeines

1 § 320 knüpft an den bisherigen § 70d FGG an und ist mit der Vorschrift des § 279 Abs 1 und 2, der die Anhörung der sonstigen Beteiligten im Betreuungsverfahren zum Gegenstand hat, abgestimmt. Die Vorschrift regelt die Anhörung der sonstigen Beteiligten und der zuständigen Behörde in Verfahren auf die Unterbringung eines Volljährigen. Betrifft das Verfahren die Unterbringung eines Minderjährigen gilt die speziellere Vorschrift des § 167 Abs 4 (dazu § 167 Rz 6).

B. Einzelheiten

2 § 320 ordnet in Satz 1 die Anhörung der nach § 315 zum Verfahren hinzugezogenen Beteiligten an. Eine Verpflichtung zur Anhörung der Beteiligten ergibt sich allerdings schon aus dem verfassungsrechtlichen Gebot, rechtliches Gehör zu gewähren, Art 103 GG.

I. Sonstige Beteiligte, Satz 1

3 Zu den sonstigen Beteiligten gehören nicht nur die zwingend, kraft Gesetzes oder auf Antrag zu beteiligenden Personen (dazu § 315 Rz 3 ff), sondern auch die, die im Interesse des Betroffenen zum Verfahren hinzugezogen wurden (dazu § 315 Rz 10 ff). Der Betroffene kann ihrer Anhörung nicht widersprechen. Der entgegenstehende Wille des Betroffenen ist allerdings im Vorfeld bei der Entscheidung über die Hinzuziehung einzelner Personen nach § 315 Abs 4 zu beachten und abzuwägen (dazu § 315 Rz 11).

II. Anhörung der zuständigen Behörde, Satz 2

4 Zur zuständigen Behörde in Unterbringungssachen vgl § 315 Rz 8. Die zuständige Behörde ist, wenn sie sich auf Antrag am Verfahren beteiligt, § 315 Abs 3, zwingend nach Satz 1 anzuhören. Satz 2 regelt nur die Fälle, in denen sich die Behörde entscheidet, keinen Antrag auf Hinzuziehung als Beteiligter zu stellen. Anders als in § 279 Abs 2 ist die Anhörung der zuständigen Behörde aber nicht zwingend für den Fall, dass der Betroffene sie wünscht oder sie zur Sachverhaltsaufklärung dienlich ist, vorgeschrieben. Dem Gericht ist vielmehr ein Ermessen eingeräumt, das in den zuvor genannten Fällen eine Anhörung der zuständigen Behörde nahe legt. Ist das Jugendamt die zuständige Behörde richtet sich ihre Anhörung nach § 162 Abs 1.

C. Verfahrensrechtliches

5 Für die Anhörung ist keine Form vorgeschrieben, eine persönliche Anhörung sieht das Gesetz ausdrücklich und anders als in § 319 Abs 1 bzgl des Betroffenen nicht vor.

6 Bei einstweiliger Anordnung einer vorläufigen Unterbringungsmaßnahme nach §§ 331, 332, 334 kann die Anhörung zunächst unterbleiben, ist aber unverzüglich nachzuholen. Die Anhörung kann ausnahmsweise auch unterbleiben, wenn das zu erheblichen Verzögerungen führen würde oder die Anordnung bzw Genehmigung einer Unterbringungsmaßnahme abgelehnt werden soll (BayObLG FamRZ 1996, 1375).

§ 321 Einholung eines Gutachtens

(1) Vor einer Unterbringungsmaßnahme hat eine förmliche Beweisaufnahme durch Einholung eines Gutachtens über die Notwendigkeit der Maßnahme stattzufinden. Der Sachverständige hat den Betroffenen vor der Erstattung des Gutachtens persönlich zu untersuchen oder zu befragen. Das Gutachten soll sich auch auf die voraussichtliche Dauer der Unterbringung erstrecken. Der Sachverständige soll Arzt für Psychiatrie sein; er muss Arzt mit Erfahrung auf dem Gebiet der Psychiatrie sein.

(2) Für eine Maßnahme nach § 312 Nr. 2 genügt ein ärztliches Zeugnis.

A. Allgemeines

Die Vorschrift knüpft an den bisherigen § 70e Abs 1 FGG an und korrespondiert mit dem § 280, der die Gutachteneinholung im Verfahren auf die Bestellung eines Betreuers regelt. Zudem wird klargestellt, dass die Einholung eines Sachverständigengutachtens durch förmliche Beweisaufnahme erfolgt. Demzufolge gelten die Vorschriften der ZPO, dort §§ 402 ff, über den Beweis durch Sachverständige entsprechend. Das Gesetz greift damit die in § 30 Abs 2 eingeräumte Möglichkeit zur förmlichen Beweisaufnahme für das Unterbringungsverfahren auf. Mit der entsprechenden Anwendung ist aber keine schematische Anwendung der ZPO Vorschriften gemeint. In Betreuungs- und Unterbringungssachen soll den Gerichten ein Ermessensspielraum verbleiben, etwa hinsichtlich der Durchführung einer mündlichen Erörterung des Gutachtens (BTDrs 16/6308, S 268). 1

B. Einzelheiten

§ 321 betrifft die Frage, wann vor einer Unterbringungsmaßnahme ein Sachverständigengutachten einzuholen ist bzw wann ein ärztliches Zeugnis ausreichend ist. Zudem finden sich Regelungen dazu, wie der Gutachter bei der Gutachtenerstellung vorzugehen hat, welche Inhalte das Gutachten und welche Qualifikation ein Sachverständiger aufweisen soll. 2

I. Sachverständigengutachten, Abs 1

Als Regel geht das Gesetz davon aus, dass vor einer gerichtlichen Unterbringungsmaßnahme ein Sachverständigengutachten einzuholen ist. Lediglich für Verfahren in Bezug auf eine unterbringungsähnliche Maßnahme, § 312 Nr 2, genügt ein ärztliches Zeugnis, Abs 2. 3

1. Verfahrensrechtliche Grundlagen des Gutachtens, Abs 1 Satz 1 und 2

Das Gericht muss die Tatsachen bezeichnen und gegebenenfalls zuvor über bestrittene oder unklare Tatsachen Beweis erheben, auf deren Feststellung es für die Beurteilung der Erforderlichkeit einer Unterbringungsmaßnahme ankommt. Der Sachverständige hat den Betroffenen persönlich zu untersuchen oder zu befragen. Der Sachverständige unterliegt in dieser Funktion keiner ärztlichen Schweigepflicht, sodass kein Aussage- und Gutachtenverweigerungsrecht besteht. Seine Untersuchungen und Befragungen bilden den Grundstock des Gutachtens. Allgemeine Anforderungen an die Art und Weise der psychiatrischen Untersuchung bestehen nicht, es bedarf aber einer persönlichen Untersuchung (OLG Hamm FGPrax 2009, 90). Dem Erfordernis der persönlichen Untersuchung wird der Gutachter nicht gerecht, wenn er das Gutachten nur nach Aktenlage (vgl OLG Brandenburg FamRZ 2001, 40), aufgrund einer Exploration am Fenster (OLG Köln FamRZ 2001, 310) bzw am Telefon oder auf Grundlage eines Gespräches aus anderem Anlass (OLG Köln FamRZ 1999, 873) erstattet. Die Untersuchung zur Gutachtener- 4

§ 321 FamFG | Einholung eines Gutachtens

stattung muss in einem engen zeitlichen Abstand erfolgen (BayObLG BtPrax 2004, 114). Schließlich darf sich der Sachverständige bei den Untersuchungen Hilfspersonen bedienen, zB für Laboruntersuchungen oder testpsychologische Abklärungen. Er muss diese Hilfspersonen in seinem Gutachten aber benennen und für deren Ergebnisse die Verantwortung übernehmen (OLG Brandenburg FamRZ 2001, 40). Will der Sachverständige bestrittene Tatsachen verwerten, auf die es ankommt, muss zunächst das Gericht deren Richtigkeit prüfen (OLG Hamm FGPrax 2009, 90).

2. Qualitative Anforderungen, Abs 1 Satz 3

5 Um die Qualität eines Gutachtens zu erreichen, muss die sachverständige Äußerung gewisse Mindeststandards erfüllen. Auch im Unterbringungsverfahren kommt es nicht maßgeblich auf den Umfang, sondern allein auf den Inhalt der Sachverständigenäußerung an. Der notwendige Inhalt eines Gutachtens im Rahmen von Unterbringungsmaßnahmen bestimmt sich nach der Art der Erkrankung bzw Behinderung sowie der Intensität der vorgesehenen Maßnahme. Es dürfen angesichts des Verfassungsranges der persönlichen Freiheit keine geringeren Anforderungen als im Strafverfahren gestellt werden. Ein Gutachten darf auf frühere Gutachten Bezug nehmen und muss so gestaltet sein, dass es eine in den Einzelheiten nachvollziehbare und überprüfbare Entscheidungsgrundlage schafft (OLG Naumburg FamRZ 2008, 2060). Inhaltlich schreibt Abs 1 Satz 3 lediglich vor, dass das Gutachten Ausführungen zur voraussichtlichen Dauer der Unterbringungsmaßnahme enthalten soll. Weiter muss es folgende Punkte behandeln (BayObLG FamRZ 1995, 695 und BtPrax 2001, 166):
- Sachverständige Darstellung und Erörterung durchgeführter Untersuchungen und Befragungen;
- Beschreibungen von Art und Ausmaß der Erkrankung bzw Behinderung und der medizinischen Gesichtspunkte, die die materiellen Unterbringungsvoraussetzungen, also die materiellen Voraussetzungen der §§ 1631b bzw 1906 BGB oder des jeweiligen Landesunterbringungsgesetzes, ausfüllen;
- Feststellung, ob der Betroffene bezüglich der konkreten Unterbringungsmaßnahme seinen Willen frei bestimmen kann (OLG München, FGPrax 2007, 26);
- Auseinandersetzung mit Alternativen zur Unterbringungsmaßnahme sowie möglichst
- Stellungnahme dazu, ob das Gutachten und die gerichtlichen Entscheidungsgründe dem Betroffenen in vollem Umfang bekannt gemacht werden können und ob bei einer persönlichen Anhörung durch den Richter erhebliche Nachteile für den Betroffenen zu befürchten sind.

6 Das Gericht seinerseits hat die Aufgabe, das Gutachten kritisch zu würdigen (BayObLG BtPrax 1994, 59 und BtPrax 2002, 121) und insbes auf typische Mängel im Unterbringungsgutachten (Fehlen einer eindeutigen Diagnose oder von konkreten Aussagen zum Ausschluss der freien Willensbestimmung bzw zu einer Eigengefährdung) zu achten. Langjährige Erfahrung und Sachkunde des Richters machen die Einholung eines Gutachtens nicht entbehrlich (OLG Stuttgart FamRZ 1993, 1365). Ein Gutachten ist nur dann nicht erforderlich, wenn das Gericht nach den übrigen Ermittlungsergebnissen keine Unterbringungsmaßnahme anordnen will.

3. Auswahl und Qualifikation des Sachverständigen, Abs 1 Satz 4

7 Nach dem entsprechend geltenden § 404 Abs 1 Satz 1 ZPO hat das Gericht das Gutachten einzuholen. Deshalb hat das Gericht den Gutachter selbst nach pflichtgemäßem Ermessen auszuwählen und zu beauftragen. Behördenintern erstellte ärztliche Stellungnahmen oder andere, nicht gerichtlich veranlasste, Gutachten können niemals als Sachverständigengutachten Verwertung finden (KG FamRZ 1995, 1379; BayObLG BtPrax

2001, 166). Auch Gutachten, die eine antragstellende Behörde nach dem jeweiligen Landesunterbringungsgesetz ihrem Antrag beizufügen hat, sind keine Gutachten im Sinne des § 321. Es fehlt an der Beauftragung durch das Gericht. Das Gericht kann den Gutachter allerdings unter Umständen als Sachverständigen auswählen und beauftragen, ein (weiteres) Gutachten im Verfahren zu erstatten.

Zu beauftragen ist immer eine Einzelperson, nicht eine Behörde (fachärztlicher Dienst der Stadt), eine Institution oder eine Klinik. Ein Arzt, der die Unterbringung angeregt hat, soll in der Regel nicht als Sachverständiger ausgewählt werden, da es an der Unbefangenheit fehlen könnte. Gleiches gilt für den behandelnden Arzt des Betroffenen. Dieser darf zudem nicht ohne weiteres seine Kenntnisse aus der Vorbehandlung verwerten. Sie unterliegen grds dem Gebot der ärztlichen Schweigepflicht. Nur bei Einwilligung des Betroffenen oder anderen Rechtfertigungsgründen – in Betracht kommen mutmaßliche Einwilligung oder übergesetzlicher Notstand – darf der behandelnde Arzt solche Kenntnisse als Sachverständiger verwerten. Anders als im Betreuungsverfahren, dort § 282, ist die Verwertung vorhandener Gutachten, zB des Medizinischen Dienst der Krankenkassen nicht möglich. 8

Hinsichtlich der Qualifikation des zu beauftragenden Sachverständigen legt § 321 Abs 1 Satz 4 fest, dass dieser in der Regel Arzt für Psychiatrie sein soll. In jedem Fall muss der Sachverständige aber über Erfahrungen auf dem Gebiet der Psychiatrie verfügen. Die Qualifikation als Arzt für Psychiatrie setzt eine entsprechende Ausbildung mit erfolgreichem Abschluss sowie eine dauernde Tätigkeit auf dem ärztlichen Fachgebiet der Psychiatrie, Psychotherapie bzw Neurologie voraus. Ein öffentlich bestellter Amtsarzt mit psychiatrischer Vorbildung erfüllt dieses Kriterium (BayObLG FamRZ 1997, 901 und 1565). Ergibt sich die Qualifikation nicht ohne weiteres aus dem Titel des Arztes, ist seine Sachkunde vom Gericht in der Entscheidung darzulegen. 9

Als in der Psychiatrie erfahren gelten Ärzte, die im Rahmen ihrer ärztlichen Tätigkeit psychische und Suchtkrankheiten behandeln und entsprechende Leistungen abrechnen können oder Ärzte, die im Rahmen von Weiterbildungen entsprechende Erfahrungen erworben haben. 10

Zu ersteren zählen Ärzte mit der Fachbezeichnung Neurologie, Psychotherapie oder -analyse, Allgemeinmedizin, innere Medizin, öffentliches Gesundheitswesen, Geriatrie, psychosomatische oder suchtmedizinische Grundversorgung, Rettungsdienst oder Ärzte, die eine mehr als sechsmonatige Tätigkeit innerhalb einer Station eines psychiatrischen Krankenhauses, einer psychiatrischen Fachabteilung oder einer vergleichbaren Einrichtung aufweisen (BayObLG FamRZ 1997, 1565). Zu letzteren rechnen Ärzte, die sich seit mehr als drei Monaten in einer Weiterbildung zum Arzt für Psychiatrie und/oder Neurologie, Psychotherapie oder -analyse befinden und diese Weiterbildung innerhalb einer anerkannten Weiterbildungseinrichtung erfolgt. Bei Jugendlichen kann es sinnvoll sein, einen Facharzt für Kinder- und/oder Jugendpsychiatrie heranzuziehen oder – wenn pädagogische Ursachen zugrunde liegen – einen Pädagogen oder Psychologen, was § 167 Abs 6 jetzt auch ausdrücklich zulässt. Weist ein Sachverständiger nicht die erforderliche Qualifikation auf, kann das Gericht seine Entscheidung nicht auf ein entsprechendes Gutachten stützen. Dies wäre verfahrensfehlerhaft und wird regelmäßig zur Aufhebung der Entscheidung im Beschwerdeverfahren führen. 11

4. Form und Verwertung des Gutachtens

Das Gutachten kann schriftlich oder mündlich erstattet werden, ihm muss aber auf jeden Fall die Qualität eines medizinischen Sachverständigengutachtens zukommen (dazu oben Rz 5). Wird das Gutachten mündlich erstattet, so ist es in einen Vermerk oder in die Entscheidungsgründe aufzunehmen (OLG Brandenburg FamRZ 2001, 38). Das Gutachten eines Sachverständigen darf vom Gericht nur verwertet werden, wenn es den Betroffenen, gegebenenfalls seinem Verfahrensbevollmächtigten oder -pfleger, vollständig, 12

§ 321 FamFG | Einholung eines Gutachtens

schriftlich und rechtzeitig vor der Anhörung zur Stellungnahme überlassen worden ist (BayObLG BtPrax 2003, 175). Das Gutachten selbst muss so formuliert sein, dass der Richter die Gedankengänge des Sachverständigen nachvollziehen kann. Er muss dies kritisch würdigen und überprüfen sowie sich ein eigenes Bild von der Richtigkeit des vom Sachverständigen gebotenen Ergebnisses machen können.

II. Ärztliches Zeugnis, Abs 2

13 Abs 2 korrespondiert mit dem § 281, der die Fälle beschreibt, in denen im Betreuungsverfahren ein ärztliches Zeugnis genügt. Betrifft also die beabsichtigte Unterbringungsmaßnahme die Genehmigung einer Maßnahme nach § 1906 Abs 4 BGB (so genannte unterbringungsähnliche Maßnahme nach § 312 Nr 3), lässt Abs 2 anstelle eines Gutachtens ein ärztliches Zeugnis ausreichend. Das kann aber nur gelten, wenn die Einholung allein eines ärztlichen Zeugnisses dem Amtsermittlungsgrundsatz nach § 26 gerecht wird.

14 In der gerichtlichen Praxis werden häufig Betreuungen aus Anlass unterbringungsähnlicher Maßnahmen angeregt. Hier können gutachterliche Äußerungen zu beiden Komplexen (Betreuerbestellung und Genehmigung von Unterbringungsmaßnahmen) erforderlich werden und in einem Antrag verbunden werden. Für spätere Verlängerungen genügen dann häufig ärztliche Zeugnisse.

15 Das ärztliche Zeugnis muss gewissen Mindestanforderungen genügen (dazu OLG Frankfurt FGPrax 2005, 23). Der ausstellende Arzt hat den Betroffenen zeitnah zu untersuchen, die Auswirkungen der Erkrankung zu beschreiben, eine nachvollziehbare Diagnose zu stellen, die dafür maßgeblichen Anknüpfungspunkte aufzuführen sowie zur Erforderlichkeit und Dauer der in Frage stehenden Maßnahme Stellung zu nehmen. Qualitativ sollte sich das Attest nicht von einem Gutachten unterscheiden. Im Gegensatz zu einem Gutachten, das vom Gericht eingeholt werden muss, kann ein ärztliches Zeugnis von einem Beteiligten beigebracht werden.

16 An die Qualifikation des ausstellenden Arztes stellt das Gesetz keine besonderen Anforderungen. Die Gerichte lassen in eindeutigen Fällen ärztliche Zeugnisse des behandelnden Allgemeinmediziners regelmäßig ausreichen. Allenfalls im Rahmen der Amtsermittlungspflicht nach § 26 kann eine besondere Qualifikation des Arztes erforderlich sein.

§ 322 Vorführung zur Untersuchung; Unterbringung zur Begutachtung

Für die Vorführung zur Untersuchung und die Unterbringung zur Begutachtung gelten die §§ 283 und 284 entsprechend.

A. Allgemeines

§ 322 entspricht dem bisherigen § 70e Abs 2 FGG. Er verweist auf die entsprechenden Regelungen im Betreuungsverfahren, nämlich §§ 283 und 284. 1

B. Einzelheiten

Mit dem Verweis auf § 283 stellt § 322 klar, dass der Betroffene auch im Unterbringungsverfahren dem Sachverständigen zur Untersuchung zwecks Vorbereitung des Gutachtens durch die zuständige Behörde vorgeführt werden kann. Die Verweisung auf § 284 ermöglicht es, den Betroffenen auf bestimmte Dauer zur Vorbereitung des Gutachtens im Unterbringungsverfahren zur Beobachtung unterzubringen 2

I. Untersuchung zur Gutachtenerstattung

Nach § 322 ist § 283 entsprechend anwendbar. Dies bedeutet, dass der Betroffene gegebenenfalls zwangsweise beim Sachverständigen vorgeführt und untersucht werden kann, § 283 Abs 1 Satz 1. Voraussetzung ist dabei, dass dies zur Vorbereitung des Gutachtens erforderlich ist und der Betroffene freiwillig nicht bereit ist, zur Untersuchung zu erscheinen bzw sich untersuchen zu lassen, Anhaltspunkte für eine Unterbringungsbedürftigkeit bestehen und das Gutachten auf andere Weise nicht erstattet werden kann. Vor dieser Anordnung ist der Betroffene persönlich anzuhören, § 283 Abs 1 Satz 2. Die Anordnung der Vorführung ist einschließlich eventueller Nebenentscheidungen, zB Gestattung der Anwendung einfacher körperlicher Gewalt nach § 283 Abs 2 Satz 1 oder des gewaltsamen Zutritts zur Wohnung, § 283 Abs 3 Satz 1, unanfechtbar (so bereits die Rechtsprechung zur bisherigen Rechtslage, OLG Hamm FamRZ 1997, 440). Das gilt selbst dann, wenn der Betroffene aufgrund einer solchen Anordnung (irrtümlich und ohne Rechtsgrundlage) einige Tage in einer Klinik untergebracht wird (BayObLG FamRZ 2002, 419). Eine Ausnahme soll dann gelten, wenn sich die Anordnung als willkürlich erweist. Dann ist sie ausnahmsweise anfechtbar (BGH NJW 2007, 3575). 3

Die Vorführung erfolgt durch die jeweils zuständige Behörde (dazu § 315 Rz 8). Sie kann erforderlichenfalls die Unterstützung der Polizeivollzugsorgane erbitten, § 283 Abs 2 Satz 2. 4

II. Unterbringung zur Beobachtung zwecks Gutachtenerstattung

Da § 322 auch § 284 für entsprechend anwendbar erklärt, ist eine befristete Unterbringung und Beobachtung des Betroffenen möglich, soweit dies zur Erstellung des Gutachtens erforderlich ist, § 284 Abs 1 Satz 1. Eine solche Maßnahme kann nur nach Anhörung eines Sachverständigen zur Frage der Unterbringung zwecks Beobachtung (insoweit bestehen keine besonderen Formvorschriften) angeordnet werden. Sie darf nur so lange andauern, als dies zur Vorbereitung des Gutachtens notwendig ist. Grds kann eine Anordnung für sechs Wochen erfolgen, § 284 Abs 2 Satz 1 und ausnahmsweise bis zu einer Gesamtdauer von drei Monaten verlängert werden, § 284 Abs 2 Satz 2. In der Regel werden zwei Wochen ausreichen (BayObLG FGPrax 2004, 250). Vor dieser Anordnung ist der Betroffene persönlich anzuhören, § 284 Abs 1 Satz 2. 5

Die Vorführung zur Unterbringung erfolgt durch die zuständige Behörde, die aufgrund ausdrücklicher Entscheidung des Gerichtes Gewalt anwenden und erforderlichenfalls die Unterstützung der Polizeivollzugsorgane erbitten kann, § 284 Abs 3 iVm § 283 Abs 2 und 3. 6

7 Die Entscheidung des Gerichts kann mit der sofortigen Beschwerde nach den §§ 567–572 ZPO angegriffen werden, § 284 Abs 3 Satz 2. Zu Einzelheiten vgl § 284 Rz 27 ff.

§ 323 Inhalt der Beschlussformel

Die Beschlussformel enthält im Fall der Genehmigung oder Anordnung einer Unterbringungsnahme auch
1. die nähere Bezeichnung der Unterbringungsmaßnahme sowie
2. den Zeitpunkt, zu dem die Unterbringungsmaßnahme endet.

A. Allgemeines

Die Vorschrift entspricht dem bisherigen § 70f Abs 1 Nr 2 und 3 FGG. Da bereits in § 38 Abs 2 allgemeine Regelungen zum Inhalt der Beschlussformel getroffen sind, konnte sich § 323 auf spezielle Regelungen beschränken. **1**

B. Einzelheiten

I. Anwendungsbereich

Der § 323 gilt für alle Unterbringungsmaßnahmen iSd § 312, die vom Gericht angeordnet, genehmigt bzw abgelehnt werden. **2**

II. Inhalt einer getroffenen Unterbringungsmaßnahme

Unterbringungsmaßnahmen werden durch einen Beschluss des Betreuungsgerichts getroffen, § 38 Abs 1 Satz 1. Welchen Inhalt ein solcher Beschluss zwingend enthalten muss, legen §§ 38 Abs 2 und 323 fest. **3**

1. Bezeichnung des Betroffenen

Nach dem Beschlusseingang (»In dem Unterbringungsverfahren ...«) folgen gem § 38 Abs 2 Nr 1 die genauen Personalien des Betroffenen (Vor-, Familienname, Geburtstag, Anschrift) sowie, sofern vorhanden, Verfahrensbevollmächtigter bzw -pfleger, gesetzlicher Vertreter. Die weiteren Beteiligten des Verfahrens, die das Gericht hinzugezogen hat, sollten ebenfalls aufgeführt werden. **4**

2. Bezeichnung des Gerichts

Weiter sind das Gericht und die Namen der Gerichtspersonen, die an der Entscheidung mitgewirkt haben, zu nennen, § 38 Abs 2 Nr 2. **5**

3. Beschlussformel

Die nach § 38 Abs 2 Nr 3 erforderliche Beschlussformel wird in § 323 Nr 1 und 2 konkretisiert. **6**

a) Bezeichnung der Unterbringungsmaßnahme, Nr 1

Nach Nr 1 muss eine nähere Bezeichnung der Unterbringungsmaßnahme erfolgen, da das Gesetz in § 312 verschiedene Arten von Unterbringungsmaßnahmen beschreibt. Der Tenor der Entscheidung kann also gerichtet sein auf: **7**

aa) Genehmigung der Unterbringung mit Freiheitsentzug eines Kindes, eines Betreuten oder eines Vollmachtgebers, § 1906 Abs 1, 5 iVm § 312 Nr 1

Über §§ 167 Abs 1, 151 Nr 6 gilt § 312 Nr 1 auch für die Unterbringung eines Minderjährigen nach §§ 1631b, 1800, 1915 BGB. In allen Fällen obliegt es den Eltern bzw dem Elternteil, Vormund, Pfleger, Betreuer bzw Bevollmächtigten, die konkrete Unterbrin- **8**

§ 323 FamFG | Inhalt der Beschlussformel

gungseinrichtung zu bestimmen (OLG Brandenburg FGPrax 2004, 52). Angesichts der Festlegung regionaler Zuständigkeiten von Unterbringungseinrichtungen durch die jeweiligen Landeskrankenhausgesetze besteht in der Praxis kaum ein tatsächliches Wahlrecht. Die gerichtliche Entscheidung benennt daher häufig die entsprechende Einrichtung, wobei dem Bestimmungsrecht des gesetzlichen bzw gewillkürten Vertreters durch den Zusatz »oder einer andere Einrichtung« Rechnung getragen wird. Grds muss der Beschluss nur die Art der Unterbringungseinrichtung (psychiatrische Klinik, Rehaklinik etc) nennen. Bedarf es der zwangsweisen Zuführung des Betroffenen nach § 326, gibt es allerdings bei der Vollstreckung ohne Benennung einer konkreten Einrichtung Probleme, weil die Polizei häufig Vollzugshilfe nur bei festgelegter Klinik leisten will. Die Rechtsprechung behandelt allerdings einen solchen Zusatz als nicht geschrieben (BayObLG FamRZ 1994, 320; OLG Düsseldorf FamRZ 1995, 118).

9   Welche ärztlichen Maßnahmen anlässlich der Unterbringung mit Freiheitsentzug durchgeführt werden, muss das Gericht grds nicht festlegen. Insoweit entscheidet der Betroffene, gegebenenfalls bei entsprechendem Aufgabenkreis der bestellte bzw gewillkürte Vertreter. Lediglich bei einer gerichtlichen Unterbringungsanordnung im Rahmen des § 1846 BGB muss der Beschluss zwingend Angaben zur konkreten Unterbringungseinrichtung und gegebenenfalls zur Durchführung ärztlicher Maßnahmen enthalten (BayObLG NJW-RR 2002, 1446). Hier tritt der Richter nämlich an die Stelle des gesetzlichen bzw gewillkürten Vertreters. Streitig ist, ob diese Angaben auch nötig sind, wenn der Betroffene im stationären Rahmen gegen seinen natürlichen Willen unter Anwendung von Zwang behandelt werden soll (bejahend BGH NJW 2006, 1277, obiter dictum; verneinend OLG Karlsruhe, NJW-RR 2007, 159).

bb) Genehmigung einer unterbringungsähnlichen Maßnahme eines Betreuten oder eines Vollmachtgebers nach § 1906 Abs 4 BGB, § 312 Nr 2

10 Eine ausdrückliche Benennung der Einrichtung ist nicht erforderlich, sie ergibt sich bereits aus dem Aufenthaltsort des Betroffenen. Die Art der Maßnahme, zum Beispiel Anlegen eines Bauchgurtes, Anbringung eines Bettgitters, Abschließen eines Raumes etc, muss allerdings angegeben werden, ebenso ein zeitlicher Rahmen, zB während der nächtlichen Bettruhe, während der Mahlzeiten oder während der Infusionen. Die Formulierungen sollten nicht zu eng sein. Auch hier obliegt die konkrete Ausgestaltung dem gesetzlichen bzw gewillkürten Vertreter. Das Gericht wird genehmigend tätig.

11 Der Zusatz, dass eine Maßnahme nur nach ausdrücklicher vorheriger Anordnung eines Arztes erfolgen darf, soll zulässig sein (BayObLG FamRZ 1994, 721). Da ohnehin nur auf der Grundlage eines ärztlichen Zeugnisses genehmigt werden kann und dem Betreuer letztlich die konkrete Ausgestaltung obliegt, sind solche Zusätze wenig sinnvoll. Gleiches gilt für die Auflage, dass die Einrichtung die Maßnahmen zu dokumentieren hat. Dies geschieht ohnehin.

cc) Anordnung einer freiheitsentziehenden Unterbringung nach dem jeweiligen Landesrecht, § 312 Nr 3

12 Über §§ 167 Abs 1, 151 Nr 7 gilt § 312 Nr 3 auch für die Unterbringung eines Minderjährigen nach den Landesgesetzen über die Unterbringung psychisch Kranker. Bei der Anordnung einer Unterbringung nach Landesrecht muss die Entscheidung nur die Art der Unterbringungseinrichtung, zB psychiatrisches Krankenhaus, Rehabilitationsklinik etc, benennen. Die konkrete Auswahl des Krankenhauses oder der Klinik steht der zuständigen Behörde zu. Deren Auswahl ist angesichts der in den Ländern bestehenden gesetzlichen Regelungen zur Festlegung der zuständigen Aufnahmeklinik ebenfalls begrenzt.

dd) Ablehnung des Antrages

Es bestehen keine Besonderheiten. Der Tenor lautet auf Ablehnung des Antrages. **13**

ee) Feststellung der Rechtswidrigkeit, § 62 FamFG

Nach ständiger obergerichtlicher Rechtsprechung besteht bei beendeten Unterbringungen in Hinblick auf den hohen Wert des Freiheitsrechtes (Art 2 Abs 2 Satz 2 GG) regelmäßig ein fortwährendes Rechtsschutzinteresse an einer Sachentscheidung über die Rechtmäßigkeit des Eingriffs (BVerfG NJW 2002, 3161), was der Gesetzgeber mit der Regelung des § 62 aufgegriffen hat. Die Feststellung kann aber nur auf entsprechenden Antrag erfolgen (OLG Celle FGPrax 2007, 189). Die Beschlussformel lautet hier auf Feststellung, dass die Genehmigung bzw Anordnung der Unterbringung den Beschwerdeführer in seinen Rechten verletzt hat. Die Rechtswidrigkeit einer Unterbringungsmaßnahme kann sich aus einem Verfahrensfehler ergeben, etwa weil die Bestellung eines Verfahrenspflegers unterblieb (KG BtPrax 2008, 42) oder zu spät erfolgte bzw zum Gutachten kein rechtliches Gehör gewährt wurde (OLG Schleswig NJW-RR 2008, 380), nach Anordnung der Unterbringung durch den Richter selbst nicht rechtzeitig ein Betreuer bestellt wurde (OLG München NJW-RR 2008, 810), dieser Verfahrensfehler ursächlich für die Entscheidung war und nicht geheilt wurde. Die unterlassene vorherige Anhörung führt dabei grds zur Feststellung der Rechtswidrigkeit (OLG Hamm FGPrax 2008, 43). Inhaltlich kann sie darauf beruhen, dass eine Zwangsbehandlung ohne die erforderliche Beachtung der Verhältnismäßigkeit erfolgt (OLG Celle NJW-RR 2008, 230). **14**

b) Ende der Unterbringungsmaßnahme, Nr 2

Die Entscheidung muss weiterhin den Zeitpunkt angegeben, zu dem die Unterbringungsmaßnahme endet, wenn sie nicht vorher verlängert wird, Nr 2. Damit soll gewährleistet werden, dass die Maßnahme auf die voraussichtlich notwendige Zeit begrenzt wird, andererseits die Beteiligten ausdrücklich auf die Möglichkeit einer Verlängerung hingewiesen werden. Zur Klarheit sollte das Ende der Unterbringungsmaßnahme kalendermäßig festgelegt werden. Zwingend ist dies nicht, so dass auch ein bestimmbares Ende, wie zB sechs Wochen, drei Monate etc, zur ausreichenden Bezeichnung genügt. Die entsprechende Frist beginnt mit der Bekanntgabe der Entscheidung zu laufen, § 16 Abs 1, soweit nichts anderes bestimmt ist. Ihr Ende berechnet sich nach §§ 16 Abs 2 FamFG, 222 Abs 1 ZPO, 191 BGB (OLG München FGPrax 2008, 137). **15**

Bei der Festlegung des Endes der Unterbringungsmaßnahme wird sich das Gericht an den Aussagen des Sachverständigengutachtens bzw des ärztlichen Zeugnisses zur voraussichtlichen, notwendigen Dauer der Maßnahme orientieren. Sie sollte unter Beachtung der Verhältnismäßigkeit so gewählt werden, dass der Zweck der Unterbringung bis zum Fristablauf erreicht werden kann. Deshalb ist das Gericht nicht daran gebunden, die Unterbringung nur für einen bestimmten beantragten Zeitraum zu genehmigen (OLG Schleswig FamRZ 2003, 1499). Da bei öffentlich-rechtlichen Unterbringungen die akute Krisenintervention im Vordergrund steht, werden sie regelmäßig kürzer sein. Die Festlegung der Frist hat sich dabei an dem Zeitpunkt der Erstellung der ärztlichen Stellungnahme, nicht der gerichtlichen Entscheidung auszurichten (OLG München FGPrax 2007, 43). **16**

Nach § 329 Abs 1 darf das Ende der Unterbringungsmaßnahme höchstens ein Jahr, bei offensichtlich langer Unterbringungsbedürftigkeit zwei Jahre nach Erlass der Entscheidung liegen. Will das Gericht eine Unterbringungsmaßnahme für länger als ein Jahr genehmigen, muss es ausreichend begründen, warum es von der einjährigen Regelfrist abweichen will (BayObLG FamRZ 2002, 629 und 2005, 1278). Das kann etwa durch personenbezogene Tatsachenfeststellungen hinsichtlich der Erzielung einer Behandlungsbereitschaft und nachfolgender Therapie erfolgen (OLG München BtPrax 2005, **17**

§ 323 FamFG | Inhalt der Beschlussformel

113) oder sich aus fehlenden Heilungs- oder Besserungsaussichten ergeben (OLG Schleswig FGPrax 2006, 138). Sofern Landesunterbringungsgesetze kürzere Fristen vorsehen, werden sie durch § 329 Abs 1 verdrängt.

18 Läuft die Frist ab, ohne dass das Gericht zuvor verlängert hat, endet die Unterbringungsmaßnahme ohne weiteres. Für verlängernde Unterbringungsmaßnahmen gilt § 329 Abs 2.

4. Rechtsbehelfsbelehrung

19 Letztlich muss die Entscheidung, durch die eine Unterbringungsmaßnahme getroffen wird, eine Rechtsbehelfbelehrung (statthafter Rechtsbehelf, Gericht, bei dem der Rechtsbehelf einzulegen ist, einzuhaltende Form und Frist) enthalten. Dies ist im Gegensatz zum bisherigen Recht ausdrücklich im Allgemeinen Teil, dort § 39, geregelt. Die Belehrung richtet sich allein an den Betroffenen und muss oberhalb der Unterschrift des Richters stehen (BayObLG BtPrax 1993, 30: Beilegen eines Formularblattes mit der Belehrung genügt nicht).

20 Zulässiges Rechtsmittel ist in Unterbringungssachen die Beschwerde, § 58 Abs 1. Fehlt die Rechtsmittelbelehrung oder ist sie unrichtig, hindert das weder den Beginn noch den Ablauf der Rechtsbehelfsfrist oder den Eintritt der formellen Rechtskraft. In diesen Fällen kann aber die Wiedereinsetzung in den vorherigen Stand nach § 17 in Betracht kommen. Zu Einzelheiten s § 39 Rz 57–60.

5. Fehlen vorstehender Angaben

21 Ohne ausreichende Bezeichnung des Betroffenen ist die Unterbringungsmaßnahme nicht vollstreckbar. Sofern die weiteren verlangten Angaben fehlen, wird die Entscheidung dadurch nicht unwirksam, aber anfechtbar. Das Gericht kann die fehlenden Angaben durch weiteren Beschluss ergänzen. Hatte das Gericht notwendige Angaben im Beschluss versehentlich unterlassen, kann es sie im Wege der Berichtigung nachholen, § 42 Abs 1. Der Beschluss gilt dann mit dem berichtigten Inhalt als von Anfang an erlassen (BayObLG FPR 2002, 94, 96).

6. Begründung

22 Die Entscheidung muss – auch im Falle der Ablehnung – zudem eine Begründung enthalten, § 38 Abs 3 Satz 1, was sich schon aus dem Gebot der Rechtsstaatlichkeit ergibt. In der Praxis werden Unterbringungsmaßnahmen bzw Ablehnungen teilweise nur mit Wiederholung des Gesetzestextes und Standardfloskeln begründet, was nicht ausreicht. Erforderlich sind die vollständige und verständliche Sachverhaltsschilderung (OLG Schleswig NJOZ 2004, 113), die Beweiswürdigung, die Befassung mit dem Gutachten bzw ärztlichen Zeugnis, die Benennung der rechtlichen Grundlage, die die Unterbringungsmaßnahme rechtfertigt, und deren Ausfüllung anhand konkreter Tatsachen, sowie, sofern ein Ermessen eingeräumt ist, die Darstellung der Gesichtspunkte, die für die Ermessensausübung herangezogen wurden; und schließlich die Begründung für die gewählte Frist, insbes bei Ausschöpfung der Höchstfrist (OLG München BtPrax 2005, 113). Eine besondere Begründung verlangt das Gesetz zudem beim Absehen von der Bestellung eines Verfahrenspflegers, § 317 Abs 2. Die in § 38 Abs 4 genannten Fälle, in denen von einer Begründung abgesehen werden kann (dazu § 38 Rz 75 ff), werden im Unterbringungsverfahren nicht relevant.

7. Weiterer Entscheidungsinhalt

23 Der Beschluss ist zu unterschreiben, § 38 Abs 3 Satz 2. Das Datum der Übergabe des Beschlusses an die Geschäftsstelle oder die Bekanntmachung durch Verlesen ist zu ver-

merken, § 38 Abs 3 Satz 3. Neben den genannten, zwingenden Inhalten können Entscheidungen über Unterbringungsmaßnahmen zweckmäßigerweise weitere Inhalte aufweisen. Denkbar sind Aussagen und Begründungen zur Anordnung der sofortigen Wirksamkeit nach § 324 Abs 2 Satz 1 (BayObLG NJW 1975, 2148), zur Gestattung der Gewaltanwendung nach § 326 Abs 2 und 3, zu Mitteilungen und zur Unterrichtung anderer Behörden und öffentlicher Stellen, § 338, sowie zur Unterlassung der Mitteilung der Entscheidungsgründe an den Betroffenen, § 325 Abs 1, bzw zur Aussetzung der Vollziehung nach § 328. Aussagen zu den Kosten sind bei der Anordnung einer Unterbringungsmaßnahme nicht notwendig. Außergerichtliche Kosten, zB für einen Rechtsanwalt, hat der Betroffene selbst zu tragen. Eine Ausnahme gilt nur im Fall des § 337, wonach das Gericht die Auslagen des Betroffenen unter der dort genannten Voraussetzungen (dazu § 337 Rz 7 ff) der Staatskasse bzw der antragstellenden Körperschaft auferlegen kann.

8. Inhalt einer ablehnenden Entscheidung

Für sie schreibt § 38 Abs 3 ebenfalls eine Begründung vor. Der Tenor der Entscheidung lautet auf Ablehnung der – beantragten – Maßnahme. Weiter können ggf die außergerichtlichen Kosten des Betroffenen der Staatskasse, § 337 Abs 1, auferlegt werden. War eine öffentlich-rechtliche Unterbringung beantragt (dazu § 312 Nr 3), können die Auslagen des Betroffenen ggf der Körperschaft, der die antragstellende Behörde angehört, auferlegt werden, § 337 Abs 2. 24

§ 324 Wirksamwerden von Beschlüssen

(1) Beschlüsse über die Genehmigung oder die Anordnung einer Unterbringungsmaßnahme werden mit Rechtskraft wirksam.

(2) Das Gericht kann die sofortige Wirksamkeit des Beschlusses anordnen. In diesem Fall wird er wirksam, wenn der Beschluss und die Anordnung seiner sofortigen Wirksamkeit
1. dem Betroffenen, dem Verfahrenspfleger, dem Betreuer oder dem Bevollmächtigten im Sinne des § 1896 Abs. 2 Satz 2 des Bürgerlichen Gesetzbuchs bekannt gegeben werden,
2. einem Dritten zum Zweck des Vollzugs des Beschlusses mitgeteilt werden oder
3. der Geschäftsstelle des Gerichts zum Zweck der Bekanntgabe übergeben werden.

Der Zeitpunkt der sofortigen Wirksamkeit ist auf dem Beschluss zu vermerken.

A. Allgemeines

1   § 324 trifft – wie § 287 im Bereich der Anordnung einer Betreuung bzw eines Einwilligungsvorbehaltes – Regelungen zur Wirksamkeit einer Entscheidung im Unterbringungsverfahren. Die Vorschrift entspricht den bisherigen Regelungen in § 70g Abs 3 Satz 1–3 FGG.

B. Einzelheiten

I. Wirksamkeit von Entscheidungen

2   § 324 trifft abweichend von § 40 Abs 1 Regelungen zum Wirksamwerden von Entscheidungen.

1. Grundsatz, Abs 1

3   Abs 1 bestimmt, dass eine Entscheidung über die Genehmigung oder Anordnung einer Unterbringungsmaßnahme erst mit Rechtskraft wirksam wird. Rechtskraft tritt also erst mit fruchtlosem Ablauf der Frist für die Einlegung der Beschwerde gegen die getroffene bzw abgelehnte Unterbringungsmaßnahme ein (dazu § 312 Nr 1–3). Die Frist zur Beschwerde beträgt ein Monat, § 63 Abs 1, und 14 Tage, wenn sie sich gegen eine einstweilige Anordnung (dazu §§ 331 ff) richtet, § 63 Abs 2 Nr 1. Diese Frist muss in Bezug auf alle Beschwerdeberechtigten abgelaufen sein.

2. Anordnung der sofortigen Wirksamkeit, Abs 2

4   Das Gericht kann nach Abs 2 Satz 1 von Amts wegen oder auf Anregung eines Beteiligten die sofortige Wirksamkeit der Entscheidung anordnen. In Satz 2 sieht das Gesetz drei Möglichkeiten vor, das sofortige Wirksamwerden eines Beschlusses in Unterbringungssachen herbeizuführen, indem der Beschluss und die Anordnung seiner sofortigen Wirksamkeit bestimmten Personen bekannt gegeben bzw zum Zweck des Vollzuges mitgeteilt werden oder der Geschäftsstelle des Gerichts zur Bekanntgabe übergeben werden.

a) Anordnung der sofortigen Wirksamkeit, Satz 1

5   Das Gericht kann nach Abs 2 Satz 1 von Amts wegen oder auf Anregung eines Beteiligten die sofortige Wirksamkeit der Entscheidung anordnen. Die Anordnung kann auch stillschweigend erfolgen, wenn der Betroffene bereits untergebracht ist und der Richter mit seiner Entscheidung die Fortwirkung der Unterbringung bewirken wollte. Die Anordnung der sofortigen Wirksamkeit setzt voraus, dass Gefahr im Verzug (dazu § 332

Rz 3) ist. Das ist bei Unterbringungen in der Regel der Fall, wenn die Freiheitsentziehung bereits erfolgt oder eine einstweilige Unterbringungsmaßnahme erfolgt ist oder erfolgen soll. Ansonsten ist im Rahmen einer Ermessensentscheidung sorgfältig zu prüfen, ob die Umstände des Einzelfalls eine Anordnung der sofortigen Wirksamkeit erforderlich machen.

b) Zeitpunkt des Wirksamwerdens, Satz 2

Satz 2 regelt, zu welchem Zeitpunkt eine Entscheidung, deren sofortige Wirksamkeit angeordnet ist, wirksam wird. Die Nummern 1–3 eröffnen verschiedene Möglichkeiten, die richterliche Entscheidung möglichst umgehend wirksam werden zu lassen. Wählt das Gericht mehrere dieser Möglichkeiten, tritt die Wirksamkeit mit dem frühesten Zeitpunkt ein. 6

aa) Nr 1

Nach Nr 1 tritt mit mündlicher oder schriftlicher Bekanntgabe der Entscheidung und der Anordnung der sofortigen Wirksamkeit an den Betroffenen, den Verfahrenspfleger, den Betreuer oder den Bevollmächtigten iSd § 1896 Abs 2 BGB die Wirksamkeit ein. Eine ordnungsgemäße mündliche Bekanntgabe setzt nach § 41 Abs 2 Satz 1 voraus, dass die schriftlich vorliegende Beschlussformel in vollem Wortlaut durch den Richter den Anwesenden verlesen wird, § 41 Abs 2 Satz 1 (dazu § 41 Rz 26). Das ist in den Akten zu vermerken. Zudem ist die Entscheidung schriftlich bekannt zu geben, § 41 Abs 2 Satz 2 und 3 (vgl auch OLG Frankfurt NJW 2005, 299). Die schriftliche Bekanntgabe erfolgt grds nach den Regeln des § 15 Abs 2 (dazu § 15 Rz 16 f), in Bezug auf den Betroffenen durch förmliche Zustellung des schriftlichen Beschlusses, § 41 Abs 1 Satz 2 (dazu § 41 Rz 23). 7

bb) Nr 2

Die (mündliche oder schriftliche) Mitteilung der Entscheidung und der Anordnung der sofortigen Wirksamkeit an einen Dritten, zB den Leiter der Unterbringungseinrichtung, zum Zweck des Vollzuges der Entscheidung führt ebenfalls zur Wirksamkeit. 8

cc) Nr 3

Auch die Übergabe der (schriftlichen) Entscheidung und der Anordnung der sofortigen Wirksamkeit an die Geschäftsstelle des Gerichts zur Bekanntmachung führt die Wirksamkeit herbei. Der Zeitpunkt der sofortigen Wirksamkeit ist auf dem Beschluss durch den Urkundsbeamten der Geschäftsstelle zu vermerken, Nr 3 Satz 2. 9

II. Rechtsbehelf

Die Anordnung der sofortigen Wirksamkeit kann nicht isoliert angefochten werden. Wird die in erster Instanz genehmigte bzw angeordnete Unterbringungsmaßnahme mit einem Rechtsbehelf angegriffen, hat das Beschwerdegericht in seiner Entscheidung auch über die Anordnung der sofortigen Wirksamkeit zu befinden. Es kann nach § 69 Abs 3 iVm § 324 Abs 2 die Anordnung der sofortigen Wirksamkeit treffen, wenn dies erstinstanzlich unterblieben war, die Anordnung der sofortigen Wirksamkeit bestätigen – eines gesonderten Ausspruchs bedarf es nicht oder die Vollziehung der erstinstanzlich angeordneten sofortigen Wirksamkeit aussetzen, vgl § 64 Abs 3. 10

III. Ende der Wirksamkeit

11 Die Wirksamkeit einer Entscheidung, die eine Unterbringungsmaßnahme zum Gegenstand hat, endet, wenn die in der Entscheidung angegebene Frist abgelaufen ist, ohne dass eine Verlängerung erfolgte Sie endet auch, wenn die Unterbringungsmaßnahme aufgehoben wird, und zwar aufgrund endgültiger Entlassung durch den Betreuer, Bevollmächtigten, Pfleger, Vormund, Eltern(teil) sowie bei öffentlich-rechtlicher Unterbringung durch die zuständige Behörde bzw den Klinikleiter. Letztlich endet sie, wenn das Gericht die Unterbringungsgenehmigung bzw -anordnung aufhebt.

12 Die Wirksamkeit endet nicht allein aufgrund eines Entweichens des Betroffenen, auch wenn seine Rückkehr ungewiss ist. Auch eine auf einige Tage beschränkte probeweise Entlassung (BayObLG FamRZ 1995, 1296) hebt die Wirksamkeit einer Unterbringungsentscheidung nicht auf. Gleiches gilt für die kurzzeitige Verlegung von einer geschlossenen auf eine offene Station in engen Grenzen. Sind seit der Verlegung bereits sechs Wochen vergangen, wird die Entscheidung allerdings gegenstandslos (OLG Hamm BtPrax 2000, 34; weitergehend BayObLG FamRZ 2004, 1323: nach 2 Monaten). Bei einer Rückverlegung auf eine geschlossene Station bedarf es daher einer neuen Genehmigung bzw Anordnung. Auch die Aufgabe der Unterbringungsabsicht des Betreuers, Bevollmächtigten, Pflegers, Vormundes Eltern(teils) bzw der zuständigen Behörde beendet die Wirksamkeit nicht. Diese Beteiligten sind für den Vollzug zuständig und können daher die Unterbringung selbst tatsächlich beenden, die innere Absicht kann deshalb nicht maßgeblich sein.

13 Endet die Unterbringung vor Ablauf der in der Entscheidung genannten Frist, ist die Entscheidung zur Beseitigung des Rechtscheins aufzuheben.

§ 325 Bekanntgabe

(1) Von der Bekanntgabe der Gründe eines Beschlusses an den Betroffenen kann abgesehen werden, wenn dies nach ärztlichem Zeugnis erforderlich ist, um erhebliche Nachteile für seine Gesundheit zu vermeiden.

(2) Der Beschluss, durch den eine Unterbringungsmaßnahme genehmigt oder angeordnet wird, ist auch dem Leiter der Einrichtung, in der der Betroffene untergebracht werden soll, bekannt zu geben. Das Gericht hat der zuständigen Behörde die Entscheidung, durch die eine Unterbringungsmaßnahme genehmigt, angeordnet oder aufgehoben wird, bekannt zu geben.

A. Allgemeines

§ 325 Abs 1 entspricht weitgehend dem bisherigen § 70g Abs 1 Satz 2, während Abs 2 die Regelungen des § 70g Abs 2 Satz 1 und 2 FGG aufgreift. Für das Betreuungsverfahren finden sich inhaltsähnliche Bestimmungen in § 288. 1

B. Einzelheiten

§ 325 Abs 1 ermöglicht als Ausnahme zu der Grundregel der §§ 40 Abs 1, 41 Abs 1, wonach ein Beschluss dem Betroffenen stets bekannt zu machen ist, ein Absehen von der Bekanntgabe der Gründe eines Beschlusses. Abs 2 sieht ergänzende Regelungen zur Bekantgabe an den Leiter der Einrichtung, in der der Betroffene untergebracht werden soll, und die zuständige Behörde vor. 2

I. Absehen von der Bekanntgabe, Abs 1

Die Beschlussformel ist dem Betroffenen stets bekannt zu machen. § 325 Abs 1 ermöglicht es nur, von der Bekanntgabe der Entscheidungsgründe abzusehen, wenn dies nach einem ärztlichen Zeugnis (dazu § 321 Rz 13) erforderlich ist, um erhebliche Gesundheitsnachteile für den Betroffenen (dazu § 319 Rz 14) zu vermeiden. 3

II. Weitere Bekanntmachungsadressaten, Abs 2

§ 325 Abs 2 sieht die Bekanntgabe eines Beschlusses, der eine Unterbringungsmaßnahme genehmigt oder anordnet, an den Leiter der Unterbringungseinrichtung, Satz 1, und die zuständige Behörde, Satz 2, vor. Der Behörde ist auch eine Entscheidung bekannt zu machen, die eine Unterbringungsmaßnahme aufhebt. Mit der Neufassung der Vorschrift wollte der Gesetzgeber klarstellen, dass der zuständigen Behörde auf jeden Fall alle Entscheidungen hinsichtlich einer Unterbringungsmaßnahme bekannt zu machen sind. Im Gegensatz dazu ist die Anhörung der zuständigen Behörde im Verfahren nicht zwingend (vgl § 320 Rz 4). 4

Nach Abs 2 Satz 1 sind Entscheidungen, durch die eine Unterbringungsmaßnahme getroffen wird, neben den in §§ 315, 320 Satz 2 genannten Personen und Stellen auch dem Leiter der Einrichtung, in der der Betroffene untergebracht werden soll, mitzuteilen. So sollen sie rechtzeitig Kenntnis von der Entscheidung erhalten und die erforderlichen Maßnahmen ergreifen können. 5

Eine Bekanntgabe von ablehnenden Entscheidungen an diesen Kreis hielt der Gesetzgeber zur Vermeidung einer entsprechenden negativen Publizität zu Lasten des Betroffenen für nicht angezeigt. Zu beachten ist, dass den in § 315 genannten Personen und Stellen ablehnende Entscheidungen zumindest dann bekannt zu machen sind, wenn sie als Beteiligte zum Verfahren hinzu gezogen worden sind. 6

§ 326 Zuführung zur Unterbringung

(1) Die zuständige Behörde hat den Betreuer oder den Bevollmächtigten im Sinne des § 1896 Abs. 2 Satz 2 des Bürgerlichen Gesetzbuchs auf deren Wunsch bei der Zuführung zur Unterbringung nach § 312 Nr. 1 zu unterstützen.

(2) Gewalt darf die zuständige Behörde nur anwenden, wenn das Gericht dies aufgrund einer ausdrücklichen Entscheidung angeordnet hat. Die zuständige Behörde ist befugt, erforderlichenfalls die Unterstützung der polizeilichen Vollzugsorgane nachzusuchen.

(3) Die Wohnung des Betroffenen darf ohne dessen Einwilligung nur betreten werden, wenn das Gericht dies aufgrund einer ausdrücklichen Entscheidung angeordnet hat. Bei Gefahr im Verzug findet Satz 1 keine Anwendung.

A. Allgemeines

1   § 326 Abs 1 entspricht weitgehend dem bisherigen § 70g Abs 5 Satz 1 FGG hinsichtlich der Unterbringung Volljähriger. Gleichzeitig schließt er eine gesetzliche Lücke, wenn er die zuständige Behörde jetzt verpflichtet, auch den Bevollmächtigten iSd § 1896 Abs 2 Satz 2 BGB bei der Zuführung zur Unterbringung zu unterstützen. Für die Zuführung Minderjähriger zur Unterbringung gilt § 167 Abs 5 (dazu § 167 Rz 7). § 325 Abs 2 gibt inhaltlich den bisherigen § 70g Abs 2 Satz 2 und 3 wieder. § 326 Abs 3 geht auf eine Initiative des Bundesrates zurück. Der Gesetzgeber wollte damit sicherstellen, dass – ebenso wie die Anwendung von Gewalt nach Abs 2 – das Betreten der Wohnung des Betroffenen ohne dessen Einwilligung nur bei ausdrücklicher gerichtlicher Entscheidung erlaubt ist, es sei denn, es liegt Gefahr im Verzug vor.

B. Einzelheiten

2   § 325 Abs 1 regelt nur die Zuführung zu Unterbringungssachen nach § 312 Nr 1, also zivilrechtliche Unterbringungsmaßnahmen nach § 1906 Abs 1, 2 und 5 BGB.

3   Bei Unterbringungssachen nach § 312 Nr 2, dh bei unterbringungsähnlichen Maßnahmen nach § 1906 Abs 4 BGB, bedarf es keiner Regelungen zur Zuführung, da sich der Betroffene schon in einer Einrichtung befindet.

4   Für Unterbringungssachen nach § 312 Nr 3, also öffentlich-rechtlichen Unterbringungsmaßnahmen, enthalten die jeweiligen Landesgesetze Regelungen zur Anwendung von Gewalt und zum Betreten von Wohnungen im Rahmen der Zuführung.

I. Zuführung, Abs 1

5   Abs 1 bestimmt, dass bei Zuführungen im Rahmen des Unterbringungsverfahrens die zuständige Behörde (dazu § 315 Rz 8) den Betreuer bzw den Bevollmächtigten auf dessen Bitte zu unterstützen hat. Der Gesetzgeber wollte damit sicherstellen, dass das bei den jeweils zuständigen Behörden vorhandene Fachpersonal für eine möglichst schonende Vorführung zur Verfügung steht (BTDrs 11/4528, S 185).

6   Die Vollziehung einer zivilrechtlichen Unterbringung (dazu § 312 Nr 1) bedarf keiner besonderen gesetzlichen Regelung, da sie durch den gesetzlichen bzw gewillkürten Vertreter erfolgt. Hat das Gericht ihm die erforderliche Genehmigung erteilt, hat er zu entscheiden, ob er davon Gebrauch macht und sie bejahendenfalls umzusetzen. Demgemäß müssen der Betreuer und beim Vollmachtgeber der Bevollmächtigte den Betroffenen in der ausgewählten Einrichtung unterbringen. Rein tatsächlich gelingt es aber häufiger nicht ohne weiteres, den Betroffenen unterzubringen. Der Gesetzgeber wollte daher eine Anlaufstelle schaffen, an die der Wunsch auf Unterstützung bei der Unterbringung he-

rangetragen werden kann. Zur praktischen Durchführung von Unterbringungen s *Dodegge,* BtPrax 1998, 43.

Anders als bisher gilt das gesetzliche Instrumentarium zur Durchsetzung der Unterbringung auch für Bevollmächtigte. 7

Weder das Gericht noch ein Dritter kann diese Unterstützung anfordern, sondern nur der gesetzliche bzw gewillkürte Vertreter. Unterstützung bedeutet Begleitung und Hilfe durch das geschulte Personal der Behörde, etwa beim Zutritt zur Wohnung des Betroffenen (beachte aber Abs 3), beim Transport in die Unterbringungseinrichtung, bei der Überwindung von (verbalem oder tätlichem) Widerstand des Betroffenen oder bei der Suche nach dem untergetauchten Betroffenen. 8

Die Auswahl der Unterbringungseinrichtung und die eigentliche Organisation des Transportes sind dagegen alleinige Aufgabe des gesetzlichen Vertreters. Ist die Zuführung zur Unterbringung erfolgt, enden die Aufgaben der zuständigen Behörde zur Hilfestellung. Den weiteren Vollzug gestaltet die jeweilige Unterbringungseinrichtung in Absprache mit dem gesetzlichen bzw gewillkürten Vertreter. 9

II. Gewaltanwendung, Abs 2

Kann die zuständige Behörde die Zuführung zur Unterbringung nicht zwanglos unterstützen, darf sie Gewalt anwenden, aber nur auf der Grundlage einer vorherigen gerichtlichen Entscheidung. Die Entscheidung ergeht in einem eigenständigen Verfahren, kann aber mit dem Unterbringungsverfahren verbunden werden. In der Praxis wird die Gestattung zur Gewaltanwendung häufig regelhaft erteilt, wenn sich der Betroffene noch nicht in der Unterbringungseinrichtung befindet. Richtigerweise müssen die Gerichte prüfen, ob mit der Gestattung der Gewaltanwendung das Wohl des Betroffenen gewährt bleibt. Insbes muss die Erforderlichkeit konkret festgestellt werden und die Verhältnismäßigkeit gewahrt sein. Das kann zB bejaht werden, wenn ein Versuch erfolglos bleibt, den Betroffenen ohne Gewaltanwendung zu bewegen, in die Unterbringungseinrichtung zu gehen oder der Betroffene sich in seiner Wohnung einschließt und niemanden zu sich lässt. Sofern die zuständige Behörde die Unterbringung zusammen mit dem gesetzlichen Vertreter durchführt, ist sie berechtigt, die Polizei um Unterstützung zu ersuchen. Die Behörde darf der Polizei die Zuführung nicht überlassen, sondern sie nur zur Unterstützung heranziehen. Die Polizei ist nach den Grundsätzen der Amtshilfe zur Vollzugshilfe verpflichtet. 10

III. Wohnungsbetretungsrechte, Abs 3

Die Gestattung kann sich dann auch auf die Zulässigkeit des zwangsweisen Betretens der Wohnung beziehen. Ergibt sich für die zuständige Behörde dabei die Notwendigkeit, einen Schlüsseldienst zur Öffnung der Wohnung des Betroffenen heranzuziehen, muss sie dessen Kosten tragen (LG Limburg BtPrax 1998, 16; LG Koblenz FamRZ 2004, 566; aA im Rahmen des § 278 Abs 5: OLG Köln FamRZ 2005, 237). Bei Gefahr in Verzug bedarf es keiner vorherigen ausdrücklichen Entscheidung des Gerichts. Gefahr in Verzug kann bejaht werden, wenn auf die gerichtliche Entscheidung nicht gewartet werden kann, ohne dass es zu einer Gefährdung der Gesundheit oder des Lebens des Betroffenen kommt. 11

§ 327 Vollzugsangelegenheiten

(1) Gegen eine Maßnahme zur Regelung einzelner Angelegenheiten im Vollzug der Unterbringung nach § 312 Nr. 3 kann der Betroffene eine Entscheidung des Gerichts beantragen. Mit dem Antrag kann auch die Verpflichtung zum Erlass einer abgelehnten oder unterlassenen Maßnahme begehrt werden.

(2) Der Antrag ist nur zulässig, wenn der Betroffene geltend macht, durch die Maßnahme, ihre Ablehnung oder Unterlassung in seinen Rechten verletzt zu sein.

(3) Der Antrag hat keine aufschiebende Wirkung. Das Gericht kann die aufschiebende Wirkung anordnen.

(4) Der Beschluss ist nicht anfechtbar.

A. Allgemeines

1 § 327 entspricht den Regelungen des bisherigen § 70l FGG, lediglich der Abs 4 wurde sprachlich den Regelungen des Allgemeinen Teils angepasst.

B. Einzelheiten

2 § 327 gilt nur für Unterbringungssachen nach § 312 Nr 3, also öffentlich-rechtliche Unterbringungsmaßnahmen. Der Betroffene kann gegen eine Maßnahme zur Regelung einer einzelnen Angelegenheit im Rahmen des Vollzuges der Unterbringung eine gerichtliche Entscheidung beantragen.

I. Maßnahmen im Vollzug der Unterbringung, Abs 1

3 Der Begriff Maßnahme umfasst neben einem Verwaltungsakt auch jedes schlicht hoheitliche Handeln des Einrichtungsleiters bzw seiner nachgeordneten Mitarbeiter. Solche Maßnahmen sind zB ärztliche Behandlung, Regelung des Postverkehrs, Regelungen betreffend die Unterbringung innerhalb der Einrichtung, Regelungen zu Besuchen, Ausgängen, Beurlaubungen etc, Zulassung von Kommunikationseinrichtungen, Durchführung von Zwangsbehandlungen oder besonderen Sicherungsmaßnahmen, nicht aber Meinungsäußerungen, Belehrungen, Ermahnungen.

4 Unter Regelung einzelner Angelegenheiten versteht man die rechtliche Gestaltung von Lebensverhältnissen mit rechtlicher Wirkung. Allgemeine Weisungen oder Hausordnungen der Unterbringungseinrichtung sind keine Regelungen einzelner Angelegenheiten.

5 Weiter muss die Maßnahme zur Regelung einer einzelnen Angelegenheit im Vollzug der Unterbringung erfolgen. Damit scheiden Maßnahmen, die außerhalb der Rechtsbeziehungen zwischen der Unterbringungseinrichtung und dem Betroffenen im Rahmen der öffentlich-rechtlichen Unterbringung stehen, aus.

II. Antragsvoraussetzungen, Abs 2

6 Die Voraussetzungen der Zulässigkeit eines Antrages nach § 327 regelt der Abs 2. Damit konkretisiert er die Mitwirkungspflichten eines Beteiligten gem § 27. Danach muss der Betroffene geltend machen können, durch die Maßnahme, ihre Ablehnung oder ihre Unterlassung in seinen Rechten verletzt zu sein. Eine entsprechende Behauptung, auch konkludent, genügt. Die Frage, ob die Rechte wirklich verletzt sind, ist später bei der Begründetheit zu klären.

7 Zulässig ist auch ein Antrag auf Feststellung der Unzulässigkeit einer erfolgten oder beabsichtigten Maßnahme, wenn zB Wiederholungsgefahr besteht. Rechte im Sinne des

Abs 2 sind die durch Art 19 Abs 4 GG geschützten Rechte und rechtlichen Interessen, nicht aber allein wirtschaftliche, ideelle oder berechtigte Interessen.

Sonstige Zulässigkeitsvoraussetzungen bestehen nicht. Antragsberechtigt sind neben dem Betroffenen auch Außenstehende. Das können Personen sein, denen Brief-, Telefon- oder Besuchskontakte verwehrt werden. Antragsgegner ist die Unterbringungseinrichtung bzw ihr Träger (Dodegge/Roth Teil G Rn 266). 8

III. Aufschiebende Wirkung, Abs 3

Abs 3 stellt klar, dass entsprechende Anträge keine aufschiebende Wirkung haben, Satz 1. Das Gericht kann sie aber anordnen, Satz 2, etwa wenn die Folgen der Maßnahme nicht mehr rückgängig zu machen sind und das Interesse am sofortigen Vollzug nicht überwiegt, zB bei Disziplinarmaßnahmen. 9

IV. Verfahren

Besondere Verfahrensvorschriften enthält § 327 nicht, so dass allgemeine Verfahrensgrundsätze gelten. Zuständig ist das Gericht, das die Unterbringungsmaßnahme angeordnet hatte, funktionell der Richter. Eingeleitet wird das Verfahren durch einen Antrag des Betroffenen oder Dritten, der den Willen, eine bestimmte Maßnahme überprüfen zu lassen, ausreichend klar werden lässt. Neben dem Antragsteller ist die Unterbringungseinrichtung beteiligt. Art und Umfang von Sachverhaltsermittlungen richtet sich nach § 26 und den Erfordernissen eines effektiven Rechtsschutzes. Eine persönliche Anhörung des Betroffenen bzw eine mündliche Erörterung mit den Verfahrensbeteiligten ist nicht zwingend. 10

V. Entscheidung

Die Entscheidung des Gerichts über die Zulässigkeit und Begründetheit des Antrages kann die Aufhebung oder Bestätigung der angegriffenen Vollzugsmaßnahme aussprechen, die Einrichtung bzw ihren Träger verpflichten, eine unterlassene oder abgelehnte Maßnahme auszuführen, oder die Rechtswidrigkeit einer vollzogenen oder beabsichtigten Maßnahme feststellen. 11

Eine Kostenentscheidung ist nur erforderlich, wenn die Voraussetzungen für die Auferlegung außergerichtlicher Kosten zu Lasten eines Beteiligten vorliegen, § 337. Die Entscheidung ist zu begründen und wird mit Bekanntgabe an die Beteiligten wirksam (dazu § 324f). 12

VI. Rechtsmittel, Abs 4

Die Entscheidung des Betreuungsgerichts ist nach Abs 4 unanfechtbar. Der Gesetzgeber erachtete die Überprüfung in einer Instanz für ausreichend und angemessen. 13

§ 328 Aussetzung des Vollzugs

(1) Das Gericht kann die Vollziehung einer Unterbringung nach § 312 Nr. 3 aussetzen. Die Aussetzung kann mit Auflagen versehen werden. Die Aussetzung soll sechs Monate nicht überschreiten; sie kann bis zu einem Jahr verlängert werden.

(2) Das Gericht kann die Aussetzung widerrufen, wenn der Betroffene eine Auflage nicht erfüllt oder sein Zustand dies erfordert.

A. Allgemeines

1 § 328 entspricht mit redaktionellen Überarbeitungen dem bisherigen § 70k Abs 1 und 2. Dessen Abs 3, der die Anhörung der bisher in § 70d genannten Personen auch für den Fall der Aussetzung und Vollziehung bzw deren Widerruf vorsah, konnte entfallen. Die Notwendigkeit der Anhörung dieser Personen im Aussetzungsverfahren ergibt sich schon aufgrund des in § 312 weitgefassten Begriffes der Unterbringungssache und der Regelung des Beteiligtenbegriffes in § 315.

B. Einzelheiten

2 § 328 gilt nur für Unterbringungsverfahren nach § 312 Nr 3, also öffentlich-rechtliche Unterbringungen. Er sieht die Aussetzung der Vollziehung einer solchen Unterbringungsmaßnahme, nicht aber die Aussetzung des Unterbringungsverfahrens vor. Lassen sich die Voraussetzungen für eine Unterbringungsmaßnahme nicht eindeutig feststellen, ist nicht auszusetzen, sondern die Unterbringungsmaßnahme abzulehnen (BTDrs 11/4528 S 186). Für zivilrechtliche Unterbringungen gilt diese Vorschrift nicht. Diese Unterbringungen werden nämlich nicht von einer Behörde oder einem Gericht, sondern vom gesetzlichen bzw gewillkürten Vertreter durchgeführt. Er kann eigenständig entscheiden, ob, wie lange und in welcher Form er von der Genehmigung der Unterbringungsmaßnahme Gebrauch macht.

I. Aussetzung der Vollziehung, Abs 1

3 Um einen flexiblen Vollzug von öffentlich-rechtlichen Unterbringungen zu ermöglichen, sieht das Gesetz die Aussetzung der Vollziehung der Unterbringung vor. Dafür müssen nachstehende Voraussetzungen erfüllt sein.

1. Unterbringungsmaßnahme

4 Vorliegen einer, auch vorläufigen, öffentlich-rechtlichen Unterbringungsmaßnahme. Die Aussetzung kann mit der Anordnung der Unterbringungsmaßnahme verbunden sein oder im weiteren Verfahrensablauf erfolgen. Eines Antrags bedarf es nicht, das Gericht kann die Aussetzung von Amts wegen anordnen.

2. Veränderte Umstände

5 Weiter müssen die Voraussetzungen für die Unterbringungsmaßnahme als solche noch erfüllt sein, gleichzeitig aber eine Besserung des Zustandes des Betroffenen und/oder durch Auflagen eine Verminderung der Gefährdungssituation eingetreten sein. Dem Gericht soll die Möglichkeit eröffnet werden, ein kalkulierbares Risiko einzugehen. Lässt sich allerdings feststellen, dass die Unterbringungsvoraussetzungen entfallen sind, ist die Maßnahme aufzuheben, § 330 Satz 1, nicht auszusetzen.

6 Nach Abs 1 Satz 2 kann die Aussetzung mit Weisungen verbunden werden, etwa Aufnahme bzw Fortsetzung einer fachärztlichen ambulanten Behandlung, Einnahme bestimmter Medikamente unter Aufsicht, Wahrnehmung von Unterstützungs- und Bera-

tungsangeboten des sozial-psychiatrischen Dienstes bzw Gesundheitsamtes oder Weisungen zur Lebensführung, zB bestimmte Gefährdungssituationen zu meiden.

Die Aussetzung ist zeitlich zu befristen, Abs 1 Satz 3, um belastende Schwebezustän- 7
de nicht unnötig auszudehnen. Die Frist soll regelmäßig nicht länger als 6 Monate sein, kann unter Umständen auf 1 Jahr verlängert werden. Nach Fristablauf hat das Gericht jeweils zu prüfen, ob die Voraussetzungen für die Unterbringungsmaßnahme noch gegeben sind.

Liegen die Voraussetzungen für eine Aussetzung vor, muss das Gericht sie ausspre- 8
chen. Abs 1 gewährt kein Ermessen (Dodegge/Roth Teil G Rn 259). Von der Aussetzung des Vollzuges ist die Beurlaubung des Betroffenen zu unterscheiden. Die Beurlaubung ist jeweils in den Landesunterbringungsgesetzen geregelt, zB § 29 PsychKG NRW.

II. Widerruf der Aussetzung, Abs 2

Sofern sich die Prognose des Gerichts hinsichtlich der Aussetzung des Vollzuges nicht 9
bestätigt, sieht Abs 2 unter den dort genannten Voraussetzungen den Widerruf der Aussetzung vor. Ein Widerruf kommt bei einem Verstoß gegen eine Auflage oder wenn es der Zustand des Betroffenen erfordert, in Betracht. Das Instrument des Widerrufs ist nicht als Bestrafung gedacht (BayObLG FamRZ 1995, 1001) Deshalb kann ein Widerruf trotz Nichterfüllung einer Weisung oder Zustandsverschlechterung unterbleiben, wenn trotzdem eine Aussetzung (noch/oder mit zusätzlichen Auflagen) gerechtfertigt bleibt. Ein Widerruf wird daher nur bei massiven Auflagenverstößen und/oder Zustandsverschlechterungen, die einen (neuerlichen) Vollzug der Unterbringung erfordern, erfolgen müssen. Ein Verschulden des Betroffenen ist dann nicht notwendig. Auch hier entscheidet das Gericht von Amts wegen.

III. Gerichtsverfahren bei Aussetzung bzw Widerruf

§ 328 regelt das Verfahren nicht. Sowohl im Aussetzungs- als auch im Widerrufsverfah- 10
ren sind die in § 315 aufgeführten Personen und Stellen zu beteiligen. So soll gewährleistet werden, dass das Gericht seine Entscheidung auf möglichst breiter Grundlage trifft. Im Übrigen gelten allgemeine Verfahrensgrundsätze. Funktionell ist der Richter zuständig, örtlich das Gericht, in dessen Bezirk die Unterbringungseinrichtung liegt. Die Notwendigkeit weiterer Ermittlungen, Beweiserhebungen und einer persönlichen Anhörung des Betroffenen sowie die der Einholung eines Gutachtens bestimmen sich nach § 26. Inhalt und die Bekanntgabe der Entscheidung richten sich an den §§ 323, 325 aus. Gegen die Entscheidung ist als Rechtsmittel die Beschwerde gegeben, § 58 Abs 1. Die Beschwerdeberechtigung bestimmt sich nach §§ 59, 335.

§ 329 Dauer und Verlängerung der Unterbringung

(1) Die Unterbringung endet spätestens mit Ablauf eines Jahres, bei offensichtlich langer Unterbringungsbedürftigkeit spätestens mit Ablauf von zwei Jahren, wenn sie nicht vorher verlängert wird.

(2) Für die Verlängerung der Genehmigung oder Anordnung einer Unterbringungsmaßnahme gelten die Vorschriften für die erstmalige Anordnung oder Genehmigung entsprechend. Bei Unterbringungen mit einer Gesamtdauer von mehr als vier Jahren soll das Gericht keinen Sachverständigen bestellen, der den Betroffenen bisher behandelt oder begutachtet hat oder in der Einrichtung tätig ist, in der der Betroffene untergebracht ist.

A. Allgemeines

1   § 329 Abs 1 entspricht dem bisherigen § 70f Abs 1 Nr 3, 2. Hs FGG, während Abs 2 mit redaktionellen Änderungen dem § 70i Abs 2 FGG nachgebildet ist.

B. Einzelheiten

2   In § 329 Abs 1 finden sich Regelungen hinsichtlich der Dauer einer Unterbringungsmaßnahme. Der Abs 2 erklärt mit Satz 1 die Verfahrensvorschriften für die erstmalige Genehmigung bzw Anordnung für anwendbar, wenn eine Unterbringungsmaßnahme verlängert werden muss.

I. Ende der Unterbringungsmaßnahme, Abs 1

3   Die Entscheidung muss den Zeitpunkt angegeben, zu dem die Unterbringungsmaßnahme endet, wenn sie nicht vorher verlängert wird, § 323 Nr 2. Damit soll gewährleistet werden, dass die Maßnahme auf die voraussichtlich notwendige Zeit begrenzt wird, andererseits die Beteiligten ausdrücklich auf die Möglichkeit einer Verlängerung hingewiesen werden. Zur Klarheit sollte das Ende der Unterbringungsmaßnahme kalendermäßig festgelegt werden. Zwingend ist dies nicht, so dass auch ein bestimmbares Ende, wie zB sechs Wochen, zur ausreichenden Bezeichnung genügt. Die entsprechende Frist beginnt grds mit der Bekanntgabe der Entscheidung zu laufen, § 16 Abs 1. Ihr Ende berechnet sich nach § 16 Abs 2.

4   Bei der Festlegung des Endes der Unterbringungsmaßnahme wird sich das Gericht an den Aussagen des Sachverständigengutachtens bzw des ärztlichen Zeugnisses zur voraussichtlichen, notwendigen Dauer der Maßnahme orientieren. Sie sollte unter Beachtung der Verhältnismäßigkeit so gewählt werden, dass der Zweck der Unterbringung bis zum Fristablauf erreicht werden kann. Deshalb ist das Gericht nicht daran gebunden, die Unterbringung nur für einen bestimmten beantragten Zeitraum zu genehmigen (OLG Schleswig FamRZ 2003, 1499). Da bei öffentlich-rechtlichen Unterbringungen die akute Krisenintervention im Vordergrund steht, werden sie regelmäßig kürzer sein. Die Festlegung der Frist hat sich dabei an dem Zeitpunkt der Erstellung der ärztlichen Stellungnahme, nicht dem der gerichtlichen Entscheidung auszurichten (OLG München FGPrax 2007, 43).

5   Die Unterbringungsmaßnahme darf höchstens für ein Jahr, bei offensichtlich langer Unterbringungsbedürftigkeit für zwei Jahre nach Erlass der Entscheidung ausgesprochen werden. Will das Gericht eine Unterbringungsmaßnahme für länger als ein Jahr genehmigen, muss es ausreichend begründen, warum es von der einjährigen Regelfrist abweichen will (OLG München BtPrax 2006, 105). Das kann etwa durch personenbezogene Tatsachenfeststellungen hinsichtlich der Erzielung einer Behandlungsbereitschaft und nachfolgender Therapie erfolgen (OLG München BtPrax 2005, 113) oder sich aus fehlenden Heilungs- und Besserungsaussichten ergeben (OLG Schleswig FGPrax 2006, 138).

Läuft die Frist ab, ohne dass das Gericht zuvor verlängert hat, endet die Unterbringungsmaßnahme ohne weiteres. Für verlängernde Unterbringungsmaßnahmen gilt Abs 2. **6**

II. Verlängerung, Abs 2

Ergibt sich die Notwendigkeit, eine in der Hauptsache genehmigte bzw angeordnete **7** Unterbringungsmaßnahme vor Ablauf der im Beschluss genannten Frist (vgl § 323 Nr 2) zu verlängern, gelten nach Abs 2 die Vorschriften für die erstmalige Maßnahme entsprechend (Satz 1). Außerdem wird für die Fälle einer über vier Jahre andauernden Unterbringung die Beteiligung eines anderen Gutachters vorgeschrieben (Satz 2).

1. Grundsatz, Satz 1

Um Verlängerungen von Unterbringungsmaßnahmen nicht der gerichtlichen Routine **8** preiszugeben, schreibt Abs 2 Satz 1 vor, dass für die Verlängerung einer in der Hauptsache ergangenen Unterbringungsmaßnahme die Verfahrensgarantien der §§ 312 ff abermals gelten. Daraus folgt, dass das Gericht zuständig bleibt, das ursprünglich über die Unterbringungsmaßnahme entschieden hat. Etwas anderes gilt nur, wenn das Verfahren wirksam abgegeben wurde, etwa weil der Betroffene in eine auswärtige Klinik verlegt wurde. Dann ist das übernehmende Gericht zuständig. Der Betroffene muss erneut persönlich angehört werden, § 319. Es muss ein neues Sachverständigengutachten erstattet werden, es ist gegebenenfalls ein Verfahrenspfleger zu bestellen und § 320 ist zu berücksichtigen. Inhalt und Wirksamkeit der Entscheidung bemessen sich nach §§ 323 und 324. Wird erst kurz vor Ablauf einer in der Hauptsache genehmigten Unterbringungsmaßnahme erkannt, dass diese fortdauern muss, ist eine sich anschließende vorläufige Maßnahme zulässig, wenn ein Hauptsacheverfahren nicht mehr rechtzeitig durchgeführt werden kann (OLG Brandenburg BtPrax 2009, 124).

2. Anderer Gutachter, Satz 2

Damit langjährige Unterbringungsmaßnahmen nicht wegen einer festgelegten Meinung **9** eines Gutachters über Gebühr ausgedehnt werden, soll das Gericht bei einer Gesamtunterbringungsdauer von mehr als vier Jahren den Sachverständigen auswechseln. Es soll idR ein externer, in den vergangenen Verfahren nicht als Gutachter oder behandelnder Arzt tätig gewordener, Sachverständiger beauftragt werden. Es reicht nicht aus, dass zwischenzeitlich ein anderer Sachverständiger ein Gutachten erstattet hatte (BayObLG BtPrax 2005, 68). Nach dem Schutzzweck ist andererseits ein Sachverständiger, der den Betroffenen vor zwölf Jahren einmal behandelt hat und dann jahrelang nicht, nicht ausgeschlossen ist (BayObLG FamRZ 1994, 320). Da es sich um eine Sollvorschrift handelt, kann das Gericht in Ausnahmefällen davon abweichen, etwa weil andere als nach dieser Vorschrift ausgeschlossene Ärzte nicht oder nur schwer erreichbar sind. Andererseits muss das Gericht unabhängig von den zeitlichen Vorgaben des Abs 2 Satz 2 einen anderen Sachverständigen auswählen, wenn es Zweifel an der Unvoreingenommenheit des bisherigen Sachverständigen hat.

Der neue Sachverständige muss die Qualifikation des § 321 Abs 1 Satz 4 aufweisen **10** (dazu § 321 Rz 9).

Da § 329 Abs 2 Satz 2 von einem Sachverständigen spricht, gilt die Vorschrift nicht für **11** Unterbringungsmaßnahmen nach § 312 Nr 2. Dafür reichen nämlich ärztliche Zeugnisse aus. Besteht allerdings eine Voreingenommenheit des ausstellenden Arztes, wird das Gericht nach § 26 einen anderen Arzt beauftragen müssen (Damrau/Zimmermann § 70i FGG Rn 10).

§ 330 Aufhebung der Unterbringung

Die Genehmigung oder Anordnung der Unterbringungsmaßnahme ist aufzuheben, wenn ihre Voraussetzungen wegfallen. Vor der Aufhebung einer Unterbringungsmaßnahme nach § 312 Nr. 3 soll das Gericht die zuständige Behörde anhören, es sei denn, dass dies zu einer nicht nur geringen Verzögerung des Verfahrens führen würde.

A. Allgemeines

1 § 330 Satz 1 entspricht dem bisherigen § 70i Abs 1 Satz 1 FGG, der Satz 2 inhaltlich dem bisherigen § 70i Abs 1 Satz 2 FGG. Dessen Satz 3 konnte in Hinblick auf die allgemeine Bekanntgabevorschrift des § 325 Abs 2 Satz 2 entfallen.

B. Einzelheiten

2 § 330 Satz 1 trifft Aussagen zu den Gründen für die Aufhebung einer Unterbringungsmaßnahme und besonderen, zu beachtenden Verfahrensschritten bei öffentlich-rechtlichen Unterbringungsmaßnahmen nach § 312 Nr 3.

I. Aufhebung, Satz 1

3 § 330 Satz 1 verdeutlicht eine Selbstverständlichkeit: Eine Unterbringungsmaßnahme ist aufzuheben, wenn deren materielle Voraussetzungen entfallen sind. Kein Betroffener soll länger als erforderlich untergebracht oder unterbringungsähnlichen Maßnahmen unterzogen sein. Daraus folgt, dass das Gericht während einer Unterbringungsmaßnahme fortlaufend deren materielle Notwendigkeit zu überwachen hat. Insoweit ergänzt § 330 Satz 1 die für einen Betreuer und Bevollmächtigten (vgl § 1906 Abs 3 Satz 1 BGB), Eltern, Vormund und Pfleger bzw die zuständige Behörde bestehende Verpflichtung, die Notwendigkeit der Unterbringungsmaßnahme ständig zu kontrollieren. Gleichzeitig verdeutlicht er, dass das Gericht gegebenenfalls selbst gegen den Willen des gesetzlichen oder gewillkürten Vertreters bzw der zuständigen Behörde die Unterbringung zu beenden hat, wenn deren Voraussetzungen entfallen sind. Will der gesetzliche Vertreter die Unterbringung trotz Entfallens der Voraussetzungen nicht beenden, muss das Betreuungsgericht dagegen ggf mit den Mitteln der §§ 1666, 1837 BGB einschreiten.

4 Auch wenn die Behörde oder der gesetzliche bzw gewillkürte Vertreter die Unterbringung bereits zuvor beendet haben, ist das Gericht gehalten, seine Entscheidung, sprich Genehmigung bzw Anordnung der Unterbringung, aufzuheben. Nur so wird der von der Entscheidung ausgehende Rechtsschein beseitigt und ein erneutes Gebrauchmachen von der Entscheidung ohne gerichtliche Nachprüfung verhindert (BayObLG BtPrax 1995, 144 und FamRZ 2001, 1561).

II. Verfahren

5 Das Verfahren zur Aufhebung einer Unterbringungsmaßnahme ist nicht besonders geregelt. Es finden sich in § 330 Satz 2 allein Sondervorschriften zur Beteiligung der zuständigen Behörde bei öffentlich-rechtlichen Unterbringungen. In diesen Fällen hat das Gericht der zuständigen Behörde vor der Aufhebung einer Unterbringung Gelegenheit zur Stellungnahme einzuräumen. Der Gesetzgeber wollte damit sicherstellen, dass die Behörde im Allgemeininteresse gegebenenfalls Bedenken gegen die Aufhebung vortragen kann bzw rechtzeitig alternative Hilfen im Rahmen der Nachsorge bereitstellt oder nach Bekanntgabe der Aufhebung gegebenenfalls Rechtsmittel einlegen kann. Sofern mit der Einräumung des rechtlichen Gehörs für die zuständige Behörde mehr als nur geringe Verzögerungen verbunden wären, kann das Gericht darauf verzichten. Zumindest sollte

eine telefonische Rücksprache versucht werden. Einige Stunden Verzögerung sind noch hinnehmbar.

Ansonsten gelten bei öffentlich-rechtlichen und zivilrechtlichen Unterbringungsmaßnahmen keine besonderen Verfahrensregelungen. 6

Die im Einzelfall notwendigen Verfahrenshandlungen bestimmen sich in entsprechender Anwendung der für die Anordnung einer Unterbringungsmaßnahme maßgeblichen Verfahrensvorschriften. Solange das Verfahren nicht abgegeben ist, bleibt das ursprünglich befasste Gericht und dort funktionell der Richter zuständig. 7

Bei eindeutiger Sachlage ist das Gericht verpflichtet, die Unterbringungsmaßnahme unverzüglich aufzuheben und jegliche Verfahrenshandlung zu unterlassen, die zu einer Verzögerung führen würde. 8

Die Benachrichtigung der Verfahrensbeteiligten und der in §§ 320, 325 Abs 2 genannten Personen und Institutionen kann gleichzeitig mit der Aufhebung erfolgen. 9

Bei einer nicht so eindeutigen Sachlage sind die im Rahmen des § 26 gebotenen Verfahrenshandlungen vorzunehmen. Denkbar wäre die Einholung einer sachverständigen Stellungnahme bzw eines Gutachtens, die persönliche Anhörung des Betroffenen oder Beweiserhebungen. Innerhalb dieses Verfahrens können die §§ 312 ff als Richtlinie gelten. 10

Die Entscheidung erfolgt durch Beschluss und kann auf Aufhebung der Unterbringungsmaßnahme bzw Ablehnung der Aufhebung lauten. Die Entscheidung wird mit Bekanntgabe an den gesetzlichen Vertreter (des Betroffenen) bzw die zuständige Behörde wirksam, da sie ihrem Inhalt nach für sie bestimmt sind, § 40 Abs 1. Bekanntgabe erfolgt im Übrigen an den Betroffenen selbst, seinen gesetzlichen Vertreter, ggf seinen Bevollmächtigten, seinen Verfahrensbevollmächtigten, ggf den Verfahrenspfleger, die in § 320 Genannten sowie bei öffentlich-rechtlichen Unterbringungen an die zuständige Behörde. Die Entscheidung kann mit der einfachen Beschwerde (§ 58 Abs 1) angefochten werden. Die Beschwerdebefugnis bestimmt sich nach §§ 59, 335. 11

§ 331 Einstweilige Anordnung

Das Gericht kann durch einstweilige Anordnung eine vorläufige Unterbringungsmaßnahme anordnen oder genehmigen, wenn
1. dringende Gründe für die Annahme bestehen, dass die Voraussetzungen für die Genehmigung oder Anordnung einer Unterbringungsmaßnahme gegeben sind und ein dringendes Bedürfnis für ein sofortiges Tätigwerden besteht,
2. ein ärztliches Zeugnis über den Zustand des Betroffenen vorliegt,
3. im Fall des § 317 ein Verfahrenspfleger bestellt und angehört worden ist und
4. der Betroffene persönlich angehört worden ist.

Eine Anhörung des Betroffenen im Wege der Rechtshilfe ist abweichend von § 319 Abs. 4 zulässig.

Übersicht

	Rz		Rz
A. Allgemeines	1	3. Glaubhaftmachung	14
B. Einzelheiten	2	4. Ärztliches Zeugnis, Nr 2	15
I. Anwendungsbereich	3	5. Verfahrenspfleger, Nr 3	17
II. Voraussetzungen einer gewöhnlichen einstweiligen Anordnung	5	6. Persönliche Anhörung, Nr 4	18
		7. Gelegenheit zur Äußerung	19
1. Dringende Gründe für Vorliegen der Voraussetzungen für eine endgültige Unterbringungsmaßnahme, Nr 1, 1. Hs	6	8. Verhältnismäßigkeit	20
		9. Entscheidungsinhalt	21
		10. Bekanntgabe und Wirksamkeit einer einstweiligen Anordnung	23
2. Dringendes Bedürfnis für ein sofortiges Tätigwerden, Nr 1, 2. Hs	10	11. Anfechtbarkeit	24

A. Allgemeines

1   Die bisher in § 70h FGG geregelte einstweilige Anordnung im Unterbringungsverfahren findet sich nun in den §§ 331–334. Die Vorschriften sind dem § 300 angepasst, der die einstweilige Anordnung im Betreuungsverfahren betrifft. § 331 entspricht dem bisherigen § 70h Abs 1 Satz 1 und 2 FGG mit seinem Verweis auf § 69f Abs 1 FGG. Die weiteren dort bisher in Satz 2 und 3 enthaltenen Regelungen konnten entfallen, da den zum Verfahren hinzugezogenen Beteiligten bereits nach § 320 rechtliches Gehör zu gewähren ist und sich aus § 51 Abs 2 ergibt, dass sich das Verfahren der einstweiligen Anordnung nach den Verfahrensgrundsätzen des Hauptsacheverfahrens richtet.

B. Einzelheiten

2   Da bis zum Vorliegen aller Voraussetzungen für eine Unterbringungsentscheidung in der Hauptsache einige Zeit verstreichen kann, ermöglicht § 331 den Erlass einer einstweiligen Anordnung. Mit ihr kann eine vorläufige Unterbringungsmaßnahme ergehen. So ist gewährleistet, dass in Gefahrensituationen rasch eine Unterbringungsmaßnahme ergehen kann. Solche Situationen können entstehen, wenn der Betroffene freiwillig in der Klinik war, nun aber vorzeitig gehen will oder der Betroffene, weil mit dem Aufschub Gefahr verbunden war, vom Betreuer bzw Bevollmächtigten untergebracht wurde (§ 1906 Abs 2 Satz 2 BGB). Vom gesetzgeberischen Willen als Ausnahmeverfahren in Krisensituationen konzipiert, nutzt die gerichtliche Praxis vorläufige Unterbringungsmaßnahmen zumindest bei zivilrechtlichen Unterbringungen nach §§ 1631b, 1846, 1906 Abs 1 BGB und den öffentlich-rechtlichen Unterbringungsmaßnahmen weitgehend als Regelverfahren. Gefördert wird diese Tendenz durch Bestrebungen, stationäre Unterbringungen aus finanziellen Erwägungen zeitlich eng zu befristen. Der Gesetzgeber trägt dem Rechnung, indem er das einstweilige Anordnungsverfahren in den §§ 49–57 als eigenständiges Verfahren ausgestaltet. Nach dem bisherigen Recht war das Eilverfahren hauptsacheabhängig konzipiert. Die einstweilige Anordnung musste als vorläu-

fige Regelung in einem von Amts wegen einzuleitenden Hauptsacheverfahren durch eine endgültige Maßnahme ersetzt werden. Dagegen ist die einstweilige Anordnung nunmehr, selbst bei Anhängigkeit eines Hauptsacheverfahrens, ein selbständiges Verfahren, vgl § 51 Abs 3. Der durch eine einstweilige Anordnung beschwerte Betroffene kann, sollte das Gericht nicht von Amts wegen tätig werden, die Einleitung eines Hauptsacheverfahrens erzwingen, § 52 Abs 1.

I. Anwendungsbereich

Wie § 300 für das Betreuungsverfahren, sieht § 331 für das Unterbringungsverfahren 3 den Erlass von einstweilgen Anordnungen vor. Er gilt für alle Unterbringungsmaßnahmen im Sinne des § 312. Unberührt von § 331 bleiben die nach den jeweiligen Landesunterbringungsgesetzen vorgesehenen (verwaltungsrechtlichen) Sofortunterbringungen, vgl etwa § 14 PsychKG NRW sowie polizeirechtliche Freiheitsentziehungen, zB polizeilicher Gewahrsam nach § 35 PolG NRW. Sie können also einer vorläufigen Unterbringung nach § 331 vorausgehen.

Der Gesetzgeber hat die auch bisher schon möglichen drei Arten einstweiliger Anord- 4 nungen jetzt jeweils gesondert geregelt. Es handelt sich um die gewöhnliche einstweilige Anordnung nach § 331, die eilige einstweilige Anordnung nach § 332 und die einstweilige Maßregel nach § 334. Soweit in §§ 331, 334 keine anders lautenden Regelungen getroffen sind, gelten für das auf eine vorläufige Unterbringungsmaßnahme gerichtete Verfahren die allgemeinen Voraussetzungen für das Hauptsacheverfahren nach §§ 312 ff, vgl § 51 Abs 2 Satz 1.

II. Voraussetzungen einer gewöhnlichen einstweiligen Anordnung

§ 331 erlaubt es, eine vorläufige Unterbringungsmaßnahme durch einstweilige Anord- 5 nung zu treffen. Dies kann von Amts wegen geschehen. Die verfahrensrechtlichen Schritte zum Erlass einer solchen einstweilige Anordnung beschreiben die Nummern 1–4.

1. Dringende Gründe für Vorliegen der Voraussetzungen für eine endgültige Unterbringungsmaßnahme, Nr 1, 1. Hs

Dringende Gründe müssen die Annahme rechtfertigen, dass die Voraussetzungen für ei- 6 ne endgültige Unterbringungsmaßnahme gegeben sind. Das Gericht muss also zunächst aufgrund eines Antrages oder einer Anregung konkret mit der Entscheidung über eine endgültige Unterbringungsmaßnahme befasst sein. Weiterhin muss eine ausreichende, dh erhebliche Wahrscheinlichkeit (BayObLG FamRZ 2005, 477; OLG Frankfurt NJW-RR 1999, 144) bestehen, dass eine endgültige Genehmigung bzw Anordnung der Unterbringungsmaßnahme erfolgt. Das kann nicht bedeuten, dass in jedem Einzelfall am Ende des Verfahrens eine endgültige Unterbringungsentscheidung steht. Vielmehr bedarf es konkreter Umstände, wonach die Voraussetzungen für die Genehmigung bzw Anordnung einer Unterbringung nach § 1906 Abs 1, 2 BGB bzw einer unterbringungsähnlichen Maßnahme nach § 1906 Abs 4 BGB oder für die Anordnung einer Unterbringung nach den jeweiligen Landesunterbringungsgesetzen mit erheblicher Wahrscheinlichkeit vorliegen (BayObLG FamRZ 2005, 477).

Bei der zivilrechtlichen Unterbringung muss also zumindest gleichzeitig ein (vorläu- 7 figer) Betreuer, Vormund oder Pfleger bestellt werden bzw ein solcher, ein Bevollmächtigter oder Eltern(-teil) vorhanden sein, der über einen entsprechenden Aufgabenkreis verfügt. Weiter muss der gesetzliche bzw gewillkürte Vertreter gewillt sein, eine entsprechende Unterbringungsmaßnahme zu initiieren. Schließlich müssen konkrete Umstände mit erheblicher Wahrscheinlichkeit darauf hindeuten, dass bei Volljährigen aufgrund einer psychischen Krankheit oder einer körperlichen, geistigen oder seelischen Behinderung die Gefahr besteht, dass entweder der Betroffene sich selbst tötet oder erheblichen gesundheitlichen Schaden zufügt (§ 1906 Abs 1 Nr 1 BGB) und insoweit auch seinen Willen nicht frei bestimmen kann, oder eine Heilbehandlung notwendig ist, jedoch ohne die Unterbringung nicht durchgeführt werden kann, weil der Betroffene aufgrund einer psychischen Krankheit oder geistigen oder seelischen Behinderung nicht in der Lage ist, die Notwendigkeit von Behandlungsmaßnahmen einzusehen und nach dieser Einsicht zu handeln (§ 1906 Abs 1 Nr 2 BGB).

8   Bei Minderjährigen müssen konkrete Umstände mit erheblicher Wahrscheinlichkeit darauf hindeuten, dass zum Wohle des Kindes eine Unterbringung erforderlich ist (§ 1631b BGB).

9   Bei einer öffentlich-rechtlichen Unterbringung bedarf es der Anhängigkeit eines entsprechenden Unterbringungsverfahrens, das heißt einer (zumindest gleichzeitigen) Antragstellung der zuständigen Behörde oder Initiierung des Verfahrens durch Eilmaßnahmen der Polizei (OLG Frankfurt NJW 1992, 1395). Darüber hinaus muss die erhebliche Wahrscheinlichkeit dafür bestehen, dass die materiellen Unterbringungsvoraussetzungen nach dem jeweiligen Landesunterbringungsgesetz erfüllt sind.

2. Dringendes Bedürfnis für ein sofortiges Tätigwerden, Nr 1, 2. Hs

10   Auch hier ist nach zivilrechtlichen und öffentlich-rechtlichen Unterbringungsmaßnahmen zu differenzieren.

11   Bei einer zivilrechtlichen Unterbringungsmaßnahme muss ein dringendes Bedürfnis für ein sofortiges Tätigwerden zur Abwehr einer Gefahr für den Betroffenen bestehen. Soweit das Gesetz bislang Gefahr im Verzuge verlangte, sollte mit der Neufassung keine inhaltliche Änderung verbunden sein (BTDrs 16/6308 S 271). In § 332 verwendet der Gesetzgeber den Begriff Gefahr in Verzug indes zur Verdeutlichung der gesteigerten Dringlichkeit. Die Abwägung der zu erwartenden Nachteile für den Betroffenen bei Unterbleiben der Unterbringungsmaßnahme gegen die mit der Unterbringungsmaßnahme verbundenen Einschränkungen des Betroffenen muss das sofortige Tätigwerden des Betreuungsgerichts rechtfertigen. Das kann der Fall sein, wenn ohne sofortige Behandlung des Betroffenen die Gefahr besteht, dass er jederzeit in hochpsychotische Erregungszustände geraten kann, die, verbunden mit einer vorhandenen depressiven Stimmungslage, zu schweren gesundheitlichen Schäden bis hin zur Selbsttötung führen können (BayObLG BtPrax 2003, 268). Ähnliches gilt, wenn vor einer Hauptsacheentscheidung des Gerichtes noch weitere Ermittlungen erfolgen müssen oder ein Gutachten einzuholen ist und sich während dessen eine akute Gesundheitsverschlechterung (dazu BayObLG FamRZ 2000, 566) oder eine Chronifizierung der Erkrankung (KG FamRZ 2001, 172) beim Betroffenen ergäbe.

12   Kann dagegen das Hauptsacheunterbringungsverfahren ohne Gefährdung der Gesundheit oder des Lebens des Betroffenen durchgeführt werden oder ergeben sich nur geringe Verzögerungen, ist kein dringendes Bedürfnis für ein Tätigwerden anzunehmen (BVerfG FamRZ 1998, 895). Bei einer öffentlich-rechtlichen Unterbringungsmaßnahme kann das Bedürfnis zum Tätigwerden zum einen in Bezug auf den Betroffenen und zum anderen für die öffentliche Sicherheit oder Ordnung, erhebliche Rechtsgüter Dritter bzw die sonstigen in den jeweiligen Landesunterbringungsgesetzen geschützten Drittinteressen bestehen.

13   Das Vorliegen der Gefährdungssituationen muss vom Gericht an konkreten Tatsachen festgemacht werden (BayObLG FamRZ 2000, 566). Die Tatsachen müssen nach Ort, Zeit und Umständen bestimmt sein (OLG Saarbrücken BtPrax 1997, 202). Die Gefahr muss sich auf erhebliche Rechtsgüter beziehen, dies verlangt der Verhältnismäßigkeitsgrundsatz. Schließlich ist zu verlangen, dass sich die Gefahr mit hinreichender Wahrscheinlichkeit realisiert, wobei ein für das praktische Leben brauchbarer Grad der Wahrscheinlichkeit genügt. Dabei können frühere Verhaltensweisen des Betroffenen, seine

Persönlichkeit, seine aktuelle Befindlichkeit sowie seine zu erwartenden Lebensumstände berücksichtigt werden (BayObLG NJW 2000, 881).

3. Glaubhaftmachung

Die vorgenannten Voraussetzungen müssen nicht zur Überzeugung des Gerichts bewiesen sein. Vielmehr reicht ihre Glaubhaftmachung aus. Zwar schreibt § 51 Abs 1 Satz 2 nur für Verfahren, in denen ein Hauptsacheverfahren nur auf Antrag eingeleitet werden kann vor, dass der Antrag zu begründen und die Voraussetzungen für die Anordnung glaubhaft zu machen sind. Die Glaubhaftmachung muss aber ebenso erfolgen, wenn das Betreuungsgericht von Amts wegen eine einstweilige Unterbringungsmaßnahme treffen will. Nur dann besteht ein ausreichender Grad der richterlichen Überzeugung. Glaubhaftmachung bedeutet nämlich, dass bei verständiger Würdigung die Wahrheit einer bestimmten Tatsache bis auf weiteres angenommen werden kann. Es muss mit anderen Worten für das Vorliegen der einzelnen Tatsachen anhand konkreter Umstände eine erhebliche Wahrscheinlichkeit bestehen. Der glaubhaft gemachte Sachverhalt darf trotz Bestreitens des Betroffenen zugrunde gelegt werden (BayObLG BtPrax 2004, 159). 14

4. Ärztliches Zeugnis, Nr 2

Weiterhin muss über den Zustand des Betroffenen ein ärztliches Zeugnis vorliegen (dazu § 321 Rz 13). Zwar verlangt das Gesetz kein Gutachten, qualitativ sollte das ärztliche Zeugnis angesichts des massiven Grundrechtseingriffs aber einem Gutachten entsprechen (LG Hildesheim BtPrax 1993, 210). Der ausstellende Arzt muss den Betroffenen also zeitnah untersucht haben, die Auswirkungen der Erkrankung darstellen, eine Diagnose nachvollziehbar darlegen und zur Erforderlichkeit und Dauer der in Frage stehenden Maßnahme Stellung nehmen. Eine besondere Qualifikation des ausstellenden Arztes ist nicht vorgesehen. Das Gericht wird im Rahmen seiner Amtsermittlungspflicht nach § 26 darüber zu befinden haben, welche Qualifikation des Arztes im Einzelfall erforderlich ist. Ist die Erkrankung bereits früher diagnostiziert worden und hat zu Unterbringungsmaßnahmen geführt, wird eher das ärztliche Zeugnis des behandelnden Nichtfacharztes ausreichen (LG Tübingen FamRZ 1996, 1344) als bei Erstmanifestation einer Erkrankung. Auch der Grad der Eilbedürftigkeit und der Erreichbarkeit eines Facharztes bzw eines in der Psychiatrie oder Neurologie erfahrenen Arztes wird zu beachten sein (Damrau/Zimmermann § 70h FGG Rn 5). Teilweise wird allerdings verlangt, dass der das Attest ausstellende Arzt generell die gleiche Qualifikation aufweisen muss wie der Sachverständige nach § 321 Abs 1 Satz 4, zumindest aber ein in der Psychiatrie erfahrener Arzt sein muss (OLG Zweibrücken BtPrax 2003, 80f). 15

Bei Unterbringungsmaßnahmen nach § 312 Nr 1 in Bezug auf ein Kind reicht die Beurteilung eines psychotherapeutisch, psychologisch oder (sozial-)pädagogisch Ausgebildeten, wenn der Unterbringungsmaßnahme solche Ursachen zugrunde liegen, § 167 Abs 6 Satz 2. 16

5. Verfahrenspfleger, Nr 3

Da in Unterbringungsverfahren regelmäßig die Voraussetzungen für die Bestellung eines Verfahrenspflegers nach § 317 erfüllt sind (dazu § 317 Rz 3), ist unverzüglich ein Verfahrenspfleger zu bestellen (BayObLG FamRZ 2000, 566; OLG Schleswig BtPrax 1994, 62) und anzuhören. Für die Anhörung ist keine bestimmte Form vorgeschrieben. 17

6. Persönliche Anhörung, Nr 4

Der Betroffene muss durch den Richter persönlich angehört worden sein. Die Anhörung kann auch durch den ersuchten Richter im Wege der Rechtshilfe erfolgen, wie sich aus 18

§ 331 Satz 2 ergibt. Ein entsprechendes Rechtshilfeersuchen darf nicht abgelehnt werden (BayObLG FamRZ 1998, 841). Angesichts der Schwere des in Frage stehenden Eingriffs ist auch die Verschaffung eines persönlichen Eindrucks vom Betroffenen notwendig (OLG Karlsruhe FamRZ 1999, 670); dieser muss gegebenenfalls vom ersuchten Richter aktenkundig gemacht werden. Von der persönlichen Anhörung kann nur unter den Voraussetzungen des § 332 abgesehen werden (KG FGPrax 2008, 40). Es muss dann detailliert und konkret dargelegt werden, warum vor dem Erlass der Entscheidung, notfalls unter Zurückstellung anderer weniger wichtiger Dienstgeschäfte, keine Anhörung möglich war und worin die Gefahr in Verzug liegt (BayObLG FamRZ 2001, 578 und 2000, 566). Die Anhörung ist unverzüglich, das heißt spätestens am nächsten (Arbeits-)Tag nachzuholen (BayObLG FamRZ 2001, 578). Der in der Nichtanhörung liegende Verfahrensverstoß wird durch die nachträgliche Anhörung nicht geheilt (OLG Hamm FGPrax 2008, 43). Weiter ist ein Verzicht auf die persönliche Anhörung unter den Voraussetzungen der §§ 319 Abs 3, 34 Abs 2 möglich. Deshalb kann eine persönliche Anhörung allenfalls in zwei Konstellationen entfallen. Entweder sind von der Anhörung erheblichen Nachteile für die Gesundheit des Betroffenen zu besorgen. Dies kommt in der Praxis nicht vor. Vorübergehende Verschlechterungen oder solche, denen mit Medikamenten entgegengewirkt werden kann, reichen nämlich nicht aus (OLG Karlsruhe FamRZ 1999, 670). Zum anderen kann die persönliche Anhörung unterbleiben, wenn der Betroffene offensichtlich nicht in der Lage ist, seinen Willen kundzutun. Davon hat sich der Richter aber durch Verschaffung eines unmittelbaren Eindrucks selbst zu überzeugen.

7. Gelegenheit zur Äußerung

19 Den in § 320 genannten Institutionen und Personen ist Gelegenheit zur Äußerung zu geben. Bei Gefahr in Verzug (dazu § 332 Rz 3) kann dieser Verfahrensschritt unterbleiben. Er ist nachzuholen.

8. Verhältnismäßigkeit

20 Schließlich ist der Verhältnismäßigkeitsgrundsatz zu beachten. Deshalb darf die Freiheit des Betroffenen nur unter Beachtung der in gewissen Grenzen bestehenden Freiheit zur Krankheit aus besonders gewichtigem Grund angetastet werden (BayObLG FamRZ 2000, 566). Es müssen also bei Verzicht auf eine einstweilige Anordnung gewichtige gesundheitliche Schädigungen des Betroffenen bzw bei öffentlich-rechtlichen Unterbringungsmaßnahmen gewichtige Schädigungen des Betroffenen oder von Rechtsgütern Dritter drohen (BayObLG NJW 2002, 146).

9. Entscheidungsinhalt

21 Die Entscheidung ergeht, wie im Rahmen des Hauptsacheverfahrens, durch Beschluss. Da die einstweilige Anordnung eine Unterbringungsmaßnahme enthält, ist für den Inhalt der Entscheidung § 323 maßgeblich.

22 Die Höchstdauer der Unterbringungsmaßnahme bestimmt sich allerdings nach § 333. Eine Entscheidung zur sofortigen Wirksamkeit ist regelmäßig notwendig (BayObLG BtPrax 2002, 39). Wenn sich aus den Begleitumständen ergibt, dass die einstweilige Anordnung sofort vollziehbar und wirksam sein soll, kann bei Fehlen des entsprechenden Ausspruches an eine stillschweigende Anordnung der sofortigen Wirksamkeit gedacht werden und diese zur Klarstellung im Wege der nachträglichen Berichtigung erfolgen (BayObLG BtPrax 2002, 39), vgl auch § 42 Abs 1. Eine Kostenentscheidung muss nicht erfolgen (OLG Hamm JMBlNRW 1995, 130).

10. Bekanntgabe und Wirksamkeit einer einstweiligen Anordnung

Für die Bekanntgabe und Wirksamkeit einer einstweiligen Anordnung gelten die §§ 324 und 325. **23**

11. Anfechtbarkeit

Gegen Entscheidungen, durch die eine einstweilige Unterbringungsmaßnahme getroffen oder abgelehnt wird, kann der Rechtsbehelf der Beschwerde eingelegt werden. Zu Einzelheiten vgl § 58 Abs 1. Gegen die Beschwerdeentscheidung ist eine Rechtsbeschwerde nicht möglich, § 70 Abs 4. **24**

Erledigt sich die Unterbringungsmaßnahme während des Beschwerdeverfahrens, kann nach ständiger obergerichtlicher Rechtsprechung regelmäßig ein fortwährendes Rechtsschutzinteresse an einer Sachentscheidung über die Rechtmäßigkeit des Eingriffs (BVerfG NJW 2002, 3161) begehrt werden. Die Feststellung kann aber nur auf entsprechenden Antrag erfolgen (OLG Celle FGPrax 2007, 189). Diese von der Rechtsprechung herausgearbeitete Rechtsschutzmöglichkeit hat der Gesetzgeber jetzt ausdrücklich in § 62 normiert. **25**

§ 332 Einstweilige Anordnung bei gesteigerter Dringlichkeit

Bei Gefahr im Verzug kann das Gericht eine einstweilige Anordnung nach § 331 bereits vor Anhörung des Betroffenen sowie vor Anhörung und Bestellung des Verfahrenspflegers erlassen. Diese Verfahrenshandlungen sind unverzüglich nachzuholen.

A. Allgemeines

1 § 332 ersetzt den bisherigen § 70h Abs 1 Satz 3, 2. Hs FGG. Inhaltlich entspricht er dem § 301, der die einstweilige Anordnung bei gesteigerter Dringlichkeit im Betreuungsverfahren regelt.

B. Einzelheiten

2 In den Fällen gesteigerter Dringlichkeit ermöglicht § 332 unter erleichterten Voraussetzungen eine einstweilige Anordnung in Unterbringungssachen (dazu § 312).

I. Besondere Voraussetzungen einer eiligen vorläufigen Unterbringungsmaßnahme

3 § 332 ermöglicht es, bei Gefahr in Verzug (zunächst) auf weitere Verfahrenshandlungen zu verzichten. Mit dem Begriff Gefahr in Verzug umschreibt der Gesetzgeber eine gesteigerte Dringlichkeit. Gefahr in Verzug ist gegeben, wenn die Unterbringungsmaßnahme derart unaufschiebbar ist, dass die Einhaltung der Voraussetzungen der gewöhnlichen einstweiligen Anordnung nicht ohne konkrete Gefährdungen für den Betroffenen bzw bei öffentlich-rechtlichen Unterbringungsmaßnahmen auch für Rechtsgüter Dritter möglich ist. Die Gefahr muss sich also iSd Eintritts erheblicher Nachteile, zB gesundheitlicher Verschlechterung oder krankheitsbedingter Selbst- oder Fremdgefährdung äußern. Ein solcher Fall liegt vor, wenn einer drohenden Chronifizierung der Erkrankung beim Betroffenen nur auf der Stelle und nicht auch noch mit Maßnahmen in der nahen Zukunft begegnet werden kann (OLG Karlsruhe NJW-RR 2000, 1172).

4 Demzufolge kann das Gericht bei Gefahr in Verzug eine einstweilige Anordnung bereits vor der persönlichen Anhörung des Betroffenen, was allerdings verfassungsrechtlich bedenklich ist (BayObLG FamRZ 2001, 578 und 2000, 566), sowie vor Bestellung und Anhörung des Verfahrenspflegers erlassen.

II. Weitere Voraussetzungen

5 Die weiteren Voraussetzungen für den Erlass einer einstweiligen Anordnung, also dringende Gründe für die Annahme, dass die Voraussetzungen für eine endgültige Unterbringungsmaßnahme gegeben sind und ein dringendes Bedürfnis für ein sofortiges Tätigwerden bestehen (dazu § 331 Rz 5–13), müssen ebenfalls erfüllt sein. Das gilt auch für die weiteren Voraussetzungen der gewöhnlichen einstweiligen Anordnung, nämlich die Glaubhaftmachung der beiden vorgenannten Voraussetzungen (dazu § 331 Rz 14), das Vorliegen eines ärztlichen Zeugnisses (dazu § 331 Rz 14) und Wahrung der Verhältnismäßigkeit.

6 Die unterlassenen Verfahrenshandlungen sind unverzüglich, dh in Bezug auf die persönliche Anhörung spätestens am nächsten (Arbeits-)Tag, ansonsten in den nächsten Tagen, nachzuholen.

§ 333 Dauer der einstweiligen Anordnung

Die einstweilige Anordnung darf die Dauer von sechs Wochen nicht überschreiten. Reicht dieser Zeitraum nicht aus, kann sie nach Anhörung eines Sachverständigen durch eine weitere einstweilige Anordnung verlängert werden. Die mehrfache Verlängerung ist unter den Voraussetzungen der Sätze 1 und 2 zulässig. Sie darf die Gesamtdauer von drei Monaten nicht überschreiten. Eine Unterbringung zur Vorbereitung eines Gutachtens (§ 322) ist in diese Gesamtdauer einzubeziehen.

A. Allgemeines

§ 333 gibt die Regelungen des bisherigen § 70h Abs 2 Satz 1, 2 und 3, zT mit redaktionellen Änderungen, wieder. Zusätzlich stellt Satz 3 klar, dass auch eine mehrfache Verlängerung der einstweiligen Anordnung bis zur Gesamtdauer von 3 Monaten möglich ist. 1

B. Einzelheiten

In § 333 finden sich Regelungen zur zeitlichen Befristung und Verlängerung von einstweiligen Anordnungen. Diese Regelungen gelten für alle Arten einer einstweiligen Anordnung, also die normale und eilige einstweilige Anordnung nach §§ 331, 332 und die einstweilige Maßregel nach § 334. 2

I. Zeitdauer einer einstweiligen Anordnung, Satz 1

Satz 1 legt als Höchstfrist einer einstweiligen Anordnung sechs Wochen fest. Die Frist beginnt mit dem Wirksamwerden der Entscheidung (dazu § 324). Der Gesetzgeber erachtete diese Frist als ausreichend, um über eine endgültige Unterbringungsmaßnahme entscheiden zu können (BTDrs 11/4528, S 186). Nennt die Entscheidung des Gerichts keine Frist, gilt die vom Gesetz vorgesehene Frist von sechs Wochen. Die Wirksamkeit einer einstweiligen Anordnung endet automatisch mit Fristablauf bzw zuvor durch Aufhebung (§ 330) oder Wirksamwerden einer anderweitigen Regelung (§ 56) oder der Hauptsacheentscheidung (KG FamRZ 1993, 84). 3

Obwohl in der Praxis Unterbringungen oftmals schon nach zwei oder drei Wochen beendet werden können, werden in der Regel einstweilige Anordnungen für sechs Wochen ausgesprochen, ohne dass die Gerichte im Einzelfall die angemessene Dauer überprüft hätten. Dies hängt wahrscheinlich mit dem erhöhten Verfahrensaufwand bei Verlängerung einer einstweiligen Anordnung zusammen. Ist das Gericht selbst nach § 1846 BGB tätig geworden, wird allerdings genau zu prüfen und darzulegen sein, wie lange der gesetzliche Vertreter voraussichtlich verhindert ist bzw wie viel Zeit für die Auswahl und Bestellung eines gesetzlichen Vertreters benötigt wird. Im letzten Fall dürften in der Regel zwei Wochen ausreichen (LG Hamburg BtPrax 1992, 111). Zum Fristbeginn und der Berechnung ihres Endes vgl § 323 Rz 15. 4

II. Verlängerung, Satz 2 und 3

Eine, aber auch mehrere Verlängerungen sind nach Satz 2 und 3 bis zu einer Höchstdauer von drei Monaten zulässig. Eine solche Verlängerung setzt voraus: 5

1. Vorliegen der Voraussetzungen des Erlasses einer einstweiligen Anordnung nach § 331

Es müssen, wie beim erstmaligen Erlass einer einstweiligen Anordnung die Voraussetzungen für eine solche vorliegen (dazu § 331 Rz 5 ff). 6

2. Nichtausreichen des Unterbringungszeitraumes

7 Der Unterbringungszeitraum von sechs Wochen reicht zum Erlass einer Hauptsacheentscheidung nicht aus, etwa weil das notwendige Gutachten nicht rechtzeitig fertig gestellt werden kann oder noch Beweis erhoben werden muss. Die Verlängerung bis zu einer Gesamtdauer von drei Monaten muss aber Ausnahmefällen vorbehalten bleiben, in denen aus besonderen Gründen nicht vorher über die endgültige Unterbringungsmaßnahme entschieden werden kann (OLG Karlsruhe FamRZ 2002, 1127 f).

3. Anhörung eines Sachverständigen

8 Es muss ein Arzt, der die Qualifikation des § 321 Abs 1 aufweist (dazu § 321 Rz 9 ff). Im Hinblick auf die Dauer und Bedeutung der Verlängerung einer Unterbringungsmaßnahme wird ein ärztliches Zeugnis allein nicht für ausreichend erachtet. Eine persönliche Anhörung des Sachverständigen ist im Gesetz nicht vorgeschrieben, sie kann aber im Rahmen der Amtsermittlungspflicht (§ 26) im Einzelfall erforderlich werden, etwa im Fall von Widersprüchen in der fachärztlichen Stellungnahme (BayObLG NJWE-FER 2001, 324). Der Sachverständige muss, nach Befragung und Untersuchung des Betroffenen, Aussagen zum gesundheitlichen Zustand sowie zur weiteren Erforderlichkeit der Unterbringung machen.

4. Durchführung des in § 331 vorgesehenen Verfahrens

9 Da das Gesetz in § 333 Satz 2 von einer weiteren einstweiligen Anordnung spricht, müssen die Verfahrensvoraussetzungen für den Erlass einer einstweiligen Anordnung erneut erfüllt werden (dazu § 331 Rz 15–19). Demzufolge muss unter anderem der Betroffene persönlich angehört werden und die Verfahrensbeteiligten müssen Gelegenheit zu Äußerung erhalten.

5. Höchstdauer, Satz 4 und 5

10 Nach Ablauf von drei Monaten kann in derselben Sache keine weitere einstweilige Anordnung ergehen, sondern nur mit einer Hauptsacheentscheidung über die weitere Fortdauer der Unterbringungsmaßnahme entschieden werden.

11 Satz 5 stellt klar, dass bei der Berechnung der Gesamtdauer einer Unterbringungsmaßnahme die Zeit einer Unterbringung zur Vorbereitung eines Gutachtens nach § 322 einzubeziehen ist.

§ 334 Einstweilige Maßregeln

Die §§ 331, 332 und 333 gelten entsprechend, wenn nach § 1846 des Bürgerlichen Gesetzbuchs eine Unterbringungsmaßnahme getroffen werden soll.

A. Allgemeines

§ 334 gibt den Inhalt des bisherigen § 70h Abs 3 wieder. § 334 ermöglicht es dem Gericht, anstelle eines vorhandenen oder sogar noch nicht bestellten gesetzlichen bzw gewillkürten Vertreters ausnahmsweise selbst im Wege einer einstweiligen Anordnung zivilrechtliche Unterbringungsmaßnahmen nach § 312 Nr 1 und 2 anzuordnen (dazu § 312 Rz 3–4). Die Verweisung auf § 1846 BGB verdeutlicht, dass nur zivilrechtliche, nicht öffentlich-rechtliche Unterbringungsmaßnahmen vom Gericht selbst getroffen werden können. Im Gesetzgebungsverfahren zum BtG war es umstritten, ob den Gerichten diese Befugnis durch die Bezugnahme auf § 1846 BGB eingeräumt werden sollte. Mit der herrschenden Meinung (BGH MDR 2002, 762) hat sich der Gesetzgeber zu dieser Lösung entschieden.   1

B. Einzelheiten

Die Gerichte selbst sollen in Eilfällen anstelle des gesetzlichen bzw gewillkürten Vertreters tätig werden können, wenn eine Unterbringungsmaßnahme notwendig wird und eine der drei nachfolgenden Konstellationen besteht. Es ist noch kein Vormund, Pfleger oder Betreuer für den Betroffenen bestellt bzw kein Bevollmächtigter iSd § 1896 Abs 2 vorhanden. Ein gesetzlicher oder bevollmächtigter Vertreter ist zwar bestellt, er verfügt aber nicht über einen ausreichenden Aufgabenkreis. Der bestellte gesetzliche bzw gewillkürte Vertreter ist an der Erfüllung seiner Aufgaben verhindert, zB durch Ortsabwesenheit, Urlaub, Erkrankung etc.   2

Müsste in diesen Fällen zunächst ein gesetzlicher Vertreter ausgewählt und bestellt, sein Aufgabenkreis erweitert oder sein Aufenthaltsort ermittelt werden, würde Zeit vergehen, die Gefährdungen zu Lasten des Betroffenen mit sich bringen könnte. Über den Verweis auf § 1846 BGB lässt § 334 daher zu, dass das Gericht selbst im Interesse des Betroffenen ausnahmsweise im Einzelfall die erforderliche Unterbringungsmaßnahme anordnet. Neben § 1846 BGB gelten für eine solche Maßnahme §§ 331, 332 und 333 entsprechend. Es müssen also nachstehende Voraussetzungen für eine einstweilige Maßregel nach § 334 iVm § 1846 BGB erfüllt sein: 3

I. Dringende Gründe für Vorliegen der Voraussetzungen für eine endgültige Unterbringungsmaßnahme

Diese Voraussetzung ist zu bejahen, wenn eine erhebliche Wahrscheinlichkeit besteht, dass ein (vorläufiger) Betreuer, Vormund oder Pfleger bestellt wird, bzw es muss ein solcher, ein Bevollmächtigter oder Eltern (-teil) vorhanden sein, der zur Entscheidung über die Unterbringung befugt ist. Weiter muss eine erhebliche Wahrscheinlichkeit dafür bestehen, dass er eine Unterbringungsmaßnahme initiieren wird und es müssen die sachlichen Voraussetzungen für eine zivilrechtliche Unterbringungsmaßnahme nach §§ 1906 Abs 1 oder 4, 1631b BGB gegeben sein.   4

II. Verhinderung des Vertreters

Dieser gesetzliche bzw gewillkürte Vertreter muss gehindert sein, eine Entscheidung über die in Frage stehenden Unterbringungsmaßnahme zu treffen (BayObLG FamRZ 1999, 1304).   5

§ 334 FamFG | Einstweilige Maßregeln

1. Hinderungsgründe

6 Die Verhinderung kann darauf beruhen, dass der Vertreter – bei gleichzeitiger Bestellung – von seiner Bestellung noch keine Kenntnis besitzt (OLG Schleswig BtPrax 2001, 211) oder dass er – bei vorangegangener Bestellung – aufgrund Krankheit, Ortsabwesenheit, Urlaub, Unerreichbarkeit, organisatorischer Probleme (LG Berlin BtPrax 1992, 43) nicht handlungsfähig ist. Kein Fall der Verhinderung liegt vor, wenn der vorhandene gesetzliche bzw gewillkürte Vertreter die konkrete Unterbringungsmaßnahme – aus welchen Gründen auch immer – nicht durchführen will. Hier bliebe bei akuter Gefährdung des Betroffenen oder Dritter die Möglichkeit der öffentlich-rechtlichen Unterbringung (OLG Schleswig BtPrax 2001, 211). An der Voraussetzung der Verhinderung mangels es ebenfalls, wenn das Gericht übersieht, dass bereits ein vorläufiger Betreuer bestellt ist (BayObLG FamRZ 2002, 419, 421). Keinesfalls darf sich das Gericht nämlich des § 1846 BGB bedienen, um in die Führung des Amtes bzw der übertragenen Aufgabe einzugreifen (OLG Schleswig BtPrax 2001, 211; LG Frankfurt/Main BtPrax 2001, 174). Das Gericht muss ggf die Mittel der Aufsicht/oder Weisung nach § 1837 BGB bzw letztlich die Möglichkeit der Entlassung des gesetzlichen Vertreters nach §§ 1886, 1915, 1908b BGB nutzen.

2. Sonderfall des noch nicht bestellten Betreuers

a) Grundsatz

7 Nach inzwischen gefestigter Rechtsprechung (BGH MDR 2002, 762) muss mit der einstweiligen Maßregel keine gleichzeitige, sondern lediglich danach eine unverzügliche Betreuerbestellung erfolgen. § 1908i BGB verweist nämlich uneingeschränkt auf eine sinngemäße Anwendung des § 1846 BGB. Dessen Wortlaut umfasst aber gerade auch den Fall, dass ein Betreuer noch nicht bestellt ist. Der Gesetzgeber wollte bewusst die Möglichkeit für das Gericht schaffen, eine vorläufige Unterbringung Volljähriger nach § 1846 BGB anzuordnen. Eine solche Schutzmaßnahme sollte unabhängig von der Betreuung zulässig sein. In dringenden Fällen kann vor Bestellung eines Betreuers die Unterbringung nach § 1846 BGB notwendig und sinnvoll sein. Zudem brächte ein gleichzeitig bestellter Betreuer dem Betroffenen nicht immer nur einen Vorteil. In der Eilsituation kann der Richter nämlich nicht immer sicher überblicken, ob ein naher Angehöriger oder eine vorrangig zu berücksichtigende Person als Betreuer gewonnen werden kann. Sind solche Personen anwesend, können sie ggf zu Betreuern bestellt werden, so dass sich die Frage nach einer Maßnahme nach § 1846 BGB gar nicht mehr stellt. Würde eine zufällig anwesende Person zum Betreuer bestellt, wäre nicht sichergestellt, dass sie über ausreichende Kenntnisse der persönlichen Verhältnisse des Betroffenen bzw die ausreichende Fachkompetenz verfügt. Zudem würde der Betroffene später mit einem evt notwendigen Betreuerwechsel belastet. Würde eine nicht anwesende Person oder gar die Betreuungsbehörde bestellt, wäre dies ein rein formaler Akt. Die Bestellung eines im konkreten Zeitpunkt nicht handlungsfähigen Betreuers, brächte dem Betroffenen keinerlei Vorteile.

b) Besondere Voraussetzungen

8 Der BGH weist allerdings ausdrücklich auf den Ausnahmecharakter des § 1846 BGB hin. Es muss, sofern noch nicht vorhanden, gleichzeitig ein Verfahren zur Bestellung eines (vorläufigen) Betreuers mit dem Ziel der unverzüglichen Bestellung eines solchen eingeleitet werden. Dieses Verfahren muss beschleunigt betrieben werden. Bietet sich keine Person, die die Voraussetzungen des § 1897 Abs 4 und 5 BGB erfüllt, als (vorläufiger) Betreuer an, muss zumindest eine telefonische Anfrage oder Faxanfrage an die zuständige Betreuungsbehörde gerichtet werden, die entsprechend ihrer Verpflichtung nach § 8 Satz 2 BtG eine geeignete Person vorzuschlagen hat (BayObLG BtPrax 2003, 176). Er-

folgt die Anordnung der vorläufigen Unterbringung außerhalb des Gerichtsgebäudes an Ort und Stelle oder außerhalb der normalen Dienstzeit durch einen Bereitschaftsdienst, kann es ausreichen, wenn durch geeignete Maßnahmen sichergestellt wird, dass die Einleitung des Verfahrens zur Bestellung eines Betreuers unverzüglich, regelmäßig am nächsten Arbeitstag, nachgeholt wird. Etwa dadurch, dass gerichtsintern die Vorlage des Verfahrens spätestens am nächsten Tag beim ordentlichen Dezernenten bzw seinem Vertreter zur Durchführung dieses Verfahrens sichergestellt wird.

Demzufolge kommt eine Anwendung dieser Vorschrift nur unter besonderen Voraussetzungen und in zeitlich eng umgrenzten Situationen in Betracht. Maßnahmen nach §§ 331, 332 sind vorrangig auszuschöpfen. Ist das Gericht selbst tätig geworden, hat es diese Maßnahmen aufzuheben, sobald ein gesetzlicher Vertreter bestellt ist und dieser entscheidet bzw der verhinderte gesetzliche oder gewillkürte Vertreter wieder entscheiden kann. 9

Trifft das Gericht nicht gleichzeitig mit der Anordnung der Unterbringung die zur unverzüglichen Bestellung eines Betreuers erforderlichen Maßnahmen, ist die Unterbringungsanordnung von vornherein unzulässig (BGH MDR 2002, 762). Das wurde im Fall des BGH bejaht, weil nur ein Gutachten zur Erforderlichkeit der Betreuung eingeholt wurde. Das Gericht nimmt damit nämlich in Kauf, dass der Betroffene uU wochenlang ohne Betreuer bleibt (vgl BayObLG BtPrax 2003, 176). Offen gelassen hat der BGH, ob die Unterbringungsanordnung – ex nunc – unzulässig wird, wenn die zur Betreuerbestellung erforderlichen Maßnahmen zwar ordnungsgemäß eingeleitet, aber nicht mit der notwendigen Beschleunigung betrieben werden. Das kann das nur bejaht werden, wenn die Gründe dafür im Verantwortungsbereich des Gerichts liegen. Die Unterbringungsanordnung gilt auch dann als unzulässig, wenn das Gericht zwar unverzüglich einen vorläufigen Betreuer bestellt, diesem aber nicht die Gelegenheit gibt, die Interessen des Betroffenen wahrzunehmen und die Entscheidung über die Fortdauer der Unterbringung in eigener Verantwortung zu treffen (BayObLG FamRZ 2003, 783). Das Gericht muss dem bestellten Betreuer mitteilen, welche Aufgaben bezüglich der Unterbringung auf ihn zukommen und eine Aufenthaltsbestimmung erfragen. Ansonsten wird die nach § 1846 BGB angeordnete vorläufige Unterbringung unzulässig, wenn die Verhinderung des Betreuers entfällt (OLG Schleswig BtPrax 2001, 211). 10

III. Weitere Voraussetzungen für eine einstweilige Maßregel

Weiter müssen folgende Voraussetzungen für den Erlass einer einstweiligen Maßregel erfüllt sein. 11

1. Dringlichkeit

Die Unterbringungsmaßnahme ist derart dringend, dass mit dem Aufschub der Maßnahme für den Betroffenen ein Nachteil verbunden wäre. 12

2. Einleitung eines Verfahrens zur Bestellung eines gesetzlichen Vertreters

Es muss, sofern noch nicht vorhanden, gleichzeitig ein Verfahren zur Bestellung eines (vorläufigen) Vormundes, Pflegers bzw Betreuers mit dem Ziel der unverzüglichen Bestellung eines solchen eingeleitet werden. 13

3. Beschleunigtes Betreiben des Verfahrens

Dieses Verfahren muss beschleunigt betrieben werden (dazu oben Rz 8). 14

§ 334 FamFG | Einstweilige Maßregeln

4. Gefahr in Verzug

15 Weitere Voraussetzungen für den Erlass einer einstweiligen Unterbringungsmaßnahme nach § 1846 BGB ist das Bestehen von Gefahr in Verzug. Mit dem Aufschub der Unterbringung bis zur Bestellung eines gesetzlichen Vertreters bzw bis zum Entfallen der Verhinderung des bestellten gesetzlichen Vertreters sowie dessen Entscheidung über die anstehende Unterbringungsmaßnahme muss Gefahr verbunden sein. Diese Gefahr muss durch konkrete Tatsachen belegt sein und sich im Sinne des Eintritts erheblicher Nachteile, zB gesundheitliche Verschlechterung oder krankheitsbedingte Selbstgefährdung, für den Betroffenen äußern (BayObLG FamRZ 2001, 576). Ein solcher Fall liegt etwa vor, wenn einer drohenden Chronifizierung der Erkrankung beim Betroffenen nur auf der Stelle und nicht auch noch mit Maßnahmen in der näheren Zukunft begegnet werden kann (OLG Karlsruhe NJW-RR 2000, 1172). War der alkoholkranke Betroffene dagegen in der Vergangenheit schon mehrfach nach §§ 1846, 1906 Abs 1 Satz 1 BGB zur Entgiftung untergebracht worden, ohne dass es jemals zur Bestellung eines (vorläufigen) Betreuers kam, ist diese Voraussetzung nicht erfüllt (BayObLG FamRZ 2001, 576).

5. Ärztliches Zeugnis

16 Schließlich muss ein ärztliches Zeugnis über den Zustand des Betroffenen vorliegen (dazu § 321 Rz 13 ff).

6. Vorliegen der weiteren Voraussetzungen für eine einstweilige Unterbringungsanordnung nach § 331

17 Schließlich müssen die weiteren Voraussetzungen für den Erlass einer einstweiligen Anordnung nach § 331 erfüllt sein. Mit anderen Worten muss ein dringendes Bedürfnis für ein sofortiges Tätigwerden (dazu § 331 Rz 10 ff), eine Glaubhaftmachung der erforderlichen Voraussetzungen (dazu § 331 Rz 14), eine persönliche Anhörung des Betroffenen (dazu § 331 Rz 18), eine Gelegenheit zur Äußerung für die in § 320 Genannten, ggf die Bestellung eines Verfahrenspflegers und die Wahrung der Verhältnismäßigkeit (dazu § 331 Rz 20) vorliegen.

7. Eilige einstweilige Maßregel

18 Denkbar sind auch eilige einstweilige Maßregeln des Richters nach § 334 iVm § 332. Bei einer solchen eiligen vorläufigen Unterbringungsmaßnahme können die persönliche Anhörung des Betroffenen sowie die Bestellung und Anhörung eines Verfahrenspflegers (zunächst) unterbleiben. Da der Richter aber an die Stelle des gesetzlichen Vertreters tritt, sind nur ganz ausnahmsweise solche Fälle denkbar, zB bei fehlender tatsächlicher Durchführbarkeit. Die unterlassenen Verfahrenshandlungen sind unverzüglich nachzuholen.

§ 335 Ergänzende Vorschriften über die Beschwerde

(1) Das Recht der Beschwerde steht im Interesse des Betroffenen
1. dessen Ehegatten oder Lebenspartner, wenn die Ehegatten oder Lebenspartner nicht dauernd getrennt leben, sowie dessen Eltern und Kindern, wenn der Betroffene bei diesen lebt oder bei Einleitung des Verfahrens gelebt hat, den Pflegeeltern,
2. einer von dem Betroffenen benannten Person seines Vertrauens sowie
3. dem Leiter der Einrichtung, in der der Betroffene lebt,
zu, wenn sie im ersten Rechtszug beteiligt worden sind.

(2) Das Recht der Beschwerde steht dem Verfahrenspfleger zu.

(3) Der Betreuer oder der Vorsorgebevollmächtigte kann gegen eine Entscheidung, die seinen Aufgabenkreis betrifft, auch im Namen des Betroffenen Beschwerde einlegen.

(4) Das Recht der Beschwerde steht der zuständigen Behörde zu.

A. Allgemeines

§ 335 ersetzt die bisherigen Regelungen zur Beschwerdeberechtigung in § 70m Abs 2 FGG. Aufgrund der Änderungen zum Rechtsmittelrecht waren inhaltliche Anpassungen an den Allgemeinen Teil, vgl §§ 58 ff, notwendig. Anders als bisher wird die Beschwerdeberechtigung nicht auf Entscheidungen begrenzt, mit denen eine Unterbringungsmaßnahme getroffen oder ihre Aufhebung abgelehnt wird.

B. Einzelheiten

Abs 1 billigt den Personen und Institutionen, die nach § 315 beteiligt werden können und im ersten Rechtszug tatsächlich beteiligt wurden, ein Beschwerderecht in Unterbringungssachen zu. Zweck und Reichweite der Beschwerdeberechtigung orientieren sich inhaltlich an der Beschwerdeberechtigung im Betreuungsverfahren, dort § 303 Abs 2. Wie im Betreuungsverfahren, dort § 303 Abs 1, 3 und 4, sind auch der Verfahrenspfleger, der Betreuer und die zuständige Behörde beschwerdeberechtigt, Abs 2–4, sowie zusätzlich der Bevollmächtigte.

Eine Besonderheit gilt für öffentlich-rechtliche Unterbringungsmaßnahmen nach § 312 Nr 3. Die jeweiligen Landesunterbringungsgesetze sehen vor, dass eine Unterbringungsmaßnahme nur auf Antrag der jeweils zuständigen Behörde, zT auch der Unterbringungseinrichtung, ergehen können. Wird ein solcher Antrag durch Beschluss zurückgewiesen, ist nur der Antragsteller beschwerdeberechtigt, vgl § 59 Abs 2.

I. Beschwerderecht nahe stehender Personen, Absatz 1

Beschwerdeberechtigt sind nach Abs 1 die Personen und Institutionen, die bereits nach § 315 Abs 4 im Interesse des Betroffenen am Verfahren beteiligt werden können. Es handelt sich um:

1. Angehörige, Satz 1 Nr 1

Nr 1 räumt einem nicht dauernd getrennt lebenden Ehegatten bzw (gleichgeschlechtlichen) Lebenspartner des Betroffenen, nicht aber dem Lebensgefährten, den Eltern bzw einem Elternteil, bei denen/dem der Betroffene lebt bzw bei Verfahrenseinleitung gelebt hat, sowie einem Kind (auch Stiefkind, LG Oldenburg BtPrax 1996, 31) des Betroffenen, wenn der Betroffene bei ihm lebt, eine Beschwerdeberechtigung ein. Diese Beschwerdeberechtigung besteht unabhängig davon, ob die genannten Personen – wie es § 59 Abs 1 verlangt – in eigenen Rechten verletzt sind. Voraussetzung ist, dass die jeweilige Person

§ 335 FamFG | Ergänzende Vorschriften über die Beschwerde

im ersten Rechtszug als Beteiligter nach § 7 Abs 3 iVm § 315 Abs 4 Satz 1 Nr 1 zum Verfahren hinzugezogen worden ist (zu Einzelheiten s § 315 Rz 10 ff).

2. Vertrauensperson, Satz 1 Nr 2

6 Nach Nr 2 ist auch eine Vertrauensperson des Betroffenen (dazu § 315 Rz 17) beschwerdeberechtigt, wenn sie im ersten Rechtszug als Beteiligter nach § 7 Abs 3 iVm § 315 Abs 4 Satz 1 Nr 2 zum Verfahren hinzugezogen worden ist.

3. Einrichtungsleiter, Satz 1 Nr 3

7 Schließlich wird dem Leiter der Einrichtung, in der der Betroffene lebt, ein Beschwerderecht zugebilligt, wenn er im ersten Rechtszug als Beteiligter nach § 7 Abs 3 iVm § 315 Abs 4 Satz 1 Nr 3 zum Verfahren hinzugezogen worden ist.

II. Beschwerderecht des Verfahrenspflegers, Absatz 2

8 Wie im Betreuungsverfahren, dort § 303 Abs 3, räumt § 335 Abs 2 dem Verfahrenspfleger im Unterbringungsverfahren ein Beschwerderecht ein. Nur so kann er den Interessen des Betroffenen effektiv Geltung verschaffen. Ist der Verfahrenspfleger in eigenen Rechten verletzt, steht ihm unabhängig davon eine Beschwerdebefugnis nach § 59 Abs 1 zu. Das dem Betroffenen persönlich zustehende Beschwerderecht kann der Verfahrenspfleger dagegen nicht geltend machen (OLG Hamm BtPrax 2006, 190).

III. Beschwerderecht des Betreuers bzw Vorsorgebevollmächtigten, Absatz 3

9 Abs 3 räumt dem Betreuer bzw dem Vorsorgebevollmächtigten eine Beschwerdebefugnis gegen eine Entscheidung, die seinen Aufgabenkreis betrifft, auch im Namen des Betroffenen zu. Dieses Recht folgt für den Betreuer bereits aus § 1902 BGB und besteht nach § 303 Abs 4 auch im Betreuungsverfahren. Anders als dort wird aber nicht jedem Mitbetreuer ein eigenständiges Beschwerderecht eingeräumt, um mehrfache Beschwerden mehrerer Betreuer zu vermeiden. Im Gegensatz zum bisherigen § 70m Abs 2 FGG räumt das Gesetz nunmehr auch dem Vorsorgebevollmächtigten ein Beschwerderecht zu. Voraussetzung ist, dass die Entscheidung über eine Unterbringungsmaßnahme zum Aufgabenkreis des Vorsorgebevollmächtigten gehört.

10 Beschwerdeberechtigt ist nur ein Betreuer bzw Vorsorgebevollmächtigter, dessen Aufgabenkreis von der Unterbringungsmaßnahme betroffen ist. Das wird zu bejahen sein, wenn dem Betreuer bzw Vorsorgebevollmächtigten die Personensorge, das Recht zur Aufenthaltsbestimmung oder zur Bestimmung freiheitsentziehender Maßnahmen bzw bei einer Unterbringungsmaßnahme nach § 1906 Abs 1 Nr 2 BGB die (psychiatrische) Gesundheitsfürsorge übertragen ist.

IV. Beschwerderecht der zuständigen Behörde, Absatz 4

11 Abs 4 räumt – wie der bisherige § 70m Abs 2 iVm § 70d Abs 1 Nr 6 FGG – der zuständigen Behörde ein Beschwerderecht ein.

C. Rechtsmittelverfahren

I. Übersicht

1. Beschwerde, §§ 58 ff

12 Grds kann gegen Endentscheidungen in Unterbringungssachen das Rechtsmittel der Beschwerde eingelegt werden, § 58 Abs 1. Die Beschwerde ist binnen 1 Monat einzulegen,

§ 63 Abs 1. Handelt es sich um eine Unterbringung aufgrund einer einstweiligen Anordnung nach §§ 331, 332, 334 beträgt die Frist 2 Wochen, § 63 Abs 2 Nr 1. Zum Fristbeginn s § 63 Abs 3, zur Beschwerdeberechtigung §§ 59f und oben Rz 4 ff.

Sachlich zuständig für das Beschwerdeverfahren ist das Landgericht, § 72 Abs 1 Satz 2 GVG. Nach § 64 Abs 1 ist die Beschwerde bei dem Gericht einzulegen, dessen Beschluss angefochten wird. § 336 ergänzt das dahin, dass nach erfolgter Unterbringung des Betroffenen die Beschwerde auch bei dem Amtsgericht eingelegt werden kann, in dessen Bezirk der Betroffene untergebracht ist. Die Beschwerde soll begründet werden, § 65 Abs 1. Zu weiteren Einzelheiten vgl § 65 Rz 1–3. Das Gericht, dessen Beschluss angefochten wird, kann der Beschwerde abhelfen, wenn es sie für begründet erachtet. Anderenfalls hat es die Beschwerde unverzüglich dem Beschwerdegericht vorzulegen, § 68 Abs 1 Satz 1.

2. Rechtsbeschwerde, § 70

Gegen die Beschwerdeentscheidung kann die Rechtsbeschwerde nach § 70 eingelegt werden. Einer Zulassung der Rechtsbeschwerde durch das Beschwerdegericht bedarf es nicht, § 70 Abs 3 Satz 1 Nr 2. Zulässigkeitsvoraussetzung ist aber, dass die Rechtssache grds Bedeutung hat oder die Fortbildung des Rechts oder die Sicherung einer einheitlichen Rechtsprechung eine Entscheidung des Rechtsbeschwerdegerichts erfordert, § 70 Abs 3 Satz 2. Sachlich zuständig für die Rechtsbeschwerde ist der BGH, § 119 Abs 1 Nr 1b, 133 GVG. Nicht gegeben ist die Rechtsbeschwerde gegen einen Beschluss im Verfahren über die Anordnung, Abänderung oder Aufhebung einer einstweiligen Anordnung nach §§ 331, 332, 334, vgl § 70 Abs 4.

II. Gegenstand der Überprüfung

Die Beschwerde kann sich gegen die Genehmigung bzw Ablehnung einer Unterbringungsmaßnahme richten. Erachtet das Beschwerdegericht die Beschwerde für unzulässig, kann es die Beschwerde verwerfen. Zum Beschwerdeverfahren s § 68 Abs 3 und 4, zur Beschwerdeentscheidung § 69.

Hat sich die angefochtene Entscheidung in der Hauptsache erledigt, kann das Beschwerdegericht auf Antrag aussprechen, dass die Entscheidung des Gerichtes des 1. Rechtszuges den Beschwerdeführer in seinen Rechten verletzt hat, § 62 Abs 1. Zulässigkeitsvoraussetzung ist dann, dass der Beschwerdeführer an dieser Feststellung ein berechtigtes Interesse hat, dazu s § 62 Abs 2.

§ 336 Einlegung der Beschwerde durch den Betroffenen

Der Betroffene kann die Beschwerde auch bei dem Amtsgericht einlegen, in dessen Bezirk er untergebracht ist.

A. Allgemeines

1 Die Vorschrift beinhaltet – mit redaktionellen Änderungen – den bisherigen § 70m Abs 3 FGG iVm 69g Abs 3 FGG.

B. Einzelheiten

2 Wie im Betreuungsverfahren kann der Betroffene sein Rechtsmittel auch bei dem Amtsgericht einlegen, in dessen Bezirk er untergebracht ist. Der Betroffene ist im Beschwerdeverfahren verfahrensfähig, § 316 FGG. Er kann also zB wirksam einen Anwalt für das Verfahren beauftragen, Rechtsmittel einlegen oder zurücknehmen, auch wenn das für ihn nachteilig ist. Es bedarf dann aber zumindest einer Willenserklärung, die dem Betroffenen zuzurechnen ist (BayObLG NJOZ 2004, 2915).

§ 337 Kosten in Unterbringungssachen

(1) In Unterbringungssachen kann das Gericht die Auslagen des Betroffenen, soweit sie zur zweckentsprechenden Rechtsverfolgung notwendig waren, ganz oder teilweise der Staatskasse auferlegen, wenn eine Unterbringungsmaßnahme nach § 312 Nr. 1 und 2 abgelehnt, als ungerechtfertigt aufgehoben, eingeschränkt oder das Verfahren ohne Entscheidung über eine Maßnahme beendet wird.

(2) Wird ein Antrag auf eine Unterbringungsmaßnahme nach den Landesgesetzen über die Unterbringung psychisch Kranker nach § 312 Nr. 3 abgelehnt oder zurückgenommen und hat das Verfahren ergeben, dass für die zuständige Verwaltungsbehörde ein begründeter Anlass, den Unterbringungsantrag zu stellen, nicht vorgelegen hat, hat das Gericht die Auslagen des Betroffenen der Körperschaft aufzuerlegen, der die Verwaltungsbehörde angehört.

Übersicht

	Rz			Rz
A. Allgemeines	1		3. Ermessen	14
B. Einzelheiten	5		4. Umfang der Erstattung	15
I. Auferlegung der Kosten auf die Staatskasse, Absatz 1	7	II.	Kostentragung in Verfahren auf öffentlich-rechtliche Unterbringungsmaßnahmen, Absatz 2	18
1. Unterbringungssache	8		1. Öffentlich-rechtliche Unterbringungssache, § 312 Nr 3	19
2. Bestimmte Verfahrensbeendigung	9		2. Bestimmte Verfahrensbeendigung	20
a) Ablehnung der Maßnahme	10		3. Kein begründeter Anlass	21
b) Aufhebung als von Anfang an ungerechtfertigt	11		4. Ermessen	25
c) Einschränkung einer Maßnahme	12		5. Umfang der Erstattung	26
			6. Erstattungspflichtiger	27
d) Beendigung ohne Entscheidung über eine Maßnahme	13		7. Rechtsmittelverfahren	28

A. Allgemeines

Im Anschluss an die allgemeinen Bestimmungen zum Grundsatz der Kostenpflicht in 1 §§ 81 ff regelt § 337 speziell die Fragen der Kostentragung in Unterbringungssachen. Abs 1 entspricht dabei dem bisherigen § 13a Abs 2 Satz 1 FGG, soweit er die Kostenverteilung in Unterbringungssachen betrifft. Die Verteilung der Kostentragung im Betreuungsverfahren findet sich in § 307. Da eine Kostenentscheidung bereits nach den Grundsätzen des Allgemeinen Teils isoliert anfechtbar ist, bedurfte es keiner gesonderten, dem bisherigen § 20a Abs 1 Satz 2 FGG entsprechenden Regelung. Abs 2 gibt den Inhalt des bisherigen § 13a Abs 2 Satz 3 FGG wieder.

Neben den Auslagen des Betroffenen können im Unterbringungsverfahren Auslagen 2 des Gerichts anfallen. An Gerichtskosten werden – sofern sie nicht einem Anderen auferlegt sind – vom Betroffenen nur Auslagen nach § 137 Abs 1 Nr 16 KostO erhoben, wenn die Voraussetzungen des § 93a Abs 2 gegeben sind, §§ 2 Nr 3, 128b Abs 1 Satz 2 KostO.

Im Übrigen werden Auslagen nur von demjenigen erhoben, dem sie durch gericht- 3 liche Entscheidung auferlegt worden sind, § 128b Abs 1 Satz 3 KostO.

Gebühren werden im Unterbringungsverfahren nicht erhoben, § 128b Satz 1 KostO. 4

B. Einzelheiten

Da im Betreuungs- und Unterbringungsverfahren oftmals ein erstattungspflichtiger an- 5 derer Beteiligter fehlt, sieht der § 337 die Möglichkeit vor, die Auslagen der Betroffenen der Staatskasse, Abs 1, sowie in öffentlich-rechtlichen Unterbringungsverfahren der Körperschaft, der die Antrag stellende Behörde angehört, aufzuerlegen, Abs 2.

6 Neben den in § 337 geregelten Fällen kommt unter den Voraussetzungen des § 81 Abs 2 (dazu § 81 Rz 3–8) die Auferlegung von Kosten auf einen am Verfahren Beteiligten (dazu § 315) bzw einen nicht beteiligten Dritten nach § 81 Abs 4 (dazu § 81 Rz 10) in Betracht. Diese Regelungen gelten auch, wenn sich das Verfahren auf sonstige Weise erledigt oder der Antrag zurückgenommen wird, vgl § 83 Abs 2.

I. Auferlegung der Kosten auf die Staatskasse, Absatz 1

7 Nach Abs 1 können die zur zweckentsprechenden Rechtsverfolgung nötigen Auslagen des Betroffenen in einem eine Unterbringungssache nach § 312 Nr 1 und 2 betreffenden Verfahren der Staatskasse auferlegt werden, wenn es zu einer bestimmten Art und Weise der Verfahrensbeendigung kommt.

1. Unterbringungssache

8 Nach dem Sinn und Zweck der Vorschrift sind alle Unterbringungssachen nach § 312 Nr 1 und 2, also die so genannten zivilrechtlichen Unterbringungsmaßnahmen nach § 1906 BGB, umfasst.

2. Bestimmte Verfahrensbeendigung

9 Weiter muss das Verfahren auf die Unterbringungsmaßnahme eine bestimmte Art der Beendigung gefunden haben, nämlich:

a) Ablehnung der Maßnahme

10 Die Unterbringungsmaßnahme muss, ganz oder teilweise, als unzulässig oder unbegründet abgelehnt worden sein. Denkbare Fälle sind die Ablehnung einer Unterbringung nach § 1906 Abs 1 BGB als unverhältnismäßig oder einer unterbringungsähnlichen Maßnahme nach § 1906 Abs 4, die nur dem Schutz Dritter dient.

b) Aufhebung als von Anfang an ungerechtfertigt

11 Von Anfang an ungerechtfertigt ist eine Unterbringungsmaßnahme, wenn sie schon ursprünglich nicht ergehen durfte. Ein solcher Fall kann vorliegen, wenn das Gericht verfahrensfehlerhaft eine vorläufige Unterbringungsmaßnahme genehmigt. Das Gleiche gilt, wenn das Betreuungsgericht eine Unterbringungsmaßnahme genehmigt, obwohl der nicht einverstandene Betreute nicht an einer psychischen Krankheit leidet oder seine freie Willensbestimmung nicht aufgehoben ist. Entfallen die Voraussetzungen für die Unterbringungsmaßnahme dagegen erst nachträglich, ist keine Kostenerstattung möglich.

c) Einschränkung einer Maßnahme

12 Wie bei der Aufhebung einer Maßnahme sind auch hier nur Fälle erfasst, in denen eine Maßnahme von Anfang an zum Teil nicht ergehen durfte, etwa (unzulässige) Genehmigung zur Zuführung in eine offene Einrichtung und Genehmigung zur Anbringung eines Bettgitters in dieser Einrichtung. Eine Kostenerstattung scheidet aus, wenn es sich nur um eine unwesentliche Einschränkung oder eine solche aufgrund später veränderter Umstände handelt. Da Anwaltskosten regelmäßig unabhängig vom Umfang einer Maßnahme entstehen, können sie ebenfalls nicht erstattet werden. Ähnliches gilt für Gutachtenkosten, es sei denn, sie sind zusätzlich erforderlich geworden.

d) Beendigung ohne Entscheidung über eine Maßnahme

Eine Beendigung ohne Entscheidung über eine Maßnahme kann eintreten, wenn der Antrag zurückgenommen wird oder Erledigung der Hauptsache eintritt, weil sich der Betroffene freiwillig in stationäre Behandlung begibt oder verstirbt. 13

3. Ermessen

Sind die vorgenannten Voraussetzungen erfüllt, kann das Gericht der Staatskasse die Auslagen des Betroffenen ganz oder teilweise auferlegen. Insoweit besteht für das Gericht pflichtgemäßes Ermessen. Berücksichtigung kann schuldhaftes Veranlassen durch den Betroffenen finden. Die Ermessensspielräume sind aber eher eng. Andererseits ist es nicht angemessen, eine Kostenerstattung für das Verfahren anzuordnen, wenn im Unterbringungsverfahren zwar die Anhörung des Betroffenen unterblieb, ansonsten die Anordnung der Unterbringung aber rechtens war (OLG Hamm BtPrax 2001, 212). 14

4. Umfang der Erstattung

Der Betroffene kann seine Auslagen, also die von ihm zu tragenden Gerichtskosten (Gebühren und Auslagen) und außergerichtliche Kosten, wie Kosten für einen Anwalt, den Verfahrenspfleger, Fahrtkosten etc, erstattet erhalten, nicht die Unterbringungskosten, da sie nicht das Verfahren betreffen. 15

Ob sie zur zweckentsprechenden Rechtsverfolgung erforderlich waren, wird erst im Festsetzungsverfahren vom zuständigen Rechtspfleger geprüft. Da in § 85 nicht auf § 91 Abs 2 ZPO verwiesen wird, sind Anwaltskosten nicht stets zu erstatten. Ihre Erstattungsfähigkeit ist aber zu bejahen, wenn die Hinzuziehung eines Rechtsanwaltes wegen der Bedeutung der Entscheidung für die Lebensführung des Betroffenen erforderlich ist. Das dürfte in Unterbringungs- und Betreuungsverfahren in der Regel zu bejahen sein (OLG Zweibrücken FGPrax 2003, 220). 16

Die Erstattung der Auslagen des Betroffenen kann ganz oder teilweise angeordnet werden. Ein solcher Fall kann auch eintreten, wenn der Betroffene mit seinem Rechtsmittel in Beschwerdeverfahren in einem Punkt erfolgreich und in einem anderen Punkt erfolglos ist. Sind insoweit trennbare Kosten angefallen, kommt die Auferlegung dieser Auslagen auf die Staatskasse in Betracht (BayObLG FamRZ 2003, 1128). 17

II. Kostentragung in Verfahren auf öffentlich-rechtliche Unterbringungsmaßnahmen, Absatz 2

Eine weitere Sonderregelung findet sich in Abs 2 hinsichtlich öffentlich-rechtlicher Unterbringungssachen nach § 312 Nr 3. Lehnt das Gericht einen Unterbringungsantrag ab oder wird er zurückgenommen und hat sich im Verfahren ergeben, dass kein begründeter Anlass für die Stellung des Antrages vorlag, hat das Gericht die Auslagen des Betroffenen der Körperschaft, der die Verwaltungsbehörde angehört, aufzuerlegen. Zu den einzelnen Voraussetzungen: 18

1. Öffentlich-rechtliche Unterbringungssache, § 312 Nr 3

Abs 2 gilt nur für öffentlich-rechtliche Unterbringungssachen iSd § 312 Nr 3. Das sind Anordnungen zur Unterbringung nach den einzelnen Landesunterbringungsgesetzen. 19

2. Bestimmte Verfahrensbeendigung

Das Verfahren muss durch Zurückweisung oder Zurücknahme des Antrages enden. Andere Verfahrensbeendigungen, zB Erledigung durch Tod des Betroffenen (KG FGPrax 2006, 182) werden nicht erfasst. Insoweit ist auf die allgemeine Regelung in Abs 1 zu- 20 rückzugreifen. Unerheblich ist, ob ein Antrag als unzulässig oder unbegründet zurückgewiesen wird. Die Zurückweisung des Antrages, eine einstweilige Anordnung (§§ 331, 332) zu erlassen, kann noch keine Kostenauferlegung nach sich ziehen. Es muss in der Hauptsache zu einer Ablehnung oder Rücknahme des Antrages kommen. Zum Teil wird allerdings eine entsprechende Anwendung zugelassen, wenn nach Erledigung der Hauptsache die Rechtswidrigkeit der Unterbringungsmaßnahme aufgrund von Rechtsfehlern der Instanzgerichte festgestellt wird (OLG München NJW-RR 2005, 1377; offen gelassen von OLG Hamm FamRZ 2007, 934). Die Kosten sind dann der Staatskasse aufzuerlegen. Unerheblich ist, in welcher gerichtlichen Instanz es zur Ablehnung oder Zurücknahme des Antrages kommt.

3. Kein begründeter Anlass

21 Die Zurückweisung bzw Zurücknahme des Antrages allein genügt nicht. Es muss hinzutreten, dass zum Zeitpunkt der Antragstellung kein begründeter Anlass für das Stellen eines Unterbringungsantrages vorgelegen hat (OLG Frankfurt FamRZ 1996, 558). Liegt später zum Zeitpunkt der gerichtlichen Entscheidung kein begründeter Anlass für die Antragstellung mehr vor, schadet das nicht.

22 Kein begründeter Anlass zu Antragstellung besteht, wenn bei entsprechenden Erkundigungen über die Sach- und Rechtslage der Antrag nicht gestellt worden wäre, die Behörde Erkenntnisquellen überhaupt nicht oder nicht in zumutbarem Umfang in Anspruch genommen hat (Dodegge/Zimmermann § 32 PsychKG NRW Rn 3), vor Antragstellung keine medizinischen Stellungnahmen eingeholt worden sind, das Vorliegen der Unterbringungsvoraussetzungen nicht wenigstens wahrscheinlich war (BayObLGZ 97, 379; FamRZ 2003, 1777), Rechtsfehler begangen worden sind oder der Betroffene nicht vorher von der Behörde angehört wurde (OLG Schleswig SchlHA 1994, 65, 66).

23 Das Verhalten der Behörde muss nicht schuldhaft sein. Hat die Behörde ihren Antrag bereits kurze Zeit später wieder zurückgenommen, weil das Gericht Zweifel an seiner Erfolgsaussicht geäußert hat, kann regelmäßig keine Verpflichtung zur Kostentragung festgestellt werden. Allein die sofortige Rücknahme indiziert nicht, dass ein begründeter Anlass fehlte. Insoweit muss das Gericht dann keine weiteren Ermittlungen mehr anstellen.

24 Dagegen besteht begründeter Anlass zur Antragstellung, wenn der Betroffene wiederholt Suizidgedanken äußert, selbst wenn ungeklärt bleibt, ob er es ernst meint (BayObLG FamRZ 2004, 1899), oder das Gericht dem Antrag der zuständigen Behörde entspricht (KG FGPrax 2006, 182).

4. Ermessen

25 Anders als in Abs 1 räumt Abs 2 dem Gericht kein Ermessen ein. Liegen die zuvor dargestellten Voraussetzungen vor, muss das Gericht die Kostenerstattung anordnen.

5. Umfang der Erstattung

26 Da im Unterbringungsverfahren keine Gebühren erhoben werden, § 128b Abs 1 Satz 1 KostO, kommt nur die Erstattung außergerichtlicher Auslagen in Betracht. Das Gericht muss über die Erstattung dieser Auslagen des Betroffenen insgesamt entscheiden. Eine Quotelung oder Aufteilung der einzelnen Auslagen ist nicht vorgesehen. Die Auslagen müssen aber wie in Abs 1 notwendig bzw erforderlich sein. Die Unterbringungskosten selbst rechnen nicht zu den Auslagen. Ihre Erstattung richtet sich nach den jeweiligen Landesunterbringungsgesetzen, s etwa Art 25 BayUnterbrG, § 33 Thür PsychKG, § 32 PsychKG NRW.

6. Erstattungspflichtiger

Die Erstattung ist nicht der Antrag stellenden Behörde, sondern der Körperschaft, der diese Behörde angehört, aufzuerlegen. Zu welcher Körperschaft eine Behörde gehört, bestimmt sich nach öffentlich-rechtlichen Normen. Regelmäßig wird der Landkreis oder eine kreisfreie Stadt zur Erstattung verpflichtet sein. 27

7. Rechtsmittelverfahren

§ 337 gilt auch im Rechtsmittelverfahren, § 68 Abs 3 Satz 1. Wird also im Beschwerdeverfahren oder im Verfahren der Rechtsbeschwerde eine Unterbringungsmaßnahme abgelehnt, als ungerechtfertigt aufgehoben, eingeschränkt oder das Verfahren ohne Entscheidung beendet, ist nach Abs 1 über die Auslagen des Betroffenen zu entscheiden. In den Fällen der öffentlich-rechtlichen Unterbringung gilt Abs 2. 28

§ 338 Mitteilung von Entscheidungen

Für Mitteilungen gelten die §§ 308 und 311 entsprechend. Die Aufhebung einer Unterbringungsmaßnahme nach § 330 Satz 1 und die Aussetzung der Unterbringung nach § 328 Abs. 1 Satz 1 sind dem Leiter der Einrichtung, in der der Betroffene lebt, mitzuteilen.

A. Allgemeines

1 § 338 entspricht dem bisherigen § 70n Satz 1 und 2 und verweist hinsichtlich der notwendigen Mitteilung von Entscheidungen in Unterbringungssachen weitgehend auf die Regelungen im Betreuungsverfahren.

B. Einzelheiten

2 Die Vorschrift trifft Aussagen hinsichtlich der Notwendigkeit und Befugnis von Mitteilungen in Bezug auf Unterbringungsmaßnahmen durch das Gericht und schafft damit eine gesetzliche Grundlage für solche Mitteilungen.

I. Satz 1

3 Satz 1 sieht die entsprechende Anwendung der §§ 308 und 311, die die Mitteilung von Entscheidungen bzw Erkenntnissen im Betreuungsverfahren regeln, vor.

1. Entsprechende Anwendung des § 308

4 Aus der entsprechenden Anwendbarkeit des § 308 folgt, dass Entscheidungen im Unterbringungsverfahren an andere Gerichte, Behörden oder sonstige öffentliche Stellen mitzuteilen sind. Voraussetzung ist, dass dies unter Beachtung der berechtigten Interessen des Betroffenen erforderlich ist, um eine erhebliche Gefahr für das Wohl des Betroffenen, für Dritte oder für die öffentliche Sicherheit abzuwenden, § 308 Abs 1. Es können nach § 308 Abs 2 schon während des Verfahrens Erkenntnisse übermittelt werden. Zugleich mit der Mitteilung sind die in § 308 Abs 3 genannten Personen zu informieren. Inhalt der Mitteilung und Art der Übermittlung und der Mitteilung nach Abs 3 bzw die Gründe für ihre Unterlassung sind aktenkundig zu machen, Abs 4. Zu weiteren Einzelheiten vgl die Ausführungen zu § 308.

2. Entsprechende Anwendung des § 311

5 Aus der entsprechenden Anwendbarkeit des § 311 folgt, dass das Gericht Entscheidungen oder Erkenntnisse im Unterbringungsverfahren zum Zwecke der Verfolgung von Straftaten oder Ordnungswidrigkeiten anderen Gerichten oder Behörden mitteilen darf. Voraussetzung ist, dass nicht schutzwürdige Interessen des Betroffenen derart überwiegen, dass die Mitteilung zu unterbleiben hat. Zu Einzelheiten vgl die Ausführungen zu § 311.

II. Satz 2

6 Satz 2 sieht ergänzend Mitteilungen an den Leiter einer Einrichtung, in der der Betroffene lebt, vor. Dem Einrichtungsleiter ist die Aufhebung einer (zivilrechtlichen) Unterbringungsmaßnahme nach § 312 Nr 1 und 2 und die Aussetzung einer (öffentlich-rechtlichen) Unterbringung nach § 312 Nr 3 mitzuteilen. Damit soll der Schutz des Betroffenen vor einer weiteren Andauer einer Unterbringungsmaßnahme, die bereits vom Gericht aufgehoben bzw ausgesetzt ist, verstärkt werden.

§ 339 Benachrichtigung von Angehörigen

Von der Anordnung oder Genehmigung der Unterbringung und deren Verlängerung hat das Gericht einen Angehörigen des Betroffenen oder eine Person seines Vertrauens unverzüglich zu benachrichtigen.

A. Allgemeines

§ 339 sieht inhaltlich mit Art 104 Abs 4 GG übereinstimmend die Benachrichtigung eines Angehörigen bzw einer Vertrauensperson des Betroffenen über die Anordnung oder Genehmigung der Unterbringung und deren Verlängerung vor. 1

B. Einzelheiten

I. Benachrichtigung Angehöriger

Der Begriff Angehöriger ist weit zu fassen und geht über den in § 315 Abs 4 Nr 1–3 genannten Personenkreis hinaus. Es muss aber ein verwandtschaftliches Verhältnis bestehen. Ist im Unterbringungsverfahren bereits eine der in § 315 Abs 4 Nr 1–3 aufgeführten Personen als Beteiligter hinzugezogen worden, erübrigt sich eine zusätzliche Benachrichtigung nach § 339. 2

II. Benachrichtigung einer Vertrauensperson

Hat der Betroffene eine oder mehrere natürliche Personen als Vertrauensperson benannt (dazu § 315 Rz 17) ist sie alternativ zu einem Angehörigen über die Anordnung oder Genehmigung der Unterbringung und deren Verlängerung zu benachrichtigen, es sei denn, sie oder ein Angehöriger sind bereits als Beteiligte zum Verfahren hinzugezogen worden oder der Pflicht zur Benachrichtigung ist durch Benachrichtigung eines Angehörigen genügt. 3

Abschnitt 3
Verfahren in betreuungsgerichtlichen Zuweisungssachen

§ 340 Betreuungsgerichtliche Zuweisungssachen

Betreuungsgerichtliche Zuweisungssachen sind
1. Verfahren, die die Pflegschaft mit Ausnahme der Pflegschaft für Minderjährige oder für eine Leibesfrucht betreffen,
2. Verfahren, die die gerichtliche Bestellung eines sonstigen Vertreters für einen Volljährigen betreffen, sowie
3. sonstige dem Betreuungsgericht zugewiesene Verfahren,

soweit es sich nicht um Betreuungssachen oder Unterbringungssachen handelt.

A. Normzweck

1   Die Vorschrift führt mit der Bezeichnung »Betreuungsgerichtliche Zuweisungssachen« einen Sammelbegriff für weitere Zuständigkeiten des Betreuungsgerichts außerhalb der Betreuungs- und Unterbringungssachen ein. Es handelt sich dabei überwiegend um Verfahren, für die bislang das Vormundschaftsgericht zuständig war, die aber nach dessen Auflösung nicht dem Familiengericht, sondern dem Betreuungsgericht übertragen werden sollen (BTDrs 16/6308 S 276).

2   Dabei ergänzen die Nrn 1 und 2 der Vorschrift die Regelung des § 151 Nr 5. Danach sind Kindschaftssachen die dem Familiengericht zugewiesenen Verfahren, die die Pflegschaft oder die gerichtliche Bestellung eines sonstigen Vertreters für einen Minderjährigen oder für eine Leibesfrucht betreffen.

3   Nr 3 entspricht in seiner Auffangfunktion strukturell den sonstigen Familiensachen. Diese sind in § 266 geregelt.

4   Sofern ein Verfahren nach der jeweiligen Definitionsnorm bereits Betreuungssache oder Unterbringungssache ist, geht diese Zuordnung vor.

B. Regelungen

5   Nr 1 nennt Verfahren, die die Pflegschaft mit Ausnahme der Pflegschaft für Minderjährige oder für eine Leibesfrucht betreffen. Hierunter fallen insbes Pflegschaften nach den §§ 1911, 1914 BGB sowie nach § 1913 BGB oder § 17 des Gesetzes zur Sachenrechtsbereinigung im Beitrittsgebiet (SachenRBerG), soweit nicht positiv feststeht, dass der Beteiligte minderjährig oder noch nicht geboren ist. In diesen Fällen wäre nach § 151 Nr 5 das Familiengericht zuständig (BTDrs 16/6308 S 276).

6   Nr 2 umfasst Verfahren, die die gerichtliche Bestellung eines Vertreters, der kein Pfleger ist, für einen Volljährigen betreffen. Hierunter fallen bspw Vertreterbestellungen nach § 16 des Verwaltungsverfahrensgesetzes (VwVfG), § 207 des Baugesetzbuchs (BauGB), § 119 des Flurbereinigungsgesetzes (FlurbG) oder § 15 SGB X. Auch die weiteren Entscheidungen, die das Vertreterverhältnis betreffen, sind, vorbehaltlich anderweitiger spezialgesetzlicher Regelungen, als Verfahren kraft Sachzusammenhangs von Nr 2 mit erfasst. Es gilt insoweit im Ergebnis dasselbe wie bei der Pflegschaft.

7   Durch die Formulierung »gerichtliche Bestellung« wird vorsorglich klar gestellt, dass die rechtsgeschäftliche Erteilung von Vertretungsmacht durch den Vertretenen selbst oder durch dessen Organe nicht unter Nr 2 fällt (BTDrs 16/6308 S 276 f).

8   Nr 3 ermöglicht die Zuweisung einzelner weiterer Aufgaben an das Betreuungsgericht (BTDrs 16/6308 S 276 f).

§ 341 Örtliche Zuständigkeit

Die Zuständigkeit des Gerichts bestimmt sich in betreuungsgerichtlichen Zuweisungssachen nach § 272.

§ 341 regelt die örtliche Zuständigkeit in betreuungsgerichtlichen Zuweisungssachen. 1
Sie bestimmt sich nach § 272. In den meisten Fällen wird danach das Gericht des gewöhnlichen Aufenthaltes gemäß § 272 Abs 1 Nr 2 örtlich zuständig sein. Bislang wurde nach § 39 FGG aF beim Abwesenheitspfleger auf den Wohnsitz der abwesenden Person abgestellt. Bei der Pflegschaft zum Zwecke der Verwaltung und Verwendung eines durch öffentliche Sammlung zusammengebrachten Vermögens (§ 1914 BGB) war das Gericht des Ortes zuständig, an welchem bisher die Verwaltung geführt wurde (§ 42 FGG aF). Auf den Ort, an dem das Bedürfnis der Fürsorge hervortritt hat § 41 FGG aF abgestellt. Die örtliche Zuständigkeit dieses Gerichts ergibt sich nun aus § 272 Abs 1 Nr 3.

Bei Verfahren mit Auslandsbezug ist § 104 für die internationale Zuständigkeit maßgeblich. 2

Die sachliche Zuständigkeit der Amtsgerichte für diese sonstigen Angelegenheiten 3
folgt aus § 23a Nr 2 GVG (Artikel 22 Nr 7 des FGG Reformgesetzes) (BTDrs 16/6308 S 277). Danach sind die Amtsgerichte für Angelegenheiten der freiwilligen Gerichtsbarkeit zuständig. Diese sind nach § 23a Abs 2 Nr 1 GVG Betreuungssachen, Unterbringungssachen sowie betreuungsgerichtliche Zuweisungssachen.

Vorbemerkungen zu den §§ 342 ff FamFG

Buch 4
Verfahren in Nachlass- und Teilungssachen

Abschnitt 1
Begriffsbestimmung; örtliche Zuständigkeit

Vorbemerkungen zu den §§ 342 ff

A. Allgemeines

1 Das Gesetz passt in Buch 4 die bisherigen FGG-Vorschriften über Nachlass- und Teilungssachen an die Systematik des FamFG an. Die Verfahrensvorschriften in Teilungssachen wurden inhaltlich weitgehend unverändert übernommen. Dagegen sind im Nachlassverfahren zT grundlegende Änderungen vorgenommen worden. Um den Beteiligtenkreis in den verschiedenen nachlassrechtlichen Verfahren überschaubar zu halten, wurde für einzelne Nachlassverfahren eine die Regelungen des Allgemeinen Teils ergänzende Definition des Beteiligtenbegriffs aufgenommen.

2 Neu strukturiert hat der Gesetzgeber auch die Bestimmungen über die besondere amtliche Verwahrung von Verfügungen von Todes wegen. So wurden aus dem BGB die verfahrensrechtlichen Vorschriften über die Eröffnung von Verfügungen von Todes wegen übernommen und an die Bedürfnisse der Praxis angepasst. Eine Ergänzung haben auch die Vorschriften über die Anfechtung der Kraftloserklärung von Erbscheinen und sonstigen Zeugnissen erfahren.

3 Die praktisch wichtigste Neuerung ergibt sich für das Erbscheinsverfahren: Der Erteilung des Erbscheins soll künftig einheitlich ein Beschluss vorausgehen. In unstreitigen Erbscheinsverfahren bleibt dieser Feststellungsbeschluss ein Internum, denn der Beschluss, der keiner Begründung bedarf, wird mit Erlass wirksam. Eine Bekanntgabe an die Beteiligten ist nicht erforderlich. Dagegen wird die sofortige Wirksamkeit in streitigen Verfahren bis zur Rechtskraft des Beschlusses ausgesetzt. Durch dieses Verfahren wird der von der Rechtsprechung entwickelte Vorbescheid ersetzt.

4 Verzichtet werden konnte auf die bisherige Regelung zur Erzwingung der Ablieferung von Testamenten. Vielmehr begnügt sich das Gesetz nun mit der Anordnung, dass die Ablieferungspflicht nach § 2259 Abs 1 BGB mit Beschluss vom Nachlassgericht konkretisiert werden muss. Die Vollstreckung dieses Beschlusses erfolgt nach der allgemeinen Bestimmung des § 35 für die Vollstreckung verfahrensrechtlicher Zwischenentscheidungen, dh durch Festsetzung von Zwangsgeld, Ersatzzwangshaft, originärer Zwangshaft, Herausgabevollstreckung unter Anwendung unmittelbaren Zwangs und durch Abgabe einer eidesstattlichen Versicherung (*Heinemann* ZFE 2009, 8, 12), die allerdings nicht mehr durch Haftandrohung erzwungen werden kann. Im Übrigen finden sich eine Reihe von Vorschriften, die Sonderregelungen für bestimmte nachlassrechtliche Entscheidungen enthalten.

§ 342 Begriffsbestimmung

(1) Nachlasssachen sind Verfahren, die
1. die besondere amtliche Verwahrung von Verfügungen von Todes wegen,
2. die Sicherung des Nachlasses einschließlich Nachlasspflegschaften,
3. die Eröffnung von Verfügungen von Todes wegen,
4. die Ermittlung der Erben,
5. die Entgegennahme von Erklärungen, die nach gesetzlicher Vorschrift dem Nachlassgericht gegenüber abzugeben sind,
6. Erbscheine, Testamentsvollstreckerzeugnisse und sonstige vom Nachlassgericht zu erteilende Zeugnisse,
7. die Testamentsvollstreckung,
8. die Nachlassverwaltung sowie
9. sonstige den Nachlassgerichten durch Gesetz zugewiesene Aufgaben
betreffen.

(2) Teilungssachen sind
1. die Aufgaben, die Gerichte nach diesem Buch bei der Auseinandersetzung eines Nachlasses und des Gesamtguts zu erledigen haben, nachdem eine eheliche, lebenspartnerschaftliche oder fortgesetzte Gütergemeinschaft beendet wurde, und
2. Verfahren betreffend Zeugnisse über die Auseinandersetzung des Gesamtguts einer ehelichen, lebenspartnerschaftlichen oder fortgesetzten Gütergemeinschaft nach den §§ 36 und 37 der Grundbuchordnung sowie nach den §§ 42 und 74 der Schiffsregisterordnung.

A. Allgemeines

Die Vorschrift bestimmt, für welche Verfahren im Einzelnen die Verfahrensvorschriften 1
des 4. Buches gelten. In Abs 1 enthält § 342 eine Definition der Nachlass- und in Abs 2
der Teilungssachen.

B. Nachlasssachen

In den Nrn 1 bis 8 des Abs 1 findet sich eine Aufzählung der wichtigsten Verfahrens- 2
gegenstände in Nachlasssachen. Hierzu gehören:
– die besondere amtliche Verwahrung von Verfügungen von Todes wegen, §§ 346, 347,
– die Sicherung des Nachlasses einschließlich Nachlasspflegschaften, §§ 1960–1962 BGB,
– die Eröffnung von Verfügungen von Todes wegen, §§ 348–351,
– die Ermittlung der Erben (die bisher in § 2262 BGB aF enthaltene Benachrichtigungspflicht ist nunmehr in § 7 Abs 4 geregelt),
– die Entgegennahme von Erklärungen, die nach gesetzlicher Vorschrift (§ 130 Abs 1 und 3, §§ 1945 Abs 1, 1. HS, 2081 Abs 1 und 3 BGB) dem Nachlassgericht gegenüber abzugeben sind,
– Erbscheine, Testamentsvollstreckerzeugnisse und sonstige vom Nachlassgericht zu erteilende Zeugnisse, §§ 352–355; §§ 2353f BGB aF,
– die Testamentsvollstreckung, §§ 2197f BGB,
– die Nachlassverwaltung, §§ 1975f BGB sowie
– die sonstigen dem Nachlassgericht durch Gesetz zugewiesenen Aufgaben. Zu diesen Aufgaben zählen insbesondere folgende Tätigkeiten:
  – Aufgaben im Zusammenhang mit der Inventarerrichtung, §§ 1993 ff BGB,
  – Anzeige über den Eintritt der Nacherbschaft, § 2146 BGB,
  – Fristbestimmung bei Vermächtnissen und Auflagen, §§ 2151, 2153–2155, 2192, 2193 BGB,

§ 342 FamFG | Begriffsbestimmung

- Stundung des Pflichtteilsanspruchs, § 2331a BGB und
- Anzeige des Erbschaftskauf, §§ 2384, 2385 BGB.

C. Teilungssachen

3 Abs 2 definiert den Begriff der Teilungssachen. Nach Ziff 1 sind Teilungssachen die nach den §§ 363–373 (bisher §§ 86f FGG aF) von den Gerichten zu erledigende Aufgaben bei der Auseinandersetzung eines Nachlasses oder des Gesamtguts nach Beendigung einer ehelichen, lebenspartnerschaftlichen oder fortgesetzten Gütergemeinschaft.

4 Zu den Teilungssachen zählen nach Ziff 2 die Verfahren zur Erteilung von Zeugnissen über die Auseinandersetzung des Gesamtguts einer beendeten ehelichen, lebenspartnerschaftlichen und fortgesetzten Gütergemeinschaft nach den §§ 36 und 37 GBO sowie den §§ 42 und 74 SchRegO bzw deren Einziehung oder Kraftloserklärung.

§ 343 Örtliche Zuständigkeit

(1) Die örtliche Zuständigkeit bestimmt sich nach dem Wohnsitz, den der Erblasser zur Zeit des Erbfalls hatte; fehlt ein inländischer Wohnsitz, ist das Gericht zuständig, in dessen Bezirk der Erblasser zur Zeit des Erbfalls seinen Aufenthalt hatte.

(2) Ist der Erblasser Deutscher und hatte er zur Zeit des Erbfalls im Inland weder Wohnsitz noch Aufenthalt, ist das Amtsgericht Schöneberg in Berlin zuständig. Es kann die Sache aus wichtigen Gründen an ein anderes Gericht verweisen.

(3) Ist der Erblasser ein Ausländer und hatte er zur Zeit des Erbfalls im Inland weder Wohnsitz noch Aufenthalt, ist jedes Gericht, in dessen Bezirk sich Nachlassgegenstände befinden, für alle Nachlassgegenstände zuständig.

A. Allgemeines

Die Vorschrift entspricht weitgehend dem bisherigen § 73 Abs 1 bis 3 FGG aF. 1

§ 343 regelt die örtliche Zuständigkeit für Nachlasssachen und wird durch § 344 ergänzt. Das Nachlassgericht hat seine Zuständigkeit, und zwar auch die internationale, von Amts wegen zu prüfen. Diese Prüfungspflicht gilt für jede Instanz, auch in der Beschwerdeinstanz. Für die örtliche Zuständigkeit kommt es nicht darauf an, ob deutsches oder ausländisches Erbrecht Anwendung findet. 2

B. Wohnsitz und Aufenthalt

Nach § 343 Abs 1 ist der Wohnsitz des Erblassers zum Zeitpunkt des Todes maßgeblich. Dieser bestimmt sich nach §§ 7–11 BGB. Stirbt der Erblasser im Krankenhaus, ist regelmäßig seine Wohnung als Schwerpunkt seiner Lebensverhältnisse anzusehen, da im Krankenhaus die zeitlich begrenzte Versorgung im Vordergrund steht und die alsbaldige Rückkehr des Patienten in seine Wohnung vorgesehen ist (KKW § 73 Rn 6, 6a). Dagegen ist der Ort des Hospizes maßgeblich, wenn der Erblasser seinen Wohnsitz bereits aufgegeben hat und dieser aufgelöst ist (OLG Düsseldorf Rpfleger 2002, 314). Lebte der Erblasser in einem Pflegeheim, so ist dieses Zimmer seine Wohnung, weil dort der Mittelpunkt seiner Lebensverhältnisse war. Zur Aufhebung des bisherigen Wohnsitzes, vgl OLG Hamm, FGPrax 2006, 222. 3

Kann ein Wohnsitz nicht ermittelt werden, ist der letzte Aufenthalt maßgeblich. Dieser wird durch tatsächliches Verhalten begründet. Er ergibt sich schließlich aus der Sterbeurkunde. 4

C. Internationale Zuständigkeit und Ersatzzuständigkeit

In Fällen mit Auslandsberührung ist zu klären, welche Rechtsordnung anzuwenden ist und ob das deutsche Gericht zur Entscheidung berufen ist. Die anzuwendenden Normen ergeben sich aus dem Internationalen Privatrecht. Damit das Nachlassgericht auch in diesen Fällen tätig werden kann, muss die internationale Zuständigkeit gegeben sein. Eine internationale Zuständigkeit ist zumindest dann gegeben, wenn die Tätigkeit des Nachlassgerichts der Verwirklichung des maßgeblichen ausländischen Rechts dient, das ausländische Recht eine derartige Mitwirkung billigt und die Tätigkeit des Gerichts diesem nicht wesensfremd ist (Palandt/*Heldrich* Art 25 EGBGB Rn 18, BayObLG NJW 1967, 447). Sie ist insbesondere dann zu bejahen, wenn die Ablehnung der Verweigerung des Rechtsschutzes gleichkommt (BayObLG NJW 1967, 447). 5

Die internationale Zuständigkeit richtet sich nunmehr gemäß § 105 nach der **Theorie der Doppelfunktionalität**, wonach ein deutsches Gericht zuständig ist, wenn es örtlich zuständig ist. Dem Gleichlaufgrundsatz, demzufolge die internationale Zuständigkeit der Anwendbarkeit des jeweiligen Sachrechts folgte, wurde hierdurch eine Absage er- 6 teilt. Dies hat zur Folge, dass die Zuständigkeit der deutschen Gericht für die Erteilung von unbeschränkten Fremdrechtserbscheinen (= Erbschein nach dem materiellen Erbrecht eines anderen Staates) erweitert wurde: Die deutschen Gerichte sind danach auch zuständig, wenn ein ausländischer Erblasser zur Zeit des Erbfalls seinen Wohnsitz bzw Aufenthalt im Inland hatte. Damit beansprucht der deutsche Erbschein »Weltgeltung« (*Schulte-Bunert* § 105 Rn 406). Unabhängig davon war die Frage der Anerkennung im Ausland noch zu klären (*Zimmermann* FGPrax 2006, 189, 191). Obgleich wegen der Anknüpfung in Art 25 Abs 1 EGBGB an die Staatsangehörigkeit des Erblassers keine internationale Zuständigkeit deutscher Gerichte gegeben war, ermöglichte § 2369 Abs 1 BGB die Erteilung eines gegenständlich beschränkten Erbscheins (sog beschränkter Fremdrechtserbschein), sofern sich Nachlassgegenstände im Inland befanden.

7 Durch die Neufassung des § 2369 Abs 1 BGB
8 – »*Gehören zu einer Erbschaft auch Gegenstände, die sich im Ausland befinden, kann der Antrag auf Erteilung eines Erbscheins auf die im Inland befindlichen Gegenstände beschränkt werden.*« –
9 ist es, trotz Aufgabe des Gleichlaufgrundsatzes für im Inland belegene Nachlassgegenstände, möglich, einen beschränkten Fremdrechtserbschein zu erteilen. Befinden sich keine Nachlassgegenstände im Inland, kann ein beschränkter Fremdrechtserbschein nicht erteilt werden. Dem Antrag auf Erteilung eines allgemeinen Erbscheins dürfte wegen der »Weltgeltung« des Erbscheins das Rechtsschutzinteresse nicht fehlen. Das Nachlassgericht hat einen unbeschränkten Fremdrechtserbschein zu erteilen.

D. Zuständigkeit nach § 343 Abs 2

10 Absatz 2 wurde sprachlich und systematisch mit den Regelungen des Allgemeinen Teils über Verweisung und Abgabe (§§ 3, 4) harmonisiert. Dabei bleibt der bindende Charakter der im bisherigen § 73 Abs 2 S 2 FGG aF geregelten Abgabeverfügung erhalten, was durch den in § 3 geregelten Begriff der Verweisung zum Ausdruck kommt.
11 Ist eine Zuständigkeit nach Abs 1 nicht gegeben, ist nach § 343 Abs 2 S 1 das Amtsgericht Berlin-Schöneberg örtlich zuständig.
12 Über die Regelung des § 3 hinaus bestimmt die Vorschrift, dass das Gericht in Nachlass- und Teilungssachen auch bei Vorliegen eines wichtigen Grundes verweisen kann. Der Begriff des »wichtigen Grundes« entspricht dem ansonsten bei der Abgabe gemäß § 4 anzuwendenden Maßstab (vgl hierzu Keidel/Kuntze/*Winkler-Engelhardt* § 46 Rn 7). Soweit die Vorschrift keine Spezialregelungen enthält, bleibt § 3 anwendbar.

E. Zuständigkeit nach § 343 Abs 3

13 § 343 Abs 3 knüpft an den bisherigen § 73 Abs 3 FGG aF an. Die Vorschrift ist im Hinblick auf den Wegfall der Beschränkung der Tätigkeit des Nachlassgerichts auf im Inland belegene Gegenstände neu gefasst. Das Entfallen der Einschränkung beruht auf der gemäß § 105 vorgenommenen Absage an die Gleichlauftheorie. Die entsprechende Beschränkung im bisherigen § 73 Abs 3 S 1 FGG aF ist nicht mehr notwendig. Erforderlich bleibt aber, dass sich zumindest ein Teil der Nachlassgegenstände im Inland befindet, weil es sonst an der internationalen Zuständigkeit deutscher Gerichte gemäß § 105 fehlt.
14 Örtlich zuständig ist im Falle eines ausländischen Erblassers jedes Gericht, in dessen Bezirk sich Nachlassgegenstände befinden. Es ist dann für alle Nachlassgegenstände zuständig.
15 Sofern § 16 RPflG keine abweichende Regelung vorsieht, ist der Rechtspfleger nach § 3 Nr 2c RPflG funktionell zuständig. Der neu gefasste generelle Richtervorbehalt in § 16 Abs 1 Nr 6 RPflG führt nunmehr zur Zuständigkeit des Richters, wenn die Anwendung ausländischen Rechts in Betracht kommt. Dies ist immer dann der Fall, wenn ein Sachverhalt Auslandselemente aufweist, ohne dass damit bereits geklärt sein muss, ob tatsächlich ausländisches Recht zur Anwendung gelangt. Ein Fall mit Auslandsberüh-

rung liegt insbesondere dann vor, wenn der Erblasser eine ausländische Staatsangehörigkeit besitzt, seinen Wohnsitz/gewöhnlichen Aufenthalt im Ausland hat, sich Nachlassgegenstände im Ausland befinden oder der Erblasser einen ausländischen Ehegatten hat. Aufgrund der zunehmenden Globalisierung wird es zu einer vermehrten Zuständigkeit des Nachlassrichters gegenüber dem Rechtspfleger kommen.

§ 344 Besondere örtliche Zuständigkeit

(1) Für die besondere amtliche Verwahrung von Testamenten ist zuständig,
1. wenn das Testament vor einem Notar errichtet ist, das Gericht, in dessen Bezirk der Notar seinen Amtssitz hat;
2. wenn das Testament vor dem Bürgermeister einer Gemeinde errichtet ist, das Gericht, zu dessen Bezirk die Gemeinde gehört;
3. wenn das Testament nach § 2247 des Bürgerlichen Gesetzbuchs errichtet ist, jedes Gericht.

Der Erblasser kann jederzeit die Verwahrung bei einem nach Satz 1 örtlich nicht zuständigen Gericht verlangen.

(2) Die erneute besondere amtliche Verwahrung eines gemeinschaftlichen Testaments nach § 349 Abs. 2 Satz 2 erfolgt bei dem für den Nachlass des Erstverstorbenen zuständigen Gericht, es sei denn, dass der überlebende Ehegatte oder Lebenspartner die Verwahrung bei einem anderen Amtsgericht verlangt.

(3) Die Absätze 1 und 2 gelten entsprechend für die besondere amtliche Verwahrung von Erbverträgen.

(4) Für die Sicherung des Nachlasses ist jedes Gericht zuständig, in dessen Bezirk das Bedürfnis für die Sicherung besteht.

(5) Für die Auseinandersetzung des Gesamtguts einer Gütergemeinschaft ist, falls ein Anteil an dem Gesamtgut zu einem Nachlass gehört, das Gericht zuständig, das für die Auseinandersetzung über den Nachlass zuständig ist. Im Übrigen bestimmt sich die Zuständigkeit nach § 122.

(6) Hat ein anderes Gericht als das nach § 343 zuständige Gericht eine Verfügung von Todes wegen in amtlicher Verwahrung, ist dieses Gericht für die Eröffnung der Verfügung zuständig.

(7) Für die Entgegennahme einer Erklärung, mit der die Erbschaft ausgeschlagen (§ 1945 Abs. 1 des Bürgerlichen Gesetzbuchs) oder die Ausschlagung angefochten (§ 1955 des Bürgerlichen Gesetzbuchs) wird, ist auch das Nachlassgericht zuständig, in dessen Bezirk der Ausschlagende oder Anfechtende seinen Wohnsitz hat. Die Niederschrift über die Erklärung ist von diesem Gericht an das zuständige Nachlassgericht zu übersenden.

A. Allgemeines

1 Im Personenstandsrechtsreformgesetz vom 19.2.2007 ist aus systematischen Gründen die Übernahme der bisher in § 2258a Abs 2 und 3 sowie § 2300 BGB aF normierten Regelungen zur örtlichen Zuständigkeit bei der Verwahrung von Testamenten und Erbverträgen in das Verfahrensgesetz bestimmt.

B. Besondere amtliche Verwahrung

I. Testament und Erbvertrag

2 Die in § 73 Abs 4 und 5 sowie § 82b FGG aF geregelte örtliche Zuständigkeit bei der Verwahrung von Testamenten und Erbverträgen finden sich nunmehr in § 344 Abs 1 und 3 wieder. Aufgrund der Einbeziehung der FamFG-Verfahren in das GVG können die Bezugnahmen auf die funktionelle Zuständigkeit des Gerichts entfallen. Die sachliche Zuständigkeit ist zentral in § 23a Abs 2 Nr 2 GVG geregelt.

3 Die besondere amtliche Verwahrung ist nach § 34 BeurkG der Regelfall.

II. Gemeinschaftliches Testament

Neu hinzugekommen ist die Regelung des Abs 2. Nach § 2273 BGB aF ist ein gemeinschaftliches Testament, das sich bisher in besonderer amtlicher Verwahrung befunden hat und das nach dem Tod des Erstversterbenden eröffnet worden ist, wieder in die besondere amtliche Verwahrung zu verbringen, wenn es Bestimmungen auf den Tod des überlebenden Ehegatten enthält, die durch den Tod des Erstversterbenden nicht gegenstandslos geworden sind. Die örtliche Zuständigkeit war gesetzlich nicht geregelt und daher umstritten (näher hierzu PWW/*Avenarius* § 2273 Rn 7). Abs 2 sieht nunmehr vor, dass, soweit der Überlebende nichts anderes bestimmt, das gemeinschaftliche Testament nach Abschluss des Nachlassverfahrens nicht an das bisherige Verwahrungsgericht zurückzugeben ist, sondern in besondere amtliche Verwahrung desjenigen Gerichts gegeben wird, welches für den Nachlass des Erstversterbenden zuständig ist. Dadurch werden zwar bei diesem Gericht ein erneutes Verfahren nach § 346 sowie die damit verbundene Mitteilung an das Standesamt und dortige Korrektur der Testamentskartei erforderlich; jedoch wird die mit der Rücksendung verbundene Verlustgefahr vermieden. Ferner wird zu dem Nachlassgericht, welches für den ersten Todesfall zuständig war, häufig ein engerer Bezug zum familiären Umfeld des Zweitversterbenden bestehen, als dies beim ursprünglichen Verwahrungsgericht der Fall sein dürfte.

C. Nachlasssicherung

Abs 4 entspricht inhaltlich der bisher in § 74 S 1 FGG aF normierten Sonderregelung über die örtliche Zuständigkeit für Nachlasssicherungsmaßnahmen. Für die Nachlasssicherung ist jedes Gericht örtlich zuständig, in dessen Bezirk ein Fürsorgebedürfnis besteht.

Durch Sicherungsmaßnahmen iSd § 344 wird die Zuständigkeit des Nachlassgerichts gem § 343 nicht berührt. Allerdings ergehen seine Maßnahmen nur vorbehaltlich der abweichenden Regelungen durch das zuständige Nachlassgericht (KKW § 74 Rn 2). Das AG ist verpflichtet, die in seinem Bezirk notwendigen Sicherungsmaßnahmen vorzunehmen, wodurch mehrere Amtsgerichte für denselben Nachlass zuständig sein können. Treten die Maßnahmen in Widerspruch, so gebührt demjenigen der Vorzug, welches zuerst in der Sache tätig geworden ist. Nicht ausreichend ist es, auf das zuständige Nachlassgericht zu verweisen.

D. Gesamtgutauseinandersetzung

Abs 5 übernimmt den Regelungsinhalt des bisherigen § 99 Abs 2 FGG aF über die örtliche Zuständigkeit für Verfahren zur Auseinandersetzung einer Gütergemeinschaft.

Hinsichtlich der örtlichen Zuständigkeit ist zu unterscheiden: Gehört ein Anteil am Gesamtgut zum Nachlass, so ist das Amtsgericht zuständig, das auch für die Nachlassauseinandersetzung zuständig ist, mithin das nach § 343 **örtlich** zuständige Nachlassgericht.

In allen übrigen Fällen bestimmt sich die örtliche Zuständigkeit nach § 122.

Ist die Vermittlung der Auseinandersetzung hinsichtlich des Gesamtguts und des Nachlasses beantragt, so können sie bei der Zuständigkeit des gleichen Nachlassgerichts miteinander verbunden werden, sofern für beide Verfahren dasselbe Gericht örtlich zuständig ist (OLG Hamm DNotZ 1966, 744). Unabhängig von der Auseinandersetzung nach § 344 kann eine Teilungsversteigerung durchgeführt werden, da diese die Auseinandersetzung nur vorbereitet (BayObLGZ 71, 293).

E. Verwahrungsgericht

11 § 344 Abs 6 übernimmt den Regelungsgehalt des bisherigen § 2261 Satz 1 BGB aF, der über § 2300 Abs 1 BGB aF auch für den Erbvertrag gilt und bestimmt, dass das Verwahrungsgericht, wegen der Verlustgefahr bei einer anschließenden Versendung an das örtlich zuständige Nachlassgericht, für die Eröffnung einer Verfügung von Todes wegen zuständig ist. Es ist weiter klargestellt, dass die Bestimmung für alle Verfügungen von Todes wegen in gleicher Weise Anwendung findet. Durch die Übernahme des Begriffs »amtliche Verwahrung« wird verdeutlicht, dass sich die Eröffnungszuständigkeit auch zukünftig nicht nur auf Verfügungen von Todes wegen beziehen, die sich in amtlicher Verwahrung befinden, sondern auch auf solche, die sich in einfacher Aktenverwahrung befinden (PWW/*Avenarius*, § 2261 Rn 1). Das ist zB ein Erbvertrag, der sich nicht in besonderer amtlicher Verwahrung befunden hat und nach dem Tod eines Vertragsschließenden zu dessen Nachlassakten genommen wurde, § 34a Abs 2 S 1 BeurkG, und Bestimmungen für den Tod des zweitversterbenden Vertragsschließenden enthält. Ferner sind privatschriftliche Testamente umfasst, die bei einem ortsnahen Amtsgericht ohne Rücksicht auf die örtliche Zuständigkeit abgeliefert wurden.

F. Entgegennahme-Zuständigkeit

12 Neu ist die Regelung des § 344 Abs 7, wonach für die Entgegennahme der Ausschlagungserklärung bzw der Anfechtung der Ausschlagung das Nachlassgericht ebenfalls örtlich zuständig ist, in dessen Bezirk der Ausschlagende bzw Anfechtende seinen Wohnsitz hat. Dieses Gericht hat die Niederschrift über diese Erklärung an das zuständige Nachlassgericht zu übersenden. Bislang konnte die Erklärung nur gegenüber dem zuständigen Nachlassgericht abgegeben werden. Die Zuständigkeit eines anderen Gerichts war nur im Rahmen eines Rechtshilfeersuchens nach §§ 156, 157 Abs 1 GVG gegeben. Ohne ein derartiges Rechtshilfeersuchen hatte das zuständige Nachlassgericht die Erklärung teilweise nicht anerkannt, was nicht selten dazu geführt hatte, dass die Frist zur Ausschlagung bzw Anfechtung bereits verstrichen war. Durch die Neuregelung wurde diese Unsicherheit aufgehoben.

Abschnitt 2
Verfahren in Nachlasssachen

Unterabschnitt 1
Allgemeine Bestimmungen

§ 345 Beteiligte

(1) In Verfahren auf Erteilung eines Erbscheins ist Beteiligter der Antragsteller. Ferner können als Beteiligte hinzugezogen werden:
1. die gesetzlichen Erben,
2. diejenigen, die nach dem Inhalt einer vorliegenden Verfügung von Todes wegen als Erben in Betracht kommen,
3. die Gegner des Antragstellers, wenn ein Rechtsstreit über das Erbrecht anhängig ist,
4. diejenigen, die im Falle der Unwirksamkeit der Verfügung von Todes wegen Erbe sein würden, sowie
5. alle Übrigen, deren Recht am Nachlass durch das Verfahren unmittelbar betroffen wird.

Auf ihren Antrag sind sie hinzuzuziehen.

(2) Absatz 1 gilt entsprechend für die Erteilung eines Zeugnisse nach § 1507 des Bürgerlichen Gesetzbuchs oder nach den §§ 36 und 37 der Grundbuchordnung sowie den §§ 42 und 74 der Schiffsregisterordnung.

(3) Im Verfahren zur Ernennung eines Testamentsvollstreckers und zur Erteilung eines Testamentsvollstreckerzeugnisses ist Beteiligter der Testamentsvollstrecker. Das Gericht kann als Beteiligte hinzuziehen:
1. die Erben,
2. den Mitvollstrecker.

Auf ihren Antrag sind sie hinzuzuziehen.

(4) In den sonstigen auf Antrag durchzuführenden Nachlassverfahren sind als Beteiligte hinzuzuziehen in Verfahren betreffend
1. eine Nachlasspflegschaft oder eine Nachlassverwaltung der Nachlasspfleger oder Nachlassverwalter;
2. die Entlassung eines Testamentsvollstreckers der Testamentsvollstrecker;
3. die Bestimmung erbrechtlicher Fristen derjenige, dem die Frist bestimmt wird;
4. die Bestimmung oder Verlängerung einer Inventarfrist der Erbe, dem die Frist bestimmt wird, sowie im Fall des § 2008 des Bürgerlichen Gesetzbuchs dessen Ehegatte oder Lebenspartner;
5. die Abnahme einer eidesstattlichen Versicherung, derjenige, der die eidesstattliche Versicherung abzugeben hat, sowie im Fall des § 2008 des Bürgerlichen Gesetzbuchs dessen Ehegatte oder Lebenspartner.

Das Gericht kann alle Übrigen, deren Recht durch das Verfahren unmittelbar betroffen wird, als Beteiligte hinzuziehen. Auf ihren Antrag sind sie hinzuzuziehen.

A. Allgemeines

Die Vorschrift enthält besondere Regelungen zum Beteiligtenbegriff in Nachlasssachen, 1
die nur auf Antrag eingeleitet werden, wie zB das Erbscheinsverfahren. Diese Vorschriften ergänzen als Sondervorschriften die Bestimmungen des § 7 im Allgemeinen Teil. Abweichungen enthält § 345 insbesondere im Hinblick auf die in § 7 Abs 2 geregelten Vo-

raussetzungen für die Hinzuziehung von Personen, die durch das Verfahren in ihren Rechten betroffen sind.

2   In den von Amts wegen durchzuführenden Verfahren vor dem Nachlassgericht (zB Einziehung eines Erbscheins nach § 2361 BGB) richtet sich der Kreis der Beteiligten ausschließlich nach § 7. Eine Spezialvorschrift ist nicht erforderlich, da die Betroffenen stets von Amts wegen zum Verfahren hinzuzuziehen sind.

B. Beteiligte im Erbscheinsverfahren

3   § 345 Abs 1 regelt als Spezialvorschrift zu § 7 den Kreis der Beteiligten im Erbscheinsverfahren. Nach § 2353 BGB wird der Erbschein nur auf Antrag erteilt. S 1 stellt klar, dass der Antragsteller Beteiligter des Erbscheinsverfahrens ist.

4   S 2 enthält eine Mischform von Kann- und Muss-Beteiligung: Stellen die dort aufgeführten Personen einen Antrag auf Hinzuziehung, sind sie Muss-Beteiligte iSd § 7 Abs 2 Nr 2. Die in S 2 genannten Personen werden in ihren Rechten am Nachlass durch das Verfahren unmittelbar betroffen. Sie sind aus Gründen der Verfahrensökonomie gleichwohl abweichend von § 7 Abs 2 Nr 1 nicht zwingend von Amts wegen hinzuzuziehen. Vielmehr ermöglicht es die Vorschrift dem Gericht, die dort genannten Personen am Verfahren nach seinem Ermessen unabhängig von einem Antrag zu beteiligen. Die Hinzuziehung dieser Personen kann wegen der im öffentlichen Interesse bestehenden Richtigkeitsgewähr des Erbscheins und aus Gründen der Rechtsfürsorge sowie zum Zweck der Sachverhaltsermittlung im Einzelfall geboten sein.

5   Satz 3 ist eine Vorschrift iSd § 7 Abs 2 S 2: Die in der Vorschrift genannten Personen sind auf ihren Antrag als Beteiligte hinzuzuziehen. Die Hinzuziehung auf Antrag ermöglicht einerseits eine flexible gerichtliche Verfahrensführung, weil das Gericht das Erbscheinsverfahren straff führen und schnell abschließen kann, wenn es von der Hinzuziehung derjenigen Personen absieht, die selbst keine Teilnahme am Verfahren wünschen. Andererseits wird die hinreichende Möglichkeit der Wahrnehmung der Verfahrensrechte dieser Personen durch den Anspruch auf Hinzuziehung bei entsprechender Antragstellung gewährleistet.

C. Zeugnisse

6   Abs 2 erklärt die Regelung des Abs 1 für das Verfahren zur Erteilung eines Zeugnisses über die Fortsetzung der Gütergemeinschaft für den überlebenden Ehegatten nach § 1507 BGB, der Überweisungszeugnisse nach den §§ 36, 37 GBO sowie den §§ 42, 74 SchRegO für entsprechend anwendbar.

D. Testamentsvollstreckung

7   Abs 3 normiert den Beteiligtenkreis im Verfahren zur Ernennung eines Testamentsvollstreckers und zur Erteilung eines Testamentsvollstreckers und bestimmt, dass der Testamentsvollstrecker nach Satz 1 als Beteiligter iSd § 7 Abs 2 Nr 2 hinzuzuziehen ist. Erben und ein eventueller Mitvollstrecker können als sog »Kann-Beteiligte« nach S 2 zugezogen werden oder sind auf ihren Antrag hin gemäß S 3 als sog »Muss-Beteiligte« hinzuzuziehen. Beantragt ein Nachlassgläubiger gemäß §§ 792, 896 ZPO die Erteilung eines Testamentsvollstreckerzeugnisses, ist der Nachlassgläubiger als Antragsteller Beteiligter iSd § 7 Abs 1.

E. Sonstige Nachlassverfahren

8   Für alle weiteren auf Antrag durchzuführenden Nachlassverfahren finden sich in Abs 4 Regelungen zum Kreis der Beteiligten. Danach ist, ohne Ermessensspielraum des Gerichts, neben dem Antragsteller nur ein kleiner Kreis von Betroffenen stets am Verfahren

zu beteiligen, wie zB der zu bestellende Nachlassverwalter oder -pfleger bzw der Erbe, dem eine Inventarfrist bestimmt wird. Alle übrigen, die durch den Ausgang des Verfahrens in ihren Rechten unmittelbar betroffen sind, sind entweder auf ihren Antrag hin oder nach pflichtgemäßem Ermessen des Gerichts am Verfahren zu beteiligen. Von einer Aufzählung der in den einzelnen Antragsverfahren in ihren Rechten Betroffenen, wie dies in den Abs 1 und 3 für das Erbscheinsverfahren, für das Verfahren zur Ernennung des Testamentsvollstreckers und für die Erteilung eines Testamentsvollstreckerzeugnisses geschehen ist, hat der Gesetzgeber im Hinblick auf die Vielzahl der unterschiedlichen Verfahrensarten in Nachlasssachen sowie die Vielgestaltigkeit der einzelnen Verfahren abgesehen. Die Bestimmung des Personenkreises, der auf Antrag zu beteiligen ist, kann der Praxis überlassen werden. So gehören zB im Verfahren zur Anordnung einer Nachlasspflegschaft, je nach Verfahrenskonstellation, die Erben, Erbteilserwerber, Testamentsvollstrecker, Nachlassverwalter, Nachlassinsolvenzverwalter oder Nachlassgläubiger zum Kreis der auf Antrag hinzuziehenden Personen.

Unterabschnitt 2
Verwahrung von Verfügungen von Todes wegen

§ 346 Verfahren bei besonderer amtlicher Verwahrung

(1) Die Annahme einer Verfügung von Todes wegen in besondere amtliche Verwahrung sowie deren Herausgabe ist von dem Richter anzuordnen und von ihm und dem Urkundsbeamten der Geschäftsstelle gemeinschaftlich zu bewirken.

(2) Die Verwahrung erfolgt unter gemeinschaftlichem Verschluss des Richters und des Urkundsbeamten der Geschäftsstelle.

(3) Dem Erblasser soll über die in Verwahrung genommene Verfügung von Todes wegen ein Hinterlegungsschein erteilt werden; bei einem gemeinschaftlichen Testament erhält jeder Erblasser einen eigenen Hinterlegungsschein, bei einem Erbvertrag jeder Vertragsschließende.

A. Allgemeines

1 Die Vorschrift entspricht weitgehend den Abs 1 bis 3 des § 82a FGG in der Fassung des Personenstandsrechtsreformgesetzes, der an die Regelung in § 2258b BGB aF anknüpft. Sie umfasst nun alle Arten von Verfügungen von Todes wegen, mithin auch Erbverträge, die bisher über die Verweisung in § 82b Abs 1 S 1 FGG aF geregelt waren.

B. Absatz 1

2 Gem § 346 Abs 1 ordnet der Richter die Annahme jeglicher Verfügung von Todes wegen in die besondere amtliche Verwahrung an. Er hat sie gemeinschaftlich mit dem Urkundsbeamten der Geschäftsstelle zu bewirken. In der Praxis übernimmt allerdings der Rechtspfleger nach § 3 Nr 2c RPflG diese Aufgaben, da ein Richtervorbehalt nach § 16 RPflG nicht besteht. Die Einzelheiten des Verfahrens der Inverwahrungsnahme ergeben sich aus § 27 AktO.

C. Absatz 2

3 Nach Abs 2 erfolgt die Verwahrung der Verfügung von Todes wegen unter gemeinschaftlichem Verschluss von Richter und Urkundsbeamten der Geschäftsstelle. Auch hier ist der Rechtspfleger nach § 3 Nr 2c RPflG funktionell zuständig.

D. Absatz 3

4 § 346 Abs 3 regelt die Erteilung eines Hinterlegungsscheins an den Erblasser. Erstmals ist nun bestimmt, dass auch bei gemeinschaftlichen Testamenten beiden Testierenden und beim Erbvertrag jedem Vertragsschließenden jeweils ein Hinterlegungsschein erteilt wird. Nicht mehr erforderlich ist, was noch im Referentenentwurf zum FamFG enthalten war, dass der Schein vom Richter (nach § 3 Nr 2 RPflG der Rechtspfleger) und dem Urkundsbeamten der Geschäftsstelle zu unterschreiben und mit dem Dienstsiegel zu versehen ist. Es ist vielmehr möglich, dass der Hinterlegungsschein dem antragstellenden Erblasser sofort nach Annahme der Verfügung von Todes wegen zur amtlichen Verwahrung ausgehändigt wird, wodurch weitere Kosten, insbes für die Versendung des Hinterlegungsscheins, eingespart werden können.

§ 347 Mitteilung über die Verwahrung

(1) Über jede in besondere amtliche Verwahrung genommene Verfügung von Todes wegen ist das für den Geburtsort des Erblassers zuständige Standesamt schriftlich zu unterrichten. Hat der Erblasser keinen inländischen Geburtsort, ist die Mitteilung an das Amtsgericht Schöneberg in Berlin zu richten. Bei den Standesämtern und beim Amtsgericht Schöneberg in Berlin werden Verzeichnisse über die in amtlicher Verwahrung befindlichen Verfügungen von Todes wegen geführt. Erhält die das Testamentsverzeichnis führende Stelle Nachricht vom Tod des Erblassers, teilt sie dies dem Gericht schriftlich mit, von dem die Mitteilung nach Satz 1 stammt. Die Mitteilungspflichten der Standesämter bestimmen sich nach dem Personenstandsgesetz.

(2) Absatz 1 gilt entsprechend für ein gemeinschaftliches Testament, das nicht in besondere amtliche Verwahrung genommen worden ist, wenn es nach dem Tod des Erstverstorbenen eröffnet worden ist und nicht ausschließlich Anordnungen enthält, die sich auf den mit dem Tod des verstorbenen Ehegatten oder des verstorbenen Lebenspartners eingetretenen Erbfall beziehen.

(3) Für Erbverträge, die nicht in besondere amtliche Verwahrung genommen worden sind, sowie für gerichtliche oder notariell beurkundete Erklärungen, nach denen die Erbfolge geändert worden ist, gilt Absatz 1 entsprechend; in diesen Fällen obliegt die Mitteilungspflicht der Stelle, die die Erklärungen beurkundet hat.

(4) Die Landesregierungen erlassen durch Rechtsverordnung Vorschriften über Art und Umfang der Mitteilungen nach den Absätzen 1 bis 3 sowie § 34a des Beurkundungsgesetzes, über den Inhalt der Testamentsverzeichnisse sowie die Löschung der in den Testamentsverzeichnissen gespeicherten Daten. Die Erhebung und Verwendung der Daten ist auf das für die Wiederauffindung der Verfügung von Todes wegen unumgänglich Notwendige zu beschränken. Der das Testamentsverzeichnis führenden Stelle dürfen nur die Identifizierungsdaten des Erblassers, die Art der Verfügung von Todes wegen sowie das Datum der Inventarnahme mitgeteilt werden. Die Fristen für die Löschung der Daten dürfen die Dauer von fünf Jahren seit dem Tod des Erblassers nicht überschreiten; ist der Erblasser für tot erklärt oder der Todeszeitpunkt gerichtlich festgelegt worden, sind die Daten spätestens nach 30 Jahren zu löschen.

(5) Die Mitteilungen nach den Absätzen 1 bis 3 sowie § 34a des Beurkundungsgesetzes können elektronisch erfolgen. Die Landesregierungen bestimmen durch Rechtsverordnung den Zeitpunkt, von dem an Mitteilungen in ihrem Bereich elektronisch erteilt und eingereicht werden können, sowie die für die Bearbeitung der Dokumente geeignete Form.

(6) Die Landesregierungen können die Ermächtigungen nach Absatz 4 Satz 1 und Absatz 5 Satz 2 durch Rechtsverordnungen auf die Landesjustizverwaltungen übertragen.

A. Allgemeines

Abs 1 entspricht dem bisherigen § 82a Abs 4 FGG aF, während Abs 2 die Regelungen 1
des § 82a Abs 5 FGG aF übernimmt. Abs 3 enthält die Bestimmungen des § 82b Abs 2 FGG aF; in Abs 4 bis 6 finden sich die Abs 6 bis 8 des § 82a FGG aF wieder.

B. Absatz 1

Anders als § 82a Abs 4 FGG aF beschränkt sich die Vorschrift nicht auf Testamente, son- 2
dern dehnt den Anwendungsbereich auf alle Arten von Verfügungen von Todes wegen aus, die in besondere amtliche Verwahrung gegeben werden. Sie findet somit auch auf

§ 347 FamFG | Mitteilung über die Verwahrung

Erbverträge unmittelbare Anwendung, sofern sie in die amtliche Verwahrung gegeben werden. Der Verweisungsvorschrift des § 82a Abs 1 S 1 FGG aF bedarf es daher auch insoweit nicht mehr.

3   Abs 1 bildet die gesetzliche Grundlage für das für die Benachrichtigung in Nachlasssachen geregelte Registrierungs- und Mitteilungssystem. Es wird angeordnet, dass bei den Standesämtern und beim AG Berlin-Schöneberg Testamentsverzeichnisse zu führen sind, womit die Rechtsgrundlage für diese Testamentsdateien geschaffen ist. Die Vorschrift enthält außerdem die Grundlage für die Mitteilungspflichten der Nachlassgerichte gegenüber den die Testamentsdatei führenden Stellen, wenn ein Testament in die amtliche Verwahrung gegeben wird. Festgelegt ist weiterhin die Verpflichtung der die Testamentsdatei führenden Stelle zur Information des Nachlassgerichts, bei dem die letztwillige Verfügung verwahrt ist, über den Todesfall. Hinsichtlich der darüber hinaus erforderlichen Regelungen zu den Mitteilungspflichten der Standesämter, insbesondere des den Todesfall beurkundenden Standesamtes, wird auf das Personenstandsgesetz verwiesen.

C. Absatz 2

4   Die Vorschrift ergänzt Abs 1 und normiert die Mitteilungspflicht für gemeinschaftliche Testamente, die nach dem Tod des Erstversterbenden eröffnet wurden, Anordnungen für den Tod des Zweitversterbenden enthalten und nicht in die amtliche Verwahrung gegeben wurden. Damit wird sichergestellt, dass die Verfügungen im Erbfall des Zweitversterbenden auch dann wieder aufgefunden und eröffnet werden können, wenn das Original des gemeinschaftlichen Testaments nicht in besondere amtliche Verwahrung gebracht wurde, sondern in den Nachlassakten des Erstverstorbenen verblieben ist.

D. Absatz 3

5   Abs 3 regelt die Mitteilungspflicht der beurkundenden Notare und Gerichte über nicht amtlich verwahrte Erbverträge und sonstige die Erbfolge ändernden Erklärungen gegenüber der die Testamentsdatei führenden Stelle.

E. Absatz 4 bis 6

6   Die Vorschriften erfassen unmittelbar alle Arten von Verfügungen von Todes wegen, so dass es auch insoweit nicht des Verweises im bisherigen § 82b Abs 1 S 1 FGG aF bedarf.

7   Die Vorschrift legt in Abs 4 den Rahmen für die Mitteilungen an die das Testamentsverzeichnis führenden Stellen fest und verpflichtet darüber hinaus die Landesregierungen durch Rechtsverordnungen nähere Vorschriften über Art und Umfang der Mitteilungspflichten, den erforderlichen Inhalt der Testamentsdateien sowie die Löschung der Daten zu erlassen.

8   Abs 5 dieser Vorschrift sieht vor, dass die Übermittlung der Nachricht auch elektronisch erfolgen kann, wobei von einer Vorgabe an die Länder zur Qualität der Signatur abgesehen wurde. Die Länder werden ermächtigt, den Zeitpunkt, ab dem in ihrem Bereich Mitteilungen auf diesem Wege versandt und entgegengenommen werden, und die für die Bearbeitung der Dokumente geeignete Form festzulegen.

9   Den Landesregierungen wird in Abs 6 darüber hinaus gestattet, die Ermächtigungen nach den Absätzen 4 und 5 auf die Landesjustizverwaltungen zu übertragen.

Unterabschnitt 3
Eröffnung von Verfügungen von Todes wegen

§ 348 Eröffnung von Verfügungen von Todes wegen durch das Nachlassgericht

(1) Sobald das Gericht vom Tod des Erblassers Kenntnis erlangt hat, hat es eine in seiner Verwahrung befindliche Verfügung von Todes wegen zu eröffnen. Über die Eröffnung ist eine Niederschrift aufzunehmen. War die Verfügung von Todes wegen verschlossen, ist in der Niederschrift festzustellen, ob der Verschluss unversehrt war.

(2) Das Gericht kann zur Eröffnung der Verfügung von Todes wegen einen Termin bestimmen und die gesetzlichen Erben sowie die sonstigen Beteiligten zum Termin laden. Den Erschienenen ist der Inhalt der Verfügung von Todes wegen mündlich bekanntzugeben. Sie kann den Erschienenen auch vorgelegt werden; auf Verlangen ist sie ihnen vorzulegen.

(3) Das Gericht hat den Beteiligten den sie betreffenden Inhalt der Verfügung von Todes wegen schriftlich bekanntzugeben. Dies gilt nicht für Beteiligte, die in einem Termin nach Absatz 2 anwesend waren.

A. Allgemeines

Die Bestimmung tritt an die Stelle der bisherigen §§ 2260 und 2262 BGB aF. Sie berücksichtigt, dass in der gerichtlichen Praxis die »stille« Eröffnung zum Regelfall geworden ist, dh die Eröffnung erfolgt ohne Ladung und Anwesenheit der Beteiligten. Diese werden vielmehr anschließend schriftlich durch Übersendung von Ablichtungen der Verfügung von Todes wegen benachrichtigt. Wegen der Zweckmäßigkeit, Schnelligkeit und Zuverlässigkeit hat sich dieses Verfahren als vorteilhaft erwiesen. Daher sieht die Neufassung der Eröffnungsvorschrift die Durchführung eines Eröffnungstermins nicht mehr als Regelfall der Testamentseröffnung vor, sondern stellt den Eröffnungstermin und die schriftliche Bekanntmachung als gleichrangige Alternativen nebeneinander. 1

B. Eröffnung des Testaments durch das Nachlassgericht

Abs 1 bestimmt die allgemeinen Regelungen des Eröffnungsverfahrens, welche sowohl für die stille Eröffnung als auch für die Eröffnung in Anwesenheit der Beteiligten gelten: 2

I. Eröffnung

Nach S 1 ist das Gericht verpflichtet, im Fall der Kenntnis vom Tod des Erblassers eine in seiner Verwahrung befindliche Verfügung von Todes wegen zeitnah zu eröffnen. Insoweit knüpft die Regelung inhaltlich an den § 2260 Abs 1 S 1 BGB aF an. Zu eröffnen ist jede Urkunde, und zwar in ihrem gesamten Umfang einschließlich durchgestrichener Passagen, die vom Erblasser stammt und nach Form oder Inhalt eine Verfügung von Todes wegen sein könnte; die Gültigkeit hat auf die Eröffnung keinen Einfluss. Diesbezügliche Feststellungen bleiben dem weiteren Nachlassverfahren vorbehalten. Die Eröffnung darf nur dann abgelehnt werden, wenn zweifelsfrei feststeht, dass die Urkunde überhaupt keine letztwillige Verfügung enthält (OLG Hamm Rpfleger 1983, 252). 3

II. Niederschrift

Die S 2 und 3 entsprechen inhaltlich dem bisherigen § 2260 Abs 3 BGB aF über die zu fertigende Niederschrift. Im Hinblick auf die praktische Bedeutung des Begriffs der Niederschrift für das Grundbuchamt und § 35 Abs 1 S 2 GBO wird an diesem Begriff fest- 4 gehalten. Voraussetzung für die Ersetzung des Erbscheins ist es, dass die Verfügung von Todes wegen in einer öffentlichen Urkunde enthalten ist und die Verfügung samt Eröffnungsniederschrift beim Grundbuchamt vorgelegt wird.

III. Terminsbestimmung

5   Abs 2 S 1 knüpft an den bisherigen § 2260 Abs 1 S 1 BGB aF an, stellt jedoch die Terminsbestimmung und die Ladung der Beteiligten in das Ermessen des Gerichts.

6   Die S 2 und 3 regeln die Besonderheiten der Eröffnung bei Anwesenheit der Beteiligten in Anlehnung an den bisherigen § 2260 Abs 2 S 1 BGB aF, wobei die Art der Eröffnung ebenfalls im Ermessen des Gerichts steht. Es kann den anwesenden Beteiligten den Inhalt der Verfügung von Todes wegen gemäß S 2 wörtlich vorlesen, deren wesentlichen Inhalt genau schildern oder nach S 3 den Erschienenen die Verfügung zur Durchsicht vorlegen. Wird die Vorlage verlangt, ist dem nachzukommen.

C. Benachrichtigung der Beteiligten

7   Abs 3 entspricht im wesentlichen dem Regelungsgehalt des bisherigen § 2262 BGB aF. Da die Beteiligung aller, dh auch der nicht geladenen Beteiligten, am Nachlassverfahren zwingend ist, hat das Gericht den Beteiligten, sofern sie nicht in einem Eröffnungstermin anwesend waren, den sie betreffenden Inhalt der Verfügung von Todes wegen gemäß § 15 schriftlich bekannt zu geben.

8   Das Nachlassgericht hat den Kreis der zu Benachrichtigenden von Amts wegen zu ermitteln. Ist ungewiss, wer zu diesem Kreis der Beteiligten gehört, sind »gehörige« Ermittlungen anzustellen (BayObLG MDR 1980, 141). Zu ermitteln sind auch die Anschriften der Beteiligten (OLG Bremen Rpfleger 1973, 58); die im Testament bezeichneten Beteiligten sind zur Mitwirkung an der Ermittlung weiterer Beteiligter nicht verpflichtet. Sind Erben nicht festzustellen, ist Nachlasspflegschaft nach § 1960 Abs 1 BGB anzuordnen.

§ 349 Besonderheiten bei der Eröffnung von gemeinschaftlichen Testamenten und Erbverträgen

(1) Bei der Eröffnung eines gemeinschaftlichen Testaments sind die Verfügungen des überlebenden Ehegatten oder Lebenspartners, soweit sie sich trennen lassen, den Beteiligten nicht bekannt zu geben.

(2) Hat sich ein gemeinschaftliches Testament in besonderer amtlicher Verwahrung befunden, ist von den Verfügungen des verstorbenen Ehegatten oder Lebenspartners eine beglaubigte Abschrift anzufertigen. Das Testament ist wieder zu verschließen und bei dem nach § 344 Abs. 2 zuständigen Gericht erneut in besondere amtliche Verwahrung zurückzubringen.

(3) Absatz 2 gilt nicht, wenn das Testament nur Anordnungen enthält, die sich auf den Erbfall des erstversterbenden Ehegatten oder Lebenspartners beziehen, insbesondere wenn das Testament sich auf die Erklärung beschränkt, dass die Ehegatten oder Lebenspartner sich gegenseitig zu Erben einsetzen.

(4) Die Absätze 1 bis 3 sind auf Erbverträge entsprechend anzuwenden.

A. Allgemeines

Die Abs 1 bis 3 übernehmen den Regelungsinhalt des § 2273 BGB aF, Abs 4 knüpft an 1 den bisherigen § 2300 Abs 1 BGB aF an. § 349 Abs 1 berücksichtigt, dass ein gemeinschaftliches Testament nun auch von Lebenspartnern errichtet werden kann.

B. Eröffnung

Ein gemeinschaftliches Testament wird in zwei Akten eröffnet: Erstmals nach dem Tod 2 des erstversterbenden Ehegatten, allerdings auf dessen Verfügungen beschränkt, und nach dem Tod des Letztversterbenden, dann dessen Verfügungen. Ist dies faktisch nicht möglich, weil sich die Verfügungen nicht voneinander absondern lassen, müssen die Verfügungen des überlebenden Ehegatten zwangsläufig mit bekannt gemacht werden.

Die Verfügungen des Überlebenden lassen sich nur dann absondern, wenn sie in selb- 3 ständigen, auch äußerlich getrennt gehaltenen Sätzen getroffen und sprachlich so gefasst sind, dass die Verfügungen des Erstversterbenden ihrem Inhalt nach auch ohne die Verfügungen des überlebenden Ehegatten verständlich bleiben (OLG Zweibrücken NJW-RR 2002, 1662). Untrennbarkeit liegt vor bei sprachlicher Zusammenfassung in »Wir«-Form oder Verweisung bzw Bezugnahme auf die Verfügungen des anderen (Palandt/*Edenhofer* § 2273 Rn 2).

Nach dem Tod des Letztversterbenden sind dessen Verfügungen nach den Regeln der 4 §§ 2260 ff BGB zu eröffnen, auch wenn diese bereits mangels Trennung mit der ersten Eröffnung bekannt gegeben wurden.

C. Amtliche Verwahrung

Abs 2 knüpft an § 2273 Abs 2 BGB aF an und stellt ausdrücklich klar, dass dieses Verfah- 5 ren nur für gemeinschaftliche Testamente gilt, die sich bisher in **besonderer amtlicher Verwahrung** befunden haben. Von den Verfügungen des Verstorbenen ist eine beglaubigte Abschrift anzufertigen. Ein nach § 2259 BGB abgeliefertes privatschriftliches gemeinschaftliches Testament oder ein vom Notar gemäß § 34a Abs 2 S 1 BeurkG abgelieferter Erbvertrag soll auch zukünftig nach der Eröffnung in einfacher Aktenverwahrung des Nachlassgerichts bleiben, sofern der Überlebende nicht die besondere amtliche Verwahrung beantragt.

D. Anordnungen

6 Abs 3 entspricht inhaltlich dem bisherigen § 2273 Abs 3 BGB aF und bestimmt, dass die Fertigung einer beglaubigten Abschrift und die Wiederverwahrung entbehrlich wird, wenn das Testament für den Tod des Überlebenden keine Bestimmungen enthält. Dieses Testament wird daher nur in die gewöhnliche Verwahrung genommen und beim zweiten Erbfall nicht nochmals eröffnet. Im Zweifel, dh wenn unklar ist, ob das Testament Anordnungen für den zweiten Erbfall enthält, ist zu eröffnen (OLG Hamm OLGZ 75, 94).

E. Erbvertrag

7 Für die Eröffnung von Erbverträgen übernimmt Abs 4 den Regelungsinhalt von § 2300 Abs 1 BGB aF; der letzte Halbsatz des § 2300 Abs 1 BGB kann dabei entfallen, da sich diese Einschränkung bereits aus der entsprechenden Anwendung des Abs 2 ergibt.

F. Rechtsmittel

8 Gegen die Ablehnung der Absonderung kann nur der überlebende Ehegatte Beschwerde nach §§ 58 ff einlegen, weil nur er ein schutzwürdiges Interesse an der Nichtveröffentlichung hat. Im Übrigen hat jeder der Beteiligten, dessen Interessen durch die Absonderung betroffen sein könnten, das Recht zur Beschwerde (OLG Frankfurt/M Rpfleger 1977, 206). Die Beschwerde ist beim Nachlassgericht oder dem Landgericht als Beschwerdegericht einzulegen.

G. Kosten

9 Für die **Eröffnung** einer Verfügung von Todes wegen fällt eine 0,5 Gebühr gemäß § 102 KostO an. Die Gebühr wird, auch wenn die Eröffnung durch ein anderes Gericht erfolgt, vom Nachlassgericht erhoben, § 103 Abs 3 KostO. Werden zugleich mehrere letztwillige Verfügungen desselben Erblassers durch dasselbe Gericht eröffnet, entsteht nur eine 0,5 Gebühr nach den zusammengerechneten Werten, wobei Nachlasswerte, über die mehrfach verfügt wurde, nur einmal in Ansatz gebracht werden können, § 103 Abs 2 KostO.

10 Wird in demselben Termin ein gemeinschaftliches Testament mit Verfügungen für den zweiten Erbfall für beide Erbfälle eröffnet, ist die Gebühr des § 102 KostO für jeden Erbfall gesondert zu erheben.

11 Der Wert richtet sich gemäß §§ 103 Abs 1, 46 Abs 4 KostO nach dem Nachlasswert ohne Abzug der Erbfallschulden, und zwar auch bei der zeitlich unterschiedlichen Eröffnung mehrerer letztwilliger Verfügungen (LG Bayreuth JurBüro 1986, 261). Die Beerdigungskosten (BayObLG DNotZ 1959, 668) können ebenso wenig wie die Kosten, die aus Anlass der Testamentseröffnung und Erbscheinserteilung entstehen, in Abzug gebracht werden (OLG Frankfurt/M JurBüro 1963, 296).

12 Für die **amtliche Verwahrung** einer Verfügung von Todes wegen wird eine ¼-Gebühr nach § 101 KostO erhoben, sofern die Verfügung in die besondere amtliche Verwahrung gemäß §§ 2258a, b BGB gebracht wird. Die bloße Ablieferung einer letztwilligen Verfügung ist keine Verwahrung. Maßgebend für die Kosten ist der Nettowert des Nachlasses bzw des Bruchteils am Nachlass zum Zeitpunkt der Verwahrung. Vermächtnisse, Auflagen und Pflichtteilsrechte werden nicht abgezogen, § 103 Abs 4 KostO.

§ 350 Eröffnung der Verfügung von Todes wegen durch ein anderes Gericht

Hat ein nach § 344 Abs. 6 zuständiges Gericht die Verfügung von Todes wegen eröffnet, hat es diese und eine beglaubigte Abschrift der Eröffnungsniederschrift dem Nachlassgericht zu übersenden; eine beglaubigte Abschrift der Verfügung von Todes wegen ist zurückzubehalten.

A. Allgemeines

Die Vorschrift entspricht inhaltlich dem bisherigen § 2261 S 2 BGB und regelt den Sachverhalt umfassend für alle Verfügungen von Todes wegen. 1

B. Verwahrungsgericht

Die bloße Eröffnung einer Verfügung von Todes wegen stellt kein Tätigwerden in der Nachlasssache dar (BayObLG Rpfleger 1995, 254). In Baden-Württemberg ist das verwahrende Notariat zuständig. Das Verwahrungsgericht leitet die eröffnete Verfügung von Todes wegen nebst einer beglaubigten Abschrift der Eröffnungsniederschrift an das zuständige Nachlassgericht weiter. Beim verwahrenden Gericht verbleibt eine beglaubigte Abschrift der Verfügung von Todes wegen. 2

C. Nachlassgericht

Das Nachlassgericht verwahrt nun die Urschrift der Verfügung von Todes wegen auf Dauer. 3

Die Vorschrift lässt die Zuständigkeiten für das weitere Nachlassverfahren unberührt: Nach § 2262 BGB ist das Nachlassgericht für die Benachrichtigung der Beteiligten zuständig. Streitig ist allerdings die örtliche Zuständigkeit für die Weiterverwahrung eines gemeinschaftlichen Testaments bzw Erbvertrags nach dem Tod des Erstversterbenden (OLG Zweibrücken, 29.11.2007, 2 AR 39/07). 4

Schließlich hat das Nachlassgericht, und nicht etwa das Verwahrungsgericht, die nach § 102 KostO angefallenen Gebühren zu erheben, § 103 Abs 3 KostO, die bei getrennter Eröffnung mehrerer Testamente mehrfach anfällt (Palandt/*Edenhofer* § 2261 Rn 2). 5

§ 351 Eröffnungsfrist für Verfügungen von Todes wegen

Befindet sich ein Testament, ein gemeinschaftliches Testament oder ein Erbvertrag seit mehr als dreißig Jahren in amtlicher Verwahrung, soll die verwahrende Stelle von Amts wegen ermitteln, ob der Erblasser noch lebt. Kann die verwahrende Stelle nicht ermitteln, dass der Erblasser noch lebt, ist die Verfügung von Todes wegen zu eröffnen. Die §§ 348 bis 350 gelten entsprechend.

A. Allgemeines

1 Die Vorschrift führt für die Eröffnung von Verfügungen von Todes wegen die bisher für Testamente in § 2263a BGB aF und die für Erbverträge in § 2300a BGB aF geltenden Regelungen zusammen, wobei die Frist für Erbverträge an die der Testamente (auch gemeinschaftliche) angeglichen wurde. Der Grund für die Vereinheitlichung der Fristen liegt darin, dass die bisherige Annahme, Erbverträge würden vielfach in jüngeren Jahren abgeschlossen, nicht belegt ist.

B. Amtliche Verwahrung

2 Der Begriff der »amtlichen Verwahrung« wurde aus § 2263a BGB aF übernommen. Damit ist klargestellt, dass sich die Überprüfungspflicht nicht nur auf Verfügungen von Todes wegen erstreckt, die sich in besonderer amtlicher Verwahrung befinden, sondern auch auf die Erbverträge, die beim Notar verwahrt werden (BTDrs 16/6308 S 280) und privatschriftliche Testamente, die bei einem ortsnahen Amtsgericht abgeliefert wurden, unabhängig davon, ob das Gericht hierfür örtlich zuständig war.

C. Eröffnungspflicht

3 Die Frist zur Eröffnung der in Verwahrung befindlichen Verfügungen von Todes wegen ist nun einheitlich geregelt und beträgt 30 Jahre. Damit ist die Verwahrungsfrist von 50 Jahren für den Erbvertrag entfallen.

4 Die Ermittlung von Amts wegen, ob der Erblasser noch lebt, ist nicht mehr zwingend vorgeschrieben. Vielmehr steht sie nun, wie sich aus der als Sollvorschrift ausgestalteten Bestimmung ergibt, im Ermessen des Nachlassgerichts. Haben die Ermittlungen nicht zum Erfolg geführt, konnte also nicht festgestellt werden, dass der Erblasser noch lebt, ist davon auszugehen, dass er verstorben ist, weshalb dann die Eröffnung der Verfügung von Todes wegen zwingend vorgeschrieben ist. Hier wurde dem Nachlassgericht kein Ermessensspielraum zugebilligt.

Unterabschnitt 4
Erbscheinsverfahren; Testamentsvollstreckung

§ 352 Entscheidung über Erbscheinsanträge

(1) Die Entscheidung, dass die zur Erteilung eines Erbscheins erforderlichen Tatsachen für festgestellt erachtet werden, ergeht durch Beschluss. Der Beschluss wird mit Erlass wirksam. Einer Bekanntgabe des Beschlusses bedarf es nicht.

(2) Widerspricht der Beschluss dem erklärten Willen eines Beteiligten, ist der Beschluss den Beteiligten bekannt zu geben. Das Gericht hat in diesem Fall die sofortige Wirksamkeit des Beschlusses auszusetzen und die Erteilung des Erbscheins bis zur Rechtskraft des Beschlusses zurückzustellen.

(3) Ist der Erbschein bereits erteilt, ist die Beschwerde gegen den Beschluss nur noch insoweit zulässig, als die Einziehung des Erbscheins beantragt wird.

A. Allgemeines

Das Verfahren zur Erteilung eines Erbscheins ist in den §§ 2353 ff BGB geregelt, die bis- 1 lang durch Vorschriften des FGG ergänzt wurden. Im Hinblick auf die eingeschränkte Möglichkeit, einen Erbschein anzufechten, wurde bei zweifelhafter Rechtslage in der Praxis ein mit der Beschwerde angreifbarer Vorbescheid erlassen, in dem den Beteiligten der beabsichtigte Inhalt des Erbscheins mitgeteilt wurde.

§ 352 enthält nun einige grundlegende Regelungen für die Entscheidung über einen 2 Erbscheinsantrag und ihre Wirksamkeit. Dabei nehmen die Bestimmungen die derzeitige Praxis auf und normieren Verfahrensregeln, die nicht nur der Gesetzessystematik entsprechen, sondern sowohl für problematische als auch unproblematische Sachverhalte ein zweckmäßiges Verfahrensinstrument darstellen.

B. Erteilungsverfahren

Nach § 352 Abs 1 S 1 muss der Erteilung eines Erbscheins ein Beschluss vorausgehen, in 3 dem festgestellt wird, dass die zur Erteilung eines bestimmten Erbscheins erforderlichen Tatsachen für festgestellt erachtet werden. Dies war auch unter der Geltung des FGG erforderlich (*Zimmermann* FGPrax 2006, 189), wenngleich es in der Praxis nicht üblich war. Allerdings ist dem Wortlaut der Vorschrift diese Pflicht zur Beschlussfassung vor der Erteilung des Erbscheins nicht zu entnehmen, was zur Klarstellung wünschenswert gewesen wäre.

Der Antrag bestimmt den Inhalt des Erbscheins. Um zu verhindern, dass der Anord- 4 nungsbeschluss im Rechtsverkehr missbräuchlich als Erbschein verstanden oder gar verwendet wird, muss der Erbscheinsinhalt nicht im Beschlusstenor wiedergegeben werden. Auch diese Regelung hat keinen Niederschlag im Gesetzestext gefunden.

Zur Beschleunigung der unstreitigen Erbscheinsverfahren wird nach § 352 Abs 1 S 2 5 der Beschluss, abweichend von § 40 Abs 1, bereits mit seinem Erlass bzw seiner Bekanntgabe wirksam.

Da der Anordnungsbeschluss, anders als in § 41 Abs 1, keiner Bekanntgabe bedarf, 6 kann das Nachlassgericht zeitgleich mit der Beschlussfassung auch den Erbschein erteilen. Einer Begründung bedarf der Beschluss nicht, § 38 Abs 4 Nr 2.

Im Übrigen kann das Gericht die im Erbschein ausgewiesenen, aber am Verfahren 7 nicht beteiligten Erben über den Ausgang des Verfahrens nach § 15 Abs 3 durch formlose Mitteilung unterrichten.

Der Anordnungsbeschluss wird nun in das an die Stelle des Vorbescheidsverfahrens 8 tretende Verfahren des Abs 2 eingebunden.

C. Abweichender Wille

9 Widerspricht die Entscheidung dem erklärten Willen zumindest eines Beteiligten und ist die Einlegung eines Rechtsmittels zu erwarten, wird das Gericht den Beschluss den Beteiligten bekannt geben, nach § 352 Abs 2 die sofortige Wirksamkeit des Beschlusses aussetzen und die Erteilung des Erbscheins bis zur Rechtskraft des Anordnungsbeschlusses zurückstellen. Die Beteiligten haben sodann die Möglichkeit, gegen den Beschluss innerhalb eines Monats nach seiner schriftlichen Bekanntgabe Beschwerde beim Amtsgericht einzulegen, §§ 58, 63, und die Entscheidung des Nachlassgerichts durch die nächsthöhere Instanz überprüfen zu lassen, bevor der Erbschein erteilt wird.

10 Nach § 119 Abs 1 Nr 1b GVG ist das Oberlandesgericht nunmehr Beschwerdegericht.

11 Durch dieses Verfahren ist der Erlass eines Vorbescheids nicht mehr möglich (*Zimmermann*, FGPrax 2006, 189; aA: *Graf*, Rn 447, wonach in zweifelhaften Fällen das Bedürfnis für einen Vorbescheid bestehe und er auch erlassen werden dürfe).

D. Beschwerde nach Bekanntgabe

12 Nach Abs 3 ist die Beschwerde gegen den Anordnungsbeschluss nach Bekanntgabe des Erbscheins nur noch mit dem Ziel möglich, den Erbschein einzuziehen oder ihn für kraftlos zu erklären. Insoweit wird auf das Verfahren nach § 2361 BGB verwiesen. Die Beschwerde muss innerhalb der in § 63 genannten Frist eingelegt werden. Allerdings kann, da der Erbschein nicht in materieller Rechtskraft erwächst, jederzeit nach der Erteilung ein anderslautender Erbschein beantragt werden. Wird dieser dann erteilt, ist der ursprüngliche Erbschein von Amts wegen einzuziehen; wird dem Antrag nicht entsprochen, ist gegen diese Entscheidung die Beschwerde statthaft. Beschwerdeberechtigt ist nur derjenige, dessen Rechte durch die Unrichtigkeit oder Unvollständigkeit des Erbscheins beeinträchtigt sind. Ist die Beschwerde erfolgreich, weist das Beschwerdegericht das Nachlassgericht an, den erteilten Erbschein einzuziehen.

13 Alternativ zum Beschwerdeverfahren kann der Erbprätendent beim Nachlassgericht die Einziehung oder Kraftloserklärung des erteilten aber unrichtigen Erbscheins nach § 2361 BGB beantragen oder anregen.

§ 353 Einziehung oder Kraftloserklärung von Erbscheinen

(1) In Verfahren über die Einziehung oder Kraftloserklärung eines Erbscheins hat das Gericht über die Kosten des Verfahrens zu entscheiden. Die Kostenentscheidung soll zugleich mit der Endentscheidung ergehen.

(2) Ist der Erbschein bereits eingezogen, ist die Beschwerde gegen den Einziehungsbeschluss nur insoweit zulässig, als die Erteilung eines neuen gleichlautenden Erbscheins beantragt wird. Die Beschwerde gilt im Zweifel als Antrag auf Erteilung eines neuen gleichlautenden Erbscheins.

(3) Ein Beschluss, durch den ein Erbschein für kraftlos erklärt wird, ist nicht mehr anfechtbar, nachdem der Beschluss öffentlich bekannt gemacht ist (§ 2361 Abs. 2 Satz 2 des Bürgerlichen Gesetzbuchs).

Übersicht

	Rz		Rz
A. Allgemeines.	1	3. Entscheidungsarten	19
B. Kostenentscheidung.	2	a) Stattgebende Entscheidung.	19
C. Statthaftigkeit der Beschwerde.	3	b) Ablehnende Entscheidung .	20
D. Anfechtung des Beschlusses über die Kraftloserklärung.	4	aa) Amtseinleitung des Verfahrens	21
I. Grundsätzliches	5	bb) Antragsverfahren	22
II. Einziehung des Erbscheins.	6	4. Ausführung der Einziehungsanordnung	23
1. Voraussetzungen der Erbscheinseinziehung	7	a) Einziehung durch Rückgabe	23
a) Formelle Voraussetzungen	7	b) Verfahren bei nichtdurchführbarer Rückgabe	24
b) Materielle Voraussetzungen .	10		
2. Einziehungsverfahren	14	5. Beschwerde	27
a) Kein Antragserfordernis	14	a) Statthaftigkeit.	27
b) Zuständigkeit	16	b) Beschwerdeberechtigung.	28
c) Anhörung.	18	c) Rechtsschutzbedürfnis	30

A. Allgemeines.

Das Verfahren zur Einziehung bzw Kraftloserklärung von Erbscheinen ist überwiegend 1 im BGB zu finden. In § 84 FGG aF ist nur generell der Ausschluss einer Beschwerde gegen die Kraftloserklärung von Erbscheinen und sonstigen Zeugnissen geregelt. § 353 geht über die bisherige Regelung hinaus und legt nun die Voraussetzungen, unter denen die Rechtsprechung bislang die Anfechtung des Beschlusses des Nachlassgerichts für statthaft erklärt hat, ausdrücklich fest.

B. Kostenentscheidung

Nach § 353 Abs 1 S 1 hat das Nachlassgericht in einem Verfahren über die Einziehung 2 oder Kraftloserklärung eines Erbscheins auch über die Kosten zu entscheiden. Insoweit enthält die Vorschrift des § 81, die den Grundsatz der Kostenpflicht regelt, eine ergänzende Sonderregelung. Das Gericht soll die Kostenentscheidung zusammen mit der Endentscheidung treffen, sofern es zu diesem Zeitpunkt möglich ist, über die Kosten zu entscheiden. Kann hierüber noch keine Entscheidung getroffen werden, ist sie nachzuholen.

C. Statthaftigkeit der Beschwerde

Die Beschwerde gegen den Einziehungsbeschluss ist nach der Neuregelung in Abs 2 3 nur solange uneingeschränkt zulässig, als die Einziehung noch nicht vollzogen ist (BayObLGZ 1953, 120). Danach ist die Beschwerde nur noch mit dem Ziel der Erteilung eines neuen gleichlautenden Erbscheins zulässig. Auf der Grundlage des bisher geltenden

§ 353 FamFG | Einziehung oder Kraftloserklärung von Erbscheinen

Rechts (BGHZ 40, 54) wird die Beschwerde vom Beschwerdegericht als ein entsprechender Antrag auszulegen sein.

D. Anfechtung des Beschlusses über die Krafloserklärung

4   Abs 3 übernimmt weitgehend die Regelung des bisherigen § 84 FGG aF, ergänzt durch die bisherige Rechtsprechung (BayObLGZ 1958, 364), wonach der Beschluss, durch den ein Erbschein für kraftlos erklärt wird, zum Schutz des Rechtsverkehrs mit der Beschwerde nur solange angegriffen werden kann, bis er gem § 2361 Abs 2 S 2 BGB öffentlich bekannt gemacht ist. Ansonsten bleibt ihnen nur die Möglichkeit, einen gleichlautenden Erbschein bzw ein entsprechendes Zeugnis beim Nachlassgericht zu beantragen.

I. Grundsätzliches

5   §§ 2353 ff BGB und die allgemeinen Vorschriften der freiwilligen Gerichtsbarkeit regeln die Voraussetzungen für die Erteilung eines Erbscheins. Der Erbschein hat die Vermutung für sich, dass demjenigen, der im Erbschein als Erbe bezeichnet ist, das im Erbschein angegebene Erbrecht zusteht und dass er nicht durch andere als die angegebenen Anordnungen beschränkt ist (Bumiller/Winkler § 84 Rn 1; AnwK-BGB/*Kroiß* § 2365 Rn 1). Ergibt sich jedoch, dass der erteilte Erbschein unrichtig ist, so hat ihn das Nachlassgericht einzuziehen, § 2361 Abs 1 S 1 BGB. Mit der Einziehung wird der Erbschein kraftlos, § 2361 Abs 1 S 2 BGB. Wenn der Erbschein nicht sofort erlangt werden kann, so hat ihn das Nachlassgericht durch Beschluss für kraftlos zu erklären, § 2361 Abs 2 BGB. Da der sich im Umlauf befindliche, unrichtige Erbschein eine Gefahr für den Rechtsverkehr darstellt, ist er von Amts wegen einzuziehen.

II. Einziehung des Erbscheins

6   Ergibt sich, dass der erteilte Erbschein unrichtig ist, so hat ihn das Nachlassgericht einzuziehen. Die Unrichtigkeit kann sich aus formellen oder materiellen Gründen ergeben (FA-ErbR/*Tschichoflos* Kap 16 Rn 339 ff).

1. Voraussetzungen der Erbscheinseinziehung

a) Formelle Voraussetzungen

7   Existenz eines bereits erteilten Erbscheins. Eingezogen werden kann nur ein Erbschein, der bereits erteilt ist. Der Begriff der Erteilung ist daher zu definieren.

8   aa) Noch nicht erteilt ist der Erbschein dann,
– wenn lediglich ein die Erbscheinserteilung ankündigender Beschluss ergangen ist. Es ist daher streng zu trennen zwischen der Erbscheinserteilungsanordnung (Beschluss) und der eigentlichen Erbscheinserteilung;
– wenn lediglich die ggf im Vorbescheid gesetzte Frist abgelaufen ist; der bloße Fristablauf führt nicht »automatisch« zur Anordnung der Erteilung (diese ist gesondert auszusprechen) bzw zur Erteilung (diese hat gem Rz 9 zu erfolgen).

9   bb) Erteilt ist der Erbschein dann, wenn die Urschrift des Erbscheins oder eine Ausfertigung dem Antragsteller, einem von ihm bestimmten Dritten oder einer von ihm bestimmten Behörde ausgehändigt wurde (Palandt/*Edenhofer* § 2353 Rn 23).

b) Materielle Voraussetzungen

10 Gem § 2361 Abs 1 BGB ist der Erbschein einzuziehen, wenn er unrichtig ist. Unrichtig ist der Erbschein, wenn die Voraussetzungen für die Erteilung entweder schon ursprünglich nicht gegeben waren oder nachträglich entfallen sind. Das Nachlassgericht

hat sich bei der Entscheidung in die Lage zu versetzen, als hätte es den Erbschein erstmalig zu erteilen (Palandt/*Edenhofer* § 2361 Rn 9 mwN).

Bei der Unrichtigkeit lassen sich mehrere Fallgruppen unterscheiden: 11
(1) wenn das bezeugte Erbrecht überhaupt nicht oder anders besteht oder wenn bestehende Beschränkungen (Nacherbfolge; Testamentsvollstreckung) nicht vermerkt sind (Palandt/*Edenhofer* § 2361 Rn 3);
(2) wenn nachträgliche Änderungen eingetreten sind, zB Eintritt des Nacherbfalles (OLG Hamm Rpfleger 1980, 347);
(3) wenn der Erbschein unter Verletzung formellen Rechts erteilt wurde, auch wenn er inhaltlich richtig ist.

Ausreichend ist nicht jeder Rechtsverstoß, vielmehr muss es sich um gravierende Verfahrensfehler handeln (Palandt/*Edenhofer* § 2361 Rn 4), wie zB Erteilung des Erbschein durch das örtlich unzuständige Gericht (OLG Zweibrücken FamRZ 2002, 1146), den funktionell unzuständigen Rechtspfleger oder bei fehlendem Antrag; es sei denn, es erfolgt Heilung durch ausdrückliche oder stillschweigende Genehmigung (BayObLGZ 1967, 9; 1970, 109; NJW-RR 2001, 950). 12

Für den Nachweis der Unrichtigkeit reicht es aus, dass die Überzeugung des Gerichts (§ 2359 BGB) von der Richtigkeit des Erbscheins so erschüttert ist, dass eine erstmalige Erteilung des Erbscheins nicht erfolgen würde; bloße Zweifel reichen nicht. 13

2. Einziehungsverfahren

a) Kein Antragserfordernis

Die Einleitung des Einziehungsverfahrens erfolgt von Amts wegen, § 2361 Abs 1 S 1 und 3 BGB und § 26. 14

Ein Antrag ist weder vorgeschrieben noch erforderlich, kann aber von jedem Beeinträchtigten gestellt werden (Palandt/*Edenhofer* § 2361 Rn 7). 15

b) Zuständigkeit

Zuständig ist immer das Gericht, das den Erbschein erteilt hat, ohne Rücksicht auf dessen örtliche Zuständigkeit für die Erteilung (Palandt/*Edenhofer* § 2361 Rn 8). Funktionell zuständig ist unter den Voraussetzungen des § 16 Abs 1 Nr 7 RPflG der Richter, wenn eine Verfügung von Todes wegen vorliegt oder ein gegenständlich beschränkter Erbschein eingezogen wird (FA-ErbR/*Tschichoflos*, Kap 16 Rn 347). 16

Ist der Antrag auf Einziehung durch das Nachlassgericht abgelehnt worden, so kann das Beschwerdegericht selbst den Erbschein nicht einziehen, sondern nur das Nachlassgericht hierzu anweisen (OLG Frankfurt Rpfleger 1973, 95). 17

c) Anhörung

Den durch den einzuziehenden Erbschein begünstigten Personen ist vor der Anordnung der Einziehung rechtliches Gehör zu gewähren, Art 103 Abs 1 GG. 18

3. Entscheidungsarten

a) Stattgebende Entscheidung

Wenn die Voraussetzungen für die Erbscheinseinziehung vorliegen, wird der Erbschein eingezogen. 19

b) Ablehnende Entscheidung

Es ist zu unterscheiden zwischen: 20

aa) Amtseinleitung des Verfahrens

21 In diesen Fällen erfolgt nur ein Aktenvermerk und die Benachrichtigung an die im Verfahren angehörten Erben, um die Unsicherheit zu beseitigen. Ebenso werden die Fälle behandelt, in denen ein unbeteiligter Dritter das Verfahren angeregt hat (BayObLGZ 1958, 171).

bb) Antragsverfahren

22 In diesen Fällen ist der Antrag formell durch einen zu begründenden Beschluss zurückzuweisen.

4. Ausführung der Einziehungsanordnung

a) Einziehung durch Rückgabe

23 Durchgeführt ist die Einziehung erst mit der Ablieferung der Urschrift und aller erteilten Ausfertigungen (BayObLGZ 1966, 233; 1980, 72). Dies ergibt sich auch aus der in § 2361 Abs 2 BGB eröffneten Möglichkeit der Kraftloserklärung (Palandt/*Edenhofer* § 2361 Rn 10).

b) Verfahren bei nichtdurchführbarer Rückgabe

24 Bei Unmöglichkeit der sofortigen Erlangung des Erbscheins und der Ausfertigungen besteht die Möglichkeit der Kraftloserklärung, § 2361 Abs 2 BGB.

25 Die Kraftloserklärung erfolgt gem § 2361 Abs 2 S 2 BGB nach den für die öffentliche Zustellung einer Ladung geltenden Vorschriften der ZPO (§§ 185–188 ZPO), dh durch Anheftung des Beschlusses an die Gerichtstafel (§ 206 Abs 2 ZPO) und fakultative Veröffentlichung im Bundesanzeiger (§ 187 ZPO); die Wirksamkeit tritt gem § 188 S 1 ZPO ein.

26 Der Beschluss ist gem § 353 unanfechtbar, jedoch kann Beschwerde mit dem Ziel der Neuerteilung eines gleichlautenden Erbscheins eingelegt werden (BGHZ 40, 54).

5. Beschwerde

a) Statthaftigkeit

27 Gegen die Anordnung der Einziehung und gegen die Ablehnung des Antrags auf Einziehung ist die Beschwerde statthaft. Nach erfolgter Einziehung oder Kraftloserklärung ist eine Beschwerde nicht mehr möglich, § 353 S 1.

b) Beschwerdeberechtigung

28 Bei Einziehungsanordnung sind beschwerdeberechtigt der im Erbschein ausgewiesene Erbe und derjenige, der den Antrag hätte stellen können.

29 Richtet sich die Beschwerde gegen die Erteilung der Einziehungsanordnung, so gehören zum Kreis der Beschwerdeberechtigten (FA-ErbR/*Tschichoflos*, Kap 16 Rn 384):
– der Antragsteller,
– der Nichterbe, an den der Erbschein zu Unrecht erteilt wurde,
– der Nach- und ggf der Ersatznacherbe, wenn die Nacherbfolgenanordnung im Erbschein nicht/nicht richtig erwähnt ist oder zu Unrecht im Erbschein aufgeführt ist,
– der Rechtsnachfolger des Vorerben,
– der Testamentsvollstrecker,
– der Nachlassgläubiger, der sich im Besitz eines Vollstreckungstitels befindet,
– jeder, der für sich selbst einen Erbschein beantragt hat.

c) Rechtsschutzbedürfnis

Es fehlt, wenn die Einziehung bereits erfolgt ist, da die durchgeführte Einziehung nicht mehr rückgängig gemacht werden kann. Zulässig ist jedoch die Beschwerde mit dem Ziel, das Nachlassgericht zur Erteilung eines neuen Erbscheins anzuweisen (ggf sind die Voraussetzung der Umdeutung zu prüfen, Palandt/*Edenhofer* § 2361 Rn 14).

§ 354 Sonstige Zeugnisse

Die §§ 352 und 353 gelten entsprechend für die Erteilung von Zeugnissen nach den §§ 1507 und 2368 des Bürgerlichen Gesetzbuches, den §§ 36 und 37 der Grundbuchordnung sowie den §§ 42 und 74 der Schiffsregisterordnung.

A. Allgemeines

1 Die Vorschrift erklärt das Verfahren zur Erteilung eines Erbscheins sowie die Vorschriften über die Rechtsmittel gegen seine Einziehung und Kraftloserklärung für entsprechend anwendbar, wenn es sich um Zeugnisse handelt, die das Nachlassgericht zu erteilen hat, und zwar über die Fortsetzung der Gütergemeinschaft nach § 1507 BGB, Testamentsvollstreckerzeugnisse nach § 2368 BGB und Überweisungszeugnisse nach den §§ 36, 37 GBO und §§ 42, 74 SchRegO.

2 Zum Verfahren im Einzelnen vgl die Kommentierungen zu §§ 352 und 353.

§ 355 Testamentsvollstreckung

(1) Ein Beschluss, durch den das Nachlassgericht einem Dritten eine Frist zur Erklärung nach § 2198 Abs. 2 des Bürgerlichen Gesetzbuchs oder einer zum Testamentsvollstrecker ernannten Person eine Frist zur Annahme des Amtes bestimmt, ist mit der sofortigen Beschwerde in entsprechender Anwendung der §§ 567 bis 572 der Zivilprozessordnung anfechtbar.

(2) Auf einen Beschluss, durch den das Gericht bei einer Meinungsverschiedenheit zwischen mehreren Testamentsvollstreckern über die Vornahme eines Rechtsgeschäfts entscheidet, ist § 40 Abs. 3 entsprechend anzuwenden; die Beschwerde ist binnen einer Frist von zwei Wochen einzulegen.

(3) Führen mehrere Testamentsvollstrecker das Amt gemeinschaftlich, steht die Beschwerde gegen einen Beschluss, durch den das Gericht Anordnungen des Erblassers für die Verwaltung des Nachlasses außer Kraft setzt, sowie gegen einen Beschluss, durch den das Gericht über Meinungsverschiedenheiten zwischen den Testamentsvollstreckern entscheidet, jedem Testamentsvollstrecker selbständig zu.

A. Allgemeines

In der Vorschrift sind die das Bürgerliche Gesetzbuch ergänzenden Regelungen zur Testamentsvollstreckung zusammengefasst. 1

B. Sofortige Beschwerde

Abs 1 normiert die Statthaftigkeit der sofortigen Beschwerde in entsprechender Anwendung der §§ 567 bis 572 ZPO gegen Beschlüsse des Nachlassgerichts, durch die einem Dritten eine Erklärungsfrist zur Bestimmung eines Testamentsvollstreckers sowie einem zum Testamentsvollstrecker Ernannten eine Frist zur Annahme des Amtes bestimmt wird und übernimmt damit die bisherige Regelung der §§ 80 und 81 FGG aF, wonach die Beschlüsse mit der sofortigen Beschwerde anfechtbar waren. Es ist im Hinblick auf die Systematik des FamFG sachgerecht, für das Rechtsmittelverfahren gegen diese Beschlüsse zur Fristbestimmung als Zwischenentscheidungen im Verfahren nach § 2198 Abs 1 BGB bzw 2202 Abs 2 BGB das für Zwischen- und Nebenentscheidungen geeignete, weitgehend entformalisierte Verfahren der sofortigen Beschwerde nach den Vorschriften der ZPO für anwendbar zu erklären. 2

Die übrigen der im bisherigen § 80 FGG aF genannten erbrechtlichen Fristbestimmungen und Entscheidungen nach § 81 FGG aF sind als Endentscheidungen iSd § 38 Abs 1 Satz 1 anzusehen und unterliegen daher der Beschwerde nach § 58 Abs 1. 3

C. Entscheidung über Meinungsverschiedenheit

Abs 2 ersetzt den bisherigen § 82 Abs 2 FGG aF. Dabei ist die Vorschrift des § 40 Abs 3 an die Stelle des bisherigen § 53 FGG aF getreten. Unverändert wird demnach eine Entscheidung über Meinungsverschiedenheiten zwischen mehreren Testamentsvollstreckern über die Vornahme eines Rechtsgeschäfts erst mit der Rechtskraft wirksam. Beibehalten wurde auch die Zweiwochenfrist zur Einlegung der Beschwerde, die nach § 63 Abs 3 mit der schriftlichen Bekanntgabe des Beschlusses beginnt (*Schulte-Bunert*, § 355 Rn 1122). 4

D. Beschwerderecht bei gemeinschaftlicher Testamentsvollstreckung

Abs 3 übernimmt den Regelungsinhalt des bisherigen § 82 Abs 1 FGG aF, wonach bei gemeinschaftlicher Führung jeder Testamentsvollstrecker beschwerdeberechtigt ist. Dies gilt in folgenden Fällen: 5

§ 355 FamFG | Testamentsvollstreckung

- Gegen die durch das Nachlassgericht auf Antrag des Testamentsvollstreckers oder eines anderen Beteiligten erfolgte Außerkraftsetzung letztwilliger Anordnungen des Erblassers für die Nachlassverwaltung, § 2216 Abs 2 BGB, wobei es nicht darauf ankommt, ob es sich um die Anordnung rein wirtschaftlicher oder rechtsgeschäftlicher Natur handelt (Jansen/*Müller-Lukoschek*, § 82 Rn 2). Die Aufhebung von Auflagen ist nicht möglich (BayObLGZ 1961, 155).
- Bei einer Meinungsverschiedenheit zwischen den Testamentsvollstreckern, die eine bestimmte, zur gemeinschaftlichen Geschäftsführung gehörende Maßnahme, wie zB ein Rechtsgeschäft oder eine tatsächliche Verwaltungshandlung, betreffen. Das Recht, die Entscheidung des Nachlassgerichts anzurufen, haben nicht nur der Testamentsvollstrecker, sondern auch sonstige Beteiligte, wie der Erbe, Vermächtnisnehmer und der Pflichtteilsberechtigte (KG RJA 13, 94, Staudinger/*Reimann*, § 2224 Rn 15; aA: Jansen/*Müller-Lukoschek* § 82 Rn 6).

6 Das Beschwerderecht besteht für beide Beschwerdeinstanzen (KKW § 82 Rn 5).

Unterabschnitt 5
Sonstige verfahrensrechtliche Regelungen

§ 356 Mitteilungspflichten

(1) Erhält das Gericht Kenntnis davon, dass ein Kind Vermögen von Todes wegen erworben hat, das nach § 1640 Abs. 1 Satz 1 und Abs. 2 des Bürgerlichen Gesetzbuchs zu verzeichnen ist, teilt es dem Familiengericht den Vermögenserwerb mit.

(2) Hat ein Gericht nach § 344 Abs. 4 Maßnahmen zur Sicherung des Nachlasses angeordnet, soll es das nach § 343 zuständige Gericht hiervon unterrichten.

A. Allgemeines

In dieser Vorschrift werden die bisher bereits im FGG niedergelegten Mitteilungspflichten zusammengefasst. Dabei übernimmt Abs 1 den Regelungsgehalt des bisherigen § 74a FGG aF. Entsprechend der im Entwurf vorgesehenen Zuständigkeitsregelung wurde der Begriff »Vormundschaftsgericht« durch »Familiengericht« ersetzt (BTDrs 16/6308). Abs 2 entspricht der bisherigen Vorschrift des § 74 S 2 FGG aF. 1

B. Materielles Recht

Die Eltern sind nach § 1640 Abs 1 S 1 BGB verpflichtet, das ihrer Verwaltung unterliegende Vermögen, welches das Kind von Todes wegen erwirbt, zu verzeichnen, das Verzeichnis mit der Versicherung der Richtigkeit und Vollständigkeit zu versehen und dem Familiengericht einzureichen. Eine entsprechende Pflicht trifft die Eltern für Vermögen, welches das Kind sonst anlässlich eines Sterbefalles erwirbt, zB in Erfüllung einer einem Dritten gemachten Auflage (§ 1940 BGB), für Renten- und Schadensersatzansprüche (§ 844 Abs 2 BGB), für Leistungen aus einer Lebensversicherung (Palandt/*Diederichsen* § 1640 Rn 3; aA Bassenge/Roth § 74a Rn 1), für Unterhaltsabfindungen von verheirateten und wieder geschiedenen Kindern hinsichtlich der Unterhaltsrückstände, vgl §§ 1615e aF, 1585c BGB (Palandt/*Diederichsen* § 1640 Rn 3) und unentgeltliche Zuwendungen. 2

Die Pflicht zur Anfertigung des Vermögensverzeichnisses entsteht mit dem Anfall des Vermögens. Sie besteht dann nicht, wenn der Wert des Vermögenserwerbs 15000 € nicht übersteigt, wobei für die Wertgrenze der Verkehrswert der zugewendeten Gegenstände und der Nettovermögenszuwachs, dh nach Abzug der Verbindlichkeiten, maßgebend sind (krit Staudinger/*Engler* § 1640 Rn 15) oder der Erblasser/Zuwendender eine abweichende Anordnung getroffen hat, § 1640 Abs 2 Nr 2 BGB. 3

Die Inventarisierungspflicht soll die spätere Vermögensauseinandersetzung erleichtern und dient dadurch dem Schutz der Vermögensinteressen des Kindes (Jansen/*Müller-Lukaschek* § 74a Rn 2). 4

Bei Verletzung der Pflicht zur (vollständigen und ordnungsgemäßen) Einreichung des Verzeichnisses kann das Familiengericht nach fruchtlosem Ablauf einer von ihm gesetzten Frist ein Zwangsgeld (OLG Hamm FamRZ 1969, 660) nach vorheriger Androhung verhängen und, nachdem die Eltern Gelegenheit zur Ergänzung und Verbesserung hatten, anordnen, dass ein öffentliches Inventar durch die zuständige Landesbehörde (§ 486 Abs 2) oder einen Notar errichtet wird, § 1640 Abs 3 BGB. Der Ausschluss dieser Rechtsfolge durch den Erblasser/Zuwendenden ist möglich (Staudinger/*Engler* § 1640 Rn 31). Als ultima ratio kommt die Entziehung der Vermögenssorge nach § 1666 Abs 1 BGB (Palandt/*Diederichsen* § 1667 Rn 7) und die Bestellung eines Pflegers (RGZ 80, 65) durch das Familiengericht in Betracht, wobei es auf ein Verschulden der Eltern nicht ankommt. 5

Seit der Familienrechtsreform vom 1.7.1998 ist für die Entgegennahme des Vermögensverzeichnisses und für die Anordnungen in Abs 3 nicht mehr das Vormund- 6 schaftsgericht, sondern das Familiengericht zuständig (FamRefK/*Rogner* § 1626 Rn 24), das umfassend über alle Fragen der elterlichen Sorge entscheidet.

C. Prozessrecht

7 Das Nachlassgericht ist verpflichtet, das Familiengericht über den Erwerb von Todes wegen zu informieren, damit das Familiengericht ggf nach § 1640 Abs 2 oder Abs 3 BGB von Amts wegen tätig werden kann (Bumiller/Winkler § 74a).

8 Dagegen ist das Nachlassgericht, mangels Verweises auf § 1640 Abs 1 S 2 BGB, nicht verpflichtet, das Familiengericht über einen Erwerb anlässlich eines Sterbefalles zu unterrichten, wenngleich eine diesbezügliche Mitteilung sinnvoll, zulässig und zu empfehlen ist (Bassenge/Roth, § 74a Rn 1).

9 Das die Maßnahmen zur Nachlasssicherung anordnende Nachlassgericht soll dem nach § 343 zuständigen Gericht Mitteilung machen, welche Sicherungen vorgenommen wurden, damit letzteres über die Sachlage informiert ist und ggf weitere Sicherungsmaßnahmen treffen kann, Abs 2.

D. Kosten

10 Die Kosten für die Inventarerrichtung trägt das Kind, für die Maßnahme nach § 1640 Abs 3 BGB hat ggf nach §§ 94 Abs 1 Nr 3, Abs 3 S 2 KostO der verpflichtete Elternteil aufzukommen.

E. Haftung

11 Erfüllt das Nachlassgericht seine gesetzliche Mitteilungspflicht nicht, kommt eine Haftung nach § 839 BGB in Betracht (OLG München Rpfleger 2003, 657).

§ 357 Einsicht in eine eröffnete Verfügung von Todes wegen; Ausfertigung eines Erbscheins oder anderen Zeugnisses

(1) Wer ein rechtliches Interesse glaubhaft macht, ist berechtigt, eine eröffnete Verfügung von Todes wegen einzusehen.

(2) Wer ein rechtliches Interesse glaubhaft macht, kann verlangen, das ihm von dem Gericht eine Ausfertigung des Erbscheins erteilt wird. Das Gleiche gilt für die nach § 354 erteilten gerichtlichen Zeugnisse sowie für die Beschlüsse, die sich auf die Ernennung oder die Entlassung eines Testamentsvollstreckers beziehen.

A. Allgemeines

Die Vorschrift macht in **Abs 1** das Einsichtsrecht in eine eröffnete Verfügung von Todes wegen vom Vorliegen eines rechtlichen Interesses abhängig. Dies entspricht der bisherigen Regelung des § 2264 BGB aF zum Einsichtsrecht in eröffnete Testamente, die aufgehoben wurde. Der in § 2264 BGB aF enthaltene Anspruch auf eine Abschrift konnte ersatzlos entfallen, da sich dieser nunmehr aus § 13 Abs 3 ergibt. Auch § 78 FGG aF wurde im Hinblick auf § 13, der ein allgemeines Recht zur Akteneinsicht enthält, entbehrlich. 1

Abs 2 entspricht inhaltlich dem bisherigen § 85 FGG aF zur Erteilung von Ausfertigungen von Erbscheinen und anderen Zeugnissen. Die Vorschrift verdrängt als lex specialis § 13 Abs 3. Auch künftig kann nur bei Vorliegen eines rechtlichen Interesses eine Ausfertigung der in Abs 2 genannten Zeugnisse verlangt werden; ein lediglich berechtigtes Interesse iSd § 13 Abs 3 genügt hierfür nicht (BTDrs 16/6308). 2

B. Einsichtsrecht

Bei Glaubhaftmachung eines rechtlichen Interesses besteht ein Einsichtsrecht nicht mehr nur in Testamente, sondern in sämtliche Verfügungen von Todes wegen. Ein rechtliches Interesse hat derjenige, der an einem Rechtsverhältnis beteiligt ist, auf das die Verfügung von Todes wegen einwirkt. Der Antragsteller muss geltend machen, dass die Verfügung von Todes wegen seine eigenen Rechte unmittelbar verändert oder zumindest verändern kann (Staudinger/*Baumann* § 2264 Rn 6). 3

Auf welche Weise das Gericht die Einsicht gewährt, steht in seinem Ermessen. Ein Anspruch auf Herausgabe der handschriftlichen Urschrift besteht nicht, und zwar auch dann nicht, wenn sie einen hohen Erinnerungswert hat (BayObLG FamRZ 2001, 126). 4

Die Einsicht muss nicht höchstpersönlich wahrgenommen werden; vielmehr kommt auch die rechtsgeschäftlich erteilte und die gesetzliche Vertretung in Betracht (OLG Jena ZEV 1998, 262). 5

Gegen die Bewilligung der Einsicht eines Dritten ist die Beschwerde statthaft. Beschwerdeberechtigt ist der Erbe. 6

C. Ausfertigung

I. Anwendungsbereich

Abs 2 betrifft zunächst die Erbscheine und Hoffolgezeugnisse. Darüber hinaus gilt sie auch für das Testamentsvollstreckerzeugnis (§ 2368 BGB), für das Zeugnis über die Fortsetzung der Gütergemeinschaft (§ 1507 BGB), Zeugnisse nach §§ 36, 37 GBO, §§ 42, 74 SchiffsRegO und für Verfügungen, die die Ernennung oder Entlassung des Testamentsvollstreckers betreffen, §§ 2198 Abs 2, 2200, 2202 Abs 3 und 2227 BGB. 7

Die Vorschrift gibt kein Recht auf Erteilung eines solchen Zeugnisses, sondern lediglich auf Erteilung einer Ausfertigung. Bei entsprechend geltend gemachtem rechtlichen Interesse und Glaubhaftmachung kann auch eine Abschrift und Einsicht in die Gerichts- 8

§ 357 FamFG | Einsicht in eine eröffnete Verfügung von Todes wegen

akte gewährt werden, § 13 (Bumiller/Winkler § 85 Rn 2; *Gregor*, Erbscheinsverfahren, Rn 55).

II. Erteilungsvoraussetzungen

9 Für die Erteilung einer Ausfertigung muss ein rechtliches Interesse an der Ausfertigung geltend und glaubhaft gemacht werden.

1. Rechtliches Interesse

10 Ein rechtliches Interesse an einer Ausfertigung hat neben den jeweiligen Antragsberechtigten (für Erbscheine, insbes die möglichen Erben und alle nach § 2353 BGB Antragsberechtigten) jeder, der die Ausfertigung für die Änderung seiner gegenwärtigen Rechtsbeziehungen zu einer Sache (bspw der Erwerber des Nachlassgrundstücks, § 35 GBO) oder Person (der Nachlassschuldner oder der Nachlassgläubiger; dieser kann durch Vorlage einer Ausfertigung des vollstreckbaren Titels problemlos eine Abschrift des bereits erteilten Erbscheins erhalten, § 792 ZPO) benötigt. Auch der den Erbscheinsantrag beurkundende Notar und möglich betroffene Behörden haben ein rechtliches Interesse. Die Erteilung muss erfolgen, sie steht nicht im Ermessen des Nachlassgerichts.

11 Ein rein wirtschaftliches Interesse (Ehefrau des Erben) oder auch ein berechtigtes Interesse reichen nicht – dieses führt nur zu einem Anspruch auf Akteneinsicht und Erteilung einer beglaubigten Abschrift (Bumiller/Winkler § 85 Rn 4).

2. Glaubhaftmachung

12 Für die Glaubhaftmachung gilt grds dasselbe wie bei § 294 ZPO. Der Antragsteller kann sich aller Mittel bedienen, wie zB Urkunden, Zeugenaussagen, schriftliche Bestätigungen dritter Personen und eidesstattliche Versicherungen. Die Einschränkung des § 294 Abs 2 ZPO findet keine Anwendung.

§ 359 Nachlassverwaltung

(1) Der Beschluss, durch den dem Antrag des Erben, die Nachlassverwaltung anzuordnen, stattgegeben wird, ist nicht anfechtbar.

(2) Gegen den Beschluss, durch den dem Antrag eines Nachlassgläubigers, die Nachlassverwaltung anzuordnen, stattgegeben wird, steht die Beschwerde nur dem Erben, bei Miterben jedem Erben, sowie dem Testamentsvollstrecker zu, der zur Verwaltung des Nachlasses berechtigt ist.

A. Allgemeines

1 Die Vorschrift enthält Regelungen zu den Rechtsmitteln in Verfahren der Nachlassverwaltung.

2 Abs 1 entspricht dem bisherigen § 76 Abs 1 FGG aF; weiterhin nicht anfechtbar ist die Anordnung der Nachlassverwaltung, soweit sie auf Antrag eines Erben erfolgt ist.

3 Abs 2 übernimmt den Regelungsinhalt des bisherigen § 76 Abs 2 S 2 FGG aF. Eine Satz 1 entsprechende Regelung ist entbehrlich, da der Beschluss, durch den dem Antrag eines Nachlassgläubigers, die Nachlassverwaltung anzuordnen, stattgegeben wird, mit der Beschwerde nach § 58 Abs 1 anfechtbar ist. Dies gilt in gleicher Weise für abgelehnte Anträge auf Anordnung der Nachlassverwaltung.

B. Anwendungsbereich

4 Für das Verfahren der Nachlassverwaltung, das einen Unterfall der Nachlasspflegschaft darstellt und der Befriedigung der Nachlassgläubiger bei unübersichtlichem Nachlass dient, gelten die Vorschriften des Allgemeinen Teils sowie über § 340 (Betreuungsgerichtliche Zuweisungssachen) die Vorschriften des 3. Buches. Die sachliche Zuständigkeit des Nachlassgerichts anstelle des Betreuungsgerichts ergibt sich aus § 1962 BGB, die örtliche aus dem ersten Abschnitt dieses Buches. Die bisher mit der einfachen Beschwerde anfechtbaren Beschlüsse über die Anordnung und Aufhebung der Nachlasspflegschaft sowie die Entlassung des Nachlasspflegers gegen seinen Willen sind künftig als Endentscheidungen nach § 58 Abs 1 mit der Beschwerde anfechtbar.

5 Sofern kein Ablehnungsgrund nach §§ 1982, 2013, 2062 BGB ersichtlich ist, ordnet das Nachlassgericht die Nachlassverwaltung an. Der Antrag eines Nachlassgläubigers hat nur dann Erfolg, wenn Grund zu der Annahme besteht, dass die Befriedigung der Nachlassgläubiger aus dem Nachlass durch das Verhalten oder die Vermögenslage des Erben gefährdet wird, § 1981 Abs 2 BGB (BayObLG JZ 1954, 234) und seit der Annahme der Erbschaft noch nicht zwei Jahre verstrichen sind.

C. Antrag des Erben

6 Nach § 1981 Abs 1 BGB können der Erbe bzw die Miterben nur gemeinsam und nur bis zur Teilung nach § 2062 BGB den Antrag stellen. Das Antragsrecht ist zeitlich unbegrenzt bis zur Eröffnung eines Nachlassinsolvenzverfahrens möglich und kann bereits vor Annahme der Erbschaft ausgeübt werden. Allerdings kann der Antrag, nachdem die Anordnung wirksam geworden ist, nicht mehr zurückgenommen werden (KG JFG 22, 65).

7 Neben dem Erben sind auch der Nacherbe nach Eintritt des Nacherbfalls (§ 2144 BGB), der verwaltende Testamentsvollstrecker (MüKo/*Siegmann* § 1981 Rn 4) und ein Erbschaftskäufer (§§ 2283 Abs 1, 2385 Abs 1 BGB), nicht aber der Nachlasspfleger, da ihm nicht die Gläubigerbefriedigung obliegt (BayObLGE 1976, 167), antragsberechtigt.

8 Nach § 2013 BGB ist der Erbe nicht mehr antragsberechtigt, wenn er oder auch nur ein Miterbe allen Nachlassgläubigern unbeschränkt haftet.

§ 358 Zwang zur Ablieferung von Testamenten

In den Fällen des § 2259 Abs. 1 des Bürgerlichen Gesetzbuchs erfolgt die Anordnung der Ablieferung des Testaments durch Beschluss.

A. Allgemeines

Die Vorschrift ersetzt den bisherigen § 83 FGG aF. Sie sah vor, dass die Ablieferung eines Testaments mit Zwangsgeld nach § 33 Abs 1 und 3 FGG aF oder unter Anwendung unmittelbaren Zwangs in Form der Wegnahme durch den Gerichtsvollzieher nach § 33 Abs 2 FGG aF vollstreckt werden kann. Darüber hinaus bestand die Möglichkeit, den Besitzer eines Testaments zur Abgabe einer eidesstattlichen Versicherung über den Verbleib des Testaments anzuhalten, was sich nach den entsprechenden Vorschriften der ZPO richtete. **1**

B. Materiell-rechtliche Regelung

Nach § 2259 Abs 1 BGB ist derjenige, der ein Testament, welches nicht in die besondere amtliche Verwahrung gegeben wurde, im Besitz hat, verpflichtet, es unverzüglich, nachdem er von dem Tod des Erblassers Kenntnis erlangt hat, an das Nachlassgericht abzuliefern. Die Ablieferungspflicht erstreckt sich auf alle Schriftstücke, die den Anschein eines Testaments haben, auch solche, die nach § 2256 BGB zurückgenommen wurden, und zwar unabhängig von deren materieller und formeller Gültigkeit (Jansen/*Müller-Lukoschek* § 83 Rn 2). Daher sind auch vorhandene beglaubigte Abschriften abzuliefern, wenn die Urschrift verloren gegangen ist (OLG Hamburg RJA 15, 25). **2**

C. Verfahren

Die Ablieferung eines Testaments an das Nachlassgericht ist notwendige Voraussetzung für dessen Eröffnung. Daher muss die Herausgabe ggf auch erzwingbar sein. Dies erfordert, wie in § 358 geschehen, die Anordnung der Ablieferung durch Beschluss. In § 35 finden sich nunmehr zentral die Regelungen zur Vollstreckung verfahrensleitender Zwischenentscheidungen in Verfahren in Familiensachen und Angelegenheiten der freiwilligen Gerichtsbarkeit. Aus diesem Grunde bedurfte es der Übernahme der weiteren in § 83 FGG aF enthaltenen Bestimmungen nicht. **3**

Nach § 35 Abs 1 kann das Gericht Zwangsgeld festsetzen und den Beschluss mit der Anordnung der Ablieferung des Testaments auf diese Weise zwangsweise durchsetzen. Darüber hinaus bietet § 35 Abs 1 die Möglichkeit der Anordnung von Zwangshaft und Ersatzzwangshaft für den Fall, dass das Zwangsgeld nicht beigetrieben werden kann, weil der Besitzer des Testaments mittellos ist. **4**

Neben diesen Zwangsmitteln ermöglicht § 35 Abs 4 iVm § 883 ZPO die Herausgabevollstreckung durch den Gerichtsvollzieher. Auch zukünftig ist eine Person, die den Besitz eines Testaments bestreitet, verpflichtet, an Eides statt zu versichern, dass sie das Testament nicht besitze und keine Kenntnis über dessen Verbleib habe. Zur Abnahme der eidesstattlichen Versicherung ist der Gerichtsvollzieher funktionell zuständig. **5**

Der Antrag kann nach Eröffnung des Nachlassinsolvenzverfahrens nicht mehr gestellt werden, § 1988 Abs 1 BGB. 9

D. Antrag eines Nachlassgläubigers

Die Nachlassverwaltung kann innerhalb der zweijährigen Ausschlussfrist auch von ei- 10
nem Nachlassgläubiger gemäß § 1981 Abs 2 BGB beantragt werden. Voraussetzung ist,
dass Grund zu der Annahme besteht, dass die Erfüllung seiner Forderung durch das
Verhalten oder die Vermögenslage des Erben bzw eines Miterben (BayObLGZ 1966, 75)
gefährdet ist. Die Gefährdung kann durch Sicherheitsleistung beseitigt werden (KG OL-
GE 12, 357). Eine Pflicht zur Glaubhaftmachung trifft den Antragsteller nicht, da § 1981
BGB ihm eine solche nicht auferlegt (Jansen/*Müller-Lukoschek*, § 76 Rn 9; aA: Palandt/
Edenhofer § 1981 Rn 6). Der Antragsteller muss aber substantiiert vortragen, worin die
gesetzlich umschriebene Gefährdung der Nachlassforderung besteht (KG OLGZ 1977,
309, 312). Im Übrigen prüft das Gericht von Amts wegen das Bestehen der Forderung
und das Vorliegen der Voraussetzungen des § 1981 Abs 2 BGB.

Dies gilt selbst dann, wenn er Erbe geworden ist (KGJ 44, 72). 11

Zum Kreis der Nachlassgläubiger gehören neben den Gläubigern des Erblassers auch 12
die Pflichtteilsberechtigten sowie die Vermächtnisnehmer und die Auflagenbegünstigten nach § 1967 Abs 2 BGB. Antragsberechtigt ist auch ein nach §§ 1973, 1974 BGB ausgeschlossener Gläubiger.

E. Rechtsmittel

Die Anordnung der Nachlassverwaltung ist, abgesehen von § 11 Abs 2 S 1 RPflG, gemäß 13
Abs 1 unanfechtbar. Die einfache Beschwerde eines jeden Erben bzw der Nachlassgläubiger ist ausnahmsweise gegen eine unzulässige Anordnung statthaft, wenn es an einem
Antrag oder der internationalen Zuständigkeit des Nachlassgerichts fehlt (BayObLGE
1976, 151) oder der Nachlass bereits geteilt ist.

Gegen die Zurückweisung des Anordnungsantrag steht dem Antragsteller die ein- 14
fache Beschwerde nach § 58 Abs 1 zur Verfügung, wobei die Miterben nur gemeinsam
anfechtungsberechtigt sind, wenn sie auch den Antrag gemeinsam gestellt haben (Bumiller/Winkler § 76 Rn 2). Auf entsprechenden Antrag hin ist die Aufhebung der Nachlassverwaltung wegen veränderter Verhältnisse zulässig (OLG Hamm NRWJMBl 1955,
230). In diesem Fall ist die Beschwerde gegen die Antragsablehnung statthaft. Lehnt das
Nachlassgericht die Aufhebung des Antrags auf Nachlassverwaltung ab, steht jedem
Miterben das Beschwerderecht gesondert zu (OLG Frankfurt JZ 1953, 53).

Das Nachlassgericht kann eine auf Antrag des Nachlassgläubigers angeordnete Ver- 15
waltung nicht deshalb aufheben, weil es die Anordnung nachträglich für ungerechtfertigt erachtet (LG Mannheim MDR 1960, 505). Die Nachlassverwaltung endet nach § 1988
Abs 1 BGB kraft Gesetzes mit der Eröffnung des Nachlassinsolvenzverfahrens; ansonsten nur durch Aufhebung des Nachlassgerichts, und zwar wegen Masseunzulänglichkeit gemäß § 1988 Abs 2 BGB, wenn die Nachlassverbindlichkeiten berichtigt sind oder
der Nachlass erschöpft ist. Wird die Nachlassverwaltung aus einem dieser Gründe aufgehoben, steht das Beschwerderecht nach § 58 jedem rechtlich Interessierten zu. Gegen
die Ablehnung der Aufhebung steht dem Nachlassgläubiger allerdings kein Beschwerderecht zu, weil er durch das Bestehen der Nachlassverwaltung nicht beeinträchtigt ist.

Entfällt die Erbenstellung des bisherigen Erben durch Ausschlagung oder Eintritt des 16
Nacherbfalls, ist die Aufhebung der Nachlassverwaltung ebenfalls zulässig.

Wird der Aufhebungsantrag auf die schon bei der Anordnung vorliegenden Gründe 17
gestützt, ist die Zurückweisung unanfechtbar (KGJ 36, 70). Dagegen ist die Beschwerde
statthaft, wenn der Antragsteller seinen Aufhebungsantrag auf veränderte Umstände
stützt.

18 Der Nachlassverwalter ist beschwerdeberechtigt nur, wenn er entlassen werden soll oder seine Befugnisse nachträglich beschränkt werden sollen (OLG München JFG 16, 98), nicht dagegen, wenn die Nachlassverwaltung aufgehoben werden soll (RGZ 151, 57).

19 Gegen die Anordnung ist die Beschwerde statthaft, und zwar auch dann, wenn geltend gemacht wird, dass der Antragsteller nicht Nachlassgläubiger und somit zur Antragstellung nicht berechtigt war. Beschwerdeberechtigt sind nach Abs 2 nur der Erbe, die Miterben jeder einzeln und der zur Nachlassverwaltung berechtigte Testamentsvollstrecker, auch wenn er in der Verwaltungsbefugnis beschränkt ist; bei mehreren sind sie nur gemeinsam beschwerdeberechtigt, § 2224 BGB (Jansen/*Müller-Lukoschek*, § 76 Rn 13).

20 Die Beschwerde ist begründet, wenn die vom Nachlassgericht von Amts wegen zu ermittelnden Voraussetzungen weder bei Anordnung der Nachlassverwaltung (BayObLGZ 1966, 75) noch bei der Entscheidung des Beschwerdegerichts (KGJ 44, 72) vorlagen, wobei der spätere Wegfall der Anforderungen nicht schadet.

21 Wird der Antrag zurückgewiesen, kann die Zurückweisung nur vom Antragsteller mit der Beschwerde angegriffen werden, § 59 Abs 2.

F. Wirksamwerden der Anordnung

22 Im Hinblick auf die nach § 1984 BGB eintretenden Rechtsfolgen für die Verwaltungs- und Verfügungsbefugnis des Erben und den Übergang dieser Befugnisse auf den Nachlassverwalter ist die Bestimmung des Wirksamwerdens der Anordnung von erheblicher Bedeutung. Die Anordnung der Nachlassverwaltung wird wirksam mit der Bekanntmachung an den Erben bzw Pfleger (BayObLG Rpfleger 1979, 382) oder Testamentsvollstrecker, wobei es auf eine öffentliche Bekanntmachung nach § 1983 BGB nicht ankommt (MüKo/*Siegmann* § 1983 Rn 1). In den Fällen, in denen die Erben unbekannt sind, kommt es für die Wirksamkeit der Anordnung auf den Zeitpunkt der Zustellung des Anordnungsbeschlusses an (BayObLGZ 1976, 167, 172).

G. Gebühren

23 Die Gerichtsgebühren bestimmen sich nach § 106 KostO.

§ 360 Bestimmung einer Inventarfrist

(1) Die Frist zur Einlegung einer Beschwerde gegen den Beschluss, durch den dem Erben eine Inventarfrist bestimmt wird, beginnt für jeden Nachlassgläubiger mit dem Zeitpunkt, in dem der Beschluss dem Nachlassgläubiger bekannt gemacht wird, der den Antrag auf die Bestimmung der Inventarfrist gestellt hat.

(2) Absatz 1 gilt entsprechend für die Beschwerde gegen einen Beschluss, durch den über die Bestimmung einer neuen Inventarfrist oder über den Antrag des Erben, die Inventarfrist zu verlängern, entschieden wird.

A. Allgemeines

Die Vorschrift enthält die bisher in § 77 Abs 3 FGG aF normierten Spezialvorschriften zum Lauf der Rechtsmittelfrist für die Nachlassgläubiger. Eine Übernahme der Regelungen des bisherigen § 77 Abs 1 und 2 FGG aF in den Gesetzestext ist nicht erforderlich, da die dort genannten Entscheidungen bereits nach § 58 Abs 1 mit der Beschwerde anfechtbar sind. 1

B. Materielles Recht

Nach § 1994 Abs 1 BGB erfolgt die Bestimmung der Inventarfrist auf Antrag eines Nachlassgläubigers, der seine Forderung glaubhaft macht. Allerdings gehört der Miterbe, der gleichzeitig Nachlassgläubiger ist, nicht zum Kreis der Antragsberechtigten iSd § 1994 BGB (KG OLGZ 1979, 276 mwN). Die Frist, die mindestens einen Monat, höchstens drei Monate betragen soll, beginnt mit der Zustellung des die Frist bestimmenden Beschlusses, § 1995 Abs 1 BGB. Auf entsprechenden Antrag eines Erben kann das Nachlassgericht die Frist nach seinem Ermessen verlängern, § 1995 Abs 3 BGB. Es hat dem Erben, der durch höhere Gewalt an der rechtzeitigen Errichtung des Inventars oder an dem nach den Umständen gerechtfertigten Beitrag zur Verlängerung der Inventarfrist verhindert ist, auf dessen Antrag nach § 1996 BGB eine neue Inventarfrist zu bestimmen. Allerdings muss der Antrag binnen zwei Wochen nach der Beseitigung des Hindernisses und spätestens vor Ablauf eines Jahres nach dem Ende der zuerst bestimmten Frist gestellt werden (§ 1996 Abs 2 BGB). 2

Versäumt der Erbe die Frist, so führt dies zur unbeschränkten Haftung für die Nachlassverbindlichkeiten, § 1994 Abs 1 S 2 BGB. 3

Der Erbe muss nach § 2002 BGB einen zuständigen Beamten oder Notar zur Aufnahme des Nachlassverzeichnisses hinzuziehen. Er kann auch beantragen, dass das Nachlassgericht das Inventar selbst aufnimmt oder die Aufnahme einem zuständigen Beamten oder Notar überträgt, § 2003 BGB. 4

C. Zuständigkeit

Zur Inventarerrichtung ist das nach § 343 örtlich zuständige Nachlassgericht berufen. Funktionell zuständig für die Entscheidungen nach §§ 1994 Abs 1, 1995 Abs 3, 1996, 2005 Abs 2 BGB und die Mitteilung nach § 1999 BGB ist der Rechtspfleger, § 3 Nr 2c RPflG. Im Übrigen sind auch die aufrechterhaltenen landesrechtlichen Vorschriften zu beachten (Palandt/*Heldrich* Art 148 EGBGB Anm 2). IE zur Zuständigkeit zur Inventarerrichtung, vgl KKW § 77 Rn 5. 5

D. Beschwerdefrist

Die Beschwerdefrist beginnt für die Nachlassgläubiger mit der förmlichen Bekanntmachung des Beschlusses an den die Inventarfrist beantragenden Nachlassgläubiger, vgl §§ 1994, 2005 Abs 2 BGB. 6

7   Ungeachtet dessen muss die Verfügung an alle am Verfahren beteiligten Nachlassgläubiger bekannt gemacht werden. Eine nur formlose Mitteilung des mit der sofortigen Beschwerde anfechtbaren Beschlusses setzt die Beschwerdefrist nicht in Gang, wohl aber ist die Einlegung der sofortigen weiteren Beschwerde vor Beginn des Laufs der Beschwerdefrist zulässig (KKW § 77 Rn 10).
8   Die Frist zur Einlegung der Beschwerde gegen den Beschluss, durch den über die Bestimmung einer neuen Inventarfrist (§ 1996 BGB) oder über den Antrag eines Erben, die Inventarfrist zu verlängern (§ 1995 Abs 3 BGB), gemäß Abs 2 entschieden wird, beginnt ebenfalls mit der förmlichen Bekanntmachung des Beschlusses an den antragstellenden Nachlassgläubiger.

E. Beschwerdeberechtigung

9   § 58 Abs 1 regelt zentral die Statthaftigkeit der Beschwerde.

§ 361 Eidesstattliche Versicherung

Verlangt ein Nachlassgläubiger von dem Erben die Abgabe der in § 2006 des Bürgerlichen Gesetzbuchs vorgesehenen eidesstattlichen Versicherung, kann die Bestimmung des Termins zur Abgabe der eidesstattlichen Versicherung sowohl von dem Nachlassgläubiger als auch von dem Erben beantragt werden. Zu dem Termin sind beide Teile zu laden. Die Anwesenheit des Gläubigers ist nicht erforderlich. Die §§ 478 bis 480 und 483 der Zivilprozessordnung gelten entsprechend.

A. Allgemeines

Die Vorschrift entspricht dem bisherigen § 79 FGG aF. 1

B. Materielles Recht

Der Nachlassgläubiger kann nach § 2006 BGB von dem Erben, der ein Inventar errichtet 2
hat, verlangen, dass er an Eides statt versichert, dass er nach bestem Wissen die Nachlassgegenstände so vollständig angegeben habe, als er dazu imstande sei. Vor der Abgabe der eidesstattlichen Versicherung kann der Erbe das Inventar vervollständigen, § 2006 Abs 2 BGB. Die Abnahme erfolgt durch den Rechtspfleger vor dem Nachlassgericht bzw in Baden-Württemberg vor dem Notar.

Die Weigerung des Erben, die eidesstattliche Versicherung abzugeben, hat seine unbe- 3
schränkte Haftung gegenüber dem Gläubiger, der den Antrag gestellt hat, zur Folge, § 2006 Abs 3 BGB. Eine derartige Sachentscheidung wird im Verfahren nach § 361 nicht getroffen (OLG Hamm FGPrax 1995, 69). Über die Frage der unbeschränkten Erbenhaftung hat allein das Prozessgericht zu entscheiden.

C. Verfahren

I. Zuständigkeit

Sachlich und örtlich zuständig ist das Nachlassgericht, in Baden-Württemberg das Nota- 4
riat, §§ 1 Abs 2, 38 LFGG. Nach § 3 Nr 2c RPflG gehört die Anordnung und die Abnahme der eidesstattlichen Versicherung in den Aufgabenbereich des Rechtspflegers.

II. Antragsberechtigung

Antragsberechtigt ist neben dem Nachlassgläubiger, wozu auch der Pflichtteilsberech- 5
tigte (BayObLGZ 22, 189) und der Vermächtnisnehmer (RGZ 129, 239) gehört, sofern er seine Forderung glaubhaft macht, § 1994 Abs 2 BGB, auch der zur Abgabe der eidesstattlichen Versicherung verpflichtete Erbe. Allerdings ist der Antrag dann unzulässig, wenn er sich gegen den Erben richtet, der die Erbschaft ausgeschlagen hat (KG KGJ 20 A 256).

III. Terminsbestimmung

Die Bestimmung des Termins zur Abgabe der eidesstattlichen Versicherung erfolgt nur, 6
wenn der Erbe ein Inventar errichtet hat und dann nur auf Antrag.

Hat der Erbe die Erbschaft ausgeschlagen, ist die Terminsbestimmung unzulässig (KG 7
KGJ 20 A, 256). Entsprechendes gilt während der Dauer der Nachlassverwaltung (KG KGJ 28 A, 27) und des Nachlassinsolvenzverfahrens.

Auf Antrag eines der Beteiligten ist eine wiederholte Terminsbestimmung zulässig, 8
wenn Grund zu der Annahme besteht, dass dem Erben nach der Abgabe der eidesstattlichen Versicherung weitere Nachlassgegenstände bekannt geworden sind, § 2006 Abs 4 BGB. Der Grund muss glaubhaft gemacht werden. Erscheint der Erbe weder zum Termin noch zu einem auf Antrag des Gläubigers bestimmten neuen Termin, so haftet er unbeschränkt, es sei denn, dass ein Grund vorliegt, durch den das Nichterscheinen ge-

§ 361 FamFG | Eidesstattliche Versicherung

nügend entschuldigt wird, § 2006 Abs 3 S 2 BGB. Akzeptiert das Nachlassgericht den Entschuldigungsgrund und lässt es den Erben in diesem oder einem weiteren Termin zur Abgabe der eidesstattlichen Versicherung zu, ist diese Entscheidung für das Prozessgericht bindend (Palandt/*Edenhofer* § 2006 Rn 4; aA: Staudinger/*Marotzke* § 2006 Rn 21).

9   Auch die Anberaumung eines dritten Termins ist zulässig (OLG Hamm Rpfleger 1995, 161).

10 Der Nachlassgläubiger kann den Beschluss, durch den der Rechtspfleger einen Termin vertagt hat, nicht mit dem Ziel anfechten, feststellen zu lassen, dass der Erbe die Abgabe der eidesstattlichen Versicherung verweigert habe (OLG Hamm Rpfleger 1995, 161).

IV. Ladung zum Termin

11 Die Ladung zum Termin erfolgt von Amts wegen gegen Zustellungsurkunde oder Empfangsbekenntnis. Sie ist dem Erben förmlich zuzustellen oder zu Protokoll bekannt zu machen.

V. Ablauf des Verfahrens

12 Der Rechtspfleger hat über den Verlauf des Termins ein Protokoll zu errichten. Dies gilt auch im Falle des Nichterscheinens oder der Verweigerung der Abgabe der eidesstattlichen Versicherung (KG OLGZ 1970, 408). Die Abgabe der eidesstattlichen Versicherung wird zu Protokoll des Nachlassgerichts erklärt. Sie ist vom Betroffenen in Person zu leisten, § 478 ZPO. Die Anwesenheit des Gläubigers ist nicht erforderlich. Vor der Abgabe ist der Pflichtige in angemessener Weise auf die Bedeutung der eidesstattlichen Versicherung hinzuweisen, § 480 ZPO. Ein Zwang zur Abgabe der eidesstattlichen Versicherung ist ausgeschlossen (OLG Zweibrücken MDR 1979, 492). Im Klageweg kann ein Nachlassgläubiger die Abgabe der eidesstattlichen Versicherung nach § 2006 BGB nicht durchsetzen (*Firsching* S 316). Vielmehr haftet der Erbe dem antragstellenden Gläubiger gegenüber unbeschränkt, § 2006 Abs 3 S 1 BGB.

13 Über die Verpflichtung zur Abgabe der eidesstattlichen Versicherung entscheidet das Prozessgericht (BayObLGZ 24, 305). Nach überwiegender Ansicht ist das Prozessgericht an die Entscheidung des Nachlassgerichts, einen Entschuldigungsgrund des Erben anzuerkennen, gebunden, weil nur das Nachlassgericht einen neuen Termin bestimmen kann (vgl Nachweise in Rz 8).

VI. Prüfungsumfang

14 Das Nachlassgericht hat keine sachliche Prüfungskompetenz; es dient lediglich dem Erben als Einrichtung, um der Forderung des Nachlassgläubigers nachzukommen. Daher beschränkt sich seine Prüfung darauf, ob ein von einem Erben errichtetes wirksames Inventar vorliegt, ein Nachlassgläubiger den Antrag auf Abgabe der eidesstattlichen Versicherung gestellt hat und sich dieser Antrag gegen einen Erben richtet. Die Frage, ob der Erbe beschränkt oder unbeschränkt haftet, entscheidet ausschließlich das Prozessgericht (OLG Hamm Rpfleger 1995, 161).

D. Rechtsmittel

15 Gegen die Einleitung des Verfahrens ist für jeden Beteiligten bis zum Verfahrenseintritt, gegen die Zurückweisung des Antrags sowie gegen eine Zwischenverfügung die einfache Beschwerde statthaft. Entsprechendes gilt für die Entscheidung, mit der die Terminbestimmung oder die Abnahme der eidesstattlichen Versicherung abgelehnt wird (OLG München JFG 15, 118). Mit der Einlassung auf das Verfahren, die auch im Schwei-

gen auf die Ladung und Nichtteilnahme am Termin liegen kann, wird die Beschwerde unzulässig (KGJ 30, 106). Danach ist nur noch der Widerspruch nach § 370 zulässig.

Die Beschwerde ist nicht gegeben gegen die Terminbestimmung, Vertagung (OLG Hamm Rpfleger 1995, 161) und Ladung (BayObLGZ 4, 229). **16**

E. Gebühren

Für die Verhandlung in einem Termin zur Abgabe einer eidesstattlichen Versicherung wird nach § 124 KostO die volle Gebühr erhoben, auch wenn die Abgabe der eidesstattlichen Versicherung unterbleibt. Erledigt sich das Verfahren durch Zurücknahme des Antrags oder in anderer Weise vor Eintritt in die Verhandlung, so ermäßigt sich die Gebühr entsprechend § 130 KostO. **17**

Kostenschuldner ist nach § 2 Nr 1 KostO der Antragsteller. Er kann wegen der Erstattung der Gebühren die Entscheidung des Prozessgerichts herbeiführen (BayObLG OLGZ 30, 406), wenngleich eine Auferlegung der Kosten auf einen Beteiligten nicht stattfindet (Jansen/*Müller-Lukoschek* § 79 Rn 8). **18**

§ 13a ist im Verfahren der 1. Instanz nicht anwendbar (KG OLGZ 1970, 408). **19**

§ 362 Stundung des Pflichtteilsanspruchs

Für das Verfahren über die Stundung eines Pflichtteilsanspruchs (§ 2331a in Verbindung mit § 1382 des Bürgerlichen Gesetzbuchs) gilt § 264 entsprechend.

A. Allgemeines

1 Die Vorschrift entspricht dem bisherigen § 83a FGG aF. Die Regelungen zur Stundung güterrechtlicher Ausgleichsforderungen finden sich in § 264.

B. Stundung

2 Nach § 2317 Abs 1 BGB entsteht der Pflichtteilsanspruch mit dem Erbfall und ist grundsätzlich sofort fällig, § 271 BGB. Damit der Erbe durch die Erfüllung des Pflichtteilsanspruchs nicht in wirtschaftliche Bedrängnis gerät, hat der Gesetzgeber die Möglichkeit zur Stundung des Pflichtteils nach § 2331a BGB geschaffen. Nach dieser Vorschrift kann der pflichtteilsberechtigte Erbe die Stundung des Pflichtteilsanspruchs verlangen. Voraussetzung dafür ist, dass die sofortige Erfüllung des gesamten Anspruchs den Erben wegen der Art der Nachlassgegenstände ungewöhnlich hart treffen, insbesondere wenn sie ihn zur Aufgabe seiner Familienwohnung oder zur Veräußerung eines Wirtschaftsguts zwingen würde, das für den Erben und seine Familie die wirtschaftliche Lebensgrundlage bildet. Die Stundung kann nur verlangt werden, soweit sie dem Pflichtteilsberechtigten bei Abwägung aller Interessen zugemutet werden kann (Bumiller/Winkler § 83a Anm 1a).

C. Zuständigkeit

3 Nach § 2331a Abs 2 BGB ist das Nachlassgericht für die Entscheidung über die Stundung, wenn der Anspruch unbestritten ist, **sachlich** zuständig. Innerhalb des Gerichts ist die Entscheidung dem Rechtspfleger übertragen, § 3 Nr 2c RPflG (*Bosch* FamRZ 1972, 174); in Baden-Württemberg entscheidet der Bezirksnotar. Die **örtliche** Zuständigkeit bestimmt sich nach § 343.

4 Ist der Pflichtteilsanspruch dagegen streitig und über ihn ein Rechtsstreit anhängig, kann der Stundungsantrag gemäß § 1382 Abs 5 BGB nur beim Prozessgericht gestellt werden (Bumiller/Winkler § 83a Anm 2).

D. Antragsverfahren

I. Antrag

5 Für die Einleitung des Verfahrens bedarf es eines Antrags, wobei ein Sachantrag nicht erforderlich ist (Bassenge/Roth § 83a Rn 1). Der Antrag, der lediglich ein Verfahrensantrag ist und nicht den Anforderungen des § 253 ZPO genügen muss (PWW/*Weinreich* § 1382 Rn 15), ist nicht befristet (Jansen/*Müller-Lukoschek* § 83a Rn 5). Das Antragserfordernis ergibt sich aus § 2331a BGB, da die Stundung nur auf Verlangen gewährt wird. Der Antrag kann auf einen Teil des Pflichtteilsanspruchs beschränkt werden. Die Rücknahme des Antrags ist bis zur rechtskräftigen Entscheidung jederzeit möglich (Palandt/ *Edenhofer* § 2331a BGB Rn 5).

II. Antragsberechtigung

6 Antragsberechtigt sind:
– der Erbe als Schuldner des Pflichtteilsanspruchs, sofern er selbst pflichtteilsberechtigt, dh Abkömmling, Elternteil oder Ehegatte/eingetragener Lebenspartner des Erblassers ist,
– der Vorerbe bis zum Eintritt der Nacherbfolge (Palandt/*Edenhofer* § 2303 Rn 10),

- der Nachlassinsolvenzverwalter während der Dauer des Nachlassinsolvenzverfahrens bzw
- der Nachlassverwalter während der Nachlassverwaltung und
- der Nachlasspfleger, wenn er den Nachweis erbringt, dass der Erbe zum Kreis der Pflichtteilsberechtigten gehört (Jansen/*Müller-Lukoschek* § 83a Rn 8).

Nach § 2038 Abs 1 S 2 BGB kann, da er der Erhaltung des Nachlasses dient, jeder von mehreren antragsberechtigten Miterben den Antrag alleine stellen. Sind von mehreren Miterben nur einzelne antragsberechtigt, weil selbst pflichtteilsberechtigt, so können die anderen die Stundung nicht verlangen (BTDrs V/2370 S 99), da die Stundung nach §§ 2058, 425 BGB nur zugunsten des Gesamtschuldners wirkt, dem sie bewilligt wurde. 7

Dagegen ist ein Testamentsvollstrecker nach § 2213 Abs 1 BGB zur Antragstellung für den Erben nicht berufen (BGHZ 51, 125). Nicht antragsberechtigt ist auch der Insolvenzverwalter des Pflichtteilsberechtigten, weil er, obgleich der Insolvenzbeschlag auch den Pflichtteilsanspruch nach § 852 Abs 1 ZPO erfasst (BGH ZEV 1997, 345), keine Möglichkeit hat, den Gemeinschuldner zum Tätigwerden zu bewegen, da die Entschließungsfreiheit, den Pflichtteilsanspruch durchzusetzen, durch das Insolvenzverfahren nicht eingeschränkt ist (BGH ZEV 1997, 345, 346). 8

III. Antragsgegner

Der Stundungsantrag richtet sich gegen den Pflichtteilsberechtigten. 9

IV. Verfahren

1. Verfahren im Allgemeinen

Gem § 2331a Abs 2 S 2 BGB gelten die §§ 1382 Abs 2 bis 6 BGB, § 264 für das Verfahren und die Gestaltung der Stundung entsprechend. 10

2. Verfahren

Das Nachlassgericht ist nur befugt, über den unstreitigen Anspruch oder unstreitigen Teil des Anspruchs zu entscheiden. Ist der Pflichtteilsanspruch dagegen str und über ihn ein Rechtsstreit anhängig, kann der Stundungsantrag gem § 1382 Abs 5 BGB nur beim Prozessgericht gestellt werden (Bumiller/Winkler § 83a Anm 2). Wurde über die Forderung rechtskräftig entschieden, ohne dass ein Stundungsantrag gestellt worden ist, so kann ein Antrag beim Nachlassgericht nur gestellt werden, wenn die Voraussetzungen des § 1382 Abs 6 BGB vorliegen, dh sich die Verhältnisse wesentlich geändert haben (KKW § 83a Rn 7). 11

a) Gütliche Einigung

Auch wenn die Regelung in § 53a Abs 1 FGG aF nicht in § 264 übernommen wurde, so ist das Gericht dennoch angehalten, in jeder Phase des Verfahrens auf eine gütliche Einigung hinzuwirken. Einigen sich die Beteiligten, so ist hierüber eine Niederschrift aufzunehmen, die neben dem Ort und Tag der mündlichen Verhandlung, dem Namen des Rechtspflegers und der erschienenen Beteiligten, gesetzl Vertreter, Bevollmächtigten und Beistände auch den Inhalt der Vereinbarung enthalten muss (§ 160 ZPO). In den Vergleich sind aufzunehmen der Schuldbetrag, Zins- und Zahlungsbedingungen sowie etwa vereinbarte Sicherheiten. Darüber hinaus ist es zweckmäßig, eine Regelung über die Kostentragungspflicht zu treffen (Keidel/Kuntze/*Weber* § 53a Rn 8). Die Niederschrift ist den Beteiligten vorzulesen und zur Durchsicht vorzulegen. Dies ist ebenso wie deren Genehmigung in der Niederschrift zu vermerken, § 162 ZPO. Sie ist anschlie- 12 ßend vom Rechtspfleger zu unterzeichnen, § 163 ZPO. Aus dem gerichtlichen Vergleich findet nach § 794 Abs 1 Nr 1 ZPO die Vollstreckung statt.

b) Entscheidung des Gerichts

13 Das Nachlassgericht hat, wenn eine Einigung nicht zustande kommt, die für die Sachentscheidung erheblichen Tatsachen von Amts wegen zu ermitteln, § 26. Aufgrund dieser Feststellungen entscheidet es dann über den Antrag. Liegen die Voraussetzungen für eine Stundung nicht oder nur für einen Teilbetrag vor, kann das Gericht den Antrag ganz oder teilweise zurückweisen. Schließlich hat es die Möglichkeit, die Stundung des ganzen Betrages bis zu einem bestimmten Termin oder Ratenzahlung zu bewilligen und die Höhe der Verzinsung und den Zinsbeginn nach billigem Ermessen festzulegen, § 1382 Abs 2, 4 BGB. Nach § 1382 Abs 3 BGB ist die Anordnung einer Sicherheitsleistung auf Antrag des Gläubigers zulässig, weil sie dazu dient, den Berechtigten vor Verlusten zu bewahren.

14 Darüber hinaus kann das Nachlassgericht auf einen entsprechenden Antrag des Gläubigers, in der Entscheidung, die erst mit Rechtskraft wirksam wird, auch die Verpflichtung des Schuldners zur Zahlung des unstreitigen Pflichtteils aussprechen (*Bosch*, FamRZ 1972, 169). Damit wird gleichzeitig ein Vollstreckungstitel geschaffen. Dadurch wird der Schuldner zu einer Leistung verpflichtet, der Rechtsübergang erfolgt somit nicht rechtsgestaltend. Das Gericht hat in seiner Entscheidung auch die Verpflichtung zur Abgabe einer entsprechenden Willenserklärung aufzunehmen (KKW § 53a Rn 25). Nach § 264 Abs 2 S 1 hängt die Wirksamkeit der Entscheidung vom Eintritt der formellen Rechtskraft ab.

15 Gegen die Endentscheidung ist nach § 60 Abs 1 Nr 6 die sofortige Beschwerde statthaft (Keidel/Kuntze/*Weber* § 53a Rn 16).

E. Nachträgliche Aufhebung oder Änderung

16 Die Möglichkeit der nachträglichen Aufhebung oder Änderung der Stundungsentscheidung regelt § 1382 Abs 6 BGB. Danach kann das Nachlassgericht auf Antrag des Erben oder des Pflichtteilsberechtigten eine rechtskräftige Entscheidung über die Stundung aufheben oder abändern, und zwar auch dann, wenn es sich um eine Entscheidung des Prozessgerichts handelt. Voraussetzung dafür ist aber, dass sich die Verhältnisse nach der Entscheidung wesentlich geändert haben. Entsprechendes gilt auch für einen gerichtlichen Vergleich (KKW § 83a Rn 9).

17 Für das Verfahren gelten die Grundsätze unter Rz 10 ff.

F. Gebühren

18 Nach § 106a Abs 1 KostO wird für die Entscheidung über die Stundung eines Pflichtteilsanspruchs die volle Gebühr erhoben. Der Geschäftswert bestimmt sich nach § 30 KostO. Sofern keine anderweitigen Anhaltspunkte für eine Schätzung vorliegen, ist regelmäßig der Wert von 3 000 € anzunehmen, § 30 Abs 2 S 1 KostO.

19 Die Anwaltsgebühren bemessen sich nach dem RVG und entstehen unter den gleichen Voraussetzungen wie in bürgerlichen Streitigkeiten (Burhoff/*Kindermann* RVG S 86).

Abschnitt 3
Verfahren in Teilungssachen

§ 363 Antrag

(1) Bei mehreren Erben hat das Gericht auf Antrag die Auseinandersetzung des Nachlasses zwischen den Beteiligten zu vermitteln; das gilt nicht, wenn ein zur Auseinandersetzung berechtigter Testamentsvollstrecker vorhanden ist.

(2) Antragsberechtigt ist jeder Miterbe, der Erwerber eines Erbteils sowie derjenige, welchem ein Pfandrecht oder ein Nießbrauch an einem Erbteil zusteht.

(3) In dem Antrag sollen die Beteiligten und die Teilungsmasse bezeichnet werden.

Übersicht

	Rz		Rz
A. Allgemeines	1	E. Beteiligte	22
B. Aufgaben des Nachlassgerichts	4	F. Antragsberechtigung	27
C. Zuständigkeit	8	G. Form des Antrags	33
I. Allgemeine Zuständigkeit	8	H. Inhalt des Antrags	34
II. Sonderzuständigkeit	9	I. Antragsrücknahme	35
III. Internationale Zuständigkeit	12	J. Gebühren	37
D. Ausschluss der Auseinandersetzung	13		

A. Allgemeines

Die Absätze 1 und 2 entsprechen inhaltlich dem § 86 FGG aF. Abs 3 übernimmt die Regelung des bisherigen § 87 Abs 1 FGG aF. Der weitere Regelungsinhalt von § 87 FGG aF ist künftig im Hinblick auf die Vorschriften des Allgemeinen Teils, insbesondere der §§ 27 bis 29, entbehrlich. **1**

IdR führen die Beteiligten die Auseinandersetzung des Nachlasses ohne Mitwirkung des Nachlassgerichts durch, §§ 2046 ff BGB. Auf einen entsprechenden Antrag hin kann die Auseinandersetzung durch das Nachlassgericht vermittelt werden (*Bracker* MittBayNot 1984, 114 f). Das Verfahren wird dann durch einen förmlichen Einleitungsbeschluss oder durch Ladung zum Verhandlungstermin eingeleitet, § 365. Sind bereits im Zeitpunkt der Antragstellung str Rechtsfragen aufgetreten, ist das nachlassgerichtliche Vermittlungsverfahren unzulässig. Denn diese Fragen sind ausschließlich vor dem Prozessgericht zu klären (OLG Düsseldorf FGPrax 2002, 231). **2**

Zur Durchführung des Auseinandersetzungsverfahrens bedarf es einer Mehrheit von Erben, die nebeneinander, dh als Miterben erben (Jansen/*Müller-Lukoschek*, § 86 Rn 2). Daher ist weder bei der Zuwendung eines Vermächtnisses noch des Pflichtteils bzw der Anordnung von Vor- und Nacherbfolge Raum für die gerichtliche Vermittlung der Nachlassauseinandersetzung (BayObLG 5, 659). **3**

B. Aufgaben des Nachlassgerichts

Das Nachlassgericht hat zwischen den Beteiligten zu vermitteln und auf eine gütliche Einigung hinzuwirken. Es gehört nicht zu seinen Aufgaben, Streitigkeiten zu entscheiden oder die getroffene Vereinbarung zu vollziehen. Ergeben sich während der Verhandlung Streitpunkte, ist darüber nach § 370 ein Protokoll aufzunehmen und das Verfahren bis zur Erledigung der Streitpunkte, ggf im Prozesswege, auszusetzen. **4**

Die Tätigkeit des Nachlassgerichts erstreckt sich auf die Begründung von Verbindlichkeiten zur Bewirkung von Rechtsänderungen und die Entgegennahme von Erklärungen, die zur Durchführung der Auseinandersetzung erforderlich sind. So können nicht nur Forderungen abgetreten, sondern auch mit bindender Wirkung über Grundstücke oder Grundstücksrechte verfügt bzw entsprechende Vollmachten hierzu erteilt werden. **5**

6 Weigert sich ein Miterbe, der Auseinandersetzung zuzustimmen, ist die Durchführung des Verfahrens nicht möglich (KG NJW 1965, 1538). Dagegen kann der Widerspruch eines einzelnen Beteiligten gegen die Einleitung des Verfahrens diese nicht verhindern (KG NJW 1965, 1538). Ist das Erbrecht streitig, kann sich das Nachlassgericht, vorbehaltlich der Entscheidung des Prozessgerichts, ein Urteil über die Erbenstellung machen, das Verfahren einleiten und § 370 anwenden (OLG München DFG 1937, 128).

7 Das erneute vermittelnde Tätigwerden des Nachlassgerichts auf Antrag eines Miterben, der die aufgrund bereits erfolgter Vermittlung durch das Nachlassgericht durchgeführte Auseinandersetzung für unwirksam erachtet, steht im Ermessen des Gerichts, ob es erneut tätig werden will (LG Heilbronn, Justiz 1976, 259).

C. Zuständigkeit

I. Allgemeine Zuständigkeit

8 Das Nachlassgericht ist zur Vermittlung der Nachlassauseinandersetzung über die zentrale Vorschrift des § 23a Abs 2 GVG sachlich zuständig. Die örtliche Zuständigkeit regelt sich nach § 343. Funktionell zuständig für die Vermittlung ist nach § 3 Nr 2c RPflG der Rechtspfleger; allerdings gilt der Richtervorbehalt gem § 16 Abs 1 Nr 8 RPflG für die Genehmigungen nach § 371.

II. Sonderzuständigkeit

9 Eine Sonderzuständigkeit des Landwirtschaftsgerichts ist dann gegeben, wenn zu einer Erbengemeinschaft (auch) ein landwirtschaftlicher Betrieb gehört und sich die Miterben im Auseinandersetzungsverfahren nach § 363 nicht einigen können (KKW § 86 Rn 7). Das Landwirtschaftsgericht kann, sofern ein Miterbe einen Zuweisungsantrag stellt, die Zuweisung vornehmen (ausführlich KKW § 86 Rn 7 ff). Ist die Erbengemeinschaft durch eine Verfügung von Todes wegen entstanden, ist das Zuweisungsverfahren ausgeschlossen. Das gilt sowohl bei Übereinstimmung der Verfügung mit der gesetzlichen Erbfolge (BGH NJW 1063, 2170) als auch im Falle des Ausschlusses der Auseinandersetzung (*Drummen* MittRhNotK 1961, 859).

10 Mit dem Verfahren nach § 363 soll die Nachlassauseinandersetzung vermittelt werden. Haben sich die Miterben über die Auseinandersetzung bereits geeinigt, kommt ein Zuweisungsverfahren nicht mehr in Betracht. Ungeachtet dessen hindert die Anhängigkeit eines Zuweisungsverfahrens die Einleitung des Auseinandersetzungsverfahrens nach § 363 nicht. Es führt stattdessen zur Aussetzung der Entscheidung über den Zuweisungsantrag, weil mit der Möglichkeit der Einigung im Auseinandersetzungsverfahren zu rechnen ist (*Lange* § 14 GrdstVG Anm 5). Insoweit hat § 363 Vorrang vor den §§ 13 ff GrStVG.

11 Im Übrigen ist für die gerichtliche Vermittlung der Auseinandersetzung nach § 363 ausschließlich das Nachlassgericht zuständig, auch wenn zum Nachlass ein landwirtschaftlicher Betrieb oder Hof iSd HöfeO gehört (Palandt/*Edenhofer* § 2042 Rn 15).

III. Internationale Zuständigkeit

12 Das Nachlassgericht ist immer dann international zuständig, wenn der Erblasser Ausländer war und sich die Erbfolge entweder nach deutschem Recht richtet oder zwar ausländisches Recht für die Beerbung maßgebend ist, dieses aber die Zuständigkeit des deutschen Nachlassgerichts nicht ausschließt (*Drobnig* JZ 1959, 317).

D. Ausschluss der Auseinandersetzung

13 Voraussetzung der Auseinandersetzung durch das Nachlassgericht ist das Bestehen der Erbengemeinschaft (*Schlegelberger* § 86 Rn 7). Erfolgt die Versteigerung zum Zwecke der

Aufhebung der Erbengemeinschaft, so kann das Vermittlungsverfahren zur Verteilung des Erlöses aus der Zwangsversteigerung eines zum Nachlass gehörenden Grundstücks durchgeführt werden (BGH NJW 1952, 263). Unschädlich ist eine mögliche Überschuldung des Nachlasses (BayObLGZ 1956, 363).

Sind nur einzelne Nachlassgegenstände noch nicht verteilt, so kommt lediglich eine Sachteilung nach §§ 752 ff BGB in Betracht. 14

Ist ein Testamentsvollstrecker zur Durchführung der Auseinandersetzung berechtigt oder kann ein Dritter die Auseinandersetzung nach § 2048 BGB nach billigem Ermessen vornehmen, scheidet eine gerichtliche Auseinandersetzung aus (BayObLGZ 1967, 230). Entsprechendes gilt dann, wenn die Erben das Recht, die Aufhebung der Erbengemeinschaft zu verlangen, durch Vereinbarung auf Zeit oder auf Dauer nach §§ 2042 Abs 2, 749 Abs 2, 3 BGB ausgeschlossen haben. Über die Frage, ob wichtige Gründe vorliegen, welche die Teilung gleichwohl rechtfertigen, entscheidet das Prozessgericht (Jansen/ Müller-Lukoschek § 86 Rn 8, 9). 15

Das Auseinandersetzungsverfahren ist ferner ausgeschlossen, wenn str Rechtsverhältnisse bzw -fragen auftreten (OLG Düsseldorf FGPrax 2002, 231), wie zB das Bestreiten des Erbrechts (BayObLG FGPrax 1997, 229; vgl aber auch die Erläuterungen Rn 5), der Antragsberechtigung bzw Unbestimmtheit der Erbteile, die aus rechtlichen Gründen nicht vermittelt werden können (OLG Frankfurt Rpfleger 1993, 505; dagegen OLG Düsseldorf NJW-RR 2003, 5). 16

Schließlich steht eine bereits erhobene Erbteilungsklage der Einleitung des gerichtlichen Vermittlungsverfahrens entgegen (KKW § 86 Rn 5; aA: *Jansen* § 86 Rn 10). 17

Darüber hinaus steht dem Auseinandersetzungsverfahren entgegen: 18
– die Nachlassverwaltung (KGJ 49, 84),
– die Nachlassinsolvenz, weil dem Erben in beiden Verfahren die Verwaltungs- und Verfügungsbefugnis über den Nachlass entzogen ist (*Firsching* S 322),
– der Aufschub der Auseinandersetzung nach §§ 2043 ff BGB wegen der Unbestimmtheit der Erbteile,
– Vermögen, das nach dem ehelichen Güterstand des Erblassers zum Nachlass gehörte, nicht vorhanden ist (BayObLGZ 6, 538).

Diese entgegenstehenden Umstände sind durch eine Vermittlung nicht zu überwinden (*Bassenge/Roth* § 86 Rn 5). Widerspricht ein Beteiligter der gerichtlichen Auseinandersetzung, so hindert das die Einleitung des Verfahrens zwar nicht, wohl aber die Entscheidung in der Sache (KG NJW 1965, 1538). 19

Tritt ein Hindernis erst im Laufe des Verfahrens auf oder stellt es sich erst dann heraus, ist das Verfahren endgültig, sonst bis zum Wegfall des Hindernisses, einzustellen (KKW § 86 Rn 43). 20

Dagegen können nachfolgende Hindernisse durch eine Vermittlung überwunden werden: 21
– Ausschluss der Auseinandersetzung durch Anordnungen des Erblassers oder Vereinbarungen der Miterben, die allerdings nach § 751 S 2 BGB gegenüber den Pfändungsgläubigern wirkungslos sind,
– Teilungsvereinbarungen, -klage oder -urteil (Jansen/*Müller-Lukoschek* § 86 Rn 10; str) bis zur Vollziehung,
– im Voraus erklärter Widerspruch eines Beteiligten (OLG Frankfurt Rpfleger 1993, 505), sofern er nicht auf str Rechtsfragen beruht, deren Vermittlung ausgeschlossen ist,
– Zerstrittenheit der Erben (LG Koblenz FamRZ 2003, 1940).

E. Beteiligte

Beteiligt iS dieser Vorschrift sind alle, von deren Mitwirkung die Wirksamkeit der Auseinandersetzung abhängt, weil sie auch nach §§ 2046 ff BGB an der Auseinandersetzung zu beteiligen sind (*Bassenge/Roth* § 86 Rn 7): 22

§ 363 FamFG | Antrag

- alle Antragsberechtigten einschließlich des Erbteilserwerbers (vgl Rn 27),
- der Erbe, soweit er auch antragsberechtigt ist,
- die Nacherben, soweit Verfügungen nach §§ 2112 ff BGB ihnen gegenüber unwirksam wären (KG DJZ 1907, 300),
- bei Ehegatten im Güterstand der Zugewinngemeinschaft oder Gütertrennung nur der Ehegatte, der Erbe geworden ist, soweit sich aus den §§ 1365–1367 BGB nichts anderes ergibt; im Güterstand der Gütergemeinschaft der verwaltungsberechtigte Ehegatte, sofern die Erbschaft nicht zum Vorbehaltsgut gehört, § 1418 Abs 1 Nr 2 BGB oder es sich um Grundbesitz handelt (Bumiller/Winkler § 86 Anm 3b). Gehört die Erbschaft zum Vorbehaltsgut, ist nur der erbende Ehegatte beteiligt.

23 Ist ein Miterbe verstorben, so treten an seine Stelle die Erben bzw der Testamentsvollstrecker, der Nachlass- oder Insolvenzverwalter für seinen Nachlass, im Falle der gesetzl Vertretung der gesetzl Vertreter. Die Vertretung mehrerer Beteiligter durch denselben gesetzl Vertreter ist nicht möglich (RGZ 93, 334). Ein Beteiligter kann sich nach § 10 ohne weiteres durch einen Bevollmächtigten vertreten lassen.

24 Im Falle der Abwesenheit eines Beteiligten, bei dem die Voraussetzungen einer Abwesenheitspflegschaft vorliegen, hat das Nachlassgericht einen Pfleger zur Wahrnehmung der Rechte des Abwesenden im Auseinandersetzungsverfahren zu bestellen, § 364 oder die Bestellung beim Betreuungsgericht anzuregen (KKW § 86 Rn 52).

25 Werden während des Verfahrens weitere Beteiligte bekannt, so sind auch diese hinzuziehen. Gegen die Terminladung kann Beschwerde eingelegt werden (KG OLGZ 12, 216). Lehnt das Gericht die Zuziehung dieser Beteiligten ab, so steht jedem Beteiligten die Beschwerde zur Verfügung (KGJ 52, 84).

26 Nicht beteiligt sind die Nachlassgläubiger (KGJ 45, 159) wie die Gläubiger eines Miterben einschließlich Vermächtnisnehmer und Pflichtteilsberechtigte. Zum Kreis der Nichtbeteiligten gehört auch das Familiengericht, welches zur Erteilung der Genehmigung für einen Miterben berufen ist (KKW § 86 Rn 53).

F. Antragsberechtigung

27 Antragsberechtigt nach Abs 2 ist
- jeder Miterbe allein und ohne Mitwirkung der anderen Miterben, auch dann, wenn sein Erbteil gepfändet, mit einem Pfandrecht oder Nießbrauch belastet ist; allerdings verliert er sein Antragsrecht durch Ausscheiden aus der Erbengemeinschaft nach § 2033 Abs 1 BGB (KG OLG 14, 154);
- der Ehegatte bei Gütertrennung und Zugewinngemeinschaft allein, bei Gütergemeinschaft ist es der verwaltungsberechtigte Ehegatte, wenn die Erbschaft in das Gesamtgut gefallen ist; gehört es zum Vorbehaltsgut eines Ehegatten, so ist nur dieser berechtigt, den Vermittlungsantrag zu stellen;
- die Erben des Miterben bzw der an ihrer Stelle über den Nachlass Verfügungsbefugte, wenn der Erbe nach dem Tod des Erblassers verstorben ist;
- der Testamentsvollstrecker bzgl des Miterbenanteils unter Ausschluss des Miterben (KGJ 28, 16);
- der Erbteilserwerber statt des veräußernden Miterben, sofern der Erbteil im Wege der Gesamtrechtsnachfolge nach §§ 2033, 2037, 2371 ff BGB übergegangen ist, nicht aber nur bei Übertragung des Anspruchs auf das Auseinandersetzungsguthaben (RGZ 60, 126); er ist auch antragsberechtigt für das Zuweisungsverfahren nach §§ 13 ff GrdstVG;
- der Pfandrechtsinhaber, und zwar unabhängig davon, ob das Pfandrecht durch Vertrag, welcher der notariellen Beurkundung bedarf, oder durch Pfändung entstanden ist; der Pfändungspfandgläubiger muss im Besitz eines rechtskräftigen, nicht nur vorläufig vollstreckbaren Schuldtitels sein; dagegen kann der Vertragspfandgläubiger den Antrag nach § 1258 Abs 2 BGB vor dem Eintritt der Verkaufsberechtigung nur zu-

sammen mit dem Erben stellen, danach ist er und der Miterbe je allein antragsberechtigt (Bumiller/Winkler § 86 Anm 1a (3)) und
- der Nießbraucher am Erbteil, wobei der Miterbe sein Antragsrecht behält, allerdings kann er ohne Mitwirkung und Zustimmung des Miterben (Besteller des Nießbrauchs) keinen Auseinandersetzungsantrag stellen.

Der gesetzliche Vertreter des Antragstellers bedarf zur Antragstellung keiner familiengerichtlichen Genehmigung (OLG Frankfurt Rpfleger 1993, 505). Allerdings ist, sofern die Eltern von der Vermögenssorge für die Erbschaft nach § 1638 BGB ausgeschlossen sind, ein Pfleger zur Antragstellung zu bestellen, § 1909 BGB. Ein Testamentsvollstrecker ist für die Vermittlung der Erbauseinandersetzung mit dessen Miterben antragsberechtigt, auch wenn ihm nur die Verwaltung des Erbteils eines Kindes übertragen ist (KG KGJ 28 A 17). **28**

Mit dem Wegfall des Miterbenanteils tritt im Wege der dinglichen Surrogation an die Stelle des Anteils der auf den einzelnen Miterben entfallende Gegenstand (BGHZ 52, 99). **29**

Der Vorlage eines Erbscheins zum Nachweis der Erbenstellung bedarf es zur Ausübung des Antragsrechts nicht. Es ist auch nicht erforderlich, dass das Antragsrecht des Miterben unbestritten ist, da das Nachlassgericht über das Antragsrecht entscheidet (OLG München JFG 15, 161). Ist das Antragsrecht vom Erbrecht abhängig, so kann das Gericht den Nachweis des Erbrechts gem § 27 verlangen oder nach § 370 verfahren (BayObLGZ 30, 270). **30**

Gegen die Einleitung des Verfahrens wegen fehlender Antragsberechtigung kann nur bis zum Beginn des Verhandlungstermins Beschwerde eingelegt werden; danach ist nur der Widerspruch im Termin geeignet, die Aussetzung nach § 370 herbeizuführen (KG RJA 6, 35). Wird der Auseinandersetzungsantrag abgelehnt, steht nur dem Antragsteller die Beschwerde zu. **31**

Dagegen steht ein Antragsrecht **nicht** zu: **32**
- dem Nacherben vor Eintritt des Nacherbfalls,
- dem Testamentsvollstrecker,
- dem Nachlassgläubiger (BayObLGZ 1983, 101) und somit dem Vermächtnisnehmer,
- dem Pflichtteilsberechtigten sowie
- dem Nachlasspfleger, -verwalter, -insolvenzverwalter für den Gesamtnachlass.

G. Form des Antrags

Es gelten die allgemeinen Vorschriften: Der Antrag kann, ebenso wie jede Ergänzung des Auftrages, schriftlich oder zu Protokoll des Richters oder Urkundsbeamten der Geschäftsstelle gestellt werden (KKW § 87 Rn 1). Er muss auf die Einleitung eines Verfahrens nach § 363 gerichtet sein. **33**

H. Inhalt des Antrags

Der Auseinandersetzungsantrag (Muster s *Firsching/Graf* Nachlassrecht Rn 4.910) soll enthalten: **34**
- Name, Stand, Staatsangehörigkeit, letzter Wohnsitz/Aufenthalt, Sterbeort und Todestag des Erblassers, weil sich hieraus die Zuständigkeit des Gerichts ergeben muss;
- Bezeichnung der Beteiligten nach Namen, Stand, Wohnort und ggf ihrer gesetzl Vertreter und ihrer erbrechtlichen Stellung, dh ob sie kraft Gesetzes unter Angabe des Verwandtschaftsverhältnisses oder aufgrund letztwilliger Verfügung besteht, um sie laden zu können;
- Bezeichnung der Teilungsmasse durch Vorlage eines Verzeichnisses sämtlicher Nachlassbestandteile oder eines Inventars, wobei das Nachlassgericht nicht berechtigt ist,

§ 363 FamFG | Antrag

von einem der Beteiligten die Einreichung eines Nachlassverzeichnisses zu erzwingen (KGJ 23 A 197).

I. Antragsrücknahme

35 Der Antrag kann bis zur Rechtskraft des Bestätigungsbeschlusses zurückgenommen werden. Dagegen ist eine einseitige Rücknahme dann, wenn das Verfahren in Gang gesetzt wurde und sich die anderen Beteiligten auf das Verfahren eingelassen haben, nicht mehr möglich (str, so *Weißler*, Nachlassverfahren II, S 120; aA: Jansen/*Müller-Lukoschek* § 86 Rn 25). Im Übrigen ist die Zurücknahme des Antrags auch in der Rechtsbeschwerdeinstanz zu beachten (KKW § 86 Rn 71).

36 Die Fortsetzung des Verfahrens kann auf Antrag eines Beteiligten oder durch stillschweigende Beteiligung erfolgen.

J. Gebühren

37 Für die Kosten gilt § 81 (KG NJW 1965, 1538). Im Übrigen finden die §§ 116, 148 KostO Anwendung. Nach § 116 KostO wird für die gerichtliche Vermittlung der Auseinandersetzung eines Nachlasses einschließlich des vorangegangenen Verfahrens das Vierfache der vollen Gebühr erhoben. Dabei bestimmt sich die Gebühr nach dem Wert der den Gegenstand der Auseinandersetzung bildenden Vermögensinteressen, § 116 Abs 5 KostO. Für die Notargebühren wird in § 148 Abs 1 KostO auf § 116 KostO verwiesen.

38 Soweit die Parteien im Auseinandersetzungsverfahren nichts anderes bestimmt haben, fallen die Kosten im Verhältnis der Beteiligten zueinander dem Nachlass zur Last (KKW § 86 Rn 73).

39 **Gebühr:** Für die **gerichtliche Vermittlung einer Auseinandersetzung** entsteht eine vierfache Gebühr (§ 116 Abs 1 KostO). Diese Gebührenbestimmung betrifft die Regelung des Verfahrens auf gerichtliche Vermittlung der Auseinandersetzung, das sich auf einen Nachlass oder auf das Gesamtgut einer fortgesetzten Gütergemeinschaft bezieht und nach den Bestimmungen des FamFG (§§ 363 ff, 373, 487) vorgenommen wird.

40 Durch diese Gebühr für das gesamte Verfahren vom Eingang des Antrags bis zur rechtskräftigen Bestätigung der Auseinandersetzung werden pauschal auch abgegolten zB die Ladung der Beteiligten zu den Terminen, die Verhandlung mit ihnen, die Aufstellung eines Auseinandersetzungsplanes und die Anhörung der Beteiligten.

41 Nicht in die Pauschalabgeltung fällt hingegen zB die Erteilung eines Erbscheins oder die Anordnung einer Pflegschaft für einen unbekannten Beteiligten usw.

42 Bei Erledigung des Verfahrens vor Eintritt in die Verhandlung durch Zurücknahme oder auf andere Weise ermäßigt sich die Gebühr auf ½ (§ 116 Abs 1 S 2 Nr 2 KostO). »Eintritt in die Verhandlung« ist nach allgemeiner Ansicht nicht der Beginn der Verhandlung in dem nach § 365 bestimmten Termin, sondern jede über die formellen Verfahrensfragen (Zuständigkeit, Zulässigkeit) hinausgehende, auf die materielle Erledigung der Auseinandersetzung gerichtete Verfügung. »Auf andere Weise« muss auch die Zurückweisung erfassen. § 130 Abs 1 KostO gilt nicht, da etwas anderes bestimmt ist (Rohs/*Wedewer* § 116 Rn 6; K/L/B/R § 116 Rn 9).

43 Wird das Verfahren nach Eintritt in die Verhandlung, aber ohne Bestätigung der Auseinandersetzung, abgeschlossen, ermäßigt sich die Gebühr auf ²⁄₁ (§ 116 Abs 1 S 2 Nr 1 KostO).

44 Gibt ein Beteiligter die zu beurkundende Erklärung in einer fremden Sprache ab, fällt eine Zusatzgebühr in Höhe der Hälfte der zu erhebenden Gebühr für das Geschäft an, und zwar bis zu einem Höchstbetrag von 30 € (§§ 116 Abs 1 S 3, 59 Abs 1 KostO).

45 Wird zum Zweck der Auseinandersetzung mit einem nicht der Rechtsgemeinschaft zur gesamten Hand angehörigen Dritten vor dem Teilungsgericht ein Vertrag geschlossen, so ist von dem Dritten die Hälfte der nach dem Beurkundungsabschnitt anfallenden Gebühr (§ 36 Abs 2 KostO) zu erheben; die andere Hälfte ist durch die Gebühr des § 116

KostO abgegolten (§ 116 Abs 2 KostO). Dies ist zB der Fall, wenn der Dritte den gesamten Nachlass oder auch nur Gegenstände aus dem Nachlass käuflich übernimmt oder wenn mit einem Pflichtteilsberechtigten ein Abfindungsvertrag geschlossen wird.

Einigen sich die Erben im gerichtlichen Auseinandersetzungsverfahren, endet dieses 46 also nicht durch die gerichtliche Bestätigung des Auseinandersetzungsplanes, sondern durch eine freiwillige Vereinbarung der Beteiligten, so wird neben der Verfahrensgebühr des § 116 Abs 1 S 2 Nr 1 oder Nr 2 KostO noch die doppelte Gebühr nach § 36 Abs 1 KostO für die Beurkundung der vertragsmäßigen Auseinandersetzung zur Niederschrift des Nachlassgerichts angesetzt (§ 116 Abs 3 KostO).

Nimmt das Gericht im Rahmen des Auseinandersetzungsverfahren ein Vermögens- 47 verzeichnis auf, wird die Gebühr nach § 52 Abs 1 S 1 KostO (½ Gebühr aus dem Wert der verzeichneten Gegenstände) gesondert erhoben (§ 116 Abs 3 KostO). Das Gleiche gilt für die Aufnahme von Schätzungen (1/1 Gebühr – § 50 Abs 1 Nr 4 KostO) sowie für die Durchführung einer freiwilligen Versteigerung von Grundstücken (Gebühren nach § 53 KostO). Allerdings haben diese Verfahren kaum noch praktische Bedeutung.

Für die Pflegschaft für einen abwesenden Beteiligten nach § 364 wird eine volle Ge- 48 bühr erhoben. Maßgebend ist der Wert des von der Pflegschaft betroffenen Vermögens, dh der Erbteil des Abwesenden.

Überträgt das Gericht die Vermittlung der Auseinandersetzung einem Notar, entste- 49 hen folgende Gerichtsgebühren:
– ½ Gebühr für das gerichtliche Verfahren der Anordnung von Beweisaufnahmen (§ 116 Abs 4 Nr 1 KostO),
– ½ Gebühr für die Bestätigung der Auseinandersetzung (§ 116 Abs 4 Nr 2 KostO).

Wert: Der Geschäftswert bestimmt sich nach dem Wert der den Gegenstand des Aus- 50 einandersetzungsverfahrens bildenden Vermögensmasse (§ 116 Abs 5 S 1 KostO). Da das Gesetz keinen Schuldenabzug bestimmt, ist nach der allgemeinen Aussage des § 18 Abs 3 KostO vom Bruttowert auszugehen. § 39 Abs 2 KostO ist nicht anzuwenden, da keine Leistungen ausgetauscht, sondern Vermögen verteilt wird. Es sind also bei einem Nachlass vornehmlich Vermächtnisse, Pflichtteilsrechte und Auflagen nicht abzusetzen. Gehört zur Auseinandersetzungsmasse Grundbesitz, so ist dieser mit dem nach § 19 Abs 2 KostO zu bestimmenden Wert anzusetzen. Handelt es sich um die Auseinandersetzung eines landwirtschaftlichen Anwesens, so ist § 19 Abs 4 KostO zu beachten.

Zum Aktivnachlass gehören auch Gegenstände, die im Laufe des Verfahrens, zB zur 51 Deckung von Nachlassverbindlichkeiten, veräußert worden sind, da sich die Auseinandersetzung auch auf sie bezieht. Der Geschäftswert der Beurkundungsgebühr hingegen richtet sich nur nach dem in diesem Zeitpunkt noch vorhandenen Teilwert.

Werden mehrere Nachlässe auseinandergesetzt, werden die Werte der einzelnen 52 Nachlässe zusammengerechnet (§ 116 Abs 5 S 2 KostO).

Beispiel: Der im gesetzlichen Güterstand lebende A wurde kraft Gesetzes von seiner 53 Witwe B und seinen beiden Kindern C und D beerbt. Erben zu gleichen Teilen der nachverstorbenen Witwe B wurden ebenfalls infolge gesetzl Erbfolge C und D. Der Wert des Nachlasses des A beträgt (brutto) 40 000 €, jener des Nachlasses der B (einschl des Anteils am Nachlass des A) beläuft sich auf 30 000 €. Die Auseinandersetzung der Nachlässe nach A und B wird gleichzeitig durch das Nachlassgericht durchgeführt.

Im konkreten Falle ist also der Anteil der Witwe B an dem Nachlass des A wertmäßig 54 doppelt zu berücksichtigen, sodass die nur einmal anfallende Gebühr des § 116 KostO aus einem Geschäftswert von 70 000 € zu erheben ist.

Bei der Auseinandersetzung des Gesamtguts an einer Gütergemeinschaft und eines 55 Nachlasses wird der Wert nach § 116 Abs 5 S 3 KostO ermittelt.

Beispiel: Das (Brutto-)Gesamtgut der zwischen den Eheleuten A und B bestehenden 56 Gütergemeinschaft beläuft sich auf 30 000 €. Nach dem Tod des Ehemannes A wird durch die überlebende Witwe B die Gütergemeinschaft nicht fortgesetzt. Der Verstorbe-

§ 363 FamFG | Antrag

ne verfügte über ein Vorbehalts- und Sondergut von zusammen (brutto) 20 000 €. Die Auseinandersetzung des Gesamtgutes und des Nachlasses wird in einem Verfahren vorgenommen.

57 Der Anteil des A am Gesamtgut der Gütergemeinschaft gehört zu seinem Nachlass (§§ 1482, 1484 Abs 3 BGB). Im vorliegenden Falle ist also die Gebühr des § 116 KostO nur aus einem Geschäftswert von 30 000 € und 20 000 € = 50 000 € zu erheben.

58 **Kostenschuldner**: Kostenschuldner der Gebühr des § 116 KostO (und der Auslagen) sind die Anteilsberechtigten bzw die an ihre Stelle tretenden Erwerber der Erbanteile (§ 2 Nr 1 KostO). Sie haften gesamtschuldnerisch (§ 116 Abs 6 KostO). Das Nachlassgericht hat, falls es nicht die Auseinandersetzung einem Notar übertragen muss oder voraussichtlich übertragen wird, einen Vorschuss in Höhe der vierfachen Gebühr zu erheben (§ 8 Abs 1 S 1 KostO).

59 § 116 Abs 6 KostO gilt weder für die Beurkundungsgebühren noch für die Aufnahme von Vermögensverzeichnissen, für Schätzungen und Versteigerungen (§ 116 Abs 3 KostO) oder für die Ausführung der Auseinandersetzung (Grundbucheintragungen usw). Hierfür gelten die allgemeinen Haftungsvorschriften.

§ 364 Pflegschaft für abwesende Beteiligte

Das Nachlassgericht kann einem abwesenden Beteiligten für das Auseinandersetzungsverfahren einen Pfleger bestellen, wenn die Voraussetzungen der Abwesenheitspflegschaft vorliegen. Für die Pflegschaft tritt an die Stelle des Betreuungsgerichts das Nachlassgericht.

A. Allgemeines

Die Vorschrift entspricht im Wesentlichen dem Regelungsgehalt des bisherigen § 88 **1** FGG aF. Aufgrund der Neuregelungen zur Zuständigkeit für Pflegschaften wurde der Begriff »Vormundschaftsgericht« durch den Begriff »Betreuungsgericht« ersetzt. Im Hinblick auf die allgemeinen Voraussetzungen der Bestellung eines Ergänzungspflegers gemäß § 1911 BGB wurde die Bestimmung, wonach das Nachlassgericht keinen Abwesenheitspfleger bestellt, sofern bereits eine generelle Abwesenheitspflegschaft gemäß § 1911 BGB anhängig ist, entbehrlich (BTDrs 16/6308 S 283). Danach kann das Nachlassgericht einem abwesenden Beteiligten einen Pfleger für das Auseinandersetzungsverfahren bestellen, wenn die Voraussetzungen der Abwesenheitspflegschaft nach § 1911 BGB vorliegen.

Im Übrigen bedurfte es aufgrund der neuen Systematik des FamFG einer Übernahme **2** der bisher in § 75 FGG aF normierten Verfahrensvorschrift für die Nachlasspflegschaft nicht. Vielmehr gelten für das Verfahren bei einer Nachlasspflegschaft die Vorschriften des Allgemeinen Teils sowie über § 340 (Betreuungsgerichtliche Zuweisungssachen) die §§ 271 ff.

B. Voraussetzungen

Voraussetzung für die Anwendung des § 364 ist **3**
– das Vorliegen der allgemeinen Voraussetzungen einer Abwesenheitspflegschaft nach § 1911 BGB, dh Volljährigkeit des Abwesenden, unbekannter Aufenthalt oder Fürsorgebedürfnis bzw bei bekanntem Aufenthalt die Verhinderung an der Rückkehr und die damit verbundene Möglichkeit der Besorgung seiner Vermögensangelegenheiten. Es genügt die Verhinderung, an den Ort zu gelangen, an dem die Vermögensangelegenheit zu besorgen ist (RGZ 98, 263) oder eine wesentliche Erschwerung, wenn davon auszugehen ist, dass die Rückkehr wegen der Entfernung nicht rechtzeitig und ohne unverhältnismäßige Verzögerung des Auseinandersetzungsverfahrens erfolgen könnte oder wegen der Entfernung und dem Umfang seiner Beteiligung eine Rückkehr und die Bestellung eines Vertreters nicht zu erwarten ist (KKW, § 88 Rn 2). Dabei kommt es nicht darauf an, ob die Verhinderung auf seinem Willen beruht oder nicht (Bumiller/Winkler § 88 Anm 2).
– die Abwesenheit eines Beteiligten von seinem Wohnsitz, wobei es gleichgültig ist, ob es sich bei dem Abwesenden um einen Deutschen oder Ausländer handelt (KGJ 30 A, 106); eine ausländische Staatsangehörigkeit des Abwesenden steht nicht entgegen. Art 24 EGBGB findet keine Anwendung (Bassenge/Roth § 88 Rn 1), so dass das Nachlassgericht nicht zu klären hat, ob der ausländische Staat die Fürsorge für den Abwesenden im Auseinandersetzungsverfahren übernimmt. An der Abwesenheit fehlt es, wenn sein gesetzlicher Vertreter anwesend ist.
– das Fehlen eines bereits anhängigen Pflegschaftsverfahrens für den Abwesenden im Inland. Dabei steht es im Ermessen des Nachlassgerichts, ob es trotz einer Pflegschaft im Ausland eine weitere Pflegschaft für die Beteiligung am Auseinandersetzungsverfahren für erforderlich erachtet.

Das Fürsorgebedürfnis besteht nicht, wenn bereits eine Vormundschaft oder eine Betreu- **4** ung für den Abwesenden besteht (Bumiller/Winkler § 88 Anm 1).

C. Zuständigkeit

5 Die **örtliche Zuständigkeit** des Nachlassgerichts für die Anordnung der Pflegschaft bestimmt sich ausschließlich nach § 343, dh nach dem Wohnsitz/Aufenthalt des Erblassers zur Zeit des Erbfalls. Allerdings ist das AG Berlin-Schöneberg nach § 343 Abs 2 berechtigt, die Angelegenheit aus einem wichtigen Grund an ein anderes Gericht zu verweisen.

6 Nach § 3 Nr 2c RPflG ist der Rechtspfleger **funktionell zuständig**. In besonderer Weise ist bei Fällen mit Auslandsberührung der Richtervorbehalt des § 16 RPflG zu beachten.

7 Für das Amtsverfahren ist das Nachlassgericht nach § 1962 BGB anstelle des Betreuungsgerichts **sachlich zuständig**. Solange eine Pflegschaft nach § 364 besteht und das Fürsorgebedürfnis nur die Beteiligung am Auseinandersetzungsverfahren betrifft, ist das Betreuungsgericht sachlich nicht zuständig, weshalb es mangels Fürsorgebedürfnis daran gehindert ist, seinerseits eine Pflegschaft einzuleiten. Bedürfen aber andere Angelegenheiten des Abwesenden der Fürsorge, so kann auch das Betreuungsgericht eine Pflegschaft, aber nur für diese Angelegenheiten, einleiten.

8 Der Notar ist, auch wenn ihm nach landesrechtlichen Vorschriften die Auseinandersetzung übertragen ist, weder zur Anordnung und Führung der Pflegschaft noch zur Erteilung der während des Auseinandersetzungsverfahrens notwendigen Genehmigungen zuständig (BayObLGZ 1983, 101).

D. Anordnung der Pflegschaft

9 Die Anordnung der Pflegschaft für abwesende Beteiligte ist nur für das amtliche Auseinandersetzungsverfahren, nicht aber für die formlose, rechtsgeschäftliche Auseinandersetzung der Beteiligten ohne behördliche Beteiligung möglich (Bassenge/Roth § 88 Rn 1). Daher kann die Pflegschaft bereits vor der Annahme der Erbschaft durch den Abwesenden (OLG Colmar RJA 16, 63) und vor Einleitung des Auseinandersetzungsverfahrens, aber auch noch während des Verfahrens angeordnet werden.

10 Hält das Betreuungsgericht die Voraussetzungen des § 1911 BGB für gegeben, so darf es die Anordnung der Pflegschaft nicht deshalb ablehnen, weil praktische Erwägungen dafür sprechen, dass das Nachlassgericht selbst dazu in der Lage wäre (OLG Frankfurt OLGZ 1979, 131).

E. Umfang der Pflegschaft

11 Die Pflegschaft nach § 364 ist ein Unterfall der Abwesenheitspflegschaft des § 1911. Sie erfolgt nur für das Auseinandersetzungsverfahren. Deshalb tritt das Nachlassgericht an die Stelle des Betreuungsgerichts. Es finden daher auch die Vorschriften des BGB über die Pflegschaft Anwendung. Dem Gericht obliegt nicht nur die Anordnung der Pflegschaft, sondern auch die Aufsicht über den Pfleger und die Erteilung der erforderlichen Genehmigungen nach §§ 1915, 1822 Nr 2 BGB. Bei der Erteilung der Genehmigung für den Erbteilungsplan hat das Nachlassgericht in erster Linie zu prüfen, ob der Plan den Interessen des Abwesenden gerecht wird (KKW § 88 Rn 11). Gegen Pflichtwidrigkeiten hat das Nachlassgericht durch geeignete Ge- und Verbote einzuschreiten (§§ 1915, 1837 ff BGB).

12 Der Pfleger ist im Rahmen des Auseinandersetzungsverfahrens gesetzlicher Vertreter des Abwesenden und zu allen Handlungen, die hierzu erforderlich sind, berechtigt. Daher kann er für den Pflegling die Erbschaft annehmen und die Erteilung eines Erbscheins beantragen (Jansen/*Müller-Lukoschek* § 88 Rn 6). Darüber hinaus hat er alle zur Feststellung des Aktiv- und Passivvermögens notwendigen Maßnahmen zu treffen (Bumiller/Winkler § 88 Anm 5). Zur Entgegennahme und Verwaltung des Nachlasses des Abwesenden oder zu Zwangsvollstreckungsmaßnahmen aus der bestätigten Auseinan-

dersetzungsvereinbarung nach § 371 Abs 2 ist der Pfleger dagegen nicht befugt (KKW § 88 Rn 12).

F. Ende der Pflegschaft

Die vom Nachlassgericht angeordnete Pflegschaft endet entweder während des Auseinandersetzungsverfahrens dadurch, dass
– der Abwesende an der Wahrnehmung seiner Angelegenheit nicht mehr verhindert ist,
– er verstorben ist,
– seine Todeserklärung rechtskräftig durch Beschluss ausgesprochen wurde

oder mit der Beendigung des Auseinandersetzungsverfahrens in Form des rechtskräftigen Bestätigungsbeschlusses. Stellt sich heraus, dass die Angelegenheiten des Abwesenden auch nach Abschluss des Auseinandersetzungsverfahrens noch der Fürsorge bedürfen, muss das Nachlassgericht das Betreuungsgericht benachrichtigen, welches bei Vorliegen der Voraussetzungen des § 1911 BGB eine neue Pflegschaft einzuleiten hat.

G. Rechtsmittel

Die bisher mit der einfachen Beschwerde anfechtbaren Beschlüsse über die Anordnung und Aufhebung der Nachlasspflegschaft sowie die Entlassung des Nachlasspflegers gegen seinen Willen sind künftig als Endentscheidungen nach § 58 Abs 1 mit der Beschwerde anfechtbar (BTDrs 16/6308, S 283).

H. Kosten

Nach § 2 Nr 2 KostO trägt der Abwesende die Kosten, wobei zu beachten ist, dass die Kosten der Pflegschaft nicht identisch sind mit den Kosten des Auseinandersetzungsverfahrens (Jansen/*Müller-Lukoschek* § 88 Rn 11).

Für die Abwesenheitspflegschaft wird gem § 106 KostO die volle Gebühr erhoben, die mit der Anordnung fällig wird. Maßgebend ist der Wert des von der Pflegschaft betroffenen Vermögens.

§ 365 Ladung

(1) Das Gericht hat den Antragsteller und die übrigen Beteiligten zu einem Verhandlungstermin zu laden. Die Ladung durch öffentliche Zustellung ist unzulässig.

(2) Die Ladung soll den Hinweis darauf enthalten, dass ungeachtet des Ausbleibens eines Beteiligten über die Auseinandersetzung verhandelt wird und dass die Ladung zu dem neuen Termin unterbleiben kann, falls der Termin vertagt oder ein neuer Termin zur Fortsetzung der Verhandlung anberaumt werden sollte. Sind Unterlagen für die Auseinandersetzung vorhanden, ist in der Ladung darauf hinzuweisen, dass die Unterlagen auf der Geschäftsstelle eingesehen werden können.

A. Allgemeines

1   Die Vorschrift entspricht dem Regelungsinhalt des bisherigen § 89 FGG aF; sie wurde allerdings sprachlich überarbeitet und übersichtlicher gestaltet. Die weiteren Regelungen zur Ladung im Teilungsverfahren, die bislang in § 90 FGG aF geregelt waren, sind ua im Hinblick auf die Vorschriften des Allgemeinen Teils, insbes § 32, entbehrlich geworden.

B. Verfahrenseinleitung

2   Das Auseinandersetzungsverfahren wird durch die Anberaumung eines Termins und die Ladung der Beteiligten eingeleitet (BayObLGZ 1983, 101). Bei der Neuterminierung ist darauf zu achten, dass die Ladungsfrist des § 90 FGG aF von mindestens zwei Wochen eingehalten werden kann. Sind alle Beteiligten freiwillig beim Nachlassgericht erschienen und lassen sie sich rügelos ein, ist eine Ladung nicht erforderlich, der Mangel geheilt (KG OLGR 41, 17).

C. Form und Inhalt der Ladung

I. Form

3   Die Ladung hat von Amts wegen nach den Vorschriften der ZPO zu erfolgen; sie ist förmlich bekannt zu machen. Nach S 2 ist die Ladung durch öffentliche Zustellung unzulässig. Ist sie ausnahmsweise erforderlich, ist ein Abwesenheitspfleger nach § 364 zu bestellen. Fehlt es hieran, ist es nicht möglich, ein Verfahren gegen den Abwesenden durchzuführen. Der Auseinandersetzung unter den übrigen Beteiligten steht, soweit sie nach der Sachlage möglich ist, die Abwesenheit eines Erben nicht entgegen (Jansen/*Müller-Lukoschek* § 89 Rn 4).

II. Inhalt der Ladung und Folgen bei Verstoß

4   **Zwingender Inhalt** der Ladung ist neben der Angabe von Ort und Zeit der Verhandlung auch die Mitteilung des wesentlichen Inhalts des Antrags und seiner etwaigen Ergänzungen sowie der Vermerk, dass die Unterlagen für die Auseinandersetzung auf der Geschäftsstelle eingesehen werden können, sofern solche vorhanden sind.

5   Fehlt eine dieser Voraussetzungen, so ist die Ladung unwirksam. Ein dennoch durchgeführtes Verfahren ist anfechtbar und erzeugt für den nicht (ordnungsgemäß) geladenen Beteiligten keine Bindungswirkung. Der Mangel kann bis zur Rechtskraft des Bestätigungsbeschlusses durch die Anfechtung geltend gemacht werden. Mit Eintritt der Rechtskraft wird der Mangel geheilt.

6   Darüber hinaus **soll** die Ladung den Hinweis aus Abs 2 S 1 enthalten, dass auch bei Ausbleiben eines Beteiligten über die Auseinandersetzung verhandelt werden wird und die Ladung bei Neuterminierung bzw Vertagung die Ladung unterbleiben kann. Das Fehlen dieser Hinweise berührt die Wirksamkeit der Ladung nicht und ist insoweit unschädlich.

Bei sonstigen Mängeln ist ein Versäumnisverfahren unzulässig, vielmehr ist die La- 7
dung zu wiederholen.

Die Beteiligten werden vor das Nachlassgericht geladen. Ein Anspruch auf Einver- 8
nahme bei einem auswärtigen Gericht im Wege der Rechtshilfe besteht nicht (KKW § 89
Rn 8). Allerdings kann das Nachlassgericht ein anderes AG im Wege der Rechtshilfe ersuchen, die Erklärungen einzelner Beteiligter entgegenzunehmen bzw einen Termin ab-
zuhalten (Jansen/*Müller-Lukoschek* § 89 Rn 1).

D. Zu ladende Personen

Das Nachlassgericht hat den Antragsteller sowie die im Antrag benannten und vom Ge- 9
richt ermittelten Beteiligten zu laden, wobei für Geschäftsunfähige und beschränkt Geschäftsfähige wenigstens einer der gesetzl Vertreter (§ 171 ZPO) zu laden ist.

Wird ein Beteiligter durch einen Bevollmächtigten vertreten, so muss diesem die La- 10
dung zugestellt werden (KKW § 89 Rn 7), entsprechendes gilt für den Generalbevoll-
mächtigten. Ausreichend ist die Zustellung an einen Zustellungsbevollmächtigten.

Die Beteiligten können nicht gezwungen werden, der Ladung zu folgen. 11

E. Folgen der Säumnis

Ist ein ordnungsgemäß geladener Beteiligter zur Verhandlung nicht erschienen, kann 12
das Gericht mit den übrigen Beteiligten über die Auseinandersetzung verhandeln, da
die Einhaltung der Ladungsvorschriften keinen Einfluss auf die Zulässigkeit der Verhandlung mit den Erschienenen hat, sondern nur eine Voraussetzung für die Einleitung
des Versäumnisverfahrens darstellt (KG OLG 41, 17).

Reicht ein Termin nicht aus, um die Verhandlung zu Ende zu führen und wird ein 13
Fortsetzungstermin anberaumt, muss der ordnungsgemäß geladene aber nicht erschienene Beteiligte nicht mehr geladen werden.

Die weiteren Versäumnisfolgen ergeben sich aus §§ 366 Abs 3, 367, 368 Abs 2: Der 14
nicht Erschienene kann die Anberaumung eines neuen Termins beantragen. Ist mit einem solchen Antrag zu rechnen, weil dieser Beteiligte seine Abwesenheit entschuldigen
kann, ist es zweckmäßiger, den Termin sofort zu verlegen bzw den nicht Erschienenen
zum neuen Termin zu laden.

F. Rechtsmittel

Die Terminsladung ist eine Entscheidung iSd § 58 Abs 2, da sie der Endentscheidung vo- 15
rausgeht; sie ist daher mit der Beschwerde anfechtbar. Ausreichend ist die Behauptung,
der Antragsteller sei nicht antragsberechtigt oder der Geladene sei nicht beteiligt. Sie ist
zeitlich befristet nur bis zum Beginn des Verhandlungstermins möglich. Danach kann
die Aussetzung nur durch einen Widerspruch im Termin herbeigeführt werden, § 370.

Die Ladung ist unanfechtbar, wenn ihr eine besondere Einleitungsverfügung voraus- 16
gegangen war (Bassenge/Roth § 89 Rn 2).

§ 366 Außergerichtliche Vereinbarung

(1) Treffen die erschienenen Beteiligten vor der Auseinandersetzung eine Vereinbarung, insbesondere über die Art der Teilung, hat das Gericht die Vereinbarung zu beurkunden. Das Gleiche gilt für Vorschläge eines Beteiligten, wenn nur dieser erschienen ist.

(2) Sind alle Beteiligten erschienen, hat das Gericht die von ihnen getroffene Vereinbarung zu bestätigen. Dasselbe gilt, wenn die nicht erschienenen Beteiligten ihre Zustimmung zu einer gerichtlichen Niederschrift oder in einer öffentlich beglaubigten Urkunde erteilen.

(3) Ist ein Beteiligter nicht erschienen, hat das Gericht, wenn er nicht nach Absatz 2 Satz 2 zugestimmt hat, ihm den ihn betreffenden Inhalt der Urkunde bekannt zu geben und ihn gleichzeitig zu benachrichtigen, dass er die Urkunde auf der Geschäftsstelle einsehen und eine Abschrift der Urkunde fordern kann. Die Bekanntgabe muss den Hinweis enthalten, dass sein Einverständnis mit dem Inhalt der Urkunde angenommen wird, wenn er nicht innerhalb einer von dem Gericht zu bestimmenden Frist die Anberaumung eines neuen Termins beantragt oder wenn er in dem neuen Termin nicht erscheint.

(4) Beantragt der Beteiligte rechtzeitig die Anberaumung eines neuen Termins und erscheint er in diesem Termin, ist die Verhandlung fortzusetzen; anderenfalls hat das Gericht die Vereinbarung zu bestätigen.

Übersicht

	Rz		Rz
A. Allgemeines	1	F. Inhalt der Beurkundung und Form	18
B. Vorbereitende Maßregeln	3	I. Inhalt der Beurkundung	18
C. Verfahren	5	II. Form der Beurkundung	21
I. Verfahren bei Erscheinen aller Beteiligter	6	G. Benachrichtigung	22
		H. Versäumnisverfahren	26
II. Verfahren bei Ausbleiben einzelner Beteiligter	7	I. Anberaumung eines neuen Termins	30
		J. Bestätigung	32
D. Beteiligte	14	K. Prüfung durch das Gericht	34
E. Widerspruch	16	L. Bekanntmachung der Bestätigung	37

A. Allgemeines

1 Die Vorschrift entspricht inhaltlich dem Regelungsinhalt des § 91 FGG aF; sie wurde lediglich redaktionell überarbeitet. Abs 3 wurde mit den Bekanntgabevorschriften des Allgemeinen Teils, insbes § 15, harmonisiert.

2 Das Gesetz regelt in den §§ 366 und 368 zwei Verfahrensabschnitte: die Verhandlung über vorbereitende Maßregeln und die Verhandlung über die Auseinandersetzung. Das Vermittlungsverfahren soll sich nach dem jeweiligen Einzelfall richten. Daher ist eine Untergliederung in mehrere Abschnitte mit mehreren Terminen, wie zB einer Verhandlung über vorbereitende Maßregeln und über die Auseinandersetzung nicht zwingend. Es ist ohne weiteres möglich, dass über beides im selben Termin verhandelt wird. So können die Beteiligten schon im ersten Termin eine Vereinbarung über die Teilung mit der endgültigen Auseinandersetzung verbinden; denkbar ist auch, dass sich das Verfahren über vorbereitende Maßregeln erübrigt (*Bracker* MittBayNot 1984, 114).

B. Vorbereitende Maßregeln

3 Erfordert die Auseinandersetzung vorbereitende Maßregeln, so sind diese zunächst mit den Beteiligten zu erörtern. Als vorbereitende Maßregeln zur Auseinandersetzung kommen in Betracht:

- Vollständige Erfassung der Aktiva und Passiva des Nachlasses
- Vereinbarungen über die Schätzung und Art der Teilung einzelner Nachlassgegenstände (durch Verkauf, Übernahme seitens eines Miterben oder Teilung in Natur), über die Art des Verkaufs (freihändiger Verkauf oder öffentliche Versteigerung, BayObLGZ 3, 381) und über die Zahlung (§§ 752 ff, 2042, 2048 ff BGB, §§ 180 ZVG) (KKW § 91 Rn 3). Wird die Zwangsversteigerung zwecks Aufhebung der Gemeinschaft betrieben, weil sich die Beteiligten über die Verteilung des Grundbesitzes nicht einigen können, wird das Vermittlungsverfahren bis zur Beendigung der Zwangsversteigerung ausgesetzt (*Firsching/Graf* Rn 4.926).
- Vereinbarungen über Gegenstand und Wert der unter Abkömmlingen zur Ausgleichung zu bringenden Zuwendungen
- Vereinbarungen über die Übernahme von Nachlassverbindlichkeiten durch einzelne Erben (Bumiller/Winkler § 91 Anm 2a), insbes durch den überlebenden Ehegatten
- Bezeichnung der Nachlassgegenstände, aus denen Nachlassverbindlichkeiten zu berichtigen sind bzw welche zur Berichtigung zurückzubehalten sind, § 2046 BGB
- Feststellung der gegenseitigen Ansprüche der Nachlassmasse und der einzelnen Miterben (KKW § 91 Rn 3).

Zu den vorbereitenden Maßregeln gehören nicht die Vereinbarungen über die Teilung 4 selbst, dh welche Teile jeder Miterbe erhalten soll.

C. Verfahren

Das Nachlassgericht hat zu verhandeln, wenn auch nur ein einziger der Beteiligten er- 5 schienen ist, wobei es sich bei diesem Beteiligten nicht um den Antragsteller handeln muss.

I. Verfahren bei Erscheinen aller Beteiligter

Sind sämtliche Beteiligte erschienen und kommt eine Einigung zustande, wobei Mehr- 6 heitsbeschlüsse nicht ausreichend sind, so ist diese zu beurkunden; und zwar auch dann, wenn darin nicht alle Streitpunkte erledigt sind. Hierüber ist ein Protokoll aufzunehmen und das Verfahren bis zur Erledigung dieser Streitpunkte im Rechtsweg auszusetzen, § 370. Dies gilt auch dann, wenn eine Einigung unter den Erschienenen nicht zustande kommt.

II. Verfahren bei Ausbleiben einzelner Beteiligter

Ist nur ein Beteiligter erschienen und macht dieser Vorschläge, so sind diese zu beurkun- 7 den und an die nicht Erschienenen mitzuteilen. Darüber hinaus ist ihnen eine Frist für die Beantragung eines neuen Termins zu bestimmen und anzukündigen, dass die Fristversäumnis als Zustimmung gilt (§ 366 Abs 3 S 2 FGG; *Schubert* DFG 1944, 91).

Entsprechendes gilt, wenn nur ein Teil der Beteiligten erschienen ist und sie sich eini- 8 gen.

Nicht erschienen ist nicht nur derjenige, der dem Termin ferngeblieben ist, sondern 9 auch, wer sich vor Abschluss der Verhandlung und Beurkundung entfernt hat, ohne eine widersprechende Erklärung abgegeben zu haben, der unentschuldigt dem Termin ferngeblieben ist (Bumiller/Winkler § 91 Anm 3c) und der wegen Ungebühr nach § 8 iVm § 177 GVG aus dem Verhandlungsraum entfernt wurde, bevor er eine Erklärung zur Sache abgeben konnte (KKW § 91 Rn 17). In einem solchen Fall wird das Gericht den Termin vertagen und neu laden.

Weigert sich ein Beteiligter, eine Erklärung abzugeben, ist dies als Widerspruch gegen 10 die Durchführung des Verfahrens zu bewerten (Bumiller/Winkler § 91 Anm 3c). Er darf aber nicht wie ein nicht erschienener Beteiligter behandelt werden. Entsprechendes gilt, wenn sich der Beteiligte durch einen Bevollmächtigten vertreten lässt, vom Gericht aber das persönliche Erscheinen angeordnet ist und der Beteiligte nicht erscheint; auch er gilt als widersprechend (OLG Stuttgart WürttZ 22, 65). Der Nichterschienene kann aber nachträglich seine Zustimmung erteilen, und zwar entweder zu Protokoll des Nachlassgerichts oder in Form einer öffentlich beglaubigten Urkunde, § 366 Abs 2 S 2. Es ist nicht notwendig, dass die Zustimmung auch den anderen Beteiligten gegenüber erklärt wird (RG DNotZ 1912, 33). Unerheblich ist, aufgrund wessen Veranlassung die nachträgliche Zustimmung erteilt wurde; ist ein Beteiligter erst nachträglich bekannt geworden, so kann gegen ihn nur dann nach § 366 Abs 3 verfahren werden, wenn er freiwillig zustimmt (KKW § 91 Rn 15). Er ist dann in einem neuen Termin zu laden.

11 Im Übrigen ist es nach § 366 Abs 2 S 1 möglich, die Zustimmung bereits vor dem Termin wirksam abzugeben mit der Folge, dass eine wirksame Vereinbarung zustande gekommen ist, die vom Gericht bestätigt werden kann (KG KGJ 49, 88).

12 Ist im ersten Verhandlungstermin vor dem Nachlassgericht niemand erschienen, ruht das Verfahren von Amts wegen (KKW § 91 Rn 7). Im Übrigen können die Beteiligten nicht zum Erscheinen gezwungen werden.

13 Hat ein Beteiligter gegen die Bestätigung der Vereinbarung über vorbereitende Maßregeln Beschwerde eingelegt, kann über die Auseinandersetzung erst nach Rechtskraft der Bestätigung verhandelt werden (KKW § 91 Rn 9).

D. Beteiligte

14 Beteiligte sind Personen, von deren Mitwirkung nach bürgerlichem Recht die Wirksamkeit der Auseinandersetzung abhängt (KKW § 86 Rn 44). Hierzu zählen der Erbe, der Nacherbe, der Erwerber eines Erbteils an Stelle des Erben, der Nießbraucher an einem Erbteil und derjenige, dem ein Pfandrecht oder Pfändungspfandrecht (Jansen/*Müller-Lukoschek* § 86 Rn 23) an einem Erbteil zusteht, der gesetzl Vertreter und bei Ehegatten derjenige, der im Güterstand der Zugewinngemeinschaft oder Gütertrennung Erbe geworden ist (näher hierzu s.o. § 363 Rn 21 ff).

15 Ein Versäumnisurteil gegen neue Beteiligte, die erst im Laufe des Verfahrens ermittelt werden, kann nur dann ergehen, wenn alle Beteiligte zu einem neuen Termin geladen sind (*Weißler* S 116). Ergibt sich aus einem später aufgefundenen Testament, dass die Zugezogenen nicht Erben geworden sind, ist die Bestätigung zu versagen (AG Stuttgart BWNotZ 1970, 46).

E. Widerspruch

16 Widerspricht nur ein erschienener Beteiligter, hindert dieser Widerspruch, soweit er sich erstreckt, die Vereinbarung über die vorbereitenden Maßregeln und die Auseinandersetzung (KKW § 91 Rn 11). Auch die Verweigerung der Unterschrift auf der aufgenommenen Urkunde ist, da sie nach § 13 BeurkG zwingend erforderlich ist, als Widerspruch zu werten (AG Stuttgart BWNotZ 1970, 46). Dagegen hindert der Widerspruch eines Dritten mit der Behauptung, ihm stünde ein Pfandrecht an einem Erbteil zu, die Beurkundung der Vereinbarung nicht, wenngleich er aber zur Aussetzung des Verfahrens zwingt (KG RJA 5, 230).

17 Ein Beteiligter kann den Widerspruch nur mündlich vor dem Nachlassgericht oder einem ersuchten Gericht erklären (KKW § 91 Rn 11). Ein schriftlicher oder außerhalb eines Verhandlungstermins erhobener Widerspruch eines nicht Erschienenen ist rechtlich wirkungslos. Er hindert daher weder die Fortsetzung des Verfahrens noch verpflichtet er das Nachlassgericht zur Verfahrenseinstellung (*Firsching* DNotZ 1952, 117; aA: OLG Köln DNotZ 1951, 524).

F. Inhalt der Beurkundung und Form

I. Inhalt der Beurkundung

Das Nachlassgericht hat sowohl die Vorschläge einzelner Erschienener über vorbereitende Maßregeln als auch die Vereinbarungen mehrerer Erschienener zu beurkunden, wenn und soweit sie eine Einigung erzielt haben. Dabei kann sich das Gericht nicht weigern, eine Vereinbarung zu beurkunden, die ihm unbillig erscheint oder die den Interessen der nicht Erschienenen oder dem Willen des Erblassers widersprechen. Ein Weigerungsrecht steht dem Nachlassgericht nur zu, wenn die Vereinbarung gegen ein gesetzl Verbot oder die guten Sitten verstößt (Jansen/*Müller-Lukoschek* § 91 Rn 7). 18

Aus dem Beurkundungsprotokoll muss sich ergeben, worüber keine Einigung erzielt werden konnte, § 370. 19

Die Beteiligten sind an die beurkundeten Vereinbarungen gebunden; die Bindung erlischt, wenn ein früher nicht erschienener Beteiligter in dem auf seinen Antrag hin anberaumten Termin widerspricht oder einen neuen Vorschlag macht (KG OLGZ 40, 26). 20

II. Form der Beurkundung

Die Vereinbarung wird zu Protokoll des Nachlassgerichts erklärt, und zwar unter Beachtung der für die Beurkundung von Willenserklärungen geltenden Vorschriften der §§ 6–16, 22–26 BeurkG (*Bracker* MittBayNot 1984, 114), wobei insbes § 13 BeurkG zu berücksichtigen ist, der die Genehmigung und Unterzeichnung des Protokolls durch die Beteiligten und den Rechtspfleger vorsieht. Zuständig ist der Rechtspfleger nach § 3 Nr 2c und § 3 Nr 1f RPflG (Jansen/*Müller-Lukoschek* § 91 Rn 3). 21

G. Benachrichtigung

Das Nachlassgericht hat die nicht erschienenen Beteiligten sofort von der erfolgten Beurkundung zu benachrichtigen, wenn mehrere Personen zu einer Vereinbarung gelangt oder der Vorschlag eines einzigen Erschienenen entgegengenommen wurde (KKW § 91 Rn 21). 22

Die Benachrichtigung hat folgenden notwendigen Inhalt: 23
– Inhalt der Urkunde, soweit sie den Empfänger betrifft; eine vollständige Abschrift erteilt das Gericht nur auf Verlangen (OLG Stuttgart WürttZ 22, 65)
– Hinweis, dass die Urkunde auf der Geschäftsstelle des Gerichts eingesehen und eine Abschrift verlangt werden kann
– Hinweis auf die Versäumnisfolgen und Bestimmung einer angemessenen Frist zur Abwendung dieser Folgen
– Bestimmung einer Frist zur Beantragung eines neuen Termins

Das Nachlassgericht setzt die Frist nach seinem Ermessen fest und kann sie daher auch verlängern. Gegen die Fristsetzung ist das Rechtsmittel der Beschwerde statthaft mit der Behauptung, die Frist sei zu lang oder zu kurz bemessen (Jansen/*Müller-Lukoschek* § 91 Rn 17). 24

Ein inhaltlicher Mangel der Bekanntmachung hindert den Eintritt der Versäumnisfolgen (BayObLGZ 25, 126). Die Bekanntmachung ist wegen des Fristenlaufs von Amts wegen zuzustellen, wobei die öffentliche Zustellung zulässig ist. 25

H. Versäumnisverfahren

Das Versäumnisverfahren ist in § 366 Abs 3 geregelt. Zwar ist das Gericht gehalten, eine gütliche Einigung der Beteiligten zu vermitteln, doch kann es deren Erscheinen nicht erzwingen. Daher hat der Gesetzgeber im Versäumnisverfahren Rechtsfolgen vorgesehen, welche die Beteiligten anhalten sollen, zum Termin zu erscheinen. Wer also trotz ord- 26

§ 366 FamFG | Außergerichtliche Vereinbarung

nungsgemäßer Ladung nicht erscheint, kann entweder innerhalb der vom Gericht gesetzten Frist einen neuen Terminsantrag stellen und erscheinen oder es wird unterstellt, dass er mit dem beurkundeten Vorschlag bzw der Vereinbarung einverstanden ist (*Firsching* S 370).

27 Gibt der Ausgebliebene innerhalb der Frist keine Erklärung ab, wird sein Einverständnis zu der Vereinbarung/zum Vorschlag angenommen und sofort nach Fristablauf die Bestätigung erteilt. Es wird fingiert, der Säumige habe im Zeitpunkt der Auseinandersetzung der beurkundeten Vereinbarung zugestimmt (BayObLGZ 11, 720). Es ist dem nicht Erschienenen nicht mehr möglich, materielle Einwendungen gegen die Bestätigung geltend zu machen. Eine Anfechtung kommt nur wegen Formfehlern in Betracht, wenn der Ausgebliebene Beteiligter ist. Seine bloße Mitteilung, er sei mit der Vereinbarung nicht einverstanden, hindert nicht den Eintritt der Säumnisfolgen. Daher ist auch in diesem Fall die Auseinandersetzung zu bestätigen (KKW § 91 Rn 29). Allerdings kann dem Widersprechenden eine Frist gesetzt werden, zu erklären, ob sein Widerspruch einen Terminsantrag enthält (*Firsching* DNotZ 1952, 117).

28 Beantragt der nicht Erschienene einen Termin und erscheint dann erneut nicht, so sind die übrigen Beteiligten an ihre frühere Vereinbarung gebunden (KKW § 91 Rn 30).

29 Bei geschäftsunfähigen oder beschränkt geschäftsfähigen Beteiligten treten die Versäumnisfolgen nur dann ein, wenn der gesetzl Vertreter säumig ist; ggf ist die vormundschafts- bzw familiengerichtliche Genehmigung einzuholen, § 371 Abs 2. Die Versäumnisfolgen können gegen einen nicht Vertretenen, aber der Vertretung bedürftigen Beteiligten nicht eintreten. Sie erstrecken sich auf alle Vereinbarungen der Beteiligten, die im Auseinandersetzungsverfahren wirksam getroffen wurden (KG NJW 1965, 1538).

I. Anberaumung eines neuen Termins

30 Beantragt ein nicht erschienener Beteiligter rechtzeitig die Anberaumung eines neuen Termins und erscheint er in diesem Termin, so ist nach § 366 Abs 3 S 3 die Verhandlung fortzusetzen. Nicht notwendig ist die ausdrückliche Antragstellung, sofern er sich aus dem gesamten Inhalt der Erklärung ergibt (OLG Karlsruhe BadRpsr 1932, 62). Zum neuen Termin sind wieder alle Beteiligten zu laden, wobei die Ladung weder den nach § 366 Abs 3 vorgeschriebenen Inhalt haben noch die Frist des § 365 Abs 1 beachten muss (*Schlegelberger* Rn 10).

31 Erklärt der nunmehr Erschienene sein Einverständnis mit den Vereinbarungen, können sie bestätigt werden. Ist er dagegen nicht einverstanden und macht er abweichende Vorschläge, muss das Nachlassgericht erneut mit den übrigen Beteiligten verhandeln und versuchen, eine Einigung herbeizuführen.

J. Bestätigung

32 Die Bestätigung der getroffenen Vereinbarungen erfolgt durch einen besonderen Beschluss, § 372, wenn entweder sämtliche Beteiligten erschienen sind (Abs 2 S 1), nicht erschienene Beteiligte ihre Zustimmung erteilt haben (Abs 2 S 2) oder nicht erschienene Beteiligte nach ordnungsgemäßer Benachrichtigung und Aufforderung nicht rechtzeitig einen neuen Termin beantragt haben (Abs 3 S 4) (Bumiller/Winkler § 91 Anm 6).

33 In einfach gelagerten Fällen kann der Bestätigungsbeschluss entfallen, wenn die sofortige Erledigung angezeigt ist. Im Übrigen können die Beteiligten auf die Bestätigung verzichten. Voraussetzung dafür ist, dass sämtliche Beteiligte den Verzicht erklären. Durch den Verzicht gilt der Antrag auf amtliche Vermittlung der Auseinandersetzung als zurückgenommen bzw das Verfahren im Wege der Vereinbarung als beendet. Bis zum Eintritt der Rechtskraft des Bestätigungsbeschlusses kann der Verzicht erklärt werden (*Josef* WürttZ 1916, 311).

K. Prüfung durch das Gericht

Vor Erteilung der Bestätigung prüft das Gericht lediglich die Einhaltung der formellen Verfahrensvoraussetzungen, wie zB Form und Frist für Ladungen und Bekanntmachungen, nicht aber die Zweckmäßigkeit der Vereinbarung oder ihre Vorteilhaftigkeit für die einzelnen Beteiligten (KKW § 91 Rn 36). 34

Die Bestätigung muss aus sachlichen Gründen versagt werden, wenn die getroffene Vereinbarung gegen ein gesetzl Verbot (§ 134 BGB) oder gegen die guten Sitten verstößt (§ 138 BGB) (Jansen/*Müller-Lukoschek* § 91 Rn 7). Unter den Voraussetzungen des § 371 Abs 2 kann das Nachlassgericht zu einer materiellen Prüfung veranlasst sein. 35

Die Wirksamkeit der Erklärungen des ges Vertreters eines ausländischen Minderjährigen bestimmt sich gem Art 7 EGBGB nach ausländischem Recht (OLG Colmar 5, 288). 36

L. Bekanntmachung der Bestätigung

Wegen des Fristenlaufs für die sofortige Beschwerde ist die Bestätigung sämtlichen Beteiligten bekannt zu machen. Gegen den Beschluss findet nach § 372 die sofortige Beschwerde nur mit der Begründung statt, dass die Verfahrensvorschriften nicht beachtet worden seien. Ein Verzicht auf die Bekanntmachung ist nicht möglich (*Seeger* AcP 126, 254). 37

Verweigert das Nachlassgericht die Bestätigung, findet hiergegen die einfache Beschwerde statt. 38

§ 367 Wiedereinsetzung

War im Fall des § 366 der Beteiligte ohne sein Verschulden verhindert, die Anberaumung eines neuen Termins rechtzeitig zu beantragen oder in dem neuen Termin zu erscheinen, gelten die Vorschriften über die Wiedereinsetzung in den vorigen Stand (§§ 17, 18 und 19 Abs. 1) entsprechend.

A. Allgemeines

1 Die Vorschrift ersetzt den bisherigen § 92 FGG aF.

2 Da der Allgemeine Teil des Gesetzes detaillierte Regelungen zum Wiedereinsetzungsverfahren im Falle der Versäumung der Frist zur Einlegung eines Rechtsbehelfs enthält, kann an dieser Stelle auf die Kommentierung entsprechender Vorschriften verzichtet werden. Für den Fall, dass eine Frist bzw ein Termin nach § 366 Abs 4 unverschuldet versäumt wird, werden diese Regelungen für entsprechend anwendbar erklärt. Der Beschluss, durch den über die Wiedereinsetzung in den vorigen Stand entschieden wird, ist gemäß § 372 Abs 1 mit der sofortigen Beschwerde gemäß § 567 ZPO anfechtbar.

B. Voraussetzungen der Wiedereinsetzung

3 Grund für die Wiedereinsetzung ist die unverschuldete Verhinderung eines Beteiligten, im Termin zu erscheinen, auf eine nach § 366 Abs 3 oder § 368 Abs 2 erfolgte Bekanntmachung hin rechtzeitig die Anberaumung eines neuen Termins zu beantragen oder in dem neuen Termin zu erscheinen. Das Hindernis muss der Fristwahrung objektiv entgegengestanden haben und für die Fristversäumung ursächlich gewesen sein.

4 Die Versäumung der Frist ist nicht unverschuldet, wenn sich der Beteiligte durch einen Bevollmächtigten hätte vertreten lassen können (KG OLG 41, 17). Ein Verschulden seines Vertreters muss sich der Beteiligte zurechnen lassen. Die Gründe des mangelnden Verschuldens sind die gleichen wie in §§ 17 Abs 2, 1. Hs 18: eigene Erkrankung oder Erkrankung eines Familienmitglieds des Beschwerdeführers (BGH NJW 1975, 593), Geistesschwäche, die den Beteiligten außerstande setzt, die Bedeutung der ihm zugestellten Schriftstücke zu verstehen (BayObLGZ 2, 330), Unkenntnis oder zu spät erlangte Kenntnis vom Inhalt bei Vorenthalten der Entscheidung bei Ersatzzustellung (BayObLG 56, 1), Rechtsirrtum und Unkenntnis des Gesetzes (BGH NJW 1964, 2304/2305). Auf den normalen Gang des Postverkehrs kann sich der Beschwerdeführer im Allgemeinen verlassen (BVerfG NJW 1977, 1233), wobei aber in Erwägung gezogen werden muss, dass die normalen Postlaufzeiten überschritten werden (OLG Hamm NJW 1973, 2000).

5 Der Antrag ist binnen zwei Wochen nach Beseitigung des Hindernisses, spätestens binnen Jahresfrist seit dem Ende der versäumten Frist zu stellen. Die die Wiedereinsetzung begründenden Tatsachen sind glaubhaft zu machen. Mit dem Antrag auf Wiedereinsetzung ist auch der Antrag auf Anberaumung eines neuen Termins zu verbinden.

C. Zuständigkeit

6 Zuständig ist der Rechtspfleger beim Nachlassgericht bzw der Notar in Baden-Württemberg. Die Beteiligten sind von der Wiedereinsetzung in Kenntnis zu setzen.

D. Wirkungen

7 Durch die Wiedereinsetzung wird das Verfahren in die Lage zurückversetzt, die vor der Säumnis bestand. Daher werden Vereinbarungen oder Auseinandersetzungen durch die Wiedereinsetzung nicht wirkungslos (Jansen/*Müller-Lukoschek* § 92 Rn 3; aA: KKW § 92 Rn 6). Die Verhandlungen sind wieder aufzunehmen und nach § 366 Abs 3 Satz 3 so fortzusetzen, als hätte der Antragsteller rechtzeitig die Anberaumung eines neuen Termins beantragt. Widerspricht der unverschuldet säumige Antragsteller der Wiederein-

setzung im neuen Termin, so hat dies Einfluss auf die bislang getroffenen Vereinbarungen. Ansonsten bleiben die übrigen Beteiligten an ihre bereits abgegebenen Erklärungen gebunden.

Das Gericht hat den nicht rechtzeitig beantragten Termin anzuberaumen bzw den versäumten Termin zu wiederholen. Für die Ladung zum Termin sind, da es sich um die Fortsetzung des Verfahrens handelt, die Beteiligten nach § 365 nicht zu laden. 8

E. Rechtsmittel

Gegen den Beschluss über den Wiedereinsetzungsantrag findet die **sofortige Beschwerde** (§ 11 Abs 1 RPflG, § 372) statt. Beschwerdeberechtigt ist, sofern die Wiedereinsetzung gewährt wurde, jeder andere Beteiligte. Daher ist die Entscheidung allen Beteiligten bekannt zu geben. Wurde die Wiedereinsetzung abgelehnt, ist nur der Antragsteller nach § 59 Abs 2 bzw jeder, der den Antrag stellen konnte (KKW/*Kahl* § 20 Rn 51), beschwerdeberechtigt. 9

Die sofortige Beschwerde ist nach § 372 Abs 1 iVm § 569 ZPO binnen einer Frist von zwei Wochen entweder beim Nachlassgericht oder beim Landgericht als Beschwerdegericht einzulegen. 10

Bei Versäumung der Frist für die sofortige Beschwerde ist die Wiedereinsetzung nach Maßgabe des §§ 17, 18 statthaft. 11

§ 368 Auseinandersetzungsplan; Bestätigung

(1) Sobald nach Lage der Sache die Auseinandersetzung stattfinden kann, hat das Gericht einen Auseinandersetzungsplan anzufertigen. Sind die erschienenen Beteiligten mit dem Inhalt des Plans einverstanden, hat das Gericht die Auseinandersetzung zu beurkunden. Sind alle Beteiligten erschienen, hat das Gericht die Auseinandersetzung zu bestätigen; dasselbe gilt, wenn die nicht erschienenen Beteiligten ihre Zustimmung zu gerichtlichem Protokoll oder in einer öffentlich beglaubigten Urkunde erteilen.

(2) Ist ein Beteiligter nicht erschienen, hat das Gericht nach § 366 Abs. 3 und 4 zu verfahren. § 367 ist entsprechend anzuwenden.

(3) Bedarf ein Beteiligter zur Vereinbarung nach § 366 Abs. 1 oder zur Auseinandersetzung der Genehmigung des Familien- oder Betreuungsgerichts, ist, wenn er im Inland keinen Vormund, Betreuer oder Pfleger hat, für die Erteilung oder die Verweigerung der Genehmigung an Stelle des Familien- oder des Betreuungsgerichts das Nachlassgericht zuständig.

A. Allgemeines

1 Die Abs 1 und 2 dieser Vorschrift entsprechen inhaltlich dem bisherigen § 93 FGG aF; sie wurden lediglich redaktionell überarbeitet.

B. Auseinandersetzung

2 § 368 regelt den zweiten Verfahrensabschnitt, nämlich die Auseinandersetzungsverhandlung selbst.

3 Das Nachlassgericht hat die Auseinandersetzung vorzunehmen und den Auseinandersetzungsplan aufzustellen, sobald die Voraussetzungen vorliegen. Diese liegen nach der Bestätigung der Vereinbarung über die vorbereitenden Maßregeln vor. Nur für den Fall, dass mit einer Anfechtung zu rechnen ist, weil das Versäumnisverfahren gegen einen nicht Erschienenen stattgefunden hat, muss die Rechtskraft der Bestätigung der Vereinbarung vorbereitender Maßregeln abgewartet werden. Hat das Gericht den Plan aufgestellt, wird er nach Abs 1 beurkundet, wenn die Beteiligten einverstanden sind. Danach bedarf der Auseinandersetzungsplan noch der gerichtlichen Bestätigung.

4 Es ist möglich, über die vorbereitenden Maßregeln und die Auseinandersetzung in einem Termin zu verhandeln. Kann die Auseinandersetzung nicht im ersten Termin stattfinden, muss das Nachlassgericht einen neuen Termin zur Auseinandersetzung von Amts wegen bestimmen und die Beteiligten hierzu laden (KKW § 93 Rn 1). Die Einhaltung einer Ladungsfrist ist nicht erforderlich.

C. Auseinandersetzungsplan

5 Grundlage der Auseinandersetzung ist der vom Nachlassgericht vorgelegte Auseinandersetzungsplan, wobei es sich auch eines Planes der Beteiligten bedienen und ihn zum Gegenstand der Auseinandersetzungsverhandlung machen kann (OLG Dresden 40, 25). Sind sich alle Beteiligte über den Plan einig, kann die Auseinandersetzung sofort bestätigt werden (KG OLG 41, 17). Das Nachlassgericht entscheidet nach pflichtgemäßem Ermessen, wann die Sache zur Teilung und damit zur Planaufstellung bereit ist. Eine Bindungswirkung besteht nur hinsichtlich der nach § 366 getroffenen Vereinbarungen über vorbereitende Maßregeln.

I. Form

Der Plan kann entweder in einem gesonderten Schriftstück oder zu Protokoll aufgestellt werden. In einfach gelagerten Fällen ist ein förmlicher schriftlicher Auseinandersetzungsplan nicht erforderlich; vielmehr genügt der Vorschlag über eine Teilungsart und die Aufnahme in das Verhandlungsprotokoll (*Firsching*, Nachlassrecht S 365). Sind die Beteiligten einverstanden, kann die Auseinandersetzung danach beurkundet werden. Ansonsten, dh in komplizierteren Fällen, kann das Gericht bei der Aufstellung des Planes einen Sachverständigen zu Rate ziehen.

Die Beurkundung der Nachlassauseinandersetzung erfolgt nach den Regeln des BeurkG. Nach § 1 Abs 2 LFGG ist in Baden-Württemberg das staatliche Notariat zuständig.

II. Inhalt

Im Auseinandersetzungsplan sind die gesamten Verhältnisse des Nachlasses und seiner Verteilung zu berücksichtigen, dh es müssen neben den Erbrechtsverhältnissen auch die Höhe der Erbmasse unter Berücksichtigung der Aktiva und Passiva, die sich insbesondere nach der Verwertung bzw Übergabe der Nachlassgegenstände und der Berichtigung der Nachlassverbindlichkeiten ergibt, aufgeführt werden. Darüber hinaus sind folgende Angaben zu machen:
- Anspruchsberechnung der einzelnen Beteiligten
- Bezeichnung der Nachlassgegenstände, die jeder einzelne erhalten soll
- Ausgleichung der Ansprüche
- dingliche Vollzugserklärungen wie Abtretung, Übertragung oder Einigung sowie
- evtl Auflassungsvollmachten (KG JFG 1, 362); allgemeine Vollmachten zur Vertretung eines säumigen Beteiligten können in den Auseinandersetzungsplan nicht aufgenommen werden (*Kehrer* WürttNotV 1953, 275).

Wegen § 925 BGB können Auflassungen nicht erklärt werden (*Bassenge* Rpfleger 1982, 237).

D. Verfahren

Sind alle Beteiligten erschienen bzw haben die nicht Erschienenen ihre Zustimmung zu gerichtlichem Protokoll oder in öffentlich beglaubigter Urkunde erteilt oder wird ihre Zustimmung nach § 368 Abs 2 durch die Säumnisfolge ersetzt, hat das Gericht die Auseinandersetzung zu bestätigen. Gegen den Bestätigungsbeschluss findet die sofortige Beschwerde gemäß § 372 statt, sofern sie darauf gestützt wird, dass die Verfahrensvorschriften nicht beachtet worden seien.

Der beurkundete Plan ist den nicht erschienenen und nicht zustimmenden Beteiligten gemäß § 366 Abs 3 S 1, 2 wegen der Fristsetzung förmlich bekannt zu machen.

Stellt der Säumige innerhalb der gesetzten Frist den Antrag, so ist ein neuer Verhandlungstermin anzuberaumen, zu dem alle Beteiligten ohne Einhaltung einer Ladungsfrist zu laden sind. Erscheint der Säumige erneut nicht, wird der Plan bestätigt. Widerspricht er ihm, so entfällt die Bindung der Beteiligten an ihr Einverständnis (KGJ 32, 110) und das Verfahren wird fortgesetzt, als hätte die erste Verhandlung nicht stattgefunden. Stimmt der zunächst Säumige dem Plan zu, wird der Plan durch Beschluss vom Nachlassgericht bestätigt.

Nach § 368 Abs 2 sind die §§ 366 Abs 3 und 4, 367 entsprechend anwendbar, wenn ein Beteiligter nicht erschienen ist.

§ 368 FamFG | Auseinandersetzungsplan; Bestätigung

E. Zuständigkeit

14 Abs 3 übernimmt weitgehend den Regelungsinhalt des bisherigen § 97 Abs 2 FGG aF. Entsprechend den neuen Zuständigkeitsregelungen wurde das »Vormundschaftsgericht« durch »Familien- oder Betreuungsgericht« ersetzt. In den Fällen der §§ 1643, 1821, 1822 Nr 2 BGB bedarf ein Beteiligter zur Vereinbarung oder Auseinandersetzung der Genehmigung des Familien- oder Betreuungsgerichts, weil erst auf einen entsprechenden Nachweis seiner Mitwirkung nach § 1829 BGB die Bestätigung erfolgen darf (OLG Colmar RJA 12, 27). Dies gilt auch für die nach §§ 2, 3 ff, 18 ff GrdstVG notwendige Genehmigung (SchlHOLG DNotZ 1964, 120). Liegt die Bestätigung der Nachlassauseinandersetzung des Nachlassgerichts vor, kann der nicht erschienene Beteiligte, dessen Einverständnis als ersetzt gilt, nicht gegen die Erteilung der landwirtschaftlichen Genehmigung in die Beschwerde gehen (OLG Stuttgart RdL 1995, 77).

15 Für die Erteilung der im Verfahren erforderlichen Genehmigung des Gerichts, insbesondere für die außergerichtliche Vereinbarung oder die Auseinandersetzung, ist weiterhin grundsätzlich das Nachlassgericht zuständig (BTDrs 16/6308 S 283). In den anderen Fällen, wenn für den Beteiligten ein Vormund, Betreuer oder Pfleger bestellt ist, wird die Genehmigung zweckmäßigerweise vom Familien- oder Betreuungsgericht erteilt.

16 Das Nachlassgericht ist nach § 368 Abs 3 zur Erteilung oder Verweigerung der Genehmigung berufen, wenn
– ein gesetzlicher Vertreter, der auch ein Elternteil sein kann (Jansen/*Müller-Lukoschek* § 97 Rn 12), für den Beteiligten aufgetreten ist, der nicht von einem inländischen Vormundschafts- oder Familiengericht bestellt oder dessen Aufsicht untersteht, und zwar unabhängig davon, ob der Beteiligte deutscher oder ausländischer Staatsangehöriger ist (LG Colmar Recht 1901 Nr 1376),
– für den Vertretenen kein Vormund, Betreuer oder Pfleger im Inland vorhanden ist (*Schulte-Bunert* § 368 Rn 1150),
– die Zuständigkeit eines inländischen Vormundschafts- oder Familiengerichts zur Bestellung eines gesetzl Vertreters nicht gegeben ist (LG Leipzig ZBlFG 3, 127) oder
– die Erklärungen des gesetzl Vertreters nach inländischem Recht der Genehmigung des Vormundschafts- oder Familiengerichts bedürfen.

17 Dagegen findet Abs 3 keine Anwendung,
– beim Fehlen eines gesetzlichen Vertreters, obwohl er nach dem Recht, dem er untersteht, einen solchen benötigt. In diesen Fällen muss dem Beteiligten, um das Verfahren durchführen zu können, ein Vertreter, ggf nach § 364 oder § 1911 BGB, bestellt werden oder
– wenn der vom inländischen Gericht bestellte gesetzliche Vertreter sich im Ausland aufhält (KKW § 97 Rn 16).

18 Danach ist das Familiengericht immer dann zuständig, wenn ein Minderjähriger von seinen Eltern im In- und Ausland, vom Vormund oder Pfleger im Inland vertreten wird, das Betreuungsgericht bei der gesetzlichen Vertretung eines Volljährigen durch einen Betreuer im Inland.

19 § 368 findet keine Anwendung mehr auf die Beistandschaft, da die Beistandschaft durch das Beistandschaftsgesetz vom 4.12.1997 (BGBl I S 2846) auf die Feststellung der Vaterschaft und die Geltendmachung von Unterhaltsansprüchen beschränkt wurde, § 1712 BGB. Im Übrigen sind die Gerichte grds nicht mehr mit der Beistandschaft befasst, da diese gem § 1714 BGB, ohne dass es eines besonderen Verfahrens bedarf, mit Zugang des entsprechenden Antrags beim Jugendamt eintritt.

20 Das Nachlassgericht ist nach § 368 Abs 3 sachlich zuständig nur innerhalb eines vor ihm oder dem Notar anhängigen Auseinandersetzungsverfahrens nach §§ 363 ff, nicht

aber, wenn der Notar lediglich einen Teilungsvertrag oder eine private Auseinandersetzung der Beteiligten beurkundet (OLG Colmar 5, 288).

Nach §§ 16 Abs 1 Nr 8, 14 Nr 9 RPflG sind dem Richter die Angelegenheiten vorbehalten, die bei entsprechender familien- oder betreuungsgerichtlicher Genehmigung in gleicher Weise dem Richter vorbehalten sind. Im Übrigen ist der Rechtspfleger gem § 3 Nr 2c RPflG **funktionell zuständig.** 21

F. Inhaltliche Prüfung

Es ist Aufgabe des Nachlassgerichts, die getroffenen Vereinbarungen sachlich zu prüfen und zwar vom Standpunkt des Interesses des Beteiligten aus, für den die Genehmigung erforderlich ist. Die Genehmigung muss nach den §§ 1828, 1643 Abs 3, 1690 BGB gegenüber dem gesetzl Vertreter erfolgen und nach § 1819 BGB dem anderen Teil mitgeteilt werden (KKW § 97 Rn 18). 22

Die Entscheidung des Nachlassgerichts hinsichtlich der Genehmigung ist endgültig. Sie kann lediglich mit der Beschwerde nach den §§ 58 ff überprüft werden. Eine von der zuständigen ausländischen Behörde ergangene gegenteilige Entscheidung ist für die Wirksamkeit der Vereinbarung und der Bestätigung ohne Bedeutung. 23

G. Verhandlung

Die §§ 366, 367 finden, ebenso wie für die vorbereitenden Maßregeln, auch auf die Verhandlung über die Auseinandersetzung und die Bestätigung Anwendung. Allerdings hindert der Widerspruch nur eines erschienenen Beteiligten die Vereinbarung über die Auseinandersetzung (KKW § 91 Rn 11). Es gilt § 370. Der schriftliche Widerspruch eines nicht erschienenen Beteiligten ist unbeachtlich (streitig, so BayObLG RJA 4, 14; aA OLG Köln DNotZ 1951, 524). 24

§ 369 Verteilung durch das Los

Ist eine Verteilung durch das Los vereinbart, wird das Los, wenn nicht ein anderes bestimmt ist, für die nicht erschienenen Beteiligten von einem durch das Gericht zu bestellenden Vertreter gezogen.

A. Allgemeines

1 Die Vorschrift entspricht inhaltlich dem bisherigen § 94 FGG aF.

B. Materielles Recht

I. Geltungsbereich

2 Nicht erfasst ist die durch Klage auf Mitvornahme zu erzwingende Verlosung nach §§ 2042, 752 (Bassenge/Roth § 94 Rn 1), sondern setzt eine Verständigung der Beteiligten über eine Verlosung bzw die Vereinbarung der Verbindlichkeit für die nicht Erschienenen voraus.

II. Voraussetzungen

3 Die Beteiligten müssen die Verteilung durch das Los entweder vereinbart haben oder die Vereinbarung nach § 366 Abs 3 S 2 ist als getroffen anzusehen. Es liegt daher in der Entscheidungsbefugnis der Beteiligten, von den Bestimmungen des § 369 ganz oder nur zum Teil abzuweichen, um zB die Person des Vertreters selbst festzulegen.

4 Darüber hinaus darf nichts anderes bestimmt sein, wie zB die Ziehung des Loses durch eine oder mehrere andere Personen (Bumiller/Winkler § 94 Rn 1).

5 Verteilung des Nachlasses bedeutet die Bestimmung des konkreten Empfängers der einzelnen Nachlassteile (Bassenge/Roth § 94 Rn 1). Nicht erfasst ist die Bildung der einzelnen Nachlassteile als solche.

III. Vertreterbestellung

6 Ist nach der Vereinbarung ein Beteiligter zur Ziehung des Loses bestimmt und erscheint er zum Termin nicht, zieht ein vom Gericht bestellter Vertreter anstelle des säumigen Beteiligten das Los. Das Nachlassgericht muss den säumigen Beteiligten aber ordnungsgemäß zum Losziehungstermin geladen haben.

7 Erscheint der Beteiligte, lässt er sich vertreten oder verweigert der erschienene Beteiligte die Losziehung bzw erscheint ein Bevollmächtigter, so scheidet die Vertreterbestellung durch das Gericht aus; in Betracht kommen Zwangsvollstreckungsmaßnahmen nach § 371 Abs 2. Die übrigen Beteiligten können durch das Prozessgericht ermächtigt werden, die Losziehung selbst vorzunehmen oder vornehmen zu lassen, § 887 ZPO. Fehlt es (noch) an der Bestätigung der Vereinbarung, kann die Losziehung nur durch eine vorausgegangene Klage erzwungen werden (Jansen/*Müller-Lukoschek* § 94 Rn 4).

8 Die Vertreterbestellung steht nicht im Ermessen des Nachlassgerichts, sondern kann mit der Beschwerde erzwungen werden (Bumiller/Winkler § 94 Rn 2). Liegen die Voraussetzungen vor, muss der zuständige Rechtspfleger einen Vertreter bestellen, der das Los zieht. Mit der Bekanntmachung an den bestellten Vertreter wird die Bestellung wirksam. Nach der Losziehung ist die Bestellung nicht mehr abänderbar (Bassenge/Roth § 94 Rn 2).

9 Die bestellte Person ist ges Vertreter des Nichterschienen, welcher sich das Verhalten des Vertreters in vollem Umfang zurechnen lassen muss. Allerdings beschränkt sich die Vertretungsmacht ausschließlich auf die Losziehung; zu weiteren Handlungen oder Erklärungen im Zusammenhang mit der Losziehung ist der Vertreter nicht berechtigt (Bumiller/Winkler § 94 Ziff 2).

§ 370 Aussetzung bei Streit

Ergeben sich bei den Verhandlungen Streitpunkte, ist darüber eine Niederschrift aufzunehmen und das Verfahren bis zur Erledigung der Streitpunkte auszusetzen. Soweit unstreitige Punkte beurkundet werden können, hat das Gericht nach den §§ 366 und 368 Abs. 1 und 2 zu verfahren.

A. Allgemeines

Die Vorschrift entspricht inhaltlich dem bisherigen § 95 FGG aF. Sie ist als Ergänzung zu § 21 und als Spezialvorschrift zu § 28 Abs 4 in das Gesetz übernommen worden. 1

B. Aufgabe des Nachlassgerichts

Es ist Aufgabe des Nachlassgerichts, bei Meinungsverschiedenheiten auf eine gütliche Einigung hinzuwirken, und zwar nicht nur im vorbereitenden Verfahren nach § 366, sondern auch im Auseinandersetzungsverfahren nach § 368. Dazu kann es eigene Ermittlungen zur Aufklärung der Streitpunkte anstellen, um den Sachverhalt im Interesse einer Einigung weitestgehend festzustellen. Kommt auch dann eine Einigung nicht zustande, ist nach § 370 zu verfahren und das Verfahren auszusetzen, um den Streit im Prozesswege auszutragen (Jansen/*Müller-Lukoschek* § 95 Rn 2). Für das Verfahren nach § 370 ist dann kein Raum, wenn bereits bei Antragstellung streitige Rechtsfragen bestehen. 2

Das Nachlassgericht ist nur zuständig für die Vermittlung zwischen den Beteiligten; es gehört nicht zu seinen Aufgaben, eine Sachentscheidung bei bestehenden Meinungsverschiedenheiten zu treffen (KG NJW 1965, 1538). 3

C. Feststellung der Streitpunkte

Das Gericht muss die zur Teilung der Masse erforderlichen Maßregeln mit den Beteiligten besprechen. Dabei hat es alle zwischen den Beteiligten bestehenden Meinungsverschiedenheiten festzustellen und in einem für das Prozessgericht und die Beteiligten nicht bindenden **Protokoll** aufnehmen. Die Form des im Fall der Aussetzung aufzunehmenden Protokolls richtet sich zweckmäßigerweise nach dem Beurkundungsgesetz und geht damit über die Anforderungen des § 28 Abs 4 hinaus. 4

In dem Protokoll ist anzugeben, zwischen welchen Beteiligten die Streitigkeiten bestehen und welche Stellung die nicht unmittelbar beteiligten Personen einnehmen (KKW § 95 Rn 2). 5

Die Streitpunkte müssen sich im Rahmen der Verhandlungen, und zwar als deren Ergebnis, vor dem Nachlassgericht ergeben und für die Auseinandersetzung von Bedeutung sein, dh es dürfen sich nicht nur allgemeine Meinungsverschiedenheiten über die Auseinandersetzung ergeben und es dürfen nicht nur irgendwelche Ansprüche betroffen sein. Allgemeine Streitigkeiten der Beteiligten können die Aussetzung nicht rechtfertigen. Der festgestellte Streitpunkt muss Gegenstand eines Rechtsstreits sein können und ein konkretes Streitverhältnis betreffen. 6

Im Prozess können neue Streitpunkte vorgebracht werden, ohne dass sie zuvor im Protokoll, für dessen Form das BeurkG nicht zwingend gilt, festgehalten worden wären (OLG Colmar 6, 397). 7

Streitpunkte können sein: 8
– Antragsrecht
– Ausgleichspflicht
– Bestand des Nachlasses
– Erbrecht
– Pfandrecht an einem Erbteil

- Umfang der Teilungsmasse
- Zulässigkeit des Verfahrens

9 Im Übrigen zwingt nur der im Termin geltend gemachte Widerspruch zur Aussetzung (BayObLGZ 4, 501; aA: OLG Köln DNotZ 1951, 524). Der Widerspruch kann nur mündlich vor dem Nachlassgericht oder vor einem von diesem ersuchten Gericht erklärt werden (KKW § 91 Rn 11). Er bleibt wirksam, bis er im Wege einer gütlichen Einigung zurückgenommen oder durch ein rechtskräftiges Urteil beseitigt wird. Ein Urteil des Prozessgericht bindet das Nachlassgericht. In einem späteren Termin ist ein Versäumnisverfahren nicht mehr zulässig (BayObLG RJA 4, 14).

10 Zu den Beteiligten iSd § 370 gehört auch der Dritte, der ein Pfändungspfandrecht an einem Erbteil geltend macht. Der unberechtigte Verfahrensausschluss berechtigt ihn zur Beschwerde gegen den Bestätigungsbeschluss und führt neben der Aufhebung des Beschlusses auch zur Aussetzung des Verfahrens bis zur Erledigung des Einspruchs gegen die Art der Teilung (KG RJA 5, 230).

D. Zwang zur Aussetzung

11 Eine Aussetzung ist nur dann gerechtfertigt, wenn nach der Einleitung des Verfahrens Streitpunkte vorhanden sind, die sich erst im Rahmen einer Verhandlung vor dem Nachlassgericht ergeben und trotz des gerichtlichen Versuchs, eine Einigung herbeizuführen, bestehen bleiben.

12 Das Nachlassgericht ist zur Entscheidung über die Streitpunkte nicht berufen. Vielmehr hat es, sofern eine Einigung nicht zu erzielen ist, dass Verfahren auszusetzen und einzustellen. Dabei ist es unzulässig, den Beteiligten eine Frist zur Erledigung der Streitpunkte zu setzen, da es in ihrem Belieben steht, einen Ausgleich der Meinungsverschiedenheiten zu schaffen oder nicht.

13 Betreffen die Streitpunkte die Auseinandersetzung des gesamten Nachlasses, erfolgt auch die Aussetzung des ganzen Verfahrens; steht nur ein Teil des Nachlasses in Streit, wird das Verfahren nur hinsichtlich dieses Teils ausgesetzt. Die Aussetzung kann von jedem Beteiligten mit der einfachen Beschwerde (§ 58) angefochten werden (KG RJA 16, 228).

14 Durch den Antrag eines Beteiligten kann das Verfahren wieder aufgenommen werden, wenn das Hindernis behoben ist, sei es durch eine gerichtliche Entscheidung, die das Nachlassgericht bindet, sei es durch eine gütliche Einigung.

15 Zur Fortsetzung des ausgesetzten Verfahrens ist eine Ladungsfrist nicht zu beachten.

16 Ein von einem Beteiligten trotz gegen ihn ergangener Entscheidung aufrecht erhaltener Widerspruch ist im Auseinandersetzungsverfahren unbeachtlich und zwingt nicht zur erneuten Aussetzung (*Schlegelberger* Rn 1, Abs 5).

E. Teilweise Durchführung

17 Das Verfahren ist, wenn sich die Streitpunkte nur auf einen Nachlassteil beziehen, nur hinsichtlich der unstreitigen Teilbereiche gem §§ 366, 368 bis zur Bestätigung der teilweisen Vereinbarung fortzusetzen, wobei unabhängig von der Erledigung der Streitpunkte die Vollstreckung nach § 371 Abs 2 zulässig ist (*Weißler*, Nachlassverfahren II S 123 f).

18 Das Auseinandersetzungsverfahren ist nicht nur dann teilweise durchzuführen, wenn für alle Beteiligten ein unstreitiger Nachlassteil vorhanden ist (KKW § 95 Rn 12), sondern auch dann, wenn der unstreitige Teil nur unter einzelnen zu verteilen ist. Auch im zuletzt genannten Fall bleiben die übrigen Beteiligten am Verfahren beteiligt, weshalb ihre Zustimmung zu den weiteren Vereinbarungen auch ggf im Versäumnisverfahren nach §§ 366 Abs 3, 368 Abs 2 einzuholen ist.

Die Vereinbarungen, welche auf eine Teilauseinandersetzung oder auf vorbereitende 19
Maßnahmen gerichtet sind, sind zu bestätigen und zu beurkunden. Sie werden, unabhängig von den verbleibenden Streitpunkten, rechtskräftig und vollstreckbar.

§ 371 Wirkung der bestätigten Vereinbarung und Auseinandersetzung; Vollstreckung

(1) Vereinbarungen nach § 366 Abs. 1 sowie Auseinandersetzungen nach § 368 werden mit Rechtskraft des Bestätigungsbeschlusses wirksam und für alle Beteiligten in gleicher Weise verbindlich wie eine vertragliche Vereinbarung oder Auseinandersetzung.

(2) Aus der Vereinbarung nach § 366 Abs. 1 sowie aus der Auseinandersetzung findet nach deren Wirksamwerden die Vollstreckung statt. Die §§ 795 und 797 der Zivilprozessordnung sind anzuwenden.

Übersicht

	Rz		Rz
A. Allgemeines	1	I. Zuständigkeit	13
B. Absatz 1	2	II. Vollstreckbarer Titel	19
I. Rechtliche Bedeutung des Bestätigungsbeschlusses	2	III. Anwendbare Vorschriften	23
		IV. Einwendungen	24
II. Rechtskraft des Bestätigungsbeschlusses	7	V. Vollzug	27
		VI. Grundstück	28
III. Unwirksamkeit der Auseinandersetzung	9	VII. Freiwillige Versteigerung	32
		VIII. Grundpfandrechte	33
IV. Gebühren	11	IX. Zeugnisse nach §§ 36, 37 GBO	35
C. Vollstreckung	12		

A. Allgemeines

1 Abs 1 entspricht inhaltlich der Vorschrift des § 97 Abs 1 FGG aF, während Abs 2 S 1 den Regelungsinhalt des bisherigen § 98 S 1 FGG aF übernimmt und Abs 2 S 2 dem § 98 S 2 FGG aF entspricht.

B. Absatz 1

I. Rechtliche Bedeutung des Bestätigungsbeschlusses

2 Abweichend von § 40 Abs 1 tritt die Wirksamkeit einer Vereinbarung nach § 366 Abs 1 bzw einer Auseinandersetzung nach § 368 nicht bereits mit der Bekanntmachung des Bestätigungsbeschlusses, sondern erst mit dessen Rechtskraft ein. Der Bestätigungsbeschluss ist dann für die Beteiligten ebenso bindend, wie die vertragliche Vereinbarung oder Auseinandersetzung.

3 Die Bestätigung bezeugt die Beachtung der Verfahrensvorschriften (*Bassenge/Roth* § 97 Rn 1). Zwar sind die Beteiligten bis zur Bestätigung an die Vereinbarungen gebunden und können sie nicht mehr einseitig widerrufen (KG FJA 18, 27), aber erst die Bestätigung verleiht den rechtsgeschäftlichen Vereinbarungen der Beteiligten als hoheitlicher Akt die unbedingte Wirksamkeit und Vollstreckbarkeit (KKW § 97 Rn 2). Denn mit der Bestätigung wird die Regelung für alle zum Verfahren ordnungsgemäß Zugezogenen, Erschienenen und Nichterschienenen bindend. Mit der Versagung der Bestätigung endet die Bindungswirkung.

4 Der Bestätigungsbeschlusses hat nur festzustellen, dass die Verfahrensvorschriften beachtet (KG JFG 1, 362) und die Versäumnisfolgen des §§ 366 Abs 3, 368 Abs 2 eingetreten sind. Nach rechtskräftiger Bestätigung gilt die Zustimmung der Nichterschienenen als erteilt (BayObLGZ 11, 720).

5 **Sachliche Mängel** des Auseinandersetzungsvertrags werden durch die Bestätigung nicht geheilt (KG JFG 1, 362). Daher kann die Auseinandersetzung trotz der Bestätigung aus allgemeinen Gründen (zB Willensmängel, fehlende Zustimmung des Vormundschaftsgerichts) unwirksam weil ungültig, nichtig oder anfechtbar, sein (Jansen/*Müller-*

Lukoschek § 97 Rn 4). In gleicher Weise werden auch zwingende Formmängel der Beurkundung durch die Bestätigung nicht geheilt (KKW § 97 Rn 5).

Mängel der Auseinandersetzung können mit der Feststellungs- oder Vollstreckungsgegenklage geltend gemacht werden, über die das Prozessgericht entscheidet (BayObLGZ 11, 720). Dagegen steht dem Grundbuchamt eine Nachprüfung, ob der Bestätigungsbeschluss in einem ordnungsgemäßen Verfahren zustande gekommen ist, nicht zu (KG JFG 1, 362). 6

II. Rechtskraft des Bestätigungsbeschlusses

Sind die zulässigen Rechtsmittel erschöpft, rechtskräftig zurückgewiesen oder ist die Frist für die Beschwerde für alle Beteiligten, die zum Verfahren zugezogen waren, verstrichen, ohne dass das Rechtsmittel eingelegt wurde, tritt Rechtskraft ein. Mit Eintritt der formellen Rechtskraft sind alle Verfahrensmängel geheilt; sie sind in keinem Verfahren mehr nachprüfbar (Bassenge/Roth § 97 Rn 1). Die Rechtskraft des Beschlusses ist mit der eines Urteils vergleichbar (Bumiller/Winkler § 97 Anm 1). 7

Die bestätigte Vereinbarung oder Auseinandersetzung hat nicht eine der materiellen Rechtskraft vergleichbare Wirksamkeit. Dies hat zur Folge, dass 8
– die Beteiligten die bestätigte Vereinbarung oder Auseinandersetzung durch vertragliche Vereinbarung ändern oder aufheben können (BayObLGZ 5, 472), dh sie können durch Schaffung eines neuen Gemeinschaftsverhältnisses in Form einer Gesellschaft wieder Rechte an den ehemaligen Nachlassgegenständen einräumen, ohne dadurch die Erbengemeinschaft wiederherstellen zu können (KKW § 97 Rn 9). Bei Grundstücken ist hierzu die Auflassung erforderlich (KG RheinNotZ 1902, 178).
– die rechtskräftig bestätigte Vereinbarung oder Auseinandersetzung nicht gegenüber Beteiligten wirkt, die dem Verfahren nicht oder nicht ordnungsgemäß zugezogen waren (KG ZBlFG 16, 561). Daher kann ein bei der Auseinandersetzung nicht Begünstigter im Prozessweg eine neue Teilung verlangen, bei der sein Anteilsrecht berücksichtigt wird (KKW § 97 Rn 10).

III. Unwirksamkeit der Auseinandersetzung

Die Beteiligten können, wenn die Auseinandersetzung unwirksam ist, erneut die amtliche Vermittlung der Teilung nach §§ 363 ff beantragen (*Hall* WürttZ 1928, 334). Dabei kommt es nicht darauf an, ob die Aufhebung vom Prozessgericht ausgesprochen oder die Unwirksamkeit von den Beteiligten anerkannt wurde. Ein neuer Antrag ist insbes dann angezeigt, wenn ein Beteiligter nicht zugezogen war oder noch ungeteilte Nachlassgegenstände von einem Umfang vorhanden sind, die den Nachlass als ungeteilt erscheinen lassen (OLG Colmar Recht 1905 Nr 2841). Dagegen führt das Auffinden einzelner zum Nachlass gehörender Sachen nur zu einer Teilung nach §§ 752 ff BGB (OLG Colmar Recht 1905 Nr 2841). 9

Die Hinzuziehung erfordert eine ordnungsgemäße Ladung (§ 365) oder Bekanntmachung (§ 366 Abs 3; KGJ 35, 74). Die Zustellung der Bestätigung alleine genügt nicht (Bassenge/Roth § 97 Rn 4). 10

IV. Gebühren

Nach § 116 KostO wird für die gerichtliche Vermittlung der Auseinandersetzung eines Nachlasses das Vierfache der vollen Gebühr erhoben. Dabei bestimmt sich die Gebühr nach dem Wert der den Gegenstand der Auseinandersetzung bildenden Vermögensmasse, § 116 Abs 5 KostO. 11

§ 371 FamFG | Wirkung der bestätigten Vereinbarung und Auseinandersetzung

C. Vollstreckung

12 In Ergänzung zu den in § 86 genannten Titeln legt § 371 Abs 2 S 1 fest, dass auch die bestätigte Vereinbarung bzw die Auseinandersetzung einen Vollstreckungstitel darstellt, der im Falle seiner Wirksamkeit vollstreckt werden kann. Abs 2 S 2 der Vorschrift war zur Klarstellung erforderlich, da die in § 371 Abs 2 S 1 aufgeführten Titel nicht ausdrücklich in § 794 ZPO genannt sind.

I. Zuständigkeit

13 Nach § 724 ZPO erfolgt die Zwangsvollstreckung aufgrund einer vollstreckbaren Ausfertigung der bestätigten Urkunde. Zur Erteilung der vollstreckbaren Ausfertigung ist, sofern die vorgängige Vereinbarung oder die Auseinandersetzung vom Nachlassgericht beurkundet wurde, der Urkundsbeamte der Geschäftsstelle dieses Gerichts zuständig, § 797 Abs 1 ZPO.

14 Erfolgte die Beurkundung durch einen Notar, so ist der Notar solange zuständig, als sich die Akten noch bei ihm befinden, sofern ihm die Verrichtungen des Nachlassgerichts landesrechtlich übertragen sind, § 193 ZPO (*Schlegelberger* § 98 Rn 4).

15 Ein anderes Gericht, welches die Erklärung eines Beteiligten im Wege der Rechtshilfe beurkundet hat, ist zur Erteilung der vollstreckbaren Ausfertigung nicht zuständig.

16 Neben dem Bestätigungsbeschluss ist auch die Urkunde, die vollstreckungsbedürftige Abmachungen unter den Beteiligten enthält, auszufertigen (KKW § 98 Rn 9). Hinsichtlich der Erteilung einfacher Ausfertigungen und Abschriften gelten die allgemeinen Vorschriften.

17 Für die Erteilung einer weiteren vollstreckbaren Ausfertigung nach § 733 ZPO und der Erteilung einer vollstreckbaren Ausfertigung in den Fällen des § 726 Abs 1, 727, 729 ZPO ist nach § 797 Abs 3 ZPO der Rechtspfleger des Gerichts funktionell zuständig, § 20 Nr 13 RPflG.

18 Im Übrigen ist die Entscheidung über die Erteilung der vollstreckbaren Ausfertigung nach den Vorschriften des FamFG anfechtbar (Jansen/*Müller-Lukoschek* § 98 Rn 2). Dabei ist gegen die Entscheidung des Urkundsbeamten nach § 4 Abs 2 Nr 3 RPflG zunächst das Nachlassgericht, und dort der Richter, anzurufen. Gegen die Entscheidung des Rechtspflegers ist die Beschwerde statthaft, § 11 Abs 1 RPflG.

II. Vollstreckbarer Titel

19 Die rechtskräftig bestätigte Vereinbarung der Parteien und die rechtskräftig bestätigte Auseinandersetzung nach §§ 366, 370, 371 Abs 1 sind vollstreckbare Schuldtitel für die von den Beteiligten übernommenen Verpflichtungen, ohne dass es der Unterwerfung unter die Zwangsvollstreckung bedarf (KKW § 98 Rn 1).

20 Voraussetzung der Vollstreckbarkeit des Bestätigungsbeschlusses ist dessen formelle Rechtskraft.

21 Die Zwangsvollstreckung erfolgt im Parteibetrieb, wobei der einzelne Beteiligte die Vollstreckung nur insoweit betreiben kann, als er selbst einen Anspruch besitzt (Bassenge/Roth § 98 Rn 1).

22 Das Nachlassgericht darf keine Tätigkeit zum Vollzug und damit zur Zwangsvollstreckung der Vereinbarung bzw Auseinandersetzung erbringen (KKW § 98 Rn 3).

III. Anwendbare Vorschriften

23 Soweit nicht in den §§ 795a–800 ZPO abweichende Vorschriften enthalten sind, finden auf die Vollstreckung die §§ 724–793, 797 ZPO Anwendung, § 795 ZPO. Darüber hinaus gelten die §§ 803 ff ZPO für die Ausführung der Vollstreckung, soweit nicht ausdrück-

lich ein Urteil erforderlich ist (wie in §§ 894 ff ZPO). In der Auseinandersetzungsvereinbarung sollte diesen Erfordernissen Rechnung getragen werden.

IV. Einwendungen

Hat das Nachlassgericht die Urkunde aufgenommen, so entscheidet der Richter beim Nachlassgericht über Einwendungen gegen die Zulässigkeit der Vollstreckungsklausel nach § 732 ZPO. Wurde die Urkunde durch den Notar errichtet, so ist das AG zuständig, in dessen Bezirk der Notar seinen Amtssitz hat (KKW § 98 Rn 13). Entsprechendes gilt, wenn über die Erteilung einer weiteren vollstreckbaren Ausfertigung zu entscheiden ist. Hierfür ist allerdings der Rechtspfleger funktionell zuständig. 24

Nach § 797 Abs 5 ZPO ist für Klagen auf Erteilung der Vollstreckungsklausel sowie für Klagen, durch welche die Einwendungen, die gegen den Anspruch selbst geltend gemacht werden oder der bei der Erteilung der Vollstreckungsklausel als bewiesen angenommene Eintritt der Voraussetzung für die Erteilung der Vollstreckungsklausel bestritten wird, das Gericht zuständig, bei dem der Schuldner im Inland seinen allgemeinen Gerichtsstand hat. 25

Eine zeitliche Schranke für Einwendungen hinsichtlich ihrer Entstehung, die den Anspruch selbst betreffen, gibt es nach § 797 Abs 4 ZPO nicht. 26

V. Vollzug

Führt die in der Urkunde niedergelegte Willenserklärung allein schon den rechtlichen Erfolg herbei, so bedarf es des Vollzugs der Auseinandersetzung in Form der Zwangsvollstreckung nicht; die betreffende Rechtswirkung tritt mit der Rechtskraft der Bestätigung ein (KKW § 98 Rn 15). 27

VI. Grundstück

Gehört ein Grundstück zum Nachlass, so bedarf es neben der Erklärung über die Zuteilung an die Beteiligten im Auseinandersetzungsvertrag auch der Auflassung (*Bracker* MittBayNot 1984, 114). Ist die mit der Vermittlung der Auseinandersetzung befasste Behörde zur Entgegennahme der Auflassungserklärung befugt, so kann diese Erklärung in die Urkunde über die Auseinandersetzung aufgenommen werden. 28

Das Nachlassgericht ist zur Entgegennahme der Auflassung nur befugt, soweit im Verfahren ein gerichtlicher Vergleich abgeschlossen wurde (*Zimmermann* Rpfleger 1980, 189). Darüber hinaus sind auch die staatlichen Notariate in Baden-Württemberg und die Notare, die zur Vermittlung der Auseinandersetzung berufen sind, zuständig (Jansen/ *Müller-Lukoschek* § 98 Rn 5). 29

Schließlich erstrecken sich die Versäumnisfolgen der §§ 366 Abs 3, 368 Abs 2 auf die Auflassungserklärung, wenn diese zulässigerweise in die Urkunde aufgenommen wurde; umgekehrt erstreckt sich die rechtskräftige Bestätigung auch auf die Auflassung (Jansen/*Müller-Lukoschek* § 98 Rn 5). 30

Wurde die Auflassung nicht in die Auseinandersetzungsurkunde aufgenommen und ist auch das gleichzeitige Erscheinen aller Beteiligten vor der zuständigen Behörde zur Abgabe der Auflassungserklärung nicht zu erreichen, ist die Fiktion des § 894 ZPO nicht anzuwenden; die Zwangsvollstreckung muss nach § 888 ZPO durchgeführt werden (Jansen/*Müller-Lukoschek* § 98 Rn 3, 5). 31

VII. Freiwillige Versteigerung

Im Verfahren nach den §§ 363 ff ist die freiwillige Versteigerung von Grundstücken durch das Nachlassgericht nicht mehr zulässig (*Winkler* Rpfleger 1971, 347). 32

§ 371 FamFG | Wirkung der bestätigten Vereinbarung und Auseinandersetzung

VIII. Grundpfandrechte

33 Soll ein zum Nachlass gehörendes Grundpfandrecht nach dem Auseinandersetzungsplan auf einen Erben übergehen, so kann die zum Vollzug der Auseinandersetzung erforderliche Eintragungsbewilligung vor dem Nachlassgericht erklärt werden. Durch die rechtskräftige Bestätigung wird die Eintragungsbewilligung der nicht erschienenen Beteiligten ersetzt. Wird von niemandem die Eintragungsbewilligung erklärt, kann sie durch die Bestätigung auch nicht ersetzt werden.

34 Ein Teilhypotheken-, -grundschuld-, -rentenschuldbrief kann, wenn ein zum Nachlass gehörendes Grundpfandrecht unter den Erben verteilt und die Zustimmung hierzu teilweise nach §§ 366 Abs 3, 368 Abs 2 ersetzt wurde, erst nach eingetretener Rechtskraft des Bestätigungsbeschlusses erteilt werden, §§ 1152 BGB, 61, 70 GBO (KKW § 98 Rn 17).

IX. Zeugnisse nach §§ 36, 37 GBO

35 Die Zeugnisse nach §§ 36, 37 GBO dürfen erst nach Eintritt der Rechtskraft des Bestätigungsbeschlusses erteilt werden (*Schlegelberger* § 98 Rn 5, 6).

§ 372 Rechtsmittel

(1) Ein Beschluss, durch den eine Frist nach § 366 Abs. 3 bestimmt wird, und ein Beschluss, durch den über die Wiedereinsetzung entschieden wird, ist mit der sofortigen Beschwerde in entsprechender Anwendung der §§ 567 bis 572 der Zivilprozessordnung anfechtbar.

(2) Die Beschwerde gegen den Bestätigungsbeschluss kann nur darauf gegründet werden, dass die Vorschriften über das Verfahren nicht beachtet wurden.

A. Allgemeines

Die Vorschrift regelt die Anfechtbarkeit der Entscheidungen im Teilungsverfahren und ersetzt den bisherigen § 96 FGG aF. Das Rechtsmittelrecht wurde mit den Vorschriften des Allgemeinen Teils in Einklang gebracht. 1

B. Sofortige Beschwerde

Abs 1 regelt die Anfechtung von Zwischenentscheidungen im Teilungsverfahren. Bislang war die Fristbestimmung des § 91 Abs 3 Satz 2 FGG aF mit der einfachen Beschwerde anfechtbar. Es erschien dem Gesetzgeber als sachgerecht, den Beschluss über die Fristsetzung und die Entscheidung über die Wiedereinsetzung als typische Zwischenentscheidungen dem Verfahren der sofortigen Beschwerde nach den Vorschriften der ZPO zu unterstellen. Dadurch ist, im Gegensatz zu § 19 Abs 2, der Beschluss über die Wiedereinsetzung, soweit die Wiedereinsetzung gewährt wird, auch künftig anfechtbar. 2

Der Bestätigungsbeschluss ist als Endentscheidung bereits nach § 58 Abs 1 mit der Beschwerde anfechtbar. 3

C. Beschwerdeberechtigung

Beschwerdeberechtigt nach § 567 sind folgende Beteiligte: 4
– Beschwerdeführer
– abgelehnter Beschwerdeführer
– Streitgenosse/Streithelfer
– Gläubiger
– Zeugen, §§ 380, 387, 390 ZPO
– Sachverständige, §§ 402, 409 ZPO
– Dritte, über deren Rechte oder Pflichten das Erstgericht zu Recht/Unrecht entschieden hat, §§ 142, 144 (BGH MDR 1978 307)
– Rechtsanwalt, § 135 ZPO, § 33 Abs 2 RVG.

Dagegen sind nicht berechtigt, Beschwerde zu erheben: 5
– Gerichtsvollzieher gegenüber einer Entscheidung des Vollstreckungsgerichts (OLG Stuttgart Rpfleger 1980, 236)
– ein am Verfahren bislang nicht Beteiligter, auch wenn er ein wirtschaftliches Interesse vorweisen kann (OLG Hamm NJW 1986, 1147).

D. Beschwerdefrist

Die Beschwerdefrist beträgt zwei Wochen und ist eine Notfrist. Sie läuft für jeden Beschwerdeberechtigten gesondert und beginnt mit der Zustellung des mit Gründen versehenen Beschlusses in Form einer Ausfertigung oder beglaubigten Abschrift. 6

§ 372 FamFG | Rechtsmittel

E. Beschränkung der Beschwerdegründe

7 Nach Abs 2 ist die Anfechtung des Bestätigungsbeschlusses in ihrer Begründung insoweit beschränkt, als die Beschwerde nur auf formale Gründe, wie die Nichtbeachtung oder fehlerhafte Anwendung von Verfahrensvorschriften, gestützt werden kann. Hierzu zählen insbesondere
– die Verletzung allgemeiner Verfahrensvorschriften über die Zuständigkeit oder Vertretung der verfahrensunfähigen Beteiligten,
– die fehlende vormundschaftsgerichtliche Genehmigung (*Ötker* RheinZ 1923, 253),
– die mangelnde Vertretung Geschäftsunfähiger oder beschränkt Geschäftsfähiger,
– die Nichtbeachtung zwingender Vorschriften des BeurkG (Jansen/*Müller-Lukoschek*, § 96 Rn 6),
– die Einleitung eines Versäumnisverfahrens unter Verletzung der Vorschriften über die Ladung und Bekanntmachung von Beschlüssen,
– die Fortsetzung des an sich nach § 370 auszusetzenden Verfahrens (BayObLGZ 18, 71),
– der Verstoß gegen die Vorschriften der §§ 365, 366 Abs 3 und 368 Abs 2.

8 Allerdings ist die Rüge nicht auf solche Verfahrensverstöße beschränkt, die den Beschwerdeführer selbst verletzen (Bassenge/Roth § 96 Rn 2).

9 Dagegen ist die Beschwerde nicht statthaft, wenn die Anforderungen an den Auseinandersetzungsantrag nach § 363 Abs 3 nicht beachtet werden.

10 Ausgeschlossen und auf den Klageweg verwiesen sind danach alle Einwendungen, die sich gegen den Inhalt, dessen Richtigkeit oder die Gültigkeit der bestätigten Vereinbarung selbst richten. Auseinandersetzungsmängel sind ebenso wie inhaltliche Mängel mit der Feststellungs- oder Vollstreckungsgegenklage vor dem Prozessgericht geltend zu machen.

F. Aufhebung des Bestätigungsbeschlusses

11 Das Verfahren wird gegenstandslos und muss wiederholt werden, wenn folgende Mängel vorliegen:
– die Zuziehung eines Beteiligten wurde unterlassen
– der Beteiligte war nicht vertreten.

12 Fehlt es allerdings nur an der familiengerichtlichen Genehmigung oder liegt eine unwirksame Fristsetzung nach § 366 Abs 3 S 2 vor, so wird das übrige Verfahren durch diesen Mangel nicht berührt, so dass eine Wiederholung nur insoweit erforderlich ist, als es zur Mangelbeseitigung erforderlich ist (KGJ 46, 151).

13 Ansonsten wird die Entscheidung mit Rechtskraft für und gegen alle Beteiligten wirksam. Nur bei Erfolg beseitigt sie die Bestätigung.

G. Auseinandersetzungsvertrag

14 Der vom Notar als Urkundsperson beurkundete Auseinandersetzungsvertrag kann, sofern ein Antrag auf amtliche Vermittlung nicht gestellt wurde, von den Beteiligten nicht mit der Beschwerde angefochten werden (BayObLG JFG 7, 54).

§ 373 Auseinandersetzung einer Gütergemeinschaft

(1) Auf die Auseinandersetzung des Gesamtguts nach der Beendigung der ehelichen, lebenspartnerschaftlichen oder der fortgesetzten Gütergemeinschaft sind die Vorschriften dieses Abschnitts entsprechend anzuwenden.

(2) Für das Verfahren zur Erteilung, Einziehung oder Kraftloserklärung von Zeugnissen über die Auseinandersetzung des Gesamtguts einer ehelichen, lebenspartnerschaftlichen oder fortgesetzten Gütergemeinschaft nach den §§ 36 und 37 der Grundbuchordnung sowie §§ 42 und 74 der Schiffsregisterordnung gelten § 345 Abs. 1 sowie die §§ 352, 353 und 357 entsprechend.

A. Allgemeines

Abs 1 dieser Vorschrift übernimmt den Regelungsinhalt des bisherigen § 99 Abs 1 FGG aF. Die bislang in § 99 Abs 2 FGG aF normierte Zuständigkeit für Verfahren zur Auseinandersetzung einer Gütergemeinschaft findet sich, soweit es die örtliche Zuständigkeit betrifft, nun in § 344 Abs 5. Die sachliche Zuständigkeit ist einheitlich in § 23a Abs 2 GVG nF geregelt.

Abs 2 erklärt die im Zusammenhang mit der Auseinandersetzung des Gesamtguts einer ehelichen, lebenspartnerschaftlichen und fortgesetzten Gütergemeinschaft zu erteilenden Zeugnisse nach den §§ 36 und 37 GBO sowie den §§ 42 und 74 der Schiffsregisterordnung die entsprechenden Verfahrensvorschriften des Abschnitts 2 dieses Buchs für entsprechend anwendbar.

B. Beendigung der Gütergemeinschaft

Die Gütergemeinschaft endet
– durch Ehevertrag
– mit Rechtskraft eines Aufhebungsurteils
– durch Nichtigkeit
– mit Auflösung der Ehe durch Scheidung, Aufhebung, Wiederverheiratung nach Todeserklärung
– mit Auflösung der Ehe durch Tod eines Ehegatten bei unbeerbter Ehe oder wenn bei beerbter Ehe die Fortsetzung der Gütergemeinschaft nicht vereinbart war, § 1483 BGB (KKW § 99 Rn 1).

Die fortgesetzte Gütergemeinschaft endet dagegen
– durch Vertrag, § 1492 BGB
– durch Wegfall oder Verzicht aller Abkömmlinge, §§ 1490, 1491 BGB
– durch Aufhebung seitens des überlebenden Ehegatten
– durch Tod oder Todeserklärung des überlebenden Ehegatten, § 1494 BGB
– durch Wiederverheiratung des überlebenden Ehegatten, § 1493 BGB
– mit Rechtskraft des Aufhebungsurteils, §§ 1495, 1496 BGB.

C. Auseinandersetzung

Die Auseinandersetzung der Gütergemeinschaft erfolgt nach §§ 1471–1481 BGB. Gegenstand des Auseinandersetzungsverfahrens ist nur das Gesamtgut; eine gleichzeitige Regelung der sonstigen Güterverhältnisse über § 363 ist nicht möglich. Die Auseinandersetzung eines Gesamtguts und die Nachlassauseinandersetzung sind zwei selbständige Verfahren (OLG Hamm DNotZ 1966, 744). Im Übrigen ist das Auseinandersetzungsverfahren auch zur Verteilung des Erlöses aus der Zwangsversteigerung eines Grundstücks zum Zwecke der Aufhebung der Gütergemeinschaft zulässig (BayObLG NJW 1957, 386).

D. Verfahren

6 Die Vermittlung der Auseinandersetzung erfolgt nur auf Antrag, § 363. Dies gilt auch dann, wenn die Aufhebung der Gütergemeinschaft in einem Urteil ausgesprochen worden ist. Nach § 373 Abs 1 gelten die §§ 363–372 für dieses Verfahren entsprechend. Verfahrensgegenstand ist nur das Gesamtgut sowie der Erlös eines nach § 180 ZVG versteigerten Grundstücks (BayObLG NJW 1957, 386).

7 Für die Regelung der Rechtsverhältnisse der Ehegatten an Hausrat, Wohnungseinrichtung und Wohnung enthält die HausratsVO Sondervorschriften für den Fall der Scheidung, Aufhebung oder Nichtigkeit der Ehe.

E. Antrag

8 Voraussetzung der Auseinandersetzung ist ein entsprechender Antrag eines Antragsberechtigten (BayObLGZ 21, 18). Allerdings hindert der Widerspruch eines Beteiligten zwar nicht die Einleitung des Verfahrens, wohl aber die Vermittlungstätigkeit (BayObLGZ 71, 293).

9 Antragsberechtigt ist
- jeder Ehegatte bei Beendigung der ehelichen Gütergemeinschaft durch Scheidung oder während bestehender Ehe,
- der überlebende Ehegatte und jeder Erbe des Verstorbenen bei Beendigung der ehelichen Gütergemeinschaft durch Tod oder Todeserklärung, ohne dass die Gütergemeinschaft fortgesetzt wird,
- der Insolvenzverwalter und der andere Ehegatte bei Beendigung der fortgesetzten Errungenschaftsgemeinschaft durch Insolvenz des Mannes bzw Eröffnung des Insolvenzverfahrens über das Gesamtgut (*Baur* FamRZ 1958, 252),
- der überlebende Ehegatte und die anteilsberechtigten Abkömmlinge, soweit sie nicht auf ihren Anteil verzichtet haben, § 1491 BGB (OLG München JFG 15, 161),
- die Erben des überlebenden Ehegatten und jeder der Abkömmlinge, die anteilsberechtigt wären bei Beendigung einer fortgesetzten Gütergemeinschaft durch Tod oder Todeserklärung des überlebenden Ehegatten (BayObLGZ 21, 18).

F. Gebühren

10 Für die gerichtliche Vermittlung der Auseinandersetzung der Gütergemeinschaft richten sich die Gerichtsgebühren nach § 116 KostO; es wird das Vierfache der vollen Gebühr erhoben, wobei sich die Gebühr nach dem Wert der den Gegenstand der Auseinandersetzung bildenden Vermögensmasse richtet.

11 Wird der Antrag zurückgewiesen, so erhebt das Gericht die Hälfte der vollen Gebühr, höchstens jedoch einen Betrag von 35 €, § 130 Abs 1 KostO. Die Zurücknahme des Antrags löst dagegen nur ein Viertel der vollen Gebühr aus, höchstens einen Betrag von 20 €, § 130 Abs 2 KostO.

G. Zeugnisse nach Abs 2

12 Abs 2 erklärt für die im Zusammenhang mit der Auseinandersetzung des Gesamtguts einer ehelichen, lebenspartnerschaftlichen und fortgesetzten Gütergemeinschaft zu erteilenden Zeugnisse nach den §§ 36 und 37 GBO sowie den §§ 42 und 74 der Schiffsregisterordnung die entsprechenden Verfahrensvorschriften des Abschnitts 2 für entsprechend anwendbar.

Buch 5
Verfahren in Registersachen, unternehmensrechtliche Verfahren

Einleitung zu §§ 374–409

A. Einführung und Kritik

Die Vorschriften des fünften Buches (§§ 374 bis 409) befassen sich mit den Registersachen, den unternehmensrechtlichen Verfahren sowie den – in der amtlichen Buchüberschrift unerwähnt gebliebenen – Vereinssachen.

Im FGG hießen die Verfahren »Handelssachen« und waren im siebten Abschnitt geregelt (§§ 125 bis 158 FGG). Weitere Regelungen fanden sich im achten Abschnitt unter der Überschrift »Vereinsregistersachen. Partnerschaftssachen. Güterrechtsregister« (§§ 159 bis 162 FGG), weitgehend unter Bezugnahme auf die Vorschriften des siebten Abschnitts. Die frühere Regelungssystematik unterstrich die Leitfunktion des Handelsregisters, an dem sich die übrigen Register orientierten. Das fünfte Buch des FamFG vereinigt beide Abschnitte des früheren FGG und folgt damit – in Anlehnung an das Klammerprinzip – einem moderneren Gesetzesaufbau. Lediglich die §§ 400 f sowie 403 ff enthalten noch ergänzende Sondervorschriften für das Vereinsregister bzw für das Dispacheverfahren.

Nicht überwunden wurde die zerklüftete Normstruktur des Registerverfahrensrechts. Wie bisher bilden die neuen Vorschriften des FamFG nur einen groben Rahmen, während wesentliche Detailfragen der Registerführung einerseits durch die Registerverordnungen (HRV, GenRegV, PRV, VRV), andererseits durch zahlreiche weitere Verfahrensvorschriften in den materiellen Gesetzen (zB §§ 1558–1563 BGB, 8a, 9, 10, 12, 16 HGB, 11a GenG, 43 Abs 1 KWG, 20 Abs 2 UBGG) geregelt werden. Das Registerverfahrensrecht leidet somit nach wie vor unter einer ausnehmend breiten Zerstreuung, welche unverkennbar in der Entstehungshistorie wurzelt, zunehmend jedoch als ein Mangel an klarer Normstruktur und Übersichtlichkeit zutage tritt. Letzte Stilblüte dieser »Unsystematik« sind die reduplizierenden Wiedergaben des § 1558 Abs 1 BGB in § 377 Abs 3 FamFG und des § 9 Abs 5 HGB in § 386 FamFG, verbunden mit der entlarvenden Begründung des Regierungsentwurfs, »aus systematischen Gründen [werde] die Regelung im FamFG wiederholt« (BTDrs 16/6308 S 285). Tatsächlich trägt die Übernahme der früheren FGG-Vorschriften in das FamFG dazu bei, den bedauernswerten Zustand zu zementieren. Stattdessen erstrebenswert wäre ein gesondertes, in sich geschlossenes Regelwerk über die Registerführung – vielleicht, wie *Krafka* (FGPrax 2007, 51) vorschlägt, nach dem Vorbild des österreichischen Firmenbuchgesetzes. Eine Vision dieser Größe stand jedoch nicht im Fokus des mit dem FamFG verfolgten Reformvorhabens.

In der Gesamtschau hat das FamFG dem Registerrecht keinen Gefallen getan. In der Zielrichtung bestand bei den Planungen Einigkeit, dass für das Registerverfahren »alles beim Alten« bleiben sollte; die FGG-Reform sollte sich auf das Registerverfahren gar nicht auswirken (*Krafka* FGPrax 2007, 51). In Anbetracht dieses Grundanliegens dürfte man erwarten, dass die Vorschriften des Allgemeinen Teils des FamFG die bisher vorhandenen Regelungen des FGG in einer Weise aufgreifen, verfeinern und optimieren, dass sie für möglichst alle Verfahren des besonderen Teils ein brauchbares Grundgerüst bieten. Bei näherem Hinsehen ist das jedoch nicht der Fall. Eine ganze Reihe der vermeintlich »allgemeinen« Verfahrensvorschriften führte zu erheblichen Friktionen, wendete man sie im Registerverfahren unbesehen an. Der Rechtsanwender sieht sich dadurch vor die neue Aufgabe gestellt, aus den §§ 1 bis 110 FamFG dasjenige herauszufiltern, was sich für die Registerführung als brauchbar oder jedenfalls hinnehmbar erweist. Dabei muss man bedauerlicherweise feststellen, dass nur ein spärlich kleiner Teil der vermeintlich »allgemeinen« Vorschriften des ersten Buches einen sinnigen Bezug zum Registerverfahren aufweist und unbesehen zur Anwendung empfohlen werden

Einleitung zu §§ 374–409 FamFG

kann (s Rz 6 ff). Bereits dieser Befund lässt die Zusammenführung des Registerverfahrens mit den familienrechtlichen Verfahren in eine einheitliche Verfahrensordnung als eher gekünstelt denn naheliegend erscheinen. Vielmehr bestätigt sich, dass die Rechtsmaterien Adoption, Unterhalt, Gewaltschutz und Freiheitsentziehung, aus deren Blickwinkel die allgemeinen Verfahrensvorschriften des FamFG vornehmlich kreiert wurden, eben doch anderen Schlags sind als die Führung zB eines Handelsregisters. Der Gesetzgeber täte gut daran, diese tiefgreifend strukturellen Unterschiede durch die Implementierung einer eigenständigen, auf die Registerführung zugeschnittenen Verfahrensordnung anzuerkennen.

5 Ein weiteres Leid sind die zu oft missratenen Bemühungen des Gesetzgebers, den tradierten Vorschriften des FGG durch kosmetisches Aufpeppen, vermeintliche Klarstellung, »systematische Anpassung« usw ein scheinbar modernes Antlitz zu geben. Zahllose handwerkliche Ungenauigkeiten, die dabei unterliefen (vgl nur § 375 Rz 21, 70, § 377 Rz 6, 51 ff, § 379 Rz 17, § 380 Rz 16, 22, 35 f, § 382 Rz 6, 29 f, § 384 Rz 2, § 386 Rz 5, § 387 Rz 14 ff; Anh § 387 Rz 22; vor § 388 Rz 1, § 390 Rz 39, § 391 Rz 4, 20 ff, § 392 Rz 51, 60, § 394 Rz 44, 78, § 395 Rz 49, 51, 141, § 399 Rz 2, § 409 Rz 6) lassen die Gesetzesnovelle aus registerrechtlicher Sicht als insgesamt nicht sehr erfreulich erscheinen.

B. Anwendbare Vorschriften des Allgemeinen Teils des FamFG

6 Von den zahlreichen Vorschriften des Allgemeinen Teils (Buch 1) des FamFG sind – anders als man es erhoffen dürfte – die allermeisten nicht oder nicht unbesehen im Registerverfahren anwendbar (s ausführlich *Nedden-Boeger* FGPrax 2010, 1 ff). Im Einzelnen gilt Folgendes:

7 § 2 Abs 1 wird durch § 377 Abs 4 für nicht anwendbar erklärt, wobei die Nichtanwendbarkeitsbestimmung ihrerseits in bestimmten Sonderkonstellationen unsinnig ist (vgl § 377 Rz 51 ff).

8 §§ 3 bis 5 sind in Registerverfahren nicht anzuwenden (s § 377 Rz 21).

9 Der Beteiligtenbegriff des § 7 Abs 2 Nr 1 – ein Kernelement der FGG-Reform, um das intensiv gerungen wurde – ist in registerrechtlichen Eintragungsverfahren nur beschränkt anzuwenden (vgl vor § 378 Rz 51). Die Eintragung des Erlöschens einer Prokura etwa vollzieht sich allein auf die Anmeldung des Prinzipals, ohne Hinzuziehung des Prokuristen zum Verfahren, obgleich seine Rechte dadurch unmittelbar betroffen werden (vgl *Krafka* FGPrax 2007, 51, 52). Im Genehmigungsverfahren zur Kraftloserklärung von Aktien (§§ 375 Nr 3 FamFG, 73 Abs 1 AktG) werden die Aktionäre – selbst soweit sie bekannt sind – nicht hinzugezogen (MüKoAktG/*Oechsler* § 73 Rn 16), obgleich ihre Rechte durch die Kraftloserklärung unmittelbar betroffen werden. Auch bei den übrigen unternehmensrechtlichen Verfahren ist § 7 Abs 2 Nr 1 nicht schematisch anzuwenden, sondern verantwortungsvoll auszufüllen (s § 375 Rz 15).

10 § 8 ist nicht unbesehen anzuwenden. Im Verfahren auf Bestellung eines Nachtragsliquidators bspw ist auch die vermögenslose Gesellschaft beteiligtenfähig, obwohl sie – nach bereits eingetretener Vollbeendigung – keine der in § 8 genannten Voraussetzungen mehr erfüllt. In anderen unternehmensrechtlichen Verfahren ergeben sich Konstellationen, in denen widerstreitende Interessen verschiedener Organe desselben Rechtsträgers gegeneinander abzuwägen sind (zB Vorstand ./. Aufsichtsrat), welchen man richtigerweise eine eigene Beteiligtenstellung zubilligen muss, obgleich sie keine der in § 8 genannten Voraussetzungen der Beteiligtenfähigkeit erfüllen (vgl § 375 Rz 15).

11 Bei der Anwendung des § 9 ist zu beachten, dass der minderjährige Kaufmann (§ 112 BGB) in Bezug auf Handelsregisteranmeldungen als geschäftsfähig gilt. Ebenso sind minderjährige Vereinsvorstände selbstständig anmeldeberechtigt und auch sonst verfahrensfähig.

12 § 10 Abs 2 ist für Registeranmeldungen nicht anzuwenden (§ 378 Abs 1).

Einleitung zu §§ 374–409 FamFG

§ 11 Satz 1 ist für Registeranmeldungen nicht anzuwenden; die Anmeldevollmacht 13
bedarf vielmehr der öffentlich beglaubigten Form (vor § 378 Rz 28).

§ 12 ist im Registerverfahren bedeutungslos. 14

§ 13 ist auf die Registereinsicht nicht anzuwenden (§ 385 Rz 3 ff). 15

§ 14 steht in einem Spannungsverhältnis zu § 8 Abs 3 HRV (s Anh § 387 Rz 4). § 14 16
Abs 2 wird zudem durch § 12 HGB dahin verschärft, dass elektronische Einreichung
zwingend erforderlich ist.

§ 17 ist auf fristgebundene Handelsregisteranmeldungen nicht anzuwenden (s vor 17
§ 378 Rz 48).

§ 20 ist in Registersachen nicht anzuwenden, da die Registerakten für jede Register- 18
nummer getrennt zu führen sind (§§ 8 Abs 1 Satz 1 HRV, 7 Abs 1 Satz 1 VRV).

§ 21 wird für Registersachen modifiziert und erweitert durch § 381. 19

§ 23 Abs 1 ist auf Registeranmeldungen nicht anzuwenden. Die Vorgaben aus Satz 1, 20
2 der Vorschrift, wonach der Antrag begründet und die zur Begründung dienenden Tatsachen und Beweismittel angegeben werden sollen, haben keinen Bezug zum Registeranmeldungsverfahren. Erforderlich und ausreichend ist vielmehr die vollzugsfähige
und plausibel vorgetragene Beschreibung der zur Eintragung angemeldeten registerfähigen Tatsache unter Einreichung der gesetzlich vorgeschriebenen Dokumente als Anlagen (*Krafka*, NZG 2009, 650). An die Stelle des § 23 Abs 1 Satz 4, wonach der Antrag
»unterschrieben« werden soll, tritt in Registersachen die öffentlich beglaubigte Form
(§§ 12 Abs 1 HGB, 157 GenG, 77, 1560 Satz 2 BGB); für Einreichungen zum Handels-, Genossenschafts- und Partnerschaftsregister ist sogar die elektronische Form vorgeschrieben (§ 12 Abs 1 HGB).

Aus den vorgenannten Gründen ist auch § 25 auf Registeranmeldungen nicht anzu- 21
wenden.

§ 35 kann nicht angewendet werden, um die Einreichung von Registeranmeldungen 22
oder Dokumenten zu erzwingen oder den Kaufmann zu den Pflichtangaben auf seinen
Geschäftsbriefen anzuhalten; an dessen Stelle treten die Spezialvorschriften der
§§ 388 ff.

§ 36 hat im Registereintragungsverfahren keine Bedeutung, da die Beteiligten über 23
den Verfahrensgegenstand (= die Registereintragung) nicht nach Belieben verfügen können. Das Registergericht hat im öffentlichen Interesse darauf zu achten, dass nur sachlich zutreffende Eintragungen erfolgen. Im Dispachebestätigungsverfahren wird § 36
durch § 406 Abs 2 überlagert.

§ 37 Abs 2 wird in der Registerpraxis dadurch ausgehöhlt, dass nicht einmal die Hin- 24
zuziehung der durch die Eintragung Betroffenen praktisch stattfindet (vgl Rz 9 sowie
vor § 378 Rz 51).

§§ 38 bis 48 sind auf stattgebende Entscheidungen im Registereintragungsverfahren 25
nicht anwendbar, vielmehr vollzieht sich die Entscheidung durch schlichte Eintragung
in das Register (§§ 38 Abs 1 Satz 2, 382 Abs 1).

Die §§ 49 bis 57 (einstweilige Anordnung) sind in Registersachen bedeutungslos. 26

Gegen eine erfolgte Registereintragung sind Beschwerde und Rechtsbeschwerde 27
(§§ 58–75) nicht gegeben (§ 383 Abs 3), und zwar auch dann nicht, wenn etwas anderes
eingetragen wurde als beantragt war (§ 383 Rz 31 ff, § 395 Rz 3, 37).

Gegen die Zurückweisung eines Eintragungsantrags sowie gegen solche Entscheidun- 28
gen des Registergerichts, die nicht unmittelbar in eine Eintragung münden, ist die Beschwerde statthaft, allerdings sind § 59 Abs 2 (s § 382 Rz 34) und § 65 Abs 4 (s § 377
Rz 22) nicht oder nur eingeschränkt anwendbar. Teleologisch zu reduzieren ist die Vorgabe des § 68 Abs 3 Satz 2, wonach im Beschwerdeverfahren zwingend eine mündliche
Verhandlung stattzufinden habe, sofern das Ausgangsgericht – wie in Registersachen regelmäßig – keine solche durchgeführt hat (s *Nedden-Boeger* FGPrax 2010, 1 ff).

Einleitung zu §§ 374–409 FamFG

C. Übergangsregelung

29 Das FamFG trat – mit Ausnahme des § 376 Abs 2 (vgl § 376 Rz 15) – am 1.9.2009 in Kraft. Gem Art 111 Abs 1 Satz 1 FGG-RG ist auf Registerverfahren und unternehmensrechtliche Verfahren, die zu dem Zeitpunkt bereits **eingeleitet** waren oder deren Einleitung bis zum Inkrafttreten des Gesetzes **beantragt wurde**, weiterhin das FGG anzuwenden.

30 Anknüpfungspunkt für das Registereintragungsverfahren ist somit der **Eingang der Registeranmeldung** bei Gericht. Bei unternehmensrechtlichen Verfahren, die als Antragsverfahren ausgestaltet sind, ist Anknüpfungspunkt der **Eingang der Antragsschrift**.

31 Bei den von Amts wegen zu betreibenden Verfahren (Zwangsgeld-, Löschungs- und Auflösungsverfahren) ist darauf abzustellen, ob diese zum Stichtag bereits »**eingeleitet**« waren. Da die Schwelle zwischen bloßen Vorermittlungen und der förmlichen Verfahrenseinleitung jedoch nicht immer klar abzugrenzen ist, sollte darauf abgestellt werden, ob die betreffende Androhungsverfügung/Löschungsankündigung/Satzungsänderungsaufforderung vor oder nach dem Stichtag beschlossen oder verfügt wurde.

32 Richtete sich das Ausgangsverfahren nach dem FGG, gilt dies auch für auch für das Beschwerdeverfahren, selbst wenn das Rechtsmittel erst nach dem 1.9.2009 eingelegt wurde (OLG Düsseldorf 24.9.2009 I-3 Wx 187/09 mwN auch zur Gegenauffassung).

Abschnitt 1
Begriffsbestimmung

§ 374 Registersachen

Registersachen sind
1. Handelsregistersachen;
2. Genossenschaftsregistersachen;
3. Partnerschaftsregistersachen;
4. Vereinsregistersachen;
5. Güterrechtsregistersachen.

A. Allgemeines

Die Vorschrift wurde durch das FamFG neu eingefügt. Sie enthält eine Aufzählung der einzelnen Registersachen, auf die sich die im Buch 5 enthaltenen Verfahrensvorschriften beziehen. 1

B. Kommentierung

Die Aufzählung hat abschließenden Charakter. Sie stellt klar, dass die Vorschriften der §§ 376–401 nicht auf die sonstigen bei Gericht geführten Register und Verzeichnisse anzuwenden sind, wie etwa die Schiffs- und das Schiffsbauregister (§§ 1, 3, 65 SchRegO), das Luftfahrtregister (§ 78 LuftfzRG), das Grundbuch (§ 1 GBO), die Schuldnerverzeichnisse (§§ 915 ZPO, 26 Abs 2 InsO) und die nach der AktO zu führenden gerichtsinternen Register, Bücher, Verzeichnisse und Kalender. 2

Eine Ausnahme stellt das Zwangsgeldverfahren dar (§§ 388 ff), welches in Schiffsregistersachen durch § 19 Abs 2 SchRegO für anwendbar erklärt wird. 3

Zu den **Einzelheiten des Registereintragungsverfahrens** vgl die Darstellung vor § 387 Rz 1 ff. 4

§ 375 Unternehmensrechtliche Verfahren

Unternehmensrechtliche Verfahren sind die nach
1. § 146 Abs. 2, den §§ 147, 157 Abs. 2, § 166 Abs. 3, § 233 Abs. 3 und § 318 Abs. 3 bis 5 des Handelsgesetzbuchs,
2. den §§ 522, 590 und 729 Abs. 1 des Handelsgesetzbuchs und § 11 des Binnenschifffahrtsgesetzes sowie die in Ansehung der nach dem Handelsgesetzbuch oder dem Binnenschifffahrtsgesetz aufzumachenden Dispache geltenden Vorschriften,
3. § 33 Abs. 3, den §§ 35 und 73 Abs. 1, den §§ 85 und 103 Abs. 3, den §§ 104 und 122 Abs. 3, § 147 Abs. 2, § 265 Abs. 3 und 4, § 270 Abs. 3 sowie § 273 Abs. 2 bis 4 des Aktiengesetzes,
4. Artikel 55 Abs. 3 der Verordnung (EG) Nr. 2157/2001 des Rates vom 8. Oktober 2001 über das Statut der Europäischen Gesellschaft (SE) (ABl. EG Nr. L 294 S 1) sowie § 29 Abs. 3, § 30 Abs. 1, 2 und 4, § 45 des SE-Ausführungsgesetzes,
5. § 26 Abs. 1 und 4 sowie § 206 Satz 2 und 3 des Umwandlungsgesetzes,
6. § 66 Abs. 2, 3 und 5, § 71 Abs. 3 sowie § 74 Abs. 2 und 3 des Gesetzes betreffend die Gesellschaften mit beschränkter Haftung,
7. § 45 Abs. 3, den §§ 64b, 83 Abs. 3, 4 und 5 sowie § 93 des Genossenschaftsgesetzes,
8. Artikel 54 Abs. 2 der Verordnung (EG) Nr. 1435/2003 des Rates vom 22. Juli 2003 über das Statut der Europäischen Genossenschaft (SCE) (ABl. EU Nr. L 207 S 1),
9. § 2 Abs. 3 und § 12 Abs. 3 des Publizitätsgesetzes,
10. § 11 Abs. 3 des Gesetzes über die Mitbestimmung der Arbeitnehmer in den Aufsichtsräten und Vorständen der Unternehmen des Bergbaus und der Eisen und Stahl erzeugenden Industrie,
11. § 2c Abs. 2 Satz 2 bis 7, den §§ 22o, 38 Abs. 2 Satz 2, § 45a Abs. 2 Satz 1, 3, 4 und 6 sowie § 46a Abs. 2 Satz 1, Abs. 4 und 5 des Kreditwesengesetzes,
12. § 2 Abs. 4, § 30 Abs. 2 Satz 1 und Abs. 5 Satz 1 sowie § 31 Abs. 1, 2 und 4 des Pfandbriefgesetzes,
13. § 104 Abs. 2 Satz 3 bis 8 und § 104u Abs. 2 Satz 1 bis 6 des Versicherungsaufsichtsgesetzes,
14. § 6 Abs. 4 Satz 4 bis 7 des Börsengesetzes,
15. § 10 des Partnerschaftsgesellschaftsgesetzes in Verbindung mit § 146 Abs. 2 und den §§ 147 und 157 Abs. 2 des Handelsgesetzbuchs,
16. § 9 Abs. 2 und 3 Satz 2 des Schuldverschreibungsgesetzes

vom Gericht zu erledigenden Angelegenheiten.

Übersicht

	Rz		Rz
A. Allgemeines	1	2. Funktionelle Zuständigkeit	11
B. Kommentierung	6	3. Einzelne Verfahrensvorschriften	13
I. Wesen und Gegenstand der unternehmensrechtlichen Verfahren	6	4. Beteiligtenbegriff	15
II. Verfahrensgrundsätze des unternehmensrechtlichen Verfahrens	9	III. Einzelne unternehmensrechtliche Verfahren	17
1. Abweichungen vom Registerverfahren	9	IV. Kosten	78
		1. Kostengrundentscheidung	78
		2. Gerichtsgebühren	80

A. Allgemeines

1 Die Vorschrift definiert, welche Geschäfte der neu eingeführte Begriff »unternehmensrechtliche Verfahren« umfasst.

2 Das sind zunächst diejenigen Geschäfte, die früher als »Handels-« und »Partnerschaftssachen« bezeichnet wurden und den Amtsgerichten durch die §§ 145 Abs 1, 149, 160b Abs 2 FGG als Angelegenheiten der freiwilligen Gerichtsbarkeit zugewiesen waren. Zusätzlich schließt er diejenigen Geschäfte ein, die bisher in der Zuständigkeit der

Registerabteilung lagen, jedoch wie Handelssachen behandelt wurden (§ 148 Abs 1 FGG). Bezüglich ihrer bewirkt die Vorschrift eine Zuständigkeitsänderung, nämlich die Aufgabe der bisherigen Zuständigkeit der Registergerichte unter Begründung der Zuständigkeit der Abteilungen für allgemeine Angelegenheiten der freiwilligen Gerichtsbarkeit. Diese Neuerung ist konsequent und daher zu begrüßen.

Völlig neu aufgeführt sind die Verfahren nach den §§ 64b, 83 Abs 5 GenG, 38 Abs 2 Satz 2 KWG, § 104u Abs 2 VAG, 29 Abs 3, 30, 45 SEAG, 6 Abs 4 BörsG, 9 Abs 2 SchVG. **3**

Bedauerlicherweise nicht aufgenommen wurden die vereinsrechtlichen Verfahren auf Bestellung eines Notvorstands oder -liquidators (§§ 29, 48 Abs 1 BGB), auf Einberufung der Mitgliederversammlung (§ 37 Abs 2 BGB) usw, obgleich sie denselben Verfahrensgrundsätzen folgen. Gleiches gilt für die Bestellung und Abberufung von Abwicklern für den VVaG (§ 47 Abs 2 VAG); hierfür bleibt inkonsequenterweise sogar das Registergericht zuständig. **4**

Der Begriff »unternehmensrechtliche Verfahren« ist übrigens nur mäßig geschickt gewählt. Auf das Verklarungsverfahren (Nr 2) bspw, in welchem nach einem Schiffsunfall Beweise für deliktische Schadenersatzansprüche gesichert werden, passt er nicht annähernd. **5**

B. Kommentierung

I. Wesen und Gegenstand der unternehmensrechtlichen Verfahren

Unternehmensrechtliche Verfahren sind **keine Registersachen**. Sie werden nicht beim Registergericht geführt, sondern beim Amtsgericht als erstinstanzlichem Gericht der freiwilligen Gerichtsbarkeit für unternehmensrechtliche Verfahren (BayObLG NJW-RR 1990, 52, 53; OLG Frankfurt GmbHR 1993, 230; OLG Hamm DNotZ 2008, 227). Zuständig ist zwar meist dasselbe, für den Sitz des Unternehmens zuständige Gericht (§ 377 Abs 1, vgl aber § 377 Rz 26 f); innerhalb der Geschäftsverteilung des Gerichts gehört das Verfahren aber zu den allgemeinen Angelegenheiten der freiwilligen Gerichtsbarkeit. Der Registerrichter/-rechtspfleger hat die unternehmensrechtlichen Verfahren daher nur dann zu bearbeiten, wenn sie ihm durch die Geschäftsverteilung des Gerichts ausdrücklich gesondert zugewiesen sind. Etwaige innergerichtlichen Kompetenzkonflikte sind nach § 17a Abs 6 GVG zu behandeln. **6**

Die Aufzählung des § 375 ist **nicht abschließend**. Als unternehmensrechtliche Verfahren einzustufen sind auch einige weitere Angelegenheiten, die von der Rechtsprechung übergesetzlich entwickelt wurden, wie etwa die Bestellung und Abberufung eines »Notgeschäftsführers« (vgl OLG Frankfurt FGPrax 2006, 81; OLG München FGPrax 2007, 281) oder »Notliquidators« (vgl OLG Köln FGPrax 2007, 281; OLG München GmbHR 2005, 1431) für die GmbH/UG/Genossenschaft oder die Berufung eines treuhänderischen »Notgesellschafters« für die sog »Keinmann-GmbH« (vgl Scholz/*Westermann* § 33 Rn 44), welche jeweils analog § 29 BGB erfolgen. **7**

Nicht als »unternehmensrechtliche Verfahren« iSd §§ 375, 402 gelten die aktien- und umwandlungsrechtlichen Verfahren, die dem **Landgericht** erstinstanzlich gemäß §§ 98, 132, 142, 145 Abs 4, 258, 260, 293c, 315 AktG, 51b GmbHG, 26 SEAG, 10 UmwG, 39a WpÜG, 1 ff SpruchG usw zugewiesen sind und ebenfalls den Verfahrensregeln des FamFG unterliegen (§§ 99 Abs 1, 132 Abs 3, 142 Abs 8, 145 Abs 5, 260 Abs 3, 315 Satz 5 AktG, 26 Abs 4 SEAG, 10 Abs 3 UmwG, 39b Abs 1 WpÜG, 11 Abs 1 SpruchG). **8**

II. Verfahrensgrundsätze des unternehmensrechtlichen Verfahrens

1. Abweichungen vom Registerverfahren

Das unternehmensrechtliche Verfahren ist **kein Unterfall des Registerverfahrens**; die §§ 378 bis 401 gelten daher nicht. Das »**Antragsrecht**« der Notare (§ 378 Abs 2) und die **9**

§ 375 FamFG | Unternehmensrechtliche Verfahren

erweiterte Vertretungsbefugnis nach § 378 Abs 1 gelten gilt nicht, stattdessen ist nur § 11 anzuwenden. Die Vorschriften über die Beteiligung und das Antragsrecht der **berufsständischen Organe** (§ 380) gelten nicht (BayObLG NJW-RR 1990, 52, 53); diese sind vielmehr nur antragsbefugt, soweit sie (zB als Beitragsgläubiger) eigene subjektive Rechte geltend machen. Die Möglichkeit der **Aussetzung** wegen eines noch nicht anhängigen Verfahrens (§ 381) ist nicht gegeben (BayObLG NJW-RR 1990, 52, 53), es gilt ausschließlich § 21.

10   Anders als in Registersachen (vor § 378 Rz 83 ff) besteht in unternehmensrechtlichen Verfahren, die als echte Streitsachen der freiwilligen Gerichtsbarkeit ausgestaltet sind, eine **Bindungswirkung** nicht nur ggü vorgreiflichen Gestaltungsurteilen, sondern auch ggü Leistungs- und Feststellungsurteilen, sofern die Parteien des vorangegangenen Zivilprozesses mit den Beteiligten des unternehmensrechtlichen Verfahrens identisch sind oder ein Rechtsnachfolgeverhältnis besteht (BayObLG NJW-RR 1988, 547).

10a Einstweilige Anordnungen nach den §§ 49 ff sind – anders als in Registersachen – zulässig.

2. Funktionelle Zuständigkeit

11   Der Rechtspfleger entscheidet gem § 3 Nr 2 lit. d RPflG in den Verfahren nach den §§ 146 Abs 2, 147, 157 Abs 2, 166 Abs 3, 233 Abs 3 HGB, 66 Abs 2, 3, 74 Abs 2, 3 GmbHG, 11 BinSchG; für alle anderen unternehmensrechtlichen Verfahren besteht Richtervorbehalt gem § 17 Nr 2 lit a, b RPflG. Der Richtervorbehalt für die Bestellung von Nachtragsliquidatoren für eine nach § 394 gelöschte Gesellschaft kann durch Rechtsverordnung der Landesregierung aufgehoben werden (§ 19 Abs 1 Nr 6 RPflG). Genossenschaftsrechtliche Verfahren (§ 375 Nr 7, 8) sind vom Richtervorbehalt generell ausgenommen mit Ausnahme der Verfahren nach § 28 Abs 2 KWG.

12   Richtervorbehalt besteht auch für die von der Rechtsprechung entwickelten Fälle der Bestellung von **Notgeschäftsführern** oder **Notliquidatoren** für die GmbH/UG. Denn die von der Rechtsprechung gezogene Analogie zu §§ 29, 48 Abs 1 Satz 2 Hs 2 BGB ist nur eine materiellrechtliche. Verfahrensrechtlich ist ein Fall analog § 375 Nr 6 gegeben, so dass der Richtervorbehalt des § 17 Nr 2 lit. a RPflG greift (aA: Jansen/*Ries* § 145 Rn 18 zur Rechtslage nach dem FGG). Kein Richtervorbehalt besteht hingegen für die Bestellung eines Notgeschäftsführers oder Notliquidators für die Genossenschaft, denn hier besteht verfahrensrechtlich die Analogie zu § 375 Nr 7, welcher vom Richtervorbehalt des § 17 Nr 2 lit a RPflG ausgenommen ist.

3. Einzelne Verfahrensvorschriften

13   Das FamFG enthält keine besonderen Verfahrensvorschriften für das unternehmensrechtliche Verfahren, sieht man von einer vereinzelten Norm über die Statthaftigkeit der Beschwerde (§ 402) sowie von dem ausführlich geregelten Sonderfall des Dispacheverfahrens (§§ 403 ff) einmal ab.

14   Das unternehmensrechtliche Verfahren ist – bis auf wenige Ausnahmen (vgl Rz 60) – ein **Antragsverfahren**. Gegen die Entscheidung findet die Beschwerde statt (§ 402 Abs 1), sofern nicht die materiellen Gesetze etwas anderes regeln. Ist dem Gericht ein Ermessen eingeräumt, beschränkt sich das Beschwerdeverfahren nicht auf die Nachprüfung der Ermessensentscheidung des Ausgangsgerichts, sondern das Beschwerdegericht hat eine eigene Ermessensentscheidung zu treffen (s § 69 Abs 1 Satz 1; BayObLG NJW-RR 1990, 52, 53).

4. Beteiligtenbegriff

15   Weitgehend ungeklärt ist der Beteiligtenbegriff des FamFG in Bezug auf die unternehmensrechtlichen Verfahren. Abweichend von der Grundkonzeption der §§ 7, 8 begegnet

man hier Konstellationen, in denen verschiedene Organe desselben Rechtsträgers (zB Vorstand, Aufsichtsrat) oder sogar nur Teilgruppierungen dieser Organe unterschiedliche Interessen vertreten und gegenläufige Standpunkte einnehmen, welche gegeneinander abzuwägen sind. Schon bisher entspricht es allgemeiner Rechtsüberzeugung und ist zum Teil sogar gesetzlich verankert (zB § 2 Abs 3 Satz 2 PublG), dass in einzelnen Verfahren die verschiedenen Organe einer Gesellschaft gesondert anzuhören sind, um den Sachverhalt und die bestehenden Interessenlagen nach allen Seiten aufzuklären (s Rz 31, 36, 43, 54, 60). Man wird in diesen Fällen die Gesellschaftsorgane als eigenständig Beteiligte auffassen müssen, die gem § 7 Abs 2 Nr 1 hinzugezogen werden und mit eigenen Antrags- und Beschwerdebefugnissen ausgestattet sind, welche sie widerstreitend zu anderen Gesellschaftsorganen eigenständig ausüben können. Das Leitbild des § 8, welches die Beteiligtenfähigkeit an einen einheitlichen Rechtsträger mit einheitlicher Willensbildung knüpft, passt hier nicht. Schlüsselpunkt der Fragestellung, wann ein Rechtsträger nicht als einheitliches Verfahrenssubjekt, sondern mit seinen verschiedenen Organen in gesonderter Beteiligtenstellung erfasst werden muss, ist der Begriff der »unmittelbaren Betroffenheit in eigenen Rechten« (§ 7 Abs 2 Nr 1). Das setzt nach dem Verständnis des Regierungsentwurfs eine »direkte Auswirkung auf eigene materielle, nach öffentlichem oder privatem Recht geschützte Positionen« voraus (BTDrs 16/6308 S 178).

Für andere Verfahren wiederum erscheint der Beteiligtenbegriff des § 7 Abs 2 Nr 1 zu weit gefasst: Im Genehmigungsverfahren zur Kraftloserklärung von Aktien etwa (§ 73 Abs 1 AktG) sind die Aktionäre offensichtlich unmittelbar in ihren materiellen Rechten betroffen; gleichwohl werden sie zum Genehmigungsverfahren nicht hinzugezogen (MünchKommAktG/*Oechsler* § 73 Rn 16). Auch bei Verfahren, die den einzelnen Aktionär nur mittelbar berühren, wie etwa der Ergänzung des Aufsichtsrats (§ 104 AktG), ist eine materielle Rechtsbetroffenheit des einzelnen Aktionärs anerkannt, welche ihm etwa die Beschwerdemöglichkeit eröffnet (zuletzt LG Hannover ZIP 2009, 761 mwN). Wollte man daraus jedoch ableiten, es müssten alle Aktionäre einer Publikums-AG bereits im Ausgangsverfahren beteiligt werden (was freilich dem Leitbild des § 7 Abs 2 Nr 1 entspräche), käme das Verfahren allein aus logistischen Gründen zum Erliegen. **15a**

In den hier aufgezeigten Grenzbereichen wird erkennbar, dass bei der Feinsteuerung des Beteiligtenbegriffs zwei gleichrangige Verfassungsprinzipien aufeinander treffen können, nämlich einerseits das Anliegen der möglichst umfassenden Gewährung rechtlichen Gehörs, andererseits der Justizgewährungsanspruch durch Bereitstellung eines funktionalen und effektiven Verfahrens. Nicht in einer schematischen Kasuistik, sondern in dem Austarieren dieser beiden Pole dürfte der Schlüssel für eine zweckentsprechende Interpretation und Anwendung des § 7 Abs 2 Nr 1 liegen. **15b**

Grds beteiligt sind – neben dem Antragsteller (§ 7 Abs 1) – je nach Verfahren die einzelnen Vertretungs- und ggf Aufsichtsorgane des Unternehmens oder das Unternehmen selbst. Bei den Schifffahrtssachen sind die betroffenen Schiffsführer/Kapitäne, Schiffseigner, Ladungs- und Frachtinteressenten usw beteiligt. Im Dispachebestätigungsverfahren hat der Antragsteller zu bestimmen, wer als Beteiligter hinzugezogen werden soll (§ 405 Abs 1 Satz 2). **16**

III. Einzelne unternehmensrechtliche Verfahren

Bei den in § 375 einzeln aufgezählten Verfahren handelt es sich um folgende Angelegenheiten: **17**

Nr 1 (betreffend Personenhandelsgesellschaften und Abschlussprüfer):
– **Bestellung und Abberufung von Liquidatoren** für die OHG und KG (§§ 146 Abs 2, 147, 161 Abs 2 HGB). Zu beteiligen ist neben den Gesellschaftern auch der Gläubiger, der die Gesellschaft gemäß § 135 HGB gekündigt hat (§ 146 Abs 2 Satz 2 HGB). Die Vorfrage, ob die Gesellschaft aufgelöst ist, darf das Gericht nicht entscheiden; ist die Frage streitig, kommt eine Liquidatorenbestellung nicht in Betracht (OLG Hamm **18**

DNotZ 2008, 227). Das Gericht ist an Vorschläge über die zu bestellende(n) Person(en) nicht gebunden, es kann die Ernennung aber davon abhängig machen, dass ihm geeignete Personen benannt werden und deren Vergütung sichergestellt wird (vgl BayObLG DNotZ 1955, 638, 642 zum Nachtragsliquidator der GmbH). Auch juristische Personen können Liquidatoren sein, zB die Komplementär-GmbH. Die Eintragung in das Register geschieht von Amts wegen (§ 148 Abs 2 HGB). Die Höhe der Vergütung setzt das Gericht nicht fest, es übt auch keine Weisungs- oder Überwachungsfunktion aus. Bezüglich des Sonderfalls der Bestellung und Abberufung von Nachtragsliquidatoren nach vorangegangener Amtslöschung wegen Vermögenslosigkeit (§ 146 Abs 2 Satz 3 HGB) vgl die Kommentierung bei § 394 Rz 77 ff.

19 – **Bestimmung eines Verwahrers** für die Bücher und Papiere der erloschenen OHG und KG (§§ 157 Abs 2, 161 Abs 2 HGB). Die Übergabe der Bücher und Papiere an den Verwahrer kann das Gericht nicht gem § 35 erzwingen (BayObLGZ 1967, 240 für die GmbH). Der Verwahrer kann entspr § 147 HGB auch wieder gerichtlich abberufen werden (Jansen/*Ries* § 145 Rn 5).

20 – **Anordnung der Mitteilung** einer Bilanz oder eines Jahresabschlusses oder sonstiger Aufklärungen sowie der Vorlegung der Bücher und Papiere an den Kommanditisten oder stillen Gesellschafter (§§ 166 Abs 3, 233 Abs 3 HGB). Die Anordnung kann nach § 95 Abs 1 Nr 3 vollstreckt werden. Auch über streitige Vorfragen hat das Gericht zu entscheiden, namentlich über die Kommanditistenstellung des Antragstellers bzw seine Stellung als stiller Gesellschafter (aA: Keidel/*Heinemann* § 375 Rn 20). Ist ein Rechtsstreit hierüber anhängig, kann gem § 21 ausgesetzt werden. Nach § 381 kann nicht ausgesetzt werden, da die Vorschrift nur für das Registerverfahren gilt. Nach Eröffnung des Insolvenzverfahrens über das Vermögen der Gesellschaft richtet sich der Anspruch gegen den Insolvenzverwalter (OLG Zweibrücken FGPrax 2006, 278). Nach dem Ausscheiden des Gesellschafters aus der Gesellschaft können Einsichtsrechte nicht mehr im Verfahren nach § 375, sondern nur noch im streitigen Zivilprozess geltend gemacht werden (OLG Hamburg MDR 1961, 325). Scheidet der Gesellschafter während des Verfahrens nach § 375 aus, bleibt das Verfahren jedoch zulässig (OLG Hamm OLGZ 1970, 388).

21 – **Bestellung eines Abschlussprüfers** (§ 318 Abs 4 HGB) oder eines anderen als des gewählten Abschlussprüfers (§ 318 Abs 3 HGB). Dass nicht auch § 28 Abs 2 KWG entsprechend angeglichen, sondern die Prüferbestellung für ein Kreditinstitut in der Zuständigkeit des Registergerichts belassen wurde, gehört zu den vielen Ungereimtheiten der Reform.

22 – **Festsetzung der Auslagen** und der Vergütung des gerichtlich bestellten Abschlussprüfers (§ 318 Abs 5 HGB); eine Rechtsbeschwerde findet in diesen Angelegenheiten nicht statt (§ 318 Abs 5 Satz 3 HGB).

Nr 2 (Schifffahrtssachen):

23 – **Aufnahme einer Verklarung** (§§ 522 HGB, 11 BinSchG).

24 – **Bestimmung des spätesten Abreisetermins** eines Stückgutfrachters (§ 590 HGB) – im modernen Seehandel bedeutungslos.

25 – **Ernennung von Dispacheuren** im Einzelfall (§ 729 Abs 1 HGB) sowie die **Dispacheverfahren** nach den §§ 403 ff FamFG. Dass die Dispacheurbestellung nach § 87 Abs 2 Satz 2 BinSchG unerwähnt blieb, ist ein Redaktionsversehen (Keidel/*Heinemann* § 375 Rn 36).

26 Eine besondere Beschränkung des Beschwerderechts gegen stattgebende Entscheidungen in den Angelegenheiten der §§ 522, 729 HGB, 11, 87 Abs 2 BinSchG enthält § 402 Abs 2.

Nr 3 (betreffend die AG, die KGaA und den VVaG):
- **Bestellung von Gründungsprüfern**, falls nicht der Notar die Prüfung vornimmt (§ 33 27 Abs 3 AktG); die Vorschrift gilt für die Bestellung eines Sachkapitalerhöhungsprüfers entsprechend (§ 205 Abs 3 Satz 2 AktG). Gegen den Bestellungsbeschluss ist der einzelne Aktionär nicht beschwerdebefugt (OLG Frankfurt FGPrax 2009, 179).
- **Entscheidung über Meinungsverschiedenheiten** zwischen den Gründern und den 28 Gründungsprüfern über den Umfang der Aufklärungen und Nachweise, die von den Gründern zu gewähren sind (§ 35 Abs 2 AktG); die Entscheidung ist unanfechtbar (§ 35 Abs 2 Satz 2 AktG).
- **Festsetzung der Auslagen** und der Vergütung der Gründungsprüfer (§ 35 Abs 3 29 AktG); eine Rechtsbeschwerde findet in diesen Angelegenheiten nicht statt (§ 35 Abs 3 Satz 3 AktG).
- **Genehmigung der Kraftloserklärung von Aktien** durch die Gesellschaft (§ 73 Abs 1 30 AktG). Die betroffenen Aktionäre sind auch dann nicht am Verfahren zu beteiligen, wenn sie namentlich bekannt sind (MüKoAktG/*Oechsler* § 73 Rn 16). Die Erteilung der Genehmigung ist unanfechtbar; gegen die Versagung der Genehmigung ist die Beschwerde statthaft (§ 73 Abs 1 Satz 4 AktG).
- **Bestellung und Abberufung eines Notvorstands** (§ 85 Abs 1 AktG), auch für den 31 VVaG (§ 34 Abs 1 Satz 2 VAG). Antragsberechtigt ist jeder, der ein rechtliches Interesse an der Bestellung hat (BayObLG NJW-RR 1988, 929, 930). Das Einverständnis des Betreffenden mit der Übernahme des Amtes ist einzuholen. Vor der Bestellung sind der Aufsichtsrat und die übrigen Vorstandsmitglieder zu hören (OLG Frankfurt FGPrax 2008, 163). Ist für den identischen Wirkungskreis bereits ein Abwesenheitspfleger bestellt, kann kein Notvorstand bestellt werden (KG FGPrax 2005, 174). Für die Abgabe einer Willenserklärung gegenüber der führungslosen Gesellschaft oder für die Bewirkung einer Zustellung an sie bedarf es keines Notvorstands, wenn die Gesellschaft gem § 78 Abs 1 Satz 2 AktG durch den Aufsichtsrat vertreten wird. Für den Passivprozess der AG dürfte die Einrichtung einer Prozesspflegschaft (§ 57 ZPO) der Bestellung eines Notvorstands vorgehen, da sie den geringeren Eingriff bedeutet (vgl Jansen/*Ries* § 160 Rn 19). Die Bestellung des Notvorstands wird nicht von Amts wegen in das Register eingetragen, sondern auf Anmeldung durch den Vorstand (Jansen/*Ries* § 145 Rn 20). Das Amt erlischt mit der ordentlichen Bestellung eines neuen Vorstands durch den Aufsichtsrat.
- **Festsetzung der Auslagen** und der Vergütung des gerichtlich bestellten Notvorstands 32 (§ 85 Abs 3 AktG); eine Rechtsbeschwerde findet in diesen Angelegenheiten nicht statt (§ 85 Abs 3 Satz 3 AktG).
- **Abberufung von Aufsichtsratsmitgliedern** und Ersatzmitgliedern aus wichtigem 33 Grund (§ 103 Abs 3, 5 AktG), auch bei der KGaA (§ 278 Abs 3 AktG) und dem VVaG (§ 35 Abs 3 VAG). Antragsberechtigt ist der Aufsichtsrat. Nach der Rechtsprechung des BayObLG (FGPrax 2003, 137) soll jedoch ein aus nur drei Personen bestehender Aufsichtsrat einen Antrag auf Abberufung eines Mitglieds nach § 103 Abs 3 AktG nicht wirksam beschließen können, weil das betroffene Mitglied nicht stimmberechtigt ist. In einem solchen Fall müsse der Aufsichtsrat zunächst durch gerichtliche Entscheidung ergänzt und so die Beschlussfähigkeit hergestellt werden. Ferner ist antragsberechtigt ein Quorum von 10 % der Aktienanteile oder dem anteiligen Betrag von einer Million € des Grundkapitals, sofern das abzuberufende Aufsichtsratsmitglied auf Grund der Satzung in den Aufsichtsrat entsandt wurde. Zum Nachweis des ausreichenden Aktienbesitzes der Antragsteller genügt eine Bankbescheinigung oder die Eintragung im Aktienregister; auch Zwischenscheine genügen (Jansen/*Ries* § 145 Rn 33).
- **Ergänzung des Aufsichtsrats** zur Herstellung der Beschlussfähigkeit (§ 104 Abs 1 34 AktG) oder auf die volle Anzahl seiner gesetzlichen oder satzungsmäßigen Mitglieder (§ 104 Abs 2 AktG), auch bei der KGaA (§ 278 Abs 3 AktG) und dem VVaG (§ 35 Abs 3

VAG). Bei der Bestellung sind die §§ 100 Abs 2 Satz 1, 105 AktG zu beachten; eine Wettbewerbssituation hindere die Bestellung jedoch nicht (OLG Schleswig FGPrax 2004, 244). Das Einverständnis des Betreffenden mit der Übernahme des Amtes ist einzuholen. Vor der Ernennung sind die übrigen Beteiligten (Vorstand und Aufsichtsrat), die den Antrag nicht gestellt haben, anzuhören (OLG Dresden NJW-RR 1998, 830). Das Amt erlischt mit der Wahl eines neuen Aufsichtsratsmitglieds durch die Hauptversammlung (BayObLG ZIP 2004, 2190; OLG München FGPrax 2006, 228) bzw mit der neuen Entsendung. Im Beschwerdeverfahren, welches auch der einzelne Aktionär anstrengen kann (LG Hannover ZIP 2009, 761 mwN), kann das gerichtlich bestellte Aufsichtsratsmitglied wieder abberufen werden; eines wichtigen Grundes bedarf es dafür nicht (OLG Dresden NJW-RR 1998, 830).

35 – **Festsetzung der Auslagen** und der Vergütung des gerichtlich bestellten Aufsichtsrats (§ 104 Abs 6 AktG); eine Rechtsbeschwerde findet in diesen Angelegenheiten nicht statt (§ 104 Abs 6 Satz 3 AktG).

36 – **Ermächtigung einer Aktionärsminderheit zur Einberufung der Hauptversammlung** und zur Bekanntmachung von Gegenständen der Beschlussfassung sowie Bestimmung des Vorsitzenden der Versammlung (§ 122 Abs 3 AktG), auch bei der KGaA (§ 278 Abs 3 AktG) sowie beim VVaG bezüglich der Versammlung der obersten Vertreter (§ 36 VAG). Zum Nachweis des ausreichenden Aktienbesitzes der Antragsteller genügt eine Bankbescheinigung oder die Eintragung im Aktienregister; auch Zwischenscheine genügen (Jansen/*Ries* § 145 Rn 33). Das Einverständnis des Betreffenden mit der Übernahme der Versammlungsleitung ist einzuholen. Vorstand und Aufsichtsrat sind anzuhören. Rechtsmissbräuchlichkeit des Antrags ist unter Würdigung der Umstände des Einzelfalls zu prüfen (KG ZIP 2003, 1042; OLG Frankfurt FGPrax 2005, 176). Beschwerdebefugt sind je nach Beschwer entweder die Aktionärsminderheit als solche oder die Gesellschaft, vertreten durch den Vorstand.

37 – **Bestellung besonderer Vertreter** für die Geltendmachung von Ersatzansprüchen gegen die Gründer, den Vorstand oder den Aufsichtsrat (§ 147 Abs 2 AktG), auch bei der KGaA (§ 278 Abs 3 AktG) und dem VVaG (§ 36 VAG). Ein Grund für die Bestellung ist insbes dann gegeben, wenn Anlass für die Annahme besteht, dass durch die gesetzlichen Vertreter der Gesellschaft keine sachgerechte Geltendmachung der Ersatzansprüche zu erwarten ist (OLG Frankfurt NJW-RR 2004, 686). Das Einverständnis des vorgesehenen Vertreters mit der Übernahme des Amtes ist einzuholen. Vor der Bestellung ist die Gesellschaft anzuhören, die Erfolgsaussichten des Ersatzanspruchs sind jedoch nicht zu prüfen. Zum Nachweis des ausreichenden Aktienbesitzes der Antragsteller genügt eine Bankbescheinigung oder die Eintragung im Aktienregister; auch Zwischenscheine genügen (Jansen/*Ries* § 145 Rn 33). Beschwerdebefugt sind je nach Beschwer entweder die Gesamtheit der Antragsteller oder die Gesellschaft, vertreten durch den Vorstand. Nicht beschwerdebefugt ist derjenige, gegen den sich der Ersatzanspruch richtet.

38 – **Festsetzung der Auslagen** und der Vergütung des gerichtlich bestellten besonderen Vertreters (§ 147 Abs 2 Satz 6 AktG); eine Rechtsbeschwerde findet in diesen Angelegenheiten nicht statt (§ 147 Abs 2 Satz 7 AktG).

39 – **Bestellung und Abberufung** von Abwicklern (§ 265 Abs 3 AktG), auch bei der KGaA (§ 278 Abs 3 AktG), jedoch nicht beim VVaG, da § 47 Abs 2 VAG diese Aufgabe – inkonsequenter Weise – dem Registergericht zuweist. Das Einverständnis des Betreffenden mit der Übernahme des Amtes sowie die nach § 266 Abs 3 AktG vorgesehenen Versicherungen sind einzuholen. Die Eintragung in das Register geschieht von Amts wegen (§ 266 Abs 4 AktG). Für die **Festsetzung der Auslagen** und der Vergütung des gerichtlich bestellten Abwicklers (§ 265 Abs 4 AktG) ist wiederum die Rechtsbeschwerde ausgeschlossen (§ 265 Abs 4 Satz 3 AktG).

40 – **Befreiung von der Prüfung des Jahresabschlusses** und des Lageberichts durch einen Abschlussprüfer (§ 270 Abs 3 AktG), auch bei der KGaA (§ 278 Abs 3 AktG) und dem

VVaG (§ 47 Abs 3 Satz 2 VAG). Die Befreiungsmöglichkeit besteht auch in der Insolvenz (OLG München FGPrax 2008, 82 zur GmbH); zum Zuständigkeitskonflikt mit dem Insolvenzgericht in diesen Fällen s OLG Hamm FGPrax 2007, 142.
- **Bestimmungen des Ortes der Aufbewahrung der Bücher und Schriften** sowie der 41 **Einsicht in diese** (§ 273 Abs 2, 3 AktG), auch bei der KGaA (§ 278 Abs 3 AktG) und dem VVaG (§ 47 Abs 3 Satz 1 VAG). Bei der Zulassung der Einsichtnahme ist ggf das Steuer- oder Bankgeheimnis abzuwägen (BayObLG GmbHR 2003, 478, 479). Die Anordnung der Einsichtgewährung ist gem § 95 Abs 1 Nr 3 vollstreckbar (Bumiller/*Harders* § 375 Rn 23; s.a. KG JW 1937, 2289; aA: Keidel/*Heinemann* § 375 Rn 61).
- **Bestellung von Nachtragsabwicklern** (§ 273 Abs 4 AktG), auch bei der KGaA (§ 278 42 Abs 3 AktG). Umfasst ist auch die Bestellung von Nachtragsabwicklern nach Amtslöschung wegen Vermögenslosigkeit, denn dass die §§ 264 Abs 2, 290 Abs 3 AktG in § 375 Nr 3 unerwähnt blieben, ist ein Redaktionsversehen (§ 394 Rz 78). Antragsberechtigt ist jeder, dessen Recht durch die fehlende Handlungs- und Prozessfähigkeit der Gesellschaft beeinträchtigt wird. Der konkrete Abwicklungsbedarf ist im Antrag darzulegen. Zu den Voraussetzungen der Bestellung, zur Einholung des Einverständnisses des Betreffenden, zu dessen Vergütung und zur Abberufung aus wichtigem Grund s § 394 Rz 77 ff. Nicht zu den unternehmensrechtlichen Verfahren dürfte die Bestellung von Nachtragsabwicklern für den VVaG gehören (§ 47 Abs 3 Satz 1 VAG) wegen der (inkonsequenten) Zuweisung zu den Registergerichten durch § 47 Abs 2 VAG (s Rz 39).

Nr 4 (betreffend die SE):
- **Anordnung der Einberufung der Hauptversammlung** innerhalb einer bestimmten 43 Frist oder Ermächtigung der Antrag stellenden Aktionäre oder deren Vertreter hierzu (Art 55 Abs 3 SE-VO). Zum Nachweis des ausreichenden Aktienbesitzes der Antragsteller genügt eine Bankbescheinigung oder die Eintragung im Aktienregister (Jansen/Ries § 145 Rn 33). Beschlussgegenstand ist – auf Antrag – auch die Bestimmung des Versammlungsleiters (§ 122 Abs 3 Satz 2 AktG analog); die Bereitschaft des Betreffenden zur Übernahme des Amtes ist einzuholen. Das Leitungs- und das Aufsichtsorgan bzw die geschäftsführenden Direktoren und der Verwaltungsrat sind anzuhören. Rechtsmissbräuchlichkeit des Antrags ist unter Würdigung der Umstände des Einzelfalls zu prüfen (KG ZIP 2003, 1042; OLG Frankfurt FGPrax 2005, 176). Beschwerdebefugt sind je nach Beschwer entweder die Aktionärsminderheit insgesamt oder die Gesellschaft, vertreten durch das Leitungsorgan bzw durch den Verwaltungsrat.
- **Abberufung eines Mitglieds des Verwaltungsrats** aus wichtigem Grund (§ 29 Abs 3 44 SEAG). Antragsberechtigt ist der Verwaltungsrat. In analoger Anwendung der Rechtsprechung des BayObLG zur AG (FGPrax 2003, 137) könnte jedoch ein Verwaltungsrat, der ohne das abzuberufende Mitglied beschlussunfähig wäre, den Antrag nicht wirksam beschließen, da das betroffene Mitglied nicht stimmberechtigt sei. In einem solchen Fall müsse der Verwaltungsrat zunächst durch gerichtliche Entscheidung ergänzt und so die Beschlussfähigkeit hergestellt werden. Ferner ist antragsberechtigt ein Quorum von 10 % der Aktienanteile oder dem anteiligen Betrag von einer Million € des Grundkapitals, sofern das abzuberufende Verwaltungsratsmitglied auf Grund der Satzung in den Verwaltungsrat entsandt wurde.
- **Ergänzung des Verwaltungsrats** zur Herstellung der Beschlussfähigkeit (§ 30 Abs 1 45 SEAG) oder auf die volle Anzahl seiner gesetzlichen oder satzungsmäßigen Mitglieder (§ 30 Abs 2 SEAG). Bei der Bestellung sind § 27 Abs 1 Satz 1 SEAG, Art 47 Abs 2 SEVO zu beachten; eine Wettbewerbssituation hindere die Bestellung jedoch nicht (vgl OLG Schleswig FGPrax 2004, 244 zur AG). Das Einverständnis des Betreffenden mit der Übernahme des Amtes ist einzuholen. Vor der Ernennung ist der bestehende Verwaltungsrat anzuhören (s OLG Dresden NJW-RR 1998, 830 zur AG). Das Amt erlischt mit der Wahl eines neuen Verwaltungsratsmitglieds durch die Hauptversammlung

(BayObLG ZIP 2004, 2190 zur AG). Im Beschwerdeverfahren kann das gerichtlich bestellte Verwaltungsratsmitglied wieder abberufen werden; eines wichtigen Grundes bedarf es dafür nicht (OLG Dresden NJW-RR 1998, 830 zur AG).

46 – **Festsetzung der Auslagen** und der Vergütung des gerichtlich bestellten Verwaltungsrats (§ 30 Abs 4 SEAG); eine Rechtsbeschwerde findet in diesen Angelegenheiten nicht statt (§ 30 Abs 4 Satz 3 SEAG).

47 – **Bestellung und Abberufung** eines geschäftsführenden Notdirektors (§ 45 SEAG). Antragsberechtigt ist jeder, der ein rechtliches Interesse an der Bestellung hat (BayObLG NJW-RR 1988, 929, 930). Das Einverständnis des Betreffenden mit der Übernahme des Amtes ist einzuholen. Vor der Bestellung ist der Verwaltungsrat zu hören. Wenn für den identischen Wirkungskreis bereits ein Abwesenheitspfleger bestellt ist, kann kein geschäftsführender Notdirektor bestellt werden (KG FGPrax 2005, 174 für die AG). Für den Passivprozess der SE dürfte die Einrichtung einer Prozesspflegschaft (§ 57 ZPO) der Bestellung eines Notdirektors vorgehen, da sie den geringeren Eingriff bedeutet (vgl Jansen/*Ries* § 160 Rn 19). Die Bestellung des Notdirektors wird nicht von Amts wegen in das Register eingetragen, sondern auf Anmeldung durch die geschäftsführenden Direktoren (analog Rz 31).

Nr 5 (betreffend Schadenersatzansprüche bei Umwandlungen):

48 – **Bestellung eines besonderen Vertreters** für die Geltendmachung von Schadenersatzansprüchen gegen Mitglieder des Vertretungsorgans oder des Aufsichtsorgans eines übertragenden Rechtsträgers bei der Verschmelzung (§ 26 Abs 1 UmwG) bzw eines formwechselnden Rechtsträgers (§ 206 Satz 2 UmwG). Das Einverständnis des Betreffenden mit der Übernahme des Amtes ist einzuholen. Auch eine juristische Person oder Personengesellschaft kann als Vertreter bestellt werden. Die Ersatzansprüche sind dem Streitgegenstand nach genau zu bezeichnen (OLG Frankfurt NJW-RR 2004, 686 zu § 147 Abs 2 AktG). Vor der Bestellung ist der Rechtsträger anzuhören; die Erfolgsaussichten des Ersatzanspruchs sind jedoch nicht zu prüfen. Beschwerdebefugt sind je nach Beschwer entweder der Antragsteller oder der Rechtsträger, vertreten durch sein Vertretungsorgan. Nicht beschwerdebefugt ist derjenige, gegen den sich der Ersatzanspruch richtet.

49 – **Festsetzung der Auslagen** und der Vergütung des gerichtlich bestellten besonderen Vertreters (§§ 26 Abs 4, 206 Satz 3 UmwG) oder eines Treuhänders (§§ 71 Abs 2, 183 Abs 2 UmwG); eine Rechtsbeschwerde findet in diesen Angelegenheiten nicht statt (§ 26 Abs 4 Satz 4 UmwG).

Nr 6 (betreffend die GmbH/UG):

50 – **Bestellung und Abbestellung** eines Liquidators aus wichtigem Grund (§ 66 Abs 2, 3 GmbHG) auf Antrag von Gesellschaftern, die zusammen mindestens 10 % des Stammkapitals halten. Das Einverständnis des Betreffenden mit der Übernahme des Amtes sowie die nach § 67 Abs 3 GmbHG vorgesehenen Versicherungen sind einzuholen. Die Eintragung in das Register geschieht von Amts wegen (§ 67 Abs 4 GmbHG). Für eine GmbH, die noch vor ihrer Eintragung aufgelöst wird, können keine Liquidatoren bestellt werden (BGHZ 51, 30; str).

51 – **Bestellung von Nachtragsliquidatoren** (§ 66 Abs 5 GmbHG). Auch deren Abbestellung aus wichtigem Grund ist möglich (KG FGPrax 2006, 28). Antragsberechtigt ist jeder, dessen Recht durch die fehlende Handlungs- und Prozessfähigkeit der Gesellschaft beeinträchtigt wird. Der konkrete Liquidationsbedarf ist im Antrag darzulegen. Zu den einzelnen Voraussetzungen der Bestellung s § 394 Rz 77 ff.

52 – **Befreiung von der Pflicht**, den Jahresabschluss und den Lagebericht der Liquidatoren durch einen Abschlussprüfer **prüfen zu lassen** (§ 71 Abs 3 GmbHG). Antragsberechtigt ist die Gesellschaft durch ihre Liquidatoren. Die Befreiungsmöglichkeit besteht auch in der Insolvenz (OLG München FGPrax 2008, 82); zum Zuständigkeitskonflikt mit dem Insolvenzgericht in diesen Fällen s OLG Hamm FGPrax 2007, 142.

- **Bestimmung eines Verwahrers** für die Bücher und Papiere der vollbeendeten Gesell- 53
schaft (§ 74 Abs 2 GmbHG) und Ermächtigung der Gesellschaftsgläubiger zur Einsicht
in diese (§ 74 Abs 3 GmbHG). Die Übergabe der Bücher und Papiere an den Verwahrer kann das Gericht nicht gem § 35 erzwingen (BayObLGZ 1967, 240), wohl aber kann
die Pflicht des Verwahrers, Einsicht zu gewähren, nach § 95 Abs 1 Nr 3 vollstreckt
werden (Bumiller/*Harders* § 375 Rn 23; s.a. KG JW 1937, 2289; aA: Keidel/*Heinemann*
§ 375 Rn 75). Der Verwahrer kann entspr § 66 Abs 3 GmbHG auch wieder gerichtlich
abberufen werden (Jansen/*Ries* § 145 Rn 5 für die OHG).

Nr 7 (betreffend die Genossenschaft):
- **Ermächtigung einer Mitgliederminderheit zur Einberufung der Generalversamm-** 54
lung und zur Bekanntmachung von Gegenständen der Verhandlung (§ 45 Abs 3
GenG). Vorstand und Aufsichtsrat sind anzuhören. Rechtsmissbräuchlichkeit des Antrags ist unter Würdigung der Umstände des Einzelfalls zu prüfen (KG ZIP 2003, 1042;
OLG Frankfurt FGPrax 2005, 176 zur AG). Beschwerdebefugt sind je nach Beschwer
entweder die Mitgliederminderheit insgesamt oder die Genossenschaft, vertreten
durch den Vorstand.
- **Bestellung eines Prüfungsverbandes**, sofern die Genossenschaft keinem angehört 55
(§ 64b GenG). Die Genossenschaft und der vorgesehene Prüfungsverband sind anzuhören. Eines Einverständnisses des Prüfungsverbandes mit seiner Bestellung bedarf
es nicht, da er den Prüfungsauftrag nicht ablehnen darf. Gibt es keinen fachlich und
räumlich passenden Prüfungsverband, bestellt das Gericht einen Wirtschaftsprüfer
oder eine WP-Gesellschaft zum Prüfungsträger. Deren Bereitschaft zur Übernahme
des Prüfungsauftrags ist allerdings einzuholen, da für sie keine Pflicht besteht.
Schließt sich die prüfungsverbandlose Genossenschaft einem anderen als dem gerichtlich bestellten Prüfungsverband an, ist die Zwangsbestellung nach § 64b GenG von
Amts wegen zu widerrufen (*Beuthien* § 64b Rn 2). Nicht zu den unternehmensrechtlichen Verfahren gehört die Prüferbestellung nach § 56 Abs 2 Satz 2 GenG. Diese wurde – aus nicht nachvollziehbaren Gründen – in der Zuständigkeit des Registergerichts
belassen.
- **Bestellung und Abbestellung eines Liquidators** aus wichtigem Grund (§ 83 Abs 3, 4 56
GenG) auf Antrag des Aufsichtsrats oder eines Quorums von 10 % der Mitglieder.
Das Einverständnis des Betreffenden mit der Übernahme des Amtes ist einzuholen.
Die Eintragung in das Register erfolgt von Amts wegen (§ 84 Abs 2 GenG).
- **Bestellung von Nachtragsliquidatoren** (§ 83 Abs 5 GenG). Auch deren Abbestellung 57
aus wichtigem Grund ist möglich (KG FGPrax 2006, 28 zur GmbH). Antragsberechtigt
ist jeder, dessen Recht durch die fehlende Handlungs- und Prozessfähigkeit der Genossenschaft beeinträchtigt wird. Der konkrete Liquidationsbedarf ist im Antrag darzulegen. Zu den einzelnen Voraussetzungen der Bestellung s § 394 Rz 77 ff.
- **Bestimmung eines Verwahrers** für die Bücher und Papiere der vollbeendeten Genos- 58
senschaft (§ 93 Satz 2 GenG) und Ermächtigung der ehemaligen Mitglieder und deren
Rechtsnachfolger sowie der Genossenschaftsgläubiger zur Einsicht in diese (§ 93
Satz 3 GenG). Die Übergabe der Bücher und Papiere an den Verwahrer kann das Gericht nicht gem § 35 erzwingen (BayObLGZ 1967, 240 zur GmbH), wohl aber kann die
Pflicht des Verwahrers, Einsicht zu gewähren, nach § 95 Abs 1 Nr 3 vollstreckt werden
(Bumiller/*Harders* § 375 Rn 23; s.a. KG JW 1937, 2289; aA: Keidel/*Heinemann* § 375
Rn 75). Der Verwahrer kann entspr § 83 Abs 4 GenG auch wieder gerichtlich abberufen werden (Jansen/*Ries* § 145 Rn 5 für die OHG).

Nr 8 (betreffend die SCE):
- **Ermächtigung einer Mitgliederminderheit zur Einberufung der Generalversamm-** 59
lung (Art 54 Abs 2 SCE-VO iVm § 45 Abs 3 GenG). Entsprechendes dürfte – als Unterfall der Ermächtigung zur Einberufung – gelten für die Aufnahme eines oder mehrerer neuer Punkte in die Tagesordnung, obgleich weder Art 57 SCE-VO noch das

Nr 9 (betreffend die rechnungslegungspflichtigen Unternehmen):
60 – **Bestellung eines Prüfers** bezüglich der Frage, ob ein Unternehmen oder ein Mutterunternehmen rechnungslegungspflichtig ist (§§ 2 Abs 3, 12 Abs 3 PublG). Das Verfahren wird von Amts wegen betrieben. Vor der Bestellung sind die gesetzlichen Vertreter des Unternehmens sowie der ggf bestehende Aufsichtsrat anzuhören (§§ 2 Abs 3 Satz 2, 12 Abs 3 Satz 2 PublG). Für die Auswahl des Prüfers gilt § 143 AktG entspr; die Bereitschaft des Betreffenden zur Übernahme des Amtes ist einzuholen. Ein genereller Verzicht des Prüfers auf Vergütungsansprüche ggü der Staatskasse darf nicht verlangt werden, da das Gesetz ausdrücklich vorsieht, dass die Staatskasse die Kosten trägt, wenn eine Verpflichtung zur Rechnungslegung nicht besteht (§ 2 Abs 3 Satz 4 PublG). Beschwerdeberechtigt ist nur die Gesellschaft. Deren gesetzliche Vertreter sind nicht selbst beschwerdeberechtigt, obgleich das Prüfungsergebnis dazu führen kann, deren persönliche Bekanntmachungspflichten nach § 2 Abs 2 Satz 3 PublG sowie Rechnungslegungspflichten nach §§ 5, 13 PublG festzustellen. Die Feststellung dieser Pflichten stellt lediglich einen möglichen Rechtsreflex dar, welcher eine Beschwerdeberechtigung hinsichtlich der Einleitung der Prüfung nicht auslöst (aA: Keidel/Heinemann § 375 Rn 82; Jansen/Ries § 145 Rn 62). Persönlich betroffen ist der gesetzliche Vertreter erst, wenn es nach Abschluss der Prüfung um die konkrete Umsetzung seiner persönlichen Handlungspflichten geht. Hierbei sind jedoch weder das Bundesamt für Justiz noch das nach § 335 Abs 4 HGB entscheidende Gericht an den Prüfungsbericht gebunden.
61 – **Festsetzung der Auslagen** und der Vergütung des gerichtlich bestellten Sonderprüfers (§§ 2 Abs 3 Satz 3, 12 Abs 3 Satz 3 PublG iVm 142 Abs 6 AktG); eine Rechtsbeschwerde findet in diesen Angelegenheiten nicht statt (§ 142 Abs 6 Satz 3 AktG).

Nr 10 (betreffend die Montanmitbestimmung):
62 – **Abberufung des »neutralen« Aufsichtsratsmitglieds** eines montanmitbestimmten Unternehmens aus wichtigem Grund (§ 11 Abs 3 MontanMitbestG). Die Vorschrift gilt entspr für die Abberufung des neutralen Aufsichtsratsmitglieds aus einem beherrschenden Unternehmen (§ 5 Abs 3 Satz 2 MontanMitbestErgG).

Nr 11 (betreffend Kreditinstitute):
63 – **Bestellung eines Treuhänders** für die Ausübung der Stimmrechte des Inhabers einer bedeutenden Beteiligung sowie der von ihm kontrollierten Unternehmen (§ 2c Abs 2 Satz 2 KWG). Den Antrag stellt die BaFin, das Kreditinstitut oder ein an ihm Beteiligter, nachdem die BaFin dem Inhaber der bedeutenden Beteiligung und den von ihm kontrollierten Unternehmen die Ausübung des Stimmrechtes untersagt hat. Der Inhaber der bedeutenden Beteiligung, das Kreditinstitut und die BaFin sind anzuhören, soweit sie den Antrag nicht selbst gestellt haben. Das Gericht hat keinen Entscheidungsspielraum in der Frage, ob es einen Treuhänder bestellt, sondern nur in der Auswahl der Person. Die Bereitschaft des vorgesehenen Treuhänders zur Übernahme des Amtes ist einzuholen, sofern eine entspr Erklärung nicht bereits dem Antrag beigefügt ist. Ein genereller Verzicht des Treuhänders auf Vergütungsansprüche ggü der Staatskasse darf nicht verlangt werden, da das Gesetz ausdrücklich vorsieht, dass der Bund die Auslagen vorschießt (§ 2c Abs 2 Satz 9 KWG). Sind die Voraussetzungen für die Bestellung eines Treuhänders entfallen, hat die BaFin den Widerruf der Bestellung zu beantragen (§ 2c Abs 2 Satz 5 KWG).
64 – **Festsetzung der Auslagen** und der Vergütung des gerichtlich bestellten Treuhänders (§ 2c Abs 2 Satz 6, 7 KWG); eine Rechtsbeschwerde findet in diesen Angelegenheiten nicht statt.

- **Bestellung von Sachwaltern bei Insolvenzgefahr** eines Refinanzierungsmittlers 65
  (§ 22c KWG) oder eines Refinanzierungsunternehmens, welches ein Refinanzierungsregister nicht nur für Dritte (§ 22o KWG) oder für einen Refinanzierungsmittler führt
  (§ 22c KWG). Der oder die Sachwalter werden von der BaFin vorgeschlagen. Das Gericht kann vom Vorschlag der BaFin abweichen, wenn dies zur Sicherstellung einer
  sachgerechten Zusammenarbeit zwischen Insolvenzverwalter und Sachwalter erforderlich erscheint (§ 22l Abs 1 Satz 2 KWG). Die Bereitschaft der vorgesehenen Sachwalter zur Übernahme des Amtes ist einzuholen, sofern entspr Erklärungen nicht
  bereits dem Antrag beigefügt sind. Ein genereller Verzicht des Sachwalters auf Vergütungsansprüche ggü der Staatskasse darf nicht verlangt werden, da er von der BaFin eine angemessene Vergütung und Ersatz seiner Aufwendungen erhält (§ 22n
  Abs 5 KWG). Der Sachwalter erhält eine Urkunde über seine Ernennung, die er bei Beendigung seines Amtes zurückzugeben hat (§ 22l Abs 1 Satz 3 KWG). Die Ernennung
  und Abberufung des Sachwalters sind von Amts wegen in das Handels- oder Genossenschaftsregister einzutragen (§ 22m Abs 1 Satz 2 KWG) und auch bekannt zu machen (§ 22m Abs 1 Satz 1 KWG analog). § 22m Abs 1 Satz 3 KWG gilt hier nicht, weil
  die Vorschrift nur eine doppelte Bekanntmachung dessen ausschließen will, was im
  Falle der Insolvenz bereits das Insolvenzgericht bekannt gemacht hat.
- **Bestellung der Abwickler** eines Kreditinstituts, dessen Erlaubnis erloschen oder 66
  durch die BaFin aufgehoben ist, wenn die sonst berufenen Personen keine Gewähr für
  die ordnungsmäßige Abwicklung bieten (§ 38 Abs 2 Satz 2 KWG). Antragsberechtigt
  ist die BaFin. Die Bereitschaft des vorgesehenen Abwicklers zur Übernahme des Amtes sowie die nach §§ 266 Abs 3 AktG, 67 Abs 3 GmbHG vorgesehenen Versicherungen sind einzuholen, sofern entspr Erklärungen nicht bereits dem Antrag beigefügt
  sind. Die Eintragung in das Register erfolgt von Amts wegen (analog §§ 266 Abs 4
  AktG, 67 Abs 4 GmbHG, 148 Abs 2 HGB, 84 Abs 2 GenG; 22m Abs 1 Satz 2, 46a Abs 2
  Satz 2 KWG).
- **Bestellung eines Treuhänders** für die Ausübung der Stimmrechte der an der Spitze 67
  einer Finanzholding-Gruppe stehenden Finanzholding-Gesellschaft an dem übergeordneten Unternehmen und den anderen nachgeordneten Unternehmen bzw an dem
  übergeordneten Finanzkonglomeratsunternehmen (§ 45a Abs 2 Satz 1 KWG). Den Antrag stellt die BaFin, nachdem sie der Finanzholding-Gesellschaft die Ausübung des
  Stimmrechtes untersagt hat. Die Finanzholding-Gesellschaft und das übergeordnete
  Unternehmen sind anzuhören. Das Gericht hat keinen Entscheidungsspielraum in der
  Frage, ob es einen Treuhänder bestellt, sondern nur in der Auswahl der Person. Die
  Bereitschaft des vorgesehenen Treuhänders zur Übernahme des Amtes ist einzuholen,
  sofern eine entspr Erklärung nicht bereits dem Antrag beigefügt ist. Ein genereller
  Verzicht des Treuhänders auf Vergütungsansprüche ggü der Staatskasse darf nicht
  verlangt werden, da das Gesetz ausdrücklich vorsieht, dass der Bund die Auslagen
  vorschießt (§ 45a Abs 2 Satz 7 KWG). Auf Antrag der BaFin kann aus wichtigem
  Grund der Treuhänder abberufen und ein anderer Treuhänder bestellt werden (§ 45a
  Abs 2 Satz 3 KWG). Sind die Voraussetzungen für die Bestellung eines Treuhänders
  entfallen, hat die BaFin den Widerruf der Bestellung zu beantragen (§ 45a Abs 2 Satz 4
  KWG).
- **Festsetzung der Auslagen** und der Vergütung des gerichtlich bestellten Treuhänders 68
  (§ 45a Abs 2 Satz 5, 6 KWG); eine Rechtsbeschwerde findet in diesen Angelegenheiten
  nicht statt.
- **Bestellung eines Notgeschäftsführers/-vorstands bei Insolvenzgefahr**, wenn zur Ge- 69
  schäftsführung und Vertretung des Kreditinstituts befugte Personen infolge einer Untersagung der Ausübung ihrer Tätigkeit durch die BaFin nicht mehr in der erforderlichen Anzahl vorhanden sind (§ 46a Abs 2 Satz 1 KWG). Antragsberechtigt ist die
  BaFin. Die Bereitschaft des vorgesehenen Notgeschäftsführers/-vorstands zur Übernahme des Amtes ist einzuholen, sofern eine entspr Erklärung nicht bereits dem An-

trag beigefügt ist. Die gerichtliche Bestellung und Abberufung der vertretungsbefugten Personen, deren Vertretungsbefugnis sowie das Erlöschen ihres Amtes sind von Amts wegen in das Register einzutragen (§ 46a Abs 2 Satz 2 KWG). Solange Sicherungsmaßnahmen der BaFin angeordnet sind, kann ein gerichtlich bestellter Notgeschäftsführer/-vorstand nur durch das Gericht und nur aus wichtigem Grund abberufen werden. Antragsberechtigt für die Abberufung sind die BaFin sowie dasjenige Organ des Instituts, welches für die Abberufung eines nicht von der BaFin gestellten Geschäftsführungs- oder Vorstandsmitglieds zuständig wäre. Ferner entscheidet das Gericht über die **Festsetzung der Auslagen** und Vergütung des gerichtlich bestellten Notgeschäftsführers/-vorstands (§ 46a Abs 4 KWG); eine Rechtsbeschwerde findet in diesen Angelegenheiten nicht statt.

70 – Entsprechendes gilt für die vorgelagerte **Bestellung eines Notgeschäftsführers/-vorstands bei Gefahr** für die Erfüllung der Verpflichtungen eines Kreditinstituts gegenüber seinen Gläubigern (§ 46 Abs 2 KWG), wenn geschäftsführungs- und vertretungsbefugte Personen infolge einer Untersagung der Ausübung ihrer Tätigkeit durch die BaFin nicht mehr in der erforderlichen Anzahl vorhanden sind. Dass § 46 Abs 2 KWG in § 375 Nr 11 FamFG unerwähnt blieb, ist eines der vielen Redaktionsversehen.

Nr 12 (betreffend Pfandbriefbanken):

71 – **Ernennung von Sachwaltern für die Abwicklung** der Pfandbriefbank, deren Erlaubnis erloschen oder durch die BaFin aufgehoben ist, soweit es für eine sachgerechte Abwicklung erforderlich ist (§ 2 Abs 4 PfandBG). Antragsberechtigt ist die BaFin. Das Einverständnis des Betreffenden mit der Übernahme des Amtes ist einzuholen, sofern eine entsprechende Erklärung nicht bereits dem Antrag beigefügt ist.

72 – **Ernennung von Sachwaltern bei Insolvenzgefahr** der Pfandbriefbank (§ 30 Abs 5 Satz 1 PfandBG) oder nach Eröffnung des Insolvenzverfahrens über deren Vermögen (§ 30 Abs 2 Satz 1 PfandBG). Antragsberechtigt ist die BaFin. Die Bereitschaft des vorgesehenen Sachwalters zur Übernahme des Amtes ist einzuholen, sofern entspr Erklärungen nicht bereits dem Antrag beigefügt sind. Der Sachwalter erhält eine Urkunde über seine Ernennung, die er bei Beendigung seines Amtes an das Gericht zurückzugeben hat (§ 31 Abs 2 PfandBG). Das Gericht kann den Sachwalter auf Antrag der BaFin abberufen, wenn ein wichtiger Grund vorliegt (§ 31 Abs 1 Satz 2 PfandBG). Die Ernennung und Abberufung des Sachwalters sind von Amts wegen in das Handels- oder Genossenschaftsregister einzutragen (§ 31 Abs 2 Satz 3 PfandBG). Die Eintragung ist auch bekannt zu machen; § 31 Abs 2 Satz 4 PfandBG ist nicht anzuwenden. Die Vorschrift rührt noch aus der Zeit der Registerbekanntmachungen im Bundesanzeiger; sie wollte lediglich die nochmalige Bekanntmachung desselben Inhalts neben der nach § 31 Abs 2 Satz 2 PfandBG ohnehin im Bundesanzeiger zu veranlassenden Bekanntmachung ausschließen.

73 – **Festsetzung der Auslagen** und der Vergütung des gerichtlich bestellten Sachwalters (§ 31 Abs 4 PfandBG); eine Rechtsbeschwerde findet in diesen Angelegenheiten nicht statt.

Nr 13 (betreffend Versicherungsunternehmen):

74 – **Bestellung eines Treuhänders** für die Ausübung der Stimmrechte des Inhabers einer bedeutenden Beteiligung an einem Versicherungsunternehmen sowie der von ihm kontrollierten Unternehmen (§ 104 Abs 2 Satz 3 VAG). Den Antrag stellt die Versicherungsaufsichtsbehörde, das Versicherungsunternehmen oder ein an ihm Beteiligter, nachdem die Versicherungsaufsichtsbehörde dem Inhaber der bedeutenden Beteiligung die Ausübung des Stimmrechtes untersagt hat. Der Inhaber der bedeutenden Beteiligung, das Versicherungsunternehmen und die Versicherungsaufsichtsbehörde sind anzuhören, soweit sie den Antrag nicht selbst gestellt haben. Das Gericht hat keinen Entscheidungsspielraum in der Frage, ob es einen Treuhänder bestellt, sondern nur in der Auswahl der Person. Die Bereitschaft des vorgesehenen Treuhänders zur

Übernahme des Amtes ist einzuholen, sofern eine entspr Erklärung nicht bereits dem Antrag beigefügt ist. Ein genereller Verzicht des Treuhänders auf Vergütungsansprüche ggü der Staatskasse darf nicht verlangt werden, da das Gesetz ausdrücklich vorsieht, dass der Bund die Auslagen vorschießt (§ 104 Abs 2 Satz 10 VAG). Sind die Voraussetzungen für die Bestellung eines Treuhänders entfallen, hat die Versicherungsaufsichtsbehörde den Widerruf der Bestellung zu beantragen (§ 104 Abs 2 Satz 6 VAG). Ferner entscheidet das Gericht über die **Festsetzung der Auslagen** und Vergütung des gerichtlich bestellten Treuhänders (§ 104 Abs 2 Satz 7, 8 VAG); eine Rechtsbeschwerde findet in diesen Angelegenheiten nicht statt.

- **Bestellung eines Treuhänders** für die Ausübung der Stimmrechte der an der Spitze 75 eines Finanzkonglomerats stehenden gemischten Finanzholding-Gesellschaft an dem übergeordneten Finanzkonglomeratsunternehmen und den anderen nachgeordneten Finanzkonglomeratsunternehmen (§ 104u Abs 2 Satz 1 VAG). Den Antrag stellt die Versicherungsaufsichtsbehörde, nachdem sie der Finanzholding-Gesellschaft die Ausübung des Stimmrechtes untersagt hat. Die Finanzholding-Gesellschaft und das übergeordnete Finanzkonglomeratsunternehmen sind anzuhören. Das Gericht hat keinen Entscheidungsspielraum in der Frage, ob es einen Treuhänder bestellt, sondern nur in der Auswahl der Person. Die Bereitschaft des vorgesehenen Treuhänders zur Übernahme des Amtes ist einzuholen, sofern eine entspr Erklärung nicht bereits dem Antrag beigefügt ist. Ein genereller Verzicht des Treuhänders auf Vergütungsansprüche ggü der Staatskasse darf nicht verlangt werden, da das Gesetz ausdrücklich vorsieht, dass der Bund die Auslagen vorschießt (§ 104u Abs 2 Satz 7 VAG). Auf Antrag der Versicherungsaufsichtsbehörde kann aus wichtigem Grund der Treuhänder abberufen und ein anderer Treuhänder bestellt werden (§ 104u Abs 2 Satz 3 VAG). Sind die Voraussetzungen für die Bestellung eines Treuhänders entfallen, hat die Versicherungsaufsichtsbehörde den Widerruf der Bestellung zu beantragen (§ 104u Abs 2 Satz 4 VAG). Ferner entscheidet das Gericht über die **Festsetzung der Auslagen** und Vergütung des gerichtlich bestellten Treuhänders (§ 104u Abs 2 Satz 5, 6 VAG); eine Rechtsbeschwerde findet in diesen Angelegenheiten nicht statt.

Nr 14 (betreffend die bedeutende Beteiligung an einem Börsenträger):
- **Bestellung eines Treuhänders** für die Ausübung der Stimmrechte des Inhabers einer 76 bedeutenden Beteiligung am Börsenträger sowie der von ihm kontrollierten Unternehmen (§ 6 Abs 4 Satz 4 BörsG). Den Antrag stellt die Börsenaufsichtsbehörde, der Börsenträger oder ein an ihm Beteiligter, nachdem die Börsenaufsichtsbehörde dem Inhaber der bedeutenden Beteiligung die Ausübung des Stimmrechtes untersagt hat. Zuständig ist das Gericht am Sitz des Börsenträgers. Der Inhaber der bedeutenden Beteiligung, der Börsenträger und die Börsenaufsichtsbehörde sind anzuhören, soweit sie den Antrag nicht selbst gestellt haben. Das Gericht hat keinen Entscheidungsspielraum in der Frage, ob es einen Treuhänder bestellt, sondern nur in der Auswahl der Person. Die Bereitschaft des vorgesehenen Treuhänders zur Übernahme des Amtes ist einzuholen, sofern eine entspr Erklärung nicht bereits dem Antrag beigefügt ist. Ein genereller Verzicht des Treuhänders auf Vergütungsansprüche ggü der Staatskasse darf nicht verlangt werden, da das Gesetz ausdrücklich vorsieht, dass das Land die Auslagen vorschießt (§ 6 Abs 4 Satz 8 BörsG). Sind die Voraussetzungen für die Bestellung eines Treuhänders entfallen, hat die Börsenaufsichtsbehörde den Widerruf der Bestellung zu beantragen (§ 6 Abs 4 Satz 5 BörsG). Ferner entscheidet das Gericht über die **Festsetzung der Auslagen** und Vergütung des gerichtlich bestellten Treuhänders (§ 6 Abs 4 Satz 6, 7 BörsG); eine Rechtsbeschwerde findet in diesen Angelegenheiten nicht statt.

Nr 15 (betreffend die Partnerschaftsgesellschaft):
- **Bestellung und Abberufung von Liquidatoren** für die Partnerschaftsgesellschaft 77 (§ 10 PartGG iVm §§ 146 Abs 2, 147 HGB) sowie Bestimmung eines **Verwahrers für**

die Bücher und Papiere der erloschenen Partnerschaftsgesellschaft (§ 10 PartGG iVm § 157 Abs 2 HGB). Zu den Einzelheiten s.o. Rz 18 f.

Nr 16 (betreffend Schuldverschreibungen aus Gesamtemissionen):

77a – **Ermächtigung einer Gläubigerminderheit zur Einberufung der Gläubigerversammlung** (§ 9 Abs 2 Satz 1 SchVG). Die Inhaberschaft von wenigstens 5% der ausstehenden Schuldverschreibungen durch die Antragsteller sowie das Vorliegen eines Einberufungsgrundes iSd § 9 Abs 1 SchVG sind zu prüfen. Als Antragsgegner ist der Schuldner beteiligt; außerdem ist – soweit vorhanden – der gemeinsame Vertreter der Gläubiger hinzuzuziehen. Das Gericht kann zugleich den Vorsitzenden der einzuberufenden Versammlung bestimmen; hierzu ist das Einverständnis des Betreffenden mit der Übernahme der Versammlungsleitung einzuholen. Zu Besonderheiten bei der Kostengrundentscheidung s Rz 78. Beschwerdebefugt sind je nach Beschwer entweder die Gläubigerminderheit als solche oder der Schuldner. Auch der gemeinsame Vertreter der Gläubiger ist (für diese) beschwerdebefugt.

IV. Kosten

1. Kostengrundentscheidung

78 Die Kostengrundentscheidung ergeht nach den allgemeinen Vorschriften (§ 81). Im ersten Rechtszug ist davon auszugehen, dass jede Partei ihre Kosten allein zu tragen hat, wenn nicht besondere Umstände des Einzelfalls die Erstattungsanordnung rechtfertigen (vgl *Krafka/Willer* Rn 494). Eine Sondervorschrift enthält § 9 Abs 4 SchVG, wonach der Schuldner die Verfahrenskosten trägt, wenn dem Antrag stattgegeben wird.

79 Im **Verklarungsverfahren** wird keine Kostengrundentscheidung getroffen, weil das Gericht nicht in der Sache entscheidet, sondern nur eine Beweisaufnahme durchführt. Gebührenschuldner für die angefallenen Gerichtsgebühren ist der Antragsteller.

2. Gerichtsgebühren

80 Für unternehmensrechtliche Verfahren wird eine doppelte Geb erhoben (§ 121 KostO). Die Festsetzung von Auslagen und Vergütungen gerichtlich bestellter Personen (Rz 22, 32, 35, 38, 39, 46, 49, 61, 64, 68, 69, 73, 74, 75, 76) ist gebührenfreies Nebengeschäft zur Bestellung selbst (§ 35 KostO; vgl *Korintenberg/Hellstab* § 121 Rn 8). Gebührentatbestand ist die »Erledigung« der Angelegenheit; eine Verfahrenseinstellung bleibt gebührenfrei (*Korintenberg/Hellstab* § 121 Rn 24). Bei Antragszurückweisung oder -rücknahme gilt § 130 KostO.

81 Für die Aufnahme von **Verklarungen** wird eine doppelte Geb, für die nachträgliche Ergänzung der Verklarung eine volle Geb erhoben (§ 50 Abs 2 KostO).

82 Für die Bestellung eines **Dispacheurs**, einschl der Bestimmung seiner Vergütung, sowie für die Entscheidung über seine Verpflichtung zur Aufmachung der von ihm abgelehnten Dispache wird insgesamt die volle Geb erhoben (§ 123 Abs 1 KostO). Gegenstandswert ist der Betrag des Havarieschadens und, wenn die geretteten Beitragswerte geringer sind, die Summe dieser Werte. Hinsichtlich der Kosten der Dispacheverfahren im Übrigen s § 403 Rz 12, § 404 Rz 8, § 406 Rz 17, § 407 Rz 14.

Abschnitt 2
Zuständigkeit

§ 376 Besondere Zuständigkeitsregelungen

(1) Für Verfahren nach § 374 Nr. 1 und 2 sowie § 375 Nr. 1, 3 bis 14 und 16 ist das Gericht, in dessen Bezirk ein Landgericht seinen Sitz hat, für den Bezirk dieses Landgerichts zuständig.

(2) Die Landesregierungen werden ermächtigt, durch Rechtsverordnung die Aufgaben nach § 374 Nr. 1 bis 3 sowie § 375 Nr. 1, 3 bis 14 und 16 anderen oder zusätzlichen Amtsgerichten zu übertragen und die Bezirke der Gerichte abweichend von Absatz 1 festzulegen. Sie können die Ermächtigung nach Satz 1 durch Rechtsverordnung auf die Landesjustizverwaltungen übertragen. Mehrere Länder können die Zuständigkeit eines Gerichts für Verfahren nach § 374 Nr. 1 bis 3 über die Landesgrenzen hinaus vereinbaren.

A. Allgemeines

Die Vorschrift enthält Bestimmungen über die **Gerichtsverfassung**. 1

Absatz 1 bestimmt, dass für Handels- und Genossenschaftsregistersachen dasjenige 2 Gericht zuständig ist, in dessen Bezirk ein Landgericht seinen Sitz hat (Grundsatz der **Zuständigkeitskonzentration**). Das entspricht den bisherigen Regelungen der §§ 125 Abs 1 FGG, 10 Abs 2 GenG. Dieselbe Konzentration gilt – mit Ausnahme der Schiffahrts- und Partnerschaftsregistersachen – für unternehmensrechtliche Verfahren.

Absatz 2 enthält eine Verordnungsermächtigung in zweierlei Richtung: Einerseits eine 3 Ermächtigung zur **Dekonzentration**, die es den Landesregierungen erlaubt, die Registerführung auf weitere Amtsgerichte zu verteilen, andererseits die Ermächtigung zur **weiteren Konzentration**, welche es erlaubt, die Registerführung landesweit auf nur ein einziges Amtsgericht zu konzentrieren und sogar Zuständigkeiten über die Ländergrenzen hinaus zu vereinbaren (früher: §§ 125 Abs 2 Satz 1 Nr 1, Satz 2, 3 FGG, 55 Abs 2 BGB). Die Verordnungsermächtigung des Abs 2 gilt – anders als die Regelung in Abs 1 – auch für das Partnerschaftsregister.

B. Praktische Hinweise

Die Länder haben von ihren Verordnungsermächtigungen unterschiedlich Gebrauch ge- 4 macht (Zusammenstellung bei *Krafka/Willer* Rn 13). Für die praktische Rechtsanwendung bietet die Internet-Seite www.justizadressen.nrw.de eine einfache Möglichkeit zur Ermittlung des örtlich zuständigen Registergerichts in Handels- (zugleich Genossenschafts-), Vereins- und Partnerschaftsregistersachen.

C. Kommentierung

I. Zuständigkeitskonzentration der Handels- und Genossenschaftsregister sowie der unternehmensrechtlichen Verfahren (Abs 1)

Die Vorschrift legt fest, bei welchen Gerichten welche Registersachen und unterneh- 5 mensrechtlichen Verfahren überhaupt geführt werden. Entgegen der Normüberschrift handelt es sich dabei nicht um »besondere Zuständigkeitsregelungen«, sondern um gerichtsorganisatorische Bestimmungen und Ermächtigungen, die rechtssystematisch der Materie des **Gerichtsverfassungsrechts** angehören.

Als Ausgangslage bestimmt das Gesetz eine Konzentration des Handels- und Genos- 6 senschaftsregisters auf die Amtsgerichte am Sitz der jeweiligen Landgerichte. Dagegen

§ 376 FamFG | Besondere Zuständigkeitsregelungen

gilt für die Partnerschafts-, Vereins- und Güterrechtsregister der Grundsatz der Dekonzentration auf die allgemein zuständigen Amtsgerichte.

7 **Unternehmensrechtliche Verfahren** sind grds auf dieselben Gerichte konzentriert mit Ausnahme der Schifffahrtssachen und der Entscheidungen im Zusammenhang mit der Liquidation einer Partnerschaftsgesellschaft.

II. Verordnungsermächtigung (Abs 2 Satz 1, 2)

8 Die Verordnungsermächtigung des Abs 2 lässt den Landesregierungen Spielraum, die Zuständigkeiten innerhalb der eigenen Landesgrenzen abweichend von der Regelung des Abs 1 zu gestalten.

9 Nicht von der Verordnungsermächtigung gedeckt ist, die Registerführung auf andere Stellen als auf Amtsgerichte zu übertragen. Die jahrzehntelang immer wieder aufgeflammte Diskussion um die Übertragung der Registerführung auf die IHK (vgl den Überblick bei *Dieckmann* ZRP 2000, 44 sowie zuletzt den gescheiterten Gesetzentwurf eines Registerführungsgesetzes, BTDrs 15/1890 und 16/515) hat damit ihr einstweiliges Ende gefunden.

10 Von § 376 insgesamt nicht erfasst werden die Vereins- und Güterrechtsregister sowie die unternehmensrechtlichen Verfahren in den Schifffahrts- und Partnerschaftssachen (§ 375 Nr 2, 15). Für sie gilt die Konzentrationsermächtigung des § 23d GVG sowie für das Güterrechtsregister – völlig unsystematisch – zusätzlich § 1558 Abs 2 BGB.

III. Ermächtigung zur länderübergreifenden Zuständigkeitsübertragung (Abs 2 Satz 3)

11 Absatz 2 Satz 3 enthält eine Ermächtigung zur länderübergreifenden Übertragung gerichtlicher Zuständigkeiten bei der Führung des Handels-, Genossenschafts- und Partnerschaftsregisters. Die Zuständigkeitsübertragung setzt eine »Vereinbarung mehrerer Länder« voraus, erfordert also einen Staatsvertrag. Ein schlichtes Regierungsabkommen dürfte nicht ausreichen, da sich die Vereinbarungsermächtigung nicht auf die »Landesregierungen«, sondern auf die »Länder« bezieht. Ein Ressortabkommen genügt jedenfalls nicht, da sich die Delegationsbefugnis des Abs 2 Satz 2 ausdrücklich nur auf die in Abs 1 Satz 1 enthaltene Ermächtigung bezieht, nicht jedoch auf die weitere Ermächtigung des Abs 2 Satz 3.

12 Nahe gelegen hätte es, zusätzlich auch für die Verfahren nach § 375 Nr 2 eine länderübergreifende Übertragung gerichtlicher Zuständigkeiten zu erlauben, um den bereits existenten Staatsvertrag vom 29.8.1994 über die Zuständigkeit des Amtsgerichts Rostock für das Dispacheverfahren der Länder Brandenburg, Mecklenburg-Vorpommern, Sachsen, Sachsen-Anhalt und Thüringen bundesgesetzlich zu legitimieren. Denn allein durch die Konzentrationsermächtigung des § 23d GVG ist die länderübergreifende Zusammenführung des Dispacheverfahrens, wie sie im Beitrittsgebiet praktiziert wird, eigentlich nicht gedeckt.

IV. Sachliche, örtliche, internationale und funktionelle Zuständigkeit

13 Die sachliche Zuständigkeit der Amtsgerichte folgt nicht aus § 376, sondern aus § 23a Abs 1 Nr 2 iVm Abs 2 Nr 3, 4 GVG. Die örtliche Zuständigkeit ist geregelt in § 377, die internationale in § 105.

14 Funktionell zuständig in Registersachen ist der Richter nur für einzelne, ihm durch § 17 RPflG vorbehaltene Geschäfte in Abteilung B des Handelsregisters, ansonsten der Rechtspfleger gem § 3 Nr 1 lit. a, e und Nr 2 lit. d RPflG. Durch § 19 Abs 1 Nr 6 RPflG sind die Landesregierungen ermächtigt, den Richtervorbehalt des § 17 RPflG ganz oder teilweise aufzuheben. Soweit von der Verordnungsermächtigung Gebrauch gemacht wurde (Vorreiter ist Baden-Württemberg, andere Länder sind gefolgt), führt das zu bun-

Besondere Zuständigkeitsregelungen | § 376 FamFG

desweit uneinheitlichen funktionellen Zuständigkeiten. Zum Richtervorbehalt für unternehmensrechtliche Verfahren s § 375 Rz 11 f.

V. Inkrafttreten des Abs 2

Abweichend vom übrigen FamFG trat Abs 2 bereits am 29.5.2009 in Kraft (Art 14 Abs 1 BilMoG, BGBl 2009 I 1102, 1136). Das vorgezogene Inkrafttreten der Verordnungsermächtigung wurde als notwendig erachtet, damit die Länder rechtzeitig bis zum Inkrafttreten des FamFG Regelungen zur Zuständigkeitskonzentration treffen konnten (s BTDrs 16/12407 S 102). **15**

§ 377 Örtliche Zuständigkeit

(1) Ausschließlich zuständig ist das Gericht, in dessen Bezirk sich die Niederlassung des Einzelkaufmanns, der Sitz der Gesellschaft, des Versicherungsvereins, der Genossenschaft, der Partnerschaft oder des Vereins befindet, soweit sich aus den entsprechenden Gesetzen nichts anderes ergibt.

(2) Für die Angelegenheiten, die den Gerichten in Ansehung der nach dem Handelsgesetzbuch oder nach dem Binnenschifffahrtsgesetz aufzumachenden Dispache zugewiesen sind, ist das Gericht des Ortes zuständig, an dem die Verteilung der Havereischäden zu erfolgen hat.

(3) Die Eintragungen in das Güterrechtsregister sind bei jedem Gericht zu bewirken, in dessen Bezirk auch nur einer der Ehegatten oder Lebenspartner seinen gewöhnlichen Aufenthalt hat.

(4) § 2 Abs. 1 ist nicht anzuwenden.

Übersicht

	Rz			Rz
A. Allgemeines	1		2. Besondere Zuständigkeit für das Dispacheverfahren (Abs 2)	30
B. Kommentierung	6	III.	Zuständigkeit für Güterrechtsregistersachen (Abs 3)	35
I. Zuständigkeit in Registersachen (Abs 1)	6		1. Begriff des gewöhnlichen Aufenthalts	36
1. Einzelkaufmann	8		2. Gewöhnlicher Aufenthalt an mehreren Orten	38
2. Personenhandelsgesellschaften	11		3. Großzügige Prüfung der örtlichen Zuständigkeit	40
3. Kapitalgesellschaften, Genossenschaften und Vereine	12		4. Änderung des gewöhnlichen Aufenthalts	41
4. Juristische Person iSd § 33 HGB	17		5. Eintragungen bei einem unzuständigen Gericht	42
5. Zweigniederlassungen	18		6. Kaufmannseigenschaft eines Ehegatten	44
6. Sitzverlegungen	19		7. Fälle mit Auslandsbezug sowie Güterstand der ehemaligen DDR	45
7. Keine Verweisung bei örtlicher Unzuständigkeit	21	IV.	Ausschluss des Prioritätsprinzips (Abs 4)	51
8. Überprüfung der örtlichen Zuständigkeit in der Beschwerdeeinstanz	22			
9. Wirksamkeit der Eintragungen in ein unzuständiges Register	23			
II. Zuständigkeit für unternehmensrechtliche Verfahren	26			
1. Allgemeine Zuständigkeit für unternehmensrechtliche Verfahren	26			

A. Allgemeines

1 **Absatz 1** bestimmt den Ort der Niederlassung des Einzelkaufmanns bzw den Sitz der juristischen Person, Gesellschaft, Genossenschaft usw als Anknüpfungspunkt für die Zuständigkeit des Registergerichts. Welches Amtsgericht für diesen Ort gerichtsorganisatorisch zuständig ist, beantwortet § 376.

2 Der Vorbehalt abweichender Spezialregelungen in den materiellen Gesetzen bezieht sich vor allem auf die Eintragung von Zweigniederlassungen von Unternehmen mit Sitz im Ausland (§ 13d Abs 1 HGB) sowie auf die unternehmensrechtlichen Verfahren.

3 **Absatz 2** übernimmt die bisher in § 149 FGG enthaltene Regelung zur örtlichen Zuständigkeit für das Dispacheverfahren.

4 Die in **Abs 3** enthaltene Regelung findet sich wortgleich bereits in § 1558 Abs 1 BGB. Nach der Begründung des Regierungsentwurfs wird sie hier »aus systematischen Gründen wiederholt«. Zur Bewertung dieser Absurdität s Einl §§ 374–409 Rz 3.

Absatz 4 schließt die Anwendung des § 2 Abs 1 aus. Nach jener Bestimmung wäre 5
von mehreren örtlich zuständigen Gerichten das zuerst mit der Sache befasste zuständig.

B. Kommentierung

I. Zuständigkeit in Registersachen (Abs 1)

Die in Abs 1 getroffene Bestimmung über die Gerichtszuständigkeit ist **sachlich falsch**. 6
Der Gesetzesbegründung (BTDrs 16/6308 S 285) zufolge wurde die Vorschrift eingefügt, weil das FGG bisher keine generelle Regelung zur örtlichen Zuständigkeit für Registerverfahren enthielt; die entsprechenden Vorschriften hätten sich (nur) in den jeweiligen Spezialgesetzen befunden. § 377 Abs 1 enthalte eine den weit überwiegenden Teil dieser Einzelregelungen zusammenfassende Vorschrift zur Begründung der örtlichen Zuständigkeit. Bei diesen Erwägungen verkennt jedoch der Gesetzgeber, dass sich die »in den Spezialgesetzen« enthaltenen und nun vermeintlich in § 377 Abs 1 zusammengefassten Bestimmungen nicht generell zur Frage der örtlichen Zuständigkeit des Registergerichts äußern, sondern lediglich dazu, bei welchem Gericht die Ersteintragung anzumelden ist (s §§ 29, 106 Abs 1 HGB, 7 Abs 1 GmbHG, 10 Abs 1 GenG, 14 AktG, 30 Abs 1 VAG, 2 Abs 1 EWIVAG, 4 SEAG, 137 Abs 1 UmwG, 55 BGB usw). Nicht diese Regelungen fasst § 377 Abs 1 zusammen, sondern formuliert eine neuartige, fortwährende Verknüpfung zwischen Gesellschaftssitz und örtlicher Registerzuständigkeit. Diese Verknüpfung besteht jedoch tatsächlich so nicht, denn bei allen Folgegeschäften im Anschluss an die Erstanmeldung ist wahrer Anknüpfungspunkt für die Zuständigkeit des Registergerichts nicht mehr der Sitz des Unternehmens, sondern der Ort der bisherigen Registerführung. Ist das Unternehmen einmal eingetragen, begründet allein dies die (weitere) Zuständigkeit dieses Registergerichts. Auf den tatsächlichen Sitz kommt es nach vollzogener Ersteintragung nicht mehr an. Der Unterschied macht sich bemerkbar, wenn etwa der Einzelkaufmann seine Niederlassung oder die Personenhandelsgesellschaft ihren Verwaltungssitz verlegen: Entgegen dem Wortlaut des § 377 Abs 1 begründen diese Veränderungen für sich genommen noch keine Zuständigkeit des Registergerichts am Ort des neuen Sitzes, sondern es bleibt das bisher Register führende Gericht weiterhin zuständig für alle registergerichtlichen Geschäfte einschließlich der Zwangsgeld-, Ordnungsgeld- und Löschungsverfahren nach den §§ 388 ff FamFG. Die Zuständigkeit des bisherigen Registergerichts trägt solange, bis die Sitzverlegung angemeldet und eingetragen ist. Erst dann wechselt sie zum Gericht des neuen Sitzes. Dasselbe gilt, wenn ein Unternehmen versehentlich bei einem falschen Registergericht eingetragen wurde: Dieses Gericht bleibt aufgrund seiner Vorbefassung zuständig. Eine Amtslöschung des unzulässig eingetragenen Unternehmens (§ 395) wäre von diesem Gericht zu betreiben und nicht etwa von dem nach Abs 1 vermeintlich bestimmten Gericht des wahren Sitzes.

Richtig ist also: Ausschließlich zuständig ist immer dasjenige Registergericht, bei dem 7
das Unternehmen, die Genossenschaft oder der Verein bisher geführt wird. Absatz 1 ist **teleologisch zu reduzieren**: Die Vorschrift enthält nur eine Bestimmung darüber, welches Gericht für die **Ersteintragung** zuständig ist und zu welchem Gericht die Registerakte nach der Anmeldung einer **Sitzverlegung** abzugeben ist. Nur auf den so reduzierten Anwendungsbereich beziehen sich die nachfolgenden Ausführungen.

1. Einzelkaufmann

Anknüpfungspunkt beim Einzelkaufmann ist der Ort seiner Niederlassung; gemeint ist 8
damit die **Hauptniederlassung**. Das ist der Ort des tatsächlichen Verwaltungssitzes (Baumbach/Hopt/*Hopt* § 13 Rn 1), also der **Ort der kaufmännischen Leitung** des Ge-

werbes, nicht der Ort der Hauptbetriebsstätte (Jansen/*Steder* § 125 Rn 11; MüKoHGB/ *Krafka* § 13 Rn 6, § 29 Rn 8).

9   Jedes Handelsgewerbe hat nur eine einzige Hauptniederlassung. Anders als bei Kapitalgesellschaften (s Rz 13) besteht kein Bedürfnis für die Anerkennung eines Doppel- oder Mehrfachsitzes. Wechselt der Ort der kaufmännischen Leitung ständig (zB bei fahrendem Gewerbe), kann ausnahmsweise der Wohnort des Gewerbetreibenden als Ort seiner Niederlassung fingiert werden, selbst wenn dort keine kaufmännische Leitung ausgeübt wird (MüKoHGB/*Krafka* § 29 Rn 8; Staub/*Hüffer* § 29 Rn 4). Immerhin wird der Gewerbetreibende dort am ehesten für Mitteilungen erreichbar sein.

10   Betreibt der Einzelkaufmann **mehrere verschiedene Gewerbe** (zB eine Autovermietung am Ort A und einen Versandhandel am Ort B), sind beide gesondert am jeweiligen Ort der Hauptniederlassung des jeweiligen Gewerbes einzutragen.

2. Personenhandelsgesellschaften

11   Bei Personenhandelsgesellschaften (KG, OHG) knüpft die Zuständigkeit an deren Sitz an. Auch hiermit ist der **Ort des tatsächlichen Verwaltungssitzes** gemeint, also der Ort der Geschäftsführung (KG NJW-RR 1997, 868; Baumbach/Hopt/*Hopt* § 106 Rn 8; aA offenbar Keidel/*Heinemann* § 377 Rn 7). Der Gesellschaftsvertrag kann den Sitz nicht abweichend vom Ort der tatsächlichen Geschäftsführung bestimmen (Baumbach/Hopt/ *Hopt* § 106 Rn 8; Jansen/*Steder* § 125 Rn 12; aA: Staub/*Ulmer*, § 106 Rn 20). Ein Doppelsitz ist – wie für den Einzelkaufmann – nicht zugelassen (Baumbach/Hopt/*Hopt* § 106 Rn 9; Jansen/*Steder* § 125 Rn 24).

3. Kapitalgesellschaften, Genossenschaften und Vereine

12   Bei Kapitalgesellschaften, Genossenschaften und Vereinen ist der **statuarische Sitz** maßgebend, also der Ort, den die Satzung als Sitz bestimmt, selbst wenn sich die tatsächliche Geschäftsführung nicht dort befindet (Jansen/*Steder* § 125 Rn 13).

13   Zulässig ist für Kapitalgesellschaften in besonders gelagerten Ausnahmefällen ein **Doppelsitz**, wenn beide Sitze eine besondere Bedeutung für das Unternehmen haben (OLG Hamm Rpfleger 1965, 120; BayObLG NJW 1962, 1014; aA: Keidel/*Heinemann* § 377 Rn 13). Reine Prestigegründe – namentlich nach einer Verschmelzung – genügen jedoch nicht (BayObLG ZIP 1985, 929; aA: *Katschinski* ZIP 1997, 620; *Pluskat* WM 2004, 601); zu großzügig daher LG Essen (ZIP 2001, 1632) bei der Zulassung eines Doppelsitzes für die »ThyssenKrupp AG«.

14   Wird ein zweiter Sitz errichtet, tritt dieser selbstständig neben den ersten. Beide Sitze haben die volle und uneingeschränkte Bedeutung des handelsrechtlichen Sitzes. An beiden Sitzen entsteht eine selbstständige und unabhängige registergerichtliche Zuständigkeit. Registeranmeldungen können nicht wahlweise an dem Gericht des einen oder des anderen Sitzes vorgenommen werden, sondern müssen jeweils zu beiden Registern erfolgen. Beide Sitze sind rechtlich gleichwertig. Beiden Registergerichten obliegt die selbstständige Prüfung der jeweiligen Registeranmeldung und die selbstständige Durchführung der Verfahren nach den §§ 388–399 (OLG Hamm Rpfleger 1965, 120; BayObLG NJW 1962, 1014, 1015; Hachenburg/*Ulmer* § 3 Rn 15; aA: KölnKomm-AktG/*Kraft* § 5 Rn 23). Auch die doppelt anfallenden Gebühren der Registerführung sind hinzunehmen (BayObLG NJW 1962, 1014, 1016).

15   Generell gilt für die Gesellschaft das »Schlechterstellungsprinzip«. Konstitutive Eintragungen werden erst wirksam, wenn sie in beiden Registern eingetragen sind (Staub/ *Hüffer* vor § 13 Rn 28). Inhaltliche Unterschiede beider Register gehen – hinsichtlich der Publizitätswirkungen – stets zu Lasten des eingetragenen Unternehmens, da niemand verpflichtet ist, beide Register parallel einzusehen (Staub/*Hüffer* vor § 13 Rn 28). Sind an die Eintragung Fristen geknüpft, beginnen diese erst zu laufen, wenn die Eintragung bei beiden Registern erfolgt ist (Staub/*Hüffer* vor § 13 Rn 28). Bei divergierenden Entschei-

dungen der Registergerichte haben beide Registergerichte untereinander kein gegenseitiges »Beschwerderecht«. Zur Zuständigkeit für unternehmensrechtliche Verfahren s Rz 54.

Vereine können keinen Doppelsitz haben (OLG Hamburg MDR 1972, 417). **16**

4. Juristische Person iSd § 33 HGB

Bei juristischen Personen, deren Eintragung in das Handelsregister mit Rücksicht auf **17** den Gegenstand oder die Art und den Umfang ihres Gewerbebetriebes zu erfolgen hat (gewerbetreibende Vereine, privatrechtliche Stiftungen, öffentlich-rechtliche Körperschaften usw), richtet sich die Zuständigkeit nach § 29 HGB. Entscheidend ist also der **Ort des tatsächlichen Verwaltungssitzes**, nicht der statuarische Sitz (KG OLGR 27, 306; Jansen/*Steder* § 125 Rn 14).

5. Zweigniederlassungen

Für die Eintragung der Zweigniederlassungen und deren Rechtsverhältnisse ist seit **18** dem 1.1.2007 allein das Registergericht der Hauptniederlassung zuständig (§ 13 HGB). Nur Zweigniederlassungen von Unternehmen mit Sitz im Ausland werden am Gerichtsort der Zweigniederlassung eingetragen (§ 13d Abs 1 HGB).

6. Sitzverlegungen

Sitzverlegungen sind beim Registergericht des bisherigen Sitzes anzumelden (§§ 13h **19** HGB, 45 AktG, 6 VRV). Der funktionell hierfür bei Kapitalgesellschaften zuständige Richter (§ 17 Nr 1 lit.b RpflG), ansonsten der Rechtspfleger, prüft jedoch nur die förmliche Zulässigkeit der Anmeldung (OLG Frankfurt FGPrax 2008, 164), um sie sodann mit den Registerakten an das für den neuen Sitz zuständige Gericht zu übersenden. Jenes ist für die Sachprüfung und für die Eintragung der Sitzverlegung sowie der gleichzeitig mit ihr angemeldeten weiteren Veränderungen zuständig (OLG Köln FGPrax 2005, 40 mwN). Ausnahme: Wird zugleich mit der Sitzverlegung eine Verschmelzung mit Kapitalerhöhung angemeldet, ist das Registergericht des bisherigen Sitzes zunächst zur Erledigung des Antrags bezüglich der nach § 53 UmwG vorab einzutragenden Kapitalerhöhung verpflichtet, bevor es die Sache zur Eintragung der Verschmelzung und Sitzverlegung an das Gericht des neuen Sitzes abgeben kann (OLG Frankfurt FGPrax 2005, 38). Wird im Zusammenhang mit einer Sitzverlegung eine aktualisierte Gesellschafterliste eingereicht, ist auch diese noch vor der Abgabe an das Gericht des neuen Sitzes in den Registerordner aufzunehmen (*Mayer* ZIP 2009, 1037, 1039).

Ergeben sich bei der Eintragung der Sitzverlegung Beanstandungen und Verzöge- **20** rungen (zB wegen fehlender Unterscheidbarkeit von anderen Firmen/Vereinsnamen am neuen Sitz, §§ 13h Abs 2 Satz 3 HGB, 45 Abs 2 Satz 3 AktG, 6 Abs 1 Satz 3 VRV), bleibt der getrennte Vollzug möglich (§ 382 Rz 18 ff): Die dringenden, mit der Sitzverlegung weiter angemeldeten Änderungen (zB betreffend Geschäftsführung, Prokuren usw) können vorab im Register des alten, noch wirksamen Sitzes eingetragen werden. Das (noch) Register führende Gericht bleibt hierfür bis zur endgültigen Eintragung der Sitzverlegung zuständig. Die Registergerichte werden den getrennten Vollzug allerdings – schon wegen des damit verbundenen Abstimmungsaufwandes – nur auf gesonderten Antrag verfolgen. Dieser kann allerdings auch nachträglich noch gestellt werden.

7. Keine Verweisung bei örtlicher Unzuständigkeit

§ 3 Abs 1 sieht vor, dass sich das fälschlich angerufene Gericht durch Beschluss für un- **21** zuständig erklärt und die Sache an das zuständige Gericht verweist. Diese Vorschrift ist jedoch **auf Eintragungsanträge nicht anzuwenden**. Denn die Anmeldung bezieht sich inhaltlich nur auf das konkrete Register, zu dem sie eingereicht ist. Sie kann nicht für eine Eintragung bei einem anderen Registergericht verwendet werden, welches an sich zuständig wäre, denn die Eintragung dort würde aus materiellen Gründen eine ausdrückliche Anmeldung zum dortigen Register voraussetzen. Daher ist die bei einem unzuständigen Registergericht eingereichte Registeranmeldung entgegen § 3 Abs 1 nicht an das zuständige Gericht zu verweisen, sondern wegen Unzuständigkeit zurückzuweisen (Staub/*Ulmer* § 106 Rn 11; aA: Keidel/*Heinemann* § 377 Rn 43; Bork/Jacoby/Schwab/*Müther* vor §§ 376f Rn 6). Infolgedessen sind auch § 4 (Abgabe an ein anderes Gericht) und § 5 (gerichtliche Bestimmung der Zuständigkeit) nicht anzuwenden.

8. Überprüfung der örtlichen Zuständigkeit in der Beschwerdeinstanz

22 Die örtliche Zuständigkeit des Registergerichts ist eine ausschließliche; sie ist in jeder Lage des Verfahrens von Amts wegen zu beachten (KGJ 31 A 206; KG JFG 20, 134). Die Verfügung eines unzuständigen Gerichts (zB die Aufforderung zur Registeranmeldung gem § 388) ist auf Beschwerde hin aufzuheben (Jansen/*Steder* § 125 Rn 29). Die Vorschrift des § 65 Abs 4 ist nicht anzuwenden. Denn § 65 Abs 4 verfolgt den Zweck, die Rechtsmittelgerichte von rein prozessualen Streitigkeiten zu entlasten (BTDrs 16/6308 S 206). Darum geht es bei falscher Registerzuständigkeit jedoch nicht, sondern um die korrekte Lokalisierung von Publizitätswirkungen und daran anknüpfende Gutglaubenstatbestände. Hat daher das Beschwerdegericht über einen vom Registergericht zurückgewiesenen Eintragungsantrag zu entscheiden, muss es entgegen § 65 Abs 4 auch die örtliche Zuständigkeit des Registers überprüfen (offensichtlich missverstanden bei Keidel/*Heinemann* § 377 Rn 3 Fn 3; aA wohl auch Bork/Jacoby/Schwab/*Müther* vor §§ 376f Rn 5). Dass freilich im umgekehrten Fall – nach einer vorgenommenen Eintragung – keine Beschwerde auf die Verletzung der örtlichen Zuständigkeit gestützt werden kann, versteht sich von selbst und folgt bereits aus § 383 Abs 3.

9. Wirksamkeit der Eintragungen in ein unzuständiges Register

23 Ob Eintragungen in ein unzuständiges Register wirksam sind, war in der Vergangenheit umstritten. Allgemein bestimmte § 7 FGG, dass gerichtliche Handlungen nicht aus dem Grunde unwirksam seien, dass sie von einem örtlich unzuständigen Gericht vorgenommen seien. Streitig war die Anwendbarkeit der Vorschrift auf Registersachen. Sie wurde für das Vereinsregister überwiegend bejaht (BayObLG Rpfleger 1996, 350; aA: *Schlegelberger* § 1 Rn 25), für das Handelsregister zum Teil verneint (*Sternberg/Siehr* S 35; aA: Jansen/*Steder* § 125 Rn 30; Bondi ZHR 78 (1916), 99, 105).

24 Der Meinungsstreit dürfte durch das FamFG in dem Sinne entschieden sein, dass Eintragungen eines unzuständigen Registergerichts wirksam sind. Denn Abs 4 erklärt ausdrücklich nur den ersten Abs des § 2 für nicht anwendbar. Daraus folgt im Umkehrschluss, dass § 2 Abs 3 – die Nachfolgevorschrift zu § 7 FGG – anzuwenden ist. Die Eintragungen sind also materiell wirksam. Sie entfalten aber keine volle Publizitätswirkung (Jansen/*Steder* § 125 Rn 30), weil jene voraussetzt, dass das Unternehmen und die jeweilige Eintragung in dem dafür zuständigen Register vom Publikum aufgefunden werden können.

25 Einzelkaufleute, Personenhandelsgesellschaften und Vereine, die im falschen Register eingetragen sind, können nach § 395 Abs 1 wieder gelöscht werden. Handelt es sich jedoch um eine Kapitalgesellschaft oder um eine Genossenschaft, steht einer Löschung aus dem falschen Register § 397 entgegen, da Verfahrensfehler bei der Eintragung der Gesellschaft keine nachträgliche Löschung rechtfertigen (str, s § 395 Rz 52). Die Gesellschaft oder Genossenschaft ist in dem Fall verpflichtet, die Umschreibung der Eintragungen auf das zuständige Register ähnlich einer Sitzverlegung anzumelden. Diese Anmeldung kann nach den §§ 388 ff erzwungen werden.

Örtliche Zuständigkeit | § 377 FamFG

II. Zuständigkeit für unternehmensrechtliche Verfahren

1. Allgemeine Zuständigkeit für unternehmensrechtliche Verfahren

Für unternehmensrechtliche Verfahren gilt Abs 1 nur im Grundsatz, denn in den meisten Fällen enthalten die materiellen Gesetze besondere Zuständigkeitsbestimmungen, die der allgemeinen Vorschrift des FamFG vorgehen. 26

Soweit Abs 1 zur Anwendung kommt, bedeutet dies nicht zwingend einen Gleichlauf mit dem Amtsgericht, bei dem das Register geführt wird. Denn die Zuständigkeit für das unternehmensrechtliche Verfahren ist nicht an den Ort des Registergerichts, sondern an den Unternehmenssitz geknüpft. Das kann zur Folge haben, dass die örtliche Zuständigkeit des Registergerichts vom Gericht des unternehmensrechtlichen Verfahrens abweicht, beispielsweise wenn die Sitzverlegung einer Personenhandelsgesellschaft noch nicht angemeldet und eingetragen ist: Für das unternehmensrechtliche Verfahren ist bereits das Gericht am neuen Firmensitz gemäß Abs 1 zuständig, während das Registerverfahren bis zur Eintragung der Sitzverlegung in der Zuständigkeit des bisher Register führenden Gerichts verbleibt. Auch fallen die Zuständigkeiten auseinander, wenn landesrechtliche Zuständigkeitskonzentrationen (§ 376 Abs 2) nicht für Registersachen und für unternehmensrechtliche Verfahren parallel verordnet wurden, namentlich wenn versäumt wurde, für unternehmensrechtliche Verfahren überhaupt eine Regelung zu treffen. Die Notwendigkeit gesonderter Konzentrationsverordnungen für unternehmensrechtliche Verfahren ist erst durch das FamFG entstanden, da die früher in § 145 Abs 2 FGG enthaltene Zuständigkeitskopplung so nicht in das FamFG übernommen wurde. 27

Für unternehmensrechtliche Verfahren, die bereits **vor der Eintragung einer Kapitalgesellschaft** in das Register angestrengt werden, richtet sich die örtliche Zuständigkeit nach dem statuarisch geplanten Sitz der Gesellschaft (Keidel/*Heinemann* § 375 Rn 4; Bumiller/*Harders* § 375 Rn 5). Das gilt auch bei endgültiger Aufgabe des Gründungswillens für die dann anstehenden Abwicklungsmaßnahmen (Keidel/*Heinemann* § 375 Rn 4; aA: BayObLG MDR 1965, 914 und Bumiller/*Harders* § 375 Rn 5). 27a

Für die **Seeverklarung** gilt § 522 HGB, wonach der Gerichtsstand an dem Ort des Hafens begründet ist, den das Schiff nach dem Unfall oder nach dem Verklarungsverlangen zuerst erreicht und in dem die Verklarung ohne eine unverhältnismäßige Reiseverzögerung möglich ist – bzw im Falle des Schiffsverlustes an dem ersten geeigneten Ort. Für die **Verklarung in der Binnenschifffahrt** ist das Schifffahrtsgericht des Unfallorts zuständig (§ 11 Abs 2 BinSchG). Der zusätzlich begründete Gerichtsstand am Bestimmungsort der Reise oder am vorübergehenden Liegeort (§ 11 Abs 1 BinSchG) findet in der Rechtswirklichkeit kaum noch praktische Anwendung. 28

Für die (im modernen Seehandel bedeutungslos gewordene) richterliche Bestimmung der spätesten **Abreise eines Stückgutfrachters** (§ 590 HGB) ist das Gericht am Ort des Hafens zuständig, in dem sich das Schiff befindet (Liegeort). 29

2. Besondere Zuständigkeit für das Dispacheverfahren (Abs 2)

Für die Ernennung eines Dispacheurs (§ 729 HGB) und für die Dispacheverfahren nach den §§ 403 ff FamFG ist das Gericht des Ortes zuständig, an dem die Verteilung der Havereischäden zu erfolgen hat. 30

In der **Seeschifffahrt** ist das – nach der gesetzlichen Regelung des § 727 HGB – der Bestimmungsort der Reise und, wenn dieser nicht erreicht wird, der Hafen, wo die Reise endet. Die gesetzliche Vorschrift ist aber von der Rechtswirklichkeit überholt, da der Verteilungs- und Dispacheort heute regelmäßig vertraglich vereinbart wird (meist London, bei deutschen Reedereien zT Hamburg; vgl Charter: NYPE 93 Klausel 25, GENCON 94 Klausel 12; Linie: CONLINEBILL 2000 Klausel 12; Tramp: CONGENBILL 2007 Klausel 3). Rechtlich unzulässig wäre allerdings die Vereinbarung einer vom Verteilungsort 31 abweichenden Gerichtszuständigkeit (OLG Hamburg OLGR 44, 182); in einem solchen Fall müsste auf die gesetzliche Regelung zurückgegriffen werden.

32 In der **Binnenschifffahrt** ist gesetzlicher Dispacheort der Ort, wo die Reise endet (§ 87 BinSchG). Das ist nicht notwendig der vorgesehene Bestimmungsort, sondern der Ort, wo Schiff und Ladung tatsächlich voneinander getrennt werden, wobei die Löschung eines erheblichen Teils der Ladung genügt (KGJ 53, 103).

33 § 23d GVG ermächtigt die Länder zur **Zuständigkeitskonzentration**. Für die Länder Brandenburg, Mecklenburg-Vorpommern, Sachsen, Sachsen-Anhalt und Thüringen ist das Dispacheverfahren aufgrund des Staatsvertrages vom 29.8.1994 beim Amtsgericht Rostock konzentriert (vgl aber § 376 Rz 12). Für die Hamburger Gerichtsbezirke ist das Verklarungs- und Dispacheverfahren bei dem Amtsgericht Hamburg konzentriert (§ 1 Nr 16 der VO v 1.9.1987, HmbGVBl S 172).

34 Die nach § 4 BinSchGerG getroffene Zuständigkeitskonzentration auf die Schifffahrts- und Schifffahrtsobergerichte gilt grds nicht für die nach dem FamFG zu erledigenden Schifffahrtssachen – mit Ausnahme des an den Unfallort anknüpfenden Verklarungsverfahrens aufgrund der in § 11 Abs 2 BinSchG enthaltenen Sonderzuweisung.

III. Zuständigkeit für Güterrechtsregistersachen (Abs 3)

35 Die Zuständigkeit in Güterrechtsregistersachen ist eine **kumulative Mehrfachzuständigkeit**. Zuständig ist jedes Amtsgericht, in dessen Bezirk auch nur einer der Ehegatten oder Lebenspartner einen gewöhnlichen Aufenthalt hat. Die Eintragung ist bei allen zuständigen Gerichten zu bewirken und kann Dritten nur dann gem § 1412 BGB entgegengehalten werden, wenn sie **bei jedem zuständigen Gericht mit identischem Inhalt** eingetragen ist (MüKoBGB/*Kanzleiter* § 1558 Rn 2, Staudinger/*Thiele*, § 1558 Rn 3). Eintragungen in verschiedenen Güterrechtsregistern, die einander widersprechen, entfalten insgesamt keine Publizitätswirkung (Staudinger/*Thiele*, § 1558 Rn 3).

1. Begriff des gewöhnlichen Aufenthalts

36 Der Begriff des »gewöhnlichen Aufenthalts« iSd Abs 3 ist nicht gleichgestellt mit dem bloß formal gleich lautenden Begriff der §§ 98 Abs 1, 122, 151 Abs 2, 170 usw. Denn jene Vorschriften folgen einem rein verfahrensrechtlichen Blickwinkel, welcher auf die möglichst eindeutige Festlegung eines Gerichtsstandes zielt. Demgegenüber zielt § 377 Abs 3 auf effektive Registerpublizität. Das Güterrechtsregister muss sicherstellen, dass die zu verlautbarenden Rechtsverhältnisse überall dort wahrgenommen werden, wo das **Publikum** einen gewöhnlichen Aufenthalt der Ehegatten verortet und deshalb bei dem dort ansässigen Güterrechtsregister nach Eintragungen forscht. Die Anknüpfung an den gewöhnlichen Aufenthalt dient hier nicht der Kanalisierung einer Rechtschutzgewährung, sondern dem Schutz des Rechtsverkehrs durch möglichst intuitive Lokalisierung der Informationsquelle Güterrechtsregister.

37 »Gewöhnlicher Aufenthalt« iSd Abs 3 meint den Ort, an dem eine Person sich **faktisch** dazu entschließt, länger zu verweilen, seinen Daseinsmittelpunkt zu finden und heimatliche Bindungen zu knüpfen. Dieser Ort wird oft – muss aber nicht – mit dem **Wohnsitz** übereinstimmen. Während der Wohnsitz (§ 7 BGB) einen rechtsgeschäftlichen Bindungswillen voraussetzt, sich ständig an einem bestimmten Ort niederzulassen, reicht es für den Ort des »gewöhnlichen Aufenthalts«, wenn der Betreffende sich faktisch – auch gegen seinen Willen – niederlässt. Instruktiv sind die Ausführungen bei BGH NJW 1981, 520: »Unter dem gewöhnlichen Aufenthalt ist der Ort oder das Land zu verstehen, in dem der Schwerpunkt der Bindungen der betreffenden Person, ihr Daseinsmittelpunkt liegt. Zu fordern ist nicht nur ein Aufenthalt von einer Dauer, die zum Unterschied von dem einfachen oder schlichten Aufenthalt nicht nur gering sein darf, sondern auch das Vorhandensein weiterer Beziehungen, insbes in familiärer oder beruflicher Hinsicht, in denen – im Vergleich zu einem sonst in Betracht kommenden Aufent-

haltsort – der Schwerpunkt der Bindungen der betreffenden Person zu sehen ist. Vom Wohnsitz unterscheidet sich der gewöhnliche Aufenthalt dadurch, dass der Wille, den Aufenthaltsort zum Mittelpunkt oder Schwerpunkt der Lebensverhältnisse zu machen, nicht erforderlich ist. Es handelt sich um einen ›faktischen‹ Wohnsitz, der ebenso wie der gewillkürte Wohnsitz Daseinsmittelpunkt sein muss. Das Merkmal der nicht nur geringen Dauer des Aufenthalts bedeutet dabei nicht, dass im Falle eines Wechsels des Aufenthaltsorts ein neuer gewöhnlicher Aufenthalt immer erst nach Ablauf einer entsprechenden Zeitspanne begründet werden könnte und bis dahin der frühere gewöhnliche Aufenthalt fortbestehen würde. Der gewöhnliche Aufenthalt an einem Ort wird vielmehr grds schon dann begründet, wenn sich aus den Umständen ergibt, dass der Aufenthalt an diesem Ort auf eine längere Zeitdauer angelegt ist und der neue Aufenthaltsort künftig anstelle des bisherigen Daseinsmittelpunkt sein soll.«

2. Gewöhnlicher Aufenthalt an mehreren Orten

Der gewöhnliche Aufenthalt kann an mehreren Orten begründet sein. Werden zB ein Sommer- und ein Winterhaus im jahreszeitlichen Wechsel bewohnt, begründet dies an beiden Orten gleichzeitig den gewöhnlichen Aufenthalt. Bei sog »Wochenendehen« besteht ein gewöhnlicher Aufenthalt nicht nur am Ort der ehelichen Wohnung, sondern auch am Ort der auswärtigen Berufstätigkeit. Dasselbe gilt bei längeren auswärtigen Studienaufenthalten (KG NJW 1988, 649). 38

Da die Publizitätswirkung erst einsetzt, wenn die güterrechtlichen Verhältnisse an jedem Ort des gewöhnlichen Aufenthalts eingetragen sind, gehört es zu den **Sorgfaltspflichten der rechtsberatenden Berufe**, die Lebenssituation der Eheleute/Lebenspartner zu klären. 39

3. Großzügige Prüfung der örtlichen Zuständigkeit

Das Registergericht hat seine örtliche Zuständigkeit großzügig zu prüfen. Da die Wirkungen des § 1412 BGB erst eintreten, wenn an jedem Ort des gewöhnlichen Aufenthalts eine Eintragung in das Güterrechtsregister erfolgt ist, andererseits der Begriff des »gewöhnlichen Aufenthalts« zum Teil schwierige Abgrenzungsfragen auslösen kann, sind zum Schutze der Ehegatten und des Rechtsverkehrs Eintragungen auch in solchen Güterrechtsregistern zuzulassen, deren örtliche Zuständigkeit zweifelhaft ist. Es wäre nicht hinnehmbar, wenn das Registergericht eine Eintragung wegen vermeintlich fehlender örtlicher Zuständigkeit ablehnte, im späteren Streitfalle jedoch ein Zivilgericht den gewöhnlichen Aufenthalt feststellte und infolgedessen der Schutz des § 1412 BGB versagt bliebe. Vielmehr muss es bereits für eine Registereintragung genügen, wenn sich auch nur Anhaltspunkte für einen gewöhnlichen Aufenthalt finden. Folgerichtig ist auch für eine Amtslöschung wegen örtlicher Unzuständigkeit des Gerichts regelmäßig kein Raum (§ 395 Rz 40). 40

4. Änderung des gewöhnlichen Aufenthalts

Verlegt ein Ehegatte seinen gewöhnlichen Aufenthalt in einen anderen Gerichtsbezirk, gilt die frühere Eintragung nur fort, wenn sie im Register des neuen Bezirks wiederholt wird (§ 1559 Satz 1 BGB). Verlegt er seinen gewöhnlichen Aufenthalt in den früheren Bezirk zurück, gilt die frühere Eintragung als von Neuem erfolgt (§ 1559 Satz 2 BGB). Ist eine Rückverlegung des gewöhnlichen Aufenthalts dauerhaft nicht beabsichtigt, empfiehlt es sich, die Eintragungen im Güterrechtsregister des früheren gewöhnlichen Aufenthalts löschen zu lassen, um nicht Gefahr zu laufen, dass bei späteren Änderungen versäumt wird, auch diese Eintragungen auf den aktuellen Stand zu bringen (s Rz 42). 41

§ 377 FamFG | Örtliche Zuständigkeit

5. Eintragungen bei einem unzuständigen Gericht

42 Eine zusätzliche (inhaltlich richtige) Eintragung bei einem unzuständigen Gericht ist **unschädlich**, entfaltet jedoch **keine positive Publizitätswirkung**. Hat die Eintragung bei dem unzuständigen Gericht jedoch einen unrichtigen Inhalt, zerstört sie die Publizitätswirkung der sachlich richtigen Eintragungen in den zuständigen Registern. Denn auch wer ein unzuständiges (oder unzuständig gewordenes) Güterrechtsregister einsieht, darf – sofern dort eine Eintragung vorhanden ist – darauf vertrauen, dass dieses die Tatsachen und Rechtsverhältnisse richtig und vollständig wiedergibt. Dem Einsicht nehmenden Dritten ist nicht zuzumuten, eigene Nachforschungen darüber anzustellen, ob im Gerichtsbezirk des eingesehenen Registers noch ein gewöhnlicher Aufenthalt besteht und andere Register ggf Abweichendes verlautbaren. Zur Vermeidung der daraus für die Eheleute entstehen könnenden Nachteile muss bei güterrechtlichen Änderungen stets darauf geachtet werden, diese nicht nur bei den aktuell zuständigen Güterrechtsregistern anzumelden, sondern auch bei den unzuständig gewordenen Registern, bei denen die Eheleute/Lebenspartner früher einmal Eintragungen haben vornehmen lassen – oder man muss die dortigen Eintragungen löschen lassen (vgl OLG Hamburg MDR 1975, 492).

43 Die verschiedentlich diskutierte Frage, ob eine beim unzuständigen Güterrechtsregister vorgenommene Eintragung »wirksam« sei, stellt sich in Wahrheit also nicht. Denn Eintragungen im Güterrechtsregister haben keine konstitutive, sondern nur deklaratorische Bedeutung. Sie dienen ausschließlich der Publizität, welche dann entsteht, wenn die Eintragung inhaltsgleich bei **jedem zuständigen** Gericht erfolgt ist (s Rz 35). Zusätzliche Eintragungen bei einem unzuständigen Gericht sind weder wirksam noch unwirksam, sondern schlicht irrelevant, solange sie inhaltlich übereinstimmen, andernfalls sind sie publizitätsschädlich.

6. Kaufmannseigenschaft eines Ehegatten

44 Die güterrechtlichen Verhältnisse eines Kaufmanns können nicht in das Handelsregister eingetragen werden (RGZ 63, 245, 249); sie werden allein durch das Güterrechtsregister verlautbart. Eine Eintragung am zuständigen Gerichtsort des gewöhnlichen Aufenthalts wirkt jedoch für das Handelsgewerbe nur dann, wenn der Ort der Handelsniederlassung im Gerichtsbezirk des Güterrechtsregisters liegt. Weicht der Ort der Handelsniederlassung ab, muss die **Eintragung zusätzlich am Ort der Handelsniederlassung** erfolgen, um die güterrechtlichen Wirkungen auch auf das Handelsgewerbe zu erstrecken (Art 4 Abs 1 Satz 1 EGHGB). Bei mehreren Niederlassungen genügt die Eintragung am Ort der Hauptniederlassung (Art 4 Abs 1 Satz 2 EGHGB). Wird die Niederlassung verlegt, gilt § 1559 BGB entspr (Art 4 Abs 2 EGHGB).

7. Fälle mit Auslandsbezug sowie Güterstand der ehemaligen DDR

45 Hat wenigstens einer der Ehegatten oder Lebenspartner einen gewöhnlichen Aufenthalt im Inland, ist die Eintragung am dortigen Gerichtsort zulässig.

46 Hat keiner der Ehegatten oder Lebenspartner einen gewöhnlichen Aufenthalt im Inland, ist die Eintragung grds nicht möglich; der Schutz des § 1412 BGB kann nicht erreicht werden. Für ein im Inland betriebenes **Handelsgewerbe** kann jedoch ein güterrechtlicher Schutz durch Eintragung in das Güterrechtsregister am Ort der Niederlassung erlangt werden (Art 16 Abs 1 EGBGB). Voraussetzung ist, dass der Ehehatte/Lebenspartner das Gewerbe selbst betreibt; nicht ausreichend ist die bloße Gesellschafterstellung (Palandt/*Heldrich* Art 16 EGBGB Rn 2).

47 In allen Fällen mit Auslandsbezug ist die Eintragung in das Güterrechtsregister dringend zu empfehlen, schon um Streitfragen über etwaige nach fremdem Recht nötige Pu-

blikations-, Transkriptions- und Beischreibungserfordernisse aus dem Weg zu gehen (*Lichtenberger* DNotZ 1986, 644, 663).

Leben die Ehegatten in einem **ausländischen gesetzlichen Güterstand**, kann auch dieser in das Güterrechtsregister eingetragen werden (Art 16 Abs 1 Hs 2 EGBGB). Davon Gebrauch zu machen ist ratsam, denn ohne eine solche Eintragung darf der Rechtsverkehr darauf vertrauen, dass die Ehegatten – auch wenn beide Ausländer sind – im deutschen gesetzlichen Güterstand leben (KG DNotZ 1933, 112, 113; LG Aurich FamRZ 1990, 776, 777; Palandt/*Heldrich* Art 16 EGBGB Rn 2; MüKoBGB/*Siehr* Art 16 EGBGB Rn 21 f). 48

Eintragungsfähig ist außerdem die Rechtswahl nach Art 15 Abs 2 EGBGB sowie die bloß **klarstellende Vereinbarung des deutschen gesetzlichen Güterstandes**, wenn ansonsten wegen eines vorhandenen Auslandsbezuges Zweifel bestünden (BayObLG FamRZ 1979, 583, 584 f). 49

Auf Antrag eines Ehegatten einzutragen ist ferner der gesetzliche **Güterstand nach dem Recht der ehemaligen DDR**, wenn die Ehegatten diesen aufgrund einer nach Art 234 § 4 Abs 2 EGBGB abgegebenen Erklärung fortführen (s Art 234 § 4 Abs 3 Satz 5 EGBGB). 50

IV. Ausschluss des Prioritätsprinzips (Abs 4)

Durch Abs 4 wird die Anwendung des § 2 Abs 1 ausgeschlossen, wonach von mehreren örtlich zuständigen Gerichten das zuerst mit der Sache befasste zuständig wäre. Die Sonderregelung des Abs 4 ist bestenfalls als überflüssig zu bezeichnen; für unternehmensrechtliche Verfahren bei Firmen mit Doppelsitz ist sie sogar sachlich falsch. 51

Für **Registerverfahren** versteht sich die Unanwendbarkeit des § 2 Abs 1 von selbst. Entweder ist die Zuständigkeit mehrerer Gerichte von vornherein ausgeschlossen, weil eine ausschließliche Zuständigkeit des Register führenden Gerichts vorliegt (Rz 6), oder es besteht – bei Firmen mit Doppelsitz (Rz 13 ff) sowie in Güterrechtsregistersachen (Rz 35) – eine kumulative Mehrfachzuständigkeit in dem Sinne, dass mehrere Registergerichte nebeneinander zuständig sind und die Eintragungen bei jedem der zuständigen Gerichte gesondert zu erfolgen hat. 52

Für **unternehmensrechtliche Verfahren** gilt § 2 Abs 1 ebenfalls nicht, wenn das Unternehmen – wie fast immer – nur einen Sitz hat: Das Gericht am Ort des Sitzes ist ausschließlich zuständig. Das folgt bereits aus Abs 1 und bedarf nicht einer zusätzlichen Bekräftigung durch Abs 4. 53

Hat das Unternehmen jedoch ausnahmsweise einen **Doppelsitz** (Rz 13), gilt für die unternehmensrechtlichen Verfahren sehr wohl die Zuständigkeit des zuerst befassten Gerichts und damit § 2 Abs 1 (so bereits für die bisherige Rechtslage: KG NJW-RR 1991, 1507; LG Hamburg DB 1973, 2237; MüKoAktG/*Heider* § 5 Rn 57). Unternehmensrechtliche Verfahren können nicht an beiden Gerichtsorten der Unternehmenssitze parallel durchgeführt werden, sondern nur an einem der beiden. Das liegt in der Natur der Sache begründet, denn divergierende Ermessensentscheidungen beider Gerichte (zB die Bestellung unterschiedlicher Abwickler – KG NJW-RR 1991, 1507) wären nicht hinnehmbar. Als Alternative zum Prioritätsprinzip käme jedoch nur die Zuständigkeitsbestimmung durch das im Rechtszug nächsthöhere Gericht (§ 36 ZPO) in Betracht. Dieses wäre jedoch systemfremd (Umkehrschluss aus § 5 Abs 1) und soll durch Abs 4 ersichtlich nicht angeordnet werden. Es ist vielmehr – genau wie § 2 Abs 1 es vorschreibt – das zuerst mit der Sache befasste Gericht allein zuständig, dessen Sachentscheidung anschließend in beiden Registern inhaltsgleich zu vollziehen ist. Die Regelung des Abs 4 ist also insgesamt auszublenden. 54

Schließlich muss das Prioritätsprinzip nach § 2 Abs 1 auch dann gelten, wenn mehrere Gerichtsstände für das **Verklarungsverfahren** begründet sind (s Rz 28). 55

Vor § 378 FamFG | Registereintragungsverfahren

Abschnitt 3
Registersachen

Unterabschnitt 1
Verfahren

Vor § 378 Registereintragungsverfahren

Übersicht

	Rz
A. Antragsverfahren	1
I. Registeranmeldung	3
1. Rechtsnatur, Ziel, Form und Zeit der Registeranmeldung	3
2. Erzwingung der Registeranmeldung	8
3. Ersetzung der Registeranmeldung durch Entscheidung des Prozessgerichts	11
a) Ersetzung der Anmeldung nach § 16 Abs 1 HGB	11
b) Ersetzung der Anmeldung nach § 894 Abs 1 ZPO	15
4. Anmeldeberechtigte/-verpflichtete	17
5. Nachweis der organschaftlichen Vertretungsmacht bei der Anmeldung	21
6. Parteien kraft Amtes	25
7. Rechtsgeschäftliche Anmeldevollmacht	28
8. Anerkennung der Beglaubigung durch eine ausländische Stelle	33
a) Bilaterale Abkommen	35
b) Haager Apostille	36
c) Legalisation	39
9. Rücknahme der Anmeldung	41
10. Fristen, Wiedereinsetzung	46
II. Beteiligte des Verfahrens	49
III. Kostenvorschuss	54
IV. Prüfungsumfang des Gerichts	57
1. Prüfung in formaler Hinsicht	57
2. Prüfung in materieller Hinsicht	58
a) Konstitutive Eintragungen	59
aa) Ersteintragung (praxisrelevante Einzelfragen)	60
bb) Folgeanmeldungen (praxisrelevante Einzelfragen)	71
b) Deklaratorische Eintragungen	74
c) Ungewiss konstitutive oder deklaratorische Eintragungen	76

	Rz
V. Amtsermittlung und Beweiserhebung	77
VI. Bindungswirkung anderer gerichtlicher Entscheidungen, Registersperre, Aussetzung des Verfahrens	79
1. Bindungswirkung einer Entscheidung des Prozessgerichts	79
a) Entscheidung über die Zulässigkeit einer Eintragung (§ 16 Abs 2 HGB)	79
b) Bindungswirkung rechtsgestaltender und anderer Entscheidungen	83
aa) Rechtsgestaltende Entscheidungen	83
bb) Leistungs- und Feststellungsurteile	87
c) Bindungswirkung nach § 16 Abs 1 HGB	89
2. Registersperre	91
3. Aussetzung des Verfahrens	94
VII. Kein Missbrauch des Eintragungsverfahrens zu Zwecken der Ausübung eines anderweitigen Zwangs	96
B. Verfahren von Amts wegen	97
C. Beweiskraft des Registerinhalts	98
I. Negative Beweiskraft des Registerinhalts	100
II. Positive Beweiskraft des Registerinhalts	102
1. Eintragungen von Amts wegen	102
2. Eintragungen auf Antrag	104
3. Volle Beweiskraft der Inhaberschaft und der Vertretungsbefugnis gegenüber Behörden	110
4. Beweiskraft der Gesellschafterliste einer GmbH	111
D. Amtshaftung	113

A. Antragsverfahren

1 Das Registerverfahren gehört zu den Verfahren der vorsorgenden Rechtspflege in der freiwilligen Gerichtsbarkeit.

Das Registergericht wird idR auf Antrag und nur in Ausnahmefällen von Amts wegen tätig. 2

I. Registeranmeldung

1. Rechtsnatur, Ziel, Form und Zeit der Registeranmeldung

Die »Anmeldung« zum Register entspricht in der Terminologie des FamFG einem Verfahrens**antrag**. Sie ist eine Verfahrenshandlung, für die die Vorschriften über Willenserklärungen (§§ 116 ff BGB) grds nicht anwendbar sind. Ziel des Antrags ist die Vornahme einer Eintragung durch das Gericht. 3

Der Antrag bedarf – abweichend von § 23 Abs 1 Satz 4 und § 25 – grds der **öffentlich beglaubigten Form** (§§ 12 Abs 1 HGB, 157 GenG, 77, 1560 Satz 2 BGB), also der Form des § 129 BGB (Ausnahme: formlose Anmeldung der Euroumrechnung ohne Kapitalveränderung gem Art 45 Abs 1 EGHGB). Die Beglaubigung kann ersetzt werden durch notarielle Beurkundung (§ 129 Abs 2 BGB) oder durch gerichtlich protokollierten Vergleich (§ 127a BGB). Behörden und Körperschaften des öffentlichen Rechts können die Anmeldung selbst vornehmen (OLG Stuttgart FGPrax 2009, 129). Für die Genossenschaft enthält § 6 Abs 1, 2 GenRegV einen besonderen Fallkatalog bezüglich der Erforderlichkeit der öffentlich beglaubigten Form. 4

Der Antrag muss **unbedingt** gestellt werden; bedingte oder befristet gestellte Anträge sind – mit Ausnahme innerprozessualer Bedingungen – unzulässig (BayObLG DNotZ 1993, 197; OLG Düsseldorf NJW-RR 2000, 702; *Krafka/Willer* Rn 148; Baumbach/Hopt/ *Hopt* § 12 Rn 2; aA zT MüKoHGB/*Krafka* § 12 Rn 8a; Keidel/*Heinemann* § 374 Rn 38). Die Abgabe einer Registeranmeldung ist jederzeit nachträglich möglich; eine fehlende Anmeldung kann auch noch in der Beschwerdeinstanz nachgeholt werden, um dadurch die Eintragungsfähigkeit herzustellen (vgl entspr BayObLGZ 1963, 19, 25 für das Erbscheinsverfahren). 5

Bei den elektronisch geführten Registern ist strikt zwischen der eigentlichen Handelsregisteranmeldung und der die Strukturdaten enthaltenden **XML-Datei** zu unterscheiden. Verfahrensleitend ist allein die Handelsregisteranmeldung, die die eigentlichen Anträge enthält. Bei den zusätzlich übermittelten XML-Daten handelt es sich nur um Hilfsdaten, die vor der Verwendung für die Eintragung durch den Registerrichter oder -rechtspfleger auf ihre Richtigkeit und Übereinstimmung mit der Handelsregisteranmeldung zu überprüfen sind. 6

Werden natürliche Personen zur Eintragung in das Register angemeldet (insbes als Kaufleute, Gesellschafter, Prokuristen, Vorstandsmitglieder, Geschäftsführer, Abwickler usw), ist in der Anmeldung deren **Geburtsdatum** anzugeben. Ferner ist bei der Anmeldung zum Handelsregister der **Unternehmensgegenstand** anzugeben sowie die Lage der Geschäftsräume, wenn nicht eine inländische Geschäftsanschrift angemeldet wird oder bereits eingetragen ist (§ 24 Abs 1, 2, 4 HRV). 7

2. Erzwingung der Registeranmeldung

Generell besteht – bis auf wenige Ausnahmen – eine **öffentlich-rechtliche Pflicht** zur Anmeldung eintragungsfähiger Tatsachen. Nicht anmeldepflichtig, sondern nur anmeldefähig sind bspw der Ausschluss der Erwerberhaftung bei der Firmenfortführung (§ 25 Abs 2 HGB) oder beim Eintritt in ein Unternehmen (§ 28 Abs 2 HGB) sowie generell alle Eintragungen in das Güterrechtsregister. 8

Soweit Anmeldepflicht besteht, kann die Anmeldung vom Gericht im Zwangsgeldverfahren (§§ 14 HGB, 78 BGB, 388 ff FamFG) erzwungen werden, wenn nicht das Gesetz etwas anderes bestimmt. **Nicht erzwingbar** – trotz bestehender Anmeldepflicht – sind bspw die Änderung einer Kommanditeinlage (§ 175 Satz 3 HGB), die Erstanmeldung einer Kapitalgesellschaft und einige auf deren Satzung, Sitz und das Stamm-/ 9

Grundkapital bezogene Folgeanmeldungen (§§ 79 Abs 2 GmbHG, 407 Abs 2 AktG) sowie die in § 316 Abs 2 UmwG aufgeführten Umwandlungsvorgänge.

10   Die dem Registergericht gegebene Möglichkeit, eine Anmeldung zu erzwingen, schließt nicht die Befugnis ein, dieselbe zu ersetzen. Solange nicht eine Registeranmeldung in der erforderlichen Form erfolgt oder eine vollstreckbare Entscheidung nach § 16 Abs 1 HGB oder § 894 Abs 1 ZPO vorliegt, darf das Registergericht die Eintragung nicht vornehmen.

3. Ersetzung der Registeranmeldung durch Entscheidung des Prozessgerichts

a) Ersetzung der Anmeldung nach § 16 Abs 1 HGB

11   Mehrere Anmeldepflichtige untereinander haben die Möglichkeit, die Anmeldeerklärung eines zur Mitwirkung Verpflichteten durch Gestaltungsurteil nach § 16 Abs 1 HGB ersetzen zu lassen. Es genügt dann die Anmeldung der übrigen Beteiligten.

12   Erforderlich ist eine **rechtskräftige oder vollstreckbare Entscheidung des Prozessgerichts**, welche die Verpflichtung zur Mitwirkung bei einer Anmeldung zum Handelsregister ausspricht oder ein Rechtsverhältnis feststellt, bezüglich dessen eine Eintragung zu erfolgen hat. Eine vorläufig vollstreckbare Entscheidung genügt, ebenso der für vollstreckbar erklärte Schiedsspruch (BayObLG MDR 1984, 496), auch die einstweilige Verfügung (BayObLG NJW-RR 1986, 523; Baumbach/Hopt/*Hopt* § 16 Rn 3), nicht jedoch der Prozessvergleich (KGJ 34 A 121) oder die vollstreckbare Urkunde (Jansen/*Steder* § 127 Rn 53). Die allgemeinen Vollstreckungsvoraussetzungen sind zu beachten: Der Titel muss zugestellt, Vollstreckungsklausel muss erteilt, erforderliche Sicherheitsleistungen müssen erbracht sein, bei Zug-um-Zug-Einschränkung muss die Gegenleistung angeboten und bei einstweiliger Verfügung die Vollziehungsfrist beachtet sein.

13   Eine Entscheidung des Prozessgerichts, welche die Verpflichtung zur Mitwirkung bei einer Anmeldung zum Handelsregister ausspricht (§ 16 Abs 1 Alt 1 HGB), ersetzt nur die Registeranmeldung; im Übrigen hat sie keine Bindungswirkung. Dem Registergericht bleibt daher die volle Prüfung der Eintragungsvoraussetzungen vorbehalten.

14   Anders liegt der Fall bei einer Entscheidung des Prozessgerichts, durch die ein Rechtsverhältnis feststellt wird, bezüglich dessen eine Eintragung zu erfolgen hat (§ 16 Abs 1 Alt 2 HGB): Diese kann ggü dem Registergericht auch eine materielle Bindungswirkung bezüglich des festgestellten Rechtsverhältnisses und der damit korrelierend einzutragenden Tatsachen entfalten (s Rz 89).

b) Ersetzung der Anmeldung nach § 894 Abs 1 ZPO

15   Das Verfahren nach § 16 Abs 1 HGB setzt **mehrere Anmeldepflichtige** voraus und eröffnet diesen die Möglichkeit, ihre Mitwirkungspflichten **untereinander** zu ersetzen. Die Vorschrift greift nicht, wenn jemand die Vornahme einer bestimmten Anmeldung von einem anderen verlangen kann, ohne selbst anmeldeberechtigt zu sein, wie bspw der Prokurist hinsichtlich seiner eigenen Eintragung in das Register (Rz 18) oder der ausgeschiedene Geschäftsführer bezüglich der Eintragung dieser Veränderung. In den Fällen besteht entspr § 894 Abs 1 ZPO die Möglichkeit zur Verurteilung auf Abgabe einer Erklärung ggü dem Registergericht, welche die Anmeldung ersetzt (Baumbach/Hopt/*Hopt* § 16 Rn 3). Solche Entscheidungen werden allerdings erst mit Rechtskraft wirksam.

16   Auch der Anspruch der Ehegatten untereinander auf Mitwirkung bei der Anmeldung zur Eintragung in das Güterrechtsregister (§ 1561 Abs 1 Hs 2 BGB) ist mit einer Klage nach § 894 Abs 1 ZPO durchzusetzen.

4. Anmeldeberechtigte/-verpflichtete

17   Zur **Erstanmeldung** berechtigt sind:

- beim Einzelkaufmann dieser selbst;
- bei der GmbH/UG sämtliche Geschäftsführer der Vorgesellschaft gemeinsam (Baumbach/Hueck/Hueck/Fastrich § 7 Rn 2);
- bei der AG die Gründer und Mitglieder des Vorstands und des Aufsichtsrats gemeinsam (§ 36 Abs 1 AktG);
- bei Personenhandelsgesellschaften sämtliche Gesellschafter gemeinsam (§ 108 HGB, auch iVm § 161 Abs 2 HGB);
- bei der Genossenschaft der Vorstand gemeinsam (§ 11 Abs 1 GenG);
- beim Versicherungsverein auf Gegenseitigkeit sämtliche Vorstands- und Aufsichtsratsmitglieder gemeinsam (§ 30 Abs 1 Satz 1 VAG);
- bei der SE und der SCE mit monistischem System alle Gründer, Mitglieder des Verwaltungsrats und geschäftsführenden Direktoren gemeinsam (§§ 21 Abs 1 SEAG, 17 Abs 1 SCEAG);
- bei der EWIV sämtliche Geschäftsführer gemeinsam (§ 3 Abs 1 Satz 2 EWIVAG);
- beim Verein der Vorstand gemeinsam (hM zu § 59 Abs 1 BGB; s OLG Hamm DNotZ 1985, 86; Bumiller/*Harders* § 382 Rn 7; Palandt/*Ellenberger* § 59 Rn 1 mwN; aA: BayObLG NJW-RR 1991, 958; Keidel/*Heinemann* § 374 Rn 43);
- zum Güterrechtsregister beide Ehegatten gemeinsam (§ 1561 Abs 1 BGB), sofern nicht nach einem der Ausnahmetatbestände des § 1561 Abs 2 BGB oder nach Art 234 § 4 Abs 3 Satz 5 EGBGB der Antrag eines Ehegatten allein genügt.

Folgeanmeldungen hat der eingetragene Rechtsträger durch seine gesetzlichen Vertreter 18 in vertretungsberechtigter Zahl einzureichen. Eine Registeranmeldung des **Prokuristen** für das Unternehmen seines Prinzipals **genügt nicht**, weil die Registeranmeldung zu den Grundlagengeschäften gehört und nicht zu denjenigen Geschäften, die der gewöhnliche Betrieb eines Handelsgewerbes mit sich bringt (§ 49 Abs 1 HGB). Zulässig ist aber die unechte Gesamtvertretung durch einen Vorstand/Geschäftsführer gemeinsam mit einem Prokuristen (§§ 78 Abs 3 AktG, 125 Abs 3 HGB sowie analog für die GmbH/UG), da der Prokurist in dieser Rolle nicht die Vertretung des Prinzipals übernimmt, sondern nur eine organschaftliche Kontrollfunktion ausübt (MüKoHGB/*Krafka* § 12 Rn 30). Nicht mitwirken kann der Prokurist allerdings bei der Anmeldung der ihm selbst erteilten Prokura (BayObLG NJW 1973, 2068; OLG Frankfurt NJW-RR 2005, 982).

Handelt es sich jedoch nicht um Registereintragungen für das Unternehmen des Prinzipals selbst, sondern ist dieser nur als Gesellschafter eines anderen Unternehmens zur Registeranmeldung berufen, kann auch der Prokurist für den Prinzipal die Erklärung abgeben, weil dieses zu den durch § 49 Abs 1 HGB erfassten Geschäften gehört (BGH NJW 1992, 975; MüKoHGB/*Krafka* § 12 Rn 17). 19

Seine **eigene Amtsniederlegung** kann der Geschäftsführer für die GmbH/UG nur 20 dann anmelden, wenn er die Niederlegung unter der aufschiebenden Bedingung erklärt hat, dass seine entspr Anmeldung im Register eingetragen wird. Die Anmeldung lautet dann auf Eintragung, er habe sein Amt mit Wirkung vom Zeitpunkt der Eintragung in das Handelsregister niedergelegt. Dagegen wäre sein eigener Antrag auf Eintragung der Tatsache, dass er als Geschäftsführer bereits ausgeschieden sei, allein deshalb unzulässig, weil er mit dem Moment des Ausscheidens nicht mehr zur Abgabe einer Registeranmeldung befugt ist (BayObLG Rpfleger 1981, 406; OLG Frankfurt DNotZ 1983, 771; aA: LG Berlin ZIP 1993, 197).

Folgeanmeldungen für die **SE mit monistischem System** sind durch die geschäftsfüh- 20a renden Direktoren zu bewirken (§ 40 Abs 2 Satz 4 SEAG), bei Kapitalmaßnahmen jedoch nur gemeinsam mit dem Verwaltungsrat (s DNotI-Gutachten DNotI-Report 2009, 42, 44 mwN).

5. Nachweis der organschaftlichen Vertretungsmacht bei der Anmeldung

21 Wer eine Anmeldung im Namen einer juristischen Person abgibt, hat seine organschaftliche Vertretungsmacht nachzuweisen (OLG Schleswig GmbHR 1998, 746). Der Nachweis wird durch einen amtlichen Registerauszug oder -ausdruck (§§ 9 Abs 4 HGB, 30a Abs 3 HRV, 17 Abs 1, 32 Abs 2 VRV), durch Vertretungsbescheinigung des Registergerichts (§§ 69 BGB, 26 Abs 2 GenG; s.a. § 386 Rz 14 ff) oder durch Notarbescheinigung gem § 21 Abs 1 Nr 1 BNotO geführt. Hat das Registergericht selbst einen Zugriff auf die Registerdaten, ggf über einen Zugang gem § 387 Abs 1, genügt nach dem Rechtsgedanken der §§ 32 Abs 2 GBO, 44 Satz 2 SchRegO eine schlichte Bezugnahme auf die Registerstelle (ebenso *Krafka/Willer* Rn 118; *Roth* FGPrax 2008, 192; aA: OLG Hamm FGPrax 2008, 96 unter Verkennung des Umstandes, dass die Vorschrift über Zeugnisse des Registergerichts (§ 9 Abs 3 HGB aF) zum 1.1.2007 ausdrücklich mit der Begründung gestrichen wurde, dass durch die künftig flächendeckende elektronische Registerführung und die damit verbundenen Möglichkeiten einer einfachen Online-Einsichtnahme gesonderte Zeugnisse des Registergerichts über einschlägige Eintragungen entbehrlich würden (BTDrs 16/2781 S 79 zu § 9 Abs 5 HGB-E). Vgl auch Rz 110.

22 Die organschaftliche Vertretung einer ausländischen Gesellschaft ist durch die dies bekundenden ausländischen Dokumente nachzuweisen, bei fremdsprachigen Dokumenten unter Vorlage beglaubigter Übersetzungen (zu den Anforderungen hieran OLG Hamm GmbHR 2008, 545). Bei der praktisch bedeutsamen englischen **private company limited by shares (Ltd)** sind sowohl die allgemeine als auch die konkrete Vertretungsregelung nachzuweisen. Der Nachweis der allgemeinen Vertretungsregelung wird geführt durch Vorlage der *articles of association* (= Satzung über die inneren Rechtsverhältnisse), sofern solche vereinbart sind, andernfalls durch Bezugnahme auf die ersatzweise geltende *Table A – statutory model form of articles* (= gesetzliche Mustersatzung, deren Text jedoch nicht in beglaubigter Übersetzung vorgelegt werden muss – vgl OLG Zweibrücken DNotZ 2008, 795). Zusätzlich ist die konkrete Vertretungsregelung nachzuweisen durch Vorlage der aktuellen *resolutions of the general meeting* (= Beschlüsse der Generalversammlung) über die Bestellung des/der *director(s)* (KG NJW-RR 2004, 331, 332 f; OLG Dresden GmbHR 2007, 1156, 1157 f). Nicht genügend ist die Vorlage nur eines dieser Dokumente oder etwa nur eines Auszugs aus dem in Cardiff geführten *Companies Register*, welchem keine inhaltliche Aussagekraft zukommt, weil es die angemeldeten Tatsachen ungeprüft übernimmt (s *Süß* DNotZ 2005, 180, 183 f). Mehrere *directors* vertreten die Limited gemeinsam, wenn nicht durch die *articles of association* oder durch einen Beschluss des *general meeting* Einzelvertretung geregelt ist (*Kadel* MittBayNot 2006, 102, 105 f). Liegt der Beschluss des *general meeting* über die Bestellung des/der *director(s)* nicht in enger zeitlicher Nähe zu der abgegebenen Registeranmeldung, muss auf geeignete Weise nachgewiesen werden, dass er nach wie vor Gültigkeit besitzt. Dies kann geschehen durch ergänzende Vorlage des vollständigen *minute book* (= Protokollbuch), durch Bestätigung des *companies secretary* (= Schriftführer) oder durch – kostspielige – Bescheinigung eines *scrivener notary* (= Notar), vgl OLG Dresden (GmbHR 2007, 1156, 1157 f); *Werner* (GmbHR 2005, 288, 290 f). Zu beglaubigen sind alle Dokumente mit einer Apostille nach dem Haager Übereinkommen (Rz 36). Geringer wertige Nachweise, wie etwa die *expert opinion* (= fachliche Stellungnahme) eines englischen RA oder StB, können nen die Bescheinigung des *scrivener notary* ebenso wenig ersetzen wie die Bescheinigung eines deutschen StB oder RA eine Vertretungsbescheinigung nach § 21 BNotO ersetzen könnte. Was die »Gültigkeitsdauer« – oder besser: »Verlässlichkeitsdauer« aller eingereichten Nachweise betrifft, wird durch *Section 1079 Companies Act 2006 (c. 46)* bestimmt, dass sich die Gesellschaft gegenüber einer gutgläubigen Person auf eine Änderung der *articles* oder der *directors* nicht vor Ablauf des 15. Tages nach deren Bekanntmachung durch den *registrar of companies* in der *London Gazette* (www.gazettes-online.co.uk) berufen kann – somit eine dem § 15 Abs 2 Satz 2 HGB vergleichbare Regelung.

Wesentlich leichter zu führen ist der Vertretungsnachweis für die französische **Société** 23
à Responsabilité Limitée (SARL), deren Bedeutung seit der Abschaffung des Mindestnennkapitals ebenfalls zugenommen hatte, bevor der deutsche Gesetzgeber mit der UG ein konkurrenzfähiges Pendant schuf. Denn die französische SARL teilt viele strukturelle Gemeinsamkeiten mit der deutschen GmbH und auch die Handelsregister beider Staaten stehen sich näher als etwa das englische *Companies Register*. Die SARL wird stets durch den *gérant* (= Geschäftsleiter) vertreten. Von mehreren *co-gérants* ist im Außenverhältnis jeder zur Einzelvertretung der Gesellschaft berechtigt; dieses kann auch durch den Gesellschaftsvertrag *(les statuts)* nicht abgeändert werden. Der Nachweis der Existenz des Unternehmens sowie der jeweils amtierenden *gérants* wird durch einen aktuellen *Extrait Kbis* (Handelsregisterauszug) geführt. Eine Apostille nach dem Haager Übereinkommen ist für beglaubigte Urkunden französischer Amtsträger nicht erforderlich (s Rz 35).

Das Vorstehende gilt entsprechend für die französische »Einmannversion« der SARL, 24
nämlich die **Entreprise Unipersonnelle à Responsabilité Limitée (EURL)**.

6. Parteien kraft Amtes

Die Anmeldeberechtigung geht auf Parteien kraft Amtes über, namentlich auf den Insol- 25
venzverwalter (§ 80 Abs 1 InsO), auf den Testamentsvollstrecker sowie den Nachlassverwalter (MüKoHGB/*Krafka* § 12 Rn 32), welche ihre Berechtigung durch Bestellungsurkunde (§ 56 Abs 2 Satz 1 InsO), Testamentsvollstreckerzeugnis (§ 2368 BGB) oder Bestallung (§ 1791 BGB) nachzuweisen haben.

Die Verfügungsbefugnis muss sich aber auf die Rechte desjenigen beziehen, der zur 26
Abgabe der Anmeldung berechtigt ist. So ist der Insolvenzverwalter über das Vermögen eines Einzelkaufmanns berechtigt, Registeranmeldungen für dessen Firma abzugeben. Der Insolvenzverwalter über das Vermögen eines Gesellschafters ist berechtigt und verpflichtet, an dessen Stelle bei Registeranmeldungen für die Gesellschaft mitzuwirken, auch soweit es sich um das insolvenzbedingte Ausscheiden des Gesellschafters aus der Gesellschaft handelt (BGH NJW 1981, 822).

Ist jedoch über das Vermögen der eingetragenen Gesellschaft selbst das Insolvenzver- 27
fahren eröffnet, ist der Insolvenzverwalter nur zur Anmeldung solcher Tatsachen befugt und verpflichtet, die im Zusammenhang mit der Verwaltung und Verwertung der Insolvenzmasse eintreten, zB das Ausscheiden eines Kommanditisten (OLG Düsseldorf DNotZ 1970, 306). Nicht befugt ist er zu Anmeldungen, die die Insolvenzmasse nicht berühren. Denn vom Insolvenzbeschlag sind nur die pfändbaren Vermögenswerte der Gesellschaft erfasst, nicht aber die organschaftlichen Kompetenzen der Gesellschafter und Geschäftsführer (OLG Karlsruhe NJW 1993, 1931; OLG Köln NJW-RR 2001, 1417, 1418; *Ulmer* NJW 1983, 1697, 1701 f). Die Gesellschafter und Geschäftsführer bleiben auch in der Insolvenz zuständig für die innergesellschaftliche Willensbildung (Uhlenbruck/*Uhlenbruck* § 80 Rn 14) und deren registerrechtliche Umsetzung (OLG Rostock Rpfleger 2003, 444), bspw für die Abberufung eines früheren und Bestellung eines neuen Geschäftsführers sowie dessen Anmeldung zum Register (OLG Köln NJW-RR 2001, 1417; Baumbach/Hueck/*Zöllner*/*Noack* § 39 Rn 11). Auch Satzungsänderungen können durch die Gesellschafter beschlossen und durch die Geschäftsführer angemeldet werden, soweit sie mit dem Insolvenz- und Abwicklungszweck vereinbar sind (Uhlenbruck/*Uhlenbruck* § 80 Rn 14), bspw Kapitalerhöhungen (BayObLG DNotZ 2004, 881) oder – mit Zustimmung des Insolvenzverwalters – Firmenänderungen (OLG Karlsruhe NJW 1993, 1931). Der Insolvenzverwalter seinerseits ist zur Anmeldung von Satzungsänderungen nur berufen, wenn sie dem Zweck des Insolvenzverfahrens, also der Verwertung der Vermögensmasse, konkret dienen, wie etwa die Anmeldung einer Firmenänderung zum Zwecke der Veräußerung der bisherigen Firma (Scholz/*Winter* § 78 Rn 13; Hachenburg/*Ulmer* § 78 Rn 16). Außerhalb des Wirkungskreises des Insolvenzverwalters bleibt es im

Aufgaben- und Verantwortungsbereich der Geschäftsführer oder Liquidatoren, die Anmeldung vorzunehmen (§ 78 GmbHG; s Rowedder/*Zimmermann* § 78 Rn 12; Baumbach/Hueck/Zöllner/Noack, § 39 Rn 11; BayObLG DNotZ 2004, 881). Ob der Insolvenzverwalter außerhalb seines eigentlichen Wirkungskreises ausnahmsweise dann zur Abgabe von Anmeldungen berufen ist, wenn kein Geschäftsführer mehr vorhanden ist, welcher die Anmeldung abgeben könnte (so LG Baden-Baden, ZIP 1996, 1352; Baumbach/Hueck/Zöllner/Noack, § 39 Rn 11), ist zumindest dogmatisch zweifelhaft. Sicher ist jedenfalls, dass die Gesellschafterversammlung den Insolvenzverwalter nicht mit ständigen Beschlussfassungen gegen seinen Willen dazu verpflichten kann, auf Kosten der Masse die innergesellschaftlichen Willensbildungen im Register verlautbaren zu lassen (OLG Rostock Rpfleger 2003, 444, 445).

7. Rechtsgeschäftliche Anmeldevollmacht

28 **Rechtsgeschäftliche Anmeldevollmacht** ist grds zulässig, bedarf aber – wie die Anmeldung selbst – der öffentlich beglaubigten Form (§ 12 Abs 1 Satz 2 HGB). Das gilt auch für die Anmeldung zum Vereins- und zum Güterrechtsregister, wenngleich es keine Gesetzesvorschrift gibt, die dieses ausdrücklich regelt (Palandt/*Ellenberger* § 77 Rn 1, *Reichert* Rn 165, 589; MüKoBGB/*Kanzleiter* § 1560 Rn 4). § 11 Satz 1 FamFG und § 167 Abs 2 BGB sind nicht anzuwenden.

29 Die in § 10 Abs 2 enthaltene Beschränkung auf einen bestimmten Personenkreis an vertretungsbefugten Bevollmächtigten ist ebenfalls nicht anzuwenden (s § 378 Abs 1). Auch die Beschränkungen der §§ 181, 1629 Abs 2 Satz 1, 1795 BGB gelten nicht. Der Bevollmächtigte darf also zugleich im Namen mehrerer Anmeldepflichtiger handeln oder zugleich als Kommanditist und als Geschäftsführer der Komplementär-GmbH (BayObLG DNotZ 1977, 683; OLG Hamm DNotZ 1985, 172, 173), er kann zugleich im eigenen Namen und als gesetzlicher Vertreter seiner minderjährigen Kinder handeln (BayObLGZ 1977, 130, 134) oder als Vertreter mehrerer Gesellschafter und zugleich desjenigen, der zur Übernahme eines neuen Geschäftsanteils zugelassen werden soll (BayObLG DNotZ 1978, 172). Die Abgabe von nur einer Unterschrift im Namen mehrerer Vertretenen zugleich genügt jedoch nur dann, wenn der Wille, die Erklärung in mehrerer Namen abzugeben, ausreichend ersichtlich wird (KG RJA 16, 74, 76).

30 Eine Spezialvollmacht nur für Registeranmeldungen ist nicht erforderlich (BGH NJW 1992, 975), jedoch dürfen keine Zweifel bleiben, dass Handelsregisteranmeldungen vom Umfang der Vertretungsmacht erfasst sind (*Krafka/Willer* Rn 114). Die Vollmacht muss aus sich heraus verständlich sein, eine Auslegung über den Wortlaut hinaus ist unzulässig (KG FGPrax 2005, 173). Nach Auffassung des LG Frankfurt (BB 1972, 512) soll eine allgemein erteilte »Generalvollmacht« genügen – richtigerweise ist aber auch hier zu fordern, dass sich nach den allgemeinen Auslegungsregeln feststellen lässt, dass die Generalvollmacht auch Registeranmeldungen umfassen sollte (MüKoHGB/*Krafka* § 12 Rn 14). Eine einmal eingereichte Registervollmacht, die unwiderruflich und über den Tod hinaus erklärt wurde, genügt auch für weitere Anmeldungen, solange nicht Anhaltspunkte dafür vorliegen, dass die Vollmacht aus wichtigem Grund widerrufen wurde (BayObLGZ 1975, 137). Bei Vollmachtserteilung an eine juristische Person sind deren gesetzliche Vertreter in vertretungsberechtigter Zahl als bevollmächtigt anzusehen (BayObLG MDR 1975, 759, 760).

31 **Vollmachtserteilung über den eigenen Tod hinaus** ist zulässig und wirksam, kann aber nach Eintritt des Erbfalls jederzeit von den Erben widerrufen werden (KG FGPrax 2003, 42; OLG Hamburg DNotZ 1967, 30, 31; MDR 1974, 1022). Das Ausscheiden des Verstorbenen und der Eintritt des Erben als sein Rechtsnachfolger soll aufgrund der Vollmacht des Verstorbenen allerdings nicht angemeldet werden können, weil es sich hierbei der Natur der Sache nach nicht um eine Anmeldung handle, die der verstorbene

Vollmachtsgeber selbst hätte vornehmen können (KG FGPrax 2003, 42; aA: OLG Hamburg MDR 1974, 1022).

Keine rechtsgeschäftliche Vertretung ist möglich, wo sie durch Rechtsnorm ausdrücklich ausgeschlossen ist (§ 6 Abs 3 GenRegV; vgl aber Anh § 387 Rz 35) oder wo **höchstpersönliche Erklärungen** erforderlich sind – namentlich bei der Abgabe von Versicherungen und Angaben, die nach den §§ 82 Abs 1, 2 Nr 1 GmbHG, 399 AktG, 313 Abs 2 UmwG, 53 Abs 3 Nr 3 SEAG, 36 Abs 2 Nr 3 SCEAG strafbewehrt sind (hM, BayObLG NJW 1987, 136, 137). Genau genommen bezieht sich die Höchstpersönlichkeit allerdings nur auf die abzugebenden Versicherungen, nicht auf die Registeranmeldung als solche, so dass für diese isoliert eine Vollmacht erteilt werden könnte (OLG Köln NJW 1987, 135; MüKoHGB/*Krafka* § 12 Rn 18).

8. Anerkennung der Beglaubigung durch eine ausländische Stelle

Die vom Gesetz (zB §§ 12 HGB, 8 Abs 1 Nr 1 GmbHG) verlangte öffentliche Beglaubigung der einzureichenden Erklärungen und Dokumente ist einerseits Form-, andererseits Beweisvorschrift. Denn die vom Notar innerhalb des ihm zugewiesenen Geschäftskreises und in der vorgeschriebenen Form aufgenommene Beglaubigung stellt eine öffentliche Urkunde dar, die den vollen Beweis für den beurkundeten Vorgang erbringt (§ 30 Abs 1 FamFG iVm §§ 415, 371a Abs 2 ZPO). Ist die Echtheit eines Dokuments oder einer Unterschrift nicht durch einen deutschen Notar, sondern durch eine ausländische Stelle bestätigt, muss gesondert geprüft werden, ob die im Ausland vorgenommene Echtheitsbestätigung einer dem deutschen Recht gleichwertigen, für die Registereintragung ausreichenden Beglaubigungsfunktion entspricht. Dieses wird grds angenommen, wenn die Stellung und das Verfahren der beglaubigenden Stelle derjenigen eines deutschen Notars im Wesentlichen entspricht (s *Reithmann* ZNotP 2007, 167, 168 f).

Um die Stellung und das Verfahren des ausländischen Beglaubigungsorgans nicht in jedem Einzelfall aufwändig feststellen zu müssen, wurden in bilateralen und völkerrechtlichen Verträgen Abkommen über die gegenseitige Anerkennung von Beglaubigungen und Urkunden getroffen. Welcher Grad an Echtheitsnachweis und an Nachweis der Autorisation der beglaubigenden Stelle genügend ist, unterscheidet sich nach dem jeweiligen Herkunftsland der Echtheitsbestätigung in drei Stufen.

a) Bilaterale Abkommen

Ohne Weiteres anzuerkennen sind Beglaubigungen, die in Staaten ausgestellt wurden, mit denen die Bundesrepublik Deutschland bilaterale völkerrechtliche Verträge über die Anerkennung der Beglaubigung von Urkunden abgeschlossen hat. Das sind Belgien, Dänemark, Frankreich, Griechenland, Italien, Luxemburg, Österreich und die Schweiz. Im Geltungsbereich dieser Abkommen bedarf es über die Beglaubigung durch die dafür zuständige ausländische Stelle hinaus (zB Notar) keine weitere Bestätigung der Echtheit.

b) Haager Apostille

In Bezug auf die meisten übrigen Staaten gilt das sog Apostilleabkommen (Haager Übereinkommen zur Befreiung ausländischer öffentlicher Urkunden von der Legalisation vom 5.10.1961, BGBl 1965 II S 876). Darin haben sich die Vertragsstaaten gegenseitig verpflichtet, ausländische Echtheitsbescheinigungen anzuerkennen, die nach Maßgabe des Abkommens erstellt wurden. Jeder Vertragsstaat hat bestimmte Stellen (Behörden, Notare) ermächtigt, die Echtheit der aus seinem Hoheitsgebiet (Herkunftsland) stammenden Unterschriften, Stempel und Siegel in der Form der sog »Haager Apostille« zu bescheinigen. Die Haager Apostille wird in der Amtssprache des jeweiligen Herkunftsstaats ausgestellt und trägt als Erkennungsmerkmal die – zwingend in französischer

Sprache anzubringende – Überschrift »**Apostille (Convention de La Haye du 5 octobre 1961)**«.

37 Das Haager Apostilleabkommen ist anzuwenden auf: Andorra, Antigua und Barbuda, Argentinien, Armenien, Australien, Bahamas, Barbados, Belarus, Belize, Bosnien-Herzegowina, Botswana, Brunei Darussalam, Bulgarien, China (nur für Urkunden aus den Sonderverwaltungsregionen Hongkong und Macau), Cook Inseln, Dominica, Ecuador, El Salvador, Estland, Fidschi, Finnland, Grenada, Honduras, Irland, Island, Israel, Japan, Kasachstan, Kolumbien, Kroatien, Lesotho, Lettland, Liechtenstein, Litauen, Malawi, Malta, Marshallinseln, Mauritius, Mazedonien, Mexiko, Monaco, Montenegro, Namibia, Neuseeland (ohne Tokelau), Niederlande (auch für die Niederländischen Antillen), Niue, Norwegen, Panama, Polen, Portugal, Rumänien, Russische Föderation, Samoa, San Marino, Sao Tome und Principe, Schweden, Serbien (mit Ausnahme von Urkunden kosovarischer Behörden oder sog serbischer Parallelverwaltungen im Kosovo), Seychellen, Slowakei, Slowenien, Spanien, St. Kitts und Nevis, St. Lucia, St. Vincent und die Grenadinen, Südafrika, Südkorea, Suriname, Swasiland, Tonga, Trinidad und Tobago, Tschechische Republik, Türkei, Ungarn, Vanuatu, Venezuela, Vereinigtes Königreich (auch für Anguilla, Bermuda, Caymaninseln, Falklandinseln, Gibraltar, Guernsey, Isle of Man, Jersey, Britische Jungferninseln, Montserrat, Sankt Helena, Turks- und Caicosinseln), Vereinigte Staaten und Zypern (Quelle: Auswärtiges Amt, Stand: 10/2009).

38 Ebenfalls dem Apostilleübereinkommen beigetreten sind Albanien, Aserbaidschan, Dominikanische Republik, Georgien, Indien, Liberia, Moldau und die Ukraine. Die Bundesrepublik hat jedoch Einspruch gegen den Beitritt dieser Staaten erhoben mit der Folge, dass das Übereinkommen im bilateralen Verhältnis zwischen der Bundesrepublik und den genannten Staaten keine Anwendung findet.

c) Legalisation

39 Auf Urkunden aus Ländern, mit denen kein bilaterales Beglaubigungsabkommen geschlossen wurde und für die auch nicht das Haager Apostilleabkommen gilt, ist grds das Legalisationsverfahren gem § 30 Abs 1 FamFG iVm §§ 438 Abs 2 ZPO, 13 Abs 2 KonsularG anzuwenden. Danach sind Beglaubigungsvermerke ausländischer Stellen zusätzlich durch den örtlichen deutschen Konsul oder durch die deutsche Botschaft zu legalisieren, womit sie den Status einer öffentlichen Urkunde deutschen Rechts erhalten.

40 Nach herrschender Auffassung folgt aus § 13 Abs 2 KonsularG jedoch kein unbedingter Legalisationszwang. Vielmehr hat das Registergericht nach pflichtgemäßem Ermessen zu prüfen, ob eine Legalisation zur Bildung der Echtheitsüberzeugung erforderlich ist (BayObLG IPRax 1994, 122, 123; OLG Zweibrücken FGPrax 1999, 86; Staub/*Hüffer* § 12 Rn 33 mwN). Bei der Ermessensausübung ist auch zu berücksichtigen, dass die Voraussetzungen für die Legalisation von Urkunden in einigen Ländern von vornherein nicht gegeben sind. Generell stellen deutsche Konsulate in folgenden Ländern keine Legalisationen aus: Afghanistan, Äquatorialguinea, Aserbaidschan, Bangladesh, Benin, Côte d'Ivoire, Dominikanische Republik, Dschibuti, Eritrea, Gabun, Gambia, Ghana, Guinea, Guinea-Bissau, Haiti, Indien, Irak, Kambodscha, Kamerun, Kenia, Kongo (Demokratische Republik), Kongo (Republik), Laos, Liberia, Mali, Marokko (mit Ausnahme von Bescheinigungen aus Personenstandsregistern), Mongolei, Myanmar, Nepal, Niger, Nigeria, Pakistan, Philippinen, Ruanda, Serbien – soweit es sich um Urkunden kosovarischer Behörden oder sog serbischer Parallelverwaltungen im Kosovo handelt –, Sierra Leone, Somalia, Sri Lanka, Tadschikistan, Togo, Tschad, Turkmenistan, Uganda, Usbekistan, Vietnam, Zentralafrikanische Republik (Quelle: Auswärtiges Amt, Stand: 10/2009). Die dortigen deutschen Konsularbeamten können jedoch teilweise – je nach den lokalen Gegebenheiten – im Rahmen der Amtshilfe für deutsche Gerichte überprüfen lassen, ob der bescheinigte Sachverhalt zutrifft und hierdurch die Entscheidung über den Beweiswert der Urkunden erleichtern.

9. Rücknahme der Anmeldung

Eine Rücknahme des Eintragungsantrags ist bis zur Rechtskraft der Endentscheidung 41 formlos möglich (§ 22 Abs 1). Sie liegt aber nur dann vor, wenn die Eintragungsabsicht endgültig aufgegeben wird. Wird der Antrag nur einstweilen zurückgezogen um noch Eintragungshindernisse zu beheben, liegt darin keine Antragsrücknahme. Für die Fortsetzung des Verfahrens nach Behebung der Hindernisse bedarf es keiner erneuten Anmeldung in der Form des § 12 Abs 1 HGB, sondern nur noch eines formlosen Antrags auf Fortsetzung des Eintragungsverfahrens (BayObLGZ 1966, 337, 341 f; Staub/*Hüffer* § 8 Rn 49).

Hat der **Notar** den Eintragungsantrag gestellt, ist er ermächtigt, ihn auch zurück- 42 zunehmen (§ 24 Abs 3 BNotO). Auch der Anmeldeberechtigte selbst kann den vom Notar gestellten Antrag zurücknehmen. Allerdings bleibt der Antrag insoweit wirksam, als der Notar ihn zugleich noch für andere Anmeldeberechtigte gestellt hatte. Einen Antrag, den nur der Antragsberechtigte gestellt hatte, kann der Notar ohne besondere Vollmacht nicht zurücknehmen (Umkehrschluss aus § 24 Abs 3 BNotO).

Wirksam ist die Rücknahme der Anmeldung auch dann, wenn es sich um **eintra-** 43 **gungspflichtige Tatsachen** handelt. Das Gericht kann die Anmeldung nicht als fortbestehend betrachten, denn durch die Rücknahme wird das Eintragungsverfahren beendet. Daher muss das Gericht durch Androhung eines Zwangsgeldes einschreiten (§§ 388 ff).

Eine spätere »**Rücknahme der Rücknahme**« ist als ein neuer Eintragungsantrag zu 44 verstehen, welcher erneut der Form des § 12 Abs 1 HGB bedarf (KG OLGR 43, 299, 301; BayObLGZ 1966, 337, 341; Keidel/*Heinemann* § 374 Rn 48; MüKoHGB/*Krafka* § 12 Rn 11; aA: Staub/*Hüffer* § 8 Rn 50).

Erklärt der Anmeldende die »**Anfechtung**« der Anmeldung oder den »**Rücktritt**« von 45 der Anmeldung, ist dies als (jederzeit zulässige) Rücknahme aufzufassen.

Erreicht die Rücknahme das Gericht zu spät, da dem Antrag bereits durch Eintragung 45a stattgegeben wurde, ist zu prüfen, ob sie als eine Anregung zur Amtslöschung (§ 395) aufgefasst werden kann.

10. Fristen, Wiedereinsetzung

Ein elektronisches Dokument ist beim Registergericht eingegangen, wenn es von der 46 Empfangseinrichtung des Gerichts (Eingangsserver) vollständig aufgezeichnet wurde (§§ 14 Abs 2 Satz 2 FamFG, 130a Abs 3 ZPO). Bei fristgebundenen Handelsregisteranmeldungen (zB §§ 201 Abs 2, 209 Abs 1, 2 AktG, 17 Abs 2 Satz 4 UmwG) genügt es für die Fristwahrung, wenn die Anmeldung als solche einschl der zu ihr gehörenden Signaturdateien rechtzeitig eingeht; unschädlich ist es, wenn die beigefügten Anlagen erst nach dem Ablauf der Frist vom Eingangsserver aufgezeichnet werden.

Ist die **Empfangseinrichtung des Gerichts gestört**, genügt zur Fristwahrung – abwei- 47 chend von § 12 Abs 1 HGB – eine Einreichung der Anmeldung in Schriftform (zB durch Einwurf in den Nachtbriefkasten), per Telefax oder durch Übersenden einer E-Mail. Das folgt aus rechtsstaatlichen Grundsätzen, wonach Risiken und Unsicherheiten, deren Ursache in der Sphäre des Gerichts liegen, bei der Entgegennahme fristgebundener Anträge nicht auf den Recht suchenden Bürger abgewälzt werden dürfen (BGH NJW-RR 2005, 435, 436). Nach Behebung der Störung sind die zur Anmeldung gehörenden Dokumente in elektronischer Form gem § 12 HGB nachzureichen.

Eine **Wiedereinsetzung in den vorigen Stand** kommt nach allgemeiner Rechtsüber- 48 zeugung nicht in Betracht; auch die jetzt offene Formulierung des § 17 Abs 1 eröffnet dies nicht. Nach den Gesetzgebungsmaterialien (BTDrs 16/6308 S 183, 364, 405 und BTDrs 16/9733 S 288) soll sich § 17 nur auf verfahrensrechtliche Fristen wie Rechtsbehelfsfristen, Rechtsbehelfsbegründungsfristen und auf die Wiedereinsetzungsfristen selbst beziehen. Demgegenüber handelt es sich bei den fristgebundenen Handelsregisteranmeldungen um materiellrechtliche handels- und gesellschaftsrechtliche Fristen, auf die die Verfahrensvorschrift des § 17 nicht anwendbar ist.

II. Beteiligte des Verfahrens

49 Beteiligt am Verfahren ist der bzw sind die **Antragsteller** (§ 7 Abs 1). Das sind diejenigen, die eine Registeranmeldung abgegeben haben oder in deren Namen der Notar eine Registeranmeldung aufgrund seiner Ermächtigung nach § 378 abgegeben hat.

50 **Vertretungsorgane** einer Gesellschaft (Geschäftsführer, Vorstände, Liquidatoren) geben die Anmeldung als Organ für die Gesellschaft ab; verfahrensbeteiligt ist also die Gesellschaft (BGH NJW 1989, 295). Handelt es sich um eintragungspflichtige Tatsachen, nimmt das Vertretungsorgan die Anmeldung aber nicht nur aufgrund seiner Organstellung für die Gesellschaft vor, sondern ebenfalls in Erfüllung seiner persönlichen, zwangsgeldbewehrten Pflicht zur Anmeldung (§§ 407 AktG, 79 GmbHG). Daher ist auch der Organwalter selbst – neben der Gesellschaft – Antragsteller und Beteiligter des Verfahrens (OLG München GmbHR 2009, 663, 664 f mwN) und somit auch persönlich beschwerdeberechtigt (§ 382 Rz 34).

51 Nicht beteiligt sind nach herkömmlicher Sichtweise diejenigen, die – ohne den Antrag selbst gestellt zu haben – als Person in ihren eigenen Rechten von der Eintragung betroffen sind, also bspw der Geschäftsführer/Vorstand, Liquidator, Prokurist oder Gesellschafter/Aktionär, dessen Rechtsstellung durch die Eintragung bekundet, beschränkt oder gelöscht werden soll. Zwar widerspricht dieses dem Grundgedanken des § 7 Abs 2 Nr 1 und ist nur im Wege der teleologischen Reduktion jener Vorschrift zu halten (vgl *Krafka* FGPrax 2007, 51, 52; Bahrenfuss/*Steup* vor § 374 Rn 10), aber an der Beibehaltung der bisherigen Praxis besteht allein aus Beschleunigungsgründen ein erhebliches Interesse (vgl *Maass* ZNotP 2006, 282, 285; Bumiller/*Harders* § 382 Rn 10). Mit der Löschung eines untreu gewordenen Geschäftsführers oder Prokuristen etwa kann nicht abgewartet werden, bis dieser für eine Stellungnahme (vgl § 37 Abs 2) erreicht werden kann, sondern es muss sofort gehandelt werden, um nicht unnötig lange durch die im Register noch eingetragene Vertretungsmacht einen unrichtig gewordenen Rechtsschein zu publizieren, auf den Dritte sich nach § 15 Abs 1 HGB (ähnlich §§ 29 Abs 1 GenG, 68, 70, 1412 BGB) berufen könnten. Allerdings kann es aus § 7 Abs 2 Nr 1 geboten sein, dem persönlich Betroffenen die vorgenommene Eintragung nachträglich mitzuteilen (vgl § 383 Rz 6).

51a Formal zu beteiligen ist aber das **verbundene Unternehmen**, dessen Rechte durch die Eintragung oder Löschung eines Unternehmensvertrages betroffen werden (*Krafka* NZG 2009, 650, 653; Keidel/*Heinemann* § 374 Rn 46).

52 Die **berufsständischen Organe** sind beteiligt, sofern sie ihre Hinzuziehung beantragt (§ 380 Abs 2 Satz 2) oder einen Sachantrag gestellt haben (§ 380 Rz 31).

53 In Verfahren, die ein Kreditinstitut oder eine Kapitalanlagegesellschaft betreffen oder ein Unternehmen, welches eine Firma oder einen Firmenzusatz mit der Bezeichnung »Bank«, »Bankier«, »Sparkasse« (auch: »Spar- und Darlehenskasse«), »Volksbank«, »Bausparkasse«, »Kapitalanlagegesellschaft«, »Investmentfonds« oder »Investmentgesellschaft« führt, ist die **BaFin** auf ihren Antrag als Beteiligte hinzuzuziehen. Zwar fehlt es an einer gesetzlichen Vorschrift iSd § 7 Abs 2 Nr 2, Abs 3, nach der die BaFin auf Antrag zu beteiligen wäre. Die Pflicht zur Hinzuziehung der BaFin auf ihren Antrag ergibt sich jedoch aus den ihr durch §§ 43 Abs 3 KWG, 16 Abs 3 BausparkG, 3 Abs 4 InvG zuerkannten Verfahrensrechten, Sachanträge zu stellen und Beschwerde einzulegen.

III. Kostenvorschuss

54 Gem § 8 Abs 1 KostO ist der Antragsteller zu einem Kostenvorschuss verpflichtet, der die voraussichtlich entstehenden Gebühren und Auslagen abdeckt. Die Vornahme des

Geschäftes soll gem § 8 Abs 2 KostO von der vorherigen Einzahlung des Vorschusses abhängig gemacht werden.

Die Abhängigmachung entfällt gem § 8 Abs 2 Satz 2 Nr 3 KostO, wenn der Notar erklärt hat, dass er für die Kostenschuld des Antragstellers die persönliche Haftung übernimmt. Die Erklärung kann entweder in das Anschreiben des Notars oder in das Bemerkungsfeld von XNotar aufgenommen werden.

Außerdem entfällt die Abhängigmachung, wenn glaubhaft gemacht ist, dass eine etwaige Verzögerung einem Beteiligten einen nicht oder nur schwer zu ersetzenden Schaden bringen würde (§ 8 Abs 2 Satz 2 Nr 4 KostO), oder wenn aus einem anderen Grund das Verlangen nach vorheriger Zahlung oder Sicherstellung der Kosten nicht angebracht erscheint (§ 8 Abs 2 Satz 2 Nr 5 KostO). Von der zuletzt genannten Möglichkeit wird für das Handelsregister zunehmend Gebrauch gemacht, nachdem der Gesetzgeber durch verschiedene registerrechtliche Novellierungen der vergangenen Jahre das Anliegen einer möglichst schnellen Erledigung der Eintragung in den Vordergrund gestellt hat. Viele Registergerichte bestehen nur noch bei Einmanngründungen auf einem Kostenvorschuss. Vgl außerdem Korintenberg/*Lappe* § 8 Rn 19, wonach **erzwingbare Anmeldungen** generell nicht von einem Kostenvorschuss abhängig gemacht werden sollen.

IV. Prüfungsumfang des Gerichts

1. Prüfung in formaler Hinsicht

In formaler Hinsicht prüft das Registergericht seine Zuständigkeit, die Wahrung der Form der Anmeldung, ob die Anmeldung von den dazu berufenen Personen abgegeben wurde, ob Vollmachten und organschaftliche Vertretungen in ordnungsgemäßer Form nachgewiesen sind, ob evtl erforderliche familiengerichtliche Genehmigungen sowie die mit der Anmeldung einzureichenden Dokumente vollständig und formgerecht vorliegen.

2. Prüfung in materieller Hinsicht

In materieller Hinsicht prüft das Gericht zunächst, ob die angemeldeten Tatsachen **generell eintragungsfähig** sind, ob also entweder das Gesetz die Vornahme der Eintragung ausdrücklich zulässt oder Sinn und Zweck des Registers eine Eintragung zwingend gebieten (zB Eintragung eines Rechtsnachfolgevermerks bei Kommanditistenwechsel, OLG Hamm FGPrax 2005, 39; Eintragung eines nach § 37 Abs 1 Satz 2 KWG bestellten Abwicklers, OLG Hamm FGPrax 2007, 138). Nicht eintragungsfähig sind dagegen zB die Eintragung eines Treuhandverhältnisses (OLG Hamm NJW 1963, 1554), eines »Stellvertretenden Geschäftsführers« (BGH NJW 1998, 1071), einer »Generalvollmacht« (OLG Hamburg GmbHR 2009, 252), des Güterstandes des Kaufmanns in das Handelsregister (RGZ 63, 245, 249) oder der Befreiung vom Selbstkontrahierungsverbot für die Zweigniederlassung einer englischen Limited (OLG Frankfurt FGPrax 2008, 165); weitere Fallbeispiele bei MüKoHGB/*Krafka* § 8 Rn 55. Ebenfalls generell nicht zulässig ist die Eintragung zukünftiger Ereignisse (BayObLG DNotZ 1993, 197; NJW-RR 2003, 907; OLG Düsseldorf NJW-RR 2000, 702; für den Sonderfall einer Satzungsänderung vgl aber DNotI-Gutachten DNotI-Report 2008, 25, 26 f).

a) Konstitutive Eintragungen

Ist die generelle Eintragungsfähigkeit geklärt, hängt die weitere gerichtliche Prüfung davon ab, ob es sich um eine konstitutive oder um eine deklaratorische Eintragung handelt. Bei **konstitutiven (= rechtsbegründenden) Eintragungen** werden die Rechtsänderungen erst mit der Eintragung in das Register wirksam (Beispiel: Ersteintragung einer Kapitalgesellschaft, §§ 41 Abs 1 AktG, 11 Abs 1 GmbHG; Satzungsänderung, §§ 181

Abs 3 AktG, 54 Abs 3 GmbHG, 71 Satz 1 BGB). Das Gericht prüft, ob alle rechtlichen Voraussetzungen der durch die Eintragung zu bewirkenden Rechtsänderung vorliegen. Welche Voraussetzungen das sind, bestimmt das materielle Recht, wobei **Prüfungsgegenstand** und Prüfungsdichte für die einzelnen Unternehmens- und Rechtsformen durchaus **unterschiedlich ausgestaltet** sind: Während zB im Vereinsrecht jede Satzung und jede Satzungsänderung der vollen inhaltlichen Kontrolle des Gerichts unterliegt (*Reichert* Rn 191 ff, 598 ff), ist die Satzungsprüfung bei der Ersteintragung von Kapitalgesellschaften und Genossenschaften auf wenige Kernfragen beschränkt (§§ 9c Abs 2 GmbHG, 38 Abs 4 AktG, 11a Abs 3 GenG).

aa) Ersteintragung (praxisrelevante Einzelfragen)

60 Bei der Ersteintragung eines Einzelkaufmanns oder einer Gesellschaft prüft das Gericht stets die Zulässigkeit der **Firmen-** bzw **Partnerschaftsnamenbildung** (§§ 18 f HGB, 4, 5a Abs 1 GmbHG, 4, 279 AktG, 3 GenG, 2 Abs 2 Nr 1 EWIVAG, 4 Abs 1, 18 Abs 2 VAG, 39–41 KWG, 3 Abs 1–3 InvG, 16 Abs 1, 2 BausparkG, 7 REITG, 20 UBGG, 3 WKBG, 2, 11 Abs 1 PartGG, 43, 53 StBerG, 31, 133 WPO usw). Soll eine banken- oder versicherungsrechtlich geschützte Firmenbezeichnung verwendet werden, ist das Registergericht an die diesbezügliche Entscheidung der BaFin gebunden (§§ 4 Abs 2 VAG; 42 KWG, 16 Abs 3 BausparkG, 3 Abs 4 InvG; vgl Beck/Samm/Kokemoor/*Samm* KWG § 42 Rn 32 mwN). Die Bindungswirkung der BaFin-Entscheidung beschränkt sich aber inhaltlich auf den Gebrauch der reservierten Bezeichnung, während die firmenrechtliche Prüfung im Übrigen beim Registergericht verbleibt (Prölss/*Präve* § 4 Rn 19; Beck/Samm/Kokemoor/*Samm* KWG § 42 Rn 12).

61 Ferner muss die ausreichend deutliche **Unterscheidbarkeit** von bereits eingetragenen Firmen gewährleistet sein, was nicht nur bei der Ersteintragung, sondern ebenso bei Sitzverlegung und Firmenänderung zu prüfen ist (§§ 30, 13h Abs 2 Satz 3, Abs 3 Satz 1 HGB). Nach einer in der Rechtsprechung vertretenen Ansicht bezieht sich die sog Freivermerksprüfung nicht nur auf die im Handels- und Genossenschaftsregister eingetragenen Firmen, sondern auch auf die ausreichende Unterscheidbarkeit von den im Vereinsregister eingetragenen Vereinsnamen (OLG Stuttgart OLGR 42, 211; LG Limburg Rpfleger 1981, 23; aA hL, vgl MüKoHGB/*Heidinger* § 30 Rn 10).

62 Eventuelle Rechtsverletzungen, die außerhalb des Registerrechts liegen (zB die Verletzung von Markenrechten durch die gewählte Firmierung), prüft das Gericht nicht. Sie dürfen auch dann nicht zur Zurückweisung des Eintragungsantrags führen, wenn dem Gericht ein solcher Sachverhalt bekannt wird (Staub/*Hüffer* § 8 Rn 57; MüKoHGB/*Krafka* § 8 Rn 67 mwN).

63 Bei der **Errichtung einer Kapitalgesellschaft** prüft das Gericht deren ordnungsgemäße Errichtung sowie die **Sicherstellung der Kapitalaufbringung**, also bei der **UG** die Volleinzahlung des Stammkapitals (§ 5a Abs 2 GmbHG), bei der **GmbH** die vorgeschriebenen Mindesteinzahlungen auf die Geschäftsanteile (§ 7 Abs 2 GmbHG) zur freien Verfügung der Gesellschaft, bei beiden Gesellschaftsformen außerdem die Vorbelastung des Stammkapitals mit Verbindlichkeiten (BGH NJW 1981, 1373, 1376) sowie evtl unzulässige Abreden über verdeckte Sacheinlagen (*Ulmer* ZIP 2009, 293, 300). Nachweise über erbrachte Bareinzahlungen sollen nur bei erheblichen Zweifeln an der Richtigkeit der insoweit abgegebenen Versicherungen angefordert werden (§ 8 Abs 2 Satz 2 GmbHG). Bei GmbH-Sachgründungen ist die nicht unwesentliche Überbewertung von Sacheinlagen zu prüfen (§ 9c Abs 1 Satz 2 GmbHG), nach Auffassung des LG Freiburg (Rpfleger 2009, 386, 388) allerdings nur, soweit sich aus den eingereichten Unterlagen begründete Zweifel ergeben. Beim sog »Hin- und Herzahlen« zwischen Gesellschafter und Gesellschaft (Beispiel: die Gesellschaft gewährt dem Gesellschafter die geleistete Einlage sogleich als Darlehen zurück) entfällt das Merkmal der »Leistung zur endgültigen freien Verfügung der Geschäftsführer«. Stattdessen soll das Registergericht ersatzweise prüfen, ob der

von der Gesellschaft erlangte (Darlehens-)Rückzahlungsanspruch vollwertig und liquide ist (§ 19 Abs 5 GmbHG, dazu BTDrs 16/6140 S 34 f und BTDrs 16/9737 S 56), wobei freilich ungeklärt ist, auf welche Weise das Registergericht die »Vollwertigkeit« des Rückzahlungsanspruchs – letztlich also die Bonität des Gesellschafters – überhaupt prüfen kann. Bei der **AG** sind ähnliche Prüfungen über die erbrachten Bar- und Sacheinlagen nach Maßgabe der §§ 27 Abs 4, 36, 36a, 38 Abs 3 AktG vorzunehmen; bei der **Genossenschaft** prüft der Prüfungsverband die Überbewertung der Sacheinlagen (§ 11a Abs 2 Satz 2 GenG). Die Sicherstellung der Kapitalaufbringung ist ferner bei der **Mantelverwendung** oder **Aktivierung einer Vorratsgesellschaft** zu prüfen (BGHZ 153, 158; 155, 318), welche wie eine Neugründung wirkt und dem Registergericht gegenüber offengelegt werden muss.

Die **Unterkapitalisierung** einer Kapitalgesellschaft ist nur in den Fällen zu prüfen, in denen Spezialvorschriften eine bestimmte Mindestkapitalausstattung vorschreiben (vgl § 2 Abs 4 UBGG). Außerhalb dieser Sonderfälle hindert eine Unterkapitalisierung die Eintragung auch dann nicht, wenn sie offensichtlich ist; demzufolge ist sie vom Registergericht nicht zu prüfen (aA: Hachenburg/*Ulmer* § 9c Rn 31). Denn weder gehört die für den Gesellschaftszweck ausreichende Kapitalausstattung zu den gesetzlichen Gründungserfordernissen noch wäre das Mindestmaß an erforderlicher Kapitalausstattung für das Gericht präzise feststellbar. *Krafka* (MüKoHGB § 8 Rn 70) weist zu Recht darauf hin, dass der Rechtsverkehr seine Schlüsse aus den jedermann zugänglichen Registereintragungen selbst ziehen muss. Abweichendes gilt aber für die Genossenschaft: Hier findet eine (eingeschränkte) Wirtschaftlichkeitsprüfung daraufhin statt, ob offenkundig oder auf Grund der gutachtlichen Äußerung des Prüfungsverbandes eine Gefährdung der Belange der Mitglieder oder der Gläubiger der Genossenschaft zu besorgen ist (§ 11a Abs 2 Satz 1 GenG). 64

Das Vorliegen der für den **Unternehmensgegenstand** erforderlichen **Genehmigungsurkunden** ist seit Aufhebung der §§ 8 Abs 1 Nr 6 GmbHG aF, 37 Abs 4 Nr 5 AktG aF für keine Gesellschaftsform mehr zu prüfen mit Ausnahme von Kreditinstituten (§ 43 Abs 1 KWG; kritisch *Wachter* GmbHR 2009, 953, 955 f), Bausparkassen (§ 16 BausparkG), Kapitalanlagegesellschaften (§ 3 Abs 4 InvG) und Unternehmen in der Rechtsform des VVaG (§ 31 Abs 1 Nr 1 VAG). Genehmigungs- bzw Anerkennungsurkunden oder Negativbescheinigungen für Freiberufler-Kapitalgesellschaften (bspw RA-, StB- und WP-GmbHs) oder gemeinnützige Kapitalgesellschaften können nach dem Rechtsgedanken des MoMiG nicht mehr verlangt werden (*Wachter* GmbHR 2009, 953, 956). Unzulässig ist die Eintragung aber, wenn der Unternehmensgegenstand **per se gesetzeswidrig** ist (*Leitzen* GmbHR 2009, 480, 483). 65

Vorgelegt werden müssen jedoch solche **aufsichtlichen Genehmigungen**, die nach Kommunal- oder Kirchenrecht für die Errichtung juristischer Personen des Privatrechts durch öffentliche Körperschaften erforderlich sind (*Leitzen* GmbHR 2009, 480, 482, *Pfeiffer* NJW 2000, 3694, 3995), weil ohne sie der Gründungsakt unwirksam ist. 65a

Eine eingeschränkte **ausländerrechtliche Prüfung** findet insoweit statt, als das angemeldete Vertretungsorgan der Gesellschaft, welches seinen Wohnsitz oder ständigen Aufenthalt nicht im Inland hat, wenigstens die Möglichkeit der jederzeitigen Einreise haben muss, um seinen Geschäftsführerpflichten nachzukommen (OLG Köln GmbHR 1999, 182 und FGPrax 2001, 214, 215; OLG Hamm NJW-RR 2000, 37; OLG Zweibrücken NJW-RR 2001, 1689; OLG Celle GmbHR 2007, 657). Die Gegenansicht (OLG Dresden GmbHR 2003, 537 mwN; Baumbach/Hueck/*Hueck*/*Fastrich* § 6 Rn 9; *Bohlscheid* RNotZ 2005, 505, 522 ff), welche die Möglichkeiten der modernen Kommunikationsmittel als Garant für eine ordnungsgemäße Geschäftsführung genügen lassen will, verkennt, dass mit der Geschäftsführung nicht nur die betriebswirtschaftliche Leitungsfunktion im Unternehmen, sondern auch die Wahrnehmung öffentlich-rechtlicher Pflichten ua zum persönlichen Erscheinen vor Gericht, Behörden und ggf Insolvenzverwaltern untrennbar verbunden sind. 66

67 Im Einzelnen gilt daher: Eine Wahrnehmung des Geschäftsführer-/Vorstandsamtes durch **EU-Ausländer** ist wegen der bestehenden innergemeinschaftlichen Freizügigkeit unproblematisch. Ebenso unbedenklich ist eine Wahrnehmung des Amtes durch Ausländer, die jederzeit **visumfrei** für die Dauer von bis zu drei Monaten einreisen können (vgl OLG Frankfurt FGPrax 2001, 124). Das sind die Angehörigen der in der sog »Positivliste« aufgeführten Staaten (Anhang II der EUVisumVO), nämlich Andorra, Antigua und Barbuda, Argentinien, Australien, Bahamas, Barbados, Brasilien, Brunei Darussalam, Bulgarien, Chile, Costa Rica, El Salvador, Guatemala, Honduras, Israel, Japan, Kanada, Kroatien, Malaysia, Mauritius, Mexiko, Monaco, Neuseeland, Nicaragua, Panama, Paraguay, Rumänien, San Marino, Seychellen, Singapur, Südkorea, Uruguay, Vatikanstadt, Venezuela und die Vereinigte Staaten. Dagegen benötigen Angehörige von Staaten, die weder der EU noch der Positivliste angehören, für die Ausübung des Amtes einen **Aufenthaltstitel**, der ihnen die jederzeitige Einreisemöglichkeit und den Aufenthalt im Inland ermöglicht.

68 Bei der Gewichtung dieses Prüfungspunktes ist heute allerdings mit zu berücksichtigen, dass der Gesetzgeber die früheren §§ 4a Abs 2 GmbHG, 5 Abs 2 AktG mit der ausdrücklichen Zielrichtung aufhob, es deutschen Kapitalgesellschaften zu ermöglichen, ihren effektiven Verwaltungssitz im Ausland zu wählen und ihre Geschäftstätigkeit ausschließlich außerhalb des deutschen Hoheitsgebiets zu entfalten, um dadurch die Wettbewerbsfähigkeit deutscher Gesellschaftsformen (GmbH/UG) ggü Kapitalgesellschaften anderer Staaten (Ltd, SARL) zu stärken (s BTDrs 16/6140 S 29). Eine zu strenge Prüfung ausländerrechtlicher Voraussetzungen könnte die gesetzgeberische Zielvorgabe in unzulässiger Weise vereiteln; das OLG Düsseldorf (FGPrax 2009, 178) will sie aus dem Grunde sogar ganz aufgeben.

69 Jedenfalls obsolet ist die früher herrschende Rechtsprechung (OLG Celle MDR 1977, 758; OLG Stuttgart MDR 1984, 495; KG NJW-RR 1997, 794, 795), nach der sich die ausländerrechtliche Prüfung auch noch darauf erstrecken solle, ob dem ausländischen GmbH-Gründungsgesellschafter die Ausübung einer Erwerbstätigkeit bezüglich des Unternehmensgegenstandes im Inland gestattet sei, andernfalls der Gesellschaftsvertrag wegen Umgehung des Ausländerrechts nichtig (§ 134 BGB) und die Eintragung im Handelsregister abzulehnen sei. Schon bisher überspannte dies die Prüfungsverantwortung des lediglich zur Registerführung und nicht als Ausländerpolizei berufenen Gerichts und war zudem auch rechtlich zweifelhaft: Nicht die Kapitalbeteiligung an einer Gesellschaft will § 14 AuslG sanktionieren, sondern eine Betätigung im Erwerbsleben. Daher konnte eine Umgehung der ausländerrechtlichen Vorschriften kaum bereits im Gründungsakt liegen, sondern allenfalls in der faktischen Aufnahme der Geschäftstätigkeit, wenn und soweit der ausländische Gesellschafter damit begann, persönlich die Geschicke der Gesellschaft zu lenken und sich dadurch erwerbsmäßig zu betätigen. Nachdem der Gesetzgeber es durch Streichung der §§ 4a Abs 2 GmbHG, 5 Abs 2 AktG jedoch ausdrücklich zugelassen hat, GmbHs, UGs und AGs mit effektivem Verwaltungssitz im Ausland zu gründen, kann die Erlaubnis zur Ausübung einer Erwerbstätigkeit im Inland keine Eintragungsvoraussetzung mehr sein. Drängt sich dem Registergericht der Verdacht auf, dass der Gesellschafter-Geschäftsführer die Geschäfte unerlaubterweise aus dem Inland betreiben will, genügt es seiner Pflicht, wenn es dem zuständigen Ausländeramt von der vorgenommenen Eintragung gem § 13 Abs 1 Nr 4 EGGVG oder gem § 13 Abs 2 iVm § 17 Nr 1 EGGVG Mitteilung macht.

70 Bei der **Ersteintragung eines Vereins** prüft das Gericht, ob die formalen Voraussetzungen der §§ 56, 59 BGB erfüllt sind, ob die Satzung den vorgeschriebenen Inhalt hat (§§ 57, 58 BGB), nicht sittenwidrig (§ 138 BGB) oder mehrdeutig ist (OLG Zweibrücken MDR 1985, 230; BayObLG Rpfleger 1971, 352; aA bei Mehrdeutigkeit *Terner* ZNotP 2009, 222, 231 mwN), gegen keine Rechtsvorschriften verstößt (zB §§ 37, 39 BGB, 18 Abs 2 HGB analog) und es sich um einen nichtwirtschaftlichen Verein (§ 21 BGB) handelt. **Öffentlich-rechtliche Vereinsverbote** prüft das Registergericht nicht, da diese ausschließ-

lich nach den Verfahren des VereinsG verfolgt werden. Auch eine **Zweckmäßigkeitsprüfung** findet nicht statt (OLG Köln NJW-RR 1994, 1547, 1548; BayObLG NJW-RR 2001, 326, 327), ebenso wenig eine Überprüfung nach den §§ 305 ff BGB (*Fleck* Rpfleger 2009, 65) oder eine Prüfung, ob der Verein dazu dienen soll, **ordnungsrechtliche Verbote zu umgehen** (OLG Oldenburg NJW 2008, 2194: »Nichtraucherschutzgesetz-Umgehungsverein«). Handelt es sich um einen **VVaG**, findet eine Satzungsprüfung durch das Registergericht nicht statt, da der Verein seine Rechtsfähigkeit bereits durch die nach § 15 VAG erteilte Erlaubnis erlangt (KGJ 26 A 69).

bb) Folgeanmeldungen (praxisrelevante Einzelfragen)

Bei Folgeanmeldungen, die auf Gesellschafterbeschluss beruhen, hat das Gericht grds 71 auch zu prüfen, ob die **Beschlussfassung ordnungsgemäß zustande kam**, insbes ob die Beschluss fassenden Personen tatsächlich Gesellschafter waren (OLG München FGPrax 2009, 127, 128; OLG Köln GmbHR 1990, 82, 83). Den zur Beschlussfassung berufenen Gesellschafterbestand überprüft das Gericht in der Regel aber nur dann, wenn sich Unstimmigkeiten mit der nach § 40 GmbHG eingereichten Gesellschafterliste ergeben (MüKoHGB/*Krafka* § 8 Rn 77). Ob einzelne Stimmabgaben wegen Treueverstoßes unwirksam waren, prüft das Registergericht nicht (OLG Frankfurt FGPrax 2009, 81). Einberufungsmängel sind beachtlich, sofern sie zur Nichtigkeit und nicht nur Anfechtbarkeit des Beschlusses führen (zur Abgrenzung vgl KG JW 1936, 334, 335; Baumbach/Hueck/*Zöllner* Anh § 47 Rn 45 ff). Bei **Vereinen** ist grds ist vom rechtswirksamen Zustandekommen des ordnungsgemäß angemeldeten Beschlusses auszugehen. Weitere Nachprüfungen sind nur veranlasst, um begründeten Zweifeln nachzugehen (OLG Düsseldorf FGPrax 2008, 261; OLG Schleswig FGPrax 2005, 82), wobei für die Beweisführung des Vereins hinsichtlich eines ordnungsgemäßen Verfahrens keine übertriebenen und praktisch unerfüllbaren Maßstäbe angelegt werden dürfen (BGHZ 59, 369, 376). Festzustellende Verfahrensmängel sind zudem nur dann beachtlich, wenn sie für die Beschlussfassung kausal gewesen sein können, was nicht der Fall ist, wenn der Beschluss mit Sicherheit auch ohne den Mangel so gefasst worden wäre (OLG Köln Rpfleger 1983, 158: Einberufung der Versammlung durch den unvollständigen Vorstand; OLG Köln Rpfleger 1985, 447, 448 – obiter: Versammlungsleitung durch einen Unzuständigen; OLG Karlsruhe NJW-RR 1998, 684: Nichteinladung einzelner Mitglieder; vgl aber BGHZ 59, 369, 375 f: es muss auch ausgeschlossen werden können, dass die wenigen nicht eingeladenen Mitglieder das Stimmverhalten der übrigen erschienen Mitglieder in einer der Abstimmung vorausgegangenen Aussprache hätten beeinflussen können). Nichtigkeit kann aber bei Einladung zur Unzeit vorliegen (BayObLGZ FGPrax 2004, 295: Versammlung während der Sommerferien) sowie wenn der Gegenstand der Beschlussfassung in der Einladung zur Mitgliederversammlung nicht oder so ungenau bestimmt war, dass den Mitgliedern eine sachgerechte Vorbereitung der Versammlung und eine Entscheidung, ob sie an der Versammlung teilnehmen wollen, nicht möglich war (BGH NJW 2008, 69), oder wenn ein satzungsgemäß unzuständiges Vereinsorgan beschlossen hat (OLG Köln FGPrax 2009, 82).

Bei **Änderung der Vereinssatzung** findet eine Inhaltskontrolle wie bei der Erst- 72 eintragung statt (BayObLG NJW-RR 2001, 326, 327). Auch die **Änderung des Gesellschaftsvertrages einer GmbH/UG** wird umfassend auf ihre rechtliche Wirksamkeit überprüft. Die für die Erstanmeldung vorgesehenen Prüfungsbeschränkungen (§ 9c Abs 2 GmbHG) gelten für die Folgeanmeldung einer Satzungsänderung nicht (BayObLG NJW-RR 2002, 248; KG FGPrax 2006, 29, 30). Bestimmungen des Gesellschaftsvertrages, die von der angemeldeten Änderung nicht betroffen sind, werden jedoch (nur) insoweit einer Prüfung unterzogen, als sie Anlass zur Einleitung eines Auflösungsverfahrens geben könnten (§ 399 Rz 18). Wird der Gesellschaftsvertrag allerdings als Neufassung beschlossen, bezieht sich die materielle Prüfung auf den gesamten neu gefassten

Vor § 378 FamFG | **Registereintragungsverfahren**

Gesellschaftsvertrag – auch soweit er mit der ursprünglichen Fassung übereinstimmende Regelungen trifft (KG FGPrax 2006, 29, 30). Ebenso sind **Satzungsänderungen einer AG** auf Verletzung zwingenden Gesetzesrechts zu prüfen (OLG Hamburg OLGZ 1984, 307; 1994, 42, 47; MüKoAktG/*Stein* § 181 Rn 46 mwN). Beim **VVaG** indessen wird die Prüfung des Registergerichts weitgehend durch die Genehmigung der Versicherungsaufsichtsbehörde ersetzt (§ 40 Abs 1 Satz 2 VAG; vgl KGJ 26 A 69; Prölls/*Weigel* § 40 Rn 4).

72a   Ein **Unternehmensvertrag** ist nur einzutragen, wenn er materiell wirksam zustande gekommen ist; etwaigen Bedenken hiergegen hat das Registergericht nachzugehen (OLG München ZIP 2009, 1520, 1521).

73   **Zeitlicher Anknüpfungspunkt** für die Prüfung der Eintragungsvoraussetzungen ist der Moment des Antragseingangs bei Gericht. Zum Zeitpunkt der Unterschriftsleistung des Anmeldenden oder der Errichtung des notariellen Beglaubigungsvermerks muss die angemeldete Tatsache noch nicht eingetreten sein (MüKoHGB/*Krafka* § 12 Rn 6 mwN); somit kann also eine Registeranmeldung »auf Vorrat« gefertigt werden für eine Tatsache, die erst später eintritt oder eintreten könnte. Die Tatsache muss allerdings eingetreten sein, bevor die Anmeldung zum Registergericht abgegeben wird.

b) Deklaratorische Eintragungen

74   Von einer **deklaratorischen (= rechtsbekundenden) Eintragung** spricht man, wenn die materiellen Rechtswirkungen unabhängig von der Eintragung in das Register eintreten (bspw die Erteilung oder das Erlöschens einer Prokura). Deklaratorische Eintragungen dienen nur der Publizität der einzutragenden Tatsachen und dem damit verbundenen Gutglaubensschutz (§§ 15 HGB, 29 GenG, 68, 70, 1412 BGB). Bei deklaratorischen Eintragungen prüft das Gericht, ob die angemeldeten Tatsachen vorliegen, denn das Register darf keine Unwahrheiten verlautbaren (RGZ 140, 174, 184; OLG Köln GmbHR 1990, 82, 83; BayObLG GmbHR 1992, 304 mwN). In der Praxis beschränkt sich die Prüfung jedoch auf die ordnungsgemäße Darlegung der für die Eintragung erforderlichen Tatsachen, ohne diese im Einzelnen zu verifizieren. Sofern die angemeldeten Tatsachen schlüssig dargestellt und glaubwürdig sind, darf sich das Gericht auf die Richtigkeit der eingereichten Unterlagen verlassen und braucht **keine besonderen Nachforschungen** anzustellen (OLG Schleswig FGPrax 2005, 82; Rpfleger 2005, 317; MüKoHGB/*Krafka* § 8 Rn 62 ff, *Krafka/Willer* Rn 159). Bestehen aber begründete Zweifel gegen die Richtigkeit der abgegebenen Erklärungen, hat das Registergericht die volle Prüfungsverantwortung (OLG Düsseldorf NJW-RR 2001, 902, OLG München DNotZ 2009, 474). Insbes ist zu prüfen, ob die angemeldete Tatsache wegen **Rechtsmissbrauchs** unwirksam ist, wie etwa die Amtsniederlegung des einzigen Geschäftsführers, der zugleich Allein- oder Mehrheitsgesellschafter ist, mit dem Ziel, die Handlungsunfähigkeit der Gesellschaft herbeizuführen (OLG Köln FGPrax 2008, 79 mwN). Von der Vornahme einer Eintragung, deren Voraussetzungen nicht vorliegen, hat das Gericht auch dann abzusehen, wenn durch deren Vollzug eine Heilung des vorliegenden Fehlers einträte (OLG Köln Rpfleger 1993, 71; MüKoHGB/*Krafka* § 8 Rn 9, 75).

75   Eine Überprüfung der materiellen Wirksamkeitsvoraussetzungen der angemeldeten Tatsachen und Rechtsverhältnisse unternimmt das Gericht nur bei besonderem Anlass. Bspw ist bei der Anmeldung eines minderjährigen Kaufmanns (§ 112 BGB) oder eines minderjährigen Vereinsvorstands (*Reichert* Rn 1924) zu prüfen, ob die Zustimmung der gesetzlichen Vertreter vorliegt; bei der Anmeldung einer Prokura durch einen minderjährigen Kaufmann (§ 112 BGB) ist zu prüfen, ob die Zustimmung des Familiengerichts vorliegt, ohne die die erteilte Prokura unwirksam ist (§§ 1822 Nr 11, 1831, 1643 BGB). Auch die Übertragung eines Erwerbsgeschäfts durch oder auf einen Minderjährigen bedarf der familiengerichtlichen Zustimmung (§§ 1822 Nr 3, 1643 BGB). Das Zustimmungserfordernis gilt grds auch bei unentgeltlicher Übertragung eines voll eingezahlten

Kommanditanteils auf einen Minderjährigen (OLG Frankfurt NJW-RR 2008, 1568); zu vermögensverwaltenden Familien-KGs vgl aber OLG Bremen GmbHR 2008, 1263 und OLG München NJW-RR 2009, 152. Bei der Ersteintragung des Einzelkaufmanns ist die Zulässigkeit der Firma (§§ 18 f HGB) unter Beachtung der durch die §§ 4, 5a Abs 1 GmbHG, 4, 279 Abs 1 AktG, 3 GenG, 2 Abs 2 Nr 1 EWIVAG, 4 Abs 1 VAG und 65 BGB reservierten Begriffe und Rechtsformzusätze zu prüfen, ferner die ausreichend deutliche Unterscheidbarkeit von bereits eingetragenen Firmen (s Rz 61). Die öffentlich-rechtliche Zulässigkeit des Gewerbebetriebes prüft das Gericht nicht (§ 7 HGB), es sei denn, der Gewerbetätigkeit stünde ein evidentes und unbehebbares rechtliches Hindernis entgegen (BayObLG DNotZ 1982, 703, 705; OLG Düsseldorf GmbHR 1985, 395; Baumbach/Hopt/*Hopt* § 7 Rn 6 mwN; aA: Jansen/*Steder* § 125 Rn 123) oder es handelte sich um ein Bank- oder Kapitalanlagegeschäft – dann wären die §§ 43 Abs 1 KWG, 16 Abs 3 BausparkG, 3 Abs 4 InvG zu beachten.

c) Ungewiss konstitutive oder deklaratorische Eintragungen

Schließlich gibt es Eintragungen, von denen das Gericht nicht genau weiß, ob sie konstitutiv oder deklaratorisch sind. Meldet zB ein Kaufmann sein Handelsgewerbe an, ist die Eintragung grds deklaratorisch (Baumbach/Hopt/*Hopt* § 1 Rn 9). Handelt es sich jedoch um ein Kleingewerbe, welches nach Art und Umfang einen in kaufmännischer Weise eingerichteten Betrieb nicht erfordert (§§ 1 Abs 2, 2 Satz 1, 105 Abs 2 HGB), wirkt dieselbe Eintragung konstitutiv (Baumbach/Hopt/*Hopt* § 2 Rn 3). Das Gericht überprüft jedoch nicht, ob ein vollkaufmännischer Betrieb oder ein Kleingewerbe vorliegt – auch nicht unter Zuhilfenahme der berufsständischen Organe (*Krafka/Willer* Rn 164, 512) –, sondern legt die vom Anmeldenden gemachten Angaben der Eintragung zugrunde (herrschende Registerpraxis, dazu eingehend *Schulze-Osterloh* ZIP 2007, 2390 mit Nachw auch zur gegenteiligen Auffassung der hL, nach der gezielt entweder eine Eintragung nach § 1 Abs 2 oder eine Eintragung nach § 2 Satz 1 HGB angemeldet und vom Registergericht geprüft werden müsse).

V. Amtsermittlung und Beweiserhebung

Es gilt der Grundsatz der Amtsermittlung (§ 26). Der Richter/Rechtspfleger hat grds die Wahl, ob er die Ermittlung des Sachverhaltes formlos oder durch ein förmliches Beweisverfahren (§ 29 f) betreibt. Vom freien Wahlrecht ausgenommen sind einige besondere Beweisregeln, bspw sind Rechtsnachfolgen gem § 12 Abs 1 Satz 3 HGB »soweit tunlich« (dh soweit sich das Gericht nicht aus eigenen Register- oder Nachlassakten Kenntnis verschaffen kann) durch öffentliche Urkunden, dh in der Form öffentlicher elektronischer Dokumente (§ 371a Abs 2 ZPO), nachzuweisen. Zum Nachweis der Erbenstellung kann daher regelmäßig die Vorlage eines Erbscheins verlangt werden (OLG Köln FGPrax 2005, 41); im Einzelfall kann ein eröffnetes öffentliches Testament genügen (KG FGPrax 2007, 91). Für andere Nachweise schreibt das Gesetz die Einreichung in öffentlich beglaubigter Form vor, zB für die Vollmachten der Gründungsgesellschafter nach § 23 Abs 1 Satz 2 AktG, § 8 Abs 1 Nr 1 iVm § 2 Abs 2 GmbHG.

In zweifelhaften Fällen hat der Richter/Rechtspfleger von Amts wegen das Gutachten der berufsständischen Organe einzuholen (§§ 380 Abs 2 Satz 1 FamFG, 4 Satz 1 PRV, 9 Abs 2 Satz 2 VRV). Durch das Gutachten wird das Gericht nicht gebunden, aber den Kammern steht bei abweichender Entscheidung des Registergerichts ein Beschwerderecht zu (§ 380 Abs 5).

VI. Bindungswirkung anderer gerichtlicher Entscheidungen, Registersperre, Aussetzung des Verfahrens

1. Bindungswirkung einer Entscheidung des Prozessgerichts

a) Entscheidung über die Zulässigkeit einer Eintragung (§ 16 Abs 2 HGB)

79 Rechtskräftige oder vorläufig vollstreckbare Entscheidungen des Prozessgerichts, welche die Vornahme einer Eintragung für unzulässig erklären (§ 16 Abs 2 HGB), haben gegenüber dem Registergericht Bindungswirkung. Auch und gerade **einstweilige Verfügungen** bewirken den Schutz des § 16 Abs 2 HGB, bspw das ggü dem Vertretungsorgan erwirkte Verbot, die in einer Hauptversammlung gefassten Beschlüsse in das Register eintragen zu lassen bzw das Gebot, den bereits gestellten Eintragungsantrag wieder zurückzunehmen (OLG München ZIP 2006, 2334). Ein Eintragungsverbot kann auch und insbes aus Gründen ausgesprochen werden, die außerhalb der registergerichtlichen Prüfungskompetenz liegen, bspw das aus namens- oder markenrechtlichen Gründen ausgesprochene Verbot, eine bestimmte Firma zu führen.

80 Ist eine solche Entscheidung ergangen, darf die Eintragung nicht gegen den Widerspruch desjenigen erfolgen, der die Entscheidung erwirkt hat (§ 16 Abs 2 HGB). Der Widerspruch ist konkludent bereits erklärt, wenn der Titelinhaber die von ihm erwirkte Entscheidung des Prozessgerichts beim Registergericht einreicht.

81 Das Eintragungshindernis entfällt, wenn die Entscheidung des Prozessgerichts aufgehoben wird oder der Widerspruchsberechtigte seinen Widerspruch zurücknimmt.

82 Bleibt der Widerspruch vom Registergericht versehentlich unbeachtet, wird er gegenstandslos; eine Beschwerdemöglichkeit gegen die rechtswidrig erfolgte Eintragung besteht nicht (§ 383 Rz 31). In Betracht kommt nur die Amtslöschung unter den Voraussetzungen des § 395. Ist die Amtslöschung nicht möglich (vgl § 395 Rz 45 ff, 53 ff, 62 ff), bleiben Amtshaftungsansprüche zu erwägen.

b) Bindungswirkung rechtsgestaltender und anderer Entscheidungen

aa) Rechtsgestaltende Entscheidungen

83 **Rechtsgestaltende Entscheidungen** wie etwa die Ausschließung eines Gesellschafters (§ 140 HGB), die Auflösung der Gesellschaft oder Genossenschaft (§§ 133 HGB, 81 GenG), die Anpassung des Gesellschaftsvertrages wegen Störung der Geschäftsgrundlage (§ 313 BGB), die Nichtigerklärung von Gesellschafterbeschlüssen (Baumbach/Hueck/*Zöllner* Anh § 47 Rn 177 ff) oder die Nichtigerklärung der Gesellschaft oder Genossenschaft (§§ 75 GmbHG, 275 AktG, 94 GenG) bewirken eine unmittelbare Veränderung der materiellen Rechtslage und sind daher – nach Eintritt der Rechtskraft – für das Registergericht bindend. Bindungswirkung haben auch Entscheidungen des Prozessgerichts, die die **Nichtigkeit eines Hauptversammlungsbeschlusses** feststellen oder einen solchen Beschluss aufgrund Anfechtungsklage für nichtig erklären (*Hüffer* § 181 Rn 15).

84 Erfolgt auf Grund der rechtskräftigen Entscheidung des Prozessgerichts eine bestimmte Registereintragung, ist dies unter Angabe des Prozessgerichts, des Datums und des Aktenzeichens der Entscheidung zu vermerken. Eine eventuelle spätere Aufhebung der Entscheidung ist in dieselbe Spalte des Registers einzutragen (§§ 18 HRV, 10 Abs 4 Satz 1, 2 VRV).

85 Sachlich bindend sind auch Urteile, durch die eine auf Rechtsgestaltung gerichtete **Klage abgewiesen** wird. Das folgt aus den Grundsätzen der materiellen Rechtskraft (Zöller/*Vollkommer* § 322 Rn 5; PG/*Völzmann-Stickelbrock* § 322 Rn 62; aA: Jansen/*Steder* § 127 Rn 46) und gilt jedenfalls dann, wenn alle Gesellschafter am Rechtsstreit beteiligt waren, was bei Gestaltungsklagen jedoch regelmäßig erforderlich ist (vgl Zöller/*Vollkommer* § 62 Rn 19, 21; PG/*Gehrlein* § 62 Rn 6, 15).

Keine Bindungswirkung entfalten abgewiesene Anfechtungsklagen gegen Versammlungsbeschlüsse, da die materielle Rechtskraft nur in Bezug auf die jeweiligen Gesellschafter wirkt, die die Klage erhoben hatten. 86

bb) Leistungs- und Feststellungsurteile

Eine Bindung des Registergerichts an die Erkenntnisse aus **Leistungs- und Feststellungsurteilen** ist nur vereinzelt anerkannt, so etwa die Bindung an ein Urteil, welches feststellt, wer Vereinsvorstand geworden ist (OLG Stuttgart Rpfleger 1970, 283), oder an ein Urteil gegen den GmbH-Geschäftsführer, welches ihm die Ausübung seines Amtes untersagt (BayObLG NJW-RR 1989, 934). Auch einstweilige Verfügungen dieses Inhalts können vom Registergericht zu beachten sein (BayObLG NJW-RR 1986, 523). Nimmt das Registergericht eine dem Urteil entsprechende Eintragung vor, gelten die Formalien der §§ 18 HRV, 10 Abs 4 Satz 1, 2 VRV hierfür nicht, da das Urteil keine formale, sondern nur eine materielle Bindungswirkung ausstrahlt. 87

Zur Bindungswirkung in unternehmensrechtlichen Verfahren s § 375 Rz 10. 88

c) Bindungswirkung nach § 16 Abs 1 HGB

Hat das Prozessgericht **zwischen den zur Anmeldung Berechtigten** ein Rechtsverhältnis feststellt, bezüglich dessen eine Eintragung zu erfolgen hat (§ 16 Abs 1 Alt 2 HGB), tritt eine materielle Bindungswirkung schon bei vorläufiger Vollstreckbarkeit und sogar aufgrund einstweiliger Verfügung ein (Jansen/*Steder* § 127 Rn 57). Das Registergericht überprüft die Entscheidung des Prozessgerichts nicht inhaltlich, sondern nur auf deren Eintragungsfähigkeit (bspw KGJ 53, 91: Entziehung der Vertretungsmacht nach § 125 HGB durch einstweilige Verfügung). Die Formalien der §§ 18 Satz 1 HRV, 10 Abs 4 Satz 1 VRV sind zu beachten. 89

Eine spätere **Aufhebung der Entscheidung** ist gem §§ 18 Satz 2 HRV, 10 Abs 4 Satz 2 VRV in dieselbe Spalte des Registers einzutragen. Unter »Aufhebung« in diesem Sinne ist auch eine von der vorangegangenen einstweiligen Verfügung abweichende Entscheidung im Hauptsacheverfahren zu verstehen, ferner die Wirkungslosigkeitsfolge eines vorangegangenen Urteils bei späterer Klagerücknahme (§ 269 Abs 3 Satz 1 Hs 2 ZPO). 90

2. Registersperre

Bei bestimmten gesellschaftsrechtlichen Strukturmaßnahmen, die mit der Eintragung in das Handelsregister unumkehrbar wirksam würden (Eingliederung nach § 319 Abs 7 AktG, Squeeze-Out nach § 327e Abs 3 AktG, Umwandlungen nach den §§ 20, 131, 202 UmwG, 34 Abs 3 LwAnpG), ordnet das Gesetz selbst eine Registersperre an, um die Rechtsschutzmöglichkeiten vor dem Prozessgericht (Anfechtungs- oder Nichtigkeitsklage gegen den Versammlungsbeschluss) zu wahren. Die Registeranmeldung darf erst nach Ablauf der für die Anfechtungsklage vorgesehenen Frist erfolgen, wobei die Vertretungsorgane bei der Registeranmeldung zu erklären haben, dass eine Klage gegen die Wirksamkeit des Versammlungsbeschlusses nicht oder nicht fristgemäß erhoben oder eine solche Klage rechtskräftig abgewiesen oder zurückgenommen worden ist. Die Erklärung, Klage sei nicht erhoben worden, kann nicht sofort nach Ablauf der Anfechtungsfrist abgegeben werden, sondern es muss wenigstens zwei weitere Wochen abgewartet werden, ob noch eine Klagezustellung gem § 167 ZPO erfolgt, die auf den Zeitpunkt des Eingangs der Klageschrift zurückwirkt (OLG Hamburg NZG 2003, 981; OLG Hamm ZIP 2006, 1296, 1298; offengelassen bei BGH NJW 2007, 224, 225). Die mit der Registeranmeldung abzugebende Erklärung ist somit auf den spätesten Zeitpunkt zu beziehen, in dem eine rückwirkende Klagezustellung noch erwartet werden kann. Liegt die Erklärung nicht vor, darf die Maßnahme nicht eingetragen werden, es sei denn, die klageberechtigten Aktionäre/Anteilsinhaber haben bereits durch notariell beurkundete Verzichtserklä- 91 rung auf die Klage gegen die Wirksamkeit des einzutragenden Beschlusses verzichtet (§§ 319 Abs 5, 327e Abs 2 AktG, 16 Abs 2, 125, 198 Abs 3 UmwG).

92 Wird der Beschluss über die einzutragende Strukturmaßnahme von den Aktionären/Anteilseignern angefochten, bleibt die Registersperre bis zur rechtskräftigen Entscheidung über die Anfechtungsklage erhalten. Das Registergericht selbst hat keine Befugnis, die Erfolgsaussicht der erhobenen Anfechtungsklage zu überprüfen. Die frühere BGH-Rechtsprechung (NJW 1990, 2747), die eine solche Prüfung zuließ, ist durch spätere Aufhebung des § 345 AktG sowie Einführung des **Freigabeverfahrens** vor dem Oberlandesgericht überholt. Im Freigabeverfahren kann die Gesellschaft einen **Freigabebeschluss** erwirken, welcher die gesetzliche Registersperre aufhebt (§§ 319 Abs 6, 327e Abs 2 AktG, 16 Abs 3, 125, 198 Abs 3 UmwG). Die Freigabe darf nur erfolgen, wenn die Klage gegen die Wirksamkeit der Strukturmaßnahme unzulässig oder offensichtlich unbegründet ist oder wenn das alsbaldige Wirksamwerden der Strukturmaßnahme nach freier Überzeugung des Gerichts unter Berücksichtigung der Schwere der mit der Klage geltend gemachten Rechtsverletzungen zur Abwendung der vom Antragsteller dargelegten wesentlichen Nachteile für die Gesellschaft und ihre Aktionäre/Anteilseigner vorrangig erscheint. Nach Erlass des Freigabebeschlusses darf die Strukturmaßnahme ungeachtet der noch anhängigen Anfechtungs- oder Nichtigkeitsklage in das Register eingetragen werden; das Registergericht prüft nur noch solche Eintragungsvoraussetzungen, die im Freigabeverfahren nicht behandelt wurden. Sog »nachgeschobene Nichtigkeitsklagen«, die in zeitlicher Nähe zum Abschluss eines ersten Freigabeverfahrens erhoben werden um die Eintragung weiter hinauszuzögern, entfalten nach zunehmend vertretener Auffassung (*Schockenhoff* ZIP 2008, 1945, 1947 ff) keine Sperrwirkung. Mit ihrer Eintragung wird die Strukturmaßnahme unabänderlich wirksam (§ 395 Rz 62 ff).

93 Versammlungsbeschlüsse, deren Eintragung nicht über das Instrument der Registersperre reguliert werden, sind vom Registergericht auf ihre inhaltliche Rechtmäßigkeit zu überprüfen. Ist eine nicht offensichtlich aussichtslose Anfechtungsklage erhoben, wird das Registergericht das Eintragungsverfahren regelmäßig bis zu deren Entscheidung aussetzen (§ 381 Rz 13). Die Erhebung der Anfechtungsklage wirkt somit als »faktische Registersperre«. Um die daraus entstehenden Nachteile von Eintragungsverzögerungen abzuwenden, kann die Gesellschaft auch in diesen Fällen ein Freigabeverfahren anstrengen, sofern es sich dem Beschlussgegenstand nach um eine Kapitalbeschaffung, eine Kapitalherabsetzung oder einen Unternehmensvertrag handelt (§ 246a AktG). An den Freigabebeschluss ist das Registergericht gebunden (§ 246a Abs 3 Satz 5 AktG).

3. Aussetzung des Verfahrens

94 Hängt die Entscheidung des Registergerichts ansonsten von der Entscheidung eines anderen Gerichts ab, kann es das Eintragungsverfahren aussetzen (§ 21 Abs 1). Ist ein Rechtsstreit über die zu klärende Vorfrage noch nicht anhängig, kann das Registergericht aussetzen und eine Frist zur Erhebung der Klage bestimmen (§ 381).

95 Umstritten ist die Aussetzung des Eintragungsverfahrens bei Anmeldung einer unzulässigen Firma. Das BayObLG hebt hervor, dass in der Anmeldung selbst bereits ein unzulässiger Firmengebrauch liege. Dieser sei mit einem Missbrauchsverfahren nach § 392 zu verfolgen, bis zu dessen Abschluss das Eintragungsverfahren auszusetzen sei (BayObLG NJW-RR 1989, 100; aA noch BayObLG Rpfleger 1973, 27). In der Literatur wurde diese Vorgehensweise allerdings zu Recht als prozessunökonomisch abgelehnt (Anm *Winkler* DNotZ 1989, 245; Jansen/*Steder* § 140 Rn 19; Keidel/*Heinemann* § 381 Rn 5; Bumiller/*Harders* 381 Rn 8), zumal dem Registergericht im Anmeldeverfahren dieselben Aufklärungsmöglichkeiten zur Verfügung stehen wie im Firmenmissbrauchsverfahren.

VII. Kein Missbrauch des Eintragungsverfahrens zu Zwecken der Ausübung eines anderweitigen Zwangs

Das Eintragungsverfahren darf vom Registergericht nicht dazu missbraucht werden, auf 96
den Anmeldenden einen Zwang zur Behebung anderer Missstände auszuüben. Das Registergericht darf daher die Erledigung einer als solcher nicht zu beanstandenden Registeranmeldung nicht etwa deshalb zurückhalten oder die Anmeldung gar zurückweisen, weil der übrige Registerinhalt oder das Verhalten des Geschäftsinhabers – etwa durch unzulässigen Firmengebrauch – in anderer Hinsicht Anlass zu Beanstandungen gibt (KG NJW 1965, 254; vgl auch BGH NJW 1977, 1879). Vielmehr sind die übrigen Beanstandungen gesondert mit den dafür vorgesehenen Verfahren (§§ 388–399) zu verfolgen.

B. Verfahren von Amts wegen

Von Amts wegen zu betreiben sind: 97
– Eintragungen aufgrund der Anzeige anderer Stellen (zB §§ 32 HGB, 396, 398 AktG, 87 Abs 5 VAG, 22m Abs 1, 38 Abs 1 KWG, 74 Abs 3, 75 BGB, 7 Abs 2 VereinsG, 81 Abs 4 GenG);
– Eintragungen von Amtslöschungen, Nichtigkeitsfeststellungsbeschlüssen und Entziehung der Rechtsfähigkeit nach den §§ 393 ff FamFG, 73 BGB;
– Eintragung des Erlöschens des Vereins bei Wegfall aller Vereinsmitglieder (§ 401 Rz 6);
– Eintragung der durch eine Entscheidung im unternehmensrechtlichen Verfahren eingetretenen Rechtsänderungen, soweit das Gesetz dies bestimmt (§ 375 Rz 18, 39, 50, 56, 65, 66, 69, 72, § 394 Rz 82);
– Zwangs- und Ordnungsgeldverfahren (§§ 388 ff) sowie Löschungs- und Auflösungsverfahren (§§ 393–399).

C. Beweiskraft des Registerinhalts

Der amtliche **chronologische Ausdruck** aus dem elektronisch geführten Register (§ 9 98
Abs 4 HGB) sowie die mit einer qualifizierten Signatur versehene elektronische Datei (§§ 9 Abs 3 HGB, § 30 Abs 5 HRV) und der beglaubigte Auszug aus dem Papierregister (§ 79 Abs 1 Satz 2 BGB) erbringen als öffentliche Urkunde (§§ 371a Abs 2, 415 ZPO) den vollen Beweis darüber, welche Eintragungen auf einem Registerblatt vorgenommen wurden und welche Eintragungen bis zum Zeitpunkt der Erstellung des Dokuments nicht vorgenommen wurden. Der amtliche **aktuelle Ausdruck** (§ 385 Rz 5, 13) bringt vollen Beweis darüber, welche Eintragungen auf einem Registerblatt vorgenommen wurden und zum Zeitpunkt der Erstellung des Ausdrucks/Auszugs noch gültig sind.

Damit ist jedoch nichts darüber gesagt, welche Beweiskraft der Registerinhalt hin- 99
sichtlich der **Richtigkeit der vorgenommenen Eintragungen** und des wirklichen Bestehens der eingetragenen Tatsachen und Rechtsverhältnisse hat. Die §§ 891 ff BGB, die sich auf den öffentlichen Glauben des Grundbuchs beziehen, gelten für Registereintragungen nicht. Vielmehr ist wie folgt zu differenzieren:

I. Negative Beweiskraft des Registerinhalts

Gehört die Registereintragung zu den materiellen Wirksamkeitsvoraussetzungen einer 100
Rechtsänderung (konstitutive Eintragung), so bietet die Tatsache, dass die Eintragung nicht vorgenommen wurde, den vollen Beweis dafür, dass die Rechtsänderung nicht eingetreten ist (Beispiel: nicht eingetragene Satzungsänderung des Vereins).

Demgegenüber bringt das Fehlen einer Registereintragung, die nur deklaratorische 101
Bedeutung hätte, keinen Beweis dafür, dass die Tatsache nicht eingetreten ist. Das Fehlen einer deklaratorischen Eintragung beweist allenfalls, dass die Tatsache nicht eintragungsfähig zum Register angemeldet wurde oder das Eintragungsverfahren noch nicht

abgeschlossen ist. Der Rechtsverkehr wird gegen unterlassene Eintragungen durch die negative Publizitätswirkung zB des § 15 Abs 1 HGB geschützt, aber dies ist keine Frage der Beweiskraft des Registerinhalts, sondern des Gutglaubensschutzes im Rechtsverkehr.

II. Positive Beweiskraft des Registerinhalts

1. Eintragungen von Amts wegen

102 Von Amts wegen vorgenommene Eintragungen haben positive Beweiskraft hinsichtlich der durch sie ausgelösten Gestaltungswirkungen. So bieten der Löschungsvermerk wegen Vermögenslosigkeit (§ 394) und der Vermerk über die Feststellung eines Satzungsmangels (§ 399) den vollen Beweis für die Auflösung der Gesellschaft (vgl § 394 Rz 64, § 399 Rz 57).

103 Ferner kommt Beweiskraft denjenigen Eintragungen zu, die nachrichtlich auf Mitteilung anderer Stellen vorgenommen wurden, namentlich die Eintragung der Auflösung der Gesellschaft nach Eröffnung des Insolvenzverfahrens bzw nach rechtskräftiger Abweisung eines Insolvenzantrags mangels Masse. Auch die Eintragung rechtgestaltender Entscheidungen des Prozessgerichts, etwa über die Ausschließung von Gesellschaftern einer Personenhandelsgesellschaft, hat positive Beweiskraft über diese Tatsache.

2. Eintragungen auf Antrag

104 Volle Beweiskraft entfaltet eine auf Antrag vorgenommene Registereintragung nur in wenigen Ausnahmefällen, nämlich bei eingetragenen Strukturmaßnahmen, die mit der Vornahme der Eintragung unabänderlich werden (§ 395 Rz 62 ff). Alle anderen Eintragungen, die auf Anmeldung erfolgen, haben nur geringe Beweisbedeutung.

105 Bei **konstitutiven Eintragungen** wird mit dem Registerinhalt der volle Beweis dafür erbracht, dass die **Eintragung als formales Wirksamkeitserfordernis** der Rechtsänderung erfüllt ist. Dieser Beweis kann nur durch einen später eingetragenen Amtslöschungsvermerk (§ 395) entkräftet werden.

106 Darüber, dass das eingetragene **Recht tatsächlich entstanden** ist, erbringt das Register jedoch ebenso wenig Beweis wie bei deklaratorischen Eintragungen darüber, dass die eingetragene Tatsache zutrifft. Denn die Beweiswirkung des Registers kann nicht weiter reichen als die Prüfungsverantwortung des Gerichts bei der Vornahme der Eintragung. Da das Gericht jedoch die Angaben des Anmeldenden, soweit sie plausibel sind, inhaltlich ungeprüft der Eintragung zugrundelegt (Rz 63, 71, 74 f), kann sich auch der Beweiswert des Registerinhalts höchstens darauf beziehen, dass dem Richter/Rechtspfleger bei der Vornahme der Eintragung keine Zweifel an der Richtigkeit gekommen sind.

107 Man wird dem Registerinhalt daher keine rechtliche Vermutungswirkung für die Richtigkeit der vorgenommenen Eintragungen zuerkennen können (so aber wohl noch KG OLGR 14, 158, 159), sondern allenfalls eine **tatsächliche Vermutung** iSd Beweises des ersten Anscheins (vgl BayObLG LZ 1928, 498, 500; Baumbach/Hopt/*Hopt* (32. Aufl) § 9 Rn 4; Staub/*Hüffer* § 8 Rn 83). Der Anscheinsbeweis kann im Rechtsstreit von jedermann unter Darlegung konkreter Anhaltspunkte für die Unrichtigkeit der vorgenommenen Registereintragung entkräftet werden.

108 Ist Prozessgegner der eingetragene Rechtsträger, genügt sogar das Bestreiten der Richtigkeit der Eintragungen mit Nichtwissen. Das folgt aus den Regeln der sekundären Behauptungslast, welche eine gesteigerte Auskunfts- und Substanziierungspflicht begründen, wenn die an sich darlegungspflichtige Partei außerhalb des von ihr darzulegenden Geschehensablaufes steht und keine nähere Kenntnis der maßgebenden Tatsachen besitzt, während der Prozessgegner sie hat und ihm nähere Angaben zumutbar sind (s allgemein BGH NJW 1990, 3151 f).

Will der eingetragene Rechtsträger sich selbst darauf berufen, die Eintragung sei un- 109
richtig, ist § 15 Abs 3 HGB zu beachten, wonach sich derjenige, der eine falsche Eintragung in das Register veranlasst hat, den positiven Rechtsschein des Registers zu seinem Nachteil zurechnen lassen muss (s Baumbach/Hopt/*Hopt* § 15 Rn 18 f). Hierbei handelt es wiederum nicht um eine Frage der Beweiskraft des Registerinhalts, sondern des Gutglaubensschutzes im Rechtsverkehr.

3. Volle Beweiskraft der Inhaberschaft und der Vertretungsbefugnis gegenüber Behörden

Gegenüber Behörden genügt der Registerinhalt zum vollen Nachweis der eingetragenen 110
Tatsachen und Rechtsverhältnisse, obgleich dieser hergebrachte Rechtsgrundsatz heute nicht mehr gesetzlich normiert ist. Bis zum 31.12.2006 war in § 9 Abs 3 HGB aF bestimmt, dass der Nachweis, wer der Inhaber einer in das Handelsregister eingetragenen Firma eines Einzelkaufmanns ist, Behörden ggü durch ein Zeugnis des Gerichts über die Eintragung geführt werden konnte; das Gleiche galt von dem Nachweis der Befugnis zur Vertretung eines Einzelkaufmanns oder einer Handelsgesellschaft. Die Vorschrift wurde zum 1.1.2007 mit der Begründung fallen gelassen, durch die künftig flächendeckende elektronische Registerführung und die damit verbundenen Möglichkeiten einer einfache Online-Einsichtnahme würden gesonderte Zeugnisse des Registergerichts über einschlägige Eintragungen entbehrlich (BTDrs 16/2781 S 79 zu § 9 Abs 5 HGB-E). Damit stellte der Gesetzgeber klar, dass die Beweiskraft des Registerinhalts im Rechtsverkehr ggü den Behörden nicht schwinden sollte, vielmehr der allerorts einsehbare Registerinhalt die volle Beweiskraft einnehme, welche früher dem Zeugnis des Registergerichts zukam. Für das Grundbuchverfahren wird dies durch § 32 Abs 2 GBO gesondert bestätigt.

4. Beweiskraft der Gesellschafterliste einer GmbH

Gem § 16 Abs 1 GmbHG gilt im Falle einer Veränderung des Gesellschafterbestandes im 111
Verhältnis zur Gesellschaft nur derjenige als Inhaber eines Geschäftsanteils, wer als solcher in der Gesellschafterliste (§ 40 GmbHG) eingetragen ist. Im Verhältnis zur Gesellschaft fingiert somit der Inhalt der Gesellschafterliste den Gesellschafterbestand. Die persönliche Reichweite dieser Fiktion ist aber auf das Verhältnis zwischen Gesellschafter und Gesellschaft beschränkt; ggü Dritten entfaltet der Inhalt der Gesellschafterliste grds keine Beweiskraft oder Fiktion.

Für den Sonderfall des gutgläubigen Anteilserwerbs von einem Nichtberechtigten er- 112
starkt die Gesellschafterliste jedoch zu einem grundbuchähnlichen Rechtsscheinträger: Der Erwerb ist wirksam, sofern die Gesellschafterliste zum Zeitpunkt des Erwerbs hinsichtlich des Geschäftsanteils unrichtig war, die Unrichtigkeit entweder mindestens seit drei Jahre bestand oder dem Berechtigten zuzurechnen ist und nicht auf sein Betreiben hin ein Widerspruch der Gesellschafterliste zugeordnet war (§ 16 Abs 3 GmbHG; vgl im Einzelnen *Link* RNotZ 2009, 193, 215 ff).

D. Amtshaftung

Das Spruchrichterprivileg (§ 839 Abs 2 Satz 1 BGB) gilt für Registerrichter nicht. Fehler- 113
hafte Eintragungen, aber auch unrechtmäßige Eintragungsverzögerungen (Verstoß gegen § 25 Abs 1 Satz 2 HRV) können daher grds Amtshaftungsansprüche auslösen. Jedoch ist ein Schuldvorwurf – auch dem Rechtspfleger – nur zu erheben, wenn die eingenommene Rechtsauffassung unvertretbar erscheint (BGH NJW 2007, 224).

Zudem wird die Amtshaftung für fehlerhafte Eintragungen dadurch beschränkt, dass 114
dem Antragsteller eine Eintragungsnachricht zugeht, welche es ihm ermöglicht, den Inhalt der vorgenommenen Eintragung auf seine Richtigkeit zu überprüfen. Wer eine Ein-

tragungsnachricht erhält und es unterlässt, eventuelle Unrichtigkeiten dem Gericht anzuzeigen, verliert seine Staatshaftungsansprüche gem § 839 Abs 3 BGB (s RGZ 138, 114, 117 in einer grundbuchrechtlichen Fallgestaltung). Amtshaftung kommt daher im Wesentlichen in solchen Fällen in Betracht, wo die fehlerhafte Eintragung nicht mehr rückgängig gemacht werden kann (vgl § 395 Rz 53 ff, 62 ff; Fallbeispiel: BGH NJW 2007, 224).

§ 378 Antragsrecht der Notare

(1) Für Erklärungen gegenüber dem Register, die zu der Eintragung erforderlich sind und in öffentlicher oder öffentlich beglaubigter Form abgegeben werden, können sich die Beteiligten auch durch Personen vertreten lassen, die nicht nach § 10 Abs. 2 vertretungsberechtigt sind. Dies gilt auch für die Entgegennahme von Eintragungsmitteilungen und Verfügungen des Registers.

(2) Ist die zu einer Eintragung erforderliche Erklärung von einem Notar beurkundet oder beglaubigt, gilt dieser als ermächtigt, im Namen des zur Anmeldung Berechtigten die Eintragung zu beantragen.

Übersicht

	Rz		Rz
A. Allgemeines	0	c) Mandant	14
B. Kommentierung	0b	d) Inhaltliche Reichweite der Ermächtigung	18
I. Zulässigkeit der Registervollmacht (Abs 1)	0b	5. Gebrauchmachen von der Ermächtigung	20
II. Notarvollmacht (Abs 2)	1	6. Pflichten im Mandatsverhältnis; Haftungsrisiken für den Notar	22
1. Bedeutung und Einbettung der Notarvollmacht	1	7. Durch die Ermächtigung gedeckte Verfahrenshandlungen	24
2. Kein eigenes Antragsrecht des Notars	4	a) Erstinstanzliches Antragsverfahren	24
3. Widerlegliche Vermutung oder unwiderlegliche Fiktion der Vertretungsmacht?	5	b) Einlegung von Rechtsmitteln	25
4. Voraussetzungen der Ermächtigung	9	8. Rechtsstellung des Notars als Vertreter im weiteren Verfahren	27
a) Sachlicher Anwendungsbereich	9	9. Güterrechtsregister	29
b) Mandatar (Vollmachtsinhaber)	12		

A. Allgemeines

Abs 1 wurde durch das »FamFG-Reparaturgesetz« (BGBl 2009 I 2449, Art 8) nachträglich eingefügt. Die Vorschrift regelt die allgemeine Registervollmacht. Durch die Regelung soll aufgegriffen werden, dass es gängiger und bewährter Praxis entspricht, Registervollmachten auch solcher Personen anzuerkennen, die nach den Vorschriften des allgemeinen Teils (§ 10 Abs 2) nicht vertretungsberechtigt wären. Freilich passt der Regelungsgegenstand des eingeschobenen Abs 1 nicht ansatzweise zur Normüberschrift. Auch ist die Fassung sprachlich undurchdacht, da es richtigerweise zweimal »Registergericht« statt »Register« sowie »Bekanntgaben und Mitteilungen« statt »Eintragungsmitteilungen und Verfügungen« hätte heißen müssen.

Zur Normüberschrift passt nur der jetzige **Abs 2**, aus dem die Vorschrift in ihrer Ursprungsfassung allein bestand. Die darin enthaltene Regelung über das »Antragsrecht der Notare« entspricht dem früheren § 129 Satz 1 FGG mit Ausnahme des Wortes »Verpflichteten«, welches durch das Wort »Berechtigten« ersetzt wurde. Nach der Gesetzesbegründung soll dadurch die Befugnis der Notare ausgedehnt werden, welche nunmehr auch dann antragsberechtigt seien, wenn keine Anmeldepflicht besteht (BTDrs 16/6308 S 285). Nicht übernommen wurde § 129 Satz 2 FGG, welcher sich auf die (im FamFG nicht mehr vorgesehene) weitere Beschwerde bezog.

B. Kommentierung

I. Zulässigkeit der Registervollmacht (Abs 1)

0b   Nach der Begründung des Regierungsentwurfs (BTDrs 16/12717 S 62) will die nachträglich eingeschobene Regelung klarstellen, »dass öffentliche oder öffentlich beglaubigte und unmittelbar eintragungsrelevante Erklärungen, wie etwa Anmeldungen und sonstige Anträge im erstinstanzlichen Registerverfahren, auch von solchen Personen abgegeben werden können, die nicht zum vertretungsberechtigten Personenkreis des § 10 Abs 2 FamFG gehören«. Als Praxisbeispiel führt der Regierungsentwurf die Möglichkeit der gegenseitigen Bevollmächtigung von Gesellschaftern größerer Personengesellschaften an, was bei Lichte betrachtet allerdings ein eher untaugliches Beispiel darstellt, da die Gesellschafter einer Personengesellschaft im Eintragungsverfahren allesamt Beteiligtenstatus haben und sich in dieser Eigenschaft bereits auf Grundlage des § 10 Abs 2 Nr 2 gegenseitig bevollmächtigen können. § 378 Abs 1 eröffnet aber bspw die darüber hinaus gehende Möglichkeit, einzelne Organwalter oder Bedienstete eines Mitgesellschafters persönlich zur Registeranmeldung zu bevollmächtigen, oder nicht zum Vorstand gehörende Vereinsmitglieder, welche allesamt nicht zu dem in § 10 genannten Personenkreis gehören.

0c   Die Vorschrift gewährt damit eine etwas größere Flexibilität bei der Erteilung von Registervollmachten als § 10 Abs 2 sie einräumt. Damit wird ein allgemeines Bedürfnis aus der Registerpraxis aufgegriffen, welches bei der Ursprungsfassung des § 10 unberücksichtigt blieb und im Übrigen schon bei der Vorgängernorm des § 13 FGG zu normzweckorientierten Auslegungszweifeln führte.

0d   Neu ist allerdings die **Beschränkung** der Vertretungsberechtigung **in sachlicher Hinsicht**. Außerhalb des § 10 Abs 2 kann Registervollmacht nur erteilt werden für Erklärungen, die »zu der Eintragung erforderlich sind«. Darunter fallen der Eintragungsantrag als solcher sowie ergänzende Erklärungen auf gerichtliche Zwischenverfügungen hin. Ferner wird man – als actus contrarius – wohl auch noch die Antragsrücknahme als von der Vertretungsberechtigung erfasst ansehen, nicht aber Erklärungen im Rechtsbehelfsverfahren (BTDrs 16/12717 S 62, 64). Ebenfalls nicht erfasst sind Erklärungen und Anträge in Verfahren nach den §§ 388–399 sowie erst recht nicht die höchstpersönlich gegenüber dem Registergericht abzugebenden Erklärungen und Versicherungen (vgl vor § 378 Rz 32).

0e   Ebenfalls neu ist die Verknüpfung mit einem bestimmten Formerfordernis, nämlich der Abgabe der Erklärung »**in öffentlicher oder öffentlich beglaubigter Form**«. Bisher bestand dieses Junktim nicht; vielmehr konnten Erklärungen auf Zwischenverfügungen, Antragsrücknahmen usw auch formlos in Vertretung für einen anderen abgegeben werden. Der Regierungsentwurf (BTDrs 16/12717 S 62) begründet die Bindung der Vertretungsberechtigung an das Formerfordernis damit, dass bei der Abgabe einer Erklärung in Vollmacht für einen Dritten eine vorherige rechtliche Prüfung und Belehrung erforderlich sei, wie sie bei der notariellen Beurkundung bzw der Beglaubigung einer vom Notar entworfenen Erklärung geleistet werde. Die Regelung bewirkt damit eine juristische Richtigkeitsgewähr und erfüllt zugleich eine Filterfunktion (*Meyer/Bormann*, RNotZ 2009, 470, 472 f).

0f   Die **Empfangsvollmacht** (Abs 1 Satz 2) bezieht sich nach dem Wortlaut des Gesetzes auf »Eintragungsmitteilungen und Verfügungen«. Diese Begriffe entstammen der Welt des früheren FGG und haben nur aus Nachlässigkeit des Gesetzgebers hier noch einmal Eingang in das FamFG gefunden. Gemeint sind – nach der Nomenklatur des § 15 – »Bekanntgaben und Mitteilungen«. Der Bevollmächtigte ist also nicht nur zur Entgegennahme von »Verfügungen«, sondern ebenso zum Empfang der im Beschlusswege ergehenden Entscheidungen befugt.

II. Notarvollmacht (Abs 2)

1. Bedeutung und Einbettung der Notarvollmacht

Zu den **Aufgaben des Notars** gehört neben der Beurkundungstätigkeit auch die sonstige Betreuung der Beteiligten auf dem Gebiet der vorsorgenden Rechtspflege (§ 24 Abs 1 Satz 1 BNotO). Für das Registerverfahren konkretisiert § 53 BeurkG, dass der Notar die Einreichung beurkundeter Willenserklärungen beim Registergericht veranlassen soll, sobald die Urkunde eingereicht werden kann. 1

§ 24 Abs 1 Satz 2 BNotO verleiht dem Notar die allgemeine **Amtsbefugnis**, die Beteiligten vor Gerichten und Verwaltungsbehörden zu vertreten. Für das Registerverfahren konkretisiert § 378 Abs 2, dass der Notar als ermächtigt gilt, die Eintragung im Namen des zur Anmeldung Berechtigten zu beantragen. Die Vorschrift ist dem § 15 Abs 2 GBO nachgebildet (Denkschrift S 70 zu § 125 FGG-E). 2

(entfallen) 3

2. Kein eigenes Antragsrecht des Notars

Die Gesetzesüberschrift spricht von einem »Antragsrecht der Notare« und der Wortlaut der Vorschrift von »ermächtigt, ... zu beantragen«, worunter nach der Terminologie des BGB jeweils ein Handeln des Notars im eigenen Namen verstanden werden könnte. Indessen entspricht es einhelliger Auffassung, dass die Vorgängernorm § 129 FGG – und somit auch § 378 – kein Antragsrecht der Notare im eigenen Namen gewährt, sondern nur die Vertretungsmacht begründet, einen Eintragungsantrag **im Namen des Antragsberechtigten** zu stellen (KG NJW 1959, 1086 mwN; Staub/*Hüffer* § 12 Rn 10; Jansen/*Steder* § 129 Rn 18 mwN). 4

3. Widerlegliche Vermutung oder unwiderlegliche Fiktion der Vertretungsmacht?

Nach bislang ganz herrschender Rechtsauffassung zu § 129 FGG soll der Norm (nur) die Bedeutung einer **widerleglichen Vermutung** für die Anmeldevollmacht des Notars zukommen (BayObLG NJW 1987, 136; Jansen/*Steder* § 129 Rn 3, 6; *Krafka/Willer* Rn 119; *Schlegelberger* § 129 Rn 2; *Unger* ZZP 37, 401, 464 f mwN; ebenso jetzt Keidel/*Heinemann* § 378 Rn 9; Bumiller/*Harders* § 378 Rn 3; Bork/Jacoby/Schwab/*Müther* § 378 Rn 12; Bahrenfuss/*Steup* § 378 Rn 8). Die Vorschrift bewirke, dass das tatsächliche Bestehen einer Anmeldevollmacht vom Registergericht grds nicht zu überprüfen sei (*Krafka/Willer* Rn 119). Jedoch könne die Vollmachtsvermutung durch eine gegenteilige Erklärung des vom Notar vertretenen Berechtigten ggü dem Registergericht widerlegt werden (Keidel/*Heinemann* § 378 Rn 9; Bumiller/*Harders* § 378 Rn 3; Bork/Jacoby/Schwab/*Müther* § 378 Rn 12; Bahrenfuss/*Steup* § 378 Rn 10; Jansen/*Steder* § 129 Rn 6, 26; Ebenroth/Boujong/Joost/Strohn/*Schaub* § 12 Rn 117; Staub/*Hüffer* § 12 Rn 10; für das Beschwerdeverfahren: OLG Frankfurt NJW 1984, 620). 5

Ob an dieser Sichtweise festzuhalten ist, ist zweifelhaft. Gegen die Annahme einer bloßen Vollmachtsvermutung spricht bereits, dass die Vorschrift dann überflüssig wäre. Denn die widerlegliche Vermutung, dass der für den Anmeldeberechtigten handelnde Notar schon im Hinblick auf seine standesrechtlichen Pflichten nicht ohne Vollmacht handeln wird, gehört seit jeher zu den allgemein anerkannten Rechtsgrundsätzen (vgl BayObLGZ 1976, 230, 233; BayObLG NJW-RR 2002, 1189, 1190; OLG Köln NJW-RR 1994, 1547) und ist jetzt auch durch § 11 Satz 4 aufgegriffen, wonach das Gericht einen Mangel der Vollmacht des Notars nicht von Amts wegen zu berücksichtigen hat. Würden die Wirkungen des § 378 nicht über diese allgemeinen Grundsätze hinaus gehen, wäre die Vorschrift bedeutungslos. 6

§ 378 FamFG | Antragsrecht der Notare

7   Außerdem würde durch die Annahme (nur) einer widerleglichen Vermutung unnötigerweise die Rechtsfrage aufgeworfen, ob und unter welchen Voraussetzungen die vorgenommene Eintragung wegen Fehlens einer wesentlichen Voraussetzung unzulässig war und von Amts wegen wieder gelöscht werden muss (§ 395), wenn Notarvollmacht in Wahrheit nicht erteilt war. Die Frage stellte sich jedenfalls dann, wenn bereits aus den mit der Anmeldung eingereichten Dokumenten begründete Zweifel an der Notarvollmacht ersichtlich waren, denen das Gericht hätte nachgehen können.

8   Mehr spricht deshalb dafür, in § 378 eine **unwiderlegliche gesetzliche Vertretungsermächtigung** zu erkennen, worauf auch bereits der Gesetzeswortlaut (»gilt als ermächtigt«) hindeutet. Die Bedeutung der Vorschrift liegt gerade darin, Zweifel über die Vollzugsmacht des beurkundenden Notars aus dem formalisierten Registerverfahren herauszuhalten. Der vom beurkundenden Notar gestellte Eintragungsantrag ist daher auch dann uneingeschränkt wirksam, wenn der vertretene Berechtigte tatsächlich keine Anmeldevollmacht erteilt hatte. Es besteht nur die Möglichkeit einer nachträglichen Antragsrücknahme, die bis zur Vornahme der Eintragung auch der Berechtigte (Vertretene) selbst ggü dem Registergericht erklären kann (vor § 378 Rz 41 ff). Wird die Antragsrücknahme nicht rechtzeitig erklärt, ergeht die Eintragung rechtmäßig auf Grundlage der gesetzlichen Vertretungsermächtigung und ist endgültig wirksam.

4. Voraussetzungen der Ermächtigung

a) Sachlicher Anwendungsbereich

9   Der **sachliche Anwendungsbereich** der Vorschrift ist eröffnet, wenn die zu einer Eintragung erforderliche Erklärung von einem Notar beurkundet oder beglaubigt ist. Welche Notargeschäfte darunter im Einzelnen zu verstehen sind, ist streitig. Eine vormals verbreitete Meinung, wonach sich die Urkundstätigkeit des Notars zwingend auf die Eintragungsgrundlage bezogen haben müsse, dagegen die bloße Beglaubigung der Anmeldung nicht genüge (OLG Dresden OLGR 33, 5, 6; Staub/*Hüffer* § 12 Rn 11), wird inzwischen kaum noch vertreten. Nach heute überwiegender und wohl auch zutreffender Ansicht ist unter der »zu einer Eintragung erforderlichen Erklärung« sowohl die materielle Eintragungsgrundlage zu verstehen, durch die die Rechtsänderung herbeigeführt wird (Verträge, Beschlüsse, einseitige Erklärungen) als auch die Beurkundung oder Beglaubigung der Registeranmeldung als solche (BayObLGZ 1959, 196, 197; Keidel/*Heinemann* § 378 Rn 5 f; Bassenge/Roth/*Walter* § 378 Rn 2; Jansen/*Steder* § 129 Rn 12; Fleischhauer/Preuß/*Preuß* Teil A Rn 111; MüKoHGB/*Krafka* § 12 Rn 24; noch weiter gehend offenbar Bahrenfuss/*Steup* § 378 Rn 5). Eine vermittelnde Meinung will die Beurkundung oder Beglaubigung der Anmeldung dann ausreichen lassen, wenn die zur Eintragung erforderliche materielle Erklärung in der Anmeldung selbst enthalten ist (*Schlegelberger* § 129 Rn 2; Beispiel: In der Anmeldung enthaltener Widerruf der Prokura, KG NJW 1959, 1086).

10 Unter »**Beglaubigung**« im Sinne des § 378 ist ausschließlich die Unterschriftenbeglaubigung (§ 40 BeurkG) zu verstehen, nicht die Abschriftenbeglaubigung (§ 42 BeurkG) und auch nicht die Beglaubigung nur vorbereitender Urkunden wie Vollmachten oder Vertretungsnachweise. Nicht zu den Voraussetzungen des § 378 gehört es, dass die beurkundete oder beglaubigte Erklärung einem Formzwang unterlag. Die Ermächtigung gilt daher auch, wenn die **notarielle Form freiwillig gewählt** wurde (Jansen/*Steder* § 129 Rn 15 mwN).

11 Die von den Anmeldeberechtigten **höchstpersönlich** abzugebenden Erklärungen (vor § 378 Rz 32) kann der Notar nicht nach § 378 ersetzen (BayObLG NJW 1987, 136; Staub/*Hüffer* § 12 Rn 12; Jansen/*Steder* § 129 Rn 24; MüKoHGB/*Krafka* § 12 Rn 28). Wohl aber kann er unter Beifügung der von den Anmeldeberechtigten persönlich abzugebenden Erklärungen einen eigenen Vollzugsantrag stellen, um als Adressat der gerichtlichen

Verfügungen das weitere Verfahren in der Hand zu halten (ähnlich Keidel/*Heinemann* § 378 Rn 11; Prütting/Helms/*Maass* § 378 Rn 9).

b) Mandatar (Vollmachtsinhaber)

Der persönliche Anwendungsbereich des § 378 beschränkt sich auf inländische Notare (Jansen/*Steder* § 129 Rn 7). Mandatar aufgrund der Vollmachtsfiktion des § 378 ist allein der **Notar persönlich**, der die Beurkundung oder Beglaubigung vorgenommen hat, sowie sein **Notarvertreter** (§ 39 BNotO) und sein **Notariatsverwalter** (§ 56 BNotO), nicht jedoch die mit ihm in Bürogemeinschaft verbundenen weiteren Notare (BayObLG NJW-RR 1989, 1495). Auf den **Büronachfolger** eines ausgeschiedenen Notars soll die Vertretungsermächtigung nach hM übergehen (Keidel/*Heinemann* § 378 Rn 4 sowie zu § 15 Abs 2 GBO: BayObLG DNotZ 1961, 317, 318; Meikel/*Böttcher* § 15 Rn 3; *Schöner/Stöber* Rn 174; *Demharter* § 15 Rn 5; Kuntze/Ertl/Herrmann/Eickmann/*Herrmann* § 15 Rn 5), aber dies ist eine rein pragmatische Sichtweise, welche dogmatisch kaum zu untermauern ist, da die Büronachfolge keine Rechts- oder Amtsnachfolge darstellt (ablehnend daher Jansen/*Steder* § 129 Rn 10 sowie zu § 15 Abs 2 GBO: *Riedel* JZ 1961, 597, 598). 12

Nachgewiesen wird die Notareigenschaft im elektronischen Rechtsverkehr durch Aufnahme eines Notarattributs in das Signaturzertifikat (§§ 7 Abs 1 Nr 9 SigG, 2a DONot); der Notariatsverwalter führt ein entsprechendes Notariatsverwalterattribut (§ 33 Abs 2 Satz 3 DONot). Beim Notarvertreter hingegen ist die Attributslösung nicht praktikabel, stattdessen wird der Nachweis über eine elektronische, durch den Landgerichtspräsidenten mit qualifizierter elektronischer Signatur versehene Vertreterbestellungsurkunde oder durch beglaubigte Abschrift einer schriftlichen Vertreterbestellungsurkunde geführt (§ 33 Abs 4 Satz 2 DONot; zur praktischen Handhabung s Rundschreiben 25/2006 der Bundesnotarkammer vom 7.12.2006). Auch der Notariatsverwalter, für den (noch) keine Signaturkarte ausgestellt ist, kann sich auf diese Weise legitimieren (§ 33 Abs 2 Satz 4 DONot). Dabei kann die Beglaubigung der eigenen Bestellungsurkunde nicht durch den Notarvertreter/Notariatsverwalter selbst erfolgen, sondern nur durch einen anderen Notar (§ 3 Abs 1 Nr 1 BeurkG). 13

c) Mandant

Im Grundbuchverfahrensrecht ist anerkannt, dass der Notar als bevollmächtigt gilt, **jeden Anmeldeberechtigten** zu vertreten, auch wenn der Notar seine Erklärung nicht beurkundet oder beglaubigt oder der Betreffende überhaupt keine Erklärung abgegeben hat (zu § 15 Abs 2 GBO: KG RJA 2, 38, 40; OLGR 5, 199; Meikel/*Böttcher* § 15 Rn 17). Eine Literaturauffassung will diese Grundsätze auf das Registerrecht übertragen und auch hier den Notar als ermächtigt ansehen, **jeden Anmeldeberechtigten** zu vertreten, unabhängig von der Abgabe einer eigenen Erklärung vor dem Notar (Jansen/*Steder* § 129 Rn 18; *Unger* ZZP 37, 401, 463; *Schlegelberger* § 129 Rn 2). Zur Begründung wird auf den Wortlaut des § 129 FGG verwiesen, welcher seinerzeit vom Gesetzgeber bewusst weiter gefasst worden sei als § 71 FGG, wo die Antragsermächtigung in Personenstandssachen gezielt auf den Beteiligten beschränkt worden sei, dessen Erklärung beurkundet ist. 14

Aktuelle Rechtsprechung zu diesem Fragenkreis findet sich kaum. Die zuletzt aus dem Grundbuchrecht veröffentlichten Entscheidungen beleuchten das Thema unter dem rein gebührenrechtlichen Aspekt, ob als Kostenschuldner für die Eintragung einer Grundschuld nur derjenige haftet, der sie vor dem Notar bewilligt hat, oder auch der Grundschuldgläubiger, der zwar keine eigene Erklärung beglaubigen ließ, zu dessen Gunsten das Recht jedoch bestellt ist. In diesen Fällen lässt die Rechtsprechung das eigene wirtschaftliche Interesse des Grundschuldgläubigers – verbunden mit seinem formalen Antragsrecht auf Eintragung der Grundschuld – für seine Kostenhaftung genügen (BayObLG JurBüro 1984, 101; OLG Zweibrücken Rpfleger 1984, 265). Gerechtfertigt sei dies aus der Erfahrung, dass der Wille der Beteiligten regelmäßig auf die Besorgung der 15

§ 378 FamFG | Antragsrecht der Notare

ganzen Grundbuchangelegenheit durch den Notar gerichtet sei (BayObLG JurBüro 1984, 101, 102).

16   Abweichend von der grundbuchrechtlichen Ausgangslage herrscht im Registerrecht jedoch das Prinzip der gemeinschaftlichen Anmeldung vor (zB §§ 108, 161 Abs 2 HGB, 36 Abs 1, 81 Abs 1, 181 Abs 1 Satz 1 AktG; 78 GmbHG). Das Gesetz legt es in die gesamte Hand Mehrerer, die registerrechtlichen Rechtsverhältnisse der Gesellschaft gesamtverantwortlich zu steuern. Fehlende Mitwirkungen Einzelner sollen im Erzwingungsverfahren (§§ 388 ff) bewirkt oder durch ein Klageverfahren nach § 16 Abs 1 HGB ersetzt werden, nicht aber stiekum durch einen Eintragungsantrag des Notars in aller Namen. Eine Erstreckung der Vertretungsermächtigung des § 378 auf Anmeldeberechtigte, die keine eigene Erklärung ggü dem Notar abgegeben haben, ist daher für das Registerrecht abzulehnen.

17   Tatsächlich kann auch den Gesetzesmaterialien nicht entnommen werden, dass § 129 FGG bewusst weiter gefasst gewesen sei als § 71 FGG (vgl Denkschrift S 70 zu § 125 FGG-E). Näher liegt vielmehr, dass bereits ursprünglich nur eine Notarermächtigung für anmeldepflichtige Personen aus dem Kreise derer gemeint war, die ihre Erklärung vor dem Notar haben beurkunden oder beglaubigen lassen.

d) Inhaltliche Reichweite der Ermächtigung

18   Die Vertretungsermächtigung nach § 378 berechtigt den Notar grds (nur) zur Anmeldung dessen, was Gegenstand der beurkundeten oder beglaubigten Erklärungen war. Ganz vereinzelt sind Annexkompetenzen über das Beurkundete hinaus anerkannt; bspw darf ein Notar, der den GmbH-Gesellschaftsvertrag beurkundet hat, die allgemeine Vertretungsregelung auch dann zum Register anmelden, wenn sie auf der gesetzlichen Regelung – und somit nicht auf einer vom Notar beurkundeten Erklärung – beruht (LG Weiden MittBayNot 1980, 174; LG München I DNotZ 1976, 682 [LS]).

19   Meldet der Notar weitere Tatsachen an, die nicht Gegenstand der von ihm beurkundeten oder beglaubigten Erklärungen sind, bedarf es hierfür einer gesonderten Vollmacht der Anmeldeberechtigten, welche nach gängiger Registerpraxis jedoch nicht der Form des § 12 Abs 1 Satz 2 HGB bedarf, sondern formlos möglich ist (vgl BayObLG WM 1984, 638). Zudem greift § 11 Satz 4, wonach das Gericht einen Mangel der Notarvollmacht nicht von Amts wegen zu berücksichtigen hat, sondern nur auf Einwendung eines Beteiligten.

5. Gebrauchmachen von der Ermächtigung

20   Bei der Einreichung einer Registeranmeldung soll der Notar klarstellen, ob er einen eigenen Antrag aufgrund seiner Vertretungsermächtigung nach § 378 stellt, oder ob er lediglich die Anmeldung des Berechtigten als Bote gem § 53 BeurkG überbringt (*Winkler* § 53 Rn 6; Ebenroth/Boujong/Joost/Strohn/*Schaub* § 12 Rn 115). Die elektronische Vorlage einer Anmeldung ist für sich genommen noch nicht als ein Tätigwerden aufgrund des § 378 aufzufassen, denn die schlichte elektronische Übermittlung an das Registergericht verkörpert nur den Realakt, mit welchem der Notar seiner durch § 53 BeurkG normierten Amtspflicht nachkommt (aA: *Krafka/Willer* Rn 126; Keidel/*Heinemann* § 378 Rn 18). Will der Notar von seiner Vertretungsermächtigung nach § 378 Gebrauch machen, muss er ein (elektronisches) Anschreiben beifügen, mit dem er darauf hinweist, dass die Übermittlung durch den Notar als Vertreter erfolgt. Dafür steht ein Textbaustein in XNotar zur Verfügung. Die Nichtverwendung des vorgesehenen Textbausteins lässt den Notar im Zweifel nur als Boten erscheinen; ebenso die Einreichung der Anmeldung »zum Vollzug«, »zur weiteren Veranlassung« oder »mit der Bitte, den gestellten Anträgen zu entsprechen« (BGH DNotZ 1964, 435; *Winkler* § 53 Rn 6).

21   Der vom Notar gestellte Antrag muss als solcher nicht beglaubigt oder beurkundet werden; vielmehr genügt eine sog Eigenurkunde (Vermerkurkunde) mit Unterschrift

und Amtssiegel (§ 39 BeurkG; vgl OLG Jena NJW-RR 2003, 99, 100) bzw bei elektronischer Einreichung eine mit Notarsignatur versehene Erklärung (§ 39a BeurkG).

6. Pflichten im Mandatsverhältnis; Haftungsrisiken für den Notar

Die (unwiderlegliche) Vertretungsermächtigung nach § 378 bezieht sich nur auf die Außenwirksamkeit der vom Notar gestellten Verfahrensanträge. Im Innenverhältnis lässt der Notar sich möglichst ausdrückliche Anmeldevollmacht erteilen. Ansonsten wird man – jedenfalls soweit Anmeldepflicht besteht – von einem konkludenten Einverständnis der Beteiligten mit der Anmeldung des Beurkundeten durch den Notar ausgehen können. Widersprechen die Beteiligten jedoch ausnahmsweise der Antragstellung oder einer sonstigen Verfahrenshandlung des Notars, ist er im Innenverhältnis daran gebunden. Namentlich bei der Anmeldung von Tatsachen, die nicht eintragungspflichtig sind, muss der Notar den Willen der Beteiligten erforschen und sollte ihn dokumentieren, bevor er gegenüber dem Registergericht tätig wird. 22

Beim Gebrauchmachen von der Vertretungsermächtigung sollte der Notar – schon aus Haftungsgründen – ausdrücklich klarstellen, für welche(n) Beteiligten er den Antrag stellt. Dadurch wird vermieden, dass der Notarantrag unbeabsichtigt für einen Anmeldeberechtigten wirkt, der die Vertretung gar nicht wünscht. Denn nach einer (wenngleich fragwürdigen) Rechtsauffassung soll der unspezifiziert abgegebene Notarantrag so ausgelegt werden können, dass er im Namen aller Anmeldeberechtigten abgegeben sei (Jansen/*Steder* § 129 Rn 21; zu § 15 Abs 2 GBO: RG HRR 1929 Nr 760; BayObLG JurBüro 1984, 101, 102; OLG Köln, Rpfleger 1986, 411; BayObLG NJW-RR 1989, 1495), schlimmstenfalls womöglich noch im Namen solcher Anmeldeberechtigten, deren Erklärung der Notar gar nicht beurkundet oder beglaubigt hat (vgl Rz 14 ff). 23

7. Durch die Ermächtigung gedeckte Verfahrenshandlungen

a) Erstinstanzliches Antragsverfahren

Die durch § 378 begründete Vertretungsberechtigung beschränkt sich nicht auf die Stellung des Eintragungsantrags selbst, sondern ermächtigt zu allen das Verfahren betreffenden Rechtshandlungen (§ 11 Satz 5 FamFG iVm § 81 ZPO), also zB zu Antragsberichtigungen (OLG Schleswig DNotZ 2008, 709, 711), Erklärungen über den getrennten Vollzug (vgl § 382 Rz 18 ff) oder anderen Nachtragsvermerken. Auch diese Erklärungen des Notars sind in Form einer Eigenurkunde abzugeben (OLG Schleswig DNotZ 2008, 709, 711), also mit Unterschrift und Amtssiegel zu versehen (§ 39 BeurkG) bzw in elektronischer Form durch eine nach § 39a BeurkG verfasste Erklärung zu übermitteln (für die Antragsrücknahme ausdrücklich geregelt in § 24 Abs 3 Satz 2 BNotO). 24

b) Einlegung von Rechtsmitteln

§ 378 ermächtigt iVm §§ 11 Satz 5 FamFG, 81 ZPO auch zur Einlegung von Rechtsmitteln im Namen der Berechtigten. Ein Beschwerderecht im eigenen Namen hat der Notar dagegen nicht (KG Rpfleger 1977, 309). Legt der Notar Beschwerde ein, muss er kenntlich machen, in wessen Namen er sie erhebt (BGH NJW 1953, 624). Fehlt die Erklärung, ist die Beschwerdeschrift nach dem Grundsatz der wohlwollenden Auslegung so auszulegen, dass das Rechtsmittel im Namen aller Antrags- und Beschwerdeberechtigten erhoben werde (KG OLGZ 1969, 501, 502; BayObLG NJW-RR 2002, 1189, 1190; Keidel/*Heinemann* § 378 Rn 14; aA allerdings offensichtlich noch BGH NJW 1953, 624). 25

Legt der Notar für einen Berechtigten Beschwerde ein und stellt sich heraus, dass er insoweit ohne (gesonderte) Vollmacht handelte, soll das Rechtsmittel nach Auffassung des OLG Frankfurt auf Kosten des Notars als unzulässig verworfen werden (OLG Frankfurt NJW 1984, 620; zustimmend Jansen/*Steder* § 129 Rn 6). Dem dürfte allerdings 26 kaum gefolgt werden können, wenn man § 378 als eine unwiderlegliche Vertretungsermächtigung versteht (s Rz 5 ff). Denn danach berührte ein etwaiger Weisungsverstoß des Notars allein das Mandatsverhältnis.

26a Ob § 378 auch das Mandat zur selbstständigen Einlegung einer **Rechtsbeschwerde** trüge, bedarf keiner Erörterung, da der Notar vor dem BGH jedenfalls nicht postulationsfähig ist (§ 10 Abs 4 Satz 1; aA: Keidel/*Heinemann* § 378 Rn 16). Ob § 378 den Notar dazu berechtigt, Rechtsbeschwerde für den Mandanten unter Hinzuziehung eines beim BGH zugelassenen Anwalts einzulegen (so Bumiller/*Harders* § 378 Rn 5), ist zweifelhaft, da die Postulationsvorschriften des heutigen Rechtsbeschwerdeverfahrens vor Augen führen, dass die Zielrichtung des Rechtsbeschwerdeverfahrens (Klärung grundsätzlicher Rechtsfragen) den vom Notar aufgrund § 378 zu verantwortenden Geschäfts- und Kompetenzbereich (Vollzug eines Beurkundungs- oder Beglaubigungsvorgangs) als solchen übersteigt. Mehr spricht dafür, dass der Mandant den BGH-Anwalt gesondert beauftragen muss (im Ergebnis ebenso Prütting/Helms/*Maass* § 378 Rn 15).

8. Rechtsstellung des Notars als Vertreter im weiteren Verfahren

27 Hat der Notar von der Ermächtigung des § 378 Gebrauch gemacht, sind alle Mitteilungen und Bekanntgaben, also rechtliche Hinweise, Zwischenverfügungen, Eintragungsnachrichten oder die Zurückweisung des Antrags ausschließlich an ihn zu richten. Auf diese Weise hält er das Verfahren bis zu seiner Erledigung für die Antragsberechtigten in der Hand. Damit ist die Amtspflicht verbunden, den Vollzug der Eintragung zu überwachen, insbes die bei ihm eingehende Eintragungsnachricht auf ihre Richtigkeit zu überprüfen (*Winkler* § 53 Rn 56 f). Mit der Erledigung des Eintragungsverfahrens endet die Vertretungsermächtigung des Notars, nachfolgende Mitteilungen in der Registersache sind an die Beteiligten selbst zu richten.

28 Hat der Notar die Anmeldung nur als Bote überreicht (s Rz 20), sendet das Gericht die Zwischenverfügungen, Eintragungsnachrichten usw nicht an ihn, sondern unmittelbar an die Beteiligten. Den Notar treffen dann keine Vollzugsüberwachungspflichten (BGH NJW 1958, 1532, 1533), worüber er die Beteiligten zu belehren hat (*Winkler* § 53 Rn 59 mwN). Der nur als Bote aufgetretene Notar ist nicht befugt, ergänzende Erklärungen abzugeben (s Rz 24) oder den Antrag aufgrund der Ermächtigung des § 24 Abs 3 BNotO zurückzunehmen; hierfür bedürfte er einer besonderen Vollmacht der Beteiligten.

9. Güterrechtsregister

29 Für Eintragungen in das Güterrechtsregister galt der frühere § 129 FGG nicht, weil die Vorschrift eine Anmeldepflicht voraussetzte, welche für das Güterrechtsregister generell nicht besteht. Mit der Neuformulierung des § 378 wurde die frühere Anknüpfung der Vertretungsermächtigung an das Bestehen einer Anmeldepflicht aufgegeben, so dass sich nunmehr fragt, ob der Notar einen von ihm beurkundeten Ehevertrag ohne besondere Vollmacht zur Eintragung in das Güterrechtsregister anmelden kann. Dagegen spricht, dass die Antragserklärung gem § 1560 Satz 1 BGB nach bisherigem Verständnis nicht nur als eine rein verfahrensrechtliche, sondern zugleich als eine materiell-rechtliche Erklärung aufgefasst wird, welche allein den Ehegatten zusteht (OLG Köln MDR 1983, 490; Jansen/*Ries* § 161 Rn 13; Staudinger/*Thiele* § 1560 Rn 7 mwN; aA: MüKoBGB/*Kanzleiter* § 1561 Rn 7). Eine materiell-rechtliche persönliche Erklärung der Ehegatten über ihr Eintragungsbegehren ist daher weiterhin zu fordern; die förmliche Registeranmeldung als solche mag dann der Notar auf Grundlage des § 378 vornehmen.

30 Ebenso dürfte der Notar auf Grundlage des § 378 dazu ermächtigt sein, die Wiederholung der bereits vorgenommenen Eintragungen nach Verlegung des gewöhnlichen Aufenthalts der Ehegatten im Register des neuen Bezirks zu beantragen (§ 1559 Satz 1 BGB). Denn die nach § 1560 BGB zu treffende materiell-rechtliche Grundentscheidung

hatten die Eheleute bereits früher getroffen, so dass der Antrag nach § 1559 Satz 1 BGB nur noch einen reinen Verfahrensantrag darstellt.

Nicht getragen von § 378 wäre dagegen ein Antrag auf Löschung der Eintragungen im Register des früheren Aufenthaltsorts, denn es fehlt an einer beurkundeten oder beglaubigten Erklärung der Ehegatten, welche auf Löschung zielt und deshalb eine Ermächtigung gem § 378 nach sich zieht. 31

§ 379 Mitteilungspflichten der Behörden

(1) Die Gerichte, die Staatsanwaltschaften, die Polizei- und Gemeindebehörden sowie die Notare haben die ihnen amtlich zur Kenntnis gelangenden Fälle einer unrichtigen, unvollständigen oder unterlassenen Anmeldung zum Handels-, Genossenschafts-, Vereins- oder Partnerschaftsregister dem Registergericht mitzuteilen.

(2) Die Finanzbehörden haben den Registergerichten Auskunft über die steuerlichen Verhältnisse von Kaufleuten oder Unternehmen, insbesondere auf dem Gebiet der Gewerbe- und Umsatzsteuer, zu erteilen, soweit diese Auskunft zur Verhütung unrichtiger Eintragungen im Handels- oder Partnerschaftsregister sowie zur Berichtigung, Vervollständigung oder Löschung von Eintragungen im Register benötigt wird. Die Auskünfte unterliegen nicht der Akteneinsicht (§ 13).

A. Allgemeines

I. Bedeutung der Norm

1 Die Mitteilungspflichten der Gerichte, Behörden und Notare sollen es erleichtern, das Register in Übereinstimmung mit den wirklichen Tatsachen und Rechtsverhältnissen zu führen. Der aus der Mitteilung resultierende Erkenntnisgewinn versetzt das Registergericht in den Stand, Berichtigungen vorzunehmen, Löschungsverfahren einzuleiten oder die Anmeldepflichtigen aufzufordern, ihren Anmeldepflichten nachzukommen. Flankiert wird die Vorschrift durch die Mitteilungspflichten der berufsständischen Organe (§ 380 Abs 1) sowie durch besondere, in den materiellen Gesetzen verankerte Mitteilungspflichten.

II. Änderungen durch das FamFG

2 § 379 übernimmt – sprachlich angepasst – den Regelungsgehalt des bisherigen § 125a FGG. Neu ist die Ausdehnung des sachlichen Anwendungsbereichs von Abs 1 auf das Vereinsregister. Auf das Güterrechtsregister ist die Vorschrift nach wie vor nicht anzuwenden.

3 Die Auskunftspflicht der Finanzbehörden nach Abs 2 wurde ausgedehnt auf Auskünfte, die zur Löschung von Eintragungen im Register benötigt werden. Dies zielt insbes auf die Ermittlung der Vermögensverhältnisse im Löschungsverfahren wegen Vermögenslosigkeit (§ 394).

B. Kommentierung

I. Mitteilungen der Gerichte, Staatsanwaltschaften, Behörden und Notare (Abs 1)

1. Gegenstand und Voraussetzungen der Mitteilung

4 Der Gesetzeswortlaut, wonach die Mitteilungspflicht durch die Erlangung amtlicher Kenntnis von Fällen der unrichtigen, unvollständigen oder unterlassenen Registeranmeldung ausgelöst wird, ist in zweierlei Hinsicht unpräzise. Zum einen kann sich die Kenntnis nicht auf eine fehlerhafte Anmeldung beziehen, da diese sich dem Wahrnehmungsbereich der Mitteilungsbehörde regelmäßig entzieht. Vielmehr kommt es auf die **Unrichtigkeit des aktuellen Registerinhalts** an. Zum anderen löst nicht erst die sichere Kenntnis von der Unrichtigkeit eine Mitteilungspflicht aus, sondern bereits der Anfangsverdacht aus dem Blickwinkel der anzeigenden Stelle. Zuständig für die endgültige Prüfung ist allein das Registergericht, welches bei hinreichenden Anhaltspunkten die gegebenen Verfahren einleiten und sich durch Amtsermittlung unter Zuhilfenahme ggf

Mitteilungspflichten der Behörden | § 379 FamFG

weiterer Erkenntnisquellen und Anhörung des eingetragenen Rechtsträgers die eigene Kenntnis verschaffen muss.

Gerichte, Staatsanwaltschaften, Polizei- und Gemeindebehörden sowie die Notare haben alle zu ihrer Kenntnis gelangten Umstände, die auf eine Unrichtigkeit des Registers hindeuten, dem Registergericht mitzuteilen. Gemeint sind nach dem Sinn und Zweck der Vorschrift nur solche Unrichtigkeiten, die das Registergericht dazu veranlassen können, konkrete Maßnahmen zu ergreifen, namentlich eine Berichtigung des Registerinhalts vorzunehmen (§§ 17 Abs 1 HRV, 24 GenRegV, 12 Abs 2 VRV), ein Amtslöschungsverfahren einzuleiten (§§ 393 ff) oder die Anmeldepflichtigen im Zwangsgeldverfahren dazu anzuhalten, ihren Anmeldepflichten nachzukommen (§§ 388 ff). Nicht mitteilungspflichtig sind deshalb unterlassene Registeranmeldungen, die auch das Registergericht nicht erzwingen könnte (zB §§ 79 Abs 2 GmbHG, 407 Abs 2 AktG). 5

Die Mitteilungspflicht bezieht sich nur auf die im Registerblatt vorzunehmenden Eintragungen. Unzulängliche Dokumente des Registerordners (Ausnahme: Gesellschafterliste, vgl Rz 15) sind grds nicht anzuzeigen (Jansen/*Steder* § 125a Rn 7). Auch falsche Angaben auf den Geschäftsbriefen (zB § 37a HGB) und Erkenntnisse über einen unzulässigen Firmen- oder Partnerschaftsnamensgebrauch (§ 37 HGB) sind nicht mitteilungspflichtig. Das ergibt sich aus einem Umkehrschluss zu § 380 Abs 1, wo diesbezügliche Unterstützungsleistungen ausdrücklich aufgenommen sind. 6

2. Mitteilungspflichten der einzelnen Stellen

a) Mitteilungen der Gerichte

Zur Mitteilung verpflichtet sind nur die **staatlichen Gerichte**, nicht der Schiedsmann oder das Schiedsgericht. Mitzuteilen sind nur dienstliche, nicht privat erlangte Kenntnisse. § 379 FamFG und § 15 Nr 1 EGGVG gestatten und gebieten die Mitteilung aller Informationen, die zur Berichtigung oder Ergänzung eines Registers erforderlich sind. 7

Gesondert durch Einzelgesetz angeordnet sind die Mitteilungspflicht des **Prozessgerichts** über die Auflösung einer AG oder KGaA (§ 398 AktG) bzw Genossenschaft (§ 83 Abs 4 GenG) sowie die Mitteilung des **Insolvenzgerichts** über die Eröffnung des Insolvenzverfahrens oder die rechtskräftige Abweisung des Antrags mangels Masse (§§ 31 InsO, 45 Satz 3 VAG) und über die Bestellung von Sachwaltern (§ 22m Abs 1 KWG). Durch Verwaltungsanweisung ist weiter geregelt, dass dem Registergericht die Abgabe der **eidesstattlichen Versicherung** einer AG, einer KGaA, einer GmbH/UG oder einer Genossenschaft mitzuteilen ist, sofern das Vermögensverzeichnis hinreichende Anhaltspunkte dafür gibt, dass die Gesellschaft vermögenslos ist (MiZi X/3). Das **Nachlassgericht** hat mitzuteilen, wenn ihm bei der Testamentseröffnung oder bei der Erteilung eines Erbscheins bekannt wird, dass der Erblasser Inhaber eines Handelsgeschäfts, Gesellschafter einer Personenhandelsgesellschaft oder Mitglied einer Partnerschaft oder Genossenschaft war (MiZi XVII/4 Abs 3 Nr 2). 8

Besondere Mitteilungspflichten der **Registergerichte untereinander** ergeben sich bei Sitzverlegungen (§§ 13h Abs 2 HGB, 45 Abs 2 AktG, 6 Abs 1 VRV) sowie bei bestimmten Umwandlungsvorgängen (§§ 19 Abs 2, 122l Abs 3, 130 Abs 2, 137 Abs 3 UmwG). Darüber hinaus wird man von gegenseitigen Mitteilungspflichten der zuständigen Registergerichte im Falle eines **Doppelsitzes** (§ 377 Rz 13 ff) ausgehen können, namentlich wenn Eintragungen von Amts wegen vorgenommen wurden. Das für **unternehmensrechtliche Verfahren** zuständige Gericht teilt seine Entscheidungen dem Registergericht mit, soweit daraufhin Eintragungen von Amts wegen zu erfolgen haben (s § 375 Rz 18, 39, 50, 56, 65, 66, 69, 72, § 394 Rz 82). 9

Die Mitteilung der jeweils bekannt gewordenen Tatsachen steht nicht im Ermessen des Kenntnisträgers, sondern bedeutet eine **Dienstpflicht**. Als Rechtsbehelf gegen unterlassene Mitteilungen sind allerdings nur die Fach- und die Dienstaufsichtsbeschwerde gegeben. Subjektive Amtshaftungsansprüche aus unterlassener Mitteilung können 10 nicht hergeleitet werden, weil die Pflicht nur ggü dem Registergericht besteht (Bassenge/Roth/*Bassenge* (11. Aufl) § 125a Rn 1). Schutzzweck der Norm ist nur das öffentliche Interesse an der ordnungsgemäßen Führung des Registers; nicht im Schutzbereich der Norm stehen der eingetragene Rechtsträger oder derjenige, der Einsicht in das Register nimmt und auf die falschen Angaben vertraut.

b) Mitteilungen der Verwaltungsbehörden

11   Die scheinbare Beschränkung der Mitteilungspflicht auf »Polizei- und Gemeindebehörden« ist historisch zu interpretieren. Die Formulierung entstammt noch der Ursprungsfassung des im Jahre 1937 eingefügten § 125a FGG. Sie folgt dem durch das Kreuzbergurteil (PrOVGE 13, 426) begründeten und in der Weimarer Republik fortentwickelten dualistischen Begriff öffentlicher Verwaltung als einerseits Gefahrenabwehr (»Polizei«) und andererseits Wohlfahrtspflege (»Gemeindeverwaltung«). Beide Teilaspekte zusammengefasst repräsentierten nach damaligem Verständnis den Inbegriff der öffentlichen Verwaltung, so dass durch den fortgeschriebenen Abs 1 nicht nur die »Polizei- und Gemeindebehörden« nach heutigem Organisationsverständnis, sondern alle Stellen der öffentlichen Verwaltung insgesamt angesprochen sind.

12   Tatsächlich verfügen die Fachbehörden auf Bundes- und Landesebene, die mit den eingetragenen Rechtsträgern in Kontakt treten, nicht selten über die besseren Informationen. Einige Fachgesetze erlegen den Behörden daher besondere Informationspflichten auf; so ist zB die BaFin verpflichtet, die Anordnung der Abwicklung eines Kreditinstituts mitzuteilen (§ 38 Abs 1 Satz 3 KWG), die Versicherungsaufsichtsbehörde hat ihre Entscheidungen über Erlaubnisse im Zusammenhang mit dem Geschäftsbetrieb eines VVaG (§§ 30 Abs 2, 43 Abs 2, 49 Abs 1 Satz 3, 87 Abs 5 VAG), die nach § 43 BGB zuständige Verwaltungsbehörde die Entziehung der Rechtsfähigkeit des Vereins (§ 74 Abs 3 BGB) und die Vereinsverbotsbehörde die von ihr getroffenen Maßnahmen und Entscheidungen mitzuteilen (§ 7 Abs 2 VereinsG). Aber auch über diese Spezialregelungen hinaus sind alle Fachbehörden der Leistungs- und Eingriffsverwaltung auf Bundes-, Landes- und Kommunalebene durch Abs 1 dazu berufen, dem Registergericht von unrichtigen Eintragungen Mitteilung zu machen, von denen sie Kenntnis erlangen oder Verdacht schöpfen zB in Genehmigungs-, Subventions- oder Vergabeverfahren oder anlässlich freihändiger Beschaffungsabwicklungen.

c) Mitteilungen der Notare

13   Notar iSd Vorschrift ist derjenige, der das Amt des Notars ausübt, also auch der Notarvertreter (§ 39 BNotO) und der Notariatsverwalter (§ 56 BNotO). Auch für den Notar gilt, dass nur dienstliche, also nicht privat oder aus sonstiger Berufstätigkeit erlangte Kenntnisse mitzuteilen sind. Kenntnisse, die ein Anwaltsnotar in seiner Eigenschaft als Anwalt erlangt hat, sind daher nicht mitteilungspflichtig (Jansen/*Steder* § 125a Rn 8 mwN).

14   Die Mitteilungspflicht nach § 379 ist lex specialis zu der ansonsten nach § 18 BNotO bestehenden Verschwiegenheitspflicht.

15   Der Notar hat Beurkundungen über eintragungspflichtige Rechtsänderungen anzuzeigen, deren Anmeldung zum Register von den dazu Verpflichteten nicht verfolgt wird und die auch der Notar selbst nicht gem § 378 anmelden kann. Ferner hat er anzuzeigen, wenn ihm anlässlich eines sonstigen Amtsgeschäfts – etwa einer Vertragsbeurkundung – die Unrichtigkeit oder Unvollständigkeit des Registerinhalts bekannt wird. Besondere Bedeutung hat dies im Hinblick auf die seit dem 1.11.2008 einzutragenden inländischen Geschäftsanschriften (Keidel/*Heinemann* § 379 Rn 4). Außerdem hat der Notar gem § 40 Abs 2 GmbHG unverzüglich eine aktuelle Gesellschafterliste einzureichen, sofern er an der Veränderung in den Personen der Gesellschafter oder des Umfangs ihrer Beteiligung mitgewirkt hat.

II. Mitteilungen der Finanzbehörden (Abs 2)

Anders als die – aus eigener Initiative zu erbringenden – Mitteilungen nach Abs 1 begründet die Auskunftspflicht nach Abs 2 nur eine **Antwortpflicht** der Finanzbehörden auf entspr Anfragen des Registergerichts. Die geschuldete Unterstützungsleistung bezieht sich auf die »Verhütung unrichtiger Eintragungen im Handels- oder Partnerschaftsregister« sowie auf die »Berichtigung, Vervollständigung oder Löschung von Eintragungen« (dazu § 380 Rz 11 f). 16

Der Begriff »Verhütung« in Abs 2 ist gleichbedeutend mit dem Begriff »Vermeidung« in § 380 Abs 1. Der Regierungsentwurf (BTDrs 16/6308 S 72) sah ursprünglich für beide Vorschriften einheitlich den Begriff »Verhütung« vor, was der Wortwahl der früheren §§ 125a Abs 2, 126 FGG entsprach. Hingegen postulierte der BT-Rechtsausschuss eine sprachliche Angleichung an § 23 Satz 2 HRV aF, wo anstelle des Wortes »Verhütung« der Begriff »Vermeidung« verwendet war (BTDrs 16/9733 S 142, 298). Vollzogen wurde die sprachliche Anpassung allerdings nur bei § 380 Abs 1; übersehen wurde sie bei § 379 Abs 2. 17

In der Registerpraxis kommt eine Anfrage bei der Finanzbehörde vor allem dann in Betracht, wenn zur Abklärung der Anmeldepflicht (§ 388) ermittelt werden soll, ob ein Gewerbebetrieb seinem Umfang nach einen kaufmännischen Geschäftsbetrieb erfordert (§ 1 Abs 2 HGB; Jansen/*Steder* § 125a Rn 11; Keidel/*Heinemann* § 379 Rn 10). Außerdem können bestimmte Kenntnisse der Steuerbehörden für die Beurteilung der Vermögenslosigkeit einer Gesellschaft oder Genossenschaft (§ 394) nützlich sein. 18

In Bezug auf das **Steuergeheimnis** handelt es sich bei Abs 2 um eine Ausnahmevorschrift im Sinne der Öffnungsklausel des § 30 Abs 4 Nr 2 AO. Die von den Finanzbehörden erlangten Informationen unterliegen nicht der Akteneinsicht nach § 13. Sie sind daher nicht zu den Registerakten zu nehmen, sondern in Sammelakten zu vereinigen, welche nur von den mit der Registerführung und der Kostenberechnung befassten Amtsträgern eingesehen werden dürfen (§ 24 Abs 6 AktO). 19

§ 380 Beteiligung der berufsständischen Organe; Beschwerderecht

(1) Die Registergerichte werden bei der Vermeidung unrichtiger Eintragungen, der Berichtigung und Vervollständigung des Handels- und Partnerschaftsregisters, der Löschung von Eintragungen in diesen Registern und beim Einschreiten gegen unzulässigen Firmengebrauch oder unzulässigen Gebrauch eines Partnerschaftsnamens von
1. den Organen des Handelsstandes,
2. den Organen des Handwerksstandes, soweit es sich um die Eintragung von Handwerkern handelt,
3. den Organen des land- und forstwirtschaftlichen Berufsstandes, soweit es sich um die Eintragung von Land- oder Forstwirten handelt,
4. den berufsständischen Organen der freien Berufe, soweit es sich um die Eintragung von Angehörigen dieser Berufe handelt,
(berufsständischen Organen) unterstützt.

(2) Das Gericht kann in zweifelhaften Fällen die berufsständischen Organe anhören, soweit dies zur Vornahme der gesetzlich vorgeschriebenen Eintragungen sowie zur Vermeidung unrichtiger Eintragungen in das Register erforderlich ist. Auf ihren Antrag sind die berufsständischen Organe als Beteiligte hinzuzuziehen.

(3) In Genossenschaftsregistersachen beschränkt sich die Anhörung nach Absatz 2 auf die Frage der Zulässigkeit des Firmengebrauchs.

(4) Soweit die berufsständischen Organe angehört wurden, ist ihnen die Entscheidung des Gerichts bekannt zu geben.

(5) Gegen einen Beschluss steht den berufsständischen Organen die Beschwerde zu.

Übersicht

	Rz		Rz
A. Allgemeines	1	2. Verfahrensmitteilung an das berufsständische Organ?	27
I. Bedeutung der Vorschrift	1	3. Sachantragsbefugnis des berufsständischen Organs	28
II. Änderungen durch das FamFG	5	IV. Genossenschaftsregistersachen (Abs 3)	33
B. Kommentierung	9	V. Bekanntgabe und Mitteilung der Entscheidung an das berufsständische Organ (Abs 4)	34
I. Unterstützung des Registergerichts durch berufsständische Organe (Abs 1)	9	1. Geltung des Abs 4 nur bei fehlender Hinzuziehung als Beteiligte	34
1. Gegenstand der Unterstützungsleistung	9	2. Förmliche Bekanntgabe immer bei bestehendem Beschwerderecht	35
2. Rechtsstellung der berufsständischen Organe gegenüber dem Registergericht	14	VI. Beschwerderecht der berufsständischen Organe (Abs 5)	37
3. Informationsbeschaffung der berufsständischen Organe	15	1. Umfang und Ausschluss des Beschwerderechts	37
4. Körperschaften und sachliche Zuständigkeiten der berufsständischen Organe	16	2. Einzelfragen des Beschwerdeverfahrens	42
II. Anhörung und Beteiligung der berufsständischen Organe (Abs 2 Satz 1)	21	VII. Antrags- und Beschwerderecht der BaFin	45
III. Beteiligung der berufsständischen Organe (Abs 2 Satz 2)	25	VIII. Kosten	47
1. Verfahrensrechtlicher Antrag auf Beteiligung	25		

A. Allgemeines

I. Bedeutung der Vorschrift

§ 380 regelt die Mitwirkung der berufsständischen Organe bei der Registerführung. Aufgabe und zugleich öffentlich-rechtliche Pflicht der berufsständischen Organe ist es, die Registergerichte bei der Vermeidung unrichtiger Eintragungen, der Berichtigung und Vervollständigung des Handels- und Partnerschaftsregisters, der Löschung von Eintragungen in diesen Registern und beim Einschreiten gegen unzulässigen Firmengebrauch zu unterstützen. Dem liegt die Vorstellung zugrunde, dass die Organe aufgrund ihrer größeren Nähe zur Unternehmenslandschaft über besondere Erfahrungen und Erkenntnisse namentlich zu Fragen des Firmengebrauchs verfügen, die dem Gericht nicht ohne Weiteres zugänglich sind. Das Gericht hat die Unterstützungsleistung der Organe abzufordern, indem es in zweifelhaften Fällen vor der Vornahme der Eintragung deren Gutachten einholt (Abs 2 Satz 1; § 4 Satz 1 PRV).

Daneben ist den berufsständischen Organen ein gewisses »Wächteramt« (Jansen/Steder § 126 Rn 48) übertragen. Wie ein Vertreter des öffentlichen Interesses wachen sie über die Richtigkeit des Registerinhalts. Unrichtige Eintragungen haben sie zu verhüten, indem sie sich an Registerverfahren beteiligen und sich in Eintragungsverfahren zB mit Gegenanträgen an das Gericht wenden (Abs 2). Registerrelevante Sachverhalte, die ihnen aufgrund ihrer Unternehmensnähe bekannt werden, zeigen sie dem Gericht an. Sie sind befugt, Anträge auf Einleitung von Amtsverfahren zu stellen und gegen die Ablehnung solcher Anträge Beschwerde einzulegen (Abs 5). Ihre Beteiligungsrechte nehmen sie im Interesse des von ihnen vertretenen Berufsstandes wahr; nicht jedoch zur Wahrung der Belange Einzelner (KG Rpfleger 1978, 323).

Die für die Wahrnehmung ihrer Aufgaben erforderlichen Informationen erhalten die berufsständischen Organe ua dadurch, dass sie durch das Gericht über alle vorgenommenen Registereintragungen unterrichtet werden (§§ 37 Abs 1 HRV, 6 PRV). Anhängige Registerverfahren sind den Organen unter bestimmten Voraussetzungen mitzuteilen, um ihnen Gelegenheit zu geben, sich durch eigene Anträge zu beteiligen (Rz 27). Darüber hinaus haben sie im Rahmen ihrer standesrechtlichen Möglichkeiten und Befugnisse eigene Ermittlungen anzustellen.

Handelt es sich bei dem fraglichen Unternehmen um ein Kreditinstitut oder um eine Kapitalanlagegesellschaft, stehen zusätzlich der **BaFin** Antrags- und Beschwerderechte ähnlich einem berufsständischen Organ zu (§§ 43 Abs 3 KWG, 16 Abs 3 BausparkG, 3 Abs 4 InvG).

II. Änderungen durch das FamFG

Absatz 1 führt im Wesentlichen die bisher in § 126 Hs 1 und § 160b Abs 1 Satz 3 FGG enthaltenen Regelungen über die Unterstützung der Registergerichte durch berufsständische Organe zusammen.

Absatz 2 Satz 1 übernimmt die früher in § 23 Satz 2 HRV aF und heute noch in § 4 Satz 1 PRV enthaltene Regelung, wonach im Anmeldeverfahren in zweifelhaften Fällen das berufsständische Organ anzuhören und zur Erstattung eines Gutachtens aufzufordern ist.

Absatz 3, wonach die Organe hinsichtlich des Firmengebrauchs auch bei Genossenschaften zu beteiligen sind, wurde neu eingefügt. Nach bisherigem Recht fand keine Mitwirkung der Organe des Handelsstandes bei der Führung des Genossenschaftsregisters statt, da § 147 FGG keine Bestimmung über eine Anwendbarkeit des § 126 FGG enthielt.

Absatz 4 Satz 1 regelt die Bekanntgabe von Entscheidungen an die Organe und modifiziert damit die Regelungen des bisherigen § 23 Satz 5 HRV aF sowie des (unverändert gebliebenen und jetzt im Widerspruch stehenden) § 4 Satz 4 PRV. Absatz 5 regelt in ab-

§ 380 FamFG | Beteiligung der berufsständischen Organe; Beschwerderecht

geänderter Form das Beschwerderecht der Organe, welches bisher in § 126 Hs 2 FGG normiert war.

B. Kommentierung

I. Unterstützung des Registergerichts durch berufsständische Organe (Abs 1)

1. Gegenstand der Unterstützungsleistung

9 Die Unterstützungsleistung der berufsständischen Organe bezieht sich auf **alle Aspekte der Registerführung**, also nicht nur auf das Eintragungsverfahren, sondern auch auf das Zwangsgeld-, Amtslöschungs-, Auflösungs- und Firmenmissbrauchsverfahren. Keine Mitwirkung der berufsständischen Organe ist vorgesehen bei den unternehmensrechtlichen Verfahren, was der bisherigen Rechtslage entspricht (BayObLG NJW-RR 1990, 52, 53, Jansen/*Steder* § 126 Rn 35; Keidel/*Heinemann* § 380 Rn 22).

10 Inhaltlich bezieht sich die Unterstützung der berufsständischen Organe auf die Vermeidung unrichtiger Eintragungen, die Berichtigung und Vervollständigung des Handels-, Genossenschafts- und Partnerschaftsregisters, die Löschung von Eintragungen in diesen Registern und auf das Einschreiten gegen unzulässigen Firmen- bzw Partnerschaftsnamensgebrauch.

11 Das Interesse der **Vermeidung unrichtiger Eintragungen** wird virulent, wenn entweder über eine Registeranmeldung zu entscheiden ist oder ein Verfahren auf Löschung von Amts wegen (§§ 393–395) betrieben wird oder angestoßen werden soll. Im Eintragungsverfahren ist die Mitwirkung der berufsständischen Organe allerdings beschränkt auf zweifelhafte Fälle (Abs 2 Satz 1, §§ 4 Satz 1 PRV, 9 Abs 2 Satz 2 VRV; s Rz 21 ff, 27 ff sowie vor § 378 Rz 78).

12 Zur **Berichtigung des Registers**, welche das Registergericht im Falle von Schreibversehen und ähnlichen offenbaren Unrichtigkeiten von Amts wegen vornehmen darf (§§ 17 Abs 1 HRV, 24 GenRegV, 12 Abs 2 VRV), kann das berufsständische Organ Anregungen erteilen. Praktisch bedeutsam ist die dem Organ bekannt werdende Namensänderung einer eingetragenen Person, welche zu einer Berichtigung nach §§ 17 Abs 1 HRV, 24 GenRegV, 12 Abs 2 VRV führen muss (*Melchior/Schulte* § 17 Rn 9 f). Auf eine **Vervollständigung des Registers** ist hinzuwirken, wenn eine Anmeldung eintragungspflichtiger Tatsachen oder die Einreichung von Dokumenten zum Registerordner unterblieb (§§ 388 ff) oder wenn eine erloschene Firma oder eine vermögenslos gewordene Gesellschaft zu löschen ist (§ 394). Zur **Löschung sachlich unrichtiger Eintragungen** kann das berufsständische Organ die Einleitung eines Verfahrens nach § 395 beantragen. Zur **Verhütung unzulässigen Firmengebrauchs** oder unzulässigen Gebrauchs eines Partnerschaftsnamens kann das Organ ein Ordnungsgeldverfahren nach § 392 anregen.

13 Auf **Vereinsregistersachen** bezieht sich § 380 nicht. Jedoch kann das Registergericht gem § 9 Abs 2 Satz 2 VRV eine Stellungnahme der IHK einholen, wenn zweifelhaft ist, ob der Zweck eines angemeldeten Vereins auf einen nichtwirtschaftlichen Geschäftsbetrieb gerichtet ist.

2. Rechtsstellung der berufsständischen Organe gegenüber dem Registergericht

14 Die berufsständischen Organe haben die Gerichte **von sich aus**, also ohne deren Ersuchen, bei der Registerführung zu unterstützen, indem sie sich die erforderlichen Kenntnisse verschaffen und dem Gericht mitteilen (Staub/*Hüffer* § 8 Rn 13), ggf Anträge stellen und Beschwerde einlegen (Abs 5). Die Registergerichte sind an die Feststellungen der berufsständischen Organe nicht gebunden, haben jedoch deren Anregungen und Hinweise aufzugreifen und von Amts wegen die erforderlichen Ermittlungen und Ver-

fahren einzuleiten. Folgt das Gericht einer Anregung des berufsständischen Organs nicht, hat es dieses darüber nach § 24 Abs 2 zu unterrichten.

3. Informationsbeschaffung der berufsständischen Organe

Um den berufsständischen Organen einen Informationsstand zu verschaffen, der eine 15 effektive Unterstützungsleistung ermöglicht, teilt das Registergericht ihnen jede Neueintragung und jede Änderung einer Eintragung mit (§§ 37 Abs 1 HRV, 6 PRV). Darüber hinaus haben sich die berufsständischen Organe aus anderen Quellen zu unterrichten, insbes durch Befragung der niedergelassenen Kaufleute und der Vertretungsorgane der Gesellschaften. Zur Auskunft verpflichtet sind diese Personen ggü den berufsständischen Organen jedoch nicht. Bleiben wesentliche Fragen unbeantwortet, muss das Gericht die Amtsaufklärung nach §§ 26, 27 Abs 2 betreiben (Staub/*Hüffer* § 8 Rn 13). Die Weigerung einer Auskunft ggü dem berufsständischen Organ soll nach Auffassung des KG (NJW-RR 1997, 794) allerdings zur Folge haben, dass dem Gericht keine weitergehende Sachaufklärungspflicht in Bezug auf solche Tatsachen obliegt, von denen erwartet werden kann, dass der Antragsteller sie vorbringt und die ihm bekannten Beweismittel benennt. Seien danach nicht alle erheblichen Tatsachen zugunsten des Antragstellers feststellbar, habe dieser die Feststellungslast zu tragen.

4. Körperschaften und sachliche Zuständigkeiten der berufsständischen Organe

Organe des **Handelsstandes** sind die IHKn, in Hamburg und Bremen die Handelskam- 16 mern. Nach dem Gesetzeswortlaut sind sie zuständig für alle in das Handels- oder Partnerschaftsregister einzutragenden Unternehmungen. Bezüglich des Partnerschaftsregisters stellt dies eine Veränderung ggü der bisherigen Rechtslage dar, denn nach der früheren Regelung der §§ 160b Abs 1 Satz 3 FGG, 4, 6 PRV wirkten die Organe des Handelsstandes bei der Führung des Partnerschaftsregisters nicht mit. Zu etwaigen Motiven für die Änderung der Rechtslage finden sich in der Gesetzesbegründung keine Hinweise, so dass unklar bleibt, ob sie bewusst vollzogen wurde oder es sich insoweit um ein Redaktionsversehen handelt. Für ein Redaktionsversehen spricht, dass der Gesetzgeber die korrespondierenden Vorschriften der §§ 4, 6 PRV unverändert gelassen hat, welche sich nach wie vor nur auf eine Zusammenarbeit des Registergerichts mit den Organen der freien Berufe beziehen und nicht zusätzlich mit den Organen des Handelsstandes. Eine Auflösung dieser Widersprüchlichkeit durch den Gesetz- oder Verordnungsgeber wäre aus Klarstellungsgründen wünschenswert. Übergangsweise müssen wohl die im Verordnungsrang stehenden §§ 4, 6 PRV gesetzeskonform so angewendet werden, dass neben den Berufskammern der freien Berufe auch den IHKn Gelegenheit zur Stellungnahme zu geben ist (§ 4 PRV) und Eintragungen mitzuteilen sind (§ 6 PRV).

Die Organe des **Handwerksstandes**, des **land- und forstwirtschaftlichen Berufsstan-** 17 **des** sowie der **freien Berufe** sind nur in den Fällen zur Mitwirkung berufen, in denen es sich um Angehörige der ihnen zugehörigen Berufsgruppen handelt. Ihre Zuständigkeit tritt neben die Zuständigkeit der Organe des Handelsstandes, die für alle Unternehmungen zuständig sind. Zweckmäßig ist es, wenn beide Organe sich über ihre Stellungnahme ggü dem Registergericht verständigen (Keidel/*Heinemann* § 380 Rn 17).

Organe des Handwerksstandes sind allein die **Handwerkskammern** (§ 90 HandwO). 18 Die daneben bestehenden Handwerksinnungen, Innungsverbände und Kreishandwerkerschaften sind nicht zur Vertretung der Interessen des gesamten Handwerks berufen und können die Rechte aus § 380 nach bislang herrschender Meinung nicht wahrnehmen (Jansen/*Steder* § 126 Rn 9; KKW/*Winkler* (15. Aufl) § 129 Rn 9; sowie nach neuem Recht Bork/Jacoby/Schwab/*Müther* § 380 Rn 2; aA jetzt aber Keidel/*Heinemann* § 380 Rn 9; Bumiller/*Harders* § 380 Rn 4). Zum Begriff des Handwerks s *Honig* § 1 Rn 43 ff.

Organe des **land- und forstwirtschaftlichen Berufsstandes** sind die in den nördlichen 19 und westlichen Bundesländern gebildeten Landwirtschaftskammern, im Übrigen die

§ 380 FamFG | Beteiligung der berufsständischen Organe; Beschwerderecht

durch Landesrecht bestimmten Stellen (Auflistung abgedruckt als Anmerkung im Anschluss an MiZi XXI/1 Abs 3 Nr 4). Sie vertreten auch die übrigen Angehörigen der sog »grünen Berufe«, neben den Land- und Forstwirten also auch die Tier-, Pferde-, und Fischwirte, Gärtner, Winzer, Revierjäger, Hauswirtschafter, Molkereifachleute, milchwirtschaftlichen und veterinärmedizinischen Laboranten, landwirtschaftlichen Brenner und Fachkräfte Agrarservice. Der Begriff des land- und forstwirtschaftlichen Betriebes im berufsständischen Sinne ist somit weiter gefasst als der Begriff des land- und forstwirtschaftlichen Unternehmens im handelsrechtlichen Sinne (§ 3 HGB). Für die Zuständigkeitsbestimmung der Organe im Sinne des § 380 kommt es nur auf die berufsständische Sichtweise an, unabhängig von der handelsrechtlichen Einordnung.

20 Berufsständische Organe der **freien Berufe** sind insbes die RA-, Notar-, StB- und WP-Kammern, Ärzte-, Zahnärzte- und (Landes-)Tierärztekammern, Apotheker-, Ingenieur- und Architektenkammern. Ob und ggf welche berufsständischen Organe für die ausgeübten Berufe bestehen, soll bei der Erstanmeldung einer Partnerschaft unter Angabe der Anschrift des Organs mitgeteilt werden (§ 4 Satz 2, 3 PRV). Die berufsständischen Organe der freien Berufe unterstützen auch bei der Führung des Handelsregisters, soweit es um die Eintragung von Freiberufler-Kapitalgesellschaften geht, wie etwa RA- und StB-GmbHs.

II. Anhörung und Beteiligung der berufsständischen Organe (Abs 2 Satz 1)

21 Die Beteiligung der berufsständischen Organe in Registereintragungsverfahren, welche bisher im Verordnungsrang geregelt war (§ 23 Satz 2 HRV aF, § 4 Satz 1 PRV) wurde im Zuge der Beratungen des BT-Rechtsausschusses (BT-Drs 16/9733 S 142, 298) als § 380 Abs 2 Satz 1 in das Gesetz aufgenommen. Regelungssinn des Abs 2 ist eine **Beschränkung der Anhörung** der berufsständischen Organe auf zweifelhafte Fälle, um das Eintragungsverfahren im Massengeschäft zu beschleunigen. Die Organe sollen im Anmeldeverfahren nur ausnahmsweise angehört werden, wenn dies in einem zweifelhaften Fall zur Vornahme der vorgeschriebenen und zur Vermeidung unrichtiger Eintragungen erforderlich ist.

22 Bedauerlicherweise hat die Vorschrift einen nach wie vor **missverständlichen Wortlaut**. Ein erster Fehlgriff liegt in der gewählten »Kann«-Formulierung, die dem Registergericht scheinbar einen Ermessensspielraum einräumt. Tatsächlich besteht kein Ermessen, sondern nur ein Beurteilungsspielraum bei der tatbestandlichen Vorfrage, ob ein »zweifelhafter Fall« gegeben ist, der die Anhörung erforderlich macht (vgl OLG Stuttgart FGPrax 2004, 40, 41). Stehen die Zweifelhaftigkeit des Falles und die Erforderlichkeit der Anhörung fest, muss sie **zwingend durchgeführt werden** (aA, jedoch mit Wertungswidersprüchen Keidel/*Heinemann*, wo ein Absehen von der Anhörung »aus Beschleunigungsgründen« zulässig sein soll (§ 380 Rn 28), dennoch vor einer Entscheidung in zweifelhaften Fällen die Belehrung des Organs über sein Antragsrecht erforderlich sei (§ 380 Rn 31)). Eine weitere Ungenauigkeit ist die scheinbare Beschränkung der Anhörung auf »**gesetzlich vorgeschriebene**« Eintragungen. Denn selbstverständlich bezieht sich die Unterstützung der berufsständischen Organe auch auf solche Eintragungen, die nicht »gesetzlich vorgeschrieben«, sondern durch richterliche Rechtsfortbildung als anmelde- und eintragungsfähig anerkannt sind (s § 388 Rz 8).

23 Die Anhörung ist nur »in zweifelhaften Fällen« durchzuführen, so dass sie **idR unterbleibt**. Sinnvoll ist die Anhörung heute im Wesentlichen nur noch bei **firmenrechtlichen Zweifelsfragen**. Werden die berufsständischen Organe angehört, besteht ihrerseits eine Unterstützungspflicht. Sie haben auf Mitteilungen und Anfragen des Gerichts Stellung zu nehmen und ihr Gutachten zu erstatten. Die darauf ergehende Gerichtsentscheidung ist dem Organ gem Abs 4 bekannt zu geben; diese gesetzliche Vorschrift geht den zT widersprechenden Verordnungsregelungen (§ 4 Satz 4 PRV: Mitteilung nur bei Abweichung von der Stellungnahme) vor. Beabsichtigt das Gericht die Vornahme einer

Eintragung entgegen dem Gutachten des Organs, hat es seine Entscheidung **vorab durch einen Vorbescheid** (s Rz 38) bekannt zu geben und mit der beabsichtigten Eintragung in das Register abzuwarten, bis die Beschwerdefrist für das berufsständische Organ verstrichen ist. Ohne einen solchen Vorbescheid würde das dem Organ zustehende Beschwerderecht faktisch leer laufen, da dieses nach der erfolgten Eintragung nicht mehr ausgeübt werden kann (§ 383 Abs 3). Kein adäquater Ersatz für den beschwerdefähigen Vorbescheid ist die spätere Möglichkeit der Beantragung eines Amtslöschungsverfahrens (§ 395), da die Prüfung im Amtslöschungsverfahren nicht reziprok zum Eintragungsverfahren, sondern nur auf eingeschränkte Kriterien hin erfolgt (§ 395 Rz 14 ff, 45 ff, 53 ff, 62 ff).

Die Beschränkung der Anhörung auf »zweifelhafte Fälle« (Abs 2 Satz 1) bezieht sich nur auf die Vornahme der gesetzlich vorgeschriebenen und der Vermeidung unrichtiger Eintragungen, gilt also – wie früher § 23 Satz 2 HRV – **nur für das Anmeldeverfahren**. Für alle weiteren in Abs 1 aufgeführten Unterstützungsbereiche, nämlich Berichtigungen, Vervollständigungen und Löschungen, gilt die Beschränkung der Anhörung auf zweifelhafte Fälle nicht. Namentlich in den Verfahren der §§ 388 bis 399 können und sollen die berufsständischen Organe unabhängig von besonderen Zweifelsfällen regelmäßig angehört werden, um den Sachverhalt in alle Richtungen ausreichend zu ermitteln (undifferenziert betrachtet bei BTDrs 16/9733 S 298; dem gleichwohl folgend Keidel/*Heinemann* § 380 Rn 26 sowie § 398 Rn 24). 24

III. Beteiligung der berufsständischen Organe (Abs 2 Satz 2)

1. Verfahrensrechtlicher Antrag auf Beteiligung

Auf ihren Antrag sind die Organe als Beteiligte hinzuzuziehen. Die formale Beteiligtenstellung tritt kraft Gesetzes ein, sobald das Organ einen Antrag auf Hinzuziehung stellt (§ 7 Abs 2 Nr 2). Ein gerichtlicher Ermessensspielraum besteht nicht. Vom Augenblick der Beteiligung an ist dem berufsständischen Organ in jeder Lage des Verfahrens rechtliches Gehör zu gewähren, ihm sind die Entscheidungen mitzuteilen oder bekannt zu geben und ihm können auch Kosten auferlegt werden (§ 81). Die einmal erlangte Beteiligtenstellung wirkt fort in die Rechtsmittelinstanz, ohne dass es dort eines erneuten Antrags nach Abs 2 Satz 2 bedürfte. 25

Eine Anhörung des Organs nach Abs 2 Satz 1 begründet für sich genommen noch keine Beteiligtenstellung für das weitere Verfahren (§ 7 Abs 6); vielmehr muss das Organ seine Hinzuziehung als Beteiligter ausdrücklich beantragen. Umgekehrt ist die Möglichkeit der Hinzuziehung nicht auf Fälle beschränkt, in denen das Organ gem Abs 2 Satz 1 angehört wurde. Das berufsständische Organ kann seine formale Beteiligung vielmehr auch dann beantragen, wenn es vom Verfahren auf andere Weise als durch seine Anhörung Kenntnis erlangt. 26

2. Verfahrensmitteilung an das berufsständische Organ?

Aus dem grds bestehenden Beteiligungsrecht wurde zum Teil eine generelle Verfahrensmitteilungspflicht des Gerichts an die berufsständischen Organe hergeleitet, um diesen in allen anhängig werdenden Fällen die Ausübung des Beteiligungsrechts zu ermöglichen (OLG Stuttgart MDR 1983, 407; OLG Hamm Rpfleger 1983, 116; Jansen/*Steder* § 126 Rn 26). Mit ähnlicher Stoßrichtung hat das FamFG jetzt auch eine allgemeine Benachrichtigungspflicht in § 7 Abs 4 implementiert. Gleichwohl entspricht eine durchgängige Verfahrensmitteilung an die berufsständischen Organe nicht der bisherigen Praxis. Denn durch die Benachrichtigung und durch das anschließende Warten auf die Entschließung des Organs über seine Verfahrensbeteiligung würde das Eintragungsverfahren erheblich gelähmt. Dies wäre mit den Deregulierungs- und Registerbeschleunigungsmaßnahmen der vergangenen Jahre kaum vereinbar, allemal nicht mit § 25 Abs 1 Satz 2 HRV, wonach 27 über die Eintragung unverzüglich nach Eingang der Anmeldung zu entscheiden ist. Die Verfahrensmitteilung an die berufsständischen Organe muss daher auf Fälle beschränkt bleiben, bei denen sie nicht zur Verfahrensverzögerung führt, eine Eintragung also ohnehin nicht sofort vorgenommen werden kann. Nur solche Verfahren sind – dann allerdings ausnahmslos – mitzuteilen. Ein Auswahlermessen, etwa nur solche Verfahren mitzuteilen, bei denen die durch Abs 1 bezeichneten Interessen erkennbar berührt sind, hat das Registergericht nicht. Denn bereits die Prüfung, ob Interessen iSd Abs 1 berührt werden, liegt im Kompetenzbereich des berufsständischen Organs und nicht des Registergerichts. Allemal mitzuteilen sind Verfahren nach den §§ 388–399.

3. Sachantragsbefugnis des berufsständischen Organs

28   Vom Verfahrensbeteiligungsrecht zu trennen ist die konkrete Sachantragsbefugnis des berufsständischen Organs.

29   Früher war den berufsständischen Organen durch § 126 Hs 2 FGG die Möglichkeit eingeräumt, »Anträge« bei den Registergerichten zu stellen. Gemeint waren damit vor allem **Gegenanträge** gegen eine vorliegende Registeranmeldung sowie die Möglichkeit, mit **Anregungen** zur Einleitung von Zwangsgeld-, Ordnungsgeld- und Löschungsverfahren auf den Registerinhalt einzuwirken. Eigene positive Eintragungsanträge konnten die berufsständischen Organe nicht stellen, weil diese eine förmliche Registeranmeldung des Rechtsträgers voraussetzen (OLG Oldenburg NJW 1957, 349, 350; Jansen/*Steder* § 126 Rn 42).

30   Das FamFG greift das materielle Antragsrecht der berufsständischen Organe nicht durch eine allgemeine Regelung auf, sondern (nur) durch spezielle Erwähnung in den **Einzelverfahren** der §§ 393 Abs 1, 394 Abs 1, 395 Abs 1, 399 Abs 1. Die Normierung eines **allgemeinen Antragsrechts** hielt der Gesetzgeber wohl deshalb nicht für erforderlich, weil bereits das formale Recht auf Beteiligung am Verfahren (Abs 2 Satz 2) ein Recht zur Sachantragstellung impliziert. Jedenfalls kann der Gesetzesbegründung nicht entnommen werden, dass eine Verkürzung der Antragsrechte der berufsständischen Organe beabsichtigt war. Daher ist davon auszugehen, dass den berufsständischen Organen das Mitwirkungsrecht und ihre Sachantragsbefugnis auch in denjenigen Verfahren, für die es nicht ausdrücklich erwähnt ist (Eintragungs-, Zwangsgeld- und Ordnungsgeldverfahren), in dem bisher anerkannten Umfang erhalten bleiben soll.

31   Stellt ein berufsständisches Organ einen Sachantrag in einem Verfahren, an dem es bisher nicht beteiligt war, liegt darin **zugleich der verfahrensrechtliche Antrag auf Hinzuziehung als Beteiligter** (Abs 2 Satz 2). Als ein Sachantrag in diesem Sinne ist es bereits aufzufassen, wenn das Organ sich inhaltlich gegen die Zulässigkeit eines Eintragungsantrags ausspricht (OLG Hamm BB 1964, 1197 mwN; Rpfleger 1983, 116). Bloße Stellungnahmen nach Abs 2 Satz 1 genügen jedoch nicht (s Rz 26).

32   In einer Anregung des Organs zur Einleitung eines Verfahrens nach den §§ 388–392 ist immer konkludent der Antrag enthalten, gem § 380 Abs 2 Satz 2 als Beteiligter hinzugezogen zu werden. Bei einer Antragstellung nach den §§ 393–399 ergibt sich die Beteiligtenstellung bereits aus § 7 Abs 1.

IV. Genossenschaftsregistersachen (Abs 3)

33   In Genossenschaftsregistersachen beschränkt sich die Unterstützungskompetenz der berufsständischen Organe auf den Firmengebrauch, und zwar nicht nur in Eintragungsverfahren, sondern auch in den Verfahren nach den §§ 388 bis 399. Dieses ist gerechtfertigt, weil die Zulässigkeit der Errichtung der Genossenschaft in sonstiger Hinsicht bereits durch die Gründungsprüfung und Bescheinigung des Prüfungsverbandes nachgewiesen wird (§ 11 Abs 2 Nr 3 GenG, 2 SCEAG). Daher ist auch der Prüfungsverband – anstelle der berufsständischen Organe – anzuhören bei der Löschung einer Genossenschaft wegen Vermögenslosigkeit (§ 394 Abs 2 Satz 3).

V. Bekanntgabe und Mitteilung der Entscheidung an das berufsständische Organ (Abs 4)

1. Geltung des Abs 4 nur bei fehlender Hinzuziehung als Beteiligte

Die Bekanntgabevorschrift des Abs 4 gilt nur für den Fall, dass das Organ nach Abs 2 Satz 1 angehört wurde und keinen Antrag auf Hinzuziehung gestellt hat. Hat das Organs seine Hinzuziehung als Beteiligter beantragt, richtet sich die Bekanntgabe/Mitteilung nicht nach Abs 4, sondern nach den allgemeinen Vorschriften für Verfahrensbeteiligte (§§ 15, 41, 383 Abs 1). **34**

2. Förmliche Bekanntgabe immer bei bestehendem Beschwerderecht

Der Wortlaut des Abs 4 ist zu weit gefasst. Das beruht auf dem undifferenzierten Gebrauch des Begriffs »Bekanntgabe«, welcher nach § 15 wesentlich enger verstanden wird als nach dem früheren § 16 Abs 2 FGG. Daher ist § 380 Abs 4 teleologisch zu reduzieren. Anstelle der durch die Vorschrift angeordneten förmlichen »Bekanntgabe« (§ 15 Abs 1, 2) genügt eine formlose Mitteilung (§ 15 Abs 3), wenn das Registergericht dem Eintragungsantrag stattgegeben hat (§ 383 Rz 4), denn diese Entscheidung ist unanfechtbar. Ebenso genügt eine formlose Mitteilung, wenn die Entscheidung des Registergerichts dem eingeholten Gutachten folgt. Denn dann ist das berufsständische Organ mangels Beeinträchtigung nicht beschwerdeberechtigt (§ 59 Abs 1). Auch Zwischenverfügungen sowie Entscheidungen, die einen Eintragungseintrag ablehnen, sind dem Organ nur formlos mitzuteilen, da ihnen hiergegen ebenfalls kein Beschwerderecht zusteht (s Rz 39). Nur wenn das Gericht einen die Eintragung ankündigenden Vorbescheid erlässt (Rz 23, 38) sowie bei beschwerdefähigen Entscheidungen in den Verfahren der §§ 388–399 bedarf es einer förmlichen Bekanntgabe gegenüber dem Organ. Widerspricht in diesen Fällen die Entscheidung dem erklärten Willen des Organs, ist sie sogar zuzustellen (§ 41 Abs 1 Satz 2). **35**

In umgekehrter Hinsicht greift Abs 4 zu kurz. Denn einer Bekanntgabe der Entscheidung bedarf es nicht nur »soweit die berufsständischen Organe angehört wurden«, sondern auch dann, wenn das Gericht von der Anhörung abgesehen hatte, dem Organ jedoch gegen die Entscheidung ein Beschwerderecht zusteht (Abs 5). Denn nur eine förmliche Bekanntgabe kann die Beschwerdefrist für das berufsständische Organ in Lauf setzen. Ohne die Bekanntgabe würde die Gerichtsentscheidung nicht rechtskräftig (§ 45 Satz 1). **36**

VI. Beschwerderecht der berufsständischen Organe (Abs 5)

1. Umfang und Ausschluss des Beschwerderechts

Absatz 5 bestimmt, dass den berufsständischen Organen gegen einen Beschluss die Beschwerde zusteht. Durch diese Vorschrift wird das Beschwerderecht der Organe jedoch nur institutionell anerkannt; im Detail ergeben sich zahlreiche Einschränkungen. **37**

Die Beschwerde gegen eine vorgenommene Registereintragung ist durch § 383 Abs 3 von vornherein ausgeschlossen (s dazu § 383 Rz 31). Diese Beschränkung des Beschwerderechts gilt auch für das berufsständische Organ. Das Organ kann seine Bedenken gegen eine Eintragung nur dann im Beschwerdewege verfolgen, wenn das Registergericht den vom Organ eingenommenen Rechtsstandpunkt durch besonderen Vorbescheid vor der Vornahme der Eintragung zurückweist (KG DNotZ 1943, 71; OLG Stuttgart OLGZ 1984, 143, 144; Jansen/*Steder* § 126 Rn 52; *Holzer* ZNotP 2008, 266, 271 f; Bahrenfuss/ *Steup* § 395 Rn 9; aA: Keidel/*Heinemann* § 382 Rn 4). **38**

Auch sind die berufsständischen Organe nach allgemeiner Auffassung nicht berechtigt, Beschwerde gegen die Ablehnung einer Registeranmeldung einzulegen (KG DFG 1939, 69; OLG Oldenburg NJW 1957, 349, 350; BayObLG Rpfleger 1984, 68; Jansen/*Steder* **39**

§ 380 FamFG | Beteiligung der berufsständischen Organe; Beschwerderecht

§ 126 Rn 50; KKW/*Winkler* (15. Aufl) § 126 Rn 24; *Krafka/Willer* Rn 2463; Bumiller/*Harders* § 380 Rn 14; aA jetzt aber Keidel/*Heinemann* § 380 Rn 35). Denn mit einem Rechtsmittel kann ein Beteiligter stets nur solche Interessen verfolgen, die für ihn in der Ausgangsinstanz im Antragswege erreichbar sind (vgl auch § 59 Abs 2). Da den berufsständischen Organen jedoch kein Antragsrecht auf Vornahme einer Registereintragung zusteht (Rz 29), ist ihnen auch der darauf zielende Beschwerdeweg nicht eröffnet. Dasselbe gilt für die Anfechtung von Zwischenverfügungen.

40   Das Beschwerderecht der berufsständischen Organe konzentriert sich somit – neben der Anfechtung von Vorbescheiden – im Wesentlichen auf Fälle, in denen das Registergericht einen Antrag bzw eine Anregung zur Einleitung eines Amtslöschungs- (OLG Düsseldorf DNotZ 1957, 417; OLG Hamm DNotZ 1954, 92), Zwangsgeld- (KG DFG 1939, 69) oder Ordnungsgeldverfahrens (OLG Zweibrücken OLGZ 1972, 391) zurückweist.

41   Kein Beschwerderecht hat das berufsständische Organ gegen Entscheidungen, die zu Lasten des eingetragenen Rechtsträgers ergehen, wie etwa die Zurückweisung eines Widerspruchs im Löschungs- oder Auflösungsverfahren, die Festsetzung eines Zwangsgeldes oder die Verwerfung eines Einspruchs im Zwangsgeldverfahren. Denn dem Organ sind seine Verfahrensbeteiligungsrechte nur im Interesse des von ihnen vertretenen Berufsstandes eingeräumt; nicht jedoch zur Wahrung der Belange Einzelner (KG Rpfleger 1978, 323).

2. Einzelfragen des Beschwerdeverfahrens

42   Das berufsständische Organ kann Beschwerde auch dann einlegen, wenn es bisher nicht am Verfahren beteiligt war (Bork/Jacoby/Schwab/*Müther* § 380 Rn 11; Prütting/Helms/*Maass* § 380 Rn 17; im Ergebnis ähnlich Keidel/*Heinemann* § 380 Rn 36, wenngleich dessen Begründung unter Bezugnahme auf §§ 37 HRV, 6 VRV insofern irritiert, als gegen die nach diesen Vorschriften mitgeteilten Eintragungen gerade kein Beschwerderecht zusteht, § 383 Abs 3). Die Einlegung der Beschwerde begründet eine Beteiligtenstellung für das weitere Verfahren (Bahrenfuss/*Steup* § 380 Rn 19).

43   Die Beschwerdefrist währt einen Monat ab der schriftlichen Bekanntgabe an das berufsständischen Organ (§ 63 Abs 1), gleich ob die Bekanntgabe auf Abs 4 oder auf § 41 beruht.

44   Im **Rechtsbeschwerdeverfahren** (§ 70 ff) müssen sich die als Körperschaften des öffentlichen Rechts verfassten berufsständischen Organe keines RA bedienen, sondern können sich durch eigene Beschäftigte mit Befähigung zum Richteramt vertreten lassen (§ 10 Abs 4 Satz 2).

VII. Antrags- und Beschwerderecht der BaFin

45   In Verfahren, die ein Kreditinstitut oder eine Kapitalanlagegesellschaft betreffen oder ein Unternehmen, welches eine Firma oder einen Zusatz zur Firma mit der Bezeichnung »Bank«, »Bankier«, »Sparkasse« (auch: »Spar- und Darlehenskasse«), »Volksbank«, »Bausparkasse«, »Kapitalanlagegesellschaft«, »Investmentfonds« oder »Investmentgesellschaft« führt, steht der BaFin ein Beschwerderecht nach §§ 43 Abs 3 KWG, 16 Abs 3 BausparkG, 3 Abs 4 InvG zu. Für das Antragsrecht der BaFin gelten die Rz 28 ff entspr; für die Verfahrensmitteilungspflicht Rz 27, für das Beschwerderecht Rz 37 ff.

46   Kein Beschwerderecht hat die BaFin, soweit sie nicht Aufgaben der Bankenaufsicht, sondern Aufgaben der Versicherungsaufsicht wahrnimmt (Prölss/*Präve* § 4 Rn 26), sowie bezüglich Unternehmen, die nicht ihrer Aufsicht unterliegen und keine der den Kreditinstituten vorbehaltenen Firmenbestandteile verwenden (OLG Düsseldorf Rpfleger 1977, 309).

VIII. Kosten

Für Anträge und Beschwerden der berufsständischen Organe besteht Gebührenfreiheit 47
nach § 87 Nr 2 KostO; für die BaFin besteht persönliche Kostenfreiheit nach § 11 Abs 1
KostO. Das schließt aber nicht aus, diesen die Kosten anderer Verfahrensbeteiligter aufzuerlegen (§ 81).

§ 381 Aussetzung des Verfahrens

Das Registergericht kann, wenn die sonstigen Voraussetzungen des § 21 Abs. 1 vorliegen, das Verfahren auch aussetzen, wenn ein Rechtsstreit nicht anhängig ist. Es hat in diesem Fall einem der Beteiligten eine Frist zur Erhebung der Klage zu bestimmen.

A. Allgemeines

1   Gem § 21 Abs 1 kann das Gericht das Verfahren aus wichtigem Grund aussetzen, insbes wenn die Entscheidung ganz oder zum Teil von dem Bestehen oder Nichtbestehen eines Rechtsverhältnisses abhängt, das den Gegenstand eines anderen anhängigen Verfahrens bildet oder von einer Verwaltungsbehörde festzustellen ist. Das entspricht im Kern der Regelung des bisherigen § 127 Satz 1 FGG, welche allerdings nur für das Registerverfahren galt, während § 21 Abs 1 FamFG in den allgemeinen Teil des Gesetzes übernommen wurde und deshalb für alle Verfahrensarten gilt.

2   § 381 erweitert die Aussetzungsbefugnis des § 21 auf den Fall, dass ein anderes Rechtsverhältnis zwar vorgreiflich, ein Rechtsstreit darüber aber noch nicht anhängig ist. Setzt das Gericht im Hinblick auf dieses Rechtsverhältnis aus, hat es einem der Beteiligten eine Frist zur Klageerhebung zu setzen. Die Regelung ist aus § 127 Satz 2 FGG übernommen, wobei die Fristsetzung nicht mehr wie bisher im Ermessen des Gerichts steht, sondern zwingend anzuordnen ist.

B. Kommentierung

I. Aussetzung des Verfahrens

1. Anwendungsbereich des § 381

3   § 381 gilt für sämtliche Registerverfahren des dritten Abschnitts des fünften Buches des FamFG, also auch für das Zwangsgeld-, Ordnungsgeld-, Löschungs- und Auflösungsverfahren. Auch das Beschwerdegericht kann nach § 381 aussetzen.

2. Konkurrenz zu § 21

4   Hängt die Verfügung des Registergerichts vom Bestehen oder Nichtbestehen eines Rechtsverhältnisses ab, welches bereits den Gegenstand eines anderen anhängigen Verfahrens bildet, kann das Gericht das Verfahren gem § 21 Abs 1 aussetzen. § 381 erweitert die Aussetzungsmöglichkeit auf vorgreifliche Rechtsverhältnisse, die noch nicht den Gegenstand eines anderen anhängigen Verfahrens bilden. Die Aussetzung wegen eines bereits anhängigen Verfahrens (§ 21) geht der möglichen Aussetzung wegen eines noch nicht anhängigen Verfahrens (§ 381) idR vor, es sei denn, von dem bereits anhängigen Verfahren wäre von vornherein (zB wegen unzulässiger Klageerhebung) keine Klärung der vorgreiflichen Rechtsfrage zu erwarten.

5   Für **unternehmensrechtliche Verfahren** gilt § 381 generell nicht; diese können nur nach § 21 ausgesetzt werden.

3. Voraussetzungen einer Aussetzung nach § 381 Satz 1

a) Vorliegen eines wichtigen Grundes

6   Der Anwendungsbereich des § 381 ist nur eröffnet, wenn »die sonstigen Voraussetzungen des § 21 Abs 1 vorliegen«. Es muss also ein wichtiger Grund bestehen, der insbes dann gegeben ist, wenn die Entscheidung des Registergerichts ganz oder zum Teil von dem Bestehen oder Nichtbestehen eines Rechtsverhältnisses abhängt, das den Gegenstand eines anderen Verfahrens bilden kann. Von praktischer Relevanz ist vor allem der Streit der Beteiligten über die Anfechtbarkeit oder Nichtigkeit von Versammlungs-

beschlüssen, über Kündigungen des Gesellschaftsvertrages, über die Gesellschafterstellung einzelner Beteiligter usw.

Die Entscheidung des Registergerichts muss von der Entscheidung des Prozessgerichts »abhängen«. Daran fehlt es, wenn an der Rechtslage keine vernünftigen Zweifel bestehen; die Sache ist dann entscheidungsreif. Auch liegen die Voraussetzungen des § 21 – und damit ebenfalls des § 381 – nicht vor, wenn die Sache aus anderen Gründen als der streitigen Vorfrage entscheidungsreif ist.

Nicht erforderlich ist eine rechtliche Bindungswirkung des vorgreiflichen Verfahrens, welche zudem häufig nicht gegeben ist (s vor § 378 Rz 83 ff, 87). Auch müssen die Parteien des vorgreiflichen Verfahrens nicht mit den Beteiligten des Registerverfahrens identisch sein. Es genügt, wenn das Registergericht sich bei seiner Entscheidung die Erkenntnisse des anderen Verfahrens zunutze machen will. Ein Abwarten der Rechtskraft des anderen Verfahrens ist nicht erforderlich; vielmehr hat das Registergericht sein Verfahren fortzusetzen, sobald es davon überzeugt ist, ausreichende Entscheidungsgrundlagen zu haben.

b) Aussetzung nur bei anhängig zu machendem Zivilprozess

Satz 1 setzt voraus, dass ein »Rechtsstreit« noch nicht anhängig ist, und Satz 2 spricht von »Erhebung der Klage«. Diese Begriffe sind auf den streitigen Zivilprozess fixiert. § 381 ist damit enger gefasst als § 21 Abs 1, der »ein anderes anhängiges Verfahren« beliebiger Verfahrensart, also etwa auch ein verwaltungsbehördliches Verfahren genügen lässt (s § 21 Rz 6). Die eingeengte Formulierung des § 381 entspricht dem früheren § 127 FGG. Auch diese Vorschrift galt nur für streitige Zivilprozesse einschl schiedsgerichtlicher Verfahren, nicht jedoch für FGG-Verfahren, Strafverfahren oder verwaltungsgerichtliche Verfahren (Jansen/*Steder* § 127 Rn 7); aA jetzt aber offenbar Bumiller/*Harders* § 381 Rn 11 sowie Keidel/*Heinemann* § 381 Rn 15, welche § 381 nicht auf den Zivilprozesses beschränken wollen.

c) Ermessensentscheidung des Gerichts

Die Entscheidung über die Aussetzung des Verfahrens – sowohl nach § 21 als auch nach § 381 – liegt im pflichtgemäßen Ermessen des Gerichts. Grds ist das Registergericht berechtigt und verpflichtet, alle sich stellenden Vorfragen selbst zu beantworten, auch schwierige Rechtsfragen etwa hinsichtlich der Wirksamkeit von Anteilsübertragungen, Versammlungsbeschlüssen usw (Jansen/*Steder* § 127 Rn 16). Die Sorge vor Amtshaftungsansprüchen aufgrund eventueller Fehlbewertung der Rechtslage ist – auch wenn sie dazu verleitet (vgl *Paschos/Johannsen-Roth* NZG 2006, 327, 328; *Buchta* DB 2008, 913, 917) – für sich genommen kein ausreichender Grund für eine Verfahrensaussetzung.

Bei der Entscheidung über die Aussetzung des Verfahrens sind generell abzuwägen einerseits prozessökonomische Interessen und das Streben nach Entscheidungsharmonie gegen andererseits das öffentliche Interesse an einer zeitnahen Verlautbarung der eingetretenen Tatsachen und Rechtsänderungen (Jansen/*Steder* § 127 Rn 15, 18). Je dringlicher die Eintragung ist, desto gewichtiger müssen die Gründe sein, die eine Aussetzung rechtfertigen. Stehen haftungsrelevante Eintragungen zur Entscheidung, kommt eine Aussetzung nur ausnahmsweise in Betracht (s OLG Karlsruhe NJW-RR 1997, 169). In der Begründung der Aussetzungsentscheidung ist die getroffene Abwägung des Für und Wider im Einzelnen darzulegen (OLG Düsseldorf FGPrax 2009, 123).

d) Aussetzung bei Anfechtungsklagen gegen Versammlungsbeschlüsse

Kein Raum für eine Aussetzung des Verfahrens ist bei **Strukturmaßnahmen**, für die das Gesetz selbst bereits eine **Registersperre** anordnet, wie bei der Eingliederung (§ 319 Abs 5 AktG), dem Squeeze-Out (§ 327e Abs 2 AktG) sowie umwandlungsrechtlichen

Vorgängen (§§ 16 Abs 2, 125, 198 Abs 3 UmwG, 31 Abs 3 LwAnpG). In diesen Fällen darf die Anmeldung erst nach Ablauf der für die Anfechtungsklage geltenden Frist erfolgen, wobei die Vertretungsorgane bei der Anmeldung zu erklären haben, dass eine Klage gegen die Wirksamkeit eines Hauptversammlungs- bzw Umwandlungsbeschlusses nicht oder nicht fristgemäß erhoben oder eine solche Klage rechtskräftig abgewiesen oder zurückgenommen worden ist (vor § 378 Rz 91). Hat die Gesellschaft während der noch anhängigen Anfechtungsklage einen **Freigabebeschluss** erwirkt, welcher die gesetzlich angeordnete Registersperre aufhebt (§§ 319 Abs 6, 327e Abs 2 AktG, 16 Abs 3, 125, 198 Abs 3 UmwG), ist das Registergericht daran gebunden und darf die Eintragung nicht länger mit Blick auf die noch anhängige Anfechtungsklage ablehnen, geschweige denn aussetzen.

13   Ist gegen einen **sonstigen Versammlungsbeschluss** bereits Anfechtungsklage erhoben, wird der Ausgang des Rechtsstreits regelmäßig abzuwarten sein (KGJ 28 A 228, 238). In der Rechtspraxis bewirkt daher die Erhebung der Anfechtungsklage eine »faktische Registersperre«. Ist noch keine Klage erhoben und sind Anfechtungsgründe offensichtlich, dürfte das Registergericht dazu gehalten sein, mit der Eintragung des angemeldeten Beschlusses bis zum Ablauf der Anfechtungsfristen abzuwarten (MüKo-AktG/*Stein* § 181 Rn 45). Wird keine Anfechtungsklage erhoben, ist der Beschluss vom Registergericht nur auf Nichtigkeitsgründe, nicht jedoch auf Anfechtungsgründe zu überprüfen (KG JW 1936, 334, 335; OLG Köln GmbHR 1982, 211; bei Satzungsänderungen vgl aber vor § 378 Rz 72).

14   Handelt es sich bei dem angefochtenen Hauptversammlungsbeschluss um eine Kapitalbeschaffung, eine Kapitalherabsetzung oder einen Unternehmensvertrag, kann die Gesellschaft – um Eintragungsverzögerungen infolge der »faktischen Registersperre« zu verhindern – auch in diesen Fällen ein Freigabeverfahren anstrengen (§ 246a AktG). An den Freigabebeschluss ist das Registergericht gebunden (§ 246a Abs 3 Satz 5 AktG). Aus der Beschränkung des Freigabeverfahrens auf die in § 246a AktG genannten Beschlussgegenstände folgt im Umkehrschluss, dass die Vollzugsinteressen der Gesellschaft in allen anderen Fällen regelmäßig zurücktreten müssen, auch wenn sie gewichtig erscheinen (aA offenbar Jansen/*Steder* § 127 Rn 20).

4. Rechtsfolgen der Aussetzung

15   Während der Dauer der Aussetzung wird das Verfahren nicht weiter betrieben. Hinsichtlich der weiteren Rechtsfolgen verweist die Gesetzesbegründung auf § 249 ZPO; praktisch bedeutsam ist aber nur Abs 1 dieser Vorschrift. Danach hört der Lauf jeder Frist auf; die volle Frist beginnt nach Beendigung der Aussetzung von Neuem zu laufen. Keine Rolle spielt § 249 Abs 2 ZPO, der sich nur auf kontradiktorische Streitverfahren bezieht.

II. Fristsetzung zur Klageerhebung (Satz 2)

16   Die Aussetzung des Verfahrens ist, wenn ein Rechtsstreit nicht anhängig ist, zwingend mit einer Fristsetzung zur Klageerhebung zu verbinden. Nach der Begründung des Regierungsentwurfs liegt dies im Interesse einer Verfahrensbeschleunigung.

17   Die Frist kann – entgegen dem Wortlaut der Vorschrift – nicht nur *einem*, sondern zugleich mehreren Beteiligten gesetzt werden. Der **Beteiligtenbegriff** des Satz 2 bezieht sich auf das streitige Rechtsverhältnis, nicht auf die Beteiligtenstellung im Registerverfahren. In Betracht kommen alle Beteiligten, die prozessführungsbefugt wären. Tunlichst ist die Frist denjenigen zu setzen, die ein Interesse an der Verfolgung der streitigen Rechtsposition haben erkennen lassen und deren Rechtsverfolgung am aussichtsreichsten erscheint, denn in diesen Verfahren werden die maßgeblichen Rechtsfragen am ehesten geklärt. Auch einem bisher reglosen Beteiligten kann die Frist gesetzt werden,

namentlich wenn die Klage nur unter seiner streitgenössischen Beteiligung erhoben werden könnte.

Freilich ist eine Fristsetzung nach Satz 2 in den Fällen obsolet, wo bereits gesetzliche **18** Klagefristen bestehen, wie etwa die Monatsfrist für die Anfechtung eines Hauptversammlungsbeschlusses (§ 246 Abs 1 AktG). Erhebt ein Aktionär beim Registergericht Einwendungen gegen die Eintragung eines Hauptversammlungsbeschlusses, wird das Verfahren ohne gesonderte Fristsetzung bis zum Ablauf der durch § 246 Abs 1 AktG bestimmten Anfechtungsfrist ausgesetzt oder schlicht ruhen gelassen (§ 382 Rz 8).

1. Ablauf der Frist

Nach fruchtlosem Ablauf der Frist endet die Aussetzung. Das Registergericht hat das **19** Verfahren formlos wieder aufzunehmen, ohne dass es einer besonderen Beschlussfassung darüber bedarf (OLG Zweibrücken Rpfleger 1990, 77; OLG Köln Rpfleger 1995, 218; BayObLG DNotZ 1997, 81, 82 f mwN). Das Registergericht muss den Sachverhalt selbst aufklären und entscheiden; eine Erzwingung der Klageerhebung ist nicht möglich (OLG Zweibrücken Rpfleger 1990, 77; BayObLG DNotZ 1997, 81, 82 f; *Krafka/Willer* Rn 170 mwN).

Wird die Klage innerhalb der gesetzten Frist erhoben, dauert die Aussetzung des Ver- **20** fahrens fort, bis das Prozessverfahren endet oder das Registergericht die Aussetzung aufhebt. Der Klageerhebung steht ein Antrag auf Gewährung von Prozesskostenhilfe gleich. Wird das PKH-Gesuch rechtskräftig abgelehnt, kann eine neue Frist gesetzt werden, binnen derer die Klage unter Verwendung eigener Mittel zu erheben ist.

2. Abschluss des Prozessverfahrens

Nach Abschluss des Verfahrens, wegen dessen ausgesetzt wurde, ist das Registergericht **21** keineswegs an die Rechtsauffassung des Prozessgerichts gebunden. Auch bei Abweisung der Anfechtungsklage kann das Registergericht die Eintragung aufgrund eigener Prüfung ablehnen, da die Eintragung nicht nur die Interessen der unterlegenen Kläger, sondern auch die Belange anderer Aktionäre oder etwa der Gläubiger betrifft (Mü-KoHGB/*Krafka* § 8 Rn 75).

Besondere Vorsicht ist geboten, wenn die Gesellschaft sich das vorzeitige Prozessende **22** durch eine Abfindungszahlung erkauft oder das Prozessgericht die Anfechtungsklage wegen Rechtsmissbrauchs abgewiesen hat. Prozesserledigungen dieser Art tragen zum Erkenntnisgewinn über die Rechtmäßigkeit des zur Eintragung angemeldeten Beschlusses in keiner Weise bei. Gleichwohl empfiehlt sich die Beiziehung der Prozessakte, weil allein die Lektüre der Schriftsätze das Augenmerk auf Rechtsprobleme zu lenken vermag, die im Registerverfahren sonst womöglich unbeachtet blieben.

III. Rechtsbehelf gegen die Aussetzungsentscheidung

Ob und ggf welcher Rechtsbehelf gegen eine Aussetzungsentscheidung nach § 381 ge- **23** geben ist, regelt das Gesetz nicht ausdrücklich. Da die Vorschrift mit § 21 eine Regelungseinheit bildet, liegt es nahe, nicht § 58 Abs 1 (Beschränkung der Beschwerde auf Endentscheidungen), sondern § 21 Abs 2 entspr anzuwenden. Gegen die Aussetzungsentscheidung nach § 381 ist also die sofortige Beschwerde gem den §§ 567 ff ZPO statthaft, und zwar grds sowohl gegen den Aussetzungsbeschluss als auch gegen eine die Aussetzung ablehnende Entscheidung (§ 21 Rz 28; Bumiller/*Harders* § 381 Rn 14; aA: Keidel/*Heinemann* § 381 Rn 17; Bork/Jacoby/Schwab/*Müther* § 381 Rn 12). Beschwerdebefugt ist jeder, der durch die Aussetzung oder deren Ablehnung beeinträchtigt ist, sowie die berufsständischen Organe (§ 380 Abs 5). Allerdings führt eine Entscheidung, die die Aussetzung des Verfahrens ablehnt oder aufhebt, idR nicht zu einer Rechtsbeeinträchtigung der Beteiligten (OLG München GmbHR 2005, 476).

§ 381 FamFG | **Aussetzung des Verfahrens**

24 Für die Anfechtung stattgebender Aussetzungsentscheidungen gilt folgende weitere Besonderheit: Mit dem fruchtlosen Ablauf der Frist endet die Aussetzung und das Registergericht hat das Verfahren formlos wieder aufzunehmen (Rz 19). Daraus folgt, dass eine Beschwerde gegen die Aussetzungsentscheidung gegenstandslos und unzulässig wird, sobald das Ende der gesetzten Frist erreicht ist und Klage nicht erhoben wurde (BayObLG DNotZ 1997, 81, 83).

IV. Bindungswirkung der abgewarteten Entscheidung

25 Zu Frage der Bindung des Registergerichts an die Entscheidung, wegen derer das Verfahren ausgesetzt wurde, vgl vor § 378 Rz 79 ff, 83 ff, 87.

§ 382 Entscheidung über Eintragungsanträge

(1) Das Registergericht gibt einem Eintragungsantrag durch die Eintragung in das Register statt. Die Eintragung wird mit ihrem Vollzug im Register wirksam.

(2) Die Eintragung soll den Tag, an welchem sie vollzogen worden ist, angeben; sie ist mit der Unterschrift oder der elektronischen Signatur des zuständigen Richters oder Beamten zu versehen.

(3) Die einen Eintragungsantrag ablehnende Entscheidung ergeht durch Beschluss.

(4) Ist eine Anmeldung zur Eintragung in die in § 374 Nr. 1 bis 4 genannten Register unvollständig oder steht der Eintragung ein anderes durch den Antragsteller behebbares Hindernis entgegen, hat das Registergericht dem Antragsteller eine angemessene Frist zur Beseitigung des Hindernisses zu bestimmen. Die Entscheidung ist mit der Beschwerde anfechtbar.

Übersicht

	Rz
A. Allgemeines	1
B. Kommentierung	6
I. Entscheidung des Registergerichts über den Eintragungsantrag	7
1. Stattgebende Entscheidung: Vornahme oder Verfügung der Eintragung (Abs 1 Satz 1)	9
2. Zwischenverfügung (Abs 4)	13
a) Fristsetzung durch das Gericht	14
b) Gemeinsamer oder getrennter Vollzug	18
c) Form und Bekanntgabe der Zwischenverfügung, Rechtsbehelf (Abs 4 Satz 2)	22
d) Keine Zwischenverfügung in Güterrechtsregistersachen?	29
3. Zurückweisung des Antrags (Abs 3)	31
II. Vollzug der Eintragung (Abs 2)	38
III. Wirksamwerden der Eintragung (Abs 1 Satz 2)	42
C. Verfahrenskosten	44
I. Kosten der Eintragung	44
1. Handels-, Genossenschafts- oder Partnerschaftsregister	44
2. Vereinsregister	49
3. Güterrechtsregister	52
II. Kosten der Zwischenverfügung	55
III. Kosten der Zurückweisung oder Rücknahme eines Antrags	56
1. Handels-, Genossenschafts- oder Partnerschaftsregister	56
2. Vereins- oder Güterrechtsregister	60

A. Allgemeines

Mit »Entscheidungen über Eintragungsanträge« – so die Überschrift der Norm – befassen sich nur Abs 1 Satz 1, Abs 3 und 4. In Abs 2 finden sich Regelungen über den Vollzug der Eintragung und die dabei zu beachtenden Formalien; Abs 1 Satz 2 enthält eine Bestimmung darüber, wann eine Registereintragung wirksam wird. Zu den einzelnen Absätzen: 1

Absatz 1 Satz 1 wurde durch das FamFG neu eingefügt. Nach der Begründung des Regierungsentwurfs handle es sich dabei um eine Sondervorschrift zur Form der Entscheidung über Eintragungsanträge, die dem bisherigen Rechtszustand entspreche. Absatz 1 Satz 2 enthält die bereits erwähnte – ebenfalls neu eingefügte – Vorschrift über das Wirksamwerden von Eintragungen im Register. 2

Absatz 2 enthält formale Vorschriften über den Vollzug einer Eintragung, die mit ähnlichem Inhalt bisher in den §§ 130 Abs 1 FGG, 55a Abs 3 Satz 3 BGB, 27 Abs 4 HRV, 10 Abs 3 Satz 1 VRV (Tag der Eintragung), §§ 28 HRV, 28 VRV (Signatur) bzw §§ 130 Abs 1 FGG, 3 Satz 4 VRV (Unterschrift des Beamten) enthalten waren. Abweichend von der früheren Sollvorschrift des § 130 Abs 1 FGG ist die Unterschrift unter die Eintragung nunmehr auch gesetzlich zwingend vorgeschrieben, wie bisher bereits in § 3 Satz 4 VRV geregelt. 3

4 Absatz 3 regelt die Form der Zurückweisung des Antrags. Nach der Gesetzesbegründung dient die Vorschrift lediglich der Klarstellung, dass die zurückweisende Entscheidung entsprechend den Vorschriften des Allgemeinen Teils durch Beschluss zu ergehen hat.

5 Absatz 4 Satz 1 enthält Regelungen über die Zwischenverfügung, die mit ähnlichem Inhalt bisher in den §§ 26 Satz 2 HRV aF, 9 Abs 3 Satz 1 VRV aF enthalten waren. In Abs 4 Satz 2 wird die von der Rechtsprechung bereits anerkannte Anfechtbarkeit der Zwischenverfügung nunmehr gesetzlich geregelt. Dies wurde durch § 58 Abs 1 erforderlich, wonach Ausnahmen von dem Grundsatz, dass die Beschwerde nur gegen Endentscheidungen stattfindet, durch das Gesetz bestimmt sein müssen.

B. Kommentierung

6 Die Vorschrift folgt keiner in sich geschlossene Systematik. Sie vermischt Regelungen über die richterlichen Entscheidungsmöglichkeiten auf einen Eintragungsantrag (Abs 1 Satz 1, Abs 3 und 4) mit formalen Fragen über die Bewirkung einer Eintragung (Abs 2) sowie Bestimmungen über den Eintritt deren Rechtswirksamkeit (Abs 1 Satz 2). Dabei müssen die Wirksamkeitsbestimmung des Abs 1 Satz 2 sowie die Formvorschrift des Abs 2 nicht nur für Eintragungen auf Antrag gelten, sondern – entgegen der Normüberschrift – ebenso für Eintragungen von Amts wegen. Um die Bedeutung der getroffenen Regelungen in ihren einzelnen Sinnzusammenhängen zu erfassen, gliedert sich die Kommentierung nicht nach der Reihenfolge der einzelnen Absätze, sondern systematisch.

I. Entscheidung des Registergerichts über den Eintragungsantrag

7 Das Gericht entscheidet auf einen Eintragungsantrag, indem es
– die angemeldete Eintragung vornimmt oder durch den Urkundsbeamten vornehmen lässt (Abs 1 Satz 1),
– eine Zwischenverfügung erlässt (Abs 4) oder
– den Antrag zurückweist (Abs 3).

8 Eine dieser drei möglichen Entscheidungen hat in den Handels-, Genossenschafts- und Partnerschaftsregistersachen »unverzüglich« zu erfolgen (§ 25 Abs 1 Satz 2 HRV), es sei denn, dass die Aussetzung des Verfahrens beschlossen wird (§§ 21 Abs 1, 381) oder ein übergesetzlicher Grund das einstweilige Ruhen lassen des Verfahrens rechtfertigt. Ein anerkannter Grund für einstweiliges Ruhen lassen ist zB das Abwarten der gesellschaftsrechtlichen Anfechtungsfrist, wenn Beschlüsse zur Eintragung angemeldet werden, die erkennbar anfechtbar zustande gekommen sind. Einer förmlichen Aussetzung des Verfahrens bedarf es in diesen Fällen nicht (Jansen/*Steder* § 125 Rn 100).

1. Stattgebende Entscheidung: Vornahme oder Verfügung der Eintragung (Abs 1 Satz 1)

9 Stehen der Eintragung der angemeldeten Tatsachen und Rechtsverhältnisse keine Hindernisse entgegen, gibt der Richter/Rechtspfleger dem Eintragungsantrag statt. Das Gesetz stellt hierfür zwei unterschiedliche **Entscheidungsformen** zu Wahl, wobei Abs 1 Satz 1 diesen Dualismus nur unscharf referiert.

10 In der durch Abs 1 Satz 1 aufgegriffenen Entscheidungsform trifft der Richter/Rechtspfleger seine Entscheidung über den Eintragungsantrag durch **Realakt**, indem er die Eintragung selbst vornimmt (§§ 27 Abs 1 HRV, 27 Abs 1 VRV). Der Vollzug der Signatur unter den zur Eintragung vorbereiteten Datensatz (§§ 28 HRV, 28 VRV) ist gleichzeitig sowohl Entscheidungs- als auch Bewirkungsakt des Richters/Rechtspflegers.

In der zweiten möglichen Entscheidungsform gibt der Richter/Rechtspfleger dem An- 11
trag statt, indem er eine Eintragung schriftlich verfügt. In der vom Entscheidungsträger
zu zeichnenden **Eintragungsverfügung**, die den genauen Wortlaut der Eintragung sowie die Eintragungsstelle im Register samt aller zur Eintragung erforderlichen Merkmale feststellt (§§ 27 Abs 2 HRV, 9 Abs 1 VRV), liegt die Entscheidung über den Antrag. Die anschließend vom Urkundsbeamten vorzunehmende Registereintragung ist als solche nicht mehr Teil des gerichtlichen Entscheidungsprozesses, sondern nur noch Vollzug. Daher kann eine vom Richter/Rechtspfleger unterschriebene und den Beteiligten vorab bekannt gegebene Eintragungsverfügung bereits angefochten werden (s § 383 Rz 38), wenn und solange sie noch nicht ausgeführt wurde (denn sonst gilt § 383 Abs 3).

Bei der **Fassung** der Eintragung ist der Richter/Rechtspfleger nicht an die Vorschläge 12
des Antragstellers gebunden, sondern hat selbstständig eine Fassung zu wählen, welche die angemeldeten Tatsachen und Rechtsverhältnisse eindeutig und verständlich wiedergibt (OLG Köln FGPrax 2004, 88, 89; OLG Hamm GmbHR 2008, 545, 547 f; *Krafka/Willer* Rn 172). Zur sog »Fassungsbeschwerde« s § 383 Rz 34.

2. Zwischenverfügung (Abs 4)

Ist die angemeldete Tatsache wegen bestehender Hindernisse noch nicht eintragungs- 13
reif, erlässt das Gericht eine Zwischenverfügung. Die Zwischenverfügung ist ein fürsorgerisches Instrument, mit dem das Gericht zur Behebung bestehender Eintragungshindernisse anleitet. Im Unterschied zum Grundbuchverfahren (§ 18 GBO) hat die Zwischenverfügung in Registersachen keine materiellrechtliche – nämlich rangwahrende – Komponente, sondern dient lediglich der Förderung des Eintragungsverfahrens. Sie dient dem Zweck, dem Antragsteller die durch die Zurückweisung der Anmeldung entstehenden Kosten sowie die Stellung eines neuen Antrags zu ersparen (OLG Hamm Rpfleger 1986, 139, 140).

a) Fristsetzung durch das Gericht

Voraussetzung für eine Zwischenverfügung ist die Unvollständigkeit des Antrags oder 14
das Bestehen behebbarer Hindernisse. Zu deren Behebung setzt das Gericht eine Frist. Die Zwischenverfügung unterscheidet sich von einem bloßen rechtlichen Hinweis dadurch, dass sie eine konkrete Auflage enthält. Der zu behebende Mangel ist genau zu bezeichnen. Konkrete Wege zur Beseitigung des Hindernisses muss das Registergericht nicht aufzeigen (*Melchior/Schulte* § 26 Rn 5), gleichwohl sind sie gängige Praxis (vgl *Krafka/Willer* Rn 167). Auch das Beschwerdegericht kann eine Zwischenverfügung erlassen (OLG Schleswig FGPrax 2007, 283).

Die Frist zur Behebung des Hindernisses soll wenigstens einen Monat betragen (*Kraf-* 15
ka/Willer Rn 168). Das Setzen einer kürzeren Frist wäre allein deshalb untunlich, weil in diesem Zeitraum noch die Beschwerdefrist läuft (§ 63 Abs 1), so dass der Eintragungsantrag ohnehin noch nicht zurückgewiesen werden könnte. Die gesetzte Frist ist auf Antrag nach pflichtgemäßem Ermessen zu verlängern (*Melchior/Schulte* § 26 Rn 9); der Voraussetzungen des § 16 Abs 2 FamFG iVm § 224 Abs 2 ZPO bedarf es in diesem Fall nicht. Auch eine Verlängerung der bereits abgelaufenen Frist ist möglich (für das Grundbuch: OLG Düsseldorf MittRhNotK 1992, 188); dies folgt aus dem Fürsorgegedanken.

Die Zwischenverfügung soll **alle bestehenden Hindernisse** vollständig erfassen. Da- 16
her ist es nicht zulässig, die Prüfung des Eintragungsantrags zunächst auf ein einzelnes Hindernis zu beschränken, um nach dessen Beseitigung den Antrag erneut mit einem weiteren Hindernis zu beanstanden. Passiert es dennoch, dass ein weiteres Eintragungshindernis erst nach Behebung des ersten Hindernisses in das Blickfeld des Richters/Rechtspflegers gerät, darf der Mangel selbstverständlich nicht unter Inkaufnahme einer falschen Registereintragung übergangen werden, sondern es muss dann notgedrungen

eine zweite Zwischenverfügung ergehen (vgl BayObLG FGPrax 1995, 95 für das Grundbuchverfahren).

17   Die Zwischenverfügung kann mit einer **Zwangsgeldandrohung** nach § 388 verbunden werden. Davon Gebrauch zu machen empfiehlt sich aber nur, wenn der Anmelder bereits formlos auf die Rechtslage hingewiesen wurde und er darauf nicht eingegangen ist (Staub/*Hüffer* § 8 Rn 85).

b) Gemeinsamer oder getrennter Vollzug

18   Sind mehrere Eintragungen gleichzeitig beantragt und steht nur einzelnen ein Hindernis entgegen, stellt sich die Frage, ob die nicht zu beanstandenden Teile der Anmeldung vorab eingetragen werden können. Das ist zumindest dann zu bejahen, wenn der getrennte Vollzug ausdrücklich beantragt ist oder wenn sich aus den sonstigen Umständen (zB mehrere getrennt eingereichte Anmeldungen) ergibt, dass ein getrennter Vollzug erwünscht ist.

19   Ist die Zustimmung zum getrennten Vollzug nicht ausdrücklich erklärt, wird man sie dennoch als mutmaßlichen Willen des Anmeldenden unterstellen können, wenn unter den angemeldeten Tatsachen solche sind, die sich auf einen falschen/falsch gewordenen Rechtsschein des Registers beziehen. Sind etwa gleichzeitig die Bestellung eines neuen Geschäftsführers und die Löschung einer Prokura angemeldet und stehen der Eintragung des neuen Geschäftsführers noch Hindernisse entgegen, wird man ohne Weiteres den mutmaßlichen Willen des Anmeldenden unterstellen können, dass er die getrennte Eintragung des Erlöschens der Prokura vorab wünscht, um die Zeitspanne der negativen Publizitätswirkung (§ 15 Abs 1 HGB) möglichst gering zu halten. In Zweifelsfällen sollte sich das Registergericht durch Nachfragen beim Antragsteller darüber vergewissern, ob ein getrennter Vollzug gewollt ist; die Erklärung zum getrennten Vollzug kann in jedem Verfahrensstadium nachgeholt werden.

20   Ist für den Notar bereits bei der Einreichung der Anmeldung erkennbar, dass der Eintragung einzelner Tatsachen bestimmte Hindernisse entgegenstehen könnten, empfiehlt es sich, bereits eine Vorausverfügung über die Frage des getrennten Vollzuges sogleich zu treffen, etwa durch entspr Angaben im Anschreiben oder im Bemerkungsfeld von XNotar. Ist eine Vorausverfügung nicht getroffen, gibt spätestens der Erhalt einer Zwischenverfügung dem Notar Anlass, die Vor- und Nachteile eines getrennten Vollzuges abzuwägen und ggf entsprechende Erklärungen ggü dem Registergericht abzugeben.

21   Ein Rechtsgrundsatz, wonach eine einheitliche Anmeldung nicht teilweise vollzogen und teilweise zurückgewiesen werden dürfe, sondern insgesamt zurückzuweisen sei (so etwa KG JFG 5, 236, 237; OLG Hamm NJW 1963, 1554) besteht nur insoweit, als die einzelnen Elemente der Anmeldung einen so engen Bezug zueinander aufweisen, dass sie nicht gesondert zur Eintragung hätten angemeldet werden können (BayObLG RPfleger 1970, 398, 399), ferner dann, wenn besondere gesetzliche Vorschriften ausnahmsweise anordnen, dass nur gemeinsam vollzogen werden soll (zB Beschlüsse über eine gleichzeitige Kapitalherabsetzung und -erhöhung in den Fällen des § 58a Abs 4 Satz 4 GmbHG).

c) Form und Bekanntgabe der Zwischenverfügung, Rechtsbehelf (Abs 4 Satz 2)

22   Über formale Fragen im Zusammenhang mit der Zwischenverfügung schweigt das Gesetz. Da die Zwischenverfügung keine »Endentscheidung« iSd § 38 Abs 1 Satz 1 darstellt, gelten die Vorschriften des Abschnitts 3 des ersten Buches nicht. Die Zwischenverfügung bedarf daher keiner Begründung (§ 38 Abs 3) und ist auch nicht an die Entscheidungsform des Beschlusses gebunden (§ 38 Abs 1 Satz 2 sowie Umkehrschluss aus § 382 Abs 3; s.a. § 38 Rz 18; aA *Heinemann* FGPrax 2009, 1, 3). Freilich ist es zulässig, sie in der Form eines begründeten Beschlusses abzufassen, es genügt aber auch ein schlichtes Anschreiben. Jedenfalls ist sie im Entscheidungsstil abzufassen (vgl Meikel/

Böttcher § 18 GBO Rn 111 f sowie das Muster bei *Schöner/Stöber* Rn 447). Hilfreich ist das Hinzufügen einer Androhung, dass der Eintragungsantrag nach fruchtlosem Fristablauf zurückgewiesen werde. Dies unterstreicht den Entscheidungscharakter der Zwischenverfügung und verleiht der Ernsthaftigkeit des gerichtlichen Verlangens einer schnellen Beseitigung des Hindernisses besonderen Nachdruck. Näher zu begründen ist die Zwischenverfügung nur, soweit die Aufforderung zur Behebung des Mangels nicht aus sich heraus verständlich ist oder nicht unzweifelhaft auf ihren rechtlichen Hintergrund schließen lässt.

Nach wohl herrschender Auffassung (§ 39 Rz 10; *Heinemann* FGPrax 2009, 1, 3; *Holzer* ZNotP 2009, 210, 215; *Ries* Rpfleger 2009, 441) muss der Zwischenverfügung eine Rechtsbehelfsbelehrung beigefügt werden, wenngleich die Tatbestandsvoraussetzungen des § 39 kaum erfüllt sind, nämlich einerseits weder Beschlussform vorgeschrieben ist (so aber der Anknüpfungspunkt des § 39) noch eine »Endentscheidung« im Sinne des § 38 vorliegt, an die § 39 systematisch anknüpft. Hergeleitet werden kann die Belehrungspflicht am ehesten aus der Gesetzesbegründung zu § 39 (BTDrs 16/6308 S 196), wo es ausdrücklich heißt, von ihr umfasst seien »alle Rechtsmittel sowie die in den FamFG-Verfahren vorgesehenen ordentlichen Rechtsbehelfe gegen Entscheidungen, Einspruch, Widerspruch und Erinnerung«. 23

In jedem Fall ist die Zwischenverfügung **förmlich bekannt zu geben**, weil sie sowohl die Frist zur Behebung des Hindernisses als auch die Monatsfrist zur Einlegung der durch Abs 4 Satz 2 eröffneten Beschwerde in Gang setzt. Sie ergeht an den Notar, wenn (auch) er einen Eintragungsantrag aufgrund der Ermächtigung des § 378 gestellt hat, andernfalls an diejenigen persönlich, die zur Einlegung einer Beschwerde berechtigt wären (s Rz 34 f). Den berufsständischen Organen ist die Zwischenverfügung wegen des fehlenden Beschwerderechtes nicht bekannt zu geben (§ 380 Rz 35), sondern nur formlos mitzuteilen. Zwischenverfügungen zu Eintragungsanträgen, die ein Kreditinstitut oder eine Kapitalanlagegesellschaft betreffen, sind auch der BaFin mitzuteilen (vgl § 380 Rz 45 f). 24

Die Frist zur Behebung des Hindernisses sollte aus Gründen der Klarheit möglichst auf einen bestimmten Termin gesetzt werden (»Erledigung bis zum …«). Wird Beschwerde gegen die Zwischenverfügung eingelegt und diese zurückgewiesen, ist im Anschluss an die Entscheidung des Beschwerdegerichts noch eine angemessene weitere Frist bis zur endgültigen Zurückweisung des Eintragungsantrags abzuwarten, um dem Antragsteller Gelegenheit zu geben, das Hindernis nun zu beheben. Es empfiehlt sich, dem Antragsteller formlos mitzuteilen, bis wann er mit einer Zurückweisung seines Eintragungsantrags nicht zu rechnen hat. 25

Zulässig ist aber auch die Fristsetzung durch Bestimmung einer Zeitspanne (»Erledigung binnen sechs Wochen«). Eine so gesetzte Frist beginnt bereits mit der Bekanntgabe der Zwischenverfügung zu laufen (§ 16 Abs 1), nicht erst mit dem Ablauf der Beschwerdefrist. Durch die Einlegung der Beschwerde wird die Frist zur Behebung des Hindernisses unterbrochen, sie ist also nach Zurückweisung der Beschwerde von Neuem abzuwarten. Das folgt aus Sinn und Zweck der Zwischenverfügung, die nicht auf zügige Zurückweisung des Eintragungsantrags abzielt, sondern den Antragsteller auf fürsorgerische Weise zur Behebung des Hindernisses anhalten will. 26

Nach dem Ablauf der durch die Zwischenverfügung gesetzten Behebungsfrist kann der Eintragungsantrag zurückgewiesen werden, jedoch keinesfalls vor Ablauf der Monatsfrist, während derer die Beschwerde gegen die Zwischenverfügung eingelegt werden kann. Die Entscheidung ist nach pflichtgemäßem Ermessen zu treffen; je nach den Umständen des Einzelfalls kommt auch eine Fristverlängerung von Amts wegen oder ein schlichtes weiteres Abwarten über die gesetzte Frist hinaus in Betracht. Ohnehin ist das Registergericht an seine eigene Zwischenverfügung nicht gebunden; es kann sie jederzeit aufgrund neuer rechtlicher Prüfung oder aufgrund neuer Tatsachen aufheben 27 oder abändern oder die beantragte Eintragung vornehmen (für das Grundbuchrecht: *Demharter* § 18 Rn 36).

28 Die **Fristsetzung** ist **kein konstitutives Element** der Zwischenverfügung. Auch eine Beanstandung zur Beseitigung eines Hindernisses ohne Fristsetzung gilt als Zwischenverfügung und ist als solche mit der Beschwerde angreifbar (OLG Hamm Rpfleger 1986, 139, 140; OLG Köln NJW-RR 1994, 1547, 1548). Denn in jeder Aufforderung des Gerichts, ein der Eintragung entgegenstehendes Hindernis zu beseitigen, liegt bereits eine Beeinträchtigung des Rechts des Antragstellers auf sofortigen Vollzug (*Krafka/Willer* Rn 2438). Das Fehlen der Fristsetzung für sich genommen ist allerdings – anders als es für Grundbuchsachen vertreten wird – nicht isoliert angreifbar mangels daraus erwachsender Beschwer (OLG Hamm Rpfleger 1986, 139, 140; OLG Köln NJW-RR 1994, 1547, 1548).

d) Keine Zwischenverfügung in Güterrechtsregistersachen?

29 Nach dem Wortlaut des Abs 4 soll der Anwendungsbereich der Vorschrift auf die in § 374 Nr 1 bis 4 genannten Registersachen beschränkt sein; dadurch würde das Güterrechtsregister, welches in § 374 Nr 5 genannt ist, ausgenommen. Gründe für die Ausklammerung des Güterrechtsregisters sind weder in der Gesetzesbegründung benannt noch sonst ersichtlich. Dabei ist die Konstellation in Güterrechtsregistersachen vergleichbar mit den übrigen Registern: Ist die Anmeldung zum Güterrechtsregister unvollständig, weil etwa der Eintragungsantrag eines Ehegatten fehlt, oder steht der Eintragung ein sonstiges Hindernis entgegen, weil etwa der vereinbarte Güterstand unter eine unzulässige Bedingung gestellt wurde, empfiehlt es sich wie bei den übrigen Registern, den Antragsteller durch eine gerichtliche Zwischenverfügung zur Behebung des Mangels anzuhalten. Solches Vorgehen entspricht auch der Praxis der Registergerichte. Ebenso spricht nichts dagegen, eine derartige Zwischenverfügung für beschwerdefähig zu halten. Auch das entspricht der bisherigen Rechtspraxis (s OLG Braunschweig OLG-Report 2004, 383, 384).

30 Weshalb der Gesetzgeber das Güterrechtsregister aus dem Anwendungsbereich des Abs 4 ausgeklammert hat, erschließt sich nicht. Allerdings hebt die Gesetzesbegründung an mehreren Stellen hervor, dass die beschwerdefähige Zwischenverfügung so in Gesetz gekleidet werden sollte, wie sie von der Rechtsprechung entwickelt wurde (BTDrs 16/6308 S 171 zu Ziff 22, S 286 zu § 382 Abs 4). Dazu gehörte bisher auch die beschwerdefähige Zwischenverfügung in Güterrechtsregistersachen. Diese ist daher – gemäß den bisherigen Rechtsprechungsregeln – als nicht kodifizierter Bestandteil des Registerrechts weiterhin anzuerkennen (aA ohne Begründung Keidel/*Heinemann* § 382 Rn 21).

3. Zurückweisung des Antrags (Abs 3)

31 Die Zurückweisung des Antrags ergeht durch Beschluss (§ 38), welcher zu begründen ist (§§ 38 Abs 3 Satz 1 FamFG, 60 BGB), und zwar mit einer Darstellung des Sachverhalts sowie der wesentlichen Punkte der rechtlichen Begründung (OLG Schleswig FGPrax 2007, 283, 284). War dem Beschluss eine entsprechend begründete Zwischenverfügung vorausgegangen, genügt eine Bezugnahme auf diese, verbunden mit dem Hinweis, dass das Eintragungshindernis innerhalb der gesetzten Frist nicht beseitigt wurde. Ferner hat die Zurückweisung eine Rechtsbehelfsbelehrung zu enthalten (§ 39 FamFG).

32 Eine endgültige Zurückweisung ohne vorausgehende Zwischenverfügung ist selten. Sie kommt namentlich in Betracht, wenn eine schlechterdings unzulässige Eintragung angemeldet wurde (Beispiele: vor § 378 Rz 58). Vor der endgültigen Zurückweisung erteilt das Gericht einen **rechtlichen Hinweis** (§ 28 Abs 1 Satz 2), welcher für sich genommen nicht anfechtbar ist (OLG Hamm Rpfleger 1990, 426; BayObLG NJW-RR 2000, 627 sowie für das Grundbuchrecht BGH NJW 1980, 2521). Auf den rechtlichen Hinweis sollte erwogen werden, den Antrag aus Kostengründen zurückzunehmen (Rz 56–61), sofern

Entscheidung über Eintragungsanträge | § 382 FamFG

seine weitere Verfolgung – auch mittels eines eventuellen Rechtsmittels gegen die anstehende Antragszurückweisung – keinen Erfolg verspricht.

Die zurückweisende Entscheidung ist denjenigen, deren erklärten Willen sie nicht entspricht, **zuzustellen** (§ 41 Abs 1 Satz 2) und den übrigen Beteiligten förmlich **bekannt zu geben** (§§ 41 Abs 1 Satz 1, 15 Abs 1, 2), da sie die Beschwerdefrist in Lauf setzt. Beteiligt ist nicht nur der eingetragene Rechtsträger (zB Gesellschaft), für den der Antrag gestellt ist, sondern uU auch der Anmeldende persönlich (s Rz 34). Hatte der Notar den Antrag aufgrund seiner Ermächtigung nach § 378 gestellt, genügt, soweit er die Beteiligten vertritt, die Bekanntgabe an ihn. 33

Gegen die Zurückweisung des Antrags ist innerhalb der Monatsfrist die **Beschwerde** gegeben (§§ 58 ff). Beschwerdeberechtigt ist nicht nur der Rechtsträger (Gesellschaft), für den der Antrag gestellt ist, sondern auch der Anmeldende persönlich (zB Geschäftsführer), soweit er mit der Verfolgung des Eintragungsantrags eigenen Rechtspflichten nachkommt, die andernfalls mittels Zwangsgeldandrohung (§§ 388 ff) durchgesetzt werden könnten (OLG München GmbHR 2009, 663, 664 f mwN; s.a. vor § 378 Rz 50). Ebenso beschwerdeberechtigt sind weitere Vertreter des Rechtsträgers, die den Antrag ebenfalls hätten stellen können (s *Krafka* FGPrax 2007, 51, 53 f; Bahrenfuss/Steup vor § 374 Rn 21), oder die inzwischen neu in ein organschaftliches Vertretungsamt bestellt wurden, welches zur Antragstellung berechtigte. Die Vorschrift des § 59 Abs 2, wonach die Beschwerde nur dem Antragsteller des Ausgangsverfahrens zusteht, ist insoweit nicht anzuwenden (s.a. § 59 Rz 29 f; *Netzer* ZNotP 2009, 303, 304; aA: Keidel/*Heinemann* § 382 Rn 19; unklar Prütting/Helms/*Maass* § 382 Rn 33 f). Bezieht sich der Eintragungsantrag auf eine Personengesellschaft, sind nur die Gesellschafter persönlich beschwerdeberechtigt (OLG Frankfurt, NJW-RR 2008, 1568 mwN). Kein Beschwerderecht gegen die Ablehnung der Eintragung hat allerdings das berufsständische Organ (§ 380 Rz 39). 34

Wird die **Ersteintragung einer Kapitalgesellschaft** abgelehnt, steht das Beschwerderecht der Vor-GmbH/UG bzw der Vor-AG zu (BGH NJW 1992, 1824). Bei der Ablehnung der **Ersteintragung eines Vereins** ist die Beschwerdebefugnis umstritten: Nach zunehmend vertretener Auffassung ist der Vorverein selbst Beteiligter und gegen die Zurückweisung seiner Anmeldung beschwerdeberechtigt (OLG Hamm NJW-RR 1999, 1710; *Reichert* Rn 203 ff). Die eingelegten Rechtsmittel sind – soweit möglich – als solche des Vorvereins auszulegen (BayObLG NJW-RR 1991, 958; OLG Jena NJW-RR 1994, 698, 699). Nach Gegenansicht sollen nur die anmeldebefugten Vorstandsmitglieder als Person beschwerdeberechtigt sein (OLG Köln NJW-RR 1994, 1547, 1548), während eine vermittelnde Meinung sowohl dem Vorverein als auch den Vorstandsmitgliedern das Beschwerderecht zugestehen will (MüKoBGB/*Reuter* § 60 Rn 6). 35

Handels-, Genossenschafts-, Partnerschafts- und Güterrechtsregistersachen sind »vermögensrechtliche Angelegenheiten« iSd § 61 Abs 1, so dass der Mindestbeschwerdewert erreicht werden muss (aA Prütting/Helms/*Maass* § 382 Rn 37). Zweifelhaft ist die Klassifizierung als »vermögensrechtliche Angelegenheit« nur bei den Vereinsregistersachen; zu den Abgrenzungsfragen insoweit vgl *Hartmann* § 48 GKG Rn 11 »Name« und Rn 12 »Verein«). 35a

Mit dem Ablauf der Beschwerdefrist oder der Zurückweisung der Beschwerde (und ggf der Rechtsbeschwerde, § 70) tritt die den Antrag zurückweisende Entscheidung in formelle Rechtskraft (§ 45). Sie entfaltet jedoch **keine materielle Rechtskraft**. Denn eine materielle Rechtskraftwirkung ist solchen Entscheidungen vorbehalten, denen eine streitentscheidende Wirkung beizumessen ist, die endgültigen Rechtsfrieden schaffen soll. Dies ist für eine Entscheidung in einem Registereintragungsverfahren, in dem neben dem Eintragungswilligen keine weiteren Personen beteiligt sind, zu verneinen (KG FGPrax 2005, 130, 131; BayObLG NJW 1996, 3217, 3218). 36

Allerdings fehlt es an einem **Rechtsschutzbedürfnis** für die erneute Anmeldung gleichen Inhalts, wenn eine vorherige Anmeldung unter Vorlage der gleichen Unterlagen bereits zurückgewiesen worden ist und ein Rechtsmittel gegen diese Entscheidung we- 37

§ 382 FamFG | Entscheidung über Eintragungsanträge

gen Fristablaufs nicht mehr eingelegt werden kann oder die eingelegten Rechtsbehelfe keinen Erfolg hatten (KG FGPrax 2005, 130; Sauter/Schweyer/*Waldner* Rn 21). Denn es ist davon auszugehen, dass der Gesetzgeber mit der Befristung der Beschwerde jedenfalls eine schnelle Entscheidung und damit Rechtsfrieden hinsichtlich der zur Entscheidung stehenden Eintragungsgrundlagen schaffen wollte. Eine Ausnahme von diesem Grundsatz will das KG (FGPrax 2005, 130) jedoch annehmen, wenn die vorherige Entscheidung »offensichtlich unrichtig« war.

II. Vollzug der Eintragung (Abs 2)

38 Der Richter/Rechtspfleger selbst oder auf seine Verfügung hin der »Beamte« nehmen die Eintragung vor, indem sie sie mit ihrer Unterschrift (§ 3 Satz 4 VRV) oder ihrer elektronischen Signatur (§§ 28 HRV, 28 VRV) versehen. Mit dem »Beamten« ist nicht der Beamte im dienstrechtlichen Sinne gemeint, sondern derjenige Justizbeschäftigte, dem die Funktion des Urkundsbeamten der Geschäftsstelle übertragen ist.

39 Abweichend von der früheren Sollvorschrift des § 130 Abs 1 FGG ist die rechtsgültige Signatur bzw Unterschrift nunmehr zwingend vorgeschrieben und damit ein materielles Wirksamkeitserfordernis der Eintragung.

40 Als Sollbestimmung ausgestaltet ist nur noch die Angabe des Tages, an welchem die Eintragung vollzogen worden ist; allerdings schreiben die Registerverordnungen (§§ 27 Abs 4 HRV, 10 Abs 3 VRV) auch diese Angabe zwingend vor. Die Angabe des Tages der Eintragung ist aber weder Wirksamkeitserfordernis noch wird sie materieller Bestandteil der Eintragung. **Wirksam** wird die Eintragung nicht ab dem angegebenen Datum, sondern ab dem Moment, wo sie tatsächlich vollzogen worden ist (Abs 1 Satz 2). Zwar liefert das im Register angegebene Datum den vollen förmlichen Beweis für den Tag der Eintragung, jedoch bleibt der Gegenbeweis zulässig (§ 415 Abs 2 ZPO; Keidel/*Heinemann* § 382 Rn 8; Jansen/*Steder* § 130 Rn 7).

41 Strikt zu trennen vom Tag der Eintragung ist der **Tag der Bekanntmachung**, an den der Beginn der Publizitätswirkung (§§ 15 HGB, 29 GenG) sowie einige materielle Rechtsfolgen und Fristen (zB §§ 303 Abs 1, 305 Abs 4, 321 Abs 1 AktG, 22 Abs 1, 31, 87 Abs 2, 88 Abs 1, 91 Abs 2, 94, 209, 256 Abs 2 UmwG) anknüpfen.

III. Wirksamwerden der Eintragung (Abs 1 Satz 2)

42 Eine eigenständige Bedeutung hat Abs 1 Satz 2 nicht. Eintragungen in das **elektronisch** geführte Register werden wirksam, indem sie der Richter/Rechtspfleger bzw der Urkundsbeamte der Geschäftsstelle mit seinem Nachnamen versieht, beides elektronisch signiert (§§ 28 HRV, 28 VRV) und dieses in den für das Register bestimmten Datenspeicher aufgenommen wird (§§ 8a Abs 1 HGB, 55a Abs 3 BGB).

43 Eintragungen in das Papierregister werden mit der Vollziehung der Unterschrift in der dafür vorgesehenen Spalte wirksam (§ 3 Satz 4 VRV).

43a Wirksam ist auch eine Eintragung, die von einem abgelehnten Richter/Rechtspfleger unter Verstoß gegen die Wartepflicht nach §§ 6 Abs 1 FamFG, 47 Abs 1 ZPO vorgenommen wurde (KG FGPrax 2009, 177).

C. Verfahrenskosten

I. Kosten der Eintragung

1. Handels-, Genossenschafts- oder Partnerschaftsregister

44 Für Eintragungen in das Handels-, Genossenschafts- oder Partnerschaftsregister werden Gebühren nicht pauschal, sondern abhängig von der jeweils einzutragenden Tatsache nach dem GebVerzeichnis zur HRegGebV erhoben.

Betrifft dieselbe Anmeldung mehrere Tatsachen, ist für jede Tatsache die Geb gesondert zu erheben. Als einheitliche Tatsachen, die die Geb nur einmal auslösen, gelten jedoch (§ 2 Abs 3 HRegGebV): 45
- Die Anmeldung einer zur Vertretung berechtigten Person und die gleichzeitige Anmeldung ihrer Vertretungsmacht oder deren Ausschluss;
- mehrere Änderungen eines Gesellschaftsvertrags oder einer Satzung, die gleichzeitig angemeldet werden und nicht die Änderung eingetragener Angaben betreffen;
- die Änderung eingetragener Angaben und die dem zugrunde liegende Änderung des Gesellschaftsvertrags oder der Satzung; sowie
- die Ersteintragung des Unternehmens und alle gleichzeitig angemeldeten Eintragungen mit Ausnahme der Prokuren und Zweigniederlassungen (§ 2 Abs 1 HRegGebV).

Dagegen gilt das Eintreten oder das Ausscheiden einzutragender Personen hinsichtlich jeder Person als eine besondere Tatsache (§ 2 Abs 2 Satz 2 HRegGebV). 46

Gebühren für den Notar: Bei Beglaubigung ohne Entwurf eine Viertel Geb, höchstens 130 € (§ 45 Abs 1 KostO); bei Beglaubigung mit Entwurf eine halbe Geb (§§ 145 Abs 1, 38 Abs 2 Nr 7 KostO). Die Erzeugung der XML-Strukturdaten löst keine gesonderte Betreuungsgebühr nach § 147 Abs 2 KostO aus (OLG Hamm NJW-RR 2009, 935). 47

Geschäftswert: Nach einzelnen Tatsachen ausdifferenziert gem §§ 41a–41d KostO, Art 45 Abs 2 EGHGB. Die gleichzeitige Anmeldung der Abberufung und der Neubestellung von Geschäftsführern einer GmbH hat verschiedene Gegenstände im Sinne des § 44 Abs 2 KostO (BGHZ 153, 22). 48

2. Vereinsregister

Für die Ersteintragung in das Vereinsregister wird pauschal das Doppelte der vollen Geb erhoben, für alle späteren Eintragungen die volle Geb und für die Löschung der Gesamteintragung die Hälfte der vollen Geb (§ 80 Abs 1 KostO). Für mehrere Eintragungen auf Grund derselben Anmeldung wird die Geb nur einmal erhoben (§ 80 Abs 2 KostO). Hinzu kommen bei der Ersteintragung die Auslagen der Bekanntmachung. 49

Gebühren für den Notar: Bei Beglaubigung ohne Entwurf eine Viertel Geb (§ 45 Abs 1 KostO), mindestens jedoch 10 € (§ 33 KostO); bei Beglaubigung mit Entwurf eine halbe Geb (§§ 145 Abs 1, 38 Abs 2 Nr 7 KostO). Die Erzeugung der XML-Strukturdaten löst keine gesonderte Betreuungsgebühr nach § 147 Abs 2 KostO aus (OLG Hamm NJW-RR 2009, 935). 50

Geschäftswert: §§ 29, 30 Abs 2 KostO (regelmäßig 3 000 €). Die Veränderung des Vereinsvorstands durch die Bestellung neuer und das Ausscheiden bisheriger Mitglieder stellt für jede betroffene Person einen verschiedenen Gegenstand im Sinne des § 44 Abs 2a KostO dar (OLG Hamm FGPrax 2009, 185). 51

3. Güterrechtsregister

Für die Eintragung in das Güterrechtsregister wird pauschal die volle Geb erhoben (§ 81 KostO), bei Eintragungen an mehreren Orten für jeden Eintrag gesondert. Hinzu kommen die Auslagen der Bekanntmachung. 52

Gebühren für den Notar: Bei Beglaubigung ohne Entwurf eine Viertel Geb, höchstens 130 € (§ 45 Abs 1 KostO); bei Beglaubigung mit Entwurf eine halbe Geb (§§ 145 Abs 1, 38 Abs 2 Nr 7 KostO). 53

Geschäftswert: Bei Eheverträgen §§ 28, § 39 Abs 3 KostO (Wert des betroffenen Vermögens bzw der betroffenen Gegenstände), ansonsten §§ 28, 30 Abs 2 KostO (regelmäßig 3 000 €). 54

II. Kosten der Zwischenverfügung

55 Die Zwischenverfügung ist gebührenfrei (§ 69 Abs 3 KostO analog).

III. Kosten der Zurückweisung oder Rücknahme eines Antrags

1. Handels-, Genossenschafts- oder Partnerschaftsregister

56 Wird eine Anmeldung zurückgewiesen, sind 120 Prozent der für die Eintragung bestimmten Geb zu erheben. Betrifft eine Anmeldung mehrere Tatsachen, betragen die auf die zurückgewiesenen Teile der Anmeldung entfallenden Gebühren insgesamt höchstens 400 € (§ 4 HRegGebV).

57 Wird eine Anmeldung zurückgenommen, bevor die Eintragung erfolgt oder die Anmeldung zurückgewiesen worden ist, sind 75 Prozent der für die Eintragung bestimmten Geb zu erheben. Betrifft eine Anmeldung mehrere Tatsachen, betragen die auf die zurückgenommenen Teile der Anmeldung entfallenden Gebühren insgesamt höchstens 250 € (§ 3 HRegGebV).

58 Für Teilrücknahmen oder Teilzurückweisungen enthält § 5 HRegGebV besondere Bestimmungen.

59 Für die Verwerfung oder Zurückweisung einer Beschwerde wird je das Doppelte der für die Zurückweisung der Anmeldung vorgesehenen Gebühr erhoben (§ 131c Abs 1 KostO); für die Rücknahme der Beschwerde das Doppelte der für die Rücknahme einer Anmeldung vorgesehenen Gebühr (§ 131c Abs 2 KostO).

2. Vereins- oder Güterrechtsregister

60 Bei einer Zurückweisung des Eintragungsantrags wird die Hälfte der vollen Geb erhoben, höchstens jedoch 400 € (§ 130 Abs 1 KostO). Wird ein Antrag zurückgenommen, bevor über ihn eine Entscheidung ergangen ist, wird ein Viertel der vollen Geb erhoben, höchstens jedoch ein Betrag von 250 € (§ 130 Abs 2 KostO). Für Teilrücknahmen oder Teilzurückweisungen enthält § 130 Abs 4 KostO besondere Bestimmungen. Beruhte der Antrag auf unverschuldeter Unkenntnis der tatsächlichen oder rechtlichen Verhältnisse, kann von der Erhebung der Geb abgesehen werden (§ 130 Abs 5 KostO).

61 Für die Verwerfung oder Zurückweisung einer Beschwerde wird die volle Gebühr erhoben, höchstens jedoch 800 € (§ 131 Abs 1 Nr 1 KostO); für die Rücknahme der Beschwerde wird die Hälfte der vollen Gebühr erhoben, höchstens jedoch 500 € (§ 131 Abs 1 Nr 2 KostO).

§ 383 Bekanntgabe; Anfechtbarkeit

(1) Die Eintragung ist den Beteiligten bekannt zu geben; auf die Bekanntgabe kann verzichtet werden.

(2) Die Vorschriften über die Veröffentlichung von Eintragungen in das Register bleiben unberührt.

(3) Die Eintragung ist nicht anfechtbar.

Übersicht

	Rz
A. Allgemeines	1
B. Kommentierung	2
I. Eintragungsnachricht an die Beteiligten (Abs 1)	2
1. Keine »Bekanntgabe« der Eintragung, sondern nur formlose Mitteilung	3
2. Empfänger der Eintragungsnachricht	5
3. Verfahrensfragen, Folgebenachrichtigungen	10
4. Verzicht auf die Eintragungsnachricht (Abs 1 Hs 2)	12
II. Besondere Mitteilungen an andere Stellen	14
1. Mitteilungen an die berufsständischen Organe	14
2. Mitteilungen an andere Registergerichte	17
3. Mitteilungen an das Finanzamt	18
4. Mitteilung an die Vereinsverbotsbehörde	20
III. Veröffentlichung von Eintragungen (Abs 2)	21
1. Begriff der »Veröffentlichung«	21
2. Inhalt und Umfang der Bekanntmachung/Veröffentlichung	22
3. Bewirkung der Bekanntmachung/Veröffentlichung	28
IV. Anfechtung einer Eintragung (Abs 3)	31
1. Keine Beschwerde gegen die Eintragung	31
2. Umdeutung einer unzulässigen Beschwerde	33
3. Fassungsbeschwerde	34
4. Anfechtung der vorab bekannt gemachten Eintragungsverfügung/Erteilung eines Vorbescheides	38

A. Allgemeines

Absatz 1 entspricht dem bisherigen § 130 Abs 2 FGG. Absatz 2 wurde durch das FamFG **1** neu eingefügt und soll nach der Begründung des Regierungsentwurfs der Klarstellung dienen. Absatz 3 wurde ebenfalls durch das FamFG neu eingefügt.

B. Kommentierung

I. Eintragungsnachricht an die Beteiligten (Abs 1)

Eine in das Register erfolgte Eintragung ist den Verfahrensbeteiligten zur Kenntnis zu **2** bringen. Der Begriff »Eintragung« bezieht sich auf jede Neueintragung, jede Änderung und jede Löschung einer Eintragung im Register. Berichtigungen sind den Beteiligten gem §§ 17 Abs 2 HRV, 12 Abs 3 Satz 2 VRV zur Kenntnis zu bringen.

1. Keine »Bekanntgabe« der Eintragung, sondern nur formlose Mitteilung

Absatz 1 sowie die Normüberschrift sprechen von einer »Bekanntgabe« der Eintragung **3** an die Verfahrensbeteiligten. Der Begriff ist allerdings falsch gewählt. Denn das FamFG versteht unter »Bekanntgabe« nur die förmliche Zustellung oder die Aufgabe eines Schriftstücks zur Post (§ 15 Abs 2). Diese soll aber nach der Systematik des FamFG nur bezüglich solcher Dokumente erfolgen, die eine Termins- oder Fristbestimmung enthalten oder die den Lauf einer Frist auslösen (§ 15 Abs 1). Hierzu gehören schlichte Eintragungsnachrichten nicht.

Eintragungsnachrichten sind entgegen dem Wortlaut der Vorschrift nicht »bekannt zu **4** geben«, sondern lediglich im Sinne einer schlichten Benachrichtigung **formlos mitzutei-**

§ 383 FamFG | Bekanntgabe; Anfechtbarkeit

len (§ 15 Abs 3). Auch eine elektronische Eintragungsnachricht ist möglich (§ 38a Abs 2 Satz 1 HRV) und im elektronischen Rechtsverkehr – namentlich im Verkehr mit dem Notar – regelmäßig angezeigt. Die falsche Wortwahl des § 383 Abs 1 rührt daher, dass unbesehen der Wortlaut des früheren § 130 Abs 2 FGG von »bekannt machen« nach »bekannt geben« übertragen wurde, ohne zu vergegenwärtigen, dass der Begriff »Bekanntmachung« nach dem früheren § 16 FGG einen Oberbegriff sowohl für förmliche Zustellungen als auch für formlose Mitteilungen darstellte (KKW/*Schmidt* (15. Aufl) § 16 Rn 19), während der durch § 15 Abs 1, 2 FamFG neu geprägte Begriff der »Bekanntgabe« keine formlosen Mitteilungen mehr umfasst, sondern nur noch förmliche Zustellungen und Aufgaben zur Post.

2. Empfänger der Eintragungsnachricht

5   Empfänger der Eintragungsnachricht sind die Beteiligten des Verfahrens (s vor § 378 Rz 49 ff).

6   Richtigerweise wird man auch denjenigen eine Eintragungsnachricht zukommen lassen, die als natürliche Person in eigenen Rechtspositionen betroffen sind, also bspw dem Geschäftsführer, Vorstand, Liquidator, Prokuristen oder Gesellschafter der Personenhandelsgesellschaft, dessen Rechtsstellung durch die Eintragung bekundet oder begründet, beschränkt oder gelöscht wird, sowie dem verbundenen Unternehmen, dessen Rechte durch die Eintragung betroffen werden. Diese sind zwar – nach herkömmlicher Sichtweise – nicht am Eintragungsverfahren beteiligt, aber bereits das widerspricht dem Rechtsgedanken des § 7 Abs 2 Nr 1 und ist nur im Wege der teleologischen Reduktion dieser Vorschrift zu halten (s vor § 378 Rz 51). Die teleologische Reduktion trägt aber nur soweit, als sie zur Sicherung der Schnelligkeit und Effektivität des Eintragungsverfahrens unentbehrlich ist. Als ein »Resteffekt« des anwendungsreduzierten § 7 Abs 2 Nr 1 sollte sich in der Registerpraxis etablieren, dem von der Eintragung persönlich Betroffenen ebenfalls eine Eintragungsnachricht zu erteilen, um ihn auf diese Weise wenigstens nachträglich in Kenntnis zu setzen. Dieses ist schon deshalb angebracht, weil die betroffene Person, sollten wesentliche Voraussetzungen der Eintragung gefehlt haben, eine Amtslöschung (§ 395 FamFG) nicht nur anregen, sondern bis in die Beschwerdeinstanz aus eigenem Recht verfolgen kann (§ 395 Rz 85, 111). Auch die weiteren Beteiligtenrechte, wie etwa die Akteneinsicht (§ 13), sind nachträglich zu gewähren.

7   Eintragungen in das **Güterrechtsregister** sind beiden Ehegatten mitzuteilen, auch wenn nur einer den Antrag gestellt hat. Das war im früheren § 161 Abs 2 FGG ausdrücklich geregelt und folgt heute noch aus der materiellen Beteiligtenstellung beider Ehegatten.

8   Hat ein Bevollmächtigter einen Antrag gestellt, ist diesem die Eintragung mitzuteilen. Hat der Notar den Antrag gem § 378 gestellt (und nicht nur als Bote überbracht, s § 378 Rz 20), erhält nur er die Eintragungsnachricht (Bork/Jacoby/Schwab/*Müther* § 383 Rn 3; Bumiller/*Harders* § 383 Rn 2; aA Keidel/*Heinemann* § 383 Rn 5 und wohl Bahrenfuss/*Steup* § 383 Rn 4: Eintragungsnachricht an die Beteiligten und den Notar).

9   **Berufsständische Organe** erhalten:
   – eine Eintragungsnachricht auf der Grundlage des Abs 1, wenn sie aufgrund eigenen Antrags nach § 380 Abs 2 Satz 2 als Beteiligte hinzugezogen wurden,
   – eine Eintragungsnachricht auf der Grundlage des § 380 Abs 4, wenn sie gem § 380 Abs 2 Satz 1 angehört wurden, ohne ihre Beteiligung beantragt zu haben (§ 380 Rz 34),
   – andernfalls eine Eintragungsmitteilung nach §§ 37 Abs 1 HRV, 6 PRV (s Rz 14 ff).

3. Verfahrensfragen, Folgebenachrichtigungen

Zuständig für die Bewirkung der Eintragungsnachricht ist der Urkundsbeamte der Geschäftsstelle (§ 36 Satz 1 HRV). Ein Unterlassen der Eintragungsnachricht hat auf die Wirksamkeit der Eintragung jedoch keine Auswirkungen. 10

Außer der Eintragung selbst sind auch deren spätere Berichtigung (§§ 17 Abs 2 Satz 1 HRV, 12 Abs 3 Satz 2 VRV) sowie die Umschreibung des Registerblattes (§ 21 Abs 2 HRV) mitzuteilen; Letzteres ist beim Vereinsregister entbehrlich (§ 5 Abs 3 VRV). 11

4. Verzicht auf die Eintragungsnachricht (Abs 1 Hs 2)

Nach Abs 1 Hs 2 kann der Empfangsberechtigte auf die Eintragungsnachricht verzichten. Darauf soll das Gericht gem §§ 36 Satz 2 HRV, 13 Abs 1 Satz 2 VRV »in geeigneten Fällen« hinweisen. Tatsächlich empfiehlt es sich idR jedoch nicht, auf einen Benachrichtigungsverzicht hinzuwirken (*Krafka/Willer* Rn 194; *Melchior/Schulte* § 36 Rn 1), denn die Benachrichtigung ermöglicht es dem Empfänger, den Eintragungsinhalt auf seine Richtigkeit zu überprüfen. Wer eine Eintragungsnachricht erhält und es unterlässt, eine eventuelle Unrichtigkeit dem Gericht anzuzeigen, verliert seine Schadenersatzansprüche aus Staatshaftung gem § 839 Abs 3 BGB (s RGZ 138, 114, 117 in einer grundbuchrechtlichen Fallgestaltung). Allein das rechtfertigt die Übersendung. 12

Absatz 1 Hs 2 bezieht sich nicht auf die öffentliche Bekanntmachung gemäß Abs 2; auf diese kann grds nicht verzichtet werden (*Krafka/Willer* Rn 198). 13

II. Besondere Mitteilungen an andere Stellen

1. Mitteilungen an die berufsständischen Organe

Gem § 37 Abs 1 HRV hat das Gericht jede Neuanlegung und jede Änderung eines Registerblatts des Handelsregisters mitzuteilen 14
– der IHK,
– der Handwerkskammer, wenn es sich um ein handwerkliches Unternehmen handelt oder handeln kann, und
– der Landwirtschaftskammer, wenn es sich um ein land- oder forstwirtschaftliches Unternehmen handelt oder handeln kann, oder, wenn eine Landwirtschaftskammer nicht besteht, der nach Landesrecht zuständigen Stelle;

Gem § 6 PRV sind Eintragungen in das Partnerschaftsregister den jeweils zuständigen berufsständischen Organen der freien Berufe mitzuteilen. 15

Beide Mitteilungsvorschriften sind **unvollständig**: Eintragungen in das Handelsregister, die sich auf freiberufliche Unternehmungen beziehen (zB RA- oder Steuerberater GmbH) sind richtigerweise nicht nur der IHK, sondern auch dem berufsständischen Organ des betroffenen freien Berufes mitzuteilen. Und umgekehrt sind Eintragungen in das Partnerschaftsregister nicht nur dem berufsständischen Organ des freien Berufes, sondern auch der neuerdings hierfür parallel zuständigen IHK mitzuteilen (es sei denn, man sähe in der Ausdehnung der Zuständigkeit der Organe des Handelsstandes auf das Partnerschaftsregister ein Redaktionsversehen, vgl § 380 Rz 16). Für die Registerpraxis ist daher zu empfehlen, die Mitteilungen im vorbezeichneten Sinne zu erweitern; gesetzlich legitimiert werden sie allemal durch § 13 Abs 1 Nr 4 EGGVG. 16

2. Mitteilungen an andere Registergerichte

Bei Sitzverlegungen, bestimmten Umwandlungsvorgängen sowie Doppelsitz bestehen Mitteilungspflichten der beteiligten Registergerichte untereinander (s § 379 Rz 9). 17

§ 383 FamFG | Bekanntgabe; Anfechtbarkeit

3. Mitteilungen an das Finanzamt

18 Eintragungen, die zu einem **Wechsel im Grundeigentum** oder zum Übergang eines Erbbaurechts oder eines Rechts an einem Gebäude auf fremdem Boden führen können (namentlich Verschmelzungen, Spaltungen oder Vermögensübertragungen nach dem Umwandlungsgesetz), sind an das Finanzamt mitzuteilen, in dessen Bezirk sich die Geschäftsleitung des Erwerbers befindet (§§ 18 Abs 3 Nr 3 Satz 2, 17 Abs 3 Nr 2 GrEStG; s dazu MiZi XXI/1 Abs 1 Nr 8, Abs 2 Nr 7; MiZi XXI/8 Abs 1 Nr 2, Abs 2 Nr 2; MiZi XXI/9 Abs 1 Nr 3, Abs 2 Nr 3).

19 Eintragungen einer Genossenschaft oder eines Vereins, die oder der sich mit dem **Abschluss von Versicherungen** befasst, sind an das Finanzamt mitzuteilen, in dessen Bezirk der Versicherer seine Geschäftsleitung, seinen Sitz, seinen Wohnsitz oder eine Betriebsstätte – bei mehreren Betriebstätten die wirtschaftlich bedeutendste – hat (§§ 10, 12 Abs 2 FeuerschStG; MiZi XXI/8 Abs 1 Nr 1, Abs 8 Nr 1; MiZi XXI/9 Abs 1 Nr 2, Abs 2 Nr 2).

4. Mitteilung an die Vereinsverbotsbehörde

20 Über die Gründung eines Ausländervereins oder einer organisatorischen Einrichtung eines ausländischen Vereins ist der Verbotsbehörde Mitteilung zu machen (§ 400 FamFG, MiZi XXI/9 Abs 1 Nr 1, Abs 2 Nr 1).

III. Veröffentlichung von Eintragungen (Abs 2)

1. Begriff der »Veröffentlichung«

21 Die Begriffe »Veröffentlichung« und »Bekanntmachung« von Registerinhalten werden durch das Gesetz synonym verwendet. Absatz 2 bezieht sich daher auf sämtliche Vorschriften über die »Veröffentlichungen« und »Bekanntmachungen« von Registerinhalten, also auf die §§ 10 HGB (auch iVm §§ 156 Abs 1 GenG und 5 Abs 2 PartGG), 66 Abs 1, 1562 BGB, 4 Abs 2 EWIVAG, Art 14 Abs 1, 2 SE-VO usw.

2. Inhalt und Umfang der Bekanntmachung/Veröffentlichung

22 Zu »veröffentlichen« – also bekannt zu machen – ist der Inhalt der vorgenommenen Registereintragung zuzüglich der Bezeichnung des Gerichts und des Tags der Eintragung. Bei Eintragungen in das Handels-, Genossenschafts- oder Partnerschaftsregister sind weiterhin bekannt zu machen der Unternehmensgegenstand, soweit er sich nicht aus der Firma ergibt, sowie die Lage der Geschäftsräume, wenn eine inländische Geschäftsanschrift nicht angegeben ist (§ 34 HRV). Zusätzlich sind bestimmte gläubigerschützende Informationen in den Fällen der §§ 225 Abs 1 Satz 2, 321 Abs 1 Satz 2 AktG, 22 Abs 1 Satz 3, 61 Satz 2, 111 Satz 2, 122d Satz 2 UmwG bekannt zu machen.

23 Außer der Eintragung selbst ist auch deren **spätere Berichtigung** bekannt zu machen, wenn es sich nicht um einen offensichtlich unwesentlichen Punkt handelt (§ 17 Abs 2 Satz 2 HRV).

24 Nicht bekannt zu machen sind **Angaben über Kommanditisten** und deren Einlagen (§§ 162 Abs 2, 3, 175 Satz 2 HGB), **Eintragungen von Insolvenzvermerken** (§§ 32 Abs 2 HGB, 102 Abs 2 GenG) sowie Eintragungen der **Euroumrechnung ohne Kapitaländerung** (Art 45 Abs 1 Satz 2 EGHGB). Aus dem **Genossenschaftsregister** werden nur die Errichtung der Genossenschaft, Satzungs- und Vorstandsänderungen sowie Prokuren bekannt gemacht (§ 156 Abs 1 Satz 2 GenG), aus dem **Vereinsregister** grds nur die Ersteintragung des Vereins (§ 66 Abs 1 BGB).

25 Eine Bekanntmachung der freiwillig eingereichten **Übersetzungen von Registerinhalten** (§ 11 Abs 1 HGB) ist nach nationalem Recht nicht vorgesehen (BTDrs 16/960 S 45),

wird aber von vereinzelten Literaturstimmen »in richtlinienkonformer Interpretation des § 10 Satz 1 HGB« für notwendig erachtet (*Paefgen* ZIP 2008, 1653, 1658).

Wird das Erlöschen einer Firma zum Handelsregister angemeldet, weil das Unterneh- 26 men nach Art oder Umfang einen in **kaufmännischer Weise eingerichteten Geschäftsbetrieb** nicht (mehr) erfordert, kann auf Antrag des Inhabers in der Bekanntmachung der Grund des Erlöschens erwähnt werden. Handelt es sich um einen **Handwerker**, der bereits in die Handwerksrolle eingetragen ist, kann neben der Angabe des Grundes der Löschung in der Bekanntmachung auch auf diese Eintragung hingewiesen werden (§ 35 HRV).

Wird der Name einer Partnerschaft gelöscht, weil unter diesem **keine freiberufliche** 27 **Tätigkeit ausgeübt** wird, kann auf Antrag der Gesellschafter in der Bekanntmachung der Grund der Löschung erwähnt werden (§ 8 PRV).

3. Bewirkung der Bekanntmachung/Veröffentlichung

Der Richter/Rechtspfleger nimmt die Bekanntmachung entweder selbst vor oder er ver- 28 fügt die Bekanntmachung durch den Urkundsbeamten der Geschäftsstelle. Der Wortlaut der öffentlichen Bekanntmachung ist besonders zu verfügen, wenn er von dem der Eintragung abweicht (§ 27 Abs 1, 2 Satz 2 HRV). Die Bekanntmachung ist unverzüglich zu veranlassen (§§ 32 HRV, 14 Satz 1 VRV). Bei den elektronischen Bekanntmachungen gem § 10 HGB ist der Tag der Bekanntmachung in den Bekanntmachungstext aufzunehmen (§ 33 Abs 2 HRV), da der Beginn der Publizitätswirkung (§§ 15 HGB, 29 GenG) sowie der Lauf einiger Fristen (zB §§ 303 Abs 1, 305 Abs 4, 321 Abs 1 AktG, 22 Abs 1, 31, 87 Abs 2, 88 Abs 1, 91 Abs 2, 94, 209, 256 Abs 2 UmwG) daran anknüpft. Das gilt auch für Bekanntmachungen, die sich nicht auf eine Registereintragung beziehen (vgl §§ 122d, 122j Abs 1 UmwG).

Bestimmte Eintragungen betreffend eine **EWIV** oder **SE** hat der Urkundsbeamte der 29 Geschäftsstelle binnen eines Monats an das Amt für amtliche Veröffentlichungen der Europäischen Gemeinschaft in Luxemburg mitzuteilen (§ 4 Abs 2 EWIVAG, Art 14 Abs 3 SE-VO, Mizi XXI/1 Abs 1 Nr 6, Abs 2 Nr 6), um die nach Art 11 EWIV-VO, 14 Abs 1, 2 SE-VO erforderlichen Veröffentlichungen im Amtsblatt der EU herbeizuführen.

Eintragungen in das **Güterrechtsregister** sind nicht in einem elektronischen Bekannt- 30 machungssystem, sondern in einem vom Gericht bestimmten Blatt zu veröffentlichen (§ 1562 BGB).

IV. Anfechtung einer Eintragung (Abs 3)

1. Keine Beschwerde gegen die Eintragung

Die vom Registergericht vorgenommene Eintragung ist von niemandem mit der Be- 31 schwerde angreifbar. Denn die einmal vorgenommene Eintragung dürfte aus Publizitätsgründen selbst dann nicht mehr entfernt oder unleserlich gemacht werden, wenn die Beschwerde begründet wäre (§§ 12 Satz 2 HRV, 10 Abs 1 Satz 2 VRV). Daher besteht für eine Überprüfung der Rechtmäßigkeit der Eintragung in der Beschwerdeinstanz **kein Rechtschutzbedürfnis**. Auch die Rechtspflegererinnerung ist ausgeschlossen (§ 11 Abs 3 Satz 1 RPflG).

Ebenso ist ein Rechtsmittel gegen die Ablehnung des Registergerichts, eine Eintra- 32 gung nachträglich zu ändern oder zu ergänzen, nicht statthaft (OLG Köln, FGPrax 2004, 88; BayObLG NJW-RR 1986, 1161 mwN).

Denkbar wäre allenfalls ein **Fortsetzungsfeststellungsantrag** (§ 62 Abs 1; vgl Bahren- 32a fuss/*Steup* vor § 374 Rn 23 f). Die Statthaftigkeit dieses Rechtsbehelfs beruht auf einem Verfassungsgebot (s § 62 Rz 1) und kann schon deshalb nicht durch § 383 Abs 3 ausgeschlossen werden. Fehlen dürfte es allerdings oftmals an dem gesondert erforderlichen »berechtigten Interesse« an der Feststellung (nämlich einem schwerwiegenden Grundrechtseingriff oder konkreter Wiederholungsgefahr).

2. Umdeutung einer unzulässigen Beschwerde

33 War die mit der Beschwerde beanstandete Eintragung unzulässig, besteht unter den Voraussetzungen des § 395 die Möglichkeit einer Löschung von Amts wegen nebst ggf anschließender Neuvornahme der korrekten Eintragung. Die unzulässig eingelegte »Beschwerde« gegen eine Eintragung kann daher in eine Anregung zur Amtslöschung, verbunden mit dem Antrag auf anderweitige Neueintragung, umgedeutet werden (BayObLG NJW-RR 1986, 1161, 1162; OLG Hamm NJW-RR 1998, 611; OLG Zweibrücken NJW-RR 2002, 825, 826; OLG Köln FGPrax 2004, 88). Gleichermaßen umgedeutet werden kann das unzulässig eingelegte Rechtsmittel gegen die Ablehnung des Registergerichts, eine Eintragung nachträglich zu ändern oder zu ergänzen (BayObLG DNotZ 1986, 48; NJW-RR 1986, 1161, 1162; OLG Düsseldorf FGPrax 1999, 70, 71). Lehnt das Gericht die Amtslöschung und Neueintragung ab, ist hiergegen die Beschwerde statthaft (OLG Frankfurt NJW 1983, 1806; s.a. § 395 Rz 111).

3. Fassungsbeschwerde

34 In Grundbuchsachen wird die Beschwerde gegen eine vorgenommene Eintragung ausnahmsweise dann für statthaft gehalten, wenn ein Beteiligter sich nicht gegen den Inhalt oder Umfang der Eintragung wendet, somit keine inhaltliche Änderung erstrebt, sondern geltend macht, die Fassung müsse wegen Missverständlichkeit oder Mehrdeutigkeit geändert werden (sog Fassungsbeschwerde, vgl BayObLGZ 1956, 196, 198; 1972, 373, 374 f; *Demharter* § 71 Rn 46 ff; Kuntze/Ertl/Herrmann/Eickmann/*Kuntze* § 71 Rn 34). Ob eine derartige Fassungsbeschwerde auch in Handelsregistersachen zulässig ist, war bisher umstritten (bejahend: *Krafka/Willer* Rn 2442; *Holzer* ZNotP 2008, 138; verneinend: KKW/*Kahl* (15. Aufl) § 19 Rn 16; offengelassen bei BayObLG DNotZ 1985, 168, 170; NJW-RR 1986, 1161; OLG Köln FGPrax 2004, 88, 89). Der Regierungsentwurf des FamFG geht – ohne die widerstreitenden Auffassungen zur Kenntnis zu nehmen – von der Zulässigkeit der Fassungsbeschwerde aus, indem er in der Begründung zu Abs 3 ausführt: »Die Zulässigkeit der sog Fassungsbeschwerde, die die Korrektur von im Handelsregister eingetragenen Tatsachen (zB Korrektur der Namensangabe einer eingetragenen Person) sowie die Klarstellung einer Eintragung« betreffe, werde »hierdurch nicht berührt.« (BTDrs 16/6308 S 286).

35 Soweit eine »Fassungsbeschwerde« allein der **Klarstellung** dienen soll (zB Berichtigung eines Geburtsdatums oder der Schreibweise eines Namens), stehen ihr jedenfalls Publizitätsgesichtspunkte nicht entgegen, da sich der Glaube an den Registerinhalt nur auf die eingetragene Rechtstatsache und die Identität der mit ihr verknüpften Person bezieht, nicht jedoch auf die exakte Schreibweise ihres Namens und die Korrektheit des eingetragenen Geburtsdatums, solange dies jedenfalls die Identität der Person nicht in Zweifel zieht. Eine Berichtigung solcher Schreibversehen und ähnlicher offenbarer Unrichtigkeiten ist bereits durch die §§ 17 Abs 1 HRV, 24 GenRegV, 12 Abs 2 VRV von Amts wegen vorgesehen. Es spricht grds nichts dagegen und mag im Einzelfall sogar verfassungsrechtlich geboten sein (s *Holzer* ZNotP 2008, 138, 148 f), auf eine »Fassungsbeschwerde« hin entsprechende Änderungen – idR durch Anbringung eines Berichtigungs- oder Klarstellungsvermerks – vorzunehmen.

36 Eine berichtigende Klarstellung eingetragener **rechtlicher Verhältnisse** (dazu *Krafka/Willer* Rn 2444) wird jedoch nur in Ausnahmefällen mit der Fassungsbeschwerde verlangt werden können, denn aus Publizitätsgründen muss es ausgeschlossen bleiben, dass die Änderung der Fassung zugleich auf eine inhaltliche Korrektur hinausläuft. Es können nur Klarstellungen vorgenommen werden, die der besseren Deutlichkeit und

Verständlichkeit im Sinne der §§ 12 Satz 1 HRV, 10 Satz 1 VRV dienen, jedoch den verlautbarten Inhalt als solchen unangetastet lassen.

Eine nach vorstehenden Grundsätzen unzulässige »Fassungsbeschwerde«, welche in Wahrheit auf Inhaltsänderung zielt, kann in einen Antrag auf Einleitung des Amtslöschungsverfahrens **umgedeutet** werden, verbunden mit dem Antrag, eine Eintragung entspr der ursprünglichen Anmeldung vorzunehmen, welche durch die falsche Fassung noch nicht erledigt ist (BayObLG DNotZ 1986, 48, 49; NJW-RR 1986, 1161, 1162). 37

4. Anfechtung der vorab bekannt gemachten Eintragungsverfügung/Erteilung eines Vorbescheides

Eine vom Richter/Rechtspfleger unterschriebene Eintragungsverfügung (§§ 27 Abs 2 Satz 1 HRV, 9 Abs 1 VRV) kann angefochten werden, wenn sie noch nicht ausgeführt ist (sonst gilt Abs 3), den Beteiligten aber wegen zweifelhafter Rechtslage bereits vorab bekannt gegeben wird, um eine Nachprüfung im Beschwerdewege zu ermöglichen (OLG Stuttgart Rpfleger 1970, 283; BayObLG NJW-RR 1992, 295; Bahrenfuss/*Steup* § 395 Rn 9; aA: Keidel/*Heinemann* § 382 Rn 4). Da Publizitätswirkungen noch nicht eingetreten sind, unterliegt die (beabsichtigte) Eintragung der vollständigen rechtlichen Überprüfung und nicht nur der Prüfung ihrer Fassung (aA: *Holzer* ZNotP 2008, 266, 270 f). 38

Hat das berufsständische Organ Bedenken gegen die Eintragung angemeldet, denen das Registergericht nicht folgen will, ist ihm ein **Vorbescheid** zu erteilen, um die Beschwerdemöglichkeit zu eröffnen (s § 380 Rz 23, 38). 39

§ 384 Von Amts wegen vorzunehmende Eintragungen

(1) Auf Eintragungen von Amts wegen sind § 382 Abs. 1 Satz 2 und Abs. 2 sowie § 383 entsprechend anwendbar.

(2) Führt eine von Amts wegen einzutragende Tatsache zur Unrichtigkeit anderer in diesem Registerblatt eingetragener Tatsachen, ist dies von Amts wegen in geeigneter Weise kenntlich zu machen.

A. Allgemeines

1   Absatz 1 wurde durch das FamFG neu eingefügt. Absatz 2 entspricht dem früheren § 144c FGG.

B. Kommentierung

I. Entsprechende Anwendung von Einzelregelungen der §§ 382, 383 FamFG (Abs 1)

2   Die Vorschrift ist ein systematisches Unding. Der in Bezug genommene § 382 Abs 1 Satz 2 und Abs 2 ist bereits innerhalb des § 382 fehl am Platze (§ 382 Rz 6). Zudem ist es eine Binsenweisheit, dass Eintragungen von Amts wegen auf gleiche Weise vollzogen und wirksam werden wie solche auf Antrag. Ein zielführender Gesetzesaufbau hätte die gemeinsamen Regelungen über Vollzug, Bekanntgabe und Anfechtbarkeit (§ 382 Abs 1 Satz 2, Abs 2, § 383) nach dem Klammerprinzip vorangestellt, woran sich je ein spezieller Paragraf mit Regelungen einmal für das Antragsverfahren (§ 382 Abs 1 Satz 1, Abs 3 und 4) und einmal für das Verfahren von Amts wegen (§ 384 Abs 2) angeschlossen hätte.

3   Die weiter enthaltene Anordnung, § 383 sei »entsprechend anwendbar«, ist per se nicht zu begreifen. Der Wortlaut des § 383 enthält keine Beschränkung auf das Antragsverfahren und ist deshalb von vornherein auch auf Amtseintragungen anzuwenden. Eine »entsprechende« Anwendung, wie sie Abs 1 anordnet, entbehrt jeder Grundlage und Notwendigkeit. Geahnt hatte das wohl bereits der Gesetzgeber, indem er die Notwendigkeit seiner Regelung mit den Worten »soweit erforderlich« selbst in Frage stellt (BTDrs 16/6308 S 286).

II. Kenntlichmachung unrichtig gewordener Tatsachen (Abs 2)

1. Voraussetzung der Kenntlichmachung

4   Die Vorschrift bezieht sich auf den Fall, dass eine von Amts wegen einzutragende Tatsache die Unrichtigkeit anderer vorhandener Eintragungen nach sich zieht. Gedacht ist hier zB an die Eintragung eines Insolvenzvermerks, mit dem zugleich die bestehenden Prokuren erlöschen (§ 117 Abs 1 InsO), deren Eintragung damit unrichtig wird, oder an die Eintragung einer Auflösung der Gesellschaft von Amts wegen (§§ 263 Satz 2, 3, 289 Abs 6 Satz 3 AktG, 65 Abs 1 Satz 2, 3 GmbHG), mit welcher die Vorstände und Geschäftsführer ihre Vertretungsmacht verlieren, so dass deren Eintragung wie auch die eingetragene allgemeine Vertretungsregelung (vgl BGH Rpfleger 2009, 156) unrichtig werden.

5   Eine Löschung oder Berichtigung der unrichtig gewordenen Voreintragungen muss nicht angemeldet oder von Amts wegen eingetragen werden, da die Rechtsfolgen von Gesetzes wegen eintreten und sich ohne Weiteres aus der Abfolge der vorgenommenen Eintragungen ergeben (LG Halle ZIP 2004, 2294; LG Leipzig ZIP 2007, 1381). Jedoch wird die zeitliche Abfolge der Eintragungen nur aus dem chronologischen Registerauszug ersichtlich, während der aktuelle Auszug alle nicht gelöschten Eintragungen gleichrangig nebeneinander ausweist. Durch die Kenntlichmachung der sachlich überholten

Eintragungen soll daher verhindert werden, dass durch den aktuellen Auszug der falsche Eindruck entsteht, die früheren Vertretungsverhältnisse seien noch rechtsgültig.

2. Inhalt der Eintragung: nur Kennzeichnung

Nach dem Gesetz beschränkt sich die Tätigkeit des Gerichts auf die **Kennzeichnung** der 6
unrichtig gewordenen Eintragungen, um einem unrichtigen Rechtsschein vorzubeugen. Der Wortlaut des Abs 2 lässt daher – entgegen einer verbreiteten Praxis der Registergerichte – weder eine Amtslöschung der unrichtig gewordenen Eintragungen noch deren »Berichtigung« von Amts wegen (so aber Keidel/*Heinemann* § 384 Rn 10 ff; *Krafka/Willer* Rn 450e f) zu. Erst recht legitimiert Abs 2 im Falle der Gesellschaftsauflösung keine Eintragung der Liquidatoren von Amts wegen, denn die Ermittlung der neuen Vertretungsverhältnisse ist nicht Aufgabe des Registergerichts (vgl BRDrucks 942/05 S 133 zu § 144c FGG). Die Anmeldung der neuen Vertretungsverhältnisse bleibt Aufgabe der Liquidatoren selbst (dazu ausführlich *Peifer* Rpfleger 2008, 408).

Die bei den Registergerichten eingesetzten DV-Programme (RegisSTAR, AUREG) sehen vor, die unrichtig gewordenen Eintragungen wie Übergangstexte zu behandeln, also 7
entsprechend § 16a HRV so zu kennzeichnen, dass sie in den aktuellen Auszug nicht mehr aufgenommen werden (§ 30a Abs 4 Satz 4 HRV). Ob dies allein dem Sinn der Vorschrift voll gerecht wird, erscheint zweifelhaft; womöglich fordert das Gesetz eine ausdrückliche Kennzeichnung unter Klarstellung des Sinnzusammenhangs (vgl auch Bahrenfuss/*Steup* § 384 Rn 5).

Eine gesonderte Mitteilung der vorgenommenen Kennzeichnung an die Beteiligten 7a
oder gar deren Bekanntmachung nach § 382 Abs 2 sind nicht erforderlich (aA: Keidel/ *Heinemann* § 384 Rn 19).

III. Annex: Fassung der Amtseintragung (§ 19 Abs 2 HRV)

Sämtliche von Amts wegen vorzunehmenden Eintragungen enthalten gem § 19 Abs 2 8
HRV den Hinweis auf die gesetzliche Grundlage sowie einen Vermerk »Von Amts wegen eingetragen«, es sei denn, es handelt sich um einen Vermerk im Zusammenhang mit der Tätigkeit des Insolvenzgerichts.

§ 385 Einsicht in die Register

Die Einsicht in die in § 374 genannten Register sowie die zum jeweiligen Register eingereichten Dokumente bestimmt sich nach den besonderen registerrechtlichen Vorschriften sowie den aufgrund von § 387 erlassenen Rechtsverordnungen.

Übersicht

	Rz			Rz
A. Allgemeines	1	a)	Führung des Sonderbandes	23
B. Kommentierung	2	aa)	Handels-, Genossenschafts- und Partnerschaftsregister	23
I. Systematischer Überblick/Praktische Hinweise	3	bb)	Vereinsregister	24
1. Registerblatt	3	cc)	Güterrechtsregister	26
a) Elektronischer Abruf	4	b)	Einsicht in den Sonderband	27
b) Einsichtnahme auf der Geschäftsstelle des Amtsgerichts	9	aa)	Einsichtnahme auf der Geschäftsstelle des Register führenden Gerichts	27
c) Erteilung von Ausdrucken in Papierform	13	bb)	Erteilung von Abschriften in Papierform	28
d) Übermittlung eines Registerauszugs als elektronische Datei	15	cc)	Elektronische Übermittlung des Dokuments	29
e) Grenzen der Einsichtnahme	16	4.	Registerakten (»Hauptband«)	30
f) Genossenschafts- und Partnerschaftsregister	17	II.	Materielle Beweiskraft des Registerinhalts	35
2. Elektronischer Registerordner	18	III.	Rechtbehelfe	36
3. »Sonderband« der Registerakten	23			

A. Allgemeines

1 Die Vorschrift wurde durch das FamFG neu eingefügt. Laut Begründung des Regierungsentwurfs will sie klarstellen, dass für die Einsicht in die nach § 374 geführten Register nicht die Regelungen des § 13, sondern die besonderen registerrechtlichen Vorschriften gelten.

B. Kommentierung

2 Die Vorschrift ist sprachlich missglückt, denn in § 374 sind gar keine *Register* genannt, sondern Register*sachen*. Für die Einsicht in Registersachen gelten gerade andere Regelungen als für die Einsicht in die Register selbst und in die zu ihnen eingereichten Dokumente. Die unpräzise Bezugnahme auf § 374 hat zur Folge, dass der Vorschrift nicht nur kein wirklicher Regelungsgehalt innewohnt, sondern sie auch zur Klarstellung nicht beiträgt. § 385 ist belanglos und überflüssig. Als Platzhalter dient sie jedoch einem systematischen Überblick und praktischen Hinweisen zu den verschiedenen Abruf- und Einsichtsmöglichkeiten einschl der dabei entstehenden Kosten.

I. Systematischer Überblick/Praktische Hinweise

1. Registerblatt

3 Die Einsicht in das Register selbst, also in das Registerblatt, auf dem die Registereintragungen vorgenommen werden (§§ 13 Abs 1 HRV, 2 Abs 1 Satz 2 VRV), steht jedem auf vielfältige Weise offen.

a) Elektronischer Abruf

4 Der elektronische Abruf über die Internetseite **www.justizregister.de** (gleichgeschaltet mit **www.handelsregister.de**, **www.vereinsregister.de** usw) stellt den modernsten Zugang dar (§§ 9 Abs 1 HGB, 79 Abs 2 BGB). Abrufbar sind das Handels-, Genossenschafts- und Partnerschaftsregister sowie das Vereinsregister, soweit es bereits elektronisch geführt wird.

Der elektronische Registerauszug wird in zwei verschiedenen Darstellungsformen geboten: entweder als »aktueller« oder als »chronologischer« Auszug (§ 30a Abs 4 HRV). Der **chronologische Auszug** entspricht in seiner Darstellung dem herkömmlichen, in Karteiform geführten Registerblatt. Er gibt alle jemals vorgenommenen Eintragungen einschl der bereits gelöschten in zeitlicher Abfolge wieder. Demgegenüber weist der **aktuelle Auszug** nur die zurzeit noch gültigen Eintragungen aus und fasst diese in tabellarischer Form zusammen. Der aktuelle Auszug ist damit wesentlich übersichtlicher als der chronologische Ausdruck, gibt aber keine Auskunft über frühere, bereits gelöschte Eintragungen und keinen Überblick darüber, wann die jeweiligen Eintragungen vorgenommen wurden. Beide Auszugsarten haben die gleiche Rechtsverbindlichkeit. Sie werden aktuell aus dem Echtdatenbestand generiert und belegen den Stand der Registereintragungen in der Sekunde des Abrufs. Ein ggf zusätzlich abrufbarer »**historischer Auszug**« zeigt eine Ablichtung des früheren Registerblatts in Karteiform, welches im Zuge der Umstellung auf die elektronische Registerführung geschlossen wurde. 5

Die Einsichtnahme des Notars in das elektronisch abgerufene Registerblatt ist ausreichende Grundlage für die **Erteilung einer Vertretungsbescheinigung** oder sonstigen Registerbescheinigung gem § 21 BNotO (MüKoHGB/*Krafka* § 9 Rn 27; *Schöner/Stöber* Rn 3638; Rundschreiben Nr. 14/2003 der Bundesnotarkammer vom 14.4.2003; s.a. OLG Hamm FGPrax 2008, 96, 97). 6

Der Abruf des Registerblatts kostet 4,50 €, der Abruf eines zum Register eingereichten Dokuments 1,50 € (Nrn 400, 401 GebVerzeichnis JVKostO). Wird dasselbe Registerblatt innerhalb eines einheitlichen Abrufvorgangs in verschiedenen Darstellungsformen aufgerufen (aktuelle/chronologische/historische Ansicht), fällt die Geb nur einmal an (*Apfelbaum* DNotZ 2007, 166, 169 f). Über die angefallenen Gebühren wird monatlich eine Rechnung erteilt, in der jedes abgerufene Dokument aufgeführt und auf Wunsch mit einem frei wählbaren Betreff (= Aktenzeichen des Abrufenden) versehen wird. Über die Betreffangabe sind die entstandenen Abrufgebühren als Auslagen für eine bestimmte Rechtssache belegbar und können dem Mandanten – soweit gebührenrechtlich zulässig – in Rechnung gestellt werden. 7

Wer auf die Gebührenrechnung keinen Wert legt und per Kreditkarte zahlen will, kann die Registerdaten über das Unternehmensregister abrufen (§ 9 Abs 6 HGB – **www.unternehmensregister.de**). Diese Zugangsmöglichkeit dürfte vor allem für Nutzer aus dem Ausland interessant sein. 8

b) Einsichtnahme auf der Geschäftsstelle des Amtsgerichts

Eine kostenfreie Alternative zum elektronischen Abruf ist die Einsicht auf der Geschäftsstelle des Registergerichts. An den eingerichteten Auskunftsplätzen kann der Einsichtnehmende den Registerinhalt und die Dokumente idR selbst aufrufen. Er darf aber nicht gegen seinen Willen auf »Selbstbedienung« verwiesen werden; auf Wunsch muss ihm das gewünschte Registerblatt durch einen Justizbediensteten aufgerufen werden (*Melchior/Schulte* § 10 Rn 4). Steht für die Einsicht kein Bildschirm zur Verfügung, erfolgt sie durch Vorlage eines Ausdrucks. Soweit die Register noch nicht auf elektronische Registerführung umgestellt sind (Güterrechtsregister und teilweise Vereinsregister), wird Einsicht in die Karteikarten gewährt, auf denen das Register geführt wird (§§ 79 Abs 1 Satz 1, 1563 Satz 1 BGB). Anspruch auf **telefonische Auskunft** besteht nicht (*Melchior/Schulte* § 10 Rn 9; *Bahrenfuss/Steup* § 385 Rn 7). 9

Die Einsicht auf der Geschäftsstelle ist gem § 90 KostO kostenlos. Sie schließt das Recht ein, den Registerinhalt und die Dokumente abzuschreiben. Registerrechtlich zulässig ist es auch, die Inhalte mit einer **Digital- oder Handy-Kamera** abzulichten (OLG Dresden NJW 1997, 667, 668; Baumbach/Hopt/*Hopt* § 9 Rn 3; offen gelassen bei BGH 10

§ 385 FamFG | Einsicht in die Register

NJW 1989, 2818, 2819). Der Behördenleiter ist jedoch aufgrund seines Hausrechts befugt, das Fotografieren im Gerichtsgebäude generell oder in bestimmten Bereichen zu verbieten.

11 Die Einsicht ist »**während der Dienststunden**« zu ermöglichen (§§ 10 Abs 1, 3 HRV, 16 Satz 1, 31 Abs 1 VRV). Unzulässig – wenngleich verbreitet – sind daher Anordnungen, die den diesbezüglichen Publikumsverkehr auf bestimmte Einsichtsstunden beschränken wollen (aA: *Melchior/Schulte* § 10 Rn 5).

12 Soweit die Länder von der Verordnungsermächtigung des § 387 Abs 1 Gebrauch gemacht haben, können die elektronisch geführten Register nicht nur beim Register führenden Gericht, sondern auch an den Auskunftsplätzen anderer Amtsgerichte kostenlos eingesehen werden.

c) Erteilung von Ausdrucken in Papierform

13 Das Registergericht erteilt auf Antrag einen Registerausdruck oder eine Registerabschrift in Papierform (§§ 9 Abs 4 Satz 1 HGB, 79 Abs 1 Satz 2, 1563 Satz 2 BGB). Von dem elektronisch geführten Register wird ein »aktueller Ausdruck« (s Rz 5) gefertigt, wenn nicht ausdrücklich ein »chronologischer Ausdruck« beantragt ist (§§ 30a Abs 4 Satz 6 HRV, 32 Abs 3 VRV). Der Ausdruck aus dem Handels-, Genossenschafts- und Partnerschaftsregister ist als »amtlicher Ausdruck« **zu beglaubigen**, sofern nicht darauf verzichtet wird (§ 9 Abs 4 Satz 3 HGB). Für das Vereins- und das Güterrechtsregister gilt die umgekehrte Regel: Wird Beglaubigung nicht ausdrücklich verlangt, wird eine unbeglaubigte Abschrift erteilt. Der einfache Ausdruck/Auszug kostet 10 €, der beglaubigte 18 € (§§ 89 Abs 1 Satz 1, 73 Abs 1, 2 KostO).

14 Die Beglaubigung eines Registerauszugs steht allein dem Urkundsbeamten der Geschäftsstelle des Gerichts zu; Notare sind hierzu nicht befugt (OLG Hamm OLGZ 1967, 334, 339).

d) Übermittlung eines Registerauszugs als elektronische Datei

15 Vom Gericht kann ferner die elektronische Übermittlung eines Registerauszugs verlangt werden (§§ 30a Abs 5 Satz 1 HRV, 32 Abs 4 VRV), welche in unsignierter Form 5 €, in signierter Form 10 € kostet (§ 89 Abs 1 Satz 2 KostO). Das Verfahren ist jedoch umständlicher und teurer als der Abruf über www.justizregister.de, weshalb seine praktische Bedeutung eher gering ist. Allerdings enthält der auf diesem Weg signierte Auszug eine **qualifizierte elektronische Signatur** (§§ 9 Abs 3 Satz 2 HGB, 30a Abs 5 Satz 2 HRV), während die Datei aus dem automatisierten Abrufverfahren nur mit einer fortgeschrittenen elektronischen Signatur (§ 2 Nr 2 SigG) versehen werden kann.

e) Grenzen der Einsichtnahme

16 Nicht durch die gesetzlichen Einsichtsrechte gedeckt ist der massenhafte Abruf von Registerdaten, namentlich zum Zwecke des Aufbaus eines privaten Parallelregisters. Die Zulassung eines Massenabrufs liegt im Ermessen der Justizverwaltung (BGH NJW 1989, 2818). Von § 9 HGB gedeckt ist jedoch die parallele Anforderung von Dokumenten zu mehreren einzeln bezeichneten Firmen, und zwar auch zu dem Zweck, sie für einen Wirtschaftsinformationsdienst zu nutzen (OLG Köln NJW-RR 1991, 1255; OLG Hamm NJW-RR 1991, 1256).

f) Genossenschafts- und Partnerschaftsregister

17 Die für das Handelsregister geltenden Vorschriften sind auf das Genossenschafts- und das Partnerschaftsregister entsprechend anwendbar (§§ 156 Abs 1 GenG, 1 GenRegV und §§ 5 Abs 2 PartGG, 1 PRV).

2. Elektronischer Registerordner

Der elektronische Registerordner (§ 9 HRV) wird in Handels-, Genossenschafts- und Partnerschaftsregistersachen seit dem 1.1.2007 geführt. Er umfasst alle Registerdokumente, die nach § 9 Abs 1 HGB der unbeschränkten **Einsicht durch jedermann ohne Darlegung eines besonderen Interesses** unterliegen. Das sind neben den Registeranmeldungen alle offenzulegenden Dokumente wie Satzungen, Gesellschafterlisten, Hauptversammlungsprotokolle usw einschl deren eventueller Übersetzungen (§ 11 Abs 1 Satz 3 HGB). Nicht im Registerordner befinden sich die Jahresabschlüsse der Gesellschaften, welche seit dem 1.1.2007 nicht mehr beim Registergericht, sondern beim Betreiber des elektronischen Bundesanzeigers eingereicht und dort hinterlegt werden (www.ebundesanzeiger.de). 18

Die Einsicht in den Registerordner erstreckt sich nicht nur auf die dort tatsächlich eingestellten Dokumente, sondern auf alle Schriftstücke, die bei korrekter Behandlung durch das Gericht dort hineingehörten. Deshalb kann die Einsicht **auch in solche Dokumente** verlangt werden, **die fälschlich zur Registerakte genommen wurden**, obwohl sie nach § 9 HGB der unbeschränkten Einsicht unterliegen (zB OLG Hamm GmbHR 2007, 158: Bankbelege über die Einzahlung des Stammkapitals). 19

Zeitlich beginnt die unbeschränkte Einsicht in die Dokumente mit der Ersteintragung des Rechtsträgers in das Register. Vor der Ersteintragung richtet sich die Einsicht nur nach § 13 (*Krafka/Willer* Rn 52). 20

Wie beim Registerblatt wird auch die Einsicht in den Registerordner gewährt durch elektronischen Abruf (Rz 4 ff), Einsichtnahme bei Gericht (Rz 9 ff) sowie Erteilung von Ausdrucken in Papierform (§ 9 Abs 4 Satz 1 HGB). 21

Für Ausdrucke fällt die Dokumentenpauschale nach § 136 Abs 2 KostO an (0,50 € je Seite für die ersten 50 Seiten, 0,15 € für jede weitere Seite). Der Dokumentausdruck ist zu beglaubigen, wenn nicht darauf verzichtet wird (§ 9 Abs 4 Satz 3 HGB). Ob dieses eine zusätzliche Beglaubigungsgebühr auslöst, ist zweifelhaft. Denn nach dem Wortlaut des Gebührentatbestandes (Nr 102 GebVerzeichnis JVKostO) wird die Geb nur erhoben, wenn eine Beglaubigung »beantragt« ist. Einen solchen Antrag verlangt § 9 Abs 4 HGB jedoch gerade nicht (s *Nedden-Boeger*, FGPrax 2007, 1, 2 f). 22

3. »Sonderband« der Registerakten

a) Führung des Sonderbandes

aa) Handels-, Genossenschafts- und Partnerschaftsregister

Die in Handels-, Genossenschafts- und Partnerschaftsregistersachen zu bildenden Registerakten wurden bis Ende 2006 als »Hauptband« und als »Sonderband« geführt (§ 8 Abs 1, 2 HRV aF, § 24 Abs 1 Satz 3, 4 AktO). Der »Sonderband« (§ 8 Abs 2 HRV aF) ist der in Papierform geführte Vorläufer des heutigen elektronischen Registerordners. Er enthält die bis zum 31.12.2006 eingereichten Anmeldungen und Dokumente, welche der allgemeinen Einsicht unterliegen, einschl der Jahresabschlüsse, die bis zum 31.12.2006 noch zum Handelsregister einzureichen waren. Der Sonderband wird weiterhin bei den Registergerichten vorgehalten, um die Einsicht in die bis zum 31.12.2006 eingereichten Dokumente zu ermöglichen. 23

bb) Vereinsregister

In Vereinsregistersachen wird der Sonderband fakultativ geführt (§ 7 Abs 1 Satz 2 VRV). Wird er nicht geführt, ist hinsichtlich der offenzulegenden Dokumente (zB Vereinssatzung) die Einsicht in die Registerakte gestattet (§§ 79 Abs 1 Satz 1 BGB, 16 Abs 1 Satz 1 VRV). 24

25 Die Umstellung des Sonderbandes auf einen elektronischen Registerordner sieht das Gesetz einstweilen nicht vor, was damit korrespondiert, dass für das Vereinsregister keine Pflicht zur elektronischen Einreichung der Unterlagen besteht.

cc) Güterrechtsregister

26 In Güterrechtsregistersachen wird ein Sonderband nicht geführt. Die Eintragungen in das Güterrechtsregister haben so präzise und umfangreich zu erfolgen, dass sie aus sich heraus den erforderlichen Verkehrsschutz bewirken. Nur ausnahmsweise erfolgt eine Bezugnahme auf die zu den Registerakten eingereichten Dokumente, etwa auf eine Aufstellung über den Umfang des Vorbehaltsguts (MüKoBGB/*Kanzleiter* § 1560 Rn 5). Liegt eine solche Bezugnahme vor, erstreckt sich die Einsicht nach § 1563 BGB auch auf das betreffende Dokument (MüKoBGB/*Kanzleiter* § 1563 Rn 1; Staudinger/*Thiele* § 1563 Rn 1).

b) Einsicht in den Sonderband

aa) Einsichtnahme auf der Geschäftsstelle des Register führenden Gerichts

27 Für die Einsicht auf der Geschäftsstelle gelten die §§ 10 HRV, 16 VRV; vgl im Übrigen Rz 10 ff. Eine Aktenversendung des Sonderbandes findet nicht statt, auch nicht zur Einsicht durch Notare oder Rechtsanwälte, weil der Sonderband zur jederzeitigen Einsichtnahme bei Gericht vorgehalten werden muss.

bb) Erteilung von Abschriften in Papierform

28 Von den in Papierform vorhandenen Dokumenten sind auf Antrag Abschriften zu erteilen (§§ 9 Abs 4 Satz 2 HGB, 79 Abs 1 Satz 2 BGB). Diese sind – außer in Vereinsregistersachen – zu beglaubigen, sofern nicht darauf verzichtet wird (§ 9 Abs 4 Satz 3 HGB). Zu den dabei anfallenden Gebühren, namentlich zu den mit der Beglaubigungsgebühr verbundenen Zweifelsfragen, s Rz 22.

cc) Elektronische Übermittlung des Dokuments

29 Vom Registergericht kann verlangt werden, Papierdokumente aus dem Sonderband des Handels-, Genossenschafts- und Partnerschaftsregisters in die elektronische Form zu überführen (= einzuscannen) und elektronisch zu übermitteln, sofern das betreffende Dokument weniger als zehn Jahre vor dem Zeitpunkt der Antragstellung zum Register eingereicht wurde (§ 9 Abs 2 HGB). Die Kosten hierfür betragen 2 € je Seite, mindestens jedoch 25 € für ein oder mehrere Dokumente zu einem Registerblatt (Nr 5007 GebVerzeichnis HRegGebV).

4. Registerakten (»Hauptband«)

30 Seit Inkrafttreten der elektronischen Registerführung am 1.1.2007 wird in Handels-, Genossenschafts- und Partnerschaftsregistersachen nur noch der Hauptband als die eigentliche Registerakte geführt (§ 8 HRV nF). Darin enthalten sind sämtliche Vorgänge, die **nicht der unbeschränkten Einsicht** unterliegen, wie zB die gerichtlichen Verfügungen, Kostenrechnungen, Vorgänge in Zwangsgeldverfahren, gutachtliche Äußerungen der berufsständischen Organe sowie alle Eingaben und Anträge, die nicht unmittelbar auf eine Eintragung zielen (Beschwerdeschriften, Akteneinsichtsgesuche usw).

31 Die Einsicht in die Registerakte richtet sich nach § 13. Sie ist neben den unmittelbar Verfahrensbeteiligten (§ 13 Abs 1) nur solchen Personen gestattet, die ein **berechtigtes Interesse** glaubhaft machen (§ 13 Abs 2). Besteht das berechtigte Interesse nur an einzelnen in der Registerakte erörterten Angelegenheiten, kann die Einsicht nur in dem ent-

sprechenden Umfang verlangt werden (OLG Hamm BB 2006, 2548, 2550); sie ist also auf die betreffenden Schriftstücke zu beschränken. Ausgenommen von der Akteneinsicht sind in jedem Fall die Mitteilungen der Finanzbehörden (§ 379 Rz 19), welche im Übrigen nicht zu den Registerakten zu nehmen, sondern in Sammelakten zu vereinigen sind (§ 24 Abs 6 AktO). Andere Aktenstücke, die der Geheimhaltung unterliegen (zB Auszüge aus dem Bundeszentralregister), sind in separaten Hüllen aufzubewahren, die bei der Gewährung der Akteneinsicht zurückgehalten werden (*Melchior/Schulte* § 8 Rn 5 f).

Auch der **Notar** muss sein berechtigtes Interesse an der Einsicht in die Registerakten 32 konkret glaubhaft machen. Die §§ 12 Abs 3 Nr 2 GBO, 43, 46 Abs 2 GBVfg, nach denen einem Notar die Einsicht in das Grundbuch auch ohne Glaubhaftmachung gewährt wird, sind auf die Register nicht analog anzuwenden (*Melchior/Schulte* § 8 Rn 7 Fußnote 5).

Soweit die Einsicht gestattet ist, wird sie grds auf der Geschäftsstelle des Register füh- 33 renden Gerichts gewährt. Hat ein RA oder Notar die Übersendung der Akten beantragt, ist ihm die Einsicht auf der Geschäftsstelle des Amtsgerichts seines Kanzleisitzes zu gewähren. Eine Aktenversendung an die Kanzlei des RA kommt, um Akten- und Urkundenverluste zu vermeiden, nur in Ausnahmefällen in Betracht (OLG Dresden NJW 1997, 667).

Neben der Möglichkeit der Einsichtnahme kann die **Fertigung von Ablichtungen** ver- 34 langt werden, § 13 Abs 3. Wird die Registerakte gem § 8 Abs 3 HRV elektronisch geführt, gewährt die Geschäftsstelle die Akteneinsicht durch Erteilung eines Aktenausdrucks, durch Wiedergabe auf einem Bildschirm, durch Übermittlung von elektronischen Dokumenten oder durch Gestattung des elektronischen Zugriffs (§ 13 Abs 5 FamFG iVm § 299 Abs 3 ZPO).

II. Materielle Beweiskraft des Registerinhalts

Zu den Fragen der materiellen Beweiskraft des Registerinhalts s vor § 378 Rz 98 ff. 35

III. Rechtbehelfe

Verweigert der Urkundsbeamte die begehrte Einsicht in das Register (bzw in den Regis- 36 terorder/Sonderband), entscheidet auf Antrag der Rechtspfleger (§ 3 Nr 1 lit. a, e, Nr 2 lit d RPflG). Lehnt der Rechtspfleger den Antrag ab, ist hiergegen die Beschwerde statthaft (§ 58), sofern der Wert des Beschwerdegegenstandes den Betrag von 600 € übersteigt (§ 61 Abs 1). Andernfalls ist die eingelegte Beschwerde als Rechtspflegererinnerung zu behandeln (§ 11 Abs 2 RPflG), über die der Registerrichter entscheidet.

Entscheidungen, die sich nicht auf eine konkrete Einsichtsgewährung im Einzelfall, 37 sondern auf die generelle Zulassung zur **Teilnahme am elektronischen Abrufverfahren** (Rz 4 ff) beziehen, stellen Justizverwaltungsakte dar, gegen die der Antrag auf gerichtliche Entscheidung statthaft ist (§§ 23 ff EGGVG). Das Gleiche gilt für Entscheidungen der Gerichtsverwaltung über das massenhafte Kopieren von Registerdaten (BGH NJW 1989, 2818; aA: OLG München CR 1988, 1000).

Bezüglich eines **Fotografierverbotes** (Rz 10) ist wie folgt zu differenzieren: Ist das Fo- 38 tografieren im Gerichtsgebäude allgemein erlaubt und wird nur das Abfotografieren von Registerinhalten verboten, liegt darin eine zielgerichtete Beschränkung von Art und Umfang der Registereinsicht. Hiergegen sind die Rechtsbehelfe wie Rz 36 statthaft. Ist das Fotografieren jedoch gebäudeweit in Ausübung des allgemeinen Hausrechts untersagt, namentlich aus Gründen der Sicherheit und Ordnung, liegt darin ein nach §§ 23 ff EGGVG anzugreifender Justizverwaltungsakt.

Demjenigen, dessen Daten offen gelegt werden, steht **kein Rechtsbehelf gegen die** 39 **Gewährung der Einsicht** in das Register, den Registerordner oder den Sonderband zur Seite (vgl BGHZ 80, 126 zum Grundbuch). Datenschutzrechtliche Einwände können nicht erhoben werden. Die Datenschutzgesetze des Bundes und der Länder gelten für

§ 385 FamFG | Einsicht in die Register

die Registerführung nach allgemeiner Auffassung nicht (*Prütting* ZZP 106 (1993), 427, 453 ff; *Lüke* NJW 1983, 1407), und das verfassungsmäßig garantierte Recht auf informationelle Selbstbestimmung findet seine Schranken sowohl in den gemeinschaftsrechtlichen Vorgaben der Publizitätsrichtlinie 68/151/EWG als auch in den einfachgesetzlichen Publizitätsvorschriften, welche die Offenlegung der Daten gebieten.

§ 386 Bescheinigungen

Das Registergericht hat auf Verlangen eine Bescheinigung darüber zu erteilen, dass bezüglich des Gegenstandes einer Eintragung weitere Eintragungen in das Register nicht vorhanden sind oder dass eine bestimmte Eintragung in das Register nicht erfolgt ist.

A. Allgemeines

Die Vorschrift wiederholt die Regelung des § 9 Abs 5 HGB, welche über die Verweisungen der §§ 156 Abs 1 GenG, 5 Abs 2 PartGG auch für das Genossenschafts- und Partnerschaftsregister gilt. Für das Vereins- und Güterrechtsregister enthielt § 162 FGG eine gleich lautende Regelung. 1

B. Kommentierung

I. Negativattest des Registergerichts

Die Vorschrift regelt das sog »Negativattest« des Registergerichts in den beiden Erscheinungsformen des selbstständigen und des unselbstständigen Negativattests. 2

Mit dem **selbstständigen Negativattest** (2. Alt) wird bescheinigt, dass eine bestimmte Eintragung in das Register nicht erfolgt ist. Das selbstständige Negativattest muss keinen Bezug zu einem bestimmten Registerblatt haben; es kann bspw auch bescheinigt werden, dass ein bestimmtes Unternehmen oder ein bestimmter Verein (noch) nicht in das Register eingetragen ist oder dass für bestimmte Eheleute keine Eintragungen in das Güterrechtsregister vorgenommen wurden. 3

Mit dem **unselbstständigen Negativattest** (1. Alt) wird bescheinigt, dass bezüglich des Gegenstandes einer Eintragung weitere Eintragungen in das Register nicht vorhanden sind. Das unselbstständige Negativattest nimmt Bezug auf eine konkret vorhandene Registereintragung. Es ergänzt den Registerauszug um die registergerichtliche Bestätigung, dass weitere Eintragungen in Bezug auf den Gegenstand nicht vorhanden sind. Praktisch relevant sind Bescheinigungen des Registergerichts darüber, dass die eingetragene Vertretungsmacht eines gesetzlichen Vertreters oder Prokuristen nicht durch eine weitere Eintragung gelöscht oder eingeschränkt wurde. Das unselbstständige Negativattest dient damit vor allem dem Nachweis der negativen Publizitätswirkung des Handelsregisters (§ 15 Abs 1 HGB). 4

II. Erteilung des Attests

Antragsberechtigt ist jedermann; ein bestimmtes Interesse an der Bescheinigung muss nicht dargelegt werden. Funktionell zuständig für das Ausstellen der Bescheinigung ist der Rechtspfleger (§ 3 Nr 1 lit a, e, Nr 2 lit. d RPflG). Die urkundliche Ausfertigung oder elektronische Übermittlung der Bescheinigung obliegt dem Urkundsbeamten (§ 17 VRV sowie § 29 Abs 1 Nr 2 HRV). Zur äußeren Form des Attests s §§ 31 HRV, 17 Abs 1 VRV. 5

Die Bescheinigung wird nur durch das Register führende Gericht erteilt. Die Berechtigung anderer Gerichte, Ausdrucke aus fremden Registern zu erteilen (§ 387 Abs 1), schließt die Befugnis zur Erteilung von Negativattesten über fremde Registerinhalte nicht ein. 6

Das Registergericht hat den Zustand so zu bescheinigen, wie er aktuell besteht. Das Gericht ist nicht berechtigt, Bescheinigungen über einen Registerzustand zu einem bestimmten zurückliegenden Zeitpunkt zu erteilen. Eintragungsanträge, die zum Zeitpunkt der Bescheinigung noch unerledigt sind, bedürfen keiner besonderen Erwähnung. 7

Die sachliche Richtigkeit des vorhandenen Registerinhalts wird bei der Erteilung der Bescheinigung nicht überprüft. Es findet also keine Überprüfung statt, ob die Eintra- 8

§ 386 FamFG | Bescheinigungen

gung, auf die sich das Negativattest bezieht, richtigerweise hätte erfolgen müssen. Das Registergericht kann den Vorgang allenfalls zum Anlass nehmen, im Anschluss an die Bescheinigung ein Verfahren nach den §§ 388 ff, 393–399 einzuleiten.

9   Die Negativbescheinigung bezieht sich nur auf das Register (Registerblatt). Bescheinigungen über nicht vorhandene Angaben oder Inhalte der **Registerordner** werden nicht erteilt, etwa eine Bescheinigung darüber, dass eine bestimmte Person nicht auf der eingereichten Gesellschafterliste geführt wird, oder dass die eingereichte Satzung oder der Ehevertrag eine bestimmte Regelung nicht enthält.

III. Wirkungen des Attests

10   Das Negativattest ist eine öffentliche Urkunde iSd § 418 ZPO, die den vollen Beweis der darin bezeugten Tatsachen begründet. Der Gegenbeweis ist zulässig (§ 418 Abs 2 ZPO); er kann etwa durch Vorlage eines Registerauszugs geführt werden, welcher die angeblich nicht vorhandene Eintragung enthält.

11   Ein unrichtiges Negativattest, welches das Registergericht ausstellt, entfaltet für sich genommen **keinen Gutglaubensschutz** hinsichtlich des Nichtvorliegens der Eintragung. Denn § 15 Abs 1 HGB bezieht sich nur auf die Eintragung in das Register und deren Bekanntmachung, nicht jedoch auf die weitere Verlautbarung in Form eines Zeugnisses nach § 386. Auch eine analoge Anwendung des § 15 Abs 3 HGB kommt nicht in Betracht, da die Vorschrift voraussetzt, dass der falsche Rechtsschein dem eingetragenen Rechtsträger zugerechnet werden kann. Dies ist aber nur bei den Eintragungen und Bekanntmachungen als solchen der Fall, welche der Eingetragene anhand der ihm zugehenden Eintragungsnachrichten auf inhaltliche Unrichtigkeiten überprüfen und ggf auf ihre Berichtigung hinwirken muss. Dieser Zurechnungsmechanismus fehlt, wenn das Registergericht ohne Zutun und ohne Kontrollmöglichkeit des Eingetragenen eine unrichtige Bescheinigung an einen Dritten erteilt. Anders liegt der Fall, wenn der eingetragene Rechtsträger selbst von einem ihm unrichtig erteilten Negativattest im Rechtsverkehr Gebrauch macht: Dann kommt eine analoge Anwendung des § 15 Abs 3 HGB in Betracht, denn mit der Vorlage der unrichtigen Bescheinigung hält er sein Gegenüber davon ab, sich über die tatsächlich vorhandenen Eintragungen näher zu vergewissern.

IV. Positivzeugnisse

12   Nicht im FamFG geregelt sind die vom Registergericht zu erstellenden Positivzeugnisse über vorhandene Registereintragungen, namentlich Vertretungsbescheinigungen und Zeugnisse über Eintragungen in das Güterrechtsregister. Für deren Erteilung gelten die Rz 6–8 entspr.

1. Vertretungsbescheinigungen

a) Vertretungsbescheinigungen aus dem Vereins- und Genossenschaftsregister

13   Gem §§ 69 BGB, 26 Abs 2 GenG wird der Nachweis, dass der Vorstand aus den im Register eingetragenen Personen besteht, Behörden ggü durch ein Zeugnis des Registergerichts über die Eintragung geführt. Für Liquidatoren gilt dasselbe über die Verweisungsnormen der §§ 48 Abs 2 BGB, 87 Abs 1 GenG.

b) Vertretungsbescheinigungen aus dem Handels- und Partnerschaftsregister?

14   Ob das Registergericht entsprechende Vertretungsbescheinigungen auch aus dem Handels- und Partnerschaftsregister zu erteilen hat, ist fraglich. Bis zum 31.12.2006 sah § 9 Abs 3 HGB aF die Ausstellung entsprechender Bescheinigungen vor. Mit Wirkung vom 1.1.2007 wurde die Vorschrift auf Anregung des Bundesrates mit der Begründung gestrichen, dass durch die nunmehr flächendeckende elektronische Registerführung und die

damit verbundene Möglichkeit einer einfachen Online-Einsichtnahme gesonderte Zeugnisse des Registergerichts über einschlägige Eintragungen entbehrlich würden (BTDrs 16/2781 S 79 zu § 9 Abs 5 HGB-E).

Freilich blieb dabei unbedacht, dass der förmlichen gerichtlichen Vertretungsbescheinigung – bspw im Auslandsrechtverkehr – ein durchaus stärkeres Gewicht zukommen kann als der Vorlage nur eines Registerausdrucks in tabellarischer Form oder gar des für Unkundige noch schwerer verständlichen chronologischen Ausdrucks. 15

Zu bemerken ist ferner, dass § 21 Abs 1 Satz 2 BNotO, wo die Beweiskraft der Notarbescheinigung mit dem Zeugnis des Registergerichts verglichen wird, die Koexistenz beider Formen denknotwendig voraussetzt. Allein deshalb kann man das Registergericht trotz Streichung des früheren § 9 Abs 3 HGB aF nach wie vor für berechtigt und verpflichtet halten, Positivbescheinigungen über die Inhaberschaft der Firma eines Einzelkaufmanns sowie über die Befugnis zur Vertretung eines Einzelkaufmanns oder einer Handelsgesellschaft zu erteilen. 16

Lehnte man dieses ab, indem man – durchaus vertretbar – das Faktum der Streichung des § 9 Abs 3 HGB aF in den Vordergrund stellt, bliebe nur der Weg über die (gleichwertige) Notarbescheinigung nach § 21 BNotO. 17

2. Bescheinigungen aus dem Güterrechtsregister

Rechtlich zweifelsfrei ist dagegen, dass das Registergericht auf jedermanns Verlangen eine Positivbescheinigung über die Eintragungen bezüglich des Güterstandes oder der Zugehörigkeit eines Gegenstandes zum Vorbehaltsgut zu erteilen hat. Das ist zwar gesetzlich ebenfalls nicht geregelt (§ 1563 Satz 2 BGB regelt nur die Abschrift aus dem Register), folgt aber mittelbar aus den §§ 33 Abs 1 GBO, 40 SchRegO, welche vorsehen, dass der Nachweis durch ein solches Zeugnis des Registergerichts geführt wird. 18

V. Kosten

Für die nach § 386 zu erteilende Bescheinigung wird gem § 89 Abs 2 KostO die Mindestgebühr von 10 € (§ 33 KostO) erhoben. 19

§ 387 Ermächtigungen

(1) Die Landesregierungen werden ermächtigt, durch Rechtsverordnung zu bestimmen, dass die Daten des bei einem Gericht geführten Handels-, Genossenschafts-, Partnerschafts- oder Vereinsregisters auch bei anderen Amtsgerichten zur Einsicht und zur Erteilung von Ausdrucken zugänglich sind. Die Landesregierungen können diese Ermächtigung durch Rechtsverordnung auf die Landesjustizverwaltungen übertragen. Mehrere Länder können auch vereinbaren, dass die bei den Gerichten eines Landes geführten Registerdaten auch bei den Amtsgerichten des anderen Landes zur Einsicht und zur Erteilung von Ausdrucken zugänglich sind.

(2) Das Bundesministerium der Justiz wird ermächtigt, durch Rechtsverordnung mit Zustimmung des Bundesrates die näheren Bestimmungen über die Einrichtung und Führung des Handels-, Genossenschafts- und Partnerschaftsregisters, die Übermittlung der Daten an das Unternehmensregister und die Aktenführung in Beschwerdeverfahren, die Einsicht in das Register, die Einzelheiten der elektronischen Übermittlung nach § 9 des Handelsgesetzbuchs und das Verfahren bei Anmeldungen, Eintragungen und Bekanntmachungen zu treffen. Dabei kann auch vorgeschrieben werden, dass das Geburtsdatum von in das Register einzutragenden Personen zur Eintragung anzumelden sowie die Anschrift der einzutragenden Unternehmen und Zweigniederlassungen bei dem Gericht einzureichen ist; soweit in der Rechtsverordnung solche Angaben vorgeschrieben werden, ist § 14 des Handelsgesetzbuchs entsprechend anzuwenden.

(3) Durch Rechtsverordnung nach Absatz 2 können auch die näheren Bestimmungen über die Mitwirkung der in § 380 bezeichneten Organe im Verfahren vor den Registergerichten getroffen werden. Dabei kann insbesondere auch bestimmt werden, dass diesen Organen laufend oder in regelmäßigen Abständen die zur Erfüllung ihrer gesetzlichen Aufgaben erforderlichen Daten aus dem Handels- oder Partnerschaftsregister und den zu diesen Registern eingereichten Dokumenten mitgeteilt werden. Die mitzuteilenden Daten sind in der Rechtsverordnung festzulegen. Die Empfänger dürfen die übermittelten personenbezogenen Daten nur für den Zweck verwenden, zu dessen Erfüllung sie ihnen übermittelt worden sind.

(4) Des Weiteren können durch Rechtsverordnung nach Absatz 2 nähere Bestimmungen über die Einrichtung und Führung des Vereinsregisters, insbesondere über das Verfahren bei Anmeldungen, Eintragungen und Bekanntmachungen sowie über die Einsicht in das Register, und über die Aktenführung im Beschwerdeverfahren erlassen werden.

(5) Die elektronische Datenverarbeitung zur Führung des Handels-, Genossenschafts-, Partnerschafts- oder Vereinsregisters kann im Auftrag des zuständigen Gerichts auf den Anlagen einer anderen staatlichen Stelle oder auf den Anlagen eines Dritten vorgenommen werden, wenn die ordnungsgemäße Erledigung der Registersachen sichergestellt ist.

A. Allgemeines

1   Absatz 1 übernimmt – mit geringen redaktionellen Änderungen – die Regelung der bisherigen §§ 125 Abs 2 Satz 1 Nr 2, Satz 2, 4 FGG, 55a Abs 6 Satz 2 BGB. Der bisher in § 125 Abs 2 Satz 1 Nr 1, Satz 3 FGG enthaltene Regelungsgegenstand wurde nach § 376 Abs 2 Satz 1, 3 vorgezogen.
2   Die Abs 2 bis 5 entsprechen im Wesentlichen den früheren §§ 125 Abs 3 bis 5 FGG, 55a Abs 6 Satz 1, Abs 7 BGB.
3   Inhaltliche Änderungen enthält das FamFG ggü der bisherigen Rechtslage nur insoweit, als das Vereinsregister in die Möglichkeit eines Datenaustauschs zur länderüber-

greifenden Einsichtnahme und Ausdruckserteilung einbezogen wurde, was nach dem bisherigen Wortlaut des § 55a Abs 6 BGB aF nicht vorgesehen war. Die Ermächtigung zum Erlass von Rechtsverordnungen für das Vereinsregister (bisher § 55a Abs 7 BGB) wurde näher konkretisiert und um den Erlass von Regelungen über die Aktenführung im Beschwerdeverfahren erweitert.

B. Kommentierung

I. Eröffnung des Zugangs zu den Registerdaten über andere Amtsgerichte (Abs 1)

Absatz 1 erlaubt es den Ländern, durch Rechtsverordnung zu bestimmen, dass die Daten des bei einem Gericht geführten Handels-, Genossenschafts-, Partnerschafts- oder Vereinsregisters auch bei anderen Amtsgerichten zur Einsicht und zur Erteilung von Ausdrucken zugänglich sind. Die Regelung schafft und erhält Bürgernähe; ohne sie hätten viele Konzentrationsmaßnahmen (§§ 376 Abs 2) nicht ohne kommunalpolitischen Widerstand umgesetzt werden können. Wenigstens der Zugang zu den Registerinhalten sollte bei denjenigen Amtsgerichten gewahrt bleiben, die ihre eigene Registerführung an ein anderes Gericht abgaben. 4

Manche Länder haben zusätzlich auch solche Amtsgerichte, die traditionell kein Register führten, mit Auskunftsterminals ausgestattet und damit die kostenlosen Einsichtsmöglichkeiten erheblich erweitert. Mehrere Länder können darüber hinaus vereinbaren, dass die bei den Gerichten eines Landes geführten Registerdaten auch bei den Amtsgerichten des anderen Landes zur Einsicht und zur Erteilung von Ausdrucken zugänglich sind. Zu den formellen Anforderungen an das Länderabkommen s § 376 Rz 11. 5

Die Ermächtigung des Abs 1 umfasst nur die Einsicht in das Register (einschl Registerordner) sowie die Erteilung von Ausdrucken. Zur Erteilung von Abschriften (§ 9 Abs 4 Satz 2 HGB), Bescheinigungen und Attesten (§§ 9 Abs 5 HGB, 69 BGB, 26 Abs 2 GenG, 386 FamFG) ist das nicht Register führende Gericht nicht berufen (s § 386 Rz 6). 6

II. Ermächtigung zum Erlass der gesellschaftsrechtlichen Registerverordnungen (Abs 2)

Absätze 2 und 4 enthalten die zentralen Ermächtigungsgrundlagen zum Erlass der Rechtsverordnungen über die konkrete Ausgestaltung der Registerführung. Der Bundesverordnungsgeber hat davon durch den Erlass der GenRegV, PRV und VRV sowie durch Fortschreibung der am 12.8.1937 als ReichsVO erlassenen HRV Gebrauch gemacht. Diejenigen Vorschriften der HRV, die noch aus der Ursprungsfassung herrühren, gelten gem Art 123, 125 GG als Bundesrecht fort. 7

Die Registerverordnungen sind **allgemein verbindliche Rechtsverordnungen**. Erst sie geben den Registern ihre konkrete Gestalt, indem sie alle Einzelheiten über den Aufbau und die Führung der Register, über Art und Weise der vorzunehmenden Eintragungen und über die Einstellung der Dokumente in die Registerordner regeln. Für die praktische Registerführung bilden sie das tägliche Handwerkszeug; ein Inhaltsüberblick findet sich im Anh zu § 387. 8

Die Registerverordnungen sind nicht nur Verwaltungsvorschriften, sondern rechtlich verbindliche Regelungen (MüKoHGB/*Krafka* § 8 Rn 23 mwN), deren Verletzung mit der Beschwerde gerügt werden kann (vgl KG JFG 17, 324 – Rückgabe eingereichter Urkunden). 9

Absatz 2 Satz 2 erstreckt die Verordnungsermächtigung auf Vorschriften über anzumeldende **Geburtsdaten** der einzutragenden Personen sowie über die Einreichung der **Geschäftsanschriften** des Unternehmens und seiner Zweigniederlassungen. Durch § 24 HRV hat der Verordnungsgeber davon Gebrauch gemacht; bezüglich der Verwendung 10 von »c/o«-Zusätzen s OLG Naumburg GmbHR 2009, 832). Zur Erzwingung der insoweit erforderlichen Angaben s § 388 Rz 16.

III. Ermächtigung zum Erlass von Bestimmungen über die Mitwirkung der berufsständischen Organe (Abs 3)

11 Absatz 3 erstreckt die Verordnungsermächtigung des Abs 2 auf nähere Bestimmungen über die Mitwirkung der berufsständischen Organe im Verfahren vor den Registergerichten einschl des regelmäßigen Datenaustausches mit diesen. Auf dieser Ermächtigung beruhen die §§ 23 Satz 2, 37 HRV, 4, 6 PRV. Die Formulierung des Abs 3 Satz 3, wonach die mitzuteilenden Daten in der Rechtsverordnung festzulegen sind, hat keine Ermächtigungs-, sondern nur Ordnungsfunktion. Denn ausreichende Ermächtigungsgrundlage für die Übermittlung sämtlicher Registerdaten an die berufsständischen Organe ist allemal § 13 Abs 1 Nr 4 EGGVG. Daher können auch die von Keidel/*Heinemann* (§ 387 Rn 13) vorgebrachten Bedenken hinsichtlich der Nichteinhaltung des Bestimmtheitsgebots durch die §§ 37 HRV, 6 VRV nicht durchgreifen.

12 Absatz 3 Satz 4 beschränkt die Verwendung der an die berufsständischen Organe übermittelten Daten auf den Zweck, zu dessen Erfüllung sie übermittelt wurden. Der Übermittlungs- und alleinige Verwendungszweck liegt darin, den Organen einen Kenntnisstand zu verschaffen, der sie in die Lage versetzt, die Registergerichte sachgerecht gem § 380 zu unterstützen. Durch die Regelung soll insbes verhindert werden, dass die erhaltenen Registerdaten unautorisiert an Dritte weitergegeben oder sonst wirtschaftlich verwertet werden. Datenschutzaspekte spielen hingegen nur eine untergeordnete Rolle (aA: Keidel/*Heinemann* § 387 Rn 13), da die Datenschutzgesetze des Bundes und der Länder für die Registerführung nach allgemeiner Auffassung nicht gelten (*Prütting* ZZP 106 (1993), 427, 453 ff; *Lüke* NJW 1983, 1407).

IV. Annex: Ermächtigung der Länder zum Erlass ergänzender Rechtsverordnungen (§ 8a Abs 2 HGB)

13 In Ergänzung der Registerverordnungen des Bundes sind die Länder aufgrund § 8a Abs 2 HGB ermächtigt, nähere Bestimmungen über die elektronische Führung des Handelsregisters, die elektronische Anmeldung, die elektronische Einreichung von Dokumenten sowie deren Aufbewahrung zu treffen. Dabei können sie auch **Einzelheiten der Datenübermittlung** regeln sowie die Form der zu übermittelnden elektronischen Dokumente festlegen, um die Eignung für die Bearbeitung durch das Gericht sicherzustellen. Die Länder haben hiervon Gebrauch gemacht und Landesverordnungen über den elektronischen Rechtsverkehr sowie Landesregisterverordnungen erlassen, mit denen eine konkrete Poststelle (das Elektronische Gerichts- und Verwaltungspostfach – EGVP) sowie bestimmte Datenformate (ASCII, Unicode, RTF, PDF, XML, TIFF, DOC und als Komprimierung ZIP) vorgegeben werden, derer sich der Anmeldende bei der Datenübermittlung an das Registergericht zwingend bedienen muss.

V. Ermächtigung zum Erlass der Vereinsregisterverordnung (Abs 4)

14 Absatz 4 enthält eine eigenständige Ermächtigungsgrundlage für den Erlass der VRV. Die enthaltene Verweisung auf Abs 2 bezieht sich nur auf den ermächtigten Verordnungsgeber (Bundesministerium der Justiz) sowie auf den Zustimmungsvorbehalt des Bundesrates, nicht jedoch auf den Inhalt der Verordnungsermächtigung. Inhaltlich bestehen zwar weitreichende Parallelen zwischen den Verordnungsermächtigungen nach Abs 4 und Abs 2, jedoch verzichtet Abs 4 auf eine Erwähnung der »Übermittlung der Daten an das Unternehmensregister«, was aus sich heraus verständlich ist, sowie der »Einzelheiten der elektronischen Übermittlung nach § 9 des Handelsgesetzbuchs«. Letzteres ist unverständlich: Richtigerweise hätten die Einzelheiten der elektronischen Übermittlung auch für das Vereinsregister aufgenommen werden sollen, freilich unter Bezugnahme auf § 79 BGB anstelle von § 9 HGB.

Noch kurioser ist, dass die Ermächtigung für die Vereinsregisterverordnung keine dem Abs 2 Satz 2 entsprechende Regelung aufgreift, wonach vorgeschrieben werden kann, dass das Geburtsdatum der in das Register einzutragenden Personen zur Eintragung anzumelden sowie die Anschrift der einzutragenden Unternehmen (hier: des Vereins) einzureichen ist. Nach rechtsmethodischen Grundsätzen müsste die Auslassung den Umkehrschluss rechtfertigen, dass Geburtsdaten und Vereinsanschriften durch die VRV nicht aufgegriffen werden dürfen. Das Gegenteil ist jedoch bekanntlich der Fall, nämlich durch § 3 Satz 3 Nr 3 und § 15 VRV, welche unverändert fortbestehen. Zur möglichen Erzwingung dieser Angaben s § 388 Rz 17.

Auch ließe sich anzweifeln, ob der Verordnungsgeber ausreichend ermächtigt ist, im Rahmen der VRV Bestimmungen über die Mitwirkung berufsständischer Organe zu treffen, wenn Abs 3 dieses ausdrücklich nur für Rechtsverordnungen nach Abs 2 vorsieht und nicht für die in Abs 4 geregelte VRV. Allein: Die VRV kümmert es nicht (§ 9 Abs 2 Satz 2, 3 VRV).

VI. Keine Ermächtigung zum Erlass einer Güterrechtsregisterverordnung

Für das Güterrechtsregister enthält § 387 keine Verordnungsermächtigung; der Erlass entsprechender Anordnungen liegt daher im Zuständigkeitsbereich der Länder (vgl Anh § 387 Rz 59 ff).

VII. Datenverarbeitung im Auftrag (Abs 5)

Absatz 5 führt die bisher in §§ 125 Abs 5, 147 Abs 1 Satz 1, 160b Abs 1 Satz 2 FGG sowie § 55a Abs 6 Satz 1 BGB aF enthaltenen Ermächtigungen zur Fremdvergabe der elektronischen Datenverarbeitung bei der Führung des Handels-, Genossenschafts-, Partnerschafts- und Vereinsregisters zusammen und harmonisiert deren Wortlaut. Entfallen ist die Beschränkung der Beauftragung auf »juristische Personen«. Dadurch soll die Möglichkeit eröffnet werden, auch Einzelkaufleute und Personenhandelsgesellschaften mit der Datenverarbeitung zu betrauen (kritisch dazu Prütting/Helms/*Maass* § 387 Rn 6).

Bewährt hat sich allerdings die Datenhaltung und -verarbeitung auf den Anlagen **staatlicher Stellen**. Sachliche Gründe für eine Privatisierung der Aufgabe sind – jenseits rein haushaltswirtschaftlicher Erwägungen – nicht ersichtlich.

Als gesetzliche Hürde für die mögliche Beauftragung eines **Privaten** mit der Datenverarbeitung postuliert Abs 5, dass die ordnungsgemäße Erledigung der Registersachen **jederzeit sichergestellt** sein muss. Dazu müssen bei der Beauftragung umfassende technische und rechtliche Sicherungsvorkehrungen ausbedungen werden. In technischer Hinsicht müssen Hochverfügbarkeitskriterien erfüllt sein; in arbeitsrechtlicher Hinsicht müssen Vorkehrungen getroffen werden, die eine ständige Verfügbarkeit der Register selbst im Falle eines Arbeitskampfes lückenlos gewährleisten.

Die Verarbeitung der Registerdaten auf Anlagen, die nicht im Eigentum der hiermit beauftragten Stelle stehen, ist nur zulässig, wenn gewährleistet ist, dass die Daten dem uneingeschränkten Zugriff des zuständigen Gerichts unterliegen und der Eigentümer der Anlage keinen Zugang zu den Daten hat (§§ 47 Abs 3 HRV, 37 Abs 2 VRV). Daher sind Finanzierungsgeschäfte über die verwendeten Datenverarbeitungsanlagen so zu gestalten, dass Herausgabeansprüche der Leasinggeber, Vorbehaltsverkäufer oder Sicherungsnehmer ausgeschlossen sind bzw nur mit Zustimmung der Landesjustizverwaltung ausgeübt werden können.

Im Übrigen muss sich der private Auftragnehmer den allgemeinen gesetzlichen Anforderungen an die elektronische Verarbeitung von Registerdaten unterwerfen. Die Dokumente sind in inhaltlich unveränderbarer Form zu speichern (§§ 8a Abs 1 HGB, 47 Abs 1 Satz 2 HRV). Es muss gewährleistet sein, dass die Grundsätze einer ordnungs-

§ 387 FamFG | Ermächtigungen

gemäßen Datenverarbeitung eingehalten, insbes Vorkehrungen gegen einen Datenverlust getroffen sind sowie die erforderlichen Kopien der Datenbestände mindestens tagesaktuell gehalten und die originären Datenbestände sowie deren Kopien sicher aufbewahrt werden. Die vorzunehmenden Eintragungen müssen alsbald in einen Datenspeicher aufgenommen und auf Dauer inhaltlich unverändert in lesbarer Form wiedergegeben werden können (§ 47 Abs 1 Satz 1 Nr 1, 2 HRV). Zusätzlich in den Pflichtenkatalog aufzunehmen sind die für das elektronische Grundbuch vorgeschriebenen Sicherungs- und Kontrollmaßnahmen (vgl §§ 64–66 GBVfg sowie Anl zu § 126 Abs 1 Satz 2 Nr 3 GBO), welche über die Verweisungsvorschriften der §§ 47 Abs 1 Nr 3, 49 Abs 1 HRV in die elektronische Registerführung einbezogen sind.

23   Schließlich besteht noch die weitere Anforderung, dass das eingesetzte Datenverarbeitungssystem innerhalb eines jeden Landes einheitlich ist und mit den in den anderen Ländern eingesetzten Systemen verbunden werden kann (§ 49 Abs 2 HRV). Auch daran ist der private Beauftragte zu binden.

24   Datenverarbeitung »**im Auftrag**« des Gerichts bedeutet, dass jederzeit sichergestellt sein muss, dass Eintragungen in das Register und der Abruf von Daten hieraus nur erfolgen dürfen, wenn dies von dem zuständigen Gericht verfügt worden oder sonst zulässig ist (§§ 47 Abs 2 HRV, 37 Abs 1 Satz 2 VRV).

Anhang zu § 387 Registerverordnungen

Übersicht

	Rz		Rz
A. Handelsregisterverordnung (HRV)	2	B. Genossenschaftsregisterverordnung (GenRegV)	32
I. Zuständigkeiten	3	I. Verweis auf das Handelsregister	33
II. Aktenführung, Registerordner	4	II. Besondere Vorschriften für Anmeldungen und Eintragungen	35
III. Einsicht in das Register, Abschriften und Ausdrucke	6	III. Inhalt des Registers	38
IV. Aufbau des Registers	10	C. Partnerschaftsregisterverordnung (PRV)	40
V. Inhalt des Registers	12	I. Besondere Angaben bei der Anmeldung	41
VI. Textliche und grafische Gestaltung der vorzunehmenden Eintragungen	17	II. Unterstützung durch berufsständische Organe	46
VII. Berichtigung, Umschreibung	20	III. Inhalt des Registers	48
VIII. Verfahren bei der Anmeldung und Eintragung von Tatsachen und Rechtsverhältnissen	22	IV. Bekanntmachungen	50
		D. Vereinsregisterverordnung (VRV)	51
IX. Wortlaut der Eintragung	25	I. Inhalt des Registers	52
X. Bekanntmachungen, Benachrichtigungen und Mitteilungen	27	II. Schließung von Registerblättern	55
		III. Bekanntmachungen	57
XI. Technische Vorgaben für die elektronische Registerführung, Ausfall der DV-Anlagen und Kommunikationseinrichtungen	29	IV. Besondere Vorschriften für das Papierregister	58
		E. Güterrechtsregister	59

Die jeweils aktuellen Verordnungstexte der Registerverordnungen werden vom Bundesjustizministerium im Internet bereitgestellt, weshalb auf einen gesonderten Abdruck an dieser Stelle verzichtet wird: **1**
- HRV: www.gesetze-im-internet.de/hdlregvfg
- GenRegV: www.gesetze-im-internet.de/genregv
- PRV: www.gesetze-im-internet.de/prv
- VRV: www.gesetze-im-internet.de/vrv

A. Handelsregisterverordnung (HRV)

Verordnungstext: www.gesetze-im-internet.de/hdlregvfg **2**

I. Zuständigkeiten

§ 1 HRV befasst sich mit der örtlichen Zuständigkeit des Registergerichts und wiederholt insoweit die Regelung des § 376 FamFG. In den §§ 4, 25 Abs 1 Satz 1, 4 und Abs 2, 27 Abs 1, 2 und 29 HRV finden sich Regelungen zur funktionellen Zuständigkeit innerhalb des Gerichts, insbes zur Abgrenzung der Tätigkeiten des Urkundsbeamten der Geschäftsstelle von denen des Richters/Rechtspflegers. **3**

II. Aktenführung, Registerordner

§ 8 HRV enthält Regelungen über die Führung der gerichtsinternen **Registerakte**, welche diejenigen Schriftstücke und Verfügungen enthält, die nicht der öffentlichen Einsicht unterliegen (§ 385 Rz 30 ff). § 8 Abs 3 HRV erlaubt die elektronische Führung der Registerakte auf Anordnung der Justizverwaltung und enthält dazu nähere Modalitäten. Die Vorschrift ist lex specialis zu den allgemeinen Vorschriften des § 14 FamFG. **4**

§ 9 HRV regelt die Führung des **Registerordners**, in den alle eingereichten Dokumente einzustellen sind, die nach § 9 Abs 1 HGB der unbeschränkten Einsicht unterliegen. Die einzelnen Dokumente sind in der zeitlichen Folge ihres Eingangs und nach der Art des jeweiligen Dokuments abrufbar zu halten. Widersprüche gegen die Gesellschafterliste sind dieser zuzuordnen und besonders hervorzuheben (§ 9 Abs 1 Satz 3 HRV). Einge- **5** reichte Übersetzungen (§ 11 HGB) sind den zugehörigen Originaldokumenten zuzuordnen. Wird ein aktualisiertes Dokument eingereicht, ist kenntlich zu machen, dass die für eine frühere Fassung eingereichte Übersetzung nicht mehr dem aktuellen Stand des Originaldokuments entspricht.

5a Die zum Registerordner eingereichten Unterlagen werden durch das Registergericht nur bei formaler oder offensichtlicher inhaltlicher Unrichtigkeit (zB Vertauschung) beanstandet, ansonsten aber inhaltlich ungeprüft übernommen (OLG München NJW-RR 2009, 972, 973 mwN). Insbesondere die Gesellschafterliste der GmbH ist unverzüglich in den Registerordner aufzunehmen, weil hiervon die Rechtswirkungen des § 16 Abs 1 GmbHG abhängen. Wird im Zusammenhang mit einer Sitzverlegung eine aktualisierte Gesellschafterliste eingereicht, ist diese noch vor der Abgabe an das Gericht des neuen Sitzes in den Registerordner aufzunehmen (*Mayer* ZIP 2009, 1037, 1039).

III. Einsicht in das Register, Abschriften und Ausdrucke

6 § 10 HRV regelt Einzelheiten über die Einsichtnahme in das Register und in den Registerordner auf der Geschäftsstelle des Registergerichts; diese ist während der Dienststunden entweder über ein Datensichtgerät (Bildschirm) oder durch Einsicht in einen aktuellen oder chronologischen Ausdruck zu ermöglichen (s dazu § 385 Rz 9 ff, 21).

7 Die Formalien über die Fertigung von einfachen und beglaubigten Abschriften sowie einfachen und amtlichen Ausdrucken sind in den §§ 30, 30a HRV geregelt.

8 § 30a Abs 4 HRV definiert den Begriff des chronologischen und des aktuellen Ausdrucks. Der **chronologische Ausdruck** enthält sämtliche Eintragungen in zeitlicher Abfolge einschl der nicht mehr gültigen (= geröteten) Angaben (§ 16 Abs 1 Satz 1, 2 HRV) sowie der Übergangstexte (§ 16a HRV). Der **aktuelle Ausdruck** enthält nur den letzten Stand der noch gültigen Eintragungen. Nicht aufzunehmen sind die geröteten oder auf andere Weise als gegenstandslos kenntlich gemachten Eintragungen sowie die zu den Eintragungen gemachten »sonstigen Bemerkungen«. Aktuelle Ausdrucke können statt in spaltenweiser Wiedergabe auch als fortlaufender Text in tabellarischer Auflistung erstellt werden (Anl 6, 7 HRV), was der derzeitigen Praxis entspricht.

9 Ausdrucke können dem Antragsteller auch elektronisch übermittelt werden. Amtliche Ausdrucke sind, wenn sie elektronisch übermittelt werden, mit einer qualifizierten elektronischen Signatur zu versehen (§ 30a Abs 5 HRV).

IV. Aufbau des Registers

10 Das Handelsregister besteht gem § 3 HRV aus zwei Abteilungen. In **Abteilung A** (Registerzeichen »HRA«) sind Einzelkaufleute und Personenhandelsgesellschaften (OHG, KG und EWIV) sowie juristische Personen iSd § 33 HGB einzutragen; in **Abteilung B** (Registerzeichen »HRB«) die Kapitalgesellschaften (AG, SE, KGaA, GmbH/UG sowie VVaG).

11 Innerhalb der jeweiligen Abteilungen wird für jeden Einzelkaufmann, jede juristische Person und jede Handelsgesellschaft unter fortlaufender Nummer je ein **Registerblatt** angelegt (§ 13 Abs 1 HRV). Die Identifizierung des Unternehmens erfolgt unter Angabe des Registerzeichens und der fortlaufenden Nummer; also bspw »HRA 1234«, »HRB 2345«. Werden die Registerbezirke mehrerer Amtsgerichte zusammengelegt, können die bisherigen Registernummern beibehalten werden, wenn sie durch den **Zusatz eines Ortskennzeichens** unterscheidbar gehalten werden (§ 13 Abs 2 HRV). Von dieser Möglichkeit haben die Länder Schleswig-Holstein, Brandenburg und Baden-Württemberg Gebrauch gemacht, so dass dort Registerzeichen wie »HRB 395 KI« (Stadtwerke Kiel AG beim Amtsgericht Kiel) oder »HRB 4690 OPR« (Kammeroper Schloss Rheinsberg GmbH beim Amtsgericht Neuruppin) anzutreffen sind. Die übrigen Bundesländer haben im Zuge der stattgefundenen Konzentrationsmaßnahmen jeweils neue Registernummern vergeben, was ein Hinzufügen von Ortskennzeichen entbehrlich machte.

V. Inhalt des Registers

Die Abteilung A wird in sechs Spalten geführt (§§ 39, 50 und Anl 4 HRV): 12

Nummer der Eintragung	a) Firma b) Sitz, Niederlassung, inländische Geschäftsanschrift, Zweigniederlassungen c) Gegenstand des Unternehmens	a) Allgemeine Vertretungsregelung b) Inhaber, persönlich haftende Gesellschafter, Geschäftsführer, Vorstand, Vertretungsberechtigte und besondere Vertretungsbefugnis	Prokura	a) Rechtsform, Beginn und Satzung b) Sonstige Rechtsverhältnisse c) Kommanditisten, Mitglieder	a) Tag der Eintragung b) Bemerkungen
1	2	3	4	5	6

Welche Eintragungen in den einzelnen Spalten vorzunehmen sind, regelt § 40 HRV. Besondere Bestimmungen über die vorzunehmenden Eintragungen bei Eintritt eines neuen Gesellschafters ohne Firmenfortführung enthält § 41 HRV. 13

Die Abteilung B wird in sieben Spalten geführt (§§ 39, 50 und Anl 5 HRV): 14

Nummer der Eintragung	a) Firma b) Sitz, Niederlassung, inländische Geschäftsanschrift, empfangsberechtigte Person, Zweigniederlassungen c) Gegenstand des Unternehmens	Grund- oder Stammkapital	a) Allgemeine Vertretungsregelung b) Vorstand, Leitungsorgan, geschäftsführende Direktoren, persönlich haftende Gesellschafter, Geschäftsführer, Vertretungsberechtigte und besondere Vertretungsbefugnis	Prokura	a) Rechtsform, Beginn, Satzung oder Gesellschaftsvertrag b) Sonstige Rechtsverhältnisse	a) Tag der Eintragung b) Bemerkungen
1	2	3	4	5	6	7

Welche Eintragungen darin vorzunehmen sind, regelt § 43 HRV. Besondere Bestimmungen über die vorzunehmenden Eintragungen bei Nichtigerklärung eines eingetragenen Hauptversammlungs- bzw Gesellschafterbeschlusses sowie über den Inhalt des Löschungsvermerks bei nichtigen Gesellschaften enthalten die §§ 44 und 45 Abs 2 HRV. 15

In §§ 18 und 19 HRV ist geregelt, welche Angaben bei einer Eintragung auf Grund einer rechtskräftigen oder vollstreckbaren Entscheidung des Prozessgerichts sowie bei sonstigen Eintragungen von Amts wegen aufzunehmen sind. Die §§ 20, 42 und 46 HRV regeln die gegenseitige Bezugnahme von Registerblättern im Falle einer Sitzverlegung oder einer Rechtsformumwandlung zwischen den Abteilungen A und B. 16

VI. Textliche und grafische Gestaltung der vorzunehmenden Eintragungen

Jede Eintragung wird mit einer laufenden Nummer versehen (§ 14 Abs 1 HRV). Gelöschte Eintragungen sind **rot zu unterstreichen**; ebenso ist der Vermerk über die Löschung rot zu unterstreichen (§ 16 Abs 1 HRV) oder auf andere eindeutige Weise als gegen- 17 standslos kenntlich zu machen (§ 16 Abs 2 HRV). Ein Teil einer Eintragung darf nur dann gerötet werden, wenn die Verständlichkeit der Eintragung und des aktuellen Ausdrucks nicht beeinträchtigt wird. Andernfalls ist die betroffene Eintragung insgesamt zu röten und ihr noch gültiger Teil in verständlicher Form zu wiederholen (§ 16 Abs 3 HRV).

18 Diejenigen Eintragungen, die lediglich andere Eintragungen wiederholen, erläutern oder begründen und daher nach § 30a Abs 4 Satz 4 HRV nicht in den aktuellen Ausdruck einfließen, sind **grau zu hinterlegen** oder es ist auf andere Weise sicherzustellen, dass diese Eintragungen nicht in den aktuellen Ausdruck übernommen werden (§ 16a HRV).

19 Sind alle Eintragungen gegenstandslos geworden, so sind sämtliche Seiten des Registerblatts zu röten oder **rot zu durchkreuzen**. Das Registerblatt erhält einen Vermerk, der es als »**geschlossen**« kennzeichnet. Geschlossene Registerblätter sollen weiterhin, auch in der Form von Ausdrucken, wiedergabefähig oder lesbar bleiben (§§ 22 Abs 1, 2, 50 Abs 2 HRV).

VII. Berichtigung, Umschreibung

20 **Schreibversehen** und ähnliche offenbare Unrichtigkeiten einer Eintragung können in Form einer neuen Eintragung oder auf andere eindeutige Weise berichtigt werden. Die Berichtigung ist als solche kenntlich zu machen (§ 17 Abs 1 HRV). Eine versehentlich vorgenommene Rötung ist zu löschen oder auf andere eindeutige Weise zu beseitigen. Die Löschung oder sonstige Beseitigung ist zu vermerken (§ 17 Abs 3 HRV).

21 Ist das Registerblatt unübersichtlich geworden, sind die noch gültigen Eintragungen unter einer neuen oder unter derselben Nummer auf ein neues Registerblatt **umzuschreiben**. Dabei kann auch von dem ursprünglichen Text der Eintragung abgewichen werden, soweit der Inhalt der Eintragung dadurch nicht verändert wird. Auf jedem Registerblatt ist auf das andere zu verweisen, auch wenn es bei derselben Nummer verbleibt (§ 21 Abs 1 HRV).

VIII. Verfahren bei der Anmeldung und Eintragung von Tatsachen und Rechtsverhältnissen

22 § 25 Abs 1 Satz 2, 3 HRV verkörpert den allgemeinen registerverfahrensrechtlichen **Beschleunigungsgrundsatz**, wonach über die Eintragung unverzüglich nach Eingang der Anmeldung bei Gericht zu entscheiden ist (s dazu § 380 Rz 27, § 382 Rz 8).

23 § 38 HRV erstreckt die sog **Freivermerksprüfung** auf den benachbarten Gerichtsbezirk, falls ein Ort oder eine Gemeinde zu den Bezirken verschiedener Registergerichte gehört. Infolge der weitreichenden Registerkonzentrationsmaßnahmen der vergangenen Jahre dürfte das allerdings kaum noch vorkommen.

24 Ist der Eintragungsantrag entscheidungsreif, entscheidet der Richter/Rechtspfleger (§ 25 Abs 1 Satz 1 HRV). Ist dem Antrag stattzugeben, nimmt er die Eintragung und Bekanntmachung entweder selbst vor oder er verfügt die Eintragung und die Bekanntmachung durch den Urkundsbeamten der Geschäftsstelle (§ 27 Abs 1 HRV). Die Eintragung wird vollzogen, indem die eintragende Person ihren Nachnamen hinzusetzt und beides elektronisch signiert (§ 28 HRV).

IX. Wortlaut der Eintragung

25 Nimmt der Richter/Rechtspfleger die Eintragung nicht selbst vor, stellt er den genauen Wortlaut sowie die Eintragungsstelle im Register samt aller zur Eintragung erforderlichen Merkmale in einer Eintragungsverfügung fest (§ 27 Abs 2 HRV). Hinsichtlich des Wortlauts der Eintragung ist er nicht an den Formulierungsvorschlag des Antragstellers gebunden. Die Beteiligten haben auch keinen Anspruch auf eine bestimmte **Schreibweise der Firma**; vielmehr sind die Art und Weise der Eintragung einschl ihres Schriftbildes und der graphischen Gestaltung nach pflichtgemäßem Ermessen zu bestimmen (KG

GmbHR 2000, 1101; aA: Keidel/Heinemann § 382 Rn 6). Die zur Verfügung stehenden Buchstaben und Satzzeichen sind durch Rechtsverordnung nach § 8a Abs 2 HGB auf den sog ASCII-Zeichensatz beschränkt (vgl § 387 Rz 13). Ausländische Zeichensätze sind durch Umschrift in den ASCII-Zeichensatz zu übertragen, und zwar durch Transkription anstelle durch Transliteration wegen der im ASCII-Zeichensatz nicht enthaltenen diakritischen Zeichen. Verfahrensrechtliche Einschränkungen aus dem Grundsatz der deutschen Gerichtssprache (§ 184 GVG) gibt es hingegen nicht (so aber *Melchior/ Schulte* § 27 Rn 6), denn anerkanntermaßen sind fremdsprachige Firmenbestandteile wie zB »Consulting« oder »Food« (OLG Frankfurt Rpfleger 1979, 340) ohne Weiteres zulässig.

Von der verfahrensrechtlichen Sichtweise zu trennen ist die Frage, welche Buchstaben- und Zeichenkombinationen unter materiellen Aspekten wie zB der eindeutigen Aussprache zulässig sind (OLG Frankfurt NJW 2002, 2400: sechsmalige Aneinanderreihung des Großbuchstabens »A.«; BayObLG NJW 2001, 2337: Verwendung des Zeichens »@« als Firmenbestandteil; OLG München NJW-RR 2007, 187: »K.SS. e.V.«; BGH DNotZ 2009, 469: »HM & A GmbH & Co. KG« gegen OLG Celle DNotZ 2007, 56: »AKDV GmbH«). Dieses ist eine – hier nicht zu behandelnde – Frage des materiellen Firmen- bzw Vereinsnamensrechts. 26

X. Bekanntmachungen, Benachrichtigungen und Mitteilungen

Mit Einzelheiten der Bekanntmachungen, Benachrichtigungen und Mitteilungen über vollzogene Eintragungen befassen sich die §§ 32–38 HRV; bei Berichtigungen und Umschreibungen gelten die §§ 17 Abs 2, 21 Abs 2 HRV. 27

Hervorzuheben ist das Antragsrecht nach § 35 HRV: Wird eine Firma im Handelsregister gelöscht, weil das Unternehmen nach Art oder Umfang einen in kaufmännischer Weise eingerichteten Geschäftsbetrieb nicht erfordert, kann auf Antrag des Inhabers in der Bekanntmachung der Grund der Löschung erwähnt werden. Handelt es sich um einen **Handwerker**, der bereits in die Handwerksrolle eingetragen ist, kann neben der Angabe des Grundes der Löschung in der Bekanntmachung auch auf diese Eintragung hingewiesen werden. 28

XI. Technische Vorgaben für die elektronische Registerführung, Ausfall der DV-Anlagen und Kommunikationseinrichtungen

Abschließend enthalten die §§ 47–53 HRV besondere Vorgaben für den technischen Betrieb, insbes in Bezug auf Datensicherheit, Abrufprotokollierung usw. 29

Sind Eintragungen in das elektronisch geführte Handelsregister vorübergehend nicht möglich (**Ausfall der DV-Anlagen**), ist auf Anordnung der Justizverwaltung ein **Ersatzregister** in Papierform zu führen. Dessen Eintragungen sollen in das elektronisch geführte Handelsregister übernommen werden, sobald dies wieder möglich ist (§ 54 Abs 1 HRV). 30

Können elektronische Anmeldungen und Dokumente vorübergehend nicht entgegengenommen werden (**Ausfall der Empfangseinrichtung**), so kann die nach Landesrecht zuständige Stelle anordnen, dass Anmeldungen und Dokumente auch in Papierform zum Handelsregister eingereicht werden können. Die aufgrund einer solchen Anordnung eingereichten Schriftstücke sind unverzüglich in elektronische Dokumente zu übertragen (§ 54 Abs 3 HRV). 31

B. Genossenschaftsregisterverordnung (GenRegV)

Die GenRegV ist nur noch ein Torso; von den ursprünglich 27 Paragrafen ist rund die Hälfte bereits weggefallen. Der verbliebene Rest kann im Internet unter **www.gesetze-im-internet.de/genregv** abgerufen werden. 32

Anhang zu § 387 FamFG | Registerverordnungen

I. Verweis auf das Handelsregister

33 § 1 GenRegV enthält hinsichtlich Zuständigkeiten und Verfahren zunächst einen **Generalverweis** auf die für das Handelsregister geltenden Vorschriften. Einbezogen sind damit sowohl die §§ 8 ff HGB als auch die Vorschriften der HRV, welche anzuwenden sind, soweit sich nicht aus den besonderen Vorschriften für Genossenschaften etwas Abweichendes ergibt.

34 Trotz des vorhandenen Generalverweises werden in einigen Vorschriften der GenRegV überflüssigerweise die in der HRV bereits enthaltenen Regelungsinhalte wiederholt, teils mit anderem Wortlaut, etwa in den §§ 3, 4 GenRegV hinsichtlich der Benachrichtigungen und Bekanntmachungen von Eintragungen, in den §§ 22 Abs 2, 23 GenRegV bezüglich des Nichtigkeitsvermerks über die Genossenschaft und ihre Beschlüsse sowie in § 24 GenRegV bezüglich der Berichtigung von Schreibfehlern.

II. Besondere Vorschriften für Anmeldungen und Eintragungen

35 §§ 6–8 GenRegV enthalten spezielle Formvorschriften für Anmeldungen, Anzeigen sowie die Einreichung von Unterlagen. Überwiegend handelt sich um Regelungen mit materiellem Bedeutungsgehalt, die für den Bereich des Handelsregisters nicht durch Vorschriften im Verordnungsrang, sondern im materiellen Gesetz selbst (HGB, GmbHG usw) getroffen sind. Tatsächlich erscheint es zweifelhaft, ob sämtliche diesbezüglichen Regelungen, namentlich das in § 6 Abs 3 Satz 1 GenRegV enthaltene Vertretungsverbot bei der Anmeldung, von der Verordnungsermächtigung des § 387 Abs 2 gedeckt sind.

36 § 15 GenRegV enthält Bestimmungen über die Prüfung der Ersteintragung und deren Bewirkung; § 16 regelt das Verfahren bei Satzungsänderung.

37 Den §§ 20, 21 Abs 1 GenRegV ist zu entnehmen, welche Auflösungs- und Beendigungstatbestände anzumelden sind; in §§ 20 Abs 1 Nr 2, 21 Abs 2 GenRegV wird bestimmt, welche Auflösungstatbestände und Insolvenzvermerke von Amts wegen vorzunehmen sind.

III. Inhalt des Registers

38 Das Genossenschaftsregister wird in fünf Spalten geführt (§ 25 und Anl 1 GenRegV):

Nummer der Eintragung	a) Firma b) Sitz, Niederlassung, inländische Geschäftsanschrift und empfangsberechtigte Person der Europäischen Genossenschaft, Zweigniederlassungen c) Gegenstand des Unternehmens	Nachschusspflicht, Mindestkapital; Grundkapital der Europäischen Genossenschaft	a) Allgemeine Vertretungsregelung b) Vorstand; Leitungsorgan oder geschäftsführende Direktoren der Europäischen Genossenschaft; Vertretungsberechtigte und besondere Vertretungsbefugnis	Prokura
1	2	3	4	5

39 Welche Eintragungen in den einzelnen Spalten vorzunehmen sind, regelt § 26 GenRegV.

C. Partnerschaftsregisterverordnung (PRV)

40 Die im Internet unter **www.gesetze-im-internet.de/prv** abrufbare, aus nur neun Paragrafen bestehende PRV erklärt im Wesentlichen die HRV für anwendbar, und zwar mit den für die OHG geltenden Vorschriften (§ 1 PRV).

I. Besondere Angaben bei der Anmeldung

Bei der Erstanmeldung einer Partnerschaft ist die Zugehörigkeit jedes Partners zu dem Freien Beruf, den er in der Partnerschaft ausübt, anzugeben (§ 3 Abs 1 PRV). Bedarf die Berufsausübung der staatlichen Zulassung oder einer staatlichen Prüfung, so sollen die Urkunde über die Zulassung oder das Zeugnis über die Befähigung zu diesem Beruf in Urschrift, Ausfertigung oder öffentlich beglaubigter Abschrift vorgelegt werden. Besteht für die angestrebte Tätigkeit keine anerkannte Ausbildung oder ist zweifelhaft, ob die angestrebte Tätigkeit als freiberuflich iSd § 1 Abs 2 PartGG einzustufen ist, können die anmeldenden Partner die Ausübung freiberuflicher Tätigkeit auf sonstige Weise, notfalls auch durch schlichte Erklärung, darlegen. Das Gericht legt dann die Angaben der Partner zugrunde, es sei denn, deren Unrichtigkeit wäre bekannt. 41

Die anmeldenden Partner sollen ferner eine Erklärung darüber abgeben, dass Vorschriften über einzelne Berufe, insbes solche über die Zusammenarbeit von Angehörigen verschiedener Freier Berufe, einer Eintragung nicht entgegenstehen (§ 3 Abs 2 PRV). 42

Bedarf die Partnerschaft als solche auf Grund von Vorschriften über einzelne Berufe der staatlichen Zulassung, ist anstelle der vorbezeichneten Nachweise eine Bestätigung der zuständigen Behörde vorzulegen, dass eine solche Zulassung erfolgen kann (§ 3 Abs 3 PRV). 43

Außerdem sollen die anmeldenden Partner dem Gericht mit der Anmeldung mitteilen, ob und welche Berufskammern für die in der Partnerschaft ausgeübten Berufe bestehen. Dabei sollen auch die Anschriften der Berufskammern mitgeteilt werden (§ 4 Satz 2, 3 PRV). 44

Bei späterem Eintritt eines Partners in eine bereits bestehende Partnerschaft sind entsprechende Unterlagen vorzulegen bzw Erklärungen abzugeben (§ 3 Abs 4 PRV). 45

II. Unterstützung durch berufsständische Organe

Dass in § 4 PRV die Sätze 1 und 4 noch fortbestehen, dürfte ein Redaktionsversehen sein, nachdem die Parallelvorschriften des § 23 Satz 2, 5 HRV aF im Zuge der Beratungen des BT-Rechtsausschusses gestrichen wurden (BTDrs 16/9733 S 232). Jedenfalls wurde § 4 Satz 1 PRV dadurch obsolet, dass die Pflicht zur Anhörung der berufsständischen Organe nunmehr in das Gesetz aufgenommen wurde (§ 380 Abs 2 Satz 1), während der in § 4 Satz 4 PRV angeordneten Mitteilungspflicht keine eigenständige Bedeutung mehr neben den Erfordernissen zur Erteilung von Vorbescheiden (§ 380 Rz 23, 38) und der allgemeinen Mitteilung/Bekanntgabe nach § 380 Abs 4 FamFG (§ 380 Rz 34 ff) zukommt. 46

Zur ergänzenden Zuständigkeit der Organe des **Handelsstandes** bei der Unterstützung zur Führung des Partnerschaftsregisters s § 380 Rz 16. 47

III. Inhalt des Registers

Das Partnerschaftsregister wird in fünf Spalten geführt (§ 2 und Anl 1 PRV): 48

Nummer der Eintragung	a) Name b) Sitz, Zweigniederlassungen c) Gegenstand	a) Allgemeine Vertretungsregelung b) Partner, Vertretungsberechtigte und besondere Vertretungsbefugnis	a) Rechtsform b) Sonstige Rechtsverhältnisse	a) Tag der Eintragung b) Bemerkungen
1	2	3	4	5

Welche Eintragungen in den einzelnen Spalten vorzunehmen sind, regelt § 5 PRV. 49

Anhang zu § 387 FamFG | Registerverordnungen

IV. Bekanntmachungen

50 Gem § 7 PRV erfolgen die Bekanntmachungen in dem für das Handelsregister vorgesehenen Bekanntmachungssystem. § 8 PRV gewährt ein Antragsrecht auf besondere Erwähnung des Löschungsgrundes in der Bekanntmachung, wenn der Name einer Partnerschaft gelöscht wird, weil unter diesem keine freiberufliche Tätigkeit ausgeübt wird. Die Vorschrift ist dem § 35 HRV nachgebildet.

D. Vereinsregisterverordnung (VRV)

51 Die VRV (Abruf unter www.gesetze-im-internet.de/vrv) beruht auf der Verordnungsermächtigung des § 387 Abs 4. Inhaltlich sind die Regelungen in weiten Teilen mit denen der HRV vergleichbar, so dass hier nur die vereinsrechtlichen Spezifika hervorgehoben werden.

I. Inhalt des Registers

52 Das Vereinsregister wird in fünf Spalten geführt (§ 3 und Anl 1 VRV):

Nummer der Eintragung	a) Name b) Sitz	a) Allgemeine Vertretungsregelung b) Vertretungsberechtigte und besondere Vertretungsbefugnis	a) Satzung b) Sonstige Rechtsverhältnisse	a) Tag der Eintragung b) Bemerkungen
1	2	3	4	5

53 Welche Eintragungen in den einzelnen Spalten vorzunehmen sind, regelt § 3 VRV.

II. Schließung von Registerblättern

55 § 4 Abs 2 VRV enthält besondere Vorschriften über die Schließung von Registerblättern. Danach ist das Registerblatt zu schließen, wenn (1.) der Verein wegen Wegfalls sämtlicher Mitglieder oder durch bestandskräftiges Verbot erloschen und das Erlöschen eingetragen ist, oder (2.) die Beendigung der Liquidation des Vereins, die Fortführung als nichtrechtsfähiger Verein oder der Verzicht auf die Rechtsfähigkeit eingetragen worden ist. Das Registerblatt eines aufgelösten Vereins kann geschlossen werden, wenn seit mindestens einem Jahr von der Eintragung der Auflösung an keine weitere Eintragung erfolgt und eine schriftliche Anfrage des Registergerichts bei dem Verein unbeantwortet geblieben ist.

56 Ist ein Registerblatt zu Unrecht geschlossen worden, wird die Schließung rückgängig gemacht (§ 4 Abs 3 VRV).

III. Bekanntmachungen

57 Bekannt gemacht wird aus dem Vereinsregister jeweils nur die Ersteintragung des Vereins (§§ 14 VRV, 66 Abs 1 BGB).

IV. Besondere Vorschriften für das Papierregister

58 Da noch nicht alle Bundesländer flächendeckend auf elektronische Vereinsregisterführung umgestellt haben, sind die Vorschriften über das Papierregister (§ 2 Abs 2 VRV) nach wie vor von Bedeutung. Für das Papierregister gesondert geregelt sind die Registerführung in Karteiform auf Blättern (§ 2 Abs 1 VRV), die Führung von Handblättern (§ 7 Abs 3 VRV), das Verbot des Radierens und Unkenntlichmachens im Register (§ 10

Abs 1 Satz 2 VRV) sowie die Berichtigung noch nicht unterschriebener Eintragungen (§ 12 Abs 1 VRV).

E. Güterrechtsregister

Für das Güterrechtsregister enthält § 387 keine Verordnungsermächtigung. 59

Die Ursprünge der Registerführung gehen zurück auf die AV vom 6. November 1899 über die Führung des Vereinsregisters und des Güterrechtsregisters – VGBest (JMBl S 299); welche durch die inzwischen zuständig gewordenen Bundesländer fortgeschrieben und zum Teil neu gefasst wurden, vgl etwa 60
- Baden-Württemberg: AV des JM vom 19.9.1974 –3825 – III/3 – (Justiz S 355)
- Bayern: AV des StMJ vom 22.10.1982 – 3155-J 3825 – I – 196/82 – (BayJMBl S 235 ber 248)
- Berlin: AV des JustSen vom 8.10.1973 – Just 3825 – I/A 1 – (ABl S 1331)
- Hamburg: AV des JustSen vom 1.3.1974 – (JVBl 1974, 91)
- Hessen: RdErl des JM vom 13.1.1986 – (JMBl HE S 115)
- Nordrhein-Westfalen: AV des JM vom 7.11.1995 (3825 – I B. l) – JMBl NW S 265
- Schleswig-Holstein: AV des MJAE vom 15.2.2007 – II 171/3824 – 7 – (SchlHA S 86) GlNr 3824-1
- Thüringen: AV des TJM vom 21.7.1993 (JMBl TH S 159).

Die AVen und Erlasse enthalten jedoch nur rudimentäre Anweisungen zur Führung des Güterrechtsregisters, so dass ergänzend auf die für das Handels- und Vereinsregister entwickelten allgemeinen Grundsätze zurückzugreifen ist. 61

Seinem Grundmuster nach wird das Güterrechtsregister in drei Spalten geführt: 62

Nummer der Eintragung	Rechtsverhältnis	Bemerkungen
1	2	3

Einzutragen sind (zitiert nach der nordrhein-westfälischen AV vom 7.11.1995): 63
In Spalte 2: 64
- Änderung und Ausschließung des gesetzlichen Güterstandes, Eheverträge, deren Änderung und Aufhebung, auch wenn sie durch Urteil erfolgt (vgl §§ 1412, 1449, 1470 BGB, Art 16 EGBGB);
- Vorbehaltsgut; zur näheren Bezeichnung der einzelnen Gegenstände kann auf das bei den Registerakten befindliche Verzeichnis Bezug genommen werden (vgl § 1418 BGB);
- Beschränkung und Ausschließung des den Ehegatten nach § 1357 BGB zustehenden Rechts sowie die Aufhebung einer solchen Beschränkung oder Ausschließung;
- Einspruch gegen den Betrieb eines Erwerbsgeschäfts bei Gütergemeinschaft und Widerruf der Einwilligung (vgl §§ 1431, 1456 BGB);

sonst nach der Rechtsprechung eintragungsfähige Tatsachen.

In Spalte 3: 65
- etwaige Verweisungen auf spätere Eintragungen;
- sonstige Bemerkungen, zB der Grund für die Eintragung im Register eines für den Aufenthaltsort nicht zuständigen Gerichts, wenn ein Ehegatte im Bezirk dieses Gerichts ein Handelsgewerbe betreibt (Art 4 EGHGB).

Unterabschnitt 2
Zwangsgeldverfahren

Vor § 388 Zwangs- und Ordnungsgeldverfahren

A. Allgemeines

1 Entgegen der unvollständigen Überschrift regelt der zweite Unterabschnitt nicht nur das **Zwangsgeldverfahren**, sondern ebenfalls das – nach anderen Regeln verlaufende – **Ordnungsgeldverfahren** (§ 392). Mit dem Zwangsgeldverfahren befassen sich (nur) die §§ 388 bis 391.

2 Das FamFG übernimmt die Regelungen der §§ 132 ff, 140 FGG inhaltlich weitgehend unverändert. Nach den Erläuterungen des Regierungsentwurfs wurden lediglich einige systematische Veränderungen vorgenommen und die Vorschriften an die neue Terminologie angepasst.

B. Zwangsgeldverfahren (§§ 388–391)

3 Die systematische Einordnung des Zwangsgeldverfahrens in den Abschnitt 3 (»Registerverfahren«) des 5. Buches ist nicht ganz korrekt. Denn mit dem Zwangsgeldverfahren werden nicht nur registerrechtliche, sondern auch unternehmensrechtliche Pflichten durchgesetzt, bspw das Führen der Pflichtangaben auf den Geschäftsbriefen sowie die Erfüllung bestimmter gesellschaftsrechtlicher Pflichten. Das Zwangsgeldverfahren steht daher in einer Zwitterstellung zwischen register- und unternehmensrechtlichem Verfahren (§ 388 Rz 23). Gleichwohl erklärt das Gesetz durch die systematische Einbettung in den Abschnitt 3 einheitlich das Registergericht für zuständig.

4 Zwangsgeldandrohung und -festsetzung dienen – soweit sie sich auf Registerinhalte beziehen – der Sicherung der Zuverlässigkeit und der Vollständigkeit der Register (*Krafka/Willer* Rn 2353), letztlich also der Registerwahrheit. Mit dieser Zielrichtung kann das Zwangsgeldverfahren als ein Verwaltungsverfahren eigener Art verstanden werden, welches im öffentlichen Interesse normiert ist, um die Erfüllung von Verbindlichkeiten öffentlich-rechtlicher Natur zu erzwingen (KG NJW 1959, 1829, 1830; aA: Keidel/Heinemann § 388 Rn 2).

5 Ausgangspunkt des Verfahrens ist das pflichtwidrige Unterlassen einer Anmeldung, das Unterlassen der Einreichung von Dokumenten zum Register, das Unterlassen notwendiger Angaben auf den Geschäftsbriefen oder das Unterlassen anderer gesellschaftsrechtlicher Pflichten, soweit diese durch das Gesetz mit einer Zwangsgeldandrohung bewehrt sind. Welche Handlungen im Einzelnen mit der Androhung eines Zwangsgeldes erzwungen werden können, regelt nicht das FamFG, sondern das materielle Recht.

6 Die Vorschriften des FamFG (§§ 388 ff) regeln das Verfahren der Zwangsgeldandrohung und -festsetzung. Liegt ein zwangsgeldbewehrtes Unterlassen vor, hat das Registergericht die Beteiligten aufzufordern, die gebotene Handlung vorzunehmen oder ihr Unterlassen mit einem Einspruch zu rechtfertigen. Die Aufforderung ist mit einer Fristsetzung sowie mit der Androhung eines Zwangsgeldes zu versehen (§ 388 Abs 1). Hält der in Anspruch Genommene die Aufforderung für unberechtigt, hat er Einspruch einzulegen, über den das Registergericht gem § 390 entscheidet. Legt er keinen Einspruch ein oder weist das Gericht den Einspruch zurück, wird das Zwangsgeld nach Ablauf der für die gebotene Handlung gesetzten Frist festgesetzt (§§ 389, 390 Abs 4). Der Beschluss, durch den das Zwangsgeld festgesetzt oder der Einspruch verworfen wird, ist mit der Beschwerde anfechtbar (§ 391 Abs 1).

7 Entsprechend anwendbar sind die Vorschriften auf unterlassene Anmeldungen und Glaubhaftmachungen zu den **Schiffsregistern** (§ 19 Abs 2 SchRegO).

Die **Durchsetzung der Rechnungslegungspublizität** ist seit dem 1.1.2007 nicht mehr 8
Gegenstand des registerrechtlichen Zwangsgeldverfahrens, sondern eines vom Bundesamt für Justiz durchzuführenden Ordnungsgeldverfahrens (Rz 10).

C. Ordnungsgeldverfahren (§ 392)

Das Ordnungsgeldverfahren (Firmenmissbrauchsverfahren) nach § 392 dient der Auf- 9
rechterhaltung der Firmenordnung und dem Schutz des Rechtsverkehrs vor dem Gebrauch falscher und irreführender Firmen. Anknüpfungspunkt des Verfahrens ist der unzulässige Gebrauch einer Handelsfirma durch einen hierzu nicht Befugten. Stellt das Registergericht einen Firmenmissbrauch fest, hat es dem Beteiligten aufzugeben, sich des Gebrauchs der Firma zu enthalten oder ihn mit einem Einspruch zu rechtfertigen. Die Aufforderung ist mit der Androhung eines Ordnungsgeldes zu versehen. Hält der in Anspruch Genommene die Aufforderung für unberechtigt, hat er Einspruch einzulegen, über den das Registergericht gem § 390 entscheidet. Legt er keinen Einspruch ein oder weist das Gericht den Einspruch zurück, wird das Ordnungsgeld nach erneuter schuldhafter Zuwiderhandlung festgesetzt. Der Beschluss, durch den das Ordnungsgeld festgesetzt oder der Einspruch verworfen wird, ist mit der Beschwerde anfechtbar (§ 391 Abs 1).

Vom Ordnungsgeldverfahren der Registergerichte zu trennen ist das Ordnungsgeld- 10
verfahren des Bundesamtes der Justiz (§ 335 HGB), mit welchem die Rechnungslegungspublizität durchgesetzt wird. Auf dieses Verfahren sind die §§ 388 Abs 1, 389 Abs 3, 390 Abs 2 bis 6 FamFG entsprechend anzuwenden (§ 335 Abs 2 Satz 1 HGB); beachte hier aber die abgekürzte Beschwerdefrist von nur zwei Wochen gemäß § 335 Abs 5 Satz 1 HGB.

D. Funktionelle Zuständigkeit

Funktionell zuständig für die Durchführung sowohl der Ausgangsverfahren (Aufforde- 11
rung und Androhung) als auch der Einspruchsverfahren ist jeweils der Rechtspfleger (§ 3 Nr 1 lit. a, Nr 2 lit. d RPflG).

§ 388 Androhung

(1) Sobald das Registergericht von einem Sachverhalt, der sein Einschreiten nach den §§ 14, 37a Abs. 4 und § 125a Abs. 2 des Handelsgesetzbuchs, auch in Verbindung mit § 5 Abs. 2 des Partnerschaftsgesellschaftsgesetzes, den §§ 407 und 408 des Aktiengesetzes, § 79 Abs. 1 des Gesetzes betreffend die Gesellschaften mit beschränkter Haftung, § 316 des Umwandlungsgesetzes oder § 12 des EWIV-Ausführungsgesetzes rechtfertigt, glaubhafte Kenntnis erhält, hat es dem Beteiligten unter Androhung eines Zwangsgeldes aufzugeben, innerhalb einer bestimmten Frist seiner gesetzlichen Verpflichtung nachzukommen oder die Unterlassung mittels Einspruchs zu rechtfertigen.

(2) In gleicher Weise kann das Registergericht gegen die Mitglieder des Vorstands eines Vereins oder dessen Liquidatoren vorgehen, um sie zur Befolgung der in § 78 des Bürgerlichen Gesetzbuchs genannten Vorschriften anzuhalten.

Übersicht

	Rz
A. Allgemeines	1
B. Kommentierung	3
I. Gegenstand des Zwangsgeldverfahrens	3
1. Erzwingung einer Registeranmeldung	8
2. Erzwingung der Einreichung von Dokumenten	12
3. Erzwingung der Mitteilung von Geburtsdaten der einzutragenden Personen sowie der Anschriften des Unternehmens und seiner Zweigniederlassungen	16
4. Erzwingung der notwendigen Angaben auf den Geschäftsbriefen und Bestellscheinen	18
5. Erzwingung gesellschaftsrechtlicher Organverpflichtungen sowie bestimmter Informationspflichten bei Umwandlungsvorgängen	21
II. Glaubhafte Kenntnis von Tatsachen, die ein Einschreiten rechtfertigen	24
III. Adressat der Aufforderung	26
IV. Verfahren	32
1. Zuständigkeit	32
2. Einleitung des Verfahrens, Beteiligung der berufsständischen Organe	36
3. Informelle Aufforderung zur Registeranmeldung	38
4. Kein Ermessen bei der Verfahrenseinleitung	39
V. Form und Inhalt der Aufforderung	40
VI. Unterrichtung des Anzeigenerstatters bei Nichteinleitung des Verfahrens (§ 24 Abs 2)	49
VII. Rechtsbehelfe	50
1. Rechtsbehelf gegen die erlassene Zwangsgeldandrohung	50
2. Rechtsbehelf gegen die Ablehnung oder Aufhebung einer Zwangsgeldandrohung	54
VIII. Kosten	57
IX. Vorgehen gegen den Vorstand oder die Liquidatoren eines Vereins (Abs 2)	58

A. Allgemeines

1 Absatz 1 entspricht weitgehend dem früheren § 132 Abs 1 FGG, lediglich erweitert um die Einbeziehung des Partnerschaftsregisters, welche früher über die in § 160b Abs 1 FGG enthaltene Verweisung geregelt war.

2 Absatz 2 wurde neu eingefügt. Dafür ist die frühere Bestimmung des § 132 Abs 2 FGG entfallen, wo geregelt war, dass die Androhung des Zwangsgeldes nicht mit der Beschwerde anfechtbar ist.

B. Kommentierung

I. Gegenstand des Zwangsgeldverfahrens

3 Für das Zwangsgeldverfahren ist Raum, wenn das Registergericht glaubhafte Kenntnis von einem Sachverhalt erhält, der sein Einschreiten nach den erwähnten §§ 14, 37a

Abs 4, § 125a Abs 2 HGB, 5 Abs 2 PartGG, 407, 408 AktG, 79 Abs 1 GmbHG, 316 UmwG, 12 EWIVAG oder nach den in der Gesetzesaufzählung unerwähnt gebliebenen §§ 160 GenG, 387 Abs 2 Satz 2 FamFG rechtfertigt. Ausgangspunkt für die Einleitung des Verfahrens ist das rechtswidrige Unterlassen einer gebotenen Handlung, deren Durchsetzung durch eine der vorgenannten Rechtsvorschriften ausdrücklich mit einer Zwangsgeldandrohung bewehrt ist. Zwangsgeldbewehrt sind die Nichtbefolgung der Anmelde- und Einreichungspflichten zum Register (Rz 8 ff) und zum Registerordner (Rz 12 ff), das Unterlassen der erforderlichen Pflichtangaben auf den Geschäftsbriefen und Bestellscheinen (Rz 18 ff) sowie die Nichtvornahme der durch die §§ 407 AktG, 160 GenG bestimmten innergesellschaftlichen Organpflichten bzw Informationspflichten gem § 316 UmwG (Rz 21 ff).

Das Zwangsverfahren dient dazu, die fehlende Anmeldung, die Einreichung der erforderlichen Dokumente, die Aufnahme der notwendigen Angaben auf den Geschäftsbriefen und Bestellscheinen oder sonst die gebotene Handlung des Geschäftsinhabers oder Gesellschaftsorgans herbeizuführen.

Die gesetzlich aufgezählten Fälle, in denen das Registergericht nach § 388 einschreiten kann, sind **abschließend**. Eine generelle Ermächtigung zur Ausübung einer allgemeinen Unternehmensaufsicht enthält § 388 nicht (Jansen/*Steder* § 132 Rn 53). Daher können die Gesellschafter einer GmbH/UG nicht durch Zwangsgeld dazu angehalten werden, einen Geschäftsführer zu bestellen (KGJ 45, 178, 180) oder die Firma zu ändern (OLG Hamm DB 1979, 306); das einzelne Aufsichtsratsmitglied kann nicht die Gewährung von Einsicht in bestimmte Unterlagen auf der Grundlage von § 90 Abs 3 AktG erzwingen (BayObLGZ 1968, 118) usw.

Ebenso kein Fall des § 388 ist die dem eigentlichen Verfahren vorgelagerte Erzwingung der **Mitwirkung an einer Aufklärung des Sachverhalts** (§ 27). Die Mitwirkung kann insgesamt nicht erzwungen werden, auch nicht nach den allgemeinen Vorschriften der §§ 33 Abs 3, 35 (BayObLGZ 1978, 319).

Entsprechend anwendbar ist die Vorschrift auf unterlassene Anmeldungen und Glaubhaftmachungen zu den Schiffsregistern (§ 19 Abs 2 SchRegO) und auf unterlassene Offenlegung der Rechnungslegungsunterlagen (§ 335 Abs 2 Satz 1 HGB).

1. Erzwingung einer Registeranmeldung

Erzwingbar nach § 388 sind alle Registeranmeldungen, bezüglich derer eine Anmeldepflicht besteht. Die anmeldepflichtigen Tatsachen sind in den materiellen Gesetzen als solche bezeichnet. Darüber hinaus wurden einige weitere Tatsachen in richterlicher Rechtsfortbildung als eintragungsfähig und anmeldepflichtig anerkannt, wie etwa die Veränderung der nach § 106 Abs 2 Nr 1 HGB einzutragenden Personalien der Gesellschafter, die Umwandlung der OHG in eine KG, Fortsetzungsbeschlüsse nach Auflösung der OHG sowie die Befreiung eines vertretungsbefugten OHG-Gesellschafters vom Verbot des Selbstkontrahierens (Staub/*Ulmer* § 106 Rn 12). Auch deren Anmeldung kann mit dem Zwangsgeldverfahren erzwungen werden (Jansen/*Steder* § 132 Rn 53; aA: Keidel/*Heinemann* § 388 Rn 6).

Kein Anwendungsfall des § 388 ist gegeben, wo das Gesetz eine Erzwingung der Eintragung ausdrücklich ausschließt, wie etwa bei der Erhöhung oder Herabsetzung einer Kommanditeinlage (§ 175 Satz 3 HGB), der Erstanmeldung einer Kapitalgesellschaft, einiger auf deren Satzung, Sitz und das Stamm-/Grundkapital bezogenen Folgeanmeldungen (§§ 79 Abs 2 GmbHG, 407 Abs 2 AktG) sowie bei den in § 316 Abs 2 UmwG aufgeführten Umwandlungsvorgängen. Auch muss nicht die Zweigniederlassung einer ausländischen Gesellschaft angemeldet werden, welche die Komplementärstellung in einer nach deutschem Recht gegründeten KG übernimmt (OLG Frankfurt DNotZ 2008, 860).

§ 388 FamFG | Androhung

10 Ebenfalls nicht erzwungen werden kann die Anmeldung der Löschung einer unzulässig vorgenommenen Registereintragung, soweit diese mit dem hierfür vorgesehen Amtslöschungsverfahren (§ 395) beseitigt werden könnte (KG FGPrax 1999, 156; aA offenbar Keidel/*Heinemann* § 388 Rn 8); zu Einzelfragen der Abgrenzung vgl § 395 Rz 11 ff.

11 Für Eintragungen in das **Güterrechtsregister** gibt es generell keinen öffentlich-rechtlichen Anmeldezwang; hier können sich die Ehegatten nur gegenseitig auf Mitwirkung verklagen (§ 1561 Abs 1 Hs 2 BGB; s vor § 378 Rz 16).

2. Erzwingung der Einreichung von Dokumenten

12 Die Einreichung von Dokumenten zu Zwecken der Publikation im Registerordner kann nur dann erzwungen werden, wenn eine **gesetzliche Einreichungspflicht** besteht. Wichtigster Fall bei der **GmbH/UG** ist die Gesellschafter- und Aufsichtsratsliste (§§ 40 Abs 1, 52 Abs 2 Satz 2 GmbHG) sowie die Nichtigerklärung durch Urteil (§ 75 Abs 2 GmbHG iVm § 248 Abs 1 Satz 2 AktG). Bei der **AG/KGaA** sind es die Aufsichtsratsliste (§ 106 AktG), die Hauptversammlungsprotokolle (§ 130 Abs 5 AktG), gerichtliche Entscheidungen über die Zusammensetzung bzw über die Anfechtung oder die Feststellung der Nichtigkeit der Wahl des Aufsichtsrats (§§ 99 Abs 5 Satz 2, 250 Abs 3 Satz 1 iVm § 248 Abs 1 Satz 2 AktG, 251 Abs 3 AktG iVm § 248 Abs 1 Satz 2 AktG), über Anfechtungs- und Nichtigkeitsklagen gegen bestimmte Hauptversammlungsbeschlüsse (§ 248 Abs 1 Satz 2, auch iVm §§ 249 Abs 1 Satz 1, 253 Abs 2, 254 Abs 2 Satz 1, 255 Abs 3, 256 Abs 7 Satz 1 AktG) sowie die Nichtigerklärung (§ 275 Abs 4 Satz 2 AktG). Für Beschlüsse der Versammlung der Obersten Vertreter des **VVaG** gilt Entsprechendes (§ 36 Satz 1 VAG); ebenso für die gerichtliche Feststellung der Nichtigkeit der Wahl eines Verwaltungsratsmitglieds der SE (§ 31 Abs 3 Satz 1 SEAG). Der Vorstand eines eingetragenen **Vereins** muss auf Verlangen eine Bescheinigung der Mitgliederzahl einreichen (§ 72 BGB).

13 Keinen Fall des § 388 stellt es im Allgemeinen dar, wenn im Zusammenhang mit einer Registeranmeldung nicht alle für die Eintragung erforderlichen Anlagen eingereicht wurden. Vielmehr ist dem Antragsteller im Wege der Zwischenverfügung (§ 382 Abs 4) aufzugeben, diese nachzureichen. Weigert sich der Anmeldende jedoch, die erforderlichen Unterlagen einzureichen, und blockiert er dadurch die notwendige Registereintragung, kann auch die Vorlage der nötigen Eintragungsunterlagen erzwungen werden (§ 382 Rz 17).

14 Die Vorlage eines vollständigen Wortlauts der aktuellen Satzung (§§ 54 Abs 1 Satz 2 GmbHG, 181 Abs 1 Satz 2 AktG) kann nachträglich erzwungen werden, wenn diese bei der zuletzt eingetragenen Satzungsänderung nicht eingereicht wurde und das Registergericht es versäumt hatte, die Unvollständigkeit mit einer Zwischenverfügung zu beanstanden (Jansen/*Steder* § 132 Rn 56).

15 In Schiffsregistersachen kann die Vorlage der nach §§ 13 bis 15 SchRegO erforderlichen Bescheinigungen, Urkunden und sonstigen Glaubhaftmachungen erzwungen werden (§ 19 SchRegO).

3. Erzwingung der Mitteilung von Geburtsdaten der einzutragenden Personen sowie der Anschriften des Unternehmens und seiner Zweigniederlassungen

16 Gem § 387 Abs 2 Satz 2 FamFG ist § 14 HGB entspr anzuwenden, um die in den Registerverordnungen (§ 24 HRV) vorgeschriebenen Angaben über die Geburtsdaten der einzutragenden Personen sowie über die inländischen Geschäftsanschriften des Unternehmens und seiner Zweigniederlassungen zu erzwingen. Eine Pflicht zur nachträglichen Anmeldung der Geschäftsanschrift besteht aber nur, wenn jene dem Registergericht vor dem Inkrafttreten des MoMiG am 1.11.2008 noch nicht mitgeteilt war oder sich nachträglich geändert hat (OLG München FGPrax 2009, 126).

Für das Vereinsregister gilt § 387 Abs 2 Satz 2 nicht (s § 387 Rz 15). Fehlt bei der Erst- 17
anmeldung die Angabe der Geburtsdaten der einzutragenden Vorstände, ist der Verein durch Zwischenverfügung zur Vervollständigung der Anmeldung anzuhalten. Bei späteren Vorstandsänderungen kann die Angabe der Geburtsdaten nach den §§ 78 Abs 1, 67 Abs 1 BGB erzwungen werden, da es sich um eintragungs- und damit anmeldepflichtige Angaben handelt (§ 3 Satz 3 Nr 3 VRV); gleiches gilt für die Geburtsdaten der Liquidatoren (§§ 78 Abs 2, 76 Abs 1 BGB). Nicht erzwungen werden kann die Mitteilung der ladungsfähigen Anschrift des Vereins (§ 15 VRV), da sich § 78 BGB hierauf nicht bezieht.

4. Erzwingung der notwendigen Angaben auf den Geschäftsbriefen und Bestellscheinen

Gem §§ 37a, 125a HGB, 35a, 71 Abs 5 GmbHG, 80, 268 Abs 4 AktG, 25a GenG, 25 SCE- 18
AG, 12 EWIVAG iVm Art 25 EWIV-VO haben Kaufleute, Gesellschaften und Genossenschaften bestimmte Pflichtangaben über ihr Unternehmen auf ihren Geschäftsbriefen und Bestellscheinen zu machen. Dabei ist der Begriff des »Geschäftsbriefes« weit gefasst; er umfasst nicht nur »Briefe« nach postalischem Verständnis, sondern alle nicht mündlichen Mitteilungen des Unternehmens über geschäftliche Angelegenheiten nach außen (Baumbach/Hopt/*Hopt* § 37a Rn 4), also auch Telefaxe, E-Mails, Internetseiten, BTX, Fernschreiben und Telegramme sowie Postkarten. Welche Geschäftsangaben im Einzelnen zu machen sind, variiert je nach Rechtsform des Unternehmens und ist den genannten Vorschriften des materiellen Rechts zu entnehmen. Unterlässt das Unternehmen die erforderlichen Angaben, soll deren Aufnahme in die Geschäftsbriefe mit dem Zwangsgeldverfahren nach § 388 erzwungen werden können.

Die Einbettung der Thematik in ein Zwangsgeldverfahren ist bei Lichte betrachtet al- 19
lerdings systemwidrig. Denn wahre Zielrichtung ist nicht das Erzwingen der Vornahme einer bestimmten Handlung, sondern das Unterbinden weiteren Inverkehrbringens unvollständiger Geschäftsbriefe und Bestellscheine, somit die Durchsetzung eines Unterlassens. Dazu wäre systematisch das Ordnungsgeldverfahren berufen.

Dass das Gesetz dennoch das Zwangsgeldverfahren anordnet, ist von der tradierten 20
Vorstellung getragen, das Unternehmen sei dazu anzuhalten, in seinen vorhandenen Vorrat an Briefbögen zusätzliche Angaben nachträglich einzudrucken. Heutzutage werden geschäftliche Mitteilungen jedoch in weitem Umfang per Telefax, E-Mail und andere elektronische Kommunikationsmedien übermittelt, welche einen körperlichen »Briefbogen« im klassischen Sinne nicht mehr voraussetzen. Ein Hauptaugenmerk der Geschäftsbriefkontrolle bezieht sich daher nicht mehr auf vorgedruckte Briefbögen, sondern darauf, ob E-Mails und Computerfaxe das Unternehmen vereinzelt oder regelmäßig ohne die erforderlichen Angaben verlassen. Da elektronische Mitteilungen jedoch nicht zwingend auf einem einheitlichen »Briefkopf« aufsetzen, hat sich der Blickwinkel verlagert von einer Vervollständigung allgemein verwendeter Geschäftsbriefbögen hin zu der jeweils konkret versendeten Nachricht und deren Erscheinungsbild im Einzelfall. Ähnliches gilt für Bestellscheine, die in ihrer konkreten Gestalt – zB abgedruckt in Zeitschriften – oftmals nur zur einmaligen Verwendung bestimmt sind. Das Inverkehrbringen ohne Pflichtangaben wäre systemgerecht in einem Ordnungs- oder Bußgeldverfahren zu ahnden, wie der Gesetzgeber dies zB für die Anbieterkennzeichnung bei Telemedien umgesetzt hat (§§ 5, 16 Abs 2 Nr 1 TMG).

5. Erzwingung gesellschaftsrechtlicher Organverpflichtungen sowie bestimmter Informationspflichten bei Umwandlungsvorgängen

Durch § 407 Abs 1 AktG sind zahlreiche aktienrechtliche Vorlegung-, Auslegungs-, 21
Hinterlegungs-, Anzeige-, Bekanntmachungs- und Berichtspflichten sowie Bilanzaufstellungspflichten, Einberufungspflichten zur Jahresabschluss-Hauptversammlung, Maß-

nahmen zur Veräußerung und Einziehung eigener Aktien usw in das Zwangsgeldverfahren einbezogen. Es handelt sich hierbei um gesellschaftsrechtliche Organpflichten des Vorstands, des Aufsichtsrats und der Abwickler, welche ganz überwiegend dem Aktionärsschutz dienen. Ähnliche Pflichten sind bei der Genossenschaft durch § 160 Abs 1 GenG zwangsgeldbewehrt.

22 Ebenso dem Gesellschafterschutz dient die weitere Einbeziehung der umwandlungsrechtlichen Verpflichtungen, dem betroffenen Anteilseigner auf Verlangen eine Abschrift des Formwandlungs- oder Umwandlungsvertrages sowie -beschlusses zu erteilen (§ 13 Abs 3 Satz 3, auch iVm §§ 125 Satz 1, 176 Abs 1, 177 Abs 1, 178 Abs 1, 179 Abs 1, 180 Abs 1, 184 Abs 1, 186 Satz 1, 188 Abs 1, 189 Abs 1, 193 Abs 3 Satz 2 UmwG).

23 Die Erzwingungsverfahren in diesen Angelegenheiten weisen jedoch allenfalls einen losen Bezug zur Registerführung auf. In ihrem Kern dienen sie nicht der Registerklarheit und -wahrheit, sondern flankieren den **Aktionärs- und Gesellschafterschutz**. Es handelt sich um Materien, die dem Gegenstand unternehmensrechtlicher Verfahren (§ 375) näher stehen als der Registerführung. Gleichwohl erklärt das Gesetz das Registergericht und nicht die (für unternehmensrechtliche Verfahren zuständige) allgemeine Abteilung für zuständig.

II. Glaubhafte Kenntnis von Tatsachen, die ein Einschreiten rechtfertigen

24 Kenntnisse von Tatsachen, die ein Einschreiten rechtfertigen, erhalten Registergerichte vor allem durch Mitteilungen der berufsständischen Organe (§ 380 Abs 1), durch Mitteilungen anderer Gerichte, Behörden und Notare (§ 379 Abs 1 FamFG, MiZi I/2) sowie aufgrund eigener Kenntnisse aus anderen Verfahren. Auch durch aktuell anhängige Registeranmeldungen kann offenbar werden, dass bestimmte Voreintragungen in demselben oder in einem anderen Registerblatt versäumt wurden.

25 Ob eine Tatsache hinreichend »**glaubhaft**« ist, hat das Gericht pflichtgemäß zu beurteilen. Eine »Glaubhaftmachung« iSd § 31 ist damit nicht gemeint, sondern ein hinreichender Grad an Wahrscheinlichkeit, wobei dem Gericht ein Beurteilungsspielraum zusteht. Besteht nur ein geringer Anfangsverdacht, sind zunächst Ermittlungen aufzunehmen (§ 26); hierbei kann und soll sich das Registergericht in geeigneten Fällen der Unterstützung durch die berufsständischen Organe (§ 380 Abs 1) bedienen. Beurteilt das Gericht die Tatsache als hinreichend glaubhaft, ist ein Vorgehen nach § 388 angezeigt. Ob tatsächlich ein Verstoß gegen Anmelde-, Einreichungs- oder sonstige Pflichten vorliegt, klärt sich erst im Einspruchsverfahren (Bumiller/*Harders* § 388 Rn 15; Bork/Jacoby/Schwab/*Müther* § 388 Rn 18 mwN; Bahrenfuss/*Steup* § 388 Rn 22).

III. Adressat der Aufforderung

26 Nach dem Wortlaut der Vorschrift hat das Registergericht »dem Beteiligten« aufzugeben, seiner gesetzlichen Verpflichtung nachzukommen. Mit dem »Beteiligten« ist nicht jeder Verfahrensbeteiligte iSd § 7 gemeint, sondern nur derjenige, den die Anmeldepflicht trifft.

27 Die Aufforderung richtet sich nicht gegen den eingetragenen Rechtsträger, sondern gegen diejenigen persönlich, die die Anmeldung zu bewirken bzw die sonstige Pflicht zu erfüllen haben. Wer das jeweils ist, wird durch das materielle Recht bestimmt. Bei einem kaufmännischen Handelsgeschäft ist es dessen Inhaber, bei Personenhandelsgesellschaften und Partnerschaften alle Gesellschafter gemeinsam (§§ 108 HGB, 161 Abs 2, 4 Abs 1 PartGG), bei der GmbH/UG sind es deren Geschäftsführer (§ 35 GmbHG) oder Liquidatoren in vertretungsberechtigter Anzahl (§ 78 GmbHG), bei Genossenschaften der Vorstand oder die Liquidatoren (§ 157 GenG), bei der Aktiengesellschaft deren Vorstandsmitglieder oder Abwickler, bei Zweigniederlassungen ausländischer Kapitalgesellschaften die zum ständigen Vertreter bestellten Personen (*Heinemann* FGPrax 2009, 1, 3), in Schiffsregistersachen der Schiffseigner, bei Binnenschiffen genügt einer von mehre-

ren Miteigentümern (§ 9 SchRegO). Die für den Fall der Führungslosigkeit einer GmbH/ UG oder AG vorgesehenen Ersatzvertreter (§ 35 Abs 1 Satz 2 GmbHG: Gesellschafter; § 78 Abs 1 Satz 1 AktG: Aufsichtsrat) können nicht in Anspruch genommen werden, da sie zur Abgabe einer Registeranmeldung nicht berechtigt bzw zur Vornahme der zu erzwingenden Handlungen nicht verpflichtet sind. Ist ein anmeldepflichtiger Gesellschafter selbst eine juristische Person, sind dessen organschaftliche Vertreter in Anspruch zu nehmen (zB bei der GmbH & Co. KG die Geschäftsführer der Komplementär-GmbH, s BayObLG Rpfleger 2002, 31; NJW-RR 2000, 771). Zwangsgelder gegen Minderjährige, die zum selbstständigen Betrieb eines Erwerbsgeschäfts ermächtigt sind (§ 112 BGB), sowie gegen minderjährige Vereinsvorstände sind zulässig; in allen anderen Fällen ist anstelle des beschränkt Geschäftsfähigen sein gesetzlicher Vertreter in Anspruch zu nehmen. Auch Erben eines infolge Todes ausgeschiedenen Gesellschafters einer Personenhandelsgesellschaft können zur Anmeldung dieser Veränderung gezwungen werden (BayObLG Rpfleger 1993, 288). Fehlt es an einem zur Registeranmeldung befugten Vertretungsorgan, bspw nach Versterben, Amtsniederlegung oder Abberufung des einzig vorhandenen Geschäftsführers, kommt nicht das Zwangsgeldverfahren in Betracht (Jansen/*Steder* § 132 Rn 14; *Kießling/Eichele* GmbHR 1999, 1165, 1168 mwN), sondern die gerichtliche Bestellung eines Notgeschäftsführers.

Parteien kraft Amtes können nach § 388 herangezogen werden, wenn in Bezug auf die von ihnen verwaltete Vermögensmasse eine Anmelde- oder Einreichungspflicht besteht (BGH NJW 1989, 3152 bezüglich eines Testamentsvollstreckers). **Insolvenzverwalter** können nur hinsichtlich solcher Veränderungen, die sich im Rahmen ihrer Verwaltungs- und Verfügungsbefugnis vollziehen, zur Abgabe einer Registeranmeldung gezwungen werden. Soweit dagegen die Gesellschafter und Geschäftsführer für die innergesellschaftliche Willensbildung auch in der Insolvenz zuständig bleiben (s vor § 378 Rz 25 ff), ist das Zwangsgeldverfahren gegen diese zu richten. Auch für die Einreichung neuer Gesellschafterlisten bleiben die Geschäftsführer zuständig (§ 40 Abs 1 GmbHG), soweit nicht der Notar dies erledigt (§ 40 Abs 2 GmbHG). Der **Notar** selbst ist kein »Beteiligter«, sondern Rechtspflegeorgan. Er kann daher nicht mit einem Zwangsgeld zur Einreichung der Gesellschafterliste gem § 40 Abs 2 GmbHG angehalten werden (OLG München NJW-RR 2009, 972; Keidel/*Heinemann* § 388 Rn 31). 28

Prokuristen kann kein Zwangsgeld androht werden, auch wenn sie in unechter Gesamtvertretung gemeinsam mit einem Geschäftsführer eine Registeranmeldung bewirken könnten (*Krafka/Willer* Rn 2363). Denn der Prokurist übernimmt in Bezug auf Registeranmeldungen nicht die Vertretung des Prinzipals, sondern übt nur eine organschaftliche Kontrollfunktion aus (vor § 378 Rz 18). 29

Obliegt die Anmeldung **mehreren Personen** in vertretungsberechtigter Anzahl gemeinsam, hat die Aufforderung regelmäßig an alle in Betracht kommenden Personen zu ergehen, welche sich der Vornahme der Handlung verweigern (OLG Hamm JMBl NW 1959, 32; Rpfleger 1985, 302, 303). Die Aufforderung erledigt sich für alle in Anspruch Genommenen, wenn die gebotene Handlung von den Beteiligten in vertretungsberechtigter Anzahl vorgenommen wird. 30

Verstirbt ein in Anspruch genommener Beteiligter im Laufe des Zwangsgeldverfahrens, setzt sich das Verfahren nicht mit seinem **Rechtsnachfolger** fort, sondern ist ggü diesem neu in Gang zu setzen (Jansen/*Steder* § 132 Rn 97; Keidel/*Heinemann* § 388 Rn 35). Dasselbe gilt bei rechtsgeschäftlicher Übertragung des Geschäftsanteils des anmeldepflichtigen Gesellschafters bzw bei Änderungen im Amt des anmeldepflichtigen Vertretungsorgans (Vorstand/Geschäftsführer). 31

IV. Verfahren

1. Zuständigkeit

32 Zuständig ist in allen Zwangsgeldverfahren ausschließlich das Registergericht, bei dem das Unternehmen mit seiner Hauptniederlassung eingetragen ist (s § 377 Rz 6 f). Die Anmeldung einer Sitzverlegung kann daher nicht durch das Gericht des neuen Sitzes erzwungen werden, die Pflichtangaben auf den Geschäftsbriefen können nicht von dem Gericht erzwungen werden, in dessen Bezirk von unzureichenden Geschäftsbriefen Gebrauch gemacht wurde.

33 Bei Zweigniederlassungen von Unternehmen mit Sitz oder Hauptniederlassung im Ausland ist das Gericht der Zweigniederlassung zuständig (§ 13d HGB).

34 Bei Unternehmen mit Doppelsitz (§ 377 Rz 13 ff) sind beide Registergerichte nebeneinander gesondert zuständig für die Erzwingung der jeweils bei ihnen einzureichenden Anmeldungen und Dokumente.

35 Funktionell zuständig ist der Rechtspfleger (§ 3 Nr 1 lit. a, Nr 2 lit. d RPflG).

2. Einleitung des Verfahrens, Beteiligung der berufsständischen Organe

36 Das Verfahren wird von Amts wegen eingeleitet und betrieben, auch wenn es durch eine Anregung Dritter in Gang gesetzt wurde. Es ist daher auch dann fortzusetzen, wenn der Dritte seine Anzeige zurücknimmt, für das Gericht gleichwohl Tatsachen glaubhaft sind, die ein Einschreiten rechtfertigen.

37 Beruht die Verfahrenseinleitung nicht auf einer Anregung des berufsständischen Organs, ist dieses im Laufe des Verfahrens anzuhören (§ 380 Rz 24) verbunden mit der Gelegenheit, einen Antrag auf eigene Beteiligung zu stellen (§ 380 Abs 2 Satz 2). Eine verfahrenseinleitende Anregung des Organs ist im Zweifel zugleich als Antrag auf eigene Hinzuziehung als Beteiligter auszulegen. Handelt es sich um ein Kreditinstitut oder um eine Kapitalanlagegesellschaft, stehen auch der BaFin die Antrags- und Beteiligungsrechte nach §§ 43 Abs 3 KWG, 16 Abs 3 BausparkG, 3 Abs 4 InvG zu. § 380 Abs 2 Satz 2 ist auf die BaFin entspr anzuwenden.

3. Informelle Aufforderung zur Registeranmeldung

38 Der Wortlaut des Abs 1 vermittelt den unzutreffenden Eindruck, das Registergericht habe auf jede versäumte Anmeldung sogleich mit einer Zwangsgeldandrohung zu reagieren. Tatsächlich wird das Registergericht den Anmeldepflichtigen zunächst mit dem Sachverhalt konfrontieren und ihn formlos – ohne Zwangsgeldandrohung – zur Anmeldung oder Einreichung fehlender Unterlagen bzw zu einer Stellungnahme auffordern. Das gilt allemal dann, wenn im Rahmen eines aktuell anhängigen Eintragungsverfahrens offensichtlich wird, dass weitere Veränderungen, die zusätzlich noch hätten angemeldet werden müssen, aus einem offensichtlichen Versehen unterblieben sind.

4. Kein Ermessen bei der Verfahrenseinleitung

39 Fruchtet die formlose Aufforderung nicht, ist zwingend zum Zwangsgeldverfahren überzuwechseln. Ein Ermessen des Gerichts, ob es gem § 388 einschreitet, um die Anmeldepflicht bzw die sonstigen Pflichten durchzusetzen, besteht nicht (OLG Hamm OLGZ 1989, 148, 150).

V. Form und Inhalt der Aufforderung

40 Eine bestimmte äußere Form der Aufforderung schreibt das Gesetz nicht vor; sie kann daher in der Form eines Beschlusses oder in Form einer Verfügung ergehen. Der notwendige Inhalt ist dagegen durch den Wortlaut des Gesetzes festgelegt: Sie muss die zu

erfüllende Verpflichtung so bestimmt wie möglich bezeichnen, sie muss die Aufforderung enthalten, binnen einer bestimmten Frist entweder die Verpflichtung zu erfüllen oder das Unterlassen mittels Einspruch zu rechtfertigen und sie muss die Androhung der Festsetzung eines Zwangsgeldes für den Fall der Nichtbefolgung der Aufforderung enthalten. Fehlt eines dieser Elemente, namentlich der Hinweis auf die Einspruchsmöglichkeit, ist die Aufforderung rechtswidrig und auf Beschwerde hin aufzuheben (OLG Hamm Rpfleger 1986, 390). Der Hinweis auf die Einspruchsmöglichkeit muss den Förmlichkeiten einer Rechtsbehelfsbelehrung (§ 39) genügen, da es sich in Bezug auf die Feststellung der Pflicht bereits um eine Endentscheidung im Sinne des § 38 handelt (arg § 391 Abs 2).

Die Aufforderung darf nicht mit weiteren Verpflichtungen verknüpft werden, die nicht mit dem Zwangsgeld erzwungen werden können (zB Entfernung des Firmenschildes, KG OLGR 5, 274). 41

Die **Frist** muss so ausreichend bemessen sein, dass innerhalb ihrer die Erfüllung der aufgegebenen Verpflichtung vorgenommen werden kann (BGH NJW 1997, 1855, 1857). Die Frist wird entweder auf einen bestimmten Termin gesetzt (»bis zum ...«) oder sie erfolgt durch Bestimmung einer Zeitspanne (»binnen sechs Wochen«). Eine so gesetzte Frist beginnt mit der Bekanntgabe der Androhungsverfügung zu laufen (§ 16 Abs 1). Fristverlängerung auf Antrag ist möglich (§§ 16 Abs 2 FamFG, 224 Abs 2 ZPO). 42

Eine objektiv **zu kurz gesetzte Frist** macht die Androhung rechtswidrig und begründet die Beschwerde gegen die spätere Zwangsgeldfestsetzung (Jansen/*Steder* § 132 Rn 103). Der Fehler kann auch nicht durch Fristverlängerung von Amts wegen geheilt werden. Zwar war es unter der Herrschaft des FGG als zulässig angesehen, eine zu kurz bemessene Frist angemessen zu verlängern (Jansen/*Steder* § 132 Rn 104; KKW/*Winkler* (15. Aufl) § 132 Rn 25). Doch wurde die Regelung des § 18 FGG, welche die nachträgliche Abänderung des Beschlusses von Amts wegen ermöglichte, vom Gesetzgeber willentlich nicht in das FamFG übernommen. Heute ist eine Fristverlängerung nur noch nach den §§ 16 Abs 2 FamFG, 224 Abs 2 ZPO möglich und setzt zwingend einen Antrag des Beteiligten voraus (§ 16 Rz 11 ; aA: Keidel/*Heinemann* § 388 Rn 37; Bumiller/*Harders* § 388 Rn 18). Zwar unterlag der Gesetzgeber einem möglichen Verständnisirrtum, indem er annahm, es gebe für § 18 FGG keinen Anwendungsbereich mehr (BTDrs 16/6308 S 198 zu § 48 FamFG), und dabei womöglich die hier angesprochene Konstellation übersah. Gleichwohl ist die Gesetz gewordene Änderung hinzunehmen. Die zu kurz gesetzte Frist bleibt rechtswidrig. Das Verfahren muss mit einer erneuten Aufforderung nebst angemessener Fristsetzung von Neuem beginnen. Es sei denn, der Beteiligte selbst stellt einen Fristverlängerungsantrag und das Gericht gibt diesem statt – dann wirkt sich der ursprüngliche Fehler nicht aus. 43

Wird das Zwangsgeld wiederholt angedroht, ist jeweils erneut eine voll ausreichende Erledigungsfrist und nicht nur eine verkürzte Nachfrist zu setzen (OLG Karlsruhe OLGR 36, 193, 194). 44

Das Zwangsgeld muss innerhalb des gesetzlichen Rahmens **in ziffernmäßig bestimmter Höhe** angedroht werden; eine unbezifferte Zwangsgeldandrohung reicht nicht aus. Der gesetzliche Rahmen beträgt in Vereinsregistersachen 1 000 € (Art 6 Abs 1 EGStGB), in Schiffsregistersachen 511,29 € (§ 19 Abs 1 Satz 2 SchRegO) und in allen anderen Registersachen 5 000 € (§§ 14 Satz 2 HGB, 407 Abs 1 Satz 2 AktG, 79 Abs 1 Satz 2 GmbHG, 316 Abs 1 Satz 2 UmwG, 12 Satz 2 EWIGAG, 160 Abs 1 Satz 2 GenG). Die Androhung einer offenen Zwangsgeldspanne, etwa die Androhung eines »Zwangsgeldes bis zu 1 000 €«, ist nach herrschender Rspr zulässig, wenn nach dem vorausschauenden Ermessen des Gerichts die Verhängung der angedrohten Höchststrafe bei einer Nichtbefolgung der Anordnung in Betracht kommt (BGH NJW 1973, 2288; BayObLGZ 1970, 114, 119; BayObLG FamRZ 1996, 878; *Krafka/Willer* Rn 2365; aA: Jansen/*Steder* § 132 Rn 105; Scholz/*Winter* § 79 Rn 23; Bahrenfuss/Steup § 388 Rn 32). 45

§ 388 FamFG | Androhung

46 Mehrere gesondert zu erfüllende Verpflichtungen können in einer gemeinsamen Aufforderung mit einheitlicher Zwangsgeldandrohung zusammengefasst werden. Allerdings kann das angedrohte Zwangsgeld insgesamt nicht festgesetzt werden, wenn sich der Einspruch auch nur gegen eine der aufgegebenen Pflichten als begründet erweist (Jansen/*Steder* § 132 Rn 105; *Krafka/Willer* Rn 2367 Fn 1; vgl auch KGJ 5, 11). Um diese Folge bei unsicherer Sach- und Rechtslage zu vermeiden, können mehrere gesondert zu erfüllende Verpflichtungen in gesonderte Aufforderungen mit je eigenständigen Zwangsgeldandrohungen gefasst werden. Dann trägt jede einzelne Aufforderung im Einspruchsverfahren ihr unabhängiges Schicksal. Zudem gilt der gesetzliche Zwangsgeldrahmen für jede Einzelandrohung gesondert; die Summe der Beträge aus mehreren Einzelandrohungen für verschiedene zu erfüllende Pflichten darf daher den Höchstbetrag des Zwangsgeldrahmens überschreiten (Bassenge/Roth/*Walter* § 389 Rn 9).

47 Eine Androhung von **Zwangshaft** kommt nicht in Betracht; § 35 Abs 1 Satz 2, 3 FamFG ist nicht anzuwenden.

48 Die Aufforderung ist den in Anspruch genommenen Beteiligten **förmlich bekannt zu geben**, da sie den Lauf einer Frist auslöst (§ 15 Abs 1). Sie ist an den in Anspruch Genommenen persönlich und namentlich zu adressieren. Unzulässig ist eine Adressierung abstrakt an das Organ, etwa »An die Geschäftsführung« oder »An den Vorstand« der Gesellschaft. Wird der Beteiligte (nicht die Gesellschaft!) durch einen **Verfahrensbevollmächtigten** vertreten, ist an diesen zuzustellen (§ 15 Abs 2 FamFG iVm § 172 ZPO). Voraussetzung für eine Zustellung an den Bevollmächtigten soll jedoch – nach Auffassung des OLG Hamm (Rpfleger 1992, 114) – die Vorlage einer Vollmachtsurkunde sein; ohne einen solchen Vollmachtsnachweis sei die Zustellung an den Beteiligten selbst zu bewirken. Weniger Formalität verlangt das KG (Rpfleger 1993, 69), indem es die allgemeine Vermutung genügen lässt, dass ein RA, der sich für einen Beteiligten melde, nicht ohne Vollmacht tätig werde. Durch § 11 Satz 1 bis 3 dürfte der Gesetzgeber den Richtungsstreit dahin entschieden haben, dass das Gericht die Vorlage einer schriftlichen Vollmacht verlangen kann, aber nicht verlangen muss, und wenn es darauf verzichtet, der Gefahr ausgesetzt bleibt, dass der Beteiligte die Vollmacht im weiteren Verlauf des Verfahrens bestreitet (s.a. § 11 Rz 9 f).

VI. Unterrichtung des Anzeigenerstatters bei Nichteinleitung des Verfahrens (§ 24 Abs 2)

49 War das Zwangsgeldverfahren von Dritter Seite angeregt worden und folgt das Gericht dieser Anregung nicht, hat es den Anzeigenerstatter gem § 24 Abs 2 unter Angabe von Gründen davon zu unterrichten, sofern ein berechtigtes Interesse an der Unterrichtung ersichtlich ist. Die Mitteilung ergeht formlos (§ 15 Abs 3).

VII. Rechtsbehelfe

1. Rechtsbehelf gegen die erlassene Zwangsgeldandrohung

50 Die Aufforderung zur Registeranmeldung nebst Zwangsgeldandrohung ist grds nicht mit der Beschwerde/Erinnerung angreifbar. Es kann nur **Einspruch** eingelegt werden, über den das Registergericht gem § 390 verhandelt und entscheidet. Erst gegen die Zurückweisung des Einspruchs bzw gegen die Zwangsgeldfestsetzung ist die Beschwerde nach § 391 Abs 1 gegeben.

51 Dass eine **Beschwerde** gegen die Zwangsgeldandrohung nicht stattfindet, war bisher in § 132 Abs 2 FGG ausdrücklich geregelt. In das FamFG wurde die Bestimmung nicht übernommen, weil sich die Unstatthaftigkeit der Beschwerde bereits aus § 58 ergebe, da es sich nicht um eine Endentscheidung handle (BTDrs 16/6308 S 287).

52 Eine unzulässig eingelegte »Beschwerde« gegen die Zwangsgeldandrohung ist jedoch ohne Weiteres als Einspruch iSd § 390 zu behandeln (BayObLG FGPrax 2005, 36, 37).

Vorbereitende Verfügungen und formlose Aufforderungen zur Abgabe einer Register- 53
anmeldung, welche keine Zwangsgeldandrohung enthalten, haben keine rechtsverbindliche Wirkung (Keidel/*Heinemann* § 388 Rn 27) und sind daher weder mit der Beschwerde noch mit dem Einspruch anzugreifen.

2. Rechtsbehelf gegen die Ablehnung oder Aufhebung einer Zwangsgeldandrohung

Lehnt das Gericht eine vom berufsständischen Organ angeregte Zwangsgeldandrohung 54
ab, steht diesem die Beschwerde hiergegen zu (§ 380 Abs 5). Handelt es sich bei dem eingetragenen Rechtsträger um ein Kreditinstitut oder um eine Kapitalanlagegesellschaft, hat zusätzlich die BaFin das Beschwerderecht aus §§ 43 Abs 3 KWG, 16 Abs 3 BausparkG, 3 Abs 4 InvG.

Hält das Beschwerdegericht die Beschwerde des Organs für begründet, kann es das 55
Zwangsgeldverfahren nicht selbst durchführen, sondern nur das Registergericht anweisen, eine Zwangsgeldandrohung zu erlassen (KGJ 31 A 201). Durch solche Anweisung wird das Registergericht nur hinsichtlich der zu erlassenden Zwangsgeldandrohung gebunden; der späteren Entscheidung über einen eventuellen Einspruch des Beteiligten wird damit nicht vorgegriffen (vgl KG NJW 1955, 1926, 1927 sowie BayObLG NJW-RR 1993, 698 für das Löschungsverfahren nach § 395).

Andere Personen, namentlich **Konkurrenzunternehmen**, haben kein Beschwerde- 56
recht gegen die Ablehnung eines von ihnen angeregten Zwangsgeldverfahrens. Denn das Verfahren dient nicht der Durchsetzung individueller Namens-, Urheber-, und Wettbewerbsrechte, sondern allein dem öffentlichen Interesse an Registerwahrheit (weniger eindeutig: Jansen/*Steder* § 132 Rn 116; Keidel/*Heinemann* § 388 Rn 42; aA: Bahrenfuss/Steup § 388 Rn 32).

VIII. Kosten

Kosten werden für die Androhung des Zwangsgeldes nicht erhoben. 57

IX. Vorgehen gegen den Vorstand oder die Liquidatoren eines Vereins (Abs 2)

Absatz 2 erklärt das Verfahren auch für die Zwangsgeldfestsetzung gegen Vorstandsmit- 58
glieder und Liquidatoren eines eingetragenen Vereins für anwendbar, was der bisherigen Rechtslage (§ 159 Abs 1 Satz 2, 2. Hs FGG) entspricht. Anstelle der gesonderten Regelung in Abs 2 hätte es allerdings genügt, § 78 BGB mit in die Aufzählung des Abs 1 aufzunehmen.

Zur möglichen Erzwingung der Anmeldung von Geburtsdaten und Vereinsanschrif- 59
ten s Rz 17.

§ 389 Festsetzung

(1) Wird innerhalb der bestimmten Frist weder der gesetzlichen Verpflichtung genügt noch Einspruch erhoben, ist das angedrohte Zwangsgeld durch Beschluss festzusetzen und zugleich die Aufforderung nach § 388 unter Androhung eines erneuten Zwangsgeldes zu wiederholen.

(2) Mit der Festsetzung des Zwangsgeldes sind dem Beteiligten zugleich die Kosten des Verfahrens aufzuerlegen.

(3) In gleicher Weise ist fortzufahren, bis der gesetzlichen Verpflichtung genügt oder Einspruch erhoben wird.

Übersicht

	Rz		Rz
A. Allgemeines	1	II. Festsetzung des Zwangsgeldes (Abs 1 Hs 1)	15
B. Kommentierung	3	III. Keine Anordnung von Zwangshaft	16
I. Voraussetzung der Zwangsgeldfestsetzung	3	IV. Kostenentscheidung (Abs 2)	17
1. Formal rechtmäßige Androhung des Zwangsgeldes gegenüber dem Beteiligten	4	V. Erneute Androhung (Abs 1 Hs 2 und Abs 3)	20
2. Unerfüllte Pflicht	6	VI. Bekanntgabe der Entscheidung, Rechtsbehelfsbelehrung	21
3. Fehlender Einspruch	8	VII. Rechtsbehelfe	23
4. Fortwährendes Bedürfnis, die Erfüllung der Verpflichtung durchzusetzen	11	VIII. Erledigung der Pflicht nach Festsetzung des Zwangsgeldes	25
5. Fristverlängerungsantrag, verfristeter Einspruch	12		

A. Allgemeines

1 § 389 regelt das weitere Verfahren nach vorangegangener Zwangsgeldandrohung (§ 388), gegen die kein Einspruch erhoben wurde. Die Regelungen sind aus dem früheren FGG (§§ 133, 138) nahezu wörtlich übernommen.

2 Abweichend von der bisherigen Rechtslage hat die Zwangsgeldfestsetzung nunmehr eine dem § 39 genügende Rechtsbehelfsbelehrung zu enthalten.

B. Kommentierung

I. Voraussetzung der Zwangsgeldfestsetzung

3 Voraussetzung für die Zwangsgeldfestsetzung ist, dass eine formal rechtmäßige Zwangsgeldandrohung erging, die Pflicht unerfüllt blieb und ein fortwährendes Bedürfnis besteht, die Erfüllung der bestehenden Verpflichtung durchzusetzen.

1. Formal rechtmäßige Androhung des Zwangsgeldes gegenüber dem Beteiligten

4 Das Zwangsgeld kann nur ggü einem Beteiligten festgesetzt werden, ggü dem es zuvor in formal rechtmäßiger Weise, also in der Form und mit dem notwendigen Inhalt des § 388 (vgl insbes § 388 Rz 40 ff) angedroht wurde. Fehlt es der Androhung an einem notwendigen Element, wurde insbes versäumt, dem Beteiligten aufzugeben, sein Unterlassen durch einen Einspruch zu rechtfertigen, kann eine Zwangsgeldfestsetzung nicht auf sie gestützt werden. Die Androhung müsste vielmehr mit dem notwendigen gesetzlichen Inhalt neu ergehen.

5 Jede Zwangsgeldandrohung wirkt nur ggü dem Beteiligten **persönlich**, ggü dem sie erklärt wurde. Endet die Gesellschafter- oder Organstellung eines Beteiligten, aufgrund derer er zur Registeranmeldung berechtigt und verpflichtet war, erledigt sich die Zwangsgeldandrohung. Gegen seinen Rechts- oder Amtsnachfolger muss zunächst eine neue Androhung ausgesprochen werden, bevor ein Zwangsgeld erlassen werden kann (§ 388 Rz 31).

2. Unerfüllte Pflicht

Voraussetzung der Zwangsgeldfestsetzung ist ferner, dass die aufgetragene Pflicht nicht (vollständig) erfüllt ist. Ist die Pflicht nur teilweise erfüllt, ist das Zwangsgeld festzusetzen; ist die Pflicht vollständig erfüllt, kann kein Zwangsgeld mehr festgesetzt werden. Dabei kommt es nicht darauf an, ob der Beteiligte selbst bei der Pflichterfüllung mitgewirkt hat; es genügt, wenn andere Vorstandsmitglieder oder Mitgeschäftsführer in vertretungsberechtigter Zahl die Pflicht erfüllt, also zB eine erforderliche Anmeldung abgegeben haben. Auch kommt es nicht darauf an, ob die Pflicht innerhalb der gesetzten Frist erfüllt wurde. Liegt der Zeitpunkt der Pflichterfüllung nach dem Ende der gesetzten Frist, jedoch vor Festsetzung des Zwangsgeldes, ist die Grundlage für das Beugemittel entfallen (Jansen/*Steder* § 133 Rn 8). 6

Ist eine gemeinsame Pflicht Mehrerer noch nicht erfüllt (zB gemeinsame Registeranmeldung), muss in Bezug auf jeden einzelnen Beteiligten gesondert geprüft werden, ob er seine persönliche Pflicht erfüllt hat. Gegen einen Beteiligten, der seinen Beitrag geleistet (= seine Anmeldeerklärung abgegeben) hat, kann das Zwangsgeld nicht mehr festgesetzt werden, sondern nur gegen diejenigen, deren Erklärung noch fehlt, und zwar gegen alle in Betracht kommenden Personen, die sich der Vornahme der Handlung verweigern (vgl OLG Hamm JMBl NW 1959, 32; Rpfleger 1985, 302, 303). 7

3. Fehlender Einspruch

Die Zwangsgeldfestsetzung setzt weiter voraus, dass innerhalb der gesetzten Frist kein Einspruch erhoben wurde. Entscheidend ist nicht, ob irgendein Einspruch eingelegt wurde, sondern ob derjenige Beteiligte Einspruch eingelegt hat, gegen den das Zwangsgeld festgesetzt werden soll. Hat ein anderer Beteiligter Einspruch eingelegt, muss allerdings geprüft werden, ob dieser eventuell für alle Beteiligten wirken soll und konkludent auch im Namen der Übrigen eingelegt wurde (vgl auch § 390 Rz 5). 8

Setzt das Gericht das Zwangsgeld fest, ohne einen erhobenen Einspruch zu beachten, ist der Zwangsgeldbeschluss auf Beschwerde hin aufzuheben und die Sache an das Amtsgericht zur Entscheidung nach § 390 zurückzuverweisen (OLG Hamm Rpfleger 1985, 302). 9

Ein nachträglich zurückgenommener Einspruch gilt als nicht eingelegt; zum verfristet eingelegten Einspruch s Rz 14. 10

4. Fortwährendes Bedürfnis, die Erfüllung der Verpflichtung durchzusetzen

Schließlich muss ein fortwährendes Bedürfnis bestehen, die Erfüllung der Verpflichtung durchzusetzen. Das Gericht hat zu prüfen, ob veränderte Umstände oder neue Erkenntnisse von der Festsetzung des angedrohten Zwangsgeldes absehen lassen. Denn auch ohne dass der Beteiligte einen Einspruch erhoben hat oder falls dieser verspätet erfolgte, muss und darf die Festsetzung des Zwangsgeldes aus rechtsstaatlichen Gründen nicht weiter verfolgt werden, wenn sich aufgrund besserer Erkenntnisse des Gerichts zeigt, dass die gerichtliche Aufforderung sich auf eine andere Handlung zu richten hat oder das Verfahren durch andere Ereignisse gegenstandslos wird (vgl BayObLG Rpfleger 1993, 288: zwischenzeitliches Versterben der einzutragenden Person). Erkenntnisse über geänderte Umstände können sich insbes aus dem Einspruch anderer Verfahrensbeteiligter ergeben (§ 390 Rz 5). 11

5. Fristverlängerungsantrag, verfristeter Einspruch

12 Fristverlängerungsanträge sind nach den §§ 16 Abs 2 FamFG, 224 Abs 2 ZPO zu behandeln. Eine bewilligte Fristverlängerung bezieht sich stets sowohl auf die Erledigung der Pflicht als auch auf die Möglichkeit des Einspruchs, selbst wenn beachtliche Verlängerungsgründe iSd § 224 Abs 2 ZPO nur in Bezug auf Umsetzungsschwierigkeiten bei der Pflichterfüllung vorgebracht waren.

13 Hinsichtlich der Unzulässigkeit einer Fristverlängerung von Amts wegen s § 388 Rz 43.

14 Ein verfristet eingegangener Einspruch führt formal zur Anwendung des § 389, auch wenn er vom Rechtspfleger zunächst fälschlich als zulässig behandelt wurde (BayObLGZ 1967, 458). Inhaltlich sind die Einwendungen aus dem verfristeten Einspruch gleichwohl darauf zu überprüfen, ob sie das fortwährende Bedürfnis in Frage stellen, die Erfüllung der aufgegebenen Pflicht durchzusetzen (s Rz 11).

II. Festsetzung des Zwangsgeldes (Abs 1 Hs 1)

15 Das Zwangsgeld kann maximal in der Höhe festgesetzt werden, in der es angedroht wurde. Eine Festsetzung auf einen niedrigeren als den angedrohten Betrag ist zulässig (Jansen/*Steder* § 133 Rn 26; Bassenge/Roth/*Walter* § 389 Rn 4; Keidel/Heinemann § 389 Rn 7). Wurde die auferlegte Pflicht nur **teilweise erledigt**, kann das Zwangsgeld bis zur vollen angedrohten Höhe festgesetzt werden (Bassenge/Roth/*Walter* § 389 Rn 1; Jansen/*Steder* § 133 Rn 3; aA: KKW/*Winkler* (15. Aufl) § 133 Rn 6). Wurde allerdings für mehrere gesondert zu erfüllende Pflichten ein einheitliches Zwangsgeld angedroht, so ist, wenn einzelne Pflichten daraus vollständig erfüllt sind, für die noch ausstehenden Pflichten nicht das Zwangsgeld festzusetzen, sondern erneut ein Zwangsgeld anzudrohen (Bassenge/Roth/*Walter* § 389 Rn 1; Jansen/*Steder* § 133 Rn 4). Zu Fragen der Vollstreckung s § 35 Rz 14.

III. Keine Anordnung von Zwangshaft

16 Zwangshaft kann nach § 389 nicht angeordnet werden; § 35 Abs 1 Satz 2, 3 ist nicht entspr anzuwenden.

IV. Kostenentscheidung (Abs 2)

17 Die Kostenentscheidung geht grds zu Lasten des Beteiligten und ist mit der Zwangsgeldfestsetzung zu verbinden. Die Kostengrundentscheidung nach Abs 2 ist (alleinige) Grundlage für die spätere Kostenerhebung (§ 3 Nr 1 KostO). Die Kosten können nur dem in Anspruch genommenen Beteiligten persönlich aufgegeben werden, nicht dem eingetragenen Rechtsträger.

18 Wurde die Kostenentscheidung versäumt, kann der Beschluss **nachträglich ergänzt** werden (s aber § 43 Rz 20). Ob das Antragserfordernis und die Zweiwochenfrist des § 43 Abs 1, 2 anzuwenden sind, ist zweifelhaft, da diese auf die kontradiktorischen Verfahren zugeschnitten sind. Auch das Beschwerdegericht kann die Kostenentscheidung nachholen (OLG Hamm Rpfleger 1955, 241).

19 Die Festsetzung des Zwangsgeldes löst eine Gerichtsgebühr von 100 € aus (§ 119 Abs 1 Satz 1 Nr 1 KostO). Jede erneute Zwangsgeldfestsetzung aufgrund erneuter Androhung (Abs 3) löst die Geb gesondert aus. Die Geb darf die Höhe des jeweils festgesetzten Zwangsgeldes jedoch nicht übersteigen (§ 119 Abs 1 Satz 2 KostO).

V. Erneute Androhung (Abs 1 Hs 2 und Abs 3)

20 Mit der Festsetzung des Zwangsgeldes ist eine weitere Zwangsgeldandrohung zu verbinden. Die erneute Androhung muss den Anforderungen des § 388 in allen Punkten

entsprechen, sie muss wiederum die zu erfüllende Verpflichtung so bestimmt wie möglich bezeichnen, sie muss die Aufforderung enthalten, binnen einer bestimmten Frist entweder die Verpflichtung zu erfüllen oder die Unterlassung mittels Einspruch zu rechtfertigen und sie muss die Androhung der Festsetzung eines (weiteren) Zwangsgeldes für den Fall der (erneuten) Nichtbefolgung der Aufforderung enthalten. Freilich sind nur noch solche Verpflichtungen aufzunehmen, die nicht in der Zwischenzeit bereits erfüllt oder gegenstandslos geworden sind. Die Erledigungsfrist muss nicht der zuvor gesetzten entsprechen, aber sie muss für die Erfüllung der noch offenen Pflichten voll ausreichen; es darf sich nicht um eine bloße Nachfrist handeln. Das anzudrohende Zwangsgeld muss nicht dem zuvor angedrohten und festgesetzten Betrag entsprechen; eine allmähliche Steigerung bis zum Erreichen der gesetzlichen Höchstgrenze ist zulässig und geboten. Die gesetzliche Höchstgrenze bezieht sich jeweils auf die Einzelandrohung und -festsetzung, nicht auf die Summe der nach und nach ergehenden Androhungen und Festsetzungen. Das Verfahren ist so oft zu wiederholen, bis der Beteiligte seine Pflicht erfüllt oder Einspruch einlegt.

VI. Bekanntgabe der Entscheidung, Rechtsbehelfsbelehrung

Die Entscheidungen nach Abs 1 bis 3 haben gemeinsam zu ergehen und sind förmlich 21
bekannt zu geben, da sie sowohl die Beschwerdefrist als auch die erneute Frist zur Vornahme der Handlung auslösen (§ 15 Abs 1). Es empfiehlt sich in jedem Fall eine förmliche Zustellung, um der Ernsthaftigkeit des Beugemittels Nachdruck zu verleihen und um Klarheit über den Zustellungszeitpunkt und damit über den Lauf der Rechtsmittelfristen zu haben.

Der Beschluss hat eine **differenzierte Rechtsbehelfsbelehrung** (§ 39) zu enthalten, 22
welche die Möglichkeiten des Einspruchs gegen die erneute Androhung sowie der Beschwerde einerseits gegen die Zwangsgeldfestsetzung und andererseits gegen die Kostenentscheidung gesondert aufzeigt.

VII. Rechtsbehelfe

Gegen die Festsetzung des Zwangsgeldes ist die **Beschwerde** mit eingeschränktem 23
Überprüfungsmaßstab gegeben (§ 391); gegen die erneute Androhung eines weiteren Zwangsgeldes (Abs 3) besteht erneut die Möglichkeit des **Einspruchs** nach § 390. Hat das Gericht die Zwangsgeldfestsetzung mit einer erneuten Zwangsgeldandrohung und Fristsetzung in einem einheitlichen Beschluss verbunden, ist das dagegen eingelegte Rechtsmittel im Zweifel sowohl als Beschwerde gegen die Festsetzung des Zwangsgeldes als auch als Einspruch gegen die erneute Androhung zu werten (BayObLGZ 1978, 54; OLG Karlsruhe NJW-RR 2000, 411; differenzierend nach dem Inhalt der Rechtsmittelschrift: BayObLG FGPrax 2004, 301).

Die getroffene **Kostenentscheidung** kann isoliert mit der Beschwerde angefochten 24
werden, da die frühere Regelung des § 20a Abs 1 Satz 1 FGG bewusst nicht in das FamFG übernommen wurde (BTDrs 16/6308 S 216 zu § 81 FamFG). Zu beachten ist allerdings § 61 Abs 1, wonach die Beschwerde in vermögensrechtlichen Angelegenheiten nur zulässig ist, wenn der Wert des Beschwerdegegenstandes 600 € übersteigt. Dieser Schwellenwert dürfte allein durch die Kostenentscheidung häufig nicht erreicht werden, was zur Folge hat, dass die Beschwerde dann als Rechtspflegererinnerung zu behandeln ist (§ 11 Abs 2 RPflG).

VIII. Erledigung der Pflicht nach Festsetzung des Zwangsgeldes

Wird die Pflicht erst nach der Festsetzung des Zwangsgeldes, aber noch vor Rechtskraft 25
des Beschlusses erledigt, kann Beschwerde eingelegt werden mit dem Ziel, die ursprünglich zu recht ergangene Zwangsgeldfestsetzung wegen zwischenzeitlicher Erfül-

lung der Pflicht nachträglich aufzuheben (BayObLG Rpfleger 1979, 215). Da das Zwangsgeld nur Beugemittel und keine Strafsanktion ist, muss das Beschwerdegericht die neue Tatsache berücksichtigen, selbst wenn das Zwangsgeld bereits bezahlt oder beigetrieben ist (§ 65 Abs 3; KGJ 48, 117; Jansen/*Steder* § 133 Rn 9). Dasselbe gilt, wenn die Pflicht in der Zwischenzeit vor Eintritt der Rechtskraft gegenstandslos wird.

26 Wird die Pflicht erst nach Rechtskraft der Zwangsgeldfestsetzung aber noch vor der Beitreibung des Zwangsgeldes erfüllt oder gegenstandslos, erfolgt eine **Abänderung des Beschlusses wegen geänderter Umstände** (BayObLG Rpfleger 1955, 239, 240 f; Keidel/Heinemann § 389 Rn 4; Jansen/*Steder* § 133 Rn 12 mwN; aA: Bumiller/*Harders* § 389 Rn 2; Prütting/Helms/*Maass* § 389 Rn 7)). Allerdings bleibt in dem Fall die getroffene Kostenentscheidung unberührt (OLG München DFG 1938, 79; Jansen/*Steder* § 138 Rn 8).

27 Endgültig bestehen bleibt der Zwangsgeldeinzug also nur dann, wenn die Pflicht erst nach Eintritt der Rechtskraft und Beitreibung des Zwangsgeldes oder wenn sie überhaupt nicht erfüllt wird. Daraus folgt als **Praxistipp**, dass die Einlegung der Beschwerde fast immer anzuraten ist, da hierdurch Zeit gewonnen wird, die Pflicht noch während des laufenden Beschwerdeverfahrens zu erfüllen, woraufhin selbst das ursprünglich zu recht festgesetzte Zwangsgeld nachträglich aufgehoben werden muss.

§ 390 Verfahren bei Einspruch

(1) Wird rechtzeitig Einspruch erhoben, soll das Gericht, wenn sich der Einspruch nicht ohne weiteres als begründet erweist, den Beteiligten zur Erörterung der Sache zu einem Termin laden.

(2) Das Gericht kann, auch wenn der Beteiligte zum Termin nicht erscheint, in der Sache entscheiden.

(3) Wird der Einspruch für begründet erachtet, ist die getroffene Entscheidung aufzuheben.

(4) Andernfalls hat das Gericht den Einspruch durch Beschluss zu verwerfen und das angedrohte Zwangsgeld festzusetzen. Das Gericht kann, wenn die Umstände es rechtfertigen, von der Festsetzung eines Zwangsgeldes absehen oder ein geringeres als das angedrohte Zwangsgeld festsetzen.

(5) Im Fall der Verwerfung des Einspruchs hat das Gericht zugleich eine erneute Aufforderung nach § 388 zu erlassen. Die in dieser Entscheidung bestimmte Frist beginnt mit dem Eintritt der Rechtskraft der Verwerfung des Einspruchs.

(6) Wird im Fall des § 389 gegen die wiederholte Androhung Einspruch erhoben und dieser für begründet erachtet, kann das Gericht, wenn die Umstände es rechtfertigen, zugleich ein früher festgesetztes Zwangsgeld aufheben oder an dessen Stelle ein geringeres Zwangsgeld festsetzen.

Übersicht

	Rz		Rz
A. Allgemeines	1	a) Verbindung mit der Entscheidung über den Einspruch	20
B. Kommentierung	2		
I. Erhebung des Einspruchs	2		
II. Ohne Weiteres begründeter Einspruch (Abs 1 Alt 1)	8	b) Absehen von der Zwangsgeldfestsetzung oder Ermäßigung des Zwangsgeldes	21
III. Terminsanberaumung (Abs 1 Alt 2)	12	3. Erneute Androhung eines Zwangsgeldes (Abs 5)	24
IV. Entscheidung nach Lage der Sache (Abs 2)	15	4. Bekanntgabe der Entscheidung, Rechtsbehelfsbelehrung	28
V. Entscheidung über den begründeten Einspruch (Abs 3)	16	5. Aufschiebende Wirkung der Beschwerde	29
VI. Entscheidung über den unzulässigen oder unbegründeten Einspruch (Abs 4 und 5)	19	VII. Einspruch gegen die wiederholte Androhung (Abs 6)	31
1. Verwerfung des Einspruchs	19	VIII. Kosten	37
2. Festsetzung des Zwangsgeldes	20		

A. Allgemeines

Die Vorschrift regelt das Verfahren bei rechtzeitigem Einspruch gegen die nach § 388 erfolgte Zwangsgeldandrohung. Sie enthält zusammengefasst die früheren Regelungen der §§ 134–136 FGG. Abweichend von der bisherigen Rechtslage wird die Durchführung des Termins nicht mehr zwingend vorgeschrieben, sondern in das Ermessen des Gerichts gestellt. Außerdem sind die zum Nachteil des Einspruchsführers ergehenden Endentscheidungen nunmehr mit ausdifferenzierten Rechtsbehelfsbelehrungen zu versehen (§ 39). **1**

B. Kommentierung

I. Erhebung des Einspruchs

Ausgangspunkt für das Verfahren nach § 390 ist die zulässige, insb rechtzeitige Erhebung des Einspruchs, und zwar entweder gegen die erste Androhung eines Zwangsgel- **2** des (§ 388) oder gegen ihre wiederholte Androhung (§ 389 Abs 1 Hs 2, Abs 3). Als Einspruchserhebung ist jede Eingabe zu werten, mit der der Beteiligte zu erkennen gibt, dass er die an ihn ergangene Aufforderung für rechtswidrig hält und ihr nicht folgen will. Auf die korrekte Bezeichnung des Rechtsbehelfs kommt es nicht an; eine (als solche unzulässige) »Beschwerde« gegen die Zwangsgeldandrohung ist ohne Weiteres als Einspruch zu behandeln (BayObLG FGPrax 2005, 36, 37). Kein Einspruch iSd § 390 ist allerdings die bloße Bitte um Fristverlängerung, da sie nicht darauf zielt, die Pflicht zu bestreiten und das Unterlassen der Pflichterfüllung zu rechtfertigen (OLG Hamm OLGZ 1992, 162, 165). Die Anzeige des Beteiligten, er habe seine Pflicht auf die Aufforderung hin erfüllt, kann als Einspruch zu werten sein, wenn das Gericht die vorgenommene Handlung nicht als Pflichterfüllung gelten lassen und das Zwangsgeldverfahren fortsetzen will.

3 Der Einspruch muss **schriftlich oder zur Niederschrift der Geschäftsstelle** abgegeben werden (§ 25 Abs 1). Eine Begründung des Einspruchs ist nicht zwingend erforderlich aber tunlich, denn der Einspruch soll dazu dienen, die Unterlassung zu rechtfertigen.

4 **Einspruchsberechtigt** ist jeweils der Beteiligte, gegen den sich die Zwangsgeldandrohung richtete. Der Einzelkaufmann darf seinen Einspruch wahlweise als natürliche Person oder mit seiner Firma zeichnen. Auch der Prokurist darf für ihn zeichnen.

5 Hat nur einer von mehreren Beteiligten Einspruch eingelegt, wirkt dieser **nur für ihn persönlich**, wenn nicht den Umständen etwas anderes zu entnehmen ist (BayObLG OLGR 4, 100; Jansen/*Steder* § 133 Rn 19). Haben jedoch von mehreren Beteiligten der eine rechtzeitig und der andere verspätet Einspruch eingelegt, kann das Gericht, wenn die Aufforderungen auf einem einheitlichen Rechtsgrund beruhen, verpflichtet sein, in dem anzuberaumenden Verhandlungstermin nicht nur den rechtzeitig eingelegten Einspruch des einen, sondern auch den verspätet eingelegten Einspruch des anderen zu behandeln (OLG Hamm Rpfleger 1985, 302). Denn ohnehin muss das Gericht auch im Festsetzungsverfahren gegen einen Beteiligten, der keinen Einspruch eingelegt hat, stets prüfen, ob veränderte Umstände oder neue Erkenntnisse von der Festsetzung des angedrohten Zwangsgeldes absehen lassen (§ 389 Rz 11).

6 Außer den persönlich in Anspruch genommenen Handlungspflichtigen wird auch die **Gesellschaft selbst** als **einspruchsberechtigt** angesehen, sofern sie das Bestehen der Verpflichtung bestreitet und sie durch die ergangene Aufforderung in eigenen Rechten beeinträchtigt wird (BGHZ 25, 154, 157; BayObLG Rpfleger 1982, 267; 1984, 105; 2002, 31; Keidel/*Heinemann* § 390 Rn 3; Jansen/*Steder* § 133 Rn 20; aA noch KGJ 31 A 206). Das Einspruchsrecht der Gesellschaft nötige aber nicht zu einer gesonderten Bekanntgabe der Zwangsgeldandrohung ihr ggü, sondern es wird pragmatisch davon ausgegangen, die Gesellschaft sei bereits mit der Zustellung an ihre organschaftlichen Vertreter als Verfahrensbeteiligte hinzugezogen (Krafka/*Willer* Rn 2369 aE).

7 Wurde ein Einspruch verfristet erhoben, kommt eine **Wiedereinsetzung in den vorigen Stand** nach dem Gesetzeswortlaut des § 17 allein deshalb nicht in Betracht, weil es sich nicht um eine gesetzliche, sondern um eine richterliche Frist handelt (§ 17 Rz 12). Allerdings weist Bumiller/*Harders* (§ 388 Rn 22, § 390 Rn 12) zutreffend darauf hin, dass der Regierungsentwurf die frühere Wiedereinsetzungsregelung des § 137 FGG mit dem ausdrücklichen Bemerken nicht übernahm, die entsprechenden Vorschriften des Allgemeinen Teils (§§ 17 bis 19) fänden auch auf das Einspruchsverfahren unmittelbar Anwendung (BTDrs 16/6308 S 287). Danach könnte die Wortfassung des § 17 als ein Redaktionsversehen anzusehen und eine entsprechende Anwendung der Vorschrift auch auf die richterliche Einspruchsfrist geboten sein (ebenso Keidel/*Heinemann* § 390 Rn 12). Folgte man dem nicht, bliebe nur die Zwangsgeldfestsetzung und erneute Androhung nach § 389, gegen die dann Einspruch eingelegt werden kann.

II. Ohne Weiteres begründeter Einspruch (Abs 1 Alt 1)

Erweist sich der Einspruch ohne Weiteres als begründet, wird die Zwangsgeldandrohung ohne Anberaumung eines Termins aufgehoben. Voraussetzung für die Aufhebung ist die Spruchreife der Angelegenheit, es dürfen also nach dem Inhalt der Einspruchsschrift keine aufklärungs- oder beweisbedürftigen Fragestellungen verbleiben. 8

Begründet ist der Einspruch dann, wenn entweder die Androhung formell fehlerhaft war oder die zu erfüllende Verpflichtung aus tatsächlichen oder rechtlichen Gründen nicht oder nicht mehr besteht (Bassenge/Roth/*Walter* § 390 Rn 4). 9

Die Entscheidung ergeht **durch Beschluss**. Sie ist dem Beteiligten bekannt zu geben und mit einer Kostengrundentscheidung zu versehen (§ 81). Sie ist ferner den zuständigen berufsständischen Organen und im Falle von Kreditinstituten oder Kapitalanlagegesellschaften der BaFin bekannt zu geben, denen grds ein Beschwerderecht zusteht (§§ 380 Abs 5 FamFG, 43 Abs 3 KWG, 3 Abs 4 InvG, 16 Abs 3 BausparkG). Widerspricht die Entscheidung dem bereits erklärten Willen der Organe, ist sie diesen förmlich zuzustellen (§ 41 Abs 1 Satz 2). Erst mit Ablauf der Beschwerdefrist der berufsständischen Organe erlangt die Aufhebung der Zwangsgeldandrohung Rechtskraft. Danach erfolgt ggf noch die Unterrichtung des Anzeigenerstatters (§ 24 Abs 2). 10

Wird der Beschluss des Amtsgerichts auf Beschwerde eines berufsständischen Organs oder der BaFin aufgehoben, ist das Verfahren in den Stand zurückversetzt, wo Terminsanberaumung durch das Amtsgericht ansteht. 11

III. Terminsanberaumung (Abs 1 Alt 2)

Erweist sich der Einspruch nicht ohne Weiteres als begründet, soll das Amtsgericht den Beteiligten zur Erörterung der Sache zu einem Termin laden. Das Wort »soll« schränkt die **Ermessensausübung** ein: Der Termin ist anzuberaumen, wenn nicht besondere Gründe davon abhalten. Welche Gründe ein Absehen von der Terminsanberaumung im Einzelnen rechtfertigen könnten, teilt die Gesetzesbegründung nicht mit. Denkbar wäre an einen von vornherein erklärten Verzicht des Beteiligten auf mündliche Verhandlung etwa aus Gründen weiter Anreise. Auch könnte von einer mündlichen Verhandlung abgesehen werden, wenn der anwaltlich vertretene Beteiligte mit seinem bereits abschließend begründeten Einspruch eine offensichtlich unzutreffende Rechtsposition verfolgt, welche im schriftlichen Verfahren beschieden werden kann. Jedoch muss das Absehen von einer mündlichen Verhandlung die Ausnahme bleiben, denn der Termin soll grds auch dazu dienen, dem Beteiligten die nötigen Belehrungen zu erteilen und ihn von der Unvermeidlichkeit seiner Verpflichtung zu überzeugen (Jansen/*Steder* § 134 Rn 5). Keinesfalls abgesehen werden kann von einer mündlichen Verhandlung, wenn noch weiterer Aufklärungsbedarf besteht oder wenn gar unklar ist, welchen Rechtsstandpunkt der Beteiligte einnehmen will. Sieht das Registergericht in solchen Fällen von einer Terminsanberaumung ab, ist die Verwerfung des Einspruchs als verfahrensfehlerhaft aufzuheben. Sie ist auch dann aufzuheben, wenn die Entscheidung in ihrer Begründung nicht erkennen lässt, aus welchen Ermessenserwägungen von der Anberaumung eines Erörterungstermins abgesehen wurde. 12

Die **Terminsladung** ist dem Beteiligten (bzw seinem Bevollmächtigten) förmlich bekannt zu geben (§ 15 Abs 1). Die Verhandlung ist nicht öffentlich. Der Beteiligte kann mit Beistand erscheinen (§ 12) oder sich durch einen Bevollmächtigten vertreten lassen (§ 10 Abs 2). Das Gericht kann das persönliche Erscheinen des Beteiligten anordnen und dieses – anders als nach bisheriger Rechtslage (OLG Zweibrücken FGPrax 2005, 229) – mit Ordnungsgeld oder sogar Vorführung erzwingen (§ 33 Abs 1, 3). 13

Können nicht alle entscheidungserheblichen Fragen im ersten Termin geklärt werden, kann das Weitere entweder im schriftlichen Verfahren oder in einem zweiten anzuberaumenden Termin geklärt werden. Die Beteiligten sollen bei der Ermittlung des Sachverhaltes mitwirken (§ 27); zu allen Ermittlungsergebnissen ist ihnen rechtliches Gehör zu 14 gewähren. Auch eine Aussetzung des Verfahrens kommt in Betracht, welche – bei Vorliegen der gesetzlichen Voraussetzungen (§§ 21, 381) im gerichtlichen Ermessen steht (OLG Karlsruhe NJW-RR 1997, 169).

IV. Entscheidung nach Lage der Sache (Abs 2)

15 Erscheint der Beteiligte nicht zum Termin, kann nach Lage der Sache entschieden werden. Das Gericht entscheidet auf der Grundlage der schriftlich vorliegenden Einspruchsgründe, der durch die berufsständischen Organen vermittelten Erkenntnisse sowie des Ergebnisses der ggf von Gerichtsseite angestellten weiteren Ermittlungen. Ein »Versäumnisverfahren«, bei dem die schriftlichen Einlassungen des persönlich nicht erschienenen Beteiligten unberücksichtigt blieben, findet nicht statt.

V. Entscheidung über den begründeten Einspruch (Abs 3)

16 Erweist sich der Einspruch nach Durchführung des Termins, zu dem der Beteiligte entweder erschienen ist oder nicht, als begründet, wird die nach § 388 ergangene Zwangsgeldandrohung durch Beschluss aufgehoben. Von mehreren selbstständigen Zwangsgeldandrohungen, die wegen mehrerer einzelner Pflichten gesondert ausgesprochen wurden, sind nur diejenigen aufzuheben, die sich als unberechtigt erweisen. Waren mehrere Pflichten mit einer einheitlichen Zwangsgeldandrohung aufgegeben worden (§ 388 Rz 46) und erweist sich der Einspruch hinsichtlich einzelner Pflichten als begründet, ist die ursprüngliche Androhung insgesamt aufzuheben (BayObLGZ 1967, 458, 464; BayObLG NJW 1988, 2051) und hinsichtlich derjenigen Pflichten, deren Erledigung zu Recht aufgegeben wurden, zu wiederholen.

17 Bezüglich Kostengrundentscheidung, Bekanntgabe, Beschwerderecht der berufsständischen Organe, Eintritt der Rechtskraft und Unterrichtung des Anzeigenerstatters s Rz 10.

18 Erhebt das berufsständische Organ Beschwerde gegen die Aufhebung der Zwangsgeldandrohung und erachtet das Beschwerdegericht diese für begründet, entscheidet es selbst, indem es den Einspruch verwirft und das Zwangsgeld festsetzt (KG RJA 2, 172, 174 f). Zuständig für die erneute Androhung (Abs 5) bleibt jedoch allein das erstinstanzliche Registergericht (Jansen/*Steder* § 135 Rn 7).

VI. Entscheidung über den unzulässigen oder unbegründeten Einspruch (Abs 4 und 5)

1. Verwerfung des Einspruchs

19 Erweist sich der Einspruch als unzulässig oder unbegründet, verwirft ihn das Gericht durch Beschluss und setzt das angedrohte Zwangsgeld fest. Der verbreitet vertretenen Auffassung, ein unzulässig eingelegter Einspruch könne einfach als »nicht vorhanden« angesehen und müsse nicht ausdrücklich beschieden werden (Keidel/*Heinemann* § 389 Rn 2, § 390 Rn 22; Bumiller/*Harders* § 389 Rn 3; Bork/Jacoby/Schwab/*Müther* § 389 Rn 5; Bahrenfuss/*Steup* § 389 Rn 8, 11; Jansen/*Steder* § 133 Rn 23 mwN sowie § 135 Rn 10), ist nicht zu folgen. Der Anspruch auf ausdrückliche Bescheidung auch eines unzulässig eingelegten Rechtsbehelfs folgt schon aus rechtsstaatlichen Grundsätzen. Zudem ist bereits die Gesetzesformulierung eindeutig: Bei begründetem Einspruch wird die Entscheidung aufgehoben (Abs 3), andernfalls hat das Gericht den Einspruch zu verwerfen und das Zwangsgeld festzusetzen (Abs 4), wobei das Gesetz nicht zwischen unzulässigem und unbegründetem Einspruch differenziert.

2. Festsetzung des Zwangsgeldes

a) Verbindung mit der Entscheidung über den Einspruch

Mit der Entscheidung über den Einspruch ist die Festsetzung des Zwangsgeldes zu verbinden; weder darf die Zwangsgeldfestsetzung übergangen werden noch darf sie für einen späteren Zeitpunkt vorbehalten bleiben (Jansen/*Steder* § 135 Rn 13). Unterbleibt die Festsetzung des Zwangsgeldes versehentlich, muss der Beschluss ergänzt werden (KG OLGR 8, 376, 377; Jansen/*Steder* § 135 Rn 13). Das Antragserfordernis und die Zweiwochenfrist des § 43 Abs 1, 2 sind nicht anzuwenden, da diese auf das kontradiktorische Verfahren zugeschnitten sind.

b) Absehen von der Zwangsgeldfestsetzung oder Ermäßigung des Zwangsgeldes

Das Zwangsgeld ist grds in der angedrohten Höhe festzusetzen. Das Gericht kann jedoch, wenn die Umstände es rechtfertigen – von der Zwangsgeldfestsetzung absehen oder ein geringeres Zwangsgeld festsetzen (Abs 4 Satz 2). Die Vorschrift räumt dem Gericht auf der Tatbestandsebene einen Beurteilungsspielraum (»rechtfertigende Umstände«) und auf der Rechtsfolgenseite einen Ermessensspielraum (»kann«) ein, die je gesondert auszufüllen sind.

Im ersten Schritt hat das Gericht auf der Tatbestandsebene zu beurteilen, ob **besondere Umstände** vorliegen, die ein Absehen von der Zwangsgeldfestsetzung oder eine Herabsetzung des Zwangsgeldes rechtfertigen könnten. Solche Umstände können sich vor allem aus der Begründung des (zurückgewiesenen) Einspruchs oder aus dem sonstigen Verhalten des Beteiligten im Einspruchsverfahren ergeben. Hatte der Beteiligte die Anmeldung aus einer im rechtlichen Ansatz vertretbaren, wenngleich im Ergebnis unzutreffenden Auffassung unterlassen, kann dies ein entschuldigender Umstand sein, der bei der Entscheidung über die Zwangsgeldfestsetzung zu berücksichtigen ist. Hat umgekehrt der Beteiligte seinen Einspruch überhaupt nicht gerechtfertigt, sondern nur auf Zeit gespielt, liegen schon die Tatbestandsvoraussetzungen besonderer Umstände für eine Ermäßigung des Zwangsgeldes nicht vor. Die Entscheidung des Gerichts über die Zwangsgeldfestsetzung muss erkennen lassen, dass und mit welchen Ergebnissen es das Vorliegen besonderer Umstände geprüft hat.

Bejaht das Gericht besondere Umstände, muss es in einem zweiten Schritt sein **Ermessen** auf der Rechtsfolgenseite ausüben. Hierbei ist abzuwägen, ob die festgestellten besonderen Umstände die Annahme rechtfertigen, dass der Beteiligte nach Zurückweisung seines Einspruchs auch ohne Zwangsgeld bzw aufgrund einer neuen Androhung nach Abs 5 seiner Pflicht nachkommen wird, oder ob bereits jetzt die Festsetzung des Beugemittels zur Durchsetzung der Pflicht erforderlich und angemessen erscheint. Die Entscheidung des Gerichts muss erkennen lassen, dass es seinen Ermessensspielraum erkannt und mit welchen Erwägungen es von der Möglichkeit des Absehens von der Zwangsgeldfestsetzung oder von der Ermäßigung des Zwangsgeldes Gebrauch gemacht hat oder nicht.

3. Erneute Androhung eines Zwangsgeldes (Abs 5)

Mit der Verwerfung des Einspruchs ist der Beteiligte in einer dem § 388 entsprechenden Weise erneut unter Zwangsgeldandrohung aufzufordern, seiner Pflicht nachzukommen. Als Frist zur Behebung des Hindernisses kommt in diesem Fall kein bestimmter Termin, sondern nur eine Zeitspanne in Betracht, da die Frist erst mit der Rechtskraft der Verwerfung des Einspruchs zu laufen beginnt (Rz 29).

Verbunden mit der erneuten Aufforderung ist wiederum Gelegenheit zu geben, alternativ zur Befolgung der Aufforderung das Unterlassen durch **Einspruch** zu rechtfertigen. Das bereits stattgefundene erste Einspruchsverfahren macht einen weiteren Einspruch nicht obsolet, da das Unterlassen der Pflichterfüllung durch Zeitablauf und veränderte Umstände (zB zwischenzeitliches Ausscheiden des Beteiligten aus dem Vorstands-/Geschäftsführeramt) inzwischen gerechtfertigt sein kann.

26 Vorzugsweise ist die erneute Zwangsgeldandrohung in denselben Beschluss aufzunehmen, der den Einspruch zurückweist. Sie kann stattdessen auch durch gesonderte Verfügung ergehen, ist dann aber gemeinsam mit dem Beschluss über die Zurückweisung des Einspruchs zuzustellen.

27 Eine erneute Zwangsgeldandrohung ist auch dann vorzunehmen, wenn bezüglich der ersten Androhung nur der Einspruch zurückgewiesen, von einer Zwangsgeldfestsetzung jedoch gem Abs 4 Satz 2 abgesehen wird.

4. Bekanntgabe der Entscheidung, Rechtsbehelfsbelehrung

28 Der Beschluss über die Einspruchsverwerfung und Zwangsgeldfestsetzung ist **zuzustellen** (§ 41 Abs 1 Satz 2). Er hat eine **differenzierte Rechtsbehelfsbelehrung** (§ 39) zu enthalten, welche die Möglichkeiten des Einspruchs gegen die erneute Androhung sowie der Beschwerde sowohl gegen die Einspruchsverwerfung als auch gegen die Zwangsgeldfestsetzung als auch isoliert gegen die Kostenentscheidung (s § 389 Rz 24) je gesondert aufzeigt.

5. Aufschiebende Wirkung der Beschwerde

29 Legt der Beteiligte gegen die Verwerfung des Einspruchs Beschwerde ein, ist die gem Abs 5 erneut ausgesprochene Zwangsgeldandrohung **suspendiert**. Die erneute Erfüllungs- und Einspruchsfrist beginnt erst mit der Rechtskraft der Verwerfung des vorangegangenen Einspruchs zu laufen (Abs 5 Satz 2; BayObLGZ 1967, 458, 463).

30 Zu der Frage, ob die aufschiebende Wirkung auch das bereits festgesetzte Zwangsgeld erfasst, s § 391 Rz 20 ff.

VII. Einspruch gegen die wiederholte Androhung (Abs 6)

31 Absatz 6 regelt den Fall, dass gegen die erste Androhung des Zwangsgeldes (§ 388) und ggf gegen noch weitere Androhungen (§ 389 Abs 1) kein bzw kein zulässiger Einspruch eingelegt worden war, auf abermalige Androhung nach § 389 Abs 1 nunmehr jedoch zulässiger Einspruch eingelegt wird und in der Sache Erfolg hat.

32 In dieser Lage ermöglicht es die Vorschrift, mit der stattgebenden Entscheidung über den jetzigen Einspruch zugleich das auf frühere Androhungen bereits festgesetzte Zwangsgeld nachträglich aufzuheben oder an dessen Stelle ein geringeres Zwangsgeld festzusetzen. Die Norm will damit dem Umstand Rechnung tragen, dass das vormals festgesetzte Zwangsgeld als Beugemittel ungeeignet und ungerechtfertigt war, weil die vermeintlich zu erfüllende Pflicht in Wahrheit nicht bestand, und deshalb ein Festhalten an dem formal bestandskräftigen Zwangsgeld als unbillig erscheinen könnte.

33 Die Möglichkeit einer nachträglichen Ermäßigung nach Abs 6 ist nur dann eröffnet, wenn bisher keine Sachprüfung in einem Einspruchsverfahren stattgefunden hat, also entweder ein Einspruch gegen frühere Androhungen nicht erhoben oder der erhobene Einspruch als unzulässig verworfen wurde. Ist dagegen bereits ein Zwangsgeld unter Verwerfung eines früheren Einspruchs nach Sachprüfung gem Abs 4 rechtskräftig festgesetzt worden, verbleibt es dabei endgültig; dieses Zwangsgeld kann in einem späteren (erneuten) Einspruchsverfahren nicht mehr ermäßigt werden (BayObLG Rpfleger 1955, 239, 240; BayObLGZ 1967, 458, 463; Jansen/*Steder* § 135 Rn 18, § 136 Rn 4).

34 Die Entscheidung über eine Aufhebung oder Herabsetzung des früheren Zwangsgeldes ist **nach billigem Ermessen** zu treffen. Grundvoraussetzung ist allerdings, dass die mit der Aufforderung verfolgte Handlungspflicht von vornherein nicht bestand und

deshalb auch ein früherer Einspruch bereits zur Aufhebung der Zwangsgeldandrohung hätte führen müssen, wäre er (zulässig) eingelegt worden. Erweist sich dagegen der später erhobene Einspruch allein aufgrund geänderter Umstände als erfolgreich (zB Entfallen der Pflicht wegen zwischenzeitlichen Ausscheidens aus dem Vorstands-/Geschäftsführeramt), spricht nichts für eine Aufhebung oder Reduzierung des bis dahin völlig zu Recht festgesetzten Zwangsgeldes.

Mit einer ggf vollständigen Aufhebung des früheren Zwangsgeldes ist zugleich auch die früher ergangene Kostenentscheidung aufzuheben. Wird das Zwangsgeld hingegen nur ermäßigt, bleibt es bei der früheren Kostengrundentscheidung, jedoch ist zu prüfen, ob die seinerzeit erhobene Geb das nunmehr ermäßigte Zwangsgeld übersteigt und deshalb herabzusetzen ist (§ 119 Abs 1 Satz 2 KostO). 35

Lehnt das Gericht eine Aufhebung oder Ermäßigung nach Abs 6 ab, kann dagegen Beschwerde eingelegt werden. 36

VIII. Kosten

Die Verwerfung des Einspruchs löst eine Geb von 100 € aus (§ 119 Abs 1 Satz 1 Nr 2 KostO). Durch die gleichzeitige Festsetzung des Zwangsgeldes nach Abs 4 entsteht zusätzlich eine weitere Geb von 100 € nach § 119 Abs 1 Satz 1 Nr 1 KostO. Jede einzelne Geb darf die Höhe des festgesetzten Zwangsgeldes nicht übersteigen (§ 119 Abs 1 Satz 2 KostO). 37

Erneute Zwangsgeldfestsetzungen aufgrund erneuter Androhungen nach Abs 5 lösen die Geb jeweils erneut aus (§ 119 Abs 1 Satz 1 KostO). 38

Die Kostengrundentscheidung ist zugleich mit der Verwerfung des Einspruchs und Festsetzung des Zwangsgeldes zu treffen. Dies war früher in § 138 FGG geregelt, der nicht nur für die Zwangsgeldfestsetzung nach Verstreichen der Einspruchsfrist (§ 133 Abs 1 FGG – jetzt § 389 Abs 1 FamFG), sondern auch für die Festsetzung nach zurückgewiesenem Einspruch galt (§ 135 Abs 2 Satz 1 FGG – jetzt § 390 Abs 4 Satz 1 FamFG; s OLG Hamm Rpfleger 1955, 241, 242). Um die bisherige Rechtslage widerspruchsfrei in das FamFG zu überführen, hätte der Gesetzgeber die frühere Regelung des § 138 FGG auf beide Fallkonstellationen der Zwangsgeldfestsetzung übertragen müssen. Tatsächlich findet sich die Regelung zur Auferlegung der Kosten jedoch nur in § 389 Abs 2 (Fall des unterlassenen Einspruchs), nicht dagegen in § 390 (Fall des zurückgewiesenen Einspruchs). Letzteres wurde offenbar übersehen. Das Versäumnis ist aufzufangen durch analoge Anwendung des § 389 Abs 2 bei Zwangsgeldfestsetzungen nach § 390 Abs 4 Satz 1. 39

Zur isolierten Anfechtung der Kostenentscheidung s § 389 Rz 24. 40

§ 391 Beschwerde

(1) Der Beschluss, durch den das Zwangsgeld festgesetzt oder der Einspruch verworfen wird, ist mit der Beschwerde anfechtbar.

(2) Ist das Zwangsgeld nach § 389 festgesetzt, kann die Beschwerde nicht darauf gestützt werden, dass die Androhung des Zwangsgeldes nicht gerechtfertigt gewesen sei.

A. Allgemeines

1   Die Vorschrift entspricht im Wesentlichen dem bisherigen § 139 FGG. Der Rechtsmittelsystematik des FamFG folgend spricht das Gesetz nicht mehr von »sofortiger Beschwerde«, sondern nur noch von »Beschwerde«, die innerhalb der Monatsfrist des § 63 Abs 1 einzulegen ist.

B. Kommentierung

2   Die Vorschrift reduziert das Beschwerderecht des Beteiligten auf zwei anzugreifende Entscheidungen: Die Festsetzung des Zwangsgeldes und die Verwerfung des Einspruchs. Im Umkehrschluss folgt daraus, dass die Zwangsgeldandrohung als solche (§ 388) nicht beschwerdefähig ist; gegen sie ist grds nur der Einspruch statthaft, über den das Gericht gem § 390 entscheidet (Ausnahme: Rz 16).

3   Nicht in § 391 geregelt ist die Beschwerde, die das berufsständische Organ einlegen kann, wenn das Registergericht die Androhung eines Zwangsgeldes ablehnt oder dem Einspruch des Beteiligten stattgibt (§ 388 Rz 54 ff, § 390 Rz 10, 17). Ebenfalls nicht geregelt ist die isolierte Anfechtung der getroffenen Kostenentscheidung (§ 389 Rz 24).

3a Für eine Beschwerde, die sich gegen ein vom Bundesamt für Justiz festgesetztes Ordnungsgeld richtet, gilt § 391 FamFG nicht, sondern § 335 Abs 5 HGB mit abgekürzter Zweiwochenfrist.

I. Zuständigkeit/Mindestbeschwerdewert

4   Gem § 61 Abs 1, 2 findet die Beschwerde zum Oberlandesgericht nur statt, wenn der Wert des Beschwerdegegenstandes 600 € übersteigt oder das Gericht des ersten Rechtszuges die Beschwerde zugelassen hat. Beschwerdewert ist die jeweilige Höhe des angedrohten oder festgesetzten Zwangsgeldes. Steht danach die Beschwerde zum Oberlandesgericht nicht offen, gilt der eingelegte Rechtsbehelf als Rechtspflegererinnerung (§ 11 Abs 2 RPflG), über die der Registerrichter entscheidet. Darin liegt gegenüber der bisherigen Rechtslage eine erhebliche Einschränkung der Rechtsschutzmöglichkeiten. Ob der Gesetzgeber diese Rechtsmittelbeschränkung mit Bedacht wählte, ist der Gesetzesbegründung nicht zu entnehmen. Gegen eine bewusste Entscheidung des Gesetzgebers spricht, dass für alle übrigen Zwangsgeldfestsetzungen nach dem FamFG ein anderer Rechtsbehelf vorgesehen ist, nämlich die unabhängig vom Beschwerdewert zulässige sofortige Beschwerde nach der ZPO (§ 35 Abs 5 FamFG). In der Eröffnung unterschiedlicher Rechtsbehelfe gegen Zwangsgeldfestsetzungen einmal nach § 35 Abs 5 FamFG und einmal nach § 391 FamFG liegt ein nicht nachzuvollziehender Wertungswiderspruch.

II. Beschwerde gegen die Verwerfung des Einspruchs

5   Die Beschwerde gegen die Verwerfung des Einspruchs (§ 390 Abs 4) kann derjenige erheben, dessen Einspruch verworfen wurde. Außerdem kann die Gesellschaft oder Genossenschaft selbst zur Einlegung der Beschwerde berechtigt sein (BGHZ 25, 154, 157; BayObLG Rpfleger 1984, 105; 2002, 31), und zwar unabhängig davon, ob der Einspruch

zuvor durch sie selbst oder durch das (in Anspruch genommene) Vertretungsorgan eingelegt wurde.

Das Beschwerdegericht prüft **formell und materiell**, ob der Einspruch zu Recht verworfen wurde. Hinsichtlich des Einspruchs als solchen prüft das Beschwerdegericht, ob er rechtzeitig von einem Einspruchsberechtigten eingelegt wurde. Bezüglich der Zwangsgeldandrohung prüft es, ob die aufgegebene Handlungspflicht tatsächlich besteht und hinreichend konkret bezeichnet war, sowie ob sich das angedrohte Zwangsgeld innerhalb des gesetzlichen Rahmens hält. Neue Tatsachen sind dabei ohne Einschränkung zu berücksichtigen (§ 65 Abs 3). 6

Hatte das Registergericht den **Sachverhalt nicht ausreichend aufgeklärt**, insbes einen gebotenen Erörterungstermin nicht anberaumt, kann das Beschwerdegericht den Verwerfungsbeschluss aufheben und die Sache an das Registergericht zur Durchführung des Erörterungstermins zurückverweisen (§ 69 Abs 1 Satz 3). Die Zurückverweisung liegt aber im Ermessen des Beschwerdegerichts, dieses wäre ebenso befugt, den Erörterungstermin selbst nachzuholen (BayObLG NJW 1999, 297 für das Ordnungsgeldverfahren). 7

Mit der stattgebenden Beschwerdeentscheidung werden zugleich die akzessorischen weiteren Entscheidungen aufgehoben, namentlich die mit der Einspruchsverwerfung verbundene Zwangsgeldfestsetzung (§ 390 Abs 4), die Kostengrundentscheidung (§ 390 Rz 39) sowie die erneute Zwangsgeldandrohung (§ 390 Abs 5). 8

§ 390 Abs 6 ist analog anzuwenden: Über die Aufhebung oder Ermäßigung früher festgesetzter Zwangsgelder entscheidet entweder das Beschwerdegericht sogleich von Amts wegen (Jansen/*Steder* § 139 Rn 13) oder später das Registergericht auf gesonderten Antrag. 9

III. Beschwerde gegen die Festsetzung des Zwangsgeldes

Die Beschwerde gegen die Zwangsgeldfestsetzung kann sich entweder gegen ein gem § 389 Abs 1 (= ohne vorherigen Einspruch) oder gegen ein gem § 390 Abs 4 (= bei gleichzeitiger Verwerfung des Einspruchs) festgesetztes Zwangsgeld richten. 10

Ferner kann Beschwerde gegen eine Entscheidung eingelegt werden, mit der das Registergericht es ablehnt, ein früher festgesetztes Zwangsgeld gem § 390 Abs 6 aufzuheben oder zu ermäßigen. 11

Es gehört nicht zu den Zulässigkeitsvoraussetzungen der Beschwerde, dass das Zwangsgeld noch zur Zahlung aussteht. Das Zwangsgeld kann auch nach seiner Bezahlung oder Beitreibung noch aufgehoben oder herabgesetzt werden mit der Folge, dass der zu viel gezahlte Betrag zurückzuerstatten ist (vgl BayObLG Rpfleger 1955, 239, 241). 12

1. Beschwerdeberechtigung

Beschwerdeberechtigt ist – anders als bei der Beschwerde gegen die Verwerfung des Einspruchs (Rz 5) – nur derjenige, gegen den das Zwangsgeld persönlich festgesetzt wurde. Die Gesellschaft ist nicht beschwerdeberechtigt, da in diesem Beschwerdeverfahren nur die Rechtmäßigkeit der Zwangsgeldfestsetzung geprüft wird, jedoch nicht die materielle Pflicht zur Vornahme der aufgegebenen Handlung. Denn die Beschwerde kann nicht darauf gestützt werden, dass die Androhung des Zwangsgeldes nicht gerechtfertigt gewesen sei (Abs 2). Allerdings kann eine von der Gesellschaft eingelegte Beschwerde im Einzelfall so auszulegen sein, dass sie im Namen des persönlich in Anspruch genommen eingelegt sein soll (vgl KGJ 31 A 206). 13

2. Prüfungsgegenstand und -umfang

Das Beschwerdegericht prüft formell, ob das Zwangsgeld (wenigstens) in der festgesetzten Höhe angedroht war, ob sich das angedrohte und festgesetzte Zwangsgeld innerhalb 14 des gesetzlich vorgegebenen Rahmens hielt, ob die aufgegebene Handlungspflicht ausreichend bestimmt bezeichnet war, ob die Frist zur Erledigung der Pflicht ausreichend lang bemessen (BayObLGZ 1978, 54, 59) und ob die alternative Aufforderung zur Rechtfertigung durch einen Einspruch enthalten war (OLG Hamm Rpfleger 1986, 390). Ferner prüft das Beschwerdegericht, dass entweder kein Einspruch eingelegt (§ 389 Abs 1) oder dieser verworfen (§ 390 Abs 4 Satz 1) wurde und damit die Grundvoraussetzungen vorlagen, unter denen ein Zwangsgeld festgesetzt werden konnte. Ein Zwangsgeld, das vom Registergericht festgesetzt wurde, ohne einen erhobenen Einspruch zu beachten, ist ohne Weiteres aufzuheben und an das Registergericht zur Durchführung des Einspruchsverfahrens zurückzuverweisen (OLG Hamm Rpfleger 1985, 302).

15 Wird mit der Beschwerde gleichzeitig die Verwerfung des Einspruchs und die Festsetzung des Zwangsgeldes angegriffen, ist beides inhaltlich zu überprüfen.

16 Richtet sich die Beschwerde isoliert gegen eine Zwangsgeldfestsetzung, war also ein Einspruch gegen die Zwangsgeldandrohung nicht erhoben worden oder richtet sich die Beschwerde nach einer Entscheidung gem § 390 Abs 4 nicht gegen die Einspruchsverwerfung, sondern nur gegen die Zwangsgeldfestsetzung, hat das Beschwerdegericht **nicht zu prüfen, ob die Androhung des Zwangsgeldes gerechtfertigt war** (Abs 2, KG NJW-RR 1999, 1341 mwN). Denn die inhaltliche Prüfung der aufgetragenen Pflicht ist allein Gegenstand des Einspruchsverfahrens (§ 390 Abs 3, Abs 4 Satz 1 Hs 1) sowie der gegen die Einspruchsverwerfung statthaften Beschwerde, nicht aber Gegenstand der Beschwerde gegen die Zwangsgeldfestsetzung. Allerdings prüft das Beschwerdegericht, ob das Zwangsgeldverfahren **überhaupt zulässig** war und nicht etwa deshalb jeder gesetzlichen Grundlage entbehrte, weil zu einer generell nicht erzwingbaren Handlung aufgefordert wurde (OLG Hamm DB 1979, 306; KKW/*Winkler* (15. Aufl) § 132 Rn 28). Ansonsten prüft das Beschwerdegericht nur noch, ob die Pflicht evtl bereits erfüllt wurde (BayObLG Rpfleger 1979, 215) oder durch andere Gründe nachträglich entfallen ist, etwa durch zwischenzeitliche Auflösung der Gesellschaft, durch Verlust der Organstellung des in Anspruch Genommenen usw.

17 Hinsichtlich der Zwangsgeldhöhe überprüft das Beschwerdegericht nicht lediglich Fehler in der Ermessensausübung des Registergerichts, sondern trifft eine **eigene Ermessensentscheidung**, bestimmt also selbstständig innerhalb der äußeren Ermessensgrenzen, die durch den Betrag der Zwangsgeldandrohung gesetzt sind, die Höhe des angemessenen Zwangsgeldes. Das Beschwerdegericht prüft ferner eigenständig die Voraussetzungen einer Herabsetzung des Zwangsgeldes oder des Absehens von seiner Erhebung in den Fällen des § 390 Abs 4 Satz 2, Abs 6 (Keidel/*Heinemann* § 391 Rn 12).

3. Aussetzung des Beschwerdeverfahrens

18 Ist nur die Zwangsgeldfestsetzung Streitgegenstand der Beschwerde, steht aber vor dem Registergericht oder in der Beschwerdeinstanz noch eine Entscheidung in einem erst später anhängig gewordenen Einspruchsverfahren aus, weil gegen eine nachfolgende Zwangsgeldandrohung (§ 390 Abs 5) Einspruch eingelegt wurde, hat das Beschwerdegericht seine Entscheidung über das festgesetzte Zwangsgeld bis zur rechtskräftigen Entscheidung über den später erhobenen Einspruch auszusetzen (BayObLGZ 1978, 54, 60 f; Jansen/*Steder* § 136 Rn 6). Denn mit der noch offen stehenden Entscheidung über das Einspruchsverfahren könnte zugleich das früher festgesetzte Zwangsgeld, auf das sich die Beschwerde bezieht, aufgehoben werden (§ 390 Abs 6).

19 In umgekehrter Richtung findet keine Aussetzung statt: Das auf die Folgeandrohung bezogene Einspruchsverfahren darf nicht wegen einer noch anhängigen Beschwerde gegen eine frühere Zwangsgeldfestsetzung ausgesetzt werden (Keidel/*Heinemann* § 390 Rn 16; Bassenge/Roth/*Walter* § 390 Rn 11).

4. Aufschiebende Wirkung der Beschwerde?

Zweifelhaft ist, ob die Beschwerde eine aufschiebende Wirkung hinsichtlich der Beitreibung des festgesetzten Zwangsgeldes entfaltet. Früher war in § 24 Abs 1 Satz 1 FGG geregelt, dass Beschwerden gegen die Festsetzung eines Ordnungs- oder Zwangsmittels aufschiebende Wirkung haben. Die Vorschrift wurde jedoch nicht in das FamFG übernommen. Zur Begründung hat der Regierungsentwurf (BTDrs 16/6308 S 193) ausgeführt, dass eine Nachfolgevorschrift für den bisherigen § 24 Abs 1 FGG entbehrlich sei, weil die aufschiebende Wirkung bei Beschwerden gegen Zwangsmittel dadurch gewahrt bleibe, dass § 35 Abs 5 auf die Vorschriften über die sofortige Beschwerde nach der ZPO verweise – somit auch auf § 570 Abs 1 ZPO, der die aufschiebende Wirkung enthält. 20

Hierbei übersah der Gesetzgeber jedoch, dass § 24 Abs 1 FGG nicht nur die Fälle des jetzigen § 35 abdeckte, für die eine neue Regelung in § 35 Abs 5 getroffen ist, sondern auch die Fälle des Zwangsgeldes nach §§ 133 Abs 1, 135 Abs 2 Satz 1 FGG (jetzt: §§ 389 Abs 1, 390 Abs 4 Satz 1 FamFG) sowie des Ordnungsgeldes nach § 140 FGG (jetzt: § 392 FamFG). Für diese Fälle wurde im neuen Gesetz keine Verweisung auf § 570 Abs 1 ZPO implementiert, denn § 391 Abs 1 FamFG erklärt nicht die sofortige Beschwerde nach der ZPO, sondern die Beschwerde nach dem FamFG für anwendbar, welche grds keine aufschiebende Wirkung entfaltet. 21

Beabsichtigt oder nicht, existiert infolge der Gesetzesänderung keine Rechtsvorschrift mehr, die eine aufschiebende Wirkung der Beschwerde gegen die Zwangsgeldfestsetzung in Registersachen normiert. Man wird daher entgegen der bisherigen Rechtslage von vorläufiger Vollziehbarkeit ausgehen müssen (aA Keidel/*Heinemann* § 389 Rn 16, § 391 Rn 8; Bumiller/*Harders* § 389 Rn 4, § 391 Rn 1; Bahrenfuss/*Steup* § 391 Rn 1, 11: analoge Anwendung des § 570 Abs 1 ZPO). Allein das Beschwerdegericht ist befugt, die Vollziehung des angefochtenen Beschlusses gemäß § 64 Abs 3 aussetzen. 22

IV. Kosten

Die Kosten der erfolglos eingelegten Beschwerde sollen dem Beteiligten auferlegt werden, der sie eingelegt hat (§ 84); ansonsten ergeht Kostenentscheidung nach billigem Ermessen (§ 81 Abs 1). Für die Verwerfung oder Zurückweisung der Beschwerde entsteht eine Geb in Höhe von 100 € (§ 119 Abs 1 Satz 1 Nr 3 KostO), welche allerdings die Höhe des angedrohten oder festgesetzten Zwangsgeldes nicht übersteigen darf (§ 119 Abs 1 Satz 2 KostO). 23

§ 392 Verfahren bei unbefugtem Firmengebrauch

(1) Soll nach § 37 Abs. 1 des Handelsgesetzbuchs gegen eine Person eingeschritten werden, die eine ihr nicht zustehende Firma gebraucht, sind die §§ 388 bis 391 anzuwenden, wobei
1. dem Beteiligten unter Androhung eines Ordnungsgeldes aufgegeben wird, sich des Gebrauchs der Firma zu enthalten oder binnen einer bestimmten Frist den Gebrauch der Firma mittels Einspruchs zu rechtfertigen;
2. das Ordnungsgeld festgesetzt wird, falls kein Einspruch erhoben oder der erhobene Einspruch rechtskräftig verworfen ist und der Beteiligte nach der Bekanntmachung des Beschlusses diesem zuwidergehandelt hat.

(2) Absatz 1 gilt entsprechend im Fall des unbefugten Gebrauchs des Namens einer Partnerschaft.

Übersicht

	Rz
A. Allgemeines	1
B. Kommentierung	5
I. Sachlicher Anwendungsbereich der Norm	5
II. Unzulässiger Firmengebrauch	9
III. Einschreiten des Registergerichts	13
IV. Beteiligte	18
V. Verfahren	20
1. Zuständigkeit	21
2. Einleitung des Verfahrens, Beteiligung der berufsständischen Organe	23
3. Sachverhaltsermittlung	25
4. Ordnungsgeldandrohung	28
5. Ordnungsgeldfestsetzung bei unterlassenem Einspruch	34
6. Zahlungserleichterungen	41
7. Keine Ordnungshaft	42
8. Verfahren bei Einspruch	43
9. Ordnungsgeldfestsetzung nach rechtskräftiger Verwerfung des Einspruchs	49
10. Steigerung der Ordnungsgeldandrohung	50
11. Nachträgliche Änderung der Ordnungsgeldandrohung	51
12. Verjährung des Ordnungsgeldes	53
13. Unterrichtung des Anzeigenerstatters bei Nichteinleitung des Verfahrens oder Stattgabe des Einspruchs (§ 24 Abs 2)	56
VI. Rechtsbehelfe	57
1. Zuständigkeit/Mindestbeschwerdewert	58
2. Beschwerde gegen die Verwerfung des Einspruchs	61
3. Beschwerde gegen die Festsetzung des Ordnungsgeldes	65
4. Rechtsbehelf gegen die Ablehnung oder Aufhebung einer Ordnungsgeldandrohung oder -festsetzung	67
5. Aufschiebende Wirkung der Beschwerde?	71
6. Kosten des Beschwerdeverfahrens	72
VII. Versterben des Beteiligten	74
VIII. Einstweilige Anordnung auf vorläufige Unterlagung des Firmenmissbrauchs?	75

A. Allgemeines

1 Das Firmenrecht verlangt eine Ausrichtung der Firma nach vier wesentlichen Kriterien: der Unterscheidungskraft (§§ 18, 30 HGB, 3 Satz 2 GenG), der Offenlegung der Rechtsform des Unternehmens und damit zugleich der Haftungsverhältnisse (§ 19 HGB, 4, 279 AktG, 4, 5a Abs 1 GmbHG, 3 Satz 1 GenG, 18 Abs 2 VAG, 2 Abs 2 Nr 1 EWIVAG, 2, 11 Abs 1 PartGG) sowie des Branchenschutzes für bestimmte Unternehmensarten und damit zugleich des Verbraucherschutzes (§ 4 Abs 1 VAG, 39–41 KWG, 3 Abs 1–3 InvG, 16 Abs 1, 2 BausparkG, 7 REITG, 20 UBGG, 3 WKBG). Wer eine diesen Regeln nicht folgende oder ihm sonst nicht zustehende Firma gebraucht, ist vom Registergericht zur Unterlassung des Firmengebrauchs durch Festsetzung eines Ordnungsgeldes anzuhalten (§ 37 Abs 1 HGB). § 392 regelt das Verfahren in diesen Fällen.

2 Die Vorschrift entspricht in Abs 1 im Wesentlichen dem bisherigen § 140 FGG. Absatz 2 erstreckt den Anwendungsbereich der Norm auf die unberechtigte Führung eines Partnerschaftsnamens; das entspricht der bisherigen Regelung des § 160b Abs 1 Satz 2

FGG. Abweichend von der bisherigen Rechtslage muss der Hinweis auf die Einspruchsmöglichkeit den Förmlichkeiten einer Rechtsbehelfsbelehrung (§ 39) genügen (s Rz 31).

Im Unterschied zum Zwangsgeld (§§ 388 ff) hat das Ordnungsgeld keinen rein präventiven, sondern auch einen **strafähnlichen Charakter**. Nach der Vorstellung des Gesetzgebers sollen Ordnungsmittel zumindest auch eine »Ungehorsamsfolge« für die Nichtbeachtung bestimmter öffentlicher Pflichten darstellen, somit eine repressive Rechtsfolge für solche Ordnungsverstöße, die ihrem Wesen nach zum untersten Bereich der Ordnungswidrigkeiten gehören (BTDrs 7/550 S 195). Folge der systematischen Einordnung in den Kanon der staatlichen Repressionsinstrumentarien ist, dass einzelne Rechtsgedanken des Straf- und Ordnungswidrigkeitenrechts auf das Ordnungsgeldverfahren zu übertragen sind. 3

Terminologisch weicht § 392 vom sonst üblichen Sprachgebrauch ab: Der in Anspruch zu Nehmende wird hier als »Beteiligter« bezeichnet, während ansonsten im Ordnungsgeldverfahren üblicherweise von einem »Betroffenen« die Rede ist (vgl Art 7 EGStGB). 4

B. Kommentierung

I. Sachlicher Anwendungsbereich der Norm

§ 392 bezieht sich auf das Vorgehen nach § 37 Abs 1 HGB. Die Vorschrift dient **im öffentlichen Interesse** dem Schutz des Rechtsverkehrs vor dem Gebrauch falscher und irreführender Firmenbezeichnungen. 5

Neben den Firmen der Kaufleute, Personen- und Kapitalgesellschaften (einschl VVaG) bezieht sich der Firmenschutz auch auf die Genossenschaften (§ 3 GenG iVm §§ 30, 37 HGB) sowie gem Abs 2 auf die Namen der Partnerschaftsgesellschaften (§ 2 Abs 2 PartGG iVm § 37 HGB). Hingegen bezieht sich § 392 nicht auf Vereinsnamen. 6

Für den Sonderfall eines unzulässigen Gebrauchs der für **Kreditinstitute, Kapitalanlagegesellschaften** und **Versicherungsunternehmen** reservierten Firmenzusätze enthalten die §§ 43 Abs 2 KWG, 16 Abs 3 BausparkG, 3 Abs 4 InvG, § 4 Abs 3 Satz 2 VAG einen Verweis auf § 392. 7

Den **privatrechtlichen Firmenschutz** flankiert § 392 nicht. Derjenige, dessen private **Marken-, Urheber- oder Namensrechte** oder anderer Rechtstitel dadurch beeinträchtigt sind, dass seine Firma oder sein Name von einem anderen rechtswidrig gebraucht wird, kann seine Rechte (nur) nach § 37 Abs 2 HGB bzw § 12 BGB im Zivilrechtswege verfolgen (vgl aber zT abweichende hM Rz 70). 8

II. Unzulässiger Firmengebrauch

Unter dem **Gebrauch einer Firma** versteht man jede Handlung, die unmittelbar auf den Betrieb des Geschäfts Bezug hat und als Willenskundgebung des Geschäftsinhabers zu verstehen ist, sich der verwendeten Bezeichnung als des eigenen Handelsnamens (seiner Firma) zu bedienen (RGZ 55, 121, 123; BGH NJW 1991, 2023, 2024). Gemeint ist damit jegliche Verwendung einer Firmenbezeichnung auf Geschäftsbriefen, Bestellscheinen, Werbeträgern, in Verzeichnissen, Zeitungsannoncen, Telefonaten usw (s Baumbach/Hopt/*Hopt* § 37 Rn 3). Bereits die Anmeldung einer Firma zum Handelsregister kann für sich genommen ein Firmengebrauch sein (BayObLG Rpfleger 1973, 27, 28 mwN; kritisch Keidel/*Heinemann* § 392 Rn 10; Bumiller/*Harders* § 392 Rn 2; Prütting/Helms/*Maass* § 392 Rn 9), ebenso das schlichte Belassen der bereits eingetragenen, unzulässigen Firma im Register (KG OLGR 34, 330, 331). 9

Unzulässig ist der Firmengebrauch, wenn jemand eine Firma führt, ohne überhaupt Kaufmann zu sein, wenn jemand eine irreführende (§ 18 Abs 2 HGB; OLG Köln FGPrax 2008, 125) oder sonst falsch gebildete Firma führt – etwa die GmbH/UG ohne einen auf die beschränkte Haftung hinweisenden Rechtsformzusatz (§§ 4, 5a Abs 1 GmbHG) –, oder wenn ein Kaufmann seine Firma im Geschäftsverkehr nicht exakt so führt, wie sie 10

§ 392 FamFG | Verfahren bei unbefugtem Firmengebrauch

im Handelsregister eingetragen ist (BayObLG DNotZ 1992, 384 mwN). Zur Kasuistik im Einzelnen vgl die Kommentierung zu § 37 HGB. Unzulässig kann auch das Führen einer im Register eingetragenen Firma sein, welche wegen Verstoßes gegen firmenrechtliche Grundsätze nicht hätte eingetragen werden dürfen.

11 Das Verfahren nach § 392 kommt auch in Betracht, wenn eine zunächst zulässig gebrauchte Firma aufgrund späterer Veränderungen im Unternehmen **nachträglich unzulässig geworden ist** (KG NJW 1965, 254; Jansen/*Steder* § 140 Rn 52). Anders liegt der Fall aber, wenn sich nach längerem unbeanstandetem Gebrauch nicht die Verhältnisse des Unternehmens, sondern lediglich die Rechtsauffassung, die Verkehrsanschauung oder der Sprachgebrauch geändert haben: Dann kommt das Firmenmissbrauchsverfahren regelmäßig nicht in Betracht (OLG Celle, JR 1952, 74; OLG Stuttgart NJW 1960, 1865; KG NJW 1965, 254, 255).

12 Gebraucht ein Kaufmann eine (ordnungsgemäß gebildete) Firma, ohne im Handelsregister eingetragen zu sein, ist nicht der Firmengebrauch unzulässig, sondern es ist die Anmeldung der Firma zum Handelsregister zu erzwingen (§ 14 HGB iVm §§ 388 ff FamFG; aA Keidel/*Heinemann* § 392 Rn 5; Bumiller/*Harders* § 392 Rn 4: beide Verfahren seien nebeneinander zu eröffnen).

III. Einschreiten des Registergerichts

13 Das Registergericht schreitet ein, wenn es **Kenntnis** vom unzulässigen Gebrauch einer Firma erhält. Auslöser dieser Kenntnis ist zumeist die Anzeige eines berufsständischen Organs oder eines Dritten, namentlich eines Konkurrenten. Im Einzelfall kann sich die Kenntnis aber auch aus den Registerakten selbst ergeben, etwa wenn sich das eingetragene Unternehmen unter einem Briefkopf mit falscher Firmenbezeichnung an das Registergericht wendet.

14 Ein gerichtliches Ermessen, gem § 392 einzuschreiten, besteht grds nicht, denn § 37 Abs 1 HGB eröffnet **keinen Ermessensspielraum**.

15 Jedoch können Ordnungsgeldverfahren nach allgemeinen strafprozessualen Grundsätzen in entsprechender Anwendung der §§ 153 StPO, 47 OWiG **eingestellt werden**, wenn das Verschulden des Beteiligten gering ist (BFHE 216, 500, 504; OLG Nürnberg NJW-RR 1999, 788). Daher kann das Registergericht vom Einschreiten absehen, wenn sich aus der unzulässigen Firmenführung nur geringe Unzuträglichkeiten ergeben, aus ihrer Untersagung aber dem Geschäftsinhaber unverhältnismäßig hohe Nachteile erwachsen würden (KG NJW 1965, 254, 255 f; OLG Zweibrücken OLGZ 1972, 391, 395; Jansen/*Steder* § 140 Rn 53 mwN). Unzumutbarkeit in diesem Sinne ist allerdings nicht gegeben, wenn der Geschäftsinhaber den bislang unzulässigen Firmengebrauch durch schlichte Umfirmierung legalisieren könnte: Dann mag die Ordnungsgeldandrohung als Ansporn dazu dienen.

16 In heutiger Zeit kommt ein Absehen vom Ordnungsgeldverfahren aus Billigkeitsgründen ohnehin nur noch in besonders gelagerten Ausnahmefällen in Betracht, da die allermeisten Fälle von »nur geringer Unzuträglichkeit«, welche früher das Absehen ermöglichten, mittlerweile durch die Liberalisierung des Firmenrechts per Handelsrechtsreformgesetz vom 22.6.1998 (BGBl I S 1474) aus dem Tatbestand und Anwendungsbereich der §§ 37 Abs 1 HGB, 392 FamFG herausgenommen sind. Bspw werden irreführende Angaben nur noch verfolgt, wenn sie für die angesprochenen Verkehrskreise »wesentlich« und die Eignung zur Irreführung für das Registergericht »ersichtlich« sind (§ 18 Abs 2 HGB). Weiterhin wurde durch die Einführung des Rechtsformzusatzes »e.K.« (§ 19 Abs 1 Nr 1 HGB) ein klares Abgrenzungskriterium zwischen der Firma des Einzelkaufmanns und bloß firmenähnlichen Geschäftsbezeichnungen etabliert, womit ein weiterer früherer Grenzbereich des Ordnungsgeldverfahrens entschärft wurde. Nachdem diese Liberalisierungen gegriffen haben, dürften Verstöße gegen die wenigen noch verbliebenen Regularien des Firmenrechts kaum mehr unterhalb der Geringfügig-

keitsschwelle abzuhandeln sein. Allenfalls mag man einmalige Verstöße nachsehen, die keine Wiederholung besorgen lassen (Keidel/*Heinemann* § 392 Rn 18).

Bei sehr alten, besonders wertvollen Firmen, die trotz Firmenrechtswidrigkeit über lange Zeit unbeanstandet blieben, werden Gesichtspunkte des **Bestandschutzes** diskutiert, wenn dem Unternehmen unverhältnismäßige Nachteile entstehen würden und es bei dem Gebrauch der Firma ursprünglich gutgläubig war (KG NJW 1965, 254, 255 f; BayObLGZ 1986, 150, 154 f mwN). Solche Aspekte müssen jedoch die Ausnahme bleiben; die Regel bleibt das Einschreiten des Registergerichts. 17

IV. Beteiligte

Das Ordnungsgeldverfahren richtet sich – wie das Zwangsgeldverfahren – nur gegen natürliche Personen. Beteiligt sind jeweils persönlich der Einzelkaufmann oder der Inhaber eines nichtkaufmännischen Geschäftsbetriebes, die Gesellschafter einer Personenhandelsgesellschaft, auch einer GbR (BayObLG NJW 1999, 297), sowie die Vorstände und Geschäftsführer einer Kapitalgesellschaft oder Genossenschaft (BayObLGZ 1960, 345, 348; Jansen/*Steder* § 140 Rn 56). Zu Einzelheiten s § 388 Rz 27 ff. 18

Fehlt es an einem zur Vertretung befugten Organ, ist derjenige in Anspruch zu nehmen, der das Unternehmen faktisch betreibt und somit die unzulässige Firma faktisch gebraucht. 19

V. Verfahren

Absatz 1 verweist bezüglich des Verfahrens auf die §§ 388 bis 391, was gesetzestechnisch jedoch eher ungeschickt ist. Denn Ordnungs- und Zwangsgeldverfahren haben weder eine gemeinsame Zielrichtung noch zeigen sie wesentliche strukturelle Gemeinsamkeiten – bis auf die beiderseits gegebene Möglichkeit eines Einspruchs. 20

1. Zuständigkeit

Zuständig ist das Registergericht, bei dem das Unternehmen eingetragen ist, welches die unzulässige Firma gebraucht (s § 377 Rz 6 f). Gebraucht jemand eine Firma, ohne überhaupt im Handelsregister eingetragen zu sein, ist das Registergericht zuständig, bei dem die Firma eingetragen werden müsste (Bassenge/Roth/*Walter* § 392 Rn 6). 21

Funktionell zuständig ist der Rechtspfleger (vor § 388 Rz 11). 22

2. Einleitung des Verfahrens, Beteiligung der berufsständischen Organe

Das Verfahren wird von Amts wegen eingeleitet und betrieben, häufig auf Anregung der berufsständischen Organe. Geht es um die unzulässige Verwendung einer für **Banken**, Sparkassen oder Kapitalanlagegesellschaften reservierten Firmenbezeichnung, kann auch die **BaFin** Anträge stellen (§§ 43 Abs 3 KWG, 16 Abs 3 BausparkG, 3 Abs 4 InvG). Beruht die Verfahrenseinleitung nicht auf einer Anregung des zuständigen Organs oder der BaFin, sind diese im Laufe des Verfahrens anzuhören (§ 380 Rz 24) verbunden mit der Gelegenheit, einen Antrag auf eigene Beteiligung zu stellen (§ 380 Abs 2 Satz 2; bezüglich der BaFin vgl § 380 Rz 45 f). Eine verfahrenseinleitende Anregung des Organs oder der BaFin ist im Zweifel zugleich als Antrag auf eigene Verfahrensbeteiligung auszulegen. 23

Beruht die Verfahrenseinleitung auf der **Anzeige eines Dritten**, etwa eines Konkurrenten, wird dieser nicht am Verfahren beteiligt. Er kann auch nicht als Beteiligter hinzugezogen werden (§ 7 Abs 2, 3), weil weder seine Rechte unmittelbar betroffen sind noch seine Hinzuziehung durch das Gesetz vorgesehen ist. Zur Unterrichtung des Anzeigenerstatters bei Nichteinleitung des Verfahrens s Rz 56. 24

§ 392 FamFG | Verfahren bei unbefugtem Firmengebrauch

3. Sachverhaltsermittlung

25 »Glaubhafte« Kenntnis von Tatsachen genügt für die Einleitung eines Verfahrens nach § 392 – anders als für das Zwangsgeldverfahren nach § 388 – nicht (Jansen/*Steder* § 140 Rn 50; *Krafka/Willer* Rn 2392; aA: *Bassenge* Rpfleger 1974, 173, 174). Das Gericht muss von einem stattgefundenen Verstoß überzeugt sein, bevor es einschreitet. Um sich diese **Überzeugung** zu verschaffen, muss es den Sachverhalt ausreichend ermitteln. Hierbei sollen die Beteiligten mitwirken (§ 27). Eine unumstößliche Gewissheit ist jedoch nicht erforderlich; zur Klärung letzter Unsicherheiten dient das Einspruchsverfahren. Die Feststellung eines Verschuldens ist nicht erforderlich.

26 Handelt es sich um die Verwendung einer für **Banken**, Sparkassen oder Kapitalanlagegegesellschaften reservierten Firmenbezeichnung, ist – soweit die BaFin den Antrag nicht selbst gestellt hat – deren **Entscheidung einzuholen** (§ 42 KWG). Das Gleiche gilt, zumindest in Zweifelsfällen, bei versicherungsrechtlich geschützten Firmenbezeichnungen (§ 4 Abs 2 VAG). Zur Bindungswirkung der Entscheidung der BaFin s § 395 Rz 43.

27 Ist ein Zivilrechtsstreit über den Anspruch eines Dritten auf Unterlassung des Firmengebrauchs anhängig (§ 37 Abs 2 HGB), kann das Registergericht das Ordnungsgeldverfahren gem § 21 **aussetzen** (KKW/*Winkler* (15. Aufl) § 140 Rn 4). Auch eine Aussetzung nach § 381 kommt in Betracht, wenn ein Dritter, der seinen Ausschließlichkeitsanspruch verletzt sieht, ein Einschreiten des Registergerichts anregt. Ihm kann aufgegeben werden, die zivilrechtliche Unterlassungsklage zu erheben. Macht der Dritte allerdings nur Warenzeichen-, Wettbewerbs- oder Urheberrechte geltend, kommt eine Aussetzung nicht in Betracht, da die Verletzung solcher Rechtspositionen nicht mit einem Vorgehen nach §§ 37 Abs 1 HGB, 392 FamFG verfolgt werden kann.

4. Ordnungsgeldandrohung

28 Das förmliche Ordnungsgeldverfahren beginnt in erster Stufe mit der Aufforderung, sich des unkorrekten Firmengebrauchs zu enthalten. Die Aufforderung ergeht **durch Beschluss**, wie sich aus dem Wortlaut des Abs 1 Nr 2 ergibt. Das Verbot muss sich auf den Gebrauch einer **bestimmten Firma** beziehen, die mit der gesamten Bezeichnung in jeder zu beanstandenden Form in den Verbotsbeschluss aufzunehmen ist (BayObLG NJW 1999, 297). Ein positives (Handlungs-)gebot, etwa die Aufforderung zu einer Firmenänderung (KG OLGR 6, 338) oder -löschung (KG OLGR 6, 338; 34, 330, 331) oder zur Entfernung des Firmenschildes (KG OLGR 5, 274), darf der Beschluss nicht aussprechen.

29 Die Aufforderung ist mit der Androhung eines Ordnungsgeldes **in bestimmter Höhe** für den Fall der Zuwiderhandlung zu verbinden. Auch die Androhung eines Ordnungsgeldes »von bis zu« einer bestimmten Höhe ist zulässig (herrschende Rspr; vgl § 388 Rz 45). Der gesetzliche Rahmen für das Ordnungsgeld beträgt 5 bis 1 000 € (Art 6 Abs 1 EGStGB).

30 Eine Fristsetzung für das Unterlassen des unzulässigen Firmengebrauchs enthält der Beschluss – anders als die Zwangsgeldandrohung nach § 388 – nicht (BayObLG NJW 1999, 297). Das Verbot wird daher **sofort wirksam**. Der Beschluss enthält nur alternativ die Aufforderung, den Gebrauch der Firma binnen einer bestimmten Frist durch Erhebung eines Einspruchs zu rechtfertigen.

31 Der Hinweis auf die Einspruchsmöglichkeit muss den **Förmlichkeiten einer Rechtsbehelfsbelehrung** (§ 39) genügen, da es sich bei der Ordnungsgeldandrohung – was den materiellen Verbotsausspruch der Zuwiderhandlung betrifft – bereits um eine **Endentscheidung** im Sinne des § 38 handelt.

32 Der Beschluss ist **zu begründen** (§ 38 Abs 3 Satz 1). Gem § 15 Abs 1 ist er **förmlich bekannt zu geben**, da er den Lauf der Einspruchsfrist auslöst. Er ist persönlich an den in Anspruch Genommenen zu adressieren und tunlichst förmlich zuzustellen. Wird der Beteiligte (nicht die Gesellschaft!) durch einen **Verfahrensbevollmächtigten** vertreten,

ist an diesen zuzustellen (§ 15 Abs 2 iVm § 172 ZPO). Zur Frage, ob die Wirksamkeit der Zustellung an den Bevollmächtigten vom Vorliegen einer Vollmachtsurkunde abhängt, s § 388 Rz 48.

Kosten werden für die Androhung des Ordnungsgeldes nicht erhoben. 33

5. Ordnungsgeldfestsetzung bei unterlassenem Einspruch

Unterlässt der Beteiligte den Einspruch, ist nicht ohne Weiteres das Ordnungsgeld festzusetzen. Vielmehr bedarf es der weiteren Feststellung, dass der Beteiligte dem Verbot nach Zugang des Androhungsbeschlusses erneut zuwidergehandelt hat. Hierzu kann das Gericht konkrete Ermittlungen anstellen, namentlich unter Zuhilfenahme der berufsständischen Organe (*Krafka/Willer* Rn 2397). Zumeist wird das Gericht aber schlicht abwarten, ob weitere Anzeigen eines unberechtigten Firmengebrauchs eingehen (Keidel/*Heinemann* § 392 Rn 25; Jansen/*Steder* § 140 Rn 62). 34

Die **Zuwiderhandlung** muss darin bestehen, dass der Beteiligte eine Firmenbezeichnung benutzt hat, die genau mit derjenigen übereinstimmt, deren Gebrauch ihm durch den Androhungsbeschluss untersagt wurde. Hat der Beteiligte seine Firmenbezeichnung in eine wiederum unzulässige Firma geändert, deren Gebrauch ihm jedoch nicht durch den Androhungsbeschluss untersagt war, kann kein Ordnungsgeld festgesetzt, sondern es muss ein neuer Androhungsbeschluss erlassen werden. 35

Zuwiderhandlungen, die **während der noch laufenden Einspruchsfrist zu verzeichnen** sind, können idR nicht mit einem Ordnungsgeld geahndet werden. Zwar gilt das Verbot des unzulässigen Firmengebrauchs bereits sofort ab dessen Bekanntgabe (Abs 1 Nr 2), aber die gesetzliche Einspruchsfrist bedeutet für den Beteiligten zugleich noch eine Prüfungs- und Überlegungsfrist, während derer die vorübergehende Fortsetzung des Firmengebrauchs (noch) kein ahndungswürdiges Verschulden darstellt. 36

Erhält das Gericht Kenntnis von Zuwiderhandlungen **nach Ablauf der Einspruchsfrist**, ist der Beteiligte zu dem Vorwurf anzuhören, bevor das Ordnungsgeld festgesetzt wird (OLG Frankfurt Rpfleger 1980, 345; BayObLGZ 1986, 150, 153). Die Anhörung dient (nur) der Klärung, ob der angebliche neuerliche Verstoß tatsächlich begangen wurde und schuldhaft war. Nicht erneut geprüft wird die Rechtspflicht, sich dem unzulässigen Firmengebrauch wie aufgegeben zu enthalten. 37

Stellt das Gericht eine schuldhafte Zuwiderhandlung gegen den Androhungsbeschluss fest, setzt es das Ordnungsgeld fest. Erforderlich ist ein **persönliches Verschulden** des beteiligten Geschäftsinhabers, Gesellschafters oder Organwalters, wobei ein Organisationsverschulden, auch durch Unterlassen, genügt: Der Beteiligte muss auf die ergangene Ordnungsgeldandrohung hin alle erforderlichen Maßnahmen ergreifen und Weisungen erteilen, die einen weiteren unbefugten Firmengebrauch ausschließen. Handelt allerdings ein Angestellter entgegen der ihm erteilten Weisungen und begeht dadurch den Firmenmissbrauch, ist dies dem Verfahrensbeteiligten nicht zuzurechnen, wenn das Verhalten des Angestellten für ihn nicht erkennbar und deshalb nicht verhinderbar war (KG OLGR 44, 181; OLG Frankfurt Rpfleger 1980, 345; Jansen/*Steder* § 140 Rn 62). 38

Mit dem Ordnungsgeld sind dem Beteiligten auch die **Verfahrenskosten** aufzuerlegen. Es entsteht eine Geb von 100 € (§ 119 Abs 1 Satz 1 Nr 1 KostO), die die Höhe des festgesetzten Ordnungsgeldes jedoch nicht übersteigen darf (§ 119 Abs 1 Satz 2 KostO). Der Beschluss ist – unabhängig von einem erklärten Willen des Beteiligten – zuzustellen (Ratio des § 41 Abs 1 Satz 2) und hat eine differenzierte **Rechtsbehelfsbelehrung** (§ 39) zu enthalten, die auf die Möglichkeiten der Beschwerde sowohl gegen die Ordnungsgeldfestsetzung als auch isoliert gegen die Kostenentscheidung (s § 389 Rz 24) hinweist. 39

Eine erneute Aufforderung, sich des Firmengebrauchs zu enthalten, ergeht – anders als für das Zwangsgeldverfahren nach § 389 Abs 1, 3 vorgesehen – nicht. Denn die ein- 40 mal ergangene Ordnungsgeldandrohung ist bereits Grundlage für die Festsetzung weitere Ordnungsgelder im Falle erneuter Zuwiderhandlungen.

6. Zahlungserleichterungen

41 Gem Art 7 Abs 1 EGStGB wird dem Betroffenen eine Zahlungsfrist bewilligt oder gestattet, das Ordnungsgeld in bestimmten Teilbeträgen zu zahlen, wenn ihm nach seinen wirtschaftlichen Verhältnissen nicht zuzumuten ist, das Ordnungsgeld sofort zu zahlen. Dabei kann angeordnet werden, dass die Vergünstigung, das Ordnungsgeld in bestimmten Teilbeträgen zu zahlen, entfällt, wenn der Betroffene einen Teilbetrag nicht rechtzeitig zahlt. Zu weiteren Einzelheiten über das Verfahren bei Zahlungserleichterungen s Art 7 Abs 2 bis 4 EGStGB.

7. Keine Ordnungshaft

42 Ordnungshaft kann nach § 392 nicht angedroht werden, auch nicht ersatzweise für den Fall, dass das Ordnungsgeld nicht beigetrieben werden kann. Ebenso kommt eine Umwandlung des Ordnungsgeldes in Ordnungshaft gem Art 8 EGStGB nicht in Betracht.

8. Verfahren bei Einspruch

43 Das Einspruchsverfahren stellt – mit einigen Abweichungen im Detail – die einzige Parallele zwischen Zwangsgeld- und Ordnungsgeldverfahren dar. Hinsichtlich der Erhebung des Einspruchs kann deshalb auf § 390 Rz 2 ff verwiesen werden.

44 Erweist sich der Einspruch als ohne Weiteres begründet, ist die Ordnungsgeldandrohung durch Beschluss aufzuheben (s § 390 Rz 8, 10). Andernfalls soll das Gericht die Beteiligten zu einem Erörterungstermin laden, um anschließend über die Aufhebung der Ordnungsgeldandrohung oder die Verwerfung des Einspruchs zu entscheiden (wie § 390 Abs 1 bis Abs 4 Satz 1 Hs 1, s § 390 Rz 12 ff).

45 Begründet ist der Einspruch, wenn
– die Androhung formell fehlerhaft war,
– ein Fall des Firmengebrauchs gar nicht vorlag (sondern zB nur der Gebrauch einer Geschäftsbezeichnung) oder
– der untersagte Firmengebrauch in Wahrheit zulässig war.

46 Die **weiteren Regelungen des § 390** finden im Ordnungsgeldverfahren keine Anwendung. Die Verbindung der Einspruchsverwerfung mit einer sofortigen Ordnungsgeldfestsetzung (§ 390 Abs 4 Satz 1 Hs 2) findet nicht statt; vielmehr kann das Ordnungsgeld erst festgesetzt werden, wenn es nach rechtskräftiger Verwerfung des Einspruchs zu weiteren Zuwiderhandlungen kommt. Demzufolge ist auch für eine Entscheidung über eine Herabsetzung oder ein Absehen von Ordnungsgeld (§ 390 Abs 4 Satz 2) kein Raum. Ferner nicht anzuwenden ist § 390 Abs 5, da es einer erneuten Ordnungsgeldandrohung nicht bedarf, vielmehr aufgrund der einmal ausgesprochenen Androhung mehrere Ordnungsgelder sukzessive festgesetzt werden können. Aus demselben Grund besteht kein Raum für die Herabsetzung eines früheren Ordnungsgeldes (§ 390 Abs 6), da es zu einer Verfahrenslage, wo über einen Einspruch erst entschieden wird, nachdem Ordnungsgelder bereits festgesetzt sind, aufgrund der nicht ständig rekurrierenden Aufforderungen regelmäßig nicht kommen kann – es sei denn, es erginge ausnahmsweise eine wiederholende Ordnungsgeldandrohung zum Zwecke der Steigerung des Ordnungsgeldes (Rz 50).

47 Die Verwerfung des Einspruchs löst eine Geb in Höhe von 100 € aus (§ 119 Abs 1 Satz 1 Nr 2 KostO). Die **Kostengrundentscheidung** ist zugleich mit der Verwerfung des Einspruchs zu treffen (s § 390 Rz 39).

Verfahren bei unbefugtem Firmengebrauch | § 392 FamFG

Der Beschluss über die Verwerfung des Einspruchs ist **zuzustellen** (§ 41 Abs 1 Satz 2). **48** Er hat eine **differenzierte Rechtsbehelfsbelehrung** (§ 39) zu enthalten, welche die Möglichkeiten der Beschwerde sowohl gegen die Verwerfung des Einspruchs als auch isoliert gegen die Kostenentscheidung (s § 389 Rz 24) gesondert aufzeigt.

9. Ordnungsgeldfestsetzung nach rechtskräftiger Verwerfung des Einspruchs

Ist der Einspruch rechtskräftig verworfen, kann das angedrohte Ordnungsgeld wegen **49** Zuwiderhandlungen, die nach der Bekanntgabe des die Rechtskraft auslösenden Beschlusses festgestellt werden, festgesetzt werden. Für das Verfahren gelten die Rz 34 ff entsprechend.

10. Steigerung der Ordnungsgeldandrohung

Eine erneute Ordnungsgeldandrohung ist nur ausnahmsweise dann erforderlich, wenn **50** der Beteiligte den Firmenmissbrauch hartnäckig fortsetzt und deshalb ein höheres Ordnungsgeld als bisher angedroht werden soll (Jansen/*Steder* § 140 Rn 63; Keidel/*Heinemann* § 392 Rn 28; Bassenge/Roth/*Walter* § 392 Rn 10). Die erhöhte Ordnungsgeldandrohung muss den inhaltlichen Anforderungen einer ersten Androhung voll entsprechen; sie muss insbes auch die Einspruchsmöglichkeit neu eröffnen.

11. Nachträgliche Änderung der Ordnungsgeldandrohung

Eine nachträgliche Änderung der Ordnungsgeldandrohung ist nach den Vorschriften **51** des FamFG nicht vorgesehen, selbst wenn sich zur Überzeugung des Registergerichts herausstellt, dass der beanstandete Firmengebrauch in Wahrheit rechtmäßig und die Ordnungsgeldandrohung zu Unrecht ergangen war. Anders war die Rechtslage unter der Herrschaft des FGG: Dort wurde es als zulässig erachtet, eine später als unrichtig erkannte Ordnungsgeldandrohung von Amts wegen – auch auf verspäteten Einspruch hin – wieder aufzuheben (Jansen/*Steder* § 140 Rn 67, Keidel/*Heinemann* § 392 Rn 29). Doch wurde die Regelung des § 18 Abs 1 FGG, durch die nachträgliche Abänderung des Beschlusses ermöglicht wurde, vom Gesetzgeber willentlich nicht in das FamFG übernommen. Zwar unterlag der Gesetzgeber einem möglichen Verständnisirrtum, als er annahm, es gebe für § 18 FGG keinen Anwendungsbereich mehr (BTDrs 16/6308 S 198 zu § 48 FamFG), und dabei ua die hier angesprochene Konstellation offensichtlich übersah. Gleichwohl ist die Gesetz gewordene Änderung hinzunehmen. Die unberechtigt ergangene Ordnungsgeldandrohung, gegen die kein rechtzeitiger Einspruch eingelegt wurde, muss daher bestehen bleiben. Allenfalls kann erwogen werden, in sinnentsprechender Anwendung des § 390 Abs 4 Satz 2 von der Festsetzung eines Ordnungsgeldes abzusehen.

Anders liegt der Fall, wenn sich die zugrunde liegende Sach- oder Rechtslage nach- **52** träglich wesentlich ändert, bspw der Beteiligte das Recht zum Führen der Firma nachträglich erwirbt: Dann kann die Ordnungsgeldandrohung gem § 48 Abs 1 Satz 1 aufgehoben oder geändert werden.

12. Verjährung des Ordnungsgeldes

Sowohl die Festsetzung als auch die Vollstreckung des Ordnungsgeldes unterliegen je- **53** weils gesondert einer zweijährigen Verjährung.

Die Verjährungsfrist für die **Festsetzung** des Ordnungsgeldes beginnt, sobald die **54** Handlung beendet ist; sie ruht, solange nach dem Gesetz das Verfahren zur Festsetzung des Ordnungsgeldes nicht begonnen oder nicht fortgesetzt werden kann (Art 9 Abs 1 EGStGB).

55 Die Verjährungsfrist für die **Vollstreckung** des Ordnungsgeldes beginnt, sobald das Ordnungsmittel vollstreckbar ist. Sie ruht, solange nach dem Gesetz die Vollstreckung nicht begonnen oder nicht fortgesetzt werden kann, die Vollstreckung ausgesetzt oder eine Zahlungserleichterung bewilligt ist (Art 9 Abs 2 EGStGB).

13. Unterrichtung des Anzeigenerstatters bei Nichteinleitung des Verfahrens oder Stattgabe des Einspruchs (§ 24 Abs 2)

56 War das Ordnungsgeldverfahren von Dritter Seite angeregt worden und folgt das Gericht dieser Anregung nicht, hat es den Anzeigenerstatter gem § 24 Abs 2 unter Angabe von Gründen davon zu unterrichten, sofern ein berechtigtes Interesse an der Unterrichtung ersichtlich ist. Dasselbe gilt, wenn dem Einspruch des Beteiligten gegen die Androhung stattgegeben wurde. Die Mitteilung ergeht formlos (§ 15 Abs 3).

VI. Rechtsbehelfe

57 Beschwerdefähig sind die Verwerfung des Einspruchs und die Festsetzung des Ordnungsgeldes. Nicht beschwerdefähig ist die Ordnungsgeldandrohung; gegen sie ist nur der Einspruch statthaft.

1. Zuständigkeit/Mindestbeschwerdewert

58 Die Beschwerde zum Oberlandesgericht ist gem § 61 Abs 1, 2 nur zulässig, wenn der Wert des Beschwerdegegenstandes 600 € übersteigt oder das Gericht des ersten Rechtszuges die Beschwerde zugelassen hat.

59 Richtet sich die Beschwerde **gegen die Entscheidung über den Einspruch**, ist der Beschwerdewert nach freiem Ermessen zu bestimmen (§ 30 Abs 1 KostO). Da das Interesse des Beteiligten nicht nur in der Vermeidung des Ordnungsgeldes liegt, sondern auch und vor allem in der Aufrechterhaltung des Firmengebrauchs bzw des weiteren Gebrauchs der nur firmenähnlichen Geschäftsbezeichnung, liegt der Beschwerdewert regelmäßig höher als das angedrohte Ordnungsgeld. Er kann mangels anderer Anhaltspunkte mit 3 000 € angenommen werden (§ 30 Abs 2 KostO).

60 Anders verhält es sich bei der Beschwerde **gegen die Ordnungsgeldfestsetzung**: Hier wird der Beschwerdewert nur durch das konkret festgesetzte Ordnungsgeld bestimmt. Ist danach die Beschwerde zum Oberlandesgericht nicht zulässig, gilt der eingelegte Rechtsbehelf als Rechtspflegererinnerung (§ 11 Abs 2 RPflG), über den der Registerrichter entscheidet. Darin liegt ein Wertungswiderspruch gegenüber den sonst bei Ordnungsgeldern gegebenen Rechtsschutzmöglichkeiten der sofortigen Beschwerde (§ 33 Abs 3 Satz 5); vgl ergänzend § 391 Rz 4.

2. Beschwerde gegen die Verwerfung des Einspruchs

61 Beschwerdebefugt ist nach herrschender Ansicht nicht nur der Beteiligte selbst, dessen persönliches Verschulden geahndet wird, sondern auch die Gesellschaft, auf deren Firmengebrauch sich das Verfahren bezieht (KG JFG 12, 258; Jansen/*Steder* § 140 Rn 76; *Krafka/Willer* Rn 2393).

62 Bei der Beschwerde gegen die Verwerfung des Einspruchs prüft das Beschwerdegericht formell und materiell, ob der Einspruch zu Recht verworfen wurde. Hinsichtlich des Einspruchs als solchen prüft das Beschwerdegericht, ob er rechtzeitig von einem Einspruchsberechtigten eingelegt wurde. Hinsichtlich der Ordnungsgeldandrohung prüft es, ob die Firma, deren Gebrauch untersagt wurde, ausreichend bestimmt bezeichnet war, ob ein Gebrauch der untersagten Firma durch den Beteiligten tatsächlich vorlag, bejahendenfalls: ob der Firmengebrauch unberechtigt war, und schließlich, ob sich

das angedrohte Ordnungsgeld innerhalb des gesetzlichen Rahmens hielt. Neue Tatsachen sind dabei uneingeschränkt zu berücksichtigen (§ 65 Abs 3).

Zum Vorgehen des Beschwerdegerichts bei nicht ausreichender Aufklärung des Sachverhalts durch das Registergericht s § 391 Rz 7.

Die Nebenentscheidungen des Beschwerdegerichts nach § 390 Abs 4 Satz 2 und Abs 6 entfallen im Ordnungsgeldverfahren (vgl Rz 46).

3. Beschwerde gegen die Festsetzung des Ordnungsgeldes

Bei der Beschwerde gegen die Ordnungsgeldfestsetzung ist **formell** zu prüfen, ob das Ordnungsgeld in der festgesetzten Höhe angedroht war, ob sich das angedrohte und festgesetzte Ordnungsgeld innerhalb des gesetzlichen Rahmens hielt und ob die Firma, deren Gebrauch untersagt wurde, ausreichend bestimmt bezeichnet war. Ferner prüft das Beschwerdegericht, ob in der Ordnungsgeldandrohung die Aufforderung zur Rechtfertigung durch einen Einspruch enthalten und ob die Frist, sofern sie verstrichen ist, ausreichend lang bemessen war sowie, falls Einspruch eingelegte wurde, ob dieser rechtskräftig beschieden ist. Zu den Folgen einer fehlerhaften Rechtsbehelfsbelehrung s § 17 Rz 32 ff.

Materiell prüft das Beschwerdegericht, ob der Firmengebrauch, auf den sich die Festsetzung bezieht, tatsächlich stattfand, ob er mit dem durch die Androhung untersagten Gebrauch exakt übereinstimmt und ob er zeitlich nach der Zustellung der Ordnungsgeldandrohung bzw bei Einlegung des Einspruchs nach dessen rechtskräftiger Bescheidung liegt. Ferner prüft das Gericht das Verschulden des Beteiligten, die Frage der Verjährung, und ob das Registergericht bei der Bemessung der Höhe des Ordnungsgeldes die äußeren Grenzen des ihm eingeräumten Ermessens eingehalten hat (BayObLGZ 10 (1910), 149). Nicht geprüft wird, ob die Androhung des Ordnungsgeldes inhaltlich gerechtfertigt war (OLG Hamburg OLGR 29, 304, 305). Denn diese Prüfung ist allein Gegenstand des Einspruchsverfahrens (§ 390) und der darauf ergehenden Entscheidung, welche ihrerseits mit der Beschwerde angegriffen werden kann (Jansen/*Steder* § 140 Rn 75).

4. Rechtsbehelf gegen die Ablehnung oder Aufhebung einer Ordnungsgeldandrohung oder -festsetzung

Lehnt das Gericht eine vom **berufsständischen Organ** angeregte Ordnungsgeldandrohung ab, steht ihm die Beschwerde hiergegen zu (§ 380 Abs 5). Handelt es sich um ein Kreditinstitut oder um den unzulässigen Gebrauch einer der für Banken, Sparkassen und Kapitalanlagegesellschaften reservierten Firmenzusätze, kann außerdem die **BaFin** Beschwerde einlegen (§ 43 Abs 3 KWG, 16 Abs 3 BausparkG, 3 Abs 4 InvG).

Hält das Beschwerdegericht die Beschwerde für begründet, kann es das Ordnungsgeldverfahren nicht selbst durchführen, sondern nur das Registergericht anweisen, eine entsprechende Androhung zu erlassen (KGJ 31 A 201). Durch eine solche Anweisung wird das Registergericht nur hinsichtlich der zu erlassenden Ordnungsgeldandrohung gebunden; der späteren Entscheidung über einen eventuellen Einspruch des Beteiligten wird damit nicht vorgegriffen (KG JW 1937, 1985; Jansen/*Steder* § 140 Rn 72).

Auch steht dem berufsständischen Organ und der BaFin die Beschwerde gegen eine Gerichtsentscheidung zu, die dem Einspruch des Beteiligten stattgibt und eine zuvor ergangene Ordnungsgeldandrohung aufhebt.

Herrschender Meinung zufolge soll das Beschwerderecht außerdem **privaten Dritten** zustehen, deren Rechte durch den Firmenmissbrauch verletzt werden (BayObLG JFG 5, 230; Jansen/*Steder* § 140 Rn 71; Keidel/*Heinemann* § 392 Rn 31; Bassenge/Roth/*Bassenge* § 140 Rn 5; *Krafka/Willer* Rn 2460; Bahrenfuss/Steup § 392 Rn 37). Dem ist aber nicht zu folgen, weil das Verfahren nicht der Durchsetzung individueller Namens-, Urheber-,

§ 392 FamFG | **Verfahren bei unbefugtem Firmengebrauch**

Wettbewerbs- und Firmenrechte dient, sondern allein dem öffentlichen Interesse (Rz 3; ebenso wohl Prütting/Helms/*Maass* § 392 Rn 11). Der Weg, einen Firmenmissbraucher aus privatem Interesse zur Unterlassung anzuhalten, führt nicht über § 392, sondern über einen im Zivilprozess zu erstreitenden Rechtstitel und dessen anschließender Vollstreckung nach dem achten Buch der ZPO. § 392 bezweckt nur den Schutz öffentlicher Interessen und verfolgt nicht das Ziel, das nach Parteimaxime und Beibringungsgrundsatz zu führende ZPO-Verfahren durch ein mit Amtsermittlung und IHK-Unterstützung unterlegtes FamFG-Verfahren zu unterminieren.

5. Aufschiebende Wirkung der Beschwerde?

71 Zweifelhaft und im Ergebnis wohl abzulehnen ist die Frage, ob die Beschwerde gegen die Ordnungsgeldfestsetzung aufschiebende Wirkung hinsichtlich der Beitreibung des festgesetzten Ordnungsgeldes hat. Auf die Ausführungen zu § 391 Rz 20 ff wird verwiesen.

6. Kosten des Beschwerdeverfahrens

72 Die Kosten einer erfolglos eingelegten Beschwerde sollen dem Beteiligten auferlegt werden, der sie eingelegt hat (§ 84). Für die Verwerfung oder Zurückweisung der Beschwerde entsteht eine Geb in Höhe von 100 € (§ 119 Abs 1 Satz 1 Nr 3 KostO); sie darf allerdings die Höhe des angedrohten oder festgesetzten Ordnungsgeldes nicht übersteigen (§ 119 Abs 1 Satz 2 KostO).

73 Hat die Beschwerde Erfolg, ergeht eine Kostenentscheidung nach billigem Ermessen (§ 81 Abs 1). Das Ermessen ist in Ordnungsgeldverfahren tendenziell dahin auszuüben, der Staatskasse die Kosten aufzuerlegen (Rechtsgedanke der §§ 467 Abs 1 StPO, 46 Abs 1 OWiG, vgl BFHE 216, 500, 505).

VII. Versterben des Beteiligten

74 Verstirbt der Beteiligte, ist das Ordnungsgeldverfahren in jeder Lage des Verfahrens einzustellen. Auch das bereits rechtkräftig festgesetzte Ordnungsgeld wird nicht mehr vollstreckt (entsprechend § 459c Abs 3 StPO). Außergerichtliche Kosten des Beteiligten müssen allerdings nicht erstattet werden (vgl BFHE 216, 500, 505).

VIII. Einstweilige Anordnung auf vorläufige Untersagung des Firmenmissbrauchs?

75 Nach Auffassung von Bahrenfuss/*Steup* (§ 392 Rn 33) soll eine einstweilige Anordnung des Gerichts gemäß § 49 ff zulässig sein, wenn wegen der Schwere des firmenrechtlichen Verstoßes eine sofortige unbedingte Befolgung unabhängig von einem einzulegenden Einspruch notwendig sei. Dem dürfte aber entgegen stehen, dass § 392 die Strafwürdigkeit des Firmenmissbrauchs erst auf den Punkt nach Beendigung des Einspruchsverfahrens fixiert. Zudem bestünde ein Wertungswiderspruch, wenn eine einstweilige Anordnung nach den §§ 86 Abs 1 Nr 1, 95 Abs 1 Nr 4 FamFG iVm § 890 ZPO durch zivilrechtliches Ordnungsgeld von bis zu 250.000 € und ersatzweise Ordnungshaft zu vollstrecken wäre, während das Hauptsacheverfahren selbst nur auf ein moderates strafrechtliches Ordnungsgeld von höchstens 1.000 € angelegt ist. Der durch § 392 vorgegebene Verfahrensweg des Einspruchsverfahrens und der Sanktionsmechanismus des EGStGB sind daher lex specialis und schließen die Anwendung der §§ 49 ff zwecks vorläufiger Untersagung eines Firmenmissbrauchs aus.

Unterabschnitt 3
Löschungs- und Auflösungsverfahren

Vor § 393 Löschungsverfahren

Während die Verfahren nach den §§ 388 bis 392 darauf zielen, Beteiligte zu einem bestimmten Verhalten oder Unterlassen anzuhalten, sind die in den §§ 393 bis 399 geregelten Verfahren darauf gerichtet, von Amts wegen eine Eintragung in das Register vorzunehmen, und zwar die Löschung entweder einzelner Eintragungen (§ 395) oder gleich ganzer Firmen, Gesellschaften und Vereine (§§ 393, 394 sowie 395 iVm 397) bzw die Feststellung von Satzungsmängeln mit der Rechtsfolge der Auflösung der Gesellschaft (§ 399). 1

Keine besonderen Verfahrensvorschriften enthält das FamFG für die **Fristsetzung** an die Genossenschaft **zur Bestellung eines neuen Prüfungsverbandes**, deren Nichtbefolgung in ein Auflösungsverfahren mündet (§ 54a Abs 1 Satz 2, Abs 2 GenG), sowie für das Auflösungsverfahren nach **Sinken der Mitgliederzahl der Genossen unter drei** (§ 80 GenG). Somit sind diese Verfahren nach den Vorschriften des allgemeinen Teils des FamFG zu betreiben. Unverständlicherweise eröffnen hier allerdings die §§ 54a Abs 2 Satz 2, 80 Abs 2 Satz 2 GenG nach wie vor die sofortige Beschwerde nach der ZPO anstelle der Beschwerde nach den §§ 58 ff FamFG. 2

§ 393 Löschung einer Firma

(1) Das Erlöschen einer Firma ist gemäß § 31 Abs. 2 des Handelsgesetzbuchs von Amts wegen oder auf Antrag der berufsständischen Organe in das Handelsregister einzutragen. Das Gericht hat den eingetragenen Inhaber der Firma oder dessen Rechtsnachfolger von der beabsichtigten Löschung zu benachrichtigen und ihm zugleich eine angemessene Frist zur Geltendmachung eines Widerspruchs zu bestimmen.

(2) Sind die bezeichneten Personen oder deren Aufenthalt nicht bekannt, erfolgt die Benachrichtigung und die Bestimmung der Frist durch Bekanntmachung in dem für die Bekanntmachung der Eintragungen in das Handelsregister bestimmten elektronischen Informations- und Kommunikationssystem nach § 10 des Handelsgesetzbuchs.

(3) Das Gericht entscheidet durch Beschluss, wenn es einem Antrag auf Einleitung des Löschungsverfahrens nicht entspricht oder Widerspruch gegen die Löschung erhoben wird. Der Beschluss ist mit der Beschwerde anfechtbar.

(4) Mit der Zurückweisung eines Widerspruchs sind dem Beteiligten zugleich die Kosten des Widerspruchsverfahrens aufzuerlegen, soweit dies nicht unbillig ist.

(5) Die Löschung darf nur erfolgen, wenn kein Widerspruch erhoben oder wenn der den Widerspruch zurückweisende Beschluss rechtskräftig geworden ist.

(6) Die Absätze 1 bis 5 gelten entsprechend, wenn die Löschung des Namens einer Partnerschaft eingetragen werden soll.

Übersicht

	Rz
A. Allgemeines	1
B. Kommentierung	5
I. Materielle Voraussetzungen für ein Amtslöschungsverfahren	5
1. Erlöschen der Firma	6
2. Fehlende Registeranmeldung	15
3. Erfolglosigkeit des Zwangsgeldverfahrens	16
II. Adressat der Löschungsankündigung	19
III. Verfahren	26
1. Einleitung des Verfahrens, Beteiligung der berufsständischen Organe	26
2. Sachverhaltsermittlung	27
3. Form, Inhalt und Bekanntgabe der Löschungsankündigung	29
a) Benachrichtigung von der beabsichtigten Löschung	30
b) Bestimmung einer angemessenen Frist zur Geltendmachung eines Widerspruchs	31
c) Bekanntgabe	37
4. Unterrichtung des Anzeigenerstatters bei Nichteinleitung des Verfahrens (§ 24 Abs 2)	39
IV. Rechtsbehelfe	40
1. Widerspruch gegen die erlassene Löschungsankündigung	40
a) Widerspruchsberechtigung	40
b) Erhebung des Widerspruchs	43
c) »Widerspruchsfrist«, Wiedereinsetzung in den vorigen Stand	47
d) Verfahren und Entscheidung über den Widerspruch	48
e) Beschwerde gegen die Zurückweisung des Widerspruchs	55
f) Aufschiebende Wirkung des Widerspruchs und der Beschwerde (Abs 5)	59
2. Rechtsbehelf gegen die Ablehnung oder Aufhebung einer Löschungsankündigung	60
V. Vollzug der Löschung	63
VI. Löschung des Löschungsvermerks	65
VII. Kosten	70

A. Allgemeines

1 Nach § 31 Abs 2 Satz 1 HGB ist das Erlöschen einer Firma zum Handelsregister anzumelden. Unterlässt der Anmeldepflichtige die gebotene Anmeldung, ist er durch

Zwangsgeld dazu anzuhalten (§§ 14 HGB, 388 ff FamFG). Kann die Anmeldung nicht auf diesem Weg herbeigeführt werden, hat das Gericht das Erlöschen von Amts wegen einzutragen (§ 31 Abs 2 Satz 2 HGB). § 393 regelt das Verfahren in diesen Fällen.

Die Vorschrift greift den Rechtsgedanken des bisherigen § 141 FGG auf, wurde aber im Zuge der Beratungen des BT-Rechtsausschusses umformuliert, um das Antragsrecht der berufsständischen Organe stärker herauszustellen (BTDrs 16/9733 S 146, 298). Die in dem Zuge geänderte Satzstellung des Abs 1 Satz 1 ist allerdings insofern unglücklich, als jetzt der falsche Eindruck erweckt wird, die Eintragung des Erlöschen einer Firma von Amts wegen oder auf Antrag der berufsständischen Organe hinge nicht von weiteren Voraussetzungen ab. Tatsächlich bezieht sich das Löschungsverfahren aber nur auf den Sonderfall des § 31 Abs 2 **Satz 2** HGB, setzt also eine fehlende Registeranmeldung und die fehlende Erfolgsaussicht eines Zwangsgeldverfahrens voraus. 2

Entfallen ist die frühere Mindestfrist von drei Monaten für die Geltendmachung des Widerspruchs (§ 141 Abs 1 Satz 2 FGG). Absatz 4 fügt eine Bestimmung über die Auferlegung der Kosten des Widerspruchsverfahrens nach Billigkeitsgesichtspunkten ein. 3

Absatz 6 erklärt die Regelungen der Vorschrift auch für die Eintragung des Erlöschens des Namens einer Partnerschaft für anwendbar (§ 2 Abs 2 PartGG iVm § 31 Abs 2 HGB); das entspricht dem bisherigen § 160b Abs 1 Satz 2 FGG. 4

B. Kommentierung

I. Materielle Voraussetzungen für ein Amtslöschungsverfahren

Die materiellen Voraussetzungen für ein Amtslöschungsverfahren ergeben sich aus § 31 Abs 2 Satz 2 HGB. Danach muss erstens die Firma erloschen sein, zweitens muss es unterlassen worden sein, das Erlöschen der Firma zum Register anzumelden, und drittens muss es unmöglich sein, die Anmeldung des Erlöschens durch Zwangsgeld herbeizuführen. 5

1. Erlöschen der Firma

Das Erlöschen der Firma ist ein Vorgang, der sich aufgrund tatsächlicher oder rechtlicher Veränderungen außerhalb des Registers vollzieht (Jansen/*Steder* § 141 Rn 1). Mit der Eintragung der Löschung in das Register werden daher keine Firmenrechte entzogen, sondern es wird nur die Rechtswirklichkeit der bereits erloschenen Firma nachvollzogen. 6

Bei **Einzelkaufleuten** tritt die Löschung der Firma ein durch 7
– die (endgültige) Geschäftsaufgabe (BayObLG Rpfleger 1984, 67),
– den dauernden Nichtgebrauch der Firma, sofern darin ein Aufgabewille zutage tritt (Jansen/*Steder* § 141 Rn 8),
– die Änderung des Handelsgewerbes in ein freiberufliches Unternehmen oder in eine bloße Vermögensverwaltung (Baumbach/Hopt/*Hopt* § 1 Rn 52),
– die Veräußerung des Handelsgewerbes ohne Fortführung der Firma durch den Erwerber (BayObLG Rpfleger 1971, 257),
– die Sitzverlegung in das Ausland (MüKoHGB/*Bokelmann* § 13d Rn 29);

bei **Personenhandelsgesellschaften** durch 8
– Beendigung der Liquidation (§§ 157, 161 Abs 2 HGB) oder Auflösung der Gesellschaft ohne Liquidation (§ 145 Abs 1 Hs 2, 161 Abs 2 HGB),
– Veräußerung des Handelsgewerbes, sofern sich die Gesellschaft nicht fortan mit der Verwaltung ihres Vermögens beschäftigt (Jansen/*Steder* § 141 Rn 15);

bei **juristischen Personen** iSd § 33 HGB durch 9
– die (endgültige) Geschäftsaufgabe, sofern nicht danach noch eine Abwicklung stattfindet,
– die Veräußerung des Geschäftsbetriebes (vgl Jansen/*Steder* § 141 Rn 25).

10 Ebenfalls nach § 393 gelöscht werden kann die Firma einer **aufgehobenen Zweigniederlassung** (KG RJA 14, 153, 154 f; Bork/Jacoby/Schwab/*Müther* § 393 Rn 3; Bassenge/Roth/*Walter* § 393 Rn 2; Jansen/*Steder* § 141 Rn 27; *Krafka/Willer* Rn 422).

11 Keine Fälle der §§ 31 Abs 2 HGB, 393 FamFG sind
- die **Firmenänderung**,
- das **Unzulässigwerden** der Firma (KG JFG 12, 248; KGJ 48, 122) – hier ist nach den §§ 392, 395, 399 zu verfahren (s § 392 Rz 11, § 395 Rz 10, § 399 Rz 8),
- die bloß **vorübergehende Einstellung** des Betriebes zB wegen Erkrankung,
- das **Herabsinken des Handelsgewerbes auf einen nichtkaufmännischen Gewerbebetrieb** (herrschende Registerpraxis wegen §§ 2 Satz 1, 105 Abs 2 HGB; dazu *Schulze-Osterloh* ZIP 2007, 2390 mit Nachw auch zur gegenteiligen Auffassung der hL, die eine materiellrechtliche Erklärung des Gewerbetreibenden über sein Verbleiben im Register fordert),
- das **Versterben** des Einzelkaufmanns (wegen der Möglichkeit der Fortführung oder Geschäftsveräußerung durch die Erben); allerdings liegt ein Fall des § 393 vor, wenn die Firma bereits vor dem Versterben erloschen war, denn die Erben sind zu dieser Anmeldung nicht verpflichtet (Bork/Jacoby/Schwab/*Müther* § 393 Rn 5 mwN; aA: Bahrenfuss/*Steup* § 393 Rn 10, 13),
- die **Insolvenzeröffnung**,
- der Übergang eines Einzelkaufmanns auf eine Personenhandelsgesellschaft durch **Aufnahme eines Gesellschafters** sowie andere Fälle des **Rechtsformwechsels**,
- bei Personenhandelsgesellschaften die **Geschäftsaufgabe**, sofern noch Vermögen verwaltet wird, sowie deren **Auflösung** (Baumbach/Hopt/*Hopt* § 31 Rn 7).

12 Nehmen ein Einzelkaufmann oder eine Personenhandelsgesellschaft den Geschäftsbetrieb einer angemeldeten und eingetragenen Firma von vornherein nicht auf, liegt kein Fall des § 393 vor, sondern ein Fall der unzulässigen Eintragung, da die eingetragene Firma in Wahrheit nie entstand. Der Zustand ist durch Löschung nach § 395 zu beseitigen (Jansen/*Steder* § 141 Rn 14).

13 Bei **Kapitalgesellschaften und Genossenschaften** kommt keine Firmenlöschung nach § 393 in Betracht, sondern nur die Löschung wegen Vermögenslosigkeit (§ 394), die Löschung wegen Nichtigkeit (§ 395 iVm § 397) oder die Feststellung eines Satzungsmangels (§ 399). Möglich ist allerdings die Löschung einer aufgehobenen Zweigniederlassung einer Kapitalgesellschaft nach § 393.

14 Eingetragene **Vereine** und Vereinsnamen können nicht nach § 393 gelöscht werden.

2. Fehlende Registeranmeldung

15 Das Verfahren nach § 393 setzt voraus, dass die Anmeldung des Erlöschens der Firma von den hierzu Verpflichteten unterlassen wurde. Liegt hingegen eine Anmeldung des Erlöschens vor, bei der es an bestimmten Eintragungsvoraussetzungen fehlt (zB ein die Eintragung hindernder Widerspruch nach § 16 Abs 2 HGB), kann das Amtslöschungsverfahren nicht betrieben werden. Fehlt nur der angeforderte Kostenvorschuss, kann und soll die Eintragung des Erlöschens der Firma nicht weiter davon abhängig gemacht werden (Ratio der Nachrangigkeit des Verfahrens, § 31 Abs 2 Satz 2 HGB; vgl auch Korintenberg/*Lappe* § 8 Rn 19, wonach erzwingbare Anmeldungen generell nicht von einem Kostenvorschuss abhängig gemacht werden sollen).

3. Erfolglosigkeit des Zwangsgeldverfahrens

16 Die Amtslöschung der Firma nach § 393 ist als **nachrangiges Verfahren** ausgestaltet, wie aus § 31 Abs 2 Satz 2 HGB folgt. Vorrangig ist der Anmeldepflichtige anzuhalten, das Erlöschen der Firma zum Handelsregister anzumelden. Dazu hat sich das Registergericht erforderlichenfalls des Zwangsgeldverfahrens (§§ 388 ff) zu bedienen. Die schlichte Weigerung des Anmeldepflichtigen, die erforderliche Anmeldung vorzunehmen, oder sein Verlangen, die Firma von Amts wegen statt auf seine Anmeldung hin zu löschen, rechtfertigen ein Absehen vom Zwangsgeldverfahren nicht. Hinreichender Grund zur Einleitung des Löschungsverfahrens nach § 393 besteht nur, wenn das Zwangsgeldverfahren nicht durchgeführt werden kann oder keinen Erfolg verspricht (Jansen/*Steder* § 141 Rn 28):

Nicht durchgeführt werden kann das Zwangsgeldverfahren, wenn kein Anmeldepflichtiger vorhanden oder greifbar ist, namentlich wenn er unbekannt oder unbekannten Aufenthalts ist. 17

Keinen Erfolg verspricht das Zwangsgeldverfahren, wenn ein festzusetzendes Zwangsgeld nicht in angemessener Frist beigetrieben werden kann, namentlich bei Unpfändbarkeit oder wenn sich das pfändbare Vermögen im Ausland befindet. Auch ein Zwangsgeld, das nur langwierig oder nur in kleinen Raten beigetrieben werden kann, kann seinen Zweck als Beugemittel verfehlen. 18

II. Adressat der Löschungsankündigung

Adressat der Löschungsankündigung ist der eingetragene Inhaber der Firma oder dessen Rechtsnachfolger. 19

Rechtsnachfolger eines Einzelkaufmanns sind 20
- nach dessen Tod die Erben (§ 1922 Abs 1 BGB),
- nach einer Veräußerung des Handelsgeschäfts dessen Erwerber,
- eventuelle Gesellschafter, die der Einzelkaufmann vor dem Erlöschen der Firma aufgenommen und nicht zum Handelsregister angemeldet hatte, so dass auch an diese die Löschungsankündigung zu richten ist.

In dem Sonderfall, dass nach Veräußerung des Handelsgeschäfts die Firma erlischt, weil der Erwerber sie nicht fortführt, bleibt der Veräußerer Inhaber der bisherigen Firma und als solcher verpflichtet, das Erlöschen (wegen Beendigung des ihr zugehörigen Geschäftsbetriebes) zum Register anzumelden (BayObLG Rpfleger 1971, 257). Gegen ihn – und nicht gegen den Erwerber, der das Handelsgeschäft unter einer neuen Firma betreibt – ist daher das Amtslöschungsverfahren zu richten. 21

Bei **Personenhandelsgesellschaften** richtet sich die Löschungsankündigung gegen sämtliche Gesellschafter (bzw deren Rechtsnachfolger), denn diese sind Inhaber des Firmenrechts (KG DNotZ 1978, 370; ähnlich wohl Prütting/Helms/*Maass* § 393 Rn 15; weitergehend Jansen/*Steder* § 141 Rn 33, wo zusätzlich eine Ankündigung ggü der Gesellschaft selbst gefordert wird; dahinter zurückbleibend Keidel/*Heinemann* § 393 Rn 14, wonach Kommanditisten nicht zu beteiligen seien). 22

Bei juristischen Personen iSd § 33 HGB ist die Löschungsankündigung an diese selbst zu richten, vertreten durch den Vorstand (Jansen/*Steder* § 141 Rn 33; *Krafka/Willer* Rn 426). 23

Richtet sich das Verfahren gegen eine **Kapitalgesellschaft**, einen **VVaG** oder eine **Genossenschaft** (was jeweils nur mit dem Ziel der Löschung einer aufgehobenen Zweigniederlassung in Betracht kommt, Rz 13), ist Adressat der Verfügung die Gesellschaft (Jansen/*Steder* § 141 Rn 33). Fehlt es an einem gesetzlichen Vertreter, ist durch Bestellung eines Notgeschäftsführers, -vorstands oder -liquidators für eine ordnungsgemäße Vertretung zu sorgen (BayObLG ZIP 1994, 1767, 1768 mwN). 24

Ist die Verwaltungs- und Verfügungsbefugnis des Firmeninhabers auf eine **Partei kraft Amtes** (Testamentsvollstrecker, Insolvenzverwalter) übergegangen, ist die Löschungsankündigung an diese zu richten. 25

III. Verfahren

1. Einleitung des Verfahrens, Beteiligung der berufsständischen Organe

26 Das Verfahren wird von Amts wegen oder auf Antrag der berufsständischen Organe eingeleitet. Sind mehrere berufsständische Organe zuständig, ist jedes für sich allein antragsberechtigt. Beruht die Verfahrenseinleitung nicht auf einem Antrag des berufsständischen Organs, ist dieses im Laufe des Verfahrens anzuhören (§ 380 Rz 24) verbunden mit der Gelegenheit, einen Antrag auf eigene Beteiligung zu stellen (§ 380 Abs 2 Satz 2). Handelt es sich um ein Kreditinstitut oder um eine Kapitalanlagegesellschaft, stehen auch der BaFin die Antrags- und Beteiligungsrechte nach §§ 43 Abs 3 KWG, 3 Abs 4 InvG zu. § 380 Abs 2 Satz 2 FamFG ist auf die BaFin entspr anzuwenden.

2. Sachverhaltsermittlung

27 Die Tatsachenvoraussetzungen für das Amtslöschungsverfahren (Rz 6 ff), sind **von Amts wegen** festzustellen. Nicht ausreichend für die Einleitung eines Verfahrens nach § 393 ist – anders als beim Zwangsgeldverfahren nach § 388 – die bloß »glaubhafte« Kenntnis von Tatsachen (Keidel/*Heinemann* § 393 Rn 11; Jansen/*Steder* § 141 Rn 32 mwN). Vielmehr muss das Gericht davon überzeugt sein, dass die Firma erloschen ist, bevor es nach § 393 einschreitet (Jansen/*Steder* § 141 Rn 32; Staub/*Hüffer* § 31 Rn 30). Um sich diese Überzeugung zu verschaffen, muss das Gericht den Sachverhalt vor dem Erlass einer Löschungsankündigung **ausreichend ermitteln** – zumeist mit Unterstützung der berufsständischen Organe. Bloße Indizien für das Erlöschen der Firma, wie etwa die Durchführung eines Räumungsverkaufs, genügen nicht für eine Einleitung des Löschungsverfahrens (OLG Saarbrücken NJW-RR 1986, 464).

28 Ist das Registergericht vom Erlöschen der Firma überzeugt, ist zwingend entweder nach §§ 388 ff oder nach § 393 vorzugehen; es besteht kein Ermessen, von einem Einschreiten insgesamt abzusehen.

3. Form, Inhalt und Bekanntgabe der Löschungsankündigung

29 Eine bestimmte äußere Form der Löschungsankündigung schreibt das Gesetz nicht vor; sie kann daher in Form eines Beschlusses oder in Form einer Verfügung ergehen. Der notwendige Inhalt ist durch den Gesetzeswortlaut vorgegeben: Er muss den Adressaten von der beabsichtigten Löschung benachrichtigen und ihm zugleich eine angemessene Frist zur Geltendmachung eines Widerspruchs bestimmen.

a) Benachrichtigung von der beabsichtigten Löschung

30 Unter »Benachrichtigung von der beabsichtigten Löschung« ist zu verstehen, dass der Beteiligte von der konkreten Absicht zu benachrichtigen ist, von Amts wegen in das Register den Vermerk einzutragen, dass die eingetragene Firma erloschen ist. Der Beteiligte muss der Benachrichtigung inhaltlich entnehmen können, dass es sich um die beabsichtigte Eintragung des Erlöschens der Firma iSd § 31 Abs 2 HGB handelt und nicht etwa um eine Löschung wegen unzulässiger Eintragung gem §§ 395 FamFG, 43 Abs 2 KWG, 22 Satz 2 REITG, 21 Abs 1 Satz 2 WKBG. Eine bloße Bezugnahme auf das Gesetz und ein Hinweis, dass nach Ablauf der Frist »nach Lage der Sache entschieden werde«, genügen nicht (KGJ 49, 138, 139).

b) Bestimmung einer angemessenen Frist zur Geltendmachung eines Widerspruchs

31 Das Gericht hat eine angemessene Frist zur Geltendmachung eines Widerspruchs zu bestimmen.

Die starre Mindestfrist von drei Monaten, wie sie durch § 141 Abs 1 Satz 2 FGG vor- 32
gegeben war, wurde nicht in das FamFG übernommen, stellt aber gleichwohl noch eine
Orientierungshilfe dar. Kürzere Fristen sollten nur mit Bedacht gewählt und jedenfalls
dann nicht in Betracht gezogen werden, wenn die Benachrichtigung über eine öffentliche Bekanntmachung nach Abs 2 erfolgt.

Die Frist wird entweder auf einen bestimmten Termin gesetzt (»Widerspruch bis zum 33
...«) oder sie erfolgt durch Bestimmung einer Zeitspanne (»Widerspruch binnen drei
Monaten«). Eine so gesetzte Frist beginnt mit der Bekanntgabe der Löschungsankündigung zu laufen (§ 16 Abs 1). Fristverlängerung auf Antrag ist möglich (§§ 16 Abs 2
FamFG, 224 Abs 2 ZPO).

Fehlt die Bestimmung einer Widerspruchsfrist oder ist diese objektiv **zu kurz gesetzt**, 34
ist die Löschungsankündigung rechtswidrig und die Eintragung des Löschungsvermerks unzulässig. Erfolgt die Amtslöschung gleichwohl, ist der Löschungsvermerk seinerseits nach Maßgabe des § 395 wieder zu löschen (Rz 65 ff).

Der Fehler einer zu kurz gesetzten Widerspruchsfrist kann auch nicht durch Fristver- 35
längerung von Amts wegen geheilt werden. Zwar war es unter der Herrschaft des FGG
als zulässig angesehen, eine zu kurz bemessene Frist angemessen zu verlängern (Jansen/*Steder* § 141 Rn 38; KKW/*Winkler* (15. Aufl) § 141 Rn 10). Doch wurde die Regelung
des § 18 FGG, welche die nachträgliche Abänderung des Beschlusses von Amts wegen
ermöglichte, vom Gesetzgeber willentlich nicht in das FamFG übernommen. Heute ist
eine Fristverlängerung nur noch nach den §§ 16 Abs 2 FamFG, 224 Abs 2 ZPO möglich
und setzt zwingend einen Antrag des Beteiligten voraus (§ 16 Rz 11; aA: Keidel/Heinemann § 393 Rn 16). Zwar unterlag der Gesetzgeber einem möglichen Verständnisirrtum,
indem er annahm, es gebe für § 18 FGG keinen Anwendungsbereich mehr (BTDrs
16/6308 S 198 zu § 48 FamFG), und dabei womöglich die hier angesprochene Konstellation übersah. Gleichwohl ist die Gesetz gewordene Änderung hinzunehmen. Die zu
kurz gesetzte Frist bleibt rechtswidrig. Das Verfahren muss mit einer erneuten Löschungsankündigung nebst angemessener Fristsetzung von Neuem beginnen. Es sei
denn, der Beteiligte stellt von sich aus einen Fristverlängerungsantrag und das Gericht
gibt diesem statt – dann wirkt sich der ursprüngliche Fehler nicht aus.

Der **Hinweis auf die Widerspruchsmöglichkeit** muss nach wohl herrschender Auf- 36
fassung (§ 39 Rz 17; *Heinemann* FGPrax 2009, 1, 4) den Förmlichkeiten einer Rechtsbehelfsbelehrung (§ 39) genügen, wenngleich die Tatbestandsvoraussetzungen des § 39
kaum erfüllt sind, nämlich einerseits weder Beschlussform vorgeschrieben ist (so aber
der Anknüpfungspunkt des § 39) noch eine »Endentscheidung« im Sinne des § 38 vorliegt, an die § 39 systematisch anknüpft. Hergeleitet werden kann die Belehrungspflicht
am ehesten aus der Gesetzesbegründung zu § 39 (BTDrs 16/6308 S 196), wo es ausdrücklich heißt, von ihr umfasst seien »alle Rechtsmittel sowie die in den FamFG-Verfahren vorgesehenen ordentlichen Rechtsbehelfe gegen Entscheidungen, Einspruch,
Widerspruch und Erinnerung«. Hinzu kommt, dass die Erwähnung des Wortes »Widerspruch« in § 39 völlig gegenstandslos wäre, würde man dies nicht auf die Rechtsbehelfe
nach den §§ 393–395, 399 beziehen.

c) Bekanntgabe

Die Löschungsankündigung ist den Beteiligten gem § 15 Abs 1 förmlich bekannt zu ge- 37
ben, da sie den Lauf der Frist auslöst, binnen derer der Löschungsvermerk nicht eingetragen werden darf (Abs 5). Sie ist persönlich an den in Anspruch Genommenen zu
adressieren und tunlichst förmlich zuzustellen. Wird dieser durch einen Verfahrensbevollmächtigten vertreten, ist an ihn zuzustellen (§ 15 Abs 2 FamFG iVm § 172 ZPO).
Zur Frage, ob die Wirksamkeit der Zustellung an den Bevollmächtigten vom Vorliegen
einer Vollmachtsurkunde abhängt, s § 388 Rz 48.

38 Sind die Beteiligten unbekannt oder sind sie unbekannten Aufenthalts und ist der Aufenthalt auch durch Nachforschungen nicht zu ermitteln, erfolgt die Benachrichtigung gem Abs 2 in dem für die Registerbekanntmachungen bestimmten Bekanntmachungssystem, also unter der – für alle Register einheitlichen – Internetadresse www.handelsregister-bekanntmachungen.de. In die dortige Bekanntmachung ist der volle Text der Löschungsankündigung aufzunehmen. Eine öffentliche Zustellung anstelle der in Abs 2 vorgesehenen Bekanntmachung kommt nicht in Betracht.

4. Unterrichtung des Anzeigenerstatters bei Nichteinleitung des Verfahrens (§ 24 Abs 2)

39 War das Löschungsverfahren von Dritter Seite angeregt worden und folgt das Gericht dieser Anregung nicht, hat es den Anzeigenerstatter gem § 24 Abs 2 unter Angabe von Gründen davon zu unterrichten, sofern ein berechtigtes Interesse an der Unterrichtung ersichtlich ist. Die Mitteilung ergeht formlos (§ 15 Abs 3).

IV. Rechtsbehelfe

1. Widerspruch gegen die erlassene Löschungsankündigung

a) Widerspruchsberechtigung

40 Die Löschungsankündigung ist nicht mit der Beschwerde angreifbar. Es kann nur der Widerspruch eingelegt werden, über den das Registergericht gem Abs 3 entscheidet. Erst gegen die Zurückweisung des Widerspruchs ist die Beschwerde nach Abs 3 Satz 2 statthaft.

41 Widerspruchsberechtigt ist nicht nur derjenige, gegen den sich die Löschungsankündigung richtete, sondern jeder tatsächliche Inhaber der Firma, also auch eventuelle Rechtsnachfolger, die dem Registergericht unbekannt waren und deshalb nicht nach Abs 1 benachrichtigt wurden (entspr § 59 Abs 1).

42 Bei Personenhandelsgesellschaften steht das Widerspruchsrecht nicht nur den Gesellschaftern, sondern auch der Gesellschaft zu, weil diese selbst in ihren Rechten (§ 59 Abs 1), insbes in ihrem Recht auf kaufmännische Betätigung unter dem bisherigen Firmennamen, beeinträchtigt wird (KG DNotZ 1978, 370; KKW/*Winkler* (15. Aufl) § 141 Rn 14; Jansen/*Steder* § 141 Rn 45).

b) Erhebung des Widerspruchs

43 Als Erhebung des Widerspruchs ist jede Eingabe zu werten, mit der der Beteiligte zu erkennen gibt, dass er die Löschungsankündigung für rechtswidrig hält. Auf die korrekte Bezeichnung des Rechtsbehelfs kommt es dabei nicht an; eine (als solche unzulässige) »Beschwerde« gegen die Löschungsankündigung ist ohne Weiteres als Widerspruch zu behandeln. Noch nicht als Widerspruch anzusehen ist die bloße Bitte um Fristverlängerung, welcher formlos durch schlichtes Abwarten entsprochen werden kann. Eine förmliche Entscheidung über den Fristverlängerungsantrag ist unter den Voraussetzungen der §§ 16 Abs 2 FamFG, 224 Abs 2 ZPO möglich und mag als nobile officium geboten sein, bleibt aber rechtlich unerheblich, da »verspätete« Widersprüche ohnehin voll zu berücksichtigen sind (Rz 47).

44 Der Widerspruch muss schriftlich oder zur Niederschrift der Geschäftsstelle abgegeben werden (§ 25 Abs 1). Eine Begründung des Widerspruchs ist nicht zwingend erforderlich aber tunlich, denn der Widerspruch soll dazu dienen, das Fortbestehen der Firma zu rechtfertigen.

45 Der Einzelkaufmann darf seinen Widerspruch wahlweise als natürliche Person oder mit seiner Firma zeichnen. Auch der Prokurist darf für ihn zeichnen.

Hat nur einer von mehreren Beteiligten Widerspruch eingelegt, wirkt dieser **nur für** 46
ihn persönlich, wenn nicht den Umständen etwas anderes zu entnehmen ist. An der
aufschiebenden Wirkung (Abs 5) haben die übrigen jedoch teil. Zudem können sie sich
jederzeit dem Widerspruch anschließen, da auch verspätete Widersprüche zu berücksichtigen sind, solange der Löschungsvermerk nicht eingetragen ist (s Rz 47).

c) »Widerspruchsfrist«, Wiedereinsetzung in den vorigen Stand

Die mit der Löschungsankündigung zu bestimmende »Widerspruchsfrist« ist keine 47
Ausschlussfrist. Sie hat lediglich die Bedeutung einer **Wartefrist**, bis zu deren Ablauf
der Löschungsvermerk nicht eingetragen werden darf (Abs 5). Ein Widerspruch ist auch
dann noch zu berücksichtigen, wenn er nach Ablauf der Frist, allerdings vor Eintragung
des Löschungsvermerks bei Gericht eingeht (BayObLG Rpfleger 1978, 181; OLG Köln
NJW-RR 1994, 726; Bumiller/*Harders* § 393 Rn 4; Bassenge/Roth/*Walter* § 393 Rn 11; Jansen/*Steder* § 141 Rn 47). Das folgt aus der Zielrichtung des Verfahrens nach § 393, welches nicht auf Sanktion, sondern auf materielle Registerwahrheit zielt. Einer Wiedereinsetzung in den vorigen Stand wegen der versäumten Widerspruchsfrist bedarf es daher
nicht (Bumiller/*Harders* § 393 Rn 4; Bassenge/Roth/*Walter* § 393 Rn 11; aA: Keidel/*Heinemann* § 393 Rn 22).

d) Verfahren und Entscheidung über den Widerspruch

Soweit der Widerspruch zu weiteren Ermittlungen veranlasst, sind diese aufzunehmen 48
und die entscheidungserheblichen Feststellungen zu treffen. Eine mündliche Verhandlung über den Widerspruch ist – anders als zB nach der Sollvorschrift des § 390 Abs 1 –
nicht grds gefordert.

Über den Widerspruch entscheidet der Rechtspfleger durch Beschluss. Der Wider- 49
spruch ist zurückzuweisen, wenn zweifelsfrei feststeht, dass die Firma erloschen ist (vgl
entspr BayObLG Rpfleger 1990, 124 zum Verfahren nach § 395). Andernfalls ist dem Widerspruch stattzugeben. Verbleiben Zweifel, darf die Firma nicht gelöscht werden.

Nicht mehr geprüft wird im Widerspruchsverfahren, ob die Erfolglosigkeit des 50
Zwangsgeldverfahrens als Verfahrensvoraussetzung gegeben war. Denn nach dem
Übergang zum Amtslöschungsverfahren braucht auf das Zwangsgeldverfahren nicht
mehr zurückgegriffen werden, selbst wenn dieses aufgrund neuer Umstände nunmehr
aussichtsreich erscheinen sollte (Jansen/*Steder* § 141 Rn 31). Allein wenn die fehlende
Anmeldung des Erlöschens der Firma tatsächlich durch den Anmeldepflichtigen erfolgt,
erledigt sich das Amtslöschungsverfahren.

Eine stattgebende Widerspruchsentscheidung, also die Aufhebung der Löschungs- 51
ankündigung, ist den zuständigen berufsständischen Organen und im Falle von Kreditinstituten oder Kapitalanlagegesellschaften auch der BaFin bekannt zu geben, denen
grds ein Beschwerderecht zusteht (§§ 380 Abs 5 FamFG, 43 Abs 3 KWG, 3 Abs 4 InvG,
16 Abs 3 BausparkG). Die Entscheidung ist den Organen förmlich zuzustellen, wenn sie
deren bereits erklärten Willen nicht entspricht (§ 41 Abs 1 Satz 2).

Im Falle der Zurückweisung des Widerspruchs sind dem Widerspruchsführer die 52
Kosten aufzuerlegen, wenn dies nicht unbillig ist (Abs 4). Die Auferlegung der Kosten
ist danach die Regel; davon abzusehen ist die Ausnahme und setzt »Unbilligkeit« voraus. Die Gesetzesbegründung gibt keine Hilfestellung, wann von Unbilligkeit auszugehen ist. Zu denken wäre bspw an Fälle, wo Erben des Firmeninhabers vorsorglich Widerspruch einlegen – in eigener Ungewissheit, ob der Geschäftsbetrieb (auch etwa
durch Veräußerung) weitergeführt werden kann und soll. Kein Unbilligkeitsgrund iSd
Abs 4 ist jedenfalls mangelnde Leistungsfähigkeit des Firmeninhabers, die Verfahrenskosten aufzubringen.

Die Zurückweisung des Widerspruchs ist zuzustellen (§ 41 Abs 1 Satz 2) und hat eine 53
dem § 39 genügende Rechtsbehelfsbelehrung zu enthalten.

54 Die Löschung selbst darf nicht gleichzeitig mit der Zurückweisung des Widerspruchs vollzogen oder angeordnet werden, sondern erst nach Rechtskraft der Entscheidung (Abs 5).

e) Beschwerde gegen die Zurückweisung des Widerspruchs

55 Gegen die Zurückweisung des Widerspruchs ist die Beschwerde gegeben. Sie kann nicht nur von demjenigen eingelegt werden, dessen Widerspruch zurückgewiesen wurde, sondern von jedem tatsächlichen Inhaber oder Gesellschafter der Firma (§ 59 Abs 1), einschl der bis dahin nicht bekannten Rechtsnachfolger (Rz 20).

56 Das Beschwerdegericht prüft formell, ob die Löschungsankündigung den gesetzlichen Inhalt hatte und ob eine Anmeldung des Erlöschens (nach wie vor) fehlt. Materiell prüft es, ob die Firma erloschen ist.

57 Unterlassene oder formfehlerhafte Löschungsankündigungen können in der Beschwerdeinstanz nicht nachgeholt oder geheilt werden, da sie ausschließlich durch das Registergericht vorgenommen werden können (KG NJW-RR 2007, 1185).

58 Die Beschwerde bleibt auch dann zulässig, wenn das Registergericht den Löschungsvermerk unzulässigerweise unter Verstoß gegen Abs 5 bereits vor Eintritt der Rechtskraft eingetragen haben sollte. Es ändert sich allein das Rechtschutzbegehren des Beschwerdeverfahrens, welches nunmehr auf die Anweisung des Registergerichts zur Einleitung eines Amtslöschungsverfahrens nach § 395 hinsichtlich des eingetragenen Löschungsvermerks gerichtet ist (OLG Schleswig NJW-RR 2001, 30).

f) Aufschiebende Wirkung des Widerspruchs und der Beschwerde (Abs 5)

59 Der Widerspruch und die Beschwerde (sowie ggf Rechtsbeschwerde) haben aufschiebende Wirkung: Die Löschung darf nur erfolgen, wenn kein Widerspruch erhoben wurde oder wenn der den Widerspruch zurückweisende Beschluss rechtskräftig geworden ist (Abs 5), also alle Rechtsbehelfsfristen abgelaufen sind (§ 45).

2. Rechtsbehelf gegen die Ablehnung oder Aufhebung einer Löschungsankündigung

60 Hatte ein berufsständisches Organ die Einleitung des Verfahrens beantragt und lehnt das Gericht dieses ab, steht dem Organ hiergegen die Beschwerde zu (§ 380 Abs 5). Handelt es sich um ein Kreditinstitut oder eine Kapitalanlagegesellschaft, steht zusätzlich der BaFin das Recht aus §§ 43 Abs 3 KWG, 3 Abs 4 InvG zu. Ist die Beschwerde begründet, kann das Beschwerdegericht jedoch die Löschungsankündigung nicht selbst vornehmen, sondern nur das Registergericht anweisen, diese zu erlassen (Jansen/*Steder* § 141 Rn 51 sowie KGJ 31 A 201 für das Zwangsgeldverfahren). Durch eine solche Anweisung wird das Registergericht nur hinsichtlich der zu erlassenden Löschungsankündigung gebunden; der späteren Entscheidung über einen eventuellen Widerspruch des Beteiligten wird damit nicht vorgegriffen (Jansen/*Steder* § 141 Rn 51 für das Zwangsgeldverfahren sowie KG NJW 1955, 1926, 1927; BayObLG NJW-RR 1993, 698 für das Löschungsverfahren nach § 395).

61 Auch steht dem berufsständischen Organ und der BaFin die Beschwerde gegen eine Entscheidung zu, die dem Widerspruch des Beteiligten stattgibt und eine zuvor ergangene Löschungsankündigung aufhebt (Bumiller/Harders § 393 Rn 7; Jansen/*Steder* § 141 Rn 50, 53). Das Beschwerdegericht entscheidet dann in der Sache selbst, weist also – sofern die Beschwerde begründet ist – das Registergericht an, die Löschung vorzunehmen.

62 Andere Personen, namentlich **Konkurrenzunternehmen**, haben kein Beschwerderecht gegen die Ablehnung eines von ihnen angeregten Amtslöschungsverfahrens. Denn das Verfahren dient nicht der Durchsetzung individueller Namens-, Urheber-, und Wett-

bewerbsrechte, sondern allein dem öffentlichen Interesse an Registerwahrheit (weniger eindeutig: Jansen/*Steder* § 141 Rn 53; Keidel/*Heinemann* § 393 Rn 13).

V. Vollzug der Löschung

Die Löschung wird vollzogen durch Eintragung eines Löschungsvermerks, welcher (deklaratorisch) feststellt, dass die Firma gem § 31 Abs 2 HGB erloschen ist. Sie darf gem Abs 5 nur erfolgen, wenn bis dahin kein Widerspruch – auch kein verspäteter Widerspruch (Rz 47) – erhoben oder ein erhobener Widerspruch rechtskräftig zurückgewiesen ist. Wird ein zunächst erhobener Widerspruch wieder zurückgenommen, darf die Eintragung gleichwohl erst nach Ablauf der gem Abs 1 gesetzten Frist erfolgen. 63

Wegen des Primats der Registerwahrheit muss das Gericht auch dann **von einer Löschung absehen**, wenn zwar kein Widerspruch eingelegt oder ein eingelegter Widerspruch rechtskräftig zurückgewiesen wurde, sich aber aus weiteren Erkenntnissen des Registergerichts ergibt, dass die Löschung ungerechtfertigt wäre, weil die Firma in Wahrheit fortbesteht (KG JFG 1, 260, 262; *Krafka/Willer* Rn 428; Keidel/*Heinemann* § 393 Rn 28; Bassenge/Roth/*Walter* § 393 Rn 16; Jansen/*Steder* § 141 Rn 58 mwN). Die Umentscheidung ist den Beteiligten mitzuteilen und den berufsständischen Organen sowie im Falle von Kreditinstituten oder Kapitalanlagegesellschaften der BaFin bekannt zu geben, denen ein Beschwerderecht zusteht (§§ 380 Abs 5 FamFG, 43 Abs 3 KWG, 3 Abs 4 InvG). Widerspricht die Umentscheidung deren bereits erklärten Willen, ist sie förmlich zuzustellen (§ 41 Abs 1 Satz 2). 64

VI. Löschung des Löschungsvermerks

Da der Löschungsvermerk nach erfolgter Eintragung nicht mit Rechtsbehelfen anfechtbar ist (§ 383 Abs 3), kann seine Wirkung nur dadurch beseitigt werden, dass der Löschungsvermerk seinerseits im Amtslöschungsverfahren nach § 395 gelöscht (OLG Zweibrücken NJW-RR 2002, 825, 826 mwN) und die Firma wieder eingetragen wird, und zwar unter derselben Registernummer, aber auf einem neuen Registerblatt (wegen § 22 Abs 1 HRV). Ein Rechtsbehelf, den der Inhaber der Firma gegen die bereits vollzogene Eintragung des Löschungsvermerks einlegt, ist als Anregung zur Einleitung eines Amtslöschungsverfahrens nach § 395 umzudeuten (OLG Düsseldorf FGPrax 1998, 231; OLG Zweibrücken NJW-RR 2002, 825, 826; Jansen/*Steder* § 141 Rn 60). 65

Der eingetragene Löschungsvermerk kann aber nur dann nach § 395 gelöscht werden, wenn die Vornahme seiner Eintragung **unzulässig** war, also verfahrensfehlerhaft zustande kam. Das ist der Fall, wenn die Löschungsankündigung inhaltliche Mängel hatte, sie bspw den Grund für die beabsichtigte Löschung nicht erkennen ließ, die Widerspruchsfrist zu knapp bemessen war, die Löschungsankündigung nicht an alle (dem Gericht bekannten) Inhaber der Firma (Gesellschafter) erging, eine nach Abs 2 erforderliche Bekanntmachung versäumt wurde oder wenn der Löschungsvermerk entgegen Abs 5 trotz eingelegten Widerspruchs und vor dessen rechtskräftiger Bescheidung eingetragen wurde (vgl OLG Düsseldorf NJW-RR 2006, 903; OLG Zweibrücken NJW-RR 2002, 825), wobei auch ein »verspäteter« Widerspruch zu beachten ist (Rz 47). 66

Auf eine zu knapp bemessene Widerspruchsfrist kann das Amtslöschungsverfahren allerdings dann nicht gestützt werden, wenn tatsächlich Widerspruch eingelegt und dieser nach Abs 3 behandelt wurde. 67

Erfolg hat das Amtslöschungsverfahren nur dann, wenn zusätzlich zur Unzulässigkeit der vorgenommenen Eintragung auch deren **inhaltliche Unrichtigkeit** hinzutritt, die Firma also tatsächlich noch fortexistiert. Andernfalls würde das Gericht mit der Löschung des Löschungsvermerks einen Zustand herstellen, der der wahren Rechtslage widerspricht (KGJ 28 A 42, 43 f; Jansen/*Steder* § 141 Rn 61). 68

Für sich genommen genügt eine inhaltliche Unrichtigkeit des eingetragenen Löschungsvermerks allerdings nicht für die Einleitung des Amtslöschungsverfahrens nach 69

§ 395, wenn nicht zusätzlich ein Verfahrensfehler vorliegt. Denn wenn in einem ordnungsgemäß nach § 393 durchgeführten Verfahren kein Widerspruch eingelegt oder dieser durch rechtskräftige Sachentscheidung zurückgewiesen wurde, erging die Eintragung nach Maßgabe des Abs 5 zu Recht (KG JFG 1, 260, 262; JW 1935, 1798; Jansen/*Steder* § 141 Rn 61; aA: Bahrenfuss/Steup § 393 Rn 28).

VII. Kosten

70 Für die Löschungsankündigung werden keine Kosten erhoben.

71 Für die Zurückweisung des Widerspruchs hat der Widerspruchsführer die Kosten zu tragen, wenn sie diesem mit der Widerspruchszurückweisung aufgegeben wurden (Abs 4, s dazu § 393 Rz 52). Erhoben wird das Doppelte der vollen Geb (§ 88 Abs 2 KostO); Geschäftswert: § 30 Abs 2 KostO. Ebenfalls das Doppelte der vollen Geb wird erhoben für die Verwerfung oder Zurückweisung der Beschwerde gegen die Zurückweisung des Widerspruchs.

72 Gebühren für die Eintragung des Löschungsvermerks in das Register werden nach Vorb 1 Abs 4 GebVerzeichnis HRegGebV nicht erhoben.

§ 394 Löschung vermögensloser Gesellschaften und Genossenschaften

(1) Eine Aktiengesellschaft, Kommanditgesellschaft auf Aktien, Gesellschaft mit beschränkter Haftung oder Genossenschaft, die kein Vermögen besitzt, kann von Amts wegen oder auf Antrag der Finanzbehörde oder der berufsständischen Organe gelöscht werden. Sie ist von Amts wegen zu löschen, wenn das Insolvenzverfahren über das Vermögen der Gesellschaft durchgeführt worden ist und keine Anhaltspunkte dafür vorliegen, dass die Gesellschaft noch Vermögen besitzt.

(2) Das Gericht hat die Absicht der Löschung den gesetzlichen Vertretern der Gesellschaft oder Genossenschaft, soweit solche vorhanden sind und ihre Person und ihr inländischer Aufenthalt bekannt ist, bekannt zu machen und ihnen zugleich eine angemessene Frist zur Geltendmachung des Widerspruchs zu bestimmen. Auch wenn eine Pflicht zur Bekanntmachung und Fristbestimmung nach Satz 1 nicht besteht, kann das Gericht anordnen, dass die Bekanntmachung und die Bestimmung der Frist durch Bekanntmachung in dem für die Bekanntmachung der Eintragungen in das Handelsregister bestimmten elektronischen Informations- und Kommunikationssystem nach § 10 des Handelsgesetzbuchs erfolgt; in diesem Fall ist jeder zur Erhebung des Widerspruchs berechtigt, der an der Unterlassung der Löschung ein berechtigtes Interesse hat. Vor der Löschung sind die in § 380 bezeichneten Organe, im Fall einer Genossenschaft der Prüfungsverband, zu hören.

(3) Für das weitere Verfahren gilt § 393 Abs. 3 bis 5 entsprechend.

(4) Die Absätze 1 bis 3 sind entsprechend anzuwenden auf offene Handelsgesellschaften und Kommanditgesellschaften, bei denen keiner der persönlich haftenden Gesellschafter eine natürliche Person ist. Eine solche Gesellschaft kann jedoch nur gelöscht werden, wenn die für die Vermögenslosigkeit geforderten Voraussetzungen sowohl bei der Gesellschaft als auch bei den persönlich haftenden Gesellschaftern vorliegen. Die Sätze 1 und 2 gelten nicht, wenn zu den persönlich haftenden Gesellschaftern eine andere offene Handelsgesellschaft oder Kommanditgesellschaft gehört, bei der eine natürliche Person persönlich haftender Gesellschafter ist.

Übersicht

	Rz
A. Allgemeines	1
B. Kommentierung	5
I. Materielle Voraussetzung: Vermögenslosigkeit der Gesellschaft oder Genossenschaft (Abs 1, 4)	5
II. Verfahren	14
1. Funktionelle Zuständigkeit	14
2. Einleitung des Verfahrens, Beteiligung der berufsständischen Organe	15
3. Sachverhaltsermittlung	19
4. Ermessensausübung	23
5. Vorangegangenes Insolvenzverfahren (Abs 1 Satz 2)	26
6. Löschungsankündigung (Abs 2)	27
a) Benachrichtigung von der beabsichtigten Löschung	31
b) Bestimmung einer angemessenen Frist zur Geltendmachung eines Widerspruchs	32
c) Bekanntgabe	36
d) Veröffentlichung	38
7. Unterrichtung des Anzeigenerstatters bei Nichteinleitung des Verfahrens (§ 24 Abs 2)	41
III. Rechtsbehelfe	42
1. Einstweilige Anordnung des Finanzgerichts gegen den von der Finanzbehörde gestellten Löschungsantrag?	42
2. Widerspruch gegen die erlassene Löschungsankündigung	43
a) Widerspruchsberechtigung	44
b) Erhebung des Widerspruchs	46
c) »Widerspruchsfrist«, Wiedereinsetzung in den vorigen Stand	48
d) Verfahren und Entscheidung über den Widerspruch	49
e) Beschwerde gegen die Zurückweisung des Widerspruchs	55
f) Aufschiebende Wirkung des Widerspruchs und der Beschwerde	58

§ 394 FamFG | Löschung vermögensloser Gesellschaften und Genossenschaften

	Rz		Rz
3. Rechtsbehelf gegen die Ablehnung oder Aufhebung einer Löschungsankündigung	59	V. Rechtsfolgen der Löschung	64
		VI. Löschung des Löschungsvermerks	68
		VII. Kosten	74
IV. Vollzug der Löschung	62	VIII. Nachtragsliquidation/-abwicklung	77

A. Allgemeines

1 Die Regelung bezweckt, Gesellschaften, welche infolge ihrer Vermögenslosigkeit handlungs- und lebensunfähig sind, aus dem Verkehr zu ziehen. Verhindert werden soll, dass vermögenslose und deshalb für potentielle Gläubiger gefährliche Gesellschaften weiter am Rechtsverkehr teilnehmen und dadurch Schäden anrichten (ähnlich BayObLGZ NJW-RR 1999, 1054; Jansen/*Steder* § 141a Rn 9 mwN). Anders als in den Fällen des § 393 ist die Löschung nach § 394 kein deklaratorischer, sondern ein konstitutiver Akt: Mit der Eintragung der Löschung gilt die Gesellschaft als aufgelöst.

2 Der Begriff der »Gesellschaft mit beschränkter Haftung« in Abs 1 umfasst auch die **UG** (§ 5a Abs 1 GmbHG). Vermögenslose **Einzelkaufleute, juristische Personen** iSd § 33 HGB sowie **Vereine** können nicht nach § 394 gelöscht werden; **Personenhandelsgesellschaften** nur unter den Voraussetzungen des Abs 4.

3 Die Vorschrift entspricht in weiten Teilen dem bisherigen § 141a FGG. Entfallen ist das Gebot der förmlichen Zustellung der Löschungsankündigung (§ 141a Abs 2 Satz 1 FGG); stattdessen gilt § 15 Abs 2, wonach die Aufgabe zur Post genügt. Eingearbeitet in die Vorschrift wurden die entsprechenden Regelungen für die Genossenschaften, bisher enthalten in § 147 Abs 1 Satz 2, Abs 2 FGG.

4 Über die in Abs 3 enthaltene Bezugnahme auf § 393 Abs 4 ist eine Bestimmung zur Auferlegung der Kosten des Widerspruchsverfahrens neu eingefügt.

B. Kommentierung

I. Materielle Voraussetzung: Vermögenslosigkeit der Gesellschaft oder Genossenschaft (Abs 1, 4)

5 Materielle Voraussetzung für ein Einschreiten nach § 394 ist die Vermögenslosigkeit der Gesellschaft. Vermögenslosigkeit liegt vor, wenn es an einem für die potenzielle Gläubigerbefriedigung verwertbaren Aktivvermögen fehlt (OLG Hamm NJW-RR 1993, 547, 549; BayObLG NJW-RR 1999, 1054; OLG Brandenburg NJW-RR 2001, 176, 177; KG FGPrax 2007, 237). Darunter werden alle Vermögenswerte verstanden, die der ordentliche Kaufmann in seiner Handelsbilanz als Anlagevermögen, Umlaufvermögen oder Rechnungsabgrenzungsposten aktivieren kann (KG FGPrax 2007, 237; BayObLG NJW-RR 1999; OLG Brandenburg NJW-RR 2001, 176, 177; OLG Hamm NJW-RR 1993, 547, 549; BayObLG Rpfleger 1995, 419). Vermögenswerte sind auch die Einlageforderungen der Gesellschaft gegen ihre Gesellschafter einschl der Erstattungsansprüche wegen verbotener Einlagenrückgewähr und sonstiger Verstöße gegen die Kapitalerhaltungsgrundsätze sowie die Schadenersatzansprüche gegen Vorstände, Geschäftsführer und Liquidatoren aus den gesellschaftsrechtlichen Vorschriften (zB §§ 43 Abs 2, 64 GmbHG) und aus Existenz vernichtendem Eingriff (§ 826 BGB). Ferner können einzelne nicht aktivierbare immaterielle Vermögensgegenstände wie Patente, Marken, Gebrauchs- und Geschmacksmuster, Urheberrechte, Nutzungsrechte, Belieferungsrechte sowie Konzessionen verwertbares Vermögen darstellen, wenn sie einen objektivierbaren Veräußerungswert (Verkehrswert) haben und ihre bilanzielle Aktivierbarkeit nur an § 248 Abs 2 HGB scheitert, weil sie nicht entgeltlich erworben, sondern selbst geschaffen wurden (ebenso Baumbach/Hueck/*Schulze-Osterloh*/Zöllner Anh § 77 Rn 5 mwN). Nicht zu berücksichtigen ist allerdings der reine »Goodwill« des Unternehmens, also seine Bekanntheit am Markt, bestehende Geschäftskontakte, vorhandenes Know-how usw (hM; aA: Rowed-

der/*Rasner* § 60 Rn 34). Ob ausnahmsweise ein Firmenwert berücksichtigt werden kann, wenn er mit Sicherheit verwertbar ist, ist umstritten (bejahend Baumbach/Hueck/*Schulze-Osterloh*/*Zöllner* Anh § 77 Rn 5 mwN; verneinend OLG Frankfurt Rpfleger 1978, 22, Jansen/*Steder* § 141a Rn 15 mwN). Ein Vermögenswert ist auch der Anspruch gegen das herrschende Unternehmen auf Verlustübernahme (vgl § 302 AktG), nicht aber die Nachschusspflicht der Mitglieder einer Genossenschaft (§ 105 GenG) sowie Anfechtungsansprüche nach den §§ 129 ff InsO, da diese ein Insolvenzverfahren voraussetzen.

Bestrittene oder sonst **unsichere Forderungen** der Gesellschaft, die nach dem bilanzrechtlichen Vorsichtsprinzip nicht aktiviert werden können, stellen einen die Löschung ausschließenden Vermögenswert dar, wenn die Gesellschaft beabsichtigt, sie gerichtlich geltend zu machen, und sie nicht offensichtlich unbegründet oder nicht werthaltig sind (BayObLG NJW-RR 1995, 103; KG FGPrax 2007, 237). Für die Feststellung der Klageabsicht genügt die entsprechende Beauftragung eines RA (BayObLG NJW-RR 1995, 103). 6

Sicherungsübereignete Vermögensgegenstände sind – trotz ihrer Bilanzierungsfähigkeit – nur insoweit zu berücksichtigen, als ihr Wert die gesicherte Forderung übersteigt, da sie nur in dem Umfang für anderweitige Verwertungen in Betracht kämen (Baumbach/Hueck/*Schulze-Osterloh*/*Zöllner* Anh § 77 Rn 5; Rowedder/*Rasner* § 60 Rn 34; Scholz/*K.Schmidt* § 60 Rn 49). Allerdings kann im Rahmen der Ermessensausübung (Rz 23 ff) das Interesse des Sicherungsnehmers zu berücksichtigen sein, die Gesellschaft einstweilen noch handlungs- und prozessfähig zu halten, um die Verwertungsrechte an dem Sicherungsgut effektiv verfolgen zu können (vgl OLG Frankfurt FGPrax 2006, 83 bezüglich der Abwicklung einer Grundstücksverwertung). Zur Klärung solcher Interessen wie auch zur Klärung der Valutierung der gesicherten Forderungen und somit zur Wertausschöpfung des Sicherungsgutes wird der Sicherungsnehmer im Rahmen der Sachverhaltsermittlung regelmäßig anzuhören sein. 7

Geringes Vermögen ist nicht gleichzusetzen mit Vermögenslosigkeit (BayObLG ZIP 1984, 175; OLG Hamm NJW-RR 1993, 547, 549; OLG Karlsruhe NJW-RR 2000, 630); umstritten ist das bei »verschwindend geringem« Vermögen, welches für eine Gläubigerbefriedigung nicht annähernd mehr geeignet ist (Vermögenslosigkeit bejahend: OLG Brandenburg NJW-RR 2001, 176, 177; Baumbach/Hueck/*Schulze-Osterloh*/*Zöllner* Anh § 77 Rn 5; Jansen/*Steder* § 141a Rn 15; verneinend: OLG Frankfurt GmbHR 1983, 303; OLG Düsseldorf NJW-RR 1997, 870; Keidel/*Heinemann* § 394 Rn 8). Weitgehend ungeklärt ist die Problematik bei der ab einem Mindeststammkapital von nur 1 € zu gründenden UG; *Ries* (Rpfleger 2009, 654, 656) plädiert zumindest für die Löschung von Vorrats-UGs, die mit weniger als 100 € ausgestattet sind. 8

Die Insolvenzgründe der **Überschuldung** oder **Zahlungsunfähigkeit** müssen nicht gegeben sein, denn eine Gesellschaft kann auch vermögenslos sein, ohne dass gegen sie gerichtete Verbindlichkeiten bestehen, wie bspw eine vermögenslose Mantelgesellschaft (Vorratsgesellschaft). Diese wäre trotz fehlender Überschuldung oder Zahlungsunfähigkeit zu löschen. 9

Umgekehrt ist eine vorliegende Überschuldung für sich genommen kein Grund zur Annahme von Vermögenslosigkeit, solange verteilungsfähige Aktiva vorhanden sind, die im Falle der Zerschlagung des Unternehmens noch zur (teilweisen) Gläubigerbefriedigung verwertbar wären (OLG Hamm NJW-RR 1993, 547, 549; KG FGPrax 2007, 237). 10

Nach Abs 1 Satz 2 spricht allerdings eine gesetzliche Vermutung für Vermögenslosigkeit, wenn das **Insolvenzverfahren** über das Vermögen der Gesellschaft durchgeführt worden ist und keine Anhaltspunkte dafür vorliegen, dass die Gesellschaft noch Vermögen besitzt. Anhaltspunkte für verbliebenes Vermögen bestehen aber nur bei Verfahrenseinstellung nach §§ 207, 212, 213 InsO oder bei Bekanntwerden oder Freiwerden von Vermögensgegenständen nach der Schlussverteilung (vgl § 203 InsO). In allen anderen Fällen streitet die Vermutung dafür, dass nach Durchführung des Insolvenzverfahrens kein Vermögen mehr besteht (Jansen/*Steder* § 141a Rn 39; KKW/*Winkler* (15. Aufl) § 141a Rn 4; *Hüffer* Anh § 262 Rn 8). 11

§ 394 FamFG | Löschung vermögensloser Gesellschaften und Genossenschaften

12 Andererseits führt eine **Ablehnung der Eröffnung des Insolvenzverfahrens mangels Masse** zunächst nur zur Auflösung der Gesellschaft (§§ 60 Abs 1 Nr 5 GmbHG, 262 Abs 1 Nr 4 AktG, 131 Abs 2 Nr 1 HGB, 81a Nr 1 GenG), jedoch nicht zur Vermögenslosigkeit, da eine Verwertung aller noch vorhandenen Vermögenswerte mangels Eröffnung des Verfahrens unterbleibt. Die Vermögenslosigkeit muss daher gesondert ermittelt werden; als ein erstes Anzeichen für Vermögenslosigkeit darf die Ablehnung mangels Masse allerdings verwertet werden (BayObLG ZIP 1984, 175, 176).

13 Bei **Personenhandelsgesellschaften**, die über keine natürliche Person als persönlich haftenden Gesellschafter verfügen (insbes »GmbH & Co. KG«) und auf der Grundlage des Abs 4 gelöscht werden sollen, muss die Vermögenslosigkeit bei der Gesellschaft selbst und bei allen persönlich haftenden Gesellschaftern bestehen.

II. Verfahren

1. Funktionelle Zuständigkeit

14 Funktionell zuständig für die Durchführung des Löschungsverfahrens ist bei Genossenschaften und Personenhandelsgesellschaften der Rechtspfleger (§ 3 Nr 2 lit. d RPflG), ansonsten der Richter (§ 17 Nr 1 lit. e RPflG). Die Landesregierungen sind ermächtigt, den Richtervorbehalt aufzuheben und das Verfahren auch bezüglich der Kapitalgesellschaften dem Rechtspfleger zu übertragen (§ 19 Abs 1 Nr 6 RPflG).

2. Einleitung des Verfahrens, Beteiligung der berufsständischen Organe

15 Das Verfahren wird von Amts wegen oder auf Antrag der Finanzbehörde oder der berufsständischen Organe eingeleitet und betrieben. Sind mehrere berufsständische Organe zuständig, ist jedes für sich allein antragsberechtigt. Handelt es sich um ein Kreditinstitut oder um eine Kapitalanlagegesellschaft, stehen auch der BaFin die Antrags- und Beteiligungsrechte nach §§ 43 Abs 3 KWG, 3 Abs 4 InvG zu. § 380 Abs 2 Satz 2 ist auf die BaFin entspr anzuwenden. Stellt die Finanzbehörde den Antrag, wird auch sie verfahrensbeteiligt im Sinne des § 7 Abs 1.

16 Beruht die Verfahrenseinleitung nicht auf einem Antrag des berufsständischen Organs, ist dieses im Laufe des Verfahrens anzuhören (§ 380 Rz 24) verbunden mit der Gelegenheit, einen Antrag auf eigene Beteiligung zu stellen (§ 380 Abs 2 Satz 2).

17 Handelt es sich um eine Genossenschaft, ist der Prüfungsverband anzuhören (Abs 2 Satz 3), und zwar anstelle des berufsständischen Organs (vgl § 380 Abs 3). Der Prüfungsverband kann das Verfahren auch anregen, wird aber nicht als Verfahrensbeteiligter hinzugezogen.

18 Die Gesellschaft bzw Genossenschaft selbst ist von Beginn des Verfahrens an formell als Beteiligter hinzuzuziehen (§ 7 Abs 2 Nr 1; s.a. BayObLG NJW-RR 1995, 612).

3. Sachverhaltsermittlung

19 Die Vermögenslosigkeit ist von Amts wegen festzustellen. Wegen der schwerwiegenden Folgen einer Löschung für die Gesellschaft, die Gesellschafter und für die Gläubiger hat das Registergericht **besonders genau und gewissenhaft** zu prüfen, ob die Gesellschaft wirklich vermögenslos iSd Gesetzes ist, und die erforderlichen Tatsachen von Amts wegen zu ermitteln (KG NJW-RR 2007, 1185, 1186 mwN). Die bloße Überzeugung des Gerichts von der Vermögenslosigkeit genügt nicht, wenn sie nicht auf ausreichenden Ermittlungen beruht (BayObLG Rpfleger 1982, 384; OLG Hamm NJW-RR 1993, 547, 549; OLG Karlsruhe NJW-RR 2000, 630; OLG Düsseldorf NJW-RR 2006, 903, 904). Schon die Ankündigung einer beabsichtigten Amtslöschung wegen Vermögenslosigkeit setzt voraus, dass das Gericht gesicherte Erkenntnisse besitzt, dass die Gesellschaft tatsächlich

über kein Vermögen verfügt; das gilt auch für eine in Liquidation befindliche Gesellschaft (OLG Düsseldorf NJW-RR 2006, 903).

Zur Ermittlung des Sachverhalts kann das Gericht auf **Auskünfte** der Finanzbehörden zurückgreifen (§ 379 Abs 2) sowie der zuletzt tätig gewordenen Notare, auf Einsichtnahmen in Insolvenzakten und selbstverständlich in das Schuldnerverzeichnis. Neben der Gesellschaft selbst sind auch die Gesellschafter regelmäßig anzuhören; bei Publikumsgesellschaften jedoch allenfalls ausgewählte Gesellschafter (Initiatoren, Gründungsgesellschafter, Großaktionäre). 20

Die Amtsermittlungspflicht geht allerdings nicht so weit, dass das Gericht quasi ins Blaue hinein Ermittlungen anzustellen habe (OLG Brandenburg NJW-RR 2001, 176, 178). Vielmehr haben die Verfahrensbeteiligten an der Aufklärung des Sachverhaltes durch eingehende Darstellung der für die Entscheidung maßgebenden tatsächlichen Umstände und Benennung geeigneter Beweismittel mitzuwirken (§ 27). Die **Mitwirkungspflicht der Beteiligten** korreliert mit der Verpflichtung des Gerichts, durch geeignete Hinweise und Auflagen darauf hinzuwirken, dass sich die Beteiligten vollständig über den maßgeblichen Sachverhalt erklären (OLG Hamm NJW-RR 1993, 547, 549). Auf **unterlassene Darlegungen** der Beteiligten allein darf das Gericht seine Überzeugung von der Vermögenslosigkeit der Gesellschaft allerdings nicht stützen; vielmehr muss dann ein ausreichender Grad an Überzeugung auf anderen Erkenntnisquellen beruhen (vgl OLG Frankfurt GmbHR 1983, 303; OLG Karlsruhe NJW-RR 2000, 630). Liegen objektive Erkenntnisse über das Fehlen von Vermögenswerten vor (zB fehlgeschlagene Zwangsvollstreckungsversuche, Eintragungen im Schuldnerverzeichnis) und fehlen – nach allen Ermittlungen einschließlich Anhörung der Gesellschaft – Anhaltspunkte für das Vorhandensein anderweitigen Vermögens, darf von Vermögenslosigkeit iSd § 394 ausgegangen werden (Bork/Jacoby/Schwab/*Müther* § 394 Rn 3). Eine »Glaubhaftmachung« (§ 31) von Vermögen durch die Gesellschaft darf auf keinen Fall verlangt werden (ähnlich Prütting/Helms/*Maass* § 394 Rn 7; aA: Keidel/*Heinemann* § 394 Rn 28). Vielmehr genügt jede plausible Darlegung von Vermögen, welche das Registergericht, wenn es löschen will, widerlegen muss. 21

Ist die Gesellschaft noch an einem Rechtsstreit als **beklagte Partei** beteiligt, soll das nach Auffassung des BayObLG (NJW-RR 1995, 612) Anlass zu besonderer Prüfung geben, ob noch Vermögenswerte vorhanden sind, auf die der Kläger im Falle des Obsiegens zugreifen will. 22

4. Ermessensausübung

Ist das Registergericht von der Vermögenslosigkeit überzeugt, räumt ihm die »Kann«-Formulierung des Abs 1 Satz 1 nach ganz herrschender Meinung einen Ermessensspielraum ein, das Löschungsverfahren zu betreiben oder nicht (aA im Wesentlichen nur Scholz/*K.Schmidt* § 60 Rn 55 mit Nachw auch zur hM). Dabei ist das öffentliche Interesse einerseits an der Bereinigung des Registers, andererseits an der Verhinderung der durch die Teilnahme vermögensloser Rechtssubjekte am Rechtsverkehr entstehenden Gefahren abzuwägen gegen das Interesse der Beteiligten am Fortbestand der Gesellschaft (OLG Frankfurt Rpfleger 1978, 22; Keidel/*Heinemann* § 394 Rn 1). Letzteres dürfte idR nur dann schutzwürdig sein, wenn die Gesellschaft mit hinreichender Sicherheit einen baldigen Mittelzufluss erwarten kann (*Hüffer* Anh § 262 Rn 9). 23

Ist die Gesellschaft ohnehin schon im **Liquidationsstadium**, verliert das Löschungsziel des Schutzes künftiger Gläubiger an Bedeutung, weil offenkundig ist, dass die Gesellschaft kein werbendes Geschäft mehr betreibt. In dieser Lage ist abzuwägen, ob durch eine Amtslöschung berechtigte Interessen an einer ordnungsgemäßen Abwicklung der Gesellschaft beeinträchtigt werden können (vgl OLG Frankfurt FGPrax 2006, 83). 24

25 Die Löschung einer GmbH, welche Komplementärin einer KG ist, ist untunlich, solange diese im Rahmen der Abwicklung der GmbH & Co. KG noch Mitwirkungsrechte und -pflichten wahrzunehmen hat (OLG Frankfurt FGPrax 2005, 269).

5. Vorangegangenes Insolvenzverfahren (Abs 1 Satz 2)

26 **Kein Ermessen** besteht im Fall des Abs 1 Satz 2, wenn das Insolvenzverfahren durchgeführt worden ist (KKW/*Winkler* (15. Aufl) § 141a Rn 11). Hinweisen auf eventuell vorhandenes Restvermögen muss das Registergericht nachgehen. Fehlen solche Hinweise, muss es keine umfassenden Ermittlungen wie nach Rz 19 ff in Gang setzen, sondern das Löschungsverfahren betreiben.

6. Löschungsankündigung (Abs 2)

27 Eine Löschungsankündigung ist zwingend nur dann vorgeschrieben, wenn gesetzliche Vertreter der Gesellschaft oder Genossenschaft vorhanden und ihre Person und ihr inländischer Aufenthalt bekannt sind. Bei Führungslosigkeit der GmbH/UG ist die Löschungsankündigung ersatzweise an die Gesellschafter (§ 35 Abs 1 Satz 2 GmbHG), bei Führungslosigkeit der AG an den Aufsichtsrat zu richten (§ 78 Abs 1 Satz 1 AktG). Unabhängig von dieser Pflicht stellt das Gesetz es dem Gericht frei, die Löschungsabsicht in das für die Registerbekanntmachungen bestimmte Bekanntmachungssystem (www.handelsregister-bekanntmachungen.de) einzustellen (ebenso Prütting/Helms/*Maass* § 394 Rn 36). Über diesen Weg können sowohl gesetzliche Vertreter erreicht werden, deren Person oder Aufenthalt unbekannt ist oder die ihren Aufenthalt im Ausland haben, als auch Dritte, die an der Unterlassung der Löschung ein berechtigtes Interesse haben könnten (zB Gläubiger, die noch Vollstreckungsabsichten verfolgen).

28 Eine bestimmte äußere Form der Löschungsankündigung schreibt das Gesetz nicht vor; sie kann daher in Form eines Beschlusses oder in Form einer Verfügung ergehen. Der notwendige Inhalt ist durch den Gesetzeswortlaut vorgegeben: Sie muss den Adressaten von der beabsichtigten Löschung benachrichtigen und ihm zugleich eine angemessene Frist zur Geltendmachung eines Widerspruchs bestimmen. Einer Angabe, woraus das Gericht auf eine Vermögenslosigkeit schließt, bedarf es nicht (KG NJW-RR 2006, 904).

29 Mit der Löschungsankündigung wird der Gesellschaft gleichzeitig Gelegenheit gegeben, den Löschungsgrund zu beseitigen, namentlich durch **Beschaffung neuer Vermögenswerte** bei den Gesellschaftern (OLG Koblenz VersR 2001, 582, 583).

30 Hatte das Registergericht ein früheres Löschungsverfahren auf den Widerspruch eines Beteiligten eingestellt, muss es im Falle der Wiederaufnahme des Verfahrens die Löschungsankündigung erneut vornehmen (KG NJW-RR 2007, 1185).

a) Benachrichtigung von der beabsichtigten Löschung

31 Die beteiligten gesetzlichen Vertreter (s Rz 27) – sowie über das elektronische Bekanntmachungssystem ggf die Allgemeinheit – sind von der konkreten Absicht zu benachrichtigen, die Gesellschaft wegen Vermögenslosigkeit von Amts wegen zu löschen. Der Benachrichtigung muss sinngemäß entnommen werden können, dass es sich um eine Löschung der Gesellschaft wegen Vermögenslosigkeit iSd § 394 handelt und nicht etwa um eine Löschung wegen unzulässiger Eintragung (§§ 395, 397 FamFG, 43 Abs 2 KWG, 22 Satz 2 REITG, 21 Abs 1 Satz 2 WKBG).

b) Bestimmung einer angemessenen Frist zur Geltendmachung eines Widerspruchs

32 Das Gericht hat eine angemessene Frist zur Geltendmachung eines Widerspruchs zu bestimmen. Eine Mindestfrist sieht das Gesetz nicht vor, jedoch sollte die Monatsfrist –

schon aus Rücksichtnahme auf eventuelle Urlaubsabwesenheiten – keinesfalls unterschritten werden, zumal wegen des Gesetzeswortlauts des § 17 (»gesetzliche Frist«) zweifelhaft ist, ob Wiedereinsetzung in Betracht kommt (§ 17 Rz 12). Die Frist wird entweder auf einen bestimmten Termin gesetzt (»Widerspruch bis zum ...«) oder sie erfolgt durch Bestimmung einer Zeitspanne (»Widerspruch binnen sechs Wochen«). Eine so gesetzte Frist beginnt mit der Bekanntgabe der Löschungsankündigung zu laufen (§ 16 Abs 1). Fristverlängerung auf Antrag ist möglich (§§ 16 Abs 2 FamFG, 224 Abs 2 ZPO).

Fehlt die Bestimmung der Widerspruchsfrist oder ist sie objektiv **zu kurz gesetzt**, ist 33 die Löschungsankündigung rechtswidrig und die Eintragung des Löschungsvermerks unzulässig. Erfolgt die Amtslöschung gleichwohl, ist der Löschungsvermerk seinerseits nach Maßgabe des § 395 wieder zu löschen (vgl Rz 68 ff).

Der Fehler einer zu kurz gesetzten Widerspruchsfrist kann auch nicht durch Fristver- 34 längerung von Amts wegen geheilt werden. Zwar war es unter der Herrschaft des FGG als zulässig angesehen, eine zu kurz bemessene Frist angemessen zu verlängern (vgl etwa Bassenge/Roth/*Bassenge* (11. Aufl) § 141a Rn 6; KKW/*Winkler* (15. Aufl) § 141 Rn 10). Doch wurde die Regelung des § 18 FGG, welche die nachträgliche Abänderung des Beschlusses von Amts wegen ermöglichte, vom Gesetzgeber willentlich nicht in das FamFG übernommen. Heute ist eine Fristverlängerung nur noch nach den §§ 16 Abs 2 FamFG, 224 Abs 2 ZPO möglich und setzt zwingend einen Antrag des Beteiligten voraus (§ 16 Rz 11; aA: Keidel/Heinemann § 394 Rn 20). Zwar unterlag der Gesetzgeber einem möglichen Verständnisirrtum, indem er annahm, es gebe für § 18 FGG keinen Anwendungsbereich mehr (BTDrs 16/6308 S 198 zu § 48 FamFG), und dabei womöglich die hier angesprochene Konstellation übersah. Gleichwohl ist die Gesetz gewordene Änderung hinzunehmen. Die zu kurz gesetzte Frist bleibt rechtswidrig. Das Verfahren muss mit einer erneuten Löschungsankündigung nebst angemessener Fristsetzung von Neuem beginnen. Es sei denn, der Beteiligte selbst stellt einen Fristverlängerungsantrag und das Gericht gibt diesem statt – dann wirkt sich der ursprüngliche Fehler nicht aus.

Der **Hinweis auf die Widerspruchsmöglichkeit** muss nach wohl herrschender Auf- 35 fassung (§ 39 Rz 17; *Heinemann* FGPrax 2009, 1, 4) den Förmlichkeiten einer Rechtsbehelfsbelehrung (§ 39) genügen, wenngleich die Tatbestandsvoraussetzungen des § 39 kaum erfüllt sind, nämlich einerseits weder Beschlussform vorgeschrieben ist (so aber der Anknüpfungspunkt des § 39) noch eine »Endentscheidung« im Sinne des § 38 vorliegt, an die § 39 systematisch anknüpft. Hergeleitet werden kann die Belehrungspflicht am ehesten aus der Gesetzesbegründung zu § 39 (BTDrs 16/6308 S 196), wo es ausdrücklich heißt, von ihr umfasst seien »alle Rechtsmittel sowie die in den FamFG-Verfahren vorgesehenen ordentlichen Rechtsbehelfe gegen Entscheidungen, Einspruch, Widerspruch und Erinnerung«. Hinzu kommt, dass die Erwähnung des Wortes »Widerspruch« in § 39 völlig gegenstandslos wäre, würde man dies nicht auf die Rechtsbehelfe nach den §§ 393–395, 399 beziehen.

c) Bekanntgabe

Die Löschungsankündigung ist förmlich bekannt zu geben (§ 15 Abs 1), da sie den Lauf 36 der Frist auslöst, bis zu deren Ablauf der Löschungsvermerk nicht eingetragen werden darf (Abs 3 iVm § 393 Abs 5). Sie ist an den/die gesetzlichen Vertreter (**Organwalter persönlich**) zu adressieren und tunlichst förmlich zuzustellen, wenngleich eine gesetzliche Pflicht zur förmlichen Zustellung – anders als nach dem früheren § 141a Abs 2 Satz 1 FGG – nicht mehr besteht. Wird der Beteiligte (nicht die Gesellschaft!) durch einen Verfahrensbevollmächtigten vertreten, ist die Bekanntgabe an diesen zu richten (§ 15 Abs 2 FamFG iVm § 172 ZPO). Zur Frage, ob die Wirksamkeit der Zustellung an den Bevollmächtigten vom Vorliegen einer Vollmachtsurkunde abhängt, s § 388 Rz 48.

Die Absicht der Löschung einer **Personenhandelsgesellschaft** (Abs 4) ist den vertre- 37 tungsberechtigten Gesellschaftern bekannt zu geben. Handelt es sich dabei – wie regelmäßig – um juristische Personen (zB GmbH), hat die Bekanntmachung an diese (und nicht an deren gesetzliche Vertreter) zu erfolgen (Bassenge/Roth/*Walter* § 394 Rn 9).

d) Veröffentlichung

38 Unabhängig von der Bekanntgabe an die Beteiligten erfolgt nach Ermessen des Gerichts eine Veröffentlichung gleichen Inhalts in dem für die Registerbekanntmachungen bestimmten Bekanntmachungssystem (Abs 2 Satz 2) unter der Internetadresse www.handelsregister-bekanntmachungen.de. In die Bekanntmachung ist der volle Text der Löschungsankündigung aufzunehmen. Mängel der Veröffentlichung im Bekanntmachungssystem sind allerdings unschädlich, weil die dortige Veröffentlichung von vornherein im Ermessen des Gerichts steht.

39 Dass es dem Registergericht **freigestellt** ist, die Löschungsankündigung in dem Bekanntmachungssystem zu veröffentlichen, ist ein Relikt aus der Zeit, wo für Bekanntmachungen noch die Inseratskosten der Tageszeitungen anfielen und die Verhältnismäßigkeit dieses Aufwandes abzuwägen war (s *Piorreck* Rpfleger 1978, 157, 158). Seit Einführung des elektronischen Bekanntmachungssystems spielen Bekanntmachungskosten keine entscheidende Rolle mehr, so dass es praktisch keinen Grund mehr gibt, von einer (zusätzlichen) Veröffentlichung im Bekanntmachungssystem abzusehen. Die von *Piorreck* (Rpfleger 1978, 157, 158) weiter geäußerten Bedenken, die Bekanntmachung der Löschungsabsicht könnte für die Gesellschaft schädlich sein, falls die dem Registergericht zugegangenen Informationen falsch seien, tragen deshalb nicht, weil das Gericht den Sachverhalt bereits vor der Löschungsankündigung nach allen Seiten zu ermitteln hat und der Gesellschaft bereits in diesem Stadium Gelegenheit eingeräumt war, etwaiges Vermögen darzulegen. Grds ist daher von der Möglichkeit einer Bekanntmachung nach Abs 2 Satz 2 Gebrauch zu machen. Das Ermessen einer Veröffentlichung im Bekanntmachungssystem reduziert sich jedenfalls dann auf Null, wenn die gesetzlichen Vertreter nicht durch eine persönliche Bekanntmachung nach Abs 2 Satz 1 zu erreichen sind (vgl bereits OLG Frankfurt NJW-RR 1998, 612, 613; BayObLG NJW-RR 1995, 612 zum alten Bekanntmachungssystem; Bassenge/Roth/*Walter* § 394 Rn 11; Bahrenfuss/ *Steup* § 394 Rn 15; aA Bork/Jacoby/Schwab/*Müther* § 394 Rn 5: es bestehe ein Ermessen).

40 Eine öffentliche Zustellung der Löschungsankündigung kommt nicht in Betracht.

7. Unterrichtung des Anzeigenerstatters bei Nichteinleitung des Verfahrens (§ 24 Abs 2)

41 War das Löschungsverfahren von Dritter Seite angeregt worden und folgt das Gericht dieser Anregung nicht, hat es den Anzeigenerstatter gem § 24 Abs 2 unter Angabe von Gründen davon zu unterrichten, sofern ein berechtigtes Interesse an der Unterrichtung ersichtlich ist. Die Mitteilung ergeht formlos (§ 15 Abs 3).

III. Rechtsbehelfe

1. Einstweilige Anordnung des Finanzgerichts gegen den von der Finanzbehörde gestellten Löschungsantrag?

42 Hat die Finanzbehörde einen Antrag nach Abs 1 gestellt, soll nach Ansicht des FG München (24.5.2007 – 6 V 440/07) der Erlass einer einstweiligen Anordnung im finanzgerichtlichen Verfahren mit dem Ziel statthaft sein, die Finanzbehörde zur Rücknahme ihres Löschungsantrags zu verpflichten. Bei Lichte betrachtet besteht jedoch für einen solchen Antrag schon deshalb kein Rechtsschutzbedürfnis, weil das Registergericht die Vermögenslosigkeit der Gesellschaft bei begründeten Anhaltspunkten selbst dann noch von Amts wegen in alle Richtungen weiter zu prüfen hat, wenn die Finanzbehörde ihren

Antrag auf Anordnung des Finanzgerichts zurückziehen muss. Allein das registerrechtliche Einleitungsverfahren (Rz 19 ff) und spätestens das Widerspruchsverfahren sind der Raum, wo die Gesellschaft ihre Vermögenslage erfolgversprechend darlegen kann – nicht das einstweilige Rechtsschutzverfahren der Finanzgerichtsbarkeit.

2. Widerspruch gegen die erlassene Löschungsankündigung

Die Löschungsankündigung ist nicht mit der Beschwerde angreifbar; es kann nur der Widerspruch eingelegt werden, über den das Registergericht gem Abs 3 iVm § 393 Abs 3 Satz 1 entscheidet. Erst gegen die Zurückweisung des Widerspruchs ist die Beschwerde nach § 393 Abs 3 Satz 2 statthaft. 43

a) Widerspruchsberechtigung

Widerspruchsberechtigt ist nicht nur die Gesellschaft, vertreten durch ihre Organe, sondern jeder, der an der Unterlassung der Löschung ein berechtigtes Interesse hat, also bspw der Gesellschafter (KG Recht 1929 Nr 792), das beherrschende Unternehmen oder ein Gläubiger, der noch Vollstreckungsabsichten verfolgt. Entgegen der verunglückten Formulierung des Abs 2 Satz 2 Hs 2 (»in diesem Fall«) setzt das Widerspruchsrecht des interessierten Dritten nicht voraus, dass die Löschungsankündigung im Bekanntmachungssystem veröffentlicht wurde. Der beeinträchtigte Dritte kann vielmehr auch dann Widerspruch einlegen, wenn er auf andere Weise von der Löschungsabsicht Kenntnis erlangte (BayObLG DNotZ 1995, 973; *Krafka/Willer* Rn 435; Jansen/*Steder* § 141a Rn 53 mwN; aA noch Hachenburg/*Ulmer* Anh § 60 Rn 32; unklar Keidel/*Heinemann* § 394 Rn 25). 44

Der Widerspruchsführer muss sein berechtigtes Interesse nicht glaubhaft machen (aA: Jansen/*Steder* § 141a Rn 55), da das Gericht den Sachverhalt ohnehin von Amts wegen zu ermitteln hat und jedem Hinweis auf vorhandenes Vermögen nachgehen muss. Erst für ein etwaiges Beschwerdeverfahren muss ein berechtigtes Interesse dargelegt werden (s Rz 55). 45

b) Erhebung des Widerspruchs

Als Erhebung des Widerspruchs ist **jede Eingabe** zu werten, mit der der Beteiligte zu erkennen gibt, dass er die angekündigte Löschung für rechtswidrig hält. Auf die korrekte Bezeichnung des Rechtsbehelfs kommt es nicht an; eine (als solche unzulässige) »Beschwerde« gegen die Löschungsankündigung ist ohne Weiteres als Widerspruch zu behandeln. Noch nicht als Widerspruch anzusehen ist die bloße Bitte um Fristverlängerung, welcher formlos durch schlichtes Abwarten entsprochen werden kann. Eine förmliche Entscheidung über den Fristverlängerungsantrag ist unter den Voraussetzungen der §§ 16 Abs 2 FamFG, 224 Abs 2 ZPO möglich und mag als nobile officium geboten sein, bleibt aber rechtlich unerheblich, da »verspätete« Widersprüche ohnehin voll zu berücksichtigen sind (Rz 48). 46

Der Widerspruch muss **schriftlich oder zur Niederschrift der Geschäftsstelle** abgegeben werden (§ 25 Abs 1). Eine Begründung des Widerspruchs ist nicht zwingend erforderlich aber tunlich, denn der Widerspruch soll dazu dienen, das Vorhandensein von Vermögen zu rechtfertigen. 47

c) »Widerspruchsfrist«, Wiedereinsetzung in den vorigen Stand

Die mit der Löschungsankündigung zu bestimmende »Widerspruchsfrist« ist keine Ausschlussfrist. Sie hat lediglich die Bedeutung einer **Wartefrist**, bis zu deren Ablauf der Löschungsvermerk nicht eingetragen werden darf (Abs 3 iVm § 393 Abs 5). Ein Widerspruch ist auch dann noch zu berücksichtigen, wenn er nach Ablauf der Frist, aller- 48 dings vor Eintragung des Löschungsvermerks bei Gericht eingeht (BayObLG Rpfleger 1978, 181; OLG Köln NJW-RR 1994, 726, 727; Bassenge/Roth/*Walter* § 394 Rn 13). Das folgt aus der Zielrichtung des Verfahrens nach § 394, welches nicht auf Sanktion, sondern auf materielle Registerwahrheit zielt. Einer Wiedereinsetzung in den vorigen Stand wegen der versäumten Widerspruchsfrist bedarf es daher nicht (Bumiller/*Harders* § 394 Rn 8; Bassenge/Roth/*Walter* § 394 Rn 13; Bahrenfuss/*Steup* § 394 Rn 15; aA: Keidel/*Heinemann* § 394 Rn 26).

d) Verfahren und Entscheidung über den Widerspruch

49 Für das Widerspruchsverfahren verweist Abs 3 auf § 393 Abs 3, 4. Soweit der Widerspruch zu weiteren Ermittlungen veranlasst, sind diese aufzunehmen und die entscheidungserheblichen Feststellungen zu treffen. Eine mündliche Verhandlung über den Widerspruch ist – anders als zB nach der Sollvorschrift des § 390 Abs 1 – nicht grds gefordert.

50 Über den Widerspruch entscheidet bei Gesellschaften der Richter, bei Genossenschaften (sowie im Falle einer Übertragung nach § 19 Abs 1 Nr 6 RPflG) der Rechtspfleger. Die Entscheidung ergeht durch Beschluss. Der Widerspruch ist zurückzuweisen, wenn feststeht, dass die Gesellschaft vermögenslos ist; andernfalls ist dem Widerspruch stattzugeben. Verbleiben Zweifel, darf die Gesellschaft nicht gelöscht werden.

51 Die stattgebende Widerspruchsentscheidung, also die Aufhebung der Löschungsankündigung, ist den zuständigen berufsständischen Organen, der Finanzbehörde, sofern sie das Verfahren beantragt hat, und im Falle von Kreditinstituten oder Kapitalanlagegesellschaften der BaFin bekannt zu geben, denen grds ein Beschwerderecht zusteht (§§ 380 Abs 5 FamFG, 43 Abs 3 KWG, 3 Abs 4 InvG). Die Entscheidung ist den Organen förmlich zuzustellen, wenn sie deren bereits erklärten Willen nicht entspricht (§ 41 Abs 1 Satz 2).

52 Im Falle der Zurückweisung des Widerspruchs sind dem Widerspruchsführer die **Kosten** aufzuerlegen, wenn dies nicht unbillig ist (Abs 3 iVm § 393 Abs 4). Die Regel ist danach die Auferlegung der Kosten; davon abzusehen ist die Ausnahme. Die Gesetzesbegründung gibt keine Hilfestellung, wann von »Unbilligkeit« auszugehen ist. Zu denken wäre bspw an Fälle, wo Gläubiger den Widerspruch einlegen, weil sie Vollstreckungsaussichten in einzelne Gegenstände oder Rechte vermuten, von denen sich im Laufe des Verfahrens jedoch herausstellt, dass sie bereits nicht mehr vorhanden sind oder an Dritte übertragen waren. Kein Unbilligkeitsgrund iSd Abs 3 iVm § 393 Abs 4 ist jedenfalls mangelnde Leistungsfähigkeit des Widerspruchsführers, die Verfahrenskosten aufzubringen.

53 Die Zurückweisung des Widerspruchs ist zuzustellen (§ 41 Abs 1 Satz 2) und hat eine **differenzierte Rechtsbehelfsbelehrung** (§ 39) zu enthalten, welche die Möglichkeiten der Beschwerde sowohl gegen die Zurückweisung des Widerspruchs als auch isoliert gegen die Kostenentscheidung (s § 389 Rz 24) gesondert aufzeigt.

54 Die Löschung selbst darf nicht gleichzeitig mit der Zurückweisung des Widerspruchs vollzogen oder angeordnet werden, sondern **erst nach Rechtskraft** der Entscheidung (Abs 3 iVm § 393 Abs 5).

e) Beschwerde gegen die Zurückweisung des Widerspruchs

55 Gegen die Zurückweisung des Widerspruchs ist die Beschwerde statthaft. Sie kann von jedem eingelegt werden, der an der Unterlassung der Löschung ein berechtigtes Interesse hat. Für das Beschwerdeverfahren muss das berechtigte Interesse jedoch – anders als im Widerspruchsverfahren (Rz 45) – konkret dargelegt werden; andernfalls ist das Rechtsmittel unzulässig.

56 Das Beschwerdegericht prüft formell, ob die Löschungsankündigung den gesetzlichen Inhalt hatte und die Widerspruchsfrist ausreichend lang bemessen war. Eine zu kurz be-

messene Widerspruchsfrist kann auch dann zur Aufhebung des Beschlusses führen, wenn der Widerspruch rechtzeitig eingelegt wurde, da die Frist auch dazu bestimmt ist, der Gesellschaft innerhalb angemessener Zeit Gelegenheit zu geben, den Löschungsgrund durch Beschaffung neuer Vermögenswerte zu beseitigen (Rz 29). Unterlassene oder formfehlerhafte Löschungsankündigungen können in der Beschwerdeinstanz nicht nachgeholt oder geheilt werden, da sie ausschließlich durch das Registergericht vorgenommen werden können (KG NJW-RR 2007, 1185). Materiell prüft das Beschwerdegericht, ob Vermögenslosigkeit vorliegt.

Die Beschwerde bleibt auch dann zulässig, wenn das Registergericht den Löschungsvermerk unzulässigerweise unter Verstoß gegen Abs 3 iVm § 393 Abs 5 bereits vor Eintritt der Rechtskraft eingetragen haben sollte. Es ändert sich allein das Rechtsschutzbegehren des Beschwerdeverfahrens, welches nunmehr auf die Anweisung des Registergerichts zur Einleitung eines Amtslöschungsverfahrens nach § 395 hinsichtlich des eingetragenen Löschungsvermerks gerichtet ist (OLG Düsseldorf NJW-RR 2006, 903; OLG Schleswig NJW-RR 2001, 30). 57

f) Aufschiebende Wirkung des Widerspruchs und der Beschwerde

Der Widerspruch und die Beschwerde (sowie ggf Rechtsbeschwerde) haben aufschiebende Wirkung. Die Löschung darf nur erfolgen, wenn kein Widerspruch erhoben wurde oder wenn der den Widerspruch zurückweisende Beschluss rechtskräftig geworden ist (Abs 3 iVm § 393 Abs 5), also alle Rechtsbehelfsfristen abgelaufen sind (§ 45). 58

3. Rechtsbehelf gegen die Ablehnung oder Aufhebung einer Löschungsankündigung

Hatte ein berufsständisches Organ die Einleitung des Verfahrens beantragt und lehnt das Gericht dieses ab, so steht diesem hiergegen die Beschwerde zu (§ 380 Abs 5). Auch die Finanzbehörde, die das Verfahren beantragt hat, hat das Beschwerderecht. Handelt es sich um ein Kreditinstitut oder eine Kapitalanlagegesellschaft, steht zusätzlich der BaFin das Recht aus §§ 43 Abs 3 KWG, 3 Abs 4 InvG zu. Ist die Beschwerde begründet, kann das Beschwerdegericht jedoch die Löschungsankündigung nicht selbst vornehmen, sondern nur das Registergericht anweisen, diese zu erlassen. Durch eine solche Anweisung wird das Registergericht nur hinsichtlich der zu erlassenden Löschungsankündigung gebunden; der späteren Entscheidung über einen eventuellen Widerspruch des Beteiligten wird damit nicht vorgegriffen (vgl KG NJW 1955, 1926, 1927 sowie BayObLG NJW-RR 1993, 698 für das Löschungsverfahren nach § 395). 59

Auch steht dem berufsständischen Organ, der Finanzbehörde und der BaFin die Beschwerde gegen eine Entscheidung zu, die dem Widerspruch des Beteiligten stattgibt und eine zuvor ergangene Löschungsankündigung aufhebt. Das Beschwerdegericht entscheidet dann in der Sache selbst, weist also – sofern die Beschwerde begründet ist – das Registergericht an, die Löschung vorzunehmen. 60

Andere Personen, namentlich **Konkurrenzunternehmen**, haben kein Beschwerderecht gegen die Ablehnung eines von ihnen angeregten Amtslöschungsverfahrens. Auch die Stellung als **Prozessgegner im Zivilprozess**, der mit der Amtslöschung weitere Kostenlasten abzuwenden sucht, genügt nicht (OLG Hamm FGPrax 2003, 185). 61

IV. Vollzug der Löschung

Die Löschung wird vollzogen durch Vornahme der Eintragung, dass die Gesellschaft bzw Genossenschaft gem § 394 Abs 1 FamFG wegen Vermögenslosigkeit von Amts wegen gelöscht ist. Daraufhin wird das Registerblatt geschlossen (§ 22 HRV). Die Eintragung darf gem Abs 3 iVm § 393 Abs 5 nur erfolgen, wenn bis dahin kein Widerspruch – auch kein verspäteter Widerspruch (s Rz 48) – erhoben wurde oder wenn der den Wi- 62 derspruch zurückweisende Beschluss rechtskräftig geworden ist. Wird ein zunächst erhobener Widerspruch zurückgenommen, darf die Eintragung gleichwohl erst nach Ablauf der gem Abs 1 gesetzten Frist erfolgen.

63 Das Gericht muss auch dann **von einer Löschung absehen**, wenn zwar kein Widerspruch eingelegt oder dieser rechtskräftig zurückgewiesen wurde, sich aber aus weiteren Erkenntnissen des Registergerichts ergibt, dass die Löschung ungerechtfertigt wäre, weil tatsächlich noch Vermögen besteht oder inzwischen erworben wurde (OLG Köln NJW-RR 1994, 726, 727; OLG Schleswig NJW-RR 2001, 30, 31; Keidel/*Heinemann* § 394 Rn 31; Bassenge/Roth/*Walter* § 394 Rn 16; Jansen/*Steder* § 141a Rn 60). Die Entscheidung über das Absehen von der Löschung ist der Gesellschaft formlos mitzuteilen (§ 15 Abs 3) und den berufsständischen Organen, der Finanzbehörde, sofern sie das Verfahren beantragt hatte, sowie im Falle von Kreditinstituten oder Kapitalanlagegesellschaften der BaFin, denen jeweils ein Beschwerderecht zusteht (§§ 380 Abs 5 FamFG, 43 Abs 3 KWG, 3 Abs 4 InvG, 16 Abs 3 BausparkG), bekannt zu geben (§ 15 Abs 1, 2). Widerspricht das Absehen von der Löschung dem bereits erklärten Willen des Organs, der Finanzbehörde oder der BaFin, ist die Entscheidung zuzustellen (§ 41 Abs 1 Satz 2).

V. Rechtsfolgen der Löschung

64 Die Eintragung wirkt konstitutiv: Mit der Eintragung der Löschung gilt die Gesellschaft oder Genossenschaft als **aufgelöst** (§§ 262 Abs 1 Nr 6, 289 Abs 2 Nr 3 AktG, 60 Abs 1 Nr 7 GmbHG, 131 Abs 2 Satz 1 Nr 2 HGB, 81a Nr 2 GenG).

65 Zugleich tritt damit die **Vollbeendigung**, also das materielle Erlöschen der Gesellschaft ein, sofern sie tatsächlich vermögenslos ist (sog Lehre vom Doppeltatbestand; vgl Scholz/*K.Schmidt* § 60 Rn 56 ff mwN). Die vollbeendete Gesellschaft ist **nicht rechtsfähig** und damit auch **nicht parteifähig** (§ 50 Abs 1 ZPO). Zum Sonderfall der Fortsetzung noch anhängiger **Patentrechtsstreitigkeiten** vgl BPatG München (23. Sen) MittdtschPatAnw 2009, 127 vs BPatG München (25. Sen) 19.6.2008 – 25 W (pat) 21/06.

66 Stellt sich nach Eintragung der Löschung jedoch heraus, dass in Wahrheit noch Vermögen vorhanden ist, ist die Gesellschaft noch nicht beendet und es findet die **Nachtragsliquidation/-abwicklung** statt (Rz 77 ff). In diesem Fall ist die Gesellschaft zwar rechts- und parteifähig, aber ohne gerichtlich bestellten Nachtragsliquidator/-abwickler nicht prozessfähig. Die entfallene Prozessfähigkeit wirkt sich gem § 86 ZPO allerdings dann nicht aus, wenn die Gesellschaft vor ihrer Löschung im Register bereits Prozessvollmacht erteilt hatte (BayObLG FGPrax 2004, 297). Daher genügt für die Fortsetzung eines Aktivprozesses der gelöschten Gesellschaft die Unterstellung, dass noch das streitgegenständliche Vermögen vorhanden ist. Für die Fortsetzung eines Passivprozesses gegen die gelöschte Gesellschaft muss die klagende Partei das Vorhandensein verwertbaren Gesellschaftsvermögens konkret behaupten (KKW/*Winkler* (15. Aufl) § 141a Rn 16).

67 Zur Abgabe der **eidesstattlichen Versicherung** über das Vermögen der gelöschten Gesellschaft und über den Verbleib von Gegenständen (§§ 807, 883 Abs 2 ZPO) sowie zur Offenbarung nach § 836 Abs 3 ZPO bleiben nach pragmatischer und wohl herrschender Ansicht die zuletzt amtierenden Organe verpflichtet (OLG Frankfurt Rpfleger 1976, 329; Zöller/*Stöber* § 807 Rn 8; PG/*Kessen* § 807 Rn 15; Keidel/*Heinemann* § 394 Rn 40). Nach anderer, dogmatisch stringenter Ansicht sind hierfür Nachtragsliquidatoren zu bestellen (OLG Frankfurt Rpfleger 1982, 290; OLG Stuttgart NJW-RR 1994, 1064).

VI. Löschung des Löschungsvermerks

68 Da der Löschungsvermerk nach erfolgter Eintragung nicht mit Rechtsbehelfen anfechtbar ist (§ 383 Abs 3), kann seine Wirkung nur dadurch beseitigt werden, dass der Löschungsvermerk seinerseits im Amtslöschungsverfahren nach § 395 gelöscht und die Gesellschaft wieder eingetragen wird (OLG Zweibrücken NJW-RR 2002, 825, 826; OLG

München GmbHR 2006, 91), und zwar unter derselben Registernummer, aber auf einem neuen Registerblatt (wegen § 22 Abs 1 HRV). Ein Rechtsbehelf, den die Gesellschaft gegen die bereits vollzogene Löschung einlegt, ist als Anregung zur Einleitung eines Amtslöschungsverfahrens nach § 395 umzudeuten (OLG Düsseldorf FGPrax 1998, 231; OLG Zweibrücken NJW-RR 2002, 825, 826; Jansen/*Steder* § 141 Rn 60). Für das Verfahren nach § 395, welches auf die Amtslöschung der Amtslöschung zielt, gilt die Gesellschaft als beteiligten- und verfahrensfähig iSd §§ 8, 9 und wird durch ihre zuletzt amtierenden Organe vertreten (BayObLG NJW-RR 1998, 613; KG NJW-RR 2004, 1555; OLG München GmbHR 2006, 91, 92). Eine Vertretung der Gesellschaft durch zwischenzeitlich neu gewählte Geschäftsführer oder Liquidatoren kommt nicht in Betracht, weil deren Bestellung ins Leere geht (KG NJW-RR 2004, 1555; OLG München GmbHR 2006, 91, 92). Neben der Gesellschaft selbst sind jedoch auch die Gesellschafter antrags- und beschwerdebefugt für das Verfahren nach § 395, da sie durch die Löschung der Gesellschaft in eigenen Rechten beeinträchtigt werden (OLG München GmbHR 2006, 91, 93).

Der eingetragene Löschungsvermerk kann aber nur dann nach § 395 gelöscht werden, **69** wenn die Vornahme seiner Eintragung **unzulässig** war, also verfahrensfehlerhaft zustande kam. Das ist der Fall, wenn die Löschungsankündigung inhaltliche Mängel hatte, bspw den Grund für die beabsichtigte Löschung nicht erkennen ließ, die Widerspruchsfrist zu knapp bemessen war, die Löschungsankündigung nicht an alle bekannten gesetzlichen Vertreter der Gesellschaft erging oder wenn der Löschungsvermerk entgegen Abs 3 iVm § 393 Abs 5 trotz eingelegten Widerspruchs und vor dessen rechtskräftiger Bescheidung eingetragen wurde (OLG Zweibrücken NJW-RR 2002, 825; OLG Düsseldorf NJW-RR 2006, 903), wobei auch ein »verspäteter« Widerspruch zu beachten ist, sofern er vor der Eintragung vorlag (Rz 48).

Auf eine zu knapp bemessene Widerspruchsfrist kann das Amtslöschungsverfahren **70** allerdings dann nicht gestützt werden, wenn tatsächlich Widerspruch eingelegt und dieser nach Abs 3 iVm § 393 Abs 3 behandelt wurde.

Die unterlassene Anhörung der berufsständischen Organe bzw des Prüfungsverban- **71** des genügt für sich genommen nicht, weil sie keine »wesentliche Voraussetzung« der Eintragung iSd § 395 Abs 1 darstellt (aA: Prütting/Helms/*Maass* § 395 Rn 18). Nach der Rechtsprechung des KG (NJW-RR 2004, 1555, 1556 und NJW-RR 2006, 904) soll Wiedereintragung aber dann geboten sein, wenn sich aus der Anhörung konkrete Umstände ergeben hätten, die gegen eine Vermögenslosigkeit gesprochen hätten.

Für die Wiedereintragung genügt es, wenn ein wesentlicher Verfahrensfehler feststeht. **72** Dass die Löschung wegen Vermögenslosigkeit inhaltlich unrichtig war, muss nicht feststehen (OLG Düsseldorf NJW-RR 1999, 1053; OLG Zweibrücken NJW-RR 2002, 825, 826). Die Amtslöschung der verfahrenswidrig vorgenommenen Löschung der Gesellschaft darf also nicht mit der Begründung abgelehnt werden, dass diese tatsächlich vermögenslos sei.

Umgekehrt genügt die **inhaltliche Unrichtigkeit** des eingetragenen Löschungsver- **73** merks für sich genommen nicht für die Einleitung des Amtslöschungsverfahrens nach § 395. Denn wenn kein Widerspruch eingelegt oder dieser rechtskräftig zurückgewiesen wurde, erging die Eintragung nach Maßgabe des Abs 3 iVm § 393 Abs 5 zu Recht (KG JW 1935, 1798). Es führt also nicht zur Wiedereintragung der Gesellschaft, wenn nach der Eintragung der Löschung noch Vermögen vorgefunden wird (BayObLG NJW-RR 1998, 613, 614; GmbHR 2006, 91, 93). Auch ein späteres Wiederaufleben der Gesellschaft durch Wiederauffüllung des Stammkapitals ist nach herrschender Auffassung nicht möglich (RGZ 156, 23, 26 f; BayObLG NJW-RR 1996, 417; Scholz/*K.Schmidt* § 60 Rn 83; Jansen/*Steder* § 141a Rn 93; aA: OLG Düsseldorf DNotZ 1980, 170; Keidel/*Heinemann* § 394 Rn 37; Bahrenfuss/Steup § 394 Rn 34). Hatte das Registergericht allerdings im Löschungsverfahren den falschen Hinweis gegeben, die Gesellschaft könne bei späterem Nachweis von Vermögen ihre Wiedereintragung beantragen, und sie dadurch von Rechtsbehelfen gegen die beabsichtigte Löschung abgehalten, kann in dem falschen

Hinweis selbst ein Verfahrensfehler liegen, der die Löschung des Löschungsvermerks für sich genommen rechtfertigt (OLG Frankfurt Rpfleger 1993, 249).

VII. Kosten

74 Für die Löschungsankündigung werden keine Kosten erhoben.
75 Für die Zurückweisung des Widerspruchs hat der Widerspruchsführer die Kosten zu tragen, wenn sie ihm mit der Zurückweisung des Widerspruchs aufgegeben wurden (Abs 3 iVm § 393 Abs 4). Erhoben wird das Doppelte der vollen Geb (§ 88 Abs 2 KostO); Geschäftswert: § 30 Abs 2 KostO. Ebenfalls das Doppelte der vollen Geb wird erhoben für ein erfolgloses Beschwerdeverfahren gegen die Zurückweisung des Widerspruchs.
76 Gebühren für die Eintragung des Löschungsvermerks werden nach Vorb 2 Abs 4 und Vorb 3 Abs 4 GebVerzeichnis HRegGebV nicht erhoben.

VIII. Nachtragsliquidation/-abwicklung

77 Stellt sich nach der Löschung heraus, dass noch Vermögen vorhanden ist, das nicht einer Nachtragsverteilung nach §§ 303 ff InsO unterliegt, ordnet das Gericht auf Antrag eines Beteiligten die Nachtragsliquidation (bei der AG: Nachtragsabwicklung) an und bestellt einen oder mehrere Nachtragsliquidatoren/-abwickler (§§ 264 Abs 2, 290 Abs 3 AktG, 66 Abs 5 GmbHG, 145 Abs 3 HGB, 83 Abs 5 GenG). Funktionell zuständig ist bei Genossenschaften der Rechtspfleger (§ 3 Nr 2 lit d RPflG), ansonsten der Richter (§ 17 Nr 2 lit b RPflG), sofern der Richtervorbehalt nicht nach § 19 Abs 1 Nr 6 RPflG aufgehoben wurde.
78 Die Anordnung der Nachtragsliquidation und die Bestellung der Nachtragsliquidatoren erfolgen nicht durch das Registergericht, sondern durch das Amtsgericht im **unternehmensrechtlichen Verfahren**. Das folgt für die GmbH/UG aus § 375 Nr 6 FamFG iVm § 66 Abs 5 GmbHG, für Genossenschaften aus § 375 Nr 7 FamFG iVm 83 Abs 5 GenG und für Personenhandelsgesellschaften aus § 375 Nr 1 FamFG iVm § 146 Abs 2 Satz 3, § 145 Abs 3 HGB. Nur für die AG und die KGaA findet sich keine entsprechende Regelung. § 375 Nr 3 FamFG verweist zwar auf § 273 Abs 4 AktG (Nachtragsabwicklung nach Anmeldung des Schlusses der Abwicklung), nicht aber auf die hier einschlägigen §§ 264 Abs 2, 290 Abs 3 AktG. Die Auslassung der §§ 264 Abs 2, 290 Abs 3 AktG in § 375 Nr 3 FamFG darf aber als ein Redaktionsversehen gewertet werden. Denn durch die ansonsten gleichlaufenden Regelungen für alle übrigen Gesellschaftsformen hat der Gesetzgeber zu erkennen gegeben, dass die Bestellung von Nachtragsliquidatoren nach Löschung wegen Vermögenslosigkeit generell dem unternehmensrechtlichen Verfahren zugewiesen werden sollte. Daher ist § 375 Nr 3 FamFG auf die Anordnung der Nachtragsabwicklung für die AG und die KGaA in den Fällen der §§ 264 Abs 2, 290 Abs 3 AktG analog anzuwenden.
79 **Antragsberechtigt** ist jeder Gesellschafter, Gläubiger oder andere Beteiligte, dessen Recht durch die fehlende Handlungs- und Prozessfähigkeit der Gesellschaft beeinträchtigt wird. Der Antrag ist nur zulässig, wenn das Vorhandensein von Gesellschaftsvermögen substanziiert dargelegt wird (BayObLG ZIP 1984, 450; OLG Celle GmbHR 1997, 752; KG FGPrax 2007, 185).
80 Das Gericht hat auf den Antrag hin zu **ermitteln**, ob das behauptete verteilbare Vermögen der Gesellschaft vorhanden ist. Besteht das angebliche Vermögen in Rechtsansprüchen, genügt die Aussicht auf deren Realisierbarkeit. Sowohl die Rechtsverfolgung als auch die Vollstreckungsmöglichkeiten dürfen nicht völlig aussichtslos sein (vgl BayObLG NJW-RR 1994, 230; OLG Celle GmbHR 1997, 752). Eine bloß vage Möglichkeit noch bestehender Ansprüche genügt aber nicht. Erforderlich sind vielmehr konkrete Angaben über den jeweiligen Anspruchsgrund, die Anspruchshöhe sowie die Person des Schuldners. Schwierigkeiten bei der Auffindung der hierzu erforderlichen Informa-

tionen entlasten den Antragsteller von diesen Darlegungen nicht (OLG Frankfurt FGPrax 2005, 271).

Stellt sich Vermögen heraus, ist die Nachtragsliquidation anzuordnen und **zwingend** 81 ein Nachtragsliquidator gerichtlich zu bestellen. Ein Ermessen besteht nur hinsichtlich der Auswahl des Liquidators; in der Regel empfiehlt sich eine Bestellung aus dem Kreise der Gesellschafter (*Krafka/Willer* Rn 438). Das Einverständnis des Vorgesehenen mit der Übernahme des Amtes ist einzuholen, da eine Verpflichtung hierzu grds nicht besteht (OLG München FGPrax 2008, 171, 172 mwN). Auch die nach §§ 266 Abs 3 AktG, 67 Abs 3 GmbHG vorgesehenen Versicherungen sind einzuholen. Vor der Ernennung ist den Gesellschaftern oder, soweit dies bei Publikumsgesellschaften untunlich ist, den Vertretungsorganen der Gesellschaft rechtliches Gehör zu gewähren (s.a. *Piorreck* Rpfleger 1978, 157, 159). Ordnet das Gericht Nachtragsliquidation an, ohne einen Liquidator zu bestellen, werden nicht die bisherigen Organe der Gesellschaft zu Abwicklern (BGH NJW 1985, 2479; Scholz/*K.Schmidt* § 60 Rn 58; s.a. BGH NJW 1970, 1044), sondern die gerichtliche Bestellung ist nachzuholen.

Die Ernennung wird mit der Bekanntgabe an den Liquidator wirksam. Die Gesell- 82 schaft ist als in Liquidation befindlich auf einem neuen Registerblatt unter der alten Registernummer von Amts wegen **wieder einzutragen**, ebenso die gerichtliche Bestellung des Liquidators und dessen spätere gerichtliche Abberufung (§§ 266 Abs 4 AktG, 67 Abs 4 GmbHG, 148 Abs 2 HGB, 84 Abs 2 GenG). Stichhaltige Gründe, in einzelnen Fällen von der Eintragung der Nachtragsliquidation in das Register abzusehen und lediglich dem Liquidator zu seiner Legitimation einen Bestellungsbeschluss an die Hand zu geben, gibt es nicht. Die Praxis ist in der Vergangenheit zwar vielfach so verfahren (vgl BGH NJW-RR 2000, 1348, 1349 mwN), aber dies diente im Wesentlichen der Vermeidung von Aufwand und Kosten einer Wiedereintragung, welche in Zeiten der elektronischen Registerführung und Bekanntmachung keine tragende Rolle mehr spielen.

Gegen die Anordnung der Nachtragsliquidation, gegen deren Ablehnung sowie ge- 83 gen die Bestellung der Nachtragsliquidatoren ist die Beschwerde zulässig (§§ 58 Abs 1, 402 Abs 1), welche aber keine aufschiebende Wirkung hat. Ein früherer Liquidator, der nicht erneut bestellt wurde, hat kein Beschwerderecht (KG OLGZ 1982, 145). Auch der bestellte Nachtragsliquidator selbst ist grds nicht beschwerdeberechtigt, da ihm als einfachere Möglichkeit die Nichtannahme des Amtes offen steht (BayObLGZ 1996, 129, 130). Ausnahmsweise ist er aber beschwerdebefugt, wenn das Gericht eine Verpflichtung zur Übernahme des Amtes annimmt und die Bestellung deshalb gegen seinen erklärten Willen erfolgt (OLG München FGPrax 2008, 171, 172).

Auch ohne verteilungsfähiges Vermögen der Gesellschaft ist eine **Nachtragsliquidati-** 84 **on mit beschränktem Wirkungskreis** anzuordnen, wenn weitere, nicht zwingend vermögensrechtliche Abwicklungsmaßnahmen erforderlich sind. Es genügt, wenn Rechtsbeziehungen bekannt werden, die eine gesetzliche Vertretung der Gesellschaft verlangen (BayObLG DNotZ 1955, 638, 640 ff; OLG Frankfurt MDR 1983, 135, 136; Keidel/*Heinemann* § 394 Rn 38; kritisch Scholz/*K.Schmidt* § 60 Rn 60 ff). Hierzu gehört vor allem die Erledigung nicht vertretbarer Handlungen wie zB die Erstellung von Nachweisen und Bescheinigungen einschl Arbeitszeugnissen (KG Rpfleger 2001, 239, 240), Erfüllung von Dokumentationspflichten, Erteilung von Auskünften, Abgabe von Willenserklärungen (zB zur Freigabe von Rechten, OLG Hamm OLGZ 1991, 13, oder als Komplementär einer GmbH & Co. KG, OLG Hamm NJW-RR 1987, 348, 349), Empfangnahme von Zustellungen, Teilnahme an noch offenen Verwaltungs- oder Steuerverfahren (BayObLG ZIP 1984, 450; OLG München FGPrax 2008, 171, 172; kritisch OLG Karlsruhe NJW-RR 1990, 100; OLG Hamm FGPrax 1997, 33) usw. Kann der Wirkungskreis nur von einer bestimmten Person wahrgenommen werden (Erstellung von Arbeitszeugnissen, Erfüllung von Dokumentationspflichten, Erteilung von Auskünften), kann eine Verpflichtung zur Übernahme des Amtes bestehen (vgl KG FGPrax 2001, 86 – im konkreten Fall allerdings abgelehnt).

85 Die **Vergütung** des Nachtragsliquidators erfolgt aus Mitteln der Gesellschaft oder des Antragstellers, jedenfalls nicht aus Mitteln der Landeskasse (BayObLG DNotZ 1955, 638, 642; OLG Düsseldorf Rpfleger 1961, 302).

86 Eine **Abbestellung** des Nachtragsliquidators aus wichtigem Grund ist möglich (vgl KG FGPrax 2006, 28).

§ 395 Löschung unzulässiger Eintragungen

(1) Ist eine Eintragung im Register wegen des Mangels einer wesentlichen Voraussetzung unzulässig, kann das Registergericht sie von Amts wegen oder auf Antrag der berufsständischen Organe löschen. Die Löschung geschieht durch Eintragung eines Vermerkes.

(2) Das Gericht hat den Beteiligten von der beabsichtigten Löschung zu benachrichtigen und ihm zugleich eine angemessene Frist zur Geltendmachung eines Widerspruchs zu bestimmen. § 394 Abs. 2 Satz 1 und 2 gilt entsprechend.

(3) Für das weitere Verfahren gilt § 393 Abs. 3 bis 5 entsprechend.

Übersicht

	Rz
A. Allgemeines	1
B. Kommentierung	4
I. Materielle Voraussetzungen der Löschung	4
1. Anwendungsbereich der Norm	4
a) Noch nicht vollzogene Eintragungsverfügungen	5
b) Schreibversehen	7
2. Unzulässigkeit der Eintragung	8
a) Sachlich unrichtige Eintragung	9
aa) Begriff und Zeitpunkt der sachlichen (inhaltlichen) Unrichtigkeit	9
bb) Beispiele sachlicher Unrichtigkeit	14
b) Verfahrensrechtliche Mängel	30
aa) Deklaratorische Eintragungen	32
bb) Konstitutive Eintragungen	35
3. Vorgreifliche Entscheidungen der BaFin und der Prozessgerichte	43
a) Entscheidungen der BaFin	43
b) Registergericht als zivilprozessuales Vollzugsorgan?	44
4. Eingeschränkte Löschung nichtiger Gesellschaften und Genossenschaften (§ 397)	45
5. Eingeschränkte Löschung nichtiger Beschlüsse (§ 398)	53
a) Gegenstand der Löschung: Der Beschluss selbst sowie seine registerrechtliche Umsetzung	55
b) Verletzung zwingender gesetzlicher Vorschriften durch seinen Inhalt	56
c) Öffentliches Interesse an der Beseitigung	57
d) Mängel des Eintragungsverfahrens	61
6. Keine Löschung unabänderlich gewordener Strukturmaßnahmen	62
7. Keine Korrektur von Entscheidungen in unternehmensrechtlichen Verfahren	65
8. Löschung eines Vereins bei (teil-)nichtiger Satzung	66
II. Verfahren	67
1. Zuständigkeit	67
2. Abgrenzung zu anderen Verfahren	69
a) Zwangsgeldverfahren (§§ 388 ff)	69
b) Ordnungsgeldverfahren (§ 392)	70
c) Auflösungsverfahren (§ 399)	71
3. Einleitung des Verfahrens, Beteiligung der berufsständischen Organe	73
4. Sachverhaltsermittlung	74
5. Ermessensausübung	77
6. Adressat der Löschungsankündigung	82
7. Form, Inhalt und Bekanntgabe der Löschungsankündigung	87
a) Benachrichtigung von der beabsichtigten Löschung	88
b) Bestimmung einer angemessenen Frist zur Geltendmachung eines Widerspruchs	89
c) Besondere Hinweise auf Heilungsmöglichkeiten	95
d) Bekanntgabe	98
8. Entbehrlichkeit der Löschungsankündigung	101
9. Aussetzung des Löschungsverfahrens	102
10. Unterrichtung des Anzeigenerstatters bei Nichteinleitung des Verfahrens (§ 24 Abs 2)	104
III. Rechtsbehelfe	105
1. Widerspruch und Beschwerde gegen die Zurückweisung des Widerspruchs	105
2. Beschwerderecht bei Ablehnung der Amtslöschung	109
IV. Vollzug der Löschung	118
1. Inhalt des Löschungsvermerks (Abs 1 Satz 2)	119

§ 395 FamFG | Löschung unzulässiger Eintragungen

	Rz		Rz
2. Löschung einer Firma oder eines Vereinsnamens	122	V. Rechtsfolgen der Löschung	130
		VI. Löschung des Löschungsvermerks	134
3. Löschung einer Sitzverlegung	127		
4. Absehen von der Löschung	128	VII. Kosten	139

A. Allgemeines

1 Eintragungen, die in das Register vorgenommen worden sind, können nicht mehr beseitigt werden. Sie dürfen aus Publizitätsgründen selbst dann nicht entfernt oder unleserlich gemacht werden, wenn sie in der Sache unrichtig und/oder verfahrensfehlerhaft zustande gekommen sind (§§ 12 Satz 2 HRV, 10 Abs 1 Satz 2 VRV). Auch Beschwerde kann gegen eine Eintragung nicht eingelegt werden (§ 383 Abs 3). Allein die **Wirkung der Eintragung** kann nachträglich und rückwirkend **beseitigt** werden, indem ein Vermerk angebracht wird, dass die Eintragung als unzulässig gelöscht ist. Diesem Zweck dient § 395, der die Löschungsvoraussetzungen und das Verfahren regelt.

2 Die Vorschrift entspricht im Kern dem bisherigen § 142 FGG. Sie gilt für alle Register, was den bisher in §§ 147 Abs 1 Satz 2, 159 Abs 1 Satz 2, 160b Abs 1 Satz 2 und 161 Abs 1 FGG enthaltenen Verweisungen entspricht.

3 Für die Schiffsregister enthält § 21 SchRegO eine Parallelvorschrift.

B. Kommentierung

I. Materielle Voraussetzungen der Löschung

1. Anwendungsbereich der Norm

4 Gegenstand der Löschung nach § 395 ist jede in das Register wirksam vorgenommene Eintragung. Auch eine Eintragung, die auf Anweisung des Beschwerdegerichts erfolgte, kann gelöscht werden (KGJ 47, 108, 109); Keidel/*Heinemann* § 395 Rn 4, 12). Die Löschung einer Eintragung ist wiederum selbst eine Eintragung und kann ihrerseits gelöscht werden (BGH NJW 1979, 1987).

a) Noch nicht vollzogene Eintragungsverfügungen

5 Bevor eine Eintragung wirksam wird (§ 382 Rz 42 f), können alle innergerichtlichen Vorbereitungshandlungen formlos ohne Beachtung des § 395 aufgehalten werden. Dies gilt auch für bereits unterschriebene, noch nicht ausgeführte Eintragungsverfügungen (KGJ 30 A 141, 142; Jansen/*Steder* § 142 Rn 10). Denn gerichtliche Verfügungen werden erst existent, wenn sie mit dem Willen des Gerichts aus dem inneren Geschäftsbetrieb heraustreten (BGH NJW-RR 2004, 1575 mwN). Der hiervon abweichende Rechtsgedanke des § 38 Abs 3 Satz 3, wonach Beschlüsse bereits mit deren Übergabe an die Geschäftsstelle existent werden sollen (BTDrs 16/6308 S 195) und folgerichtig danach unabänderlich sind, ist auf Eintragungsverfügungen nicht anzuwenden.

6 Umgekehrt kann eine Eintragungsverfügung, die den Beteiligten ausnahmsweise bereits vor ihrem Vollzug bekannt gegeben wurde und dadurch aus dem inneren Geschäftsbetrieb herausgetreten ist, nicht mehr eigenmächtig durch den Richter/Rechtspfleger abgeändert werden. Denn der frühere § 18 Abs 1 FGG, welcher dies ermöglichte, wurde willentlich nicht in das FamFG übernommen (BTDrs 16/6308 S 198 zu § 48 FamFG). Die durch Bekanntgabe nach außen existent gewordene Eintragungsverfügung kann auf Beschwerde abgeändert werden (§ 383 Rz 38). Andernfalls ist sie im Register zu vollziehen und kann dann nur noch durch ein anschließendes Löschungsverfahren nach § 395 beseitigt werden.

b) Schreibversehen

Für Schreibversehen und ähnliche offenbare Unrichtigkeiten in einer Eintragung gilt 7
§ 395 nicht; diese können ohne weitere Voraussetzungen von Amts wegen in Form einer neuen Eintragung oder auf andere eindeutige Weise berichtigt werden (§§ 17 Abs 1 HRV; 24 GenRegV, 12 Abs 2 VRV). Hierzu gehören auch Eintragungen an falscher Stelle, namentlich auf einem falschen Registerblatt. Die Berichtigung ist als solche kenntlich zu machen und den Beteiligten bekannt zu geben (§§ 17 Abs 2 HRV, 12 Abs 3 Satz 2 VRV).

2. Unzulässigkeit der Eintragung

Die zu löschende Eintragung muss wegen des Mangels einer wesentlichen Vorausset- 8
zung unzulässig sein, wobei sich die Unzulässigkeit sowohl auf sachliche (also inhaltliche) Fehler der Eintragung als auch auf ein verfahrensrechtlich fehlerhaftes Zustandekommen beziehen kann.

a) Sachlich unrichtige Eintragung

aa) Begriff und Zeitpunkt der sachlichen (inhaltlichen) Unrichtigkeit

Für die Prüfung der inhaltlichen Unrichtigkeit einer Eintragung kommt es nicht auf die 9
Sach- und Rechtslage zum Zeitpunkt ihrer Vornahme an, sondern darauf, ob die Eintragung derzeit unzulässig »ist«. Maßgebend sind also der aktuelle Rechtszustand und die Tatsachenlage **im Zeitpunkt der Löschungsentscheidung**. Der zuletzt noch durch das MoMiG geänderte Wortlaut des § 142 FGG, jetzt übernommen nach § 395 FamFG, stellt ausdrücklich klar, dass eine Löschung auch dann möglich ist, wenn eine Eintragung nicht von Anbeginn unzulässig war, sondern nachträglich unzulässig geworden ist. Auslöser für die Klarstellung war das Bedürfnis der Löschung von Zweigniederlassungen von Unternehmen mit Sitz im Ausland im Falle der Löschung der Hauptniederlassung (BTDrs 16/6140 S 79 zu Nr 33).

Auch vor der Änderung durch das MoMiG entsprach es allerdings schon allgemeiner 10
Rechtsüberzeugung, dass jeweils auf die aktuelle Zulässigkeit der Eintragung abzustellen ist. Ausgangspunkt dieser Lehre war eine Entscheidung des Reichsgerichts, in der es darum ging, wie sich die nachträgliche Aberkennung des Doktortitels des Firmeninhabers auf die Zulässigkeit der von ihm geführten Firma auswirkt, welche den (früheren) Titel als Firmenbestandteil enthält (RGZ 169, 147, 151 f). Auf der Reichsgerichtsentscheidung fußt die heute gängige und durch den Wortlaut des § 395 getragene Definition, dass die Voraussetzungen für eine Amtslöschung dann gegeben sind, wenn die Eintragung **entweder unzulässig vorgenommen** war **oder nachträglich unzulässig geworden** ist (OLG Frankfurt OLGZ 1979, 318, 321; OLG Düsseldorf NJW-RR 1999, 1052, 1053; OLG Hamm FGPrax 2001, 210; OLG Zweibrücken NJW-RR 2002, 457; Keidel/*Heinemann* § 395 Rn 13; ähnlich Bassenge/Roth/*Walter* § 395 Rn 6).

Freilich führt diese Definition in einen scheinbaren Abgrenzungskonflikt zu schlichten 11
Veränderungen iSd §§ 16 Abs 1 HRV, 11 Abs 1 VRV. Wird etwa der Sitz einer Personenhandelsgesellschaft verlegt, verstirbt der eingetragene GmbH-Geschäftsführer oder erlischt eine Prokura, scheinen die Voraussetzungen des § 395 ebenfalls erfüllt: Die bisher zutreffende Registereintragung wurde nachträglich unrichtig wegen des (jetzt eingetretenen) Mangels einer sachlichen Voraussetzung der Eintragung. Gleichwohl geht das Gesetz davon aus, dass die Sitzverlegung (§ 107 HGB), das Erlöschen der Prokura (§ 53 Abs 2 HGB) und das Ableben des Geschäftsführers (§ 39 Abs 1 GmbHG) als Veränderung zum Register anzumelden und einzutragen sind und nicht als Amtslöschung. Daher führt der Weg, die auf solchen Veränderungen beruhenden Unrichtigkeiten des Registers zu bereinigen, ausschließlich über das Erzwingungsverfahren nach den §§ 388 ff. Umstritten ist allerdings der Fall, wo die Vertretungsmacht des Geschäftsführers da-

§ 395 FamFG | Löschung unzulässiger Eintragungen

durch erlischt, dass die Gesellschaft ihre Auflösung beschließt: nach Auffassung des OLG Köln (GmbHR 1985, 23) ist dies als Veränderung anzumelden, während das BayObLG (DNotZ 1995, 219, 220) die Voraussetzungen einer Amtslöschung für gegeben hielt. Literaturmeinungen finden sich für beide Stimmen (Nachweise bei BayObLG DNotZ 1995, 219, 220).

12 In umgekehrter Richtung gilt: Eine ursprünglich unzulässig vorgenommene Eintragung kann nicht mehr gelöscht werden, wenn die sachlichen **Eintragungsvoraussetzungen nachträglich hergestellt** wurden. War bspw die Wahl des eingetragenen Vereinsvorstands unwirksam, ist die Eintragung nicht zu löschen, wenn dieselbe Wahl später formgültig wiederholt wird (BayObLG NJW-RR 1996, 991). Die ursprünglich für einen Nichtkaufmann eingetragene Firma ist nicht mehr zu löschen, nachdem der eingetragene Firmeninhaber das Handelsgewerbe tatsächlich aufgenommen hat (KGJ 31 A 147, 151). Dabei kann – entgegen der Auffassung des KG – auch die Frage einer »arglistigen Reservierung« der Firma keine Rolle spielen, da das Interesse an einer Freihaltung einzelner Firmen zur Ergreifung durch Dritte nicht durch die §§ 17 ff HGB geschützt wird.

13 **Zusammengefasst** liegt also eine sachlich unrichtige Eintragung iSd § 395 vor, wenn diese nach heutigen Verhältnissen so nicht vorgenommen werden dürfte, auch keine Übergangsregelung sie fortwirkend legitimiert (zB § 11 Abs 1 Satz 3 PartGG, Art 22 EGHGB) und die Bereinigung des Zustandes nicht durch eine – notfalls erzwingbare – Veränderungsanmeldung bewirkt werden kann.

bb) Beispiele sachlicher Unrichtigkeit

14 Die fehlende sachliche Eintragungsvoraussetzung muss »wesentlich« sein. Daraus folgt, dass nicht jede geringfügige Gesetzesverletzung und erst recht nicht die Verletzung einer bloßen Sollvorschrift genügt, sondern dass ein hinreichend schwerwiegender Verstoß vorliegen muss, der er es gebietet, die Wirkungen der Eintragung zu beseitigen. Beispiele aus der Rechtsprechung für sachliche Unrichtigkeiten, die zur Amtslöschung führen können, sind:

15 – Firmen, die für einen **Nichtkaufmann** eingetragen sind (KGJ 31 A 147, 150 – beachte aber §§ 2 Satz 1, 105 Abs 2 HGB) oder für ein in Wahrheit gar nicht bezwecktes Handelsgewerbe (KG JW 1939, 293, 294);

16 – Firmen, die den **Grundsätzen der Firmenbildung** (OLG Schleswig NJW-RR 2000, 1639), der **Unterscheidbarkeit** (OLG Frankfurt Rpfleger 1979, 340) oder der **Firmenwahrheit** (OLG Hamm NJW-RR 1998, 611) widersprechen, wobei die Firma insgesamt (nicht nur der zu beanstandende Teil) zu löschen ist; für Altunternehmen sind die Übergangsregelungen des § 11 Abs 1 Satz 3 PartGG und Art 22 EGHGB zu beachten;

17 – **Vereine**, deren Satzung nichtig (KG NJW 1962, 1917) oder deren satzungsmäßiger Zweck auf einen **wirtschaftlichen Geschäftsbetrieb** gerichtet ist (OLG Hamm Rpfleger 1993, 249; KG Rpfleger 1993, 69, 70). Das verwaltungsbehördliche Verfahren auf Entziehung der Rechtsfähigkeit bei nachträglichem (verdecktem) Vereinsklassenwechsel ist seit Streichung des § 43 Abs 2 BGB aF nicht mehr vorgesehen;

17a – **Vereine**, die einen **irreführenden Namen** führen (analog § 18 Abs 2 HGB; vgl LG Traunstein Rpfleger 2008, 580);

18 – **Vereinsvorstände**, die aufgrund eines in Wahrheit nicht gefassten oder eines nichtigen Beschlusses der Mitgliederversammlung eingetragen wurden (OLG Köln Rpfleger 2009, 237; OLG Zweibrücken FGPrax 2002, 80 mwN) oder deren Abberufung trotz Fehlens der satzungsmäßigen Voraussetzungen eingetragen wurde (OLG Köln FGPrax 2009, 82);

19 – eingetragene **Geschäftsführer**, die unter Verstoß gegen § 6 Abs 2 GmbHG bestellt wurden (BayObLG GmbHR 1992, 304, 305: Geschäftsunfähigkeit; OLG Naumburg FGPrax 2000, 121: Vorverurteilung wegen Insolvenzstraftat; OLG Zweibrücken NJW-RR 2001, 1689: Ausländischer Geschäftsführer ohne Einreisemöglichkeit – s dazu aber

vor § 378 Rz 68). Nicht ausreichend ist die behördliche Handwerksuntersagung (BayObLG NJW-RR 1986, 1362, 1363);
- eingetragene Geschäftsführer, denen die Amtsausübung gerichtlich – auch durch 20 einstweilige Verfügung – untersagt wurde (BayObLG NJW-RR 1989, 934);
- eingetragene Rechtstatsachen, die **mit dem Gesellschaftsvertrag oder der Beschlusslage sachlich nicht übereinstimmen** (RGZ 85, 205, 208) oder sonst sachlich unrichtige Eintragungen, zB im Güterrechtsregister die Eintragung eines Entzugs der Schlüsselgewalt, welche ggü dem Ehegatten gar nicht erklärt wurde (KGJ 32 A 34); 21
- nichtige **Unternehmensverträge**, die eingetragen wurden (OLG Hamm NZG 2009, 1117). 21a

Entsprechend wären für das Partnerschaftsregister zu nennen: 22
- **Formwidrigkeit** oder **nichtiger Inhalt** des Partnerschaftsvertrages (§ 3 Abs 1, 2 PartGG); 23
- ein **Partnerschaftsname**, der nicht wenigstens den Namen eines Partners oder nicht den Zusatz »und Partner« bzw »Partnerschaft« oder nicht alle vertretenen Berufsbezeichnungen oder der den Namen anderer Personen als der Partner enthält (§ 2 Abs 1 PartGG) oder der zur Täuschung geeignet ist oder keine hinreichende Unterscheidungskraft besitzt (§ 2 Abs 2 PartGG); 24
- **fehlende aktive Ausübung** eines freien Berufes durch die Partner (§ 1 Abs 2 PartGG). 25

Kein Löschungsgrund ist: 26
- das Fehlen oder der Wegfall der staatlichen Genehmigung des Unternehmensgegenstandes (so bereits OLG Frankfurt MDR 1984, 235 zur früheren Rechtslage; seit Wegfall der §§ 8 Abs 1 Nr 6 GmbHG aF, 181 Abs 1 Satz 3 AktG aF nunmehr völlig unzweifelhaft); 27
- die Anfechtung des Ehevertrages, auf dem die güterrechtlichen Eintragungen beruhen (KG DFG 1937, 61); 28
- das Unrichtigwerden voreingetragener Vertretungsverhältnisse als Rechtsfolge eines von Amts wegen einzutragenden Insolvenz- oder Auflösungsvermerks (§ 384 Rz 4, 6). 29

b) Verfahrensrechtliche Mängel

Ein verfahrensrechtlicher Mangel liegt jedenfalls dann vor, wenn eine inhaltlich gar nicht zulässige Eintragung erfolgte, zB die Eintragung eines Treuhandverhältnisses (OLG Hamm NJW 1963, 1554) oder des Güterstandes eines Kaufmanns in das Handelsregister (RGZ 63, 245, 249). 30

Ansonsten ist primär zu unterscheiden zwischen deklaratorischen und konstitutiven Eintragungen. 31

aa) Deklaratorische Eintragungen

Bei deklaratorischen Eintragungen (Begriff: vor § 378 Rz 74), deren Inhalt richtig ist, spielen Verfahrensmängel praktisch keine Rolle. Denn würde das Gericht die Eintragung wegen eines Verfahrensmangels löschen, müsste es sogleich dazu auffordern und notfalls erzwingen, dieselbe Tatsache wieder zum Register anzumelden, um dessen inhaltliche Richtigkeit zu wahren (BayObLG NJW-RR 2002, 246, 247; Jansen/*Steder* § 142 Rn 30). Daran kann niemand gelegen sein. 32

Durchzuführen ist das Amtslöschungsverfahren daher nur, wenn zum Verfahrensmangel noch die **inhaltliche Unrichtigkeit der Eintragung hinzutritt** (KG OLGR 43, 202; BayObLGZ 1955, 333, 339 f; OLG Hamm OLGZ 1971, 475, 476 f; BayObLG NJW-RR 2002, 246, 247; OLG Zweibrücken FGPrax 2006, 229). Dann allerdings wird die Eintragung in aller Regel zu löschen sein, denn es spricht der erste Anschein dafür, dass die Verletzung der Verfahrensvorschrift für die Falscheintragung ursächlich wurde. Nichts 33 spricht dafür, eine auf doppelter Ebene falsch herbeigeführte Verlautbarung aufrecht zu erhalten.

34 Zum Sonderfall der verfahrensfehlerhaft von Amts wegen vorgenommenen Firmenlöschung s § 393 Rz 65 ff.

bb) Konstitutive Eintragungen

35 Wirkt die Eintragung konstitutiv (Begriff: vor § 378 Rz 59), **genügt jeder wesentliche Verfahrensmangel** für eine Amtslöschung, denn in diesem Fall haben nicht nur die formalen Voraussetzungen für die Vornahme der Eintragung als solche gefehlt, sondern zugleich die materiellen Voraussetzungen für die Herbeiführung der an die Eintragung geknüpften Rechtsänderung (Jansen/*Steder* § 142 Rn 31 mwN).

36 Verfahrensmangel ist jede Abweichung von den Verfahrensvorschriften des FamFG, von den Registerverordnungen (Anh § 387) sowie von den weiteren Verfahrensvorschriften, die die materiellen Gesetze enthalten. Abgrenzungsschwierigkeiten ergeben sich nur bei der wertenden Fragestellung, was als »wesentlicher« Verfahrensmangel anzusehen ist.

37 Das **Fehlen** einer auf die Eintragung zielenden **Registeranmeldung** ist ein wesentlicher Verfahrensmangel, der zB praxisrelevant wird, wenn das Gericht überschießende Eintragungen vornimmt, die über den Gegenstand einer eingereichten Anmeldung hinausgehen.

38 Ebenfalls bedeutet es einen wesentlichen Verfahrensmangel, wenn eine Registeranmeldung nicht durch alle Anmeldeberechtigten in ihrer Gesamtheit bzw in erforderlicher Anzahl abgegeben wurde (Jansen/*Steder* § 142 Rn 31; Bassenge/Roth/*Walter* § 395 Rn 5; Bork/Jacoby/Schwab/*Müther* § 395 Rn 9; aA noch KG RJA 12, 60, 62; BayObLG RJA 16, 105, 106 f und jetzt wieder Keidel/*Heinemann* § 395 Rn 17, der die materiellrechtliche Bedeutung des gemeinsamen Anmeldungswillens bei konstitutiven Eintragungen außer Acht lässt). Ergänzend wird hierzu vertreten, dass der Mangel als geheilt gelte, wenn der untätig gebliebene Anmeldeberechtigte die Eintragung in Kenntnis bestehen lässt (Jansen/*Steder* § 142 Rn 31, Jansen/*Ries* § 159 Rn 50). Richtigerweise wird man aber für die Annahme einer dauerhaft tragenden Heilungswirkung (und damit für ein Absehen vom Löschungsverfahren) darüber hinaus verlangen müssen, dass der Anmeldeberechtigte nicht nur eine abwartende Haltung einnimmt, sondern sein nachträgliches Einverständnis mit der Eintragung ausdrücklich ggü dem Registergericht erklärt.

39 Im Güterrechtsregister stellt die Eintragung ohne formgerechten Antrag des/der berechtigten Ehegatten nach allgemeiner Rechtsüberzeugung einen wesentlichen Verfahrensmangel dar (MüKoBGB/*Kanzleiter* § 1560 Rn 9, Staudinger/*Thiele* 1560 Rn 4), obwohl § 1360 BGB nur als »Soll«-Vorschrift formuliert ist.

40 Ob Eintragungen in das **Güterrechtsregister eines örtlich unzuständigen Gerichts** von Amts wegen zu löschen sind (so Jansen/*Ries* § 161 Rn 6, 22; Keidel/*Heinemann* § 395 Rn 24; *Krafka/Willer* Rn 2343; Bahrenfuss/Steup § 374 Rn 71), ist zweifelhaft. Denn § 1559 BGB und Art 4 Abs 2 EGHGB gehen davon aus, dass jedenfalls die Eintragungen eines nachträglich unzuständig gewordenen Gerichts erhalten bleiben und sogar weiterhin aktualisiert werden können (s § 377 Rz 42). Weshalb sollten dann Eintragungen eines *anfänglich* unzuständigen Gerichts von Amts wegen gelöscht werden? Im Gegenteil: Da die Wirkungen des § 1412 BGB erst eintreten, wenn an jedem Ort des gewöhnlichen Aufenthalts eine Eintragung in das Güterrechtsregister erfolgt ist, andererseits der Begriff des »gewöhnlichen Aufenthalts« schwierige Abgrenzungsfragen auslösen kann, sollten zum Schutze der Ehegatten und des Rechtsverkehrs Eintragungen auch in solchen Güterrechtsregistern zugelassen werden, deren örtliche Zuständigkeit zweifelhaft ist (s § 377 Rz 40). Für eine Amtslöschung wegen örtlicher Unzuständigkeit besteht unter diesem Blickwinkel weder Veranlassung noch Bedürfnis.

Von Amts wegen eingetragene Löschungs- und Auflösungsvermerke, welche unter 41
Verstoß gegen wesentliche Verfahrensvoraussetzungen der §§ 394, 395, 399 vollzogen
wurden, sind ihrerseits von Amts wegen zu löschen. Wegen der zT unterschiedlichen
Voraussetzungen vgl § 394 Rz 68 ff, § 395 Rz 134 ff, § 399 Rz 62 ff.

Kein Löschungsgrund ist ein Mangel lediglich der Form der Anmeldung (KGJ 27 A 42
67, 69 f) oder ein Verstoß des abgelehnten Registerrichters gegen die Wartepflicht nach
§§ 6 Abs 1 FamFG, 47 Abs 1 ZPO (KG FGPrax 2009, 177).

3. Vorgreifliche Entscheidungen der BaFin und der Prozessgerichte

a) Entscheidungen der BaFin

Bei der Löschung einer Firma gem § 4 Abs 3 VAG ist das Registergericht an die Entschei- 43
dung der BaFin (§ 4 Abs 2 VAG) gebunden (Prölss/*Präve* § 4 Rn 25, 30 mwN). Dasselbe
gilt in Bezug auf Entscheidungen der BaFin über die Verwendung der für Kreditinstitute
und Kapitalanlagegesellschaften reservierten Firmenbezeichnungen (§§ 42 KWG, 3
Abs 4 InvG, 16 Abs 3 BausparkG): Auch sie sind für die Registergerichte verbindlich
(Beck/Samm/Kokemoor/*Samm* KWG § 42 Rn 32 mwN). Die von Jansen/*Steder* (§ 142
Rn 82) hiergegen vorgebrachten Bedenken, eine Bindungswirkung an die Entscheidung
der BaFin könnte mit Rechtsweggarantien des Art 19 Abs 4 GG in Konflikt treten, tragen
deshalb nicht, weil die Entscheidungen der BaFin im Verwaltungsrechtswege anfechtbar
sind, womit Art 19 Abs 4 GG ausreichend genügt ist. Auch kann der Auffassung von
KKW/*Winkler* (15. Aufl; § 142 Rn 33) nicht gefolgt werden, wonach der Wortlaut des § 4
Satz 2 KWG darauf hinweise, dass sich die Bindungswirkung (nur) auf Verwaltungsbehörden erstrecke, da Gerichte als Bindungsadressaten nicht in der Vorschrift aufgeführt seien. Der Bedeutungsgehalt des § 4 KWG ist damit überinterpretiert. Die Vorschrift normiert nur positiv das Bestehen einer Bindungswirkung, nicht jedoch negativ
bestimmte Ausschlüsse davon. Es führte auch zu kaum hinnehmbaren Friktionen, wenn
die Verwaltungsbehörden eine Geschäftsbetätigung unter der reservierten Firmenbezeichnung wegen der für sie bindenden BaFin-Entscheidung untersagen müssten, die
Registergerichte jedoch ungebunden blieben und die Firma entgegen der BaFin-Entscheidung belassen könnten (Beck/Samm/Kokemoor/*Samm* KWG § 42 Rn 32 mwN).

b) Registergericht als zivilprozessuales Vollzugsorgan?

Das OLG Hamm (NJW-RR 2005, 767) zieht in Erwägung, dass das Registergericht eine 44
Firma auch dann von Amts wegen zu löschen habe, wenn deren Inhaber in einem Zivilprozess rechtskräftig zur Löschung seiner Firma verurteilt worden sei. Zwar bestehe dafür keine ausdrückliche gesetzliche Vorschrift, doch müsse ein verfahrensrechtlicher
Weg zur Durchsetzung des materiellen Anspruchs auf Löschung der Firma gefunden
werden, denn das Verfahrensrecht habe ggü dem materiellen Recht nur dienende Funktion. Dieser Ansicht ist jedoch entgegenzuhalten, dass einerseits das Registerrecht nicht
als Instrument zur Durchsetzung privatrechtlicher Unterlassungsansprüche konzipiert
ist, sondern lediglich die bestehenden Verhältnisse bekundet, andererseits sehr wohl
Möglichkeiten zur Durchsetzung des Anspruchs im zivilprozessualen Vollstreckungs-
wege bestünden, zB nach § 888 ZPO. Das Registergericht ist kein zivilprozessuales Vollstreckungsorgan.

4. Eingeschränkte Löschung nichtiger Gesellschaften und Genossen-
schaften (§ 397)

Gem § 397 kann eine eingetragene AG, KGaA, GmbH/UG oder Genossenschaft nur 45
dann als nichtig gelöscht werden, wenn die Voraussetzungen vorliegen, unter denen die
Klage auf Nichtigerklärung (§§ 275, 276 AktG) bzw die Nichtigkeitsklage nach den

§ 395 FamFG | Löschung unzulässiger Eintragungen

§§ 75, 76 GmbHG, 94, 95 GenG erhoben werden kann. Die Vorschrift schränkt den materiellen Anwendungsbereich des § 395 dahin ein, dass eine Löschung von Kapitalgesellschaften und Genossenschaften nicht wegen eines Mangels allgemeiner Eintragungsvoraussetzungen angeordnet werden darf, selbst wenn es sich dabei um wesentliche Eintragungsvoraussetzungen handelt, sondern nur wegen der im Gesetz abschließend aufgezählten Fälle, die zur Erhebung einer Nichtigkeitsklage berechtigten (OLG Frankfurt NJW-RR 2002, 605). Sie schützt damit das Vertrauen der Öffentlichkeit in den Bestand der Gesellschaft und räumt ihm Vorrang vor den privaten Interessen einzelner Personen ein, die durch die Eintragung einer fehlerhaften Gesellschaft in ihren Rechten betroffen sein könnten (KG NJW-RR 2001, 1117 mwN).

46 Die Nichtigkeitsgründe müssen bereits in der Gründungssatzung gegeben sein. Ist die nichtige Vorschrift erst durch spätere Satzungsänderung in die Satzung gekommen, muss (nur) die Eintragung der Satzungsänderung gelöscht werden (BayObLG Rpfleger 1985, 117 mwN).

47 Bei den **Kapitalgesellschaften** sind die zur Löschung führenden Nichtigkeitsgründe sehr eng gefasst. Die Satzung muss unter bestimmten elementaren Defiziten leiden: Entweder muss eine Bestimmung über die Höhe des Grund- oder Stammkapitals völlig fehlen (die Nichtigkeit der Bestimmung genügt nicht, sondern führt zu § 399) oder es muss die Bestimmung über den Gegenstand des Unternehmens entweder völlig fehlen oder nichtig sein und es darf der Fehler nicht bereits durch Satzungsänderung geheilt sein. Eine über die Nichtigkeit anderer Satzungsbestimmungen iVm § 139 BGB herbeigeführte Gesamtnichtigkeit der Satzung genügt nicht (Keidel/*Heinemann* § 397 Rn 8; Bork/Jacoby/Schwab/*Müther* § 397 Rn 5; Bahrenfuss/*Steup* § 397 Rn 20; vgl auch RGZ 73, 429, 431; 114, 77, 80 f; 128, 1, 5). Eine Löschung nichtiger Gesellschaften kommt daher nur in seltenen Ausnahmefällen in Betracht, wie bspw bei fiktiv angegebenen Gesellschaftsgegenständen, wenn in Wahrheit eine verdeckte Mantel-(Vorrats-)gründung vorliegt (vgl BGH NJW 1992, 1824, 1826 f). Die **Dreijahresfrist** für die Erhebung der Klage auf Nichtigerklärung der AG (§ 275 Abs 3 Satz 1 AktG) sowie die **Monatsfrist** für die Erhebung der Nichtigkeitsklage der GmbH/UG (§ 75 Abs 2 GmbHG iVm § 246 AktG) gelten für das Amtslöschungsverfahren nicht; das ist für die Aktiengesellschaft in § 275 Abs 3 Satz 2 AktG ausdrücklich geregelt und gilt für die GmbH/UG entsprechend.

48 Bei der **Genossenschaft** sind die Nichtigkeitsgründe mannigfaltiger, sie erstrecken sich auf alle nach den §§ 6, 7, 119 GenG zwingend notwendigen Satzungsinhalte mit Ausnahme der Bestimmungen über die Beurkundung der Beschlüsse der Generalversammlung und den Vorsitz in dieser (§ 95 Abs 1 GenG). Die unterschiedliche Behandlung von Satzungsmängeln der Kapitalgesellschaften einerseits und der Genossenschaften andererseits ist eine bedauerliche Inkonsequenz (Jansen/*Steder* § 144a Rn 3), die leider auch mit der Einführung des FamFG nicht beseitigt wurde.

49 Bei der **SCE** gilt gem § 10 SCEAG auch das spätere Auseinanderfallen von Sitzstaat und Hauptverwaltung als Löschungsgrund. Dass jene Vorschrift auf »§ 393 Abs 3 und 4« verweist, ist eines der vielen Redaktionsversehen des FGG-RG, da die Verweisung richtigerweise auf »§ 393 Abs 3 bis 5« hätte angepasst werden müssen, nachdem die Absatzgliederung im Zuge der Beratungen des BT-Rechtsausschusses geändert wurde, und zu alledem noch insgesamt überflüssig erscheint, weil bereits die in der Vorschrift ebenfalls enthaltene Verweisung auf § 395 FamFG über dessen Abs 3 eine Weiterverweisung auf § 393 Abs 3 bis 5 enthält.

50 Auf andere **materielle Nichtigkeitsgründe**, die nicht in Satzungsmängeln begründet liegen, kann die Löschung nicht gestützt werden, selbst wenn es sich dabei um schwerste Gründungsmängel wie Geschäftsunfähigkeit (KG NJW-RR 2001, 1117) oder fehlende Vertretungsmacht, Unterschriftsfälschung und Drohung mit Gewalt handelt (OLG Frankfurt NJW-RR 2002, 605 mwN) oder um Mängel der Beurkundung (Jansen/*Steder* § 144 Rn 24 mwN). Lediglich die Löschung materiell überhaupt nicht existenter sog »Scheingesellschaften« bleibt über den Wortlaut des § 397 hinaus zulässig (OLG Frank-

furt NJW-RR 2002, 605). Auch das Fehlen oder der Wegfall einer erforderlichen staatlichen Genehmigung des Unternehmensgegenstandes rechtfertigt nicht die Löschung (OLG Zweibrücken GmbHR 1995, 723), zumal das Vorliegen der Genehmigung seit Streichung des § 8 Abs 1 Nr 6 GmbHG aF nicht einmal mehr zu den Eintragungsvoraussetzungen gehört.

Anders ist die Rechtslage nur bei unzulässigem Gebrauch einer für **Kreditinstitute,** 51 **Versicherungsunternehmen** und **Kapitalanlage-** bzw **Beteiligungsfinanzierungsgesellschaften** geschützten Bezeichnung: Hier lässt das Gesetz eine Firmenlöschung gem § 395 ausnahmsweise zu. Gesetzlich geregelt ist die Ausnahme in §§ 4 Abs 3 Satz 1 VAG, 22 Satz 2 REITG, 21 Abs 1 Satz 2 WKBG; für bankenrechtliche Bezeichnungen war sie geregelt in § 43 Abs 2 Satz 1 KWG aF (instruktiv dazu: BayObLG WM 1988, 664, 665 f). Die Ausnahmevorschriften eröffnen die Möglichkeit, Firmen und Firmenzusätze sogar bei Kapitalgesellschaften zu löschen, was sonst nicht möglich ist (Rz 71). Bedauerlicherweise wurde allerdings § 43 Abs 2 KWG durch das FGG-RG sinnentstellend umformuliert. Bisher lautete die Vorschrift im Stile einer Rechtsfolgenverweisung: »Führt ein Unternehmen eine Firma oder einen Zusatz zur Firma, deren Gebrauch nach den §§ 39 bis 41 unzulässig ist, so hat das Registergericht die Firma oder den Zusatz zur Firma von Amts wegen zu löschen; § 142 Abs 1 Satz 2, Abs 2 und 3 sowie § 143 FGG gelten entsprechend.« Heute heißt es hingegen nur noch (in der Diktion einer Rechtsgrundverweisung oder Konkurrenznorm): »§ 395 FamFG bleibt unberührt«. Durch die abgeschwächte Fassung wurde der systemdurchbrechende Ausnahmecharakter der Sonderlöschungsermächtigung bis zur Unkenntlichkeit verwässert. Dabei war eine materielle Rechtsänderung gar nicht beabsichtigt, denn in der Begründung des Regierungsentwurfs heißt es lapidar (BTDrs 16/6308 S 357):»Absatz 2 der Vorschrift wird klarer formuliert und an die Neustrukturierung der registerrechtlichen Vorschriften im Entwurf des FamFG angepasst«. Man muss hier wohl in Betracht ziehen, dass der Gesetzgeber die Norm abänderte, ohne deren wahre Bedeutung erfasst zu haben. Hinzu kommt, dass die Umformulierung des § 43 Abs 2 KWG offensichtlich von keinem stringenten Gesamtkonzept getragen ist, da die fast wortgleiche Parallelvorschrift des § 4 Abs 3 VAG nicht entsprechend angeglichen wurde, sondern in ihrer bewährten Struktur erhalten blieb. Die Summe dieser Unstimmigkeiten verleitet dazu, den neu gefassten § 43 Abs 2 KWG trotz seines immens verwässerten Wortlauts weiterhin als eine Sonderlöschungsermächtigung mit Rechtsfolgenverweisung zu begreifen. Dies würde jedenfalls dem Anliegen eines effektiven bankenrechtlichen Bezeichnungsschutzes Rechnung tragen, zumal wenn man bedenkt, dass andernfalls die Norm ihre vormalige Schlagkraft praktisch vollständig einbüßte, ohne dass dem ein erkennbarer gesetzgeberischer Wille zugrunde läge.

Umstritten ist, wie sich **Mängel des Eintragungsverfahrens** auswirken. Nach einer 52 vom OLG Hamm vertretenen Ansicht schließt § 397 eine Amtslöschung nicht nur wegen sachlicher Gründungsmängel, sondern auch wegen jeglicher Verfahrensfehler beim Eintragungsverfahren aus (OLG Hamm NJW-RR 1994, 548, 549; Bahrenfuss/Steup § 397 Rn 9). Demgegenüber wollen andere Teile der Rechtsprechung sowie die wohl überwiegende Literaturmeinung den Anwendungsbereich des § 397 auf inhaltliche Gründungsmängel beschränken, Amtslöschungen wegen wesentlicher Mängel des Eintragungsverfahrens (zB Eintragung ohne wirksame Anmeldung) jedoch zulassen (OLG Zweibrücken GmbHR 1995, 723, 725; MüKoAktG/*Hüffer* § 275 Rn 37; Jansen/*Steder* § 144 Rn 8; Baumbach/Hueck/*Schulze-Osterloh*/*Zöllner* Anh § 77 Rn 19). Stellt man das Vertrauen der Öffentlichkeit in den Bestand der Gesellschaft als Normzweck des § 397 in den Vordergrund (s Rz 45), dürfte die Auffassung des OLG Hamm vorzuziehen sein.

5. Eingeschränkte Löschung nichtiger Beschlüsse (§ 398)

Gem § 398 kann ein eingetragener Hauptversammlungsbeschluss der Aktiengesellschaft 53 oder KGaA, ein Gesellschafterbeschluss der GmbH/UG oder ein Generalversammlungsbeschluss der Genossenschaft nur dann als nichtig gelöscht werden, wenn er durch seinen Inhalt zwingende gesetzliche Vorschriften verletzt und seine Beseitigung im öffentlichen Interesse erforderlich erscheint.

54 Daraus folgt ein stark eingeschränktes Prüfungsrecht des Registergerichts. Das Gericht prüft nicht reziprok zur Anmeldung, ob der Beschluss hätte eingetragen werden dürfen, sondern Betrachtungswinkel ist allein das Ziel, die im **öffentlichen Interesse** liegenden materiellen Rechtsvorschriften durchzusetzen.

a) Gegenstand der Löschung: Der Beschluss selbst sowie seine registerrechtliche Umsetzung

55 Die Regelung des § 398 wirkt nicht nur für Beschlüsse, die als solche in das Register eingetragen werden, wie etwa satzungsändernde Beschlüsse, sondern zugleich für alle Eintragungen, mit denen Versammlungsbeschlüsse unmittelbar umgesetzt werden, wie etwa die Eintragung der beschlossenen Bestellung oder Abberufung eines Geschäftsführers (BayObLGZ 1956, 303, 310; BayObLG DNotZ 1997, 81, 83; Bork/Jacoby/Schwab/*Müther* § 398 Rn 2; Keidel/*Heinemann* § 398 Rn 11 mwN) oder die Eintragung der Durchführung einer zuvor beschlossenen Kapitalerhöhung (OLG Karlsruhe OLGZ 1986, 155, 157 f; OLG Frankfurt FGPrax 2002, 35, 36).

b) Verletzung zwingender gesetzlicher Vorschriften durch seinen Inhalt

56 Der als nichtig zu löschende Beschluss muss **durch seinen Inhalt** – also nicht durch die Art seines Zustandekommens – zwingende gesetzliche Vorschriften verletzen. Deshalb genügt es für eine Löschung nicht, wenn der Beschluss unter Verletzung der Vorschriften über die Berufung der Versammlung oder über die Abstimmung zustande gekommen ist (BayObLG GmbHR 1992, 304; DNotZ 1997, 81, 84). Auch Beurkundungsmängel sind irrelevant (Jansen/*Steder* § 144 Rn 38). Lediglich die Löschung sog »Nicht-« oder »Scheinbeschlüsse« bleibt über den Wortlaut des § 398 hinaus zulässig (OLG Köln ZIP 2002, 573, 576; Keidel/*Heinemann* § 398 Rn 5; aA: MüKoAktG/*Hüffer* § 241 Rn 82), bspw wenn der Versammlungsleiter als Abstimmungsergebnis eine Ablehnung der Beschlussfassung festgestellt hatte, der nicht gefasste Beschluss gleichwohl angemeldet und eingetragen wird (BayObLGZ 1955, 333; BayObLG NJW-RR 1992, 295, 296), oder wenn ein anderer Inhalt als das, was beschlossen wurde, eingetragen wird (RGZ 85, 205, 208). Dass ein Nichtgesellschafter, dem der Geschäftsanteil nicht wirksam übertragen wurde, den Beschluss gefasst hat, dürfte für sich genommen nicht genügen (aA: KG JFG 3, 206).

c) Öffentliches Interesse an der Beseitigung

57 Hinzukommen muss ein **öffentliches Interesse** an der Beseitigung des Beschlusses. Die alleinige Verletzung von Individualrechten der Gesellschafter, Aktionäre oder Genossenschaftsmitglieder genügt nicht. Denn diesen steht allgemein die Anfechtungsklage zur Seite. Damit hat es der Gesetzgeber grds den Beteiligten überlassen, ihre Gesellschafterinteressen im Prozesswege selbst zu verfolgen (BayObLG DNotZ 1997, 81, 84; OLG Frankfurt FGPrax 2002, 35, 36). § 398 beschränkt deshalb die Möglichkeit der Amtslöschung auf solche Beschlüsse, durch die Interessen verletzt werden, deren Wahrnehmung nicht den beteiligten Gesellschaftern selbst überlassen bleiben darf (vgl BayObLG DNotZ 1997, 81, 84). Das sind namentlich Gläubigerschutz- und Ordnungsinteressen (OLG Karlsruhe OLGZ 1986, 155, 158).

58 Als Beispiele für Rechtsverletzungen mit öffentlichem Interesse an der Beseitigung des Beschlusses kommen in Betracht:
– Änderungen des Nennbetrages einer Aktie unter den durch § 8 AktG geforderten Mindestbetrag (Jansen/*Steder* § 144 Rn 34);

- Verstoß gegen Kapitalaufbringungs- und Kapitalerhaltungsvorschriften (KKW/*Winkler* (15. Aufl) § 144 Rn 24);
- Sittenwidrigkeit des Beschlusses (§ 241 Nr 4 AktG);
- Verstoß gegen § 6 Abs 2 GmbHG bei der Geschäftsführerbestellung (BayObLG GmbHR 1992, 304, 305; OLG Naumburg FGPrax 2000, 121; OLG Zweibrücken NJW-RR 2001, 1689; gegenstandslos daher die bei Prütting/Helms/*Maass* § 395 Rn 19 ff erörterten Normabgrenzungsfragen);
- Verstoß gegen Vorschriften über die Arbeitnehmermitbestimmung (MitbestG, MontanMitbestG, MontanMitbestErgG; s Jansen/*Steder* § 144 Rn 37, MüKoAktG/*Hüffer* § 241 Rn 76).

Die Voraussetzungen für eine Löschung sind nicht schon gegeben, wenn der Inhalt des Beschlusses gegen Bestimmungen des Gesellschaftsvertrages verstößt (BayObLG GmbHR 1992, 304 f mwN; DNotZ 1997, 81, 84; Keidel/*Heinemann* § 398 Rn 15). 59

Die **Monatsfrist** für die Erhebung der Anfechtungsklage (§ 246 Abs 1 AktG) sowie die **dreijährige Heilungsfrist** nach § 242 Abs 2 Satz 1 AktG gelten für das Amtslöschungsverfahren nicht; das ist für die Heilungsfrist in § 242 Abs 2 Satz 3 AktG ausdrücklich geregelt und gilt ebenso für die anderweitige Monatsfrist. Allerdings weist Jansen/*Steder* (§ 144 Rn 45) zutreffend darauf hin, dass längerer Zeitablauf das öffentliche Interesse an der Beseitigung des Beschlusses verringern kann. 60

d) Mängel des Eintragungsverfahrens

Umstritten ist, wie sich Mängel des Eintragungsverfahrens auswirken. Nach wohl überwiegender Auffassung in der neueren Rechtsprechung schließt § 398 eine Amtslöschung nicht nur im Hinblick auf minderschwere Beschlussmängel, sondern auch im Hinblick auf jegliche Verfahrensfehler beim Eintragungsverfahren aus (OLG Hamm NJW-RR 1994, 548, 549; OLGZ 1986, 155, 159; OLG Karlsruhe NJW-RR 2001, 1326, 1327; OLG Hamburg RNotZ 2004, 41, 42 f). Demgegenüber wollen ein Teil der älteren Rechtsprechung sowie die wohl überwiegende Literaturmeinung § 398 nur auf Beschlussmängel anwenden, Amtslöschungen wegen wesentlicher Mängel des Eintragungsverfahrens (zB Eintragung ohne wirksame Anmeldung) aber zulassen (KG DNotV 1925, 59; Zöllner/*Winter* ZHR 138 (1994), 59, 70; MüKoAktG/*Hüffer* § 241 Rn 81). 61

6. Keine Löschung unabänderlich gewordener Strukturmaßnahmen

Gem § 20 Abs 2 UmwG lassen Mängel der **Verschmelzung** die Wirkungen der im Register eingetragenen Verschmelzung unberührt; dasselbe gilt für **Spaltung** (§ 131 Abs 2 UmwG) und **Formwechsel** (§§ 202 Abs 3, 304 Satz 2 UmwG). Die Eintragung des Umwandlungsvorgangs im Register hat damit nicht nur konstitutive Wirkung, sie vermittelt zugleich materielle Bestandskraft. Die Tragweite dieser Bestandskraft wird nach allgemeiner Auffassung so verstanden, dass eine Amtslöschung eingetragener Umwandlungsvorgänge gem § 395 unter keinen Umständen in Betracht kommt, gleich welcher Mangel vorlag (OLG Hamburg DNotZ 2009, 227 und OLG Frankfurt NJW-RR 2003, 1122 mwN bezüglich Verschmelzung; OLG Hamm ZIP 2001, 569, 570 sowie BGH NJW 2007, 224, 226 bezüglich Formwechsels; kritisch insgesamt *Horsch* Rpfleger 2005, 577, 579 ff mit Blick auf die Rechtsweggarantien des Art 19 Abs 4 GG). Nicht nur »Mängel der Verschmelzung« (so der Wortlaut der Norm), sondern auch Mängel des registergerichtlichen Eintragungsverfahrens lassen die Verschmelzung unberührt, haben also keinen Einfluss auf deren Wirksamkeit. Die Bestandskraft erfasst auch die mit dem Umwandlungsvorgang untrennbar verbundenen weiteren Beschlussfassungen wie zB den Kapitalerhöhungsbeschluss bei der Verschmelzung (Lutter/Winter/*Grunewald* § 20 Rn 79). Auch diese Eintragungen können also nicht mit dem Amtslöschungsverfahren beseitigt werden. Für den Formwechsel einer LPG gilt Entsprechendes (§ 34 Abs 3 LwAnpG) un- 62

§ 395 FamFG | Löschung unzulässiger Eintragungen

ter der einschränkenden Voraussetzung, dass der Formwechsel identitätswahrend (also unter Wahrung der Mitgliederkontinuität) vonstatten gegangen sein muss (BGH ZIP 1995, 422, 424 f; BGHZ 138, 371, 375 f).

63 Ähnliche Bestandskraft genießen **Eingliederung** (§ 319 Abs 7 AktG) und **Squeeze-Out** (§ 327e Abs 3 AktG), welche nach der Ratio des Gesetzes ebenfalls mit der Eintragung unabänderlich wirksam werden (aA aber anscheinend OLG Düsseldorf FGPrax 2004, 294, wonach unter den Voraussetzungen des § 398 eine Löschung möglich sei).

64 Ferner werden mit ihrer Eintragung unabänderlich wirksam **Kapitalbeschaffungs-, Kapitalherabsetzungsmaßnahmen und Unternehmensverträge**, sofern die Gesellschaft auf eine erhobene Anfechtungsklage hin einen Freigabebeschluss des Prozessgerichts erwirkt hatte (§ 246a AktG): An den rechtskräftigen Freigabebeschluss bleibt das Registergericht endgültig gebunden (§ 246a Abs 3 Satz 5 AktG), auch unter dem Aspekt eines späteren Amtslöschungsverfahrens. Selbst wenn sich die Nichtigkeit des Beschlusses nachträglich im Rahmen der Anfechtungsklage herausstellen sollte, bleibt der auf ein Freigabeverfahren hin eingetragene Beschluss unabänderlich wirksam (§ 246a Abs 4 Satz 2 AktG). Es kann nur Schadenersatz verlangt werden (§ 246a Abs 4 Satz 1 AktG).

7. Keine Korrektur von Entscheidungen in unternehmensrechtlichen Verfahren

65 Das Löschungsverfahren nach § 395 kann nicht zur sachlichen Überprüfung und Korrektur von Entscheidungen verwendet werden, die in unternehmensrechtlichen oder vergleichbaren Verfahren getroffen wurden. Denn registerrechtliche Grundlage der vorgenommenen Eintragung ist nicht die sachliche Richtigkeit und Angemessenheit der im unternehmensrechtlichen Verfahren getroffenen Entscheidung, sondern allein deren Existenz. Deshalb kann zB bei fehlender Eignung eines gerichtlich bestellten Liquidators dieser nicht nach § 395 wegen des Mangels einer wesentlichen Voraussetzung seiner Bestellung gelöscht werden, sondern es kommt nur seine Abberufung im unternehmensrechtlichen Verfahren in Betracht.

8. Löschung eines Vereins bei (teil-)nichtiger Satzung

66 Ein eingetragener Verein, dessen Satzung (teil-)nichtig ist, kann – sofern die Teilnichtigkeit auf die Satzung insgesamt durchschlägt – nur als solcher komplett gelöscht werden. Die Löschung einzelner Satzungsbestimmungen kommt nicht in Betracht, denn Gegenstand der Eintragung ist nicht die Satzung, sondern der Verein (OLG Hamm FGPrax 2005, 226).

II. Verfahren

1. Zuständigkeit

67 **Sachlich zuständig** für die Durchführung des Löschungsverfahrens ist nur das Registergericht. Die frühere Regelung des § 143 FGG, wonach die Löschung auch vom Landgericht verfügt werden konnte, wurde nicht in das FamFG übernommen. **Funktionell zuständig** ist bei den in HRB eingetragenen Gesellschaften der Richter (§ 17 Nr 1 lit e RPflG), ansonsten der Rechtspfleger (§ 3 Nr 1 lit a, e, Nr 2 lit d RPflG). Entgegen seinem Wortlaut bezieht sich der Richtervorbehalt des § 17 Nr 1 lit e RPflG allerdings nicht auf sämtliche Amtslöschungen in Bezug auf Abteilung B, sondern grds nur auf Löschungen solcher Eintragungen, für deren Vornahme er reziprok nach § 17 Nr 1 lit a-d RPflG zuständig wäre (*Buchberger* Rpfleger 1992, 508; Arnold/Meyer-Stolte/*Rellermeyer* § 17 Rn 33 ff; Dallmayer/Eickmann/*Dallmayer* § 17 Rn 41), ferner auf solche Löschungen, die von der BaFin gem § 43 Abs 2 KWG beantragt sind. Die Landesregierungen sind ermächtigt, den Richtervorbehalt aufzuheben und das Verfahren dem Rechtspfleger insgesamt zu übertragen (§ 19 Abs 1 Nr 6 RPflG).

Über die Amtslöschung einer eingetragenen **Sitzverlegung** entscheidet grds das Gericht des neuen Sitzes (OLG Kassel DNotZ 1950, 104); zu Fragen des anschließenden Vollzugs s Rz 127. 68

2. Abgrenzung zu anderen Verfahren

a) Zwangsgeldverfahren (§§ 388 ff)

Soweit die Eintragung eines Löschungsvermerks nach § 395 von Amts wegen bewirkt werden kann, bedarf es keiner Registeranmeldung. Deshalb wäre ein Zwangsgeldverfahren (§§ 388 ff), welches auf die Herbeiführung einer solchen Anmeldung zielt, unzulässig (KG NJW-RR 1999, 1341); aA offenbar Keidel/*Heinemann* § 388 Rn 8; Bork/Jacoby/Schwab/*Müther* § 395 Rn 3); zu Detailfragen der Abgrenzung vgl Rz 11 ff. 69

b) Ordnungsgeldverfahren (§ 392)

Ist eine unzulässige Firma eingetragen, sind die Verfahren nach den §§ 392, 395 nebeneinander zu betreiben, sofern zu befürchten ist, dass die Löschung der Firma im Register allein den Inhaber nicht abhalten wird, sie weiter im Rechtsverkehr zu gebrauchen (Jansen/*Steder* § 142 Rn 3). 70

c) Auflösungsverfahren (§ 399)

Hätte die Eintragung einer Kapitalgesellschaft wegen bestehender Satzungsmängel nicht erfolgen dürfen, schließt das speziellere Auflösungsverfahren nach § 399 eine Amtslöschung nach § 395 aus (BayObLG NJW-RR 1989, 867, 868). Das gilt namentlich auch für Verstöße gegen Vorschriften über die Firmenbildung: Diese führen bei Kapitalgesellschaften stets nur zum Auflösungsverfahren nach § 399, nicht aber zum Löschungsverfahren nach § 395. Dieser Zusammenhang wird gelegentlich übersehen, selbst in der obergerichtlichen Rechtsprechung (vgl etwa OLG Frankfurt NJW-RR 2006, 44). 71

Nur dann ist ausnahmsweise die Löschung der Firma einer Kapitalgesellschaft statthaft, wenn es sich um den unzulässigen Gebrauch einer für **Kreditinstitute, Versicherungsunternehmen** und **Kapitalanlage-** bzw **Beteiligungsfinanzierungsgesellschaften** geschützten Bezeichnung handelt (Rz 51). An die Firmenlöschung schließt sich ein Auflösungsverfahren an (§ 399), wenn die Gesellschaft keine andere Firma im Wege der Satzungsänderung ergreift (§ 399 Rz 13). 72

3. Einleitung des Verfahrens, Beteiligung der berufsständischen Organe

Das Verfahren wird **von Amts wegen oder auf Antrag der berufsständischen Organe** eingeleitet und betrieben. Das Antragsrecht der berufsständischen Organe ist teleologisch auf deren berufsständischen Zuständigkeitsbereich zu begrenzen, gilt also bspw nicht für das Güterrechtsregister. Sind mehrere berufsständische Organe zuständig, ist jedes für sich allein antragsberechtigt. Beruht die Verfahrenseinleitung nicht auf einem Antrag des (zuständigen) berufsständischen Organs, ist dieses im Laufe des Verfahrens anzuhören (§ 380 Rz 24) verbunden mit der Gelegenheit, einen Antrag auf eigene Beteiligung zu stellen (§ 380 Abs 2 Satz 2). Handelt es sich um ein Kreditinstitut oder um eine Kapitalanlagegesellschaft oder um die unzulässige Eintragung einer der für Kreditinstitute und Kapitalanlagegesellschaften reservierten Firmenzusätze, stehen auch der BaFin die Antrags- und Beteiligungsrechte nach den §§ 43 Abs 3 KWG, 16 Abs 3 BausparkG, 3 Abs 4 InvG zu. § 380 Abs 2 Satz 2 ist auf die BaFin entspr anzuwenden (vgl KKW/*Winkler* (15. Aufl) § 142 Rn 35). 73

4. Sachverhaltsermittlung

74 Die Tatsachenvoraussetzungen für das Amtslöschungsverfahren (Rz 9 ff), sind von Amts wegen festzustellen. Nicht ausreichend für die Einleitung eines Verfahrens nach § 395 ist die bloß »glaubhafte« Kenntnis von Tatsachen (Jansen/*Steder* § 142 Rn 44; Bassenge/Roth/*Walter* § 395 Rn 9). Vielmehr muss eine **hinreichend feste Grundlage** für die Annahme bestehen, dass die Voraussetzungen des Abs 1 vorliegen. Geht es um die Löschung einer Firma, wird man – wegen der existenziellen Bedeutung der Entscheidung – bereits im Einleitungsverfahren einen Grad an sicherer, wenn auch nicht unumstößlicher Überzeugung fordern müssen, ebenso wie sie für ein Einschreiten nach § 393 notwendig wäre (s § 393 Rz 27). Um sich diese Überzeugung zu verschaffen, muss das Gericht den Sachverhalt vor dem Erlass einer Löschungsankündigung ausreichend ermitteln – häufig unter Zuhilfenahme der berufsständischen Organe.

75 Bloße Indizien genügen nie für eine Einleitung des Löschungsverfahrens. Es liegt nicht in der Darlegungs- und Beweislast des Eingetragenen, etwaige Verdachte zu entkräften (aA offenbar Keidel/*Heinemann* § 395 Rn 41). Ist die Sachverhaltsermittlung dadurch erschwert, dass eine mögliche Beweiserhebung wenig Erfolg verspricht oder einen unverhältnismäßig großen Aufwand erfordert, kann das Gericht das Verfahren einstellen, namentlich wenn die zwischen einzelnen Beteiligten streitigen Rechtsfragen in einem Zivilprozess geklärt werden könnten (OLG Zweibrücken NJW-RR 2004, 34, 35).

76 Zur Bindungswirkung rechtsgestaltender und anderer Entscheidungen der Prozessgerichte s vor § 378 Rz 83 ff.

5. Ermessensausübung

77 Ist das Registergericht von der Unzulässigkeit der Eintragung hinreichend überzeugt, räumt ihm die »Kann«-Formulierung des Abs 1 Satz 1 einen Ermessensspielraum ein, das Löschungsverfahren zu betreiben oder nicht. Für die Löschung spricht das öffentliche Interesse einerseits an der Bereinigung des Registers, andererseits am Schutz des Rechtsverkehrs vor den durch falsche Eintragungen ausgehenden Gefahren. Abzuwägen ist dies gegen das Interesse am Rechtsfrieden und ggf das Bestandsinteresse der Beteiligten an der Erhaltung geschaffener Werte (OLG Hamm OLGZ 1969, 507; OLG Naumburg OLG-Report 1996, 273, 275; KG Rpfleger 2004, 497, 502; s.a. Keidel/*Heinemann* § 395 Rn 28). Letzteres dürfte jedoch idR nur dann überwiegen, wenn es sich um lang zurückliegende Eintragungen handelt, von denen keine besondere Gefahren ausgehen (so die – freilich innerhalb der falschen Verfahrensart getroffenen – Erwägungen des OLG Frankfurt NJW-RR 2006, 44 zum Firmenbestandteil »… & Partner GmbH«).

78 Gründe der **Unverhältnismäßigkeit** können gegen eine Löschung sprechen, wenn die Firma nach längerem unbeanstandeten Gebrauch allein deshalb unzulässig geworden ist, weil sich die Rechtsauffassung, die Verkehrsanschauung oder der Sprachgebrauch geändert haben (OLG Celle JR 1952, 74; OLG Stuttgart NJW 1960, 1865; KG NJW 1965, 254, 255 f).

79 Umgekehrt ist die Durchführung der Amtslöschung zwingend veranlasst, wenn das Fortbestehen der fehlerhaften Eintragung eine **Schädigung des eingetragenen Rechtsträgers** zur Folge hätte (OLG Zweibrücken NJW-RR 2002, 825, 826; OLG Düsseldorf NJW-RR 1999, 1053, 1054; KKW/*Winkler* (15. Aufl) § 142 Rn 19), namentlich wenn von Amts wegen unzulässigerweise eine Löschung der Firma oder der Gesellschaft eingetragen wurde.

80 Die etwaige Verletzung einzelner **Individualrechte** (zB der Vereinsmitglieder) durch die vorgenommene Eintragung ist kein ausschlaggebendes Element bei der Ermessensausübung; der Rechtsinhaber mag seine Individualansprüche im streitigen Zivilprozess verfolgen (BayObLG NJW-RR 2002, 679; OLG Zweibrücken NJW-RR 2004, 34, 35 mwN).

81 **Kein Ermessen** ist dem Registergericht eingeräumt, wenn eine Firma nach § 43 Abs 2 Satz 1 KWG wegen unzulässigen Gebrauchs einer für **Kreditinstitute** geschützten Fir-

menbezeichnung gelöscht werden soll (Jansen/*Steder* § 142 Rn 84); hier gebietet das öffentliche Interesse in jedem Fall ein Einschreiten. Dasselbe gilt für Löschungen nach § 4 Abs 3 Satz 1 VAG wegen unzulässigen Gebrauchs einer für **Versicherungsunternehmen** geschützten Firmenbezeichnung (OLG München FGPrax 2005, 227, 228) sowie bei unzulässigem Gebrauch einer für **Beteiligungsfinanzierungsgesellschaften** geschützten Bezeichnung (§§ 22 Satz 2 REITG, 20 Abs 2 Satz 2 UBGG, 21 Abs 1 Satz 2 WKBG). Ebenso besteht kein Ermessen, von der Löschung einer SCE bei **Auseinanderfallen von Sitzstaat und Hauptverwaltung** abzusehen (§ 10 Abs 2 SCEAG).

6. Adressat der Löschungsankündigung

Adressat der Löschungsankündigung ist bei einem **einzelkaufmännischen Unterneh-** 82
men der Inhaber der eingetragenen Firma oder dessen Rechtsnachfolger (zu Einzelheiten s § 393 Rz 19 ff). Bei juristischen Personen iSd § 33 HGB ist die Löschungsankündigung an diese selbst zu richten, vertreten durch den Vorstand (Jansen/*Steder* § 141 Rn 33).

Bei **Personenhandelsgesellschaften** richtet sich die Löschungsankündigung gegen 83
die Gesellschaft. Ist die Löschung der Firma beabsichtigt, richtet sich die Ankündigung zusätzlich gegen alle Gesellschafter, denn diese sind Inhaber des Firmenrechts (KG DNotZ 1978, 370).

Handelt es sich um eine eingetragene **Kapitalgesellschaft**, einen **Verein** oder eine **Ge-** 84
nossenschaft, ist Adressat der Verfügung die Gesellschaft bzw der Verein (Jansen/*Steder* § 141 Rn 33). Bei Führungslosigkeit der GmbH/UG oder AG werden diese durch die Gesellschafter (§ 35 Abs 1 Satz 2 GmbHG) bzw durch den Aufsichtsrat (§ 78 Abs 1 Satz 1 AktG) vertreten. Fehlt es auch unter Berücksichtigung dieser Vorschriften an einem gesetzlichen Vertreter, ist durch Bestellung eines Notgeschäftsführers, -vorstands oder -liquidators für eine ordnungsgemäße Vertretung zu sorgen (BayObLG ZIP 1994, 1767, 1768 mwN).

Geht es um Eintragungen, die die **Rechtsstellung einer anderen Person** bekunden 85
oder begründen (Geschäftsführer, Vorstand, Liquidator, Prokurist, beherrschendes Unternehmen, Gesellschafter der Personenhandelsgesellschaft), sind auch deren Rechte durch das Verfahren unmittelbar betroffen, so dass sie gem § 7 Abs 2 Nr 1 als Beteiligte hinzuzuziehen sind und die Löschungsankündigung zusätzlich an sie zu richten ist (BayObLG NJW-RR 1986, 1362, 1363; BayObLGZ 1988, 410, 412; Keidel/*Heinemann* § 395 Rn 30 und § 398 Rn 23).

Soweit die Verwaltungs- und Verfügungsbefugnis des eingetragenen Unternehmens 86
oder Rechtsträgers auf eine **Partei kraft Amtes** (Testamentsvollstrecker, Insolvenzverwalter) übergegangen ist, ist die Löschungsankündigung an diese zu richten. Bei Insolvenz ist zu prüfen, ob die Verfügungsbefugnis hinsichtlich der konkret zu löschenden Eintragung gem § 80 Abs 1 InsO auf den Verwalter übergegangen ist, andernfalls ist die Löschungsankündigung an die Gesellschaft selbst zu richten (s vor § 378 Rz 25 ff). Da es hier zu Abgrenzungsschwierigkeiten kommen kann, empfiehlt es sich, vorsorglich sowohl den Insolvenzverwalter als auch die Gesellschaft von der Löschungsabsicht zu benachrichtigen.

7. Form, Inhalt und Bekanntgabe der Löschungsankündigung

Eine bestimmte äußere Form der Löschungsankündigung schreibt das Gesetz nicht vor; 87
sie kann daher in Form eines Beschlusses oder in Form einer Verfügung ergehen. Der notwendige Inhalt ist durch den Gesetzeswortlaut vorgegeben: Sie muss den Adressaten von der beabsichtigten Löschung benachrichtigen und ihm zugleich eine angemessene Frist zur Geltendmachung eines Widerspruchs bestimmen.

§ 395 FamFG | Löschung unzulässiger Eintragungen

a) Benachrichtigung von der beabsichtigten Löschung

88 Unter »benachrichtigen von der beabsichtigten Löschung« ist zu verstehen, dass der Beteiligte von der konkreten Absicht zu benachrichtigen ist, von Amts wegen in das Register den Vermerk einzutragen, dass eine bestimmte Eintragung wegen ihrer Unzulässigkeit gelöscht wird. Eine bloße Bezugnahme auf das Gesetz und der Hinweis, dass nach Ablauf der Frist »nach Lage der Sache entschieden werde«, genügen nicht (KGJ 49, 138, 139). Soll eine Firma gelöscht werden, muss der Beteiligte der Benachrichtigung entnehmen können, dass es sich um eine Löschung wegen Unzulässigkeit der Eintragung und nicht um die Eintragung des Erlöschens der Firma iSd §§ 393 FamFG, 31 Abs 2 HGB oder um eine Löschung wegen Vermögenslosigkeit nach § 394 handelt.

b) Bestimmung einer angemessenen Frist zur Geltendmachung eines Widerspruchs

89 Das Gericht hat eine angemessene Frist zur Geltendmachung eines Widerspruchs zu bestimmen. Eine Mindestfrist sieht das Gesetz nicht vor, jedoch sollte die Monatsfrist – schon aus Rücksichtnahme auf eventuelle Urlaubsabwesenheiten – keinesfalls unterschritten werden, zumal wegen des Gesetzeswortlauts des § 17 (»gesetzliche Frist«) zweifelhaft ist, ob Wiedereinsetzung in Betracht kommt (§ 17 Rz 12). Die Frist dient auch dazu, den Beteiligten Gelegenheit zu geben, die Löschung durch Behebung des Mangels abzuwenden (vgl OLG Stuttgart Rpfleger 1974, 199; Keidel/*Heinemann* § 395 Rn 34; *Krafka/Willer* Rn 447).

90 Bei der **Löschung von Kapitalgesellschaften und Genossenschaften** (§ 397) **oder deren Beschlüssen** (§ 398) war bisher eine zwingende **Mindestfrist von drei Monaten** vorgesehen (§ 144 Abs 3 FGG), welche zwar nicht in das FamFG übernommen wurde, jedoch für Fälle dieser Art noch eine Orientierungshilfe darstellt. Kürzere Fristen sollten nur mit Bedacht gewählt werden.

91 Die Frist wird entweder auf einen bestimmten Termin gesetzt (»Widerspruch bis zum …«) oder sie erfolgt durch Bestimmung einer Zeitspanne (»Widerspruch binnen sechs Wochen«). Eine so gesetzte Frist beginnt mit der Bekanntgabe der Löschungsankündigung zu laufen (§ 16 Abs 1). Fristverlängerung auf Antrag ist möglich (§§ 16 Abs 2 FamFG, 224 Abs 2 ZPO).

92 **Fehlt** die Bestimmung der Widerspruchsfrist oder ist sie objektiv **zu kurz gesetzt**, ist die Löschungsankündigung rechtswidrig und die Eintragung des Löschungsvermerks unzulässig. Erfolgt die Amtslöschung gleichwohl, ist der Löschungsvermerk seinerseits wiederum nach Maßgabe des § 395 zu löschen (s Rz 134 ff).

93 Der Fehler einer zu kurz gesetzten Widerspruchsfrist kann auch nicht durch Fristverlängerung von Amts wegen geheilt werden. Zwar war es unter der Herrschaft des FGG als zulässig angesehen, eine zu kurz bemessene Frist angemessen zu verlängern (Jansen/*Steder* § 141 Rn 38; KKW/*Winkler* (15. Aufl) § 141 Rn 10). Doch wurde die Regelung des § 18 FGG, welche die nachträgliche Abänderung des Beschlusses von Amts wegen ermöglichte, vom Gesetzgeber willentlich nicht in das FamFG übernommen. Heute ist eine Fristverlängerung nur noch nach den §§ 16 Abs 2 FamFG, 224 Abs 2 ZPO möglich und setzt zwingend einen Antrag des Beteiligten voraus (§ 16 Rz 11; aA: Keidel/*Heinemann* § 395 Rn 34). Zwar unterlag der Gesetzgeber einem möglichen Verständnisirrtum, indem er annahm, es gebe für § 18 FGG keinen Anwendungsbereich mehr (BTDrs 16/6308 S 198 zu § 48 FamFG), und dabei womöglich die hier angesprochene Konstellation übersah. Gleichwohl ist die Gesetz gewordene Änderung hinzunehmen. Die zu kurz gesetzte Frist bleibt rechtswidrig. Das Verfahren muss mit einer erneuten Löschungsankündigung nebst angemessener Fristsetzung von Neuem beginnen. Es sei denn, der Beteiligte selbst stellt einen Fristverlängerungsantrag und das Gericht gibt diesem statt – dann wirkt sich der ursprüngliche Fehler nicht aus.

Der **Hinweis auf die Widerspruchsmöglichkeit** muss nach wohl herrschender Auf- 94
fassung (§ 39 Rz 17; *Heinemann* FGPrax 2009, 1, 4; Bassenge/Roth/*Walter* § 395 Rn 11)
den Förmlichkeiten einer Rechtsbehelfsbelehrung (§ 39) genügen, wenngleich die Tatbestandsvoraussetzungen des § 39 kaum erfüllt sind, nämlich einerseits weder Beschlussform vorgeschrieben ist (so aber der Anknüpfungspunkt des § 39) noch eine
»Endentscheidung« im Sinne des § 38 vorliegt, an die § 39 systematisch anknüpft. Hergeleitet werden kann die Belehrungspflicht am ehesten aus der Gesetzesbegründung zu
§ 39 (BTDrs 16/6308 S 196), wo es ausdrücklich heißt, von ihr umfasst seien »alle Rechtsmittel sowie die in den FamFG-Verfahren vorgesehenen ordentlichen Rechtsbehelfe gegen Entscheidungen, Einspruch, Widerspruch und Erinnerung«. Hinzu kommt, dass die
Erwähnung des Wortes »Widerspruch« in § 39 völlig gegenstandslos wäre, würde man
dies nicht auf die Rechtsbehelfe nach den §§ 393–395, 399 beziehen.

c) Besondere Hinweise auf Heilungsmöglichkeiten

Soll eine AG, eine SE, eine KGaA oder eine GmbH/UG als nichtig gelöscht werden, so 95
ist gem § 45 Abs 1 HRV, wenn der Mangel (zB durch Satzungsänderung) geheilt werden
kann, in der Löschungsankündigung auf diese Möglichkeit ausdrücklich hinzuweisen.

Soll eine Genossenschaft oder eine SCE als nichtig gelöscht werden, ist gem § 22 Abs 1 96
GenRegV in der Löschungsankündigung ausdrücklich darauf hinzuweisen, dass der
Mangel bis zur Löschung durch Beschluss der Generalversammlung gem § 95 Abs 2 bis
4 GenG geheilt werden kann.

Soll eine SCE wegen Auseinanderfallens von Sitzstaat und Hauptverwaltung gelöscht 97
werden (§ 10 SCEAG), hat das Registergericht sie unter Fristsetzung aufzufordern, den
vorschriftswidrigen Zustand zu beenden, indem sie entweder ihre Hauptverwaltung
wieder im Sitzstaat errichtet oder ihren Sitz nach dem Verfahren gem Art 7 SCE-VO verlegt (§ 10 Abs 1 Satz 2 SCEAG). Auf beide Behebungsmöglichkeiten ist in der Löschungsankündigung alternativ hinzuweisen. § 22 Abs 1 GenRegV, wonach lediglich
auf eine Mangelbehebung »durch Beschluss der Generalversammlung« hingewiesen
werden soll, ist für diesen Sonderfall zu eng formuliert.

d) Bekanntgabe

Die Löschungsankündigung ist allen Beteiligten (beachte Rz 82 ff) gem § 15 Abs 1 förm- 98
lich bekannt zu geben, da sie den Lauf der Frist auslöst, bis zu deren Ablauf der
Löschungsvermerk nicht eingetragen werden darf (Abs 3 iVm § 393 Abs 5). Dass die
Verfügung förmlich »zugestellt« wird, ist zwar ausdrücklich nur für den Fall der beabsichtigten Löschung einer Genossenschaft erwähnt (§ 22 Abs 1 GenRegV), sollte aber
auch ansonsten die Regel darstellen anstelle nur der Aufgabe zur Post.

Wird der Beteiligte durch einen Verfahrensbevollmächtigten vertreten, ist an diesen 99
zuzustellen (§ 15 Abs 2 FamFG iVm § 172 ZPO). Zur Frage, ob die Wirksamkeit der Zustellung an den Bevollmächtigten vom Vorliegen einer Vollmachtsurkunde abhängt, s
§ 388 Rz 48.

Kann der eingetragene Rechtsträger **postalisch nicht erreicht werden** oder sind wei- 100
tere Beteiligte (Rz 85) **unbekannten Aufenthalts**, kann das Gericht anordnen, dass die
Benachrichtigung in dem für die Registerbekanntmachungen bestimmten Bekanntmachungssystem erfolgt (Abs 2 Satz 2 iVm § 394 Abs 2 Satz 2). Daraus folgt im Umkehrschluss, dass eine öffentliche Zustellung an die Beteiligten sowie die Bestellung eines
Verfahrenspflegers für unbekannte Beteiligte (§ 1913 BGB) nicht in Betracht kommen.
Unanwendbar ist Abs 2 Satz 2 freilich auf Löschungen aus dem Güterrechtsregister, da
für dieses kein elektronisches Bekanntmachungssystem zur Verfügung steht.

8. Entbehrlichkeit der Löschungsankündigung

101 Die Löschungsankündigung und das Abwarten einer Widerspruchsfrist sind entbehrlich, wenn alle Beteiligten (Rz 82 ff) sich mit der beabsichtigten Löschung **einverstanden erklärt** haben (KG JFG 16, 189; BayObLG Rpfleger 1990, 200; Jansen/*Steder* § 142 Rn 72; Bassenge/Roth/*Walter* § 395 Rn 11).

9. Aussetzung des Löschungsverfahrens

102 Das Löschungsverfahren kann ausgesetzt werden, wenn bereits ein Rechtsstreit über den Gegenstand der vorgenommenen Eintragung anhängig ist (§ 21). Ist ein Rechtsstreit (noch) nicht anhängig, kann das Löschungsverfahren nach § 381 mit Fristbestimmung zur Klageerhebung ausgesetzt werden (§ 381 Rz 3). Die Aussetzung ist aber nur tunlich, wenn der Zivilrechtsstreit verspricht, zur Klärung der für das Registerverfahren maßgeblichen Rechtsfragen beizutragen.

103 **Keine Aussetzung** empfiehlt sich, um etwa vor der beabsichtigten Löschung eines nichtigen Beschlusses (§§ 395, 398) noch das Ergebnis einer zivilrechtlichen Anfechtungs- oder Nichtigkeitsfeststellungsklage abzuwarten (aA: Jansen/*Steder* § 144 Rn 56). Denn die Prüfungsgegenstände beider Verfahren haben kaum eine gemeinsame Schnittmenge. Mit der Zivilklage werden individuelle Rechtspositionen erhoben, auf die es im Amtslöschungsverfahren – wegen des durch § 398 eingeschränkten Prüfungsrahmens – in aller Regel nicht ankommt. Stellt das Registergericht hingegen einen Löschungstatbestand iSd §§ 395, 398 fest, sind öffentliche Interessen berührt, die regelmäßig keinen längerfristigen Aufschub und Rücksichtnahmen auf anderweitige Zivilprozesse dulden.

10. Unterrichtung des Anzeigenerstatters bei Nichteinleitung des Verfahrens (§ 24 Abs 2)

104 War das Löschungsverfahren von Dritter Seite angeregt worden und folgt das Gericht dieser Anregung nicht, hat es den Anzeigenerstatter gem § 24 Abs 2 unter Angabe von Gründen davon zu unterrichten, sofern ein berechtigtes Interesse an der Unterrichtung ersichtlich ist. Die Mitteilung ergeht formlos (§ 15 Abs 3).

III. Rechtsbehelfe

1. Widerspruch und Beschwerde gegen die Zurückweisung des Widerspruchs

105 Widerspruchs- und ggf beschwerdeberechtigt ist jeder, der an der Unterlassung der Löschung ein berechtigtes Interesse hat (Abs 2 Satz 2 iVm § 394 Abs 2 Satz 2 Hs 2). Das sind alle in Rz 82 ff Genannten, also neben dem eingetragenen Unternehmen/Rechtsträger auch diejenigen Personen, auf die sich die konkrete Eintragung bezieht (vgl BayObLG NJW-RR 1993, 698 – Vereinsvorstand; BayObLG Rpfleger 1983, 443 – Geschäftsführer).

106 Der einzelne Gesellschafter oder Genosse ist bei der Löschung einzelner Eintragungen nicht berechtigt, die Beschwerde zugunsten der Gesellschaft einzulegen; er kann dieses Interesse nur über eine entspr Beschlussfassung in der Gesellschafterversammlung verfolgen (OLG Hamm OLGZ 1976, 392, 395 mwN; OLG Köln ZIP 2002, 573, 575 f). Geht es jedoch ausnahmsweise um die Löschung der Gesellschaft insgesamt, sind auch die einzelnen Gesellschafter persönlich in ihren Rechten betroffen, so dass diese selbst Widerspruch einlegen können (vgl § 394 Rz 44).

107 Über den Widerspruch entscheidet der funktionell zuständige Richter oder Rechtspfleger (s Rz 67) durch Beschluss. Der Widerspruch ist nur dann zurückzuweisen, wenn zweifelsfrei feststeht, dass die Eintragung unzulässig ist (BayObLG Rpfleger 1990, 124 mwN; OLG Zweibrücken NJW-RR 2004, 34), andernfalls ist dem Widerspruch stattzugeben. Verbleiben Zweifel, darf die Eintragung nicht gelöscht werden.

Hinsichtlich der Einzelheiten des Widerspruchs- und Beschwerdeverfahrens verweist 108
Abs 3 auf § 393 Abs 3 bis 5. Auf die dortige Kommentierung wird verwiesen (§ 393
Rz 43–55, 57–59) mit folgenden Ergänzungen bezüglich des Beschwerderechtes bei Ablehnung einer Amtslöschung durch das Registergericht:

2. Beschwerderecht bei Ablehnung der Amtslöschung

Hatte ein **berufsständisches Organ** die Einleitung des Verfahrens beantragt und lehnt 109
das Gericht dieses ab, steht ihm die Beschwerde zu (§ 380 Abs 5). Handelt es sich um
ein Kreditinstitut oder eine Kapitalanlagegesellschaft, steht zusätzlich der BaFin das
Recht aus §§ 43 Abs 3 KWG, 16 Abs 3 BausparkG, 3 Abs 4 InvG zu. Ist die Beschwerde
begründet, kann das Beschwerdegericht jedoch die Löschungsankündigung nicht selbst
vornehmen, sondern nur das Registergericht anweisen, diese zu erlassen. Durch eine
solche Anweisung wird das Registergericht nur hinsichtlich der zu erlassenden Löschungsankündigung gebunden; der späteren Entscheidung über einen eventuellen Widerspruch des Beteiligten wird damit nicht vorgegriffen (KG NJW 1955, 1926, 1927; BayObLG NJW-RR 1993, 698).

Auch steht dem berufsständischen Organ und der BaFin die Beschwerde gegen eine 110
Entscheidung zu, die dem Widerspruch des Beteiligten stattgibt und eine zuvor ergangene Löschungsankündigung aufhebt. Das Beschwerdegericht entscheidet dann in der
Sache selbst, weist also – sofern die Beschwerde begründet ist – das Registergericht an,
die Löschung vorzunehmen.

Auch der **eingetragene Rechtsträger** oder ein Beteiligter gem Rz 85 kann gegen die 111
Ablehnung der Amtslöschung Beschwerde einlegen, soweit er dadurch in seinen Rechten beeinträchtigt wird, namentlich wenn es sich um die Löschung einer zu seinen Lasten vorgenommenen oder um die Löschung und Neueintragung einer unrichtig verfassten Eintragung (§ 383 Rz 33) handelt.

Konkurrenzunternehmen haben grds kein Beschwerderecht gegen die Ablehnung ei- 112
nes von ihnen angeregten Amtslöschungsverfahrens. Denn das Verfahren dient nicht
der Durchsetzung individueller Namens-, Urheber-, und Wettbewerbsrechte, sondern
allein dem öffentlichen Interesse an Registerwahrheit (RGZ 132, 311; weniger eindeutig
Jansen/*Steder* § 142 Rn 59 mwN; Keidel/*Heinemann* § 395 Rn 45). Das registerrechtliche
Amtslöschungsverfahren hat nicht den Zweck, dem Inhaber des angeblich verletzten
Rechts eine Unterlassungsklage zu ersparen. Dies gilt nach hier vertretener Auffassung
auch für den Fall, dass ein Dritter die Löschung einer fremden Firma wegen fehlender
Unterscheidbarkeit von der eigenen begehrt (aA hM, s KG NJW-RR 1991, 860 mwN).
Denn das Registergericht prüft die Firmenunterscheidbarkeit nicht zur Wahrung der Interessen der bereits eingetragenen Firmeninhaber, sondern allein zum Schutze der Öffentlichkeit vor Verwechslungsgefahren (Baumbach/Hopt/*Hopt* § 30 Rn 1 mwN). Dem
voreingetragenen Firmeninhaber, dessen Ausschließlichkeitsanspruch beeinträchtigt
wird, stellt das Gesetz die Unterlassungsklage nach § 37 Abs 2 HGB als gebotenen
Rechtsbehelf zur Seite, und zwar als den einzigen.

Auch die Stellung als **Gläubiger** des eingetragenen Unternehmens genügt zur Be- 113
schwerdeberechtigung nicht (BayObLG NJW-RR 2001, 613; OLG Düsseldorf FGPrax
2004, 135).

Der **Gesellschafter** ist grds nicht berechtigt, Beschwerde einzulegen, wenn das Ge- 114
richt seine Anregung ablehnt, eine unzulässig vorgenommene Eintragung zu löschen.
Er muss seine Rechte entweder per Antragstellung und Beschlussfassung in der Gesellschafterversammlung oder mittels einer Anfechtungsklage durchsetzen (vgl OLG
Hamm Rpfleger 1976, 135 für die Genossenschaft). Auch einzelnen **Aktionären** steht
grds kein Beschwerderecht zu. Geht es allerdings um die Löschung einer Eintragung,
welche eine unmittelbare Beeinträchtigung der aus der Gesellschafter-/Aktionärstellung
erwachsenden **Individualrechte** bewirkt, ist wie folgt zu differenzieren:

§ 395 FamFG | Löschung unzulässiger Eintragungen

115   **Unzulässig** ist die Beschwerde des einzelnen Gesellschafters, wenn die zu löschende Eintragung auf einem **Beschluss der Gesellschaft** beruht. Denn gem § 398 darf die Amtslöschung nichtiger Beschlüsse nicht zur Durchsetzung privater Interessen, sondern nur aus öffentlichem Interesse verfolgt werden. Die privaten Interessen einzelner Gesellschafter liegen außerhalb des Schutzbereichs der §§ 395, 398. Der Gesellschafter muss seine Individualrechte mit der dafür geschaffenen Anfechtungsklage verfolgen (KKW/ *Winkler* (15. Aufl) § 144 Rn 26; OLG Hamm Rpfleger 1976, 135 für die Genossenschaft), welche im Übrigen gesetzlichen Fristen unterliegt, die nicht durch Eröffnung eines zeitlich unbeschränkten »Ersatzverfahrens« nach dem FamFG unterlaufen werden dürfen. Diesen Zusammenhang übersieht die Rechtsprechung bisweilen, wenn sie einzelnen Gesellschaftern systemwidrig den Beschwerdeweg eröffnet, um im Registerverfahren die Löschung unzulässig eingetragener Kapitalerhöhungsbeschlüsse (OLG Karlsruhe OLGZ 1986, 155, 156 mwN), Beherrschungs- und Gewinnabführungsverträge (OLG Zweibrücken ZIP 1989, 241) oder Umwandlungsvorgänge (OLG Hamm ZIP 2001, 569, 570) zu erstreiten.

116   **Zulässig** ist die Beschwerde des Gesellschafters jedoch, wenn die zu löschende Eintragungen, **nicht auf einem Beschluss der Gesellschaft** beruht und deshalb nicht den Beschränkungen des § 398 unterliegt. Bspw kann der Gesellschafter die Amtslöschung einer unzulässig eingetragenen Gesellschaftsauflösung verfolgen, wenn die Eintragung nicht auf Gesellschafterbeschluss, sondern zB auf Kündigung durch einen Gesellschafter beruht (OLG Hamm DNotZ 1971, 247).

117   **Vereinsmitglieder** können Beschwerde einlegen mit dem Ziel der Löschung einer **Vorstandsänderung**, welche aufgrund nichtiger Beschlussfassung der Mitgliederversammlung eingetragen wurde (OLG Zweibrücken FGPrax 2002, 80 mwN). Denn für Vereinsbeschlüsse gelten die Beschränkungen des § 398 nicht. Beschwerde mit dem Ziel der Löschung einer eingetragenen **Satzungsänderung** kann das Vereinsmitglied aber nur einlegen, wenn durch die Satzungsänderung seine persönlichen Mitgliederrechte betroffen werden (OLG Stuttgart Rpfleger 1970, 283; vgl auch KG HRR 1931 Nr 1553; FGPrax 2005, 175).

IV. Vollzug der Löschung

118   Gelöscht werden darf nur, was mit der Löschungsankündigung angekündigt ist (Jansen/*Steder* § 142 Rn 54) oder wozu die Beteiligten ihr Einverständnis erklärt haben (Rz 101).

1. Inhalt des Löschungsvermerks (Abs 1 Satz 2)

119   Die Löschung der Eintragung erfolgt durch Eintragung des Vermerks »Von Amts wegen gelöscht« (§§ 19 Abs 1 HRV, 11 Abs 3 VRV). Sie darf gem Abs 3 iVm § 393 Abs 5 nur erfolgen, wenn bis dahin kein Widerspruch – auch kein verspäteter Widerspruch (s § 393 Rz 47) – erhoben wurde oder wenn der den Widerspruch zurückweisende Beschluss rechtskräftig geworden ist. Wird ein zunächst erhobener Widerspruch zurückgenommen, darf die Eintragung gleichwohl erst nach Ablauf der gesetzten Frist erfolgen.

120   Die Löschung nichtiger Gesellschaften und Genossenschaften (§ 397) erfolgt durch Eintragung eines Vermerks, der die Gesellschaft (bzw Genossenschaft oder SCE) als nichtig bezeichnet (§§ 45 Abs 2 HRV, 22 Abs 2 GenRegV). Zusätzlich ist stets die Auflösung der Gesellschaft einzutragen (*Krafka/Willer* Rn 458).

121   Die Löschung nichtiger Beschlüsse (§ 398) erfolgt durch Eintragung eines Vermerks, der den Beschluss als nichtig bezeichnet, in diejenigen Spalten des Registerblatts, in die der Beschluss eingetragen war (§§ 44 HRV, 23 GenRegV).

2. Löschung einer Firma oder eines Vereinsnamens

Eine Firma oder ein Vereinsname kann stets nur insgesamt gelöscht werden, auch wenn 122
die Beanstandung sich nur gegen einen Teil der verwendeten Bezeichnung richtet. Denn
das Streichen einzelner Elemente aus der Firma würde eine Firmenänderung bedeuten,
zu der nur der Firmeninhaber selbst befugt ist (KG NJW 1955, 1926, 1927 f; OLG Hamm
NJW 1959, 1973; BayObLG NJW 1972, 957, 959; Jansen/*Steder* § 142 Rn 49; KKW/*Winkler*
(15. Aufl) § 142 Rn 14; unreflektiert hingegen OLG Frankfurt NJW-RR 2006, 44 bezüglich
der isolierten Löschung des Firmenbestandteils »& Partner«).

Nach Auffassung von Jansen/*Steder* (§ 142 Rn 49 unter Bezugnahme auf die Erwägun- 123
gen in KG RJA 9, 91, 92) soll der Firmeninhaber die Löschung der kompletten Firma dadurch abwenden können, dass er in die isolierte Löschung des unzulässigen Firmenteils
einwilligt. Das erscheint auf den ersten Blick unbürokratisch, erweist sich aber bei näherer Betrachtung als systemwidrig. Denn die Firma wird nicht dadurch geändert, dass
der Inhaber in die teilweise Streichung der Registereintragung einwilligt, sondern dadurch, dass er eine neue Firma im Rechtsverkehr tatsächlich annimmt. Nimmt der Inhaber eine neue Firma an, ist diese Tatsache als Veränderung zum Register anzumelden
(§ 31 Abs 1 HGB), was wiederum nach den §§ 388 ff erzwungen werden kann (BayObLG
Rpfleger 1980, 18, 19; Bahrenfuss/Steup § 395 Rn 20). Demgegenüber wäre die Eintragung einer Firmenänderung von Amts wegen, also ohne entspr Registeranmeldung, generell nicht statthaft; auf eine solche würde jedoch das von Jansen/*Steder* favorisierte
Verfahren hinauslaufen.

Bei **Personenhandelsgesellschaften** oder **Vereinen** ist für die Änderung der Firma 124
bzw des Vereinsnamens ohnehin eine satzungsändernde Beschlussfassung nötig; eine
schlichte »Einverständniserklärung« ggü dem Registergericht kann dieses nicht ersetzen
(BayObLG NJW 1972, 957, 959).

Verstößt eine **Kapitalgesellschaft** gegen die Vorschriften über die Firmenbildung, 125
führt dies nicht zu einer Löschung nach § 395, sondern nur zum Auflösungsverfahren
nach § 399 (BayObLG NJW-RR 1989, 867, 868; übersehen worden von OLG Frankfurt
NJW-RR 2006, 44).

Abweichend ist die Rechtslage nur bei unzulässigem Gebrauch einer für **Kreditinsti-** 126
tute, Versicherungsunternehmen und **Kapitalanlage-** bzw **Beteiligungsfinanzierungsgesellschaften** geschützten Bezeichnung (§§ 43 Abs 2 KWG, 3 Abs 4 InvG, 16 Abs 3 BausparkG, 4 Abs 3 VAG; 22 Satz 2 REITG, 21 Abs 1 Satz 2 WKBG): Hier lässt das Gesetz
die sonst bei Kapitalgesellschaften unzulässige Firmenlöschung (Rz 51) und in den Fällen der §§ 4 Abs 3 VAG; 22 Satz 2 REITG, 21 Abs 1 Satz 2 WKBG sogar die sonst unzulässige isolierte Löschung eines Firmenzusatzes (Rz 122) ausdrücklich zu (BayObLG WM
1988, 664, 665).

3. Löschung einer Sitzverlegung

Bei der Amtslöschung einer eingetragenen Sitzverlegung, welche grds vom Gericht des 127
neuen Sitzes entschieden wird (Rz 68), ist nicht nur die Eintragung am neuen Sitz zu löschen, sondern darüber hinaus eine Neueintragung am bisherigen Sitz unter der alten
Registernummer vorzunehmen, und zwar auf einem neuen Registerblatt (wegen §§ 22
HRV, 4 Abs 1 VRV).

4. Absehen von der Löschung

Das Gericht muss auch dann von einer Löschung absehen, wenn zwar kein Wider- 128
spruch eingelegt oder dieser rechtskräftig zurückgewiesen wurde, sich aber aus weiteren Erkenntnissen des Registergerichts ergibt, dass die Löschung ungerechtfertigt wäre, weil die Voraussetzungen der Eintragung in Wahrheit vorlagen oder inzwischen
geschaffen wurden (Jansen/*Steder* § 142 Rn 34, 71). Das Absehen von der Löschung ist

§ 395 FamFG | Löschung unzulässiger Eintragungen

den Beteiligten formlos mitzuteilen und den berufsständischen Organen sowie im Falle von Kreditinstituten oder Kapitalanlagegesellschaften der BaFin bekannt zu geben, da diesen ein Beschwerderecht zusteht (§§ 380 Abs 5 FamFG, 43 Abs 3 KWG, 3 Abs 4 InvG, 16 Abs 3 BausparkG). Widerspricht sie deren bereits erklärten Willen, ist sie förmlich zuzustellen (§ 41 Abs 1 Satz 2).

129 Ebenso ist von der Löschung abzusehen, wenn zwar derzeit eine unzulässige Eintragung vorliegt, nachträglich aber noch eine **Heilung** des zu beanstandenden Mangels der Satzung (§ 397) oder des Beschlusses (§ 398) eintreten kann und bereits auf gutem Wege ist (vgl Jansen/*Steder* § 144 Rn 25, 58). Rechtswirksam wird eine solche Heilung zwar erst mit der Eintragung der Satzungsänderung in das Register, so dass bis dahin die formalen Löschungsvoraussetzungen vorliegen. Aber aus fürsorgerischen und zugleich pragmatischen Gründen wird das erkennbar ernsthafte Bemühen der Gesellschaft, die Heilung zielstrebig herbeizuführen (Einladung zur Haupt-, Gesellschafter- oder Generalversammlung mit entsprechender Tagesordnung), das Registergericht dazu veranlassen, die weitere Entwicklung abzuwarten, anstelle die Gesellschaft erst zu löschen und dann alsbald – nach Heilung und Fortsetzungsbeschluss (Rz 132) – wieder neu einzutragen.

V. Rechtsfolgen der Löschung

130 Die Löschung einer unzulässigen Eintragung macht sie in ihren Rechtswirkungen zunichte. Regelmäßig geschieht dies **rückwirkend**, so dass bei konstitutiven Eintragungen auch die durch sie vermittelten Rechtsänderungen rückwirkend erlöschen. Nicht rückwirkend, jedenfalls nicht auf den Zeitpunkt der ursprünglichen Eintragung rückwirkend, sind Löschungen, die vorgenommen werden, weil die Eintragung nachträglich unzulässig geworden ist (Rz 9).

131 Soweit die Löschung Rückwirkung entfaltet, gelten für die Zeit bis zur Eintragung des Löschungsvermerks die Grundsätze des **Gutglaubensschutzes** nach Maßgabe der §§ 15 HGB, 29 GenG. Die positive Publizitätswirkung des Registers setzt aber stets voraus, dass der Eingetragene die unzulässige Eintragung durch einen Eintragungsantrag veranlasst hatte (Baumbach/Hopt/*Hopt* § 15 Rn 19). Dies spielt vor allem dann eine Rolle, wenn eine Eintragung gelöscht wird, weil eine Registeranmeldung nicht vorlag (vgl Rz 37). Beim Vereinsregister gibt es keinen positiven Gutglaubensschutz, jedoch können uU – namentlich bei unrichtig eingetragenen Vereinsvorständen – die Grundsätze der Rechtsscheinvollmacht anzuwenden sein (Palandt/*Ellenberger* § 68 Rn 1).

132 Wird eine **Gesellschaft** oder **Genossenschaft gelöscht** (§§ 397 FamFG, 10 SCEAG), gilt sie mit der Eintragung des Löschungsvermerks als aufgelöst und tritt in das Liquidationsstadium (§§ 277 Abs 1 AktG, 77 Abs 1 GmbHG, 97 Abs 1 GenG). Der Mangel, der zur Löschung führte, kann aber noch geheilt und sodann ein Fortsetzungsbeschluss gefasst werden (MüKoAktG/*Hüffer* § 275 Rn 65; Baumbach/Hueck/*Schulze-Osterloh*/ *Zöllner* Anh § 77 Rn 30), auf den hin das Unternehmen wieder als werbende Gesellschaft/Genossenschaft einzutragen ist (Jansen/*Steder* § 144 Rn 26).

133 Wird ein **Beschluss gelöscht** (§ 398), gilt er als nichtig, selbst wenn er materiell wirksam gewesen sein sollte (§ 241 Nr 6 AktG, entspr anzuwenden auf die GmbH/UG und Genossenschaft). Bisweilen wird hinzugefügt, dass die Nichtigkeitsfolge des § 241 Nr 6 AktG dann nicht eintrete, wenn den Beteiligten entgegen § 395 Abs 2 keine Gelegenheit zum Widerspruch gegeben worden sei (Jansen/*Steder* § 144 Rn 61 mwN). Richtig dürfte dagegen sein, dass die Nichtigkeitsfolge des § 241 Nr 6 AktG durchaus zunächst eintritt, jedoch die verfahrensfehlerhaft zustande gekommene Löschung des Beschlusses ihrerseits in einem weiteren Löschungsverfahren beseitigt werden kann (Rz 134 ff), wodurch die konstitutive Nichtigkeitsfolge der Beschlusslöschung rückwirkend wieder entfällt. Mit anderen Worten: Ist die Löschung des Beschlusses eingetragen, gilt dieser als nichtig. War die Löschung verfahrensfehlerhaft zustande gekommen und wird anschließend die Löschung der Löschung eingetragen, gilt der Beschluss rückwirkend wieder als wirksam.

VI. Löschung des Löschungsvermerks

Da der Löschungsvermerk nach erfolgter Eintragung nicht mit Rechtsbehelfen anfecht- 134
bar ist (§ 383 Abs 3), kann seine Wirkung nur dadurch beseitigt werden, dass der Löschungsvermerk seinerseits im weiteren Amtslöschungsverfahren nach § 395 gelöscht wird (OLG Zweibrücken NJW-RR 2002, 825, 826 mwN). Jeder Rechtsbehelf, der gegen die bereits vollzogene Eintragung des Löschungsvermerks eingelegt wird, ist als Anregung zur Einleitung eines (weiteren) Amtslöschungsverfahrens nach § 395 umzudeuten (OLG Zweibrücken NJW-RR 2002, 825, 826; OLG Düsseldorf FGPrax 1998, 231; Jansen/ *Steder* § 141 Rn 60).

Der eingetragene Löschungsvermerk kann aber nur dann nach § 395 gelöscht werden, 135
wenn die Vornahme seiner Eintragung unzulässig war, also **verfahrensfehlerhaft zustande kam**. Das ist namentlich dann der Fall, wenn die Löschungsankündigung inhaltliche Mängel hatte, bspw den Grund für die beabsichtigte Löschung nicht erkennen ließ, die Widerspruchsfrist zu knapp bemessen war, die Löschungsankündigung nicht an alle (dem Gericht bekannten) Adressaten (Rz 82 ff) erging oder wenn der Löschungsvermerk entgegen Abs 3 iVm § 393 Abs 5 trotz eingelegten Widerspruchs und vor dessen rechtskräftiger Bescheidung eingetragen wurde (OLG Zweibrücken NJW-RR 2002, 825; OLG Düsseldorf NJW-RR 2006, 903), wobei insbes auch ein »verspätet« eingelegter Widerspruch zu beachten ist (§ 393 Rz 47).

Auf eine zu knapp bemessene Widerspruchsfrist kann das erneute Amtslöschungs- 136
verfahren allerdings dann nicht gestützt werden, wenn im ersten Verfahren tatsächlich Widerspruch eingelegt und dieser nach Abs 3 iVm § 393 Abs 3 behandelt wurde.

Steht ein wesentlicher Verfahrensfehler des ersten Amtslöschungsverfahrens fest, 137
muss zusätzlich zur Unzulässigkeit der Eintragung auch deren **inhaltliche Unrichtigkeit** hinzutreten (Jansen/*Steder* § 141 Rn 61).

Ist dagegen die Eintragung aus dem ersten Amtslöschungsverfahren nur inhaltlich 138
unrichtig, ohne dass ein Verfahrensfehler vorliegt, kommt eine Löschung des Löschungsvermerks nicht in Betracht. Denn wenn im ersten Verfahren kein Widerspruch eingelegt oder dieser rechtskräftig zurückgewiesen wurde, erging die Eintragung nach Maßgabe des Abs 3 iVm § 393 Abs 5 zu Recht (KG JW 1935, 1798; Jansen/*Steder* § 141 Rn 61).

VII. Kosten

Für die Löschungsankündigung werden keine Kosten erhoben. 139

Für die Zurückweisung des Widerspruchs hat der Widerspruchsführer die Kosten zu 140
tragen, wenn sie ihm mit der Zurückweisung des Widerspruchs aufgegeben wurden (Abs 3 iVm § 393 Abs 4). Erhoben wird das Doppelte der vollen Geb (§ 88 Abs 2 KostO); Geschäftswert: § 30 Abs 2 KostO. Ebenfalls das Doppelte der vollen Geb wird erhoben für die Verwerfung oder Zurückweisung der Beschwerde gegen die Zurückweisung des Widerspruchs.

Die Löschung selbst ist kostenlos (§ 88 Abs 1 KostO). Freilich ist dem Gesetzgeber hier 141
ein offensichtliches Redaktionsversehen unterlaufen, denn seit dem 1.12.2004 galt die Kostenfreiheit infolge der Bezugnahme auf die §§ 159, 161 FGG nur für Löschungen im Vereins- und Güterrechtsregister. Durch die heutige (zugleich sprachlich missglückte) Fassung des § 88 Abs 1 KostO werden alle »Löschungen nach den § 395 FamFG« in Bezug genommen, so dass sich die Kostenfreiheit nunmehr (wieder) auf sämtliche Register erstreckt. Ersichtlich war es dem Gesetzgeber unbewusst, dass er die Kostenfreiheit damit erheblich ausdehnt, denn in der Entwurfsbegründung ist nur ausführt, die Änderung sei »Folge der Übernahme der Vorschriften über das registerrechtliche Löschungs- und Auflösungsverfahren in den Entwurf des FamFG« (BTDrs 16/6308 S 335). Der neue Wortlaut ist jedoch Gesetz geworden und deshalb ist von Kostenfreiheit für alle Register auszugehen.

§ 396 [entfallen]

§ 397 Löschung nichtiger Gesellschaften und Genossenschaften

Eine in das Handelsregister eingetragene Aktiengesellschaft oder Kommanditgesellschaft auf Aktien kann nach § 395 als nichtig gelöscht werden, wenn die Voraussetzungen vorliegen, unter denen nach den §§ 275 und 276 des Aktiengesetzes die Klage auf Nichtigerklärung erhoben werden kann. Das Gleiche gilt für eine in das Handelsregister eingetragene Gesellschaft mit beschränkter Haftung, wenn die Voraussetzungen vorliegen, unter denen nach den §§ 75 und 76 des Gesetzes betreffend die Gesellschaften mit beschränkter Haftung die Nichtigkeitsklage erhoben werden kann, sowie für eine in das Genossenschaftsregister eingetragene Genossenschaft, wenn die Voraussetzungen vorliegen, unter denen nach den §§ 94 und 95 des Genossenschaftsgesetzes die Nichtigkeitsklage erhoben werden kann.

A. Allgemeines

1 § 397 entspricht im Wesentlichen dem bisherigen § 144 Abs 1 FGG; eingearbeitet wurden die Regelungen für die Genossenschaften (bisher § 147 Abs 3 FGG). Der Begriff der »Gesellschaft mit beschränkter Haftung« in Satz 2 umfasst auch die **UG** (§ 5a Abs 1 GmbHG). Entfallen ist die Regelung des § 144 Abs 3 FGG, wonach die Widerspruchsfrist mindestens drei Monate betragen soll.

B. Kommentierung

2 Die Vorschrift wird von der hM als eine eigenständige, gegenüber § 395 speziellere Verfahrensart aufgefasst und damit in ihrer Systematik missverstanden. Nach ihrer Entstehungsgeschichte war die Vorschrift nicht als ein eigenständiges Löschungsverfahren, sondern als eine **Einschränkung der allgemeinen Löschungsbefugnis** gedacht (*Krieger/Lenz* § 144 FGG Rn 2). Die rechte Bedeutung der Norm erschließt sich, wenn man in Satz 1 nach dem Wort »kann« gedanklich die Worte »nur dann« einfügt – bereits die Gesetzesbegründer bedienten sich dieses Hilfsmittels zum besseren Verständnis der Regelung (Denkschrift S 74 zu § 140 Abs 2 FGG-E). Einen Dualismus zwischen dem Verfahren nach § 395 und etwa einer weiteren Verfahrensart nach § 397 gibt es nicht. Die Löschung erfolgt allein auf der Grundlage des § 395 unter Beachtung der sich aus § 397 ergebenden Einschränkungen.

3 Der Sache nach beschränkt § 397 die Löschung nichtiger Kapitalgesellschaften und Genossenschaften auf schwerwiegende Fälle, in denen Nichtigkeitsklage erhoben werden könnte. Hinsichtlich der einzelnen Auswirkung der Norm wird auf die Kommentierung bei § 395 Rz 45 ff verwiesen.

§ 398 Löschung nichtiger Beschlüsse

Ein in das Handelsregister eingetragener Beschluss der Hauptversammlung oder Versammlung der Gesellschafter einer der in § 397 bezeichneten Gesellschaften sowie ein in das Genossenschaftsregister eingetragener Beschluss der Generalversammlung einer Genossenschaft kann nach § 395 als nichtig gelöscht werden, wenn er durch seinen Inhalt zwingende gesetzliche Vorschriften verletzt und seine Beseitigung im öffentlichen Interesse erforderlich erscheint.

A. Allgemeines

§ 398 entspricht im Wesentlichen dem bisherigen § 144 Abs 2 FGG; eingearbeitet wurden 1 die Regelungen für die Genossenschaften (bisher § 147 Abs 4 FGG). Entfallen ist die Regelung des § 144 Abs 3 FGG, wonach die Widerspruchsfrist mindestens drei Monate betragen soll.

B. Kommentierung

Die Vorschrift wird von der hM als eine eigenständige, gegenüber § 395 speziellere Ver- 2 fahrensart aufgefasst und damit in ihrer Systematik missverstanden. Nach ihrer Entstehungsgeschichte war die Vorschrift nicht als ein eigenständiges Löschungsverfahren, sondern als eine **Einschränkung der allgemeinen Löschungsbefugnis** gedacht (*Krieger/ Lenz* § 144 FGG Rn 2). Die rechte Bedeutung der Norm erschließt sich, wenn man nach dem Wort »kann« gedanklich die Worte »nur dann« einfügt – bereits die Gesetzesbegründer bedienten sich dieses Hilfsmittels zum besseren Verständnis der Regelung (Denkschrift S 74 zu § 140 Abs 2 FGG-E). Einen Dualismus zwischen dem Verfahren nach § 395 und etwa einer weiteren Verfahrensart nach § 398 gibt es nicht. Die Löschung erfolgt allein auf der Grundlage des § 395 unter Beachtung der sich aus § 398 ergebenden Einschränkungen (richtig erkannt bei BayObLGZ 1955, 333; 1956, 303, 310).

Der Sache nach beschränkt § 398 die Löschung nichtiger Beschlüsse von Kapitalgesell- 3 schaften und Genossenschaften auf schwerwiegende Fälle, in denen zwingende gesetzliche Vorschriften verletzt wurden, und deren Beseitigung im öffentlichen Interesse erforderlich erscheint. Hinsichtlich der konkreten Auswirkungen des § 398 wird auf die Kommentierung bei § 395 Rz 53 ff verwiesen.

§ 399 Auflösung wegen Mangels der Satzung

(1) Enthält die Satzung einer in das Handelsregister eingetragenen Aktiengesellschaft oder einer Kommanditgesellschaft auf Aktien eine der nach § 23 Abs. 3 Nr. 1, 4, 5 oder Nr. 6 des Aktiengesetzes wesentlichen Bestimmungen nicht oder ist eine dieser Bestimmungen oder die Bestimmung nach § 23 Abs. 3 Nr. 3 des Aktiengesetzes nichtig, hat das Registergericht die Gesellschaft von Amts wegen oder auf Antrag der berufsständischen Organe aufzufordern, innerhalb einer bestimmten Frist eine Satzungsänderung, die den Mangel der Satzung behebt, zur Eintragung in das Handelsregister anzumelden oder die Unterlassung durch Widerspruch gegen die Aufforderung zu rechtfertigen. Das Gericht hat gleichzeitig darauf hinzuweisen, dass andernfalls ein nicht behobener Mangel im Sinn des Absatzes 2 festzustellen ist und dass die Gesellschaft dadurch nach § 262 Abs. 1 Nr. 5 oder § 289 Abs. 2 Nr. 2 des Aktiengesetzes aufgelöst wird.

(2) Wird innerhalb der nach Absatz 1 bestimmten Frist weder der Aufforderung genügt noch Widerspruch erhoben oder ist ein Widerspruch zurückgewiesen worden, hat das Gericht den Mangel der Satzung festzustellen. Die Feststellung kann mit der Zurückweisung des Widerspruchs verbunden werden. Mit der Zurückweisung des Widerspruchs sind der Gesellschaft zugleich die Kosten des Widerspruchsverfahrens aufzuerlegen, soweit dies nicht unbillig ist.

(3) Der Beschluss, durch den eine Feststellung nach Absatz 2 getroffen, ein Antrag oder ein Widerspruch zurückgewiesen wird, ist mit der Beschwerde anfechtbar.

(4) Die Absätze 1 bis 3 gelten entsprechend, wenn der Gesellschaftsvertrag einer in das Handelsregister eingetragenen Gesellschaft mit beschränkter Haftung eine der nach § 3 Abs. 1 Nr. 1 oder Nr. 4 des Gesetzes betreffend die Gesellschaften mit beschränkter Haftung wesentlichen Bestimmungen nicht enthält oder eine dieser Bestimmungen oder die Bestimmung nach § 3 Abs. 1 Nr. 3 des Gesetzes betreffend die Gesellschaften mit beschränkter Haftung nichtig ist.

Übersicht

	Rz		Rz
A. Allgemeines	1	b) Bestimmung einer angemessenen Frist zur Geltendmachung eines Widerspruchs	26
B. Kommentierung	4		
I. Materielle Voraussetzungen für ein Auflösungsverfahren	4	c) Hinweis auf Feststellung des Mangels und Auflösung der Gesellschaft (Abs 1 Satz 2)	31
II. Verfahren	11		
1. Funktionelle Zuständigkeit	11		
2. Abgrenzung zu anderen Verfahren	12	d) Bekanntgabe	32
a) Löschungsverfahren (§ 395)	12	6. Unterrichtung des Anzeigenerstatters bei Nichteinleitung des Verfahrens (§ 24 Abs 2)	33
b) Ordnungsgeldverfahren (§ 392)	14		
c) Zwangsgeldverfahren (§§ 388 ff)	15	III. Rechtsbehelfe	34
d) Eintragungsverfahren	16	1. Widerspruch gegen die erlassene Aufforderung	34
3. Einleitung des Verfahrens, Beteiligung der berufsständischen Organe	19	a) Widerspruchsberechtigung	34
		b) Erhebung des Widerspruchs	35
4. Sachverhaltsermittlung, Ermessen	20	c) »Widerspruchsfrist«, Wiedereinsetzung in den vorigen Stand	37
5. Form, Inhalt und Bekanntgabe der Ankündigung	23	d) Verfahren und Entscheidung über den Widerspruch	38
a) Aufforderung zur Anmeldung einer Satzungsänderung oder zur Erhebung eines Widerspruchs	24	e) Feststellung des Mangels der Satzung (Abs 2)	44

Auflösung wegen Mangels der Satzung | **§ 399 FamFG**

	Rz		Rz
f) Beschwerde gegen die Zurückweisung des Widerspruchs und/oder gegen die Feststellung (Abs 3)	47	IV. Wirkung der Beschlüsse	57
		1. Beschluss über die Feststellung des Mangels	57
g) Aufschiebende Wirkung des Widerspruchs und der Beschwerde	52	2. Beschluss über die Zurückweisung des Widerspruchs	60
2. Rechtsbehelf gegen die Ablehnung oder Aufhebung einer Aufforderung	53	V. Löschung des Auflösungsvermerks	62
		VI. Kosten	65

A. Allgemeines

Ist die Satzung einer Kapitalgesellschaft in wesentlichen Punkten teilnichtig oder fehlen **1** wesentliche Inhalte, hat das Registergericht von Amts wegen auf eine Behebung des Zustandes hinzuwirken. Dazu dient das Verfahren nach § 399, mit dessen Hilfe das Registergericht die Gesellschaft zur Änderung ihrer Satzung anhalten kann. Bleibt die Aufforderung zur Satzungsänderung fruchtlos, stellt das Registergericht den Satzungsmangel fest, was zur Auflösung der Gesellschaft führt (§§ 262 Abs 1 Nr 5, 289 Abs 2 Nr 2 AktG, 60 Abs 1 Nr 6 GmbHG).

Die Vorschrift entspricht im Wesentlichen dem bisherigen § 144a FGG. Die Entscheidungs- **2** form für die auszusprechende Feststellung wurde von »Verfügung« nach »Beschluss« geändert (Abs 3), freilich ohne den Wortlaut der damit korrespondierenden §§ 262 Abs 1 Nr 5, 289 Abs 2 Nr 2 AktG, 60 Abs 1 Nr 6 GmbHG entsprechend anzupassen. Hinzugefügt wurde die Regelung, dass zusammen mit der Zurückweisung des Widerspruchs die Kosten des Widerspruchsverfahrens aufzuerlegen sind, soweit dies im Einzelfall nicht unbillig ist.

§ 399 ist nur auf die AG, KGaA und GmbH (einschließlich UG) anwendbar, jedoch **3** nicht auf die Genossenschaft. Darin liegt eine bedauerliche Inkonsequenz (Jansen/*Steder* § 144a Rn 3), die leider auch mit der Einführung des FamFG nicht beseitigt wurde.

B. Kommentierung

I. Materielle Voraussetzungen für ein Auflösungsverfahren

Die materiellen Voraussetzungen für ein Auflösungsverfahren ergeben sich aus den ge- **4** nannten Vorschriften des AktG und des GmbHG. Vorliegen muss ein **Satzungsmangel in zwingend** regelungsbedürftigen Kernbereichen. Dies sind bei der AG und der KGaA die Bestimmungen über den Sitz und die Firma, über die Höhe des Grundkapitals und dessen Zerlegung in Nennbetragsaktien oder in Stückaktien, über die Ausstellung von Inhaber- oder Namensaktien sowie über die Zahl der Vorstandsmitglieder (§ 23 Abs 3 Nr 1, 4–6 AktG); bei der GmbH/UG die Bestimmungen über den Sitz und die Firma sowie über den Betrag des Stammkapitals und die Nennbeträge der Geschäftsanteile (§ 3 Abs 1 Nr 1, 3, 4 GmbHG). Fehlt in der Satzung eine Regelung über einen dieser Punkte oder ist die betreffende Satzungsbestimmung nichtig, ist – mit zwei Ausnahmen – das Auflösungsverfahren nach § 399 zu betreiben.

Ausnahme 1: Ist eine Bestimmung über die Höhe des Grund- oder Stammkapitals **5** nicht nichtig, sondern überhaupt nicht vorhanden, greift nicht das Auflösungsverfahren nach § 399, sondern das Löschungsverfahren nach §§ 395, 397 (§ 395 Rz 47).

Ausnahme 2: Ist eine Bestimmung über die Firma deshalb nichtig, weil in unzulässi- **6** ger Weise eine für **Kreditinstitute, Versicherungsunternehmen** und **Kapitalanlage- bzw Beteiligungsfinanzierungsgesellschaften** geschützte Bezeichnung gebraucht wurde (§§ 43 Abs 2 KWG, 3 Abs 4 InvG, 16 Abs 3 BausparkG, 4 Abs 3 VAG, 22 Satz 2 REITG,

§ 399 FamFG | Auflösung wegen Mangels der Satzung

21 Abs 1 Satz 2 WKBG), ist ebenfalls nicht das Auflösungsverfahren nach § 399 zu betreiben, sondern die Firma gem § 395 zu löschen (§ 395 Rz 51).

7 **Praktische Anwendungsfälle** für das Auflösungsverfahren sind:
– Verstöße gegen Vorschriften über die Firmenbildung und -unterscheidbarkeit (§§ 18, 30 HGB, 4, 5a Abs 1 GmbHG, 4, 279 AktG, 11 Abs 1 Satz 3 PartGG; vgl OLG Köln OLGZ 1980, 309);
– die Nennung mehrerer Orte als Sitz der Gesellschaft (vgl aber § 377 Rz 13 zur Zulässigkeit eines Doppelsitzes) oder eines statuarischen Sitzes im Ausland;
– Verstöße gegen die zwingenden Bestimmungen über den Nennbetrag des Grundkapitals und der Aktien (§§ 6–8, 10 Abs 1 AktG) sowie über das Stammkapital und den Nennbetrag der Geschäftsanteile (§ 5 Abs 1–3 GmbHG); ebenso die fehlende Übereinstimmung der Summe der Nennbeträge der Geschäftsanteile/Aktien mit dem Stammkapital bzw dem Nennbetrag des Grundkapitals;
– Fehlende oder nichtige Bestimmungen über die Anzahl der Vorstandsmitglieder oder über die Regeln, nach denen diese bestimmt wird (§ 23 Abs 3 Nr 6 AktG).

8 Das Auflösungsverfahren ist auch dann zu betreiben, wenn eine Satzungsbestimmung **nachträglich nichtig wird**, namentlich wenn die Führung der Firma unzulässig geworden ist (OLG Stuttgart BB 1982, 1194; Jansen/*Steder* § 144a Rn 8; Keidel/*Heinemann* § 399 Rn 7; sowie wohl Bumiller/Harders § 399 Rn 3; aA: BayObLG DNotZ 1980, 118; Bahrenfuss/Steup § 399 Rn 10). Die Angaben über die Nennbeträge der Geschäftsanteile sind allerdings nur bei der Gründung nötig; sie können bei späteren Satzungsänderungen entfallen, ohne dass die Satzung dadurch nichtig wird (BayObLG NJW-RR 1997, 485 mwN; vgl auch BGH NJW 1989, 168, 169).

9 Ist der wahre **Satzungsinhalt** nicht nichtig, sondern ist er **lediglich im Register unrichtig wiedergegeben**, muss die falsche Eintragung im Verfahren nach § 395 gelöscht werden, sofern nicht eine Berichtigung wegen eines offenbaren Schreibfehlers (§ 17 Abs 1 HRV) in Betracht kommt (Jansen/*Steder* § 144a Rn 9).

10 Bei der **SE** gilt auch das spätere Auseinanderfallen von Sitzstaat und Hauptverwaltung als Auflösungsgrund. Jedoch richtet sich das Verfahren allein nach § 52 SEAG, welcher eine Widerspruchsmöglichkeit nicht vorsieht.

II. Verfahren

1. Funktionelle Zuständigkeit

11 Funktionell zuständig für die Durchführung des Auflösungsverfahrens ist der Richter (§ 17 Nr 1 lit f RPflG). Die Landesregierungen sind ermächtigt, den Richtervorbehalt aufzuheben und das Verfahren dem Rechtspfleger zu übertragen (§ 19 Abs 1 Nr 6 RPflG).

2. Abgrenzung zu anderen Verfahren

a) Löschungsverfahren (§ 395)

12 Das Auflösungsverfahren nach § 399 geht dem Löschungsverfahren nach § 395 vor. Satzungsmängel bei Kapitalgesellschaften einschl etwaiger Verstöße gegen Vorschriften über die Firmenbildung können nur mit dem Verfahren nach § 399 verfolgt werden (BayObLG NJW-RR 1989, 867, 868), denn eine Löschung der Gesellschaft kommt nur unter den sehr eingeschränkten Voraussetzungen des § 397 in Betracht (s § 395 Rz 45 ff).

13 Anders ist die Rechtslage bei unzulässigem Gebrauch einer für **Kreditinstitute, Versicherungsunternehmen** und **Kapitalanlage-** bzw **Beteiligungsfinanzierungsgesellschaften** geschützten Bezeichnung (§§ 43 Abs 2 KWG, 3 Abs 4 InvG, 16 Abs 3 BausparkG, 4 Abs 3 VAG, 22 Satz 2 REITG, 21 Abs 1 Satz 2 WKBG): Hier lässt das Gesetz eine Löschung der Firma ausdrücklich zu (§ 395 Rz 51), so dass § 399 nicht anzuwenden

ist. Erst nachdem die Firma nach § 395 gelöscht ist und das Unternehmen keine geänderte Firma zum Register anmeldet, kann im zweiten Schritt ein Auflösungsverfahren nach § 399 eingeleitet werden (BayObLG WM 1988, 664, 665).

b) Ordnungsgeldverfahren (§ 392)

Ist eine unzulässige Firma eingetragen, sind die Verfahren nach den §§ 392, 399 nebeneinander zu betreiben, sofern zu befürchten ist, dass die Feststellung des Satzungsmangels allein den Inhaber nicht abhalten wird, die Firma weiter im Rechtsverkehr zu gebrauchen (KG NJW-RR 1991, 860, 862; Jansen/*Steder* § 144a Rn 10). 14

c) Zwangsgeldverfahren (§§ 388 ff)

Das Zwangsgeldverfahren (§§ 388 ff) tritt nicht in Konkurrenz zum Auflösungsverfahren nach § 399, weil eine erzwingbare öffentlich-rechtliche Pflicht zur Anmeldung einer Satzungsänderung nicht besteht (Baumbach/Hueck/*Zöllner* § 54 Rn 1; *Hüffer* § 36 Rn 5). 15

d) Eintragungsverfahren

Die Ersteintragung einer Gesellschaft, deren Satzung unter einem der in § 399 bezeichneten Mängel leidet, ist von vornherein abzulehnen (Keidel/*Heinemann* § 399 Rn 7), so dass die Verfahren nicht kollidieren. 16

Bei bereits eingetragenen Gesellschaften ist die Folgeanmeldung einer Satzungsänderung, welche zu einem der bezeichneten Mangel führen würde, zurückzuweisen. 17

Das Interesse an der Beseitigung des Satzungsmangels darf jedoch nicht dadurch verfolgt werden, dass das Registergericht die Anmeldung einer auf andere Punkte bezogenen, für sich genommen zulässigen Satzungsänderung zurückweist. Das Registergericht muss vielmehr die rechtmäßige Satzungsänderung eintragen und wegen der noch fortbestehenden Satzungsmängel das Auflösungsverfahren nach § 399 betreiben (BayObLG NJW-RR 1997, 485) – es sei denn, die Satzung wurde als Neufassung beschlossen: dann unterliegt der gesamte Satzungstext einer Rechtmäßigkeitsprüfung bei der Eintragung (vor § 378 Rz 72). 18

3. Einleitung des Verfahrens, Beteiligung der berufsständischen Organe

Das Verfahren wird von Amts wegen oder auf Antrag der berufsständischen Organe eingeleitet. Sind mehrere berufsständische Organe zuständig, ist jedes für sich allein antragsberechtigt. Beruht die Verfahrenseinleitung nicht auf einem Antrag des berufsständischen Organs, ist dieses im Laufe des Verfahrens anzuhören (§ 380 Rz 24) verbunden mit der Gelegenheit, einen Antrag auf eigene Beteiligung zu stellen (§ 380 Abs 2 Satz 2). Handelt es sich um ein Kreditinstitut oder um eine Kapitalanlagegesellschaft, stehen auch der BaFin die Antrags- und Beteiligungsrechte nach §§ 43 Abs 3 KWG, 16 Abs 3 BausparkG, 3 Abs 4 InvG zu. § 380 Abs 2 Satz 2 ist auf die BaFin entspr anzuwenden. 19

4. Sachverhaltsermittlung, Ermessen

Die Tatsachenvoraussetzungen für das Auflösungsverfahren (Rz 4 ff), sind **von Amts wegen** festzustellen. Nicht ausreichend für die Einleitung eines Verfahrens nach § 399 ist die bloß »glaubhafte« Kenntnis von Tatsachen (Bassenge/Roth/*Walter* § 399 Rn 4). Vielmehr muss das Gericht davon **überzeugt sein**, dass ein wesentlicher Satzungsmangel vorliegt, bevor es nach § 399 einschreitet (Jansen/*Steder* § 144a Rn 26). Um sich diese Überzeugung zu verschaffen, muss das Gericht den Sachverhalt vor dem Erlass einer Ankündigung nach § 399 ausreichend ermitteln – häufig mit Unterstützung der berufsständischen Organe, jedenfalls wenn es um die Zulässigkeit der Firma geht. 20

§ 399 FamFG | **Auflösung wegen Mangels der Satzung**

21 Ist das Registergericht von einem Satzungsmangel überzeugt, hat es zwingend nach § 399 vorzugehen; es besteht **kein Ermessen**, von einem Einschreiten abzusehen (BayObLG NJW-RR 1989, 867, 868; KG NJW-RR 1991, 860, 861).

22 Von einem Einschreiten nach § 399 kann aber **abgesehen werden**, wenn der Mangel der Satzung nicht zweifelsfrei festgestellt werden kann oder es hierfür umfangreicher Ermittlungen bedürfte (KG NJW-RR 1991, 860, 861 f; BayObLG NJW-RR 1997, 485).

5. Form, Inhalt und Bekanntgabe der Ankündigung

23 Eine bestimmte äußere Form der Ankündigung schreibt das Gesetz nicht vor; sie kann daher in Form eines Beschlusses oder in Form einer Verfügung ergehen. Adressat ist die Gesellschaft. Der notwendige Inhalt ist durch den Gesetzeswortlaut vorgegeben: Die Ankündigung muss dazu auffordern, innerhalb einer bestimmten Frist eine Satzungsänderung, die den Mangel der Satzung behebt, zur Eintragung in das Handelsregister anzumelden oder die Unterlassung durch Widerspruch gegen die Aufforderung zu rechtfertigen. Dabei ist gleichzeitig darauf hinzuweisen, dass andernfalls ein nicht behobener Mangel im Sinn des Abs 2 festzustellen ist und dass die Gesellschaft dadurch nach §§ 262 Abs 1 Nr 5, 289 Abs 2 Nr 2 AktG oder § 60 Abs 1 Nr 6 GmbHG aufgelöst wird.

a) Aufforderung zur Anmeldung einer Satzungsänderung oder zur Erhebung eines Widerspruchs

24 In der Verfügung ist zunächst der nach Auffassung des Gerichts bestehende Satzungsmangel genau zu bezeichnen. Danach folgt die Aufforderung, eine Satzungsänderung anzumelden, die den Mangel behebt. Der Anmeldung vorausgehen muss freilich die Satzungsänderung selbst, über die in der Haupt- oder Gesellschafterversammlung zu beschließen ist. Dass das Gesetz nicht den Versammlungsbeschluss als solchen, sondern die Registeranmeldung zum Anknüpfungspunkt der Aufforderung nimmt, hat seinen Grund darin, dass die beschlossene Satzungsänderung erst mit der Eintragung in das Register wirksam wird (§§ 181 Abs 3 AktG, 54 Abs 3 GmbHG) und die Gesellschaft deshalb erst mit der Anmeldung der Satzungsänderung alles Notwendige getan hat.

25 Mit der Aufforderung ist der Gesellschaft alternativ die Gelegenheit zu geben, die Unterlassung der Satzungsänderung durch Erhebung eines Widerspruchs gegen die Aufforderung zu rechtfertigen.

b) Bestimmung einer angemessenen Frist zur Geltendmachung eines Widerspruchs

26 Das Gericht hat eine angemessene Frist zu bestimmen, innerhalb derer die Satzungsänderung anzumelden oder der Widerspruch geltend zu machen ist.

27 Die Frist muss so **ausreichend bemessen** sein, dass die Erfüllung der aufgegebenen Verpflichtung fristgerecht vorgenommen werden kann (vgl BGH NJW 1997, 1855, 1857 zum Zwangsgeldverfahren). Dabei ist zu berücksichtigen, dass der geforderten Anmeldung zunächst ein Versammlungsbeschluss vorangehen muss. Hierfür sind Ladungsfristen (§§ 123 Abs 1 AktG, 51 Abs 1 Satz 2 GmbHG) und weiterer organisatorischer Vorlauf in Rechnung zu stellen, etwa die Saalanmietung und die Veröffentlichung der Einberufung in den Gesellschaftsblättern (§ 121 Abs 3 AktG). Ferner wird man der Gesellschaft zugestehen müssen, die Rechtslage vor der Einberufung einer satzungsändernden Versammlung eingehend zu prüfen und die zur Behebung des Mangels bestehenden Gestaltungsmöglichkeiten und -alternativen abzuwägen sowie die konkrete Beschlussvorlage sorgfältig und anfechtungsfest auszuarbeiten. Die Frist ist also eher **großzügig** zu wählen; Fristen unter drei Monaten werden – zumindest bei Publikumsgesellschaften – kaum in Betracht kommen (ebenso Bork/Jacoby/Schwab/*Müther* § 399 Rn 4).

Die Frist wird entweder auf einen bestimmten Termin gesetzt (»Anmeldung der Sat- 28
zungsänderung oder Erhebung des Widerspruchs bis zum …«) oder sie erfolgt durch
Bestimmung einer Zeitspanne (»binnen drei Monaten«). Eine so gesetzte Frist beginnt
mit der Bekanntgabe der Aufforderungsverfügung zu laufen (§ 16 Abs 1). Fristverlängerung auf Antrag ist möglich (§§ 16 Abs 2 FamFG, 224 Abs 2 ZPO).

Fehlt die Bestimmung der Frist oder ist sie objektiv **zu kurz gesetzt**, ist die Aufforde- 29
rung rechtswidrig und die daran anschließende Feststellung des Mangels unzulässig
(Jansen/*Steder* § 144a Rn 29). Der Fehler kann auch nicht durch Fristverlängerung von
Amts wegen geheilt werden. Zwar war es unter der Herrschaft des FGG als zulässig angesehen, eine zu kurz bemessene Frist angemessen zu verlängern (Jansen/*Steder* § 144a
Rn 29; KKW/*Winkler* (15. Aufl) § 144a Rn 13). Doch wurde die Regelung des § 18 FGG,
welche die nachträgliche Abänderung des Beschlusses von Amts wegen ermöglichte,
vom Gesetzgeber willentlich nicht in das FamFG übernommen. Heute ist eine Fristverlängerung nur noch nach den §§ 16 Abs 2 FamFG, 224 Abs 2 ZPO möglich und setzt
zwingend einen Antrag des Beteiligten voraus (§ 16 Rz 11; aA: Keidel/*Heinemann* § 399
Rn 22). Zwar unterlag der Gesetzgeber einem möglichen Verständnisirrtum, indem er
annahm, es gebe für § 18 FGG keinen Anwendungsbereich mehr (BTDrs 16/6308 S 198
zu § 48 FamFG), und dabei womöglich die hier angesprochene Konstellation übersah.
Gleichwohl ist die Gesetz gewordene Änderung hinzunehmen. Die zu kurz gesetzte
Frist bleibt rechtswidrig. Das Verfahren muss mit einer erneuten Aufforderung nebst angemessener Fristsetzung von Neuem beginnen. Es sei denn, der Beteiligte selbst stellt einen Fristverlängerungsantrag und das Gericht gibt diesem statt – dann wirkt sich der
ursprüngliche Fehler nicht aus.

Der **Hinweis auf die Widerspruchsmöglichkeit** muss nach wohl herrschender Auf- 30
fassung (§ 39 Rz 17; *Heinemann* FGPrax 2009, 1, 4; Bassenge/Roth/*Walter* § 399 Rn 6)
den Förmlichkeiten einer Rechtsbehelfsbelehrung (§ 39) genügen, wenngleich die Tatbestandsvoraussetzungen des § 39 kaum erfüllt sind, nämlich einerseits weder Beschlussform vorgeschrieben ist (so aber der Anknüpfungspunkt des § 39) noch eine
»Endentscheidung« im Sinne des § 38 vorliegt, an die § 39 systematisch anknüpft. Hergeleitet werden kann die Belehrungspflicht am ehesten aus der Gesetzesbegründung zu
§ 39 (BTDrs 16/6308 S 196), wo es ausdrücklich heißt, von ihr umfasst seien »alle Rechtsmittel sowie die in den FamFG-Verfahren vorgesehenen ordentlichen Rechtsbehelfe gegen Entscheidungen, Einspruch, Widerspruch und Erinnerung«. Hinzu kommt, dass die
Erwähnung des Wortes »Widerspruch« in § 39 völlig gegenstandslos wäre, würde man
dies nicht auf die Rechtsbehelfe nach den §§ 393–395, 399 beziehen.

c) Hinweis auf Feststellung des Mangels und Auflösung der Gesellschaft (Abs 1 Satz 2)

Mit der Verfügung ist gleichzeitig darauf hinzuweisen, dass andernfalls, wenn weder ei- 31
ne Satzungsänderung angemeldet noch Widerspruch erhoben wird, ein nicht behobener
Mangel im Sinn des Abs 2 festzustellen ist und dass die Gesellschaft dadurch nach
§§ 262 Abs 1 Nr 5 oder 289 Abs 2 Nr 2 AktG aufgelöst wird. Bei der Formulierung dieses
Hinweises – wie insgesamt bei der Aufforderung – wird sich das Registergericht tunlichst an den Wortlaut des Gesetzes halten (Jansen/*Steder* § 144a Rn 28), wobei ggü einer
GmbH/UG selbstverständlich die Gesetzesangabe »§ 60 Abs 1 Nr 6 GmbHG« anstelle
der aktienrechtlichen Vorschriften zu zitieren ist. Auch bei der AG (§ 262 Abs 1 Nr 5
AktG) und der KGaA (§ 289 Abs 2 Nr 2 AktG) ist nur die jeweils anzuwendende Rechtsnorm zu zitieren.

d) Bekanntgabe

32 Die Aufforderung ist an »**die Gesellschaft**« zu richten, also nicht – wie § 394 es vorsieht – an die »gesetzlichen Vertreter« (Organwalter persönlich). Im Falle ihrer Führungslosigkeit werden die GmbH/UG durch die Gesellschafter (§ 35 Abs 1 Satz 2 GmbHG) und die AG durch den Aufsichtsrat (§ 78 Abs 1 Satz 1 AktG) vertreten. Ist die Gesellschaft oder Genossenschaft postalisch nicht zu erreichen, erfolgt öffentliche Zustellung. Eine ersatzweise Benachrichtigung im elektronischen Bekanntmachungssystem, wie sie in den Fällen des §§ 393 Abs 2, 394 Abs 2 Satz 2, 395 Abs 2 Satz 2 in Betracht kommt, ist für das Auflösungsverfahren nach § 399 nicht vorgesehen. Allerdings ist diese Regelung unglücklich, denn die erstrebte Kenntnisnahme von der Aufforderung zur Satzungsänderung würde über das Bekanntmachungssystem größeren Erfolg versprechen als über den Notbehelf der öffentlichen Zustellung. Das Gericht sollte daher aus fürsorgerischen Gründen erwägen, seine Verfügung neben der öffentlichen Zustellung zusätzlich in das Bekanntmachungssystem zu stellen.

6. Unterrichtung des Anzeigenerstatters bei Nichteinleitung des Verfahrens (§ 24 Abs 2)

33 War das Auflösungsverfahren von Dritter Seite angeregt worden und folgt das Gericht dieser Anregung nicht, hat es den Anzeigenerstatter gem § 24 Abs 2 unter Angabe von Gründen davon zu unterrichten, sofern ein berechtigtes Interesse an der Unterrichtung ersichtlich ist. Die Mitteilung ergeht formlos (§ 15 Abs 3).

III. Rechtsbehelfe

1. Widerspruch gegen die erlassene Aufforderung

a) Widerspruchsberechtigung

34 Die Aufforderung ist nicht mit der Beschwerde angreifbar; es kann nur der Widerspruch eingelegt werden, über den das Registergericht entscheidet. Erst gegen die Zurückweisung des Widerspruchs ist die Beschwerde nach Abs 3 statthaft. Widerspruchsberechtigt ist nicht nur die Gesellschaft, vertreten durch ihre Organe, sondern jeder, der durch die Auflösung der Gesellschaft in seinen Rechten beeinträchtigt wäre (§ 59 Abs 1), also auch der Gesellschafter/Aktionär sowie ggf das verbundene Unternehmen (aA: Jansen/*Steder* § 144a Rn 33; Bassenge/Roth/*Walter* § 399 Rn 13: nur die Gesellschaft sei widerspruchsberechtigt; uneinheitlich Keidel/*Heinemann*, der das Widerspruchsrecht nur der Gesellschaft (§ 399 Rn 26), das Beschwerderecht aber auch Dritten zugestehen will (§ 399 Rn 33)).

b) Erhebung des Widerspruchs

35 Als Erhebung des Widerspruchs ist **jede Eingabe** zu werten, mit der der Beteiligte zu erkennen gibt, dass er die Aufforderung für rechtswidrig hält. Auf die korrekte Bezeichnung des Rechtsbehelfs kommt es dabei nicht an; eine (als solche unzulässige) »Beschwerde« gegen die Aufforderung ist ohne Weiteres als Widerspruch zu behandeln. Kein Widerspruch iSd Abs 3 ist allerdings die bloße Bitte um Fristverlängerung, da sie nicht darauf zielt, den Mangel zu bestreiten und das Unterlassen der Mangelbeseitigung zu rechtfertigen (OLG Hamm OLGZ 1992, 162, 165 für das Zwangsgeldverfahren).

36 Der Widerspruch muss **schriftlich oder zur Niederschrift der Geschäftsstelle** abgegeben werden (§ 25 Abs 1). Eine Begründung des Widerspruchs ist nicht zwingend erforderlich aber tunlich, denn der Widerspruch soll dazu dienen, die Rechtmäßigkeit der Satzung zu rechtfertigen.

c) »Widerspruchsfrist«, Wiedereinsetzung in den vorigen Stand

Die mit der Aufforderung zu bestimmende »Widerspruchsfrist« ist keine Ausschluss- 37
frist. Sie hat lediglich die Bedeutung einer **Wartefrist**, bis zu deren Ablauf die Feststellung des Mangels nicht ausgesprochen werden darf (Jansen/*Steder* § 144a Rn 37). Ein Widerspruch ist auch dann noch zu berücksichtigen, wenn er nach Ablauf der Frist, allerdings bevor die Feststellung getroffen ist, bei Gericht eingeht (Bassenge/Roth/*Walter* § 399 Rn 12; Bumiller/*Harders* § 399 Rn 11; Bahrenfuss/*Steup* § 399 Rn 24; Jansen/*Steder* § 144a Rn 29, 37). Das folgt aus der Zielrichtung des Verfahrens nach § 399, welches nicht auf Sanktion der Fristversäumnis, sondern auf rechtmäßige Eintragungen zielt. Einer Wiedereinsetzung in den vorigen Stand wegen der versäumten Widerspruchsfrist bedarf es daher nicht (Bumiller/*Harders* § 399 Rn 11; Bassenge/Roth/*Walter* § 399 Rn 12; Bahrenfuss/*Steup* § 399 Rn 25; aA: Keidel/*Heinemann* § 399 Rn 27).

d) Verfahren und Entscheidung über den Widerspruch

Soweit der Widerspruch zu weiteren Ermittlungen veranlasst, sind diese aufzunehmen 38
und die entscheidungserheblichen Feststellungen zu treffen. Eine mündliche Verhandlung über den Widerspruch ist – anders als zB nach der Sollvorschrift des § 390 Abs 1 – nicht grds gefordert.

Über den Widerspruch entscheidet das Registergericht durch Beschluss. Der Wider- 39
spruch ist zurückzuweisen, wenn zweifelsfrei feststeht, dass ein wesentlicher Satzungsmangel vorliegt (vgl entspr BayObLG Rpfleger 1990, 124 zum Verfahren nach § 395). Andernfalls ist dem Widerspruch stattzugeben. Verbleiben Zweifel, darf die Feststellung des Satzungsmangels nicht getroffen werden.

Eine stattgebende Widerspruchsentscheidung, also die Aufhebung der Aufforderung 40
zur Satzungsänderung, ist den zuständigen berufsständischen Organen und im Falle von Kreditinstituten oder Kapitalanlagegesellschaften der BaFin bekannt zu geben, denen grds ein Beschwerderecht zusteht (§§ 380 Abs 5 FamFG, 43 Abs 3 KWG, 3 Abs 4 InvG, 16 Abs 3 BausparkG). Die Entscheidung ist den Organen förmlich zuzustellen, wenn sie deren bereits erklärten Willen nicht entspricht (§ 41 Abs 1 Satz 2).

Im Falle der Zurückweisung des Widerspruchs sind nach dem Wortlaut des Gesetzes 41
»der Gesellschaft« die Kosten aufzuerlegen, wenn dies nicht unbillig ist (Abs 2 Satz 3). Die Regel ist danach die Auferlegung der Kosten; davon abzusehen ist die Ausnahme. Wurde der Widerspruch nicht von der Gesellschaft, sondern von einem Dritten erhoben (Rz 34), sind diesem die Kosten aufzuerlegen.

Die Zurückweisung des Widerspruchs ist zuzustellen (§ 41 Abs 1 Satz 2) und hat eine 42
differenzierte Rechtsbehelfsbelehrung (§ 39) zu enthalten, welche die Möglichkeiten der Beschwerde sowohl gegen die Zurückweisung des Widerspruchs als auch isoliert gegen die Kostenentscheidung gesondert (s § 389 Rz 24) aufzeigt.

Die Eintragung der Auflösung der Gesellschaft darf nicht gleichzeitig mit der Zurück- 43
weisung des Widerspruchs vollzogen oder angeordnet werden, sondern erst nach Rechtskraft des Feststellungsbeschlusses (Rz 52).

e) Feststellung des Mangels der Satzung (Abs 2)

Wurde kein Widerspruch eingelegt oder ist er zurückgewiesen und blieb auch die Auf- 44
forderung zur Satzungsänderung erfolglos, stellt das Registergericht nach Ablauf der gesetzten Frist den Mangel der Satzung durch Beschluss fest. Die Feststellung des Mangels kann mit der Zurückweisung des Widerspruchs verbunden werden; Letztere muss also nicht bereits rechtskräftig sein (s Rz 52). Eine getrennte Beschlussfassung über die Feststellung des Mangels erst nach Eintritt der Rechtskraft der Entscheidung über den Widerspruch ist zwar zulässig aber nicht sinnvoll, da hierdurch unnötige Verzögerungen eintreten können, auch durch den erneut eröffneten Rechtsweg. Eine Feststellung

des Mangels ohne vorherige oder gleichzeitige Entscheidung über den Widerspruch ist nicht statthaft.

45 Das Registergericht hat bei der Beschlussfassung über die Feststellung des Mangels keinen Ermessensspielraum. Es muss die Feststellung treffen, wenn der Mangel besteht und die Gesellschaft ihn nicht behebt. Darin liegt eine Benachteiligung der Kapitalgesellschaften ggü den – nach § 395 zu behandelnden – übrigen Unternehmen, bei denen aus Ermessenserwägungen von einer Amtslöschung abgesehen werden kann, namentlich wenn es um längere Zeit unbeanstandet gebliebene Firmennamen geht (vgl § 395 Rz 77 f). Diese Ungleichbehandlung hat der Gesetzgeber ausdrücklich gewollt; sachlich zu rechtfertigen ist sie allerdings nicht (Jansen/*Steder* § 144a Rn 39).

46 Hat die Gesellschaft auf die Aufforderung hin eine Satzungsänderung angemeldet, welche zur Behebung des Mangels objektiv ungeeignet ist, sind die formalen Voraussetzungen für einen Feststellungsbeschluss nach Ablauf der gesetzten Frist gegeben. Gleichwohl wird das Registergericht aus fürsorgerischen Gründen zunächst Gelegenheit geben, den Zustand weiter nachzubessern, bevor es die Feststellung des Mangels endgültig trifft.

f) Beschwerde gegen die Zurückweisung des Widerspruchs und/oder gegen die Feststellung (Abs 3)

47 Gegen die Zurückweisung des Widerspruchs und gegen die Feststellung des Mangels ist die Beschwerde gegeben. Beschwerde kann nicht nur derjenige einlegen, dessen Widerspruch zurückgewiesen wurde, sondern jeder, der durch die Auflösung der Gesellschaft in seinen Rechten beeinträchtigt ist (s Rz 34; aA Jansen/*Steder* § 144a Rn 45: nur die Gesellschaft sei beschwerdeberechtigt). Gegenstand des Beschwerdeverfahrens sind die Zurückweisung des Widerspruchs und – soweit bereits erlassen – der Beschluss über die Feststellung des Mangels. Jeder eingelegte Rechtsbehelf ist bei verständiger Würdigung so zu deuten, dass er sich sowohl gegen die Zurückweisung des Widerspruchs als auch gegen die Feststellung des Mangels richtet (aA offenbar Jansen/*Steder* § 144a Rn 49: die Gesellschaft sei genötigt, beide Entscheidungen ausdrücklich mit Rechtsmitteln anzufechten, andernfalls könne die nicht angegriffene Entscheidung in Rechtskraft erwachsen).

48 Die Gesellschaft kann die Beschwerde auch mit dem alleinigen Ziel einlegen, den Eintritt der **Rechtskraft hinauszuzögern**, um den Mangel der Satzung noch in der Beschwerdeinstanz durch Satzungsänderung zu beheben (Jansen/*Steder* § 144a Rn 46). Ein solches Vorgehen ist zulässig und sinnvoll, da andernfalls mit der Rechtskraft des Feststellungsbeschlusses die Auflösung der Gesellschaft kraft Gesetzes eintritt. **Wichtig:** Auch wenn der Satzungsmangel noch während der laufenden Beschwerdefrist behoben wird, muss formal Beschwerde eingelegt werden (Bumiller/Harders § 399 Rn 13), da sonst der Feststellungsbeschluss in Rechtskraft erwächst und die Auflösung der Gesellschaft trotz zwischenzeitlicher Behebung des Mangels kraft Gesetzes eintritt und in das Register einzutragen ist (Rz 57).

49 Ist die Beschwerde deshalb berechtigt, weil die Aufforderung des Registergerichts zur Satzungsänderung formfehlerhaft war, kann der Verfahrensmangel nicht durch Nachholung der Aufforderung in der Beschwerdeinstanz geheilt werden, da diese ausschließlich durch das Registergericht vorzunehmen ist (vgl KG NJW-RR 2007, 1185 zur Löschungsankündigung).

50 Inhaltlich prüft das Beschwerdegericht nur diejenigen Beanstandungen, die Gegenstand der registergerichtlichen Aufforderung zur Satzungsänderung waren; ein **Austausch der Gründe** für die Feststellung eines Satzungsmangels ist nicht möglich (OLG Zweibrücken NJW-RR 1991, 1509).

51 Die Beschwerde wird nicht gegenstandslos, wenn das Registergericht den Vermerk über die Auflösung der Gesellschaft bereits (unzulässigerweise) vor dem Eintritt der

Rechtskraft des Beschlusses über die Feststellung des Mangels eingetragen hat (Jansen/ *Steder* § 144a Rn 50). Das Beschwerdegericht kann noch immer der Beschwerde stattgeben, den Feststellungsbeschluss aufheben und dieses mit einer Anweisung an das Registergericht zur Einleitung eines Amtslöschungsverfahrens nach § 395 hinsichtlich des voreilig eingetragenen Auflösungsvermerks verbinden.

g) Aufschiebende Wirkung des Widerspruchs und der Beschwerde

Der Widerspruch hat aufschiebende Wirkung, wie im Umkehrschluss aus Abs 2 Satz 1 folgt. Die Feststellung des Mangels darf erst beschlossen werden, wenn über den Widerspruch entschieden ist. Keine aufschiebende Wirkung hat die Beschwerde gegen die Zurückweisung des Widerspruchs. Das folgt aus Abs 2 Satz 2, wonach der Feststellungsbeschluss bereits mit der Widerspruchsentscheidung verbunden werden kann (Jansen/*Steder* § 144a Rn 38). Aufschiebende Wirkung haben aber wiederum die Beschwerde und Rechtsbeschwerde gegen den Feststellungsbeschluss. Dies ist zwar gesetzlich nirgends ausdrücklich geregelt, folgt aber aus dem entsprechend anzuwendenden Rechtsgedanken des § 393 Abs 5 und entspricht allgemeiner Auffassung (vgl Keidel/*Heinemann* § 399 Rn 35; Bassenge/Roth/*Walter* § 399 Rn 17; Jansen/*Steder* § 144a Rn 52). Die Eintragung der Auflösung der Gesellschaft darf daher erst erfolgen, wenn die Feststellung des Mangels rechtskräftig geworden ist, also alle Rechtsbehelfsfristen abgelaufen sind (§ 45).

2. Rechtsbehelf gegen die Ablehnung oder Aufhebung einer Aufforderung

Hatte ein berufsständisches Organ die Einleitung des Verfahrens beantragt und lehnt das Gericht dieses ab, steht dem Organ hiergegen die Beschwerde zu (§ 380 Abs 5). Handelt es sich um ein Kreditinstitut oder eine Kapitalanlagegesellschaft, steht zusätzlich der BaFin das Recht aus §§ 43 Abs 3 KWG, 16 Abs 3 BausparkG, 3 Abs 4 InvG zu. Ist die Beschwerde begründet, kann das Beschwerdegericht die Aufforderung zur Satzungsänderung jedoch nicht selbst vornehmen, sondern nur das Registergericht anweisen, diese zu erlassen. Durch eine solche Anweisung wird das Registergericht nur hinsichtlich der zu erlassenden Aufforderung zur Satzungsänderung gebunden; der späteren Entscheidung über einen eventuellen Widerspruch des Beteiligten wird damit nicht vorgegriffen (KG NJW-RR 1991, 860, 862).

Ebenso steht dem Organ und der BaFin die Beschwerde gegen eine Entscheidung zu, die dem Widerspruch des Beteiligten stattgibt und eine zuvor ergangene Aufforderung zur Satzungsänderung aufhebt (Jansen/*Steder* § 144a Rn 41). Das Beschwerdegericht entscheidet dann jedoch nur über die Zurückweisung des Widerspruchs und nicht zugleich über die Feststellung des Mangels; Letzteres bleibt dem Registergericht vorbehalten.

Konkurrenzunternehmen haben grds kein Beschwerderecht gegen die Ablehnung eines von ihnen angeregten Auflösungsverfahrens. Denn das Verfahren dient nicht der Durchsetzung individueller Namens-, Urheber- und Wettbewerbsrechte, sondern allein dem öffentlichen Interesse an Registerwahrheit (RGZ 132, 311). Das registerrechtliche Auflösungsverfahren hat nicht den Zweck, dem Inhaber des angeblich verletzten Rechts eine Unterlassungsklage zu ersparen. Dieses gilt nach hier vertretener Auffassung selbst für den Fall, dass ein Dritter die Auflösung einer fremden Gesellschaft wegen fehlender Unterscheidbarkeit deren Firma von der eigenen begehrt (aA hM; s KG NJW-RR 1991, 860 mwN). Denn das Registergericht prüft die Firmenunterscheidbarkeit nicht zur Wahrung der Interessen der bereits eingetragenen Firmeninhaber, sondern allein zum Schutze der Öffentlichkeit vor Verwechslungsgefahren (Baumbach/Hopt/*Hopt* § 30 Rn 1 mwN). Dem voreingetragenen Firmeninhaber, dessen Ausschließlichkeitsanspruch beeinträchtigt wird, stellt das Gesetz die Unterlassungsklage nach § 37 Abs 2 HGB als gebotenen Rechtsbehelf zur Seite, und zwar als den einzigen.

56 Der **Gesellschafter** ist grds nicht berechtigt, Beschwerde einzulegen, wenn das Gericht seine Anregung ablehnt, einen wesentlichen Satzungsmangel festzustellen. Er muss seine Rechte entweder per Antragstellung und Beschlussfassung in der Gesellschafterversammlung oder mittels einer Gestaltungsklage durchsetzen. Auch einzelnen **Aktionären** steht grds kein Beschwerderecht zu.

IV. Wirkung der Beschlüsse

1. Beschluss über die Feststellung des Mangels

57 Die Feststellung des Mangels der Satzung hat mit Eintritt der Rechtskraft **rechtsgestaltende Wirkung**; sie führt kraft Gesetzes zur Auflösung der Gesellschaft (§§ 262 Abs 1 Nr 5, 289 Abs 2 Nr 2 AktG, 60 Abs 1 Nr 6 GmbHG). Die Auflösung und der Auflösungsgrund (= Feststellung der Nichtigkeit der Satzung gem § 399 FamFG durch rechtskräftigen Beschluss vom ...) sind von Amts wegen in das Register einzutragen (§§ 263 Satz 2, 3, 289 Abs 6 Satz 3 AktG, 65 Abs 1 Satz 2, 3 GmbHG); ferner sind die nach § 384 Abs 2 erforderlichen Kenntlichmachungen vorzunehmen. Die Registereintragung wirkt nicht konstitutiv, sondern nur deklaratorisch.

58 Wird nach Rechtskraft des Feststellungsbeschlusses der Mangel durch Anmeldung einer Satzungsänderung behoben, muss gleichwohl die Auflösung der Gesellschaft eingetragen werden, da diese mit der Rechtskraft des Feststellungsbeschlusses materiell endgültig wirksam eintritt.

59 Die Gesellschaft kann den Status einer werbenden Gesellschaft dadurch wiedererlangen, dass sie einen **Fortsetzungsbeschluss** fasst (§ 274 Abs 2 Nr 2 AktG). Spätestens zugleich mit dem Fortsetzungsbeschluss muss eine den Mangel behebende Satzungsänderung beschlossen werden. Für die GmbH/UG gelten diese Regeln entspr (Baumbach/Hueck/*Schulze-Osterloh/Fastrich* § 60 Rn 52 ff, 58).

2. Beschluss über die Zurückweisung des Widerspruchs

60 Die rechtskräftige Zurückweisung des Widerspruchs hat für sich genommen – wenn nicht gleichzeitig über die Feststellung des Mangels entschieden wird – **keine Auswirkungen**. Sie hat auch keine materielle Rechtskraftwirkung bezüglich der nachfolgend ausstehenden Feststellung des Mangels, denn der Verfahrensgegenstand ist ein anderer. Neue Tatsachen und Erkenntnisse, auch eine geänderte Rechtsauffassung, sind daher im nachfolgenden Verfahren über den Feststellungsbeschluss uneingeschränkt zu berücksichtigen (aA offenbar Jansen/*Steder* § 144a Rn 49). Die Rechtslage nach zurückgewiesenem Widerspruch ist genau so, als habe die Gesellschaft gar keinen Widerspruch eingelegt: Auch dann geht von der bestandskräftigen Aufforderung zur Satzungsänderung keine Bindungswirkung für die Feststellung des Mangels aus.

61 Sieht das Registergericht aus Gründen neuer Tatsachen und Erkenntnisse von der Feststellung ab, ist die Entscheidung der Gesellschaft mitzuteilen und den berufsständischen Organen sowie im Falle von Kreditinstituten oder Kapitalanlagegesellschaften der BaFin bekannt zu geben, denen ein Beschwerderecht zusteht (§§ 380 Abs 5 FamFG, 43 Abs 3 KWG, 3 Abs 4 InvG, 16 Abs 3 BausparkG). Widerspricht sie deren bereits erklärten Willen, ist sie förmlich zuzustellen (§ 41 Abs 1 Satz 2).

V. Löschung des Auflösungsvermerks

62 Da der Auflösungsvermerk nach erfolgter Eintragung nicht mit Rechtsbehelfen anfechtbar ist (§ 383 Abs 3), kann die Wirkung der Eintragung nur dadurch beseitigt werden, dass der Auflösungsvermerk seinerseits im Amtslöschungsverfahren nach § 395 gelöscht wird.

Die Amtslöschung würde aber voraussetzen, dass der eingetragene Auflösungsvermerk inhaltlich unrichtig ist, da es sich um eine deklaratorische Eintragung handelt (§ 395 Rz 32 f). Inhaltlich unrichtig ist er aber nur, wenn **kein rechtskräftiger Feststellungsbeschluss** vorliegt. Andernfalls ist die Auflösung der Gesellschaft kraft Gesetzes eingetreten, so dass deren Eintragung inhaltlich richtig ist. Es kommt also nicht darauf an, ob der Feststellungsbeschluss verfahrensfehlerhaft zustande gekommen oder seinerseits inhaltlich unrichtig ist, sondern nur auf seine Existenz und Rechtskraft (OLG Düsseldorf DB 1979, 2269). Faktisch sind somit nur solche Auflösungsbeschlüsse zu löschen, die unzulässigerweise vor Eintritt der Rechtskraft des Feststellungsbeschlusses eingetragen wurden. 63

Wegen dieser Abhängigkeiten muss ein Rechtsbehelf, der sich gegen den Auflösungsvermerk richtet, immer auch daraufhin überprüft werden, ob er **umgedeutet werden** kann in eine Beschwerde gegen den Feststellungsbeschluss, ggf verbunden mit einem Wiedereinsetzungsgesuch. 64

VI. Kosten

Für die Aufforderung zur Satzungsänderung werden keine Kosten erhoben. 65

Für die Zurückweisung des Widerspruchs hat der Widerspruchsführer die Kosten zu tragen, wenn sie ihm mit der Zurückweisung des Widerspruchs aufgegeben wurden (s Rz 41). Erhoben wird das Doppelte der vollen Geb (§ 88 Abs 2 KostO); Geschäftswert: § 30 Abs 2 KostO. Ebenfalls das Doppelte der vollen Geb wird erhoben für die Verwerfung oder Zurückweisung der Beschwerde gegen die Zurückweisung des Widerspruchs. Der Feststellungsbeschluss als solcher ist mangels Gebührentatbestandes gebührenfrei (Korintenberg/*Lappe* § 88 Rn 23). Für die Zurückweisung der Beschwerde gegen den Feststellungsbeschluss wird die volle Gebühr erhoben, höchstens jedoch 800 € (§ 131 Abs 1 Nr 1 KostO); die Vorschrift des § 88 Abs 2 KostO gilt hierfür nicht. 66

Für die Eintragung des Auflösungsvermerks in das Register werden die gewöhnlichen Kosten erhoben; die Gebührenbefreiung nach Vorb 2 Abs 4 GebVerzeichnis HRegGebV gilt hierfür nicht. 67

Unterabschnitt 4
Ergänzende Vorschriften für das Vereinsregister

§ 400 Mitteilungspflichten

Das Gericht hat die Eintragung eines Vereins oder einer Satzungsänderung der zuständigen Verwaltungsbehörde mitzuteilen, wenn Anhaltspunkte bestehen, dass es sich um einen Ausländerverein oder eine organisatorische Einrichtung eines ausländischen Vereins nach den §§ 14 und 15 des Vereinsgesetzes handelt.

1 Die Vorschrift entspricht dem bisherigen § 159 Abs 2 FGG. Mit ihr korrespondiert MiZi XXI/9 Abs 1 Nr 1, Abs 2 Nr 1.

2 **Ausländervereine** sind gem § 14 Abs 1 Satz 1, 2 VereinsG solche (inländischen) Vereine, deren Mitglieder oder Leiter sämtlich oder überwiegend Nicht-EU-Ausländer sind. Darunter können auch Religionsgemeinschaften und andere Weltanschauungsvereinigungen fallen. Gegen Ausländervereine kann unter vereinfachten Voraussetzungen ein Vereinsverbot nach § 14 Abs 2 VereinsG ausgesprochen werden. Die verschärfte Aufsicht über Ausländervereine ist vor dem Hintergrund zulässig, dass die Vereinigungsfreiheit nach Art 9 Abs 1 GG als sog Deutschengrundrecht ausgestaltet ist. Die Mitteilungspflichten nach § 400 dienen der Unterstützung der Überwachungstätigkeit. **Zuständige Verwaltungsbehörde** (Verbotsbehörde) ist der Bundesminister des Innern für Vereine und Teilvereine, deren erkennbare Organisation oder Tätigkeit sich über das Gebiet eines Landes hinaus erstreckt, andernfalls die oberste Landesbehörde oder die nach Landesrecht zuständige Behörde.

3 **Ausländische Vereine** sind Vereine mit Sitz im Ausland (§ 15 Abs 1 VereinsG). Für ausländische Vereine, deren Organisation oder Tätigkeit sich auf den räumlichen Geltungsbereich dieses Gesetzes erstreckt, gilt § 14 VereinsG entspr. Zuständige Behörde ist der Bundesminister des Innern.

4 **Mitzuteilen** sind nur die Ersteintragung des Vereins und die Satzungsänderung. Vorstandswechsel sind nur mitzuteilen, wenn dadurch die Eigenschaft eines Ausländervereins (insbes die Leitung des Vereins durch Nicht-EU-Ausländer) erstmals begründet wird. Das Erlöschen bzw die Auflösung des Vereins sind als Gegenstück zum Gründungsakt nach Sinn und Zweck der Vorschrift ebenfalls mitzuteilen.

5 Die Anordnung der Mitteilung erfolgt durch den Rechtspfleger (Keidel/*Heinemann* § 400 Rn 7) auf Grundlage der vorhandenen Erkenntnisse. Eigene Ermittlungen über das Vorliegen eines Ausländervereins muss das Registergericht nicht anstellen.

§ 401 Entziehung der Rechtsfähigkeit

Der Beschluss, durch den einem Verein nach § 73 des Bürgerlichen Gesetzbuchs die Rechtsfähigkeit entzogen wird, wird erst mit Rechtskraft wirksam.

A. Sinken der Zahl der Vereinsmitglieder unter drei

Die Vorschrift entspricht dem bisherigen § 160a Abs 2 Satz 3 FGG. Sie bezieht sich nur auf das Verfahren nach § 73 BGB, nicht auf die Entziehung der Rechtsfähigkeit durch die Verwaltungsbehörde gem § 43 BGB. 1

Gem § 73 BGB hat das Amtsgericht auf Antrag des Vorstands und, wenn der Antrag nicht binnen drei Monaten gestellt wird, von Amts wegen nach Anhörung des Vorstands dem Verein die Rechtsfähigkeit zu entziehen, wenn die Zahl der Vereinsmitglieder unter drei herabsinkt. Der Antrag des Vorstands ist nicht erzwingbar (§ 78 Abs 1 BGB). 2

Kenntnisse über die Mitgliederzahl erlangt das Registergericht durch die vom Vorstand auf Verlangen nach § 72 BGB abzugebende Bescheinigung sowie durch eigene Ermittlungen (§ 26), wobei das Gericht auch über die Wirksamkeit einzelner Ein- und Austritte zu entscheiden hat (OLG Frankfurt Rpfleger 1992, 28). Bezüglich der weiteren Einzelheiten des Entziehungsverfahrens vgl die Kommentierungen zu § 73 BGB. Kosten: § 121 KostO. 2a

Der Entziehungsbeschluss ist dem Verein, vertreten durch seinen Vorstand, bekannt zu geben (§ 15 Abs 1), tunlichst durch förmliche Zustellung. Widerspricht der Beschluss dem bereits erklärten Willen des Vereins, muss zwingend zugestellt werden (§ 41 Abs 1 Satz 2). Fehlen die für die Zustellung erforderlichen Vorstandsmitglieder, muss für die Bekanntgabe – ausnahmsweise von Amts wegen – ein Notvorstand gem § 29 BGB bestellt werden (BayObLG NJW-RR 1989, 765, 766 – obiter, mwN). 3

Die Bedeutung des § 401 liegt nur in einer **Bestimmung über den Beginn der Wirksamkeit des Entziehungsbeschlusses**. Diese tritt erst mit Rechtskraft ein, wenn also alle Rechtsbehelfsfristen abgelaufen sind (§ 45), was eine Abweichung von der Regelung des § 40 bedeutet. Bis zum Eintritt der Rechtskraft bleibt der Verein nicht nur für die Durchführung des Beschwerdeverfahrens, sondern insgesamt rechtsfähig. Er bleibt auch noch handlungsfähig, da selbst ein einzig verbliebenes Mitglied noch Mitgliederversammlungen abhalten kann (OLG Zweibrücken FGPrax 2006, 229, 230). 4

B. Annex: Wegfall aller Vereinsmitglieder

Sind alle Mitglieder des Vereins weggefallen (durch Tod oder Austritt aller Mitglieder, durch mangelnde Betätigung infolge Interessenlosigkeit oder durch tatsächliche Preisgabe des Vereinszwecks, BGH WM 1965, 1132, 1133; WM 1976, 686, 687), bedarf es eines Verfahrens nach § 73 BGB nicht. Darüber herrscht Einigkeit, während die weiteren Rechtsfolgen des totalen Mitgliederverlustes streitig sind. 5

Nach hM führt der Wegfall des letzten Mitglieds zum **Erlöschen des Vereins ohne Liquidation**, so dass er auch im Register zu löschen ist. Soweit er im Zeitpunkt seines Erlöschens noch über Vermögen verfügte, tritt Gesamtrechtsnachfolge zugunsten der Anfallberechtigten ein, wobei für noch erforderliche **Abwicklungsmaßnahmen** ein Pfleger gem § 1913 BGB zu bestellen ist (BGHZ 19, 51, 57; BGH WM 1965, 1132, 1133). 6

Demgegenüber geht eine in der Lit verbreitete Auffassung (Nachweise bei KG Rpfleger 2004, 497, 498) davon aus, dass der Verein mit dem Wegfall des letzten Mitglieds lediglich faktisch aufgelöst sei. Bei Vorhandensein von Vermögen habe eine Liquidation zu erfolgen, falls das Vermögen nicht dem Fiskus anfalle. Die Auflösung sei von Amts wegen in das Register einzutragen, zugleich sei ein Notliquidator entspr § 29 BGB zu bestellen. 7

§ 401 FamFG | **Entziehung der Rechtsfähigkeit**

8   Einer inhaltlichen Auseinandersetzung mit der – dogmatisch überzeugenden – Literaturauffassung hat sich die Rechtsprechung bisher mit der Erwägung entzogen, dass allein Rechtssicherheit und Vertrauensschutz es geböten, an einer im Laufe der Zeit gefestigten und von der Praxis zugrunde gelegten höchstrichterlichen Rechtsprechung festzuhalten (OLG Köln NJW-RR 1996, 989).

Abschnitt 4
Unternehmensrechtliche Verfahren

Vor § 402 Unternehmensrechtliche Verfahren

Die Abschnittsüberschrift verspricht mehr, als sie hält. Denn besondere Verfahrensvorschriften über das unternehmensrechtliche Verfahren finden sich hier nicht, sieht man von einer praktisch nahezu bedeutungslosen Vorschrift über die Statthaftigkeit der Beschwerde (§ 402) und einigen Spezialvorschriften für das von vornherein eine Sonderstellung einnehmende Dispacheverfahren (§§ 403 ff) einmal ab. Daher wird hinsichtlich der wesentlichen Gegenstände und Verfahrensgrundsätze der unternehmensrechtlichen Verfahren auf die Kommentierung zu § 375 verwiesen. 1

§ 402 Anfechtbarkeit

(1) Der Beschluss des Gerichts, durch den über Anträge nach § 375 entschieden wird, ist mit der Beschwerde anfechtbar.

(2) Eine Anfechtung des Beschlusses, durch den einem Antrag nach den §§ 522 und 729 Abs. 1 des Handelsgesetzbuchs sowie den §§ 11 und 87 Abs. 2 des Binnenschifffahrtsgesetzes stattgegeben wird, ist ausgeschlossen.

(3) Die Vorschriften des Handelsgesetzbuchs, des Aktiengesetzes und des Publizitätsgesetzes über die Beschwerde bleiben unberührt.

A. Allgemeines

Die Vorschrift ersetzt die bisherigen Regelungen der §§ 146 Abs 2, 3, 148 FGG. Absatz 1 entspricht sinngemäß dem bisherigen § 146 Abs 2 Satz 1 FGG, auch iVm § 148 Abs 1, 2 Satz 1 FGG. Absatz 2 greift die Regelungen der bisherigen §§ 146 Abs 3, 148 Abs 2 Satz 2 FGG auf. Absatz 3 entspricht dem § 146 Abs 2 Satz 2 FGG; ergänzt um die Erwähnung des HGB. 1

Die Bedeutung der Vorschrift lag früher in Konkurrenz- und Abgrenzungsfragen zwischen der einfachen Beschwerde nach dem FGG und der in den materiellen Gesetzen zT angeordneten fristgebundenen sofortigen Beschwerde. Mit der Abschaffung dieser Rechtsmitteldiversität durch das FamFG ist die Vorschrift heute – mit Ausnahme des Abs 2 – **praktisch bedeutungslos**. 2

B. Kommentierung

I. Statthaftigkeit der Beschwerde (Abs 1)

Die in Abs 1 enthaltene Regelung ist überflüssig, da bereits § 58 die Beschwerde eröffnet. Die Vorschrift will auch kein uneingeschränktes Beschwerderecht unabhängig vom Erreichen des nach § 61 Abs 1 erforderlichen Mindestbeschwerdewertes eröffnen (so aber Bork/Jacoby/Schwab/*Müther* § 402 Rn 2). Zum Prüfungsumfang des Beschwerdegerichts bei Ermessensentscheidungen s § 375 Rz 14. 3

II. Ausschluss der Beschwerde (Abs 2)

Absatz 2 erklärt die Beschwerde für unstatthaft gegen Beschlüsse, mit denen der Aufnahme einer Verklarung (§§ 522 HGB, 11 BinSchG) oder einer Dispache (§§ 729 Abs 1, 87 Abs 2 BinSchG) **stattgegeben wird**. Das entspricht dem Beweissicherungscharakter dieser Verfahren und somit dem Rechtsgedanken des § 490 Abs 2 Satz 2 ZPO. Entsprechend anzuwenden ist Abs 2 auf den Beschluss über die Ausdehnung der Beweisaufnahme 4

§ 402 FamFG | **Anfechtbarkeit**

(§§ 524 Abs 3 Satz 2 HGB, 13 Abs 2 Satz 2 BinSchG). Gegen die vom Rechtspfleger nach § 11 BinSchG zu treffenden Entscheidungen bleibt allerdings die Rechtspflegererinnerung statthaft (§ 11 Abs 2 RPflG; s Bassenge/Roth/*Walter* § 402 Rn 3).

5 Gegen Entscheidungen, die einen Antrag in diesen Angelegenheiten **zurückweisen**, steht allerdings die Beschwerde offen. Das gilt auch für die Zurückweisung eines Antrags auf Ausdehnung der Beweisaufnahme (§§ 524 Abs 3 Satz 2 HGB, 13 Abs 2 Satz 2 BinSchG), welche für das zurückgewiesene Beweisbegehren bereits eine Endentscheidung darstellt (aA: Keidel/*Heinemann* § 402 Rn 6).

III. Sonderregelungen des HGB, AktG, PublG (Abs 3)

6 Absatz 3 enthält eine Konkurrenznorm, die ebenfalls überflüssig ist, weil bereits § 58 Abs 1 eine Öffnungsklausel für abweichende Regelungen des Beschwerderechts in den materiellen Gesetzen enthält.

7 Bspw erklärt § 35 Abs 2 Satz 2 AktG die Entscheidung über Meinungsverschiedenheiten zwischen den Gründern und den Gründungsprüfern über den Umfang der Aufklärungen und Nachweise, die von den Gründern zu gewähren sind, für unanfechtbar.

8 Ansonsten finden sich einige Vorschriften im HGB, AktG, SEAG, UmwG, KWG, VAG, BörsG und PfandBG, durch die die Rechtsbeschwerde in Vergütungsfestsetzungsverfahren ausgeschlossen wird.

Vor § 403 Dispacheverfahren

Eine große (gemeinschaftliche) Haverei – in der Verkehrssprache: »Havarie-Grosse« – 1
liegt vor, wenn das Schiff oder die Schiffsladung während der Reise Schaden erlitten haben oder außergewöhnliche Kosten aufgewendet wurden, verursacht durch vorsätzliches Handeln des Kapitäns/Schiffers mit dem Ziel, das Schiff und die Ladung wenigstens teilweise aus einer gemeinsamen Gefahr zu retten (Beispiel: Überbordwerfen der Ladung, Aufwendung von Schlepplohn).

Die große Haverei wird von den Beteiligten der Gefahrengemeinschaft gemeinsam ge- 2
tragen. Beteiligte sind der Schiffseigner, die Ladungsbeteiligten (Absender und Empfänger) sowie im Seehandel zusätzlich die Frachtinteressenten; in gewissem Umfang auch der Kapitän/Schiffer, die Besatzung und die Reisenden. Zwischen den Beteiligten wird ein Ausgleich herbeigeführt, in dem derjenige, der Opfer gebracht hat, von dem, der keine oder geringere Opfer gebracht hat, eine Vergütung verlangen kann. Die Dispache ist die Rechnung für die große Haverei, in der die Havereischäden, -folgen und -kosten, auch die sog »stellvertretenden Havarie-Grosse-Kosten« (also die Aufwendungen zur Vermeidung einer großen Haverei), unter den Beteiligten verteilt werden. Dabei werden die durch Aufopferung entstandenen Schäden ermittelt und auf die Beteiligten im Verhältnis ihrer geretteten Werte aufgeteilt. Aufgabe des Dispacheurs, der den Verteilungsplan erstellt (= die Dispache »aufmacht«), ist die Einziehung der geschuldeten Beiträge, die Ermittlung der maßgeblichen Werte, die Errechnung der jeweiligen Beteiligungen an der Verteilungsmasse und die Auskehrung der daraus folgenden Havereivergütung.

Die Hauptbestandteile der Dispache sind: 3
– Darstellung des Unfallherganges (Havariebericht) einschl Darlegung der gemeinsamen Gefahr, aus der sich die Havarie-Grosse-Lage ergibt;
– Aufstellung der vergütungsfähigen Schäden und Kosten;
– Aufstellung der geretteten Beitragswerte von Schiff, Ladung und ggf Fracht;
– Errechnung der Prozentsätze und Abrechnung der Beiträge und Vergütungen.

In der modernen **Seeschifffahrt** werden für die große Haverei nahezu ausnahmslos die 4
York-Antwerp Rules (YAR) vereinbart (vgl Charter: NYPE 93 Klausel 25, GENCON 94 Klausel 12; Linie: CONLINEBILL 2000 Klausel 12; Tramp: CONGENBILL 2007 Klausel 3). Die §§ 700 ff HGB gelten dann nur ergänzend bzw soweit sie zwingend, also nicht dispositiv sind. Für Dispachen, die in erster Linie nach den YAR und nur sekundär nach den Vorschriften des HGB aufgemacht sind, gelten verfahrensrechtlich ebenfalls die §§ 403 ff (str, wie hier: OLG Hamburg VersR 1996, 393, 394 f mwN; Bassenge/Roth/*Walter* § 403 Rn 5; aA offenbar Keidel/*Heinemann* § 405 Rn 1, § 405 Rn 12; unklar Bumiller/*Harders* § 405 Rn 1).

In der **Binnenschifffahrt** werden verbreitet – aber nicht so durchgängig wie die YAR 5
im Seehandel – die **Havarie-Grosse Regeln IVR** vereinbart (vgl etwa § 19 Ziff 1 IVTB). In der Donauschifffahrt verständigt man sich bisweilen auf die »**Donauregeln für die Grosse Havarie** von 1990« (Anl 5 des Bratislavaer Abkommens). Für beide Varianten gelten verfahrensrechtlich ebenfalls die §§ 403 ff (analog OLG Hamburg VersR 1996, 393, 394 f; s.a. Regel XVI Satz 2 IVR und OLG Karlsruhe ZfB 1999 Nr 12 S 79; aA: *v.Waldstein/Holland* Anh §§ 87, 88 BinSchG Rn 4).

Funktionell zuständig für alle Entscheidungen in den Verfahren der §§ 403 ff ist der 6
Richter (§ 17 Nr 2 lit. a RPflG).

§ 403 Weigerung des Dispacheurs

(1) Lehnt der Dispacheur den Auftrag eines Beteiligten zur Aufmachung der Dispache aus dem Grund ab, weil ein Fall der großen Haverei nicht vorliege, entscheidet über die Verpflichtung des Dispacheurs auf Antrag des Beteiligten das Gericht.

(2) Der Beschluss ist mit der Beschwerde anfechtbar.

A. Allgemeines

1 Die Vorschrift entspricht dem bisherigen § 150 FGG.

2 Das Dispacheurverpflichtungsverfahren hat **kaum eine praktische Bedeutung**, weil einerseits der Dispacheur an der Aufmachung der Dispache gut verdient und er sie allein deshalb nicht ablehnen wird, andererseits er den Auftrag regelmäßig bereits annimmt, bevor er über ausreichende Informationen verfügt, um das Vorliegen einer großen Haverei überhaupt abschlägig beurteilen zu können.

B. Kommentierung

I. Bedeutung der Vorschrift

3 Formal hat der Dispacheur das Recht, die Aufmachung der Dispache abzulehnen, wenn ein Fall der großen Haverei nicht vorliegt. Er muss aber nicht ablehnen, sondern kann die ihm angetragene Dispache aufmachen. Es liegt dann in der Entscheidung der Beteiligten, ob sie sie akzeptieren. Lehnt der Dispacheur die Aufmachung der Dispache wegen Nichtvorliegens einer großen Haverei ab, entscheidet auf Antrag eines Beteiligten das Gericht gem Abs 1.

II. Antragsberechtigung

4 Antragsberechtigt sind die Havereibeteiligten, also alle Beitragspflichtigen und Vergütungsberechtigten. Das sind neben den Beteiligten der Gefahrengemeinschaft (Schiffseigner, Träger der Ladungsinteressen sowie in der Seeschifffahrt zusätzlich die Frachtinteressenten) noch die in § 723 Abs 1, 2 HGB genannten weiteren Vergütungsberechtigten, also der Kapitän/Schiffer, die Besatzung und die Reisenden. Nicht beteiligt ist der Berger, da sein Anspruch auf Bergelohn nicht auf der großen Haverei gründet (BGHZ 29, 223). Ebenfalls nicht aus eigenem Recht beteiligt ist der Versicherer (BGHZ 67, 383, 384 f). Auf ihn gehen aber die Rechte des vergütungsberechtigten Havereibeteiligten über, und zwar nicht erst bei Auszahlung der Versicherungsleistung, sondern bereits mit der Entstehung des Vergütungsanspruchs (§ 86 Abs 1 VVG, Ziff 23.1 Abs 2 DTV-Güter 2000/2008; Ziff 6.2 AVB-Flusskasko 2000/2008; s BGHZ 67, 383, 385).

III. Prüfungsgegenstand

5 Materiell prüft das Gericht, ob ein Fall der großen Haverei vorliegt, ob also Schäden entstanden sind, die ein Schiff oder die Schiffsladung während der Reise durch vorsätzliches Handeln des Kapitäns/Schiffers zwecks zumindest teilweiser Rettung des Schiffs und der Ladung erlitten haben (§§ 700 Abs 1 HGB, 78 Abs 1 BinSchG), und dadurch sowohl das Schiff als auch die Ladung, und zwar jeder dieser Gegenstände entweder ganz oder teilweise, wirklich gerettet worden sind (§§ 703 HGB, 78 Abs 2 BinSchG). Fallbeispiele und Ausschlüsse: §§ 706, 707 HGB, 82 BinSchG. Maßgebend für die Beurteilung ist das am Dispachierungsort geltende Recht (**lex fori**); bei Verfahren vor den deutschen Gerichten also das deutsche Recht (*v Waldstein/Holland* § 78 BinSchG Rn 17).

6 Soweit die YAR, die Havarie-Grosse Regeln IVR oder das Bratislavaer Abkommen wirksam vereinbart sind – was freilich die Regel ist (vgl vor § 403 Rz 4 f) –, sind deren Havarie-Grosse-Voraussetzungen zu prüfen.

IV. Entscheidung des Gerichts

Die Entscheidung des Gerichts erwächst nur insoweit in Rechtskraft, als der Dispacheur zur Aufmachung der Dispache verpflichtet wird. Sie bedeutet **keine Festlegung der Beteiligten**, dass ein Fall der großen Haverei tatsächlich vorliegt (OLG Hamburg RJA 1, 62, 65). 7

Die stattgebende Entscheidung wird nicht mit Zwangsmitteln durchgesetzt, sondern führt im Falle der Nichtbefolgung zu Schadenersatzansprüchen gegen den Dispacheur (Jansen/*Steder* § 150 Rn 12). 8

V. Stellung des Dispacheurs

Der bestellte Dispacheur hat den Status eines öffentlich bestellten Sachverständigen. Er wird aber – gleich ob er den Auftrag freiwillig annimmt oder gerichtlich nach § 403 verpflichtet wird – **nicht als öffentlich-rechtliches Organ** tätig (aA: KG OLGR 12, 227, 228), sondern aufgrund eines – idR mit dem Reeder/Schiffseigner geschlossenen – **privaten Geschäftsbesorgungsvertrages** (§ 675 BGB) mit treuhandähnlicher Schutzwirkung für die übrigen Havereibeteiligten (OLG Hamburg TranspR 1995, 445, 447). 9

Der **Binnenschiffer**, welcher die Dispache nach dem gesetzlichen Leitbild des § 87 Abs 1 BinSchG selbst aufzustellen hat – was freilich in der heutigen Praxis kaum noch stattfindet – ist nicht Dispacheur iSd § 403 (Bassenge/Roth/*Walter* § 403 Rn 2). Falls er sich weigert oder es verzögert, die Dispache entweder selbst aufzumachen oder dieses – so der heutige Regelfall – einem Dispacheur zu übertragen (§ 87 Abs 2 BinSchG, Regel XV IVR), ist auf Betreiben eines Havereibeteiligten ein bestellter Dispacheur zu beauftragen (§ 88 BinSchG). 10

VI. Statthaftigkeit der Beschwerde (Abs 2)

Absatz 2, der die Statthaftigkeit der Beschwerde regelt, ist wegen §§ 58 Abs 1, 402 Abs 1 überflüssig. Die Vorschrift will auch kein uneingeschränktes Beschwerderecht unabhängig vom Erreichen des nach § 61 Abs 1 erforderlichen Mindestbeschwerdewertes eröffnen (so aber Bork/Jacoby/Schwab/*Müther* § 403 Rn 7). 11

VII. Kosten

Es entsteht eine volle Geb. Maßgebend für die Geb ist der Betrag des Havereischadens und, wenn der Wert des Geretteten an Schiff, Fracht und Ladung geringer ist, dieser geringere Wert (§ 123 Abs 1 KostO). 12

§ 404 Aushändigung von Schriftstücken; Einsichtsrecht

(1) Auf Antrag des Dispacheurs kann das Gericht einen Beteiligten verpflichten, dem Dispacheur die in seinem Besitz befindlichen Schriftstücke, zu deren Mitteilung er gesetzlich verpflichtet ist, auszuhändigen.

(2) Der Dispacheur ist verpflichtet, jedem Beteiligten Einsicht in die Dispache zu gewähren und ihm auf Verlangen eine Abschrift gegen Erstattung der Kosten zu erteilen. Das Gleiche gilt, wenn die Dispache nach dem Binnenschifffahrtsgesetz von dem Schiffer aufgemacht worden ist, für diesen.

A. Allgemeines

1 Absatz 1 übernimmt im Kern die Regelung des bisherigen § 151 FGG; gestrichen wurde die frühere Beschränkung der zulässigen Vollstreckungsmittel auf das Zwangsgeld. Absatz 2 entspricht genau dem bisherigen § 152 FGG.

B. Kommentierung

I. Aushändigung von Schriftstücken (Abs 1)

2 Die Vorschrift unterlegt § 729 Abs 2 HGB und § 87 Abs 3 BinSchG, wonach jeder Beteiligte verpflichtet ist, die zur Aufmachung der Dispache erforderlichen Urkunden, soweit er sie zu seiner Verfügung hat, dem Dispacheur mitzuteilen. Das sind in der Seeschifffahrt namentlich die Charterverträge, Konnossemente und Fakturen, in der Binnenschifffahrt insbes Frachtbriefe, Ladescheine und Fakturen. Der Begriff »Schriftstück« ist veraltet; gemeint sind auch elektronische Dokumente und andere Wiedergaben.

3 **Antragsberechtigt** soll nach verbreiteter Literaturauffassung nur der ein für allemal amtlich bestellte oder der im konkreten Einzelfall gerichtlich ernannte Dispacheur sein, nicht dagegen der private Dispacheur (Havariekommissar), auf den die Beteiligten sich geeinigt haben, und auch nicht der Binnenschiffer, der die Dispache nach § 87 Abs 1 BinSchG selbst aufstellt (Jansen/*Steder* § 151 Rn 2; Keidel/*Heinemann* § 404 Rn 3; *Rabe* § 729 Rn 7 f). Dem ist aber nicht zu folgen. Der im allseitigen Konsens bestimmte private Dispacheur sowie der nach § 87 Abs 1 BinSchG tätige Binnenschiffer sind nicht weniger legitimiert als der »amtliche« Dispacheur, welcher zwar vereidigt ist, in konkreto aber ebenfalls nicht hoheitlich, sondern nur aufgrund eines privatrechtlichen Geschäftsbesorgungsvertrages (§ 403 Rz 9) tätig wird. Die amtliche Legitimation eines bestellten Dispacheurs bestätigt nur dessen generelle fachliche Qualifikation und parteiliche Unabhängigkeit, hebt seine konkrete Geschäftsausübung jedoch nicht hervor ggü einem privaten Dispacheur, auf den alle Beteiligten sich geeinigt haben, oder einem Binnenschiffer, der seiner Verpflichtung aus § 87 Abs 1 BinSchG nachkommen will und dafür die Unterlagen benötigt. Denn auch diesen ggü besteht die gesetzliche Pflicht zur Mitteilung der Unterlagen (vgl § 87 Abs 3 BinSchG). Es ist durch nichts gerechtfertigt, die auf derselben Rechtsvorschrift des § 87 Abs 3 BinSchG basierende Herausgabepflicht ggü dem Schiffer im streitigen Zivilprozess und ggü dem bestellten Dispacheur im Verfahren der freiwilligen Gerichtsbarkeit unterschiedlich abzuhandeln.

4 Der Dispacheur muss den **Sachverhalt** und seine Beauftragung als Dispacheur **allgemein darlegen**, aber nicht glaubhaft machen und beweisen, dass ein Fall der großen Haverei vorliegt (KG OLGR 12, 227, 228 f; Keidel/*Heinemann* § 404 Rn 4). Zurückzuweisen ist der Antrag nur dann, wenn eine große Haverei offensichtlich nicht vorliegt (Bassenge/Roth/*Walter* § 404 Rn 5; aA offenbar Bumiller/*Harders* § 404 Rn 1; Bahrenfuss/ *Steup* § 404 Rn 4: volle Prüfung der Havereivoraussetzungen).

5 Verpflichtet zur Herausgabe sind nur die **Havereibeteiligten** (§ 403 Rz 4). Es genügt **mittelbarer Besitz** an den Dokumenten (ebenso Bork/Jacoby/Schwab/*Müther* § 404 Rn 3). Das folgt aus § 95 Abs 4 FamFG iVm § 886 ZPO, wonach bei Gewahrsam eines

Dritten in den Herausgabeanspruch vollstreckt werden kann. Die gegenteilige hM, welche unmittelbaren Besitz fordert (Jansen/*Steder* § 151 Rn 1; *Rabe* Anh § 729 Rn 12; sowie auch jetzt noch Keidel/*Heinemann* § 404 Rn 2; Bumiller/*Harders* § 404 Rn 1), konnte nur mit der früheren Beschränkung des zulässigen Vollstreckungsmittels auf das Zwangsgeld begründet werden, welche durch das FamFG abgeschafft wurde.

Der Beschluss, mit dem ein Beteiligter zur Herausgabe von Schriftstücken verpflichtet wird, ist mit der Beschwerde anfechtbar (§§ 58 Abs 1, 408 Abs 1). Auch ist ein Beschluss anfechtbar, mit dem der Antrag des Dispacheurs abgelehnt wird (§ 58 Abs 1). Die scheinbar einschränkende Formulierung des § 408 Abs 1 will dieses Beschwerderecht nicht ausschließen (s § 408 Rz 4). 6

Die **Vollstreckung** erfolgt – entgegen der Entwurfsbegründung (BTDrs 16/6308 S 289) und der ihr folgenden hL (Keidel/*Heinemann* § 404 Rn 10; § 408 Rn 1; Bumiller/*Harders* § 404 Rn 1; Bork/Jacoby/Schwab/*Müther* § 404 Rn 4; Bahrenfuss/*Steup* § 404 Rn 1, 5) – nicht aus § 35, sondern aus § 95, da es sich nicht um eine Zwischen-, sondern um eine Endentscheidung in einem unabhängigen Verfahren handelt. **Vollstreckt** wird gem § 95 Abs 4 entweder im Wege der Herausgabevollstreckung (§§ 883, 886 ZPO) oder durch Festsetzung von Zwangsgeld und Zwangshaft (§ 888 ZPO). Anders als bisher § 151 FGG enthält § 404 FamFG keine Beschränkung mehr auf das Vollstreckungsmittel des Zwangsgeldes. 7

Kosten: Der Ausspruch der Verpflichtung ist mangels Gebührentatbestandes kostenfrei. 8

II. Einsichtsrecht (Abs 2)

Absatz 2 gewährt den Havereibeteiligten das Recht auf **vollständige Einsicht** in die Dispache, also nicht nur in die Abrechnung der Beiträge und Vergütungen, sondern in alle Bestandteile (s vor § 403 Rz 3), einschl der Erteilung von Abschriften. Es handelt sich hier nicht um eine verfahrensrechtliche Vorschrift im eigentlichen Sinne, sondern um eine Auskleidung und Konkretisierung der privatrechtlichen Pflichten des Dispacheurs aus den §§ 675, 666, 810 f BGB. Denn der Dispacheur wird nicht als Amtsträger, sondern aufgrund privatrechtlichen Geschäftsbesorgungsauftrags tätig (§ 403 Rz 9). 9

Die **volle Einsicht** in die Dispache soll den Havereibeteiligten in den Stand versetzen, die Abrechnung entweder zu akzeptieren und ihr zu folgen oder sich für ein gerichtliches Bestätigungsverfahren (§§ 405 ff) zu positionieren. Um den Zweck zu erreichen, wird heute allgemein davon ausgegangen, dass auch die Einsicht in die **Belege** sowie die Erteilung von **Abschriften/Kopien** verlangt werden kann (Jansen/*Steder* § 152 Rn 1; Keidel/*Heinemann* § 404 Rn 12; Bassenge/Roth/*Bassenge* § 152 Rn 1; *Rabe* Anh § 729 Rn 14; *v Waldstein/Holland* Anh § 87, 88 BinSchG Rn 8). 10

Einsicht in die **Urschrift** der Dispache und der Belege kann – in Abweichung von § 811 BGB – nach allgemeiner Ansicht nur in den Geschäftsräumen des Dispacheurs verlangt werden. 11

Eine **gerichtliche Durchsetzung** des Rechts auf Einsichtnahme und Erteilung von Abschriften sieht das Gesetz – anders als in Fällen des Abs 1 – nicht vor. Der Dispacheur macht sich aber schadenersatzpflichtig, wenn er seinen Pflichten aus Abs 2 nicht nachkommt und dadurch die Beteiligten zu einem Dispachebestätigungsverfahren herausfordert, allein um gem § 405 Abs 3 Satz 2 Einsicht nehmen zu können. 12

§ 405 Termin; Ladung

(1) Jeder Beteiligte ist befugt, bei dem Gericht eine mündliche Verhandlung über die von dem Dispacheur aufgemachte Dispache zu beantragen. In dem Antrag sind diejenigen Beteiligten zu bezeichnen, welche zu dem Verfahren hinzugezogen werden sollen.

(2) Wird ein Antrag auf mündliche Verhandlung gestellt, hat das Gericht die Dispache und deren Unterlagen von dem Dispacheur einzuziehen und, wenn nicht offensichtlich die Voraussetzungen der großen Haverei fehlen, den Antragsteller sowie die von ihm bezeichneten Beteiligten zu einem Termin zu laden.

(3) Die Ladung muss den Hinweis darauf enthalten, dass, wenn der Geladene weder in dem Termin erscheint noch vorher Widerspruch gegen die Dispache bei dem Gericht anmeldet, sein Einverständnis mit der Dispache angenommen wird. In der Ladung ist zu bemerken, dass die Dispache und deren Unterlagen auf der Geschäftsstelle eingesehen werden können.

(4) Die Frist zwischen der Ladung und dem Termin muss mindestens zwei Wochen betragen.

(5) Erachtet das Gericht eine Vervollständigung der Unterlagen der Dispache für notwendig, hat es die Beibringung der erforderlichen Belege anzuordnen. § 404 Abs. 1 gilt entsprechend.

A. Allgemeines

1 Die Vorschrift enthält die Regelungen der bisherigen §§ 153 und 154 FGG. Nicht übernommen wurde § 153 Abs 2 Satz 2 FGG, da bereits § 20 eine ausreichende Ermächtigung zur Verfahrensverbindung enthält.

2 Das Dispachebestätigungsverfahren ist an das Verteilungsverfahren nach den §§ 875 ff ZPO angelehnt. Es dient nicht der streitigen Entscheidung über die Richtigkeit der aufgemachten Dispache, sondern nur der **Ermittlung der von den Beteiligten eingenommenen Standpunkte** und möglichst einer **einvernehmlichen Verständigung**. Soweit die erstellte Dispache unwidersprochen bleibt, endet das Verfahren mit deren Bestätigung. Soweit sich die Beteiligten auf eine Abänderung verständigen, endet es mit der Bestätigung der berichtigten Dispache. Die Bestätigung ist ein Rechtstitel, aus dem heraus die Zwangsvollstreckung betrieben werden kann (§ 409).

3 Wird der Dispache widersprochen und kommt es zu keiner Verständigung, sind die streitigen Punkte in einem Klageverfahren zu klären (§ 407 Abs 1). Für dessen Einleitung gilt eine (verlängerbare) Monatsfrist, so dass das Dispachebestätigungsverfahren auch dazu dient, zügige Rechtsklarheit zu fördern.

B. Kommentierung

I. Gegenstand des Verfahren

4 Die gerichtlich nicht bestätigte Dispache hat – gleich von wem erstellt – nur die Bedeutung eines unverbindlichen Sachverständigengutachtens (RGZ 147, 58). Erst das gerichtliche Bestätigungsverfahren verleiht der Dispache eine amtliche Anerkennung und dient der vereinfachten Herstellung eines Vollstreckungstitels.

5 Statthaft soll das Bestätigungsverfahren nach hL nur für solche Dispachen sein, die von einem ein für allemal amtlich bestellten oder vom Gericht besonders ernannten Dispacheur (§§ 729 Abs 1 HGB, 87 Abs 2 Satz 2 BinSchG) aufgemacht sind, nicht dagegen für die Dispache eines privaten Dispacheurs (Havariekommissars), auf den die Beteiligten sich geeinigt haben, und auch nicht für die eines Binnenschiffers, der sie nach § 87

Abs 1 BinSchG selbst aufmacht (Jansen/*Steder* § 153 Rn 1; Keidel/*Heinemann* § 405 Rn 1; Bassenge/Roth/*Walter* § 405 Rn 1; Bork/Jacoby/Schwab/*Müther* § 405 Rn 2; Bahrenfuss/*Steup* § 405 Rn 3; *Rabe* Anh § 729 Rn 7). Dieser Einschränkung ist aber nicht zu folgen. Der im allseitigen Konsens bestimmte private Dispacheur sowie der nach § 87 Abs 1 BinSchG tätige Binnenschiffer sind nicht weniger legitimiert als der »amtliche« Dispacheur, welcher zwar vereidigt ist, in konkreto aber ebenfalls nicht hoheitlich, sondern nur aufgrund eines privatrechtlichen Geschäftsbesorgungsvertrages (§ 403 Rz 9) tätig wird (verkannt bei OLG Hamburg OLGR 10, 324, wo von »amtlich« aufgemachter Dispache die Rede ist). Die amtliche Legitimation eines bestellten Dispacheurs bestätigt nur dessen generelle fachliche Qualifikation und parteiliche Unabhängigkeit, hebt seine konkrete Geschäftsausübung jedoch nicht hervor ggü einem privaten Dispacheur, auf den alle Beteiligten sich geeinigt haben, oder einem Binnenschiffer, der seiner Verpflichtung aus § 87 Abs 1 BinSchG nachkommt, weil kein Beteiligter verlangt hat, die Dispachierung einem Sachverständigen zu übertragen (§ 87 Abs 2 Satz 1 BinSchG). Jeder Dispacheur, auch der »amtlich legitimierte«, unterbreitet letztlich nur einen unverbindlichen gutachterlichen Vorschlag (RGZ 147, 58, 59 f). Es gibt keinen Grund, den Arbeitsergebnissen eines privaten Dispacheurs oder eines Binnenschiffers, auf den alle Beteiligten sich eingelassen haben, die Wertschätzung generell abzuerkennen und ihnen das Bestätigungsverfahren zu verschließen. Vielmehr stünde es in einem Wertungswiderspruch zu der in § 404 Abs 2 Satz 2 geregelten Verpflichtung des Binnenschiffers zur Einsichtsgewährung in die von ihm aufgemachte Dispache, erachtete man sein Rechenwerk als völlig unverbindlich.

Bestätigt werden kann nur eine Dispache, die das Vorliegen eines Falls der großen Haverei **eindeutig feststellt**. Keine bestätigungsfähige Dispache ist ein Rechenwerk, bei dem der Dispacheur seine Zweifel am Vorliegen einer großen Haverei oder am Bestehen eines Vergütungsanspruchs der Beteiligten mit Zusätzen wie »salvo jure« oder »for the consideration of the underwriters« ausdrücklich kenntlich macht (OLG Hamburg OLGR 10, 324; *Rabe* Anh § 729 Rn 10). 6

Zur Anwendung des Bestätigungsverfahrens auf Dispachen, welche nicht nach den Regeln des HGB oder BinSchG, sondern nach vereinbarten Regeln aufgemacht sind, s vor § 403 Rz 4 f. 7

II. Bestätigungsantrag

Das Dispachebestätigungsverfahren ist ein Antragsverfahren. **Antragsberechtigt** ist jeder, der in der Dispache als Beteiligter aufgeführt wird, auch wenn er in Wahrheit nicht Havereibeteiligter ist – es sei denn, die Dispache wurde von vornherein nur auf das eigene Verlangen des Nichtbeteiligten aufgemacht (zB des Bergers, BGHZ 29, 223). 8

In der Praxis wird der Antrag nahezu ausnahmslos von den in der Dispache ausgewiesenen Vergütungsberechtigten mit dem Ziel gestellt, eine uneingeschränkte Bestätigung der Dispache und damit einen entspr Vollstreckungstitel zu erlangen. Zulässig wäre es aber auch, eine nur teilweise Bestätigung der Dispache zu verfolgen oder von vornherein selbst einen Widerspruch einzulegen, um in einer Verhandlung über die Dispache deren einvernehmliche Berichtigung zu erwirken, die dann gerichtlich bestätigt wird (*Rabe* Anh § 729 Rn 18; Jansen/*Steder* § 153 Rn 18). Ebenso kann ein materiell an der Haverei Beteiligter, der nicht in der Dispache aufgeführt wird, den Antrag mit der Zielsetzung stellen, die Dispache im Sinne seiner eigenen Berücksichtigung bei der Verteilung zu berichtigen (*v.Waldstein/Holland* Anh § 87, 88 BinSchG Rn 10; *Rabe* Anh § 729 Rn 16; aA: Jansen/*Steder* § 153 Rn 6; Bassenge/Roth/*Walter* § 405 Rn 3). 9

Der **Dispacheur** selbst ist nicht antragsberechtigt. 10

Eine bereits erzielte außergerichtliche **Einigung der Beteiligten** lässt das Rechtschutzbedürfnis für das Bestätigungsverfahren nicht entfallen, wenn das Verfahren dazu dienen soll, die Vollstreckbarkeit herzustellen. 11

§ 405 FamFG | Termin; Ladung

12 Rechtschutzbedürfnis besteht auch für einen Antrag, mit welchem der erstellten **Dispache in Gänze widersprochen** wird, da das Verfahren nicht nur auf eine Bestätigung der – evtl berichtigten – Dispache angelegt ist, sondern auch darauf, die Klagefrist des § 878 Abs 1 ZPO auszulösen und auf diese Weise schnelle Rechtsklarheit zu schaffen.

13 Der **Antrag** muss das Verlangen nach einer Verhandlung über die Dispache enthalten und diejenigen Beteiligten bezeichnen, welche zu dem Verfahren hinzugezogen werden sollen (Abs 1 Satz 2). Das müssen nicht alle Havereibeteiligten sein, vielmehr kann der Antragsteller sein Bestätigungsverlangen oder Berichtigungsbegehren auf einzelne Beteiligte und einzelne Rechtsverhältnisse beschränken. Vollstreckbar wird die Bestätigung der (ggf berichtigten) Dispache nur unter den konkret Beteiligten (OLG Hamburg HansGZ 1930 B 723).

III. Verfahren

14 Das Gericht zieht die Dispache und deren Unterlagen von dem Dispacheur ein (Abs 2). Die Herausgabe kann nach § 35 erzwungen werden (Keidel/*Heinemann* § 405 Rn 17; Bassenge/Roth/*Walter* § 405 Rn 6; Bumiller/*Harders* § 405 Rn 3; Bahrenfuss/*Steup* § 405 Rn 6; aA: Bork/Jacoby/Schwab/*Müther* § 405 Rn 4; Jansen/*Steder* § 153 Rn 7).

15 Stellt sich danach heraus, dass die Voraussetzungen der großen Haverei offensichtlich nicht vorliegen, weist das Gericht den Bestätigungsantrag zurück. Insbes ist der Bestätigungsantrag zurückzuweisen, wenn von vornherein **keine Dispache im Rechtssinne** vorliegt, weil der Dispacheur durch Zusätze wie »salvo iure« bereits eigene Zweifel angebracht hat und sein Rechenwerk selbst nicht als Dispache verstanden wissen will (Rz 6). Bloße Zweifel am Vorliegen einer großen Haverei genügen für eine Zurückweisung des Antrags jedoch nicht; auch braucht das Gericht insoweit keine eigenen Ermittlungen anzustellen (KKW/*Winkler* (15. Aufl) § 153 Rn 10).

16 **Fehlen noch Unterlagen** (Belege), ordnet das Gericht deren Beibringung an (Abs 5). Durch den Verweis auf § 404 Abs 1 wird klargestellt, dass auch ein nicht am Bestätigungsverfahren teilnehmender Havereibeteiligter verpflichtet werden kann, Dokumente an das Gericht auszuhändigen. Zur Vollstreckung s § 404 Rz 7.

17 Sind die Unterlagen vollständig, lädt das Gericht den Antragsteller und die von ihm bezeichneten weiteren Beteiligten zum (nichtöffentlichen) **Termin** unter Beifügung der in Abs 3 bezeichneten Hinweise sowie unter Einhaltung einer Ladungsfrist von mindestens zwei Wochen (Abs 4). Die Ladung ist förmlich bekannt zu geben (§ 15 Abs 1, 2). Spätestens gemeinsam mit der Ladung ist den Beteiligten auch die Antragsschrift zuzustellen, damit sie erkennen können, auf welches Rechtsverhältnis und auf welchen Bestätigungsgegenstand/-umfang sich das Verfahren und der Termin beziehen. Mängel der Ladung machen den späteren Bestätigungsbeschluss, soweit er auf Säumnis beruht (§ 406 Rz 2 ff), anfechtbar. Der Hinweis auf die Widerspruchsmöglichkeit gegen die Dispache muss nicht den Anforderungen einer Rechtsbehelfsbelehrung genügen (§ 39), da es sich bei der Anmeldung des Widerspruchs nicht um einen Rechtsbehelf gegen eine gerichtliche Entscheidung handelt.

17a Der Termin ist zwingend durchzuführen und nicht fakultativ; § 32 Abs 1 wird insoweit verdrängt (Keidel/*Heinemann* § 405 Rn 21; unverständlich hingegen die Entwurfsbegründung BTDrs 16/6308 S 289). Eine besondere Entscheidung des Gerichts über die »Verfahrenseröffnung« sieht das Gesetz nicht vor. Daher besteht gegen einen solchen Entschluss, zumal es sich um eine bloße Zwischenentscheidung handelte, kein Beschwerderecht (aA: Keidel/*Heinemann* § 408 Rn 3).

18 Der **Dispacheur** selbst ist nicht Beteiligter. Er kann auch weder im Rahmen der Amtsermittlung einbezogen (§ 26) noch zur Beweisaufnahme geladen werden (§ 30 Abs 1), da es keine »entscheidungserheblichen Tatsachen« gibt, an deren Feststellung er mitwirken könnte, denn das Gericht hat nicht in der Sache zu entscheiden, sondern nur Einigungsmöglichkeiten auszuloten. Gleichwohl kann es hilfreich und geboten sein, ihn zu der

Verhandlung hinzuzuziehen, und zwar wohl in analoger Anwendung des § 26 (vgl Keidel/*Heinemann* § 405 Rn 22; Bassenge/Roth/*Walter* § 405 Rn 9; Bumiller/*Harders* § 405 Rn 3; aA Bahrenfuss/*Steup* § 405 Rn 9: Beiziehung als »weiterer Beteiligter«).

Die zu Gericht gelangte Dispache kann nebst den ihr beigefügten sowie den gem Abs 5 nachgeforderten Unterlagen (Belegen) jederzeit von den Beteiligten **eingesehen werden** (Abs 3 Satz 2); Abschriften der Unterlagen können nach Maßgabe des § 13 Abs 3 verlangt werden. 19

Gehen bezüglich derselben Dispache mehrere Bestätigungsanträge verschiedener Beteiligter ein, empfiehlt sich eine **Verbindung der Verfahren** zur gemeinsamen Verhandlung (§ 20). Die spätere Bestätigungsentscheidung ist jedoch je gesondert für die einzelnen Beteiligungsverhältnisse zu treffen, die der jeweilige Antragsteller zum Gegenstand seines Antrags gemacht hatte. 20

IV. Kosten bei Zurückweisung; Rechtsbehelf

Für die Zurückweisung des Antrags auf mündliche Verhandlung wird die Hälfte der vollen Geb, höchstens jedoch ein Betrag von 400 € erhoben (§ 130 Abs 1 KostO). Gegenstandswert ist die Summe der Anteile, die die nach dem Antrag Beteiligten an dem Schaden zu tragen haben (§ 123 Abs 2 Satz 2 KostO). 21

Gegen den Beschluss, der den Antrag auf mündliche Verhandlung zurückweist (Rz 15), ist die Beschwerde statthaft (§§ 58 Abs 1, 408 Abs 1). 22

§ 406 Verfahren im Termin

(1) Wird im Termin ein Widerspruch gegen die Dispache nicht erhoben und ist ein solcher auch vorher nicht angemeldet, hat das Gericht die Dispache gegenüber den an dem Verfahren Beteiligten zu bestätigen.

(2) Liegt ein Widerspruch vor, haben sich die Beteiligten, deren Rechte durch ihn betroffen werden, zu erklären. Wird der Widerspruch als begründet anerkannt oder kommt anderweitig eine Einigung zustande, ist die Dispache entsprechend zu berichtigen. Erledigt sich der Widerspruch nicht, so ist die Dispache insoweit zu bestätigen, als sie durch den Widerspruch nicht berührt wird.

(3) Werden durch den Widerspruch die Rechte eines in dem Termin nicht erschienenen Beteiligten betroffen, wird angenommen, dass dieser den Widerspruch nicht als begründet anerkennt.

A. Allgemeines

1 Die Vorschrift entspricht dem bisherigen § 155 FGG mit Ausnahme dessen Abs 1, wo geregelt war, dass in dem Termin mit den Erschienenen über die Dispache zu verhandeln ist, was heute als Selbstverständlichkeit gilt. Absatz 1 der heutigen Vorschrift regelt das Säumnisverfahren, Abs 2 und 3 befassen sich mit der Vergleichsverhandlung.

B. Kommentierung

I. Säumnisverfahren (Abs 1)

2 Der vom Antragsteller bezeichnete und ordnungsgemäß geladene Beteiligte (s § 405 Rz 13) kann seinen Widerspruch bis zur Terminstunde in der Form des § 25 anmelden oder zum Termin erscheinen und den Widerspruch dort erheben. Andernfalls trifft ihn die Säumnisfolge, dass das Gericht seine Zustimmung vermuten darf und die Dispache ihm gegenüber – wenn sie insoweit auch von keinem anderen Widerspruch berührt wird – bestätigt (Abs 1, 2 Satz 3).

3 Der **Widerspruch** bedarf keiner Begründung, soll aber erkennen lassen, hinsichtlich welcher Punkte und in welchem Umfang die Dispache angegriffen wird. Ist nur allgemein Widerspruch eingelegt, ist die Dispache insgesamt angegriffen.

4 **Erscheint niemand im Termin** und hatte niemand bis zur Terminsstunde widersprochen, ist die Dispache so zu bestätigen, wie sie aufgemacht ist. Hierfür ist es nicht erforderlich, dass der Antragsteller selbst im Termin erscheint (Jansen/*Steder* § 155 Rn 2; Keidel/*Heinemann* § 406 Rn 5, 15).

5 Liegt ein **Widerspruch** vor, kann die Dispache – soweit sie vom Widerspruch berührt wird – nicht bestätigt werden. Der Widerspruchsführer muss nicht im Termin erscheinen; auch sein nur schriftlich angemeldeter Widerspruch ist zu berücksichtigen.

II. Vergleichsverhandlung (Abs 2, 3)

6 Hat einer der Beteiligten einen Widerspruch angemeldet, was noch mündlich im Termin bis zum Schluss der Sitzung geschehen kann, tritt das Gericht mit den Erschienenen in die Vergleichsverhandlung. In deren Rahmen haben sich alle Erschienenen darüber zu erklären, ob sie den Widerspruch als begründet anerkennen. Ist dies der Fall oder kommt auf Vermittlung des Gerichts eine andere Einigung aller Beteiligten zustande (§ 36 Abs 2), ist die Dispache entspr zu berichtigen und die berichtigte Dispache zu bestätigen.

7 Für die Berichtigung der Dispache ist die **Zustimmung aller Verfahrensbeteiligen** erforderlich, die von der Änderung betroffen sind. Die Stimme eines nicht erschienenen Beteiligten darf nur dann als Zustimmung zu einer Berichtigung gewertet werden, wenn er den Widerspruch des anderen Beteiligten ausdrücklich ggü dem Gericht (in der Form des § 25) anerkannt oder selbst Widerspruch mit dem Ziel genau dieser Änderung eingelegt hatte. Andernfalls ist die Stimme des nicht Erschienenen als ein Votum zugunsten der ursprünglich aufgemachten Dispache zu werten (Abs 3).

Unbeachtlich ist die Äußerung eines Havereibeteiligten, den der Antragsteller nicht als Verfahrensbeteiligten bezeichnet hatte. Denn dieser nimmt am Verfahren und an der Wirkung des Bestätigungsbeschlusses nicht teil. 8

Erledigt sich der Widerspruch in der Vergleichsverhandlung nicht, so ist die Dispache **insoweit zu bestätigen**, als sie durch den Widerspruch nicht berührt wird und der Antragsteller die Bestätigung beantragt hat (Abs 2 Satz 3). Sind mehrere Bestätigungsanträge in einem Verfahren miteinander verbunden oder wurden mehrere Widersprüche erhoben, ist die (Teil-)Bestätigung für die jeweils unstreitigen Rechtsverhältnisse und wegen der jeweils unstreitigen/unstreitig gewordenen Beiträge und Vergütungen auszusprechen, soweit sie auch materiell nicht durch die noch offenen Widersprüche berührt werden. 9

Wird die Verhandlung **vertagt**, können weitere Widersprüche erhoben werden, soweit noch keine (Teil-)bestätigung gem Abs 2 Satz 3 ausgesprochen wurde (OLG Hamburg HansGZ 1931 B 659). 10

Stellt sich im Termin heraus, dass ein Fall der großen Haverei nicht vorliegt, ist der Bestätigungsantrag zurückzuweisen (Bahrenfuss/*Steup* § 405 Rn 8; aA Keidel/*Heinemann* § 406 Rn 4: das Verfahren sei »einzustellen«). 10a

Eine **sachliche Entscheidung des Gerichts** über die Berechtigung des Widerspruchs kommt nicht in Betracht (Keidel/*Heinemann* § 406 Rn 18; Bahrenfuss/*Steup* § 406 Rn 2, 13). Ist die Vergleichsverhandlung endgültig gescheitert, endet das Verfahren einstweilen. Es empfiehlt sich, darüber sogleich einen klarstellenden Beschluss zu fassen, damit kein Zweifel besteht, dass die Klagefrist des § 878 Abs 1 ZPO zu laufen beginnt. Auf die Klagemöglichkeit muss allerdings nicht mit einer Rechtsbehelfsbelehrung iSd § 39 hingewiesen werden, da das Widerspruchsklageverfahren keinen Rechtsbehelf gegen eine gerichtliche Entscheidung darstellt. 11

Gilt die Einigung nur deshalb als nicht zustande gekommen, weil ein Beteiligter nicht erschienen war und der von einem anderen Beteiligten erhobene Widerspruch allein wegen dieser Abwesenheit als nicht anerkannt gilt (Abs 3), kann der abwesend Gebliebene den Widerspruch noch nach der Verhandlung durch eine Erklärung gem § 25 anerkennen und dadurch die Bestätigung der berichtigten Dispache ermöglichen. Derjenige Beteiligte, der seinen Widerspruch erst im Termin oder kurz zuvor angebracht hatte, wird den nicht erschienenen Beteiligten vor der Klageerhebung tunlichst zu einem solchen (nachträglichen) Anerkenntnis auffordern, um nicht Gefahr zu laufen, im späteren Klageverfahren die Kosten eines sofortigen Anerkenntnisses auferlegt zu bekommen (§ 93 ZPO, vgl KG JW 1931, 2175 f). 12

III. Bestätigungsbeschluss, Rechtsbehelf

Soweit die Dispache unter den Beteiligten unstreitig bleibt oder wird, ergeht ein Bestätigungsbeschluss. Treffen die Beteiligten eine anderweitige Einigung, wird die im Sinne der Einigung berichtigte Dispache bestätigt. Der Dispacheur muss der Berichtigung nicht zustimmen. 13

Die Bestätigung der (ggf zu berichtigenden) Dispache ist auch vorzunehmen, wenn sich der Widerspruch nach Schluss der mündlichen Verhandlung erledigt (§ 407 Abs 2) oder wenn die zu einer Berichtigung noch fehlenden Zustimmungserklärungen nach der mündlichen Verhandlung in der Form des § 25 nachgeholt werden (Rz 12). 14

Gegen die **berichtigte Dispache** ist **kein Widerspruch möglich** (aA: Bumiller/*Harders* § 406 Rn 3; Bahrenfuss/*Steup* § 406 Rn 11), da die Berichtigung stets nur im Einvernehmen aller Beteiligten vorgenommen wird. Gegen die Bestätigung der ursprünglichen 15 oder berichtigten Dispache ist allein die **Beschwerde** statthaft (§§ 58 Abs 1, 408 Abs 1), welche begründet ist, wenn ein Widerspruch übergangen oder sonst ein Gegenstand der Dispache bestätigt wurde, über den in Wahrheit keine Einigung aller betroffenen Beteiligten erzielt worden war (KGJ 51, 137). Rechtsbehelfsbelehrung ist daher zu erteilen (§ 39).

16 Die bestätigte Dispache ist **Vollstreckungstitel** (§ 409), sie entfaltet jedoch **keine materielle Rechtskraft**. Jeder Beteiligte – auch soweit er keinen Widerspruch erhoben hatte (BGH NJW 1963, 1497; NJW 1994, 3299, 3301) – ist berechtigt, seine von der Dispache abweichenden Rechte gegen die übrigen Beteiligten mit einer Zahlungsklage (sog Bereicherungsklage) geltend zu machen (§ 407 Abs 1 Satz 2 FamFG iVm § 878 Abs 2 ZPO; s OLG Hamburg HansGZ 1932 B 35). In diesem Verfahren sind keine Einwendungen präkludiert, auch wenn im Dispachebestätigungsverfahren kein Widerspruch erhoben wurde (unklar Keidel/*Heinemann* § 406 Rn 5, 10).

IV. Kosten

17 Für die durchgeführte Verhandlung über die Dispache, einschl der Bestätigung, wird die volle Geb erhoben (§ 123 Abs 2 KostO). Maßgebend ist die Summe der Anteile, die die an der Verhandlung Beteiligten an dem Schaden zu tragen haben. Wird die Dispache bestätigt, haften die Verfahrensbeteiligten für die Kosten als Gesamtschuldner.

18 Für die Kostengrundentscheidung gilt § 81. Üblicherweise werden die Kosten im Verhältnis der jeweiligen Beitragspflichten auferlegt oder gegeneinander aufgehoben, sofern nicht die Beteiligten eine abweichende Vereinbarung treffen (vgl Art 30 Abs 2 prFGG; Art 36 Abs 2 HessFGG).

§ 407 Verfolgung des Widerspruchs

(1) Soweit ein Widerspruch nicht nach § 406 Abs. 2 erledigt wird, hat ihn der Widersprechende durch Erhebung der Klage gegen diejenigen an dem Verfahren Beteiligten, deren Rechte durch den Widerspruch betroffen werden, zu verfolgen. Die §§ 878 und 879 der Zivilprozessordnung sind mit der Maßgabe entsprechend anzuwenden, dass das Gericht einem Beteiligten auf seinen Antrag, wenn erhebliche Gründe glaubhaft gemacht werden, die Frist zur Erhebung der Klage verlängern kann und dass an die Stelle der Ausführung des Verteilungsplans die Bestätigung der Dispache tritt.

(2) Ist der Widerspruch durch rechtskräftiges Urteil oder in anderer Weise erledigt, so wird die Dispache bestätigt, nachdem sie erforderlichenfalls von dem Amtsgericht nach Maßgabe der Erledigung der Einwendungen berichtigt ist.

A. Allgemeines

Die Vorschrift entspricht weitgehend dem bisherigen § 156 FGG. Sie befasst sich mit dem Widerspruchsklageverfahren (Abs 1) und mit der nach seinem Abschluss erfolgenden Bestätigung der Dispache (Abs 2). 1

B. Kommentierung

I. Widerspruchsklageverfahren (Abs 1)

1. Beteiligte des Klageverfahrens

Klageberechtigt ist nur, wer den Widerspruch erhoben oder sich ihm angeschlossen hatte. 2

Klagegegner sind – entgegen dem Wortlaut der Vorschrift – nicht alle Verfahrensbeteiligten, deren Rechte durch den Widerspruch betroffen werden, sondern nur diejenigen betroffenen Beteiligten, die den Widerspruch nicht anerkannt haben. Gegenüber denjenigen, die den Widerspruch bereits anerkannt haben, fehlt es am Rechtschutzbedürfnis für das Widerspruchsklageverfahren. 3

2. Klagefrist und Frist zum Nachweis der Klageerhebung

Die **Klagefrist** beträgt einen Monat ab dem Tag der Verhandlung (§ 878 Abs 1 Satz 1 ZPO; Berechnung: § 16 FamFG). Sie kann, wenn erhebliche Gründe glaubhaft gemacht werden, durch das Dispachegericht verlängert werden. Ein erheblicher Grund für die Verlängerung kann namentlich darin liegen, dass ein Beteiligter, der im Termin nicht erschienen war, noch nachträglich aufgefordert wurde, den Widerspruch anzuerkennen (§ 406 Rz 12), und hierüber außergerichtliche Verhandlungen schweben. 4

Nach Ablauf der Frist ist ein Verlängerungsantrag nicht mehr zulässig (OLG Karlsruhe OLGR 3, 37). Bis zum Ablauf der Frist hat der Widerspruchsführer die Erhebung der Klage dem Dispachegericht nachzuweisen; andernfalls ist die Dispache ohne Berücksichtigung des Widerspruchs zu bestätigen (§ 878 Abs 1 Satz 2 ZPO). Geht der Nachweis der Klageerhebung nach Ablauf der Frist, aber noch vor dem Erlass des Bestätigungsbeschlusses ein, ist er zu berücksichtigen, sofern die Klageerhebung innerhalb der Frist lag (OLG Hamburg HansGZ 1933 B 333; Bassenge/Roth/*Walter* § 407 Rn 3; aA: Keidel/*Heinemann* § 407 Rn 10). 5

Nach verbreiteter Auffassung soll innerhalb der Klagefrist nicht nur die Klageeinreichung, sondern auch die **Zahlung des Prozesskostenvorschusses** oder die Einreichung eines Prozesskostenhilfeantrags nachgewiesen werden müssen (Jansen/*Steder* § 156 Rn 3; Keidel/*Heinemann* § 407 Rn 10; Bassenge/Roth/*Walter* § 407 Rn 3; s.a. OLG Hamm NJW 1965, 825, 826; Zöller/*Stöber* § 878 Rn 6; PG/*Zempel* § 878 Rn 3; Stein/Jonas/*Münz-* 6 *berg* § 878 Rn 3 sowie offenbar MüKo-ZPO/*Eickmann* § 878 Rn 7). BLAH/*Hartmann* (§ 878 Rn 3) fordert sogar Rechtshängigkeit gem § 261 ZPO (= Klagezustellung) innerhalb der Frist. Diese Auffassungen sind jedoch zu eng. Vielmehr genügt die Klageeinreichung als solche, denn gem § 167 ZPO tritt die Wirkung der Fristwahrung nicht erst mit Einzahlung des Prozesskostenvorschusses, sondern bereits in dem Moment des Eingangs der Klage ein, sofern nur eine Zustellung demnächst erfolgt. Mit der Einzahlung des Kostenvorschusses darf der Kläger nach allgemeinen Grundsätzen abwarten, bis das Gericht ihn berechnet und zur Zahlung aufgegeben hat (ebenso OLG Hamburg MDR 1960, 767; MDR 1982, 762, 763; vgl auch OLG Neustadt NJW 1961, 1268). Der Widerspruchsführer muss deshalb innerhalb der Monatsfrist ggü dem Dispachegericht lediglich nachweisen, dass er die Klage eingereicht hat. Erst im weiteren Verlauf muss er nachweisen, wann er eine Vorschussanforderung erhalten und dass er diese zeitnah beglichen hat, er also alles ihm Zumutbare für eine demnächstige Zustellung getan hat (ebenso wohl *Rabe* Anh § 729 Rn 29).

3. Zuständigkeit und Verfahren des Prozessgerichts

7 Gem Abs 1 Satz 2 gelten für das Klageverfahren die §§ 879, 881 ZPO entsprechend.

8 Die Klage ist streitwertabhängig entweder beim Dispachegericht oder bei dem Landgericht zu erheben, in dessen Bezirk das Dispachegericht seinen Sitz hat (§ 879 Abs 1 ZPO). Liegen mehrere unerledigte Widersprüche vor, von denen wenigstens einer die landgerichtliche Streitwertgrenze überschreitet, ist für sämtliche Widersprüche von Anbeginn das Landgericht sachlich zuständig (§ 879 Abs 2 ZPO), und zwar unabhängig davon, ob eine die Streitwertgrenze übersteigende Klage tatsächlich erhoben wird. Durch Vereinbarung sämtlicher Beteiligter kann jedoch bestimmt werden, dass das Dispachegericht über alle Widersprüche entscheiden soll (§ 879 Abs 2 Hs 2 ZPO). Überschreitet keine der möglichen Klagen für sich genommen die Streitwertgrenze, wird das Landgericht nicht dadurch zuständig, dass die Summe aller erhobenen Klagen zusammen die Streitwertgrenze übersteigt (Zöller/*Stöber* § 879 Rn 2).

9 Beim Landgericht entscheidet die Kammer für Handelssachen (§ 95 Abs 1 Nr 4 lit f GVG), beim Amtsgericht die allgemeine Zivilabteilung.

10 Die Vorschriften des BinSchGerG sind anzuwenden, wenn die Beteiligten die Zuständigkeit eines Schifffahrtsgerichts für die Verhandlung und Entscheidung vereinbart haben (§ 2 Abs 2 BinSchGerG). Örtlich zuständig ist das Schifffahrtsgericht, in dessen Bezirk das Dispachegericht seinen Sitz hat (§ 879 Abs 1 ZPO analog).

11 Mit dem Urteil **entscheidet** das Prozessgericht nur darüber, ob der Widerspruch begründet ist. Eine Bestätigung oder Berichtigung der Dispache nimmt es nicht vor; dies obliegt anschließend dem Dispachegericht. § 880 ZPO wird durch § 407 Abs 2 FamFG verdrängt (OLG Celle HRR 1934 Nr 587; Jansen/*Steder* § 156 Rn 7; Bassenge/Roth/*Walter* § 407 Rn 4; aA: *v. Waldstein/Holland* Anh § 87, 88 BinSchG Rn 19). Eine Verbindung der Widerspruchsklage mit einer Klage auf Rückzahlung zu viel geforderter Vorschüsse ist nicht zulässig (OLG Celle HRR 1934 Nr 587).

12 Ein etwaiges **Versäumnisurteil** gegen den Kläger (= Widerspruchsführer im Bestätigungsverfahren) ist dahin zu erlassen, dass der Widerspruch als zurückgenommen anzusehen sei (§ 881 ZPO; aA: Keidel/*Heinemann* § 407 Rn 14). Ein **Vergleich** kann nur mit Zustimmung aller materiell Betroffenen geschlossen werden, auch soweit sie am Klageverfahren nicht beteiligt sind.

II. Bestätigung der Dispache nach Abschluss des Verfahrens (Abs 2)

13 Wird der Widerspruch rechtskräftig für begründet erklärt oder auf andere Weise als durch das Klageverfahren erledigt, haben die Beteiligten dies dem Dispachegericht anzuzeigen. Das Dispachegericht bestätigt die (ggf zu berichtigende) Dispache ohne weitere mündliche Verhandlung durch Beschluss. § 406 Rz 13 ff gelten entspr.

Kosten: Die Bestätigung der Dispache nach Abschluss des Verfahrens ist mangels besonderen Gebührentatbestandes kostenfrei; sie ist in den Kosten der zuvor stattgefundenen Verhandlung (§ 123 Abs 2 KostO) enthalten.

III. Rechtsbehelfe

Die Entscheidung über die Fristverlängerung (Abs 1 Satz 2), welche keine Endentscheidung darstellt, ist nicht isoliert beschwerdefähig (Umkehrschluss aus §§ 58 Abs 1 und 408 Abs 1; aA zur bisherigen Rechtslage: KKW/*Winker* (15. Aufl) § 156 Rn 5; Jansen/*Steder* § 156 Rn 4; Bassenge/Roth/*Bassenge* (11. Aufl) § 156 Rn 2 und jetzt Bahrenfuss/*Steup* § 407 Rn 5).

Die Beschwerde ist vielmehr nur statthaft gegen die Bestätigung der Dispache als Endentscheidung (§§ 58 Abs 1, 408 Abs 1). Sie ist begründet, wenn etwa ein Fristverlängerungsantrag nach Abs 1 Satz 2 unberechtigt zurückgewiesen wurde (s § 58 Abs 2) oder das Dispachegericht die Bestätigung erlassen hat, obwohl ihm rechtzeitig die Klageerhebung angezeigt war.

War die Dispache nach Erledigung eines Widerspruchs bestätigt worden (Abs 2), ist die Beschwerde begründet, wenn die bestätigte Dispache nicht dem Ausgang des Klageverfahrens oder der unter den Beteiligten getroffenen Einigung entspricht.

§ 408 Beschwerde

(1) Der Beschluss, durch den ein nach § 405 gestellter Antrag auf gerichtliche Verhandlung zurückgewiesen, über die Bestätigung der Dispache entschieden oder ein Beteiligter nach § 404 zur Herausgabe von Schriftstücken verpflichtet wird, ist mit der Beschwerde anfechtbar.

(2) Einwendungen gegen die Dispache, die mittels Widerspruchs geltend zu machen sind, können nicht mit der Beschwerde geltend gemacht werden.

1 Die Vorschrift ersetzt den bisherigen § 157 FGG. Absatz 1 ist mit seinem positiven Regelungsgehalt wegen § 58 Abs 1 FamFG überflüssig. Allenfalls mag durch die Vorschrift im Umkehrschluss festgelegt werden, welche Entscheidungen *nicht* mit der Beschwerde angreifbar sind (zB § 407 Rz 15).

2 Gegen die Zurückweisung des Antrags auf Bestätigung der Dispache steht nur dem Antragsteller das Beschwerderecht zu (§ 59 Abs 2); gegen den erlassenen Bestätigungsbeschluss kann jeder Beschwerde einlegen, der in seinen Rechten betroffen ist (§ 59 Abs 1). Betroffen sind aber nur die Beteiligten des konkreten Bestätigungsverfahrens, also der Antragsteller und diejenigen, die er nach § 405 Abs 1 Satz 2 als Beteiligte bezeichnet hatte, denn gem § 409 Abs 1 ist nur diesen ggü die Bestätigung der Dispache wirksam (Bassenge/Roth/*Walter* § 408 Rn 2; aA: Jansen/*Steder* § 157 Rn 3; Keidel/*Heinemann* § 408 Rn 10). Havereibeteiligte, die nicht am Bestätigungsverfahren beteiligt sind, sind nicht beschwerdeberechtigt.

3 Absatz 2 regelt, dass mit der Beschwerde **keine inhaltliche Kritik** an der Dispache vorgebracht werden kann; hierfür sind allein der Widerspruch und das Widerspruchsklageverfahren vorgesehen. Das gilt auch für den Einwand, man sei gar nicht Havereibeteiligter (KGJ 37 A 202). Mit der Beschwerde kann nur vorgebracht werden, dass die Dispache nicht oder nicht so hätte bestätigt werden dürfen, weil ein rechtzeitig erhobener Widerspruch übergangen wurde, weil die bestätigte Dispache nicht dem Ausgang des Widerspruchsklageverfahrens entspricht oder weil sonst ein Gegenstand der Dispache berichtigt und bestätigt wurde, über den in Wahrheit keine Einigung aller betroffenen Beteiligten erzielt worden war (KGJ 51, 137). Ferner können formale Mängel des Bestätigungsverfahrens vorgebracht werden wie Ladungs-, Zustellungs- und Belehrungsmängel (§ 405 Abs 3, 4), rechtswidrige Versagung der Fristverlängerung (§ 407 Abs 1 Satz 2), Bestätigung trotz rechtzeitigen Nachweises der Widerspruchsklageerhebung, Bestätigung ggü einem Havereibeteiligten, den der Antragsteller nicht gem § 405 Abs 1 Satz 2 als Beteiligten bezeichnet hatte, usw.

4 Die Formulierung am Ende des Abs 1 ist insofern unglücklich gewählt, als sie den falschen Eindruck erweckt, nur stattgebende Beschlüsse nach § 404 Abs 1, mit denen die Verpflichtung zur Herausgabe ausgesprochen würde, seien mit der Beschwerde angreifbar, nicht dagegen zurückweisende Beschlüsse. Eine derart einschränkende Bedeutung ist Abs 1 jedoch nicht beizumessen. Die Anfechtung von Beschlüssen, mit denen der Antrag eines Dispacheurs auf Herausgabe von Dokumenten zurückgewiesen wird, ist nach den allgemeinen Vorschriften (§ 58 Abs 1) anfechtbar.

§ 409 Wirksamkeit; Vollstreckung

(1) Die Bestätigung der Dispache ist nur für das gegenseitige Verhältnis der an dem Verfahren Beteiligten wirksam.

(2) Der Bestätigungsbeschluss wird erst mit Rechtskraft wirksam.

(3) Für Klagen auf Erteilung der Vollstreckungsklausel sowie für Klagen, durch welche Einwendungen gegen die in der Dispache festgestellten Ansprüche geltend gemacht werden oder die bei der Erteilung der Vollstreckungsklausel als eingetreten angenommene Rechtsnachfolge bestritten wird, ist das Gericht zuständig, das die Dispache bestätigt hat. Gehört der Anspruch nicht vor die Amtsgerichte, sind die Klagen bei dem zuständigen Landgericht zu erheben.

A. Allgemeines

Die Vorschrift enthält weitgehend den Regelungsgehalt des bisherigen § 158 FGG; nicht übernommen wurde § 158 Abs 2 FGG, wo geregelt war, dass aus der bestätigten Dispache die Zwangsvollstreckung stattfindet. Die Entwurfsbegründung führt dazu aus, dass auf die Regelung verzichtet werden könne, da insoweit die Vorschriften des allgemeinen Teils gälten (§ 95). **1**

B. Kommentierung

I. Wirkungsreichweite der Bestätigung

Absatz 1 beschränkt die Wirksamkeit des Bestätigungsbeschlusses auf den Antragsteller sowie diejenigen, die er nach § 405 Abs 1 Satz 2 als Beteiligte bezeichnet hatte. Gegenüber den nicht am Verfahren Beteiligten hat der Bestätigungsbeschluss keine Auswirkungen; ihnen ggü kann jederzeit eine neue Verhandlung beantragt und die Dispache anderweitig berichtigt werden, auch abweichend von der zuvor erfolgten Bestätigung. **2**

II. Zwangsvollstreckung

Die gerichtlich bestätigte Dispache wird erst mit Eintritt der formellen Rechtskraft (§ 45) zum Vollstreckungstitel; dies bedeutet eine Abweichung von der Regelung des § 40. Materielle Rechtskraft erlangt sie jedoch nicht; vgl § 406 Rz 16. **3**

Die Vollstreckung erfolgt nach den Vorschriften der ZPO (§ 95 Abs 1 FamFG), und zwar wie aus einem Urteil (§ 95 Abs 2 FamFG). Vollstreckbare Ausfertigungen erteilt die Geschäftsstelle des Dispachegerichts (§ 724 Abs 2 ZPO). **4**

Absatz 3 bestimmt, dass die Klauselklage (§ 731 ZPO), die Vollstreckungsgegenklage (§ 767 ZPO) und die Klauselgegenklage (§ 768 ZPO) vor dem Dispachegericht verhandelt werden, wenn sie unterhalb der landgerichtlichen Streitwertgrenze liegen, andernfalls vor dem Landgericht (Kammer für Handelssachen gem § 95 Abs 1 Nr 4 lit f GVG). Maßgeblich für das Erreichen der Streitwertgrenze ist der Vollstreckungsgegenstand/-wert der konkret erhobenen Klage; die Ausnahmeregeln des § 879 Abs 2 ZPO (vgl § 407 Rz 8) gelten hier nicht. **5**

Abgesehen von der überalterten Gesetzessprache ist die Aufspaltung der Zuständigkeiten zwischen Amts- und Landgericht auch inhaltlich ein für das FamFG völlig atypisches Relikt, dessen Fortschreibung kaum verständlich ist. Die Regelung ist umso unpassender geworden, als § 95 Abs 2 nunmehr anordnet, dass die Entscheidung über vollstreckungsrechtliche Klagen nicht durch Urteil, sondern durch Beschluss zu erfolgen hat, und zwar, wie sich der Regierungsentwurf ausdrückt, »im Interesse der Einheitlichkeit des FamFG-Verfahrens« (BTDrs 16/6308 S 220). Was für eine »Einheitlichkeit« wird aber hergestellt, wenn das sonst gar nicht mit der Materie befasste Landgericht erstinstanzlich im Beschlusswege nach den Verfahrensvorschriften des FamFG über eine **6**

Vollstreckungsgegenklage gegen eine amtsgerichtliche Dispachebestätigung entscheidet?

7   Inhaltlich kann mit der Vollstreckungsgegenklage auch geltend gemacht werden, die Beitragspflicht sei schon vor der Dispachebestätigung erfüllt worden. Die zeitliche Schranke des § 767 Abs 2 ZPO gilt hier nicht, weil der Erfüllungseinwand weder im Dispachebestätigungs- noch im Widerspruchsklageverfahren zu berücksichtigen ist, vielmehr die Dispache ungeachtet bereits etwaiger Erfüllung zu bestätigen und auch der bereits erfüllte Beitrag voll aufzunehmen ist.

Buch 6
Verfahren in weiteren Angelegenheiten der freiwilligen Gerichtsbarkeit

§ 410 Weitere Angelegenheiten der freiwilligen Gerichtsbarkeit

Weitere Angelegenheiten der freiwilligen Gerichtsbarkeit sind
1. die Abgabe einer nicht vor dem Vollstreckungsgericht zu erklärenden eidesstattlichen Versicherung nach den §§ 259, 260, 2028 und § 2057 des Bürgerlichen Gesetzbuchs,
2. die Ernennung, Beeidigung und Vernehmung des Sachverständigen in den Fällen, in denen jemand nach den Vorschriften des bürgerlichen Rechts den Zustand oder den Wert einer Sache durch einen Sachverständigen feststellen lassen kann,
3. die Bestellung des Verwahrers in den Fällen der §§ 432, 1217, 1281 und § 2039 des Bürgerlichen Gesetzbuchs sowie in Festsetzung der von ihm beanspruchten Vergütung und seiner Aufwendungen,
4. eine abweichende Art des Pfandverkaufs im Fall des § 1246 Abs. 2 des Bürgerlichen Gesetzbuchs.

A. Allgemeines

Die Vorschrift enthält eine Definition der weiteren Angelegenheiten der freiwilligen Gerichtsbarkeit. Sie entspricht im Wesentlichen dem Regelungsbereich des bisherigen neunten Abschnitts des FGG aF. **1**

B. Eidesstattliche Versicherung

Nr 1 definiert den Anwendungsbereich des bisherigen § 163 FGG aF. **2**

Die Vorschrift ist anwendbar, solange der Schuldner nicht zur Abgabe der eidesstattlichen Versicherung vollstreckbar verurteilt ist, sondern die Versicherung freiwillig abgibt. Danach gilt § 889 ZPO. Nach Verurteilung des Schuldners zur Abgabe der eidesstattlichen Versicherung ist das Gericht der freiwilligen Gerichtsbarkeit zur Abnahme der eidesstattlichen Versicherung nur zuständig, wenn Gläubiger (OLG Düsseldorf MDR 1960, 590) und Schuldner damit einverstanden sind (Jansen/*v König* § 163 Rn 17). Solange kein vollstreckbares Urteil vorliegt, steht die Erhebung der Klage auf Abgabe einer eidesstattlichen Versicherung einer freiwilligen Abgabe ebenso wenig entgegen wie der Antrag auf Klageabweisung oder Bestreiten einer Pflicht zur Abgabe (BayObLGZ 1953, 135). **3**

C. Feststellung durch Sachverständige

Nr 2 benennt den Anwendungsbereich des § 164 FGG aF. **4**

§ 410 Nr 2 ist nur anwendbar, wenn eine Vorschrift des materiellen Bundesrechts die Heranziehung eines Sachverständigen zur Feststellung des Zustandes oder Wertes einer Sache ausdrücklich gestattet (BayObLGZ 22, 165), wie zB die §§ 1034, 1067, 1075 Abs 2, 1377 Abs 2, 2122 BGB, §§ 438 Abs 3, 464, 610, 611 HGB, § 61 BSchG. Durch Vereinbarung der Beteiligten kann eine Zuständigkeit zur Ernennung von Sachverständigen nicht begründet werden (RGZ 94, 172). Die Vorschrift findet dann keine Anwendung, wenn es nur um die Schätzung von Vermögensinbegriffen geht, wie zB bei §§ 738, 1477 Abs 2, 1502 Abs 1 BGB (BayObLGZ 22, 165). **5**

D. Bestellung eines Verwahrers

Nr 3 knüpft an den Anwendungsbereich des bisherigen § 165 FGG aF an, bestimmt jedoch, dass das Gericht der freiwilligen Gerichtsbarkeit neben der Vergütung künftig auch die Erstattung der Aufwendungen für den Verwahrer festsetzt. Die Festsetzung **6**

§ 410 FamFG | **Weitere Angelegenheiten der freiwilligen Gerichtsbarkeit**

der Erstattung von Aufwendungen war von § 165 FGG aF nicht umfasst. Hierfür war bislang das Gericht der freiwilligen Gerichtsbarkeit nicht zuständig (KKW, § 165 Rn 7). Durch die Einbeziehung der Aufwendungen in das Verfahren der freiwilligen Gerichtsbarkeit wird künftig die umfassende Klärung aller aus der Tätigkeit des Verwahrers herrührenden Erstattungsansprüche ermöglicht.

7   Die Vorschrift regelt das Verfahren in den Fällen, in denen nach dem BGB die Ablieferung einer Sache an einen gerichtlich bestellten Verwahrer verlangt werden kann. Voraussetzung in allen genannten Fällen ist, dass die Sache sich nicht zur Hinterlegung eignet, § 372 BGB, § 5 HintO.

8   Für die Bestellung eines Verwahrers zur Ausübung des Nießbrauchs nach § 1052 BGB ist allerdings das Vollstreckungsgericht zuständig (MüKo/*Petzold* BGB § 1052 Rn 3).

E. Pfandverkauf

9   Nr 4 definiert den Anwendungsbereich des bisherigen § 166 FGG aF.

10 Die Vorschrift gilt in allen Fällen, in denen die Bestimmungen über den Pfandverkauf anwendbar sind, wie zB §§ 753, 1275, 2042 Abs 2 BGB, §§ 371 Abs 2, 398 HGB.

§ 411 Örtliche Zuständigkeit

(1) In Verfahren nach § 410 Nr. 1 ist das Gericht zuständig, in dessen Bezirk die Verpflichtung zur Auskunft, zur Rechnungslegung oder zur Vorlegung des Verzeichnisses zu erfüllen ist. Hat der Verpflichtete seinen Wohnsitz oder seinen Aufenthalt im Inland, kann er die Versicherung vor dem Amtsgericht des Wohnsitzes oder des Aufenthaltsorts abgeben.

(2) In Verfahren nach § 410 Nr. 2 ist das Gericht zuständig, in dessen Bezirk sich die Sache befindet. Durch eine ausdrückliche Vereinbarung derjenigen, um deren Angelegenheit es sich handelt, kann die Zuständigkeit eines anderen Amtsgerichts begründet werden.

(3) In Verfahren nach § 410 Nr. 3 ist das Gericht zuständig, in dessen Bezirk sich die Sache befindet.

(4) In Verfahren nach § 410 Nr. 4 ist das Gericht zuständig, in dessen Bezirk das Pfand aufbewahrt wird.

A. Allgemeines

Die Vorschrift regelt die örtliche Zuständigkeit für die weiteren Verfahren der freiwilligen Gerichtsbarkeit. 1

Die sachliche Zuständigkeit des Amtsgerichts ergibt sich nunmehr aus § 23a Abs 1 Nr 2, Abs 2 Nr 5 GVG. 2

B. Absatz 1

Abs 1 bestimmt die örtliche Zuständigkeit in Verfahren zur Abgabe einer nicht vor dem Vollstreckungsgericht zu erklärenden eidesstattlichen Versicherung nach den §§ 259, 260, 2028 und 2057 BGB. Die Bestimmung entspricht inhaltlich den bisherigen §§ 261 Abs 1, 2028 Abs 3 und 2057 S 3 BGB. Diese Regelung der örtlichen Zuständigkeit im FamFG dient der Anwenderfreundlichkeit, weil die Vorschriften nunmehr vollständig, nicht wie bisher lediglich zum Teil, im FamFG geregelt sind. Örtlich zuständig ist das Gericht des Wohnsitzes oder des Aufenthaltsorts des Verpflichteten. 3

C. Absatz 2

Die Regelung entspricht inhaltlich dem bisherigen § 164 Abs 1 FGG aF. Danach ist örtlich zuständig das Amtsgericht, in dessen Bezirk sich die zu untersuchende Sache befindet. Maßgebend für die Zuständigkeit ist der Zeitpunkt, zu dem das Gericht mit der Sache befasst wird; das AG, in dessen Bezirk sich die Sache in diesem Zeitpunkt befindet, bleibt für die Durchführung des Verfahrens – Ernennung, Beeidigung und Vernehmung des Sachverständigen – zuständig, auch wenn nachträglich eine Ortsveränderung hinsichtlich der Sache eintritt. 4

Die Regeln zur Zuständigkeit sind dispositives Recht. Durch eine Vereinbarung sämtlicher Beteiligter über die Anrufung eines anderen AG, die sich allerdings nur auf das gesamte Verfahren bezieht, kann die Zuständigkeit geändert werden. Dagegen rechtfertigt die einseitige Antragstellung bei einem örtlich unzuständigen Gericht, ohne dass der Antragsgegner und die sonstigen Beteiligten ausdrücklich zustimmen, die Ablehnung der Tätigkeit wegen Unzuständigkeit. 5

Die Vernehmung eines Sachverständigen durch ein örtlich unzuständiges Gericht begründet keine Nichtigkeit des Verfahrens und auch keine Unverwertbarkeit des Gutachtens. 6

Funktionell zuständig ist der Rechtspfleger nach § 3 Nr 1b RPflG. Eine eventuelle Beeidigung des Sachverständigen ist dem Richter vorbehalten, § 4 Abs 2 Nr 1 RPflG. 7

§ 411 FamFG | Örtliche Zuständigkeit

D. Absatz 3

8 Abs 3 entspricht inhaltlich dem bisherigen § 165 Abs 1 FGG aF. Die örtliche Zuständigkeit des Gerichts in den Fällen der Verwahrung der geschuldeten Sache bei Unteilbarkeit der Leistung und Mehrheit der Gläubiger nach § 432 Abs 1 BGB, Verwahrung des Pfandes wegen Verletzung der Rechte des Verpfänders durch den Pfandgläubiger auf Verlangen des Verpfänders gemäß § 1217 BGB, Verwahrung einer geschuldeten Sache beim Bestehen eines Pfandrechts an dem Anspruch auf deren Herausgabe nach § 1281 BGB und der Verwahrung einer zum Nachlass gehörenden Sache beim Vorhandensein mehrerer Erben auf Verlangen eines Miterben, § 2039 BGB, bestimmt sich nach der Belegenheit der Sache zum Zeitpunkt der Einleitung des Verfahrens. Auf den in Aussicht genommenen künftigen Verwahrungsort kommt es dabei nicht an.

9 Die Vereinbarung eines anderen Gerichtsstandes durch die Beteiligten ist, anders als bei § 411 Abs 2, nicht möglich.

10 Auch in diesem Verfahren ist der Rechtspfleger nach § 3 Nr 1b RPflG funktionell zuständig (Arnold/*Meyer-Stolte* § 3 RPflG Rn 22).

E. Absatz 4

11 Die Regelungen in Abs 4 entsprechen inhaltlich dem bisherigen § 166 Abs 1 FGG aF, der anwendbar ist in allen Fällen, in denen die Vorschriften über den Pfandverkauf anwendbar sind, wie zB §§ 753, 1275, 2042 Abs 2 BGB, §§ 371 Abs 2, 398 HGB. Danach ist das Gericht der Belegenheit des Pfandes örtlich zuständig. Eine Vereinbarung über die örtliche Zuständigkeit ist ausgeschlossen.

§ 412 Beteiligte

Als Beteiligte sind hinzuzuziehen:
1. in Verfahren nach § 410 Nr. 1 derjenige, der zur Abgabe der eidesstattlichen Versicherung verpflichtet ist, und der Berechtigte;
2. in Verfahren nach § 410 Nr. 2 derjenige, der zum Sachverständigen ernannt werden soll, und der Gegner, soweit ein solcher vorhanden ist;
3. in Verfahren nach § 410 Nr. 3 derjenige, der zum Verwahrer bestellt werden soll, in den Fällen der §§ 432, 1281 und 2039 des Bürgerlichen Gesetzbuchs außerdem der Mitberechtigte, im Fall des § 1217 des Bürgerlichen Gesetzbuchs außerdem der Pfandgläubiger und in einem Verfahren, das die Festsetzung der Vergütung und der Auslagen des Verwahrers betrifft, dieser und die Gläubiger;
4. in Verfahren nach § 410 Nr. 4 der Eigentümer, der Pfandgläubiger und jeder, dessen Recht durch eine Veräußerung des Pfands erlöschen würde.

A. Allgemeines

Die Vorschrift regelt, welche Personen in den weiteren Verfahren der freiwilligen Gerichtsbarkeit als Beteiligte hinzuzuziehen sind. Bei den Beteiligten des § 412 handelt es sich um »Muss-Beteiligte« iSv § 7 Abs 2 Nr 2 (*Schulte-Bunert* § 412 Rn 1268). 1

B. Nummer 1

Nr 1 gibt inhaltlich den bisherigen Regelungsbereich der §§ 163, 79 S 2 FGG aF wieder und stellt klar, dass beide Teile, dh der Verpflichtete und der Berechtigte, an dem Verfahren zur Abgabe der eidesstattlichen Versicherung zu beteiligen sind. Sie sind beide zum Termin zu laden. Das Gericht ist nicht befugt, zu prüfen, ob die materiellen Voraussetzungen für die Abnahme vorliegen. Ist der Geladene zur Abgabe der eidesstattlichen Versicherung bereit, so hat das Gericht sie auch dann abzunehmen, wenn es seine Pflicht zur Abgabe nicht für gegeben erachtet (BayObLGZ 1953, 135). Zwang kann nicht ausgeübt werden. Wird die Abgabe verweigert, steht dem Gläubiger die Möglichkeit der Klageerhebung offen. 2

C. Nummer 2

Diese Vorschrift knüpft an den bisherigen § 164 Abs 3 FGG aF an und benennt die Personen, die in einem Verfahren nach § 410 Nr 2 als Beteiligte hinzuzuziehen sind. Dies ist neben der Person, die als Sachverständiger bestellt werden soll, der Gegner des Verfahrens. Schon auf der Grundlage des alten Rechts wurde davon ausgegangen, dass der Gegner im Verfahren zur Bestellung eines Sachverständigen Anspruch auf rechtliches Gehör hat und ihm auch Gelegenheit zum Stellen von Anträgen zu geben ist (KKW § 164 Rn 8). Im Hinblick auf die Systematik des Allgemeinen Teils des FamFG ist der Gegner daher künftig als Verfahrensbeteiligter hinzuzuziehen. 3

D. Nummer 3

Nr 3 knüpft an den bisher in § 165 Abs 3 FGG aF zum Ausdruck kommenden Anspruch der Beteiligten auf rechtliches Gehör an und regelt, welche Beteiligten im Verfahren nach § 410 Nr 3 hinzuzuziehen sind. Es wird der Kreis der Personen, die durch das Verfahren zur Bestellung eines Verwahrers in ihren Rechten betroffen sind, enumerativ benannt: 4
– Verwahrer bzw zu ernennender Verwahrer
– Mitberechtigter
– Pfandgläubiger und
– Gläubiger, soweit es um die Festsetzung der Vergütung und Auslagen geht.

E. Nummer 4

5 Diese Bestimmung regelt die Beteiligtenstellung im Verfahren gemäß § 410 Nr 4 u nimmt Bezug auf § 166 Abs 2 FGG, wonach Beteiligter der
– Eigentümer
– Pfandgläubiger und
– jeder Dritte, dessen Recht durch eine Veräußerung des Pfands erlöschen würde wie zB ein nachstehender Pfandgläubiger
ist.

6 Auch diese Beteiligten sind anzuhören und ihnen damit rechtliches Gehör zu gewähren.

§ 413 Eidesstattliche Versicherung

In Verfahren nach § 410 Nr. 1 kann sowohl der Verpflichtete als auch der Berechtigte die Abgabe der eidesstattlichen Versicherung beantragen. Das Gericht hat das persönliche Erscheinen des Verpflichteten anzuordnen. Die §§ 478 bis 480 und 483 der Zivilprozessordnung gelten entsprechend.

A. Allgemeines

Die Vorschrift entspricht inhaltlich den bisherigen §§ 163, 79 FGG aF. 1

B. Eidesstattliche Versicherung

I. Materiell-rechtliche Lage

Die Verpflichtung zur Abgabe einer eidesstattlichen Versicherung kann sich für denjeni- 2
gen ergeben, der zur Rechnungslegung über eine Verwaltung, § 259 BGB, zur Vorlage eines Verzeichnisses über den Bestand eines Inbegriffs von Gegenständen, § 260 BGB, zur Auskunftserteilung über die Führung erbschaftlicher Geschäfte und den Verbleib von Erbschaftsgegenständen nach § 2028 BGB verpflichtet ist oder als Miterbe Auskunft zu erteilen hat über die von ihm zur Ausgleichung zu bringenden Zuwendungen gem § 2057 BGB (KKW § 163 Rn 1).

II. Geltungsbereich

§ 413 ist nur anwendbar, solange der Schuldner noch nicht vollstreckbar zur Abgabe der 3
eidesstattlichen Versicherung verurteilt ist, wobei die Erhebung der Klage auf Abgabe der eidesstattlichen Versicherung der freiwilligen Abgabe nicht entgegensteht (BayObLGZ 1953, 135). Für den Fall, dass die Abgabe der eidesstattlichen Versicherung im Prozesswege erzwungen werden muss, ist sie vor dem Vollstreckungsgericht abzugeben, worauf die §§ 478 bis 480, 483 ZPO anwendbar sind.

III. Zuständigkeit

Sachlich zuständig ist das Amtsgericht nach § 261 Abs 1 BGB. Die örtliche Zuständigkeit 4
bestimmt sich nach §§ 261, 269 BGB. Allerdings begründet das Verlangen nach § 261 Abs 1 S 2 BGB eine selbständige und Abs 1 BGB eine ausschließliche Zuständigkeit (BayObLG OLGR 2, 190) für den Ort, an dem die Verpflichtung zu erfüllen ist. Funktionell zuständig zur Abnahme der eidesstattlichen Versicherung ist der Rechtspfleger, § 3 Nr 1b RPflG.

IV. Verfahren

1. Antragsrecht

Antragsberechtigt sind bei Ansprüchen auf Rechnungslegung, Vorlegung eines Be- 5
standsverzeichnisses oder Auskunftserteilung sowohl der Gläubiger als auch der Schuldner (OLG Nürnberg NJW-RR 1986, 159). Im Falle des § 2028 BGB sind neben dem Erben auch der Nachlasspfleger, -verwalter, der Nachlassinsolvenzverwalter und der verwaltende Testamentsvollstrecker antragsberechtigt. Neben dem an der Ausgleichung beteiligten Miterben ist auch der mit der Auseinandersetzung betraute Testamentsvollstrecker im Falle des § 2057 BGB zur Stellung des Antrags berechtigt. Bei Verbindlichkeiten, die nur einen Erbteil belasten, kann der Nachlassverwalter bzw der Nachlassinsolvenzverwalter ausnahmsweise den Antrag stellen.

§ 413 FamFG | Eidesstattliche Versicherung

2. Voraussetzungen

6 – Antrag des Gläubigers auf Abgabe der eidesstattlichen Versicherung nach § 260 Abs 2 BGB: Das AG prüft hier nicht, ob die Verpflichtung im Einzelfall begründet ist, sondern nur, ob ein Fall vorliegt, in dem die eidesstattliche Versicherung gesetzlich abgenommen werden darf (KGJ 45, 112).
– Vorlage des Verzeichnisses/der Auskunft bzw die Angabe des Inhalts einer mündlichen Auskunft (KG OLGR 43, 207).

3. Terminsbestimmung

7 Zum Termin sind beide Parteien zu laden, allerdings erfolgt die Abnahme auch in Abwesenheit des Berechtigten. Verweigert der Schuldner die Abgabe der eidesstattlichen Versicherung, so kann sie nicht erzwungen werden; dem Gläubiger steht es aber frei, Klage zu erheben. Die Ladung erfolgt von Amts wegen; die Zustellung an den Schuldner ist nicht notwendig (BayObLGZ 14, 552).

4. Verfahrensablauf

8 Der Rechtspfleger hat über den Verlauf des Termins ein Protokoll zu errichten. Dies gilt auch im Falle des Nichterscheinens oder der Verweigerung der Abgabe der eidesstattlichen Versicherung (KG OLGZ 1970, 408). Die Abgabe der eidesstattlichen Versicherung wird zu Protokoll des Gerichts erklärt. Sie ist vom Betroffenen in Person zu leisten, S 4 (KG NJW 1972, 2093), eine Stellvertretung ist ausgeschlossen, § 478 ZPO. Die Anwesenheit des Gläubigers ist nicht erforderlich. Vor der Abgabe ist der Pflichtige in angemessener Weise auf die Bedeutung der eidesstattlichen Versicherung hinzuweisen, § 480 ZPO. Ein Zwang zur Abgabe der eidesstattlichen Versicherung ist ausgeschlossen (OLG Zweibrücken MDR 1979, 492).

9 Der Inhalt der eidesstattlichen Versicherung bestimmt sich durch §§ 259 Abs 2, 260 Abs 2 BGB und ist ggf durch einen Beschluss des Gerichts zu präzisieren (BGHZ 33, 373). Ist die Auskunft, die an Eides Statt versichert wurde, objektiv unrichtig, ist auf Antrag des Berechtigten erneut ein Termin zur Abnahme anzuordnen (OLG Hamm SJZ 1950, 702).

10 Das die eidesstattliche Versicherung abnehmende Gericht hat keine Entscheidung über die Kostenpflicht zu treffen (KG NJW-RR 1993, 63). Über die Erstattungspflicht des Antragsgegners nach § 261 Abs 3 BGB entscheidet das Prozessgericht (LG Bochum Rpfleger 1994, 451).

V. Rechtsmittel

11 Gegen die Ablehnung der Terminsbestimmung und die Abgabe der eidesstattlichen Versicherung steht dem Antragsteller die Beschwerde zu. Entsprechendes gilt für die Zurückweisung des Antrags. Die Beschwerde ist nicht gegeben gegen die Terminbestimmung, Vertagung (OLG Hamm Rpfleger 1995, 161) und Ladung (BayObLGZ 4, 229).

VI. Gebühren

12 Für die Verhandlung in einem Termin zur Abgabe einer eidesstattlichen Versicherung wird nach § 124 KostO die volle Gebühr erhoben, auch wenn die Abgabe der eidesstattlichen Versicherung unterbleibt. Erledigt sich das Verfahren durch Zurücknahme des Antrags oder in anderer Weise vor Eintritt in die Verhandlung, so ermäßigt sich die Gebühr entsprechend § 130 KostO. Der Geschäftswert bestimmt sich nach dem Interesse des Antragstellers an der Abgabe der eidesstattlichen Versicherung und ist idR nur ein Bruchteil des Wertes der Hauptsache, § 30 KostO.

Kostenschuldner ist nach § 2 Nr. 1 KostO der Antragsteller. Er kann wegen der Erstattung der Gebühren die Entscheidung des Prozessgerichts herbeiführen (KG OLGZ 1970, 408). **13**

§ 81 ist im Verfahren der 1. Instanz nicht anwendbar (KG OLGZ 1970, 408), da keine Entscheidung ergeht, sondern die eidesstattliche Versicherung abgenommen wird. **14**

§ 414 Unanfechtbarkeit

Die Entscheidung, durch die in Verfahren nach § 410 Nr. 2 dem Antrag stattgegeben wird, ist nicht anfechtbar.

A. Allgemeines

1 Die Vorschrift entspricht inhaltlich dem bisherigen § 164 Abs 2 FGG aF.

B. Verfahren nach § 410 Nr 2

2 In § 410 Nr 2 sind weitere Angelegenheiten der freiwilligen Gerichtsbarkeit, die bislang in § 164 aF geregelt waren, genannt: Hierbei handelt es sich um die Entscheidungen über die Ernennung, Beeidigung und Vernehmung des Sachverständigen in Fällen, in denen jemand nach den Vorschriften des BGB den Zustand oder den Wert einer Sache durch einen Sachverständigen feststellen lassen kann. Voraussetzung dafür ist, dass eine Vorschrift des materiellen Bundesrechts die Heranziehung eines Sachverständigen ausdrücklich gestattet (BayObLG JFG 1, 31), wie zB in §§ 1034, 1067, 1075 Abs 2, 1377 Abs 2, 2122 BGB; §§ 438 Abs 3, 464, 610, 611 HGB oder § 61 BSchG.

C. Rechtsmittel

3 Gegen die stattgebende Verfügung des Gerichts, die eine Entscheidung über die Ernennung, Beeidigung oder Vernehmung eines Sachverständigen beinhaltet, findet nur die **sofortige Erinnerung** nach § 11 Abs 2 S 1 RPflG (Bassenge/Roth § 164 Rn 3) statt, da der Gesetzgeber die Anfechtung ausdrücklich ausgeschlossen hat. Dies gilt auch dann, wenn die Verfügung von unzutreffenden Voraussetzungen ausgegangen ist (KG KGJ 43, 9). Davon unberührt bleiben die in der ZPO im Beweisverfahren nach §§ 406 Abs 5, 409, 411 vorgesehenen Rechtsmittel und die Möglichkeit, den Sachverständigen nach §§ 29–31 iVm § 406 ZPO abzulehnen.

4 Der funktionell zuständige Rechtspfleger kann der befristeten Erinnerung abhelfen; hilft er nicht ab, muss er die Erinnerung gemäß § 28 RPflG dem zuständigen Richter zur Entscheidung vorlegen. Wegen Wegfalls der Durchgriffserinnerung ist eine Vorlage an das Beschwerdegericht nicht mehr zulässig, weshalb der Richter zu entscheiden hat. Nach § 11 Abs 2 Satz 4 RPflG ist die Entscheidung des Richters mit der Beschwerde anfechtbar, da die Vorschriften sinngemäß gelten. Da die Erinnerung nur möglich ist, weil die Entscheidung unanfechtbar ist, ist auch die Entscheidung des Richters auf die sofortige Erinnerung unanfechtbar (Arnold/Meyer-Stolte/*Hansens* § 11 Rn 73).

5 Die Unanfechtbarkeit der Verfügung schließt die Abänderung nach § 48 Abs 1 nicht aus (Jansen/*v König* § 164 Rn 8).

6 Im Übrigen finden auch die sonstigen hinsichtlich des Verfahrens in den Vorschriften der ZPO begründeten Beschwerden statt.

Buch 7
Verfahren in Freiheitsentziehungssachen

§ 415 Freiheitsentziehungssachen

(1) Freiheitsentziehungssachen sind Verfahren, die die auf Grund von Bundesrecht angeordnete Freiheitsentziehung betreffen, soweit das Verfahren bundesrechtlich nicht abweichend geregelt ist.

(2) Eine Freiheitsentziehung liegt vor, wenn einer Person gegen ihren Willen oder im Zustand der Willenlosigkeit insbesondere in einer abgeschlossenen Einrichtung, wie einem Gewahrsamsraum oder einem abgeschlossenen Teil eines Krankenhauses die Freiheit entzogen wird.

A. Allgemeines

§ 415 enthält in Abs 1, wie der bisherige § 1 FrhEntzG, eine Definition des Begriffes Freiheitsentziehungssachen, für die die §§ 415–432 einschlägig sind. Die Vorschriften ersetzen die bisherigen §§ 1–18 FrhEntzG. Als Freiheitsentziehungssachen werden Verfahren, die eine Freiheitsentziehung aufgrund von Bundesrecht anordnen, benannt, soweit das Verfahren nicht bundesrechtlich abweichend geregelt ist. Abs 2 enthält eine Legaldefinition des Begriffes Freiheitsentziehung, die sich in ähnlicher Form bisher in § 2 Abs 1 FrhEntzG befand. Um den systematischen Unterschied zu den Unterbringungssachen nach § 312 ff hervorzuheben, hat der Gesetzgeber hier den Begriff der Unterbringung (dazu § 312 Rz 1) durch den der Freiheitsentziehung ersetzt. 1

B. Einzelheiten

I. Anwendungsbereich, Abs 1

Abs 1 definiert den Begriff Freiheitsentziehungssachen und legt damit den Anwendungsbereich der §§ 415 ff fest. Sie sind anwendbar, wenn aufgrund von Bundesrecht eine Freiheitsentziehung angeordnet wird und das Bundesrecht keine abweichende Verfahrensregelung vorgibt. Außerdem kommen die § 412 ff zur Anwendung, wenn das Landesrecht ausdrücklich auf sie verweist. 2

1. Bundesrecht ohne eigenes Verfahrensrecht

An Freiheitsentziehungen auf der Grundlage von bundesgesetzlicher Regelung sind zu nennen: 3
– die Zurückweisungshaft nach § 15 Abs 5 und 6 AufenthG,
– die Abschiebungs- bzw Sicherungshaft nach § 62 AufenthG,
– die Durchsetzung der Verlassenspflicht nach § 59 Abs 2 iVm 89 Abs 2 AsylVfG,
– Zurückschiebungshaft nach §§ 57, 62 AufenthG,
– die Freiheitsentziehung nach § 30 IfSG,
– die Freiheitsentziehung auf der Grundlage der Ermächtigung in §§ 23 Abs 3 S 4, 25 Abs 3, 39 Abs 1 und 2 sowie 43 Abs 5 BPolG und
– die Ingewahrsamsnahme nach §§ 21 Abs 7 BKAG und 23 Abs 1 S 2 Nr 8 ZFdG.

2. Bundesrecht mit abweichendem Verfahrensrecht

Abweichende verfahrensrechtliche Regelungen, die eine Anwendung der §§ 415 ff ausschließen, enthalten: 4
– die freiheitsentziehenden Verfahren der zivilrechtlichen Unterbringung durch einen Betreuer oder Bevollmächtigten (vgl § 1906 Abs 1, 2 und 5) nach § 312 Nr 1,

§ 415 FamFG | Freiheitsentziehungssachen

- die freiheitsentziehenden Verfahren der unterbringungsähnlichen Maßnahmen durch einen Betreuer oder Bevollmächtigten (vgl § 1906 Abs 4 und 5) nach § 312 Nr 2,
- Freiheitsentziehungen im Rahmen der Strafrechtspflege, zB als Untersuchungshaft, Freiheitsstrafe für Erwachsene bzw Jugendliche, freiheitsentziehende Maßregeln der Besserung oder Sicherungshaft nach § 453c StPO, einstweilige Unterbringungen nach § 126a StPO, Sicherungsunterbringungen nach §§ 453c, 463 StPO und
- Freiheitsentziehungen nach dem Zivilrecht, also Ordnungs-, Sicherungs-, Zwangs- oder Erzwingungshaft.

3. Landesrechtliche Verweisungen

5 Anwendung finden die §§ 415 ff auch bei einer ausdrücklichen Verweisung durch das Landesrecht. Solche Verweisungen enthalten etwa die Polizeigesetze der Länder, dazu vgl § 14 Abs 2 S 2 MEPolG.

II. Freiheitsentziehung, Absatz 2

6 Abs 2 definiert die Begriffe der Freiheitsentziehung und der Unterbringungseinrichtung.

1. Freiheitsentziehung

7 Trotz der geänderten Begrifflichkeit wollte der Gesetzgeber keine Änderung gegenüber der bisherigen Rechtslage herbeiführen.

a) Einschließen und Festhalten

8 Freiheitsentziehung meint demgemäß die Entziehung der durch Art 2, 104 GG geschützten Freiheit der körperlichen Bewegung und Wahl sowie Aufsuchens des Aufenthaltsortes. Eine Freiheitsentziehung beginnt mit dem Einschließen bzw Einsperren des Betroffenen an einem Ort und dem sich anschließenden Hindern, diesen Ort zu verlassen (Festhalten). Da die Handlungsabläufe allerdings einheitlich zu betrachten sind, kann der Beginn der Freiheitsentziehung schon in der Festnahme und dem Transport zum Gewahrsamsort liegen (BVerwG NJW 1982, 536). Es spielt keine Rolle, mit welchen Mitteln dies geschieht.

b) Gegen oder ohne den Willen

9 Weiter setzt eine Freiheitsentziehung voraus, dass sie gegen oder ohne den Willen des Betroffenen, das Gesetz spricht vom Zustand der Willenlosigkeit, vorgenommen wird.

aa) Gegen den Willen

10 Gegen den Willen erfolgt ein Freiheitsentzug, wenn der Betroffene ihn mit natürlichem Willen, dh mit Einsicht in den Umfang und die Tragweite der Maßnahme ablehnt (Dodegge/Roth Teil G Rn 12). Die Ablehnung kann sich auch konkludent aus dem Verhalten des Betroffenen ergeben, etwa durch tätlichen Angriff auf das Pflegepersonal (BayObLG FamRZ 2005, 238).

bb) Zustand der Willenlosigkeit

11 Von einem Freiheitsentzug im Zustand der Willenlosigkeit spricht man, wenn der Betroffene aktuell zur Bildung eines freien Willens nicht in der Lage ist, etwa auf Grund hochgradiger Alkoholintoxikation oder fortgeschrittener Demenz. Ein solcher Zustand liegt auch vor, wenn der Betroffene zwar in der Lage ist, seinen natürlichen Willen zu

bilden, ihn aber nicht äußern kann (etwa bei autistischem Syndrom) oder will (etwa bei ausgeprägten Antriebsstörungen).

cc) Einverständnis

An einer Freiheitsentziehung fehlt es dagegen, wenn der Betroffene mit dem Freiheitsentzug einverstanden ist. Da es sich um die Gestattung, in rechtlich geschützte Güter eingreifen zu dürfen, handelt, genügt es, wenn der Betroffene einwilligungsfähig ist. Geschäftsfähigkeit muss nicht vorliegen. Ausreichend ist es, wenn der Betroffene mit natürlichem Willen eine ernsthafte Zustimmung geben kann. Das setzt voraus, dass er Wert und Bedeutung des betroffenen Freiheitsrechtes sowie die Folge und Risiken seiner Zustimmung erkennen und bei seiner Entscheidung eventuelle Alternativen (etwa ambulante Therapien, freiwillige Ausreise) einbeziehen und sein Handeln danach bestimmen kann. Dabei sind strenge Anforderungen zu stellen. Fragwürdige oder fiktive Einwilligungen genügen nicht (BayObLG FamRZ 1996, 1375). Die Einwilligung muss zudem ernsthaft und verlässlich sein. Es darf nicht die Gefahr bestehen, dass der Betroffene die Freiwilligkeitserklärung alsbald oder vor Erreichen des Zieles der Freiheitsentziehung widerruft. 12

Eine ursprünglich wirksam abgegebene Freiwilligkeitserklärung kann jederzeit widerrufen werden. Ein Widerruf kann sich auch aus dem Verhalten des Betroffenen ergeben. 13

dd) Abgrenzungen

Grds unterfallen bloße Freiheitsbeschränkungen nicht dem Begriff der Freiheitsentziehung. Kurzfristige und von Anfang an als vorübergehend angesehene Freiheitsbeschränkungen, wie etwa das Verbringen in eine Arztpraxis oder Krankenhaus im Rahmen des IfSG (BGH NJW 1982, 753 und NJW 2001, 888 – zum Betreuungsrecht), polizeiliche Maßnahmen des unmittelbaren Zwangs (BTDrs 16/6308 S 655) oder die Zuführung zur Abschiebung (BVerwG NJW 1982, 537) füllen den Begriff der Freiheitsentziehung nicht aus. Andererseits können sich längerfristige, über mehrere Stunden andauernde Ingewahrsamsnahmen außerhalb einer Einrichtung eine Freiheitsentziehung darstellen, wenn sie von der Intensität her einem Einschließen in einem abgeschlossenen Raum gleichkommen. 14

Von einem Freiheitsentzug kann auch dann nicht die Rede sein, wenn der Betroffene objektiv über keine Fähigkeit zur Fortbewegung verfügt und keinen Fortbewegungswillen manifestiert. Schließlich fehlt es an einem Freiheitsentzug, wenn der Betroffene gegen seinen Willen in eine offene Einrichtung gebracht wird, die er jederzeit verlassen kann. 15

c) Abgeschlossene Einrichtung

Anstelle der Aufzählung einzelner Einrichtungen zum Freiheitsentzug nennt § 412 Abs 2 nunmehr als Oberbegriff die abgeschlossene Einrichtung. Zur Verdeutlichung werden zwei typische abgeschlossene Einrichtungen, nämlich der Gewahrsamsraum und der abgeschlossene Teil eines Krankenhauses, angeführt. Gemeint sind aber weiterhin auch andere abgeschlossene Anstalten, Haftträume oder Justizvollzugsanstalten (BTDrs 16/6308, S 655). Nach herrschender Auffassung ist es unerheblich, ob der abgeschlossene Charakter der Einrichtung durch bauliche (Abschließen von Türen und Fenstern) oder andere Maßnahmen (Wachen, elektronische Sicherungen) herbeigeführt wird (Saage/Göppinger/Marschner § 2 FEVG Rn 1). Entscheidend ist, ob die Intensität des Einschließens in einem abgeschlossenen Raum erreicht wird. 16

III. Konkurrenzen

17 §§ 415 ff sind nicht anzuwenden, wenn das den Freiheitsentzug regelnde Bundesgesetz das Verfahren abweichend regelt (dazu oben Rz 4). Liegen dagegen mehrere mögliche Gründe für eine Freiheitsentziehung vor, ist der Eingriffsgrundlage Vorzug zu geben, deren Voraussetzungen vorliegen und die der vom Betroffenen ausgehenden Gefahr am wirkungsvollsten begegnet (Saage/Göppinger/Marschner § 1 FEVG Rn 4). Auch für freiheitsentziehende Verfahren der öffentlich-rechtlichen Unterbringung eines Betroffenen nach den Landesgestzen über die Unterbringung psychisch Kranker gelten nicht die §§ 415 ff, sondern die §§ 312 ff, vgl § 312 Nr 3.

§ 416 Örtliche Zuständigkeit

Zuständig ist das Gericht, in dessen Bezirk die Person, der die Freiheit entzogen werden soll, ihren gewöhnlichen Aufenthalt hat, sonst das Gericht, in dessen Bezirk das Bedürfnis für die Freiheitsentziehung entsteht. Befindet sich die Person bereits in Verwahrung einer abgeschlossenen Einrichtung, ist das Gericht zuständig, in dessen Bezirk die Einrichtung liegt.

A. Allgemeines

Mit sprachlichen und redaktionellen Änderungen entspricht § 416 dem bisherigen § 4 Abs 1 FrhEntzG. In Hinblick auf § 50 Abs 2 (dazu § 50 Rz 11 f) konnte die bisherige Regelung des § 4 Abs 2 FrhEntzG, wonach für eilige Anordnungen auch das Gericht, in dessen Bezirk das Bedürfnis für eine solche Anordnung besteht, einstweilen zuständig ist, entfallen. Ähnliches gilt für den bisherigen § 4 Abs 3 FrhEntzG. Die dort enthaltene Möglichkeit zur Konzentration der Verfahren auf bestimmte Amtsgerichtsbezirke zur schnelleren und sachdienlichen Erledigung findet sich jetzt in § 23d GVG. § 416 gilt auch für die Fälle der nachträglichen Feststellung der Rechtswidrigkeit einer Freiheitsentziehung entsprechend (BTDrs 16/6308, S 656).

1

B. Einzelheiten

Im Anschluss an § 2, der sich auf allgemeine Regelungen beschränkt, legt § 416 die örtliche Zuständigkeit der Gerichte in Freiheitsentziehungssachen fest. Sachlich sind nach § 23a Abs 1 Nr 2, Abs 2 Nr 6 GVG die Amtsgerichte zuständig.

2

I. Hauptsacheverfahren

In seinen Sätzen 1 und 2 nennt die Vorschrift drei Anknüpfungspunkte zur Festlegung des örtlich zuständigen Gerichts. Nach der gesetzgeberischen Wertung ist der Gerichtsstand nach Satz 2 in der Regel vorrangig gegenüber denen des Satz 1, 1. Alt. Dies ergibt sich aus Zweckmäßigkeitsgründen (OLG Hamm FGPrax 2006, 183).

3

1. Gericht des gewöhnlichen Aufenthaltes, Satz 1, 1. Alt

Nach Satz 1, 1. Alt ist das Gericht örtlich zuständig, in dessen Bezirk der Betroffene seinen gewöhnlichen Aufenthalt (dazu § 272 Rz 3–8) hat. Die Zuständigkeit ist aber nicht die vorrangige (s Rz 3).

4

2. Fürsorgegericht, Satz 1, 2. Alt

Sofern ein gewöhnlicher Aufenthalt fehlt oder nicht feststellbar ist, benennt Satz 1, 2. Alt das Gericht als örtlich zuständig, in dessen Bezirk sich der Ort des Fürsorgebedürfnisses befindet. Gemeint ist damit der Ort, an dem der Betroffene sich aktuell aufhält und das Bedürfnis für eine Freiheitsentziehung offenkundig wird.

5

3. Regelzuständigkeit, Satz 2

Befindet sich die Person bereits in Verwahrung einer abgeschlossenen Einrichtung, ist das Gericht zuständig, in dessen Bezirk die Einrichtung liegt. Der Gesetzgeber ist davon ausgegangen, dass dieser Gerichtsstand der eventuell nach Satz 1 daneben bestehenden Zuständigkeit gegenüber vorrangig ist (BTDrs 16/6308, S 656). Dafür sprechen insbes Gründe der Zweckmäßigkeit.

6

II. Einstweilige Anordnungen

7 Die bisher in § 4 Abs 2 FrhEntzG enthaltene einstweilige Zuständigkeitsregelung für Eilfälle findet sich nunmehr in § 50 Abs 2. Auf eine spezielle Regelung der örtlichen Zuständigkeit für einstweilige Anordnungen oder einstweilige Maßregeln hat der Gesetzgeber – anders als für Unterbringungssachen, dort § 313 Abs 2 – verzichtet. Sie gilt für einstweilige Anordnungen nach § 427 und räumt dem Gericht, in dessen Bezirk Bedürfnis für ein Tätigwerden bekannt wird oder sich der Betroffene aufhält, in besonders dringenden Fällen eine örtliche Zuständigkeit für einstweilige Anordnungen ein. Zu Einzelheiten vgl § 50 Rz 11 f.

III. Abgabe

8 Ist einmal die Zuständigkeit eines Gerichtes begründet, sieht § 416 keine Möglichkeit vor, das Verfahren abzugeben. Nach § 4 ist allerdings eine Abgabe aus wichtigem Grund möglich, wenn sich das andere Gericht zur Übernahme bereit erhält hat und die Beteiligten zuvor angehört worden sind. Ein solcher Fall liegt etwa vor, wenn sich der Ort, an dem der Freiheitsentzug durchgeführt wird, ändert oder der Betroffene nach Anordnung der (vorläufigen) Freiheitsentziehung in eine geschlossene Einrichtung außerhalb des Bezirkes des die Freiheitsentziehung anordnenden Gerichts gebracht wird.

§ 417 Antrag

(1) Die Freiheitsentziehung darf das Gericht nur auf Antrag der zuständigen Verwaltungsbehörde anordnen.

(2) Der Antrag ist zu begründen. Die Begründung hat folgende Tatsachen zu enthalten:
1. die Identität des Betroffenen,
2. den gewöhnlichen Aufenthaltsort des Betroffenen,
3. die Erforderlichkeit der Freiheitsentziehung,
4. die erforderliche Dauer der Freiheitsentziehung sowie
5. in Verfahren der Abschiebungs-, Zurückschiebungs- und Zurückweisungshaft die Verlassenspflicht des Betroffenen sowie die Voraussetzungen und die Durchführbarkeit der Abschiebung, Zurückschiebung und Zurückweisung.

Die Behörde soll in Verfahren der Abschiebungshaft mit der Antragstellung die Akte des Betroffenen vorlegen.

A. Allgemeines

Absatz 1 entspricht dem bisherigen § 3 Satz 1 FrhEntzG. Es gab lediglich redaktionelle Änderungen. Neu eingefügt wurde der Absatz 2, der die Anforderungen an die Begründung eines Freiheitsentziehungsantrages und die zu übersendenden Unterlagen regelt. 1

B. Einzelheiten

Nach § 417 Abs 1 darf das Gericht die Freiheitsentziehung nicht von Amts wegen, sondern nur auf Antrag der zuständigen Verwaltungsbehörde anordnen. Der Antrag kann bis zum Abschluss des Beschwerdeverfahrens nachgeholt werden. Das Vorliegen eines zulässigen Antrages ist in jeder Phase des Verfahrens, auch vom Rechtsbeschwerdegericht, von Amts wegen zu prüfen (OLG Karlsruhe FGPrax 2008, 228). 2

I. Zuständige Verwaltungsbehörde

Ein wirksamer Antrag kann nur von der, auch örtlich, zuständigen Verwaltungsbehörde gestellt werden (BayObLG FGPrax 1997, 117). Welche Behörde sachlich die zuständige Verwaltungsbehörde ist, bestimmt sich nach der jeweiligen Rechtsgrundlage für die Freiheitsentziehung. Die Frage der örtlichen Zuständigkeit bemisst sich idR nach landesrechtlichen Vorschriften (OLG Celle FGPrax 2008, 227 zum AufenthG). 3

1. Infektionsschutzgesetz

In Verfahren nach dem IfSG sind die nach Landesrecht für zuständig erklärten Verwaltungsbehörden, idR die Gesundheitsämter, zur Antragstellung berechtigt, § 54 IfSG. 4

2. Aufenthaltsgesetz

In Verfahren auf Abschiebungs-, Zurückschiebungs- und Zurückweisungshaft nach dem AufenthG sind die Ausländerbehörden gem § 63 Abs 1 AufenthG sowie die Polizeien der Länder zur Antragstellung befugt (BayObLG InfAuslR 1992, 85). Die örtliche Zuständigkeit bemisst sich nach Landesrecht (OLG Karlsruhe FGPrax 2008, 228 zur örtlichen Zuständigkeit in Baden-Württemberg; OLG Celle FGPrax 2008, 227 zu der in Niedersachsen). 5

§ 417 FamFG | Antrag

3. Asylverfahrensgesetz

6   In den Verfahren auf Durchsetzung der Verlassenspflicht nach § 59 Abs 2 AsylVfG sind die Polizeien der Länder, die Grenzbehörde, bei der der Ausländer um Asyl nachsucht, die Ausländerbehörde, in deren Bezirk sich der Betroffene aufhält sowie die Aufnahmeeinrichtung, in der sich der Betroffene meldet bzw die ihn aufgenommen hat, zur Antragstellung befugt.

4. Bundeskriminalamtgesetz

7   In den Verfahren auf Ingewahrsamsnahme nach § 21 Abs 7 BKAG ist das Bundeskriminalamt als zuständige Behörde antragsberechtigt.

5. Bundespolizeigesetz

8   In den Verfahren auf Ingewahrsamsnahme nach § 39 BPolG ist die Bundespolizei als zuständige Behörde antragsberechtigt.

6. Zollfahndungsdienstgesetz

9   In den Verfahren auf Ingewahrsamsnahme nach § 23 Abs 1 Satz 2 Nr 8 ZfdG ist das Zollkriminalamt als zuständige Behörde antragsberechtigt.

II. Antragsinhalt, Absatz 2

1. Allgemein

10   Den Mindestinhalt eines Antrages legt zunächst § 23 Abs 1 fest. Danach muss der Antrag die zur Begründung dienenden Tatsachen und Beweismittel angeben. Das Gericht soll so bei der Ermittlung des entscheidungsrelevanten Sachverhaltes unterstützt werden. Darüber hinaus sind Urkunden, auf die Bezug genommen wird, im Original oder als Abschrift beizufügen. In Betracht kommen etwa ärztliche Stellungnahmen bzw Gutachten, die im Verfahren nach dem IfSG eingeholt wurden, vgl § 420 Abs 4 Satz 2. Schließlich ist der Antrag vom Antragsteller zu unterschreiben.

2. Spezielle Anforderungen

11   Bereits nach dem bisherigen Recht hatte die antragstellende Behörde den Antrag zu begründen. Dies legt Abs 2 Satz 1 nunmehr ausdrücklich fest. Abs 2 Satz 2 listet darüber hinaus in Nr 1–4 auf, was generell in Freiheitsentziehungssachen, und in Nr 5, was in Verfahren der Abschiebungs-, Zurückschiebungs- und Zurückweisungshaftsachen zwingend Bestandteil der Begründung zu sein hat. Demzufolge muss ein Antrag die Identität des Betroffenen, seinen gewöhnlichen Aufenthaltsort sowie Angaben zur Erforderlichkeit der Freiheitsentziehung und ihrer erforderlichen Dauer enthalten. In Verfahren der Abschiebungs-, Zurückschiebungs- und Zurückweisungshaftsachen müssen zudem die Verlassenspflicht des Betroffenen sowie die Voraussetzungen und die Durchführbarkeit der Abschiebung, Zurückschiebung und Zurückweisung dargelegt werden.

12   Diese – bereits von der Rechtsprechung (BayObLG InfAuslR 1991, 345) als notwendig qualifizierten – Angaben sind nach Auffassung des Gesetzgebers unverzichtbar. Ist der Antrag insoweit unvollständig, hat das Gericht auf eine entsprechende Vervollständigung hinzuwirken. Unterbleibt sie, ist der Antrag als unzulässig zurückzuweisen.

13   Schließlich soll – keine Zulässigkeitsvoraussetzung – nach Abs 2 Satz 3 die zuständige Verwaltungsbehörde in Verfahren der Abschiebehaft mit der Antragstellung die Akte des Betroffenen vorzulegen. Aus der Akte ergeben sich nämlich häufig wesentliche Informationen für die Ermittlungen und Entscheidung des Gerichts.

Der Antrag ist dem Betroffenen zwecks Wahrung des rechtlichen Gehörs zu übermitteln, vgl § 23 Abs 2.   14

III. Richterliche Anordnung

1. Sachliche Zuständigkeit

Zuständig für die Anordnung der Freiheitsentziehung ist das Amtsgericht, § 23a Abs 2   15
Nr 6 GVG, dort funktionell der Richter. Dies ergibt sich bereits aus Art 104 Abs 2 GG und dem Umstand, dass keine Übertragung dieser Angelegenheit auf den Rechtspfleger erfolgte.

2. Anordnung

Die richterliche Anordnung der Freiheitsentziehung hat dem Vollzug der Freiheitsent-   16
ziehung vorauszugehen. Eine Ausnahme besteht nur, wenn aufgrund spezieller Ermächtigungsgrundlage eine Freiheitsentziehung als Verwaltungsmaßnahme gesetzlich vorgesehen ist (dazu § 428 Rz 7 f). Das Gericht ordnet die Freiheitsentziehung an, genehmigt sie nicht nur.

§ 418 Beteiligte

(1) Zu beteiligen sind die Person, der die Freiheit entzogen werden soll (Betroffener), und die Verwaltungsbehörde, die den Antrag auf Freiheitsentziehung gestellt hat.

(2) Der Verfahrenspfleger wird durch seine Bestellung als Beteiligter zum Verfahren hinzugezogen.

(3) Beteiligt werden können im Interesse des Betroffenen
1. dessen Ehegatten oder Lebenspartner, wenn die Ehegatten oder Lebenspartner nicht dauernd getrennt leben, sowie dessen Eltern und Kinder, wenn der Betroffene bei diesen lebt oder bei Einleitung des Verfahrens gelebt hat, die Pflegeeltern sowie
2. eine von ihm benannte Person seines Vertrauens.

A. Allgemeines

1 Die Vorschrift knüpft an den Beteiligtenbegriff des § 7 an und legt fest, welche Personen in Freiheitsentziehungssachen zu beteiligen sind bzw beteiligt werden können. Die Vorschrift korrespondiert mit den §§ 274, 315, die den im Betreuungs- und Unterbringungsverfahren zu beteiligenden Personenkreis benennen. Abs 1 konkretisiert die Personen bzw Behörden, die in Freiheitsentziehungssachen stets zu beteiligen sind. In Abs 2 und 3 werden Personen genannt, die kraft ihrer Bestellung bzw im Interesse des Betroffenen beteiligt werden können. Der Sinn ihrer Beteiligung liegt darin, alle relevanten Gesichtspunkte zugunsten des Betroffenen zu ermitteln und zugrunde legen zu können. Die aufgeführten Personen stehen dem Betroffenen in der Regel nahe und können zu seiner Lebensweise, seinem aktuellen Verhalten und seinem Lebensumfeld Auskunft erteilen.

B. Einzelheiten

2 § 418 benennt in Abs 1 diejenigen, die immer beteiligt sind, in Abs 2 die, die Kraft ihrer Bestellung (»Muss-Beteiligte«) und in Abs 3 die, die im Interesse des Betroffenen (»Kann-Beteiligte«) beteiligt werden können.

I. Beteiligte von Amts wegen, Absatz 1

3 Abs 1 enthält zunächst eine Legaldefinition, indem er den Betroffenen als die Person bezeichnet, der die Freiheit entzogen werden soll. Der Betroffene ist ebenso wie die Verwaltungsbehörde, die den Antrag auf Freiheitsentziehung gestellt hat von Amts wegen zu beteiligen. § 418 Abs 1 konkretisiert damit den § 7 Abs 1 und 2 Nr 1 (dazu § 7 Rz 7 f und 13).

1. Betroffener, Absatz 1

4 Eine Selbstverständlichkeit spricht der Abs 1 aus, wenn er den Betroffenen als zwingend zu beteiligende Person bezeichnet. Die Notwendigkeit seiner Beteiligung folgt bereits aus § 7 Abs 2 Nr 1. Der Betroffene ist unter den Voraussetzungen des § 9 Abs 1 Nr 1, 2 und 3 (dazu § 9 Rz 3 ff) verfahrensfähig.

2. Verwaltungsbehörde, Absatz 1

5 Auch die Verwaltungsbehörde, die den Antrag auf Freiheitsentziehung gestellt hat, ist zwingend am Verfahren zu beteiligen. Zu den in dem jeweiligen Verfahren auf Freiheitsentziehung zuständigen Verwaltungsbehörden s § 417 Rz 3 ff.

II. Beteiligte kraft Bestellung, Absatz 2

Wie §§ 276 Abs 2, 315 Abs 2 für das Betreuungs- und Unterbringungsverfahren beinhaltet § 418 Abs 2 eine Sondervorschrift über die Beteiligung des Verfahrenspflegers. Er wird mit seiner Bestellung durch das Gericht zugleich Beteiligter des Freiheitsentziehungsverfahrens. Zu den Voraussetzungen der Bestellung eines Verfahrenspflegers vgl § 419. Mit seiner Bestellung erhält der Verfahrenspfleger alle Rechte und Pflichten eines Verfahrensbeteiligten (dazu § 419 Rz 10). Nach § 429 Abs 3 ist er auch beschwerdeberechtigt.

III. Beteiligte im Interesse des Betroffenen, Absatz 3

§ 418 Abs 3 enthält eine Konkretisierung der Personen, die nach § 7 Abs 3 zum Unterbringungsverfahren hinzugezogen werden können. Es handelt sich dabei idR um Angehörige oder nahestehende Personen. Die Aufzählung in Abs 3 ist abschließend. Ist eine der genannten Personen in eigenen Rechten verletzt, ist nicht über ihre Beteiligung nach Abs 3 zu befinden, vielmehr sind sie stets nach § 7 Abs 2 Nr 1 zu beteiligen (dazu § 7 Rz 19 f).

Voraussetzung ist jeweils, dass ein Interesse des Betroffenen an der Beteiligung der genannten Personen besteht. Das Interesse des Betroffenen ist nicht objektiv, sondern aus seiner Sicht zu beurteilen; seine Wünsche und Belange hat das Gericht zu berücksichtigen. Dies gilt insbes, weil diesen Personen mit der Beteiligung im Gegensatz zum früheren Recht vom Betroffenen die Teilnahme an der persönlichen Anhörung (vgl § 420) nicht verwehrt werden kann. Bestehen Zweifel, ob der Betroffene mit der Hinzuziehung einer Person einverstanden ist, ist er zuvor dazu anzuhören. Gegen den Willen des Betroffenen kommt eine Beteiligung Verwandter nur in Betracht, wenn dieser Wille dem objektiven Interesse des Betroffenen zuwider läuft und keine erhebliche Gründe gegen die Beteiligung sprechen (BTDrs 16/6308, S 266). Im Einzelnen:

1. Ehegatte

Er kann beteiligt werden, wenn er nicht dauernd getrennt vom Betroffenen lebt. Maßgeblicher Zeitpunkt ist der der Verfahrenseinleitung. Bei erst kurz zuvor erfolgter Trennung kann eine Anhörung zur Sachverhaltsaufklärung nach § 26 angezeigt sein.

2. Lebenspartner

Lebenspartner meint Partner gleichgeschlechtlicher Partnerschaften im Sinne des § 1 LPartG, nicht Partner einer nichtehelichen Gemeinschaft. Auch der Lebenspartner darf vom Betroffenen nicht dauernd getrennt leben.

3. Elternteil

Ein Elternteil kann beteiligt werden, wenn der Betroffene bei ihm lebt oder zum Zeitpunkt der Verfahrenseinleitung dort gelebt hat. Der Elternteil muss nicht der Sorgerechtsinhaber sein oder gewesen sein. Fehlt eine häusliche Gemeinschaft, kann eine Anhörung im Rahmen des § 26 angezeigt sein.

4. Kind

Der Betroffene muss bei dem Kind leben, was nur der Fall sein kann, wenn das Kind volljährig ist, vgl § 11 BGB. Auch nichteheliche, Stief- (dazu LG Oldenburg BtPrax 1996, 31) und Adoptivkinder sind gemeint. Fehlt eine häusliche Gemeinschaft, kann wiederum eine Anhörung nach § 26 erfolgen.

5. Pflegeeltern

13 Der Gesetzgeber ermöglicht die Beteiligung der Pflegeeltern, weil sie zwar nicht in eigenen Rechten betroffen sind, aber ihr ideelles Interesse als schutzwürdig gewertet wird. Ein faktisches Pflegeverhältnis nach § 44 SGB VIII genügt.

6. Vertrauensperson

14 Der Betroffene kann eine oder mehrere natürliche Personen (nicht Organisationen oder Institutionen) als Vertrauensperson benennen, ohne dazu verpflichtet zu sein. Die Benennung einer Person mit natürlichem Willen genügt. Lediglich unsinnige Nennungen (Papst, englische Königin, Filmfiguren) bleiben unbeachtlich.

§ 419 Verfahrenspfleger

(1) Das Gericht hat dem Betroffenen einen Verfahrenspfleger zu bestellen, wenn dies zur Wahrnehmung seiner Interessen erforderlich ist. Die Bestellung ist insbesondere erforderlich, wenn von einer Anhörung des Betroffenen abgesehen werden soll.

(2) Die Bestellung eines Verfahrenspflegers soll unterbleiben oder aufgehoben werden, wenn die Interessen des Betroffenen von einem Rechtsanwalt oder einem anderen geeigneten Verfahrensbevollmächtigten vertreten werden.

(3) Die Bestellung endet, sofern sie nicht vorher aufgehoben wird, mit der Rechtskraft des Beschlusses über die Freiheitsentziehung oder mit dem sonstigen Abschluss des Verfahrens.

(4) Die Bestellung eines Verfahrenspflegers oder deren Aufhebung sowie die Ablehnung einer derartigen Maßnahme sind nicht selbständig anfechtbar.

(5) Für die Vergütung und den Auslagenersatz des Verfahrenspflegers gilt § 277 entsprechend. Dem Verfahrenspfleger sind keine Kosten aufzuerlegen.

A. Allgemeines

§ 419 greift, mit redaktionellen Änderungen, die Regelungen des bisherigen § 70b FGG, **1** auf den § 3 FrhEntzG verwies, und des § 5 Abs 2 Satz 2 FrhEntzG auf. Der Aufgabenkreis eines Verfahrenspflegers ist ebenso wenig festgelegt wie die zur Ausübung des Amtes notwendige Qualifikation. Ein Verfahrenspfleger ist an keine Weisungen gebunden. Die Verfahrenspflegschaft ist eine Pflegschaft eigener Art. Die Vorschrift korrespondiert mit §§ 276 und 317, die die Erforderlichkeit einer Verfahrenspflegerbestellung im Betreuungs- und Unterbringungsverfahren regeln. Der Verfahrenspfleger soll die objektiven Interessen des Betroffenen wahrnehmen und dessen Belange wahren.

B. Einzelheiten

I. Voraussetzungen, Absatz 1

Während § 419 Abs 1 Satz 1 die grds Voraussetzungen für eine Verfahrenspflegerbestel- **2** lung nennt, beschreibt Satz 2 zwingende Fälle einer Verfahrenspflegerbestellung.

1. Grundsatz

Grds setzt die Bestellung eines Verfahrenspflegers voraus, dass dies zur Wahrnehmung **3** der Interessen des Betroffenen erforderlich ist. Der Gesetzgeber wollte die Bestellung eines Verfahrenspflegers nicht als Regel ausgestaltet wissen. Er begründet das damit, dass sich die Betroffenen in Freiheitsentziehungssachen im Vollbesitz ihrer geistigen Kräfte befinden. Genannt werden Freiheitsentziehungen nach dem AufenthG oder dem AsylVfG bzw Ingewahrsamnahmen nach dem BPolG oder dem IfSG (BTDrs 16/6308, S 657). Zu überzeugen vermag diese Begründung angesichts der Schwere des Grundrechtseingriffes nicht. Das gilt umso mehr als die Rechtsprechung ansonsten die Verteidigung gegen eine Freiheitsentziehung die ureigenste Aufgabe von Anwälten bezeichnet. Hinzu kommt, dass in der Praxis die polizeilichen Ingewahrsamnahmen überwiegend Personen betreffen, die alkohol- oder krankheitsbedingt gerade nicht im Vollbesitz ihrer geistige Kräfte sind. Ähnliches muss für Ausländer gelten, die nicht ausreichend der deutschen Sprache mächtig und ihrer Verfahrensrechte sicher sind. Maßgebliches Kriterium für die Erforderlichkeit einer Verfahrenspflegerbestellung ist daher, ob die konkrete Verfahrenssituation es angebracht erscheinen lässt, dem Betroffenen einen Beistand an die Seite zu stellen. Das wird der Fall sein, wenn der Betroffene nicht ausreichend sein Recht auf Wahrnehmung des rechtlichen Gehörs wahrnehmen kann

§ 419 FamFG | Verfahrenspfleger

(etwa durch adäquate Stellungnahme zu dem ermittelten Sachverhalt, zu Zeugenaussagen und zu ärztlichen Gutachten) oder ihm die Möglichkeit fehlt, sich differenzierend begründend zum Antrag zu äußern bzw auf der Hand liegende Einwendungen vorzutragen (vgl auch § 317 Rz 3).

4   Bei der Entscheidung über die Erforderlichkeit einer Verfahrenspflegerbestellung sind Art, Dauer und Intensität der Maßnahme zu beachten. Deshalb kann die Bestellung eines Verfahrenspflegers unterbleiben, wenn ein gerichtliches Verfahren unterbleibt, weil der Betroffene nur kurzzeitig wegen eines die freie Willensbestimmung ausschließenden Zustandes oder sonst hilfloser Lage in Gewahrsam genommen wird, etwa nach § 39 BPolG. Stellt das Gericht – dies kann auch das Beschwerdegericht sein – fest, dass eine Verfahrenspflegerbestellung erforderlich ist, muss sie erfolgen. Es besteht kein Ermessen. Will das Gericht dagegen die Anordnung einer Freiheitsentziehung ablehnen, bedarf es keiner Bestellung eines Verfahrenspflegers.

2. Zwingende Fälle

5   Nach Satz 2 ist eine Verfahrenspflegerbestellung zwingend, wenn das Gericht von der persönlichen Anhörung des Betroffenen absehen will. §§ 34 Abs 2, 420 Abs 2 ermöglichen dies, wenn nach ärztlichem Attest (Gutachten wie in Unterbringungssachen wird nicht verlangt) von der persönlichen Anhörung erhebliche Nachteile für die Gesundheit des Betroffenen zu besorgen sind (dazu § 34 Rz 13 f), der Betroffene nach dem unmittelbaren Eindruck des Gerichtes offensichtlich nicht in der Lage ist, seinen Willen kundzutun (dazu § 34 Rz 13 f) oder wenn er an einer übertragbaren Krankheit iSd IfSG leidet (dazu § 420 Rz 13). Die Verfahrenspflegerbestellung ist dann zur Gewährung des rechtlichen Gehörs unabdingbar. Gleiches muss gelten, wenn das Gericht die Entscheidungsgründe unter den Voraussetzungen des § 423 nicht an den Betroffenen bekannt machen will.

6   Eine Ausnahme soll im Beschwerdeverfahren gelten. Sieht das Beschwerdegericht nach § 68 Abs 3 Satz 2 von einer persönlichen Anhörung ab, soll dies wegen der darin liegenden Verfahrenseffizienz nicht zwingend zur Verfahrenspflegerbestellung führen (BTDrs 16/6308, S 657). In zwingenden Fällen der Verfahrenspflegerbestellung kann das nicht gelten.

3. Person des Verfahrenspflegers

7   Der Gesetzgeber hat darauf verzichtet, bestimmte persönliche oder fachliche Qualifikationen für die Person des Verfahrenspflegers festzulegen. Auch auf die Festlegung eines Vorranges für ehrenamtliche Verfahrenspfleger, vgl §§ 276 Abs 3, 317 Abs 3, verzichtet § 419. Angesichts des gravierenden Eingriffs in die Freiheitsrechte wird zumindest bei nicht nur kurzzeitigen Freiheitsentziehungen der zu bestellende Verfahrenspfleger rechtskundig sein müssen (Keidel/Budde § 420 FamFG Rn 5).

8   Ist eine Vertretung durch einen Rechtsanwalt nicht geboten, kommen auch andere Personen in Betracht, vgl § 10 Abs 2 zur Frage der erforderlichen Sachkunde von Bevollmächtigten. Werden sie als Verfahrenspfleger bestellt, dürfen an ihre Sachkunde keine überspannten Anforderungen gestellt werden. Wichtig kann auch die Fähigkeit sein, auf den Betroffenen einzugehen und mit ihm kommunizieren zu können.

9   Um Interessenkonflikte zu vermeiden, sollte kein bei der Anstellungskörperschaft der zuständigen Verwaltungsbehörde tätiger Mitarbeiter zum Verfahrenspfleger bestellt werden.

4. Rechtsstellung des Verfahrenspflegers

10   Die Bestellung eines Verfahrenspflegers im Freiheitsentziehungsverfahren soll die Wahrung der Belange des Betroffenen im Verfahren gewährleisten. Der Betroffene soll bei

den besonders schwerwiegenden Eingriffen in das Grundrecht der Freiheit der Person nicht allein stehen, sondern fachkundig beraten und vertreten werden. Mit seiner Bestellung ist der Verfahrenspfleger Beteiligter des Unterbringungsverfahrens und vom Gericht im selben Umfang wie der Betroffene an den Verfahrenshandlungen zu beteiligen. Ein anwaltlicher Verfahrenspfleger wird idR im Verlaufe des Verfahrens eine Stellungnahme abgeben. Zur Vergütung des berufsmäßigen Verfahrenspflegers vgl Absatz 5 Satz 1, der auf § 277 verweist.

5. Zeitpunkt der Bestellung

Das Gesetz schreibt nicht vor, zu welchem Zeitpunkt ein Verfahrenspfleger im Freiheitsentziehungssachen zu bestellen ist. Die Bestellung sollte aber möglichst frühzeitig erfolgen. 11

II. Unterbleiben bzw Aufhebung der Verfahrenspflegerbestellung, Absatz 2

Abs 2 entspricht §§ 276 Abs 4, 317 Abs 4. Danach soll die Bestellung eines Verfahrenspflegers unterbleiben oder aufgehoben werden, wenn die Interessen des Betroffene von einem Rechtsanwalt oder einem anderen geeigneten Verfahrensbevollmächtigten vertreten werden. Die Bevollmächtigung ist ggf nachzuweisen, § 11. 12

Meldet sich vor Beginn oder im Freiheitsentziehungsverfahren ein Bevollmächtigter, kann – muss aber nicht – die Bestellung eines Verfahrenspflegers unterbleiben bzw wieder aufgehoben werden. Die Bestellung eines Verfahrenspflegers dürfte nur noch in atypischen Fallkonstellationen in Betracht kommen. Etwa, wenn der anwaltliche Bevollmächtigte gleichzeitig von einem anderen Beteiligten bevollmächtigt ist (KG FGPrax 2004, 117) oder der Betroffene durch krankheitsbedingte unsinnige Anweisungen eine adäquate Vertretung unterläuft. 13

III. Verfahrensrechtliches

1. Begründung der Entscheidung

Die Bestellung eines Verfahrenspflegers muss nicht begründet werden. Da der Gesetzgeber sie in Freiheitsentziehungssachen ohnehin als Ausnahme ansieht, bedarf ihre Unterlassung ebenfalls nicht der Begründung. Insoweit hat der Gesetzgeber die anderslautende Regelungen der §§ 276 Abs 2, 317 Abs 2 bewusst nicht übernommen. 14

2. Beendigung der Verfahrenspflegschaft

Die Verfahrenspflegschaft findet ihr Ende, durch Aufhebung, Eintritt der Rechtskraft des Beschlusses über die Freiheitsentziehung oder mit sonstigem Abschluss des Verfahrens. 15

a) Aufhebung

Die Aufhebung erfolgt durch Beschluss und ist in den Fällen des Abs 2 möglich. Dagegen lässt sich eine Aufhebung nicht damit begründen, dass das Freiheitsentziehungsverfahren entscheidungsreif und mit der Entscheidung erledigt sei (BayObLG FamRZ 2002, 1362). 16

b) Eintritt der Rechtskraft

Bei Anordnung einer Freiheitsentziehung endet die Verfahrenspflegschaft spätestens mit dem Eintritt der formellen Rechtskraft (dazu § 422 Abs 1). Wird gegen die Entscheidung des Amtsgerichts Beschwerde und gegen die Beschwerdeentscheidung die Rechts- 17

§ 419 FamFG | Verfahrenspfleger

beschwerde eingelegt, besteht die Verfahrenspflegschaft bis zur abschließenden Entscheidung der 3. Instanz. Im Beschwerdeverfahren bedarf es daher nicht der gesonderten erneuten Verfahrenspflegerbestellung.

c) Sonstiger Verfahrensabschluss

18   Die Verfahrenspflegschaft endet schließlich auch mit dem sonstigen Abschluss des Verfahrens. Gemeint sind damit etwa die Rücknahme des Antrages auf Freiheitsentziehung, Entlassung des Betroffenen aus der Freiheitsentziehung oder Tod des Betroffenen.

3. Verlängerung

19   Ist nach Beendigung der Verfahrenspflegschaft eine Verlängerung bzw neue Freiheitsentziehung nötig, ist neu zu prüfen, ob die Voraussetzungen für eine Verfahrenspflegerbestellung vorliegen.

4. Rechtsmittel, Abs 4

20   Die Bestellung eines Verfahrenspflegers, deren Aufhebung bzw die Ablehnung der Bestellung oder Aufhebung kann nicht isoliert angefochten werden. Das Gesetz greift insoweit die Rechtsprechung zur fehlenden Anfechtbarkeit der Verfahrenspflegerbestellung im Betreuungs- (BGH NJW-RR 2003, 1369) und Unterbringungsverfahren (OLG Schleswig FamRZ 2003, 1499) auf.

5. Kosten, Abs 5

a) Vergütung und Aufwendungsersatz, Satz 1

21   Abs 5 Satz 1 verweist hinsichtlich der Vergütungs- und Aufwendungsersatzansprüche eines Verfahrenspflegers in Freiheitsentziehungssachen auf die entsprechende Regelung in Betreuungssachen, nämlich § 277. Zu Einzelheiten kann auf die dortige Kommentierung verwiesen werden.

b) Kosten, Satz 2

22   Der Verfahrenspfleger ist nach § 418 Abs 2 mit seiner Bestellung Beteiligter des Verfahrens. Das mit der Beteiligtenstellung verbundene Kostenrisiko nach § 81 schließt das Gesetz mit der speziellen Regelung des Abs 5 Satz 2 für den Verfahrenspfleger aus.

§ 420 Anhörung; Vorführung

(1) Das Gericht hat den Betroffenen vor der Anordnung der Freiheitsentziehung persönlich anzuhören. Erscheint er zu dem Anhörungstermin nicht, kann abweichend von § 33 Abs. 3 seine sofortige Vorführung angeordnet werden. Das Gericht entscheidet hierüber durch nicht anfechtbaren Beschluss.

(2) Die persönliche Anhörung des Betroffenen kann unterbleiben, wenn nach ärztlichem Attest hiervon erhebliche Nachteile für seine Gesundheit zu besorgen sind oder wenn er an einer übertragbaren Krankheit im Sinn des Infektionsschutzgesetzes leidet.

(3) Das Gericht hat die sonstigen Beteiligten anzuhören. Die Anhörung kann unterbleiben, wenn sie nicht ohne erhebliche Verzögerung oder nicht ohne unverhältnismäßige Kosten möglich ist.

(4) Die Freiheitsentziehung in einem abgeschlossenen Teil eines Krankenhauses darf nur nach Anhörung eines ärztlichen Sachverständigen angeordnet werden. Die Verwaltungsbehörde, die den Antrag auf Freiheitsentziehung gestellt hat, soll ihrem Antrag ein ärztliches Gutachten beifügen.

A. Allgemeines

§ 420 regelt in Abs 1 und 2 für Freiheitsentziehungssachen die persönliche Anhörung des Betroffenen sowie die Möglichkeiten der Durchsetzung bzw des Absehens davon. Daneben sind in Abs 3 die Anhörung der sonstigen Beteiligten bzw in Abs 4 die Anhörung eines ärztlichen Sachverständigen im Verfahren auf Freiheitsentziehung in einem abgeschlossenen Teil eines Krankenhauses normiert. Die Vorschrift knüpft in weiten Teilen an den bisherigen § 5 FrhEntzG an. Soweit Anhörungen vorgeschrieben werden, wird damit dem Gebot des rechtlichen Gehörs nach Art 103 GG entsprochen. Zugleich konkretisiert § 420 für Freiheitsentziehungssachen die sich bereits aus §§ 34, 37 Abs 2 ergebenden Anhörungspflichten des Gerichtes. 1

B. Einzelheiten

I. Regelungsinhalt

§ 420 gilt für Freiheitsentziehungssachen, also die in § 415 aufgeführten Verfahren. Über § 425 Abs 3 gilt er auch für die Verlängerung von Freiheitsentziehungen und über § 51 Abs 2 im Verfahren auf die einstweilige Anordnung einer Freiheitsentziehung nach § 427. 2

Bei Ablehnung oder Abkürzung einer Freiheitsentziehungsmaßnahme bedarf es dagegen nicht immer der persönlichen Anhörung. Ihre Notwendigkeit bemisst sich allein nach § 26. Dies gilt auch im Verfahren auf Klärung der Rechtmäßigkeit einer erledigten Freiheitsentziehungsmaßnahme. 3

II. Persönliche Anhörung des Betroffenen, Abs 1

§ 420 Abs 1 Satz 1 konkretisiert eine der wesentlichen Verfahrensgarantien des Art 104 GG (OLG München NVwZ-RR 2006, 153 f). Die persönliche Anhörung des Betroffenen verschafft dem Gericht eigene Erkenntnisquellen und geht damit über die Pflicht zur Gewährung des rechtlichen Gehörs hinaus (BVerfGE 83, 24). 4

1. Persönliche Anhörung

Nach Abs 1 Satz 1 muss das Gericht den Betroffenen vor einer Freiheitsentziehungsmaßnahme anhören. Bereits aus § 34 Abs 1 Nr 2 ergibt sich, dass die Anhörung persönlich, 5

§ 420 FamFG | Anhörung; Vorführung

also mündlich zu erfolgen hat. Die weiteren Beteiligten (dazu § 418) sind zum Termin zu laden (OLG Rostock FGPrax 2006, 187 bzgl des bevollmächtigten Anwaltes). Unterbleibt die Ladung oder wird ein Wunsch nach Terminverlegung nicht berücksichtigt, ist die Anhörung fehlerhaft und muss wiederholt werden (BayObLG NJWE-FER 2001, 324). Die Anhörung verschafft dem Richter durch eine Augenscheinseinnahme des Betroffenen und ggf seiner Umgebung einen persönlichen Eindruck vom Betroffenen. IdR ist deshalb die Anhörung durch den ersuchten Richter ausgeschlossen (OLG Frankfurt FGPrax 1995, 167).

2. Ort der Anhörung

6 Anders als in Betreuungs- und Unterbringungssachen ist keine Anhörung in der üblichen Umgebung des Betroffenen vorgeschrieben. Aus Abs 1 Satz 2 lässt sich schließen, dass der Gesetzgeber davon ausgeht, dass die Anhörung im Gericht bzw an dem Ort der Freiheitsentziehung stattfindet. Das Gericht entscheidet insoweit nach pflichtgemäßem Ermessen. Ist der Betroffene bereits untergebracht bzw in Gewahrsam genommen, befindet er sich in einem abgeschlossenen Teil eines Krankenhauses oder in einem Haftraum, wird die Anhörung dort zu erfolgen haben.

3. Inhalt der Anhörung

a) Verfahrensablauf

7 § 420 Abs 1 Satz 1 sieht keinen Inhalt der Anhörung vor. Dem Betroffenen muss aber das Verfahren verständlich gemacht werden, damit er die für ihn wichtigen Gesichtspunkte vortragen kann, insbes solche, die gegen eine Freiheitsentziehung sprechen könnten. Bereits mit der Ladung zur Anhörung sind dem Betroffenen die gestellten Anträge und der Gegenstand der Anhörung mitzuteilen (OLG Frankfurt NJW 1985, 1294). Die Anhörung dient ua der Sachaufklärung, ggf muss ein Dolmetscher für den Betroffenen hinzugezogen werden, es sei denn, der Richter spricht die Sprache des Betroffenen selbst (KG FGPrax 2006, 178). Der Betroffene ist grds vor der Entscheidung mündlich anzuhören (OLG Rostock FGPrax 2006, 187).

b) Weitere Gesichtspunkte

8 Gegenstand der Anhörung können weiterhin sein:
– Klärung der Personalien,
– Besprechung der Vorgänge/Gefährdungstatbestände, die zum Verfahren geführt haben,
– Eindruck vom Betroffenen, seine Verhaltensweisen, welche Alternativen bestehen, Kontrolle hinsichtlich des ärztlichen Gutachtens bzw Zeugnisses (dazu OLG München NVwZ-RR 2006, 153),
– Klärung, wer als Vertrauensperson, Angehöriger oder Institution zu beteiligen ist (§ 418),
– Klärung, ob ein Rechtsanwalt oder eine andere Person bevollmächtigt ist oder wird bzw ein Verfahrenspfleger (§ 419) zu bestellen ist,
– Klärung, ob der Betroffene über die Mitteilung der Entscheidung an andere Behörden unterrichtet werden kann (§ 431).

4. Vorführung des Betroffenen, Satz 2 und 3

9 Erscheint der Betroffene nicht zur persönlichen Anhörung im Gericht, kann das Gericht ihn sofort vorführen lassen. Der Gesetzgeber hat die Vorführung als sofortige abweichend von § 33 Abs 3 geregelt, da die Vorführung in Freiheitsentziehungssachen idR eil-

Anhörung; Vorführung | § 420 FamFG

bedürftig ist und nicht durch das aufwändige Verfahren nach § 33 Abs 3 verzögert werden soll.

Nach Satz 3 ist wegen der Eilbedürftigkeit kein Rechtsmittel gegen die Anordnung der Vorführung gegeben. Die Vorführung wird von der zuständigen Verwaltungsbehörde vollzogen.

Ist der Betroffene in Abschiebungshaftsachen untergetaucht, darf vor der persönlichen Anhörung keine abschließende, sondern allenfalls eine einstweilige Haftanordnung ergehen (Keidel/Budde § 420 FamFG Rn 4).

III. Unterbleiben der Anhörung, Abs 2

Im Anschluss an § 34 Abs 2 (dazu § 34 Rz 13 f) knüpft § 420 Abs 2 das Unterlassen einer persönlichen Anhörung an weitere, einschränkende Kriterien. Danach kann von einer persönlichen Anhörung nur abgesehen werden, wenn erhebliche Gesundheitsnachteile für den Betroffenen zu befürchten sind oder wenn er an einer übertragbaren Krankheit iSd IfSG leidet. Anders als der § 278 Abs 4 für das Betreuungs- und § 319 Abs 3 für das Unterbringungsverfahren verlangt § 420 Abs 2, dass die Feststellungen zu erheblichen Gesundheitsnachteilen des Betroffenen auf Grund der persönliche Anhörung oder das Bestehen einer übertragbaren Krankheit iSd IfSG durch ein ärztliches Attest (nicht Gutachten) nachgewiesen sein müssen. Für das einzuholende Attest gilt § 29. Im Rahmen der Amtsermittlung hat das Gericht zu prüfen, welche Qualifikation des Ausstellers erforderlich erscheint, welche Form und welchen Umfang es aufweisen muss.

1. Gesundheitsnachteile

Als erhebliche Gesundheitsnachteile reichen vorübergehende Verschlechterungen oder solche, denen mit Medikamenten oder ärztlichem Beistand vorgebeugt werden kann, nicht aus (OLG Karlsruhe, FamRZ 1999, 670).

2. Vorliegen einer übertragbaren Krankheit

Soll die Anhörung unterbleiben, weil der Betroffene an einer übertragbaren Krankheit iSd IfSG leidet, dürfen keine anderen Möglichkeiten zum Schutz vor dieser Krankheit für Dritte bestehen (BTDrs 16/6308, S 658).

3. Verfahrensrechtliches

Das Gericht hat nach pflichtgemäßem Ermessen zu entscheiden, ob eine persönliche Anhörung unterbleibt. Unterbleibt die Anhörung muss dem Betroffenen ein Verfahrenspfleger bestellt werden, § 419 Abs 1 Satz 2. Eine persönliche Anhörung kann grds unterbleiben, wenn das Gericht keine Freiheitsentziehung anordnen will.

Nach der Rechtsprechung kann die persönliche Anhörung des Betroffenen ausnahmsweise im Beschwerdeverfahren unterbleiben, wenn sie keine neuen Erkenntnisse für die Sachaufklärung verspricht, vgl § 68 Abs 2 Satz 2. Voraussetzung ist dann allerdings, dass der Betroffene sich vor dem Amtsgericht geäußert hat (OLG Celle FGPrax 2008, 227), vgl auch § 319 Rz 23.

IV. Anhörung der sonstigen Beteiligten, Abs 3

Abs 3 knüpft an den bisherigen § 5 FrhEntzG an. Die Vorschrift regelt die Anhörung der sonstigen Beteiligten im Verfahren auf eine Freiheitsentziehung und ordnet in Satz 1 ihre Anhörung an.

§ 420 FamFG | Anhörung; Vorführung

1. Anhörung der sonstigen Beteiligten, Satz 1

17 Zu den sonstigen Beteiligten gehören zunächst die zwingend, kraft Gesetzes oder auf Antrag zu beteiligenden Personen (dazu §§ 7 Abs 1 und 2, 418 Abs 1 und 2). Zu ihnen gehören etwa die zuständige Verwaltungsbehörde als Antragsteller oder ein bestellter Verfahrenspfleger. Daneben sind diejenigen, die im Interesse des Betroffenen zum Verfahren hinzugezogen wurden (dazu §§ 7 Abs 3, 418 Abs 3), anzuhören. Der Betroffene kann ihrer Anhörung nicht widersprechen. Der entgegenstehende Wille des Betroffenen ist allerdings im Vorfeld bei der Entscheidung über die Hinzuziehung einzelner Personen nach § 418 Abs 3 zu beachten und abzuwägen (dazu § 418 Rz 8).

2. Verfahrensrechtliches

18 Für die Anhörung ist keine Form vorgeschrieben, eine persönliche Anhörung sieht das Gesetz ausdrücklich und anders als in Abs 1 bzgl des Betroffenen nicht vor.

19 Bei einstweiliger Anordnung einer vorläufigen Freiheitsentziehung kann die Anhörung zunächst unterbleiben, ist aber unverzüglich nachzuholen, §§ 51 Abs 2, 427 Abs 2.

3. Unterbleiben der Anhörung, Satz 2

20 Unverändert zum bisherigen § 5 Abs 3 S 4 FrhEntzG regelt Abs 3 Satz 2 das Unterbleiben der Anhörung der sonstigen Beteiligten. Demzufolge kann die Anhörung unterbleiben, wenn sie nicht ohne erhebliche Verzögerung oder nicht ohne unverhältnismäßige Kosten möglich ist. Das wird nur in Ausnahmefällen zu bejahen sein, etwa wenn Beteiligte im Ausland leben. Fälle unverhältnismäßig hoher Kosten sind in der Praxis kaum denkbar, allenfalls bei exorbitanten Übersetzer- oder Dolmetscherkosten. Von der Anhörung des deutschen Ehegatten eines Ausländers darf in Abschiebehaftverfahren grds nicht abgesehen werden (Keidel/Budde § 420 FamFG Rn 6). Soll die Anordnung der Freiheitsentziehung abgelehnt werden, kann die Anhörung der sonstigen Beteiligten ebenfalls unterbleiben. Etwas anderes gilt nur, wenn die Anhörung der sonstigen Beteiligten im Rahmen der Sachverhaltsaufklärung geboten ist.

V. Hinzuziehung eines Sachverständigen Abs 4

21 Abs 4 gibt weitgehend den Inhalt des bisherigen § 5 Abs 4 FrhEntzG wieder und kommt im Verfahren nach dem IfSG zur Anwendung.

1. Satz 1

22 Nach Satz 1 darf die Anordnung einer Freiheitsentziehung in einem abgeschlossenen Teil eines Krankenhauses erst nach Anhörung eines Sachverständigen erfolgen. Der Sachverständige muss den Betroffenen zuvor untersuchen und sich ein eigenes Bild machen. Ausdrücklich ist das vom Gesetz indes nicht vorgeschrieben und kann daher aus besonderen Gründen unterbleiben, zB weil der Betroffene sich entzieht. Die Form der Anhörung des Sachverständigen ist ebenfalls nicht vorgeschrieben. Sie kann schriftlich oder mündlich in Rahmen einer Anhörung in Anwesenheit des Betroffenen und der sonstigen Beteiligten vorgenommen werden. Die gutachterliche Anhörung soll sich zu den Fragen der Erforderlichkeit einer Freiheitsentziehung in einem abgeschlossenen Teil eines Krankenhauses und den besonderen Voraussetzungen nach dem IfSG verhalten. Welche Qualifikation der Gutachter aufweisen muss, wird das Gericht nach pflichtgemäßem Ermessen unter Berücksichtigung des konkreten Krankheitsbildes des Betroffenen zu entscheiden haben.

2. Satz 2

Nach Satz 2 soll die zuständige Verwaltungsbehörde bereits ihrem Antrag ein ärztliches Gutachten beifügen. Dieses Gutachten soll sich zur Notwendigkeit der Freiheitsentziehung verhalten. Aussagen zu Form und Inhalt des Gutachtens trifft das Gesetz nicht. Das Gutachten sollte sich aber zu den Fragen der Erforderlichkeit einer Freiheitsentziehung in einem abgeschlossenen Teil eines Krankenhauses und den besonderen Voraussetzungen nach dem IfSG verhalten. Der Gutachter muss zumindest Arzt sein, eine weitere Qualifikation ist nicht vorgeschrieben. Welche Qualifikation der Gutachter aufweisen muss, wird das Gericht nach pflichtgemäßem Ermessen unter Berücksichtigung des konkreten Krankheitsbildes des Betroffenen zu entscheiden haben. Da die Vorlage des Gutachtens nicht zwingend vorgeschrieben ist, schadet sein Fehlen nicht (aA Saage/ *Göppinger/Marschner*, § 5 FEVG Rn 10). Das Gericht wird dann aber im Rahmen seiner Amtsermittlungspflicht selbst ein Gutachten einholen müssen.

VI. Protokollierung der Anhörung

Nach § 28 Abs 4 hat das Gericht über Termine und persönliche Anhörungen einen Vermerk zu fertigen. Zu Einzelheiten vgl § 28 Rz 28–33. Im Verfahren auf eine Freiheitsentziehung empfiehlt sich allerdings die Anhörung in Form eines Gespräches und die möglichst genaue Wiedergabe von Frage und Antwort. Auch der persönliche Eindruck, die Ergebnisse der Beobachtung, äußere Erscheinung, Umfeld, Gesprächsablauf, Gestik, Mimik, Verhalten sowie Vormedikation, sollten festgehalten werden.

VII. Beschwerdeverfahren

Auch im Beschwerdeverfahren bedarf es einer persönlichen Anhörung des Betroffenen, vgl § 68 Abs 3 Satz 1. Unter den Voraussetzungen des § 68 Abs 3 Satz 2 kann das Beschwerdegericht davon absehen. Zu Einzelheiten vgl § 319 Rz 23.

§ 421 Inhalt der Beschlussformel

Die Beschlussformel zur Anordnung einer Freiheitsentziehung enthält auch
1. die nähere Bezeichnung der Freiheitsentziehung sowie
2. den Zeitpunkt, zu dem die Freiheitsentziehung endet.

A. Allgemeines

1 § 421 legt den Inhalt der Beschlussformel in Freiheitsentziehungssachen (dazu § 415 Rz 2 ff) fest. Die Vorschrift korrespondiert mit § 323, der den Inhalt der Beschlussformel in Unterbringungssachen regelt. Da bereits in § 38 Abs 2 allgemeine Regelungen zum Inhalt der Beschlussformel getroffen sind, konnte sich § 421 auf spezielle Regelungen für das Freiheitsentziehungsverfahren beschränken.

B. Einzelheiten

I. Anwendungsbereich

2 Der § 421 gilt für alle Freiheitsentziehungssachen iSd § 415, die vom Gericht angeordnet, genehmigt bzw abgelehnt werden.

II. Inhalt einer getroffenen Freiheitsentziehungsmaßnahme

3 Freiheitsentziehungssachen werden durch einen Beschluss des Amtsgerichts, s § 23a Abs 2 Nr 6 GVG, angeordnet, § 38 Abs 1 Satz 1. Welchen Inhalt ein solcher Beschluss zwingend enthalten muss, legen §§ 38 Abs 2 und 421 fest.

1. Bezeichnung des Betroffenen

4 Nach dem Beschlusseingang (»In dem Freiheitsentziehungsverfahren ...«) folgen gem § 38 Abs 2 Nr 1 die genauen Personalien des Betroffenen (Vor-, Familienname, Geburtstag, Anschrift) sowie, sofern vorhanden, Verfahrensbevollmächtigter bzw -pfleger, gesetzlicher Vertreter. Die weiteren Beteiligten des Verfahrens, die das Gericht hinzugezogen hat, sollten ebenfalls aufgeführt werden.

2. Bezeichnung des Gerichts

5 Weiter sind das Gericht und die Namen der Gerichtspersonen, die an der Entscheidung mitgewirkt haben, zu nennen, § 38 Abs 2 Nr 2.

3. Beschlussformel

6 Die nach § 38 Abs 2 Nr 3 erforderliche Beschlussformel wird in § 421 Nr 1 und 2 konkretisiert.

a) Bezeichnung der Freiheitsentziehung, Nr 1

7 Nach Nr 1 muss eine nähere Bezeichnung der Freiheitsentziehung erfolgen. Der Tenor der Entscheidung kann gerichtet sein auf:

aa) Anordnung einer Freiheitsentziehung

8 Will das Gericht dem Antrag der zuständigen Verwaltungsbehörde stattgeben, ordnet es die Freiheitsentziehung an. Im Verfahren nach dem IfSG hat die gerichtliche Entscheidung zudem die Einrichtung zu benennen, in der die Freiheitsentziehung vollzogen werden soll. Grds muss der Beschluss nur die Art der Unterbringungseinrichtung (Kli-

nik für ..., Rehabilitationsklinik etc) nennen. Bedarf es der zwangsweisen Zuführung des Betroffenen sollte eine konkrete Benennung der Einrichtung erfolgen.

bb) Ablehnung des Antrages

Hier bestehen keine Besonderheiten, der Inhalt entspricht dem einer stattgebenden Entscheidung, lautet aber auf Zurückweisung des Antrages der zuständigen Verwaltungsbehörde, dazu Rz 20. 9

cc) Feststellung der Rechtswidrigkeit

Nach ständiger obergerichtlicher Rechtsprechung besteht bei beendeten Freiheitsentziehungen in Hinblick auf den hohen Wert des Freiheitsrechtes (Art 2 Abs 2 Satz 2 GG) regelmäßig ein fortwährendes Rechtsschutzinteresse an einer Sachentscheidung über die Rechtmäßigkeit des Eingriffs (BVerfG NJW 2002, 3161), was der Gesetzgeber mit der Regelung des § 62 aufgegriffen hat. Die Feststellung kann aber nur auf entsprechenden Antrag erfolgen (OLG Celle FGPrax 2007, 189). Die Beschlussformel lautet hier auf Feststellung, dass die Anordnung der Freiheitsentziehung den Beschwerdeführer in seinen Rechten verletzt hat. 10

b) Ende der Freiheitsentziehungsmaßnahme, Nr 2

Die Entscheidung muss weiterhin den Zeitpunkt angegeben, zu dem die Freiheitsentziehung endet, wenn sie nicht vorher verlängert wird, Nr 2. Damit soll gewährleistet werden, dass die Maßnahme auf die voraussichtlich notwendige Zeit begrenzt wird, andererseits die Beteiligten ausdrücklich auf die Möglichkeit einer Verlängerung hingewiesen werden. Zur Klarheit sollte das Ende der Freiheitsentziehung kalendermäßig festgelegt werden. Zwingend ist dies nicht, so dass auch ein bestimmbares Ende, wie zB sechs Wochen, drei Monate etc, zur ausreichenden Bezeichnung genügt. Die entsprechende Frist beginnt mit dem Erlass der Entscheidung zu laufen, ihr Ende berechnet sich nach §§ 16 Abs 2 FamFG, 222 Abs 1 ZPO, 191 BGB (OLG München FGPrax 2008, 137). 11

Bei der Festlegung des Endes der Freiheitsentziehung wird sich das Gericht an der notwendigen Dauer der Maßnahme orientieren. Sie sollte unter Beachtung der Verhältnismäßigkeit so gewählt werden, dass der Zweck der Freiheitsentziehung bis zum Fristablauf erreicht werden kann. Deshalb ist das Gericht nicht daran gebunden, die Freiheitsentziehung nur für einen bestimmten beantragten Zeitraum anzuordnen (OLG Schleswig FamRZ 2003, 1499). 12

Nach § 425 Abs 1 darf das Ende der Freiheitsentziehungsmaßnahme höchstens ein Jahr nach Erlass der Entscheidung liegen. 13

Läuft die Frist ab, ohne dass das Gericht zuvor verlängert hat, endet die Freiheitsentziehungsmaßnahme ohne weiteres, § 425 Abs 2; der Betroffene ist zu entlassen. Für verlängernde Unterbringungsmaßnahmen gilt § 425 Abs 3. 14

4. Rechtsbehelfsbelehrung

Letztlich muss die Entscheidung, durch die eine Freiheitsentziehungsmaßnahme getroffen wird, eine Rechtsbehelfsbelehrung enthalten. Dies ist im Gegensatz zum bisherigen Recht ausdrücklich im Allgemeinen Teil, dort § 39, geregelt. Die Belehrung richtet sich allein an den Betroffenen und muss oberhalb der Unterschrift des Richters stehen (BayObLG BtPrax 1993, 30: Beilegen eines Formularblattes mit der Belehrung genügt nicht). 15

Zulässiges Rechtsmittel ist die Beschwerde, § 58 Abs 1. Fehlt die Rechtsbehelfsbelehrung, hindert das weder den Beginn noch den Ablauf der Rechtsbehelfsfrist noch den Eintritt der formellen Rechtskraft. In diesen Fällen kann aber die Wiedereinsetzung in den vorherigen Stand nach § 17 in Betracht kommen. Zu Einzelheiten s § 39 Rz 57–60. 16

§ 421 FamFG | Inhalt der Beschlussformel

5. Fehlen vorstehender Angaben

17 Ohne ausreichende Bezeichnung des Betroffenen ist die Freiheitsentziehungsmaßnahme nicht vollstreckbar. Sofern die weiteren verlangten Angaben fehlen, wird die Entscheidung dadurch nicht unwirksam, aber anfechtbar. Das Gericht kann die fehlenden Angaben durch weiteren Beschluss ergänzen. Hatte das Gericht notwendige Angaben im Beschluss versehentlich unterlassen, kann es sie im Wege der Berichtigung nachholen, § 42 Abs 1. Der Beschluss gilt dann mit dem berichtigten Inhalt als von Anfang an erlassen (BayObLG FPR 2002, 94, 96).

6. Begründung

18 Die Entscheidung muss – auch im Falle der Ablehnung – zudem eine Begründung enthalten, § 38 Abs 3 Satz 1, was sich schon aus dem Gebot der Rechtsstaatlichkeit ergibt. In der Praxis werden Freiheitsentziehungsmaßnahmen bzw Ablehnungen teilweise nur mit Wiederholung des Gesetzestextes und Standardfloskeln begründet, was nicht ausreicht. Erforderlich sind die vollständige und verständliche Sachverhaltsschilderung (OLG Schleswig NJOZ 2004, 113 f), die Beweiswürdigung, ggf die Befassung mit dem Gutachten bzw ärztlichen Zeugnis, die Benennung der rechtlichen Grundlage, die die Freiheitsentziehung rechtfertigt, und deren Ausfüllung sowie, sofern ein Ermessen eingeräumt ist, die Darstellung der Gesichtspunkte, die für die Ermessensausübung herangezogen wurden; und schließlich die Begründung für die gewählte Frist, insbes bei Ausschöpfung der Höchstfrist (OLG München BtPrax 2005, 113). Im Verfahren nach § 39 PolG ist bspw darzulegen, dass die Freiheit des Betroffenen im konkreten Fall zum Schutz der Allgemeinheit und Einzelner vor mit hoher Wahrscheinlichkeit zu erwartenden Straftaten oder Ordnungswidrigkeiten zurückzutreten hat (OLG München FGPrax 2007, 298). Im Verfahren nach § 62 AufenthG bedarf es im Einzelfall der Darlegung, dass der Betroffene vollziehbar ausreisepflichtig ist, ein Haftgrund besteht, das Beschleunigungsgebot und der Verhältnismäßigkeitsgrundsatz gewahrt sind (OLG München FGPrax 2006, 280). Die in § 38 Abs 4 genannten Fälle, in denen von einer Begründung abgesehen werden kann (dazu § 38 Rz 75 ff), werden im Freiheitsentziehungsverfahren nicht relevant.

7. Weiterer Entscheidungsinhalt

19 Der Beschluss ist zu unterschreiben, § 38 Abs 3 Satz 2. Das Datum der Übergabe des Beschlusses an die Geschäftsstelle oder die Bekanntmachung durch Verlesen ist zu vermerken, § 38 Abs 3 Satz 3. Neben den genannten, zwingenden Inhalten können Entscheidungen über Freiheitsentziehungen zweckmäßigerweise weitere Inhalte aufweisen. Denkbar sind Aussagen und Begründungen zur Anordnung der sofortigen Wirksamkeit nach § 422 Abs 2, zu Mitteilungen und zur Unterrichtung anderer Behörden und öffentlicher Stellen, § 431 sowie zur Unterlassung der Mitteilung der Entscheidungsgründe an den Betroffenen, § 423 bzw zur Aussetzung der Vollziehung nach § 422. Aussagen zu den Kosten sind bei der Anordnung einer Freiheitsentziehung nicht notwendig. Außergerichtliche Kosten, zB für einen Rechtsanwalt, hat der Betroffene selbst zu tragen. Eine Ausnahme gilt nur im Fall des § 430, wonach das Gericht die Auslagen des Betroffenen unter der dort genannten Voraussetzungen (dazu § 430 Rz 7 ff) der antragstellenden Körperschaft auferlegen kann.

8. Inhalt einer ablehnenden Entscheidung

20 Für sie schreibt § 38 Abs 3 ebenfalls eine Begründung vor. Der Tenor der Entscheidung lautet auf Ablehnung der – beantragten – Freiheitsentziehung. Weiter können ggf die außergerichtlichen Kosten des Betroffenen der antragstellenden Körperschaft auferlegt werden, § 430.

§ 422 Wirksamwerden von Beschlüssen

(1) Der Beschluss, durch den eine Freiheitsentziehung anordnet wird, wird mit Rechtskraft wirksam.

(2) Das Gericht kann die sofortige Wirksamkeit des Beschlusses anordnen. In diesem Fall wird er wirksam, wenn der Beschluss und die Anordnung seiner sofortigen Wirksamkeit
1. dem Betroffenen, der zuständigen Verwaltungsbehörde oder dem Verfahrenspfleger bekannt gegeben werden oder
2. der Geschäftsstelle des Gerichts zum Zweck der Bekanntgabe übergeben werden.

Der Zeitpunkt der sofortigen Wirksamkeit ist auf dem Beschluss zu vermerken.

(3) Der Beschluss, durch den eine Freiheitsentziehung angeordnet wird, wird von der zuständigen Verwaltungsbehörde vollzogen.

(4) Wird Zurückweisungshaft (§ 15 des Aufenthaltsgesetzes) oder Abschiebungshaft (§ 62 des Aufenthaltsgesetzes) im Wege der Amtshilfe in Justizvollzugsanstalten vollzogen, gelten die §§ 171, 173 bis 175 und 178 Abs. 3 des Strafvollzugsgesetzes entsprechend.

A. Allgemeines

§ 422 trifft in Abs 1 und 2 – wie § 324 im Bereich der Unterbringungsmaßnahmen – Regelungen zur Wirksamkeit einer Entscheidung im Freiheitsentziehungsverfahren. Die Vorschrift entspricht in weiten Teilen den bisherigen Regelungen des § 8 FrhEntzG. Darüber hinaus enthält sie Anordnungen zum Vollzug, Abs 3 und 4. **1**

B. Einzelheiten

I. Wirksamkeit von Entscheidungen, Absatz 1 und 2

§ 422 trifft abweichend von § 40 Abs 1 Regelungen zum Wirksamwerden von Entscheidungen in Freiheitsentziehungssachen. **2**

1. Grundsatz, Abs 1

Abs 1 bestimmt, dass die Anordnung einer Freiheitsentziehungsmaßnahme erst mit Rechtskraft wirksam wird. Rechtskraft tritt also erst mit fruchtlosem Ablauf der Frist für die Einlegung der Beschwerde gegen die getroffene Freiheitsentziehungsmaßnahme ein. Die Frist zur Beschwerde beträgt ein Monat, § 63 Abs 1, und 14 Tage, wenn sie sich gegen eine einstweilige Anordnung (dazu § 427) richtet, § 63 Abs 2 Nr 1. Diese Frist muss in Bezug auf alle Beschwerdeberechtigten abgelaufen sein (Saage/Göppinger/*Marschner* § 8 FEVG Rn 2). Alle sonstigen Entscheidungen in Freiheitsentziehungssachen werden, entsprechend der Grundregel des § 40, mit der Bekanntgabe an denjenigen, für welchen sie ihrem Inhalt nach bestimmt sind, wirksam. Wird ein Antrag der zuständigen Verwaltungsbehörde abgelehnt, wird diese Entscheidung mit der Bekanntgabe an die Verwaltungsbehörde wirksam. **3**

2. Anordnung der sofortigen Wirksamkeit, Abs 2

Das Gericht kann nach Abs 2 Satz 1 von Amts wegen oder auf Anregung eines Beteiligten die sofortige Wirksamkeit der Entscheidung anordnen. Die Anordnung kann auch stillschweigend erfolgen, wenn sich der Betroffene bereits im Freiheitsentzug befindet und der Richter mit seiner Entscheidung die Fortwirkung der Freiheitsentziehung bewirken wollte. Die Anordnung der sofortigen Wirksamkeit setzt voraus, dass Gefahr im **4**

Verzug ist. Das ist bei Freiheitsentziehungen in der Regel der Fall, wenn die Freiheitsentziehung bereits erfolgt oder eine einstweilige Freiheitsentziehung angeordnet ist oder werden soll. Ansonsten ist im Rahmen einer Ermessensentscheidung sorgfältig zu prüfen, ob die Umstände des Einzelfalls eine Anordnung der sofortigen Wirksamkeit erforderlich machen.

5 Bei der Anordnung der Abschiebehaft kann die Anordnung der sofortigen Wirksamkeit geboten sein, wenn der Betroffene sich in Freiheit befindet oder wenn seine Freilassung aus der Untersuchungs- oder Strafhaft in naher Zukunft zu erwarten ist (Frankf InfAuslR 1995, 11). In Verfahren nach dem IfSG dürfte diese Anordnung geboten sein, wenn von dem auf freien Fuß befindlichen Betroffenen aufgrund der ansteckenden Krankheit massive Gefahren ausgehen, die den sofortigen Freiheitsentzug gebieten. Ähnliches gilt, wenn eine einstweilige Anordnung vorangegangen ist und jetzt die Hauptsacheentscheidung erfolgt. Ist die sofortige Wirksamkeit angeordnet, kann die zuständige Verwaltungsbehörde die Freiheitsentziehung bereits vor der Rechtskraft des Beschlusses vollziehen.

a) Zeitpunkt des Wirksamwerdens, Satz 2

6 Satz 2 regelt, zu welchem Zeitpunkt eine Entscheidung, deren sofortige Wirksamkeit angeordnet ist, wirksam wird. Die Nummern 1 und 2 eröffnen zwei Möglichkeiten, die richterliche Entscheidung möglichst umgehend wirksam werden zu lassen. Wählt das Gericht beide Möglichkeiten, tritt die Wirksamkeit mit dem frühesten Zeitpunkt ein.

aa) Nr 1

7 Nach Nr 1 tritt mit mündlicher oder schriftlicher Bekanntgabe der Entscheidung und der Anordnung der sofortigen Wirksamkeit an den Betroffenen, die zuständige Verwaltungsbehörde oder den Verfahrenspfleger die Wirksamkeit ein. Eine ordnungsgemäße mündliche Bekanntgabe setzt nach § 41 Abs 2 Satz 1 voraus, dass die Beschlussformel in vollem Wortlaut durch den Richter den Anwesenden verlesen wird, § 41 Abs 2 Satz 1 (dazu § 41 Rz 26). Das ist in den Akten zu vermerken. Zudem ist die Entscheidung schriftlich bekannt zu geben, § 41 Abs 2 Satz 2 und 3 (vgl auch OLG Frankfurt NJW 2005, 299). Die schriftliche Bekanntgabe erfolgt grds nach den Regeln des § 15 Abs 2 (dazu § 15 Rz 16 f), in Bezug auf den Betroffenen durch förmliche Zustellung des schriftlichen Beschlusses, § 41 Abs 1 Satz 2 (dazu § 41 Rz 23).

bb) Nr 2

8 Auch die Übergabe der (schriftlichen) Entscheidung und der Anordnung der sofortigen Wirksamkeit an die Geschäftsstelle zur Bekanntmachung führt die Wirksamkeit herbei. Der Zeitpunkt der sofortigen Wirksamkeit ist auf dem Beschluss durch den Urkundsbeamten der Geschäftsstelle zu vermerken, Nr 2 Satz 2.

II. Rechtsmittel

9 Die Anordnung der sofortigen Wirksamkeit kann nicht isoliert angefochten werden. Wird die in erster Instanz angeordnete Freiheitsentziehungsmaßnahme mit einem Rechtsmittel angegriffen, hat das Beschwerdegericht in seiner Entscheidung auch über die Anordnung der sofortigen Wirksamkeit zu befinden. Es kann nach § 69 Abs 3 iVm § 422 die Anordnung der sofortigen Wirksamkeit treffen, wenn dies erstinstanzlich unterblieben war, die Anordnung der sofortigen Wirksamkeit bestätigen – eines gesonderten Ausspruchs bedarf es nicht oder die Vollziehung der erstinstanzlich angeordneten sofortigen Wirksamkeit aussetzen, vgl § 64 Abs 3.

III. Ende der Wirksamkeit

Die Wirksamkeit einer Entscheidung, die eine Freiheitsentziehungsmaßnahme zum Gegenstand hat, endet, wenn die in der Entscheidung angegebene Frist abgelaufen ist, ohne dass eine Verlängerung erfolgte. Sie endet auch, wenn die Freiheitsentziehungsmaßnahme aufgehoben wird, und zwar aufgrund endgültiger Entlassung durch die zuständige Verwaltungsbehörde. Letztlich endet sie, wenn das Gericht die Freiheitsentziehungsanordnung aufhebt. 10

Die Wirksamkeit endet nicht allein aufgrund eines Entweichens des Betroffenen, auch wenn seine Rückkehr ungewiss ist. Auch eine auf einige Tage beschränkte probeweise Entlassung – denkbar bei einem Freiheitsentzug nach dem IfSG – hebt die Wirksamkeit einer Freiheitsentziehungsentscheidung nicht auf. Auch die Aufgabe der Unterbringungsabsicht der zuständigen Behörde beendet die Wirksamkeit nicht. Sie ist für den Vollzug zuständig und kann daher die Unterbringung selbst tatsächlich beenden, die innere Absicht kann deshalb nicht maßgeblich sein. 11

Endet die Freiheitsentziehung vor Ablauf der in der Entscheidung genannten Frist, ist die Entscheidung zur Beseitigung des Rechtscheins aufzuheben. 12

IV. Vollzug, Abs 3 und 4

1. Grundsatz, Abs 3

Die Freiheitsentziehung wird nicht von der Justiz, sondern von der zuständigen Verwaltungsbehörde (dazu § 417 Rz 3 ff) vollstreckt. 13

2. Vollzug in Justizvollzugsanstalten, Abs 4

Wie der bisherige § 8 Abs 2 FrhEntzG erklärt Abs 4 für den Fall, dass die Zurückweisungs- oder Abschiebehaft in Justizvollzugsanstalten vollzogen wird, die §§ 171, 173–175 und 176 Abs 3 des Strafvollzugsgesetzes für entsprechend anwendbar. Ergänzend wurde der Regierungsentwurf zur Umsetzung der aufenthalts- und asylrechtlicher Richtlinien der Europäischen Union (BTDrs 224/07) berücksichtigt. Einzelmaßnahmen des Vollzuges sind dann nach § 109 StVollzG anfechtbar, worüber die Strafvollstreckungskammer beim Landgericht zu entscheiden hat, § 110 StVollzG. 14

Abs 4 betrifft die Abschiebehaft in Form der Vorbereitungshaft (§ 62 Abs 1 AufenthG), der Sicherungshaft (§ 62 Abs 2 und 3 AufenthG) und der Zurückweisungshaft (§ 15 Abs 5 und 6 AufenthG). Auf diese Haftformen sind die oben genannten Bestimmungen des Strafvollzuggesetzes wie bisher anzuwenden. Diese Bestimmungen betreffen die Unterbringung, die Erlaubnis zur Benutzung eigener Kleidung und Wäsche, den Einkauf sowie die Freistellung von der Arbeitspflicht. Auch Vollzugslockerungen wie Ausführung und Urlaub sind im Rahmen der genannten Haftarten nicht völlig ausgeschlossen (OLG Frankfurt NStZ 1984, 477). 15

§ 423 Absehen von der Bekanntgabe

Von der Bekanntgabe der Gründe eines Beschlusses an den Betroffenen kann abgesehen werden, wenn dies nach ärztlichem Zeugnis erforderlich ist, um erhebliche Nachteile für seine Gesundheit zu vermeiden.

A. Allgemeines

1 § 423 regelt wie der bisherige § 6 Abs 4 Satz 1 FrhEntzG die Möglichkeit, von der Bekanntgabe der Gründe eines Beschlusses über die Freiheitsentziehung abzusehen. Entsprechende Regelungen finden sich für das Betreuungs- und Unterbringungsverfahren in §§ 288 Abs 1, 325 Abs 1.

B. Einzelheiten

2 § 423 ermöglicht als Ausnahme zu der Grundregel der §§ 40 Abs 1, 41 Abs 1, wonach ein Beschluss dem Betroffenen stets bekannt zu machen ist, ein Absehen von der Bekanntgabe der Gründe einer Entscheidung.

I. Umfang der Bekanntgabe

3 Die Beschlussformel ist dem Betroffenen stets bekannt zu machen. § 423 ermöglicht es nur, von der Bekanntgabe der Entscheidungsgründe abzusehen, wenn dies nach einem ärztlichen Zeugnis (dazu § 321 Rz 13 ff) erforderlich ist, um erhebliche Gesundheitsnachteile für den Betroffenen (dazu § 319 Rz 14) zu vermeiden. Praktische Fälle sind im Freiheitsentziehungsverfahren kaum denkbar (Saage/Göppinger/*Marschner* § 6 FEVG, Rn 2). Sofern von der Bekanntgabe der Beschlussgründe abgesehen wird, ist dem Betroffenen ein Verfahrenspfleger zu bestellen, § 419 Abs 1.

II. Adressaten der Bekanntgabe

4 Einer speziellen Regelung dazu, an wen Entscheidungen in Freiheitsentziehungssachen bekannt zu machen sind, bedurfte es nicht. Bereits nach § 41 ist die Entscheidung den Beteiligten eines Verfahrens bekannt zu machen. Wer in Freiheitsentziehungsverfahren zu beteiligen ist, regeln allgemein der § 7 und speziell der § 418. Zu Einzelheiten s § 418 Rz 3 ff.

§ 424 Aussetzung des Vollzugs

(1) Das Gericht kann die Vollziehung der Freiheitsentziehung aussetzen. Es hat die Verwaltungsbehörde und den Leiter der Einrichtung vorher anzuhören. Für Aussetzungen bis zu einer Woche bedarf es keiner Entscheidung des Gerichts. Die Aussetzung kann mit Auflagen versehen werden.

(2) Das Gericht kann die Aussetzung widerrufen, wenn der Betroffene eine Auflage nicht erfüllt oder sein Zustand dies erfordert.

A. Allgemeines

§ 424 regelt die Aussetzung des Vollzuges einer Freiheitsentziehung und ähnelt dem § 328. Das FrhEntzG sah bisher in § 10 Abs 3 lediglich die Möglichkeit einer Beurlaubung vor. Sie ist jetzt nach Abs 1 Satz 1 als Fall der Aussetzung des Vollzugs zu behandeln. Der Regelungsinhalt des § 424 ist dem des § 328, der die Aussetzung einer öffentlich-rechtlichen Unterbringungsmaßnahme betrifft, angepasst. **1**

B. Einzelheiten

§ 424 gilt nur für Freiheitsentziehungsverfahren nach § 415. Er sieht die Aussetzung der Vollziehung einer Freiheitsentziehungsmaßnahme, nicht aber die Aussetzung des Freiheitsentziehungsverfahrens vor. Lassen sich die Voraussetzungen für eine Freiheitsentziehungsmaßnahme nicht eindeutig feststellen, ist nicht auszusetzen, sondern die Freiheitsentziehungsmaßnahme abzulehnen. **2**

I. Aussetzung der Vollziehung, Absatz 1

Um einen flexiblen Vollzug von Freiheitsentziehungen zu ermöglichen, sieht das Gesetz die Aussetzung der Vollziehung der Freiheitsentziehung vor. Das Gesetz ermöglicht neben der gerichtlichen Aussetzungsentscheidung – wie bisher auch – eine zeitlich befristete Aussetzung der Freiheitsentziehung durch die zuständige Verwaltungsbehörde, Abs 1 Satz 3. **3**

1. Gerichtliche Aussetzungsentscheidung

Für eine Aussetzung müssen nachstehende Voraussetzungen erfüllt sein: **4**

a) Freiheitsentziehungsmaßnahme

Es muss eine, auch vorläufige, Freiheitsentziehungsmaßnahme vorliegen. Die Aussetzung kann mit der Anordnung der Freiheitsentziehungsmaßnahme verbunden sein oder im weiteren Verfahrensablauf erfolgen. Eines Antrags bedarf es nicht, das Gericht kann die Aussetzung von Amts wegen anordnen. **5**

b) Veränderte Umstände

Weiter müssen die Voraussetzungen für die Freiheitsentziehungsmaßnahme als solche noch erfüllt sein, gleichzeitig aber durch Auflagen eine Verminderung der Gefährdungssituation und/oder etwa im Verfahren nach dem IfSG eine Besserung des Gesundheitszustandes des Betroffenen eingetreten sein. Dem Gericht soll die Möglichkeit eröffnet werden, ein kalkulierbares Risiko einzugehen. Eine Aussetzung kommt insbes in Betracht, wenn der der Freiheitsentziehung zugrunde liegende Zweck nicht gefährdet wird, andererseits eine Aufhebung der Freiheitsentziehung noch nicht zu verantworten ist. Vorrangig dürfte das der Fall sein, wenn das Verhalten des Betroffenen erprobt wer- **6**

§ 424 FamFG | Aussetzung des Vollzugs

den soll. Lässt sich allerdings feststellen, dass die Freiheitsentziehungsvoraussetzungen entfallen sind, ist die Maßnahme aufzuheben, § 426 Abs 1 Satz 1, nicht auszusetzen.

c) Auflagen, Absatz 1 Satz 4

7 Nach Abs 1 Satz 4 kann die Aussetzung mit Weisungen verbunden werden, etwa Aufnahme bzw Fortsetzung einer fachärztlichen ambulanten Behandlung, Einnahme bestimmter Medikamente unter Aufsicht, Wahrnehmung von Unterstützungs- und Beratungsangeboten des Gesundheitsamtes oder Weisungen zur Lebensführung, zB bestimmte Gefährdungssituationen zu meiden.

d) Befristung

8 Einer Befristung der Aussetzung bedarf es angesichts der Höchstdauer der Freiheitsentziehung nicht.

e) Verfahren, Absatz 1 Satz 2

9 Vor einer Entscheidung über die Aussetzung einer Freiheitsentziehung sind die zuständige Verwaltungsbehörde und der Leiter der Einrichtung zwingend anzuhören. Die Art und Weise der Anhörung ist nicht vorgeschrieben. Sie kann zur Verfahrensbeschleunigung auch telefonisch oder per Fax erfolgen. Liegen die Voraussetzungen für eine Aussetzung vor, muss das Gericht sie aussprechen. Abs 1 gewährt kein Ermessen.

2. Behördliche Aussetzungsentscheidung, Abs 1 Satz 3

10 Wie bisher nach § 10 Abs 3 Satz 1 FrhEntzG kann die zuständige Verwaltungsbehörde zeitlich befristet bis zu einer Woche den Vollzug der Freiheitsentziehung aussetzen. Für die Entscheidung und das Verfahren über eine solche behördliche Aussetzung gelten keine anderen Grundsätze als für das Verfahren der gerichtlichen Aussetzung der Freiheitsentziehung.

II. Widerruf der Aussetzung, Absatz 2

11 Sofern sich die Prognose des Gerichts hinsichtlich der Aussetzung des Vollzuges nicht bestätigt, sieht Abs 2 unter den dort genannten Voraussetzungen den Widerruf der Aussetzung vor. Ein Widerruf kommt bei einem Verstoß gegen eine Auflage oder wenn es der Zustand des Betroffenen erfordert, also bei nachträglich eingetretenen ungünstigen Tatsachen, in Betracht. Das Instrument des Widerrufs ist nicht als Bestrafung gedacht (BayObLG FamRZ 1995, 1001). Deshalb kann ein Widerruf trotz Nichterfüllung einer Weisung oder Zustandsverschlechterung unterbleiben, wenn trotzdem eine Aussetzung (noch/oder mit zusätzlichen Auflagen) gerechtfertigt bleibt. Ein Widerruf wird daher nur bei massiven Auflagenverstößen und/oder Zustandsverschlechterungen, die einen (neuerlichen) Vollzug der Unterbringung erfordern, erfolgen müssen. Ein Verschulden des Betroffenen ist dann nicht notwendig. Es muss aber ein wichtiger Grund für den Widerruf bestehen. Auch hier entscheidet das Gericht von Amts wegen.

III. Gerichtsverfahren bei Aussetzung bzw Widerruf

12 § 424 regelt das Verfahren, außer in Abs 1 Satz 2, nicht. Sowohl im Aussetzungs- als auch im Widerrufsverfahren sind neben der zuständigen Verwaltungsbehörde und dem Leiter der Einrichtung die weiteren in § 418 aufgeführten Personen zu beteiligen. So soll gewährleistet werden, dass das Gericht seine Entscheidung auf möglichst breiter Grundlage trifft. Im Übrigen gelten allgemeine Verfahrensgrundsätze. Funktionell ist der Richter zuständig. Die Notwendigkeit weiterer Ermittlungen, Beweiserhebungen und einer

persönlichen Anhörung des Betroffenen sowie die der Einholung eines Gutachtens bestimmen sich nach § 26. Inhalt und die Bekanntgabe der Entscheidung richten sich an den §§ 38, 41, 421 aus. Gegen die Entscheidung ist als Rechtsmittel die Beschwerde gegeben, § 58 Abs 1. Die Beschwerdeberechtigung bestimmt sich nach §§ 59, 429. Soweit die zuständige Verwaltungsbehörde eine auf bis zu einer Woche befristete Aussetzung abgelehnt hat, ist dagegen der Verwaltungsrechtsweg gegeben (Saage/Göppinger/*Marschner* § 10 FEVG Rn 3; aA Keidel/Budde § 424 FamFG Rn 2).

§ 425 Dauer und Verlängerung der Freiheitsentziehung

(1) In dem Beschluss, durch den eine Freiheitsentziehung angeordnet wird, ist eine Frist für die Freiheitsentziehung bis zur Höchstdauer eines Jahres zu bestimmen, soweit nicht in einem anderen Gesetz eine kürzere Höchstdauer der Freiheitsentziehung bestimmt ist.

(2) Wird nicht innerhalb der Frist die Verlängerung der Freiheitsentziehung durch richterlichen Beschluss angeordnet, ist der Betroffene freizulassen. Dem Gericht ist die Freilassung mitzuteilen.

(3) Für die Verlängerung der Freiheitsentziehung gelten die Vorschriften für die erstmalige Anordnung entsprechend.

A. Allgemeines

1 § 425 enthält Regelungen zur Dauer einer Freiheitsentziehung und der Möglichkeit ihrer Verlängerung. Die Abs 1 und 2 entsprechen dem bisherigen § 9 Abs 1 und 2 FrhEntzG. Abs 3 orientiert sich an § 329 Abs 2 Satz 1, der die Verlängerung einer Unterbringungsmaßnahme zum Inhalt hat. Soweit § 12 FrhEntzG bisher bestimmte Verfahrensvorschriften für das Verlängerungsverfahren ausnahm, besteht dafür kein praktisches Bedürfnis mehr.

B. Einzelheiten.

2 In § 425 Abs 1 finden sich Regelungen hinsichtlich der Dauer einer Freiheitsentziehung. Der 2. HS hebt den Auffangcharakter dieser Regelung hervor. Nach Abs 2 ist der Betroffene zu entlassen, wenn die Freiheitsentziehung nicht innerhalb der Frist verlängert wird. Der Abs 3 erklärt die Verfahrensvorschriften für die erstmalige Anordnung für anwendbar, wenn eine Freiheitsentziehung verlängert werden muss.

I. Ende der Freiheitsentziehung, Absatz 1

3 Die Entscheidung über eine Freiheitsentziehung muss den Zeitpunkt angeben, zu dem die Freiheitsentziehung endet, wenn sie nicht vorher verlängert wird. Damit soll gewährleistet werden, dass die Maßnahme auf die voraussichtlich notwendige Zeit begrenzt wird, andererseits die Beteiligten ausdrücklich auf die Möglichkeit einer Verlängerung hingewiesen werden. Zur Klarheit sollte das Ende der Freiheitsentziehung kalendermäßig festgelegt werden. Zwingend ist dies nicht, so dass auch ein bestimmbares Ende, wie zB sechs Wochen, zur ausreichenden Bezeichnung genügt. Die entsprechende Frist beginnt grds mit der Bekanntgabe der Entscheidung zu laufen, sofern nichts anderes bestimmt ist, § 16 Abs 1. Eine Festlegung des Fristbeginns »ab Ergreifung« ist wegen ihrer Unbestimmtheit unzulässig (KG FGPrax 1997, 74). Das Fristende berechnet sich nach §§ 16 Abs 2 FamFG, 222 Abs 1 ZPO, 191 BGB. Wird zwischenzeitlich eine Untersuchungs- oder Strafhaft vollstreckt, verlängert sich die Frist dadurch nicht (BayObLGZ 1998, 150). Abschiebehaft nach dem AufenthG darf aber dergestalt angeordnet werden, dass sie – während der Vollstreckung von Untersuchungshaft – erst im Fall der Aufhebung des Haftbefehls zu vollstrecken ist und ihre Frist von diesem Zeitpunkt an zu laufen beginnt (BGH NJW 1995, 2226). Unzulässig wäre es aber, die Abschiebehaft im Anschluss an eine Strafhaft anzuordnen, ehe die Strafhaft rechtskräftig ist (BGH NJW 1995, 2226).

4 Bei der Festlegung des Endes der Freiheitsentziehung wird sich das Gericht an den spezialgesetzlichen Ermächtigungsgrundlagen unter dem Blickwinkel des Einzelfalls orientieren. Sie sollte unter Beachtung der Verhältnismäßigkeit so gewählt werden, dass der Zweck der Freiheitsentziehung bis zum Fristablauf erreicht werden kann. Nach der

Vorstellung des Gesetzgebers handelt es sich bei der Jahresfrist um eine Höchstfrist, die nur im Ausnahmefall auszuschöpfen ist. Es ist immer der Vorrang spezialgesetzlich geregelter Höchstgrenzen zu beachten, was Abs 1 2. Hs ausdrücklich normiert. Solche Höchstgrenzen enthält etwa § 62 AufenthG. Unter Abwägung mit dem grundgesetzlich geschützten Freiheitsrecht des Betroffenen ist die Frist festzulegen, die im Einzelfall erforderlich, aber auch ausreichend ist.

Im Verfahren nach dem IfSG sollte sich die Dauer des Freiheitsentzuges demgemäß 5 danach bestimmen, wie lange es bedarf, die mit der ansteckenden Krankheit verbundene Gefahr zu beseitigen.

Eine gesonderte Regelung zur Dauer einer Freiheitsentziehung findet sich für die Abschiebehaft in § 62 AufenthG. Nach dessen Abs 1 kann zur Vorbereitung der Ausweisung die Vorbereitungshaft für bis zu 6 Wochen angeordnet werden. Die Sicherungshaft nach § 62 Abs 2 AufenthG kann bis zu 18 Monaten andauern. Die höhere, ein Jahr überschreitende Frist ist zulässig, weil § 425 Abs 1 lediglich als Auffangnorm konzipiert ist (BTDrs 16/6308, S 661). Schließlich bestimmt § 62 Abs 3 Satz 1 AufenthG, dass die Abschiebehaft grds bis zu 6 Monaten angeordnet werden kann. Die Rechtsprechung (BGH NJW 1996, 2769; OLG Köln FGPrax 2008, 135) geht aber davon aus, dass im Regelfall 3 Monate bei der Erstanordnung die Höchstgrenze bilden. Kriterien für die Bemessung der Frist können das Vorhandensein bzw die Beschaffungsdauer von Papieren und Passersatzpapieren, die Rückübernahmemodalitäten der Heimatbehörden sowie die praktische Handhabung von Rücknahmeübereinkommen sein.

II. Freilassung

Die Freiheitsentziehung darf – soweit es keine abweichende spezialgesetzliche Regelung 7 gibt – höchstens für ein Jahr nach Erlass der Entscheidung ausgesprochen werden (zur Fristberechnung vgl Rz 3). Läuft die Frist ab, ohne dass das Gericht zuvor verlängert hat, endet die Freiheitsentziehung ohne weiteres. Der Betroffene ist freizulassen, Abs 2 Satz 1. Die Freilassung ist von der zuständigen Verwaltungsbehörde zu veranlassen. Wird diese nicht tätig, hat die Einrichtung, in der die Freiheitsentziehung vollzogen wird, ihn zu entlassen. Über die Freilassung des Betroffenen ist das Gericht zu informieren, Abs 2 Satz 2. Für verlängernde Freiheitsentziehungen gilt Abs 3.

III. Verlängerung, Abs 3

Ergibt sich die Notwendigkeit, eine in der Hauptsache angeordnete Freiheitsentziehung 8 vor Ablauf der im Beschluss genannten Frist (vgl § 421 Nr 2) zu verlängern, gelten nach Abs 3 die Vorschriften für die erstmalige Maßnahme entsprechend. Dies bedeutet insbes, dass das Gericht über die Verlängerung nur auf Antrag der zuständigen Behörde (dazu § 417 Rz 3 ff) entscheiden darf.

Um Verlängerungen von Freiheitsentziehungen nicht der gerichtlichen Routine preis- 9 zugeben, schreibt Abs 3 vor, dass für die Verlängerung einer in der Hauptsache ergangenen Freiheitsentziehung die Verfahrensgarantien der §§ 415 ff abermals gelten. Daraus folgt, dass das Gericht zuständig bleibt, das ursprünglich über die Freiheitsentziehung entschieden hat (OLG München FGPrax 2006, 280, 282; OLG Zweibrücken FGPrax 2000, 212). Etwas anderes gilt nur, wenn das Verfahren wirksam abgegeben wurde, etwa weil der Betroffene im Verfahren nach dem IfSG in eine auswärtige Klinik oder in einem Verfahren nach dem AufenthG gem § 102 Abs 2 Satz 2 AufenthG in eine andere Haftanstalt (dazu KG FGPrax 2006, 280) verlegt wurde. Dann ist das übernehmende Gericht zuständig. Der Betroffene muss erneut persönlich angehört werden, es ist gegebenenfalls ein Verfahrenspfleger zu bestellen und § 420 Abs 3 und 4 sind zu berücksichtigen. Inhalt und Wirksamkeit der Entscheidung bemessen sich nach §§ 38, 421 und 422.

§ 426 Aufhebung

(1) Der Beschluss, durch den eine Freiheitsentziehung angeordnet wird, ist vor Ablauf der nach § 425 Abs. 1 festgesetzten Frist von Amts wegen aufzuheben, wenn der Grund für die Freiheitsentziehung weggefallen ist. Vor der Aufhebung hat das Gericht die zuständige Verwaltungsbehörde anzuhören.

(2) Die Beteiligten können die Aufhebung der Freiheitsentziehung beantragen. Das Gericht entscheidet über den Antrag durch Beschluss.

A. Allgemeines

1 § 426 Satz 1 entspricht dem bisherigen § 10 Abs 1 FrhEntzG, der Satz 2 ist inhaltlich dem § 330 Satz 2 angelehnt. Das bisher in § 10 Abs 2 FrhEntzG enthaltene förmliche Antragsrecht der Beteiligten auf Aufhebung der Freiheitsentziehung ist in Abs 2 enthalten. Das Gericht hat aber von Amts wegen immer die Aufhebung der Freiheitsentziehung zu prüfen, wenn Anhaltspunkte dafür bestehen.

B. Einzelheiten

2 § 426 Abs 1 Satz 1 trifft Aussagen zu den Gründen für die Aufhebung einer Freiheitsentziehungsmaßnahme vor Ablauf der ursprünglich festgelegten Frist und besonderen, zu beachtenden Verfahrensschritten.

I. Aufhebung von Amts wegen, Abs 1

3 § 426 Abs 1 Satz 1 verdeutlicht eine Selbstverständlichkeit: Eine Freiheitsentziehungsmaßnahme ist unverzüglich aufzuheben, wenn deren materielle Voraussetzungen entfallen sind. Kein Betroffener soll länger als erforderlich untergebracht sein. Daraus folgt, dass das Gericht während einer Freiheitsentziehungsmaßnahme fortlaufend deren materielle Notwendigkeit zu überwachen hat. Insoweit ergänzt § 426 Abs 1 Satz 1 die für die zuständige Behörde bestehende Verpflichtung, die Notwendigkeit der Freiheitsentziehungsmaßnahme ständig zu kontrollieren. Gleichzeitig verdeutlicht er, dass das Gericht gegebenenfalls selbst gegen den Willen der zuständigen Behörde die Freiheitsentziehung zu beenden hat, wenn deren Voraussetzungen entfallen sind. Will die zuständige Verwaltungsbehörde die Freiheitsentziehung trotz Entfallens der Voraussetzungen nicht beenden, muss das Gericht dagegen einschreiten und die Freiheitsentziehung aufheben. Der Zweck einer Freiheitsentziehung entfällt etwa mit dem Wegfall der Ansteckungsgefahr im Verfahren nach dem IfSG oder der Möglichkeit der Abschiebung bzw deren Undurchführbarkeit oder der Stellung eines beachtlichen Asylantrages im Verfahren nach dem AufenthG.

4 Auch wenn die Behörde die Freiheitsentziehung bereits zuvor beendet hat, ist das Gericht gehalten, seine Entscheidung, sprich Anordnung der Freiheitsentziehung, aufzuheben. Nur so wird der von der Entscheidung ausgehende Rechtsschein beseitigt und ein erneutes Gebrauchmachen von der Entscheidung ohne gerichtliche Nachprüfung verhindert.

II. Aufhebung auf Antrag, Abs 2

5 In Übereinstimmung mit dem bisherigen § 10 Abs 2 FEVG haben die Beteiligten ein förmliches Recht, die Aufhebung eines Beschlusses, der eine Freiheitsentziehung anordnet, zu beantragen und beschieden zu erhalten, Abs 2.

III. Verfahren

Das Verfahren zur Aufhebung einer Freiheitsentziehungsmaßnahme ist nicht besonders geregelt. Es finden sich in § 426 Abs 1 Satz 2 allein Sondervorschriften zur Beteiligung der zuständigen Behörde. Das Gericht hat der zuständigen Behörde vor der Aufhebung einer Freiheitsentziehung zwingend anzuhören. Der Gesetzgeber wollte damit sicherstellen, dass die Behörde im Allgemeininteresse gegebenenfalls Bedenken gegen die Aufhebung vortragen kann bzw rechtzeitig Alternativen bereitstellt oder nach Bekanntgabe der Aufhebung gegebenenfalls Rechtsmittel einlegen kann. Selbst wenn mit der Einräumung des rechtlichen Gehörs für die zuständige Behörde geringe Verzögerungen verbunden wären, kann das Gericht nicht darauf verzichten. Zumindest sollte eine telefonische Rücksprache versucht werden.   6

Ansonsten gelten keine besonderen Verfahrensregelungen. Die im Einzelfall notwendigen Verfahrenshandlungen bestimmen sich in entsprechender Anwendung der für die Anordnung einer Freiheitsentziehungsmaßnahme maßgeblichen Verfahrensvorschriften. Solange das Verfahren nicht abgegeben ist, bleibt das ursprünglich befasste Gericht und dort funktionell der Richter zuständig.   7

Bei eindeutiger Sachlage ist das Gericht verpflichtet, die Freiheitsentziehungsmaßnahme unverzüglich aufzuheben und jegliche Verfahrenshandlung zu unterlassen, die zu einer Verzögerung führen würde. Die Benachrichtigung der weiteren in § 418 Abs 2 und 3 genannten Personen kann gleichzeitig mit der Aufhebung erfolgen.   8

Bei einer nicht so eindeutigen Sachlage sind die im Rahmen des § 26 gebotenen Verfahrenshandlungen vorzunehmen. Denkbar wäre im Verfahren nach dem IfSG die Einholung einer sachverständigen Stellungnahme bzw eines Gutachtens, die persönliche Anhörung des Betroffenen oder Beweiserhebungen. Innerhalb dieses Verfahrens können die §§ 415 ff als Richtlinie gelten. Welche Verfahrensschritte das Gericht im Einzelfall durchführt, bestimmt es nach pflichtgemäßem Ermessen. Soll die Aufhebung abgelehnt werden, wird der Betroffene idR nochmals persönlich anzuhören sein.   9

Die Entscheidung erfolgt durch Beschluss, Abs 2 Satz 2, und kann auf Aufhebung der Freiheitsentziehungsmaßnahme bzw Ablehnung der Aufhebung lauten. Die Entscheidung wird mit Bekanntgabe an den Betroffenen, ggf seinen Verfahrenspfleger bzw die zuständige Behörde wirksam, da sie ihrem Inhalt nach für sie bestimmt sind, § 40 Abs 1. Bekanntgabe erfolgt im Übrigen an den Betroffenen selbst, ggf seinen gesetzlichen Vertreter, Bevollmächtigten, Verfahrensbevollmächtigten oder Verfahrenspfleger, die in § 418 Abs 3 Genannten sowie an die zuständige Behörde. Die Entscheidung kann mit der Beschwerde (§ 58 Abs 1) angefochten werden. Die Beschwerdebefugnis bestimmt sich nach §§ 59, 429.   10

§ 427 Einstweilige Anordnung

(1) Das Gericht kann durch einstweilige Anordnung eine vorläufige Freiheitsentziehung anordnen, wenn dringende Gründe für die Annahme bestehen, dass die Voraussetzungen für die Anordnung einer Freiheitsentziehung gegeben sind und ein dringendes Bedürfnis für ein sofortiges Tätigwerden besteht. Die vorläufige Freiheitsentziehung darf die Dauer von sechs Wochen nicht überschreiten.

(2) Bei Gefahr in Verzug kann das Gericht eine einstweilige Anordnung bereits vor der persönlichen Anhörung des Betroffenen sowie vor Bestellung und Anhörung des Verfahrenspflegers erlassen; die Verfahrenshandlungen sind unverzüglich nachzuholen.

Übersicht

	Rz		Rz
A. Allgemeines	1	3. Glaubhaftmachung	14
B. Einzelheiten	2	4. Verfahrenspfleger	15
I. Anwendungsbereich	3	5. Persönliche Anhörung	17
II. Voraussetzungen einer gewöhnlichen einstweiligen Anordnung, Absatz 1	5	6. Gelegenheit zur Äußerung	19
		7. Verhältnismäßigkeit	20
		8. Entscheidungsinhalt	21
1. Dringende Gründe für das Vorliegen der Voraussetzungen für die Anordnung einer Freiheitsentziehung, Satz 1, 1. Hs	6	9. Bekanntgabe und Wirksamkeit einer einstweiligen Anordnung	22
		10. Anfechtbarkeit	23
		III. Voraussetzungen einer eiligen einstweiligen Anordnung, Abs 2	25
2. Dringendes Bedürfnis für ein sofortiges Tätigwerden, Satz 1, 2. Hs	11	1. Gefahr in Verzug	26
		2. Weitere Voraussetzungen	28

A. Allgemeines

1 Die bisher in § 1 FrhEntzG geregelte einstweilige Anordnung im Freiheitsentziehungsverfahren findet sich nun in § 427. Die Vorschrift ist in Abs 1 den §§ 300 Abs 1, 331 und 333 Satz 1 angepasst, die die einstweilige Anordnung im Unterbringungsverfahren betreffen. Die bisher in § 11 Abs 2 Satz 1 FrhEntzG enthaltenen Regelungen konnten entfallen, da sich bereits aus § 51 Abs 2 ergibt, dass sich das Verfahren der einstweiligen Anordnung nach den Verfahrensgrundsätzen des Hauptsacheverfahrens richtet. § 427 Abs 2 greift zunächst die Regelungen des § 11 Abs 2 Satz 2 FrhEntzG auf. Darüber hinaus bestimmt er, dass bei Gefahr in Verzug neben der Anhörung auch die Bestellung und Anhörung des Verfahrenspflegers vorerst unterbleiben kann.

B. Einzelheiten

2 Da bis zum Vorliegen aller Voraussetzungen für eine Freiheitsentziehungsentscheidung in der Hauptsache einige Zeit verstreichen kann, ermöglicht § 427 den Erlass einer einstweiligen Anordnung. Mit ihr kann eine vorläufige Freiheitsentziehungsmaßnahme ergehen. So ist gewährleistet, dass in Gefahrensituationen rasch eine Freiheitsentziehungsmaßnahme ergehen kann. Solche Situationen können entstehen, wenn der Betroffene im Verfahren nach dem IfSG freiwillig in der Klinik war, nun aber vorzeitig gehen will oder der Betroffene, weil mit dem Aufschub Gefahr verbunden war, im Rahmen einer Verwaltungsmaßnahme mit Freiheitsentzug untergebracht wurde, vgl § 428. Vom gesetzgeberischen Willen als Ausnahmeverfahren in Krisensituationen konzipiert, nutzt die gerichtliche Praxis vorläufige Freiheitsentziehungsmaßnahmen oftmals als Regelverfahren. Der Gesetzgeber trägt dem Rechnung, indem er das einstweilige Anordnungsverfahren in den §§ 49–57 als eigenständiges Verfahren ausgestaltet. Nach dem bisherigen Recht war das Eilverfahren hauptsacheabhängig konzipiert. Die einstweilige Anordnung musste als vorläufige Regelung in einem von Amts wegen einzuleitenden Hauptsacheverfahren durch eine endgültige Maßnahme ersetzt werden. Dagegen ist die einstweilige Anordnung nunmehr, selbst bei Anhängigkeit eines Hauptsacheverfahrens, ein selbständiges Verfahren, vgl § 51 Abs 3. Der durch eine einstweilige Anordnung beschwerte Betroffene kann, sollte das Gericht nicht von Amts wegen tätig werden, die Einleitung eines Hauptsacheverfahrens erzwingen, § 52 Abs 1.

I. Anwendungsbereich

Wie § 331 für das Unterbringungsverfahren sieht § 427 für das Freiheitsentziehungsverfahren den Erlass von einstweiligen Anordnungen vor. Er gilt für alle Freiheitsentziehungsmaßnahmen im Sinne des § 415. Unberührt von § 427 bleiben die nach den jeweiligen Bundes- oder Landesgesetzen vorgesehenen verwaltungsrechtlichen Sofortunterbringungen, vgl § 428, sowie polizeirechtliche Freiheitsentziehungen, zB polizeilicher Gewahrsam nach Art 17 Abs 1–3 bayPAG (dazu OLG München NVwZ-RR 2006, 153), §§ 24 OBG NRW, 35 PolG NRW (dazu OLG Köln FGPrax 2005, 275). Sie können also einer vorläufigen Freiheitsentziehung nach § 427 vorausgehen.

Soweit in § 427 keine anders lautenden Regelungen getroffen sind, gelten für das auf eine vorläufige Freiheitsentziehungsmaßnahme gerichtete Verfahren die allgemeinen Voraussetzungen für das Hauptsacheverfahren nach §§ 415 ff, vgl § 51 Abs 2 Satz 1. Demzufolge ist grds das Gericht zuständig, das in der Hauptsache nach § 416 zuständig wäre, § 50 Abs 1 FamFG. Ist die Hauptsache beim Beschwerdegericht anhängig, ist dieses zuständig.

II. Voraussetzungen einer gewöhnlichen einstweiligen Anordnung, Absatz 1

§ 427 Abs 1 erlaubt es, eine vorläufige Freiheitsentziehungsmaßnahme durch einstweilige Anordnung zu treffen. Die verfahrensrechtlichen Schritte zum Erlass einer solchen einstweilige Anordnung beschreiben Abs 1 für die gewöhnliche einstweilige Anordnung und Abs 2 für die eilige einstweilige Anordnung. Das einstweilige Anordnungsverfahren ist ein selbständiges Verfahren, unabhängig vom Hauptsacheverfahren, vgl § 51 Abs 3 Satz 1.

1. Dringende Gründe für das Vorliegen der Voraussetzungen für die Anordnung einer Freiheitsentziehung, Satz 1, 1. Hs

Dringende Gründe müssen die Annahme rechtfertigen, dass die Voraussetzungen für eine endgültige Freiheitsentziehungsmaßnahme gegeben sind. Das Gericht muss also zunächst aufgrund eines ordnungsgemäßen Antrages konkret mit der Entscheidung über eine endgültige Freiheitsentziehungsmaßnahme befasst sein. Weiterhin muss eine ausreichende, dh erhebliche Wahrscheinlichkeit (BayObLG FamRZ 2005, 477; OLG Frankfurt NJW-RR 1999, 144) bestehen, dass eine endgültige Anordnung der Freiheitsentziehung erfolgt. Das kann nicht bedeuten, dass in jedem Einzelfall am Ende des Verfahrens eine endgültige Freiheitsentziehungsentscheidung steht. Vielmehr bedarf es konkreter Umstände, wonach die Voraussetzungen für die Anordnung einer Freiheitsentziehung nach den jeweiligen bundes- bzw landesrechtlichen Ermächtigungsgrundlagen mit erheblicher Wahrscheinlichkeit vorliegen (OLG Frankfurt InfAuslR 1998, 114).

Es bedarf also zunächst der Anhängigkeit eines entsprechenden Freiheitsentziehungsverfahrens, das heißt einer (zumindest gleichzeitigen) Antragstellung der zuständigen Behörde oder Initiierung des Verfahrens durch Eilmaßnahmen der Polizei (OLG Frankfurt NJW 1992, 1395). Darüber hinaus muss die erhebliche Wahrscheinlichkeit dafür bestehen, dass die materiellen Unterbringungsvoraussetzungen nach der jeweiligen gesetzlichen Ermächtigungsgrundlage erfüllt sind.

§ 427 FamFG | Einstweilige Anordnung

8 Bei einem Verfahren auf Sicherungshaft nach § 62 Abs 2 Satz 1 AufenthG müssen etwa konkrete Umstände mit erheblicher Wahrscheinlichkeit darauf hindeuten, dass der Betroffene
- ausreisepflichtig gem § 50 AufenthG ist,
- die Ausreisepflicht vollziehbar ist,
- die Ausreisefrist abgelaufen und die Abschiebung angedroht ist,
- ein Haftgrund nach § 62 Abs 2 AufenthG besteht und
- die Grundsätze der Verhältnismäßigkeit und Verschonung beachtet sind.

9 Soll eine einstweilige Anordnung auf Freiheitsentziehung nach dem IfSG erfolgen, müssen konkrete Umstände mit erheblicher Wahrscheinlichkeit darauf hindeuten, dass der Betroffene
- an einer Lungenpest oder an einem von Mensch zu Mensch übertragbaren hämorrhagischem Fieber erkrankt oder dessen verdächtig ist,
- den seine Absonderung betreffenden Anordnungen nicht nachkommt oder nach seinem bisherigen Verhalten anzunehmen ist, dass er solchen Anordnungen nicht ausreichend Folge leisten wird,
- eine Absonderung in einem geeigneten Krankenhaus oder in sonst geeigneter Weise nicht ausreicht – bei Ausscheidern muss hinzutreten, dass sie in diesem Fall andere Schutzmaßnahmen nicht befolgen, befolgen können oder befolgen würden und dadurch ihre Umgebung gefährden – und
- der Verhältnismäßigkeitsgrundsatz gewahrt ist.

10 Im Verfahren nach § 39 PolG müssen zB konkrete Umstände mit erheblicher Wahrscheinlichkeit darauf hindeuten, dass eine Straftat unmittelbar bevorsteht. Wird die Gefahrenprognose auf Vortaten gestützt, müssen konkrete Anhaltspunkte für eine Wiederholung dieser Verhaltensweisen bestehen (OLG München FGPrax 2007, 298 ff).

2. Dringendes Bedürfnis für ein sofortiges Tätigwerden, Satz 1, 2. Hs

11 Das Gericht hat Feststellungen dazu zu treffen, dass im Zeitpunkt der Anordnung ein dringendes Bedürfnis für ein sofortiges Tätigwerden besteht (KG FGPrax 2008, 176). Auch hier ist nach der jeweiligen Freiheitsentziehungsmaßnahme zu differenzieren. Bei einer beabsichtigten Freiheitsentziehung nach dem AufenthG ergibt sich bei Fluchtgefahr des Betroffenen ohne weiteres ein dringendes Bedürfnis für ein sofortiges Tätigwerden, ebenso wenn der Betroffene bereits untergetaucht ist (OLG Schleswig FGPrax 2008, 229). Im Verfahren nach dem IfSG kann das der Fall sein, wenn ohne sofortige Behandlung des Betroffenen die Gefahr besteht, dass er jederzeit Personen anstecken kann, was zu schweren gesundheitlichen Schäden bis hin zum Tod führen kann. Ähnliches gilt, wenn vor einer Hauptsacheentscheidung des Gerichtes noch weitere Ermittlungen erfolgen müssen oder ein Gutachten einzuholen ist und während dessen – zB im Verfahren nach dem IfSG – eine akute Gesundheitsverschlechterung oder eine massive Gefährdungslage eintritt. Im Verfahren nach dem AufenthG kann ein Bedarf für ein sofortiges Tätigwerden bejaht werden – wenn Abschiebehaft bereits beantragt ist – bei Fluchtgefahr oder der Gefahr erneuten Untertauchens (BayObLG FGPrax 1997, 117f).

12 Kann dagegen das Hauptsacheverfahren ohne Gefährdung der Gesundheit bzw des Lebens des Betroffenen oder mangels akuter Gefährdungslagen für Dritte im Rahmen der jeweiligen gesetzlichen Ermächtigungsgrundlage durchgeführt werden oder ergeben sich nur geringe Verzögerungen, ist kein dringendes Bedürfnis für ein Tätigwerden anzunehmen (BVerfG FamRZ 1998, 895). Bei einer Ingewahrsamnahme auf der Grundlage polizeirechtlicher Ermächtigungen kann das Bedürfnis zum Tätigwerden zum einen in Bezug auf den Betroffenen und zum anderen für die öffentliche Sicherheit oder Ordnung, erhebliche Rechtsgüter Dritter bzw die sonstigen in den jeweiligen Gesetzen geschützten Drittinteressen bestehen.

Das Vorliegen der Gefährdungssituationen muss vom Gericht an konkreten Tatsachen festgemacht werden (OLG München FGPrax 2007, 298). Die Tatsachen müssen nach Ort, Zeit und Umständen bestimmt sein. Die Gefahr muss sich auf erhebliche Rechtsgüter beziehen, dies verlangt der Verhältnismäßigkeitsgrundsatz. Schließlich ist zu verlangen, dass sich die Gefahr mit hinreichender Wahrscheinlichkeit realisiert, wobei ein für das praktische Leben brauchbarer Grad der Wahrscheinlichkeit genügt. Dabei können frühere Verhaltensweisen des Betroffenen, seine Persönlichkeit, seine aktuelle Befindlichkeit sowie seine zu erwartenden Lebensumstände berücksichtigt werden. 13

3. Glaubhaftmachung

Die vorgenannten Voraussetzungen müssen nicht zur Überzeugung des Gerichts bewiesen sein. Vielmehr reicht ihre Glaubhaftmachung aus. Das ergibt sich aus § 51 Abs 1 Satz 2. Er schreibt nämlich für Verfahren, in denen ein Hauptsacheverfahren nur auf Antrag eingeleitet werden kann vor, dass der Antrag zu begründen und die Voraussetzungen für die Anordnung glaubhaft zu machen sind. Glaubhaftmachung bedeutet, dass bei verständiger Würdigung die Wahrheit einer bestimmten Tatsache bis auf weiteres angenommen werden kann. Es muss mit anderen Worten für das Vorliegen der einzelnen Tatsachen anhand konkreter Umstände eine erhebliche Wahrscheinlichkeit bestehen. Der glaubhaft gemachte Sachverhalt darf trotz Bestreitens des Betroffenen zugrunde gelegt werden (BayObLG BtPrax 2004, 159). Der Umfang der notwendigen Sachverhaltsaufklärung richtet sich nach § 26. Im Verfahren nach dem AufenthG ist zB regelmäßig die Akte der Ausländerbehörde beizuziehen (OLG Celle FGPrax 2008, 227). Zu Mitteln der Glaubhaftmachung vgl § 31. 14

4. Verfahrenspfleger

Sind die Voraussetzungen zur Bestellung eines Verfahrenspflegers nach § 419 Abs 1 erfüllt, bedarf es weiterhin der Bestellung eines solchen. Erforderlich kann die Verfahrenspflegerbestellung zur Wahrnehmung der Interessen des Betroffenen sein. Dies kann bejaht werden, wenn der Betroffene sein Recht auf rechtliches Gehör nicht ausreichend wahrnehmen kann, § 419 Abs 1 Satz 1. Zwingend wird ein Verfahrenspfleger zu bestellen zu sein, wenn von der persönlichen Anhörung des Betroffenen abgesehen wird, § 419 Abs 1 Satz 2, etwa weil er untergetaucht ist. 15

Werden die Interessen des Betroffenen dagegen durch einen Rechtsanwalt oder einen anderen geeigneten Verfahrensbevollmächtigten (dazu § 10 Rz 12 ff) ausreichend wahrgenommen, kann die Verfahrenspflegerbestellung unterbleiben bzw aufgehoben werden, § 419 Abs 2. 16

5. Persönliche Anhörung

Der Betroffene muss durch den Richter persönlich angehört worden sein, §§ 51 Abs 2 Satz 1, 420. Die Anhörung kann auch durch den ersuchten Richter im Wege der Rechtshilfe erfolgen. Ein entsprechendes Rechtshilfeersuchen darf nicht abgelehnt werden. Angesichts der Schwere des in Frage stehenden Eingriffs ist auch die Verschaffung eines unmittelbaren Eindrucks vom Betroffenen notwendig. Dieser muss gegebenenfalls vom ersuchten Richter aktenkundig gemacht werden. Von der persönlichen Anhörung kann nur unter den Voraussetzungen des § 427 Abs 2 abgesehen werden. Es muss dann detailliert und konkret dargelegt werden, warum vor dem Erlass der Entscheidung, notfalls unter Zurückstellung anderer weniger wichtiger Dienstgeschäfte, keine Anhörung möglich war und worin die Gefahr in Verzug liegt. Die Anhörung ist unverzüglich, das heißt spätestens am nächsten Tag, zumindest aber sobald als möglich nachzuholen (KG FGPrax 2008, 178). Der in der Nichtanhörung liegende Verfahrensverstoß wird durch die nachträgliche Anhörung nicht geheilt (OLG Hamm, FGPrax 2008, 43). 17

§ 427 FamFG | Einstweilige Anordnung

18 Ein Verzicht auf die persönliche Anhörung ist nur unter den Voraussetzungen der §§ 420 Abs 2, 34 Abs 2 möglich. Deshalb kann eine persönliche Anhörung allenfalls in zwei Konstellationen entfallen. Entweder sind von der Anhörung erheblichen Nachteile für die Gesundheit des Betroffenen zu besorgen. Dies kommt in der Praxis nicht vor. Vorübergehende Verschlechterungen oder solche, denen mit Medikamenten entgegengewirkt werden kann, reichen nämlich nicht aus (OLG Karlsruhe FamRZ 1999, 670). Zum anderen kann die persönliche Anhörung unterbleiben, wenn der Betroffene offensichtlich nicht in der Lage ist, seinen Willen kundzutun. Davon hat sich der Richter aber durch Verschaffung eines unmittelbaren Eindrucks selbst zu überzeugen.

6. Gelegenheit zur Äußerung

19 Den in § 418 Abs 2 und 3 genannten Personen ist Gelegenheit zur Äußerung zu geben, § 420 Abs 3 Satz 1. Bei Gefahr in Verzug (dazu Rz 26) kann dieser Verfahrensschritt unterbleiben. Er ist nachzuholen.

7. Verhältnismäßigkeit

20 Schließlich ist der Verhältnismäßigkeitsgrundsatz zu beachten. Deshalb darf die Freiheit des Betroffenen nur unter Beachtung des in Art 2 GG geschützten Freiheitsrechts aus besonders gewichtigem Grund angetastet werden. Es müssen also bei Verzicht auf eine einstweilige Anordnung zB im Verfahren nach dem IfSG gewichtige gesundheitliche Schädigungen des Betroffenen oder Dritter bzw massive Gefahren für die öffentliche Ordnung und Sicherheit im Verfahren nach dem AufenthG drohen (BayObLG NJW 2002, 146).

8. Entscheidungsinhalt

21 Die Entscheidung ergeht, wie im Rahmen des Hauptsacheverfahrens, durch Beschluss. Da die einstweilige Anordnung eine Freiheitsentziehungsmaßnahme enthält, ist für den Inhalt der Entscheidung § 421 maßgeblich. Regelmäßig dürften kurze, einzelfallbezogene Fristen hinsichtlich der Dauer der Freiheitsentziehung möglich sein. Die Höchstdauer der Unterbringungsmaßnahme bestimmt sich allerdings nach § 427 Abs 1 Satz 2 und darf sechs Wochen nicht überschreiten. Zur Fristberechnung vgl § 425 Rz 3. Eine Verlängerung innerhalb dieser Höchstfrist ist möglich, §§ 427 Abs 1 Satz 2, 425 Abs 3. Eine Entscheidung zur sofortigen Wirksamkeit ist regelmäßig notwendig, § 422 Abs 2. Wenn sich aus den Begleitumständen ergibt, dass die einstweilige Anordnung sofort vollziehbar und wirksam sein soll, kann bei Fehlen des entsprechenden Ausspruches an eine stillschweigende Anordnung der sofortigen Wirksamkeit gedacht werden und diese zur Klarstellung im Wege der nachträglichen Berichtigung erfolgen (BayObLG BtPrax 2002, 39), vgl auch § 42 Abs 1. Eine Kostenentscheidung muss nicht erfolgen.

9. Bekanntgabe und Wirksamkeit einer einstweiligen Anordnung

22 Für die Bekanntgabe und Wirksamkeit einer einstweiligen Anordnung gelten die §§ 422 und 423 iVm § 40.

10. Anfechtbarkeit

23 Gegen Entscheidungen, durch die eine einstweilige Freiheitsentziehungsmaßnahme getroffen oder abgelehnt wird, kann das Rechtsmittel der Beschwerde eingelegt werden. Zu Einzelheiten vgl § 58 Abs 1. Darüber hinaus besteht die Möglichkeit nach § 52 Abs 2 das Gericht zu veranlassen, der antragstellenden Verwaltungsbehörde eine Frist zur Stellung eines das Hauptsacheverfahren einleitenden Antrages zu setzen.

Erledigt sich das Verfahren auf Freiheitsentziehung im Beschwerdeverfahren, besteht 24
nach ständiger Rechtsprechung in Hinblick auf den hohen Wert des Freiheitsrechtes,
Art 2 Abs 2 Satz 2 GG, ein fortwährendes Rechtsschutzinteresse an einer Sachentscheidung über die Rechtswidrigkeit des Eingriffs (BVerfG NJW 2002, 3161; OLG München
FGPrax 2007, 298), was § 62 ausdrücklich unter Aufgreifen der von der Rechtsprechung
herausgearbeiteten Voraussetzung normiert.

III. Voraussetzungen einer eiligen einstweiligen Anordnung, Abs 2

§ 427 Abs 2 schließt inhaltlich an den § 11 Abs 2 Satz 2 FrhEntzG an. Er ermöglicht in 25
den Fällen gesteigerter Dringlichkeit unter erleichterten Voraussetzungen eine einstweilige Anordnung im Freiheitsentziehungsverfahren. Neben der Anhörung des Betroffenen, die der Gesetzgeber bei Gefahr in Verzug als zu zeitaufwändig ansieht, können zunächst auch Bestellung und Anhörung eines Verfahrenspflegers unterbleiben. Abs 2
2. Hs stellt klar, dass nur eine zeitliche Verzögerung dieser Verfahrenshandlungen, nicht
ihr Unterlassen gestattet wird.

1. Gefahr in Verzug

Mit dem Begriff Gefahr in Verzug umschreibt der Gesetzgeber eine gesteigerte Dring- 26
lichkeit. Gefahr in Verzug ist gegeben, wenn die Freiheitsentziehungsmaßnahme derart
unaufschiebbar ist, dass die Einhaltung der Voraussetzungen der gewöhnlichen einstweiligen Anordnung nicht ohne konkrete Gefährdungen für den Betroffenen bzw für
Rechtsgüter Dritter möglich ist. Die Gefahr muss sich also iSd Eintritts erheblicher
Nachteile, zB im Verfahren nach dem IfSG gesundheitlicher Verschlechterung oder
krankheitsbedingter Selbst- oder Fremdgefährdung äußern. Im Verfahren nach dem
AufenthG kann sie sich aus dem unbekannten Aufenthaltsort des Betroffenen ergeben
(OLG Schleswig FGPrax 2008, 229) oder dem Umstand, dass ein Dolmetscher nötig ist,
aber nicht zur Verfügung steht (KG FGPrax 2008, 178).

Demzufolge kann das Gericht bei Gefahr in Verzug eine einstweilige Anordnung be- 27
reits vor der persönlichen Anhörung des Betroffenen, was allerdings verfassungsrechtlich bedenklich ist (BayObLG FamRZ 2001, 578 und 2000, 566, jeweils um Unterbringungsverfahren), sowie vor Bestellung und Anhörung des Verfahrenspflegers erlassen.

2. Weitere Voraussetzungen

Die weiteren Voraussetzungen für den Erlass einer einstweiligen Anordnung, also drin- 28
gende Gründe für die Annahme, dass die Voraussetzungen für eine endgültige Freiheitsentziehungsmaßnahme gegeben sind und ein dringendes Bedürfnis für ein sofortiges Tätigwerden bestehen (dazu § 427 Rz 5 ff), müssen ebenfalls erfüllt sein. Das gilt
auch für die weiteren Voraussetzungen der gewöhnlichen einstweiligen Anordnung,
nämlich die Glaubhaftmachung der beiden vorgenannten Voraussetzungen (dazu § 427
Rz 14) und Wahrung der Verhältnismäßigkeit.

Die unterlassenen Verfahrenshandlungen sind unverzüglich, das heißt in Bezug auf 29
die persönliche Anhörung spätestens am nächsten Tag, ansonsten in den nächsten Tagen, nachzuholen.

§ 428 Verwaltungsmaßnahme; richterliche Prüfung

(1) Bei jeder Verwaltungsmaßnahme, die eine Freiheitsentziehung darstellt und nicht auf richterlicher Anordnung beruht, hat die zuständige Verwaltungsbehörde die richterliche Entscheidung unverzüglich herbeizuführen. Ist die Freiheitsentziehung nicht bis zum Ablauf des ihr folgenden Tages durch richterliche Entscheidung angeordnet, ist der Betroffene freizulassen.

(2) Wird eine Maßnahme der Verwaltungsbehörde nach Absatz 1 Satz 1 angefochten, ist auch hierüber im gerichtlichen Verfahren nach den Vorschriften dieses Buches zu entscheiden.

A. Allgemeines

1   Die Vorschrift gibt mit redaktionellen Änderungen den Inhalt des bisherigen § 13 FrhEntzG wieder.

B. Einzelheiten

2   § 428 Abs 1 Satz 1 verpflichtet die zuständige Verwaltungsbehörde (dazu § 417 Rz 3 ff) unverzüglich eine richterliche Entscheidung herbeizuführen, wenn sie ohne vorherige richterliche Anordnung eine vorläufige behördliche Freiheitsentziehung durchführt. Nach Abs 1 Satz 2 ist der Betroffene spätestens zum Ablauf des der Freiheitsentziehung folgenden Tages freizulassen, wenn keine richterliche Anordnung der Freiheitsentziehung erfolgt. Abs 2 eröffnet – wie bisher – den Rechtsweg zur Überprüfung einer behördlichen Freiheitsentziehungsmaßnahme bei dem für Freiheitsentziehungssachen zuständigen Gericht (dazu § 416 Rz 3 ff).

I. Freiheitsentziehende Verwaltungsmaßnahme, Abs 1

3   In seinem Abs 1 enthält § 428 keine Rechtsgrundlage für – behördliche – Freiheitsentziehungen durch die jeweils zuständige Verwaltungsbehörde, sondern verfahrensrechtliche Regelungen.

1. Satz 1

4   Nach S 1 trifft die zuständige Verwaltungsbehörde die Pflicht zur unverzüglichen Nachholung der richterlichen Entscheidung, wenn sie ohne vorherige gerichtliche Anordnung im Wege einer Verwaltungsmaßnahme eine Freiheitsentziehung vorgenommen hat. Nur wenn es wegen der Kürze der Zeit bis zum Ende der beabsichtigten Freiheitsentziehung nicht möglich erscheint, eine richterliche Entscheidung über die durchgeführte Ingewahrsamsnahme herbeizuführen, kann die Behörde von der Herbeiführung der richterlichen Entscheidung absehen (OLG München NVwZ-RR 2006, 153 zum bayPAG). Solche Situationen können etwa anlässlich von Großereignissen im Rahmen der Polizeigesetze eintreten, wenn der Alkoholisierungsgrad oder die Gewaltbereitschaft der betroffenen Personen eine sehr kurzfristige Herbeiführung einer richterlichen Entscheidung ausgeschlossen ist (OLG Hamm NJW 2006, 2707, 2709).

a) Freiheitsentziehende Verwaltungsmaßnahme

5   Zum Begriff der Freiheitsentziehung vgl § 415 Rz 6 ff. Die Freiheitsentziehung muss auf einer behördlichen Verwaltungsmaßnahme beruhen. Es darf keine (vorläufige) richterliche Anordnung der Freiheitsentziehung vorliegen. Eine behördliche Freiheitsentziehung bedarf ihrerseits angesichts des Art 104 Abs 1 GG einer materiellen Rechtsgrundlage. In Betracht kommen insbes ordnungs- und polizeirechtliche Vorschriften nach Bundes- oder Landesrecht zur Ingewahrsamsnahme (BVerfG NJW 1982, 536).

Der Begriff Gewahrsam meint ein mit hoheitlicher Gewalt hergestelltes Rechtsverhält- 6
nis, kraft dessen einer Person die Freiheit in der Weise entzogen ist, dass sie von der Verwaltungsbehörde in einer den verwaltungsrechtlichen Zwecken entsprechenden Weise verwahrt und daran gehindert wird, sich zu entfernen (OLG München FGPrax 2007, 298).

Die Polizeigesetze der Länder enthalten jeweils Ermächtigungen zum polizeilichen 7
Gewahrsam. So sehen alle Polizeigesetze der Länder die Möglichkeit vor, eine Person zum Schutz vor einer Gefahr für ihr Leib oder Leben in Gewahrsam zu nehmen, wenn sie sich erkennbar in einem die freie Willensbestimmung ausschließenden Zustand oder sonst hilfloser Lage befindet (zB § 35 Abs 1 Nr 1 PolG NRW, Art 17 Abs 1 Nr 1 BayPAG). Weiterhin sehen die Polizeigesetze der Länder vor, eine Person zur Verhinderung der unmittelbar bevorstehenden Begehung oder Fortsetzung einer Straftat oder einer Ordnungswidrigkeit von erheblicher Bedeutung in Gewahrsam zu nehmen (zB § 35 Abs 1 Nr 2 PolG NRW, Art 17 Abs 1 Nr 2 BayPAG). Die Polizeigesetze der Länder ermöglichen ebenfalls die Ingewahrsamsnahme Minderjähriger, die sich der Obhut der Sorgeberechtigten entzogen haben oder sich an Orten aufhalten, an denen sie sich gefährden (zB § 35 Abs 2 PolG NRW, Art 17 Abs 2 BayPAG). Schließlich erlauben die Polizeigesetze der Länder eine Ingewahrsamsnahme von Personen, die aus dem Vollzug einer Untersuchungshaft, Freiheitsstrafe oder freiheitsentziehenden Maßnahme der Besserung und Sicherung entwichen sind, zur Durchsetzung eines Platz- oder Wohnungsverweises und zur Identitätsfeststellung (zB 35 Abs 1 Nrn 3, 4, Abs 3 PolG NRW, Art 17 Abs 1 Nr 3, Abs 3 BayPAG). Zu weiteren Einzelheiten vgl Dodegge/Zimmermann Teil A Rn 353 ff.

Das AufenthG sah ursprünglich keine Rechtsgrundlage für eine behördliche Freiheits- 8
entziehung vor (BVerwG NJW 1982, 536). In NRW war sie aber aufgrund der §§ 24 OBG NRW, 35 PolG NRW möglich (OLG Köln FGPrax 2005, 275), sofern die Ausländerbehörde eine vorherige richterliche Anordnung nicht rechtzeitig herbeiführen kann. Mit Gesetz vom 19.8.2007 (BGBl I S 1970) wurde § 62 AufenthG um einen Abs 4 erweitert. Danach kann die für den Haftantrag zuständige Behörde einen Ausländer ohne vorherige richterliche Anordnung festhalten und vorläufig in Gewahrsam nehmen, wenn der dringende Verdacht für das Vorliegen der Voraussetzungen nach Abs 2 Satz 1 besteht, die richterliche Entscheidung über die Anordnung der Sicherungshaft nicht vorher eingeholt werden kann und der begründete Verdacht vorliegt, dass sich der Ausländer der Anordnung der Sicherungshaft entziehen will. Führt die Ausländerbehörde eine behördliche Freiheitsentziehung durch, ist der Ausländer unverzüglich dem Richter zur Entscheidung über die Anordnung der Sicherungshaft vorzuführen.

b) Herbeiführung einer richterlichen Anordnung

Die zuständige Verwaltungsbehörde (dazu § 417 Rz 3 ff) hat unverzüglich nach dem 9
Vollzug der Freiheitsentziehung die richterliche Entscheidung herbeizuführen. Unverzüglich meint ohne jede vermeidbare Säumnis. Die zuständige Verwaltungsbehörde darf dabei nicht bis zum Abschluss der in Abs 1 Satz 2 genannten Frist warten. Sie hat einen Antrag nach § 417 Abs 1 zu stellen und auf eine zumindest einstweilige Anordnung nach § 427 hinzuwirken. Zum zuständigen Gericht vgl § 416.

2. Satz 2

Als Ausfluss des Art 104 Abs 2 Satz 3 GG verpflichtet § 428 Abs 1 Satz 2 die zuständige 10
Verwaltungsbehörde, den Betroffenen freizulassen, wenn nicht bis zum Ablauf des auf die Freiheitsentziehung folgenden Tages eine richterliche Anordnung der Freiheitsentziehung vorliegt. Es genügt eine richterliche Anordnung im Wege der einstweiligen Anordnung nach § 427. Die richterliche Entscheidung hat sich darauf zu erstrecken, ob die Voraussetzungen einer Freiheitsentziehung nach der jeweiligen Rechtsgrundlage nach Landes- oder Bundesrecht erfüllt sind. Über die Rechtmäßigkeit der behördlichen Frei-

heitsentziehung hat das Gericht dagegen nur zu befinden, wenn zugleich ein Antrag nach Abs 2 gestellt ist (OLG Frankfurt InfAuslR 1997, 313).

II. Gerichtliche Kontrolle, Abs 2

11 Nach § 428 Abs 2 kann der von einer behördlichen Freiheitsentziehung Betroffene die gerichtliche Kontrolle dieser Maßnahme durch das Amtsgericht (vgl § 23a Abs 2 Nr 6 GVG) vornehmen lassen. Gedacht ist vornehmlich an Fälle, in denen es nach einer behördlichen Freiheitsentziehung nicht zu einer gerichtlichen Anordnung der Freiheitsentziehung kommt. Voraussetzung ist das nicht, der Rechtsweg ist auch eröffnet, wenn es zu einer richterlichen Entscheidung kam.

12 Es muss zunächst zu einer freiheitsentziehenden Verwaltungsmaßnahme gekommen sein (dazu Rz 5 ff). Weiter muss der Betroffene zum Ausdruck bringen, dass er sich gegen die Maßnahme der zuständigen Verwaltungsbehörde (dazu § 417 Rz 3 ff) wenden, sie anfechten will. Diese Anfechtung ist form- und fristfrei. Obwohl eine behördliche Freiheitsentziehung einen Verwaltungsakt darstellt, ist nicht der Weg zu den Verwaltungsgerichten, sondern zum Amtsgericht eröffnet. Das gerichtliche Verfahren richtet sich nach den §§ 415 ff. Inhaltlich hat die Entscheidung sich auf die Rechtmäßigkeit der behördlichen Freiheitsentziehung zu beziehen. In der Praxis betrifft es insbes die nachträgliche Feststellung der Rechtswidrigkeit einer solchen Maßnahme. Beruht die behördliche Freiheitsentziehung auf Landesrecht, sind im Verfahren auf nachträgliche Feststellung der Rechtswidrigkeit der Maßnahme ggf landesrechtliche Sonderregelungen zur gerichtlichen Zuständigkeit zu beachten (zu Einzelheiten Keidel/Budde § 429 FamFG Rn 7 ff).

§ 429 Ergänzende Vorschriften über die Beschwerde

(1) Das Recht der Beschwerde steht der zuständigen Behörde zu.

(2) Das Recht der Beschwerde steht im Interesse des Betroffenen
1. dessen Ehegatten oder Lebenspartner, wenn die Ehegatten oder Lebenspartner nicht dauernd getrennt leben, sowie dessen Eltern und Kindern, wenn der Betroffene bei diesen lebt oder bei Einleitung des Verfahrens gelebt hat, den Pflegeeltern sowie
2. einer von ihm benannten Person seines Vertrauens

zu, wenn sie im ersten Rechtszug beteiligt worden sind.

(3) Das Recht der Beschwerde steht dem Verfahrenspfleger zu.

(4) Befindet sich der Betroffene bereits in einer abgeschlossenen Einrichtung, kann die Beschwerde auch bei dem Gericht eingelegt werden, in dessen Bezirk die Einrichtung liegt.

A. Allgemeines

§ 429 ersetzt die bisherigen Regelungen zur Beschwerdeberechtigung in § 7 Abs 2 und 3 FrhEntzG. Aufgrund der Änderungen zum Rechtsmittelrecht waren inhaltliche Anpassungen an den Allgemeinen Teil, vgl §§ 58 ff, notwendig. Insbes § 7 Abs 1 und 5 FrhEntzG konnten entfallen. Die Beschwerdeberechtigung ist nicht auf Entscheidungen begrenzt, mit denen eine Freiheitsentziehungsmaßnahme getroffen oder ihre Aufhebung abgelehnt wird. **1**

Eine Beschwerde kann sich gegen die Anordnung, aber auch die Ablehnung einer Freiheitsentziehung richten. Soweit sich in § 429 keine abweichenden Regelungen finden, gelten die Vorschriften des Allgemeinen Teils, §§ 58 ff. Schon nach bisherigem Recht war anerkannt, dass nach Erledigung der Hauptsache im Beschwerdeverfahren die Feststellung der Rechtswidrigkeit der angeordneten Freiheitsentziehung begehrt werden kann. Dies ist jetzt ausdrücklich in § 62 Abs 1 geregelt. Danach kann bei Erledigung der angefochtenen Entscheidung in der Hauptsache das Beschwerdegericht auf Antrag aussprechen, dass die Entscheidung des Gerichts des ersten Rechtszuges den Beschwerdeführer in seinen Rechten verletzt hat. Voraussetzung ist, dass der Beschwerdeführer an dieser Feststellung ein berechtigtes Interesse besitzt. Zum berechtigten Interesse vgl § 62 Abs 2. **2**

B. Einzelheiten

Abs 1 räumt der zuständigen Behörde (dazu § 417 Rz 3 ff) das Recht zur Beschwerde ein. Abs 2 billigt den Personen, die nach § 418 beteiligt werden können und im ersten Rechtszug tatsächlich beteiligt wurden, ein Beschwerderecht im Interesse des Betroffenen in Freiheitsentziehungssachen zu. Zweck und Reichweite der Beschwerdeberechtigung orientieren sich inhaltlich an der Beschwerdeberechtigung in Unterbringungssachen, dort § 335. Wie im Betreuungsverfahren, dort § 303 Abs 2 und 3, sind der Verfahrenspfleger und bestimmte Angehörige beschwerdeberechtigt. **3**

I. Beschwerdeberechtigung des Betroffenen

Die Beschwerdeberechtigung des Betroffenen ergibt sich bereits aus den Regelungen des Allgemeinen Teils, dort § 59 Abs 1. Danach steht nämlich demjenigen die Beschwerde zu, der durch den Beschluss in seinen Rechten verletzt ist. **4**

II. Beschwerderecht der zuständigen Behörde, Abs 1

5 Abs 1 räumt – wie bisher §§ 7 Abs 2, 6 Abs 2 Satz 1 lit d FrhEntzG – der zuständigen Behörde (dazu § 417 Rz 3 ff) ein Beschwerderecht in Freiheitsentziehungssachen (dazu § 415 Rz 2 ff) ein. Die Behörde muss im Zeitpunkt der Beschwerdeeinlegung noch zuständig sein (OLG Schleswig FGPrax 1997, 236). Wie im bisherigen Recht besteht gegen Entscheidungen, mit denen eine Freiheitsentziehung abgelehnt wird, nur ein Beschwerderecht für die zuständige Behörde, vgl § 59 Abs 2. Der Betroffene selbst ist durch eine Ablehnung nicht in seinen Rechten betroffen und die in § 429 Abs 2 genannten Personen können ebenfalls nur im Interesse des Betroffenen ein Rechtsmittel einlegen.

III. Beschwerderecht nahe stehender Personen, Abs 2

6 Eingeschränkt beschwerdeberechtigt – im Interesse des Betroffenen – sind nach Abs 2 die Personen, die bereits nach § 418 Abs 3 im Interesse des Betroffenen am Verfahren beteiligt werden können. Voraussetzung ist jeweils, dass die betreffende Person im erstinstanzlichen Verfahren beteiligt worden ist. Es handelt sich um:

1. Angehörige, Nr 1

7 Nr 1 räumt einem nicht dauernd getrennt lebenden Ehegatten bzw (gleichgeschlechtlichen) Lebenspartner des Betroffenen, nicht aber dem Lebensgefährten, den Eltern bzw einem Elternteil, bei denen/dem der Betroffene lebt bzw bei Verfahrenseinleitung gelebt hat, sowie einem Kind (auch Stiefkind, LG Oldenburg BtPrax 1996, 31) des Betroffenen, wenn der Betroffene bei ihm lebt, eine Beschwerdeberechtigung ein. Diese Beschwerdeberechtigung besteht unabhängig davon, ob die genannten Personen – wie es § 59 Abs 1 verlangt – in eigenen Rechten verletzt sind. Voraussetzung ist, dass die jeweilige Person im ersten Rechtszug als Beteiligter nach § 7 Abs 3 iVm § 418 Abs 3 Satz Nr 1 zum Verfahren hinzugezogen worden ist (zu Einzelheiten s § 418 Rz 7 ff).

2. Vertrauensperson, Nr 2

8 Nach Nr 2 ist auch eine Vertrauensperson des Betroffenen (dazu § 418 Rz 14) beschwerdeberechtigt, wenn sie im ersten Rechtszug als Beteiligter nach § 7 Abs 3 iVm § 418 Abs 3 Nr 2 zum Verfahren hinzugezogen worden ist.

IV. Beschwerderecht des Verfahrenspflegers, Absatz 3

9 Wie im Betreuungs- und Unterbringungsverfahren, dort § 303 Abs 3 und § 335 Abs 2 räumt § 429 Abs 3 dem Verfahrenspfleger im Freiheitsentziehungsverfahren ein Beschwerderecht ein. Nur so kann er den Interessen des Betroffenen effektiv Geltung verschaffen. Ist der Verfahrenspfleger in eigenen Rechten verletzt, steht ihm unabhängig davon eine Beschwerdebefugnis nach § 59 Abs 1 zu. Das dem Betroffenen persönlich zustehende Beschwerderecht kann der Verfahrenspfleger dagegen nicht geltend machen (OLG Hamm BtPrax 2006, 190).

C. Rechtsmittelverfahren, Absatz 4

10 Abs 4 enthält lediglich eine Ergänzung des Grundgedankens des § 64 Abs 1 hinsichtlich der Einlegung der Beschwerde.

I. Übersicht

1. Beschwerde, §§ 58 ff

Grds kann gegen Endentscheidungen in Freiheitsentziehungssachen das Rechtsmittel der Beschwerde eingelegt werden, § 58 Abs 1. Die Beschwerde ist binnen 1 Monat einzulegen, § 63 Abs 1. Handelt es sich um eine Freiheitsentziehung aufgrund einer einstweiligen Anordnung nach § 427, beträgt die Frist 2 Wochen, § 63 Abs 2 Nr 1. Zum Fristbeginn s § 63 Abs 3, zur Beschwerdeberechtigung §§ 59 f und oben Rz 4 ff. **11**

Sachlich zuständig für das Beschwerdeverfahren ist das Landgericht, § 72 Abs 1 Satz 2 GVG. Nach § 64 Abs 1 ist die Beschwerde bei dem Gericht einzulegen, dessen Beschluss angefochten wird. § 429 Abs 4 ergänzt das dahin, dass nach erfolgter Freiheitsentziehung des Betroffenen in einer abgeschlossenen Einrichtung (dazu § 415 Rz 16) die Beschwerde auch bei dem Amtsgericht eingelegt werden kann, in dessen Bezirk die Einrichtung liegt. Diese Regelung entspricht mit redaktionellen Änderungen dem bisherigen § 7 Abs 4 FrhEntzG. Eine gleichlautende Vorschrift findet sich in § 336 für Unterbringungssachen. **12**

Die Beschwerde soll begründet werden, § 65 Abs 1. Zu weiteren Einzelheiten vgl § 65 Rz 1–3. Das Gericht dessen Beschluss angefochten wird, kann der Beschwerde abhelfen, wenn es sie für begründet erachtet. Anderenfalls hat es die Beschwerde unverzüglich dem Beschwerdegericht vorzulegen, § 68 Abs 1 S 1. **13**

2. Rechtsbeschwerde, § 70

Gegen die Beschwerdeentscheidung kann die Rechtsbeschwerde nach § 70 eingelegt werden. Einer Zulassung der Rechtsbeschwerde durch das Beschwerdegericht bedarf es nicht, § 70 Abs 3 Satz 1 Nr 3. Zulässigkeitsvoraussetzung ist aber, dass die Rechtssache grds Bedeutung hat oder die Fortbildung des Rechts oder die Sicherung einer einheitlichen Rechtsprechung eine Entscheidung des Rechtsbeschwerdegerichts erfordert. Sachlich zuständig für die Rechtsbeschwerde ist der BGH, § 119 Abs 1 Nr 1b, 133 GVG. Nicht gegeben ist die Rechtsbeschwerde gegen einen Beschluss im Verfahren über die Anordnung, Abänderung oder Aufhebung einer einstweiligen Anordnung nach § 427, vgl § 70 Abs 4. **14**

II. Gegenstand der Überprüfung

Die Beschwerde kann sich gegen die Anordnung bzw Ablehnung einer Freiheitsentziehungsmaßnahme richten. Erachtet das Beschwerdegericht die Beschwerde für unzulässig, kann es die Beschwerde verwerfen. Zum Beschwerdeverfahren s § 68 Abs 3 und 4, zur Beschwerdeentscheidung § 69. **15**

Hat sich die angefochtene Entscheidung in der Hauptsache erledigt, kann das Beschwerdegericht auf Antrag aussprechen, dass die Entscheidung des Gerichtes des 1. Rechtszuges den Beschwerdeführer in seinen Rechten verletzt hat, § 62 Abs 1. Zulässigkeitsvoraussetzung ist dann, dass der Beschwerdeführer an dieser Feststellung ein berechtigtes Interesse hat, dazu s § 62 Abs 2. **16**

§ 430 Auslagenersatz

Wird ein Antrag der Verwaltungsbehörde auf Freiheitsentziehung abgelehnt oder zurückgenommen und hat das Verfahren ergeben, dass ein begründeter Anlass zur Stellung des Antrags nicht vorlag, hat das Gericht die Auslagen des Betroffenen, soweit sie zur zweckentsprechenden Rechtsverfolgung notwendig waren, der Körperschaft aufzuerlegen, der die Verwaltungsbehörde angehört.

A. Allgemeines

1   Im Anschluss an die allgemeinen Bestimmungen zum Grundsatz der Kostenpflicht in §§ 81 ff regelt § 430 speziell die Fragen der Kostentragung in Freiheitsentziehungssachen. Da eine Kostenentscheidung bereits nach den Grundsätzen des Allgemeinen Teils isoliert anfechtbar ist, bedurfte es dazu keiner gesonderten Regelung. Die Vorschrift entspricht dem bisherigen § 16 FrhEntzG. Die vorgenommenen Änderungen sind redaktioneller Art. Nach der gesetzgeberischen Wertung findet § 430 auch für den Fall Anwendung, dass die zuständige Behörde ihren Antrag in der Rechtsmittelinstanz zurücknimmt und das Verfahren damit seine Erledigung findet (BTDrs 16/6308 S 663). Im übrigen gilt für den Fall der Erledigung der Hauptsache die Regelung der §§ 83 Abs 2, 81.

2   Die bisher in §§ 14, 15 FrhEntzG geregelten Fragen der Gerichtskosten und der Kostenschuldnerschaft sind jetzt systemgerecht in § 128c Abs 1 und 3 KostO aufgenommen worden. Zu den Gerichtskosten gehören die Gebühren und Auslagen. Eine volle Gerichtsgebühr wird erhoben für die Entscheidung, die eine Freiheitsentziehung oder ihre Fortdauer anordnet oder einen nicht vom Untergebrachten selbst gestellten Antrag, die Freiheitsentziehung aufzuheben, zurückweist.

3   Was Auslagen des Gerichts sind, regeln die §§ 136, 137 KostO. Dazu gehören zB Schreib- und Zustellauslagen oder die an Sachverständige geleistete Vergütung.

4   Kostenschuldner ist nach § 128c Abs 3 KostO der Betroffene, wenn die Kosten nicht einem anderen Beteiligten auferlegt sind und im Rahmen ihrer gesetzlichen Unterhaltspflicht die zum Unterhalt des Betroffenen Verpflichteten. Von der zuständigen Behörde werden keine Gebühren erhoben.

B. Einzelheiten

I. Überblick

5   Da im Freiheitsentziehungsverfahren oftmals ein erstattungspflichtiger anderer Beteiligter fehlt, sieht der § 430 die Möglichkeit vor, die Auslagen des Betroffenen der Körperschaft, der die antragstellende Verwaltungsbehörde angehört, aufzuerlegen.

6   Neben dem in § 430 geregelten Fall kommt unter den Voraussetzungen des § 81 Abs 2 (dazu § 81 Rz 3 ff) die Auferlegung von Kosten auf einen am Verfahren Beteiligten (dazu § 418) bzw einen nicht beteiligten Dritten nach § 81 Abs 4 (dazu § 81 Rz 10) in Betracht. Diese Regelungen gelten auch, wenn sich das Verfahren auf sonstige Weise erledigt oder der Antrag zurückgenommen wird, vgl § 83 Abs 2.

II. Voraussetzungen

7   Der Ausspruch der Auslagenerstattung an den Betroffenen setzt im Einzelnen voraus:

1. Freiheitsentziehungsmaßnahme

8   § 430 gilt nur für Freiheitsentziehungssachen iSd § 415. Das sind Anordnungen zur Freiheitsentziehung, die aufgrund von Bundesrecht angeordnet werden, soweit das Verfahren nicht bundesrechtlich abweichend geregelt ist. Weiter sind Verfahren nach landes-

rechtlicher Ermächtigungsgrundlage gemeint, soweit dafür auf die §§ 415 ff verwiesen wird. Zu Einzelheiten vgl § 415 Rz 3 ff.

2. Bestimmte Verfahrensbeendigung

Das Verfahren muss durch Zurückweisung oder Zurücknahme des Antrages enden. Andere Verfahrensbeendigungen, zB Erledigung durch Tod des Betroffenen, werden nicht erfasst. Insoweit ist auf die allgemeine Regelungen zurückzugreifen. Unerheblich ist, ob ein Antrag als unzulässig oder unbegründet zurückgewiesen wird. Die Zurückweisung des Antrages, eine einstweilige Anordnung (§ 427) zu erlassen, kann noch keine Kostenauferlegung nach sich ziehen. Es muss in der Hauptsache zu einer Ablehnung oder Rücknahme des Antrages kommen. Zum Teil wurde für Unterbringungssachen iSd § 312 eine entsprechende Anwendung zugelassen, wenn nach Erledigung der Hauptsache die Rechtswidrigkeit der Unterbringungsmaßnahme aufgrund von Rechtsfehlern der Instanzgerichte festgestellt wird (OLG München NJW-RR 2005, 1377; offen gelassen von OLG Hamm FamRZ 2007, 934). Dafür ist jetzt kein Raum mehr. Vielmehr sind in diesem Fall die allgemeinen Regelungen der §§ 83 Abs 2, 81 einschlägig (Keidel/Budde § 430 FamFG Rn 5). Unerheblich ist, in welcher gerichtlichen Instanz es zur Ablehnung oder Zurücknahme des Antrages kommt.

Nicht von § 430 erfasst sind die Fälle, in denen im Rechtsmittelverfahren eine Aufhebung der gerichtlichen Freiheitsentziehungsmaßnahme aus Gründen erfolgt, die nicht im Einflussbereich der Verwaltungsbehörde liegen (etwa nicht mehr heilbare Verfahrensverstöße des Gerichts). Hier hat der Gesetzgeber darauf verzichtet, eine Möglichkeit zu schaffen, der Staatskasse die Kosten aufzuerlegen (*Jennissen* FGPrax 2009, 93 ff).

3. Kein begründeter Anlass

Die Zurückweisung bzw Zurücknahme des Antrages allein genügt nicht. Es muss hinzutreten, dass zum Zeitpunkt der Antragstellung kein begründeter Anlass für das Stellen eines Freiheitsentziehungsantrages vorgelegen hat (OLG Frankfurt FamRZ 1996, 558). Liegt später zum Zeitpunkt der gerichtlichen Entscheidung kein begründeter Anlass für die Antragstellung mehr vor, schadet das nicht. Allenfalls kann der Körperschaft im Verfahren nach dem AufenthG ein Teil der Auslagen des Betroffenen auferlegt werden, wenn dieser im Verlaufe des gerichtlichen Verfahrens einen wirksamen Asylantrag stellt (KG FGPrax 2006, 178, 180).

Ein nicht begründeter Anlass zur Antragstellung besteht, wenn bei entsprechenden Erkundigungen über die Sach- und Rechtslage der Antrag nicht gestellt worden wäre, die Behörde Erkenntnisquellen überhaupt nicht oder nicht in zumutbarem Umfang in Anspruch genommen hat (Dodegge/Zimmermann § 32 PsychKG NRW Rn 3), vor Antragstellung im Verfahren nach dem IfSG keine medizinischen Stellungnahmen eingeholt worden sind, das Vorliegen der Freiheitsentziehungsvoraussetzungen nicht wenigstens wahrscheinlich war (BayObLG Z 97, 379; FamRZ 2003, 1777), Rechtsfehler begangen worden sind oder der Betroffene nicht vorher von der Behörde angehört wurde (OLG Schleswig SchlHA 1994, 65, 66).

Das Verhalten der Behörde muss nicht schuldhaft sein. Hat die Behörde ihren Antrag bereits kurze Zeit später wieder zurückgenommen, weil das Gericht Zweifel an seiner Erfolgsaussicht geäußert hat, kann regelmäßig keine Verpflichtung zur Kostentragung festgestellt werden. Allein die sofortige Rücknahme indiziert nicht, dass ein begründeter Anlass fehlte. Insoweit muss das Gericht dann keine weiteren Ermittlungen mehr anstellen. Vielmehr kommt es darauf an, wie die Behörde den Sachverhalt zur Zeit der Antragstellung beurteilen durfte, nachdem sie alle ihr zumutbaren Ermittlungen angestellt hat. Dabei darf etwa der Zeitdruck bei berechtigten einstweiligen Maßregeln berücksichtigt werden.

§ 430 FamFG | Auslagenersatz

13 Dagegen besteht begründeter Anlass zur Antragstellung, wenn das Gericht dem Antrag der zuständigen Behörde entspricht (KG FGPrax 2006, 182).

4. Ermessen

14 § 430 räumt dem Gericht kein Ermessen ein. Liegen die zuvor dargestellten Voraussetzungen vor, muss das Gericht die Kostenerstattung anordnen (Saage/Göppinger/*Volckart* § 16 FEVG Rn 3).

5. Umfang der Erstattung

15 Das Gericht muss über die Erstattung der außergerichtlichen Auslagen des Betroffenen insgesamt entscheiden. Eine Quotelung oder Aufteilung der einzelnen Auslagen ist nicht vorgesehen; zu einer Ausnahme nach dem AufenthG s Rz 10. Die Auslagen müssen aber notwendig bzw erforderlich sein. Die Unterbringungskosten selbst rechnen nicht zu den Auslagen. Ihre Erstattung richtet sich nach den jeweiligen materiellen Vorschriften der Freiheitsentziehung.

6. Erstattungspflichtiger

16 Die Erstattung ist nicht der Antrag stellenden Verwaltungsbehörde, sondern der Körperschaft, der diese Behörde angehört, aufzuerlegen. Zu welcher Körperschaft eine Verwaltungsbehörde gehört, bestimmt sich nach öffentlich-rechtlichen Normen. Regelmäßig wird der Landkreis oder eine kreisfreie Stadt zur Erstattung verpflichtet sein.

7. Rechtsmittelverfahren

17 § 430 gilt auch im Rechtsmittelverfahren, § 68 Abs 3 Satz 1. Wird also im Beschwerdeverfahren oder im Verfahren der Rechtsbeschwerde eine Freiheitsentziehungsmaßnahme abgelehnt, als ungerechtfertigt aufgehoben, eingeschränkt oder das Verfahren ohne Entscheidung beendet, ist nach § 430 über die Auslagen des Betroffenen zu entscheiden.

§ 431 Mitteilung von Entscheidungen

Für Mitteilungen von Entscheidungen gelten die §§ 308 und 311 entsprechend, wobei an die Stelle des Betreuers die Verwaltungsbehörde tritt. Die Aufhebung einer Freiheitsentziehungsmaßnahme nach § 426 Satz 1 und die Aussetzung ihrer Vollziehung nach § 424 Abs. 1 Satz 1 sind dem Leiter der abgeschlossenen Einrichtung, in der sich der Betroffene befindet, mitzuteilen.

A. Allgemeines

§ 431 besitzt keine Entsprechung im bisherigen FrhEntzG und verweist in Satz 1 hinsichtlich der notwendigen Mitteilung von Entscheidungen in Freiheitsentziehungssachen weitgehend auf die Regelungen im Betreuungs- und Unterbringungsverfahren. Der Satz 2 ist dem § 338 Satz 2 angelehnt. 1

B. Einzelheiten

Die Vorschrift trifft Aussagen hinsichtlich der Notwendigkeit und Befugnis von Mitteilungen in Bezug auf Freiheitsentziehungsmaßnahmen durch das Gericht und schafft damit eine gesetzliche Grundlage für solche Mitteilungen. 2

I. Satz 1

Satz 1 sieht, wie § 338 für Unterbringungssachen, die entsprechende Anwendung der §§ 308 und 311, die die Mitteilung von Entscheidungen bzw Erkenntnissen im Betreuungsverfahren regeln, vor. 3

1. Entsprechende Anwendung des § 308

Aus der entsprechenden Anwendbarkeit des § 308 folgt, dass Entscheidungen im Freiheitsentziehungsverfahren an andere Gerichte, Behörden oder sonstige öffentliche Stellen mitzuteilen sind. Voraussetzung ist, dass dies unter Beachtung der berechtigten Interessen des Betroffenen erforderlich ist, um eine erhebliche Gefahr für das Wohl des Betroffenen, für Dritte oder für die öffentliche Sicherheit abzuwenden, § 308 Abs 1. Es können nach § 308 Abs 2 schon während des Verfahrens Erkenntnisse übermittelt werden. Zugleich mit der Mitteilung sind die in § 308 Abs 3 genannten Personen zu informieren. Dabei tritt an die Stelle des Betreuers die zuständige Verwaltungsbehörde (dazu § 417 Rz 3). Inhalt der Mitteilung und Art der Übermittlung und der Mitteilung nach Abs 3 bzw die Gründe für ihre Unterlassung sind aktenkundig zu machen, Abs 4. Zu weiteren Einzelheiten vgl die Ausführungen zu § 308. 4

2. Entsprechende Anwendung des § 311

Aus der entsprechenden Anwendbarkeit des § 311 folgt, dass das Gericht Entscheidungen oder Erkenntnisse im Freiheitsentziehungsverfahren zum Zwecke der Verfolgung von Straftaten oder Ordnungswidrigkeiten anderen Gerichten oder Behörden mitteilen darf. Voraussetzung ist, dass nicht schutzwürdige Interessen des Betroffenen derart überwiegen, dass die Mitteilung zu unterbleiben hat. Zu Einzelheiten vgl die Ausführungen zu § 311. 5

II. Satz 2

Satz 2 sieht ergänzend Mitteilungen an den Leiter einer Einrichtung, in der sich der Betroffene befindet, vor. Dem Einrichtungsleiter ist die Aufhebung einer Freiheitsentziehungsmaßnahme nach § 426 Satz 1 (zu Einzelheiten § 426 Rz 3 ff) und die Aussetzung 6

§ 431 FamFG | Mitteilung von Entscheidungen

ihrer Vollziehung nach § 424 Abs 1 Satz 1 (dazu s § 424 Rz 3 ff) mitzuteilen. Damit soll der Schutz des Betroffenen vor einer weiteren Andauer einer Freiheitsentziehungsmaßnahme, die bereits vom Gericht aufgehoben bzw ausgesetzt ist, verstärkt werden.

§ 432 Benachrichtigung von Angehörigen

Von der Anordnung der Freiheitsentziehung und deren Verlängerung hat das Gericht einen Angehörigen des Betroffenen oder eine Person seines Vertrauens unverzüglich zu benachrichtigen.

A. Allgemeines

§ 432 sieht inhaltlich mit Art 104 Abs 4 GG übereinstimmend die Benachrichtigung eines Angehörigen bzw einer Vertrauensperson des Betroffenen über die Anordnung der Freiheitsentziehung und deren Verlängerung vor. Eine inhaltsgleiche Regelung sieht § 339 für das Unterbringungsverfahren vor. 1

B. Einzelheiten

I. Benachrichtigung Angehöriger

Der Begriff Angehöriger ist weit zu fassen und geht über den in § 418 Abs 3 Nr 1 genannten Personkreis hinaus (dazu § 418 Rz 9 ff). Es muss aber ein verwandtschaftliches Verhältnis bestehen. Ist im Freiheitsentziehungsverfahren bereits eine der in § 418 Abs 3 Nr 1 aufgeführten Personen als Beteiligter hinzugezogen worden, erübrigt sich eine zusätzliche Benachrichtigung nach § 432. 2

II. Benachrichtigung einer Vertrauensperson

Hat der Betroffene eine oder mehrere natürliche Personen als Vertrauensperson benannt (dazu § 418 Rz 14) ist sie alternativ zu einem Angehörigen über die Anordnung oder Genehmigung der Freiheitsentziehung und deren Verlängerung zu benachrichtigen, es sei denn, sie oder ein Angehöriger sind bereits als Beteiligte zum Verfahren hinzugezogen worden oder der Pflicht zur Benachrichtigung ist durch Benachrichtigung eines Angehörigen genügt. 3

Vorbemerkungen zu den §§ 433 ff FamFG

Buch 8
Verfahren in Aufgebotssachen

Abschnitt 1
Allgemeine Verfahrensvorschriften

Vorbemerkungen zu den §§ 433 ff

A. Allgemeines

1 In Buch 8 des FamFG wurde in den §§ 433–484 das aus der ZPO übernommene Aufgebotsverfahren geregelt:
    Abschnitt 1: Allgemeine Vorschriften, §§ 433–441
    Abschnitt 2: Aufgebot des Eigentümers von Grundstücken, Schiffen und Schiffsbauwerken, §§ 442–446
    Abschnitt 3: Aufgebot des Gläubigers von Grund- und Schiffspfandrechten sowie des Berechtigten sonstiger dinglicher Rechte, §§ 447–453
    Abschnitt 4: Aufgebot von Nachlassgläubigern, §§ 454–464
    Abschnitt 5: Aufgebot der Schiffsgläubiger, § 465
    Abschnitt 6: Aufgebot zur Kraftloserklärung von Urkunden, §§ 466–484

2 Die Vorschriften der §§ 946 bis 1024 ZPO und ihre Verknüpfungen mit dem materiellen Recht werden weitgehend beigehalten.

3 Das Aufgebotsverfahren ist seiner Struktur nach kein kontradiktorisches Verfahren des Zivilprozesses zwischen zwei Parteien, in dem diese den Verfahrensgegenstand bestimmen und in dem rechtskräftig über materielle Rechte entschieden wird. Das Aufgebotsverfahren stellt vielmehr ein nichtstreitiges Verfahren dar, das seinem rechtsgestaltenden Wesen nach zu den Kernbereichen der freiwilligen Gerichtsbarkeit gehört. Das auf Antrag einzuleitende, vom Verfahrensgegenstand her typisierte und von Amts wegen zu betreibende Aufgebotsverfahren enthält wesentliche Elemente, die seine Qualifikation als Angelegenheit der freiwilligen Gerichtsbarkeit erlauben und damit auch die Bearbeitung durch den Rechtspfleger ermöglichen. Darüber hinaus betont die Einstellung des Aufgebotsverfahrens in das FamFG dessen Charakter als nichtstreitiges und rechtsgestaltendes Verfahren und stärkt das FamFG als Gesamtkodifikation des Rechts der freiwilligen Gerichtsbarkeit. Die Einbindung in das Verfahren der freiwilligen Gerichtsbarkeit macht vor allem die Regelungen des Allgemeinen Teils des FamFG auch für das Aufgebotsverfahren nutzbar.

4 Mit der Umgestaltung in ein Verfahren der freiwilligen Gerichtsbarkeit wird das Aufgebotsverfahren erheblich gestrafft, was nicht zuletzt seinen Grund im Wegfall des Aufgebotstermins hat. Da in der Praxis die Beteiligten zum anberaumten Aufgebotstermin grds nicht erschienen sind, wurde dieser Termin durch ein Anmeldeverfahren ersetzt, wie dies bei anderen Aufgebotsverfahren der freiwilligen Gerichtsbarkeit (§§ 19 ff VerschG, §§ 120 ff GBO) bereits praktiziert wird. Die Ersetzung ist zur Wahrung der Rechte der Beteiligten erforderlich, aber auch ausreichend. Dem Gericht bleibt es nach § 32 Abs 1 S 1 unbenommen, die Sache mit den Beteiligten jederzeit in einem Termin zu erörtern, wenn dies aufgrund der Schwierigkeit der Sach- und Rechtslage im Einzelfall geboten erscheint. Der Wegfall des Urteilsverfahrens unterstreicht die Nichtförmlichkeit des nichtstreitigen Aufgebotsverfahrens und entlastet durch den Wegfall erforderlicher Zustellungen die Geschäftsstellen der Gerichte.

5 Zusammen mit der Umgestaltung des Aufgebotsverfahrens in ein Verfahren der freiwilligen Gerichtsbarkeit erfolgte eine Harmonisierung der Rechtsmittelvorschriften. Die bisherigen Sonderregelungen zur Anfechtungsklage nach § 957 ZPO aF sind entfallen. Damit gilt das Rechtsmittelsystem des Buches 1 auch für den Ausschließungsbeschluss, der mit der Beschwerde nach §§ 58 ff angefochten werden kann. Wegen der Befristung der Beschwerde nach § 63 Abs 1 ist auch im Aufgebotsverfahren der Eintritt von Rechtssicherheit nach kurzer Zeit gewährleistet. Da der Ausschließungsbeschluss nach § 468 öffentlich zuzustellen ist, wird die Rechtsmittelfrist mit Eintritt der Zustellungsfiktion in Gang gesetzt.

Die Rechte des Rechtsinhabers, der durch den Ausschließungsbeschluss mit diesen ausgeschlossen wird, bleiben auch nach Ablauf der Rechtsmittelfrist gewahrt. Zum einen kann der Rechtsinhaber nach Fristablauf die Wiedereinsetzung in die Rechtsmittelfrist beantragen. Zum anderen ist bei gravierenden Verfahrensfehlern die Wiederaufnahme des Verfahrens möglich. Um den Besonderheiten eines Verfahrens gegen einen unbekannten Rechtsinhaber Rechnung zu tragen, werden die Fristen, nach deren Ablauf die Wiedereinsetzung bzw Wiederaufnahme ausgeschlossen ist, gegenüber den Regelungen des Allgemeinen Teils deutlich erhöht. Gegen den Beschluss, durch den der Antrag auf Erlass eines Ausschließungsbeschlusses zurückgewiesen wird, sowie gegen inhaltliche Beschränkungen und Vorbehalte des Ausschließungsbeschlusses ist die Beschwerde nach §§ 58 ff statthaft.

§ 433 Aufgebotssachen

Aufgebotssachen sind Verfahren, in denen das Gericht öffentlich zur Anmeldung von Ansprüchen oder Rechten auffordert, mit der Wirkung, dass die Unterlassung der Anmeldung einen Rechtsnachteil zur Folge hat; sie finden nur in den durch Gesetz bestimmten Fällen statt.

A. Allgemeines

1 § 433 definiert die Aufgebotssachen und bestimmt, für welche Verfahren die Vorschriften des Buches 8 gelten. Sie knüpfen an den bisherigen § 946 Abs 1 ZPO aF an. Abs 2 dieser Bestimmung über die **sachliche Zuständigkeit** der Amtsgerichte kann im Hinblick auf die Einbeziehung der Angelegenheiten der freiwilligen Gerichtsbarkeit in das Gerichtsverfassungsrecht und der dortigen zentralen Regelung in § 23a Abs 1 Nr 2 und Abs 2 Nr 7 GVG entfallen (BTDrs 16/6308). Die **örtliche Zuständigkeit** ergibt sich aus den jeweils eigenständig geregelten Verfahren, wie zB §§ 442 Abs 2, 465 Abs 2 und § 466.

B. Regelungsgegenstand

2 Das Aufgebotsverfahren ist an folgende Voraussetzungen geknüpft:

3 Es muss ein **Anspruch** oder **Recht** gegeben sein, und zwar unabhängig davon, ob es bedingt oder unbedingt, betagt oder noch nicht fällig ist; ausreichend ist auch eine bloße Anwartschaft (BLAH, § 433 Rn 5), weil es in diesem Verfahren lediglich um die Sicherung des Bestehens eines Anspruchs/Rechts geht, nicht aber um die Geltendmachung.

4 Das sachlich und örtlich zuständige Gericht muss zur **Anmeldung** des Anspruchs/Rechts auffordern.

5 Die Aufforderung zur Anmeldung muss sich an die **Öffentlichkeit** wenden, dh an einen unbekannten und unbestimmten, aber an der Sache beteiligte Personenkreis.

6 Im Rahmen der Aufforderung zur Anmeldung hat das Gericht auf den Eintritt von **Rechtsnachteilen hinzuweisen**, sollte die Anmeldung unterlassen werden.

7 Schließlich kommt das Aufgebotsverfahren nur in Betracht, wenn die **Anordnung** dieses Verfahrens **durch ein Gesetz**, § 12 EGZPO, erfolgt. Daher finden die §§ 433 ff keine Anwendung auf Aufgebotsverfahren, die durch eine Satzung einer autonomen Körperschaft oder durch einen Vertrag bestimmt werden.

8 Die sachlichen Voraussetzungen und die Wirkungen der Ausschließung durch Aufgebot ergeben sich nicht aus dem Verfahrensrecht, sondern aus dem materiellen Recht, wie zB §§ 808 Abs 2, 887, 927, 1104, 1112, 1162, 1170–1171 BGB, §§ 6, 13, 66, 67 SchiffsregG oder §§ 13, 66, 67 LuftfzRegG.

§ 434 Antrag; Inhalt des Aufgebots

(1) Das Aufgebotsverfahren wird nur auf Antrag eingeleitet.

(2) Ist der Antrag zulässig, so hat das Gericht das Aufgebot zu erlassen. In das Aufgebot ist insbesondere aufzunehmen:
1. die Bezeichnung des Antragstellers;
2. die Aufforderung, die Ansprüche und Rechte bis zu einem bestimmten Zeitpunkt bei dem Gericht anzumelden (Anmeldezeitpunkt);
3. die Bezeichnung der Rechtsnachteile, die eintreten, wenn die Anmeldung unterbleibt.

A. Allgemeines

Die Vorschrift übernimmt fast wörtlich den früheren § 947 Abs 1 und Abs 2 S 2 Nr 1–3 ZPO aF. **1**

B. Antrag

Abs 1 stellt in Anlehnung an § 947 Abs 1 S 1 ZPO aF klar, dass es sich beim Aufgebotsverfahren um ein Antragsverfahren handelt. Soweit die Vorschrift aus der ZPO nähere Vorgaben zur Stellung des Antrags enthält, ist eine Übernahme entbehrlich, weil sich bereits aus § 25 Abs 1 ergibt, dass Anträge schriftlich oder zur Niederschrift der Geschäftsstelle gestellt werden können. Anwaltszwang besteht nicht, § 10 Abs 1. Nach § 438 ist die Rücknahme des Antrags bis zum Erlass des Ausschließungsbeschlusses möglich; erfolgt sie erst nach Erlass des Aufgebots, ist das Verfahren beendet. Das Gericht muss das Verfahren einstellen. **2**

Die Antragsberechtigung ergibt sich je nach Art des Aufgebots aus dem Gesetz, zB §§ 443, 448, 455, 460 Abs 2, 462 Abs 1, 463, 465, 467. **3**

Der Antrag muss eindeutig erkennbar die Tatsachen beinhalten, die für die jeweilige Aufgebotsart formell erforderlich sind. Die unter Abs 2 S 2 Ziff 1 bis 3 genannten Gegenstände sind wesentlich; das Anfordern weiterer Angaben steht im pflichtgemäßen Ermessen des Gerichts. Der Anmeldezeitpunkt in Ziff 2 bedeutet vor Erlass des Ausschließungsbeschlusses. **4**

C. Verfahren

In Abs 2 ist der Erlass des Aufgebots normiert. Das Aufgebot wird wie bisher durch gerichtliche Verfügung erlassen; weil es sich nicht um eine Endentscheidung gemäß § 38 Abs 1 handelt, ist seine Anfechtung ausgeschlossen. In das Aufgebot sind der Antragsteller, der Anmeldezeitpunkt und die drohenden Rechtsnachteile aufzunehmen. **5**

Das Gericht prüft von Amts wegen die Beachtung der Formalien, insbesondere den Inhalt und die allgemeinen Verfahrensvoraussetzungen, wie zB die Verfahrensfähigkeit des Antragstellers nach § 9 und die Verfahrensvollmacht nach § 11. Soweit das Gesetz nichts anderes bestimmt, genügen die Behauptungen des Antragstellers zum sachlichen Inhalt seines Antrags (LG Mannheim MDR 1976, 587). Eine Glaubhaftmachung als Zulässigkeitsvoraussetzung ist nur in den Fällen der §§ 444, 449, 450 Abs 3 und 468 Nr 2 notwendig. Stellt das Gericht behebbare Mängel am Antrag fest, soll es dem Antragsteller die Beseitigung der Mängel auferlegen. **6**

D. Entscheidung

Die Entscheidung ergeht ausnahmslos durch einen grundsätzlich zu begründenden Beschluss des Rechtspflegers, § 38, § 3 Nr 1c RPflG. Der Beschluss ist dem Antragsteller förmlich zuzustellen. Das Gericht kann, falls sich Mängel ergeben, den Beschluss von **7**

§ 434 FamFG | Antrag; Inhalt des Aufgebots

Amts wegen aufheben. Einen zurückgewiesenen Antrag darf der Antragsteller mit einer neuen, »besseren« Begründung wiederholen (BLAH § 434 Rn 4).

E. Rechtsmittel

8 Nach § 11 Abs 1 RPflG iVm §§ 58 ff ist gegen die Zurückweisung des Antrags die befristete Beschwerde statthaft; entsprechendes gilt, wenn der Richter den Beschluss erlässt. Eine Auflage ist, da es sich nicht um eine Entscheidung handelt, nicht anfechtbar.

§ 435 Öffentliche Bekanntmachung

(1) Die öffentliche Bekanntmachung des Aufgebots erfolgt durch Aushang an der Gerichtstafel und durch einmalige Veröffentlichung in dem elektronischen Bundesanzeiger, wenn nicht das Gesetz für den betreffenden Fall eine abweichende Anordnung getroffen hat. Anstelle des Aushangs an der Gerichtstafel kann die öffentliche Bekanntmachung in einem elektronischen Informations- und Kommunikationssystem erfolgen, das im Gericht öffentlich zugänglich ist.

(2) Das Gericht kann anordnen, das Aufgebot zusätzlich auf andere Weise zu veröffentlichen.

A. Allgemeines

Die Bestimmung knüpft an den bisherigen § 948 ZPO aF an. Abs 1 ist mit den Vorschriften über die öffentliche Zustellung gemäß § 186 ZPO harmonisiert worden. 1

B. Bekanntmachung

Das Aufgebot ist öffentlich bekannt zu machen. Hierzu bedarf es grundsätzlich des Aushanges an der Gerichtstafel und die einmalige Veröffentlichung im elektronischen Bundesanzeiger. Die öffentliche Bekanntmachung in einem Informations- und Kommunikationssystem des Gerichts ersetzt nach Abs 1 S 2 nur dann den Aushang an der Gerichtstafel, wenn dieses System im Gericht öffentlich zugänglich ist. 2

Die Bekanntmachung erfolgt aufgrund eines Beschlusses des Rechtspflegers durch den Urkundsbeamten der Geschäftsstelle. 3

Abs 2 knüpft an den bisherigen § 948 Abs 2 ZPO aF an und erweitert die Möglichkeiten der anderweitigen Veröffentlichung. Nach pflichtgemäßem Ermessen kann das Gericht zusätzlich zu den bereits in Abs 1 genannten auch weitere Veröffentlichungen, etwa in einer Tageszeitung oder einem anderen elektronischen Medium, anordnen. Die ausdrückliche Bezugnahme auf die mehrfache Veröffentlichung entfällt. Dagegen bleibt eine mehrfache Veröffentlichung möglich; sie steht im Ermessen des Gerichts. Landesrechtlich bestehen gemäß § 484 mehrfach Abweichungen. 4

C. Verstoß

Bei einem Verstoß gegen die gesetzliche Form in Abs 1 bzw 2 ist die Beschwerde nach §§ 58 ff statthaft. Nach § 439 Abs 3 gibt es keinen Beschwerdewert; § 61 Abs 1 ist insoweit nicht anwendbar (BLAH § 435 Rn 3). 5

§ 436 Gültigkeit der öffentlichen Bekanntmachung

Auf die Gültigkeit der öffentlichen Bekanntmachung hat es keinen Einfluss, wenn das Schriftstück von der Gerichtstafel oder das Dokument aus dem Informations- und Kommunikationssystem zu früh entfernt wurde oder wenn im Fall wiederholter Veröffentlichung die vorgeschriebenen Zwischenfristen nicht eingehalten sind.

A. Allgemeines

1 Die Vorschrift knüpft an den bisherigen § 949 ZPO aF an und ist an die erweiterten Veröffentlichungsmöglichkeiten des § 435 angepasst.

B. Regelungsgegenstand

2 Nach § 436 ist die öffentliche Bekanntmachung auch dann gültig, wenn die entsprechenden Fristen nicht eingehalten wurden. Eine zu frühe Entfernung der öffentlichen Bekanntmachung führt zur Unwirksamkeit der Zustellung (OLG Stuttgart JB 2005, 159). Darüber hinaus kann der Verstoß Amtshaftungsansprüche nach Art 34 GG, § 839 BGB auslösen.

3 Zwischenfristen sind nur die Fristen zwischen etwaigen mehreren Bekanntmachungen (BLAH § 436 Rn 1). Hierzu gehören insbesondere die Aufgebotsfrist nach §§ 437, 451 Abs 3, 465 Abs 5, 476 oder die Fristen nach §§ 471–475.

§ 437 Aufgebotsfrist

Zwischen dem Tag, an dem das Aufgebot erstmalig in einem Informations- und Kommunikationssystem oder im elektronischen Bundesanzeiger veröffentlicht wird, und dem Anmeldezeitpunkt muss, wenn das Gesetz nicht eine abweichende Anordnung enthält, ein Zeitraum (Aufgebotsfrist) von mindestens sechs Wochen liegen.

A. Allgemeines

Die Bestimmung knüpft an den bisherigen § 950 ZPO aF an. 1

B. Regelungsgegenstand

Wegen der Ersetzung des Aufgebotstermins durch das schriftliche Anmeldeverfahren 2 beträgt die Aufgebotsfrist mindestens sechs Wochen zwischen dem Zeitpunkt nach der erstmaligen Veröffentlichung des Aufgebots im elektronischen Bundesanzeiger oder in einem sonstigen, im Gericht öffentlich zugänglichen Informations- oder Kommunikationssystem und dem in § 434 Abs 2 S 2 Nr 2 bestimmten Anmeldezeitpunkt.

Die Aufgebotsfrist des § 437 gilt nur in den Fällen, in denen Bundes- oder Landes- 3 gesetze nicht eine andere Frist vorschreiben, wie zB in den §§ 451 Abs 2, 453 Abs 1, 458 As 2, 465 Abs 5, 471 ff, 483, 484.

C. Fristberechnung

Die Sechswochenfrist ist eine Mindestfrist. Das Gericht kann nach eigenem Ermessen 4 auch eine längere Frist bestimmen. Eine Höchstfrist ist hierbei nicht zu beachten. Diese findet sich allerdings in den §§ 458 Abs 2 und 476.

Für die Fristberechnung, die nach § 16 Abs 2 iVm § 222 ZPO wie bei der Ladungsfrist 5 erfolgt, wird der Tag des Aufgebots und der Bekanntmachung im elektronischen Bundesanzeiger nicht mitgerechnet. Da es sich gemäß § 224 Abs 1 S 2 ZPO nicht um eine Notfrist handelt, kann sie auf Antrag und unter Glaubhaftmachung erheblicher Gründe verlängert werden. Daher ist, wenn die Frist ohne Verschulden versäumt wurde, eine Wiedereinsetzung nach §§ 439 Abs 4, 17 statthaft.

D. Verstoß

Verstößt das Gericht gegen diese Vorschrift, ist hiergegen die Beschwerde nach §§ 58 ff 6 statthaft. Wegen der Unanwendbarkeit des § 61 Abs 1 in § 439 Abs 3, der einen Beschwerdewert von 600 € erfordert, gibt es keinen Beschwerdewert zu beachten.

§ 438 Anmeldung nach dem Anmeldezeitpunkt

Eine Anmeldung, die nach dem Anmeldezeitpunkt, jedoch vor dem Erlass des Ausschließungsbeschlusses erfolgt, ist als rechtzeitig anzusehen.

A. Allgemeines

1 Die Vorschrift übernimmt die Regelung des bisherigen § 951 ZPO aF, wobei an die Stelle des Aufgebotstermins der nach § 434 Abs 2 S 2 Nr 2 zu bestimmende Zeitpunkt und an die Stelle des Ausschlussurteils der Ausschließungsbeschluss tritt.

B. Regelungszweck

2 § 438 dient der Gerechtigkeit, weil der wahre Rechtsinhaber durch das Aufgebotsverfahren nicht ohne schwerwiegenden Grund verdrängt werden soll. Er soll daher möglichst lange die Möglichkeit haben, sein Recht bzw seinen Anspruch anzumelden (BLAH § 438 Rn 2). Daher ist die Vorschrift zugunsten des Anmeldenden weit auszulegen.

C. Anmeldung

3 Die Anmeldung ist eine Verfahrenshandlung der Beteiligten (LG Frankenthal Rpfleger 1983, 412), die nach § 434 Abs 2 S 2 einen bestimmten Mindestinhalt aufweisen und den Anspruch oder das angemeldete Recht ersichtlich machen muss (BLAH § 438 Rn 1). Es ist nicht erforderlich, dass die Anmeldung begründet wird und Nachweise beigefügt werden.

4 Die Anmeldung erfolgt schriftlich oder zu Protokoll des Urkundsbeamten der Geschäftsstelle des Aufgebotsgerichts. Geht die Anmeldung bei einem anderen Gericht ein, so ist dadurch die Frist nicht gewahrt. Ist landesrechtlich das Landgericht zuständig, besteht Anwaltszwang mit der Folge, dass die antragstellende Partei nicht postulationsfähig ist. Der Anmeldende wird aber durch die Anmeldung nicht Partei des Verfahrens (Wieczorek/Schütze/*Weber* § 951 Rn 3).

5 Die Anmeldung ist noch rechtzeitig und wird entsprechend berücksichtigt, wenn sie zwar nach dem Anmeldezeitpunkt, aber vor Erlass des Ausschließungsbeschlusses und seinem Wirksamwerden nach § 40 durch Bekanntgabe an die Beteiligten erfolgt.

D. Prüfungsumfang

6 Das Gericht prüft lediglich, ob die Anmeldung form- und fristgerecht eingegangen ist, nicht aber, ob das angemeldete Recht auch wirklich besteht, vgl insoweit § 440.

E. Gebühren

7 Für die Anmeldung erhält der Anwalt, der den Anmeldenden vertritt, eine 1,0 Gebühr gemäß Nr 3324 VV RVG.

§ 439 Erlass des Ausschließungsbeschlusses; Beschwerde; Wiedereinsetzung und Wiederaufnahme

(1) Vor Erlass des Ausschließungsbeschlusses kann eine nähere Ermittlung, insbesondere die Versicherung der Wahrheit einer Behauptung des Antragstellers an Eides statt, angeordnet werden.

(2) Die Endentscheidung in Aufgebotssachen wird erst mit Rechtskraft wirksam.

(3) § 61 Abs. 1 ist nicht anzuwenden.

(4) Die Vorschriften über die Wiedereinsetzung finden mit der Maßgabe Anwendung, dass die Frist, nach deren Ablauf die Wiedereinsetzung nicht mehr beantragt oder bewilligt werden kann, abweichend von § 18 Abs. 3 fünf Jahre beträgt. Die Vorschriften über die Wiederaufnahme finden mit der Maßgabe Anwendung, dass die Erhebung der Klagen nach Ablauf von zehn Jahren, von dem Tag der Rechtskraft des Ausschließungsbeschlusses an gerechnet, unstatthaft ist.

A. Allgemeines

Die Vorschrift regelt verschiedene Stationen des Aufgebotsverfahrens als eine vorrangige Spezialanweisung. Als Sonderregelung ist sie eng auszulegen. 1

Eine dem bisherigen § 952 Abs 1 ZPO aF entsprechende Regelung konnte infolge des Wegfalls des Termins zum Erlass des Aufgebots entfallen. Es genügt daher ein einheitlich zu Beginn des Verfahrens zu stellender Antrag; ein weiterer Antrag vor Erlass des Ausschließungsbeschlusses ist nicht mehr erforderlich. Mit der Neuregelung des Aufgebotsverfahrens werden die Rechtsmittelmöglichkeiten des Betroffenen verbessert: Es wird generell der Rechtsbehelf der Beschwerde nach den allgemeinen Regelungen der §§ 58 ff eröffnet. Abweichend vom bisherigen Recht ist auch ein Antrag auf Wiederaufnahme des Verfahrens zulässig, und zwar ohne auf bestimmte Gründe beschränkt zu sein. 2

B. Ermittlung, Abs 1

Das Gericht entscheidet nach pflichtgemäßem Ermessen, ob es von Amts wegen Ermittlungen nach § 26 durchführt. Die Vorschrift stellt klar, dass das Gericht im Rahmen seiner Ermittlungen auch eine eidesstattliche Versicherung des Antragstellers über eine von ihm aufgestellte Behauptung einholen kann. Insoweit sind die Beteiligten zu einer gesteigerten Mitwirkung verpflichtet, wie dies bereits § 27 vorsieht. 3

C. Wirksamkeit, Abs 2

Abs 2 bestimmt, abweichend von § 40 Abs 1, dass die Endentscheidung in Aufgebotssachen erst mit formeller Rechtskraft nach § 45 wirksam wird. Insoweit trägt diese Regelung dem rechtsgestaltenden Charakter der Ausschließungsbeschlüsse hinreichend Rechnung. 4

D. Beschwerdewert Abs 3

Nach § 439 Abs 3 ist § 61 Abs 1 nicht anwendbar, so dass die Beschwerde unabhängig vom Erreichen des in § 61 Abs 1 bestimmten Wertes des Beschwerdegegenstandes von € 600,00 statthaft ist. 5

E. Wiedereinsetzung, Wiederaufnahme, Abs 4

Abs 4 bestimmt, dass die Vorschriften über die Wiedereinsetzung, §§ 17–19 anwendbar sind, jedoch beträgt die Frist für die Wiedereinsetzung in Abweichung von § 18 Abs 3 6

§ 439 FamFG | Erlass des Ausschließungsbeschlusses; Beschwerde

fünf Jahre seit dem Ende der versäumten Frist. Auch die Vorschriften über die Wiederaufnahme des Verfahrens (§ 48 Abs 2 verweist auf die §§ 578–591 ZPO) sind anzuwenden, wobei die Frist für die Wiederaufnahme zehn Jahre seit Rechtskraft des Ausschließungsbeschlusses beträgt.

7   Mit dieser Regelung wird der Tatsache Rechnung getragen, dass derjenige, dessen Recht durch den Beschluss ausgeschlossen wird, nicht selten erst nach längerem Zeitablauf von der Durchführung des Verfahrens und dem Erlass des Beschlusses Kenntnis erlangt.

§ 440 Wirkung einer Anmeldung

Bei einer Anmeldung, durch die das von dem Antragsteller zur Begründung des Antrags behauptete Recht bestritten wird, ist entweder das Aufgebotsverfahren bis zur endgültigen Entscheidung über das angemeldete Recht auszusetzen oder in dem Ausschließungsbeschluss das angemeldete Recht vorzubehalten.

A. Allgemeines

Die Vorschrift entspricht inhaltlich dem bisherigen § 953 ZPO aF; sie wurde lediglich redaktionell neu gefasst. 1

B. Regelungsgegenstand

Es gibt zwei Möglichkeiten, wenn ein Recht angemeldet wird: Entweder wird das Aufgebotsverfahren, sofern ein Rechtsstreit anhängig ist, ausgesetzt oder es ergeht ein Ausschließungsbeschluss unter dem Vorbehalt des angemeldeten Rechts. Der Vorbehalt muss nicht beantragt werden, sondern ist, ohne dass eine sachliche Prüfung stattfindet, von Amts wegen in den Beschluss aufzunehmen. Schließen die Rechte das Recht des Antragstellers aus, erfolgt eine Aussetzung des Verfahrens, womit eine endgültig unrichtige Entscheidung verhindert werden soll. 2

C. Verfahren

Das Gericht prüft die Anmeldung nach den Regeln des § 439 Abs 1 auf die Einhaltung von Form, Frist und Schlüssigkeit des Inhalts der Anmeldung. Es kann auch prüfen, ob der Inhalt sachlichrechtlich begründet ist (BGHZ 76, 170). Die Anmeldung hat einzig den Zweck, vor den angedrohten Rechtsnachteile zu schützen; eine Entscheidung über das behauptete Recht kann nur im Prozesswege ergehen. Im übrigen kann derjenige, dem ein Recht vorbehalten wurde, im Verfahren über die Berechtigung des Vorbehalts nicht einwenden, die Voraussetzungen für den Erlass eines Ausschließungsbeschlusses hätten nicht vorgelegen (BGH MDR 1980, 569). Verneint das Gericht das Recht und beseitigt es lediglich den Vorbehalt, gilt der Ausschließungsbeschluss als vorbehaltloser Beschluss. 3

D. Entscheidung

Eine endgültige Entscheidung kann der Antragsteller auch durch eine negative Feststellungsklage nach § 256 ZPO herbeiführen. Hat die Anmeldung das Verfahren erledigt und nimmt der Antragsteller den Antrag nicht zurück, muss das Gericht ihn zurückweisen. Eine Zurückweisung der Anmeldung erfolgt im Ausschließungsbeschluss auch dann, wenn die Anmeldung unter Verfahrensmängeln leidet. 4

E. Aussetzung, Vorbehalt

Das Verfahren wird nur dann durch zu begründenden Beschluss (§ 329 ZPO) ausgesetzt, wenn Zweifel an der Zulässigkeit des Aufgebotsverfahren bestehen. Die Entscheidung ist nach § 41 mitzuteilen. Gegen die Aussetzung ist ebenso wie gegen die Ablehnung der Aussetzung die Beschwerde nach §§ 58 ff statthaft. Da § 61 nicht anwendbar ist, hat die Beschwerde keinen Beschwerdewert, § 439 Abs 3. Der Ausschließungsbeschluss erledigt die Beschwerde und ergeht gegen alle, die sich nicht gemeldet haben. 5

Ein rechtzeitig angemeldetes Recht ist ohne sachliche Prüfung seines Bestandes im Ausschließungsbeschluss vorzubehalten. Durch die Anmeldung wird das Recht durch den Vorbehalt weiter erhalten, sofern ihm das angemeldete Recht zusteht (BGH MDR 1980, 569). Der Vorbehalt lässt sich nur durch einen Verzicht oder durch eine Verurteilung zum Verzicht beseitigen. 6

§ 441 Öffentliche Zustellung des Ausschließungsbeschlusses

Der Ausschließungsbeschluss ist öffentlich zuzustellen. Für die Durchführung der öffentlichen Zustellung gelten die §§ 186, 187, 188 der Zivilprozessordnung entsprechend.

A. Allgemeines

1 Die Vorschrift ersetzt den bisherigen § 956 ZPO aF. Die Neufassung dieser Bestimmung beruht auf der Harmonisierung der Rechtsmittelvorschriften mit dem Allgemeinen Teil dieses Gesetzes.

B. Regelungszweck

2 Die Entscheidung ist nach den §§ 186, 187, 188 der ZPO öffentlich zuzustellen. Damit wird dem Umstand Rechnung getragen, dass das Aufgebotsverfahren gegen einen nicht bekannten Rechtsinhaber geführt wird. Eine öffentliche Zustellung der Entscheidung in unmittelbarer Anwendung des § 185 ZPO, bei dem lediglich der Aufenthaltsort des Gegners nicht bekannt ist, kann daher nicht erfolgen.

3 Die nunmehr obligatorische öffentliche Zustellung steht nicht mehr im pflichtgemäßen Ermessen des Gerichts, sondern stellt eine Amtspflicht dar. Die Zustellung gewährleistet, dass mit Eintritt der Zustellungsfiktion des § 188 ZPO die Rechtsmittelfrist nach einem Monat zu laufen beginnt. Der Antragsteller kann daher mit Eintritt der Rechtskraft der Entscheidung regelmäßig etwa zwei Monate nach Erlass des Ausschließungsbeschlusses rechnen.

C. Öffentliche Zustellung

4 Die öffentliche Zustellung wird vom Prozessgericht von Amts wegen (BGH NJW 2007, 303) bewilligt. Die Entscheidung ergeht ohne mündliche Verhandlung durch Beschluss. Nach § 186 Abs 3 hat der Urkundsbeamte den Zeitpunkt (Tag) des Aushangs der Benachrichtigung und der Abnahme in den Akten zu vermerken. Der Aktenvermerk ist ein Erledigungsvermerk, nicht aber Wirksamkeitserfordernis der Zustellung (RGZ 32, 400).

5 Nach § 186 Abs 2 ist die Benachrichtigung, nicht aber eine Ausfertigung zu veröffentlichen. Zusätzlich kann die einmalige oder mehrfache Veröffentlichung der Benachrichtigung im elektronischen Bundesanzeiger oder in einem anderen Blatt angeordnet werden.

6 Das Schriftstück gilt als zugestellt, wenn seit dem Aushang der Benachrichtigung ein Monat vergangen ist. Für die Fristberechnung wird der Tag des Aushangs nicht mitgerechnet. Eine Abkürzung der Frist ist nicht möglich, wohl aber gemäß § 188 S 2 ZPO die Bestimmung einer längeren Frist. Der Fristbeginn bedingt nicht, dass der Aushang der Benachrichtigung während der gesamten Zeit angedauert haben muss (Zöller/*Stöber* § 188 ZPO Rn 4).

Abschnitt 2
Aufgebot des Eigentümers von Grundstücken, Schiffen und Schiffsbauwerken

§ 442 Aufgebot des Grundstückseigentümers; örtliche Zuständigkeit

(1) Für das Aufgebotsverfahren zur Ausschließung des Eigentümers eines Grundstücks nach § 927 des Bürgerlichen Gesetzbuchs gelten die nachfolgenden besonderen Vorschriften.

(2) Örtlich zuständig ist das Gericht, in dessen Bezirk das Grundstück belegen ist.

A. Allgemeines

Abs 1 entspricht dem bisherigen § 977 ZPO aF und Abs 2 hat die Regelungen des § 978 ZPO aF übernommen. **1**

B. Aufgebot der Grundstücksgläubiger

Der Eigentümer eines Grundstücks kann nach § 927 BGB durch ein Aufgebotsverfahren **2** ausgeschlossen werden, wenn ein anderer das Grundstück seit 30 Jahren im Eigenbesitz hat. Der Antragsteller kann sich das so herrenlos gewordene Grundstück aneignen. Durch die Grundbucheintragung nach § 927 Abs 2 BGB wird er Eigentümer.

Der Beschluss über die Ausschließung des Eigentümers muss jeden Eigentümer, und **3** zwar auch den nicht eingetragenen Rechtsnachfolger, erfassen (BLAH § 442 Rn 1).

C. Örtliche Zuständigkeit

Die örtliche Zuständigkeit des Amtsgerichts bestimmt sich nach der Belegenheit des **4** Grundstücks. Hierbei handelt es sich um eine ausschließliche Zuständigkeit. § 36 Abs 1 Nr 4 ZPO findet entsprechende Anwendung, wenn das Grundstück in Bezirken verschiedener Gerichte liegt.

§ 443 Antragsberechtigter

Antragsberechtigt ist derjenige, der das Grundstück seit der in § 927 des Bürgerlichen Gesetzbuchs bestimmten Zeit im Eigenbesitz hat.

A. Allgemeines

1 Die Vorschrift entspricht dem bisherigen § 979 ZPO aF.

B. Antragsberechtigung

2 Antragsberechtigt ist der Eigenbesitzer nach § 872 BGB, auch der mittelbare (Palandt/ *Bassenge* § 927 BGB Rn 2). Wurde der Eigenbesitz auf einen Käufer übertragen, geht die Antragsbefugnis auf ihn über mit der Folge, dass nur er antragsberechtigt ist.

C. Fristberechnung

3 Die Berechnung der 30-jährigen Frist erfolgt nach §§ 927 Abs 1, 938–944 BGB entsprechend der Frist für die Ersitzung einer beweglichen Sache. Das Grundstück muss grundbuchmäßig bezeichnet werden.

§ 444 Glaubhaftmachung

Der Antragsteller hat die zur Begründung des Antrags erforderlichen Tatsachen vor der Einleitung des Verfahrens glaubhaft zu machen.

A. Allgemeines

Die Vorschrift entspricht dem bisherigen § 980 ZPO aF. **1**

B. Glaubhaftmachung

Die Glaubhaftmachung erfolgt nach § 31, wonach sich der Beweisführer aller zulässiger **2** Mittel des Freibeweises einschließlich der eidesstattlichen Versicherung bedienen kann; allerdings bedarf es zur Glaubhaftmachung präsenter Beweismittel, um eine schnelle Beweisaufnahme zu gewährleisten. In Betracht kommt daher die Vorlage einer Urkunde bzgl des Eingetragenen, eine Ausfertigung des Ausschlussbeschlusses oder eine Bestätigung der Verschollenheit des bisherigen Eigentümers und eines Besitzzeugnisses des Bürgermeisters (Zöller/*Geimer* § 980 Rn 1).

Die Glaubhaftmachung ist ausreichend für alle nach § 927 BGB zur Begründung not- **3** wendigen Tatsachen, und zwar auch für die Verschollenheit und den Tod. Nicht erforderlich ist die Todeserklärung des verschollenen Eigentümers, der gute Glaube oder die Vorlage eines Erwerbstitels (BLAH § 444 Rn 1).

§ 445 Inhalt des Aufgebots

In dem Aufgebot ist der bisherige Eigentümer aufzufordern, sein Recht spätestens zum Anmeldezeitpunkt anzumelden, widrigenfalls seine Ausschließung erfolgen werde.

A. Allgemeines

1   Die Vorschrift knüpft an den bisherigen § 981 ZPO aF an. Soweit die Vorschrift auf den nach bisherigem Recht erforderlichen Aufgebotstermin abstellt, wurde die Vorschrift redaktionell an das nunmehr regelmäßig schriftliche Verfahren angepasst.

B. Aufgebotsverfahren

2   Auf den Inhalt des Aufgebots iS dieser Vorschrift findet nicht nur die allgemeine Bestimmung des § 434 Abs 2 in vollem Umfang Anwendung, sondern auch die funktionelle Zuständigkeit des Rechtspflegers gemäß § 3 Nr 1c RPflG und, vorbehaltlich der anderweitigen landesrechtlichen Zuweisung in § 484, auch die Regelung zur Fristbestimmung in § 437.

3   Für den Fall, dass sich der **Eigentümer** auf die Aufforderung meldet, ist nach § 440 zu verfahren, dh das Gericht prüft die Anmeldung auf die Einhaltung der Form, Frist und Schlüssigkeit ihres Inhalts sowie darauf, ob der Inhalt objektiv sachlichrechtlich begründet ist (BGHZ 76, 170). Hat ein Dritter seine Eintragung im Grundbuch beantragt oder einen Widerspruch gegen die Richtigkeit des Grundbuchs nach § 899 BGB erhoben, braucht er sich, wenn dies vor dem Erlass des Ausschließungsbeschlusses erfolgt ist, nicht zu melden.

4   Behält der Ausschließungsbeschluss demjenigen, der sich gemeldet hat, das Eigentum vor, kann der Antragsteller nur eingetragen werden, wenn ein Verzicht erklärt, ggf durch eine Klage erzwungen wurde oder ein Feststellungsurteil dieses Recht verneint hat.

C. Wirkung der Ausschließung

5   Sofern der Ausschließungsbeschluss nicht nur bestimmte Personen ausschließt, beseitigt er jegliches Eigentum an dem Grundstück (BLAH § 445 Rn 1).

6   Nach Ausspruch der Ausschließung hat derjenige, der den Ausschließungsbeschluss erwirkt hat, seine Eintragung im Grundbuch nach § 927 Abs 2 u 3 zu beantragen.

§ 446 Aufgebot des Schiffseigentümers

(1) Für das Aufgebotsverfahren zur Ausschließung des Eigentümers eines eingetragenen Schiffes oder Schiffsbauwerks nach § 6 des Gesetzes über Rechte an eingetragenen Schiffen und Schiffsbauwerken (BGBl. III 403-4) gelten die §§ 443 bis 445 entsprechend.

(2) Örtlich zuständig ist das Gericht, bei dem das Register für das Schiff oder Schiffsbauwerk geführt wird.

A. Allgemeines

Die Vorschrift entspricht inhaltlich dem bisherigen § 981a S 1 u 2 ZPO aF. 1

B. Geltungsbereich

Die Vorschrift bezieht sich auf den Ausschluss des Eigentümers eines eingetragenen 2 Schiffs oder eines eingetragenen und nicht nur eintragungsfähigen Schiffsbauwerks (BLAH § 446 Rn 1) nach § 6 SchiffsG. Hier gelten dann die §§ 443–445 entsprechend.

C. Zuständigkeit

Für das Aufgebotsverfahren ist das Amtsgericht ausschließlich zuständig, bei dem das 3 Schiffsregister, in dem das Schiff eingetragen ist, geführt wird.

Abschnitt 3
Aufgebot des Gläubigers von Grund- und Schiffspfandrechten sowie des Berechtigten sonstiger dinglicher Rechte

§ 447 Aufgebot des Grundpfandrechtsgläubigers; örtliche Zuständigkeit

(1) Für das Aufgebotsverfahren zur Ausschließung eines Hypotheken-, Grundschuld- oder Rentenschuldgläubigers aufgrund der §§ 1170 und 1171 des Bürgerlichen Gesetzbuchs gelten die nachfolgenden besonderen Vorschriften.

(2) Örtlich zuständig ist das Gericht, in dessen Bezirk das belastete Grundstück belegen ist.

A. Allgemeines

1 Abs 1 entspricht inhaltlich dem bisherigen § 982 ZPO aF, während Abs 2 die Regelungen des § 983 ZPO aF übernommen hat. Das Aufgebot aus §§ 447 ff ist nicht identisch mit dem Aufgebot zur Kraftloserklärung von Urkunden nach §§ 466 ff.

B. Regelungszweck

2 Die Grundlage für den Ausschluss ergibt sich aus §§ 1170, 1171 BGB.

I. Aufgebot aufgrund § 1170 BGB

3 Antragsberechtigt ist gemäß § 448 der Eigentümer des belasteten Grundstücks, ferner ein im Rang gleich- oder nachstehender Gläubiger, wenn für ihn eine Vormerkung nach § 1179 BGB eingetragen ist oder ein Anspruch nach § 1179a BGB besteht. In gleicher Weise antragsberechtigt ist bei einer Gesamthypothek, -grund- oder -rentenschuld derjenige, der aufgrund eines im Rang gleich- oder nachstehenden Rechts Befriedigung aus einem der belasteten Grundstücke verlangen kann. Der Gläubiger wird allerdings nur mit seinem dinglichen Recht ausgeschlossen; seine persönliche Forderung bleibt vom Aufgebot unberührt.

4 Die Aufgebotsfrist errechnet sich nach § 437, sofern nicht das Landesrecht etwas anderes bestimmt.

5 Die Ausschließung richtet sich gegen jedermann, der ein Recht an der Hypothek etc geltend machen könnte, mithin auch gegen Inhaber von Rechten, die das Grundpfandrecht belasten, wie zB ein Nießbrauch oder ein Pfandrecht. Diese Berechtigten müssen sich, auch im Falle eines zu Unrecht erlassenen Aufgebots, ihre Rechte gemäß § 440 anmelden und im Ausschließungsbeschluss vorbehalten lassen. Im Falle eines Eigentümerwechsels während des Aufgebotsverfahrens ist weder ein Beitritt des neuen Eigentümers noch ein Antrag erforderlich.

6 Der Ausschließungsbeschluss macht den Hypothekenbrief ohne besonderes Aufgebot nach § 1162 BGB kraftlos. Allerdings erstreckt sich der Beschluss nicht auf ein solches Trennstück, welches das Grundbuchamt vor dem Aufgebot bereits abgeschrieben hatte (BLAH § 447 Rn 1). Wegen der sonstigen Wirkungen wird auf §§ 1170 Abs 2, 1171 Abs 2 und 1175 BGB verwiesen.

II. Aufgebot aufgrund § 1171 BGB

7 Antragsberechtigt ist nur der Eigentümer. Bei einer Gesamthypothek ist jeder Eigentümer bzgl seines Grundstücks berechtigt, den Antrag zu stellen. Das Aufgebot richtet sich gegen jeden unbekannten Gläubiger, unabhängig davon, ob er eingetragen oder nicht eingetragen ist, und damit auch gegen einen etwaigen Pfandgläubiger einer Hypothek (Zöller/*Geimer*, ZPO § 992 Rn 4).

C. Örtliche Zuständigkeit

Die Zuständigkeitsregelung ist eine ausschließliche und bestimmt sich nach der Belegenheit des Grundstücks. Kommt die Zuständigkeit mehrerer Amtsgerichte in Betracht, wie zB bei einer Gesamthypothek, ist das örtlich zuständige Gericht nach § 2 Abs 2 zu bestimmen.

§ 448 Antragsberechtigter

(1) Antragsberechtigt ist der Eigentümer eines belasteten Grundstücks.

(2) Antragsberechtigt im Fall des § 1170 des Bürgerlichen Gesetzbuchs ist auch ein im Rang gleich- oder nachstehender Gläubiger, zu dessen Gunsten eine Vormerkung nach § 1179 des Bürgerlichen Gesetzbuchs eingetragen ist oder ein Anspruch nach § 1179a des Bürgerlichen Gesetzbuchs besteht. Bei einer Gesamthypothek, Gesamtgrundschuld oder Gesamtrentenschuld ist außerdem derjenige antragsberechtigt, der auf Grund eines im Rang gleich- oder nachstehenden Rechts Befriedigung aus einem der belasteten Grundstücke verlangen kann. Die Antragsberechtigung besteht nur, wenn der Gläubiger oder der sonstige Berechtigte für seinen Anspruch einen vollstreckbaren Schuldtitel erlangt hat.

A. Allgemeines

1 Die Vorschrift entspricht inhaltlich dem bisherigen § 984 ZPO aF.

B. Antragsberechtigung

2 Antragsberechtigt ist der Eigentümer des belasteten Grundstücks. Bei Vorliegen einer Gesamthypothek kann jeder Eigentümer den Aufgebotsantrag stellen, und zwar im Falle des § 1170 BGB nach § 1175 Abs 1 S 2, Abs 2 BGB nur mit Wirkung für sein eigenes Grundstück. Im Fall des § 1171 BGB erstreckt sich der Antrag auf alle Grundstücke. Zum Kreis der Antragsberechtigten gehören auch die dinglichen Gläubiger, die durch eine Vormerkung nach § 1179 BGB gesichert sind oder wenn sie einen Löschungsanspruch aus § 1179a BGB haben, sofern sie im Falle der Zwangsversteigerung aufgrund des Ranges ihres Rechts ein Interesse daran haben, dass der Eigentümer die Hypothek erwirbt. Nach Abs 2 S 2 sind auch diejenigen antragsberechtigt, die ein der Gesamthypothek, -grundschuld, -rentenschuld gleich- oder nachrangiges Recht auf Befriedigung an einem belasteten Grundstück haben, §§ 10, 11 ZVG.

3 Die Antragsberechtigten benötigen, jeder für sich, einen vollstreckbaren Schuldtitel.

4 Der Eigentümer ist nach § 450 Abs 5 von Amts wegen zu benachrichtigen.

§ 449 Glaubhaftmachung

Der Anragsteller hat vor der Einleitung des Verfahrens glaubhaft zu machen, dass der Gläubiger unbekannt ist.

A. Allgemeines

Die Vorschrift entspricht dem bisherigen § 985 ZPO aF. 1

B. Regelungsgegenstand

I. Antrag

Die Antragsberechtigung ergibt sich aus § 448 : 2
– der Eigentümer des belasteten Grundstücks
– dingliche Gläubiger, wenn sie durch eine Vormerkung nach § 1179 BGB gesichert sind oder einen Löschungsanspruch nach § 1179a BGB haben
– dinglich Berechtigter nach §§ 10, 11 ZVG

Im Antrag ist die genaue Bezeichnung und die Forderung, einschließlich des Betrages, 3 anzugeben.

II. Glaubhaftmachung

Die Glaubhaftmachung erfolgt nach § 31 auch durch eine eidesstattliche Versicherung. 4

III. Unbekanntheit

Ein Gläubiger ist »unbekannt« iSd Vorschrift, wenn trotz nachweisbarer Bemühungen 5 nicht geklärt ist, wer Gläubiger oder dessen Rechtsnachfolger ist (LG Aachen NJW-RR 1998, 87; aA: BGH NJW-RR 2004, 665). Der Gläubiger muss dem Antragsteller auch dem Aufenthalt nach unbekannt sein (Zöller/*Geimer* § 985 Rn 1). Fehlt allein die Kenntnis vom Aufenthaltsort, genügt dies nicht den Anforderungen an die Unbekanntheit, weil der Eigentümer dennoch auf Zustimmung zur Grundbuchberichtigung nach § 894 BGB klagen kann (LG Köln MDR 2003, 473). Allerdings kann die Unkenntnis vom Aufenthaltsort auch zur Unbekanntheit der Person des Gläubigers selbst führen. Der Unkenntnis steht es gleich, wenn der als Gläubiger Auftretende seine Verfügungsbefugnis nicht nachweisen kann (LG Erfurt Rpfleger 1994, 311), weil dann ungewiss ist, ob das Recht nicht einem anderen zusteht und daher nicht feststeht, wer Berechtigter ist.

Maßgebender Zeitpunkt für das Vorliegen der Voraussetzungen der Unbekanntheit 6 des Gläubigers ist der Erlass des Ausschließungsbeschlusses. Nach der Entscheidung über die Ausschließung kann der Schuldner das Aufgebot des für die Grundbuchberichtigung notwendigen Hypothekenbriefs nach § 1162 BGB, §§ 466 ff beantragen (BLAH § 449 Rn 1).

§ 450 Besondere Glaubhaftmachung

(1) Im Falle des § 1170 des Bürgerlichen Gesetzbuchs hat der Antragsteller vor der Einleitung des Verfahrens auch glaubhaft zu machen, dass eine das Aufgebot ausschließende Anerkennung des Rechts des Gläubigers nicht erfolgt ist.

(2) Ist die Hypothek für die Forderung aus einer Schuldverschreibung auf den Inhaber bestellt oder der Grundschuld- oder Rentenschuldbrief auf den Inhaber ausgestellt, hat der Antragsteller glaubhaft zu machen, dass die Schuldverschreibung oder der Brief bis zum Ablauf der in § 801 des Bürgerlichen Gesetzbuchs bezeichneten Frist nicht vorgelegt und der Anspruch nicht gerichtlich geltend gemacht worden ist. Ist die Vorlegung oder die gerichtliche Geltendmachung erfolgt, so ist die im Absatz 1 vorgeschriebene Glaubhaftmachung erforderlich.

(3) Zur Glaubhaftmachung genügt in den Fällen der Absätze 1, 2 die Versicherung des Antragstellers an Eides statt. Das Recht des Gerichts zur Anordnung anderweitiger Ermittlungen von Amts wegen wird hierdurch nicht berührt.

(4) In dem Aufgebot ist als Rechtsnachteil anzudrohen, dass der Gläubiger mit seinem Recht ausgeschlossen werde.

(5) Wird das Aufgebot auf Antrag eines nach § 448 Abs. 2 Antragsberechtigten erlassen, so ist es dem Eigentümer des Grundstücks von Amts wegen mitzuteilen.

A. Allgemeines

1 Die Vorschrift entspricht dem bisherigen § 986 ZPO aF.

B. Glaubhaftmachung, Absatz 1 bis 3

2 Nach § 31 muss der Antragsteller im Falle des § 1170 BGB folgende Voraussetzungen glaubhaft machen:
 – die Unbekanntheit des Gläubigers gem § 449,
 – die Berechtigung des Antragstellers,
 – die Nichtanerkennung des Rechts des Gläubigers, dh das Fehlen eines Stundungsgesuchs, Teil- oder Zinszahlung.

3 Der Aufgebotsantrag ist erst nach Ablauf der zehnjährigen Frist bzw bei Abs 2 gem § 801 BGB erst nach Ablauf der regelmäßigen dreißigjährigen Vorlegungsfrist oder bei Eintritt der Verjährung möglich. Die Besitzzeit der Rechtsvorgänger ist bei der Fristberechnung zu berücksichtigen und einzurechnen.

4 Liegt ein Fall des Abs 1 bzw Abs 2 vor, reicht es zur Glaubhaftmachung aus, wenn der Antragsteller die eidesstattliche Versicherung abgibt. In der Regel wird das Gericht aber weitere Ermittlungen anstellen, wozu es nach Abs 3 S 2, § 439 Abs 1 auch berechtigt ist.

C. Aufgebot, Absatz 4 bis 5

I. Rechtsnachteil

5 Das Gericht hat auf den mit dem Aufgebot verbundenen Rechtsnachteil hinzuweisen.

II. Aufgebotsverfahren

6 Nach § 484 kann das Landesrecht die Frist nach § 437 und die Veröffentlichung nach §§ 435, 441 abweichend von den gesetzlichen Bestimmungen des FamFG regeln.

7 Die Mitteilung an den Grundstückseigentümer erfolgt formlos.

Enthält der Ausschließungsbeschluss **keinen Vorbehalt**, erwirbt der Eigentümer bereits vor der entsprechenden Eigentumseintragung eine zur Eigentümergrundschuld nach § 1177 Abs 1 BGB verwandelte Hypothek. Er kann dann die Berichtigung des Grundbuchs beantragen, da der Ausschließungsbeschluss aus § 1170 BGB gegen jeden Gläubiger, gleichgültig ob eingetragen oder an der Hypothek dinglich berechtigt, wirkt. Das Aufgebot hat keinen Einfluss auf die persönliche Forderung; sie bleibt bestehen. 8

Enthält der Ausschließungsbeschluss **einen Vorbehalt**, bedarf es zur Eintragung im Grundbuch der vorherigen Beseitigung des Vorbehalts. Voraussetzung dafür ist entweder ein rechtskräftiges Urteil oder ein schuldrechtlicher Verzicht. 9

§ 451 Verfahren bei Ausschluss mittels Hinterlegung

(1) Im Fall des § 1171 des Bürgerlichen Gesetzbuchs hat der Antragsteller vor der Einleitung des Verfahrens die Hinterlegung des dem Gläubiger gebührenden Betrages anzubieten.

(2) In dem Aufgebot ist als Rechtsnachteil anzudrohen, dass der Gläubiger nach der Hinterlegung des ihm gebührenden Betrags seine Befriedigung statt aus dem Grundstück nur noch aus dem hinterlegten Betrag verlangen könne und sein Recht auf diesen erlösche, wenn er sich nicht vor dem Ablauf von 30 Jahren nach dem Erlass des Ausschließungsbeschlusses bei der Hinterlegungsstelle melde.

(3) Hängt die Fälligkeit der Forderung von einer Kündigung ab, erweitert sich die Aufgebotsfrist um die Kündigungsfrist.

(4) Der Ausschließungsbeschluss darf erst dann erlassen werden, wenn die Hinterlegung erfolgt ist.

A. Allgemeines

1 Die Vorschrift entspricht inhaltlich dem bisherigen § 987 ZPO aF.

B. Antrag auf Hinterlegung und Aufgebot

2 § 1171 BGB bezieht sich auf materiell fortbestehende Hypotheken: Der Antragsteller muss sich vor Einleitung des Aufgebotsverfahrens bereit erklärt haben, die Restschuld und die Zinsen, soweit sie im Grundbuch eingetragen sind, zu hinterlegen. Die Hinterlegung muss gemäß Abs 4 bis zum Erlass des Ausschließungsbeschlusses erfolgt sein.

3 Der Hinterleger kann, trotz seines Rücknahmeverzichts, die Rückzahlung des hinterlegten Betrages verlangen, wenn das Recht am Hinterlegten nach Abs 2 erlischt.

4 Der Antragsteller muss nachweisen, dass die Person des Gläubigers und sein Aufenthalt unbekannt sind, § 450, und dass er selbst zur Befriedigung des Gläubigers bzw zur Kündigung der Hypothek berechtigt ist. Diese Berechtigung kann sich aus den §§ 1171, 1141, 1142 BGB ergeben. Hinsichtlich der Frist nach § 437 und der Bekanntmachung nach §§ 435, 441 kann das Landesrecht gemäß § 484 abweichende Regelungen vorsehen.

C. Ausschließungsbeschluss

5 Das Gericht darf den Ausschließungsbeschluss erst nach erfolgter Hinterlegung erlassen. Für die Hinterlegung kommt das noch geschuldete Kapital mit vierjährigen Zinsen in Betracht, sofern der Zinssatz im Grundbuch eingetragen ist. Bei den Zinsen genügt der Nachweis der Zahlung im Wege der freien Beweiswürdigung nach § 37.

6 Mit Erlass des Ausschließungsbeschlusses gilt der Gläubiger als befriedigt und der ihm erteilte Hypothekenbrief wird kraftlos, § 1171 Abs 2 BGB. Das Recht des Gläubigers auf den hinterlegten Betrag erlischt mit dem Ablauf von 30 Jahren nach dem Zeitpunkt des Erlasses des Ausschließungsbeschlusses, wenn sich der Gläubiger nicht vorher bei der Hinterlegungsstelle meldet. Der Gläubiger darf sich nur aus dem hinterlegten Betrag befriedigen.

§ 452 Aufgebot des Schiffshypothekengläubigers; örtliche Zuständigkeit

(1) Für das Aufgebotsverfahren zur Ausschließung eines Schiffshypothekengläubigers auf Grund der §§ 66 und 67 des Gesetzes über Rechte an eingetragenen Schiffen und Schiffsbauwerken (BGBl. III 403-4) gelten die §§ 448 bis 451 entsprechend. Anstelle der §§ 1170, 1171 und 1179 des Bürgerlichen Gesetzbuchs sind die §§ 66, 67, 58 des genannten Gesetzes anzuwenden.

(2) Örtlich zuständig ist das Gericht, bei dem das Register für das Schiff oder Schiffsbauwerk geführt wird.

A. Allgemeines

Die Vorschrift entspricht inhaltlich dem bisherigen § 987a ZPO aF. 1

B. Regelungszweck

§ 452 regelt das Aufgebot von Schiffshypothekengläubigern nach den §§ 66, 67 SchiffsG. 2
Die §§ 448–451 finden keine unmittelbare Anwendung.

Nach § 66 SchiffsG erlischt die Schiffshypothek mit dem Ausschließungsbeschluss, 3
wenn der Gläubiger unbekannt ist.

Bei der Hinterlegung durch den kündigungs- oder befriedigungsberechtigten Eigen- 4
tümer erlischt nach § 67 SchiffsG das Recht auf den hinterlegten Betrag erst 30 Jahre
nach dem Ausschließungsbeschluss.

C. Örtliche Zuständigkeit

Die örtliche Zuständigkeit bestimmt sich nach dem registerführenden Gericht, bei dem 5
das Schiff oder das Schiffsbauwerk eingetragen ist.

§ 453 Aufgebot des Berechtigten bei Vormerkung, Vorkaufsrecht, Reallast

(1) Die Vorschriften des § 447 Abs. 2, des § 448 Abs. 1, der §§ 449, 450 Abs. 1 bis 4 und der §§ 451, 452 gelten entsprechend für das Aufgebotsverfahren zu der in den §§ 887, 1104, 1112 des Bürgerlichen Gesetzbuchs, § 13 des Gesetzes über Rechte an eingetragenen Schiffen und Schiffsbauwerken (BGBl. III, 403-4) für die Vormerkung, das Vorkaufsrecht und die Reallast bestimmten Ausschließung des Berechtigten.

(2) Antragsberechtigt ist auch, wer auf Grund eines im Range gleich- oder nachstehenden Rechts Befriedigung aus dem Grundstück oder dem Schiff oder Schiffsbauwerk verlangen kann, wenn er für seinen Anspruch einen vollstreckbaren Schuldtitel erlangt hat. Das Aufgebot ist dem Eigentümer des Grundstücks oder des Schiffes oder Schiffsbauwerks von Amts wegen mitzuteilen.

A. Allgemeines

1 § 453 Abs 1 entspricht dem bisherigen § 988 Satz 1 ZPO aF, Abs 2 dem bisherigen § 988 Satz 2 ZPO aF.

B. Regelungsgegenstand

2 Die Vorschrift regelt das Verfahren der Ausschließung des Berechtigten in bestimmten Fällen. Die Zulässigkeit des Aufgebotsverfahren setzt voraus, dass der Berechtigte unbekannt ist und das Vorliegen der für die Ausschließung des Hypothekengläubigers nach § 1170 BGB bzw eines Schiffshypothekengläubigers nach § 66 SchiffsG erforderlichen Voraussetzungen.

3 Mit Verkündung des Ausschließungsbeschlusses erlischt das Recht (aA: MüKo/*Eickmann*, § 988 Rn 6, wonach die der Reallast eine Eigentümerreallast entstehe). Der Beschluss ersetzt die Löschungsbewilligung (BLAH § 453 Rn 1).

C. Zuständigkeit

4 Die Zuständigkeit für das Aufgebotsverfahren richtet sich nach § 447 Abs 2, wonach das Gericht örtlich zuständig ist, in dessen Bezirk das belastete Grundstück belegen bzw bei welchem Gericht das Schiff registriert ist.

D. Aufgebotsfrist

5 Nach § 437 beträgt die Aufgebotsfrist mindestens sechs Wochen, sofern nicht der Landesgesetzgeber aufgrund der Ermächtigung in § 484 bei einem Aufgebot nach §§ 887, 1104, 1112 BGB die Frist des § 437 und die Bekanntmachung nach §§ 435, 441 abweichend regelt.

Abschnitt 4
Aufgebot von Nachlassgläubigern

§ 454 Aufgebot von Nachlassgläubigern; örtliche Zuständigkeit

(1) Für das Aufgebotsverfahren zur Ausschließung von Nachlassgläubigern auf Grund des § 1970 des Bürgerlichen Gesetzbuchs gelten die nachfolgenden besonderen Vorschriften.

(2) Örtlich zuständig ist das Amtsgericht, dem die Angelegenheit des Nachlassgerichts obliegen. Sind diese Angelegenheiten einer anderen Behörde als einem Amtsgericht übertragen, so ist das Amtsgericht zuständig, in dessen Bezirk die Nachlassbehörde ihren Sitz hat.

A. Allgemeines

Abs 1 entspricht inhaltlich dem bisherigen § 989 ZPO aF, während Abs 2 die Regelungen des § 990 ZPO aF übernommen hat. 1

B. Regelungszweck

Das Aufgebot des Nachlassgläubigers ist nicht zu verwechseln mit der gerichtlichen 2 Aufforderung zur Anmeldung von unbekannten Erben nach §§ 1965, 2353 BGB und betrifft alle Gläubiger, ob bekannt und unbekannt, und alle Ansprüche, ob rechtshängig oder bereits rechtskräftig festgestellt. Es
– bietet dem Erben die Möglichkeit, sich über die Notwendigkeit der Haftungsbeschränkung zu unterrichten,
– gibt ihm die Erschöpfungseinrede nach § 1973 BGB,
– sichert den Erben gegen Rückgriff, § 1980 BGB und
– verwandelt die Gesamthaftung der Erben in eine Kopfteilhaftung nach § 2060 BGB.

Von der Vorschrift werden **nicht** erfasst: 3
– die Pfand- und Hypothekengläubiger
– die in § 51 InsO genannten Gläubiger, § 1971 BGB
– Pflichtteilsberechtigte, Vermächtnisnehmer und Auflagenbegünstigte, § 1972 BGB
– der Gläubiger, dem der Erbe bereits unbeschränkt haftet, §§ 1994 Abs 1 S 2, 2006 Abs 3 BGB
– der Erbe, der einen Anspruch gegen den Nachlass hat, ohne Antragsteller zu sein sowie
– der Liegenschaftsgläubiger des § 10 ZVG.

C. Verfahren

Für das Aufgebotsverfahren gelten die §§ 454–464, hilfsweise die §§ 433–441. Durch den 4 Ausschließungsbeschluss werden die Nachlassgläubiger der Erschöpfungseinrede unterworfen und im Nachlassinsolvenzverfahren benachteiligt, §§ 1973 BGB, 327 Abs 3 InsO.

Die Kosten hat der Antragsteller nach § 22 GKG zu tragen; stellt der Testamentsvoll- 5 strecker den Antrag, ist Kostenschuldner nur der Nachlass. Nach § 324 Abs 1 Nr 4 InsO sind die Kosten im Nachlassinsolvenzverfahren Masseschuld.

D. Örtliche Zuständigkeit.

Nach Abs 2 S 1 ist das Nachlassgericht, das idR das Amtsgericht ist, in dessen Bezirk 6 der Erblasser zur Zeit des Erbfalls seinen Wohnsitz oder mangels Wohnsitzes seinen Aufenthalt hatte, ausschließlich zuständig. Bei Ungewissheit über die Zuständigkeit

§ 454 FamFG | Aufgebot von Nachlassgläubigern; örtliche Zuständigkeit

wird das zuständige Gericht nach Abs 2 S 2 bestimmt. Eine andere Behörde iSd § 454 Abs 2 S 2 ist das Notariat in Baden-Württemberg.

§ 455 Antragsberechtigter

(1) Antragsberechtigt ist jeder Erbe, wenn er nicht für die Nachlassverbindlichkeiten unbeschränkt haftet.

(2) Zu dem Antrag sind auch ein Nachlasspfleger, Nachlassverwalter und ein Testamentsvollstrecker berechtigt, wenn ihnen die Verwaltung des Nachlasses zusteht.

(3) Der Erbe und der Testamentsvollstrecker können den Antrag erst nach der Annahme der Erbschaft stellen.

A. Allgemeines

Die Vorschrift ist an den bisherigen § 991 ZPO aF angelehnt. 1

B. Erbe

Antragsberechtigt ist jeder Erbe, dh der Alleinerbe, aber auch der Miterbe und zwar unabhängig vom anderen, § 460 Abs 1, der Vor- und Nacherbe, § 461, sofern er nicht schon allen Nachlassgläubiger gegenüber unbeschränkt haftet. Allerdings lässt die unbeschränkte Haftung gegenüber einem einzigen Nachlassgläubiger die Antragsberechtigung nicht entfallen. Tritt die unbeschränkte Haftung vor Erlass des Ausschließungsbeschlusses gegenüber allen Nachlassgläubigern ein, muss das Gericht den Antrag auf Erlass des Ausschließungsbeschlusses ablehnen. 2

Das Verfahren verläuft wie bei §§ 434 ff: Das Gericht prüft von Amts wegen, ob der Antrag formgerecht eingereicht wurde, ob die allgemeinen Verfahrensvoraussetzungen vorliegen und ob der Antragsinhalt korrekt ist. Der sachliche Inhalt muss nicht nachgewiesen werden, es genügen die Behauptungen des Antragstellers, soweit das Gesetz nicht ein anderes bestimmt (LG Mannheim MDR 1976, 587). 3

C. Nachlasspfleger, -verwalter, Testamentsvollstrecker

Abs 2 stellt klar, dass der Nachlassverwalter antragsberechtigte Person ist. Der Nachlassverwalter ist eine Sonderform des Nachlasspflegers (BGH NJW 1985, 140) und daher im Rahmen des Aufgebotsverfahrens wie der Nachlasspfleger antragsberechtigt. Der Nachlasspfleger muss den Aufgebotsantrag insbesondere dann stellen, wenn er unbekannte Nachlassgläubiger vermutet. Der Testamentsvollstrecker ist nur antragsberechtigt, wenn er den Nachlass verwaltet. 4

Die Antragsberechtigung dieser Personen liegt auch dann vor, wenn der Erbe bereits unbeschränkt haftet. Wegen § 1985 BGB besteht auch ein Rechtsschutzbedürfnis. 5

D. Zeitpunkt der Antragstellung

Der Antrag ist an keine Frist gebunden. 6

Allerdings können der Erbe und der Testamentsvollstrecker den Antrag erst ab Annahme der Erbschaft stellen. Daraus ergibt sich im Umkehrschluss, dass der Nachlasspfleger und der -verwalter den Antrag schon vorher stellen können. Dieses frühere Antragsrecht erklärt sich aus dem Rechtsschutzbedürfnis zur Klärung ihrer Entscheidungen. 7

§ 456 Verzeichnis der Nachlassgläubiger

Dem Antrag ist ein Verzeichnis der bekannten Nachlassgläubiger mit Angabe ihres Wohnorts beizufügen.

A. Allgemeines

1 Die Vorschrift entspricht dem bisherigen § 992 ZPO aF.

B. Verzeichnis

2 Auch die bekannten Nachlassgläubiger werden vom Aufgebot umfasst. Aus diesem Grunde ist dem Antrag ein Verzeichnis dieser Nachlassgläubiger in der Form der §§ 435, 459, dh durch Aushang der urkundlichen Beweisstücke an der Gerichtstafel bzw in einem elektronischen Informations- und Kommunikationssystem, das im Gericht öffentlich zugänglich ist, beizufügen und durch einmalige Veröffentlichung im elektronischen Bundesanzeiger bekannt zu machen.

3 Dem Antrag muss der tatsächliche Wohnort angegeben werden, um die Zustellung des Aufgebots zu ermöglichen. Ist statt des tatsächlichen nur der rechtliche Wohnsitz genannt, wird der Antrag abgelehnt.

4 Vor Erlass des Ausschlussbeschlusses ist das Gericht berechtigt, eigene Ermittlungen über die Vollständigkeit des Verzeichnisses anzustellen. Aus diesem Grunde sollte das Gericht zumindest eine eidesstattliche Versicherung und zwar die des Antragstellers nach § 31 einzuholen.

C. Verstoß gegen die Pflicht zur Vorlage des Verzeichnisses

5 Fehlt das Verzeichnis der Gläubiger, hat das Gericht den Erlass des Aufgebotes abzulehnen. Erlässt es trotzdem das Aufgebot und danach das Ausschlussurteil, sind beide wirksam. Allerdings ist der Antragsteller ersatzpflichtig.

§ 457 Nachlassinsolvenzverfahren

(1) Das Aufgebot soll nicht erlassen werden, wenn die Eröffnung des Nachlassinsolvenzverfahrens beantragt ist.

(2) Durch die Eröffnung des Nachlassinsolvenzverfahrens wird das Aufgebotsverfahren beendet.

A. Allgemeines

Die Vorschrift entspricht dem bisherigen § 993 ZPO aF. 1

B. Regelungsgegenstand in Absatz 1

Das Nachlassinsolvenzverfahren nach §§ 315 ff InsO ist eine Möglichkeit, die Erbenhaftung auf den Nachlass zu beschränken, § 1975 BGB. Einem bereits eingeleiteten Aufgebotsverfahren fehlt das Rechtsschutzbedürfnis, weshalb das Verfahren beendet wird. 2

Nicht erforderlich ist, dass der Antragsteller im Aufgebotsverfahren nachweist, dass ein Nachlassinsolvenzverfahren nicht anhängig ist. Wird aber der Antrag auf Eröffnung des Nachlassinsolvenzverfahrens zurückgenommen oder das Verfahren eingestellt, ist das Aufgebotsverfahren wieder zulässig, sofern der Erbe nicht die Erschöpfungseinrede nach § 1989 BGB erhebt. 3

Der Ausschluss einer Forderung im Aufgebotsverfahren hat nach § 327 Abs 3 InsO zur Folge, dass diese Forderung auch im Insolvenzverfahren nachrangig behandelt wird. 4

Das Aufgebotsverfahren steht einer Nachlassverwaltung nicht entgegen. 5

C. Verfahrensbeendigung in Absatz 2

Die Beendigung des Aufgebotsverfahrens in Abs 2 macht nach § 22 Abs 3 nicht nur das Aufgebot, sondern auch den Ausschließungsbeschluss entbehrlich (BTDrs 16/6308 S 296). Es ergeht kein Ausschließungsbeschluss. Allerdings steht die Feststellung der Beendigung des Aufgebotsverfahrens im Beschlusswege im Ermessen des Gerichts, da die Beendigungswirkung unmittelbar kraft Gesetzes eintritt (aA: Zöller/*Geimer* § 993 Rn 1, wonach die Beendigung des Aufgebotsverfahrens durch Beschluss festzustellen ist; ebenso: BLAH § 457 Rn 2: danach ist der Beschluss vom Rechtspfleger gemäß § 38 zu begründen). 6

D. Rechtsfolge bei Verstoß

Nach §§ 58 ff ist der Ausschließungsbeschluss, der trotz des eingeleiteten Nachlassinsolvenzverfahrens erlassen wurde, mit der Beschwerde angreifbar. 7

§ 458 Inhalt des Aufgebots; Aufgebotsfrist

(1) In dem Aufgebot ist den Nachlassgläubigern, die sich nicht melden, als Rechtsnachteil anzudrohen, dass sie von dem Erben nur insoweit Befriedigung verlangen können, als sich nach Befriedigung der nicht ausgeschlossenen Gläubiger noch ein Überschuss ergibt; das Recht, vor den Verbindlichkeiten aus Pflichtteilsrechten, Vermächtnissen und Auflagen berücksichtigt zu werden, bleibt unberührt.

(2) Die Aufgebotsfrist soll höchstens sechs Monate betragen.

A. Allgemeines

1 Abs 1 der Vorschrift entspricht inhaltlich dem bisherigen § 995 ZPO aF. Er wurde lediglich redaktionell neu gefasst.

2 Abs 2 übernimmt die Regelungen des bisherigen § 994 Abs 1 ZPO aF. Auf die Übernahme einer dem § 994 Abs 2 ZPO aF entsprechenden Vorschrift kann wegen der Regelung über die Bekanntgabe in § 15 verzichtet werden.

B. Absatz 1

3 Der Rechtsnachteil betrifft alle nicht angemeldeten Forderungen, und zwar unabhängig davon, ob sie in dem vom Antragsteller übergebenen Verzeichnis enthalten sind oder nicht und ob sie dem Antragsteller bekannt waren oder ob sie ihre Ansprüche zwar beim Nachlassverwalter oder Nachlassgericht, nicht aber im Aufgebotsverfahren angemeldet haben (OLG Karlsruhe OLGE 42, 22).

C. Absatz 2

4 Die Aufgebotsfrist muss mindestens 6 Wochen (§ 437) und darf höchstens 6 Monate betragen. Bei der Frist in Abs 2 handelt es sich um eine Höchstfrist, wenngleich es sich dabei, anders als bei der Frist nach § 437, nicht um zwingendes Recht handelt. Ein Verstoß hat, da es sich nicht um eine Notfrist iSd § 224 Abs 1 S 2 ZPO handelt (BLAH § 458 Rn 2), keine prozessualen Folgen, weshalb die Zustellung durch Aufgabe zur Post nach § 184 ZPO ausreicht und auch bei unbekanntem Aufenthalt des Gläubigers keine öffentliche Zustellung erforderlich macht (Zöller/*Geimer* § 994 Rn 2).

§ 459 Forderungsanmeldung

(1) In der Anmeldung einer Forderung sind der Gegenstand und der Grund der Forderung anzugeben. Urkundliche Beweisstücke sind in Urschrift oder in Abschrift beizufügen.

(2) Das Gericht hat die Einsicht der Anmeldungen jedem zu gestatten, der ein rechtliches Interesse glaubhaft macht.

A. Allgemeines

Die Vorschrift entspricht inhaltlich dem bisherigen § 996 ZPO aF. 1

B. Anmeldung nach Absatz 1

Die Angaben in der Anmeldung einer Forderung müssen ihren Gegenstand und ihren 2 Grund angeben, damit das Gericht die Forderung in einem Ausschließungsbeschluss eindeutig und zweifelsfrei bezeichnen kann. Bei unklaren Angaben trifft das Gericht eine Hinweispflicht nach § 139 ZPO. Berücksichtigt das Gericht eine derartige Anmeldung nicht, ohne auf die bestehenden Unklarheiten hinzuweisen, kann hiergegen die Anfechtungsklage nach § 957 Abs 2 Nr 5 ZPO erhoben werden (*Wieczorek/Schütze/Weber* § 996 Rn 3).

Zur Begründung der Anmeldung bedarf es keiner den Anforderungen des § 253 ZPO 3 entsprechenden Angaben.

Das Gericht ist verpflichtet, die urkundlichen Beweisstücke nach der Erledigung an 4 die Beteiligten zurückzugeben. Eine Beglaubigung der Belegabschriften ist nicht erforderlich (Zöller/*Geimer* § 996 Rn 1), vielmehr genügen unbeglaubigte Abschriften.

C. Einsichtsrecht nach Absatz 2

Abs 2 ist ähnlich der Vorschrift des § 299 Abs 2 ZPO, der ebenfalls ein rechtliches Interesse 5 erfordert. Ein rechtliches Interesse hat jeder, dessen Rechtskreis durch die Einsicht in die Anmeldung auch nur mittelbar berührt wird (OLG Celle NJW 2004, 864). Erforderlich ist dabei ein auf Rechtsnormen beruhendes gegenwärtiges Verhältnis einer Person zu einer anderen oder zu einer Sache (BGH NJW 1990, 842).

D. Gebühren

Für die Einsicht nach Abs 2 fällt keine Gerichtsgebühr an. 6

Die Anmeldung der Forderung durch einen Rechtsanwalt für eine andere Person als 7 den Antragsteller lässt nach § 16 Nr 8 RVG, Nr 3324 VV RVG eine 1,0 Verfahrensgebühr entstehen.

§ 460 Mehrheit von Erben

(1) Sind mehrere Erben vorhanden, kommen der von einem Erben gestellte Antrag und der von ihm erwirkte Ausschließungsbeschluss auch den anderen Erben zustatten; die Vorschriften des Bürgerlichen Gesetzbuchs über die unbeschränkte Haftung bleiben unberührt. Als Rechtsnachteil ist den Nachlassgläubigern, die sich nicht melden, auch anzudrohen, dass jeder Erbe nach der Teilung des Nachlasses nur für den seinem Erbteil entsprechenden Teil der Verbindlichkeit haftet.

(2) Das Aufgebot mit Androhung des in Absatz 1 Satz 2 bestimmten Rechtsnachteils kann von jedem Erben auch dann beantragt werden, wenn er für die Nachlassverbindlichkeiten unbeschränkt haftet.

A. Allgemeines

1   Die Vorschrift entspricht inhaltlich dem bisherigen § 997 ZPO aF.

B. Miterben

2   Da die Haftungsbeschränkung für jeden Miterben gesondert eintreten kann, ist es nicht möglich, dass der Ausschließungsbeschluss für einen Miterben wirkt, der bereits aus Gründen, die in seiner Person liegen, unbeschränkt haftet. Abgesehen davon wirkt der Beschluss für alle Miterben. Darüber hinaus haftet jeder Miterbe dem Ausgeschlossenen von der Teilung an gemäß § 2060 Ziff 1 BGB nur noch nach Kopfteilen, weshalb die Androhung im Beschluss erforderlich ist. Dies gilt nicht nur für die Miterben, sondern auch für die Vermächtnisnehmer, Pflichtteilsberechtigten, Auflagenbegünstigten und diejenigen, denen gegenüber der Miterbe bereits unbeschränkt haftet, weshalb das Gericht diese Gläubiger nach §§ 456, 458 Abs 2 verzeichnen und benachrichtigen muss.

3   Nach § 1973 BGB kann jeder Miterbe vor der Auseinandersetzung die Erschöpfungseinrede erheben, und zwar unabhängig davon, ob er am Verfahren beteiligt ist oder nicht. Ist die Auseinandersetzung abgeschlossen, haftet jeder Miterbe gemäß § 2060 BGB nur entsprechend seinem Erbanteil. Der Miterbe haftet nur mit der Bereicherung, wenn seine Haftung beschränkbar ist; ist sie unbeschränkbar, haftet er auch mit seinem sonstigen Vermögen.

C. Aufgebot

4   Der bereits unbeschränkt haftende Miterbe kann seine Haftung durch das Aufgebot auf den seinem Erbteil entsprechenden Anteil an der Schuld beschränken und damit die Gesamthaftung beseitigen. Die öffentliche Aufforderung nach § 2061 BGB ist daneben uneingeschränkt möglich. Der Ausschließungsgrund kommt den Miterben zugute, wodurch auch für sie eine Teilhaftung eintritt.

5   Jeder Miterbe, unabhängig davon, ob er beschränkt oder unbeschränkt haftet, kann dem Verfahren beitreten und das Aufgebot nach Abs 1 verlangen.

§ 461 Nacherbfolge

Im Fall der Nacherbfolge ist § 460 Abs. 1 Satz 1 auf den Vorerben und den Nacherben entsprechend anzuwenden.

A. Allgemeines

Die Vorschrift entspricht inhaltlich dem bisherigen § 998 ZPO aF. 1

B. Nacherbe

Neben dem Vorerben kann auch der Nacherbe (§§ 2100 ff BGB) das Aufgebot beantragen, und zwar nach Annahme der Nacherbschaft. Er kann aber auch in ein bereits anhängiges Verfahren eintreten. Dem Nacherben kommt das vom Vorerben eingeleitete Aufgebotsverfahren (§§ 1970 ff BGB) ebenso zustatten wie das von diesem errichtete Inventar, § 2144 Abs 2 BGB. 2

§ 462 Gütergemeinschaft

(1) Gehört ein Nachlass zum Gesamtgut der Gütergemeinschaft, kann sowohl der Ehegatte, der Erbe ist, als auch der Ehegatte, der nicht Erbe ist, aber das Gesamtgut allein oder mit seinem Ehegatten gemeinschaftlich verwaltet, das Aufgebot beantragen, ohne dass die Zustimmung des anderen Ehegatten erforderlich ist. Die Ehegatten behalten diese Befugnis, wenn die Gütergemeinschaft endet.

(2) Der von einem Ehegatten gestellte Antrag und der von ihm erwirkte Ausschließungsbeschluss kommen auch dem anderen Ehegatten zustatten.

(3) Die Absätze 1 und 2 finden auf Lebenspartnerschaften entsprechende Anwendung.

A. Allgemeines

1 Die Abs 1 u 2 der Vorschrift entsprechen inhaltlich dem bisherigen § 999 ZPO aF. Abs 3 ist eingefügt worden und bietet den eingetragenen Lebenspartnern nach §§ 6 u 7 LPartG die Möglichkeit, eine Gütergemeinschaft zu begründen.

B. Regelungszweck

2 Die Vorschrift dient dem Schutz des nach §§ 1437 Abs 2, 1459 Abs 2 BGB persönlich haftenden Ehegatten, der, ohne Erbe zu sein, das Gesamtgut allein oder mit dem Ehegatten verwaltet.

C. Geltungsbereich

3 Ist der Nachlass Teil des **Gesamtgutes** der Gütergemeinschaft, kann der erbende Ehegatte das Aufgebot selbständig und ohne Mitwirkung des (mit-)verwaltenden Ehegatten beantragen. Nicht erforderlich ist, dass er das Gesamtgut allein verwaltet.

4 Darüber hinaus ist auch der (mit-)verwaltende Ehegatte berechtigt, das Aufgebot zu beantragen, ohne selbst Erbe geworden zu sein.

5 Ist der Nachlass **Vorbehaltsgut**, gelten die allgemeinen Vorschriften der §§ 1418, 1922 ff BGB.

§ 463 Erbschaftskäufer

(1) Hat der Erbe die Erbschaft verkauft, so können sowohl der Käufer als auch der Erbe das Aufgebot beantragen. Der von dem einen Teil gestellte Antrag und der von ihm erwirkte Ausschließungsbeschluss kommen, unbeschadet der Vorschriften des Bürgerlichen Gesetzbuchs über die unbeschränkte Haftung, auch dem anderen Teil zustatten.

(2) Diese Vorschriften gelten entsprechend, wenn jemand eine durch Vertrag erworbene Erbschaft verkauft oder sich zur Veräußerung einer ihm angefallenen oder anderweitig von ihm erworbenen Erbschaft in sonstiger Weise verpflichtet hat.

A. Allgemeines

Die Vorschrift entspricht inhaltlich dem bisherigen § 1000 ZPO aF. 1

B. Erbschaftskäufer

Der Erbschaftskäufer haftet nach § 2382 BGB mit dem Abschluss des Erbschaftskaufvertrages zusammen mit dem Verkäufer den Nachlassgläubigern als Gesamtschuldner, wodurch das Vermögen den Gläubigern als Haftungsmasse erhalten bleibt. 2

Da sich der Umfang der Haftung des Erbschaftskäufers nach der des Erben richtet u grundsätzlich sämtliche Nachlassverbindlichkeiten (RGZ 112, 129) einschließlich der Ansprüche aus Pflichtteil, Vermächtnis, Auflagen und Zugewinnausgleich umfasst, kann er, sofern der Verkäufer bei Vertragsabschluss sein Recht zur Haftungsbeschränkung noch nicht verloren hat, die Haftungsbeschränkung auf den Nachlass selbständig für sich herbeiführen. Er ist daher berechtigt, das Aufgebot gemäß §§ 1970 ff BGB zu verlangen, die Nachlassverwaltung nach § 1981 BGB und das Nachlassinsolvenzverfahren, § 330 InsO, zu beantragen und die Einreden der §§ 1990–1992, 2014, 2015 BGB geltend zu machen. 3

Der Erbschaftsverkäufer haftet weiter, weshalb in § 463 beide Teile für das Aufgebot 4 als Miterben behandelt werden.

Die gesamtschuldnerische Haftung der Kaufvertragsparteien ist inhaltlich ein gesetz- 5 licher Schuldbeitritt (BGHZ 26, 91). Nur mit Zustimmung der Gläubiger kann im Wege der befreienden Schuldübernahme der Verkäufer von der Mithaftung befreit werden (BGHZ 26, 91).

§ 464 Aufgebot der Gesamtgutsgläubiger

§ 454 Abs. 2 und die §§ 455 bis 459, 462 und 463 sind im Fall der fortgesetzten Gütergemeinschaft auf das Aufgebotsverfahren zur Ausschließung von Gesamtgutsgläubigern nach § 1489 Abs. 2 und § 1970 des Bürgerlichen Gesetzesbuchs entsprechend anzuwenden.

A. Allgemeines

1 Die Vorschrift entspricht inhaltlich dem bisherigen § 1001 ZPO aF.

B. Fortgesetzte Gütergemeinschaft

2 Der Überlebende haftet bei der fortgesetzten Gütergemeinschaft wie ein Erbe. Voraussetzung dafür ist, dass er wegen des Eintritts der fortgesetzten Gütergemeinschaft nun persönlich haftet. Daher sind die §§ 455 bis 459, 462 und 463 auf das Aufgebot entsprechend anwendbar. Da die besonderen Anforderungen der §§ 460, 461 und 455 Abs 2, nämlich das Vorliegen einer Mehrheit von Erben oder die Nacherbenstellung, nicht vorliegen, finden diese Vorschriften hier keine Anwendung.

Abschnitt 5
Aufgebot der Schiffsgläubiger

§ 465 Aufgebot der Schiffsgläubiger

(1) Für das Aufgebotsverfahren zur Ausschließung von Schiffsgläubigern auf Grund des § 110 des Binnenschifffahrtsgesetzes gelten die nachfolgenden Absätze.

(2) Örtlich zuständig ist das Gericht, in dessen Bezirk sich der Heimathafen oder der Heimatort des Schiffes befindet.

(3) Unterliegt das Schiff der Eintragung in das Schiffsregister, kann der Antrag erst nach der Eintragung der Veräußerung des Schiffes gestellt werden.

(4) Der Antragsteller hat die ihm bekannten Forderungen der Schiffsgläubiger anzugeben.

(5) Die Aufgebotsfrist muss mindestens drei Monate betragen.

(6) In dem Aufgebot ist den Schiffsgläubigern, die sich nicht melden, als Rechtsnachteil anzudrohen, dass ihre Pfandrechte erlöschen, wenn ihre Forderungen dem Antragsteller nicht bekannt sind.

A. Allgemeines

Die Vorschrift entspricht inhaltlich dem bisherigen § 1002 ZPO aF.   1

B. Regelungszweck

Bei einer freiwilligen Schiffsveräußerung soll dem Erwerber nach § 110 Binnenschiff- 2
fahrtsgesetz die Möglichkeit gegeben werden, die Schiffsgläubiger durch das Aufgebotsverfahren zu ermitteln und sie mit ihren Pfandrechten auszuschließen.

C. Antragsteller

Antragsberechtigt ist ausschließlich der Erwerber eines Schiffes.   3
    Ist das Schiff gemäß § 10 Schiffsregisterordnung (BGBl 1951, 361) eintragungsbedürf- 4
tig, muss der Erwerber eingetragen sein.
    Es ist nicht erforderlich, die Schiffsgläubiger zu benachrichtigen.   5

D. Verfahren

Nach § 484 kann das Landesrecht hinsichtlich der Aufgebotsfrist nach § 437 und der   6
Veröffentlichung nach §§ 435, 441 abweichende Regelungen treffen.
    Das Aufgebot gegen unbekannte Schiffspfandgläubiger richtet sich nach § 453. Unbe-   7
kannt ist der Gläubiger, wenn trotz nachweisbarer Bemühungen nicht feststeht, wer Gläubiger bzw dessen Rechtsnachfolger ist (LG Aachen RR 1998, 87; aA: BGH RR 2004, 665), wenn sein Aufenthalt unbekannt ist oder sich der Gläubiger nicht als solcher grundbuchmäßig ausweisen kann (LG Erfurt Rpfleger 1994, 311; aA: BGH RR 2004, 665).

Abschnitt 6
Aufgebot zur Kraftloserklärung von Urkunden

§ 466 Örtliche Zuständigkeit

(1) Für das Aufgebotsverfahren ist das Gericht örtlich zuständig, in dessen Bezirk der in der Urkunde bezeichnete Erfüllungsort liegt. Enthält die Urkunde eine solche Bezeichnung nicht, ist das Gericht örtlich zuständig, bei dem der Aussteller seinen allgemeinen Gerichtsstand hat, und in Ermangelung eines solchen Gerichts dasjenige, bei dem der Aussteller zur Zeit der Ausstellung seinen allgemeinen Gerichtsstand gehabt hat.

(2) Ist die Urkunde über ein im Grundbuch eingetragenes Recht ausgestellt, ist das Gericht der belegenen Sache ausschließlich örtlich zuständig.

(3) Wird das Aufgebot durch ein anderes als das nach dieser Vorschrift örtlich zuständige Gericht erlassen, ist das Aufgebot auch durch Aushang an der Gerichtstafel oder Einstellung in das Informationssystem des letzteren Gerichts öffentlich bekannt zu machen.

A. Allgemeines

1   Abs 1 entspricht inhaltlich dem bisherigen § 1005 Abs 1 ZPO aF, während Absatz 2 die Regelungen des § 1005 Abs 2 ZPO aF übernommen hat. Die hier geregelte Zuständigkeiten sind ausschließliche:

B. Erfüllungsort

2   Nach Abs 1 Satz 1 ist das Amtsgericht an dem Ort zuständig, in dessen Bezirk der in der Urkunde bezeichnete Erfüllungsort iSd § 269 BGB liegt. Ausreichend ist, wenn sich der Erfüllungsort aus der Urkunde entnehmen lässt. Sind mehrere Erfüllungsorte genannt, ist jedes Gericht zuständig. Der Antragsteller kann in diesem Fall wählen.
3   Wurde die Urkunde durch einen ausländischen Staat ausgestellt, ist das Aufgebotsverfahren im Inland ausgeschlossen, sofern das Staatspapier als Akt iure imperii zu qualifizieren ist (*Geimer* IZPR Rn 580).

C. Allgemeiner Gerichtsstand

4   Ist ein Erfüllungsort nicht ausdrücklich oder stillschweigend bezeichnet, bestimmt sich die örtliche Zuständigkeit nach dem allgemeinen Gerichtsstand des Ausstellers der §§ 12 ff ZPO, hilfsweise ist das Gericht des allgemeinen Gerichtsstandes bei der Ausstellung der Urkunde zuständig. Sind mehrere Aussteller vorhanden, gilt § 35 ZPO entsprechend.

D. Belegenheit der Sache

5   Nach Abs 2 ist das Amtsgericht der belegenen Sache ausschließlich örtlich zuständig, wenn eine Urkunde über ein im Grundbuch eingetragenes Recht ausgestellt ist. § 36 Abs 1 Nr 4 ZPO ist entsprechend anwendbar (RGZ 45, 388). Allerdings sind die Grenzen der deutschen Gerichtsbarkeit zwingend zu beachten.

E. Bestelltes Aufgebotsgericht

6   Abs 3 entspricht inhaltlich dem bisherigen § 1006 Abs 2 ZPO aF. Eine von dieser Vorschrift abweichende Zuständigkeit kann aufgrund der umfassenden Konzentrationsermächtigung in FG-Sachen in § 23d GVG begründet werden. Aus diesem Grunde ist

die bisherige bereichspezifische Regelung des § 1006 Abs 1 ZPO aF entbehrlich geworden. Der bisherige § 1006 Abs 3 ZPO aF ist als Übergangsvorschrift in § 491 übernommen worden, soweit er die Unberührtheit bereits bestehender landesrechtlicher Vorschriften betrifft. Der Erlass landesrechtlicher Konzentrationsermächtigungen ist von der umfassenden Konzentrationsvorschrift des § 23d GVG erfasst.

Die Antragsfrist beginnt bei der Veröffentlichung mit dem Aushang an der Gerichtstafel oder der Einstellung in ein Informationssystem des erledigenden Gerichts. 7

§ 467 Antragsberechtigter

(1) Bei Papieren, die auf den Inhaber lauten oder die durch Indossament übertragen werden können und mit einem Blankoindossament versehen sind, ist der bisherige Inhaber des abhandengekommenen oder vernichteten Papiers berechtigt, das Aufgebotsverfahren zu beantragen.

(2) Bei anderen Urkunden ist derjenige zur Stellung des Antrags berechtigt, der das Recht aus der Urkunde geltend machen kann.

A. Allgemeines

1 Die Vorschrift entspricht dem bisherigen § 1004 ZPO aF.

B. Antragsberechtigung

I. Rechtsinhaber

2 Antragsberechtigt ist derjenige, der
- das Recht aus der Urkunde geltend machen kann
- nur teilweise berechtigt ist
- unter Umständen der verfügungsberechtigte Schuldner, sofern eine auf den Inhaber lautende oder mit Blankoindossament versehene Urkunde nach ihrer Rückkehr an den Schuldner und nach Befriedigung des Gläubigers noch von Bedeutung ist
- Gläubiger aufgrund eines rechtskräftigen Urteils, das den Schuldner zur Erklärung des Aufgebotsantrags wegen eines Grundschuldbriefes verpflichtet (LG Koblenz NJW 1955, 506) oder
- Grundeigentümer aufgrund einer in seinem Besitz befindlichen Löschungsbewilligung des Grundpfandrechtsgläubigers, auch wenn er nur eine persönliche Schuld getilgt hatte (LG Flensburg, SchlHA 1969, 222)

3 Die Antragsberechtigung ergibt sich aus dem materiellen Recht, wie zB aus § 1294 BGB, § 365 HGB oder Art 16 WG und kann auch bei einem schutzwürdigen Interesse anderer Personen bestehen (OLG Hamm DB 1976, 913).

4 Das Recht zur Antragstellung ist auch dann gegeben, wenn die Urkunde, wie zB eine Aktie, keine Forderung enthält. Ein Recht auf die Urkunde genügt für die Antragsberechtigung nicht.

II. Papierbesitzer

5 Bei Inhaberpapieren nach § 793 BGB oder Orderpapieren, die mit einem Blankoindossament versehen sind, §§ 363, 365 Abs 2 HGB, ist der bisherige Inhaber, der nicht zugleich unmittelbarer Besitzer gewesen sein muss, antragsberechtigt. Der bisherige Inhaber kann auch der Verpflichtete gewesen sein.

6 Dem Gericht steht nicht das Recht zu, den Rechtstitel der Inhaberschaft zu prüfen (BLAH, § 467 Rn 2).

C. Verstoß

7 Der Ausschließungsbeschluss, der aufgrund des Antrags eines unberechtigten Antragstellers erlassen wurde, ist nicht unwirksam.

§ 468 Antragsbegründung

Der Antragsteller hat zur Begründung des Antrags
1. eine Abschrift der Urkunde beizubringen oder den wesentlichen Inhalt der Urkunde und alles anzugeben, was zu ihrer vollständigen Erkennbarkeit erforderlich ist,
2. den Verlust der Urkunde sowie diejenigen Tatsachen glaubhaft zu machen, von denen seine Berechtigung abhängt, das Aufgebotsverfahren zu beantragen, sowie
3. die Versicherung der Wahrheit seiner Angaben an Eides statt anzubieten.

A. Allgemeines

Die Vorschrift entspricht inhaltlich dem bisherigen § 1007 ZPO aF. 1

B. Voraussetzungen der Antragstellung

Zum Antragserfordernis des § 434 Abs 1 kommen die in Ziff 1–3 genannten weiteren Anforderungen. Fehlt eine dieser Voraussetzungen, muss das Gericht den Antrag als unzulässig zurückweisen. 2

Das Landesrecht darf keine darüber hinausgehenden Erfordernisse verlangen. 3

I. Abschrift, Ziff 1

Die Beglaubigung der Abschrift oder Kopie ist nicht erforderlich. Die Wesentlichkeit des Inhalts einer Urkunde ist nur anhand des jeweiligen Einzelfalls zu beurteilen. 4

Der Aussteller der Urkunde muss dem Antragsteller nach § 799 Abs 2 BGB, § 72 Abs 1 AktG Auskunft und Zeugnisse erteilen (BGH RR 1990, 168). 5

II. Verlust, Ziff 2

Eine Urkunde ist **abhanden gekommen**, wenn der Inhaber den Gewahrsam gegen oder ohne seinen Willen verloren hat (vgl § 935 BGB). Dem steht es gleich, wenn zwar der Verbleib der Urkunde bekannt ist, sie aber nicht zurückverlangt werden kann (OLG Stuttgart NJW 1955, 1155) oder der Aufenthalt des Schuldners, der zur Herausgabe verurteilt wurde, nicht bekannt ist (OLG Koblenz, NJW 1955, 506). Die Urkunde ist **vernichtet**, wenn sie körperlich zerstört oder in wesentlichen Teilen unkenntlich gemacht worden ist (BLAH Einf vor §§ 466–484 Rn 5). 6

Im Hinblick auf die §§ 471 ff ist es notwendig, dass konkrete Angaben zu den Umständen gemacht werden, von denen die Berechtigung des Antragstellers abhängt. Der Antrag kann sofort nach dem Verlust der Urkunde gestellt werden. 7

Der Verlust und die Tatsachen sind glaubhaft zu machen. Auf die Glaubhaftmachung findet § 31 Anwendung. 8

III. Eidesstattliche Versicherung, Ziff 3

Ziff 3 gilt neben Ziff 2 und ergänzt diese. Die Abnahme der eidesstattlichen Versicherung steht im Ermessen des Gerichts. 9

C. Rechtsfolgen der Zulassung

Durch die Zulassung hat der Antragsteller das Recht, die Zahlung bei kaufmännischen Orderpapieren und Wechseln gegen Sicherheitsleistung nach §§ 365 Abs 2, 367 HGB, Art 90 WG zu verlangen. Eingeschränkt gilt dies nach § 59 Abs 1 ScheckG auch beim Scheck. Allerdings tritt bei einem Inhaberpapier eine Zahlungssperre nach §§ 480 ff ein. 10

Die Verjährung kann nur durch eine Zahlungssperre nach § 480 unterbrochen werden (Zöller/*Geimer* § 1007 Rn 1). 11

§ 469 Inhalt des Aufgebots

In dem Aufgebot ist der Inhaber der Urkunde aufzufordern, seine Rechte bei dem Gericht bis zum Anmeldezeitpunkt anzumelden und die Urkunde vorzulegen. Als Rechtsnachteil ist anzudrohen, dass die Urkunde für kraftlos erklärt werde.

A. Allgemeines

1 Die Vorschrift entspricht inhaltlich im Wesentlichen dem bisherigen § 1008 ZPO aF. Allerdings wird, nachdem der Aufgebotstermin weggefallen ist, nunmehr auf den Anmeldezeitpunkt Bezug genommen.

B. Geltungsbereich

2 § 469 ergänzt die Regelungen in § 434 einerseits, der den Antrag und den Inhalt des Aufgebots allgemein regelt und andererseits § 468, der für das Aufgebot zur Kraftloserklärung von Urkunden den Umfang der Begründungspflicht festlegt.

3 Die Anmeldung erfolgt unter Vorlage der Urkunde. Das Gericht hat den Urkundeninhaber nicht nur zur Anmeldung der Rechte aufzufordern, sondern auch zur Vorlage der Urkunde, S 1, um dem Antragsteller nach § 477 die Möglichkeit zur Einsicht- und zur Stellungnahme zu geben. Anmelden kann auch derjenige, der selbst die Urkunde verloren hat (Zöller/*Geimer* § 1008 Rn 1).

4 Wird die Echtheit der vorgelegten Urkunde bestritten oder besteht Uneinigkeit über die Berechtigung des Antragstellers, was dazu führen könnte, dass er sein Recht verliert, muss das Verfahren gemäß § 440 ausgesetzt und auf den Klageweg vor das Prozessgericht verwiesen werden.

C. Rechtsnachteil

5 Der anzudrohende Rechtsnachteil besteht in der Kraftloserklärung der Urkunde.

§ 470 Ergänzende Bekanntmachung in besonderen Fällen

Betrifft das Aufgebot ein auf den Inhaber lautendes Papier und ist in der Urkunde vermerkt oder in den Bestimmungen, unter denen die erforderliche staatliche Genehmigung erteilt worden ist, vorgeschrieben, dass die öffentliche Bekanntmachung durch bestimmte andere Blätter zu erfolgen habe, so muss die Bekanntmachung auch durch Veröffentlichung in diesen Blättern erfolgen. Das Gleiche gilt bei Schuldverschreibungen, die von einem deutschen Land oder früheren Bundesstaat ausgegeben sind, wenn die öffentliche Bekanntmachung durch bestimmte Blätter landesgesetzlich vorgeschrieben ist. Zusätzlich kann die öffentliche Bekanntmachung in einem von dem Gericht für Bekanntmachungen bestimmten elektronischen Informations- und Kommunikationssystem erfolgen.

A. Allgemeines

Die Vorschrift entspricht inhaltlich dem bisherigen § 1009 ZPO aF. 1

B. Geltungsbereich

Die Vorschrift konkretisiert bzw verschärft die Regelung in § 435 zur öffentlichen 2 Bekanntmachung. Gem S 1 u 2 ist bei Inhaberpapieren und Schuldverschreibungen eines Landes nach dessen landesrechtlichen Bestimmungen ein mehrmaliges Einrücken erforderlich. Nach S 3 besteht zusätzlich die Möglichkeit der Bekanntmachung in elektronischer Form. In eingeschränktem Umfang sind aufgrund des landesrechtlichen Vorbehalts in § 484 abweichende Vorschriften in den einzelnen Bundesländern zugelassen.

Im Übrigen ist das vollständige Aufgebot einzurücken. 3

Nach § 4 Abs 2 des Gesetzes über die Kraftloserklärung von Hypotheken-, Grund- 4 schuld- und Rentenschuldbriefen in besonderen Fällen (BGBl 1960, 297) soll dem Besitzer des Hypothekenbriefes, sofern er bekannt ist, das Aufgebot von Amts wegen durch eingeschriebenen Brief mitgeteilt werden.

§ 471 Wertpapiere mit Zinsscheinen

(1) Bei Wertpapieren, für die von Zeit zu Zeit Zins-, Renten- oder Gewinnanteilscheine ausgegeben werden, ist der Anmeldezeitpunkt so zu bestimmen, dass bis zu dem Termin der erste einer seit der Zeit des glaubhaft gemachten Verlustes ausgegebenen Reihe von Zins-, Renten- oder Gewinnanteilscheinen fällig geworden ist und seit seiner Fälligkeit sechs Monate abgelaufen sind.

(2) Vor Erlass des Ausschließungsbeschlusses hat der Antragsteller ein nach Ablauf dieser sechsmonatigen Frist ausgestelltes Zeugnis der betreffenden Behörde, Kasse oder Anstalt beizubringen, dass die Urkunde seit der Zeit des glaubhaft gemachten Verlustes ihr zur Ausgabe neuer Scheine nicht vorgelegt sei und dass die neuen Scheine an einen anderen als den Antragsteller nicht ausgegeben seien.

A. Allgemeines

1 Die Vorschrift entspricht inhaltlich dem bisherigen § 1010 ZPO aF. Sie ist an den Wegfall des Aufgebotstermins und die Entscheidung im Beschlusswege redaktionell angepasst worden. § 471 gilt nur für Zins-, Renten- oder Gewinnanteilscheine, die für längstens vier Jahre ausgegeben werden. Sie findet auch dann Anwendung, wenn die Scheine zwar erst nach 20 Jahren ausgegeben werden, eine Registrierung der jeweils zur Einlösung vorgelegten Zins-, Renten- oder Gewinnanteilscheinen aber nicht erfolgt ist (OLG München WM 1979, 816).

B. Aufgebotsfrist

2 Voraussetzung ist der Verlust der Haupturkunde samt Zinsbogen. Das Aufgebot kann jederzeit nach dem Eintritt des Verlusts der Urkunde beantragt und erlassen werden. Maßgebend für die Berechnung der Aufgebotsfrist ist der Verlust der Urkunde. Ein Verlust ist solange nicht anzunehmen, solange der Besitzer keinen Anlass hatte, das Papier bzw den Erneuerungsschein der Ausgabestelle für die neuen Scheine vorzulegen.

3 Ausgangspunkt ist der Ausgabeplan; danach lässt sich feststellen, wann neue Scheine auszugeben sind und wann der erste Schein fällig wird. Von dieser Fälligkeit an läuft eine Frist von 6 Monaten.

C. Pflicht zur Zeugniserteilung

4 Die Pflicht zur Erteilung des Zeugnisses ergibt sich aus § 799 Abs 2 BGB. Jede öffentliche oder private Kasse bzw Anstalt ist zur Zeugniserteilung befugt, sofern sie kraft Gesetzes oder Satzung die Ausgabe und die Einlösung der Papiere vorzunehmen hat. Das Zeugnis begründet die tatsächliche Vermutung, dass die Scheine nicht im Besitz eines gutgläubigen Dritten sind (BLAH, § 471 Rn 3). Der Verstoß gegen Abs 2 ist ohne Einfluss auf das Verfahren.

5 Die Kosten der Zeugniserteilung trägt der Antragsteller.

§ 472 Zinsscheine für mehr als vier Jahre

(1) Bei Wertpapieren, für die Zins-, Renten- oder Gewinnanteilscheine zuletzt für einen längeren Zeitraum als vier Jahre ausgegeben sind, genügt es, wenn der Anmeldezeitpunkt so bestimmt wird, dass bis dahin seit der Zeit des glaubhaft gemachten Verlustes der zuletzt ausgegebenen Scheine solche für vier Jahre fällig geworden und seit der Fälligkeit des letzten derselben sechs Monate abgelaufen sind. Scheine für Zeitabschnitte, für die keine Zinsen, Renten oder Gewinnanteile gezahlt werden, kommen nicht in Betracht.

(2) Vor Erlass des Ausschließungsbeschlusses hat der Antragsteller ein nach Ablauf dieser sechsmonatigen Frist ausgestelltes Zeugnis der betreffenden Behörde, Kasse oder Anstalt beizubringen, dass die für die bezeichneten vier Jahre und später fällig gewordenen Scheine ihr von einem anderen als dem Antragsteller nicht vorgelegt seien. Hat in der Zeit seit dem Erlass des Aufgebots eine Ausgabe neuer Scheine stattgefunden, so muss das Zeugnis auch die in § 471 Abs. 2 bezeichneten Angaben enthalten.

A. Allgemeines

Die Vorschrift entspricht inhaltlich dem bisherigen § 1011 ZPO aF und ist lediglich redaktionell überarbeitet. 1

B. Anwendungsbereich

§ 472 findet Anwendung, wenn die Voraussetzungen des § 471 nicht vorliegen und 2
schränkt damit den Anwendungsbereich des § 471 für Wertpapiere mit Zinsscheinen, die für mehr als vier Jahre ausgegeben werden, ein. Ausreichend ist die Fälligkeit von Zinsscheinen für vier Jahre der beim Eintritt des Verlustes laufenden Reihe (BLAH § 472 Rn 1). Nicht erforderlich ist, dass der Vierjahreszeitraum unmittelbar vom Zeitpunkt des Verlustes des Papiers an rechnet.

Stehen nur Scheine für eine kürze Zeit als vier Jahre aus, ist § 472 nicht anwendbar. Es 3
muss dann eine Erneuerung der Zinsscheine abgewartet werden.

Sind zur Einlösung nur Zins-, Renten- und Gewinnanteilsscheine vorgelegt worden, 4
die nicht registriert wurden, ist § 471 anzuwenden (OLG München NJW 1979, 2317).

C. Zeugnis

Der Antragsteller muss einen Nachweis darüber erbringen, dass die Zinsscheine nicht 5
von einem Dritten vorgelegt wurden. Das in Abs 2 erwähnte Zeugnis muss den Zeitraum der letzten vier Jahre umfassen. Jede öffentliche oder private Kasse oder Anstalt, die nach dem Gesetz oder der Satzung die Ausgabe und die Einlösung der gesamten Gattung von Papieren vornehmen muss, ist berechtigt, ein derartiges Zeugnis zu erteilen. Dieses Zeugnis begründet die Vermutung, dass sich die Scheine nicht im Besitz eines gutgläubigen Dritten befinden. Wird es zwischen dem Verlust und dem Fristbeginn vorgelegt, so ist dies unschädlich.

§ 473 Vorlegung der Zinsscheine

Die §§ 470 und 471 sind insoweit nicht anzuwenden, als die Zins-, Renten- oder Gewinnanteilscheine, deren Fälligkeit nach diesen Vorschriften eingetreten sein muss, von dem Antragsteller vorgelegt werden. Der Vorlegung der Scheine steht es gleich, wenn das Zeugnis der betreffenden Behörde, Kasse oder Anstalt beigebracht wird, dass die fällig gewordenen Scheine ihr von dem Antragsteller vorgelegt worden seien.

A. Allgemeines

1 Die Vorschrift entspricht inhaltlich dem bisherigen § 1012 ZPO aF.

B. Regelungszweck

2 § 473 dient der Beschleunigung des Verfahrens bei Verlust der gesondert verwahrten Stammurkunde (= Mantel).

C. Geltungsbereich

3 Beim Verlust der Stammurkunde sind folgende Urkunden vorzulegen:
 – sämtliche nach dem Verlust fällig werdenden Zins-, Renten- oder Gewinnanteilscheine der laufenden Reihe sowie der erste Schein der nachher ausgegebenen Reihe gem § 471.
 – die nach dem Verlust fällig werdenden Scheine für vier Jahre aus der beim Verlust laufenden Reihe gem § 472, wobei die Fälligkeit der Scheine nicht erforderlich ist. Ist der Schein bereits fällig, wird die Vorlegung durch das Zeugnis ersetzt.

4 Für den Aufgebotstermin gilt § 476: Die Frist für das Aufgebot soll höchstens ein Jahr betragen.

§ 474 Abgelaufene Ausgabe der Zinsscheine

Bei Wertpapieren, für die Zins-, Renten- oder Gewinnanteilscheine ausgegeben sind, aber nicht mehr ausgegeben werden, ist der Anmeldezeitpunkt so zu bestimmen, dass bis dahin seit der Fälligkeit des letzten ausgegebenen Scheines sechs Monate abgelaufen sind; das gilt nicht, wenn die Voraussetzungen der §§ 471 und 472 gegeben sind.

A. Allgemeines

Die Vorschrift entspricht inhaltlich dem bisherigen § 1013 ZPO aF. Sie ist redaktionell überarbeitet und an den Wegfall des Aufgebotstermins angepasst. 1

B. Geltungsbereich

§ 474 bezieht sich auf gekündigte oder ausgelöste Wertpapiere. Der Antragsteller muss gemäß §§ 471, 472 ein Zeugnis darüber beibringen, dass der Zinsschein nicht vorgelegt wurde. 2

Die Vorschrift findet keine Anwendung, wenn seit dem Verlust noch eine neue Reihe von Zins-, Renten- oder Gewinnanteilscheinen ausgegeben worden ist oder Scheine für 4 oder mehr Jahre noch nicht fällig geworden sind (Zöller/*Geimer*, § 1013 Rn 1). In diesem Fall gilt § 472, ansonsten, dh wenn diese Vorschrift nicht anwendbar ist, § 474. 3

§ 475 Anmeldezeitpunkt bei bestimmter Fälligkeit

(1) Ist in einer Schuldurkunde eine Verfallzeit angegeben, die zur Zeit der ersten Veröffentlichung des Aufgebots im elektronischen Bundesanzeiger noch nicht eingetreten ist, und sind die Voraussetzungen der §§ 471 bis 474 nicht gegeben, ist der Anmeldezeitpunkt so zu bestimmen, dass seit dem Verfalltag sechs Monate abgelaufen sind.

A. Allgemeines

1 Die Vorschrift entspricht inhaltlich dem bisherigen § 1014 ZPO aF; sie wurde lediglich redaktionell überarbeitet.

B. Geltungsbereich

2 § 475 betrifft Wertpapiere mit einer bestimmten Fälligkeitszeit. Liegen die Voraussetzungen der §§ 471–474 vor, finden diese Vorschriften Anwendung. Fehlt es an diesen Anforderungen, wie zB bei Wechseln oder Schatzanweisungen (BLAH § 475 Rn 1), wird der Anmeldezeitpunkt nach § 475 bestimmt, wobei die Frist nicht mehr als ein Jahr betragen darf, § 496.

3 Nach § 484 Abs 2 kann das Landesrecht bei Hypothekenbriefen gemäß § 1162 BGB eine abweichende Regelung treffen.

§ 476 Aufgebotsfrist

Die Aufgebotsfrist soll höchstens ein Jahr betragen.

A. Allgemeines

Die Vorschrift ersetzt den bisherigen § 1015 ZPO aF und die darin geregelte Mindestfrist 1
von 6 Monaten. In Anbetracht der Möglichkeiten etwaiger Gläubiger, sich über den elektronischen Bundesanzeiger zeitnah über die Eröffnung eines Aufgebotsverfahrens zu informieren, besteht kein praktisches Bedürfnis mehr für eine Mindestaufgebotsfrist. Ist im Einzelfall gleichwohl zu besorgen, dass potentielle Gläubiger ihre Rechte nicht kurzfristig anmelden können, kann das Gericht nach seinem Ermessen eine längere Anmeldefrist bestimmen. Allerdings soll die Frist von einem Jahr nicht überschritten werden (BTDrs 16/6308, S 298).

B. Regelungsgegenstand

Die Begrenzung der Aufgebotsfrist auf höchstens ein Jahr für jegliches Urkundenaufgebot 2
dient der Verfahrensbeschleunigung und dem schnelleren Verschaffen lastenfreien Eigentums. Die Einjahresfrist rechnet vom Zeitpunkt der Bestimmung einer Aufgebotsfrist an. Hinsichtlich der Fristberechnung wird auf § 437 Rn 4 f verwiesen.

Abweichende Fristen in Form von Mindestfristen sehen folgende Vorschriften vor: 3
– Art 59 ScheckG – 2 Monate
– § 4 Abs 3 Gesetz über die Kraftloserklärung von Hypotheken-, Grundschuld- und Rentenschuldbriefen in besonderen Fällen – 3 Monate

Das Aufgebot ist derzeit unzulässig, wenn die Frist von einem Jahr wegen der 4
§§ 471–475 nicht ausreicht. Gemäß § 484 kann das Landesrecht für die darin geregelten Papiere abweichende Regelungen treffen.

§ 477 Anmeldung der Rechte

Meldet der Inhaber der Urkunde vor dem Erlass des Ausschließungsbeschlusses seine Rechte unter Vorlegung der Urkunde an, hat das Gericht den Antragsteller hiervon zu benachrichtigen und ihm innerhalb einer zu bestimmenden Frist die Möglichkeit zu geben, in die Urkunde Einsicht zu nehmen und eine Stellungnahme abzugeben.

A. Allgemeines

1 Die Vorschrift entspricht im Wesentlichen dem bisherigen § 1016 S 1 ZPO aF; sie wurde allerdings um die Möglichkeit der Stellungnahme erweitert. Eine dem § 1016 S 2 ZPO aF entsprechende Vorschrift ist wegen des Wegfalls der mündlichen Verhandlung nicht mehr erforderlich.

B. Meldung

2 Der Antragsteller kann die Vorlage des Originals der Urkunde vom Inhaber nicht verlangen. Das Aufgebotsverfahren ist mit der Feststellung der Identität der Urkunde erledigt, wenn sich der Inhaber der Urkunde vor dem Ausschließungsbeschluss meldet. Voraussetzung dafür ist, dass der Antragsteller das Recht des Inhabers anerkennt. Ist die Urkunde vorgelegt und anerkennt er das Recht des Inhabers der Urkunde nicht an und bestreitet es oder ein Dritter meldet, ohne Vorlegung der Urkunde, ein besseres Recht an, ist nach § 440 das Aufgebotsverfahren entweder bis zur endgültigen Entscheidung über das angemeldete Recht auszusetzen oder im Ausschließungsbeschluss das angemeldete Recht vorzubehalten.

3 Zur Klärung der materiell-rechtlichen Berechtigung ist das Verfahren nach § 440 auszusetzen und an das Prozessgericht zu verweisen.

C. Einsicht und Stellungnahme

4 Hat sich der Inhaber vor Erlass des Ausschließungsbeschlusses unter Vorlage der Urkunde gemeldet, benachrichtigt das Gericht den Antragsteller. Die Einsicht in die Urkunde hat das Gericht dem Antragsteller auf der Geschäftsstelle zu gewähren.

5 Mit der Möglichkeit zur Stellungnahme entspricht der Gesetzgeber den rechtsstaatlichen Anforderungen des Artikels 103 Abs 1 GG zur Wahrung des rechtlichen Gehörs.

§ 478 Ausschließungsbeschluss

(1) In dem Ausschließungsbeschluss ist die Urkunde für kraftlos zu erklären.

(2) Der Ausschließungsbeschluss ist seinem wesentlichen Inhalt nach durch Veröffentlichung im elektronischen Bundesanzeiger bekannt zu machen. § 470 gilt entsprechend.

(3) In gleicher Weise ist die auf eine Beschwerde ergangene Entscheidung bekannt zu machen, soweit durch sie die Kraftloserklärung aufgehoben wird.

A. Allgemeines

Die Vorschrift entspricht inhaltlich dem bisherigen § 1017 ZPO aF. Sie ist redaktionell an die Entscheidung durch Beschluss und die Änderung der Rechtsmittelvorschriften angepasst. 1

B. Regelungsinhalt

Die Urkunde, die das Gericht im Ausschließungsbeschluss für kraftlos erklärt, muss genau bezeichnet sein. Entsprechendes gilt auch für denjenigen, der ausgeschlossen werden soll; daher darf der Beschluss nicht unbekannte Dritte ausschließen. Bis zum Erlass des Ausschließungsbeschlusses gilt die alte Urkunde als vorhanden, weshalb das Grundbuchamt einen neuen Grundschuldbrief erteilen darf. 2

Bei der Anmeldung eines Rechts finden die Vorschriften der §§ 477, 440 Anwendung. Die Veröffentlichung des Ausschließungsbeschlusses ist zwingend; sie muss nur einmal erfolgen. Allerdings hat der Verstoß gegen diese Bekanntmachungsvorschrift keine prozessualen Auswirkungen. 3

Nach Abs 3 ist die Bekanntmachung des rechtskräftigen Beschlusses nur möglich, wenn die Beteiligten den Nachweis der Rechtskraft erbringen. Hierzu können sie aber vom Gericht nicht gezwungen werden. 4

§ 479 Wirkung des Ausschließungsbeschlusses

(1) Derjenige, der den Ausschließungsbeschluss erwirkt hat, ist dem durch die Urkunde Verpflichteten gegenüber berechtigt, die Rechte aus der Urkunde geltend zu machen.

(2) Wird der Ausschließungsbeschluss im Beschwerdeverfahren aufgehoben, bleiben die auf Grund des Ausschließungsbeschlusses von dem Verpflichteten bewirkten Leistungen auch Dritten, insbesondere dem Beschwerdeführer, gegenüber wirksam, es sei denn, dass der Verpflichtete zur Zeit der Leistung die Aufhebung des Ausschließungsbeschlusses gekannt hat.

A. Allgemeines

1 Die Vorschrift entspricht im Wesentlichen dem bisherigen § 1018 ZPO aF. Sie ist redaktionell überarbeitet und an die Entscheidung im Beschlusswege und die Änderung der Rechtsmittelvorschriften angepasst.

B. Ausschließungsbeschluss

2 Der Antragsteller hat gegenüber dem aus der Urkunde Verpflichteten durch den Ausschließungsbeschluss die Stellung eines Besitzers, dh der Beschluss, in dem die Urkunde für kraftlos erklärt wird, ersetzt für den Antragsteller den Besitz der Urkunde (BGH NJW-RR 1990, 168). Daher stehen dem Antragsteller keine weiteren Rechte zu, mit der Folge, dass der Schuldner seine Einreden behält. War der bisherige Urkundeninhaber nur Besitzmittler, erlangt der Antragsteller durch den Ausschließungsbeschluss keine darüber hinausgehenden Rechte.

C. Wirkung

3 Der Ausschließungsbeschluss erwächst gemäß § 45 in Rechtskraft. Die Rechtskraftwirkung besteht unabhängig davon, dass ein Nichtantragsberechtigter den Beschluss erwirkt hat (BLAH § 479 Rn 2). Rechte Dritter an der Urkunde bleiben unberührt.

4 Durch den Ausschließungsbeschluss besteht die Pflicht zur Ausstellung einer neuen Urkunde (Zöller/*Geimer*, § 1018 Rn 1). Der Beschluss ersetzt nicht die Übergabe des Hypothekenbriefes. Es muss vielmehr ein neugebildeter Brief übergeben werden (BLAH § 479 Rn 3). Wen die Urkunde verpflichtet, bestimmt sich nach materiellem Recht (BGH JZ 1958, 746).

D. Aufhebung

5 Die Leistungen bleiben nach Aufhebung des Ausschließungsbeschlusses wirksam, sofern der Verpflichtete keine Kenntnis von der Aufhebung hatte. Kennen müssen oder die Kenntnis von der Anhängigkeit der Beschwerde reichen hierfür nicht aus. Der Beschwerdeführer kann vom Antragsteller nur die Bereicherung herausverlangen (Stein/Jonas/*Schlosser* ZPO § 1018 Rn 4 Fn 26).

§ 480 Zahlungssperre

(1) Bezweckt das Aufgebotsverfahren die Kraftloserklärung eines auf den Inhaber lautenden Papiers, so hat das Gericht auf Antrag an den Aussteller sowie an die in dem Papier und die von dem Antragsteller bezeichneten Zahlstellen das Verbot zu erlassen, an den Inhaber des Papiers eine Leistung zu bewirken, insbesondere neue Zins-, Renten- oder Gewinnanteilscheine oder einen Erneuerungsschein auszugeben (Zahlungssperre). Mit dem Verbot ist die Benachrichtigung von der Einleitung des Aufgebotsverfahrens zu verbinden. Das Verbot ist in gleicher Weise wie das Aufgebot öffentlich bekannt zu machen.

(2) Ein Beschluss, durch den der Antrag auf Erlass einer Zahlungssperre zurückgewiesen wird, ist mit der sofortigen Beschwerde in entsprechender Anwendung der §§ 567 bis 572 der Zivilprozessordnung anfechtbar.

(3) Das an den Aussteller erlassene Verbot ist auch den Zahlstellen gegenüber wirksam, die nicht in dem Papier bezeichnet sind.

(4) Die Einlösung der vor dem Verbot ausgegebenen Zins-, Renten- oder Gewinnanteilscheine wird von dem Verbot nicht betroffen.

A. Allgemeines

Abs 1, 3 u 4 stimmen mit dem bisherigen § 1019 Abs 1 bis 3 ZPO aF überein. Lediglich Abs 2 wurde neu geregelt. 1

B. Regelungszweck

Das Gesetz lässt bei Inhaberpapieren den Erlass einer Zahlungssperre zu, wodurch der Verlierer während des Aufgebotsverfahrens geschützt werden soll. Die Vorschrift ist auf alle Inhaberpapiere, wie Grundschuldbriefe, Inhaberaktien und -schecks einschließlich der hinkenden Inhaberpapiere nach § 483 anwendbar. 2

C. Wirkung der Zahlungssperre

Das dem Aussteller mitgeteilte Verbot betrifft nur die Haupturkunde und wirkt gegen diejenigen, denen es das Gericht mitteilt. Darüber hinaus wirkt es gemäß Abs 3 auch gegen die nicht im Papier bezeichneten Zahlstellen, auch wenn sie vom Gericht nicht benachrichtigt wurden. Dies gilt nicht, wenn sie im Papier genannt sind, das Gericht sie aber nicht benachrichtigt hat. Die Sperre hemmt nach § 802 BGB sowohl Beginn als auch Lauf der Vorlegungs- und Verjährungsfrist. 3

Als beschränktes Veräußerungsverbot hat es die Wirkung des § 136 BGB, sodass eine verbotswidrige Leistung nicht gegen den Antragsteller wirkt. 4

D. Verfahren

Die Zahlungssperre kann nur auf Antrag vom Rechtspfleger angeordnet werden. Sie kann zusammen mit dem Antrag auf Erlass eines Aufgebots beantragt werden, § 434. 5

E. Entscheidung

Die Anordnung der Zahlungssperre erfolgt durch Beschluss, der dem Antragsteller sowie den bekannten Zahlstellen von Amts wegen zuzustellen ist. Der Beschluss ist nach §§ 470, 483 öffentlich bekannt zu machen. Die Benachrichtigung in Abs 1 S 2 ist keine Wirksamkeitsvoraussetzung. 6

F. Rechtsmittel

7 Gegen die Zurückweisung bzw Ablehnung des Antrags ist die sofortige Beschwerde nach § 11 Abs 1 RPflG iVm § 567 Abs 1 Nr 2 ZPO zulässig. Entsprechendes gilt bei einer fälschlich ergangenen Ersatzentscheidung des Richters.

§ 481 Entbehrlichkeit des Zeugnisses nach § 471 Abs. 2

Wird die Zahlungssperre angeordnet, bevor seit der Zeit des glaubhaft gemachten Verlustes Zins-, Renten- oder Gewinnanteilscheine ausgegeben worden sind, so ist die Beibringung des in § 471 Abs. 2 vorgeschriebenen Zeugnisses nicht erforderlich.

A. Allgemeines

Die Vorschrift entspricht inhaltlich dem bisherigen § 1021 ZPO aF. 1

B. Regelungszweck

Ein Zeugnis nach § 471 Abs 2 ist, wenn die Zahlungssperre vor der Ausgabe von Zins-, Renten- oder Gewinnanteilscheinen angeordnet wird, nicht erforderlich, weil der Besitzer des Papiers durch die Sperre nach § 480 nicht mehr in der Lage ist, bei der zur Ausgabe bestimmten Stelle neue Scheine zu erhalten. Die Urkunde kann, wenn diese Stelle die Aushändigung der Scheine unter Berufung auf die Zahlungssperre verweigert, nur dem Gericht wirksam vorgelegt werden. 2

Legt der Besitzer die Urkunde dem Gericht nicht vor, besteht der Verdacht, er habe das Papier nicht in gutem Glauben erworben. Daher bedarf es der ansonsten zum Schutz des gutgläubigen Erwerbers gebotenen Beibringung des Zeugnisses nach § 471 Abs 2 nicht. 3

Für die Bestimmung des Aufgebotstermins ist, wenn es sich um Papiere handelt, die zu den in § 471 Abs 1 genannten gehören, der Zeitpunkt maßgebend, in dem hinsichtlich des aufzubietenden Papiers der erste Schein fällig gewesen wäre, wäre die Ausgabe nicht infolge der Zahlungssperre unterblieben (Zöller/*Geimer* § 1021 Rn 1). 4

§ 482 Aufhebung der Zahlungssperre

(1) Wird das in Verlust gekommene Papier dem Gericht vorgelegt oder wird das Aufgebotsverfahren ohne Erlass eines Ausschließungsbeschlusses erledigt, so ist die Zahlungssperre von Amts wegen aufzuheben. Das Gleiche gilt, wenn die Zahlungssperre vor der Einleitung des Aufgebotsverfahrens angeordnet worden ist und die Einleitung nicht binnen sechs Monaten nach der Beseitigung des ihr entgegenstehenden Hindernisses beantragt wird. Ist das Aufgebot oder die Zahlungssperre öffentlich bekannt gemacht worden, so ist die Erledigung des Verfahrens oder die Aufhebung der Zahlungssperre von Amts wegen durch den elektronischen Bundesanzeiger bekannt zu machen.

(2) Wird das Papier vorgelegt, ist die Zahlungssperre erst aufzuheben, nachdem dem Antragsteller die Einsicht nach Maßgabe des § 477 gestattet worden ist.

(3) Der Beschluss, durch den die Zahlungssperre aufgehoben wird, ist mit der sofortigen Beschwerde in entsprechender Anwendung der §§ 567 bis 572 der Zivilprozessordnung anfechtbar.

A. Allgemeines

1 Die Vorschrift entspricht inhaltlich dem bisherigen § 1022 ZPO aF. Absatz 1 wurde redaktionell überarbeitet und an den Wegfall des Termins und die Entscheidung durch Beschluss angepasst. In gleicher Weise wurde Abs 2 redaktionell neu gefasst. Abs 3 bestimmt in Fortschreibung des bisherigen Rechtszustandes, dass gegen die Aufhebung der Zahlungssperre die sofortige Beschwerde nach den Vorschriften der ZPO statthaft ist.

B. Voraussetzungen

2 Die Aufhebung der Zahlungssperre ist zwingend, wenn das Papier vorgelegt wird oder sich die Angelegenheit auf andere Weise erledigt.

I. Vorlegung

3 Die Vorlegung des verlorenen Papiers führt zur Aufhebung der Zahlungssperre. Kann das Gericht die Echtheit des Papiers nicht feststellen, muss es das Verfahren bis zu einer Entscheidung im Prozesswege gemäß § 440 aussetzen. Hat es die Identität des Papiers festgestellt, muss das Gericht zunächst nach § 477 Einsicht gewähren, bevor es die Sperre aufhebt.

II. Anderweitige Erledigung

4 Eine anderweitige Erledigung erfolgt zB durch eine Rücknahme des Antrags oder bei seiner Zurückweisung. Das bloße Ausbleiben reicht nicht aus.

C. Entscheidung

5 Die Entscheidung über die Aufhebung der Zahlungssperre erfolgt durch Beschluss, der grundsätzlich zu begründen ist. Zuständig ist der Rechtspfleger nach § 20 Nr 2 RPflG, sofern nicht der Richter in einem zusammengefassten Einsichts- und Aufgebotstermin entscheidet (Wieczorek/Schütze/*Weber*, § 1022 Rn 12). Er veranlasst die förmliche Zustellung nach § 41 an den Antragsteller und die Zahlstellen.

D. Rechtsbehelfe
I. Ablehnung

Gegen den Beschluss, die Zahlungssperre aufzuheben, ist die Beschwerde nach § 11 Abs 1 RPflG iVm §§ 58 ff statthaft. Hat der Richter die Erstentscheidung erlassen, findet die befristete Beschwerde nach §§ 58 ff statt. 6

II. Aufhebung

Gegen den aufhebenden Beschluss des Rechtspflegers ist die sofortige Beschwerde nach § 11 Abs 1 iVm § 567 Abs 1 Ziff 1 ZPO zulässig. Die sofortige Beschwerde nach Abs 3 ist auch gegen die Erstentscheidung des Richters statthaft, § 567 Abs 1 Ziff 1 ZPO. 7

Stellt das Beschwerdegericht die Sperre wieder her, so berührt dies die Wirksamkeit derjenigen Leistungen an den Urkundeninhaber nicht, die nach der Aufhebung erfolgten. 8

E. Kosten

Für dieses Verfahren entstehen keine Gerichtskosten. Die Vergütung des Rechtsanwalts bestimmt sich nach den Nr 3500, 3513 VV RVG. 9

§ 483 Hinkende Inhaberpapiere

Bezweckt das Aufgebotsverfahren die Kraftloserklärung einer Urkunde der im § 808 des Bürgerlichen Gesetzbuchs bezeichneten Art, gelten § 466 Abs. 3, die §§ 470 und 478 Abs. 2 Satz 2 sowie die §§ 480 bis 482 entsprechend. Die Landesgesetze können über die Veröffentlichung des Aufgebots und der im § 478 Abs. 2, 3 und in den §§ 480, 482 vorgeschriebenen Bekanntmachungen sowie über die Aufgebotsfrist abweichende Vorschriften erlassen.

A. Allgemeines

1 Die Vorschrift entspricht inhaltlich dem bisherigen § 1023 ZPO aF.

B. Geltungsbereich

2 Von § 808 BGB werden die qualifizierten Legitimationspapiere (hinkende Inhaberpapiere), wie zB die meisten Sparbücher (RG HRR 32, 2142), Depotscheine, Versicherungsscheine (RGZ 145, 324), nicht auf den Inhaber ausgestellte Inhaberlagerscheine (OLG Kiel OLGE 22, 348) und vielfach Pfandscheine erfasst. Nach Art 102 Abs 2 EGBGB gilt für sie Landesrecht (so zB in Baden-Württemberg und Bayern, die ein anderes Verfahren anordnen), weshalb die §§ 466 ff nur hilfsweise gelten.

3 Der Aussteller kann von demjenigen, der einen Ausschließungsbeschluss erwirkt hat, verlangen, dass er sein Recht nachweist, § 808 BGB.

§ 484 Vorbehalt für die Landesgesetzgebung

(1) Bei Aufgeboten auf Grund der §§ 887, 927, 1104, 1112, 1162, 1170, 1171 des Bürgerlichen Gesetzbuchs, des § 110 des Binnenschifffahrtsgesetzes, der §§ 6, 13, 66, 67 des Gesetzes über Rechte an eingetragenen Schiffen und Schiffsbauwerken (BGBl. III 403-4) und der §§ 13, 66, 67 des Gesetzes über Rechte an Luftfahrzeugen können die Landesgesetze die Art der Veröffentlichung des Aufgebots und des Ausschließungsbeschlusses sowie die Aufgebotsfrist anders bestimmen, als in den §§ 435, 437 und 441 vorgeschrieben ist.

(2) Bei Aufgeboten, die auf Grund des § 1162 des Bürgerlichen Gesetzbuchs ergehen, können die Landesgesetze die Art der Veröffentlichung des Aufgebots, des Ausschließungsbeschlusses und des in § 478 Abs. 2 und 3 bezeichneten Beschlusses sowie die Aufgebotsfrist auch anders bestimmen, als in den §§ 470, 475, 476 und 478 vorgeschrieben ist.

A. Allgemeines

Die Vorschrift entspricht inhaltlich dem bisherigen § 1024 ZPO aF. 1

B. Regelungszweck

Der Gesetzgeber hat in § 484, wegen der Verschiedenheit der örtlichen Verhältnisse, eine landesrechtliche Regelung zugelassen. Die Vorschrift ist auf alle Aufgebotsfälle des FamFG, einschließlich der Aufgebotsfälle des Gesetzes über Rechte an Luftfahrzeugen (LuftzRG), anwendbar. 2

Anstelle des durch das SchiffsrechteG, RGBl 40, 1499 aufgehobenen § 1269 BGB finden nun die Regelungen dieses Gesetzes Anwendung. 3

Eine Zusammenstellung der Landesgesetze findet sich ua bei Wieczorek/Schütze/Weber § 1024 Rn 4. 4

Buch 9
Schlussvorschriften

Einführung zu Buch 9: Schlussvorschriften

Übersicht über Landesrecht

1 Baden-Württemberg:
   - Landesgesetz über die freiwillige Gerichtsbarkeit (LFGG)
   - Baden-Württembergisches Ausführungsgesetz zum Bürgerlichen Gesetzbuch (Ba Wü AGBGB)
   - Gesetz zur Ausführung des Gerichtsverfassungsgesetzes und von Verfahrensgesetzen der ordentlichen Gerichtsbarkeit (AGGVG)
   - Gesetz über die Organisation der ordentlichen Gerichte in Baden-Württemberg (Gerichtsorganisationsgesetz)

2 Bayern:
   - Gesetz zur Ausführung des Bürgerlichen Gesetzbuchs und anderer Gesetze (AGBGB)
   - Gesetz über die Organisation der ordentlichen Gerichte im Freistaat Bayern (GerOrgG)
   - Gesetz zur Ausführung des Gerichtsverfassungsgesetzes und von Verfahrensgesetzen des Bundes (AGGVG)

3 Berlin:
   - Preußisches Gesetz über die Angelegenheiten der freiwilligen Gerichtsbarkeit (PrFGG)
   - Gesetz zur Ausführung des Gerichtsverfassungsgesetzes (AGGVG)

4 Brandenburg:
   - Brandenburgisches Gerichtsneuordnungsgesetz (BbgGerNeuOG)

5 Bremen:
   - Bremisches Ausführungsgesetz zum Gesetz über die Angelegenheiten der freiwilligen Gerichtsbarkeit (Brem AGFGG)
   - Gesetz zur Ausführung des Gerichtsverfassungsgesetzes (AGGVG)

6 Hamburg:
   - Hamburgisches Gesetz über die Angelegenheiten der freiwilligen Gerichtsbarkeit
   - Hamburgisches Gesetz zur Ausführung des Gerichtsverfassungsgesetzes (HmbAGGVG)
   - Hamburgisches Ausführungsgesetz zum Bürgerlichen Gesetzbuch in der Fassung vom 1. Juli 1958

7 Hessen:
   - Hessisches Gesetz über die freiwillige Gerichtsbarkeit (Hess FGG)
   - Ortsgerichtsgesetz
   - Gebührenordnung für die Ortsgerichte im Lande Hessen

8 Mecklenburg-Vorpommern:
   - Gesetz zur Ausführung des Gerichtsstrukturgesetzes

9 Niedersachsen:
   - Niedersächsisches Gesetz über die freiwillige Gerichtsbarkeit (Nds FGG)
   - Ausführungsgesetz zum Gerichtsverfassungsgesetz (AGGVG)

Nordrhein-Westfalen: 10
- Preußisches Gesetz über die Angelegenheiten der freiwilligen Gerichtsbarkeit (PrFGG)

Rheinland-Pfalz: 11
- Landesgesetz über die freiwillige Gerichtsbarkeit (LFGG)
- Landesgesetz zur Ausführung des Bürgerlichen Gesetzbuchs (AGBGB)
- Landesgesetz über die Gliederung und die Bezirke der Gerichte (Gerichtsorganisationsgesetz – GerOrgG –)
- Landesgesetz zur Ausführung des Gerichtsverfassungsgesetzes (AGGVG)
- Landesverordnung über die gerichtliche Zuständigkeit in Zivilsachen und Angelegenheiten der freiwilligen Gerichtsbarkeit
- Landesgesetz über die Beglaubigungsbefugnis

Saarland: 12
- Gesetz zur Ausführung bundesrechtlicher Justizgesetze (AGJusG)
- Saarländisches Ausführungsgesetz zum Gerichtsverfassungsgesetz (SAG GVG)

Sachsen: 13
- Gesetz über die Justiz im Freistaat Sachsen (Sächsisches Justizgesetz – SächsJG)

Sachsen-Anhalt: 14
- Ausführungsgesetz des Landes Sachsen-Anhalt zum Gerichtsverfassungsgesetz (AGGVG LSA)

Schleswig-Holstein: 15
- Preußisches Gesetz über die Angelegenheiten der freiwilligen Gerichtsbarkeit (PrFGG)
- Ausführungsgesetz zum Gerichtsverfassungsgesetz

Thüringen: 16
- Thüringer Gesetz zur Ausführung des Gerichtsverfassungsgesetzes (ThürAGGVG)

§ 485 Verhältnis zu anderen Gesetzen

Artikel 1 Abs. 2 und die Artikel 2 und 50 des Einführungsgesetzes zum Bürgerlichen Gesetzbuche sind entsprechend anzuwenden.

A. Allgemeines

1 Die Norm entspricht dem bisherigen § 185 Abs 2 FGG, so dass weiterhin die nachfolgenden Regeln gelten.

B. Begriff des Gesetzes (Art 2 EGBGB)

2 Gesetz iSd FamFG ist infolge der Verweisung auf Art 2 EGBGB jede Rechtsnorm. Erfasst sind also Gesetze im formellen Sinne wie auch im materiellen Sinne. Gesetze sind demnach vor allem Bundes- und Landesgesetze, formelle Rechtsverordnungen, Staatsverträge des Bundes und der Länder, Entscheidungen der Verfassungsgerichte (vgl § 31 BVerfGG), das primäre Recht der Europäischen Gemeinschaft, autonome Satzungen, Tarifverträge und Gewohnheitsrecht (RGZ 75, 40, 41; KG FamRZ 1964, 516, 517), nicht aber das Kirchenrecht (Jansen/*v König* § 185 Rn 6).

C. Vorbehalt für die Landesgesetzgebung (Art 1 Absatz 2 EGBGB)

3 Soweit das FamFG die Regelung den Landesgesetzen vorbehält (s § 486 Abs 1) oder bestimmt, dass landesgesetzliche Vorschriften unberührt bleiben (§§ 487, 491) oder erlassen werden können (§§ 486 Abs 2, 489, 490), bleiben die bestehenden landesgesetzlichen Vorschriften in Kraft und können neue landesgesetzliche Vorschriften erlassen werden (Art 1 Abs 2 EGBGB). In diesem Rahmen ist der Landesgesetzgeber befugt, Landesrecht aus der Zeit vor Inkrafttreten des FamFG zu ändern und neue Gesetze zu erlassen (vgl zum alten Recht Jansen/*v König* § 185 Rn 7). Hinsichtlich des jetzigen Verhältnisses von Bundes- und Landesrecht sind Art 30, 31, 70, 72 ff, 124, 125 GG zu beachten (vgl Jansen/*v König* § 185 Rn 7).

D. Verhältnis zu den Reichsgesetzen (Art 50 EGBGB)

4 Entsprechend Art 50 S 1 EGBGB bleiben die Vorschriften der Reichsgesetze in Kraft. Dies gilt für Privatrecht, aber auch Reichsgesetze anderen Inhalts, zB Verfahrensgesetze, Staatsverträge und Gewohnheitsrecht (Staud/*Merten* Art 50 Rn 6). Reichsgesetze, die das Verfahren in Familiensachen oder Angelegenheiten der freiwilligen Gerichtsbarkeit betreffen, treten aber außer Kraft, soweit sich ihre Aufhebung aus dem FamFG ergibt. Dies kann ausdrücklich oder stillschweigend der Fall sein; für die letztere Auslegungsfrage sind namentlich die Zwecke des alten Gesetzes und die Absicht der betreffenden Vorschrift des FamFG heranzuziehen (vgl Bumiller/Winkler § 185 Rn 4). Im Übrigen geht älteres Reichsrecht selbst dann vor, wenn es mit den Allgemeinen Vorschriften des FamFG in Widerspruch steht, denn aufgrund Art 50 EGBGB ist das Verhältnis des FamFG zum älteren Reichsrecht so zu behandeln, als ob sie in demselben Gesetzgebungswerk enthalten wären (vgl RGZ 63, 349; KG NJW 1958, 28; Jansen/*v König* § 185 Rn 9).

§ 486 Landesrechtliche Vorbehalte; Ergänzungs- und Ausführungsbestimmungen

(1) Soweit das Einführungsgesetz zum Bürgerlichen Gesetzbuche Rechtsgebiete der Landesgesetzgebung vorbehält, gilt dieser Vorbehalt auch für die entsprechenden Verfahrensvorschriften, soweit sie Gegenstand dieses Gesetzes sind.

(2) Durch Landesgesetz können Vorschriften zur Ergänzung und Ausführung dieses Gesetzes, einschließlich der erforderlichen Übergangsvorschriften erlassen werden. Dies gilt auch, soweit keine Vorbehalte für die Landesgesetzgebung bestehen.

A. Allgemeines

Abs 1 entspricht der bisherigen Regelung in § 189 FGG, Abs 2 der bisherigen Regelung in § 200 FGG. Die Vorschriften sind jedoch anders formuliert worden, was nach dem Ziel des Gesetzgebers die Verständlichkeit erhöhen soll (BTDrs 16/6308 S 298). 1

B. Landesrechtliche Vorbehalte (Absatz 1)

Abs 1 gestattet der Landesgesetzgebung den Erlass abweichender Bestimmungen über das Verfahren innerhalb der nach dem EGBGB der Landesgesetzgebung vorbehaltenen Rechtsgebiete. Soweit danach privatrechtliche Vorschriften der Landesgesetze in Kraft bleiben und nach Art 1 Abs 2 EGBGB neue solche erlassen werden können, darf die Landesgesetzgebung auch das Verfahren selbständig und unabhängig vom FamFG (und anderen Bundesgesetzen) regeln (KKW/*Winkler* § 189 Rn 1). Das gilt nicht nur hinsichtlich der im EGBGB der Landesgesetzgebung vorbehaltenen Rechtsgebiete, sondern auch bezüglich der in anderen Reichs- bzw Bundesgesetzen gemachten Vorbehalte (KKW/*Winkler* § 189 Rn 2). 2

Bei der Bezugnahme auf das EGBGB geht es um dessen 3. Teil (Art 55–152), außerdem auch um Vorbehalte zugunsten des Landesrechts in den Übergangsbestimmungen, dh den 4. Teil des EGBGB (Art 153 ff). Letzteres ist bedeutsam für die Anwendung der alten Verfahrensvorschriften auf die Behandlung des Nachlasses von Personen, die vor dem 1.1.1900 gestorben waren (s Art 213 EGBGB). 3

Aufgehoben bzw gegenstandslos geworden sind insofern allerdings die Vorbehalte in den Art 57, 58, 59–63, 70–72, 75, 76, 81, 84, 87, 92, 95, 103, 134, 135, 136, 141–143, 144–146, 149, 150 EGBGB. Das Beurkundungsgesetz war schon seit 1970 nicht mehr Gegenstand des FGG, so dass Abs 1 darauf erst recht keine Anwendung findet. 4

Weiter in Kraft sind die Vorbehalte in den Art 64–69, 73, 74, 77, 78, 80–82, 85, 89, 96, 99–102, 105–108, 109, 111, 115, 119–121, 122–124, 127, 128 EGBGB. Darüber hinaus haben für das FamFG Relevanz: 5
– Art 137 EGBGB, der die Feststellung des Ertragswerts eines Landguts betrifft und den Landesgesetzgebern lediglich gestattet, die bundesrechtlich vorgegebenen materiellen Bewertungskriterien umzusetzen (BVerfGE 78, 132; Jansen/*v König* § 189 Rn 9): s dazu § 48 AGBGB BW, Art 68 BayAGBGB, § 30 HessAGBGB, § 28 AGBGB Nds, Art 83 PrAGBGB (für Berlin und NRW, für letzteres auch § 46 AGBGB Fürstentum Lippe), § 24 AGBGB RhPf, § 32 AGJusG Saarland, § 23 AGBGB Schleswig-Holstein.
– Art 140 EGBGB betreffend Nachlassverzeichnisse: s dazu §§ 40–42 BWLFGG, Art 23 HessFGG und § 16 OrtsgerichtsG (Hessen), Art 10–13 NdsFGG
– Art 147 EGBGB hinsichtlich der Zuständigkeit von Behörden in Sachen, die zu den Aufgaben des Nachlass- oder Betreuungsgerichts gehören: s im Übrigen §§ 38–43 BWLFGG, Art 36, 38 BayAGGVG, Art 21–24 PrFGG (Berlin und NRW), § 10 BbgGerNeuOG, § 5 BremAGFGG, Art 23–30 HessFGG, § 10 AGGerStrG Mecklenburg-Vorpommern, Art 14–20 NdsFGGArt, § 13 LFGG RhPf, § 54 Abs 2 AGJustG (Saarland), Art 6 § 5 SächsGerOrgG und § 7 SächsVerfAG, § 12 ThürAGGVG

§ 486 FamFG | Landesrechtliche Vorbehalte

– Art 148 EGBGB bezüglich der Aufnahme des Nachlassinventars: s §§ 40, 41 BWLFGG, Art 8 BayAGGVG, § 6 BremAGBGB, § 78 HambAGBGB, § 4 AGGVG RhPf, § 5 Thür-AGGVG.

C. Ergänzungs- und Ausführungsvorschriften (Absatz 2)

6 Anders als Abs 1, der abweichende Bestimmungen erlaubt, lässt Abs 2 nur Bestimmungen zur Ergänzung und Ausführung des FamFG zu, soweit es landesgesetzliche Vorbehalte nicht enthält. Dieser allgemeine Vorbehalt bezieht sich nicht auf das dem Landesgesetzgeber zur selbständigen und ggf abweichenden Regelung ganz speziell überlassene Gebiet (Abs 1) und auch nicht auf die Gegenstände, die unter Ausnutzung der besonderen Vorbehalte eine Zuständigkeit anderer als der bundesrechtlich bestimmten Organe anordnen (§§ 487, 488, 489; Jansen/*v König* § 200 Rn 2).

7 Die landesgesetzlichen Ergänzungs- und Ausführungsbestimmungen dürfen den Vorschriften des FamFG nicht widersprechen. Sie sind im Übrigen dort unzulässig, wo das FamFG eine vollständige, dh abschließende, Regelung der von ihm behandelten Bereiche enthält (vgl zum alten Recht Bumiller/Winkler § 200).

§ 487 Nachlassauseinandersetzung; Auseinandersetzung einer Gütergemeinschaft

(1) Unberührt bleiben die landesrechtlichen Vorschriften, nach denen
1. das Nachlassgericht die Auseinandersetzung eines Nachlasses von Amts wegen zu vermitteln hat, wenn diese nicht binnen einer bestimmten Frist erfolgt ist;
2. für die den Amtsgerichten nach § 373 obliegenden Aufgaben andere als gerichtliche Behörden zuständig sind;
3. in den Fällen der §§ 363 und 373 anstelle der Gerichte oder neben diesen Notare die Auseinandersetzung zu vermitteln haben.

(2) Auf die Auseinandersetzung nach Absatz 1 Nr. 1 sind die §§ 364 bis 372 anzuwenden.

A. Allgemeines

In der Vorschrift werden aus systematischen Gründen die Regelungen der bisherigen 1
§§ 192 und 193 FGG aF zusammengefasst und übersichtlicher gestaltet. Abs 1 entspricht § 192 1. Hs und § 193 FGG aF, während sich der Regelungsinhalt von § 192 2. Hs in Abs 2 wiederfindet.

B. Abs 1

Von dem Vorbehalt des Art 147 EGBGB, wonach der Landesgesetzgeber für alle den 2
Vormundschafts- oder Nachlassgerichten zugewiesenen Aufgaben oder für einzelne von ihnen andere als gerichtliche Behörden für zuständig erklären kann, hat Baden-Württemberg durch die Einrichtung staatlicher Notariate (§ 1 Abs 1 und 2, 38–43, 50 BWFGG) Gebrauch gemacht. Nach § 487 ist es in Erweiterung des Art 147 EGBGB ferner möglich, dass der Landesgesetzgeber für die Nachlassauseinandersetzung und die Auseinandersetzung eines Gesamtgutes die Zuständigkeit von Notaren begründet, die keine Behördeneigenschaft besitzen (Staudinger/*Mayer*, Art 147 EGBGB Rn 13, 14).

Neben den AG sind Notare für die Vermittlung der Auseinandersetzung eines Nach- 3
lasses bzw einer Gütergemeinschaft zuständig und zwar in den ehemaligen preußischen Rechtsgebieten Berlin, Nordrhein-Westfalen, Schleswig-Holstein aufgrund Überweisung des Gerichts nach dem entsprechenden Antrag eines Beteiligten, in Hessen unmittelbar im Auftrag der Beteiligten und in Bayern auf Antrag der Beteiligten oder bei der Vermittlung von Amts wegen kraft Überweisung des Gerichts für alle Verrichtungen einschließlich der Bestätigung der Auseinandersetzung (Art 38 AGGVG). In Lippe, Schaumburg-Lippe und Birkenfeld gilt das preußische Recht, § 89 RNotO. Die Notare in Bremen und Hamburg sind nicht zuständig, da diese Länder den Vorbehalt nicht in Anspruch genommen haben.

Die Zuständigkeit der Notare bestimmt sich gem § 20 Abs 4 BNotO nach den jeweili- 4
gen landesrechtlichen Bestimmungen.

Der Vorbehalt des Art 147 EGBGB bezieht sich nur auf die Zuständigkeit, während 5
sich das Verfahren nach den §§ 363, 373 richtet. Auf Beurkundungen finden die Vorschriften des BeurkG Anwendung.

C. Abs 2

Der Vorbehalt enthält eine Abweichung zu § 363, der eine Vermittlung auf Antrag vor- 6
sieht, während das Verfahren nach § 487 von Amts wegen einzuleiten ist. Im Übrigen kann das Verfahren nicht abweichend geregelt werden.

§ 487 FamFG | Nachlassauseinandersetzung

7   Von dem Vorbehalt haben nur Baden-Württemberg und Bayern Gebrauch gemacht; in beiden Bundesländern wurden die früheren landesrechtlichen Regelungen allerdings wieder aufgehoben, § 54 BWFGG, § 56 BayAGGVG.

8   Im Übrigen gilt der Vorbehalt nicht für die Auseinandersetzung einer Gütergemeinschaft.

§ 488 Verfahren vor landesgesetzlich zugelassenen Behörden

(1) Sind für die in § 1 genannten Angelegenheiten nach Landesgesetz andere als gerichtliche Behörden zuständig, gelten die Vorschriften des Buches 1 mit Ausnahme der §§ 6, 15 Abs. 2, der §§ 25, 41 Abs. 1 und des § 46 auch für diese Behörden.

(2) Als nächsthöheres gemeinsames Gericht nach § 5 gilt das Gericht, welches das nächsthöhere gemeinsame Gericht für die Amtsgerichte ist, in deren Bezirk die Behörden ihren Sitz haben. Durch Landesgesetz kann bestimmt werden, dass, wenn die Behörden in dem Bezirk desselben Amtsgerichts ihren Sitz haben, dieses als nächsthöheres gemeinsames Gericht zuständig ist.

(3) Die Vorschriften des Gerichtsverfassungsgesetzes über die Gerichtssprache, die Verständigung mit dem Gericht sowie zur Rechtshilfe sind entsprechend anzuwenden. Die Verpflichtung der Gerichte, Rechtshilfe zu leisten, bleibt unberührt.

A. Allgemeines

Die Norm enthält die früher in § 194 FGG niedergelegten Regelungen für das Verfahren vor den landesgesetzlich zugelassenen Behörden. Voraussetzung ist nach dem Wortlaut des Abs 1, dass es sich iSd § 1 um das Verfahren in Familiensachen oder eine durch Bundesgesetz den Gerichten zugewiesene Angelegenheit der freiwilligen Gerichtsbarkeit handelt. Nur für den zuletzt genannten Fall hat die Vorschrift allerdings Bedeutung. Entsprechende Möglichkeiten der Zuständigkeitsübertragung auf andere als gerichtliche Behörden finden sich in § 486 Abs 1 iVm Art 147 EGBGB (s § 486 Rz 5) sowie in § 487 Abs 1 Nr 2 und 3. Behörden iSd § 488 sind dabei auch die Notare (BayObLGZ 1983, 101, 104; KKW/*Winkler* § 194 Rn 2), nicht aber das Jugendamt (OLG Rostock JFG 3, 38; Jansen/*v König* § 194 Rn 14). 1

B. Anwendbarkeit der allgemeinen Verfahrensvorschriften

Für das Verfahren vor den nichtgerichtlichen Behörden gelten gemäß Abs 1 die Vorschriften des ersten Buchs des FamFG (§§ 1–110). Ausdrücklich davon ausgenommen sind: 2
– § 6: Ausschließung und Ablehnung von Gerichtspersonen
– § 25: Aufnahme von Anträgen und Erklärungen zu Protokoll der Geschäftsstelle
– §§ 15 Abs 2, 41 Abs 1: Bekanntgabebestimmungen
– § 46: Erteilung von Rechtskraft- und Notfristzeugnissen

Diese Gegenstände kann die Landesgesetzgebung regeln (KKW/*Winkler* § 194 Rn 7). Über die Beschwerde entscheidet das LG bzw OLG, das dem AG vorgeordnet ist, an dessen Stelle die nichtgerichtliche Behörde getreten ist (vgl zum bisherigen Recht Jansen/*v König* § 194 Rn 8; s aber auch § 489). Soweit die Bezug genommenen Vorschriften des ersten Buchs die Anordnung von Haft gestatten (s §§ 30 iVm 380, 390 ZPO, 35, 95 iVm 888, 890 ZPO), ist Art 104 Abs 2 GG zu beachten, so dass die Sache insoweit dem Richter vorzulegen ist (Jansen/*v König* § 194 Rn 7). 3

Anzuwenden sind nach Abs 3 S 1 außerdem die Vorschriften des GVG über die Gerichtssprache und die Verständigung mit dem Gericht (§§ 184–191a GVG) sowie die Vorschriften zur Rechtshilfe (§§ 156–168 GVG). Zusätzlich stellt Abs 3 S 2 klar, dass die Verpflichtung der Gerichte, Amtshilfe zu leisten, unberührt bleibt. Es sind also sowohl die Gerichte als auch die nichtgerichtlichen Behörden berechtigt, Rechtshilfe zu verlangen, und verpflichtet, solche zu leisten (KKW/*Winkler* § 194 Rn 8). Dabei darf im Verkehr verschiedener Länder ein AG die Rechtshilfe nicht deshalb verweigern, weil in seinem Land die betreffenden Verrichtungen einer nichtgerichtlichen Behörde übertragen sind (RGZ 69, 271; OLG Karlsruhe Rpfleger 1994, 255; Jansen/*v König* § 194 Rn 14). 4

C. Nächsthöheres gemeinsames Gericht, Absatz 2

5 Bei Zuständigkeits- und Abgabestreitigkeiten zwischen mehreren nichtgerichtlichen Behörden entscheidet nach Abs 1 iVm § 5 das nächsthöhere gemeinsame Gericht. Nach Abs 2 S 1 ist dies das Gericht, welches das nächsthöhere gemeinsame Gericht für die Amtsgerichte ist, in deren Bezirk bzw Bezirken die streitenden Behörden ihren Sitz haben. Diese Regel gilt auch dann, wenn es um Streitigkeiten zwischen nichtgerichtlicher Behörde und AG geht (BayObLGZ 58, 1; KG JR 1963, 144; Jansen/*v König* § 194 Rn 9).

6 Zuständig ist danach meist das LG (zu Streitigkeiten über Landesgrenzen hinweg s zB BayObLGZ 1958, 1), und zwar auch, wenn die Behörden ihren Sitz in demselben Amtsgerichtsbezirk haben (Jansen/*v König* § 194 Rn 9). Davon kann nach Abs 2 S 2 der Landesgesetzgeber allerdings abweichen und in dieser Konstellation dem AG die Zuständigkeit zur (unanfechtbaren, § 5 Abs 3) Entscheidung über die Zuständigkeits- und Abgabestreitigkeit zuweisen.

§ 489 Rechtsmittel

(1) Sind für die in § 1 genannten Angelegenheiten nach Landesgesetz anstelle der Gerichte Behörden zuständig, kann durch Landesgesetz bestimmt werden, dass für die Abänderung einer Entscheidung dieser Behörde das Amtsgericht zuständig ist, in dessen Bezirk die Behörde ihren Sitz hat. Auf das Verfahren sind die §§ 59 bis 69 entsprechend anzuwenden.

(2) Gegen die Entscheidung des Amtsgerichts findet die Beschwerde statt.

A. Allgemeines

Die Vorschrift entspricht inhaltlich dem bisherigen § 195 FGG. Abs 1 wurde lediglich neu formuliert und die Verweise auf die Vorschriften über die Beschwerde angepasst (BTDrs 16/6308 S 298). **1**

B. Rechtsmittel zum Amtsgericht

Sind nach § 486 Abs 1 iVm Art 147 EGBGB (s § 486 Rz 5) oder § 487 Abs 1 Nr 2 und 3 andere als gerichtliche Behörden zuständig, so können die Landesgesetzgeber nach § 489 bestimmen, dass gegen deren Entscheidungen nicht unmittelbar die Beschwerde statthaft, sondern zunächst das AG anzurufen ist. Behörde in diesem Sinne sind auch die Notare (s § 488 Rz 1). Von dem Vorbehalt wurde Gebrauch gemacht in § 20 Abs 6 Hessisches OGG und Art 106, 111, 122, 123 Preussisches FGG, nicht aber in Bayern und Baden-Württemberg (KKW/*Winkler* § 195 Rn 5). **2**

Am eigentlichen Beschwerdeverfahren ändert sich nichts. Die Beschwerde (§§ 58 ff) ist dann gegen die Entscheidung des AG statthaft (Abs 2). Erst gegen die dann ergehende Beschwerdeentscheidung des dem AG übergeordneten Beschwerdegerichts gibt es dann ggf die Rechtsbeschwerde (§§ 70 ff). **3**

Das Verfahren vor dem AG ist selbst kein Beschwerdeverfahren, auch wenn insbesondere hinsichtlich der Rechtsmittelberechtigung, der Einlegung, der Frist, der Wiedereinsetzung in den vorherigen Stand und der Begründung die §§ 59–69 entsprechend gelten (Abs 1 Satz 2). Das Abänderungsgesuch kann daher nur bei der nichtgerichtlichen Behörde, um deren Entscheidung es geht, eingelegt werden (§ 64 Abs 1). **4**

Zuständig für die Abänderung der Entscheidung ist das AG, in dessen Bezirk die nichtgerichtliche Behörde ihren Sitz hat (Abs 1 S 1). Für Baden-Württemberg findet sich eine besondere Regelung über die funktionelle Zuständigkeit in § 35 Abs 4 RPflG, wonach der Richter entscheidet. Allerdings entscheidet nach dem LFGG Baden-Württembergs das AG nur über die Erinnerungen gegen den Kostenansatz bzw die Geschäftswertfestsetzung in Vormundschafts-, Nachlass- und Grundbuchsachen, und das auch nur im württembergischen Rechtsgebiet (s § 142 KostO; ausführlich Jansen/*v König* § 195 Rn 5 ff; s auch LG Heilbronn Justiz 1976, 211). **5**

§ 490 Landesrechtliche Aufgebotsverfahren

Die Landesgesetze können bei Aufgeboten, deren Zulässigkeit auf landesgesetzlichen Vorschriften beruht, die Anwendung der Bestimmungen über das Aufgebotsverfahren ausschließen oder diese Bestimmungen durch andere Vorschriften ersetzen.

1 Die Norm entspricht der bisherigen Regelung des § 11 EGZPO. Sie ermöglicht es dem Landesgesetzgeber bei Aufgeboten, deren Zulässigkeit auf landesgesetzlichen Vorschriften beruht, die §§ 433 ff auszuschließen oder sie durch andere Vorschriften zu ersetzen. S dazu Art 101 f, 174 ff EGBGB sowie für Bayern Art 26–28 BayAGGVG, Art 33–42, 59 BayAGBGB.

§ 491 Landesrechtliche Vorbehalte bei Verfahren zur Kraftloserklärung von Urkunden

Unberührt bleiben die landesgesetzlichen Vorschriften, durch die für das Aufgebotsverfahren zum Zwecke der Kraftloserklärung von Schuldverschreibungen auf den Inhaber, die ein deutsches Land oder früherer Bundesstaat oder eine ihm angehörende Körperschaft, Stiftung oder Anstalt des öffentlichen Rechts ausgestellt oder für deren Bezahlung ein deutsches Land oder früherer Bundesstaat die Haftung übernommen hat, ein bestimmtes Amtsgericht für ausschließlich zuständig erklärt wird. Bezweckt das Aufgebot die Kraftloserklärung einer Urkunde der im § 808 des Bürgerlichen Gesetzbuchs bezeichneten Art, gilt Satz 1 entsprechend.

S 1 der Vorschrift übernimmt die Regelung des bisherigen § 1006 Abs 3 ZPO für bestimmte Inhaberpapiere. S 2 entspricht inhaltlich der Verweisung im bisherigen § 1023 S 1 ZPO auf den bisherigen § 1006 Abs 3 ZPO für den Bereich der hinkenden Inhaberpapiere (s BTDrs 16/6308 S 299). 1

Betroffen sind Aufgebotsverfahren (s §§ 433 ff, 466 ff) zur Kraftloserklärung von Schuldverschreibungen auf den Inhaber, die ein Bundesland (oder früherer Bundesstaat) oder eine ihm angehörende juristische Person des öffentlichen Rechts ausgestellt oder dafür die Haftung übernommen hat, sowie Aufgebotsverfahren zur Kraftloserklärung von qualifizierten Legitimationspapieren (hinkenden Inhaberpapieren) iSd § 808 BGB (s.a. § 483). Unter letztere fallen die meisten Sparbücher, vielfach auch Pfandscheine, Depotscheine, Versicherungsscheine und nicht auf den Inhaber ausgestellte Lagerscheine (Zöller/*Geimer* § 1023 Rn 1). Insoweit bleiben landesrechtliche Bestimmungen, die die Zuständigkeit bei einem AG konzentrieren, unberührt. 2

Entsprechende Regelungen enthalten 3
– Art 26 BayAGGVG: »Für das Aufgebotsverfahren zum Zweck der Kraftloserklärung von Schuldverschreibungen ist bei Schuldverschreibungen des Freistaates Bayern das Amtsgericht München, bei Schuldverschreibungen, die von einer dem Freistaat Bayern angehörenden Körperschaft, Stiftung oder Anstalt des öffentlichen Rechts ausgestellt sind, das Amtsgericht, bei welchem die Körperschaft, Stiftung oder Anstalt ihren allgemeinen Gerichtsstand hat, ausschließlich zuständig.«
– § 27 Abs 1 BWAGGVG: »Für das Aufgebotsverfahren zum Zwecke der Kraftloserklärung von Schuldverschreibungen auf den Inhaber ist bei Schuldverschreibungen des Landes Baden-Württemberg das Amtsgericht Karlsruhe, bei Schuldverschreibungen einer baden-württembergischen Körperschaft, Stiftung oder Anstalt des öffentlichen Rechts das Amtsgericht ausschließlich zuständig, in dessen Bezirk die Körperschaft, Stiftung oder Anstalt ihren Sitz hat.«

Gesetz über Gerichtskosten in Familiensachen (FamGKG)
(Paragrafen ohne Gesetzesbezeichnung sind solche des FamGKG)

Einleitung

A. Entwicklung

Die Kosten in Familiensachen wurden schon durch das zum 1.7.2004 in Kraft getretene 1
Kostenrechtsmodernisierungsgesetz (KostRMoG, BGBl I 2004, 718) unter Einschluss der Vergütung der Rechtsanwälte und der Entschädigung von Sachverständigen, Zeugen ua grundlegend umgestaltet. Anders als das GKG blieb die KostO, die die gerichtlichen Gebühren und Auslagen in Angelegenheiten der freiwilligen Gerichtsbarkeit und damit auch der ihr unterworfenen Familiensachen regelte, davon weitgehend unberührt. Erhalten blieb insbesondere die Zweiteilung der in Familiensachen maßgeblichen Kostenvorschriften entsprechend ihrer verfahrensrechtlichen Zuordnung. Erst mit der Zusammenführung der familienrechtlichen Verfahrensvorschriften und ihrer Integration in das FamFG unter gleichzeitiger Aufhebung des 6. und 9. Buchs der ZPO durch das FGG-RG (BGBl I 2008, 2586) mussten zwangsläufig auch die Vorschriften über die gerichtlichen Gebühren und Auslagen jedenfalls für die bisher der ZPO unterworfenen Verfahren in Familiensachen neu geregelt werden. Der Gesetzgeber hat dazu im Vorgriff auf eine Novellierung der KostO die gerichtlichen Kosten sämtlicher Familiensachen einheitlich in einem eigenständigen Kostengesetz zusammengefasst, das in seinem Aufbau dem durch das KostRMoG grundlegend überarbeiteten GKG angelehnt ist. Damit wurde für die Kosten in Familiensachen eine einheitliche Gesetzesgrundlage geschaffen, die im Verfahrensrecht (FamFG) durch den weitgehenden Verweis auf die Vorschriften der ZPO für Ehe- und Familienstreitsachen nur scheinbar realisiert ist. Ob das FamGKG im Rahmen der beabsichtigten Modernisierung der KostO in diese integriert werden wird, ist noch offen (vgl BTDrs 16/6308 S 164).

B. Inhalt

Wie das GKG und das RVG gliedert sich das FamFG in einen allgemeinen Vorschriften- 2
teil, der insbesondere die auch für die Anwaltsvergütung (s § 23 RVG) bedeutsamen Vorgaben für die Ermittlung des Verfahrenswerts enthält, und in ein als Anlage beigefügtes ausführliches Kostenverzeichnis (KV), das die anfallenden Gebühren bzw den Gebührensatz für einzelne Verfahren und Instanzen sowie die Auslagen auflistet und in An- und Vorbemerkungen erläutert. Der Aufbau des Normenteils folgt dem des GKG und behandelt die Gebühren und Haftung für die Kosten vor den ihr nur dienenden Bewertungsvorschriften. Er schließt ab mit den Rechtsbehelfen gegen die Wertfestsetzung und dem Kostenansatz, die wie in den übrigen Kostengesetzen abschließend und unabhängig von den das Hauptverfahren betreffenden Verfahrensvorschriften geregelt sind.

Mit der Anlehnung an die Struktur des GKG verbindet sich zugleich eine weitgehen- 3
de Zurückdrängung der nach der KostO üblichen Akt- bzw Vornahmegebühr zugunsten einer pauschalen Verfahrensgebühr. Damit fällt im Gegensatz zum bisherigen Recht, zB in Kindschaftssachen, eine Gebühr auch dann an, wenn ein Antrag abgelehnt wird. Nicht übernommen wurde dagegen die Haftung des sog Interesseschuldners in Amtsverfahren. Darüber hinaus wurden in weiterem Umfang als schon durch das KostRMoG Wertgebühren durch Festgebühren ersetzt und das System der Festwerte erheblich erweitert. Gleichzeitig wurden sämtliche Festwerte dergestalt relativiert, dass dem Gericht gestattet ist, den jeweiligen Festwert herab- oder heraufzusetzen, wenn er nach den besonderen Umständen des Einzelfalls unbillig ist. Unter Einschluss des bei der (unveränderten) Bewertung einer Ehesache oder beim Auffangwert ohnehin eingeräumten Er-

FamGKG | Einleitung

messens bleibt damit nur die Bewertung einer Unterhaltssache und einzelner Genehmigungsverfahren ohne Billigkeitsregelung.

C. Übergangsregelung

4 Nach der auch für die Anwendung des FamGKG geltenden allgemeinen Übergangsregelung des Art 111 des FGG-RG ist auf sämtliche Verfahren, die bis zum Inkrafttreten des FGG-RG am 1.9.2009 bereits eingeleitet oder beantragt wurden, das bisherige Recht anzuwenden. Davon sind, entgegen sonstiger Übung, Rechtsmittelverfahren nicht ausgenommen (BTDrs 16/6308, 358). Für sie, und damit auch für die kostenrechtlichen Rechtsbehelfe, die ohnehin die übergangsrechtliche Zuordnung des Hauptverfahrens teilen (vgl § 63 Rz 3), gilt das bis zum 31.8.2008 gültige Verfahrens- und Kostenrecht, wenn das erstinstanzliche Verfahren nach altem Recht abgeschlossen wurde. Neues Recht gilt dagegen für sämtliche ab dem 1.9.2009 eingeleitete oder beantragte (Erst-)Verfahren sowie für jedes Verfahren auf Abänderung, Aufhebung oder Verlängerung einer gerichtlichen Entscheidung oder Maßnahme. Eingeleitet iSd Überleitungsvorschrift werden Amtsverfahren durch die Erste auf Durchführung des Verfahrens zielende und nach außen wirkende Maßnahme des Gerichts und Verfahren, die nur auf Antrag geführt werden, mit dem Eingang des Antrags bei Gericht (Korinthenberg/*Lappe* § 161 Rn 8). Zweifelhaft ist, ob ein Antrag auf Verfahrenskostenhilfe ausreicht. Für verbundene Verfahren, insbesondere das Scheidungsverbundverfahren, kommt es auf die erste Verfahrenshandlung an. Liegt diese vor dem Stichtag, findet auch auf die nach dem Stichtag eingeleiteten Folgesachen altes Recht Anwendung (Meysen/*Rakete-Dombeck* Art 111 Rn 6). Besonderheiten bestehen beim Versorgungsausgleich. Ist dieser bis zum 31.8.2010 noch nicht in 1. Instanz abgeschlossen, ist er auf das neue Recht umzustellen und mit ihm die verbundenen Scheidungs- oder Folgesachen (s im Übrigen § 50 Rz 2). In Bestandsverfahren, wie Vormundschaften und Pflegschaften, führt jede nach dem 31.8.2009 mit einer eigenen Endentscheidung abzuschließende Maßnahme zur Anwendung des neuen Rechts (Art 111 Abs 2 FGG-RG, BTDrs 16/11903, 127).

Abschnitt 1
Allgemeine Vorschriften

§ 1 Geltungsbereich

In Familiensachen einschließlich der Vollstreckung durch das Familiengericht und für Verfahren vor dem Oberlandesgericht nach § 107 des Gesetzes über das Verfahren in Familiensachen und in den Angelegenheiten der freiwilligen Gerichtsbarkeit werden Kosten (Gebühren und Auslagen) nur nach diesem Gesetz erhoben, soweit nichts anderes bestimmt ist. Dies gilt auch für Verfahren über eine Beschwerde, die mit einem Verfahren nach Satz 1 in Zusammenhang steht. Für das Mahnverfahren werden Kosten nach dem Gerichtskostengesetz erhoben.

A. Geltungsbereich

Das FamGKG gilt für sämtliche in § 111 FamFG aufgelisteten und im 2. Buch des FamFG 1 geregelten Verfahren einschließlich der im 1. Buch geregelten Neben- und Folgeverfahren (Beschwerden und Antrag auf gerichtliche Entscheidung nach § 107 FamFG). Auch für die Ehe- und Familienstreitsachen, deren Verfahren sich weiterhin weitgehend nach der ZPO richten (vgl § 113 FamFG), ist für die Kosten nicht das GKG, sondern das neue FamGKG maßgeblich. § 5 erstreckt außerdem das FamGKG ausdrücklich auch auf die dort genannten Verfahren nach dem LPartG. Für die Vollstreckung (§§ 86 ff FamFG) gilt das FamGKG nur, soweit sie dem Familiengericht obliegt. Während für Vollstreckungshandlungen, die kraft Verweisung nach den Vorschriften der ZPO durch das Vollstreckungsgericht erfolgen und für Handlungen im Rahmen der Vollziehung eines Arrests die Kosten nach dem GKG erhoben werden (Vorbem 1.6 und 2 Abs 4 KV-FamGKG; BTDrs 16/6308 S 301). Gleiches gilt für das Mahnverfahren.

B. Grundsatz

§ 1 **Satz 1** stellt wie § 1 GKG iS einer Legaldefinition klar, dass Kosten Gebühren und 2 Auslagen umfassen, und dass nur die in diesem Gesetz vorgesehenen Kosten erhoben werden dürfen (Grundsatz der bedingten Kostenfreiheit, *Hartmann* § 1 GKG Rn 16). Aufgrund des Charakters des Kostenrechts als öffentlich-rechtliches Abgabenrecht verbietet sich auch eine analoge Heranziehung von Gebührenvorschriften zu Lasten des Kostenschuldners (BGH FamRZ 2007, 1008 (LS) = JurBüro 2007, 371).

§ 2 Kostenfreiheit

(1) Der Bund und die Länder sowie die nach Haushaltsplänen des Bundes oder eines Landes verwalteten öffentlichen Anstalten und Kassen sind von der Zahlung der Kosten befreit.

(2) Sonstige bundesrechtliche oder landesrechtliche Vorschriften, durch die eine sachliche oder persönliche Befreiung von Kosten gewährt ist, bleiben unberührt.

(3) Soweit jemandem, der von Kosten befreit ist, Kosten des Verfahrens auferlegt werden, sind Kosten nicht zu erheben; bereits erhobene Kosten sind zurückzuzahlen. Das Gleiche gilt, soweit ein von Kosten Befreiter Kosten des Verfahrens übernimmt.

A. Begünstigte

1 § 2 entspricht im Wesentlichen der Kostenbefreiungsvorschrift des § 2 GKG, soweit diese auf die ordentliche Gerichtsbarkeit Anwendung findet, und des § 11 Abs 1 Satz 1, Abs 2 KostO. Nach **Abs 1** sind insbesondere die Länder bei der gerichtlichen Beitreibung der auf sie nach § 7 UVG übergegangenen Unterhaltsansprüche von Kosten befreit. Das Gleiche gilt nach **Abs 2** iVm § 64 Abs 3 SGB X für die Träger der Sozialhilfe und (seit 1.1.2006) auch für die Bundesagentur für Arbeit als Träger der Grundsicherung (anders noch für die Zeit davor: OLG München OLGR 2005, 487 = FamRZ 2006, 219 (LS)). Die Befreiung nach § 64 Abs 3 SGB X gilt auch für die Träger der Jugendhilfe. Sie bezieht sich allerdings nur auf solche Verfahren, die einen engen sachlichen Bezug zur jeweiligen Aufgabenerfüllung haben (BGH FamRZ 2006, 411 mwN; OLG Düsseldorf OLGR 2004, 498). Nicht unter § 2 fallen Unterhalts- und Abstammungsverfahren, die im Rahmen einer Beistandschaft (§ 55 SBG VIII) vom Jugendamt für ein Kind geführt werden, da sie insoweit nur als gesetzlicher Vertreter des Kindes und nicht als Partei bzw Verfahrensbeteiligter auftreten. Zur Frage, ob Rentenversicherungsträger nach § 64 SGB X in Versorgungsausgleichsverfahren von Kosten befreit sind, vgl OLG Naumburg (FamRZ 2006, 437). Die jeweils zuständige Behörde in Eheaufhebungs- oder Vaterschaftsanfechtungsverfahren dürften regelmäßig nach Landesrecht von Kosten befreit sein. Zu weiteren Begünstigten vgl *Hartmann* § 2 GKG Rn 8 ff.

B. Wirkung

I. Für den Begünstigten

2 Die Kostenbefreiung gilt für die Gebühren und die Auslagen (s § 1 Rz 2). Soweit sie auf Landesrecht beruht, ist zu beachten, dass dort zT nur von Gebühren, nicht aber von Auslagen befreit wird (OLG Düsseldorf OLGR 2004, 498). Die Befreiung von Kosten lässt auch die Vorauszahlungs- und Vorschusspflicht (§§ 14 ff) entfallen. Sie bewirkt allerdings nicht, dass dem Begünstigten keine Verfahrenskosten durch gerichtliche Entscheidung oder durch Vergleich auferlegt werden dürften. In diesem Fall können aber die gerichtlichen Kosten, soweit die Befreiung reicht, trotz einer Kostenentscheidung zu seinen Lasten von ihm nicht erhoben werden, selbst wenn der Begünstigte Kosten im Vergleich übernommen hat. Soweit er bereits Kosten entrichtet hat, besteht ein unmittelbarer Anspruch auf Rückzahlung gegen die Staatskasse (Abs 3). Als Folge der Befreiung können sie auch im Kostenfestsetzungsverfahren nicht zulasten der begünstigten Partei berücksichtigt werden (BGH NJW 2003, 1322).

II. Für nicht begünstigte Verfahrenbeteiligte

3 Nach Abs 3 können Kosten, soweit sie einem hiervon Befreiten durch gerichtliche Entscheidung auferlegt oder (in einem Vergleich) von ihm übernommen werden, auch nicht von anderen Verfahrensbeteiligten erhoben werden. Die danach von einem anderen Be-

teiligten überzahlten Gerichtskosten sind diesem aus der Staatskasse zurückzuzahlen (BGH NJW 2003, 1322, 1324) oder mit seiner verbleibenden Kostenschuld zu verrechnen. Vom Begünstigten darf er sie nicht einfordern. Die eigene Verpflichtung des Nichtbegünstigten, Kosten vorauszuzahlen oder Vorschüsse zu leisten, wird von der Kostenbefreiung eines anderen Verfahrensbeteiligten nach § 2, anders als uU bei der Verfahrenskostenbewilligung, nicht berührt.

Haftet der Nichtbegünstigte mit dem Begünstigten als **Gesamtschuldner**, ist umstritten, ob der Nichtbegünstigte dann voll in Anspruch genommen werden kann oder nur soweit ihn der Begünstigte nicht im Innenverhältnis freistellen muss (so die wohl hM, vgl *Hartmann* § 2 GKG Rn 22 mwN; aA OLG Schleswig AnwBl 1994, 570). Vorschüsse soll der Nichtbegünstigte in jedem Fall in voller Höhe leisten müssen (*Hartmann* § 2 GKG Rn 23). **4**

§ 3 Höhe der Kosten

(1) Die Gebühren richten sich nach dem Wert des Verfahrensgegenstands (Verfahrenswert), soweit nichts anderes bestimmt ist.

(2) Kosten werden nach dem Kostenverzeichnis der Anlage 1 zu diesem Gesetz erhoben.

Übersicht

	Rz		Rz
A. Allgemeines	1	5. Rechtsbeschwerdeverfahren	30
I. Systematik	1	C. Gebühren im einstweiligen Rechts-	
II. Kostenarten	6	schutz – KV Nr 1410 bis 1424 –	35
B. Gebühren in Hauptsacheverfahren – KV Nr 1110 bis 1328 –	9	D. Verfahren mit Auslandsbezug (KV 1710 ff)	39
I. Übersicht	9	E. Gebühren in der Vollstreckung und	
II. Gebühr für das Verfahren im Allgemeinen	11	Vollziehung (KV 1600 ff)	43
III. Ermäßigungstatbestände	16	F. Sonstige Gebühren	45
1. Ehe- und Familienstreitsachen 1. Instanz (KV 1111, 1221)	18	I. Zwangsmittel (§ 35 FamFG) – KV 1502 –	45
a) Antragsrücknahme	18	II. Vergleich – KV 1500 –	46
b) Erledigung der Hauptsache	20	III. Gehörsrüge – KV 1800 –	47
c) Gerichtlicher Vergleich	21	G. Gebühren für sonstige Rechtsmittel (KV 1910 ff)	48
d) Entscheidung ohne Gründe	22	I. Geltungsbereich	48
2. Ehe- und Familienstreitsachen 2. Instanz (KV 1121 f, 1223 f)	24	II. Rechtsmittel nach §§ 71 Abs 2, 91a Abs 2, 99 Abs 2 und 269 Abs 5 ZPO (KV 1910 f, 1920 ff)	50
3. Beschwerdeverfahren in vereinfachten Unterhaltsverfahren und Kindschaftssachen (KV 1212, 1315)	27	III. Gebühren für sonst nicht geregelte Beschwerden (KV 1912, 1923 f)	54
4. Übrige FG-Sachen 1. und 2. Instanz (KV 1321, 1323, 1324)	28	H. Auslagen (KV Teil 2)	58
		I. Allgemeines	58
		II. Einzelheiten	64

A. Allgemeines

I. Systematik

1 Die Vorschrift entspricht dem § 3 GKG. An die Stelle der Begriffe Streitwert und Streitgegenstand treten analog § 113 Abs 3 Nr 1 FamFG der Verfahrensgegenstand und der Verfahrenswert, der auch den in der KostO verwendeten Begriff des Gegenstandswerts ersetzen soll (BTDrs 16/6308 S 301). – Da ein Verfahren mehrere Gegenstände beinhalten kann, wird man auf den Begriff des Gegenstandswerts nicht verzichten können.

2 Wie im GKG gilt jetzt auch für die nicht zu den Familienstreitsachen oder Ehesachen zählenden Familiensachen gemäß **Abs 1** allgemein der **Grundsatz der Wertgebühr**, dh einer Gebührerhebung, die nach dem Wert des jeweiligen Verfahrensgegenstands variiert. Eine Wertgebühr setzt sich damit immer aus zwei Komponenten zusammen, einmal aus dem Verfahrenswert und zum anderen aus der diesem Wert in § 28 GKG bzw der Tabelle in Anlage 2 des FamGKG zugeordneten Gebühr in Euro. Für die Bestimmung des Verfahrenswerts enthalten die allgemeinen und besonderen Wertvorschriften der §§ 33 bis 52 Regelungen. Diese stellen zT auf das wirtschaftliche oder persönliche Interesse an einer Regelung ab oder normieren für bestimmte Verfahrensgegenstände relative Festwerte (s Einl vor § 1 Rz 2).

3 Die aus der Anlage zu § 28 errechnete Gebühr ist aber **nicht identisch mit** den für das jeweilige Verfahren **anfallenden Kosten**. Diese ergeben sich erst iVm mit dem als Anlage 1 zum FamGKG normierten **Kostenverzeichnis** (Abs 2), das in seinem ersten Teil für jede Verfahrensart oder gerichtliche Tätigkeit die Höhe der zu erhebenden Gerichtsgebühr als Anteil oder als ein Mehrfaches der Wertgebühr bestimmt (Gerichtsgebühr =

Wertgebühr aus § 28 × Gebührensatz aus KV). Hinzu kommen die gerichtlichen Auslagen nach Teil 2 des KV. Ergänzende Bemessungskriterien enthalten die §§ 29 bis 31.

Das Kostenverzeichnis enthält zugleich **anderweitige Bestimmungen** zur Gebührenerhebung iSv Abs 1, in dem es insbesondere für Entscheidungsgebühren und für Neben- und Folgeverfahren **Festgebühren** oder für Dauertätigkeiten Jahresgebühren bestimmt. 4

Zu den Gebühren werden **Auslagen** erhoben, die im Teil 2 des KV abschließend aufgeführt sind. 5

II. Kostenarten

Das KostRMoG hatte das im GKG bislang nur für die 1. Instanz in Zivilverfahren und isolierten ZPO-Familiensachen gültige **Pauschalgebührensystem** bereits auf Ehe- und Scheidungsverbundverfahren und die ihm gleichgestellten Verfahren nach dem LPartG erstreckt und zwar, wie in Zivilsachen auch, für alle Instanzen. Das FamGKG übernimmt dies nun für sämtliche Familiensachen. Die Gerichtsgebühr wird damit auch in den vormals nach dem FGG und der KostO zu behandelnden isolierten Familiensachen nicht mehr nach verschiedenen Tätigkeiten differenziert und aufsummiert. Es wird vielmehr regelmäßig nur eine pauschale **Verfahrensgebühr** erhoben, die grundsätzlich sämtliche Tätigkeiten des Gerichts pro Instanz abdeckt (s.a. § 28), soweit nicht der Anfall besonderer Kosten ausdrücklich bestimmt ist, wie zB für die Protokollierung eines über den Gegenstand des Verfahrens hinausgehenden Vergleichs und für bestimmte Auslagen. Die üblichen Post- und Zustellauslagen sind in der pauschalen Verfahrensgebühr enthalten. Die in der KostO noch vorherrschende **Vornahmegebühr** wird als Entscheidungsgebühr neben oder anstelle einer Verfahrensgebühr nur noch vereinzelt erhoben, zB für die Anordnung von Zwangsmaßnahmen nach § 35 FamFG oder in der Zwangsvollstreckung und für den Festsetzungsbeschluss im vereinfachten Unterhaltsverfahren, oder als Jahresgebühr für Dauertätigkeiten bei Vormundschaften uä. 6

Vornahmegebühren sind idR als **Festgebühren** ausgestaltet. Das gleiche gilt für praktisch sämtliche Gebühren in Nebenverfahren und in Rechtsmittelverfahren, die keine Hauptsacheentscheidung betreffen, sowie für die in Hauptabschnitt 7 des KV geregelten Verfahren mit direktem Auslandsbezug. Nach dem Grundsatz der **Wertgebühren** werden dagegen in Form der pauschalen Verfahrensgebühr sämtliche regulären Hauptsacheverfahren und die Verfahren über einstweiligen Rechtsschutz in allen Instanzen abgerechnet (s KV Teil 1 Hauptabschnitt 1 bis 4). 7

Im Folgenden wird das nach § 62 als Anlage 1 zu § 3 FamFG vollständig abgedruckte **KV zusammenhängend kommentiert**. Das bietet sich nicht nur aus technischen, sondern auch aus praktischen Erwägungen an. Denn der Gebührenteil listet in aufeinander folgenden Hauptabschnitten die systematisch gleich geregelten Gebührensätze jeweils gesondert für einzelne Verfahrensarten in sich auch inhaltlich weitgehend wiederholender Weise auf. Eine komprimierte Darstellung der Struktur und der wesentlichen Probleme der Gebührenbemessung vermeidet ansonsten allfällige Wiederholungen und Verweisungen. Im Übrigen ist das KV in seiner Ausführlichkeit aus sich heraus verständlich und über das vorangestellte Inhaltsverzeichnis leicht zu erschließen. Das gilt auch für den Auslagenteil. 8

B. Gebühren in Hauptsacheverfahren – KV Nr 1110 bis 1328 –

I. Übersicht

9

Hauptsacheverfahren in		Ehe- und Folgesachen	Familienstreitsachen[1]	Kindschaftssachen[2]	Sonstige FG-Sachen[2]
Gebühr	KV-Nr	1110 ff	1220 ff	1310 ff	1320 ff
I. Instanz – Familiengericht –					
Verfahren im Allgemeinen		2,0	3,0	0,5	2,0
ermäßigt		0,5	1,0	–	0,5
II. Instanz – OLG –					
Beschwerde g. *Endentscheidung*					
Verfahren im Allgemeinen		3,0	4,0	1,0	3,0
Ermäßigung bei					
– Rücknahme vor Begründung auf		0,5	1,0	–	0,5
– Erledigung vor Entscheidung auf		1,0	2,0	0,5	1,0
III. Instanz – BGH –					
Rechtsbeschwerde gegen *Endentscheidung.*					
Verfahren im Allgemeinen		4,0	5,0	1,5	4,0
Ermäßigung bei					
– Rücknahme vor Begründung auf		1,0	1,0	0,5	1,0
– Erledigung vor Entscheidung auf		2,0	3,0	1,0	2,0
Sprungrechtsbeschwerde					
bei Ablehnung des Antrags		1,0	1,5	0,5	1,0
bei Erledigung vor Entscheidung		gebührenfrei	1,0	gebührenfrei	gebührenfrei

– = keine Ermäßigung

[1] ohne vereinfachtes Verfahren nach § 249 FamFG; gleiche Gebühren wie in Kindschaftssachen s Rz 12

[2] wegen Vormundschaften und Pflegschaften s Rz 13, 14

10 Die in diesem Abschnitt und in der vorstehenden Tabelle aufgeführten Gebührensätze für die Wertgebühr (s.o. Rz 3) gelten nur für Hauptsacheverfahren und nicht für Neben und Folgeverfahren. Diese sind, soweit das KV keine gesonderten Gebühren ausweist, mit der Gebühr für die Hauptsache abgegolten. Für die Rechtsmittel über Neben und Zwischenentscheidungen enthält Hauptabschnitt 9 des KV (Nr 1910 ff) gesonderte Regelungen. Diese gelten auch für Beschwerdeverfahren nach §§ 71 Abs 2, 91a Abs 2, 99 Abs 2 und 269 Abs 5 ZPO.

II. Gebühr für das Verfahren im Allgemeinen

11 Das FamGKG knüpft in seinem KV für die Gebühren in Hauptsacheverfahren in Ehe- und Folgesachen und den isolierten Streit- und FG-Verfahren an die im KV des GKG für Prozessverfahren vor den ordentliche Gerichten geltenden Regelungen an. In allen Instanzen wird für das Verfahren im Allgemeinen eine in der Höhe variierende **pauschale Verfahrensgebühr** erhoben (zur Fälligkeit s § 14 ff). Ihre **Höhe**, genauer der sie bestimmende Gebührensatz (s Rz 3), **variiert nach dem Verfahrensgegenstand** bzw der nach dem Verfahrensrecht vorgegebenen Zuordnung einzelner Familiensachen zu bestimmten Verfahrensarten. Die höchsten Gebühren werden in den isolierten Familienstreitsachen (iSd § 112 FamFG) erhoben. Die bislang für diese geltenden Nr 1210 ff KV GKG wurden unter Anpassung an das FamFG inhaltlich praktisch unverändert übernommen. Das Gleiche gilt im wesentlichen auch für Ehe- und Scheidungsverbundver-

fahren, insbesondere hinsichtlich der gebührenrechtlichen Privilegierung gegenüber den selbstständigen Familienstreitsachen. Für die Kindschaftssachen (§ 151 FamFG) hat sich der Gesetzgeber für moderate Gebühren entschieden, wie sie das GKG bisher schon für vereinfachte Unterhaltsverfahren vorsah. Für die übrigen selbstständigen FG-Familiensachen (= nicht Familienstreitsachen) werden ähnliche Gebühren wie in Ehe- und Verbundverfahren erhoben. Die jetzt unter KV 1320 ff fallenden isolierten FG-Sachen werden in der Vorbem 1.3.2 enumerativ aufgezählt. Danach fallen darunter die in § 111 FamFG unter Ziff 3 bis 7 genannten Verfahren, also auch das Abstammungsverfahren; Adoptionen nur, soweit sie Volljährige betreffen. Die Annahme Minderjähriger bleibt wie bisher gebührenfrei. Des weiteren sind nach KV 1320 alle Unterhalts-, Güterrechts- und sonstige Familiensachen abzurechnen, die nicht Familienstreitsachen sind. Soweit Abgrenzungsprobleme auftreten, muss die Gebührenerhebung der verfahrensrechtlichen Einordnung des Gerichts folgen. Die Zuordnung der **Lebenspartnerschaftssachen** erfolgt nach § 5.

Besonderheiten im vereinfachten Unterhaltsverfahren: Die Gebühren nach KV 12 1210 ff entsprechen in allen Rechtszügen denen für das Kindschaftsverfahren in KV 1310 ff. Allerdings wird für den Festsetzungsbeschluss in I. Instanz keine Verfahrensgebühr sondern lediglich eine 0,5 Entscheidungsgebühr erhoben, und zwar nur, wenn dem Antrag entweder in vollem Umfang stattgegeben oder er zurückgewiesen wird. Wird lediglich der vom Unterhaltsschuldner freiwillig zugestandene Betrag nach § 254 Satz 2 FamFG festgesetzt, bleibt der Festsetzungsbeschluss gebührenfrei (KV 1210; s.a. *Philippi* FPR 2005, 387). Nach Überleitung in das Streitverfahren handelt es sich um ein normales Unterhaltsverfahren. Stichtag für die Wertberechnung nach § 51 bleibt allerdings der Eingang des Festsetzungsantrags.

Besonderheiten in Kindschaftssachen: Ausdrücklich **gebührenfrei** sind nach KV 13 Vorbem 1.3.1 Abs 1 Kindschaftsverfahren, die die Pflegschaft für ein ungeborenes Kind, die freiheitsentziehende Unterbringung eines Minderjährigen oder Aufgaben des Familiengerichts nach §§ 53, 67 Abs 4 JGG betreffen. Für eine **Umgangspflegschaft** werden neben der Gebühr für das Verfahren, in dem sie angeordnet wird, keine gesonderten Gebühren erhoben (KV 1310 Anm Abs 2). Nach Vorbem 1.3.1 Abs 2 sind **Minderjährige persönlich** von Gebühren **befreit**, wenn ihr Vermögen nach Abzug der Verbindlichkeiten ohne Berücksichtigung eines kleinen Hausgrundstücks (§ 90 Abs 2 SGB XII) den Betrag von 25.000 € übersteigt.

Für die Einrichtung und Überwachung von **Vormundschaften** und **Dauerpflegschaf-** 14 **ten** werden anstelle der Verfahrensgebühr in 1. Instanz Jahresgebühren erhoben, die auch sonstige Kindschaftsverfahren abgelten, die zur Aufgabenerfüllung gehören (KV 1310 Anm Abs 1). Die Gebühr schuldet gemäß § 22 grundsätzlich der Minderjährige (BTDrs 16/6308 S 311). Eine Gebühr fällt daher überhaupt nur dann an, wenn die Gebührenbefreiung (s.o. Rz 13) nicht greift, dh wenn der Minderjährige vermögend ist. Dann berechnet sich die Jahresgebühr aus dem nicht geschützten Vermögen, s im Einzelnen KV 1311). Betrifft eine Dauerpflegschaft nicht auch das Vermögen, sondern nur die Personensorge, richtet sich die Jahresgebühr nach KV 1312. Bei einer **Pflegschaft für einzelne Rechtshandlungen** fällt eine nach oben begrenzte 0,5 Wertgebühr an (vgl iE KV 1313).

Ging einer Familienstreitsache ein **Mahnverfahren** voraus, entsteht nach Abgabe die 15 allgemeine Verfahrensgebühr gemäß Anm zu KV 1220 mit Eingang der Akten beim Familiengericht. Wird nur ein Teil des ursprünglich im Mahnverfahren geltend gemachten Anspruchs in das Streitverfahren übergeleitet, berechnet sich die Gebühr nur aus dem übergeleiteten Teilwert (OLG Dresden MDR 2004, 378 mwN), sofern der Antrag nicht gleichzeitig um neue Verfahrensgegenstände erweitert wird. Die für das Mahnverfahren nach GKG KV 1100 entstandene Gebühr wird auf die Verfahrensgebühr für das Streitverfahren angerechnet, bei Teilabgabe nur aus dem Teilwert.

III. Ermäßigungstatbestände

16 Die pauschale Verfahrensgebühr soll die Tätigkeit des Gerichts bis zur Beendigung der Instanz abgelten einschließlich des Absetzens der Endentscheidung. Endet das Verfahren vor einer gerichtlichen Entscheidung zur Hauptsache oder muss diese nicht begründet werden, führt dies idR zu einer Entlastung des Gerichts, die durch eine Ermäßigung der Verfahrensgebühr honoriert wird. Davon rückt der Gesetzgeber nur in den Fällen ab, in denen die jeweilige Verfahrengebühr bereits besonders niedrig ist, wie in Kindschaftssachen und im vereinfachten Unterhaltsverfahren, in denen die geringe Verfahrensgebühr von 0,5 in 1. Instanz keiner weiteren Ermäßigung zugänglich ist. Ansonsten führen die Rücknahme des Antrags und die Erledigung der Hauptsache, Vergleiche und Entscheidungen, die auf einem Anerkenntnis oder Verzicht beruhen oder die wegen eines Rechtsmittelverzichts keiner Begründung bedürfen, unter bestimmten Bedingungen zu zT erheblichen Ermäßigungen (s.o. Rz 9).

17 Voraussetzung ist aber immer, dass sich der **gesamte Verfahrensgegenstand** ausschließlich auf diese gebührenrechtlich privilegierte Weise **erledigt**. Sobald auch nur über einen Teil des Streitstoffs in anderer Weise abschließend entschieden wurde, zB durch Teilentscheidung über den Grund oder bei einer Stufenklage über den Auskunftsantrag, findet keine Ermäßigung statt (KG JurBüro 2006, 205; OLG Hamburg OLGR 2006, 533; OLG Karlsruhe FamRZ 2004, 1663). Auch der Erlass eines Versäumnisurteils hindert eine Ermäßigung, selbst wenn im Einspruchsverfahren ein Vergleich geschlossen wird. Eine Ausnahme besteht für das **Scheidungsverbundverfahren**. Hier kann sich die Gebühr in allen Instanzen auch für einzelne Folgesachen und zT auch für die Scheidungssache ermäßigen, wenn nur für diese die Voraussetzungen vorliegen, vgl KV 1111, 1122, 1132 (Anm Abs 1). Die Berechnung der Gebühr ist in diesem Fall nach §§ 30 Abs 3 iVm 44 Abs 1 vorzunehmen (s § 30 Rz 3).

1. Ehe- und Familienstreitsachen 1. Instanz (KV 1111, 1221)

a) Antragsrücknahme

18 Nicht jede Rücknahme eines Antrags führt zu einer Ermäßigung der allgemeinen Verfahrensgebühr. In Ehe- und Familienstreitsachen muss die Rücknahme in 1. Instanz **vor Schluss der mündlichen Verhandlung** erklärt werden (KV 1111, 1221 jeweils Nr 1a), bzw im schriftlichen Verfahren nach § 128 Abs 2 ZPO vor Ablauf der Schriftsatzfrist, die dem Schluss der mündlichen Verhandlung gleichgesetzt ist (jeweils Nr 1b). Im **schriftlichen Vorverfahren** (§ 331 Abs 3 ZPO) muss die Rücknahme vor Ablauf des Tages, an dem die Entscheidung der Geschäftsstelle übermittelt wird, bei Gericht eingehen. Letzteres wird in Verbundverfahren nur im Fall der Vorwegentscheidung über Auskunftsanträge relevant. Ist dem Verfahren ein **Mahnverfahren** vorausgegangen, steht der Rücknahme des Klagantrags die Rücknahme des Mahnbescheids, des Antrags auf Durchführung des streitigen Verfahrens oder des Einspruchs gegen den Vollstreckungsbescheid gleich (KV 1221 Anm Abs 1). Im Fall des **§ 269 Abs 3 Satz 3 ZPO** tritt in selbstständigen Familienstreitsachen die Ermäßigung nur ein, wenn das Gericht über die Kosten des Verfahrens keine oder nur eine unstreitige Entscheidung (s Rz 20) treffen muss. Die Einschränkung gilt mit Rücksicht auf die besondere Kostenregelung für Scheidungs- und Folgesachen in § 150 Abs 2 und 4 FamFG weder in diesen, noch in sonstigen Ehesachen (vgl KV 1111; BTDrs 16/6308 S 309).

19 Als zurückgenommen gilt nach § 32 Abs 4 KostVfg auch ein Antrag, für den eine im Voraus fällige Verfahrensgebühr (s § 14) nicht gezahlt und das Verfahren deshalb **weggelegt** wird. So dass auch in diesem Fall bei Vorliegen der sonstigen Vorraussetzungen nur die ermäßigte Gebühr anfällt.

b) Erledigung der Hauptsache

Eine Ermäßigung tritt auch bei übereinstimmender Erledigungserklärung der Parteien 20
iSv § 91a ZPO oder in den Fällen des § 131 FamFG ein (KV 1111, 1221 je Nr 4), aber nur,
wenn das Gericht keine Entscheidung über die Kosten des Verfahrens treffen muss; es
sei denn, die Entscheidung folgt einer zuvor mitgeteilten Einigung der Beteiligten über
die Kostentragung oder einer Kostenübernahmeerklärung (**unstreitige Kostenentscheidung**). Dies liegt zB auch vor, wenn sich die Parteien über einen anhängigen Verfahrensgegenstand außergerichtlich einigen und dabei auch die Kostentragung regeln (*Meyer* KV 1211 Rn 42).

c) Gerichtlicher Vergleich

Bei einer Beendigung des Verfahrens oder einer Folgesache durch einen gerichtlichen 21
Vergleich (KV 1111, 1221 je Nr 3) tritt, auch wenn er keine Kostenregelung enthält, die
Ermäßigung ein. Es muss sich aber in jedem Fall um einen entweder gemäß § 160 ZPO,
§ 36 Abs 2 FamFG protokollierten oder gemäß § 278 Abs 6 ZPO bestätigten Vergleich
handeln (OLG Düsseldorf MDR 2000, 415; OLG München NJW-RR 1999, 1232).

d) Entscheidung ohne Gründe

Nr 2 in KV 1111 und KV 1221 erfasst Ermäßigungen, die darauf beruhen, dass nach § 38 22
FamFG, der auch in Ehe- und Familienstreitsachen gilt, die Entscheidung keiner Begründung bedarf. Davon betroffen sind einmal Entscheidung, denen ein **Anerkenntnis** oder
ein **Verzicht** zugrunde liegt (§ 38 Abs 4 Nr 1 FamFG). Wie im GKG ermäßigt sich die
Verfahrensgebühr bei einer Säumnisentscheidung dagegen nicht. Ermäßigt, weil sie
nach § 38 Abs 4 Nr 2 und 3 FamFG **keiner Begründung bedürfen**, sind auch Entscheidungen, die gleichgerichteten Anträgen der Beteiligten stattgeben, sowie diejenigen, die
in Anwesenheit aller Beteiligten mündlich bekannt gegeben wurden und alle Beteiligten
auf Rechtsmittel verzichtet haben. Eine allein wegen des Auslandsbezugs erforderliche
Begründung (§ 38 Abs 5 Nr 4 FamFG) schadet nicht.

Von der Ermäßigung nach KV 1111 Nr 2 ist die Entscheidung über die **Ehescheidung** 23
ausdrücklich **ausgenommen**. Damit hat der Gesetzgeber am Ende des Gesetzgebungsverfahrens den durch die Neufassung des GKG zum 1.7.2004 ausgelösten Streit entschieden, ob sich bei einem nur auf die Scheidung bezogenen Rechtsmittelverzicht in
Verbundverfahren die Gebühr für diesen Verfahrensteil wie bei den Folgesachen (s.o.
Rz 17) isoliert ermäßigen kann (vgl *N. Schneider* FamRZ 2008, 953). Die Gründe hierfür,
dass »die beteiligten Ehepaare auch ohne kostenrechtliche Privilegierung ein Interesse
daran (haben), das Verfahren zügig zu beenden« und die Begründung der Entscheidung
nicht aufwändig sei (BTDrs 16/6308 S 309), sind wenig überzeugend. Vor allem wird
der Gewinn übersehen, den nicht nur die Beteiligten, sondern auch die Justiz an einer
mit der Beendigung der Instanz feststehenden und einfach festzustellenden Rechtskraft
der Scheidung haben. Die **übrigen Ehesachen** sind schon deshalb ausgenommen, weil
auf sie nach § 38 Abs 5 Nr 1 FamFG der Abs 4 nicht anzuwenden ist.

2. Ehe- und Familienstreitsachen 2. Instanz (KV 1121 f, 1223 f)

Eine **besondere Ermäßigung** wird in den Beschwerdeverfahren (ohne vereinfachtes Un- 24
terhaltsverfahren) bei **Rücknahme der Beschwerde vor ihrer Begründung** gewährt (s.o.
Rz 9). Die Erledigung eines Verfahrens vor Eingang der Begründung steht der Rücknahme gleich, wenn keine oder lediglich eine unstreitige Entscheidung (s Rz 20) über die
Kosten ergeht.

Nach Begründung der Beschwerde führen ähnlich wie in 1. Instanz die Rücknahme 25
vor Schluss der mündlichen Verhandlung, andernfalls mit Ablauf des Tages, an dem die

§ 3 FamGKG | Höhe der Kosten

schriftliche Entscheidung zur Geschäftsstelle gelangt (Rz 18), die Erledigung ohne streitige Kostenentscheidung (Rz 20), ein gerichtlicher Vergleich (Rz 21), sowie eine Anerkenntnis- oder Verzichtsentscheidung (Rz 22) zu einer geringeren **allgemeinen Ermäßigung** der Verfahrensgebühr (s.o. Rz 9).

26   Auch in der Beschwerdeinstanz muss das Verfahren in Familienstreitsachen insgesamt auf privilegierte Weise erledigt werden. Haben mehrere Beteiligte Rechtsmittel eingelegt, so müssen alle vor ihrer Begründung zurückgenommen werden, damit die besondere Ermäßigung greift. Nach Begründung auch nur eines Rechtsmittels gilt dies für die allgemeinen Ermäßigungstatbestände entsprechend, wobei nicht jeder Verfahrensgegenstand auf die gleiche Weise erledigt werden muss. In Scheidungsverbundverfahren gilt davon abweichend Rz 17.

3. Beschwerdeverfahren in vereinfachten Unterhaltsverfahren und Kindschaftssachen (KV 1212, 1315)

27   Obwohl es sich beim vereinfachten Verfahren über den Unterhalt Minderjähriger um eine Familienstreitsache handelt und bei der Kindschaftssache um eine FG-Sache, sind nicht nur die Gebührenhöhe, sondern auch die Ermäßigungstatbestände gleich. Die allgemeine Verfahrensgebühr ermäßigt sich ganz allgemein, wenn das Verfahren ohne gerichtliche Endentscheidung (iSd § 38 Abs 1 Satz 1 FamFG) und ohne oder nur mit einer unstreitigen Kostenentscheidung (Rz 20) beendet wird. Das gilt in Antragsverfahren auch dann, wenn zwar eine schriftliche Entscheidung vorbereitet ist, der Antrag aber vor dem Ablauf des Tages, an dem die Entscheidung der Geschäftsstelle übergeben wird, zurückgenommen wird.

4. Übrige FG-Sachen 1. und 2. Instanz (KV 1321, 1323, 1324)

28   Für andere FG-Sachen als Kindschaftssachen führt **in beiden Instanzen** eine Gesamterledigung ohne Endentscheidung und ohne streitige Kostenentscheidung in gleicher Weise wie in Rz 27 zu einer **allgemeinen Ermäßigung**. In 1. Instanz ermäßigt sich die allgemeine Verfahrensgebühr darüber hinaus auch dann, wenn die Entscheidung keine Begründung enthält oder nur deshalb begründet ist, weil sie im Ausland geltend gemacht wird bzw die Begründung später aus diesem Grund nachgeholt wird (KV 1321 Nr 3).

29   In der **Beschwerdeinstanz** greift die **besondere Ermäßigung** bei Rücknahme des Rechtsmittels vor seiner Begründung unter den gleichen Voraussetzungen wie bei den Familienstreitsachen (s.o. Rz 25 und KV 1323).

5. Rechtsbeschwerdeverfahren

30   (KV 1131 f, 1214 f, 1226 f, 1317 f, 1326 f):

31   In sämtlichen Rechtsbeschwerdeverfahren vor dem BGH führt unabhängig von der Verfahrensart die **Rücknahme der Rechtsbeschwerde vor ihrer Begründung** zu einer **besonderen Ermäßigung**. Die Erledigung eines Verfahrens vor Eingang der Rechtsmittelbegründung steht der Rücknahme gleich, wenn keine oder lediglich eine unstreitige Entscheidung (s Rz 20) über die Kosten ergeht, vgl Rz 24, Rz 26 gilt auch hier.

32   **Nach ihrer Begründung** führt die Zurücknahme der Rechtsbeschwerde vor Ablauf des Tages, an dem die Endentscheidung der Geschäftsstelle übermittel wird, zu einer geringeren **allgemeinen Ermäßigung**. Voraussetzung ist auch im Rechtsbeschwerdeverfahren der Eintritt der Gesamtbeendigung des Verfahrens, mit Ausnahme der Rechtsbeschwerde(n) in Scheidungsverbundverfahren. Hier kann sich die Gebühr für einzelne Folgesachen und die Scheidungssache ermäßigen, wenn nur für diese die Voraussetzungen vorliegen, s Rz 17.

(KV 1140, 1216, 1228 f, 1319, 1328): 33
Für das **Verfahren auf Zulassung der Sprungrechtsbeschwerde** werden Gebühren 34 nur erhoben, wenn der Antrag abgelehnt wird. Wenn die Sprungrechtsbeschwerde zugelassen wird, fällt keine gesonderte Gebühr neben der für das Rechtsbeschwerdeverfahren an. Bei teilweiser Ablehnung wird die Gebühr nur aus dem Wert des abgelehnten Verfahrensteils berechnet. Nur in selbstständigen Familienstreitsachen fällt gemäß KV 1229 eine (ermäßigte) Verfahrensgebühr auch dann an, wenn sich der Antrag durch Rücknahme oder auf sonstige Weise erledigt (entsprechend Rz 32 vor Ablauf des Tages, an dem die ablehnende Entscheidung der Geschäftsstelle übermittelt wird, vgl *Hartmann* GKG KV 1241 Rn 1).

C. Gebühren im einstweiligen Rechtsschutz
– KV Nr 1410 bis 1424 –

Übersicht zu Verfahrensgebühren im einstweiligen Rechtsschutz 35

Hauptverfahren in	EAO in Kindschaftssachen	EAO in übrigen Familiensachen, Arrest
Gebühr KV-Nr	1410 ff	1420 ff
I. Instanz		
Verfahren im Allgemeinen	0,3	1,5
ermäßigt	–	0,5
II. Instanz		
Beschwerde gegen *Endentscheidung*		
Verfahren im Allgemeinen	0,5	2,0
Ermäßigte Gebühr bei		
– Rücknahme vor Begründung	–	0,5
– Erledigung vor Entscheidung	0,3	1,0

– = keine Ermäßigung

Die **Eigenständigkeit** der einstweiligen Anordnungsverfahren im FamFG (s §§ 49 ff 36 FamFG) und die Ähnlichkeit des Verfahrens mit dem der einstweiligen Verfügung nach der ZPO hat keine Entsprechung im Gebührenrecht gefunden. Anders als nach dem GKG differenzieren die Gebühren nicht danach, ob ohne oder nach mündlicher Verhandlung entschieden wurde. Das FamGKG sieht für beide Varianten die gleichen moderaten Gebühren vor, die für Verfahren in Kindschaftssachen nochmals deutlich reduziert sind. Im Gegensatz zum bisherigen Recht wird dafür in sämtlichen einstweiligen Anordnungsverfahren und in gleicher Weise in Arrestverfahren in jeder Instanz eine **allgemeine Verfahrensgebühr** erhoben, die sich unter bestimmten Voraussetzungen ermäßigen kann.

Eine allgemeine **Ermäßigung** tritt (außer in den erstinstanzlichen Kindschaftssachen) 37 in beiden Instanzen bei einer Gesamterledigung ohne Endentscheidung und ohne streitige Kostenentscheidung unter den gleichen Voraussetzungen wie bei Rz 27 ein (KV 1412, 1421, 1424). Zu einer besonderen Ermäßigung führt (außer in Kindschaftssachen) die Rücknahme der Beschwerde vor ihrer Begründung (KV 1424).

Obwohl die Verfahren auf **Aufhebung oder Änderung** einer einstweiligen Anord- 38 nung oder eines Arrests gesonderte Verfahren sind, werden sie gebührenrechtlich als Einheit behandelt. Nach Vorbemerkung 1.4 vor KV 1410 wird die Gebühr nur einmal erhoben, dh die Verfahren auf Aufhebung und Abänderung einer einstweiligen Anordnung oder eines Arrests sind gebührenfrei.

D. Verfahren mit Auslandsbezug (KV 1710 ff)

39 In diesem Abschnitt sind die Gebühren für sämtliche Verfahren nach dem IntFamRVG und sonstige Verfahren über die Anerkennung und Vollstreckung von ausländischen oder zur Vollziehung inländischer Entscheidungen mit Auslandsbezug zusammengefasst, einschließlich der Gebühren für die Ausstellung von Bescheinigungen. Es werden jeweils **Festgebühren** als pauschale Verfahrensgebühr erhoben. Inhaltlich entsprechen die Regelungen unter Anpassung an das FamFG und das IntFamRVG weitgehend denen des GKG KV 1510 ff.

40 Das gilt auch für die **Höhe** der Gebühren. **Erstinstanzlich** gerichtliche Verfahren über die Anerkennung ausländischer Entscheidung in Ehesachen (jetzt geregelt in § 107 Abs 5 ff FamFG) und sonstige isolierte Anerkennungsverfahren nach § 108 FamFG sind gebührenfrei, wenn dem Antrag stattgegeben wird. Ansonsten fallen Verfahrensgebühren von 200 € an, wenn der Antrag zurückgewiesen wird (KV 1714). Ebenfalls 200 € werden (ergebnisunabhängig) für Verfahren nach dem IntFamRVG und sonstige Verfahren zur Vollstreckbarkeit von oder Klauselerteilung für ausländische Entscheidungen oder Vollstreckungstitel bzw der Feststellung ihrer Anerkennungsfähigkeit erhoben (vgl im Einzelnen KV 1710). Die Gebühren ermäßigen sich auf 75 € wenn der Antrag bis zum Ablauf des Tages, an dem die Entscheidung der Geschäftsstelle übermittelt wird, zurückgenommen wird, sofern sie nicht vorher mündlich bekannt gegeben wurde (KV 1715). Für Anträge auf Erteilung einer Bescheinigung nach § 56 AVAG und § 48 IntFamRVG werden jeweils 10 € erhoben (KV 1711) und für die nach § 1079 ZPO 10 € (KV 1012). Für Verfahren in Ausführung des dt.-österreichischen Abkommens fallen 50 € an (KV 1713).

41 Für Verfahren über die **Beschwerde und Rechtsbeschwerde über Endentscheidungen** iSv § 38 FamFG wird eine einheitliche Festgebühr von 300 € erhoben (KV 1720), die sich bei Rücknahme vor Begründung des Rechtsmittels auf 75 € (KV 1721) und bei sonstiger Beendigung des Verfahrens ohne Endentscheidung unter den Voraussetzungen wie Rz 27 auf 150 € ermäßigt. Wobei eine unstreitige Kostenentscheidung (s Rz 20) der Ermäßigung nicht entgegensteht.

42 Für **sonstige Beschwerden** in Verfahren über die Ausstellung von Bescheinigungen ua wird gemäß KV 17125 nur dann eine Festgebühr (von 75 €) erhoben, wenn die Beschwerde verworfen oder zurückgewiesen wird.

E. Gebühren in der Vollstreckung und Vollziehung (KV 1600 ff)

43 Soweit das **Familiengericht** in FG-Sachen für die Vollstreckung **zuständig** ist (vgl §§ 86 ff und §§ 95 ff FamFG iVm §§ 887 ff ZPO), richten sich die Gebühren nach dem KV des FamGKG (KV 1600 bis 1603). Für Vollstreckungshandlungen durch das Vollstreckungs- oder Arrestgericht richten sie sich weiterhin nach dem GKG (s § 1 Satz 1 FamGKG). Soweit in Ehe- und Familienstreitsachen das Familiengericht als Prozessgericht nach § 120 FamFG iVm §§ 887 ff ZPO für Vollstreckungshandlungen oder die Erteilung einer weiteren vollstreckbaren Ausfertigung (§ 733 ZPO) **zuständig** ist, erscheint fraglich, ob dafür noch Gebühren erhoben werden können. Einerseits erstreckt sich der Geltungsbereich des FamGKG ausdrücklich auch auf die Vollstreckung durch das Familiengericht (§ 1) und schließt damit, außer in Arrestverfahren, die Anwendung des GKG aus. Andererseits beziehen sich die im KV geregelten Gebühren hierfür nach Vorb. 1.6 Satz 1 ausschließlich auf die im FamFG geregelte Vollstreckung (BTDrs 16/6308 S 315), deren Vorschriften aber gemäß §§ 113 Abs 1, 120 Abs 1 FamFG für Ehe- und Familienstreitsachen nicht anzuwenden sind.

44 Es werden ausschließlich **Festgebühren** erhoben, und zwar in Verfahren zur **Abnahme der eidesstattlichen Versicherung** nach § 94 FamFG in Höhe von 30 € (KV 1603) und jeweils 15 € für die **Vollstreckung einer vertretbaren Handlung** durch Dritte (KV 1601), die Erteilung einer vollstreckbaren Ausfertigung (KV 1600) sowie die **Anordnung**

von **Zwangs- und Ordnungsmitteln** (KV 1602). Betreffen **mehrere Anordnungen** dieselbe Verpflichtung, zB die Annäherung zu unterlassen, fällt die Gebühr nur einmal an. Hat dagegen der Verpflichtete eine Handlung wiederholt zu erbringen, zB das Kind zum Umgang bereit zu halten, fällt die Gebühr für jede Anordnung an (Anm zu KV 1602).

F. Sonstige Gebühren

I. Zwangsmittel (§ 35 FamFG) – KV 1502 –

Für **verfahrensleitende Anordnungen nach** § 35 FamFG fällt eine Festgebühr von 15 € an (KV 1502). Wegen der **Verzögerungsgebühr** vgl § 32. 45

II. Vergleich – KV 1500 –

Wie nach dem GKG fällt für die Protokollierung einer Einigung bzw eines Vergleichs oder dessen Bestätigung nach § 278 Abs 6 ZPO über im Verfahren anhängige Gegenstände keine gesonderte Gebühr an. Gleiches gilt für die Einbeziehung anderweitig oder gar nicht anhängiger Verfahrensgegenstände, wenn durch sie der Gegenstandswert des Vergleichs den des Verfahrenswertes, aus dem sich die Verfahrensgebühr berechnet, nicht übersteigt. Andernfalls fällt hinsichtlich des Mehrbetrages gem KV1500 eine 0,25 Gebühr aus dem Differenzbetrag an. Die kostenrechtliche Privilegierung von Vergleichen über bestimmte Verfahrensgegenstände ist entfallen. In Verfahren über die Prozess- oder Verfahrenskostenhilfe ist jeder Vergleich weiterhin gebührenfrei. 46

III. Gehörsrüge – KV 1800 –

Für das Verfahren auf Verletzung des Anspruchs auf rechtliches Gehör nach § 44 FamFG wird, wenn die Rüge in vollem Umfang verworfen oder zurückgewiesen wird, eine Festgebühr von 50 € erhoben (KV 1800). Für die Gehörsrüge in Kostensachen nach § 61 FamGKG gilt KV 1800 nicht, so dass für sie in keinem Fall Gebühren erhoben werden können (s § 61 Rz 3). 47

G. Gebühren für sonstige Rechtsmittel (KV 1910 ff)

I. Geltungsbereich

Soweit nicht für die unter Rz 9 bis 47 beschriebenen Verfahren Gebühren für Rechtsmittelverfahren bestimmt werden, sind in Hauptabschnitt 9 des KV, wie im GKG in Hauptabschnitt 8 und in Anlehnung an diesen, die Gebühren für die **übrigen Rechtsmittelverfahren** zusammengefasst. Sie gelten für Rechtsmittel gegen Neben- und Zwischenentscheidungen unabhängig davon, ob sich das Rechtsmittelverfahren selbst nach den Regeln des FamFG oder der ZPO richtet. Auch für Letztere gelten die Kostenvorschriften des FamGKG und nicht das GKG (§ 1 Rz 1). 48

Problematisch ist die verfahrensrechtliche Einordnung einer isolierten Anfechtung der in einer Endentscheidung enthaltenen **Kostenentscheidung** (§ 82 FamFG), wie sie das FamFG für selbstständigen FG-Sachen ermöglicht (BTDrs 16/6308 S 168), oder der Rechtmittel gegen verfahrensbeendende Kostenentscheidungen nach Rücknahme und sonstiger Erledigung der Hauptsache (§ 83 FamFG). Insbesondere für Letztere ist das statthafte Rechtsmittel umstritten (vgl *Schael* FPR 2009, 11). Insoweit muss die gebührenrechtliche Einordnung der verfahrensrechtlichen durch das Gericht folgen (*Meyer* KV 1811 Rn 150). Wird das Rechtsmittelverfahren nach den §§ 58 ff FamFG geführt, richten sich auch die Gebühren nach Rz 9 ff bzw 35 ff, ansonsten nach Hauptabschnitt 9. Zu dem vergleichbaren Problem bei der Kostenentscheidung nach Erledigung des Scheidungsverfahrens s.u., Rz 50. 49

II. Rechtsmittel nach §§ 71 Abs 2, 91a Abs 2, 99 Abs 2 und 269 Abs 5 ZPO (KV 1910 f, 1920 ff)

50 Die hier geregelten Gebühren entsprechen dem GKG KV 1810f, 1823 ff. Sie betreffen die sofortige Beschwerde, wie sie die ZPO für praktisch **verfahrensbeendende Entscheidungen** über die Zulassung der Nebenintervention (§ 71 ZPO) einerseits und Kostenentscheidungen nach §§ 91a, 269 sowie in den Fällen des § 99 Abs 2 ZPO andererseits eröffnet. Die Gebühren gelten über § 113 ZPO nur für die sofortigen Beschwerden in Ehe- und Familienstreitsachen. Letztere grenzt das FamGKG damit gebührenrechtlich klar von den Endentscheidungen über den Gegenstand der Hauptsache (§ 38 Abs 1 Satz 1 FamFG) ab, was das Verfahrensrecht in FG-Sachen zumindest nicht in gleicher Weise vollzieht (s.o. Rz 48).

51 Für etwaige vom Gericht nicht nach §§ 58 ff FamFG behandelte Beschwerden gegen isolierte Kostenentscheidungen in FG-Sachen sind, da § 83 FamFG nicht in KV 1910 aufgeführt ist, nur Gebühren nach KV 1912 ff (s Rz 54 ff) zu erheben. Dasselbe gilt für die Anfechtung einer nach § 150 Abs 2 FamFG getroffenen Kostenentscheidung nach Rücknahme oder Erledigung eines Scheidungsantrags, wenn das Gericht das Rechtsmittel als sofortige Beschwerde entsprechend §§ 91a Abs 2 oder 269 Abs 5 ZPO behandelt. Denn eine Heranziehung der für diese geltenden Gebührenvorschriften ist nur zulässig, wenn ein Gesetz direkt auf sie verweist (*Hartmann* GKG KV 1810 Rn 1).

52 Wie im GKG ist im **Beschwerdeverfahren** eine Festgebühr von 75 € vorgesehen, die sich bei sonstiger Beendigung des Verfahrens ohne Endentscheidung unter den Voraussetzungen wie Rz 27 auf 50 € ermäßigt. Wobei auch hier eine unstreitige Kostenentscheidung (s Rz 20) der Ermäßigung nicht entgegensteht (KV 1911 mit Anm).

53 Für das Verfahren über die **Rechtsbeschwerde** beträgt die allgemeine Verfahrensgebühr 150 € (KV 1920). Sie ermäßigt sich bei Rücknahme des Rechtsmittels vor seiner Begründung auf 50 € (KV 1921) und nach Begründung auf 75 € (KV 1923), wenn sie vor Ablauf des Tages eingeht, an dem die Entscheidung über die Rechtsbeschwerde der Geschäftsstelle übermittelt wird. Zur Sprungrevision s.u. Rz 57.

III. Gebühren für sonst nicht geregelte Beschwerden (KV 1912, 1923 f)

54 Hierbei handelt es sich um echte **Auffangtatbestände**, wie in GKG KV 1812, 1825, erweitert um das Verfahren über die Zulassung der Sprungrevision (BTDrs 16/6308 S 316), für Rechtsmittelverfahren, die nicht in den vorausgehenden Nr des KV aufgeführt sind. Die Erhebung von Gebühren nach den Auffangtatbeständen ist ausgeschlossen, wenn die Beschwerden nach anderen Vorschriften gebührenfrei sind, wozu insbesondere die Kostenbeschwerden nach §§ 55 ff gehören.

55 Nach KV 1912 wird für Verfahren über eine nicht besonders aufgeführte **Beschwerde**, die nicht nach anderen Vorschriften gebührenfrei ist, eine Festgebühr von 50 € (nur) dann erhoben, wenn die Beschwerde verworfen oder zurückgewiesen wird. Wird die Beschwerde nur teilweise verworfen oder zurückgewiesen, kann das Gericht die Gebühr nach billigem Ermessen entweder auf die Hälfte herabsetzen oder sie ganz entfallen lassen.

56 Das Gleiche gilt nach KV 1923 für die anderweitig nicht aufgeführte **Rechtsbeschwerde**, für die die Gebühr allerdings 100 € beträgt. Wird das Rechtsbeschwerdeverfahren insgesamt durch Rücknahme bis zu dem nach Rz 53 maßgeblichen Zeitpunkt erledigt, ermäßigt sich die Gebühr auf 50 € (KV 1924).

57 Für das Verfahren auf **Zulassung der Sprungrechtsbeschwerde** fällt nur im Falle der Ablehnung des Antrags ein Gebühr von 50 € an (KV 1930, s.a. Rz 34).

H. Auslagen (KV Teil 2)

I. Allgemeines

Die gerichtlichen Auslagen können **zusätzlich zu einer Verfahrens- oder Entschei-** 58
dungsgebühr erhoben werden. Das FamGKG hat aus dem KV zum GKG im Teil 9 die für Familiensachen relevanten Auslagentatbestände unter Berücksichtigung der sich aus den §§ 136 und 137 KostO ergebenden Besonderheiten in das KV zum FamGKG in Teil 2 übernommen (BTDrs 16/6308 S 316). Es können **nur die im KV aufgeführten Auslagen** erhoben, dh den jeweiligen Kostenschuldnern (s §§ 21 ff) in Rechnung gestellt werden. Deshalb sind Telefonkosten und Postentgelte grundsätzlich nicht anzusetzen (anders bei Zustellkosten s.u. Rz 64). Auslagen, die durch **verschiedene Rechtssachen** entstanden sind, werden auf diese angemessen verteilt (Vorbem 2 Abs 2).

Die Auslagenvorschriften des KV FamGKG finden **keine Anwendung** auf Auslagen, 59
die ein am Verfahren nicht beteiligter Dritter zB dadurch verursacht, dass ihm antragsgemäß Kopien von Entscheidungen uä übermittelt werden. Diese werden nicht nach dem FamGKG sondern nach den Auslagenvorschriften der JVKostO angesetzt (*Hartmann* KVFam Übersicht vor KV 2000 Rn 3). Sie gelten auch nicht für Auslagen, die durch Handlung des Vollstreckungs- oder Arrestgerichts veranlasst wurden, diese werden nach dem GKG erhoben (Vorb 2 Abs 4 vor KV 2000).

Aus der Vorbemerkung 2 vor KV 2000 und dem GVG ergeben sich weitere **Einschrän-** 60
kungen sowohl in sachlicher als auch persönlicher Hinsicht:

Für die nach Vorbem 1.3.1 Abs 1 (s Rz 13) gebührenfreien **Kindschaftsverfahren**, die 61
die Pflegschaft für ein ungeborenes Kind, die freiheitsentziehende Unterbringung eines Minderjährigen oder Aufgaben des Familiengerichts nach §§ 53, 67 Abs 4 JGG betreffen, werden auch keine Auslagen erhoben. Im Übrigen werden von **Minderjährigen** in Kindschaftssachen Auslagen nur erhoben, wenn ihr Vermögen nach Abzug der Verbindlichkeiten ohne Berücksichtigung eines kleinen Hausgrundstücks (§ 90 Abs 2 SGB XII) den Betrag von 25.000 € übersteigt (Vorbem 2 Abs 3 iVm 1.3.1 Abs 2).

Ist das **Beschwerdeverfahren gebührenfrei**, werden für eine begründete Beschwerde 62
auch keine Auslagen erhoben, soweit das Gericht nicht dem Gegner des Beschwerdeführers die Kosten auferlegt hat (Vorbem 2 Abs 1).

Nach § 191a GVG iVm KV 2000 Satz 2 und Anm 2 zu KV 2005 werden Auslagen für 63
Aufbereitung und Übermittlung von Dokumenten in einer für Blinde und **Sehbehinderte** wahrnehmbaren Form oder für Übersetzungen nicht erhoben, das Gleiche gilt für Gebärdendolmetscher (Anm 2 zu KV 2005 iVm § 186 GVG).

II. Einzelheiten

Zu den häufigsten Auslagen zählt einmal die **Dokumentenpauschale** für das Anfer- 64
tigen von Kopien, wenn es zB ein Verfahrensbeteiligter unterlassen hat, die notwendige Anzahl von Ablichtungen für andere Verfahrensbeteiligte beizufügen (KV 2000). Seit 1.1.2007 (Ergänzung durch das 2. JuMoG) fällt die Pauschale auch für Mehrfertigungen an, die dem Gericht per Telefax übermittelt werden.

Für die Versendung von Akten durch Gerichte und Staatsanwaltschaften fällt eine **Ak-** 65
tenversendungspauschale an (KV 2003). Die Rücksendung durch den Anwalt erfolgt auf dessen Kosten (*Lappe* NJW 2007, 273, 276).

Gebühren für **Zustellungen** (KV 2002) werden neben der Erhebung einer Wertgebühr 66
für das Verfahren im Allgemeinen im selben Rechtszug nur dann zusätzlich erhoben, wenn mehr als 10 Zustellungen zu bewirken sind. Die Kosten bis zu 10 Zustellungen sind mit der pauschalen Verfahrensgebühr abgegolten. In anderen Verfahren fallen sie für jede Zustellung an. Das Gleiche gilt in allen Verfahren für die durch Auslandszustellungen entstehenden weiteren Auslagen und für die **Kosten der Rechtshilfe** (s KV 2010 ff).

67 Von erheblicher Bedeutung sind die Kosten für die **Vergütung für Zeugen, Sachverständige, Dolmetscher und Übersetzer** nach dem JVEG, die als gerichtliche Auslagen grundsätzlich zu erstatten sind (KV 2005, s.a. Rz 60). Es kann grundsätzlich nur die Vergütung angesetzt werden, die auch geschuldet ist, und nicht die (höheren) Beträge, die zu Unrecht tatsächlich bezahlt wurden (OLG Düsseldorf OLGR 2005, 485). Ansonsten kommt es auf die tatsächlich gezahlten Beträge an. Die Leistungen, die von Sachverständigen erbracht werden, werden nach verschiedenen Honorargruppen mit festen Stundensätzen zwischen 50 und 95 € vergütet. Das Honorar für Dolmetscher beträgt einheitlich 55 € pro Stunde. Zur Zulässigkeit der Vereinbarung höherer Sätze vgl § 13 JVEG. In Kindschaftssachen kommen außerdem die an den **Verfahrensbeistand** oder **Umgangspfleger** zu zahlenden Beträge hinzu (KV 2013, 2014, s.a. Rz 61 und § 1836c BGB).

§ 4 Umgangspflegschaft

Die besonderen Vorschriften für die Dauerpflegschaft sind auf die Umgangspflegschaft nicht anzuwenden.

Nach dem FamGKG ist die Umgangspflegschaft kostenrechtlich Teil des Verfahrens über das Umgangsrecht (BTDrs 16/6308 S 301). Deshalb stellt § 4 ausdrücklich klar, dass die für die Dauerpflegschaft vorgesehenen besonderen Vorschriften (§§ 7 Abs 1, 10, 19 Abs 1 und 22) auf die Umgangspflegschaft nicht angewendet werden sollen, s.a. Vorbem 2 Abs 3 und Abs 1 der Anm zu KV 2000.   1

§ 5 Lebenspartnerschaftssachen

In Lebenspartnerschaftssachen nach § 269 des Gesetzes über das Verfahren in Familiensachen und in den Angelegenheiten der freiwilligen Gerichtsbarkeit sind für
1. Verfahren nach Absatz 1 Nr. 1 dieser Vorschrift die Vorschriften für das Verfahren auf Scheidung der Ehe,
2. Verfahren nach Absatz 1 Nr. 2 dieser Vorschrift die Vorschriften für das Verfahren auf Feststellung des Bestehens oder Nichtbestehens einer Ehe zwischen den Beteiligten,
3. Verfahren nach Absatz 1 Nr. 3 bis 12 dieser Vorschrift die Vorschriften für Familiensachen nach § 111 Nr. 2, 4, 5 und 7 bis 9 des Gesetzes über das Verfahren in Familiensachen und in den Angelegenheiten der freiwilligen Gerichtsbarkeit und
4. Verfahren nach den Absätzen 2 und 3 dieser Vorschrift die Vorschriften für sonstige Familiensachen nach § 111 Nr. 10 des Gesetzes über das Verfahren in Familiensachen und in den Angelegenheiten der freiwilligen Gerichtsbarkeit
entsprechend anzuwenden.

Die Vorschrift entspricht der Systematik des § 270 FamFG und überträgt sie auf das FamGKG. Damit gelten auch kostenrechtlich für Lebenspartnerschaftssachen die Komplementärregelungen in Ehe- und Familiensachen.   1

§ 6 Verweisung, Abgabe, Fortführung einer Folgesache als selbständige Familiensache

(1) Verweist ein erstinstanzliches Gericht oder ein Rechtsmittelgericht ein Verfahren an ein erstinstanzliches Gericht desselben oder eines anderen Zweiges der Gerichtsbarkeit, ist das frühere erstinstanzliche Verfahren als Teil des Verfahrens vor dem übernehmenden Gericht zu behandeln. Das Gleiche gilt, wenn die Sache an ein anderes Gericht abgegeben wird.

(2) Wird eine Folgesache als selbständige Familiensache fortgeführt, ist das frühere Verfahren als Teil der selbständigen Familiensache zu behandeln.

(3) Mehrkosten, die durch Anrufung eines Gerichts entstehen, zu dem der Rechtsweg nicht gegeben oder das für das Verfahren nicht zuständig ist, werden nur dann erhoben, wenn die Anrufung auf verschuldeter Unkenntnis der tatsächlichen oder rechtlichen Verhältnisse beruht. Die Entscheidung trifft das Gericht, an das verwiesen worden ist.

A. Regelungsgehalt

1   Die Vorschrift übernimmt in **Abs 1** aus § 4 GKG die Regelung über die **Kostenerhebung bei Verweisung** eines Verfahrens nach § 281 ZPO, § 3 FamFG, § 17b GVG oder Zurückverweisung aus der Rechtmittelinstanz an ein anderes erstinstanzliches Gericht, ergänzt in Satz 2 um die Abgabe nach § 4 FamFG (BTDrs 16/6308 S 301) und formuliert auch hier den **Grundsatz der Kosteneinheit**, wie er auch in § 3 Abs 4 FamFG und § 29 zum Ausdruck kommt: Kostenrechtlich ist das frühere (erstinstanzliche) Verfahren als Teil des Verfahrens vor dem übernehmenden Gericht zu behandeln. Zum selben Ergebnis gelangen die Vorschriften der §§ 123, 153, 202, 218, 232, 262 FamFG über die Abgabe von Unterhalts- und potenziellen Folgesachen an das Gericht der Ehesache durch die Verweisung auf § 281 Abs 3 Satz 1 ZPO. Die Beschränkung auf erstinstanzliche Verfahren ergibt sich daraus, dass in der Beschwerdeinstanz die Zuständigkeit des ersten Rechtszuges nicht mehr gerügt werden kann (§ 65 Abs 4 FamFG). **Abs 3** regelt wie § 4 Abs 2 GKG die Behandlung der Mehrkosten, die durch die Anrufung des in 1. Instanz unzuständigen Gerichts entstanden sind.

2   **Abs 2** regelt den Fall, dass eine Folgesache entweder durch **Abtrennung** nach §§ 140 Abs 2 Nr 3, Abs 3 iVm § 137 Abs 5 Satz 2, § 141 Satz 3 FamFG oder nach Abweisung des Scheidungsantrags nach § 142 Abs 2 FamFG als selbständige Familiensache fortgeführt wird. In diesem Fall ist die frühere Folgesache kostenrechtlich als Teil der (fortgeführten) selbständigen Familiensache zu behandeln. Im Umkehrschluss folgt daraus, dass Folgesachen, die nach § 140 Abs 2 Nr 1, 2, 4 oder 5 FamFG abgetrennt werden, nicht nur verfahrensrechtlich Folgesachen bleiben (§ 137 Abs 5 Satz 1 FamFG), sondern auch kostenrechtlich. Ungeregelt bleibt auch im FamGKG die kostenrechtliche Behandlung der Einbeziehung von selbstständigen Familiensachen in den Scheidungsverbund (§ 137 Abs 2 und 3 FamFG) und die einer regulären Trennung und Verbindung von Verfahren (§ 20 FamFG, §§ 145, 147 ZPO).

3   Angesetzt werden die Kosten schlussendlich bei dem übernehmenden Gericht, sofern keine weitere Abgabe erfolgt (§ 18 Abs 1 Nr 1). Die praktische **Durchführung** in Bezug auf die Einziehung der Kosten und die Behandlung von geleisteten Vorschüssen regelt, auch länderübergreifend, die KostVfg.

B. Verweisung, Abgabe

4   Durch die Verweisung oder Abgabe eines Verfahrens an ein anderes Gericht entsteht verfahrensrechtlich kein neues Verfahren, es wechselt lediglich den Ort seiner Anhängigkeit und das Aktenzeichen. Praktisch zieht es nur um und bleibt ansonsten dasselbe

Verfahren mit allen prozessualen Konsequenzen, die sich zB aus der Rechtshängigkeit des Anspruchs, der Wirksamkeit der vor der Verweisung ergangenen gerichtlichen Verfügungen und Entscheidungen oder aus Verfahrenshandlungen der Parteien ergeben (Musielak/*Foerste* § 281 Rn 13; Zöller/*Gummer* § 17b GVG Rn 3). Entsprechendes gilt für die kostenrechtlichen Wirkungen der Verweisung. Auch hier bildet das Verfahren am übernehmenden Gericht mit dem am verweisenden **eine Kosteninstanz** (BTDrs 16/6308 S 301) und es findet lediglich ein Zuständigkeitswechsel statt. Mit dem Eingang der Akte bei dem übernehmenden Gericht wird für die kostenrechtliche Behandlung des Verfahrens der Kostenbeamte des übernehmenden Gerichts verantwortlich. Er hat ausstehende Vorauszahlungen und Vorschüsse einzuziehen und auch die Schlusskostenrechnung zu erstellen (§ 18 Abs 1 Nr 1, §§ 4, 27 ff KostVfg, *Meyer* § 19 Rn 9). Eine Zwischenabrechnung der bisher angefallenen Gebühren und Auslagen findet aufgrund einer Vereinbarung der Länder (Anlage 1 zur KostVfg) auch bei Verweisung in andere Bundesländer nicht statt. An der Fälligkeit der Gebühren und Auslagen (s § 9 ff) ändert sich nichts. Das gilt gleichermaßen für die Vergütung der beteiligten Anwälte, wenn ihr Mandat bestehen bleibt.

Werden Familiensachen aufgrund der **Zuständigkeitskonzentration in Ehesachen** 5 (§§ 123, 153, 202, 218, 232, 262 FamFG) an das Gericht der Ehesache abgegeben, ändert sich an den kostenrechtlichen Auswirkungen für die beteiligten Gerichte grundsätzlich nichts. Nur wenn das abgegebene Verfahren vom Gericht der Ehesache in den Scheidungsverbund einbezogen wird oder das abgebende Gericht nur Teile des aus mehreren Gegenständen bestehenden Verfahrens zum Zwecke der Abgabe abtrennt, hat dies weitergehende kostenrechtliche Folgen. Sie ergeben sich aber aus der Trennung und Verbindung von Verfahren (s.u.) und nicht aus ihrer Verweisung oder Abgabe und treten unter den gleichen Voraussetzungen in ähnlicher Form bei regulären Verweisungen oder Abgaben (Rz 4) auf.

C. Trennung von Verfahren

Die sowohl in der ZPO (§ 145) als auch im FamFG (§ 20) für alle Verfahren vorgesehene 6 Möglichkeit, einzelne Verfahrensgegenstände aus prozessökonomischen Gründen oder zur Ermöglichung einer Verweisung abzutrennen, wird in Familiensachen um die Trennung von Folgesachen aus dem Scheidungsverbund ergänzt und modifiziert. Bei ihr ist zu unterscheiden zwischen einer echten Lösung aus dem Verbund, bzw dessen Auflösung unter Wegfall seiner kostenrechtlichen Wirkungen und der bloßen Vorabentscheidung über einzelne Gegenstände unter Beibehaltung der Kosteneinheit (unechte Trennung).

I. Gewöhnliche Verfahrenstrennung

Gewöhnliche Trennungen nach § 20 FamFG und § 145 ZPO finden auch in familien- 7 gerichtlichen Verfahren Anwendung. Neben den verfahrensökonomischen Gründen hierfür ergeben sie sich weitere zB auch daraus, dass einer von mehreren in einem Verfahren geltend gemachten Ansprüchen keine Familiensache ist und deshalb zum Zwecke der Abgabe oder Verweisung abgetrennt wird. Auch bei der Trennung einer nicht verbundfähigen Familiensache aus dem Scheidungsverbund handelt es sich um eine gewöhnliche Abtrennung (OLG Bamberg FamRZ 2001, 240). Eine gewöhnliche Trennung ist immer eine **echte Verfahrenstrennung.** Sie wirkt in Bezug auf den abgetrennten Verfahrensteil grundsätzlich ähnlich wie die Abgabe oder Verweisung. Mit der Abtrennung eines Verfahrensteiles endet dessen prozessuale und kostenrechtliche Zuordnung zu dem abgebenden Verfahren. Es entsteht ein selbstständiges Verfahren mit neuem Aktenzeichen. Über die Kosten des Verfahrens wird bei einer echten Abtrennung in jedem der beiden Verfahren und nur hinsichtlich der dort (noch) anhängigen Gegenstände entschieden.

§ 6 FamGKG | Verweisung, Abgabe, Fortführung einer Folgesache

8   Gleichwohl bleiben dem abgetrennten Verfahrensteil sämtliche verfahrens- und kostenrechtlichen Wirkungen seit der ursprünglichen Anhängigkeit erhalten. Vor und nach der Trennung handelt es sich um **dieselbe Gebühreninstanz** iSv § 29 (*Hartmann* GKG § 35 Rn 11; *Meyer* § 35 Rn 4). An der Fälligkeit der einmal entstandenen Verfahrensgebühr ändert sich nichts. Durch die Trennung kommt auch keine neue Gebühr hinzu. Mit der Trennung eines Verfahrensgegenstandes vom Erstverfahren entfällt lediglich die Pflicht zur Zusammenrechnung der Gegenstandswerte bei Wertgebühren gemäß § 33 Abs 1 (*Meyer* § 45 Rn 11) und damit die Berechnungsgrundlage für die Verfahrensgebühr (dazu § 3 Rz 3), sodass ab dem Zeitpunkt der Trennung die Verfahrensgebühren für das Erst- und das abgetrennte Verfahren lediglich neu und gesondert zu berechnen sind (aA OLG München MDR 1996, 642 und ihm folgend die hM, die von einem Neuanfall der Gebühr sprechen). IdR ist die Summe aus beiden jeweils nach getrennten Verfahrenswerten errechneten Gebühren höher, als die ursprünglich aus dem zusammengerechneten Verfahrenswert angesetzte Verfahrensgebühr; mit der Folge, dass die bereits entrichtete Vorauszahlung nicht mehr ausreicht und nachgefordert werden muss.

9   Darüber, wie die im Ursprungsverfahren geleistete **Vorauszahlung** zu **verrechnen** bzw auf die beiden Verfahren zu verteilen ist, werden unterschiedliche Ansichten vertreten: Entweder wird die Zahlung entsprechend den Gegenstandswerten bzw den daraus errechneten Gebühren des abgetrennten und des Restverfahrens anteilig auf die beiden Verfahren verteilt (*Hartmann* GKG § 35 Rn 11; *Meyer* § 34 Rn 14; Zöller/*Greger* § 145 Rn 28) mit der Folge, dass ggf in beiden Verfahren Kosten nachzufordern sind. Nach anderer und aus praktischen Erwägungen vorzuziehenden Ansicht wird sie vorrangig auf die im Restverfahren neu errechnete Verfahrensgebühr angerechnet und nur ein verbleibender Überschuss auf die Gebühr für das abgetrennte Verfahren angerechnet (OLG München MDR 1996, 642).

II. (Echte) Trennung von Folgesachen aus dem Verbund (Abs 2)

10 Abs 2 regelt ausdrücklich nur die mit einer gewöhnlichen Abtrennung vergleichbare echte Verfahrenstrennung. Von den im neuen Familienverfahrensrecht jetzt in § 140 FamFG geregelten Abtrennungen betrifft dies nur noch, die Abtrennung einer Kindschaftssache iSv § 140 Abs 2 Nr 3 FamFG. Nur diese ist gemäß § 137 Abs 5 Satz 2 FamFG als selbstständige Folgesache weiterzuführen, nicht aber sonstige Folgesachen; auch nicht die Unterhaltssache, die zusammen mit einer Kindschaftssache nach § 140 Abs 3 FamFG abgetrennt wird (BTDrs 16/6308 S 231). Die Wirkungen einer echten Verfahrenstrennung hat auch die Fortführung einer Folgesache als selbstständige Familiensache nach Rücknahme (§ 141 Satz 3 FamFG) oder Abweisung (§ 142 Abs 2 Satz 3 FamFG) des Scheidungsantrags. Mit dem Abtrennungs- oder Fortführungsbeschluss endet der Verbund. Ab diesem Zeitpunkt gelten die oben dargestellten Grundsätze der Gebührenabrechnung bei Verfahrenstrennung (s.o. Rz 7) auch hier. Besonderheiten ergeben sich aber aus der kostenrechtlichen Differenzierung zwischen Verbund- und isoliertem Verfahren.

11 Im Gegensatz zu der gewöhnlichen Abtrennung finden auch nach der Reform des Familienverfahrensrechts auf das Scheidungsverbundverfahren und auf die selbstständigen Familiensachen nicht nur verschiedene Verfahrensvorschriften Anwendung, sondern regelmäßig auch **unterschiedliche Gebührenvorschriften**. Von der Trennung an richten sich die gerichtlichen Gebühren für die abgetrennten Folgesachen nicht mehr nach KV 1110 ff, sondern für Familienstreitsachen nach KV 1220 ff, für die Kindschaftssachen nach KV 1310 ff und für sonstige FG-Sachen nach KV 1320 ff (s § 3 Rz 9). Für die Familienstreitsachen erhöht sich damit nach der Trennung die pauschale Verfahrensgebühr von bisher 2,0 auf 3,0. Außerdem wird sie sofort fällig (§ 9).

12 Bei Kindschaftssachen ändert sich darüber hinaus nach wie vor der **Gegenstandswert**, da dieser nach der Trennung aus dem Verbund nicht mehr nach § 44 Abs 2, son-

dern nach § 45 zu berechnen ist. Statt eines Bruchteils (2/10) des Wertes der Ehescheidung gilt dann der relative Festwert von 3.000 € (OLG Köln FuR 2006, 141; OLG Bamberg FamRZ 2002, 1640; OLG Düsseldorf FamRZ 2000, 686). Das wird in der Mehrzahl der Fälle zu einer Erhöhung des Wertes führen (s § 45 Rz 14 f) und wirkt sich auch auf die Höhe der Anwaltsvergütung aus, die sich wegen der Anbindung an den gerichtlichen Gegenstandswert (§ 23 Abs 1 RVG) gleichfalls ab der Trennung nach dem neuen Gegenstandswert bemisst (OLG Schleswig FuR 2006, 141; Gerold/Schmidt/*Müller-Rabe* VV 3100 Rn 107).

III. (Unechte) Trennung von Folgesachen aus dem Verbund

In sämtlichen Fällen der Abtrennung von Folgesachen nach § 140 Abs 2 Nr 1, 2, 4 und 5 FamFG verlieren sie ihre Eigenschaft als Folgesachen nicht (§ 137 Abs 5 Satz 1 FamFG). Das gilt auch für eine Unterhaltssache, die zusammen mit einer Kindschaftssache nach § 140 Abs 3 FamFG abgetrennt wird (BTDrs 16/6308 S 231). Werden mehrere Folgesachen (unecht) abgetrennt, stehen sie auch untereinander weiterhin im Verbund (§ 137 Abs 5 Satz 1 Hs 2 FamFG). Auch auf eine allein abgetrennte Folgesache sind, mit Ausnahme der Verpflichtung zur gleichzeitigen Entscheidung und Verhandlung, weiterhin nicht nur die verfahrensrechtlichen Vorschriften über das Verbundverfahren anzuwenden, sondern ebenso die kostenrechtlichen Regelungen für Scheidungsfolgesachen (s.o. Rz 2). Bei dieser Form der Abtrennung handelt es sich faktisch lediglich um eine Vorabentscheidung über einzelne Verfahrensgegenstände wie bei einem Teilurteil (OLG Dresden FamRZ 2002, 1415; Zöller/*Philippi* § 628 Rn 18). 13

Daraus folgt nicht nur die **uneingeschränkte Anwendung der besonderen Gebühren für Ehe- und Scheidungsverbundverfahren** (s § 3 Rz 9). Die Gebühren sind auch weiterhin zusammen mit dem Restverbund als einheitliches Verfahren abzurechnen (s.a. BTDrs 16/6308 S 301) und die Streitwerte bis zur Beendigung des gesamten Verfahrens zusammenzurechnen. An sich wäre deshalb grundsätzlich mit der Vorabentscheidung noch keine Kostenregelung zu treffen. Sie wurde schon bisher zumindest bei dem vorgezogenen Scheidungsurteil nach § 628 ZPO für zulässig erachtet (Johannsen/Henrich/ *Sedemund-Treiber* § 628 ZPO Rn 13; Zöller/*Philippi* § 628 Rn 18 mwN) und ist jetzt durch § 150 Abs 5 Satz 1 FamFG ausdrücklich zugelassen. Bei einer Vorabentscheidung mit Kostenregelung können der Kostenabrechnung nur die Scheidungssache und die mit ihr entschiedenen Folgesachen nach deren zusammengerechneten Wert zugrunde gelegt werden, ohne Berücksichtigung des Wertes der abgetrennten Folgesache(n). Für die Abrechnung der übrigen Folgesachen entsteht dann nur noch ein Gebührenanspruch in Höhe der Differenz der Gebühren aus dem Gesamtstreitwert und den bereits erhaltenen Gebühren (sog Differenzmethode, vgl OLG München NJW-RR 1999, 146 mwN). 14

D. Verbindung von Verfahren

Kostenrechtlich weniger problematisch als die Trennung von Verfahren ist deren Verbindung. Sie ist nicht nur in Familienstreitsachen nach § 147 ZPO zulässig. Auch in Verfahren der freiwilligen Gerichtsbarkeit war sie schon nach dem FGG grundsätzlich möglich (KKW/*Sternal* Vorb §§ 3–5 und § 7 Rn 14). Das FamFG hat sie in § 20 jetzt ausdrücklich zugelassen. Davon zu unterscheiden ist die bloße gemeinsame Verhandlung oder Erörterung (BGH NJW 1957, 183). Neben der regulären Verbindung von Verfahren gibt es die Verfahrensverbindung in Form der Einbeziehung von Folgesachen in den Scheidungsverbund gemäß § 137 Abs 2 und 3 FamFG, entweder bei nachträglicher Rechtshängigkeit des Scheidungsantrags oder nach Abgabe selbstständiger Folgesachen an das Gericht der Ehesache (s.o. Rz 5). Die jeweilige Verbindungsweise hat wie bei der Verfahrensverbindung gebührenrechtlich unterschiedliche Konsequenzen. 15

Gemeinsam ist beiden Formen, dass das alte Verfahren mit dem neuen hinsichtlich des einbezogenen Verfahrensgegenstands eine einheitliche Gebühreninstanz bildet (s.o. 16

§ 6 FamGKG | Verweisung, Abgabe, Fortführung einer Folgesache

Rz 8). Eine Zwischenabrechnung der bisher angefallenen Gebühren und Auslagen findet nicht statt. In dem einbezogenen Verfahren bereits geleistete Vorschüsse werden in das weitergeführte Verfahren eingebracht. Mit der Verbindung sind die Gebühren einheitlich aus der Summe der Gegenstandwerte sämtlicher Verfahrensgegenstände zu berechnen (§ 33 Abs 1), wodurch sie sich idR reduzieren (*Meyer* JurBüro 1999, 239; FA-FamR/*Keske* Kap 17 Rn 277 ff mit Berechnungsbeispielen).

17 Bei **Einbeziehung** einer ursprünglich selbstständigen Familiensache in den Scheidungsverbund gelten für diese außerdem die besonderen Regelungen für das Ehe- und Scheidungsverbundverfahren. Die Gebühren richten sich für Familienstreitsachen nicht mehr nach KV 1220 ff und für Kindschaftssachen nach KV 1310 ff, sondern nach den für das Verbundverfahren geltenden KV 1110 ff. In Kindschaftssachen wechselt, wie im umgekehrten Fall der Abtrennung aus dem Verbund, zudem der Gegenstandswert (s.o. Rz 12; OLG Frankfurt FamRZ 2006, 1057; OLG Zweibrücken FamRZ 2006, 1696; OLG Bamberg FamRZ 2002, 1540).

§ 7 Verjährung, Verzinsung

(1) Ansprüche auf Zahlung von Kosten verjähren in vier Jahren nach Ablauf des Kalenderjahrs, in dem das Verfahren durch rechtskräftige Entscheidung über die Kosten, durch Vergleich oder in sonstiger Weise beendet ist. Bei Vormundschaften und Dauerpflegschaften beginnt die Verjährung mit der Fälligkeit der Kosten.

(2) Ansprüche auf Rückerstattung von Kosten verjähren in vier Jahren nach Ablauf des Kalenderjahrs, in dem die Zahlung erfolgt ist. Die Verjährung beginnt jedoch nicht vor dem in Absatz 1 bezeichneten Zeitpunkt. Durch Einlegung eines Rechtsbehelfs mit dem Ziel der Rückerstattung wird die Verjährung wie durch Klageerhebung gehemmt.

(3) Auf die Verjährung sind die Vorschriften des Bürgerlichen Gesetzbuchs anzuwenden; die Verjährung wird nicht von Amts wegen berücksichtigt. Die Verjährung der Ansprüche auf Zahlung von Kosten beginnt auch durch die Aufforderung zur Zahlung oder durch eine dem Schuldner mitgeteilte Stundung erneut. Ist der Aufenthalt des Kostenschuldners unbekannt, genügt die Zustellung durch Aufgabe zur Post unter seiner letzten bekannten Anschrift. Bei Kostenbeträgen unter 25 Euro beginnt die Verjährung weder erneut noch wird sie gehemmt.

(4) Ansprüche auf Zahlung und Rückerstattung von Kosten werden nicht verzinst.

A. Allgemeines

Die Vorschrift übernimmt weitgehend inhaltsgleich die Verjährungsregelung des § 5 GKG, ergänzt um die Regelung für Dauerverfahren in Anlehnung an § 17 KostO (BTDrs 16/6308 S 301). Sie regelt einmal die **Verjährung** von Zahlungsansprüchen der Staatskasse (Abs 1) und die von Ansprüchen auf Rückerstattung aus der Staatskasse (Abs 2) gleichermaßen, aber nicht in gleicher Weise und auch nicht abschließend. Festgelegt wird im Wesentlichen Beginn und Dauer der Verjährungsfrist. Im Übrigen sind die Verjährungsvorschriften des BGB anzuwenden (Abs 3). Die Verjährung ist als Einrede ausgestaltet und wird **nicht vAw berücksichtigt** (Abs 3 Satz 1 Hs 2). 1

Darüber übernimmt sie in Abs 4 den auch in den andern Kostengesetzen enthaltenen Grundsatz, dass **Ansprüche** auf Zahlung oder auf Rückerstattung von Kosten generell **nicht verzinst** werden. 2

Die Regelung in § 7 erfasst **nur Ansprüche nach diesem Gesetz** und ist deshalb auf die Staatskasse übergegangene Ansprüche, zB den Vergütungsanspruch des im Wege der Verfahrenskostenhilfe beigeordneten Anwalts, nicht anzuwenden. Für diesen gelten die Verjährungsvorschriften des BGB direkt (*Hartmann* § 5 GKG Rn 1). 3

B. Zahlungsansprüche der Staatskasse (Abs 1)

Der **Beginn der Verjährung** von Zahlungsansprüchen der Staatskasse ist jetzt auch für selbstständige FG-Familiensachen nicht mehr die Fälligkeit des Kostenanspruchs, sondern, wie für die übrigen Verfahren, das Ende des Verfahrens. Dieses ist iSd Gebührenrechts nicht nur eine rechtskräftige Kostenentscheidung und die Instanz abschließende Entscheidung oder ein entsprechender Vergleich. Eine Beendigung in »sonstiger Weise« liegt neben der Antragsrücknahme auch dann vor, wenn das Verfahren zumindest vorläufig gebührenrechtlich abgeschlossen und eine Schlusskostenrechnung erstellt werden kann, wie bei Nichtbetrieb, Ruhen oder Aussetzung des Verfahrens über einen Zeitraum von mehr als 6 Monaten (vgl § 11, sowie *Hartmann* § 5 GKG Rn 2 mwN zu der nicht widerspruchsfreien Rspr). 4

Auf die Kostenfälligkeit wird nur noch bei den **Vormundschaften und Dauerpflegschaften** abgestellt. In diesen Verfahren beginnt die Verjährung der Jahresgebühr (s KV 5

§ 7 FamGKG | Verjährung, Verzinsung

1311 und 1312) weiterhin mit der Fälligkeit und damit regelmäßig mit Beginn eines Kalenderjahres und der Anspruch auf Auslagenersatz mit dessen Entstehung (s § 10).

6   Die **Verjährungsfrist** beträgt, abweichend von § 195 BGB, 4 Jahre. Bei Kleinbeträgen unter 25 € wird sie weder gehemmt noch unterbrochen (Abs 3 Satz 3).

7   Für die **Hemmung und Neubeginn** gelten grundsätzlich die §§ 203 ff BGB. Diese werden in Abs 3 dahingehend ergänzt bzw modifiziert, dass auch der Zugang einer Zahlungsaufforderung oder Stundungsanzeige die Frist erneut in Lauf setzt. Bei unbekanntem Aufenthalt des Schuldners genügt die Aufgabe zur Post (Abs 3 Satz 2). Aufgrund der Novellierung der Hemmungsvorschriften durch das SchuldRModG wird die Verjährung des Zahlungsanspruchs gegen den Zweitschuldner nicht mehr automatisch für die Dauer der Vollstreckungsbemühungen gegen den Erstschuldner gehemmt (OLG Celle JurBüro 2008, 324).

C. Erstattungsansprüche (Abs 2)

8   Ansprüche auf Rückerstattung überzahlter Gebühren und Auslagen (Kosten) verjähren ebenfalls in vier Jahren. Der Lauf der Verjährungsfrist beginnt grundsätzlich mit dem Ablauf des Jahres, in dem die Kosten bezahlt wurden, aber nicht vor der Beendigung des Verfahrens iSv Abs 1 (s dazu Rz 4). Zur Bewirkung der Zahlung durch Gerichtskostenstempler uä vgl LG Osnabrück (JurBüro 2003, 596). Hinsichtlich der Hemmung und dem Neubeginn der Frist gelten die gleichen Grundsätze wie für den Zahlungsanspruch der Staatskasse (s.o. Rz 7).

9   Mit Rückerstattungsansprüchen kann gegen Zahlungsansprüche der Staatskasse nur aufgerechnet werden, wenn der Erstattungsanspruch anerkannt oder gerichtlich festgestellt ist (§ 8 JBeitrO).

§ 8 Elektronische Akte, elektronisches Dokument

(1) Die Vorschriften über die elektronische Akte und das gerichtliche elektronische Dokument für das Verfahren, in dem die Kosten anfallen, sind anzuwenden.

(2) Soweit für Anträge und Erklärungen in dem Verfahren, in dem die Kosten anfallen, die Aufzeichnung als elektronisches Dokument genügt, genügt diese Form auch für Anträge und Erklärungen nach diesem Gesetz. Die verantwortende Person soll das Dokument mit einer qualifizierten elektronischen Signatur nach dem Signaturgesetz versehen. Ist ein übermitteltes elektronisches Dokument für das Gericht zur Bearbeitung nicht geeignet, ist dies dem Absender unter Angabe der geltenden technischen Rahmenbedingungen unverzüglich mitzuteilen.

(3) Ein elektronisches Dokument ist eingereicht, sobald die für den Empfang bestimmte Einrichtung des Gerichts es aufgezeichnet hat.

Die Vorschrift schafft wie der inhaltsgleiche § 5a GKG und in Abs 2 und 3 § 1a KostO 1 die rechtlichen Grundlagen für die Einreichung elektronischer Schriftsätze und die elektronische Aktenführung auch für das Kostenrecht. Wegen der Einzelheiten wird auf die Kommentierung zu § 14 FamFG verwiesen.

Abschnitt 2
Fälligkeit

§ 9 Fälligkeit der Gebühren in Ehesachen und selbständigen Familienstreitsachen

(1) In Ehesachen und in selbständigen Familienstreitsachen wird die Verfahrensgebühr mit der Einreichung der Antragsschrift, des Klageantrags, der Einspruchs- oder Rechtsmittelschrift oder mit der Abgabe der entsprechenden Erklärung zu Protokoll fällig.

(2) Soweit die Gebühr eine Entscheidung oder sonstige gerichtliche Handlung voraussetzt, wird sie mit dieser fällig.

§ 10 Fälligkeit bei Vormundschaften und Dauerpflegschaften

Bei Vormundschaften und bei Dauerpflegschaften werden die Gebühren nach den Nummern 1311 und 1312 des Kostenverzeichnisses erstmals bei Anordnung und später jeweils zu Beginn eines Kalenderjahres, Auslagen sofort nach ihrer Entstehung fällig.

§ 11 Fälligkeit der Gebühren in sonstigen Fällen, Fälligkeit der Auslagen

(1) Im Übrigen werden die Gebühren und die Auslagen fällig, wenn
1. eine unbedingte Entscheidung über die Kosten ergangen ist,
2. das Verfahren oder der Rechtszug durch Vergleich oder Zurücknahme beendet ist,
3. das Verfahren sechs Monate ruht oder sechs Monate nicht betrieben worden ist,
4. das Verfahren sechs Monate unterbrochen oder sechs Monate ausgesetzt war oder
5. das Verfahren durch anderweitige Erledigung beendet ist.

(2) Die Dokumentenpauschale sowie die Auslagen für die Versendung und die elektronische Übermittlung von Akten werden sofort nach ihrer Entstehung fällig.

A. Allgemeines (§§ 9–11)

I. Begriffe

1 Die unter Abschnitt 2 zusammengefassten Vorschriften regeln vordergründig nur die Fälligkeit von Gebühren und Auslagen in gleicher Weise wie das GKG in den §§ 6 ff. Wie das GKG enthält das FamG keine ausdrückliche Regelung, wann eine Gebühr entsteht, setzt aber teilweise die Fälligkeit iS eines Anfallens der Gebühr mit ihrer **Entstehung** gleich, so in § 9 Abs 2 für die Entscheidungsgebühr, in §§ 10 und 11 Abs 2 für Auslagen und in § 9 Abs 1 auch für die Verfahrensgebühr. Denn eine Gebühr kann nicht vor ihrer Entstehung fällig werden (*Lappe* NJW 2004, 489, 490).

2 Von besonderer Bedeutung ist der Entstehungszeitpunkt einer Gebühr nicht nur für die Fälligkeit, sondern auch für das Einsetzen der Vorschusspflicht (§§ 14 ff) und den Stichtag für die Wertfestsetzung (§ 34). Die Fälligkeit einer Gebühr iSv §§ 9 ff ist nicht in jedem Fall gleichbedeutend mit ihrer **Zahlungsfälligkeit** (s.u. Rz 11). Davon zu unterscheiden ist die Frage, ob und wann **Vorschüsse** oder **Vorauszahlungen** erhoben werden können, was im nachfolgenden Abschnitt 3 geregelt ist.

II. Entstehung der Verfahrensgebühr

Eine **Verfahrensgebühr** entsteht grundsätzlich mit der Anhängigkeit des jeweiligen Verfahrens (KG KGR 2007, 162; NJW-RR 2000, 2159); in Antragsverfahren daher mit dem Eingang des jeweiligen Antrags bzw der Rechtsmittelschrift bei Gericht (auch beim unzuständigen, *Hartmann* GKG § 6 Rn 5) oder seiner Erklärung zu Protokoll (§ 9 Abs 1). In Amtsverfahren kommt es auf dessen Einleitung an (s dazu Rz 6 ff; BGH FamRZ 1993, 176). 3

1. Antragsverfahren

Die Verfahrensgebühr entsteht mit Eingang des jeweiligen die Instanz einleitenden Antrags bei Gericht (s.a. § 34). Ausschlaggebend ist die **Anhängigkeit** eines Antrags und nicht dessen Rechtshängigkeit. Im Regelfall wird der Antrag in schriftlicher Form eingereicht (§ 25 Abs 1 FamFG). In FG-Sachen kann auch eine telefonische Übermittlung ausreichen (s § 25 FamFG Rz 30). Auf die Postulationsfähigkeit des Antragsstellers oder die Zulässigkeit des Antrags kommt es dabei nicht an. Die Anhängigkeit wird auch durch einen Antrag bei einem unzuständigen Gericht bewirkt (*Hartmann* GKG § 6 Rn 5). Wird der Antrag zu Protokoll desjenigen Gerichts bzw der Geschäftsstelle erklärt, an das er gerichtet ist, wird er mit der Aufnahme der Erklärung anhängig. Wird er zu Protokoll eines anderen Gerichts erklärt, wird er erst mit seinem Eingang bei dem Zielgericht anhängig (§ 25 Abs 3 FamFG, § 129 Abs 2 ZPO). Soweit eingeführt, können Anträge auch in elektronischer Form übermittelt werden (§ 14 Abs 2 FamFG, § 130a ZPO). Bei widerklagend erhobenen Ansprüchen oder wenn der Antrag erweitert wird, ist der Eingang des diesen ankündigenden Antrags maßgeblich (OLG Düsseldorf NJW-RR 2000, 1594), ansonsten können sie wie jeder Antrag auch in einer mündlichen Verhandlung oder einem Erörterungstermin gestellt werden. 4

Ein Antrag auf Verfahrenskostenhilfe bewirkt noch keine Anhängigkeit der Hauptsache, wenn nicht gleichzeitig der Hauptsacheantrag unbedingt eingereicht wird (BGH FamRZ 1995, 729: OLG Brandenburg FamRZ 2007, 1999). Andernfalls fällt die Verfahrensgebühr für die bereits anhängige Hauptsache auch dann an, wenn der Antragssteller nach der Zurückweisung seines Antrags auf Verfahrenskostenhilfe die Hauptsache nicht weiterbetreibt (dann aber nur die ermäßigte Gebühr s § 3 Rz 19). Ausnahmsweise entsteht eine Verfahrensgebühr in gesetzlich besonders bestimmten Fällen erst mit der Vornahme einer gerichtlichen Handlung (s.u. Rz 15). 5

2. Einleitung von Amtsverfahren

Für die Einleitung von Amtsverfahren kommt es auf die erste auf Durchführung des Verfahrens gerichtete, nach außen wirkende Maßnahme des Gerichts an (BGH FamRZ 1993, 176), wie sie insbesondere in der **Aufnahme von Ermittlungen** zu sehen ist. Die bloße Anregung iSd § 24 FamFG leitet noch kein Verfahren ein. Ermittlungen, die lediglich der Prüfung dienen, ob überhaupt ein Verfahren einzuleiten ist, genügen nicht. Die Abgrenzung zwischen **Vorprüfung** und Einleitung eines Verfahrens ist im Einzelfall problematisch und in Rechtsprechung und Literatur umstritten. 6

So führt nicht schon der Eingang einer Anzeige des Jugendamts nach § 8a Abs 3 SGB VIII zur Einleitung des **Sorgerechtsverfahrens**, sondern erst deren Mitteilung an die Eltern zur Stellungnahme. Umgekehrt leitet eine Anfrage an das Jugendamt, nachdem das Gericht aus der Anhörung der Parteien nach § 128 FamFG Anhaltspunkte für eine Kindeswohlgefährdung gewonnen hat, ein Sorgerechtsverfahren jedenfalls dann noch nicht ein, wenn das Gericht sich damit erst Klarheit über die Relevanz seiner Verdachtsmomente schaffen will (aA wohl Johannsen/Henrich/*Sedemund-Treiber* § 623 ZPO Rn 10). 7

Der **Versorgungsausgleich** wird idR mit der Aufforderung an die Parteien, sich zu ihren in der Ehezeit erworbenen Versorgungsanrechten zu erklären, eingeleitet (OLG 8

Naumburg 22.8.2002, 3 WF 187/02; OLG Düsseldorf FamRZ 1991, 1079) und nicht erst durch die Anfrage bei den Versorgungsträgern (so aber OLG Karlsruhe FamRZ 2007, 751; OLG Hamburg FamRZ 1988, 638; KG FamRZ 1987, 727). Es genügt auch die Anhörung der Parteien, wenn sich das Gericht damit begnügt (aA KG FamRZ 1987, 727). Lediglich um eine Vorprüfung handelt es sich auch, wenn das Gericht bei Beteiligung von Ausländern etwa deren Flüchtlingseigenschaft überprüft, um die Anwendbarkeit deutschen Sachrechts zu klären (BGH FamRZ 1993, 176). Anders ist es dagegen, wenn das Gericht mit den Parteien die Rechtslage nach dem ausländischen Recht erörtert oder im Tenor eine rechtskraftfähige Negativfeststellung trifft (BGH FamRZ 1991, 549; OLG Karlsruhe FamRZ 1993, 458).

9 Prüft das Gericht nach außen erkennbar die **Wirksamkeit einer Vereinbarung** der Eheleute über den Ausschluss des Versorgungsausgleichs entsprechend § 8 VersAusglG, in dem es zB die Beteiligten zur Stellungnahme auffordert, weitere Informationen oder Auskünfte einholt oder die Wirksamkeit im Termin erörtert, so wird damit auf jeden Fall ein Verfahren eingeleitet (s.a. OLG Brandenburg FamRZ 2006, 353 noch zum alten Recht). Nachdem das Ergebnis Eingang in die Endentscheidung finden muss und in Rechtskraft erwächst, entsteht eine Verfahrensgebühr spätestens mit der Entscheidung oder wenn sie den Beteiligten in der mündlichen Verhandlung angekündigt wird.

III. Entstehung der Entscheidungsgebühr

10 Eine **Entscheidungsgebühr** entsteht, insbesondere wenn sie nur für Entscheidungen eines bestimmten Inhalts erhoben wird, wenn die Entscheidung getroffen bzw existent ist. Das ist auch gebührenrechtlich entweder ihre mündliche Verlautbarung oder im schriftlichen Verfahren der Zeitpunkt, an dem die unterschriebene Entscheidung der Geschäftsstelle übermittelt wird (§ 38 Abs 3 Satz 3 FamFG).

IV. Zahlungsfälligkeit

11 Der Begriff der Fälligkeit im vorliegenden Abschnitt ist nicht gleichzusetzen mit dem schuldrechtlichen iSd §§ 271, 276 ZPO und nicht gleichbedeutend mit der Zahlungsfälligkeit. Diese ergibt sich erst im Zusammenhang mit der KostVfg und kann zB hinsichtlich der Auslagen nicht vor ihrer Bekanntgabe beginnen und für den Entscheidungsschuldner nicht vor einer entsprechenden Kostengrundentscheidung.

B. Fälligkeit der Gebühren

12 Das FamGKG regelt die Fälligkeit der Gebühren wie vorher das GKG nach einzelnen Verfahrensarten, -gegenständen und Kostenarten unterschiedlich.

I. Ehe- und Familienstreitsachen (§ 9)

13 **Abs 1:** Nur in **selbstständigen Familienstreitsachen** und für eine Ehesache wird die pauschale Verfahrensgebühr (§ 3 Rz 11) gemäß Abs 1 in allen Instanzen mit ihrer Entstehung (s.o. Rz 1) auch fällig. Das Gleiche gilt auch für die Ehescheidung im Verbundverfahren.

14 Auch wenn anders als noch im GKG (§ 6 Abs 2 aF) im Scheidungsverbund anhängige **Folgesachen** nicht mehr ausdrücklich **ausgenommen** werden, fallen sie insgesamt nicht unter § 9 Abs 1. Auf die Übernahme einer dem § 6 Abs 2 GKG aF entsprechende Regelung hat der Gesetzgeber im Hinblick auf den klaren Wortlaut des Abs 1 verzichtet (BTDrs 16/6308 S 302). Für die Folgesachen wird die Verfahrensgebühr auch in den Rechtsmittelinstanzen weiterhin erst mit Abschluss des Verfahrens fällig (§ 11). Das gilt (s Überschrift) auch für Abs 2. Zur gleichwohl bestehenden Verpflichtung Auslagenvorschüsse zu leisten s §§ 12 ff Rz 15.

Abs 2: Während Abs 1 allein die Fälligkeit der Verfahrensgebühr regelt, bestimmt 15
Abs 2 im wesentlichen die Fälligkeit der Entscheidungsgebühr in den in Rz 13 genannten Verfahren, die ebenfalls mit ihrer Entstehung (s.o. Rz 10) zusammenfällt. Ansonsten werden Verfahrensgebühren, deren Entstehung von einer gerichtlichen Handlung abhängt, zB in Verfahren zur Abnahme der eidesstattlichen Versicherung von der Terminsbestimmung (s KV 1603), mit dieser fällig.

II. Vormundschaften und Dauerpflegschaften (§ 10)

§ 10 behält für die Fälligkeit der **Jahresgebühr** für Vormundschaftssachen und Dauer- 16
pflegschaften (s KV 1311 und 1312) die Regelung aus § 92 Abs 1 Satz 4 KostO bei. Danach wird die Jahresgebühr regelmäßig mit Beginn eines Kalenderjahres fällig, bei erstmaliger Anordnung mit dieser (Satz 1).

Zu den Auslagen s.u. Rz 20. 17

III. Gebührenfälligkeit in sonstigen Fällen (§ 11 Abs 1)

Die Vorschrift übernimmt für alle in §§ 9 und 10 nicht genannten Verfahren die Fälligkeits- 18
regelung aus § 9 Abs 2 GKG und erstreckt sie damit auch auf die **selbstständigen Kindschafts- und sonstigen FG-Sachen**. Soweit es sich nicht um Ehe- und selbstständige Familienstreitsachen oder Verfahren nach § 10 handelt, also **auch in Folgesachen** (s Rz 14), werden die Gebühren erst mit dem Wirksamwerden einer unbedingten **Kostenentscheidung** (Nr 1) fällig, ggf auch nur hinsichtlich eines Teiles des Verfahrensgegenstands, zB bei einer mit einer Kostenentscheidung versehenen Versäumnis- oder Teilentscheidung (*Hartmann* § 9 GKG Rn 9), oder mit der gebührenrechtlichen Beendigung des gesamten Verfahrens. Das gilt für Verfahrens- und Entscheidungsgebühren gleichermaßen.

Eine **Verfahrensbeendigung** iSv § 11 liegt in einer Rücknahme des Antrags oder einer 19
(auch außergerichtlichen) Einigung, wenn sie den Rechtzug beenden (Nr 2). Auch ohne verfahrensrechtlicher Beendigung werden die Gebühren auch nach einem 6-monatigen Stillstand des Verfahrens fällig (Nr 3 und 4). Das gilt allerdings nicht, wenn der Stillstand allein auf die grundlose Untätigkeit des Gerichts zurückzuführen ist. Insoweit entsprechen die Voraussetzungen denen für die Weglegung der Akten nach § 7 AktO. Zur die Gebührenfälligkeit begründende Verfahrensbeendigung in »sonstiger Weise« (Nr 5) vgl *Meyer* § 9 Rn 14.

IV. Fälligkeit der Auslagen

Bei **Vormundschaften und Dauerpflegschaften** werden Auslagen sofort mit ihrer Ent- 20
stehung, dh mit der entsprechenden Zahlung fällig (§ 10 letzter Hs). Die Dokumentenpauschale (s dazu Rz 22) ist gemäß Anm 1 zu KV 2000 in jedem Kalenderjahr und für jeden Kostenschuldner gesondert zu berechnen. Zu den Einschränkungen bei Minderjährigen s § 3 Rz 60.

Die **Fälligkeit** der in KV 2000 ff (§ 3 Rz 58 ff) geregelten Auslagen richtet sich **im Übri-** 21
gen, außer in dem in § 10 gesondert geregelten Fall, für alle Verfahren nach § 11. Sie werden entweder nach einer Kostenentscheidung oder mit der (gebührenrechtlichen) Beendigung des Verfahrens fällig (s Rz 18, 19).

Eine **Ausnahme** gilt für die in § 11 Abs 2 gesondert geregelte Fälligkeit der Pauschalen 22
für die Herstellung und Überlassung von **Dokumenten** (KV 2000) und das Versenden von Akten oder ihrer elektronischen Übermittlung (KV 2003). Sie werden sofort mit der »Entstehung« fällig. Nachdem sich der Gesetzgeber aber über diesen Zeitpunkt gerade nicht verhält (s.o. Rz 1), ist damit wohl die sie auslösende Tätigkeit gemeint, bietet aber Raum für Interpretationen (s *Hartmann* § 9 GKG Rn 13).

Abschnitt 3
Vorschuss und Vorauszahlung

§ 12 Grundsatz

In weiterem Umfang als das Gesetz über das Verfahren in Familiensachen und in den Angelegenheiten der freiwilligen Gerichtsbarkeit, die Zivilprozessordnung und dieses Gesetz es gestatten, darf die Tätigkeit des Familiengerichts von der Sicherstellung oder Zahlung der Kosten nicht abhängig gemacht werden.

§ 13 Verfahren nach dem Internationalen Familienrechtsverfahrensgesetz

In Verfahren nach dem Internationalen Familienrechtsverfahrensgesetz sind die Vorschriften dieses Abschnitts nicht anzuwenden.

§ 14 Abhängigmachung

(1) In Ehesachen und selbständigen Familienstreitsachen soll die Antragsschrift oder der Klageantrag erst nach Zahlung der Gebühr für das Verfahren im Allgemeinen zugestellt werden. Wird der Antrag erweitert, soll vor Zahlung der Gebühr für das Verfahren im Allgemeinen keine gerichtliche Handlung vorgenommen werden; dies gilt auch in der Rechtsmittelinstanz.

(2) Absatz 1 gilt nicht für den Widerklageantrag.

(3) Im Übrigen soll in Verfahren, in denen der Antragsteller die Kosten schuldet (§ 21), vor Zahlung der Gebühr für das Verfahren im Allgemeinen keine gerichtliche Handlung vorgenommen werden.

§ 15 Ausnahmen von der Abhängigmachung

§ 14 gilt nicht,
1. soweit dem Antragsteller Verfahrens- oder Prozesskostenhilfe bewilligt ist,
2. wenn dem Antragsteller Gebührenfreiheit zusteht oder
3. wenn die beabsichtigte Rechtsverfolgung nicht aussichtslos oder mutwillig erscheint und wenn glaubhaft gemacht wird, dass
   a) dem Antragsteller die alsbaldige Zahlung der Kosten mit Rücksicht auf seine Vermögenslage oder aus sonstigen Gründen Schwierigkeiten bereiten würde oder
   b) eine Verzögerung dem Antragsteller einen nicht oder nur schwer zu ersetzenden Schaden bringen würde; zur Glaubhaftmachung genügt in diesem Fall die Erklärung des zum Bevollmächtigten bestellten Rechtsanwalts.

§ 16 Auslagen

(1) Wird die Vornahme einer Handlung, mit der Auslagen verbunden sind, beantragt, hat derjenige, der die Handlung beantragt hat, einen zur Deckung der Auslagen hinreichenden Vorschuss zu zahlen. Das Gericht soll die Vornahme einer Handlung, die nur auf Antrag vorzunehmen ist, von der vorherigen Zahlung abhängig machen.

(2) Die Herstellung und Überlassung von Dokumenten auf Antrag sowie die Versendung und die elektronische Übermittlung von Akten können von der vorherigen Zahlung eines die Auslagen deckenden Vorschusses abhängig gemacht werden.

(3) Bei Handlungen, die von Amts wegen vorgenommen werden, kann ein Vorschuss zur Deckung der Auslagen erhoben werden.

(4) Absatz 1 gilt nicht für die Anordnung einer Haft.

§ 17 Fortdauer der Vorschusspflicht

Die Verpflichtung zur Zahlung eines Vorschusses bleibt bestehen, auch wenn die Kosten des Verfahrens einem anderen auferlegt oder von einem anderen übernommen sind. § 26 Abs. 2 gilt entsprechend.

A. Regelungszweck (§§ 12–17)

Abschnitt 3 regelt die **Sicherstellung der Verfahrenskosten** unter Übernahme der für 1 Familiensachen maßgeblichen Vorschriften des 3. Abschnitts im GKG, ergänzt um die Antragsstellerhaftung aus § 8 Abs 2 KostO (BTDrs 16/6308 S 302). Realisiert wird dies dadurch, dass die gerichtliche Tätigkeit von der Zahlung anfallender Gebühren und Auslagen abhängig gemacht wird.

In § 12 wird zugleich wie in § 10 GKG der **Grundsatz** hervorgehoben, dass die ge- 2 richtliche Tätigkeit **nur in den gesetzlich geregelten Fällen** von der Sicherstellung oder Zahlung der Kosten abhängig gemacht werden darf. Diese gesetzlichen Regelungen können neben dem FamGKG auch dem FamFG und der ZPO entnommen werden, namentlich für die Erhebung von Auslagenvorschüssen für Zeugen und Sachverständige. Der Grundsatz bezieht sich nur auf das Abhängigmachen der Rechtsgewährung von der Sicherstellung der Kosten. Er hindert die Staatskasse nicht daran fällige Gebühren oder Auslagen einzuziehen, auch wenn sie von der Vorleistungspflicht ausgenommen sind, wie zB für Widerklagen und Rechtsmittel (OLG München MDR 2003, 1078 m Anm *Hartung*).

Dieser Abschnitt ist gemäß § 13 auf Verfahren nach dem IntFamRVG **nicht anzuwen-** 3 **den**. Denn § 53 IntFamRVG schließt die Erhebung von Vorschüssen aus. Die Bewilligung von Verfahrenskostenhilfe wird in § 15 berücksichtigt.

B. Systematik

Komplementär zu den Fälligkeitsregelungen in Abschnitt 2 wird eine **Vorleistungs-** 4 **pflicht** für bereits bei Verfahrensbeginn fällige Gebühren (§ 14 Abs 1 iVm § 9 Abs 1) sowie eine auf die Antragsstellerhaftung beschränkte **Vorschusspflicht** für die übrigen Gebühren (§ 14 Abs 3) und für die Auslagen (§ 16) konstituiert und das Tätigwerden des Gerichts von der Erfüllung dieser Zahlungspflicht abhängig gemacht. Zugleich werden in § 15 Ausnahmen von der »Abhängigmachung« normiert. Die Anordnung der Voraus- oder Vorschussleistung ist nach § 58 anfechtbar.

Nach § 17 entfällt eine Pflicht zur Vorschussleistung weder dadurch, dass die gericht- 5 liche Handlung zwischenzeitlich vorgenommen wurde, noch mit Beendigung des Verfahrens und auch nicht, wenn die geschuldeten Kosten einem anderen auferlegt oder von ihm übernommen wurden. In diesem Fall haftet der Vorschusspflichtige wie ein **Zweitschuldner** (§ 17 Satz 2, § 26 Abs 2).

I. Gebührenvorauszahlung (§ 14 Abs 1)

Nach § 14 Abs 1 soll die Zustellung der Antragsschrift oder des Klagantrags in **Ehesa-** 6 **chen und in selbstständigen Familienstreitsachen** erst nach Zahlung der pauschalen Verfahrensgebühr (s § 3 Rz 9) erfolgen. Davon ausgenommen sind zur Vermeidung von Verzögerungen die Rechtsmittel und gemäß Abs 2 auch Widerklaganträge. § 14 Abs 1 Satz 2 erstreckt die Vorleistungspflicht auf die Klagerweiterung. Im Falle einer Erweiterung des Antrags, auch in der Rechtsmittelinstanz, soll das Gericht vor Zahlung der (Differenz-) Gebühr keine verfahrensfördernden Handlungen vornehmen, soweit sie sich nicht auf den ursprünglichen Antrag beschränken (*Meyer* § 12 Rn 17). Die Regelungen beziehen sich nur auf die in § 9 genannten Verfahren, in denen die Verfahrensgebühr bereits mit Eingang des Antrags fällig wird. Sie gilt deshalb weder für Familienstreitsachen, die als Folgesachen im Verbund anhängig wurden, noch für FG-Sachen (s dazu Rz 7).

II. Gebührenvorschuss (§ 14 Abs 3)

7 § 14 Abs 3 eröffnet die Möglichkeit, in selbstständigen FG-Familiensachen, wenn sie nur auf Antrag eingeleitet werden und § 21 die Antragsstellerhaftung nicht ausschließt (s dazu § 21 Abs 1 Satz 2), die gerichtliche Tätigkeit ebenfalls von der Zahlung der pauschalen Verfahrensgebühr abhängig zu machen. Damit wird die Sicherstellung der Gebühren, wie sie in § 8 Abs 2 KostO für Antragsverfahren vorgesehen ist, in das FamGKG überführt (BTDrs 16/6308 S 302). Da die Verfahrensgebühr in FG-Sachen erst am Ende des Verfahrens fällig wird (s § 11 Rz 18), handelt es sich im Gegensatz zu Abs 1, der eine Vorleistungspflicht begründet, um einen echten Vorschuss. Für vAw einzuleitende Verfahren darf kein Vorschuss erhoben werden (§ 12).

III. Ausnahmen (§ 15)

8 Die Vorschrift schränkt die Anwendung des § 14 für bestimmte Personenkreise ein. Sie entspricht inhaltlich unverändert dem § 14 GKG und den vergleichbaren Regelungen in § 8 Abs 2 KostO.

9 Danach ist ein Antragsteller, der gemäß § 2 **Gebührenfreiheit** genießt (Nr 2), von der Verpflichtung zur Sicherstellung der Gebühren befreit, ebenso wenn und soweit ihm Prozess- oder **Verfahrenskostenhilfe** bewilligt ist (Nr 1). Das ergibt sich bereits aus der Befreiung von Gerichtskosten bei Bewilligung von Verfahrenskostenhilfe (s.a. § 122 Abs 1 Nr 2 ZPO, § 76 Abs 1 FamFG), die auch die **Auslagen** umfasst. Wurde nur teilweise Verfahrenskostenhilfe bewilligt, sind die Gebühren vorzuleisten, die auf die von der Bewilligung ausgenommen Verfahrensgegenstände entfallen (nur die Differenz, hM vgl OLG München MDR 1997, 299; OLG Schleswig MDR 2006, 176 mwN). Bis dahin ist das Verfahren im Übrigen zu betreiben. Ist einem Beteiligten Verfahrenskostenhilfe ohne Ratenzahlung bewilligt, erstreckt sich die Kostenbefreiung auch auf den Gegner (§ 122 Abs 2 ZPO).

10 Darüber hinaus kann nach Nr 3 von einer Vorausleistung der Gebühr abgesehen werden, wenn der Zahlungspflichtige sich in einem vorübergehenden **Zahlungsengpass** befindet, oder das Verfahren **eilbedürftig** ist, wie zB bei Verfahren der einstweiligen Anordnung und Arrest. Voraussetzung in beiden Fällen ist, jetzt auch für die selbstständigen FG-Verfahren (BTDrs 16/6308 S 302), dass die Rechtsverfolgung weder aussichtslos ist noch mutwillig erscheint, was glaubhaft zu machen ist.

IV. Auslagenvorschuss (§ 16)

11 § 16 Abs 1 normiert in Satz 1 eine generelle **Vorschusspflicht für gerichtliche Handlungen**, die mit Auslagen (KV 2000 ff, § 3 Rz 58) verbunden sind, sofern sie (nur) **auf Antrag** vorzunehmen sind. Der zur Deckung der Auslagen erforderliche Vorschuss ist vom jeweiligen Antragsteller zu erheben. Zugleich macht Satz 2 die Vornahme der beantragten Handlung von der vorherigen Einzahlung des Vorschusses abhängig.

12 In Bezug auf die **Dokumentenpauschale** und Aktenversendungspauschale (s §§ 9–11 Rz 22) regelt Abs 2 die Vorschusspflicht gesondert. Sie schuldet gemäß § 23 der jeweilige Antragsteller bzw Verursacher.

Auch für **amtswegig** zu veranlassende Handlungen kann das Gericht gemäß Abs 3 **13** nach pflichtgemäßem Ermessen grundsätzlich einen Auslagenvorschuss erheben, davon aber seine Tätigkeit nicht abhängig machen (OLG Koblenz FamRZ 2002, 1577). Da aber eine Haftung des sog. Interesseschuldners nicht in das FamFG übernommen wurde (s §§ 21–27 Rz 1), dürfte die Vorschussanforderung künftig, außer in den Fällen des Abs 2 (s.u.), am Fehlen eines Kostenschuldners scheitern.

Nachdem das im Regierungsentwurf noch vorgesehene Beweisantragsrecht nicht in **14** das FamFG übernommen wurde (vgl § 30 FamFG Rz 14) und die Beweise in FG-Sachen vAw zu erheben sind (§ 26 FamFG), besteht auch weiterhin keine Möglichkeit, entsprechend §§ 379, 402 ZPO eine **Beweiserhebung in FG-Sachen** von der vorherigen Zahlung der voraussichtlichen Auslagen für Zeugen und Sachverständige anhängig zu machen. Das gilt jetzt auch in Abstammungsverfahren.

Dagegen können in **Scheidungsfolgesachen,** die Familienstreitsachen sind, unbescha- **15** det ihrer Befreiung von der Gebührenvorschusspflicht (s Rz 5) Vorschüsse auf die Auslagen sowohl nach diesem Gesetz als auch für die Beweiserhebung nach §§ 379, 402 ZPO gefordert und ggf die Handlung von ihrer Zahlung abhängig gemacht werden.

Zur **Befreiung** von der Vorschusspflicht bei Bewilligung von Prozess- oder Verfah- **16** renskostenhilfe s.o. Rz 9.

Abschnitt 4
Kostenansatz

§ 18 Kostenansatz

(1) Es werden angesetzt:
1. die Kosten des ersten Rechtszugs bei dem Gericht, bei dem das Verfahren im ersten Rechtszug anhängig ist oder zuletzt anhängig war,
2. die Kosten des Rechtsmittelverfahrens bei dem Rechtsmittelgericht.

Dies gilt auch dann, wenn die Kosten bei einem ersuchten Gericht entstanden sind.

(2) Die Dokumentenpauschale sowie die Auslagen für die Versendung und die elektronische Übermittlung von Akten werden bei der Stelle angesetzt, bei der sie entstanden sind.

(3) Der Kostenansatz kann im Verwaltungsweg berichtigt werden, solange nicht eine gerichtliche Entscheidung getroffen ist. Ergeht nach der gerichtlichen Entscheidung über den Kostenansatz eine Entscheidung, durch die der Verfahrenswert anders festgesetzt wird, kann der Kostenansatz ebenfalls berichtigt werden.

§ 19 Nachforderung

(1) Wegen eines unrichtigen Ansatzes dürfen Kosten nur nachgefordert werden, wenn der berichtigte Ansatz dem Zahlungspflichtigen vor Ablauf des nächsten Kalenderjahres nach Absendung der den Rechtszug abschließenden Kostenrechnung (Schlusskostenrechnung), bei Vormundschaften und Dauerpflegschaften der Jahresrechnung, mitgeteilt worden ist. Dies gilt nicht, wenn die Nachforderung auf vorsätzlich oder grob fahrlässig falschen Angaben des Kostenschuldners beruht oder wenn der ursprüngliche Kostenansatz unter einem bestimmten Vorbehalt erfolgt ist.

(2) Ist innerhalb der Frist des Absatzes 1 ein Rechtsbehelf in der Hauptsache oder wegen der Kosten eingelegt oder dem Zahlungspflichtigen mitgeteilt worden, dass ein Wertermittlungsverfahren eingeleitet ist, ist die Nachforderung bis zum Ablauf des nächsten Kalenderjahres nach Beendigung dieser Verfahren möglich.

(3) Ist der Wert gerichtlich festgesetzt worden, genügt es, wenn der berichtigte Ansatz dem Zahlungspflichtigen drei Monate nach der letzten Wertfestsetzung mitgeteilt worden ist.

§ 20 Nichterhebung von Kosten wegen unrichtiger Sachbehandlung

(1) Kosten, die bei richtiger Behandlung der Sache nicht entstanden wären, werden nicht erhoben. Das Gleiche gilt für Auslagen, die durch eine von Amts wegen veranlasste Verlegung eines Termins oder Vertagung einer Verhandlung entstanden sind. Für abweisende Entscheidungen sowie bei Zurücknahme eines Antrags kann von der Erhebung von Kosten abgesehen werden, wenn der Antrag auf unverschuldeter Unkenntnis der tatsächlichen oder rechtlichen Verhältnisse beruht.

(2) Die Entscheidung trifft das Gericht. Solange nicht das Gericht entschieden hat, können Anordnungen nach Absatz 1 im Verwaltungsweg erlassen werden. Eine im Verwaltungsweg getroffene Anordnung kann nur im Verwaltungsweg geändert werden.

A. Allgemeines zum Kostenansatz (§§ 18–20)

Abschnitt 4 (**Kostenansatzverfahren**) regelt das Verfahren bei der Ermittlung der gerichtlichen Kosten und ihrer Verteilung auf die in Abschnitt 5 aufgeführten Kostenschuldner durch die Justizverwaltung. Die Vorschriften dieses Abschnitts entsprechen denen des 4. Abschnitts des GKG, soweit sie den Familiensachen vergleichbare Verfahren betreffen. Für die selbstständigen FG-Familiensachen tritt dadurch gegenüber der KostO keine Änderung ein (BTDrs 16/6308 S 303). Die §§ 18–20 werden ergänzt durch die KostVfg, einer bundeseinheitlichen Verwaltungsvorschrift des Bundes und der Länder (abgedruckt und zT erläutert in Korinthenberg/Lappe/*Hellstab* Anhang D I; *Hartmann* unter VII A). 1

Die Aufgabe der Zusammenstellung der gerichtlichen Kosten und ihre Festsetzung gegen einzelne Kostenschuldner in einer **Kostenrechnung** wird von Justizbeamten oder -angestellten wahrgenommen, die mit dieser Aufgaben nach allgemeinen oder besonderen Anordnungen betraut wurden und weisungsgebunden sind. Die angesetzten Kosten werden nach der JBeitrO im Verwaltungsweg (BVerwG NJW 1983, 9009) vollstreckt. Es handelt sich um reine Justizverwaltungstätigkeit, bei der richterliche Entscheidungen, ggf auch durch den Rechtspfleger, nur in Rechtbehelfsverfahren und in gesondert aufgeführten Fällen, zB der Wertfestsetzung (§ 55) oder beim Absehen von Kosten wegen unrichtiger Sachbehandlung (§ 20), vorgesehen sind. 2

B. Zuständigkeit (§ 18 Abs 1, 2)

Nach Abschluss des Verfahrens iSv § 11 Abs 1 (s dort Rz 18, 19) werden die Kosten für jedes Verfahren und für jede Instanz in einer **Schlusskostenabrechnung** (s § 19 Abs 1) gesondert angesetzt; die Kosten des Rechtsmittelverfahrens jeweils beim Rechtsmittelgericht und die der 1. Instanz bei dieser (§ 18 Abs 1). Das gilt auch für die bei anderen, um Rechthilfe ersuchten Gerichten entstandenen Auslagen, mit Ausnahme der **Dokumentenpauschale** und der Pauschale für die Übermittlung von Akten. Diese sind jeweils bei dem Gericht anzusetzen, bei dem die Auslage entstanden ist (§ 18 Abs 2). 3

War das Verfahren in 1. Instanz infolge Abgabe, **Verweisung** oder Zurückverweisung bei mehreren Gerichten in 1. Instanz anhängig, werden die Kosten unter Berücksichtigung von § 18 Abs 2 bei dem Gericht angesetzt, bei dem das Verfahren zuletzt anhängig war (s § 6 Rz 4); und zwar nach den für dieses geltenden Vorschriften. Der Einzug der vor Abschluss des Verfahrens zahlungsfälligen Gebühren und Vorschüsse (s §§ 9–11) obliegt dem Kostenbeamten des jeweiligen Gerichts. Sie sind bei der Schlusskostenabrechnung in Höhe der geleisteten Zahlungen zu berücksichtigen. 4

C. Änderung

I. Berichtigung (§ 18 Abs 3)

Der Kostenansatz kann vom Kostenbeamten ggf auf Anweisung (§ 42 KostVfg) **im Verwaltungsweg** berichtigt werden (§ 18 Abs 3), solange noch keine gerichtliche Entscheidung im Erinnerungs- oder Beschwerdeverfahren nach § 57 (*Hartmann* § 19) ergangen ist. Auch dann ist gemäß § 18 Abs 3 Satz 2 noch eine Berichtigung im Verwaltungsweg möglich, falls der dem Kostenansatz zugrunde gelegte Verfahrenswert nachträglich durch gerichtliche Entscheidung geändert wird. Erst recht kann der Kostenansatz nach einer richterlichen Wertfestsetzung ohne Erinnerungsverfahren berichtigt werden. Das gilt auch, wenn die Kostenschuld bereits bezahlt ist (*Hartmann* § 19 GKG Rn 5). 5

II. Nachforderung (§ 19)

Wegen eines nur im Verwaltungswege berichtigten Kostenansatzes dürfen Kosten beim Zahlungspflichtigen nur noch bis zum Ablauf des Jahres nachgefordert werden, das der 6

Übersendung der (später berichtigten) Schlusskostenrechnung folgt (Abs 1). Bei Jahresrechnungen tritt diese an die Stelle der Schlusskostenrechnung. Die **Frist** gilt nicht, wenn die ursprüngliche Schlusskostenrechnung einen entsprechenden Vorbehalt enthielt oder auf vorsätzlich oder grob fahrlässig falschen Angaben des Kostenschuldners beruhte und deswegen berichtigt wird.

7 Wird innerhalb der vorgenannten Frist Erinnerung gegen den Kostenansatz oder ein Rechtsmittel in der Hauptsache, gegen die Kostenentscheidung oder gegen eine gerichtliche Wertfestsetzung eingelegt, so **verlängert** sich die Frist bis zum Ablauf des auf die Erledigung des (letzten) **Rechtsbehelfs** folgenden Jahres. Im Übrigen kann der Kostenansatz nach jeder gerichtlichen Festsetzung des Verfahrenswerts innerhalb von 3 Monaten berichtigt werden.

D. Niederschlagung (§ 20)

8 § 20 enthält drei Tatbestände, bei deren Vorliegen **Kosten nicht zu erheben** sind oder von ihrer Erhebung abgesehen werden kann. Die Entscheidung trifft das Gericht vAw oder, solange keine gerichtliche Entscheidung vorliegt, auch die Justizverwaltung (Abs 2). § 20 ist auch im Erinnerungs- und Beschwerdeverfahren gegen den Kostenansatz zu berücksichtigen und hat deshalb zu einer reichhaltigen Rechtsprechung geführt (s Rz 9).

9 Zu den Kosten, die nach Abs 1 **nicht zu erheben** sind, gehören zum einen Auslagen, die durch eine vAw veranlasste Vertagung oder Verlegung eines Termins erwachsen sind, und zum anderen Kosten, die bei korrekter Behandlung der Rechtssache durch Gericht und Justiz nicht entstanden wären, vgl dazu BGH NJW 1962, 2107 und die Zusammenstellung der vielfältigen Rechtsprechung bei *Hartmann* § 21 GKG Rn 4 ff.

10 Darüber hinaus kann nach pflichtgemäßem **Ermessen** von der Erhebung der Kosten für eine abweisende Entscheidung oder nach Antragsrücknahme abgesehen werden, wenn der Antrag aus unverschuldeter Unkenntnis der tatsächlichen und rechtlichen Verhältnisse eingereicht wurde. Diese Möglichkeit wird in FG-Verfahren überlagert durch die Verpflichtung des Gerichts, in jedem Fall eine Entscheidung über die Kosten des Verfahrens zu treffen, und das ihm eingeräumte weite Ermessen, was den Inhalt der Entscheidung angeht.

Abschnitt 5
Kostenhaftung

§ 21 Kostenschuldner in Antragsverfahren, Vergleich

(1) In Verfahren, die nur durch Antrag eingeleitet werden, schuldet die Kosten, wer das Verfahren des Rechtszugs beantragt hat. Dies gilt nicht
1. für den ersten Rechtszug in Gewaltschutzsachen,
2. im Verfahren auf Erlass einer gerichtlichen Anordnung auf Rückgabe des Kindes oder über das Recht zum persönlichen Umgang nach dem Internationalen Familienrechtsverfahrensgesetz,
3. für einen Minderjährigen in Verfahren, die seine Person betreffen, und
4. für einen Verfahrensbeistand.

Im Verfahren, das gemäß § 700 Abs. 3 der Zivilprozessordnung dem Mahnverfahren folgt, schuldet die Kosten, wer den Vollstreckungsbescheid beantragt hat.

(2) Die Gebühr für den Abschluss eines gerichtlichen Vergleichs schuldet jeder, der an dem Abschluss beteiligt ist.

§ 22 Kosten bei Vormundschaft und Dauerpflegschaft

Die Kosten bei einer Vormundschaft oder Dauerpflegschaft schuldet der von der Maßnahme betroffene Minderjährige. Dies gilt nicht für Kosten, die das Gericht einem anderen auferlegt hat.

§ 23 Bestimmte sonstige Auslagen

(1) Die Dokumentenpauschale schuldet ferner, wer die Erteilung der Ausfertigungen, Ablichtungen oder Ausdrucke beantragt hat. Sind Ablichtungen oder Ausdrucke angefertigt worden, weil der Beteiligte es unterlassen hat, die erforderliche Zahl von Mehrfertigungen beizufügen, schuldet nur der Beteiligte die Dokumentenpauschale.

(2) Die Auslagen nach Nummer 2003 des Kostenverzeichnisses schuldet nur, wer die Versendung oder die elektronische Übermittlung der Akte beantragt hat.

(3) Im Verfahren auf Bewilligung von Verfahrens- oder Prozesskostenhilfe einschließlich des Verfahrens auf Bewilligung grenzüberschreitender Verfahrens- oder Prozesskostenhilfe ist der Antragsteller Schuldner der Auslagen, wenn der Antrag zurückgenommen oder von dem Gericht abgelehnt oder wenn die Übermittlung des Antrags von der Übermittlungsstelle oder das Ersuchen um Verfahrens- oder Prozesskostenhilfe von der Empfangsstelle abgelehnt wird.

§ 24 Weitere Fälle der Kostenhaftung

Die Kosten schuldet ferner,
1. wem durch gerichtliche Entscheidung die Kosten des Verfahrens auferlegt sind;
2. wer sie durch eine vor Gericht abgegebene oder dem Gericht mitgeteilte Erklärung oder in einem vor Gericht abgeschlossenen oder dem Gericht mitgeteilten Vergleich übernommen hat; dies gilt auch, wenn bei einem Vergleich ohne Bestimmung über die Kosten diese als von beiden Teilen je zur Hälfte übernommen anzusehen sind;
3. wer für die Kostenschuld eines anderen kraft Gesetzes haftet und

4. der Verpflichtete für die Kosten der Vollstreckung; dies gilt nicht für einen Minderjährigen in Verfahren, die seine Person betreffen.

§ 25 Erlöschen der Zahlungspflicht

Die durch gerichtliche Entscheidung begründete Verpflichtung zur Zahlung von Kosten erlischt, soweit die Entscheidung durch eine andere gerichtliche Entscheidung aufgehoben oder abgeändert wird. Soweit die Verpflichtung zur Zahlung von Kosten nur auf der aufgehobenen oder abgeänderten Entscheidung beruht hat, werden bereits gezahlte Kosten zurückerstattet.

§ 26 Mehrere Kostenschuldner

(1) Mehrere Kostenschuldner haften als Gesamtschuldner.

(2) Soweit ein Kostenschuldner aufgrund von § 24 Nr. 1 oder Nr. 2 (Erstschuldner) haftet, soll die Haftung eines anderen Kostenschuldners nur geltend gemacht werden, wenn eine Zwangsvollstreckung in das bewegliche Vermögen des ersteren erfolglos geblieben ist oder aussichtslos erscheint. Zahlungen des Erstschuldners mindern seine Haftung aufgrund anderer Vorschriften dieses Gesetzes auch dann in voller Höhe, wenn sich seine Haftung nur auf einen Teilbetrag bezieht.

(3) Soweit einem Kostenschuldner, der aufgrund von § 24 Nr. 1 haftet (Entscheidungsschuldner), Verfahrens- oder Prozesskostenhilfe bewilligt worden ist, darf die Haftung eines anderen Kostenschuldners nicht geltend gemacht werden; von diesem bereits erhobene Kosten sind zurückzuzahlen, soweit es sich nicht um eine Zahlung nach § 13 Abs. 1 und 3 des Justizvergütungs- und -entschädigungsgesetzes handelt und die Partei, der die Verfahrens oder Prozesskostenhilfe bewilligt worden ist, der besonderen Vergütung zugestimmt hat. Die Haftung eines anderen Kostenschuldners darf auch nicht geltend gemacht werden, soweit dem Entscheidungsschuldner ein Betrag für die Reise zum Ort einer Verhandlung, Anhörung oder Untersuchung und für die Rückreise gewährt worden ist.

§ 27 Haftung von Streitgenossen

Streitgenossen haften als Gesamtschuldner, wenn die Kosten nicht durch gerichtliche Entscheidung unter sie verteilt sind. Soweit einen Streitgenossen nur Teile des Streitgegenstandes betreffen, beschränkt sich seine Haftung als Gesamtschuldner auf den Betrag, der entstanden wäre, wenn das Verfahren nur diese Teile betroffen hätte.

A. Allgemeines

1 Abschnitt 5 behandelt die persönliche Haftung für die gerichtlichen Kosten gegenüber der Staatskasse und damit die Frage welche Gebühren und Auslagen gegen welche Verfahrensbeteiligten festgesetzt und eingezogen werden können. Das FamGKG normiert in den §§ 21 ff **verschiedene Haftungstatbestände**, die nebeneinander von mehreren sowie in der Person desselben Beteiligten verwirklicht werden können, und regelt die Reihenfolge der Inanspruchnahme zwischen sog. Erst- und Zweitschuldnern und das Haftungsverhältnis unter gleichrangig Haftenden. Die Haftungstatbestände entsprechen, soweit in FG-Sachen relevant, denen des GKG und finden sich zT auch in der KostO. Der in der KostO bedeutsame Haftungstatbestand des sog Interesseschuldners, nach dem für die Kosten von Geschäften, die vAw vorgenommen werden, derjenige haftet, dessen Interesse wahrgenommen wird (2 Nr 2 KostO), wurde nur für die Vormundschaft und Dauerpflegschaft in das FamGKG übernommen (BTDrs 16/6308 S 303).

Grundsätzlich haften nur die Beteiligten iSd § 7 FamFG (erweitert durch spezielle Regelungen in Buch 2 des FamFG) oder Parteien iSd des Zivilprozessrechts. Nach § 24 Nr 3 können daneben ausnahmsweise auch **Dritte**, die für die Kostenschuld eines Anderen kraft Gesetzes haften, neben oder anstelle des Anderen in Anspruch genommen werden. Dafür kommen in Familiensachen praktisch nur die Erben infrage, sofern sie nicht selbst als Rechtsnachfolger am Verfahren beteiligt sind, oder bei Gütergemeinschaft der (mit) verwaltende Ehegatte. Die unterhaltsrechtliche Verpflichtung zur Leistung eines Prozesskostenvorschusses begründet dagegen keine direkte Haftung gegenüber der Staatskasse. Darüber hinaus kann sich ein Dritter durch entsprechende Erklärung gegenüber dem Gericht zur Übernahme der Kosten eines Beteiligten verpflichten (s.u. Rz 4). 2

B. Haftungstatbestände

I. Erstschuldner

Vorrangig haften als Erstschuldner (§ 26 Abs 2) die Beteiligten, denen die Kosten durch gerichtliche Entscheidung auferlegt wurden (**Entscheidungsschuldner**, § 24 Nr 1) in dem sich aus der Entscheidung ergebenden Umfang. Wird die Entscheidung abgeändert oder aufgehoben, erlischt diese im Umfang der Aufhebung und bereits gezahlte Kosten werden zurückerstattet (§ 25). 3

Ebenfalls als Erstschuldner haften Beteiligte oder Dritte, die Kosten durch Erklärung gegenüber dem Gericht oder in einem gerichtlichen Vergleich übernommen haben, im Umfang der übernommenen Verpflichtung auch direkt gegenüber der Staatskasse als sog **Übernahmeschuldner**. Soweit ein Vergleich keine Kostenregelung enthält, gilt § 98 ZPO. 4

II. Zweitschuldner

Ähnlich wie der Entscheidungsschuldner, aber nur als Zweitschuldner, haftet gemäß § 24 Nr 4 der **Vollstreckungsschuldner** für die notwendigen Kosten des Vollstreckungsverfahrens. Ausgenommen sind Minderjährige in Verfahren, die ihre Person betreffen (s dazu BTDrs 16/6308 S 303). 5

Von besonderer Bedeutung ist in Antragsverfahren die **Haftung des Antragstellers als Veranlassungsschuldner** (§ 21 Abs 1 Satz 1). Davon sind gemäß § 21 Abs 1 Satz 2 ausgenommen nur Antragsteller in Verfahren in Gewaltschutzsachen und in Verfahren nach dem IntFamRVG zur Anordnung der Rückführung eines Kindes und der Regelung seines Umgangs sowie Verfahrensbeistände in allen Verfahren. Darüber hinaus sind Minderjährige in Verfahren, die ihre Person betreffen, von der Antragstellerhaftung ausgeschlossen. Veranlassungsschuldner kann auch der verfahrensrechtliche Antragsgegner sein, wenn er im Mahn- oder vereinfachten Unterhaltsverfahren das streitige Verfahren beantragt oder Widerklage erhebt. 6

Ein Minderjähriger haftet aber für die Kosten einer ihn betreffenden Vormundschaft oder Dauerpflegschaft ausnahmsweise (s.o. Rz 1) als **Interesseschuldner** (§ 22). Die Haftung beschränkt sich gemäß Satz 2 auf die Jahresgebühren (KV 1311, 1312, s.a. § 3 Rz 14) und die Auslagen (BTDrs 16/6308 S 303). 7

Außerdem haftet für die **Vergleichsgebühr** jeder, der am Abschluss beteiligt ist (§ 21 Abs 2), aber nicht der durch ihn nur Begünstigte, und für bestimmte **Auslagen** derjenige, der sie beantragt oder veranlasst hat (§ 23). So schuldet in Verfahren auf Bewilligung von Verfahrenskostenhilfe der Antragsteller die Auslagen, wenn der Antrag zurückgewiesen oder in grenzüberschreitenden Verfahren die Übermittlung oder das Ersuchen abgelehnt wird. Ferner schuldet die Dokumentenpauschale jeder, der die Mehrfertigung beantragt hat, als Zweitschuldner. Werden Mehrfertigungen hergestellt, weil sie nicht in der erforderlichen Zahl beigefügt wurden, schuldet der Pflichtige die Pauschale dage- 8 gen allein. Ebenso schuldet die Aktenversendungspauschale allein derjenige, der die Versendung oder Übermittlung beantragt hat (*Hartmann* § 28 GKG Rn 5).

C. Haftung mehrerer Kostenschuldner

9 Mehrere Kostenschuldner haften grundsätzlich **als Gesamtschuldner** (§ 26 Abs 1). Das gilt aber nur, soweit sie jeder für sich dieselben Kosten schulden (*Meyer* § 31 Rn 1; s.a. § 27 Abs 2 für Streitgenossen). Da aber jeder Kostenschuldner nur in Höhe seiner Beteiligung am Verfahrensgegenstand herangezogen werden kann, bezieht sich die gesamtschuldnerische Haftung unter Umständen nur auf einen Teil der Kosten. Bei der Heranziehung zu den Kosten ist als erstes eine Trennung zwischen Erst- und Zweitschuldnern vorzunehmen und die gemeinsame Schuld vorrangig von dem oder den Erstschuldnern beizutreiben (§ 26 Abs 2). Nur wenn das nicht gelingt oder aussichtslos ist, sind der oder die Zweitschuldner heranzuziehen. Dabei ist zu beachten, dass derselbe Kostenschuldner nebeneinander aus unterschiedlichen Tatbeständen haften kann.

10 Handelt es sich bei mehreren Erstschuldnern um **Streitgenossen**, richtet sich ihre Heranziehung nach der gerichtlichen Kostenverteilung (§ 27 Abs 1). Gibt es keine oder bestätigt sie die Gesamtschuldnerschaft, enthält § 8 Abs 3 KostVfg Hinweise für die Heranziehung, die auch für eine Mehrheit von Zweitschuldnern gelten. Von der danach regelmäßig gebotenen Heranziehung nach Kopfteilen kann im Einzelfall abgewichen werden (vgl OLG München NJW-RR 2000, 1744; KG KGR 2004, 71).

11 Soweit einem Entscheidungsschuldner **Verfahrenskostenhilfe** bewilligt wird, scheidet nicht nur er als Schuldner aus. Es kann insoweit auch kein anderer Kostenschuldner in Anspruch genommen werden (§ 26 Abs 3). Bereits erhobene Kosten sind zurückzuzahlen. § 26 Abs 3 ist bei einem Vergleich auch nicht entsprechend anzuwenden (OLG Koblenz FamRZ 2008, 1204 und zur Rückerstattung bei PKH-Teilbewilligung 2007, 1758).

Abschnitt 6
Gebührenvorschriften

§ 28 Wertgebühren

(1) Wenn sich die Gebühren nach dem Verfahrenswert richten, beträgt die Gebühr bei einem Verfahrenswert bis 300 Euro 25 Euro. Die Gebühr erhöht sich bei einem

Verfahrenswert bis ... Euro	für jeden angefangenen Betrag von weiteren ... Euro	um ... Euro
1.500	300	10
5.000	500	8
10.000	1.000	15
25.000	3.000	23
50.000	5.000	29
200.000	15.000	100
500.000	30.000	150
über 500.000	50.000	150

Eine Gebührentabelle für Verfahrenswerte bis 500.000 Euro ist diesem Gesetz als Anlage 2 beigefügt.

(2) Der Mindestbetrag einer Gebühr ist 10 Euro.

Das FamGKG übernimmt in § 28 inhaltsgleich die Gebühren aus § 34 GKG. Dasselbe gilt für die als **Anlage 2** dem Vorschriftenteil angefügte Tabelle, hier abgedruckt nach dem Kostenverzeichnis. Sie gibt die Gebühren bis zu einem Verfahrenswert von 500.000 € wieder und beginnt mit 25 € als geringste Gebühr für einen Verfahrenswert bis zu 300 €. 1

§ 28 betrifft nur die Gebühren, die sich nach dem Verfahrenswert richten (**Wertgebühren**). Das können variable Werte oder Festwerte sein. Ihre Ermittlung regeln die allgemeinen und besonderen Wertvorschriften der §§ 33 ff. Aus der sich danach aus der Tabelle ergebenden Gebühr errechnet sich die im konkreten Fall anzusetzende Gebühr erst durch Multiplikation mit dem im Kostenverzeichnis für das jeweilige Verfahren aufgelisteten Gebührensatz (s.a. § 3 Rz 3). 2

Abs 2 setzt für die konkrete Gebühr einen **Mindestbetrag** fest. Das steht nur scheinbar im Gegensatz zu der geringsten Gebühr aus der Tabelle in Abs 1. Denn durch den anzuwendenden Gebührensatz (Rz 2), kann sich auch die geringste Gebühr von 25 € auf eine konkret anzusetzende Gebühr von unter 10 € reduzieren, zB bei einem Mehrvergleich. Für einen Mehrvergleich über 300 € ist nur eine 0,25 Gebühr anzusetzen (KV 1500), so dass ohne Abs 2 hierfür nur eine Gebühr von unter 10 € erhoben werden könnte (s.a. *Meyer* § 34 Rn 27). 3

§ 29 Einmalige Erhebung der Gebühren

Die Gebühr für das Verfahren im Allgemeinen und die Gebühr für eine Entscheidung werden in jedem Rechtszug hinsichtlich eines jeden Teils des Verfahrensgegenstands nur einmal erhoben.

1 Die Vorschrift entspricht dem § 35 GKG und übernimmt den Grundsatz der Einmaligkeit der Gebührenerhebung (*Hartmann* § 35 GKG Rn 1). Innerhalb derselben Instanz sollen Gebühren für denselben Verfahrensgegenstand nur einmal anfallen.

2 Damit wird zum einen der sich aus § Abs 2 iVm dem KV abgeleitete Grundsatz betont, dass insbesondere die Verfahrensgebühr sämtliche Tätigkeiten des Gerichts hinsichtlich ein und desselben Verfahrensgegenstands im gleichen Verfahren, somit auch mehrere Entscheidungen zB Grund- und Schlussurteil oder im Auskunfts- und Betragsverfahren bei der Stufenklage, abdeckt (**Pauschalgebühr**, s § 3 Rz 11). Das gleiche gilt für die daneben oder an ihrer Stelle anfallenden Entscheidungsgebühren für einzelne Anordnungen, soweit das KV nicht ihre wiederholte Erhebung gestattet (§ 3 Rz 45). Ergänzt wird § 35 für den Fall, dass für unterschiedliche Teile des Verfahrensgegenstands unterschiedliche Gebühren anfallen, durch § 30 sowie dem Gebot der Zusammenrechnung der Werte mehrerer Verfahrensgegenstände für die Wertgebühr in § 33.

3 Seine besondere Bedeutung erlangt § 29 aber für die Erhebung der Gebühren, wenn innerhalb derselben Instanz über den gleichen Gegenstand **mehrere verfahrensrechtlich selbstständige Verfahren** stattfinden, zB ein Nachverfahren nach einer mit Vorbehaltsurteil nach § 302 ZPO beendeten Familienstreitsache oder nach einem Urkundsverfahren. Sie werden nach § 29 gebührenrechtlich als ein Verfahren behandelt. Ergänzend ordnet dies § 31 Abs 1 auch für das weitere Verfahren nach Zurückweisung durch das Rechtsmittelgericht an.

4 Weitere Ergänzungen des Grundsatzes der Einmalerhebung von Gebühren enthält das **Kostenverzeichnis**, zB durch die Anrechnung der Verfahrensgebühr für das Mahnverfahren auf die Gebühr für das nachfolgende streitige Verfahren (Anm zu KV 1220) oder beim Ansatz der Gebühren im Vereinfachten Verfahrens über den Unterhalt Minderjähriger (s § 3 Rz 12 und auch § 255 Abs 5 FamFG). Gleichzeitig schränkt das KV den Grundsatz durch die gesonderte Erhebung von Gebühren ein, zB bei der Gehörsrüge oder für Vollstreckungshandlungen, oder stellt durch die Nichtanrechnung von Gebühren die (gebührenrechtliche) Verschiedenheit der Verfahrensgegenstände klar, zB im Verhältnis von einstweiligem Rechtsschutz zum Hauptsacheverfahren.

§ 30 Teile des Verfahrensgegenstands

(1) Für Handlungen, die einen Teil des Verfahrensgegenstands betreffen, sind die Gebühren nur nach dem Wert dieses Teils zu berechnen.

(2) Sind von einzelnen Wertteilen in demselben Rechtszug für gleiche Handlungen Gebühren zu berechnen, darf nicht mehr erhoben werden, als wenn die Gebühr von dem Gesamtbetrag der Wertteile zu berechnen wäre.

(3) Sind für Teile des Gegenstands verschiedene Gebührensätze anzuwenden, sind die Gebühren für die Teile gesondert zu berechnen; die aus dem Gesamtbetrag der Wertteile nach dem höchsten Gebührensatz berechnete Gebühr darf jedoch nicht überschritten werden.

Die Vorschrift entspricht redaktionell angepasst inhaltlich vollständig dem § 36 GKG und regelt die Gebührenberechnung, wenn gebührenwirksame Verfahrenshandlungen sich nur in Teilbereichen auswirken. Der in Abs 1 geregelte Fall wird bei den gerichtlichen Gebühren anders als bei Anwaltsvergütung seit dem Ersatz der Einzelgebühren durch Pauschalgebühren in Familiensachen praktisch nicht mehr relevant. 1

Abs 2 betrifft den Fall, dass mehrere gleiche Handlungen verschiedene Wertteile betreffen. Das ist beispielsweise der Fall, wenn eine anhängige Klage in Wert von 3.000 € um 2.000 € erweitert wird. In diesem Fall darf für die Klagerweiterung nicht die vollen Verfahrensgebühr aus 2.000 € erhoben werden, sondern nur die Differenz zu einer Gebühr aus dem Gesamtwert von 5.000 €. 2

Abs 3 betrifft den Fall, dass für verschiedene Verfahrensgegenstände unterschiedliche Gebühren anfallen. Das kommt zB regelmäßig in Verbundverfahren vor, wenn die Beteiligten sich über eine Folgesache vergleichen und über die Scheidung (ohne VA) entschieden wird. Für den vergleichsweise erledigten Teil ermäßigt sich die Gebühr nach KV 1111 für die Scheidung nicht. Für beide wird die Verfahrensgebühr getrennt ermittelt (Hs 1). Die Summe der beiden Gebühren darf den einer vollen Gebühr aus dem Gesamtwert nicht übersteigen (Abs 3 letzter Hs). 3

Beispiel: 2,0 Gebühr aus 6.000 €   272,– €
            0,5 Gebühr aus 13.200 €   121,– €
            Insgesamt   393,– €
            Kontrolle: 2,0 aus 19.200 = 576,– € wird nicht erreicht

§ 31 Zurückverweisung, Abänderung oder Aufhebung einer Entscheidung

(1) Wird eine Sache an ein Gericht eines unteren Rechtszugs zurückverwiesen, bildet das weitere Verfahren mit dem früheren Verfahren vor diesem Gericht einen Rechtszug im Sinne des § 29.

(2) Das Verfahren über eine Abänderung oder Aufhebung einer Entscheidung gilt als besonderes Verfahren, soweit im Kostenverzeichnis nichts anderes bestimmt ist. Dies gilt nicht für das Verfahren zur Überprüfung der Entscheidung nach § 166 Abs. 2 und 3 des Gesetzes über das Verfahren in Familiensachen und in den Angelegenheiten der freiwilligen Gerichtsbarkeit.

A. Zurückverweisung

1 Abs 1 übernimmt nahezu wörtlich die in § 37 GKG enthaltene Regelung zur kostenrechtlichen Behandlung der Zurückverweisung. Ein an die untere Instanz (nicht notwendig an dasselbe Gericht, *Hartmann* GKG § 37 GKG Rn 1) zurückgewiesenes Verfahren wird trotz ursprünglicher Beendigung des (unteren) Rechtszugs kostenrechtlich so behandelt, als sei das Verfahren noch nicht abgeschlossen. Es entsteht also **keine neue Verfahrensgebühr**. Zur davon abweichenden Regelung für die anwaltlichen Gebühren vgl § 21 Abs 1 und 2 RVG (s.a. FA-FamR/*Keske* Kap 17 Rn 285).

B. Abänderung

2 Abs 2 Satz 1: Verfahren auf Abänderung einer früheren Entscheidung (§§ 48, 166, 230, und 238 FamFG) sind im Verhältnis zum vorausgegangenen Verfahren neue, selbstständige Verfahren und damit wie Abs 2 Satz 1 nunmehr ausdrücklich klarstellt, auch gebührenrechtlich eine **neue Angelegenheit**, für die nach gleichen Grundsätzen, nicht notwendig mit dem gleichen Wert, Gebühren wie im Ausgangsverfahren anfallen. **Ausnahmen** ergeben sich aus dem Kostenverzeichnis für Vormundschaften und Dauerpflegschaften (s KV 1310 ff).

C. Überprüfung

3 Abs 2 Satz 2 betrifft die gemäß §§ 1696 Abs 2 BGB, 166 Abs 2 und 3 FamFG gebotene Überprüfung kinderschutzrechtlicher Maßnahmen bzw eines erneuten Handlungsbedarfs. Der Sache nach handelt es sich um ein Vorprüfungsverfahren, das abklären soll, ob ein Abänderungs- oder weiteres Verfahren eingeleitet werden soll (vgl FAKomm-FamR/*Ziegler* zu § 1696 Abs 3 BGB aF Rn 23, s.a. §§ 9 ff Rz 7). Diese Überprüfung gehört nach Satz 2 **kostenrechtlich zum ursprünglichen Verfahren** (*Hartmann* § 31 FamGKG Rn 3) und löst deshalb auch keine neuen Gebühren aus.

4 Für ein **nachfolgendes Abänderungsverfahren** gilt dies wohl nicht. Zwar zielt die Intention des Gesetzgebers darauf »ein wiederholtes Entstehen der Gebühr durch eine verfassungsrechtlich gebotene Überprüfung zu vermeiden« (BTDrs 16/6308 S 304). Das damit auch das neu einzuleitende Änderungsverfahren gebührenfrei bleiben soll, hat sich im Wortlaut allerdings nicht niedergeschlagen.

§ 32 Verzögerung des Verfahrens

Wird in einer selbständigen Familienstreitsache außer im Fall des § 335 der Zivilprozessordnung durch Verschulden eines Beteiligten oder seines Vertreters die Vertagung einer mündlichen Verhandlung oder die Anberaumung eines neuen Termins zur mündlichen Verhandlung nötig oder ist die Erledigung des Verfahrens durch nachträgliches Vorbringen von Angriffs- oder Verteidigungsmitteln, Beweismitteln oder Beweiseinreden, die früher vorgebracht werden konnten, verzögert worden, kann das Gericht dem Beteiligten von Amts wegen eine besondere Gebühr mit einem Gebührensatz von 1,0 auferlegen. Die Gebühr kann bis auf einen Gebührensatz von 0,3 ermäßigt werden. Dem Antragsteller, dem Antragsgegner oder dem Vertreter stehen der Nebenintervenient und sein Vertreter gleich.

A. Allgemeines

Die Vorschrift entspricht dem inhaltsgleichen § 38 GKG. Sie wurde unter Beschränkung 1 ihres Anwendungsbereichs ausschließlich auf selbstständige Familienstreitsachen unverändert in das FamGKG übernommen. Wie dort ist sie auch hier unter den Kostenregelungen am falschen Platz. Denn sie regelt keine Verfahrens- oder Prozesskosten (*Völker* MDR 2001, 1325), sondern allein eine mögliche Folge des Verstoßes gegen die den Verfahrensbeteiligten in § 282 ZPO auferlegte Pflicht zur Förderung des Verfahrens. Sie wäre besser dort normiert und würde dann auch nicht ein Schattendasein führen, das sie wohl hauptsächlich ihrer weitgehenden Unkenntnis verdankt. Selbst renommierte Kommentare weisen unter § 282 ZPO als Folge eines Verstoßes gegen die Prozessförderungspflicht ausschließlich auf § 296 ZPO hin (anders zB Zöller/*Greger* § 282 Rn 3a).

B. Geltungsbereich

Wie gerade ihre bewusste Übernahme in das FamGKG verdeutlicht, steht die Reaktions- 2 möglichkeit auf eine Verfahrensverzögerung nach § 32 neben den dem Gericht in § 115 FamFG (vormals § 621d ZPO) eingeräumten Möglichkeiten zur Zurückweisung verspäteten Vorbringens (aA *Meyer* § 38 Rn 9), der Beschneidung von Verfahrensrechten (§§ 367 Abs 1, 379 ZPO) und der Auferlegung von Verfahrenskosten (§§ 95, 344 ZPO, §§ 81 Abs 2 Nr 4, 150 Abs 4, 243 Nr 3 FamFG). Sie gilt ausdrücklich nicht bei Unzulässigkeit einer Versäumnisentscheidung (§ 335 ZPO). In diesem Fall fehlt es wohl regelmäßig schon an einer Verfahrensverzögerung. Dass einem Verfahrensbeteiligten Verfahrenskostenhilfe bewilligt ist oder er Gebührenfreiheit genießt, schließt die Verhängung einer Verzögerungsgebühr gegen ihn nicht aus (*Hartmann* § 38 GKG Rn 3).

C. Regelungsgehalt

§ 32 hat im Gegensatz zu § 296 ZPO und jetzt § 115 FamFG reinen Sanktionscharakter. 3 Nach ihr kann demjenigen Verfahrensbeteiligten, der selbst oder durch das ihm zuzurechnende Verhalten seines Verfahrensbevollmächtigten oder sonstigen Vertreters schuldhaft die Vertagung einer mündlichen Verhandlung oder die Anberaumung eines neuen Termins verursacht, eine Strafgebühr auferlegt werden. Dasselbe gilt für einen (zugelassenen) Streithelfer. **Voraussetzung** ist zum einen, dass ein Verfahrensbeteiligter Angriffs- oder Verteidigungsmittel, Beweismittel oder -einreden so spät vorbringt, dass nur deshalb ein weiterer Verhandlungstermin oder eine Beweisaufnahme vor dem Prozessgericht (§ 370 Abs 1 ZPO) erforderlich wird (= Verzögerung). Zum anderen muss das Vorbringen so spät erfolgen, dass es vom Gericht nicht durch eigene Maßnahmen zur Verfahrensförderung aufgefangen werden kann (OLG München FamRZ 2001, 433), obwohl es bei gehöriger Sorgfalt rechtzeitig hätte vorgebracht werden können (= Verschulden). Der Maßstab ergibt sich aus den Anforderungen, die § 182 ZPO an die

§ 32 FamGKG | Verzögerung des Verfahrens

Verfahrensförderungspflicht der Beteiligten stellt (s dazu § 115 FamFG Rz 3 ff; Zöller/ *Greger* § 282 Rn 2 ff). Eine Verschleppungsabsicht ist nicht erforderlich. Der Wortlaut erfordert auch kein grobes Verschulden. Der Grad des Verschuldens ist vielmehr im Rahmen der pflichtgemäßen Ermessensausübung im Hinblick auf die Angemessenheit einer Strafsanktion und ihrer Höhe zu berücksichtigen (*Völker* MDR 2001, 1325).

D. Anwendungsbereich

4 Die Auferlegung einer Verzögerungsgebühr kommt immer dann in Betracht, wenn das Gericht zugunsten der betroffenen Partei keinen Gebrauch von den ihm verfahrensmäßig eingeräumten Möglichkeiten macht, dass Verfahren ohne Rücksicht auf das verspätete Vorbringen fortzuführen oder zu beenden (s.o. Rz 2). Denn wenn es davon Gebrauch macht, tritt keine wesentliche Verzögerung ein. Das gilt auch im Falle der vorherigen Einräumung einer Schriftsatzfrist nach § 283 ZPO. Umstritten ist, ob eine Strafgebühr auch im Falle der »Flucht in die Säumnis« verhängt werden kann (ablehnend OLG Hamm NJW-RR 1995, 1408). Mit OLG Celle (NJW-RR 2007, 1726) ist dies deshalb zu bejahen, weil nicht das verfahrensrechtlich zulässige Nichtverhandeln sanktioniert wird, sondern der nicht rechtzeitige Vortrag, der den Verfahrensbeteiligten zu diesem Schritt veranlasst hat und der zweifelsohne für die Verzögerung des Verfahrens ursächlich ist (s.a. *Völker* MDR 2001, 1325 auch zu weiteren Anwendungsfällen).

E. Verfahren

5 Vor einer Anordnung der Strafgebühr ist dem betroffenen Verfahrensbeteiligten rechtliches Gehör zu gewähren (*Schmidt* MDR 2001, 308). Gegen die Anordnung ist, auch wenn sie in der Endentscheidung erfolgt, (nur) die in § 60 geregelte Beschwerde statthaft. Für die Anordnung selbst wird keine gesonderte Gebühr erhoben, s KV 1601.

Abschnitt 7
Wertvorschriften

Einleitung

In den familiengerichtlichen Verfahren richten sich die gerichtlichen Gebühren mehr- 1
heitlich nach Gegenstandswerten, denen bestimmte Gebührensätze zugeordnet sind
(Wertgebühren, s § 28). Nach § 23 Abs 1 RVG gelten die für gerichtliche Verfahren maßgeblichen Wertvorschriften auch für den **Gebührenwert der anwaltlichen Tätigkeit**
und wirken damit unmittelbar auch auf die Anwaltsvergütung ein (BVerfG FamRZ
2006, 24; 2007, 1081). Vor allem aus diesem Grund haben die Bewertungsvorschriften im
Kostenrecht eine herausragende Bedeutung in Rechtsprechung und Literatur erlangt,
die über die Funktion des Verfahrenswerts für die Bemessung der gerichtlichen Gebühren weit hinausgeht und zu Ausdifferenzierung geführt hat, die für die schlichte Gebührenerhebung durch die Justizkassen weder erforderlich noch zweckmäßig erscheinen.
Familiensachen sind davon besonders betroffen. Zum einen sind gerade in diesem Bereich besonders komplizierte Wertvorschriften, zB für die Bewertung einer Ehescheidung und des Unterhalts, geschaffen worden. Zum anderen bewirkt das Konzentrationsprinzip den Zusammenschluss unterschiedlichster Verfahrensgegenstände in einem
Verfahrensverbund (Anspruchshäufung). Wodurch neben der Frage der Zusammenrechnung auch Besonderheiten im Zusammenhang von Trennung und Verbindung von
Verfahren häufiger auftreten, als in gewöhnlichen Verfahren.

Das neue **FamGKG** hat die kostenrechtliche Zweigleisigkeit von ZPO- und FG-Ver- 2
fahren beseitigt und die familienrechtlichen Kosten- und Wertvorschriften in einem Gesetz zusammengefasst. Darüber hinaus wurden in weiterem Umfang als schon durch
das KostRMoG Wertgebühren durch Festgebühren ersetzt und das System der Festwerte
erweitert. Sehr zu begrüßen ist es, dass sämtlichen Festwerten eine Billigkeitsklausel angefügt wurde, die es dem Gericht gestattet, den jeweiligen Festwert herab- oder heraufzusetzen, wenn er nach den besonderen Umständen des Einzelfalls unbillig erscheint.
Damit werden aus absoluten **relative Festwerte**. Unter Einschluss des bei der (unveränderten) Bewertung einer Ehesache oder beim Auffangwert ohnehin eingeräumten Ermessens bleibt im FamGKG nur noch die Bewertung einer Unterhaltsstreitsache und
der Genehmigung in vermögensrechtlichen Angelegenheiten ohne Billigkeitsregelung.
Der Wert der Kindschaftssachen wird aber auch im FamGKG nach wie vor unterschiedlich bemessen, je nachdem ob sie im Scheidungsverbund oder im isolierten Verfahren
verhandelt werden. Zudem hat das FamGKG einen neuen Typ von Normwert (Gegensatz: wahrer Wert) geschaffen, der sich in der Praxisanwendung erst bewähren muss. So
wurde der Wert für Kindschaftssachen im Scheidungsverbund und im Versorgungsausgleich an den Wert der Ehesache bzw das Einkommens der Ehegatten knüpft (§§ 44
Abs 2 und 50 Abs 1). Dadurch entsteht ein **individueller Festwert**, dessen Anwendung
ähnlich wie beim Unterhalt zu Problemen führt, wenn sich bei unverändertem Verfahrensgegenstand nur der Bezugswert im Instanzenzug ändert.

Eine besondere Erleichterung auch für die Wertberechnung hat die Abschaffung der 3
unselbstständigen **einstweiligen Anordnung** und ihre verfahrensrechtliche Angleichung an die einstweilige Verfügung der ZPO gebracht. Abänderungs- und Aufhebungsverfahren bilden jetzt jeweils eine neue gebührenrechtliche Angelegenheit. Ihr
Wert ist jetzt idR mit der Hälfte des Werts der Hauptsache anzusetzen.

Unterabschnitt 1
Allgemeine Wertvorschriften

§ 33 Grundsatz

(1) In demselben Verfahren und in demselben Rechtszug werden die Werte mehrerer Verfahrensgegenstände zusammengerechnet, soweit nichts anderes bestimmt ist. Ist mit einem nichtvermögensrechtlichen Anspruch ein aus ihm hergeleiteter vermögensrechtlicher Anspruch verbunden, ist nur ein Anspruch, und zwar der höhere, maßgebend.

(2) Der Verfahrenswert beträgt höchstens 30 Millionen Euro, soweit kein niedrigerer Höchstwert bestimmt ist.

1 Die Vorschrift fasst in **Abs 1** das in § 39 Abs 1 GKG enthaltene **Gebot der Wertaddition** mit der § 48 Abs 4 GKG enthaltenen Ausnahmeregelung zusammen. Nach ihrem Wortlaut ist ihr Anwendungsbereich auf das Zusammentreffen eines vermögensrechtlichen mit einem nicht vermögensrechtlichen Anspruch beschränkt, wie zB wenn in Abstammungssachen die Vaterschaftsfeststellung mit einem Unterhaltsantrag verbunden wird. Rechtsprechung und Literatur wenden den Grundgedanken und das daraus folgende **Additionsverbot** auch bei wirtschaftlicher Identität der Gegenstände an (Musielak/ *Heinrich* § 5 Rn 7, 8 mit Beispielen).

2   **Abs 2:** Das Bundesverfassungsgericht hat die Kappung des Gegenstandswertes auch für die Anwaltsvergütung für verbindlich und nicht verfassungswidrig erklärt (BVerfG NJW 2007, 2098). Niedrigere Höchstwerte sind zB in § 43 Abs 1 für die Ehescheidung und in § 42 Abs 2 für nichtvermögensrechtliche Angelegenheiten bestimmt.

§ 34 Zeitpunkt der Wertberechnung

Für die Wertberechnung ist der Zeitpunkt der den jeweiligen Verfahrensgegenstand betreffenden ersten Antragstellung in dem jeweiligen Rechtszug entscheidend. In Verfahren, die von Amts wegen eingeleitet werden, ist der Zeitpunkt der Fälligkeit der Gebühr maßgebend.

A. Regelungsinhalt

§ 34 übernimmt in Satz 1 für **Antragsverfahren** die Regelung des § 40 GKG, die nur re- 1 daktionell angepasst wurde (vgl *Hartmann* FamGKG § 34 Rn 1). Danach ist für die Wertberechnung auf den Zeitpunkt der den jeweiligen Verfahrensgegenstand betreffenden (ersten) Antragsstellung abzustellen (s.u. Rz 9 f). Dies gilt jetzt auch für Antragsverfahren, die keine Familienstreitsachen sind, und für die bisher nach §§ 7, 18 I KostO der Zeitpunkt der Gebührenfälligkeit und damit idR der der Beendigung der Instanz bzw des Geschäfts für die Wertberechnung maßgeblich war (Korintenberg/*Schwarz* § 18 Rn 5). Eine entsprechende Regelung galt bis 1994 auch im GKG. Erst mit der durch das KostRÄndG 1994 (BGBl I, 1325) erstmals eingeführten pauschalen Verfahrensgebühr für Zivilprozesse wurde sowohl deren Fälligkeit als auch der Bewertungszeitpunkt allgemein auf den Zeitpunkt der Einreichung der Klage bzw des Antrags vorverlegt, um eine Neuberechnung des Wertes für die auch weiterhin am Ende der Instanz vorzunehmende (endgültige) Wertfestsetzung (s.u. § 55 Rz 6) nach Möglichkeit zu vermeiden (*Meyer* § 40 Rn 2 unter Hinweis auf BTDrs 12/6962 S 62).

Für **Verfahren, die vAw eingeleitet werden**, zB der Versorgungsausgleich im Schei- 2 dungsverbund oder Kindesschutzverfahren nach § 1666 BGB, ist nach Satz 2 wie in § 18 Abs 1 KostO auf den Zeitpunkt der Fälligkeit der Gebühr abzustellen, jetzt geregelt in § 11 Abs 1. Damit ist für diese Verfahren, auch wenn sie im Scheidungsverbund eingeleitet werden, grundsätzlich die Beendigung der Instanz maßgeblich, es sei denn, das Verfahren ruht für mindestens 6 Monate (vgl § 11 Rz 3).

§ 34 gilt in gleicher Weise für die **Rechtsmittelinstanz**. Für den Gebührenwert des 3 Rechtsmittels (s dazu § 40 Abs 1) ist daher grundsätzlich auf den Zeitpunkt des Eingangs der Rechtsmittelschrift abzustellen (*Hartmann* § 40 GKG Rn 4; zu den Besonderheiten bei Unterhaltsverfahren s § 51 Rz 18). Zu beachten ist, dass der Gebührenwert nicht in jedem Fall mit der Beschwer identisch sein muss (§ 54) und bei gleichbleibendem Verfahrensgegenstand der Gebührenwert des Rechtsmittels den der 1. Instanz nicht überschreiten darf (§ 40 Abs 2).

B. Bewertungszeitpunkt

I. Begriff

Es wird der Zeitpunkt bestimmt, auf den sich die Bewertung beziehen soll (**Stichtag**), 4 und nicht, was häufig verwechselt wird, der Zeitpunkt, an dem die Bewertung vorzunehmen ist. Wann eine Bewertung (Wertfestsetzung) zu erfolgen hat, ergibt sich für die Gerichtsgebühren vielmehr aus § 55 und für Anwaltsgebühren aus dem Zeitpunkt der Rechnungsstellung. Für die gerichtlichen Gebühren ist eine rechtmittelfähige und damit zumindest vorläufig bindende Festsetzung des Verfahrenswerts erst nach Abschluss der Instanz vorgesehen (§ 55 Abs 2). Während eine zu Beginn der Instanz erforderliche Bewertung zum Zwecke des Einzugs einer im Voraus fälligen Verfahrensgebühr bzw eines Vorschusses nur vorläufigen Charakter hat und auch jederzeit wieder geändert werden kann (s § 55 Rz 9).

Für die endgültige Wertfestsetzung kommt es auf den **wahren Wert** an (BGH NJW 5 2004, 3488; KG NJW-RR 1998, 1615), zu dessen Erforschung ggf auch noch weitere Ermittlungen bis hin zur Einholung eines Schätzgutachtens (vgl § 56) angestellt werden können. Daher können und müssen auch in Antragsverfahren die erst im Laufe des Verfahrens gewonnenen besseren Erkenntnisse iS einer ex-post-Sicht auf die zum Stichtag relevanten Umstände genutzt werden (*Lappe* NJW 2007, 273, 279; *Schneider/Herget* Rn 175; aA *Hartmann* GKG § 40 Rn 5 mwN). Zudem ergeben sich bestimmte wertungsrelevante Kriterien, wie bei nicht vermögensrechtlichen Streitigkeiten der Aufwand den ein Verfahren erfordert, ohnehin erst nach dessen Abschluss (*Meyer* § 48 Rn 34).

II. Auswirkung in Antragssachen

6   Die Festlegung des Bewertungsstichtags auf den Beginn des Verfahrens in Antragssachen hat zur Folge, dass **spätere Wertänderungen** des gleichbleibenden Verfahrensgegenstands den Gebührenwert nicht mehr beeinflussen (OLG Koblenz FamRZ 2003, 1681; KG KGR 2007, 162). ZB, wenn sich der Wert einer Sache, der Kurs einer Aktie oder der Mindestunterhaltssatz im Laufe des Verfahrens ändert. Wird allerdings der Verfahrensgegenstand (Streitwert) selbst im Laufe des Verfahrens verändert, ändert sich auch der Verfahrenswert insgesamt. Eine davon zu unterscheidende Frage ist, ob sich dies auch auf die Gebühren auswirkt (KG KGR 2007, 162).

7   Eine **Beschränkung des Antrags** im Laufe des Verfahrens, zB durch Teilrücknahme, wirkt sich auf den für die gerichtliche Verfahrensgebühr maßgeblichen Wert nicht aus (OLG Koblenz FamRZ 2003, 1681; KG KGR 2007, 162). Das Gleiche gilt für eine noch vor Rechtshängigkeit erfolgte Rücknahme oder Beschränkung des Antrags (KG NJW-RR 2000, 215; zur Ermäßigung der Gebühr s § 3 Rz 19). Das ist primär Folge der Pauschalierung und des Entstehens der gerichtlichen Verfahrensgebühr, für die ebenfalls die Anhängigkeit des Verfahrens maßgebend ist (s §§ 9–11 Rz 3). Anders ist dies bei den nicht in gleicher Weise pauschalierten Anwaltsgebühren. Für sie kommt es nach wie vor auf den Wert an, den das Verfahren zum Zeitpunkt des Entstehens der jeweiligen Gebühr hat, der ggf gesondert festzusetzen ist (Gerold/Schmidt/*Madert* § 22 Rn 4, § 23 Rn 25).

8   Wird allerdings der Verfahrensgegenstand durch **Erweiterung oder Erhöhung des Antrags** im gleichen Rechtszug verändert, ändert sich auch der Gebührenwert. Jeder weitere zusätzliche Antrag bzw Anspruch, auch wenn er widerklagend geltend gemacht wird, wird gebührenrechtlich als neuer Antrag behandelt und ist nach seinem Wert zum Zeitpunkt seines Eingangs zu bemessen (*Hartmann* § 40 GKG Rn 2; Zöller/*Herget* § 3 ZPO Rn 16 »Klageerweiterung«; str für Unterhaltsverfahren, s dazu § 51 Rz 15).

C. Antragsstellung

9   Mit Antragsstellung ist, wie in § 40 GKG, der **Eingang** des jeweiligen Antrags **bei Gericht** gemeint, idR in schriftlicher Form oder, soweit zulässig, in elektronischer Form, durch Erklärung zu Protokoll des Gerichts bzw der Geschäftsstelle. Bei widerklagend erhobenen Ansprüchen oder wenn der Antrag erweitert wird ist der Eingang des dies ankündigenden Antrags maßgeblich (OLG Düsseldorf NJW-RR 2000, 1594) bzw dessen Stellung im Termin wenn er nicht angekündigt wird. Ausschlaggebend ist damit die Anhängigkeit eines Antrags und nicht dessen Rechtshängigkeit.

10   Wird ein **Antrag auf Verfahrenskostenhilfe** eingereicht, der lediglich mit einem Hauptsacheantrag verbunden ist, oder in dem auf andere Weise kenntlich gemacht wird, dass die Einreichung der Hauptsache von der Bewilligung der Prozess- bzw Verfahrenskostenhilfe abhängig gemacht wird, tritt die Anhängigkeit der Hauptsache erst später ein; entweder mit dem Eingang eines unbedingten Antrags oder dessen Hereinnahme in den Geschäftsgang (BGH FamRZ 1995, 729; 2005, 794). Entsprechend verschiebt sich der Stichtag für den Wert der Hauptsache (OLG Brandenburg FamRZ 2008, 533 mwN).

§ 35 Geldforderung

Ist Gegenstand des Verfahrens eine bezifferte Geldforderung, bemisst sich der Verfahrenswert nach deren Höhe, soweit nichts anderes bestimmt ist.

Die Vorschrift übernimmt den aus § 3 ZPO abgeleiteten **allgemeinen Grundsatz**, dass sich der Wert bei einem Verfahren auf Zahlung einer bestimmten Geldforderung nach dieser richtet (BTDrs 16/6308 S 304). Die besonderen Wertvorschriften zB § 51 bleiben davon unberührt. 1

Wird die Geldforderung in einer **fremdem Währung** beziffert, ist sie für den Verfahrenswert auf den gemäß § 34 maßgeblichen Stichtag in Euro umzurechnen. Den Umrechnungskurs hat der Antragssteller anzugeben (Gerold/Schmidt/*Madert* § 32 Rn 22, s.a. § 53). 2

§ 36 Genehmigung einer Erklärung oder deren Ersetzung

(1) Wenn in einer vermögensrechtlichen Angelegenheit Gegenstand des Verfahrens die Genehmigung einer Erklärung oder deren Ersetzung ist, bemisst sich der Verfahrenswert nach dem Wert des zugrunde liegenden Geschäfts. § 18 Abs. 3, die §§ 19 bis 25, 39 Abs. 2, § 40 Abs. 2 und § 46 Abs. 4 der Kostenordnung gelten entsprechend.

(2) Mehrere Erklärungen, die denselben Gegenstand betreffen, insbesondere der Kauf und die Auflassung oder die Schulderklärung und die zur Hypothekenbestellung erforderlichen Erklärungen, sind als ein Verfahrensgegenstand zu bewerten.

(3) Der Wert beträgt in jedem Fall höchstens 1 Million Euro.

A. Allgemeines

1 Die Vorschrift enthält eine **grundsätzliche Regelung** zur Bemessung des Verfahrenswerts für die Genehmigung von Erklärungen und deren Ersetzung in vermögensrechtlichen Angelegenheiten auch der minderjährigen Kinder (BTDrs 16/6308 S 304). Sie lehnt sich inhaltlich an § 95 Abs 2 KostO an und weist dem Genehmigungsverfahren denselben Wert zu, wie das Geschäft, auf das sie sich bezieht; begrenzt auf maximal 1 Million € (Abs 1 Satz 1, Abs 3).

2 Bei mehreren Genehmigungen, die denselben Gegenstand betreffen, fingiert **Abs 2** in Abweichung zu § 33 Abs 1 Satz 1 einen einheitlichen Verfahrensgegenstand.

3 Der **Anwendungsbereich** des § 36 erstreckt sich zum Einen auf Angelegenheiten, die den Schutz des Kindesvermögens betreffen, wie Genehmigungen nach §§ 112 f, 1643 ff oder 1484, 1487, 1491 f und 2282, 2290, 2292, 2347, 2351 BGB. Der andere Bereich betrifft die Genehmigungserfordernisse im ehelichen Güterrecht, §§ 1357, 1365, 1366, 1369 oder 1426, 1430, 1452, ggf iVm 1458 BGB.

4 Für Genehmigungen in **nichtvermögensrechtlichen** Angelegenheiten gilt der Auffangwert nach § 42 Abs 2. Es ist sicher nicht verfehlt, bei der Ausübung des Ermessens den Grundgedanken des § 36 Abs 1 und 2 auch dort heranzuziehen.

B. Bemessungsgrundlagen

5 Soweit für den Wert des Vermögens eine Bewertung von Sachen und bestimmten Rechten erfolgen muss, verweist **Abs 1 Satz 1** in Anlehnung an § 23 Abs 3 Satz 1 RVG auf die Bewertungsregeln der §§ 18 ff der KostO. Im Übrigen gelten die allgemeinen Wertvorschriften des FamGKG, insbesondere §§ 34 und 37 anstelle von § 18 Abs 1 und 2 KostO. Soweit sich der Vermögenswert aus den vorstehenden Vorschriften nicht ergibt, gilt § 42 Abs 1. Darüber hinaus dürfte es dem Zweck der besonderen Wertvorschriften entsprechen, ihnen auch in Genehmigungsverfahren den Vorrang zukommen zu lassen (vgl § 50 Rz 11).

6 Bei **beweglichen Sachen** ist nach § 19 Abs 1 KostO ihr Verkehrswert maßgeblich.

7 Das gilt auch für **Grundstücke** und grundstücksgleiche Rechte, wenn der Verkehrswert den in 1. Linie maßgeblichen Einheitswert übersteigt (§ 19 Abs 2 KostO; zur Ermittlung des Verkehrswerts vgl Korintenberg/*Bengel – Tiedtke* § 19 Rn 10 ff). Modifikationen finden sich in § 21 KostO für die Bestellung eines **Erbbaurechts** oder Begründungen von **Wohnungseigentum** und in § 22 KostO für **Grunddienstbarkeiten**.

8 Für **Kaufverträge** ist der Kaufpreis einschließlich aller geldwerten Gegenleistungen maßgeblich (§ 20 Abs 1 KostO). Geht es nur um ein Vorkaufs- oder Wiederverkaufsrecht, ist idR der halbe Wert anzunehmen (§ 20 Abs 2 KostO).

9 Der Wert eines Pfandrechts oder sonstiger **Sicherheiten** bemisst sich nach dem Wert der gesicherten Forderung, soweit nicht der Sicherungsgegenstand einen geringeren Wert hat (§ 23 Abs 1 KostO). Bei **Hypotheken** und **Grundschulden** richtet er sich nach dem Nennbetrag (§ 23 Abs 2 KostO). Zu Rangänderungen vgl (§ 23 Abs 3 KostO).

§ 24 KostO regelt den Wert **wiederkehrender Leistungen**, außer Miet- und Pachtzinsen, deren Wert in § 25 KostO zusammen mit dem Wert eines Dienstvertrages bestimmt wird. In allen Fällen wird, wenn das Recht über eine gewisse Dauer hinausgeht oder auf unbestimmte Zeit läuft, der Wert aus einem begrenzten Zeitraum berechnet. 10

Bei **Austauschverträgen** ist gemäß § 39 Abs 2 KostO nur der Wert der höchsten Leistung maßgeblich. 11

Mitberechtigungen werden nur mit ihrem Anteil berücksichtigt (§ 40 Abs 2 KostO). Ob das auch für die Mitverpflichtung gilt, ist streitig (vgl Korintenberg/*Lappe* § 95 Rn 33 mwN). 12

Verbindlichkeiten, die auf dem Gegenstand des zugrunde liegenden Geschäfts lasten, werden nicht abgezogen (§ 18 Abs 3 KostO). Dies erscheint im Hinblick darauf, dass nunmehr nicht mehr die niedrigere Gebührentabelle der KostO gilt und nach der Entscheidung des BVerfG vom 23.5.2006 (FamRZ 2006, 997) nicht unproblematisch. Für den **Nachlass** gilt die Sonderregel des § 46 Abs 4 KostO. 13

§ 37 Früchte, Nutzungen, Zinsen und Kosten

(1) Sind außer dem Hauptgegenstand des Verfahrens auch Früchte, Nutzungen, Zinsen oder Kosten betroffen, wird deren Wert nicht berücksichtigt.

(2) Soweit Früchte, Nutzungen, Zinsen oder Kosten ohne den Hauptgegenstand betroffen sind, ist deren Wert maßgebend, soweit er den Wert des Hauptgegenstands nicht übersteigt.

(3) Sind die Kosten des Verfahrens ohne den Hauptgegenstand betroffen, ist der Betrag der Kosten maßgebend, soweit er den Wert des Hauptgegenstands nicht übersteigt.

A. Allgemeines

1   Die Vorschrift regelt in Abs 1 und 2 das Verhältnis von Haupt- und Nebenforderung in Bezug auf den Gebührenwert und in Abs 3 den Sonderfall, dass nur noch über die Verfahrenskosten gestritten wird. Sie übernimmt redaktionell angepasst die Regelungen in § 43 GKG, die sich inhaltsgleich auch in § 18 Abs 2 KostO wiederfindet. In Abweichung von § 33 Abs 1 Satz 1 ordnet sie keine Zusammenrechnung der Werte des Hauptanspruchs mit den aus ihm hergeleiteten Nebenansprüchen an, und weist dem Wert des Hauptanspruchs Priorität zu, auch wenn die Nebenansprüche allein verfolgt werden.

B. Nebenansprüche

2   Werden in demselben Verfahren der Hauptanspruch und hieraus abgeleitete Nebenansprüche geltend gemacht, so bleiben gemäß **Abs 1** die Nebenansprüche bei der Bemessung des Verfahrenswerts unberücksichtigt (s.a. § 4 Abs 1 Satz 2 ZPO). Nebenansprüche iSd Vorschrift sind solche, die vom Hauptanspruch abhängig sind. Umfasst werden nur die ausdrücklich genannten Früchte und Nutzungen einer Sache oder eines Rechts iSd §§ 99, 100 BGB, Zinsen als Entgelt für die Überlassung von Kapital, insbesondere Verzugszinsen, auch wenn sie in einer Summe verlangt werden (BGH NJW-RR 2000, 1025), sowie Kosten, die vorgerichtlich zur Durchsetzung eines Anspruchs oder Rechts entstanden sind. Zu Letzteren zählt insbesondere die anwaltliche Geschäftsgebühr (BGH FamRZ 2007, 808). Zur Abgrenzung zum Schadensersatz als Hauptforderung vgl BGH NJW 2007, 1752.

3   Voraussetzung für die Nichtberücksichtigung ist in jedem Fall, dass die Nebenforderung sich aus einem (noch) anhängigen Teil der Hauptforderung herleitet. Geht der Streit nach vollständiger Erledigung des Hauptanspruchs nur noch um die Nebenforderung, wird die Nebenforderung zur Hauptforderung und ist mit ihrem Wert, ggf neben einem von ihr unabhängigen Anspruch, gemäß **Abs 2** bei der Wertbemessung zu berücksichtigen (BGH NJW 1994, 1869). Das gilt erst recht, wenn von Anfang an nur die Nebenforderung eingeklagt wird. In beiden Fällen darf der Wert aber den der zugrunde liegenden Forderung nicht übersteigen (str s *Meyer* § 43 Rn 14 mwN).

C. Abs 3: Verfahrenskosten

4   Hat sich die Hauptsache in welcher Art auch immer erledigt und reduziert sich der Verfahrensgegenstand auf die in diesem Verfahren entstandenen Verfahrenskosten, bestimmen diese ab da allein den Verfahrenswert, sofern sie den der Hauptsache nicht übersteigen. Solange auch nur ein Teil der Hauptsache oder der (zur Hauptsache gewandelten) (s.o. Rz 3) Nebenforderung anhängig ist, ist Abs 3 nicht anzuwenden. Der Kostenwert setzt sich aus den bis zur Erledigung erwachsenen gerichtlichen und außergerichtlichen Kosten der Parteien zusammen (*Meyer* § 43 Rn 29).

§ 38 Stufenklageantrag

Wird mit dem Klageantrag auf Rechnungslegung oder auf Vorlegung eines Vermögensverzeichnisses oder auf Abgabe einer eidesstattlichen Versicherung der Klageantrag auf Herausgabe desjenigen verbunden, was der Antragsgegner aus dem zugrunde liegenden Rechtsverhältnis schuldet, ist für die Wertberechnung nur einer der verbundenen Ansprüche, und zwar der höhere, maßgebend.

A. Regelungsinhalt

§ 38 übernimmt für die in Familienstreitsachen über § 113 FamG iVm § 254 ZPO zulässige Stufenklage nur unvollständig redaktionell angepasst die Regelung des § 44 GKG. Mit dem Stufenklageantrag wird ein der Höhe nach noch unbezifferter Leistungsanspruch zusammen mit den zu seiner Konkretisierung erforderlichen Hilfsansprüchen auf Auskunft und/oder Versicherung ihrer Vollständigkeit im selben Verfahren und zur gleichen Zeit anhängig gemacht (Zöller/*Greger* § 254 Rn 7). Hauptanwendungsfälle sind im Familienrecht unterhaltsrechtliche, güter- und gemeinschaftsrechtliche Ansprüche. In Abweichung des in § 33 für die Häufung von Verfahrensgegenständen in einem Antrag (objektive Klagehäufung) aufgestellten Grundsatzes werden im Fall der Stufenklage die Werte der einzelnen Verfahrensgegenstände nicht zusammengerechnet. Vielmehr ist für den Verfahrenswert der Stufenklage nur der jeweils **höchste Einzelwert** (allein) maßgeblich. Das gilt auch, wenn zunächst nur ein Auskunftsantrag anhängig ist und das Verfahren erst später auf den Leistungsantrag erweitert wird (OLG Frankfurt 15.11.2002, 2 WF 315/01, EzFamR *aktuell* 2003, 91 (LS)). 1

Für den Wert der Stufenklage ist daher im Allgemeinen der **Wert des Leistungsanspruchs bestimmend**, da die Werte der Hilfsansprüche regelmäßig geringer sind bzw von vornherein nur mit einem Bruchteil des erwarteten Leistungsanspruchs angesetzt werden (BGH FamRZ 1993, 1189). Gleiches gilt für einen Antrag auf eidesstattliche Versicherung. Eine gesonderte Bewertung kann jedoch im Einzelfall für die Anwaltsvergütung erforderlich sein, wenn zB eine mündliche Verhandlung nur zum Auskunftsanspruch stattgefunden hat (OLG Stuttgart FamRZ 2008, 533; 534; OLG Köln OLGR 2003, 207; KG Berlin AGS 2002, 158). 2

B. Einzelwerte

I. Auskunft, Rechnungslegung

Der Wert eines Anspruchs auf Auskunft oder Rechnungslegung ist nicht identisch mit dem Wert desjenigen Anspruchs, zu dessen Durchsetzung bzw Bezifferung die Auskunft benötigt wird, sondern regelmäßig nur mit einem **Bruchteil der zu erwartenden Leistung** (s.u. Rz 7) zu bemessen (BGH FamRZ 1993, 1189). Bei der Höhe des Bruchteils kommt es darauf an, in welchem Umfang der Kläger auf die Auskunft angewiesen ist, um seinen Leistungsanspruch beziffern zu können (OLG München MDR 2006, 1134 mwN). Im Allgemeinen wird ein Anteil zwischen 1/10 bis 1/4 angesetzt (BGH FamRZ 1997, 546; s.a. Übersicht bei Schneider/*Herget* Rn 652). Der Wert ändert sich auch nicht, wenn sich aus dem Ergebnis der Auskunft (oder aus anderen Quellen) eine andere als die erwartete Leistung ergibt. Denn das wirtschaftliche Interesse an der Auskunft wird allein durch die Leistungserwartungen als solche geprägt und nicht durch den späteren Inhalt der Auskunft (vgl KG 16. ZS, MDR 1997, 598 = NJW-RR 1998, 418). Das ist weitgehend unstreitig. Allerdings will das OLG München (MDR 2006, 1134) dann, wenn sich ein höherer Leistungsbetrag ergibt, zur Verhinderung von Manipulationen diesen zugrundelegen. 3

Geht es ausschließlich um die **Abwehr der Auskunftsverpflichtung**, wie bei einem gegen eine Verurteilung eingelegten Rechtsmittel, so bemisst sich die Beschwer, und 4

§ 38 FamGKG | Stufenklageantrag

über diese regelmäßig auch der Gebührenwert (vgl § 54), nur nach dem Aufwand an Zeit und Kosten, der mit der Auskunftserteilung verbunden ist (BGH FamRZ 2007, 1461 und zur eidesstattlichen Versicherung FamRZ 1991, 1833).

II. Versicherung an Eides statt

5 Nach hM stellt die eidesstattliche Versicherung nach §§ 260, 261 BGB im Verhältnis zum Auskunftsverlangen keinen selbstständig zu bewertenden Verfahrensgegenstand dar (OLG Frankfurt JurBüro 1973, 766; OLG Köln MDR 1963, 144). Dem kann mit OLG Bamberg (FamRZ 1997, 40: Wertaddition; s.a. OLG München JurBüro 1984, 1376) dann nicht gefolgt werden, wenn es sich um ein isoliertes Auskunftsbegehren handelt und beide Anträge verhandelt werden. Anders ist es, wenn ein angekündigter Antrag auf eidesstattliche Versicherung nach Erteilung der Auskunft nicht mehr weiterverfolgt wird und man ihn gleichzeitig als Eventualantrag auffasst, gestellt nur für den Fall, dass die erteilte Auskunft nicht vollständig oder wider besseres Wissen abgegeben wird. Ein eigener Wert ist jedenfalls dann zu bestimmen, wenn die eidesstattliche Versicherung einer außergerichtlich erteilten Auskunft begehrt wird oder wenn für sie eine besondere Gebühr, zB Termins- oder Einigungsgebühr für den Anwalt, anfällt (OLG Köln MDR 1963, 144; vgl auch OLG München JurBüro 1984, 13). Ihr Wert wird wiederum mit einem Bruchteil des Auskunftsanspruchs bemessen (OLG München 22.7.1993, 16 WF 796/93: ½; OLG Bamberg FamRZ 1997, 40: ⅓).

III. Leistungsanspruch

6 Mit der Einreichung der Stufenklage wird auch der noch **unbezifferte Leistungsantrag** anhängig und mit Zustellung der Klage rechtshängig (BGH FamRZ 1995, 797). Sein Verfahrenswert richtet sich nach der Leistung, die der Anspruchssteller voraussichtlich zu erwarten und die er grundsätzlich bei der Einreichung des Antrags anzugeben hat. Maßgeblich sind aber nicht die subjektiven Vorstellungen des Anspruchstellers, sondern welche Leistung nach der bei Einreichung des Antrags bestehenden Sach- und Rechtslage, objektiv zu erwarten ist (BGH FamRZ 1993, 1189; OLG Brandenburg FamRZ 2007, 71; KG FamRZ 2007, 69).

7 Wird der Anspruch **später beziffert**, so legt die Praxis der endgültigen Festsetzung des Verfahrenswertes zurecht den bezifferten Antrag zugrunde, denn maßgeblich ist der wahre Wert (§ 34 Rz 5). Das ist aber nur dann gerechtfertigt, wenn auch diejenige Leistung beziffert wird, die der Anspruchsteller, wenn die Auskünfte nicht gefehlt hätten, im Zeitpunkt der Anhängigkeit des unbezifferten Antrags gefordert hätte (Stichtagsprinzip). Wird nur deshalb eine geringere Leistung gefordert, weil sich zwischenzeitlich die Umstände geändert oder die Beteiligten sich auf einen geringeren Betrag geeinigt haben uä, ist der Wert anhand der sich aus der Auskunft ergebenden Erkenntnisse stichtagsbezogen zu korrigieren (Gerold/Schmidt/*Müller-Rabe* VV 3100 Rn 130; s.a. BGH NJW 2004, 3488).

C. »Steckengebliebene« Stufenklage

8 Wird der Auskunftsantrag abgewiesen oder ergibt sich aus der Auskunft kein Leistungsanspruch oder erledigt sich die Leistungsstufe vor der Bezifferung auf andere Weise, ist streitig, wie die Stufenklage insgesamt zu bewerten ist. Die in der obergerichtlichen Rechtsprechung vorherrschende Meinung legt den Wert des unbezifferten Antrags bzw die ursprüngliche Leistungserwartung des Antragsstellers zugrunde (zuletzt OLG Brandenburg FamRZ 2007, 71; KG 1. ZS FamRZ 2007, 69; OLG Stuttgart 11. ZS FamRZ 2008, 534; 8. ZS FamRZ 2008, 533 mwN). Die Gegenmeinung geht nur vom Auskunftsanspruch aus und bewertet den Leistungsanspruch gar nicht (OLG Stuttgart 16. ZS FF 2008, 378; KG 16. ZS MDR 1997, 598; zustimmend Gerold/Schmidt/*Müller-Rabe*

VV 3100 Rn 127). Beides ist problematisch. Obwohl die Gegenmeinung zutreffend davon ausgeht, dass für die Bewertung des Leistungsantrags der wahre Wert nicht unberücksichtigt bleiben kann (s § 34 Rz 5), darf dies, worauf die hM zurecht hinweist, nicht dazu führen, dass der anhängige Leistungsantrag mit 0 bewertet wird. Auch der BGH geht in seiner Grundsatzentscheidung zur Kostentragungspflicht in einem solchen Fall (FamRZ 1995, 348) ersichtlich davon aus, dass der wirtschaftlich wertlose Leistungsanspruch gebührenrechtlich zu berücksichtigen ist. Bei fehlenden Anhaltspunkten für einen positiven Wert bietet es sich mE an, auf den Auffangwert nach § 42 Abs 3 zurückzugreifen und den unbeziffert gebliebenen Leistungsantrag mit 3.000 € zu bewerten, der dann in dieser Höhe mit dem auf die Leistungserwartung bezogenen Wert des Auskunftsantrags (s Rz 3) konkurriert.

D. Rechtmittelwert

Der Gebührenwert für das Rechtsmittel des **Auskunftsberechtigten,** der in der Vorinstanz unterlegen ist, errechnet sich nach Rz 3. Geht es ausschließlich um die **Abwehr der Auskunftsverpflichtung** so bemisst sich die Beschwer, und über diese regelmäßig auch der Gebührenwert (vgl § 54), nur nach dem Aufwand an Zeit und Kosten, der mit der Auskunftserteilung verbunden ist (BGH FamRZ 2007, 1461; 2005, 1064). Dies gilt auch für das Rechtsmittel, das sich gegen die Verpflichtung zur Abgabe einer **eidesstattlichen Versicherung** wendet (BGH FamRZ 1999, 649; 2001, 1213; MDR 2000, 907; OLG Köln FamRZ 1998, 1309). 9

Bei einer **Stufenklage** ist allein der Wert des Auskunftsanspruchs maßgebend, wenn das Rechtsmittelgericht lediglich über diesen entscheidet und die Sache wegen des Zahlungsanspruchs an die Vorinstanz zurückverweist. Das gilt selbst dann, wenn die Vorinstanz die Stufenklage insgesamt abgewiesen hat (BGH FamRZ 2003, 87). 10

§ 39 Klage- und Widerklageantrag, Hilfsanspruch, wechselseitige Rechtsmittel, Aufrechnung

(1) Mit einem Klage- und einem Widerklageantrag geltend gemachte Ansprüche, die nicht in getrennten Verfahren verhandelt werden, werden zusammengerechnet. Ein hilfsweise geltend gemachter Anspruch wird mit dem Hauptanspruch zusammengerechnet, soweit eine Entscheidung über ihn ergeht. Betreffen die Ansprüche im Fall des Satzes 1 oder des Satzes 2 denselben Gegenstand, ist nur der Wert des höheren Anspruchs maßgebend.

(2) Für wechselseitig eingelegte Rechtsmittel, die nicht in getrennten Verfahren verhandelt werden, ist Absatz 1 Satz 1 und 3 entsprechend anzuwenden.

(3) Macht ein Beteiligter hilfsweise die Aufrechnung mit einer bestrittenen Gegenforderung geltend, erhöht sich der Wert um den Wert der Gegenforderung, soweit eine der Rechtskraft fähige Entscheidung über sie ergeht.

(4) Bei einer Erledigung des Verfahrens durch Vergleich sind die Absätze 1 bis 3 entsprechend anzuwenden.

A. Allgemeines

1 § 39 übernimmt weitgehend wörtlich die Regelung aus § 45 GKG und ergänzt wie § 38 die Grundregel der Zusammenrechnung der Wertes mehrerer in demselben Verfahren anhängiger Verfahrensgegenstände (§ 33 Abs 1). Zum einen stellt er klar, dass Widerklagen und wechselseitige Rechtsmittel und auch die hilfsweise zur Aufrechnung gestellten Forderungen oder Hilfsanträge grundsätzlich unter das Additionsprinzip fallen, macht dies aber andrerseits von bestimmten Bedingungen abhängig. Bei widerstreitenden Anträgen ist dies die Verschiedenheit der Gegenstände, bei den Hilfsansprüchen, dass über sie entschieden wird oder sie im Vergleichswege miterledigt werden (Abs 4). Das gilt auch für die Anwaltsvergütung (BGH NJW 2009, 231; OLG Karlsruhe AGS 2007, 470, je mwN zum Meinungsstand). Voraussetzung für die Anwendung des § 39 ist immer, dass die Verfahrensgegenstände in demselben und nicht in unterschiedlichen Verfahren anhängig sind.

B. Widerklagen, wechselseitige Rechtsmittel

I. Widerklage

2 Die Widerklage betrifft **denselben Gegenstand**, wenn sie dasselbe wirtschaftliche Interesse haben (BGH NJW-RR 2005, 506). Erschöpfen sie sich in der Negation des geltend gemachten Anspruchs, zB negative Feststellung vs Leistungsanspruch (OLG Brandenburg FamRZ 2004, 962 für Unterhalt), oder wenn in Unterhaltsverfahrens widerklagend die Rückzahlung des bereits bezahlten Betrages begehrt wird (s § 51 Rz 28; zu weiteren Beispielen vgl *Schneider/Herget* Rn 3100), ist nur der höhere Betrag maßgebend.

3 **Keine Identität** zwischen Klage und Widerklage besteht dann, wenn sie zeit-, inhaber- oder gesamtbetragsbezogen unterschiedliche Vermögenspositionen betreffen (*Schneider/Herget* Rn 3097), die Widerklage über den eingeklagten Anspruch hinaus geht. ZB wenn nur ein Teil eines Anspruchs eingeklagt und widerklagend die Feststellung begehrt wird, dass überhaupt kein Anspruch besteht, oder wenn im Güterrechtsverfahren gegenläufige Leistungsanträge gestellt werden (OLG Stuttgart FamRZ 2006, 1055 mwN; s zur gleichen Problematik beim zum Unterhalt § 51 Rz 32). In diesem Fall sind die Werte zusammenzurechnen OLG München FamRZ 2007, 750 mwN; OLG Stuttgart FamRZ 2006, 1055; OLG Hamm 1. ZS AGS 2004, 30). Dies gilt auch, wenn mit der Widerklage lediglich Auskunft zur Vorbereitung einer Leistungswiderklage begehrt wird (aA OLG Zweibrücken JurBüro 1985, 1360).

Für den Wert einer lediglich hilfsweise, für den Fall des Erfolgs der Klage, erhobene **4**
Widerklage (**Eventualwiderklage**), gilt Abs 1 Satz 1 und 3 ab dem Zeitpunkt, in dem die
Bedingung eintritt (vgl *Schneider/Herget* Rn 2866 auch zu den Ausnahmen; s.a. BGH
NJW-RR 2006, 378).

II. Wechselseitige Rechtsmittel

Die Werte von wechselseitig eingelegten Rechtsmitteln (**Abs 2**) sind nur zusammen- **5**
zurechnen, wenn sie jeweils wirtschaftlich unterschiedliche Verfahrensgegenstände betreffen bzw wirtschaftlich unterschiedliche Ziele verfolgen (BGH NJW-RR 2003, 713).
Das ist regelmäßig der Fall, wenn beide Seiten eine in 1. Instanz nur teilweise erfolgreiche Klage angreifen. Dagegen ist nur der höhere Wert maßgeblich, wenn ein Anspruch
gegen mehrere Gesamtschuldner nur hinsichtlich des einen stattgegeben wurde und sowohl der Gläubiger als auch die verurteilten Schuldner Rechtsmittel einlegen (*Hartmann*
GKG § 45 Rn 37). Voraussetzung ist auch hier, dass die Rechtsmittel in demselben Verfahren anhängig werden, ggf im Wege der Anschließung. Das ist bei Rechtsmitteln gegen unterschiedliche Teilentscheidungen regelmäßig nicht der Fall. Hier kann die Wechselseitigkeit erst durch Verbindung entstehen (*Meyer* § 45 Rn 23).

C. Hilfsansprüche, Aufrechnung

I. Hilfsanspruch

Der Wert eines lediglich hilfsweise, dh für den Fall, dass dem Hauptanspruch nicht **6**
stattgegeben wird, begehrten **Anspruchs** ist gebührenrechtlich nur dann von Bedeutung, wenn über ihn entschieden oder er durch Vergleich erledigt wird (Abs 1 Satz 2,
Abs 4). Eine lediglich prozessuale Entscheidung reicht nicht aus (Abweisung als Unzulässig, vgl BGH NJW 2001, 3616). Wird über den Anspruch inhaltlich entschieden, werden Haupt- und Hilfsanspruch zusammengerechnet. Es sei denn, sie betreffen den gleichen Verfahrensgegenstand (zur Abgrenzung s BGH NJW-RR 2003, 713 auch zur
wertmäßig irrelevanten Alternativbegründung). Bei wirtschaftlicher Identität ist, wie bei
der Widerklage, der höhere Wert maßgeblich (s.o. Rz 2).

II. Aufrechnung

Das Gleiche gilt für die **Hilfsaufrechnung** (zum Begriff s Schneider/*Herget* Rn 517f) in **7**
Bezug auf die in 1. Linie bekämpfte Hauptforderung. Sie ist dem Wert der Hauptforderung – wenn nicht mit ihr wirtschaftlich identisch – hinzuzurechnen, soweit eine der
materiellen Rechtskraft fähige Entscheidung über sie ergeht, dh maximal bis zum Wert
der Hauptforderung (§ 322 Abs 2 ZPO, s.a. BGH MDR 2004, 1437). Ein Vorbehaltsurteil
reicht nicht aus (BGH NJW 2009, 231). Darüber hinaus ist erforderlich, dass die zur Aufrechnung gestellte Forderung streitig ist und nicht unbedingt sondern nur für den Fall
des Zusprechens der Hauptforderung gestellt wird. Weder eine unstreitige Gegenforderung noch eine **unbedingt erklärte Aufrechnung** sind gebührenrechtlich relevant. Das
gilt ebenso für ihre vergleichsweise Erledigung (Abs 4).

§ 40 Rechtsmittelverfahren

(1) Im Rechtsmittelverfahren bestimmt sich der Verfahrenswert nach den Anträgen des Rechtsmittelführers. Endet das Verfahren, ohne dass solche Anträge eingereicht werden, oder werden bei einer Rechtsbeschwerde innerhalb der Frist für die Begründung Anträge nicht eingereicht, ist die Beschwer maßgebend.

(2) Der Wert ist durch den Wert des Verfahrensgegenstands des ersten Rechtszugs begrenzt. Dies gilt nicht, soweit der Gegenstand erweitert wird.

(3) Im Verfahren über den Antrag auf Zulassung der Sprungrechtsbeschwerde ist Verfahrenswert der für das Rechtsmittelverfahren maßgebende Wert.

A. Allgemeines

1 § 40 übernimmt redaktionell angepasst die Regelung in § 47 GKG und dehnt sie auf sämtliche Familiensachen aus. Sie ergänzt lediglich die allgemeinen und besonderen Vorschriften über die Wertberechnung, die sich ansonsten in der Rechtsmittelinstanz nach den gleichen Grundsätzen richtet wie in der Eingangsinstanz. Vor allem wird klargestellt, dass der Gebührenwert aus der 1. Instanz nicht einfach für die Rechtsmittelinstanzen fortgeschrieben wird, was sich aber schon aus dem unterschiedlichen Bewertungsstichtag ergibt (s § 34 Rz 3 und zu den Ausnahmen in Unterhaltsverfahren § 51 Rz 18).

B. Abs 1

2 **Satz 1:** In den Rechtsmittelverfahren bestimmt grundsätzlich der **Antrag des Rechtsmittelführers** den Gebührenwert, unbeschadet seiner verfahrensrechtlichen Zulässigkeit (*Hartmann* GKG § 47 Rn 3). Entscheidend ist, in welchem Umfang die erstinstanzliche Entscheidung angegriffen wird. Wird der Antrag allerdings allein zur Reduzierung der Kostenlast und ohne Interesse an einer Sachentscheidung drastisch eingeschränkt, ist ein solcher Antrag ausnahmsweise unbeachtlich (BGH NJW-RR 1998, 355; OLG Koblenz FamRZ 2005, 1767). Zur Zusammenrechnung **wechselseitig eingelegter Rechtsmittel** s § 39 Abs 2 Rz 5).

3 **Satz 2:** Endet das Verfahren, ohne dass der Rechtsmittelführer einen konkreten Antrag gestellt hat, richtet sich der Gebührenwert nach dem vollen Umfang seines Unterliegens in der Vorinstanz. Deren Wert ist dann nicht identisch mit der **Beschwer**, wenn bei normativen Streit- bzw Verfahrenswerten die Bemessung des Gebührenwerts von der des Beschwerdewerts abweicht, wie zB für Unterhaltsverfahren. In diesem Fall ist der Gebührenwert maßgeblich (s § 54).

C. Abs 2

4 Der Gebührenwert des Rechtsmittelverfahrens darf den der **1. Instanz nicht übersteigen**, sofern nicht die Erhöhung auf einer Erweiterung der Klage in der Rechtsmittelinstanz beruht (BGH FamRZ 2003, 1274). Bei der isolierten Anfechtung von Folgesachen aus dem Scheidungsverbund ist nur auf den Wert der Folgesache(n) abzustellen (s dazu § 44 Rz 7).

D. Abs 3

5 Abs 3 betrifft das in § 75 FamFG nach dem Muster der Sprungrevision (§ 566 ZPO) eingeführte Sprungrechtsbeschwerdeverfahren und stellt den Wert des Zulassungsantrags (§ 75 FamFG iVm § 566 Abs 2 ZPO) dem des Rechtsmittels gleich.

§ 41 Einstweilige Anordnung

Im Verfahren der einstweiligen Anordnung ist der Wert in der Regel unter Berücksichtigung der geringeren Bedeutung gegenüber der Hauptsache zu ermäßigen. Dabei ist von der Hälfte des für die Hauptsache bestimmten Werts auszugehen.

A. Allgemeines

Die Verfahren der einstweiligen Anordnung wurden durch das FamFG völlig neu konzipiert (vgl § 49 ff FamFG). Sie sind jetzt nicht mehr (gebührenrechtlich selbständiger) Teil des Hauptsacheverfahrens, sondern wie Arrest- und einstweilige Verfügungsverfahren nach der ZPO **eigenständige Verfahren**, für die grundsätzlich jetzt auch Verfahrensgebühren erhoben werden (s.o. § 3 auch zu den Ausnahmen). Das gilt sowohl für auf Antrag als auch für vAw eingeleitete Verfahren und damit auch für diejenigen EA, die bislang gebührenfrei waren. § 41 ist die gemeinsame Wertvorschrift für sämtliche EA-Verfahren. Damit wurde auch die für die Anwaltsvergütung geschaffene besondere Wertvorschrift des § 24 RVG obsolet und durch das FGG-RG gestrichen, ebenso der ohnehin schwer verständliche § 18 Nr 1 RVG. Dabei sind das Anordnungsverfahren und das Abänderungs- oder Aufhebungsverfahren zwar gesonderte Verfahren, sie lösen aber keine zusätzlichen Gebühren aus (vgl KV Teil 1 Hauptabschnitt 4 Vorbem 1.4, s § 3 Rz 38 und für die Anwaltsgebühren § 16 Nr 5 RVG). 1

B. Wertbestimmung

Während das KostRMoG gerade erst für viele EA-Verfahren Festwerte bestimmt hatte, die völlig unabhängig vom Wert der Hauptsache waren (*Keske*, FuR 2004, 193) stellt § 41 wieder den Bezug zum Hauptsachewert her. Er bestimmt einheitlich für alle Verfahren den **hälftigen Gebührenwert der Hauptsache als Ausgangswert** (Regelwert), der entsprechend der Bedeutung des einstweiligen Rechtsschutzes herab- oder heraufgesetzt werden kann (*Hartmann* FamGKG § 41 Rn 3). Dabei ist in Ausnahmefällen, insbesondere wenn die einstweilige Regelung praktisch eine Hauptsacheregelung vorwegnimmt und sie erübrigt, auch eine Anhebung auf den vollen Wert der Hauptsache möglich (OLG München FamRZ 1997, 691), zB für eine einstweilige Regelung eines Umgangsrechts über unmittelbar bevorstehende Feiertage oder Ferien oder die Anordnung zur Leistung eines Prozesskostenvorschusses. 2

Die Wert ist somit **in 2 Stufen** zu bemessen. Erst ist der Wert der Hauptsache nach den allgemeinen und besonderen Wertvorschriften zu bestimmen. Bei relativen Festwerten, wie für den Umgang (s § 45), ist dessen Wert unter Berücksichtigung der jeweiligen Billigkeitsregelung zu ermitteln. Die Hälfte davon bildet dann den Ausgangswert (Satz 2) für die Prüfung, ob und wie davon im Hinblick auf die Bedeutung der einstweiligen Regelung gegenüber der Hauptsache im Einzelfall abzuweichen ist (Satz 1). Dabei kann die Rechtsprechung zur Bewertung von Arrest und einstweiliger Verfügung weitgehend herangezogen werden, nachdem die neue EA beide integriert hat, Gleiches gilt für die Rechtsprechung zur EA aus der Zeit vor dem KostRMoG. 3

C. Mehrheit von Gegenständen

Die Werte mehrerer in einem Verfahren begehrter Anordnungen werden nach den allgemeinen Regeln (§§ 33 Abs 1, 39) **zusammengerechnet**. Die Gegenstandswerte von Hauptsache- und einstweiligen Anordnungsverfahren sind in keinem Fall zusammenzurechnen. 4

Umstritten ist, ob dies auch zutrifft, wenn durch einen **Vergleich** die Hauptsache und ein anhängiges Verfahren des einstweiligen Rechtsschutzes erledigt werden. Nach wohl überwiegender Meinung sind beide Werte zusammenzurechnen (OLG Düsseldorf Jur- 5

§ 41 FamGKG | Einstweilige Anordnung

Büro 2005, 310; OLG Stuttgart JurBüro 1996, 137; OLG München AnwBl 1993, 530). Nach anderer Ansicht ist nur der höhere Wert der Hauptsache maßgeblich (OLG Frankfurt JurBüro 1981, KG JurBüro 1973, 127). Dem ist zuzustimmen. Soweit mit der EA nicht ein über den Hauptanspruch hinaus gehendes Sicherungsinteresse verfolgt und auch mitgeregelt wird, ergibt sich dies bereits aus der wirtschaftlichen Identität der Gegenstände und dem daraus folgenden Additionsverbot (s § 33 Rz 1). Zum gleichen Ergebnis führt die Auslegung nach der Interessenlage der Beteiligten, die bei einer endgültigen Regelung kein Interesse mehr an einer vorläufigen haben (Gerold/Schmidt/*Müller-Rabe* Anh II Rn 27). Zumal sich diese mit der Hauptsache kraft Gesetzes von selbst erledigt (§ 56 FamFG). Das gilt allerdings nicht für die anwaltliche Terminsgebühr für außergerichtliche Vergleichsverhandlungen, wenn sowohl die Hauptsache als auch die EA anhängig ist. Sie fällt dann nebeneinander im Hauptsache- und im EA-Verfahren an (vgl OLG Stuttgart FamRZ 2008, 912).

§ 42 Auffangwert

(1) Soweit in einer vermögensrechtlichen Angelegenheit der Verfahrenswert sich aus den Vorschriften dieses Gesetzes nicht ergibt und auch sonst nicht feststeht, ist er nach billigem Ermessen zu bestimmen.

(2) Soweit in einer nichtvermögensrechtlichen Angelegenheit der Verfahrenswert sich aus den Vorschriften dieses Gesetzes nicht ergibt, ist er unter Berücksichtigung aller Umstände des Einzelfalls, insbesondere des Umfangs und der Bedeutung der Sache und der Vermögens- und Einkommensverhältnisse der Beteiligten, nach billigem Ermessen zu bestimmen, jedoch nicht über 500 000 Euro.

(3) Bestehen in den Fällen der Absätze 1 und 2 keine genügenden Anhaltspunkte, ist von einem Wert von 3000 Euro auszugehen.

A. Regelungsgehalt

Die Vorschrift regelt, wie der Verfahrenswert zu bemessen ist, wenn die allgemeinen 1 und besonderen Wertvorschriften keine entsprechende Regelung enthalten (**Auffangwert**, s BTDrs 16/6308 S 305). Dabei ist zu beachten, dass der Regelungsgehalt der besonderen Wertvorschriften keineswegs immer sämtliche Angelegenheiten umfasst, die der jeweiligen Überschrift der Norm zuzuordnen sind. Inhaltlich übernimmt § 42 weitgehend die Regelung in § 30 KostO, die im Gegensatz zum GKG für diese Fälle eine eigenständige Regelung für vermögensrechtliche und nichtvermögensrechtliche Verfahrensgegenstände trifft. Während das GKG für vermögensrechtliche Gegenstände auf die Wertvorschriften der ZPO bzw der Verfahrensordnungen der anderen Gerichtsbarkeiten verweist (s § 48 Abs 1 GKG). Vgl zur Abgrenzung der vermögensrechtlichen von den nichtvermögensrechtlichen Angelegenheiten *Meyer* § 48 Rn 7 ff.

Der Wortlaut verdeutlicht den Willen des Gesetzgebers,»dass sowohl in vermögens- 2 rechtlichen als in nicht vermögensrechtlichen Angelegenheiten der Verfahrenswert nach den Umständen des jeweiligen Einzelfalls zu bestimmen ist, und nur dann, wenn hierfür keine genügenden Anhaltspunkte vorliegen, von einem Wert von 3.000 € auszugehen ist« (BTDrs 16/6308 S 305). Somit erfordert die Wertfestsetzung in allen Fällen eine **Ermessensentscheidung**, die sich bei vermögensrechtlichen Angelegenheiten am wirtschaftlichen Interesse des Anspruchstellers zu orientieren hat. Während bei den nichtvermögensrechtlichen Angelegenheiten neben dem Umfang und der Bedeutung der Sache für die Beteiligten auch deren Einkommens- und Vermögensverhältnisse zu berücksichtigen sind. Außerdem darf in nichtvermögensrechtlichen Angelegenheiten abweichend von § 33 Abs 2 der Wert nicht über 500.000 € angenommen werden. Der für die Bewertung maßgebliche Stichtag ergibt sich auch für den Auffangwert aus § 34.

Abs 3 beziffert lediglich einen **Ausgangswert**, der nach den individuellen Umständen 3 des Einzelfalles nach oben oder unten zu korrigieren ist (BTDrs 16/6308 S 305). Damit unterscheidet sich die Regelung in § 42 zwar von § 48 GKG, der keinen Regel- bzw Ausgangswert kennt (*Hartmann* GKG § 48 Rn 21). Dies wird aber in den bisher dem GKG unterfallenden Angelegenheiten wegen der gleichgebliebenen Konzentration auf den Einzelfall kaum zu anderen Bewertungsergebnissen führen.

B. Einzelwerte

Nachdem durch das FamFG die klassischen Familiensachen nicht nur um Vormund- 4 schaftssachen, sondern auch um allgemeine zivilrechtliche Streitsachen mit familiärem Bezug (Familienstreitsachen, § 266 FamFG) erweitert wurde, würde eine Darstellung sämtlicher nach § 42 zu bestimmender Werte den Rahmen dieser Kommentierung sprengen. Die nachfolgende Zusammenstellung (in alphabetischer Reihenfolge) be-

§ 42 FamGKG | Auffangwert

schränkt sich daher auf die Werte in spezifisch familienrechtlichen und für die alltägliche Praxis relevanten Angelegenheiten. Im Übrigen wird auf die einschlägigen Kommentierungen zum GKG und zur KostO verwiesen, die über § 42 auch weiterhin herangezogen werden können.

5 **Adoption:** Bis zum Inkrafttreten des FamFG war für Adoptionen in § 30 Abs 3 Satz 2 KostO für Angelegenheiten, die die Annahme eines Minderjährigen betreffen, ein Festwert von 3.000 € festgelegt. Die Annahme Volljähriger richtete sich nach den allgemeinen Regeln für nichtvermögensrechtliche Angelegenheiten (BayObLG Rpfl 1981, 247). Die Sonderregelung für Minderjährigenadoptionen wurde nicht in das FamGKG übernommen. Der Wert richtet sich jetzt einheitlich nach § 42 Abs 2, 3. Für die Gerichtsgebühren wird er nur bei der Annahme Volljähriger relevant, da nur in diesem Fall Gebühren erhoben werden. Die in § 198 FamFG genannten Vor- oder Folgeverfahren sind selbstständige Verfahren, für die ggf nur für die Anwaltsgebühren ein eigener Wert festzusetzen ist. Das Gleiche gilt für die gerichtsgebührenfreien Verfahren nach §§ 2 und 3 AdWirkG.

6 **Auskunfts-, Belegansprüche:** s § 38 Rz 3 ff.

7 **Eheliche Lebensgemeinschaft:** Anträge auf Herstellung oder Beendigung der ehelichen Lebensgemeinschaft sind ebenso wie die Verpflichtung zur Eingehung der Ehe zwar ausdrücklich von den Ehesachen und ihren besonderen Verfahrensregeln ausgenommen (vgl § 121 FamFG; BTDrs 16/6308 S 226). Das hindert aber nicht, den Wert gleichwohl in Anlehnung an § 43 ggf mit einem der geringeren Bedeutung entsprechenden Abschlag zu bemessen (so zum bisherigen Recht OLG Stuttgart FamRZ 2005, 1696 zur Klage auf Rückkehr einer türkischen Ehefrau). Gleiches gilt für Trennungsverfahren nach italienischem Recht, sofern man sie nicht als Ehesache ansieht (s § 43 Rz 15).

8 **Einigung:** Der Wert einer Einigung oder eines Vergleichs richtet sich nicht nach dem Ergebnis, sondern nach dem jeweiligen Wert der Angelegenheit, über die sich die Parteien geeinigt haben (OLG Köln AGS 2007, 322).

9 **Freistellungsanspruch:** Der Wert der Freistellung entspricht in der Regel der Forderung, von der freigestellt werden soll, wenn nicht Umstände vorliegen, die eine Geringerbewertung des Freistellungsinteresses rechtfertigen (OLG Düsseldorf FamRZ 1994, 75; OLG Karlsruhe FamRZ 1998, 13).

10 **Genehmigungen**: Für Genehmigungen in vermögensrechtlichen Angelegenheiten gilt ausschließlich § 36 (s dort), und zwar auch in Kindschaftssachen. Zur Prüfung einer Vereinbarung über den Versorgungsausgleich vgl § 50 Rz 11. In nichtvermögensrechtlichen Angelegenheiten ist der Wert einer Genehmigung oder der Ersetzung notwendiger Erklärungen nach § 42 Abs 2, 3 zu bestimmen.

11 **Grundstücksübertragung** Ein Anspruch auf Übertragung bzw Auflassung eines Grundstücks oder dessen Herausgabe ist mit dem Verkehrswert (falls nur Miteigentumsanteile aufgelassen werden sollen der Teilwert) ohne Grundpfandrechte und sonstige Grundstücksbelastungen zu berücksichtigen (BGH NJW-RR 2001, 518). Letztere mindern den Verfahrenswert nur, wenn sie die wirtschaftliche Benutzung des Grundstücks als solches beeinträchtigen. Das ist bei einem Nießbrauch uä nicht der Fall, weil er nur den jeweiligen Eigentümer in der Ausübung seines Eigentumsrechts beschränkt (BGH NJW-RR 2001, 518).

12 **Gütergemeinschaft:** Der Wert des Antrags auf **Aufhebung** der Gütergemeinschaft bemisst sich nach der Hälfte des Anteils des Antragsstellers am Gesamtgut. Sie führt zur Beendigung der Verwaltungsbefugnis des anderen Ehegatten und zur Ermöglichung der Auseinandersetzung. Beides ist jeweils mit ¼ des Anteils zu bewerten (BGH NJW 1973, 50).

13 Der Wert der **Auseinandersetzungsklage** gem §§ 1471 ff BGB ergibt sich aus dem auf den Ehegatten bei der Teilung entfallenden Teil des Gesamtguts (BGH NJW 1975, 1415; OLG Düsseldorf FamRZ 2007, 572).

In **Vermittlungsverfahren** zur Auseinandersetzung einer beendeten Gütergemein- 14
schaft nach § 373 FamFG richten sich die Gebühren und der Wert nach wie vor nach
§ 116 KostO. Das FamGKG findet keine Anwendung, da es sich um keine Familiensache
handelt (§ 23a Abs 1 Nr 2, Abs 2 Nr 2 GVG). Maßgeblich ist der Wert des zur Auseinandersetzung stehenden Vermögens (§ 116 Abs 5 Satz 1 KostO), ohne Abzug der Verbindlichkeiten (§ 18 Abs 3 KostO; Korintenberg/*Lappe* § 116 Rn 32).

Gütertrennung: Vereinbaren die Eheleute, dass Gütertrennung an die Stelle einer Zu- 15
gewinngemeinschaft tritt und gegenseitig auf Zugewinnausgleich verzichtet wird, ist
bei tatsächlichem Bestehen von Ausgleichsansprüchen deren Wert maßgeblich. Ansonsten kann in Anlehnung an § 39 Abs 3 KostO der Wert des beiderseitigen Vermögens
oder ein Bruchteil davon herangezogen werden (OLG München FamRZ 1986, 828, s.a.
§ 23 Abs 3 RVG).

Kostenvereinbarung: Eine isolierte Kostenvereinbarung über ein bereits abgeschlos- 16
senes Verfahren hat einen eigenen Wert, der sich aus den angefallenen Kosten errechnet (Gerold/Schmidt/*v. Eicken* VV 1000, Rn 40 ff). Eine Kostenvereinbarung zu einem
noch nicht abgeschlossenen Verfahren ist als Vereinbarung über eine unselbstständige
Nebenforderung ohne eigenen Wert.

Miteigentum; Wird über die Auseinandersetzung von Miteigentum an einem gemein- 17
samen Grundstück gestritten, so bestimmt sich der Wert nach dem Wert des Anteils,
den die Partei für sich in Anspruch nimmt (BGH NJW 1975, 1415; OLG Stuttgart OLGR
2004, 19 mwN).

Nutzungsentgelt: Verlangt dagegen der ausgezogene Ehegatte vom Bleibenden ein 18
Nutzungsentgelt nach § 745 II BGB, wurde der Verfahrenswert bisher entweder entsprechend § 9 ZPO mit dem 3½-fachen des jährlichen Nutzungsentgelt (OLG Koblenz
FamRZ 2001, 225) oder analog § 41 GKG mit dem Jahresbetrag (OLG Köln FamRZ 2001,
239 mwN) angesetzt.

Ratenzahlungsvereinbarung: Seit der Ablösung der Vergleichs- durch die Einigungs- 19
gebühr im RVG führt eine separate Ratenzahlungsvereinbarung regelmäßig zum Anfall
einer Einigungsgebühr und ist damit auch zu bewerten (BGH FamRZ 2005, 794; OLG
Thüringen FamRZ 2006, 1692); und zwar mit einem Bruchteil des fälligen Betrags der
Hauptsache (Schneider/*Herget* Rn 4455).

Realsplitting: Wird die **Zustimmung** zur Geltendmachung der Unterhaltsleistungen 20
als Sonderausgaben nach § 10 Abs 1 Nr 1 EStG (begrenztes Realsplitting) begehrt, so ist
der Wert mit 100% des damit verbundenen Steuervorteils anzusetzen (OLG Düsseldorf
JurBüro 1995, 254).

Die Beschwer eines Unterhaltspflichtigen, der sich dagegen wehrt, dass der Unter- 21
haltsberechtigte nur gegen eine **Sicherheitsleistung** dazu verurteilt worden ist, dem Realsplitting zuzustimmen, bemisst sich nach den geschätzten Finanzierungskosten für die
Sicherheit (BGH FamRZ 1999, 648).

Schadensersatz: Der Gebührenwert von Schadensersatzansprüchen gegen Dritte we- 22
gen des Verlusts von **Unterhaltsansprüchen**, ihrer versäumten Durchsetzung oder Abwehr wurde bislang nach §§ 3 ff ZPO berechnet. Ob dies auch nach der Einbeziehung
vertraglicher Unterhaltsansprüche in den Geltungsbereich des § 51 noch zutrifft, erscheint zweifelhaft (s § 51 Rz 2).

Titulierungsinteresse: Werden in einen Prozessvergleich unstreitige Ansprüche mit 23
aufgenommen, so wird das reine Titulierungsinteresse mit ⅒ bis in besonderen Fällen
¼, ausnahmsweise sogar einmal mit ½ des Hauptsachebetrages angesetzt (vgl Zusammenstellung bei *Schneider/Herget* Rn 5693 ff). Vereinzelt wird auch der volle Wert des titulierten Anspruchs zugrunde gelegt (OLG Köln AGS 2000, 239).

Unbezifferter Leistungsantrag s § 38 Rz 6. 24

Vertraglich geschuldeter Unterhalt: Auf ausschließlich auf vertraglicher Grundlage 25
geschuldeten Unterhalt ist nunmehr § 51 direkt anzuwenden (s dort Rz 1).

§ 42 FamGKG | Auffangwert

26   **Zugewinnausgleich:** Der Ausgleichsanspruch selbst richtet sich nach dem bezifferten Betrag (§ 35; zum unbezifferten Antrag s § 38). Der Wert eines **Antrags nach § 1386 BGB** (Gestaltungsklage) ist gemäß § 42 Abs 1 nach dem Interesse des Antragstellers an der vorzeitigen Beendigung der Zugewinngemeinschaft zu bemessen und beträgt in aller Regel ¼ der zu erwartenden Ausgleichsforderung (BGH FamRZ 1973, 133 zu § 1385 BGB aF). Zur Stundung und Vermögensübertragung s § 52.

Unterabschnitt 2
Besondere Wertvorschriften

§ 43 Ehesachen

(1) In Ehesachen ist der Verfahrenswert unter Berücksichtigung aller Umstände des Einzelfalls, insbesondere des Umfangs und der Bedeutung der Sache und der Vermögens- und Einkommensverhältnisse der Ehegatten, nach Ermessen zu bestimmen. Der Wert darf nicht unter 2000 Euro und nicht über 1 Million Euro angenommen werden.

(2) Für die Einkommensverhältnisse ist das in drei Monaten erzielte Nettoeinkommen der Ehegatten einzusetzen.

A. Geltungsbereich

Für Ehesachen als nichtvermögensrechtliche Streitigkeit iS des § 42 Abs 2 trifft § 43 eine Spezialregelung, wie sie im Wesentlichen inhaltsgleich im § 48 Abs 2 und 3 GKG aF enthalten war. Wie diese gilt sie für die **Scheidung und Aufhebung** einer Ehe sowie der **Feststellung ihres Bestehens oder Nichtbestehens** (§ 121 FamFG) und über § 5 Abs 1 und 2 in gleicher Weise für Aufhebungs- und Feststellungsklagen in Lebenspartnerschaftssachen. Auf die Rechtsgrundlage kommt es nicht an. Auch bei der Anwendung **ausländischen Sachrechts** richtet sich der Verfahrenswert nach § 43. Das dürfte auch weiterhin für die weitgehend gleichbedeutende **Trennung nach italienischem Recht** gelten, wenn sie als Eheverfahren nach den §§ 122 ff FamG geführt wird (BTDrs 16/6308 S 226). Über § 23 Abs 1 Satz 2 RVG bleibt § 43 auch für die Anwaltsgebühren in Verfahren zur **Anerkennung ausländischer Scheidungsurteile** relevant (BayObLG NJW-RR 1999, 1375). 1

Keine Ehesachen sind dagegen sämtliche sonstigen Anträge auf **Herstellung oder Beendigung der ehelichen Lebensgemeinschaft**. Sie hat das FamFG ebenso wie die **Verpflichtung zur Eingehung der Ehe** ausdrücklich von den Ehesachen und ihren besonderen Verfahrensregeln ausgenommen (vgl § 121 FamFG; BTDrs 16/6308 S 226). Sie sind nunmehr sonstige Familienstreitsachen (§ 266 Abs 1 Nr 2 FamFG), deren Wert nach § 42 Abs 3 nach billigem Ermessen zu bestimmen ist (s § 42). 2

B. Allgemeine Grundsätze

Innerhalb der durch den Mindestwert von 2.000 € und dem Höchstwert von 1 Million € gesetzten Grenzen ist der Verfahrenswert in einer Gesamtabwägung aller Umstände des Einzelfalles nach **Ermessen** zu bestimmen«. Zu berücksichtigen sind »insbesondere« Umfang und Bedeutung der Sache sowie die Einkommens- und Vermögensverhältnisse der Ehegatten bzw Lebenspartner. Dabei nehmen die in Abs 2 näher spezifizierten Einkommensverhältnisse sowohl in der Praxis als auch nach dem Verständnis des Gesetzgebers eine Schlüsselstellung ein (BVerfG FamRZ 2006, 24). Das gemeinsame Dreimonatseinkommen bildet praktisch den **Ausgangswert**, der entsprechend den sonstigen Umständen des Einzelfalls wertend zu erhöhen oder herabzusetzen ist (BVerfG FamRZ 2006, 24; OLG Zweibrücken FamRZ 2008, 2052; OLG Hamm FamRZ 2006, 806). Neben den im Gesetz angeführten Umständen können weitere berücksichtigt werden, aber nicht der der Schonung öffentlicher Kassen. Wenn beiden Parteien **Verfahrenskostenhilfe** mit oder ohne Raten bewilligt ist, darf nicht allein deshalb nur der Mindestwert angesetzt oder von dem Dreimonatseinkommen abgewichen werden (BVerfG FamRZ 2006, 24; 2007, 1080; 1081). 3

Der für die Bewertung maßgebliche **Stichtag** ist auch hier die Anhängigkeit des Hauptsacheantrags (§ 34). Ein PKH-Antrag genügt nicht (s § 34 Rz 10). Eine Verbes- 4 serung oder Verschlechterung der Einkommens- oder Vermögensverhältnisse während des Verfahrens wirkt sich grundsätzlich nicht aus. Zeichnet sich eine wesentliche Änderung aber bereits am Stichtag ab, wie zB die Änderung der Steuerklasse oder Verlust des Arbeitsplatzes, kann dies als weiterer Umstand berücksichtigt werden (zur Nutzung der im Verlauf des Verfahrens gewonnenen Kenntnisse vgl § 34 Rz 5). Der Umfang der Sache kann ohnehin nicht vor deren Abschluss bewertet werden. Für das Rechtsmittelverfahren ist der Zeitpunkt der Einlegung der Rechtsbeschwerde maßgeblich.

5 **Wechselseitige Scheidungs- und Aufhebungsanträge** betreffen denselben Gegenstand, so dass keine Addition stattfindet (§ 39 Abs 1 Satz 3, aA OLG Zweibrücken FamRZ 2002, 255). Anders jedoch, wenn und solange sie in verschiedenen Verfahren anhängig sind (Madert AGS 1997, 27; s aber zu den Gebühren in diesem Fall Zöller/ *Philippi* § 606 Rn 42). Beim Übergang vom Antrag auf Aufhebung der Ehe zum Scheidungsantrag innerhalb desselben Verfahrens handelt es sich um eine Angelegenheit, die Gegenstandswerte werden nicht addiert (OLG München JurBüro 1995, 138).

6 Im Einzelnen bestehen bei der Bewertung einer Ehesache nicht nur zwischen den Familiengerichten, sondern auch den Obergerichten untereinander zT **erhebliche Wertungsunterschiede**. Für eine Prognose der Kosten eines Scheidungsverfahrens ist es daher unabdingbar, sich mit den Bewertungsgrundsätzen des jeweils zuständigen Oberlandesgerichts vertraut zu machen.

C. Einzelfaktoren

I. Einkommen

7 Gemäß Abs 2 ist das in den 3 Monaten vor Einreichung des Antrags erzielte Nettoeinkommen beider Eheleute oder Lebenspartner maßgeblich. Etwas anderes kann gelten, wenn eine Änderung der Verhältnisse kurzfristig vor Einreichung des Antrags eingetreten ist oder sich für die nächste Zeit sicher abzeichnet, etwa durch den Steuerklassenwechsel, Verlust oder Wiederaufnahme einer Arbeit (Zöller/*Herget* § 3 Rn 16 »Ehesachen«; FAKomm-FamR/*Schwolow* »Streitwert/Geschäftswert« Rn 9).

1. Begriff

8 Zum Einkommen zählen in Anlehnung an den unterhaltrechtlichen **Einkommensbegriff** neben den Einkommen aus selbstständiger oder abhängiger Erwerbstätigkeit auch Einkünfte aus Kapital- und Grundvermögen, Steuerrückzahlungen, weiterhin Einkommensersatzleistungen wie Renten etc, Übergangsgeld, Arbeitslosengeld nach SGB III, Krankengeld, Ausbildungsbeihilfen (soweit sie nicht darlehensweise gewährt werden). Elterngeld ersetzt, soweit es den Mindestbetrag von 300 € überschreitet, Erwerbseinkommen (*Scholz* FamRZ 2007, 7) und ist insoweit anzurechnen.

9 Ob **soziale Transferleistungen** ohne Einkommensersatzfunktion zu dem nach Abs 2 maßgeblichen Einkommen zählen, ist insbesondere für die Leistungen zur Grundsicherung nach dem **SBG II** höchst umstritten (ablehnend: OLG Rostock NJW-RR 2007, 1152; OLG Dresden OLGR 2007, 306; OLG Karlsruhe FamRZ 2006, 1055; OLG Düsseldorf 3. Senat FamRZ 2006, 807; OLG Hamburg OLGR 2006, 269; OLG Celle FamRZ 2006, 1690; aA OLG Schleswig OLGR 2008, 608 mwN; OLG Frankfurt FamRZ 2008, 535; OLG Düsseldorf 8. Senat ZFE 2008, 389; Hamm FamRZ 2006, 632). Verfassungsrechtlich geboten ist weder das eine noch das andere (BVerfG FamRZ 2006, 841 und schon FamRZ 1988, 1139). Soweit eine Anrechnung stattfindet, wird diese verschiedentlich und an sich zutreffend auf den nicht nach § 33 SGB II übergegangenen Teil der Leistung beschränkt. Wegen des damit verbundenen, dem Zweck nicht mehr angemessenen Aufwands ist gleichwohl eine generelle Nichtanrechnung vorzuziehen. Das Gleiche gilt für **Unterhaltsvorschussleistungen** (s dazu OLG Düsseldorf FamRZ 2006, 807). Zum **Wohngeld** vgl OLG Hamm FamRZ 2006, 718. **Kindergeld** wird vielfach einkommenserhöhend be-

rücksichtigt (zB OLG Brandenburg FamRZ 2008, 120; OLG Hamm FamRZ 2006, 807; OLG Karlsruhe FamRZ 2008, 2050; aA: OLG Düsseldorf FamRZ 2006, 807; OLG Nürnberg OLGR 2006, 3229). Das OLG Schleswig (OLGR 2008, 608) sieht wohl zurecht deshalb von einer Anrechnung ab, weil der Unterhaltsaufwand für ein Kind durch die üblicherweise hierfür zugebilligten Abzüge (s.u. Rz 10) nicht ausreichen.

2. Abzüge

Zur Ermittlung des Nettoeinkommens sind die Einkünfte um die darauf zu entrichtenden Steuern und die Aufwendungen für Krankheits- und Altersvorsorge zu bereinigen. Bei Lohn- und Gehaltsempfängern sind neben den Arbeitnehmerbeiträgen zur Sozialversicherung auch angemessene Aufwendungen für eine private Zusatzversorgung zu berücksichtigen. 10

Aus Gründen der Vereinfachung werden vielfach bereits vor der Verdreifachung der Monatseinkommen von diesem wertende Abzüge vorgenommen, insbesondere für **Unterhaltsaufwendungen** für Kinder. Dabei werden mehrheitlich Pauschbeträge für jedes unterhaltsberechtigte Kind abgesetzt, derzeit zumeist in Höhe von 250 € oder 300 €. (OLG Brandenburg FamRZ 2008, 120 mwN; s.a. Rechtsprechungsübersicht bei Schneider/*Herget* Rn 1285 ff). Vereinzelt wird der Tabellenbetrag der DT abgesetzt (OLG Hamm 7. Senat FamRZ 2006, 52) oder der tatsächlich gezahlte Unterhalt (zB OLG Hamburg FamRZ 2003, 1681). 11

Ob und in welchem Umfang **Schulden** vom Einkommen abzuziehen sind, ist sehr umstritten (vgl zum Meinungsstand OLG Oldenburg 5.6.2008, 2 WF 99/08; Schneider/*Herget* Rn 1290 ff). Häufig werden zumindest Verbindlichkeiten, die die Lebensverhältnisse der Parteien nachhaltig beeinträchtigten, in Höhe der monatlichen Kreditrate berücksichtigt, während geringwertige Schulden, mit denen allgemein übliche Konsumgüter finanziert werden, außer Betracht bleiben (OLG München FamRZ 2002, 683; OLG Hamburg FamRZ 2003, 1681). Teilweise werden unterschiedslos sämtliche Raten abgezogen (OLG Brandenburg FamRZ 2003, 1676; OLG Celle AGS 2002, 231; OLG Karlsruhe FamRZ 2002, 1135; OLG Stuttgart AGS 2001, 12), was sicher die praktikabelste Lösung ist. Die aus der Kreditaufnahme finanzierten Nutzungsvorteile können gegengerechnet werden (für Hauslasten vgl OLG Köln FamRZ 2008, 2051, OLG Zweibrücken FamRZ 2008, 2052 mwN). 12

II. Vermögen

Maßgeblich ist der **Verkehrswert**. Wobei kurzlebige Vermögensgegenstände, Hausrat, PKW der Mittelklasse, kleinere Spargutenhaben etc idR unberücksichtigt bleiben (*Hartmann* § 43 FamGKG Rn 18; s.a. Rechtsprechungsübersicht bei *Schneider/Herget* Rn 1285 ff). Ein von den Parteien genutztes Hausgrundstück wird teilweise nur mit seinem Nutzungswert berücksichtigt (ersparte Miete s.o. Rz 12). Das Vermögen wird nach überwiegender Ansicht zunächst um Verbindlichkeiten und Freibeträge gekürzt. 13

Dabei werden unterschiedliche **Freibeträge** angesetzt, vgl Übersicht bei FA-FamR/ *Keske* Rn 25. Vielfach werden in Anlehnung an § 6 VStG pro Ehegatten 60.000 € und für jedes Kind 30.000 € abgesetzt (zB OLG Hamm FamRZ 2006, 353; OLG Koblenz FamRZ 2003, 1681; OLG München OLGR 1998, 169; OLG Düsseldorf FamRZ 1994, 249). Das OLG Zweibrücken (FamRZ 2008, 2052) nimmt für den Ehegatten 20.000 € und pro Kind 10.000 €, das OLG Karlsruhe (FamRZ 2008, 2050) 15.000 € bzw 7.500 €. Der Restbetrag wird idR mit 5% in Ansatz gebracht. 14

III. Umfang und Bedeutung der Ehesache

Die **Bedeutung** der Ehesache ist seit dem 1. Eherechtsreformgesetz bei der Wertfestsetzung zunehmend in den Hintergrund getreten. Aus der älteren Rechtsprechung werden 15 als werterhöhend noch die besondere Stellung der Parteien im öffentlichen Leben oder die lange Ehedauer angeführt (s *Schneider/Herget* Rn 1347 ff). Umstritten ist, ob bei Trennungsverfahren nach italienischem Recht, sofern man sie als Ehesache ansieht (s.o. Rz 1), ein Wertabschlag gerechtfertigt ist (s zum Streitstand Karlsruhe FamRZ 1999, 605).

16 Grundsätzlich ist nur auf den **Umfang** der Ehesache und nicht auf den der Folgesachen abzustellen, da diese einen eigenen Streitwert haben (OLG Dresden FamRZ 2003, 1677). Maßgeblich ist der Umfang des gerichtlichen Verfahrens, nicht der der anwaltlichen außergerichtlichen Tätigkeit (OLG Dresden FamRZ 2003, 1677). Er erlangt nur dann Bedeutung, wenn das Verfahren in tatsächlicher und rechtlicher Hinsicht vom durchschnittlichen Scheidungs- oder Aufhebungsverfahren abweicht. Die »unstreitige« Scheidung ist der statistische Regelfall und rechtfertigt allein deshalb keinen Abschlag (OLG Dresden FamRZ 2003, 1677; OLG Brandenburg MDR 2007, 1321 mwN; aA OLG Zweibrücken FamRZ 2002, 255 und OLG Stuttgart FuR 2006, 328, die keinen relativen, sondern einen absoluten Maßstab zugrunde legen).

17 Ein **Abschlag** kommt in Betracht, wenn sich das Verfahren durch alsbaldige Rücknahme des Antrags oder Ruhens mit **wenig Aufwand** erledigt. Dabei werden Kürzungen zwischen 20% und 50% vorgenommen (OLG Dresden FamRZ 2002, 1640; OLG Hamburg JurBüro 1994, 492).

18 **Zuschläge** sind dagegen bei Härtescheidungen (§ 1566 Abs 2 BGB) und Aufhebungsanträgen gerechtfertigt oder bei der Anwendung ausländischen Rechts, sofern dies einen **besonderen Aufwand** erfordert (OLG Karlsruhe FamRZ 2007, 751). Das ist nach OLG Stuttgart (FamRZ 1999, 604) allerdings dann nicht der Fall, wenn das Gericht häufig mit der Anwendung des betreffenden Rechts befasst ist.

19 Auch wenn Folgesachen den Wert der Ehesache grundsätzlich nicht berühren, sind dann Ausnahmen geboten, wenn nicht anhängige Folgesachen zu erhöhtem Aufwand führen. So kann die gemäß § 128 Abs 2 FamFG gebotene **Anhörung** der Parteien **zur elterlichen Sorge** und zum Umgang, wenn sie außergewöhnlich umfangreich ausfällt, ohne dass dieser durch zusätzliche Gebühren (zB durch eine Einigung) ausgeglichen wird, eine Erhöhung rechtfertigen (so schon OLG Koblenz FamRZ 2001, 1390; aA die bisher hM: zB KG FamRZ 2004, 1739; OLG Stuttgart JurBüro 2004, 319; OLG Jena FamRZ 2004, 130; OLG Nürnberg FamRZ 2002, 1206). Zur Prüfung der Wirksamkeit einer Vereinbarung über den Versorgungsausgleich s § 50 Rz 1 ff.

D. Rechtsmittel

20 Der für den Gebührenwert maßgebliche Zeitpunkt ist der der Einlegung des Rechtsbeschwerde (§ 34). Verbesserungen der wirtschaftlichen Verhältnisse führen wegen § 40 Abs 2 (s dort) grundsätzlich nicht zu einer Wertänderung in der Rechtsmittelinstanz. Dagegen kann eine Verschlechterung der wirtschaftlichen Verhältnisse der Eheleute bzw Lebenspartner zu einer Reduzierung des Verfahrenswertes in den Rechtmittelzügen führen, soweit nicht ein größerer Umfang des Rechtsmittelverfahrens seine Beibehaltung rechtfertigt. Zur Möglichkeit der Änderung des Gegenstandswertes der 1. Instanz durch die nächste(n) s § 55 Rz 5.

§ 44 Verbund

(1) Die Scheidungssache und die Folgesachen gelten als ein Verfahren.

(2) Sind in § 137 Abs. 3 des Gesetzes über das Verfahren in Familiensachen und in den Angelegenheiten der freiwilligen Gerichtsbarkeit genannte Kindschaftssachen Folgesachen, erhöht sich der Verfahrenswert nach § 43 für jede Kindschaftssache um 20 Prozent, höchstens um jeweils 3000 Euro; eine Kindschaftssache ist auch dann als ein Gegenstand zu bewerten, wenn sie mehrere Kinder betrifft. Die Werte der übrigen Folgesachen werden hinzugerechnet. § 33 Abs. 1 Satz 2 ist nicht anzuwenden.

(3) Ist der Betrag, um den sich der Verfahrenswert der Ehesache erhöht (Absatz 2), nach den besonderen Umständen des Einzelfalls unbillig, kann das Gericht einen höheren oder einen niedrigeren Betrag berücksichtigen.

A. Allgemeines

§ 44 verbindet in wenig geglückter Weise die bisher in § 46 Abs 1 GKG aF im Wesentlichen inhaltsgleich enthaltenen Grundsätze zur Wertberechnung bei Mehrheit von Gegenständen im Verbundverfahren mit einer Neuregelung des Wertes einer Kindschaftssache im Verbund (bisher geregelt in § 48 Abs 3 Satz 3 GKG aF). Letzterer unterscheidet sich bedauerlicher Weise weiterhin von dem einer isolierten Kindschaftssache (s § 45). Während der Referentenentwurf des BMJ vom 14.2.2006 noch einen einheitlichen Wert, unabhängig von der Art des Verfahrens, vorsah und damit die Schwierigkeiten, die sich aus der unterschiedlichen Bewertung bei Trennung und Verbindung ergeben, beseitigt hätte, bestehen diese nach wie vor (s § 45 Rz 14). 1

B. Abs 1: Verfahrenseinheit

I. Kostenverbund

Im Verbundverfahren (§ 137 FamFG) sind die Scheidung bzw ihr gleichgestellte Lebenspartnerschaftssachen und die Folgesachen eine Angelegenheit, mit der Folge, dass die Werte der einzelnen Gegenstände zusammengerechnet werden müssen (§ 33 Abs 1 Satz 2, s.a. §§ 16 Nr 4 und 5, 22 Abs 1 RVG). Aus dem verfahrensrechtlichen Verbund folgt auch ein **Kostenverbund**. Da bei Anhängigkeit eines Scheidungsverfahrens der Verbund mit einer rechtzeitig beantragten oder eingeleiteten Folgesache von Amts wegen eintritt, sind die Gegenstandswerte selbst dann zusammenzurechnen, wenn das Verfahren unter einem gesonderten Aktenzeichen geführt wird (OLG Koblenz FamRZ 2003, 467). Umgekehrt gilt das Gleiche: Auch bei entsprechendem Antrag bedarf es zur Fortsetzung des Verfahrens als selbständige Familiensache einer ausdrücklichen Abtrennungsentscheidung des Gerichts, fehlt sie, gilt weiterhin der Kostenverbund (OLG Zweibrücken JurBüro 2000, 649). 2

§ 33 Abs 1 Satz 2, wonach eine **Zusammenrechnung** eines nichtvermögensrechtlichen mit einem aus ihm hergeleiteten vermögensrechtlichen Anspruch unterbleibt, gilt zwischen und im Verhältnis zu Folgesachen nicht. Das regelt der Gesetzgeber jetzt zwar nur in Verbindung mit dem Wert der Kindessachen in § 44 Abs 2 Satz 3. Aus der Begründung (BTDrs 16/6308 S 306) ergibt sich aber der Wille des Gesetzgebers, dies als allgemeinen Grundsatz für das Verbundverfahren insgesamt beizubehalten. 3

Enthält die **Folgesache** selbst **mehrere Ansprüche**, zB eine Widerklage, beurteilt sich die Zusammenrechnung dieser mehreren Gegenstände nach den allgemeinen Regeln (§§ 33 Abs 1, 37 bis 39). Das gilt auch für **wechselseitige Scheidungsanträge** oder wenn mit einem Scheidungsantrag ein Antrag auf Aufhebung der Ehe hilfsweise oder als Widerklage verbunden ist (s § 43 Rz 4). 4

§ 44 FamGKG | Verbund

II. Trennung und Verbindung

5 Der Kostenverbund bleibt auch dann bestehen, wenn eine Folgesache gem § 140 FamFG **abgetrennt** wird, vgl auch § 137 Abs 5 Satz 1 FamFG. Anders ist es nur bei Kindschaftsfolgesachen, die im Falle der Abtrennung gemäß § 137 Abs 5 Satz 2 FamFG ausdrücklich als selbstständiges Verfahren weiterzuführen sind. In diesem Fall wird auch der Kostenverbund gelöst (§ 6 Abs 2) und auf die abgetrennte Folgesache sind die für Familiensachen dieser Art allgemein geltenden Wertvorschriften anzuwenden (so schon zum bisherigen Recht Gerold/Schmidt/*Müller-Rabe* VV 3100 Rn 110). Gleiches gilt, wenn ein Verfahren nach Zurückweisung oder Rücknahme des Scheidungsantrags als selbstständige Folgesache nach § 141 oder § 142 Abs 2 FamFG weitergeführt wird.

6 Umgekehrt gelten ab der **Einbeziehung** von ursprünglich isoliert geführten Folgesachen von nun an die Wert- und Kostenvorschriften für den Verbund. Zu den Werten und Gebühren bei Verfahrenstrennung und -verbindung s.a. § 6 und ausführlich FA-FamR/*Keske* Kap 17 Rn 272 ff).

III. Rechtmittel

7 In der **Rechtsmittelinstanz** gilt der Verfahrens- und damit auch der Kostenverbund in gleicher Weise, allerdings beschränkt auf die angegriffenen Verfahrensgegenstände. Wenn nur Folgesachen angegriffen werden, besteht der Verbund zwischen diesen weiter (Zöller/*Philippi* Rn 6 zu § 629a ZPO). Die Werte sind, soweit das Rechtsmittel sie betrifft, zu addieren. Wurde der Scheidungsantrag vom Erstgericht zurückgewiesen, so werden die Folgesachen gegenstandslos; der Wert der Berufung errechnet sich dann nur aus der Scheidungssache (v. *Eicken* AGS 1997, 39). Anders ist es, wenn das Rechtmittelgericht nach einer Aufhebung des abweisenden Beschlusses nicht gemäß § 146 Abs 1 FamFG zurückverweist, sondern über Folgesachen selbst entscheidet. Wird mit der Berufung gegen den Scheidungsausspruch auch hilfsweise der Folgenausspruch angegriffen, so bestimmen die Folgesachen den Verfahrenswert nur dann mit, wenn über sie entschieden wird (§ 39 Abs 1 Satz 2; Zöller/*Philippi* § 629 Rn 44; OLG Hamm FamRZ 1997, 41; aA OLG Koblenz JurBüro 1987, 1200).

C. Abs 2, 3: Kindschaftssachen als Folgesachen

8 Nach § 48 Abs 3 GKG in der durch das KostRMoG geänderten Fassung galt für Sorgerechts-, Umgangs- und Herausgabeverfahren im Scheidungsverbund ein Festwert von jeweils 900 €, unabhängig davon wie viele Kinder betroffen waren (§ 46 Abs 1 Satz 2 GKG aF) oder welchen Aufwand das Verfahren erfordert hat (Zuvor galt dieser Betrag noch als Regelbetrag bzw »Ausgangswert«, der je nach den Umständen des Falles unter- oder überschritten werden konnte). Dieser Wert war zurecht als zu niedrig kritisiert worden. Zumal dies teilweise dazu geführt hat, dass sich die Folgesache auf die Gebühren überhaupt nicht auswirkt (FA-FamR/*Keske* 6. Aufl Kap 17 Rn 271) und sie bei isolierter Anfechtung dem durchschnittlichen Aufwand des Anwalts nicht mehr gerecht wurden (OLG München FamRZ 2006, 623, was nach der Neuregelung allerdings auch nicht ausgeschlossen ist (s.u. Rz 9).

9 Nach der jetzt in Abs 2 getroffenen Regelung beträgt der Wert jeder Kindschaftssache **20% des Wertes der Ehesache**. Er soll damit »in einem angemessenen Verhältnis zu dem Wert der Scheidungssache stehen« (BTDrs 16/6308 S 306). Gleichwohl ist er auf maximal 3.000 € begrenzt, was sich aber erst bei einem 15.000 € übersteigenden Wert der Ehesache auswirkt. Aus dem Mindestwert für Ehesachen (2.000 €, § 43) ergibt sich ein Mindestwert für die Kindschaftssache von 400 €. Die Werte gelten auch für Verfahren nach § 1666 BGB, soweit und solange sie dem Verbund angehören (s dazu §§ 137, 140 FamFG), und für die Rechtsmittelverfahren. Zum Verhältnis zum Wert in isolierten Verfahren und den Auswirkungen eines Wechsels der Verfahrensart s § 45 Rz 13 f.

Wird eine Regelungen für **mehrere Kinder** begehrt oder erforderlich, handelt es sich **10** gleichwohl nur um einen Verfahrensgegenstand bzw eine Folgesache (Abs 2 Satz 1 Hs 2). Zur Anhebung des Wertes in diesem Fall vgl OLG Karlsruhe FamRZ 2007, 163.

Der Wert ist grundsätzlich als – durch die Anknüpfung an den Wert der Ehesache – **11** individueller **Festbetrag** und nicht, wie vor dem KostRMoG, als Ausgangswert normiert. Abs 3 ermöglicht eine Abweichung nur ausnahmsweise (s.u. Rz 12). Damit kann für die Wertermittlung nicht uneingeschränkt auf die Rechtsprechung zu dem bis zum KostRMoG geltenden § 12 Abs 2 Satz 3 GKG (vgl dazu OLG Karlsruhe FamRZ 2006, 927) zurückgegriffen werden.

Wenn der vorgegebene Erhöhungsbetrag nach den besonderen Umständen im Einzel- **12** fall unbillig ist, kann von dem nach Abs 2 errechneten Betrag (s Rz 9) sowohl nach oben als auch nach unten abgewichen und dabei auch die Begrenzung auf 3.000 € überschritten werden (BTDrs 16/6308 S 306). Eine **Herabsetzung** kommt danach vor allem in Betracht, wenn nur Teilbereiche des Sorge- oder Umgangsrechts im Streit sind. Während ein höherer Aufwand eine **Anhebung** des Verfahrenswertes nahe legt (s.a. § 45 Rz 4, 5), insbesondere wenn der Wert der Ehesache im unteren Bereich liegt oder nur die Kindschaftsfolgesache angefochten wird (OLG München FamRZ 2006, 623). Allerdings rechtfertigt ein geringer Erhöhungsbetrag allein auch mit Blick auf die Bedeutung der Verfahrenswerte für die Anwaltsvergütung noch keine Anhebung. Denn wie bei der Ehesache greift auch hier das Prinzip der Mischkalkulation (s dazu BVerfG FamRZ 2003, 293).

§ 45 Bestimmte Kindschaftssachen

(1) In einer Kindschaftssache, die
1. die Übertragung oder Entziehung der elterlichen Sorge oder eines Teils der elterlichen Sorge,
2. das Umgangsrecht einschließlich der Umgangspflegschaft oder
3. die Kindesherausgabe

betrifft, beträgt der Verfahrenswert 3000 Euro.

(2) Eine Kindschaftssache nach Absatz 1 ist auch dann als ein Gegenstand zu bewerten, wenn sie mehrere Kinder betrifft.

(3) Ist der nach Absatz 1 bestimmte Wert nach den besonderen Umständen des Einzelfalls unbillig, kann das Gericht einen höheren oder einen niedrigeren Wert festsetzen.

A. Allgemeines

1   Die Regelung betrifft, wie in § 44 Abs 2, nur Kindschaftssachen nach § 151 Nr 1 bis 3 FamFG, die nicht im Verbund mit der Scheidung beantragt oder verhandelt werden. Für sie wurde in **Abs 1** als Verfahrenswert der bisher in § 30 Abs 2 KostO aF vorgesehene Auffangwert von 3.000 € übernommen. Anders als dieser fungiert er nicht mehr als Ausgangswert (Regelbetrag), der je nach Lage des Falles herauf- oder herabgesetzt werden kann, sondern ist, wie bei § 44 Abs 2 grundsätzlich ein **Festwert** (aA *Hartmann* FamGKG § 45 Rn 6). Im Vergleich zur Bewertung als Folgesache in § 44 Abs 2, bei dem 3.000 € die reguläre Obergrenze des Verfahrenswertes einer Kindschaftssache darstellt, dürfte danach der Wert im isolierten Verfahren wie bisher in der Mehrzahl der Fälle höher sein als im Verbundverfahren.

2   Wie bei diesem führt, wenn das Verfahren **mehrere Kinder** betrifft, dies nicht zu einer Mehrheit von Gegenständen (**Abs 2**), allenfalls zur Erhöhung des einen Gegenstandswertes (s.u.). Das Gleiche gilt, wenn gegenläufige Anträge oder mehrere Anträge zu Teilbereichen der elterlichen Sorge oder des Umgangs gestellt werden (OLG München FamRZ 2006, 1218 = FuR 2006, 229). Werden dagegen **verschiedene Gegenstände**, zB Sorge- und Umgangsrecht, im gleichen Verfahren geregelt, so liegen mehrere zusammenzurechnende Gegenstände vor (OLG Frankfurt FamRZ 2001, 1388).

3   Der Wert kann ausnahmsweise, wenn er nach den besonderen Umständen im Einzelfall unbillig ist, herauf- oder herabgesetzt werden (**Abs 3**). Es ist mithin nicht (mehr) zu prüfen, ob der Fall von einem Durchschnittsfall nach oben oder unten abweicht. Insbesondere rechtfertigen gegenläufige Anträge allein noch keine Abweichung (so schon zur KostO OLG Köln FamRZ 2006, 1219). Maßgebend sind vielmehr der Umfang und Schwierigkeit der Angelegenheit (KG FamRZ 2006, 438; OLG Frankfurt FamRZ 2004, 285). Der Gesetzgeber führt ausdrücklich auch beengte Einkommensverhältnisse als besonderen Umstand an (BTDrs 16/6308 S 306). Damit können nach der gesetzgeberischen Intention besonders beengte Einkommensverhältnisse eine Herabsetzung und besonders gute eine Erhöhung rechtfertigen. Ob allein der Wechsel der Verfahrensart im Falle der Trennung einer Kindschaftssache aus dem Scheidungsverbund (s.u. Rz 14) im Rahmen des Abs 3 berücksichtigt werden kann, erscheint zweifelhaft.

B. Einzelfragen

4   Bei einem hoch streitigen Verfahren um das **Sorgerecht** mit aufwändiger Sachverhaltsermittlung (zB Gutachten) dürfte regelmäßig eine **Erhöhung** angebracht sein (OLG Frankfurt FuR 1999, 437). Gleiches gilt, wenn eine Regelung für mehrere Kinder zu einem außergewöhnlichen Aufwand geführt hat (OLG Karlsruhe FamRZ 2007, 848; KG FamRZ 2006, 438; OLG Naumburg OLGR 2006, 511). Eine **Herabsetzung** kommt in Be-

tracht, wenn zwischen den Beteiligten keine Meinungsverschiedenheiten herrschen und das Gericht seiner Entscheidung ihren gemeinsamen Vorschlag bzw übereinstimmenden Antrag zugrunde legt, zB bei einer Sorgerechtsregelung gemäß § 1671 Abs 2 Nr 1 BGB. Gleiches gilt, wenn nur Teilbereiche eines Gegenstandes zu regeln sind, und wenn damit ein geringerer Aufwand verbunden ist. Das ist bei Streit um das Aufenthaltsbestimmungsrecht selten der Fall (OLG Brandenburg FamRZ 2006, 138). Bei einer Übertragung der Entscheidungsbefugnis gemäß § 1628 BGB wird dagegen regelmäßig ein Abschlag vorzunehmen sein.

Eine regelmäßig geringere Bewertung des **Umgangsrechts** im Verhältnis zum Sorgerecht wurde früher schon zurecht verneint (OLG Brandenburg FamRZ 2006, 138; OLG Frankfurt FER 2006, 153) und ist durch die ausdrückliche Gleichstellung der Verfahren im FamGKG auch nicht mehr zulässig. Streitigkeiten über das Umgangsrecht stehen in ihrer Bedeutung für die Beteiligten und dem Aufwand, mit dem sie geführt werden, denen um das Sorgerecht in nichts nach. Für eine Erhöhung des in Abs 1 normierten Wertes gilt daher das Gleiche wie beim Sorgerecht (s Rz 4). Eine Herabsetzung kommt hier vor allem dann in Betracht, wenn nur begrenzte Teile des Umgangsrechts zu regeln sind, zB für bestimmte Ferienzeiten oder Feiertage. 5

Für das **Vermittlungsverfahren** gem § 165 FamFG gelten die gleichen Bewertungsgrundsätze wie für das Umgangsverfahren (OLG Nürnberg OLGR 2006, 245). 6

Der Wert der **Herausgabeverlangens** richtet sich ebenfalls nach Abs 1. Eine Herabsetzung erscheint geboten, wenn die Herausgabe im Zusammenhang mit einer ebenfalls streitigen Sorgerechtsregelung, praktisch zu ihrer Vollziehung, begehrt wird (so schon OLG Celle JurBüro 1986, 425). 7

Zum Wert der jetzt selbstständigen **einstweilen Anordnungsverfahren** (§ 49 FamFG) ist grundsätzlich vom hälftigen Wert der jeweiligen Hauptsache auszugehen (§ 41, s dort). 8

In Verfahren nach dem **IntFamRVG** wird für den Wert für die Anwaltsgebühren (für die Gerichtskosten sind Festgebühren vorgesehen, § 3 Rz 39) jetzt § 45 heranzuziehen sein anstatt § 30 Abs 2 KostO (OLG Bamberg FamRZ 2005, 1697 mwN). 9

Das Verfahren auf **Abänderung** einer früheren Entscheidung (§ 1696 BGB) ist im Verhältnis zum vorausgegangenen Verfahren ein neues, selbstständiges Verfahren (§ 166 Abs 1 FamFG; FAKomm-FamR/*Ziegler* § 1696 BGB Rn 19) und damit auch gebührenrechtlich eine neue Angelegenheit, die nach gleichen Grundsätzen, nicht notwendig mit dem gleichen Wert, wie das Ausgangsverfahren zu bewerten ist (§ 31 Abs 2 Satz 1). Solange das Gericht nur interne Ermittlungen dazu anstellt, ob Anlass für eine Abänderung gegeben ist oder seiner Überprüfungspflicht nach § 166 Abs 2 und 3 FamFG nachgeht, liegt noch kein kostenrelevantes Verfahren vor (vgl § 31 Rz 3). 10

Der Wert des **Rechtsmittelverfahrens** entspricht regelmäßig dem der 1. Instanz, wenn der gesamte Verfahrensgegenstand Beschwerdegegenstand ist. Anders, wenn nur ein abtrennbarer Teil angefochten wird (Korintenberg/*Lappe* KostO § 131 aF Rn 28 ff). Dabei ist auch hier bei unverändertem Verfahrensgegenstand ein Hinausgehen über den Wert der 1. Instanz ausgeschlossen (§ 40 Abs 2). 11

Für einen **Vergleich** bzw eine **Einigung** über die elterliche Sorge oder das Umgangsrecht ist, auch wenn er das Gericht nicht bindet und von ihm auch nicht bestätigt wird, jedenfalls dann kein Abschlag vom Regelwert angebracht, wenn der Streit zwischen den Eltern endgültig beigelegt wird und sie zur Ausgestaltung des Umgangs konkrete Regelungen treffen. 12

C. Verhältnis zum Wert als Folgesache

Die **unterschiedliche Wertbemessung** desselben Verfahrensgegenstandes »Kindschaftssache« in isolierten Verfahren und in Verbundverfahren führt weiterhin, wie vor dem Inkrafttreten des FamFG, in den meisten Fällen zu deutlich abweichenden Werten: Der 13

§ 45 FamGKG | Bestimmte Kindschaftssachen

aus dem Wert der Ehesache abgeleitete Wert des § 44 Abs 2 einer verbundenen Kindschaftssache erreicht erst bei einem Wert der Scheidungssache von 15.000 € den relativen Festwert des § 45 Abs 1 für isolierte Verfahren von 3.000 €. Bei einem durchschnittlichen Wert der Ehesache von bislang schätzungsweise 6.000 € bleibt er zwangsläufig in der Mehrzahl der Fälle deutlich darunter (was auch gewollt ist, s BTDrs 16/6308 S 306). Das kann auch die in beiden Fällen mögliche Billigkeitsregelung (§§ 44, 45 jeweils Abs 3) nicht ausgleichen. Bei durchschnittlichen Einkünften dürfte § 45 Abs 3 keine Herabsetzung und schon gar nicht bis zum Wert des Verbundverfahrens erlauben (s.o. Rz 3). Während bei höheren Einkünften und damit auch höherem Wert der Scheidungssache die Deckelung des Wertes der verbundenen Kindschaftssache auf 3.000 € einer Annäherung entgegensteht.

14 Die **Abtrennung oder Einbeziehung** einer Kindschaftssache vom bzw in den Scheidungsverbund war nach dem bis 31.8.2009 geltenden Kostenrecht durch einen Systemwechsel gekennzeichnet: Während des Verbundes richteten sich die Gebühren und damit der Verfahrenswert als Bemessungsgrundlage nach dem GKG und ansonsten nach der KostO (OLG Frankfurt FamRZ 2006, 1057; FA-FamR/*Keske* 6. Aufl Kap 17 Rn 271). Daran hat sich durch die Reform des Familienverfahrensrechts nur insoweit etwas geändert, als die Bewertung jetzt nach dem gleichen Kostengesetz erfolgt, aber weiterhin im Verbund und als selbstständige Familiensache in unterschiedlicher Weise (§§ 44, 45). Das wird auch nicht dadurch geheilt, dass der für die Bewertung maßgebliche Stichtag einheitlich für sämtliche Verfahren auf den Zeitpunkt der (ersten) Anhängigkeit gelegt wurde (s § 34 Rz 1) und dieser sich durch die Verfahrensverbindung oder -trennung nicht ändert (s § 6). Denn unveränderlich bleibt nur das Datum, nicht aber die Bewertungsregel. Wie bei den Gebühren richtet sich auch die Berechnung des Gegenstandswerts nach der Art des Verfahrens, in dem die Bewertung erforderlich wird. Letztendlich bestimmt immer das letzte Verfahren in der Instanz die Berechnungsgrundlage für den Verfahrenswert (§ 18 Abs 1 Nr 1). Zu den abweichenden Auswirkungen auf die Anwaltsvergütung vgl Gerold/Schmidt/*Müller-Rabe* VV 3100 Rn 94 ff, 101 ff.

§ 46 Übrige Kindschaftssachen

(1) Wenn Gegenstand einer Kindschaftssache eine vermögensrechtliche Angelegenheit ist, gelten § 18 Abs. 3, die §§ 19 bis 25, 39 Abs. 2 und § 46 Abs. 4 der Kostenordnung entsprechend.

(2) Bei Pflegschaften für einzelne Rechtshandlungen bestimmt sich der Verfahrenswert nach dem Wert der Rechtshandlung. Bezieht sich die Pflegschaft auf eine gegenwärtige oder künftige Mitberechtigung, ermäßigt sich der Wert auf den Bruchteil, der dem Anteil der Mitberechtigung entspricht. Bei Gesamthandsverhältnissen ist der Anteil entsprechend der Beteiligung an dem Gesamthandvermögen zu bemessen.

(3) Der Wert beträgt in jedem Fall höchstens 1 Million Euro.

A. Regelungsgehalt

Die Vorschrift regelt keinesfalls abschließend den Gebührenwert für Kindschaftsverfahrens, die nicht unter § 44 bzw 45 fallen (»übrige« Kindschaftssachen). Das trifft nur auf Abs 2 zu, der, ähnlich wie in § 36, den **Gebührenwert für Pflegschaften**, die **für die Besorgung einzelner Rechtshandlungen** eingerichtet werden, an den Wert des zu besorgenden Geschäfts knüpft. Vor allem hierfür dient Abs 1, der für den Fall, dass es sich bei dem Geschäft um eine vermögensrechtliche Angelegenheit handelt, auf Bewertungsvorschriften der KostO verweist (s.u. Rz 2). Was sich auch daran zeigt, dass in Abweichung zu dem ansonsten inhaltsgleichen § 36 anstelle des Verweises auf § 40 Abs 2 KostO die Fälle der Mitberechtigung eigenständig in Abs 2 Satz 2 und 3 geregelt sind. § 46 transportiert damit in 1. Linie die bisher für den Gebührenwert der Einzelpflegschaften nach § 93 Satz 1 bis 3 KostO aF maßgebliche Regelung in das FamFG. Damit ist sichergestellt, dass die Gebühr für Pflegschaften, die gleichzeitig auch Gebühren für Genehmigungen abgelten (*Hartmann* KostO § 93 Rn 1), nicht nach einem geringeren Wert bemessen wird. Einer vergleichbare Regelung für Vormundschaften und Dauerpflegschaften bedurfte es nicht, da dafür keine vergleichbaren Wertgebühren anfallen (s § 3 Rz 14). 1

B. Abs 1, 3

In der Erkenntnis, dass »in Kindschaftssachen vermögensrechtlicher Art häufig Gegenstände oder Rechte zu bewerten sein« werden (BTDrs 16/6308 S 306), hat der Gesetzgeber den Verweis auf die **Bewertungsrichtlinien** der KostO in Abs 1 (s dazu § 36 Rz 6 bis 11, 13) über die Pflegschaften hinaus auf sämtliche sonstigen Kindschaftssachen erstreckt, in denen familiengerichtliche Fürsorgemaßnahmen das Kindesvermögen betrifft. Es fehlt allerdings ein Obersatz, der bestimmt, dass sich in diesen Fällen der Wert grundsätzlich nach dem Vermögenswert richtet, der sich auch der Begründung (BTDrs 16/6308 S 306) nicht entnehmen lässt. Somit ist der Wert einer sonstigen Kindschaftssache, mit und ohne vermögensrechtlichem Bezug, grundsätzlich nach § 42 zu bemessen, soweit nicht Abs 2 oder § 36 eingreift. Abs 1 schränkt lediglich das nach § 42 Abs 1 gebotene Ermessen insoweit ein, als dabei Gegenstände und Rechte gemäß den Vorschriften der in Bezug genommenen Vorschriften der KostO zu bewerten sind. 2

Der **Anwendungsbereich** ist allerdings gering, nachdem für Genehmigungen und deren Ersetzung in vermögensrechtlichen Angelegenheiten § 36 einschlägig ist, für Pflegschaften Abs 2 und sonstige Angelegenheiten der elterlichen Vermögenssorge zumeist unter die §§ 44 Abs 2, 45 fallen. 3

Die Begrenzung des Gebührenwerts auf 1 Mio € in **Abs 3** bezieht sich nur auf vermögensrechtliche Angelegenheiten. Wie sich aus der Begründung (BTDrs 16/6308 S 395; Beschlussempfehlung des Rechtsausschusses BTDrs 16/9733 S 300) ergibt, sollte die An- 4

§ 46 FamGKG | Übrige Kindschaftssachen

hebung von ursprünglich 500.000 € auf 1 Mio € nur den Gleichlauf mit der Wertgrenze in § 36 herstellen. Für sonstige Kindschaftsverfahren in nichtvermögensrechtlichen Angelegenheiten verbleibt es bei der Wertgrenze des § 42 Abs 2.

§ 47 Abstammungssachen

(1) In Abstammungssachen nach § 169 Abs. 1 und 4 des Gesetzes über das Verfahren in Familiensachen und in den Angelegenheiten der freiwilligen Gerichtsbarkeit beträgt der Verfahrenswert 2 000 Euro, in den übrigen Abstammungssachen 1 000 Euro.

(2) Ist der nach Absatz 1 bestimmte Wert nach den besonderen Umständen des Einzelfalls unbillig, kann das Gericht einen höheren oder einen niedrigeren Wert festsetzen.

A. Regelungsinhalt

Abs 1 übernimmt den bislang in § 43 Abs 3 Satz 1 GKG aF für die ehemaligen Kindschaftssachen normierten Wert (Festbetrag) von 2.000 € für die § 169 Nr 1 und 4 FamFG aufgeführten **klassischen Statussachen** wie die Anfechtung der Vaterschaft, die Feststellung des Bestehens oder Nichtbestehens eines Eltern-Kind-Verhältnisses, insbesondere der Wirksamkeit oder Unwirksamkeit einer Anerkennung der Vaterschaft. Geht es um mehrere Kinder, vervielfacht sich der Wert entsprechend (OLG Köln FamRZ 2005, 1765). 1

Für die Verfahren nach § 169 Nr 2 und 3 FamFG gilt ein Wert von 1.000 €. Dabei handelt es sich um die durch das Gesetz zur Klärung der Vaterschaft unabhängig von Anfechtungsverfahren vom 26.3.2008 (BGBl I, 441) neu hinzugekommen **Ansprüche nach § 1598a BGB** auf Mitwirkung bei der genetischen Abstammungsuntersuchung oder Auskunft, die nicht unmittelbar auf eine Statusänderung gerichtet sind oder Auskunftsrechte betreffen. 2

Abs 2 eröffnet wie bei §§ 44 und 45 Abs 3 die Möglichkeit, diese Werte den besonderen Umständen des Einzelfalles anzupassen. Eine Erhöhung kommt insbesondere in Betracht, wenn die Feststellung der Abstammung für das Kind deshalb von besonderer Bedeutung ist, weil der potentielle Erzeuger über weit überdurchschnittliches Einkommen und Vermögen verfügt (BTDrs 16/6308 S 306). 3

B. Verbindung mit Unterhaltsantrag

Wird die Vaterschaftsfeststellung mit einem **Unterhaltsantrag** nach §§ 237 iVm 179 Abs 1 FamFG **verbunden**, ist gemäß § 39 Abs 1 Satz 3 nur der höhere der beiden Verfahrenswerte heranzuziehen (OLG Naumburg FamRZ 2008, 1645; OLG Köln FamRZ 2001, 779 mwN). Das ist nach den derzeit geltenden Mindestunterhaltsbeträgen regelmäßig der Wert des Unterhaltsantrags, der sich einschließlich der bis zur Einreichung des Antrags aufgelaufenen Rückstände (OLG Koblenz JurBüro 1998, 417) nach § 51 Abs 1 und 2 errechnet (s dazu § 51 Rz 10, 11). Grundsätzlich verbleibt es bei dem höheren Wert für den Unterhaltsantrag auch dann, wenn die Vaterschaft nicht festgestellt wird (OLG Naumburg FamRZ 2008, 1645; OLG Saarbrücken AGS 2002, 185; OLG Karlsruhe FamRZ 1995, 492). Will der Antragsteller das damit verbundene Kostenrisiko vermeiden, müsste er den Unterhaltsantrag entweder erst nach Abschluss der Beweisaufnahme hierzu stellen oder ausdrücklich nur für den Fall der (positiven) Feststellung der Vaterschaft, damit die Bewertungsregel des § 39 Abs 1 Satz 2 (s dort Rz 6) greift. 4

§ 48 Ehewohnungs- und Haushaltssachen

(1) In Ehewohnungssachen nach § 200 Absatz 1 Nummer 1 des Gesetzes über das Verfahren in Familiensachen und in den Angelegenheiten der freiwilligen Gerichtsbarkeit beträgt der Verfahrenswert 3 000 Euro, in Ehewohnungssachen nach § 200 Absatz 1 Nummer 2 des Gesetzes über das Verfahren in Familiensachen und in den Angelegenheiten der freiwilligen Gerichtsbarkeit 4 000 Euro.

(2) In Haushaltssachen nach § 200 Absatz 2 Nummer 1 des Gesetzes über das Verfahren in Familiensachen und in den Angelegenheiten der freiwilligen Gerichtsbarkeit beträgt der Verfahrenswert 2 000 Euro, in Haushaltssachen nach § 200 Absatz 2 Nummer 2 des Gesetzes über das Verfahren in Familiensachen und in den Angelegenheiten der freiwilligen Gerichtsbarkeit 3 000 Euro.

(3) Ist der nach den Absätzen 1 und 2 bestimmte Wert nach den besonderen Umständen des Einzelfalls unbillig, kann das Gericht einen höheren oder einen niedrigeren Wert festsetzen.

A. Allgemeines

1 Für Zuweisung der Ehewohnung und Verteilung der Haushaltsgegenstände wurden in **Abs 1 und 2** erstmals ausschließlich **Festwerte** festgelegt, wie dies bisher nur für einstweilige Anordnungen der Fall war. Sie gelten sowohl für isolierte Verfahren als auch im Scheidungsverbund. Es wird zwischen Regelungen, die während der Trennungszeit idR nur die Nutzung betreffen (§§ 1361a und b BGB) und den den endgültigen Besitz oder Eigentum verschaffende Regelungen (§§ 1568a und b BGB) differenziert und damit der Streit darüber beendet, ob beide Regelungsbereiche unterschiedlich zu bewerten sind (s dazu FA-FamR/*Keske* 6. Aufl Kap 17 Rn 114). Für die Gebrauchsregelungen während der Trennung gilt grundsätzlich ein geringerer Wert. Werden gleichzeitig Anträge zum Haushalt und zur Ehewohnung gestellt, sind die Verfahrenswerte zu addieren.

2 **Abs 3** eröffnet auch hier die Möglichkeit, den jeweiligen Festwert den besonderen Umständen des Einzelfalles anzupassen um zu verhindern, dass es zu unvertretbar hohen oder unangemessen niedrigen Kosten kommt. Eine **Herabsetzung** ist geboten, wenn der Streit nur noch Teile des Verfahrensgegenstandes betrifft, wie die Nutzung einzelner Räume in der Ehewohnung, oder wenn bei einer Regelung nach § 1361b BGB die Scheidung kurz bevorsteht. Gleiches gilt, wenn sich die Parteien hinsichtlich eines Teils des Haushalts bereits verbindlich geeinigt haben und es nur noch um einzelne Gegenstände geht (*Brudermüller* FamRZ 1999, 199). Eine **Erhöhung** der Werte kommt dagegen in Betracht, wenn es sich zB um besonders teure Wohnungen oder besonders wertvoll eingerichtete Haushalte handelt.

B. Einzelfragen

3 Für **einstweilige Anordnungen** (jetzt selbstständige Verfahren nach § 49 FamFG) ist grundsätzlich vom hälftigen Wert der jeweiligen Hauptsache auszugehen (§ 41). Eine Erhöhung nach Abs 3 ist angebracht, wenn absehbar ist, dass die Trennungszeit alsbald endet und die einstweilige damit praktisch einer endgültigen Regelung für die Trennungszeit gleichkommt.

4 Bei **Änderungsverfahrens** nach § 48 FamFG (früher § 17 HausratsVO) sind gleichfalls die Werte nach Abs 1 und 2 heranzuziehen. Je nach Begehren wird nicht selten ein Abschlag nach Abs 3 geboten sein, zB bei einem Antrag auf Verlängerung der Räumungsfrist (OLG Braunschweig OLGR 1994, 90).

5 Wird im Ehewohnungs- oder Haushaltsverfahren eine **Nutzungsentschädigung** nach §§ 1361a Abs 3 oder 1361b Abs 3 BGB beansprucht oder zugesprochen, erhöht dies den Verfahrenswert nicht (OLG Köln FamRZ 2007, 234). Verlangt dagegen der ausgezogene

Ehegatte vom Bleibenden ein **Nutzungsentgelt** nach § 745 Abs 2 BGB (sonstige Familienstreitsache) gilt § 42 Abs 1. Der Verfahrenswert wurde bisher entweder iVm § 9 ZPO mit dem 3 ½-fachen des jährlichen Nutzungsentgelt (OLG Koblenz FamRZ 2001, 225) oder analog § 41 GKG mit dem Jahresbetrag (OLG Köln FamRZ 2001, 239 mwN) angesetzt.

§ 48 ist auch auf die **Rechtsmittelverfahren** anzuwenden. Ist in zulässiger Weise nur noch ein Teil des in 1. Instanz anhängigen Verfahrensgegenstandes betroffen, dürfte eine Herabsetzung des erstinstanzlichen Wertes nach Abs 3 geboten sein. Ansonsten entspricht der Wert in der Rechtsmittelinstanz regelmäßig dem der 1. Instanz. 6

Einigung, Vergleich: Einigen sich die Beteiligten darauf, dass ein Ehegatte den Hausrat behält und dem anderen einen Ausgleich zahlt, so richtet sich der Wert nur nach dem (gesamten) Hausrat, nicht auch nach dem Zahlungsbetrag (*Madert* AGS 1998, 81). Sind die Wohnung und der Hausrat bereits verteilt, so rechtfertigt die bloße Feststellung in einer Vereinbarung »Wohnung und Hausrat sind verteilt« eine erhebliche Kürzung der Festwerte nach Abs 3 (vgl OLG Hamm JurBüro 1980, 545). Im Einzelfall wird darauf abzustellen sein, ob ein besonderes Interesse an der Feststellung besteht. Was beispielsweise dann der Fall ist, wenn noch nicht sicher war, ob die zuvor erfolgte Aufteilung endgültig sein soll. Entsprechendes gilt, wenn in einem gerichtlichen Gesamtvergleich nur die bereits in einer außergerichtlich erfolgten Einigung verbindlich getroffene Regelung mit aufgenommen wird (*Madert* AGS 1998, 81). 7

§ 49 Gewaltschutzsachen

(1) In Gewaltschutzsachen nach § 1 des Gewaltschutzgesetzes beträgt der Verfahrenswert 2000 Euro, in Gewaltschutzsachen nach § 2 des Gewaltschutzgesetzes 3000 Euro.

(2) Ist der nach Absatz 1 bestimmte Wert nach den besonderen Umständen des Einzelfalls unbillig, kann das Gericht einen höheren oder einen niedrigeren Wert festsetzen.

A. Allgemeines

1 Die Wertvorschrift für Gewaltschutzsachen betrifft zwei unterschiedliche Regelungsgegenstände: den Erlass von Schutzanordnungen (§ 1 GewSchG) und die Wohnungszuweisung (§ 2 GewSchG). Für beide werden **Festbeträge** in Abs 1 festgelegt, für die Schutzanordnungen nach § 1 GewSchG 2.000 € und für die Wohnungszuweisung 3.000 €. Auch sie können, wenn sie im Einzelfall zu unbilligen Kosten führen, heraufoder herabgesetzt werden (Abs 2).

2 Eine **Abweichung** vom Festbetrag (Abs 2) dürfte vor allem bei Anordnungen nach § 1 GewSchG geboten sein, wenn die Bedrohung oder Belästigung eher geringfügig oder umgekehrt außergewöhnlich schwerwiegend ist und/oder über eine Vielzahl von Schutzanordnungen verhandelt wird. Bei der Frage, ob geringes Einkommen des Antragsstellers eine Herabsetzung rechtfertigt, muss auch berücksichtigt werden, dass § 21 Abs 1 Satz 2 den Antragsteller eines Gewaltschutzverfahrens ausdrücklich von der Haftung (als Zweitschuldner) ausnimmt.

B. Einzelfragen

3 Werden in einem Verfahren sowohl Anordnungen nach § 1 als auch nach § 2 GewSchG beantragt, handelt es sich um **verschiedene Gegenstände**, deren Werte zu addieren sind (OLG Nürnberg FamRZ 2008, 1468; OLG Dresden FamRZ 2006, 803). Das gilt aber nicht für mehrere Anordnungen nach § 1 GewSchG im gleichen Verfahren (vgl zur Anhebung des Festwerts oben Rz 2).

4 Die **Fristverlängerung** ist ein neues Verfahren nach § 48 Abs 1 FamFG und hat grundsätzlich den gleichen Wert wie die ursprüngliche Anordnung (OLG Frankfurt FamRZ 2007, 849). Ob der Wert nach Abs 2 herabzusetzen ist, ist eine Frage des Einzelfalls.

5 Der Verfahrenswert in der **Rechtsmittelinstanz** richtet sich ebenfalls nach § 49.

6 Der Wert **einstweiliger Anordnungen** nach § 214 FamFG soll nach § 41 in der Regel die Hälfte der Wertes der Hauptsache betragen (BTDrs 16/6308 S 300). Wird in einem Anordnungsverfahren sowohl die Zuweisung der Wohnung als auch sonstige Schutzanordnungen nach § 1 GewSchG begehrt, sind die Werte zusammenzurechnen (s.o. Rz 3).

§ 50 Versorgungsausgleichssachen

(1) In Versorgungsausgleichssachen beträgt der Verfahrenswert für jedes auszugleichende Anrecht 10 Prozent, bei Ausgleichsansprüchen nach der Scheidung für jedes Anrecht 20 Prozent des in drei Monaten erzielten Nettoeinkommens der Ehegatten. Der Wert nach Satz 1 beträgt insgesamt mindestens 1 000 Euro.

(2) In Verfahren über einen Auskunftsanspruch oder über die Abtretung von Versorgungsansprüchen beträgt der Verfahrenswert 500 Euro.

(3) Ist der nach den Absätzen 1 und 2 bestimmte Wert nach den besonderen Umständen des Einzelfalls unbillig, kann das Gericht einen höheren oder einen niedrigeren Wert festsetzen.

A. Allgemeines

Das FamGKG hatte ursprünglich die erst zum 1.7.2004 durch das KostRMoG im GKG (§ 49 aF) und in der KostO (§ 99 aF Abs 3 und 4) für sämtliche Versorgungsausgleichsverfahren eingeführten Festbeträge übernommen und sie lediglich um die jetzt in sämtlichen Festbetragsregelungen enthaltene Billigkeitsregelung ergänzt. Mit der **Strukturreform des Versorgungsausgleichs** wurde auch § 50 neu gefasst und an die geänderte Struktur des Versorgungsausgleichs angepasst (Art 13 VAStrRefG BGBl I 2009, 700, 723). Dabei wurden die bisherigen allgemeinen Festwerte in Anlehnung an die Neuregelung der Wertbemessung in Kindschaftssachen teilweise zu individuellen Festwerten für jedes einzelne Anrecht umgestaltet, die an das Einkommen der Eheleute anknüpfen. Damit soll dem konkreten Aufwand der Gerichte und Anwälte Rechnung getragen und gleichzeitig die Einkommensverhältnisse der Eheleute berücksichtigt werden (Entwurf BRDrs 343/08 S 261). 1

§ 50 ist in der Neufassung auf alle Versorgungsausgleichsverfahren nach dem Versorgungsausgleichsgesetz anzuwenden, und zwar sowohl für isolierte Verfahren, als auch für Verfahren im Verbund mit der Scheidung oder Aufhebung einer Lebenspartnerschaft. In Verbundverfahren kommt es dabei auf die Einleitung des Scheidungsverfahrens an (*Bergmann* FuR 2009, 421, 426). Gemäß der **Übergangsregelung** in Art 111 des FGG-RG in der Fassung des Art 22 VAStrRefG (BGBl I 2009, 700, 723) gilt die Neufassung nicht nur für die ab 1.9.2009 in erster Instanz neu eingeleiteten Versorgungsausgleichsverfahren, sondern auch für sämtliche Altverfahren, die nach dem 31.8.2009 wieder aufgenommen werden, nachdem sie (förmlich) zum Ruhen gebracht oder ausgesetzt wurden, auch wenn die Aussetzung oder Anordnung des Ruhens erst nach dem 1.9.2009 erfolgt. Darüber hinaus ist neues Recht, und damit auch das neue Kostenrecht, auch auf sämtliche Versorgungsausgleichsverfahren anzuwenden, die am 1.9.2009 vom Verbund abgetrennt sind oder später aus einem vor dem 1.9.2009 eingeleiteten Verbundverfahren abgetrennt werden (s dazu ausführlich *Kemper* FPR 2009, 227). In diesem Fall ist das Verfahren abweichend von § 137 Abs 5 Satz 1 FamFG als selbstständiges Verfahren fortzuführen (Art 111 Abs 4 Satz 2 FGG-RG). Mit Ablauf des 31.8.2010 sind sämtliche Versorgungsausgleichsverfahren, die bis dahin in erster Instanz noch nicht abgeschlossen sind, auf das neue Recht umzustellen und mit ihnen im Verbund stehenden Scheidungs- oder Folgesachen, vgl Art 111 Abs 5 FGG-RG. 2

Für Altverfahren, die noch nach den bis 31.8.2009 geltenden Vorschriften durchzuführen sind, sind die Wertvorschriften des § 49 aF GKG und des § 99 Abs 3 und 4 KostO aF weiterhin anzuwenden (vgl dazu FA-FamR/*Keske* 6. Aufl Kap 17 Rn 99 ff). 3

B. Wertermittlung nach Abs 1

I. Grundsätze

4 In Anlehnung an die Wertermittlung für die Kindschaftssachen im Scheidungsverbund (s § 44 Abs 2) werden für Versorgungsausgleichsverfahren, mit Ausnahme der in Abs 2 genannten Nebenverfahren, anstelle der bislang geltenden allgemeinen Festwerte individuelle Festwerte bestimmt (zur Unterscheidung s Einl vor § 33 Rz 2). Anders als bei den vorgenannten Kindschaftssachen basiert der Wert nicht auf dem Wert der Ehesache, sondern bezieht sich nur auf das in drei Monaten gemeinsam erzielte Nettoeinkommen der Ehegatten oder Lebenspartner. Ein Zehntel davon wird in **Verbundverfahren** für jedes Anrecht angesetzt, dh der Prozentsatz vervielfältigt sich mit der Zahl der Anrechte. Der sich daraus ergebende Verfahrenswert darf, vorbehaltlich der Billigkeitsregelung in Abs 3 (s Rz 10), den Mindestwert von 1.000 Euro nicht unterschreiten. In die Wertberechnung sind nicht nur die auszugleichenden Anrechte, sondern **jedes verfahrensgegenständliche Anrecht** einzubeziehen, auch wenn es im Ergebnis zu keinem Ausgleich bzw einer Teilung kommt (Beschlussempfehlung BTDrs 16/11903 S 126).

5 In **nach der Scheidung** geführten isolierten Erst- oder Änderungsverfahren nach §§ 20 ff, 31 und 32 ff VersAusglG und § 225 FamFG erhöht sich Wert auf jeweils 20%. Das soll dem Umstand Rechnung tragen, dass die Geltendmachung von Ausgleichsansprüchen nach der Scheidung häufig mit einem höheren Aufwand verbunden ist (Beschlussempfehlung des Rechtsausschusses BTDrs 16/11903 S 126).

II. Einkommen

6 Der Bezugspunkt für die Berechnung des Wertes jedes einzelnen Anrechts ist dem Wortlaut nach identisch mit der Bewertungsvorschrift des § 43 Abs 2, der ebenfalls für die Bewertung der Ehesache als Ausgangspunkt das dreimonatige **Nettoeinkommen** definiert. Nach der Begründung soll damit der Gleichklang zwischen beiden Bewertungsvorschriften hergestellt und die Bewertung vereinfacht werden (BRDrs 343/08 S 262). Das spricht dafür, auf die Einkommensbewertung in § 50 die gleichen Grundsätze anzuwenden, wie sie die Rechtsprechung für das in Ehesachen anzurechnende Einkommen entwickelt hat (s dazu § 43 Rz 8 ff). Andererseits stellt die Begründung an gleicher Stelle das monatliche Nettoeinkommen mit den Erwerbseinkünften gleich, und nimmt es als Indikator für den Wert der erworbenen Anrechte. Stellt man diesen Aspekt in den Vordergrund, darf einerseits das Erwerbseinkommen nur um Steuern und Aufwendungen für Kranken- und Altersvorsorge und ggf Werbungskosten bereinigt werden, nicht aber um besondere Belastungen für Kindesunterhalt uä und schon gar nicht um Schulden. Andererseits zählen dann zu den Einkünften nur noch solche aus einer selbstständigen oder unselbstständigen Erwerbstätigkeit oder sie ersetzende Leistungen wie Krankengeld, Arbeitslosengeld nach SGB III, Renten, Pensionen, und gleichwertige Leistungen aus privaten Altersvorsorgeverträgen uä, nicht aber Unterhalt, sonstige Sozialleistungen und sonstige Vermögenseinkünfte. Im Hinblick darauf, dass es beim Versorgungsausgleich um die Übertragung von Vermögenswerten geht, ist mE dem letztgenannten Anknüpfungspunkt der Verzug zu geben; auch wenn er aufgrund der Stichtagsbezogenheit der Bewertung (s § 34 Rz 4; s.u. Rz 6) nicht immer als Indikator für den wirtschaftlichen Wert der während der Ehezeit erworbenen Anrechte taugt. Denn allzu große Differenzen lassen sich durch die Billigkeitsregelung (s.u. Rz 10) korrigieren. Außerdem ist wegen der unterschiedlichen Bewertungsstichtage (s.u.) bei länger währenden Verbundverfahren ein Gleichlauf mit dem Wert nach § 43 Abs 2 ohnehin nicht garantiert.

7 Maßgeblich ist, wie in § 43 Abs 2, das in den letzten 3 Monaten vor dem jeweiligen **Bewertungsstichtag** erzielte Nettoeinkommen beider Ehegatten (§ 43 Rz 7). Dabei ist zu beachten, dass die Bewertung nur in Verfahren, die nur auf Antrag durchgeführt wer-

den, auf den Eingang des Antrags zu beziehen ist, während für den von Amts einzuleitenden Ausgleich das Verfahrensende maßgeblich ist (s § 34 Satz 2).

Auch der **Wert des Rechtsmittels** richtet sich nach Abs 1 und damit nach der Zahl der jeweils betroffenen Anrechte. Er ist deshalb bei einer Teilanfechtung nicht identisch mit dem in der Vorinstanz. Hinzu kommt, dass der Stichtag für die Bewertung der Einkommensverhältnisse der der Einlegung des Rechtsmittels ist (§ 34 Rz 3) und sich uU die Einkommensverhältnisse zu dem in der Vorinstanz maßgeblichen Stichtag (s.o.) verändert haben können. Wenn man diese Erhöhung überhaupt berücksichtigen will, darf sie nicht dazu führen, dass der Gesamtwert des Rechtsmittelverfahrens den der 1. Instanz übersteigt (§ 40 Abs 2). 8

C. Auskunft und Abtretung (Abs 2)

Für Auskunftsansprüche nach § 4 VersAusglG und dem Verlangen auf Abtretung eines Anspruchs gegen den Versorgungsträger gem § 21 VersAusglG wird einheitlich ein Festwert von 500 Euro angesetzt. Wird ein Auskunftsanspruch im Ausgleichs- bzw Änderungsverfahren verfolgt, gelten die Grundsätze für die Stufenklage (§ 38 Rz 1) entsprechend (OLG Frankfurt FamRZ 2000, 99; OLG Saarbrücken 5.1.2004, 9 WF 114/03), weshalb er sich idR nicht werterhöhend auswirkt. Dasselbe muss gelten, wenn der Anspruch auf Abtretung nicht isoliert, sondern zusammen mit dem Anspruch auf eine schuldrechtliche Ausgleichsrente nach § 20 VersAusglG verfolgt wird, da es sich dann nur um eine andere Art der Erfüllung bei wirtschaftlicher Identität handelt (s § 33 Rz 1). 9

D. Billigkeitsregelung (Abs 4)

Die durch das FamGKG in Abs 3 neu eingeführte Billigkeitsregelung (s Einl vor § 33 Rz 1) eröffnet die Möglichkeit in Ausnahmefällen von den in Abs 1 und 2 normierten Festbeträgen nach oben oder unten abzuweichen. Dabei ist eine Herabsetzung unter den Mindestbetrag in Abs 1 Satz 2 nicht ausgeschlossen (vgl § 44 Rz 12). Ganz allgemein sollte eine Herabsetzung immer geprüft werden, wenn im Einzelfall der Aufwand gering ist (zB bei vorzeitiger Beendigung des Verfahrens), während eine Erhöhung in den Fällen angezeigt ist, in denen das Verfahren bzw die Ermittlung der einzubeziehenden Anrechte besonders aufwändig ist (zB bei Auslandsberührung). Allein der Umstand, dass die Summe der monatlichen Ausgleichs- oder Änderungsbeträge gering ausfällt, rechtfertigt dagegen noch keine Herabsetzung. Anders ist es, wenn das stichtagsbezogene Einkommen, zB wegen kurz zuvor eingetretenem Arbeitsplatzverlust, nicht mehr als Indikator für den Wert der auszugleichenden Anrechte taugt (s.o. Rz 6), ebenso wie im umgekehrten Fall einer außergewöhnlichen Einkommensverbesserung auch eine Herabsetzung gerechtfertigt sein könnte. Nachdem der noch im ursprünglichen Entwurf vorgesehene Höchstbetrag keinen Eingang in das Gesetz gefunden hat, wird eine Herabsetzung auch in den in der Praxis vermehrt zu beobachtenden Fällen zu prüfen sein, in denen die Ehegatten eine Vielzahl kleinerer Anrechte aus Lebensversicherungs- oder privaten Rentenversicherungsverträgen haben, was leicht zu einem Verfahrenswert führt, der zu den Werten der Anrechte außer Verhältnis steht. 10

E. Vereinbarung

Haben die Ehegatten vor oder während des Verfahrens den Versorgungsausgleich in einem Ehevertrag oder durch Vereinbarung nach § 6 VersAusglG ausgeschlossen oder einvernehmlich geregelt, muss die Vereinbarung zwar nicht mehr genehmigt werden. Das Gericht muss aber jetzt in jedem Fall die Wirksamkeit dieser Vereinbarung oder des Ehevertrags kontrollieren (§ 8 VersAusglG) und, wenn es sie für wirksam hält, dies in der Endentscheidung feststellen (vgl *Borth* FamRZ 2008, 1797). Wird die Vereinbarung erst nach Anhängigkeit des Ausgleichsverfahrens geschlossen, beeinflusst sie nur in den An- 11

§ 50 FamGKG | Versorgungsausgleichssachen

tragsverfahren den für die Verfahrensgebühr maßgeblichen Wert nicht mehr (§ 34 Rz 1). In Amtsverfahren, in denen der Stichtag für die Bewertung durch das Verfahrensende bestimmt wird (s.o. Rz 7), ist die Erledigung durch Vereinbarung bereits bei der Wertbemessung und nicht erst durch Ermäßigung der Gebühr zu berücksichtigen. Wird die Vereinbarung bereits mit dem Scheidungsantrag vorgelegt, so leitet mE die Prüfung der Wirksamkeit nach § 8 VersAusglG ein Ausgleichsverfahren ein (s § 11 Rz 9), für das ein Wert entsprechend Abs 1 iVm Abs 3 zu bestimmen ist. Dies gilt grundsätzlich auch, wenn keinerlei Zweifel an der Unwirksamkeit eines Ehevertrags oder der Vereinbarung bestehen und dies den Beteiligten in der mündlichen Verhandlung lediglich mitgeteilt wird. In diesem Fall ist der geringe Aufwand durch Anwendung der Billigkeitsklausel zu berücksichtigen.

§ 51 Unterhaltssachen

(1) In Unterhaltssachen, die Familienstreitsachen sind und wiederkehrende Leistungen betreffen, ist der für die ersten zwölf Monate nach Einreichung des Klageantrags oder des Antrags geforderte Betrag maßgeblich, höchstens jedoch der Gesamtbetrag der geforderten Leistung. Bei Unterhaltsansprüchen nach den §§ 1612a bis 1612c des Bürgerlichen Gesetzbuchs ist dem Wert nach Satz 1 der Monatsbetrag des zum Zeitpunkt der Einreichung des Klageantrags oder des Antrags geltenden Mindestunterhalts nach der zu diesem Zeitpunkt maßgebenden Altersstufe zugrunde zu legen.

(2) Die bei Einreichung des Klageantrags fälligen Beträge werden dem Wert hinzugerechnet. Der Einreichung des Klageantrags steht die Einreichung eines Antrags auf Bewilligung der Prozesskostenhilfe gleich, wenn der Klageantrag alsbald nach Mitteilung der Entscheidung über den Antrag oder über eine alsbald eingelegte Beschwerde eingereicht wird. Die Sätze 1 und 2 sind im vereinfachten Verfahren zur Festsetzung von Unterhalt Minderjähriger entsprechend anzuwenden.

(3) In Unterhaltssachen, die nicht Familienstreitsachen sind, beträgt der Wert 300 Euro. Ist der Wert nach den besonderen Umständen des Einzelfalls unbillig, kann das Gericht einen höheren Wert festsetzen.

Übersicht

	Rz		Rz
A. Geltungsbereich	1	C. Einzelfragen	20
B. Wertberechnung (Abs 1, 2)	4	I. Ehegattenunterhalt	20
I. Allgemeines	4	II. Kindesunterhalt	23
II. Abs 1: Laufender Unterhalt	8	III. Freistellung von Unterhaltsansprüchen	25
III. Abs 2: Rückstände	11	IV. Unterhaltsabänderung, Rückforderung	26
IV. Änderungen des Antrags	13	V. Verfahrensrechtliche Besonderheiten	29
1. Beschränkungen	13	VI. Vergleich, Einigung	33
2. Erweiterung	15		
V. Rechtsmittelwert	18		

A. Geltungsbereich

§ 51 Abs 1 und 2 enthält die zentrale Wertvorschrift für sämtliche **Ansprüche auf wiederkehrenden Unterhalt** in Familienstreitsachen, sei es zwischen Verwandten, Ehegatten, Lebenspartnern oder bei Betreuungsunterhalt nach § 1615l BGB (§ 231 Abs 2, 270 FamFG), auch wenn sie aus übergangenem Recht geltend gemacht werden, und **in allen Verfahrensarten**, einschl des vereinfachten Verfahrens. Anders als § 42 GKG aF gilt § 51 jetzt **auch für vertragliche begründete Ansprüche** (BTDrs 16/6308 S 307). Über § 42 Abs 1 wird § 51 auch auf indirekte Unterhaltsansprüche, zB auf Freistellung von Unterhaltslasten, Auskehr des Kindesgelds und auf vorbereitende Auskunftsansprüche (s § 38) angewandt. 1

Keine Anwendung findet § 51 dagegen auf nicht regelmäßig wiederkehrende Leistungen zum Unterhalt wie Sonderbedarf, Ausgleich steuerlicher Nachteile ua, für die § 35 gilt. Ob dies nach wie vor auch auf Schadensersatzansprüche gegen Dritte wegen Unterhaltsüberzahlungen oder des Verlusts von Unterhaltsansprüchen zutrifft (so die bisher hM, vgl OLG Düsseldorf FamRZ 2004, 1225 mwN; BGH NJW 1997, 1016) erscheint nach dem Einbezug rein vertraglicher Unterhaltsansprüche in die Wertberechnung nach § 51 zweifelhaft. Insbesondere bei Schadensersatzklagen eines Unterhaltsberechtigten wegen entgangenen Unterhalts steht der Schutzzweck des § 51 dem jedenfalls nicht entgegen (E. *Schneider* AGS 2004, 75). 2

Eine Sonderregelung trifft **Abs 3** für Unterhaltssachen, die nicht zu den Familienstreitsachen gehören. Das betrifft derzeit ausschließlich Verfahren zur **Auswahl eines Bezugsberechtigten für das Kindergeld** (§ 231 Abs 2 FamFG), für die jetzt das Familien- 3

§ 51 FamGKG | Unterhaltssachen

gericht (früher das Vormundschaftsgericht) zuständig ist. Für diese Unterhaltsverfahren wird einheitlich ein Wert von 300 € bestimmt, der unter besonderen Umständen erhöht werden kann (relativer Festwert, s Einl vor § 1).

B. Wertberechnung (Abs 1, 2)

I. Allgemeines

4 § 51 FamGKG übernimmt ohne inhaltliche Veränderungen die vormals in der Wertvorschrift für unterschiedliche wiederkehrende Leistungen im GKG (§ 42 Abs 1 und 5 GKG aF) enthaltenen Regelungen für den **Wert wiederkehrender Unterhaltsansprüche**, soweit sie Familienstreitsachen sind. Ähnlich wie bei § 9 ZPO und §§ 41, 42 GKG ist der Wert für den laufenden, dh künftigen Unterhalt **aus sozialen Gründen begrenzt**, hier auf den 12-Monatsbetrag (Abs 1). Rückstände werden nur bis zum Zeitpunkt der Einreichung des Antrags oder eines Antrags auf Verfahrenskostenhilfe hinzugerechnet (Abs 2). Abs 1 enthält zudem Vorgaben für die Ermittlung des Jahresbetrages, differenziert nach Anträgen auf Unterhalt als Prozentsatz des Mindestunterhalts und betragsmäßig bezifferten Anträgen. Eine Billigkeitsregelung, wie sie die Wertvorschriften für andere Verfahrensgegenstände vorsehen, gibt es darüber hinaus nicht. Im Übrigen gelten auch für die Bewertung von Unterhaltsanträgen nach wie vor die allgemeinen Wertvorschriften der §§ 33 ff.

5 Maßgebend ist immer der im Antrag beanspruchte Zahlbetrag (OLG Brandenburg JurBüro 2001, 417; OLG Thüringen AGS 2001, 203; OLG Köln FamRZ 2002; 684). Teilweise **freiwillige Zahlungen** setzen den Gegenstandswert nicht herab, wenn der Antrag auf den gesamten Betrag lautet (OLG Celle FamRZ 2003, 465 und 1683; OLG München FamRZ 1990, 778; OLG Hamm FamRZ 2007, 163 zum Auskunftsanspruch). Wird jedoch lediglich eine Verurteilung hinsichtlich des Betrages verlangt, der über den unstreitig gezahlten Sockelbetrag hinausgeht, so errechnet sich der Streitwert nur aus dem Mehrbetrag (OLG Karlsruhe FuR 1999, 438).

6 Der Zeitpunkt, auf den die sich die Bewertung bezieht (**Stichtag**, s § 34 Rz 4), ist der der Einreichung des Antrags und damit auch hier, wie in § 34 Satz 1 allgemein bestimmt, die Anhängigkeit des jeweiligen Verfahrensgegenstands im jeweiligen Rechtszug. Entscheidend ist die **Anhängigkeit** und nicht die Rechtshängigkeit des Antrags (OLG Hamburg FamRZ 2003, 1198), und zwar **unabhängig von der Klageart** (OLG Köln FamRZ 2001, 1386 für die Abänderungsklage) und auch im vereinfachten Verfahren (Abs 2 Satz 3). Auch bei der Stufenklage ist auf den Zeitpunkt der Einreichung der Stufenklage und nicht auf den der Bezifferung des Antrags abzustellen (Eschenbruch/ *Klinkhammer* Kap 5 Rn 168, s.a. § 38 Rz 6). Ein Antrag auf **Verfahrenskostenhilfe** führt noch nicht zur Anhängigkeit der Hauptsache (BGH FamRZ 1995, 729). Das gilt auch, wenn ihm bereits ein unterzeichneter Hauptsacheantrag beigefügt, aber zugleich kenntlich gemacht wird, dass die Einleitung des Hauptsacheverfahrens von der Bewilligung der Prozesskostenhilfe abhängig gemacht wird (s § 34 Rz 10). In diesem Fall tritt die Anhängigkeit der Hauptsache erst ein, wenn der Hauptsacheantrag nach der PKH-Bewilligung in den Geschäftsgang genommen wird (OLG Brandenburg FamRZ 2008, 533 mwN; zur Besonderheit der Rückstandsberechnung s.u. Rz 12).

7 Machen in einem Unterhaltsverfahren mehrere Unterhaltsberechtigte ihre Ansprüche geltend, handelt es sich um eine **Mehrheit von Verfahrensgegenständen**, deren Werte gemäß § 33 Abs 1 zusammengerechnet werden. Das gilt auch, wenn ein Ehegatte seinen Unterhalt und den der Kinder in Prozessstandschaft oder Trennungs- und nachehelichen Unterhalt im gleichen Verfahren einklagt (Gerold/Schmidt/*Müller-Rabe* § 16 Rn 94f). Klagt ein Kind in einem Verfahren gegen beide Eltern anteilig Unterhalt ein, so sind die Werte ebenfalls zu addieren Rahm/Künkel/*Engels-Künkel* Kap IX Rn 56). Keine Zusammenrechnung erfolgt dagegen, wenn Unterhalt im **Abstammungsverfahren** beansprucht wird (s dazu § 47 Rz 4) und bei der **Stufenklage** (dazu § 38).

II. Abs 1: Laufender Unterhalt

Soweit Unterhalt für die Zeit nach Einreichung des Antrags oder Klage beansprucht 8
wird, bemisst sich der Wert nur dann auf den Gesamtbetrag der geforderten Leistung,
wenn sie für **weniger als 12 Monate** verlangt wird. Im Regelfall ist für die Bewertung
des laufenden Unterhalts der Jahresbetrag maßgeblich.

Der Jahresbetrag wird bei **betragsmäßig beziffertem Monatsbetrag** konkretisiert 9
durch den für die ersten zwölf Monate nach Einreichung der Klage verlangten Unterhalt
(**Abs 1 Satz 1**). Dabei sind Monate, für die kein Unterhalt beansprucht wird, durch nachfolgende Monate zu ersetzen (OLG Celle FamRZ 2003, 1683; OLG Hamburg FamRZ
2003, 1189).

Wird Kindesunterhalt nach den §§ 1612a BGB in Höhe eines **Prozentsatzes des Min-** 10
destunterhalts, also in dynamisierter Form beansprucht, ist nicht auf den für die nächs-
ten 12 Monate geforderten Betrag abzustellen. Statt dessen ist der sich im Zeitpunkt der
Einreichung des Antrags ergebende monatliche Zahlbetrag mit 12 zu vervielfältigen
(**Abs 1 Satz 2**). Werden mehr oder weniger als 100 % des Mindestunterhalts gefordert,
ist der konkret geforderte Prozentsatz nach der aktuellen Altersstufe maßgeblich (vgl
OLG Karlsruhe OLGR 2000; 258 zu der in gleicher Weise missverständlich formulierten
Vorgängerregelung). Zum Abzug und zur Auskehr des **Kindergeldes** s Rz 23 f.

III. Abs 2: Rückstände

Rückstände aus der **Zeit bis zur Einreichung des Antrags** werden dem nach Abs 1 er- 11
mittelten Wert des laufenden (= künftigen) Unterhalts hinzugerechnet. Der Unterhalt
für den Monat der Klageeinreichung ist, da der Unterhalt im Voraus geschuldet wird
(§ 1612 Abs 3 BGB), dem Rückstand hinzuzurechnen (OLG Naumburg FuR 2004, 379;
OLG Brandenburg FamRZ 2004, 962). Auf die Höhe kommt es dabei nicht an. Insbesondere findet keine Begrenzung auf den Jahresbetrag wie beim laufenden Unterhalt statt
(*Hartmann* FamGKG § 51 Rn 19; aA OLG Naumburg FuR 2004, 379, das aus sozialpoliti-
schen Gründen den Rückstand jedenfalls beim Kindesunterhalt auf einen Jahresbetrag
begrenzen will). Entscheidend ist die Anhängigkeit und nicht die Rechtshängigkeit des
Antrags (s.o. Rz 6). Nach Anhängigkeit des Antrags fällig werdende Beträge sind in keiner Instanz wertmäßig zu berücksichtigen und erhöhen den Rückstand nicht (BGH
NJW 1960, 1459; EzFamR ZPO § 9 Nr 4; s.a. Rz 18).

Abs 2 Satz 2: Der Einreichung der Klage bzw des Antrags steht ein **Antrag auf Pro-** 12
zesskostenhilfe (bzw Verfahrenskostenhilfe s § 113 Abs 5 FamFG) gleich, sofern der
Hauptsacheantrag alsbald nach Mitteilung der Entscheidung über den Antrag oder über
eine eingelegte Beschwerde eingereicht wird (OLG Bamberg FamRZ 2001, 779). Wobei
»alsbald« auch hier bedeutet: ohne schuldhafte Verzögerung (*Hartmann* FamGKG § 51
Rn 21). Die Anknüpfung an den Eingang des PKH-Antrags **gilt nur für die Rückstands-**
berechnung (s Rz 6). Für die Bewertung des laufenden Unterhalts bleibt der Eingang
des (unbedingt gestellten) Hauptsacheantrags maßgeblich. Bei einem nur für den Fall
der Bewilligung von Prozesskostenhilfe gestellten und damit nur bedingt eingereichten
Antrag bemisst sich dessen Wert daher aus den bis zum Eingang des PKH-Antrags aufgelaufenen Rückständen und den im Zeitpunkt der Hereinnahme des Hauptsacheantrags in den Geschäftsgang (idR mit Bewilligung der PKH) für die Zukunft geforderten Unterhalt der nächsten 12 Monate. Die zwischen Einreichung des PKH-Antrags und
Anhängigkeit des Hauptsacheantrags liegenden Monate bleiben unberücksichtigt.

IV. Änderungen des Antrags

1. Beschränkungen

13 Nachträgliche **Beschränkungen** des Antrags beeinflussen den Wert, soweit er die Verfahrensgebühr bestimmt, grundsätzlich nicht mehr (§§ 9 Abs 1 iVm 34). – Anderes gilt zB für die anwaltliche Terminsgebühr, wenn sie erst nach der Rücknahme anfällt (s § 34 Rz 7). Auch für Unterhaltsanträge die als Folgesache im Scheidungsverbund gestellt werden, bemisst sich die Verfahrensgebühr ohne Berücksichtigung nachträglicher Beschränken. Weshalb es ratsam erscheint, solche Anträge nicht zu früh stellen, insbesondere wenn die Einkommensentwicklungen noch im Fluss sind.

14 **Zahlungen**, die **zwischen Anhängigkeit** des Antrags **und Schluss der mündlichen Verhandlung** erfolgt sind, beeinflussen den einmal entstandenen Gebührenwert nicht, auch wenn sie durch eine entsprechende Reduzierung des Antrags in der (letzten) mündlichen Verhandlung und bei dessen Titulierung zu berücksichtigen sind (BGH FamRZ 1998, 1165). Denn zum Zeitpunkt der Einreichung des Antrags (Stichtag) war der geforderte Betrag noch offen. Das gilt insbesondere auch für einen Stufenklageantrag (§ 38), bei dem die Anhängigkeit des unbezifferten Antrags den Bewertungsstichtag bestimmt (s § 38 Rz 6).

2. Erweiterung

15 Wird im Laufe des Verfahrens ein höherer Prozentsatz des Mindestunterhalts beansprucht oder ein bezifferter Unterhaltsantrag erhöht, ist die Erhöhung gemäß § 34 wie ein neuer Antrag zu behandeln und es fallen ab da Gebühren aus dem höheren Wert an (§ 14 Abs 1 Satz 2). Der Gebührenwert für den **laufenden Unterhalt** erhöht sich um den Mehrbetrag, der auf die der Anhängigkeit des Erhöhungsantrags folgenden 12 Monate entfällt (OLG Celle FamRZ 2008, 74 mwN; OLG Hamburg FamRZ 2003, 1198), sofern nicht die Erhöhung für einen kürzeren Zeitraum gefordert wird. Nur wenn dies der Fall ist, muss eine Stufenberechnung erfolgen: Wird der bisher beantragte Unterhalt von 200 € monatlich (Einjahresbetrag 2.400 €) auf 500 € für noch 6 Monate erhöht, beträgt dessen Wert somit 2.400 + 6 × 300 = 4.200 €. Wird auch der Erhöhungsbetrag noch für mindestens 12 Monate verlangt, kann auch gleich mit dem 12-fachen des erhöhten Monatsbetrags gerechnet werden (12 × (200 + 300)).

16 Ein Großteil der Rechtsprechung berücksichtigt bislang den Erhöhungsbetrag beim laufenden Unterhalt allerdings nur wenn und nur solang die Erhöhung in die ersten 12 Monate nach Einreichung des ursprünglichen Antrags fällt (OLG Saarbrücken OLGR 2005, 924 mwN). Sie sieht in der Begrenzung des Unterhaltswertes auf den Einjahreszeitraum nach Einreichung des Klagantrags, wie er durch das KindUG eingeführt wurde (vgl *Gerhardt* FuR 1998, 145), auch eine Grenze für die Berücksichtigung einer Klageerweiterung. Diese Auslegung ist nach der gesetzgeberischen Intention keinesfalls zwingend. Mit der Änderung des damaligen § 17 Abs 1 GKG sollte lediglich erreicht werden, dass es entgegen der bis dahin verbreiteten Ansicht nicht mehr auf die jeweils höchsten Unterhaltsbeträge ankommt, sondern nur noch auf die zeitlich ersten. (OLG Hamburg FamRZ 2003, 1198; FA-FamR/*Keske* Kap 17 Rn 40). Das gilt selbstverständlich auch für erweiternde Anträge; und zwar unabhängig davon, in welchem zeitlichen Abstand zum ursprünglichen Antrag sie gestellt werden (s.a. Gerold/Schmidt/*Müller-Rabe* § 16 Rn 90, Eschenbruch/*Klinkhammer* Kap 5 Rn 168).

17 Weil die Antragserhöhung gebührenrechtlich als neuer Antrag zählt, wären **Rückstände** gemäß Abs 2 grundsätzlich mit ihrem Mehrbetrag dem Gebührenwert hinzuzurechnen (OLG Köln FamRZ 2004, 1226). Nach anderer Ansicht sollen die für die Zeit zwischen der Einreichung der Klage und der Einreichung der Klageerweiterung geltend gemachten Beträge unberücksichtigt bleiben (OLG Saarbrücken OLGR 2005, 924; OLG Brandenburg MDR 2003, 335; OLG Karlsruhe FuR 1999, 440).

V. Rechtsmittelwert

Der Gebührenwert eines Rechtsmittels bemisst sich ebenfalls nach § 51 Abs 1 und 2. Allerdings verlagert sich in Abweichung zu § 34 der Bewertungsstichtag für die Rückstände nicht auf den Eingang der Rechtmittelschrift. Vielmehr werden in allen Instanzen nur diejenigen Rückstände gemäß Abs 2 wertmäßig berücksichtigt, die in 1. Instanz dem Wert nach Abs 1 hinzuzurechnen waren. Die erst im Verlauf des Verfahrens eintretende Fälligkeit (anhängiger) wiederkehrender Leistungen ist gebührenrechtlich grundsätzlich bedeutungslos (s.o. Rz 12). Das wirkt sich in der Rechtsmittelinstanz zwangsläufig auch auf den **Bewertungsstichtag** für den laufenden Unterhalt nach Abs 1 aus. Der 12-Monatszeitraum kann jedenfalls dann nicht erst mit der Anhängigkeit des Rechtsmittels beginnen, wenn nur Unterhalt für davor liegende Zeiträume angegriffen wird, der nicht gleichzeitig Rückstand iSd Abs 2 ist. Der BGH stellt daher für die Bewertung nach Abs 1 zutreffend auf die ersten 12 Monate ab, die (nach erstmaliger Anhängigkeit) noch im Streit sind (BGH FamRZ 2003, 1274 und 17.10.2007, XII ZB 99/07; ebenso OLG Nürnberg FamRZ 2002, 684; OLG Stuttgart FamRZ 2008, 1205; OLG Oldenburg FamRZ 2009, 73). Zum Auskunftsanspruch und zur Stufenklage s § 38 Rz 9, 10. 18

Die Höhe wird durch den Rechtsmittelantrag, hilfsweise nach dem vollen Umfang des Unterliegens in der Vorinstanz bestimmt (s § 40 Abs 1). Bei **wechselseitig** eingelegten Rechtsmitteln sind die Werte zusammenzurechnen, sofern sie nicht den gleichen Unterhaltsteil und -zeitraum betreffen (s.u.). Allerdings darf der Gesamtstreitwert den der 1. Instanz nicht übersteigen und ist ggf auf ihn zu begrenzen (§ 40 Abs 2; BGH FamRZ 2003, 1274; zur Antragserweiterung s § 40 Rz 4 und oben Rz 15). Wendet sich der eine gegen die Verurteilung zum Unterhalt und der andere sich gegen die vom Erstgericht ausgesprochene Befristung, so betreffen beide Anträge werttechnisch denselben Verfahrensgegenstand und sind nicht zusammenzurechnen (§ 39 Abs 1 Satz 2, Abs 2). Das Gleiche gilt, wenn beide Seiten nur die Befristung bzw ihre Dauer angreifen (OLG Oldenburg FamRZ 2009, 73; OLG Stuttgart FamRZ 2008, 1205). 19

C. Einzelfragen

I. Ehegattenunterhalt

Trennungs- und nachehelicher Unterhalt sind jeweils selbstständige und deshalb voneinander unabhängige Ansprüche mit jeweils eigenem Streitwert (BGH FamRZ 1981, 242; OLG Hamm FamRZ 1988, 402). Werden beide in einem Verfahren geltend gemacht, so sind die Werte gemäß § 33 zu addieren. 20

Grundsätzlich gilt § 51 Abs 1 Satz 1 auch für den laufenden **Trennungsunterhalt**. Wird die **Ehescheidung vor Ablauf der 12 Monate** nach Einreichung des Antrags rechtskräftig, ist streitig, ob sich dies auf den Streitwert des Unterhaltsverfahrens auswirkt. Nach wohl überwiegender Ansicht ist nur dann der Streitwert aus einem kürzeren Zeitraum als 12 Monate zu errechnen, wenn schon bei Klageeinreichung davon auszugehen ist, dass ein rechtskräftiges Scheidungsurteil in weniger als einem Jahr vorliegen wird (OLG Hamm FamRZ 2005, 1766; Schneider/*Herget* Rn 5466 mwN). Wobei an die Erkenntnismöglichkeiten bei Klageeinreichung unterschiedliche Anforderungen gestellt werden: Absehbarkeit (OLG Frankfurt, FamRZ 2007, 749; OLG München FamRZ 1998, 573; OLG Köln JurBüro 1993, 164) vs überwiegende Wahrscheinlichkeit (OLG Hamm FamRZ 2005, 1766; OLG Bamberg FamRZ 1996, 502). Eine im Vordringen befindliche Meinung unterstellt, dass der Antrag auf Trennungsunterhalt bereits immanent auf die Zeit bis zur Rechtskraft der Scheidung beschränkt ist (OLG Schleswig FamRZ 2006, 1560; OLG Hamburg FamRZ 2002, 1136; OLG Bremen OLGR 2000, 151). Wird vor Ablauf der Jahresfrist über den laufenden Trennungsunterhalt ein Vergleich am gleichen Tag geschlossen, an dem die Scheidung rechtskräftig wird, oder danach, so 21 ist jedenfalls der **Vergleichswert**(!) auf die bis zur Scheidung aufgelaufenen Monate zu begrenzen (OLG Braunschweig OLGR 1995, 295; OLG Düsseldorf FamRZ 1990, 1379).

22 Wird nur noch über eine **Befristung** des Unterhalts oder deren Dauer gestritten, führt dies nicht zu einer Reduzierung des Jahresbetrags (OLG Oldenburg FamRZ 2009, 73; OLG Stuttgart FamRZ 2008, 1205).

II. Kindesunterhalt

23 Es gelten auch beim **dynamischen Unterhalt** und im vereinfachten Verfahren (OLG Brandenburg FamRZ 2004, 962) die allgemeinen Bewertungsgrundsätze des § 51 Abs 1 Satz 1. Satz 2 macht davon nur insoweit eine Ausnahme, als auch Änderungen in der Altersstufe oder des Mindestunterhalts selbst, auch wenn sie innerhalb der Einjahresfrist eintreten, unberücksichtigt bleiben, s.o. Rz 10. Das gemäß § 1612b, c BGB bedarfsdeckend anzurechnende **Kindergeld** ist auch ohne ausdrücklichen Antrag abzuziehen (OLG Köln FamRZ 2008, 1645; OLG Oldenburg NdsRpfl 2007, 332; OLG München FamRZ 2005, 1766; aA OLG Naumburg 27.8.2002, 8 WF 165/02).

24 Der Anspruch des Kindes auf **Auskehr des Kindergeldes** an sich selbst ist als unterhaltsrechtlicher Anspruch (BGH FamRZ 2006, 99) ebenfalls nach § 51 Abs 1 und 2 zu bewerten (so auch der BFH NJW 2006, 256 (LS) für finanzgerichtliche Kindergeldsachen). Während für die Auswahl eines Auszahlungsberechtigten Abs 3 gilt (s.o. Rz 2). Wird im Unterhaltsverfahren der Anspruch auf Auskehr des Kindergeldes geltend gemacht, sind die Werte zusammenzurechnen.

III. Freistellung von Unterhaltsansprüchen

25 Nachdem § 51 jetzt auch für vertragliche Ansprüche gilt, dürfte für die Freistellung von Unterhaltsansprüchen der Wert über § 42 Abs 1 ebenfalls nach § 51 zu bemessen sein (so schon nach bisherigem Recht OLG Oldenburg JurBüro 1992, 253; Schneider/*Herget* Rn 2216; aA BGH NJW 1974, 2128). Wird der andere Elternteil nur von möglichen Ansprüchen freigestellt, ist nur ein Bruchteil des vollen Werts anzusetzen (Korintenberg/ *Lappe* § 39 Rn 130).

IV. Unterhaltsabänderung, Rückforderung

26 Der Verfahrenswert eines **Abänderungsverlangens** errechnet sich, unabhängig davon, ob es auf Anhebung oder Herabsetzung gerichtet ist und mit welcher Klageart es verfolgt wird, aus der **Differenz** zwischen dem titulierten und dem mit der Abänderung begehrten Unterhaltsbetrag entsprechend § 51. Der titulierte Betrag bleibt für das gerichtliche Abänderungsverfahren auch dann maßgebend, wenn zwischenzeitlich davon abweichende Leistungen vereinbart und auch erbracht werden. Soweit das Abänderungsverlangen in der Vergangenheit liegende Zeiträume betrifft, werden die daraus resultierenden Differenzbeträge entsprechend Abs 2 wie **Rückstände** zeitlich unbegrenzt hinzugerechnet (OLG Karlsruhe FamRZ 1999, 1289; *Madert* AGS 2005, 32); und zwar ohne Rücksicht auf die prozessuale Zulässigkeit.

27 **Stichtag** ist auch hier der Eingang des Abänderungsbegehrens bei Gericht bzw eines Antrags auf Verfahrenskostenhilfe für die Rückstandsberechnung (s.o. Rz 6, 13). Wurde ein Abänderungsbegehren ursprünglich im Wege eines unselbstständigen Anschlussrechtsmittels verfolgt, das infolge Rücknahme des Hauptrechtsmittels wirkungslos wurde, und wird sodann Abänderungsklage eingereicht, so belässt es OLG Karlsruhe (FamRZ 1999, 1289) auch für den Gebührenwert bei dem durch das Anschlussrechtsmittel begründeten Stichtag.

28 Ansprüche auf **Rückzahlung von Unterhalt** für die Zukunft werden ebenfalls nach § 51 Abs 1 bewertet (OLG Hamburg FamRZ 1998, 311; aA Schneider/*Herget* Rn 5459),

sofern es sich nicht um Schadensersatz handelt (s Rz 1). Geht es in der Hauptsache um eine Herabsetzung oder Aufhebung eines Titels, sei es im Wege der Abänderungs-, Feststellungs- oder Vollstreckungsgegenklage sind gleichzeitig beantragte Rückzahlungsansprüche zwar verschiedene Verfahrensgegenstände, die aber wirtschaftlich identisch sind und damit keinen besonderen Gebührenwert haben, sofern sie den gleichen Unterhaltszeitraum betreffen (§ 39 Abs 1 Satz 3, OLG Karlsruhe FamRZ 1999, 608; OLG Hamburg FamRZ 1998, 311). Das gilt auch, wenn der Rückzahlungsanspruch erstmals in der Rechtsmittelinstanz (widerklagend) geltend gemacht wird (BGHZ 38, 237; OLG Karlsruhe FamRZ 1999, 608).

V. Verfahrensrechtliche Besonderheiten

Der Wert der **Abänderungsklage**, die eine neue Angelegenheit darstellt, errechnet sich unter Berücksichtigung von § 51 aus dem Betrag, in dessen Höhe eine Abänderung begehrt wird, s.o. Rz 26). Das gilt auch, wenn ein Vergleich abgeändert werden soll (OLG Karlsruhe FamRZ 1999, 608) oder für die Abänderung von im vereinfachten Verfahren ergangenen Entscheidungen. 29

Bei einer negativen **Feststellungsklage** ist kein Abschlag vorzunehmen (OLG Düsseldorf MDR 2003, 236) wie bei einer positiven, auf Feststellung eines Leistungsanspruchs gerichteten, bei der regelmäßig ein Abschlag infrage kommt (BGH WuM 2007, 640). Zur Berechnung und zum Zusammentreffen mit Rückzahlungsansprüchen s.o. Rz 26 f, 28. 30

Der Wert der **Vollstreckungsabwehrklage** richtet sich ausschließlich nach dem Umfang, in dem die Zwangsvollstreckung ausgeschlossen werden soll (BGH NJW NJW-RR 2006, 1146; OLG Karlsruhe OLGR 2007, 996). Zur Berechnung s.o. Rz 26 ff. Eine Beschränkung auf einen Teilbetrag der titulierten Forderung kann sich konkludent aus den Umständen, insbesondere der Antragsbegründung ergeben (OLG Karlsruhe FamRZ 2004, 428; OLG Koblenz FamRZ 2001, 845). 31

Widerklagen, die sich – wie die negative Feststellungsklage – im Leugnen des geltend gemachten Leistungsanspruchs erschöpfen, haben keinen über den Leistungsantrag hinausgehenden Wert und es findet wegen der Identität des Verfahrensgegenstands auch keine Addition statt (§ 39 Abs 1 Satz 3. OLG Brandenburg FamRZ 2004, 962). Anders ist es, wenn mit der Widerklage ein anderer Unterhaltszeitraum streitig gestellt wird (OLG Düsseldorf MDR 2003, 236), oder wenn in einem auf Erhöhung des bisher titulierten Unterhalts gerichteten Abänderungsverfahren der Antragsgegner widerklagend Herabsetzung begehrt) oder seinerseits widerklagend Unterhalt verlangt (OLG München FamRZ 2007, 750 mwN; aA OLG Hamm AGS 2004, 30). Dann sind, obwohl nur die Klage oder die Widerklage Erfolg haben kann, beide Werte zu addieren (§ 39 Abs 1 Satz 1). Denn die Entscheidung, dass dem klagenden Antragsteller kein Unterhalt zusteht, besagt noch nichts darüber, ob dem Antragsgegner seinerseits ein Unterhaltsanspruch zusteht (s § 39 Rz 3). Streitig ist, ob das auch gilt, wenn mit der Widerklage lediglich **Auskunft** zur Vorbereitung einer Leistungswiderklage begehrt wird (zu Unrecht verneinend OLG Zweibrücken JurBüro 1985, 1360). 32

Zur Bewertung der **einstweiligen Anordnung** s § 41. 32a

VI. Vergleich, Einigung

Bei einem **Abfindungsanspruch** nach § 1585 Abs 2 BGB oder einem **Abfindungsvergleich** richtet sich der Wert ebenfalls nach § 51 und nicht nach dem Abfindungsbetrag (bisher hM: OLG Frankfurt FamRB 2002, 233; OLG München JurBüro 2001, 141;OLG Thüringen FamRZ 1999, 1680 mwN). Das gilt auch, wenn als Abfindung zu Gunsten des Berechtigten eine Lebensversicherung abzuschließen ist (OLG Saarbrücken JurBüro 1980, 1704 zum VA.). Beim **Unterhaltsverzicht** ist, wenn die Höhe des Anspruchs feststeht, dieser (berechnet nach § 51 Abs 1, 2) maßgeblich, ansonsten ist gemäß § 42 zu 33

§ 51 FamGKG | Unterhaltssachen

schätzen (OLG Dresden FamRZ 1999, 1290). Bei einem wechselseitigen Verzicht sind Pauschalen üblich, die sich je nach OLG zwischen 600 € und 2.400 € bewegen (vgl FA-FamR/*Keske* Kap 17 Rn 69). Ein reines **Titulierungsinteresse** wird häufig nur mit einem Bruchteil vom Wert des titulierten Anspruchs bemessen (OLG Koblenz JurBüro 1984, 1218 mwN).

§ 52 Güterrechtssachen

Wird in einer Güterrechtssache, die Familienstreitsache ist, auch über einen Antrag nach § 1382 Abs. 5 oder nach 1383 Abs. 3 des Bürgerlichen Gesetzbuchs entschieden, handelt es sich um ein Verfahren. Die Werte werden zusammengerechnet.

A. Geltungsbereich

Das Verfahren auf Stundung der Ausgleichsforderung (§ 1382 BGB) sowie der Übertragung bestimmter Vermögensgegenstände an Erfüllung statt (§ 1383 ZPO) ist im Verhältnis zum Ausgleichsverfahren grundsätzlich ein eigenständiges Verfahren (vgl § 264 FamFG). Soweit allerdings über die Ausgleichsforderung ein Rechtsstreit anhängig ist, können beide Ansprüche nur in dem Zugewinnausgleichsverfahren – also im Verbund mit diesem – geltend gemacht werden (§§ 1382 Abs 5, 1383 Abs 3 BGB, § 265 FamFG). Für diesen Fall ordnet § 52 die **Zusammenrechnung der Gebührenwerte** an. Das gilt auch, wenn der Antrag, ohne dass der Ausgleichsanspruch anhängig ist, im Scheidungsverbund verfolgt wird (Keidel/*Weber* § 53a Rn 3). Die **Werte** sind **nach § 42 Abs 1** zu bemessen.

Für die **Ausgleichsforderung** selbst gilt § 35. Zur Stufenklage s § 38.

B. Einzelwerte

Der Wert der **Stundung** ergibt sich aus dem Stundungsinteresse, das wie bei einer Ratenzahlungsvereinbarung nur mit einem Bruchteil der Ausgleichsforderung anzusetzen ist (⅕ bis ⅙, OLG Karlsruhe KostRspr § 3 ZPO Nr 35). Der Wert der Aufhebung oder Änderung der Stundungsleistung entspricht dem ihrer Anordnung (Korintenberg/*Lappe* § 97 Rn 19).

Bei der **Übertragung** bestimmter Gegenstände gem § 1383 ZPO dürfte richtigerweise auf das Interesse des Antragstellers gerade an der Zuteilung dieses Gegenstandes (Übertragungsinteresse) abzustellen und in aller Regel mit einem Bruchteil des übertragenen Gegenstandes zu bemessen sein (Korintenberg/*Lappe* § 97 Rn 20; Johannsen/Henrich/*Thalmann* § 621 ZPO Rn 114: ¹⁄₁₀: aA OLG Frankfurt FuR 1990, 53 Wert des Vermögensgegenstandes; Zöller/*Herget* § 3 Rn 16 »Zugewinngemeinschaft«: Höhe des anzurechnenden Betrags).

Unterabschnitt 3
Wertfestsetzung

§ 53 Angabe des Werts

Bei jedem Antrag ist der Verfahrenswert, wenn dieser nicht in einer bestimmten Geldsumme besteht, kein fester Wert bestimmt ist oder sich nicht aus früheren Anträgen ergibt, und nach Aufforderung auch der Wert eines Teils des Verfahrensgegenstands schriftlich oder zu Protokoll der Geschäftsstelle anzugeben. Die Angabe kann jederzeit berichtigt werden.

A. Geltungsbereich

1 Die Vorschrift entspricht fast wörtlich dem § 61 GKG und gilt nicht nur für Ehe- und Familienstreitsachen, sondern **für sämtliche Antragsverfahren**. Sie verpflichtet den Antragsteller, den Verfahrenswert anzugeben. Das ist nur **entbehrlich**, wenn mit dem Antrag eine bestimmte Geldsumme begehrt wird, dann gilt § 35 (zu Fremdwährungen s dort Rz 2), oder eine Fest- und keine Wertgebühr erhoben wird und der Antragsteller keine Abweichung von dem gesetzlich bestimmten Fest- bzw Regelwert begehrt.

B. Bedeutung

2 Die Wertangabe bei Einreichung des Antrags ist im Zusammenhang mit einer nach § 55 erforderliche Wertfestsetzung zu sehen. Sie eröffnet dem Antragsteller aber auch die Möglichkeit, in begründeten Fällen frühzeitig auf eine vom vorgegebenen Regelwert abweichende Festsetzung des Verfahrenswertes hinzuwirken. Das Gericht ist an die Angabe des Wertes durch den Antragsteller zwar nicht gebunden. Es darf sich aber insbesondere über übereinstimmende Wertangaben der Beteiligten nicht ohne weiteres hinwegsetzen (OLG Koblenz OLGR 2005, 602; BGH 18.5.1990, 5 ZR 291/89). Die Wertangabe kann nicht erzwungen werden. Äußert sich der Antragsteller zu dem Verfahrenswert nicht, läuft er allerdings Gefahr, bei einer durch das Gericht veranlassten Schätzung mit Kosten belastet zu werden (§ 56).

C. Verfahren

3 Die Angabe des Wertes unterliegt auch in Anwaltsprozessen nicht dem Anwaltszwang (§ 78 Abs 5 ZPO iVm § 113 Abs 1 FamFG) und kann jederzeit berichtigt werden. Eine Berichtigung ist aber nur bis zu einer förmlichen Wertfestsetzung nach § 54 oder § 55 Abs 2 möglich. Danach ist ein Berichtigungsantrag als Beschwerde oder Gegenvorstellung bzw auf Abänderung gemäß § 55 Abs 3 umzudeuten (*Hartmann* § 61 GKG Rn 11).

§ 54 Wertfestsetzung für die Zulässigkeit der Beschwerde

Ist der Wert für die Zulässigkeit der Beschwerde festgesetzt, ist die Festsetzung auch für die Berechnung der Gebühren maßgebend, soweit die Wertvorschriften dieses Gesetzes nicht von den Wertvorschriften des Verfahrensrechts abweichen.

A. Allgemeines

Die Vorschrift entspricht, bis auf die in Familiensachen nicht relevante Anknüpfung an 1
den Zuständigkeitsstreitwert, inhaltlich dem § 62 GKG und stellt sicher, dass der Gebührenwert grundsätzlich dem Hauptsachewert folgt. Sie ist nur in **vermögensrechtlichen Angelegenheiten** relevant, da nur für diese die Zulässigkeit der Beschwerde von einer 600 € übersteigenden Beschwer abhängt (§ 61 Abs 1 FamFG). Setzt in diesen Fällen das Rechtsmittelgericht die Beschwer fest, gilt diese Festsetzung automatisch auch für den Gebührenwert dieser Instanz, sofern nicht die Bindungswirkung begrenzt ist (s Rz 2) oder wegen abweichender Wertvorschriften im FamGKG entfällt (2. Hs, s.u. Rz 3). Besondere Bedeutung kommt § 54 beispielsweise für den Gebührenwert der Beschwerde gegen eine Verpflichtung zur Auskunftserteilung zu (s § 38 Rz 9).

B. Einzelheiten

Ein besonderer Beschluss oder eine konkrete Bezifferung ist nicht erforderlich. Es reicht 2
aus, dass das Beschwerdegericht in den Entscheidungsgründen die Zulässigkeit des Rechtsmittels verneint oder bejaht (*Hartmann* § 62 GKG Rn 1 mwN). In diesem Fall erstreckt sich die **Bindung** für den Gebührenwert allerdings nur auf eine Ober- bzw Mindestgrenze und macht eine Festsetzung des Kostenwerts (s § 55) nicht entbehrlich. Die Festsetzung der Beschwer ist nicht selbstständig anfechtbar (vgl für das gleichgelagerte Problem beim Zuständigkeitsstreitwert OLG Stuttgart MDR 2007, 422 mwN; OLG Koblenz FamRZ 2006, 51; OLG Karlsruhe FamRZ 2003, 1858).

Der Beschwerdewert entfaltet aber dann **keine Bindung** für den Gebührenwert, wenn 3
die allgemeinen und besonderen Wertvorschriften des FamGKG (§§ 33 ff) Regelungen für die Bemessung des Gebührenwerts treffen, die von denen des Verfahrensrechts (insbesondere den §§ 2 ff ZPO iVm § 113 Abs 1 FamFG) abweichen. In diesem Fall, zB in Unterhaltsverfahren (§ 51 Abs 1 vs § 9 ZPO) oder wenn es um die Zusammenrechnung von Klage und Widerklage geht (§ 39 vs § 5 ZPO), gehen die gebührenrechtlichen Wertvorschriften vor (*Hartmann* § 47 GKG Rn 8).

§ 55 Wertfestsetzung für die Gerichtsgebühren

(1) Sind Gebühren, die sich nach dem Verfahrenswert richten, mit der Einreichung des Klageantrags, des Antrags, der Einspruchs- oder der Rechtsmittelschrift oder mit der Abgabe der entsprechenden Erklärung zu Protokoll fällig, setzt das Gericht sogleich den Wert ohne Anhörung der Beteiligten durch Beschluss vorläufig fest, wenn Gegenstand des Verfahrens nicht eine bestimmte Geldsumme in Euro ist oder für den Regelfall kein fester Wert bestimmt ist. Einwendungen gegen die Höhe des festgesetzten Werts können nur im Verfahren über die Beschwerde gegen den Beschluss, durch den die Tätigkeit des Gerichts aufgrund dieses Gesetzes von der vorherigen Zahlung von Kosten abhängig gemacht wird, geltend gemacht werden.

(2) Soweit eine Entscheidung nach § 54 nicht ergeht oder nicht bindet, setzt das Gericht den Wert für die zu erhebenden Gebühren durch Beschluss fest, sobald eine Entscheidung über den gesamten Verfahrensgegenstand ergeht oder sich das Verfahren anderweitig erledigt.

(3) Die Festsetzung kann von dem Gericht, das sie getroffen hat, und, wenn das Verfahren wegen der Hauptsache oder wegen der Entscheidung über den Verfahrenswert, den Kostenansatz oder die Kostenfestsetzung in der Rechtsmittelinstanz schwebt, von dem Rechtsmittelgericht von Amts wegen geändert werden. Die Änderung ist nur innerhalb von sechs Monaten zulässig, nachdem die Entscheidung in der Hauptsache Rechtskraft erlangt oder das Verfahren sich anderweitig erledigt hat.

A. Allgemeines

1 Die Vorschrift übernimmt im Wesentlichen den Regelungsgehalt des § 63 GKG für die Verfahren vor den ordentlichen Gerichten. Sie steht in engem **Zusammenhang mit dem Kostenansatzverfahren** bzw der Einforderung der gerichtlichen Kosten durch die Justizverwaltung (s § 20 Rz 3) und dient in erster Linie seiner Durchführung. Dem entsprechend unterscheidet § 55 die vorläufige Wertfestsetzung (Abs 1) zum Zwecke des Einzugs einer vor Abschluss des Verfahrens fälligen Verfahrensgebühr (§ 9) und die nach Beendigung des Verfahrens (iSv § 11) vom Gericht vorzunehmende (endgültige) Wertfestsetzung (Abs 2), die Grundlage der abschließenden Gerichtskostenabrechnung ist.

2 Während die Bestimmung des Gebührenwerts zum Zwecke der Berechnung und Anforderung der vorauszuzahlenden Verfahrensgebühr grundsätzlich dem Kostenbeamten obliegt und nur in Ausnahmefällen dem Gericht, sollten zumindest dann, wenn der Wert nicht zweifelsfrei feststeht, die der abschließenden Abrechnung zugrunde liegenden Werte regelmäßig **vom Gericht vAw festgesetzt** werden (vgl zur Wertfestsetzung als Amtspflicht BGH NJW 1962, 583). Dies soll den Kostenbeamten die Prüfung ersparen, ob sich der Gegenstandswert im Laufe des Verfahrens durch Klagerweiterung oder Widerklage verändert hat (*Meyer* § 63 Rn 10). Der Wert muss immer konkret festgesetzt werden (BGHR GKG § 25 Abs 1 Satz 1 Rechtsschutzinteresse 1).

3 Ein Antrag ist in beiden Fällen nicht erforderlich. Den bevollmächtigten Rechtsanwälten eröffnet **§ 32 Abs 2 RVG** aber die Möglichkeit, eine gerichtliche Wertfestsetzung im eigenen Namen in jedem Stadium des Verfahrens zu beantragen, zB um einen Vorschuss gegen seinen Mandanten oder die Staatskasse geltend zu machen. Auch dann kann vor Abschluss des Verfahrens nur eine vorläufige Festsetzung erfolgen, die auch für den Anwalt idR nicht isoliert anfechtbar ist (s.u. Rz 5).

B. Abs 1 Vorläufige Festsetzung

4 Nur wenn keine bestimmte Geldsumme gefordert wird oder die besonderen Wertvorschriften keinen (relativen) Festwert vorsehen, setzt das Gericht den Verfahrenswert **bei Eingang eines Antrags** vAw vorläufig fest, wenn und soweit die Voraussetzung für den

Einzug der pauschalen Verfahrensgebühr nach § 9 vorliegt. Bei einem Scheidungsantrag mit Folgesachen mithin nur hinsichtlich der Ehescheidung (s § 9 Rz 13 f), es sei denn der Anwalt beantragt die erweiterte Festsetzung aus eigenem Recht (s.o. Rz 2).

Diese vorläufige Wertfestsetzung kann **nicht selbstständig**, sondern nur nach § 58 zusammen mit der Kostenanforderung **angefochten** werden (Abs 1 Satz 1, OLG Düsseldorf OLGR 2008, 688; OLG Stuttgart MDR 2007, 422; OLG Bremen MDR 2006, 418). Umstritten ist, ob das auch für das Beschwerderecht des Anwalts nach § 32 Abs 2 RVG gilt, s dazu OLG Koblenz MDR 2008, 1368 mwN zum Streitstand (s.a. Rz 7). Die vorläufige Festsetzung kann aber bis zur endgültigen jederzeit geändert werden. 5

C. Abs 2 Endgültige Wertfestsetzung

Die eigentliche Wertfestsetzung erfolgt gemäß Abs 2 erst **nach Beendigung des Verfahrens** grundsätzlich vAw oder auf Antrag des Anwalts (s.o. Rz 2); in Beschwerdeverfahren nur dann, wenn keine Entscheidung über die Beschwer vorliegt oder diese nicht bindet (s.o. § 54 Rz 2 u 3). Sie kann auch in den Tenor oder in den Gründen der Endentscheidung aufgenommen werden (OLG Brandenburg FamRZ 2004, 962). 6

Erledigt ist das Verfahren iSd Gebührenrechts nicht erst mit der Beendigung der Instanz durch eine diese abschließende Entscheidung, Vergleich oder Rücknahme bzw Erledigung des Antrags. Im Hinblick auf den Zweck der Wertfestsetzung im System des Gebühreneinzugs (s.o. Rz 1) sollte eine rechtsmittelfähige Festsetzung auch dann vorgenommen werden, wenn das Verfahren zumindest vorläufig gebührenrechtlich abgeschlossen wird, wie bei Nichtbetrieb, Ruhen oder Aussetzung des Verfahrens über einen Zeitraum von mehr als 6 Monaten (ebenso *Hartmann* § 63 GKG Rn 18; *Meyer* § 63 Rn mwN; aA OLG Karlsruhe FamRZ 2007, 1669. Vgl zur Aussetzung BGH NJW 2000, 1199, s.a. § 11). 7

Vor der endgültigen Festsetzung sind, wie sich aus dem Umkehrschluss zu Abs 1 ergibt, die Beteiligten grundsätzlich **anzuhören** (§ 103 Abs 1 GG). Auch ist die Entscheidung zu begründen. Fehlt eine **Begründung**, ist sie spätestens im Abhilfeverfahren über die Beschwerde nachzuholen (*Hartmann* § 63 GKG Rn 28 mwN und Rn 29 zur Entbehrlichkeit). 8

D. Abs 3 Änderung

Seine Wertfestsetzung kann das Gericht oder, wenn das Verfahren in der Rechtsmittelinstanz schwebt, auch das Rechtsmittelgericht vAw ändern. Den Gegenstandswert der Vorinstanz kann das Rechtsmittelgericht nur solange ändern, wie das Verfahren wegen der Hauptsache oder wegen der Entscheidung über den Verfahrenswert, den Kostenansatz oder die Kostenfestsetzung bei ihm anhängig ist (BGH Rpfl 1989, 385; BayObLG FamRZ 1998, 38). Einer Abänderung steht nicht entgegen, dass dadurch eine bereits rechtskräftige Kostenentscheidung unrichtig wird (OLG Köln FamRZ 2007, 163 mwN; aA BGH BRAGOreport 2001, 41). Eine nachträgliche Änderung des Verfahrenswerts ermöglicht, anders als beim Kostenfestsetzungsverfahren (vgl § 107 Abs 1 S 1 ZPO) keine Änderung einer rechtskräftigen Kostengrundentscheidung (BGH FamRZ 2008, 1925). 9

Eine Änderung ist **ausgeschlossen**, wenn seit der Rechtskraft der Hauptsacheentscheidung oder der anderweitigen Erledigung des Verfahrens mehr als 6 Monate verstrichen sind (Abs 3 Satz 2, s.o. Rz 7). Ebenfalls ausgeschlossen ist die Abänderung des Gegenstandswertes durch das Familiengericht, wenn er bereits Gegenstand einer Beschwerdeentscheidung war oder vom OLG abgeändert wurde (BGH NJW-RR 1986, 737; OLG Hamm MDR 1990, 63). Ob eine Änderung nach Rechtskraft der Kostengrundentscheidung unzulässig ist (so BGH BRAGOreport 2001, 41, MDR 1977, 925; s.o. Rz 9) erscheint aus gebührenrechtlicher Sicht jedenfalls dann zweifelhaft, wenn die Beteiligten dadurch mit objektiv zu hohen Gebühren belastet werden. 10

§ 56 Schätzung des Werts

Wird eine Abschätzung durch Sachverständige erforderlich, ist in dem Beschluss, durch den der Verfahrenswert festgesetzt wird (§ 55), über die Kosten der Abschätzung zu entscheiden. Diese Kosten können ganz oder teilweise dem Beteiligten auferlegt werden, welcher die Abschätzung durch Unterlassen der ihm obliegenden Wertangabe, durch unrichtige Angabe des Werts, durch unbegründetes Bestreiten des angegebenen Werts oder durcheine unbegründete Beschwerde veranlasst hat.

1 Die inhaltlich dem § 64 GKG entsprechende Vorschrift gestattet dem Gericht allein zum Zwecke der Wertermittlung nach § 55 Abs 2 ein Schätzgutachten einzuholen. In diesem Fall ist die Wertfestsetzung mit einer Entscheidung über die Kosten der Abschätzung zu verbinden. Dabei können die Kosten ganz oder teilweise demjenigen auferlegt werden, der durch keine oder eine falsche Angabe des Wertes oder der für eine freie Schätzung notwendigen Tatsachen (§ 53) die Kosten verursacht hat. Das Gleiche gilt für denjenigen, der durch unbegründetes Bestreiten oder Einlegung einer (unbegründeten) Beschwerde die Schätzung veranlasst hat. Diese Vorschrift hat in der familienrechtlichen Praxis, soweit erkennbar, keine nennenswerte Bedeutung erlangt, sodass auf eine eigene Kommentierung verzichtet und auf die allgemeinen zu § 64 GKG verwiesen wird.

Abschnitt 8
Erinnerung und Beschwerde

§ 57 Erinnerung gegen den Kostenansatz, Beschwerde

(1) Über Erinnerungen des Kostenschuldners und der Staatskasse gegen den Kostenansatz entscheidet das Gericht, bei dem die Kosten angesetzt sind. War das Verfahren im ersten Rechtszug bei mehreren Gerichten anhängig, ist das Gericht, bei dem es zuletzt anhängig war, auch insoweit zuständig, als Kosten bei den anderen Gerichten angesetzt worden sind.

(2) Gegen die Entscheidung des Familiengerichts über die Erinnerung findet die Beschwerde statt, wenn der Wert des Beschwerdegegenstands 200 Euro übersteigt. Die Beschwerde ist auch zulässig, wenn sie das Familiengericht, das die angefochtene Entscheidung erlassen hat, wegen der grundsätzlichen Bedeutung der zur Entscheidung stehenden Frage in dem Beschluss zulässt.

(3) Soweit das Familiengericht die Beschwerde für zulässig und begründet hält, hat es ihr abzuhelfen; im Übrigen ist die Beschwerde unverzüglich dem Oberlandesgericht vorzulegen. Das Oberlandesgericht ist an die Zulassung der Beschwerde gebunden; die Nichtzulassung ist unanfechtbar.

(4) Anträge und Erklärungen können ohne Mitwirkung eines Rechtsanwalts schriftlich eingereicht oder zu Protokoll der Geschäftsstelle abgegeben werden; § 129a der Zivilprozessordnung gilt entsprechend. Für die Bevollmächtigung gelten die Regelungen des Gesetzes über das Verfahren in Familiensachen und in den Angelegenheiten der freiwilligen Gerichtsbarkeit entsprechend. Die Erinnerung ist bei dem Gericht einzulegen, das für die Entscheidung über die Erinnerung zuständig ist. Die Beschwerde ist bei dem Familiengericht einzulegen.

(5) Das Gericht entscheidet über die Erinnerung und die Beschwerde durch eines seiner Mitglieder als Einzelrichter. Der Einzelrichter überträgt das Verfahren dem Senat, wenn die Sache besondere Schwierigkeiten tatsächlicher oder rechtlicher Art aufweist oder die Rechtssache grundsätzliche Bedeutung hat.

(6) Erinnerung und Beschwerde haben keine aufschiebende Wirkung. Das Gericht oder das Beschwerdegericht kann auf Antrag oder von Amts wegen die aufschiebende Wirkung ganz oder teilweise anordnen; ist nicht der Einzelrichter zur Entscheidung berufen, entscheidet der Vorsitzende des Gerichts.

(7) Entscheidungen des Oberlandesgerichts sind unanfechtbar.

(8) Die Verfahren sind gebührenfrei. Kosten werden nicht erstattet.

A. Allgemeines

Die Vorschrift bezieht sich auf Rechtsmittel gegen die vom Kostenbeamten nach § 18 FamGKG, §§ 4, 27 ff KostVfg als Akt der Justizverwaltung erstellte Kostenrechnung für die gerichtlichen Gebühren und Auslagen. Die Rechtsmittel gegen den Ansatz der Gerichtskosten wurden schon durch das KostRMoG 2004 in allen Justizkostengesetzen und Verordnungen weitgehend einheitlich neu und unabhängig von dem für die Hauptsache maßgeblichen Verfahrensrecht geregelt, für das GKG in § 66 und für die KostO in § 14. Das FamGKG übernimmt in § 57 im Wesentlichen die Regelung des § 66 GKG ohne die Bestimmungen über die weitere Beschwerde. Diese sind in Familiensachen entbehrlich, weil, wie Abs 7 klarstellt, gegen die Entscheidung des OLG als Beschwerdegericht keine weitere Beschwerde zum BGH in Kostensachen zulässig ist (vgl auch § 66 Abs 3 Satz 3 GKG). 1

§ 57 FamGKG | Erinnerung gegen den Kostenansatz, Beschwerde

2   Gegen die vom Kostenbeamten angesetzten Kosten, die dem jeweiligen Kostenschuldner in Form einer Reinschrift der Kostenrechnung bekannt gegeben werden (§ 29 KostVfg), ist **zuerst Erinnerung** einzulegen. Soweit der Kostenbeamte ihr nicht abhilft, entscheidet das Gericht des jeweiligen Rechtszugs über die Erinnerung durch Beschluss; und zwar auch der Rechtspfleger, wenn ihm die Entscheidung in der Hauptsache nach §§ 3, 20 ff RpflG übertragen ist. Eine **Beschwerde** ist nur gegen den Beschluss des Familiengerichts statthaft (Abs 7), und auch nur dann, wenn die Beschwer 200 € übersteigt oder sie vom Familiengericht zugelassen wird (Abs 2).

3   Weder die Erinnerung noch die Beschwerde haben **aufschiebende Wirkung**. Sie kann allerdings auf Antrag oder vAw vom Familien- oder dem Beschwerdegericht angeordnet werden (Abs 6).

B. Erinnerungsverfahren

I. Gegenstand

4   Die Erinnerung richtet sich gegen die vom Kostenbeamten erstellte Kostenrechnung (s.o. Rz 1). Mit ihr kann nur die Verletzung des Kostenrechts, nicht aber die Kostentragungspflicht als solche gerügt bzw eine Kostengrundentscheidung nach § 81 FamFG oder §§ 91 ff ZPO angegriffen werden (BGH JurBüro 2008, 43 mwN). (Nur) mit der Erinnerung gegen den Kostenansatz kann auch die Berechtigung und Höhe der nach dem JVEG an Dritte gezahlte Vergütung und Entschädigung gerügt werden, die als Auslagen in die Kostenrechnung aufzunehmen sind (zB Sachverständigenkosten, BGH NJW 2000, 1128; OLG Dresden NJW-RR 2001, 861; OLG München MDR 1990, 62). Solange es an einer förmlichen Wertfestsetzung durch das Gericht (s § 55 Rz 2) fehlt, kann auch der in der Kostenrechnung zugrunde gelegte Verfahrenswert gerügt werden (Korintenberg/*Lappe* § 14 Rn 60). Über § 8 Abs 1 JBeitrO können noch im Rahmen der Beitreibung der festgesetzten Kosten Einwände gegen den Anspruch selbst, die Haftung hierfür und die Verpflichtung zur Duldung der Vollstreckung ebenfalls mit der Erinnerung nach § 57 erhoben werden (vgl OLG Schleswig FamRZ 2007, 752 und zur Abgrenzung gegen vollstreckungsrechtliche Rechtsbehelfe OLG Nürnberg MDR 2001, 835). Das Gleiche gilt für die Vorauszahlungsanforderung von Kosten für das Anfertigen und Überlassen von Dokumenten und der sog. Aktenversendungspauschale nach § 16 Abs 2 (vgl § 58 Abs 2).

II. Erinnerungsberechtigte

5   Zur Einlegung der Erinnerung berechtigt sind gemäß Abs 1 Satz 1 diejenigen, die als **Kostenschuldner** in Anspruch genommen werden, oder ihre Rechtsnachfolger. Umstritten ist, ob der (noch) nicht herangezogene Gesamtschuldner Erinnerung einlegen kann (vgl dazu Korintenberg/*Lappe* § 14 Rn 46 mNw zum Meinungsstand).

6   Die **Staatskasse**, idR vertreten durch den Bezirksrevisor, kann sowohl zu Gunsten als auch zu Lasten der Staatskasse Erinnerung einlegen (*Hartmann* § 66 GK Rn 7 mwN; aA Korintenberg/*Lappe* § 14 Rn 35; zum Weisungsrecht s § 45 KostVfg).

III. Verfahren

7   **Zuständigkeit**: Die Erinnerung ist grundsätzlich bei dem Gericht einzulegen, bei dem die Kosten angesetzt wurden. War das Verfahren in erster Instanz (durch Verweisung, Abgabe) bei mehreren Gerichten anhängig, wird das Gericht, bei dem das Verfahren zuletzt anhängig ist oder war, auch für die Erinnerung gegen Kosten zuständig, die von einem anderen Gericht angesetzt wurden (Abs 1 Satz 2).

8   **Frist und Form**: Die Erinnerung ist an keine Frist gebunden. Sie ist schriftlich bei dem nach Rz 7 zuständigen Gericht einzureichen oder zu Protokoll der Geschäftsstelle eines jeden Amtsgerichts zu erklären (Abs 4 Satz 1 iVm § 129a ZPO). Sie unterliegt damit

nicht dem Anwaltszwang, auch wenn er für die Hauptsache besteht (vgl § 78 Abs 5 ZPO). Wegen der Vertretung durch einen Bevollmächtigten vgl § 10 FamFG. Die Erinnerung bedarf weder eines Antrags noch einer Begründung, allerdings sollte das Rechtsschutzziel erkennbar sein (Korintenberg/*Lappe* § 14 Rn 54).

Entscheidung: Soweit der Kostenbeamte der Erinnerung nicht abhilft, legt er sie (über 9 den Bezirksrevisor §§ 35, 45 KostVfg) dem jeweils zuständigen Familienrichter oder -senat vor. Letzterer entscheidet grundsätzlich durch den Einzelrichter (Abs 5). Das gilt allerdings nicht für den BGH, der die Anwendung des Abs 5 auf Kollegialgerichte beschränkt, für die institutionell eine Übertragung auf den Einzelrichter vorgesehen ist (BGH FamRZ 2005, 181; s.a. *Petershagen*, JurBüro 2009, 64). Soweit das Gericht die Erinnerung für begründet erachtet, hebt es den Kostenansatz ganz oder teilweise auf (Korintenberg/*Lappe* § 14 Rn 107). Das Gericht kann den Kostenbeamten zur Änderung seines Kostenansatzes anweisen oder ihn selbst korrigieren. Ansonsten weist es die Erinnerung durch begründeten Beschluss zurück, ggf unter Entscheidung über die Zulassung der Beschwerde (s.u. Rz 12).

Kosten: Für das Erinnerungsverfahren werden ebenso wie für das Beschwerdeverfah- 10 ren Verfahrensgebühren nicht erhoben und außergerichtliche Kosten den Beteiligten nicht erstattet (Abs 8). Dass gilt nach allgM nicht bei einer unstatthaften Beschwerde (BGH BRAGOreport 2003, 56 und 163; OLG Koblenz MDR 2008, 1368; OLG Stuttgart MDR 2007, 422).

War der **Rechtspfleger** zur Entscheidung über die Erinnerung berufen (s.o. Rz 2) und 11 ist seine Entscheidung mangels Erreichen der Beschwer nicht beschwerdefähig, so steht dem Erinnerungsführer gegen die Entscheidung des Rechtspflegers die befristete Erinnerung nach § 11 Abs 2 RpflG zu, über die der Familienrichter abschließend entscheidet.

C. Beschwerde

Die Beschwerde den die Erinnerung gegen zurückweisenden Beschluss des Familien- 12 gerichts ist **statthaft**, wenn die **Beschwer** 200 € übersteigt, oder sie wegen grundsätzlicher Bedeutung vom Familiengericht zugelassen wurde (Abs 2). Über sie entscheidet das übergeordnete OLG. Die Beschwer ergibt sich aus der Erinnerungsentscheidung. Die **Zulassung** bindet das OLG; die Nichtzulassung der Beschwerde kann nicht angefochten werden (Abs 3 Satz 2). Die Beschwerdeentscheidung des OLG ist ebenfalls unanfechtbar (Abs 7).

Die Beschwerde ist beim Familiengericht einzulegen (Abs 4 Satz 4), um diesem die 13 Abhilfe zu ermöglichen (Abs 3 Satz 1). Sie ist wie die Erinnerung an keine Frist gebunden. Ansonsten gelten für die Einlegung und das weitere **Verfahren** die gleichen Regeln wie für die Erinnerung (s.o. Rz 8 bis 10).

Das gilt grundsätzlich auch für den Inhalt der **Entscheidung**. Zusätzlich kommt bei 14 Aufhebung der Erinnerungsentscheidung die Wiederherstellung des ursprünglichen Kostenansatzes in Betracht (Korintenberg/*Lappe* § 14 Rn 165).

§ 58 Beschwerde gegen die Anordnung einer Vorauszahlung

(1) Gegen den Beschluss, durch den die Tätigkeit des Familiengerichts nur aufgrund dieses Gesetzes von der vorherigen Zahlung von Kosten abhängig gemacht wird, und wegen der Höhe des in diesem Fall im Voraus zu zahlenden Betrags findet stets die Beschwerde statt. § 57 Abs. 3, 4 Satz 1 und 4, Abs. 5, 7 und 8 ist entsprechend anzuwenden. Soweit sich der Beteiligte in dem Hauptsacheverfahren vor dem Familiengericht durch einen Bevollmächtigten vertreten lassen muss, gilt dies auch im Beschwerdeverfahren.

(2) Im Falle des § 16 Abs. 2 ist § 57 entsprechend anzuwenden

A. Anwendungsbereich

1 Die Vorschrift entspricht inhaltlich der Regelung des § 67 GKG, die sich ähnlich auch in § 8 Abs 3 KostO findet. Sie eröffnet die **Beschwerde gegen eine Entscheidung des Familiengerichts** über eine der Höhe nach bestimmte Vorauszahlung (Vorschuss), von der es seine weitere Tätigkeit abhängig macht, und zwar unabhängig vom Erreichen einer bestimmten Beschwerdesumme (Abs 1 Satz 1). Entscheidungen des OLG sind nicht anfechtbar (§§ 58 Abs 1 Satz 2, 57 Abs 7). Die Anforderung des Vorschusses muss ihre Rechtsgrundlage in den Vorschriften dieses Gesetzes haben (§§ 14 und 16 Abs 1 und 3). Soweit sie sich auf Vorschriften außerhalb des FamGKG gründet, zB für die Einholung eines Sachverständigengutachtens auf §§ 379, 402 ZPO, ist eine Beschwerde nach § 57 unstatthaft (vgl OLG Dresden, JurBüro 2007, 212, s.a. § 57 Rz 4).

2 Für Vorauszahlungsanforderungen der **Geschäftsstelle**, mit der sie die Herstellung und Überlassung von Dokumenten und die Übersendung der Akten u.ä. von einer Vorauszahlung der Auslagenpauschale (§ 16 Abs 2) abhängig macht, gelten gemäß **Abs 2** die Rechtsbehelfe des § 57 (Erinnerung und ggf Beschwerde) entsprechend. Dagegen handelt es sich bei den allgemein üblichen Anforderungen von vorauszuzahlenden Gebühren und Auslagenvorschüssen durch die Geschäftsstelle lediglich um eine **Kostennachricht** (§ 31 KostVfg), die nicht selbstständig anfechtbar ist. Erstellt dagegen nach Ausbleiben der angeforderten Zahlung der Kostenbeamte eine Kostenberechnung nach § 32 Abs 4 KostVfg, die er der Gerichtskasse zur Einziehung überweist, gilt § 57 ggf iVm § 8 Abs 1 JBeitrVO direkt (*Hartmann* § 67 GKG Rn 4).

B. Verfahren, Wirkung

3 Das Beschwerdeverfahren richtet sich kraft Verweisung nach den für die Beschwerde gegen den Kostenansatz geltenden Regeln (Abs 1 Satz 2; s dazu § 57 Rz 7 bis 10). Im Gegensatz zur Beschwerde im Kostenansatzverfahren besteht allerdings **Anwaltszwang**, sofern er für die Hauptsache vorgeschrieben ist (Abs 1 Satz 3). Im Übrigen ist auch die Beschwerde nach § 58 Abs 1 ohne Bindung an eine Frist beim Familiengericht einzulegen, das ihr abhelfen kann (§ 57 Rz 7). Ansonsten wird sie dem OLG vorgelegt, das letztinstanzlich entscheidet (s o. Rz 1). Hinsichtlich der Kosten gilt § 57 Abs 8.

4 Die Beschwerde hat grundsätzlich **keine aufschiebende Wirkung**, die aber auf Antrag oder vAw angeordnet werden kann (§§ 58 Abs 1 Satz 2 iVm 57 Abs 6).

§ 59 Beschwerde gegen die Festsetzung des Verfahrenswerts

(1) Gegen den Beschluss des Familiengerichts, durch den der Verfahrenswert für die Gerichtsgebühren festgesetzt worden ist (§ 55 Abs. 2), findet die Beschwerde statt, wenn der Wert des Beschwerdegegenstands 200 Euro übersteigt. Die Beschwerde findet auch statt, wenn sie das Familiengericht wegen der grundsätzlichen Bedeutung der zur Entscheidung stehenden Frage in dem Beschluss zulässt. Die Beschwerde ist nur zulässig, wenn sie innerhalb der in § 55 Abs. 3 Satz 2 bestimmten Frist eingelegt wird; ist der Verfahrenswert später als einen Monat vor Ablauf dieser Frist festgesetzt worden, kann sie noch innerhalb eines Monats nach Zustellung oder formloser Mitteilung des Festsetzungsbeschlusses eingelegt werden. Im Fall der formlosen Mitteilung gilt der Beschluss mit dem dritten Tag nach Aufgabe zur Post als bekannt gemacht. § 57 Abs. 3, 4 Satz 1, 2 und 4, Abs. 5 und 7 ist entsprechend anzuwenden.

(2) War der Beschwerdeführer ohne sein Verschulden verhindert, die Frist einzuhalten, ist ihm auf Antrag vom Oberlandesgericht Wiedereinsetzung in den vorigen Stand zu gewähren, wenn er die Beschwerde binnen zwei Wochen nach der Beseitigung des Hindernisses einlegt und die Tatsachen, welche die Wiedereinsetzung begründen, glaubhaft macht. Nach Ablauf eines Jahres, von dem Ende der versäumten Frist an gerechnet, kann die Wiedereinsetzung nicht mehr beantragt werden.

(3) Die Verfahren sind gebührenfrei. Kosten werden nicht erstattet.

A. Allgemeines

Das Verfahren über die Beschwerde gegen die gerichtliche Wertfestsetzung wurden ebenso wie die Kostenbeschwerden bereits durch das KostRMoG neu und unabhängig von der ZPO und dem FGG geregelt (vgl §§ 68 GKG, 31 KostO, 33 RVG). § 59 entspricht inhaltlich den vorgenannten Regelungen, angepasst an den besonderen Rechtszug in Familiensachen (BTDrs 16/6308 S 308). 1

Die Beschwerde ist nur gegen eine **(endgültige) Wertfestsetzung** nach § 55 Abs 2 eröffnet (s.a. § 55 Rz 5). Die vorläufige Wertfestsetzung nach § 55 Abs 1 kann nur mit der Beschwerde nach § 58 angegriffen werden, falls das Gericht seine Tätigkeit von der Einzahlung der nach einem vorläufig bestimmten Wert berechneten Gebühren abhängig macht (s § 58 Rz 1, § 55 Rz 5; OLG Düsseldorf OLGR 2008, 688; OLG Stuttgart MDR 2007, 422; OLG Karlsruhe FamRZ 2007, 1669 mwN). 2

Die Beschwerde ist nur gegen eine Wertfestsetzung in 1. Instanz durch das Familiengericht (Richter oder Rechtspfleger) statthaft. Entscheidungen des OLG sind nicht anfechtbar (Abs 1 Satz 1, Satz 5 iVm § 57 Abs 7). Allerdings ist anerkannt, dass gegen unanfechtbare Wertfestsetzungen auch des BGH **Gegenvorstellung** erhoben werden kann (BGH NJW-RR 1986, 737, bestätigt am 17.10.2007, XII ZB 99/07). Wegen der daneben bestehenden Abänderungsmöglichkeit des in den Vorinstanzen festgesetzten Wertes durch die Rechtsmittelinstanzen vAw vgl § 55 Rz 6. 3

Die Beschwerde ist grundsätzlich nur statthaft, wenn die **Beschwer** 200 € übersteigt (s.a. Rz 5) oder sie vom Familiengericht zugelassen wird (Abs 1 Satz 1 und 2). Hat der Rechtspfleger für die ihm übertragene familienrichterliche Tätigkeit den Wert festgesetzt, ist § 11 Abs 2 RpflG zu beachten (s § 57 Rz 11). 4

B. Beschwerdeberechtigte

Zur Einlegung der Beschwerde berechtigt sind die **Verfahrensbeteiligten**, sofern sie wegen des zu hohen Gegenstandswerts mit entsprechend höheren Kosten belastet sind. Durch eine zu niedrige Wertfestsetzung sind die Verfahrensbeteiligten regelmäßig nicht beschwert (BGH NJW-RR 1986, 737; OLG Bamberg AGS 2005, 508; OLG Brandenburg NJW-RR 2005, 80). Ausnahmsweise ist eine Beschwer zu bejahen, wenn ein Verfahrens- 5 beteiligter, der mit seinem Anwalt eine Honorarvereinbarung geschlossen hat, beim Gegner eine höhere Erstattung seiner Anwaltskosten liquidieren könnte (OVG Bautzen DÖV 2007, 172).

6   Die **Staatskasse** ist zur Einlegung der Beschwerde wegen einer zu niedrigen Wertfestsetzung berechtigt; bei einer zu hohen jedenfalls dann, wenn sie deshalb dem beigeordneten Anwalt eine höhere Vergütung zahlen muss (OLG Brandenburg FamRZ 2001, 779).

7   Der verfahrensbevollmächtigte **Rechtsanwalt** kann gemäß § 32 Abs 2 RVG aus eigenem Recht, dh im eigenen Namen, Beschwerde gegen eine zu niedrige Wertfestsetzung einlegen. Eine nicht ausdrücklich im eigenen Namen eingelegte Beschwerde, mit der eine Erhöhung des Verfahrenswertes angestrebt wird, ist entsprechend auszulegen (OLG Karlsruhe FamRZ 2007, 1669).

C. Verfahren

8   Das Verfahren entspricht im Wesentlichen dem der Kostenbeschwerde (§ 57). Wie diese ist die Beschwerde beim Familiengericht einzulegen, welches ihr abhelfen kann und sie ansonsten dem OLG vorlegen muss (Abs 1 Satz 5 iVm § 57 Abs 3, Abs 4 Satz 4, s.a. § 57 Rz 8 ff). Das Verfahren unterliegt nicht dem Anwaltszwang (Abs 1 Satz 5 iVm § 57 Abs 4 Satz 1, 2) und ist gebührenfrei, außergerichtliche Kosten werden nicht erstattet (Abs 3).

9   In Abweichung zur Kostenbeschwerde ist die Beschwerde gegen eine Wertfestsetzung **fristgebunden** (Abs 1 Satz 3). Sie kann nur bis zum Ablauf der für die Abänderung vAw eingeräumten 6-Monatsfrist eingelegt werden. Diese Frist beginnt entweder mit der Rechtskraft der Entscheidung in der Hauptsache oder mit der sonstigen Erledigung des Verfahrens (§ 55 Abs 3 Satz 2). Die mangelnde Bestimmtheit des letztgenannten Zeitpunkts (s § 55 Rz 10) wirkt sich im vorliegenden Zusammenhang wenig glücklich aus. Wenn die Entscheidung erst später als ein Monat vor Ablauf der Frist ergangen ist, verlängert sich die Beschwerdefrist um einen Monat. Diese Monatsfrist läuft erst ab Bekanntgabe des Festsetzungsbeschlusses (s.a. OLG Stuttgart OLGR 2007, 190), die bei formloser Mitteilung gemäß Abs 1 Satz 4 fingiert wird. Eine Wiedereinsetzung ist unter den Voraussetzungen des Abs 2 möglich.

§ 60 Beschwerde gegen die Auferlegung einer Verzögerungsgebühr

Gegen den Beschluss des Familiengerichts nach § 32 findet die Beschwerde statt, wenn der Wert des Beschwerdegegenstands 200 Euro übersteigt oder das Familiengericht die Beschwerde wegen der grundsätzlichen Bedeutung in dem Beschluss der zur Entscheidung stehenden Frage zugelassen hat. § 57 Abs. 3, 4 Satz 1, 2 und 4, Abs. 5, 7 und 8 ist entsprechend anzuwenden.

Die Vorschrift entspricht § 69 GKG und eröffnet die Beschwerde gegen die Auferlegung einer Verzögerungsgebühr nach § 32 durch das Familiengericht unter den gleichen Voraussetzungen und Verfahrensregeln wie die Kostenbeschwerde. Wie diese ist sie beim Familiengericht einzulegen, welches ihr abhelfen kann und sie ansonsten dem OLG vorlegen muss, dessen Entscheidung unanfechtbar ist (vgl § 57 Abs 3, Abs 4 Satz 4, Abs 7, s.a. § 57 Rz 8 ff). Das Verfahren unterliegt nicht dem Anwaltszwang (§ 57 Abs 4 Satz 1, 2) und ist gebührenfrei, außergerichtliche Kosten werden nicht erstattet (§ 57 Abs 8). 1

§ 61 Abhilfe bei Verletzung des Anspruchs auf rechtliches Gehör

(1) Auf die Rüge eines durch die Entscheidung beschwerten Beteiligten ist das Verfahren fortzuführen, wenn
1. ein Rechtsmittel oder ein anderer Rechtsbehelf gegen die Entscheidung nicht gegeben ist und
2. das Gericht den Anspruch dieses Beteiligten auf rechtliches Gehör in entscheidungserheblicher Weise verletzt hat.

(2) Die Rüge ist innerhalb von zwei Wochen nach Kenntnis von der Verletzung des rechtlichen Gehörs zu erheben; der Zeitpunkt der Kenntniserlangung ist glaubhaft zu machen. Nach Ablauf eines Jahres seit Bekanntmachung der angegriffenen Entscheidung kann die Rüge nicht mehr erhoben werden. Formlos mitgeteilte Entscheidungen gelten mit dem dritten Tage nach Aufgabe zur Post als bekannt gemacht. Die Rüge ist bei dem Gericht zu erheben, dessen Entscheidung angegriffen wird; § 57 Abs. 4 Satz 1 und 2 gelten entsprechend. Die Rüge muss die angegriffene Entscheidung bezeichnen und das Vorliegen der in Absatz 1 Nr. 2 genannten Voraussetzungen darlegen.

(3) Den übrigen Beteiligten ist, soweit erforderlich, Gelegenheit zur Stellungnahme zu geben.

(4) Das Gericht hat von Amts wegen zu prüfen, ob die Rüge an sich statthaft und ob sie in der gesetzlichen Form und Frist erhoben ist. Mangelt es an einem dieser Erfordernisse, so ist die Rüge als unzulässig zu verwerfen. Ist die Rüge unbegründet, weist das Gericht sie zurück. Die Entscheidung ergeht durch unanfechtbaren Beschluss. Der Beschluss soll kurz begründet werden.

(5) Ist die Rüge begründet, so hilft ihr das Gericht ab, indem es das Verfahren fortführt, soweit dies aufgrund der Rüge geboten ist.

(6) Kosten werden nicht erstattet.

A. Geltungsbereich

1 Die Vorschrift, die dem durch das AnhRügG vom 9.12.2004 in das GKG eingefügten § 69a GKG entspricht, ist notwendige Folge der Abkoppelung der Rechtsmittel in Kostensachen vom allgemeinen Verfahrensrecht. Für dieses findet sich die Gehörsrüge jetzt in § 44 FamFG. § 61 betrifft dagegen die Verletzung des Anspruchs auf rechtliches Gehör der Beteiligten in den in diesem Gesetz und es ergänzenden Vorschriften geregelten **Kostensachen**, also beim Ansatz und der Beitreibung von Gebühren und Auslagen, insbesondere auch bei der Wertfestsetzung (s § 55 Rz 8) und in den Erinnerungs- und Beschwerdeverfahren der §§ 57 ff. Es muss sich aber um eine gerichtliche Entscheidung handeln. Der Verwaltungsakt eines Kostenbeamten genügt nicht (Korinthenberg/*Lappe* § 157a Rn 5).

B. Regelungsgehalt

2 Die Vorschrift gewährt dem in seinem rechtlichen Gehör in für die Entscheidung erheblicher Weise (s dazu BGH NJW 2009, 1609 mwN) verletzten Verfahrensbeteiligten einen Rechtsbehelf, wenn kein anderweitiger (mehr) gegeben ist, und führt im Erfolgsfall zur **Abhilfe** durch Fortsetzung des Verfahrens und Neubescheidung. Seine Voraussetzungen und das in Abs 2 geregelte **Verfahren** unterscheiden sich nicht von dem in § 44 FamFG und § 321a ZPO gleichlautend geregelten Verfahren zur Abhilfe der Verletzung rechtlichen Gehörs im familiengerichtlichen Hauptverfahren, auf deren Kommentierung wegen der Einzelheiten verwiesen wird.

Abhilfe bei Verletzung des Anspruchs auf rechtliches Gehör | § 61 FamGKG

Das Verfahren bleibt, anders als das Verfahren nach § 44 FamFG, auch bei Erfolglosig- **3**
keit gebührenfrei (§ 1; s.a. BFH 10.6.2008, X E 5/08); außergerichtliche **Kosten** werden
nicht erstattet (Abs 6).

§ 62 FamGKG | Rechnungsgebühren

Abschnitt 9
Schluss- und Übergangsvorschriften

§ 62 Rechnungsgebühren

(1) In Vormundschafts- und Pflegschaftssachen werden für die Prüfung eingereichter Rechnungen, die durch einen dafür besonders bestellten Bediensteten (Rechnungsbeamten) vorgenommen wird, als Auslagen Rechnungsgebühren erhoben, die nach dem für die Arbeit erforderlichen Zeitaufwand bemessen werden. Sie betragen für jede Stunde 10 Euro. Die letzte, bereits begonnene Stunde wird voll gerechnet, wenn sie zu mehr als 30 Minuten für die Erbringung der Arbeit erforderlich war; anderenfalls sind 5 Euro zu erheben. Die Rechnungsgebühren werden nur neben der Gebühr nach Nummer 1311 des Kostenverzeichnisses und nur dann erhoben, wenn die nachgewiesenen Bruttoeinnahmen mehr als 1 000 Euro für das Jahr betragen. Einnahmen aus dem Verkauf von Vermögensstücken rechnen nicht mit.

(2) Die Rechnungsgebühren setzt das Gericht, das den Rechnungsbeamten beauftragt hat, von Amts wegen fest. Gegen die Festsetzung durch das Familiengericht findet die Beschwerde statt, wenn der Wert des Beschwerdegegenstands 200 Euro übersteigt oder das Gericht, das die angefochtene Entscheidung erlassen hat, die Beschwerde wegen der grundsätzlichen Bedeutung der zur Entscheidung stehenden Frage in dem Beschluss zugelassen hat. § 57 Abs. 3 bis 8 gilt entsprechend. Beschwerdeberechtigt sind die Staatskasse und derjenige, der für die Rechnungsgebühren als Kostenschuldner in Anspruch genommen wird. § 61 gilt entsprechend.

A. Gegenstand

1 Die Vorschrift entspricht im Wesentlichen den gleichlautenden Regelungen in § 70 GKG und § 139 KostO. Sie regelt die Erhebung von Rechnungsgebühren als **Auslagen** in jetzt dem Familiengericht obliegenden Vormundschafts- und Pflegschaftssachen für Minderjährige, wenn das Familiengericht für die Prüfung der Rechnungslegung des Vormunds (§§ 1841, 1843 BGB) einen gesonderten Bediensteten (Rechnungsbeamten) bestellt. Da diese Möglichkeit allein nach Landesrecht und nur in einigen Bundesländern eröffnet ist (zB Bayern, Hessen, Rheinland-Pfalz, vgl Korinthenberg/*Lappe* § 139 Rn 1), hat der Gesetzgeber darauf verzichtet, diesen Auslagentatbestand in das KV einzustellen (BTDrs 16/6308 S 308).

B. Höhe der Rechnungsgebühr

2 Die sog Rechnungsgebühr beträgt je angefangener Stunde Arbeitszeit 10 €, die letzte angefangene Stunde wird voll berechnet, wenn die Arbeit mehr als 30 Minuten beansprucht hat, sonst nur zu 5 € (Abs 1 Satz 2). Sie kann nur neben der in KV 3111 geregelten Jahresgebühr (s § 3 Rz 14) erhoben werden, und nur dann, wenn die nachgewiesenen Bruttoeinnahmen des Minderjährigen 1.000 € im Kalenderjahr übersteigen (Abs 1 Satz 3). Das ist für jedes Mündel gesondert zu prüfen, wenn die Vormundschaft oder Pflegschaft mehrere betrifft (KV 3111 Anm 1). Sind mangels ausreichenden Vermögens des Minderjährigen keine Gebühren nach KV 3111 zu erheben, können auch keine Auslagen für die Rechnungsprüfung erhoben werden.

C. Rechtsmittel

3 Die Auslagen werden von dem für die Bestellung des Rechnungsbeamten zuständigen Familiengericht vAw festgesetzt (Abs 1 Satz 1). Dessen Entscheidung unterliegt der **Beschwerde** durch den Kostenschuldner oder die Staatskasse, wenn die Auslagen 200 €

übersteigen oder das Familiengericht sie zulässt. Im Übrigen gilt für das Beschwerdeverfahren § 57 Abs 3 bis 9 entsprechend (s § 57 Rz 3, 8 ff). Bei Verletzung des rechtlichen Gehörs gilt § 61.

§ 63 Übergangsvorschrift

(1) In Verfahren, die vor dem Inkrafttreten einer Gesetzesänderung anhängig geworden sind, werden die Kosten nach bisherigem Recht erhoben. Dies gilt nicht im Verfahren über ein Rechtsmittel, das nach dem Inkrafttreten einer Gesetzesänderung eingelegt worden ist. Die Sätze 1 und 2 gelten auch, wenn Vorschriften geändert werden, auf die dieses Gesetz verweist.

(2) Bei Vormundschaften und bei Dauerpflegschaften gilt für Kosten, die vor dem Inkrafttreten einer Gesetzesänderung fällig geworden sind, das bisherige Recht.

A. Anwendungsbereich

1 Die Vorschrift regelt nicht den Übergang aus Anlass des Inkrafttretens dieses Gesetzes. Hierfür enthält Art 111 des FGG-RG eine spezielle Regelung (s dazu Einl Rz 2). § 63 bezieht sich, wie die inhaltsgleichen Bestimmung des § 71 Abs 1 GKG und 161 KostO auf künftige Gesetzesänderungen (**Dauerübergangsvorschrift**, BTDrs 16/6308 S 308).

B. Regelungsgehalt

2 Grundsätzlich entfalten das Kostenrecht betreffende Gesetzesänderungen **Wirkung erst für die Zukunft**. Für bei Inkrafttreten bereits anhängige Verfahren gilt bis zu deren Abschluss daher das bisherige Kostenrecht (Abs 1 Satz 1) auch für den Verfahrenswert (OLG Frankfurt, FamRZ 2007, 842). Dafür reicht es aus, dass ein beliebiger Teil eines einheitlichen Verfahrens bereits anhängig ist, zB ein Mahnverfahren für das sich anschließende streitige Verfahren (OLG Koblenz MDR 1996, 969; OLG München MDR 1995, 1072), ein Klageantrag für einen Widerklage- oder einen Erweiterungsantrag (Hartmann § 71 GKG Rn 4) und natürlich ein Scheidungsantrag für sämtliche Folgesachen (Bergmann FuR 2009, 421, 426), um die später eingeleiteten Verfahrensteile ebenfalls dem alten Recht zu unterwerfen. Nicht ausreichend ist ein Antrag auf Prozess- oder Verfahrenskostenhilfe (BGH XII ZB 112/94 Rn 21 FamRZ 1995, 729). Zur Anhängigkeit in Amtsverfahren s §§ 9–11 Rz 6 ff.

3 **Rechtsmittelverfahren** in der Hauptsache leiten insoweit ein neues Verfahren ein, für das sich das anzuwendende Kostenrecht nach dem Eingang der Rechtsmittelschrift bestimmt (Abs 1 Satz 2). Das gilt nicht für Kostenbeschwerden und -erinnerungen. Sie gehören ebenso wie das Kostenansatz- und das Kostenfestsetzungsverfahren als Anhang zum Hauptverfahren und teilen dessen rechtliche Zuordnung (BGH FamRZ 2006, 1107 unter Verweis auf VGH München FamRZ 2006, 634 zur insoweit gleichlautenden Übergangsvorschrift zum KostRMoG in § 72 GKG).

4 Für **Vormundschaften** und Dauerpflegschaften trifft Abs 2 eine Sonderregelung. Für sie gilt für sämtliche bereits fällig gewordenen Kosten (s § 10) das alte Recht und für künftig fällig werdende das neue (vgl auch § 161 Abs 1 KostO).

Anlage 1
(zu § 3 Abs. 2)

Kostenverzeichnis

Gliederung

Teil 1 Gebühren
Hauptabschnitt 1 Hauptsacheverfahren in Ehesachen einschließlich aller Folgesachen
    Abschnitt 1 Erster Rechtszug
    Abschnitt 2 Beschwerde gegen die Endentscheidung
    Abschnitt 3 Rechtsbeschwerde gegen die Endentscheidung
    Abschnitt 4 Zulassung der Sprungrechtsbeschwerde gegen die Endentscheidung
Hauptabschnitt 2 Hauptsacheverfahren in selbständigen Familienstreitsachen
    Abschnitt 1 Vereinfachtes Verfahren über den Unterhalt Minderjähriger
        Unterabschnitt 1 Erster Rechtszug
        Unterabschnitt 2 Beschwerde gegen die Endentscheidung
        Unterabschnitt 3 Rechtsbeschwerde gegen die Endentscheidung
        Unterabschnitt 4 Zulassung der Sprungrechtsbeschwerde gegen die Endentscheidung
    Abschnitt 2 Verfahren im Übrigen
        Unterabschnitt 1 Erster Rechtszug
        Unterabschnitt 2 Beschwerde gegen die Endentscheidung
        Unterabschnitt 3 Rechtsbeschwerde gegen die Endentscheidung
        Unterabschnitt 4 Zulassung der Sprungrechtsbeschwerde gegen die Endentscheidung
Hauptabschnitt 3 Hauptsacheverfahren in selbständigen Familiensachen der freiwilligen Gerichtsbarkeit
    Abschnitt 1 Kindschaftssachen
        Unterabschnitt 1 Verfahren vor dem Familiengericht
        Unterabschnitt 2 Beschwerde gegen die Endentscheidung
        Unterabschnitt 3 Rechtsbeschwerde gegen die Endentscheidung
        Unterabschnitt 4 Zulassung der Sprungrechtsbeschwerde gegen die Endentscheidung
    Abschnitt 2 Übrige Familiensachen der freiwilligen Gerichtsbarkeit
        Unterabschnitt 1 Erster Rechtszug
        Unterabschnitt 2 Beschwerde gegen die Endentscheidung
        Unterabschnitt 3 Rechtsbeschwerde gegen die Endentscheidung
        Unterabschnitt 4 Zulassung der Sprungrechtsbeschwerde gegen die Endentscheidung
Hauptabschnitt 4 Einstweiliger Rechtsschutz
    Abschnitt 1 Einstweilige Anordnung in Kindschaftssachen
        Unterabschnitt 1 Erster Rechtszug
        Unterabschnitt 2 Beschwerde gegen die Endentscheidung
    Abschnitt 2 Einstweilige Anordnung in den übrigen Familiensachen und Arrest
        Unterabschnitt 1 Erster Rechtszug
        Unterabschnitt 2 Beschwerde gegen die Endentscheidung
Hauptabschnitt 5 Besondere Gebühren
Hauptabschnitt 6 Vollstreckung
Hauptabschnitt 7 Verfahren mit Auslandsbezug
    Abschnitt 1 Erster Rechtszug
    Abschnitt 2 Beschwerde und Rechtsbeschwerde gegen die Endentscheidung
Hauptabschnitt 8 Rüge wegen Verletzung des Anspruchs auf rechtliches Gehör
Hauptabschnitt 9 Rechtsmittel im Übrigen
    Abschnitt 1 Sonstige Beschwerden
    Abschnitt 2 Sonstige Rechtsbeschwerden
    Abschnitt 3 Zulassung der Sprungrechtsbeschwerde in sonstigen Fällen
Teil 2 Auslagen

Anlage 1 FamGKG | Kostenverzeichnis

Teil 1 Gebühren

Nr	Gebührentatbestand	Gebühr oder Satz der Gebühr nach § 28 FamGKG
	Hauptabschnitt 1 **Hauptsacheverfahren in Ehesachen einschließlich aller Folgesachen** *Abschnitt 1* *Erster Rechtszug*	
1110	Verfahren im Allgemeinen	2,0
1111	Beendigung des Verfahrens hinsichtlich der Ehesache oder einer Folgesache durch 1. Zurücknahme des Antrags a) vor dem Schluss der mündlichen Verhandlung, b) in den Fällen des § 128 Abs. 2 ZPO vor dem Zeitpunkt, der dem Schluss der mündlichen Verhandlung entspricht, c) im Falle des § 331 Abs. 3 ZPO vor Ablauf des Tages, an dem die Endentscheidung der Geschäftsstelle übermittelt wird, 2. Anerkenntnis- oder Verzichtsentscheidung oder Endentscheidung, die nach § 38 Abs. 4 Nr. 2 und 3 FamFG keine Begründung enthält oder nur deshalb eine Begründung enthält, weil zu erwarten ist, dass der Beschluss im Ausland geltend gemacht wird (§ 38 Abs. 5 Nr. 4 FamFG), mit Ausnahme der Endentscheidung in einer Scheidungssache, 3. gerichtlichen Vergleich oder 4. Erledigung in der Hauptsache, wenn keine Entscheidung über die Kosten ergeht oder die Entscheidung einer zuvor mitgeteilten Einigung über die Kostentragung oder einer Kostenübernahmeerklärung folgt, es sei denn, dass bereits eine andere Endentscheidung als eine der in Nummer 2 genannten Entscheidungen vorausgegangen ist: Die Gebühr 1110 ermäßigt sich auf............................	0,5
	(1) Wird im Verbund nicht das gesamte Verfahren beendet, ist auf die beendete Ehesache und auf eine oder mehrere beendete Folgesachen § 44 FamGKG anzuwenden und die Gebühr nur insoweit zu ermäßigen. (2) Die Vervollständigung einer ohne Begründung hergestellten Endentscheidung (§ 38 Abs. 6 FamFG) steht der Ermäßigung nicht entgegen. (3) Die Gebühr ermäßigt sich auch, wenn mehrere Ermäßigungstatbestände erfüllt sind.	
	Abschnitt 2 *Beschwerde gegen die Endentscheidung*	
Vorbemerkung 1.1.2: Dieser Abschnitt ist auch anzuwenden, wenn sich die Beschwerde auf eine Folgesache beschränkt.		
1120	Verfahren im Allgemeinen	3,0
1121	Beendigung des gesamten Verfahrens durch Zurücknahme der Beschwerde oder des Antrags, bevor die Schrift zur Begründung der Beschwerde bei Gericht eingegangen ist: Die Gebühr 1120 ermäßigt sich auf	0,5
	Die Erledigung in der Hauptsache steht der Zurücknahme gleich, wenn keine Entscheidung über die Kosten ergeht oder die Entscheidung einer zuvor mitgeteilten Einigung über die Kostentragung oder einer Kostenübernahmeerklärung folgt.	

Nr	Gebührentatbestand	Gebühr oder Satz der Gebühr nach § 28 FamGKG

1122	Beendigung des Verfahrens hinsichtlich der Ehesache oder einer Folgesache, wenn nicht Nummer 1121 erfüllt ist, durch
	1. Zurücknahme der Beschwerde oder des Antrags
	   a) vor dem Schluss der mündlichen Verhandlung oder,
	   b) falls eine mündliche Verhandlung nicht stattfindet, vor Ablauf des Tages, an dem die Endentscheidung der Geschäftsstelle übermittelt wird,
	2. Anerkenntnis- oder Verzichtsentscheidung,
	3. gerichtlichen Vergleich oder
	4. Erledigung in der Hauptsache, wenn keine Entscheidung über die Kosten ergeht oder die Entscheidung einer zuvor mitgeteilten Einigung über die Kostentragung oder einer Kostenübernahmeerklärung folgt,
	es sei denn, dass bereits eine andere als eine der in Nummer 2 genannten Endentscheidungen vorausgegangen ist:
	Die Gebühr 1120 ermäßigt sich auf ....
		1,0

	(1) Wird im Verbund nicht das gesamte Verfahren beendet, ist auf die beendete Ehesache und auf eine oder mehrere beendete Folgesachen § 44 FamGKG anzuwenden und die Gebühr nur insoweit zu ermäßigen. (2) Die Gebühr ermäßigt sich auch, wenn mehrere Ermäßigungstatbestände erfüllt sind.	

Abschnitt 3
Rechtsbeschwerde gegen die Endentscheidung

Vorbemerkung 1.1.3:
   Dieser Abschnitt ist auch anzuwenden, wenn sich die Rechtsbeschwerde auf eine Folgesache beschränkt.

1130	Verfahren im Allgemeinen	4,0
1131	Beendigung des gesamten Verfahrens durch Zurücknahme der Rechtsbeschwerde oder des Antrags, bevor die Schrift zur Begründung der Rechtsbeschwerde bei Gericht eingegangen ist: Die Gebühr 1130 ermäßigt sich auf	1,0
	Die Erledigung in der Hauptsache steht der Zurücknahme gleich, wenn keine Entscheidung über die Kosten ergeht oder die Entscheidung einer zuvor mitgeteilten Einigung über die Kostentragung oder einer Kostenübernahmeerklärung folgt.	
1132	Beendigung des Verfahrens hinsichtlich der Ehesache oder einer Folgesache durch Zurücknahme der Rechtsbeschwerde oder des Antrags vor Ablauf des Tages, an dem die Endentscheidung der Geschäftsstelle übermittelt wird, wenn nicht Nummer 1131 erfüllt ist: Die Gebühr 1130 ermäßigt sich auf	2,0
	Wird im Verbund nicht das gesamte Verfahren beendet, ist auf die beendete Ehesache und auf eine oder mehrere beendete Folgesachen § 44 FamGKG anzuwenden und die Gebühr nur insoweit zu ermäßigen.	

Abschnitt 4
Zulassung der Sprungrechtsbeschwerde gegen die Endentscheidung

1140	Verfahren über die Zulassung der Sprungrechtsbeschwerde: Soweit der Antrag abgelehnt wird	1,0

Anlage 1 FamGKG | Kostenverzeichnis

Nr	Gebührentatbestand	Gebühr oder Satz der Gebühr nach § 28 FamGKG
	Hauptabschnitt 2 **Hauptsacheverfahren in selbständigen Familienstreitsachen** *Abschnitt 1* *Vereinfachtes Verfahren über den Unterhalt Minderjähriger* *Unterabschnitt 1* *Erster Rechtszug*	
1210	Entscheidung über einen Antrag auf Festsetzung von Unterhalt nach § 249 Abs. 1 FamFG mit Ausnahme einer Festsetzung nach § 254 Satz 2 FamFG	0,5
	Unterabschnitt 2 *Beschwerde gegen die Endentscheidung*	
1211	Verfahren über die Beschwerde nach § 256 FamFG gegen die Festsetzung von Unterhalt im vereinfachten Verfahren	1,0
1212	Beendigung des gesamten Verfahrens ohne Endentscheidung: Die Gebühr 1211 ermäßigt sich auf	0,5
	(1) Wenn die Entscheidung nicht durch Vorlesen der Entscheidungsformel bekannt gegeben worden ist, ermäßigt sich die Gebühr auch im Falle der Zurücknahme der Beschwerde vor Ablauf des Tages, an dem die Endentscheidung der Geschäftsstelle übermittelt wird. (2) Eine Entscheidung über die Kosten steht der Ermäßigung nicht entgegen, wenn die Entscheidung einer zuvor mitgeteilten Einigung über die Kostentragung oder einer Kostenübernahmeerklärung folgt.	
	Unterabschnitt 3 *Rechtsbeschwerde gegen die Endentscheidung*	
1213	Verfahren im Allgemeinen	1,5
1214	Beendigung des gesamten Verfahrens durch Zurücknahme der Rechtsbeschwerde oder des Antrags, bevor die Schrift zur Begründung der Rechtsbeschwerde bei Gericht eingegangen ist: Die Gebühr 1213 ermäßigt sich auf	0,5
1215	Beendigung des gesamten Verfahrens durch Zurücknahme der Rechtsbeschwerde oder des Antrags vor Ablauf des Tages, an dem die Endentscheidung der Geschäftsstelle übermittelt wird, wenn nicht Nummer 1214 erfüllt ist: Die Gebühr 1213 ermäßigt sich auf	1,0
	Unterabschnitt 4 *Zulassung der Sprungrechtsbeschwerde gegen die Endentscheidung*	
1216	Verfahren über die Zulassung der Sprungrechtsbeschwerde: Soweit der Antrag abgelehnt wird..................................	0,5
	Abschnitt 2 *Verfahren im Übrigen* *Unterabschnitt 1* *Erster Rechtszug*	
1220	Verfahren im Allgemeinen	3,0
	Soweit wegen desselben Verfahrensgegenstands ein Mahnverfahren vorausgegangen ist, entsteht die Gebühr mit dem Eingang der Akten beim Familiengericht, an das der Rechtsstreit nach Erhebung des Widerspruchs oder Ein-	

Nr	Gebührentatbestand	Gebühr oder Satz der Gebühr nach § 28 FamGKG
	legung des Einspruchs abgegeben wird; in diesem Fall wird eine Gebühr 1100 des Kostenverzeichnisses zum GKG nach dem Wert des Verfahrensgegenstands angerechnet, der in das Streitverfahren übergegangen ist.	

1221	Beendigung des gesamten Verfahrens durch
	1. Zurücknahme des Antrags
	   a) vor dem Schluss der mündlichen Verhandlung,
	   b) in den Fällen des § 128 Abs. 2 ZPO vor dem Zeitpunkt, der dem Schluss der mündlichen Verhandlung entspricht,
	   c) im Falle des § 331 Abs. 3 ZPO vor Ablauf des Tages, an dem die Endentscheidung der Geschäftsstelle übermittelt wird,
	wenn keine Entscheidung nach § 269 Abs. 3 Satz 3 ZPO über die Kosten ergeht oder die Entscheidung einer zuvor mitgeteilten Einigung über die Kostentragung oder einer Kostenübernahmeerklärung folgt,
	2. Anerkenntnis- oder Verzichtsentscheidung oder Endentscheidung, die nach § 38 Abs. 4 Nr. 2 oder 3 FamFG keine Begründung enthält oder nur deshalb eine Begründung enthält, weil zu erwarten ist, dass der Beschluss im Ausland geltend gemacht wird (§ 38 Abs. 5 Nr. 4 FamFG),
	3. gerichtlichen Vergleich oder
	4. Erledigung in der Hauptsache, wenn keine Entscheidung über die Kosten ergeht oder die Entscheidung einer zuvor mitgeteilten Einigung über die Kostentragung oder einer Kostenübernahmeerklärung folgt,
	es sei denn, dass bereits eine andere Endentscheidung als eine der in Nummer 2 genannten Entscheidungen vorausgegangen ist:
	Die Gebühr 1220 ermäßigt sich auf ....
		1,0

	(1) Die Zurücknahme des Antrags auf Durchführung des streitigen Verfahrens (§ 696 Abs. 1 ZPO), des Widerspruchs gegen den Mahnbescheid oder des Einspruchs gegen den Vollstreckungsbescheid stehen der Zurücknahme des Antrags (Nummer 1) gleich. (2) Die Vervollständigung einer ohne Begründung hergestellten Endentscheidung (§ 38 Abs. 6 FamFG) steht der Ermäßigung nicht entgegen. (3) Die Gebühr ermäßigt sich auch, wenn mehrere Ermäßigungstatbestände erfüllt sind.	
	Unterabschnitt 2 *Beschwerde gegen die Endentscheidung*	
1222	Verfahren im Allgemeinen	4,0
1223	Beendigung des gesamten Verfahrens durch Zurücknahme der Beschwerde oder des Antrags, bevor die Schrift zur Begründung der Beschwerde bei Gericht eingegangen ist: Die Gebühr 1222 ermäßigt sich auf	1,0
	Die Erledigung in der Hauptsache steht der Zurücknahme gleich, wenn keine Entscheidung über die Kosten ergeht oder die Entscheidung einer zuvor mitgeteilten Einigung über die Kostentragung oder einer Kostenübernahmeerklärung folgt.	

1224	Beendigung des gesamten Verfahrens, wenn nicht Nummer 1223 erfüllt ist, durch
	1. Zurücknahme der Beschwerde oder des Antrags
	   a) vor dem Schluss der mündlichen Verhandlung oder,
	   b) falls eine mündliche Verhandlung nicht stattfindet, vor Ablauf	

Anlage 1 FamGKG | Kostenverzeichnis

Nr	Gebührentatbestand	Gebühr oder Satz der Gebühr nach § 28 FamGKG
	des Tages, an dem die Endentscheidung der Geschäftsstelle übermittelt wird, 2. Anerkenntnis- oder Verzichtsentscheidung, 3. gerichtlichen Vergleich oder 4. Erledigung in der Hauptsache, wenn keine Entscheidung über die Kosten ergeht oder die Entscheidung einer zuvor mitgeteilten Einigung über die Kostentragung oder einer Kostenübernahmeerklärung folgt, es sei denn, dass bereits eine andere Endentscheidung als eine der in Nummer 2 genannten Entscheidungen vorausgegangen ist: Die Gebühr 1222 ermäßigt sich auf	2,0
	Die Gebühr ermäßigt sich auch, wenn mehrere Ermäßigungstatbestände erfüllt sind.	
	Unterabschnitt 3 *Rechtsbeschwerde gegen die Endentscheidung*	
1225	Verfahren im Allgemeinen	5,0
1226	Beendigung des gesamten Verfahrens durch Zurücknahme der Rechtsbeschwerde oder des Antrags, bevor die Schrift zur Begründung der Rechtsbeschwerde bei Gericht eingegangen ist: Die Gebühr 1225 ermäßigt sich auf	1,0
	Die Erledigung in der Hauptsache steht der Zurücknahme gleich, wenn keine Entscheidung über die Kosten ergeht oder die Entscheidung einer zuvor mitgeteilten Einigung über die Kostentragung oder einer Kostenübernahmeerklärung folgt.	
1227	Beendigung des gesamten Verfahrens durch Zurücknahme der Rechtsbeschwerde oder des Antrags vor Ablauf des Tages, an dem die Endentscheidung der Geschäftsstelle übermittelt wird, wenn nicht Nummer 1226 erfüllt ist: Die Gebühr 1225 ermäßigt sich auf	3,0
	Unterabschnitt 4 *Zulassung der Sprungrechtsbeschwerde gegen die Endentscheidung*	
1228	Verfahren über die Zulassung der Sprungrechtsbeschwerde: Soweit der Antrag abgelehnt wird	1,5
1229	Verfahren über die Zulassung der Sprungrechtsbeschwerde: Soweit der Antrag zurückgenommen oder das Verfahren durch anderweitige Erledigung beendet wird	1,0
	Die Gebühr entsteht nicht, soweit die Sprungrechtsbeschwerde zugelassen wird.	

Hauptabschnitt 3
Hauptsacheverfahren in selbständigen Familiensachen der freiwilligen Gerichtsbarkeit

Abschnitt 1
Kindschaftssachen

Vorbemerkung 1.3.1:
  (1) Keine Gebühren werden erhoben für
1. die Pflegschaft für eine Leibesfrucht,
2. ein Verfahren, das die freiheitsentziehende Unterbringung eines Minderjährigen betrifft, und
3. ein Verfahren, das Aufgaben nach dem Jugendgerichtsgesetz betrifft.
  (2) Von dem Minderjährigen werden Gebühren nach diesem Abschnitt nur erhoben, wenn sein Ver-

Nr	Gebührentatbestand	Gebühr oder Satz der Gebühr nach § 28 FamGKG
	mögen nach Abzug der Verbindlichkeiten mehr als 25 000 Euro beträgt; der in § 90 Abs. 2 Nr. 8 des Zwölften Buches Sozialgesetzbuch genannte Vermögenswert wird nicht mitgerechnet.	

Unterabschnitt 1
Verfahren vor dem Familiengericht

Nr	Gebührentatbestand	Gebühr oder Satz der Gebühr nach § 28 FamGKG
1310	Verfahrensgebühr	0,5
	(1) Die Gebühr entsteht nicht für Verfahren, die in den Rahmen einer Vormundschaft oder Pflegschaft fallen.	
	(2) Für die Umgangspflegschaft werden neben der Gebühr für das Verfahren, in dem diese angeordnet wird, keine besonderen Gebühren erhoben.	
1311	Jahresgebühr für jedes Kalenderjahr bei einer Vormundschaft oder Dauerpflegschaft, wenn nicht Nummer 1312 anzuwenden ist.	5,00 EUR je angefangene 5 000,00 EUR des zu berücksichtigenden Vermögens – mindestens 50,00 EUR
	(1) Für die Gebühr wird das Vermögen des von der Maßnahme betroffenen Minderjährigen nur berücksichtigt, soweit es nach Abzug der Verbindlichkeiten mehr als 25 000 Euro beträgt; der in § 90 Abs. 2 Nr. 8 des Zwölften Buches Sozialgesetzbuch genannte Vermögenswert wird nicht mitgerechnet. Ist Gegenstand der Maßnahme ein Teil des Vermögens, ist höchstens dieser Teil des Vermögens zu berücksichtigen.	
	(2) Für das bei Anordnung der Maßnahme oder bei der ersten Tätigkeit des Familiengerichts nach Eintritt der Vormundschaft laufende und das folgende Kalenderjahr wird nur eine Jahresgebühr erhoben.	
	(3) Erstreckt sich eine Maßnahme auf mehrere Minderjährige, wird die Gebühr für jeden Minderjährigen besonders erhoben.	
	(4) Geht eine Pflegschaft in eine Vormundschaft über, handelt es sich um ein einheitliches Verfahren.	
1312	Jahresgebühr für jedes Kalenderjahr bei einer Dauerpflegschaft, die nicht unmittelbar das Vermögen oder Teile des Vermögens zum Gegenstand hat	200,00 EUR – höchstens eine Gebühr 1311
1313	Verfahrensgebühr bei einer Pflegschaft für einzelne Rechtshandlungen	0,5 – höchstens eine Gebühr 1311
	(1) Bei einer Pflegschaft für mehrere Minderjährige wird die Gebühr nur einmal aus dem zusammengerechneten Wert erhoben. Minderjährige, von denen nach Vorbemerkung 1.3.1 Abs. 2 keine Gebühr zu erheben ist, sind nicht zu berücksichtigen. Höchstgebühr ist die Summe der für alle zu berücksichtigenden Minderjährigen jeweils maßgebenden Gebühr 1311.	
	(2) Als Höchstgebühr ist die Gebühr 1311 in der Höhe zugrunde zu legen, in der sie bei einer Vormundschaft entstehen würde.	
	(3) Die Gebühr wird nicht erhoben, wenn für den Minderjährigen eine Vormundschaft oder eine Dauerpflegschaft, die sich auf denselben Gegenstand bezieht, besteht.	

Anlage 1 FamGKG | Kostenverzeichnis

Nr	Gebührentatbestand	Gebühr oder Satz der Gebühr nach § 28 FamGKG
	Unterabschnitt 2 *Beschwerde gegen die Endentscheidung*	
1314	Verfahren im Allgemeinen	1,0
1315	Beendigung des gesamten Verfahrens ohne Endentscheidung: Die Gebühr 1314 ermäßigt sich auf	0,5
	(1) Wenn die Entscheidung nicht durch Vorlesen der Entscheidungsformel bekannt gegeben worden ist, ermäßigt sich die Gebühr auch im Falle der Zurücknahme der Beschwerde vor Ablauf des Tages, an dem die Endentscheidung der Geschäftsstelle übermittelt wird. (2) Eine Entscheidung über die Kosten steht der Ermäßigung nicht entgegen, wenn die Entscheidung einer zuvor mitgeteilten Einigung über die Kostentragung oder einer Kostenübernahmeerklärung folgt.	
	Unterabschnitt 3 *Rechtsbeschwerde gegen die Endentscheidung*	
1316	Verfahren im Allgemeinen	1,5
1317	Beendigung des gesamten Verfahrens durch Zurücknahme der Rechtsbeschwerde oder des Antrags, bevor die Schrift zur Begründung der Beschwerde bei Gericht eingegangen ist: Die Gebühr 1316 ermäßigt sich auf	0,5
1318	Beendigung des gesamten Verfahrens durch Zurücknahme der Rechtsbeschwerde oder des Antrags vor Ablauf des Tages, an dem die Endentscheidung der Geschäftsstelle übermittelt wird, wenn nicht Nummer 1317 erfüllt ist: Die Gebühr 1316 ermäßigt sich auf	1,0
	Unterabschnitt 4 *Zulassung der Sprungrechtsbeschwerde gegen die Endentscheidung*	
1319	Verfahren über die Zulassung der Sprungrechtsbeschwerde: Soweit der Antrag abgelehnt wird	0,5
	Abschnitt 2 *Übrige Familiensachen der freiwilligen Gerichtsbarkeit*	

Vorbemerkung 1.3.2:
(1) Dieser Abschnitt gilt für
1. Abstammungssachen,
2. Adoptionssachen, die einen Volljährigen betreffen,
3. Ehewohnungs- und Haushaltssachen,
4. Gewaltschutzsachen,
5. Versorgungsausgleichssachen sowie
6. Unterhaltssachen, Güterrechtssachen und sonstige Familiensachen (§ 111 Nr. 10 FamFG), die nicht Familienstreitsachen sind.

(2) In Adoptionssachen werden für Verfahren auf Ersetzung der Einwilligung zur Annahme als Kind neben den Gebühren für das Verfahren über die Annahme als Kind keine Gebühren erhoben.

	Unterabschnitt 1 *Erster Rechtszug*	
1320	Verfahren im Allgemeinen	2,0
1321	Beendigung des gesamten Verfahrens 1. ohne Endentscheidung, 2. durch Zurücknahme des Antrags vor Ablauf des Tages, an dem die Endentscheidung der Geschäftsstelle übermittelt wird, wenn	

Nr	Gebührentatbestand	Gebühr oder Satz der Gebühr nach § 28 FamGKG
	die Entscheidung nicht bereits durch Vorlesen der Entscheidungsformel bekannt gegeben worden ist, oder 3. wenn die Endentscheidung keine Begründung enthält oder nur deshalb eine Begründung enthält, weil zu erwarten ist, dass der Beschluss im Ausland geltend gemacht wird (§ 38 Abs. 5 Nr. 4 FamFG):	
	Die Gebühr 1320 ermäßigt sich auf	0,5
	(1) Die Vervollständigung einer ohne Begründung hergestellten Endentscheidung (§ 38 Abs. 6 FamFG) steht der Ermäßigung nicht entgegen. (2) Die Gebühr ermäßigt sich auch, wenn mehrere Ermäßigungstatbestände erfüllt sind.	
	Unterabschnitt 2 *Beschwerde gegen die Endentscheidung*	
1322	Verfahren im Allgemeinen	3,0
1323	Beendigung des gesamten Verfahrens durch Zurücknahme der Beschwerde oder des Antrags, bevor die Schrift zur Begründung der Beschwerde bei Gericht eingegangen ist:	
	Die Gebühr 1322 ermäßigt sich auf	0,5
1324	Beendigung des gesamten Verfahrens ohne Endentscheidung, wenn nicht Nummer 1323 erfüllt ist:	
	Die Gebühr 1322 ermäßigt sich auf	1,0
	(1) Wenn die Entscheidung nicht durch Vorlesen der Entscheidungsformel bekannt gegeben worden ist, ermäßigt sich die Gebühr auch im Falle der Zurücknahme der Beschwerde vor Ablauf des Tages, an dem die Endentscheidung der Geschäftsstelle übermittelt wird. (2) Eine Entscheidung über die Kosten steht der Ermäßigung nicht entgegen, wenn die Entscheidung einer zuvor mitgeteilten Einigung über die Kostentragung oder einer Kostenübernahmeerklärung folgt.	
	Unterabschnitt 3 *Rechtsbeschwerde gegen die Endentscheidung*	
1325	Verfahren im Allgemeinen	4,0
1326	Beendigung des gesamten Verfahrens durch Zurücknahme der Rechtsbeschwerde oder des Antrags, bevor die Schrift zur Begründung der Beschwerde bei Gericht eingegangen ist:	
	Die Gebühr 1325 ermäßigt sich auf	1,0
1327	Beendigung des gesamten Verfahrens durch Zurücknahme der Rechtsbeschwerde oder des Antrags vor Ablauf des Tages, an dem die Endentscheidung der Geschäftsstelle übermittelt wird, wenn nicht Nummer 1326 erfüllt ist:	
	Die Gebühr 1325 ermäßigt sich auf	2,0
	Unterabschnitt 4 *Zulassung der Sprungrechtsbeschwerde gegen die Endentscheidung*	
1328	Verfahren über die Zulassung der Sprungrechtsbeschwerde: Soweit der Antrag abgelehnt wird	1,0

Anlage 1 FamGKG | Kostenverzeichnis

Nr	Gebührentatbestand	Gebühr oder Satz der Gebühr nach § 28 FamGKG
	Hauptabschnitt 4 **Einstweiliger Rechtsschutz**	
	Vorbemerkung 1.4: Im Verfahren über den Erlass einer einstweiligen Anordnung und über deren Aufhebung oder Änderung werden die Gebühren nur einmal erhoben. Dies gilt entsprechend im Arrestverfahren.	
	Abschnitt 1 *Einstweilige Anordnung in Kindschaftssachen*	
	Unterabschnitt 1 *Erster Rechtszug*	
1410	Verfahren im Allgemeinen	0,3
	Die Gebühr entsteht nicht für Verfahren, die in den Rahmen einer Vormundschaft oder Pflegschaft fallen.	
	Unterabschnitt 2 *Beschwerde gegen die Endentscheidung*	
1411	Verfahren im Allgemeinen	0,5
1412	Beendigung des gesamten Verfahrens ohne Endentscheidung: Die Gebühr 1411 ermäßigt sich auf	0,3
	(1) Wenn die Entscheidung nicht durch Vorlesen der Entscheidungsformel bekannt gegeben worden ist, ermäßigt sich die Gebühr auch im Falle der Zurücknahme der Beschwerde vor Ablauf des Tages, an dem die Endentscheidung der Geschäftsstelle übermittelt wird. (2) Eine Entscheidung über die Kosten steht der Ermäßigung nicht entgegen, wenn die Entscheidung einer zuvor mitgeteilten Einigung über die Kostentragung oder einer Kostenübernahmeerklärung folgt.	
	Abschnitt 2 *Einstweilige Anordnung in den übrigen Familiensachen und Arrest*	
	Vorbemerkung 1.4.2: Dieser Abschnitt gilt für Familienstreitsachen und die in Vorbemerkung 1.3.2 genannten Verfahren.	
	Unterabschnitt 1 *Erster Rechtszug*	
1420	Verfahren im Allgemeinen	1,5
1421	Beendigung des gesamten Verfahrens ohne Endentscheidung: Die Gebühr 1420 ermäßigt sich auf	0,5
	(1) Wenn die Entscheidung nicht durch Vorlesen der Entscheidungsformel bekannt gegeben worden ist, ermäßigt sich die Gebühr auch im Falle der Zurücknahme des Antrags vor Ablauf des Tages, an dem die Endentscheidung der Geschäftsstelle übermittelt wird. (2) Eine Entscheidung über die Kosten steht der Ermäßigung nicht entgegen, wenn die Entscheidung einer zuvor mitgeteilten Einigung über die Kostentragung oder einer Kostenübernahmeerklärung folgt.	
	Unterabschnitt 2 *Beschwerde gegen die Endentscheidung*	
1422	Verfahren im Allgemeinen	2,0
1423	Beendigung des gesamten Verfahrens durch Zurücknahme der Beschwerde oder des Antrags, bevor die Schrift zur Begründung der Beschwerde bei Gericht eingegangen ist:	

Kostenverzeichnis | Anlage 1 FamGKG

Nr	Gebührentatbestand	Gebühr oder Satz der Gebühr nach § 28 FamGKG
	Die Gebühr 1422 ermäßigt sich auf	0,5
1424	Beendigung des gesamten Verfahrens ohne Endentscheidung, wenn nicht Nummer 1423 erfüllt ist:	
	Die Gebühr 1422 ermäßigt sich auf	1,0
	(1) Wenn die Entscheidung nicht durch Vorlesen der Entscheidungsformel bekannt gegeben worden ist, ermäßigt sich die Gebühr auch im Falle der Zurücknahme der Beschwerde vor Ablauf des Tages, an dem die Endentscheidung der Geschäftsstelle übermittelt wird. (2) Eine Entscheidung über die Kosten steht der Ermäßigung nicht entgegen, wenn die Entscheidung einer zuvor mitgeteilten Einigung über die Kostentragung oder einer Kostenübernahmeerklärung folgt.	

Hauptabschnitt 5
Besondere Gebühren

1500	Abschluss eines gerichtlichen Vergleichs:	
	Soweit der Wert des Vergleichsgegenstands den Wert des Verfahrensgegenstands übersteigt	0,25
	Die Gebühr entsteht nicht im Verfahren über die Prozess- oder Verfahrenskostenhilfe.	
1501	Auferlegung einer Gebühr nach § 32 FamGKG wegen Verzögerung des Verfahrens.	wie vom Gericht bestimmt
1502	Anordnung von Zwangsmaßnahmen durch Beschluss nach § 35 FamFG:	
	je Anordnung	15,00 EUR

Hauptabschnitt 6
Vollstreckung

Vorbemerkung 1.6:
Die Vorschriften dieses Hauptabschnitts gelten für die Vollstreckung nach Buch 1 Abschnitt 8 FamFG, soweit das Familiengericht zuständig ist. Für Handlungen durch das Vollstreckungs- oder Arrestgericht werden Gebühren nach dem GKG erhoben.

1600	Verfahren über den Antrag auf Erteilung einer weiteren vollstreckbaren Ausfertigung (§ 733 ZPO).	15,00 EUR
	Die Gebühr wird für jede weitere vollstreckbare Ausfertigung gesondert erhoben. Sind wegen desselben Anspruchs in einem Mahnverfahren gegen mehrere Personen gesonderte Vollstreckungsbescheide erlassen worden und werden hiervon gleichzeitig mehrere weitere vollstreckbare Ausfertigungen beantragt, wird die Gebühr nur einmal erhoben.	
1601	Anordnung der Vornahme einer vertretbaren Handlung durch einen Dritten	15,00 EUR
1602	Anordnung von Zwangs- oder Ordnungsmitteln:	
	je Anordnung	15,00 EUR
	Mehrere Anordnungen gelten als eine Anordnung, wenn sie dieselbe Verpflichtung betreffen. Dies gilt nicht, wenn Gegenstand der Verpflichtung die wiederholte Vornahme einer Handlung oder eine Unterlassung ist.	
1603	Verfahren zur Abnahme einer eidesstattlichen Versicherung (§ 94 FamFG)	30,00 EUR
	Die Gebühr entsteht mit der Anordnung des Gerichts, dass der Verpflichtete	

Anlage 1 FamGKG | Kostenverzeichnis

Nr	Gebührentatbestand	Gebühr oder Satz der Gebühr nach § 28 FamGKG
	eine eidesstattliche Versicherung abzugeben hat, oder mit dem Eingang des Antrags des Berechtigten.	

Hauptabschnitt 7
Verfahren mit Auslandsbezug

Abschnitt 1
Erster Rechtszug

Nr	Gebührentatbestand	Gebühr
1710	Verfahren über Anträge auf 1. Erlass einer gerichtlichen Anordnung auf Rückgabe des Kindes oder über das Recht zum persönlichen Umgang nach dem IntFamRVG, 2. Vollstreckbarerklärung ausländischer Titel, 3. Feststellung, ob die ausländische Entscheidung anzuerkennen ist, einschließlich der Anordnungen nach § 33 IntFamRVG zur Wiederherstellung des Sorgeverhältnisses, 4. Erteilung der Vollstreckungsklausel zu ausländischen Titeln und 5. Aufhebung oder Abänderung von Entscheidungen in den in den Nummern 2 bis 4 genannten Verfahren..................	200,00 EUR
1711	Verfahren über den Antrag auf Ausstellung einer Bescheinigung nach § 56 AVAG oder § 48 IntFamRVG	10,00 EUR
1712	Verfahren über den Antrag auf Ausstellung einer Bestätigung nach § 1079 ZPO...	15,00 EUR
1713	Verfahren nach § 3 Abs. 2 des Gesetzes zur Ausführung des Vertrags zwischen der Bundesrepublik Deutschland und der Republik Österreich vom 6. Juni 1959 über die gegenseitige Anerkennung und Vollstreckung von gerichtlichen Entscheidungen, Vergleichen und öffentlichen Urkunden in Zivil- und Handelssachen in der im Bundesgesetzblatt Teil III, Gliederungsnummer 319–12, veröffentlichten bereinigten Fassung, das zuletzt durch Artikel 23 des Gesetzes vom 27. Juli 2001 (BGBl. I S 1887) geändert worden ist	50,00 EUR
1714	Verfahren über den Antrag nach § 107 Abs. 5, 6 und 8, § 108 Abs. 2 FamFG: Der Antrag wird zurückgewiesen	200,00 EUR
1715	Beendigung des gesamten Verfahrens durch Zurücknahme des Antrags vor Ablauf des Tages, an dem die Endentscheidung der Geschäftsstelle übermittelt wird, wenn die Entscheidung nicht bereits durch Vorlesen der Entscheidungsformel bekannt gegeben worden ist: Die Gebühr 1710 oder 1714 ermäßigt sich auf	75,00 EUR

Abschnitt 2
Beschwerde und Rechtsbeschwerde gegen die Endentscheidung

Nr	Gebührentatbestand	Gebühr
1720	Verfahren über die Beschwerde oder Rechtsbeschwerde in den in den Nummern 1710, 1713 und 1714 genannten Verfahren	300,00 EUR
1721	Beendigung des gesamten Verfahrens durch Zurücknahme der Beschwerde, der Rechtsbeschwerde oder des Antrags, bevor die Schrift zur Begründung der Beschwerde bei Gericht eingegangen ist: Die Gebühr 1720 ermäßigt sich auf	75,00 EUR

Kostenverzeichnis | Anlage 1 FamGKG

Nr	Gebührentatbestand	Gebühr oder Satz der Gebühr nach § 28 FamGKG
1722	Beendigung des gesamten Verfahrens ohne Endentscheidung, wenn nicht Nummer 1721 erfüllt ist: Gebühr 1720 ermäßigt sich auf...............................	150,00 EUR
	(1) Wenn die Entscheidung nicht durch Vorlesen der Entscheidungsformel bekannt gegeben worden ist, ermäßigt sich die Gebühr auch im Falle der Zurücknahme der Beschwerde oder der Rechtsbeschwerde vor Ablauf des Tages, an dem die Endentscheidung der Geschäftsstelle übermittelt wird. (2) Eine Entscheidung über die Kosten steht der Ermäßigung nicht entgegen, wenn die Entscheidung einer zuvor mitgeteilten Einigung über die Kostentragung oder einer Kostenübernahmeerklärung folgt.	
1723	Verfahren über die Beschwerde in 1. den in den Nummern 1711 und 1712 genannten Verfahren, 2. Verfahren nach § 245 FamFG oder 3. Verfahren über die Berichtigung oder den Widerruf einer Bestätigung nach § 1079 ZPO: Die Beschwerde wird verworfen oder zurückgewiesen............	50,00 EUR

Hauptabschnitt 8
Rüge wegen Verletzung des Anspruchs auf rechtliches Gehör

1800	Verfahren über die Rüge wegen Verletzung des Anspruchs auf rechtliches Gehör (§ 44 FamFG): Die Rüge wird in vollem Umfang verworfen oder zurückgewiesen..	50,00 EUR

Hauptabschnitt 9
Rechtsmittel im Übrigen

Abschnitt 1
Sonstige Beschwerden

1910	Verfahren über die Beschwerde in den Fällen von § 71 Abs. 2, § 91a Abs. 2, § 99 Abs. 2 und § 269 Abs. 5 ZPO.......................	75,00 EUR
1911	Beendigung des gesamten Verfahrens ohne Endentscheidung: Die Gebühr 1910 ermäßigt sich auf	50,00 EUR
	(1) Wenn die Entscheidung nicht durch Vorlesen der Entscheidungsformel bekannt gegeben worden ist, ermäßigt sich die Gebühr auch im Falle der Zurücknahme der Beschwerde vor Ablauf des Tages, an dem die Endentscheidung der Geschäftsstelle übermittelt wird. (2) Eine Entscheidung über die Kosten steht der Ermäßigung nicht entgegen, wenn die Entscheidung einer zuvor mitgeteilten Einigung über die Kostentragung oder einer Kostenübernahmeerklärung folgt.	
1912	Verfahren über eine nicht besonders aufgeführte Beschwerde, die nicht nach anderen Vorschriften gebührenfrei ist: Die Beschwerde wird verworfen oder zurückgewiesen............	50,00 EUR
	Wird die Beschwerde nur teilweise verworfen oder zurückgewiesen, kann das Gericht die Gebühr nach billigem Ermessen auf die Hälfte ermäßigen oder bestimmen, dass eine Gebühr nicht zu erheben ist.	

Abschnitt 2
Sonstige Rechtsbeschwerden

1920	Verfahren über die Rechtsbeschwerde in den Fällen von § 71 Abs. 1, § 91a Abs. 1, § 99 Abs. 2 und § 269 Abs. 4 ZPO	150,00 EUR

Anlage 1 FamGKG | Kostenverzeichnis

Nr	Gebührentatbestand	Gebühr oder Satz der Gebühr nach § 28 FamGKG
1921	Beendigung des gesamten Verfahrens durch Zurücknahme der Rechtsbeschwerde, bevor die Schrift zur Begründung der Rechtsbeschwerde bei Gericht eingegangen ist:	
	Die Gebühr 1920 ermäßigt sich auf	50,00 EUR
1922	Beendigung des gesamten Verfahrens durch Zurücknahme der Rechtsbeschwerde oder des Antrags vor Ablauf des Tages, an dem die Endentscheidung der Geschäftsstelle übermittelt wird, wenn nicht Nummer 1921 erfüllt ist:	
	Die Gebühr 1920 ermäßigt sich auf	75,00 EUR
1923	Verfahren über eine nicht besonders aufgeführte Rechtsbeschwerde, die nicht nach anderen Vorschriften gebührenfrei ist:	
	Die Rechtsbeschwerde wird verworfen oder zurückgewiesen	100,00 EUR
	Wird die Rechtsbeschwerde nur teilweise verworfen oder zurückgewiesen, kann das Gericht die Gebühr nach billigem Ermessen auf die Hälfte ermäßigen oder bestimmen, dass eine Gebühr nicht zu erheben ist.	
1924	Beendigung des gesamten Verfahrens durch Zurücknahme der Rechtsbeschwerde oder des Antrags vor Ablauf des Tages, an dem die Endentscheidung der Geschäftsstelle übermittelt wird:	
	Die Gebühr 1923 ermäßigt sich auf	50,00 EUR
	Abschnitt 3 *Zulassung der Sprungrechtsbeschwerde in sonstigen Fällen*	
1930	Verfahren über die Zulassung der Sprungrechtsbeschwerde in den nicht besonders aufgeführten Fällen:	
	Wenn der Antrag abgelehnt wird.............................	50,00 EUR

Kostenverzeichnis | Anlage 1 FamGKG

Teil 2 Auslagen

Nr	Auslagentatbestand	Höhe
	Vorbemerkung 2: (1) Auslagen, die durch eine für begründet befundene Beschwerde entstanden sind, werden nicht erhoben, soweit das Beschwerdeverfahren gebührenfrei ist; dies gilt jedoch nicht, soweit das Beschwerdegericht die Kosten dem Gegner des Beschwerdeführers auferlegt hat. (2) Sind Auslagen durch verschiedene Rechtssachen veranlasst, werden sie auf die mehreren Rechtssachen angemessen verteilt. (3) In Kindschaftssachen werden von dem Minderjährigen Auslagen nur unter den in Vorbemerkung 1.3.1 Abs. 2 genannten Voraussetzungen erhoben. In den in Vorbemerkung 1.3.1 Abs. 1 genannten Verfahren werden keine Auslagen erhoben. Die Sätze 1 und 2 gelten nicht für die Auslagen 2013. (4) Bei Handlungen durch das Vollstreckungs- oder Arrestgericht werden Auslagen nach dem GKG erhoben.	
2000	Pauschale für die Herstellung und Überlassung von Dokumenten:	
	1. Ausfertigungen, Ablichtungen und Ausdrucke, die auf Antrag angefertigt, per Telefax übermittelt oder angefertigt worden sind, weil ein Beteiligter es unterlassen hat, die erforderliche Zahl von Mehrfertigungen beizufügen, oder wenn per Telefax übermittelte Mehrfertigungen von der Empfangseinrichtung des Gerichts ausgedruckt werden:	
	für die ersten 50 Seiten............................	0,50 EUR
	je Seite	0,15 EUR
	2. Überlassung von elektronisch gespeicherten Dateien anstelle der in Nummer 1 genannten Ausfertigungen, Ablichtungen und Ausdrucke:	
	je Datei	2,50 EUR
	(1) Die Höhe der Dokumentenpauschale nach Nummer 1 ist in jedem Rechtszug, bei Vormundschaften und Dauerpflegschaften in jedem Kalenderjahr und für jeden Kostenschuldner nach § 23 Abs. 1 FamGKG gesondert zu berechnen; Gesamtschuldner gelten als ein Schuldner. (2) Frei von der Dokumentenpauschale sind für jeden Beteiligten und seinen bevollmächtigte Vertreter jeweils 1. eine vollständige Ausfertigung oder Ablichtung oder ein vollständiger Ausdruck jeder gerichtlichen Entscheidung und jedes vor Gericht abgeschlossenen Vergleichs, 2. eine Ausfertigung ohne Begründung und 3. eine Ablichtung oder ein Ausdruck jeder Niederschrift über eine Sitzung. § 191a Abs. 1 Satz 2 GVG bleibt unberührt.	
2001	Auslagen für Telegramme................................	in voller Höhe
2002	Pauschale für Zustellungen mit Zustellungsurkunde, Einschreiben gegen Rückschein oder durch Justizbedienstete nach § 168 Abs. 1 ZPO je Zustellung..	3,50 EUR
	Neben Gebühren, die sich nach dem Verfahrenswert richten, wird die Zustellungspauschale nur erhoben, soweit in einem Rechtszug mehr als 10 Zustellungen anfallen.	
2003	Pauschale für	
	1. die Versendung von Akten auf Antrag je Sendung.............	12,00 EUR
	2. die elektronische Übermittlung einer elektronisch geführten Akte auf Antrag	5,00 EUR
	Die Hin- und Rücksendung der Akten durch Gerichte gelten zusammen als eine Sendung.	
2004	Auslagen für öffentliche Bekanntmachungen	

Anlage 1 FamGKG | Kostenverzeichnis

Nr	Auslagentatbestand	Höhe
	1. bei Veröffentlichung in einem elektronischen Informations- und Kommunikationssystem, wenn ein Entgelt nicht zu zahlen ist oder das Entgelt nicht für den Einzelfall oder ein einzelnes Verfahren berechnet wird:	
	je Veröffentlichung pauschal...............................	1,00 EUR
	2. in sonstigen Fällen	in voller Höhe
2005	Nach dem JVEG zu zahlende Beträge	in voller Höhe
	(1) Die Beträge werden auch erhoben, wenn aus Gründen der Gegenseitigkeit, der Verwaltungsvereinfachung oder aus vergleichbaren Gründen keine Zahlungen zu leisten sind. Ist aufgrund des § 1 Abs. 2 Satz 2 JVEG keine Vergütung zu zahlen, ist der Betrag zu erheben, der ohne diese Vorschrift zu zahlen wäre.	
	(2) Auslagen für Übersetzer, die zur Erfüllung der Rechte blinder oder sehbehinderter Personen herangezogen werden (§ 191a Abs. 1 GVG) und für Gebärdensprachdolmetscher (§ 186 Abs. 1 GVG) werden nicht erhoben.	
2006	Bei Geschäften außerhalb der Gerichtsstelle	
	1. die den Gerichtspersonen aufgrund gesetzlicher Vorschriften gewährte Vergütung (Reisekosten, Auslagenersatz) und die Auslagen für die Bereitstellung von Räumen	in voller Höhe
	2. für den Einsatz von Dienstkraftfahrzeugen für jeden gefahrenen Kilometer...	0,30 EUR
2007	Auslagen für	
	1. die Beförderung von Personen	in voller Höhe
	2. Zahlungen an mittellose Personen für die Reise zum Ort einer Verhandlung oder Anhörung und für die Rückreise............	bis zur Höhe der nach dem JVEG an Zeugen zu zahlenden Beträge
2008	Kosten einer Zwangshaft, auch aufgrund eines Haftbefehls in entsprechender Anwendung des § 901 ZPO	in Höhe des Haftkostenbeitrags nach § 50 Abs 2 und 3 StVollzG
2009	Kosten einer Ordnungshaft.................................	in Höhe des Haftkostenbeitrags nach § 50 Abs 2 und 3 StVollzG
	Diese Kosten werden nur angesetzt, wenn sie nach § 50 Abs. 1 StVollzG zu erheben wären.	
2010	Nach dem Auslandskostengesetz zu zahlende Beträge	in voller Höhe
2011	Beträge, die inländischen Behörden, öffentlichen Einrichtungen oder Bediensteten als Ersatz für Auslagen der in den Nummern 2000 bis 2009 bezeichneten Art zustehen.......................	begrenzt durch die Höchstsätze für die Auslagen 2000 bis 2009
	Die Beträge werden auch erhoben, wenn aus Gründen der Gegenseitigkeit, der Verwaltungsvereinfachung oder aus vergleichbaren Gründen keine Zahlungen zu leisten sind.	
2012	Beträge, die ausländischen Behörden, Einrichtungen oder Personen	

Nr	Auslagentatbestand	Höhe
	im Ausland zustehen, sowie Kosten des Rechtshilfeverkehrs mit dem Ausland...	in voller Höhe
	Die Beträge werden auch erhoben, wenn aus Gründen der Gegenseitigkeit, der Verwaltungsvereinfachung oder aus vergleichbaren Gründen keine Zahlungen zu leisten sind.	
2013	An den Verfahrensbeistand zu zahlende Beträge................	in voller Höhe
	Die Beträge werden von dem Minderjährigen nur nach Maßgabe des § 1836c BGB erhoben.	
2014	An den Umgangspfleger zu zahlende Beträge..................	in voller Höhe

Anlage 2 FamGKG | Gebührentabelle

Anlage 2
(zu § 28 Abs. 1)

Verfahrenswert bis ... EUR	Gebühr ... EUR	Verfahrenswert bis ... EUR	Gebühr ... EUR
300	25	40 000	398
600	35	45 000	427
900	45	50 000	456
1 200	55	65 000	556
1 500	65	80 000	656
2 000	73	95 000	756
2 500	81	110 000	856
3 000	89	125 000	956
3 500	97	140 000	1 056
4 000	105	155 000	1 156
4 500	113	170 000	1 256
5 000	121	185 000	1 356
6 000	136	200 000	1 456
7 000	151	230 000	1 606
8 000	166	260 000	1 756
9 000	181	290 000	1 906
10 000	196	320 000	2 056
13 000	219	350 000	2 206
16 000	242	380 000	2 356
19 000	265	410 000	2 506
22 000	288	440 000	2 656
25 000	311	470 000	2 806
30 000	340	500 000	2 956
35 000	369		

Artikel 111 FGG-RG Übergangsvorschrift

(1) Auf Verfahren, die bis zum Inkrafttreten des Gesetzes zur Reform des Verfahrens in Familiensachen und in den Angelegenheiten der freiwilligen Gerichtsbarkeit eingeleitet worden sind oder deren Einleitung bis zum Inkrafttreten des Gesetzes zur Reform des Verfahrens in Familiensachen und in den Angelegenheiten der freiwilligen Gerichtsbarkeit beantragt wurde, sind weiter die vor Inkrafttreten des Gesetzes zur Reform des Verfahrens in Familiensachen und in den Angelegenheiten der freiwilligen Gerichtsbarkeit geltenden Vorschriften anzuwenden. Auf Abänderungs-, Verlängerungs- und Aufhebungsverfahren finden die vor Inkrafttreten des Gesetzes zur Reform des Verfahrens in Familiensachen und in den Angelegenheiten der freiwilligen Gerichtsbarkeit geltenden Vorschriften Anwendung, wenn die Abänderungs-, Verlängerungs- und Aufhebungsverfahren bis zum Inkrafttreten des Gesetzes zur Reform des Verfahrens in Familiensachen und in den Angelegenheiten der freiwilligen Gerichtsbarkeit eingeleitet worden sind oder deren Einleitung bis zum Inkrafttreten des Gesetzes zur Reform des Verfahrens in Familiensachen und in den Angelegenheiten der freiwilligen Gerichtsbarkeit beantragt wurde.

(2) Jedes gerichtliche Verfahren, das mit einer Endentscheidung abgeschlossen wird, ist ein selbständiges Verfahren im Sinne des Absatzes 1 Satz 1.

(3) Abweichend von Absatz 1 Satz 1 sind auf Verfahren in Familiensachen, die am 1. September 2009 ausgesetzt sind oder nach dem 1. September 2009 ausgesetzt werden oder deren Ruhen am 1. September 2009 angeordnet ist oder nach dem 1. September 2009 angeordnet wird, die nach Inkrafttreten des Gesetzes zur Reform des Verfahrens in Familiensachen und in den Angelegenheiten der freiwilligen Gerichtsbarkeit geltenden Vorschriften anzuwenden.

(4) Abweichend von Absatz 1 Satz 1 sind auf Verfahren über den Versorgungsausgleich, die am 1. September 2009 vom Verbund abgetrennt sind oder nach dem 1. September 2009 abgetrennt werden, die nach Inkrafttreten des Gesetzes zur Reform des Verfahrens in Familiensachen und in den Angelegenheiten der freiwilligen Gerichtsbarkeit geltenden Vorschriften anzuwenden. Alle vom Verbund abgetrennten Folgesachen werden im Fall des Satzes 1 als selbständige Familiensachen fortgeführt.

(5) Abweichend von Absatz 1 Satz 1 sind auf Verfahren über den Versorgungsausgleich, in denen am 31. August 2010 im ersten Rechtszug noch keine Endentscheidung erlassen wurde, sowie auf die mit solchen Verfahren im Verbund stehenden Scheidungs- und Folgesachen ab dem 1. September 2010 die nach Inkrafttreten des Gesetzes zur Reform des Verfahrens in Familiensachen und in den Angelegenheiten der freiwilligen Gerichtsbarkeit geltenden Vorschriften anzuwenden.

Übersicht

	Rz		Rz
A. Entwicklung der Vorschrift	1	D. Übersicht über die durch das FGG-RG geänderten Vorschriften	27
B. Allgemeines, Anwendungsbereich	4		
C. Voraussetzungen	9		

A. Entwicklung der Vorschrift

Das Übergangsrecht ist noch vor seinem Inkrafttreten erheblich verändert worden. Der ursprüngliche Gesetzesentwurf beschränkte sich auf Abs 1 S 1 der Vorschrift. Im Laufe des weiteren Gesetzgebungsverfahrens wurde die Vorschrift um S 2 erweitert. Damit stellte der Gesetzgeber auf Anregung des Bundesrates klar, dass die auf Abänderung bestehender Entscheidungen gerichteten Verfahren als jeweils neue Angelegenheiten dem bei ihrer Einleitung bzw Beantragung geltenden Verfahrensrecht unterworfen sind 1

Artikel 111 FGG-RG | Übergangsvorschrift

(BTDr 16/9733 S 305). In dieser Fassung ist das Gesetz verkündet worden (Gesetz vom 17.12.2008, BGBl I 2586).

2 Das Gesetz zur Strukturreform des Versorgungsausgleichs hat dann das Übergangsrecht für die Versorgungsausgleichssachen aber auch alle anderen Familiensachen erheblich umgestaltet. Neben detaillierten Übergangsbestimmungen in § 48 VersAusglG (Gesetz vom 3.4.2009, BGBl I 700) hat Art 22 des VAStrRefG zugleich den Art 111 FGG-RG um die Abs 2 bis 5 erweitert. Beide Vorschriften enthalten praktisch bedeutsame Ausnahmevorschriften für den Versorgungsausgleich bzw familienrechtliche Verfahren. Diese können zu erheblichen Komplikationen führen. Art 111 FGG-RG ist im Kontext mit § 48 VersAusglG zu sehen. Obwohl diese Vorschrift eigentlich das materielle Recht betrifft, bestimmt sie praktisch inhaltsgleich mit Art 111 FGG-RG zugleich das anzuwendende Verfahrensrecht.

§ 48 VersAusglG
(1) In Verfahren über den Versorgungsausgleich, die vor dem 1. September 2009 eingeleitet worden sind, ist das bis dahin geltende materielle Recht und Verfahrensrecht weiterhin anzuwenden.
(2) Abweichend von Absatz 1 ist das ab dem 1. September 2009 geltende materielle Recht und Verfahrensrecht anzuwenden in Verfahren, die
1. am 1. September 2009 abgetrennt oder ausgesetzt sind oder deren Ruhen angeordnet ist oder
2. am 1. September 2009 abgetrennt oder ausgesetzt werden oder deren Ruhen angeordnet wird

(3) Abweichend von Absatz 1 ist in Verfahren, in denen am 31. August 2010 im ersten Rechtszug noch keine Endentscheidung erlassen wurde, ab dem 1. September 2010 das ab dem 1. September 2010 geltende materielle Recht und Verfahrensrecht anzuwenden.

3 Motor dieser Erweiterung war das Bestreben des Gesetzgebers, das Versorgungsausgleichsrecht möglichst bald auf alle Fälle zu erstrecken und hierbei zugleich einen – verfahrensrechtlich nicht gebotenen – Gleichlauf zum FamFG herbeizuführen (BTDrs 16/11903 S 57, 62).

B. Allgemeines, Anwendungsbereich

4 Die Vorschrift durchbricht den allgemeinen Grundsatz, dass im Verfahrensrecht das jeweils aktuelle Recht gilt. Von diesem Prinzip nimmt das FGG-RG aufgrund der vollständigen Neugestaltung des Verfahrensrechts mit seinen Änderungen in der Gerichtsstruktur bewusst Abstand (BTDrs 16/6308 S 359) Abs 1 S 1 der Vorschrift regelt den Grundsatz, wonach für alle anhängigen Verfahren die bis zum Inkrafttreten des Gesetzes geltenden Vorschriften maßgeblich bleiben; dies gilt bis zum endgültigen Abschluss des jeweiligen Verfahrens. Abs 1 S 2 u Abs 2 haben für alle Verfahren eine klarstellende Funktion, während die Absätze 3–5 für die Familiensachen sehr differenzierte Ausnahmeregeln enthalten.

5 Der Anwendungsbereich des Art 111 FGG-RG reicht über das FamFG (Art 1) mit den Familien-, Betreuungs-, Register- und Nachlasssachen sowie das FamGKG (Art 2) hinaus. Die Vorschrift gilt ebenfalls für die Änderungen aller weiteren 120 Gesetze und Verordnungen, die in den Art 3–110a FGG-RG genannt sind (BTDrs 16/6308 S 359; *Horndasch*/Viefhues Art 111 FGG-RG Musielak/Borth vor § 1 Rn 90) sowie jede gerichtliche Handlungsebene (Richter, Rechtspfleger, Urkundsbeamter der Geschäftsstelle). Hervorzuheben sind die Änderungen des Gerichtsverfassungsgesetzes (Art 22 FGG-RG), die ebenfalls nur für die dem neuen Recht unterliegenden Verfahren anzuwenden sind. In vermögensrechtlichen Streitigkeiten (Unterhalt, Zugewinn) ist weiterhin öffentlich zu verhandeln, während in Neuverfahren die Öffentlichkeit ausgeschlossen ist (§ 170 Abs 1

GVG). Zudem bleiben für Altverfahren zunächst die durch das FGG-RG aufgehobenen Vormundschaftsgerichte bestehen (Rz 14).

Als lex specialis geht Art 111 FGG-RG allen früheren Übergangsvorschriften vor, soweit nicht zeitgleich oder später erlassene Gesetze abweichende Regeln enthalten (*Hartmann* NJW 2009, 2655, 2656). 6

Das Übergangsrecht in § 63 FamGKG entspricht § 71 GKG und bezieht sich nicht auf die Regeln zum Inkrafttreten des FGG-RG (BTDrs 16/6308 S 308; s.a. die Kommentierung zu § 63 FamGKG Rz 1 ff). Eine Liste aller betroffenen Gesetze findet sich im Anhang. 7

Eine spezielle Übergangsvorschrift enthält § 40 EGGVG, wonach abweichend von der allgemeinen Übergangsvorschrift § 119 GVG in seiner bisherigen Fassung nur für die bis zum 31.8.2009 erlassenen Entscheidungen anzuwenden ist. Diese Regelung betrifft die Entscheidungen der Amtsgerichte in allgemeinen Zivilsachen, wenn eine Partei ihren allgemeinen Gerichtsstand nicht im Inland hatte oder das Amtsgericht ausländisches Recht angewendet und dies in den Entscheidungsgründen ausdrücklich festgestellt hat (BTDrs 16/9733 S 300) **Art 111 FGG-RG** betrifft nur das **Verfahrensrecht**; für Änderungen im materiellen Recht sind jeweils die besonderen Übergangsvorschriften zu beachten (ua §§ 48 ff VersAusglG; § 268a SGB VI; § 57 Abs 1 BeamtVG; Art 229 § 20 EGBGB). 8

C. Voraussetzungen

Abs 1: Alle ab dem Stichtag 1.9.2009 begonnenen Verfahren unterliegen dem neuen Verfahrensrecht. Die Anwendung des bisherigen Rechts setzt die Einleitung eines Verfahrens bis zum 31.8.2009 voraus oder einen bis dahin bei Gericht eingegangenen verfahrenseinleitenden Antrag. 9

In den **Amtsverfahren** erfordert dies eine eigene verfahrensfördernde Maßnahme des Gerichtes, ohne dass es darauf ankäme, ob das Gericht von sich aus oder aufgrund einer Anregung von außen tätig geworden ist (*Hartmann* NJW 2009, 2655, 2656). Die bloße Kenntnis von Umständen, die ein Eingreifen erfordern, genügt hingegen nicht; die Einleitung des Verfahrens muss sich nach außen dokumentieren – so durch eine verfahrenseinleitende Verfügung oder das Anlegen einer Akte. Weitergehende Ermittlungen sind ein sicherer Anhaltspunkt für den Beginn eines Verfahrens – notwendig sind sie aber nicht. 10

In den **Antragsverfahren** ist der Eingang bei Gericht, das Datum des Eingangsstempels, maßgeblich. Auf den Zeitpunkt der Zustellung kommt es nicht an (*Kemper* FPR 2009, 227, 228). Bereits ein bedingter Antrag ist ein wirksamer Antrag auf Einleitung des Verfahrens. Das Gesetz stellt nur auf den Zeitpunkt des Eingangs eines Antrags ab, nicht aber auf die Anhängigkeit eines Verfahrens im prozessualen Sinn. Daher genügt auch ein bis zum 31.8.2009 eingegangener Antrag auf Bewilligung von Prozesskostenhilfe für das beabsichtigte Verfahren, um die Voraussetzungen des Abs 1 zu erfüllen (wie hier Musielak/Borth vor § 1 Rn 93; aA Kemper FPR 2009, 227, 228; *Friederici*/Kemper Einleitung Rn 20; differenzierend OLG Naumburg, Beschluss vom 26.3.2009, 3 WF 66/09 – juris –). Die Zulässigkeit des Antrags ist für die Anwendung des Verfahrensrechts kein Maßstab. Daher führt auch der bei einem unzuständigen Gericht eingegangene Antrag zur Anwendung des bisherigen Rechts, ohne dass es auf den Zeitpunkt des Eingangs beim zuständigen Gericht ankäme (vgl BGH NJW 1978, 1058 zur Verjährung; aA *Hartmann* NJW 2009, 2655, 2656, der aber die begrenzte Wirkung des § 25 Abs 3 S 2 FamFG nicht beachtet). § 25 Abs 3 S 2 FamFG steht dem nicht entgegen. Diese Vorschrift gilt nicht bei Anwendung früheren Rechts und ist für Ehe- u Familienstreitsachen ohnehin nicht einschlägig (§ 113 FamFG). 11

Der vor dem 1.9.2009 bei Gericht eingegangene Antrag sichert die Geltung des bisherigen Rechts zugleich für alle weiteren Anträge. Die Geltung der Verfahrensordnung ist 12

Artikel 111 FGG-RG | Übergangsvorschrift

unteilbar (BTDrs 16/6308 S 359), so dass in diesen Verfahren spätere Anträge und die Rechtsmittel ebenfalls dem alten Verfahrensrecht unterliegen. Daraus folgt:
- Wird in einem bereits anhängigen Hauptsacheverfahren erst nach dem 1.9.2009 ein Antrag auf Erlass einer **einstweiligen Anordnung** gestellt, bleibt es bei der Anwendung der ZPO. Der Umstand, dass es sich bei der einstweiligen Anordnung nach neuem Recht um ein selbständiges Verfahren handelt, steht dem nicht entgegen, da das Hauptsacheverfahren das anzuwendende Recht bestimmt (BTDrs 16/6308 S 359) und damit unverändert die §§ 620 ff, 644 ZPO gelten, es also bei dem einheitlichen Verfahren nach altem Recht bleibt (wie hier Keidel/*Giers* § 49 FamFG Rn 6; aA *Fölsch*, 2.A. § 1 Rn 14). Ein Wahlrecht besteht insoweit nicht (für Wahlrecht Musielak/Borth vor § 1 Rn 92).
- Eine Einschränkung ergibt sich für einstweilige Anordnungen in Betreuungssachen, bei denen gemäß Abs 2 jeder Verfahrensgegenstand als neue Sache gilt (s Rz 14).
- Gleiches gilt für Anträge auf **Abänderung** einer nach bisherigem Recht erlassenen **einstweiligen Anordnung**. Hierfür sind weiterhin die §§ 620b, 620e ZPO, für das Außerkrafttreten § 620f ZPO einschlägig.
- Für **Verbundverfahren** gibt es keine Sperrwirkung – in einem anhängigen Scheidungsverfahren können nach dem 1.9.2009 weitere Folgesache anhängig gemacht werden. Wird ein bereits anhängiges **Verbundverfahren** nachträglich um neue **Folgesachen** erweitert, gilt auch für diese altes Verfahrensrecht. Soweit ein Wahlrecht besteht, ist bei außerhalb des Verbundes geltend gemachten Ansprüchen hingegen das neue Verfahrensrecht anzuwenden.
- Für **Nebenverfahren** (Prozesskostenhilfe) und Zwischenentscheidungen bleibt es bei der Anwendung alten Rechts.
- Folgt das Verfahren erster Instanz dem alten Recht, unterliegen bis zum endgültigen Abschluss des Verfahrens auch alle **Rechtsmittel** und die Entscheidungszuständigkeiten der Rechtsmittelgerichte dem bis zum 31.8.2009 geltenden Recht (BTDrs 16/6308 S 359; BGH, Beschluss v. 30.9.2009, XII ZB 135/07). In Familiensachen ist eine Revision nur zulässig, wenn sie das Berufungsgericht zugelassen hat. Die Geltung von § 26 Nr 9 EGZPO ist bis zum 31.12.2019 verlängert (Art 9 des Gesetzes vom 4.8.2009, BGBl I 2449. Zu den Ausnahmen in Versorgungsausgleichssachen s Rz 25.
- Es bleibt bei der Anwendung des bisherigen **Kostenrechts**. Zum Kostenrecht bei Rechtsmitteln s Rz 26.

13 **Abänderungs-, Verlängerungs- und Aufhebungsverfahren** sind jeweils selbständige Angelegenheiten. Die Vorschrift bezieht sich auf eine Abänderung früherer, die Hauptsache beendender Entscheidungen. Hierzu gehören die Abänderung von Unterhaltstiteln, Abänderungsverfahren zum Versorgungsausgleich (§§ 238 ff FamFG, §§ 51, 52 VersAusglG, §§ 225 ff, 48 FamFG), die Änderung von Sorge- und Umgangsregelungen (§ 166 FamFG, § 1696 BGB), die Aufhebung oder Verlängerung von freiheitsentziehenden Maßnahmen sowie Löschungsverfahren (§ 393 ff FamFG) und Verfahren in Nachlasssachen. Für diese stellt der nachträglich auf Vorschlag des Bundesrates (BTDrs 16/6308 S 401, 427) in Abs 1 eingefügte **S 2** klar, dass das frühere Recht nur anzuwenden ist, wenn die Änderungsanträge bereits vor dem 1.9.2009 eingegangen sind; für alle später eingeleiteten Verfahren gilt unabhängig von dem für die Ausgangsentscheidung geltenden Recht neues Verfahrensrecht.

14 Abs 2 konkretisiert die dem Abs 1 S 1 unterfallenden Verfahren. Jedes mit einer Endentscheidung – dh den Verfahrensgegenstand ganz oder teilweise erledigenden Entscheidung – abgeschlossene Verfahren ist ein selbständiges Verfahren, so dass für später eingeleitete Verfahren auch dann das neue Recht anzuwenden ist, wenn diese noch dieselbe Angelegenheit betreffen. Hauptanwendungsbereich der Vorschrift sind die Bestandsverfahren bei den früheren Vormundschaftsgerichten (Vormundschaft, Betreuung, Pflegschaft, Adoption), bei denen jede einzelne Entscheidung (Genehmigungen, Bestel-

lung oder Entlassung eines Vormunds usw.) als eigenständige Angelegenheit gilt. Damit will der Gesetzgeber einen zügigen Übergang in das neue Recht gewährleisten (BTDrs 16/11903 S 61). Jede erstmals nach Inkrafttreten des FamFG entfaltete gerichtliche Tätigkeit (Aufsicht, Genehmigung, Verlängerung) leitet ein neues Verfahren ein. Für dieses gilt neues Recht. Andererseits bleibt in den Altfällen das FGG anwendbar, so dass auch die Auflösung der Vormundschaftsgerichte (§ 35 FGG) solange aufgeschoben ist, bis die Altverfahren abgewickelt sind. Bedarf es in Betreuungssachen keiner gerichtlichen Maßnahmen (s Überprüfungsfrist § 69 Abs 1 Nr 5 FGG), gilt das frühere Recht, bis das Gericht in der Sache erneut tätig wird. Da der Gesetzgeber den Rechtswechsel an die Einleitung eines Verfahrens gebunden hat (BTDrs 16/11903 S 61), ist ungeachtet des Interesses an einem baldigen Rechtswechsel kein Raum für eine erweiternde Auslegung. Nach der Auslegungshilfe des BMJ sollen auch Altverfahren, in denen keine Anträge zu erwarten sind, an die Familiengerichte abgegeben werden. Mit dem Wortlaut des Gesetzes ist dies nicht zu vereinbaren (wie hier auch *Breuers* ZFE 2009, 378; Musielak/Borth vor § 1 Rn 101).

Das anzuwendende Recht ist für jedes eigenständige Verfahren selbständig zu beurteilen. So ist jeder Antrag auf einen Teilerbschein ein eigenes Verfahren. In Nachlasssachen kann daher für die Miterben ein unterschiedliches Verfahrensrecht gelten, wenn die Anträge von einem Miterben vor dem 1.9.2009 und von einem anderen Miterben erst später gestellt worden sind (Keidel/*Engelhardt* Art 111 FamFG Rn 4). 15

Anträge in der **Zwangsvollstreckung** leiten ebenfalls ein vom früheren Erkenntnisverfahren unabhängiges neues Verfahren ein (Zöller/*Stöber* vor § 704 ZPO Rn 13). Für ab dem 1.9.2009 eingeleitete Vollstreckungsmaßnahmen gilt daher das Vollstreckungsrecht des FamFG (§§ 86 ff, 120 FamFG), selbst wenn das Ursprungsverfahren dem altem Recht unterworfen war. 16

Von dem Grundprinzip der Anwendung des bisherigen Verfahrensrechts in allen Altfällen enthalten die **Abs 3–5** praktisch bedeutsame **Ausnahmen**. Diese betreffen **ausschließlich** die **Familiensachen** und führen sogleich oder mit zeitlicher Verzögerung zur Anwendung des FamFG – mit allen verfahrensrechtlichen Konsequenzen. 17

Gemäß **Abs 3** sind Verfahren **in Familiensachen**, die vor dem 1.9.2009 anhängig waren, nach neuem Recht zu Ende zu führen, wenn diese **Verfahren** vor oder nach Inkrafttreten des neuen Rechts **ausgesetzt** oder zum **Ruhen** gebracht worden sind. Es bedarf dafür einer formellen gerichtlichen Entscheidung, nicht ausreichend ist ein Verfahrensstillstand aus verfahrenstechnischen Gründen (Verzögerungen bei der Begutachtung, Nichtbetreiben durch die Parteien). Die Vorschrift bezieht sich auf die Aussetzung nach den §§ 246 ff, 614 ZPO, die Anordnung des Ruhens (§§ 251, 251a ZPO) sowie die Aussetzung nach § 52 Abs 2 FGG (BTDrs 16/11903 S 61 f). Entsprechendes gilt für die Unterbrechung nach den §§ 239 ff ZPO. Dabei kommt es weder auf den Zeitpunkt der Unterbrechung noch deren Dauer an. Entscheidend ist die **Fortsetzung** des Verfahrens **nach Inkrafttreten des FamFG**. Erhebliche Bedeutung hat die Vorschrift für die wegen unwirksamer Versorgungssatzungen (BGHZ 174, 127, BGH FamRZ 2009, 211) oder nach § 2 VAÜG ausgesetzten Verfahren (zur Fortsetzung dieser Verfahren s § 50 VersAusglG) in Versorgungsausgleichssachen. Zu Verfahren in der Rechtsmittelinstanz s Rz 25. 18

Unklar ist, ob die Vorschrift auch auf solche bei anderen Gerichten anhängige Verfahren anzuwenden ist, die künftig als sonstige Familiensachen in die Zuständigkeit des Familiengerichts fallen. Da sich das Gesetz auf die Altverfahren bezieht, wird für den Begriff der »Familiensache« auf § 23b GVG (aF) abzustellen sein, so dass es für diese Sachen bei der einmal begründeten Zuständigkeit bleibt. 19

Abs 4 enthält übereinstimmend mit § 48 Abs 2 VersAusglG eine weitere Ausnahmeregel für von einem **Verbundverfahren abgetrennte** Verfahren zum **Versorgungsausgleich**. Die Vorschrift knüpft ausschließlich an den Status des Verfahrens als abgetrennte Sache, nicht aber an den erreichten Verfahrensstand an. Die Vorschrift geht über den Anwendungsbereich des Abs 3 hinaus und erfasst Verfahren, bei denen es ohne besondere 20

Artikel 111 FGG-RG | Übergangsvorschrift

gerichtliche Entscheidung zu einem Verfahrensstillstand gekommen ist – von den Parteien nicht betriebene und nach § 7 AktO weggelegte Verfahren zum Versorgungsausgleich (BTDrs 16/16/10144 S 87; *Bergner* NJW 2009, 1233, 1235; Hauß/Eulering Rn 812 f).

21   Die Vorschrift gilt zudem für Verfahren, die weiter betrieben werden, aber uU nur mit erheblicher Verzögerung abgeschlossen werden können. Für diese Verfahren strebt der Gesetzgeber einen schnellen Wechsel in das neue Ausgleichssystem an (BTDrs 16/11903 S 57). Die Vorschrift bewirkt einen Gleichlauf zwischen dem materiellen Übergangsrecht und dem Verfahrensrecht. Sie hat allerdings eine überschießende Tendenz, da der Gesetzeswortlaut auch solche Verfahren einschließt, die aufgrund durchgeführter Ermittlungen entscheidungsreif sind oder alsbald nach dem 1.9.2009 entscheidungsreif werden. Diese Verfahren sind ebenfalls unmittelbar nach dem neuem materiellen Recht und Verfahrensrecht fortzuführen, ohne dass es zuvor einen Verfahrensstillstand gegeben hätte (in der Entwurfsfassung sah das Gesetz noch vor, dass ein solches Verfahren nach Inkrafttreten des Gesetzes »wieder aufgenommen oder sonst weiterbetrieben« werden musste, BTDrs 16/10144). Eine so weitreichende Rückwirkung auf seit langem geführte Verfahren ist in ihren materiell-rechtlichen Folgen – auch verfassungsrechtlich – bedenklich; zur Anwendung bei in höheren Instanzen anhängigen Verfahren s Rz 25.

22   Sind weitere Verfahren aus dem Verbund abgetrennt worden, wird zugleich der Restverbund (BTDrs 16/11903 S 61) aufgelöst. Die **übrigen Familiensachen** sind als **isolierte Familiensachen** fortzuführen. Für diese bleibt es bei der Anwendung des bisherigen Verfahrensrechts.

23   Abs 5 führt ein Jahr nach Inkrafttreten – dh ab dem **1.9.2010** – in allen **Verbundverfahren** zur Anwendung des neuen Rechts, wenn in diesen ein Verfahren auf Versorgungsausgleich anhängig und noch nicht abgeschlossen ist. In diesem Fall wird der Verbund mit dem Versorgungsausgleich nicht aufgelöst. Vielmehr ist dann das Verfahren mit allen anhängigen Folgesachen als Verbundverfahren nach neuem Recht zu Ende zu führen.

24   Das **Übergangsrecht** knüpft durchweg an die **Verfahren erster Instanz** an. Ist ein Verfahren in erster Instanz noch nach altem Verfahrensrecht beendet worden, ist dieses bis zum endgültigen Abschluss maßgeblich. Das bisherige Verfahrensrecht gilt weiter – sowohl für die gegen die Entscheidung gegebenen Rechtsmittel mit den bisherigen Zuständigkeiten als auch für das vom Rechtsmittelgericht anzuwendende Verfahrensrecht. Wird eine Entscheidung in der Revision aufgehoben und an das Berufungsgericht zurückverwiesen, ist das Verfahren nach dem alten Verfahrensrecht abzuschließen.

25   Ungeklärt ist die Anwendung von Art 111 Abs 3, 4 FGG-RG auf die in **höheren Instanzen** anhängigen Verfahren. Die Gesetzesbegründung zu diesen Vorschriften bezieht sich durchweg auf erstinstanzliche Verfahren. Bei der Abfassung des Art 111 Abs 1 FGG-RG hat der Gesetzgeber ebenfalls den Abschluss erstinstanzlicher Familiensachen im Blick gehabt. Das für diese maßgebliche Recht bestimmt zugleich die für das Rechtsmittelverfahren zu beachtenden Vorschriften (BTDrs 16/6308 S 359). Der insoweit eindeutige Gesetzeswortlaut des nachträglich eingefügten Art 111 Abs 3 FGG-RG ist jedoch nicht auf erstinstanzliche Verfahren beschränkt, sondern bezieht sich unabhängig vom erreichten Verfahrensstand allein auf den Status der einzelnen Sache als abgetrenntes Verfahren. Dies entspricht dem Interesse des Gesetzgebers an einem schnellen Übergang in das neue Recht. Beim Versorgungsausgleich hat der Gesetzgeber das Verfahrensrecht zudem an das anzuwendende materielle Recht gebunden (§ 48 VersAusglG). Eine ausgesetzte oder zum Ruhen gebrachte Familiensache ist daher nach dem 1.9.2009 auch dann nach neuem Recht fortzuführen, wenn sie sich im Rechtsmittelverfahren befindet. Gleiches gilt, wenn aus dem Verbundverfahren abgetrennte Versorgungsausgleichssachen beim Oberlandesgericht in der Beschwerdeinstanz anhängig sind. Für alle diese Sachen gilt **sofort neues Verfahrensrecht** sowie in den Versorgungsausgleichssachen zugleich **neues materielles Recht**. Dies betrifft ua Verfahren zum Versorgungsausgleich mit unwirksamer VBL-Satzung sowie ggf nach dem VAÜG ausgesetzte Verfahren (vgl

BGH FamRZ 2009, 211). Für diese wie auch für alle aus dem Verbund abgetrennten Versorgungsausgleichssachen wechselt noch in der höheren Instanz die Verfahrensordnung. Der uU weit zurückreichende Wechsel im materiellen Recht ist bedenklich (ausführlich *Schürmann* FamRZ 2009, 1800).

Art 111 FGG-RG ist auch beim **Kostenrecht** anzuwenden (BTDrs 16/6308 S 359). Das FamGKG gilt daher nur für die Verfahren, die dem neuen Verfahrensrecht unterliegen. Für die vor dem 1.9.2009 eingeleiteten Verfahren bleibt es bei der Anwendung der **bisherigen Kostenvorschriften**. Neben den erstinstanzlichen Verfahren bezieht sich dies ebenfalls auf die Rechtsmittelverfahren (Beschwerde, Berufung, Revision) und zwar unabhängig davon, ob die Rechtsmittel vor oder nach dem 1.9.2009 eingelegt worden sind. Aus § 71 GKG ergibt sich nichts Gegenteiliges, da Art 111 FamFG einer vorzeitigen Anwendung des FamGKG entgegensteht (aA *Horndasch*/Viefhues Art 111 Rn 2). 26

D. Übersicht über die durch das FGG-RG geänderten Vorschriften

Art 1	Gesetz über das Verfahren in Familiensachen und in den Angelegenheiten der freiwilligen Gerichtsbarkeit (FamFG)
Art 2	Gesetz über Gerichtskosten in Familiensachen (FamGKG)
Art 3	Staatsangehörigkeitsgesetz
Art 4	Gesetz zur Regelung von Fragen der Staatsangehörigkeit
Art 5	Gesetz über die Ermächtigung des Landes Baden-Württemberg zur Rechtsbereinigung
Art 6	Bundesverfassungsschutzgesetz
Art 7	Bundespolizeigesetz
Art 8	Ausführungsgesetz zum Chemiewaffenübereinkommen
Art 9	Ausführungsgesetz zum Verbotsübereinkommen für Antipersonenminen
Art 10	Verwaltungsverfahrensgesetz
Art 11	Transsexuellengesetz
Art 12	Personenstandsgesetz
Art 13	Ausführungsgesetz zum Nuklearversuchsverbotsvertrag
Art 14	Baugesetzbuch
Art 15	Bundeskriminalamtgesetz
Art 16	Infektionsschutzgesetz
Art 17	Bundesentschädigungsgesetz
Art 18	Asylverfahrensgesetz
Art 19	Aufenthaltsgesetz
Art 20	Konsulargesetz
Art 21	Einführungsgesetz zum Gerichtsverfassungsgesetz
Art 22	Gerichtsverfassungsgesetz
Art 23	Rechtspflegergesetz
Art 24	Bundesnotarordnung
Art 25	Vorsorgeregister-Verordnung

27

Artikel 111 FGG-RG | Übergangsvorschrift

Art 26	Beurkundungsgesetz
Art 27	Beratungshilfegesetz
Art 28	Gesetz betreffend die Einführung der Zivilprozessordnung
Art 29	Zivilprozessordnung
Art 30	Verordnung über den elektronischen Rechtsverkehr beim Bundesgerichtshof und Bundespatentgericht
Art 31	Einführungsgesetz zu dem Gesetz über die Zwangsversteigerung und die Zwangsverwaltung
Art 32	Gesetz über die Zwangsversteigerung und die Zwangsverwaltung
Art 33	Ausführungsgesetz zum deutsch-österreichischen Konkursvertrag
Art 34	Bundeszentralregistergesetz
Art 35	Verordnung über die Ersetzung zerstörter oder abhandengekommener gerichtlicher oder notarischer Urkunden
Art 36	Grundbuchordnung
Art 37	Verordnung über die Wiederherstellung zerstörter oder abhandengekommener Grundbücher und Urkunden
Art 38	Gesetz über Maßnahmen auf dem Gebiete des Grundbuchwesens
Art 39	Schiffsregisterordnung
Art 40 Abs 1	Genossenschaftsregisterverordnung
Art 40 Abs 2	Handelsregisterverordnung
Art 40 Abs 3	Vereinsregisterverordnung
Art 41	Grundbuchbereinigungsgesetz
Art 42	Spruchverfahrensgesetz
Art 43	Gesetz über das gerichtliche Verfahren in Landwirtschaftssachen
Art 44	Anerkennungs- und Vollstreckungsausführungsgesetz
Art 45	Internationales Familienrechtsverfahrensgesetz
Art 46	Erwachsenenschutzübereinkommens-Ausführungsgesetz
Art 47 Abs 1	Gerichtskostengesetz
Art 47 Abs 2	Kostenordnung
Art 47 Abs 3	Gerichtsvollzieherkostengesetz
Art 47 Abs 4	Justizverwaltungskostenordnung
Art 47 Abs 5	Justizvergütungs- und -entschädigungsgesetz
Art 47 Abs 6	Rechtsanwaltsvergütungsgesetz
Art 48	Justizbeitreibungsordnung
Art 49	Einführungsgesetz zum Bürgerlichen Gesetzbuch
Art 50	Bürgerliches Gesetzbuch
Art 51	Familienrechtsänderungsgesetz
Art 52	Lebenspartnerschaftsgesetz

Art 53	Vormünder- und Betreuervergütungsgesetz	
Art 54	Gesetz über die Änderung von Familiennamen und Vornamen	
Art 55	Verschollenheitsgesetz	
Art 56	Gesetz über Rechte an eingetragenen Schiffen und Schiffsbauwerken	
Art 57	Erbbaurechtsgesetz	
Art 58	Gesetz über die Kraftloserklärung von Hypotheken-, Grundschuld- und Rentenschuldbriefen in besonderen Fällen	
Art 59	Gesetz über Rechte an Luftfahrzeugen	
Art 60	Verordnung zur Regelung der Fälligkeit alter Hypotheken	
Art 61	Sachenrechtsbereinigungsgesetz	
Art 62	Verordnung über die Behandlung der Ehewohnung und des Hausrats	
Art 63	Gesetz über die religiöse Kindererziehung	
Art 64	Gesetz über die rechtliche Stellung der nichtehelichen Kinder	
Art 65	Gesetz zur Regelung von Härten im Versorgungsausgleich	
Art 66	SCE-Ausführungsgesetz	
Art 67	Betreuungsbehördengesetz	
Art 68	Adoptionswirkungsgesetz	
Art 69	Handelsgesetzbuch	
Art 70	Wertpapiererwerbs- und Übernahmegesetz	
Art 71	Börsengesetz	
Art 72	Publizitätsgesetz	
Art 73	Umwandlungsgesetz	
Art 74	Aktiengesetz	
Art 75	SE-Ausführungsgesetz	
Art 76	Gesetz betreffend die Gesellschaften mit beschränkter Haftung	
Art 77	Genossenschaftsgesetz	
Art 78	Gesetz über Unternehmensbeteiligungsgesellschaften	
Art 79	Depotgesetz	
Art 80	Verordnung über die Sammelverwahrung von Mündelwertpapieren	
Art 81	Wertpapierbereinigungsgesetz	
Art 82	Bereinigungsgesetz für deutsche Auslandsbonds	
Art 83	Urheberrechtsgesetz	
Art 83a	Patentgesetz	
Art 83b	Gebrauchsmustergesetz	
Art 83c	Markengesetz	
Art 83d	Geschmacksmustergesetz	
Art 83e	Sortenschutzgesetz	

Artikel 111 FGG-RG | Übergangsvorschrift

Art 84	Jugendgerichtsgesetz
Art 85	Gesetz über die freiwillige Kastration und andere Behandlungsmethoden
Art 86	Wehrdisziplinarordnung
Art 87	Landbeschaffungsgesetz
Art 88	Zollfahndungsdienstgesetz
Art 89	Abgabenordnung
Art 90	Einkommensteuergesetz
Art 91	Wirtschaftsprüferordnung
Art 92	Gewerbeordnung
Art 93	Gesetz zur Ausführung des Abkommens vom 27.2.1953 über deutsche Auslandsschulden
Art 94	Umstellungsergänzungsgesetz
Art 95	Kreditwesengesetz
Art 97	Versicherungsaufsichtsgesetz
Art 98	Höfeordnung
Art 99	Verfahrensordnung für Höfesachen
Art 100	Gesetz zur Ergänzung des Gesetz über die Mitbestimmung der Arbeitnehmer in den Aufsichtsräten und Vorständen der Unternehmen des Bergbaus und der Eisen und Stahl erzeugenden Industrie
Art 101	ReNoPat-Ausbildungsverordnung
Art 102	Verordnung über die Prüfung zum anerkannten Abschluss Geprüfter Rechtsfachwirt/Geprüfte Rechtsfachwirtin
Art 103	Versorgungsausgleichs-Überleitungsgesetz
Art 104	Bundeskindergeldgesetz
Art 105	Achtes Buch Sozialgesetzbuch
Art 106	Zehntes Buch Sozialgesetzbuch
Art 107	Elftes Buch Sozialgesetzbuch
Art 108	Grundstückverkehrsgesetz
Art 109	Flurbereinigungsgesetz
Art 110	Einführungsgesetz zum Rechtsdienstleistungsgesetz
Art 110a	Gesetz zur Umsetzung des Haager Übereinkommens vom 13.1.2000 über den internationalen Schutz von Erwachsenen

Stichwortverzeichnis

Abänderung 39 20; 414 5
– Beschluss 44 14; 48 1, 7–20
– der Stundungsentscheidung 264 4
– Genehmigung 48 58
– gerichtlicher Entscheidungen 238 1–13
– von Entscheidungen in Kindschaftssachen 166
– von Entscheidungen nach § 237 und § 253 240 1–7
– von Urkunden 239 1–4
– von Vergleichen 239 1–4
Abänderungsausschluss 184 2
Abänderungsklage 48 2
– Rechtskraft 45 35
Abänderungsverfahren 54 5–13
Abberufung
– von Aufsichtsratsmitgliedern 375 33
– des »neutralen« Aufsichtsratsmitglieds 375 62
– von Verwaltungsratsmitgliedern 375 44
Abfindungsvertrag 363 45
Abgabe 38 4; 273 1; 488 5
– Anhörung 314 5
– Aufenthaltsort 314 3
– in Freiheitsentziehungssachen 416 8
– in Unterbringungssachen 314 1
– Spruchkörper 1 38
– Übernahmebereitschaft 314 7
– weitere 313 12
– Zeitpunkt 273 6
– Zuständigkeit 273 8
– Zuständigkeitsverlagerung 314 9
Abgabe an Ehesachengericht
– bei Kindschaftssachen 153
Abgabeverfügung 343 10
Abhandenkommen 468 6
Abhängigmachung
– vom Kostenvorschuss Vor 378 54 ff
Abhilfe Gehörsverletzung 44 1
Abhilfeverfahren (Beschwerde) 68 2–21
– Abhilfebefugnis 68 3–6
– Abhilfeentscheidung 68 11–13
– Verfahren 68 7–10
– Vorlage an das Beschwerdegericht 68 14–20
Ablehnung 6 19 ff
– Fallgruppen 6 21 ff
– Verfahren 6 30 ff
Ablehnungsgrund 6 19 ff; 359 5
Ablichtungen
– Übersendung von 348 1
Ablieferung 410 7
– Erzwingung der Vor 342 ff 4
Ablieferungspflicht Vor 342 ff 4; 358 2
Abrechnungs- und Kontrolltätigkeit 158 25
Abschlussprüfer
– Bestellung für die KG/OHG/Partnerschaft 375 21
Abschrift
– beglaubigte 349 5 f; 358 2; 372 6
– Übersendung der 350 1 ff
– unbeglaubigte 459 4

– vollständige 366 23
Absolute Rechtsbeschwerdegründe 72 21, 25–30
Absonderung
– Ablehnung der 349 8
Abstammung
– Untersuchungen zur Feststellung 178 1
Abstammungsfeststellung
– isolierte 169 10
Abstammungsklärung 169 11; 171 8; 172 16
Abstammungsklärungsverfahren 169 11; 171 8–10, 34
Abstammungsrecht 151 1
Abstammungssache 49 40–41; 100 1–4; Vor 169 1–5
– Abgrenzung 169 18 ff
– Abstammungsgutachten 177 8
– Abstammungsklärungsverfahren 169 11; 171 8–10, 34
– Abstammungsrichtlinien 177 15
– Abstammungsuntersuchung 178 2 ff
– Amtsermittlung 177 4 ff
– Anerkennung der Vaterschaft 180 2 ff
– Anfangsverdacht 171 12 ff
– Anfechtungsfrist 171 21
– Anfechtungsverdacht 171
– Anhörung 175 6; 176 3 ff
– Antrag 171 2 ff
– Antrag Abstammungsklärung 171 8 ff
– Antrag Vaterschaftsanfechtung 171 11 ff
– Antrag Vaterschaftsfeststellung 171 6 ff
– Anwaltszwang 171 25
– anwendbares Recht 100 8
– Begründung 38 93
– Behörde Vaterschaftsanfechtung 171 19
– Beistand 173 2 ff
– Beschwer 184 10
– Beweislast 171 21
– Beweisvereitelung 177 10
– biologischer Vater Anfechtung 171 17; 172 17, 20 f
– DNA-Gutachten 177 8
– Einwendungsausschluss 237 5
– Entscheidungsformel 182 2 ff
– erheblicher Interessengegensatz 174 8
– Erörterungstermin 175 2 ff
– Exhumierung 177 11
– Exklusivität 169 21–23
– Förmliche Beweisaufnahme 177 14 ff
– heimliche Vaterschaftstests 171 15
– internationale Zuständigkeit 100 1 ff
– Inzidentfeststellung 169 22 f
– isolierte Abstammungsfeststellung 169 10
– Jugendamt 172 28; 176 2 ff
– Kostenvorschuss 171 27
– minderjährige Eltern 172 9
– minderjähriges Kind 172 10
– Mindestunterhalt 237 2 ff
– Mutterschaft 169 6
– Negativer Feststellungsantrag 169 5

1979

Stichwortverzeichnis

- örtliche Zuständigkeit **170** 2 ff
- postmortale Abstammungsverfahren **169** 17
- Rechtsanwaltsbeiordnung **171** 28
- Rechtskraft **184** 3 ff
- Rechtskraftzeugnis **46** 9
- Rechtsmittel **184** 8 ff
- Sozial-familiäre Beziehung **171** 18 f
- Tod eines Beteiligten **181** 2 f
- Unmittelbarkeitsgrundsatz **177** 16
- Vaterschaftsanfechtung **169** 13 ff
- Vaterschaftsfeststellung **169** 4
- Verfahrensaussetzung **171** 24
- Verfahrensbeistand **174** 2 ff
- Verfahrensbeteiligte **172** 2 ff, 14 ff
- Verfahrensgegenstände **169** 1 ff
- Verfahrenskostenhilfe **171** 26 ff, 30 ff
- Verfahrensverbindung **179** 2 ff
- Vollstreckung **184** 6
- Wiederaufnahme **48** 22
- Wiederaufnahmeverfahren **185** 2 ff
- Wirksamkeit **184** 2
- Wirksamwerden Beschluss **40** 25
- Zeugenbeweis **177** 7
- Zuständigkeit der deutschen Gerichte **100** 5–8
- Zwischenstreitverfahren **178** 6 ff

Abstammungsverfahren 172 13–27
- postmortales **169** 17; **172** 26–27

Abtrennung 114 8; **140** 1–9
- Folgen **140** 16
- ins Ermessen des Gerichts gestellte **140** 1
- zwingende **140** 1

Abwesenheit 364 3; **365** 14
Abwesenheitspfleger 365 3
Abwesenheitspflegschaft 363 24; **364** 1, 3, 11, 17
Abwickler
- Bestellung für die AG / den VVaG **375** 39

Adoptionspflege 186 13; **187** 6; **197** 19
Adoptionssache 49 42; **101** 2; **Einl 186** 1–15
- Abänderung **197** 26; **198** 5, 6, 8, 13
- Amtsaufklärung **192** 10; **193** 2; **195** 3
- Amtsermittlung **186** 8, 36; **189** 3
- Aufhebung der Adoption **191** 3
- Aufhebung der Annahme **186** 26–34; **198** 8
- Aufhebung des Annahmeverhältnisses **188** 10–13; **192** 4; **197** 6
- Ersetzung der Einwilligung **Einl 186** 8; **186** 18–25; **187** 14; **188** 9; **197** 2; **198** 2
- fachliche Äußerung **188** 16; **189** 1–3–5; **195** 4
- Gebühren **Einl 186** 15
- Gehörsrüge **193** 3; **197** 14
- gutachtliche Äußerung **186** 6
- Inkognito-Adoption **186** 33; **188** 4; **189** 16; **192** 11; **197** 10
- Name **Einl 186** 8, 10; **186** 2, 26; **197** 8, 13, 15, 16, 18; **198** 9
- Probezeit **189** 13
- Rücknahme des Annahmeantrags **186** 4
- sittliche Rechtfertigung **186** 14
- Verfahrensbeistand **188** 17; **191** 2
- Verweisung **187** 21, 22
- Wiederaufnahme **197** 26; **198** 5, 6, 8, 13
- Zuständigkeit **101** 1; **Einl 186** 4–11; **187** 1

Adoptionsvermittlung 186 3, 38; **189** 6–8; **195** 2
AdVermiG 189 8; **195** 2, 4
AdWirkG 101 10; **186** 38; **187** 4; **199** 1–4
Akteneinsicht 13 1–24; **357** 1
- Anspruch auf **357** 11
- der Beteiligten **13** 2–7
- Dritte **13** 8–15
- Kindesannahme **13** 15

Aktenführung
- in Registersachen **Anh 387** 3 ff

Aktenvermerk 353 21; **441** 4
Aktenverwahrung 349 5
Aktivnachlass 363 51
Amtliche Auskunft 30 93
Amtliche Vermittlung 372 14
Amtliche Verwahrung 351 2
Amtsaufklärung
- Umfang **177** 4–11

Amtseinleitung 353 20
Amtsermittlung 26 1 ff; **112** 1; **113** 4; **115** 2; **127** 2–3
- Abstammungssachen **177** 2
- Anwendungsbereich **26** 5 f
- Art **26** 17
- Einschränkungen **26** 40; **177** 12
- Feststellungslast **26** 54
- Gegenstand **26** 13
- Mitwirkung der Beteiligten **27** 1 ff
- Rechtsfolgen unzureichender Aufklärung **26** 54 ff
- in Registersachen **Vor 378** 77
- Tatsachenfeststellung **26** 48
- Umfang **26** 25 ff
- verfahrensrechtliche Folgen **177** 3

Amtsermittlungsgrundsatz 177 2–12
Amtsermittlungsprinzip
- Einschränkung des **206** 17

Amtsgericht 1 13 ff; **411** 4 f; **446** 3
Amtshaftung
- als Aussetzungsrund im Registerverfahren **381** 10
- im Registerverfahren **Vor 378** 113 f; **379** 10

Amtshaftungsansprüche 436 2
Amtshilfe 488 4
Amtslöschung
- s Löschung

Amtslöschungsverfahren
- Widerspruch **45** 21

Amtspflicht 441 3
Amtsverfahren Einl 36; **Einl 23** 4; **51** 12–15; **364** 7
- **Einl FamGKG 11** 6

Amtsverschwiegenheit 29 28 ff
Amtsvormundschaft 190 2
Änderung
- der Entscheidung **54** 1–21
- der Stundungsentscheidung **362** 16

Änderung Sach-/Rechtslage 48 10–12
Änderung der Rechtsmittelvorschriften 478 1
Änderungsentscheidung
- Rechtsschutzmöglichkeiten **54** 21

Androhung
- eines Ordnungsgeldes **392** 28

Stichwortverzeichnis

Anerkenntnisentscheidung 38 79–81
Anerkennung
– anderer ausländischer Entscheidungen 108 1 ff
– ausländischer Entscheidungen in Ehesachen 107 1 ff
– automatische 108 1–5
– fakultative 108 6–10
Anerkennungshindernisse 109 1 ff
Anerkennungsrecht
– internationales **Vor 107** 1–2
– nationales **Vor 107** 1–2
Anfangsermittlungen 158 13
Anfechtbarkeit
– Ausschluss der 158 16
– Beschluss 47 13
– einstweilige Anordnung 427 23
– fehlende 44 18–19
– in Freiheitsentziehungssachen 429 2
– selbständige 158 16
– selbstständige 44 10–14
– unselbstständige 44 15–17
Anfechtung 353 1; 368 3; 414 3; 434 5
– der Vaterschaft 169 13–16
Anfechtungsklage Vor 433 ff 5; 459 2
Anforderungen
– formelle 124 3
– inhaltliche 124 2
Angehörige
– Beschwerdeberechtigung 303 7
Angriffs- und Verteidigungsmittel 115
Anhörung 33, 34 1 ff; 156 11; 363 40
– Absehen 159 14 ff; 160 8 ff; 278 9; 299 3; 301 2
– Äußerungsrecht der in ihren Rechten Betroffenen 37 17 ff
– bei Abgabe 4 19
– bei Unterbringung 167 6
– berufsständischer Organe 380 21 ff
– Beteiligte 7 35; 279 3; 298 5, 14
– Betreuer 296 3
– Betreuungsbehörde 279 4; 297 5
– Betroffener 278 4; 294 4; 296 3; 297 4; 298 4; 300 5; 319 4; 420 4
– der Eltern 160
– der Pflegeperson 161 6 f
– des Jugendamts 162
– des Kindes 159
– Dritter 293 8
– einstweilige Anordnung 51 26
– gesetzlich angeordnete 34 11
– gesetzlicher Vertreter 279 6
– Gestaltung 159 14 ff; 160 15 ff
– im Abstammungsverfahren 175 5
– im Festsetzungsverfahren 168 58
– in Unterbringungssachen 319 1 ff; 331 18
– Jugendamt 176 1
– Ladung (Anhörung zur Gehörgewährung) 34 18
– Ladung (zur Sachverhaltsaufklärung) 33 9
– Nachholung 159 12 f; 160 13 f
– Nachholung der Anhörung bei Gefahr im Verzug 162 6 f
– nahe stehende Person 279 5; 298 5

– obligatorische Anhörung 34 9 ff
– Öffentlichkeit 278 11
– Ordnungsmittel 33 15 ff
– persönliche 155 6 ff; 420 2 ff
– Pflicht zur 159 6; 160 4; 162 6; 167 6
– Protokollierung 420 24
– Rechtsfolgen des Nichterscheinens 33 15 ff; 34 25
– Sachverständiger 302 3; 333 8; 420 21
– sonstige Beteiligte 294 3; 297 6; 320 3 ff; 420 16 ff; 427 19
– Unterbleiben 420 11, 20
– Verfahrenspfleger 278 4
– Vorführung (zwecks Sachverhaltsaufklärung) 33 20
– zur Gewährung rechtlichen Gehörs 34 1 ff, 20 f
– zur Sachverhaltsaufklärung 33 7 ff, 25 ff
– zuständige Behörde 320 4
Anhörungsrüge 44 1; **Vor 58** 31
– Genehmigung 48 58
animus manendi 98 28
Anknüpfungsmomente 122 2
Ankündigung
– der Auflösung wegen Satzungsmangels 399 23 ff
– der Firmenlöschung 393 29 ff
– der Löschung bei Vermögenslosigkeit 394 27 ff
– der Löschung unzulässiger Eintragungen 395 87 ff
Anmeldepflicht zum Register Vor 378 8
Anmeldeverfahren Vor 433 ff 4
– schriftliches 437 2
Anmeldevollmacht Vor 378 28 ff
Anmeldezeitpunkt 434 5 f; 437 2; 438 5; 469 1; 475 2
Anmeldung 433 4; 438 3; 440 3; 445 3; 454 2; 469 3
– Aufforderung 433 5; 454 5
– Begründung der 459 3
– einer Forderung 459 2
– eines Rechts 478 3
– zum Register s Registeranmeldung
Anordnung 433 7
– einstweilige 427
– gerichtliche 35 5
– des persönlichen Erscheinens 155 11 ff; 157 8
– richterliche 417 10; 428 2
– verfahrensleitende 35 2
– vollzugsfähige 35 5
Anordnungsantrag
– Zurückweisung des 359 14
Anordnungsbeschluss 352 4, 6, 12
– Rechtskraft des 352 9
– Zustellung des 359 22
Anordnungsverfahren 51 38–43
– Besonderheiten 246 34–39
– Beteiligte 51 16
– selbstständiges 51 34–37
Anscheinsbeweis 37 14
Anschlussbeschwerde 39 21; 44 12; 66 1–25
– Akzessorietät 66 5–7, 20–21

1981

Stichwortverzeichnis

- Beschwer **66** 13
- in Ehe- und Familienstreitsachen **66** 16; **117** 34
- Form **66** 18
- Gegenanschließung **66** 9
- Hilfsanschließung **66** 9
- im Landwirtschaftsverfahren **66** 21
- Rechtsschutzbedürfnis **66** 10–12
- Verschlechterungsverbot **66** 12
- Verzicht **67** 12
- zeitliche Zulässigkeit **66** 15–16
- Zulassungsbedürftigkeit **66** 8
- zuständiges Gericht **66** 19

Anschlussrechtsbeschwerde 73 1–5
Anschlussrechtsmittel
- Begründungszwang **145** 3
- Teilanfechtung **145** 2

Anspruch auf rechtliches Gehör 44 1, 22–29
Anteilsrecht 371 8
Antrag 171 1; **373** 8
- Beschluss **38** 67
- einstweilige Anordnung **51** 12 ff, 20 ff
- Ergänzung Beschluss **43** 8–17
- Form **51** 20–24
- im Festsetzungsverfahren **168** 27 ff
- in Freiheitsentziehungssachen **417** 2 ff
- Inhalt **51** 20–24
- Präzisierung des **203** 8
- Rücknahme **43** 14
- Stellung **43** 9
- übergangener **43** 8–17

Antrag zu Protokoll der Geschäftsstelle 25 4, 17 ff
- Antragsbegründung **23** 16
- Antragsberechtigung **23** 39
- Erfordernis in Antragsverfahren **23** 4 ff
- formelle Anforderungen **23** 14 ff
- formelle Mängel **23** 33 ff
- Frist **23** 48 f
- Sachantrag **23** 59 ff
- schriftlicher **25** 4, 10
- Übermittlung an Beteiligte **23** 57
- Unterzeichnung **23** 26
- verfahrensleitender **23** 1 ff
- Verwirkung **23** 55
- Verzicht **23** 55

Antragsbefugnis 443 2
Antragsberechtigte 448 2
- Abstammungssachen **172** 14 ff

Antragsberechtigung 361 5; **362** 6 ff; **363** 16, 27, 31; **373** 9; **434** 3; **448** 1 ff; **449** 2; **455** 2; **467** 2
Antragserfordernis 171 2–4; **468** 2
Antragsfrist 466 7
Antragsinhalt 171 5–21; **203** 6; **455** 3
Antragsrecht 359 6; **363** 30, 32; **413** 5
Antragsrücknahme 22 4 ff; **363** 35
- Rechtsfolgen **22** 11
- Voraussetzungen **22** 7

Antragsschrift 124 1; **131** 2; **133**; **Einl** 374–409
- zwingend notwendige Angaben **133** 2

Antragsteller 465 3 ff
Antragstellung 43 9; **345** 5; **359** 19; **363** 2; **366** 30
- Recht zur **467** 4
- Zeitpunkt **455** 7

Antragsverfahren Einl 37; **Einl 23** 5; **23** 1 ff; **51** 12–15; **52** 9–15; **171** 2; **231** 9; **345** 8; **353** 22; **362** 5 ff; **434** 2
Antrittszuständigkeit 98 22
Anwalt
- Aufgaben **220** 3, 14; **224** 8; **225** 38, 42

Anwaltsgebühren 362 19
Anwaltspflicht 231 35–37
Anwaltsverfahren 10 5
Anwaltszwang 10 4–5; **112** 6; **114**; **117** 2; **147** 2; **171** 25; **222** 5 f; **434** 2
- Abstammungssachen **49** 26
- bei umfassenden Rechtsmittelverzicht **144** 2
- einstweilige Anordnung **49** 20
- vor dem BGH **10** 23

Anwartschaft 433 3
Anwenderfreundlichkeit 411 3
Anwendung unmittelbaren Zwangs
- Abstammungssachen **178** 9
- Anordnung **90** 3, 4
- ausdrücklicher Beschluss **90** 3
- sofortige Beschwerde **90** 6
- Verhältnismäßigkeitsgrundsatz **90** 3, 4
- Voraussetzungen **90** 1, 2

Anwendungsbereich
- FamFG **1** 1–48

Apostilleabkommen Vor 378 36
Apothekerkammer 380 20
Arbeitsgerichte 266 6
Arbeitsverhältnis Minderjähriger 47 5
Architektenkammer 380 20
Arrest 119 1 ff
- Arrestverfahren **119** 18
- Güterrechtssachen **119** 12 ff
- in Unterhaltssachen **119** 10–11
- künftiger Zugewinnausgleich **119** 14
- Schadensersatz **119** 19
- Sicherheitsleistung **119** 13
- und einstweilige Anordnung **119** 1–19
- Unterhaltssachen **119** 10 ff
- vorzeitiger Zugewinnausgleich **119** 15 ff

Arrestanspruch 119 16
Arrestgrund 119 17
Arrestverfahren 119 18–19
Ärztekammer 380 20
Ärztliche Maßnahmen 298 2
Ärztliches Attest 295 4; **299** 5; **300** 5
Ärztliches Zeugnis
- Anforderungen **281** 17
- Datenschutz **282** 16
- Verhältnismäßigkeit **281** 13

Aufenthalt 434 3
- des Schuldners **468** 6
- gewöhnlicher **98** 10, 24 ff
- schlichter **98** 30
- unbekannter **458** 4

Aufenthaltsort 411 3; **441** 2; **449** 4
Aufenthaltszuständigkeit 98 9, 23–34; **103** 7; **104** 18
Auffangbestimmung 266 4
Aufforderung
- zur Behebung eines Satzungsmangels **399** 23 ff

Stichwortverzeichnis

Aufgabe zur Post 41 20–22; 458 4
Aufgabenkreis
– Bezeichnung 286 3
Aufgebot 447 1 ff; 460 4 f; 463 3; 490 1; 491 2, 3
– besonderes 447 6
– Erlass des 434 2; 480 5
– Nachlassgläubiger 454 1 ff
– unzulässig 476 4
– vollständiges 470 3
– zur Kraftloserklärung 469 2
Aufgebotsantrag 448 2; 450 3
Aufgebotsfälle 484 2
Aufgebotsfrist 436 3; 437 3; 447 4; 453 5; 458 4; 465 6
– Begrenzung 476 2
– Berechnung der 471 2
– Bestimmung 476 2
Aufgebotsgericht 466 6
Aufgebotssache 433 1
– Bekanntgabe Beschluss 41 15
– Wirksamwerden Beschluss 40 25
Aufgebotstermin 438 1; 445 1; 473 4
– Bestimmung des 481 4
– Ersetzung des 437 2
– Wegfall des **Vor** 433 ff 4; 471 1; 474 1
Aufgebotsverfahren 433 2 ff; **Vor** 433 ff 1 ff; 438 2; 440 2; 442 6; 446 3; 450 6 ff; 454 4; 457 3; 458 3; 461 2; 465 2; 477 2
– Antrag 439 2
– Beendigung des 457 6
– Einleitung des 451 2
– Eröffnung 476 1
– internationale Zuständigkeit 105 15 ff
– Stationen 439 1
– Zulässigkeit des 440 5; 453 2
Aufhebung
– des Annahmeveräl̈tnisses **Einl** 186 1
– Bereicherung 479 5
– Beschluss 47 8
– der Ehe 266 14
– der Entscheidung 54 1–21
– erweiterte 147 1
– der Stundungsentscheidung 362 16
– von Auflagen 355 5
Aufhebungsantrag 359 17
Aufhebungsbeschluss
– Rechtskraft 439 6
Aufhebungsgründe 129 2–3
Aufhebungsverfahren 52 13–15; 54 5–13
Aufklärungspflicht 203 11
Auflage 356 2; 463 3
Auflagenbegünstigte 359 12; 460 2
Auflassung 368 9
Auflassungserklärung 371 28, 30 f
Auflösung
– der Gesellschaft 393 8, 11
– der Gesellschaft durch Feststellung eines Satzungsmangels 399 57 ff
Auflösungsankündigung 399 23 ff
Auflösungsverfahren
– Voraussetzungen 399 4 ff

Aufschiebende Wirkung
– bei Endentscheidungen in Familienstreitsachen 64 28
– der Beschwerde bei Feststellung eines Satzungsmangels 399 52
– der Beschwerde bei Firmenlöschung 393 59; 394 58
– der Beschwerde in Ordnungsgeldverfahren 392 71
– der Beschwerde in Zwangsgeldverfahren 391 20 ff
– der Beschwerde 64 21–32
– einstweilige Anordnung 49 3
Aufsichtsrat
– Ergänzung 375 34
Aufspaltung des Verfahrens 273 5
Aufwendungsersatz 158 25
Augenscheinsbeweis 30 34 ff
Augenscheinseinnahme 203 14
Ausbleiben
– Folgen 175 6
Ausdruck
– aktueller **Vor** 378 98; **Anh** 387 8
– amtlicher 385 13
– chronologischer **Vor** 378 98; **Anh** 387 8
– aus dem Register 385 13
Auseinandersetzung 363 2; 365 4; 366 2; 368 4; 370 6, 13; 460 3
– Ausschluss der 363 9, 13
– Durchführung der 363 15
– einer Gütergemeinschaft 487 8
– eines Gesamtgutes 487 2
– Erledigung der 363 42
– gerichtliche 363 19
– gerichtliche Vermittlung der 363 37
– rechtsgeschäftliche 364 9
– Unwirksamkeit 371 9
– Vereinbarung der 371 2
– Vermittlung der 344 10; 371 29; 373 6; 487 3
– vertragsmäßige 363 46
– Vollzug der 371 27, 33
Auseinandersetzungsantrag 363 31, 34; 372 9
Auseinandersetzungsmängel 372 10
Auseinandersetzungsmasse 363 50
Auseinandersetzungsplan 363 40; 368 2, 5 ff; 371 33
– schriftlicher 368 6
Auseinandersetzungsurkunde 371 31
Auseinandersetzungsvereinbarung 364 12, 13; 371 23
Auseinandersetzungsverfahren 363 11, 16, 18, 24, 38; 364 1, 8, 11 f; 365 1; 366 29; 368 20; 370 2, 16; 373 5
– Durchführung des 363 3
– Einleitung des 364 9
– gerichtliches 363 46
Auseinandersetzungsverhandlung 368 2, 5
Auseinandersetzungsvertrag 371 5, 28; 372 14
Ausfall
– einer DV-Anlage **Anh** 387 30
– der Empfangseinrichtung **Anh** 387 31

1983

Stichwortverzeichnis

Ausfertigung 38 23; 39 25; 41 21, 25; 42 8, 25, 37; 353 9, 23; 357 7 ff, 10; 372 6
– Erteilung einer 357 8
– Rechtskraftzeugnis 46 5, 6, 15
– vollstreckbare 371 13, 24
– von Erbscheinen 357 2
Ausgabe 472 5
Ausgabeplan 471 3
Ausgabestelle 471 3
Ausgleichsforderung
– güterrechtliche 362 1
– Stundung 264 1
– Zahlung 264 5
Ausgleichszahlung 203 12, 13; 209 5
Ausgleichung 413 2, 5
Aushang 441 6; 456 2
Auskunft 220; 413 2; 468 5
Auskunftserteilung 413 2, 5
Auskunftspflicht 235 1–15
– Dritter 236 1–8
– verfahrensrechtliche 220 1
– Versorgungsträger 220 2
Auskunftsrecht 151 9
Auslagenersatz 168 10
– Anspruchsberechtigter 277 28
– Erlöschen 277 31 f
– Erstattungspflichtiger 430 16
– für berufliche Dienste 277 11
– in Betreuungssachen 307 4 ff, 12 ff
– in Freiheitsentziehungssachen 430 5 ff
– in Unterbringungssachen 337 7 ff
– Rückgriff gegen Erben 168 53 ff
– Rückgriff gegen Mündel 168 17 ff
– Umfang 307 12 ff; 337 15 ff; 430 15
– Verfahrenspfleger 277 4 ff; 318 1
– Voraussetzungen 430 7 ff
Ausländer
– als Geschäftsführer Vor 378 66
Ausländerverein 400 2
ausländische Entscheidungen
– Anerkennung 108 1–10
– Vollstreckbarkeit 110 1–4
Ausländische Entscheidungen in Ehesachen
– Anerkennung 107 1–13
Ausländischer Verein 400 3
Auslandsadoption 101 10; 195 2
Auslandsberührung 364 6
Auslandsgeltendmachung 38 95–97
Auslegung
– Beschlussformel 38 64
Ausnahmetatbestände 129 2–3
Ausschlagung 359 16
– Frist zur 344 12
Ausschlagungserklärung 344 12
Ausschließlich zuständig 446 3
Ausschließung 433 8; 453 2
– Ausspruch der 445 6
Ausschließungsbeschluss Vor 433 ff 5 f; 438 1; 440 2, 3, 5; 445 3; 447 5; 450 8; 451 2, 5 f; 452 3; 457 6; 460 2; 467 7; 477 2; 478 2; 479 2; 483 3
– Aufhebung 479 5
– Erlass 434 2; 438 5; 439 2; 449 5; 455 2; 477 4
– Ersetzung 479 2, 4

– Rechtskraft 479 3
– Verkündung 453 3
– Veröffentlichung des 478 3
– Wirkung 479 3
Ausschließungsgrund 6 4 ff; 460 4
Ausschlussbeschluss
– Ausfertigung des 444 2
Ausschlussfrist
– zweijährige 359 10
Ausschlussurteil 438 1; 456 5; 459 2
Außengenehmigung 48 46
Außerkraftsetzung 355 5
Außerkrafttreten
– der einstweiligen Anordnung 56 1–25
Außerordentliche Beschwerde Vor 58 31
– einstweilige Anordnung 57 4
Äußerung
– Gelegenheit zur 331 19
Aussetzung 221 2 ff; 266 10; 365 15; 370 9; 440 2, 5
– Ablehnung der 440 5
– Abstammungssachen 171 24
– Befristung 328 7
– der Vollstreckung 55 1
– Ehe bewahrende 136 1–6
– in Scheidungssachen 136 3
– des Löschungsverfahrens 395 102 f
– des Ordnungsgeldverfahrens 392 27
– der Registeranmeldung Vor 378 94 f
– des Registerverfahrens 381 3 ff
– in unternehmensrechtlichen Verfahren 375 9
– VA-Verfahren 221 2
– des Verfahrens 21 1 ff
– Vollzug 328 1 ff
– Voraussetzungen 328 5
– Weisungen 328 6
– Widerruf 328 9
– Zwang zur 370 11 ff
Aussetzung der Vollziehung
– Befristung 424 8
– durch das Rechtsbeschwerdegericht 69 56
– einstweilige Anordnung 55 2
– in Freiheitsentziehungssachen 424 3 ff
– unter Auflagen 424 7
– Verfahren 424 12
– Widerruf 424 11
Aussetzungsgrund
– besonderer 136 2
Aussteller
– der Urkunde 468 5
Auswirkungen
– prozessuale 478 3
Auszug 385 5
– aktueller 385 5
– beglaubigter Vor 378 98
– chronologischer 385 13
– historischer 385 5
– aus dem Register 385 5

Baden-Württemberg Einl 485 1; 489 5; 491 3
BaFin
– Antrags- und Beschwerderecht 380 45 ff

Stichwortverzeichnis

– Beteiligung im Registeranmeldeverfahren **Vor 378** 53
– Gebührenfreiheit **380** 47
Bayern Einl 485 2; **490** 1; **491** 3
Beeidigung
– des Sachverständigen **411** 7
Beendigung
– Feststellung der **457** 6
Beendigungserklärung 22 15
Beendigungswirkung 457 6
Beerdigungskosten 349 11
Befangenheit 6 19 ff; **48** 33
Befreiung
– von der Prüfungspflicht **375** 40
Befriedigung 451 4
– Recht auf **448** 2
Beglaubigte Abschrift
– der Eröffnungsniederschrift **350** 2
Beglaubigung 468 4
– durch ausländische Stellen **Vor 378** 33 ff
Begriff des Gesetzes 485 2
Begründung 38 65–74; **41** 30
– der Beschwerdeentscheidung **69** 41–48
– der Rechtsbeschwerdeentscheidung **74** 37
– Wegfall **38** 75–87
Begründungspflicht 469 2
Behörde
– Anhörung **320** 4; **420** 17
– Beschwerdeberechtigung **335** 11; **429** 5
– Beteiligtenfähigkeit **8** 9
– Verfahrensfähigkeit **9** 21
– zuständige **335** 11; **417** 3 ff
Behördenbetreuer 286 5
Behördeneigenschaft 487 2
Behördenprivileg 114 11 f
Behördenzusammenarbeit
– ESÜ **104** 11
Beiordnung 138 1–3
– Konsequenzen **138** 4
Beistand 12 2–3
– im Termin **12** 2–3
Beistandschaft 9 26; **12** 1; **158** 3; **368** 19
Beistandsfähigkeit 12 4
Bekanntgabe 15 7 ff; **288** 1; **294** 3; **438** 5; **458** 2
– Absehen von **325** 3; **423** 5
– Adressaten **325** 4 ff; **423** 4
– Aufgabe zur Post **15** 37 ff
– an berufsständische Organe **380** 34 ff
– Beschluss **40** 3, 12–16; **41** 1
– an besonderen Betreuer **297** 11
– an Betroffenen **297** 12
– einstweilige Anordnung **427** 22
– Entscheidungsgründe **288** 4
– Erforderlichkeit **15** 7 ff
– Form **15** 15 ff; **287** 5
– formlose **41** 32
– in Freiheitsentziehungssachen **423**
– Mängel der Bekanntgabe **15** 60
– mündliche **38** 86
– Rechtswirkungen **15** 57
– schriftliche **352** 9; **355** 4
– an Verfahrenspfleger **297** 11

– Vermutung der Bekanntgabe und des -zeitpunkts **15** 43 ff
– Zustellung **15** 20 ff
– Zustellungsarten **15** 23 ff
Bekanntmachung 359 22; **366** 25, 34; **367** 3; **369** 8; **371** 10; **437** 5; **451** 4; **453** 5; **478** 4
– elektronische Form **470** 2
– förmliche **360** 6, 8
– öffentliche **435** 2; **436** 2; **470** 2
– einer Registereintragung **383** 21 ff
– schriftliche **348** 1
Bekanntmachungsvermerk 38 51–54
Bekanntmachungsvorschriften
– Verstoß gegen **478** 3
Belegabschrift
– Beglaubigung der **459** 4
Belegenheit 411 8
– des Grundstücks **442** 4; **447** 8
– des Pfandes **411** 11
– der Sache **466** 5
Belegpflicht 206 14
Benachrichtigung 7 28; **347** 3; **348** 8; **353** 21; **366** 22 ff; **441** 4; **480** 6
– Angehöriger **339** 2; **432** 2
– der Beteiligten **350** 4
– ordnungsgemäße **366** 32
– Vertrauensperson **339** 3; **432** 3
– von Amts wegen **448** 4
Berechtigung
– des Antragstellers **468** 7
– materiell-rechtliche **477** 3
Bereicherung 460 3
Bereicherungsklage 406 16
Berichtigung 39 20; **44** 13
– Beschluss **42** 1
– Beteiligte **42** 30
– des Grundbuchs **450** 8
– der Dispache **406** 7, 12
– einer Registereintragung **Anh 387** 20
Berichtigungsvermerk 42 25, 37–40
Berlin Einl 485 3
Berufsbetreuer
– Bezeichnung **286** 6
Berufskammern 380 20
– in Partnerschaftsregistersachen **Anh 387** 44, 46 f
Berufsständisches Organ
– Beschwerderecht **380** 37 ff
– Beteiligung am Registerverfahren **380** 25 ff
– Datenübermittlung **387** 11 f
– Gebührenfreiheit **380** 47
– Sachantragsbefugnis im Registerverfahren **380** 28 ff
Bescheinigung
– aus dem Güterrechtsregister **386** 18
– des Registergerichts **386** 2 ff
Beschleunigung 352 5
– des Verfahrens **473** 2
Beschluss Vor 38 1; **434** 7 f; **440** 5; **442** 3; **478** 1; **480** 6
– Abänderung **44** 14; **48** 1, 7–20
– Abstammungssachen **182** 1
– Anfechtbarkeit **44** 10–14, 15–17; **47** 13

1985

Stichwortverzeichnis

- Anordnung sofortige Wirksamkeit **40** 30–34
- Antrag **38** 67
- Aufhebung **47** 8
- Aussetzung sofortige Wirksamkeit **40** 35
- Begründung **38** 65–74; **41** 30; **421** 18
- Bekanntgabe **40** 3, 12–16; **41** 1, 32; **325** 1 ff; **422** 1 ff
- Berichtigung **42** 1; **44** 13
- besonderer **366** 32
- Bestandteile **38** 23
- Bestimmung **40** 14
- Bindungswirkung **40** 37
- Dauerwirkung **48** 8–9
- Endentscheidung **38** 1, 6
- Ergänzung **43** 1; **44** 13
- Erlass **38** 1, 51; **40** 2, 10–11
- Fehlerhaftigkeit **47** 11
- Formalia **42** 10
- Formel **38** 59; **286** 1 ff
- in Freiheitsentziehungssachen **421**
- Genehmigung **44** 20; **47** 5; **48** 1, 44–60
- Inhalt **38** 3; **421** 3 ff
- Mängel **286** 11
- Nebenentscheidung **38** 9
- Nichtigkeit **47** 11
- Rechenfehler **42** 14
- Rechtsbehelfsbelehrung **Vor 38** 1; **38** 55; **39** 1
- Rechtskraft **38** 27, 62; **39** 4, 54, 57; **40** 4, 17–25, 24, 25, 30, 35, 38, 39; **42** 1, 21, 42; **44** 2, 46, 54, 57; **45** 6
- rechtskräftiger **478** 4
- Rechtsmittelbelehrung **Vor 38** 1; **39** 1
- Schreibfehler **42** 13
- Unanfechtbarkeit **44** 18–19
- unrichtiger **42** 8, 16
- Vertretung **47** 1
- Wiederaufnahme **48** 1, 21–43
- Wirksamkeit **184** 1
- Wirksamwerden **40** 1; **45** 5; **48** 52–56; **287** 1 ff; **324** 1 ff; **422** 1 ff
- Zwischenentscheidung **38** 9

Beschlussfähigkeit
- des Aufsichtsrats **375** 34
- des Verwaltungsrats **375** 45

Beschlussfassung 352 3

Beschlussformel 38 59; **42** 31
- Ablehnung **323** 22
- Begründung **323** 20; **421** 18
- Bezeichnung des Betroffenen **323** 4; **421** 4
- Bezeichnung des Gerichts **323** 5; **421** 5
- im einstweiligen Anordnungsverfahren **427** 21
- in Freiheitsentziehungssachen **421** 6
- in Unterbringungssachen **323** 1 ff
- Inhalt **323** 3 ff; **421** 3 ff
- Rechtsmittelbelehrung **323** 17; **421** 15
- Verlesen **41** 26–31
- verlesen **41** 26–31

Beschlussmangel
- bei Versammlungsbeschlüssen **Vor 378** 71

Beschlussverfahren 231 11–12

Beschränkung
- inhaltliche **Vor 433 ff** 6

Beschwer 38 75; **42** 22; **43** 1, 23; **44** 34; **48** 22, 24; **59** 1
- Abstammungssachen **184** 10
- im Antragsverfahren **59** 33

Beschwerde 39 10; **158** 21; **231** 18–30; **352** 1; **353** 4, 27 ff; **359** 3, 19; **361** 16; **363** 25; **365** 15; **366** 13, 24; **368** 23; **369** 8; **370** 10; **371** 18; **372** 14; **413** 11; **435** 5; **437** 6; **439** 2; **440** 5; **457** 7; **489** 2, 3
- Abhilfebefugnis **68** 3–6
- Abhilfeentscheidung **68** 11–13
- Abhilfeverfahren **68** 7–10
- gegen die Ablehnung der Amtslöschung bei unzulässiger Eintragungen **395** 109 ff
- Anschlussbeschwerde **39** 21; **44** 12
- aufschiebende Wirkung **64** 21–32
- Aussetzung der Vollziehung **64** 29–32
- Auswahlentscheidung **291** 5
- befristete **434** 8; **482** 6
- Befristung der **Vor 433 ff** 5
- bei Genehmigung in Betreuungssachen **298** 11
- Berichtigung **42** 22
- in Betreuungssachen **303** 3
- gegen Dispachebestätigung oder deren Zurückweisung **408** 2
- einfache **359** 5, 13 f; **364** 15; **366** 38; **372** 2
- Einlegung durch Untergebrachten **305** 1
- gegen die Einspruchsverwerfung **391** 5 ff
- einstweilige Anordnung **57** 8 ff
- einstweilige Anordnungen des Beschwerdegerichts **64** 29–32
- Erledigung bei Einwilligungsvorbehalt **306** 4
- gegen den Einziehungsbeschluss **353** 3
- in Festsetzungsverfahren **168** 69
- in Freiheitsentziehungssachen **429** 1 ff
- in Unterbringungssachen **335** 1 ff
- Kosten **58** 53–56
- nach Beurkungsgesetz **Vor 58** 23
- nach Bundesnotarordnung **Vor 58** 23
- nach Erledigung der Hauptsache **62** 1–20
- Nichtabhilfeentscheidung **68** 18–20
- in Ordnungsgeldverfahren **392** 57 ff
- Rechtsbeschwerde **39** 12
- Rechtskraft **45** 13–14
- gegen eine Registereintragung **383** 31 ff
- Rücknahme **67** 19–21
- sofortige **39** 11; **44** 10–11; **355** 2 f; **360** 7; **362** 15; **366** 37; **367** 9 f; **368** 10; **372** 2 f; **480** 7; **482** 1, 7
- sofortige weitere **360** 7
- Sprungrechtsbeschwerde **39** 13
- Statthaftigkeit **58** 1; **353** 3, 27
- Übersicht **Vor 58** 5–8
- im unternehmensrechtlichen Verfahren **402** 4 ff
- Unterschrift **64** 18–19
- Verfahren **429** 10 ff
- Verzicht **67** 1–18
- gegen die Widerspruchszurückweisung bei Firmenlöschung **393** 55 ff; **399** 47 ff
- gegen die Widerspruchszurückweisung bei Löschung unzulässiger Eintragungen **395** 105 ff

Stichwortverzeichnis

– gegen die Widerspruchszurückweisung bei Löschung wegen Vermögenslosigkeit **394** 55 ff
– Wiederhollung der mündlichen Verhandlung **68** 38–39
– Wiederholung der Beweisaufnahme **68** 42–44
– Wiederholung von Anhörungen **68** 40–41
– ZPO **45** 15–16
– Zulässigkeit **68** 22–32
– Zulassung **168** 75
– Zulassungsbedürftigkeit **61** 13–14
– Zulassungsentscheidung **61** 15–20
– Zulassungsgründe **61** 21
– gegen die Zurückweisung einer Registeranmeldung **382** 34 f
– gegen die Zwangsgeldfestsetzung **391** 10 ff
Beschwerde (GVG) Vor 58 16–18
– bei Festsetzung von Ordnungsmitteln **Vor 58** 18
– bei Rechtshilfeersuchen **Vor 58** 17
Beschwerdeantrag 64 16–17
– in Ehe- und Familienstreitsachen **117** 10–15
Beschwerdebefugnis Jugendamt 162 10
– Abstammungssachen **176** 6
Beschwerdebegründung 65 1–15
– Frist **65** 4–7
– in Ehe- und Familienstreitsachen **117** 9–25
– neue Tatsachen und Beweismittel **65** 8–10; **117** 13
– Notwendigkeit **65** 1–3
– Zuständigkeitsrügen **65** 11–15
Beschwerdebegründungsfrist 231 23–26
Beschwerdeberechtigung 59 1–3, 18; **353** 28; **372** 4 f
– Abstammungssachen **184** 11 ff
– Angehöriger **303** 7; **335** 5; **429** 7
– Behörde **303** 6; **335** 11; **429** 5
– bei mehreren Beteiligten **59** 17
– bei Beeinträchtigung von Verfahrensrechten **59** 10–11
– bei Entscheidungen im VA-Verfahren **59** 16
– bei Tod des Antragstelllers **59** 31
– Betreuer **303** 9; **335** 9 f
– Betroffener **303** 10; **429** 4
– Bevollmächtigter **303** 8; **335** 9 f
– doppelt relevante Tatsachen **59** 13
– Einrichtungsleiter **335** 7
– im Antragsverfahren **59** 24–33
– in Betreuungssachen **303** 5
– in Festsetzungsverfahren **168** 78
– in Freiheitsentziehungssachen **429** 4 ff
– in Unterbringungssachen **335** 4 f
– von Konkurrenzunternehmen **388** 56; **393** 62; **394** 61; **395** 112; **399** 55
– Minderjährige **60** 1–15
– nahe stehende Person **335** 4; **429** 6 ff
– Verfahrenspfleger **303** 8; **335** 8; **429** 9
– Vertrauensperson **335** 6; **429** 8
– von Behörden **59** 34–42, 38–40
– von Dritten und Rechtsnachfolgern **59** 9
– von Gerichten **59** 34–42
– von Notaren **59** 43
– von Rechtsanwälten **59** 45

– von Verbänden **59** 34–42, 42
Beschwerdeeinlegung 64 1–33
– Anträge auf Verfahrens- oder Prozesskostenhilfe **64** 6
– bei Abgabe an ein anderes Gericht **64** 2
– beim unzuständigen Gericht **64** 3–4
– Form **64** 7–19
Beschwerdeentscheidung 69 1–56; **231** 29–30
– Begründung **69** 41–48
– Bindungswirkung **69** 29–32
– Rechtsbehelfsbelehrung **69** 50
– Verwerfung der Beschwerde **68** 31–32
– Voraussetzungen der Selbstentscheidung **69** 9–10
– Voraussetzungen der Zurückverweisung **69** 11–27
– Wirksamwerden **69** 52–56
Beschwerdeerwiderungsfrist 68 35
Beschwerdefrist 63 1–29; **231** 21; **360** 6 f; **372** 6
– Beginn **63** 8–26
– bei mangelhafter Rechtsmittelbelehrung **63** 23
– bei Berichtigungen oder Ergänzungen **63** 24–25
– bei Mängeln der Entscheidungsbekanntgabe **63** 15–22
– bei Übergehen von Beteiligten **63** 19
– Berechnungsweise **63** 27
– Dauer **63** 3–7
– in Ehe- und Familienstreitsachen **63** 14, 18
– Sonderfälle **63** 5–7
Beschwerdeführungsbefugnis 59 19–22
– von Betreuern **59** 21
– von Eltern **59** 20
– von Parteien kraft Amtes **59** 23
– von Pflegern **59** 20
– von Verfahrensbeiständen **59** 20
– von Vorsorgebevollmächtigten **59** 21
Beschwerdegegenstand 69 2–7
Beschwerdegericht 231 22; **352** 10; **353** 3, 17; **359** 20; **367** 10; **414** 4; **482** 8
– für Entscheidungen der Amtsgerichte **58** 6–7
– für Entscheidungen der Landgerichte **58** 8
– gegen Entscheidungen der Betreuungsgerichte **58** 7
– gegenständlich beschränkter **353** 16
– in Freiheitsentziehungssachen **58** 7
Beschwerdegründe
– Beschränkung der **372** 7
Beschwerdeinstanz 343 2; **355** 5
Beschwerderecht 355 5; **359** 14 f
– berufsständischer Organe **380** 37 ff
Beschwerderechtszug 58 2–9
Beschwerdeschrift 64 10–19
– Beschwerdeantrag **64** 16–17
– Bezeichnung der Entscheidung **64** 11–12
– Bezeichnung des Rechtsmittels **64** 13
– Bezeichnung der Parteien **64** 14–15
– Unterschrift **64** 18–19
Beschwerdeverfahren 352 13
– Einlegung **336** 2; **429** 10
– in Betreuungssachen **303** 1
– in Festsetzungsverfahren **168** 72 ff

Stichwortverzeichnis

- in Freiheitsentziehungssachen **335** 15; **429** 11 ff
- in Unterbringungssachen **335** 11 ff
- sachliche Zuständigkeit **335** 11
- Überprüfungsgegenstand **335** 15

Beschwerdewert 61 1–21, 2–10; **435** 5; **437** 6; **439** 5; **440** 5
- bei Kostenentscheidungen **61** 3
- in Festsetzungsverfahren **168** 74

Besitzzeit 450 3
Besitzzeugnis 444 2
Besondere amtliche Verwahrung 351 2
Bestandschutz
- eingetragener Firmen **392** 17

Bestandskraft
- Genehmigungsbeschluss **48** 57–60

Bestandsverzeichnis 413 5
Bestätigung 366 15, 27, 32 f; **368** 23; **371** 33
- Bekanntmachung der **366** 37
- der Dispache **406** 4, 9, 13 ff
- der Dispache nach Widerspruchsklageverfahren **407** 13
- rechtskräftige **363** 40; **371** 30

Bestätigungsbeschluss 365 5; **366** 33; **368** 10; **371** 4, 6, 16, 20, 34 f; **372** 3
- Anfechtung des **372** 7
- Aufhebung des **372** 11 ff
- Bekanntmachung des **371** 2
- Rechtskraft des **363** 35; **366** 33
- rechtskräftiger **364** 13

Bestellscheine 388 18
Bestellung
- eines Abschlussprüfers für die KG/OHG/Partnerschaft **375** 21
- eines Abwicklers für die AG / den VVaG **375** 39
- Aufhebung der **158** 15
- eines Gründungsprüfers **375** 27
- eines Liquidators für die Genossenschaft **375** 56
- eines Liquidators für die GmbH **375** 50
- eines Liquidators für die KG/OHG/Partnerschaft **375** 18
- eines Nachtragsabwicklers für die AG / den VVaG **375** 42
- eines Nachtragsliquidators für die Genossenschaft **375** 57
- eines Nachtragsliquidators für die GmbH **375** 51
- eines Notdirektors für die SE **375** 47
- eines Notvorstands für die AG / für den VVaG **375** 31
- eines Prüfungsverbandes **375** 55
- eines Verwahrers **412** 4
- eines Verwahrers für Papiere der Genossenschaft **375** 58
- eines Verwahrers für Papiere der GmbH **375** 53
- eines Verwahrers für Papiere der KG/OHG/Partnerschaft **375** 19
- Zeitpunkt der **158** 13 ff

Bestellungsurkunde 290 1
- Ausweisfunktion **290** 2

- einstweilige Anordnung **290** 3
- Rückgabe **290** 4

Bestimmung Beschluss 40 14
Beteiligte 38 28; **139** 1; **158** 12; **172** 1–3; **204** 1; **363** 22; **366** 14 f
- Abstammungssachen **172** 4 ff
- Allgemeines **7**
- Angehörige **274** 14
- Bekanntgabe Beschluss **41** 7
- Berichtigung **42** 30
- Betreuer **274** 7; **315** 5
- Betreuungsbehörde **274** 11
- Betroffener **274** 3; **315** 4; **418** 4
- Bevollmächtigter **274** 12; **315** 6
- Dritte **204** 8
- Ehegatte **315** 12; **418** 9
- Einrichtungsleiter **315** 7
- Elternteil **315** 14; **418** 11
- Grundstückseigentümer **204** 7
- im Interesse des Betroffenen **315** 10 ff; **418** 7 ff
- in Freiheitsentziehungssachen **418** 3 ff
- in Unterbringungssachen **315** 3 ff
- Jugendamt **204**
- Kann-Beteiligte **7** 23
- Kataloge **7** 5
- Kind **172** 10–12; **315** 15; **418** 12
- kraft Antrages **315** 8
- kraft Bestellung **315** 7; **418** 6
- kraft Gesetzes **7** 7
- Lebenspartner **315** 13; **418** 10
- Miteigentümer **204** 9
- Mitmieter **204** 9
- Muss-Beteiligte **7** 11 ff
- Optionsbeteiligte **7** 23
- Pflegeeltern **315** 16; **418** 13
- im Registeranmeldeverfahren **Vor 378** 49 ff
- Staatskasse **274**
- Tod **181** 1
- Untermieter **204** 9
- in unternehmensrechtlichen Verfahren **375** 15
- Verfahrenspfleger **274** 10; **315** 7; **418** 6
- Vermieter **204**
- Versorgungsausgleich **219** 1
- Vertrauensperson **274** 14; **315** 17; **418** 14
- Verwaltungsbehörde **418** 5
- von Amts wegen **315** 3 ff; **418** 3 ff
- Wechsel **42** 30

Beteiligtenbegriff 274 1; **345** 1
Beteiligtenfähigkeit 8
- Behörden **8** 9
- juristische Personen **8** 3 ff
- natürliche Personen **8** 2
- im Registerverfahren **Vor 374**
- im unternehmensrechtlichen Verfahren **Vor 374**
- Vereinigungen **8** 6 ff

Beteiligtenkreis Vor 342 ff 1
Beteiligtenöffentlichkeit
- bei förmlicher Beweisaufnahme **30** 27 ff
- bei Freibeweis **29** 12

Beteiligtenstellung 412 5
Beteiligtenverfahren 10 4

Stichwortverzeichnis

Beteiligtenvernehmung (Parteivernehmung) 30 86 ff
Beteiligtenwechsel 42 30
Beteiligung
– berufsständischer Organe 380 25 ff
– fehlerhafte 172 30
– formelle 158 14
– Jugendamt 172 28–29
– stillschweigende 363 36
Betretungsverbot 209 7
Betreuer
– Aufwendungsersatz 292 1
– Auswahl in Eilfällen 301 3
– Beschwerdeberechtigung 303 9; 335 9 f
– Bezeichnung 286 3
– Entlassung 271 3; 296 2
– Festsetzung von Auslagenersatz 168 2 ff
– Neubestellung 296 4
– Vergütungsfestsetzung 168 2 ff; 292 1
– Verpflichtung 289 2
– Versterben 296 2
– vorläufiger 300 3
Betreuung 364 4
– Aufgabenkreis 280 54
– Aufhebung 294 2
– Einschränkung 294 2
– Erweiterung 271 3; 293 2
– Verlängerung 271 3; 295 1
Betreuungs- und Unterbringungssachen 49 60; 104 1–3
Betreuungs- und Unterbringungsrecht 158 2
Betreuungsbedürfnis 300 5
Betreuungsbehörde 274 13
– als Betreuer 291 2
– Bekanntgabe an 288 3
– Beschwerdeberechtigung 303 6
Betreuungsgericht Einl 14; 1 17; 151 3; 272 14; 359 4; 363 24; 364 1, 7, 11, 13; 368 18
– funktionelle Zuständigkeit 272 16 ff; 312 7
– internationale Zuständigkeit 272 ; 312 8
– örtliche Zuständigkeit 272 1 ff; 313 1 ff
– sachliche Zuständigkeit 272 14 f; 312 6
Betreuungsperson 291 1
– Beanstandung 291 4
Betreuungssache 271 2; 307 5
– Abänderung 48 15
– Begründung 38 94
– Bekanntgabe Beschluss 41 13
– Beschwerde 303 3
– Beteiligtenbegriff 274 1
– Definition 271 1
– einstweilige Anordnung 271 7
– Hauptsacheerledigung 303 4
– internationale Zuständigkeit 104
Betreuungsverein
– als Betreuer 291 2
Betreuungsverfügung 285 1
– Herausgabe 285 2
Betrieb
– landwirtschaftlicher 363 11
Betroffener
– Beschwerdeberechtigung 303 10
– geschäftsunfähig 275 2

– Sterilisation 297 2
Beugemittel 35 1; 89 1
Beurkundung 366 9; 371 5, 14; 487 5
– Form der 366 21
Beurkundungsabschnitt 363 44
Beurkundungsgebühr 363 51, 59
Beurkundungsgesetz 486 4
Beurkundungsprotokoll 366 19
Bevollmächtigter 10 1–30
– Behandlungsabbruch 298
– Beschwerdeberechtigung 303 9; 335 9 f
Beweisaufnahme 177 13–18
– Abstammungssachen 177 4 ff
– Anordnung von 363 49
– förmliche 177 14–15
– in Registersachen Vor 378 77
– schnelle 444 2
Beweiserhebung 29 1 ff
– Amtsverschwiegenheit 29 27 ff
– Beweisanträge der Beteiligten 29 17 ff
– Dokumentationspflicht des Gerichts 29 48
– förmliche Beweisaufnahme 29 1 ff; 279 7
– Freibeweis 29 6 ff; 279 7
– Zeugnisverweigerungsrechte 29 36 ff
Beweiskraft
– der Gesellschafterliste Vor 378 111 f
– des Registerinhalts Vor 378 98 ff, 100 ff
Beweislast 127 8–11
Beweismittel
– förmlich Beweisaufnahme 30 33 ff
– Freibeweis 29 8
– präsente 444 2
Beweisstücke
– urkundliche 459 4
Beweisvereitelung 37 16
Beweisverfahren 414 3
Beweiswürdigung 37 7 f
– freie 451 5
– Grundsatz freier Beweiswürdigung 37 7
– Tatsachenfeststellung und Beweismaß 37 9
– Überprüfbarkeit im Rechtsbeschwerdeverfahren 72 12–13
Bewilligung
– der Einsicht 357 6
Bezifferung
– dynamisierter Unterhaltstitel 245 1–4
Bilaterale Verträge Vor 107 22–23
Bindungswirkung 1 33 ff; 3 10 ff; 45 2; 365 5; 368 5; 371 3
– Beschluss 40 37
– der Beschwerdezulassung 61 20
– der Rechtsbeschwerdeentscheidung 74 36
– der Rechtsbeschwerdezulassung 70 15–16
– der Beschwerdeentscheidung 69 29–32
– in Registersachen Vor 378 79 ff
– in unternehmensrechtlichen Verfahren 375 10
Binnenschiffer
– Aushändigung von Schriftstücken 404 3
– Bestätigung seiner Dispache 405 5
– als Dispacheur 403 10
– Stellung als Dispacheur 404 3
Blankoindossament 467 2, 5
Brandenburg Einl 485 4

1989

Stichwortverzeichnis

Bratislavaer Abkommen Vor 403 5
Bremen Einl 485 5
Brüssel IIa-VO Vor 98 2; 98 5 ff; 99 4 ff, 5–9; 102 2; 103 3; Vor 107 3–14; 107 2 ff, 3
– Vorrang 98 13
Bruttowert 363 50
BTX
– notwendige Geschäftsangaben 388 18
Bundesamt der Justiz Vor 388 8, 10
Bundesanzeiger
– Elektroniker 456 2
– elektronischer 435 2; 437 2, 5; 441 5; 476 1
Bundesgerichtshof 1 24
– Vertretung vor 10 23–28

Computerberechnungsprogramm 42 15

Datenübermittlung
– an das berufsständische Organ 387 11 f
– Registergericht 387 13
Datenverarbeitung im Auftrag 387 24
Dauerpflegschaft
– Gerichtskosten FamGKG 3 13
Dauerwirkung 48 8–9
Depotschein 483 2
Dienstaufsichtsbeschwerde 39 20; Vor 58 33
Dienstsiegel 346 4
Dispache 40 25
– Abschriften 404 10
– Bereicherungsklage 406 16
– Berichtigung 406 7, 12
– Bestandteile Vor 403 3
– Bestätigung 406 4, 9, 13 ff
– Bestätigung nach Widerspruchsklageverfahren 407 13
– Bestätigungsantrag 405 8 ff
– Einsicht 404 9 ff; 405 19
– gutachterliche Bedeutung 405 4
– Klauselgegenklage 409 5 f
– Klauselklage 409 5 f
– Rechtskraft 406 16
– Säumnisverfahren 406 2 ff
– Vergleichsverhandlung 406 6 ff
– Verhandlungstermin 405 17; 406 2 ff
– Vollstreckungsgegenklage 409 5 f
– Widerspruch 45 21; 406 2 f, 5 ff
– Wirkung der Bestätigung 409 2
– Zwangsvollstreckung 409 3
Dispacheur
– Binnenschiffer als 403 10
– Schadenersatz 403 8; 404 12
– Stellung 403 9
– Verpflichtung 403 2 ff
Dispacheurbestellung
– Kosten 375 82
Dispositionsmaxime, -freiheit 113 13; 225 16
Dispositives Recht 411 5
Dokument
– elektronisches 42 37–40; 46 15
Donauregeln Vor 403 5
Doppelfunktionalität
– Theorie der 105 2; 343 6

Doppelsitz 377 13 ff, 53
– Erzwingung einer Anmeldung 388 34
Dringende Gründe 331 6; 334 4
Dringendes Bedürfnis
– zum Tätigwerden 331 10 ff; 427 11 ff
Dringlichkeit 300 2
– gesteigerte 332 2; 334 12
Durchgriffserinnerung
– Wegfall der 414 4
Durchsicht 348 6
dynamisierter Unterhaltstitel
– zur Zangsvollstreckung im Ausland 245 1–4

E-Mail
– notwendige Geschäftsangaben 388 18
Echtheit 482 3
EGGVG 2 1
EGMR
– Vorlageverfahren Vor 58 36–37
Ehe 266 13 f
Ehe- und Familienstreitsachen
– Anschlussrechtsmittel 117 34
– Aufhebung- und Zurückverweisung 117 36
– Beschwerdebegründung 117 9–25
– Bindung an Beschwerdeanträge 117 35
– Entscheidung ohne mündliche Verhandlung 117 37–42
– Protokollurteile 117 43–46
– Rechtsmittel 117 1–48
– Versäumnisverfahren 117 27–33
– Wiedereinsetzung in den vorigen Stand 117 47–48
Ehebewahrende Aussetzung 136 1–6
ehefeindliche Tatsachen 127 3, 10
ehefreundliche Tatsachen 127 9
Ehegatte
– Erbender 462 3
– Persönlich haftender 462 2
– Verwaltender 462 4
Ehegattenunterhalt 246 14
Ehenichtigkeitsklagen 98 4
Ehesache 49 19–20; 98 1–4; 112 4; 113 1 f, 4, 6 f, 11 ff; 114 1 f, 9; 115; 116; 121 1; 266 5; 267 2; 268 1
– Begründung 38 89–92
– Entscheidungsform 38 11
– Kosten bei Aufhebung 132 1 ff
– Kosten bei Scheidung 150 1 ff
Eheverbot Einl 186 1, 9; 186 35–37; 187 3, 17; 188 14–15; 194 2; 197 12; 198 13
Ehewohnungs- und Haushaltssachen 49 43–52
Ehewohnungssachen 49 46–50
Eidesstattliche Versicherung 357 12; 361 3; 410 2 f; 411 3; 413 2 ff, 6; 439 3; 444 2; 449 3; 450 4; 456 4
– Abgabe der Vor 342 ff 4; 361 6, 10; 412 2; 413 3
– Abgabe einer 358 1
– Abgabe nach Löschung wegen Vermögenslosigkeit 394 67
– Abnahme der 358 5; 361 4; 468 9
– einstweilige Anordnung 51 22 f
– Inhalt der 413 9

Stichwortverzeichnis

Eigenbesitz 442 2; 443 2
Eigentümergrundschuld 450 8
Eigentümerwechsel 447 5
Eigentumseintragung 450 8
Eilverfahren 300 1
Einberufung
– der Generalversammlung bei der Genossenschaft 375 54
– der Generalversammlung bei der SCE 375 59
– der Hauptversammlung bei der AG / dem VVaG 375 36
– der Hauptversammlung bei der SE 375 43
Eindruck
– unmittelbarer 319 6 ff; 420 8
Einfühlungsvermögen 158 19
Einführungsgespräch 289 5
Eingeschriebener Brief 470 4
Eingliederung
– Löschung des Eingliederungsvermerks 395 63
Einhaltung
– der Form 445 3
Einheitsentscheidung 286 1
Einigung
– außergerichtliche Vor 200 5
– Fehlen einer 203 5
– gütliche 362 12
Einleitung eines Verfahrens Einl 23 1 ff; 23
– aufgrund Antrags 23 4 ff; Einl 23, 5 ff
– von Amts wegen Einl 23, 4 f; 24 1
Einleitungsbeschluss
– förmlicher 363 2
Einleitungsverfügung 365 16
Einlösung 472 4
Einreden 463 3
Einrichtung
– abgeschlossene 415 16
Einrichtungsleiter 315 18
– Beschwerdeberechtigung 335 7
Einsicht 477 4
– Akten 13 1
– in das Register 385 3 ff
– in die Registerakte 385 30 ff
– in den Registerordner 385 18 ff
– in den Sonderband 385 27 ff
Einsichtnahme 469 3
Einsichts- und Aufgebotstermin 482 5
Einsichtsrecht 13 2; 357 1, 3 ff
Einspruch 39 15–16; 45 19–20
– gegen Versäumnisentscheidungen Vor 58 29; 117 29
– gegen die Ordnungsgeldandrohung 392 43 ff
Einstweilige Anordnung 49 1–67; 56 3 ff, 19 ff; 157 9; 300 2
– Abänderung der Hauptsache 51 7 ff
– Abstammungssachen 49 40
– Amtsermittlung 51 30
– Änderung 54 5 ff
– anderweitige Regelung 56 3 ff
– Anfechtbarkeit 427 23
– Anhörung Beteiligter 427 19
– Anordnungsgrund 49 10 f
– Antrag 51 20
– Antragsverfahren 51 12 ff

– Anwaltszwang 51 17 f
– Aufenthaltsbestimmungsrecht 49 26 ff
– Aufhebung 54 5 ff
– Aufhebungsverfahren 52 13 ff
– ausländisches Recht 49 10
– Außerkrafttreten 56 1–25
– außerordentliche Beschwerde 57 4 ff
– Aussetzung der Vollstreckung 54 2 ff
– Befristung 49 15; 246 7; 333 2
– bei Feststellung der Vaterschaft 248 1–12
– Bekanntgabe 427 22
– Bereicherungsanspruch 56 15 ff
– Beschwerde 57 4 ff; 246 39
– Beschwerdefähige Entscheidungen 57 8 ff
– Beschwerdefrist 57 21
– Beschwerdeverfahren 57 18
– besondere Vorschriften 246 1–39
– Beteiligte 51 16
– Betreuungs- und Unterbringungssachen 49 60
– Betreuungsunterhalt 246 15
– Dauer 333 2 ff; 427 21
– des Rechtsbeschwerdegerichts 69 56
– des Beschwerdegerichts 64 29–32
– dingliche 332 2 ff; 427 25
– dringende Gründe für 427 6 ff
– Ehegattenunterhalt 246 14
– Ehesachen 49 19
– Ehewohnung 49 46 ff
– elterliche Sorge 49 24
– Entscheidungsinhalt 427 21
– Erörterung 51 26
– Familiensachen 49 18 ff
– freiwillige Gerichtsbarkeit 49 63
– Fristsetzungsverfahren 52 10 ff
– Gegenstandswerte 49 65; FamGKG 41
– Geltungsdauer 302 1
– gemischt-mündlich-schriftliches Verfahren 57 17
– Gerichtsgebühren 49 67
– Gesamtvermögensgeschäft 119 4
– Gewaltschutzsachen 49 53
– gewöhnliche 331 5 ff; 427 5 ff
– Glaubhaftmachung 51 22; 247 5
– Grundrechtsbezug 49 21
– Güterrecht 119 1 ff
– Güterrechtssachen 119 5
– Hauptsacheunabhängigkeit 51 1
– Hauptsacheverfahren 51 2 ff
– Hausratsteilung 49 51 ff
– Höchstdauer 333 10
– in Freiheitsentziehungssachen 427 1 ff
– in Kindschaftssachen 156 6
– in Unterbringungssachen 331 1 ff
– internationale Zuständigkeit 50 4
– IntFamRVG 49 25
– Kindesherausgabe 49 34 ff
– Kindesunterhalt 246 12
– Kindeswohlgefährdung 49 33, 36
– Kindschaftssachen 49 21 ff
– Konkurrenzverhältnis 54 16
– Kostenentscheidung 51 42 ff
– Kostenvorschuss 246 18 ff
– Lebenspartnerschaftssachen 49 59

1991

Stichwortverzeichnis

- materiell-rechtliche Akzessorietät **51** 6 ff
- mündliche Verhandlung **51** 26; **246** 36
- Nachlasssachen **49** 61
- Neuregelung **Vor 49** 6
- Notfallkompetenz **50** 11
- örtliche Zuständigkeit **50** 6 ff
- persönliche Anhörung **331** 18; **427** 17
- Präjudizwirkung **49** 22
- Rechtsanwaltsgebühren **49** 66
- Rechtsmittel **57** 1–2; **58** 23
- Rechtsmittelbeschränkung **Vor 49** 8; **57** 1
- Rechtsverhältnis **49** 9
- Regelungsbedürfnis **49** 10 f; **246** 11
- Registersachen **49** 62
- Schadensersatz **56** 18
- sofortiges Tätigwerden **427** 11
- Sonderbedarf **246** 5
- Sonderregelungen **49** 2
- sonstige Familienstreitsachen **119** 6 f
- Umgangsrecht **49** 30 ff
- und Arrest **119** 1–19
- Untätigkeitsbeschwerde **57** 5
- Unterbringung Minderjähriger **49** 39
- Unterhaltsbedarf **246** 3 ff
- Unterhaltsrückstand **246** 8
- Unterhaltssachen **246** 1 ff
- Vaterschaftsfeststellungsverfahren **247** 2 ff
- Verfahren **300** 13
- Verfahrenspfleger **427** 15
- Vergleich **51** 31; **246** 37
- Verhältnis zur Hauptsache **51** 7 ff
- Verlängerung **302** 3; **333** 5 ff; **427** 21
- Versorgungsausgleichssachen **49** 55
- Vollstreckung **53** 2
- Vollstreckungsklausel **53** 2
- vor Geburt des Kindes **247** 1–5
- Voraussetzungen **331** 5 ff; **427** 5 ff, 25 ff
- vorgeburtliche **247** 2 ff
- vorläufige Maßnahmen **49** 13 ff; **248** 8
- Vormundschaft und Pflegschaft **49** 38
- Vorwegnahmeverbot **49** 7
- Wechselmodell **49** 28
- Wirksamkeit **427** 22
- Wirksamwerden **56** 13
- Zuständigkeit **416** 7

Einstweilige Maßregel 334 1 ff
- eilige **334** 18

Einstweiliger Rechtsschutz Vor 49 1

Eintragung
- deklaratorisch **Vor 378** 74
- im Grundbuch **445** 3, 6
- konstitutiv **Vor 378** 59

Eintragung, konstitutiv
- bei Doppelsitz **377** 15

Eintragungsbewilligung 371 33

Eintragungsfähigkeit
- in das Register **Vor 378** 58

Eintragungsnachricht 383 2 ff
Eintragungsverbot Vor 378 79 ff
Eintragungsverfügung 382 11
Eintritt des Verlustes 472 2
Einverständnis 366 31

Einwendungen 371 25
- materielle **366** 27

Einwilligungsvorbehalt 271 5
- Bezeichnung **286** 7
- einstweilige Anordnung **300** 3
- Umfang **286** 7
- Wirkung der Aufhebung **306** 1

Einzelrichter
- im Beschwerdeverfahren **68** 45–53

Einziehung 353 30; **354** 1
- Anordnung der **353** 18
- Antrag auf **353** 17

Einziehungsanordnung 353 28
- Erteilung der **353** 29

Einziehungsverfahren
- Einleitung des **353** 14

Elektronische Akte 14 1 ff
- Aktenführung **14** 6 ff
- Transfer eingereichter Schriftsätze **14** 9
- Verordnungsermächtigung **14** 40

Elektronische Form 39 26, 41; **42** 37–40

Elektronische Speicherung von Gerichtsakten 14 45

Elektronischer Rechtsverkehr, s Elektronisches Dokument und Elektronische Akte 14 1 ff; **229** 1 ff

Elektronisches Dokument 14 14 ff; **46** 15
- Aufbewahrung **14** 38
- Begriff **14** 19
- der Beteiligten **14** 14
- des Gerichts **14** 29
- Eingang bei Gericht **14** 25
- formale Anforderungen **14** 22
- Signatur **14** 23
- Transfer **14** 34 f

Elektronisches Medium 435 4

Elterliche Sorge 49 24–29; **151** 1, 6; **Vor 151 ff** 1; Einl **186** 7; **186** 38; **197** 2; **198** 9; **199** 2; **356** 6

Eltern-Kind-Verhältnis
- Feststellung **169** 3–10

Elternrecht 158 22

Elternunterhalt 246 16

Empfangsbekenntnis 361 11

Endentscheidung 38 1, 6; **42** 4; **44** 4; **58** 12–14; **158** 14; **353** 2; **355** 3; **482** 6

Entgegennahme-Zuständigkeit 344 12

Entscheidung
- anfechtbare **44** 10–14, 15–17
- Anordnungen zur Durchführung **209** 4
- Aussetzung der **363** 10
- Durchführung **209** 1
- einheitliche **265** 1
- endgültige **440** 4
- Gerichtliche **370** 14
- Kosten **38** 62; **87** 5
- nicht selbstständig anfechtbare **45** 8
- Rechtskraft **209** 9
- rechtskräftige **362** 5, 16
- unanfechtbare **44** 18–19; **45** 7
- unstreitige **38** 82–84
- unvereinbare **109** 14–17
- verfahrensabschließende **86** 3; **89** 2
- Verfahrensbeendende **45** 6

Stichwortverzeichnis

– Vollstreckbarkeit **209** 10, 12
– Wirksamkeit **209** 1, 8; **324** 2 ff; **420** 2 ff
Entscheidungsbefugnis 369 3
Entscheidungsformel
– Abstammungssachen **182** 2–12
Entscheidungsgrundlagen 37 1 ff
Entscheidungszuständigkeit 98 8
– direkte **Vor 98** 4
Entschließungsfreiheit 362 8
Entschuldigungsgrund 361 8, 13
Erbauseinandersetzung
– Vermittlung der **363** 28
Erbengemeinschaft 363 9
– Aufhebung der **363** 13
Erbenhaftung 457 2
Erbenstellung 363 6
– Nachweis **363** 31
Erbfallschulden 349 11
Erbmasse 368 8
Erbschaftliche Geschäfte 413 2
Erbschaftskäufer 463 2, 4
Erbschaftskaufvertrag
– Abschluss des **463** 2
Erbschein 40 35; **345** 4; **357** 7
– Antrag **352** 2; **357** 10
– Einziehung **345** 2; **353** 1 f, 6, 7, 19
– Erteilung **Vor 342 ff** 3; **352** 1; **353** 5; **364** 12
– Kraftloserklärung eines **353** 1 f
– unrichtiger **353** 5
Erbscheinserteilung 349 11; **353** 8
Erbscheinsverfahren Vor 342 ff 3; **345** 1
– Beteiligte am **345** 3
Erbteil 460 4
– Unbestimmtheit der **363** 18
Erbteilungsklage 363 17
Erbteilungsplan 364 11
Erbvertrag 349 7; **351** 2
Erfüllungsort 466 2
Ergänzung 39 20
– des Aufsichtsrats **375** 34
– Beschluss **43** 1; **44** 13
– des Verwaltungsrats **375** 45
Ergänzungsbetreuer 293 3
– bei Genehmigung **298** 10
Ergänzungspfleger 158 5, 22; **364** 1
Ergänzungspflegschaft 151 13
Erinnerung 39 19; **45** 24
– befristete **414** 4
– entsprechend § 573 ZPO **Vor 58** 26–27
– gegen Entscheidungen des ersuchten und beauftragten Richters **Vor 58** 26
– gegen Entscheidungen des Urkundsbeamten der Geschäftsstelle **Vor 58** 26
– im Festsetzungsverfahren **168** 77
– nach RPflG **Vor 58** 25
– Rechtskraft **45** 23
– sofortige **414** 3, 4
Erinnerungswert 357 4
Erklärungsfrist 355 2
Erlass Beschluss 38 1, 51; **40** 2, 10–11
Erledigung
– kraft Gesetzes **131** 1–4

Erledigung der Hauptsache 22 18 ff
– Amtsverfahren **22** 21
– Antragsverfahren **22** 27
– Beschwerde nach Erledigung der Hauptsache **62** 1–20
– echte Streitsachen **22** 22
– Rechtsmittelinstanz **22** 31
– zwischen den Instanzen **22** 30
Erledigungsvermerk 441 4
Erlös
– Verteilung des **373** 5
Erlöschen
– einer Firma **393** 6 ff
– der Prokura **Vor 374** ; **Vor 378** 74 f; **382** 19; **384** 4
– des Vereins **401** 5 ff
Ermächtigung 347 9; **453** 5
Ermessen 140 10–15; **345** 4; **357** 4, 10; **363** 7; **364** 3; **366** 24; **435** 4; **437** 4; **476** 1
– des Gerichts **127** 7; **348** 5 f; **457** 6; **468** 9
– des Nachlassgerichts **369** 8
– bei der Feststellung eines Satzungsmangels **399** 45
– bei der Löschung unzulässiger Eintragungen **395** 77 ff
– bei der Löschung wegen Vermögenslosigkeit **394** 23 ff
– pflichtgemäßes **345** 8; **368** 5; **434** 4; **435** 4; **439** 3
– bei der Zwangsgeldandrohung **388** 39
– bei der Zwangsgeldfestsetzung **390** 21 ff; **391** 17
Ermessensentscheidungen
– Überprüfbarkeit im Rechtsbeschwerdeverfahren **72** 14–15
Ermessensspielraum 345 8; **351** 4
Ermittlungen 348 8; **456** 4
– eigene **370** 2
Ermittlungspflicht 203 11
Ernennung
– von Sachverständigen **410** 5
Erneuerung der Zinsscheine 472 3
Erneuerungsschein 471 2
Eröffnung 348 3, 6; **349** 2; **350** 2; **358** 3
– getrennte **350** 5
– stille **348** 2
Eröffnungsniederschrift 348 4
Eröffnungspflicht 351 3 f
Eröffnungstermin 348 1, 7
Eröffnungsverfahren 348 2
Eröffnungszuständigkeit 344 11
Erörterung 221 1
– Kindeswohlgefährdung **157** 1
Erörterungstermin, s Termin 32 1 ff; **175** 2–4
Ersatzbetreuer 293 3
Ersatzentscheidung 480 7
Ersatzregister Anh 387 30
Ersatzzuständigkeit 343 5
Ersatzzustellung 367 4
Ersatzzwangshaft 358 4
Erschöpfungseinrede 454 2, 4; **457** 3; **460** 3
Ersitzung
– einer beweglichen Sache **446** 3

1993

Stichwortverzeichnis

Erstattung
- von Aufwendungen **410** 6

Erstattungsansprüche 410 6
Erstentscheidung 482 7
Erteilung des Zeugnisses
- Pflicht zur **471** 4

Erteilung eines Erbscheins
- Verfahren zur **354** 1

Erteilungsverfahren 352 3 ff
Erteilungsvoraussetzungen 357 9
Erwerb von Todes wegen 356 7
Erwerber
- gutgläubiger **481** 3

Erwerbsgeschäft Minderjähriger 47 5
Erwerbstitel
- Vorlage des **444** 3

Erziehungsmaßregeln 151 1
Erzwingung
- der Anmeldung von Geburtsdaten **388** 16 f
- der Einreichung der Geschäftsanschrift zum Registergericht **388** 16
- der Einreichung von Dokumenten **388** 12
- der Mitteilung der Vereinsanschrift an das Registergericht **388** 17
- der Registeranmeldung **Vor 378** 9; **388** 8
- vollständiger Geschäftsbriefangaben **388** 18

EuGH
- Vorlageverfahren **Vor 58** 38

EuGVO 98 38 f; **102** 2; **103** 10; **108** 6
EURL Vor 378 24
Europarecht
- Vorrang **97** 1–8

EuUntVO 98 39 f; **103** 10; **Vor 107** 15
Exhumierung 177 11

Fälligkeit 471 3; **472** 2
- Gebühren **FamGKG 11** 1–22

Fälligkeit der Scheine 473 3
Fälligkeitszeit 475 2
- Aufbau **Einl** 30
- Geschichte **Einl** 1 ff
- Reformziele **Einl** 7 ff
- Verfahrensgrundsätze **Einl** 36 ff

FamFG
- Aufbau **Einl** 30
- wesentliche Ziele und Inhalte **Einl** 7–35

FamGKG FamGKG Vor 1 1
- Dauerübergangsvorschrift **FamGKG 63** 2
- elektronische Dokumente **FamGKG 8** 1
- Entwicklung **FamGKG Vor 1** 1
- Gehörsrüge **FamGKG 61** 1
- Geltungsbereich **FamGKG 1** 1
- Systematik **FamGKG Vor 1** 2
- Übergangsregelung **FamGKG Vor 1** 4
- Verzögerungsgebühr, Beschwerde **FamGKG 60** 1

Familien- oder Betreuungsgericht 368 14
Familienangehörige 10 12
Familiengericht Einl 13; **151** 3; **356** 1, 5, 8; **368** 16
Familiengerichtliche Aufgaben Vor 151 ff 1
Familienpflege 151 13
Familienrechtsreform 356 6

Familienrichter
- Aufgaben **220** 3, 11 ff, 14 f; **224** 5; **225** 38, 42

Familiensachen 151 1; **Vor 151 ff** 1
- Entscheidungsform **38** 11
- sonstige **111** 1 f, 4; **114** 2; **266**

Familienstreitsache 111 4; **112; 113** 2, 4, 6 ff, 10 ff, 18; **114** 1 f, 9; **115; 116** 1, 3; **231** 3–4; **266** 1 f, 5, 11

Familienstreitverfahren 38 11
Familienwohnung 362 2
Fassung
- der Registereintragung **Anh 387** 25

Fassungsbeschwerde
- in Registersachen **383** 34 ff

Fehlerhaftigkeit
- Beschluss **47** 11

Fehlerkorrektur 220 3, 13; **225** 6 ff, 9 ff, 13 f, 19, 21, 24, 27, 41, 45 ff; **227** 2

Fernschreiben
- notwendige Geschäftsangaben **388** 18

Festsetzung
- auf Antrag **168** 5, 27 ff
- von Amts wegen **168** 5 f
- von Aufwendungsersatz **168** 5 ff
- von Vergütung **168** 5 ff

Festsetzungsverfahren
- Anspruchszeitraum **168** 37
- Antragsbegründung **168** 31 ff
- Antragsform **168** 42 f
- Antragsgegner **168** 30
- Antragsinhalt **169** 4 ff
- Anwendbare Vorschriften **168** 45 ff
- auf Anwendungsersatz **168** 2 ff
- auf Vergütung **168** 2 ff
- Aussetzung **168** 26
- entfallen **168** 21
- Entscheidung **168** 7
- Ermittlungen **168** 52
- Gegenstand des **168** 9 ff, 16, 19
- materielle Einwendungen **168** 58
- Prüfungsmaßstab **168** 24
- Rechtsmittel **168** 67 ff
- Verzicht **168** 20
- Vollstreckungstitel **168** 62
- wiederholtes **168** 25
- Zuständigkeit **168** 7

Feststellung
- des Wertes **410** 5
- des Zustandes **410** 5
- der Identität **477** 2
- eines Satzungsmangels **399** 44 ff, 57 ff

Feststellungsantrag
- negativer **169** 5

Feststellungsbeschluss Vor 342 ff 3
Feststellungsinteresse
- bei Beschwerden nach Erledigung der Hauptsache **62** 6–15

Feststellungsklage 371 6; **372** 10
- negative **440** 4

Feststellungsurteil 445 4
Firma
- Löschung **395** 122 ff

Stichwortverzeichnis

Firma, Zulässigkeit
– Prüfung bei der Registeranmeldung **Vor 378** 60
Firmenänderung 393 11
Firmenfortführung Anh 387 13
Firmenlöschung 393 6 ff
– Löschung des Löschungsvermerks **393** 65
– Vollzug **393** 63
Firmenmissbrauch 392 9 ff
Firmenwahrheit
– Verstoß gegen die **395** 16
Firmenzusatz 392 7
– Löschung **395** 126
Folgesachen 114 1 f, 8, 10, 19; **137** 3–8; **217** 2; **221** 2 f
– auf Antrag **137** 6–8
Forderung
– Anmeldung der **459** 7
– Ausschluss der **457** 4
– persönliche **450** 8
Form- und fristgerecht 438 6
Formalia Beschluss 42 10
Formel Beschluss 42 31
Formfehler 366 27
Förmliche Beweisaufnahme 30 1 ff; **279** 7
– Abstammungssachen **177** 14 ff
– aufgrund ausdrücklichen Bestreitens **30** 10 ff
– aufgrund gesetzlicher Anordnung **30** 9
– Beteiligtenöffentlichkeit **30** 27 f
– Beweismittel **30** 33
– Grundsätze **30** 20 ff
– im Ermessen des Gerichts **30** 2
– obligatorische **30** 9 ff
– Unmittelbarkeit der Beweisaufnahme **30** 21 f
Formlose Bekanntgabe 41 32
Formlose Mitteilung, s Mitteilung, formlose 15 64 ff
Formmängel 371 5
Formwechsel
– Löschung der Eintragung **395** 62
Fortbestand
– des Verbundes **146** 1
Fortsetzung
– der Gütergemeinschaft **354** 1
– des Verfahrens **367** 8
Fortsetzungstermin 365 13
Freibeweis 29 6 ff; **279** 7; **444** 2
– Beteiligtenöffentlichkeit **29** 10
– Beweismittel **29** 8
– Unmittelbarkeit der Beweisaufnahme **29** 11
– Zulässigkeit **29** 6
Freigabeverfahren Vor 378 92; **381** 12 ff; **395** 64
Freiheitsentziehung 151 15; **415** 6 ff
– als Verwaltungsmaßnahme **428** 3 ff
– Aufhebung **426** 3 ff
– Aufhebungsverfahren **426** 6 ff
– einstweilige Anordnung **427** 2 ff
– Einverständnis **415** 12
– Ende **421** 11; **425** 3
– gegen den Willen **415** 10
– ohne Willen **415** 11
Freiheitsentziehungsmaßnahme 424 5
– behördliche **428** 3 ff

– vorläufige **427** 5
Freiheitsentziehungssache 415 2
– Abgabe **417** 10
– Antrag **417** 2
– Auslagenersatz **430** 5 ff
– Bekanntgabe Beschluss **41** 17
– Beschwerde **429**
– Beschwerdeberechtigung **429** 4 ff
– einstweilige Anordnung **427**
– Mitteilung von Entscheidungen **431** 2 ff
– Wirksamwerden Beschluss **40** 25
– Zuständigkeit **416** 2 ff
Freiheitsentziehungsverfahren
– Abgabe **416** 8
– Antrag **417** 2
– Beteiligte, im Interesse des Betroffenen **418** 7 ff
– Beteiligte, kraft Bestellung **418** 6
– Beteiligte, von Amts wegen **418** 3
– persönliche Anhörung **420** 1 ff
– persönliche Anhörung Beteiligter **420** 16 f
– persönliche Anhörung Betroffener **420** 4 ff
– Unterbleiben der persönlichen Anhörung **420** 11
– Verfahrenspflegerbestellung **419** 2 ff
– Verwaltungsbehörde, zuständige **417** 3 ff
– Zuständigkeit, örtliche **416** 2
– Zuständigkeit, sachliche **417** 15
Freiwillige Gerichtsbarkeit 1 3 ff; **112** 1 ff; **113** 1 f; **114** 1 f, 10; **115** 2; **217** 2; **266** 5, 17; **Vor 433 ff** 3
– Begriff **1** 3 ff
Fremderbschein 343 6
Frist 16 1 ff
– 30jährige **446** 3
– Abkürzung der **441** 6
– Änderung **16** 29 ff
– Beginn **16** 7 ff
– Berechnung **16** 14 ff
– Ende **16** 19
– Feiertage **16** 25
– Jahresfrist **367** 5
– Rechtsbehelf **39** 44–48
– Vereinheitlichung **351** 1
– Wochenende **16** 25
– Zehnjährige **450** 2
– zur Beschwerdebegründung in Ehe- und Familienstreitsachen **117** 24
– zur Beschwerdeerwiderung **68** 35
– zur Eröffnung **351** 3
– zur Rechtsbeschwerdebegründung **71** 11–17
Fristablauf 353 8; **366** 27
Fristbeginn 441 6; **472** 5
Fristberechnung 437 5; **441** 6; **450** 3; **476** 2
Fristbestimmung 355 2; **445** 2
– obligatorische **Vor 151 ff** 3
Fristenlauf 366 25
Fristsetzung 368 11; **372** 2, 12
– zur Bestellung eines neuen Prüfungsverbandes der Genossenschaft **Vor 393** 2
– im Registeranmeldeverfahren **382** 14 ff, 25 ff
Fristsetzungsverfahren 52 10–12

Stichwortverzeichnis

Fristverlängerung
– bei der Zwangsgeldfestsetzung 389 12
Fristversäumnis 366 7; 367 3
Fristwahrung 367 3
Fürsorge 364 7
Fürsorgebedürfnis 364 4, 7
Fürsorgegedanke 39 5
Fürsorgepflicht des Gerichts 112 6
Fürsorgezuständigkeit 99 26; 104 19

Gattung von Papieren 472 5
Gebühr 350 5; 361 17 ff; 363 37; 371 11; 373 10 f; 413 12; 438 7
– bei Verweisung FamGKG 6 1–17
– erstmalige Erhebung FamGKG 29 1–4
– Fälligkeit FamGKG 11 1–22
– Lebenspartnerschaftssachen FamGKG 5 1
– Rechnungs- FamGKG 62 1–3
– Schluss- und Übergangsvorschriften FamGKG 62 1
– Stufenklageantrag FamGKG 38 1–10
– Übergangsvorschrift FamGKG 63 1–4
– Umgangspflegschaft FamGKG 4 1
– Verzögerung des Verfahrens FamGKG 32 1
– Vorschuss FamGKG 17 1
– Vorschusspflicht FamGKG 17 1–16
Gebührenbestimmung 363 39
Gebührenvorschriften FamGKG 29 1
Geburtsdaten
– Angabe bei der Registeranmeldung Vor 378 7
– Anmeldung zum Registergericht 387 10, 15
– Erzwingung der Anmeldung zum Registergericht 388 16 f
Gefahr 332 3; 334 15; 427 26
– im Verzug 40 32; 287 9; 301 2
Gegenbetreuer 293 10
Gegenrügen 74 17
Gegenstandswert
– Abstammungsverfahren FamGKG 47 2
– Abstammungsverfahren, Unterhaltsantrag FamGKG 47 4
– Abtrennung Kindschaftssache FamGKG 6 12
– Addition FamGKG 33 1
– Adoption FamGKG 42 5
– Auffangwert FamGKG 42 1
– Aufrechnung FamGKG 39 7
– Auskunft FamGKG 38 3
– Auskunft, Rechtsmittelwert FamGKG 38 9
– Austauschverträge FamGKG 36 11
– Bedeutung FamGKG Einl 33 1
– Bewertungszeitpunkt bei Amtsverfahren FamGKG 34 2
– Bewertungszeitpunkt bei Verfahrenskostenhilfe FamGKG 34 9
– eheliche Lebensgemeinschaft FamGKG 42 7; FamGKG 43 2
– Ehesache, allgemein FamGKG 43 3
– Ehesache, Aufwand FamGKG 43 17
– Ehesache, Bedeutung FamGKG 43 15
– Ehesache, Einkommensermittlung FamGKG 43 7
– Ehesache, Rechtmittel FamGKG 43 20; FamGKG 44 7
– Ehesache, Stichtag FamGKG 43 4
– Ehesache, Umfang FamGKG 43 16
– Ehesache, Vermögen FamGKG 43 13
– Ehesache, wechselseitige Anträge FamGKG 43 5
– Ehetrennung FamGKG 43 1
– eidesstattliche Versicherung FamGKG 38 5
– Einigung, Hausrat FamGKG 48 7
– Einigung, Vergleich FamGKG 42 8
– Einigung, Wohnung FamGKG 48 7
– einstweilige Anordnung FamGKG 41 2
– Festwerte FamGKG Einl 33 2
– Freistellungsanspruch FamGKG 42 9
– Fremdwährung FamGKG 35 2
– Fürsorgemaßnahmen Kindesvermögen FamGKG 46 2
– Geldforderung FamGKG 35 1
– Genehmigung FamGKG 36 1; FamGKG 42 10
– Gewaltschutz FamGKG 49 1
– Gewaltschutz, eAO FamGKG 49 6
– Gewaltschutz, Fristverlängerung FamGKG 49 4
– Grundstücksübertragung FamGKG 42 11
– Gütergemeinschaft FamGKG 42 12
– Gütertrennung FamGKG 42 15
– Hausratssachen FamGKG 48 1
– Hilfsanspruch FamGKG 39 6
– Hilfsaufrechnung FamGKG 39 7
– Immobilien FamGKG 36 7
– Kaufverträge FamGKG 36 8
– Kindergeld, Auskehr FamGKG 51 24
– Kindergeld, Bezugsberechtigung FamGKG 51 3
– Kindesherausgabe FamGKG 45 7
– Kindschaftssache, Abänderungsverfahren FamGKG 45 10
– Kindschaftssache, Änderung FamGKG 45 14
– Kindschaftssache, Auslandsbezug FamGKG 45 9
– Kindschaftssache, Einigung, Vergleich FamGKG 45 12
– Kindschaftssache, isolierte FamGKG 45 1
– Kindschaftssache, isolierte Rechtsmittelwert FamGKG 45 11
– Kindschaftssache, Pflegschaften FamGKG 46 1
– Kindschaftssache, sonstige FamGKG 46 1, 2
– Kindschaftssache, unterschiedliche Werte FamGKG 45 13
– Kindschaftssache, Verbundverfahren FamGKG 44 8
– Kindschaftssache, Vermittlungsverfahren (Umgang) FamGKG 45 6
– Kindschaftssache, Wertgrenzen FamGKG 46 4
– Kostenvereinbarung FamGKG 42 16
– Mindestunterhalt iVm Abstammungsverfahren FamGKG 47 4
– Mindestunterhalt, Berechnung FamGKG 51 10
– Miteigentum FamGKG 42 17
– Mitverpflichtung FamGKG 36 12

Stichwortverzeichnis

- Nebenforderung **FamGKG 37** 1
- Nutzungsentgelt **FamGKG 42** 18
- Nutzungsentschädigung, Whg Hausrat **FamGKG 48** 5
- Pfandrechte, Sicherheiten **FamGKG 36** 9
- Ratenzahlungsvereinbarung **FamGKG 42** 19
- Realsplitting **FamGKG 42** 20
- Rechnungslegung **FamGKG 38** 3
- Rechtsmittel **FamGKG 40** 1
- Rechtsmittel, wechselseitige **FamGKG 39** 5
- Sachen **FamGKG 36** 6
- Schadensersatz **FamGKG 42** 22
- Sorgerecht **FamGKG 45** 4
- Stufenklagantrag **FamGKG 38** 1
- Stufenklage, Rechtsmittelwert **FamGKG 38** 10
- Stufenklage, steckengebliebene **FamGKG 38** 8
- Titulierungsinteresse **FamGKG 42** 23
- Umgangsrecht **FamGKG 45** 5
- unbezifferter Antrag **FamGKG 38** 6
- Unterhalt **FamGKG 51** 1 ff
- Unterhalt, Abänderung **FamGKG 51** 26, 29
- Unterhalt, Abfindungsvergleich **FamGKG 51** 33
- Unterhalt, Antragsbeschränkung **FamGKG 51** 13
- Unterhalt, Antragserweiterung **FamGKG 51** 15
- Unterhalt, Antragshäufung **FamGKG 51** 7
- Unterhalt, bezifferter **FamGKG 51** 9
- Unterhalt, dynamischer **FamGKG 51** 10, 23
- Unterhalt, Feststellung **FamGKG 51** 30
- Unterhalt, Freistellung **FamGKG 51** 25
- Unterhalt, freiwillige Zahlungen **FamGKG 51** 5
- Unterhalt, Kindergeldanrechnung **FamGKG 51** 10, 23
- Unterhalt, laufender Unterhalt **FamGKG 51** 8
- Unterhalt, Rechtmittel **FamGKG 51** 18
- Unterhalt, Rückstande **FamGKG 51** 11
- Unterhalt, Rückzahlung **FamGKG 51** 28
- Unterhalt, Stichtag **FamGKG 51** 6
- Unterhalt, Trennungsunterhalt **FamGKG 51** 21
- Unterhalt, vereinfachtes Verfahren **FamGKG 51** 23
- Unterhalt, vertraglicher **FamGKG 51** 1
- Unterhalt, Verzicht **FamGKG 51** 33
- Unterhalt, Vollstreckungsabwehr **FamGKG 51** 31
- Unterhalt, Widerklagen **FamGKG 51** 32
- Verbundfahren **FamGKG 44** 2
- Verbundverfahren, Abtrennung **FamGKG 44** 5
- Verbundverfahren, Verfahrensverbindung **FamGKG 44** 6
- Versorgungsausgleich **FamGKG 50** 1 ff
- Versorgungsausgleich, Anrechte **FamGKG 50** 7
- Versorgungsausgleich, Billigkeitsregelung **FamGKG 50** 9
- Versorgungsausgleich, Nebenansprüche **FamGKG 50** 8
- Versorgungsausgleich, Rechtsmittel **FamGKG 50** 7
- Versorgungsausgleich, Vereinbarung **FamGKG 50** 10
- Wertangabe **FamGKG 53** 1
- Wertvorschriften, allgemeine **FamGKG 33** 1
- Wertvorschriften, besondere **FamGKG 43** 1
- Widerklage **FamGKG 39** 2
- wiederkehrende Leistungen **FamGKG 36** 10
- Wohnungssachen **FamGKG 48** 1
- Zeitpunkt der Wertberechnung **FamGKG 34** 1
- Zugewinnausgleich **FamGKG 52** 1
- Zugewinnausgleich, Stundung **FamGKG 52** 3
- Zugewinnausgleich, Übertragung § 1383 BGB **FamGKG 52** 4
- Zugewinnausgleich, §§ 1385, 1389 BGB **FamGKG 42** 26
- Zulassung der Sprungrechtsbeschwerde **FamGKG 40** 5

Gegenvorstellung Vor 58 31

Gehör
- rechtliches **Einl** 40 ff; **44** 1, 22–29

Gehörsrüge 39 20; **44** 1
- Genehmigung **48** 58
- Gerichtskosten **FamGKG 3** 46

Geistesschwäche 367 4

Geldforderung FamGKG 35 1–2

Gemeinschafts- und Völkerrecht
- vorrangiges **99** 4–21

Genehmigung 40 26; **287** 6; **353** 12; **368** 23
- Abänderung **48** 58
- Außengenehmigung **48** 46
- Erteilung der **363** 26; **368** 16
- Familiengerichtliche **125** 5; **151** 6; **363** 28; **372** 12
- Innengenehmigungen **48** 49
- Landwirtschaftliche **368** 14
- nachträgliche **48** 55
- notwendige **364** 8; **368** 14
- Rechtsgeschäft **40** 21–23
- Verfahren **298** 9
- Vermögenssorge **299** 2
- Verweigerung **48** 56
- Verweigerung der **368** 16
- vorherige **48** 54
- Vormundschafts- bzw familiengerichtliche **366** 29
- Wirksamwerden **287** 3

Genehmigungsbeschluss 44 20; **47** 5; **48** 1, 44–60

Generalversammlung
- Ermächtigung zur Einberufung bei der Genossenschaft **375** 54
- Ermächtigung zur Einberufung bei der SCE **375** 59

Genossenschaft
- Anmeldung zur Eintragung **Anh 387** 35 f
- Eintragung bei Auflösung **Anh 387** 37
- Eintragung bei Insolvenz **Anh 387** 37

Stichwortverzeichnis

- Sinken der Mitgliederzahl unter drei **Vor** 393 2
Genossenschaftsregister
- Aufbau **Anh 387** 38
GenRegV Anh 387 32
Gericht 1 12 ff; 38 41
- ersuchtes 366 17
- registerführendes 452 5
Gerichtsbarkeit
- freiwillige 412 1
- Gerichtsverfassung 1 12 ff
Gerichtsgebühr 359 23; 373 10; 459 6
Gerichtskosten 482 9
- Abänderungsverfahren **FamGKG 31** 2
- Aktenversendungspauschale **FamGKG 3** 62
- Auslagen **FamGKG 27** 8
- Auslagen allgemein **FamGKG 3** 55
- Auslagen, Fälligkeit **FamGKG 11** 21
- Auslagen nach dem JVEG **FamGKG 3** 64
- Auslagenvorschuss **FamGKG 17** 11
- Befreiung **FamGKG 2** 1, 2; **FamGKG 17** 8
- Dokumentenpauschale **FamGKG 3** 61
- Einigung, Vergleich **FamGKG 3** 45; **FamGKG 27** 8
- einstweiliger Rechtsschutz **FamGKG 3** 34
- Entscheidungsschuldner **FamGKG 27** 3
- Ermäßigung der Verfahrensgebühr **FamGKG 3** 15
- Erstattungsansprüche, Verjährung **FamGKG 7** 8
- Erstschuldner **FamGKG 27** 3, 10
- Fälligkeit **FamGKG 11** 1
- Gehörsrüge **FamGKG 3** 46
- Gesamtschuldner **FamGKG 27** 9
- Hauptsacheverfahren **FamGKG 3** 8
- Kindschaftssachen **FamGKG 3** 12
- Kostenansatz, Beschwerde **FamGKG 57** 1, 12
- Kostenansatz, Erinnerung **FamGKG 57** 4
- Kostenansatzverfahren **FamGKG 20** 1
- Kostenentscheidungen **FamGKG 3** 48
- Kostenverzeichnis **FamGKG 3** 5
- Lebenspartnerschaftssachen **FamGKG 5** 1
- Legaldefinition **FamGKG 1** 2
- Mahnverfahren **FamGKG 3** 14
- Mahnverfahren, Anrechnung **FamGKG 3** 14
- Minderjährige **FamGKG 3** 12; **FamGKG 27** 6, 7
- Nachforderung **FamGKG 20** 6
- Nachverfahren **FamGKG 29** 3
- Niederschlagung **FamGKG 20** 8
- pauschale Verfahrensgebühr **FamGKG 3** 10; **FamGKG 29** 2
- Rechnungsgebühren **FamGKG 62** 1
- Rechtsmittel gegen Neben- und Zwischenentscheidungen **FamGKG 3** 47
- Scheidungsfolgesachen Einbeziehung **FamGKG 6** 15
- Scheidungsfolgesachen, Abtrennung **FamGKG 6** 10, 13
- Scheidungsfolgesachen, Auslagen **FamGKG 17** 15
- sofortige Beschwerde **FamGKG 3** 48, 51
- Streitgenossen **FamGKG 27** 10
- Systematik **FamGKG 3** 1
- Übernahmeschuldner **FamGKG 27** 4
- Umgangspfleger 4 1; **FamGKG 3** 64
- Veranlassungsschuldner **FamGKG 27** 6
- vereinfachte Unterhaltsverfahren **FamGKG 3** 11
- Verfahren mit Auslandsbezug **FamGKG 3** 38
- Verfahrensbeistand **FamGKG 3** 64
  - Gerichtskosten **FamGKG 3** 64
- Verfahrenskostenhilfe **FamGKG 17** 8; **FamGKG 27** 11
- Verfahrenstrennung **FamGKG 6** 6
- Verfahrensverbindung **FamGKG 6** 15
- Verjährung **FamGKG 7** 4
- Verzögerungsgebühr **FamGKG 32** 1 ff
- Vollstreckungsschuldner **FamGKG 27** 5
- Vorauszahlung **FamGKG 17** 6
- Vorauszahlung, Beschwerde **FamGKG 58** 1
- Vorschuss **FamGKG 17** 7
- Wertgebühr, Mindestbetrag **FamGKG 29** 1
- Wertgebühr, Tabelle **FamGKG 29** 1
- Wertteile **FamGKG 30** 1
- Zahlungsfälligkeit **FamGKG 11** 11
- Zurückverweisung **FamGKG 31** 1
- Zustellungen **FamGKG 3** 63
- Zwangsvollstreckung **FamGKG 3** 42
- Zweitschuldner **FamGKG 27** 5
Gerichtspersonen 6 3; 38 42
Gerichtssprache 38 21; 39 28; 488 4
Gerichtsstand 411 9
- allgemeiner 371 25; 466 4
- Vereinbarung 106 3
Gerichtstafel 435 2; 456 2; 466 7
Gerichtsverfassung 1 12 ff
Gerichtsvollzieher 358 5
Gesamtgrundschuld 447 3
Gesamtgut 373 5 f; 462 2
- Auseinandersetzung 344 7 ff; 363 55
Gesamthaftung 454 2; 460 4
Gesamthypothek 447 3, 7, 8; 448 2
Gesamtrechtsnachfolge 42 30
Gesamtrentenschuld 447 3
Gesamtschuldner 362 7; 463 2
Gesamtschuldnerische Haftung 463 5
Geschäftsanschrift
- Einreichung zum Registergericht 387 10
- Erzwingung der Einreichung zum Registergericht 388 16
Geschäftsaufgabe 393 7, 9
Geschäftsfähige 9 3
- beschränkt 365 9
Geschäftsführer
- ausländischer **Vor** 378 66
Geschäftsführung
- gemeinschaftliche 355 5
Geschäftsnummer 38 56
Geschäftsstelle 477 4
- Rechtskraftzeugnis 46 10
Geschäftsunfähige 365 9
Geschäftswert 362 19; 363 50, 57; 413 12
Gesetzliche Form
- Verstoß gegen 435 5
Gesetzlicher Vertreter 38 33
Gewahrsam 468 6

Stichwortverzeichnis

Gewaltanwendung
- in Unterbringungssachen **326** 10

Gewaltschutzsache 49 53–54
- Anordnung **214** 3; **215** 1
- auf Dauer angelegter gemeinsamer Haushalt **210** 3
- Auftrag zur Zustellung und Vollstreckung **214** 4, 5
- Beschwerde **213** 3; **214** 9
- Beteiligte **212**
- einstweilige Anordnung **214**
- gerichtliche Schutzmaßnahmen **210** 2
- Jugendamt **212**; **213**
- Kosten **214** 6–8
- Mitteilungspflicht **216a** 1
- Überlassung einer gemeinsam genutzten Wohnung **210** 3
- Unterrichtungspflicht **216a** 2
- Vollstreckung vor Zustellung **216** 3, 4
- Wirksamwerden Beschluss **40** 25
- Wirksamwerden Endentscheidung **216** 1, 2
- Zuständigkeit **Einl 210**; **105** 7; **Einl 211**

Gewinnanteilschein 471 1; **472** 4; **473** 3; **474** 3; **481** 2

Gewöhnlicher Aufenthalt 187 5; **272** 3
- Änderung **273** 2
- Kaserne **272** 8
- Klinik **272** 5
- Unterbringung **272** 6
- Wohnheim **272** 7

Glaubhaftmachung 31 1 ff; **331** 14; **332** 5; **357** 3, 8, 12; **427** 14; **434** 6; **437** 5; **444** 2 f, 3; **449** 3; **450** 2 ff; **468** 8
- Anwendungsbereich **31** 3
- Beweismaß **31** 9
- Mittel **31** 13 ff

Gläubiger
- dinglicher **448** 2; **449** 2

Gleichlaufgrundsatz 343 6, 7

Großes Familiengericht 111 2; **112** 3; **Einl 186** 2; **266** 1

Grundbuch 374 2

Grundbuchamt 348 4; **371** 6; **447** 6; **478** 2

Grundbuchberichtigung 449 4, 5

Grundbucheintragung 363 59; **442** 2

Grundbuchsache 44 6

Grundpfandrechte 371 33 f; **447** 5

Grundrechte 44 30

Grundschuldbrief 478 2; **480** 2

Gründungsprüferbestellung 375 27

Gültigkeit 348 3; **358** 2

Günstigkeitsprinzip Vor 107 1 f

Gutachten
- ärztliche Maßnahme **298** 7
- außergerichtliches **177** 16–18
- Behandlungsabbruch **298** 14
- berufsständischer Organe **380** 21 ff
- Erörterung **278** 6
- medizinischer Dienst **282** 8
- nachträgliche Einholung **294** 6

Gute Sitten 366 18, 35

Guter Glaube 444 3; **481** 3

Gütergemeinschaft 363 22, 55; **462** 1
- Auseinandersetzung einer **344** 7; **373** 1, 5
- Beendigung der **373** 3
- Fortgesetzte **363** 39; **373** 4; **464** 2
- Fortsetzung der **345** 6; **357** 7

Güterrecht
- Ansprüche aus dem **261** 3

Güterrechtsregister
- Aufbau **Anh 387** 62
- Bescheinigungen **386** 18
- Inhalt **Anh 387** 63 ff
- Rechtsverordnungen **Anh 387** 59

Güterrechtssachen 49 58
- Abgabe **263** 1
- Beteiligung Dritter **261** 5
- Definition **261** 1
- Familienstreitsachen **261** 7
- Gesamtvermögensgeschäfte **261** 8
- Zuständigkeit **105** 9; **262** 1

Gütertrennung 366 14

Gutglaubensschutz
- bei Löschung einer Eintragung **395** 131
- bei Registerbescheinigung **386** 11

Gutgläubige Dritte 471 4; **472** 5

Haager Kindesentführungsübereinkommen 99 15 ff, 16–21; **Vor 107** 19

Haager Adoptionsübereinkommen Vor 107 20; **199** 2, 3

Haager Apostille Vor 378 36

Haager Erwachsenenschutzübereinkommen 104 3 ff; **Vor 107** 21

Haager Minderjährigenschutzabkommen 99 10–15

Haager Übereinkommen über den Schutz von Kindern und die Zusammenarbeit auf dem Gebiet der internationalen Adoption 101 9; **Vor 107** 20; **186** 38

Haftandrohung Vor 342 ff 4

Haftung 356 11
- unbeschränkte **360** 3; **361** 3
- verschärfte **241** 1–4

Haftungsbeschränkung 454 2; **460** 2; **463** 3

Haftungsmasse 463 2

Hamburg Einl 485 6

Handelsgewerbe
- Änderung **393** 7
- Geschäftsaufgabe **393** 7, 9
- Herabsinken auf einen nichtkaufmännischen Gewerbebetrieb **393** 11
- Veräußerung **393** 7 ff
- vorübergehende Einstellung **393** 11

Handelsregister
- Abteilung A **Anh 387** 12
- Abteilung B **Anh 387** 14
- Aufbau **Anh 387** 10

Handelsregisterverordnung Anh 387 2 ff

Handelssachen 375 2

Handwerksinnung 380 18

Handwerkskammer 380 18

Hauptsacheverfahren 51 3–6
- Einleitung **52** 1–15

Hauptsachezuständigkeit 50 2–5

Stichwortverzeichnis

Haupturkunde 480 3
– Verlust der 471 2
Hauptversammlung
– Anordnung der Einberufung bei der SE 375 43
– Ermächtigung zur Einberufung bei der AG / dem VVaG 375 36
Haushalt
– Aufstellung über den 206 11
– Auskunft über den Bestand 203 17
– Bestimmung des Umfangs 203 10
Haushaltsgegenstände
– Auflistung 206 8
– Bezeichnung der 203 15
– Präzisierung 206 12
Haushaltssachen Vor 200 1; 200 9
– Abgabe 202 1
– Amtsermittlung 206 1
– Antiquitäten 200 14
– Antrag 203 1
– Bilder 200 11
– Bücher 200 11
– Computer 200 17
– Definition 200 10
– Eigentumsverhältnisse 200 18
– Einbauküchen 200 15
– Fernsehgeräte 200 11
– Gardinen 200 11
– Haushaltsgeräte 200 11
– HausratsVO **Vor** 200 2
– Herde 200 11
– Klaviere 200 11
– Kraftfahrzeug 200 12
– Küchengeräte 200 11
– Kunstgegenstände 200 14
– Lampen 200 11
– Möbel 200 11
– PKW 200 12
– Sammlungen 200 17
– Teppiche 200 11
– Wandschmuck 200 11
– Wäsche 200 11
– Wohnmobil 200 13
– Wohnwagen 200 13
Hausrat 373 7
Hausratsachen
– Wirksamwerden Beschluss 40 25
Hausratsteilungssachen 49 51–52
Haustiere 200 16
Havarie-Grosse
– Begriff **Vor** 403 1
– Kosten **Vor** 403 2
– Regeln IVR **Vor** 403 5
Havariekommissar
– Aushändigung von Schriftstücken 404 3
– Bestätigung seiner Dispache 405 5
Haverei, große 40 25
– Begriff **Vor** 403 1
Havereibeteiligter 403 4
Havereischäden Vor 403 2
Havereivergütung Vor 403 2
Heilung 353 12
– nichtiger Satzungen 395 95 ff, 129

Heimatzuständigkeit 98 11, 16–22
– für Deutsche 99 24
Herausgabe 357 4; 411 8; 468 6
– des Kindes 158 11
Herausgabevollstreckung Vor 342 ff 4; 358 5
Herrenlos 442 2
Hessen Einl 485 7
Hilfsantrag 43 13
Hindernis 363 20; 367 3
– Beseitigung des 367 5
Hinterlegung 410 7; 451 2, 5; 452 3
Hinterlegungsschein
– Erteilung eines 346 4
Hinterlegungsstelle 451 6
Hinweisfälle 44 26
Hinweispflicht 459 2
Hinweispflicht des Gerichts, s Verfahrensleitung 28 1 ff
Hinzuziehung 274
– berufsständischer Organe 380 25 ff
Höchstbetrag 363 44
Höchstfrist 437 4; 458 4
Hoffolgezeugnisse 357 7
Höhere Gewalt 360 2
Homepage
– notwendige Geschäftsangaben 388 18
HRV Anh 387 2 ff
Hypothek
– Kündigung der 451 4
Hypothekenbrief 447 6; 451 6; 470 4; 475 3
Hypothekengläubiger 454 3

Inbegriff
– von Gegenständen 413 2
Industrie- und Handelskammer 380 13, 16
Informations- und Kommunikationssystem 435 2; 437 2; 466 7
– elektronisches 456 2
Ingenieurkammer 380 20
Inhaber
– der Urkunde 477 2
Inhaberaktie 480 2
Inhaberlagerschein 483 2
Inhaberpapier 467 5; 468 10; 470 2; 480 2; 491 1, 2
– hinkendes 480 2; 483 2
Inhaberschaft 467 6
Innengenehmigung 48 49
Innungsverband 380 18
Insolvenzeröffnung 393 11; 394 11
Insolvenzverfahren 362 8; 457 4
Insolvenzverwalter 362 8; 363 23
– Befugnis zur Registeranmeldung **Vor** 378 25 ff
– Erzwingung einer Anmeldung 388 28
Interesse
– berechtigtes 357 2, 11
– rechtliches 357 1 f, 3, 8, 10; 459 5
– schutzwürdiges 349 8
– wirtschaftliches 357 11
Internationale Zuständigkeit Vor 98 1 ff
Internetseite
– notwendige Geschäftsangaben 388 18

Stichwortverzeichnis

Inventar 361 2, 6; 461 2
– Errichtung 356 10; 360 5
– öffentliches 356 5
Inventarfrist 345 8; 360 2, 6
– neue 360 8
– Verlängerung der 360 2
Inventarisierungspflicht 356 4
Inverwahrungsnahme 346 2
Isolierte Familiensachen 114 1 f
IVR-Regeln Vor 403 5

Jahresfrist 367 5
Jugendamt 151 12; 158 12; **Einl** 186 10; **186** 3; **188** 16; **189** 7–9; **190** 1, 2, 4, 6; **192** 7; **194** 1–6, 8, 9; **195** 4, 5; **197** 10, 21, 24; **198** 8; **488** 1
– Abstammungsverfahren 176 2 ff
– Anhörung 176 1; 205 1
– Beschwerderecht 205 6
– Beteiligung 172 28–29
– Information des 203 18
– Landesjugendamt 188 16; 189 8; 195 2–5; 197 10, 21, 24
– Mitteilung der Entscheidung 205 5
– Unterstützungspflicht bei Unterbringung 167 7
Juristische Person
– Beteiligtenfähigkeit 8 3
– Verfahrensfähigkeit 9 16

Kann-Beteiligte 7 23; 345 7
Kann-Beteiligung 345 4
Kasse
– öffentliche 472 5
– private 472 5
Kastration 298 2
Kenntlichmachung
– überholter Übersetzungen **Anh** 387 5
– unrichtig gewordener Eintragungen 384 4 ff
Kennzeichnung 384 4 ff
Kernaufgabe 158 20
Kinderschutzübereinkommen 99 11
Kindesherausgabe 49 34–37; **151** 10; **Vor** 151 ff 1
Kindesunterhalt 246 12–13
– Gerichtsstand 232 10–12
Kindeswohl 151 2, 5; 158 17
Kindeswohlgefährdung
– Eröterung 157 1–9
Kindschaftssachen 49 21–39; **99** 1–3; **151** 1 f, 6, 14; **Vor** 151 ff 1; **158** 2, 4, 25
– Abänderung gerichtlicher Entscheidungen 166
– Abänderung gerichtlicher Vergleiche 166
– Abgabe an Ehesachengericht 153
– Absehen von der persönlichen Anhörung 159 8 ff; 160 8 ff
– Anhörung 155 6 ff; 156 11
– Anhörung der Eltern 160
– Anhörung des Jugendamts 162
– Anhörung des Kindes 159
– Anhörungspflicht 159 6; 160 4 ff; 161 6 f
– Anordnung des persönlichen Erscheinens 155 11 ff; 157 8

– Aufenthaltsänderung 154
– Aufenthaltszuständigkeit 152 7
– Bekanntgabe Beschluss 41 12
– Bekanntgabe der Entscheidung 162 3
– Bekanntgabe der Entscheidung an das Kind 164
– Eilzuständigkeit 152 9
– Einstweilige Anordnung 156 6; 157 9
– Einvernehmen 156
– Erörterung der Kindeswohlgefährdung 157
– Erweiterung der 151 7
– Fristsetzung bei Begutachtung 163
– Fürsorgezuständigkeit 152 8
– gerichtlich gebilligter Vergleich 156 5
– Gestaltung der persönlichen Anhörung 159 14 ff; 160 15 ff
– Hinweispflichten 165 7
– Hinwirken auf Einvernehmen 156
– Jugendamt, Anhörung des 155
– Jugendamt, Bekanntgabe von Entscheidungen 162 3
– Jugendamt, Beschwerdebefugnis 162 10
– Jugendamt, Mitwirkung 162
– Kindesanhörung 159
– Kindeswohlgefährdung 157
– Konfliktlösung, Auflage zur 163 4
– Mitteilungspflichten des Standesamts 168a
– Nachholung der Anhörung bei Gefahr im Verzug 159 12 f; 160 13 f
– örtliche Zuständigkeit 152
– persönliche Kindesanhörung 159
– Pflegeperson, Mitwirkung 161
– Pflicht zur Anhörung 167 6
– Terminsverlegung 155 9 ff
– Überprüfung von Entscheidungen 166
– Unterbringung Minderjähriger 167
– Verbot der Zeugenvernehmung des Kindes 163 5
– Verfahrensfähigkeit bei Unterbringung 167 5
– Vergleich 156 5
– Vermittlungstermin 165 6
– Vermittlungsverfahren 165
– Verweisung bei einseitiger Aufenthaltsänderung 154
– Vorrang- und Beschleunigungsgebot 155
– Wirksamwerden Beschluss 40 25
– Zuständigkeit 99; 152
– Zuständigkeitskonzentration beim Ehesachengericht 152 3 ff
Klage 410 3; 445 4
– auf Mitvornahme 369 2
Klageerhebung 412 2
Klageweg 469 4
Klauselgegenklage
– gegen bestätigte Dispache 409 5 f
Klauselklage
– bei bestätigter Dispache 409 5 f
Konkurrenzunternehmen
– Beschwerdeberechtigung 388 56; 393 62; 394 61; 395 112; 399 55
Kontrollbetreuer 293 11
– Behandlungsabbruch 298

2001

Stichwortverzeichnis

Kontrolle
- gerichtliche **428** 11

Konzentration Einl 55
Konzentrationsermächtigung 466 6
Kopfteile 460 2
Kopfteilhaftung 454 2
Kosten 349 9 ff; **364** 16 f; **454** 5
- der Androhung eines Zwangsgeldes **388** 57
- Auferlegung **307** 4; **430** 5
- des Auflösungsverfahrens **399** 65 ff
- der Dispacheurbestellung **375** 82
- der Einspruchsverwerfung **390** 37; **392** 47
- bei Firmenlöschung **393** 70 ff
- Höhe **FamGKG 3** 1–64
- in Betreuungssachen **307** 1 ff
- in Freiheitsentziehungssachen **430** 1 ff
- in Unterbringungssachen **337** 1 ff
- bei Löschung unzulässiger Eintragungen **395** 139 ff
- bei Löschung wegen Vermögenslosigkeit **394** 74 ff
- der Ordnungsgeldandrohung **392** 33
- der Ordnungsgeldfestsetzung **392** 39
- Rechtskraftzeugnis **46** 19
- einer Registerbescheinigung **386** 19
- der Registereintragung **382** 44 ff
- der Rücknahme eines Eintragungsantrags **382** 56 ff
- im unternehmensrechtlichen Verfahren **375** 78 ff
- der Verhandlung über die Dispache **406** 17
- des Verklarungsverfahrens **375** 79, 81
- der Zurückweisung eines Eintragungsantrags **382** 56 ff
- der Zwangsgeldfestsetzung **389** 17 ff
- der Zwischenverfügung **382** 55

Kostenansatz FamGKG 20 1
- Erinnerung gegen **FamGKG 57** 1–14

Kostenauferlegung 158 26
Kostenbeschwerden Vor 58 19
Kostenentscheidung 38 62; **231** 13; **353** 2
- bei Eheaufhebung **132** 1
- bei Ehescheidung **150** 1
- bei Erledigung **83** 2
- bei grobem Verschulden **81** 3
- bei Rechtsmittel **84** 1
- bei Rücknahme **83** 2
- bei Vaterschaftsanfechtung **183** 1
- bei Vergleich **83** 1
- Dritte **81** 10
- Ergänzung **43** 19–20
- Gebühren **FamGKG 3** 48
- Gehörsrüge **44** 52
- Grundsatz **81** 1
- Minderjährige **81** 9

Kostenfestsetzung
- Rechtsmittel **85** 1
- Verfahren **85** 2

Kostenfreiheit FamGKG 2 1–4
Kostenhaftung FamGKG 27 1
Kostenpflicht 413 10
- Umfang **80** 1

Kostenschuldner 361 18; **363** 58; **413** 13

Kostentragung
- in Betreuungssachen **337** 1 ff
- öffentlich-rechtliche Unterbringung **337** 18 ff
- Staatskasse **307** 4 ff
- Umfang **307** 12 ff
- Voraussetzungen **307** 5 ff

Kostenvorschuss 246 18 ff
- Anspruchsberechtigte **246** 19 ff
- Anspruchsvoraussetzungen **246** 24 ff
- bei Registeranmeldung **Vor 378** 54 ff
- Rückforderungsanspruch **246** 33
- Umfang des Anspruchs **246** 30 ff

Kraftloserklärung 352 13; **353** 23 f; **354** 1; **476** 3
- von Aktien **375** 30
- von Erbscheinen **Vor 342 ff** 2
- von sonstigen Urkunden **Vor 342 ff** 2

Krankheit 367 4
Kreishandwerkerschaft 380 18

Ladung 348 5; **365** 5; **366** 30, 34; **371** 10
- ordnungsgemäße **366** 26
- zum Termine **367** 8

Ladungsfrist 365 2; **370** 15; **437** 5
- Einhaltung der **368** 4, 12

Ladungsvorschriften 365 12
Lage der Geschäftsräume
- Angabe bei der Registeranmeldung **Vor 378** 7
- Einreichung zum Registergericht **387** 10, 15

Landesgesetze
- Vorbehalt **484** 4

Landesjustizverwaltung 347 9
Landesrecht 450 6; **468** 3; **Einl 485** 1–16; **485** 3; **486** 2–5
- abweichende Regelung **475** 3

Landesrechtliche Zuweisung 445 2
Landgericht 1 21 ff; **438** 4
Landgut 486 5
Landwirtschaftliches Anwesen 363 50
Landwirtschaftsamt 380 19
Landwirtschaftskammer 380 19
Lebenserhaltende Maßnahme 298 12
Lebensgestaltung
- künftige **158** 5

Lebensgrundlage
- wirtschaftliche **362** 2

Lebenspartner
- eingetragene **462** 1

Lebenspartnerschaftssachen 49 59; **103** 1
- anwendbares Recht **103** 12
- internationale Zuständigkeit **103**

Lebensversicherung 356 2
Legalisation Vor 378 39
Legitimationspapiere 491 2
- qualifizierte **483** 2

Leibesfrucht 151 13
Letztwillige Verfügung 348 3
- Bekanntgabe Beschluss **41** 15

Liegenschaftsgläubiger 454 3
Limited Vor 378 22
Liquidator
- Bestellung für die Genossenschaft **375** 56
- Bestellung für die GmbH **375** 50

Stichwortverzeichnis

– Bestellung für die KG/OHG/Partnerschaft 375 18
Löschung
– des Auflösungsvermerks 399 62
– der Eingliederung 395 63
– einer Firma 393 6 ff
– des Firmenlöschungsvermerks 393 65
– eines Firmenzusatzes 395 126
– des Formwechsels 395 62
– des Löschungsvermerks 395 134
– des Löschungsvermerks bei Vermögenslosigkeit 394 68
– nichtiger Genossenschaften 395 48 f, 132
– nichtiger Gesellschaften 395 45 ff, 132
– nichtiger Versammlungsbeschlüsse 395 53 ff, 133
– Sitzverlegung 395 127
– der Spaltung 395 62
– des Squeeze-Out 395 63
– der Umwandlung 395 62
– unzulässiger Eintragungen 395 8 ff
– eines Vereins 395 66
– eines Vereinsnamens 395 122 ff
– der Verschmelzung 395 62
Löschung bei Vermögenslosigkeit 394 5
– Löschung des Löschungsvermerks 394 68
– Rechtsfolgen 394 64
– Vollzug 394 62
Löschungsankündigung 393 29 ff; 394 27 ff
– Entbehrlichkeit der 395 101
– bei unzulässigen Eintragungen 395 87 ff
Löschungsanspruch 448 2; 449 2
Löschungsbewilligung 467 2
Löschungsvermerk
– Rechtsfolgen 395 130 ff
Losziehung 369 7 ff
Losziehungstermin 369 6
Luftfahrtregister 374 2
Luftfahrzeuge 484 2

Mängel
– Beseitigung der 434 6
Mantelverwendung Vor 378 63
Masse
– Teilung der 370 4
Masseschuld 454 5
Maßnahme
– unterbringungsähnliche 312 4
– vorläufige 49 4–7
Maßregeln
– vorbereitende 366 3 f, 13, 16
Mecklenburg-Vorpommern Einl 485 8
Mediation 135 1
Mehrheit
– der Gläubiger 411 8
– von Erben 464 2
Mehrheitsbeschlüsse 366 6
Meinungsverschiedenheit
– Entscheidung über 355 4
Meistbegünstigungsgrundsatz 58 43
Minderjähriger 47 24
– ausländischer 366 36
– erweitertes Beschwerderecht 60 1–15

– als Kaufmann **Vor 374**
– als Vereinsvorstand **Vor 374**
Mindestaufgebotsfrist 476 1
Mindestfrist 437 4; 476 1, 3
Mindestinhalt 438 3
Mindestunterhalt 237 4
Mitberechtigter 412 4
Miterbenanteil
– Wegfall des 363 29
Mithaftung 463 5
Mitteilung
– an Einrichtungsleiter 431 6
– Datenschutz 308 4
– Dokumentation 308 37
– Eilverfahren 272 12
– Empfänger 308 17
– Entscheidung 308 10
– Erforderlichkeit 308 7
– der Finanzbehörde 379 16
– Heim 310 8
– in Betreuungssachen 338 3 ff
– in Freiheitsentziehungssachen 431 2 ff
– über eine Registereintragung 383 14 ff
– Strafverfolgung 311 1
– Unterbringung 310 1
– Unterrichtung 308 29
– Verhältnismäßigkeit 308 26
– von Entscheidungen 338 1 ff; 431 3 ff
– Wahlrecht 309 2
– Zweckbindung 308 7
Mitteilung an Familien- und Betreuungsgericht 22a 1 ff
– gerichtliche Überprüfung 22a 17
– Mitteilungspflicht 22a 4 ff
– Übermittlung personbezogener Daten 22a 13
Mitteilung, formlose 15 64 ff
– Aktenvermerk 15 71
– Anwendungsbereich 15 64
– Arten 15 69
– Verzicht 15 72
Mitteilungspflicht 347 3 f; 356 1 ff
– gesetzliche 356 11
– gegenüber dem Registergericht 379 4 ff
Mitvollstrecker 345 7
Mitwirkung 348 8
– gesteigerte 439 3
Mitwirkung der Beteiligten 27 1 ff
– Erklärungspflicht 27 14
– unterlassene Mitwirkung 27 17
– Wahrheitspflicht 27 14
Mitwirkungspflicht 206 6; 345 8
Mündel
– Zahlungen des 168 2 ff
Mündlichen Verhandlung
– Wegfall der 477 1
Mündlichkeit Einl 46
Muss-Beteiligte 7 11; 345 7; 412 1
– Versorgungsausgleich 219 1
Muss-Beteiligung 345 4
Mutterschaft
– Feststellung 169 6

Nacherbenanordnung 353 29

2003

Stichwortverzeichnis

Nacherbenstellung 464 2
Nacherbfall
– Eintritt des 359 7
Nacherbfolge 461 1 f
– Annahme 461 2
Nachholung
– Begründung 41 30
Nachlass
– Erhaltung des 362 7
– Überschuldung des 363 13
Nachlass- und Teilungssachen Vor 342 ff 1; 343 12
Nachlassauseinandersetzung 344 8; 363 10; 373 5; 487 2
– Beurkundung der 368 7
Nachlassforderung
– Gefährdung der 359 10
Nachlassgegenstände 343 14; 361 2
– Übergabe der 368 8
Nachlassgericht 345 2; 347 3; 350 2; 356 8; 358 2; 366 5; 367 10; 369 6; 458 3; 487 2
– Aufgabe des 363 4 ff; 370 2 f
– Beschluss vom Vor 342 ff 4
– Ermessen des 351 4
Nachlassgläubiger 345 8
– Befriedigung der 359 5
Nachlassgrundstück 357 10
Nachlassinsolvenzverfahren 361 7; 454 4; 457 2; 463 3
– Eröffnung des 359 9; 457 3
Nachlassinsolvenzverwalter 345 8; 413 5
Nachlassinventar 486 5
Nachlassmasse 366 3
Nachlasspfleger 345 8; 455 4
– Entlassung des 359 4; 364 15
Nachlasspflegschaft 348 8; 364 2
Nachlasssachen 49 61; 342 1, 2; 345 1
– internationale Zuständigkeit 105 18 ff
– Zuständigkeit 105 18–21
Nachlasssicherung 344 5 f; 356 9
Nachlassteile 369 5
Nachlassverbindlichkeiten 360 3; 366 3; 463 3
– Berichtigung der 368 8
Nachlassverfahren Vor 342 ff 1; 344 4; 345 1 ff; 348 3, 7; 350 4
Nachlassverwalter 345 8; 359 18; 363 23; 413 5; 455 4; 458 3
Nachlassverwaltung 355 5; 359 2, 5, 10, 15; 361 7; 457 5; 463 3
– Anordnung der 359 1 ff, 13, 20
– Aufhebung der 359 16
Nachlassverzeichnis 486 5
– Aufnahme des 360 4
Nachlasswerte 349 9
Nachtragsabwickler
– Bestellung für die AG / den VVaG 375 42
Nachtragsabwicklung 394 77 ff
Nachtragsliquidation 394 77 ff
Nachtragsliquidator
– Bestellung für die Genossenschaft 375 57
– Bestellung für die GmbH 375 51
Nachweis 472 5
ne bis in idem 45 2

Nebenentscheidung 38 9; 42 4; 113 7; 116 1, 2; 355 2
– Begründung 38 74
– Entscheidungsform 38 12
Negativattest
– des Registergerichts 386 2 ff
Nettovermögenszuwachs 356 3
Nettowert 349 12
Neuerteilung 353 26
Neuterminierung 365 2, 6
Nicht-Vertretungsbefugte 10 19–22
Nichtförmlichkeit Vor 433 ff 4
Nichtigkeit 411 6
– Beschluss 47 11
– der Satzung 399 4 ff
Nichtigkeitsklage 48 30–34
Nichtkaufmann
– Eintragung im Handelsregister 395 15
Nichtveröffentlichung 349 8
Niedersachsen Einl 485 9
Niederschrift 348 4; 362 12
Nießbrauch 410 8
Nießbraucher 366 14
Nordrhein-Westfalen Einl 485 10
Normenkontrollverfahren Vor 58 35
Notanwalt 10 27–28
Notar 10 18; 187 12; 197 23; 360 4; 488 1; 489 2
– beurkundender 347 6
– Rechtsstellung im Registerverfahren 378 27 f
Notareigenschaft
– Nachweis durch Notarattribut 378 13
Notarermächtigung
– zur Einlegung von Rechtsmitteln im Registerverfahren 378 25 f
– im Registerverfahren 378 4 ff
– Reichweite im Registerverfahren 378 18
Notargebühren 363 37
Notariat 350 2; 361 4
– staatliches 371 29; 487 2
Notarkammer 380 20
Notarkostenbeschwerde Vor 58 22
Notdirektoren
– Bestellung für die SE 375 47
Notfrist 437 5; 458 4
Notgeschäftsführer 375 7
Notgesellschafter 375 7
Notliquidator 375 7
Notvorstand
– Bestellung für die AG / für den VVaG 375 31

Oberlandesgericht 1 23
Offenbarkeit
– Fehler 42 18
Öffentliches Interesse 345 4
Öffentlichkeit Einl 52 ff; Einl 186 13; 433 5
Orderpapier 467 5
– Kaufmännische 468 10
Ordnungs- und Zwangsmaßnahmen
– Gerichtskosten FamGKG 3 44
Ordnungsgeld
– Änderung der Androhung 392 51
– Androhung 392 28
– Anordnung 89 10

Stichwortverzeichnis

- Beschluss **89** 9, 10
- Beschwerde **392** 57 ff
- Dispositionsbefugnis **89** 7
- Einspruch **392** 43 ff
- Ermessen **392** 14
- Festsetzung **89** 10; **392** 34 ff
- Hinweis **89** 9
- Höhe **89** 10
- schuldhafte Zuwiderhandlung **89** 8
- sofortige Beschwerde **89** 15
- Steigerung der Androhung **392** 50
- Verfahren **392** 20 ff
- Verfahrenseinstellung **392** 15
- Verjährung **392** 53 ff
- Vollstreckung **89** 11
- Voraussetzungen **89** 6 f

Ordnungshaft 392 42
- Anordnung **89** 13
- Dauer **89** 14
- Festsetzung **89** 13
- sofortige Beschwerde **89** 15
- Verhältnismäßigkeitsgrundsatz **89** 13
- Vollzug **89** 14
- Voraussetzungen **89** 12

Ordnungsmittel 128 8
Ordre public Vor 107 7; **109** 18 ff
Organspende 298 2
Örtliche Zuständigkeit 2 2 ff; **170** 1
- gerichtliche Handlungen **2** 9 ff
- in Betreuungsschutzsachen **272** 1 ff
- mehrere Gerichte **2** 3 ff
- Veränderungen **2** 7
- Versorgungsausgleich **218** 1

Ortskennzeichen Anh 387 11
Ortsveränderung 411 4

Pannenfälle 44 26
Partei kraft Amtes
- Erzwingung einer Registeranmeldung **388** 28

Parteibetrieb 371 21
Partnerschaftsregister
- Anmeldung **Anh 387** 41 ff
- Aufbau **Anh 387** 48
- Berufskammern **Anh 387** 44, 46 f

Partnerschaftssachen 375 2
Patientenverfügung 298 13
Pauschalabgeltung 363 41
perpetuatio fori Vor 98 8; **98** 15; **99** 28; **101** 7; **187** 13

Person
- nahestehende **418** 7 ff

Personenbezogene Daten, Übermittlung an Familien- und Betreuungsgericht 22a 1 ff
Personensorge 151 4; **158** 8
Personenstandsgesetz 347 3
Personenstandsrechtsreformgesetz 344 1; **346** 1
Persönliche Anhörung
- Betroffener **278** 4; **319** 1 ff; **420** 1 ff
- ersuchter Richter **278** 7 ff; **319** 17
- im einstweiligen Anordnungsverfahren **331** 18; **427** 17
- in Freiheitsentziehungssachen **420** 2 ff
- in Unterbringugnssachen **319** 1 ff; **331** 18

- Inhalt **319** 10; **420** 7
- Ort **319** 7; **420** 6
- Protokollierung **319** 22
- Unterbleiben **319** 13; **331** 18; **420** 11
- Vorführung zur **319** 19

Persönlicher Eindruck 278 4; **298** 14
Pfandgläubiger 412 4 f; **447** 7; **454** 3
Pfandrecht 366 14; **411** 8; **465** 2
Pfandschein 483 2
Pfändungspfandrecht 366 14; **370** 10
Pfandverkauf 410 9 f; **411** 11
Pfleger 356 5
Pflegschaft 49 38; **151** 3, 13; **363** 47; **364** 3
- Anordnung der **363** 41; **364** 5, 9 f
- Ende der **364** 13
- Führung der **364** 8
- für Erwachsene **104** 1–3
- für Minderjährige **Vor 151** ff 1
- Umfang der **364** 11 f

Pflegschaftsangelegenheiten 104 1
Pflegschaftssache
- Abänderung **48** 15

Pflegschaftsverfahren 364 3
Pflicht
- zur Abgabe **412** 2

Pflichtteil 463 3
Pflichtteilsanspruch 362 2, 4, 11
Pflichtteilsberechtigte 355 5; **359** 12; **363** 26; **460** 2

Plan
- Beurkundeter **368** 11

Planaufstellung 368 5
Positivattest
- des Registergerichts **386** 12, 18

Postlaufzeiten 367 4
Postverkehr 367 4
Präjudizialität 45 2
Präklusion 206 15
Präklusionsfälle 44 26
Prioritätsprinzip 123 2–3
Privatscheidung 107 7
Protokoll 361 12; **363** 4, 33; **366** 6, 10; **368** 6; **370** 4 f; **413** 8; **438** 4
- des Nachlassgerichts **366** 21
- gerichtliches **368** 10

Protokollurteil
- in Ehe- und Familienstreitsachen **117** 44

Prozessgericht 362 4, 11; **441** 4; **477** 3
- Entscheidung des **363** 6

Prozessweg 363 4; **440** 3; **482** 3
Prüfungskompetenz
- sachliche **361** 14

Prüfungspflicht 343 2
Prüfungsumfang
- bei Registeranmeldung **Vor 378** 57 ff

PRV Anh 387 40

Rang 447 3
Ratenzahlung 362 13
Räumungsanordnungen 209 6
Reallast 453 3
Realteilung
- interne **222** 1

2005

Stichwortverzeichnis

Rechenfehler 42 14
Rechnungsgebühren FamGKG 62 1–3
Rechnungslegung 413 2, 5
Rechtfertigung
– sittliche 197 25
Rechtliches Gehör Einl 40 ff; 37 17 ff; 44 22–29; **Vor** 107 8; 109 9 ff; 278 1; 353 18; 412 6; 477 5
– Anspruch auf 412 3 f
– Verletzung 109 9–13
Rechtsakte
– weitere europäische **Vor** 107 15–23
Rechtsansichten 38 69
Rechtsanwalt 10 4 ff; 38 37
Rechtsanwaltsbeiordnung 171 28–29
Rechtsanwaltsgebühren 49 66
Rechtsanwaltskammer 380 20
Rechtsbehelf Vor 58 24–33; 367 2
– Rechtskraft 45 18–23
Rechtsbehelfsbelehrung Vor 38 1; 38 55; 39 1; 113 7; 286 9, 12; 294 5
Rechtsbeschwerde 39 12; 231 31–34; 489 3
– Begründung 71 10–28
– in Betreuungs-, Unterbringungs- und Freiheitsentziehungssachen 70 26–27
– in Festsetzungsverfahren 168 81 ff
– Form 71 4–6
– in Freiheitsentziehungssachen 429 14
– Frist 71 2–3
– Kosten 70 30–33
– Prüfungsumfang 74 5–24
– Rechtskraft 45 17
– Sprungrechtsbeschwerde 39 13
– Statthaftigkeit 70 7–25
– Übersicht **Vor** 58 9–12
– in Unterbringungssachen 335 14
– Zulassung 168 81 f
– Zulassungsbedürftigkeit 70 8
– Zulassungsentscheidung 70 9–16
– Zulassungsgründe 70 17–25
– Zurückweisung durch Beschluss 74a 1–7
Rechtsbeschwerdeantrag 71 19–21
Rechtsbeschwerdebegründung
– Frist 71 11–17
– Inhalt 71 18–27
– Zuständigkeitsrügen 72 22–23
Rechtsbeschwerdeentscheidung 74 1–37
– Begründung 74 37
– Verwerfung der Rechtsbeschwerde 74 2
– Voraussetzungen der Selbstentscheidung 74 27–30
– Zurückweisung der Rechtsbeschwerde 74 3–4
Rechtsbeschwerdegründe 71 22–27; 72 2–21
– absolute Rechtsbeschwerdegründe 70 25; 74 32
– Rechtsverletzung 72 8–16
– rügefähiges Recht 72 3–7
– Wiederaufnahmegründe als Rechtsbeschwerdegründe 74 24
Rechtsbeschwerdeinstanz 363 35
Rechtsbeschwerdentscheidung
– Voraussetzungen der Zurückverweisung 74 31–35

Rechtsfähigkeit
– Entziehung beim Verein 401 2 ff
– Verein 40 25
Rechtsformwechsel 393 11
Rechtsfürsorge 345 4
Rechtsgebiete
– preußische 487 3
Rechtsgemeinschaft 363 44
Rechtsgeschäft
– Befugnis zur Vornahme 47 7
– Ermächtigung 40 24
– Fähigkeit zur Vornahme 47 5
– Genehmigung 40 21–23, 26
– Wirksambleiben 47 1
– Zustimmung 40 24
Rechtshilfe 272 10; 278 7; 289 3; 297 7; 298 9; 365 8; 371 15; 488 4
Rechtshilfeersuchen 344 12
Rechtsinhaber 438 2
– Bekanntgabe Beschluss 41 8–11
Rechtsirrtum 367 4
Rechtskraft 38 27, 62; 39 4, 54, 57; 40 24, 25, 30, 35, 38, 39; 42 1, 21, 42; 44 46, 54, 57; 45 1, 6; 224 3 ff; 225 7, 13 f, 27, 33; **Vor** 342 ff 3; 355 4; 362 14; 365 5; 366 13; 368 3; 371 7, 27, 34 f; 372 13
– Beschluss 40 4, 17–25
– der bestätigten Dispache 406 16
– der Scheidung in Verbundentscheidungen 148 2
– Durchbrechung 44 2; 45 35; 48 1
– Eintritt 45 4–28
– Eintritt der 441 3
– formelle 45 1; 46 2; 362 14; 371 7, 20; 439 4
– Hinausschieben 45 12–23
– materielle 45 2; 352 12; 371 8
– materielle in Registersachen 382 36 f
– Nachweis der 478 4
Rechtskraftwirkung 184 3–7; 479 3
Rechtskraftzeugnis 46 1
Rechtsmittel 158 16; 184 8–19; 354 1; 359 1; 371 7
– Bedingungsfeindlichkeit 58 51–52
– Begriff **Vor** 58 2
– Beschwerde 231 18–30
– einstweilige Anordnung 57 1 ff
– Erinnerung 168 77
– Erweiterung 145 4
– gegen Entscheidungen von Verwaltungsbehörden **Vor** 58 40–49
– gegen den Kostenansatz **Vor** 58 21
– gegen die Anerkennung ausländischer Entscheidungen in Ehesachen **Vor** 58 44–46
– gegen die Festsetzung der Entschädigung von Zeugen und ehrenamtlichen Richtern **Vor** 58 22
– gegen die Festsetzung der Vergütung von Sachverständigen und Dolmetschern **Vor** 58 22
– gegen einstweilige Anordnungen 58 23
– gegen Endentscheidungen 58 10–25
– gegen inkorrekte Entscheidungen 58 43–47
– gegen isolierte Kostenentscheidungen 58 14

– gegen Justizverwaltungsakte **Vor 58** 43
– gegen Kostengrundentscheidungen **Vor 58** 20
– gegen Nebenentscheidungen **58** 26
– gegen Scheinentscheidungen **58** 47
– gegen Streitwertbeschlüsse **Vor 58** 21
– gegen Untätigkeit **58** 48–50
– gegen unwirksame Entscheidungen **58** 46
– gegen Versagung der Wiedereinsetzung **58** 19
– gegen Versäumnisentscheidungen **117** 27–29
– gegen Zwischenentscheidungen **58** 26
– gegen Zwischenstreitentscheidungen **58** 16–18
– gegen Zwischenverfügungen **58** 38
– im Kostenfestsetzungsverfahren **Vor 58** 20
– in berufsrechtlichen Verfahren gegen Rechts- und Patentanwälte **Vor 58** 47–48
– in Ehe- und Familienstreitsachen **117** 1–48
– in Landwirtschaftssachen **Vor 58** 42
– in Personenstandssachen **Vor 58** 41
– in Verfahren nach der BNotO **Vor 58** 49
– Rechtsbeschwerde **231** 31–34
– Übersicht **Vor 58** 5–13
Rechtsmittelbelehrung Vor 38 1; **39** 1
Rechtsmittelfrist 360 1; **Vor 433 ff** 5; **441** 3
Rechtsmittelmöglichkeit 439 2
Rechtsmittelrecht 372 1
Rechtsmittelsystem Vor 433 ff 5
Rechtsmittelverfahren 158 26; **355** 2
Rechtsmittelverzicht 38 85–87; **40** 19, 23; **45** 9–11; **144** 1–3
Rechtsmittelvorschriften
– Harmonisierung der **Vor 433 ff** 5
Rechtsmittelzulassung 38 62; **42** 32
– Ergänzung **43** 21–24
Rechtsnachfolger 46 5; **442** 3; **449** 4; **465** 7
Rechtsnachteil 440 3; **450** 5; **469** 5
– drohender **434** 5
– Hinweis auf **433** 6
Rechtspfleger 2 16 f; **6** 50; **44** 21; **Einl 186** 7, 10; **190** 5; **191** 8; **197** 18; **343** 15; **346** 2 f; **353** 12; **360** 5; **361** 2; **363** 8; **364** 6; **366** 21; **367** 6; **411** 7, 10; **413** 4; **414** 4; **435** 3; **445** 2; **457** 6; **482** 5
– Erinnerung **45** 23
Rechtsprechung 1 9
Rechtsschutz
– Verweigerung des **343** 5
Rechtsschutzbedürfnis 353 30; **455** 5, 7; **457** 2
Rechtssicherheit Vor 433 ff 5
Rechtsstreit 362 11
Rechtstitel 467 6
Rechtsverkehr
– Schutz des **353** 4
Rechtsverletzung
– als Rechtsbeschwerdegrund **72** 8–16
– Kausalität für Entscheidung **72** 17–21
Rechtsverordnung 347 8
– zur Datenübermittlung **387** 13
– zur Registerführung **387** 7 ff, 14 ff
Rechtsverstöße 353 11
Rechtsweg 1 29 ff; **366** 6
– Zulässigkeit **1** 29–39
Rechtswegverweisung 1 31–37

Reform
– FamFG **Einl** 2–6
reformatio in peius 44 60
Regelausgleichsform 222 1
Regelbeispiele 158 5
Regelungen
– landesrechtliche **487** 7
Register
– Beweiskraft **Vor 378** 100 ff
Registerakte Anh 387 4
– Einsicht **385** 30 ff
Registeranmeldung
– Amtsermittlung **Vor 378** 77
– Anhörung der berufsständischen Organe **380** 21 ff
– Anmeldeberechtigte **Vor 378** 17 ff
– Aussetzung **Vor 378** 94 f
– Beglaubigung ausländischer Stellen **Vor 378** 33 ff
– Beteiligte **Vor 378** 49 ff
– Beteiligung der berufsständischen Organe **380** 25 ff
– Beweisaufnahme **Vor 378** 77
– Bindungswirkung **Vor 378** 79 ff
– Eintragungsverbot **Vor 378** 79 ff
– Ersetzung durch Urteil **Vor 378** 11 ff, 15 ff
– Erzwingung **Vor 378** 9; **388** 8
– Form **Vor 378** 3
– Freigabeverfahren **Vor 378** 92
– Fristwahrung **Vor 378** 46 f
– Hinzuziehung der berufsständischen Organe **380** 25 ff
– durch Insolvenzverwalter **Vor 378** 25 ff
– Kostenvorschuss **Vor 378** 54 ff
– durch Partei kraft Amtes **Vor 378** 25 ff
– Prüfungsumfang **Vor 378** 57 ff
– rechtlicher Hinweis **382** 32
– Rechtsstellung des Notars **378** 27 f
– Registersperre **Vor 378** 91 f
– Rücknahme **Vor 378** 41 ff
– Rücknahme durch den Notar **378** 24, 28
– Verpflichtete **Vor 378** 17 ff
– Vertretungsnachweis **Vor 378** 21
– Vollmacht **Vor 378** 28 ff
– Vollmachtsfiktion des Notars **378** 4 ff
– Widerruf **Vor 378** 41 ff
– Widerspruch **Vor 378** 79 ff
– Wiedereinsetzung **Vor 378** 48
– Zurückweisung **382** 31
– Zwischenverfügung **382** 13 ff
Registerausdruck
– aktueller **Vor 378** 98; **Anh 387** 8
– amtlicher **Vor 378** 98; **385** 13
– chronologischer **Vor 378** 98; **Anh 387** 8
Registerauszug
– aktueller **385** 5
– beglaubigter **Vor 378** 98; **385** 13
– chronologischer **385** 5
– historischer **385** 5
Registerblatt
– Umschreibung **Anh 387** 21
Registereinsicht 385 3 ff
Registereintragung 38 17

Stichwortverzeichnis

- Bekanntmachung **383** 21 ff
- Berichtigung **Anh 387** 20
- Beschwerde **383** 31 ff
- Eintragungsnachricht **383** 2 ff
- Fassung **382** 12; **Anh 387** 25
- Fassungsbeschwerde **383** 34 ff
- Gestaltung **Anh 387** 17
- getrennter Vollzug **382** 18 ff
- Klarstellung **383** 35 f
- Kosten **382** 44 ff
- Mitteilung an andere Stellen **383** 14 ff
- Vollzug **382** 38
- Vorbescheid **383** 38 f
- Vornahme **382** 10
- Wirksamkeit bei Doppelsitz **377** 15
- Wirksamkeit bei unzuständigem Register **377** 23 f
- Wirksamwerden **382** 42

Registerordner Anh 387 5
- Einsicht **385** 18 ff

Registersache 49 62
- Bekanntgabe Beschluss **41** 16
- Eintragung **38** 17
- Rechtskraft **45** 14

Registersperre Vor 378 91 f; **381** 12 ff
Registrierung 471 1
Registrierungs- und Mitteilungssystem 347 3
Reichsgesetze 485 4
Rentenschein 471 1; **472** 4; **473** 3; **474** 3; **481** 2
Restitutionsantrag 185 4–10
Restitutionsklage 48 35–40
Restschuld 451 2
Rheinland-Pfalz Einl 485 11
Richter 10 29; **44** 21
- bevollmächtigter **10** 29–30

Richterliche Hinweispflicht, s Verfahrensleitung **28** 1 ff
Richterlicher Durchsuchungsbeschluss
- Beschluss **91** 8
- Duldungspflicht der Mitgewahrsamsinhaber **91** 6, 7
- Entbehrlichkeit **91** 2 f
- sofortige Beschwerde **91** 10
- Verfahren **91** 8, 9
- Verhältnismäßigkeitsgrundsatz **91** 9

Richtervorbehalt 343 15; **346** 2; **363** 8; **364** 6
- in Registersachen **376** 14
- in unternehmensrechtlichen Verfahren **375** 11 f

Richtigkeit des Grundbuchs
- Widerspruch gegen **445** 3

Richtigkeitsgewähr 345 4
Rückführung 158 10
Rücknahme 141 1
- Antrag **43** 14
- der Beschwerde **67** 19–21
- des Antrags **434** 2; **482** 4
- Rechtsbehelf **45** 27
- einer Registeranmeldung **Vor 378** 41 ff
- einer Registeranmeldung durch den Notar **378** 24, 28
- einer Registeranmeldung, Kosten **382** 56 ff

- Verfahrensantrag, s auch Antragsrücknahme **22** 4 ff

Rücknahmeverzicht 451 3
Rückzahlung 451 3

Saarland Einl 485 12
Sachantrag 23 59 ff
- Antragsänderung **23** 73
- Antragsarten **23** 65
- Antragserweiterung **23** 71
- Antragshäufung **23** 71
- Notwendigkeit **23** 59

Sachantragsbefugnis
- berufsständischer Organe **380** 28 ff

Sachentscheidung 370 3
Sachsen Einl 485 13
Sachsen-Anhalt Einl 485 14
Sachteilung 363 14
Sachverhaltsermittlung 345 4
Sachverständigenbeweis 30 59 ff
Sachverständigengutachten
- Abstammungsgutachten **177** 8 f, 14 f
- Anforderungen **321** 5 f
- Beweisbeschluss **280** 62
- Einholung **280** 15
- Geschäftsfähigkeit **280** 59
- Grundlagen **321** 3 ff
- Inhalt **280** 43
- Rechtsmittel **280** 92
- schriftliches **Vor 151 ff** 3
- Umfang **280** 45
- Verfahren **321** 4
- Vorführung **322** 3

Sachverständiger 410 5; **411** 6; **412** 3
- Anhörung **333** 8
- Auswahl **280** 21; **298** 8; **321** 13
- Auswechslung **329** 9 f
- Beeidigung **414** 2
- Ernennung **414** 2
- Hinzuziehung **319** 20
- Pflichten **280** 68
- Qualifikation **280** 24; **297** 10; **321** 8
- Vernehmung **414** 2

Sanktion 89 1
SARL Vor 378 23
Satzungsänderung
- Prüfungsumfang **Vor 378** 72

Satzungsmangel 399 4 ff
Säumnis 130 1
- im Dispachebestätigungsverfahren **406** 2 ff

Säumnisfolge 368 10
- Eintritt der **366** 27

Schätzungen 363 47, 59
Scheckanweisung 475 2
Scheidung 266 14
- Begründung **38** 90
- Widerspruch **45** 22

Scheidungs- und Folgesachen
- Verbund **98** 1–4

Scheidungsfolgemaßnahme 151 10
Scheine
- Aushändigung der **481** 2
- neue **481** 2

Stichwortverzeichnis

Scheinvaterregress 169 23
Schiff
– eingetragenes 446 2
Schiffsbauregister 374 2
Schiffsbauwerk
– eintragungsfähiges 446 2
Schiffsgläubiger 465 2
Schiffshypothek 452 3
Schiffshypothekengläubiger
– Aufgebot der 452 2
Schiffspfandgläubiger
– unbekannte 465 7
Schiffsregister 374 2; 388 7; 446 3
Schiffsregistersache 44 6
Schiffsveräußerung
– freiwillige 465 2
Schlechterstellungsprinzip
– bei Doppelsitz 377 15
Schleswig-Holstein Einl 485 15
Schlüsselgewalt 40 24
Schlussgespräch 319 21
Schreibfehler 42 13
Schreibversehen
– bei der Registereintragung Anh 387 20; 395 7
Schriftlich 438 4
Schriftlichkeit Einl 46
Schriftstücke
– Aushändigung an Dispacheur 404 2 ff
Schuldbeitritt
– Gesetzlicher 463 5
Schuldenabzug 363 50
Schuldnerverzeichnis 374 2
Schuldtitel
– vollstreckbarer 371 19; 448 3
Schuldübernahme
– befreiende 463 5
Schuldverschreibung 470 2; 491 3
Sechswochenfrist 437 4
Selbstständige Familienstreitsache
– Verzögerungsgebühr FamGKG 32 1
Sicherheitsleistung 359 10; 468 10
– Anordnung der 362 13
Sicherung 433 3
Sicherungsmaßnahmen 344 6; 356 9
Signatur 347 9
– des Notars 378 13
– qualifizierte 14 23 f
Sittliche Rechtfertigung 197 25
Sitzverlegung 377 19
– in das Ausland 393 7
– Löschung 395 127
Sofortige Beschwerde 39 11; 44 10–11; Vor 58 14–15; 58 27, 31; 287 7
– Anschlussbeschwerde 39 21
– gegen Ablehnung von Gerichtspersonen 58 31
– gegen Ablehnung von Sachverständigen 58 31
– gegen Aussetzung des Verfahrens 58 31
– gegen Berichtigungsbeschlüsse 58 31
– gegen Beschlüsse des Nachlassgerichts 58 31
– gegen Beschlüsse im Aufgebotsverfahren 58 31

– gegen Beschlüsse im Teilungsverfahren 58 31
– gegen Beschlüsse im Vollstreckungsverfahren 58 31
– gegen Entscheidungen über Verfahrens- oder Prozesskostenhilfe 58 31
– gegen Kostenfestsetzungsbeschlüsse 58 31
– gegen Ordnungs- und Zwangsmittel 58 31
– gegen Unterbringung zur Begutachtung 58 31
– gegen Zeugnisverweigerung 58 31
– Gerichtskosten FamGKG 3 48
– sofortige Wirksamkeit 287
Sofortunterbringung
– verwaltungsrechtliche 331 3
Sonderband
– Einsicht 385 27 ff
– Führung in Registersachen 385 23 ff
Sonderzuständigkeit 363 9
– des Landwirtschaftsgerichts 363 9
Sorgerechtssache
– Abänderung 48 15
Sorgerechtsstreit 151 8
Sorgerechtsübereinkommen
– europäisches Vor 107 19
Spaltung
– Löschung der Eintragung 395 62
Sparbuch 483 2
Spruchkörperverweisung 1 38–39
Spruchrichterprivileg
– im Registerverfahren Vor 378 113 f
Sprungrechtsbeschwerde 39 13; 75 1–20
– Kosten 75 19–20
Sprungzurückverweisung 74 35
Squeeze-Out
– Löschung der Eintragung 395 63
Staatsangehörigkeit
– ausländische 343 15
– des Erblassers 343 6
– deutsche 98 19
– mehrfache 98 11, 20; 107 8
Staatsangehörigkeitszuständigkeit 104 17
Staatskasse 158 25
– Beschwerdeberechtigung 304 1
– Kostentragung 307 4 ff; 337 7 ff
Staatspapier 466 3
Staatsverträge Vor 107 15–23
– Vorrang 97 1–8
Stammurkunde 473 2
– Verlust der 473 3
Standesamt 197 11; 198 8, 14
– beurkundendes 347 3
Statthaftigkeit
– der Beschwerde 360 9
Statussachen Vor 107 18–21
Stellungnahme 477 1, 5
– mündliche 158 18
Stellvertretung 413 8
Sterbehilfe 298 12
Sterbeurkunde 343 4
Sterilisation 297 2, 3
– Beschwerde 297 14
– Gutachten 297 9
Steuerberaterkammer 380 20
Strafverfahren 275 4

2009

Stichwortverzeichnis

Streitbeilegung
– außergerichtliche **135** 1
Streitpunkte 370 6 ff
Strengbeweis 279 7; **297** 1
Strengbeweis, s förmliche Beweisaufnahme 30 1 ff
Stundung 362 1, 2, 7, 13, 16
– Gestaltung der **362** 10
Stundungsantrag 362 4, 9, 11
Stundungsgesuch 450 2
Substantiierungspflicht 206 6
Surrogation
– dingliche **363** 29

Tageszeitung 435 4
Tärtigwerden
– sofortiges **331** 10; **427** 11
Tatsachen
– doppelt relevante **59** 13
– ehefeindliche **127** 3, 10
– ehefreundliche **127** 9
– erneute Tatsachenfeststellung im Rechtsbeschwerdevefahren **74** 20–23
– erneute Tatsachenfeststellung im Beschwerdeverfahren **68** 42
– neue Tatsachen in der Rechtsbeschwerdeinstanz **74** 15–24
– neue Tatsachen in der Beschwerdeinstanz **65** 8–10
Tatsachenpräklusion 238 6
Teilauseinandersetzung 370 19
Teilausschluss des VA 224 6
Teilentscheidung 38 7
Teilung 363 15; **366** 4
– externe **222** 2
– interne **222** 1
Teilungssachen 342 1, 3 f; **Vor 342 ff** 1
Teilungsvereinbarung 363 21
Teilungsverfahren 365 1; **372** 1
Teilungsversteigerung 344 10
Teilungsvertrag 368 20
Teilwert 363 52
Telefax
– notwendige Geschäftsangaben **388** 18
Telegramm 388 18
Termin 32 1 ff
– Ablauf und Gestaltung **32** 13 f
– Anwesende **41** 27
– Bild- und Tonübertragung **32** 18
– Ladung **32** 8
– Notwendigkeit eines Termins **32** 5
– Terminsänderung **32** 10
– Vermerk **41** 28
Terminsantrag 366 26 f
Terminsbestimmung 348 5; **361** 6 ff; **413** 7
– Ablehnung der **413** 11
– wiederholte **361** 8
Terminsladung 363 25
Terminsverlegung 155 9 f
Testament
– Ablieferung des **358** 1, 4
– gemeinschaftliches **344** 4; **346** 4; **349** 1, 10
– privatschriftliches **351** 2

Testamentsdatei 347 3, 6
Testamentseröffnung 348 1; **349** 11
Testamentskartei 344 4
Testamentsverzeichnis 347 3, 8
Testamentsvollstrecker 359 19; **362** 8; **363** 23; **455** 4
– Entlassung des **345** 7
– Ernennung des **345** 8; **357** 7
– Verwaltender **359** 7
Testamentsvollstreckerzeugnis 345 7; **354** 1; **357** 7
Testamentsvollstreckung 345 7; **355** 1 ff
Thüringen Einl 485 16
Tierärztekammer 380 20
Tod
– Beteiligter **181** 1
– eines Ehegatten **208** 1
Todeserklärung 444 3
Trennung 158 9; **266** 14
– von Tisch und Bett **98** 4
– von Verfahren **20** 7

Übergangsregelung
– in Registersachen **Vor 374**
Überprüfungshöchstfrist 295 5
Überprüfungspflicht 351 2
Überprüfungszeitpunkt 286 8
Übersetzungen Anh 387 5
Überweisungszeugnis 345 6; **354** 1
Umdeutung 353 30
Umgangspfleger Vor 151 ff 5
– Gerichtskosten **FamGKG 3** 64; **FamGKG 4** 1
Umgangspflegschaft FamGKG 3 12
Umgangsrecht 49 30–33; **151** 9; **Vor 151 ff** 1; **158** 12; **266** 16
Umschreibung
– eines Registerblatts **Anh 387** 21
Umwandlung
– Löschung der Eintragung **395** 62
Umzugskosten 209 7
Unanfechtbarkeit 44 18–19; **414** 5
– Abgabe an ausländisches Gericht **58** 34
– Ablehnung von Beweisanträgen **58** 35
– Abtrennung von Scheidungsfolgesachen **58** 34
– Aussetzung der Vollstreckung im EA-Verfahren **58** 33
– Bestellung von Pflegern und Beiständen **58** 34
– der Zurückweisung von Bevollmächtigten **58** 33
– einstweilige Anordnung **57** 3
– Nichtbekanntgabe von Entscheidungsgründen an Minderjährige **58** 35
– Nichtzulassung der Rechtsbeschwerde **70** 13–14
– von Berichtigungsbeschlüssen **58** 33
– von Beschlüssen über die Zuständigkeit **58** 33
– von Entscheidungen über Akteneinsichtsgesuche **58** 33
– von Wiedereinsetzungsbeschlüssen **58** 33
– Vorführungsanordnungen **58** 35
– Zurückweisung von Anhörungsrügen **58** 33

Stichwortverzeichnis

- Zurückweisung von Berichtigungsanträgen 58 33
Unbekanntheit 449 4
- des Gläubigers 449 5; 450 2
Unbestimmter Rechtsbegriff
- Überprüfbarkeit im Rechtsbeschwerdeverfahren 72 16
Unkenntnis 367 4
- vom Aufenthaltsort 449 4
Unmittelbarer Zwang Vor 342 ff 4; 358 1
Unmittelbarkeit Einl 47–51
Unmittelbarkeit der Beweisaufnahme
- bei förmlicher Beweisaufnahme 30 21 f
- bei Freibeweis 29 11
Unmittelbarkeitsgrundsatz Einl 47 ff
Unrichtigkeit 353 6, 11
- Beschluss 42 8, 16
- des Erbscheins 352 12
- Nachweis der 353 12
Unrichtigkeitsfälle 44 26
Untätigkeitsbeschwerde 58 48
Unteilbarkeit
- der Leistung 411 8
Unterbringung
- Anhörung 284 7; 319 4 ff; 320 2 ff
- Anordnung 151 15
- Aufhebung 330 3 ff
- Begutachtung 284 1
- Dauer 284 18; 328 3 ff
- Einrichtung 326 9
- freiheitsentziehend 151 15
- Genehmigung der 151 14
- landesrechtliche 312 5
- Verhältnismäßigkeit 284 15
- Verlängerung 329 7 ff
- zivilrechtliche 312 3
- Zuführung 326 1 ff
Unterbringung Minderjähriger 167
- freiheitsentziehende **Vor** 151 ff 1
Unterbringungsmaßnahme
- Ablehnung 323 22
- Aufhebung 330 5 ff
- Aussetzung 328 4
- Begründung 323 20
- Bezeichnung 323 7 ff
- Dauer 329 3 ff
- Ende 323 13 ff
- Verlängerung 329 7 ff
Unterbringungssache 151 14, 15; 312 1 ff
- Abänderung 48 15
- Bekanntgabe Beschluss 41 14
- Definition 312 1
- Gewaltanwendung 326 10
- Wirksamwerden Beschluss 40 25
Unterbringungsverfahren
- Beteiligte 315 3 ff
- einstweilige Anordnung 331 2 ff
- örtliche Zuständigkeit 313 1
Unterhalt
- bei Feststellung der Vaterschaft 237 1–2
- der nicht verheirateten Mutter 246 15
- Umfang 246 3–6
- zeitliche Reichweite 246 7–8

Unterhaltsabfindung 356 2
Unterhaltsansprüche 368 19
Unterhaltsrückstände 356 2
Unterhaltssachen 49 57
- einstweilige Anordnung 246 2 ff
- internationale Zuständigkeit 105 8
- örtliche Zuständigkeit 232 1–16
Unterhaltstitel
- dynamisierter 245 1–4
Unternehmensgegenstand
- Angabe bei der Registeranmeldung **Vor** 378 7
Unternehmensrechtliche Verfahren
- Begriff 375 1 f
- Beschwerde 402 4 ff
- Verfahrensgrundsätze 375 9
- Wesen 375 6
Unterrichtung 278 5; 293 8; 297 4
Unterschrift 38 43–50; 42 34
Untersuchung
- Vorführung 283 6
- zur Feststellung der Abstammung 178 1
Untersuchungsanordnung
- Anfechtbarkeit 283 22
- Gewalt 283 23
Untersuchungsgrundsatz Einl 38
Untrennbarkeit 349 3
Unverwertbarkeit
- des Gutachtens 411 6
Unvollständigkeit 352 12
Unwirksamkeit
- Zustellung 436 2
Unzulässigkeit
- einer Eintragung 395 8 ff
Unzuständigkeit 411 5
- örtliche 2 8
- Verweisung 3 2 ff
Urkunde 468 4
- Auffinden 48 37
- öffentlich beglaubigte 366 10
- öffentliche 348 4
- Verlust der 471 2
Urkundenbeweis 30 79 ff
Urkundeninhaber 482 8
Urkundsbeamter 2 18; 371 18
- der Geschäftsstelle 346 2 f; 363 33; 435 3; 438 4
- Rechtskraftzeugnis 46 11
Urschrift 350 3
- Ablieferung der 353 23
- Handschriftliche 357 4
Urteil
- rechtskräftiges 450 9
- vollstreckbares 410 3
Urteilsverfahren
- Wegfall des **Vor** 433 ff 4

Vaterschaft 368 19
- Anerkennung 151 1; 169 9
- Anfechtung 151 1; 169 13–16
- Anfechtung, Kosten 183 1 ff
- Feststellung 169 4
Vaterschaftsanerkenntnis
- Unwirksamkeit 172 25

2011

Stichwortverzeichnis

Vaterschaftsanerkennung
- Erklärung zur Niederschrift des Gerichts **180** 1

Vaterschaftsanfechtung 169 13; **171** 11; **172** 18 ff
- Verfahren **171** 32–33

Vaterschaftsfeststellung 169 4; **171** 6; **172** 14
- Verfahren **171** 30–31; **237** 3

Vaterschaftstest
- heimlicher **171** 15

Veräußerungsverbot
- beschränktes **480** 4

Verbindung
- von Verfahren **20** 2

Verbindungsverbot 126 2

Verbleibensanordnung 158 11

Verbot
- gesetzliches **366** 18, 35

Verbund
- Fortbestand **146** 1
- von Scheidungs- und Folgesachen **98** 1–4

Verbundentscheidungen
- Rechtskraft **148** 2

Verbundszuständigkeit 98 35 ff; **103** 9

Verdacht 481 3

Verein
- ausländischer **400** 3
- Doppelsitz **377** 16
- Entziehung der Rechtsfähigkeit **401** 2 ff
- Erlöschen **401** 5 ff
- Ersteintragung in das Register **Vor 378** 70
- Sinken der Mitgliederzahl unter drei **401** 2 ff
- Wegfall aller Mitglieder **401** 5 ff

Vereinbarung 363 4; **366** 18, 22; **367** 7; **370** 17
- außergerichtliche **368** 15
- beurkundete **366** 20, 27
- Beurkundung der **366** 16
- der Verbindlichkeit **369** 2
- freiwillige **363** 46
- wirksame **366** 11

Vereinfachten Verfahren
- Antrag **250** 2
- Beteiligung Antragsgegner **251** 1–3
- Einwendungen **252** 2–5
- Haushaltsgemeinschaft **249** 6
- Minderjährigenunterhalt **249** 5
- Rechtsnachfolger **249** 8
- Statthaftigkeit **249** 1–12
- Titulierung **249** 7
- Unzulässigkeit **249** 10–12
- Zulässigkeitsvoraussetzungen **249** 3

Vereinsanschrift
- Einreichung zum Registergericht **387** 15
- Erzwingung der Mitteilung an das Registergericht **388** 17

Vereinsbetreuer 286 4

Vereinsname
- Löschung **395** 122 ff

Vereinsrechtliche Verfahren 375 4

Vereinsregister
- Aufbau **Anh 387** 52

Vereinsregisterverordnung Anh 387 51

Verfahren 51 1–43
- andere **105** 1–4

- Aussetzung des **366** 16
- nichtstreitiges **Vor 433 ff** 3
- schriftliches **445** 1
- von Amts wegen **52** 5–8
- zur Abgabe der eidesstattlichen Versicherung **412** 2

Verfahrensablauf 413 8

Verfahrensakte 158 19

Verfahrensantrag 203 3; **362** 5

Verfahrensaussetzung 21 1 ff
- Anfechtung der Aussetzungsentscheidung **21** 28
- Voraussetzungen **21** 4 ff
- Vorgreiflichkeit **21** 4
- Wirkung **21** 25

Verfahrensbeistand Vor 151 ff 4; **158** 1, 3 f, 12, 13 f, 16 ff; **174** 1; **191** 5, 9; **192** 9
- Abstammungssachen **174** 2
- Aufgabe des **158** 18
- Festsetzung von Auslagenersatz **168** 2 ff
- Vergütungsfestsetzung **168** 2 ff

Verfahrensbeistandschaft
- Beendigung der **158** 24

Verfahrensbeschleunigung 151 3; **476** 2

Verfahrensbeteiligte 158 12

Verfahrensbevollmächtigte 38 37; **158** 23; **276** 11; **297** 8; **300** 5

Verfahrenseinleitung
- durch Antrag **23** 1 ff
- von Amts wegen **24** 1 ff

Verfahrenseinstellung 366 17

Verfahrenserleichterungen 293 1, 5; **294** 1; **295** 1

Verfahrensfähigkeit 9 1–35; **275** 1, 5; **434** 6
- Abstammungssachen **172** 10 ff
- in Unterbringungsverfahren **316** 1

Verfahrensfehler Vor 433 ff 6
- Gravierende **353** 12

Verfahrensführung
- gerichtliche **345** 5

Verfahrensgang 51 25–33

Verfahrensgebühr 459 7

Verfahrensgeschichte 38 69

Verfahrensgrundsätze Einl 36–57

Verfahrenshandlungen
- widersprechende **275** 7

Verfahrenskostenhilfe 51 19; **113** 18; **114** 14; **171** 26–34; **276** 15
- Auslagen **FamGKG 17** 8
- Gerichtskosten **FamGKG 3** 45; **FamGKG 11** 3; **FamGKG 17** 3, 8; **FamGKG 27** 8, 11; **FamGKG 51** 4, 6; **FamGKG 63** 2
- in Unterhaltssachen **231** 38–40
- Rechtsmittel **76-77** 35
- Verfahren **76-77** 26
- Voraussetzungen **76-77** 3
- Wirkungen **76-77** 21

Verfahrenskostenvorschuss 171 27

Verfahrensleitende Zwischenentscheidung 358 3

Verfahrensleitung des Gerichts 28 1 ff
- Dokumentationspflicht bei Hinweisen **28** 22 f

2012

– Hinweispflicht, rechtliche Gesichtspunkte **28** 12 ff
– Hinweispflichtverletzung (Rechtsfolgen) **28** 26 f
– Hinwirkungspflicht hinsichtlich des Sachantrags **28** 16
– Hinwirkungspflicht zum Tatsachenvortrag **28** 5
Verfahrensmangel 440 4
– absolute Verfahrensmängel **74** 12
– Amtsprüfung **68** 24–27
– bei der Registereintragung **395** 30 ff, 52, 61
– Überprüfbarkeit im Rechtsbeschwerdeverfahren **74** 10–14
– Zurückverweisungsgrund im Beschwerdeverfahren **69** 17–24
Verfahrensmehrheit
– unzulässige **179** 6–9
– zulässige **179** 2–5
Verfahrensökonomie 345 4
Verfahrenspfleger 9 33; **Vor 151 ff** 4; **158** 1, 10; **275** 7; **298** 9
– Anhörung **278** 4
– Aufhebung der Bestellung **317** 12; **419** 16
– Auslagenersatz **277** 4 ff; **318** 1; **419** 21
– Beendigung des Amtes **317** 16; **419** 15
– Behandlungsabbruch **298** 14
– berufsmäßige Amtsführung **277** 14
– Beschwerdeberechtigung **303** 8
– Beschwerderecht **335** 8; **429** 9
– Bestellungsverfahren **276** 16
– Dauer der Bestellung **276** 11; **317** 16 ff; **419** 15 ff
– ehrenamtliche Amtsführung **277** 19
– ehrenamtlicher **276** 9
– Eignung **276** 10
– einstweilige Anordnung **300** 5
– Erforderlichkeit **276** 4; **296** 3; **297** 8; **419** 4
– Festsetzung von Auslagenersatz **277** 7
– im einstweiligen Anordnungsverfahren **331** 17; **427** 15
– im Genehmigungsverfahren **299** 5
– in Freiheitsentziehungssachen **418** 2 ff
– Person **317** 7; **419** 7
– Rechtsstellung **276** 17; **317** 10; **419** 10
– Unterbleiben der Bestellung **317** 12; **419** 12
– Verfahrenskosten **276** 14
– Vergütung **277** 13 ff; **318** 1; **419** 21
– Vergütungsfestsetzung **168** 2 ff
– Voraussetzungen der Bestellung **317** 2 ff; **419** 2 ff
– zwingende Fälle **317** 6; **419** 5
Verfahrenspflegerbestellung
– Aufhebung **317** 12, 16; **419** 16
– Beendigung **317** 16; **419** 15
– in Freiheitsentziehungssachen **419** 2 ff
– in Unterbringungssachen **317** 2 ff
– Kosten **317** 22; **419** 21
– Rechtsmittel **317** 21; **419** 20
– Unterbleiben **317** 12; **419** 12
– Verlängerung **317** 20; **419** 19
– Voraussetzungen **317** 2 ff; **417** 2 ff
– Zeitpunkt **317** 11; **419** 11

– zwingende Fälle **317** 6; **419** 5
Verfahrensrechte 345 5
Verfahrensregeln
– besondere **231** 10
Verfahrenstrennung 20 7
Verfahrensunfähigkeit 9 25
Verfahrensverbindung 20 2 ff
– Abstammungssachen **179** 2 ff
Verfahrensverbund 137 1
Verfahrensverstöße 372 8
Verfahrensvollmacht 11 1–29; **434** 6
Verfahrensvoraussetzungen
– allgemeine **455** 3
– formelle **366** 34
Verfahrenswert 49 65
– Abstammungssachen **FamGKG 47** 1–4
– Auffangwert **FamGKG 42** 1–26
– Beschwerde gegen Festsetzung **FamGKG 59** 1–9
– Ehesachen **FamGKG 43** 1–20
– Gewaltschutzsachen **FamGKG 49** 1–6
– Güterrechtssachen **FamGKG 52** 1–4
– Verbund **FamGKG 44** 1–12
– Versorgungsausgleichssachen **FamGKG 50** 1–10
– Wohnungszuweisungs- und Hausratssachen **FamGKG 48** 1–7
Verfahrenswirtschaftlichkeit Einl 56 f
Verfassungsbeschwerde 39 20; **44** 1, 55–56; **Vor 58** 34
Verfügung
– gerichtliche **434** 5
Verfügung von Todes wegen 346 1; **347** 2, 7; **350** 1
– besondere amtliche Verwahrung **Vor 342 ff** 2
– Eröffnung von **Vor 342 ff** 2; **344** 11; **349** 9; **351** 1, 4
Verfügungsbefugnis 449 4
Verfügungsverbot 209 7
Vergleich 36 1 ff; **51** 31 f; **156** 5
– Feststellung eines schriftlichen Vergleichs **36** 21
– gerichtlicher **362** 12, 16; **371** 29
– Korrektur (Niederschrift, Feststellungsbeschluss) **36** 27
– Niederschrift **36** 12
– Rechtsfolgen **36** 25
– schriftlicher Vergleich (außerhalb eines Termins) **36** 16 ff
– Unwirksamkeit **36** 29 f
– Vergleichsförderungspflicht des Gerichts **36** 11
– Zulässigkeit **36** 9
Vergleichsverhandlung
– bei der Dispachebestätigung **406** 6 ff
Vergütung 158 20, 25; **168** 15; **410** 6
– Anspruchsberechtigte **277** 28
– Anspruchsverpflichtete **277** 29
– berufsmäßiger Verfahrenspfleger **277** 14
– ehrenamtlicher Verfahrenspfleger **277** 19
– erforderliche Zeit **277** 23
– Erlöschen **277** 31 f
– Fester Geldbetrag **277** 22

2013

Stichwortverzeichnis

- Festsetzungsverfahren **168** 2 ff
- Höhe der Pauschale **277** 25
- Pauschalierung **277** 21 ff
- Verfahrenspfleger **277** 13 ff; **318** 1

Vergütungsfestsetzung
- Rückgriff gegen Erben **168** 53 ff
- Rückgriff gegen Mündel **168** 2

Vergütungssystem 158 25

Verhältnismäßigkeitsgrundsatz
- in Unterbringungssachen **331** 20

Verhandlung
- mündliche **207** 1
- persönliches Erscheinen **207** 4

Verhandlungsgrundsatz Einl 39

Verhandlungsraum 366 9

Verhandlungstermin 32 1 ff; **363** 31; **366** 12, 17; **368** 12
- Ladung zum **363** 2

Verhinderung 38 46
- gesetzlicher Vertreter **334** 5
- gewillkürter Vertreter **334** 5
- Gründe **334** 6 ff
- unverschuldete **367** 3

Verjährung 468 11
- Eintritt der **450** 3
- des Ordnungsgeldes **392** 53 ff

Verjährungsfrist
- Hemmung der **480** 3

Verkehrswert 356 3

Verklarungsverfahren
- Kosten **375** 79, 81

Verlesen
- Beschlussformel **41** 26–31

Verlöbnis 266 12

Verlosung 369 2

Verlust 468 7 f

Vermächtnis 463 3

Vermächtnisnehmer 355 5; **359** 12; **363** 26; **460** 2

Vermerk 42 37–40
- Bekanntmachung **38** 51–54
- Berichtigung **42** 25
- Termin **41** 28
- über Beteiligtenanhörung **28** 28
- über Beweisaufnahme **29** 48
- über Erörterungstermin **28** 28 ff

Vermittlung
- amtliche **366** 33; **371** 9
- auf Antrag **487** 6
- von Amts wegen **487** 3

Vermittlungtätigkeit 373 8

Vermittlungsverfahren 165; **363** 13; **366** 2 f
- gerichtliche **363** 17
- Nachlassgerichtliches **363** 2

Vermögensangelegenheiten 364 3

Vermögensauseinandersetzung 356 4

Vermögenserwerb 356 3

Vermögensinbegriff
- Schätzung von **410** 5

Vermögensinteressen 363 37

Vermögenslage 359 4

Vermögenslosigkeit 394 5

Vermögensmasse 363 50; **371** 11

Vermögensrechtliche Angelegenheiten 61 4–5

Vermögenssorge 151 4
- Entziehung der **356** 5

Vermögensverzeichnis 356 3; **363** 47
- Aufnahme von **363** 59
- Entgegennahme des **356** 6

Vermutung 472 5
- tatsächliche **471** 4
- und Beweis **37** 12

Veröffentlichung 441 5; **450** 6; **465** 6; **466** 7
- anderweitige **435** 4
- einmalige **435** 2; **456** 2
- erstmalige **437** 2
- im Bundesanzeiger **353** 25
- der Löschungsankündigung bei Vermögenslosigkeit **394** 38 ff
- mehrfache **435** 4

Verpflichtung
- Unterlassung einer Handlung **35** 7
- Vornahme einer Handlung **35** 6

Versäumnisentscheidung 38 79–81; **45** 20
- im Beschwerdeverfahren **117** 30–32
- im Rechtsbeschwerdeverfahren **117** 33
- Rechtsmittel gegen Versäumnisentscheidungen **117** 27–29

Versäumnisfolgen 365 14; **366** 29; **371** 30
- Eintritt der **366** 25

Versäumnisurteil 366 15

Versäumnisverfahren 365 7, 12; **366** 26 ff; **368** 3; **370** 9, 18

Verschlechterungsverbot 69 33–40
- bei Verfahren im öffentlichen Interesse **69** 34
- bei Verfahren im Privatinteresse **69** 35
- bei der Anschlussbeschwerde **66** 12; **69** 40
- bei Kostenentscheidungen **69** 38
- bei Kostenfestsetzungsentscheidungen **69** 38
- im VA-Verfahren **69** 36–37

Verschluss
- gemeinschaftlicher **346** 3

Verschmelzung
- Löschung der Eintragung **395** 62

Verschollenheit 444 2, 3

Verschulden 9 22; **367** 4

Versicherungsschein 483 2

Versicherungsverein
- Ersteintragung in das Register **Vor 378** 70

Versorgungsausgleich
- Beteiligte **219** 1
- einstweilige Anordnung **49** 55 f
- Entscheidung **224** 1–8
- Muss-Beteiligte **219** 1
- örtliche Zuständigkeit **218** 1

Versorgungsausgleichssache 49 55–56; **217** 1–2
- Abänderung **48** 15
- anwendbares Recht **102** 10
- internationale Zuständigkeit **102**
- Wirksamwerden Beschluss **40** 25

Versorgungsausgleichsverfahren 102 1

Verspätung 206 15

Versteigerung 363 59
- freiwillige **363** 47; **371** 32
- öffentliche **366** 3

Versterben
- des Einzelkaufmanns **393** 11

Stichwortverzeichnis

– im Ordnungsgeldverfahren 392 74
Vertagung 365 6
Verteilung
– des Nachlasses 369 5
– durch das Los 369 3
Vertrauensperson
– Beschwerdeberechtigung 303 7
Vertreter 38 37
– Abstammungssachen 172 5 ff
– Bestellung 369 6 ff
– gesetzlicher 38 33
Vertretung 9 13; 10 1 ff; 48 34
– gesetzliche 357 5; 368 18
Vertretungsbeschluss 47 1
Vertretungsmacht 158 22; 369 9
Vertretungsnachweis Vor 378 21
Verurteilung
– zum Verzicht 440 6
Vervollständigung
– Beschluss 38 98–100
Verwahrer
– Bestellung für die Genossenschaft 375 58
– Bestellung für die GmbH 375 53
– Bestellung für die KG/OHG/Partnerschaft 375 19
– gerichtlich bestellter 410 7
– Tätigkeit des 410 6
Verwahrung 348 3; 349 12; 411 8
– amtliche 344 11; 347 2 f, 4; 349 5, 12
– besondere amtliche 344 3 f; 346 2; 347 2, 4; 349 5, 12; 358 2
– von Testamenten 344 2
Verwahrungsfrist 351 3
Verwahrungsgericht 344 4, 11; 350 2, 5
Verwahrungsort 411 8
Verwaltungs- und Verfügungsbefugnis 359 22; 363 18
Verwaltungsbefugnis 359 19
Verwaltungsbehörde
– zuständige 417 3 ff
Verwaltungshandlung
– tatsächliche 355 5
Verwaltungsmaßnahme 428 1 ff
– freiheitsentziehende 428 3 ff
Verwaltungsrat
– Ergänzung 375 45
Verwandtenunterhalt 246 16
Verweigerung
– der Abgabe der e.V. 361 12
Verweisung 3 2 ff; 38 68; 343 10
– Gerichtskosten FamGKG 6 1
– bei Kindschaftssachen 154
– Rechtsweg 1 31 ff
– Spruchkörper 1 38
– bei Unzuständigkeit 3
Verwerfung
– der Beschwerde 68 31–32
Verzeichnis 356 2; 458 3
– Vollständigkeit 456 4
Verzeichnis der Nachlassgläubiger 456 2
Verzicht 366 33; 440 6; 445 4
– auf Anschlussrechtsmittel 67 12
– auf Bekanntmachung 366 37

– auf die Beschwerde 67 1–18
– auf die Beschwerde gegenüber dem Gericht 67 4–12
– Begründung 38 85–87
– Rechtsmittel 38 85–87; 45 9–11
– schuldrechtlicher 450 9
Verzicht auf die Beschwerde
– gegenüber anderen Beteiligten 67 13–17
Verzichtsentscheidung 38 79–81
Verzinsung 362 13
Verzögerung
– unverhältnismäßige 364 3
Verzögerungsgebühr
– Beschwerde gegen Auferlegung FamGKG 60 1
Vierjahreszeitraum 472 2
Volljährigkeit
– unzulässiger Einwand 244 1
Volljurist 10 15
Vollmachten 11 1, 2–5; 363 5
Vollmachtsfiktion
– des Notars im Registerverfahren 378 4 ff
Vollstreckbarkeit 371 3, 20
Vollstreckung 53 1–5; Vor 342 ff 4; 358 3; 370 17; 371 12 ff
– Abgabe Willenserklärung 95 7
– Abstammungssachen 96a; 182 13
– Amtsverfahren 87 1
– Antragsverfahren 87 1
– ausländischer Entscheidungen Vor 107 11 ff, 15 ff, 19; 110
– Ausschluss 95 9; 120 7
– Aussetzung der 55 1
– Beginn 87 2
– Beschluss 95 8
– Beschränkung 120 4, 5
– aus der Dispache 409 3
– Ehe- und Familienstreitsachen 120
– eidesstattliche Versicherung 94
– Einleitung 88 1
– Einstellung 93; 95 10; 120 4, 5
– einstweilige Anordnung 53 2
– einstweilige Einstellung 242 1
– Entscheidung ausländisches Gericht 89 4
– Ersatzvornahme bei vertretbaren Handlungen 35 17
– Erzwingung von Duldungen oder Unterlassungen 95 6
– Geldforderungen 95 3
– Gerichtsvollzieher 87 3
– Gewaltschutzsachen 96
– gewöhnlicher Aufenthalt 88 1
– Herausgabe bei Gewahrsam eines Dritten 35 17
– Herausgabe von Personen 88f
– Herausgabe von Sachen 35 17; 95 4
– Jugendamt 88 2
– Kosten 87 5; 92 4
– sofortige Beschwerde 87 4; 89 15
– Umgangsregelungen 88f
– Verfahren 35 19; 87; 92
– Verschulden 89 8

2015

Stichwortverzeichnis

- Vornahme vertretbare oder nicht vertretbare Handlung **95** 5
- Wirksamwerden von Beschlüssen **86** 7
- Wirksamwerden von Endentscheidungen **120** 2, 3
- Wohnungszuweisungssachen **96**
- Zuständigkeit **35** 13, 15, 19; **88** 1; **89** 11, 13; **90** 4; **91** 5, 8, 9; **94** 2, 3; **Vor 107** 11
- Zwangsgeld **35** 13

Vollstreckungsgegenklage 371 6; **372** 10
- gegen bestätigte Dispache **409** 5 f

Vollstreckungsgericht 372 5; **410** 8; **411** 3; **413** 3

Vollstreckungsklausel
- allgemein **86** 8
- einstweilige Anordnung **53** 2; **86** 8
- Erteilung der **371** 25
- Zwangsgeld **35** 13

Vollstreckungstitel 353 29; **362** 14; **371** 12
- gerichtlich gebilligte Vergleiche **86** 4
- gerichtliche Beschlüsse **86** 3
- nach § 794 ZPO **86** 5
- vollzugsfähig **86** 6

Vollzug 422 13 ff
- Aussetzung **328** 3 ff; **424** 1 ff
- behördliche Aussetzung **424** 10
- gerichtliche Aussetzung **424** 5
- in Justizvollzugsanstalten **422** 14 f
- der Registereintragung **382** 38

Vollzug von Registereintragungen
- gemeinsamer **382** 18 ff
- getrennter **382** 18 ff

Vollzugsangelegenheiten
- Antragsvoraussetzungen **327** 6 ff
- Begriff **327** 1 ff
- Regelung von **327** 4

Vollzugserklärung
- dingliche **368** 8

Vorauszahlung
- Erinnerung gegen Anordnung **FamGKG 58** 1–4

Vorbehalt Vor 433 ff 6; **440** 2, 6; **450** 9; **487** 4, 7
- Beseitigung des **450** 9
- der Länder **487** 3
- landesrechtlicher **470** 2

Vorbehaltsgut 363 22; **462** 5

Vorbescheid 38 14; **40** 18; **58** 20–22; **Vor 342 ff** 3; **352** 1, 11
- gegenüber dem berufsständischen Organ **380** 32, 38

Vorbescheidsverfahren 352 8

Vorfragen 221 5; **266** 8, 10

Vorführung
- Anfechtbarkeit **284** 30
- Betreten der Wohnung **283** 14
- des Betroffenen **278** 10; **319** 19; **420** 9
- in Freiheitsentziehungssachen **420** 9
- in Unterbringungssachen **319** 19
- zur Anhörung **319** 19; **420** 9
- zur Unterbringung **322** 5 f
- zur Untersuchung **322** 2 ff

Vorlage 348 6
- des Originals **477** 1
- der Urkunde **469** 3; **477** 2

Vorläufige Maßnahmen 49 4 ff; **300** 4

Vorlegungsfrist
- dreißigjährige **450** 3
- Hemmung der **480** 3

Vormerkung 447 3; **448** 2

Vormund
- Festsetzung von Auslagenersatz **168** 2 ff
- Vergütungsfestsetzung **168** 2 ff

Vormundschaft 49 38; **151** 3, 11; **Vor 151 ff** 1; **364** 4; **FamGKG 3** 14
- befreite **151** 12

Vormundschaftsgericht 151 1; **356** 1; **364** 1; **368** 14, 16; **371** 5; **487** 2
- Abschaffung des **151** 3

Vormundschaftsrecht 151 11

Vormundschaftssache
- Abänderung **48** 15

Vorrang- und Beschleunigungsgebot Vor 151 ff 3; **155**

Vorratsbetreuung 286 8; **294** 7

Vorratsgesellschaft Vor 378 63

Vorschuss 363 58

Vorsorgebevollmächtigter
- Beschwerdeberechtigung **303** 9

Vorsorgeregister 285 5

Vorsorgevollmacht 278 5; **285** 1

VRV Anh 387 51

Wahrheitspflicht 27 14

Wahrscheinlichkeit
- erhebliche **331** 7 f

Wechsel 468 10; **475** 2
- Beteiligte **42** 30

Weisungen 158 14

Weiterverwahrung 350 4

Weltgeltung 343 9

Wertbemessung
- Folgesachen **FamGKG 45** 13

Wertberechnung FamGKG 34 1–10

Wertfestsetzung FamGKG 53 1
- Änderung **FamGKG 55** 9
- Beschwerde **FamGKG 59** 1
- Beschwerdewert **FamGKG 54** 1
- endgültige **FamGKG 55** 6
- für die Gerichtsgebühren **FamGKG 55** 1–10
- für die Zulässigkeit der Beschwerde **FamGKG 54** 1–3
- Gegenvorstellung **FamGKG 59** 3
- Schätzung **FamGKG 56** 1
- vorläufige **FamGKG 55** 4
- Wertangabe **FamGKG 53** 1

Wertpapier 474 2; **475** 2
- mit Zinsschein **472** 2

Wertvorschriften
- besondere **FamGKG 43** 1

Widerruf
- einer Registeranmeldung **Vor 378** 41 ff

Widerspruch 39 17–18; **45** 21–22; **365** 15; **366** 16 f; **368** 24; **370** 9
- gegen die Auflösung wegen Satzungsmangels **399** 34 ff
- gegen die Dispache **406** 2 f, 5 ff
- gegen die Firmenlöschung **393** 40 ff

Stichwortverzeichnis

- im Amtslöschungsverfahren **Vor 58** 28
- im Dispacheverfahren **Vor 58** 28
- gegen die Löschung bei Vermögenslosigkeit **394** 43 ff
- gegen die Löschung unzulässiger Eintragungen **395** 105 ff
- gegen die Registereintragung **Vor 378** 79 ff

Widerspruchsklage 407

Wiederaufnahme 39 20; **118** 1–4; **185** 1–2; **439** 6
- des Verfahrens **48** 1; **Vor 433 ff** 6; **439** 2
- Dreistufige Prüfung **185** 3–12

Wiederaufnahmeentscheidung 185 12

Wiederaufnahmegrund 185 11

Wiederaufnahmeklage
- Rechtskraft **45** 35

Wiederaufnahmeverfahren 118 2; **185** 13–15
- Abstammungssachen **185** 5 ff
- neues Gutachten **185** 7 ff
- Nichtigkeitsgrund **118** 2
- Restitutionsverfahren **118** 3
- Verfahrensabschnitte **118** 4; **185** 3
- Wiederaufnahmeentscheidung **185** 12
- Wiederaufnahmegrund **185** 11
- Wiederaufnahmeverfahren **185** 13 ff

Wiedereinsetzung 17–19; 39 20, 57–60; **113** 7; **367** 5; **372** 2; **Vor 433 ff** 6; **437** 5; **439** 6; **489** 4
- Anfechtung der Entscheidung **19** 15 f
- Antrag **18** 7 ff
- Antragsform **18** 13
- Antragsfrist **18** 15
- Anwendungsbereich **17** 7 ff
- Ausschlussfrist **18** 40 ff
- Begründetheit des Antrags **19** 8
- Fallgruppen (fehlendes Verschulden) **17** 56 ff
- Fristversäumung **17** 17 ff
- Gehörsrüge **44** 38
- Genehmigung **48** 58
- gesetzliche Fristen **17** 7
- Glaubhaftmachung **18** 34 f
- in den vorherigen Stand **117** 47–48
- materiellrechtliche Fristen **17** 13
- Nachholung der versäumten Rechtshandlung **18** 30
- ohne Antrag **18** 38
- Rechtsbeschwerdebegründungsfrist **71** 15–17
- Rechtsfolgen der Wiedereinsetzung **19** 13
- Rechtskraft **45** 35
- richterliche Fristen **17** 12
- Verfahren **19** 9
- Verschulden **17** 27 ff
- Verschulden des Vertreters **17** 39 ff
- Zulässigkeit des Gesuchs **19** 7
- Zuständigkeit **19** 3

Wiedereinsetzungsverfahren 367 2

Wiederverwahrung 349 6

Wille
- abweichender **352** 9 ff

Willenserklärung
- Entgegennahme **47** 5
- Wirksambleiben **30** 41 ff

Willenserklärungen
- Überprüfbarkeit im Rechtsbeschwerdeverfahren **72** 10–11

Wirksambleiben Rechtsgeschäft 47 1

Wirksamkeit 366 36; **439** 4
- Anordnung **324** 4, 6
- Beschluss **40** 1
- Beschluss Anordnung **40** 30–40
- Beschluss Aussetzung **40** 35
- Eintritt **287** 1
- Ende **324** 11 ff; **422** 10 f
- Grundsatz **324** 3; **422** 3
- sofortige **324** 4; **Vor 342 ff** 3; **422** 4
- Zeitpunkt **324** 5; **422** 6

Wirksamkeitsvoraussetzung 480 6

Wirksamwerden 45 5; **297** 11
- Beschluss **40** 1
- Beschluss Dritten gegenüber **48** 52–56
- Bestellung **287** 2
- Genehmigung **299** 6
- der Registereintragung **382** 42

Wirkung
- bindende **363** 5
- der Dispachebestätigung **409** 2

Wirtschaftsprüferkammer 380 20

Wohnort 456 3

Wohnsitz 434 3
- rechtlicher **456** 3

Wohnung
- zwangsweises Betreten **326** 11

Wohnungseinrichtung 373 7

Wohnungszuweisung
- Vollstreckung **209** 2

Wohnungszuweisungssache
- Abgabe **202** 1
- Antrag **203** 1
- Definition **200** 2
- Ferienwohnung **200** 3
- freiwilliges Verlassen **200** 7
- Gartenlaube **200** 4
- internationale Zuständigkeit **105** 6
- nichteheliche Lebensgemeinschaft **200** 5
- Nutzungsentschädigung **200** 8
- Praxis **200** 6
- Werkstatt **200** 6
- Wirksamwerden Beschluss **40** 25
- Wochenendhaus **200** 3

XML-Datei Vor 378 7

YAR Vor 403 4

Zahlstellen 480 3

Zahlungserleichterungen
- bei der Ordnungsgeldfestsetzung **392** 41

Zahlungssperre 468 10 f; **480** 2, 5; **481** 2, 4
- Anordnung der **480** 6
- Aufhebung **482** 1 ff
- Wirkung der **480** 3

Zahnärztekammer 380 20

Zelebrationszuständigkeit 103 8

Zeugenaussagen 357 12

Zeugenbeweis 30 41 ff

Zeugnis 353 1; **354** 1; **371** 34; **373** 12; **468** 5; **472** 5; **473** 3; **474** 2; **481** 2
- andere **357** 2

Stichwortverzeichnis

- ärztliches **321** 13 ff; **331** 15; **332** 5; **334** 16
- Beibringung des **481** 3
- Erteilung eines **345** 6
- des Registergerichts **386** 2 ff

Zeugniserteilung
- Kosten der **471** 5

Zeugnisverweigerungsrechte 29 36 ff

Ziehung
- des Loses **369** 4 f

Zinsbeginn 362 13

Zinsbogen 471 2

Zinssatz 451 5

Zinsschein 471 1; **472** 4; **473** 3; **474** 2, 3; **481** 2

ZPO-Familiensachen
- frühere **112** 1 ff; **114** 2

ZPO-Vorschriften
- Anwendbarkeit **231** 5–6

Zuführung
- Gewaltanwendung **326** 10
- Unterstützung **326** 8
- zur Unterbringung **326** 1 ff

Zugewinnausgleich 363 22; **463** 3

Zugewinngemeinschaft 366 14

Zulässigkeit der Beschwerde
- Amtsprüfung **68** 24–27
- Voraussetzungen **68** 28–30

Zulassung 468 10

Zulassung der Sprungrechtsbeschwerde
- Gerichtskosten **FamGKG 3** 54

Zulassung eines Rechtsmittels 38 62; **42** 32
- Ergänzung **43** 21–24

Zulassungsbeschwerde 61 1–21, 11–21

Zurücknahme 363 42

Zurückverweisung 69 9–32
- Antragserfordernis **69** 25–27
- bei fehlender Sachentscheidung **69** 15–16
- bei wesentlichem Verfahrensmangel **69** 17–24
- durch das Rechtsbeschwerdegericht **74** 31–35
- Entscheidungsinhalt **69** 28
- in Ehe- und Familienstreitsachen **117** 36

Zurückweisung 359 21; **434** 8; **440** 4; **468** 2; **480** 7; **482** 4
- des Antrags **361** 15
- einer Registeranmeldung **382** 31
- einer Registeranmeldung, Kosten **382** 56 ff

Zusatzgebühr 363 43

Zuständigkeit 2; 3; 4; 5; 50 1–13; **54** 17–19; **105** 5–17; **362** 3; **363** 8 ff; **368** 14 ff; **410** 5; **453** 4; **487** 4; **488** 5; **489** 5; **491** 2
- Abstammungssachen **170** 2 ff
- allgemeine **363** 8
- Amtsgericht **1** 13
- Änderung der Betreuung **272** 23
- Auslandsberührung **272** 10
- ausschließliche **122** 1; **232** 8–12; **413** 4; **442** 4; **466** 1
- bei beiderseitigem Inlandsaufenthalt **98** 31
- bei einseitigem Inlandsaufenthalt **98** 33
- Bestellung Gegenbetreuer **272** 20
- Bestimmung **5**
- Betreuungsgericht **1** 17–18
- Betreuungsgericht örtlich **341** 1
- betreuungsgerichtliche Zuweisungssachen **340** 1
- Bundesgerichtshof **1** 24
- Eilfälle **272** 12
- eilige Unterbringung **313** 8
- einstweilige Anordnung **50** 2 ff
- Einwilligungsvorbehalt **272** 23
- ersatzweise **272** 9
- Familiengericht **1** 14–16
- Fortdauer **272** 2
- funktionelle **1** 47; **272** 17; **344** 2; **445** 2
- in Nachlasssachen **105** 18–21
- in Unterbringungssachen **312** 6 ff
- internationale **1** 46; **Vor 98** 1, 3–9; **109** 5–8; **343** 5, 13; **359** 13; **363** 12
- keine ausschließliche **106** 1–3
- Kindschaftssachen **152**
- Kompetenzkonflikt **5** 10 f
- Kontrollbetreuung **272** 19
- Konzentration **313** 13
- Landgericht **1** 21–22
- der Notare **487** 4
- Notfallkompetenz **50** 11–13
- Oberlandesgericht **1** 23
- öffentlich-rechtliche Unterbringung **313** 9 ff
- örtliche **1** 45; **Vor 98** 3; **122** 1; **170** 1; **201** 1; **272** 2; **313** 1; **343** 2; **344** 1, 7 ff, 11; **350** 4; **353** 16; **363** 8; **364** 5; **373** 1; **411** 1, 8, 11; **413** 4; **415** 2 ff; **433** 1; **442** 4; **447** 8; **452** 5; **454** 6; **466** 1 ff
- Rechtsweg **1** 29 ff
- sachliche **1** 41–44; **272** 14; **344** 2; **411** 2; **433** 1
- staatenlose **98** 32
- Ungewissheit **454** 6
- Verweisung **3** f
- württembergisches Rechtsgebiet **272** 15
- zivilrechtliche Unterbringung **313** 2 ff

Zuständigkeit, örtliche
- in Dispacheverfahren **377** 30 ff
- in Güterrechtsregistersachen **377** 35 ff; **395** 40
- in Registersachen **377** 6 f
- bei Seeverklarung **377** 28
- Überprüfung in der Beschwerdeinstanz **377** 22
- in unternehmensrechtlichen Verfahren **377** 26

Zuständigkeit, sachliche
- in Freiheitsentziehungssachen **416** 2
- in Unterbringungssachen **312** 6
- in Registersachen **376** 13

Zuständigkeitsabgrenzung 151 3

Zuständigkeitsfortdauer
- internationale **99** 28

Zuständigkeitskonzentration 218 2; **267** 2; **268** 1
- in Dispacheverfahren **377** 33 f
- in Registersachen **376** 6
- in unternehmensrechtlichen Verfahren **376** 7

Zuständigkeitskoordination 99 29; **104** 20

Zuständigkeitsregelungen 356 1

Zustellung 41 23–25; **365** 10; **372** 6; **Vor 433** ff **4**; **456** 3; **458** 4
- Bekanntgabe durch Zustellung **15** 17
- nach ZPO-Vorschriften **15** 20 ff
- öffentliche **366** 25; **435** 1; **441** 2–4 ff; **458** 4

Zustellungsbevollmächtigte 365 10
Zustellungsfiktion 441 3
– Eintritt der **Vor 433 ff** 5
Zustellungsurkunde 361 11
Zustimmung 134 1; 366 7, 11
– der Gläubiger 463 5
– nachträgliche 366 10
Zuweisungsantrag 363 9, 10
Zuweisungsnorm 151 13
Zuweisungssachen
– betreuungsgerichtliche 359 4; **364** 2
Zuweisungsverfahren 363 9 f
Zuwendungen 366 3
– unentgeltliche 356 2
Zwangsgeld 45 19; **Vor 342 ff** 4; **356** 5; **358** 1, 4
– Absehen von der Festsetzung 390 21 ff
– Androhung 388 40 ff
– Beschluss 35 9
– Einspruch 390 2 ff
– Erledigung 35 12
– Erledigung der Pflicht 389 25 f
– Ermessen 388 39; 390 21 ff; **391** 17
– Festsetzung 35 9 f; 389 3 ff; 390 20
– Fristverlängerung 389 12
– gegen Insolvenzverwalter 388 28
– gegen Rechtsnachfolger 388 31
– Hinweis 35 8
– Höhe 35 9
– Kosten 35 10
– sofortige Beschwerde 35 20
– Verfahren 35 19; 388 32 ff
– Vollstreckung 35 13
– Voraussetzungen 35 4
– Wiederholung 35 11
– Zuständigkeit bei Doppelsitz 388 31
Zwangsgeldandrohung
– Verbindung mit Zwischenverfügung 382 17
Zwangshaft Vor 342 ff 4; **358** 4

– Beschluss 35 15
– Dauer 35 16
– in Registersachen 389 16
– sofortige Beschwerde 35 20
– Verfahren 35 19
– Verhältnismäßigkeitsgrundsatz 35 15
– Vollzug 35 16
– Voraussetzungen 35 14
Zwangsmittel 358 5
Zwangsversteigerung 363 13; **373** 5; **448** 2
Zwangsvollstreckung 371 21, 31
– aus der Dispache 409 3
– Unterwerfung unter die 371 19
Zwangsvollstreckungsmaßnahmen 364 12; 369 7
Zwangsvollstreckungssache
– Entscheidungsform 38 10
Zwangverstseigerung
– Beendigung der 366 3
Zweiwochenfrist 355 4
Zwischen- und Nebenentscheidungen
– Unanfechtbarkeit 58 32–37
Zwischenentscheidung 38 9; **42** 4; **113** 7; **116** 2; **158** 16; **355** 2
– Anfechtung von 372 2
– Entscheidungsform 38 12
– Verfahrenspfleger 276 13
Zwischenfristen 436 3
Zwischenverfügung 361 15
– Bekanntgabe 382 24
– Form 382 22
– Fristsetzung 382 25 ff
– in Güterrechtsregistersachen 382 29 f
– Kosten 382 55
– in Registersachen 382 13 ff
– Verbindung mit Zwangsgeldandrohung 382 17